LANGENSCHEIDTS HANDWÖRTERBUCH FRANZÖSISCH

Schulausgabe

Teil I

Französisch-Deutsch

von

DR. ERNST ERWIN LANGE-KOWAL

LANGENSCHEIDT
BERLIN · MÜNCHEN · WIEN · ZÜRICH

Die Nennung von Waren erfolgt in diesem Werk, wie in Nachschlagewerken üblich, ohne Erwähnung etwa bestehender Patente, Gebrauchsmuster oder Warenzeichen. Das Fehlen eines solchen Hinweises begründet also nicht die Annahme, eine Ware oder ein Warenname sei frei.

Schulausgabe

Auflage:	*10.*	*9.*	*8.*	*7.*	*6.*	*Letzte Zahlen*
Jahr:	*1979*	*78*	*77*	*76*	*75*	*maßgeblich*

Druck: Graph. Betriebe Langenscheidt, Berchtesgaden/Obb.
Printed in Germany
ISBN 3-468-07150-7

Vorwort

In der Reihe „Langenscheidts Handwörterbücher“ legen Verlag und Verfasser hiermit ein französisch-deutsches Wörterbuch vor, das mit seinen 70 000 Stichwörtern und dem Umfang der Artikel die Mitte zwischen dem Taschenwörterbuch und dem „Sachs-Villatte“ hält. Modern, sachlich und in jeder Hinsicht praktisch — das waren die Grundsätze, die für die Erarbeitung des vorliegenden Werkes bestimmend waren.

Entsprechend ihrer heutigen Bedeutung sind die Bereiche der Wirtschaft, des Verkehrs und der Technik, des Rechtswesens und der Verwaltung besonders eingehend dargestellt. So wurden zum Beispiel auch die Gebiete Atomphysik und Elektronik in einem dem Ganzen entsprechenden Rahmen aufgenommen. Ebenso erhielten die Naturwissenschaften einschließlich der Medizin und nicht zuletzt auch der Sport die ihnen zukommende Beachtung. Hierbei wurde eine Fülle von Neologismen eingearbeitet, und Ausdrücke wie „acte gratuit, falot, gunitage, marémoteur, mec, microposte, para, rétroviseur, réversible, télex, tracteur-remorque, zooplasma“ zeugen von dem Bestreben des Verfassers, den heute in Wort und Schrift gebräuchlichen und modernen Wortschatz soweit wie möglich zu erfassen.

Die Umgangssprache, die in immer steigendem Maße auch in die Literatur, die Tagespresse und die Sendungen von Rund- und Fernsehfunk eindringt, wurde vom Verfasser besonders berücksichtigt. So wurden besonders zahlreich idiomatische Ausdrücke und Redewendungen aufgenommen, wobei in jedem Falle größte Genauigkeit in der Abgrenzung der Sprachgebrauchsebene (F = familier, P = populaire, V = vulgaire) angestrebt wurde. Man findet z. B. für den französischen Ausdruck „cinglé“ die deutschen Entsprechungen „bekloppt, übergeschnappt“, für „avoir la tête fêlée“ die deutsche Bedeutung „einen Tick haben“, oder für „savoir qch. sur le bout des doigts“ die deutsche Entsprechung „etw. aus dem FF können“. Aus diesem Grunde ist das vorliegende Wörterbuch auch für den französischen Benutzer von besonderem Interesse, findet er doch hier die deutsche Umgangssprache in einem bisher nicht üblichen Umfang vertreten.

Grammatikalische Hinweise werden in reichem Maße gegeben. Gelegentlich wird auch die Herkunft eines Wortes erwähnt.

Starke Beachtung wurde dem vielfältigen Anwendungsbereich der Präpositionen gewidmet, die nicht nur in Verbindung mit Verben, sondern auch in Verbindung mit Substantiven und Adverbien gebraucht werden. Die Rektion der Verben wurde durch Beispiele erläutert, so daß der Benutzer des Wörterbuchs in jedem Falle Auskunft über den richtigen Kasus- und Präpositionsgebrauch erhält.

Zahlreiche Anregungen verdankt der Verfasser seinen Freunden und Kollegen. Sein besonderer Dank gilt dem Leiter der Librairie Française in Berlin, Herrn L. Beaucaire. Ferner dankt er an dieser Stelle dem Leiter der Romanistischen Abteilung der Langenscheidt-Redaktion, Herrn Dr. H. Willers, der ihn stets mit Rat und Tat sowie mit wertvollen Hinweisen bereitwilligst unterstützt hat.

Dr. Ernst Erwin Lange-Kowal

Préface

Dans la série des dictionnaires abrégés Langenscheidt, l'éditeur et l'auteur présentent au public un dictionnaire français-allemand qui, par ses 70.000 mots-vedette et l'étendue des articles, se situe entre les dictionnaires de poche et le dictionnaire encyclopédique Sachs-Villatte. Pour la réalisation du présent ouvrage, les principes directeurs furent d'obtenir un dictionnaire moderne, précis et objectif sous tous les rapports. Les domaines de l'économie, des transports, de la technique, du droit et de l'administration sont particulièrement représentés d'une façon étendue en considération de leur importance actuelle. Les termes relatifs à la physique nucléaire et à l'électronique sont intégrés dans une proportion adaptée à l'ouvrage. De même, les sciences naturelles, y compris la médecine, sans omettre le sport, ont retenu toute l'attention qui leur revenait. En outre, de nombreux néologismes ont été introduits, telles les expressions: «acte gratuit, falot, gunitage, marémoteur, mec, microposte, para, rétroviseur, réversible, télex, tracteur-remorque, zooplasma» qui démontrent les efforts de l'auteur d'étendre aussi loin que possible le vocabulaire moderne employé actuellement tant dans la langue parlée que dans la langue écrite.

Le langage familier, qui pénètre également dans une mesure de plus en plus grande la littérature, la presse quotidienne ainsi que les émissions de radio et de télévision, a été spécialement pris en considération. De ce fait, de nombreuses expressions et idiotismes ont été relevés et dans chaque cas déterminé notés avec la plus grande exactitude d'emploi: (F = familier, P = populaire, V = vulgaire). Pour les expressions françaises, on trouvera les traductions allemandes correspondantes, par exemple, pour «cinglé»: bekloppt, übergeschnappt, pour «avoir la tête fêlée»: einen Tick haben, ou pour «savoir qch. sur le bout des doigts»: etwas aus dem FF können. Aussi le présent dictionnaire est-il de ce fait d'un intérêt tout particulier pour le lecteur français car il y trouvera la langue familière allemande représentée dans une proportion inconnue à ce jour.

En plus les indications grammaticales sont fournies dans une très large mesure et, à l'occasion, l'origine d'un mot est également signalée. Une attention toute particulière a été réservée au domaine relatif aux prépositions et à leurs emplois si divers non seulement en fonction des verbes mais aussi des substantifs et des adverbes auxquels elles se rapportent.

La conjugaison des verbes a été expliquée par des exemples de telle façon que l'usager du dictionnaire trouvera toujours le renseignement désiré quant à l'emploi exact du cas et de la préposition.

L'auteur se fait un devoir de remercier ici ses amis et collègues pour les nombreuses suggestions qu'ils ont bien voulu lui communiquer.

Il exprime sa reconnaissance particulière à Monsieur L. Beaucaire, Directeur de la Librairie Française à Berlin. En outre, il y associe Monsieur le Dr. H. Willers, Directeur de la Section romanistique de la Rédaction Langenscheidt, dont les nombreux conseils ainsi que les indications furent toujours une aide précieuse en cours de réalisation de l'ouvrage.

Dr. Ernst Erwin Lange-Kowal

Inhaltsverzeichnis

Hinweise für die Benutzung des Wörterbuches

Remarques sur l'emploi de ce dictionnaire

I. Anordnung

1. Die alphabetische Reihenfolge der Stichwörter ist durchweg beachtet worden. Das gilt auch für die z. T. aufgenommenen Orts- und Ländernamen und deren adjektivische Ableitungen.

Die gebräuchlichsten französischen Abkürzungen sind am Schluß des Bandes in einem besonderen Verzeichnis zusammengestellt.

2. Das Stichwort

a) bei der Übersetzung wurde meistens zuerst von der Grundbedeutung ausgegangen; darauf folgt die Bedeutung in übertragenem Sinne. Die Anwendungsbeispiele sind nicht immer in alphabetischer Reihenfolge gegeben, um inhaltlich Zusammengehöriges nicht zu trennen;

b) weist ein Stichwort grundsätzlich verschiedene Bedeutungen auf, so erfolgt Unterteilung durch Exponenten:

sur¹ auf.
sur² sauer,

oder mit arabischen Ziffern:

fusion *f* **1.** Schmelzen *n*; **2.** ⚖, ✝, *fig.* Fusion *f*, Verschmelzung *f*, Vereinigung *f*,

nicht aber, wo es sich lediglich um mehr oder weniger gleichbedeutende Synonyma handelt.

II. Das Wiederholungszeichen oder die Tilde: ~, 2, ~, 2.

Zusammengehörige oder verwandte Wörter sind häufig zum Zwecke der Raumersparnis durch die Tilde zu Grup-

I. Arrangement

1. L'ordre alphabétique des mots-souche a été rigoureusement observé. C'est le cas aussi pour les noms de lieux et de pays et leurs dérivés.

Les abréviations françaises usuelles se trouvent dans un tableau spécial à la fin du volume.

2. Le mot-souche

a) Pour la traduction on part, en général, du sens premier qui est suivi du sens figuré. Les exemples ne sont pas toujours donnés dans l'ordre alphabétique pour ne pas séparer ce qui, du point de vue du contenu, forme un tout;

b) si un mot-souche comprend des significations très différentes, on les distingue par un chiffre placé en haut derrière le mot en question:

sur¹ auf.
sur² sauer,

ou le mot-souche est suivi de chiffres arabes:

fusion *f* **1.** Schmelzen *n*; **2.** ⚖, ✝, *fig.* Fusion *f*, Verschmelzung *f*, Vereinigung *f*.

On n'utilise cette subdivision que lorsqu'il ne s'agit pas de synonymes plus ou moins identiques.

II. Le tilde (signe de répétition): ~, 2, ~, 2.

Afin de gagner de la place, le tilde a été souvent employé pour réunir par groupes les mots de la même catégorie et les mots apparen-

pen vereinigt. Die fette Tilde vertritt dabei entweder das ganze Stichwort oder den vor dem Strich (|) stehenden Teil des Stichworts. Bei den in Gill-Schrift gesetzten Redewendungen vertritt die einfache Tilde (~) stets das unmittelbar vorhergehende Stichwort, das auch mit Hilfe der fetten Tilde gebildet sein kann.

Ändern sich die Anfangsbuchstaben (groß zu klein oder umgekehrt), stehen statt der Tilde die Zeichen: **≗** oder ≗.

Beispiele:

sign|e *m*; **~er** (= **signer**) *v/t.*; **français** *adj.*; **≗** (= **Français**) *su.*; **parisien** *adj. u.* **≗** (= **Parisien**) *su.*

III. Bedeutungsunterschiede

Die Bedeutungsunterschiede sind gekennzeichnet:

a) durch nachgesetzte Erklärungen: **parlant** *adj.* redend; *fig.* ausdrucksvoll (*Blick*);

b) durch vorgesetzte bildliche Zeichen und abgekürzte oder kursiv gedruckte Begriffsbestimmungen (s. Verzeichnis auf Seite 9—12).

Das Semikolon trennt eine gegebene Bedeutung von einer neuen, wesentlich verschiedenen.

IV. Konjugation der Zeitwörter

Die in eckigen Klammern hinter jedem französischen Zeitwort stehende Ziffer, z. B. [2f], verweist auf die Konjugationstabelle am Schluß des Bandes (S. 1249—1273), in der ausführlich Aufschluß über die Bildung der Zeitformen gegeben ist.

tés. Le tilde en caractère gras (~) remplace ou la totalité du mot-souche ou la partie du mot précédant le trait vertical (|). Dans les locutions imprimées en italique « Gill», le tilde normal (~) remplace toujours le mot-souche précédent, qui peut être transcrit aussi à l'aide d'un tilde en caractère gras.

Un changement d'initiales (lettres majuscules devenant minuscules ou vice versa) est indiqué par un tilde avec cercle: **≗** ou ≗.

Exemples:

sign|e *m*; **~er** (= **signer**) *v/t.*; **français** *adj.*; **≗** (= **Français**) *su.*; **parisien** *adj. u.* **≗** (= **Parisien**) *su.*

III. Différences sémantiques

Les différences d'acception des traductions sont signifiées:

a) par des explications placées après: **parlant** *adj.* redend; *fig.* ausdrucksvoll (*Blick*);

b) par des signes symboliques ou par des abréviations (voir pp. 9—12) ou par des explications imprimées en italiques.

Le point-virgule sépare une acception donnée d'une autre essentiellement différente.

IV. La conjugaison des verbes

Les chiffres entre crochets placés derrière chaque verbe français, p. ex. [2f], renvoient au tableau de conjugaison à la fin de ce dictionnaire (pp. 1249—1273) dans lequel se trouvent tous les renseignements nécessaires sur la conjugaison des verbes.

Erklärung der Zeichen und Abkürzungen

Explication des symboles et abréviations

1. Bildliche Zeichen — Symboles

F familiär, *familier*.
P populär, *populaire*.
V vulgär, *trivial*.
★ Gaunersprache, *argot*.
⚒ selten, *rare, peu usité*.
† veraltet, *vieux*.
🕮 wissenschaftlich, *terme scientifique*.
⚘ Pflanzenkunde, *botanique*.
⊕ Technik, Handwerk, *terme technique ou de métier*.
⚒ Bergbau, *mines*.
⚔ militärisch, *terme militaire*.
⚓ Marine, Schiffersprache, *marine, langage des marins*.
☤ Handel, *commerce*.
🚂 Eisenbahn, *chemin de fer*.
♪ Musik, *musique*.
⚠ Baukunst, *architecture*.
⚡ Elektrizität, *électricité*.
⚖ Rechtswissenschaft, *droit*.
📯 Postwesen, *postes*.
📐 Mathematik, *mathématiques*.
⚘ Landwirtschaft, Gartenbau, *agriculture, agronomie, horticulture*.
⚗ Chemie, *chimie*.
⚕ Medizin, *médecine*.
🛡 Wappenkunde, *blason*.
✈ Flugwesen, *aéronautique*.

2. Abkürzungen — Abréviations

a. auch, *aussi*.
abr. *abréviation*, Abkürzung.
abs. *absolu*, absolut.
abus. *abusivement*, mißbräuchlich.
acc. *accusatif*, Akkusativ (4. Fall).
adj. *adjectif*, Adjektiv, Eigenschaftswort.
adjt. *adjectivement*, als Adjektiv.
adm. *administration*, Verwaltung.
adv. *adverbe*, Adverb, Umstandswort.
advt. *adverbialement*, als Adverb.
adj./f. *adjectif féminin*, weibliche Form des Eigenschaftswortes.
All. *Allemagne*, Deutschland.
allg. allgemein, *au sens général*.
alp. *alpinisme*, Bergsport.
adj./m *adjectif masculin*, männliche Form des Eigenschaftswortes.
adj./n *adjectif numéral*, Zahlwort.
anat. *anatomie*, Anatomie.
adj./n.c. *adjectif numéral cardinal*, Grundzahl.
adj./n.o. *adjectif numéral ordinal*, Ordnungszahl.
a/n.c. s. *adj./n.c.*
a/n.o. s. *adj./n.o.*
ant. *antonyme*, entgegengesetzter Sinn.
antiq. *antiquité*, Altertum.
arab. *arabe*, arabisch.
arith. *arithmétique*, Arithmetik, Rechenkunst.
arp. *arpentage*, Feldmeßkunst.
art. *article*, Artikel, Geschlechtswort.
artill. *artillerie*, Artillerie.
ast. *astronomie*, Sternkunde.
astrol. *astrologie*, Astrologie.
at. *science atomique*, Atomwissenschaft.
Desspr. Aussprache, *prononciation*.

barb. *barbarisme*, unschönes Fremdwort.
belg. *belge*, belgisch.
bét. *béton*, Beton.
bibl. *biblique*, biblisch.
bill. *billard*, Billard(spiel).
biol. *biologie*, Biologie.
bisw. bisweilen, *parfois*.
bsd. besonder(s), *principal(ement)*.
bzw. beziehungsweise, *respectivement*.

cart. (*jeu de*) *cartes*, Kartenspiel.
cath. *catholique*, katholisch.
ch. *chasse*, Jagd.
charp. *charpenterie*, Zimmermannsausdruck.
chir. *chirurgie*, Chirurgie.
cin. *cinéma*, Kino.
cj. *conjonction*, Konjunktion, Bindewort.
cjt. *conjonctionnellement*, als Konjunktion.
cmpr. *comparatif*, Komparativ.
co. *comique*, komisch, scherzhaft.
coll. *terme collectif*, Sammelbezeichnung.
cond. *conditionnel*, Konditional, Bedingungsform.
cons. *consonne*, Konsonant, Mitlaut.
cord. *cordonnerie*, Schuhmacherei.
cout. *couture*, Schneidern.
cuis. *cuisine*, Kochkunst, Küche.

dat. *datif*, Dativ (3. Fall).
dépt. *département*, Bezirk, Abteilung.
dft. *défectif*, mangelhaft, nicht vollständig.
dial. *dialecte*, Dialekt.
dipl. *diplomatie*, Diplomatie.
dir. *direct*, direkt.

ea. einander, *l'un l'autre*, *réciproquement*.
éc. *économie*, Wirtschaft.
écol. *école*, Schule; *langage des écoliers*, Schülersprache.
e-e eine, *un*, *une*.
égl. *église*, Kirche.
ehm. ehemals, *autrefois*.
ell. *elliptiquement*, unvollständig.
e-m einem, *à un*, *à une*.
e-n einen, *un*, *une*.
enf. *langage des enfants*, Kindersprache.
engS. in engerem Sinn, *au sens restreint*.
ent. *entomologie*, Insektenkunde.
e-r einer, *à un*, *à une*; *d'un*, *d'une*.
e-s eines, *d'un*, *d'une*.
esc. *escrime*, Fechtkunst.
etc. *et cætera*, und so weiter.
etw. etwas, *quelque chose*.

f *féminin*, weiblich.
féod. *féodalité*, Lehnswesen.
fig. *figuré*, figürlich, bildlich.
fil. *filature*, Spinnerei.
fin. *finances*, Finanz.
for. Forstwesen, *sylviculture*.
f/pl. *féminin pluriel*, weibliche Mehrzahl.
Fr. *France*, Frankreich.
fr. *français*, französisch.
franz. französisch, *français*.
frt. *fortification*, Befestigungswesen.
fut. *futur*, Zukunft.

Gbd. Grundbedeutung, *sens primitif*.
gebr. gebräuchlich, *en usage*.
gén. *génitif*, Genitiv (2. Fall).
géogr. *géographie*, Erdkunde.
géol. *géologie*, Geologie.
géom. *géométrie*, Raumlehre.
geschr. geschrieben, *par écrit*.
gew. gewöhnlich, *habituellement*.
Ggs. Gegensatz, *contraire*.
gr. *grammaire*, Grammatik.
griech. griechisch, *grec*.
gym. *gymnastique*, Turnen.

hist. *histoire*, Geschichte.
H.S. Hauptsatz, *proposition principale*.
hydr. *hydrodynamique*, Wasserkraftlehre.

icht. *ichtyologie*, Fischkunde.
imp. *impersonnel*, unpersönlich.
impér. *impératif*, Befehlsform.
impf. *imparfait*, Mitvergangenheit.
ind. *indicatif*, Indikativ.
indir. *indirect*, indirekt.
inf. *infinitif*, Infinitiv.

int. *interjection*, Empfindungswort, Ausruf.
inv. *invariable*, unveränderlich.
iron. *ironiquement*, spöttisch.
irr. *irrégulier*, unregelmäßig.

j. jemand, *quelqu'un.*
Jh. Jahrhundert, *siècle.*
j-m jemand(em), *à quelqu'un.*
j-n jemand(en), *quelqu'un.*
journ. *journalisme*, Zeitungswesen.
j-s jemandes, *de quelqu'un.*

kl. klein-e, -er, -es, *petit.*

lat. *latin*, lateinisch.
ling. *linguistique*, Linguistik.
loc. *locution*, Redensart.
litt. *littérature*, Literatur, nur in der Schriftsprache.

m *masculin*, männlich.
mach. *machines*, Maschinenwesen.
man. *manège*, Reitkunst.
méc. *mécanique*, Mechanik.
men. *menuiserie*, Tischlerei.
mép. *méprisable*, verächtlich.
mét. *métrique*, Verslehre.
métall. *métallurgie*, Hüttenwesen.
min. *minéralogie*, Mineralogie.
Min., -min. Ministerium, *ministère.*
mot. *moteur*, Motor.
m/pl. *masculin pluriel*, männliche Mehrzahl.
mst. meistens, *le plus souvent.*
mv. p. *en mauvaise part*, im üblen *od.* schlimmen Sinne.
myth. *mythologie*, Mythologie.

n *neutre*, sächlich.
nég. *négation*, Verneinung.
néol. *néologisme*, sprachliche Neubildung.
nom. *nominatif*, Nominativ (1. Fall).
n/pl. *neutre pluriel*, sächliche Mehrzahl.
npr. *nom propre*, Eigenname.
N.S. Nebensatz, *proposition subordonnée.*
num. *numismatique*, Münzkunde.

od. oder, *ou.*
opt. *optique*, Optik, Lichtlehre.
orn. *ornithologie*, Vogelkunde.
P. Person, *personne.*

parl. *parlement*, Parlament.
part. *participe*, Partizip, Mittelwort.
pât. *pâtisserie*, Feinbäckerei.
péd. *pédagogie*, Pädagogik.
peint. *peinture*, Malerei.
péj. *péjoratif*, verächtlich.
pers. *personne*, Person.
phon. *phonétique*, phonetisch.
pfort *plus fort*, verstärkter Sinn.
phil. *philosophie*, Philosophie.
phm. *pharmaceutique*, Apothekerkunst.
phonét. *phonétique*, Phonetik, Lautlehre.
phot. *photographie*, Photographie.
phys. *physique*, Physik.
physiol. *physiologie*, Physiologie.
pl. *pluriel*, Mehrzahl.
plais. *par plaisanterie*, aus Spaß.
poét. *poétique*, dichterisch.
pol. *politique*, Politik.
p/p. *participe passé*, Partizip Perfekt.
préf. *préfixe*, Präfix, Vorsilbe.
p/pr. *participe présent*, Partizip Präsens.
pr. *pronom*, Fürwort.
pr/d. *pronom démonstratif*, hinweisendes Fürwort.
prés. *présent*, Präsens, Gegenwart.
pr/i. *pronom interrogatif*, fragendes Fürwort.
pr/ind. *pronom indéfini*, unbestimmtes Fürwort.
prot. *protestant*, protestantisch.
Prov. *Provence.*
prov. *proverbe*, Sprichwort.
provc. *provincialisme*, Provinzialismus.
prp. *préposition*, Präposition, Verhältniswort.
pr/p. *pronom personnel*, persönliches Fürwort.
pr/poss. *pronom possessif*, besitzanzeigendes Fürwort.
prpt. *prépositionnellement*, als Präposition.
pr/r. *pronom relatif*, bezügliches Fürwort.
p/s. *passé simple*, historisches Perfekt.
psych. *psychologie*, Psychologie.

q. *quelqu'un*, jemand.
qch. *quelque chose*, etwas.

rad.	*radio*, Rundfunk.
Rév., Rev.	Revolution, *révolution.*
rhét.	*rhétorique*, Rhetorik, Redekunst.
rl.	*religion*, Religion.
S.	Seite, *page.*
S.	Sache, *chose.*
s.	siehe, man sehe, *voir, voyez.*
sc. nat.	*sciences naturelles*, Naturwissenschaften.
sculp.	*sculpture*, Bildhauerkunst.
s. d.	siehe dort, *voir sous ce mot.*
s-e	seine, *sa, son, ses.*
serr.	*serrurerie*, Schlosserei.
sg.	*singulier*, Einzahl.
s-m	seinem, *à son, à sa.*
sn	sein (*Verb*) *être*; (*pronom*) *son.*
s-n	seinen, *son, sa.*
spr.	sprich, *prononcez.*
s-r	seiner, *de son, de sa.*
s-s	seines, *de son, de sa.*
st.s.	*style soutenu*, gehobener Stil.
su.	*substantif*, Hauptwort.
subj.	*subjonctif*, Konjunktiv.
sup.	*superlatif*, Superlativ.
su/pl.	*substantif pluriel*, Hauptwort in der Mehrzahl.
syn.	*synonyme*, sinnverwandtes Wort.
télégr.	*télégraphie*, Telegraphie.
téléph.	*téléphonie*, Fernsprechwesen.
télév.	*télévision*, Fernsehen.
text.	*textiles*, Textilindustrie.
thé.	*théâtre*, Theater.
théol.	*théologie*, Theologie.
tiss.	*tisseranderie*, Weberei.
tram.	*tramway*, Straßenbahn.
tric.	*tricotage*, Stricken.
typ.	*typographie*, Buchdruck.
u.	und, *et.*
ungebr.	ungebräuchlich, *inusité.*
univ.	*université*, Universität.
usw.	und so weiter, *et cætera.*
v., v.	von, vom, *de.*
var.	*variable*, veränderlich.
v/aux.	*verbe auxiliaire*, Hilfszeitwort.
vb.	*verbe*, Verb(um), Zeitwort.
v/dft.	*verbe défectif*, unvollständiges Verb.
vél.	*vélo*, Fahrrad.
vét.	*art vétérinaire*, Tierheilkunde.
vgl.	vergleiche, *comparer, comparez.*
v/i.	*verbe intransitif*, intransitives Zeitwort.
v/impers.	*verbe impersonnel*, unpersönliches Zeitwort.
vit.	*viticulture*, Weinbau.
Vn.	Vorname, *prénom.*
vo.	*voyelle*, Vokal, Selbstlaut.
v/rfl.	*verbe réfléchi*, reflexives Zeitwort.
v/t.	*verbe transitif*, transitives Zeitwort.
weitS.	in weiterem Sinne, *par extension.*
z.B.	zum Beispiel, *par exemple.*
zo.	*zoologie*, Zoologie, Tierkunde.
zsgs.	zusammengesetzt, *composé.*
zs., Zs.	zusammen, *com-, con-, ensemble.*
Zssg(n)	Zusammensetzung(en), *mot(s) composé(s).*

Erläuterungen zur Lautschrift

Die Betonung der französischen Wörter wird durch das Zeichen ['] vor der zu betonenden Silbe angegeben.

A. Vokale

Stütz-e: Bei Konsonantenverbindungen mit l oder r vor folgendem Stütz-e ist auf eine besonders straffe Aussprache zu achten: table ['tablə], und nicht ['tabəl]; sabre ['sɑ:brə], und nicht ['sɑ:bər]; honorable [ɔnɔ'rablə], und nicht [ɔnɔ'rabəl]; couvercle [ku'vɛrklə], und nicht [ku'vɛrkəl]; paisible [pɛ'ziblə], und nicht [pɛ'zibəl]. Auch das von Prof. Georges Gougenheim verfaßte *Dictionnaire fondamental, 1958*, bringt dieses Stütz-e [ə].

[a] dame [dam] *Dame* wie in Ratte.

[a:] courage [ku'ra:ʒ] *Mut* wie in Straße

[ɑ] bas [bɑ] *niedrig* wie in Mantel

[ɑ:] vase [vɑ:z] *Vase* wie in Qual

[ɑ̃] **sang** [sɑ̃] *Blut* kurzes, nasaliertes a

[ɑ̃:] danse [dɑ̃:s] *Tanz* langes, nasaliertes a

[e] **été** [e'te] *Sommer* wie in **See**

[ɛ] apr**è**s [a'prɛ] *nach* wie in j**ä**h

[ɛ:] m**è**re [mɛ:r] *Mutter* wie in gähnen

[ɛ̃] mat**in** [ma'tɛ̃] *Morgen* kurzes, nasaliertes ä

[ɛ̃:] pr**in**ce [prɛ̃:s] *Fürst* langes, nasaliertes ä

[ə] **le** [lə] *der* wie in rett**e**

[i] **ici** [i'si] *hier* wie in v**ie**lleicht

[i:] d**i**re [di:r] *sagen* wie in D**ie**b

[o] ch**au**d [ʃo] *warm* wie in Advokat

[o:] **au**tre ['o:trə] *anderer* wie in K**o**hle

[ɔ] d**o**nner [dɔ'ne] *geben* wie in H**o**rt

[ɔ:] f**o**rt [fɔ:r] *stark* wie in m**o**rgen

[ɔ̃] **son** [sɔ̃] *sein* kurzes, nasaliertes o

[ɔ̃:] m**on**tre ['mɔ̃:trə] *Uhr* langes, nasaliertes o

[ø] f**eu** [fø] *Feuer* kurzes ö

[ø:] chant**eu**se [ʃɑ̃'tø:z] *Sängerin* langes ö wie in sch**ö**n

[œ] j**eu**ne [ʒœn] *jung* wie in **ö**fter

[œ:] **fleur** [flœ:r] *Blume* langes, offenes ö

[œ̃] l**un**di [lœ̃'di] *Montag* kurzes, nasaliertes ö

[u] g**oû**t [gu] *Geschmack* wie in M**u**t

[u:] t**ou**r [tu:r] *Turm* wie in **U**hr

[y] s**u**r [syr] *auf* wie in am**ü**sieren

[y:] d**u**r [dy:r] *hart* wie in M**ü**hle

[ɑ:j] bat**aille** [ba'tɑ:j] *Schlacht*

[aj] trav**ail** [tra'vaj] *Arbeit*

[ɛj] sol**eil** [sɔ'lɛj] *Sonne*

[ij] fam**ille** [fa'mij] *Familie*

[œj] faut**euil** [fo'tœj] *Sessel*

Dieses [j] in den fünf letztgenannten Lautkombinationen ist im Frz. als Halbvokal so zart wie möglich auszusprechen.

B. Konsonanten

[k] **qu**atre ['katrə] *vier* wie in **K**arte

[p] **p**artir [par'ti:r] *abreisen* wie in **p**latt

[s] **s**a [sa] *seine* wie in Stra**ß**e

[z] dé**s**irer [dezi're] *wünschen* wie in sau**s**en

[ʃ] **ch**at [ʃa] *Katze* wie in lau**sch**en

[ʒ] **j**ournal [ʒur'nal] *Zeitung* wie in **G**enie

[t] **t**able ['tablə] *Tisch* wie in **T**orf

[v] **v**in [vɛ̃] *Wein* wie in **W**inter

[ɲ] Allema**gn**e [al'maɲ] *Deutschland* ähnlich wie in Cham**pagn**er, nur viel zarter!

[j] vo**y**age [vwa'ja:ʒ] *Reise* wie in **J**ahr, **j**a, **j**eder

[w] **ou**i [wi] *ja* kurzer Reibelaut, zwischen beiden Lippen gebildet

[ɥ] h**u**it [ɥit] *acht* kurzer Reibelaut, Zungenstellung wie beim deutschen ü

[ŋ] buildi**ng** [bil'diŋ] *Hochhaus* nasaler Verschlußlaut ohne Lösung des Kehlverschlusses. Es darf also nicht [ŋk] am Wortende gesprochen werden.

Die übrigen, hier nicht besonders aufgeführten Laute sind wie im Deutschen zu sprechen. Es ist jedoch darauf zu achten, daß [k], [p] und [t] straff artikuliert und ohne den nachfolgenden Hauch des jeweiligen deutschen Lautes gesprochen werden. Das [r] spricht man am besten als Kehlkopf-r aus.

Einiges über Silbentrennung und Zeichensetzung im Französischen

Die Silbentrennung

ist von der Etymologie völlig unabhängig. Nach dem von der Académie befolgten Gebrauch gilt folgendes:

1. Mehrere aufeinanderfolgende Vokale bleiben ungetrennt: *la priè-re, la poé-sie, le cinquiè-me*; demnach sind untrennbar: *pays, tuer, bien* usw.
2. Ein einfacher Konsonant zwischen zwei Vokalen bildet den Anfang der folgenden Silbe; dabei gelten alle Konsonanten, die ein h nach sich haben, als einfach: *la rei-ne, le pa-ra-pluie, l'a-pos-tro-phe, la si-lhouet-te, Fai-dher-be* (aber *mal-heur*).
3. x darf nur vor Konsonanten abgetrennt werden: *l'ex-pres-sion, une ex-cur-sion*; nicht trennbar: *le Saxon* usw.
4. Von zwei (auch Doppel-)Konsonanten zwischen zwei Vokalen bildet der zweite den Anfang der folgenden Silbe: *le dic-tion-nai-re, la vic-toi-re; al-ler, l'o-reil-le, des-cen-dre, jus-que.*

   Ausnahmen: gn, ch, ph, th sowie l und r mit vorausgehendem Konsonanten bleiben stets ungetrennt: *bai-gner, monta-gnard; le ta-bleau, qua-tre, ap-pli-quer, vi-vre.*
5. Stehen mehr als zwei Konsonanten zusammen, so kommt nur der letzte zur folgenden Silbe (auch hierbei gelten die Ausnahmen unter 4): *le sculp-teur, obs-cur*; aber *le por-trait, mor-dre.*

Zeichensetzung

Der Gebrauch der Satzzeichen stimmt im Französischen mit dem im Deutschen weitgehend überein. Starke Abweichungen aber bestehen im Gebrauch des Kommas (*la virgule*), das im Französischen als Zeichen der Pause gebraucht wird. Daher steht nie ein Komma vor *que*-(daß-)Sätzen: *je sais qu'il part* ich weiß, daß er abreist. Auch vor Nebensätzen mit *si* ob steht kein Komma: *je ne sais s'il peut venir* ich weiß nicht, ob er kommen kann. Allgemein steht vor Konjunktionen selten ein Komma. Ferner wird kein Komma vor den Infinitiv gesetzt: *il me prie de le suivre* er bittet mich, ihm zu folgen. Vor Relativsätzen steht kein Komma, wenn sie determinativ, d.h. zum Verständnis des Hauptsatzes notwendig sind: *j'ai vu l'homme qui a perdu ce livre* ich habe den Mann gesehen, der dieses Buch verloren hat. Entsprechend darf auch zwischen *celui qui* derjenige, welcher nie ein Komma stehen.

Da aber, wo im Französischen adverbiale Bestimmungen einen Satz einleiten oder in einen Satz eingeschaltet sind, werden sie gern durch ein Komma, als Zeichen der Pause, abgetrennt: *Hier soir, je l'ai vu* gestern abend habe ich ihn gesehen.

Französische Hilfszeichen

Als Hilfszeichen verwendet das Französische drei Akzente, ferner die Cédille, den Apostroph und das Trema.

A. Akzente

['] **accent aigu** [ak'sãte'gy] nur auf **e**, bedeutet geschlossene Aussprache, z. B. désirer [dezi're] *wünschen*.

[`] **accent grave** [ak'sã'gra:v] auf **e**, bedeutet offene Aussprache, z. B. mère [mɛ:r] *Mutter*, sowie auf **a** und **u** als orthographisches Unterscheidungsmerkmal, z. B. a *hat* und à *in*, *an*, *zu*, ou *oder* und où? *wo?*, *wohin?*

[^] **accent circonflexe** [ak'sã sirkõ'flɛks] auf **allen Vokalen**, meist zur Bezeichnung der Dehnung der Laute, z. B. âme [ɑ:m] *Seele*, être ['ɛtrə] *sein*, île [i:l] *Insel*, pôle [po:l] *Pol*, piqûre [pi'ky:r] *Stich*.

B. Die Cédille

Unter **c** stehend bedeutet sie, daß c vor den dunklen Vokalen a, o und u nicht wie [k], sondern wie [s] zu sprechen ist, z. B. français [frɑ̃'sɛ] *französisch*, leçon [lə'sõ] *Lehrstunde*, reçu [re'sy] *empfangen*.

C. Der Apostroph

Er deutet auf den Ausfall eines a oder e vor vokalisch anlautendem Wort, eines i vor i am Wortanfang, z. B. l'ombre ['lõ:brə] *f der Schatten*, j'aime [ʒɛm] *ich liebe*, s'il vient [sil'vjɛ̃] *ob er kommt*.

D. Das Trema

Über **i** stehend bedeutet es, daß zwei aufeinanderfolgende Vokale getrennt zu sprechen sind, z. B. haïr [a'i:r] *hassen*. Über **e** stehend deutet es auf selbständige Lautungen eines vorhergehenden u, z. B. contiguë [kõti'gy] *angrenzend*.

Das französische Alphabet

Aa	Bb	Cc	Dd	Ee	Ef	Gg	Hh	Ii	Jj	Kk	Ll	Mm	Nn
a	be	se	de	e	ɛf	ʒe	aʃ	i	ʒi	ka	ɛl	ɛm	ɛn

Oo	Pp	Qq	Rr	Ss	Tt	Uu	Vv	Ww	Xx	Yy	Zz
o	pe	ky	ɛ:r	ɛs	te	y	ve	dubləve	iks	igrɛk	zɛd

A

A, a *m* [*pl.* a] A, a *n*; *A majuscule, grand A* großes A; *a minuscule, petit a* kleines a.

à (a) *prép.* **1.** *örtlich*: a) *Richtung* (*wohin?*): nach (*dat.*), auf(*acc.*), in (*acc.*); *aller à Berlin* (*à la campagne, à l'église*) nach Berlin (auf das Land, in die Kirche) gehen; *s'asseoir à une terrasse* sich auf e-e Terrasse setzen; *se jeter à l'eau* sich ins Wasser stürzen; *jeter à la rue* auf die Straße werfen, hinauswerfen; b) (*wo?*): an, in, bei, zu, auf (*alle mit dat.*); *être à Berlin* (*à la campagne*) in Berlin (auf dem Lande) sein; *à Chypre, à Malte, à Cuba, à Madagascar* auf Zypern, Malta, Kuba, Madagaskar; *à la page...*auf Seite ...; *ces articles ne figurent pas à notre programme de fabrication* diese Artikel stehen nicht auf unserem Fabrikationsprogramm; c) (*wieweit entfernt?*): *à cinquante kilomètres de Paris* fünfzig Kilometer von Paris; d) *feindliche Richtung*: gegen; *attentat m à nos droits* Eingriff *m* in unsere Rechte; *attentat aux mœurs* Vergehen *n* gegen die Sittlichkeit; *manifester de l'hostilité à q.* Feindschaft gegen j-n bekunden, j-n anfeinden; *prendre une attitude hostile à q.* e-e feindliche Haltung j-m gegenüber einnehmen; *s'opposer à qch.* e-r Sache entgegenarbeiten; sich e-r Sache widersetzen; Einspruch erheben gegen (*acc.*); *rebelle à q.* gegen j-n aufsässig; *rebelle à qch.* gegen etw. eingestellt (*od.* sich auflehnend), im Widerspruch zu etw. (*dat.*), unvereinbar mit (*dat.*); **2.** *zeitlich*: a) (*wann?*): *à midi vingt* um 12 Uhr 20; *à l'instant* im Augenblick; *à l'heure qu'il est* zur (gegenwärtigen) Stunde; *à Noël* zu Weihnachten; *à sa mort* bei s-m Tode; *à l'automne 1930* im Herbst 1930; b) (*bis wann?*): *à ce soir* bis heute abend (*Abschiedsgruß*); *ebenso*: *à un de ces jours* auf baldiges Wiedersehen!; *à demain* bis (*od.* auf) morgen; *porter à une température de 100 degrés* bis auf e-e Temperatur von 100 Grad bringen; *à ce jour* bis zum heutigen Tag; *vents m/pl. faibles à modérés Wetterbericht*: schwache bis mäßige Winde; *à vous, Paris! rad.* hallo, Paris!; c) *Zeitmaß*: *payer au mois* monatlich bezahlen; *travailler à la journée* im Tagelohn arbeiten; *Auto*: *rouler à 100 à l'heure* 100 km pro Stunde fahren; **3.** *Entfernung* (*örtlich und zeitlich*): *de la tête aux pieds* von Kopf bis Fuß; *du jour au lendemain* von einem Tag zum andern; *ungefähre Zahlenangabe*: *cinq à six jours* fünf bis sechs Tage; *la ville est aux trois quarts détruite* die Stadt ist zu e-m Dreiviertel zerstört; **4.** *Verhältnis*: *quatre est à six comme six est à neuf* vier verhält sich zu sechs wie sechs zu neun; **5.** *Besitz, Zugehörig-*

keit: *avoir une maison à soi* ein eigenes Haus haben; *une tante à moi* e-e Tante von mir; **6.** *Merkmal*: *canne f à sucre* Zuckerrohr *n*; *vache f à lait* Milchkuh *f*; **7.** *Form, Bau*: *chapeau m à larges bords* Hut *m* mit breiter Krempe; *instrument m à cordes* Saiteninstrument *n*; **8.** *boîte f aux lettres* Briefkasten *m*; *chambre f à coucher* Schlafzimmer *n*; **9.** *Mittel*: *se sauver à la nage* sich durch Schwimmen retten; *à l'aiguille* mit der Nadel; *moulin m à vent* Windmühle *f*; *bateau m à vapeur* Dampfschiff *n*, kleinerer Dampfer *m*; *faire sauter à la dynamite* mit Dynamit sprengen; *à grands pas appliqués* mit Riesenschritten; **10.** *Art und Weise des Tuns, des Seins*: *à gorge déployée* aus vollem Halse; *à la mode* nach der Mode; *à pleines mains* mit vollen Händen; *à bon droit* mit Fug und Recht; *au pas!* Schritt (*od.* langsam) fahren!; **11.** *Maß, Gewicht, Anzahl*: *à la livre* pfundweise; *à la douzaine* dutzendweise; **12.** *Preis*: *déjeuner m à cinq cent francs par tête* Essen *n* zu 500 (alten) Franken pro Person; *à bas prix* billig; **13.** *geistige Verfassung*: *faire qch. à regret* etw. ungern tun; *à contre-cœur* widerwillig; *à dessein* absichtlich; **14.** *Ursache*: *se ruiner au jeu* sich durchs Spiel ruinieren; *se tuer à (force de) travailler* sich totarbeiten; **15.** *Wirkung*: *blesser à mort* tödlich verwunden; **16.** *Reihenfolge*: *se placer deux à deux* sich paarweise hinsetzen; *goutte à goutte* tropfenweise; *mot à mot* Wort für Wort; *suivre q. pas à pas* j-m auf Schritt und Tritt (*od.* Schritt für Schritt) folgen; *un à un* einer nach dem andern, einzeln; **17.** *à bei être und avoir*: *il est toujours à se plaindre* er beklagt sich dauernd; *il n'y a rien à dire* es läßt sich nichts dagegen sagen; **18.** *abs. à mit inf.* = *en mit part. prés.*: *à l'entendre on croirait* wenn man ihn hört, möchte man glauben; *à partir de ce jour* von diesem Tage an; *à vrai dire* offen gestanden; **19.** *à statt de quoi*: *il n'a rien à manger* er hat nichts zu essen; *verser à boire* einschenken; **20.** mit (*Beziehung*): *avoir affaire à (od. avec) q.* mit j-m zu tun haben; *parler à (od. avec) q.* mit j-m sprechen; **21.** *dat.*: *à mon détriment* zu meinem Schaden; *à d'autres!* das können Sie anderen erzählen!; *parallèlement à cette action* parallel mit dieser Tat; **22.** (*aus lat. a, ab*) von ... her: *ce serait très (od. bien) gentil à vous* das wäre sehr nett von Ihnen; *acheter le lait au laitier* die Milch beim (*od.* vom) Milchhändler kaufen; *demander qch. à q.* von j-m etw. erbitten, j-n um etw. (*acc.*) bitten; *emprunter qch. à q.* von j-m etw. leihen (*od.* sich borgen); *boire à la rivière* aus dem Flusse trinken; *boire à la source (au ruisseau)* aus der Quelle (aus dem Bache) trinken; *boire à même la bouteille* gleich aus der Flasche trinken; *puiser à la pompe un seau d'eau* aus der Pumpe e-n Eimer Wasser pumpen; *puiser de l'eau à une fontaine* Wasser aus e-m Brunnen schöpfen; *retâter à qch.* wieder von etw. kosten; ⚔ *être tué à l'ennemi* vor e-m Feinde fallen; *ne rien comprendre à qch.* nichts von etw. (*dat.*) verstehen; *daher auch*: *je n'y entends rien* ich verstehe nichts davon (*y ersetzt den mit à aus lat. a(b) und ad gebildeten Dativ!*); *faire faire qch. à q.* j-n (*acc*). etw. machen lassen; *faire remarquer qch. à q.* j-n auf etw. (*acc.*) aufmerksam machen; *il laisse prendre trop d'autorité à ses subalternes* er läßt s-n Untergebenen zuviel Freiheit; *bei den Verben des Wahrnehmens und Erkennens*: *je ne lui connaissais pas d'autre nom* ich kannte ihn unter keinem anderen Namen; *on reconnaît les femmes à une phrase* man erkennt die Frauen an e-m Satze; *je le vis à ses yeux qui riaient* ich sah es an s-n Augen (ich entnahm es s-n Augen), die vor Freude strahlten; *tu lui verras subir la mort la plus terrible* du wirst ihn (sie) den schrecklichsten Tod sterben sehen; *manger à plusieurs râteliers (od. à plus d'un râtelier)* mehrere lohnende Pöstchen zugleich bekleiden; mehreren Herren dienen (*a. fig.*); *mangé aux vers* wurmstichig; *arracher q. à la mort* j-n vom Tode retten; *arracher q. à ses occupations* j-n aus s-r Tätigkeit herausreißen; *cueillir des fruits sur (od. à) l'arbre* Früchte vom Baume pflücken; **23.** *statt e-s Relativsatzes nach premier, dernier und seul*: *il fut le pre-*

mier à venir, le dernier à s'en aller er war der erste, der kam, und der letzte, der ging; *l'Eglise a longtemps été la seule à s'intéresser à l'enseignement* lange Zeit hindurch war die Kirche die einzige (Stelle), die sich für das Unterrichtswesen interessierte; *j'étais le seul à habiter sur place* ich war der einzige, der an Ort und Stelle wohnte.

abaissable (abɛ'sablə) *adj.* herablaßbar.

abaisse-langue (abɛs'lɑ̃:g) *m/inv.* Zungenspatel *m.*

abaissement (abɛs'mɑ̃) *m* **1.** Herablassen *n*; Abtragen *n e-r Mauer*; Herabsetzung *f*, Senkung *f des Preises*; Sinkenlassen *n der Stimme*; Fällen *n e-s Lotes*; ♈ *Bruch*: Kürzen *n e-r Gleichung*; Sinken *n*, Fallen *n des Wassers*; Senkung *f des Bodens*; ~ *du coût de la vie* Senkung *f* der Lebenshaltungskosten; ~ *de prime(s)* Prämiensenkung *f* (*Versicherung*); **2.** *fig.* Verfall *m*, Sinken *n*, Abnahme *f*; Demütigung *f*, Erniedrigung *f*, Entwürdigung *f*; Niederzwingung *f*, Unterwerfung *f*.

abaisser (abɛ'se) [1b] **I** *v/t.* **1.** herunter-, herab-lassen; niedriger machen *od.* stellen; *Augen* niederschlagen; *Mauer* abtragen; *Bild* niedriger hängen; *Preis* herabsetzen; *Instrument* herunterstimmen; *Stimme* sinken lassen; *Lot* fällen; ♈ *Ziffer* herunterziehen; *Gleichung* kürzen; *Teig* dünn rollen; ~ *son front* sein Haupt neigen; **2.** *fig.* verkleinern; demütigen, ducken (F), erniedrigen; niederzwingen; *Verdienst* schmälern; **II** *v/rfl.* **s'~ 3.** sich senken, niedriger werden; fallen *od.* sinken (*Nebel*); sich legen (*Wind*); **4.** sich demütigen, sich erniedrigen; s'~ *au niveau de q.* sich der Auffassungskraft j-s anpassen, sich zu j-m herablassen.

abajoue (aba'ʒu) *f* **1.** *zo.* Backentasche *f*; **2.** F *fig.* Hängebacke (F) *f*.

abandon (abɑ̃'dɔ̃) *m* **1.** (*gänzliche*) Verlassenheit *f*; *livrer à l'~* ganz aufgeben; **2.** Vernachlässigung *f*; Preisgabe *f*; **3.** Abtretung *f*; Verzicht(leistung *f*) *m*; *Sport*: Aufgabe *f*, Zurückziehen *n*; *par ~* durch Aufgabe; **4.** *fig.* Ergebung *f*, Hingabe *f*; Ungezwungenheit *f*; Sichgehenlassen *n*; *laisser tout à l'~* alles drunter und drüber gehen lassen.

abandon|né (abɑ̃dɔ'ne) *adj. u. su.* hilflos, verlassen, verkommen, verwahrlost; zügellos; Hilfloser *m*, Verlassener *m*; **~ner** (~) [1a] **I** *v/t.* **1.** verlassen; räumen; zurücklassen; im Stich lassen; *Kind* aussetzen; *mes forces m'abandonnent* meine Kraft verläßt mich; *abandonné à soi-même* sich selbst überlassen; ⚒ ~ *une mine* e-e Grube auflassen; **2.** preisgeben; j-m *etw.* überlassen; verzichten auf (*acc.*); *Plan, Arbeit* aufgeben; *Zügel* schießen lassen; loslassen; *Boxkampf, Tennis usw.*: aufgeben; **II** *v/rfl.* s'~ *à* sich j-m *od.* e-r Sache ganz hingeben; s'~ *à un vice* e-m Laster frönen; *abs.* s'~ sich gehen lassen.

abaque (a'bak) *m* **1.** ⌂ Säulendeckplatte *f*; **2.** ⌂ Fluchtlinientafel *f*; **3.** Rechentabelle *f*; graphische Darstellung *f*.

abasourdi (abazur'di) *p.p. u. adj.* verdutzt, verblüfft, niedergeschlagen; benommen, betäubt; *être ~* wie vom Schlage getroffen sein; **~r** (~'di:r) *v/t.* [2a] verblüffen, *fig.* betäuben, niederschlagen.

abat (a'ba) *m* **1.** ✂ Schlachten *n*; *les ~s* Schlachtabfälle *m/pl.*; **2.** *pluie f d'~* Platzregen *m*.

abâtard|ir (abɑtar'di:r) [2a] **I** *v/t.* verschlechtern, degenerieren; *fig.* schwächen (*Mut*); **II** *v/rfl.* s'~ entarten; **~issement** (~dis'mɑ̃) *m* Entartung *f*.

abat|-foin (aba'fwɛ̃) *m* [6c] Heuluke *f*; **~-jour** (~'ʒu:r) *m* [6c] **1.** Lampenschirm *m*; Augenschirm *m*; **2.** ⌂ Oberlicht *n*; Schrägfenster *n*; **~-son** ⌂ (~'sɔ̃) *m* Schallfenster *n* (*Glockenturm*).

abat|tage (aba'ta:ʒ) *m* **1.** Holzfällen *n*; Abhieb *m*; ⚒ Schrämen *n*; *engin m d'~* Schrämmaschine *f*; ~ *à la mine* Sprengung *f* (*Straßenbau*); **2.** (Holz-)Hauerlohn *m*; **3.** Tötung *f*; Abschlachten *n*; ~ *clandestin* Schwarzschlachten *n*; *droit m d'~* Schlachtsteuer *f*; **4.** ⚓ *etc.* Verankerung *f*; ⚒ Abbau *m*; P Rüffel *m*; Strafpredigt *f*; * Schwung *m*, Schneid *m*; ⚒ ~ *à la lance* Wasserstrahlgewinnung *f*; ⚒ *machine f d'~* Gewinnungsmaschine *f*; **5.** * *maison f d'~* billiges Absteigequartier *n* (*mv. p.*); **~tant** (~'tɑ̃) *m* Rolltür *f* (*Schreibschrank*); Tischklappe *f*; **~(t)ée**

(~'te) *f* **1.** ✈ ~ *sur le nez* Kopfstand *m*; **2.** ⚓ Abfallen *n*; **~tement** (abat'mɑ̃) *m* Mattigkeit *f*; Mutlosigkeit *f*; Niedergeschlagenheit *f*; **~teur** (~'tœːr) *m* Hauer *m*; Schlächter *m*; ~ *de bois* Holzhacker *m*; **~tis** (aba'ti) *m* **1.** Fällen *n*; Abbrechen *n*; Schutt *m*; Späne *m/pl.*; **2.** Abgang *m* (*von geschlachtetem Vieh*); ~ *d'oie* Gänseklein *n*; **3.** *frt.* Verhau *m*; **4.** *pl.* * Arme und Beine *pl.*; * *numéroter ses* ~ s-e Knochen zählen (*od.* zusammensuchen); **~toir** (~'twaːr) *m* Schlachthaus *n*; *inspecteur m d'*~ Fleischbeschauer *m*.

abattre (a'batrə) [4a] **I** *v/t.* **1.** ab-, herunter-schlagen; niederwerfen; *Baum* fällen; ✈, *ch.* abschießen; *Haus* abbrechen, abreißen; *Kegel* schieben, umwerfen; F niederschießen, runterknallen P, töten; ~ *à coups de matraque* (*od. de gourdin*) niederknüppeln; ⚒ ~ *du charbon à la main* Kohle von Hand gewinnen; **2.** *fig.* schwächen; *Schmerz* lindern, stillen; *Stolz* demütigen, brechen; entmutigen; **3.** *fig.* ersetzen; ~ *la besogne de 1000 ouvriers* die Arbeit von 1000 Arbeitern ersetzen; **II** *v/rfl.* *s'*~ **4.** *Alpensport*: abstürzen; ✈ *s'*~ *en flammes* brennend abstürzen; **5.** einstürzen, zs.-brechen (*Dach*); sich legen (*Korn*); stürzen (*Pferd*); **6.** herabschießen (*v/i.*) (*Raubvogel*); sich niederlassen (*Vögel*); niedergehen (*Gewitter*); **7.** sich legen (*Wind*); **8.** *fig.* (*a. se laisser* ~) mutlos werden; **9.** *fig.* sich ergießen: *une nuée de touristes s'abat sur une ville* ein Schwarm von Touristen ergießt sich auf e-e Stadt.

abattu (aba'ty) *adj. fig.* niedergeschlagen.

abatture *ch.* (aba'tyːr) *f*: ~*s pl.* Hirschfährte *f.*

abat|-vent (aba'vɑ̃) *m* [6c] Wetterdach *n*; Windschirm *m*; Schornsteinkappe *f*; **~-voix** (~'vwa) *m* [6a] Schalldeckel *m*; Kanzeldeckel *m*.

abbaye (a'bei) *f* Abtei *f*.

abbé (a'be) *m* Abt *m*; Geistlicher *m*.

abc (abe'se) *m* **1.** Abc *n*, Alphabet *n*; **2.** Fibel *f*, Abc-Buch *n*; **3.** *fig.* Anfangsgründe *m/pl.*

abcéder (apse'de) *v/i.* [1f] zum Abzeß werden.

abcès ⚕ (ap'sɛ) *m* Geschwür *n*.

abdication (abdikɑ'sjɔ̃) *f* **1.** Abdankung *f*; (freiwillige) Niederlegung *f*; ~ (*du trône*) Verzicht *m* auf den Thron, Thronentsagung *f*; **2.** ⚖ ~ *d'un fils* Erbverzicht *m* e-s Sohnes.

abdiquer (abdi'ke) [1m] **I** *v/t.* verzichten auf (*acc.*); Amt niederlegen; *fig.* ~ *ses vices* s-n Lastern entsagen, s-e Laster aufgeben; **II** *v/i.* abdanken.

abdomen (abdɔ'mɛn) *m anat.* Unterleib *m*; *ent.* Hinterleib *m*.

abécédaire (abese'dɛːr) **I** *m* Abc-Buch *n*, Fibel *f*; *fig.* ~ *d'une science* Elemente *n/pl.* e-r Wissenschaft; **II** *adj.* alphabetisch.

abecquer (abɛ'ke) *v/t.* [1m] *Vögel* füttern.

abeill|e (a'bɛj) *f* Biene *f*, Imme *f*; ~ *neutre*, ~ *ouvrière* Arbeitsbiene *f*; ~ *mâle* Drohne *f*; ~ *nourricière* Futterbiene *f*.

aber|rant (abɛ'rɑ̃) *adj.* [7] abweichend; **~ration** (~rɑ'sjɔ̃) *f* **1.** *ast.* Abweichung *f* (*z.B. des Lichts der Sterne*); **2.** Abweichung *f* (*vom Rechten*); **3.** *fig.* Verirrung *f*; **~rer** (~'re) *v/i.* [1b] abirren, abweichen.

abêt|ir (abɛ'tiːr) [2a] **I** *v/t.* dumm machen, verdummen; **II** *v/rfl.* *s'*~ dumm werden, verdummen (*v/i.*), verblöden; **~issement** (~tis'mɑ̃) *m* Verdummung *f*.

abhorrer (abɔ're) *v/t.* [1a] verabscheuen, tief verachten.

abiét|inées ❦ (abjeti'ne) *f/pl.* Koniferenarten *f/pl.*; **~ite** (~'tit) *f* Tannennadelextrakt *m*.

abîme (a'biːm) *m* Abgrund *m*, Kluft *f*, unendliche Tiefe *f*; Höllenschlund *m*; *fig.* Höchstgrad *m*; *fig. les* ~*s de l'âme humaine* die Abgründe der menschlichen Seele; *un* ~ *d'incertitude* ein Höchstmaß *n* an Unsicherheit; *être au bord de l'*~ am Rande des Verderbens stehen.

abîmer (abi'me) [1a] **I** *v/t.* **1.** in e-n Abgrund stürzen; **2.** *fig.* vernichten, verderben, zugrunde richten; *abs. abîmé dans la dissipation* der Verschwendungssucht ergeben; *une voiture abîmée* F *Auto*: ein kaputter Wagen *m*; **II** *v/rfl.* *s'*~ **3.** versinken (*Schiff*); **4.** sich demütigen; **5.** zugrunde gehen; **6.** *fig.* sich versenken *od.* vertiefen (*dans* in *acc.*); **7.** schlecht werden, verderben (*Obst*); **8.** sich *etw.* schmutzig machen; sich *etw.* verderben; *n'allez* *pas vous* ~ *l'habit neuf* machen Sie sich ja nicht den neuen Anzug schmutzig; *vous vous abîmerez les yeux* Sie werden sich die Augen verderben.

abject (ab'ʒɛkt) *adj.* [7] niederträchtig, verkommen, verworfen; verächtlich; gemein.

abjection (abʒɛk'sjɔ̃) *f* Niederträchtigkeit *f*, Verkommenheit *f*; Verworfenheit *f*; Niedrigkeit *f*, Gemeinheit *f*.

abjur|ation (abʒyrɑ'sjɔ̃) *f* Abschwörung *f*, feierliche Entsagung *f*; **~er** (~'re) *v/t.* [1a] entsagen (*dat.*); ~ *sa foi* s-n Glauben abschwören *od.* verleugnen.

ablation (ablɑ'sjɔ̃) *f* **1.** ⚕ Ablation *f*, Entfernung *f*; **2.** *géogr.* Ablation *f*: a) Abtragung *f*; b) ~ (*glaciaire*) Abschmelzung *f* am Gletscher.

abl|e *icht.* ('ɑːblə) *m* Weißfisch *m*; ~ *de mer* Weißbarsch *m*; **~ette** *icht.* (a'blɛt) *f* Blicke *f*, Ukelei *m*.

ablution (ably'sjɔ̃) *f* Abwaschen *n*, Reinigung *f* (*bsd. rl.*).

abnégation (abnegɑ'sjɔ̃) *f* (Selbst-)Verleugnung *f*; Selbstüberwindung *f*; Entsagung *f*.

aboi (a'bwa) *m* **1.** Bellen *n*; **2.** **~s** *pl. ch.* Todeskampf *m* (*des Hirsches*); *fig. être aux* **~s** a) *ch.* in den letzten Zügen liegen (*Jagdwild*); b) *allg.* in e-r verzweifelten Lage sein.

aboiement (abwa'mɑ̃) *m* (*mst. pl.*) Gebell *n*; *fig.* Geschrei *n*; *les* **~s** *de la critique* das Gezeter *n* der Kritik.

abolir (abɔ'liːr) [2a] **I** *v/t.* abschaffen, aufheben, außer Kraft setzen; ~ *l'administration* (*od. la gestion*) *forcée* die Zwangswirtschaft aufheben; **II** *v/rfl.* s'~ außer Gebrauch kommen; verjähren.

abolition (abɔli'sjɔ̃) *f* **1.** Abschaffung *f*, Aufhebung *f*, Abbau *m*; **2.** ⚕ Erlöschen *n*; Schwinden *n*, Fehlen *n*; ~ *de la mémoire* Gedächtnisschwund *m*; ~ *de l'ouïe* Taubwerden *n*; ~ *de la vue* Erblinden *n*; ~ *des réflexes* Fehlen *n* der Reflexe.

abolition|nisme (abɔlisjɔ'nism) *m bsd.* Lehre *f* von der Abschaffung der Sklaverei; **~niste** (~'nist) **I** *adj.* Freihandels...; *système m* ~ Freihandelssystem *n*; **II** *m bsd.* Anhänger *m* der Lehre von der Abschaffung der Sklaverei.

abomi|nable (abɔmi'nablə) *adj.* □ widerlich, ekelhaft; erbärmlich; **~nation** (~nɑ'sjɔ̃) *f* **1.** Abscheu *m*; Ekel *m*; *avoir en* ~ verabscheuen; **2.** (*bsd. im pl.*) Greueltat *f*, Schandtat *f*, Scheußlichkeit *f*, Entweihung *f*; **~ner** (~'ne) *v/t.* [1a] verabscheuen.

abon|dance (abɔ̃'dɑ̃ːs) *f* **1.** Überfluß *m* (*de* an *dat.*); *corne f d'*~ Füllhorn *n*; *année f d'*~ gutes Jahr *n*; *en* ~ reichlich, in Hülle u. Fülle; **2.** ~ *de paroles* Wortreichtum *m*, überströmende Beredtsamkeit *f*; *péj.* Wortschwall *m*; *parler avec* ~ überschwenglich sprechen; *parler avec* ~ *de* beredt sprechen über (*acc.*); **3.** F mit Wasser verdünnter Wein *m*; **~dant** (~'dɑ̃) *adj.* [7] (*adv. abondamment*) reich, fruchtbar; reichlich, im Überfluß; wortreich, ausdrucksvoll; ~ *en* reich an (*dat.*); **~der** (~'de) *v/i.* [1a] **1.** ~ *en* Überfluß haben an (*dat.*); **2.** im Überfluß vorhanden sein, reichlich zufließen; **3.** *fig.* ~ *dans le sens de q.* j-s Meinung beipflichten.

abon|né (abɔ'ne) *su.* Abonnent *m*; Zeitkarteninhaber *m*; ~ *au téléphone* Fernsprechteilnehmer *m*; ~ *de T.S.F.* Rundfunkhörer *m*; **~nement** (~n'mɑ̃) *m* Vorausbezahlung *f*, -bestellung *f*; *thé.*, *Sport*: Dauerkarte *f*; ~ (*mensuel*) 🚂 Monatskarte *f*; ~ *au téléphone* Fernsprechanschluß *m*; ~ *pour un an*, ~ *valable pour une année* Jahresabonnement *n*; ✝ *payer* (*payable*) *à l'*~ in Raten zahlen (zahlbar); *par* (*od. à*) *l'*~ auf Abzahlung; ~ *postal* Postbezug *m* (*z.B. e-r Zeitung*); ~ *couplé* Zusatzabonnement *n*; ~ *au timbre* Firmenfreistempel *m*; ~ *d'essai* Probeabonnement *n*; *prendre un* ~ *à un journal* e-e Zeitung abonnieren; **~ner** (~'ne) [1a] **I** *v/t.* ~ *q. à qch.* für j-n etw. abonnieren; *être abonné à* abonniert sein bei, *Zeitung usw.* halten; **II** *v/rfl.* s'~ *à* sich auf etw. (*acc.*) abonnieren.

abonnir (abɔ'niːr) [2a] **I** *v/t.* verbessern (*Wein*; *Erde*); **II** *v/i. u. v/rfl.* s'~ besser werden.

abord (a'bɔːr) *m* **1.** Zugang *m*, Zutritt *m*, Auffahrt *f*; ⚓ Landungsplatz *m*; **2.** Annäherung *f*, Ankunft *f*; ⚔ Angriff *m*; ⚓ Landung *f*; **3.** *fig. être d'un* ~ (*od. avoir l'*~) *facile* zugänglich (*od.* entgegenkommend) sein; **4.** (*tout*) *d'abord*, *au* (*od. du od. de*) *premier* ~ zuerst, anfangs; *de prime* ~ von vornherein, auf den ersten Blick; **5.** *aux* ~*s de* in der Nähe von (*dat.*); *fig. aux* ~*s du pouvoir* auf der Schwelle zur Macht.

abord|able (abɔr'dablə) *adj.* □ zum Landen geeignet; *fig.* zugänglich; † *prix m* ~ annehmbarer (*od.* erschwinglicher) Preis *m*; ~**age** (~'da:ʒ) *m* Anlegen *n*; Entern *n*; Gegeneinanderprallen *n*; Zusammenstoß *m*; ~**er** (~'de) [1a] **I** *v/t.* **1.** nahekommen (*dat.*), anreden, ansprechen; ~ *q.* an j-n mit e-m Angebot herantreten; **2.** ⚓ *Küste* anlaufen; ✈ anfliegen; **3.** *fig. Problem* anpacken, *Frage* erörtern; ~ *qch.* auf etw. zu sprechen kommen; ~ *un travail* e-e Arbeit in Angriff nehmen (*od.* anfangen *od.* anpacken); ~ *le lyrisme* sich der Lyrik zuwenden; *thé.* ~ *Molière* sich an Molière wagen (*Schauspieler*); ~ *un sujet* ein Thema anschneiden; **4.** ⚓ *Schiff* entern; übersegeln; stoßen gegen; **5.** ⚔ angreifen; **II** *v/i.* (*avoir bzw. être*) **6.** landen, anlegen; **III** *v/rfl.* s'~ **7.** sich ea. nähern; **8.** zusammenstoßen, handgemein werden.

aborigène (abɔri'ʒɛn) **I** *adj.* eingeboren, einheimisch; Ur...; **II** *m* Ureinwohner *m*.

aborn|ement (abɔrnə'mɑ̃) *m* Vermarkung *f*; ~**er** (~'ne) *v/t.* [1a] abstecken, vermarken.

abortif ⚕, *biol.* (abɔr'tif) **I** *adj.* zu früh geboren (*a. su.*); verkümmert; **II** *m* Abtreibungsmittel *n*.

abouchement (abuʃ'mɑ̃) *m* Einmünden *n* (*zweier Röhren*); *fig.* Unterredung *f*, Zusammenkunft *f*.

aboucher (abu'ʃe) [1a] **I** *v/t.* **1.** ⊕ ineinanderfügen; **2.** *fig.* Personen zs.-bringen; **II** *v/rfl.* s'~ zs.-stoßen (*Röhren*); einmünden; *fig.* sich mit j-m in Verbindung setzen.

abouler P (abu'le) [1a] **I** *v/t.* herbringen, rausrücken; geben; zahlen; **II** P *v/rfl.* s'~ angetrudelt (*od.* angewalzt) kommen; *Auto usw.* anrollen.

aboul|ie *psych.* (abu'li) *f* Abulie *f*, Willensschwäche *f*, Entschlußlosigkeit *f*; ~**ique** (~'lik) *adj.* □ willen-, entschluß-los.

about *charp.* (a'bu) *m* Balkenkopf *m*; 🚂 ~ *du rail* Schienenende *n*; ~**er** (~'te) *v/t.* [1a] mit den stumpfen Enden zs.-fügen; ~ *la vigne* die Weinrebe vollständig beschneiden.

aboutir (abu'ti:r) [2a] **I** *v/i.* (*avoir u. être*) **1.** ~ *à* gehen (*od.* reichen) bis an (*acc.*), grenzen an (*acc.*); endigen in (*dat.*); münden, sich ergießen (*Fluß*); enden (*Weg*); *fig.* bezwecken, hinauslaufen auf (*acc.*), führen zu; ~ *au centre* im Mittelpunkt zs.-treffen; ⊕ ~ *contre* aneinanderstoßen; ~ *en pointe* spitz zulaufen; **2.** ⚕ aufgehen (*Geschwür*); ⚘ Knospen treiben; **3.** *faire* ~ *Verhandlungen usw.* zum Ziele führen; zum Abschluß bringen; **II** *v/t.* e-e größere Röhre an e-e kleinere anpassen.

aboutissant (abuti'sɑ̃) *adj.* [7] angrenzend; *connaître les tenants et les* ~*s* die näheren Umstände (*od.* das Drum u. Dran) kennenlernen.

aboutissement (abutis'mɑ̃) *m* **1.** Aufgehen *n e-s Geschwürs*; **2.** *fig.* Ergebnis *n*; **3.** ⊕ Widerlager *n*.

aboyer (abwa'je) *v/i.* [1h] bellen.

aboy|eur (abwa'jœ:r) **I** *adj.* [7g] bellend; **II** *m* Kläffer *m*; *fig.* Schreier *m*, Schreihals *m*; (Zeitungs-) Ausrufer *m*; Querulant *m*, Krakeeler *m*; *ch.* Saufinder *m*.

abracadabrant F (abrakada'brɑ̃) *adj.* [7] schnurrig, unverständlich.

abras|er *a.* ⚕ (abrɑ'ze) *v/t.* [1a] abschaben, auskratzen; ~**if** (~'zif) **1.** *adj.* [7e] (ab)schleifend; *toile f abrasive* Schmirgelleinwand *f*; **2.** *m* Schleifmittel *n*; ~**ion** *a.* ⚕ (~'zjɔ̃) *f* Abschaben *n*, Auskratzen *n*; oberflächliche Eiterbildung *f*; ⊕ Abrieb *m*, Abnutzung *f*, Verschleiß *m*.

abrégé (abre'ʒe) *m* Auszug *m*, Ab-, Ver-kürzung *f*; kurzer Abriß *m*; *faire (od. donner) un* ~ *de* den Inhalt kurz zs.-fassen (*od.* wieder-, angeben) von.

abréger (abre'ʒe) *v/t.* [1g] ab-, verkürzen; zs.-ziehen; verkleinern.

abreu|vage, ~**vement** (abrœ'va:ʒ, ~v'mɑ̃) *m* Tränken *n*; ~**ver** (~'ve) [1a] **I** *v/t.* **1.** tränken; (*Personen*) ordentlich (*od.* reichlich) zu trinken geben (*dat.*); **2.** benetzen, begießen, durchwässern; **3.** *fig.* ~ *q. d'injures* j-n mit Beleidigungen überschütten; **4.** *peint.* grundieren; **II** *v/rfl.* s'~ a) saufen (*v. Tieren*); b) reichlich trinken (*v. Menschen*); ~ *d'excellent vin* ausgezeichneten Wein trinken; ~**voir** (~'vwa:r) *m* **1.** Tränke *f*, Schwemme *f*; **2.** Trinknapf *m* (*Vögel*).

abrévia|teur (abrevja'tœ:r) [7f] **I** *su.* Abkürzer *m*; Verfertiger *m* e-s Auszuges; **II** *adj.* abkürzend; **~tif** (~'tif) *adj.* [7e] abkürzend; *signe m* ~ Abkürzungszeichen *n*; **~tion** (~vja'sjõ) *f* Abkürzen *n*; Abkürzung *f*; Abkürzungszeichen *n*; ~ *sténographique* Kürzel *n*, Sigel *n*.

abri (a'bri) *m* Obdach *n*, (Schutz-) Hütte *f*; *fig.* Schutz *m*; ⚔ Deckung *f*, Unterstand *m*; Luftschutzkeller *m*; ~ *à bicyclettes* Fahrradunterstand *m*; ~ *bétonné* ⚔ Bunker *m*; ~ *contre avions* Fliegerdeckung *f*; ~ *contre les* (*od. à l'épreuve des*) *gaz* Gas-schutz-raum *m*, -keller *m*; ~ *souterrain* Luftschutzkeller *m*; ~ *de mécanicien* Führerstand *m* (*e-r Lokomotive*); *à l'*~ *de l'air* unter Luftabschluß; *à l'*~ *de in* Sicherheit vor (*dat.*), geschützt gegen (*acc.*); *mettre à l'*~ in Sicherheit bringen.

abricot ⚘ (abri'ko) *m* Aprikose *f*; **~ier** ⚘ (~kɔ'tje) *m* Aprikosenbaum *m*; **~in** ⚘ (~'tɛ̃) *m* Aprikosenpflaume *f*.

abri-mangeoire (abrimɑ̃'ʒwa:r) *m* [6a]: ~ *pour oiseaux* Vogelfutterhäuschen *n*, (überdachter) Futterplatz *m* für Vögel.

abrivent (abri'vɑ̃) *m* **1.** Wetterdach *n*, Schutzhütte *f* für Wachposten; **2.** Strohmatte *f* für Pflanzen.

abrogation (abrɔgɑ'sjõ) *f* Aufhebung *f*, Abschaffung *f e-s Gesetzes, Gebrauchs usw.*

abroger (abrɔ'ʒe) [1l] **I** *v/t.* abschaffen, aufheben; ⚖ *être abrogé* außer Kraft treten; **II** *v/rfl. s'*~ außer Gebrauch kommen.

abrou|ti (abru'ti) *adj.* □ abgenagt; **~tissement** (~tis'mɑ̃) *m* Abfressen *n*, Abweiden *n*.

abrupt (ab'rypt) **I** *adj.* [7] schroff, abschüssig; *fig.* abgerissen, holperig, nicht abgerundet, nicht ausgefeilt, abgehackt (*Stil*); schroff (*Antwort*); primitiv, ungehobelt, simpel (*Charakter*); **II** *m* steiler Abhang *m*.

abru|ti (abry'ti) **I** *adj.* □ **1.** roh, gefühllos; dumm; **II** *m* **2.** Dummkopf *m*; **3.** *mv.p.* Idiot *m*, Ochse *m* P, Blödling *m*, Dummkopf *m*; **~tir** (~'ti:r) [2a] **I** *v/t.* verdummen; abstumpfen; **II** *v/rfl. s'*~ stumpfsinnig werden; **~tissant** (~ti'sɑ̃) *adj.* [7] geisttötend; herabwürdigend; **~tissement** (~tis'mɑ̃) *f* Verdummung *f*; Vertierung *f*; sittliche Haltlosigkeit *f*.

absciss|e *géom.* (ap'sis) *f* Abszisse *f*; **~ion** ⚕ (~'sjõ) *f* Herausschneiden *n*.

absence (ap'sɑ̃:s) *f* **1.** Abwesenheit *f*; ⚖ *déclaration f d'*~ Verschollenheits-, Todes-erklärung *f*; *liste f des* ~*s* Versäumnisliste *f*; *fig.* ~ *d'esprit* Zerstreutheit *f*; **2.** Mangel *m* (de an *dat.*); ~ *de son* Klanglosigkeit *f*; **3.** ⚕ Bewußtseinstrübung *f*.

absent (ap'sɑ̃) *adj.* [7] abwesend; verreist; beurlaubt; *fig.* geistesabwesend, zerstreut.

absentéisme (apsɑ̃te'ism) *m* Abwesenheit *f* des Herrn (*od.* des Besitzers); *écol.*, *Arbeitsplatz*: Fehlen *n*, Fernbleiben *n*; Abwesenheitsprozentsatz *m* (*der Angestellten e-s Betriebes*); *allg. péj.* Abseitsstehen *n*, Drückebergerei *f*.

absenter (apsɑ̃'te) [1a]: *v/rfl. s'*~ sich wegbegeben, sich drücken F, abhauen P, verschwinden.

abside ⛪, *Zelt* (ap'sid) *f* Apsis *f*; *Zelt*: ~ *arrière* Heckapsis *f*; *Zelt*: ~ *avant* Vorderapsis *f*.

absinthe (ap'sɛ̃:t) *f* **1.** ⚘ Wermut *m*; **2.** Absinth *m*; **3.** *fig.* Bitternis *f*.

absinthisme ⚕ (apsɛ̃'tism) *m* Absinthvergiftung *f*.

absolu (apsɔ'ly) **I** *adj.* **1.** absolut; unabhängig; unbedingt; eigenmächtig, gebieterisch; *fig.* restlos; *pouvoir m* ~ unumschränkte Gewalt *f*; **2.** *gr.* a) unabhängig; b) nicht regierend; *verbe m pris dans un sens* ~ absolut gebrauchtes Verb *n*, Zeitwort *n* ohne Ergänzung; **3.** *alcool m* ~ reiner Alkohol *m*; *zéro m* ~ absoluter Nullpunkt *m* (—273,15°); **II** *m phil. l'*~ das Absolute *n*.

absolu|ment (apsɔly'mɑ̃) *adv.* unumschränkt; eigenmächtig; durchaus, völlig, absolut; **~tion** (~'sjõ) *f* Sündenvergebung *f*, Absolution *f*; ⚖ Freispruch *m*; **~tisme** (~'tism) *m* Absolutismus *m*, unumschränkte Regierungsform *f*; **~tiste** (~'tist) *su. u. adj.* Absolutist *m*, Anhänger *m* der absoluten (*od.* unumschränkten) Regierungsform; absolutistisch; **~toire** (~'twa:r) *adj.* freisprechend; ⚖ strafausschließend.

absor|bant (apsɔr'bɑ̃) *adj.* [7] *u. m* aufsaugend(es), säureverzehrend(es Mittel *n*); *fig.* in Anspruch nehmend, zeitraubend; aufreibend (*Arbeit*); ~ *m de bruit* Schalldämpfer *m*; **~bement** (~bə'mɑ̃) *m* (geistiges) Insichversunkensein *n*;

innere Versunkenheit *f*; **~ber** (~'be) [1a] **I** *v/t.* absorbieren, aufsaugen; aufzehren, schlucken; ✝ aufnehmen (*Markt*); *phys.*, ⊕ aufnehmen (*Energie, Korpuskel, Stoß*); ⍝ dämpfen; *fig.* in Anspruch nehmen; *absorbé dans* vertieft (*od.* versunken) in (*dat.*); **II** *v/rfl.* *s'~* sich verzehren, aufgesogen werden; *fig.* *s'~ dans qch.* sich in etw. (*acc.*) vertiefen; **~ption** *physiol.* (apsɔrp'sjɔ̃) *f* Schlucken *n*, Genuß *m* (*v. Speisen od. Getränken*); Einsaugung *f*; Absorbierung *f*; ⍝ Dämpfung *f*, Aufsaugung *f*; *a. fig.* Verschwinden *n*; *~ de chaleur* Wärmeentzug *m*.

absoudre (ap'su:drə) *v/t.* [4b] **1.** für straflos erklären; *~ q. de qch.* j-n von etw. freisprechen; **2.** *a. abs.* *~ (q.)* (j-m) die Sünden vergeben.

abstème (aps'tɛ:m) *adj.* □ enthaltsam.

abstenir (apstə'ni:r) *v/rfl.* [2h]: *s'~ de* sich enthalten (*gén.*), unterlassen (*acc.*); fernbleiben (*dat.*); *s'~ d'intermédiaire* (*od.* *d'agence[s]*) Vermittler verbeten.

abstention (apstɑ̃'sjɔ̃) *f* Verzichtleistung *f* (*de* auf *acc.*), Enthaltung *f*, *bsd.* Stimmenthaltung *f*; **~nisme** *pol.*, *allg.* (~sjɔ'nism) *m* Sich-Heraushalten *n*, Neutralität *f*; **~niste** *pol.* (~sjɔn'ist) *su.* der sich der Stimme enthält, Nichtwähler *m*.

absterg|ent ⚕ (apstɛr'ʒɑ̃) **I** *adj.* [7] reinigend; **II** *m* Reinigungsmittel *n* (*für Wunden*); **~er** ⚕ (~'ʒe) *v/t.* [1l] (*Wunde*) reinigen, auswaschen.

absters|if ⚕ (apstɛr'sif) *adj.* [7e] zum Reinigen von Wunden dienlich; **~ion** ⚕ (~'sjɔ̃) *f* Reinigen *n* (*od.* Auswaschen *n*) von Wunden.

abstinence (apsti'nɑ̃:s) *f* Enthaltsamkeit *f*; Enthaltung *f*; F ⚕ Diät *f*; *jour m d'~* Fasttag *m*; *faire ~* fasten.

abstinent (apsti'nɑ̃) **I** *adj.* [7] abstinent, enthaltsam; **II** *m* Abstinenzler *m*.

abstrac|tif (apstrak'tif) *adj.* [7e] abstrakt; *terme m ~* abstrakter Ausdruck *m*; **~tion** (~k'sjɔ̃) *f* **1.** Sonderung *f*, Absehen *n*; *phil.* Abstrahierung *f*, Abstraktion *f*; *faire ~ de* absehen von; **2.** *~s pl.* Reflektionen *f/pl.*, Phantastereien *f/pl.*, Träumereien *f/pl.*, Hirngespinste *n/pl.*; *être plongé dans des ~s* in träumerische Gedanken versunken sein.

abs|traire (aps'trɛ:r) [4s] **I** *v/t.* **1.** in Gedanken absondern, abstrahieren; **2.** *~ son esprit de* s-e Aufmerksamkeit ablenken von; **II** *v/rfl.* *s'~* vertieft sein; **~trait** (aps'trɛ) **I** *adj.* [7] (*nach dem su.*) **1.** abstrakt, abgesondert; *Wissenschaften*: rein; **2.** *nom m ~* Abstraktum *n*; *nombre m ~* unbenannte Zahl *f*; **3.** schwer verständlich, abstrakt, dunkel; **4.** mit s-n Gedanken völlig abwesend; **II** *m das* Abstrakte *n*; *se prononcer dans l'~ pour qch.* theoretisch für etw. sein.

abstrus (aps'try) *adj.* [7] schwerverständlich, dunkel, verwickelt, unfaßbar; verschroben; abstrus, verworren.

absur|de (ap'syrd) **I** *adj.* □ absurd, geschmacklos, widersinnig, sinnlos, albern; **II** *m das* Widersinnige *n*, Unsinn *m*; *tomber dans l'~* sinnlos werden; **~dité** (~di'te) *f* Absurdität *f*, Unsinnigkeit *f*, Verdrehtheit *f*, Geschmacklosigkeit *f*, Sinnlosigkeit *f*; *des ~s pl.* Unsinn *m*, Blödsinn *m*, Quatsch *m*, Mumpitz *m* F, dummes Zeug *n*.

abus (a'by) *m* **1.** Mißbrauch *m*; Übergriff *m*; *les ~ pl.* die Mißstände *m/pl.*; *~ de confiance* Vertrauensbruch *m*; Unterschlagung *f*; *par ~* mißbräuchlich; *il y a de l'~* das geht zu weit!; **2.** Irrtum *m*, Fehler *m*.

abuser (aby'ze) [1a] **I** *v/t.* täuschen, hintergehen; **II** *v/i.* *~ de qch.* etw. mißbrauchen, etw. schlecht anwenden; *~ de la bonté de q.* j-s Güte über Gebühr in Anspruch nehmen; *le droit d'user et d'~* das volle Nutzungs- u. Verfügungsrecht *n*; *~ de q.* j-n verführen; **III** *v/rfl.* *s'~* sich täuschen, sich irren, sich verrechnen.

abusif (aby'zif) *adj.* [7e] □ widerrechtlich, mißbräuchlich; übermäßig; *fig.* sprachwidrig.

abyss|al (abi'sal) *adj.* [5c]: *flore f ~e* Tiefseeflora *f*; **~es** (a'bis) *m/pl.* Tiefsee *f*.

abyssin (abi'sɛ̃) [7], **~ien** (~si'njɛ̃) *adj.* [7c] *u.* ♀ *su.* abessinisch; Abessinier *m*. [Abessinien *n*.]

Abyssinie *géogr.* (abisi'ni) *f*: *l'~*

acabit (aka'bi) *m* **1.** ⚒ Sorte *f*; *pommes f/pl. d'un bon ~* Äpfel *m/pl.* von guter Sorte; **2.** F *oft péj.* (*auf Personen bezogen*) *fig.* Schlag *m*, Kaliber *n*; *des gens du même ~* Leute *pl.* vom gleichen Kaliber (*od.* der gleichen Sorte); *des inventeurs de tout* ~ Erfinder *m/pl.* jeder Art.

acacia ⚘ (aka'sja) *m* Akazie *f.*

acadé|micien (akademi'sjɛ̃) *su. u. adj.* [7c] Mitglied *n* der französischen Akademie; **~mie** (~'mi) *f* **1.** Akademie *f*; *antiq.* Philosophenschule *f*; *Fr.*: Unterrichtsverwaltungsbezirk *m*; ♀ *Française* französische Akademie *f*; ♀ *des Beaux-Arts* A. der Künste; ♀ *des Inscriptions et Belles-Lettres* A. der Inschriften u. schönen Wissenschaften; ♀ *de Médecine* A. für Medizin; **2.** Gesellschaft *f* v. Gelehrten *od.* Künstlern; **3.** *peint.* Akt-zeichnung *f*, -studie *f*; -skizze *f*; **~mique** (~'mik) *adj.* □ akademisch; *fig.* gezwungen, steif.

acagnard|é (akaɲar'de) *adj.* zum Nichtstun verurteilt; **~er** (~) [1a] **I** *v/t.* faul machen; **II** *v/rfl.* s'~ faulenzen.

acajou (aka'ʒu) *m* Mahagoni *n.*

acanthe (a'kɑ̃:t) *f* **1.** ⚘ Bärenklau *m od. f*; **2.** ⚠ Akanthus(blatt *n*) *m.*

acariâtre (akar'jɑ:trə) *adj.* zänkisch; mürrisch, griesgrämig.

acarpe ⚘ (a'karp) *adj.* fruchtlos.

acarus *ent.* (aka'rys) *m* Milbe *f.*

acatalectique *mét.* (akatalɛk'tik) *adj.* akatalektisch, vollzählig.

acca|blant (aka'blɑ̃) *adj.* [7] drükkend, erstickend, schwül; belastend; *Kritik*: vernichtend; *fig.* lästig; F *il fait un temps* ~ es ist drückend (schwül); **~blement** (~blə'mɑ̃) *m* **1.** Ermattung *f*, Niedergeschlagenheit *f*; **2.** *fig.* Belastung *f*, Überhäufung *f*; Schmerz *m*; **~bler** (~'ble) *v/t.* [1a] **1.** zu Boden drücken, übermannen; *fig.* belasten; **2.** ~ de überhäufen mit (*dat.*); **3.** *accablé de fatigue* von Müdigkeit übermannt (*od.* überwältigt).

accalmie (akal'mi) *f* ⚓ kurze Windstille *f*; Erschlaffung *f*; ⚔ Gefechtspause *f*; ✝ stille (ruhige) Zeit *f*; Flaute *f.*

accapa|rement (akapar'mɑ̃) *m* wucherischer Ankauf *m*; Hamstern *n*; Verschieben *n* (*v. Waren*); ~ *des blés* Kornwucher *m*; **~rer** (~'re) *v/t.* [1a] wucherisch aufkaufen; hamstern; verschieben; *fig.* an sich reißen; völlig in Anspruch nehmen; *mes occupations de médecin m'accaparaient* meine Tätigkeit als Arzt nahm mich völlig in Anspruch; **~reur** (~'rœ:r) *su.* [7g] wucherischer Aufkäufer *m*, Wucherer *m*, Hamsterer *m*, Schieber *m.*

accéder (akse'de) *v/i.* [1f]: ~ *à* gelangen zu, Zugang (*od.* Zutritt) haben zu (*dat.*), erlangen (*acc.*), beitreten (*dat.*); *fig.* zustimmen (*dat.*); gewähren (*Bitte*); ✝ ~ *aux marchés étrangers* zu den ausländischen Märkten Zugang haben.

accéléra|teur (akselera'tœ:r) **I** *adj.* [7f] beschleunigend; **II** *m* **1.** *Auto*: Gashebel *m*, Gaspedal *n*; *at.* Beschleuniger *m*; ~ *à cascade at.* Kaskadenbeschleuniger *m*; *Auto*: *appuyer sur l'*~ Gas geben; *lâcher l'*~ Gas wegnehmen; **2.** *cin.* Zeitraffer *m*; **~tion** (~rɑs'jɔ̃) *f* Beschleunigung *f*; ~ *de la pesanteur* Erdbeschleunigung *f.*

accélér|é *cin.* (aksele're) *m* Aufnahme *f* mit dem Zeitraffer; **~er** (~) [1f] **I** *v/t.* beschleunigen; *Auto*: Gas geben; *train m accéléré* beschleunigter Personenzug *m*; **II** *v/rfl.* s'~ schneller werden (*a. fig.*).

accéléromètre (akselerɔ'mɛ:trə) *m* Beschleunigungsmesser *m.*

accent (ak'sɑ̃) *m* **1.** Ton(zeichen *n*) *m*, Betonung *f*, Akzent *m*; ~ *tonique od. syllabique* Silben-, Wortakzent *m*; **2.** *fig.* Akzent *m*, regionale *od.* fremdartige Aussprache *f e-s Wortes*; **3.** *fig.* **~s** *pl. de douleur* Ausdruck *m* des Schmerzes.

accentuation (aksɑ̃tɥa'sjɔ̃) *f* **1.** Betonung *f*, Tonbezeichnung *f*; **2.** *peint.* ~ *de la lumière* Hervorhebung *f* des Lichts, scharfe Schlaglichter *n/pl.*

accentuer (aksɑ̃'tɥe) [1n] **I** *v/t.* **1.** betonen; hervorheben (*a. fig.*); **2.** mit (e-m) Tonzeichen versehen; **II** *v/rfl.* s'~ betont werden; *fig.* sich verstärken, deutlich hervortreten, sich klar abzeichnen.

accep|table (aksep'tablə) *adj.* annehmbar, akzeptabel; **~tant** (~'tɑ̃) **I** *adj.* [7] annehmend; **II** *m* ✝ Empfänger *m*, Wechselnehmer *m*; ~ *d'une succession* Erbnehmer *m*; **~tation** (~tɑ'sjɔ̃) *f* **1.** Annahme *f*; **2.** ✝ Akzept *n* e-s Wechsels; *faute d'*~ mangels Annahme; **~ter** (~'te) *v/t.* [1a] **1.** annehmen; anerkennen, akzeptieren; sich etw. gefallen (*od.* bieten) lassen; ~ *de faire qch.* sich zumuten, etw. zu tun; ~ *sa position* sich in s-e Stellung fügen; ~ *le marché* auf den Handel eingehen, mit dem Handel einverstanden sein; **2.** ~ *une lettre de change* e-n Wechsel akzeptieren; **~teur** (~'tœ:r) *m* Akzeptant *m*; **~tion** (~'sjɔ̃) *f* Aufnahme *f*, Beachtung *f*, Rücksicht *f*; *gr.* Bedeutung *f*, Sinn *m*; *dans toute l'~ du terme* im weitesten Sinne des Wortes; *faire ~ de q.* auf j-n Rücksicht nehmen; *sans ~ de personne* ohne Ansehen der Person.

accès (ak'sɛ) *m* **1.** Zutritt *m*, Zugang *m*; Zufahrt *f*; *pas encore ouvert à l'~ Gebiet*: noch unerschlossen; *être d'un ~ facile* leicht zugänglich sein; **2.** *fig. a.* ⚕ Anfall *m*, Anwandlung *f*; ~ *de paludisme* Malariaanfall *m*; **3.** *biol.* Zutritt *m* (*von Keimen aus der Luft*).

acces|sibilité (aksesibili'te) *f* Zugänglichkeit *f*; Zutritt *m*; **~sible** (~'siblə) *adj.* erreichbar; *fig.* zugänglich (*à* für); *prix m ~* annehmbarer Preis *m*; **~sion** (~'sjɔ̃) *f* **1.** Gelangen *n*; ~ *au pouvoir* Machtergreifung *f*; ~ *au trône* Thronbesteigung *f*; ~ *des diminués physiques au travail* Eingliederung *f* der Körperbehinderten in den Arbeitsprozeß; **2.** *fig.* Beitritt *m*, Zustimmung *f*; ~ *à la propriété* Eigentumserwerb *m*.

accessit *écol.* (aksɛ'sit) *m* ehrenvolle Erwähnung *f* bei Preisverteilungen; *oft*: Trostpreis *m*; *les ~s de fin d'année* die namentlichen Würdigungen *f/pl.* des Schuljahrs.

accessoir|e (aksɛ'swa:r) **I** *adj.* **1.** nebensächlich, untergeordnet; Neben...; **II** *m* **2.** Nebensache *f*; **3.** *a.* ⊕ *~s pl.* Zubehör(teile *m/pl.*) *n*, Zusatzgeräte *n/pl.*, Einzelteile *m/pl.*; **4.** *thé. ~s pl.* Requisiten *n/pl.*; **~iste** *thé.* (~'rist) *su.* Requisiteur *m*.

acciden|t (aksi'dɑ̃) *m* **1.** Unfall *m*, Unglück *n*; Vorfall *m*, unerwartetes Ereignis *n*; ~ *de la circulation* Verkehrsunfall *m*; ~ *de moteur* Motordefekt *m*; ~ *professionnel* Berufsunfall *m*; ~ *de la rue* Straßenunfall *m*; ~ *d'automobile* (*d'aviation od. d'avion*) Auto-(Flugzeug-)unfall *m*; *biol.* ~ *du développement* Entwicklungsstörung *f*; ~ *du* (*od.* de) *travail* Betriebsunfall *m*; **2.** Zufall *m*; *par ~* zufällig; **3.** Nebenumstand *m*, zufällige Erscheinung *f*; *phil.* Akzidenz *f*, unwesentliche Eigenschaft *f*; **4.** ~ *de terrain* Boden-erhebung *f*, -senkung *f*, Unebenheit *f*; **5.** ♪ Vorzeichen *n*; **~té** (~'te) **I** *adj.* uneben, hügelig (*Boden*); *fig.* bewegt (*Leben*); *néol.* verunglückt; beschädigt; *voiture f ~e* (*durch Unfall*) beschädigter Wagen *m*; **II** *m*: ~ *du travail* bei der Arbeit Verunglückter *m*, Arbeitsopfer *n*; **~tel** (~'tɛl) *adj.* [7c] unwesentlich; zufällig; **~ter** (~'te) *v/t.* [1a] uneben machen; *Stil*: wechseln; ~ *q.* j-n (*durch e-n Unfall*) schädigen; ~ *qch.* etw. (*durch Unfall*) beschädigen.

accise (ak'si:z) *f* Verbrauchs-, Getränke-steuer *f*; Akzise *f*.

acclama|teur (aklama'tœ:r) *m* freiwilliger Beifallspender *m*; **~tif** (~'tif) *adj.* [7e] Beifalls...; **~tion** (~ma'sjɔ̃) *f* Beifallsruf *m*, Zujubeln *n*; *élire par ~* durch Zuruf wählen.

acclamer (akla'me) *v/t.* [1a]: ~ *q.* j-m Beifall klatschen, j-m zujubeln; j-n durch Zuruf wählen.

acclima|tation (aklimatɑ'sjɔ̃) *f* Akklimatisierung *f*, Eingewöhnung *f*, Gewöhnung *f* an das Klima; *jardin m d'~* zoologischer u. botanischer Garten *m*; **~tement** *biol.* (~mat'mɑ̃) *m* Akklimatisation *f*; spontane Anpassung *f* der Lebewesen an Klimaänderungen *od.* veränderte Umweltverhältnisse; **~ter** (~'te) *v/t. u. v/rfl. s'~* [1a] (sich) akklimatisieren; (sich) an das Klima gewöhnen; *fig. nur v/rfl.*: sich einbürgern, Boden fassen, sich einleben, heimisch werden.

accoint|ance *mv.p.* (akwɛ̃'tɑ̃:s) *f* Umgang *m*, Verkehr *m*, Beziehung *f*; ~ *compromettante* kompromittierender (*od.* den Ruf gefährdender) Umgang *m* (*od.* Verkehr *m*); *avoir des ~s avec la police* bei der Polizei bekannt sein; **~er** (~'te) *v/rfl.* [1a]: *s'~ avec q.* sich mit j-m einlassen, bei j-m ein- u. ausgehen.

accol|ade (akɔ'lad) *f* Umarmung *f*, Bruderkuß *m* (*heute nur noch bei der Verleihung e-s Grades der Ehrenlegion*); *hist.* Ritterschlag *m*; *typ.* geschweifte Klammer *f* (⏞); **~ader** (~la'de) *v/t.* [1a] mehrere Zeilen durch e-e geschweifte Klammer einklammern (*od.* zs.-fassen); **~age** (~'la:ʒ) *m* Festbinden *n* *v. Weinreben od. Zweigen an Rebenpfähle bzw. Spaliere*; **~er** (~'le) *v/t.* [1a] umarmen; zs.-klammern; zs.-fügen (*Namen*); festbinden; **~ure** (~'ly:r) *f* **1.** Bindeband *n für Weinreben*; Weiden-, Stroh-band *n*;

2. Schnur *f*, Heftschnur *f*, Verschnürung *f* (*Bucheinband*); 3. Gesamtheit *f* der ersten mitea. verbundenen Baumstämme e-s Floßes.

accommo|dable (akɔmɔ'dablə) *adj.* (*nach dem su.*) was sich gütlich beilegen läßt; **~dage** *cuis.* (~'da:ʒ) *m* Zubereitung *f* der Speisen; **~dant** (~'dɑ̃) *adj.* [7] umgänglich; **~dation** (~dɑ'sjɔ̃) *f* Anpassung *f*; Ausgleichung *f*; **~dement** (~d'mɑ̃) *m* Abkommen *n*; Vergleich *m*, Abfindung *f*; ✝ *en venir à un ~* e-n Vergleich schließen.

accommoder (akɔmɔ'de) [1a] **I** *v/t.* **1.** passen, zusagen, gelegen kommen, behagen (*dat.*); **2.** in Ordnung bringen, zurechtmachen; *cuis.* zubereiten; versöhnen, schlichten; *phot. ~ sur l'infini* auf Unendlich einstellen; **3.** *~ qch. à qch.* etw. nach etw. einrichten; etw. e-r Sache anpassen; *~ la religion avec les plaisirs* die Religion mit den Vergnügungen in Einklang bringen; **II** *v/rfl.* *s'~* sich anpassen; mit der Zeit mitgehen (*od.* fertig werden); **s'~** *à la faiblesse des hommes* sich auf die Schwäche der Menschen einstellen; *s'~ avec ses créanciers* sich mit s-n Gläubigern verständigen (*od.* vergleichen *od.* einigen); *s'~ de qch.* sich mit etw. (*dat.*) abfinden (*od.* zufrieden geben), etw. mit in Kauf nehmen.

accompa|gnateur (akɔ̃paɲa'tœ:r) *su.* [7f] **1.** ♪ Begleiter *m*; **2.** Reisebegleiter *m*; **~gnement** (~ɲə'mɑ̃) *m* Begleitung *f* (*a. fig. u.* ♪); *feuille f d'~* Begleitbrief *m*; *~s pl.* Zubehör *n*; *cette chambre manque des ~s nécessaires* diesem Zimmer fehlt das nötige Zubehör; **~gner** (~'ɲe) [1a] **I** *v/t.* **1.** begleiten, geleiten (*st. s.*), mitgehen mit (*dat.*); **2.** begleiten (*à livre ouvert* vom Blatt); **3.** passen zu; **II** *v/rfl.* *s'~ de qch.* mit etw. (*dat.*) verbunden (*od.* gepaart) werden *od.* sein.

accom|pli (akɔ̃'pli) *adj.* **1.** vollendet; *fait ~* vollendete Tatsache *f*; *vœu m ~* erfülltes Gelübde *n*; *vingt ans ~s* volle zwanzig Jahre *n/pl.*; **2.** vollkommen; *fig.* perfekt, vollendet; **~plir** (~'pli:r) *v/t.* [2a] vollenden, ausführen; verwirklichen, erfüllen; zustandebringen, leisten; *~ un désir* e-n Wunsch erfüllen; *~ les formalités douanières* die Zollbestimmungen erfüllen; **~plissement** (~plis'mɑ̃) *m* Erfüllung *f*, Vollendung *f*, Verwirklichung *f*; *~ des formalités douanières* Zollabfertigung *f*.

accord (a'kɔ:r) *m* **1.** Übereinstimmung *f*, Eintracht *f*, Einklang *m*; *d'un commun ~* einstimmig; *en plein ~ avec* in vollem Einverständnis mit (*dat.*); être *d'~ avec q.* mit j-m einverstanden sein; mit j-m übereinstimmen; *a. pol. être en ~ complet avec* völlig übereinstimmen mit; *mettre d'~* in Einklang bringen; *tomber d'~ de* einig werden über (*acc.*); d'~ gut!, einverstanden!, ist gemacht! F; **2.** *gr.* Übereinstimmung *f*; **3.** ♪ Akkord *m*, Zusammenklang *m*; *rad.* Einstellung *f*, Regulierung *f*; être *d'~* gestimmt sein; *rad. refaire l'~* wieder richtig einstellen; *tenir l'~* Stimmung halten; *~ de tierce* Terzakkord *m*; **4.** Abkommen *n*; Übereinkunft *f*, Übereinkommen *n*; ✝ *~ tarifaire* Tarifvertrag *m*; *~ de compensation* Clearing-, Verrechnungs-abkommen *n*; *~ sur l'établissement* (*od. la fixation*) *et le maintien des prix* Preisbindung *f*; *~ économique* Wirtschaftsvereinbarung *f*; *~ sur la durée du travail* Arbeitszeitabkommen *n*; *~ de sécurité* Sicherheitsabkommen *n*; *~ aérien* Luftabkommen *n*; *pol. les ~s pl. de Paris* die Pariser Verträge *m/pl.*; *~ sur la Sarre* Saarabkommen *n*; *~ commercial* Handelsabkommen *n*; *~ complémentaire* Zusatzabkommen *n*; *~ douanier* Zollabkommen *n*; *~ interzonal* Interzonenabkommen *n*; *pol.*, ✝ *~ suspensif, ~ d'immobilisation, ~ de prorogation, ~ moratoire* Stillhalteabkommen *n*; *faire un ~* e-n Vergleich abschließen.

accor|dable (akɔr'dablə) *adj.* **1.** vereinbar; annehmbar; **2.** ♪ stimmbar; **~dage** (~'da:ʒ) *m* Stimmen *n*; *rad.* Abstimmung *f*; **~dailles** P (~'da:j) *f/pl.* Verbrüderung *f*.

accor|déon (akɔrde'ɔ̃) *m* Akkordeon *n*, Schifferklavier F *n*; **~déoniste** (~deɔ'nist) *su.* Akkordeonspieler *m*.

accorder (akɔr'de) [1a] **I** *v/t.* **1.** vereinbaren, vergleichen, in Übereinstimmung bringen; ♪ stimmen; *rad.* einstellen, abstimmen, regulieren; *~ autrement* umstimmen; *~ un différend* e-n Streit schlichten; **2.** bewilligen, gewähren; ✝ einräumen (*Kredit*); *~ un désir* e-n

Wunsch erfüllen; ~ *de la confiance à q.* j-m Vertrauen schenken; ~ *sa main à q.* j-m sein Jawort geben (*Eheschließung*); **3.** zugeben, einräumen; **II** *v/rfl.* **4.** s'~ sich vertragen; *s'~ avec q. sur qch.* mit j-m in etw. übereinstimmen; *s'~ comme chien et chat* sich wie Hund u. Katze mitea. verstehen; *gr. le verbe s'accorde avec le sujet* das Zeitwort (Verb) richtet sich nach dem Subjekt; **5.** ♪ gestimmt werden.

accor|deur ♪ (akɔr'dœ:r) *su.* [7g] Stimmer *m*; **~doir** ♪ (~'dwa:r) *m* Stimmschlüssel *m*.

accore ⚓ (a'kɔ:r) **I** *m* Stütze (*Schiffsbau*); Steilküste *f*; **II** *adj.* steil abfallend; **~r** (akɔ're) *v/t.* [1a]: ~ *de* stützen mit ... (*dat.*).

accorte (a'kɔrt) *nur adj./f* freundlich, einnehmend, graziös.

accos|table (akɔs'tablə) *adj.* zugänglich; ⚓ zum Anlegen geeignet; **~tage** ⚓ (~'ta:ʒ) *m* Landen *n*; **~ter** (~'te) *v/t.* [1a] **1.** ~ *q.* auf j-n zugehen, j-n ansprechen; **2.** ~ *un vaisseau* an e-m Schiff anlegen.

acco|tement (akɔt'mɑ̃) *m* erhöhter Fußsteig *m*, Straßenbankett *n*, Aufschüttung *f*; **~ter** (~'te) [1a] *v/t. u. v/rfl.* s'~ (sich) anlehnen, stützen; **~toir** (~'twa:r) *m* Seitenlehne *f*.

accou|chée (aku'ʃe) *f* Wöchnerin *f*; **~chement** (~ʃ'mɑ̃) *m* Entbindung *f*; ~ *laborieux* schwere Geburt *f*; ~ *indolore* schmerzlose Entbindung *f*; ~ *par le siège* Steißgeburt *f*; **~cher** (~'ʃe) [1a] **I** *v/i.* **1.** (*avoir bzw. être*) niederkommen (*de* mit); *fig.* F ~ *d'un livre* ein Buch schreiben; **2.** F (*mit avoir*) ~ *de qch.* mit etw. herausrücken; ~ *d'un bon mot* e-n Witz vom Stapel lassen; *accouchez donc!* rücken Sie mit der Sprache heraus; **II** *v/t.* entbinden; **~euse** (~'ʃø:z) *f* Hebamme *f*.

accou|dement (akud'mɑ̃) *m* **1.** Aufstützen *n*; **2.** ⚔ Tuchfühlung *f*; **~der** (~'de) [1a] *v/rfl.* s'~ **1.** s'~ (*à, sur, contre*) sich mit dem Ellenbogen stützen auf (*acc.*); **2.** ⚔ Tuchfühlung nehmen; **~doir** (~'dwa:r) *m* Armlehne *f*; Fensterbrett *n*.

accoupl|age, ~ement (aku'pla:ʒ, ~plə'mɑ̃) *m* **1.** Paarung *f*; ~ *sexuel* Beischlaf *m*; **2.** ⊕ Zusammenfügung *f*, Verbindung *f*, Kupplung *f* (*bes.* 🚂); ⚡ Schaltung *f*; ~ *en série* Serien-, Reihen-schaltung *f*; *Auto*: ~ *à griffe(s)* Klauenkupplung *f*; ~ *de (la) magnéto* Magnetkupplung *f*; ~ *à friction* Reibungs-, Friktions-kupplung *f*; ~ *fixe* feste Kupplung *f*; ~ *à articulations* Gelenkkupplung *f*; **3.** *rad.* Kopplung *f*; ~ *réactif* Rückkopplung *f*; *atténuer (od. affaiblir od. relâcher od. modérer) l'~* auskoppeln.

accou|ple *ch.* (a'kuplə) *f* Hundekoppelriemen *m*; **~pler** (~'ple) **I** *v/t.* [1a] verbinden, verkuppeln (*bes.* 🚂); ⚡ (zs.-)schalten; ⊕ kuppeln; *rad.* koppeln; ~ *moins fort* auskoppeln; **II** *v/rfl.* s'~ sich paaren, sich vermischen; **~pleur** 🚂 (~'plœ:r) *m* Ankoppler *m*; *rad.* Koppler *m*.

accour|cir (akur'si:r) *v/t.* [2a] verkürzen (*a. fig.*); **~cissement** (~sis'mɑ̃) *m*, Verkürzung *f*.

accourir (aku'ri:r) *v/i.* (*avoir bzw. être*) [2i] herbeieilen, angelaufen kommen.

accou|trement *iron.* (akutrə'mɑ̃) *m* Ausstaffierung *f*, Aufputz *m*; **~trer** (~'tre) [1a] *v/rfl.*: s'~ sich aufdonnern.

accoutu|mance (akuty'mɑ̃:s) *f* Gewöhnung *f* (*bsd. die unfreiwillige, unbeabsichtigte*; *a. biol.*); ⚕ Sucht *f*; **~mer** (~'me) **I** *v/t.* ~ *q. à qch.* j-n an etw. (*acc.*) gewöhnen; *accoutumé* gewöhnt; *être accoutumé à* pflegen zu, vertraut sein mit; *à l'accoutumée* wie gewöhnlich, wie üblich; **II** *v/i.* (*nur in zs.-gesetzten Zeiten*) *avoir accoutumé de* sich angewöhnt haben zu ...; **III** *v/rfl.* s'~ *à* sich gewöhnen an; s'~ *au froid* sich an die Kälte gewöhnen.

accouv|age (aku'va:ʒ) *m* Brutanstalt *f*; **~er** (~'ve) *v/t.* [1a] zum Brüten setzen.

accréditation (akreditɑ'sjɔ̃) *f* **1.** † Eröffnung *f* e-s Kredits; **2.** *pol.* Akkreditierung *f*.

accrédité † (akredi'te) *m* Inhaber *m* e-s Kreditbriefes.

accrédit|er (akredi'te) [1a] **I** *v/t.* Vertrauen einbringen; *sa loyauté l'a accrédité* durch sein rechtschaffenes Verhalten hat er sich Vertrauen erworben; ~ *q. auprès de q.* sich für j-n bei j-m einsetzen; *pol.* j-n bei j-m akkreditieren; j-m durch Fürsprache zu e-m Kredit verhelfen; ~ *un ambassadeur* e-n Botschafter akkreditieren; ~ *un bruit* ein Gerücht bestätigen; **II** *v/rfl.* s'~ sich Ruf (*od.* Ansehen) erwerben; **~eur** (~'tœ:r) *m* Bürge *m*; Aussteller *m* e-s Kreditbriefes, Akkreditivstellender *m*; **~if** (~'rif) *m* Kreditbrief *m*, Akkreditiv *n*.

accroc (a'kro) *m* **1.** Riß *m* im Stoff; ~ *à la peau* Rißwunde *f*; *fig.* ~ *à une amitié* Riß *m* in e-r Freundschaft; **2.** *fig.* Schwierigkeit *f*, *fig.* Haken *m*, Hindernis *n*; *une panne et d'autres ~s m'ont retardé* e-e Panne und andere Hindernisse haben mich aufgehalten; *sans* ~ reibungslos; **3.** *fig.* Flecken *m*, Makel *m*; *il a un* ~ *à sa réputation* s-m Ruf haftet ein Makel an; **4.** Versäumnis *n*, Verstoß *m*; ~ *à un contrat* Verstoß *m* gegen e-n Vertrag.

accrochage (akrɔ'ʃa:ʒ) *m* Anhaken *n*, Aufhängen *n*; *Auto*: Anfahren *n*; ⚔ unvorhergesehenes Patrouillengefecht *n*; Zusammenstoß *m* (*der Polizei mit Demonstranten*); ⊕ Sperrvorrichtung *f*; *Uhr*: Hemmung *f*; *Boxsport*: Umklammerung *f*; *fig.* unerwartete Schwierigkeit *f*, Haken *m*; Hindernis *n*; *fig.* F plötzlicher Krach *m*, plötzliche Streiterei *f*, *fig.* Zusammenstoß *m*.

accroché (akrɔ'ʃe) *adj.*: ~ *à...* treu ergeben (*dat.*).

accroche-cœur (akrɔʃ'kœ:r) *m* [6c] Schmachtlocke *f*.

accrochement (akrɔʃ'mɑ̃) *m* **1.** Anhaken *n*; 🚂 Einkuppeln *n*; **2.** *fig.* Hindernis *n*.

accroche-œil (akrɔ'ʃœj) *m/inv.* Blickfang *m* (*Plakat*).

accro|cher (akrɔ'ʃe) [1a] **I** *v/t.* **1.** *a. téléph.* an-, auf-hängen; *weitS.* (fest)halten; *Auto*: anfahren; streifen, rammen (*beim Überholen*); ⚔ fesseln, binden; *fig.* mit List an sich ziehen; ergattern; *fig.* fesseln (*Zuschauer*); *a. abs.* Anklang finden; *demeurer accroché à* hängenbleiben an (*dat.*); ~ une place e-e Stellung ergattern; **2.** ⚓ entern; **3.** hemmen, ins Stocken bringen; **II** *v/rfl.* s'~ *à* sich anhängen, hängenbleiben, sich klammern an (*acc.*); belästigen; handgemein werden; *Boxsport*: sich umklammern; *fig.* sich wieder fangen; P s'~ avec q. mit j-m in die Wolle geraten; **~cheur** (~'ʃœ:r) [7d] **I** *m* **1.** ⚒ Anschläger *m*; **2.** F Schieber *m*; **II** *adj.* **3.** F hartnäckig; **4.** in die Augen fallend (*Buchtitel*).

accroire (a'krwa:r) *v/t.* [4v] (*nur gbr. im inf.*) **1.** *en faire* ~ *à q.* j-m etw. weismachen, j-m etw. aufbinden; *il ne faut pas m'en faire* ~ das können Sie mir doch nicht erzählen (*od.* weismachen)!; **2.** *le désir de ne pas laisser* ~ *sur ses mérites* der Wunsch, man möge ihn nicht zu hoch einschätzen.

accroissement (akrwas'mɑ̃) *m* Anwachsen *n*, Zuwachs *m*, Wachstum *n*, Steigen *n*; Ausbreitung *f*; Vermehrung *f*; Erhöhung *f*, Verlängerung *f*; ~ *de la population* Bevölkerungszunahme *f*.

accroître (a'krwɑ:trə) [4w] **I** *v/t.* vermehren; erweitern; vergrößern; steigern; **II** *v/i.* (*avoir u. être*) anwachsen; **III** *v/rfl.* s'~ sich vermehren; zunehmen, wachsen, steigen; um sich greifen.

accroupir (akru'pi:r) [2a] *v/rfl.*: s'~ niederhocken, sich zs.-kauern; *accroupi* in Hockstellung.

accru (a'kry) *m* Wurzelschößling *m*.

accrue (~) *f* Boden-, Land-gewinnung *f*, Land-, Wald-ausdehnung *f*.

accu F (a'ky) *m* Akku F *m*, Akkumulator *m*; ~ *auto* Autobatterie *f*.

accueil (a'kœj) *m* Empfang *m*, Aufnahme *f*; *faire bon* ~ *à q.* j-n freundlich empfangen (*od.* aufnehmen); *centre m d'*~ Auffanglager *n*; † *faire (bon)* ~ *à une traite* e-n Wechsel bezahlen *od.* honorieren.

accueil|lant (akœ'jɑ̃) *adj.* [7] freundlich, gastlich; *fig.* être ~ *à qch.* e-r Sache gegenüber aufgeschlossen sein; **~lir** (~'ji:r) *v/t.* [2c] empfangen, (gut) aufnehmen, bewillkommnen.

acculé (aky'le) *adj.*: ~ *à la faim* dem Hunger preisgeben.

acculer (~) [1a] **I** *v/t.* **1.** in die Enge treiben (*a. fig.*); zurückdrängen; ~ *q. à la faillite* j-n bankrott machen; **II** *v/rfl.* s'~ **2.** sich anlehnen; *fig.*, ⚔ sich den Rücken decken; **3.** sich bäumen.

accumu|lateur (akymyla'tœ:r) **1.** *su.* [7f] Aufhäufer *m*; **2.** *m* ⚡ Akkumulator *m*, (Strom-)Sammler *m*; ~ *de chauffage* Heizakkumulator *m*; *(re)charger (od. régénérer) l'*~ den Akku(mulator) (auf-)laden; **~lation** (~lɑ'sjɔ̃) *f* Anhäufung *f*; ~ *de la neige* Schneeverwehung *f*; **~ler** (~'le) *v/t.* [1a] anhäufen (*a. fig.*), ansammeln; *fig.* ~ *les bévues* e-n Bock nach dem andern schießen.

accusa|ble (aky'zablə) *adj.* anklagbar; **~teur** (~'tœ:r) *su.* Ankläger *m*; ⚖ ~ *par intervention* Nebenkläger *m*; **~tif** *gr.* (~'tif) *m* Akkusativ *m*; **~tion** (~zɑ'sjɔ̃) *f* Anklage *f*, Beschuldigung *f*; ~ *capitale* Anklage *f* auf Leben und Tod; *chef m d'~* Hauptanklagepunkt *m*.

accu|sé (aky'ze) **I** *su.* ⚖ Angeklagter *m*; **II** *m* ✝ ~ *de paiement* Zahlungsbestätigung *f*; ~ *de réception* Empfangsanzeige *f*, -bestätigung *f*; Rückschein *m*; **~ser** (~'ze) [1a] **I** *v/t.* **1.** ~ *q. de qch.* j-n wegen etw. anklagen; j-n beschuldigen (*gén.*); **2.** anzeigen; gestehen; *fig.* verraten; *cela accuse la misère* das verrät das Elend, das läßt das Elend erkennen; ✝ ~ *réception* den Empfang bestätigen; **3.** deutlich hervorheben; *accusé* (*a. adj.*) ausgeprägt; **II** *v/rfl.* *s'~* sich anklagen; sich abheben (*von Farben*); *fig.* spürbar werden, hervortreten.

acéphale 🕮 (ase'fal) *adj.* ohne Kopf.

acérage ⊕ (ase'ra:ʒ) *m* Verstählung *f*.

acerbe (a'sɛrb) *adj.* herb; *fig.* scharf, schroff; *le ton ~ d'une lettre* der scharfe Ton e-s Briefes.

acérer ⊕ (ase're) *v/t.* [1f] (ver-) stählen; *fig.* schärfen.

acétate ⚗ (ase'tat) *m* essigsaures Salz *n*; ~ *d'alumine* essigsaure Tonerde *f*.

acéteux (ase'tø) *adj.* [7d] essigsauer, Essig...

acétifier (aseti'fje) [1a]: (*s'~*) (sich) in Essigsäure verwandeln.

acétone (ase'tɔn) *f* **1.** ⚗ Azeton *n*; **2.** Nagellackentferner *m*.

acétonémie 🕮 (asetɔne'mi) *f* Azetonämie *f*, Vorkommen *n* größerer Mengen von Azeton im Blute.

acétylène ⚗ (aseti'lɛn) *m* (*a. gaz m ~*) Azetylen(gas *n*) *n*.

achalan|dage ✂ ✝ (aʃalɑ̃'da:ʒ) *m* Kundschaft *f*, Kunden *m/pl.*; **~der** ✂ (~'de) *v/t.* (*u. v/rfl. s'~*) [1a] (sich) Kundschaft verschaffen; *boutique f bien achalandée* Laden *m*, der viele Kunden (*heute*: Waren) hat.

achar|né (aʃar'ne) *adj.* erbittert; hartnäckig; leidenschaftlich; wütend; **~nement** (~nə'mɑ̃) *m* Gier *f* (*v. Tier*); *fig.* Erbitterung *f*, Wut *f*; Verbissenheit *f*; *travailler avec ~* mit e-m Rieseneifer arbeiten.

acharner (aʃar'ne) [1a] **I** *v/t.* *ch.* blutgierig machen; *fig.* erbittern, aufhetzen; **II** *v/rfl.* *s'~ sur* (*od. contre*) *q.* sich auf j-n stürzen, j-n hartnäckig mit Feindschaft verfolgen; *s'~ contre* sich ereifern über; *s'~ à qch.* sich eifrig (*od.* leidenschaftlich) legen auf (*acc.*), erpicht sein auf (*acc.*).

achat (a'ʃa) *m* **1.** Kauf *m*, Einkauf *m*; ~ *illicite* Schwarzhandelsgeschäft *n*; Schwarzverkauf *m*; ~ *d'or* Goldaufkauf *m*; ~ *à forfait* Pauschalkauf *m*; ~ *obligatoire* Zwangskauf *m*; ~ *à tempérament* Abzahlungs-, Raten-kauf *m*; *bon m d'~* Bezugsschein *m* (*für bewirtschaftete Waren*); ~ *simulé* Scheinkauf *m*; *pouvoir m d'~* Kaufkraft *f*; *faire ~ de* einkaufen; **2.** *das* Gekaufte *n*; *livre m d'~s* Einkaufsbuch *n*.

ache ⚘ (aʃ) *f* Eppich *m*.

achemi|nement (aʃmin'mɑ̃) *m* Beförderung *f*; ✉ Postvermerk *m*; *fig.* Weg *m od.* Mittel *n* (*vers* zu); **~ner** (~'ne) [1a] **I** *v/t.* auf den Weg (*od.* in Gang) bringen, befördern; *Frieden* anbahnen; **II** *v/rfl.* *s'~* sich auf den Weg machen.

achetable (aʃ'tablə) *adj.* käuflich.

acheter (aʃ'te) [1e] **I** *v/t.* **1.** kaufen, *a.* sich kaufen, einkaufen, abnehmen, beziehen; *j'achète un livre* ich kaufe (mir) ein Buch; ~ *qch. à* (*od. de od. chez*) *q.* j-m etw. abkaufen, etw. von (*od.* bei) j-m kaufen; *la femme voulut lui ~ un balai* die Frau wollte ihm e-n Besen abkaufen; ~ *en sous-main* unter der Hand kaufen; ~ *avec facilités de paiement od. à paiements échelonnés* auf Abzahlung (*od.* Raten-, Teil-zahlung) *od.* auf Stottern P kaufen; *achetez des produits français!* kauft französische Waren!; ~ *au décrochez-moi-ça* von der Stange kaufen; ~ (*au*) *comptant* bar kaufen; ~ *cher* (*bon marché*) teuer (billig) kaufen; ~ *à crédit* auf Kredit (*od.* auf Rechnung) kaufen; ~ *en bloc* (*od. à forfait*) im ganzen aufkaufen; ~ *au poids de l'or* mit Gold aufwiegen; ~ *qch.* (*pour*) *mille francs* etw. für tausend Franken kaufen; ~ *chat en poche* die Katze im Sack kaufen; **2.** *fig.* ~ *q.* j-n erkaufen, bestechen; **3.** P ~ *q.* j-n hochnehmen, sich über j-n lustig machen; **II** *v/rfl.* *s'~* a) zu kaufen sein, käuflich sein, b) *bisw.* *s'~* (*um den persönlichen Gebrauch des Gekauften* *hervorzuheben*): s'~ *qch.* für sich etw. kaufen; *si je gagne le gros lot je m'achèterai un joli collier* wenn ich das große Los gewinne, werde ich mir ein hübsches Collier kaufen; *fais comme tout le monde, achète-toi un bracelet-montre* mach' es wie alle andern und kaufe dir e-e Armbanduhr; *je m'achèterai une villa* ich werde mir e-e Villa kaufen; *ils se sont acheté des machines modernes* sie haben sich moderne Maschinen gekauft; *allez donc vous ~ qch.!* gehen Sie sich also etw. kaufen! (*zu Armen*).

acheteur (aʃ'tœ:r) *su.* [7g] Käufer *m*, Einkäufer *m*; ~ *à réméré* Rückkäufer *m*; ~*s pl. solvables* kaufkräftiges Publikum *n*.

achever (aʃ've) [1d] **I** *v/t.* **1.** beendigen, vollenden (*a. fig.*), beenden, zu Ende bringen, fertigstellen, -machen; *achevé* (*a. adj.*) vollkommen, Erz...; ur...; *fou achevé* Erzdussel *m*; **2.** *Brot* aufessen; *Wein* austrinken; *Pfeife* aufrauchen; töten (*acc.*), den Gnadenstoß geben (*dat.*); zugrunde richten; **II** *v/i.* **3.** ~ *de faire qch.* mit etw. zu Ende kommen; *j'ai achevé de lire* ich habe ausgelesen; *il a achevé de manger* er hat fertig gegessen, er ist mit dem Essen fertig; *il achève de me convaincre* er überzeugt mich schließlich davon; **III** *v/rfl. s'*~ **4.** zu Ende gehen, ablaufen; **5.** *fig.* sich zugrunde richten.

achillée ⚘ (aki'le) *f* Schafgarbe *f*.

achop|pement (aʃɔp'mɑ̃) *m* Hindernis *n*; *pierre f d'*~ Stein *m* des Anstoßes; **~per** (~'pe) *v/i. u. v/rfl.* s'~ [1a] anstoßen, Anstoß erregen; versagen, scheitern.

achroma|tique (akrɔma'tik) *adj.* farblos; **~tisation** (~tiza'sjɔ̃) *f* Achromatisierung *f*; **~tiser** (~ti'ze) *v/t.* [1a] achromatisieren; **~tisme** (~'tism) *m* Achromatismus *m*, Farblosigkeit *f*; **~topsie** (~tɔp'si) *f* Farbenblindheit *f*.

aciculaire ⚘ (asiky'lɛ:r) *adj.* nadel[förmig.]

acide (a'sid) **I** *adj.* sauer, scharf; **II** *m* Säure *f*; ~ *carbonique* Kohlensäure *f*; ~ *formique* Ameisensäure *f*; ~ *hydrochlorique* (*od. chlorhydrique*) Salzsäure *f*; ~ *prussique* Blausäure *f*; ~ *pyroligneux* Holzessig *m*; ~ *tartrique* Weinsäure *f*; ~ *tungstique* Wolframsäure *f*; ~ *urique* Harnsäure *f*.

acidi|fiant ⚗ (asidi'fjɑ̃) *adj.* [7] säurebildend; **~fication** (~fika'sjɔ̃) *f* Säurebildung *f*; **~fier** (~'fje) [1a] **I** *v/t.* in Säure verwandeln; **II** *v/rfl.* s'~ zu Säure werden; **~mètre** (~'mɛtrə) *m* Säuremesser *m*; **~té** (~'te) *f* Säure-grad *m*, -gehalt *m*.

acido-résistant ⚗ (asidɔrezis'tɑ̃) *adj.* [7] säurefest.

acidu|le (asi'dyl) *adj.* säuerlich; *eaux f/pl.* ~*s* Sauerbrunnen *m*; *sel m* ~ übersaures Salz *n*; **~ler** (~'le) *v/t.* [1a] sauer machen, ansäuern.

acier ⊕ (a'sje) **1.** *m* Stahl (*a. fig.*); ~ *raffiné* reiner Stahl *m*; ~ *pour brides de ressort* Federbandstahl *m*; ~ *carré* Vierkantstahl *m*; ~ *feuillard* Bandstahl *m*; ~ *à adoucir* Abziehstahl *m*; ~ *plat* Flachstahl *m*; ~ *rapide* Schnellstahl *m*; ~ *rond* Rundstahl *m*; ~ *de cémentation* Einsatz-, Brennzement-stahl *m*; ~ *brut* Rohstahl *m*; ~ *damassé* Damaszener Stahl *m*; ~ *coulé*, ~ *fondu*, ~ *de fonte* Gußstahl *m*; ~ *laminé* Walzstahl *m*, gewalzter Stahl *m*; ~ *naturel* Rennstahl *m*; ~ *de bonne trempe* gut gehärteter Stahl *m*; ~ *phosphaté* Phosphorstahl *m*; ~ *tréfilé* gezogener Stahl *m*; *fil m d'*~ Stahldraht *m*; ~ *à ressorts* Federstahl *m*; ~ *au chrome-nickel* Chromnickelstahl *m*; ~ *au tungstène* Wolframstahl *m*; ~ *spécial* Edelstahl *m*; ~ (*à coupe*) *rapide* Schnell(dreh- *od.* -arbeits)stahl *m*; *travail m* (*od. façonnage m*) *de l'*~ Stahlverformung *f*; **2.** d'~ stählern; *fig. avoir un cœur d'*~ herzlos (*od.* unerbittlich) sein; *avoir des jarrets d'*~ kräftig (*od.* stämmig) sein; **3.** *poét.* Dolch *m*, Schwert *n*.

acié|rage ⊕ (asje'ra:ʒ) *m* Verstählung *f*; **~ration** (~ra'sjɔ̃) *f* Stahlbereitung *f*; **~rer** (~'re) *v/t.* [1f] (ver)stählen; **~reux** (~'rø) *adj.* [7d] stahlartig; **~rie** (~'ri) *f* Stahlhütte *f*, -werk *n*.

aciforme ⚘ (asi'fɔrm) *adj.* nadel[förmig.]

acné ⚕ (ak'ne) *f* Akne *f*.

acolyte (akɔ'lit) *m* **1.** *rl.* Meßgehilfe *m*; **2.** Helfer *m*, Genosse *m*; *oft péj.* Helfershelfer *m*, Komplize *m*.

acompte (a'kɔ̃:t) *m* Abschlagszahlung *f*, Anzahlung *f*; *par* ~(*s*) in Raten, auf Abzahlung, *fig.* auf Stottern (P); *à titre d'*~ als Anzahlung.

aconit ⚘ (akɔ'nit) *m* Eisenhut *m*.

acoquiner (akɔki'ne) [1a] *v/rfl. mv.p.* s'~ sich hingeben (*dat.*), verfallen sein (*dat.*); verkehren mit (*dat.*); s'~ *à une femme* sich an e-e Frau hängen, e-r Frau nachlaufen; s'~ *au jeu* dem Spiel verfallen sein; s'~ *à des fripons* sich mit Spitzbuben einlassen.

à-côté (ako'te) *m* [6c] **1.** sekundäre Frage *f*; **2.** Nebeneinnahme *f*; ~*s pl.* Nebenämter *n/pl.*, -einnahmen *f/pl.*

à-coup (a'ku) *m* Ruck *m*, Stoß *m*; plötzliche Bewegung *f*; Stockung *f* (*a.* ⚔ im Marsch); ~*s pl. fig.* Rückschläge *m/pl.*; *par* ~*s* ruckweise; *sans* ~*s* reibungslos; *a.* ⊕ *des* ~*s* Stöße *m/pl.*; *marche f par* ~*s* unruhiger Gang *m e-r Maschine*; *il peut survenir des* ~*s* es können ganz plötzliche Rückschläge eintreten.

acousticien ⊕ (akusti'sjɛ̃) *m* Ingenieur *m* für Akustik, Akustiker *m*.

acoustique (akus'tik) **I** *adj.* akustisch, schalltechnisch, das Gehör *od.* den Schall betreffend; *cornet m* ~ Hörrohr *n*; *nerf m* ~ Gehörnerf *m*; **II** *f* Schallehre *f*, Akustik *f*.

acqué|reur (ake'rœ:r) *su.* [7g] Erwerber *m*, (An-)Käufer *m*, Grundstücksmakler *m*; **~rir** (~'ri:r) [21] **I** *v/t.* erwerben, anschaffen (-kaufen); ~ *des amis* Freunde gewinnen; ~ *la certitude* Gewißheit erlangen; ~ *de la gloire* Ruhm erlangen; *il est acquis que...*, *c'est un fait acquis que...* es steht fest, daß ...; *fig.* ~ *droit de cité* sich einführen, sich einbürgern (*z.B. e-e wissenschaftliche Methode*); **II** *v/i.* sich vervollkommnen; besser werden, an Güte zunehmen; **III** *v/rfl.* s'~ sich erwerben, sich verschaffen.

acquêts (a'kɛ) *m/pl.* in der Ehe erworbenes Gut *n*, Zugewinn *m*.

acquiescer (akjɛs'se) *v/i.* [1k]: ~ *à* e-r Sache zustimmen.

acquis (a'ki) *m/sg.* Fertigkeiten *f/pl.*, Fähigkeiten *f/pl.*, erworbene Kenntnisse *f/pl.*; *j-s* Einfluß *m*.

acquisiteur †, ⚒ (akizi'tœ:r) *m* Einkäufer *m*; *agent m* ~ Anzeigenwerber *m*.

acquisition (akizi'sjɔ̃) *f* **1.** Erwerbung *f*, Ankauf *m*; *faire l'*~ *d'une terre* ein Landgut kaufen; **2.** erworbenes Gut *n od.* Vermögen *n*; **3.** *fig.* ~*s pl.* wissenschaftliche Ermittlungen *f/pl.*, Errungenschaften *f/pl.*

acquit (a'ki) *m* **1.** † Quittung *f*; Empfangsschein *m*; *pour* ~ Betrag erhalten; **2.** *fig.* Beruhigung *f*; *par* ~ *de conscience*, *pour l'*~ *de ma conscience* um mein Gewissen zu beruhigen; damit ich mir nichts vorzuwerfen habe (*od.* brauche); um ein übriges zu tun; **3.** *jouer à l'*~ darum spielen, wer bezahlen soll; **4.** *par manière d'*~ interesselos u. nur dem Zwange gehorchend.

acquit-à-caution (akitako'sjɔ̃) *m* [6b] Zollbegleitschein *m*.

acquit|table (aki'tablə) *adj.* tilgbar, zahlbar; **~tement** (~kit'mɑ̃) *m* Zahlung *f*, Tilgung *f*; ⚖ Freisprechung *f*; **~ter** (~'te) [1a] **I** *v/t.* **1.** ~ *q. de* j-n frei machen (*od.* befreien von Schulden *usw.*); ~ *sa conscience* sein Gewissen entlasten; **2.** ⚖ freisprechen; **3.** bezahlen; quittieren; ~ *une dette* e-e Schuld abtragen (*od.* bezahlen); **II** *v/rfl.* s'~ **4.** s'~ *de* sich freimachen von; s'~ *d'une charge* e-r Verpflichtung (*dat.*) nachkommen; s'~ *d'une dette* s-e Schuld begleichen (*od.* bezahlen); s'~ *de son devoir* s-e Pflicht tun, s-r Pflicht nachkommen; *bien s'*~ *de qch.* etw. gut erledigen, etw. fein machen F; **5.** *Spiel*: s-n Verlust wiedergewinnen.

acre ('ɑkrə) *m* Morgen *m* (*Flächenmaß = zirka 52 Ar*).

âcre ('ɑ:krə) *adj.* scharf, herb(e); *fig.* beißend, bitter; **~té** (ɑkrə'te) *f* Herbe *f*, Schärfe *f*; *fig.* Bissigkeit *f*.

acridiens 🕮 *ent.* (akri'djɛ̃) *m/pl.* (*Gattung der*) Heuschrecken *f/pl.*

acrimo|nie (akrimɔ'ni) *f* **1.** Schärfe *f*; **2.** *fig.* Bissigkeit *f*; **~nieux** (~'njø) *adj.* [7d] □ **1.** scharf; herb(e); **2.** *fig.* bissig.

acro|bate (akrɔ'bat) *su.* Akrobat *m*, Seiltänzer *m*; **~batie** (~ba'si) *f* Seiltanz *m*; ✈ Kunstflug *m*; *fig. tour m d'*~ geschickter Ausweg *m*, Trick *m*, Dreh F *m*; **~batisme** (~ba'tism) *m* Seiltänzerkunst *f*; **~batique** (~ba'tik) *adj.* akrobatisch.

acroléine ⚗ (akrɔle'in) *f* Acrolein *n* (*Desinfektionsmittel*).

acte (akt) *m* **1.** Handlung *f*, geschehene Tat *f*, Werk *n*; ~ *d'autorité* Machtspruch *m*; *faire* ~ *de bonne volonté* s-n guten Willen zeigen; ~ *charnel* Geschlechtsakt *m*; ~ *manqué* Fehlleistung *f*; ~ *de complaisance* Gefälligkeit *f*; ~ *d'hostilité* Feindseligkeit *f*; ~ *de possession* Besitzergreifung *f*; *faire* ~ *de présence* sich e-n Augenblick sehen lassen; sich zeigen; ~ *de vertu* edle Tat *f*; **2.** ⚖ amtliche Verhandlung *f*; ⚖ Handlung *f*; Rechtsgeschäft *n*; Urkunde *f*; Akte *f*; *fig.* Zeugnis *n*, Bescheinigung *f*; ~ *d'accusation* Anklageschrift; ~ *de baptême* Taufschein *m*; ~ *constitutif* Gründungsvertrag *m*; ~ *constitutif d'hypothèque* Hypothekenbestellungsurkunde *f*; ~ *de décès* Totenschein *m*, Sterbeurkunde *f*; ~ *de naissance* Geburtsurkunde *f*; ~ *de vente* Verkaufsurkunde *f*; Kaufbrief *m*; ~ *de disposition* letztwillige Verfügung *f*; ~ *déclaratoire de volonté* Willenserklärung *f*; ~ *double* doppelte Ausfertigung *f*; ~*s pl. de l'état civil* Standesamtsregister *n*; ⚖ ~ *en brevet* Urkunde *f*; ~*s pl. fonciers* Grundbuchakten *f/pl.*; ~ *d'exécution* Zwangsvollstreckung *f*; ~ *illicite*, ~ *incriminé*, ~ *punissable*, ~ *délictueux* strafbare Handlung *f*; ~ *gratuit* Mutwille *m*; *bisw. les compagnons m/pl. de l'*~ *gratuit* die Halbstarken *m/pl.*; ~ *judiciaire* gerichtliche Amtshandlung *f*; ~ *notarié* notarielle Urkunde *f*; *dresser* (*od. passer*) ~ beurkunden; *passer un* ~ *par-devant notaire* e-n Vertrag vor dem Notar abschließen; ~ *sous seing privé* Privaturkunde *f*; ~ *valable* gültiger Vertrag *m*; *demander* ~ *de qch.* etw. beglaubigen lassen, sich etw. bescheinigen lassen; *prendre* ~ *de qch.* etw. zu Protokoll nehmen, etw. vermerken, von etw. Kenntnis (*od.* Vormerkung) nehmen, sich etw. für die Zukunft merken; ⚖ *dont* ~ zu Urkund dessen, urkundlich dessen; **3.** *thé.* Akt *m*, Aufzug *m*; **4.** ~*s pl.* Verhandlungsvorschriften *f/pl.*, Akten *f/pl.*, Protokolle *n/pl.*; ~*s pl. fonciers* Grundbuchakten *f/pl.*; ♀ *des Apôtres* Apostelgeschichte *f*; ♀ *des Martyrs* Geschichte *f* der Märtyrer.

acteur (ak'tœːr) *su.* [7f] handelnde Person *f*; Schauspieler *m*; *fig.* Teilnehmer *m*.

actif (ak'tif) **I** *adj.* [7e] □ **1.** aktiv, tätig, fleißig, rege, rührig; wirksam; lebhaft; *un remède* ~ ein wirksames Mittel *n*; *vie f active* tatenreiches Leben *n*; ☤ *dettes f/pl. actives* ausstehende Forderungen *f/pl.*; ⚔ *service m* ~ aktive Dienstzeit *f*; *gr. verbe m* ~ transitives Verb *n*; *gr. voix f active* Aktiv *n*; *voix f active et passive* Recht *n* zu wählen u. gewählt zu werden; *prendre une part active dans ...* lebhaften Anteil nehmen an (*dat.*); *j'aime ces qualités actives* mir gefallen diese lebhaften Eigenschaften; *ouvrier m* ~ fleißiger Arbeiter *m*; ⚗ *principe m* ~ wirkender Grundstoff *m*; **II** *m* **2.** ☤ Aktivvermögen *n*, Aktiva *n/pl.*; ~ *de la faillite* Konkursmasse *f*; ~ *net* reine Aktiva *n/pl.*; ~ *social* Gesellschaftsvermögen *n*; *porter* (*od. passer*) *à l'*~ *de q.* j-m etw. gutschreiben; **3.** *gr.* Aktiv *n*, Tätigkeitsform *f*.

actinie ♀ (akti'ni) *f* Seerose *f*.

actinique (akti'nik) *adj.* **1.** ⚡ aktinisch, Strahlen...; **2.** *phot.* photographisch wirksam.

actino|mètre (aktinɔ'mɛːtrə) *m* **1.** *phot.* Belichtungsmesser *m*; **2.** *opt.* Strahlenmesser *m*; **~thérapie** (~tera'pi) *f* Strahlen-therapie *f*, -behandlung *f*; **~tropisme** 📖 (~trɔ'pism) *m* Neigung *f* der Pflanzen durch einseitige Bestrahlung, Phototropismus *m*.

action (ak'sjɔ̃) *f* **1.** Handlung *f* (*a. thé., litt.*), Tat *f*; ~ *de grâces* (kirchliche) Danksagung *f*; *bsd. pol.* ~ *d'épuration* Säuberungsaktion *f*; *désagrégatrice* Zersetzungstätigkeit *f*; *l'*~ *d'une tragédie* (*d'un roman*) die Handlung e-r Tragödie (e-s Romans); **2.** Lebhaftigkeit *f*, Lebendigkeit *f*; Schwung *m*; Impuls *m*; *il met beaucoup d'*~ *dans ce qu'il fait* er geht mit großem Schwung (*od.* Eifer) an die Sache; *parler avec* ~ schwungvoll reden; ~ *oratoire* rhetorischer Impuls *m*; **3.** Tätigkeit *f*, Bewegung *f*; *les* ~*s naturelles* der Verdauungsprozeß *m*; *mettre une machine en* ~ e-e Maschine in Gang setzen; *être en* ~ in Tätigkeit (*od.* im Gange) sein; *entrer en* ~ *fig.* eingreifen; in Tätigkeit treten; ⚔ zum Einsatz kommen; **4.** ⚔ Gefecht *n*; Kampf *m*; *engager l'*~ den Kampf eröffnen; ~ *débordante* Umgehungsversuch *m*; **5.** Wirkung *f*; ~ *des vagues* Wellenschlag *m*; ⊕ ~ *du freinage*

Bremswirkung *f*; ~ *à distance* Fernwirkung *f*; ~ *et réaction* Wirkung u. Gegenwirkung *f*; **6.** ⚖ Klage *f*, *intenter une* ~ *en justice* e-e gerichtliche Klage einreichen (*od.* anstrengen); ~ *civile*, ~ *au civil* Zivilklage *f*; ~ *contractuelle* Vertragsklage *f*; ~ *révocatrice* Anfechtungsklage *f*; ~ *récursoire* Regreßklage *f*; ~ *en responsabilité* Haftpflichtklage *f*; ~ *légale* Rechtshandlung *f*; ~ *en dommages-intérêts* Schadenersatzklage *f*; ~ *de partage* Erbteilungsklage *f*; **7.** † Aktie *f*, Anteilschein *m*; ~ *de capital* Stammaktie *f*; ~ *de fondation* Gründungsaktie *f*; ~ *définitive* Definitivaktie *f*; ~ *primitive* (*od. ordinaire*), ~ *d'origine*, ~ *de première émission* Stammaktie *f*; ~ *de jouissance* zinstragende Aktie *f*; ~ *de mine* Bergwerks-, Montanaktie *f*; Kux *m*; ~ *privilégiée*, ~ *de priorité*, ~ *de préférence* Vorzugsaktie *f*; *détenteur m* (*od. porteur m*) *d'*~*s* Aktieninhaber *m*; *les* ~*s sont à* ... die Aktien stehen auf ... (*dat.*); **8.** ♀ *française hist.* Parteibewegung *f* für die Wiederherstellung des französischen Königtums (*1898 bis 1936*).

action|naire (aksjɔ'nɛ:r) *su.* Aktionär *m*, Aktienbesitzer *m*; ~ *principal* Hauptaktionär *m*: **~nement** (~ksjɔn'mɑ̃) *m* Antrieb *m*; **~ner** (~'ne) [1a] **I** *v/t.* **1.** ⚖ gerichtlich belangen; einklagen; **2.** (an)treiben, in Gang bringen; *actionné* (*a. adj.*) geschäftig; **II** *v/rfl.* s'~ tätig sein *od.* werden.

acti|vateur ⊕ (aktiva'tœ:r) *m* Haftanreger *m*; **~vation** (aktivɑ'sjɔ̃) *f* Aktivierung *f*, Belebung *f*; **~ver** (~'ve) [1a] **I** *v/t.* beschleunigen, aktivieren, beleben, fördern, mit Nachdruck betreiben; *Feuer* schüren; **II** *v/rfl.* s'~ sich beeilen; **~ves** (~'ti:v) *f/pl.* Aktiva *n/pl.*; **~viste** (~ti'vist) *adj. u. su.* aktivistisch; *pol. oft péj.* terroristisch; Aktivist *m*; *pol. oft péj.* Terrorist *m*; **~vité** (~vi'te) *f* Aktivität *f*, Betriebsamkeit *f*; Tätigkeit *f*, Wirksamkeit *f*; ~ *commerciale* Handelsgewerbe *n*; ~ *solaire* Sonnentätigkeit *f*; † ~ *du compte* Kontobewegung *f*; *les entreprises sont classées par* ~ die Firmen sind nach Branchen geordnet; *sphère f d'*~ Wirkungskreis *m*, Aktionsbereich *m*; *en* ~ in Tätigkeit; in aktivem Dienst.

actrice (ak'tris) *f* Schauspielerin *f*.

actu|aire (ak'tɥɛ:r) *m* Versicherungs-, Finanzstatistiker *m*; **~alisateur** *gr.* (~aliza'tœ:r) *adj.* [7f] *u. m* aktualisierend; aktualisierendes Mittel *n*, um in uns schlummerndes Wortgut in Sätzen gegenwärtig zu machen (*Artikel, Zahlen, Pronomina*); **~alisation** *gr.* (~alizɑ'sjɔ̃) *f* Aktualisierung *f*; **~alité** (~ali'te) *f* Aktualität *f*, Gegenwartsnähe *f*; Tagesereignis *n*; *cin. les* ~*s pl.* die Wochenschau *f/sg.*; *rad.* Neues *n* vom Tage, der Zeitfunk *m/sg.*, das Zeitgeschehen *n*; *gravures f/pl. d'*~ zeitgeschichtliche Bilder *n/pl.*; *question f d'*~ aktuelle (*od.* brennende) Frage *f*; *d'une* ~ *immédiate* hochaktuell.

actuel (ak'tɥɛl) *adj.* [7c] □ aktuell, gegenwärtig, derzeitig, jetzig, zeitgemäß; **~lement** (~l'mɑ̃) *adv.* zur Zeit, augenblicklich, momentan, jetzt, heutzutage.

acuité (akɥi'te) *f* Schärfe *f*; *fig.* Heftigkeit *f*; ⚕ akuter *od.* schnell verlaufender Zustand *m*; ~ *visuelle* Sehschärfe *f*; *des problèmes d'une extrême* ~ Fragen *f/pl.* von äußerster Dringlichkeit.

acuponcture ⚕ (akypɔ̃k'ty:r) *f* Akupunktur *f*, Aufstechen *n* mit e-r sehr feinen Nadel.

acut|angle ⚠ (aky'tɑ̃:glə) *adj.* spitzwinklig; **~angulé** (~tɑ̃gy'le) *adj.* scharfkantig.

adage (a'da:ʒ) *m* Sprichwort *n*, geflügeltes Wort *n*.

Adam (a'dɑ̃) *m* Adam *m*; *anat. pomme f d'*~ Adamsapfel *m*; *fig. dépouiller le vieil* ~ den alten Adam ausziehen.

adapt|able (adap'tablə) *adj.* anwendbar; **~ateur** (~ta'tœ:r) *m* Bearbeiter *m* (*Film usw.*); **~atif** (~ta'tif) *adj.* [7e] anpassungsfähig; **~ation** (~tɑ'sjɔ̃) *f* Anpassung *f*; Zurechtmachung *f*; *thé.*, *cin.* freie Bearbeitung *f*; Verfilmung *f*; **~er** (~'te) [1a] **I** *v/t.* anpassen; in Einklang bringen; ~ *un film* e-n Film frei nach e-m Roman *usw.* bearbeiten; **II** *v/rfl.* s'~ sich anpassen, sich umstellen (*à* auf *acc.*); sich (ein)fügen, sich einordnen; *fig.* passen (*à* zu *dat.*).

addenda (adɛ̃'da) *m/inv.* zusätzliche Schlußbemerkungen *f/pl.* (*e-s Buches*), Hinzufügungen *f/pl.*

additif (adi'tif) *m* **1.** ⚗ Zutat *f*; **2.** *fin.* Zusatz *m*.

addition (adi'sjɔ̃) *f* Hinzufügung *f*; Zusatz *m*, Randbemerkung *f*, Zugabe *f*, Anhang *m*; Addition(saufgabe *f*) *f*; Rechnung *f* (*im Restaurant*); *garçon, l'~, s'il vous plaît*! Kellner, zahlen!; *~s pl. successives* Aufaddieren *n*; ⊕ *produit m d'~* Füllstoff *m* (*Bestandteil e-s Kunststoffes*); **~nel** (~sjɔ'nɛl) *adj.* [7c] zusätzlich, nachträglich; *centimes m ~s* Steuerzuschlag *m*; **~ner** (~'ne) *v/t.* [1a] zs.-zählen, addieren.

additionneuse (adisjɔ'nøːz) *f* Addiermaschine *f*.

adduc|teur *anat.* (adyk'tœːr) *m* (*a. adj.*: *muscle m ~*) Anziehmuskel *m*; **~tion** (~k'sjɔ̃) *f* **1.** *anat.* anziehende Muskelbewegung *f*; **2.** *hydr.* Zuleitung *f*; *~ d'eau* Wasser-zuführung *f*, -versorgung *f*.

adelph|e ⚘ (a'dɛlf) *adj.* verwachsen; **~ie** (~'fi) *f* Verwachsen *n* der Staubfäden.

adénite ⚕ (ade'nit) *f* Drüsen-entzündung *f*.

adent *charp.* (a'dɑ̃) *m* Verzahnung *f*, Verzapfung *f*.

adenter *charp.* (adɑ̃'te) *v/t.* [1a] verzahnen.

adepte (a'dɛpt) **1.** *su.* Anhänger (-in *f*) *m e-r Lehre od. Sekte*; Eingeweihter *m*; **2.** † *m* Alchimist *m*.

adéquat (ade'kwa) *adj.* angemessen, entsprechend; zweckmäßig; übereinstimmend, adäquat; *une définition ~e* e-e scharfumrissene Definition *f*.

adhé|rence (ade'rɑ̃ːs) *f* Anhaften *n*, An-, Zs.-hängen *n*, Verwachsensein *n*; *phys.* Adhäsion *f*; ⚕ Verwachsung *f*; *bét.* Haftfestigkeit *f*; ⊕ Haftfläche *f*; Flächen-, Schienenhaftung *f*; *fig.* Anhänglichkeit *f*; *~ à qch.* Festkleben *n* an etw.; ⚡ *~ électrique* elektrischer Reibungswiderstand *m*; **~rent** (~'rɑ̃) **I** *adj.* [7] (*à*) anhaftend, angewachsen, anklebend (an *dat.*); ⚕ verwachsen (mit); **II** *m* Anhänger *m*; Mitglied *n*; **~rer** (~'re) *v/i.* [1f] (*à*) festhängen, festkleben, haften (an *dat.*); *bsd.* ⚕ verwachsen sein (mit); *fig.* festhalten (an *dat.*); *fig.* einverstanden sein (mit), zustimmen (*dat.*), beitreten (*dat.*); zu e-r Partei halten; *~ à q.* es mit j-m halten; **~risation** *Auto* (~riza'sjɔ̃) *f* Aufrauhung *f* der Luftreifen; **~riser** *Auto* (~ri'ze) *v/t.* [1a] aufrauhen; **~sif** (~'zif) *adj.* [7e] fest anheftend, anklebend; griffig (*Autoreifen*); *fig.* zustimmend; ⚕ *emplâtre m ~* Heftpflaster *n*; **~sion** (~'zjɔ̃) *f* Festhängen *n*; *phys.* Adhäsion *f*; Bodenhaftung *f* (*Autoreifen*); ⊕ Haftfestigkeit *f*; *phys.* Oberflächenanziehungskraft *f*; *fig.* Zustimmung *f*, Beitritt *m*; *donner (refuser) son ~* s-n Beitritt erklären (ablehnen); *acte m d'~* Beitrittserklärung *f*; *les ~s pl.* die Zustimmung *f/sg.*; **~sivité** (~zivi'te) *f* **1.** Geselligkeitsinstinkt *m*; **2.** *phys.* Adhäsionskraft *f*, Haftvermögen *n*, *Auto*: Griffigkeit *f*; **3.** *allg.* Konzentrationsfähigkeit *f*.

adiaphane (adja'fan) *adj.* undurchsichtig.

adieu (a'djø) **I** *int.* *~!* bleib' (bleiben Sie) gesund!, leb' (leben Sie) wohl! (*beim Abschied für immer od. auf e-e längere Zeit*); *Enttäuschung, Hoffnungslosigkeit*: laß fahren dahin!; alles zwecklos!; (alles) umsonst!; vergebens!; *fig. dire ~ à qch.* e-r Sache entsagen; **II** *m* Abschied(sgruß *m*) *m*, Lebewohl *n*; *faire (od. dire) ses ~x à q.* j-m Lebewohl sagen, von j-m Abschied nehmen.

adipeux (adi'pø) *adj.* [7d] *anat.* fettig, fetthaltig, Fett...

adipome ⚕ (adi'pɔm) *m* Fettgeschwulst *f*.

adipos|e, ~ité ⚕ (adi'poːz, ~pozi'te) *f* Fettsucht *f*.

adipsie ⚕ (adip'si) *f* Durstmangel *m*.

adirer ⚖ (adi're) *v/t.* [1a] verkramen, verlegen (*Akten*).

adition ⚖ (adi'sjɔ̃) *f*: *~ d'hérédité* Antritt *m* e-r Erbschaft.

adjacence ⊿ (adʒa'sɑ̃ːs) *f* Berührung *f* (*v. Winkeln*).

adjacent (adʒa'sɑ̃) *adj.* [7] anliegend, angrenzend; *rue f ~e* Nebenstraße *f*; ⊿ *angles m/pl. ~s* Nebenwinkel *m/pl.*

adjectif *gr.* (adʒɛk'tif) **I** *adj.* [7e] adjektivisch; **II** *m* Adjektiv *n*, Eigenschaftswort *n*; *~ numéral* Zahlwort *n*.

adjoindre (ad'ʒwɛ̃ːdrə) *v/t.* [4b] hinzu-fügen, -ziehen; *~ q.* j-n zuteilen, zu-, bei-gesellen.

adjoint (ad'ʒwɛ̃) [7] **I** *adj.* beigeordnet; *professeur m ~* Aushilfslehrkraft *f*; **II** *su.* Aushilfslehrkraft *f*; Stellvertreter *m*; Amtsgehilfe *m*, Beigeordnete(r) *m*; *~ au maire* stellvertretender Bürgermeister *m*; *juré m ~* Ersatzgeschworener *m*; *Fr. ~ d'enseignement etwa*: Studienreferendar *m*.

adjonction (adʒɔ̃k'sjɔ̃) *f* Zuteilung *f*,

Beiordnung *f* (*e-s Gehilfen*; *e-r zweiten Kraft*); Hinzufügung *f*, Bei-, Hinzufügen *n*; ✓ Beimischen *n*.

adjudant ⚔ (adʒy'dɑ̃) *m* Adjutant *m*, Feldwebel *m*, Wachtmeister *m*; ~*-chef* Oberfeldwebel *m*.

adjudica|taire (~dika'tɛ:r) *su*. Mindestfordernde(r) *m*, Auftragnehmer *m* (durch Zuschlag); Ersteigerer *m*, Ersteher *m*; **~teur** (~'tœ:r) *su*. [7f] Zuerkenner *m*, Zuerkennender *m*; **~tif** (~'tif) *adj*. [7e] zuerkennend; **~tion** (~kɑ'sjɔ̃) *f* **1.** (gerichtliche) Zusprechung *f*, Versteigerung *f*; *vente f par* ~ gerichtlicher Verkauf *m*; **2.** Ausschreibung *f*, Submission *f*, Vergebung *f* (*od*. Vergabe *f*) an den Mindestfordernden; ~ *publique* öffentliche Ausschreibung *f*; *mettre en* ~ *au plus offrant* an den Meistbietenden vergeben.

adjuger (adʒy'ʒe) [1l] **I** *v/t*. ⚖ zuerkennen; den Zuschlag erteilen (*od*. liefern), zuschlagen; **II** *v/rfl*. *s'*~ *qch*. sich etw. aneignen.

adju|ration (~rɑ'sjɔ̃) *f* **1.** *rl*. Beschwörungsformel *f*; **2.** inständige Bitte *f*; **~rer** (~'re) *v/t*. [1a] **1.** *rl*. beschwören; **2.** inständig bitten.

adjuvant (adʒy'vɑ̃) *adj*. [7] *u*. *m* a) ⚕ zusätzlich(es), helfend(es Mittel *n*); b) *bét*. Zusatz(mittel *n*) *m*.

admettre (ad'mɛtrə) *v/t*. [4p] **1.** zulassen, j-m den Zugang gestatten; *faire* ~ *un livre dans une école* ein Buch in e-r Schule einführen; **2.** anerkennen, annehmen, gelten lassen, für richtig befinden, zugeben; ~ *un compte* eine Rechnung anerkennen (*od*. für richtig befinden); *généralement admis* allgemein anerkannt.

adminicule ⚖ (admini'kyl) *m* Nebenbeweis *m*.

administra|teur (administra'tœ:r) *su*. [7f] Verwalter *m*; ~ *fiduciaire* Treuhänder *m*; ~ *juridique* Rechtswalter *m*; **~tif** (~'tif) *adj*. [7e] zur Verwaltung gehörig, administrativ; *corps m* ~ Verwaltungspersonal *n*; **~tivement** (~tiv'mɑ̃) *adv*. auf dem Verwaltungswege; **~tion** (~trɑ'sjɔ̃) *f* **1.** Verwaltung *f*; Verlag *m* (*e-r Zeitung*); *fig*. Wirtschaft *f*; *mauvaise* ~ Mißwirtschaft *f*; ~ *forcée* Zwangswirtschaft *f*; ~ *modèle* vorbildliche Verwaltung *f*; ~ *centrale* Hauptverwaltung *f*; ~ *coloniale* Kolonialverwaltung *f*; ⚖ ~ *de la succession* Nachlaßverwaltung *f*; ~ *forestière* Forstverwaltung *f*; *conseil m d'*~ Verwaltungsrat *m*; ⚔ *officier d'*~ höherer Militärbeamter *m*; **2.** Verwaltungsbehörde *f*; *thé*. Intendanz *f*; **3.** *rl*. Erteilung *f*, Spendung *f* der Sakramente; Eingeben *n* e-r Medizin; **4.** ⚖ ~ *de preuves* Beibringung *f* von Beweisstücken; ~ *de la preuve* Beweislast *f*, -pflicht *f*.

adminis|tré (~s'tre) *su*. (*mst. im pl.*) Bürger *m*; **~trer** (~) *v/t*. [1a] **1.** verwalten; **2.** ~ *la justice* die Rechtspflege handhaben; **3.** verabreichen, geben; *rl*. ~ *un malade* e-m Kranken die letzte Ölung geben; ~ *les sacrements* die Sakramente spenden; ~ *une volée de bois vert* (*od*. *une tripotée magistrale*) *à q*. j-m e-e anständige (*od*. gehörige) Tracht Prügel verabreichen; j-n anständig versohlen P; **4.** ⚖ ~ *des preuves* Beweise beibringen (*od*. liefern).

admira|ble (admi'rablə) *adj*. □ bewunderungswürdig, bewundernswert, großartig, vortrefflich, meisterhaft, erstaunlich; **~teur** (~'tœ:r) *su*. [7f] Bewunderer *m*; **~tif** (~'tif) *adj*. [7e] voller Bewunderung, bewundernd; Bewunderung ausdrückend; *point m* ~ Ausrufungszeichen *n*; *particule f admirative* Interjektion *f*, Ausruf *m*; **~tion** (~rɑ'sjɔ̃) *f* **1.** Bewunderung *f*; **2.** Gegenstand *m* der Bewunderung.

admirer (admi're) *v/t*. [1a] bewundern; *j'admire que* (*subj*.) ich wundere mich, daß ...

admis|sibilité (admisibili'te) *f* Zulässigkeit *f*, Gültigkeit *f*; Aufnahmefähigkeit *f*; *liste d'*~ Zulassungsliste *f*; **~sible** (~'siblə) *adj*. zulässig, statthaft, gültig; **~sion** (~'sjɔ̃) *f* Zulassung *f*; ~ *à une école* Aufnahme *f* in e-e Schule; ~ *à l'hôpital* Einweisung *f* ins Krankenhaus; ~ *d'air* Luftzufuhr *f* (*a*. ⚒).

admones|tation (admɔnɛsta'sjɔ̃) *f* Verwarnung *f*, Verweis *m*, Rüge *f*; **~ter** (~'te) *v/t*. [1a] j-m e-n Verweis erteilen, j-n verwarnen; *fin*. mahnen (*zur Zahlung*).

admoni|teur (admɔni'tœ:r) **1.** *su*. [7f] Warner *m*, Ratgeber *m*; **2.** *rl*. Aufseher *m im Jesuitenkloster*; **~tion** (~'sjɔ̃) *f* Warnung *f*; Rüge *f*.

adné (ad'ne) *adj*. angewachsen.

adoles|cence (adɔlɛ'sɑ̃:s) *f* Jünglingsalter *n*, Jugend(zeit *f*) *f*; **~cent** (~'sɑ̃) [7] **I** *su.* Jüngling *m*, Jugendlicher *m*, Junge *m*; *mv.p.* unreifer Bursche *m*; ~e *f* junges Mädchen *n*, Backfisch *m*; **II** *adj.* noch heranwachsend, jung, jugendlich; *grâce f ~e* jugendliche Grazie *f*.

Adonis *myth.* (adɔ'nis) *m* Adonis *m*; *fig.* schöner Jüngling *m*.

adoniser (adɔni'ze) **I** *v/t.* j-n ausputzen; **II** *v/rfl.* *s'~* sich fein (*od.* schick P) machen.

adonner (adɔ'ne) [1a]: *s'~ à qch.* sich e-r Sache (*dat.*) hingeben *od.* widmen.

adop|table (adɔp'tablə) *adj.* annehmbar; **~tant** (~'tɑ̃) *su.* [7] Pflegevater *m*; *les ~s* die Pflegeeltern *pl.*; **~té** (~'te) *su.* angenommenes Kind *n*; **~ter** (~) *v/t.* [1a] adoptieren, an Kindes Statt annehmen; sich aneignen, sich zu eigen machen, annehmen; *~ à l'unanimité* einstimmig annehmen; *~ une loi* ein Gesetz verabschieden; *~ une opinion* e-r Ansicht (*dat.*) beipflichten (*od.* zustimmen); **~tif** (~'tif) *adj.* [7e]: *enfant su. ~* Adoptivkind *n*; *père m ~* Adoptivvater *m*, Pflegevater *m*; **~tion** (adɔp'sjɔ̃) *f* **1.** Annahme *f* an Kindes Statt, Adoption *f*; *fils m par ~* Adoptivsohn (*vgl.* 3.); **2.** *fig.* Annahme *f*; Aufnahme *f* (*von Fremdwörtern*); Billigung *f*; ⚖ Verabschiedung *f* (*e-s Gesetzes*); *~ de l'étalon-or* Umstellung *f* auf Goldmark; **3.** Wahl *f*, Vorliebe *f*; *fils m d'~* Lieblingssohn *m*.

adora|ble (adɔ'rablə) *adj.* □ anbetungswürdig; *fig.* reizend, goldig; entzückend; **~teur** (~'tœ:r) *su.* [7f] Verehrer *m*, Anbeter *m*; **~tion** (~rɑ'sjɔ̃) *f* **1.** Anbetung *f*; *rl.* Kult *m*; **2.** Huldigung *f*.

adorer (~'re) *v/t.* [1a] anbeten (*a. abs.*); leidenschaftlich lieben; verehren; F *~ faire qch.* etw. furchtbar gern tun.

ados ⚘ (a'do) *m* schräg angelegtes Frühkulturbeet *n*.

ados|sement (ados'mɑ̃) *m* Anlehnung *f*; ⚠ Schräge *f*, Abdachung *f*; **~ser** (~'se) *v/t. u. s'~* [1a]: *(s')~ contre od. à* (sich) anlehnen an (*acc.*); ⚠ anbauen; böschen (*Straßenbau*); **~soir** (~'swa:r) *m* Strandliege(stuhl *m*) *f*.

adouber (adu'be) *v/t.* [1a] **1.** ⚓ ausbessern; **2.** *hist.* *~ chevalier* als Ritter ausrüsten.

adou|cir (~'si:r) *v/t.* [2a] versüßen; *fig.* mildern; zähmen; besänftigen; *Steuern* ermäßigen; *Schmerz* lindern; *Fell* geschmeidig machen; *Metall* polieren; *~ sa voix* s-e Stimme mäßigen; *eau f adoucie* enthärtetes Wasser *n*; **~cissage** (~si'sa:ʒ) *m* Glättung *f*; Pulver *n* zum Glätten; **~cissant** *phm.* (~si'sɑ̃) **1.** *adj.* mildernd; **2.** Milderungsmittel *n*; **~cissement** (~sis'mɑ̃) *m* Versüßung *f*; Enthärten *n* (*des Wassers*); *fig.* Linderung *f*; Trost *m*; Verschmelzung *f* (*v. Farben*); *gr.* Umlaut *m*.

adoué *a. ch.* (a'dwe) *adj.* gepaart.

adresse[1] (a'drɛs) *f* Adresse *f*, Anschrift *f*; Aufschrift *f*; Bestimmung *f*; Bittschrift *f*; Denkschrift *f*; *livre m d'~s* Adreßbuch *n*; *~ télégraphique* Telegrammadresse *f*; *~ de félicitation(s)* Glückwunschadresse *f*; *mettre l'~ sur od. à* adressieren; *une lettre à mon ~* ein an mich gerichteter Brief *m*; *arriver à son ~* an s-n Bestimmungsort gelangen; *c'est à mon ~* das ist auf mich gemünzt; *savez-vous son ~?* wissen Sie s-e (ihre) Wohnung?

adresse[2] (~) *f* Geschicklichkeit *f*, Fertigkeit *f*, Gewandtheit *f*; *fig.* Feinheit *f*, List *f*, Kniff *m*; *~ de cavalier* reiterliches Geschick *n*; *tour m d'~* Kunststück *n*, Kunstgriff *m*, Taschenspielerstückchen *n*.

adresser (adrɛ'se) [1b] **I** *v/t.* schicken, richten, verweisen; *~ q. à q.* j-n an j-n verweisen; *~ une lettre à q.* e-n Brief an j-n richten *od.* senden; *~ la parole à q.* j-n ansprechen; *il l'adressait à elle* er schickte ihn zu ihr; *~ des commandes à q.* Bestellungen bei j-m machen; **II** *v/rfl.* *s'~ à* sich wenden an (*acc.*); *cela s'adresse à vous* das betrifft Sie.

adressographe (adrɛsɔ'graf) *m* Adressiermaschine *f*.

adroit (a'drwa) *adj.* [7] geschickt, gewandt; listig, pfiffig; *esprit m ~* heller Kopf *m*.

adula|teur (adyla'tœ:r) *su. u. adj.* [7f] Schmeichler *m*, Speichellecker *m*; schmeichlerisch, kriecherisch; **~tion** (~lɑ'sjɔ̃) *f* niedrige Schmeichelei *f*, Lobhudelei *f*, Kriecherei *f*, Speichelleckerei *f*.

aduler (ady'le) *v/t.* [1a] j-m kriecherisch schmeicheln, j-m zu Munde

reden.
adulte (a'dylt) **I** *adj.* erwachsen, mannbar; *l'âge* ~ das Mannesalter *n*; **II** *su.* Erwachsener *m*; *cours m/pl. d'~s* Fortbildungsschule *f*.
adul|térateur (adyltera'tœ:r) *su.* [7f] Fälscher *m*, Verfälscher *m*; **~tération** (~tera'sjõ) *f* Fälschung *f*, Verfälschung *f*; **~tère** (~'tε:r) **I** *m* Ehebruch *m*; **II** *adj. u. su.* ehebrecherisch; Ehebrecher *m*; **~térer** (~te're) *v/t.* [1f] (ver)fälschen; **~térin** (~te'rε̃) *adj. u. su.* [7] im Ehebruch erzeugt.
adustion ⚕ (adys'tjõ) *f* Kauterisation *f*.
ad usum (ad y'zɔm) *advt.* für den Gebrauch; in hergebrachter Weise.
advenir (advə'ni:r) *v/i.* [2h] geschehen, sich ereignen; *quoi qu'il advienne* was auch geschehen mag; *advienne que pourra* komme, was wolle; *personne ne se préoccupe de ce qu'il advient de moi* niemand kümmert sich darum, was aus mir wird; *advenant son décès* im Falle s-s Ablebens.
adventice (advɑ̃'tis) *adj.* zufällig; von außen hinzukommend; ⚘ wild wachsend.
adventif (advɑ̃'tif) *adj.* [7e] **1.** ⚘ *racines f/pl. adventives* Luftwurzeln *f/pl.* (*Stockausschlag*); **2.** ⚖ *biens m/pl.* ~s durch Nebenerbschaft *od.* Schenkung erworbenes Gut *n/sg*.
adver|be (ad'vεrb) *m* Adverb *n*, Umstandswort *n*; **~bial** (~'bjal) *adj.* [7] *gr.* adverbial; **~bialité** (~bjali'te) *f* Adverbialität *f*, adverbialer Charakter *m*.
adver|saire (advεr'sε:r) *su.* Gegner *m*, Widersacher *m*; ⚖ Gegenpartei *f*; **~satif** *gr.* (~sa'tif) *adj.* [7e] e-n Gegensatz bezeichnend, adversativ; **~se** (ad'vεrs) *adj.* entgegenstehend, widrig; feindlich; *partie f* ~ Gegenpartei *f*; *fortune f* ~ Mißgeschick *n*; **~sité** (~si'te) *f* Widerwärtigkeit *f*; Unglück *n*; Mißgeschick *n*; Not *f*; Unfall *m*.
adyna|mie ⚕ (adina'mi) *f* Kraftlosigkeit *f*; **~mique** (~m'ik) *adj.* schwach, kraftlos.
aérage (ae'ra:ʒ) *m* Lüftung *f*; Ventilation *f*; ⚒ Wetterwechsel *m*; *puits m d'~* Wetter-, Luftschacht *m*.
aéranalyseur *phys.* (aeranali'zœ:r) *m* Luftmesser *m*.
aération (aerɑ'sjõ) *f* Ventilation *f*, Lüftung *f*; Einwirkung *f* der Luft; ⚒ Bewetterung *f*, Wetterwechsel *m*; *bouche f d'~* Be-, Ent-lüftungsöffnung *f*.
aérer (~) [1f] **I** *v/t.* frische Luft zuführen, lüften, entlüften, an die Luft stellen (*bzw.* führen); **II** F *v/rfl. s'~* nach Luft schnappen.
aérien (ae'rjε̃) *adj.* [7c] Luft...; luftförmig, luftig; ⚒ *conduit m* ~ Luftröhre *f*; *plantes f/pl.* ~*nes* Hängepflanzen *f/pl.*; *fig. taille* ~*ne* zarte, ätherische Gestalt *f*; *voyage m* ~ Luftreise *f*; *compagnie f* ~*ne* Fluggesellschaft *f*; ⚔ *défense f* ~*ne* Flieger-, Luft-abwehr *f*; *démarche f* ~*ne* schwebender Gang *m*; *construction f* ~*ne* luftiger Bau *m*; *forces f/pl.* ~*nes* Luftstreitkräfte *f/pl.*; *ligne f* ~*ne* Luft(fahrt)linie *f*; *pont m* ~ Luftbrücke *f*; *voies f/pl.* ~*nes* Atemwege *m/pl.*
aérifère *anat.* (aeri'fε:r) *adj.* luftleitend; *voie f* (*tube m od. conduit m*) ~ Luftweg *m*, Luftröhre *f*.
aérification ⚗ (aerifikɑ'sjõ) *f* Verwandlung *f* in Gas.
aéri|fier ⚗ (~'fje), **~ser** (~'ze) *v/t.* [1a] in Gas verwandeln, luft- *od.* gas-förmig machen; **~forme** (~'fɔrm) *adj.* luftförmig.
aérique ⚕ (ae'rik) *adj.*: *examen m* ~ *du cerveau* Luft-, Pneum-enzephalographie *f*.
aérium ⚕ (ae'rjɔm) *m* Luftkursanatorium *n*.
aéro|bus (aerɔ'bys) *m* Kabinen-, Verkehrs-, Passagier-flugzeug *n*; **~car** (~'ka:r) *m* Großflugzeug *n*; **~chauffage** (~ʃo'fa:ʒ) *m* Luftheizung *f*; **~chir** (~ʃi:r) *m* Sanitätsflugzeug *n*; **~circulation** (~sirkylɑ'sjõ) *f* Flug-, Luft-verkehr *m*; **~cubite** (~ky'bit) *m* Luftkissen *n*; **~drome** (~'drɔm) *m* Flugplatz *m*, ✈ Landungsstelle *f*; **~dromique** (~drɔ'mik) *adj.*: *terrain m* ~ Fluggelände *n*; **~dynamicien** (~dinami'sjε̃) *m* Aerodynamiker *m*; **~dynamique** (~dina'mik) **I** *adj.* aerodynamisch, stromlinienförmig; **II** *f* Aerodynamik *f*, Luftströmungslehre *f*; **~frein** (~'frε̃) *m* Luftbremse *f*; **~gare** (~'ga:r) *f* Flughafen *m*, -bahnhof *m* ; **~glisseur** (~gli'sœ:r) *m* Gleitflugzeug *n*; **~graphie** (~gra'fi) *f* Luftbeschreibung *f*; **~lithe** (~'lit) *m* Meteorstein *m*; **~logie** (~lɔ'ʒi) *f* Luft-kunde *f*, -lehre *f*, Wetterkunde *f* der höheren Luftschichten; **~logiste** (~lɔ'ʒist) *m* Luftfachmann *m*; **~mécanique**

(~meka'nik) *f* Flugmechanik *f*; **~mètre** (~'mɛ:trə) *m* Luftmesser *m*; **~métrie** (~me'tri) *f* Luftmessungslehre *f*; **~-moteur** (~mɔ'tœ:r) *m* Wind-, Flug-motor *m*, Preßluftmotor *m*; **~naute** (~'not) *m* Luftschiffer *m*; ~ *interplanétaire* Weltraumreisende(r) *m*; ~ **nautique** (~no'tik) **I** *adj.* aeronautisch; Luftfahrt..., Flieger..., Flug...; **II** *f* Luftfahrtkunde *f*, -wesen *n*, Aeronautik *f*, Luftfahrt *f*; **~naval** (~na'val) *adj.* [5c]: *base f* ~*e* Seeflughafen *m*; **~navale** ⚔ (~) *f* Luft- u. Seeflotte *f*; **~navigation** (~navigɑ'sjɔ̃) *f* Flug-, Luft-ortung *f*; Flugnavigation *f*; **~nef** (~'nɛf) *m* Luftschiff *n*; Luftfahrzeug *n*; ~ *interplanétaire* Raumschiff *n*; **~paquet** (~pa'kɛ) *m* Luftpostpaket *n*; **~phagie** ⚕ (~fa'ʒi) *f* Luftschlucken *m*; **~phare** (~'fa:r) *m* Bodenscheinwerfer *m*; **~photogrammétrie** (~fɔtɔgrame'tri) *f* Luftbild-messung *f*, -auswertung *f*; **~plane †** (~'plan) *m* Flugzeug *n*; **~port** (~'pɔ:r) *m* Flughafen *m*; ✈ Landungsstelle *f*; **~porté** ✈ (~pɔr'te) *adj.*, *bsd.* ⚔ per (*od.* mit dem) Flugzeug transportiert; **~postal** (~pɔs'tal) *adj.* [5c] Luftpost...; **~poste** (~'pɔst) *f* Luftpost *f*; **~sol** (~'sɔl) *m* künstlicher Nebel *m*, Aerosol *n*, Dunstwolke *f* (*über e-r Großstadt* [*Klimatologie*]); **~stat** (~'sta) *m* Luftballon *m*; **~station** (~stɑ'sjɔ̃) *f* Luftschiffahrt(s-, *bes.* Ballonfahrkunde *f*, -kunst *f*), Ballonschiffahrt *f*; **~statique** (~sta'tik) **I** *adj.* aerostatisch, Flug..., Luft...; *ballon m* ~ Luftballon *m*; *section f* ~ Luftschifferabteilung *f*; **II** *f* Luftschiffahrt(skunde *f*) *f*; **~stier** (~s'tje) *m* Luftschiffer *m*; **~technique** (~tɛk'nik) **I** *adj.* luft-, flugtechnisch; *ingénieur-conseil en installations* ~*s* beratender Ingenieur *m* für lufttechnische Anlagen; **II** *f* Luft-, Flug-, Luftfahrt-technik *f*; **~thérapie** ⚕ (~tera'pi) *f* Lufttherapie *f*; **~torpille** ⚔ (~tɔr'pij) *f* Lufttorpedo *n*.

affa|bilité (afabili'te) *f* Leutseligkeit *f*, Freundlichkeit *f*; Umgänglichkeit *f*; **~ble** (~'fablə) *adj.* □ ~ *avec* (*od. envers od. à*) *q.* leutselig (*od.* freundlich zu) gegenüber j-m; gesellig, umgänglich.

affabulation (afabylɑ'sjɔ̃) *f* Moral *f*, Nutzanwendung *f* e-r Fabel; Stoffsammlung *f* für e-n Roman.

affa|dir (afa'di:r) *v/t.* [2a] unschmackhaft (*od.* geschmacklos) machen; *fig.* die Würze nehmen; anwidern; **~dissement** (~dis'mɑ̃) *m* Geschmacklosigkeit *f* (*a. fig.*).

affai|blir (afɛ'bli:r) [2a] **I** *v/t.* (ab-) schwächen, entkräften; dünner machen; *phot.* abschwächen; verringern (*a. fig.*); j-s Ansehen schwächen; dämpfen; **II** *v/rfl.* *s'*~ schwächer werden, nachlassen, sich verringern; *aller* (*en*) *s'affaiblissant* allmählich abnehmen *od.* schwächer werden; **~blissement** (~blis'mɑ̃) *m* Schwächung *f*, Abnahme *f*, Entkräftung *f*, Abspannung *f*; *phot.* Abschwächung *f*; *fig.* Verminderung *f*, Nachlassen *n*; **~blisseur** *phot.* (~bli'sœ:r) *m* Abschwächer *m*.

affainéantir (afɛneɑ̃'ti:r): *s'*~ [2a] verweichlichen.

affaire (a'fɛ:r) *f* **I** *sg. u. pl.* **1.** Geschäft *n*; Unternehmung *f*; ~ *de Bourse* Börsengeschäft *n*; *avoir* ~ *à q.* es mit j-m zu tun kriegen; *vous aurez* ~ *à moi* Sie werden es mit mir zu tun kriegen!; *avoir* ~ *à* (*od. avec*) *q.* mit j-m zu tun haben, mit j-m in Verbindung stehen; *je n'ai pas* ~ *à* (*od. avec*) *lui* ich habe mit ihm nichts zu tun (*od.* nichts zu schaffen *od.* nichts im Sinn); *je ne veux pas avoir* ~ *avec lui* ich will mit ihm nichts zu tun haben; *être en* ~*s avec q.* mit j-m in Geschäftsverbindung stehen; *faire* ~ *avec q.* mit j-m abschließen, mit j-m einig werden; *faire rapidement* ~ *à q.* mit j-m kurzen Prozeß machen; *ceci fait une bonne* ~ hierbei ist etw. zu verdienen; F *je ne t'attendrai pas, car j'ai* ~ ich werde nicht auf dich warten, denn ich habe zu tun; *c'est une* ~*!* es lohnt sich!; **2.** *a.* ⚖ Sache *f*, Angelegenheit *f*, Vorgang *m*, Verfahren *n*; ~ *contentieuse* Streitfrage *f*; ~*s pl. de curatelles* Pflegschaftssache *f*; ~*s pl. de tutelle od. de mineurs* Vormundschaftssache *f*; F *l'*~ *est cuite* die Sache ist gemacht (*od.* geritzt P); *ce n'est pas petite* ~ das ist keine Kleinigkeit; *la belle* ~*!* was ist das schon!; Kleinigkeit!; ~ *de rien* unbedeutende Sache *f*; *voici l'*~ so ist die Sache; *iron. avoir une mauvaise* ~ *sur les bras* sich 'was aufgehalst (*od.* aufgeladen) haben; *c'est l'*~ *de trois minutes* das ist in drei Minuten gemacht; *c'est* (*od. cela fera*) *mon* ~ das ist was für mich; *c'est son* ~ *od. c'est* ~ *à lui od. c'est de ses* ~*s* das ist seine Sache; er kann selber sehen, wie er damit zurande kommt (*od.* fertig wird); *c'est une autre* ~ das ist etw. ganz anderes; *le bon de l'*~ *est* ... das Beste daran ist ...; *faire l'*~ genügen; das gesteckte Ziel erreichen; *cela ne fait rien à l'*~ das tut nichts zur Sache; *cela ne fait pas l'*~ damit ist es nicht getan; *il fait mon* ~ er ist mein Mann; F *cela, il en fait son* ~ das kann er; damit wird er schon fertig; *se tirer d'*~ sich aus der Klemme ziehen; **3.** Glück *n*; *faire son* ~ *od. ses* ~*s* sein Glück machen, sein Schäfchen ins trockene bringen; Glück haben; **4.** wichtiger Vorfall *m*; **5.** Prozeß *m*; ⚔ Schlacht *f*, Kampf *m*, Gefecht *n*, Treffen *n*; *fig.* Streit *m*; *l'*~ *S.* der Fall S., der S.-Prozeß *m*; ~ *d'amour* Liebesaffaire *f*; ~ *d'honneur* Zweikampf *m*; Duell *n*; *plaider une* ~ e-n Prozeß führen; **II** ~*s pl.* **6.** ✝ Geschäfte *n/pl.*; *fig.* Angelegenheiten *f/pl.*; *quartier m des* ~*s* Geschäftsviertel *n*; ~*s compensatrices* Abrechnungsverkehr *m*; *faire ses* ~*s* s-e Geschäfte betreiben, s-n Geschäften nachgehen; *sans* ~*s* lustlos; *occupez-vous de vos* ~*s fig.* kümmern Sie sich um Ihre eigenen Angelegenheiten!; *être bien* (*mal*) *dans ses* ~*s* sich gut (schlecht) stehen; *ses* ~*s vont bien* (*mal*) es ist gut (schlecht) um ihn bestellt; *homme m d'*~*s* Geschäftsmann *m*; *agent m d'*~*s* Kommissionär *m*; ~*s spirituelles* (*temporelles*) geistliche (weltliche) Dinge *n/pl.*; *les* ~*s sont les* ~*s* Geschäft ist Geschäft; in Geldsachen hört die Gemütlichkeit auf; **7.** ~*s* (*d'Etat*) Staatsgeschäfte *n/pl.*; *pol.* ~*s gouvernementales* Regierungsgeschäfte *n/pl.*; *être à la tête des* ~*s* an der Spitze der Regierung stehen; ~*s publiques* öffentliche Angelegenheiten *f/pl.*; *aux* ≈*s Etrangères* im Ministerium für Auswärtige Angelegenheiten; *Deutschland*: im Auswärtigen Amt; *chargé d'*~*s* Geschäftsträger *m*; **8.** *toutes mes* ~*s* all' meine Sachen, meine Siebensachen, mein ganzes Hab und Gut; *apporte tes* ~*s!* bring' deine Sachen her!

affairé (afɛ're) *adj. u. su.* geschäftig(er Mann *m*); *faire l'*~ den Geschäftigen spielen; *très* ~ vielbeschäftigt.

affairement (afɛr'mɑ̃) *m* Geschäftigkeit *f*, Betriebsamkeit *f*, Emsigkeit *f*.

affairer *néol.* (afɛ're): *s'*~ sich beeilen.

affaissement (afɛs'mɑ̃) *m* **1.** (Ein-)Sinken *n*; Senkung *f*; Fallen *n*; Einschrumpfen *n*; **2.** *fig. u.* ⚕ Erschlaffung *f*, Verfall *m*.

affaisser (afɛ'se) [1b] **I** *v/t.* niederdrücken; schwächen, entkräften; **II** *v/rfl.* sich senken (*Boden*); einstürzen; fallen (*Wasser*); *fig. u.* ⚕ (hin-)sinken, verfallen, erschlaffen, zusammenbrechen, zu Boden stürzen.

affai|tage, ~tement (afɛ'ta:ʒ, ~t'mɑ̃) *m* **1.** *fauc.* Abrichtung *f*; **2.** ⊕ *Gerberei*: Zurichtung *f*; **~ter** (~'te) *v/t.* [1b] **1.** *Falken* abrichten; **2.** ⊕ Leder zurichten.

affalé (afa'le) *adj.*: *être* ~ völlig kaputt F daliegen (*od.* dasitzen).

affalement (afal'mɑ̃) *m* völlige Erschöpfung u. Verzagtheit *f*.

affaler (afa'le) [1a] **I** ⚓ *v/t.*: **1.** ~ *les voiles* die Segel niederlassen; **2.** P ausziehen (*Hose*); **II** *v/rfl.* *s'*~ sich am Tau herunterlassen; auf die Küste zutreiben; stranden; F zs.-sinken, sich fallen lassen; *s'*~ *sur son canapé* auf sein Sofa sinken.

affamé (afa'me) *adj.* **1.** hungrig; **2.** *fig.* ~ *de* gierig nach (*dat.*); ~ *de gloire* ruhmsüchtig; ~ *de nouvelles* auf Neuigkeiten erpicht (*od.* auf Neuigkeiten aus F).

affamer (~) *v/t.* [1a] aushungern.

affec|tant (afɛk'tɑ̃) *adj.* [7] rührend; *p/p.* betreffend; **~tation** (~tɑ'sjɔ̃) *f* **1.** Ziererei *f*; Verstellung *f*; Heuchelei *f*; Geschraubtheit *f*; ~ *de gentillesse* Geziertheit *f*; *il y a de l'*~ *dans ses paroles* er spricht affektiert; ~ *de modestie* erkünstelte Bescheidenheit *f*; **2.** Bestreben *n*, Sucht *f*; ~ *d'être vu* Bestreben *n* (*od.* Verlangen *n*), gesehen zu werden; **3.** Verwendung *f* (*e-r Summe, e-s Angestellten*); ~ *d'une somme à la réserve* Überweisung *f* e-s Betrages an den Reservefonds; **4.** Bestimmung *f*; Anweisung *f*; Zweckbestimmung *f*; ~ *à un groupe d'études* Zuweisung *f* zu e-r Arbeitsgemeinschaft; **~té** (~'te) *adj.* erkünstelt, geziert, gespreizt, affektiert; ⚕ von e-m Übel betroffen *od.* befallen; **~ter** (~) [1a] **I** *v/t.* **1.** ~ *qch.* für etw. Vorliebe zeigen *od.* haben; ~ *une forme* e-e Form gern annehmen; ~ *la forme de qch.* in der Form von ... vorkommen; **2.** vortäuschen, erheucheln; ~ *la sagesse* Wissen vortäuschen; ~ *qch. de* (*mit inf.*) sich so stellen, als ob ...; ~ *des airs de réserve* sich zieren, sich haben F; **3.** begierig streben nach; **4.** ~ *une somme à qch.* e-e Summe für etw. bestimmen (*od.* verwenden *od.* überweisen); † ~ *à la réserve* dem Reservefonds zuführen; **5.** ~ *q. à...* j-n zuweisen (*dat.*); ⚔ ~ *q. à un corps de troupe* j-n e-m Truppenkorps zuteilen; **6.** *fig.* beeinflussen, beeinträchtigen, in Mitleidenschaft ziehen; rühren, bewegen; **II** *v/rfl.* *s'*~ sich etw. zu Herzen nehmen; sich aufregen; *il s'affecte aisément* er ist leicht reizbar; **~tif** (~'tif) *adj.* [7c] ergreifend, rührend; das Gemüt betreffend; Gemüts...; **~tion** (~k'sjɔ̃) *f* **1.** Zuneigung *f*, Liebe *f*, Wohlwollen *n*; *porter de l'~ à q.*, *avoir de l'~ pour q.* j-n lieben, j-m gewogen (*od.* zugetan) sein; *être l'objet des ~s de q.* j-s Liebling sein; **2.** ⚕ gesundheitliche Schädigung *f*; krankhafter Zustand *m*, Leiden *n*, Beschwerde *f*; ~ *mentale* Geisteskrankheit *f*; ~ *cardiaque*, ~ *du cœur* Herzleiden *n*; ~ *cancéreuse* Krebsleiden *n*; ~ *nerveuse* Nervenleiden *n*; ~ *de la gorge* Halskrankheit *f*; ~ *pulmonaire* Lungenkrankheit *f*; Lungenleiden *n*; ~ *de l'estomac* Magenleiden *n*; ~ *des glandes* Drüsenleiden *n*; ~ *vermineuse* (Band-) Wurmleiden *n*; **3.** *les ~s de l'âme* die seelischen Eindrücke *m/pl.*

affec|tionné (afɛksjɔ'ne) *adj.* □ **1.** geliebt, *fig.* zugetan; **2.** ergeben (*Briefschluß*); **~tionnément** (~ksjɔne'mɑ̃) *adv.* mit Liebe; **~tionner** (~'ne) [1a] **I** *v/t.* **1.** ~ *q.* j-m gewogen sein, j-n gern haben; ~ *qch.* etw. liebgewinnen, liebhaben, Neigung haben für etw.; etw. eifrig betreiben; **II** *v/rfl.* **2.** *s'*~ *à q.* (*à qch.*) j-m (e-r Sache) sehr ergeben sein, sich für j-n (etw.) interessieren; **3.** *s'*~ *q.* sich j-s Zuneigung gewinnen; **~tivité** (~ktivi'te) *f* Affektivität *f*, Gefühls-, Gemütserregbarkeit *f*; **~tueux** (~k'tɥø) *adj.* [7d] □ liebevoll, zärtlich.

affenage (af'na:ʒ) *m* Fütterung *f*.

affen|ager (afna'ʒe) [1l], **~er** (~'ne) [1d] *v/t.* füttern.

afférent (afe'rɑ̃) *adj.* [7] ⚖ zukommend, gebührend, zs.-hängend; *anat.*, ⚘ zuführend.

affer|mable (afɛr'mablə) *adj.* verpachtbar; **~mage** (~'ma:ʒ) *m* Verpachtung *f*; Pachtvertrag *m*; **~mer** (~'me) *v/t.* [1a] **1.** verpachten; **2.** pachten.

affer|mir (~'mi:r) *v/t.* [2a] befestigen, dauerhaft machen; *Börse*: festigen; *fig.* (be)stärken; **~missement** (~mis'mɑ̃) *m* Befestigung *f*; *fig.* Bestärkung *f*, Stärkung *f*; *Börse*: Festigung *f*.

affété (afe'te) *adj.* gesucht, geziert, manieriert.

afféterie (afɛ'tri) *f* gekünsteltes Wesen *n*, Ziererei *f*, Affekthascherei *f*, Gehabe n, Gefallsucht *f*; ~ *du langage fig.* geschraubte Sprache *f* (*od.* Ausdrucksweise *f*).

affi|chage (afi'ʃa:ʒ) *m* Anschlag(en *n*) *m von Zetteln*; Plakat-, Maueranschlag *m*; *panneau m d'*~ Anschlagtafel *m*, schwarzes Brett *n*; *par* ~ *public* durch (öffentlichen) Anschlag; ~ *du prix* Auspreisung *f*; *obligation f d'*~ *du prix* Auspreisungspflicht *f*; *défaut m d'*~ *du prix* Verstoß *m* gegen die Auspreisungspflicht; **~chant** (~'ʃɑ̃) *adj.* [7] bloßstellend, anstößig, skandalös; **~che** (a'fiʃ) *f* **1.** Anschlagzettel *m*, Plakat *n*, Maueranschlag *m*; ~ *de théâtre* Theaterzettel *m*; ~ *officielle* (öffentliche) Bekanntmachung *f*; ~ *aérienne* Himmelsschrift *f*; ~(*s pl.*) *murale*(*s*) Wandreklame *f*; ~ *lumineuse* Leuchtplakat *n*; **2.** *fig.* Merkmal *n*, Kennzeichen *n*; **~cher** (afi'ʃe) [1a] **I** *v/t.* **1.** öffentlich anschlagen; *défense f d'*~ Zettelankleben verboten!; **2.** *fig.* ausposaunen, anpreisen, zur Schau tragen; ins Gerede bringen; ~ *des airs prétentieux fig.* angeben, sich großtun; ~ *le bel esprit* e-n Schöngeist hervorkehren, für e-n Schöngeist gelten wollen; **II** *v/rfl.* *s'*~ *fig.* sich zur Schau stellen; sich ins Gerede bringen; *s'*~ *pour* sich ausgeben für; **~cheur** (~'ʃœ:r) *m* Zettelankleber *m*; **~chiste** (~'ʃist) *su.* Plakatfachmann *m*.

affidavit (afida'vit) [5a] *m* eidliche

Aussage *f*, eidesstattliche Versicherung *f*.

affidé (afi'de) **I** † *adj.* vertraut; **II** *su.* **1.** *mv.p.* Geheimagent *m*, Spitzel *m*, Helfershelfer *m*, Mitwisser *m*, Spießgeselle *m*; **2.** † Vertrauter *m*.

affi|lage (afi'la:ʒ) *m* Wetzen *n*, Schleifen *n*, Schärfen *n*; **~lée** (~'le) *f*: d'~ *advt.* hintereinander; *pendant trois semaines d'~* ununterbrochen drei Wochen lang; **~ler** (~) *v/t.* [1a] **1.** schleifen, wetzen; **2.** *fig. avoir la langue bien affilée* e-e scharfe Zunge haben; **3.** ⊕ zu Draht ziehen; **4.** *blés m/pl. affilés* dünnhalmiges Getreide *n* (*od.* Korn *n*); **~leur** (~'lœ:r) *su.* [7g] Schleifer *m*.

affi|liation (~ljɑ'sjɔ̃) *f* Aufnahme *f* (*in e-e Gesellschaft*); Verbindung *f*, Verbrüderung *f*; **~lié** (~'lje) *adj. u. su.* aufgenommen (*à* in *acc.*); angeschlossen; Mitglied *n*; Ordensbruder *m*; *carte f d'~* Mitgliedskarte *f*; **~lier** (~) **I** *v/t.* [1a] (*in e-e Gesellschaft*) aufnehmen; angliedern (*dat.*); **II** *v/rfl.* *s'~* sich verbrüdern; sich anschließen.

affiloir ⊕ (afi'lwa:r) *m* Wetzstein *m*, Wetzstahl *m*; Streichriemen *m*; Schleifmesser *n*; **~e** (~) *m* Schleifstein *m*.

affi|nage, ~nement ⊕ (~'na:ʒ, ~n'mɑ̃) *m* Feinmachen *n*, Veredelung *f*; Feinspitzen *n*; Feinhecheln *n*; Ausscheren *n*; Dünnpressen *n*; Reinigung *f*; Läuterung *f*; **~ner** (~'ne) [1a] **I** *v/t.* ⊕ fein machen; veredeln; *Speisen* schmackhafter machen; anspitzen; reinigen, läutern; frischen; dünn pressen; fein hecheln; *Tuch* scheren; raffinieren (*Metall*); *fig.* ~ *la langue* die Sprache verfeinern; **II** *v/rfl.* *s'~* sich reinigen; *fig.* sich verfeinern, sich läutern; **~nerie** ⊕ (~n'ri) *f* Raffinerie *f*; Drahtzieherei *f*; **~neur** ⊕ (~'nœ:r) *su.* [7g] Flachshechler *m*; Drahtzieher; Tuchscherer *m*.

affinité (~ni'te) *f* **1.** Verwandtschaft *f* (*durch Heirat*); *fig.* ~ *spirituelle* geistige Verwandtschaft *f*; *gr.* ~ *étymologique* etymologische Verwandtschaft *f*; **2.** ⚗ Affinität *f*; **3.** *fig.* Ähnlichkeit *f*, Gemeinschaft *f*, Anziehungskraft *f*.

affinoir ⊕ (~'nwa:r) *m* Feinhechel *f*.

affir|matif (afirma'tif) *adj.* [7e] bejahend; bekräftigend; bestimmt; *proposition f ~mative gr.* Aussagesatz *m*; **~mation** (~mɑ'sjɔ̃) *f* Behauptung *f*; Bekräftigung *f*; Versicherung *f*; Bejahung *f*; ⚖ eidliche Aussage *f od.* Erhärtung *f*; **~mative** (~ma'ti:v) *f* Bejahung *f*; *dans l'~* im Bejahungsfalle; **~mer** (~'me) *v/t.* [1a] behaupten; bekräftigen, bestätigen, versichern; bejahen; *abs.* ⚖ aussagen; ~ *par serment* an Eides Statt versichern, beschwören; *s'~ payant* sich bezahlt machen, sich rentieren.

affistoler P (afistɔ'le) *v/t.* [1a] geschmacklos ausputzen, aufdonnern P.

affleu|rement (aflœr'mɑ̃) *m* **1.** Ausgleichung *f*; **2.** ⚒ Auslaufen *n*, Zutagestreichen *n* (*e-r Erzader*); *géol.* ~*s m/pl. de bosses granitiques* Ausläufer *m/pl.* von Granitblöcken; **3.** Berührung *f*; **~rer** (~'re) [1a] **I** *v/t.* **1.** ausgleichen, ebnen; in e-e gleiche Linie bringen; **2.** ⊕ *den Papierteig* einrühren; **3.** ~ *qch.* nahe an etw. (*dat.*) vorbeistreichen; **II** *v/i.* **4.** sich ganz leicht berühren; **5.** ⚒ zu Tage streichen, horizontal fortlaufen.

afflic|tif (aflik'tif) *adj.* [7e] körperlich fühlbar; *peine f ~tive* Körper-, Leibes-strafe *f*; **~tion** (~k'sjɔ̃) *f* Kummer *m*, Trübsal *f*, Herzeleid *n*; ~*s pl.* Unglück *n*, Leiden *n*.

affligé (afli'ʒe) *adj. u. su.* betrübt, niedergeschlagen; heimgesucht, betroffen (*a. iron.*).

affligeant (afli'ʒɑ̃) *adj.* [7] betrübend; betrüblich, schmerzlich, traurig.

affliger (afli'ʒe) *v/t.* [1l] **1.** betrüben; *s'~ de qch.* sich grämen um; *cela m'afflige* das tut mir sehr leid, das geht mir sehr nahe; **2.** quälen; ~ *son corps* s-n Leib kasteien; *la partie f affligée* der leidende Teil *m*; **3.** ⚕, *allg.* heimsuchen.

afflouer ⚓ (aflu'e) *v/t.* [1a] flottmachen.

afflu|ence (afly'ɑ̃:s) *f* Zuströmen *n*; Andrang *m*; Menschenstrom *m*, Gedränge *n*; Verkehrsandrang *m*; Überfluß *m*, Reichtum *m*; *les heures f/pl. de l'~* die Hauptgeschäftszeit *f*; *grande ~* Hochbetrieb *m*; *mv.p.* ~ *de paroles* Wortschwall *m*; **~ent** (afly'ɑ̃) **I** *adj.* [7] einmündend; zuströmend; *voie f ~e* Nebenstraße *f*; **II** *géogr. m* Nebenfluß *m*; **~er** (~'e) *v/i.* **1.** [1a] einmünden, sich ergießen; **2.** zuströmen; *fig.* zufließen; im Überfluß vorhanden sein.

afflux (a'fly) *m* ⚕ Andrang *m* des Blutes; *fig.* Zustrom *m von Personen*; *fin.* Zufluß *m*; ~ *des capitaux* Kapitalzufluß *m*; ~ *d'or* Goldzufluß *m*.

affo|lé (afɔ'le) *adj.* verwirrt, bestürzt, kopflos; *être* ~ *de q.* in j-n verliebt (*od.* verknallt F) sein; **~lement** (~l'mɑ̃) *m* Betörung *f*, Verwirrung *f*, Kopflosigkeit *f*, Aufregung *f*; *avec* ~ wie närrisch; **~ler** (~'le) [1a] **I** *v/t.* betören, kopflos machen, verwirren; *une beauté affolante* e-e bestrickende Schönheit *f*; ⚓ *aiguille* ~*lée* abweichende Magnetnadel *f*; **II** *v/rfl.* *s'*~ völlig den Kopf verlieren; *s'*~ *de q.* sich in j-n verlieben.

afforestation (afɔrɛstɑ'sjɔ̃) *f* Aufforstung *f*.

affouage (a'fwa:ʒ) *m* Holzgerechtigkeit *f*.

affouager¹ (afwa'ʒe) *v/t.* [1l] die Brennholzberechtigten (*od.* die Stellen der Holzgerechtigkeit) bestimmen.

affouager² (~) **I** *adj.* [7b]: *coupe f affouagère* Holzfällen *n* für die Brennholzberechtigten; *commune f affouagère* Gemeinde *f* mit Holzgerechtigkeit; *portion f affouagère* Holzanteil *m*; **II** *su.* Brennholzberechtigte(r) *m*.

affouagiste (afwa'ʒist) *su.* Brennholzberechtigte(r) *m*.

affouill|ement (afuj'mɑ̃) *m* Unterspülung *f*; **~er** (~'je) *v/t.* [1a] unterspülen, unterminieren.

affour|che ⚓ (a'furʃ) *f*: *ancre f d'*~ Gabelanker *m*; **~cher** (~'ʃe) [1a] **1.** *v/t.* ⚓ vertäuen; **2.** ⊕ doppelt fügen; **3.** *fig.* rittlings setzen.

affour(r)a|gement (afuraʒ'mɑ̃) *m* Fütterung *f*; **~ger** (~'ʒe) *v/t.* [1l]: ~ *les bestiaux* Vieh füttern.

affranchi (afrɑ̃'ʃi) **I** *adj.* befreit; *non* ~ unfrankiert; **II** *su.* Freigelassener *m* (*früherer Sklave*).

affran|chir (afrɑ̃'ʃi:r) [2a] **I** *v/t.* **1.** *Brief* freimachen; **2.** befreien; loslassen; **II** *v/rfl.* *s'*~ *de* sich befreien von (*dat.*); **~chissement** (~ʃis'mɑ̃) *m* Befreiung *f*, Erlösung *f*; Frankieren *n*, Freimachen *n e-s Briefs*; *frais m/pl. d'*~ Portokosten *pl.*; **~chisseur** (~ʃi'sœ:r) *m* Befreier *m*.

affres ('ɑ:frə) *f/pl.* Schrecken *m*, Angstgefühl *n*, Grauen *n*.

affrètement ⚓ (afrɛt'mɑ̃) *m* **1.** Befrachtung *f*; **2.** (*prix d'*~) Fracht *f*.

affréter ⚓ (afrɛ'te) *v/t.* [1f] ein Schiff mieten, chartern, befrachten.

affreux (a'frø) *adj.* [7d] □ abscheulich, entsetzlich, fürchterlich, furchtbar, scheußlich.

affriander (afriɑ̃'de) *v/t.* [1a] *cuis.* schmackhaft (*od.* lecker) machen; *fig.* anlocken; verführen.

affricher (afri'ʃe) *v/t.* [1a] brach liegen lassen.

affrio|lant (afriɔ'lɑ̃) *adj.* [7] **1.** sehr lecker; **2.** verlockend, verführerisch; **~ler** (~'le) *v/t.* [1a] anlocken.

affront (a'frɔ̃) *m* Beschimpfung *f*; grobe Beleidigung *f*; Schande *f*; *sa mémoire lui fait* ~ sein Gedächtnis läßt ihn im Stich; *essuyer un* ~ e-e Ehrenkränkung erfahren; *avaler un* ~ e-e Beleidigung hinnehmen (*od.* einstecken); *ce garçon fait* ~ *à ses parents* dieser Junge bereitet s-n Eltern Schande.

affrontement (afrɔ̃t'mɑ̃) *m* Richten *n* in gleicher Linie.

affronter (afrɔ̃'te) *v/t.* [1a] **1.** ~ *q.* j-m die Stirn bieten; j-m kühn entgegentreten; ~ *les dangers* den Gefahren Trotz bieten (*od.* entgegentreten); ⛉ *lions m/pl. affrontés ea.* ansehende Löwen *m/pl.*; **2.** richten u. anea.-fügen; **3.** ~ *son auditoire* vor die Zuhörerschaft treten; ~ *q. sur scène* sich bei e-m Wettbewerb vor j-m auf der Bühne zur Beurteilung präsentieren.

affruiter (afrɥi'te) **I** *v/i.* Früchte tragen; **II** *v/t.* mit Obstbäumen bepflanzen; **III** *v/rfl.* *s'*~ Früchte ansetzen.

affu|blement (afyblə'mɑ̃) *m* lächerlicher, geschmackloser Anzug *m*; **~bler** (~'ble) *v/t. u. v/rfl.* *s'*~ (sich) lächerlich ausstaffieren; (sich) lächerlich herausputzen.

affusion (afy'zjɔ̃) *f* Übergießen *n*, Aufguß *m*.

affût (a'fy) *m* **1.** Lafette *f*; a) ⚓, ⚔ ~ *marin* Schiffslafette *f*; b) ⊕ Gestell *n* für e-e Maschine; ~ *automoteur à chenille* Raupenkraftlafette *f*; ~ *à fusées* Raketengestell *n*; **2.** *ch.* *être à l'*~ auf dem Anstand (*fig.* auf der Lauer) sein.

affû|tage (afy'ta:ʒ) *m* **1.** Aufsetzen *n*; **2.** ⊕ Schleifen *n*; Schäftung *f*; Aufstutzen *n*; **3.** Handwerkszeug *n* des Tischlers; **~ter** (~'te) [1a] **I** *v/t.* auf die Lafette setzen; ⊕ anpassen, schärfen, schleifen; zurechtmachen;

schäften (*Gewehr*); **II** *v/rfl.* *s'~ ch.* auf Anstand gehen; **~teuse** ⊕ (~'tø:z) *f* (Werkzeug-)Schleifmaschine *f*.

affûtiau (afy'tjo) *m* [5b]: *bsd.* *~x pl.* Krempel *m*, Zeug *n*, Siebensachen *f/pl.*

afghan (af'gɑ̃) *adj.* [7] afghanisch; **≗istan** (~ganis'tɑ̃): **l'~** *m* Afghanistan *n*.

aficionado *Sport* (afisjɔna'do) *m* Stierkampfstammgast *m*.

afin (a'fɛ̃) *prp.*: *~ de* (*mit inf.*) um zu; *~ que* (*mit subj.*) damit.

afistoler P (afistɔ'le) *v/t.* [1a] = *affistoler*.

afnaf P (af'naf) [*engl. half and half*] *adv.* halb u. halb; ja u. nein.

africain (afri'kɛ̃) *adj. u. ≗ su.* [7] afrikanisch; afrikaans, kapholländisch; Afrikaner *m*.

Africander (afrikɑ̃'dɛ:r) *m* Afrikander *m*, Kapholländer *m*.

africanis|me (afrika'nism) *m* **1.** Liebe *f* zu Afrika; **2.** Afrikanismus *m*, afrikanische Redensart *f* der lateinischen, in Afrika geborenen Schriftsteller; **~te** (~'nist) *su.* Afrika-reisender *m*, -forscher *m*.

Afrique (a'frik) *f*: **l'~** Afrika *n*.

aga|çant (aga'sɑ̃) *adj.* [7] ärgerlich, lästig; aufreizend, herausfordernd, neckend, stichelnd, anzüglich; **~ce** P (a'gas) *f* Elster *f*; **~cement** (~s'mɑ̃) *m* Ärger *m*; (Auf-)Reizung *f*; **~cer** (~'se) *v/t.* [1k] aufreizen, belästigen, erregen; *Zähne* stumpf machen; *Nerven* angreifen; necken, hochnehmen F; **~cerie** (~s'ri) *f* Neckerei *f*, Stichelei *f*; Kokettiererei *f*.

agaillardir (agajar'di:r) *v/t.* [2a] munter machen.

agal|actie ⚕ (agalak'ti) *f*, **~xie** ⚕ (~lak'si) *f* Milchmangel *m*.

agapes (a'gap) *f/pl.* **1.** *hist. rl.* Liebesmahl *n*; **2.** *fig.* Gastmahl *n*, Festessen *n*.

agasse P (a'gas) *f* Elster *f*.

agate (a'gat) *f* Achat *m*.

âge (a:ʒ) *m* (Menschen-, Lebens-) Alter *n*; *poét.* Leben *n*; Zeitalter *n*; *~ avancé* (*décrépit*) hohes (hinfälliges) Alter *n*; *bas ~, premier ~* Kindesalter *n*; *~ ingrat, ~ des folies* Flegeljahre *n/pl.*; *~ critique, retour m d'~* Wechseljahre *n/pl.*; *l'~ moyen* mittleres Lebensalter *n* des Menschen; *~ moyen de décès* mittleres Sterbealter *n*; *~ nubile* heiratsfähiges Alter *n*; *~ d'innocence* Kindesalter *n*; *~ scolaire* schulpflichtiges Alter *n*; *~ viril* Mannesalter *n*; *quel ~ avez-vous?* wie alt sind Sie?; *quel ~ lui donneriez-vous?* für wie alt würden Sie ihn (*od.* sie) halten?; *il est de mon ~* er ist in m-m Alter; *c'est de son ~* das entspricht s-m Alter; *n'être pas encore en ~* das (gehörige) Alter noch nicht haben, noch nicht alt genug sein; *atteindre l'~ de travailler* das arbeitsfähige Alter erreichen; être *d'~ à ...*, *od.* être *en ~ de ...* alt genug sein, um ... zu ...; *prendre de l'~* alt werden, zu altern anfangen; *l'~ de la pierre* die Steinzeit *f*; *poét.* *l'~ d'or* (*d'argent, d'airain, de fer*) das goldene (silberne, eherne, eiserne) Zeitalter *n*; *le moyen ~* das Mittelalter *n*; *d'~ en ~* von Geschlecht zu Geschlecht, von e-r Generation zur anderen; *notre ~* unsere Zeit *f*.

âgé (a'ʒe) *adj.* alt; bejahrt; *il est ~ de 25 ans* er ist 25 Jahre alt.

agence (a'ʒɑ̃:s) *f* Agentur *f*, Büro *n*; Korrespondenzbüro *n*; *~ postale* Posthilfsstelle *f*; *~ de publicité* Anzeigenannahmestelle *f*; Reklamebüro *n*; *~ générale* (*exclusive, commerciale*) General- (Allein-, Handels-)Vertretung *f*; *~ télégraphique* Depeschenagentur *f*, -büro *n*; *~ d'informations* Nachrichtenagentur *f*; *~ de tourisme* Verkehrsamt *n*, Reisebüro *n*; *~ de voyages* Reisebüro *n*.

agencement (aʒɑ̃s'mɑ̃) *m* Anordnung *f*, Einrichtung *f*; ⚠ Bauweise *f*; *l'~ des locaux* Einrichtung *f* (*od.* Anlage *f* *od.* Gestaltung *f*) von Räumen; *~ des plis* Faltenwurf *m*.

agencer (aʒɑ̃'se) [1k] **I** *v/t.* zurechtlegen, anordnen; einrichten; *litt.* *~ une intrigue* e-e Intrige schaffen; **II** *v/rfl.* *s'~* sich anea.-reihen (*z.B. Steine*).

agenda (aʒɛ̃'da) *m* Tagebuch *n*, Notizkalender *m*, Notizbuch *n*; *~ de poche* Taschenkalender *m*.

agenouil|lement (aʒnuj'mɑ̃) *m* Niederknien *n*; **~ler** (~je): *s'~* [1a] niederknien; **~loir** (~'jwa:r) *m* Kniepolster *n*.

agent (a'ʒɑ̃) *m* **1.** *a. gr.* wirkende Kraft *f*, Agens *n*; *psych.* *~ intermédiaire* Medium *n*; **2.** Agent *m*, Geschäftsführer, Bevollmächtigter *m*; *~ fiduciaire* Treuhänder *m*; *~*

d'achat Einkäufer *m*; ~ *d'assurances* Versicherungsagent *m*; ~ *de change* Kurs-, Effekten-, Wechselmakler *m*; ✝ ~ *de place* Platzvertreter *m*; ~ *principal* Hauptagent *m*; ~ *distributeur* Auslieferer *m* (*Buch- u. Zeitschriftenhandel*); ~ *comptable* Rechnungsführer *m*; ~ *de brevets* Patentanwalt *m*; ~ *de maisons* Häusermakler *m*; ~ *matrimonial* Heiratsvermittler *m*; ~ *technique* technischer Leiter *m*; **3.** Beamter *m*; ~ *de police* Polizeibeamter *m*, Schupo F *m*; ~ *à poste fixe*, ~ (*du service*) *de la circulation* Verkehrspolizist *m*; ~ *criminel* Kriminalbeamter *m*; ⚔ ~ *de liaison* Verbindungsmann *m*; ~ *de liaison d'une troupe* (*envoyé aux ordres*) Befehlsempfänger *m*; ~ *voyer* Wegeaufseher *m*; **4.** ~ *provocateur* Lockspitzel *m*; **5.** ⚗ Wirkstoff *m*, Mittel *n*; ⚕ Erreger *m*; ⚕ ~ *pathogène* Krankheitserreger *m*; *biol.* ~ *de stimulation* Reizstoff *m*; ~*s pl. chimiques* Chemikalien *pl.*; ~*s pl. thérapeutiques* Heilmittel *n/pl.*; ⚔ ~*s pl. de guerre chimique* Kampfstoffe *m/pl.*; *phys.*, *at.* ~ *de bombardement* Geschoß *n* (*bei Atomzertrümmerung*).

agglomé|rat 🕮 (aglɔme'ra) *m* Trümmergestein *n*; Agglomerat *n*; **~ration** (~ra'sjɔ̃) *f* Anhäufung *f*, Menge *f*; Stadt(bild *n*) *f*, geschlossene Ortschaft *f*, Siedlung *f*; Großstadt *f* mit Vororten, Großwohnbezirk *m*; ~ *ouvrière* Arbeitersiedlung *f*; *l'~ berlinoise* Groß-Berlin *n*; **~ré** (aglɔme're) *m* Brikett *n*, Preßkohle *f*; ⚠ Preßstein *m*; ⚠ ~ *de ciment* Zementblock *m*, -stein *m*; **~rer** (~'re) *v/t.* [1f] zs.-drängen, -häufen.

aggluti|nant[1] [7], **~natif** [7e] (agly-ti'nɑ̃, ~na'tif) *adj.* anhaftend, anklebend; zs.-heilend; *bandelette f ~native* Klebestreifen *m*; *gr. langue f ~nante* agglutinierende Sprache *f*; **~nant**[2] (~'nɑ̃) *m* Klebe-, Bindemittel *n*; **~nation** (~na'sjɔ̃) *f* Ankleben *n*; *gr.* Agglutination *f*, Ansetzen *n* von Vor- u. Nachsilben; ⚕ Anheilen *n*, Verwachsen *n*; **~ner** (~'ne) *v/t.* [1a] ankleben; *s'~* ⚕ anheilen; *fig. une foule agglutinée sur le trottoir* e-e Menge, die wie angewachsen auf dem Bürgersteig stand.

aggra|vant (agra'vɑ̃) *adj.* [7] erschwerend; **~vation** (~va'sjɔ̃) *f* Erschwerung *f*; Verschärfung *f* (*der Strafe*); Verschlimmerung *f*; **~ver** (agra've) [1a] **I** *v/t.* erschweren; *Strafe* verschärfen; *Fehler*, ⚕ verschlimmern; **II** *v/rfl. s'~* schlimmer werden; *fig. ça s'aggrave* das ist ein erschwerender Umstand *m*; das wird immer schlimmer.

agile (a'ʒil) *adj.* □ behende, flink, gewandt.

agilité (aʒili'te) *f* Behendigkeit *f*; Gelenkigkeit *f*; Gewandtheit *f*.

agio ✝ (a'ʒjo) *m* Aufgeld *n*, Zuschlag *m*; ~*s m/pl.* Bankprovision *f*; **~tage** ✝ (aʒjɔ'ta:ʒ) *m* Börsenspekulation *f*; **~ter** ✝ (aʒjɔ'te) *v/t.* [1a] Börsenwucher, -spiel treiben; spekulieren; **~teur** ✝ (~ʒjɔ'tœ:r) *m* Börsen-, Aktien-spekulant *m*.

agir (a'ʒi:r) [2a] **I** *v/i.* **1.** tätig sein; handeln; ~ *sur q.* (*qch.*) auf j-n (etw.) wirken; ~ *d'office* von Amts wegen handeln; **2.** ~ *bien* (*mal*) *envers* (*od. avec*) *q.* sich gut (schlecht) gegen j-n verhalten; **3.** ⚖ ~ *contre q.* j-n strafrechtlich belangen; **4.** *faire* ~ *qch.* etw. wirken lassen, in Tätigkeit setzen; *faire* ~ *q.* j-n handeln lassen, j-n gebrauchen; **II** *v/rfl. s'~ de qch.* sich um etw. handeln *od.* drehen F; *il s'agit de lui* es handelt sich um ihn; *voilà de quoi il s'agit* es handelt sich um folgendes; *il s'agit de mon honneur* es geht um meine Ehre, m-e Ehre steht auf dem Spiele; *de quoi s'agit-il?* worum handelt es sich?, was ist los? F; *iron. il s'agit bien de cela!* als ob davon die Rede wäre!; darum geht's nicht!

agissant (aʒi'sɑ̃) *adj.* [7] tätig; *fig.* wirksam.

agissements (aʒis'mɑ̃) *m/pl.* Gebaren *n*, Tun u. Treiben *n*; Vorgehen *n*; *mv.p.* Umtriebe *m/pl.*

agita|nt (aʒi'tɑ̃) *adj.*: *paralysie f ~e* Schüttellähmung *f*; **~teur** (~ta'tœ:r) **1.** *su.* [7f] Hetzredner *m*, Aufwiegler *m*, Friedens-, Ruhestörer *m*; **2.** *m* ⚗ gläsernes Rührstäbchen *n*, Rührwerk *n*; ⊕ Rüttler *m*; **~tion** (~ta'sjɔ̃) *f* **1.** (heftige) Bewegung *f*; *mécanique f d'~* Rührwerk *n*; *fig.* ~ *de l'esprit* Gemütsbewegung *f*; **2.** Unruhe *f*, Aufwieglung *f*; Agitation *f*, Hetze; unstetes Leben *n*.

agiter (aʒi'te) [1a] **I** *v/t.* **1.** hin und her bewegen, schwenken; ~ *des mouchoirs* mit den Taschentüchern winken; ~ *avant l'usage*, ~ *avant de s'en servir* vor Gebrauch zu schütteln; *la mer est agitée* das Meer ist stürmisch; **2.** lebhaft einwirken auf (*acc.*), aufhetzen, in Aufregung (*od.* Aufruhr) versetzen; Blut in Wallung bringen; *la colère l'agite* er ist außer sich vor Zorn; er kocht vor Wut F; *la nuit a été fort agitée* der (die) Kranke hat die Nacht sehr unruhig zugebracht; **3.** erörtern, verhandeln, besprechen, anregen; ~ *une question* e-e Frage erörtern (*od.* zur Sprache bringen); ~ *en soi-même* bei sich überlegen; **II** *v/rfl.* s'~ **4.** sich hin u. her bewegen; in Bewegung sein; schwanken; zappeln (*Arme u. Beine*); strampeln (*Füße*); *fig.* unruhig werden, in beständiger Aufregung sein, sich aufregen; *l'homme s'agite et Dieu le mène* der Mensch denkt und Gott lenkt; **5.** erörtert (*od.* zur Sprache gebracht) werden.

agnat ⚖ (ag'na) *m* Blutsverwandter *m* väterlicherseits.

agneau (a'ɲo) *m* [5b] Lamm *n*; *fig. être doux comme un* ~ keinem Menschen etw. zuleide tun können, lammfromm sein, kein Wässerchen trüben können, niemandem ein Härchen krümmen können; ~ *pascal* Osterlamm *n*.

agneler (aɲə'le) *v/i.* [1d] lammen.

agnelet (aɲə'lɛ) *m* Lämmchen *n*.

agneline (aɲə'lin) *adj.f*: *laine f* ~ Lammwolle *f*.

Agnès (a'ɲɛs) *f* Agnes (*Vn.*) *f*; *fig.* Unschuld *f* vom Lande; *faire l'*~ sich unschuldig stellen.

agnus Dei *rl.* (ag'nys dɛ'i) *m* geweihtes Wachsbild *n*.

agonie (agɔ'ni) *f* **1.** Todeskampf *m*; *être à l'*~ in den letzten Zügen liegen; **2.** (*a. pl.*) *fig.* Todes-angst *f*, -qual *f*.

agonir P (agɔ'ni:r) *v/t.* [2a]: (*a.* ~ *d'injures*) mit Grobheiten überhäufen.

agoniser (agɔni'ze) *v/i.* [1a] im Sterben liegen.

agoraphobie ⚕ (agɔrafɔ'bi) *f* Platzangst *f*.

agrafe (a'graf) *f* **1.** Haken *m*; Spange *f*; ~ *à cheveux* Haarspange *f*; *la porte de l'*~ die Öse *f*; **2.** *a. chir.* Klammer *f*; ~ *(à relier)* Heftklammer *f*; ~ *de bureau* Büroklammer *f*; ~ *de courroie* Riemenschloß *n*.

agraf|er (agra'fe) *v/t.* [1a] ein-, zuhaken; P erwischen, packen, ergreifen, fassen, schnappen; **~euse** ⊕ (~'fø:z) *f* Falzmaschine *f*.

agraire (a'grɛ:r) *adj.* den Acker betreffend, Acker...; *loi f* ~ Agrargesetz *n*; *réforme f* ~ Bodenreform *f*.

agran|dir (agrɑ̃'di:r) *v/t.* [2a] vergrößern; erweitern, ausdehnen; *fig.* erhöhen, heben, steigern; übertreiben; **~dissement** (~dis'mɑ̃) *m* Vergrößerung *f*, Steigerung *f*; *fig.* Zunahme *f*; ⚠ Erweiterungsbau *m*; ~ *(photographique) phot.* Vergrößerung *f*; *phot.* ~ *reversible* Rückvergrößerung *f*; *appareil m d'*~ Vergrößerungsapparat *m*, Vergrößerer *m*; **~disseur** (~di'sœ:r) *m phot.* Vergrößerungsapparat *m*.

agrarianisme (agrarja'nism) *m* System *n* der Bodenaufteiler.

agrarien (agra'rjɛ̃) *adj.* [7c] *u. m* agrarisch; Agrarier *m*.

agréable (agre'ablə) **I** *adj.* □ **1.** angenehm; *être* ~ *au goût* gut schmecken; ~ *à l'odorat* wohlriechend; **2.** freundlich, gefällig; **II** *m*: *faire l'*~ *auprès de q.* bei j-m den Liebenswürdigen spielen.

agréé (agre'e) *m* Verteidiger *m* an e-m Handelsgericht, Sachwalter *m*; *expert m* ~ *en matière* amtlich zugelassener Sachverständiger *m*.

agréer (~) [1a] **I** *v/t.* zulassen, annehmen, bewilligen; gütig an- *od.* aufnehmen; genehmigen, für gut befinden; ~ *des vœux* Bitten erhören; *agréez l'assurance de ma considération (très) distinguée* genehmigen Sie die Versicherung m-r ausgezeichneten Hochachtung; mit vorzüglicher Hochachtung (*Briefschluß*); **II** *v/i.* gefallen, angenehm sein; *qch. m'agrée* etw. sagt mir zu.

agrégat (agre'ga) *m a.* ⊕ Aggregat *n*; ⊕ Maschinensatz *m*; *allg.* Anhäufung *f*; *bét.* Zuschlagstoff *m* (*à* zu).

agréga|tif (agrega'tif) **I** *adj.* [7e] verbindend; **II** F *m* Agregationsprüfungskandidat *m*; **~tion** (~ga'sjɔ̃) *f* **1.** Aufnahme *f* (*in e-e Gesellschaft*); **2.** *Fr.* (*a. concours m d'*~) a) Staatsprüfung *f zwecks Ernennung zum „professeur agrégé" an höheren Schulen*; b) Wettbewerb *m der Doktoren der Rechte od. der Medizin zwecks Erlangung e-r Professur an der Universität (und zwar an der juristischen, medizinischen od. pharmakologischen Fakultät)*; c) *Titel m e-s agrégé*; **3.** *phys.* Anhäufung *f*; Vereinigung *f*.

agré|gé (agre'ʒe) **I** *adj.* gehäuft; beigesellt; **II** *su. m Fr.* a) außerordentlicher Professor *m* (*an der juristischen, medizinischen od. pharmakologischen Fakultät*); ~ de droit (de médecine) Mitglied *n* e-r Fakultät für Rechtswissenschaft (Medizin); b) *Fr. écol.* Agrégé *m*; ~ d'histoire außerordentlicher Professor *m* (*od.* Agrégé *m*) für Geschichte; **~ger** (~) *v/t.* [1g] beigesellen; in e-e Körperschaft aufnehmen; anhäufen.

agrément (agre'mã) *m* **1.** Genehmigung *f*; Zustimmung *f*, Einwilligung *f*, Bewilligung *f* (*ohne pl.*); **2.** Annehmlichkeit *f*; **3.** Anmut *f*; Lieblichkeit *f*; *Auto*: ansprechende Form *f*, schnittiges Äußere *n*; **4.** Zerstreuung *f*, Vergnügen *n*; *arts m/pl.* d'~ gesellige Künste *f/pl.*; *film m* d'~ Spielfilm *m*; *plantes f/pl.* d'~ Zierpflanzen *f/pl.*; *voyage m* d'~ Vergnügungsreise *f*; **5.** **~s** *pl.* Ausputz *m* (*e-s Kleides*); **6.** ♪ notes *f/pl.* d'~ Vorschlagsnoten *f/pl.*, Verzierungen *f/pl.*

agrémenter (agremã'te) *v/t.* [1a] verzieren, garnieren (*Kleid*); ausschmücken (*Bericht*).

agrès (a'grɛ) *m/pl.* **1.** ⚓ Takelwerk *n*; **2.** Turngeräte *n/pl.*

agres|sé ⚔ (agrɛ'se) *m* Angegriffener *m*; **~seur** *péj.*, *a.* ⚔ (~'sœ:r) *m* Angreifer *m*; *adjt.* = **~sif** (~'sif) *adj.* [7e] angreifend, aggressiv, herausfordernd; **~sion** (~'sjɔ̃) *f* **1.** Überfall *m* (*v. Banditen*); **2.** ⚔ Angriff *m*; ~ *aérienne* Luftangriff *m*; *pacte m de non-*~ Nichtangriffspakt *m*; *~-supercherie f* fingierter Angriff *m*; **~sivité** (~sivi'te) *f* Streitsucht *f*.

agreste (a'grɛst) *adj.* ländlich, wildwachsend; roh, ungeschliffen, bäuerisch.

agri|cole (agri'kɔl) *adj.* landwirtschaftlich; ackerbautreibend; den Ackerbau betreffend; *ouvrier m* ~ Landarbeiter *m*; *produits m/pl.* ~s landwirtschaftliche Erzeugnisse *n/pl.*, Landwirtschaftsprodukte *n/pl.*; *machine f* ~ landwirtschaftliche Maschine *f*, Landmaschine *f*; *véhicule m* ~ Ackerwagen *m*; **~culteur** (~kyl'tœ:r) **I** *m* Landwirt *m*; **II** *adj./m*: *peuple m* ~ Bauernvolk *n*; **~culture** (~kyl'ty:r) *f* Landwirtschaft *f*; *ministère m de l'*~ Landwirtschaftsministerium *n*.

agriffer (agri'fe) *v/t.* [1a] mit den Krallen fassen; *s'*~ *à qch.* sich an etw. festkrallen, sich anklammern.

agripper (~) *v/t.* [1a] gierig greifen nach (*dat.*); s'~ *à qch.* sich an etw. (*acc.*) festklammern.

agro|logie 🕮 (agrɔlɔ'ʒi) *f* Landwirtschaftskunde *f*; **~nome** (~'nɔm) *su.* Agronom *m*, wissenschaftlich vorgebildeter Landwirt *m*; **~nomie** (~nɔ'mi) *f* Landwirtschaftskunde *f*; **~nomique** (~nɔ'mik) *adj.* □ landwirtschaftlich.

agroup|ement (agrup'mã) *m* Anhäufung *f*, Bildung *f* von Gruppen; **~er** (~'pe) *v/t.* [1a] gruppieren, anhäufen.

agroville (agrɔ'vil) *f* moderne Stadt *f* für Landwirte (*UdSSR*).

agrumes (a'grym) *m/pl.* Südfrüchte *f/pl.*

aguerri (agɛ'ri) *adj.* kriegstüchtig, kampferprobt; abgehärtet; erprobt, gewöhnt; ~ *à* gewöhnt an (*acc.*).

aguerrir (agɛ'ri:r) **I** *v/t.* [2a] **1.** abhärten (*durch Sport*); **2.** an den Krieg gewöhnen; **II** *v/rfl.* **3.** *s'*~ sich an den Krieg gewöhnen; **4.** *s'*~ *à od. contre* sich abhärten gegen (*acc.*).

aguerrissement (~ris'mã) *m* Abhärtung *f*; Kriegsgewöhnung *f*.

aguets (a'gɛ) *m/pl.* Hinterhalt *m*; *aux* ~ auf der Lauer.

aguicher F (agi'ʃe) *v/t.* anlocken; animieren.

ah (a) *int.* (*Freude, Schmerz, Bewunderung, Ungeduld*) ~! ach!, o!, ah!

ahan ⚒ (a'ã) *m* körperliche Anstrengung *f*, schwere Arbeit *f*.

ahaner (aa'ne) *v/i.* [1a] sich anstrengen; *fig.* brüten *über etw.*

aheurtement (aœrtə'mã) *m* störrischer Eigensinn *m*.

aheurter (aœr'te): **s'~** [1a] (*a.* être *aheurté à*) eigensinnig bestehen auf (*dat.*).

ahi (a'i) *int.* au! (*körperlicher Schmerz*).

ahurir (ay'ri:r) *v/t.* [2a] verblüffen, bestürzt machen; *ahuri* bestürzt, verblüfft, völlig sprachlos.

ahurissement (ayris'mã) *m* Bestürzung *f*.

aï (a'i) *m zo.* Faultier *n*.

aide (ɛd) **I** *f* **1.** Hilfe *f*, Beistand *m*, Unterstützung *f*; *à l'*~! zu Hilfe!; *à* (*od.* *avec*) *l'*~ *de* mittels *od.* mit Hilfe (*gén.*); ~ *à la construction* finanzielle Bauhilfe *f*; ~ *économique* Wirtschaftshilfe *f*; **2.** ~s *pl. man.* Hilfen *f/pl. beim Reiten*; **II** *m* Gehilfe *m*; ⚔ ~ *de camp* Adjutant *m*; ~ *de cuisine* Unterkoch *m*; ⚓ Kochsmaat *m*; **~-maçon** (~ma'sɔ̃) *m* [6a] Maurergehilfe *m*, Handlanger *m* des Maurers; **~-major** ⚔ (~ma'ʒɔ:r) *m* [6a] Assistenzarzt *m*; **~-maternelle** (~matɛr'nɛl) *f* [6a] Kinderschwester *f*; **~-mémoire** (~me'mwa:r) *m* [6c] Merkblatt *n*; Aufzeichnung *f*; kurzer Abriß *m*; *bes. pol.* Memorandum *n*; **~-pilote** ✈ (~pi'lɔt) *m* Hilfsflugzeugführer *m*.

aider (ɛ'de) [1b] **I** *v/t.* helfen (*dat.*), unterstützen (*acc.*), beistehen (*dat.*); *je l'aide* ich helfe ihm (ihr); *il les aide* er hilft ihnen; ~ *la mémoire* das Gedächtnis stützen; *Dieu aidant* mit Gottes Hilfe; ~ *q. à* (*mit inf.*) j-m beistehen in (*dat.*), j-m verhelfen zu (*dat.*); ~ *q. de* j-m aushelfen mit; **II** *v/i. nur noch fig.*: ~ *à qch.* e-r Sache dienlich sein, zu e-r Sache beitragen; ~ *à la digestion* die Verdauung fördern, zur Verdauung beitragen; **III** *v/rfl.* s'~ *de* sich bedienen (*gén.*); *prov. aide-toi, le ciel t'aidera* hilf dir selbst, so hilft dir Gott.

aïe (a'i) *int.* au!, ach!, o weh!

aïeul (a'jœl) *m* **1.** (*pl.* ~s) Großvater *m*; ~s *pl.* Großeltern *pl.*; **2.** *pl.* **aïeux** (a'jø) Ahnen *m/pl.*, Vorfahren *m/pl.*

aïeule (a'jœl) *f* Großmutter *f*; Ahnfrau *f*.

aigle ('ɛ:glə) **I** *m* **1.** *orn.* Adler *m*, *poét.* Aar *m*; ~ *des Alpes* Lämmergeier *m*; ~ *brun*, ~ *commun*, ~ *royal* Königsadler *m*; ~ *doré*, ~ *impérial*, *grand* ~ Gold-, Steinadler *m*; ~ *marin*, ~ *pêcheur* Seeadler *m*; *fig. avoir des yeux d'*~ Augen wie ein Luchs haben; **2.** *fig.* geistvoller Kopf *m*; **3.** Orden *m*; *ordre m de l'*~ *noir* (*rouge*) schwarzer (roter) Adlerorden *m*; **II** *f* **4.** Adlerweibchen *n*; **5.** ⚔, ▨ Adlerwappen *n*; Adler *m*, Feldzeichen *n*.

aiglefin *icht.* (ɛglə'fɛ̃) *m* (*a. aigrefin* 2) Schellfisch *m*.

aiglon *orn.* (ɛ'glɔ̃) *m* **1.** junger Adler *m*; **2.** Adler *m* ohne Schnabel u. ohne Krallen.

aigre ('ɛ:grə) **I** *adj.* □ sauer, herb (*Wein*); schneidend; scharf (*Wind*); kreischend, grell, schrill, gellend (*Stimme*); störrisch; mürrisch; brüchig, spröde (*Metall*); **II** *m* Säure *f*; *tourner à l'*~ sauer werden; *fig.* sich verschärfen; *la discussion tourna à l'*~ die Erörterung ging in e-n gereizten Ton über.

aigre-dou|x, ~ce (ɛgrə'du, ~'dus) *adj.* süßsauer (*a. fig.*).

aigrefin (ɛgrə'fɛ̃) *m* **1.** Schwindler *m*, Hochstapler *m*, Gauner *m*, Schieber *m*; Industrieritter *m*; **2.** *a.* ~ *églefin* Schellfisch *m*.

aigrette (ɛ'grɛt) *f* **1.** *orn.* Silberreiher *m*; **2.** Federbusch *m*, Reiherbusch *m*; Diamant-, Perlenstrauß *m*; Sprühfeuer *n*; ⚡ ~ *lumineuse* elektrischer Strahlenbüschel *m*; **3.** ⚘ Sauerkirsche *f*.

aigretté ⚘ (ɛgrɛ'te) *adj.* gefiedert, haarig.

aigreur (ɛ'grœ:r) *f* Säure *f*; *fig.* Bitterkeit *f*, Verbitterung *f*, Groll *m*; ~s *pl.* Sodbrennen *n*, Magensäure *f*; ~s *pl.* unterfressene Stellen *f/pl.* in geätzten Platten.

aigriette ⚘ (ɛgri'ɛt) *f* Sauerkirsche *f*.

aigrin ⚘ (ɛ'grɛ̃) *m* junger Obstbaum *m*.

aigrir (ɛ'gri:r) [2a] **I** *v/t.* sauer machen, säuern; *fig.* reizen, verbittern; **II** *v/rfl.* sauer werden.

aigrissement (ɛgris'mɑ̃) *m fig.* Verbitterung *f*.

aigu (e'gy) *adj.* [7a] **1.** scharf, spitz; *angle m* ~ spitzer Winkel *m*; **2.** *fig.* akut, heftig; schnell verlaufend (*Krankheit*); hitzig, akut (*Fieber*); durchdringend, gellend (*Stimme*); *gr. accent m* ~ Akut *m*.

aiguade ⚓ (ɛ'gad) *f* Wasservorrat *m*.

aiguage (ɛ'ga:ʒ) *m* Wasserleitungsrecht *n*.

aiguail (ɛ'gaj) *m* Morgentau *m*.

aiguayer (ɛgɛ'je) *v/t.* [1i] *Wäsche* spülen; *Pferd* schwemmen.

aigue-marine *min.* (ɛgma'rin) *f* [6a] Aquamarin *m*.

aiguière (ɛ'gjɛ:r) *f* Wasserkanne *f*.

aiguillage (egɥi'ja:ʒ) *m* 🚂 Weichenstellen *n*, -stellung *f*, -anlage *f*; ~ *de dépassement* Überholungsweiche *f*; ⚡ ~ *électrique* Wechselkontakt *m*.

aiguil|le (e'gɥij) *f* **1.** Nadel *f*, *bsd.* Nähnadel *f*; ~ *d'acuponcture* Punktiernadel *f*; ~ *aimantée* Magnetnadel *f*; ~ *à dentelle* Klöppelnadel *f*; ~ *d'emballeur* Packnadel *f*; ~ *de glace* Eiszapfen *m*; ~ *de graveur* Radiernadel *f*; ~ *à passer* Schnürnadel *f*; ~ *de phono*(*graphe*) *bzw.* ~ *de pick-up* Grammophonnadel *f*, -stift *m*; ~ *d'enregistrement* Aufnahmestift *m*; ~ *de* (*od. du*) *voltmètre* Voltmeternadel *f*; ~ *à piquer* Steppnadel *f*; ~ *à repriser* Stopfnadel *f*; ~ *de relieur* Heftnadel *f*; ~ *à tapisserie*, ~ *à broder* Sticknadel *f*; ~ *à tricoter* Stricknadel *f*; *fusil m à* ~ Zündnadelgewehr *n*; *disputer sur la pointe d'une* ~ sich um Kleinigkeiten streiten; ~ *d'horloge* Uhrzeiger *m*; *petite* ~ Stundenzeiger *m*; *grande* ~, ~ *des minutes* Minutenzeiger *m*; ~ *des secondes* Sekundenzeiger *m*; ~ *de balance* Zünglein *n* an der Waage; *chercher une* ~ *dans une botte de foin* etw. Unauffindbares suchen; *fig. raconter qch. de fil en* ~ etw. haarklein erzählen; *de fil en* ~, *ils en vinrent jusqu'à se quereller* ein Wort ergab das andere, bis sie schließlich in Streit gerieten; **2.** Spitze *f* (*a. v. Kirchturm, od. Obelisk*), Gipfel *m*; **3.** 🚂 Weiche *f*; ~ *à contrepoids* selbsttätige Weiche *f*; *faire une* ~ e-e Weiche stellen; **4.** ⚘ Tannennadel *f*; **5.** *icht.* ~ *de mer* Seenadel *f*, Nadelfisch *m*; **~lé** (egɥiˈje) *adj.* nadelförmig, spitz.

aiguil|lée (egɥiˈje) *f zum Nähen nötige* Fadenlänge *f*; Nähfaden *m*; **~ler** (~) *v/t.* [1a] 🚂 Weichen stellen; *fig.* lenken, entgegenführen; ~ *q. vers qch.* j-n auf etw. (*acc.*) hinweisen (*od.* hinlenken); ~ *q. sur un guichet* j-n an e-n Schalter verweisen; **~lerie** (egɥijˈri) *f* Nadelfabrik *f*, -handlung *f*; **~letage** (~ˈtaːʒ) *m* Schnüren *n*; **~leter** (~ˈte) *v/t.* [1c] zuschnüren; ⚓ sorren; ~ *des lacets* Schnürsenkel *m* mit Kuppen versehen; **~lette** (~ˈjɛt) *f* **1.** Schnürsenkel *m*; **2.** ⚓ Sorrtau *n*; **3.** ⚔ Achselschnur *f*; **~lettier** (~jɛˈtje) *m* Nestler *m*; **~leur** 🚂 (~ˈjœːr) *m* Weichensteller *m*; **~lier** (~ˈje) *m* [7b] Nadelbüchse *f*; **~lon** (~ˈjɔ̃) *m* Stachel *m*, Dorn *m*; Treibstachel *m*; *fig.* Antrieb *m*, Ansporn *m*; **~lonné** (~jɔˈne) *adj.* stachlig; **~lonner** (~) *v/t.* [1a] (*mit dem Stachel*) antreiben; *fig.* anspornen; **~lot** ⚓ (~ˈjo) *m* Ruderfingerling *m*.

aigui|sage (egi- *od.* egɥiˈzɑːʒ) *m*, **~sement** (~zˈmɑ̃) *m* Schärfen *n*, Schleifen *n*; **~ser** (~ˈze) *v/t.* [1a] **1.** schärfen, schleifen, wetzen; *fig.* ~ *ses couteaux* sich zum Kampfe rüsten; **2.** anspitzen; **3.** *fig.* ~ *l'appétit* den Appetit anregen; **~serie** (~zˈri) *f* Schleiferei *f*; **~seur** (~ˈzœːr) *su.* [7g] Schleifer *m*; **~soir** ⊕ (~ˈzwaːr) *m* Wetzstahl *m*.

ail ⚘ (aj) *m* (*pl. als Speise* **aulx** (o), *als Pflanze* **ails**) Lauch *m*, Knoblauch *m*; *sentir l'*~ nach Knoblauch riechen.

aile (ɛl) *f* Flügel *m* (*des Vogels, Gebäudes, Heeres, der Nase*); Tragfläche *f*; *Auto*: Kotflügel *m*; *poét.* Fittich *m*, Schwinge *f*; *fig.* Schutz *m*; ⊕ Radmantel *m* (*Karosserie*); ⊕ ~ *hélicoïdale*, ~ *d'hélice* Schraubenflügel *m*; ✈ *monoplan m à* ~*s surbaissées* Tiefdecker *m*; *zo.* ~ *vestigiale* Flügelstummel *m*; *baisser ses* ~*s* den Mut sinken lassen, die Flügel hängen lassen; *battre de l'*~ in schlimmer Lage sein, übel dran sein; *fig.* hinken, flau gehen; *la peur lui donne des* ~*s* die Furcht beflügelt s-e Schritte; *rogner les* ~*s à q.* j-m die Flügel beschneiden, j-s Ansehen verkleinern; *voler de ses propres* ~*s* auf eigenen Füßen stehen.

ailé (ɛˈle) *adj.* geflügelt; gefiedert.

aileron (ɛlˈrɔ̃) *m* kleiner Flügel *m*, Flügelspitze *f*; Floßfeder *f*; ⊕ Schaufel *f* am Mühlenrade; Kühlrippe *f* e-s MG's; Querruder *n*.

ailette ⚠ (ɛˈlɛt) *f* kleiner Anbau *m*, Flügel *m*; *Auto*: Windflügel *m* des Motors; ~ *de refroidissement* Kühlerrippe *f*; ~ *hélicoïdale* Schraubenflügel *m*; ~*s f/pl.* Kühlrippen *f/pl.*; *tuyau m à* ~*s* Rippenrohr *n*; ~*s pl. hydrométriques* Strömungsmesser *m/sg.*; ⚔ *torpille f à* ~*s* Flügelmine *f*.

ailier *Sport* (ɛlˈje) *m* Außenstürmer [*m.*]

aillade (aˈjad) *f* Knoblauchbrühe *f*.

ailleurs (aˈjœːr) *adv.* **1.** anderswo (-hin); *partout* ~ sonst überall; *nulle part* ~ sonst nirgends; **2. d'~**: a) anderswoher; b) außerdem, überdies; übrigens; sonst; **3. par ~** a) sonst, außerdem; b) *abus.* andererseits.

ailloli (ajɔˈli) *m* Olivenöl *n* mit zerstoßenem Knoblauch.

aimable (ɛˈmablə) **I** *adj.* □ liebenswürdig; *peu* ~ unfreundlich; *c'est bien* ~ *à vous* das ist sehr freundlich von Ihnen; **II** *su. faire l'*~ freundlich (*od.* schön) tun; die (den) Liebenswürdige(n) spielen.

aimant[1] (ɛˈmɑ̃) *m* Magnet (*a. fig.*) *m*; ~ *naturel* Magnetstein *m*.

aimant[2] (~) *adj.* liebend, liebevoll, zärtlich, leutselig.

aimanter (ɛmɑ̃ˈte) [1a] **I** *v/t.* magnetisieren; **II** *v/rfl.* *s'*~ magnetisch werden.

aimer (ɛ'me) [1b] *v/t.* lieben; gern haben, gern tun, gern essen *od.* trinken *usw.*; Gefallen finden an (*dat.*); ~ *q. à la folie* in j-n restlos verliebt sein; *se faire ~ de q.* sich bei j-m beliebt machen; *il aime la chasse* er geht gern auf die Jagd; *nach ~ jetzt mst. der reine inf.*: *j'aime chanter* ich singe gern; *il aime être vu* er will gern gesehen werden; *il aime lire* er liest gern; *daneben jetzt auch wieder, wie früher,* de + *inf.*: *j'aime fort d'écouter comment les gens parlent* ich höre sehr gern zu, wie die Leute sprechen; *der inf. mit à ist st. s.*: *j'aime à chanter* ich singe gern; ~ *que* (*mit subj.*) gern sehen, daß; ~ *mieux* lieber haben *od.* mögen, lieber sehen, lieber wollen, lieber tun; *il aime mieux lire que de parler* er liest lieber, als daß er spricht; er will lieber lesen als sprechen; *j'aimerais* ich möchte; *j'aimerais aller au cinéma* ich möchte gern ins Kino gehen.

aine *anat.* (ɛn) *f* Leistengegend *f.*

aîné (ɛ'ne) *adj. u. su.* erstgeboren, älter, ältest; Ältester *m*; *je suis son ~ de deux ans* ich bin zwei Jahre älter als er (*od.* als sie); *c'est mon (fils) ~* das ist mein ältester Sohn (*od.* mein Ältester).

aînesse (ɛ'nɛs) *f*: *droit m d'~* Erstgeburtsrecht *n.*

ainsi (ɛ̃'si) **I** *adv.* also, auf diese Art *od.* Weise, so; ~ *va le monde* so geht's in der Welt; *et ~ de suite* und so weiter; *pour ~ dire* sozusagen, gewissermaßen; ~ *soit-il!* Amen!, also geschehe es!; *s'il en est ~* wenn dem so ist; *ell.* ~ *de Voltaire, de Diderot* so ist es bei Voltaire, bei Diderot; **II** *cj.* daher; folglich; ~ *que* (eben)so, wie.

air[1] (ɛ:r) *m* Luft *f*; Wind *m*, Luftzug *m*; *il y a un courant d'~* es zieht; *en plein ~* in freier Luft, unter freiem Himmel; im Freien; *grand ~* frische (*od.* freie) Luft *f*; *il y a qch. dans l'~* es hängt etw. in der Luft, es kriselt; *l'avenir est dans les ~s* die Zukunft liegt im Luftverkehr; *à l'~* an der (an die) Luft (= nach draußen); *en l'~* in der (in die) Luft (= nach oben); *par mer, par terre et en l'air* zu Wasser, zu Lande u. in der Luft; *bâtir en l'~* Luftschlösser bauen; *battre l'~* sich vergeblich anstrengen, sich vergebliche Mühe machen; *avoir toujours un pied en l'~* immer auf dem Sprunge stehen *od.* in Aufregung sein; *mettre en l'~* in Unruhe versetzen; *mettre tout en l'~* alles in Unordnung bringen; *mettre à l'~* lüften; *ce cigare prend ~* diese Zigarre zieht nicht; *prendre l'~* Luft schnappen, spazierengehen; ✈ aufsteigen; ✈ *ravitailler par ~* aus der Luft versorgen; *coussin à ~* Luftkissen *n*; *contes m/pl. en l'~* reine Phantasiegeschichten *f/pl.*, bloße Märchen *n/pl.*; *menaces f/pl. en l'~ fig.* leere Drohungen *f/pl.*; *paroles f/pl. en l'~* leere Worte *n/pl.*; *projets m/pl. en l'~* Luftschlösser *n/pl.*; *promesses f/pl. en l'~* leere Versprechungen *f/pl.*; *les mains en l'~* Hände hoch!; ~ *atmosphérique* Frischluft *f* (*bei Atmungsgeräten*); ~ *comprimé* Druckluft *f*; ~ *conditionné* mit Klimaanlage; ~ *liquide* flüssige Luft *f*; ~ *raréfié* verdünnte Luft *f*; s. a. *plein-air.*

air[2] (~) *m* Miene *f*; Aussehen *n*; Äußeres *n*; Benehmen *n*, Haltung *f*, Wesen *n*; ~ *aisé* ungezwungenes Auftreten *n*; *d'un ~ de reproche* vorwurfsvoll; ~ *posé* gesetztes Wesen *n*; *avoir l'~ de* (*mit inf.*) scheinen (*od.* so aussehen) als ob ...; *avoir bon ~* e-e stattliche Erscheinung sein; *avoir grand ~*, *avoir l'~ distingué* vornehm aussehen; *avoir mauvais ~* ein unfeines Aussehen haben; *avoir l'~ bon* (*mauvais*) gutmütig (bösartig) aussehen; *il a un ~ de santé* er hat ein gesundes Aussehen, er sieht gut aus; *il en a* (*tout*) *l'~* er sieht (ganz) danach aus; *ils n'ont pas l'~ contents* sie sehen nicht zufrieden aus; *cela n'a l'~ de rien* das sieht nach nichts aus; *prendre* (*od. se donner*) *des ~s fig.* angeben (*v/i.*), den großen Mann spielen (*od.* markieren), blasiert sein, vornehm tun, die Nase sehr hoch tragen; *se donner* (*od. prendre*) *des ~s de grandeur* sich aufs hohe Pferd setzen, den großen Herrn spielen; *se donner des ~s de savant* e-e gelehrte Miene aufsetzen; *un ~ de famille* e-e gewisse Familienähnlichkeit *f*; *avoir l'~ de q.* j-m ähnlich sehen; F *tu n'as pas l'~ dans ton assiette* du siehst so mitgenommen aus.

air³ (~) *m* Melodie *f*, Arie *f*, Lied *n*, Weise *f*; ~ *à boire* Trinklied *n*; ~ *national* Nationallied *n*.

airain(ɛ'rɛ̃) *m* Erz *n*; d'~ ehern; *fig.* hart, unerbittlich; *front m d'~* eherne Stirn *f*.

aire (ɛ:r) *f* Dreschtenne *f*; freier Platz *m*; ⚠ Fläche *f*; Fußboden *m*; ⚠ Flächeninhalt *m*; Horst *m*; ✈ Fliegerhorst *m*; ~ *de transbordement des colis a.* 🚂 Gepäckumschlagstelle *f*; ✈ ~ *d'atterrissage* Rollbahn *f*; ~ *de haute (basse) pression* Hoch- (Tief-)druckgebiet *n* (*Wetterkunde*); ⚓ ~ *du vent* Windstrich *m*; ⚕ ~ *pariétale* (*occipitale*) parietale (occipitale) Ableitungsstelle *f* (*bei elektroenzephalographischen Untersuchungen*); ⚠ ~ *au ciment* Zementanstrich *m*.

airelle ⚘ (ɛ'rɛl) *f* Heidelbeere *f*; ~ *myrtille* Blaubeere *f*; ~ *rouge* Preiselbeere *f*.

airer (ɛ're) *v/i.* [1b] horsten, nisten.

airure ⚒ (ɛ'ry:r) *f* Ende *n* e-r Metall- *od.* Kohlenader.

ais ⊕ (ɛ) *m* Brett *n*, Bohle *f*.

aisance (ɛ'zɑ̃:s) *f* **1.** Leichtigkeit *f*; Zwang(s)losigkeit *f*, Gelassenheit *f*; Bequemlichkeit *f*; *avoir de l'~* sich frei bewegen; *avec son ~ habituelle* in seiner ungezwungenen Art; **2.** Wohlhabenheit *f*; *être* (*od. vivre*) *dans l'~* wohlhabend sein, ein schönes Leben haben; **3.** *cabinets m/pl.* (*od. lieux m/pl.*) *d'~s* Toilette *f*, WC *n*, Abort *m*.

aise (ɛ:z) **I** *f* **1.** Freude *f*, Wohlbehagen *n*; *être transporté d'~* vor Entzücken außer sich sein; **2.** Bequemlichkeit *f*, Gemächlichkeit *f*; *les ~s de la vie* die Annehmlichkeiten *f/pl.* des Lebens; *à l'~* gemächlich, bequem, leicht; *être* (*od. se sentir*) *mal à l'~* sich unwohl fühlen; *se mettre à son ~ od. prendre ses ~s* es sich bequem machen; *prendre ses ~s a. péj.* s-e Ellenbogen benutzen, rücksichtslos handeln (*od.* vorgehen); *en prendre à son ~* ungeniert sein; *être à son ~ avec q.* mit j-m ungezwungen verkehren; *mettre q. à son ~* ermuntern; *à votre ~!* wie Sie wollen!, nach Belieben!; *vous en parlez à votre ~* Sie haben gut reden!; **3.** Wohlstand *m*; *être* (*fort*) *à son ~* wohlhabend sein; **II** *adj.* froh, freudig; *être bien ~* sich freuen; *j'en suis bien ~* es ist mir sehr lieb.

aisé (ɛ'ze) *adj.* **1.** leicht, bequem; *cela est bien ~ à dire* das ist leichter gesagt als getan; *fig. avoir l'esprit ~* leicht begreifen; *style m ~* flüssiger Stil *m*; **2.** ungezwungen; wohlhabend. [bequeme Art.]

aisément (ɛze'mɑ̃) *adv.* leicht; auf

aisseau (ɛ'so) *m* **1.** Dachsbeil *n*, Gartenaxt *f*; **2.** ⚠ Schindel *f*.

aisselier (ɛsɔ'lje) *m* Tragband *n*.

aisselle (ɛ'sɛl) *f* Achselhöhle *f*; ⚘ Blattstielwinkel *m*; ~ *d'un arc* ⚠ Schenkel *m* e-s Bogens.

aissette (ɛ'sɛt) *f* kleine Axt *f*.

aîtres ('ɛ:trə) *m/pl.*: *connaître les ~ d'une maison* alle Winkel in e-m Hause kennen. [Aachen *n*.]

Aix-la-Chapelle (ɛkslaʃa'pɛl) *m*

ajaccien (aʒak'sjɛ̃) *adj.* [7c] aus Ajaccio.

ajiste (a'ʒist) *su.* (*aus* AJ = *auberge de la jeunesse*) Jugendherbergsgast *m*, Wanderer *m*.

ajonc ⚘ (a'ʒɔ̃) *m* Stechginster *m*.

à jour (a'ʒu:r) *adj.* auf der Höhe, zeitgemäß; auf dem laufenden; ⊕ durchlöchert, durchbrochen (*z.B.* *e-e Wand, ein Zaun*); *mettre ~ les affaires de sa maison* die Angelegenheiten s-s Hauses in Ordnung bringen.

ajour (~) *m* Aussparung *f*; Durchlassen *n* des Tageslichts; Hohlsaum *m*.

ajouré (aʒu're) *adj.* durchbrochen.

ajour|nement (aʒurnə'mɑ̃) *m* **1.** ⚖ Vorladung *f*; *décret m d'~* Vorladungsbefehl *m*; **2.** ⚖ Vertagung *f*, Aufschieben *n*; **3.** ⚔ Zurückstellung *f* (*wegen zeitlicher Untauglichkeit*); **~ner** (~'ne) [1a] **I** *v/t.* vor Gericht laden; vertagen, aussetzen, aufschieben; *être ajourné*: a) Termin haben; b) ⚔ zurückgestellt sein; **II** *v/rfl.* s'~ aufgeschoben (*od.* vertagt) werden; sich vertagen.

ajou|tage ⚠ (aʒu'ta:ʒ) *m u.* **~té** (~'te) *m* Zusatz *m*.

ajouter (aʒu'te) **I** *v/t.* [1a] hinzusetzen, -fügen, -tun; zulegen, zuzahlen; beimengen; *fig. ajoutez* (*à cela*) *que* ... dazu kommt noch, daß ..., fügen Sie zu alledem noch hinzu, daß ...; ~ *foi* (*à qch.* e-r Sache *dat.*) Glauben schenken; *en ajoutant* unter Beifügung; **II** *v/i.*: ~ *à* steigern, erhöhen, vergrößern; *la modestie ajoute au mérite* die Bescheidenheit erhöht das Verdienst; **III** *v/rfl.* s'~ *fig.* hinzu-

kommen, (zusätzlich) herantreten.
ajustable (aʒys'tablə) *adj.* verstellbar.
ajustage (aʒys'ta:ʒ) *m* **1.** ⊕ Montage *f*, Einpassen *n*, Nachregulierung *f*, Nachstellen *n*, Einstellen *n*; ⚔ ~ *de la portée* Ermittlung *f* der Schußweite; **2.** ⊕ Einrichtung *f*, Aufstellung *f* e-r Maschine; **3.** Ausgleichen *n* der Münzen; **4.** ✝ Stornierung *f*.
ajusté (aʒys'te) *adj.* passend.
ajustement (aʒystə'mɑ̃) *m* **1.** Richtigstellung *f*, Berichtigung *f*; Ausgleich *m*, Vergleich *m*; Anpassung *f*; Eichen *n*; **2.** Putz *m*, Schmuck *m* (*Toilette*).
ajus|ter (aʒys'te) [1a] **I** *v/t.* **1.** richtig-, zurechtmachen, in Ordnung bringen, richtigstellen, berichtigen; ausrichten; nachstellen, nachregulieren; *Uhr* stellen; *Geld* ausgleichen; *Maße* eichen; ~ *une machine* e-e Maschine montieren (*od.* aufstellen); **2.** ~ *qch. à qch.* etw. an etw. anpassen; ~ *son chapeau* s-n Hut zurechtsetzen; ~ *un couvercle* e-n Deckel aufpassen; *fig.* ~ *une pièce au théâtre* ein Stück bühnengerecht machen; *vous voilà bien ajusté* Sie sind aber nett gekleidet!; **3.** zielen auf (*acc.*); ~ *son coup* gut zielen (*a. fig.*); **4.** ankleiden, putzen; **5.** ✝ stornieren; **II** *v/rfl.* s'~ **6.** passen; † mitea. eins werden; **7.** sich zurechtmachen, sich putzen; **~teur** (~'tœ:r) *m* Rohrleger *m*, Schlosser *m*, Monteur *m*; Ausgleicher *m*; **~toir** (~'twa:r) *m* Münz-, Justier-waage *f*.
ajutage, ajutoir ⊕ (aʒy'ta:ʒ, ~'twa:r) *m* (kleine) Verbindungsröhre *f*; Rohransatz *m*, Stutzen *m*; *Auto*: Düse *f*.
alabandine (alabɑ̃'din) *f* ⚗ Manganblende *f*; *min.* Karfunkelstein *m*.
alacrité (alakri'te) *f* Heiterkeit *f*, Munterkeit *f*, Lustigkeit *f*.
alam|bic (alɑ̃'bik) *m* Destillierkolben *m*; *passer* (*od. tirer*) *par* (*od. à*) *l'~* destillieren; *fig.* gründlich prüfen; **~biqué** (~bi'ke) *adj.* gekünstelt, weithergeholt; **~biquer** (~) *v/t.* [1m] destillieren; *fig.* geschraubt machen (*od.* zum Ausdruck bringen); *s'~ l'esprit sur qch.* sich den Kopf über etw. zerbrechen; **~biqueur** (~bi'kœ:r) *m* Wortedrechsler *m*, Phrasendrescher *m*.
alanguir (alɑ̃'gi:r) [2a] **I** *v/t.* schlaff machen, entkräften; **II** *v/rfl.* s'~ erschlaffen.
alanguissement (~gis'mɑ̃) *m* Erschlaffung *f*, Entkräftung *f*.
alarguer ⚓ (alar'ge) *v/i.* [1a] die hohe See gewinnen.
alarmant (alar'mɑ̃) *adj.* beunruhigend.
alar|me (a'larm) *f* **1.** Alarm *m*, Alarmsignal *n*, Waffenruf *m*; Notschrei *m*; *installation f d'~* Alarmanlage *f*; **2.** Beunruhigung *f*, Aufregung *f*; *~s f/pl.* Schrecken *m*, Bestürzung *f*, Furcht *f*; *revenir de ses ~s* sich von s-m Schrecken erholen; *fausse ~* blinder Alarm *m*; **~mer** (~'me) [1a] **I** *v/t. u. v/i.* alarmieren, Lärm schlagen; *fig.* in Schrecken setzen, erschrecken, beunruhigen, beängstigen; **II** *v/rfl.* s'~ *de* (*od. pour*) *qch.* sich wegen etw. (*gen.*) ängstigen; *s'~ pour q.* wegen j-s erschrecken, sich beunruhigen; **~misme** (~'mism) *m* Alarmstimmung *f*; **~miste** (~'mist) **I** *adj.* alarmierend, beunruhigend; **II** *su.* Verbreiter *m* beunruhigender Nachrichten, Gerüchtemacher *m*.
albanais (alba'nɛ) [7] *adj. u.* ♀ *su.* albanesisch; Albanese *m*.
Albanie (alba'ni) *f*: **l'~** Albanien *n*.
albâtre (al'bɑ:trə) *m* Alabaster *m*.
albène *text.* (al'bɛn) *m*: *crêpe m d'~* Albakrepp *m*.
albin|isme ⚕ (albi'nism) *m* Albinismus *m*; **~os** (~'nɔs) *m* Albino *m*, Kakerlake *m*.
album (al'bɔm) *m* Album *n*, Stammbuch *n*; ~ *d'images* Bilderbuch *n*.
albu|men (alby'mɛn) *m* Eiweiß *n*; **~mine** (~'min) *f* Eiweiß *n*, Eiweißstoff *m*; **~mineux** (~'nø) *adj.* [7d] eiweiß-haltig, -artig; schleimig; zähe; **~minoïde** (~minɔ'id) *adj.* Eiweiß...; **~minurie** ⚕ (~miny'ri) *f* Eiweißharnen *n*.
alca|lescence ⚗ (alkalɛ'sɑ̃:s) *f* Alkaleszenz *f*, alkalische Beschaffenheit *f*; **~lescent** ⚗ (~lɛ'sɑ̃) *adj.* [7] alkalisierend; **~li** ⚘ (~'li) *m* Salzkraut *n*; ⚗ Alkali *n*, Laugensalz *n*; ~ *minéral* Soda *f*; ~ *végétal* Pottasche *f*; ~ *volatil* Ammoniak *n*; Salmiakgeist *m*; **~lin** (~'lɛ̃) *adj.* [7] laugensalzartig, alkalisch; **~liser** (~li'ze) *v/t.* [1a] alkalisieren, alkalisch machen; auslaugen; **~loïde** (~lɔ'id) *m* Alkaloid *n*.
alcarazas (alkara'zas) *m* poröser Kühlkrug *m*.

alchi|mie (alʃi'mi) *f* Alchimie *f*; **~miste** (~'mist) *m* Alchimist *m*.

alcool (al'kɔl) *m* Alkohol *m*, Weingeist *m*; ~ *absolu* reiner Alkohol *m*; ~ *à brûler* Brennspiritus *m*; ~ *méthylique* Methylalkohol *m*; ~ *solidifié* Hartspiritus *m*; ~ *éthylique* Äthylalkohol *m*; ~ *carburant* Kraftspiritus *m*; *libre d'~*, *ne contenant pas d'~* alkoholfrei; *mauvais ~* Fusel *m*.

alcoo|lique (alkɔ'lik) *adj. u. su.* alkoholisch, alkoholhaltig; dem Alkohol ergeben; *un ~* ein Alkoholiker *od.* ein Trinker *m*; **~liser** (~li'ze) [1a] **I** *v/t.* Alkohol zusetzen (*dat.*); in Alkohol verwandeln; **II** *v/rfl.* *s'~* sich dem Trunke ergeben; **~lisme** (~'lism) *m* Alkoholvergiftung *f*; Alkoholismus *m*, Trunksucht *f*.

alcoo(lo)mètre (alkɔ[lɔ]'mɛtrə) *m* Alkohol-messer *m*, -waage *f*.

alcôve (al'ko:v) *f* Alkoven *m*; Bettnische *f*; *fig.* *secrets m/pl. d'~* Ehegeheimnisse *n/pl*.

ale (ɛl) *f* Ale *n* (*spr.* [eil]; *engl. Bier*).

aléa (ale'a) *m* unsichere Sache *f*, Ungewißheit *f*, Risiko *n*; blinder Zufall *m*; *pl.*: *tout en ~s* noch ganz im Ungewissen; **~toire** (~'twa:r) *adj.* □ ungewiß, zufallsveränderlich, auf bloßem Zufall beruhend; *les débouchés sont ~s* die Berufsaussichten sind zufallsbedingt.

Alençon (alɑ̃'sɔ̃): *points m/pl. d'~* Alençonner Spitzen *f/pl*.

alêne (a'lɛn) *f* Ahle *f*, Pfriem *m*.

alénois (ale'nwa) *adj./m*: *cresson m ~* Gartenkresse *f*.

alentour (alɑ̃'tu:r) **I** *adv.* im Umkreis, ringsherum, rings umher; *d'~* umliegend; **II ~s** *m/pl.* Umgebung *f*; *fig.* *les ~ du Ier siècle* die Wende *f* des 1. Jahrhunderts.

alépine (ale'pin) *f* Bombasin *m*, halbseidener Futterstoff *m*.

aler|te (a'lɛrt) **I** *adj.* wachsam, munter, flink; frisch, rege, behende; **II** *adv. u. int.* (*mst.* ⚔) Achtung!; **III** *f* Alarm *m*; Schrekken *m*; ~ *aérienne* (*od. aux avions*) Fliegeralarm *m*; ~ *aux blindés* Panzeralarm *m*; ~ *à la bombe* Bombenalarm *m*; ~ *aérienne aux gaz* Gasalarm *m*; *être en état d'~* sich in Alarmbereitschaft befinden; *fausse ~* blinder Alarm *m*; *fin f d'~* (*od. de l'~*) Entwarnung *f*; *donner l'~* Lärm schlagen; Alarm blasen; **~té** (~'te) *adj.* alarmbereit, in Alarmbereitschaft; **~ter** (~'te) *v/t. u. v/i.* [1a] alarmieren; kampfbereit machen (*Truppen*); Lärm schlagen (*od.* blasen); ~ *Police-secours* das Überfallkommando holen.

alé|sage ⊕ (ale'za:ʒ) *m* Ausfräsen *n*; ~ *du* (*od. des*) *cylindre(s)* Zylinderbohrung *f*; ~ *de la broche* Spindelbohrung *f*; **~ser** (~'ze) *v/t.* aus-, hohl-, nach-fräsen, ausdrehen; **~seuse** (~'zø:z) *f* Fräsmaschine *f*; **~soir** (~'zwa:r) *m* Reibahle *f*; Fräser *m*; Polierstahl *m*.

alester (alɛs'te) [1a] **I** *v/t.* (*durch Ballastabgabe*) erleichtern; **II** *v/rfl.* *s'~* sich (*zur Fahrt*) klarmachen; sich zur Arbeit anschicken.

alésure ⊕ (ale'zy:r) *f* Bohrspäne *m/pl.*

alevin (al'vɛ̃) *m* Fischbrut *f*.

alevi|nage (alvi'na:ʒ) *m* Einsetzen *n* der Fischbrut; **~ner** (~'ne) *v/t.* [1a] mit Fischbrut besetzen; **~nier** (~'nje) *m* Brutteich *m*.

alexandrin (alɛksɑ̃'drɛ̃) *adj.* [7] alexandrinisch; *un* (*vers*) ~ ein Alexandriner *m* (*Vers*).

alezan (al'zɑ̃) *adj. u. su.* [7] fuchsrot (*Pferd*); (Rot-) Fuchs *m* (*Pferd*); ~ *brûlé* Brandfuchs *m*.

alèze (a'lɛ:z) *f* leinenes Untertuch *n* (*für ein Krankenbett*).

alfa ⚘ (al'fa) *m* Esparto *n*, Alfagras *n*.

algacé ⚘ (alga'se) *adj.* algenartig.

algalie *chir.* (alga'li) *f* Hohlsonde *f*.

algarade (alga'rad) *f* Ausfall *m* (*gegen j-n*), Wutausbruch *m*; Standpauke *f*; Auseinandersetzung *f*, Debatte *f*, Krach *m*.

algèbre (al'ʒɛ:brə) *f* Algebra *f*.

Alger (al'ʒe) *m* Algier *n* (*Stadt*).

Algérie (alʒe'ri) *f*: **l'~** Algerien *n* (*Land*).

algérien (alʒe'rjɛ̃) *adj. u.* ♀ *su.* [7c] algerisch; Algerier *m*.

algérois (alʒe'rwa) *adj. u.* ♀ *su.* [7] aus der Stadt Algier; Bewohner *m od.* Umgebung *f* der Stadt Algier.

algéro-tunisien (alʒerɔtyni'zjɛ̃) *adj.* algerisch-tunesisch.

algide ⚕ (al'ʒid) *adj.*: *être ~* sich eiskalt fühlen; *fièvre f ~* kaltes Fieber *n*.

algue ⚘ (alg) *f* Alge *f*; ~ *marines* Seegras *n*.

alias (al'jas) *adv.* sonst, auch, alias (*vor Pseudonymen*).

alibi (ali'bi) *m* **1.** ⚖ Alibi *n*, *weitS.* Unschuldsnachweis *m*; *plaider l'~* s-e Abwesenheit zu beweisen suchen; *établir* (*od. fournir*) *un ~* sein Alibi nachweisen; **2.** *fig.* *~s m/pl.* Ausflüchte *f/pl.*, Gründe *m/pl.* für e-e Nichtbeteiligung (*od.* zum Nichthandeln *od.* für ein Abseitsstehen).

aliboron (alibɔ'rɔ̃) *m* **1.** *plais. maître* ~ Meister Langohr, Esel *m*; **2.** *fig.* Dummkopf *m*, Dussel *m*, Trottel *m*.

alidade (ali'dad) *f* Diopterlineal *n*.

aliéna|bilité (aljenabili'te) *f* Veräußerlichkeit *f*; **~ble** (~'nablə) *adj.* veräußerlich; **~taire** ⚖ (~'tɛ:r) *su.* Erwerber *m*; **~teur** ⚖ (~'tœ:r) *su.* [7g] Verkäufer *m*; **~tion** ⚖ (~nɑ'sjɔ̃) *f* Veräußerung *f*; *fig.* ~ *des esprits od. des cœurs* gegenseitige Abneigung *f od.* Entfremdung *f*; ~ *mentale* (*od. d'esprit*) Geisteskrankheit *f*, Geistesstörung *f*, geistige Umnachtung *f*, Wahnsinn *m*.

alié|né (alje'ne) *su.* Geisteskranke(r) *m*; *hospice m* (*od. maison f*) *d'~s* Irrenanstalt *f*; **~ner** (~) [1g] **I** *v/t.* veräußern; *fig.* entfremden; ~ *les esprits* Menschen verfeinden; **II** *v/rfl.* s'~ veräußert werden; *fig.* s'~ *q.* j-s Gunst (*od.* Sympathie) verscherzen (*od.* verlieren); *s'~ les cœurs* sich die Sympathien verscherzen; *s'~ la sympathie de q.* es mit j-m verderben, j-s Sympathie verscherzen; **~nisme** 📖 (~'nism) *m* Lehre *f* von den Geisteskrankheiten; **~niste** 📖 ⚕ (~'nist) *su.* Arzt *m* (Ärztin *f*) für Geisteskrankheiten.

aligné *pol.* (ali'ɲe) *adj.* linientreu.

alignement (aliɲ'mɑ̃) *m* **1.** ⚠ Abstecken *n*, Abmessen *n* nach der Schnur; Schnurlinie *f*, Fluchtlinie *f*; Bau-, Straßen-flucht *f*; Richtung *f*; (*à droite*) *~!* (Augen rechts!) richt' euch!; **2.** Angleichung *f* (*an e-e andere Währung*); Anpassung *f*; *l'~ des salaires sur ceux de Paris* die Anpassung *f* (*od.* Angleichung) der Gehälter an die Pariser Gehaltsstufe.

aligner (ali'ɲe) [1a] **I** *v/t.* ausrichten, abstecken nach der Schnur; ab-, ein-fluchten; angleichen; *rad. Empfangsgerät* abgleichen; *fig.* ~ *ses phrases* s-e Sätze abzirkeln; *rues f/pl. alignées* gerade Straßen *f/pl.*; *Sport*: ~ *une équipe* e-e Mannschaft aufstellen; ✝ ~ *un compte* e-e Rechnung abschließen; F ~ *de l'argent* Geld herausrücken; **II** *v/rfl.* *s'~* sich in Reih und Glied aufstellen, sich ausrichten; F sich j-m gegenüber zu e-r Schlägerei aufpostieren; *s'~ sur* sich ausrichten nach; *alignez-vous* richt' euch!

aliment (ali'mɑ̃) *m* **1.** Nahrungsmittel *n*, Speise *f*, Nahrung *f*; ~ *pâteux* Weichfutter *n*; *~s m/pl. infantiles* Kindernährmittel *n/pl.*; *~s m/pl. carnés* Fleischnahrung *f/sg.*; **2.** *~s pl.* Alimente *n/pl.*, Lebensunterhalt *m*; Unterhaltsbeiträge *m/pl.*

alimen|taire (alimɑ̃'tɛ:r) *adj.* zum Unterhalt (*od.* zur Ernährung) gehörig; nahrhaft; Nähr...; *anat. canal m* ~ Verdauungskanal *m*; *débiteur m* ~ Unterhaltspflichtige(r) *m*; *entretien m* ~ Nahrung *f*, Beköstigung *f*; *frais m/pl. ~s* Kostgeld *n*; *loi f* ~ Verpflegungsgesetz *n*; *pension f* ~ Unterhaltsrente *f*; *produit m* ~ Nahrungsmittel *n*; *régime m* ~ Diät *f*; *situation f* ~ Ernährungslage *f*; ⊕ *tuyau*.*m* ~ Speiseröhre *f* (*Dampfmaschine*); **~tation** (~tɑ'sjɔ̃) *f* Ernährung *f*, Beköstigung *f*, Verpflegung *f*, Speisung *f*; ✝, ⚡ Zufuhr *f*, Versorgung *f*; 🏛 *bâtiment m d'~* Wasserturm *m*; ~ *enfantine* Kindernahrung *f*; ~ *crue* Rohkost *f*; ~ *naturiste* Reformkost *f*; ~ *en eau potable* Trinkwasserversorgung *f*; *rad.* ~ *des lampes* Stromversorgung *f* der Lampen; *Auto*: ~ *d'essence* Kraftstofförderung *f*, Benzinzufuhr *f*; *rad.* ~ *par le secteur* Netzanschluß *m*; *carte d'~* Lebensmittelkarte *f*; ⚡ ~ *en courant* Stromversorgung *f*; **~ter** (~'te) *v/t.* [1a] ernähren, beköstigen, verproviantieren; ⚖ unterhalten; *fig.* speisen, schüren, fördern; ~ *un marché* e-n Markt versorgen; **~teux** (~'tø) *adj.* [7d] nahrhaft.

alinéa (aline'a) *m* Absatz *m im Text e-s Buches*; *~!* neue Zeile!; Absatz!

alité (ali'te) *adj.* bettlägerig.

alitement (alit'mɑ̃) *m* **1.** Bettlägerigsein *n*; **2.** Zubettbringen *n*.

aliter (ali'te) [1a] **I** *v/t.* an das Bett fesseln; ~ *des harengs* Heringe schichtweise legen; **II** *v/rfl.* *s'~* sich (als Kranker) zu Bett legen; das Bett hüten.

alizé (ali'ze) *adj.*: *vents m/pl. ~s* [Passatwinde *m/pl.*]

allaise (a'lɛ:z) *f* Sandbank *f* (*Fluß*).

allai|tement (alɛt'mɑ̃) *m* Säugen *n*, Stillen *n*; **~ter** (~'te) *v/t.* [1b] säugen, stillen.

allant (a'lɑ̃) **I** *adj.* [7] munter, lebendig, rüstig, lebhaft; aufgekratzt

P; **II** *m* Schneid *m*, Draufgängertum *n*, Schwung *m*; *avoir de l'*~ Schneid haben; *manquer d'*~ keinen Schneid besitzen.
allantiase ⚕ (alɑ̃'tjɑ:z) *f* Fleisch-, Wurst-vergiftung *f*.
alléchant (ale'ʃɑ̃) *adj.* verlockend, verführerisch.
allèchement (alɛʃ'mɑ̃) *m* Verlockung *f*.
allécher (ale'ʃe) *v/t.* [1f] anlocken, ködern; *fig.* verführen, verlocken.
allée (a'le) *f* **1.** Gehen *n*; Gang *m*, *bsd.* ~*s pl.* Schritte *m/pl.*; ~*s et venues f/pl.* Kommen u. Gehen *n*, Gelaufe *n*, Verkehr *m*, Hin- u. Herlaufen *n*; **2.** Allee *f*, Baumgang *m*; ~ *de tilleuls* Lindenallee *f*; **3.** enger Hausflur *m*; ~ *couverte* Laubengang *m*.
allégation (alegɑ'sjɔ̃) *f* **1.** Anführung *f e-r Schriftstelle*; **2.** angeführte Stelle *f*, Zitat *n*; **3.** *fig.* Behauptung *f*, Vorwand *m*; ~*s f/pl. mensongères* Vorspiegelung *f* falscher Tatsachen.
allège (a'lɛ:ʒ) *f* **1.** △ Fenster-vorsprung *m*, -konsole *f*, Brüstung *f*; Tragstein *m*; **2.** ⚓ Leichter(schiff *n*) *m*; **3.** 🚂 ~ *postale* Postwagen *m*.
allé|geance (ale'ʒɑ̃:s) **1.** *féod.* Huldigung *f*; *serment m d'*~ Huldigungseid *m*; **2.** Trost *m*, Erleichterung *f*; **~gement** (alɛʒ'mɑ̃) *m* **1.** Erleichterung *f*, Lockerung *f*, Ermäßigung *f*; *fig.* Linderung *f*; ~ *fiscal* Steuererleichterung *f*; **2.** ⚓ Lichten *n*, Leichtern *n*; **3.** 🚂 *ligne f d'*~ Entlastungslinie *f*.
alléger (ale'ʒe) *v/t.* [1g] (j-s Last) erleichtern; vermindern, herabsetzen; *fig.* lindern; ⚓ ~ *un navire* ein Schiff leichtern *od.* löschen.
allégir (ale'ʒi:r) *v/t.* [2a] schmaler (*od.* dünner) machen, verkleinern; *men.* dünner hobeln.
allégo|rie (alegɔ'ri) *f* Allegorie *f*, Sinnbild *n*, Gleichnis *n*; **~rique** (~'rik) *adj.* □ allegorisch, sinnbildlich; *langage m* ~ Bildersprache *f*; **~riser** (~ri'ze) *v/t.* [1a] verblümt reden, bildlich auslegen *od.* darstellen; **~rist**? (~'rist) *su.* Sinnbilddeuter *m*.
allègre (a'lɛ:grə) *adj.* (*adv. allégrement*) frisch, munter, lebhaft, lustig, rüstig.
allégresse (ale'grɛs) *f* laute Freude *f*, Jubel *m*; *cris m/pl. d'*~ Freudengeschrei *n*.
alléguer (ale'ge) *v/t.* [1f] anführen, vorbringen; sich berufen auf (*acc.*).
alléluia (aleɥi'ja) *m* Halleluja *n*.
Allemagne (al'maɲ) *f*: **l'**~ Deutschland *n*; *l'*~ *Occidentale* Westdeutschland *n*.
allemand (al'mɑ̃) **I** *adj. u.* ♀ *su.* [7] deutsch; *l'*♀ der Deutsche *m*; ♀ *de* (*od. établi à*) *l'étranger* Auslandsdeutscher *m*; *fig. une querelle d'*♀ ein Streit um des Kaisers Bart (*od.* um nichts), ein vom Zaune gebrochener Streit *m*; **II l'**~ *m* das Deutsch(e) *n*, die deutsche Sprache *f*; *le haut* ~ das Hochdeutsche *n*; *le bas* ~ das Platt-, Nieder-deutsche *n*; *ancien haut* ~ althochdeutsch; *moyen haut* ~ mittelhochdeutsch.
all|er (a'le) [1o] **I** *v/i.* **1.** gehen, sich (wohin) begeben, fahren; *aller et venir* auf und ab gehen; **a)** *mit prp.*: **à** (**au**, *neben* en, *bei männlichen Ländernamen mit konsonantischem Anlaut*) gehen nach, fahren nach; ~ *à Paris* (*en France, en U.R.S.S., aux Etats-Unis, au Maroc, au* (*od.* en) *Portugal, au* (*od.* en) *Danemark* nach Paris, Frankreich, nach der U.d.S.S.R., nach den U.S.A., nach Marokko, nach Portugal, nach Dänemark fahren; ~ *à* (*od. en*) *bicyclette* mit dem Fahrrad fahren, radfahren; *le chemin va à* ... der Weg führt nach ...; ~ *à grands pas* mit großen Schritten gehen; ~ *à pied* zu Fuß gehen; ~ *à cheval* reiten; ~ *aux voix* zur Abstimmung schreiten; ~ **chez** *le médecin* (*chez le boucher*) zum Arzt (zum Fleischer) gehen; ~ **contre** *la fortune* gegen das Schicksal anstreben; sich gegen das Schicksal auflehnen; ~ **de**: *il va de soi que* ... (*mit ind.*) es versteht sich von selbst, daß ...; ~ **en** (*bei weiblichen Ländernamen, bei männlichen Ländernamen mit vokalischem Anlaut od. bei großen Inseln*) gehen (*od.* reisen) nach; ~ *vite en besogne* flink arbeiten, sich beeilen; ~ *en pente* abschüssig sein, sich abflachen; ~ *en pointe* in e-r Spitze auslaufen; spitz verlaufen; ~ *en voyage* auf Reisen gehen; ~ *en voiture* fahren; ~ *en France* (*en Iran*) nach Frankreich (nach dem Iran) fahren (reisen); ~ *en avion* ✈ fliegen; ~ *en auto* (*en autobus, en bateau, en od. à bicyclette, en chemin de fer, en skis*) mit dem Auto (mit dem Bus, mit dem Schiff, (mit dem) Fahrrad

fahren, radfahren, mit der (Eisen-) Bahn; Ski fahren; ~ **jusqu'à**: *on va jusqu'à dire que* ... man behauptet sogar, daß ...; *on alla jusqu'à prétendre que* ... man ging sogar soweit, zu behaupten, daß ...; man verstieg sich sogar zu der Behauptung, daß ...; *cela va* **par-dessus** *le marché* das gibt's (beim Kauf) dazu; *ne pas* ~ **sans** ... unzertrennlich sein von ...; *cela va sans dire* (das ist) selbstverständlich; ~ **selon** *le vent* sich nach dem Winde drehen; **b**) *mit gérondif*: ~ *en augmentant* allmählich (*od.* weiter) zunehmen; ~ (*en*) *boîtant* hinken; *l'intérêt va croissant* das Interesse steigt fortwährend; **c**) *mit inf.* (*hingehen, um etw. zu tun*): ~ *chercher q.* (*qch.*) j-n (etw.) holen (gehen); ~ *se coucher* zu Bett gehen; ~ *trouver q.* j-n aufsuchen; ~ *voir q.* j-n besuchen; *je m'en vais dîner* ich gehe essen; **d**) *im Begriff sein, etw. zu tun, die nähere Zukunft; oft statt des einfachen franz. futurs u. conditionnels* (*werden, wollen*): *j'allais dire* ich wollte sagen, ich hätte beinahe gesagt; *c'est ce que j'allais dire* das wollte ich eben sagen; *je vais vous dire qch.* ich werde Ihnen gleich einmal etw. sagen; *son imprudence va le perdre* sein Leichtsinn wird ihn zugrunderichten; *nous allons maintenant* ~ *chez lui* wir werden jetzt zu ihm gehen; *tu vas être en retard* du wirst zu spät kommen; *il va être très malheureux* er wird sehr unglücklich sein; *ça va être dur!* das wird schwer sein!; *il savait que le travail allait être difficile* er wußte, daß die Arbeit schwer sein würde; *vous allez avoir bien froid* Sie werden schön frieren; **e**) *mit adverbialem acc.*: ~ *le trot* Trab gehen; ~ *bon train* schnell gehen (fahren *od.* reiten); *fig.* rasch vorwärtskommen; ~ *son train* seinen Gang gehen; **f**) *impér. als Aufmunterung usw.*: *vas-y!* (*allez-y!*) geh(t) hin!; los!, vorwärts!; *va!* tatsächlich!, wirklich!, wahrlich! (*zur Bekräftigung e-r folgenden Behauptung*); *va pour une autre tasse!* meinethalben noch e-e Tasse; *allons* a) los!, vorwärts!, wohlan!; b) *Erstaunen*: nanu?!; *allons donc! Beruhigung, Verwunderung, Zweifel*: na wenn schon!, ach was!, i wo!, was Sie nicht sagen!; ist doch nicht möglich!, na hör' mal!, aber hören Sie mal!; stimmt das wirklich?; willst du (wollen Sie) das wirklich?; *allez!* lassen Sie (es) gut sein!; *abweisend*: ach, gehen Sie!; *bekräftigend*: ich sage Ihnen, ...!; *allez toujours!* nur zu!, reden Sie nur weiter!; *allez toujours votre train!* lassen Sie sich nicht irre machen!; **g**) *Spielausdrücke*: *va!* es gilt!; *va banque!* es gilt die ganze Bank!; *tout va!* jeder Satz wird angenommen!; *de combien* (*y*) *allez-vous?* wie hoch gehen Sie?; *rien ne va plus* kein Satz gilt mehr; **h**) **laisser** ~ *q.* (*od. qch.*) j-n (*od.* etwas) gehen lassen, einer Sache (*dat.*) ihren Lauf lassen; *laisser* ~ *q. jusqu'au bout* j-n ausreden lassen; *laissez-le* ~*!* lassen Sie ihn laufen!; *laisser tout* ~ fünf gerade sein lassen; *se laisser* ~ sich gehen lassen (*à des injures* sich zu Beleidigungen hinreißen lassen); i) *Wendungen mit* **y**: *il y va de bon cœur* es geht ihm von Herzen; *il y va de mon honneur* meine Ehre steht auf dem Spiele; F *on y va!* gleich!, sofort!, ich komme schon!; **2.** ~ *en voiture* (*od. en auto*) fahren, reisen; ~ *en luge* rodeln; ~ *à cheval* reiten; ~ *en bateau* zu Schiff fahren; ~ *par le train de 10 heures* mit dem 10-Uhr-Zug fahren; ~ *en chemin de fer* Eisenbahn fahren; ~ *au trot* traben; **3.** im Gange sein (*Maschine*); ~ *à tout vapeur* mit Volldampf fahren; *ma montre va bien* geht richtig; *le feu va* das Feuer brennt; *le pouls va* der Puls schlägt; **4.** dauern, bestehen; *mon habit n'ira pas jusqu'à l'hiver* wird nicht halten; **5.** kleiden, stehen; passen; gefallen, zusagen; *comme cela m'irait!* das wäre etwas für mich; *la clef va* der Schlüssel paßt; *ça vous va-t-il?* paßt Ihnen das?, sagt Ihnen das zu?; **6.** sich befinden; *comment allez-vous? od.* F *comment ça va(-t-il)?* wie gehts?; *comment va-t-il?* wie geht es ihm?; *il va bien* es geht ihm gut; ~ *de mieux en mieux* sich von Tag zu Tag besser befinden; *le commerce va bien* der Handel blüht; **7.** sich handeln (de um *acc.*); **8.** sich belaufen (*à* auf *acc.*); *à combien votre compte va-t-il?* wie hoch ist Ihre Rechnung?; **II s'en** ~ **9.** weggehen, sich wegbegeben; *s'en ~ en voiture (à cheval)* wegfahren (-reiten); *va-t'en!* geh deiner Wege!; *allez-vous-en!* gehen Sie!; **10.** auslaufen; verdunsten, verfliegen; *s'en ~ en fumée* in Rauch aufgehen; **11.** *s'en ~ dans le feu* überkochen, überlaufen; **12.** vergehen, abnehmen; das Ansehen verlieren; schwach werden; sterben; **13.** sich abnutzen; *votre habit s'en va* Ihr Kleid hat bald ausgedient; **14.** *besondere grammatische Formen*: *mit p/pr., andauerndes Fortschreiten*: *le fleuve s'en allait grossissant* schwoll allmählich an; **15.** *Redewendungen*: *~ du blanc au noir* von e-m Extrem ins andere fallen; *~ vite en besogne* sich bei der Arbeit beeilen, ordentlich zupacken; *ça ne va pas!* wirklich?, das ist doch nicht möglich!; **III** *m ~ et retour* Hin- und Rückreise; *à l'~* auf der Hinreise; *au pis ~* wenn alle Stränge reißen, im schlimmsten Fall, im Notfall.

alliable (al'jablə) *a.*: *~ à* vereinbar mit; ⚗ legierbar mit.

alliage (al'ja:ʒ) *m* Verbindung *f*; ⚗ Legierung *f*; *~ d'aluminium* Aluminiumlegierung *f*; *~ léger* Leichtmetall *n*; ⚹ *règle f d'~* Mischungsrechnung *f*.

alliance (al'jɑ̃:s) *f* **1.** Verbindung *f*, Bund *m*; *contracter une ~* ein Bündnis schließen; *triple ~* Dreibund *m*; *la Sainte ~* die Heilige Allianz *f*; *~ offensive et défensive* Schutz- und Trutzbündnis *n*; **2.** Verwandtschaft *f*, Verschwägerung *f*; *fig. ~ spirituelle* geistige Verwandtschaft; **3.** Ehe-, Trau-ring *m*.

allié (al'je) **I** *a.* verbündet; verwandt; **II** *su.* Verbündete(r) *m*; angeheiratete(r) Verwandte(r) *m*.

allier (~) *v/t. u.* **s'~** [1a] (sich) vermischen; legieren; (sich) vereinigen; (sich) verbinden, (sich) verheiraten; *s'~ auch*: sich verbünden; sich verheiraten; passen zu ....

allitéra|tif (~tera'tif) *a.* [7e] alliterierend; **~tion** (~rɑ'sjɔ̃) *f* Stabreim *m*, Alliteration *f*.

allô! *u.* **allo!** (a'lo) *int. téléph.* hallo! wer dort?

allo|cataire (alɔka'tɛ:r) *su.* Unterstützungsempfänger(in *f*) *m*; **~cation** (~kɑ'sjɔ̃) *f* (*oft im pl.*) Geldbewilligung; ausgesetzte Summe, Zuschuß *m*, Beihilfe *f*, Unterstützung *f*, Zulage *f*; (*Gehalts-*) Zulage; *~ au décès* Sterbegeld *n*; *~s de chômage* Arbeitslosenunterstützung; *~s f/pl. d'entretien* Unterhaltsleistungen *f/pl.*; *~ (d'assistance)* Beihilfe *f*; *~ supplementaire de vie chère* Teurungs-zulage, -zuschlag *m*; *~ (supplémentaire) pour les hommes mariés* Frauenzulage; *~ spéciale (sociale)* Sonder-(Sozial-) zulage; *~ de maladie* Krankenbeihilfe, -geld *n*, -unterstützung; *~ journalière* Tagesunterstützung; *~ de campagne* Kriegszulage; *~ de grève* Streik-geld *m*, -unterstützung; *~s familiales* Familienbeihilfe *f*, Kinderzulage; *~-logement* Wohnungszuschuß *m*; *~ journalière* Krankengeld *n*; *~ scolaire* Schulgeldunterstützung *f*; *accorder une ~* e-e Summe *od.* (*Gehalts-*) Zulage bewilligen; *~ kilométrique* Kilometergeld *n*.

allocution (~ky'sjɔ̃) *f* kurze Ansprache *f*; *~ de réception* Begrüßungs-ansprache *f*, -rede *f*; *~ par T.S.F.* Rundfunkansprache *f*.

allonge (a'lɔ̃:ʒ) *f* Ansatz(stück *n*, -röhre *f*) *m*; † Allonge *f*, Anhangzettel *m* (*bei Wechseln*); Leine *f*; Fleischhaken *m*.

allon|gé (alɔ̃'ʒe) *adj.* langgezogen; ⚹ länglich; *être ~* lang ausgestreckt daliegen; *mine f ~e fig.* langes (*od.* saures) Gesicht *n*; **~gement** (~ʒ'mɑ̃) *m* Verlängerung *f*; Verzögerung *f*.

allonger *a.* ⊕ (~'ʒe) [11] **I** *v/t.* **1.** länger machen, verlängern, ansetzen; ausdehnen; in die Länge ziehen; *Vorräte* strecken; *Arm* ausstrecken; *Soße* verlängern, verdünnen, dünner machen; *Tisch* ausziehen; *Sport* auslegen; *ce qu'il allonge!* wie er auslegt! ⚔ *~ le tir* das Feuer vorverlegen; *~ un procès* e-n Prozeß in die Länge ziehen; *~ le pas* lange Schritte machen, hurtig ausschreiten; **2.** F versetzen, verpassen; *~ une gifle à q.* j-m eine verpassen (*od.* eine runterhauen *od.* eine knallen *od.* eine feuern); *~ un coup de poing à q.* j-m e-n Schlag mit der Faust (e-n Faustschlag) versetzen; **II** *v/i.* **3.** länger werden, zunehmen; *les jours allongent* die Tage werden länger (*od.* nehmen zu); **4.** sich strecken (*vom Pferd beim Galopp*); **III** *v/rfl.* *s'~* länger werden; *s'~ sur le canapé* sich auf dem Sofa ausstrecken, sich lang

hinlegen. [thie *f*.]
allopathie ⚕ (alɔpa'ti) *f* Allopa-
allouable (a'lwablə) *adj.* zulässig, statthaft (*Geldzuwendung*).
allouer (a'lwe) *v/t.* [1a] bewilligen; anweisen; ~ *une somme à qch. od. à q.* e-n Betrag für etw. *od.* j-n auswerfen.
allumage (aly'ma:ʒ) *m* Anzündung *f*; *Auto*: Zündung *f*; *Auto*: ~ *à batterie* (*par magnéto*) Batterie-(Magnet-)zündung *f*; ~ *défectueux od. raté* (*retardé od. au ralenti*) Fehl-(Spät-)zündung *f*; ~ *avancé* (*od. prématuré*), *avance f à l'*~ Frühzündung *f*; ⊕ ~ *par unité électronique* Elektronenzündung *f*.
allumé (aly'me) *adj.* angezündet, brennend; ⚡ eingeschaltet (*Licht*); *fig.* puterrot, knallrot (*Gesicht*); P besoffen.
allume|-cigare (alymsi'ga:r) *m* [6d] ~ (*électrique* elektrischer) Zigarrenanzünder *m*; **~-feu** *m* [6d] Kohlenanzünder *m*; **~-gaz** (~'gɑ:z) *m* [6c] Gasanzünder *m*. [ofen *m*.]
allumelle (aly'mɛl) *f* Holzkohle-
allu|mer (aly'me) [1a] **I** *v/t.* anzünden; ⚡ einschalten, Licht machen, anknipsen; *fig.* entzünden, *Leidenschaft* entflammen; *fig.* wachrufen; *Krieg* entfachen; *Gesicht* röten; **II** *v/rfl.* *s'*~ sich entzünden, Feuer fangen; *fig.* entbrennen, ausbrechen (*Krieg*); **~mette** (~'mɛt) *f* Streich-, Zünd-holz *n*; **~mette-bougie** (~bu'ʒi) *f* Wachsstreichholz *n*; **~mettier** (~mɛ'tje) *m* Streichholz-fabrikant *m*, -händler *m*; **~meur** (~'mœ:r) *m* **1.** Anzünder *m*; ~ *de réverbères* Laternenanzünder *m*; **2.** *Auto*: Zündeinrichtung *f*; ⚡ Zünder *m*, Zündvorrichtung *f*; **~meuse** (~mø:z) *f* Animierdame *f*; **~moir** (~'mwa:r) *m*: ~ *électrique* elektrischer Anzünder *m*.
allure (a'ly:r) *f* **1.** Gang *m*, Gangart *f*, Tempo *n*; ~ *de marche* Marsch-tempo *n*, -geschwindigkeit *f*; ~ *de tortue* Schneckentempo *n*; ~ *foudroyante*, ~ *vertigineuse* blitzartige Geschwindigkeit *f*; ~ *modérée* (*od. moyenne*) mäßige (*od.* mittlere) Geschwindigkeit *f*; *forcer l'*~ die Geschwindigkeit erhöhen (*od.* steigern); *Auto*: *la voiture a* (*pris*) *son* ~ *de régime* der Wagen ist auf Touren; *filer* (*od. marcher*) *à une* ~ *normale* vorschriftsmäßig fahren, reiten *usw.*; **2.** ⚓ Kurs *m* zum Wind; **3.** Spur *f*, Fährte *f*; **4.** ⚒ Streichen *n* e-s Ganges; **5.** *fig.* Benehmen *n*; Verhalten *n*, Anstrich *m*; *avoir des* ~*s louches* ein undurchsichtiges Verhalten an den Tag legen; *j'ai reconnu ses* ~*s* ich bin hinter s-e Schliche gekommen; *donner une* ~ *nobiliaire* e-n Anstrich von Adel verleihen; **6.** *fig.* Gang *m*, Wendung *f*, Verlauf *m*; △, *peint.* Linienführung *f*; ~*s f/pl. du style* Ausdrucksweise *f*.
allu|sif (aly'zif) *adj.* [7e] anspielend; **~sion** (~'zjɔ̃) *f* Anspielung *f*, Allusion *f*; *faire* ~ *à* anspielen auf (*acc.*); *par* ~ andeutungsweise.
allu|vial [5c], **~vien** [7c] (aly'vjal, ~'vjɛ̃) *adj.* Alluvial...; angeschwemmt (*Land*); **~vion** (~'vjɔ̃) *f* Anschwemmung *f*; **~vionnement** (~vjɔn'mɑ̃) *m* a) Bildung *f* von Schwemmland; **b)** ⊕ Schlemmen *n*; ⚒ *procédé m par* ~ Schlemmverfahren *n*.
almanach (alma'nak) *m* Almanach *m*; Jahrbuch *n*; Kalender *m* (*in Buchform*); ~ (*du commerce* Handels-)Adreßbuch *n*. [Aloesaft *m*.]
aloès ✿ (alɔ'ɛs) *m* Aloe(pflanze *f*) *f*;
aloi (a'lwa) *m* Feingehalt (*z.B. der Münzen*); *fig.* Beschaffenheit *f*; *de bon* ~ gediegen (*auch fig.*); von gutem Gehalt; echt; von echtem Schrot und Korn; *une raquette de bon* ~ ein tadelloser Tennisschläger; *une indignation de bon* ~ e-e echte Empörung *f*; *de bas* (*od. mauvais*) ~ geringhaltig; *fig.* schlecht, wertlos.
alopécie (alɔpe'si) *f* Haarausfall *m*.
alors (a'lɔ:r) **1.** *adv.* da (*Zeit*); dann, jetzt (*in der Vergangenheitserzählung*), hierauf, damals; in diesem Fall; *d'*~ damalig; *jusqu'* ~ bis dahin; *ça* ~*!* na, so was!; *oh* ~*!* ach so!; **2.** ~ *que cj.* wo (*zeitlich*), wenn; während (*gegensätzlich*); ~ *que les économistes, eux, s'efforcent de suivre le mouvement de la psychologie ...* wo doch die Wirtschaftswissenschaftler bemüht sind, die Entwicklung der Psychologie zu verfolgen.
alouette *orn.* (a'lwɛt) *f* Lerche; ~ *huppée* Haubenlerche; ~ *de mer* Seelerche; *les* ~*s ne vous tomberont pas toutes rôties dans le bec* es fliegen einem keine gebratenen Tauben ins Maul.
alour|di (alur'di) *a. Preis*: *adj.* gedrückt; *Börse*: flau; **~dir** (~ di:r)

v/t. [2a] schwerfällig machen; **~dissement** (~dis'mɑ̃) *m* Schwerfälligkeit *f*, Trägheit *f*.

aloy|age (alwa'ja:ʒ) *m* Legierung *f*, Metallmischung *f*; **~au** (~'jo) *m* Rückenstück *n*, Lendenbraten *m*; **~er** (~'je) *v/t.* [1h] legieren.

alpaga (alpa'ga) *f*, *m* **1.** *zo.* Al'paka *n*, Paco *m* (*Lamaart*); **2.** ⊕ Al'paka *n* (*Stoff*, *Neusilber*).

alpage (al'pa:ʒ) *m* Alm *f*; Weidrecht *n*, Weiden *n* auf der Alm; *la vie à l'~* das Leben auf der Alm.

alpargate (alpar'gat) *f* Hanfschuh *m*.

alpe (alp) *f* **1.** Alm *f*; **2. les** ♀**s** *pl.* [die Alpen.]

alpestre (al'pɛstrə) *a.* □ den Alpen angehörig *od.* eigentümlich; alpenartig; *passage m ~* Alpenübergang.

alpha (al'fa) *m* Alpha *n*; *fig.* Anfang *m*.

alpha|bet (alfa'bɛ) *m* **1.** Alphabet *n*; *fig.* Anfangsgründe *pl.*; **2.** Abcbuch *n*; **~bète** (~'bɛt) *m* e-r, der lesen u. schreiben kann; **~bétique** (~be'tik) *a.* □ alphabetisch; *ranger par ordre ~* alphabetisch ordnen; **~bétiser** (~beti'ze) **I** *v/t.* alphabetisch ordnen; **II** *v/i.* das Alphabet lesen.

alpin (al'pɛ̃) *adj.* [7] *u. m* auf den Alpen vorkommend; Alpen...; ⚔ *chasseur ~* Alpenjäger *m*; *club m ~* Alpenklub *m*.

alpi|nisme (alpi'nism) *m* Alpinismus *m*; Bergsport *m*; *faire de l'~* Bergtouren machen; **~niste** (~'nist) *adj. u. su.* alpinistisch; Alpinist(in *f*) *m*, Hochtourist(in), Bergsteiger *m*.

Alsace (al'zas) *f*: **l'~** das Elsaß.

alsacien (alza'sjɛ̃) *adj. u.* ♀ *su.* [7c] elsässisch; Elsässer *m*.

alsine ⚘ (al'sin) *f* Miere *f*.

alté|rabilité (alterabili'te) *f* Veränderlichkeit *f*; Verderblichkeit *f* (*z.B. von Gemüse*); **~rable** (~'rablə) *adj.* veränderlich; verderblich (*z.B. Gemüse*); *~ à l'air* luftempfindlich; **~rant** (~'rɑ̃) *adj.* [7] *u. m* Durst erregend; ⚕ die Säfte verbessernd(es Mittel); **~ration** (~rɑ'sjɔ̃) *f* Veränderung *f*; Verschlimmerung *f*, Verschlechterung *f*; Fälschung *f*; Zerrüttung *f der Gesundheit*; Verstümmelung *f eines Telegramms*; Erkalten *n der Freundschaft*; Bestürzung *f*, Schreck *m*; Ärger *m*.

altercation (altɛrkɑ'sjɔ̃) *f* Zank *m*, Streit *m*; lebhafte Auseinandersetzung *f*.

altéré (alte're) *adj.* **1.** durstig; *être ~* Durst haben; *être ~ de qch.* nach etw. lechzen; **2.** verfälscht; *non ~* unverfälscht.

altérer (alte're) [1f] **I** *v/t.* **1.** verderben, verschlechtern; entstellen; fälschen; **2.** durstig machen; **3.** oxydieren lassen; beunruhigen; **II s'~** schlecht(er) werden; verderben (*z.B. Wein, Gemüse*); umkommen (*z.B. Gemüse, Obst*); durstig werden; *fig.* sich ändern.

alter|nance (altɛr'nɑ̃:s) *f* Abwechs(e)lung *f*; ⚡ Polwechsel *m*; **~nat** (~'na) *m* Wechsel *m*, Abwechs(e)lungsrecht *n*; ⚒ Wechselwirtschaft *f*; **~nateur** ⚡ (~na'tœ:r) *m* Wechselstrom-generator *m*, -maschine *f*; Umformer *m*; *~ (de bicyclette)* Lichtmaschine *f*; **~natif** (~na'tif) *adj.* [7e] □ abwechselnd; (*adv. alternativement* wechselweise); *courant m ~* Wechselstrom; *tension f de 220 volts ~s* ⚡ Spannung *f* von 220 Volt Wechselstrom; **~native** (~na'ti:v) *f* Alternative *f* Wahl *m zwischen zwei Möglichkeiten*; Abwechs(e)lung, Wechselfolge *f*; *~s pl. saisonnières* Witterungswechsel *m*; ⚒ *~ des cultures* Wechsel *m* des Anbaues.

alterne (al'tɛrn) *adj.* abwechselnd; ⚘ wechselständig.

alterner (altɛr'ne) [1a] **I** *v/i.* regelmäßig (ab-)wechseln, sich ablösen; *in regelmäßigem Wechsel* aufea. folgen; **II** *v/t.* ⚒ abwechselnd bebauen.

altesse (al'tɛs) *f* Hoheit *f*.

altier *nur im st.s. lobend*; *sonst mst. mv.p.* (al'tje) *adj.* [7b] □ stolz; hochmütig.

alti|mètre 🕮 (alti'mɛ:trə) *m* Höhenmesser; **~métrie** 🕮 (~me'tri) *f* Höhenmeßkunde *f*.

altiste (al'tist) *su.* Bratschenspieler *m*; Altsänger *m*.

altitude (alti'tyd) *f* Höhe *f über dem Meeresspiegel*, Höhenlage *f*; ✈ *prendre de l'~* aufsteigen.

alto ♪ (al'to) *m* **1.** Bratsche *f*, Viola *f*; **2.** Altstimme *f*.

altru|isme (altry'ism) *m* Altruismus *m*, Menschenfreundlichkeit *f*, Nächstenliebe *f*; **~iste** (~'ist) *adj. u. su.* altruistisch, menschenfreundlich; Menschenfreund *m*.

alu (a'ly) *m* Aluminium *n*.

alu|minaire (~mi'nɛ:r) *adj.* alaun-

haltig; **~mine** (~'min) *f* reine Tonerde *f*; *acétate m d'~*, *~ acétique* essigsaure Tonerde; *sulfate m d'~* Alaun *n*; **~minerie** (~min'ri) *f* Aluminiumfabrik *f*; **~mineux** (~mi'nø) *adj.* [7d] alaunhaltig.
aluminium (~min'jɔm) *m* Aluminium *n*; Leichtmetall *n*.
alumino|graphie ⊕ (~minɔgra'fi) *f* Aluminiumdruck *m*, Algraphie *f*; **~thermie** ⚗ (~tɛr'mi) *f* Aluminothermie *f*.
alun (a'lœ̃) *m* Alaun *m*.
alu|nage (aly'na:ʒ) *m* Behandlung *f* mit Alaun(lösung); **~nation** (~nɑ'sjɔ̃) *f* Alaunbildung *f*; **~ner** (~'ne) *v/t.* [1a] mit Alaun behandeln; **~nerie** (~n'ri) *f* Alaunsiederei *f*; **~nier** (~'nje) *m* Alaunsieder *m*; **~nière** (~'jɛ:r) *f* **1.** Alaun-hütte *f*, -werk *n*; **2.** Alaunsteinbruch *m*.
alunir (aly'ni:r) *v/i.* [2a] auf dem Monde landen.
alunissage *a. plais.* (alyni'sa:ʒ) *m* Landung *f* auf dem Mond, Mondlandung *f*.
alvéole (alveɔl) *m. u. f* **1.** (Wachs-) Zelle *f*; **2.** *anat.* Alveole *f*, Zahnscheide *f*; *~ d'une dent* Zahnhöhle *f*.
amabilité (amabili'te) *f* Liebenswürdigkeit *f*.
ama|dou (ama'du) *m* Lunte *f*, Zunder; **~douer** (~'dwe) [1a] **I** *v/t.* schmeicheln, durch Schmeicheleien für sich gewinnen *od.* kirre machen *od.* kleinkriegen *od.* besänftigen, beruhigen; **II s'~** sich durch Schmeicheleien gewinnen lassen; **~douvier** ⚘ (~du'vje) *m* Zunderschwamm *m*.
amai|grir (amɛ'gri:r) [2a] **I** *v/t.* **1.** mager machen, auszehren, ausmergeln; *méthode f amaigrissante* Abmagerungskur *f*; **2.** ⊕ dünner machen; **II** *v/i.* abmagern, mager werden; **III** *v/rfl.* s'~ mager werden; **~grissement** (~gris'mɑ̃) *m* Abmagerung *f*; *cure f d'~* Entfettungskur *f*.
amal|gamation (amalgamɑ'sjɔ̃) *f* Amalgierung, Verquicken *n*; **~game** (~'gam) *m* Amalgam *n*, Verquickung *f*; Gemisch *n* (*a. fig.*); *fig.* Verschmelzung *f*; ⚒ Kohlenbrei *m* (*der Kohlenpipeline in Ohio*); **~gamer** (~ga'me) [1a] **I** *v/t.* verschmelzen, vermischen, verquicken; **II** *v/rfl.* **s'~** sich verquicken; *fig.* sich verschmelzen.
aman (a'mɑ̃) *m im Orient*: Amnestie *f*, Begnadigung *f*; *accorder l'~* Gnade gewähren.
aman|de (a'mɑ̃:d) *f* **1.** Mandel *f*; *lait m d'~s* Mandelmilch *f*; *~ pralinée* gebrannte Mandel; **2.** Kern *m*; *~ de cacao* Kakaobohne *f*; **~dé** (amɑ̃'de) *m* Mandelmilch *f*; **~dier** (~'dje) *m* Mandelbaum *m*; **~dine** (~'din) *f* Mandelseife *f*.
amant (a'mɑ̃) *su.* [7] (*poét. a. adj.*) Liebhaber *m*, Geliebter *m*; *des ~s pl.* Verliebte *pl.*, Liebende *pl.*
amarante (ama'rɑ̃:t) **I** *f* **1.** ⚘ Fuchsschwanz *m*; **2.** Amarantrot *n*; **II** *adj.* amarantfarben.
amari|nage ⚓ (~ri'na:ʒ) *m* Bemannen *n* eines gekaperten Schiffes; **~ner** ⚓ (~'ne) [1a] *v/t.* **1.** (*ein gekapertes Schiff*) bemannen; **2.** (*u.* **s'~** sich) an die See gewöhnen; *amariné* seefest.
amarque (a'mark) *f* Boje.
amarrage (ama'ra:ʒ) *m* Ankern *n*, Festmachen *n*; Ankerplatz *m*.
amarre (a'ma:r) *f* (Anker-)Tau *n*, Verbindungstau *n*; ✈ Fangleine *f*, Landetau *n*; *être sur ses ~s* vor Anker liegen; P ⚓ *rompre les ~s* ein Liebesverhältnis brechen, sich trennen.
amarrer (ama're) [1a] **I** *v/t.* festmachen, verankern, sorren, zurren (*mit e-m Tau festbinden*); ✈ *~ l'appareil* die Maschine verankern; **II s'~** anlegen, vor Anker gehen.
amaryllis (~ri'lis) *f* Narzissenlilie *f*.
amas (a'mɑ) *m* **1.** Anhäufung *f*, Menge *f*; *~ de neige* Schneewehe *f*; *ast. ~ stellaire* Sternhaufen *m*; **2.** Lager *n von Gestein*.
amas|ser (amɑ'se) [1a] **I** *v/t.* sammeln, zs.-bringen, anhäufen, um sich sammeln; **II** *v/i.* Schätze sammeln, *Geld* zusammenscharren; **III** *v/rfl.* s'~ sich versammeln, sich anhäufen; **~seur** (~'sœ:r) *su.* [7g] Sammler *m*.
amateur (ama'tœ:r) *su.* [7f] Amateur *m*, Liebhaber *m*, Freund *m* (*von Sachen*); ✝ Reflektant *m*; Kunstliebhaber *m*, Kunstfreund *m*; Bastler *m*; Freizeitsportler *m*; *péj.* Dilettant *m*; *~ des sports d'hiver* Wintersportler *m*; *~ de T.S.F.*, *~ de radiophonie* Radioamateur *m*; F *travailler en ~* pfuschen; **~isme** (~tœ'rism) *m* Sport *m* als Liebhaberei; *péj.* Dilettantismus *m*.
amatir (ama'ti:r) *v/t.* [2a] matt (*od.* glanzlos) machen.

amau|rose ⚕ (amo'ro:z) *f* schwarzer Star *m*; **~rotique** (~rɔ'tik) *adj.* *u. su.* starblind, Starblinder *m*.

amazone (ama'zo:n; *als Fluß*: ~'zɔn) *f* **1.** Amazone (*a. adj.*) *f*; *fig.* Mannweib *n*; **2.** (*fleuve m des*) ♀(s) Amazonenstrom *m*; **3.** Dame im Reitanzug; (*habit m d'*~) Reitkleid *n*; **4.** ⚔ Soldatin *f*; **5.** *Art* Papagei *m*.

ambages (ɑ̃'ba:ʒ) *f/pl.*: *sans* ~ ohne Umschweife *m/pl.*; *parler sans* ~ frei heraus sprechen.

ambassa|de (ɑ̃ba'sad) *f* **1.** Botschafterposten *m*; *il est envoyé en* ~ *à Paris* er geht als Botschafter nach P.; **2.** Botschaft(sgebäude *n*), *a.* Botschaftspersonal *n*; **3.** F Auftrag *m*, Meldung *f*; **~deur** (~sa'dœ:r) *su.* [7f] Botschafter *m*; Übermittler *m* e-r Nachricht; **~drice** (~'dris) *f* Gemahlin *f* e-s Botschafters; Botschafterin *f*; Übermittlerin *f* e-r Botschaft.

ambe (ɑ̃:b) *m* Ambe *f*, Doppeltreffer *m* (*Lotterie*).

ambiance (ɑ̃'bjɑ̃:s) *f* Umgebung *f*, Milieu *n*, Umwelt *f*, Lebenskreis *m*.

ambiant (ɑ̃'bjɑ̃) *adj.* [7] (*nach su.*) umgebend; *le milieu* ~ das umgebende Milieu; *biol. conditions f/pl.* ~*es* Umweltbedingungen *f/pl.*; *à la température* ~*e* bei gewöhnlicher Temperatur; *à la pression* ~*e* unter normalen Druckverhältnissen.

ambi|dextre (ɑ̃bi'dɛkstrə) *adj.* (*nach su.*) *u. su.* rechts- u. linkshändig(e Person *f*), im Gebrauch der rechten u. linken Hand gleich geschickt(e Person); **~gu** (ɑ̃bi'gy) **I** *adj.* [7a] zweideutig, doppelsinnig, ungewiß; **II** *m cuis.* kaltes Buffet *n*, kalte Platte *f*; *fig.* Mischmasch, Allerlei n; **~guïté** (~gɥi'te) *f* Zweideutigkeit *f*, Doppelsinnigkeit *f*; **~gument** (~gy'mɑ̃) *adv.* auf zweideutige Art *f*; **~pare** (~'pa:r) *adj.* Blüten u. Blätter umschließend.

ambi|tieux (ɑ̃bi'sjø) [7d] **I** *adj.* □ **1.** ehrgeizig; *il est* ~, *mais il n'est pas un* ~ er ist sehr ehrgeizig, aber er ist kein Ehrgeizling; **2.** *fig.* gesucht (*Stil*), affektiert, hochtrabend; **II** *su.* Ehrgeizling *m*; **~tion** (~'sjɔ̃) *f* **1.** Ehrgeiz *m*, Ruhmsucht *f*; Herrschbegierde *f*; **2.** Streben *n*, Eifer *m*; **~tionner** (~sjɔ'ne) *v/t.* [1a] aus Ehrgeiz streben nach; sehnlichst wünschen; ~ *le pouvoir pol.* nach der Macht streben.

amble *man.* ('ɑ̃:blə) *m* Paßgang *m*.

ambler *man.* (ɑ̃'ble) *v/i.* [1a] Paßgang gehen.

am|bre ('ɑ̃:brə) *m* Ambra *m* (*n od. f*); ~ *jaune* Bernstein *m*; *fig. fin comme l'*~ schlau, gerissen, geschickt; **~bré** (ɑ̃'bre) *adj.* ambraduftend, bernsteinartig; **~brer** (~'bre) *v/t.* [1a] mit Amber räuchern; *allg.* parfümieren.

ambroïne (ɑ̃brɔ'in) *f* Kunstbernstein *m*.

ambroisie *myth.* (ɑ̃brwa'zi) *f* Götterspeise *f*, Ambrosia *f*; *fig.* herrliches Gericht (*od.* Essen *n*) *n*.

ambrosiaque (ɑ̃brɔ'zjak) *adj.* ambrosisch.

ambu|lance (ɑ̃by'lɑ̃:s) *f* **1.** Kranken-wagen *m*, -auto *n*; **2.** Feldlazarett *n*; ~ *volante* fliegendes Lazarett *n*; *compagnie f d'*~ Krankenträgerkompagnie *f*; *train m d'*~ Sanitätszug *m*; **3.** Unfallstation *f*, Rettungswache *f*; **~lancier** (~lɑ̃'sje) *su.* [7b] Krankenpfleger *m*, Feldlazarettgehilfe *m*; **~lant** (~'lɑ̃) **I** *adj.* [7] **1.** umherziehend; 🚃 *bureau m* ~ Postbahnwagen *m*; *marchand m* ~ Hausierer *m*; *hôpital m* ~ Feldlazarett *n*; *profession f* ~*e* ambulantes Gewerbe *n*; **II** *m* **2.** Bahnpost *f*; Postbahnwagen *m*; **3.** Bahnpostbeamte(r) *m*; **~latoire** (~la'twa:r) *adj.* ohne festen Sitz.

âme (ɑ:m) *f* **1.** Seele *f*, Geist *m*; Leben *n*; *rendre l'*~ den Geist aufgeben, sterben; **2.** *fig.* Herz *n*; *égalité f d'*~ Gleichmut *m*; *de toute mon* ~ von ganzer Seele; *corps m et* ~ (mit) Leib und Seele; **3.** Person *f*; Einwohner *m*; *bonne* ~ guter Kerl *m*; ~ *bien née* feinfühlender Mensch *m*; **4.** abgeschiedene Seele; *fête f des* ~*s* Allerseelentag *m*; ~ *damnée* Verdammter *m*; ~ *en peine* im Fegefeuer schmachtende Seele; *fig.* ratloser Mensch; **5.** Gewissen *n*; *la voix de l'*~ die Stimme des Gewissens; *en* (*od. sur*) *mon* ~ *et conscience* auf Ehre und Gewissen; **6.** Gefühl *n*; Ausdruck *m*; *plein d'*~ seelenvoll; *chanter avec* ~ mit Gefühl singen; **7.** *fig.* Hauptsache *f*, Grund *m*, Triebfeder *f*; *être l'*~ *d'une entreprise* die Seele e-s Unternehmens sein; **8.** ⊕ Steg *m* (*e-s Profileisens*); Bohrung *f*; *canon m à* ~ *lisse* glattes Kanonenrohr; *canon à* ~ *rayée* gezogene Kanone; ~ *d'un câble* Seele *f* (*od.* Ader *m*) e-s Kabels.

amélio|rable (ameljɔ'rablə) *adj.* verbesserungs-bedürftig, -fähig; ~-

rateur (~ra'tœ:r) [7f], *a.* **~ratif** (~ra'tif) [7e] *adj.* verbessernd, veredelnd; **~ration** (~rɑ'sjõ) *f* Verbesserung *f*, Veredelung *f*, Verfeinerung *f*; Melioration *f*, Bodenverbesserung *f*; *industrie f d'*~ Veredelungsindustrie *f*; ~ *des cours* Kursbesserung *f*; **~rer** (~'re) *v/t. u.* **s'~rer** [1a] (sich) verbessern, (sich) verfeinern, veredelt werden.

amen (a-, ɑ'mɛn) *m* [5a] u. *adv.* Amen *n*; F *dire* ~ *à tout* zu allem ja sagen.

amenage (am'na:ʒ) *m* Zufuhr *f*.

aména|gement (amenaʒ'mɑ̃) *m* Bewirtschaftung *f* e-s Waldes, Schonung *f*; Einrichtung *f*; Einbau *m* (*von Schränken usw. in ein Zimmer*); ~ *intérieur* Raumkunst *f*; Innenausstattung *f* e-s Fahrzeugs; *le nouvel* ~ *des gares* die Umgestaltung *f* der Bahnhöfe; **~ger** (~'ʒe) *v/t.* [1l] bewirtschaften; einrichten; gestalten; einbauen (*Schränke*); (ordnungsmäßig) verteilen; *Holz* zuhauen.

amendable (amɑ̃'dablə) *adj.* verbesserungsfähig (*Boden*); ⚖ besserungsfähig; straffällig.

amende (a'mɑ̃:d) *f* **1.** Geld-, Vertragsstrafe *f*; Strafbefehl *m*; *infliger une* ~ *à q.* j-n mit e-r Strafe belegen; *mettre q. à l'*~ j-n in Geldstrafe nehmen; *être à l'*~ straffällig sein; *il est défendu sous peine d'*~ es ist bei Strafe verboten ...; **2.** *hist.* öffentliche Ehrenstrafe *f* (*bis 1791*); **3.** F *faire* ~ *honorable* öffentlich um Verzeihung bitten, öffentliche Abbitte leisten.

amen|dement (amɑ̃d'mɑ̃) *m* **1.** Besserung *f*, Bodenverbesserung *f*; Düngemittel *n*; **2.** Abänderungs-, Zusatzantrag *m*; *proposer un* ~ e-n Zusatzantrag stellen; **~der** (~'de) [1a] **I** *v/t.* **1.** (ver)bessern; ✓ düngen; **2.** Gesetz abändern; **3.** zu e-r Geldstrafe verurteilen; **II** *v/rfl.* s'~ sich bessern.

amène (a'mɛn) *adj.* angenehm, freundlich, liebenswürdig.

amenée ⊕ (am'ne) *f* Zuleitung *f*, Zuführung *f*; ⚡ ~ *de fil* Kontaktstelle *f*; *route f d'*~ Zufahrtstraße *f*; ~ *par gravité* gewichtsmäßige Zugabe *f*.

amener (~) [1d] **I** *v/t.* **1.** herbeiführen, herbringen; zuleiten, zuführen (*Wasser usw.*); ~ *une mode* e-e Mode einführen; **2.** vor Gericht führen; *mandat m d'*~ Vorführungsbefehl; P *amène ta viande!* Komm her!; **3.** zur Folge haben, nach sich ziehen; verursachen; **4.** ~ *des ennuis* Ärger verursachen; **5.** ~ *qch. à* etw. treiben bis zu; ~ *q. à* (mit *inf.*) j-n dahin bringen daß; **6.** ~ *gros jeu* viele Augen werfen (*beim Würfeln*); **7.** Flagge streichen; ~ *son pavillon* (*od. ses couleurs*) ⚔ sich ergeben; **8.** ⚔ ~ *l'avant-train* aufprotzen; **II** F **s'~** (heran-)kommen.

aménité (ameni'te) *f* Annehmlichkeit *f*, Lieblichkeit *f*; Höflichkeit *f*, Anmut *f*; *iron.* ~*s pl.* Grobheiten *f/pl.*

aménorrhée ⚕ (amenɔ're) *f* Ausbleiben *n* der Menstruation.

amenuiser (amənɥi'ze) *v/t.* [1a] abhobeln; *fig.* s'~ sich verringern.

amer (a'mɛ:r) **I** *adj.* [7b] (*adv. nur fig.*) **1.** bitter; **2.** *fig.* stechend; beißend, beleidigend; schmerzlich; *se plaindre amèrement* sich bitter beklagen; **II** *m* **3.** Galle *f* (*meist von Fischen*); **4.** *phm.* Bittermittel *n*; Bitterer *m*; *prendre un* ~ einen Bittern trinken.

améri|cain (ameri'kɛ̃) [7] **I** *adj.* amerikanisch; P *avoir œil* ~ ein scharfes Auge haben; **II** ♀ *su.* Amerikaner; **~caine** ('~kɛn) *f* Kalesche *f*; **~canisation** *f* (~kanizɑs'jõ) Amerikanisierung *f*; **~caniser** (~kani'ze) [1a] **I** *v/t.* amerikanisieren; **II** *v/rfl.* s'~ amerikanische Formen *f/pl.* (*od.* Sitten) annehmen; **~canisme** (~ka'nism) *m* Amerikanismus *m*; **~caniste** (~ka'nist) *su.* Kenner *m* Amerikas (*seiner Sprache u. Literatur*).

Amérique (ame'rik) *f*: **l'~** Amerika *n*; *l'*~ *latine* Lateinamerika *n*.

amerrir ✈ (amɛ'ri:r) aufs Wasser niedergehen, wassern.

amerrissage ✈ (~ri'sa:ʒ) *m* Wassern *n*; ~ *forcé* Notwasserung *f*; ~ *facile* glatte Wasserung *f*.

amertume (amɛr'tym) *f* **1.** Bitterkeit *f*, bitterer Geschmack *m*; **2.** Schmerz *m*, Kummer *m*, Bitternis *f*, Gram *m*; Verbitterung *f*; ~*s pl.* bittere Stunden *f/pl.*

améthyste (ame'tist) *f* Amethyst *m*.

amétrop|e ⚕ (ame'trɔp) *adj.* kurz- *od.* weit-sichtig; **~ie** ⚕ (~'pi) *f* Kurz- *od.* Weit-sichtigkeit *f*.

ameu|blement (amœblə'mɑ̃) *m* Möbel *n/pl.*, Zimmer-, Haus-einrichtung *f*; Möblierung *f*, Innenausstattung *f*; ~ *métallique* Stahlrohrmöbel *n/pl.*; *tissu m d'~* Möbel(bezugs)stoff *m*; **~blir** (~'bli:r) *v/t.* [2a] **1.** ⚖ zum Mobiliarvermögen schlagen *od.* rechnen, mobiliarisieren; **2.** *Boden* lockern; **~blissement** (~blis'mɑ̃) *m* **1.** ⚖ Mobiliarisierung *f*, Entliegenschaftung *f*; zum Mobiliarvermögen geschlagenes unbewegliches Heiratsgut; **2.** Lockerung *f des Bodens.*

ameulonner (amœlɔ'ne) *v/t.* [1a] *Heu usw.* in Schober aufstellen.

ameu|tement (amøt'mɑ̃) *m* **1.** *ch.* Zs.-koppeln *n*; **2.** Zs.-rottung *f*, (*Volks-*)Auflauf *m*; **~ter** (~'te) [1a] **I** *v/t.* **1.** *ch.* zusammenkoppeln; **2.** zs.-rotten; aufwiegeln; **II** *v/rfl.* **s'~** sich zs.-rotten.

ami (a'mi) **I** *su.* **1.** Freund; *~ de cœur* Busenfreund; *~ de collège* Schulfreund; *~ d'enfance* Jugendfreund; *~ de tout le monde* Allerweltsfreund; *~ sportif* Sportfreund *m*; *chambre f d'~s* Fremdenzimmer *n*; **2.** Liebhaber *m*; *bon ~, bonne ~e* Geliebte(r), Schatz *m*; **II** *adj.* freundlich, freundschaftlich; befreundet, verbündet; *une nation ~e* e-e befreundete Nation *f*; *couleurs f/pl. ~es* zs.-stimmende Farben *f/pl.*

amiable (am'jablə) *adj.* □ freund(schaft)lich; *s'arranger à l'~* sich gütlich einigen; *vendre à l'~* nach gemeinsamer Absprache verkaufen.

amiante (am'jɑ̃:t) *m* Asbest *m*; *~-ciment m* Asbestzement *m*; *plaque f d'~* Asbestplatte *f*.

ami|cal (ami'kal) *adj.* [5c] □ freundschaftlich; **~cale** (~) *f* (*Sport- od. Berufs-*) Verein *m*, Vereinigung *f*; *pol.* Gesellschaft *f*.

amict (a'mi) *m* Achseltuch *n des Meßpriesters.*

ami|don (ami'dɔ̃) *m* Stärke *f*, Stärkemehl *n*; **~donnage** (~dɔ'na:ʒ) *m* Stärken *n*; **~donner** (~'ne) [1a] *v/t. Wäsche* stärken.

amin|cir (amɛ̃'si:r) *v/t. u. v/rfl.* **s'~** [2a] dünner (*od.* schlank) machen (*od.* werden), (sich) verjüngen, (sich) verschmälern; *aminci a. adj.* verdünnt; schmal, dünn; **~cissement** (~sis'mɑ̃) *m* Verschmälerung *f*, Verdünnung *f*, Verjüngung *f*.

amiral (ami'ral) [5c] *m* Admiral *m*; *contre-~* Konteradmiral *m*; *~-général m* [6a] General-Admiral *m*; *grand ~* Großadmiral *m*; *vice-~* Vizeadmiral *m*; *vaisseau m ~* Flagg(en)schiff *n*; **~at** (~'la) *m* Admiralswürde *f*.

amirauté (amiro'te) *f* Admiralität *f*.

amissib|ilité ⚖ (amisibili'te) *f* Verlierbarkeit *f*; **~le** (~'siblə) *adj.* ⚖ verlierbar.

amission ⚖ (ami'sjɔ̃) *f* Verlust *m*.

amitié (ami'tje) *f* **1.** Freundschaft *f*; *par ~* aus Freundschaft; *par ~ pour moi* mir zu Liebe; **2.** (*mst. pl.*) Gefälligkeit, Höflichkeit; *faites-moi l'~ de...* seien Sie so freundlich u. ...; *il m'a fait beaucoup d'~s* er hat mir viele verbindliche Worte gesagt; *présentez-lui mes ~s* empfehlen Sie mich ihm; *mes ~s à ...* grüßen Sie ...; *dites-lui mille ~s de ma part* sagen Sie ihm viele Grüße von mir; *~s!* freundlichen Gruß!

ammo|niac (ammɔ'njak) *adj.* [7i] *sel ~* Salmiak *n*; **~niacal** (~nja'kal) [5c] *adj.* ammoniakhaltig; *sels m/pl. ammoniacaux* Ammoniaksalze *n/pl.*; **~niacé** (~nja'se) ammoniumhaltig; **~niaque** (~'njak) *f* Ammoniak *n*; Salmiakgeist *m*; **~nite** (~'nit) *géol. f* Ammonshorn *n*; **~nium** (~'njɔm) *m* Ammonium *n*.

amnésie ⚕ (amne'zi) *f* Gedächtnisschwäche *f*, -schwund *m*.

amnésique ⚕ (amne'zik) *adj. u. su.* an Gedächtnisschwund leidend(er Mensch).

amnis|tie (amnis'ti) *f* Straferlaß *m*, Amnestie *f*, allgemeine Begnadigung *f*; **~tier** (~s'tje) *v/t.* [1a] begnadigen, amnestieren.

amoch|é P (amɔ'ʃe) *adj.*: *être ~* e-n Knacks bekommen haben, nicht mehr hoch können; **~er** P (~) *v/t.* [1a] beschädigen, kaputt machen; vertrimmen P, verprügeln, versohlen P.

amo|diataire (amɔdja'tɛ:r) *m* Pächter *m*; **~diateur** (~dja'tœ:r) *m* Verpächter *m*; **~diation** (~djɑ'sjɔ̃) *f* Verpachtung *f*; **~dier** ('~dje) *v/t.* [1a] verpachten.

amoin|drir (amwɛ̃'dri:r) *v/t.*, *v/i. u. v/rfl.* **s'~** [2a] kleiner machen *od.* werden, (sich) verringern, (sich) vermindern; **~drissement** (~dris'mɑ̃) *m* Verminderung *f*, Verringerung *f*, Abnahme *f*.

amol|lir (amɔ'li:r) **I** *v/t.* [2a] erweichen, aufweichen; *fig.* verweichlichen; **II** *v/rfl.* **s'~** verweichlichen; (*Mut*) nachlassen, sinken; **~lissant** (~li'sɑ̃) *adj.* [7] verweichlichend; **~lissement** (~lismɑ̃) *m* Erweichung *f*; Verweichlichung *f*;

(*Mut*) Sinken *n*.
amon|celer (amɔ̃s'le) *v/t.* [1c] aufhäufen, aufschichten; **~cellement** (~sɛl'mɑ̃) *m* Anhäufung *f*; ~ *de neige* Schneewehe *f*.
amont (a'mɔ̃) **I** *adv.* stromaufwärts, gegen den Strom; *allg.* oberhalb; aufwärts; *pays m d'~* Oberland *n*; *vent m d'~* Land-, Ost-wind *m*; *voyage m d'~* Bergfahrt *f*; **II** *prp. en ~ de* oberhalb von; *en ~ de Grenoble* oberhalb von G.; *l'assemblage m fait en ~ de la chaîne* die am laufenden Band vorgenommene Montage (*od.* Zusammensetzung) *f*.
amo|ral (amɔ'ral) *adj.* [5c] außerhalb des Moralbegriffs befindlich, ohne Sittlichkeitsbegriff; **~ralité** (~rali'te) *f* Nichtvorhandensein *n* des Sittlichkeitsbegriffs.
amorçage (amɔr'sa:ʒ) *m* Ködern *n*; Erregen *n* e-r Elektrisiermaschine; ⊕ Anbohren *n*; ⚔ Aufsetzen *n* des Zündhütchens.
amorce (a'mɔrs) *f* **1.** Köder *m*; **2.** *fig.* Reiz *m*, Verlockung *f*; ~*s pl.* Versuchung *f*; *se laisser prendre à l'~* in den Köder beißen; **3.** Zündpulver *n*; Lunte *f*; Zünder *m*; ⚔ ~ *à retardement* Zeitzündung *f*; ~ (*fulminante*) Zündblättchen *n*, Zündhütchen *n*; **4.** *fig.* Anfangsstück *n e-r Arbeit*; Anhaltspunkt *m*.
amor|cer (amɔr'se) [1k] **I.** *v/t.* **1.** ködern; ~ *une ligne* e-n Köder an die Angel stecken; **2.** *fig.* ködern, anziehen, anlocken; **3.** mit Zündpulver versehen; scharf machen; **4.** (*Arbeit*) anfangen; in Gang bringen, einleiten; auf etw. einstellen, vorbereiten; ✈ ~ *la descente en piqué* zum Sturzflug ansetzen; ~ *une contre-propagande* e-e Gegenpropaganda ins Werk setzen; ⚗ ~ *une réaction* e-e Reaktion einleiten; ⊕ ~ *une pompe* e-e Pumpe zum Ansaugen bringen; ~ *le forage* an-, vor-bohren; ~ *une rue* den Durchbruch einer neuen Straße vornehmen; **II** *v/rfl. s'~* in Gang kommen, entstehen; *s'~ à* führen zu (*dat.*; *Straße, Rampe*); **~cette** (~'sɛt) *f* Zündhütchentasche; **~ceur** (~'sœ:r) *su.* [7g]: *les ~s du trafic* die Pioniere *m/pl.* des Handelns; **~çoir** (~'swa:r) *m* **1.** Vorbohrer *m*; **2.** Zündhütchenkapsel *f*.
amor|phe 🕮 (a'mɔrf) *adj.* gestaltlos; **~phie** *f*, **~phisme** *m* (~'fi, ~'fism) Gestaltlosigkeit *f*.
amor|tir (amɔr'ti:r) [2a] **I** *v/t.* **1.** abschwächen (*a. fig.*), aufhalten, dämpfen; ⊕ durch Abfederung vor Stößen schützen; *Auto*: ~ *les chocs* (*od. les cahots*) Stöße (ab)federn; ⚡ ~ *une impulsion* e-n Impuls bremsen; **2.** *Leidenschaft*: ertöten; **3.** ✝ *Schulden*: amortisieren, tilgen, abschreiben; **4.** abtragen (*Kleidung*); **5.** ~ *la viande* Fleisch abbrühen, weich kochen; **II** *v/rfl. s'~* sich legen, nachlassen, erlahmen, verlöschen; aufgefangen werden (*Stoß*); **~tissable** ✝ (~ti'sablə) *adj.* tilgbar; **~tissement** (~tis'mɑ̃) *m* **1.** ✝ Amortisation *f*, Abschreibung *f*, Tilgung *f*; *mot.*, *rad.* Dämpfung *f*; *Auto*: ~ *des chocs od. des cahots* Abfederung *f*; *caisse f d'~* Schuldentilgungskasse *f*; **2.** ⚠ Schlußbau *m*, Krönung *f*; **3.** Festsitzen *n e-s Schiffes*; **~tisseur** (~ti'sœ:r) *m* Dämpfer *m*; Schwingungsdämpfer *m*; *bsd. Auto*: Steuerungsdämpfer *m*; ⊕ ~ *de choc* Stoßfänger, *bsd. Auto*: Stoßstange *f*; ⊕ ~ *en caoutchouc* Gummipuffer *m*; ~ *de bruits* Schalldämpfer *m*, Schallbekämpfungsmittel *n*, Schallverzehrer *m*; ~ *hydraulique* Öldämpfer *m* (*Motorradfederung*).
amour (a'mu:r) **I** *m* **1.** Liebe *f*; ~ *de Dieu* Liebe *f* zu Gott; Liebe *f* Gottes; *pour l'~ de Dieu* völlig uneigennützig; *pour l'~ de Dieu!* um Gottes willen!; ~ *de soi* (*-même*) Eigenliebe *f*; *pour l'~ de nous* uns zuliebe; ~ *maternel* Mutterliebe *f*; ~ *filial* Kindesliebe *f*; **2.** *fig.* Sucht *f*; ~ *de l'effet* Effekthascherei *f*; **3.** Geliebter *m*, Liebling *m*; *mon ~* mein Schatz; **II** ~*s f/pl.*, *jedoch heute oft m/pl.*: **4.** Leidenschaft *f* (*der Liebe*); *on revient toujours à ses premières ~s* alte Liebe rostet nicht; **5.** Liebschaften *f/pl.*, Zärtlichkeiten *f/pl.*; **6.** geliebter Gegenstand *m*; *fig.* Steckenpferd *n*, Liebhaberei *f*; **III** 2 *m* **7.** Amor *m*, Kupido *m*, Liebesgott *m*; *fig. un ~ d'enfant* ein allerliebstes Kind *n*; **8.** Amorette *f*.
amour|acher (amura'ʃe) *v/t.* [1a] sehr verliebt machen; *être amouraché de ...* vernarrt sein in ... (*acc.*); *s'~* sich verlieben (*de* in *acc.*); **~ette** (~'rɛt) *f* **1.** Liebelei; Liebeshandel *m*; **2.** P Maiglöckchen *n*; Zittergras *n*; **~eux** (~'rø) [7d] **I** *adj.* **1.** (*de q.*) verliebt (in *acc.*); *message*

m ~ Liebesbrief *m*; *vie f amoureuse des animaux* Liebesleben *n* der Tiere; **2.** (*de qc.*) eingenommen (für), versessen (auf *acc.*); ~ *de la gloire* ruhmsüchtig; **3.** weich; *drap m* ~ sich weich anfühlendes Tuch *n*; *papier m* ~ saugfähiges Papier *n*; *pinceau m* ~ weicher Pinsel *m*; **II** *su.* Verliebter *m*; Liebhaber *m*.

amour-propre (amur'prɔprə) *m* Selbstachtung *f*, Ehrgefühl *n*, Ehrgeiz *m*.

amo|vibilité (amɔvibili'te) *f* Absetzbarkeit *f e-s* (*Beamten*); **~vible** ⊕ (~'viblə) *adj.* abnehmbar; verstellbar; auswechselbar; einsteckbar; *Beamter*: absetzbar.

ampérage ⚡ (ɑ̃pe'ra:ʒ) *m* Stromstärke *f*, Amperezahl *f*.

ampère (ɑ̃'pɛ:r) *m* Ampere *n*; **~-heure** (ɑ̃pɛ'rœ:r) *m* [6a] Amperestunde *f*; **~-mètre** (~'mɛtrə) *m* Strommesser; **~métrographe** (~metrɔ'graf) *m* selbstschreibendes Amperemeter *n*.

amphi *abr.* (ɑ̃'fi) *m* Amphitheater *n*.

amphi|bie (ɑ̃fi'bi) **I** *adj.* (*nach su.*) doppellebig (*sowohl im Wasser als auf dem Lande*); *avion m* ~ Amphibienflugzeug *n*; *opération f militaire* ~ militärische Operation *f* zu Wasser u. zu Lande; **II** *m* Amphibie *f*; Amphibienflugzeug *n*; *fig.* Zwitterwesen *n*; *typ.* Schweizerdegen *m*; **~bien** (~'bjɛ̃) *adj.* [7c] amphibisch (*a. S.*); **~bole** *min.* (~'bɔl) *f* Hornblende *f*; **~bologie** (~bɔlɔ'ʒi) *f* Zweideutigkeit *f*; zweideutige Redensart *f*; **~bologique** (~bɔlɔ'ʒik) *adj.* zweideutig; **~gouri** (ɑ̃figu'ri) *m* Unsinn *m*; verworrenes Geschreibsel *n*; **~gourique** (~'rik) *adj.* □ verworren; schwülstig, unklar; **~théâtre** (~te'ɑ:trə) *m* Amphitheater *n*; Hörsaal *m* (*Universität*).

amphitryon (~tri'ɔ̃) *m* Gastgeber.

amphore (ɑ̃'fɔ:r) *f* Amphore *f*, zweihenkliges Gefäß *n*.

ample ('ɑ̃:plə) *adj.* weit, geräumig; *fig.* weitläufig, ausführlich; reichlich; umfassend; *de plus* ~*s renseignements m/pl.* weitere Auskünfte *f/pl.*

ampleur (ɑ̃'plœ:r) *f* Weite *f*, Breite *f*; Größe *f*, Umfang *m*; Geräumigkeit *f*; *fig.* Weitläufigkeit *f*; ~ *du son*, ~ *du ton* Klangfülle *f*.

ampli *rad.* (ɑ̃'pli) *m* Verstärker *m*.

amplia|tif (ɑ̃plia'tif) **1.** *adj.* [7e] erweiternd; sinnverstärkend; **2.** ⚖ *m* beglaubigte Abschrift *f*; **~tion** (~ɑ'sjɔ̃) ⚖ *f* **1.** Erweiterung *f*; **2.** gleichlautende Abschrift *f*.

ampli|fiant (~'fjɑ̃) *adj.* [7] vergrößernd; **~ficateur** (~fika'tœ:r) **I** *su. u. adj.* [7f] *m mv.p.* **1.** Übertreiber *m*, Aufschneider *m*; **II** *m* **2.** *phot.* Vergrößerungsapparat *m*; **3.** *rad.* Verstärker *m*; *lampe amplificatrice* Verstärkerröhre *f*; ~ *à* (*deux*) *lampes* (Zwei-) Röhrenverstärker *m*; ⚡ ~ *de haute* (*basse*) *fréquence* Hoch- (Nieder-) frequenzverstärker *m*; **~ficatif** (~'tif) *adj.* [7e] vergrößernd; **~fication** (~kɑ'sjɔ̃) *f* Erweiterung *f*; weitläufige Ausführung *f*, Übertreibung *f*; Vergrößerung *f*, *a. rad.* Verstärkung *f*; ⚕ ~ *du foie* Leberanschwellung *f*; ⚡ ~ *de* (*od. en*) *haute* (*basse*) *fréquence* Hoch-(Nieder-)frequenzverstärkung *f*; ~ *par résistance*(*s*) Widerstandsverstärkung *f*; **~fier** (~'fje) *v/t.* [1a] erweitern, vergrößern; Gedanken ausspinnen; übertreiben, aufschneiden; *rad.* verstärken; **~tude** (ɑ̃pli'tyd) *f* Umfang *m*; Weite *f*; *a. rad.* Schwingungsweite *f*; Bogenweite *f* e-s Geschosses; ~ *magnétique* Abweichungswinkel *m* der Magnetnadel; *télév. tourner au contrôle de l'*~ *de l'image* den Bildbreitenregler (*bzw.* Bildhöhenregler) nachstellen.

ampou|le (ɑ̃'pul) *f* **1.** Ampulle *f*, weitbauchiges Fläschchen *n*; **2.** elektrische Birne *f*; ~ *à incandescence* Glühbirne *f*; **3.** *Auto*: Lampe *f*; ~ *de stationnement* Positionslampe *f*; ~ *de feu arrière* Rücklichtlampe *f*; **4.** ⚕ Ampulle *f*; Wasserblase *f*; ⚗ Ballon *m*, Röhre *f*, Blase *f*; ~ *de verre* Glasbehälter *m*; ~ *pour rayons* Röntgenröhre *f*; **5.** ⚕ Hitzblatter *f*, Wasserbläschen *n*; **~lé** (~'le) *adj.* blasenartig; *fig.* schwülstig (*Stil*); *une formule* ~*e* e-e bombastische *od.* hochtrabende Formulierung *f*.

ampu|tation ⚕ (ɑ̃pytɑ'sjɔ̃) *f* Abnahme *f* eines Gliedes, Amputation *f*; **~té** (~'te) *su.* Amputierter, Krüppel *m*; **~ter** (~'te) *v/t.* [1a] amputieren, abnehmen.

amulette (amy'lɛt) *f* Amulett *n*.

amunitionner (amynisjɔ'ne) *v/t.* [1a] mit Munition versehen.

amu|re (a'my:r) *f* (*meist* ~*s pl.*) Halse *f*, (*pl.* Halsen [*Taue der Segel*]); **~rer** (~'re) *v/t.* [1a] die Halsen zusetzen (*die Segel vor den Wind stellen*).

amu|sable (amy'zablə) *f adj.* leicht zu unterhalten, unterhaltbar; **~sant** (~'zɑ̃) *adj.* [7] unterhaltend; belustigend, lustig, drollig; **~sement** (~z'mɑ̃) *m* Unterhaltung *f*; Belustigung *f*; Zeitvertreib *m*; **~ser** (~'ze) [1a] **I** *v/t.* **1.** unterhalten, belustigen; *fig.* ~ *sa douleur* seinen Schmerz zu lindern suchen; ~ *le tapis* reden, um zu reden, leeres Stroh dreschen; **2.** aufhalten, ablenken; ~ *l'ennemi* den Feind hinhalten; ~ *q. par de belles paroles* j-n vertrösten; **II** *v/rfl.* **s'~** sich amüsieren, sich unterhalten; s-e Zeit vertrödeln; *s'~ de qch.* sich an et. (*dat.*) ergötzen; *s'~ à faire qch.* sich mit et. die Zeit vertreiben; *s'~ de q.* sich über j-n lustig machen; **~sette** (~'zɛt) *f* Zeitvertreib *m*; **~seur** (~'zœ:r) *m* Spaßmacher *m*, Witzbold *m*.

amyg|dale (amig'dal) *f* (*meist ~s pl.*) *an.* Halsdrüse *f*, Mandel *f*; **~dalite** ⚕ (~'lit) *f* Mandelentzündung *f*.

amylacé (amila'se) *adj.* stärkehaltig.

an (ɑ̃) *m* Jahr *n*; *avoir quatre ~s, être âgé de quatre ~s* vier Jahre alt sein; *il y a un ~* vor e-m Jahre; *par ~* jährlich; *tous les deux ~s* alle zwei Jahre; *l'~ dernier* voriges Jahr; *l'~ prochain* nächstes Jahr; *dans un ~* in e-m Jahr; *le jour de l'~, le nouvel ~* Neujahrstag *m*, Neujahr *n*; *bon ~, mal ~* jahraus, jahrein, im Jahresdurchschnitt; *pour ses vieux ~s* für sein hohes Alter.

ana (a'na) *m* (*pl. ~*) Anekdotensammlung *f*, Aphorismen *m/pl.*

anabap|tisme (anaba'tism) *m rl.* Lehre *f* der Wiedertäufer; **~tiste** (~'tist) *su. rl.* Wiedertäufer.

ana|chorète (~kɔ'rɛt) *su.* Einsiedler *m*; **~chronique** (~krɔ'nik) *adj.* anachronistisch; **~chronisme** (~krɔ'nism) *m* Anachronismus *m*, Verstoß *m* gegen die Zeitrechnung; **~coluthe** *gr.* (~kɔ'lyt) *f* Satzverkürzung *f*.

ana|crouse ♪ (ana'kru:z) *f* Auftakt *m*; **~érobie** ⚘, *zo.* (~erɔ'bi) *adj.* ohne Sauerstoff lebend; **~glyphe** *a. phot.* (~'glif) *m* Anaglyphe *f*, halberhabene Arbeit *f*; stereoskopisches Bild *n*; *cin.* plastische Wiedergabe *f*; **~gramme** (~'gram) *f* Anagramm *n*, Buchstabenspiel *n*.

analⓊ (a'nal) *adj.* [5c] Steiß...

analep|sie (~lɛp'si) *f* Erholung *nach e-r Krankheit*; **~tique** (~'tik) *adj.* □ *u. m* stärkend(es Mittel *n*).

anal|gie (anal'ʒi) *f* Unempfindlichkeit *f*; **~gésique** *u.* **~gique** (~ʒe'zik, ~'ʒik) *adj. u. m* schmerzstillend(es Mittel *n*).

analo|gie (analɔ'ʒi) *f* Analogie *f*, Ähnlichkeit *f*, Übereinstimmung *f*, Verwandtschaft *f*; **~gique** (~'ʒik) *adj.* □ verwandt, ähnlich, gleichförmig, übereinstimmend; **~gisme** (~'ʒism) *m* Analogismus *m*, Ähnlichkeitsschluß *m*.

analogue (ana'lɔg) **I** *adj.* analog, ähnlich, entsprechend; **II** *m* Ähnliches *n*, Entsprechendes *n*.

analphabète (analfa'bɛt) *m* Analphabet *m*.

analphabétisme (analfabe'tism) *m* Analphabetentum *n*.

ana|lyse (ana'li:z) *f* **1.** Analyse *f*, Zerlegung *f*, Zergliederung *f*, Untersuchung *f*; ~ *spectrale* Spektralanalyse *f*; ~ *du sang* (*d'urine*) Blut-(Harn-)untersuchung *f*; ~ *d'un* (*od. du od. des*) *texte(s)* Textprüfung *f*; ✝ ~ *du* (*od. des*) *marché(s)* Konjunkturforschung *f*, Marktanalyse *f*; *télév.* ~ *d'une image télévisée en éléments* Zerlegung *f* e-s Fernsehbildes in s-e Elemente; *télév.* ~ *simple* (*entrelacée*) einfache (verflochtene) Bildauflösung *f*; **2.** Beurteilung *f*, Rezension *f*; Auszug *m*; **3.** *advt. en dernière ~* wenn ich mir's recht überlege *od.* alles in allem genommen; **~lyser** (~li'ze) *v/t.* [1a] analysieren, zergliedern; untersuchen; **~lyste** (~'list) *m* Analytiker *m*; **~lytique** (~li'tik) *adj.* □ analytisch, zergliedernd; *esprit m ~ fig.* kritischer Kopf.

anamorphose (~mɔr'fo:z) *f* Vexierbild *n*, künstliches Zerrbild *n*.

ananas ⚘ (~'na) *m* **1.** Ananas *f*; **2.** *fraise f ~* Ananaserdbeere *f*.

anar|chie (anar'ʃi) *f* Anarchie *f*, Gesetz-, Regierungslosigkeit *f*; *fig.* Unordnung *f*; **~chique** (~'ʃik) *adj.* anarchisch, gesetzlos; *fig.* verwirrt; **~chisme** (~'ʃism) *m* Anarchismus *m*; **~chiste** (~'ʃist) *adj. u. su.* anarchistisch; Anarchist *m*; **~cho** P (~'ko) *m* Anarchist *m*.

ana|stigmate, ~stigmatique ⚕ (anastig'mat, ~ma'tik) *adj.* anastigmatisch, nicht an Astigmatismus leidend; **~strophe** (~'strɔf) *f* Wortversetzung *f*; **~thématiser** (~temati'ze) *v/t.* [1a] in den Kirchenbann tun; verfluchen; **~thème** (~'tɛm)

I *m* Bannfluch *m*, Kirchenbann *m*; *fig.* Verwünschung *f*; **II** *su.* ein mit dem Kirchenbann Belegter; **~tidés** *zo.* (~ti'de) *m/pl.* Entenvögel *m/pl.*; **~tife** (~'tif) *m* Entenmuschel *f*.

anato|mie (~tɔ'mi) *f* Anatomie *f*; Zergliederung *f* eines Körpers; *fig.* sorgfältige Untersuchung *f*; ~ *comparée* vergleichende Anatomie; *pièce f d'*~ anatomisches Präparat *n*; *cabinet m d'*~ anatomisches Museum *n*; **~mique** (~'mik) *adj.* □ anatomisch; **~miser** (~mi'ze) *v/t.* [1a] anatomieren; **~miste** (~'mist) *su.* Anatom *m*; **~xine** (~tɔk'sin) *f* immunisierendes Toxin *n*.

ancestral (ɑ̃sɛs'tral) *adj.* [5c] den Vorfahren angehörig, uralt.

ancêtres (ɑ̃'sɛːtrə) *su./pl.* Ahnen *m/pl.*, Vorfahren *m/pl.*

anche (ɑ̃ːʃ) *f* Mundstück *n* (*bzw.* Zunge *f*) an Blasinstrumenten.

anchois (ɑ̃'ʃwa) *m* Anchovis *f*, Sardelle *f*.

ancien (ɑ̃'sjɛ̃) **I** *adj.* [7c] **1.** alt, vor langer Zeit bestehend; *dans l'*~ *Paris* in Alt-Paris; *les langues* ~*nes* die alten Sprachen; *l'*≗ *Testament* das Alte Testament; **2.** ehemalig; ~*ne maison* vormals, frühere Firma *f*; **3.** ~*nement adv.* vor alters, ehemals; **II** *m* **4.** der Alte; *les* ~*s*: die Alten, unsere Vorfahren; ⚔ die alten Mannschaften; die Kirchenältesten; **5.** *conseil m des* ≗*s* Rat *m* der Ältesten; **6.** Vordermann *m*, älterer Kollege *m*; *il est mon* ~ er ist länger im Dienste als ich; *le plus* ~ *en grade* der Dienstälteste *m*; **~neté** (~ɛn'te) *f* **1.** (hohes) Alter (*v. Gegenständen, Einrichtungen, abstrakten Begriffen, nicht von lebenden Wesen*) *n*; Altertum *n*; **2.** Dienst-, Amts-alter *n*.

ancolie (ɑ̃kɔ'li) *f* Akelei *f*, Glockenblume *f*.

ancrage ⊕ (ɑ̃'kraːʒ) *m* Spannen *n*; ⚓, ✈ Verankerung *f*.

ancre ('ɑ̃ːkrə) *f* Anker *m*; *jeter l'*~ vor Anker gehen; *être à l'*~ vor Anker liegen; *lever l'*~ den Anker lichten; *fig.* ~ *de salut* Rettungsanker *m*, letzte Hoffnung *f*.

ancrer (ɑ̃'kre) [1a] **I** *v/i.* ankern; **II** *v/t.* verankern; *fig.* befestigen; ~ *q. à q.* (*od. à qc.*) j-n an j-n (*od.* an etw.) binden; **III s'**~ sich festankern, sich festsetzen.

andain (ɑ̃'dɛ̃) *m* Schwaden *m*, Sensenhieb *m*.

andouil|le (ɑ̃'duj) *f* **1.** Schlackwurst *f*; ~ *fumée* Mettwurst *f*; *brouet m d'*~ Wurstsuppe *f*; **2.** P schlapper Kerl *m*, Waschlappen *m* F, Schlappschwanz *m* F; Dummkopf *m*; *dépendeur m d'*~ langer Laban *m*, Bohnenstange *f* (*fig.*); **~ler** (ɑ̃du'je) *m* Sprosse *f* am Hirschgeweih; **~lette** (~'jɛt) *f* kleine Wurst *f*.

andro|gyne (ɑ̃drɔ'ʒin) *adj. u. m* Zwitter(...); **~gynie** *f*, **~gynisme** *m* (~ʒi'ni, ~'nism) Zwitterbildung *f*; **~ïde** (ɑ̃drɔ'id) *m* Drahtpuppe *f*, Marionette *f*; **~lâtrie** (~lɑ'tri) *f* Vergötterung *f*; **~mane** (~'man) *adj.* mannstoll; **~manie** (~ma'ni) *f* Mannstollheit *f*; **~phobe** (~'fɔb) *adj.* männerscheu; **~phobie** (~fɔ'bi) *f* Männerscheu *f*.

âne (ɑːn) *m* **1.** Esel; ~ *rayé* Zebra *n*; **2.** *fig.* Dummkopf; *pont m aux* ~*s* Eselsbrücke *f*; *c'est le pont aux* ~*s* das ist kinderleicht; *coup m de pied de l'*~ Eselsfußtritt; **3.** *en dos d'*~ scharf gewölbt; **4.** *Art* Schraubstock *m*; **s.** *coq-à-l'âne*.

anéan|tir (aneɑ̃'tiːr) [2a] **I** *v/t.* **1.** vernichten, zerstören, ausrotten; zunichte machen; endgültig beseitigen; ⚔ aufreiben, niederkämpfen; **2.** *fig.* bestürzt machen, entkräften; **II** *v/rfl.* **s'**~ **3.** in das Nichts zurücksinken, sich verzehren, sich demütigen; **~tissement** (~tis'mɑ̃) *m* Vernichtung *f*, Ausrottung *f*, endgültige Beseitigung *f*, Zerstörung *f*; gänzlicher Verfall; Zerknirschung *f*; äußerste Entkräftung; ⚔ völlige Aufreibung *f*, Zerschlagen *n*.

anec|dote (anɛk'dɔt) *f* Anekdote *f*, Geschichtchen *n*; **~dotier** (~dɔ'tje) [7b] *su.* Geschichtchenerzähler *m*, Witzemacher *m*; **~dotique** (~dɔ'tik) *adj.* anekdotisch; **~dotiser** (~dɔti'ze) *v/i.* bei jeder passenden Gelegenheit Anekdoten erzählen; Anekdoten sammeln.

ânée (ɑ'ne) *f* Eselslast *f*.

ané|mie (ane'mi) *f* Anämie *f*, Blutarmut *f*; **~mier** (~'mje) *v/t.* [1a] blutarm machen; **~mique** (~'mik) *adj.* blutarm, anämisch.

anémo|graphe *m*, **~mètre** (anemɔ'graf, ~'mɛtrə) *m* Windmesser *m*.

anémone (ane'mɔn) *f* Anemone *f*.

ânerie (ɑn'ri) *f* Eselei *f*.

anéroïde (anerɔ'id) *adj.*: *baromètre m* ~ Anero'idbarometer *n od. m*.

anervie (anɛr'vi) *f* Nerven-

schwäche *f.*
ânesse (ɑ'nɛs) *f* Eselin *f.*
anesthé|sie (anɛste'zi) *f* Anästhesie *f*, Narkose *f*, Unempfindlichkeit *f*; **~sier** ⚕ (~'zje) *v/t.* [1a] betäuben, unempfindlich machen; **~sique** ⚕ (~'zik) *adj. u. m* anästhesierend, gefühllos machend, schmerztilgend(es Mittel).
anet(h) ⚘ (a'nɛt) *m* Dill *m.*
anévrisme (ane'vrism) *m* Pulsadergeschwulst *f*, Aneurisma *n*; *~ du cœur* Herzerweiterung *f*; *rupture f d'un ~* Herzschlag *m.*
anfrac|tueux (ɑ̃frak'tɥø) *adj.* [1d] uneben, holprig; **~tuosité** (~tɥozi'te) *f* **1.** Aushöhlung *f*, Vertiefung *f*, Unebenheit *f*; **2.** *anat.* Vertiefung *f*; *~s cérébrales* Gehirnfalten *f/pl.*
ange (ɑ̃:ʒ) *m* **1.** Engel *m*; *~ joufflu* Posaunenengel; *~ déchu* gefallener Engel; *~ exterminateur* Würgengel; *~ gardien od. tutélaire* Schutzengel; *~ du mal* böser Engel; **2.** *fig.* Engel *m* (*Person*); **3.** *fig. être aux ~s* im siebenten Himmel sein, selig sein; **4.** *icht. ~ (de mer)* Meerengel *m.*
angé|lique (ɑ̃ʒe'lik) **I** *adj.* englisch, himmlisch; Engels...; **II** ⚘ *f* Engelwurz *m*; **~lolâtrie** (~lɔlɑ'tri) *f* Engelverehrung *f.*
angelot (ɑ̃ʒ'lo) *m* **1.** Engelein *n*; **2.** *icht.* Meer|engel *m*; **3.** Engelstaler *m.*
angélus (ɑ̃ʒe'lys) *m* **1.** Abendgeläut *n*; **2.** Engelsgruß *m* (*Gebet*).
angevin (ɑ̃ʒ'vɛ̃) *adj. u.* 2 *su.* [7] (Einwohner) von Angers *od.* Anjou.
angine (ɑ̃'ʒin) *f* Angina *f*, Halsentzündung *f*; *~ de poitrine* Angina *f* pectoris; *~ couenneuse* Rachendiphtherie *f.*
angiologie 🕮 (ɑ̃ʒjɔlɔ'ʒi) *f* Lehre *f* von den Blutgefäßen.
angiosperme ⚘ (ɑ̃ʒjɔ'spɛrm) *f* Pflanze mit abgesonderten Samenkapseln. [dung *f.*]
angite ⚕ (ɑ̃'ʒit) *f* Gefäßentzün-
anglais (ɑ̃'glɛ) [7] **I** *adj.* **1.** englisch; *métal ~* Bri'tanniametall *n*; *advt. à l'~e* nach englischer Art; *filer à l'~e* sich heimlich davonmachen, sich drücken; **II** *su.* **2.** 2 Engländer (*Einwohner*); **3.** *m* englische Sprache *f*; **~e** (ɑ̃'glɛz) *f* Anglaise (*Tanz*); *~s pl.* Schmacht-, Schillerlocken *f/pl.*
anglaiser (ɑ̃glɛ'ze) *v/t.* [1b] englisieren, den Pferdeschwanz stutzen.
angle ('ɑ̃:glə) *m* Winkel *m*; *~s adjacents* Nebenwinkel *m/pl.*; *~ aigu* spitzer Winkel; *~s alternes* Wechselwinkel *m/pl.*; *~s complémentaires* Ergänzungswinkel *m/pl.*; *~s correspondants* Gegenwinkel *m/pl.*; *~ droit* rechter Winkel *m*; *~s externes* Außenwinkel *m/pl.*; *~ inscrit* einbeschriebener Winkel *m*; *~ interne* Innenwinkel *m*; *~ obtus* stumpfer Winkel *m*; *~s supplémentaires* Nebenwinkel *m/pl.*; *~ visuel* Sehwinkel *m*; *Auto*: *~ de braquage* Einschlagwinkel *m der Vorderräder*, Wendigkeit *f*; ⚔ *~ de tir (de dérivation)* Schuß(Abweichungs-)winkel *m.* [Winkelräumpflug *m.*]
angledozer ⊕ (ɑ̃glədɔ'zœ:r) *m*
angler ⊕ (ɑ̃'gle) [1a] ab-, auswinkeln. [land *n.*]
Angleterre (ɑ̃glə'tɛ:r) *f*: **l'~** Eng-
angliche P (ɑ̃'gliʃ) *adj. u.* 2 *su.* englisch; Tommy *m*, Engländer (-in *f*) *m.*
angli|ciser (ɑ̃glisi'ze) [1a] **I** *v/t.* anglisieren, e-e englische Wortform prägen, englisch kleiden *usw.*; **II** *v/rfl.* **s'~** sich anglisieren, englische Manieren annehmen; **~cisme** (~'sism) *m* Anglizismus *m*, englische Spracheigentümlichkeit *f.*
anglo|-arabe (ɑ̃glɔa'rab) **I** *adj.* englisch-arabisch; **II** *m* Vollblutpferd *n*; **~-français** (~frɑ̃'sɛ) *adj.* [7] englisch-französisch; **~mane** (~'man) *adj. u. su.* englisches Wesen nachäffend; verblendeter Bewunderer *m* Englands; **~manie** (~ma'ni) *f* übertriebene Vorliebe *f* für England, für die englische Sprache; Nachäffung *f* englischer Sitten; **~-normand** (~nɔr'mɑ̃) *adj. u. su.* [7] anglo-normannisch; Anglonormanne; *les îles f/pl. ~es* die englischen Kanalinseln *f/pl.*; **~phile** (~'fil) *adj u. su.* englandfreundlich; Engländerfreund *m*; **~philie** *mst. mv.p.* (~fi'li) *f* Anglomanie *f*; Vorliebe *f* für die Engländer u. für englisches Wesen; **~phobe** (~'fɔb) *adj. u. su.* englandfeindlich; Engländerfeind *m*; **~phobie** (~fɔ'bi) *f* Abneigung *f* gegen die Engländer; **~saxon** (~sak'sɔ̃) *adj. u.* 2 *su.* [7c] angelsächsisch; Angelsachse *m.*
angois|se (ɑ̃'gwas] *f* **1.** (Herzens-) Angst *f*, Bangigkeit *f*; *se consumer en ~s* sich abängstigen; **2.** Todes-

qual *f*, -angst *f*, -pein *f*; **3.** *poire f d'~* herbe Birne; *fig.* Knebel *m*; *fig. avaler des poires d'~* manche bittere Pille schlucken müssen; **~ser** (ɑ̃gwa'se) *v/t.* [1a] ängstigen; *fig.* peinigen.

anguillade (ɑ̃gi'jad) *f* Peitsche *f* aus Aalhaut; Schlag *m* damit (*auch mit e-m zs.-gedrehten Taschentuche*).

anguille (ɑ̃'gij) *f* Aal *m*; *~ de mer* Seeaal *m*; *~ électrique od. trembleuse* Zitteraal *m*; *~ fumée* Spickaal *m*; *fig. il y a ~ sous roche* hier ist etw. nicht geheuer, hier ist etw. im Gange, hier steckt etw. dahinter.

anguil|lière (ɑ̃gi'jɛːr) *f* Aal-teich *m*, -kasten *m*, -wehr *n*; **~lule** *zo.* (~'jyl) *f* Fadenwurm *m*.

angu|laire (ɑ̃gy'lɛːr) *adj.* □ eckig, wink(e)lig, *dents f/pl. ~s* Eckzähne *m/pl.*; *pierre f ~* Eckstein *m* (*a. fig.*); **~lé** (~'le) *adj.* wink(e)lig, kantig, eckig; **~leux** (~'lø) *adj.* [7d] eckig, wink(e)lig, kantig; *aux mouvements ~* mit schwerfälligen Bewegungen.

anhé|lation (anelɑ'sjɔ̃) *f* Keuchen *n*, Kurzatmigkeit *f*; **~ler** (~'le) [1f] **I** *v/i.* kurzatmen, keuchen; **II** *v/t. Glasbläserei*: das Feuer schüren; **~leux** (~'lø) *adj.* [7d] kurzatmig.

anhistorique (anistɔ'rik) *adj.* ahistorisch, ungeschichtlich.

anhydre ⚗ (a'nidrə) *adj.* wasserfrei.

anicroche F (ani'krɔʃ) *f* Hindernis *n*, Haken *m* F; *il y a une ~* die Sache hat e-n Haken; *sans ~* unverdrossen.

ânier (ɑ'nje) *su.* [7b] Eseltreiber.

anil (a'nil) *m* Indigopflanze *f*.

aniline (ani'lin) *f* Anilin *n*.

animadversion (animadvɛr'sjɔ̃) *f* Mißbilligung *f*, Tadel *m*.

animal (ani'mal) [5c] **I** *m* **1.** Tier *n*; *~ domestique* Haustier *n*; *~ à fourrure* Pelztier *n*; *~ de trait* Zugtier *n*; *~ de selle* Reittier *n*; *l'homme est un ~ raisonnable* der Mensch ist ein vernunftbegabtes Lebewesen; **2.** Lebewesen *n*; *~ raisonnable* vernunftbegabtes Wesen *n*: **3.** *fig. péj.* Trampel *m*, Rindvieh *n*, Kamel *n*, Idiot *m*; (*quel*) *~! od. espèce d'~!* (ist das ein) Rindvieh!; *c'est un ~ qui me déplaît* das ist ein Trampel, den ich nicht leiden kann; **II** *adj.* tierisch; *nourriture ~e* Fleischnahrung *f*; *règne ~* Tierreich *n*; *fig. esprits m/pl. animaux* Lebensgeister *m/pl.*

animal|cule *zo.* (animal'kyl) *m* mikroskopisch kleines Tierchen *n*, Infusorie *f*; **~ier** (~'lje) *m* Tiermaler *m*, -bildhauer (*auch adj.*: *sculpteur ~*) *m*, -photograph *m* (*auch adj.*: *photographe m ~*); **~isation** (~lizɑ'sjɔ̃) *f* Umwandlung *f* in tierischen Stoff, *fig.* Vertierung *f*; **~iser** (~'ze) *v/t. u.* **s'~** [1a] (sich) in tierischen Stoff umwandeln; *fig.* vertieren; **~ité** (~'te) *f* Tiernatur *f*, tierisches Wesen *n*.

anima|teur (anima'tœːr) *adj., a. su.* [7f] belebend, beseelend; Lebenserreger *m*; *cin.* Zeichner *m* belebter Zwischenszenen; *allg.* Stimmungsmacher *m*, Conférencier *m*; Quizmaster *m*; treibende Kraft *f*, Initiator *m*, Förderer *m*, Seele *f fig*; **~tion** (~mɑ'sjɔ̃) *f* Beseelung *f*, Belebung *f*; *fig.* Lebhaftigkeit *f*; (starker) Straßenverkehr *m*.

animé (ani'me) *adj.* belebt, lebendig; *fig.* lebhaft, belebt, rege, verkehrsreich; beweglich (*Spielzeug*); *être ~ d'une idée* von e-m Gedanken beseelt (*od.* erfüllt *od.* erfaßt) sein; *ein. dessins m/pl. ~s* Zeichenfilm *m/sg.*

animer (ani'me) [1a] **I** *v/t.* **1.** Seele (*od.* Leben) einhauchen, beleben, beseelen; durchdringen; **2.** j-s Lebhaftigkeit erhöhen, j-n anfeuern, erregen; **3.** *fig. ~ la conversation* die Unterhaltung beleben; *~ les joues* die Wangen röten; **II s'~ 4.** Leben bekommen, lebhaft werden; Mut fassen; hitzig werden, aufwallen; **5.** sich röten.

animis|me *phil.* (ani'mism) *m* Animismus *m*; **~te** (~'mist) *adj. u. su.* animistisch; Animist *m*.

animosité (animozi'te) Animosität *f*, Erregtheit *f*, Heftigkeit *f*; Gereiztheit *f*, Groll *m*, Haß *m*; Hader *m*, Zwist *m*, Feindseligkeit *f*.

anis (a'ni) *m* Anis *m*.

ani|ser (ani'ze) *v/t.* [1a] mit Anis würzen; **~sette** (~'zɛt) *f* Anislikör *m*.

anky|lose ⚕ (ɑ̃ki'loːz) *f* Gelenkversteifung *f*; **~loser** (~lo'ze) [1a] **I** *v/t.* die Gelenke steif machen; **II** *v/rfl.* **s'~** steif werden.

annal ⚖ (an'nal) *adj.* [5c] (*m/pl. ungebräuchlich*) einjährig, auf ein Jahr gültig.

annal|es (~) *f/pl.* Jahrbuch *n*; Annalen *n/pl.*; **~iste** (~'list) *su.* Jahrbuchschreiber *m*.

anneau (a'no) *m* [5b] **1.** Ring *m*, Reif *m*; Fingerring *m*; *~ à cacheter* Siegelring *m*; *~ nuptial* (*od. de* *mariage*) Trauring *m*; ~ *de clefs* Schlüsselring *m*; ~ *du pêcheur* Fischerring *m*; **2.** ~ *d'une chaîne* Ketten-glied *n*, -ring *m*; **3.** Ringellocke *f*; **4.** *Turnerei*: (Schaukel-) Ring *m*; **5.** ⊕ ~ *métallique* Metalldichtungsring *m*; ~ *de tolérance* Toleranzring *m*; *système m à* ~*x* Ringmechanik *f*.

année (a'ne) *f* **1.** Jahr *n* (*oft unter Betonung der Dauer od. des Ablaufs eines Jahres*); ~ *bissextile* Schaltjahr *n*; ~ *courante* laufendes Jahr; ~ *civile* Kalenderjahr *n*; *ast.* ~*s-lumière f/pl.* Lichtjahre *n/pl.*; ~ *scolaire* Schuljahr *n*; ~*s pl. scolaires* Schulzeit *f*; ~ *professionnelle* Berufsjahr *n*; ~ *déficitaire* Defizit-, Verlustjahr *n*; ~ *financière* Rechnungsjahr *n*; *l'*~ *terrible*: 1870-71; *d'*~ *en* ~ von Jahr zu Jahr; *au début des* ~*s trente* am Anfang der dreißiger Jahre; *dans les* ~*s 40* in den vierziger Jahren; *souhaiter la* (*od. une*) *bonne* ~ ein gutes Jahr wünschen; **2.** Jahr *n*; Ernte *f*; ~ *abondante* ergiebiger Jahrgang; ~ *prospère* reichliche Ernte; **3.** jährliche Einkünfte *od.* Abgaben *pl.*, Jahreszins *m*, Pacht *f*; **4.** ~*s pl.* Lebensjahre *n/pl.*; *chargé d'*~*s* hochbejahrt.

anne|ler (an'le) *v/t.* [1c] ringeln, kräuseln; **~let** (~'lɛ) *m* kleiner Ring *m*.

annexe (a'nɛks) **I** *f* **1.** ⚠ Anbau *m* (*od. n*); Nebengebäude *n*; **2.** Anhang *m*, Beilage *f*, Zusatz *m*, Nachtrag *m*, Beiblatt *n*; **3.** ✝ Filiale *f*; Filialkirche *f*; **II** *adj.* dazugehörig; *galerie f* ~ angebaute Galerie *f*; *école f* ~ Vorschule *f*; *les industries* ~*s* die verwandten Industrien *f/pl.*

annexer (anɛk'se) *v/t.* [1a] anhängen (*à* an *acc.*), verbinden (*à* mit); *a. pol.* einverleiben, an-, eingliedern, annektieren.

annexion (~'sjɔ̃) *f* Beifügung *f*, Verbindung *f*, Anschluß *m*; *a. pol.* Einverleibung *f*, An-, Ein-gliederung *f*, Annexion *f*, Annektierung *f*.

annexio(n)niste (~sjɔ'nist) **I** *adj.* annexionistisch; **II** *su.* Anhänger *m* der Annexion.

annihi|lation (aniila'sjɔ̃) *f* Ausrottung *f*, Vernichtung *f*; ⚖ Aufhebung *f*, Annullierung *f*, Nichtigkeitserklärung *f*; Vernichtung *f*; **~ler** (~'le) *v/t.* [1a] vernichten; ⚖ für nichtig erklären; *fig.* vereiteln, zunichte machen (*Hoffnungen*).

anniversaire (anivɛr'sɛ:r) **I** *adj.*: *fête f* ~ Jahresfest *n*; *jour m* ~ Jahrestag *f*; **II** *m* **1.** Jahres-feier *f*, -tag *m*, jährlich wiederkehrende Gedächtnisfeier *f*; ~ (*de la naissance*) Geburtstag *m*; **2.** (*alljährliche*) Seelenmesse *f* am Todestage.

annonce (a'nɔ̃:s) *f* öffentliche Ankündigung *f*, (*Zeitungs- usw.*) Annonce *f*, Anzeige *f*, Inserat *n*, Bekanntmachung *f*; *petites* ~*s* kleine Anzeigen *f/pl.*; ~*s f/pl. encartées* Anzeigenbeilage *f*; *faire les* ~*s* (*de mariage*) das Aufgebot verkünden.

annon|cer (anɔ̃'se) [1k] **I** *v/t.* **1.** (öffentlich) bekanntmachen, ankündigen, verkünden *od.* anzeigen; annoncieren, inserieren; **2.** anmelden; ~ *son départ* sich abmelden; *se faire* ~ sich anmelden lassen; **3.** vorhersagen, deuten auf (*acc.*), schließen lassen auf (*acc.*); **II** *v/rfl.* *s'*~ sich ankündigen; *cette affaire s'annonce bien* (*mal*) diese Sache läßt sich (nicht) gut an; **~ceur** (~'sœ:r) *m rad.* Ansager *m* (*das Wort speaker wird häufiger gebraucht!*); Annoncierer *m*, Inserent *m* (*Zeitung*).

annonciateur (~sja'tœ:r) *su.* [7f] **1.** Ankündiger *m*, Verkünder *m*; **2.** *m téléph.* Vorsignal *n*; *téléph.* ~ *d'appel* Rufzeichen *n*.

Annonciation *rl.* (~sja'sjɔ̃) *f* Mariä Verkündigung *f*.

annoncier (anɔ̃'sje) *su.* [7b] **1.** Leiter *m* des Annoncenteils, Anzeigenleiter *m*; **2.** *typ.* Anzeigen-drucker *m*, -setzer *m*.

annota|teur (anɔta'tœ:r) *su.* [7f] Kommentator *m*, Ausleger *m*, Erklärer *m*; **~tif** (~'tif) *adj.* [7e] erläuternd, erklärend; **~tion** (~ta'sjɔ̃) *f* Anmerkung *f*, Erläuterung *f*, Randbemerkung *f*, Fußnote *f*; Aufzeichnung *f*.

annoter (~'te) *v/t.* [1a] **1.** anmerken, mit Anmerkungen versehen; *annoté à l'usage des écoles* für den Schulgebrauch erläutert; **2.** aufzeichnen.

annuaire (a'nɥɛ:r) *m* **1.** Adreßbuch *n*; Jahrbuch *n*, Jahresübersicht *f*; **2.** Liste *f*, Verzeichnis *n*; ~ *téléphonique*, ~ *du téléphone* (amtliches) Fernsprechbuch *n*, Telefonbuch *n*; ~ *militaire* Rangliste *f* des Heeres.

annuel (a'nɥɛl) *adj.* [7c] (*nach su.*) jährlich; *a.* ⚘ einjährig.
annuité (anɥi'te) *f* Jahresrate *f*, jährliche Abschlagszahlung *f od.* Tilgungsrate; Jahresrente *f*; *pol.* Annuität *f*, Jahreszahlung *f*; ✝ ~ *à terme croissant* (*variable, continu*) steigende (veränderliche, stetige) Rente *f*; ~ *privilégiée* Vorzugsrente *f*.
annul|abilité ⚖ (anylabili'te) *f* Anfechtbarkeit *f*; **~able** ⚖ (~'ablə) *adj.* umstoßbar, anfechtbar.
annulaire (~'lɛ:r) *adj.* **1.** ringförmig; **2.** *a. m* (*doigt*) ~ Ring-, Goldfinger *m*.
annu|latif ⚖ (~la'tif) *adj.* [7e] aufhebend, annullierend; **~lation** (~la-'sjɔ̃) *f* Aufhebung *f*, Annullierung *f*, Rückgängigmachung *f*, Kraftloserklärung *f* (*e-s Dokuments*); Niederschlagung *f* von Kosten; Nichtigkeitserklärung *f*; ~ *d'un jugement* Aufhebung *f* e-s Urteils; ~ *du permis de conduire* Entziehung *f* der Fahrerlaubnis; **~ler** (~'le) *v/t.* [1a] für ungültig *od.* nichtig erklären, widerrufen; Urteil aufheben, umstoßen, rückgängig machen; Kosten niederschlagen; für kraftlos erklären; Vertrag lösen.
ano|blir (anɔ'bli:r) *v/t.* [2a] adeln, in den Adelsstand erheben; **~blissement** (~blis'mɑ̃) *m* Erhebung *f* in den Adelsstand.
anode ⚡ (a'nɔd) *f* Anode *f*; ~ *alimentée par le secteur* Netzanode *f*; *fiches f/pl. d'~s* Anodenstecker *m*; *rhéostat m d'~s* Anschlußdose *f*; *tension f des ~s* Anodenspannung *f*.
anodin (anɔ'dɛ̃) *adj.* [7] *u. m* schmerzstillend(es Mittel); *fig.* harmlos, unbedeutend, geringfügig, unverfänglich; schwach; *vers m/pl.* ~*s* kraftlose Verse *m/pl.*
anodontie (anɔdɔ̃'ti) *f* Zahnlosigkeit *f*.
anodynie ⚕ (anɔdi'ni) *f* schmerzloser Zustand *m*.
anomal 🕮 (anɔ'mal) *adj.* [5c] (*anormal wird häufiger gebraucht!*) unregelmäßig, abweichend, anomal; abnorm, ungewöhnlich.
anoma|lie (~ma'li) *f* **1.** Regelwidrigkeit, Unregelmäßigkeit *f*, Ausnahme *f*, Anomalie *f*, Abnormität *f*, Ungleichmäßigkeit *f*; **2.** *ast.* Abweichung(swinkel *m*) *f*; **3.** *pl.* ⚖ Unbilligkeiten *f/pl.*, Härten *f/pl.*; **~listique** *ast.* (~lis'tik) *adj.*: *année f* ~ Umlaufszeit *f* eines Planeten.
ânon (ɑ'nɔ̃) *m* junger Esel *m*, Eselsfüllen *n*; *fig.* Schafskopf *m*.
ânon|nement (ɑnɔn'mɑ̃) *m fig.* stotterndes Hersagen *n od.* Lesen *n*; **~ner** (ɑnɔ'ne) [1a] *v/i.* stottern.
anonymat (anɔni'ma) *m* Anonymität *f*, Namenlosigkeit *f*; *garder l'~* den Namen verschweigen.
anonyme (anɔ'nim) **I** *adj.* □ **1.** ungenannt, namenlos, anonym, ohne Namen(sunterschrift); *société f* ~ Aktiengesellschaft *f*, deren Firma keinen Personennamen aufweist; **II** *m* **2.** ungenannter Verfasser *m*; **3.** Verschweigung *f* des Namens; *garder l'~* unbekannt bleiben; *sous le voile de l'~* unter dem Deckmantel der Anonymität; ohne s-n Namen zu nennen.
anophèle *ent.* (anɔ'fɛ:l) *m* A'nopheles *f*, Gabel-, Fieder- *od.* Malariamücke *f*.
anophélisme ⚕ (anɔfe'lism) *m* A'nophelesfliegenkrankheit *f*, Malaria *f*.
anorchidie ⚕ (anɔrʃi'di) *f* angeborenes Fehlen *n* der Hoden, Anorchie *f*, Anorchidie *f*.
anordir ⚓ (anɔr'di:r) *v/i.* [2a] nach Norden drehen (*Wind*).
anorganique (anɔrga'nik) *adj.* anorganisch.
anormal (anɔr'mal) *adj.* [5c] □ regelwidrig, unnormal, unprogrammäßig, programmwidrig; anormal, abnorm.
anosmie (anɔs'mi) *f* Verlust *m* des Geruchsvermögens, Anosmie *f*.
Anschluß *pol.* (an'ʃlus) *m* (*nur sg.*) Anschluß *m* (*irgendeines Landes an ein anderes*).
anse (ɑ̃:s) *f* **1.** Griff *m*, Henkel *m*; *faire danser l'~ du panier* Schmu machen, das Geld für sich einstecken (*beim Einkauf der Hausangestellten*); **2.** kleine Bucht *f*.
ansé|rides 🕮 (ɑ̃se'rid) *m/pl.* Gattung *f* der Schwimmhäutler; **~rine** ⚘ (~'rin) *f* Gänsefuß *m*.
ansette (ɑ̃'sɛt) *f* kleine Öse *f*; Kocher *m* (*od.* Schüsselwärmer *m*) mit kleinem Henkel.
anspect (ɑ̃s'pɛk) *m* Hebebaum *m*.
antago|nique (ɑ̃tagɔ'nik) *adj.* feindlich; **~nisme** (~'nism) *m* Entgegenwirken *n*; Streit *m*, Meinungsverschiedenheit *f*, Gegensätzlichkeit *f*; Widerstand *m*; **~niste** (~'nist) *su. u. adj.* Gegner *m*; gegnerisch; entgegenwirkend.
antalgique (ɑ̃tal'ʒik) *adj.* schmerzstillend.

antan (ɑ̃'tɑ̃) *m nur noch in*: *d'~* von einst, früher; *fig. où sont les neiges d'~?* wo sind die schönen Zeiten geblieben?

antarct|ide (ɑ̃tark'tid) *f* Antarktis *f*; **~ique** (~'tik) *adj.* antarktisch.

ante (ɑ̃:t) *f* **1.** vorspringender Pfeiler *m*; **2.** Griff *m* e-s Pinsels.

antébois (ɑ̃te'bwa) *m* Scheuerleiste *f*.

antécédent (ɑ̃tese'dɑ̃) **I** *adj.* (*nach su.*) **1.** vorhergehend, früher; **II** *m* **2.** früherer Fall *m*, Präzedenzfall *m*; *sans ~s* unerhört, beispiellos; **3.** *gr.* Beziehungswort *n*; Vorderglied *n*; **4.** *~s pl.* Vorleben *n*, Vergangenheit *f*; ⚖ *sans ~s judiciaires* unbescholten, nicht vorbestraft.

Antéchrist (ɑ̃te'krist) *m* Antichrist *m*, falscher Messias *m*.

antédiluvien (ɑ̃tedily'vjɛ̃) *adj.* [7c] vorsintflutlich (*auch fig.*).

antenne (ɑ̃'tɛn) *f* **1.** Fühlhorn *n*, Fühler *m*; *fig. bsd. pol. pousser des ~s en direction de ...* seine Fühler ausstrecken in Richtung ...; **2.** ⚓ Rahe *f*; ⚡ Antenne *f*; *rad.* *~ aérienne* Hochantenne *f*; *~ extérieure*, *~ à l'extérieur* Hoch-, Außenantenne *f*; *~ intérieure*, *~ à l'intérieur* Innenantenne *f*; *~ de chambre* Zimmerantenne *f*; *~ d'émission* Senderantenne *f*; *~ de fortune* Behelfsantenne *f*; *~ (d'émission) dirigée* Richtstrahler *m*; *~ de réception od. réceptrice* Empfangsantenne *f*; *~ en cadre* Rahmenantenne *f*; *~ en cage* Kasten-, Käfig-, Konusantenne *f*; *~ en cerceau* Reifenantenne *f*; *~ tressée*, *~ en ruban* Bandantenne *f*; *~ en éventail* Fächerantenne *f*; *~ en parapluie* Schirmantenne *f*; *~ installée sur le toit* Dachantenne *f*; *~ radiogoniométrique* Peilantenne *f*; *~ suspendue* Hängeantenne *f*; *~ unifilaire (bifilaire)* Ein-(Zwei-)drahtantenne *f*.

anténuptial (ɑ̃tenyp'sjal) *adj.* [5c] vorehelich.

antéphélique (~fe'lik) *adj.* sommersprossenbeseitigend.

antéposition *gr.* (ɑ̃tepɔzi'sjɔ̃) *f*: *l'~ de l'adjectif* die Voraussetzung des Adjektivs.

antérieur (ɑ̃te'rjœ:r) *adj.* **1.** vorhergehend, früher; *cet ouvrage est ~ à l'autre ...* ist früher erschienen als das andere; *~ement à ... adv.* früher als ..., vorher; **2.** *futur m ~* zweites Futur *n*; *passé m ~* zweites Plusquamperfekt *n*; **3.** vorn befindlich.

antériorité (ɑ̃terjɔri'te) *f* Frühersein *n*, Vorangang *m*.

anthélie (ɑ̃te'li) *f ast.* Gegen- *od.* Nebensonne *f*.

anthère ⚘ (ɑ̃'tɛ:r) *f* Staubbeutel *m*.

anthologie (ɑ̃tɔlɔ'ʒi) *f* Anthologie *f*; Leseproben *f/pl.*

anthracit|e (ɑ̃tra'sit) *m* Anthrazit *m*; *adjt.*: anthrazitfarben; **~eux** (~'tø) *adj.* [7] Anthrazit...; *houille f ~euse* Anthrazitkohle *f*.

anthrax ⚕ (ɑ̃'traks) *m* Karbunkel *m*.

anthropo|ïde (ɑ̃trɔpɔ'id) *adj. u. m* menschenähnlich; Menschenaffe *m*; **~logie** (~lɔ'ʒi) *f* Anthropologie *f*, Menschheitskunde *f*; **~logique** (~lɔ'ʒik) *adj.* anthropologisch, zur Menschheitskunde gehörig; **~logiste** *u.* **~logue** (~lɔ'ʒist, ~'lɔg) *su.* Anthropologe *m*; **~métrie** (~me'tri) *f* Anthropometrie *f*, Körpermessung *f*; **~métrique** (~me'trik) *adj.* anthropometrisch; **~morphe** (~'mɔrf) *adj.* menschenähnlich, von menschlicher Gestalt; **~morphiser** (~mɔrfi'ze) *v/t.* [1a] vermenschlichen; **~morphisme** (~mɔr'fism) *m* Vermenschlichung *f* Gottes; **~nymie** *gr.* (~ni'mi) *f* Namenkunde *f*; **~nymiste** *gr.* (~ni'mist) *m* Namensforscher *m*; **~phage** (~'fa:ʒ) *adj. u. su.* menschenfressend; Menschenfresser *m*; **~phagie** (~fa'ʒi) *f* Menschenfresserei *f*; **~phagique** (~'ʒik) *adj.* menschenfressend; **~phobe** (~'fɔb) *adj.* menschenscheu; **~phobie** (~fɔ'bi) *f* Menschenscheu *f*; **~sophe** (~'zɔf) *su.* Anthroposoph (-in *f*) *m*; **~sophie** (~zɔ'fi) *f* Anthroposophie *f*; **~sophique** (~zɔfik) *adj.* anthroposophisch.

antiacide ⚗ (ɑ̃tia'sid) *adj.* säureneutralisierend.

antiaérien ⚔ (ɑ̃tiae'rjɛ̃) *adj.* [7c] Flugabwehr..., Flak..., Luftschutz...; *défense f ~ne* Luftschutz *m*.

antialcoo|lique (ɑ̃tialkɔ'lik) *adj. u. su.* den Alkoholgenuß bekämpfend; Antialkoholiker *m*; **~lisme** (~'lism) Antialkoholismus *m*, Bekämpfung *f* des Alkoholgenusses.

anti|algique ⚕ (ɑ̃tial'ʒik) *adj.* schmerzstillend; **~allemand** (~al'mɑ̃) *adj.* [7] deutschfeindlich; **~artistique** (~artis'tik) *adj.* kunstfeindlich; **~-aveuglant** *Auto*: (~vœ'glɑ̃) *adj.* blendungsfrei, Blendschutz...

antiasthmatique *phm.* (~asma'tik) *adj. u. m* asthmaheilend(es Mittel *n*).

anti|biblique (~bib'lik) *adj.* bibelfeindlich; **~biotique** ⚕ (~bjɔ'tik) *m* Antibiotikum *n*, bakterientötendes Heilmittel *n*; **~bois** (~'bwa) *m* Scheuerleiste *f*; **~brouillard** *Auto* (~bru'ja:r) *m* Nebelschlucker *m*; **~buée** *Auto* (~'bɥe) *adj./inv.*: *dispositif m* ~ Scheibenwärmer *m*.

antichambre (~'ʃɑ̃:brə) *f* Vorzimmer *n*; *faire* ~ antichambrieren.

anti|char(s) ⚔ (~'ʃa:r) *adj.* Panzerabwehr...,Pak...; **~cholérique** (~kɔle'rik) *adj. u. m* gegen die Cholera wirkend(es Mittel); *gouttes f/pl.* ~*s* Choleratropfen *m/pl.*; **~chrétien** (~kre'tjɛ̃) *adj. u. su.* [7c] un-, antichristlich; Feind *m* des Christentums; **~christianisme** (~kristja'nism) *m* Feindschaft *f* gegen das Christentum.

antici|pant (ɑ̃tisi'pɑ̃) *adj.* [7] vorgreifend; **~pation** (~pɑ'sjɔ̃) *f* **1.** Vorausnahme *f*, Vorempfang *m*, ~ *de paiement* Vorausbezahlung *f*, Vorschuß *m*; **2.** Vorgriff *m*, Verfrühung *f*; Vorahnung *f*; Zukunftstraum *m*, Utopie *f*; ⚖ Eingriff *m* (*in Rechte*); **3.** *par* ~ vorgreifend, im voraus; **4.** *rhét.* Widerlegung *f* der möglichen Einwürfe des Gegners; **5.** *ast.* Vorrücken *n*.

anticiper (ɑ̃tisi'pe) [1a] **I** *v/t.* **1.** voraus-nehmen, -empfangen, -leisten; vorausahnen; *anticipé a. adj.* vorzeitig, voreilig, verfrüht; **II** *v/i.* **2.** ~ *sur ses revenus* seine Einkünfte im voraus ausgeben; ~ *les événements* den Ereignissen vorgreifen; **3.** ~ *sur les droits de q.* e-n Eingriff in j-s Rechte tun; **4.** *ast.* vorrücken.

anti|civique (~si'vik) *adj.* unbürgerlich; **~civisme** (~si'vism) *m* unbürgerliche Einstellung *f* (*od.* Gesinnung *f od.* Haltung *f*); **~clérical** (~kleri'kal) *adj.* kirchenfeindlich, antiklerikal, der Kirche feindlich; **~collision** (~kɔli'zjɔ̃) *adjt.*: ✈ *feux m/pl.* ~ Blink-, Warnlichter *n/pl.* (*e-s Flugzeugs*); **~communiste** (~kɔmy'nist) *adj. u. su.* antikommunistisch; Antikommunist *m*; **~conceptionnel** ⚕ (~kɔ̃sɛpsjɔ'nɛl) *adj.* [7c] empfängnisverhütend; **~constitutionnel** (~kɔ̃stitysjɔ'nɛl) *adj.* [7c] □ verfassungswidrig; **~cor** *phm.* (~'kɔ:r) *m* Hühneraugenmittel *n*; **~corps** (~'kɔ:r) *m* Antikörper *m* (*Virusimpfung*), Schutzstoff *m*, Abwehrstoff *m*; **~critique** (~kri'tik) **1.** *f* Gegenkritik *f*; **2.** *m* Gegenkritiker *m*; **~dartreux** (~dar'trø) *adj.* (haar)flechtenvertreibend; **~dater** (~da'te) *v/t.* [1a] vor-, rückdatieren; **~démocratique** (~demɔkra'tik) *adj.* undemokratisch; **~dérapant** (~dera'pɑ̃) *adj.* [7] *u. m autom.* rutschfest, das Gleiten *der Räder* verhindernd; Gleitschutz *m*; **~dote** (~'dɔt) *m* Gegengift *n*; *fig.* Schutzmittel *n* (*contre* gegen *acc.*); **~-éblouissant** (~eblui'sɑ̃) *adj.* [6d] *Auto*: blendungsfrei, Blendschutz...; **~écraseur** (~ekra'zœ:r) *m* Fangvorrichtung *f* vorn am Straßenbahnwagen *usw.*

antienne (ɑ̃'tjɛn) *f* kirchlicher Vor-, Wechsel-gesang *m*; *fig. chanter toujours la même* ~ *fig.* immer wieder das alte Lied singen, immer dasselbe wiederholen.

anti-étatique (ɑ̃tieta'tik) *adj.* staatsfeindlich.

anti-Etats-Unis *pol.* (~etazy'ni) *adj.*: *le courant* ~ die USA-feindliche Strömung *f*.

anti|fébrile (ɑ̃tife'bril) *adj. u. m u.* **~fébrine** (~fe'brin) *f* (Mittel *n*) gegen das Fieber; **~ferment** (~fɛr'mɑ̃) *m* Gärung *f* verhinderndes Mittel; **~galeux** (~ga'lø) *adj.* [7d] *u. m* die Krätze heilend(es Mittel); **~gangster** (~gɑ̃'stɛ:r) *adj.*: *radio f* ~ Sender *m* zur Bekämpfung von Verbrechern; **~gaz** (~'gɑ:z) *adj.* gegen Gase schützend; **~gel** (~'ʒɛl) **1.** *adj.* [7b] vereisungsverhindernd, Frostschutz...; **2.** *m* Frostschutz; (-mittel *n*) *m*; **~génique** ⚕ (~ʒe'nik) *adj.* antigen (*Virusimpfung*); **~gouvernemental** (~guvɛrnəmɑ̃'tal) *adj.* [5c] regierungsfeindlich; **~gréviste** (~gre'vist) *su.* Streikbrecher *m*; **~grisouteux** ⚒ (~grizu'tø) *adj.* [7d] schlagwetter-geschützt, -sicher; **~halo** *phot.* (~a'lo) *adj.* [6c] lichthoffrei; **~hygiénique** (~iʒje'nik) *adj.* gesundheitswidrig; **~juif** (~ʒɥif) *adj.* [7e] judenfeindlich.

antilope (ɑ̃ti'lɔp) *f* Antilope *f*.

antimilita|risme (~milita'rism) *m* Antimilitarismus *m*; **~riste** (~'rist) *adj. u. su.* antimilitaristisch; Antimilitarist *m*.

anti|missile ⚔ (~mi'sil) *adj.* Antiraketen...; **~mites** (~'mit) *adj.* [6c] mottentötend.

antimoine *min.* (~'mwan) *m* Antimon *n.*
antimonar|chique (~mɔnar'ʃɪk) *adj.* der Monarchie feindlich; **~chiste** (~'ʃist) *su.* Gegner *m* der Monarchie.
antinational (~nasjɔ'nal) *adj.* [5c] [antinational.]
antineutron *at.* (~nø'trɔ̃) *m* Antineutron *n.*
antinomie (~nɔ'mi) *f* (scheinbarer) [Widerspruch *m.*]
antinucléaire *at.* (~nykle'ɛ:r) *adj.* Strahlenschutz...
anti|ouvrier (ɑ̃tiuvri'e) *adj.* [7b] arbeiterfeindlich; **~pape** (~'pap) *m* Gegenpapst *m*; **~papisme** (~pa'pism) *m* Feindschaft *f* gegen das Papsttum; **~parasitage** *rad.* (~parazi'ta:ʒ) *m* Entstörung *f*, Störungsbeseitigung *f*, Störschutz *m*; **~parasite** *rad.* (~para'zit) *m* Störschutz *m*; **~parlementaire** (~parləmɑ̃'tɛ:r) *adj. u. su.* unparlamentarisch; Gegner *m* der Parlamente.
anti-parti (ɑ̃tipar'ti) *adj. inv.* parteifeindlich.
anti|pathie (~pa'ti) *f* Antipathie *f*, Widerwille *m*, natürliche Abneigung *f*; **~pathique** (~'tik) *adj.* zuwider, widerlich, antipathisch; Abneigung *f* erregend; **~patriotique** (~patriɔ'tik) *adj.* unpatriotisch.
anti|périodique (~perjɔ'dik) *adj.* Wechselfieber *n* heilend; **~péristaltique** *anat.* (~peristal'tik) *adj.* rückläufig; **~pestilentiel** (~pɛstilɑ̃'sjɛl) *adj.* [7c] gegen die Pest (wirkend).
anti|phrase (~'frɑ:z) *f* Antiphrase *f*; *par* ~ ironisch; **~phtisique** (~fti'zik) *adj. u. m* gegen die Schwindsucht wirkend(es Mittel); **~physique** (~fi'zik) *adj.* naturwidrig; **~pode** (~'pɔd) *m u. adj.* Antipode *m*; absolutes Gegenteil *n*; auf der anderen Hälfte der Erdkugel wohnend; **~polio(myélitique)** ⚕ (~pɔ'ljo[mjeli'tik]) *adj.*: *vaccin m* ~ Impfstoff *m* gegen die spinale Kinderlähmung; **~proportionnaliste** (~prɔpɔrsjɔna'list) *su.* Gegner *m* des Verhältniswahlverfahrens; **~protectionniste** (~prɔtɛksjɔ'nist) *adj. u. su.* gegen das Schutzzollsystem; Gegner *m* des Schutzzollsystems; **~proton** *at.* (~prɔ'tɔ̃) *m* Antiproton *n*; **~putride** (~py'trid) *adj.* fäulnishindernd.
anti|quaille (ɑ̃ti'kɑ:j) *f* alter Plunder *m*; **~quaire** (ɑ̃ti'kɛ:r) *m* Antiquitäten-, Kunst-händler *m.*
antique (ɑ̃'tik) **I** *adj.* □ alt, uralt; antik; nach der Weise der Alten; altertümlich; F veraltet; **II** *m* antike Kunst *f*; **III** *f* Antiquität *f*, alter Kunstgegenstand *m*; *~s pl.* Altertümer *n/pl.*
antiquité (ɑ̃tiki'te) *f* **1.** Altertum *n*, Vorzeit *f*; *d'une haute* ~ sehr alt; *de toute* ~ von alters her; **2.** Antike *f*, alte Welt *f*; **3.** Kunstwerk *n* des Altertums, antikes Stück *n*, antiker Gegenstand *m*; **4.** Altertümlichkeit *f*; *~s pl.* alte Denkmäler *n/pl.*; Antiquitäten *f/pl.*; *les ~s de Rome (d'Athènes)* die alten Denkmäler Roms (Athens); *magasin m d'*~ Antiquitätengeschäft *n.*
anti|rabique *vét.* (ɑ̃tira'bik) *adj.* die Tollwut *f* bekämpfend; **~racisme** (~ra'sism) *m* Rassenbekämpfung *f*; **~raisonnable** (~rɛzɔ'nablə) *adj.* □ vernunftwidrig; **~réglementaire** (~regləmɑ̃'tɛ:r) *adj.* □ satzungswidrig; **~religieux** (~rəli'ʒjø) *adj.* [7d] religionsfeindlich; **~républicain** (~repybli'kɛ̃) *adj.* [7] antirepublikanisch; **~révolutionnaire** (~revɔlysjɔ'nɛ:r) *adj.* antirevolutionär; **~rouille** (~'ruj) *adj. u. m* rostsicher; Rostschutz *m*; **~roulis** ⊕ (~ru'li) *adj./inv.* die Schlingerbewegung *f* verhindernd; **~sémite** (~se'mit) *adj. u. su.* antisemitisch; Antisemit *m*; **~sémitique** (~semi'tik) *adj.* antisemitisch; **~sémitisme** (~semi'tism) *m* Antisemitismus *m*; **~sepsie** (~sɛp'si) *f* Entkeimung *f*, Antisepsis *f*; **~septique** (~sɛp'tik) *adj. u. m* die Fäulniskeime tötend, antiseptisch(es Mittel); **~sociable** (~sɔ'sjablə) *adj.* ungesellig; *a. insociable*; **~social** (~sɔ'sjal) *adj.* [5c] asozial, unsozial, gesellschaftsfeindlich; **~spasmodique** (~spasmɔ'dik) *adj. u. m* krampfstillend(es Mittel); **~sportif** (~spɔr'tif) *adj.* [7e] sportfeindlich.
anti|strophe (ɑ̃ti'strɔf) *f* Gegengesang *m*; **~tétanique** ⚕ (~teta'nik) *adj.* gegen Starrkrampf wirkend; **~thermique** ⚕ (~tɛr'mik) *adj. u. m* fiebersenkend(es Mittel *n*); **~thèse** (~'tɛ:z) *f* Antithese *f*, Gegenüberstellung *f*, Gegensatz *m*; **~thétique** (~te'tik) *adj.* gegensätzlich; **~toxine** (~tɔk'sin) *f* Gegengift *n*; **~tuberculeux**

(~tybɛrky'lø) *m* Tuberkuloseserum *n*; **~-typhoïde** (~tifɔ'id) *adj.* Typhusbazillen abtötend; **~vénéneux** (~vene'nø) *adj.* [7d] Gegengift...; **~vol** ⊕ (~'vɔl) *m* Einbruchssicherung *f*.

antony|me (ɑ̃tɔ'nim) *m* (*a. adj.*) entgegengesetzt(er Begriff *m*), Antonym *n*; **~mie** (~ni'mi) *f* Gegenüberstellung *f v. Worten entgegengesetzten Sinnes*.

antre ('ɑ̃:trə) *m* Höhle *f*; *fig.* Schlupfwinkel *m*, Spelunke *f*; ~ *du lion* Höhle *f* des Löwen.

anurie (any'ri) *f* Harnzwang *m*.

anus ⚕ (a'nys) *m* After *m*.

Anvers (ɑ̃'vɛ:r) *m* Antwerpen *n*.

anversois (ɑ̃vɛr'swa) *adj.* (*a.* ♀ *su.*) [7] aus Antwerpen.

anxiété (ɑ̃ksje'te) *f* Angst *f*, Bangen *n*, innere Unruhe *f*.

anxieux (ɑ̃'ksjø) *adj.* [7d] ängstlich.

aorte (a'ɔrt) *f* (*a. adj.*: *artère f* ~) Aorta *f* (*große Puls-, Schlag-ader*).

août (u, ut) *m* August *m*; *à la mi-*~ Mitte August.

aoûter ([a]u'te) [1a] **1.** *v/t.* zum Reifen bringen; **2. s'~** reifen.

aoûteron ([a]u'trɔ̃) *m* Schnitter *m als Tagelöhner*.

Apache (a'paʃ) *m* **1.** *les* ~*s* die Apachen (*Indianerstamm*); **2.** ♀ Messerheld *m*, Rowdy *m*, Strolch *m*.

apai|sement (apɛz'mɑ̃) *m* Beruhigung *f*, Besänftigung *f*, Beschwichtigung *f*; Befriedigung *f*; **~ser** (apɛ'ze) *v/t. u. v/rfl.* **s'~** [1b] (sich) beruhigen, besänftigen, beschwichtigen, versöhnen, *j-s Sinn, Herz* befrieden; *Durst* stillen; *Schmerz* lindern; *Streit* schlichten; *le vent s'apaise* der Wind legt sich; **~seur** *oft péj.* (~'zœ:r) *m* Versöhnler *m*.

apanage (apa'na:ʒ) *m* **1.** *hist.* Leibgedinge *n*; **2.** *fig.* Erbe *n*; Folgen *f/pl.*; Schicksal *n*.

aparté (apar'te) **I** *adv.*: *en* ~ unter sich, beiseite; **II** *m thé.* Selbstgespräch *n*; *allg.* intimes Gespräch *n*.

apartheid *pol.* (aparte'id) *m* Apartheid *f*.

à partir de (a par'ti:r də) *prp.* (*zeitlich u. örtlich*) von ... ab; von ... an; *à partir de demain* von morgen ab; *à partir de là a. fig.* unter dieser (diesen) Voraussetzung(en).

apatrid|e (apa'trid) *adj.* staatenlos; **~ie** (~'di) *f* Staatenlosigkeit *f*.

apa|thie (apa'ti) *f* Apathie *f*, Leidenschafts-, Gefühl-losigkeit *f*; Unempfindlichkeit *f*; Gleichgültigkeit *f*; **~thique** (~'tik) *adj.* apathisch, unempfindlich, gefühllos, teilnahmslos, abgestumpft, gleichgültig.

apepsie (apɛp'si) *f* Verdauungsstörung *f*, Dyspepsie *f*.

apercep|tibilité (apɛrsɛptibili'te) *f* Apperzeptions-, Wahrnehmungsfähigkeit *f*; **~tible** (~'tiblə) *adj.* wahrnehmbar, faßlich, bemerkbar; **~tif** (~'tif) *adj.* [7e] wahrnehmungsfähig; **~tion** (~'sjɔ̃) *f* Wahrnehmung *f*.

apercevable (apɛrsə'vablə) *adj.* wahrnehmbar.

apercevoir (~'vwa:r) [3a] **I** *v/t.* (*sensorisch, unbewußt, flüchtig*) erblikken, wahrnehmen, bemerken, entdecken; ⚓, ✈ sichten; **II** *v/rfl.* **s'~** (*rational, bewußt, plötzlich*) feststellen, gewahr werden, merken; *vgl. s'approcher* III.

aperçu (~'sy) *m* **1.** Übersicht *f*, kurzer Überblick *m*, kurzgefaßte Darstellung *f*; ~ *des frais* Kostenüberschlag *m*; **2.** ~*s pl.* Ideen *f/pl.*, Einfälle *m/pl.*, Bemerkungen *f/pl*.

apéritif (aperi'tif) **I** *adj.* [7e] appetitanregend; den Appetit erregend; **II** *m* Aperitif *m*, Likör *m od.* Schnaps *m*, der den Appetit anregt; Appetitanreger *m*; *l'heure f de l'*~ die Zeit *f* vor dem Abendessen.

apéro P (ape'ro) *m abr. für apéritif* (*s. dort*).

apesanteur *phys.* (apəzɑ̃'tœ:r) *f* Schwerelosigkeit *f*.

apétale ♀ (ape'tal) *adj. u. f* blumenblattlos; (*fleurs f/pl.*) ~*s* Kelchblumen *f/pl*.

apetisser (ap[ə]ti'se) *v/t.* kleiner machen, kleiner erscheinen lassen.

à peu près (a pø 'prɛ) **I** *advt.* beinahe, ungefähr; **II** *m/inv.* *l'à peu près* das Ungefähre *n*, die halbe Sache *f*; *répondre par des à peu près* nur halb beantworten, nur halbe Antworten geben.

apeuré (apœ're) *adj.* eingeschüchtert, furchtsam.

aphasie ⚕ (afa'zi) *f* Verlust *m* der Sprache.

aphélie *ast.* (afe'li) *m* Sonnenferne *f*.

aphide *ent.* (a'fid) *m* Pflanzenlaus *f*.

apho|ne ⚕ (a'fɔn) *adj.* ohne Stimme, stimmlos, völlig heiser; **~nie** ⚕ (~'ni) *f* Stimmlosigkeit *f*.

aphoris|me (afɔ'rism) *m* Aphorismus *m*, Sinnspruch *m*; **~tique** (~ris'tik) *adj.* ☐ aphoristisch.

aphrodisiaque ⚕ (afrɔdi'zjak) *adj.*

den Geschlechtstrieb erregend.
aphte (aft) *m* Mundfäule *f*.
aphteux (af'tø) *adj.* [7d] an Mundfäule leidend; *fièvre aphteuse* Maul- u. Klauen-seuche *f*.
aphylle ♀ (a'fil) *adj.* blattlos.
apiaires *ent.* (a'pjɛ:r) *m/pl.* honigbereitende Insekten *n/pl.*
à-pic (a'pik) *m/inv.* Abschüssigkeit *f*, Steilheit *f*.
apical ♀ (api'kal) *adj.* [5c] gipfelständig.
apicole (~'kɔl) *adj.* Bienenzucht betreffend.
apicule ♀ (~'kyl) *m* Spitzchen.
apicul|teur (apikyl'tœ:r) *m* Bienenzüchter *m*, Imker *m*; **~ture** (~'ty:r) *f* Bienenzucht *f*.
apiéceur (apje'sœ:r) *su.* [7g] Stückarbeiter *m* (*in der Schneiderei*).
apitoiement (apitwa'mɑ̃) *m* Bemitleiden *n*; ~ *sur soi-même* Selbstbemitleidung *f*.
apitoyer (apitwa'je) [1h] **I** *v/t.* zum Mitleid bewegen; **II s'~** *sur q.* j-n bemitleiden.
aplaner ⊕ (apla'ne) *v/t.* ab-, ausschlichten; glätten.
apla|nir (apla'ni:r) [2a] **I** *v/t.* einеb(e)nen, planieren; *fig.* schlichten, beseitigen, aus dem Wege räumen; **II** *v/rfl.* *s'~* eben werden (*a. fig.*); **~nissement** (~nis'mɑ̃) *m* Einebnen *n*, Planierung *f*; *fig.* Schlichtung *f*, Beseitigung *f*.
apla|tir (apla'ti:r) [2a] **I** *v/t.* abplatten, platt schlagen, breit drükken; *fig.* F ducken, kleinkriegen; ~ *les cheveux* sich die Haare glattstreichen; **II** *v/rfl.* *s'~* platt werden; sich ducken, *fig.* vor j-m kriechen; **~tissement** (~tis'mɑ̃) *m* **1.** Plattmachen *n*, -werden *n*; Abplattung *f der Erde*; **2.** *fig.* Erniedrigung *f*, Schwächung *f*; **~tisserie** ⊕ (~tis'ri) *f* Streckhammerwerk *n*; **~tissoir(e** *f*) *m* (~tis'wa:r) Streckhammer *m*.
aplomb (a'plɔ̃) *m* **1.** senkrechte Stellung *f*; Gleichgewicht *n*; *prendre l'~* (ab)loten; **2.** *fig.* Sicherheit *f im Auftreten*, Festigkeit *f*; Zuversicht *f*; Dreistigkeit *f*; *perdre l'~* kleinlaut werden; **3.** *advt.* *être d'~* lotrecht sein, senkrecht stehen; *fig.* rüstig sein, auf dem Damm (*od.* auf der Höhe) sein; *mettre d'~* ins Gleichgewicht setzen.
apocalyptique (apɔkalip'tik) *adj.* apoka'lyptisch; *fig.* dunkel, geheimnisvoll, rätselhaft.
apocryphe (~'krif) **I** *adj.* unecht; unglaubwürdig; **II** *m* unechte Schrift *f*, *bsd. bibl.* *~s pl.* Apokryphen *n/pl.*
apode (a'pɔd) *adj. zo.* fußlos; ♀ ungestielt.
apodictique (apɔdik'tik) *adj.* apodiktisch, unbestreitbar.
apogée (apɔ'ʒe) *m* (*auch adj.*) **1.** *ast.* Kulminationspunkt *m*, größte Erdferne *f*; *la lune est (à son)* ~ ist in seiner größten Erdferne; **2.** *fig.* Höhepunkt *m*, Gipfel *m*; *il est à l'~ de la gloire* er steht auf dem Gipfel des Ruhmes.
apoli|tique (apɔli'tik) *adj.* unpolitisch, parteilos; **~tisme** (~'tism) *m* Parteilosigkeit *f*.
apolo|gétique (apɔlɔʒe'tik) **I** *adj.* □ rechtfertigend; **II** *f*: *l'~ chrétienne* Lehre *f* von der Verteidigung des Christentums; **~gie** (~'ʒi) *f* Verteidigungs-rede *f*, -schrift *f*, Apologie *f*; *faire son ~* sich verteidigen; **~gique** (~'ʒik) *adj.* rechtfertigend; **~giste** (~'ʒist) *su.* Verteidiger *m*, Apologet *m*; *fig.* Ehrenretter *m*.
apologue (apɔ'lɔg) *m* Gleichnis *n*, (Lehr-)Fabel *f*.
apophtegme 🕮 (apɔf'tɛgm) *m* Kernspruch *m*, Sentenz *f*; *ne parler que par ~s* nur Sinnsprüche im Munde führen.
apophyse *anat.* (apɔ'fi:z) *f* Knochenfortsatz *m*, Überbein *n*.
apo|plectique ⚕ (apɔplɛk'tik) *adj. u. su.* zum Schlagfluß neigend(e Person *f*); **~plexie** ⚕ (~plɛk'si) *f* **1.** Schlag(fluß *m*) *m*; *attaque f d'~* Schlaganfall *m*, Apoplexie *f*; ~ *foudroyante* jäher Schlag; *être frappé d'~*, *tomber en ~* vom Schlage gerührt werden.
aposta|sie (apɔsta'zi) *f* Abtrünnigkeit *f*; **~sier** (~'zje) *v/i.* [1a] abtrünnig werden.
apostat *rl.* (apɔs'ta) **I** *adj.* abtrünnig; *fig.* verräterisch; **II** *m* Abtrünniger *m*.
aposter *péj.* (apɔs'te) *v/t.* [1a] auf die Lauer stellen.
à posteriori (apɔsterjɔ'ri) *advt.* aus der Erfahrung geschöpft; *fig.* hinterdrein, hinterher.
apos|tille (apɔs'tij) *f* (*befürwortende*) Randbemerkung *f*; **~tiller** (~sti'je) *v/t.* [1a] eine Bittschrift durch einen Zusatz empfehlen; **~tolat** (~stɔ'la) *m* **1.** Apostelamt *n*; **2.** *fig.* Ausbreitung *f* einer Lehre; Sendung *f*; **~tolicité** (~stɔlisi'te) *f* Übereinstimmung *f* mit der Lehre

der Apostel; **~tolique** (~stɔ'lik) *adj.* □ **1.** apostolisch, der Lehre der Apostel gemäß; **2.** *fig.* vie *f* ~ heiliges Leben *n*; zèle *m* ~ reger Eifer *m*; **3.** siège *m* ~ päpstlicher Stuhl *m*.

apostro|phe (apɔs'trɔf) *f* **1.** Apostroph *m*, Auslassungszeichen *n*; **2.** *fig.* plötzliche Anrede *f*, Verweis *m*; Anpfiff *m* P; **~pher** (~strɔ'fe) [1a] **I** *v/t.* **1.** sich in s-r Rede plötzlich *an j-n od. etw.* wenden; **2.** *j-n* hart anfahren F *od.* anschnauzen P; ~ *q. d'un soufflet* j-m eine Ohrfeige verabreichen; **3.** apostrophieren, mit einem Apostroph versehen; **II** *v/rfl.* s'~ sich beschimpfen.

apothéose (apɔte'o:z) *f* Vergötterung *f*; *fig.* große Ehrenbezeigungen *f/pl.*; *faire l'~ de q.* j-n bis in den Himmel erheben.

apothicaire (apɔti'kɛ:r) *m nur noch in*: *compte m d'~* Apothekerrechnung *f*.

apôtre (a'po:trə) *m* **1.** Apostel *m*; *le symbole m des ~s* apostolisches Glaubensbekenntnis *n*; **2.** *fig.* Verfechter *m od.* Verbreiter *m e-r Lehre.*

apparaître (apa'rɛ:trə) *v/i.* [4z] (*avoir bzw. être*) (*plötzlich u. unerwartet*) zum Vorschein kommen *od.* erscheinen, plötzlich sichtbar werden; sich zeigen, sich herausstellen; (*Krankheit*) auftreten.

appa|rat (apa'ra) *m* **1.** Pomp *m*, Prunk *m*; *discours m d'~* pomphafte Rede *f*; *typ. lettres f/pl. d'~* verzierte Initialen *pl.*; **2.** Prahlerei *f*; *faire grand ~ de* viel Aufhebens (*od.* Wesens) machen von; **3.** große Vorbereitung *f*; **~raux** (apa'ro) *m/pl.* Schiffs-, Turn-gerät *n*; **~reil** (~'rɛj) *m* **1.** Apparat *m*; Gerät *n*, Instrument *n*; Vorrichtung *f*; ✈ Flugzeug *n*; △ Mauerverband *m*; *phot.* ~ *box* Boxkamera *f*; ~ *de radio* (*od.* de *T.S.F.*) Rundfunkgerät *n*; Radioapparat *m*; ~ *de télévision* Fernsehgerät *n*; ~ *récepteur*, ~ *de réception rad.* Empfangsgerät *n*, Empfänger *m*; ~ *transmetteur*, ~ *de transmission* Sendegerät *n*, Sender *m*; ~ *à alimentation par le secteur* Netzanschlußgerät *n*; *phot.* ~ *miniature* Kleinbildkamera *f*; ~ *à miroir* Spiegelreflexkamera *f*; ~ *pliant* Klappkamera *f*; *cin.* ~ *de prise de vues* Aufnahmegerät *n*; ~ *déclencheur* Auslösevorrichtung *f*; ~ *enregistreur* Meßinstrument *n*; ~ *de radiothérapie* ⚡ ⚕ Höhensonne *f* (*zur Bestrahlung*); *phot.* ~ *grossissant pour la photographie* photographischer Vergrößerungsapparat *m*; ⚡ ~ *de tension anodique* Anodengleichrichter *m*; ~ *de haute* (*basse*) *fréquence* Hoch-(Nieder-)frequenzgerät *n*; ~ *déclencheur* Auslösevorrichtung *f*; ~ *à oxygène* Sauerstoffapparat *m*; ~ *à souder* Schweißapparat *m*, Lötkasten *m*; ~ *frigorifique*, ~ *à refroidir* Kühlapparat *m*; ~ *d'arrosage* (*pour gazons*) Rasensprenger *m*; ~ *d'éclairage* Beleuchtungskörper *m*; ~ *d'enregistrement* Aufnahmeapparat *m* (*für Sprechmaschinen*); ~ *téléphonique système sélecteur* Selbstanschlußapparat *m*; ~ *respiratoire* ~ *de respiration* Atmungsgerät *n*; ✈ ~ *d'essai* (*de guerre*) Versuchs-(Kriegs-)flugzeug *n*; ~ *de chasse* Jagdflugzeug *n*; ⚔ ~ *fumigène* Nebengerät *n*; ~ *frappeur* Klopfgerät *n*; ~ *de lubrification* Schmiervorrichtung *f*; *phot.* ~ *à tirer les bleus* Lichtpausapparat *m*; *cin.* ~ *de projection cinématographique* (Kino-)Vorführungsapparat *m*; ⚡ ~ *d'électricité médicale* Heilgerät *n*; ~ *à signaux* Signalapparat *m*; ~ *de sauvetage* Rettungsapparat *m*; ~ *d'arrêt* Abstellvorrichtung *f*; **2.** *anat.* ~ *circulatoire*, ~ *digestif* Gefäß-, Verdauungs-system *n*; ~ *respiratoire*, ~ *vocal* Atmungs-, Stimm-werkzeug *n*; **3.** ⚕ Verband *m*; ~ *plâtré* Gipsverband *m*; *mettre* (*lever*) *l'~* den Verband anlegen (abnehmen); **4.** Schiffs-, Turngerät *n*; **5.** Vorbereitung *f* zu e-m Fest *usw.*; **6.** † Pomp *m*, Prunk *m*; Tracht *f*; **~reillage** (aparɛ'ja:ʒ) *m* ⚓ Segelfertigmachen *n*; ⚡ Zubehör *n*; ~ *électrique* Elektrogeräte *n/pl.*; ⊕ ~ *de roulement* Fahrantrieb *m* (*e-s Krans*); **~reillement** (~rɛj'mɑ̃) *m* Zusammenjochen *n*; Paaren *n*; **~reiller** (~rɛ'jɛ) [1a] **I** *v/t.* **1.** paarweise zusammentun; **2.** zurichten, zubereiten; ~ *une ancre* e-n Anker zum Fallen klar machen; **3.** sortieren, zusammenpassen; **4.** *physiol.* paaren; **II** *v/i.* sich segelfertig machen; **III** *v/rfl.* s'~ *avec q.* sich mit seinesgleichen vereinigen; *physiol.* sich paaren; **~reilleur** (~rɛ'jœ:r) *m* Rohrleger *m*, Installateur *m*; △ Steinmetz *m*.

appa|remment (apara'mɑ̃) wahrscheinlich; offenbar, allem Anschein nach, anscheinend, scheinbar; **~rence** (~'rɑ̃:s) *f* **1.** äußerer Schein *m*, Anschein *m*; Äußere(s) *n*; *à en juger sur l'~* dem Ansehen nach zu urteilen; *selon les ~s* dem Anschein nach; *sauver les ~s* den Schein wahren; *ce chaos n'est qu'~* dieses Chaos ist nur äußerlich; *advt. en ~* scheinbar; **2.** Spur *f*; *pas l'~ de* keine Spur von; **3.** Wahrscheinlichkeit *f*; *contre les ~s* gegen alle Wahrscheinlichkeitsrechnung; **~rent** (~'rɑ̃) *adj.* [7] **1.** augenscheinlich, sichtbar, offensichtlich; **2.** ansehnlich, hervorstechend; angesehen, vornehm; ansehnlich; **3.** scheinbar; *mort ~e* Scheintod *m*.

apparent|age (aparɑ̃'ta:ʒ) *m* Verschwägerung *f*; **~er** (~rɑ̃'te) [1a] **I** *v/t. j-n* durch Heirat in eine Familie bringen; *apparenté* verwandt, verschwägert; *ohne prp. gebraucht*: *nous sommes apparentés* er (sie) ist (sind) mit mir (uns) verwandt; *être bien apparenté* reiche *od.* angesehene Verwandte haben; *mit prp.*: *il est apparenté aux plus riches familles du pays* er ist mit den reichsten Familien des Landes verwandt; **II** *v/rfl. s'~* sich verschwägern; sich politisch verbünden.

appar|iement (apari'mɑ̃) *m* Paarung *f*; *~s pl. d'écoles* Schulpatenschaften *f/pl.*; **~ier** (~r'je) *v/t.* [1a] paaren.

appari|teur (~ri'tœ:r) *m* Gerichtsdiener *m*; *Universität*: Pedell *m*, Hausmeister *m*; (Bibliotheks-)Gehilfe *m*; **~tion** (~ri'sjɔ̃) *f* **1.** Erscheinung *f*; Erscheinen *n*; Auftreten *n* (*Krankheit*); **2.** kurzer Aufenthalt *m*; **3.** Gespenst *n*, Spuk *m*.

appartement (apartə'mɑ̃) *m* Wohnung *f*; *~ à vendre* Eigentumswohnung *f*.

apparte|nance (~'nɑ̃:s) *f* Zugehörigkeit *f*; Mitgliedschaft *f*; *pl.* *~s* ⚖ Zubehör *n*, Pertinenzien *f/pl.*; **~nant** (~'nɑ̃) *adj.* [7] zugehörig; **~nir** (~'ni:r) [2h] **I** *v/i.* (*à*) **1.** gehören; **2.** eigen sein, zukommen; **3.** angehören, verwandt sein mit; **II** *v/imp.* **4.** *il lui appartient de ...* es kommt ihm zu, zu ...; **5.** ⚖ *ainsi qu'il appartiendra* nach Form Rechtens; *à tous ceux qu'il appartiendra* allen, die es angeht, allen Beteiligten; **III** *v/rfl. s'~* sein eigener Herr sein.

appas (a'pɑ) *m/pl.* weibliche Reize *m/pl.*; *fig.* Verlockung *f*; *les ~ de la gloire* die Verlockungen *f/pl.* des Ruhmes.

appât (~) *m* **1.** Lockspeise *f*, Köder *m* (*a. fig.*); *offrir un ~ à q.* j-m e-n Köder hinwerfen; **2.** *fig.* Verlockung *f*.

appâter (apa'te) *v/t.* [1a] **1.** anlocken; **2.** füttern, *Gänse* nudeln, stopfen; **3.** *fig.* verlocken.

appau|vrir (apo'vri:r) [2a] **I** *v/t.* arm machen; ⚕ aussaugen; *Blut* wässerig machen; **II s'~** arm werden, verarmen; verelenden; **~vrissement** (~vris'mɑ̃) *m* Verarmung *f*, Verelendung *f*, Arm-machen *n*, -werden *n*; *~ du sang* Blutarmut *f*.

appeau (a'po) *m* [5b] Lock-pfeife *f*, -vogel *m*.

appel (a'pɛl) *m* **1.** Anrufen *n*, Ruf *m*, Zuruf *m*; Signal *n*; *~ (téléphonique)* (Telefon-)Anruf *m*; *téléph. ~ urgent* Notruf *m*; ✝ *~ d'ordre* (*od. d'offre*) Ausschreibung *f*; staatlicher Auftrag *m*; *~ radio* Funkspruch *m*; *~ suprême* letzter Notschrei *m*; *faire ~ à q.* sich an j-n wenden; zurückgreifen auf; *faire ~ à ses souvenirs* sich besinnen; **2.** Aufrufen *n*, Appell *m*; *faire l'~* die Namen verlesen; *faire l'~ des témoins* die Zeugen aufrufen; **3.** Signal *n*; *signal m d'~ rad.* Rufzeichen *n*; *battre (sonner) l'~* Appell schlagen (blasen); **4.** Aufforderung *f*; ⚖ *~ en cause* Aufforderung *f* zur Teilnahme an e-m Prozeß; ⚔ Aufgebot *n*; *ordre m d'~* Einberufungsbefehl *m*; *~ aux armes* Aufruf *m* zu den Waffen; *~ au peuple* Aufruf an das Volk; *faire l'~ de la dernière classe* den letzten Jahrgang aufbieten; *répondre à l'~* sich stellen; **5.** ✝ *~ (de fonds)* Aufforderung *f* zur Nachzahlung; **6.** ⚖ Berufung *f*; *cour f d'~* Appellationsgericht *n*; *demandeur m en ~* Berufungskläger *m*, Appellant *m*; *se pourvoir en ~ od. interjeter ~ contre, od. faire ~ de* Berufung *f* einlegen gegen (*acc.*); **7.** ⊕ *~ d'air* Luftzug *m*, Schornsteinzug *m* (*im Ofen*).

appelable ⚖ (a'plablə) *adj.* anfechtbar.

appelant [7] (a'plɑ̃) **I** *adj.* ⚖ appellierend; **II** *su.* ⚖ Appellant *m*; *se rendre ~* (*od. se porter pour ~*) Berufung *f* einlegen.

appelé (a'ple) *su.* **1.** Berufene(r) *m*, Befugte(r) *m*; Nacherbe *m*; **2.** einberufener Soldat *m*.

appeler (a'ple) [1c] **I** *v/t.* **1.** (herbei-)rufen; *téléph.*: ~ *q.* (*au téléphone*) j-n anrufen; ~ *les numéros* die Nummern ausrufen (*z.B. die der Pariser Busplatzkarten*); ~ *q. à son secours* j-n zu Hilfe rufen; ~ *l'attention de q. sur qc.* j-n auf et. aufmerksam machen; **2.** nennen; ~ *les choses par leur nom od. appeler un chat un chat* das Kind bei seinem rechten Namen nennen, kein Blatt vor den Mund nehmen; **3.** *bsd.* ⚖ vorladen, zitieren; ⚔ einberufen; ~ *en justice* vor Gericht laden; ~ *q. en témoignage* j-n als Zeugen vorladen; **4.** (heraus)fordern; ~ *q. en duel* j-n zum Duell herausfordern; **5.** berufen; *être appelé à une chaire* einen Ruf als Professor erhalten; *se sentir appelé à qch.* sich zu etw. (*dat.*) berufen fühlen; *beaucoup d'appelés, peu d'élus* viele sind berufen, aber wenige sind auserwählt; **6.** ~ *sur q. les bénédictions* (*la vengeance*) *du ciel* die Segnungen (die Rache) des Himmels auf j-n herabrufen; **7.** erfordern, nach sich ziehen, in Anspruch nehmen; **II** *v/i.* **8.** ~ *au secours* um Hilfe rufen; **9.** ⚖ (*en*) ~ *d'une décision* (*od. d'un jugement*) gegen e-e Entscheidung (*od.* gegen ein Urteil) appellieren, Berufung einlegen; *j'en appelle* dagegen verwahre ich mich; **10.** *en* ~ *à* ... appellieren an (*acc.*); sich berufen auf; *j'en appelle à votre générosité* ich appelliere an Ihre Freigebigkeit; *j'en appelle à votre témoignage* ich berufe mich auf Ihre Zeugenaussage; **III s'**~ heißen, sich nennen; *comment vous appelez-vous?* wie heißen Sie?; *je m'appelle* ... ich heiße ...

appella|tif (apɛla'tif) *adj.* [7e]: *nom* ~ Gattungsname *m*; **~tion** (apɛlɑ'sjɔ̃) *f* **1.** Benennung *f*; ✝ Herkunftsbezeichnung *f*; *Wein*: ~ *contrôlée* Qualität *f* kontrolliert; **2.** ⚖ (*nur noch in erstarrten Redewendungen*) Berufung *f*, Appellation *f*.

appen|dant ⚘ (apɑ̃'dɑ̃) *adj.* [7] anhängend; **~dice** (apɛ̃'dis) *m* Anhang *m*; Nachtrag *m*; Ansatz *m*, Fortsatz *m*; ~ *vermiforme od. vermiculaire* Wurmfortsatz *m am Blinddarm*; F Blinddarm *m*; **~dicite** (apɛ̃di'sit) *f* Blinddarmentzündung *f*; **~diculaire** (apɛ̃diky'lɛ:r) *adj.* ⚘ gelappt; ansatzähnlich; *crise f* ~ Anfall *m* von Blinddarmentzündung.

appentis (apɑ̃'ti) *m* Wetter-, Schutz-, Vor-dach *n*; angebauter Schuppen *m*.

appert (a'pɛ:r) *v/i. nur noch* ⚖: *il* ~ *que* ... es geht daraus hervor, daß ...

appesan|tir (apəzɑ̃'ti:r) *v/t. u.* **s'**~ [2a] schwer (*fig.* schwerfällig) machen *od.* werden; s'~ *sur* schwer lasten auf (*acc.*), lang und breit (*od.* endlos) reden über (*acc.*); *ses paupières commencent à s'*~ die Augen fallen ihm zu; **~tissement** (~tis'mɑ̃) *m* Schwere *f*, Schwerfälligkeit *f*; *fig.* Trägheit *f*.

appé|tence (ape'tɑ̃:s) *f* Naturtrieb *m*, Instinkt *m*, instinktmäßige Begierde *f*; *phys.* Streben *n*; **~ter** (~'te) *v/t.* [1f] instinktmäßig begehren, verlangen nach; **~tibilité** (~tibili'te) *f* Begehrlichkeit *f*; **~tible** (~'tiblə) *adj.* begehrenswert; **~tissant** (~ti'sɑ̃) *adj.* [7] appetitlich; **~tit** (~'ti) *m* **1.** Appetit *m*; *avoir de l'*~, *avoir bon* ~ Appetit haben; *n'avoir pas d'*~ keinen Appetit haben; *se sentir de l'*~ Appetit bekommen; *vous sentez-vous de l'*~*?* bekommen Sie Appetit?; *manger de bon* ~ mit großem Appetit essen; *bon* ~*!* guten Appetit!; **2.** Begierde *f*, Sucht *f*, Verlangen *n*; **~titif** *phil.* (~ti'tif) *adj.* [7e] begehrend, verlangend; **~tition** *phil.* (~ti'sjɔ̃) *f* Begehren *n*, Verlangen *n*.

applau|dir (aplo'di:r) [2a] **I** *v/i.* **1.** Beifall klatschen, Applaus spenden; **2.** ~ *à qc.* etw. gutheißen; e-r Sache zustimmen; ~ *à un projet* (*à une proposition*) e-m Plan (e-m Vorschlag) zustimmen; **II** *v/t.* **3.** ~ *q.* j-m (*dat.*) applaudieren, j-m (*dat.*) Beifall spenden; ~ *une pièce* e-m Stück Beifall spenden; **III** *v/rfl.* **s'**~ **4.** s'~ *de* sich freuen über, froh (*od.* stolz) sein (*etw. getan zu haben*); **~dissement** (~dis'mɑ̃) *mst. im pl. m* Applaus *m*, Beifallsklatschen *n*, -ruf *m*, Beifall *m*; **~disseur** (~di'sœ:r) *m* Applaudierende(r) *m*.

applica|bilité (aplikabili'te) *f* Anwendbarkeit *f*; **~ble** (~'kablə) *adj.*: ~ *à* anwendbar auf (*acc.*), tauglich zu; ~ *en l'espèce* einschlägig; **~tion** (~kɑ'sjɔ̃) *f* **1.** Auflegen *n*, Auftragen *n*, Anbringung *f*, Aufdrücken *n e-s Siegels*; **2.** *Stickerei*:

Applikation(sarbeit *f*) *f*, Besatz *m*; **3.** Anwendung *f*, Verwendung *f e-r Summe*; ⊕ Verwendungsmöglichkeit *f*; ⚖ *en ~ de* in Anwendung von; *par ~ de* gemäß (*dat.*); *pour l'~ du présent protocole* im Sinne dieses Protokolls; **4.** Fleiß *m*; Aufmerksamkeit *f*; *avoir de l'~ à l'étude* sehr fleißig studieren; **5.** *point m d'~* Angriffspunkt *m*, Kraftpunkt *m*; **6.** *pl. ~s* angewandte Übungen *f/pl.*

appli|que (a'plik) *f* **1.** Einlegestück *n*, Einsatzplatte *f*; **2.** Arm-, Wandleuchter *m*.

appliqué (apli'ke) *adj.* fleißig; ⚗, *gr. usw.* angewandt; *à grands pas ~s* mit emsigen Riesenschritten; *il dormait de ce sommeil ~ qui est l'indice d'une conscience pure* er hatte jenen festen Schlaf, der das Zeichen e-s reinen Gewissens ist; **~quer** (~) [1m] **I** *v/t.* **1.** auflegen, anlegen, anlehnen, heranbringen; ansetzen; auftragen; aufdrücken; *~ le sceau* das Siegel aufdrücken; *~ q. à la question* j-n auf die Folter spannen; **2.** F *~ une gifle* (P *une taloche*) *à q.* j-m e-e Ohrfeige hauen, j-m eine runterhauen (*od.* schallern *od.* knallen *od.* kleben *od.* langen); **3.** anwenden; *~ une loi* ein Gesetz anwenden; *mathématiques appliquées* angewandte Mathematik; **4.** *fig. ~ son esprit à qc.* sich e-r Sache befleißigen; **5.** anpassen, anbringen; **6.** ⚗ *in e-e Figur* eintragen; **II** *v/rfl.* *s'~* **7.** genau anliegen *od.* passen; **8.** sich anwenden lassen; **9.** *s'~ qch. à soi-même* etw. auf sich beziehen; **10.** *s'~ à qch.* sich e-r Sache (*dat.*) widmen *od.* hingeben; sich e-r Sache (*gén.*) befleißigen; *s'~ à faire qch.* es sich angelegen sein lassen *od.* sich befleißigen, etw. zu tun.

appoint † (a'pwɛ̃) *m* **1.** Ergänzungssumme *f*, Zuschuß *m*, Rest *m*; *faire l'~* die Summe ergänzen *od.* vollmachen; das Geld abgezählt bereit halten; *monnaie d'~* kleines Wechselgeld *n*; **2.** Saldo *m*; *par ~* per Saldo; **3.** *fig.* Beitrag *m*, Hilfe *f*; **4.** ⊕ zusätzliche Förderleistung *f*.

appointage (apwɛ̃'ta:ʒ) *m* Spitzen *n*, Anspitzung *f*; ⊕ letzte Walke *f*.

appoin|té (~'te) **I** *p.p. u. adj.* **1.** besoldet; **2.** ⚖ *cause ~e* auf weiteren Bescheid ausgesetzte Angelegenheit; **II** *m* ⚔ Gefreiter *m*; **~tements** (~t'mɑ̃) *m/pl.* Gehalt *n*; *~ des fonctionnaires* Beamtengehälter *n/pl.*; *toucher des ~* Gehalt beziehen; **~ter** (~'te) *v/t.* [1a] **1.** ⚖ Bescheid geben; **2.** besolden; **3.** ⊕ die letzte Walke geben; **4.** (*Bleistift*) anspitzen; **~tir** (~'ti:r) *v/t.* [2a] *Bleistift* spitzen F; *besser sagt man*: *appointer.*

appont|age ✈ (apɔ̃'ta:ʒ) *m* Landung *f* (*auf e-m Flugzeugträger*); *miroir m d'~* Landungsspiegel *m*; **~ement** (~t'mɑ̃) *m* Landungsbrücke *f*; **~er** ✈ (~'te) *v/i.* [1a] auf e-m Flugzeugträger landen.

apport (a'pɔ:r) *m* **1.** ⚖ gerichtliche Hinterlegung *f*; *acte m d'~* Hinterlegungsschein *m*; **2.** Eingebrachtes *n* in die Ehe, Heiratsgut *n*; **3.** † Einlage *f* (*in ein Geschäft*), Einschuß *m*, eingelegtes Vermögen *n*; **4.** *a.* † Zufuhr *f*; *~ de population* Bevölkerungszufuhr *f*; *géol. ~ d'alluvions* Anschwemmungsmasse *f*; **5.** *fig.* Beitrag *m*.

apporter (apɔr'te) *v/t.* [1a] **1.** (mit-, herbei-)bringen; zuführen, beibringen; Gründe anführen; **2.** † zuschießen; **3.** *fig.* hervorrufen, veranlassen, verursachen, mit sich bringen; *~ des facilités* erleichtern; *~ des obstacles* Hindernisse in den Weg legen; **4.** anwenden; *~ du soin à* Sorgfalt verwenden auf (*acc.*).

appo|ser (apo'ze) *v/t.* [1a] anfügen; *Stempel* aufdrücken; *~ des affiches* Zettel ankleben (*od.* anschlagen); *~ les scellés à qc.* etw. gerichtlich versiegeln; **~sitif** (~zi'tif) *adj.* [7e] e-n Zusatz bildend; *m gr.* Apposition *f*, Ergänzung *f*; **~sition** (~zi'sjɔ̃) *f* **1.** Anlegung *f*; Aufdrückung *f*; Ankleben *n*; Ansetzen *n*; **2.** *gr.* Apposition *f*, Zusatz *m*, Ergänzung *f*.

apprécia|bilité (apresjabili'te) *f* Berechenbarkeit *f*, Schätzbarkeit *f*; **~ble** (~'sjablə) *adj.* schätzbar, berechenbar; taxierbar; nennenswert, beachtlich; *fig.* nennenswert; **~teur** (~sja'tœ:r) *su.* [7f] Abschätzer *m*; **~tif** (~sja'tif) *adj.* [7e] schätzend; *état ~* Abschätzung *f*, Veranschlagung *f*; **~tion** (~sja'sjɔ̃) *f* Abschätzung *f*, Wertung *f*; *fig.* Würdigung *f*.

apprécier (apre'sje) *v/t.* [1a] **1.** beurteilen, schätzen, werten; **2.** *fig.* zu würdigen wissen, bewerten.

appréhen|der (apreɑ̃'de) [1a] **I** *v/t.* ⚖ ergreifen, festnehmen; *~ q. au* *corps* j-n verhaften; **II** *v/i. u. v/t.* (be)fürchten; **~sible** *phil.* (~'siblə) *adj.* erfaßbar; **~sif** (~'sif) *adj.* [7e] furchtsam; **~sion** (~'sjõ) *f* **1.** Befürchtung *f*; **2.** Verhaftung *f*; **3.** *phil.* Erfassen *n.*

apprendre (a'prɑ̃:drə) [4q] **I** *v/t.* **1.** lernen; *~ à lire* lesen lernen; *~ par cœur* auswendig lernen; *~ qch. à ses dépens* durch Schaden klug werden; **2.** erfahren, hören, vernehmen; **3.** *~ qch. à q.* j-n in e-m Fach unterrichten, j-m etw. beibringen, j-n etw. lehren; *~ à lire à q.* j-n lesen lehren; **4.** *~ qch. à q.* j-m etw. melden; **5.** *bien appris* wohlerzogen; *mal appris* ungezogen, *a. als su.*: *un mal appris* ein Flegel *m*; **II** *v/i.* (*vor inf. mit à*) beibringen, unterrichten, lehren; *il lui apprend à goûter un beau spectacle* er zeigt ihm, wie man ein schönes Schauspiel genießen muß; **III** *v/rfl.* s'~ gelernt werden.

apprenti (aprɑ̃'ti) *su.* **1.** Lehrling *m*; *f*: Lehrmädchen *n*; *~ boulanger* Bäckerlehrling *m*; **2.** Anfänger *m*, Neuling *m*; *~ marin* Seekadett *m.*

apprentissage (aprɑ̃ti'sa:ʒ) *m* **1.** Lehre *f*; Lehrzeit *f*; *mettre en ~* in die Lehre schicken (*od.* stecken P); *sortir d'~* aus der Lehre kommen; **2.** *fig.* erster Versuch *m.*

apprêt (a'prɛ) *m* **1.** Vorbereitung *f*; *cuis.* Zubereitung *f*; **2.** *text.* Glanz *m*, Appretur *f*; **3.** *fig.* Affektiertheit *f*, Geschraubtheit *f*, Künstelei *f.*

apprê|tage *text.* (aprɛ'ta:ʒ) *m* Appretur *f*; **~ter** (~'te) **I** *v/t.* **1.** zubereiten, zurechtmachen; *~ le dîner* das Mittagessen machen; *cartes apprêtées* falsche Karten; *fig. apprêté* affektiert, gekünstelt; *phrase ~tée* gesuchte Wendung *f*; **2.** *text.* appretieren; **II** *v/rfl.* s'~: s'~ *à* sich vorbereiten auf (*acc.*) *od.* zu *mit inf.*, sich gefaßt machen auf (*acc.*); *apprêtez-vous à partir* halten Sie sich zur Abreise bereit; **~teur** (~'tœ:r) *adj. u. su.* [7g] Arbeiter *m*, der Stoffe appretiert; Glasmaler *m*; **~teuse** (~'tø:z) *f* Garniererin *f* von Damenhüten, Hutformerin *f.*

apprivoi|sable (aprivwa'zablə) *adj.* zähmbar; **~sement** (~z'mɑ̃) *m* Zähmung *f*; **~ser** (~'ze) [1a] **I** *v/t.* zähmen; *fig.* geselliger machen; **II** *v/rfl.* s'~ zahm werden, *fig.* vertraut werden.

approba|teur (aprɔba'tœ:r) [7f] **I** *adj.* beifällig, zustimmend; *murmure ~* Beifallsgemurmel *n*; **II** *su.* Beifallsspender *m*; **~tif** (~'tif) *adj.* [7e] billigend, gutheißend; *geste m ~* zustimmende Gebärde *f*; *silence m ~* beifälliges Schweigen *n*; **~tion** (~ba'sjõ) *f* Billigung *f*, Genehmigung *f*, Einwilligung *f*, Zustimmung *f*; günstige Aufnahme *f.*

appro|chable (aprɔ'ʃablə) *adj.* zugänglich; **~chant** (~'ʃɑ̃) **I** *adj.* [7]: *~ de* ähnlich; *rien d'~ de cela* nicht annähernd; *quelque chose d'~* etw. Ähnliches; **II** *adv. u. prp.* ungefähr, beinahe; *il est huit heures (ou) ~* acht Uhr oder so herum.

approche (a'prɔʃ) *f* **1.** Annäherung *f*; ✈ (*vol m d'*)~ Anflug *m*; *à l'~ de l'ennemi* beim Herannahen des Feindes; *à l'~ de la nuit* beim Anbruch der Nacht; **2.** ⚔ Zugang *m* zu einer Festung, Außenwerke *n/pl.*; *de difficile ~* schwer zugänglich; *~s pl.* Laufgräben *m/pl.*; *lignes f/pl. d'~* Angriffslinien *f/pl.*; **3.** *opt. lunette f d'~* Fernrohr *n.*

approcher (aprɔ'ʃe) [1a] **I** *v/t.* **1.** *~ qch. de qch.* eine Sache einer andern nähern; etw. an etw. (*acc.*) näher heran-bringen, -rücken, -stellen; *~ la table de la fenêtre* den Tisch ans Fenster rücken; *~ les éperons* einem Pferde leicht die Sporen geben; **2.** *fig. ~ une personne* freien Zutritt zu e-r Person haben, in enger Verbindung mit j-m stehen; *~ qch.* Zutritt zu etw. (*dat.*) haben; **II** *v/i.* **3.** heran-kommen, -nahen; anbrechen (*Nacht*); *approchez!* = *approchez-vous!* s. III; **4.** (*v/i. meist bei allgemeingültiger od. nüchterner, bloßer Feststellung des unbeabsichtigten Geschehens*) *~ de q.* (*de qch.*) näher an j-n (an etw.) herankommen, sich j-m (e-r Sache) nähern; ⅍ *nombre approché* angenäherte Zahl; **III** (*v/rfl. meist bei hervorgehobener od. beabsichtigter Handlung*; *vgl. s'apercevoir*) **s'~ de q.** (*de qch.*) sich j-m (e-r Sache) nähern; *approchez-vous!* treten (*od.* kommen *od.* rücken) Sie näher!

approfon|dir (aprɔfõ'di:r) [2a] **I** *v/t.* austiefen; *fig.* vertiefen, tief eindringen in (*acc.*), ergründen, genau untersuchen, gründlich erforschen; **II** *v/rfl.* s'~ *fig.* sich prüfen; **~dissement** (~dis'mɑ̃) *m* Vertiefung *f*; *fig.* Durchdenken *n*, Ergründung *f*, Untersuchung *f.*

approntement (aprɔ̃t'mɑ̃) *m* Fertigstellung *f*.

appropri|ation (aprɔpriɑ'sjɔ̃) *f* Anpassung *f*, Einrichtung *f*; Zueignung *f*, Aneignung *f*; Zweckdienlichkeit *f*; **~é** (~pri'e) *adj.* zweckdienlich; sachgemäß; *prendre les mesures ~es* geeignete Maßnahmen treffen; **~er** (~pri'e) [1a] **I** *v/t.* **1.** ~ *qch. à* etwas anpassen, einrichten; **2.** zurechtmachen; aufputzen, reinigen; **II** *v/rfl.* **s'~ 3.** sich zu eigen machen, sich aneignen; **4.** in sich aufnehmen.

approuver (apru've) [1a] **I** *v/t.* **1.** genehmigen, gutheißen, billigen; (*vu et*) *approuvé* genehmigt; **2.** loben; **II** *v/rfl.* **s'~** Billigung finden.

approvision|nement (aprɔvizjɔn'mɑ̃) *m* **1.** Versorgung *f*, Belieferung *f*, Verproviantierung *f*, Bedarf *m*, Zufuhr *f*; ~ *en eau* Wasserversorgung *f*; ~ *de* (*od.* *en*) *gaz* Gasversorgung *f*; ~ *d'air* (*respirable*) Luftzufuhr *f*; *~s m/pl. en pétrole* Ölversorgung *f*; **2.** Proviant *m*; **~ner** (aprɔvizjɔ'ne) [1a] **I** *v/t. mit Waren, Wasser, Elektrizität usw.* versorgen, beliefern; **II** *v/rfl.* **s'~** versorgen *od.* sich verproviantieren; ~ *en qch.* mit etw. versorgen (*od.* eindecken); *s'~ en essence* tanken; *approvisionné* versorgt, versehen (*bsd.* ✝); ausgestattet (*de* mit); **~neur** (~zjɔ'nœ:r) *m* Verproviantierer *m*, Proviantmeister *m*.

approxima|tif (aprɔksima'tif) *adj.* [7e] □ annähernd; **~tion** (~mɑ'sjɔ̃) *f* annähernde Schätzung *f*, (wissenschaftliche) Vermutung *f*.

appui (a'pɥi) *m* **1.** Stütze *f*; *gym.* ~ *fléchi* Beugestütz *m*; **2.** *fig.* Unterstützung *f*, Hilfe *f*, Halt *m*, Rückendeckung *f*; *pièces f/pl. à l'~* schriftliche Beweisstücke *n/pl.*; Belege *m/pl.*; **3.** ⚠ Fensterbrett *n*, Brüstung *f*; *à hauteur d'~* in Brusthöhe; **4.** *méc. point m d'~* Stützpunkt *m*; *fig.* Anhaltspunkt *m*; **5.** Unterlage *f* e-s Hebebaumes; **6.** *gr. syllabe f d'~* betonte Silbe *f*; **~-livres** (~'li:vrə) *m* [6a] Bücherstütze *f*; **~-main** (apɥi'mɛ̃) *m* [6b] Malstock *m*; **~-pieds** (~'pje) *m* [6c] Fußraste *f*; **~-tête** (~'tɛt) *m* [5b] Kopfstütze *f*, -lehne *f*.

appuyer (apɥi'je) [1h] **I** *v/t.* **1.** (unter)stützen; **2.** ~ *qch. contre qch.* etwas gegen etw. stellen; *il m'appuya le pistolet contre la poitrine* er setzte mir die Pistole auf die Brust; **3.** ~ *qch. sur qch.* etw. auf eine Sache (auf-)stützen, (-)lehnen *od.* (-)stemmen; **4.** ~ *l'éperon à un cheval* einem Pferde die Sporen hart einsetzen; **5.** *fig.* unterstützen; ~ *q. de son crédit* j-m mit seinem Kredit unter die Arme greifen; **6.** *fig.* Nachdruck verleihen (*Lohnforderungen*); **II** *v/i.* **7.** ruhen; **8.** ~ *sur qch.* drücken auf etw. (*acc.*); ruhen auf (*dat.*); *fig.* etw. mit Nachdruck hervorheben; auf etw. (*dat.*) bestehen; *gr.* ~ *sur une syllabe* den Ton auf eine Silbe legen; ♪ ~ *sur une note* eine Note (aus)halten; ~ *sur le bouton* auf den (⚡) Knopf drücken; **9.** ⚔ ~ *sur la droite* nach rechts zusammenschließen; **III** *v/rfl.* **s'~ 10.** *s'~ sur* sich stützen auf (*acc.*); *s'~ contre od. à* sich lehnen an (*acc.*); **11.** *fig. s'~ sur q.* sich verlassen auf j-n (*acc.*); *s'~ sur qch.* sich auf etw. (*acc.*) berufen; P *s'~* aushalten.

âpre ('ɑ:prə) *adj.* **1.** rauh (*Obstschale*; *Klima*); **2.** scharf, herbe (*Geschmack*); **3.** scharf (*Tadel*); grimmig (*Kälte*); **4.** barsch; streng; rauh (*Stimme*); **5.** ~ *à* gierig auf; ~ *à l'argent* geldgierig, aufs Geld erpicht; ~ *au gain* gewinnsüchtig.

après (a'prɛ) **I** *prp.* nach (*dat.*), hinter (*dat. od. acc.*); **1.** ~ *boire* nach dem Trinken; (*mit Beziehung auf das Subjekt im Hauptsatz*) ~ *avoir bu* nachdem ich *od.* du *od.* er, sie, es (wir *usw.*) getrunken hatte(n); ~ (*la naissance de*) *Jésus-Christ* nach Christi Geburt; ~ *des interventions houleuses* nach stürmischen Zwischenrufen; ~ *coup* hinterher, nachträglich; ~ *quoi* worauf, darauf; ~ *tout* nach alledem, schließlich; *l'un ~ l'autre* einer nach dem andern; **2.** F *attendre ~ q.* voller Ungeduld auf j-n warten; *être toujours ~ q.* immer hinter j-m her sein; *soupirer ~* sich sehnen nach; **3.** trotz, ungeachtet; ~ *tant d'efforts* trotz so großer Anstrengung; **4.** **d'~** nach, zufolge, gemäß; *d'~ moi* meiner Ansicht nach; *d'~ ce que vous dites* nach dem, was Sie sagen; *d'~ la loi* gesetzesgemäß; *d'~ nature* nach der Natur; **II** *adv.* **5.** nachher, darauf; *peu ~, peu de temps ~* kurz danach, bald darauf; *une année ~* ein Jahr später; *l'année d'~* das Jahr darauf, im folgenden Jahr; (*eh bien!*) *et ~?* weiter?, und dann?; 6. **ci-~** weiter unten, in der Folge; **III ~ que** *cj.* (*mit dem ind. des 2. Plusquamperfekts* [passé antérieur], *wenn der Hauptsatz im passé défini steht*; *modern abus. mit subj.*) nachdem; ~ *nous eûmes fini le travail, nous sortîmes* nachdem wir die Arbeit beendet hatten, gingen wir hinaus; **~-bourse** ✝ (~'burs) *f* [6c] Nachbörse *f*; **~-demain** (aprɛd'mɛ̃) **I** *adv.* übermorgen; **II** *m* [6c] der übermorgige Tag; **~-dîner** (~di'ne) **1.** [6c] *m* Abend *m*; **2.** *adv.* abends; **~-guerre** (aprɛ'gɛ:r) *m* Nachkriegszeit *f*; *le deuxième ~* die Zeit nach dem 2. Weltkriege; *les années f/pl. d'~* die Nachkriegsjahre *n/pl.*; *la situation f d'~* die Nachkriegsverhältnisse *n/pl.*; **~-midi** (~mi'di) *m*, ✎ *f* [6c] Nachmittag *m*; *cet(te) ~* heute nachmittag.

âpreté (ɑprə'te) *f* Rauheit *f*; *fig.* Strenge *f*; Schärfe *f der Kälte*; Rauheit *f der Stimme*; ~ *au gain* Gewinnsucht *f*; ~ *à l'argent* Geldgier *f*.

à priori (apriɔ'ri) **I** *adv.* von vornherein, aus Vernunftgründen; **II** *m* reiner Vernunftbeweis *m*.

à-propos (aprɔ'po) *m* rechter Augenblick *m*; Schlagfertigkeit *f*; *thé.* Gelegenheits-stück *n*, -gedicht *n*.

apside (ap'sid) *f ast.* Wendepunkt *m*.

apte (apt) *adj.* geschickt, fähig (*à* zu); ~ *au service militaire* kriegsverwendungsfähig.

aptère (ap'tɛ:r) *adj.* (*u.* **~s** *m/pl.*) ungeflügelt(e Insekten *n/pl.*).

aptitude (apti'tyd) *f* **1.** Eignung *f*, natürliches Geschick *n*; *écol.* Begabung *f*; *certificat m d'~* Befähigungsnachweis *m*; ~ *pédagogique* Lehrgeschick *n*; ~ *visuelle* Sehvermögen *n*; *~s pl. à faire du cheval*, *a. ~s pl. de cavalier* reiterliches Geschick *n*, reiterliche Fähigkeit *f*; ~ *à se mettre au diapason de q.* Einfühlungsvermögen *n*; **2.** ⚖ Fähigkeit *f*, Recht *n*.

apu|rement ✝ (apyr'mɑ̃) *m* Prüfung *f* und Bescheinigung *f einer Rechnung*, Rechnungsabschluß *m*; **~rer** (~'re) *v/t.* [1a]: ~ *un compte* eine Rechnung für richtig erkennen.

apyre (a'pi:r) *adj.* feuerfest.

aqua|fortiste (akwafɔr'tist) *m* Radierer *m*; **~plane** (~'plan) *m Sport* **1.** Wellenreitbrett *n*; **2.** Wellenreiten *n*; *faire de l'~* wellenreiten; **~planiste** (~pla'nist) *su.* Wellenreiter(in *f*) *m*.

aquarel|le (akwa'rɛl) *f* Aquarell *n*, Wasserfarbengemälde *n*; **~liste** (~rɛ'list) *su.* Aquarellmaler *m*.

aqua|rium (akwa'rjɔm) *m* **1.** Aquarium *n*; **2.** ✈ Wassertank *f* für Druckbelastungsproben (*Flugzeugzelle*); **~tile** ⚘ (~'til) *adj.* im Wasser lebend.

aqua-tinta (akwatɛ̃'ta) [6], *a.* **aquatinte** (~'tɛ̃:t) *f* Tuschzeichnung *f*.

aquatique ⚘, *zo.* (akwa'tik) *adj.* im Wasser lebend; Wasser...; *oiseau ~* Wasservogel *m*.

aqueduc (ak'dyk) *m* **1.** *hist.* Aquädukt *n*, *altrömische* Wasserleitung *f*; **2.** *anat.* Kanal *m*.

aqueux (*a.* ⚗) (a'kø) *adj.* [7d] wässerig, wasserhaltig.

aqui|culture (akɥikyl'ty:r) *f* Wasserbewirtschaftung *f*, Aufzucht *f* von Wassertieren u. -pflanzen; **~fère** (~'fɛ:r) *adj.* wasserhaltig, -leitend; *couche f ~* Wasserader *f*.

aqui|lain, ~lant (aki'lɛ̃, ~'lɑ̃) *adj.* (*und m*) fahlrot(es Pferd *n*).

aquilin (aki'lɛ̃) *adj./m*: *nez ~* Adlernase *f*.

aquilon (~'lɔ̃) *m* Nordwind *m*.

aquitanien *géol.* (akita'njɛ̃) *adj.* [7c] aquitanisch (*geologische Stufe*).

aquosité (akozi'te) *f* Wässerigkeit *f*.

ara|be (a'rab) **I** *adj.* **1.** arabisch; **II** ♀ *su.* **2.** Araber; **3.** (*cheval*) ~ Araber *m*; **~besque** (~'bɛsk) **I** *adj. u. m* ~ arabisch(er Stil *m*); **II** *f* (*bsd. pl.*) Arabesken *f/pl.*; ~ *de givre* Eisblume *f*.

Arabie (ara'bi) *f*: **l'~** Arabien *n*; *l'~ Séoudite* (~seu'dit) Saudiarabien *n*.

arabique † (ara'bik) *adj.* □ arabisch; *nur noch in*: *gomme f ~* Gummiarabikum *n*.

arabisant (arabi'zɑ̃) *m* Arabist *m*.

arable (a'rablə) *adj.* pflügbar.

arachide (ara'ʃid) *f* Erdnuß *f*.

arachnéen (arakne'ɛ̃) *adj.* [7c] spinnenwebartig; *fig.* hauchdünn.

arac(k) (a'rak) *m* Arrak *m*, Reisbranntwein *m*.

araignée (arɛ'ɲe) *f* **1.** Spinne *f*; ~ *porte-croix* Kreuzspinne *f*; (*toile f d'~*) ~ Spinngewebe *n*; *bas m ~* Florstrumpf *m*; F *avoir une ~ dans le plafond* im Oberstübchen nicht ganz richtig sein; F *fig.* spinnen; e-n Tick haben; **2.** *patte d'~* ⊕ Ölnut *f*; *pattes f/pl. d'~*: a) Spinnenfüße *m/pl.*, b) lange, dürre Finger *m/pl.*, c) lange, dünne Schrift *f*; **3.** Schöpfhaken *m* am Brunnen; **4.** ⚓ Hahnpoot *m*.

araire (a'rɛːr) *m* räderloser Pflug *m*.

araser (ara'ze) *v/t.* △ ab-, ausgleichen; ⊕ auf Normal-länge, -stärke bringen.

aratoire (~'twaːr) *adj.* Acker-, Feld-; landwirtschaftlich.

arba|lète (arba'lɛt) *f* Armbrust *f*; (Marder-)Falle *f*; **~létrier** (~letri'e) *m* **1.** Armbrustschütze *m*; **2.** *orn.* Mauerschwalbe *f*; **3.** △ Stützbalken *m*.

arbi|trage (arbi'traːʒ) *m* **1.** Schiedsspruch *m*; *tribunal m d'~* Schiedsgericht *n*; *cour f d'~ de la Haye* Haager Schiedsgerichtshof *m*; *commission f d'~* Schlichtungsausschuß *m*; *exercer un ~ plus ferme sur qc.* bei etw. (*dat.*) stärker mitreden, auf etw. (*acc.*) größeren Einfluß ausüben; **2.** ✝ Berechnung *f* verschiedener Wechselkurse; Effektenhandel *m*; **~trageur** (~tra'ʒœːr) *m*: *~ (en valeurs, titres usw.)* Effektenmakler *m*; **~traire** (~'trɛːr) **I** *adj.* □ willkürlich; unumschränkt, eigenmächtig; beliebig; **II** *m* Willkür *f*; **~tral** (~'tral) *adj.* [5c] □ schiedsrichterlich; *procédure f ~e* schiedsgerichtliches Verfahren *n*; **~tration** ⚖ (~tra'sjɔ̃) *f* Abschätzung *f*.

arbitre (ar'bitrə) *m* **1.** *a. Sport:* Schieds-richter, -mann *m*; *Sport:* Spielleiter *m*; *~ (du ring)* Ringrichter *m*; Schlichter *m* (*in Tarifkämpfen*); *tiers ~* Oberschiedsrichter *m*, Obmann *m*; **2.** *~ de* unumschränkter Herr *m* über; **3.** *~ (sans parti pris)* Unparteiische(r) *m*; **4.** *libre ~ (franc ~)* freier Wille *m*.

arbitrer (arbi'tre) *v/t.* [1a] als Schiedsrichter entscheiden.

arbo|rer (arbɔ're) *v/t.* [1a] aufpflanzen, hissen; **~rescences** (~rɛ'sɑ̃ːs) *f/pl.* baumartige Formen *f/pl.*; Eisblumen *f/pl.* am Fenster.

arbori|cole (~ri'kɔl) *adj.* auf Bäumen lebend; **~culteur** (~kyl'tœːr) *m* Baumzüchter *m*; **~culture** (~kyl'tyːr) *f* Baum-pflege *f*, -zucht *f*; *~ fruitière* Obstbaumzucht *f*; **~forme** (~'fɔrm) *adj.* baumartig; **~sation** (~zɑ'sjɔ̃) *f* **1.** Eisblumen *f/pl.* (*am Fenster*); **2.** *min.* Pflanzenabdruck *m*; **~ser** (~'ze) **I** *v/i.* Bäume ziehen; **II** *v/t.* mit Bäumen bepflanzen; *parc m arborisé* Parkbepflanzung *f*.

arbre ('arbrə) *m* **1.** Baum *m*; *~ forestier, ~ d'ornement* Wald-, Zier-baum *m*; *~ fruitier* Obstbaum *m*; *~ à pain* Brotbaum *m*; *~s verts* immergrüne Bäume *m/pl*, Nadelhölzer *n/pl.*; *~ de Noël* Weihnachtsbaum *m*; *se lancer d'~ en ~* sich von Baum zu Baum schwingen; *prov. entre l'~ et l'écorce, il ne faut pas mettre de doigt* man darf sich nicht in fremde Dinge mischen; *couper l'~ pour avoir le fruit* sich die Zukunft wegen e-s Augenblickserfolges verscherzen; **2.** *l'~ de la science du bien et du mal* Baum der Erkenntnis; *rl. l'~ de la croix* der Kreuzesstamm *m*; **3.** *~ généalogique* Stammbaum *m*; **4.** ⊕ Welle *f*, Achse *f*, Spindel *f*, Drehstift *m*; *~ principal* Hauptwelle *f* e-r Maschine; *~ de commande, ~ de propulsion* Antriebswelle *f*; *~ de commande vertical (incliné)* senkrechte (geneigte) Lenksäule *f*; *~ à cardan* Kardan-achse *f*, -welle *f*; *~ à cames (désaxé* versetzte) Nockenwelle *f*; **5.** *gym. faire l'~ fourchu* sich auf den Kopf stellen und die Beine ausea.-spreizen; *~ droit sur les mains* Handstand *m*; **6.** ⚓ Mast(baum) *m*.

arbrisseau (arbri'so) *m* Bäumchen *n*; Strauch *m*.

arbus|te (ar'byst) *m* Staude *f*, Strauch *m*; *~ de décoration* Zierstrauch *m*; **~tif** (arbys'tif) *adj.* [7e] strauchartig.

arc (ark) *m* **1.** Bogen *m*; *bander (od. tendre) l'~* den Bogen spannen; *avoir plusieurs cordes à son ~ fig.* mehrere Eisen im Feuer haben; **2.** Kreisbogen *m*; gebogener Teil *m*; **3.** ⚡ *conducteur* Aus-, Entlader *m*; *lampe f à ~* Bogenlampe *f*; *~ voltaïque* Lichtbogen *m*; *éclairage m par ~* Bogenlichtbeleuchtung *f*; **4.** *~ de triomphe* Triumphbogen *m*; *~ en accolade, ~ en talon* Eselsrücken *m*, Wellenbogen *m*; *~ plein cintre* Rundbogen *m*; *~ en ogive od. en tiers-point od. ~ gothique* Spitzbogen *m*; *~ d'un pont* Brückenbogen *m*.

arcade (ar'kad) *f* **1.** Arkade *f*, bogenförmige Öffnung *f*; Schwibbogen *m*, Bogenwölbung *f*; **2.** *anat.*

Bogen *m*: ~ *sourcilière* Augenbrauenbogen *m*.

arcane (ar'kan) *m* **1.** Geheimmittel *n*; **2.** *pl. fig.* Geheimnisse *n/pl.*

arcanne *charp.* (ar'kan) *f* Rötel *m*.

arcasse (ar'kas) *f* Schiffsheck *n*.

arc-bou|tant (arkbu'tɑ̃) *m* [6a] **1.** Strebe-, Gewölbe-pfeiler *m*; **2.** *fig.* Eckpfeiler *m*, Träger *m*, Hauptstütze *f*; **~ter** (arkbu'te) [1a] **I** *v/t.* (mit Strebepfeilern *od.* Strebebogen) stützen, absteifen; **II s'~** *à qc.* sich an etw. stützen, sich gegen etw. stemmen.

arc-doubleau (arkdu'blo) *m* [6a] Pfeilerbogen *m*.

arceau (ar'so) *m* [5b] kleiner Bogen *m*, Krümmung *f*; Kleeblattzug *m*.

arc-en-ciel (arkɑ̃'sjɛl) *m* [6b] Regenbogen *m*.

archa|ïque (arka'ik) *adj.* □ altertümlich; archaisch; **~ïser** (~ize) *v/i.* archaisieren, sich altertümlich ausdrücken; **~ïsme** (~'ism) *m* **1.** veralteter Ausdruck *m od.* Stil *m*; **2.** Altertümelei *f*.

archal (ar'ʃal) *m*: *fil m d'~* Messingdraht *m*.

archange (ar'kɑ̃:ʒ) *m* Erzengel *m*.

arche (arʃ) *f* **1.** Brückenbogen *m*; **2.** ⊕ ~ *de débardage* Hebearm *m* (*e-s Raupenschleppers*); **3.** *bibl. hist. rl.* ~ *de Noé* Arche Noah *f*; Zufluchtsort *m*; **4.** *fig. la colombe de l'~* Friedenstaube *f*; **5.** *l'~ d'alliance od. l'~ sainte* die Bundeslade.

archéolo|gie (arkeɔlɔ'ʒi) *f* Archäologie *f*, Altertumskunde *f*; **~gique** (~'ʒik) *adj.* □ archäologisch; **~gue** (~'lɔg) *m* Archäologe *m*, Altertumsforscher, -kenner *m*.

archer (ar'ʃe) *m* Bogenschütze *m*; *péj.* Häscher *m*.

archet (ar'ʃɛ) *m* **1.** ♪ (Violin- *usw.*) Bogen *m*; *coup m d'~* Bogenstrich *m*; **2.** ⊕ Draht-, Bohr-bogen *m*; **3.** (Metall-) Bügel *m*.

archétype (arke'tip) *m* Muster *n*, Modell *n*, Vorlage *f*; Normalgewicht, -maß *n*; *phil.* Urbild *n*.

arche|vêché (arʃəvɛ'ʃe) *m* **1.** Erzbistum *n*; **2.** Einkünfte *f/pl.* des Erzbischofs; **3.** erzbischöflicher Palast *m*; Sitz *m* des Erzbischofs; **4.** erzbischöfliche Würde *f*; **~vêque** (~'vɛk) *m* Erzbischof *m*.

archi|bon F (arʃi'bɔ̃) *adj.* [7c] herzensgut; **~bondé** F (arʃibɔ̃'de) *adj.* übervoll, proppenvoll F; **~camérier** *égl.* (~kamer'je) *m* Erzkämmerer *m*; **~comble** (~'kɔ̃:blə) *adj.* vollständig besetzt, überfüllt; **~diocésain** (~djɔse'zɛ̃) *adj.* [7] zu e-m Erzbistum gehörig; **~duc** (~'dyk) *m* Erzherzog *m*; **~duché** (~dy'ʃe) *m* Erzherzogtum *n*; **~duchesse** (~dy'ʃɛs) *f* Erzherzogin *f*; **~épiscopal** (arkiepiskɔ'pal) *adj.* [5c] erzbischöflich; **~millionnaire** (arʃimiljɔ'nɛ:r) *m* mehrfacher Millionär *m*.

archipel (arʃi'pɛl) *m* Inselmeer *n*.

archi|plein (arʃi'plɛ̃) *adj.* [7] überfüllt, übervoll, F proppenvoll; **~prêt** (~'prɛ) *adj.* [7] durchaus (*od.* völlig) bereit, fix und fertig; **~prêtre** (~'prɛ:trə) *m* Erzpriester *m*.

archi|tecte (arʃi'tɛkt) *m* Architekt *m*, Baumeister *m*; ~(-)*paysagiste* Gartenarchitekt *m*; **~tectonique** (~tɛktɔ'nik) **I** *adj.* architek'tonisch; **II** *f* Baukunst *f*; **~tectural** (~ty'ral) *adj.* [5c] □ zur Baukunst gehörig; **~tecture** (~'ty:r) *f* Architektur *f*, Baukunst *f*; Bauart *f*; **~tecturer** *at.* (~ty're) *v/rfl.* [1a] : s' ~ sich aufbauen; **~trave** (~'tra:v) *f* Hauptgebälk *n*; **~trituré** *géol.* (~trity're) *adj.* durch u. durch zerkleinert (*od.* zermalmt).

archi|ves (ar'ʃi:v) *f/pl.* **1.** Archiv *n*, Sammlung *f* alter Urkunden; **2.** Archivgebäude *n*; **~viste** (arʃi'vist) *m* Archivar *m*.

archivolte (~'vɔlt) *f* Schwibbogenverzierung *f*.

arçon (ar'sɔ̃) *m* Sattelbogen *m*; *gym. cheval m d'~* Pferd *n*; *être ferme dans* (*od. sur*) *ses ~s* sattelfest sein; *fig.* fest auf s-r Meinung (*od.* in s-r Stellung) beharren; *vider les ~s* aus dem Sattel gehoben werden, vom Pferd fallen; *fig.* die Fassung verlieren.

arc-rampant △ (arkrɑ̃'pɑ̃) *m* [6a] steigender (*od.* einhüftiger) Bogen *m*.

arctique (ark'tik) *adj.* (*auch su.*) arktisch, nördlich.

arcuation ⚕ (arkɥa'sjɔ̃) *f* Knochenkrümmung *f* (*bei Kindern*).

arcure (ar'ky:r) *f* Biegen *n* der Zweige.

ardemment (arda'mɑ̃) *adv.* von *ardent* (*nur fig.*) glühend, heiß, sehnsüchtig, inbrünstig.

ardent (ar'dɑ̃) *adj.* [7] (*fig. auch vor su.*) **1.** (*auch fig.*) brennend, feurig, glühend, heiß, hitzig, eifrig, sehnlich; pulsierend, schwungvoll, aktiv; *désir m* ~ sehnlicher

Wunsch *m*; *être ~ à l'étude* eifrig studieren; *chapelle ~e* Trauerkapelle *f*; *fig. être sur des charbons ~s* wie auf glühenden Kohlen sitzen; *la Cité ~e* die pulsierende Innenstadt *f*; *fournaise ~e* feuriger Ofen *m*; **2.** zündend; Brenn...; *miroir ~* Brennspiegel *m*; *verre ~* Brennglas *n*; **3.** (brennend) rot (*Haar*); *cheval m à poil ~* Brandfuchs *m*.

ardeur (ar'dœ:r) *f* **1.** Hitze *f*, Brand *m*, Glut *f*; *~s pl. de la canicule* Hundstagshitze *f*; *~ d'estomac* Sodbrennen *n*; **2.** *fig.* lebhafter Wunsch *m*. Begierde *f*, leidenschaftliches Streben *n*; Sehnsucht *f*; *~ au travail* Arbeits-eifer *m*, -freudigkeit *f*; *avec ~* inbrünstig; *excès m d'~* blinder Eifer *m*; **3.** *poét.* Liebe *f*.

ardillon ⊕ (ardi'jɔ̃) *m* Schnallendorn *m*, -spitze *f*; *typ.* Bogenhalter *m*.

ardoise (ar'dwa:z) *f* **1.** Schiefer *m*; *couvreur m en ~* Schieferdecker *m*; **2.** Schiefertafel *f*; **3.** Schieferfarbe *f*; **4.** P Trinkschulden *f/pl.*

ardoi|sé (ardwa'ze) *adj.* **1.** mit Schiefer gedeckt; **2.** schieferfarbig; **~seux** (~'zø) *adj.* [7d] schieferartig; **~sier** (~'zje) [7b] **I** *adj.* schieferartig; **II** *su.* Besitzer *m od.* Arbeiter e-s Schieferbruches; **~sière** (~'zjɛ:r) *f* Schieferbruch *m*.

ardu (ar'dy) *adj.* **1.** steif, schroff, unzugänglich; **2.** *fig.* schwer zu lösen, schwierig; *travail m intellectuel ~* schwere geistige Arbeit *f*; **~ité** (ardɥi'te) *f* Schwierigkeit *f*.

are (ɑ:r) *m* Ar *n u. m* (*Flächenmaß*).

aréage (are'a:ʒ) *m* Landvermessung *f* nach Aren.

aréfaction (arefak'sjɔ̃) *f* Dörren *n*.

aré|naire (are'nɛ:r) *adj.* im Sande lebend; **~nation** (~nɑ'sjɔ̃) *f* **1.** Über'schütten *n* mit Sand; **2.** ⚕ Sandbad *n*.

arène (a'rɛ:n) *f* **1.** Arena, Bahn *f*, Kampfplatz *m*; **2.** *~s pl.* Amphitheater *n*; **3.** *poét.* Sand *m*.

aréner (are'ne) *v/i. u.* **s'~** [1f] △ sich senken.

aréole (are'ɔl) *f* ⚕ Hof *m* um ein Geschwür; ⚘ bunter Kranz *m* um e-e Blütenkrone; *ast.* Hof *m* um den Mond; *anat. ~ du mamelon* Warzenhof *m*.

aréomètre (areɔ'mɛtrə) *m* Aräometer *n*, hydrostatische Senkwaage *f*.

arête (a'rɛt) *f* **1.** Gräte *f*; **2.** Granne *f*, Ährenspitze *f*, Bart *m*; **3.** Rückenhaar *n*; **4.** *charp.* First *m*, Grat *m*; (Felsen-)Kamm *m*, Berggrat *m*; Schärfe *f*, Schneide *f*, △ Kante *f*; *voûte f d'~s* Kreuzgewölbe *n*; *à ~ vive* scharfkantig; **5.** Verschlußstreifen *m e-r Milchtüte aus Kunststoff.*

arêtier *charp.* (arɛ'tje) *m* Ecksparren *m*.

argent (ar'ʒɑ̃) *m* **1.** Silber *n*; *~ allemand od. chinois* Neusilber *n*; *~ fulminant* Knallsilber *n*; *~ natif od. vierge* gediegenes Silber *n*; *vif-~* Quecksilber *n*; *~ en barres, ~ en lingots* Barrensilber *n*; *brocat m d'~* Silberstoff *m*; *nitrate m d'~* Höllenstein *m*; **2.** weiße Farbe *f*, Silberfarbe *f*; *poét. le voile d'~ de la lune* des Mondes Silberschleier; **3.** Geld *n*; (*étalon m d'*)*~* Silberwährung *f*; *~ blanc* Silbergeld *n*; *~ en caisse* Kassenbestand *m*; *~ remboursable* (*od. disponible*) *fin courant od. à la fin du mois, ~ réservé pour* (*les règlements de*) *la fin du mois* Ultimogeld *n*; *~ comptant* bares Geld *n*; *payer en ~ comptant* bar bezahlen; *~ immobilisé* fest angelegtes Geld *n*; *~ mignon* Spar-, Heck-pfennig *m*; *~ monnayé* gemünztes Geld *n*; *~ mort* totes Kapital *n*; *~-papier m* Papiergeld *n*; *~ au jour le jour, ~ journalier* tägliches (*od.* täglich kündbares) Geld *n*; *~ de poche* Taschengeld *n*; *être à court d'~* nicht (*od.* knapp) bei Kasse sein, in Geldverlegenheit sein; *avoir de l'~ sur soi* Geld bei sich haben; *toucher de l'~* Geld einnehmen; *faire ~ de tout* alles zu Geld machen; *j'en suis pour mon ~* ich bin um mein Geld gekommen; *prendre qch. pour ~ comptant* etw. für bare Münze nehmen; *le temps c'est de l'~* Zeit ist Geld; *il y a de l'~ à la pelle* das Geld liegt auf der Straße; *jeter l'~ par les fenêtres* das Geld zum Fenster hinauswerfen.

argen|tage (arʒɑ̃'ta:ʒ) *m* Versilberung *f*; **~tal** (~'tal) *adj.* [5c] silberhaltig; **~tan** (~'tɑ̃) *m* Argentan *n*, Neusilber *n*; **~ter** (~'te) [1a] **I** *v/t.* **1.** versilbern, übersilbern; *renard m argenté* Silberfuchs *m*; **2.** *fig.* glänzend machen, in Silberglanz hüllen; **II** *v/rfl.* **s'~** versilbert werden, Silberglanz erhalten; *barbe f qui* s'*argente* grau werdender Bart *m*; **~terie** (~'tri) *f* Silber-zeug *n*, -geschirr *n*; **~teur** (~'tœ:r) *su.* [7g] Versilberer *m*; **~tier** (~'tje) *m* **1.** F *le grand* ~ der Finanzminister *m*; **2.** Besteckschrank *m*; **~tière** (~'tjɛ:r) *f* Besteckschrank *m*; **~tifère** (~ti'fɛ:r) *adj.* silberhaltig; *production f* ~ Silberproduktion *f*; **~tin** (~'tɛ̃) **I** *adj.* [7] silber-haltig, -farben; wie Silber klingend; **II** *adj. u.* ♀ *su.* [7] argentinisch; Argentinier(in); **~tine** (~'tin) *f* **1.** *min.* Schieferspat *m*; **2.** ⚘ Silberkraut *n*; **3.** *icht.* Silberfisch *m*; **4. l'~** *f* Argentinien *n*; **~ture** (~'ty:r) *f* Versilberung *f*.

argile (ar'ʒil) *f* Ton *m*, Ton-, Töpfer-erde *f*; Lehm *m*; *d'*~ tönern; ~ *expansive* ⚠ Blähton *m*; ~ *réfractaire* Schamotte *f*; ~ *graphique* Zimmermannskreide *f*; ~ *plastique*, ~ *à modeler* Knetgummi *m*.

argi|leux (arʒi'lø) *adj.* [7d] tonig, ton-artig, -haltig; *couche argileuse* Tonlager *n*; **~lière** (arʒi'ljɛ:r) *f* Tongrube *f*; **~lifère** (~li'fɛ:r) *adj.* tonhaltig.

argon (ar'gɔ̃) *m* **1.** Dohne *f zum Vogelfang*; **2.** ⚗ Argon *n*.

argot (ar'go) *m* **1.** ~ (*du milieu*) Argot *m*, Slang *m*, Gauner-, Diebes-Sprache *f*, Rotwelsch *n*; **2.** Sonder-, Fachsprache *f* von Berufen u. Gesellschaftsklassen; ~ *des casernes* Soldatensprache *f*; ~ *des chasseurs* Jägerlatein *n*; ~ *des coulisses* Theaterjargon *m*; ~ *des étudiants* Studentensprache *f*; ~ *scolaire* (~*sportif*) Schüler-(Sport-)jargon *m*.

argo|ter (argɔ'te) [1a] *v/i.* Argot (*od.* Slang) sprechen; **~tique** (~'tik) *adj.* Argot ..., Slang ...; *des mots* ~*s* Argotwörter *n/pl.*

argousier ⚘ (argu'zje) *m* Stech-dorn *m.*

argousin *mv.p.* (argu'zɛ̃) *m* Grüner *m*, Polyp *m*, Polente *f* (*a. als Einzelpolizist*), Polizist *m*; *ehm.* (Strafgefangenen-)Aufseher *m*.

argue (arg) *f* Drahtziehbank *f*.

arguer¹ (ar'ge) *v/i.* [1a] Gold- *od.* Silber-grobdraht ziehen.

arguer² (argɥ'e, argy'e) [1n] **I** *v/t.* ⚖ *nur gbr. in*: ~ *un acte de faux* e-e Urkunde als falsch anfechten; **II** *v/i.* folgern; *allg.* diskutieren.

argument (argy'mɑ̃) *m* **1.** Beweis (-führung *f*) *m*; Schluß(folgerung *f*) *m*; **2.** Vermutung *f*, Indizium *n*; **3.** ℞, *phys.* veränderliche Größe *f*; Phasenwinkel *m*; Argument *n*; **4.** *thé.* Inhaltsangabe *f*.

argumen|tant (~mɑ̃'tɑ̃) *m* Gegner *m bei einer Disputation*; **~tateur** (~ta'tœ:r) *su.* [7f] Wortkämpfer *m*; **~tation** (~tɑ'sjɔ̃) *f* Beweisführung *f*; Schlußfolgerung *f*; **~ter** (~'te) *v/i.* [1a] Schlüsse ziehen, Gründe anführen; ~ *de* folgern aus.

argutie (argy'si) *f* Spitzfindigkeit *f*.

aria¹ P (a'rja) *m* Ärger *m*, Schererei *f*; *faire bien de l'*~ sehr viel Ärger machen; *que d'*~*s!* wieviel Scherereien!

aria² ♪ (a'rja) *f* Arie *f*.

ari|de (a'rid) *adj.* dürr, ausgetrocknet; *fig.* unfruchtbar; trocken, gefühllos; *une règle* ~ e-e trockene Regel; **~dité** (~di'te) *f* Dürre *f*, Trockenheit *f*, Unfruchtbarkeit *f*; *fig. l'*~ *de l'esprit* die Geistesarmut *f*.

ariette ♪ (ar'jɛt) *f* Liedchen *n*.

aristo P (aris'to) *m* feiner Pinkel *m*; *faire l'*~ den feinen Mann spielen.

aristo|crate (~tɔ'krat) *adj. u. su.* aristokratisch; Aristokrat; vornehm(e Person); **~cratie** (~kra'si) *f* Aristokratie *f*, Adelsherrschaft *f*; Adel *m*; **~cratiser** (~ti'ze) *v/t.* [1a] zum Aristokraten machen; aristokratische Formen geben.

arithmé|ticien (aritmeti'sjɛ̃) *su.* [7c] Arithmetiker *m*; Rechenkünstler *m*; **~tique** (~'tik) **I** *adj.* □ arithmetisch; **II** *f* (Lehrbuch *n* der) Arithmetik *f*, Rechenkunst *f*.

arle|quin (arlə'kɛ̃) *m* **1.** Harlekin *m*, Hanswurst *m*; F *fig.* Faselkopf *m*, wetterwendischer Mensch *m*; *habit m d'*~ Narrenjacke *f*, Harlekinskleid *n*, *fig.* buntes Flickwerk *n*; **2.** F Allerlei *n* aus Küchenresten, Mischgericht *n*; **3.** a) *ent.* Porzellanschnecke *f*; b) *orn.* Kolibri *m*; **~quinade** (~ki'nad) *f* Hanswurstkomödie *f*; F toller Streich *m*; lächerliches Geschreibsel *n*.

arma|teur (arma'tœ:r) *m* Reeder *m*; **~ture** (~'ty:r) **1.** ⊕ Armatur *f*, Armierung *f*; *bét.* Bewehrung *f*; (Eisen-)Beschlag *m*; **2.** ⚠ künstliche Verstärkung *e-s Balkens*; **3.** ♪ Vorzeichen *n*; **4.** Anker *m e-s Magneten*; **5.** *fig.* ~ *d'une société* Struktur *f* e-r Gesellschaft.

arme (arm) *f* **1.** Waffe *f*; Gewehr *n*; ~ *aérienne* Luftwaffe *f*; ~*s ato-*

miques atomare Waffen *f/pl.*; ~ *automatique* leichtes Maschinengewehr *n*, *abr.* LMG; ~ *blanche* blanke Waffe *f*, Handwaffe *f*, Nahkampfwaffe *f*; ~ *tranchante* Hiebwaffe *f*; ~ *à feu* Schußwaffe *f*; ~ *à tir rapide* Schnellfeuerwaffe *f*; ~ *à précision* Präzisionswaffe *f*; ~ (*à chargement*) *automatique* Selbstladewaffe *f*; ~*s pl. d'estoc* Stoßwaffen *f/pl.*; ~ *de jet od. de trait* Wurfwaffe *f*; ~ *réglementaire* Dienstwaffe *f*; *maître m d'*~ Fechtlehrer *m*; *passe f d'*~*s* Waffengang *m*; *place f d'*~*s* Exerzier-, Parade-, Waffen-platz *m*; *salle f d'*~*s*: a) Waffensaal *m*; b) Fechtboden *m*; *suspension f d'*~*s* kurzer Waffenstillstand *m*; *carrière f des* ~*s* militärische Laufbahn *f*; *avec* ~*s et bagages* mit Sack u. Pack; ⚔ *aux* ~*s!* an die Gewehre!, zu den Waffen!; *l'*~ *sur l'épaule droite!* Gewehr über!; *les* ~*s à la main* mit den Waffen in der Hand; *par la force des* ~*s* mit Waffengewalt; (*dé*)*poser* (*od. rendre*) *les* ~*s* die Waffen strecken; *faire des* ~*s zur Übung* fechten; *mettre bas les* ~*s* die Feindseligkeiten einstellen; *l'*~ *sur l'épaule!* Gewehr über!; *prendre les* ~*s* zu den Waffen greifen; ins Gewehr treten; *présenter les* ~*s* das Gewehr präsentieren; *présentez* ~*!* präsentiert das Gewehr!; *être sous les* ~*s*, *porter les* ~*s* unter den Waffen stehen; *reposez* ~*!* Gewehr ab!; *en venir aux* ~*s* den Krieg beginnen; **2.** Waffen-, Truppengattung *f*; *les* ~*s techniques* die technischen Waffen(gattungen) *f/pl.*; *troupes f/pl. de toutes* ~*s* Truppen *f/pl.* aller Waffengattungen; **3.** ~*s f/pl.* Wappen *n*.

armé (ar'me) *adj.* **1.** bewaffnet; *non* ~ unbewaffnet; *la nation* ~*e* das Volk in Waffen; ~ *à la légère* (*od. légèrement*) leichtbewaffnet; *pesamment* ~ schwerbewaffnet; ~ *de pied en cap*, ~ *jusqu'aux dents*, *de toutes pièces* bis an die Zähne bewaffnet; ~ *à projectile* scharf geladen; **2.** ⊕ armiert, verstärkt; *bét.* ~ *en béton* betonbewehrt; *ciment od. béton* ~ Eisenbeton *m*.

armée (ar'me) *f* **1.** Heer *n*, Armee *f*; *corps m d'*~ Armeekorps *n*; ~ *de l'air* Luftwaffe *f*; ~ *de choc* Stoßheer *n*; *l'*~ *espagnole* das spanische Heer; *l'*~ *d'Espagne* das gegen Spanien kämpfende Heer; *hist. la Grande* ~ Napoleons Heer *n im russischen Feldzug*; ~ *de mer*, ~ *navale* Kriegsmarine *f*, Seetruppen *pl.*; ~ *permanente od. régulière* stehendes Heer *n*; ~ *de métier* (*de milices*) Berufs- (Miliz-)heer *n*; ~ *coloniale* Kolonial-, Farbigen-heer *n*; ~ *du salut* Heilsarmee *f*; ~ *de terre* Landheer *n*; ~ *territoriale* Landwehr *f*; *réserve f de l'*~ *territoriale* Landsturm *m*; *être à l'*~ Soldat sein, im Heeresdienst sein, beim Heere stehen; **2.** *fig.* Menge *f*, Schar *f*; *le Dieu des* ~*s* der Herr der Heerscharen.

armeline (armə'lin) *f* Hermelinfell *n*.

armement (armə'mɑ̃) *m* **1.** Rüsten *n*, Bewaffnung *f*; **2.** die zur Ausrüstung nötigen Gegenstände *f/pl.*; Aus-, Kriegs-rüstung *f*; Waffenwesen *n*; ~ *terrestre* (*naval, aérien*) Land-(See-, Luft-)rüstung *f*; **3.** ⚓ Bemannung *f*; ~ (*maritime*) Reederei *f*; *mettre un navire en* ~ ein Schiff in den Dienst stellen.

armer (ar'me) [1a] **I** *v/t.* **1.** (be-)waffnen, wehrhaft machen; ausrüsten; **2.** den Hahn spannen; entsichern; (*Kanone*) laden; **3.** ~ *q. chevalier* j-n zum Ritter schlagen; **4.** ~ *qch. de qch. e-e Sache mit e-r andern* verstärken; ~ *une poutre de bandes de fer* einen Balken mit eisernen Schienen verstärken; ⊕ ~ *un aimant* einen Magnet armieren; **5.** ♪ ~ *la clé* die Tonart vorzeichnen; **II** *v/i.* zum Kriege rüsten; **III** **s'**~ sich bewaffnen; *fig. s'*~ *de courage* Mut fassen; *s'*~ *de patience* sich mit Geduld wappnen.

arme-sœur ⚔ (arm'sœ:r) *f* [6b] Schwesterwaffe *f*.

armilles △ (ar'mij) *f/pl.* Ringe *m/pl.* am dorischen Kapitel.

armistice (armis'tis) *m* Waffenstillstand *m*, -ruhe *f*.

armoire (arm'wa:r) *f* Schrank *m*; ~ *frigorifique* Kühlschrank *m*; ~ *à glace* Spiegelschrank *m*; ~ *à glissière* Aktenrollschrank *m*; ~ *à vêtements* Kleiderschrank *m*; ~ *vitrée* Glasschrank *m*; ~ *à souliers* Schuhschrank *m*; *petite* ~ *à médicaments*, *petite* ~*-pharmacie* Arzneischränkchen *n*, Hausapotheke *f*; ~ *porte-balai* Besenschrank *m*; ~ *vestiaire* Flurgarderobe *f*, Garderobenschrank *m*.

armoiries (armwa'ri) *f/pl.* Wappen *n*.

armoise ⚘ (ar'mwa:z) *f* Beifuß *m*.

armoisin (armwa'zɛ̃) **I** *adj.* [7] taftartig; **II** *m* dünner Taft *m*.

armon (ar'mɔ̃) *m* Deichselarm *m*.

armorial ▨ (armɔr'jal) [5c] **I** *adj.* heraldisch; **II** *m* Wappenbuch *n*.

armorier ▨ (armɔ'rje) *v/t.* [1a] mit e-m Wappen versehen.

armoriste ▨ (armɔ'rist) *m* Wappenkundige(r) *m*, Heraldiker *m*.

armure (ar'my:r) *f* **1.** (Ritter-)Rüstung *f*; Schiffspanzer *m*; **2.** *fig.* Schutz *m*, Schirm *m*; **3.** ~ *de l'aimant* Armatur *f* des Magneten; **4.** Einfassung *f*, Beschlag *m*; **5.** Einfriedung *f um e-n Baum*, Baumschutz *m*; **6.** *text.* Schnürung *f*; **7.** ♪ Vorzeichen *n*.

armu|rerie (armyr'ri) *f* **1.** Waffenschmiedekunst *f*; **2.** Waffen-fabrik *f*, -handlung *f*; **~rier** (~'rje) *m* **1.** Harnisch-, Büchsen-macher *m*, Waffenschmied *m*; **2.** Waffenhändler *m*.

arnica ⚘ (arni'ka) *m* Arnika *f*, Marienkraut *n*, Stichwurz *f*.

aromate (arɔ'mat) *m* wohlriechende pflanzliche Substanz *f*.

aroma|tique (~ma'tik) *adj.* □ aromatisch; gewürzig; *vin m* ~ Kräuterwein *m*; **~tiser** (~ti'ze) *v/t.* [1a] würzen, aromatisieren.

arôme (a'ro:m) *m* Aroma *n*; Wohlgeruch *m*; Duft *m*; Blumenduft *m*; Blume *f des Weins*.

aronde (a'rɔ̃:d) *f nur noch in der Verbindung*: *à* (*od.* en) *queue d'*~ schwalbenschwanzförmig; *charp.*, *men. assemblage m à* (*od.* en) *queue d'*~ Schwalbenschwanzverzapfung *f*, Zinkung *f*; *assembler à* (*od.* en) *queue d'*~ zinken.

arondelle (arɔ̃'dɛl) *f* **1.** Stecknetz *n*; **2.** leichtes Schiff *n*.

arpège, **arpègement** ♪ (ar'pɛ:ʒ, ~pɛʒ'mɑ̃) *m* Arpeggio *n*.

arpéger ♪ (arpe'ʒe) *v/i. u. v/t.* [1g] harfenartig spielen.

arpent † (ar'pɑ̃) *m* Morgen *m* (*Maß*).

arpen|tage (arpɑ̃'ta:ʒ) *m* **1.** Feldmessen *n*, Vermessung *f*; **2.** Feldmeßkunst *f*; **~ter** (~'te) *v/t.* [1a] vermessen, ausmessen, durchschreiten; *fig.* F durcheilen; ~ *une pièce* schnell durch ein Zimmer laufen; ~ *les rues* durch die Straßen eilen (*od.* F rasen); **~teur** (~'tœ:r) *m* Feldmesser *m*; **~teuse** *ent.* (~'tø:z) *f* Spannraupe *f*.

arqué (ar'ke) *adj.* bogenförmig, geschwungen; *avoir les jambes* ~*es* O-Beine haben; *Auto*: *essieu* ~ gestürzte Achse *f*.

arquer (ar'ke) *v/t.*, *v/i. u.* **s'~** [1m] (sich) krümmen *od.* biegen; krumm werden; P *v/i.* flitzen, keulen, socken, rasen.

arra|chage ⚒ (ara'ʃa:ʒ) *m* Ausgraben *n*; Ausreißen *n*; ~ *des betteraves* Rübenernte *f*; **~chement** (araʃ'mɑ̃) *m* **1.** Ausziehen *n*, Entreißung *f*; ~ *de la houille* Kohlenabbau *m*; **2.** ⚠ Verzahnung *f*.

arrache|-clous (araʃ'klu) *m* Nagelzieher *m*; **~-étais** ⚒ (~e'tɛ) *m* Stempelrauber *m*; **~-pied** (~'pje) *advt.*: *travailler d'*~ rastlos arbeiten.

arra|cher (ara'ʃe) [1a] **I** *v/t.* **1.** aus-, los-reißen; herausziehen; **2.** ~ *qch. à q.* j-m etw. entreißen; ~ *qch. des mains de q.* j-m etw. aus den Händen reißen; **3.** *fig.* abnötigen, erpressen, abzwängen; **II** *v/rfl.* **4.** *s'*~ *qch.* sich etw. ausreißen, ea. etw. entreißen; *s'*~ *les cheveux* sich die Haare raufen; **5.** *fig.* *s'*~ *les yeux* sich die Augen auskratzen; **~cheur** (~'ʃœ:r) *m*: ~ *de pommes de terre* Kartoffelpflug *m*; *mentir comme un* ~ *de dents* wie gedruckt lügen; **~chis** (~'ʃi) *m* **1.** Ausreißen *n* junger Bäume; **2.** ausgerissener Schößling *m*; **~choir** (~'ʃwa:r) *m* Gerät *n* zum Wurzelausreißen.

arraisonn|ement ⚓ (arɛzɔn'mɑ̃) *m*: ~ *douanier* Zollkontrolle *f* e-s Schiffes im Hafen; **~er** ⚓ (~zɔ'ne) *v/t.* (*ein Schiff*) überprüfen.

arrangeage F (arɑ̃ʒa:ʒ) *m* Dreh *m*; Betrügerei *f*, Mogelei *f*.

arrangement (arɑ̃ʒ'mɑ̃) *m* **1.** Ordnen *n*, (An-)Ordnung *f*; ~ *intérieur* Inneneinrichtung *f*; ~ *scénique* Inszenierung *f*; ⊕ ~ *de flux de matériaux* Materialflußgestaltung *f*; **2.** Vergleich *m*, Abkommen *n*, Übereinkunft *f* (*mit Gläubigern*); ~ *à l'amiable* gütlicher Vergleich *m*; ~ *obligatoire*, ~ *forcé* Zwangsvergleich *m*; **3.** Bearbeitung *f*.

arran|ger (arɑ̃'ʒe) [1l] **I** *v/t.* **1.** ordnen, einrichten; zurechtmachen; *fig.* ~ *ses affaires* seine Geschäfte in Ordnung bringen; **2.** vermitteln; Streit beilegen; **3.** *cela ne m'arrange pas* damit ist mir nicht gedient, das paßt mir nicht; **4.** *comme vous êtes arrangé!* Gott!, wie sehen Sie aus!; **5.** ♪, *thé., litt.* bearbeiten; **6.** F ~ *q.* j-n anständig maßnehmen, j-n fertig machen, j-n übel zurichten; **II** *v/rfl.* s'~ **7.** sich einrichten; F *cela s'arrange* das geht in Ordnung!; F *ça s'arrangera* das wird schon gehen!; *cela s'arrange à merveille* das macht sich prächtig, das paßt ja herrlich; **8.** *s'~ de qch.* mit etw. vorlieb nehmen, mit etw. fertig werden; *qu'il s'arrange* mag er zusehen, wie er fertig wird; **9.** sich verständigen, einig werden; mit j-m auskommen; ⚕ sich vergleichen; **~geur** (arɑ̃'ʒœːr) *su.* [7g] Anordner *m*; ♪, *thé., litt.* Bearbeiter *m.*

arré|rager *fin.* (arera'ʒe) *v/i.* [1l] in Rückstand geraten; **~rages** (~'raːʒ) *m/pl.* Rückstände *m/pl.*

arrestation (arɛstɑ'sjɔ̃) *f* Verhaftung *f*; *mettre q. en (état d')~* j-n verhaften; *~ préventive* Schutzhaft *f.*

arrêt (a'rɛ) *m* **1.** Aufhalten *n*, Stilllegung *f*, Stockung *f*, Sperre *f*, Stillstehen *n*; Aufenthalt *m*; *~ des affaires* Geschäftsstille *f*; *~ de la circulation* Verkehrsstockung *f*; ⚕ *~ des transferts (des émissions)* Transfer-(Emissions-)sperre *f*; *~ de paiement* Zahlungssperre *f*; *~ du service* Betriebsstörung *f*; **2.** Haltestelle *f*; **3.** *temps m d'~* Ruhe-, Halte-punkt *m*, Pause *f*; Unterbrechung *f*, Aufschub *m*; ⚔ *u. Sport*: *~ d'un combat* Abbruch *m* e-s Kampfes; *~ du travail* Arbeitsruhe *f*; **4.** *chien m d'~* Vorstehhund *m*; **5.** ⊕ Hemmung *f*, Sperrung *f*, Sperrfeder *f*; Abstellen *n e-s Motors*; Bruchhalter *m*; Öse *f an Kleidern*; ♪ *point m d'~* Fermate *f*; *Auto*: *une voiture à l'~* ein stillstehender Wagen; **6.** Beschlagnahme *f*; Verhaftung *f*; Zwangsgestellung *f durch die Polizei*; **7.** Urteil *n*, Urteilsspruch *m*; *fig.* Ratschluß *m*, Ausspruch *m*; *mandat m d'~* Verhaftungsbefehl *m*; *mettre ~ sur* Beschlag legen auf (*acc.*); *~s forcés od. de rigueur* strenger Arrest *m*; *~s simples* leichter A.; *être aux ~s* A. haben; *mettre q. aux ~s* j-m A. geben; *il a été mis aux ~s* er hat A. bekommen; *~ de mort* Todesurteil *n.*

arrêtage *horl.* (arɛ'taːʒ) *m* Hemmung *f.*

arrêté (arɛ'te) *m* Verfügung *f*, Anordnung *f*, Beschluß *m*, Erlaß *m*; *~ de compte* Rechnungsabschluß *m*; ⚕ *~ de courtier* Schlußnote *f.*

arrête-éclats ⚔ (arɛte'kla) *m/inv.* Splitterfänger *m.*

arrê|ter (arɛ'te) [1a] **I** *v/t.* **1.** aufhalten, absperren, hemmen; anhalten; *Maschine*: zum Stehen bringen; *rad.* abstellen; *Betrieb*: stillegen, außer Tätigkeit setzen, einstellen; *Auto*: stoppen; ⚔ *u. Sport*: *~ le combat* den Kampf abbrechen; *Blut*: stillen; **2.** hindern, zurückhalten; **3.** befestigen; *fig. ~ l'attention* die Aufmerksamkeit fesseln; **4.** festsetzen, anordnen, verfügen, beschließen; *Rechnung*: abschließen; *Zahlung*: sperren; *Plan*: entwerfen; *le plan est arrêté* der Plan steht fest; *~ le parcours* die Strecke festlegen; *c'est arrêté!* abgemacht!; **5.** festhalten, festnehmen; verhaften; *arrêtez-le!* haltet ihn!; **6.** sich einer Sache versichern; mieten; *Wagen*: bestellen; **7.** unterbrechen; **II** *v/i.* **8.** anhalten, stillstehen, stehen bleiben; *nous arrêtâmes à cet endroit pour faire boire nos chevaux* wir machten an dieser Stelle halt, um unsere Pferde zu tränken; *arrêtez!* halt! nicht weiter!; **9.** aufhören; *elle n'arrête pas de tousser* sie hört nicht auf zu husten; *ils arrêtent de danser* sie hören auf zu tanzen; **III** *v/rfl.* **s'~ 10.** stehenbleiben, stillstehen, anhalten; stokken, haltmachen, rasten, aufhören; *Auto*: stoppen; *ma montre s'est arrêtée* meine Uhr ist stehengeblieben; *ils s'arrêtent à danser* sie hören auf, zu tanzen; **11.** *s'~ à* Rücksicht nehmen auf (*acc.*); *ne vous arrêtez pas à ce qu'il vous dit* kehren Sie sich nicht an das, was er Ihnen sagt; **~tiste** (~'tist) *m* Sammler *m*, Erklärer *m* von Rechtssprüchen; **~toir** (~'twaːr) *m* Halter *m.*

arrhes (aːr) *f/pl.* Anzahlung *f.*

arrière (ar'jɛːr) **I** *adv.* **1.** *nur noch als int.* zurück!, weg!, hinweg!; **II** *adj.* **2.** hintere, Hinter..., Rück...; *vent m ~* Rückenwind *m*; *roue f ~* Hinterrad *n*; *Auto*: *fenêtre f ~* Rückfenster *n*; *feu m ~* Schlußlicht *n*; **III** *m* **3.** Hinterschiff *n*, Heck *n*; **4.** ⚔ Etappe *f*; *Sport*: Verteidiger *m*; **IV en ~** *advt.* **5.** zurück, rückwärts; être en ~ im Rückstande sein (*pour* mit); *fig.* hinter den (gehegten) Erwartungen zurückbleiben; *revenir en* ~ wieder von vorn anfangen; **6.** hinten; **V en ~ de** *prp.* hinter; *en ~ de son siècle* hinter s-m Jahrhundert zurück.

arriéré (arje're) **I** *adj.* **1.** rückständig; *des pays* ~*s* Entwicklungsländer *n/pl.*; **2.** geistig zurück(geblieben); *péd. enfant m* ~ Spätentwickler *m*; **II** *m* Rückstand *m*.

arrière|-automne (arjɛro'tɔn) *m* Spätherbst *m*; **~-ban**(~'bɑ̃) *m* † Heerbann *m*; *noch gebr. als*: letztes Aufgebot *n*; Landsturm *m*; *le ban et l'*~ das erste u. zweite Aufgebot *n*; *convoquer le ban et l'*~ Hinz u. Kunz (*od.* Krethi u. Plethi) zs.-trommeln; **~-bâtiment** (~bati'mɑ̃) *m* Hintergebäude *n*; **~-bec** (~'bɛk) *m* stromabwärts gerichteter (Brükken-)Eisbock *m*; **~-bouche** (~'buʃ) *f anat.* Schlund *m*; **~-boutique** (~bu'tik) *f* Hinterladen *m*; **~-bras** (~'brɑ) *m* [6c] Oberarm *m*; **~-caution** (~ko'sjɔ̃) *f* Rückbürgschaft *f*; Rückbürge *m*; **~-corps** (~'kɔ:r) *m* [6c] Hinterhaus *n*; **~-cour** (~'ku:r) *f* Hinterhof *m*; **~-dent** (~dɑ̃) *f* hinterster Backenzahn *m*, Weisheitszahn *m*; **~-fleur** (~'flœ:r) *f* zweites Blühen *n*; **~-foin** (~'fwɛ̃) *m* Nachmahd *f*, Grum(me)t *n*; **~-garde** (~'gard) *f* Nachhut *f*; **~-goût** (~'gu) *m* Nachgeschmack *m*; **~-grand-mère** (~grɑ̃'mɛ:r) *f* [6f] Urgroßmutter *f*; **~-grand-père** (~grɑ̃'pɛ:r) *m* [6f] Urgroßvater *m*; **~-main** (~'mɛ̃) *f* a) Handrücken *m*; b) *jeu de paume*: Rückhandschlag *m*; *avoir l'~ belle* gut auf Rückhand spielen; c) *Pferd*: Hintergestell *n*; **~-neveu** (~nə'vø) *m* Großneffe *m*; **~-nièce** (~'njɛs) *f* Großnichte *f*; **~-pensée** (~pɑ̃'se) *f* Hintergedanke *m*; **~-petite-fille** (~pətit'fij) *f* Urenkelin *f*; **~-petit-fils** (~pəti'fis) *m* [6f] Urenkel *m*; **~-pays** (~pe'i) *m* Hinterland *n*; **~-plan** (~'plɑ̃) *m* Hintergrund *m*; **~-point** (~'pwɛ̃) *m* Steppstich *m*; **~-rang** ⚔ (~'rɑ̃) *m* Hinterglied *n*.

arriérer (arje're) [1f] **I** *v/t.* zurückhalten, aufschieben; *fig.* im Rückstand bleiben mit; **II s'~** zurückbleiben; (*fig. mit der Zahlung*) in Rückstand geraten.

arrière|-saison (arjɛrsɛ'zɔ̃) *f* **1.** Spätherbst *m* (*a. fig.*); **2.** Nachsaison *f*, Saisonschluß *m*; **~-sens** (~'sɑ̃:s) *m* Hintergedanke *m*; **~-train** (~'trɛ̃) *m* Hinter-teil *m* (*v. Tier*), -gestell *n* (*v. Fahrzeug*).

arri|mage ⚓ (ari'ma:ʒ) *m* Stauen *n*; **~mer** (~'me) *v/t.* [1a] (ver-)stauen; **~meur** (~'mœ:r) *m* Stauer *m*.

arriser (ari'ze) *v/t.* [1a] *Segel* herablassen.

arri|vage (ari'va:ʒ) *m* **1.** ⚓ Anlegen *n*; **2.** Ankunft *f* *zu Wasser od. sonstwie* (*v. Waren*); **3.** ~*s pl.* angekommene Schiffe *n/pl. oder* Waren *f/pl.*; **4.** Zuzug *m* (*v. Bevölkerung*); (angekommener) Transport *m* (*v. Menschen*); **~vant** (~'vɑ̃) *m* Ankömmling *m*; **~vée** (~'ve) *f* Ankunft *f*, Eintreffen *n*, Aufmarsch *m*; 🚂 *auf Fahrplänen*: an (*ant. départ*); *Sport*: ~ *tête-à-tête* totes Rennen *n*; *gare f d'~* Ankunftsbahnhof *m*; *pol.* ~ *au pouvoir* Macht-, Regierungs-übernahme *f*.

arri|ver (ari've) [1a] (*nur mit* être) **I** *v/i.* **1.** ankommen, eintreffen; *fig.* vorwärts kommen; ~ *bon premier* allen den Rang ablaufen; **2.** ~ *à ses fins* zum Ziele kommen, seine Zwecke erreichen; *un homme arrivé* ein gemachter Mann; **3.** ~ *jusqu'à ...* reichen bis ...; *le pantalon ne m'arrivait qu'aux genoux* die Hose reichte mir nur bis zu den Knien (*od.* ging mir nur bis an die Knie); **4.** F auskommen (*mit dem Geld*); **II** *v/imp.* sich zutragen, geschehen, sich ereignen; *qu'arrive-t-il?* was ist passiert?; *que cela ne vous arrive plus!* daß Ihnen das nicht wieder passiert!; *cela arrive bien pour toi* das geschieht dir recht!; F *il fallait que ça arrive* da haben wir die Bescherung! (*od.* den Salat!); *il était bien arrivé aux XVII*e *et XVIII*e *siècles que ...* (*subj.*) es war im 17. u. 18. Jh. sehr wohl vorgekommen, daß ...; *s'il vous arrive de mentir* wenn es Dir einfallen sollte zu lügen; *quoi qu'il arrive* was auch geschehen mag; **~visme** (~'vism) *m* Strebertum *n*; **~viste** *mv.p.* (~'vist) *m* Streber *m*, Mantelträger *m*, Emporkömmling *m*.

arroche ⚘ (a'rɔʃ) *f* Melde *f*.

arro|gamment (arɔga'mɑ̃) *adv.* auf anmaßende Weise; **~gance** (~'gɑ̃:s) *f* Arroganz *f*, hochfahrendes Wesen *n*, Anmaßung *f*, Dünkel *m*, Spleen *m* F, Tick *m*; **~gant** (~'gɑ̃) *adj.* [7] arrogant, anmaßend, dünkelhaft, hochmütig, spleenig F; (*a. su.*); **~ger** (~'ʒe) [1l]: **s'~** *qch.* sich etw. anmaßen *od.* herausnehmen.

arroi (ar'wa) *m*: F *être en mauvais ~* in e-m jämmerlichem Zustand sein; in Unordnung sein.

arron|dir (arɔ̃'di:r) [2a] **I** *v/t.* **1.** runden; abrunden; F *bourse bien arrondie* dickes Portemonnaie *n*; **2.** ⚓ im Bogen umsegeln, herumfahren um; **II** *v/rfl.* **s'~ 3.** sich (ab-)runden, sich erweitern; **4.** sein Besitztum erweitern, sein Vermögen vermehren; F *~ sa pelote* sein Geld auf die hohe Kante legen; **~dissage** (~di'sa:ʒ) *m* Abrunden *n*; **~dissement** (~dis'mɑ̃) *m* **1.** Abrunden *n*, Abrundung *f*; *fig.* Erweiterung *f*; **2.** a) Kreis *m*, Unterpräfektur *f*; *~ rural* Landkreis *m*; b) (Stadt-)Bezirk *m*.

arro|sable (aro'zablə) *adj.* bewässerbar; **~sage** (~'za:ʒ) *m* Bewässerung *f*, Besprengung *f*, Begießen *n*; *voiture f d'~* Sprengwagen *m*; **~sée** (~'ze) *f* Regenguß *m*; **~sement** (~z'mɑ̃) *m* = *arrosage*; **~ser** (~'ze) *v/t.* [1a] **1.** begießen, benetzen; besprengen; *~ des fleurs* Blumen gießen; ⚔ *~ de projectiles* mit Geschossen bestreuen; *~ la viande* den Braten begießen; *fig. ~ son pain de ses larmes* kummervoll leben; *~ un événement* ein Ereignis begießen; **2.** bespülen, durchfließen (*Fluß*); **3.** P spicken, Schmiergelder geben, bestechen; **~seur** (~'zœ:r) *su.* [7g] Straßenkehrer *m*; **~seuse** (~'zø:z) *f* **1.** Sprengwagen *m*; **2.** Rasensprenger *m*; **~seuse-balayeuse** ⊕ (~'zø:z-balɛ'jø:z) *f* [6a] Spreng- u. Kehr-maschine *f*; **~soir** (~'swa:r) *m* Gießkanne *f*; *pomme f d'~* Brause *f*, Tülle *f*.

arrugie (ary'ʒi) *f* Abzugskanal *m*.

arsenal (arsə'nal) *m* [5c] Arsenal *n*, Zeughaus *n*; *fig.* Rüstkammer *f*.

arsenic ⚗ (arsə'nik) *m* Arsen(ik) *n*.

arsonvalisation ⚕ (arsɔ̃valiza'sjɔ̃) *f* Behandlung *f* mit Hochfrequenzstrom.

arsouille P (ar'suj) **1.** *m u. f* Straßenjunge *m*, Strolch *m*, übles (*od.* verkommenes) Subjekt *n*, Wüstling *m*, Schmutzfink *m*; **2.** *adj.* verkommen, liederlich.

art (a:r) *m* **1.** Kunst *f*; *~s et métiers* Kunsthandwerk *n*, Kunstgewerbe *n*; *~s m/pl. industriels* Kunstgewerbe *n*; *~ appliqué* angewandte Kunst *f*; *les beaux ~s* die schönen Künste; *de l'~ décoratif* kunstgewerblich; *~ graphique od. du dessin* Graphik *f*, Grafik *f*; *~ de la propagande* Werbekunst *f*; *~ populaire* Volkskunst *f*; *~ théâtral* Bühnenkunst *f*; *~ du décor intérieur* Raumkunst *f*; *~s d'agrément* gesellige Künste *f/pl.*; *contraire aux règles de l'~* kunstwidrig; **2.** Kunstfertigkeit *f*, Geschicklichkeit *f*; *péj.* Kunstgriff *m*.

Artaban (arta'bɑ̃): *fier comme ~* stolz wie ein Punier (*od.* Spanier).

artère (ar'tɛ:r) *f* **1.** Arterie *f*, Schlag-, Puls-ader *f*; *~ coronaire* Kranzader *f*; **2.** *fig.* Verkehrsader *f*.

arté|riel (arter'jɛl) *adj.* [7c] *anat.* arteriös; Pulsader....; **~riologie** (~rjɔlɔ'ʒi) *f* Pulsaderkunde *f*.

artério|-sclérose (arterjɔskle'ro:z) *f* Arterien-, Adern-verkalkung *f*; **~tomie** (~tɔ'mi) *f* Schlagaderschnitt *m*.

artésien (arte'zjɛ̃) *adj.* [7c]: *puits m ~* artesischer Brunnen *m*.

arthri|te ⚕ (ar'trit) *f* Arthritis *f*; **~tique** (~'tik) *adj.* gichtisch; **~tisme** (~'tism) *m* allgemeine Gichtanlage *f*.

artichaut (arti'ʃo) *m* **1.** ⚘ Artischocke *f*; **2.** ⚠ Stachelkrone *f*.

article (ar'tiklə) *m* **1.** Abschnitt *m*, Punkt *m*, Artikel *m*; Paragraph *m*; Aufsatz *m*; *~ de fond, de tête* Leitartikel *m*; *~ documentaire* Tatsachenbericht *m*; *~ de provocation, ~ violent, ~ incendiaire, ~ qui excite à qc.* Hetzartikel *m*; **2.** Stoff *m*, Gegenstand *m*; *c'est un ~ à part* das ist eine Sache für sich; **3.** ⚖ *interroger sur faits et ~s* über Tatsachen und Umstände befragen; **4.** *~ de foi* Glaubensartikel *m/pl.*; *être à l'~ de la mort* im Sterben liegen; **5.** † Artikel *m*, Ware *f*; *~ choc* [6b] Verkaufsschlager *m*; † *~ factice* (*pour l'étalage*) Atrappe *f*; *~s m/pl. d'enseignement* Lehrmittel *n/pl.*; *il ne tient pas cet ~* er führt diesen Artikel nicht; *~ à vil prix* Schleuderartikel *m*; *~ de série* Serien-, Massen-artikel *m*; *lancer un ~* e-n Artikel auf den Markt bringen; *~ de marque* (*de fonds, de réclame, de ménage, de bureau*) Marken- (Verlags-, Reklame-, Haushalts-, Büro[bedarfs-]) artikel *m*; *~ pour offrir* Geschenkartikel *m*; *~s pl. de mercerie* Kurzwaren *f/pl.*; **6.** *gr.* Artikel *m*, Geschlechtswort *n*; ~ *(in)défini* (un-)bestimmter Artikel *m*; ~ *partitif* Teilungsartikel *m*; ~ *partitif complet* voller (*od.* unverkürzter) Teilungsartikel *m*.

articu|laire (artiky'lɛ:r) *adj.* Gelenk..., die Gelenke *des Körpers* betreffend; *rhumatisme m* ~ Gelenkrheumatismus *m*; **~lation** (~la'sjɔ̃) *f* **1.** Knochen-, Gelenk-fügung *f*; Gelenk *n*; **2.** ⚘ Knoten *m*; **3.** *phon.* Artikulieren *n*, deutliches Aussprechen *n*; **4.** ⚖ ~ *des faits* genaue Aufzählung *f* der Tatsachen; **5.** ⊕ Verbinden *n*, Paaren *n*, Gliedern *n*; ~ *à croisillon*, ~ *à cardan* Kreuzgelenk *n*; ~ *à rotule* Kugelgelenk *n*; **6.** ~ *du programme* Programmgestaltung *f*; **~lé** (~'le) **I** *adj.* gegliedert; *poupée* ~*e* Gliederpuppe *f*; *fig.* *paroles mal* ~*es* undeutlich gesprochene Worte *n/pl.*; *Auto:* *essieux m/pl.* ~*s* Gelenkachsen *f/pl.*; **II** ~*s m/pl. zo.* Gliedertiere *n/pl.*

articuler (~'le) [1a] **I** *v/t.* **1.** ineinanderfügen; **2.** *phon.* aussprechen; ♪ vortragen; **3.** ⚖ ~ *un fait* eine Tatsache mit Bestimmtheit behaupten, Punkt für Punkt vortragen; **4.** *peint.*, *sculp.* scharf (*od.* bestimmt) andeuten; **II** *v/rfl.* **s'~** **5.** *anat.* sich ineinanderfügen; **6.** sich aussprechen lassen.

artifice (arti'fis) **1.** ⚒ Kunst(fertigkeit *f*) *f*, Geschicklichkeit *f*; *m* **2.** Künstelei *f*, Künstlichkeit *f*; ~ *de toilette* Schönheitsmittel *n*; **3.** *fig.* Kunstgriff *m*, Kniff *m*, List *f*; Ränke *pl.*, Schliche *pl.*; ~ *littéraire* literarischer Kunstgriff *m*; *plein d'*~ ränkevoll, arglistig; *sans* ~ ohne Falsch; **4.** *tirer un feu d'*~ ein Feuerwerk abbrennen; *pièce f d'*~ Feuerwerkskörper *m*.

artifi|ciel (~'sjɛl) *adj.* [7c] □ künstlich, kunstmäßig; *mv.p.* erkünstelt; ⚔ *brouillard m* ~ künstlicher Nebel *m*; *prairie* ~*le* künstliche Wiese *f*, Kunstwiese *f*; *soie f* ~*le* Kunstseide *f*; **~cier** (~'sje) *m* Feuerwerker *m*; Munitionsverwalter *m*; **~cieux** (~'sjø) *adj.* [7d] □ (hinter)listig.

artillerie (artij'ri) *f* **1.** Geschütz *n*; *grosse* ~, ~ *lourde*, ~ *de gros calibre* schweres Geschütz *n*; *parc m d'*~ Geschützpark *m*; *pièce f d'*~ Geschütz *n*; **2.** Artillerie *f*; ~ *d'accompagnement* Begleitartillerie *f*; ~ *d'accompagnement immédiat* Infanterieartillerie *f*; ~ *d'action d'ensemble* Schwerpunktartillerie *f*; ~ *antichars* Pakartillerie *f*; ~ *d'appui direct* Nahkampfartillerie *f*; ~ *d'assaut* Sturmartillerie *f*; ~ *légère od. volante* leichte Artillerie *f*; ~ *lourde* schwere Artillerie *f*; ~ *à cheval* reitende Artillerie *f*; ~ *à pied* Fußartillerie *f*; ~ *de campagne* Feldartillerie *f*; ~ *de côte* Küstenartillerie *f*; ~ *antiaérienne*, ~ *de défense contre avions* Flakartillerie *f*; ~ *de forteresse* Festungsartillerie *f*; ~ *sur voie ferrée* Eisenbahnartillerie *f*; ~ *de tir d'arrêt* Sperrfeuerartillerie *f*; **3.** Geschütz-, Artillerie-wesen *n*; **4.** *fig.* grobes Geschütz *n*, Werkzeug *n*.

artilleur (~'jœ:r) *m* Artillerist *m*, Kanonier *m*; ~ *à pied* Fußartillerist *m*.

artimon ⚓ (~'mɔ̃) *m* Besanmast *m*.

arti|san (arti'zɑ̃) *m* **1.** Handwerker *m*; ~ *d'art* Kunsthandwerker *m*; **2.** *fig.* Begründer *m*; *mv.p.* Urheber *m*, Anstifter *m*; ~ *de discordes* Händelstifter *m*; *être l'*~ *de sa fortune* sein Glück sich selbst verdanken; *être l'*~ *de sa ruine* an s-m eigenen Unglück selber schuld sein; **~sanal** (~za'nal) *adj.* [5b] (kunst-)handwerklich; *droit m* ~ Handwerksrecht *n*; *métiers m/pl. artisanaux* handwerkliche Berufe *m/pl.*; **~sanat** (~za'na) *m* Handwerkswesen *n*; Handwerk *n*; Gewerbe *n*; Kunsthandwerk *n*; Handwerkerschaft *f*, -stand *m*; ~ *d'art* Kunsthandwerk *n*.

arti|son *ent.* (arti'zɔ̃) *m* **1.** Kleidermotte *f*; **2.** Holzwurm *m*; **~sonné** (~zɔ'ne) *adj.* wurmstichig, mottenzerfressen.

artiste (ar'tist) **I** *su.* Künstler *m*; Artist *m*; *thé.* Darsteller *m*; ~ *(dramatique)* Schauspieler *m*; (~) *peintre* Maler *m*; ~ *de cinéma* Filmschauspieler(in *f*) *m*; ~ *du dessin* Graphiker(in *f*) *m*; ~ *publicitaire* Reklamekünstler *m*; **II** *adj.* □ kunstreich, künstlerisch, kunstgerecht; ~*ment adv.* kunstvoll, mit Kunst.

artistique (artis'tik) *adj.* künstlerisch, zur Kunst gehörig; Kunst...

aryen (ar'jɛ̃) [*skr.*] *adj. u.* ♀ *su.* [7c] arisch; Arier *m*.

arythmique (arit'mik) *adj.* unrhythmisch.

as (ɑ:s) *m* **1.** *hist.* As *n* (*Münze, Gewicht*); P *être aux* ~ Geld wie Heu haben; **2.** (*Spiel*) As *n*, Daus *n*; Eins *f auf Würfeln*; **3.** *fig.* tüchtiger

Kerl *m*, Mords-, Pfunds-kerl *m* F, *fig. bsd. Sport*: Kanone *f*, Prominenter *m*; *Auto*: ~ *du volant* Meisterfahrer *m*, ausgezeichneter Fahrer *m*; *un* ~ *de (tout) premier ordre* eine (ganz) große Kanone *f*.

asbeste (az'bɛst) *m* **1.** *min.* Asbest *m*; **2.** Asbestleinwand *f*.

ascen|dance (asɑ̃'dɑ̃:s) *f* **1.** aufsteigende Verwandtschaftslinie *f*, Vorfahren *m/pl.*, Herkunft *f*, Abstammung *f*; **2.** Aufsteigen *n von Gestirnen*; **~dant** (~'dɑ̃) **I** *adj.* [7] **1.** aufsteigend, aufwärts steigend, im Steigen begriffen; aufgehend; ⚠ ansteigend; **II** *m* **2.** Aufgangspunkt *m e-s Gestirns*; **3.** *il avait Jupiter à l'*~ er ist unter dem Zeichen des Jupiter geboren; **4.** ~*s pl.* Blutsverwandte in aufsteigender Linie, Ahnen, Vorfahren *m/pl.*; **5.** Neigung *f*, Hang *m* (*nicht fig.!*); **6.** Einfluß *m*, Macht *f*, Überlegenheit *f*, Autorität *f*.

ascenseur (asɑ̃'sœ:r) *m* Fahrstuhl *m*, Aufzug *m*, Lift *m*; *garçon m d'*~ Fahrstuhlführer *m*, Liftboy *m*.

ascen|sion (~'sjɔ̃) *f* **1.** Besteigung *f e-s Berges*; Hinaufsteigen *n*, Aufsteigen *n (Luftschiff)*; *fig.* Aufstieg *m*; ~ *de Jésus-Christ* Christi Himmelfahrt *f*; **2.** ♀ Himmelfahrtstag *m*; **~sionnel** (~sjɔ'nɛl) *adj.* [7c] aufsteigend: *mouvement* ~ fortschreitende Bewegung *f*; *force f* ~*le phys.* Aufstiegskraft *f*; *vitesse f* ~*le* Steiggeschwindigkeit *f*; **~sio(n)niste** (~sjɔ'nist) *su.* Bergsteiger *m*.

ascète (a'sɛt) *su.* Büßer *m*, Asket *m*.

ascé|tique (ase'tik) *adj.* asketisch, beschaulich, erbaulich, streng fromm; **~tisme** (~'tism) *bsd. rl. m* entsagungsvolles Leben *n*, Askese *f*.

asep|sie ⚕ (asɛp'si) *f* Asepsis *f*, Fernhaltung *f* der Mikrobenkeime; **~tique** ⚕ 📖 (~'tik) *adj. u. m* aseptisch(es Mittel *n*); keimfrei; **~tiser** ⚕ (~ti'ze) *v/t.* [1a] desinfizieren, keimfrei machen.

asexe, asexué, asexuel (a'sɛks, asɛk'sɥe, asɛk'sɥɛl) *adj.* geschlechtslos.

Asie (a'zi) *f*: **l'**~ Asien *n*; **l'** ~ *Mineure* Kleinasien *n*.

asile (a'zil) *m* **1.** Asyl *n*, Zufluchtsort *m*; *droit m d'*~ Asylrecht *n*; ~ *de nuit* Asyl *n* für Obdachlose; **2.** ~ *d'enfants* Kinderhort *m*, Kinderheim *n*, Kleinkinderbewahranstalt *f*; ~ *de vieillesse* Altersheim *n*; **3.** ~ *d'aliénés* Irrenanstalt *f*.

asparagi|culteur (asparaʒikyl'tœ:r) *m* Spargel-züchter *m*, -bauer *m*; **~culture** (~kyl'ty:r) *f* Spargelzucht *f*, -bau *m*.

aspe ⊕ (asp) *m* Haspel *m*, Weife *f*.

aspect (as'pɛ) *m* **1.** Anblick *m*, Ansicht *f*; *fig. à l'*~ *de* angesichts (*gén.*); **2.** Aussehen *n*, (*äußere*) Erscheinung *f*; *les* ~*s de l'économie française* die Merkmale *n/pl.* der französischen Wirtschaft; **3.** Aussicht *f*; *fig.* Bild *n*; *dans un bel* ~ schön gelegen; **4.** Gesichtspunkt *m*, Seite(n *f/pl.* einer Sache) *f*; **5.** *astrol.* Stand *m* der Gestirne; ~ *bénin* guter Stand *m*.

asperge (as'pɛrʒ) *f* Spargel *m*; *pointes f/pl. d'*~ Spargelköpfe *m/pl.* ~*s pl. entières*, ~*s pl. en branches* Stangenspargel *m/sg*.

asperger (aspɛr'ʒe) *v/t.* [1l] leicht bespritzen.

aspergerie (~ʒ'ri) *f* Spargelpflanzung *f*.

aspergès *rl.* (~'ʒɛs) *m* **1.** Weihwedel *m*; **2.** Besprengung *f* mit Weihwasser.

aspérité (asperi'te) *f* Rauheit *f* (*a. fig.*); Unebenheit *f*.

asper|sion (aspɛr'sjɔ̃) *f* Bespritzen *n* (*a. mit Weihwasser*); **~soir** (~'wa:r) *rl. m* Weihwedel *m*.

aspérule ⚘ (aspe'ryl) *f* Waldmeister *m*.

asphaltage (asfal'ta:ʒ) *m* Asphaltieren *n*.

asphalt|e (as'falt) *m* **1.** Asphalt *m*; **2.** Asphaltpflaster *n*; ~ *pilé* (*od. comprimé*) Stampfasphalt *m*; ~ *coulé*, ~ *mastic* Gußasphalt *m*; ~ *à froid* Kaltasphalt *m*; **~er** (asfal'te) *v/t.* [1a] asphaltieren.

asphyxiant (asfik'sjɑ̃) *adj.* [7] erstickend; ⚔ *gaz* ~ Giftgas *n*; ~*s* ⚔ *m/pl.* erstickende Kampfstoffe *m/pl.*

asphyxie (asfik'si) *f* Stockung *f* des Atmens; Ersticken *n*.

asphy|xié (asfik'sje) **I** *adj.* erstickt, scheintot; **II** *su.* Erstickte(r) *m*, Scheintote(r) *m*; **~xier** (~fik'sje) *v/t. u. v/rfl. s'*~ [1a] ersticken.

aspic (as'pik) *m* **1.** Natter *f*, Viper *f*; *fig.* (*langue f d'*)~ Lästermaul *n*; **2.** *cuis.* Aspik *m od. n*, Fleischgallert *f*; **3.** ⚘ Lavendel *m*.

aspirail (aspi'raj) *m* [5c] Zugloch *n*.

aspi|rant (aspi'rɑ̃) [7] **I** *adj.* einsaugend; *pompe* ~*e* Saugpumpe *f*; **II** *su.* Bewerber *m*, Aspirant *m*; ~ *de marine* Seekadett *m*; ~*-instituteur* Junglehrer *m*; ~*-officier* Offiziersanwärter *m*; ~*-pilote* Flugschüler *m*; ~e *au brevet élémentaire (supérieur)* Kandidatin *f* für die erste (zweite) Lehrerinnenprüfung; **~rateur** (~ra'tœːr) [7f] **I** *adj.* einsaugend, -atmend; **II** *m* Staubsauger *m*; ⊕ Sauger *m*, Sauggerät *n*, Sauganlage *f*; Ventilator *m*, Windfang *m*; **~ratif** (~'tif) *adj.* [7e] *gr.* hauchend; *lettre aspirative* Hauchbuchstabe *m* (*z.B. h*); **~ration** (~rɑ'sjɔ̃) *f* **1.** Atemholen *n*, Einatmen *n*; **2.** (Ein-, An-)Saugen *n*; **3.** *gr.* Aspirieren *n*; **4.** *fig.* (*bsd. pl.*) Trachten *n*, Sehnen *n*; *pol.* ~ *à la puissance* Machtstreben *n*; ~ *à (représenter) la totalité (de l'État)* Totalitätsanspruch *m*; **~ratoire** (~ra'twaːr) *adj.* die Atmung betreffend, Atmungs...; **~ré** (~'re) *adj.* (*a. f*) *gr.*: (*lettre*) ~e Hauchbuchstabe *m*, *h* ~ aspiriertes h (*schließt Apostrophierung aus*).

aspirer (~'re) [1a] **I** *v/t.* **1.** *Luft* einatmen, *Wasser* auf-, ein-saugen; *Teppich* absaugen; **2.** *gr.* aspirieren, mit einem Hauche aussprechen (*in Paris u. Mittelfrankreich wurde das h germanischen Ursprungs bis zum 16. Jahrhundert gehaucht*); **II** *v/i.* ~ *à qch.*, ~ *à* (*mit inf.*) streben *od.* trachten nach, sich bewerben um; ~ *au trône* nach dem Throne streben; *je n'aspire qu'à ...* ich wünsche nichts weiter als zu ...; **III s'~** eingesogen werden.

aspirine *phm.* (~'rin) *f* Aspirin *n.*

assa|gir (asa'ʒiːr) [2a] **I** *v/t.* zur Vernunft bringen; **II** *v/rfl.* **s'~** vernünftig werden; **~gissement** (~ʒis'mɑ̃) *m* **1.** Klug-, Weise-werden *n*; vernünftige Haltung *f*; **2.** Belehrung *f.*

assail|lant (asa'jɑ̃) **I** *adj.* angreifend; **II** *bsd.* ⚔ *m* Angreifer *m*; **~lir** (~'jiːr) *v/t.* [2c] angreifen, überfallen; ~ *de questions* mit Fragen bestürmen.

assai|nir (asɛ'niːr) *v/t.* [2a] desinfizieren; sanieren (*éc., fin.*); *Luft* reinigen, bessern; *Land* entwässern, trockenlegen; läutern; **~nissement** (~nis'mɑ̃) *m* Gesundung *f*, Gesundheitswesen *n*; Sanierung *f*; Besserung *f* (*a. fig.*); Trockenlegung *f*, Entwässerung *f*; ~ *financier* Sanierung *f* der Finanzen; ~ *économique* Gesundung *f* der Wirtschaft; ~ *urbain* städtebauliche Sanierung *f.*

assaison|nement (asɛzɔn'mɑ̃) *m* **1.** Würzen *n*; **2.** Würze *f* (*a. fig.*), Zutat *f*; **~ner** (~zɔ'ne) [1a] **I** *v/t.* **1.** würzen; schmackhaft machen; **2.** *fig.* angenehm machen, versüßen; **II** *v/rfl.* **s'~** gewürzt werden.

assassin (asa'sɛ̃) **I** *m* (Meuchel-)Mörder *m*; *à l'~!* Mord!; **II** *adj.* [7] meuchelmörderisch; *fig.* bissig, giftig; unwiderstehlich (*Blick*).

assassi|nant F (asasi'nɑ̃) *adj.* [7] zum Sterben langweilig, unausstehlich; **~nat** (~'na) *m* Meuchelmord *m*; *fig.* Gewalttat *f*; **~ner** (~'ne) *v/t.* [1a] meuchlings morden; F *fig.* belästigen, auf die Nerven fallen (*de* mit); P kaputt machen.

assaut (a'so) *m* **1.** Angriff *m*, Sturm *m*, Ansturm *m* (*a. fig.*); *aller* (*od. monter*) *à l'~ de*, *donner l'~ à*, *livrer un ~ à* stürmen, berennen, Sturm laufen gegen (*acc.*); *emporter* (*od. enlever od. prendre*) **d'~** (*a. fig.*) mit Sturm nehmen, erstürmen; *prêt à l'~* sturmreif; **2.** dringende Bitte *f*, Bestürmung *f*; **3.** *fig.* Wettstreit *m*; *faire ~ de politesses* sich in Höflichkeiten überbieten; **4.** Gang *m beim Fechten.*

as|sèchement (asɛʃ'mɑ̃) *m* **1.** Entwässerung *f*, Trockenlegung *f*; Austrocknen *n*; **2.** Ausgetrocknetsein *n*; **~sécher** (~se'ʃe) [1f] **I** *v/t.* austrocknen, trocken legen; **II** *v/rfl.* **s'~** austrocknen.

assem|blage (asɑ̃'blaːʒ) *m* **1.** Zusammen-fügen *n*, -stellen *n*, -setzen *n*, -setzung *f*, Montage *f*; *atelier m d'~* Montagehalle *f*; s. *chaîne*; **2.** Ansammlung *f*, Vereinigung *f*; Gemisch *n*; **3.** ⊕ Verband *m*, Fugenwerk *n*; ~ *de rails* Schienenstoß *m* (*Verbindungsstelle zweier Schienen*); **~blée** (~'ble) *f* **1.** Versammlung *f*, Zusammenkunft *f*; *hist.* ♀ *constituante* verfassunggebende Versammlung *f*; ~*générale ordinaire* ordentliche Generalversammlung *f*; ♀ *législative* gesetzgebende Versammlung *f*; ~ *nationale* Nationalversammlung *f*; ~ *plénière* Vollversammlung *f*; ~ *à titre de protestation* Protestversammlung *f*; ~ *(générale) du parti* Parteiversammlung *f*; **2.** *fig.* *l'~ des fidèles* die Kirche (*Gemeinschaft der Gläubigen*); **3.** Verein *m*, Gesellschaft *f*; **4.** *ch.* Sammelplatz *m*; **5.** ⚔ *battre (sonner) l'~* zum Sammeln trommeln (blasen); **~blement** (~blə'mɑ̃) *m* Zusammenbringen *n*, Versammeln *n.*

assembler (asɑ̃'ble) [1a] **I** *v/t.* **1.** zusammen-bringen, -stellen, -setzen; -legen, -fügen; **2.** versammeln, zusammenberufen; *Truppen* zusammenziehen; **II** *v/rfl.* s'~ sich versammeln.

assener (as[ə]'ne) *v/t.* [1d]: ~ *un coup à q.* j-m e-n tüchtigen Schlag (*od.* eins) versetzen.

assentiment (asɑ̃ti'mɑ̃) *m*: ~ (*à*) Zustimmung *f* (zu), Einwilligung *f* (in *acc.*); Billigung *f*, Beifall *m*.

asseoir (a'swa:r) [3k] **I** *v/t.* **1.** (hin-, nieder-)setzen; **2.** legen, (auf-)stellen; **3.** fest aufstellen, *auf festem Untergrund* errichten; ~ *une statue sur un piédestal* e-e Statue auf e-n Sockel stellen; ~ *un camp* ein Lager aufschlagen; ~ *la garde* Posten aufstellen; **4.** *fig.* ~ *son jugement sur* sein Urteil gründen (*od.* bauen) auf (*acc.*); **5.** *fig.* festigen (*z.B. Regierung, Ruf*); ~ *son économie* s-e Wirtschaft festigen (*od.* stabilisieren); **6.** P verblüffen, kleinkriegen, zum Schweigen bringen; überzeugen; **II** *v/rfl.* s'~ sich setzen; *asseyez-vous* setzen Sie sich!; *donnez-vous la peine de vous* ~!, *veuillez vous* ~! nehmen Sie bitte Platz!; *faire* ~ *q. à sa table* j-n bei sich mitessen lassen.

assermen|tation (asɛrmɑ̃tɑ'sjɔ̃) *f* Vereidigung *f*; **~ter** (~'te) *v/t.* [1a] be-, ver-eidigen.

assertion (asɛr'sjɔ̃) *f* **1.** Behauptung *f*, Versicherung *f*; Beteuerung *f*; **2.** ⚖ Aussage *f*.

asser|vir (asɛr'vi:r) *v/t.* [2a] unterdrücken, -werfen, -jochen; *fig.* zügeln, beherrschen (*Leidenschaften*); **~vissant** (~vi'sɑ̃) *adj.* [7] (be-)drückend, unterjochend; **~vissement** (~vis'mɑ̃) *m* Unterdrükkung *f*, Knechtung *f*; **~visseurs** (~vi'sœ:r) *m/pl.*: ~ *d'États* Staatenbezwinger *m/pl.*

asses|seur ⚖ (asɛ'sœ:r) *m* Beisitzer *m*; *a. adj./m* beisitzend; **~sor(i)at** (~sɔ'r[j]a) *m* Beisitzeramt *n*.

assez (a'se) *adv.* **1.** genug, hinlänglich, zur Genüge; ~ *d'argent* genug Geld; ~ *de temps* Zeit genug; *c'est* ~ das genügt; *encore* ~ noch u. noch, mehr als genügend, mehr als genug; *c'en est* ~!, *en voilà* ~!, *ell. assez!* genug davon!; *j'en ai* ~ ich habe genug davon, ich habe es satt; **2.** ziemlich; ~ *bien*, ~ *joli*(e): a) gut genug, hübsch genug; b) ziemlich (*od.* ganz) gut, ziemlich (*od.* ganz) hübsch; ~ *souvent*: a) oft genug; b) ziemlich oft; **3.** *voilà qui est* ~ *étrange* das ist doch sehr sonderbar.

assi|du (asi'dy) *adj.* **1.** pünktlich; **2.** fleißig, eifrig, betriebsam, emsig, beharrlich; diensteifrig; **3.** anhaltend, ununterbrochen; *être* ~ *à l'étude* unablässig studieren; **~duité** (~dɥi'te) *f* **1.** Pünktlichkeit *f*, Dienstbeflissenheit *f*; **2.** Emsigkeit *f*, ausdauernder Fleiß *m*; **3.** ~s *pl.* häufige Besuche *m/pl od.* Aufmerksamkeiten *f/pl.*; Hofieren *n*, Liebesumwerbungen *f/pl.*; **~dûment** (~dy'mɑ̃) *adv. von assidu* emsig, eifrig, fleißig, pünktlich.

assié|gé ⚔ (asje'ʒe) *su.* Belagerter; **~geant** (~'ʒɑ̃) *su.* [7] Belagerer; **~ger** (~'ʒe) *v/t.* [1g] belagern; *fig.* belästigen; ~ *q. de questions* j-n mit Fragen bestürmen.

assiette (a'sjɛt) *f* **1.** Lage *f*, Haltung *f*; Sitz *m zu Pferde*; *perdre son* ~ nicht mehr fest im Sattel sitzen; seinen Sitz verlieren; *manquer d'*~ schlecht im Sattel sitzen; **2.** örtliche Lage *e-s Hauses*; 🚂 ~ *de la voie* Bahnkörper *m*; **3.** *fig.* seelisches Gleichgewicht *n*; ✈ Gleichgewichtslage *f*; *il n'est pas dans son* ~ er fühlt sich nicht wohl; er ist nicht gut aufgelegt; *sortir de son* ~ sein Gleichgewicht verlieren, außer Fassung geraten; **4.** ~ *de l'impôt* Veranlagung *f* der Steuern; **5.** Teller *m*; ~ *creuse* tiefer Teller *m*; ~ *plate* flacher Teller *m*; ~ *à dessert* Obstteller *m*; ~ *à l'anglaise cuis.* kalter Aufschnitt *m*; ~ *à soupe* Suppenteller *m*; *changer d'*~s die Teller wechseln; F *avoir l'*~ *au beurre* an der Futterkrippe sitzen.

assiettée (asje'te) *f* Tellervoll *m*.

assignable (asi'ɲablə) *adj.* **1.** bestimmbar, benennbar; **2.** ⚖ anweisbar.

assignation (asiɲɑ'sjɔ̃) *f* **1.** Anweisung *f*; **2.** Vorladung *f* vor Gericht; *manquer à l'*~ den Termin versäumen.

assigner (asi'ɲe) *v/t.* [1a] **1.** Summe anweisen (*sur* auf *acc.*); **2.** vor Gericht laden; **3.** bestimmen, festsetzen; ~ *une tâche à q.* j-m e-e Aufgabe übertragen.

assimi|lable (asimi'lablə) *adj.* anpaßbar, assimilierbar, aufnahmefähig; *fig.* erlernbar; **~lateur** (~la'tœ:r) *adj.* [7f] *u.* **~latif** (~la'tif) *adj.* [7e] angleichend, assimilierend; **~lation** (~la'sjɔ̃) *f* Angleichung *f*, Assimilierung *f*, Assimilation *f* (*a. gr.*); Gleichmachung *f*; Aneignung *f*; Aufnahme *f*, Verarbeitung *f*, Umwandlung *f*, Stoffwechsel *m*.

assimilé (asimi'le) **I** *m* Militärbeamte(r) *m*, Verwaltungsoffizier *m*; **II** *adj.* gleichgestellt (*à* mit *dat.*).

assimiler (~) [1a] **I** *v/t.* **1.** ähnlich machen, angleichen; **2.** vergleichen, gleichstellen; **3.** *fig.* a) geistig verarbeiten, in sich aufnehmen; *certains élèves ne peuvent ~ tout ce qu'ils apprennent* gewisse Schüler können nicht alles, was sie lernen, geistig verarbeiten; b) *abus.* = **s'~**; *~ une langue* (*wofür besser*: *s'~ une langue*) sich e-e Sprache aneignen; **II** *v/rfl.* *s'~* **4.** einheimisch werden; *s'~ qch.* sich etwas aneignen, in sich aufnehmen; *s'~ (à qch.)* sich (einem Körper) einverleiben; **5.** *s'~ à q.* sich mit j-m vergleichen, sich j-m gleichstellen.

assis (a'si) [7] **I** *p.p. v. asseoir*; **II** *adj.* **1.** sitzend; *métier m ~* sitzende Tätigkeit *f*; *restez ~* (*od. nur*: *~!*) bleiben Sie sitzen!; *je suis bien (mal) ~* ich sitze gut (schlecht); **2.** *poét.* gelegen; ⚖ *fig.* fest begründet; **III** *m voter par ~ et levé* durch Sitzenbleiben u. Aufstehen abstimmen.

assise (a'si:z) *f* **1.** Steinschicht *f*, Lage *f* (*auch fig.*); *fig.* Grundlage *f*; ⊕ *~ asphaltique* Asphaltschicht *f*; *géol. ~s jurassiques* Juraschichten *f/pl.*; *fig. les ~s du raisonnement* die Grundlagen e-r Beweisführung; *pol. sentir ses ~s encore faibles* s-e noch schwachen Stellen fühlen; **2.** *~s pl.*: a) ⚖ Hauptgerichtstag *m*; *cour f d'~s* Schwurgericht *n*; b) *weitS.* Versammlung *f*, Kongreß *m von Gelehrten*; *pol.*, *égl.* Tagung *f*; *tenir ses ~s* tagen, s-e Sitzungen abhalten.

assis|tanat (asista'na) *m* Assistentenschaft *f*, -stand *m* (*z.B. e-r Universität*); **~tance** (asis'tɑ̃:s) *f* **1.** Anwesenheit *f*; **2.** *coll.* die Anwesenden *su/pl.*, Zuhörer *su/pl.*, Zuhörerschaft *f*; **3.** *rl.* Assistenten *m/pl.* des Ordengenerals; **4.** *rl.* Ordens-, Kloster-bezirk *m*; **5.** Beistand *m*; Mitwirkung *f*; Hilfe *f*; *~-chômeurs f* Arbeitslosenfürsorge *f*; *~ judiciaire* Armenrecht *n*; *~ publique* öffentliche Armenpflege *f*; *~ sociale* soziale Fürsorge *f*; Fürsorgewesen *n*; *prêter ~ à q.* j-m helfen; *~ (sociale) aux enfants* Kinderfürsorge *f*; *~ maternelle* Mütterfürsorge *f*; *~ médicale* Krankenfürsorge *f*; *~ aux survivants* (*aux prisonniers*, *aux nourrissons*) Hinterbliebenen- (Gefangenen-, Säuglings-)fürsorge *f*; *~ (aux victimes) de (la) crise* Krisenfürsorge *f*; (*œuvre f d'*)*~ à la jeunesse* Jugendfürsorge *f*, Jugendpflege *f*; **~-chômage** (~ʃo'ma:ʒ) *f* [6b] Arbeitslosenfürsorge *f*; **~tant** (~tɑ̃) **I** *adj.* [7] **1.** beistehend, helfend; *a. m*: (*prêtre*) *~* Hilfsgeistlicher *m*; **II** *su.* **2.** *les ~s* die Anwesenden *su/pl.*; **3.** Assistent *m* (*z.B. e-s Professors*), Beistand *m*, Gehilfe *m*, Stellvertreter *m*; *~e f sociale* Fürsorgerin *f*; **~té** (~'te) *su.*, j., der Armenrecht (*od.* Armenpflege) genießt; *hospice m des enfants ~s* Findelhaus *n*.

assister (asis'te) **I** *v/i. ~ à qch.* beiwohnen, zugegen sein bei; **II** *v/t.* unterstützen (*acc.*), beistehen (*dat.*), behilflich sein (*dat.*), helfen (*dat.*).

asso|ciable (asɔ'sjablə) *adj.* vereinbar; zusammenstellbar; **~ciation** (~sja'sjɔ̃) *f* **1.** Vereinigung *f*, Verbindung *f*, Verein *m*, (Handels-) Gesellschaft *f*; *~ centrale* Zentral-, Spitzen-verband *m*; *~ affiliée* Zweiggesellschaft *f*; *~ corporative* Innung *f*; *~ mutuelle d'assurances* Versicherungsverein *m* auf Gegenseitigkeit; *~ syndicale* Gewerkschaftsbund *m*; *~ subordonnée* Unterverband *m*; *~ patronale*, *~ des entrepreneurs*, *~ des employeurs* Arbeitgeberverband *m*; *~ professionelle* Fach-, Berufs-verband *m*; *~ économique* Wirtschaftsverein(igung *f*) *m*; *~ tarifaire* Tarifgemeinschaft *f*; ⚒ *~ (coopérative) des mineurs* Zechengemeinschaft *f*; *~ protectrice* Schutz-verband *m*, -vereinigung *f von Schriftstellern usw.*; *~ intercommunale* Gemeindeverband *m*; *~ de jeunes gens* Jugendverband *m*; *~ des victimes de la guerre* Kriegsopferverband *m*; *~ de bienfaisance* Wohltätigkeitsvereinigung *f*; *traité m d'~* Gesellschaftsvertrag *m*; **2.** *~ d'idées* Ideenverbindung *f*; **~cié** (~'sje)

I *adj.* **1.** *idées* ~*es* verkettete Begriffe; *m/pl.*; **II** *su.* **2.** Gesellschafter *m*, Sozius *m*, Teilhaber *m*; ~ *tacite* stiller Teilhaber *m*; **3.** (*a. adj.*: *membre m* ~) auswärtiges (*od.* korrespondierendes) Mitglied *einer Gelehrtengesellschaft.*

associer (asɔ'sje) [1a] **I** *v/t.* **1.** zugesellen; ~ *q. à qch.* j-n teilnehmen lassen an (*dat.*); **2.** *fig.* vereinigen, verbinden; **II s'~ 3.** *s'~ à* sich anschließen, teilnehmen an (*dat.*); **4.** *s'~ avec q.* sich mit j-m zu Geschäftszwecken verbinden.

assoiffé (aswa'fe) *adj.* sehr durstig; *fig.* gierig; ~ *de sang* blutdürstig.

assolement ⚒ (asɔl'mɑ̃) *m* Fruchtwechsel *m*, Koppelwirtschaft *f*; *culture f par* ~*s* Wechselwirtschaft *f*.

assoler ⚒ (asɔ'le) *v/t.* [1a] Fruchtwechsel vornehmen auf (*dat.*).

assom|brir (asɔ̃'bri:r) [2a] **I** *v/t.* **1.** verdüstern, mißmutig machen; ~ *la chambre* das Zimmer (zum Schlafen) verdunkeln; **II** *v/rfl. s'~* **2.** sich verfinstern; **3.** *fig.* mißmutig werden; **~brissement** (~bris'mɑ̃) *m* **1.** Verdunkelung *f*; **2.** Dunkelheit *f*; *fig.* Verdüsterung *f*.

assom|made (asɔ'mad) *f* Totschlagen *n*; Schlägerei *f*; **~mant** F (~'mɑ̃) *adj.* [7] *fig.* unerträglich, tödlich langweilig; zum Auswachsen, zum Davonlaufen F; **~mer** (~'me) [1a] **I** *v/t.* **1.** totschlagen; **2.** ganz gehörig schlagen; ~ *q. de coups* j-n grün und blau schlagen; **3.** *fig.* belästigen, *j-m* zusetzen, F *j-m* nicht von der Pelle rücken; **4.** *Hitze, Getränk*: betäuben, matt machen; **II s'~** ea. (halb)totschlagen; **~meur** (~'mœ:r) *su.* [7g] Totschläger *m*; **~moir** (~'mwa:r) *m* **1.** Totschläger *m* (*Stock*); *coup m d'~* fürchterlicher Schlag (*a. fig.*); **2.** F Schnapsbude *f*, Kneipe *f*, Destille *f*, Budike *f* P.

assomption (asɔ̃p'sjɔ̃) *f*: ♀ *de la Vierge* Mariä Himmelfahrt.

asso|nance (asɔ'nɑ̃:s) *f* Assonanz *f*, Halbreim *m*, vokalischer Gleichklang *m*; **~nant** (~'nɑ̃) *adj.* [7] assonierend, ähnlich lautend, anklingend.

assor|ti (asɔr'ti) *adj.* **1.** *mariage m bien* ~ passende Ehe *f*; *couleurs* ~*es* zusammenpassende Farben *f/pl.*; **2.** *magasin bien* ~ wohlausgestatteter Laden; *être bien* ~ e-e große Auswahl haben; **~timent** (~ti'mɑ̃) *m* **1.** Vereinigung *f*, Zusammenstellung *f*, Sortierung *f*, *geschmackvolle* Auswahl *f*; **2.** Sammlung *f*; Vorrat *m*; Warenlager *n*; **3.** Sortiment *n*; *livres m/pl. d'~* Sortimentsbücher *n/pl.*

assor|tir (asɔr'ti:r) [2a] **I** *v/t.* **1.** passend zusammenstellen, sortieren, auswählen; **2.** mit Waren versehen *od.* ausstatten; **II** *v/rfl.* **3.** *s'~ à qch.* zu etw. passen, gut zu etw. stehen (*a. fig.*); **4.** *s'~ de* sich versehen mit; **~tissant** (~ti'sɑ̃) *adj.* [7] passend; **~tisseur** (~ti'sœ:r) *su.* [7g] Händler *m* mit Stoffresten.

assot|er ✎, **~ir** † (asɔ'te, ~'ti:r) *v/t.* [1a], [2a] j-m den Kopf verdrehen.

assou|pir (asu'pi:r) [2a] **I** *v/t.* einschläfern; *fig.* betäuben, lindern; vertuschen; *Aufstand* unterdrücken; schlichten; **II** *v/rfl.* **s'~** einschlummern; *fig.* sich legen, nachlassen; **~pissant** (~pi'sɑ̃) *adj.* [7] einschläfernd; **~pissement** (~pis'mɑ̃) *m* **1.** Schlummer *m*, Schläfrigkeit *f*; **2.** Trägheit *f*, Sorglosigkeit *f*; **3.** Schlichtung *f*, Beilegung *f e-s Streites*, Unterdrückung *f e-s Aufstandes*; **4.** Linderung *f*, Betäubung *f* (*des Schmerzes*).

assou|plir (asu'pli:r) *v/t. u. v/rfl.* **s'~** [2a] geschmeidig (*fig.* nachgiebig *od.* gefügig) machen *bzw.* werden; **~plissement** (~plis'mɑ̃) *m* Geschmeidigmachen *n*.

assour|dir (asur'di:r) [2a] **I** *v/t.* betäuben, taub machen; ♪ *u. peint.* dämpfen; **II** *v/rfl.* **s'~** taub (*od.* unempfindlich) werden; **~dissant** (~di'sɑ̃) *adj.* [7] betäubend; **~dissement** (~dis'mɑ̃) *m* Betäubung *f*.

assou|vir (asu'vi:r) [2a] **I** *v/t.* **1.** sättigen; *Hunger* stillen; **2.** *fig.* befriedigen; ~ *sa vengeance* s-e Rache kühlen; **II** *v/rfl.* **s'~** (de) sich sättigen (an *dat.*); **~vissement** (~vis'mɑ̃) *m* **1.** Sättigung *f*; **2.** *fig.* Befriedigung *f*.

assujetti (asyʒɛ'ti) *adj.*: ~ *à l'impôt sur le revenu* einkommensteuerpflichtig; ~ *à la taxe* (*à l'assurance*) abgabe-(versicherungs-)pflichtig.

assujet|tir (asyʒɛ'ti:r) [2a] **I** *v/t.* **1.** unterwerfen, unterjochen, bezwingen; **2.** ~ *q. à qch.* j-n zu etw. zwingen; **3.** festmachen, befestigen; **II** *v/rfl.* **4.** *s'~ à* sich richten nach, sich binden an (*acc.*); **5.** *s'~ qch.* sich etw. untertänig machen; **~tissant** (~ti'sɑ̃) *adj.* [7] *fig.* bindend; *fig.* mühselig, lästig; **~tissement** (~tis'mɑ̃) *m* Unterwerfung *f*; *fig.* Unterwürfigkeit *f*, Abhängigkeit *f*, Gebundenheit *f*; *~ à l'étiquette* Formenzwang *m*.

assumer (asy'me) *v/t.* [1a]: *~ une grande responsabilité* eine große Verantwortung übernehmen; *~ sa subsistance* für s-n Lebensunterhalt selbst aufkommen; *~ sur soi des haines* sich Haß zuziehen.

assu|rable (asy'rablə) *adj.* versicherungsfähig; **~rance** (~'rɑ̃:s) *f* **1.** Gewißheit *f*, Überzeugung *f*, sichere Hoffnung *f*; Zuversicht *f*; *en toute ~* mit vollem Vertrauen; **2.** Ver-, Zusicherung *f*, Beteuerung *f*, (festes) Versprechen *n*; *Veuillez agréer l'~ de ma considération (très) distinguée* (*als Briefschluß*) Hochachtungsvoll; **3.** Selbstvertrauen *n*; **4.** Sicherheit *f*, Gefahrlosigkeit *f*; **5.** (Unter-)Pfand *n*, Bürgschaft *f*, Gewähr *f*; **6.** Versicherung *f*; *compagnie f d'~* Versicherungsgesellschaft *f*; *~ au premier risque* Versicherung *f* auf erstes Risiko; *~-chômage* [6b] Arbeitslosenversicherung *f*; *collective* Kollektiv-Versicherung *f*; *~ contre les accidents, ~ contre les grèves, ~ (contre les risques) du transport* Unfall-, Sturmschaden-, Transport-versicherung *f*; *~ contre la tempête, ~ contre le vol avec effraction* Sturmschaden-, Einbruchsdiebstahl-versicherung *f*; *~ de capital différé* Versicherung *f* auf den Erlebensfall; *~ de responsabilité (civile)* Haftpflichtversicherung *f*; *~ de(s) bagages* Reisegepäckverversicherung *f*; *~ des employés, des survivants* Angestellten-, Hinterbliebenen-versicherung *f*; *~-invalidité* Invaliditätsversicherung *f*; *~ immobilière, maritime* Gebäude-, See-versicherung *f*; *~-maladie* [6b] Krankenversicherung *f*; *~ mutuelle (abbr. A. M.)* gegenseitige Versicherung *f*; *~ ouvrière en cas d'accidents* Arbeiterunfallversicherung *f*; *~ obligatoire* Zwangsverversicherung *f*; *~ périmée* erloschene Versicherung *f*; *~ pluie -séjour* Regenversicherung *f* (*für Urlaubsreisen*); *~ pour une somme inférieure (à la valeur effective)* Unterversicherung *f*; *~ pour automobiles, des motocyclettes* Automobil-, Motorrad-versicherung *f*; *~ sociale ~ supplémentaire* Sozial-, Zusatz-versicherung *f*; *~ tous risques* generelle Versicherung *f*; *~-vie f* Lebensversicherung *f*; *~-vieillesse f* Altersversicherung *f*; *effectuer une ~* eine Versicherung abschließen; **~ré** (~'re) **I** *adj.* **1.** *~ contre* sicher vor (*dat.*), gesichert gegen (*acc.*); **2.** versichert; **3.** zuverlässig, gewiß; selbstsicher; **4.** unerschrocken; keck; **5.** *~ment adv.* (ganz) sicher, sicherlich, wahrhaftig; **II** *su.* Versicherte(r) *m*, Versicherungsnehmer *m*; *les ~s sociaux* die Sozialversicherten *pl*.

assu|rer (asy're) [1a] **I** *v/t.* **1.** befestigen, festmachen, sichern (*Bergsport*); *~ à la corde* anseilen; † *~ pour une somme inférieure (à la valeur effective)* unterversichern; *rad. ~ le casque sur ses oreilles* sich den Kopfhörer aufsetzen; ⚓ *~ le service de la côte* den Küstendienst versehen; **2.** *fig.* sorgen (für *acc.*), Sicherheit *f* geben; fertigmachen; *~ un reportage de nuit* e-e Nachtreportage fertig-machen, -stellen; **3.** *Vermögen usw. fig.* sicherstellen; **4.** *Haus usw.* versichern (*z.B. contre les dégâts produits par des ouragans* gegen Sturmschaden); **5.** mit Gewißheit behaupten, bezeugen, versichern; *je t'en assure!* das versichere ich dir!; **II** *v/rfl.* **s'~** (de) **6.** sich vergewissern (*gén.*), sich überzeugen von; *assurez-vous que ...* seien Sie versichert, daß ...; **s'~** *des places* Plätze belegen; **7. s'~** *dans (en od. sur) qch.* auf etw. (*acc.*) bauen; **8. s'~** *de q.*: a) ⚖ j-n verhaften; b) sich des Beistandes j-s versichern; **9. s'~** *contre q.* sich vor j-m sichern; **~reur** † (~'rœ:r) *m* Versicherungsträger *m*, Versicherer *m*; **~reur-expert** (~'rœ:r ɛks'pɛ:r) *m* Versicherungsfachmann *m*.

astatique *phys.* (asta'tik) *adj.* unbeständig.

aster ⚘ (as'tɛ:r) *m* Aster *f*.

astérisque (~'risk) *m* Sternchen *n im Buche* (*).

astéroïde (asterɔ'id) *m* Asteroid *m*, kleiner Planet *m*; Sternschnuppe *f*.

asthé|nie (aste'ni) *f* Entkräftung *f*; **~nique** (~'nik) *adj.* kraftlos; entkräftend.

asthmatique (asma'tik) **I** *adj.* asthmatisch; **II** *su.* Asthmatiker *m*.

asthme (asm) *m* Asthma *n*.
asti|cot (asti'ko) *m* Made *f* (*als Köder*); **~coter** F (~kɔ'te) *v/t.* [1a] ärgern, schikanieren, necken, hochnehmen, auf die Palme bringen F, zusetzen (*dat.*), auf den Wecker fallen (*dat.*) F, *j-m* das Leben schwer machen.
astigmat|ique ⚕ (astigma'tik) *adj.* astigmatisch; brennpunktlos; **~isme** ⚕ (~'tism) *m* Astigmatismus *m*, verminderte Sehfähigkeit *f*, Brennpunktlosigkeit *f des Auges*.
astiqu|age *bsd.* ⚔ (asti'ka:ʒ) *m* Putzen *n*, Wichsen *n*; *allg.* Glätten *n*; **~er** (~'ke) [1m] *v/t.* putzen, glätten; F ärgern, schikanieren; P *s'~* sich schlagen.
Astra *écol.* (as'tra) *f* Verwaltung *f* (= *administration*).
astragale (astra'gal) *m* **1.** ⚠ Rundstab *m* am Säulenkapitell; **2.** *anat.* Fußknöchel *m*, Knöchel-, Sprungbein *n*; **3.** ⚘ Tragant *m*.
astrakan (astra'kɑ̃) *m* Lammpelz *m* aus Astrachan.
astre ('astrə) *m* Gestirn *n*, Stern *m* (*auch fig.*); *un ~ de beauté* eine strahlende Schönheit *f*.
astrein|dre (as'trɛ̃:drə) [4b] **I** *v/t.* *~ q. à j-n* zwingen (*od.* nötigen) zu, verpflichten; *astreint au service* gestellungspflichtig; **II** *v/rfl.* *s'~ à* sich unterziehen (*dat.*); **~te** (as'trɛ̃:t) *f* ⚖ Zwangsmaßnahme *f*.
astric|tif ⚕ (astrik'tif) *adj.* [7e] *u. m* zusammenziehend(es Mittel *n*); **~tion** ⚕ (~'sjɔ̃) *f* Zs.-ziehung *f*.
astrin|gence (astrɛ̃'ʒɑ̃:s) *f* zusammenziehende Eigenschaft *f*; **~gent** (~'ʒɑ̃) *adj.* [7] *u. m* zusammenziehend(es Mittel *n*).
astro|graphe (astrɔ'graf) *m* Sternbeschreiber *m*; **~ïte** 🕮 (~'it) *f* Sternkoralle *f*; **~lâtre** (~'lɑ:trə) *adj. u. su.* sternanbetend; Sternanbeter *m*; **~lâtrie** (~lɑ'tri) *f* Sternanbetung *f*; **~logie** (astrɔlɔ'ʒi) *f* Astrologie *f*, Sterndeuterkunst *f*; **~logique** (~lɔ'ʒik) *adj.* □ astrologiscn, sterndeuterisch; **~logue** (astrɔ'lɔg) *m* Astrologe *m*, Sterndeuter *m*.
astro|naute ✈ (astrɔ'not) *m* Astronautiker *m*; Weltraumflieger *m*; **~nautique** (astrono'tik) **I** *f* Astronautik *f*, Raumschiffahrt *f*; **II** *adj.* astronautisch; **~nef** ✈ (~'nɛf) *f* Raumschiff *n*; **~nome** (~'nɔm) **I** *su.* Astronom *m*; *iron.* Sternseher *m*, -gucker *m*; **II** *adj.* sternkundig; **~nomie** (~nɔ'mi) *f* Astronomie *f*, Stern-, Himmels-kunde *f*; **~nomique** (~'mik) *adj.* □ astronomisch; *fig. un prix ~* ein Phantasiepreis *m*; **~physique** (~fi'zik) *f* Astrophysik *f*; **~port** (~'pɔ:r) *m* Mondraumschiffhafen *m* (*in Zukunftsromanen*); **~sphère** (~'sfɛ:r) *f* Mondraumschiff *n* (*in Zukunftsromanen*).
astuce (as'tys) *f* List *f*, Schlauheit *f*, Verschlagenheit *f*, Arglist *f*; Witz *m*, Pointe *f*.
astucieux (asty'sjø) *adj.* [7d] □ durchtrieben, gerieben F, verschlagen, hinterlistig.
asymé|trie (asime'tri) *f* Asymmetrie *f*, Mangel *m* an Ebenmaß, Mißverhältnis *n*; **~trique** (~'trik) *adj.* asymmetrisch, ungleichförmig.
ataraxie (atarak'si) *f* Gemütsruhe *f*.
ata|vique (ata'vik) *adj.* erbbedingt, von den Vätern vererbt; **~visme** (~'vism) *m* Atavismus *m*, Erbbedingtheit *f*, Vererbung *f*; *péj.* erbliche Belastung *f*.
ataxie ⚕ (ata'ksi) *f* Unregelmäßigkeit *f*, Ataxie *f*; *~ locomotrice (progressive)* Rückenmarksschwindsucht *f*.
atchoum (a'tʃum) *int.* hatschi! (*beim Niesen*).
atelier (atə'lje) *m* **1.** Werkstatt *f*, Werkstätte *f*; Betrieb *m*; *chef m d'~* Werkführer *m*; *~ de réparations* Autoreparaturwerkstatt *f*; *~ de départ* Scheideanstalt *f*; *~ de chemin de fer* Eisenbahnwerkstätte *f*; *~ de réparation (od. de construction) du matériel de guerre* Heereswerkstätte *f*; *~ de forge* Eisenhütte *f*; *~ d'héliographie* Lichtpausanstalt *f*; **2.** die in der Werkstatt beschäftigten Arbeiter; **~-école** (~e'kɔl) *m* [6d] Lehrwerkstätte *f*.
ater|moiement, ~moîment (atɛrmwa'mɑ̃) *m* Aufschub *m* der Zahlungsfrist, Stundung *f*, Moratorium *n*; *~s m/pl.* Ausflüchte *f/pl.*; **~moyer** (~mwa'je) [1h] **I** *v/t.* ver-, auf-schieben; ✝ prolongieren; **II** *v/i.* Ausflüchte machen, zögern; **III** *v/rfl.* *s'~ avec ses créanciers* von s-n Gläubigern Aufschub erlangen.
athée (a'te) **I** *adj.* atheistisch, gottesleugnerisch; **II** *su.* Atheist *m*.
athé|isme (ate'ism) *m* Atheismus *m*, Gottesleugnung *f*; **~iste** (~'ist), **~istique** (~is'tik) *adj.* atheistisch.

Athénée (ate'ne) *m* **1.** Athenäum *n*, Gelehrtengesellschaft *f*, Künstlervereinigung *f*; **2.** ♀ Lesesaal *m*, Vortragsinstitut *n*; **3.** ♀ *Belgien*: höhere Schule *f*.
Athènes (a'tɛn) *f* Athen *n*.
Athénien (ate'njɛ̃) *su.* [7c] Athener *m*.
ather|mal (atɛr'mal) *adj.* [5c] kalt, nicht warm; **~mane** (~'man) *u.* **~mique** (~'mik) *adj.* schlecht Wärme leitend; wärmeundurchlässig.
athlète (at'lɛt) *m* Athlet *m*, Wettkämpfer *m*; starker Mann *m*.
athlé|tique (atle'tik) **I** *adj.* □ leichtathletisch; **II** *f hist.* Ringkunst *f*; **~tisme** (~'tism) *m* Leichtathletik *f*; ~ *lourd* Schwerathletik *f*.
athrepsie ⚕ (atrɛp'si) *f* Pädatrophie *f*, Unterernährung *f* der Kleinkinder.
atlante ⚠ (at'lɑ̃:t) *m* Atlas *m* [Gebälkträger *m*.]
Atlantide *hist.* (atlɑ̃'tid) *f* Atlantis *f*.
atlantique (atlɑ̃'tik) *adj. u. su.* atlantisch; *Océan m* ♀ (*auch l'*♀ *m*) Atlantischer Ozean *m*; *pol. Charte f de l'*♀ Atlantikcharta *f*; *Pacte m de l'*♀ Nordatlantikpakt *m*.
Atlas (at'las) *m* **1.** Atlasgebirge *n*; **2.** ♀: a) Atlas *m*; ♀ *portatif* Handatlas *m*; b) Atlas *m* (*Stoff*); c) *anat.* erstes Wirbelbein *n am Halse*.
atmo|sphère (atmɔs'fɛ:r) *f* **1.** Atmosphäre *f*, Luftraum *m*; *état m de l'*~ Witterungsverhältnisse *n/pl.*; **2.** Luft *f*; ~ *malsaine* ungesunde Luft *f*; **3.** *fig.* Umgebung *f*; Stimmung *f*; **~phérique** (~fe'rik) *adj.* □ atmosphärisch; *machine f* ~ Heißluftmaschine *f*; *tube m* ~ Heißluftröhre *f*; *pression f* ~ Luftdruck *m*.
atoll (a'tɔl) *m* Atoll *n*, Koralleninsel *f*.
atome (a'to:m) *m* **1.** Atom *n* (*a. fig.*), Urstoffteilchen *n*; *fig. les hommes sont des ~s dans l'univers* die Menschen sind ganz kleine, winzige Wesen im Weltall; **2.** Sonnenstäubchen *n*; **~-médecin** (~med'sɛ̃) *m* [6g] Atomarzt *m*.
ato|mique ⚛ (atɔ'mik) *adj.* Atom...; *bombe f* ~ Atombombe *f*; *contrôle m* (*de l'énergie*) ~ Atomkontrolle *f*; *pile f* ~ Atommeiler *m*; *poids m* ~ Atomgewicht *n*; *savant m* ~ Atomwissenschaftler *m*; ⚔ *armes f/pl.* ~*s* Atomwaffen *f/pl.*; **~misé** (~mi'ze) *adj.* atomverseucht, radioaktiv verseucht; **~misme** (~'mism) *m* Atomismus *m*; **~miste** (~'mist) *su.* Atomforscher *m*; **~mistique** (~mis'tik) **I** *adj.* atomistisch; **II** *f* Atomistik *f*, Lehre *f* von den Atomen, Atomwissenschaft *f*.
atonal|e (atɔ'nal) *adj./f*: *musique f* ~ atonale Musik *f*; **~isme** (~'lism) *m*, **~ité** (~li'te) *f* Atonalismus *m*.
atone (a'tɔn) *adj.* **1.** starr, ausdruckslos; **2.** *gr.* tonlos, unbetont; **3.** abgespannt, erschlafft.
ato|nie (atɔ'ni) *f* Schlaffheit *f*, Abgespanntheit *f*, Schwäche *f*; **~nique** (~'nik) *adj.* erschlafft, kraftlos.
atours (a'tu:r) *m/pl.* weiblicher Putz *m*, Schmuck *m*, *fig.* Staat *m*.
atout (a'tu) *m* **1.** Trumpf(farbe *f*) *m*; *roi m d'*~ Trumpfkönig *m*; *jouer* ~ Trumpf spielen; *avoir tous les ~s en mains fig.* alle Trümpfe in der Hand haben; **2.** P Schicksalsschlag *m*, *fig.* Backpfeife *f* F, *fig.* Dämpfer *m*.
atrabi|laire (atrabi'lɛ:r), **~leux** (~'lø) [7d] **I** *adj.* schwarzgallig; *fig.* griesgrämig; **II** *su.* Gallsüchtiger *m*.
à travers (a tra'vɛ:r) *prp.* a) mitten (*od.* quer) durch; durch; ~ *la ville* quer durch die Stadt; *il voyageait* ~ *la France* er reiste quer durch Frankreich; *il marchait* ~ *ses ennemis* er marschierte mitten durch s-e Feinde; *s'enfuir* ~ *bois* (*ohne art.!*) durch den Wald fliehen; *passer* ~ *les bois* durch den Wald gehen; *il sourit* ~ *ses larmes* er weinte u. lächelte zugleich; *le chemin contournait le village* ~ *des prairies* der Weg zog sich um das Dorf quer durch Wiesen hindurch (*des prairies ist also partitiver Akkusativ!*); *foncer* ~ *tout* durch dick u. dünn gehen; b) quer über; *prendre* ~ *champ* querfeldein gehen; ✈ *notre vol* ~ *l'Alaska* unser Flug quer über Alaska; *les infiltrations d'hommes et d'armes* ~ *la frontière syrienne continuent* der Menschen- u. Waffenschmuggel über die syrische Grenze dauert an (*od.* geht weiter); *a. au travers de*; s. *dort*.
âtre ('ɑ:trə) *m* (Feuer-)Herd *m*, Kochherd *m*.
atroce (a'trɔs) *adj.* □ abscheulich, entsetzlich, furchtbar, grausam; *cruauté f* ~ fürchterliche (*od.* entsetzliche) Grausamkeit *f*; *vengeance f* ~ furchtbare Rache *f*; *douleur f* ~ entsetzlicher Schmerz *m*; *temps m* ~ furchtbares (*od.* entsetzliches, widerliches) Wetter *n*.

atrocité (atrɔsiˈte) Entsetzlichkeit *f*; Grausamkeit *f*; *pol.* *~s inventées f/pl.* Greuelmärchen *n/pl.*

atro|phie ⚕ (atrɔˈfi) *f* **1.** Atrophie *f*, ungenügende Ernährung *f*, Abzehrung *f*; *~ musculaire* Muskelschwund *m*; **2.** *fig.* Schwächung *f*; **~phier** ⚕ (~ˈfje) [1a] **I** *v/t.* schwächen; **II** *v/rfl.* *s'~* absterben; *fig.* abnehmen; **~phique** (~ˈfik) *adj.* schwindsüchtig, abzehrend.

attabler (ataˈble) [1a] *v/rfl.*: *s'~* sich an den Tisch setzen; *être attablé avec q.* mit j-m am Tische sitzen.

attachant (ataˈʃɑ̃) *adj.* [7] anziehend, interessant; verlockend; fesselnd, spannend.

attache (aˈtaʃ) *f* **1.** Band *n*, Riemen *m*, Schnur *f*, Seil *n*; ⊕ Verspannseil *n*; Klammer *f*, Krampe *f*; *~ f de bureau*, *~ lettres f* Büroklammer *f*; *~ pour coins* Eckenklammer *f*; *~s pl. pour brocher les boîtes en carton* Kartonklammern *f/pl.*; *~s pl. pour tableaux réclames* Plakathalter *m/pl.*; *chien m d'~* Kettenhund *m*; *tenir q. à l'~ fig.* j-n an der Kandare haben; **2.** *~ de diamants* Schleife *f* von Diamanten; **3.** *anat.* Gelenkfügung *f*; **4.** *~s pl.* Schloß *n* an e-m Armband; **5.** *fig.* Hang *m*, Neigung *f*; Vorliebe *f*; *avoir des ~s avec* Beziehungen haben zu ...; ✝ *des ~s financières* finanzielle Bindungen *f/pl.*; *avoir de l'~ au* (*od.* *pour le*) *jeu* dem Spiel ergeben sein; **6.** *port m d'~* Heimathafen *m*.

attaché (ataˈʃe) *m* Gesandtschaftsattaché *m*; *~ militaire* Militärbevollmächtigter *m*.

attachement (ataʃˈmɑ̃) *m* **1.** Anhänglichkeit *f*; Zuneigung *f*; Verbundenheit *f*; *~ au terroir* Schollenverbundenheit *f*; **2.** Eifer *m*, Hingabe *f*; **3.** Liebesverhältnis *n*; **4.** *~s pl.* △ Baukostenanschlag *m*.

attacher (ataˈʃe) [1a] **I** *v/t.* **1.** festmachen, befestigen, anknüpfen, ankleben, anspannen; *~ qc. avec une chaîne* etw. anketten; *~ avec un clou* annageln; *~ avec une corde* festbinden; *~ à la croix* an das Kreuz schlagen; **2.** *fig.* *~ ses yeux sur q.* (*qc.*) seine Blicke auf j-n (etw.) heften; **3.** *fig.* *~ q. à soi* j-n an sich fesseln *od.* für sich gewinnen; j-n sich verpflichten; *~ q. à ses intérêts* j-n für s-e Interessen gewinnen; *~ à son service* j-n in Dienst nehmen; *la reconnaissance m'attache à lui* ich bin ihm zu Dank verpflichtet; **4.** *fig.* beimessen, beilegen; *~ à* verknüpfen mit (*dat.*); *~ de l'importance* (*od.* *du prix*) *à* Wert (*od.* Gewicht) legen auf (*acc.*); *~ un sens à un mot* e-m Worte e-e Bedeutung beilegen; **5.** *fig.* anziehen, spannen, fesseln; **II** *v/rfl.* *s'~ à q. od. qch.* sich anhängen an (*acc.*), hängenbleiben an (*dat.*); *fig.* sich anschließen an (*acc.*), erpicht sein auf (*acc.*), festhalten an (*dat.*); *s'~ à remplir son devoir* bestrebt sein (sich bemühen, sich angelegen sein lassen), s-e Pflicht zu erfüllen; *s'~ à q.* sich j-n verbunden machen, ihn gewinnen; *s'~ à faire qch.* sich etw. angelegen sein lassen; *s'~ à une carrière* sich für e-n Beruf entscheiden.

atta|quable (ataˈkablə) *adj.* anfechtbar; **~quant** (~ˈkɑ̃) [7] **I** *adj.* angreifend; **II** *bsd. Sport m* (*bsd. pl.*) Angreifer *m*.

attaque (aˈtak) *f* **1.** Angriff *m*; ⚔ *~ aérienne*, *~ par les avions* Luftangriff *m*; *~ à main armée* Raubüberfall *m*; *fausse ~*, *~ simulée* Scheinangriff *m*, Finte *f*; *~ surprise f* Überfall *m*, plötzlicher Angriff *m*; *~ par les* (*od.* *aux*) *gaz*, *~ à l'aide de gaz* Gasangriff *m*; *~ rapprochée* Nahangriff *m*; *monter une ~* e-n Angriff ansetzen; *remettre* (*od.* *renvoyer*) *une ~* e-n Angriff abblasen; *se livrer à des ~s contre q.* gegen j-n ausfällig werden; **2.** ⚕ Anfall *m*; *~ d'apoplexie* Schlaganfall *m*; **3.** ♪ Auftakt *m*; Anstimmen *n*; *chef d'~* führender Chorsänger *m*; **4.** ⚗ Zerfressen; **5.** Antrieb *m*; **6.** P *être d'~* ein Draufgänger sein, ein ganzer Kerl sein.

atta|quer (ataˈke) [1m] **I** *v/t.* **1.** angreifen, anfallen; *~ q. au défaut de la cuirasse* j-n an s-r schwächsten Stelle angreifen, j-s Achillesferse treffen; **2.** *~ q. en justice* j-n gerichtlich belangen; *~ un acte* e-e Urkunde anfechten; **3.** ⚕ befallen; *être attaqué de la poitrine* brustleidend sein; **4.** ⚗ angreifen, korrodieren, zerfressen, zerstören; **5.** *Kuchen*: anschneiden, F *fig. Arbeit*: anfangen, in Angriff nehmen (*vgl.* II, 8.); *Musikstück*: anstimmen; *Thema* anschneiden; ⊕ antreiben; **II** *v/rfl.* **6.** *s'~ l'un l'autre* ea. angreifen; **7.** *s'~ à q.* gegen j-n aufzutreten wagen; **8.** *s'~ à qch.* F etw. in Angriff nehmen, beginnen (*vgl.* I, 5); **9.** e-r Sache entgegentreten; mit e-r Sache fertig zu werden versuchen; e-r Sache die Stirn bieten; *s'~ aux préjugés (aux abus)* den Vorurteilen (den Mißbräuchen) entgegentreten; *s'~ aux difficultés de l'existence* mit den Existenzschwierigkeiten fertig zu werden versuchen.

attar|dé ⚕ *physiol.* (atar'de) *adj. u. m* spätentwickelt, zurückgeblieben (*Kind*); *fig.* rückständig; Spätentwickler *m*; **~dement** (~də'mɑ̃) *m* Verspätung *f*; **~der** (~'de) [1a] **I** *v/t.* verzögern; **II** *v/rfl.* *s'~* sich verspäten; *fig.* zurückbleiben; *s'~ à qc.* sich aufhalten mit.

atteindre (a'tɛ̃:drə) [4b] **I** *v/t.* **1.** treffen; *atteint de quatre balles* von vier Kugeln getroffen; **2.** befallen (*Krankheit*), ergreifen; **3.** einholen, erreichen (*a. téléph.*); *~ son but* sein Ziel erreichen; *~ q.* j-n ausfindig machen; **II** *v/i.* *~ à* reichen bis (*acc.*), heranreichen an (*acc.*); *durch Anstrengung* erreichen; *~ à son but* sein Ziel *endlich erreichen*; **III** *v/rfl.* *s'~* erreicht werden.

atteinte (a'tɛ̃:t) *f* **1.** Schlag *m*, Stoß *m*; *~ accidentelle* Zufallstreffer *m*; *hors d'~* in Sicherheit, außer Schußweite; unerreichbar (*a. fig.*); **2.** Verletzung *f*, Streifwunde *f*; **3.** *fig.* Anfall *m*; Anwandlung *f*; *~ de goutte* Gichtanfall *m*; **4.** Schädigung *f*, Verstoß *m*, Beeinträchtigung *f*; *~ à l'intégrité du territoire national* Verbrechen *n* gegen die Sicherheit des Staates; *porter ~ à qch.* e-r Sache (*dat.*) Eintrag (*od.* Abbruch) tun, beeinträchtigen; verstoßen gegen (*acc.*).

attela|ble (at'lablə) *adj.* anspannbar; **~ge** (at'la:ʒ) *m* **1.** Bespannung *f*; **2.** Gespann *n*.

atteler (at'le) [1c] **I** *v/t.* **1.** anspannen, anschirren; bespannen; 🚂 anhängen; **II** *v/rfl.* **2.** angespannt werden; **3.** *fig.* *s'~ à une rude besogne* sich an e-e harte Arbeit machen; e-e harte Arbeit verrichten; *attelé à une tâche* mit e-r Aufgabe beschäftigt; *être attelé à un travail* hinter e-r Arbeit sitzen; **4.** *s'~ avec q.* sich mit j-m zusammentun.

attelle ⚕ (a'tɛl) *f* (Bein-)Schiene *f*; *~ pour le bras* ⚕ Armschiene *f*.

attellement (atɛl'mɑ̃) *m* Anspannen *n*.

attenant (at'nɑ̃) **I** *adj.* *~ à* angrenzend an (*acc.*); Neben...; anstoßend; *la chambre ~e* das Nebenzimmer *n*; *la maison ~e* das Nachbarhaus *n*; *le terrain ~* das anstoßende (*od.* angrenzende *od.* benachbarte *od.* Nachbar-)Grundstück *n*; **II** † *prp.* *~ de od. à* dicht neben (*dat.*).

attendant (atɑ̃'dɑ̃) **I** *advt.* *en ~* in-, unterdessen, inzwischen; **II** *en ~ que cj.* (*mit subj.*) solange, bis ...

attendre (a'tɑ̃:drə) [4a] **I** *v/t.* **1.** *~ q.* auf j-n (*acc.*) warten, j-n erwarten; j-m bevorstehen; *~ une réponse* e-r Antwort entgegensehen, e-e Antwort erwarten; *faire ~* warten lassen; *se faire ~* auf sich warten lassen; *~ l'autobus* auf den Bus warten; *~ la fin* das Ende abwarten; *~ que* (*mit subj.*) warten bis ...; **2.** *~ qch. de q.* von j-m etw. erwarten *od.* hoffen; **3.** *fig.* *un coup n'attendait pas l'autre* es ging Schlag auf Schlag; **II** *v/i.* **4.** F *~ après q. (qch.)* warten (auf *acc.*); *vous ne perdrez rien pour ~* a) es wird nicht Ihr Schade sein, wenn Sie warten; b) *iron.* warten Sie nur, man wird Sie schon kriegen; **5.** *~ à l'affût* auf dem Anstand stehen; **III** *s'~* **6.** *s'~ à qch.* etw. vermuten; sich auf etw. (*acc.*) gefaßt machen; auf etw. (*acc.*) hoffen; *je ne m'y serais pas attendu* das hätte ich nicht vermutet; **7.** *ne t'attends qu'à toi seul* selbst ist der Mann; **8.** *s'~ que* (*mit fut., jedoch modern mit subj.*) [*s'~ à ce que* (*fast nur mit subj.*)] erwarten, damit rechnen, sich darauf gefaßt machen, daß ...

atten|drir (atɑ̃'dri:r) *v/t. u. v/rfl.* *s'~* [2a] weich (*od.* mürbe) machen (werden); *fig.* erweichen, rühren; *s'~ sur* gerührt werden von (*dat.*); *s'~ pour* Mitleid empfinden für; **~drissant** (~dri'sɑ̃) *adj.* [7] rührend, ergreifend; **~drissement** (~dris'mɑ̃) *m fig.* Rührung *f*, Mitgefühl *n*; *psych.* Rührseligkeit *f*, Weichheit *f*.

attendu (atɑ̃'dy) **I** *part. inv. als prp.* angesichts (*gén.*), in Anbetracht (*gén.*), im Hinblick (mit Rücksicht) auf (*acc.*); wegen (*gén.*); *attendu* *les événements* im Hinblick auf die Ereignisse, angesichts der Ereignisse; ~ *l'état indigent* mit Rücksicht auf die Notlage, wegen der Notlage; *attendu leurs bonnes références* angesichts ihrer guten Referenzen; *attendu son infirmité* mit Rücksicht auf sein Leiden; **II** *cj.* ~ **que** ... in Erwägung der Tatsache, daß ...; **III** ⚖ *m/pl.* Begründung *f/sg.*; *dans ses* ~*s que* mit der Begründung, daß.

atten|tat (atɑ̃'ta) *m* Attentat *n*, Mordanschlag *m*; ~ *contre la vie* Mordanschlag *m*; ~ *à la bombe* Bombenattentat *n*; ~ *à nos droits* Eingriff *m* in unsere Rechte; **~tatoire** (~ta'twa:r) *adj.* frevelnd, verletzend.

attente (a'tɑ̃:t) *f* **1.** Warten *n*; Wartezeit *f*; Erwarten *n*; *être dans l'*~ *de* warten auf (*acc.*); *salle f d'*~ Wartesaal *m*; **2.** Hoffnung *f*, Erwartung *f*; *contre toute* ~ wider alles Erwarten; **3.** ⚕ *ligature f d'*~ vorläufiger Verband *m*; **4.** *peint. table f d'*~ leere Platte *f*, leeres Fach *n od.* Feld *n*; *fig. ce n'est encore qu'une table d'*~ er ist noch ein unbeschriebenes Blatt; **5.** △ *pierres f/pl. d'*~ stehende Verzahnung *f*.

attenter (atɑ̃'te) *v/i.* [1a] ~ *à* e-n Anschlag machen auf (*acc.*), ein Attentat verüben auf (*acc.*); sich vergreifen an (*dat.*); ~ *à la vie de q.* e-n Anschlag auf j-s Leben machen; ~ *aux jours de q.* j-m nach dem Leben trachten; ~ *à ses jours* e-n Selbstmordversuch machen.

atten|tif (atɑ̃'tif) *adj.* [7e]: aufmerksam, achtsam, bedacht; **~tion** (~'sjɔ̃) *f* **1.** Achtsamkeit *f*, Aufmerksamkeit *f* (*à* auf *acc.*); ~! aufgepaßt!; Achtung!; ~ *à la marche!* Achtung, Stufe!; *faire* ~ aufpassen; *faites* ~ *que* ... (*bei e-r Tatsache mit ind.*) beachten Sie, daß ...; *je n'y fais pas* ~ ich kümmere mich nicht darum; *personne n'y fait* (*od. n'y prête*) ~ danach kräht kein Hahn, darum kümmert sich niemand; **2.** *pl.* Aufmerksamkeiten *f/pl.*, Zuvorkommenheit *f*, Höflichkeit *f*, Gefälligkeit *f*; **~tionné** (atɑ̃sjɔ'ne) *adj.* zuvorkommend, aufmerksam; **~tisme** *pol.* (~'tism) *m* abwartende Haltung *f*.

atténu|ant (ate'nɥɑ̃) *adj.* [7]: *circonstances* ~*es* mildernde Umstände; **~ation** (~nɥa'sjɔ̃) *f* **1.** Verminderung *f*; Abnahme *f* der Kräfte; Verdünnung *f*; **2.** ⚖ Milderung *f*.

atténuer (~'nɥe) [1a] **I** *v/t.* **1.** vermindern, verringern, mäßigen, (ab)schwächen, entkräftigen; **2.** ⚖ mildern; **II** *v/rfl.* s'~ milder erscheinen; sich verringern.

atterr|age ⚓ (atɛ'ra:ʒ) *m* Landeplatz *m*, Landungsmöglichkeiten *f/pl.*; **~ement** (~'mɑ̃) *m* Niedergeschlagenheit *f*; **~er** (~'re) [1b] *v/t.* zu Boden werfen, *fig.* niederschmettern.

atter|rir ⚓ *u.* ✈ (atɛ'ri:r) [2a] *v/i.* landen; **~rissage** (~ri'sa:ʒ) *m* Landung *f*; ~ *facile* ✈ glatte Landung *f*; ~ *forcé*, ~ *de fortune* Notlandung *f*; *faire un* ~ *forcé* notlanden; ~ *sans visibilité* Blindlandung *f*; ✈ *terrain m d'*~ Landungsplatz *m*; *train m d'*~ ✈ Fahrgestell *n*, -werk *n*; **~rissement** (~ris'mɑ̃) *m* Anschwemmung *f*, angespültes Land *n*; **~risseur** (~ri'sœ:r) *m* ✈ Fahr-gestell *n*, -werk *n*; ~ *escamotable* einziehbares Fahrgestell *n*.

attes|tation (atɛsta'sjɔ̃) *f* Bescheinigung *f*, Zeugnis *n*, Beglaubigung *f*; ~ *en bonne forme* vorschriftsmäßig abgefaßtes Zeugnis; ~ *de bonne conduite* Führungszeugnis *n*; **~ter** (~'te) *v/t.* [1a] **1.** bezeugen, bescheinigen; Zeugnis ablegen von; beurkunden; ~ *avec serment* unter Eid aussagen; *ses ballades attestent, dans la forme, une rare virtuosité* s-e Balladen zeigen in ihrer Form e-n selten hohen Grad künstlerischen Schaffens; **2.** zum Zeugen anrufen.

attié|dir (atje'di:r) [2a] **I** *v/t.* temperieren; Heißes abkühlen, lau machen, Kaltes erwärmen; *fig.* abkühlen, erkalten lassen; **II** *v/rfl.* **s'~** lau werden; *fig.* erkalten; abnehmen; **~dissement** (~dis'mɑ̃) *m* Lauwerden *n*; *fig.* Abkühlung *f*, Nachlassen *n*.

atti|fage, ~fement *mv.p.*, F (ati'fa:ʒ, ~f'mɑ̃) *m* Herausputzen *n*; **~fer** (~'fe) *mv.p.*, F *v/t.* (*u.* **s'~**) [1a] (sich) ausstaffieren, herausputzen, auftakeln (**de** mit *dat.*).

attique (a'tik) **I** *adj.* □ **1.** attisch, athenisch; **II** *m* **2.** △ Attika *f*; **3.** Schriftsteller im attischen Stil.

attirable (ati'rablə) *adj. durch den Magneten* anziehbar.

attirail (~'raj) *m* **1.** Gerät *n*, Zubehör *n*, Utensilien *pl.*; ~ *de guerre*, ~ *de chasse* Kriegs-, Jagd-gerät *n*; ~ *m/sg. de voyage* Reiseutensilien *pl.*; **2.** F unnützes Gepäck *n*, Kram *m*, Plunder *m*; *fig.* übertriebener Putz *m*, übertriebene Aufmachung *f*; *en grand* ~ *iron.* in vollem Wichs; *fig. le vain* ~ *des décorations* der eitle Tand der Ehrenauszeichnungen, *iron.* F das Lametta; *le vain* ~ *des grandeurs* der eitle Prunk *m* mit Ehrengraden u. Würdentiteln.

atti|rance (ati'rɑ̃:s) *f* Anziehungskraft *f*; *biol.* ~ *sexuelle* sexueller Reiz *m*; **~rant** (~'rɑ̃) *adj.* [7] anziehend; *fig.* reizend, verlockend.

attirer (ati're) [1a] **I** *v/t.* **1.** anziehen (*a. fig.*); anlocken; ~ *les regards* (*sur soi*) die Blicke auf sich ziehen; **II** *v/rfl.* s'~ **2.** *fig.* sich anziehen; *les extrêmes s'attirent* Gegensätze ziehen sich an; **3.** s'~ *qch.* sich etw. zuziehen; s'~ *des affaires* sich Händel auf den Hals laden; s'~ *l'affection de q.* sich j-s Zuneigung erwerben.

atti|sage, ~sement (ati'za:ʒ, ~z'mɑ̃) *m* Schüren *n des Feuers* (*auch fig.*); **~sée** (~'ze) *f* munter brennendes Feuer *n*; **~ser** (~'ze) *v/t.* [1a]: ~ *le feu* das Feuer schüren; *fig.* anstacheln, schüren, Öl ins Feuer gießen; **~soir** ⊕ (~'zwa:r) *m* Feuerhaken *m*.

atti|tré (ati'tre) bestallt; ständig; *client m* (*hôte m*) ~ Stammkunde *m* (-gast *m*); *fournisseur* ~ *de la maison du roi* Hoflieferant *m*; *marchand* ~ Kaufmann, bei dem man ständig kauft; *médecin* ~ Hausarzt *m*; **~trer** (~) *v/t.* [1a] Auftrag geben.

attitude (ati'tyd) *f* Stellung *f*, Haltung *f*; Verhalten *n*, Einstellung *f*.

attouchement (atuʃ'mɑ̃) *m* Anrühren *n*, Befühlen *n*, Berührung *f*.

attrac|teur [7f], **~tif** [7e] (atrak'tœ:r, ~'tif) *adj.* anziehend; *force f attractrice* (*od. attractive*) Anziehungskraft *f*; **~tion** (~'sjɔ̃) *f* **1.** Anziehung *f*; Anziehungskraft *f*; ~ *capillaire* Haarröhrchenanziehung *f*; ~ *élective* Wahlverwandschaft *f*; **2.** *fig.* Anziehungspunkt *m*; Sehenswürdigkeit *f*; *la grande* ~ (*du jour*) die Glanznummer.

attrait (a'trɛ) *m* **1.** Lockung *f*, Zauber *m*; **2.** Gefallen *n*, Neigung *f*; *il a de l'*~ *pour elle* er fühlt sich zu ihr hingezogen; **3.** **~s** *pl.* Reize *m/pl.*

attra|pade F (atra'pad) *f*, **~page** (~'pa:ʒ) F *m* Anschnauzer *m*, *fig.* Zigarre *f* F, Rüffel *m*.

attrape (a'trap) *f* **1.** Schlinge *f*, Falle *f* (*a. fig.*); List *f*; **2.** Scherzgegenstand *m*; (*nicht: Atrappe!*; s. *article* 5); **3.** ⚓ Wurfleine *f*.

attrape|-lourdaud (atraplur'do) F *m* [6d] *fig.* Bauernfang *m*, Schwindel *m*, grobe List *f*; **~mouche**(s) (~'muʃ) *m* [6c] **1.** Fliegenfänger *m*; **2.** ⚘ Fliegenfalle *f*; **~-niais** (~'njɛ) *m* [6c], **~-nigaud** (~ni'go) *m* [6d] *fig.* = **~-lourdaud**.

attra|per (atra'pe) [1a] **I** *v/t.* **1.** fangen; ertappen; erwischen; *j'ai attrapé mon train* ich habe den Zug erreicht; **2.** *im Laufen* einholen; erhaschen; **3.** *fig.* anführen, überlisten, täuschen, foppen; reinlegen F; **4.** sich *etw.* durch List verschaffen; **5.** ~ *froid* sich erkälten; ~ *une grippe* e-e Grippe bekommen; ~ *des coups* Prügel kriegen F; **6.** *fig. den Sinn* richtig auffassen und wiedergeben; nachahmen; *Ähnlichkeit* gut treffen (*z.B. Photographie*); F *avoir attrapé la manière* den Pfiff heraushaben; **7.** F abkanzeln F, herunterputzen, anbrüllen, anschnauzen V; **II** *v/rfl.* s'~ **8.** Greifzeck spielen, sich haschen; **9.** ⚕ sich anstecken; **10.** F sich zanken, sich anschnauzen; **~peur** (~'pœ:r) *su.* [7g] Betrüger *m*; ~ *de successions* Erbschleicher *m*; **~poire** (~'pwa:r) *f* Falle *f* (*a. fig.*), Fallstrick *m*.

attrayant (atrɛ'jɑ̃) *adj.* [7] anziehend, reizend; ansprechend; *un discours m* ~ e-e ansprechende Rede *f*.

attremper (atrɑ̃'pe) *v/t.* [1a] *Stahl* [härten.]

attri|buer (atri'bɥe) [1a] **I** *v/t.* a) zuteilen; b) zuschreiben, beimessen; **II** *v/rfl.* s'~: a) sich zuschreiben; b) sich anmaßen; **~but** (~'by) *m* **1.** Eigenschaft *f*, Eigentümlichkeit *f*; **2.** (Kenn-)Zeichen *n*, Merkmal *n*; **3.** *gr.* Prädikat(s-nomen, -adjektiv) *n*; **~butif** (~by'tif) *adj.* [7e] **1.** ⚖ beilegend; **2.** *gr.* attributivisch; **~bution** (~by'sjɔ̃) *f* **1.** Zuteilung *f*; ~ *des travaux* Arbeitsvergebung *f*; **2.** Befugnis *f*; *cela sort de mes* ~*s* das geht über meine Befugnisse; *pour*

~s zuständigkeitshalber; **3.** Geschäftskreis *m*, Wirkungsfeld *n*, Obliegenheiten *pl.*

attrister (atris'te) [1a] **I** *v/t.* betrüben; **II** *v/rfl.* s'~ de sich betrüben über (*acc.*).

attrition (atri'sjõ) *f* **1.** *rl.* Zerknirschung *f*, tiefe Betrübnis *f*; **2.** ⚕ Wundwerden *n* der Haut.

attrou|pement (atrup'mã) *m* Auflauf *m*, Menschenansammlung *f*, Zusammenrottung *f*; **~per** (~'pe) *v/t. u. v/rfl.* **s'~** [1a] (sich) zusammenrotten.

atypique *psych.* (ati'pik) *adj.* vom Normaltyp abweichend, untypisch.

aubade (o'bad) *f* **1.** (Morgen-) Ständchen *n*; *fig.* Standpauke *f* F, Anschnauzer *m*; Senge *f*; *donner une* ~ ein Ständchen bringen; *iron.* e-e Standpauke halten; **2.** öffentlicher Lärm *m*, Krach *m*; Ruhestörung *f*.

aubage ⊕ (o'ba:ʒ) *m* Schaufel *f* *e-r Wasserturbine.*

aubaine (o'bɛn) *f* **1.** *une* (*bonne*) ~ ein glücklicher Zufall *m*; ein unverhoffter Gewinn *m od.* Fund *m*, ein gefundenes Fressen *n* F; **2.** *hist. droit m d'~* Heimfallsrecht *n*.

aube¹ (o:b) *f* **1.** Morgendämmerung *f*, Tagesanbruch *m*; *fig.* Anfang *m*; **2.** Chor-, Meß-hemd *n*; **3.** Radschaufel *f*; *roue f à ~s* Schaufelrad *n*, unterschlächtiges Mühlenrad *n*; *vapeur m à ~s* Raddampfer *m*.

aube² F (o:b) *f* = *auberge*; *père m ~* Jugendherbergsvater *m*.

aubépine ⚘ (obe'pin) *f* Weiß- (*od.* Hage-)dorn *m*.

aubère (o'bɛ:r) *adj. u. m* falb; (*a. cheval m ~*) Falbe *m*.

auberge (o'bɛrʒ) *f* Wirtshaus *n*, Speisehaus *n*, Herberge *f*; ~ *de la jeunesse* Jugendherberge *f*.

aubergine ⚘ (obɛr'ʒin) *f* **1.** Eierpflanze *f*; **2.** Eierapfel *m*.

aubergiste (obɛr'ʒist) *su.* Wirt *m*, Gastwirt(in *f*) *m*.

auberon *serr.* (o'brõ) *m* Riegelkrampe *f*, Schließhaken *m*; **~nière** *serr.* (obrɔ'njɛ:r) *f* Haken-, Riegelblech *n*; *serrure f ~* Einsteckschloß *n*.

aubier ⚘ (o'bje) *m* Splint *m*, Weißholz *n*.

aubifoin ⚘ (obi'fwɛ̃) *m* Kornblume *f*.

aucun (o'kœ̃) [7] **I** *adj.* □ **1.** (*in rhetorischen Fragen, d.h. in solchen, die die Antwort „nein" voraussetzen, ferner nach verneinten Sätzen des Glaubens usw., nach Verben des Zweifelns, nach Bedingungssätzen, nach sans od. sans que sowie nach Komparativen; vgl. personne und rien*) irgendein(e); *de tous ceux qui se disaient mes amis, ~ m'a-t-il secouru?* hat mir irgendeiner von all denen geholfen, die sich meine Freunde nannten?; *je ne crois pas* (*je doute*) *qu'~ homme soit pleinement heureux* ich glaube nicht (ich zweifele), daß irgendein Mensch völlig glücklich ist; *comme s'il y avait ~ doute* als wenn es irgendeinen Zweifel dabei gäbe; *sans ~e faute* ohne e-n Fehler; *il est plus grand qu'~ autre d'entre vous* er ist größer als irgendein anderer unter euch; *sans ~ doute* ohne jeden (*od.* irgendwelchen) Zweifel); *sans ~s frais* ohne irgendwelche Kosten; *sans responsabilité ~e* ohne jede Verantwortlichkeit; *un jour sans signification ~e pour lui* ein für ihn völlig bedeutungsloser Tag; *il parle mieux qu'~ orateur* er spricht besser als irgendein Redner (*vgl.* **6.** *wegen der dort gleichfalls rein positiven Bedeutung!*); **2.** (*stets mit* ne) keine(r), nicht ein einziger, nicht eine einzige; *~ homme ne le surpasse* kein Mensch übertrifft ihn; *en ~ cas* keinenfalls; *en ~e manière* auf keinerlei Weise; **3.** (*stets mit ne*) *~ autre* (*~e autre*) *que* kein anderer (keine andere) als; **II** *pr./ind.* **4.** (*stets mit* ne) kein; nicht ein; *~ ne le surpasse* keiner übertrifft ihn; *je doute qu'~ de vous le fasse* ich zweifle daran, daß irgendeiner von euch es tun kann; *~ des deux* keiner von beiden; **5.** (*stets mit ne, vor Partizipien od. Adjektiven, mit möglichem partitiven de dahinter*) *il n'y en eut ~* (*de*) *blessé* es wurde keiner verwundet; *que de pommes! mais je n'en trouve ~e* (*de*) *mûre* wieviel Äpfel!, aber ich finde darunter keinen reifen; **6.** F (*ohne ne usw.*; *der einst nur positive Wert von ~ ist hier erhalten!*; *vgl.* 1.) *d'~s m/pl.* einige; manche Leute; *d'~s ... d'autres ...* einige (*od.* manche [Leute]) ... andere ...; **7.** (*ohne ne, in verbloser Antwort*) keiner; *y avait-il là quelqu'un de vos amis? — Aucun.* War dort irgendeiner Ihrer Freunde? — Keiner!

aucunement (okyn'mɑ̃) *adv. mit ne bzw. alleinstehend*: keineswegs, durchaus nicht.

auda|ce (o'das) *f* Kühnheit *f*, Verwegenheit *f*; *mv.p.* Unverschämtheit *f*, Frechheit *f*, Dreistigkeit *f*; *payer d'*~ sich kühn zu helfen wissen; **~cieux** (oda'sjø) [7d] **I** *adj.* kühn, vermessen; gewagt; *mv.p.* unverschämt, frech, dreist; **II** *su.* verwegener Mensch *m*, Wag(e)-hals *m*.

au-deçà (od'sa) *adv.* diesseits; **~ de** *prp.* diesseits (*gén.*).

au-dedans (odə'dɑ̃) *adv.* drinnen, im Innern; **~ de** *prp.* innerhalb (*gén.*).

au-dehors (odə'ɔ:r) *adv.* draußen; **~ de** *prp.* außerhalb (*gén.*).

au-delà (od[ə]'la) *adv.* jenseits; **~ de** *prp.* jenseits (*gén.*); *fig.* mehr als.

au-dessous (od'su) *adv.* unten; darunter; **~ de** *prp.* unterhalb, unter; *fig.*: ~ *de soixante-dix ans* unter 70 Jahren; *c'est* ~ *de moi* das ist unter meiner Würde; ~ *de la critique* unter aller Kritik.

au-dessus (od'sy) *adv.* oben; darüber; **~ de** *prp.* über, oberhalb; *fig.*: *cela est* ~ *de mes forces* das geht über meine Kräfte; *il est* ~ *de cela* (~ *des louanges*) er ist darüber (über alles Lob) erhaben; *se mettre* ~ *de tout* sich über alles hinwegsetzen.

au-devant (od'vɑ̃) *adv.* vor(aus), entgegen (*dat.*); **~ de** *prp.* entgegen; *aller* ~ *de q.* j-m entgegengehen; *aller* ~ *du mal* dem Übel zuvorkommen; *pousser un pays* ~ *d'une catastrophe* ein Land e-r Katastrophe entgegenführen.

audible (o'diblə) *adj.* hörbar.

audien|ce (o'djɑ̃:s) *f* **1.** Anhören *n*, Gehör *n*; *fig.* Anklang *m*, Beliebtheit *f*; *pol. ne plus avoir la même* ~ *auprès de la population* nicht mehr so viel Anklang bei der Bevölkerung finden; **2.** Audienz *f*; **3.** ⚖ a) Gerichtssitzung *f*, Termin *m*; ⚖ ~ *principale* Hauptverhandlung *f*; ~ *publique* öffentliche Gerichtssitzung *f*; ~ *à huis clos* Sitzung *f* mit Ausschluß der Öffentlichkeit; b) Gerichtssaal *m*; die versammelten Richter *m/pl.*; die Zuhörerschaft *f*; *rad.* Hörergruppe *f*; **~cier** (~'sje) *m* (*a. huissier* ~) Gerichtsdiener *m*.

audion *rad.* (od'jɔ̃) *m* Audionröhre *f*.

audio-visuel *cin.*, *télév.* (odjɔvi'zɥɛl) *adj.* [7c] audio-visuell.

audi|teur (odi'tœ:r) **I** *su.* [7f] **1.** Zuhörer *m*; *rad.*, *Universität*: Hörer *m*; *rad.* ~ *clandestin m* Schwarzhörer *m*; ~*s m/pl.* Hörer-kreis *m*, -schaft *f*; *Universität*: ~ *libre* Gasthörer *m*; **II** *m* **2.** ⚖ Beisitzer *m*; *Fr.*: ~ *au Conseil d'État* Untersuchungsrichter *m* im Staatsrat; **3.** ~ *des comptes* Rechnungsrat *m*; ~ *du nonce* päpstlicher Gesandtschaftssekretär *m*; **~tif** (~'tif) **I** *adj.* [7e] das Gehör betreffend; Gehör...; *nerf m* ~ Gehörnerv *m*; *troubles m/pl.* ~*s* Hörstörungen *f/pl.*; **II** *m* Mensch *m* mit feinem Gehör; *téléph.* Hörmuschel *f*; **~tion** (~'sjɔ̃) *f* **1.** Hören *n*; *erreur f d'*~ Hörfehler *m*; ⚖ ~ *des preuves* Beweisaufnahme *f*; ⚖ ~ *des témoins* Zeugenverhör *n*; **2.** ~ *de compte* Rechnungsprüfung *f*; **3.** musikalische Aufführung *f*; *rad.* Empfang *m*; *ordre m* (*weitS. programme m*) *des* ~*s* Hörfolge *f*; ~ *en haut-parleur* Lautsprecherempfang *m*; ~ *radiophonique* Funkstunde *f*; ~ *théâtrale* Hörspiel *n*; **~toire** (~'twa:r) *m* **1.** Hörsaal *m*; **2.** Gerichtssaal *m*; **3.** Zuhörerschaft *f*, Versammlung *f*; **~torat** ⚖ (~tɔ'ra) *m* Amt *n* e-s Rechnungsrats; Militärrichteramt *n*.

auge (o:ʒ) *f* **1.** Trog *m*; **2.** (Mörtel-)Kasten *m*, (Kalk-)Kübel *m*; **3.** ~ *de moulin* Mühlengerinne *n*; *roue f à* ~*s* oberschlächtiges Mühlenrad *n*.

augée (o'ʒe) *f* Trogvoll *m*.

auget (o'ʒɛ) *m* **1.** kleiner Trog; **2.** Vogelnäpfchen *n*.

augmen|table (ɔgmɑ̃'tablə) *adj.* vermehrungs-, vergrößerungsfähig; **~tateur** (~ta'tœ:r) *su.* [7f] Vermehrer *m*; Herausgeber *m* von Zusätzen; **~tatif** (~ta'tif) *adj. u. m* [7e] *gr. den Ausdruck* verstärkend(es Wort); **~tation** (~tɑ'sjɔ̃) *f* Vermehrung *f*, Vergrößerung *f*, Zusatz *m*; ~ *des salaires* Lohn-, Gehaltszulage *f*; ~ *de prix* Preiserhöhung *f*, Herauf-schrauben *n*, -setzen *n* der Preise; ~ *du savoir* Wissensbereicherung *f*; ~ *de* (*od. du*) *rendement* Leistungssteigerung *f*; Mehrleistung *f*; ~ *du capital* Kapitalerhöhung *f*; ~ *du poids* Gewichtszunahme *f*; *phys.* ~ *de volume* Ausdehnung *f*, Volumenzunahme *f*; **~ter** (~'te) [1a] **I** *v/t.* vermehren, vergrößern; ~ *le prix* den Preis erhöhen (herauf-schrauben, -setzen); ~ *le* *savoir* das Wissen bereichern; *~ q.*: a) j-s Gehalt erhöhen; b) j-s Miete steigern; **II** *v/i.* sich vermehren, wachsen, steigen, anziehen (*de prix* im Preise); *le sucre augmente* der Zucker wird teurer.

augu|re (o'gy:r) *m* **1.** Wahrsagerei *f*; *fig.* Vorbedeutung *f*; Vor-, Anzeichen *n*; *de bon ~* günstig; *de mauvais* (*od. de sinistre*) unheilverkündend; *fig. oiseau m de mauvais ~* Unglücksprophet *m*; *prendre à bon ~* als gute Vorbedeutung ansehen; **2.** *antiq.* Augur *m*, Vogelschauer *m*; **~rer** (ogy're) *v/t. u. v/i.* [1a]: mutmaßen, prophezeien (*de od. par* aus *dat.*); *~ qch.* etw. voraussagen; *j'en augure favorablement* es gilt mir als gutes Zeichen.

auguste (o'gyst) *adj.* erhaben.

aujourd'hui (oʒur'dɥi) *adv.* heute, am heutigen Tage; heutzutage; *d'~* (F *nur*: *~*) *en quinze* heute in vierzehn Tagen; *il y a ~ huit jours* heute vor acht Tagen; *à partir d'~ od. dès ~* von heute an; *jusqu'~* bis heute; *~ même* noch heute; *le journal d'~* die heutige Zeitung.

aumô|ne (o'mo:n) *f* Almosen *n*; *demander l'~* betteln; *donner* (*od. faire*) *l'~* Almosen geben; *être réduit à l'~* an den Bettelstab geraten sein; **~nier** (omo'nje) *m* Militär-, Anstalts-geistlicher; Schloßkaplan *m*; Feldprediger *m*.

aunage (o'na:ʒ) *m* **1.** Messen *n* mit der Elle; **2.** Ellen-maß *n*, -zahl *f*.

aunaie (o'nɛ) *f* Erlen-gehölz *n*, -busch *m*, -wäldchen *n*.

aune[1] (o:n) *f* Elle *f*; *à l'~* ellenweise; *faire une mine longue d'une ~* ein langes Gesicht machen; *mesurer les autres à son ~* andere nach sich (*od.* durch seine eigene Brille) beurteilen; *je sais ce qu'en vaut l'~* ich kann ein Liedchen davon singen.

aune[2] ⚘ *m* (~) Erle *f*, Schwarzerle *f*.

au|née (o'ne) *f* Ellenlänge *f*; **~ner** (~) *v/t.* [1a] *Stoff* abmessen.

auparavant (opara'vã) *adv.* vorher; früher; *une heure* (*trois ans*) *~* eine Stunde (drei Jahre) vorher, vor e-r Stunde (drei Jahren).

auprès (o'prɛ) **I** *adv.* **1.** daneben, in der Nähe; *pour voir cela, il faut que je sois ~* um das zu sehen, muß ich nahe daran sein; **II ~ de** *prp.* **2.** (nahe) bei, neben, an; *restez ~ de moi* bleiben Sie bei mir!; *se réfugier ~ de q.* bei j-m s-e Zuflucht suchen; *effectuer une enquête ~ de q.* bei j-m e-e gerichtliche Untersuchung vornehmen; *se renseigner sur q. ~ de q.* sich bei j-m über j-n erkundigen; *fig. ~ de qui prenez-vous des leçons?* bei wem haben Sie Unterricht?; *être bien ~ de q.* bei j-m gut angeschrieben sein; *s'excuser ~ de q.* sich bei j-m entschuldigen; **3.** im Vergleich zu; *votre mal n'est rien ~ du sien* Ihr Leiden ist gar nichts im Vergleich zu seinem.

auré|ole (ɔre'ɔl) *f* **1.** Heiligenschein *m*, Nimbus *m*; **2.** (die himmlische) Herrlichkeit; **3.** *ast.* Lichthülle *f*; Strahlenkrone *f*; **4.** *fig.* zurückgebliebener Rand *m* (*beim Fleckenreinigen*); **~oler** (~ɔ'le) *v/t.* [1a] mit e-m Heiligenschein umgeben; *fig.* verherrlichen.

auri|culaire (ɔriky'lɛ:r) *adj.* zum Ohr gehörig; *confession f ~* Ohrenbeichte *f*; *doigt m ~ od. mst.*: *l'~ m* kleiner Finger *m*; *témoin m ~* Ohrenzeuge *m*; **~cule** (~'kyl) *f* **1.** äußeres Ohr *n*; **2.** ⚘ Aurikel *f*.

auri|fère (ɔri'fɛ:r) *adj.* goldhaltig; *terrain* (*od. gîte*) *m ~* Goldlager *n*; **~fication** (~fika'sjɔ̃) *f* Ausfüllen *n der Zähne* mit Gold; Goldplombe *f*; **~fier** (~'fje) *v/t.* [1a] *Zähne* mit Gold ausfüllen.

auriste (ɔ'rist) *m* Ohrenarzt *m*.

aurochs (ɔ'rɔks) *m* Auerochs *m*.

auroral (ɔrɔ'ral) *adj.* [5c] **1.** Morgenröten...; *lueur f ~e* Dämmern *n* der Morgenröte; **2.** *at.*: *particules f/pl.* (*radiations f/pl.*) *~es* Teilchen *n/pl.* (Strahlungen *f/pl.*) der Corona (*od.* Korona).

aurore (ɔ'rɔ:r) **I** *f* **1.** Morgenröte *f*; *au lever de l'~* beim Anbruch der Morgenröte, ums Morgenrot; **2.** Morgenstunde *f*; **3.** *poét.* Tag *m*; **4.** *fig.* Anfang *m*; Vorbote *m*; *l'~ de la liberté* das Erwachen *n* der Freiheit; **5.** *poét.* Osten *m*; **6.** *phys. ~ australe* Süd(polar)licht *n*; *~ boréale* Nord(polar)licht *n*; **II** *adj.* morgenrot, hochorang, goldgelb.

auscul|tation ⚕ (oskylta'sjɔ̃) *f* Abhorchen *n*; **~ter** ⚕, *allg.* (~'te) [1a] durch Abhorchen untersuchen, abhorchen; *~ une ruine* e-e Ruine nach Überlebenden untersuchen.

auspice (os'pis) *m* **1.** *antiq.* a) Wahrsagung *f*; b) Wahrsager *m* aus dem Vogelfluge; **2.** *fig.* Vorbedeutung *f*,

Anzeichen *n*, Auspizium *n*; **3.** *fig.* (*mst. pl.*) Schutz *m*; Beistand *m*; Leitung *f*; Einfluß *m*; Gönnerschaft *f*; Empfehlung *f*; *sous vos* ~*s* unter Ihrem Schutze.

aussi (o'si) *adv. u. cj.* **1.** auch, ebenfalls, (eben)so; *les faits du langage ne sont pas* ~ *simples* die Tatbestände der Sprache sind nicht so einfach; *un homme* ~ *sage* ein so weiser Mann; **2.** überdies, obendrein; **3.** (*zu Anfang eines Satzes, meist mit dem Verbum in Fragestellung*) daher, deshalb auch, folglich; ~ *bien* ohnehin, zudem; **4.** ~ *sage que vaillant* ebenso weise wie tapfer; ~ *bien que* ebenso wie.

aussière ✈ (o'sjɛːr) *f*: ~ *d'atterrissage* Landetau *n* (*auf e-m Flugzeugmutterschiff*).

aussitôt (osi'to) **I** *adv.* sogleich, alsbald; ~ *dit*, ~ *fait* gesagt, getan; **II** ~ *que cj.* (*mit ind.*) sobald (als).

austère (os'tɛːr) *adj.* (*mst. nach dem su.*) streng (*Sitten*; *Religion*); ernst; schmucklos; nüchtern.

austérité (osteri'te) *f* Strenge *f*, Ernst *m*, Härte *f*; Schmucklosigkeit *f*; ~*s f/pl.* Bußübungen *f/pl.*, Kasteiungen *f/pl.*

austral (os'tral) *adj.* [5c] südlich; *latitude* ~*e* südliche Breite *f*; *pôle* ~ Südpol *m*; *terres* ~*es* Südpolarländer *n/pl.*

Australie (ostra'li) *f*: **l'**~ Australien [*n.*]

austro-hongrois (ostrɔɔ̃'grwa) *adj.* [7] österreichisch-ungarisch.

autan (o'tɑ̃) *m* heftiger Südwind *m*.

autant (~) **I** *adv.* **1.** ebensosehr, (eben)soviel; *c'est* ~ *d'argent perdu* das Geld ist so gut wie verloren; ~ *dire que* ... ebensogut könnte man sagen, daß ...; das heißt, ...; ... sozusagen ...; *c'est toujours* ~ das ist doch immer etwas; ~..., ~... ... ebenso ... wie ...; ~ *il l'aimait*, ~ *elle le détestait* so sehr er sie liebte, so sehr haßte sie ihn; *en faire* ~ dasselbe machen (*od.* tun); F ~ *comme* ~ in Hülle u. Fülle; ~ *en emporte le vent* alles ist in den Wind gesprochen; *als Ausruf*: alles leere Worte!; nichts als bloßes Gerede!; ~ *vaut mourir* lieber sterben; *faites-en* ~ machen Sie es ebenso; **2.** a) *vor reinem inf., anstelle e-s Hauptsatzes*: bloß, nur, genauso wie (*entstanden aus*: ebensoviel wie); ~ *lire simplement le manuel de navigation polaire* man braucht bloß einfach das Handbuch für Polarflüge zu lesen; ~ *essayer de persuader une tortue de se séparer de sa carapace* genau so, als wollte man versuchen, e-e Schildkröte zu überreden, sich von ihrem Schild zu trennen; b) ~ *être ici, j'ai* ... solange ich hier bin, habe ich ...; c) ~ *que* ebenso(viel), ebensosehr wie; ~ *que possible*, ~ *que faire se peut* soviel wie möglich; *d'*~ *plus que* um so mehr als; *d'*~ *moins que* um so weniger als; **II** ~ **que** *cj.* soweit, soviel; ~ *que je sache* soweit ich weiß; ~ *que j'en puisse juger* soweit ich es beurteilen kann; ~ *que je peux* soweit ich kann; ~ *qu'il est en moi od.* ~ *qu'il dépend de moi* soweit es in meinen Kräften liegt, soweit es an mir liegt; *pour* ~ *que* soweit; *pour* ~ *qu'on puisse établir la situation* soweit (sofern) man die Lage bestimmen kann; *d'*~ *que* zumal, da; *tout* ~ *que* genau so (sehr) wie ...

autar|chie *pol.* (otar'ʃi) *f* politische Autarkie *f*, Selbstherrschaft *f*; ~**chique** *pol.* (~'ʃik) *adj.* politisch autark; ~**cie** *éc.* (~'si) *f* (Wirtschafts-)Autarkie *f*, wirtschaftliche Unabhängigkeit *f*; *placé sous le régime de l'*~ = ~**cique** *éc.* (~'sik) *adj.* wirtschaftlich unabhängig, autark.

autel (o'tɛl) *m* Altar *m*; Tisch *m* des Herrn; *fig.* Gottesdienst *m*; *maître-*~ Hochaltar *m*; ~ *portatif* Feldaltar *m*; *le* (*saint*) *sacrifice de l'*~ Messe *f*; *nappe f d'*~ Altartuch *n*; *s'approcher de l'*~ an den Altar treten.

auteur (o'tœːr) **I** *m* **1.** Urheber *m*, Schöpfer *m*; Anstifter *m*, Schuldige(r) *m*; *l'*~ *d'une race* Stammvater *m*; *les* ~*s de nos jours* unsere Eltern; **2.** Erfinder *m*, Entdecker *m*; **3.** Autor *m*, Schriftsteller *m*, Verfasser *m*; *droits m/pl. d'*~ Urheberrechte *n/pl.*; **4.** Gewährsmann *m*; **II** *femme f* ~ Schriftstellerin *f*, Autorin *f*; ~**-éditeur** (~edi'tœːr) *m* Selbstverleger *m*.

authen|ticité (otɑ̃tisi'te) *f* Glaubwürdigkeit *f*, Echtheit *f*; ~**tifier** (~ti'fje) *v/t.* [1a] beurkunden, beglaubigen; ~**tique** (~'tik) *adj.* □ **1.** rechts-gültig, -kräftig, urkundlich; **2.** echt, authentisch, rechtsgültig, nachweislich, glaubwürdig; ~**tiquer** (~ti'ke) *v/t.* [1m] beglaubigen.

auto (o'to) *f* Auto *n*, Kraftwagen *m*; *aller en ~ à...* mit dem Auto nach... fahren; *faire de l'~* Auto fahren; *~ à huit cylindres* Achtzylinder(wagen *m*) *m*; *~ aérodynamique* Stromlinienwagen *m*; *~ de course* Rennwagen *m*; *~ de police* Polizeiauto *n*; *~ sanitaire* Kranken-wagen *m*, -auto *n*; *~ tout terrain* Geländewagen *m*; *monter* (*od. embarquer*) *en ~* in den Wagen (*od.* ins Auto) steigen.

auto|-accusation (otɔakyzɑ'sjɔ̃) *f* Selbstanklage *f*, Selbstbezichtigung *f*; **~-adhésif** ⊕ (~ade'zif) *adj.* [7e] selbstklebend; **~-allumage** *Auto* (~aly'ma:ʒ) *m* Selbstzündung *f*; **~-ambulance** (~ɑ̃by'lɑ̃:s) *f* Kranken-wagen *m*, -auto *n*; **~-approvisionnement** (~aprɔvizjɔn'mɑ̃) *m* [6d] Selbstversorgung *f*.

autobiogra|phe (otɔbjɔ'graf) *m* Selbstbiograph *m*; **~phie** (~'fi) *f* Selbstbiographie *f*; **~phique** (~'fik) *adj.* selbstbiographisch.

auto|bus (otɔ'bys) *m* Bus *m*, Omnibus *m*; *~ postal* Postauto *n*; *~ à trolley* O-Bus *m*, Oberleitungsbus *m*; *dafür mst. trolleybus*; **~camion** (~ka'mjɔ̃) *m* Lastauto *n*; *dafür mst. camion*; **~canon** ⚔ (~ka'nɔ̃) *m* Autogeschütz *n*; **~car** (~'ka:r) *m* Reiseomnibus *m*, Rundfahrtauto *n*; **~chenille** (~ʃ[ə]'nij) *f* Raupenschlepper *m*, Auto *n* mit Raupenketten.

autochtone (otɔk'tɔn) **I** *adj.* bodenständig, autochthon; *langue f ~* Sprache *f* der Ureinwohner; **II** *su.* Ureinwohner *m*.

auto|citerne (otɔsi'tɛrn) *f* Tankwagen *m*, -auto *n*; **~clave** (~'kla:v) ⊕ *m* Druckkessel *m*, Sterilisationskasten *m*, Dampfkammer *f*; *cuis. marmite f ~* Schnellkochtopf *m*; **~clavé** ⊕, *bét.* (~kla've) *adj.* dampfgehärtet.

auto|copie (otɔkɔ'pi) *f* Vervielfältigung *f*, Abzug *m von Schriftstücken*; **~copier** (~kɔ'pje) *v/t.* [1a] vervielfältigen; **~copiste** (~kɔ'pist) *su.* Vervielfältiger *m*.

auto|crate (otɔ'krat) *m* Autokrat *m*, Alleinherrscher *m*; *fig.* Herrschsüchtiger *m*; **~cratie** (~kra'si) *f* Autokratie *f*, unumschränkte Herrschaft *f*; **~cratique** (~kra'tik) *adj.* autokratisch, unumschränkt; *allg.* selbstherrlich; **~critique** (~kri'tik) *f* Selbstkritik *f*; **~-cuiseur** (~kɥi'zœ:r) *m* [6d] Kochkiste *f*; *marmite f ~* Selbstkocher *m* (*Topf*).

autodafé *hist.* (otɔda'fe) *m* Autodafé *n*; *fig.* Verbrennung *f*.

auto|déclencheur *phot.* (otɔdeklɑ̃'ʃœ:r) *m* Selbstauslöser *m*; **~défense** (~de'fɑ̃:s) *f* Selbstschutz *m*; **~démarrage** *Auto* (~dema'ra:ʒ) *m* automatische Anlaßvorrichtung *f*; **~détermination** *pol.* (~detɛrmina'sjɔ̃) *f* Selbstbestimmung *f*.

autodidac|te (otɔdi'dakt) *adj. u. su.* autodidaktisch; Autodidakt *m*; **~tique** (~'tik) *adj.* autodidaktisch, selbsterlernt.

auto|drome (otɔ'drɔm) *m* Autorennbahn *f*; **~dynamique** (~dina'mik) *adj.* autodynamisch, durch eigene Kraft bewegt; **~-école** (~e'kɔl) *f* Fahrschule *f*; **~fécondation** ⚘ (~fekɔ̃da'sjɔ̃) *f* Selbstbefruchtung *f*; **~financement** (~finɑ̃s'mɑ̃) *m* Selbstfinanzierung *f*; **~gène** ⊕ (~'ʒɛn) *adj.* autogen; *souder à l'~* autogen schweißen; **~gire** ✈ (~'ʒi:r) *m* Hubschrauber *m*; *besser: autogyre*.

autogra|phe (otɔ'graf) **I** *adj.* eigenhändig geschrieben; urschriftlich; *lettre f ~* handgeschriebener Brief *m*; **II** *m* Autogramm *n*; **~phie** (~'fi) *f* Vervielfältigung *f* durch Steinabdruck; **~phier** (~'fje) *v/t.* [1a] durch Steindruck vervielfältigen; **~phique** (~'fik) *adj.*: *encre f ~* Vervielfältigungstinte *f*.

auto-greffe ⚕ (otɔ'grɛf) *f* Autoplastik *f*; *pratiquer une ~ sur les plaies* eigene Hautteile auf die Wunden überpfropfen.

auto|-ignition (~igni'sjɔ̃) *f*, **~-inflammation** (~ɛ̃flama'sjɔ̃) *f* Selbstzündung *f*.

automa|te ⊕ (otɔ'mat) *m* Automat *m* (*a. als technischer Vorläufer des Roboters*); **~ticité** (~tisi'te) *f* Selbsttätigkeit *f*; **~tion** (~'sjɔ̃) *f* Automation *f*, Automatisierung *f* (*seit 1956 hat man sich jedoch für automatisation entschieden*); **~tique** (~'tik) **I** *adj* automatisch, selbsttätig; *fig.* automatisch, unbewußt; *distributeur m ~* (Waren-)Automat *m*; *pistolet m ~* Selbstladepistole *f*; **II** *m* **1.** *téléph.* Selbst-anschluß(telefon *n*) *m*, -wähler *m*; **2.** ⚔ automatische Schnellfeuer-, Maschinen-Kanone *f*; Trommelrevolver *m*; **III** *f* Automatik *f*, Wissenschaft *f* vom selbsttätigen Arbeiten, Automatisierungswissenschaft *f*; **~tisation**

(~tizɑ'sjɔ̃) *f* Automatisierung *f*, Automation *f* (s. a. *automation*; *automatisme* 2.); **~tiser** (~ti'ze) *v/t.* [1a] automatisieren; **~tisme** (~'tism) **1.** *psych.*, *physiol.* Automatismus *m*; **2.** ⊕ Automation *f*, selbsttätiges Arbeiten *n*, Selbsttätigkeit *f*; s. *automation*; *gr.* *~s m/pl.* alltägliche Redensarten *f/pl.*
auto-médication ⚕ (~medikɑ'sjɔ̃) *f* (laienhaftes) Selbstheilverfahren *n.*
automédon F, *oft iron.* (otɔme'dɔ̃) *m* Kutscher *m.*
auto(-)mitrailleuse (otɔmitra'jø:z) *f* Panzerwagen *m* mit MG.
automnal (otɔm'nal) *adj.* [5c] herbstlich.
automne (o'tɔn) *m* Herbst *m*; *en ~* im Herbst; *fig. l'~ de la vie* die Lebensneige *f.*
automo|bile (otɔmɔ'bil) **I** *adj.* Automobil...; selbstfahrend; *industrie f ~* Autoindustrie *f*; *usine f ~* Automobilfabrik *f*; **II** *f* Auto *n*, Kraftfahrzeug *n*; *course f d'~s* Autorennen *n*; *~ de course* Rennwagen *m*; *~ sanitaire* Kranken-auto *n*, -wagen *m*; **~bilisme** (~bi'lism) *m* Automobilbau *m*, Herstellung *f* von Kraftfahrzeugen; Autosport *m*; Kraftfahrwesen *n*, Automobilismus *m*; **~biliste** (~bi'list) *su.* Auto-, Kraftfahrer *m*; **~teur** (~'tœ:r) **I** *adj.* [7f] selbsttätig, selbstfahrend; **II** ⚓ Motorlastkahn *m*; **~trice** 🚂, *tram.* (~'tris) *f* Triebwagen *m.*
autoneige *Auto* (otɔ'nɛ:ʒ) *f* Schneebus *m.*
autono|me (otɔ'nɔm) *adj.* autonom, selbständig, politisch unabhängig, sich selbst regierend; **~mie** (~'mi) *f* Autonomie *f*, Selbstregierung *f*, Selbständigkeit *f*, Selbstverwaltung *f*; *fig.* Eigengesetzlichkeit *f*; ✈ Leistungsstärke *f*; *~ de vol* Flugdauer *f* (*als Leistung*); **~miste** (~'mist) *su.* Autonomist *m*, Anhänger *m* politischer Unabhängigkeit.
autoplastie ⚕ (otɔplas'ti) *f* Autoplastik *f*, Ersetzung *f* e-s verlorenen Teiles aus dem Fleische *usw.* des beschädigten Körpers selbst.
auto|projecteur *Auto* (~prɔʒɛk'tœ:r) *m* Scheinwerferauto *n*; **~-propulsé** (~prɔpyl'se) *adj.* mit Selbstantrieb; **~-propulsion** (~prɔpyl'sjɔ̃) *f* Selbstantrieb *m*; **~protection** (~prɔtɛk'sjɔ̃) *f* Selbstschutz *m.*
autop|sie (otɔp'si) *f* Leichenschau *f*, -öffnung *f*, Autopsie *f*, Obduktion *f*; *pratiquer une ~* e-e Leichenschau (*od.* Autopsie) vornehmen; **~sier** (~'sje) *v/t.* [1a] e-e Leichenschau (*od.* Autopsie) vornehmen.
autorail 🚂 (otɔ'rɑ:j) *m* [*m/pl.* ~s] Schienenbus *m*; *~* (*rapide*) Leicht-, Schnell-triebwagen *m.*
autorégulation (~regylɑ'sjɔ̃) *f* Selbstregulierung *f.*
autori|sable (otɔri'zablə) *adj.*: *legs m ~* erlaubtes Vermächtnis *n*; **~sation** (~zɑ'sjɔ̃) *f* **1.** Bevollmächtigung *f*, Vollmacht *f*, Befugnis *f*; **2.** Genehmigung *f*, Bewilligung *f*; *~ d'exception*, *~ exceptionnelle* Sondergenehmigung *f*, Ausnahmebewilligung *f*; *soumis à une ~* genehmigungspflichtig; **~ser** (~'ze) [1a] **I** *v/t.* **1.** bevollmächtigen, ermächtigen (*à* zu); **2.** genehmigen, bewilligen, billigen, gutheißen; **3.** rechtfertigen; **II** *v/rfl.* *s'~ de qch.* (*de q.*) sich auf etw. (auf j-n) (*acc.*) berufen (*od.* stützen).
autori|taire (otɔri'tɛ:r) *adj.* □ autoritär, herrschsüchtig; eigenmächtig; herrisch; **~tarisme** (~ta'rism) *m* Willkürherrschaft *f*; Eigenmächtigkeit *f*, herrschsüchtiges Verhalten *n*; Autoritätsprinzip *n*, autoritäre Staatsform *f.*
autorité (otɔri'te) *f* **1.** Autorität *f*, Ansehen *n*, *weitS.* Einfluß *m*, Gewicht *n*; Glaubwürdigkeit *f*; *faire ~* als Norm gelten, Beachtung *f* (*od.* Anerkennung *f*) finden; Gültigkeit *f* haben, in Betracht gezogen werden (*Bücher*, *Werke*); ⚖ *acquérir l'~ de la chose jugée* rechtskräftig werden; **2.** (Amts-)Gewalt *f*, Machtvollkommenheit *f*; *d'~*, *de sa propre ~*, *de son ~* eigenmächtig; *de pleine ~* in voller Machtvollkommenheit; **3.** Behörde *f*; *les ~s municipales* die städtischen Behörden *f/pl.*; *~ civile* (*militaire*, *douanière*) Zivil- (Militär-, Zoll-)behörde *f*; *~* (*chargée*) *de* (*la*) *liquidation de ...* Abwicklungs-behörde *f*, -stelle *f* für...; *~ occupante* Besatzungsmacht *f*; *~s f/pl. occupantes* Besatzungsbehörde *f*; *par ~* behördlich; **4.** *fig.* Gewährsmann *m.*
autoroute (otɔ'rut) *f* Auto-, Schnellstraße *f.*
autostop (otɔ'stɔp) *m*: *faire de l'~* per Anhalter fahren F; trampen; **~pé** (~'pe) *m* von Trampern angehaltener Autofahrer *m*; **~peur** (~'pœ:r) *m* [7d] Tramper *m* per

Anhalter.
autosuggestion (~sygʒɛs'tjɔ̃) *f* Autosuggestion *f.*
autotransformateur ⚡ (~trɑ̃sfɔrma'tœ:r) *m* Auto-, Spar-transformator *m.*
autotrempant ⊕ (~trɑ̃'pɑ̃) *adj.* [7]} [naturhart (*Stahl*).
autotrophe ⚘ (~'trɔf) *adj.* autotroph, nur anorganische Stoffe zur Ernährung benötigend.
auto-tube (otɔ'tyb) *m* unterirdische Autostraße *f* (*Städteplanung der Zukunft*).
autour[1] (o'tu:r) **I** *adv.* herum; *tout* ~ rings herum; *ici* ~ hier in der Nähe; **II** ~ **de** *prp.* um ... herum (*acc.*).
autour[2] *m* (Hühner-)Habicht *m*, Taubenfalke *m.*
au travers de (otra'vɛ:r də) *prp.* **1.** quer durch (*od.* quer über); *au travers de la ville* = *à travers la ville* quer durch die Stadt; **2.** *mst. jedoch zum Ausdruck e-s zu überwindenden Widerstandes od. Hindernisses*: mitten (quer) durch; *ils se frayèrent un chemin au travers de l'ennemi* sie bahnten sich mitten durch die feindliche Linie e-n Weg; *l'obus ne put passer au travers du blindage* das Geschoß konnte nicht durch die Panzerung hindurchdringen.
autre ('o:trə) **I** *adj.* □ anderer, andere, anderes; **1.** *quelqu'un d'*~, *st. litt. quelqu'un* ~ jemand anders; *personne d'*~, *st. litt. personne* ~ niemand anders; *il disait entre* ~*s* (*choses*) er sagte unter anderem; *la chose est tout* ~ die Sache verhält sich ganz anders; *nul* ~ kein anderer; *qui d'*~ *od. quel* ~ wer sonst?; *rien d'*~ (*chose*), *st. litt. rien* ~ (*chose*) *od. pas* ~ *chose* nichts anderes; ~ *part* answo(hin); *d'*~ *part* andererseits; **2.** *un* ~ *César* ein zweiter Cäsar; *c'est un* ~ *moi-même* er ist mein zweites Ich; **3.** *une méthode* ~ *que celle-là* eine von jener verschiedene Methode; *il est* ~ *qu'il paraît* er ist anders, als er scheint; **4.** *l'*~ *jour* neulich, unlängst; *de temps à* ~ von Zeit zu Zeit, dann und wann; **II** *su.* **5.** *un* ~, *une* ~ ein anderer, eine andere; **6.** *nous* ~*s*, *vous* ~*s* wir, Sie; *nous* (*autres*) *Allemands* wir Deutsche; *nous* (*autres*) *juges* wir Richter; *l'un après l'*~ hintereinander; *l'un vaut l'*~ sie sind sich gleich; *l'un dans l'*~ alles in allem (gerechnet); *l'un*(*e*) *et l'*~ beide; *l'un*(*e*) *ou l'*~ einer (eine) von beiden; *ni l'un*(*e*) *ni l'*~ keiner (keine) von beiden; **7.** *sans* ~*!* nun kein Wort mehr!; *à d'*~*s!* das können Sie anderen erzählen!; Unsinn!; ist ja Quatsch!; *parler de choses et d'*~*s* von allerhand reden; *de part et d'*~ auf beiden Seiten; *vous en verrez bien d'*~*s* es wird noch ganz anders kommen.
autre|fois (otrə'fwa) *adv.* einst (-mals), ehemals, früher; ~**ment** (~'mɑ̃) *adv.* **1.** anders, auf andere Art; *je ne puis faire* ~ *que de* ... ich kann nicht umhin, zu ...; ich muß unbedingt ...; ~ *dire* mit anderen Worten; **2.** in höherem Grade; *ceci est tout* ~ *important* die ist viel wichtiger; **3.** sonst.
Autriche (o'triʃ) *f*: **l'**~ Österreich *n.*
autruche (o'tryʃ) *f orn.* Strauß *m*; *avoir un estomac d'*~ P wie ein Scheunendrescher fressen, einen guten Magen haben; *politique f de l'*~ *fig.* Vogel-Strauß-Politik *f*; *faire l'*~ Vogel-Strauß-Politik treiben; den Kopf in den Sand stecken; ~**rie** (~'ri) *f* Straußenfarm *f.*
autrui (o'trɥi) *pr./ind.* (*selten als Subjekt gebraucht!*) anderer, andere; andere (Leute); *vivre aux dépens d'*~ auf anderer Leute Kosten leben; *se mêler des affaires d'*~ sich in fremde Händel mischen; *le bien d'*~ fremdes Gut *n*; *ne faites pas à* ~ *ce que vous ne voudriez pas que l'on vous fît à vous-même* was du nicht willst, daß man dir tu, das füg' auch keinem andern zu; *faire un tort à* ~ irgendeinem anderen ein Unrecht antun.
auvent (o'vɑ̃) *m* **1.** Wetter-, Schutz-, Über-dach *n*; **2.** *Auto*: Luftschlitz *m* über der Motorhaube; **3.** ⚠ Dachuntersicht *f.*
auvernat (ovɛr'na) *m* dunkelroter Wein *m* (*aus der Auvergne*).
auxiliaire (oksi'ljɛ:r) **I** *adj.* □ helfend, mitwirkend; Hilfs...; *bureau m* ~ Zweig-, Neben-büro *n*; *troupes f/pl.* ~*s* Hilfstruppen *f/pl.*; **II** *su.* Helfer *m*, Hilfsarbeiter *m*; *les mères sont nos plus précieuses* ~*s* die Mütter sind unsere kostbarsten Helferinnen *f/pl.*; **III** *m* Hilfsverb *n*; Stütze *f fig.*, Hilfsmittel *n.*
ava|chir (ava'ʃi:r): **s'**~ [2a] **1.** zu weich (*od.* zu weit) werden; *botte avachie* ausgetretener Stiefel *m*; **2.** *fig.* weich werden, s-e Energie

verlieren; **3.** welk niederhängen (*Zweige*); **~chissement** (~ʃis'mɑ̃) *m* Schlaffwerden *n.*

aval (a'val) **I** *adv.*: *en ~* stromabwärts, talabwärts; *pays m d'~* Unterland *n*; *en ~ de prp.* unterhalb von; *en ~ de Rouen* unterhalb von R.; **II** ✝ (*pl.* ~*s*) *m* Wechselbürgschaft *f*; Garantieschein *m*; *pour ~* (gut) als Bürge *m*; *garantir par un ~* mit (Wechsel-)Bürgschaft versehen.

ava|lage (ava'la:ʒ) *m* **1.** Talfahrt *f*; **2.** Einkellern *n* (*v. Weinfässern*); **~laison, ~lasse** (~lɛ'zɔ̃, ~'las) *f* Regenflut *f*; **~lanche** (~'lɑ̃:ʃ) *f* **1.** Lawine *f*, Schneesturz *m*; *~ de terre* Erdsturz *m*; **2.** *fig.* Menge *f*, Masse *f*; *une ~ d'injures* e-e Flut von Schimpfwörtern *n/pl.*; **~lé** (~'le) *adj.*: *joues ~es* Hängebacken *f/pl.*; *ventre ~* Hängebauch *m*; **~lement** (aval'mɑ̃) *m* **1.** Hinunterschlucken *n*; **2.** Hinunter-lassen *n*, -hängen *n.*

avaler (ava'le) [1a] **I** *v/t.* **1.** (hinunter)schlucken, verschlingen; F *Auto, Radsport*: *Kilometer* zurücklegen (*od.* schaffen *od.* fressen P); *~ un œuf* ein Ei ausschlürfen; *fig.*: *un affront* eine Beleidigung *f* einstecken (*od.* hinnehmen, sich gefallen lassen); *~ des couleuvres* sich allerlei bieten lassen müssen, sich sehr viel gefallen lassen müssen; *~ des bourdes* alles für bare Münze nehmen; *~ sa langue* schweigen, kein Wort sagen; *~ un crapaud* (*od. la pilule*) in den sauren Apfel beißen müssen; *~ la fumée* Lunge rauchen; *~ des yeux* gierig betrach- *~ les mots* undeutlich sprechen; **2.** ⚒ *Fässer* einkellern; **II** *v/i.* stromabwärts fahren.

avale-tout P (aval'tu) *m* [6c] Vielfraß *m.* [ser *m.*]

avaleur¹ F (ava'lœ:r) *su.* [7g] Fres-

avaleur² ⚒ (~) *m* Schachthauer *m.*

ava|liser ✝ (avali'ze) *v/t.* [1a] *e-n Wechsel* mit Bürgschaft versehen; *allg.* verbürgen, anerkennen; **~liste** (~'list) *su.* Wechselbürge *m.*

avaloire (ava'lwa:r) *f Pferd*: Hintergeschirr *n*; F großes Maul *n*; Fresse *f* V.

avance (a'vɑ̃:s) *f* **1.** Vorbau *m*; Vorsprung *m*; *~ du travail* Arbeits-, Bau-fortschritt *m*; *être en ~* zu früh ankommen; *être en ~ sur q.* j-m voraus (*od.* überlegen) sein; **2.** *Sport*: Vorsprung *m*; *Motor*: *~ à l'allumage* Früh-, Vor-zündung *f*; Zündverstellung *f*; **3.** *mst. pl.* entgegenkommende Schritte *m/pl.*, Annäherungsversuch *m*; *faire des ~s à q.* j-m freundlich entgegenkommen, j-m zuerst die Hand reichen; **4.** Vorschuß *m*, Darlehen *n*; *~s à découvert* Blankovorschuß *m*; *payer d'~* vorausbezahlen; *par ~* pränumerando; **5.** ⚔ Vorstoß *m*; **6.** *à l'~, d'~, en ~, par ~ adv.* im voraus; **7.** ⊕ Vorschub *m.*

avan|cé (avɑ̃'se) *adj.* **1.** vorgeschoben, vorspringend; *toit ~* vorspringendes Dach *n*; **2.** *fig.* fort-, vorgeschritten; fortschrittlich; halbverdorben, angegangen (*Fleisch*); frühreif, zu reif (*Obst*); *~ en âge* bejahrt; *nous n'en sommes pas plus ~s, od. nous voilà bien ~s* da sind wir genau so schlau wie vorher; **~cée** ⚔ (~) *f* vorgeschobener Posten *m*; Vormarsch *m*, Vorstoß *m*; **~cement** (~s'mɑ̃) *m* **1.** *a. fig.* Vorrücken *n*, Vorwärtskommen *n*, Aufstieg *m*; Fortschritt *m*; *phot. ~ du film* Filmtransport *m*; **2.** Beförderung *f*, Rangerhöhung *f*; **3.** Vorausbezahlung *f e-r Erbschaft.*

avancer (avɑ̃'se) [1k] **I** *v/t.* **1.** vor(wärts-)bringen, -stellen, -setzen, -rücken, -schieben; vor-, ausstrecken; *~ un argument* ein Argument vorbringen; *~ une hypothèse* e-e Vermutung anstellen; *faire ~ une voiture* e-n Wagen vorfahren lassen; **2.** *Arbeit*: fördern, beschleunigen; *Uhr*: vorstellen; (*zeitlich*) vorverlegen; *Fr. on avançait la retraite des professeurs pour liquider plus vite une génération gênante* man verlegte die Pensionierung der französischen Studienräte vor, um so eine unbequeme Generation schneller loszuwerden; **3.** befördern, weiterbringen; **4.** behaupten, vorbringen; *~ en l'air* ins Blaue hinein behaupten; **5.** ✝ vorschießen, vorstrecken; **II** *v/i.* **6.** vorwärts-gehen, -kommen; ⚔ vorrücken; vorgehen (*Uhr*); **7.** vorspringen (*Mauer*); vorstehen (*Dach*); **8.** befördert werden (*Offizier*); **9.** Fortschritte machen; *~ en âge* älter (*od.* alt) werden; *~ à qch.* zu etw. kommen (*a. fig.*); *cela n'avance à rien* das führt zu nichts; *je n'en suis pas plus avancé* nun bin ich ebenso schlau; **III s'~** vorrücken, vorgehen; hervortreten; sich nähern; *s'~ vers q.* auf j-n (*acc.*) zugehen; s'~ *trop* sich zu weit einlassen; s'~ *jusqu'à* ... so weit gehen zu ...

avanie (ava'ni) *f* öffentliche Beleidigung *f*.

avant (a'vɑ̃) **I** *prp. zeitlich vorausblickend u. Reihenfolge*: vor (*dat.*): **1.** ~ *peu* in kurzem; ~ *six mois* vor Ablauf von sechs Monaten; ~ *de mit inf.* (be)vor, ehe; *j'irai le voir* ~ *de partir* ... bevor ich wegreise; **2.** ~ *tout* vor allem; ~ *toutes choses* vor allen Dingen; *le sujet se place* ~ *le verbe* das Subjekt steht vor dem Verb; **II** *adv.* **3.** a) *l'année d'*~ das vorhergehende Jahr *n*; *roue f* ~ Vorderrad *n*; *bien* ~ *dans la nuit* spät in die Nacht hinein; b) *cette page et celle qui est* ~ diese Seite und die vorige; *être en* ~ *de q.* j-m voraus sein; *allez en* ~*!* vorwärts!; *aller de l'*~ bahnbrechend sein; *bien* ~ *dans la forêt* tief im Walde (in den Wald hinein); *mettre en* ~ vorbringen, die Behauptung aufstellen; *mettre q. en* ~ j-n vorschieben; *fig. être mêlé bien* ~ *dans* sich weit eingelassen haben in (*acc.*); *être en* ~ *de son siècle* s-m Jahrhundert voraus sein; **III** *cj.* **4.** ~ **que** *mit subj.* (*mit od. ohne* ne), ~ **de,** *auch noch ziemlich oft*: ~ *que de mit inf.* bevor; **IV** *m* **5.** Vorderteil *n*, Vordergestell *n*; *l'*~ *d'une voiture* der Vorderteil e-s Wagens; **6.** *Sport*: Stürmer *m*; **7.** ✈ Bug *m*; **8.** ⚓ Vorschiff *n*.

avan|tage (avɑ̃'ta:ʒ) *m* **1.** Vorteil *m*, Nutzen *m*; Gewinn *m*; *être habillé à son* ~ vorteilhaft gekleidet sein; **2.** Überlegenheit *f*; Sieg *m*; *avoir l'*~ *sur q.* j-m überlegen sein; *prendre l'*~ die Oberhand gewinnen; *faire des* ~*s à q.* j-n bevorzugen; **3.** Vorzug *m*; *je n'ai pas l'*~ *de vous connaître* ich habe nicht den Vorzug, Sie zu kennen; † *avoir l'*~ sich beehren; **4.** *Spiel*: Vorhand *f*; Vorgeben *n*; **5.** ~*s pl.* körperliche Vorzüge *m/pl.*; **~tager** (~ta'ʒe) [1l] *v/t.* ~ *q. de* j-n bevorzugen mit; **~tageux** (~ta'ʒø) [7d] **I** *adj.* □ vorteilhaft, zuträglich; günstig; *péj.* hochmütig, eingebildet, blasiert, angeberisch, spleenig; **II** *su. péj.* Angeber *m*; *faire l'*~ *fig. péj.* angeben, sich großtun.

avant|-bec (avɑ̃'bɛk) *m* Pfeilervorkopf *m*, Eisbrecher *m vor e-r Brücke*; **~-bras** (~bra, ~brɑ) *m* [6c] *anat.* Vorderarm *m*; **~-centre** (~'sɑ̃:trə) *m* [6a] *Sport*: Mittelstürmer *m*; **~-clou** ⊕ (~'klu) *m* Vorbohrer *m*; **~-cœur** (~'kœ:r) *m anat.* Herzgrube *f*; **~-corps** (~'kɔ:r) *m* [6c] ⚠ Vorsprung; Vordergebäude *n*; **~-cour** (~'ku:r) *f* Vorhof *m*; **~-coureur** (~ku'rœ:r) *m* Vorläufer *m*. Vorreiter *m*; *fig.* Vorbote *m*; ~ *de catastrophes* Vorbote *m* von Katastrophen; *a. adj.*: *signes m/pl.* ~*s* Vorzeichen *n/pl.*; **~-dernier** (~dɛrn'je) [7b] *adj. u. su.* vorletzter; **~-faire-droit** ⚖ (~fɛ:r'drwa) *m* vorläufiges Erkenntnis *n*; **~-fossé** ⚔ (~fɔ'se) *m* Außengraben *m*; **~-garde** (~'gard) *f* **1.** Vortrab *m*, Vorhut *f*; *fig.* Spitze *f*; Wachtschiff *n*; **2.** *lignes f/pl. d'*~ ⚔ Vordertreffen *n*; *fig.* Vorkämpfer *m/pl.*; **~-goût** (~'gu) *m* Vorgeschmack *m*; **~-guerre** (~'gɛ:r) *m* Vorkriegszeit *f*; **~-hier** (~'tjɛ:r) *adv.* vorgestern; *d'*~ vorgestrig; **~-ligne** (~'liɲ) *f* Vordertreffen *n*; **~-main** (~'mɛ̃) *m* **1.** flache Hand *f*; **2.** *Tennis*: Vorhand(schlag *m*) *f*; **3.** *Kartenspiel*: Vorhand *f*; **~-plan**: *à l'*~ *adv.* im Vordergrund; **~-port** ⚓ (~'pɔ:r) *m* Außenhafen *m*; **~-poste** (~'pɔst) *m* Vorposten *m*; **~-première** *thé.*, *cin.* (~prə'mjɛ:r) *f* Voraufführung *f*; **~-printemps** (~prɛ̃'tɑ̃) *m* [6d] Vorfrühling *m*; **~-projet** (~prɔ'ʒɛ) *m* Entwurf *m*; **~-propos** (~prɔ'po) *m* [6c] Vorrede *f*, Vorwort *n*, Einleitung *f*; **~-saison** (~sɛ'zɔ̃) *f* Vorsaison *f*; **~-scène** (~'sɛn) *f* **1.** Vorbühne *f*; **2.** *fig.* Vorspiel *n*; **3.** (*loge f d'*)~ Orchesterloge *f*; **~-terrain** ⚔ (~tɛ'rɛ̃) *m* Vorgelände *n*; **~-toit** ⚠ (~'twa) *m* Vor-, Über-, Regendach *n*; **~-train** (~'trɛ̃) *m* **1.** ⚔ Vorderwagen *m*, -gestell *n*; Protzwagen *m*; *amener l'*~ aufprotzen; *ôter l'*~ abprotzen; **2.** *zo.* Vorderteil *n e-s Pferdes*; **~-veille** (~'vɛ:j) *f* zweiter Tag vorher; *l'*~ *de* ... zwei Tage vor ...

avare (a'va:r) **I** *adj.* geizig, habsüchtig; *être* ~ *de* geizen mit; **II** *su.* Geizhals *m*.

avariable ⚓ (ava'rjablə) *adj. Lebensmittel*: empfindlich, der Havarie ausgesetzt.

avari|ce (ava'ris) *f* Geiz *m*, Habsucht *f*; **~cieux** (~'sjø) [7d] **I** *adj.* □ geizig, knauserig; **II** *su.* Knauser *m*, Knicker *m*.

ava|rie (ava'ri) *f* **1.** ⚓ Seeschaden *m*; Beschädigung *f*, Schaden *m*, Defekt *m*; ~ *de machine* Maschinenschaden *m*, -defekt *m*; **2.** Hafengeld *n*; **3.** F ⚕ Syphilis *f*; **~rié** (avar'je) **I** *adj.* **1.** (see)beschädigt, verdorben; **2.** F ⚕ syphilitisch; **II** *su.* Syphilitiker *m*; **~rier** (~) [1a] **I** *v/t.* (zur See) beschädigen, verderben; **II** *v/rfl. s'~* verderben, schlecht werden; **~ro** P s. *avarie.*

avatar (ava'ta:r) *m* **1.** *a. pol.* Gesinnungsänderung *f*, Wandlung *f*; **2.** P Erlebnis *n*, Abenteuer *n*; *subir des ~s* manches durchmachen.

à vau-l'eau (avo'lo) *adv.* stromab (-wärts), zu Tal; *fig. aller ~ fig.* schief gehen, nicht klappen.

avec (a'vɛk) **I** *prp.* **1.** mit, nebst; bei (*näherer Umstand*); et *~ cela, monsieur?* soll's noch etw. sein, mein Herr?; *se fâcher ~ q.* sich mit j-m überwerfen; *être ~ q.* es mit j-m halten; *~ son orgueil* bei s-m Stolze; *~ ce temps-là* bei e-m solchen Wetter; ⚓ *~ ce suroît, ça ne sera pas commode de décoller* bei diesem Südwestwind wird ein Start nicht leicht sein; *~ un impératif négatif, le pronom personnel objet se place avant le verbe* bei e-m verneinten Imperativ steht das abhängige Personalpronomen vor dem Verb; **2.** trotz, ungeachtet; *~ tout cela* trotz alledem; **3.** *d'~* von; *distinguer qch. d'~ qch.* etw. von etw. unterscheiden; *divorcer (d')~ q.* sich von j-m scheiden lassen; **II** F *adv.* 'damit; mit; *il a pris mon manteau et s'en est allé ~* er hat meinen Mantel genommen u. ist damit losgezogen; *envoyer le mémoire ~!* Rechnung mit beilegen!

aveindre *dial.* (a'vɛ̃:drə) *v/t.* [4b] hervor-holen, -ziehen.

avenant (av'nɑ̃) [7] **I** *p/pr.*: ⚖ *le cas ~ od. ~ que ... (mit subj.)* gesetzt (*od.* im Falle), daß ...; **II** *adj.* einnehmend, gefällig, freundlich; **III** *advt. à l'~* im Verhältnis, dementsprechend; **IV** ⚖ *m* Nachtrag *m* zu e-r Versicherungspolice *f*; *les ~s* die Ergänzungen *f/pl.*

avènement (avɛn'mɑ̃) *m* Regierungsantritt *m*, Thronbesteigung *f*; *~ au pouvoir* Erlangung *f* der Staatsgewalt, Machtergreifung *f*.

avenir (av'ni:r) *m* **1.** Zukunft *f*; *à l'~* in Zukunft *f*, künftighin; *jeune homme d'~* vielversprechender junger Mensch; **2.** *fig.* Nachwelt *f*.

à-venir ⚖ (av'ni:r) *m* [6c] Vorladung *f e-s Anwalts e-m anderen gegenüber.*

avent (a'vɑ̃) *m* Advent *m*; *prêcher l'~* Adventspredigten halten.

aventure (avɑ̃'ty:r) *f* **1.** Abenteuer *n*, Erlebnis *n*; zufällige Begebenheit *f*; *~ amoureuse* Liebesabenteuer *n*; *homme m d'~* Abenteurer *m*; *dire la bonne ~* wahrsagen; **2.** Wagnis *n*, Irrfahrt *f*; *courir l'~* auf Abenteuer ausgehen; *tenter l'~* es wagen; **3.** *mettre à l'~* etw. aufs Ungewisse anlegen *od.* einsetzen; **4.** *advt. à l'~* aufs Geratewohl, auf gut Glück, ins Blaue.

aventu|ré (avɑ̃ty're) *adj.* riskant, gewagt, gefährlich; **~rer** (~) [1a] **I** *v/t.* wagen, aufs Spiel setzen; **II** *v/rfl. s'~* sich vorwagen; *s'~ à* sich der Gefahr aussetzen zu; *s'~ trop loin* sich zu weit hinauswagen; **~reux** (~'rø) [7d] *adj.* □ *u. su.* abenteuerlich, verwegen; Abenteurer; **~rier** (~'rje) [7b] *su.* **1.** Abenteurer *m*, Wagehals *m*; **2.** Industrie-, Glücksritter *m*; Hochstapler(in *f*) *m*; Intrigant(in *f*) *m*.

aventurine (~'rin) *f* Glimmerstein *m*, Aventurin *m*.

avenu (av'ny): *non ~* nichtig; *nul et non ~* null und nichtig.

avenue (~) *f* **1.** Zugang *m*, Anfahrt *f*; **2.** Avenue *f*, Allee *f*, Korso *m*, Prachtstraße *f*; Parkweg *m*; **3.** *fig.* Ausweg *m*.

avé|rage (ave'ra:ʒ) *m* Durchschnitt *m*; **~rer** (~'re) *v/t.* [1f]: *~ qch.* (*u.* **s'~**) etw. (sich) als wahr erweisen; *s'~ impossible* sich als unmöglich erweisen; *fait avéré* erwiesene Tatsache *f*.

avers (a'vɛ:r) *m* Vorderseite *f e-r* [*Münze.*]

averse (a'vɛrs) *f* Platzregen *m*, Regenguß *m*; *~ de neige* Schneeschauer *m*.

aversion (avɛr'sjɔ̃) *f* Abneigung *f*, Aversion *f*, Widerwille *m*; *avoir (od. éprouver) de l'~ pour* Widerwillen haben gegen (*acc.*); *prendre q. en ~* j-n zu hassen anfangen.

avertin *vét.* (avɛr'tɛ̃) *m* Drehkrankheit *f* der Schafe.

aver|tir (avɛr'ti:r) [2a] **I** *v/t.* **1.** warnen (*de* vor *dat.*); *se tenir pour averti* sich etw. gesagt sein lassen, auf s-r Hut sein; **2.** *~ q. de qch.* j-n über etw benachrichtigen, j-n von etw. unterrichten; **3.** ankündigen; ansagen; *Auto*: ein Signal geben, hupen; **~tissement** (~tis'mɑ̃) *m* **1.** Warnung *f*, Verwarnung *f*; *~ météorologique* Wetterwarnung *f*; **2.** Nachricht *f*;

3. Hinweis *m*, Vorbericht *m*, Ankündigung *f*; Vorwort *n*; **4.** Steuermahnzettel; **~tisseur** (~ti'sœ:r) *m* **1.** Warnvorrichtung *f*; ~ *d'incendie* Feuermelder *m*; **2.** ~ *électrique* Alarmsignal *n*; **3.** *Auto*: ~ *sonore* Hupe *f*, Signalgerät *n*; *Auto*: *faire hurler son* ~ hupen; **4.** *téléph.* Alarmwecker *m*, Rufer *m*.

aveu (a'vø) *m* [5b] **1.** Geständnis *n*, Bekenntnis *n*; Liebeserklärung *f*; **2.** Zeugnis *n*; *de l'*~ *de tout le monde* nach dem Urteil e-s jeden; **3.** Einwilligung *f*; *de son* ~ mit s-r Einwilligung *f*; **4.** *fig. homme m sans* ~ dunkle (*od.* fragwürdige) Existenz *f*, Vagabund *m*, Stromer *m*, Landstreicher *m*, hergelaufener Kerl *m*; *gens m/pl. bzw. f/pl. sans* ~ hergelaufenes Volk *n*, Gesindel *n*.

aveugle (a'vœglə) **I** *adj.* **1.** blind; ~ *de naissance* blindgeboren; **2.** *fig.* verblendet; *être* ~ *sur ses défauts* s-e (eigenen) Fehler übersehen wollen; *soumission f* ~ blinder Gehorsam *m*; **3.** unüberlegt, stur F; **4.** blind (*od.* sackförmig) endigend; **II** *su.* Blinder *m*; ~ *de guerre* Kriegsblinder *m*; **III** *advt.*: *à l'*~ ohne jede Überlegung, unüberlegt.

aveuglement (avœglə'mɑ̃) *m* **1.** Blindheit *f*; *fig.* Verblendung *f*, Sturheit *f* F; **2.** Blendung *f*.

aveuglément (avœgle'mɑ̃) *adv.* blindlings, ohne Überlegung.

aveugle-né (avœglə'ne) *adj. u. su.* [6a] blindgeboren; Blindgeborene(r) *m*.

aveu|gler (avœ'gle) [1a] **I** *v/t.* **1.** blind machen, blenden; ⚔ ~ *à l'aide de la fumée* ver-, ein-nebeln; **2.** *fig.* verblenden; **3.** *Wasserloch, Leck*: zustopfen; **II** *v/rfl.* **s'**~ sich blind machen, blind werden; *fig.* *s'*~ *sur qc.* etw. nicht einsehen wollen, blind sein für; **~glette** (~'glɛt) *advt. fig. à l'*~ im Dunkeln tappend; *fig.* auf gut Glück, drauflos F; *marcher à l'*~ im Dunkeln tappen; *agir à l'*~ auf gut Glück handeln.

aveu|lir (avø'li:r) **I** *v/t.* matt u. willenlos machen, abstumpfen; **II** *v/rfl.* s'~ willenlos werden; **~lissement** (~lis'mɑ̃) *m* Erschlaffung *f*; Schlaffheit *f*, Willen-, Energie-losigkeit *f*.

avia|bilité (avjabili'te) *f* Flugtüchtigkeit *f*; **~teur** (~'tœ:r) [7f] **I** *adj.* Flug...; *machine aviatrice* Flugmaschine *f*; **II** *su.* Flieger *m*; ~ *acrobatique* Kunstflieger *m*; ~ *en rase-mottes* Tiefflieger *m*; ~ *transatlantique* Ozeanflieger *m*; ~ *de nuit* Nachtflieger *m*; **~tion** (avja'sjɔ̃) *f* Luftfahrt *f*, Flugwesen *n*; ⚔ Luftwaffe *f*; ~ *de ligne* Flugverkehr *m*; ⚔ ~ *de surveillance* Luftüberwachung *f*; *champ m* (*od. terrain m*) *d'*~ Flugplatz *m*; *semaine f d'*~ Flugwoche *f*; ~ *militaire* (*civile, marchande*) Militär- (Zivil-, Handels-)luftfahrt *f*; **~trice** (~'tris) *f* Fliegerin *f*.

avicul|teur (avikyl'tœ:r) *m* Geflügel-, Vogel-züchter *m*; **~ture** (~'ty:r) *f* Geflügel-, Vogel-zucht *f*.

avi|de (a'vid) *adj.* □ gierig, gefräßig; habsüchtig; *fig.* (be)gierig (*de* auf *acc*); ~ *de savoir* wißbegierig; ~ *de gloire* ruhmsüchtig; **~dité** (avidi'te) *f* **1.** Gier *f*, Gefräßigkeit *f*; **2.** (Hab-)Sucht *f*, Begierde *f*.

aviette (a'vjɛt) *f* Kleinflugzeug *n*.

avilir (avi'li:r) [2a] **I** *v/t.* **1.** erniedrigen, herabwürdigen, heruntermachen, verächtlich machen; ~ *son nom* s-n Namen in den Schmutz ziehen; **2.** entwerten, herabsetzen; *Preis*: herabdrücken; **II s'~ 3.** sich erniedrigen; **4.** im Preise sinken.

avilissant (avili'sɑ̃) *adj.* [7] erniedrigend, würdelos.

avilissement (avilis'mɑ̃) *m* **1.** Herabwürdigung *f*, Entwürdigung *f*, Verachtung *f*; **2.** ✝ Entwertung *f*; Preissenkung *f*.

avi|nage (avi'na:ʒ) *m* Anfeuchten *n* mit Wein; **~né** (~'ne) *adj.* *Faß*: weingrün; betrunken, beschwipst, benebelt; **~ner** (~) [1a] **I** *v/t.* Weingeruch geben, mit Wein anfeuchten; **II s'~** sich betrinken.

avion (a'vjɔ̃) *m* Flug-zeug *n*, -maschine *f*; ~ *à fusées* (*à catapulte, à skis*) Raketen-(Katapult-, Schi-)flugzeug *n*; ~ *ambulance* Lazarettflugzeug *n*; ~ *amphibie* Wasser-Landflugzeug *n*, Amphibienflugzeug *n*; ~ *à réaction* Düsenflugzeug *n*; ~ *bimoteur* Zweimotorenflugzeug *n*; ~ *biplace* Doppelsitzer *m*; ~ *commercial* (*limousine*) Handels-(Kabinen-)flugzeug *n*; ~ *de bombardement* Bomber *m*, Bombenflugzeug *n*; ~ *de bombardement de jour* Tagbomber *m*; ~ *de charge* Fracht-, Last-flugzeug *n*; ~ *de chasse* Jagdflugzeug *n*; ✈ Jäger *m*;

✈ ~ *de combat* Kampfflugzeug *n*; ~ *de ligne* Verkehrsflugzeug *n*; ~ ~ *d'entraînement* Schul-, Lehr-, Übungs-flugzeug *n*; ~ *d'observation*, ~ *de (grande) reconnaissance* Beobachtungs- (Fern)Aufklärungs-flugzeug *n*; ✈ Beobachter *m*; Aufklärer *m*; ~ *de sport* Sportflugzeug *n*; ~ *de grand sport* Halbrennflugzeug *n*, Hochleistungssportflugzeug *n*; ~ *de tourisme* Privat-, Sport-, Reise-flugzeug *n*; ~ *de transport* Transport-, Verkehrs-flugzeug *n*; ~*-estafette* [6b] Meldeflugzeug *n*; ~ *géant* Groß-, Riesen-flugzeug *n*; ~*métallique (léger)* Metall-(Leicht-)flugzeug *n*; ~ *mixte* Wasserlandflugzeug *n*; ~ *multimoteur*, ~ *polymoteur* mehrmotoriges Flugzeug *n*; ~ *sans moteur (monomoteur)* motorloses (einmotoriges) Flugzeug *n*; ~ *postal* Postflugzeug *n*; ~ *sanitaire* Sanitätsflugzeug *n*; ~ *voilier* Segelflugzeug *n*; *par* ~ mit Luftpost; *prendre l'*~ *pour* ... abfliegen nach ...

avionnette (avjɔ'nɛt) *f* Kleinflugzeug *n*.

avion-type (avjɔ̃'tip) *m* [6a] Modellflugzeug *n*.

aviron (avi'rɔ̃) *m* **1.** Ruder *n*, Riemen *m*; *à force d'*~*s* durch tüchtiges Rudern; *coup m d'*~ Ruderschlag *m*; **2.** Rudersport *m*.

avis (a'vi) *m* **1.** Meinung *f*, Ansicht *f*, Urteil *n*; *changer d'*~ s-e Meinung ändern; *se ranger à l'*~ *de q.* j-s Ansicht beitreten; *à mon humble* ~ meiner unmaßgeblichen Ansicht nach; *je suis de votre* ~ ich bin Ihrer Meinung; **2.** Rat *m*, Vorschlag *m*; **3.** Gutachten *n*, Stellungnahme *f*; **4.** Benachrichtigung *f*, Meldung *f*, ✝ ~ *d'expédition* Versandbericht *m*; *sous* ~ unter Benachrichtigung; ~ *au public* öffentliche Warnung *f*; ~ *au lecteur* Vorwort *n*; ~ *officiel* amtliche Anzeige *f*; ~ *de décès* Todesanzeige *f*; *lettre f d'*~ Benachrichtigungsschreiben *n*; *suivant* ~ laut Bericht.

avisé (avi'ze) *adj.* umsichtig, klug, besonnen; *bien* ~ klug; *mal* ~ unklug.

aviser (~) [1a] **I** *v/t.* **1.** benachrichtigen, melden; **2.** warnen; raten; **3.** wahrnehmen; **II** *v/i.* ~ *à qch.* bedacht sein auf (*acc.*); **III s'**~ (*de qch.*) auf den Gedanken (*od.* Einfall) kommen; *de quoi s'avise-t-il?* was fällt ihm ein?; sich etw. herausnehmen, sich unterstehen (zu); ersinnen; verfallen auf (*acc.*).

aviso ⚓ (avi'zo) *m* Aviso(schiff) *n*.

avitail|lement (avitaj'mɑ̃) *m* Versorgung *f* mit Lebensmitteln; **~ler** (~ta'je) *v/t. u. v/rfl.* **s'**~ [1a] (sich) verproviantieren.

avitaminose ⚕ (avitami'no:z) *f* Mangelkrankheit *f*, Avitaminose *f*.

aviver (avi've) *v/t.* [1a] **1.** lebhaft machen; auffrischen; beleben; *fig.* schüren, wieder aufleben lassen, neuen Auftrieb geben; **2.** ⚕ blutig ritzen.

avocas|ser (avoka'se) *v/i.* [1a] Winkeladvokat sein; **~serie** (~kas'ri) *f* Winkeladvokatentum *n*; Advokatenkniff *m*.

avocat (avɔ'ka) *su.* [7] **1.** Rechtsanwalt *m*, Verteidiger *m*, Advokat *m*; ~ *général* Oberstaatsanwalt *m*, öffentlicher Ankläger *m*; ~*-conseil* Rechtsbeistand *m*; ~ *plaidant* Verteidiger *m*; *se faire* ~ Rechtsanwalt werden; **2.** *fig.* Fürsprecher *m*, Beschützer *m*; *fig. se faire l'*~ *du diable* sich für e-e schlechte Sache einsetzen, e-e schlechte Sache vertreten, gegen s-e eigene Überzeugung sprechen; **~e** (~'kat) *f* Rechtsanwältin *f*.

avoine (a'vwan) *f* **1.** Hafer *m*; Haferkorn *n*; ~ *broyée*, *flocons m/pl. d'*~ Haferflocken *f/pl.*; *bouillie f d'*~ Haferbrei *m*; *gruau m d'*~ Hafergrütze *f*; *sac m à* ~ Hafersack *m*; *les* ~ *sont belles* der Hafer steht gut; **2.** *folle* ~ *od.* ~ *follette* tauber (*od.* wilder) Hafer *m*; **~rie** (avwan'ri) *f* Haferfeld *n*.

avoir (a'vwa:r) [1] **I** *v/t.* haben; besitzen; erleiden, empfinden; erhalten; erreichen, erwischen; sich verschaffen; ~ *pour but* beabsichtigen; ~ *le prix d'honneur* den Ehrenpreis erhalten; *j'ai à cœur* es liegt mir am Herzen; *j'ai à vous dire* ich habe Ihnen zu sagen, ich muß Ihnen sagen; *vous n'avez qu'à le dire* Sie brauchen es nur zu sagen; *vous avez beau dire* Sie haben gut reden; ~ *envie* Lust haben; ~ *qch. sous la main* etw. zur (*od.* bei der) Hand haben; *je n'aurais qu'à tomber malade* ich brauchte nur krank zu werden; ~ *du monde à dîner* Gäste haben; *qu'avez-vous?* was fehlt Ihnen?; *contre qui en avez-vous?* auf wen sind Sie böse?; ~ *de quoi vivre* wohlhabend sein; ~ *sommeil* schläfrig sein; ~ *terminé* fertighaben, zu Ende sein mit; ~ *trois mètres de long* drei Meter lang sein; *j'ai vingt ans* ich bin zwanzig Jahre alt; ~ *le chapeau sur la tête* den Hut aufhaben; *j'ai eu mon train* ich habe den Zug erreicht; **II** *v/impers. il y a* es gibt; *il y a des gens* es gibt Leute; *als Antwort auf e-n Dank od. e-e Entschuldigung*: *il n'y a pas de quoi!* bitte sehr!; *als Antwort auf e-n Dank*: gern geschehen!; es hat nichts zu sagen!, keine Ursache!; *als Antwort auf e-e Entschuldigung*: *il n'y a pas de mal!* bitte (hat nichts zu sagen)!, macht nichts!, keine Ursache!; *qu'y a-t-il de nouveau?* was gibt es Neues?; *il y a lieu de croire* man hat Ursache zu glauben; *il y a tout à espérer* alles ist zu hoffen; *il n'y a rien à dire à cela* es ist nichts dagegen zu sagen; **III** a) *als Hilfsverb zur Bildung des passé composé usw.*: *je l'ai (l'avais) vu* ich habe (hatte) ihn gesehen, ich sah ihn; b) F *als Hilfsverb oftmals zur Bildung des passé surcomposé usw.*: *j'ai eu planté* ich habe gepflanzt, ich pflanzte; *quand il avait eu trié son équipage ...* nachdem er sich s-e Mannschaft ausgesucht hatte ...; **IV** *m* Habe *f*, Gut *n*; (Gut-)Haben *n*, Kredit *m*; *doit et* ~ Soll und Haben; ~ *en compte* Kontoguthaben *n*; *portez cette somme à mon* ~*!* schreiben Sie mir diese Summe gut!

avoisi|nant (avwazi'nɑ̃) *adj.* [7] benachbart, angrenzend, anstoßend; **~ner** (~'ne) [1a] **I** *v/t.* ~ *qc.* angrenzen an (*acc.*), sich erstrecken bis an (*acc.*); *fig. éc.* ungefähr erreichen (*e-n Prozentsatz*); *être bien avoisiné* gute Nachbarschaft haben; **II** *v/rfl.* *s'*~ sich nähern, sich berühren.

avor|tement (avɔrtə'mɑ̃) *m* **1.** ⚕ Fehlgeburt *f*, Abortus *m*; **2.** *fig.* Fehlschlagen *n*, Scheitern *n*; **~ter** (~'te) *v/i.* [1a] **1.** ⚕ fehlgebären; **2.** ⚘ verkümmern; **3.** *fig.* fehlschlagen, scheitern; *faire* ~ *les projets de q.* j-s Pläne vereiteln; **~ton** (~'tɔ̃) *m* ⚕ Mißgeburt *f*, Abgängling *m*, durch Fehlgeburt ausgestoßene Frucht *f*; *iron.* Zwerg *m*, Krüppel *m*.

avouable (a'vwablə) *adj.* dessen man sich nicht zu schämen braucht.

avou|é (a'vwe) *m* **1.** ⚖ Sachwalter *m*, Anwalt *m*; **2.** *hist.* Schutzherr *m*; **~er** (~) [1n] **I** *v/t.* **1.** bekennen, einräumen; zugeben; **2.** ~ *q. de qch.* j-s Handeln billigen, gutheißen; **II** *v/rfl.* *s'*~ sich bekennen.

avoyer *Schweiz* (avwa'je) *m* Kantonspräsident *m*.

avril (a'vril) *m* **1.** April *m*; **2.** *poisson m d'*~ Aprilscherz *m*; **~lé** (avri'je) *adj.* im April gesät; **~let** (avri'jɛ) *m* Aprilsaat *f*.

avulsion (avyl'sjɔ̃) *f* **1.** ⚕ Ausreißen *n*, Ausziehen *n*; **2.** Abschwemmung *f* von Land.

axe (aks) *m* Achse *f*, Spindel *f*.

axé (ak'se) *adj.*: ~ *sur* begründet (*od.* basierend) auf; *être* ~ *sur la voie Toulouse-Bordeaux* in der Linie T.-B. verlaufen.

axiome (ak'sjoːm) *m* Grundsatz *m*, Axiom *n*.

axonge (ak'sɔ̃ːʒ) *f* Schmalz *n*, Fett *n*.

ayant (ɛ'jɑ̃) **I** *p.pr. von avoir*; **II** *m*: ~ *cause* (*pl.* ~*s cause*) Rechtsnachfolger *m*; ~ *droit* (*pl.* ~*s droit*) Berechtigte(r) *m*.

azalée ⚘ (aza'le) *f* Azalie *f*.

azimut (azi'myt) *m ast.* Scheitelkreis *m*, Azimut *m od. n*.

azotate (azɔ'tat) **I** *m* salpetersaure Verbindung *f*; ~ *de potasse* salpetersaures Kali *n*; **II** *adj.* salpetersauer.

azote (a'zɔt) *m* Stickstoff *m*.

azo|té (azɔ'te) *adj.* stickstoffhaltig; Stickstoff...; *engrais m* ~ Stickstoffdünger *m*; **~ter** (~'te) *v/t.* [1a] mit Stickstoff sättigen; **~teux** (azɔ'tø) *adj.* [7d] stickstoffhaltig; **~tique** (~'tik) *adj.*: *acide m* ~ Salpetersäure *f*; Scheidewasser *n*; **~tite** (~'tit) *m* salpetersaures Salz *n*; **~ture** (~'tyːr) *m* Stickstoffverbindung *f*.

aztèque (az'tɛk): ♀ *su. hist.* Azteke *m*; P *fig.* Zwerg *m*, Krüppel *m*.

azur (a'zyːr) *m* **1.** Lasurstein *m*; **2.** echtes Ultramarin *n*; **3.** *fig.* Azurblau *n*, Lasurfarbe *f*; *d'*~ (himmel-)blau; *un ciel d'*~ ein heiterer Himmel; *Côte f d'*♀ französische Riviera *f*; **~age** (azy'raːʒ) *m* Bläuen *n*; **~é** (~'re) *adj.* himmelblau; *papier* ~ dünnes blaues Postpapier *n*; **~er** (~) *v/t. u. v/rfl.* *s'*~ [1a] (sich) himmelblau färben; **~éen** (~re'ɛ̃) *adj.* [7c] (an) der Côte d'Azur.

azyme (a'zim) *adj. u. m*: *pain m* ~ ungesäuert(es Brot *n*); Matze *f*.

B

B, b (be) *m* B, b *n*.
baba (ba'ba) **I** F *adj. rester* ~ baff sein; **II** *m* Rosinenkuchen *m*.
Babel (ba'bɛl) *f* Babylon *n*, Babel *n*; (*tour f de*) ~ babylonischer Turm *m*; *fig.* Durcheinander *n*.
babeurre (ba'bœ:r) *m* Buttermilch *f*.
babil (ba'bil) *m* Geschwätz *n*, Geplauder *n*; **~lard** (babi'ja:r) [7] **I** *adj.* geschwätzig, schwatzhaft; **II** *su.* Schwätzer *m*, Schwatzliese *f*; **~larde** P (~'jard) *f* P Wisch *m* (*Brief*); **~ler** (~bi'je) *v/i.* [1a] plappern, schwatzen.
babine *zo.* (ba'bin) *f* **1.** Lefze *f*, Hängelippe *f* (*bei Tieren*); **2.** P *il s'en lèche les ~s* er leckt sich die Finger danach.
babiole (ba'bjɔl) *f* Kinderspielzeug *n*; *fig.* wertlose Sache *f*; *~s* Firlefanz *m*, Tand *m*.
bâbord ⚓, ✈ (bɑ'bɔ:r) *m* Backbord *n* (*ant. tribord*); *à* ~ links.
babouche (ba'buʃ) *f* Pantoffel *m*.
babouin (ba'bwɛ̃) *m* **1.** *zo.* Babuin *m* (*Pavian*); **2.** F (*auch* **~e** [ba'bwin] *f*) *Kind*: Wildfang *m*.
Babylone (babi'lɔn) *f* **1.** Babylon *n*; **2.** *fig.* sündhafter Ort *m*.
baby-parc (bebi'park) *m* [6g] Laufstall *m*, -gitter *n* (*für Kleinkinder*.
bac (bak) *m* **1.** Fähre *f*, Prahm *m*; *Auto*: Ladefläche *f* (*e-s Fahrzeugs*); **2.** Trog *m*, Waschfaß *n*; **3.** F = *baccalauréat* Abi *n* F; **4.** ~ *à fiches* Karteitrog *m* (*für Büros*); **5.** ⊕ ~ *à copeaux* Span-pfanne *f*, -fall *m*; **6.** ~ *à sable* Buddel-, Sand-kiste *f*.
baccalauréat (bakalɔre'a) *m* Abiturium *n*, Reifeprüfung *f*.
baccha|nal (baka'nal) *m* Spektakel *m*, Höllenlärm *m*; *faire du* ~ großen Lärm machen; **~nale** (~) *f* Bacchanten-fest *n*, -tanz *m*; F wüstes Gelage *n*; *les ~s pl.* Bacchanalien *n/pl.*, Bacchusfeste *n/pl.*
bacchante (ba'kɑ̃:t) *f* Priesterin *f* des Bacchus; *fig.* Bacchantin *f*; schamlose, hemmungslose Frau *f*; P *~s pl.* Schnurrbart *m*.
bâche (bɑ:ʃ) *f* **1.** (Sonnen- u. Regen-)Markise *f*, Plane *f*, Wagendecke *f*; **2.** Wasserbehälter *m der Dampfmaschine*; **3.** ✿ Frühbeet (-fenster) *n*; **4.** Schleppnetz *n*.
bacheli|er (baʃə'lje) *m*, **~ère** (baʃə'ljɛ:r) *f* Abiturient(in *f*) *m*.
bâcher (bɑ'ʃe) [1a] **I** *v/t.* mit e-r Plane bedecken; **II** P *v/rfl.* se ~ *fig.* in die Falle (*od.* ins Bett) gehen.
bachique (ba'ʃik) *adj.* □ dem Bacchus geweiht, bacchantisch; *chanson f* ~ Trinklied *n*.
bachot¹ *écol.* (ba'ʃo) *m* Abitur *n*; *faire* (*od. passer*) *son* ~ sein Abiturientenexamen machen.
bachot² ⚓ (~) *m* kleine Fähre *f*.
bacho|tage *écol.* (baʃɔ'ta:ʒ) *m* Pauken *n*, Paukerei *f*, Büffelei *f*; **~ter** (~'te) **I** *v/t.* ~*q.* j-m *etw.* einpauken; **II** *v/i.* pauken; sich oberflächlich aufs Abi vorbereiten; **~teur** (~'tœ:r) *m* **1.** Fährmann *m*, **2.** *écol.* Büffler *m*; *plais.* Abiturient *m*.

bachotière (~'tjɛ:r) *écol.* *f* Presse *f.*
bacillaire (basi'lɛ:r) *adj.* stangenartig, stabförmig; Bazillen...
bacille (ba'sil) *m* Bazillus *m*; Krankheitserreger *m*; ~ *du typhus*, ~ *de la typhoïde* Typhus-bazillus *m*, -erreger *m*; **~virgule** (~vir'gyl) *m* [6a] Kommabazillus *m.*
bacilliforme (basili'fɔrm) *adj.* bazillenförmig.
backer (ba'ke) *v/i.* [1a] rückwärts fahren.
back-hand (ba'kand) *m* [6d] *Tennis*: Rückhand *f*, Rückhandschlag *m.*
bâclage (bɑ'kla:ʒ) *m* **1.** F Pfuscherei *f*; **2.** Sperrung *f e-s Hafens*; Anlegen *n e-s Schiffes.*
bâcle ('bɑ:klə) *f* Holz-, Eisen-stück *n zum Verriegeln e-r Tür.*
bâc|ler (bɑ'kle) *v/t.* [1a] **1.** F eilig und schlecht erledigen, schnell zusammenpfuschen; **2.** anlegen *zum Ein- und Ausladen*; **3.** (mit e-r Kette) (ver)sperren *od.* verriegeln; verrammeln; absperren; **~leur** F (bɑ'klœ:r) *su.* [7g] Pfuscher *m.*
bacongo *géogr.* (bakɔ̃'go) *adj./m* : *districts m/pl.* ~*s* Gebiete *n/pl.* des unteren Kongos.
bactérie (bakte'ri) *f* Bakterie *f.*
bactério|logie (bakterijɔlɔ'ʒi) *f* Bakteriologie *f*; **~logique** ⚕ (~lɔ'ʒik) *adj.* bakteriologisch; **~logue, ~logiste** (~'lɔg, ~lɔ'ʒist) *m* Bakteriolog *m*, Bakterienforscher *m.*
bacul (ba'ky) *m* Hinterzeug *n am Pferde- usw. Geschirr.*
badaud (ba'do) [7] Gaffer *m*, einfältiger Mensch *m*; *faire le* ~ = **~er** (~'de) *v/i.* gaffen; **~erie** (bado'dri) *f* **1.** Gafferei *f*, Maulafferei *f*; **2.** einfältige Handlung *f od.* Rede *f*; einfältiger Charakter *m*; Einfältigkeit *f.*
badigeon (badi'ʒɔ̃) *m* **1.** (weiße) Tünche *f*, Putzmörtel *m*; **2.** Maurerpinsel *m*; **~nage** (~ʒɔ'na:ʒ) *m* **1.** ⊕ Verputz *m*; Anstreichen *n*, Anstrich *m*; **2.** ⚕ Bepinseln *n*; **~ner** (~ʒɔ'ne) *v/t.* [1a] **1.** mit Gipsmörtel *m* verputzen, *mit Wasserfarbe* anstreichen; übertünchen; **2.** ⚕ bepinseln; **~neur** (~ʒɔ'nœ:r) *m* (Ver-)Putzer *m*; Anstreicher *m.*
badin (ba'dɛ̃) **I** *adj.* [7] schäkernd, tändelnd; scherzhaft; **II** ✈ *m* Fahrtmesser *m*; **~age** (~di'na:ʒ) *m* Scherz *m*, Spaß *m*, Tändelei *f*; *trêve de* ~! Spaß beiseite!
badine (ba'din) *f* Spazierstöckchen *n*; Reitgerte *f.*
badi|ner (~di'ne) [1a] *v/i.* scherzen, tändeln, schäkern; *ne pas* ~ keinen Spaß verstehen; **~nerie** (~din'ri) *f* Spielerei *f*; Kinderei *f.*
badminton (badmin'tɔn) *m* Federballspiel *n.*
bafouer (ba'fwe) *v/t.* [1a] verhöhnen, verunglimpfen.
bafouil|lage (bafu'ja:ʒ) *m* Gestammel *n*; **~ler** (~'je) *v/i.* [1a] stammeln, sich verhaspeln; P *mot.* kotzen.
bâfre[1] * ('bɑ:frə) *f* Backpfeife *f*, Ohrfeige *f*, Maulschelle *f*; *coller une* ~ *à q.* j-m e-e Backpfeife verpassen.
bâfre[2], **bâfrée** P ('bɑ:frə, bɑ'fre) *f* Fressen *n*, Freßgelage *n.*
bâ|frer F (bɑ'fre) [1a] *v/t. u. v/i.* gierig (fr)essen; **~freur** F (~frœ:r) *su.* [7g] Vielfraß *m*, Freßsack *m.*
bagag|e (ba'ga:ʒ) *m* (*mst. pl.*) Gepäck *n*; *a.* ⚔ ~ *de route* Marschgepäck *n*; *petits* ~*s*, ~*s à main* Handgepäck *n*; *gros* ~*s* schweres Gepäck *n*; *billet m de* ~*s*, *bulletin m de* ~*s* Gepäckschein *m*; *bureau m de* ~*s* Gepäckaufbewahrung *f*; *faire enregistrer ses* ~*s* sein Gepäck aufgeben; *réclamer ses* ~*s* sein G. abholen; ~*s de l'armée*, *gros* ~ Troß *m*; *cheval m de* ~ Packpferd *n*; *avec armes et* ~*s* mit Sack und Pack; F *plier* ~ sein Bündel schnüren, fliehen; sterben; *fig.* ~ *de connaissances* Wissensschatz *m*; **~iste** (~'ʒist) *su.* Gepäckaufseher *m.*
bagarre (ba'ga:r) *f* Krawall *m*, Schlägerei *f*, Krach *m*, Skandal *m.*
bagarr|er (baga're) *v/rfl.*: *se* ~ sich raufen; *fig.* sich abmühen; **~eur** (~'rœ:r) *m* Schlägertyp *m.*
bagasse (ba'gas) *f* ausgepreßter Stengel *m* des Zuckerrohrs; Trester *pl.*
bagatelle (baga'tɛl) *f* Kleinigkeit *f*, Bagatelle *f*, Lappalie *f*; Liebschaft *f*; *ce n'est qu'une* ~ *pour lui* das ist für ihn nur ein Kinderspiel; *se livrer à des* ~*s* die Zeit vertrödeln.
bagnard *ehm.* (ba'ɲa:r) *m* Zuchthäusler *m.*
bagne (baɲ) *m* **1.** *ehm.* Zuchthaus *n*; **2.** F Strafkolonie.
bagnole P (ba'ɲɔl) *f* Karrete *f*, schlechter Wagen *m*, Klapperkasten *m*; *Auto péj.*: Karre *f.* Mühle *f*, Schlitten *m*; Wrack *n*,
bagoter * (bagɔ'te) *v/i.* [1a] (spazieren)gehen, kommen u. gehen; schwierige Dinge machen.
ba|gou, ~gout F (ba'gu) *m* gutes Mundwerk *n*, Redefluß *m*; *avoir*

du ~ ein tüchtiges (*od.* freches) Mundwerk haben.

bague (bag) *f* (Finger-)Ring *m*; ⊕ ~ *d'arrêt* Stellring *m*; ⊕ ~ *de tube* Rohrring *m*; ~ *de fiançailles* Verlobungsring *m*; *beim Ringspiel*: *courir la* ~ nach dem Ringe stechen.

baguenau|der (bagno'de) *v/i.* mit Albernheiten Zeit vertrödeln; sich herumtreiben, einherschlendern; **~dier** (~'dje) *m* **1.** ♀ Blasenstrauch *m*; **2.** Zeitverschwender *m*.

baguer (ba'ge) *v/t.* [1m] **1.** beringen (*Zugvögel*); **2.** heften, mit langen Stichen annähen.

baguette (ba'gɛt) *f* **1.** dünner Stab *m*, Gerte *f*, Rute *f*; Taktstock *m*; ~ *divinatoire*, ~ *de sourcier* Wünschelrute *f*; *ehm.* ~ *de fusil* Ladestock *m*; ~ *de fusée volante* Raketenstab *m*; ~ *de pain* Stangenbrot *n*; **~s** *pl. de tambour* Trommelstöcke *m/pl.*; *tout allait comme à la* ~ alles ging wie am Schnürchen; *mener q. à la* ~ j-n an der Kandare haben; *obéir à la* ~ auf e-n Wink gehorchen; ~ *magique* Zauberstab *m*; **2.** **~s** *pl.* Spießruten *pl.*; *passer par les* **~s** Spießruten laufen; **3.** △ (Profil-, Zier-) Leiste *f*; **4.** Malerstock *m*; **5.** Galon *m* (*Hose*).

baguier (ba'gje) *m* Ring-, Schmuckkästchen *n*.

bah (bɑ) *int.* pah!, ach was!, Unsinn!

bahut (ba'y) *m* **1.** a) Truhe *f*; b) Anrichte *f*; **2.** △ Mulde *f*; **3.** P *écol.* Penne *f*, Kasten *m*; *plais.* Mühle *f*, Kasten *m* (=*Auto*); **~-lit** (~'li) *m* [6a] Schrankbett *n*.

bai (bɛ) *adj. u. su.* braunrot; Brauner *m* (*Pferd*).

baie (bɛ) *f* **1.** Beere *f*; **2.** △ Tür-, Fenster-öffnung *f*; **3.** Bucht *f*, Bai *f*.

baigna|de (bɛ'ɲad) *f* Baden *n*; Badestelle *f*; **~ge** (bɛ'ɲa:ʒ) *m* Baden *n*; Wässern *n*; Wässerung *f*.

baign|er (bɛ'ɲe) [1b] **I** *v/t.* **1.** baden; *Pferd* in die Schwemme reiten; **2.** bespülen, vorbeifließen an (*dat.*); **3.** befeuchten; ~ *de larmes* mit Tränen benetzen; **II** *v/i.* (ein)getaucht sein; *le carrelage de la cuisine baigne dans l'eau* der Fliesenfußboden der Küche steht unter Wasser; *baigné dans son sang* in seinem Blute schwimmend; **III** *v/rfl.* **se~** (im Freien) baden (*Badeanstalt, Fluß, Meer*); *aller se* ~ baden gehen (fahren); *s'est-il baigné?* hat er gebadet?; **~eur** (bɛ'ɲœ:r) *su.* [7g] Badender; Badegast *m*; Zelluloidpuppe *f*; **~euse** (~'ɲø:z) *f* **1.** Badende *f*; **2.** Bademantel *m*; *Art* Haube *f*; **~oire** (bɛɲwa:r) *f* **1.** Badewanne *f*; **2.** Parkett-, Parterre-loge *f*; (*a. Karte hierfür*); **3.** ⚓ Laufsteg *m*.

bail (baj) *m* [5c] Mietvertrag *m*; Pacht *f*, Verpachtung *f*; ~ *à colonage partiaire* Halb-, Teil-pacht *f*; *prendre à* ~ pachten; *donner à* ~ verpachten; ~ *à ferme* Pachtvertrag *m*.

baille ⚓ (bɑ:j) *f* **1.** Balje *f*, Kufe *f*; **2.** * Meer *n*.

bailler (bɑ'je) *v/t.* [1a] **1.** ⚖ übergeben; ~ *à ferme* verpachten; ~ *par testament* vermachen; **2.** P *vous me la baillez belle od. bonne* Sie binden mir e-n schönen Bären auf; Sie nehmen mich aber ordentlich hoch; Sie wollen mir was weismachen.

bâiller (~) *v/i.* [1a] **1.** gähnen; **2.** klaffen; nicht gut schließen, halb offen stehen.

bailleresse † (baj'rɛs) *f*: ~ *de fonds* stille Gesellschafterin *f*.

bailleur † (ba'jœ:r) *su.* [7h] Verpächter *m*; ~ *de fonds* stiller Teilhaber.

bâilleur (bɑ'jœ:r) *su.* [7g] Gähner *m*, *fig.* Schlafmütze *f*.

bâillon (bɑ'jõ) *m* Knebel *m*.

bâillon|nement (bɑjɔn'mɑ̃) *m* Knebeln *n*; **~ner** (bɑjɔ'ne) *v/t.* [1a] knebeln; *fig.* mundtot machen.

bain (bɛ̃) *m* **1.** Bad *n*, Wannenbad *n*; Baden *n*; *prendre un* ~ sich (*in der Badewanne*) baden, ein Wannenbad nehmen; ~ *de mer* Seebad *n*; ~ *de pieds* Fußbad *n*; ~ *de siège* Sitzbad *n*; ~ *de vapeur*, ~ *turc* Dampfbad *n*; ~ *de boue* Moorbad *n*; ~ *à lames* Wellenbad *n*; ~ *d'air* Freibad *n* (*als Gebäude*); ~ *d'air* (*de mer, de soleil*) Luft- (Meer-, Sonnen-) bad *n*; *phot.* ~ *de fixage* Fixierbad *n*; *caleçon m* (*od. slip m*) *de* ~ Badehose *f*; *costume m de* ~ Badeanzug *m*; *saison f des* **~s** Badezeit *f*; *salle f de* **~s** Badezimmer *n*; *se mettre dans le* (*od. au*) ~ ins Bad steigen; *mettre q. dans le* ~ j-n (*in e-n Betrieb usw.*) einführen; *sortir du* ~ aus dem Bade steigen; *fig.* F *être dans le* ~ in der Patsche sitzen; * den Dreh kennen; **2.** (Bade-)Wanne *f*; **3.** Badestube *f*; **~s** *pl.* Badeanstalt *f*, Bad(eort *m*) *n*; **4.** Küpe *f*; ~ *de chaux* angemachter Kalk *m*.

bain-douche (bɛ̃'duʃ) *m* Brausebad *n*.
baïonnette ⚔ (bajɔ'nɛt) *f* Seitengewehr *n*, Bajonett *n*; *escrime f à la* ~ Bajonettfechten *n*; *croiser la* ~ das Bajonett fällen; *charger à la* ~ e-n Bajonettangriff machen; *la* ~ *au canon* mit aufgepflanztem Bajonett.
baise|main (bɛz'mɛ̃) *m* Handkuß *m*; **~ment** *rl.* (~'mɑ̃) *m* Küssen *n*.
bais|er (bɛ'ze) **I** [1b] **1.** küssen; *nur in Zusammensetzungen wie*: ~ *q. sur la bouche* (*sur le front*) j-n auf den Mund (auf die Stirn) küssen; ~ *la main, un crucifix usw.* die Hand, ein Kruzifix küssen; *sonst*: *embrasser*; **2.** V vögeln; **II** *m* Kuß *m*; *dérober un* ~ e-n Kuß rauben; **~oter** F (bɛzɔ'te) *v/t. u. v/rfl.* se ~ [1c] (sich) abküssen, abknutschen.
baisse ✝ (bɛ:s) *f* Fallen *n*, Sinken *n*; ✝ Baisse *f*; ~ *des prix* (*des tarifs*) Preis-(Zoll-)senkung *f*; ~ *de production* Produktionsrückgang *m*; ~ *de(s) salaires* Lohnsenkung *f*; ~ *des primes* Prämiensenkung *f*; ~ *de(s) traitements* (*od. appointements*) Gehaltssenkung *f*; *plais. les fonds sont en* ~ in meiner Kasse ist Ebbe; *fig. ses actions sont en* ~ s-e Aktien (*od.* Chancen) stehen schlecht; *être en* ~ *od. à la* ~ im Preise sinken; *jouer à la* ~ auf das Fallen der Kurse spekulieren; **~ment** (bɛs'mɑ̃) *m* Sinken *n*, Verminderung *f*; ~ *de tête* Senken *n* des Kopfes.
baisser (bɛ'se) [1b] **I** *v/t.* **1.** senken, nieder-, herunter-lassen; *fig.* ~ *l'oreille od.* ~ *pavillon* die Ohren hängen lassen, den Mut sinken lassen, kleinlaut werden; ⚓ ~ *le pavillon* die Flagge streichen; ~ *la tête* den Kopf neigen, sich ducken; *fig.* sich drücken; *tête baissée* kopfüber; blindlings; ~ *les yeux* die Augen niederschlagen; *Auto*: ~ *les phares* abblenden; **2.** niedriger machen, erniedrigen; *rad.* leiser stellen; ~ *un instrument* ein Instrument tiefer stimmen; ~ *le prix* den Preis herabsetzen; ~ *le ton* den Ton (*fig.* seine Forderungen) herabstimmen; gelindere Saiten aufziehen; **II** *v/i.* **3.** niedriger werden, fallen, sinken; *le baromètre a baissé* das Barometer ist gefallen; *le jour baisse* der Tag neigt sich; **4.** schwächer (*od.* schlechter) werden; nachlassen; **5.** ♪ heruntergehen (*Ton*); **III** *v/rfl.* se ~ sich bücken; sich senken.
bais|sier ✝ (bɛs'je) *su.* [7b] Baissespekulant *m*, Flaumacher *m*; **~sière** (bɛs'jɛ:r) *f* **1.** Neige *f*, Bodensatz *m* (*v. Wein*); **2.** ⛏ Senkloch *n*; **~soir** ⊕ (bɛ'swa:r) *m* Solbehälter *m*.
bajoue (ba'ʒu) *f* Backe *f* (*bsd. vom Schwein und Kalb*); Hängebacke *f* (*v. Menschen*).
bakélite (bake'lit) *f* Bakelit *n*.
bal (bal) *m* Ball *m*, Tanzgesellschaft *f*; *courir les* ~*s* viel auf Bälle gehen; ~ *champêtre* Ball im Freien; ~ *masqué od.* ~ *travesti* Maskenball *m*; ~ *paré* Ball im Galaanzug.
bala|de F (ba'lad) *f* Spaziergang *m*; Bummel *m*; *faire une* ~ e-n Bummel machen; **~der** F (bala'de) **I** *v/t.* herumführen; mit sich herumschleppen; **II** *v/rfl.* se ~ [1a] herumbummeln, spazierengehen; **~deur** F (~'dœ:r) *su.* [7g] Bummler *m*; **~deuse** (~'dø:z) *f* **1.** Karre *f* der Straßenhändler; **2.** Beiwagen *m od.* Anhänger *m der Straßenbahn*; **3.** ⚡ Ableuchtlampe *f*; **~din** (~'dɛ̃) *su.* [7] Possenreißer *m*; *péj.* Schmierenkomödiant *m*; **~dinage** (~di'na:ʒ) *m* schlechte Scherz *m*; Schwank *m*.
bala|fre (ba'lafrə) *f* Hiebwunde *f im Gesicht*; (Gesichts-)Narbe *f*, Schmiß *m*, Schmarre *f*; *fig.* Wunde *f*; **~frer** (~'fre): ~ *q.* j-m e-n Schmiß beibringen.
balai (ba'lɛ) *m* Besen *m*; *mot.* Bürste *f*; ~ *mécanique* Teppichkehrmaschine *f*; ~ *de W.C.* Klosettbürste *f*; ~ *de bouleau* Birken-, Reiser-besen *m*; *donner un coup de* ~ auskehren, ausfegen; *rôtir le* ~ ein liederliches Leben führen; *fig. coup m de* ~ allgemeine Entlassung *f*, allgemeiner Rausschmiß *m* P (*des Personals*); *fabricant m de* ~*s* Besenbinder *m*; *manche m à* ~ Besenstiel *m*; ✈ Steuerknüppel *m*; ~ *à laver* Schrubber *m*.
balance (ba'lɑ̃:s) *f* **1.** Waage *f*; Waagschale *f*; ~ *automatique* Schnellwaage *f*; ~ *à bascule* Brückenwaage *f*; ~ *pour nouveau-né*, ~ *à ressort* Federwaage *f*; ~ *à trébuchet* Goldwaage *f*; ~ *hydrostatique* Wasserwaage *f*; ~ *romaine* Laufgewichtswaage *f*; *emporter* (*od. faire pencher*) *la* ~ die Waagschale sinken machen; *fig.* den Ausschlag geben; *mettre dans* (*od. sur*) *la* ~

auf die Waagschale legen; *fig.* die Gründe und Gegenstände abwägen; *fig. tenir la ~ égale* unparteiisch sein; *mettre en ~* vergleichen; *entrer en ~* verglichen werden; **2.** *fig. ~ (des forces)* politisches Gleichgewicht *n*; **3.** *fig.* Schwebe *f*, Unentschlossenheit *f*; *être en ~* schwanken; **4.** ✝ (Konto-)Bilanz *f*; *~ brute, ~ estimative* Rohbilanz *f*; *~ de caisse* Kassenabschluß *m*; *~ d'entrée* Eröffnungsbilanz *f*; *~ de sortie, ~ de clôture* (Ab-)Schlußbilanz *f*; *~ commerciale, ~ du commerce* Handelsbilanz *f*; *~ d'un compte* Saldo *m*; *~ des écritures* Geschäftsbilanz *f*; *~ des paiements* Zahlungsbilanz *f*; *faire la ~* abrechnen.

balan|cé (balɑ̃'se) **I** *m* Schwebeschritt *m*; **II** *adj.* unentschlossen; P *bien ~* stattlich; **~celle** ⚓ (~'sɛl) *f* leichter Einmaster *m* (*Mittelmeer*); **~cement** (~s'mɑ̃) *m* **1.** Schwanken *n*, Wiegen *n*, Schaukeln *n*; *fig.* Unschlüssigkeit *f*; **2.** *peint.* Ebenmaß *n in der Verteilung*; **~cer** (~'se) [1k] **I** *v/t.* **1.** ins Gleichgewicht bringen; im Gleichgewichte erhalten; ✝ begleichen, abschließen; *~ un compte* die Bilanz ziehen; **2.** schaukeln, hin- und her bewegen; **3.** *fig.* ab-, erwägen, überlegen, prüfen; vergleichen; ausgleichen, aufwiegen; **4.** F auf Knall u. Fall entlassen; **II** *v/i.* schwanken; *fig.* ungewiß sein; **III** *v/rfl. se ~* sich hin und her neigen; sich wiegen, (sich) schaukeln; *fig.* sich das Gleichgewicht halten; P *envoyer q. se ~* j-n rausschmeißen; ✝ *se ~ par* abschließen mit *e-r Summe*; F *je m'en balance* es ist mir (völlig) piepe (*od.* egal); **~cier** (~'sje) *m* **1.** ⊕ Waagenmacher, -händler *m*; **2.** Balancierstange *f*; Abgleichbohle *f*; Waagebalken *m*; **3.** Pendel *m u. n*, Unruhe *f e-r Taschenuhr*; Pumpenschwengel *m*; **~çoire** (~'swa:r) *f* Schaukel *f*; Wippe *f*; *fig.* F *~s pl.* Gefasele *n*; P *envoyer q. à la ~* j-n rausschmeißen.

balay|age (balɛ'ja:ʒ) *m* **1.** Auskehren *n*, Fegen *n*; **2.** *télév.* Abtastung *f*; Überstreichen *n*; **3.** Kehrerlohn *m*; **~er** (~'je) *v/t.* [1l] **1.** auskehren, (aus-, weg-)fegen; *fig.* beseitigen; sich hinwegsetzen (über *acc.*); **2.** ⚔ bestreichen; **3.** *télév.* abtasten; überstreichen; *~ le ciel* den Himmel absuchen (*mit Scheinwerfern*); **4.** F *~ q.* j-n entlassen; **~ette** (~'jɛt) *f* Handfeger *m*; **~eur** (~'jœ:r) *su.* [7g] Straßenfeger *m*; **~euse** (~'jøz) *f* **1.** (Straßen-) Kehrmaschine *f*; **2.** Schleppkleid *n*; **~ures** (~'jy:r) *f/pl.* Kehricht *m*, Müll *m*.

balbu|tiant F (balby'sjɑ̃) *adj.* [7]: *être ~* noch in den Kinderschuhen (*od.* Anfängen) stecken; **~tie** ⚕ (~'si) *f* Stotterkrankheit *f*; **~tiement** (~si'mɑ̃) *m* Gestottere *n*; **~tier** (~'sje) *v/i. u. v/t.* [1a] **1.** stammeln, stottern, lallen; **2.** salbadern, verworren reden; **~tieur** (~'sjœ:r) *m* [7g] Stammler *m*.

balbuzard *orn.* (balby'za:r) *m* Seeadler *m*.

balcon (bal'kɔ̃) *m* **1.** Balkon *m*, unbedeckter Vorbau *m*; **2.** Loge *f im Theater*; **3.** ✈ Kanzel *f*.

baldaquin (balda'kɛ̃) *m* Thron-, Altar-, Bett-himmel *m*.

Bâle *géogr.* (bɑ:l) *f* (*Stadt*) Basel *n*.

balei|ne (ba'lɛn) *f* **1.** *zo.* Wal(fisch) *m*; *blanc m de ~* Walrat *m u. n*; *huile f de ~* Walfischtran *m*; **2.** Walfischbarte *f*; Fischbein *n*; **~neau** *zo.* (balɛ'no) *m* junger Wal *m*; **~nier** (~n'je) *m* Walfischboot *n*; Walfischfänger *m*; Fischbeinhändler *m*.

baleinoptère *icht.* (balɛnɔp'tɛ:r) *m* Finn-fisch *m*, -wal *m*; s. *rorqual*.

balèvre △ (ba'lɛ:vrə) *f* Vorsprung *m*.

balisage (bali'za:ʒ) *m* ⚓ Betonnung *f*, Baken-, Bojen-legen *n*; ✈ Bodenbeleuchtung *f*.

balise (ba'li:z) *f* **1.** ⚓ Bake *f*, Boje *f*; **2.** ✈ Bodenlicht *n*; **3.** *~ à triple bande* dreiteilige Bake *f* (*Verkehrszeichen*).

bali|sement (baliz'mɑ̃) *m* ⚓ Bojenlegen *n*; ✈ Bodenmarkierung *f* durch Scheinwerfer; **~ser** (~'ze) *v/t.* [1a] ⚓ betonnen, mit Baken bezeichnen; ✈ den Boden kennzeichnen, durch Scheinwerfer abgrenzen; **~seur** (~'zœ:r) *m* ⚓ Bakenmeister *m*; Bojenschiff *n*.

balistique (balis'tik) **I** *f* Ballistik *f*; **II** *adj.* ballistisch.

baliveau (bali'vo) *m* 🌱 Laßreis *n*; junger unbeschnittener Baum *m*; Schlaghüter *m*; △ Rüstbaum *m*.

balivern|e (bali'vɛrn) *f* (*mst. pl.*) Albernheit *f*, Quatsch *m*, kindischer Zeitvertreib *m*; **~er** (~'ne) *v/i.* [1a] Possen reißen, Quatsch machen.

balkan|ique (balka'nik) *adj.* balkanisch, Balkan...; **~isation** (~niza'sjɔ̃) *f bsd. pol.* Balkanisierung *f*;

~iser (~ni'ze) *v/t.* [1a] balkanisieren.
Balkans *géogr.* (bal'kɑ̃) *m/pl.*: **les ~** der Balkan *m/sg.*
ballade (ba'lad) *f* Ballade *f*; *fig. c'est le refrain de la ~* das ist die alte Leier.
ballant (ba'lɑ̃) **I** *adj.* schlenkernd; *les bras ~s* tatenlos; **II** *m* Schwingen *n*; *avoir du ~* hin- u. herschwingen.
ballast (ba'last) *m* ⊕, ⚓ Ballast *m*; (*Stein-*)Schotter *m*; Bettung *f*, Bahndamm *m*; *bét.* Zuschlagstoff *m*; **~age** (~'ta:ʒ) *m* Beschotterung *f*, Schüttpacklage *f*, Schüttung *f*; **~er** (~'te) *v/t.* [1a] beschottern; **~ière** (~'tjɛ:r) *f* Kies-, Sand-grube *f*.
balle (bal) *f* **1.** (*Spiel-*) Ball *m*; *Tennis*: *~ coupée* Schnittball *m*; *~ (passée) au ras du filet* Flachball *m*; *~ basse* Tiefaufschlag *m*; *jouer à la ~* Ball spielen; *jouer à la ~ au chasseur* Jagdball spielen; *Sport*: *placer une ~* ein Tor schießen; *se passer la ~* sich den Ball zuspielen; *fig. avoir la ~ belle* e-e günstige Gelegenheit haben; *saisir la ~ au bond* die Gelegenheit beim Schopfe ergreifen; *lancer la ~ à q.* j-m etw. zuschanzen; *rater sa ~* e-e günstige Gelegenheit verpassen; *c'est ma ~* laßt mich nur machen; **2.** Ballspiel *n*; **3.** Kugel *f*; *~ pointue (incendiaire)* Spitz-(Brand-)geschoß *n*; *~ de fusil* Gewehrkugel *f*; *chargé à ~* scharf geladen; *tirer à ~* scharf schießen; *~ conique* Spitzkugel *f*; *~ explosive* Sprengkugel *f*; *~ morte* Prellschuß *m*; *~ perdue* matte Kugel *f*; *~ à enveloppe d'acier* Stahlmantelgeschoß *n*; *~ perforante* Stahlkerngeschoß *n*; *~ d'essai* Probeschuß *m*; *~ lumineuse* Leuchtkugel *f*; **4.** † (*Waren-*)Ballen *m*; *porter la ~* Hausierer sein; **5.** *fig. rimeur de ~* Reimschmied *m*; **6.** Spreu *f*; **7.** P Frank(en) *m*; **8.** P Ballon(schädel *m*) *m*; *quelle drôle de ~* was für ein ulkiger Ballon!; **9.** *enfant m de la ~* Artistenkind *n*, das von klein auf mitarbeitet.
ballerine (bal'rin) *f* Ballerine *f*, Balletteuse *f*, Ballettänzerin *f*.
ballet (ba'lɛ) *m* Ballett *n*; *~ rose (od. bleu)* obszöne Party *f*.
ballon (ba'lɔ̃) *m* **1.** Fußball *m*, großer Ball *m*; **2.** (Luft-)Ballon *m*; *~ d'observation* Beobachtungsballon *m*; *~ libre, stratosphérique* Frei-, Stratosphären-ballon *m*; *ramener un ~ à terre* e-n Ballon einholen; *lancer un ~* e-n Ballon steigen lassen; *~ captif* Fesselballon *m*; *~ d'essai a. fig.* Versuchsballon *m*; *fig.* Fühler *m* auf die öffentliche Meinung; *~ sonde* selbsttätiger Registrierballon *m*; **3.** Glas *n* Bier ($^1/_4$ *l*); **4.** ⚗ Glaskolben *m*; **5.** *géogr.* 2 *d'Alsace* Elsäßer Belchen *m*.
ballon|nement (balɔn'mɑ̃) *m* Aufblähung *f*; **~ner** (~'ne) *v/t. u. v/rfl. se ~* [1a] (sich) mit Gas füllen, (sich) (auf)blähen; **~net** (~'nɛ) *m* kleiner Ballon *m*; Ballonett *n*, Gaszelle *f* e-s lenkbaren Luftschiffs; **~nier** (~'nje) *m* Ballon-macher *m*, -händler *m*.
ballot (ba'lo) *m* **1.** (kleiner) Ballen *m*; Güterballen *m*; *par ~s* ballenweise; **2.** F Blödling *m*, Dussel *m*.
ballot|tage (balɔ'ta:ʒ) *m* **1.** Kugelwahl *f*; **2.** Stichwahl *f*, engere Wahl *f*; **~tement** (balɔt'mɑ̃) *m* Hin- u. Her-schütteln *n*, -werfen *n*, -rollen *n*; **~ter** (balɔ'te) [1a] **I** *v/t.* **1.** hin und her schütteln; ⚓ *être ballotté (par les flots)* auf den Wellen hin- und her-geworfen werden *od.* treiben; **2.** *fig.* in e-r Stichwahl wählen; *~ deux candidats* zwischen zwei Kandidaten in e-r engeren Wahl entscheiden; **II** *v/i.* hin- u. her-schwanken, -laufen; sich bewegen; ruckeln, klappern (*Tür*).
ballottin (balɔ'tɛ̃) *m* Päckchen *n*.
bal(l)uchon F (baly'ʃɔ̃) *m* Bündel *n*; *faire son ~* sein Bündel schnüren.
bal-musette (balmy'zɛt) *m* [6b] Volksball *m*, einfaches Tanzlokal *n*.
balnéaire (balne'ɛ:r) *adj.*: *saison f ~* Badezeit *f*; *station f ~* Badeort *m*.
bâlois (ba'lwa) *adj.* [7] aus Basel.
balourd (ba'lur) **I** *adj.* schwerfällig, trottelig, schwer von Begriff, blöde, dumm, tölpelhaft; **II** *m* **1.** Trottel *m*, Blödling *m*, Dummkopf *m*, Tölpel *m*; **2.** ⊕, *Auto*: *~s m/pl.* Unwucht *f*, fehlende Balance (*bei sich drehenden Rädern usw.*); **~e** F (ba'lurd) *f* dumme Gans *f* F; **~ise** (~'di:z) *f* Trottelei *f*, Blödheit *f*, Dummheit *f*, Tölpelei *f*.
balte (balt) *adj.* baltisch; *pays m/pl. ~s* Baltikum *n*.
baltique (bal'tik) *adj.* baltisch, Ostsee...: *la (mer)* 2 die Ostsee.
balus|trade (balys'trad) *f* Geländer *n*; **~tre** (ba'lystrə) *m* ⚠ Docke *f*, Geländersäule *f*; ✗ Stechzirkel *m*;

~trer (balys'tre) *v/t.* [1a] umgittern.
bal|zan (bal'zã) *adj. u. su.* [7] (*cheval m*) ~ schwarzes (*od.* rotbraunes) Pferd *n* mit weißgefleckten Füßen; **~zane** (~'zan) *f* weißes Abzeichen *n* am Pferdefuß.
bambin F (bã'bɛ̃) *m* kleiner Junge *m*, Steppke *m* F; **~e** (bã'bin) *f* kleiner Krümel *m* (*a. für Mädchen*).
bambo|chade (bãbɔ'ʃad) *f* **1.** groteskes Gemälde *n*; **2.** F Ausschweifung *f*, toller Streich *m*; **~che** (bã'bɔʃ) *f* **1.** Bambusstock *m*; **2.** Gliederpuppe *f*; *fig.* häßliche Person *f*; **3.** Saufgelage *n*; ausschweifendes Leben *n*; **~cher** F (bãbɔ'ʃe) *v/i.* [1a] herumsumpfen F, ein liederliches Leben führen.
bambou (~'bu) *m* Bambusrohr *n*.
ban (bã) *m* **1.** (öffentliche) Verkündigung *f*, Bekanntmachung *f*; ~ *de vendange* Verkündigung *f* des Beginns der Weinlese; ~ *de mariage* Aufgebot *n* e-s Brautpaares; *proclamer* (*od. publier*) *les* ~*s* Verlobte aufbieten; **2.** Trommelwirbel *m*, Tusch *m*; *battre un* ~ austrommeln; *fig.* im Rhythmus klatschen; **3.** *hist.* Aufgebot *n*, Aufruf *m* zur Heeresfolge; Heerzwang *m*; *convoquer le* ~ *et l'arrière* ~ ein Massenaufgebot vornehmen; *fig.* den ganzen Troß zusammentrommeln; **4.** *hist.* Sprengel *m*, Bezirk *m*; Gerichtsbarkeit *f*; **5.** *hist.* Bann *m*, Verbannung *f*; Acht *f*.
banal (ba'nal) *adj.* (*m/pl. banals!*) banal, allgemein, gewöhnlich, abgedroschen, alltäglich; *amitié f* ~*e* Allerweltsfreundschaft *f*; *des compliments m/pl.* (*des propos m/pl.*) *banals* allgemeine Komplimente *n/pl.* (Worte *n/pl.*); *phrase f* ~*e* Gemeinplatz *m*, abgedroschene Redensart *f*; **~isation** (~liza'sjɔ̃) *f* **1.** 🚂 a) Verwendung *f* e-r betriebssicheren Lokomotive durch mehrere Arbeitstrupps; b) Pendelverkehr *m*; **2.** *fig.* Stellenabbau *m* im Arbeitskräfteplan; **~iser** (~li'ze) *v/t.* [1a] *fig.* etw. herunter-reißen, -machen; ~ *toute une région* e-e ganze Gegend verschandeln; **~ité** (~li'te) *f* Binsenweisheit *f*, Abgedroschenheit *f*, abgedroschenes Zeug *n*, Banalität *f*.
bana|ne (ba'nan) *f* ♆ Banane *f*; F ⚔ Auszeichnung *f*; ~*s pl.* F ⚔ Lametta *n/sg.*; **~nier** ♆ (bana'nje) *m* **1.** Bananenbaum *m*; **2.** ⚓ Bananenschiff *n*, -transporter *m*.
banc (bã) *m* **1.** Bank *f* (*zum Sitzen*); *petit* ~ Fußbank *f*; ⚖ ~ *des accusés* Anklagebank *f*; ~ *de la défense* Verteidigerbank *f*; ⚓ ~ *de quart* Wachtbank *f*; **2.** ⊕ Tisch *m*, Bank *f*; Gestell *n*; Bett *n* (*e-r Drehbank*); ~ *d'essai*, ~ *d'épreuve* Prüfstand *m*; ~ *en croix* Kreuzbett *n* (*e-s Fräswerks*); **3.** ⚓ Bank *f*, Untiefe *f*; ~ *de sable* Sandbank *f*; **4.** ~ *de harengs* Heringszug *m*; ~ *d'huîtres* Austernbank *f*; **5.** Lager *n*, Schicht *f*; ~ *de pierre* Steinschicht *f*; **6.** ~ *de glace* schwimmende Eismasse *f*.
bancal (bã'kal) **I** *adj.*, *pl.* ~*s*, *u. su.* krummbeinig; wacklig; Krummbein *n*, Krummbeiniger *m*; **II** *m* krummer Säbel *m*.
banche (bã:ʃ) *f* **1.** *géol.* Tonmergelschicht *f*; **2.** △ Schalwand *f*, Holzverschalung *f*. Stampfbohle *f*.
banco *Spiel* (bã'ko): *faire* ~ die Bank halten.
bancroche F (bã'krɔʃ) *adj. u. su.* krummbeinig; Krummbeiniger *m*.
banda|ge (bã'da:ʒ) *m* **1.** Verbinden *n*; **2.** Verband(szeug *n*) *m*, Binde *f*; ~ *de fortune* Notverband *m*; ~ *herniaire* Bruchband *n*; **3.** ⊕ (Fahrrad-, Auto-)Reifen *m*, Bereitung *f*; *Fahrrad*: Mantel *m*; ~ *plein* Vollgummibereifung *f*; **~giste** (bãda'ʒist) **I** *m* Bruchbandverfertiger *m*, -verkäufer *m*; **II** *adj.* *chirurgien m* ~ Brucharzt *m*.
bande (bã:d) *f* **1.** Binde *f*, Band *n*, Streif(en) *m*; *bill.* Bande *f* (*Umrandung der Billardtafel*); *Film*: Film-, Bild-streifen *m*; ⚔ ~ *de mitrailleuse* Patronengurt *m*; ~ (*hygiénique*) Damenbinde *f*; ~ *magnétophonique* Tonband(streifen *m*) *n*; ~ *molletière* Wickelgamasche *f*; ~ *télégraphique* Morsestreifen *m*; ~ *de terrain* Geländestreifen *m*; ~ *gazonnée* Grünstreifen *m*; ~ *médiane* Mittelstreifen *m* (*Straßenbau*); ~ *collante od.* ~ *à coller* Klebestreifen *m*; ✉ *sous* ~ unter Streif- (*a.* Kreuz-)band; **2.** ~ *de fer* eisernes Band *n*, eiserne Schiene *f*; ⊕ ~ *transbordeuse*, ~ *transporteuse* Gurtförderer *m*; Fließ-, Förder-band *n*, Bandförderer *m*; **3.** Rand *m*, Einfassung *f*; Leiste *f*; **4.** ⚓, ✈ (Schlag-)Seite *f*; *donner de la* ~ sich auf die Seite neigen, Schlagseite haben; **5.** a) Trupp *m*,

Schar *f*, ~ *de loups* Rudel *n* Wölfe; ~ *d'oiseaux* Zug *m* (*od.* Flug *m*) Vögel; b) *mv.p.* Bande *f*, Rotte *f*; ~ *de brigands* Räuberbande *f*; *faire* ~ *à part* sich absondern; **6.** ~*s pl. de Jupiter* Streifen *m/pl.* auf dem Jupiter; **7.** ~ *côtière* Küstenstreifen *m*; ~ *de forêt* Waldstreifen *m*.

bande-adresse (bɑ̃da'drɛs) *f* [6a] Adressenbanderole *f* (*für Zeitschriften*).

bandeau (bɑ̃'do) *m* [5b] **1.** Binde *f*, Stirnband *n*; *le* ~ *royal* das königliche Diadem *n*; **2.** Augenbinde *f*; *fig.* Schleier *m*; *avoir un* ~ *sur les yeux* ein Brett vorm Kopf haben P; *faire tomber le* ~ *des yeux de q.* j-m die Augen öffnen; **3.** ⚠ Bandgesims *n*; **4.** *coiffure f en* ~*x* gescheiteltes, in breiten, glatten Streifen seitlich anliegendes Haar *n*.

bandelette (bɑ̃'dlɛt) *f* **1.** kleine Binde *f*, Bändchen *n*; **2.** ~ (*agglutinative*) Streifchen *n* Heftpflaster; **3.** Mumienhülle *f*; **4.** *fer m de* ~ Bandeisen *n*; **5.** ⚠ kleine Leiste *f*.

bander (bɑ̃'de) [1a] **I** *v/t.* **1.** zu-, verbinden; **2.** *Bogen, Feder* spannen; *fig.* ~ *ses forces* s-e Kräfte anspannen; **3.** ~ *une balle* e-n Ball ins Garn schlagen; **4.** ▨ mit Streifen versehen; **5.** ⚠ ~ *une voûte* ein Gewölbe schließen; **6.** *cuis.* ~ *une tarte* e-e Torte berändern; **II** V *v/i.* geil sein *od.* werden; **III** *v/rfl.* *se* ~ sich ein Band umbinden; sich spannen.

bande|reau (bɑ̃'dro) *m* Trompetenschnur *f*; ~**role** (~'drɔl) *f* **1.** ⚓ Wimpel *m*; Fähnlein *n*; **2.** Spruchband *n*, Transparent *n*; **3.** Patronentaschenriemen *m*; Wehrgehenk *n*.

ban|dit (bɑ̃'di) *m* Bandit *m*, Straßenräuber *m*; Landstreicher *m*; ~**ditisme** (~di'tism) *m* Banditentum *n*.

bandoulière (bɑ̃dul'jɛ:r) *f* Schulterriemen *m*; *advt.* *en* ~ quer über Schulter und Brust.

banlieu|e (bɑ̃'ljø) *f* Vorortsgegend *f*, nähere Umgebung *f*; *ehm.* Bannmeile *f*; *localité f de la* ~ Vorort *m*; ~**sard** F (~'za:r) *m* Vorstädter *m*.

banne (ban) *f* **1.** großer Korb *m*; **2.** Kohlen-karren *m*, -wagen *m*; ⚒ Hund *m*; **3.** grobe Leinwand *f*; Plane *f auf e-m Wagen*; **4.** ⚓ Sonnen-, Schutz-zelt *n*.

banneau (ba'no) *m* **1.** Kübel *m*, Bütte *f*; **2.** (kleiner) Korb *m*; **3.** Karren *m*.

banner (ba'ne) *v/t.* [1a] mit e-r Plane bedecken.

banneton (ban'tɔ̃) *m* **1.** Fischkasten *m*; **2.** Teigkorb *m*.

bannière (ban'jɛ:r) *f* **1.** Banner *n*, Panier *n*; **2.** (Kirchen-)Fahne *f*; **3.** ⚓ Flagge *f*; **4.** P Hemd *n*.

bannir (ba'ni:r) [2a] **I** *v/t.* **1.** (ver-)bannen, des Landes verweisen, ächten; **2.** ausschließen, entfernen; ~ *un mot* ein Wort ausmerzen *od.* verpönen; **3.** *Furcht* vertreiben; **4.** *Getränk* meiden; **II** *v/rfl.* *se* ~ sich fernhalten.

bannissement (banis'mɑ̃) *m* Verbannung *f*, Landesverweisung *f*.

banque (bɑ̃:k) *f* **1.** *fin.*, ✝ Bank *f*, Wechsel-, Kredit-bank *f*; Bankhaus *n*, -geschäft *n*; ~ *d'affaires* Emissionsbank *f*; ~ *du commerce extérieur* Außenhandelsbank *f*; ~ *coopérative* Genossenschaftsbank *f*; ~ *de crédit* Kreditbank *f*; ~ *de dépôt et de virement* Girobank *f*; ~ *d'émission* Notenbank *f*; ~ *d'emprunt* Darlehnskasse *f*; ~ *d'escompte* Diskontobank *f*; ~ *foncière*, ~ *immobilière*, ~ *territoriale* Bodenkreditanstalt *f*; ~ *hypothécaire* Hypothekenbank *f*; ~ *nationale* Staats-, Nationalbank *f*; ♀ *de Reconstruction* Bank *f* für den Wiederaufbau; ♀ *des Règlements Internationaux* Bank *f* für internationalen Zahlungsausgleich; *billet m de* ~ Banknote *f*; *mouvements m/pl. de* ~ Bankverkehr *m*; **2.** *jour m de* ~ Löhnungstag *m*; **3.** (Spiel-)Bank *f*; *faire sauter la* ~ die Bank sprengen; **4.** *monter en* ~ marktschreierisch anpreisen; *faire la* ~ Bankgeschäfte treiben; **5.** ⚕ ~ *du sang* Blutbank *f*; **6.*** Zirkus-welt *f*, -kreise *m/pl.*

banquereau (bɑ̃'kro) *m* Sandbank *f*.

banquerou|te ✝ (bɑ̃'krut) *f* Bankrott *m*, Zahlungseinstellung *f*; Pleite *f* F; *faire* ~ Bankrott, Pleite machen F; bankrott gehen; *faire* ~ *à l'honneur* ehrlos handeln; ~**tier** (~'tje) *su.* [7b] bankrotter Kaufmann *m*; Bankrotteur *m*.

banquet (bɑ̃'kɛ) *m* Festessen *n*; Bankett *n*; *rl.* ~ *sacré od. eucharistique* Abendmahl *n*.

banque|ter (bɑ̃k'te) *v/i.* [1c] schmausen, schlemmen; ~**teur** (~'tœ:r) *m* Schmauser *m*, Zecher *m*.

banquette (bɑ̃'kɛt) *f* **1.** Bank *f* ohne Lehne; *Auto*: Sitz *m*; *Auto*: ~ *arrière* hintere Sitze *m/pl.*; *thé. jouer* *devant les* ~*s* vor leerem Hause spielen; **2.** erhöhter Seitenweg *m*; **3.** ⚠ Fensterbank *f*; **4.** 🚃, *tram.* Bank *f*; **5.** Schutzhecke *f*.

banquier (bã'kje) *su.* [7b] **1.** ✝ Bankier *m*; Bankinhaber(in *f*) *m*; **2.** *Spiel*: Bankhalter *m*.

banquise (bã'ki:z) *f* Eis-bank *f*, -feld *n*; *être bloqué dans* (*od. par*) *la* ~ im Packeis festsitzen.

baobab ⚘ (baɔ'bab) *m* Affenbrotbaum *m*.

baptême (ba'tɛ:m) *m* Taufe *f*; *fig.* ~ *du feu* Feuertaufe *f*; *nom m de* ~ Taufname *m*, Vorname *m*; *extrait m de* ~ Taufschein *m*.

baptis|er (bati'ze) *v/t.* [1a] taufen; *Schiff* taufen, einweihen; ~ *du vin* Wein mit Wasser verdünnen; ~ *q.* j-m e-n Spitznamen geben; **~mal** (~tis'mal) *adj.* [5c] zur Taufe gehörig; Tauf...; *eau f* ~*e* Taufwasser *n*; *fonts m/pl. baptismaux* Taufbecken *n*; **~taire** (~tis'tɛ:r) *adj. u. m* Tauf...; (*registre m*) ~ Tauf-buch *n*, -register *n*; *extrait m* ~ Taufschein *m*.

baptistère (batis'tɛ:r) *m* Taufkapelle *f*.

baquet (ba'kɛ) *m* Bottich *m*, Kübel *m*; Kanister *m*.

baque|tage (bak'ta:ʒ) *m* Wasserschöpfen *n*; **~ter** (~'te) *v/t.* [1c] ausschöpfen; **~tures** (~'ty:r) *f/pl.* Tropf-, Leck-wein *m*.

bar¹ *icht.* (ba:r) *m* Wolfsbarsch *m*, Barbe *f*.

bar² (~) *m* Bar *f*.

bar³ (~) Bar *n* (*Druckmaß*; *1b* = 10^6 *dyn/cm²*).

bara|gouin (bara'gwɛ̃) *m*, *a.* **~gouinage** (~gwi'na:ʒ) *m* Kauderwelsch *n*; unverständliche Sprechweise *f*; Gewäsch *n*; **~gouiner** (~gwi'ne) *v/i. u. v/t.* [1a] kauderwelsch reden, schlecht aussprechen; vor sich herstammeln.

baraque (ba'rak) *f* **1.** Baracke *f*, Feld-, Lager-hütte *f*; **2.** *fig.* Baracke *f*, schlechtgebautes Haus *n*, (*a. Jahrmarkts-*) Bude *f*.

baraquement (barak'mã) *m* **1.** Barackenbau *m*; **2.** Barackenlager *n*; **3.** Unterbringen *n* im Barackenlager; Barackenleben *n*.

baraquer (bara'ke) [1m] **I** *v/i.* **1.** in Baracken leben; **2.** sich zusammenkauern, niederhocken (*Kamele*); **II** *v/t.* in Baracken unterbringen.

baraterie ⚓ (bara'tri) *f* Unterschleif *m* (*des Kapitäns od. der Mannschaft*).

baratiner P (barati'ne) *v/t.* [1a] an der Nase herumführen, zum besten halten; *le Français est trop baratiné*; *il lui faut des actes* der Franzose ist zu sehr an der Nase herumgeführt worden; er verlangt, daß etw. getan wird.

barat|te (ba'rat) *f* Buttermaschine *f*; ~*-malaxeuse* Butterknetmaschine *f*; **~ter** (bara'te) *v/t.* [1a] buttern; *Margarine*: kirnen; **~teuse** ⊕ (~'tø:z) *f* Buttermaschine *f*.

barbacane (barba'kan) *f* **1.** *ehm. frt.* Schießscharte *f*; **2.** ⚠ Abzugsloch *n*, (Wasser-)Abflußloch *n*; **3.** ⚠ enges Kirchenfenster *n*.

barbant F (bar'bã) *adj.* langweilig, öde.

barbaque V, ⚔ (bar'bak) *f* (schlechtes) Fleisch *n*.

barbar|e (bar'ba:r) **I** *adj.* (□, ↖) **1.** barbarisch, unmenschlich, grausam; **2.** ungesittet, unwissend; **3.** *gr.* sprachwidrig; **4.** rauh klingend; **II** *m* Barbar *m*, Unmensch *m*, ungebildeter Mensch *m*; **~esque** *hist.* (~'rɛsk) *adj.* berberisch.

barba|rie (barba'ri) *f* **1.** Barbarei *f*, Grausamkeit *f*; unmenschliche Handlung *f*; **2.** *fig.* Roheit *f*; Unkultur *f*; ~ *de langage* Sprachwidrigkeit *f*; **3.** ♪ *orgue f de* ~ Leierkasten *m*, Drehorgel *f*; **~riser** (~ri'ze) *v/t.* [1a] roh machen, verrohen; **~risme** (~'rism) *m* Sprachwidrigkeit *f*.

barbe¹ (barb) *f* **1.** Bart *m*; ~ *à la Henri IV* Zwickelbart *m*; (~) *royale f* Bart *m* an der Unterlippe; (~ *de*) *bouc m* Bart *m* unter dem Kinn; *plat m à* ~ Rasierbecken *n*; *trousse f à* ~ Rasierzeug *n*; *ast.* ~ *d'une comète* Kometenbart *m*; *faire la* ~ rasieren; *faire faire sa* ~ *od. se faire faire la* ~ sich rasieren lassen; *laisser pousser sa* ~ sich den Bart wachsen lassen; *rire à la* ~ *de q.* j-m ins Gesicht lachen; F *rire dans sa* ~ sich ins Fäustchen lachen; F ~ *de sapeur* stattlicher Vollbart *m*; *fig. faire qch. à la* ~ *de q.* etw. vor j-s Nase tun; **2.** F *fig. vieille* ~ alter Trottel *m*; ~ *grise* alter Mann *m*; *jeune* ~ grüner Junge *m*; **3.** unsaubere Stelle *f*, Schimmel-, Stockfleck *m*; **4.** ⚘ Bart *m*, Haar *n auf Blättern und Blüten*; ~*s pl.* Grannen *f/pl.*; ~ *de la clef* Schlüsselbart *m*; **5.** P (*c'est*) *la* ~! mir (uns) reicht's!; verdammt nochmal! (*als Antwort auf unangenehme Nachricht*); ist das öde! (*od.* langweilig!).

barbe[2] (~) *adj. u. m (cheval m)* ~ Berberpferd *n.*
barbeau (bar'bo) **I** *m* **1.** *icht.* Barbe *f*; **2.** ⚘ Kornblume *f*; **II** *adj. inv. bleu* ~ kornblumenblau.
barbelé (barbə'le) *adj.* mit Widerhaken; *fil m de fer* ~ Stacheldraht *m*; *les* ~*s m/pl.* Drahtverhau *m.*
barber F (bar'be) **I** *v/t.* langweilen; ~ *q.* j-m auf die Nerven fallen; **II** *v/rfl. se* ~ sich langweilen.
barbet (bar'bɛ) *m* (*a. adj.*: *chien m* ~) Wasserspaniel *m*; ~**te** (bar'bɛt) *f* **1.** (*a. adj.*: *chienne f* ~) Pudelhündin *f*; **2.** Geschützbank *f*; *tirer à* ~ über die Brustwehr schießen.
barbi|che (bar'biʃ) *f* kleiner Kinnbart *m*; ~**chet**, ~**chon** (barbi'ʃɛ, ~'ʃɔ̃) *m* kleiner Pudel *m*; ~**chette** ('ʃɛt) *f* Kinnbärtchen *n.*
barbier (bar'bje) *m* Barbier *m.*
barbifier F (barbi'fje) *v/t.* [1a] barbieren, rasieren.
barbillon (barbi'jɔ̃) *m* **1.** *icht.* a) junge Barbe *f*; b) Bartfaden *m e-s Fisches*; **2.** Widerhäkchen *n.*
barbiturique *phm.* (~ty'rik) *m* Schlafmittel *n* mit Barbitursäure.
barbon *péj.* (bar'bɔ̃) *m* Graubart *m*, Hagestolz *m*, Eigenbrötler *m*; *fig. faire le* ~ altklug tun.
barbote *icht.* (bar'bɔt) *f* Aalquappe *f.*
barbo|tage (barbɔ'ta:ʒ) *m* Plätschern *n*; Kleietrank *m für Vieh*; P Stibitzen *n*, Klauen *n*; ~**tement** (~bɔt'mɑ̃) *m* Plätschern *n*; Gründeln *n* (*Ente*); ~**ter** (~bɔ'te) [1c] **I** *v/i.* **1.** plätschern; gründeln (*Ente*); **2.** im Schlamme waten; **II** *v/t.* **3.** undeutlich reden, faseln; P wegstibitzen, klauen; ~**teur** (~'tœ:r) *m* **1.** Hausente *f*; **2.** P Dieb *m*; ~**teuse** (~'tø:z) *f* **1.** Spielanzug *m*; **2.** Waschmaschine *f*; ~**tière** (~'tjɛ:r) *f* **1.** Entenpfuhl *m*; **2.** Tränkfaß *n*; ~**tine** (~'tin) *f* Töpferkitt *m.*
barbouil|lage (barbu'ja:ʒ) *m* **1.** Kleckserei *f*, Pinselei *f*, Sudelei *f*, Schmiererei *f*; **2.** *fig.* unverständliches Geschwätz *n*, Gefasel *n*; ~**ler** (~'je) [1a] **I** *v/t.* **1.** grob anstreichen; **2.** besudeln; **3.** F schlecht (aus-) sprechen *od.* erzählen (*a. abs.*); **4.** verpfuschen; hinschmieren, fehlerhaft schreiben; *j'en ai le cœur barbouillé* mir ist (*od.* wird) schlecht davon; **5.** bloßstellen, anschwärzen; **II** *v/rfl.* **6.** *se* ~ *de* sich beschmutzen mit; **7.** sich den Kopf vollpfropfen; **8.** sich verwirren (*in e-r Rede*); **9.** sich trüben (*Himmel*); ~**leur** (~'jœ:r) *su.* [7g] **1.** Anstreicher *m*; *iron.* Farben-, Tinten-kleckser *m*; Schreiberling *m*; F ~ *de rose* Optimist *m*; F ~ (*de papier*) schlechter Schriftsteller *m*; **2.** F *fig.* Schwätzer *m*; ~**lis** (~'ji) F *m* Geschmiere *n*; ~**lon** (~'jɔ̃) *su.* [7c] Pfuscher *m.*
barbouze P (bar'bu:z) *f* **1.** Bart *m*; **2.** ⚔ Kämpfer *m* gegen die O.A.S.
barbu (bar'by) **I** *adj.* **1.** bärtig; ~ *comme un sapeur* mit e-m stattlichen Vollbart; **II** *m* **2.** Bärtiger *m*; **3.** *orn.* Bartvogel *m.*
barbue *icht.* (bar'by) *f* Butte *f.*
barcarolle (barka'rɔl) *f* Barkarole *f*, Gondellied *n.*
barcasse ⚓ (bar'kas) *f* Barkasse *f.*
barcelonnette (barsəlɔ'nɛt) *f* Hängewiege *f (für Babys).*
bard ⚠ (ba:r) *m* Trage *f der Maurer*; ~**a** F (bar'da) *m* Kram *m*, *a.* ⚔ Gepäck *n*, Sachen *f/pl.*; ~**age** (bar'da:ʒ) *m* Tragen *n* auf e-r Bahre.
bardane ⚘ (bar'dan) *f* Klette *f.*
barde (bard) *m ehm.* Barde *m*; *allg.* Dichter *m*, Sänger *m.*
bardeau (bar'do) *m* **1.** ⚠ (Dach-) Schindel *f*; **2.** *zo.* kleiner Maulesel *m*; *fig.* Packesel *m.*
bardée (bar'de) *f* **1.** eine Trage *f* voll; **2.** Speckhülle *f eines Bratens.*
bardelle (bar'dɛl) *f* Reitkissen *n.*
barder (bar'de) **I** *v/t.* [1a] **1.** ⚠ auf e-e Trage laden; **2.** a) ⊕ bewehren, panzern; b) *hist. ein Pferd* mit e-m Schutzpanzer versehen; den Harnisch anlegen; **3.** mit Speck(scheiben) umwickeln; **II** *v/i.* P gefährlich werden; scharf hergehen; P *ça va* ~*!* nun wird's dicke!; *ça barde ici* hier ist dicke Luft (*Gefahr*; *Arbeit*); hier ist Hochdruck (*Arbeit*).
bardeur ⚠ (bar'dœ:r) *m* Steinträger *m.*
bardot (bar'do) *m* **1.** = *bardeau* 2; **2.** *fig.* Packesel *m*, Zielscheibe *f* des Spottes.
barège (ba'rɛ:ʒ) *m* leichter Wollstoff *m.*
barème (ba'rɛm) *m* **1.** Rechenbuch *n* mit fertigen Ergebnissen; *selon le* ~ nach Adam Riese; **2.** Tariftabelle *f*, Lohnskala *f*, Verrechnungsschlüssel *m*; ~ *de conversion* Umrechnungstabelle *f*; ~ *de l'impôt* Steuertabelle *f*; ~ *de répartition* Verteilungsschlüssel *m*; ✝ ~ (*d'intérêts*) Staffelauszug *m*; ~ *variable* gleitende Skala *f.*

barge (barʒ) *f* **1.** *orn.* Uferschnepfe *f*; **2.** Heuhaufen *m*; **3.** ⚓ Barke *f*.
barguette (bar'gɛt) *f* Fährboot *n*.
bargui|gnage (bargi'ɲa:ʒ) *m* Zaudern *n*; **~gner** (~'ɲe) *v/i.* [1a] zaudern, zögern, herumdrucksen F, unschlüssig sein; **~gneur** (~'ɲœ:r) *su.* [7g] Zaud(e)rer *m*, Knicker *m*.
baricaut (bari'ko) *m* Tönnchen *n*.
baril (ba'ri) *m* Faß *n*, kleine Tonne *f*; *mettre en ~* eintonnen; **~ier** (~ri'lje) *m* Böttcher *m*.
baril|lage (bari'ja:ʒ) *m* **1.** Anfertigung *f* von Fässern; **2.** Faßwerk *n*; **3.** Abziehen *n* auf Fässer; **~lerie** (~rij'ri) *f* Böttcherei *f*; **~let** (~ri'jɛ) *m* Fäßchen *n*; *anat.* Paukenhöhle *f*; Federgehäuse *n* (*in Uhren*); *revolver m à ~* Trommelrevolver *m*; **~leur** (~ri'jœ:r) *m* Böttcher *m*.
barillon (bari'jɔ̃) *m* Fäßchen *n*.
bario|lage (barjɔ'la:ʒ) *m* buntes Farbengemisch *n*; *fig.* geschmacklose Zs.-stellung *f*; **~lé** (~'le) *adj.* buntscheckig; **~ler** (~'le) *v/t.* [1a] bunt bemalen; *fig. ~ son style* geschmacklos schreiben; **~lure** (~'ly:r) *f* buntes Allerlei *n*.
barlon|g, **~gue** (bar'lɔ̃, ~'lɔ̃:g) *adj.* ⩘ ungleichmäßig viereckig; ungleich lang.
barlotière (barlɔ'tjɛ:r) *f* eiserne Quersprosse *f* (*Kirchenfenster*).
barmaid (bar'mɛd) *f* Bardame *f*.
barman (bar'man) *m* Barkeeper *m*.
barnache, **barnacle** *orn.* (bar'naʃ, ~'naklə) *f* Ringelgans *f*.
baromètre (barɔ'mɛ:trə) *m* Barometer *n u. m*, Wetterglas *n*.
baron (ba'rɔ̃) *m* Freiherr *m*, Baron *m*; **~ne** (ba'rɔn) *f* Baronin *f*.
baroque (ba'rɔk) **I** *adj.* barock; wunderlich, eigenartig, sonderbar; **II** *m* Barock *n*; *~ tardif* Spätbarock *n*.
baroud P (ba'ru) *m* Rauferei *f*, Streit *m*, Krach *m*, Auseinandersetzung *f*; ⚔ Kampf *m*; **~eur** P (~'dœ:r) *m* Raufbold *m*.
barouf|e P (ba'ruf) *m*, **~le** P (ba'ruflə) *m* Höllenlärm *m*, Klamauk *m*.
bar|que (bark) *f* Kahn *m*; *mener* (*od. conduire*) *la ~* das Ruder führen; *fig.* die Sache leiten; die Hosen anhaben (*v. e-r Frau*); *poét. ~ de* (*od.* P *à*) *Caron* Charons (stygischer) Nachen *m*; *fig. passer dans la ~* (*de Caron*) *od. dans la ~ fatale* sterben; **~quée** (bar'ke) *f* Ladung *f* e-r Barke; **~querolle** (~kə'rɔl) *f* Lagunenboot *n*; **~quette** (~'kɛt) *f* **1.** ⚓ kleine Barke *f*; **2.** *pât.* kleines Gebäck *n* in Gestalt eines Schiffchens.
barrage (ba'ra:ʒ) *m* **1.** Staudamm *m*, Wehr *n*, Talsperre *f*; *~-voûte* ⊕ Bogengewichtsstaumauer *f*; **2.** Straßensperrung *f*; **3.** *hist.* Brükken-, Wege-geld *n*; **4.** *fort(in) m de ~* Sperrfort *n*; *tir m de ~* ⚔ Sperrfeuer *n*; *~ aérien* ⚔ Luftsperre *f*; *~ de feu*, *~ d'artillerie* Feuervorhang *m*; ⚔ *~s pl. des radars d'interception* Radarzaun *m*; *~ roulant* Feuerwalze *f*.
barre (bɑ:r) *f* **1.** Stange *f*, Stab *m*; ⊕ Sperrstange *f*; ✈ Kufe e-s Landflugzeugs; ⚡, 🚂 *~ de traction* Leitschiene *f*; *~ de direction* Lenkstange *f*, Führungsstange *f*; *Auto*: *~ de jonction* Verbindungsstange *f*; *~ de chocolat* Schokoladen-stange *f*, -rippe *f*; Riegel *m* Schokolade; *at. ~ de contrôle* (*od. réglage*) Kontrollstab *m ~ d'uranium* Uranstab *m*; **2.** (Metall-)Barren *m*; ⚡ Schiene *f*; ⚡ *~ omnibus*, *~ collectrice* Sammelschiene *f*; **3.** Balken *m*, Querholz *n*, Querstange *f*; Schlagbaum *m*; *~ de rideau* Gardinenstange *f*; *~ fixe od. ~ horizontale* Reck *n*; *gym. ~s parallèles* Barren *m/sg.*; *~ d'écurie* Stallbaum *m*; *~ d'appui* ⚠ Stützgeländer *n*, Brustlehne *f*; ♪ Baßbalken *m*; *~s pl.* Schlittenkufen *f/pl.*; **4.** Federstrich *m*; *tirer la ~* den Schlußstrich ziehen; **5.** ♪ *~ (de mesure)* Taktstrich *m*; *~s pl. de répétition* Wiederholungsstriche *m/pl.*; **6.** ⚓ a) *~ (du gouvernail)* Ruder *n*; b) *~ d'eau* Barre *f*; Sandbank *f* (*an Flußmündungen*); **7.** ⚖ Schranke(n *pl.*) *f* des Gerichtshofes; *citer à la ~* vor Gericht laden; **8.** *Sport*: *jeu m de ~s* Barlaut *m*; *jouer aux ~s* Barlauf spielen; *soulever la ~ (à boulets)* die Hantel stemmen; *toucher ~s* das Mal erreichen; *fig. avoir ~ sur q.* j-m etw. voraushaben.
barreau (ba'ro) *m* [5b] **1.** Stange *f*, Querstab *m*; Gitterstange *f*; *~x pl. de fenêtre* Fenstergitter *n*; **2.** ⚖ Anwaltsstand *m*, Advokatur *f*; *fréquenter le ~* viel mit Rechtsanwälten umgehen; *quitter le ~* den Anwaltsberuf aufgeben.
barrer (ba're) [1a] **I** *v/t.* **1.** ver-, zu-schließen, verriegeln, vergittern; **2.** (ver)sperren; absperren; abdämmen; *~ le chemin à q.* j-m

den Weg versperren; *fig.* j-s Absichten durchkreuzen; *route f* (*od. rue f*) *barrée* gesperrte Straße; gesperrt!; **3.** ausstreichen; mit Querstrichen versehen; **4.** *barré adj.* versperrt, verriegelt; ✝ *chèque barré* gekreuzter Scheck *m*; **II** *v/rfl.* se ~ P türmen, sich aus dem Staube machen.

barrette (ba'rɛt) *f* **1.** Barett *n*; ~ (*rouge*) Kardinalshut *m*; **2.** Halter *m der Uhrkette*; **3.** ~ de (*od.* *à*) *cheveux* Haarspange *f*; **4.** ⚒ Bergmannskappe *f*; **5.** ⊕ Stab *m*; *transporteur m à* ~*s* Holzgurtförderer *m*.

barreur ⚓ (ba'rœ:r) *m* Steuermann *m*.

barrica|de (bari'kad) *f* Straßensperrung *f*, Barrikade *f*, Verhau *m*; **~der** (~ka'de) [1a] **I** *v/t.* durch Barrikaden verrammeln, versperren, verbarrikadieren; **II** *v/rfl.* se ~ sich verbarrikadieren; F *fig.* sich unzugänglich machen.

barrière (bar'jɛ:r) *f* **1.** Schlagbaum *m*; 🚋 Schranke *f*; Schutzgatter *n*; ~ *antidérapage* Leitplanke *f* (*Autostraße*); ~ *douanière* Zollschranke *f*; ~ *mitoyenne* Grenzzaun *m*; **2.** *pl.* ~*s* Schranken *f/pl.*; Turnierplatz *m*; *fig.* Hindernis *n*; Grenze *f*; ~*s commerciales* Handelsschranken *f/pl.*; **3.** *ehm.* Eingangstor *n e-r Stadt, bsd. von Paris*; **4.** *hist.* Akzise *f*, Maut *f*.

barrique (ba'rik) *f* Faß *n*, Stückfaß *n*; Vierteltonne *f*.

barrir (ba'ri:r) *v/i.* [2a] *Elephant, Rhinozeros*: trompeten.

barrot (ba'ro) *m* kleines Fäßchen *n*.

barroter (barɔ'te) *v/t.* [1a] vollstauen.

bartonien *géol.* (bartɔ'njɛ̃) *adj.* [7c]: *étage m* ~ bartonische Stufe *f*.

baryt|e ⚗ (ba'rit) *f* Bariumoxyd *n*; **~é** ⚗ (~'te) *adj.*: *bouillie f* ~*e* Bariumbrei *m*.

baryton (bari'tɔ̃) *m* **1.** Bariton *m*; **2.** Baritonist *m*.

bas (bɑ) [7c] **I** *adj.* □ **1.** niedrig, nieder, klein; *marée* ~*se* Ebbe *f*; *pièce f* ~*se de plafond* niedriges Zimmer *n*; ⚡ ~*se fréquence* Niederfrequenz *f*; **2.** tiefer gelegen; *un* ~ *Breton* ein Niederbretone *m*; *chaussures f/pl.* ~*ses* Halbschuhe *m/pl.*; *le* ~ *Danube* die untere Donau; *poét.* *ce* ~ *monde* diese Welt hienieden; *pays* ~ Tiefland *n*; ~*ses terres* Niederungen *f/pl*; *géogr. les Pays-*⁀ *m/pl.* die Niederlande *n/pl.*; **3.** abwärts geneigt, gesenkt; *fig. faire main* ~*se sur qch.* etw. stehlen; F *fig. avoir l'oreille* ~*se* die Ohren hängen lassen, kleinlaut sein; *le jour est* ~ der Tag neigt sich; *le temps est* ~ das Wetter ist trübe; **4.** untergeordnet, niedrig; gering im Gehalt; *à* ~ *prix* zu niedrigem Preise, billig; ~*ses cartes* niedrige Karten; *pol. chambre f* ~*se* Unterhaus *n*; ~*ses classes* untere (*od.* niedere) Stände *m/pl.*; **5.** niedrig, gemein, schäbig, niederträchtig; *homme* ~ *et servile* niedrig denkender und knechtischer Mensch; *être de* ~ *étage* niedrig geboren *od.* minderwertig sein (*z.B. a. Literatur*); *sentiments* ~ niedere (*od.* schäbige) Gesinnung *f*; *terme* ~ Ausdruck *m* der niedrigen Sprache; *au* ~ *mot* mindestens (*v. Preisen*); gelinde gesagt (*od.* ausgedrückt); **6.** *avoir la vue* ~*se* kurzsichtig sein; **7.** tief (*Ton*); leise (*Stimme*); *à voix* ~*se* leise, halblaut; *parler* ~ leise sprechen; *fig. parler d'un ton plus* ~ gelindere Seiten aufziehen; **8.** jugendlich, früh; *en* ~ *âge* in zartem Alter; *la* ~*se latinité* die Zeit *f* des späten Vulgärlateins (*etwa 6. — 8. Jh.*); **II** *adv.* **9.** niedrig, unten; *plus* ~ weiter unten; ⚓ *couler* ~ zugrunde gehen, versinken; *il est bien* ~ er ist sehr heruntergekommen; *mettre* ~ Junge bekommen, werfen, ferkeln, kalben; *mettre* ~ *les armes* die Waffen strecken; *mettre pavillon* ~ die Flagge streichen; *fig.* nachgeben; *chapeau m* ~ mit dem Hute in der Hand; *chapeau* ~! Hut ab!; ~ *les pattes!* Hände weg!; **à ~ de** her-, hin-unter von; *sauter à* ~ (*od. en* ~) *de son lit* aus s-m Bett springen; *à* ~ *les députés!* nieder mit den Abgeordneten!; *en* ~ hinunter, unten; *d'en* ~ von unten; *de haut en* ~ von oben bis unten; *fig. traiter q. de haut en* ~ j-n hochmütig behandeln; *ici-bas* in dieser Welt, auf dieser Erde; *là-*~ dort unten(hin); da draußen, dort; *hé là-*~! Sie da, aufgepaßt!; **III** *m* **10.** *das* Untere, Unterteil *n*, unteres Ende *n*; *au* ~ (*de la présente*) untenstehend (*im Brief*); **11.** *fig.* das Niedrige, Gemeine; **12.** langer Strumpf *m*; ~ *de sport* Sport-, Knie-strumpf *m*; ~ *araignée* Florstrumpf; ~ *de* (*od. en*) *caoutchouc*,

~ *à varices* Gummistrumpf *m*; *mettre* (*ôter*) *ses* ~ die Strümpfe an- (aus-)ziehen; ~ *de soie* seidener Strumpf *m*; ~*-nylon*, ~ *de nylon* Nylonstrumpf *m*.
basalte *géol.* (ba'zalt) *m* Basalt *m*.
basane ⊕ (ba'zan) *f* Schafleder *n*; *reliure f en* ~ (*reliure dos et coin* ~ Halb-)Franzband *m*.
basa|né (baza'ne) *adj.* braungebrannt, sonnengebräunt; **~ner** (~) **I** *v/t.* [1a] *von der Sonne*: bräunen; **II** *v/rfl.* se ~ von der Sonne braun werden; **~nier** (~'nje) *su.* [7b] Schaflederhändler *m*.
bas-bleu F *péj.* (ba'blø) *m* [6g] Blaustrumpf *m*.
bascologue (baskɔ'lɔg) *m* Baskologe *m*.
bas-côté (bako'te) *m* **1.** Seitenschiff *n e-r Kirche*; **2.** ~ (*d'une route*) Straßenrand *m*.
bascu|laire (basky'lɛ:r) *adj.* schaukelnd; **~lant** (~'lɑ̃) *adj.* [7] kippend, kippbar; ⊕ *tambour m* ~ Kipptrog *m*; **~lateur** (~la'tœ:r) *m* ⊕ Kippvorrichtung *f*; *Auto, Waggon*: Kipper *m*; **~le** (bas'kyl) *f* **1.** Schaukel(-brett *n*) *f*; *chaise f à* ~ Schaukelstuhl *m*; *cheval m à* ~ Schaukelpferd *n*; *faire la* ~ umkippen, überschlagen; *jouer à la* ~ sich schaukeln; **2.** Schlag- *od.* Hebe-balken *m* (*e-r Ziehbrücke*); **3.** ~ *de puits* (Pumpen-)Schwengel *m*; **4.** Brücken-, Hebel-waage *f*; ~ *romaine* Zentesimalwaage *f*; **5.** Auslösung *f in Uhren*; **~ler** (~'le) **I** *v/i.* [1a] schaukeln, wippen, auf der Kippe stehen; ~ *dans le fossé* in den Graben kippen (*Auto*); **II** *v/t.* umkippen; **~leur** (~'lœ:r) *m* ⚡ Wippe *f*; ⊕ Kipper *m*.
bas-dessus ♪ (bad'sy) *m* zweiter Sopran *m*, Diskant *m*.
base (ba:z) *f* **1.** Basis *f*; a) Grund *m*, Grund-lage *f*, -bestandteil *m*; *fig.* Grundsatz *m*; Hauptstütze *f*; *langue f de* ~ Kern-, Grund-, Elementar-sprache *f*; ~ *d'entente* Verständigungsgrundlage *f*; b) ♣ Fruchtboden *m*; c) ⅍ Grund-linie *f*, -fläche *f*, -zahl *f*; **2.** ♪ Grundton *m*; **3.** ⚗ Base *f*; **4.** ⚔ Stützpunkt *m*; ~ *aéronavale* ✈ Seeflughafen *m*; ~ *maritime*, ~ *navale* Flottenstützpunkt *m*; ✈ ~ *expérimentale* Versuchsstützpunkt *m*; ~ *aérienne* Luftstützpunkt *m*; ~ *atomique* Atomstützpunkt *m*; ~ *de lancement* (*de fusées* Raketen-)Abschußbasis *f*; **5.** ~ (*dite*) *du dollar* Dollarbasis *f*; ~ *de l'or* Goldbasis *f*.
base-ball *Sport*: (bez'bo:l) *m* Baseball *m*.
baser (ba'ze) *v/t.* [1a] **1.** gründen, stützen (*sur* auf *acc.*); **2.** *abus.* se ~ *sur* sich stützen auf, basieren auf (*besser*: *se fonder sur, s'appuyer sur, tabler sur, prendre pour base*).
base-vie (baz'vi) *f* [6b] Lebensbasis *f* (*v. Städten in unbewohnten Gegenden*).
bas-fond (ba'fɔ̃) *m* **1.** Niederung *f*; **2.** ⚓ Untiefe *f*; **3.** *fig. les* ~*s de la société* die untersten Schichten der Gesellschaft; Hefe *f* des Volkes, die Unterwelt *f*.
basi|lic (bazi'lik) *m* **1.** ♣ Basilienkraut *n*, Königskraut *n*; **2.** *zo.* Basilisk *m*, Königseidechse *f*; *fig. yeux m/pl. de* ~ haßerfüllter Blick *m*; **~lique** (~) *f* **1.** *anat.* Haupt-, Königsader *f* am Arm; **2.** △ Basilika *f*.
basin (ba'zɛ̃) *m* Barchent *m*.
basket-ball *Sport* (baskɛt'bo:l) *m* Korbballspiel *n*, Basketball *m*.
basketteur *Sport* (baskɛ'tœ:r) *m* [7g] Basketballspieler *m*.
bas-latin (bala'tɛ̃) *adj.* spätvulgärlateinisch (s. *bas* I, 8).
baso|che *hist.* (ba'zɔʃ) *f* Basoche *f*; Gesamtheit *f* der Gerichtsleute; **~chien** *hist.* (bazɔ'ʃjɛ̃) [7c] *su.* Mitglied *n* der Basoche.
basquais (bas'kɛ) *adj. u.* ♀ *su.* baskisch; Baske *m*.
basque (bask) **I** *adj.* baskisch; **II** ♀ *su.* Baske *m*; *tambour m de* ♀ Schellentrommel *f*, Tamburin *n*; **III** *le* ~ die baskische Sprache; **IV** ~*s f/pl.* (Rock- *usw.*)Schoß *m*; *il est pendu à mes* ~*s* er hängt sich völlig an mich, er weicht mir nicht von der Pelle F.
bas-relief (barə'ljɛf) *m* Relief *n*, flacherhabene (Bildhauer-)Arbeit *f*.
basse (ba:s) *f* **1.** ♪ Baß *m*; ~ *continue* Generalbaß *m*; ~ *fondamentale* Grundbaß *m*; Baßstimme *f*; Baßgeige *f*, Bratsche *f*; Baßsaite *f*; Bassist *m*, Baßsänger *m*; **2.** ⚓ Untiefe *f*, Sandbank *f*.
basse|-contre (bas'kɔ̃:trə) *f* [6b] tiefer Baß *m*, Kontrabaß *m*, Kontrabassist *m*; **~-cour** (~'ku:r) *f* [6a] Hühner-, Vieh-hof *m*; Stall-, Wirtschafts-hof *m*; **~-courier** (~ku'rje) *su.* [7b *u.* 6g] Stallknecht *m*; Stallmagd *f*; **~-fosse** (~'fo:s) *f* [6a]

Burgverließ *n*, tiefes Gefängnis *n*; **~-marée** (~ma're) *f* Ebbe *f*.
bassement (bɑs'mɑ̃) *adv. zu bas* niedrig, gemein, niederträchtig.
basses-eaux (bɑs'zo) *f/pl.* Ebbe *f*, niedriger Wasserstand *m*.
bassesse (bɑ'sɛs) *f* **1.** Niedrigkeit *f*; **2.** Niederträchtigkeit *f*, niedrige Handlung *f*.
basset (ba'sɛ) **I** *adj.* [7c] kurzbeinig; **II** *m* Dackel *m*, Teckel *m*.
basse|-taille (bɑs'tɑ:j) *f* [6a] ♪ tiefer Tenor *m*, erster Baß *m*, Baßbaritonstimme *f*; **~tube** ♪ (~'tyb) *f* [6a] Bassetthorn *n*; **~-voile** (~'vwal) *f* [6a] Untersegel *n*.
bassin (ba'sɛ̃) **I** *m* **1.** Becken *n*, Schüssel *f*, Schale *f*; ~ *à barbe* Rasierbecken *n*; **2.** ⚕ ~ *(de selle)* Stechbecken *n*; **3.** ~ *(de balance)* Waagschale *f*; **4.** Wasserbecken *n*; *géol.* Becken *n*; ~ *parisien* Pariser Becken *n*; ~ *de la Loire* Stromgebiet *n* der Loire; ~ *de barrage*, ~ *de retenue* Stau-becken *n*, -see *m*; ⚒ ~ *houiller* Kohlenbecken *n*; *bét.* ~ *de dépôt* Schlammfang *m*, Klärbecken *n*; **5.** ⚓ Binnenhafen *m*; ~ *(de construction)* Dock *n*; ~ *flottant* Wasserflugzeugdock *n*; ⚓ *mettre en* ~ docken; ~ *à flot* Schwimmdock *n*; ~ *de radoub*, ~ *à sec* Trockendock *n*; **6.** *anat.* Becken *n*; **II** F *adj./inv.* langweilig.
bassinant F (basi'nɑ̃) *adj.* [7] langweilig.
bassine (ba'sin) *f* ⚗ Abdampfschale *f*; Blechwanne *f* (*a. für den Haushalt*); *chir.* kleines metallisches Becken *n*.
bassi|née (basi'ne) *f ein* Becken *n* voll; **~ner** (~) [1a] **I** *v/t.* **1.** (das Bett) mit der Wärmflasche erwärmen; **2.** ⚕ bähen; anfeuchten; ~ *une plaie* feuchte Umschläge auf e-e Wunde legen; **3.** *Pflanzen* angießen; **4.** F langweilen; **II** *v/rfl.* **5.** *se* ~ *les yeux* sich die Augen auswaschen; **~net** (~'nɛ) *m* **1.** Schälchen *n*; F *cracher au* ~ Geld herausrücken; **2.** *anat.* ~ *(du rein)* Nierenbecken *n*; **3.** *hist.* ⚔ Zündpfanne *f*; **4.** *hist.* ⚔ Sturmhaube *f*; Pickelhaube *f*; **~noire** (~'nwa:r) *f* **1.** kupferne Zierschale *f* (*zum Aufhängen an die Wand*); **2.** langweilige Person *f*.
bassiste ♪ (ba'sist) *m* Bassist *m*.
basson ♪ (bɑ'sɔ̃) *m* **1.** Fagott *n*; **2.** *a.* **~iste** (basɔ'nist) *m* Fagottist *m*.
baste (bast) *int.* genug!; hör' bloß auf!
bastide (bas'tid) *f* Landhäuschen *n* (*in Südfrankreich*).
bastille *hist.* (bas'tij) *f* Zwingburg *f*; *la* ♀ die Bastille *f*.
bastingage ⚓ (bastɛ̃'ga:ʒ) *m* Reling *f*, (Schiffs-)Verschanzung *f*.
bastion (bast'jɔ̃) *m* Bollwerk *n*, Bastion *f*; **~ner** (bastjɔ'ne) *v/t.* [1aj] mit Bastionen versehen.
bastonnade (bastɔ'nad) *f* Stockschläge *m/pl.* Prügelstrafe *f*.
bastringue P (bas'trɛ̃:g) *m* einfaches Tanzlokal *n*; Radaumusik *f*; Spektakel *m*.
bas-ventre (bɑ'vɑ̃:trə) *m* Unterleib *m*.
bât (bɑ) *m* Packsattel *m*; *cheval m de* ~ Packpferd *n*; *fig.* Packesel *m*; *il sait où le* ~ *le blesse* er weiß, wo ihn der Schuh drückt.
bataclan F (bata'klɑ̃) *m* **Kram** *m*, Trödel *m*, Plunder *m*.
batail|le (ba'tɑ:j) *f* **1.** Schlacht *f*; *fig.* Streit *m*; Wortgefecht *n*; ~ *navale* Seeschlacht *f*; ~ *électorale* Wahlschlacht *f*; ~ *du travail, de la production* Arbeits-, Erzeugungsschlacht *f*; ⚔ ~ *offensive, défensive, décisive* Angriffs-, Verteidigungs-, Entscheidungs-schlacht *f*; ~ *de rupture, d'usure* Durchbruchs-, Dauerschlacht *f*; *livrer* ~ e-e Schlacht liefern; *champ m de* ~ Schlachtfeld *n*; *les* ~*s de la vie* der Kampf ums Dasein; **2.** *(ordre m de)* ~ Schlachtordnung *f*; *se ranger en* ~ sich in Schlachtordnung aufstellen; **3.** ~ *de fleurs* Blumenkorso *m*; **~ler** (batɑ'je) *v/i.* [1a] kämpfen; *fig.* sich streiten, sich herumzanken; ~ *pour la liberté de parole* für die Redefreiheit kämpfen; **~leur** (~'jœ:r) [7g] **I** *adj.* zank-, streitsüchtig; kampflustig; **II** *su.* Zänker *m*. Streithammel *m* F; **~lon** (~'jɔ̃) *m* Bataillon *n*, Schar *f*, Abteilung *f*; *chef m de* ~ Bataillonskommandeur *m*; ~*s pl. d'Afrique* afrikanische Strafkompagnien *f/pl.*; ~ *d'instruction* Lehrbataillon *n*.
bâtard (bɑ'ta:r) **I** *adj.* [7] **1.** un-, außer-ehelich; Bastard...; **2.** unecht; After...; Zwitter...; falsch; **II** *m* uneheliches Kind *n*.
batardeau *hydr.* (batar'do) *m* Abdämmung *f*, Kasten(fang)-, Fang-, Koffer-damm *m*, Notdeich *m*.
bateau (ba'to) *m* [5b] **1.** (Fluß-) Schiff *n*, großes Boot *n*, Kahn *m*;

~ *à vapeur* Dampfschiff *n*; ~ *à voile* Segelboot *n*; ~ *porte-train* Eisenbahnfähre *f*; ~ *de sauvetage* Rettungsboot *n*; ~ *de course* Rennboot *n*; ~ *(à moteur) à hélice(s)* Propellermotorschiff *n*; ~ *pneumatique* Schlauchboot *n*; ~ *viking* Wikingerschiff *n*; *en* ~*-stop* als blinder Passagier; *fig. du dernier* ~ auf der Höhe; **2.** P Schwindel *m*; *monter un* ~ *à q.* j-m e-n Bären aufbinden; **~-automobile** (~ɔtɔmɔ'bil) *m* Motorboot *n*; **~-bac** (~'bak) *m* [6a] Fährboot *n*; **~-citerne** (~si'tɛrn) *m* [6b] Tankschiff *n*; **~-drague, ~-dragueur** (~'drag, ~dra'gœ:r) *m* Bagger-boot *n*, -schiff *n*; **~-excursion** (~ɛkskyr'sjɔ̃) *m* Ausflugsdampfer *m*; **~-express** (~ɛks'prɛs) *m* Schnelldampfer *m*; **~-feu** (~'fø) *m* [6b] Feuerschiff *n*; **~-hôpital** (~ɔpi'tal) (*pl. bateau~x-hôpitaux*) *m* Lazarettschiff *n*; **~-lavoir** (~la'vwa:r) *m* [6a] Waschschiff *n* (*zum Waschen der Wäsche auf Flüssen*); **~-lesteur** (~lɛs'tœ:r) *m* Ballastschute *f*; **~mouche** (~'muʃ) *m* kleiner Ausflugsdampfer *m*; **~-phare** (~'fa:r) *m* [6b] Leuchtschiff *n*; **~-pilote** (~pi'lɔt) *m* Lotsenboot *n*; **~-pompe** ⚓ (~'pɔ̃:p) *m* Feuerlöschboot *n*; **~-remorqueur** (~rəmɔr'kœ:r) *m* Schleppdampfer *m*.

bate|lage (bat'la:ʒ) *m* **1.** Taschenspielerei *f*, Gaukelei *f*, Schwindel *m*; **2.** ⚓ Be-, Ab-laden *n e-s Schiffes durch Boote*; **3.** ⚓ Fähr-, Fracht-geld *n*; **~lée** (~'le) *f* Schiffsladung *f*; **~ler** (~) [1c] **I** *v/t.* auf e-m Schiff transportieren; **II** *v/i.* Kunststückchen vorführen; **~let** ⚓ (~'lɛ) *m* kleiner Ewer *m*; **~leur** (~'lœ:r) *su.* [7g] Gaukler *m*; **~lier** (batə'lje) *su.* [7b] (Fluß-)Schiffer *m*.

batellerie (batɛl'ri) *f* Fluß-, Kanalschiffahrt *f*.

bâter (bɑ'te) [1a] **I** *v/t.* ein Packtier satteln; **II** *v/i. bien* ~ gelingen, F klappen; *mal* ~ mißlingen, schiefgehen.

bat-flanc (ba'flɑ̃) *m* [6g] Trennbalken *m* im Pferdestall; hölzerne Trennwand *f* in e-m Schlafsaal.

bath P (bat) *int. u. adj./inv.* prima!, großartig!, fabelhaft!

batho|mètre (batɔ'mɛtrə) *m* Meertiefenmesser *m*; **~métrie** (~me'tri) *f* Tiefenmessung *f*.

bathyscaphe ⚓ (bati'skaf) *m* Tiefseetauchgerät *n*.

bâti ⊕ (ba'ti) *m* Rahmengestell *n*; ✈ Tragwerk *n*; ⊕ Gehäuse *n*; Untersatz *m*, Sockel *m*; Ständer *m e-r Maschine*; geheftetes Kleidungsstück *n*; Heftfaden *m*.

batifo|lage (batifɔ'la:ʒ) *m* Tändeln *n*; **~ler** (~'le) *v/i.* [1a] tändeln, schäkern, scherzen.

batik (ba'tik) *m* Batik-arbeit *f*, [-muster *n*.]

bâtiment (bati'mɑ̃) *m* **1.** Gebäude *n*, Bau *m*; ~ *de brique* Backsteinbau *m*; 🚂 ~ *d'alimentation* Wasserturm *m*; ~ *(construit) en briques hollandaises* Klinkerbau *m*; ~ *scolaire* Schulgebäude *n*; **2.** Bauhandwerk *n*, Baugewerbe *n*; *industrie f du* ~ Bauindustrie *f*; *réalisation f de* ~*s* Bauausführung *f*; *fig. il est du* ~ er ist vom Bau (*d.h. ein Kollege*); **3.** Schiff *n*, Fahrzeug *n*; ~*-école m* Schulschiff *n*; ~ *marchand* Handelsschiff *n*.

bâtir (bɑ'ti:r) [2a] *v/t.* **1.** bauen; ~ *sur caves* ⚠ unterkellern; ~ *un numéro de journal* e-e Zeitungsnummer zs.-stellen; ~ *un plan* e-n Plan festlegen (*od.* fassen); ~ *en l'air od.* ~ *des châteaux en Espagne* Luftschlösser bauen; **2.** *bien bâti* wohl-gebaut, -gewachsen; *bâti à chaux et à sable* kerngesund; *voilà comme je suis bâti!* ich bin nun einmal so!; **3.** heften (*Schneiderei*).

bâtis|se (bɑ'tis) *f* **1.** Mauerarbeit *f*, Mauerwerk *n*; **2.** Haus *n*, Gebäude *n*; **~seur** (~'sœ:r) *m* [7g] Erbauer *m*, Gründer *m*; Baulustiger *m*; Bauhandwerker *m*; **~soir** ⊕ (~'swa:r) *m* Aufsetzreif *m e-s Böttchers*.

batiste ⊕ (ba'tist) *f* Batist *m*.

bat-neige *cuis.* (ba'nɛ:ʒ) *m* [6c] Schneeschläger *m*.

bâton (bɑ'tɔ̃) *m* **1.** Stock *m*, Stab *m*, Stecken *m*; Knüppel *m*; ~ *de rouge (à lèvres)* Lippenstift *m*; ~ *de ski* Schistock *m*; ~ *ferré* mit Eisen beschlagener Stock; ~ *de chaise* Stuhlbein *n*; *mettre des* ~*s dans les roues* Hindernisse in den Weg legen; *recevoir du* ~ Prügel (*od.* Keile *od.* Wichse) bekommen; *fig. parler à* ~*s rompus* vom Hundertsten ins Tausendste kommen; **2.** Stab *m*; ~ *de commandement (de maréchal)* Kommando-, (Marschalls-)stab *m*; ~ *pastoral* bischöflicher Stab *m*, Hirten-, Krummstab *m*; *fig.* ~ *blanc* Friedensstab *m*; 3. Stange *f*; ~ *de perroquet* Leiterstock für e-n Papagei *bisw. fig.* Hühnerstiege *f*; ~ *de cire* (*à cacheter*) Siegellackstange *f*; ~ *de craie* Stück *n* Kreide; ~ *de réglisse* Lakritzenstange *f*; ~ *de savon* Riegel *m* Seife; *pommade f en* ~ Stangenpomade *f*; **4.** ⚠ Pfahl *m*; **5.** ♪ ~ (*de mesure*): a) Taktstock *m*; b) senkrecht stehendes Pausenzeichen *n*; **6.** ~*s pl.* Striche *m/pl. bei Schreibübungen.*

bâtonnat (bɑtɔ'na) *m* **1.** Präsidentschaft *f* der Anwaltskammer; **2.** Dauer *f dieses Amtes.*

bâton|ner (bɑtɔ'ne) *v/t.* [1a] **1.** verprügeln; **2.** *papier bâtonné* liniiertes Papier *n*; **3.** *fig.* ausstreichen; **~net** (~'nɛ) *m* **1.** Stäbchen *n*; Kantel *n*; **2.** Klipperspiel *n* für Kinder; **~nier** (~'nje) *m* **1.** *hist.* Bannerträger *m* (*der Zünfte bei Umzügen*); **2.** ⚖ Präsident *m od.* Vorsitzende(r) *m* der Anwaltskammer; *c'est la première fois qu'une femme est élue bâtonnier de l'Ordre* zum ersten Male wurde e-e Frau zur Präsidentin der Anwaltschaft gewählt; **~niste** (~'nist) *m* Stockfechter *m.*

bâton-paupière (ba'tɔ̃po'pjɛ:r) *m* [6b] Wimpernstift *m.*

batoude (ba'tud) *f gym. federndes* Sprungbrett *n*, Trampoline *f.*

battage (ba'ta:ʒ) *m* **1.** Dreschen *n*; **2.** Drescherlohn *m*; **3.** Buttern *n*; **4.** P Schaumschlägerei *f*, Bluff *m*, Rummel *m*, übertriebene Reklame *f*, F Lüge *f*; **5.** ~ *de tapis* Teppichklopfen *n.*

battant (ba'tɑ̃) **I** *adj.* [7] **1.** schlagend; *tout* ~ *neuf* funkelnagelneu; *métier m* ~ im Gange befindlicher Webstuhl *m*; *pluie f* ~*e* Platzregen *m*; *porte f* ~*e* Klapptür *f*; **2.** ⚔ *tambour* ~ mit klingendem Spiel, unter Trommelschlag; *fig.* rücksichtslos; **II** *m* **3.** Glockenklöppel *m*; **4.** Türflügel *m*; *porte f à deux* ~*s* Flügeltür *f*; **5.** Fensterflügel *m*; ~ *d'un pavillon* flatternder Teil e-r Flagge; **6.** ~-*l'œil ehm. m* [6c] Morgenhäubchen *n*; **7.** P Herz *n.*

batte (bat) *f* **1.** Schlägel *m*, Stampfe *f*; *Sport*: Kricketschläger *m* (*Schlagholz*); ~ *à beurre* Butterstößel *m*; **2.** Handramme *f*; **3.** ~ *de paume* Schlagbrett *n beim Ballspiel*; ~ *d'Arlequin* Harlekinpritsche *f*; **4.** kleine Waschbank *f.*

battée ⊕ (ba'te) *f* Tür-, Fensteranschlag *m.* [Traufziegelreihe *f.*]

battellement ⚠ (batɛl'mɑ̃) *m*

battement (bat'mɑ̃) *m* **1.** Schlagen *n*, Klopfen *n*; Schlag *m*; ~ *d'ailes* Flügelschlag *m*; ~ *de cœur* Herzklopfen *n*; ~ *de mains* Händeklatschen *n*; *fig.* Beifall *m*; ~ *du pouls* Pulsschlag *m*; **2.** ⚠ Schlagleiste *f*; **3.** ♪ Doppeltriller *m*, Wirbel *m*; **4.** ⚔ ~ *du projectile* Anschlag *m*; **5.** *laisser du* ~ Spielraum lassen.

batterie (ba'tri) *f* **1.** ↖ Schlägerei *f*, Prügelei *f*; **2.** ⚔ a) Batterie *f*; ~ *de campagne*, ~ *de siège* Feld-, Belagerungs-batterie *f*; *poster* (*établir*, *ranger*) *une* ~ e-e Batterie auffahren; *dresser ses* ~*s fig.* s-e Maßregeln ergreifen *od.* treffen; *fig. masquer ses* ~*s* s-e Pläne geheimhalten; b) Standort *m* e-r Batterie; (Bedienungsmannschaft *f* e-r) Batterie; ~ *blindée* Panzerbatterie *f*; ~ *antiaérienne*, ~ *de D.C.A.* (*de défense contre avions*) Flakbatterie *f*; *fausse* ~ Scheinbatterie *f*; ~ *à cheval* (*od. montée*) reitende Batterie; ~ *à pied* Fußbatterie; **3.** ⚡ ~ *électrique* elektrische Batterie *f*; ⊕ ~ *de chaudières* Kesselzeug *n*; *rad.* ~ *de chauffage* Heizbatterie *f*; ~ *d'accumulateurs* (*d'anodes*) Akkumulatoren- (Anoden-)batterie *f*; *rad.* ~ *de tension-grille* Gitterbatterie *f*; **4.** ~ *de cuisine* Küchengeschirr *n*; **5.** ⊕ ~ *de marteaux* Hammerwerk *n*, ⚒ Pochwerk *n*; **6.** ♪ Trommelschlag *m*; Arpeggiolauf *m*; ~ (*de jazz-band*) Schlagzeug *n.*

batteur (ba'tœ:r) *su.* [7g] **1.** Drescher *m*; ~ *de tapis* Teppichklopfer *m* (*Person*); **2.** ⊕ ~ *d'or* Goldschläger *m*; **3.** *cuis.* Mixapparat *m*, Mixer *m*; *cuis.* ~ *à œuf(s)* Schneeschläger *m.* [*f.*]

batteuse (ba'tø:z) *f* Dreschmaschine

battitures ⊕ (bati'ty:r) *f/pl.* Metallsplitter *m/pl.*, Hammerschlag *m.*

battoir (ba'twa:r) *m* **1.** Wäscheklopfer *m*, Schlegel *m*; **2.** Ballkelle *f*; Schläger *m*, Schlagholz *n*; **3.** *cuis.* Fleischklopfer *m*; **4.** ⊕ Klöpfel *m*; Klopfeisen *n.*

battre ('batrə) [4a] **I** *v/t.* **1.** schlagen, verprügeln; ~ *comme plâtre* windelweich schlagen; **2.** schlagen, besiegen; ~ *un record* e-n Rekord brechen; **3.** schlagend bearbeiten, klopfen, stampfen; verrühren; ~ *l'air* sich vergebliche Mühe machen; ~ *le blé* dreschen; ~ *le beurre* buttern; ~ *le fer*: a) das Eisen schmieden; b) fechten; ~ *les habits* die Kleider ausklopfen; ~ *monnaie* Münzen prägen; ~ *les œufs* die Eier rühren; ~ *son plein* auf dem Höhepunkt (*od.* in vollem Gange) sein (*Veranstaltung, Fest, Saison*); ~ *la semelle*: a) P zu Fuß reisen; b) mit den Füßen trampeln, *um sich zu erwärmen*; ~ *la campagne* das Feld absuchen *od.* durchstreifen; *fig.* (*a.* ~ *la breloque od. berloque*) faseln, quatschen, unklares Zeug reden; **4.** ⚔, ♪ ~ *le tambour od.* F *la caisse* die Trommel schlagen, trommeln; ~ *la générale od. le rappel* Generalmarsch schlagen; ~ *la retraite* zum Rückzug trommeln, Zapfenstreich schlagen; *fig.* sich zurückziehen; ~ *un roulement* e-n Wirbel schlagen; **5.** ♪ ~ *la mesure* den Takt schlagen; **6.** beschießen; ~ *en brèche* Bresche schießen in; *a. fig.* heftig bekämpfen; ins Wanken bringen, entkräften, erschüttern; ~ *en ruine* in Trümmer schießen; **7.** ~ *pavillon français* die französische Flagge führen; **8.** ~ *un entrechat* e-n Luftsprung machen; **9.** ~ *les cartes* die Karten mischen; **10.** bespülen (*Wellen*); bestreichen (*Wind*); **11.** durch-stöbern, -wandern, -laufen; ~ *les buissons* auf den Busch klopfen; eifrig suchen; ~ *le pavé* umherschlendern, herumbummeln, sich auf der Suche nach Arbeit die Füße ablaufen; **II** *v/i.* **12.** schlagen, klopfen, klatschen; ~ *des ailes* flattern; ~ *de l'aile* müde (*od.* ganz kaputt) sein, sich schlapp fühlen; ~ *du flanc od. des flancs* keuchen; ~ *des mains* in die Hände klatschen; **13.** *Tür*: von selbst zuschlagen; ~ *contre qch.* klappen, lose sein; **14.** trommeln; **15.** in Bewegung sein, gehen; ticken (*Uhr*); **16.** ~ *froid à q.* j-m die kalte Schulter zeigen; **III se** ~ sich (*od.* einander) schlagen, (sich *od.* ea. be)kämpfen; sich balgen; ~ *les flancs* sich umsonst anstrengen.

battu (ba'ty) **I** *adj.* **1.** geschlagen; geschwächt; *avoir les yeux* ~*s* blaue Ränder um die Augen haben; *ne pas se tenir pour* ~ s-e Sache noch nicht verloren geben; **2.** *suivre les chemins* ~*s* auf dem gebahnten Wege bleiben; *fig.* am alten Schlendrian festhalten; **3.** *fer* ~ Eisenblech *n*; **4.** ⚔ bestrichen, gefährdet; **II** *m* Geschlagene(r) *m*.

battu|e (ba'ty) *f* **1.** Treibjagd *f*; ⚔ Razzia *f*; **2.** Pferde-getrappel *n*, -getrampel *n*; Hufschlag *m*; ~**re** ⊕ (~'ty:r) *f* Vergoldungs-grund *m*, -leim *m*.

bau ⚓ *m* [5b] Querbalken *m*.

bauder (bo'de) *v/i.* [1a] *ch.* bellen.

baudet (bo'dɛ) *m* Esel *m*; Zuchtesel *m*; *fig.* Dummkopf *m*; ⊕ Sägebock *m*.

baudrier (bodri'e) *m* Degengehänge *n*; Säbelkoppel *n*; Sturmriemen *m*.

baudruche (~'dryʃ) *f* **1.** Gummihaut *f*; **2.** (*ballon m en*) ~ großes aufgeblasenes Gummitier *n* (*bis zu 15 m z.B. auf Jahrmärkten*); *fig. homme m en* ~ Blender *m*, Angeber *m*, Schaumschläger *m*.

bauge (bo:ʒ) *f* **1.** *ch.* Wildschweinlager *n*; **2.** P *fig.* schmutzige Wohnung *f*, schmuddeliges Bett, P *fig.* Drecknest *n*; **3.** Strohlehm *m*.

baum|e (bo:m) *m* **1.** Balsam *m*; Heilsalbe *f*; *fig.* Trost *m*; **2.** ⚘ ~ *des jardins* Balsamkraut *n*, Frauenminze *f*; ~**ier** ⚘ (bo'mje) *m* Balsamstrauch *m*.

bavard (ba'va:r) [7] **I** *adj.* schwatzhaft, geschwätzig; *il est* ~ *comme une pie* (*od. un perroquet*) er redet wie ein Buch (*od.* Wasserfall); **II** *su.* Schwätzer *m*.

bavar|dage (bavar'da:ʒ) *m* Gewäsch *n*, langweiliges Geschwätz *n*; ~**der** (~'de) *v/i.* [1a] schwatzen, plaudern; F ~ *avec q.* mit j-m reden.

bave (ba:v) *f* **1.** Geifer *m* (*a. fig.*); Speichel *m*; **2.** (Schnecken- *usw.*) Schleim *m*.

baver (ba've) *v/i.* [1a] **1.** Speichel absondern; sabbern *(Kinder)*; **2.** langsam herab-fließen, -sickern (*Flüssigkeit*) **3.** *fig.* ~ *sur q.* über j-n herziehen, j-n runtermachen (*od.* schlecht machen); **4.** F *en* ~ ganz paff (*od.* platt) sein (*Bewunderung*); *il en bavait d'apprendre cela* er konnte es kaum fassen, als er das erfuhr; *il en bavait des ronds de chapeaux* er sperrte Mund und Nase auf; *le temps mis par le coureur de Marathon lui en faisait* ~ *des ronds de chapeaux* die von dem Marathonläufer erzielte Zeit erfüllte ihn mit größter Bewunderung;

5. P *en* ~ es schwer haben; schuften; leiden müssen; F *faire* ~ *q. od. en faire* ~ *à q.* j-n zwiebeln (*od.* schleifen) (*also geistig od. körperlich*).

bavette (ba'vɛt) *f* **1.** (Sabber-)Lätzchen *n*, *Mode*: Brustlatz *m*; *être encore à la* ~ noch nicht trocken hinter den Ohren sein; **2.** F *tailler une* ~ *à q.* mit j-m gemütlich plaudern (*od.* klönen F), ein Plauderstündchen abhalten.

baveuse (ba'vø:z) *f* Schleimfisch *m*.

baveux (ba'vø) **I** *adj.* [7g] geifernd; *fig.* teigig (*Eierkuchen*); **II** *su.* Sabberer *m*.

Bavière (ba'vjɛ:r) *f*: **la** ~ Bayern *n*.

bavoir (ba'vwa:r) *m* (Sabber-)Lätzchen *n*.

bavolet (bavɔ'lɛ) *m* **1.** Haube *f*; **2.** Nackenschleier *m am Damenhut*; **3.** *Auto*: Spritzblech *n*.

bavure ⊕ (ba'vy:r) *f* Gußnaht *f*; feiner Grat *m*; *typ.* unsaubere Stelle *f*.

bayadère (baja'dɛ:r) *f* Bajadere *f*.

bayart ⚠ (ba'ja:r) *m* Trage *f*, Tuppe *f*.

bayer (bɑ-, bɛ'je) *v/i.* [1i]: ~ *aux corneilles* gaffen.

bazar (ba'za:r) *m* Basar *m*: a) Marktplatz *m im Orient*; b) offene Verkaufshalle *f*; ~ *de charité* Wohltätigkeitsbasar *m*; c) Warenhaus *n*; d) F *tout le* ~ *fig.* der ganze Kram (*od.* Krempel); *combien coûte tout le* ~ was kostet der ganze Schwindel?

bazarder P (bazar'de) *v/t.* [1a] verkloppen, verramschen, verschachern, verhökern; *verächtlich*: wegschmeißen P; *abus.* streichen (*z. B. ein Wort*).

béant (be'ɑ̃) *adj.* [7] (*nach su.*) klaffend, gähnend; *gouffre m* ~ klaffender Abgrund *m*; *plaie f* ~*e* klaffende Wunde *f*, Platzwunde *f*: *trou m* ~ klaffendes Loch *n*.

béat *iron.* (be'a) [7] **I** *adj.* (*a. vor su.*) **1.** still, ruhig, zufrieden; **2.** frömmelnd, scheinheilig; gleisnerisch; **II** *su.* Frömmler *m*, Betbruder *m*; ~**e** (be'at) *f* Betschwester *f*.

béati|fication (beatifikɑ'sjɔ̃) *f* Seligsprechung *f*; ~**fier** (~'fje) *v/t.* [1a] seligsprechen.

béatilles (bea'tij) *f/pl.* Leckerbissen *m/pl. in Pasteten.*

béatitude (~ti'tyd) *f* **1.** Glückseligkeit *f der Auserwählten*; **2.** Glück *n*.

beau (bo) *m*; *vor den mit Vokal od. apostrophierendem* h *anfangenden Substantiven* (*nur sg.*): **bel** (bɛl) *m*; **belle** (bɛl) *f*; *pl.* **beaux** (bo), **belles** (bɛl) **I** *adj.* **1.** schön; wohlgestaltet, wohlgebildet; *beau à ravir* hinreißend schön; *beau* (*od. belle*) *comme le jour od. un astre* schön wie ein Engel; **2.** edel; schicklich, anständig; *mourir de sa belle mort* e-s natürlichen Todes sterben; *de belles paroles* schöne Worte *n/pl.*; *fig.* leere Redensarten *f/pl.*; **3.** geschickt; *beau danseur* gewandter (*od.* guter) Tänzer; *bel esprit* (*oft mv.p.*).: a) Schöngeist *m*; b) Schöngeisterei *f*; *femme f bel esprit* Blaustrumpf *m*; *beau parleur*, F *beau diseur* Schönredner *m*; **4.** vornehm; *le beau monde* die vornehme Gesellschaft; **5.** fein gekleidet, geputzt; *se faire beau* sich schön machen, sich putzen; **6.** groß, beträchtlich; *un beau revenu* ein großes Einkommen *n*; *il y a beau temps que ...* es ist geraume Zeit, seitdem ...; *une belle somme d'argent* eine große Summe Geldes; *déchirer q. à belles dents* j-n arg verunglimpfen; *de la belle manière, de la belle façon* tüchtig, ohne Schonung *f*; **7.** günstig; glücklich; *une belle occasion* eine günstige Gelegenheit *f*; *la donner belle à q.* j-m günstige Gelegenheit bieten; *l'échapper belle* mit heiler Haut *f* davonkommen; *la manquer belle* e-e günstige Gelegenheit verpassen; *j'en apprends de belles sur votre compte* da höre ich ja nette Geschichten über Sie; *vous avez beau dire* Sie mögen sagen, was Sie wollen; *vous avez beau rire* Sie haben gut lachen; *avoir beau jeu* ein schönes (*fig.* gewonnenes) Spiel haben; **8.** heiter, hell; *à la belle étoile* unter freiem Himmel, bei Mutter Grün F; *les beaux jours* die schöne Jahreszeit *f*; *fig.* Jugend *f*; *fig. présenter od. faire voir sous un beau jour* in günstigem Licht darstellen; *un beau matin* e-s schönen Morgens; *fig.* unerwartet; *il fait beau (temps)* es ist schönes Wetter; **II** *adv.* schön; *bel et bien* lediglich; ganz einfach, mit einem Wort; schlechthin, schlankweg; mir nichts, dir nichts; gut und gern, rundweg, ohne Umstände; ~ *et bien vivant* völlig wohlbehalten; *tout cela est bel et bon, mais ...* alles recht schön, aber ...; *de plus (beau) en plus beau* immer besser *od.* schöner; *voir tout* *en* ~ alles durch e-e rosa Brille sehen; *il porte* ~ er trägt (*trotz s-s Unglücks*) den Kopf hoch; *il se mit à boire de plus belle* er fing von neuem an zu trinken; *tout beau!* sachte!, immer langsam!; **III** *su.* Schöne(r *m*) *f*; Geck *m*, Stutzer *m*; *faire le beau* (*la belle*) sich zieren; *fais le beau!* mach' schön! (*zum Hunde*); *la Belle au bois dormant* Dornröschen *n*; **IV** *le beau* das Schöne; die gute Seite e-r Sache; ~ *fixe* Schönwetterperiode *f*; *le sentiment du* ~ das Schönheitsempfinden *n*; *iron. c'est du beau!* das hat mir (gerade) noch gefehlt!

beaucoup (bo'ku) *adv.* **1.** viel(e); recht viel, sehr viel; *c'est* ~ *dire* das will viel sagen; *c'est* ~ *que* ... es ist schon viel, wenn ...; *j'aimerais* ~ *mieux qu'il se tût* es wäre mir viel (*od.* weit) lieber, wenn er schwiege; *ils étaient* ~ es waren ihrer viele; *il n'y avait pas* ~ *de monde* es waren nicht viel Leute da; ~ *trop* viel zu viel; *vous êtes plus savant de* ~ *od. vous êtes (de)* ~ *plus savant* Sie sind viel gelehrter; *il n'est pas, à* ~ *près, aussi riche qu'on le dit* er ist bei weitem nicht so reich, wie man sagt; *y être pour* ~ viel dazu beitragen; *il s'en faut (de)* ~ es fehlt viel daran, noch lange nicht ...; **2.** sehr (*bei Verben*); *admirer* ~ sehr bewundern; *estimer* ~ hochschätzen; *cette ville a* ~ *souffert* diese Stadt hat viel gelitten.

beau|-fils (bo'fis) *m* [6b] **1.** Stiefsohn *m*; **2.** Schwiegersohn *m*; **~-frère** (~'frɛ:r) *m* [6a] **1.** Schwager *m*; **2.** Stiefbruder *m*; **~-père** (~'pɛ:r) *m* [6a] **1.** Schwiegervater *m*; **2.** Stiefvater *m*; **~-petit-fils** (~p[ə]ti'fis) *m* [6a] Stiefenkel *m*.

beaupré ⚓ (bo'pre) *m* Bugspriet *n*.

beau-semblant (bosɑ̃'blɑ̃) *m* [6a] Verstellung *f*, List *f*.

beauté (bo'te) *f* **1.** Schönheit *f*; *fig.* Reiz *m*, Anmut *f*; **2.** Schönheit *f*, schöne Frau *f*.

beaux|-arts (bo'za:r) *m/pl.* schöne Künste *f/pl.*; **~-parents** (~pa'rɑ̃) *m/pl.* Schwiegereltern *pl.*

bébé (be'be) *m* **1.** Baby *n*, kleines Kind *n*; ~ *éléphant* Elefantenbaby *n*; **2.** Puppe *f*; ~ *articulé* Gliederpuppe *f*; **~-éprouvette** (~epru'vɛt) *m* [6b] Reagenzbaby *n* (*künstliche Befruchtung*); **~-lune** 🛰 (~'lyn) *m* Sputnik *m* (*künstlicher Erdsatellit.*)

bébête F (be'bɛ:t) *adj.* albern, doof.

bec (bɛk) *m* **1.** Schnabel *m*; *blanc* ~ Gelbschnabel *m*, Naseweis *m*; F *montrer à q. son* ~ *jaune* (*od. son béjaune*) j-m seine Unwissenheit zeigen; **2.** *fig.* Zunge *f*, Mundwerk *n*; *avoir bon* ~, *avoir le* ~ *bien affilé* eine scharfe Zunge *f* (*od.* ein gutes Mundwerk *n*) haben; *clouer* (*od. clore*) *le* ~ *à q. fig.* j-m den Mund stopfen, j-m gleich eins draufgeben; *ne pas avoir le* ~ *cloué* nicht auf den Mund gefallen sein; *se défendre du* ~ sich mit Worten verteidigen; *avoir* ~ *et ongles fig.* Haare auf den Zähnen haben; sich zu verteidigen wissen; *donner du et de* ~ *l'aile* alles daran setzen; *prise f de* ~ scharfer Wortwechsel *m*; F *claquer du* ~ Kohldampf schieben, Hunger haben; *ne pas ouvrir le* ~ (*od. taire od. clouer son* ~) nicht piep sagen, keinen Mucks sagen, ganz stille sein; F *être le* ~ *dans l'eau* in der Patsche (*od.* Tunke) sitzen; F *se prendre de* ~ sich in die Wolle (in die Haare) kriegen, sich kabbeln; F *caquet bon* ~ Elster *f*; *fig.* Klatschbase *f*; **3.** Mund *m* (*bsd. von Kindern*); **4.** *pauvre petit* ~ Liebchen *n*, Schnuckchen *n*; **5.** *zo.* schnabelartiges Mundwerkzeug *n*; *ent.* Rüssel *m*; **6.** ⚘ Schnabel *m*; **7.** ~ *de plume* Federspitze *f*; **8.** ~ (*de gaz*) Gasbrenner *m*, Gaslaterne *f*; ~ *Auer* Auerscher Glühlichtstrumpf *m*; ~ *économique* Sparbrenner *m*; **9.** ♪ Mundstück *n*; **10.** *géol.* Landspitze *f*, -zunge *f* (*am Zusammenfluß zweier Flüsse od. ins Meer hineinragend*); **11.** ⚠ Vorsprung *m*; *fig.* F *tomber sur un* ~ (*de gaz*) sich verrechnen, *fig.* plötzlich vor e-r Schwierigkeit stehen.

bec-à-cuiller (bɛkakɥi'jɛ:r) *m* [6b] [*orn.* Löffelreiher *m*.]

bécane F (be'kan) *f* Drahtesel *m*, Mühle *f*, Fahrrad *n*; *faire de la* ~ radeln.

bécarre ♪ (be'ka:r) *m* Auflösungs-[zeichen *n*.]

bécasse (be'kas) *f* **1.** (Wald-) Schnepfe *f*; **2.** F *fig.* dumme Gans *f*.

bécas|seau (~ka'so) *m* junge Schnepfe *f*; **~sine** (~'sin) *f* Sumpfschnepfe *f*.

bec|-croisé (bɛkkrwa'ze) *m* [6a] *orn.* Kreuzschnabel *m*; **~-d'âne** ⊕ (bɛk'da:n), *a.* **bédane** (be'dan) *m* [6b] Locheisen *n*, Stemmeisen *n*; Kreuzmeißel *m*; **~-de-cane** (bɛkdə'kan) *m* [6b] **1.** ⊕ Hakennagel *m*; **2.** Tür-

griff *m*, -klinke *f*; **~-de-corbeau** ⊕ (bɛkdəkɔr'bo) *m* [6b] Drahtzange *f*; **~-de-corbin** (bɛkdəkɔr'bɛ̃) *m* [6b] **1.** Hohlmeißel *m*; **2.** Rabenschnabel *m*; **3.** Stock *m* mit schnabelförmiger Krücke *f*; **4.** schnabelartige Verzierung *f*; **~-de-grue** (~'gry) *m* [6b] Kranichschnabel *m*; **~-de-lièvre** (~'ljɛ:vrə) *m* [6b] (*Person mit*) Hasenscharte *f*.
bêchage (bɛ'ʃa:ʒ) *m* Umgraben *n*; *fig.* scharfe Kritik *f*.
Béchamel (beʃa'mɛl) *f*: *a. sauce (à la)* ~ weiße Sahnensauce *f*.
bêche (bɛʃ) *f* Spaten *m*; **~ment** (bɛʃ'mɑ̃) *m* Umgraben *n*.
bêcher (bɛ'ʃe) *v/t.* [1a] **1.** (um-)graben; **2.** F *fig.* ~ *q.* (*qch.*) j-m (e-r Sache) Übles nachreden, über j-n (über etw.) lästern; j-n (etw.) runtermachen.
bêcheur (bɛ'ʃœ:r) *su.* [7g] Gräber *m*; F Lästermaul *n*.
bêchoir, bêchon (bɛ'ʃwa:r, ~'ʃɔ̃) *m* Hacke *f*, Karst *m*.
bécot F (be'ko) *m* Küßchen *n*; **~er** F (bekɔ'te) *v/t.* abküssen.
becquebois *orn.* (bɛk'bwa) *m* Grünspecht *m*.
bec|quée (bɛ'ke) *f* Schnabelvoll *m*; *donner la* ~ *à ses petits* die Kleinen atzen; **~queter** (bɛk'te) [1e] **I** *v/t.* **1.** (be)picken, (mit dem Schnabel) hacken; **2.** P fressen, futtern; **II** *v/rfl.* *se* ~ **3.** sich (mit dem Schnabel) beißen; **4.** sich schnäbeln.
bedaine F (bə'dɛn) *f* Wanst *m*, Schmerbauch *m*.
bedeau (bə'do) *m* Küster *m*.
bedon F (bə'dɔ̃) *m*, **~daine** (~'dɛn) *f* Schmerbauch *m*; F *gros bedon* Fettwanst *m*.
bedon|nant F (bədɔ'nɑ̃) *adj.* [7] dickbäuchig; **~ner** F (~'ne) *v/i.* [1a] Fett (*od.* e-n Schmerbauch) ansetzen.
bédouin (be'dwɛ̃) *adj. u.* ♀ *su.* [7] beduinisch; Beduine *m*.
bée (be) *adj./f.*: *bouche f* ~ mit offenem Mund; *demeurer bouche* ~ Mund und Nase aufsperren.
beffroi (bɛ'frwa) *m* **1.** Bergfried *m*, Warte *f*; **2.** Sturm-, Feuer-glocke *f*; *sonner le* ~ Sturm läuten; **3.** Glockenstuhl *m*, -turm *m*.
bégaiement, bégayement (begɛ'mɑ̃, begɛj'mɑ̃) *m* Lallen *n*, Stottern *n*.
bégayer (~gɛ'je) [1i] **I** *v/i.* **1.** lallen, stammeln, stottern; **2.** *fig.* zaghaft reden, undeutlich sprechen; **II** *v/t.* herstottern.
bégon|ia (begɔn'ja) *m*, **~ie** (~'ni) *f* Begonie *f*.
bègue (bɛg) *adj. u. su.* stammelnd, stotternd; Stotterer *m*.
béguètement *zo.* (begɛt'mɑ̃) *m* Meckern *n* (*der Ziege*).
bégueter *zo.* (beg'te) *v/i.* [1e] meckern (*Ziege*).
bégueule F (be'gœl) **I** *f* prüde Frau; *faire la* ~ prüde sein; **II** *adj.* prüde, geziert.
béguin (be'gɛ̃) *m* **1.** Beguinen-, Nonnen-haube *f*; **2.** Kinderhäubchen *n*; **3.** *fig.* F Verliebtheit *f*; *avoir un* ~ *pour q.* in j-n verschossen (*od.* verknallt) sein, für j-n schwärmen; **4.** F Schwarm *m* (*Person*); **~age** (begi'na:ʒ) *m* Beguinenkloster *n*, -gemeinde *f*.
béguine (be'gin) *f* Beguine *m*, Begardin *m*; F Betschwester *f*.
beige (bɛ:ʒ) *adj.* ungefärbt, beigefarben, gelbbraun; *laine f* ~ natürliche Wolle *f*.
beigne P (bɛɲ) *f* Ohrfeige *f*.
beignet (bɛ'ɲɛ) *m* Eierkuchen *m*, Krapfen *m*; *des* **~s** *pl. auch*: arme Ritter *pl.*
béjaune (be'ʒo:n) *m orn.* junger Vogel *m*; *fig.* Neuling *m*, F Grünschnabel *m*.
bélandre (be'lɑ̃:drə) *f* flaches Lastschiff *n*.
bêlement (bɛl'mɑ̃) *m* Blöken *n*.
bélemnite *géol.* (belɛm'nit) *f* Donnerkeil *m*.
bêler (bɛ'le) *v/i.* [1a] blöken.
bel-esprit (bɛlɛs'pri) **I** *m* [6] Schöngeist *m*; **II** *adj.* schöngeistig.
belette (bə'lɛt) *f* Wiesel *n*.
Belfort (bɛl'fɔ:r, be'fɔ:r) *m fr. Stadt.*
belge (bɛlʒ) *adj. u.* ♀ *su.* belgisch; Belgier *m*.
Belgique (bɛl'ʒik) *f*: **la ~** Belgien *n*.
belgo-allemand (bɛlgɔal'mɑ̃) *adj.* belgisch-deutsch.
bélier (bel'je) *m* **1.** Widder *m*, Schafbock *m*; **2.** *hist.* ⚔ Mauerbrecher *m*, Sturmbock *m*; **3.** Rammbär *m*, -block *m*, -klotz *m*.
bélière (be'ljɛ:r) *f* **1.** Halsglocke *f*; **2.** Klöppelring *m*; **3.** ⚔ Degengehenk *n*.
belino|gramme (bəlinɔ'gram) *m* Bildfunktelegramm *n*, Funk-, Fernbild *n*; **~graphe** (~'graf) *m* Bildfunksender *m*; **~graphie** (~gra'fi) *f* Bildfunk *m*, Bildübertragung *f*.
bélître (be'litrə) *m* Dummkopf *m*, Esel *m*, Kamel *n*; Habenichts *m*; Taugenichts *m*.

belladone ⚘ (bɛla'dɔn) *f* Belladonna *f*, Tollkirsche *f*.
bellâtre (bɛ'lɑːtrə) **I** *adj.* eitel, geckenhaft; **II** *su.* eitler Geck *m*.
belle (bɛl) **I** *adj.* s. *beau*; **II** *f* a) *une* ~ e-e Schöne *f*; b) *Sport*: Entscheidungsspiel *n*; c) F Flucht *f*.
belle|-dame (bɛl'dam) *f* [6a] **1.** ⚘: a) Melde *f*; b) = *belladone*; **2.** *ent.* Distelfalter *m*; **~-de-jour** (~də'ʒuːr) *f* [6b] dreifarbige Winde *f*; **~-de-nuit** (~də'nɥi) *f* [6b] Wunderblume *f*; **~-d'un-jour** (~dœ̃'ʒuːr) *f* [6b] Taglilie *f*; **~-fille** (bɛl'fij) *f* [6a] **1.** Stieftochter *f*; **2.** Schwiegertochter *f*.
belle|-mère (bɛl'mɛːr) *f* [6a] **1.** Stiefmutter *f*; **2.** Schwiegermutter *f*; **~-petite-fille** (bɛlp[ə]tit'fij) *f* [6a] Stiefenkelin *f*.
belles-lettres (bɛl'lɛtrə) *f/pl.* die schönen Wissenschaften *f/pl.* (*Grammatik, Redekunst, Poesie*), Literatur *f*.
belle-sœur (bɛl'sœːr) *f* [6a] **1.** Stiefschwester *f*; **2.** Schwägerin *f*.
belli|cisme (bɛli'sism) *m* Kriegshetze *f*, -treiberei *f*; **~ciste** (bɛli'sist) **I** *m* Kriegs-treiber *m*, -hetzer *m*; **II** *adj.* kriegshetzerisch.
bellifontain (bɛlifɔ̃'tɛ̃) *adj.* [7] aus Fontainebleau.
belligé|rance (bɛliʒe'rɑ̃ːs) *f* Kriegszustand *m*, Status *m* e-r kriegführenden Macht; **~rant** (~'rɑ̃) *adj. u. su.* [7] kriegführend; Kriegführende(r) *m*.
belliqueux (bɛli'kø) *adj.* [7d] kriegerisch, streitbar.
bellis ⚘ (bɛ'lis) Maßliebchen *n*, Gänseblümchen *n*.
bellissime F (bɛlis'sim) *adj.* sehr schön.
bellot (bɛ'lo) [7c] *adj.* niedlich; *ma petite* ~*te* meine kleine Süße *f*.
belluaire (bɛ'lɥɛːr) *m* Dompteur *m*.
belvédère (bɛlve'dɛːr) *m* **1.** Aussichtsturm *m*; **2.** Lusthaus *n*.
bémol ♪ (be'mɔl) *m* Be *n* (*b-Vorzeichen*).
ben! P (bɛ̃) *int.* tja!, na ja!
bénard P (be'naːr) *m* Hose *f*.
bénarde ⊕ (be'nard) *f* (*u. adj.*: *serrure f* ~) Doppelschloß *n*.
bénédicité (benedisi'te) *m* Tischgebet *n vor dem Essen*.
bénédic|tin (benedik'tɛ̃) [7] *m* Benediktinermönch *m*; *travail m de* ~ Arbeit *f*, die Bienenfleiß verlangt; **~tine** (~'tin) *f* **1.** Benediktinernonne *f*; **2.** Benediktinerlikör *m*.
bénédiction (benedik'sjɔ̃) *f* **1.** Segnen *n*, Segnung *f*; ~ *des drapeaux* Fahnenweihe *f*; ~ *nuptiale* Trauung *f*; **2.** ~ *sacerdotale* priesterlicher Segen *m*; **3.** Segen *m*, Wohltat *f* des Himmels; **4.** Überfluß *m*; **5.** *iron.* Bescherung *f*; **6.** Glück-, Segenswunsch *m*; *être en* ~ in gesegnetem Andenken stehen.
bénef P (be'nɛf) *m* Gewinn *m*, Vorteil *m*.
bénéfice (bene'fis) *m* **1.** Wohltat *f*; Nutzen *m*; **2.** ⚖ Rechtswohltat *f*; **3.** ☤ Gewinn *m*, Nutzen *m*, Vorteil *m*; ~ *net* Nettoeinnahme *f*, Reingewinn *m*; ~ *brut* Bruttoüberschuß *m*, -gewinn *m*; *part f dans les* ~*s* Gewinnanteil *m*; *fusion de* ~ Gewinnverschmelzung *f*; ~ *de la frappe de monnaie* Prägungsgewinn *m*; ☤ ~ *de cours* (*de placement*) Kurs-(Zins-)gewinn *m*; ~*s pl. excédents* (*de*) Mehrgewinn *sg.*; *sous* ~ *d'inventaire* unter dem Vorbehalt der Prüfung des Inventars; *tourner au* ~ *de q.* zu j-s Nutzen ausschlagen; **4.** *thé. représentation f à* ~ Benefizvorstellung *f*; **5.** Lehen *n*; **6.** Pfründe *f*; **7.** ⚕ ~ *de nature* Hilfe *f* der Natur.
bénéfi|ciable (benefi'sjablə) *adj.* einträglich; **~ciaire** (~fi'sjɛːr) *su.* **1.** ⚖ (*a. adj.*: *héritier m* ~) Benefiziaterbe *m*; **2.** *thé.* Benefiziant *m*; **3.** ☤ Bezugsberechtigte(r) *m*, Empfänger *m*; *le* ~ *d'assurance* der Versicherungsnehmer *m*; ~ *d'allocation de chômage* Arbeitslosenunterstützungsempfänger *m*; ~ *d'une rente* Rentenempfänger *m*; ~ *d'émoluments* (*od. d'appointements*) *fixes* Festbesoldete(r) *m*; ~ *de privilèges d'ordre douanier* Zollbegünstigte(r) *m*; **~cial** (~fi'sjal) *adj.* [5c] die Pfründe betreffend.
bénéficier[1] (~'sje) *su.* [7b] Pfründenbesitzer *m*.
bénéficier[2] (~'sje) [1a] *v/i.* Vorteil ziehen; ~ *sur une marchandise* an e-r Ware etw. verdienen; ~ *d'une bonne éducation* eine gute Erziehung genießen.
Bénélux (bene'lyks): **le** ~ die Beneluxstaaten *m/pl.*
benêt (bə'nɛ) **I** *adj./m.* einfältig; **II** *m* Dummkopf *m*, Einfaltspinsel *m*.
bénévole (bene'vɔl) *adj.* □ wohlwollend, geneigt; freiwillig; *à titre* ~, ~*ment* ehrenamtlich.
bengalais (bɛ̃ga'lɛ) [7] *adj.*: *feu m de* ~ bengalisches Feuer *n*.
bénignité (beniɲi'te) *f* **1.** Neigung *f*

zum Wohltun, Herzensgüte *f*; 2. ⚕ Gutartigkeit *f*.
bénin *m*, **bénigne** *f* (be'nɛ̃, be'niɲ) *adj*. □ **1.** gütig, freundlich; *iron*. zu gut; **2.** *fig*. günstig, förderlich; **3.** ⚕ gutartig; **4.** *phm. chir*. harmlos, leicht, *phm*. unschädlich, mild(e); **5.** *fig*. geringfügig (Schaden).
bénir (be'ni:r) *v/t*. [2a] (*das p/p. heißt nur béni, bisw. als reines adj. gebraucht*: *les terres bénies de la Bourgogne* die gesegneten Gegenden der Bourgogne; *bénit sollte nur als adj. gebraucht werden*; zu kirchlichen Zwecken geweiht) **1.** (ein-) segnen, (ein)weihen; ~ *un mariage* ein Brautpaar *n* trauen; ~ *un abbé* e-n Abt in sein Amt einsetzen; *cierge m bénit* geweihte Kerze *f*; *de l'eau bénite* Weihwasser *n*; *fig*. leere Versprechungen *f/pl*.; *du pain bénit* geweihtes Brot *n*; *c'est pain bénit* das ist die gerechte Strafe; **2.** preisen, loben; **3.** Gedeihen *n* geben (*dat*.).
bénitier (beni'tje) *m* **1.** Weihwasserkessel *m*; **2.** Riesenmuschel *f*.
benjamin (bɛ̃ʒa'mɛ̃) *m* Nesthäkchen *n*; *écol*. ~ *de la classe* Jüngste(r) *m* der Klasse.
benjoin *phm*. (bɛ̃'jwɛ̃) *m* Benzoe *f*.
benne (bɛn) *f* **1.** Tragkorb *m*; Tragbütte *f*; **2.** Flechtwerk *n* (*zum Aufhalten der Fische*); **3.** ⚒ Kohlenkorb *m*; **4.** Müllauto *n*; ~ *basculante* Kippwagen *m*; *Auto*: Kipperaufbau *m* (*auf Lastwagen*); **5.** ⊕, ⚠ ~ *de chargement à grande vitesse* Schnellverlader *m*; ~ *preneuse* Steingreifer *m*; ~ *racleuse* Schrapper *m*, Schrappschaufel *f*; ~ *racleuse à chenilles* Schürfkübelraupe *f*; **6.** Seilbahnkabine *f*.
benoît (bə'nwa) **I** *adj*. [7] **1.** sanft-, gut-mütig; glücklich; **2.** F scheinheilig; **II** ♀ *m* Benedikt *m*.
benzine (bɛ̃'zin) *f* Wasch-, Wundbenzin *n*; ⚗ Kohlenwasserstoff *m*; *Schweiz*: Benzin *n* (*als Treibstoff*); *vgl*. essence.
benzol (bɛ̃'zɔl) *m* Benzol *n*.
béotien (beɔ'sjɛ̃) *adj*. [7c] *fig*. plump, beschränkt, primitiv.
béotisme (~'tism) *m* Geschmacklosigkeit *f*, Unwissenheit *f*.
béqueter (bek'te) *v/t*. [1e] *Vögel*: picken; P fressen, F futtern; *a*. *bécqueter*.
béquillard (beki'ja:r) *adj. u. su*. [7] Krückengänger *m*, Greis *m*.
béquille (be'kij) *f* **1.** Krücke *f*; **2.** ✈ ~(*arrière*)(Schwanz-)Sporn *m*; **3.** ⊕, ⚓ Stütze *f*; **4.** Türdrücker *m* (*zur Öffnung e-s Schlosses*).
béquiller (beki'je) [1a] *v/i*. an Krücken gehen.
béquillon (beki'jɔ̃) *m* Krückstock *m*.
ber (bɛ:r) *m* Ablaufschlitten *m beim Schiffsbau*. [berisch, Berber *m*.]
berbère (bɛr'bɛ:r) *adj. u.* ♀ *su*. ber-
bercail (*ohne pl*.) (bɛr'kaj) *m* Schafstall *m*; *fig*. Schoß *m* der Kirche *od*. Familie, Heimat *f*, Zuhause *n*.
berceau (bɛr'so) *m* [5b] **1.** Wiege *f*; *fig*. Kindheit *f*; Ursprungsort *m*; Heimat *f*; Entstehung *f*, Anfang *m*; **2.** ⚠ Gewölbebogen *m*; Dachüberstand *m*; **3.** ~ (*de verdure*) Laube *f*; Laubengang *m*.
berce|lonnette (bɛrsəlɔ'nɛt) *f* Hängewiege *f* (*für Babys*); **~ment** (bɛrsə'mɑ̃) *m* Wiegen *n*.
bercer (bɛr'se) [1k] **I** *v/t*. **1.** wiegen, schaukeln; *fig*. ~ *de promesses* mit Versprechungen hinhalten; **2.** *fig*. einschläfern; **II** *v/rfl*. *se* ~ sich schaukeln; *fig*. *se* ~ *d'espérances* sich leere Hoffnungen machen.
berceur (bɛr'sœ:r) *adj*. [7c] einlullend.
berceuse (bɛr'sø:z) *f* **1.** ♪ Wiegenlied *n*; **2.** Schaukel-wiege *f*, -stuhl *m*; **3.** Kinderfrau *f*. [Misere *f*.]
berdouille P (bɛr'duj) *f* Dreck *m*;
béret (be'rɛ) *m* Baskenmütze *f*.
bergamote (bɛrga'mɔt) *f* **1.** Bergamottbirne *f*; **2.** Bergamotte *f* (*Art Orange, Zitrusfrucht*).
berge (bɛrʒ) *f* **1.** Uferböschung *f*, steile Böschung *f*; steiles Ufer *n*; **2.** ⚓ Barke *f*.
berger (bɛr'ʒe) *su*. [7b] **1.** Schäfer *m*; *a*. *fig*. Führer *m*; *étoile f du* ~ Abendstern *m*, Venus *f*; *zo*. ~ *allemand* deutscher Schäferhund *m*; **2.** *l'heure f du* ~ Schäferstunde *f*, günstiger Augenblick *m*.
bergerade (bɛrʒə'rad) *f* Schäferlied *n*, -gedicht *n*, -szene *f*.
bergère (bɛr'ʒɛ:r) *f* **1.** Schäferin *f*; **2.** gepolsterter Lehnsessel *m*; **3.** P Ehefrau *f*.
berge|rette (bɛrʒə'rɛt) *f* **1.** junge Schäferin *f*; **2.** Hirtenlied *n*; **3.** *orn*. Bachstelze *f*; **~rie** (~'ri) *f* **1.** Schafstall *m*, Schäferei *f*; **2.** Schäfergedicht *n*. [Bachstelze *f*.]
bergeronnette *orn*. (bɛrʒərɔ'nɛt) *f*
bergsonisme *phil*. (bɛrksɔ'nism) *m* Lehre *f* Bergsons.

berle ⚘ (bɛrl) *f* Berle *f*, Wassereppich *m*.
berline (bɛr'lin) *f* **1.** † Berline *f* (*Reisewagen*); Kutsche *f*; **2.** *Auto*: (Zweisitzer-)Limousine *f*; **3.** ⚒ Grubenwagen *m*, Hund *m*.
berlingot (bɛrlɛ̃'go) *m* **1.** † Halbberline *f*; **2.** F schlechter Wagen *m*, Rumpelkiste *f*; **3.** Karamelbonbon *m*; **4.** ~ *de lait* Milchtüte *f*.
berlinisme (bɛrli'nism) *m* Berliner Redensart *f*.
berlinois (bɛrli'nwa) *adj. u.* ♀ *su.* [7] berlinisch; Berliner *m*.
berloque (~'lɔk) *f s. breloque*.
berlu F (bɛr'ly) *m* Faselhans *m*.
berlue (~) *f* Geblendetsein *n*, Flimmern *n* vor den Augen; *avoir la* ~ *fig.* mit Blindheit geschlagen sein, (völlig) auf dem Holzwege sein *fig.*
berme ⚔ (bɛrm) *f* Grabenabsatz *m*.
bernacle (bɛr'naklə) *f* Entenmuschel *f*.
bernardin (~nar'dɛ̃) *rl. m* Bernhardinermönch *m*; **~e** (~'din) *f* Bernhardinernonne *f*.
bernard-l'(h)ermite *zo.* (bɛrnarlɛr'mit) *m* Einsiedlerkrebs *m*.
berne (bɛrn) *f* **1.** ⚓ *en* ~ halbmast; *mettre le pavillon en* ~ halbmast flaggen; **2.** Fuchsprellen *n*, scherzhaftes Hinaufschleudern j-s auf gespannter Decke durch vier Personen; **~ment** (~nə'mɑ̃) *vgl. berne* **2.**
berner (bɛr'ne) *v/t.* [1a] j-n auf e-r gespannten Decke in die Höhe schleudern; auf an 4 Ecken gespannter Decke emporspringen lassen; *fig.* foppen, aufziehen, zum besten halten; sich lustig machen über (*acc.*); *fig.* übers Ohr hauen (*bei e-m Geschäft*).
bernique P (bɛr'nik): ~! *int.* ja Kuchen!, umsonst!, vergeblich!, weitgefehlt!, denkste!
bertillonnage ⚖ (bɛrtijɔ'na:ʒ) *m* Fingerabdruckverfahren *n*.
besace (bə'zas) *f* **1.** Quer-, Bettelsack *m*; *fig.* Bettelstab *m*; F *fig. réduire* (*od. mettre*) *q. à la* ~ j-n an den Bettelstab bringen; **2.** *fig.* Last *f*, Kreuz *n*; *chacun a sa* ~ jeder hat sein Kreuz im Leben.
besaigre (bə'zɛ:grə) **I** *adj.* säuerlich; **II** *m tourner au* ~ e-n Stich ins Säuerliche bekommen.
besaiguë ⊕ (bəzɛ'gy) *f* Glaserhammer *m*; *charp.* Band-, Quer-, Stich-axt *f*.
besant *hist.* (bə'zɑ̃) *m* **1.** Byzantiner *m* (*Münze*); **2.** ⚠ ~*s pl.* Kugelfries *m*.
bésef P (be'zɛf) *adv.* viel.
besicles *iron.* (bə'ziklə) *f/pl.* Brille *f*.
beso|gne *etwas* F (bə'zɔɲ) *f* (*zu leistende*) Arbeit *f*; ~ *mal faite* Stümperei *f*; *rude* ~ saure Arbeit *f*; *fig. tailler de la* ~ *à q.* j-m zu schaffen machen; *abattre de la* ~ viel (Arbeit) schaffen; *aller vite en* ~ rasch vorgehen, zu schnell handeln; *avoir de la* ~ zu tun haben; *donner de la* ~ *à q.* j-m viel zu schaffen machen; *s'endormir sur la* ~ nachlässig arbeiten; *faire de bonne* ~ gute Arbeit machen; *se mettre à la* ~ sich an die Arbeit machen; *faire plus de bruit que de* ~ mehr mit dem Munde arbeiten, mehr reden als leisten; *aimer la* ~ *faite* sich vor der Arbeit drücken, sich kein Bein ausreißen, die Arbeit scheuen; **~gner** (~'ɲe) *v/i.* [1a] (schwer) arbeiten; **~gneux** (bəzɔ'ɲø) *adj. u. su.* [7d] bedürftig(e Person *f*).
besoin (bə'zwɛ̃) *m* **1.** Not *f*, Armut *f*, Bedürftigkeit *f*; *être dans le* ~ in Not sein; Not leiden; *être à l'abri du* ~ keine Not leiden; **2.** Bedürfnis *n*, Bedarf *m*, Erfordernis *n*; *avoir* ~ *de* (*od. que*) ... nötig haben, brauchen; *selon les* ~*s* nach Bedarf; ~*s pl. énergétiques* (*od. d'énergie*) Energiebedarf *m*; *sans* ~*s* bedürfnislos; genügsam; *au* ~, *en cas de* ~, *si* ~ *est*, *s'il* (*en*) *est* ~ im Notfall, nötigenfalls, wenn es not tut; im Bedarfsfall; **3.** ~*s pl.* natürliches Bedürfnis; *faire ses* ~*s* s-e Notdurft verrichten **4.** ✝ (*adresse f au* ~) Notadresse *f* (*beim notleidenden Wechsel*).
bessemer ⚒ (bɛs'mɛ:r) *m* [*a. convertisseur* 9] Bessemerbirne *f*.
besson *dial.* (bɛ'sɔ̃) *su. u. adj.* [7c] Zwilling(s...) *m*.
bestiaire (bɛs'tjɛ:r) *m* **1.** Tierfechter *m*; **2.** Tierbuch *n*.
bestial (bɛs'tjal) *adj.* [5c] □ viehisch, roh.
bestiali|ser (bɛstjali'ze) [1a] **I** *v/t.* dem Vieh gleichstellen; **II** *v/rfl. se* ~ vertieren, verrohen; **~té** (~'te) *f* Roheit *f*, tierische Handlungsweise *f*, Bestialität *f*.
bestiaux (bɛs'tjo) *m/pl.* Rind-, Zug-vieh *n*.
bestiole (bɛs'tjɔl) *f* Tierchen *n*.
bêta *m*, **bêtasse** *f* F (bɛ'ta, bɛ'tas) *su. u. adj.* Erzdummkopf *m*; dumm, urdoof P.

bétail (be'taj) *m* (*pl. bestiaux, s. dort*) Vieh *n*; *gros* ~ Großvieh *n*, Kühe u. Pferde *pl.*; *menu* ~, *petit* ~ Kleinvieh *n*.

bêtatron *at.* (bɛta'trɔ̃) *m* Betatron *n*, Elektronenschleuder *f*.

bête (bɛ:t) **I** *f* **1.** Tier *n*; ~*s pl. à cornes* Hornvieh *n*; ~*s pl. à poil* Schweine *n/pl. u.* Ziegen *f/pl.*; ~*s pl. de somme* Lasttiere *n/pl.*; ~*s pl. de trait* Zugvieh *n*; *fig. chercher la petite* ~ ein Haar in der Suppe suchen, alles bekritteln; *remonter sur sa* ~ wieder zu Ansehen kommen; *il est ma* ~ *noire od. ma* ~ *d'aversion* er ist mir absolut zuwider *od.* ein Greuel; ich hasse ihn wie die Pest; ich kann ihn nicht ausstehen; **2.** Hochwild *n*; ~*s pl. fauves* Rotwild *n*; ~*s pl. noires* Schwarzwild *n*; **3.** ~*s (féroces) pl.* wilde Tiere *n/pl.*; **4.** *ent.* ~ *à bon Dieu* Marienkäfer *m*; **5.** *fig.* dumme Person *f*; *c'est une bonne* ~ er ist ein gutmütiger Trottel; F *faire la* ~ sich dumm stellen; *n'allez pas faire la* ~*!* seien Sie doch kein Narr!; **6.** *Kartenspiel*: Strafeinsatz *m*; *tirer (od. gagner) la* ~ Bete machen; **II** *adj.* □ dumm, albern, einfältig; ~ *comme une oie*, ~ *comme un dindon*, ~ *comme ses pieds* saudumm P.

bêtement (bɛt'mɑ̃) *adv.* dummerweise; *tout* ~ gedankenlos, unbesonnen.

bêtifier (bɛti'fje) *v/t.*, *v/i.* verdummen.

bêtise (bɛ'ti:z, be'ti:z) *f* Dummheit *f*, Unverstand *m*; *fig.* Kleinigkeit *f*; Bagatelle *f*, Lappalie *f*; *par* ~ aus Dummheit; *dire des* ~*s* dummes Zeug reden; *lâcher une* ~ e-e Dummheit ungewollt aussprechen.

bêtiser (beti'ze) *v/i.* [1a] Dummheiten sagen *od.* machen; Dummheiten anstellen; sich dumm stellen.

béton (be'tɔ̃) *m* Beton *m*; ~ *armé* Eisenbeton *m*; ~ *à air occlus* Porenbeton *m*; ~ *à (od. au) gaz*, ~*-gaz* Gasbeton *m*; ~ *banché* Schüttbeton *m*; ~ *cellulaire* Zellenbeton *m*; ~ *centrifugé* Schleuderbeton *m*; ~ *confectionné in situ* Ortsbeton *m*; ~ *coulé* Schleuder-, Schüttelbeton *m*; ~ *damé* Stampfbeton *m*; ~ *décoratif* Sichtbeton *m*; ~ *frais* Frischbeton *m*; ~ *de laitier* Schlackenbeton *m*; ~ *léger (lourd)* Leicht-(Schwer-)beton *m*; ~ *manufacturé* Betonstein *m*; ~ *monograin* Einkornbeton *m*; ~*-mousse* Schaumbeton *m*; ~ *ocraté* Ocratbeton *m*; ~ *de pierre ponce* Bimsbeton *m*; ~ *poreux* Porenbeton *m*; ~ *précontraint* Spannbeton *m*; ~ *vibré* vibrierter Beton *m*; ~**nage** (~ɔ'na:ʒ) *m* Betonierung *f*; ~**ner** (~ɔ'ne) *v/t.* [1a] betonieren; ~**nière** (~ɔ'njɛ:r) *f* Betonmischmaschine *f*, Betonmischer *m*.

bette (bɛt) *f* Mangold *m*, Beete *f*.

bettera|ve (bɛ'tra:v) *f* **1.** ~ *fourragère* Runkel-, Futter-rübe *f*; ~ *à sucre*, ~ *sucrière* Zuckerrübe *f*; **2.** F *fig. nez m de* ~ Gurke *f*, Zinken *m* (*rote Nase*); ~**verie** (~ra'vri) *f* Rübenzuckerfabrik *f*; ~**vier** (~'vje) [7b] **I** *adj.*: *culture f betteravière* Rübenanbau *m*; **II** *m* Rübenbauer *m*.

beugl|ant P (bø'glɑ̃) *m* Tingeltangel *m*; ~**er** (~'gle) *v/i.* brüllen (*Rindvieh, Mensch*); *rad.* in voller Lautstärke ertönen.

beurre (bœ:r) **I** *m* Butter *f*; ~ *de cuisine* (*à frire, végétal* Koch- (Back-, Pflanzen-)butter *f*; ~ *artificiel*, *a.* ~ *végétal* Kunstbutter *f*; *lait m de* ~ Buttermilch *f*; ~ *noir* (*od. roux*) braune Butter *f*; *œil m au* ~ *noir* blaue(s) Auge *n*; ~ *rance* ranzige Butter *f*; *petit* ~ Butterkeks *m*; F *tenir l'assiette au* ~ an der Krippe sitzen; F *faire son* ~ *fig.* sein Schäfchen ins trockene bringen, auf s-e Kosten kommen; *on y entre comme dans du* ~ das läßt sich leicht schneiden; *c'est du* ~ *sur (od. dans) ses épinards* das bedeutet e-e zusätzliche Einnahme für ihn (für sie); *mettre du* ~ *dans les épinards (od. sur son pain)* die pekuniäre Lage verbessern; *cela ne met pas de* ~ *dans les épinards fig.* das macht den Kohl nicht fett; **II** *adj.* hell-, butter-gelb.

beur|ré (bœ're) *m* Butterbirne *f*; ~**rée** (~) *f* Butterbrot *n*; ~**rer** (~) *v/t.* [1a] mit Butter bestreichen; ~**rerie** (bœr'ri) *f* Butter-industrie *f*, -fabrik *f*; Meierei *f*; ~**rier** (~'rje) **I** [7b] *adj.* Butter...; *centre m* ~ Haupt-ort *m*, -gegend *f* der Butterfabrikation; **II** *su.* Butterhändler *m*; **III** *m* Butterdose *f*; ~**rier-glacière** (~gla'sjɛ:r) *m* [6a] Butterkühler *m*; ~**rière** (~'rjɛ:r) *f* Buttermaschine *f*.

beuverie (bœ'vri) *f* Sauferei *f*, Zecherei *f*.

bévatron *at.* (beva'trɔ̃) *m* Bevatron *n*, Protonenschleuder *f*.

bévue (be'vy) *f* Versehen *n*, Schnitzer *m*; Mißgriff *m*; *faire (od. commettre) une* ~ sich versehen, e-n Bock schießen.
bézef P (be'zɛf) *adv.* viel.
biais (bjɛ) **I** *adj.* [7] □ **1.** schräg; **II** *m* **2.** schräge Linie *f od.* Richtung *f*; schiefe Ebene *f*; **3.** ⚠ Schräge *f*; *men.* Gehrung *f*; *Mode*: schräge Garnierung *f*; schräger Stoffschnitt *m*; **4.** *fig.* Dreh F *m*, Ausweg *m*; **5.** *prendre le bon* ~ *fig.* etw. richtig anpacken *od.* anfangen; *prendre q. de biais* j-m auf geschickte Weise beikommen; **6.** *advt. en* ~, *de* ~ schief, schräg, von der Seite; schräg durch (*schneiden*); auf Umwegen.
biais|ement (bjɛz'mɑ̃) *m* Abweichen *n* von der geraden Linie; Schrägfahren *n*; **~er** (~'ze) *v/i.* [1b] schief (*od.* schräg) laufen, von der geraden Linie abweichen, schief sein; *fig.* Winkelzüge (*od.* Umschweife) machen; drum herumreden; ~ *avec qch.* mit etw. vorsichtig umgehen.
biannuel (bia'nɥɛl) *adj.* [7c] zweimal im Jahre erscheinend.
bib P ⚔ (bib) *m* Arzt *m* (s. *toubib*).
bibe|lot (bi'blo) *m* Kleinigkeit *f*, Nippsache *f*; **~lo(t)ter** F (biblɔ'te) *v/i.* [1a] Nippsachen (ver)kaufen *od.* sammeln; *fig.* sich mit Kleinkram beschäftigen; **~loteur** F (~'tœ:r) *su.* [7g] Verkäufer *m* (*od.* Sammler *m*) von Nippsachen.
biberon (bi'brɔ̃) [7c] **1.** *m* Saugflasche *f* (*für Kinder u. Kranke*); *élever au* ~ mit der Flasche aufziehen; **2.** P *plais.* Säufer *m*; **~ner** P (bibrɔ'ne) *v/i. u. v/t.* saufen P, trinken.
bibi (bi'bi) *m* **1.** P ich; *chez* ~ bei mir; *c'est pour* ~ das ist für mich; *Verb in der 3. Pers./sg.*: ~ *aime le bon vin* ich trinke gern guten Wein; **2.** F Bibi *m* (*kleine Damenkappe*).
bibine P (bi'bin) *f* Gesöff *n*.
Bible ('biblə) *f* Bibel *f*, Heilige Schrift *f*; *papier m* ♀ Dünndruckpapier *n*.
biblio|graphe (bibliɔ'graf) *m* Bibliograph *m*, Bücherkenner *m*; **~graphie** (~gra'fi) *f* **1.** Bücherkunde *f*; **2.** Bibliographie *f*, Büchernachweis *m*, -verzeichnis *n*, Literatur *f* (*über etw.*); **~graphique** (~gra'fik) *adj.* □ bibliographisch; **~mane** (~'man) *su.* eifriger Sammler *m* von (*bsd. von seltenen*) Büchern; Büchernarr *m*; **~manie** (~ma'ni) *f* Bibliomanie *f*, Büchersucht *f*; **~phile** (~'fil) *su.* Bücherfreund *m*, -liebhaber *m*; **~philie** (~fi'li) *f* Bücherliebhaberei *f*; **~thécaire** (~te'kɛ:r) *su.* Bibliothekar *m*, Bücherverwalter *m*; **~thécologie** (~tekɔlɔ'ʒi) *f* Bibliothekskunde *f*; **~thèque** (~'tɛk) *f* **1.** Bibliothek *f*, Bücherei *f*, Büchersammlung *f*; ~ *de prêt* Leihbücherei *f*, Leihbibliothek *f*, Buchverleih *m*; ~ *choisie* Handbibliothek *f*; ~ *circulante* Wanderbücherei *f*; ~ *populaire* Volksbücherei *f*; ~ *de présence* Präsenzbibliothek *f*; ~ *scolaire* Schulbibliothek *f*; **2.** (*großer*) Bücherschrank *m*; **3.** Bibliothek(sgebäude *n*) *f*; **4.** Bibliotheks-saal *m*, -zimmer *n*; **5.** *fig. c'est une* ~ *vivante* er ist ein wandelndes Wörterbuch *n*.
biblique (bi'blik) *adj.* biblisch; *Société f* ~ Bibelgesellschaft *f*.
biblorhapte ✝ (biblɔ'rapt) *m* Schnellhefter *m*.
bicarbo|nate ⚗ (bikarbɔ'nat) *m*: ~ *de soude* Bullrichsalz *n*, doppeltkohlensaures Natron *n*; **~né** ⚗ (~'ne) *adj.* doppeltkohlensauer.
bicéphale (bise'fal) *adj.* doppelköpfig; Doppel...
biceps (bi'sɛps) *adj. u. m anat.* (*muscle m*) ~ *du bras* zweiköpfiger Armmuskel *m*; F *avoir du* ~ kräftig, muskulös sein.
biche (biʃ) *f* **1.** *ch.* Hirschkuh *f*, Hindin *f*; **2.** F *fig. ma* ~ mein süßer Engel *m*.
bicher P (bi'ʃe) *v/i.* [1a] gut gehen; *ça biche?* geht's gut?
bichette (bi'ʃɛt) *f* **1.** junge Hindin *f*; **2.** F *ma petite* ~ mein kleiner, lieber Engel *m*.
bichon (bi'ʃɔ̃) **I** *su.* [7c] Bologneserhündchen *n* (*langhaariger Schoßhund*); *fig.* F *mon* ~, *ma* ~*ne* (~'ʃɔn) mein Kleines; **II** *m* kleines Kissen *n zum Bürsten des Zylinderhuts.*
bichonner (biʃɔ'ne) *v/t. u. se* ~ [1a] **1.** (sich) feinmachen *od.* putzen; **2.** Kind verhätscheln.
bichonnet * (biʃɔ'nɛ) *m* Kinn *n*.
bicolore (bikɔ'lɔ:r) *adj.* zweifarbig.
bicon|cave *opt.* (bikɔ̃'ka:v) *adj.* bikonkav, beiderseits hohl; **~vexe** *opt.* (~'vɛks) *adj.* bikonvex, beiderseits erhaben.
bicoque *péj.* (bi'kɔk) *f* Bruchbude *f*,

Schabrake *f*, armseliges (*od.* altmodisches) Haus *n*.

bicorne (bi'kɔrn) **I** *adj.* zweihörnig, mit zwei Spitzen; **II** *m* zweispitziger Hut *m*.

bicot (bi'ko) *m* **1.** F Zicklein *n*; **2.** *a. mv.p.* Araber *m*.

bicy¦clette (bisi'klɛt) *f* Fahrrad *n*, Rad *n*; ~ *de course* Rennrad *n*; *aller à* (F *en*) ~ radfahren; ~ *à moteur auxiliaire* Fahrrad *n* mit Hilfsmotor; ~ *aquatique*, ~ *nautique*, ~ *hydro-glisseur* Wasserfahrrad *n*; **~cliste** (~'klist) *su.* Radfahrer *m*; *mst. cycliste*.

Bidanes (bi'dan) *m/pl.* Mauren *m/pl.*

bidasse * ⚔ *etw. iron.* (bi'das) *m* Soldat *m*; Landsertyp *m*.

bide P (bid) *m* Bauch *m*; *tomber sur le* ~ e-e Enttäuschung durchmachen; *ne rien avoir dans le* ~ mutlos sein, das Herz in der Hosentasche haben P.

bidet (bi'dɛ) *m* **1.** kleines Pferd *n*, Klepper *m*; **2.** Sitzbecken *n*, Bidet *n*.

bidoche P (bi'dɔʃ) *f* Fleisch *n*.

bidon (bi'dɔ̃) **I** *m* **1.** Kanne *f*, Kanister *m*; ~ *à pétrole* Petroleumkanne *f*; ~ *à huile* Ölkanne *f*; ~ *de réserve*, ~ *de rechange* Reservetank *m*, -kanister *m*; ~ *à essence* Benzinbehälter *m*; **2.** ⚔ Feldflasche *f*; **3.** P Bauch *m*, Pansen *m* P; P *c'est pas du* ~ das ist mein voller Ernst *m*; **II** *adj./m* gefälscht; **~ner** P (bidɔ'ne) *v/rfl.*: *se* ~ P sich kringeln (*vor Lachen*).

bidonville (bidɔ̃'vil) *m* Elendsviertel *n*.

bidule * (bi'dyl) *m* Dingsda *n*.

bief (bjɛf) s. *biez*.

bielle ⊕ (bjɛl) *f*, *a.* ~ *motrice* Pleuel-, Lenk-, Kurbel-stange *f*; *Auto*: ~ *d'accouplement* Kupplungsstange *f*; ~ *de direction* Lenkschenkel *m*.

bien (bjɛ̃) **I** *m* **1.** das Gute *n*, Wohl *n*, Vorteil *m*, Gut *n*; *c'est pour votre* ~ das geschieht zu Ihrem Vorteil; *le souverain* ~ das höchste Gut *n*; ~*s pl. spirituels* Geistesgüter *n/pl.*; ~*s pl. temporels od. terrestres od. de ce monde* irdische Güter *n/pl.*; *le* ~ *public* das Gemeinwohl *n*; *le* ~ *général* das allgemeine Beste *n*; *dire du* ~ *de* gut sprechen von (*dat.*); *faire le* ~ gut handeln; *faire du* ~ *à q.* j-m Gutes tun; *faire du* ~ *à qch.* e-r Sache nützen, etw. fördern; *cela vous fait du* ~ das tut e-m wohl (*od.* gut); *homme m de* ~ anständiger, guter Mensch *m*; *gens pl. de* ~ anständige (*od.* gerechte) Menschen *m/pl.*; **2.** Vermögen *n*, Habe *f*; ~ *patrimonial* väterliches Erbteil *n*; *communauté f de* ~*s* Gütergemeinschaft *f*; *recèlement m de* ~*s* Vermögensverschiebung *f*; *séparation f de* ~*s* Gütertrennung *f*; ~*s pl. meubles et immeubles* bewegliches u. unbewegliches Gut *n*; ~ *d'autrui* fremdes Gut *n*; *périr corps et* ~*s* mit Mann u. Maus untergehen; **3.** Landgut *n*, Gut *n*; **4.** *advt. à* ~ zum guten; *en* ~ in günstigem Sinne; *mener une entreprise à* ~ ein Unternehmen zu e-m guten Ende bringen; *changement m en* ~ Besserung *f*, Umschwung *m* zum Besseren; **II** *adv.* **5.** gut, wohl, wohlauf; gemütlich: *on est* ~ *ici* hier ist's gemütlich; *aller* ~ a) gut sitzen, gut stehen; b) sich wohl befinden; c) gut gehen, glücklich ablaufen; ~ *élevé* wohlerzogen, gut erzogen; *être* ~: a) gut (*od.* bequem) sitzen, stehen *od.* liegen; b) *von e-m Kranken*: außer Gefahr sein, wohlauf sein, sich viel besser fühlen; c) sich in guten Verhältnissen befinden, es gut haben; d) ein angenehmes Äußere haben, hübsch sein; *être* ~ *avec q.* sich mit j-m gut stehen (*vgl. bon* 5.); *être* ~ *ensemble* einträchtig leben, befreundet sein; *c'est* ~ schon gut; ~ *fait* wohl-gebaut, -gebildet; *vous avez* ~ *fait* Sie haben wohl daran getan; *c'est* ~ *fait* es geschieht dir recht; *comme* ~ *vous pensez* wie Sie wohl denken können; *il se porte* ~ *od. il est* ~ *portant od. il va* ~ er ist wohl(auf), er befindet sich wohl, es geht ihm gut; *portez-vous* ~! leben Sie wohl!; *je ne me sens pas* ~ *od. je ne suis pas* ~ ich fühle mich nicht wohl; ⚘ *venir* ~ gut gedeihen; *nous verrons* ~ wir werden schon sehen; *fort* ~ sehr gut; *tant* ~ *que mal* so gut wie möglich, wohl oder übel, so so; *bel et* ~ ganz einfach, schlechthin; *tout cela est bel et* ~, *mais* ... alles gut u. schön, aber ...; **6.** sehr, recht, wirklich, ganz; ~ *malade* sehr krank; *je l'aime* ~ ich habe ihn sehr lieb; *j'en suis* ~ *aise* das freut mich sehr; *je suis* ~ *heureux de te voir* ich bin sehr glücklich, dich zu sehen; *c'est* ~ *lui er* ist es in der Tat; das sieht ihm ähnlich!; *c'est* ~ *cela* das ist ganz richtig; ~ *au contraire* ganz im Gegenteil; **7.** gern; *je voudrais ~ savoir* ich möchte gern wissen; **8.** ausdrücklich; ~ *spécifier* ausdrücklich sagen; *il est ~ entendu que* ... es versteht sich von selbst, daß ...; **9.** allerdings, zwar, freilich; **10.** ungefähr, wohl, etwa; **11.** *mit de u. Artikel*: sehr viel; ~ *de l'argent* (sehr) viel Geld; ~ *de la peine* sehr viel Mühe; *il y avait ~ du monde* es waren allerhand Leute da; *aber*: ~ *d'autres* noch viele (*od.* noch ganz) andere; **12.** *eh ~!* nun!; **13.** ~ *autrement* ganz anders; ~ *plus* (ja) noch mehr; *quand ~ même* selbst wenn; *ou ~* oder aber; **III** *adj./inv.* **14.** *un homme ~* ein anständiger Mensch; *les gens ~* die feinen Leute; **IV** *cj.* **15. bien que** obgleich, wenn ... auch, obschon, obwohl (*immer mit subj.*); **16.** *si bien que* so daß; **17.** *aussi bien que* ebenso wie.

bien|-aimé (bjɛ̃nɛ'me) *adj. u. su.* vielgeliebt; Liebling *m*; **~-dire** (bjɛ̃'di:r) *m* Redegewandtheit *f*; **~-disant** (~di'zɑ̃) [7] *adj.* beredt; **~-être** (~'nɛtrə) *m* **1.** Wohlbefinden *n*; **2.** Wohlstand *m*; **~-faire** (bjɛ̃-'fɛ:r) *m* Gutes tun, Wohltun *n*.

bienfai|sance (~fə'zɑ̃:s) *f* Wohltätigkeit *f*; *bureau m de ~* Wohlfahrts-, Fürsorge-amt *n*; *buts m/pl. de ~* mildtätige Zwecke *m/pl.*; **~sant** (~fə'zɑ̃) *adj.* [7] **1.** wohltätig; **2.** erquickend, heilsam, wohltuend.

bien|fait (bjɛ̃'fɛ) *m* **1.** Wohltat *f*; **2.** Gefälligkeit *f*, Dienst *m*; **~faiteur** (~fɛ'tœ:r) [7f] **I** *su.* Wohltäter *m*; **II** *adj.* wohltätig.

bien|-fondé ⚖ (~fɔ̃'de) *m*: *le ~ d'une réclamation* die Berechtigung *f* (*od.* Notwendigkeit *f*) e-r Klage; **~-fonds** (~'fɔ̃) *m* [6b] Grundstück *n*; *pl. biens-fonds* Liegenschaften *f/pl.*

bienheureux (bjɛ̃nœ'rø) [7d] **I** *adj.* **1.** glücklich, glückselig; **2.** *rl.* selig (gesprochen); **II** *su. rl.* Seliger; *fig. avoir l'air d'un ~* ein verklärtes Aussehen haben.

bien-intentionné (~nɛ̃tɑ̃sjɔ'ne) *adj.* wohlmeinend, wohlgemeint.

bien-jugé ⚖ (~ʒy'ʒe) *m* Recht-, Gesetzes-mäßigkeit *f*.

biennal (bjɛ'nal) *adj.* [5c] (*nach su.*) a) zweijährig, zwei Jahre dauernd; b) alle 2 Jahre stattfindend; **~e** (~) *f* Biennale *f*.

bien-pensant (bjɛ̃pɑ̃'sɑ̃) [*pl.* ~*s*] *adj. u. sn.* spießbürgerlich; Spießbürger *m*, Spießer *m*.

bien|séance (bjɛ̃se'ɑ̃:s) *f* Anstand *m*, Anständigkeit *f*, Schicklichkeit *f*; **~séant** (~se'ɑ̃) *adj.* [7] (*mst. nach su.*) schicklich.

bientôt (bjɛ̃'to) *adv.* bald, nächstens; *à ~!* auf baldiges Wiedersehen!; *c'est ~ dit* das ist leicht gesagt.

bienveil|lance (bjɛ̃vɛ'jɑ̃:s) *f* Wohlwollen *n*, Gunst *f*; **~lant** (~'jɑ̃) *adj.* [7] wohlwollend; *peu ~* unfreundlich.

bienve|nu (bjɛ̃v[ə]'ny) *adj. u. su.* willkommen; *soyez le* (*la*) *~(e)!* seien Sie (mir) willkommen!; **~nue** (~) *f* **1.** glückliche Ankunft *f*; **2.** Willkommen *n*, freundlicher Empfang *m*; *salut m de ~* freundliche Begrüßung *f*; *je vous souhaite la plus cordiale ~* ich heiße Sie herzlichst willkommen; **3.** Antrittsschmaus *m*; *payer sa ~* s-n Einstand geben.

bière¹ (bjɛ:r) *f* Bier *n*; ~ *blanche* Weißbier *n*; ~ *blonde* helles Bier, ~ *brune* dunkles Bier; ~ *forte*, ~ *de garde* Lagerbier *n*; *petite ~* Dünnbier *n*; F *se débarrasser d'une mauvaise ~* sich von etw. Wertlosem trennen.

bière² *fast* F (~) *f* Bahre *f*, Sarg *m*; [*mettre en ~* aufbahren.]

biez (bjɛ) *m* **1.** Staustrecke *f*; **2.** ~ (*de moulin*) Mühlgerinne *n*.

biffe * ⚔ (bif) *f* Infanterie *f*.

biffer (bi'fe) *v/t.* [1a] **1.** aus-, durchstreichen; ~ *les mentions inutiles*, ~ *ce qui ne convient pas* Nichtzutreffendes zu durchstreichen; *vgl. rayer*; **2.** ⚖ für ungültig erklären.

biffin P (bi'fɛ̃) *su.* [7] **1.** Lumpensammler *m*; **2.** ⚔ Muschkote *m*, Infanterist *m*.

bifide ♀ (bi'fid) *adj.* zweispaltig.

bifilaire ⚡ (bifi'lɛ:r) *adj.* Zweidraht...

biflore ♀ (bi'flɔ:r) *adj.* zweiblumig.

bifocal (~fɔ'kal) *adj.* [5c] bifokal, mit zwei Brennpunkten versehen.

bifolié ♀ (bifɔ'lje) *adj.* zweiblättrig.

bifteck (bif'tɛk) *m* Beefsteak *n*; P *gagner son ~* sein Brot verdienen.

bifur|cation (bifyrkɑ'sjɔ̃) *f* Gabelung *f*, Abzweigung *f*; **~quer** (bifyr'ke) *v/i. u.* **se ~** [1m] sich (gabelförmig) teilen; *fig.* sich spalten; 🚂 sich abzweigen.

bigam|e (bi'gam) **1.** *m* Bigamist *m*; **2.** *adj.* bigamisch; in Doppelehe lebend; **~ie** (biga'mi) *f* Doppelehe *f.*

bigara|de ♀ (biga'rad) *f* bittere Pomeranze *f*; **~dier** (~'dje) *m* bitterer Pomeranzenbaum *m.*

bigarré (biga're) *adj.* bunt(scheckig).

bigarreau (biga'ro) *m* [5b] Herzkirsche *f.*

bigar|rer (biga're) *v/t.* [1a] (*mst. mv.p.*) bunt(scheckig) machen *od.* anstreichen; **~rure** (~'ry:r) *f* Buntscheckiges *n*, buntes Allerlei *n*; *fig.* wirres Durcheinander *n*; ~ *du style* Vermengung *f* verschiedenartiger Stilrichtungen.

bigle *m*, **biglesse** *f* ('bi:glə, bi'glɛs) **I** *adj. u. su.* schielend; Schielender *m*; **II** englischer Windhund *m.*

bigorne (bi'gɔrn) *f* Hornamboß *m*; * Argot *m*; * *jaspiner* (*od. rouscailler*) ~ Argot (*od.* Rotwelsch) sprechen.

bigorneau (bigɔr'no) *m* **1.** kleiner Amboß *m*; **2.** kleine, eßbare Muschel *f*; **3.** P ⚓ Kolonialmarineartillerist *m.*

bigorner (bigɔr'ne) *v/t.* [1a] ⊕ rund schlagen (*od.* schmieden); P kaputtmachen, beschädigen; ✈, ⚔ Flugzeug abschießen (*od.* runterholen); P drehen, fälschen; P *v/rfl.* *se* ~ sich prügeln.

bigot (bi'go) [7] **I** *adj.* frömmelnd; **II** *su.* Frömmler *m*; **III** *m* Weinbergshacke *f.*

bigot|erie (bigɔ'tri) *f*, **~isme** (~'tism) *m* Frömmelei *f.*

bigoudi (bigu'di) *m* Lockenwickel *m.*

bigre F ('bi:grə) *int.* verflucht!; Mensch!; Donnerwetter! (*Wut u. Verwunderung*); **~ment** F (bigrə'mɑ̃) *adv.* verflucht, riesig, sehr.

bigrille *rad.* (bi'grij) *f* Doppelgitterröhre *f.*

bigue (big) *f* **1.** ⚓ Bock *m zum Heben schwerer Lasten*; **2.** Ausbesserungsstütze *f*, Strebe *f.*

bihebdomadaire (biɛbdɔma'dɛ:r) *adj.* wöchentlich zweimal erscheinend, halbwöchentlich.

bijou (bi'ʒu) [5b] *m* Bijou *m*, Juwel *n*, Kleinod *n st.s.*

bijou|terie (biʒu'tri) *f* **1.** Juwelier-, Galanterie-waren *f/pl.*; Juweliergeschäft *n*; Juwelierarbeit *f*; **2.** Schmuck *m*, Geschmeide *n st.s.*; **~tier** (~'tje) *su.* [7b] Juwelier *m.*

bikbachi *arab.* ⚔ (bikba'ʃi) *m* Oberst *m.*

bikini (biki'ni) *m* Bikini *m.*

bilabial *phonét.* (bila'bjal) *adj.* [5c] bilabial, doppellippig.

bilan (bi'lɑ̃) *m* Bilanz *f*, Schlußrechnung *f*, Abschluß *m*; *fig.* Endergebnis *n*; ~ (*de l'exercice*) Rechnungsabschluß *m*; ~ *bénéficiaire* (*déficitaire*) Gewinn-(Verlust-)bilanz *f*; ~ *intérimaire* Zwischenbilanz *f*; *pallier un* ~ e-e Bilanz verschleiern; *phys.* ~ *énergétique* Energiehaushalt *m*; *fin.* ~ *approximatif* Überschlags-, Rohbilanz *f*; *dresser* (*od établir*) *un* ~ e-e Bilanz aufstellen (*od* ziehen); *déposer son* ~ die Bilanz beim Gericht niederlegen, sich für zahlungsunfähig erklären, Konkurs anmelden; s. *a. balance*; **~-or** (~'ɔ:r) *m* Goldbilanz *f.*

bilatéral (bilate'ral) *adj.* [5c] zwei-, wechsel-seitig; **~isme** (~'lism) *m a.* ✝ Zweiseitigkeit *f.*

bilboquet (bibɔ'kɛ) *m* **1.** Kugelfangspiel *n*; **2.** Stehaufmännchen *n.*

bil|e (bil) *f* Galle *f*; *fig.* üble Laune *f*, Zorn *m*; *échauffer la* ~ den Zorn erregen; *décharger* (*od. épancher*) *sa* ~ *sur q.* s-n Zorn an j-m auslassen; *se faire de la* ~ sich aufregen; **~er** F (bi'le) *v/rfl.* [1a]: *se* ~ sich Sorgen machen; Sorgen haben; sich aufregen; *te bile pas!* reg' dich nicht auf!, mach' dir keine Sorgen!; **~eux** P (~'lø) *adj.* [7d] leicht aufgebracht; *il n'est pas* ~ er läßt sich keine grauen Haare wachsen.

bili|aire *anat.* (bil'jɛ:r) *adj.* gallig, Galle führend; *calculs m/pl.* ~*s* Gallensteine *m/pl.*; **~eux** (~l'jø) *adj.* [7d] **1.** ⚕ gallig; *colique bilieuse, fièvre f bilieuse* Gallen-kolik *f*, -fieber *n*; **2.** *fig.* leicht erregbar (*od.* reizbar).

bilin|gue (bi'lɛ̃:g) **I** *adj.* **1.** *zo.* zweizüngig; **2.** zweisprachig; **II** *su.* jemand, der zwei Sprachen spricht; **~guisme** (~'gism) *m* Zwei-, Doppel-sprachigkeit *f.*

billard (bi'ja:r) *m* **1.** Billard(spiel *n*) *n*; *jouer au* ~ Billard spielen; *joueur m de* ~ Billardspieler *m*; *queue f de* ~ Billardstock *m*; (*table f de*) ~ Billardtisch *m*; *salle f de* ~ Billardzimmer *n*; *bille f de* ~ Billardkugel *f*; **2.** ⚕ F Operationstisch *m*; *passer* (*od. aller*) *sur le* ~ sich operieren lassen; **3.** F ausgezeichnete, gerade Landstraße *f*; **4.** F *c'est du* ~ das ist ganz einfach (*od.* kinderleicht), das geht ohne weiteres.

bille (bij) *f* **1.** Kugel *f*; Billard-kugel *f*, -ball *m*; Murmel *f*; *jouer aux ~s* (mit) Murmeln spielen; *roulement m à ~s* Kugellager *n*; *stylo m (à) ~* Kugelschreiber *m*; *~ d'acier* Stahlkugel *f*; **2.** *~ de bois* Holzklotz *m*; *~ de soufre* Schwefelstange *f*; *une ~ de chocolat* ein Riegel *m* Schokolade; **3.** P *fig.* (Dumm-)Kopf *m*, Birne *f* P, Omme *f* P, Nüschel *m* P; Gesicht *n*, Fratze *f* P, Visage *f* P.

billebaude (bij'bo:d) *f* Durcheinander *n*; *à la ~* drunter und drüber.

billet (bi'jɛ) *m* **1.** Briefchen *n*; *~ doux* Liebesbrief *m*; *je vous en donne (od.* F *fiche) mon ~!* ich gebe es Ihnen schriftlich!; ganz bestimmt!; totsicher!; **2.** Ankündigungs-, Bekanntmachungs-schreiben *n*; Einladungskarte *f*; Zettel *m*; Stimmzettel *m*; *~ quotidien* Tagesglosse *f* (*in e-r Zeitung*); *~ de confession* Beichtzettel *m*; ⚔ *~ de logement* Quartierzettel *m*; *~ de faire-part allg.* Familienanzeige *f*; Heirats-, Geburts-, Todes-anzeige *f*; **3.** Banknote *f*, Geldschein *m*; *~ de mille francs* Tausendfrankenschein *m*; **4.** † Schuldschein *m*, Wechsel *m*; *~ à domicile* domizilierter eigener Wechsel *m*; *~ à ordre* eigener (*od.* trockener) Wechsel *m*, Order-, Sola-wechsel *m*; *~ au porteur* Wechsel *m* auf den Inhaber; *~ de complaisance* Gefälligkeitswechsel *m*; *~ à vue* Sichtwechsel *m*; **5.** Karte *f*; *~ d'entrée* Eintrittskarte *f*; *~ de faveur* Freikarte *f*; *plais. prendre un ~ de parterre* der Länge nach hinfallen; **6.** 🚂 Fahr-karte *f*, -schein *m*; *~ d'aller et retour*, *~ de retour* Rückfahrkarte *f*; *~ bon dimanche*, *~ (d'aller et retour) du dimanche* Sonntagsrückfahrkarte *f*; *~ de fin de semaine*, *~ de week-end* Wochenendkarte *f*; *~ circulaire* Rundreise-fahrkarte *f*, -fahrschein *m*, -billet *n*; **7.** Los *n*; *~ de lotterie* Lotterie-los *n*, -schein *m*; *~ gagnant* Treffer *m*; *~ perdant (od. non gagnant)* Niete *f*.

billet-matière (~ma'tjɛ:r) *m* [6b] Materialbezugsschein *m*.

billette (bi'jɛt) *f* **1.** gespaltenes Holzstück *n* zum Heizen; **2.** ⊕ (Stahl-)Knüppel *m*, vorgewalzter Stahlblock *m*; **3.** *ehm.* △ Doppelzahnschnitt *m*, unterbrochene Rundstäbe *m/pl.*; **4.** ▨ Schindel *f*.

billevesée (bijvə'ze, bilvə'ze) *f* Hirngespinst *n*.

billion (bil'jɔ̃) *m* **1.** Billion *f* (10^{12}); **2.** *bis 1949*: Milliarde *f* (10^9).

billon (bi'jɔ̃) *m* **1.** Scheidemünze *f*; **2.** ⚒ hügelig bebautes Feld *n* für Frühkulturen; **~nage** (~jɔ'na:ʒ) *m* **1.** Handel *m* mit verbotenen Münzsorten; **2.** Beetpflügen *n*, -kultur *f*; **~ner** (~'ne) *v/i.* [1a] hügeliges Frühkulturland umpflügen.

billot (bi'jo) *m* **1.** Hauklotz *m*, (Schlacht-, Richt-)Block *m*; **2.** ⚒ Halsknüppel *m* für Ochsen.

bimane (bi'man) **I** *adj.* zweihändig; **II** *m* Zweihänder *m* (*der Mensch*).

bimbe|loterie (bɛ̃blɔ'tri) *f* **1.** Schmuckwaren *f/pl.*; **2.** Schmuckwaren-fabrikation *f*, -handel *m*; **~lotier** (~blɔ'tje) *su.* [7b] Schmuckwaren-fabrikant *m*, -händler *m*.

bimensuel (bimɑ̃'sɥɛl) *adj.* [7c] monatlich zweimal erscheinend, halbmonatlich.

bimestriel (bimɛstri'ɛl) *adj.* [7c] zweimonatlich.

bimétal|lisme (bimeta'lism) *m* Doppelwährung *f*; **~liste** (~'list) *su.* Anhänger *m* der Doppelwährung.

bimoteur (bimɔ'tœ:r) **I** *adj.* [7f] zweimotorig; **II** *m* ✈ Zweimotorenflugzeug *n*.

binage (bi'na:ʒ) *m* **1.** ⚒ Zwiebrache *f*; **2.** *rl.* zweimaliges Messelesen *n* an demselben Tage.

binaire (bi'nɛ:r) *adj.* binar, aus zwei Einheiten (*od.* ⚗ Elementen) bestehend.

binard, binart (bi'na:r) *m* Block-, Roll-wagen *m*.

bine (bin) *f* Hacke *f*.

biner (bi'ne) **I** *v/t.* ⚒ zum zweiten Mal pflügen, hacken; **II** *v/i.* *rl.* an einem Tage zwei Messen lesen.

binette (bi'nɛt) *f* **1.** Gartenhacke *f*; **2.** P Fratze *f*, Gesicht *n*.

bing (bɛ̃) *int.* peng!, krach!, bums!

biniou (bin'ju) *m* bretonischer Dudelsack *m*.

binocle (bi'nɔklə) *m* Kneifer *m*, Zwicker *m*, Klemmer *m*; Opernglas *n*.

binoculaire (binɔky'lɛ:r) *adj.*: *téléscope m ~* Doppelfernrohr *n*.

binôme (bi'no:m) *m* **1.** Binom *n*, binomische Größe *f*; **2.** * *écol.* Stubenkamerad *m*.

binot (bi'no) *m* kleiner Pflug *m*.

bio|chimie (bjɔʃi'mi) *f* Biochemie *f*; **~chimique** (~ʃi'mik) *adj.* biochemisch; **~chimiste** (~ʃi'mist) *su.*

Biochemiker(in *f*) *m*; **~graphe** (~'graf) *m* Biograph *m*; **~graphie** (~gra'fi) *f* Lebensbeschreibung *f*, -geschichte *f*, Biographie *f*; ~ *romancée* biographischer Roman *m*, Lebensgeschichte *f* in Form e-s Romans; **~graphier** (~gra'fje) *v/t.* [1a]: ~ *q.* j-s Leben beschreiben; **~graphique** (~gra'fik) *adj.* biographisch; **~logie** (~lɔ'ʒi) *f* Biologie *f*; **~logique** (~lɔ'ʒik) *adj.* biologisch; **~giste** (~'ʒist) *m häufiger als* **~logue** (~'lɔg) *m* Biologe *m*; **~métrie** (~me'tri) *f* Messung *f* u. Feststellung *f* der körperlichen Eignung; **~métrique** (~me'trik) *adj.* biometrisch; **~nique** 📖 (bjɔ'nik) *f* Bionik *f*.
biophysique (bjɔfi'zik) *adj.* biophysikalisch.
biosthé|ticien (bjɔsteti'sjɛ̃) *m* Bioästhetiker *m*; **~tique** (~'tik) *f* Bioästhetik *f*; Wissenschaft *f*, die sich mit den Bedingungen für den Haarwuchs u. Haarausfall beschäftigt.
biparti *m*, **~e** *od.* **~te** *f* (bipar'ti, ~'tit) *adj.* a) zweiteilig; b) s. *~san*; **~san** *pol.* (~ti'zɑ̃) *adj.* [7] Zweiparteien...
bipède (bi'pɛd) *adj. u. su.* zweifüßig; Zweifüßler *m*.
biphasé ⚡ (bifɑ'ze) *adj.* zweiphasig.
biplace *Auto u.* ✈ (bi'plas) *m* Zweisitzer *m*.
biplan ✈ (bi'plɑ̃) *m* Doppeldecker *m*.
bipode ⊕ (bi'pɔd) *m* zweifüßiger Träger *m*.
bipolaire (bipɔ'lɛ:r) *adj.* zweipolig.
bique F (bik) *f* Ziege *f*; alter Gaul *m*, Klepper *m*; *fig.* alte Ziege *f*, altes Weib *n*.
biquet (bi'kɛ) *m* (*a.* **~te** [bi'kɛt] *f*) Zicklein *n*.
biquotidien (bikɔti'djɛ̃) *adj.* zweimal täglich erscheinend *od.* stattfindend *usw.*
birbe P (birb) *m*: *un vieux* ~ ein alter Mann *m*.
biréacteur ✈ (bireak'tœ:r) *m* zweimotoriges Düsenflugzeug *n*.
birème *antiq.* (bi'rɛm) *f* Zweiruderer *m*.
biribi P ⚔ (biri'bi) *m* afrikanische Strafkompanie *f*.
birman (bir'mɑ̃) *adj.* [7] burmesisch.
Birmanie *géogr.* (birma'ni) *f*: **la** ~ Burma *n*, Birma *n*.
bis¹ (bis) **I** *m* **1.** Wiederholung *f*; *avoir les honneurs du* ~ zur Wiederholung aufgefordert werden; **2.** 𝄞 Strich *m*: *B′* (be bis); **II** *int.* noch einmal!; ♪ da capo!; **III** *adv.* doppelt, zweimal (*in Zssgn*); *numéro 20* ~ Nummer 20 A (*bei Hausnummern*).
bis² (bi) *adj.* [7] graubraun; *pain m* ~ Schwarzbrot *n*; *toile f* **~e** ungebleichte Leinwand *f*.
bisage *text.* (bi'za:ʒ) *m* Umfärben *n*.
bisaïeul (biza'jœl) *m* Urgroßvater *m*; **~e** (~) *f* Urgroßmutter *f*.
bisaiguë *charp.* (bizɛ'gy) *f* Kreuz-, Zimmer-axt *f*.
bisaille (bi'zɑ:j) *f* **1.** Nachmehl *n*; **2.** Mischfutter *n*.
bisannuel (biza'nɥɛl) *adj.* [7c] zweijährig.
bisbille F (biz'bij) *f* Zank *m*, kleine Zankerei *f*; *être en* ~ *avec q.* sich mit j-m zanken, mit j-m verkracht sein.
biscornu (biskɔr'ny) *adj.* unförmlich, seltsam; F *fig.* verschroben.
bis|cotin (biskɔ'tɛ̃) *m* Hartzwieback *m*; **~cotte** (~'kɔt) *f* Zwieback *m*; Biskotte *f* (*Eiweißschneegebäck*).
biscuit (bis'kɥi) *m* **1.** Biskuit *m*; Keks *m*; ~ *de mer* Schiffszwieback *m*; ~ *à la cuiller* Löffelbiskuit *m*; ~ *glacé* Gußzwieback *m*; *fig. s'embarquer sans* ~ sich auf etw. ohne genügende Vorbereitung einlassen; ~ *de chiens* Hundekuchen *m*; **2.** unglasiertes Porzellan *n*; *Keramik*: *foyer à* ~ Vorglühherd *m*.
biscuiter (biskɥi'te) *v/t.* [1a] *Ziegelsteine usw.* brennen, im Ofen härten.
bise (bi:z) *f* **1.** Nord(ost)wind *m*; **2.** *poét.* Winter *m*; **3.** P Kuß *m*.
biseau (bi'zo) *m* [5b] **1.** Schrägfläche *f*, schiefe *od.* scharfe Kante *f*; *en* ~ schrägkantig; **2.** schrägkantiges Werkzeug *n*, Meißel *m*.
biseau|tage (bizo'ta:ʒ) *m* **1.** ⊕ Schrägschleifen *n*, Abschleifen *n*; **2.** *cart.* Schummeln *n*, Betrug *m* (*durch Markieren der Karten*); **~ter** (~'te) *v/t.* [1a] **1.** ⊕ abschleifen, abschrägen, schräg abschneiden; facettieren (*Diamant*); **2.** *Karten* markieren; schummeln, betrügen (*beim Kartenspiel*).
biser (bi'ze) [1a] **I** *v/t.* **1.** *text.* auf-, um-färben; **2.** P küssen; **II** *v/i.* schwarz werden (*Korn*).
biset *orn.* (bi'zɛ) *m* Felsentaube *f*.
bisette (bi'zɛt) *f* schmale Leinenspitze *f*.
bisexué (bisɛk'sɥe), **bisexuel** [7c] (~sɛk'sɥɛl) *adj.* zweigeschlechtig.
bismarckien (bismar'kjɛ̃) *adj.* [7c]: *politique f* **~ne** Bismarcksche Politik *f*.
bismuth *min.* (bis'myt) *m* Wismut *n*, Aschblei *n*.

bison *zo.* (bi'zɔ̃) *su.* [7c] Bison *m*, Wisent *m*, Büffel *m*.
bisonne ✝ (bi'zɔn) *f* graue Futterleinwand *f*.
bisontin (bizɔ̃'tɛ̃) *adj.* [7] aus Besançon.
bisque (bisk) *f* **1.** Krebssuppe *f*; **2.** F Ärger *m*.
bisquer F (bis'ke) *v/i.* [1m] ärgerlich sein, sich ärgern, platzen.
bissac (bi'sak) *m* **1.** Bettelsack *m*; **2.** ⚔ Futtersack *m*.
bissec|teur (bisɛk'tœ:r) *adj.* [7f] △ halbierend; **~tion** (~sɛk'sjɔ̃) *f* △ Zweiteilung *f*, Halbierung *f*; **~trice** △ (~'tris) *f* Halbierungslinie *f*.
bisser (bi'se) *v/t.* [1a] da capo verlangen *od.* singen *od.* sagen.
bissexe, bissexuel (bi'sɛks, ~sɛk'sɥɛl) *adj.* [6c] zwitterhaft, zweigeschlechtig.
bissex|te (bi'sɛkst) *m* Schalttag *m*; **~tile** (~'til) *adj.*: *année f* ~ Schaltjahr *n*.
bistouille P (bis'tuj) *f* Fusel *m*; *in Nordfrankreich*: Kaffee *m* mit Schnaps; s. *mic*.
bistouri ⚕ (bistu'ri) *m* Operationsmesser *n*.
bistourner (bistur'ne) *v/t.* [1a] verbiegen, verdrehen; *vét.* kastrieren (*bsd. Bullen*).
bistre ('bistrə) *m* (*u. adj.*: *couleur f* ~) Rußschwarz *n*, Schokoladenbraun *n*; *des yeux m/pl. cerclés de* ~ schwarzumringte Augen *n/pl.*
bistrer (bis'tre) *v/t.* [1a] bräunen.
bistro P (bis'tro) *m* Kneipe *f*; Kneipier *m* (knai'pje).
bitord ⚓ (bi'tɔ:r) *m* zweidrähtiges Garn *n*.
bitte ⚓ (bit) *f* Beting *f*; Poller *m*.
bitter (bi'tɛ:r) *m* Bitter *m* (*Schnaps*).
bitumage (bity'ma:ʒ) *m* Asphaltierung *f*.
bitum|e (bi'tym) *m* Bitumen *n*, Asphalt *m*; **~er** (~'me) *v/t.* [1a] asphaltieren; **~eur** (~'mœ:r) *m* Asphaltarbeiter *m*; **~(in)eux** (~m[i'n]ø) *adj.* [7d] bituminös; **~inisation** (~miniza'sjɔ̃) *f* Asphaltieren *n*.
biture ★ (bi'ty:r) *f* Besoffenheit *f* P, Suff *m* P; *prendre une* ~ sich vollsaufen P.
bivou|ac (bi'vwak) *m* Biwak *m*, Feldlager *n*; **~aquer** (bivwa'ke) *v/i.* [1m] biwakieren.
bizarre (bi'za:r) *adj.* □ seltsam, wunderlich, sonderbar, eigenartig, komisch, bizarr; *ne trouvez-vous pas* ~ *que* (*mit subj.*) finden Sie es nicht komisch, daß ...?; **~rie** (bizar'ri) *f* Wunderlichkeit *f*.
bizness P (biz'nɛs) *m* Geschäft *n*, Laden *m*; *comment va le* ~? wie geht's Geschäft?
blabla P (bla'bla) *m*, **blablabla** P (~'bla) *m* Palaber *n*, Gerede *n*, Gefasele *n*, Gewäsch *n*; *faire du* ~ Unsinn reden, Phrasen dreschen.
blablabliser P (~bli'ze) *v/i.* [1a] = *faire du blablabla*.
blackbouler (blakbu'le) *v/t.* [1a]: ~ *q.* j-n durchfallen lassen; j-n zurückweisen (*bei Prüfungen od. Wahlen*).
black-out (bla'kawt) *m* ⚔ Verdunkelung *f*; *fig. faire un* ~ *officiel sur qch.* etw. offiziell totschweigen.
blafard (bla'fa:r) *adj.* [7] fahl, bleich, matt.
blague (blag) *f* **1.** Tabaksbeutel *m*; **2.** F *fig.* Aufschneiderei *f*, Übertreibung *f*; Ulk *m*, Jokus *m*, Faxe *f*; Dummheit *f*; *lequel d'entre nous n'a pas commis quelque grosse* ~ *en son jeune temps?* wer von uns hat denn nicht mal irgendeine große Dummheit in s-r Jugend gemacht?; *faire une* ~ *à q.* j-m e-n Streich spielen; *sans* ~ im Ernst!; Scherz beiseite!; wirklich! (*auch als Frage*).
bla|guer (bla'ge) [1a] **I** *v/i.* aufschneiden; *tu blagues!* du spinnst ja!, nicht möglich!, das ist ja nicht wahr!; **II** *v/t.* ~ *q.* j-n hochnehmen, sich über j-n lustig machen; **~gueur** (~'gœ:r) [7g] **I** *su.* **1.** Aufschneider *m*, Prahlhans *m*; **2.** Spaßvogel *m*; Spötter *m*; **II** *adj.* spöttelnd, spöttisch; *air* ~ spöttische Miene *f*.
blair P (blɛ:r) *m* P Zinken *m*, Nase *f*; ⚒ Visage *f*, Gesicht *n*.
blaireau (blɛ'ro) *m* **1.** Dachs *m*; 2. Rasierpinsel *m*; ⊕ Malerpinsel *m*.
blairer P (blɛ're) *v/t.* riechen *a. fig.*
blâmable (blɑ'mablə) *adj.* tadelnswert.
blâme (blɑ:m) *m* Tadel *m*; Mißbilligung *f*; Vorwurf *m*; Rüge *f*; Verweis *m*; *imputer à* ~ zum Vorwurf machen.
blâmer (blɑ'me) [1a] **I** *v/t.* tadeln, rügen; **II se** ~ *de* sich Vorwürfe machen über (*acc.*).
blanc (blɑ̃) **I** *adj.* [7k] **1.** weiß; rein, sauber; unbeschrieben, unausgefüllt, offen; blank; ~ *comme la neige* (*od. l'ivoire, un lis, un cygne*) blüten-, schnee-weiß; *armes blanches* blanke (Hieb- u. Stich-)Waffen *f/pl.*; *billet* ~ Niete *f* (*Lotterie*); *laisser une page*

en ~ e-e Seite leer lassen; *coup à* ~ blinder Schuß, Warnungsschuß *m*; *donner carte blanche* freie Hand lassen; *choux* ~*s* Weißkohl *m*; *gelée blanche* Reif *m*; *nuit blanche* schlaflose Nacht *f*; ⚕ *perte f blanche* Weißfluß *m*; *la population blanche* die weiße Bevölkerung *f*; *d'une voix blanche* mit müder Stimme; *mét. vers* ~*s* reimlose Verse; *viande blanche* Kalbfleisch *n*, Geflügel *n*, Kaninchen *n*; **II** *m* **2.** *der* Weiße; *les* ~*s* die Weißen *pl.*, die weiße Bevölkerung *f*; *hist. les* ~*s* Royalisten *m/pl.*, Legitimisten *m/pl.*; **3.** Weiß(e) *n*, weiße Farbe *f*; ~ *de chaux* Kaltwasser *n*; ~ *d'œuf* Eiweiß *n*; *le* ~ *des yeux* das Weiße im Auge; *regarder q. dans le* ~ *des yeux* j-n fest ansehen; *rougir jusqu'au* ~ *des yeux* bis über die Ohren rot werden; *mets m au* ~ Gericht *n* mit weißer Sauce; *chauffé à* ~ weißglühend; *se saigner à* ~ *pour q.* sich für j-n vollständig verausgaben; *fig. saigner à* ~ völlig auspumpen *od.* erschöpfen *od.* aussaugen (*Land, Mensch usw.*); **4.** weiße Schminke *f*; **5.** weiße Kreide *f*; **6.** † Weißwaren *f/pl.*; *maison f de* ~ Weißwarengeschäft *n*; **7.** Weißwein *m*; **8.** ⚔ *das* Weiße in der Scheibe; **9.** *typ.* Durchschuß *m*, unbedruckte Stelle *f*; **10.** *Domino*: Null *f*; **11.** kleiner Weißfisch *m zum Ködern*; **12.** †, ⚖ Blankett *n*; *quittance f en* ~ unausgefüllte Quittung *f*; *en* ~ in blanko, Blanko-.

blanc-bec (blɑ̃'bɛk) *m* [6a] Grünschnabel *m*, grüner Junge.

blanchâtre (blɑ̃'ʃɑ:trə) *adj.* weißlich.

blanche (blɑ̃:ʃ) *f* **1.** *die* Weiße, Europäerin *f*; **2.** ♪ halbe Note *f*; **3.** ~*-neige* Schneewittchen *n*.

blan|chet (blɑ̃'ʃɛ) *m* **1.** ⊕ Filzunterlage *f*, -deckel *m*; *Zuckersied.*: Seihelappen *m*; **2.** ⚕ Mundfäule *f*, Soor *m*. [weißer Fleck *m*.]

blancheur (blɑ̃'ʃœ:r) *f* Weiße *n u. f*,

blanchiment (blɑ̃ʃi'mɑ̃) *m* **1.** Bleichen *n*, Bleiche *f*; ~ *au pré* Rasen-, Sonnen-bleiche *f*; **2.** Weißen *n*, Tünchen *n*; **3.** ⊕ Weißsieden *n*.

blanchir (blɑ̃'ʃi:r) [2a] **I** *v/t.* **1.** weiß machen; weißen, tünchen; **2.** bleichen; **3.** weiß waschen, reinigen; *fig.* rein waschen, rechtfertigen; *se faire* ~ seine Wäsche waschen lassen; **4.** polieren, glatthobeln, glattfeilen; *métall.* weißbrennen; **5.** *cuis.* abbrühen, abkochen; **II** *v/i.* **6.** weiß werden, bleichen; graue Haare bekommen; **7.** *le jour blanchit* der Morgen graut; **III** *se* ~ sich weiß machen; *fig.* sich rein waschen.

blanchis|sage (blɑ̃ʃi'sa:ʒ) *m* **1.** Waschen *n*; **2.** Waschgeld *n*; ~**serie** (~ʃis'ri) *f* **1.** Waschanstalt *f*; **2.** Bleiche *f*; ~**seur** (~ʃi'sœ:r) *m* Wäscher *m*; Bleicher *m*, Weißer *m*; ~**seuse** (~'sø:z) *f* Waschfrau *f*; ~ *de fin* Feinwäscherin *f*.

blanchoyer (blɑ̃ʃwa'je) *v/i.* [1h] weiß schimmern.

blanc|-manger (blɑ̃mɑ̃'ʒe) *m* [6a] weißer Pudding *m* mit Mandeln; ~**-seing** (~'sɛ̃) *m* [6a] Blankovollmacht *f*, Blankett *n*, unbeschränkte Vollmacht *f*.

blanquette (blɑ̃'kɛt) *f* **1.** Zuckerbirne *f*; **2.** leichter Weißwein *m*; **3.** *cuis.* ~ *de veau* Kalbsfrikassee *n*.

blasé (blɑ'ze) *adj.* gleichgültig, angewidert; blasiert; ~ *sur qch.* gegen etw. abgestumpft.

blaser (~) [1a] **I** *v/t.* abstumpfen, übersättigen (*sur od. de* gegen [*acc.*]); **II** *se* ~ überdrüssig werden.

blason (blɑ'zɔ̃) *m* **1.** Wappen(schild) *n*; **2.** Wappenkunde *f*, Heraldik *f*.

blason|nement (~zɔn'mɑ̃) *m* Wappenerklärung *f*; ~**ner** (blɑzɔ'ne) [1a] *v/t. Wappen* malen *od.* erklären; ~**neur** (~'nœ:r) *m* Wappenkundige(r) *m*.

blasphéma|teur (blasfema'tœ:r) *su.* [7f] Gotteslästerer *m*; *weitS.* Lästerer *m*; ~**toire** (~'twa:r) *adj.* □ (gottes)lästerlich, lasterhaft.

blas|phème (blas'fɛ:m) *m* Gotteslästerung *f*; Schmähung *f*; ~**phémer** (~fe'me) *v/t. u. v/i.* [1f] lästern; fluchen; schmähen.

blaste ♀ (blast) *m* Keim *m*, Trieb *m*.

blatérer (blate're) *v/i.* [1f] blöken (*Schafsbock*); brüllen (*Kamel*).

blatier (bla'tje) *m* Getreidehändler *m*.

blatte *ent.* (blat) *f* Sch(w)abe *f*.

blaude *dial.* (blo:d) *f* Bluse *f*; Fuhrmannskittel *m*.

blé ♀ (ble) *m* **1.** Weizen *m*, Korn *n*, Getreide *n*; *les* ~*s sont beaux* das Korn steht schön; ~ *cornu od. ergoté* Mutterkorn *n*; ~ *dur* (*tendre*) Hart-(Weich-)Weizen *m*; ~ *égrugé* Schrot(korn *n*) *n*; ~ *noir*, ~ *rouge*, ~ *sarrasin* Buchweizen *m*; ~ *de Turquie* Mais *m*, türkischer Weizen *m*; *fig. manger son* ~ *en herbe od. en vert* seine Einkünfte im voraus verzehren; *accaparement m des* ~*s*

Kornwucher *m*; *courtier m en* ~ Kornmakler *m*; *halle f aux* ~*s* Kornmarkt *m*; **2.** P Moneten *f/pl.*

bled (bled) *m* wildes Hinterland *n*, Binnenland *n* (*in Nordafrika*); *weitS.* (einsame) Gegend *f*, (ödes) Land *n*.

blême (blɛːm) *adj.* leichenblaß, fahl.

blédard (ble'daːr) *m* afrikanischer Hinterlandbewohner *m*.

blêmir (blɛ'miːr) *v/i.* [2a] erblassen.

blêmissement (blɛmis'mɑ̃) *m* Erblassen *n*.

blenn|ophtalmie ⚕ (blɛnɔftal'mi) *f* Bindehautentzündung *f*; ~**orr(h)agie** ⚕ (~ɔra'ʒi) *f* Tripper *m*.

blésement (blez'mɑ̃) *m* fehlerhafte Aussprache *f* der Zischlaute.

blé|ser (ble'ze) [1f] *v/i.* die Zischlaute verwechseln; ~**sité** (~zi'te) *f* Aussprachefehler *m* (*z.B. seval statt cheval*).

blessable (blɛ'sablə) *adj.* verwundbar.

blessé (blɛ'se) *m* Verwundeter *m*; ~ *de guerre* Kriegsverletzter *m*; ~ *grave* Schwerverletzter *m*; *grand* ~ Schwerverwundeter *m*; ~ *léger* Leichtverwundeter *m*.

blesser (blɛ'se) [1b] **I** *v/t.* **1.** verwunden; **2.** wundreiben, (auf-) scheuern; drücken (*Schuhe*); **3.** *fig.* unangenehm berühren, verwunden, verletzen; ~ *l'honneur de q.* j-s Ehre kränken; ~ *au vif od. au cœur* auf das empfindlichste verletzen; ~ *la vue* das Auge beleidigen; **4.** *fig.* Schaden *m* tun; **II** *v/rfl. se* ~ sich weh tun, sich verletzen; *fig.* sich beleidigt fühlen.

blessure (blɛ'syːr) *f äußere* Wunde *f*, Verwundung *f*, Verletzung *f*; *fig.* Beleidigung *f*, Kränkung *f*; ~ *à la tête* Kopfwunde *f*; ~ *par imprudence* fahrlässige Körperverletzung.

blet (blɛ) *adj.* [7c] matschig (*Obst*).

blettir (blɛ'tiːr) *v/i.* [2a] matschig werden (*überreifes Obst*).

bleu (blø) **I** *adj.* **1.** blau; *conte m* ~ Märchen *n*; *cordon-*~ *fig.* tüchtige *od.* geschickte Köchin *f*; *filles f/pl.* ~*es* blaue Schwestern *f/pl.*; *renard m* ~ Blaufuchs *m*; *bas-*~ Blaustrumpf *m*; *vin* ~ schlechter Rotwein *m*; *avoir les yeux* ~*s* blaue Augen haben; ~ *clair* hellblau; ~ *mourant*, ~ *pâle* blaßblau; *robe f* ~ *clair* hellblaues Kleid *n*; *des vestes f/pl.* ~ *foncé* dunkelblaue Jacken *f/pl.*; *teindre en* ~ blau färben; F *en être* ~, *en demeurer* ~ verblüfft dastehen, *fig.* platt (*od.* sprachlos) vor Staunen sein; **2.** blau angelaufen, blau unterlaufen; **II** *m* **3.** Blau *n*; ~ *d'azur* Himmelblau *n*; ~ *d'outremer* Ultramarin *n*; ~ *de Prusse* Preußischblau *n*; *passer du linge au* ~ Wäsche bläuen; *fig. passer au* ~ stillschweigend übergehen; F *n'y voir que du* ~ gar nichts davon verstehen, wie die Kuh vorm neuen Tor dastehen; **4.** F blauer Fleck *m* (*am Arm usw.*); **5.** P schlechter Rotwein *m*; **6.** F *petit* ~ Rohrpost-brief *m*, -karte *f*; Telegramm *n*; leichter Wein *m*; **7.** ~ (*de travail*) Monteuranzug *m*; **8.** F Rekrut *m*; *fig. jouer comme un* ~ wie ein Anfänger spielen; **9.** *phot.* Blaupause *f*.

bleuâtre (~'ɑːtrə) *adj.* bläulich.

bleuet (blø'ɛ) *m* = *bluet*.

bleu|ir (blø'iːr) [2a] **I** *v/t.* blau anlaufen lassen; bläuen; **II** *v/i.* blau werden; bläulich erscheinen; **III** *v/rfl. se* ~ sich blau machen; ~**issage** (~i'saːʒ) *m* Bläuen *n*; ~**issement** (~is'mɑ̃) *m* Blauwerden *n*; ~**ter** (~'te) *v/t.* [1a] blau färben.

blin|dage (blɛ̃'daːʒ) *m* **1.** ⚓, ⚔, *at.* Panzerung *f*; ⊕ Verkleidung *f*; ⚡ Abschirmung *f*, Entstörung *f*; *plaque f de* ~ Panzerplatte *f*; **2.** ⚒ ~ *d'un puits* Ringausbau *m*, Schachtzimmerung *f*; ~**dé** (~'de) **I** *adj.* **1.** P sternhagelblau, total besoffen P; **2.** ⊕ *fermé* ~ gekapselt, vollständig abgeschlossen; **II** *m* Panzer(wagen *m*) *m*; ~**der** (~) **I** *v/t.* [1a] **1.** ⚓, ⚔ bombenfest machen; panzern; ⚡ abschirmen; *fig.* schützen, immun machen; *train m blindé* Panzerzug *m*; **2.** ⚒ ~ *un puits* e-n Schacht auszimmern; **II** P *v/rfl. se* ~ sich besaufen; ~**des** *frt.* (blɛ̃ːd) *f/pl.* Blendung *f*.

blitz ⚔ (blits) *m* Überfall *m*.

bloc (blɔk) *m* **1.** Block *m*, Klotz *m*; ~ *à dessin* Zeichenblock *m*; ~ *sterling* Sterling-Block *m*; 🜂 ~ *creux* Hohlblockstein *m*; ~ *de bâtiments*, ~ *d'immeubles* Häuserblock *m*; ~ *de calendrier* Kalenderblock *m*; ~ *à sténogrammes* Stenogrammblock *m*; *Sport*: ~ *de départ* Startblock *m*; *Auto*: ~ *moteur* Motorblock *m*; *chir.* ~ *opératoire* Operationstisch *m*; ⊕ *former* ~ *avec qch.* mit etw. verbunden sein; *vél. gonfler à* ~ prall (*od.* fest) aufpumpen; *pol.* ~ *d'or*, ~ *de l'or*, ~(-)*or* Goldblock *m* (*Block der Länder mit Goldwäh-*

rung); **2.** *pol.* Block *m*; ~ *soviétique*, ~ *oriental* Ostblock *m*; **3.** *fig.* Anhäufung *f*, Masse *f*; *vendre en* ~ en bloc (*od.* im ganzen, in Bausch u. Bogen) verkaufen; **4.** F Gefängnis *n*, Kittchen *n* P; *mettre* (*od. fourrer*) *q. au* ~ j-n einsperren; ⚔ *être au* ~ Kasernenarrest haben.

blocage (blɔ'ka:ʒ) *m* **1.** ⚠ kleine Füllsteine *m/pl.*; **2.** 🚂 Blockieren *n*, Absperren *n*; **3.** † Sperrung *f*, Sperre *f* (*Preise, Konto, Scheck, Vermögen*); ~ *des salaires* Lohnstop *m*; **4.** *typ.* Blockieren *n*, Blockade *f*; **5.** *bsd. pol.* Blockpolitik *f*.

blocaille (blɔ'ka:j) *f* Füllsteine *m/pl.*

bloc-film (blɔk'film) *m* [6a] *phot.* Filmpack *n*.

blockhaus (blɔ'kos) *m* **1.** *frt.* Blockhaus *n*, Bunker *m*; **2.** ⚓ Kommandoturm *m*, Steuerhaus *n*.

bloc|-moteur (blɔkmɔ'tœ:r) *m* [6a] Blockmotor *m*, Motorgetriebeblock *m*, Blockgehäuse *n*; **~-notes** (~'nɔt) *m* [6b] Notizblock *m*; **~-système** 🚂 (~sis'tɛm) *m* Blocksignalsystem *n*.

blocus *éc.* (blɔ'kys) *m* (Wirtschafts-)Blockade *f*; ~ *de la famine* (*od. de la faim*) Hungerblockade *f*; *hist.* ~ *continental* Kontinentalsperre *f*.

blond (blɔ̃) **I** *adj.* [7] **1.** blond, hell; **II** *m* **2.** blonde Farbe *f*; ~ *cendré* asch-, semmel-blond(e Farbe *f*); **3.** blonder Mann *m*.

blondasse *péj.* (blɔ̃'das) *adj.* (semmel-)blond.

blonde (blɔ̃:d) *f* **1.** Blondine *f*, blonde Frau *f*; **2.** Seidenspitze *f*; **3.** F helles Bier *n*, Helle(s) *n*.

blon|din (~'dɛ̃) **I** *su.* [7] Blondhaariger *m*; **II** ⊕ *m* Kabelkran *m*; **~dinet** (~di'nɛ) *adj. u. su.* [7c] hellblond(e Person *f*); **~dir** (~'di:r) [2a] **I** *v/i.* blond (*od.* gelblich) werden; **II** *v/t.* blond färben; **~dissant** (~di'sɑ̃) *adj.* [7] gelblich, golden.

bloom ⊕ (blum) *m* vorgewalzter Stahlblock *m*; **~ing** (~'miŋ) *m* Blockwalzwerk *m*.

bloquage (blɔ'ka:ʒ) *m* s. *blocage*.

bloquer (blɔ'ke) *v/t.* [1m] **1.** ⚓, †, ⚔ sperren, ab-, ver-riegeln, blockieren, verrammeln; einschließen; die Zufuhr abschneiden; ⊕ verklemmen; F einsperren; *être bloqué* Arrest haben; 🚂 s-e Reise nicht fortsetzen können; 🚂 ~ *la voie* das Gleis blockieren; ~ *les freins* stark bremsen; *fin. des crédits bloqués* eingefrorene Guthaben *n/pl.*; **2.** *fig.* absperren, hindern; **3.** mit Bruchsteinen ausfüllen; **4.** *Fußball*: ~ *le ballon* den Ball auffangen, stoppen.

blottir (blɔ'ti:r) [2a]: **se ~** sich kauern, sich ducken *od.* niederhocken.

bloum * (blum) *m* Hut *m*, Deckel *m* P *iron.*

blousant (blu'zɑ̃) *adj.* [7] blusig.

blouse[1] (blu:z) *f bill.* Loch *n*, Beutel *m*.

blouse[2] (~) *f* Bluse *f*, Kittel *m*; **~-chemise** (~'ʃmi:z) *f* [6a] Hemdbluse *f*.

blouser (blu'ze) [1a] **I** *v/t.* **1.** *bill.* ins Loch spielen; **2.** F reinlegen, betrügen; **II** *v/rfl.* se ~ *bill.* sich verlaufen; F *fig.* sich verrechnen, F reinfallen.

blouson (blu'zɔ̃) *m* **1.** Joppe *f*; **2.** Jumper *m*, Wolljacke *f*, Strickbluse *f*; **3.** ~ *noir* Halbstarker *m*; ~ *rose* Flittchen *n*.

blue-jean (blu'dʒin) *m* : **en ~** Bluejeans.

bluet (bly'ɛ) *m* Kornblume *f*.

bluette (bly'ɛt) *f* **1.** Feuerfünkchen *n*; **2.** *fig.* kleines, witziges Bühnenstück *n*; witziger Einfall *m*.

bluff (blœf) *m* Bluff *m*, Täuschung *f*; **~er** (~'fe) *v/t. u. v/i.* bluffen, reichlich angeben; **~eur** (~'fœ:r) *su.* [7g] Bluffer(in *f*) *m*, Aufschneider(in *f*) *m*, Angeber(in *f*) *m*.

blu|tage (bly'ta:ʒ) *m* Beuteln *n des Mehls*; **~teau** (~'to) *m* [5b] Mehlbeutel *m*, -sieb *n*, -trommel *f*; **~ter** (~'te) *v/t.* [1a] beuteln, seihen, durchsieben (*Mehl*); **~toir** (~'twa:r) *m* **1.** Mehlkasten *m*; **2.** = *bluteau*.

boa (bɔ'a) **1.** *m* Riesenschlange *f*; ~ *constricteur* Königsschlange *f*; **2.** (Pelz-)Boa *f*.

bobard F (bɔ'ba:r) *m* Schwindel *m*, (Zeitungs-)Ente *f*; schlechter Scherz *m*; *oft im pl.*: ~*s* reiner Schwindel *m*, Quatsch *m*, pure Erfindung *f*, glattes Märchen *n*; *monter un* ~ *de toutes pièces* e-n Schwindel inszenieren.

bobèche (bɔ'bɛʃ) *f* Leuchter-einsatz *m*, -manschette *f*; P Kopf *m*.

bobi|nage (bɔbi'na:ʒ) *m* Wicklung *f*; (Auf-)Spulen *n*; **~ne** (~'bin) *f* **1.** Spule *f*; Rolle *f*; *rad.* ~ *de choc* Drosselspule *f*; ~ *à curseur* (*od. à coulisse*) Schiebespule *f*; ~ *d'antenne* Antennenspule *f*; ~ *en nid d'abeille(s)* Honigwabenspule *f*; ~ *de réactance*, ~ *de réaction* Drossel-, Rückkopplungsspule *f*; ~ *de* (*od. en*) *carton* Pappspule *f*; ~ *primaire, secondaire od. induite* Primär-, Sekundär-spule *f*; ~ *pour la réception à grande distance* Fernempfangsspule *f*; ~ *nue* Spulenkörper *m*; ~ *magnétique* Magnetspule *f*; ~ *isolante* Isolierkörper *m*; ~ *de câble* Kabelrolle *f*; *Auto*: ~ *d'allumage* Zündspule *f*; ~ *de résistance* Widerstandsspule *f*; ~ *de syntonisation* Abstimmspule *f*; ~ *d'accouplement* Kopplungsspule *f*; *cin. passer la* ~ *de qch.* Aufnahmen von etw. bringen; **2.** ~ *de papier* Papierballen *m*; **3.** P *fig.* Kopf *m*, Omme *f* P, Nuß *f* P, Nüschel *m* P, Deetz *m* P; Gesicht *n*; **~ner** (~'ne) *v/t.* [1a] (auf)wickeln, (auf)spulen; **~nette** (~'nɛt) *f* **1.** kleine Spule *f*; **2.** Türriegel *m*; **~neur** (~'nœ:r) *su.* [7g] Spuler *m*; **~neuse** (~'nø:z) *f* **1.** Spulerin *f*; **2.** ⚡ Wickelmaschine *f*; **~noir** ⊕ (~'nwa:r) *m* Wickel-, Spul-maschine *f*; Spulrad *n* (*an der Nähmaschine*).

bobo *enf.* (bo'bo) *m* Wehweh *n*.

boborel *dial.* (bɔbɔ'rɛl) *m* buntgesticktes Mieder *n* der Auvergnatinnen.

bob(sleigh) (bɔb'slɛ) *m* Bobschlitten *m*; ~ *à deux (quatre) places* Zweier-(Vierer-)bob(-schlitten *m*) *m*.

bocage (bɔ'ka:ʒ) *m* Hain *m*, Gehölz *n*.

bocager (bɔka'ʒe) *adj.* [7b] **1.** in Hainen wohnend; **2.** buschreich.

bocal (bɔ'kal) *m* [5c] **1.** ~ (*à confitures*) Weckglas *n*, Einmachglas *n*; **2.** rundes (Porzellan-)Gefäß *n* (*in Apotheken*); **3.** ♪ Mundstück *n* an Blasinstrumenten; **4.** F Bude *f*; **5.** Brutglas *n für Fische*.

bocard (bɔ'ka:r) *m* Pochwerk *n*, Stampfmühle *f*.

bocarder (bɔkar'de) *v/t.* [1a] Erze pochen.

boch|e P *péj.* (bɔʃ) **I** *adj.* deutsch; **II** ♀ *m* Deutsche(r) *m* (*Schimpfwort*); ♀**esse** P *péj.* (~'ʃɛs) *f* Deutsche *f*.

bock (bɔk) *m* Bier(glas *n*) *n* (1/4 *Liter*); *häufiger*: *demi*.

bœuf (bœf) *m* **I** *m* **1.** Ochse *m*, Rind *n*; ~ *de boucherie* Schlachtochse *m*; ~ *de labour* Pflugochse *m*; ~ *gras*: a) (bø'grɑ) Faschingsochse *m*; b) (bœf'grɑ) fetter Ochse *m*; *travailler comme un* ~ schuften, schwer arbeiten; **2.** Rindfleisch *n*; ~ *à la mode* Schmorfleisch *n*; ~ *nature* Suppenfleisch *n*; ~ *salé* (bøsa'le) Pökelrindfleisch *n*; **3.** *fig.* *mettre la charrue devant* (*od. avant*) *les* ~*s* die Ochsen hinter den Pflug spannen, am verkehrten Ende anfangen; *avoir un* ~ *sur la langue* mit der Sprache nicht herausrücken können; **II** P *adj.* gewaltig, riesig, kolossal, Riesen...; *avoir un toupet* ~ unerhört frech auftreten; *un succès* ~ ein Riesenerfolg *m*, ein Bombenerfolg *m*, ein kolossaler Erfolg *m*; *un effet m* ~ ein Rieseneffekt *m*; **~erie** P (bœ'fri) *f* Dummheit *f* Blödsinn *m*.

B.O.F. F (beo'ɛf) [*beurre, œufs, fromages*] *m* Schieber *m*, Kapitalist *m*, Herr *m* Neureich, Großverdiener *m*, Parvenü *m*.

bogie (bɔ'ʒi) *m*, **boggie** (bɔg'ʒi) *m* Drehgestell *n*, bewegliche Vorderachse *f*; ~ *de translation* Rollengestell *n*.

Bohême *ehm.* (bɔ'ɛ:m) *f*: **la** ~ Böhmen *n*.

bohème (~) **I** *f fig.* leichtsinnige, liederliche Welt *f*; Künstlerwelt *f*; Lotterleben *n*, Bummelleben *n*; **II** *m* verbummeltes Genie *n*, Bohemien *m*, Lotterbruder *m*; *ménage m de* ~, *intérieur m de* ~ Lotterwirtschaft *f*; *vie f de* ~ liederliches Leben *n*; *vivre en* ~, *mener une vie de* ~ ein Lotterleben führen; **III** *adj.* liederlich, leichtsinnig, Bummel...

bohémien (bɔe'mjɛ̃) [7c] **I** *adj.* **1.** böhmisch; **2.** zigeunerisch; **II** *su.* **3.** ♀ Böhme *m*; **4.** Zigeuner *m*; Wahrsager *m*.

boire (bwa:r) [4u] **I** *v/t. u. v/i.* **1.** trinken, (*von Tieren*: saufen); schlukken; ~ *dans un verre* aus e-m Glas trinken; ~ *à même la bouteille* gleich aus der Flasche trinken; *chanson f à* ~ Trink-, Sauf-lied *n* P; *achever de* ~, ~ *tout* austrinken; *donner pour* ~ *à q.* j-m ein Trinkgeld geben; ~ *son soûl* nach Herzenslust trinken; ~ *à la santé de q.* auf j-s Gesundheit (*od.* Wohl) trinken, j-m zutrinken; *fig. il y a à* ~ *et à manger* das hat Vor- und Nachteile; ~ *un coup* (*od. une gorgée*) einen heben P; *être bu* P besoffen P (*od.* blau F) sein; **2.** ~ *son héritage* s-e Erbschaft vertrinken; **3.** aufsaugen; *le papier boit* das Papier löscht *od.* schlägt durch; **II se** ~ sich trinken lassen, trinkbar sein; **III** *m* Trinken *n*; *en perdre le* ~ *et le manger* darüber das Essen u. Trinken vergessen.

bois (bwa) *m* **1.** Gehölz *n*, Wald *m*; *homme m des* ~ Buschmensch *m*;

2. Holz *n*; ~ *taillis* Schlagholz *n*; *pont m* de ~ Holzbrücke *f*; *provision f* de ~ Holzvorrat *m*; *ouvrier m en* ~ Holzarbeiter *m*; ~ *à bâtir*, ~ *de charpente*, ~ *de construction*, ~ *d'œuvre* Nutz-, Bau-holz *n*; ~ *à brûler*, ~ *de chauffage* Brennholz *n*; ~ *de bûche* Scheit-, Kloben-holz *n*; ~ *de cellulose* Faserholz *n*; ~ *contreplaqué*, ~ *croisé* Sperrholz *n*; ~ *de cœur* Kernholz *n*; ~ *d'aubier* Splintholz *n*; *scier du* ~ Holz sägen; P *fig.* schnarchen; **3.** ~ *de lit* Bettgestell *n*, Bettstelle *f*; **4.** ⚘ ~ *gentil* Seidelbast *m*; **5.** *ch.* Geweih *n*.

boisage (bwa'za:ʒ) *m* Getäfel *n*; ⚒ Schachtholz *n*; ⚓ Holzverkleidung *f*.

boisé (bwa'ze) *adj.* bewaldet; gezimmert.

boisement (bwaz'mɑ̃) *m* **1.** Holzanbau *m*, Aufforstung *f*; **2.** Holzstand *m*.

boiser (bwa'ze) *v/t.* [1a] **1.** ⊕ täfeln, mit Holz verkleiden; ⚒ auszimmern; **2.** *for.* aufforsten; *zone boisée* Waldzone *f*.

boiserie (bwaz'ri) *f* Getäfel *n*, Täfelwerk *n*; Holzverkleidung *f*.

boisettes (bwa'zɛt) *f/pl.* Abfallholz *n/sg.*, Reisig *n/sg.*

boiseur ⚒ (bwa'zœ:r) *m*: ~ (*de chantier*) Ausbauhauer *m* (*im Abbau*).

boisseau (bwa'so) *m* Scheffel *m*; *mettre la lumière sous le* ~ sein Licht unter den Scheffel stellen.

boisse|lée (bwas'le) *f* ein Scheffelvoll *m*; **~lier** (bwasəl'je) *su.* [7b] Fabrikant *m* von Holzwaren für den Haushalt; **~llerie** (~sɛl'ri) *f* Holzwaren *f/pl.* für den Haushalt.

boisson (bwa'sɔ̃) *f* Getränk *n*; *adonné à la* ~ dem Trunk ergeben; *pris de* ~ betrunken.

boîte (bwat) *f* **1.** Schachtel *f*, Büchse *f*, *a.* ⚡ Dose *f*, Packung *f*; Kasten *m*; *écol.* Penne *f*, Kasten *m*; kleines Theater *n*, Lokal *n usw.*; *écol.* ~ *à bachot* Presse *f*, Privatschule *f*; ~ *crânienne* ⚕ Schädeldecke *f*, -kapsel *f*; ~ *en carton* Pappschachtel *f*; -karton *m*; ~ *de chocolat* Schokoladenpackung *f*; *tél.* ~ *à images* Fernseh-schrank *m*, -truhe *f*; ~ *à lait* Milchkanne *f* (~ *au lait* regelmäßig gebrauchte Milchkanne *f*); ~ *à manucure* Maniküurkasten *m*; *rad.* ~ *à musique* Musik-schrank *m* -truhe *f*; Spieldose *f*; ~ *à ordures* Müllkasten *m*; ~ *à poudre* Puderdose *f*; ~ *pliante*, ~ *pliable* Faltschachtel *f*; ⊕ ~ *de graissage*, ~ *à graisse*, *Maschine*: ~ *à huile* Schmierbüchse *f*; ~ *à téléphone* Telephonbuchse *f*; ~ *de prise de courant* (*pour radio* Funk-)Steckdose *f*; *Auto*: ~ *d'engrenage* Übersetzungsgetriebe *n*; ~ *de* (*changement de*) *vitesses* Getriebekasten *m*, Wechselgetriebe *n*; ~ *à trois* (*quatre*) *vitesses* Drei-(Vier-)ganggetriebe *n*; ~ *à soupapes* Ventilkammer *f*; ~-*cartothèque* Tischkartei *f*; ~ *de dérivation* Abzweigdose *f*; ~ *de compas* Reißzeug *n*; ~ *de construction* Baukasten *m*; ~ *de couleurs* Tuschkasten *m*; ~ *de fer-blanc* Konservendose *f*; ~ (*aux lettres*) Briefkasten *m*; ~ *de montre* Uhrgehäuse *n*; ~ *de nuit* Kabarett *n*, Nachtlokal *n*; ~ *à outils* Handwerkskasten *m*; ~ *à ouvrage* Handarbeitskästchen *n*; ~ *à pansements* Verbandskasten *m*; ~ *à poivre* Pfefferbüchse *f*; ~ *postale* Postschließfach *n*; **2.** ⊕ Kammer *f an Dampfmaschinen*; ⊕ ~ *à billes* Kugellager *n*; **3.** *anat.* Gelenkpfanne *f*; **4.** ⚔ Böller *m*; **5.** ⚔ Arrestlokal *n*; **6.** F *fermer la* ~ die Bude (den Laden) zumachen.

boiter (bwa'te) *v/i.* [1a] hinken; ~ *tout bas* sehr stark hinken.

boiteux (bwa'tø) [7d] **I** *adj.* **1.** hinkend, lahm; être ~ hinken; **2.** *fig.* wacklig, schief; *paix f boiteuse* Frieden *m* auf tönernen Füßen; *phrase f boiteuse* unsymmetrischer Satz *m*; *union f boiteuse* ungleiches Bündnis *n*; *vers m* ~ hinkender Vers *m* (*mit ungleichem Silbenmaß*); *table f boiteuse* wackliger Tisch *m*; **II** *su.* Hinkende(r) *m*.

boîtier (bwa'tje) *m* **1.** *chir.* Verbandkasten *m*; **2.** Uhrgehäuse *n*; *phot.* Gehäuse *n*.

boitiller (bwati'je) *v/i.* [1a] leicht hinken.

boitte (bwat) *f* Köder *m* (*für Kabeljau- od. Makrelenfang*).

boit-tout (bwa'tu) *m* [6c] **1.** Tummler *m* (*Glas ohne Fuß*); **2.** P Säufer *m*.

bol (bɔl) *m* **1.** *min.* Fetton *m*, Siegelerde *f*; **2.** *phm.* große Pille *f*; **3.** Schale *f* (*ohne Henkel*), kleiner Napf *m*; ~ *de lait* Schälchen *n* Milch; **4.** Bowle *f*; ~ *à punch* Punschbowle *f*.

bolche|vique *hist.* (bɔlʃə'vik) *adj. u. su.* = *bolcheviste*; **~visation** *hist.* (~vizɑ'sjɔ̃) *f* Bolschewisierung *f*;

~viser *hist.* (~vi'ze) *v/t.* [1a] bolschewisieren; **~visme** *hist.* (~'vism) *m* Bolschewismus *m*; **~viste** *hist.* (~'vist) *adj. u. su.* bolschewistisch; Bolschewist *m*.

boléro (bɔle'ro) *m* **1.** Bolero *m* (*Tanz*); **2.** Bolerojäckchen *n*.

bolet ⚘ (bɔ'lɛ) *m* Hutpilz *m*.

bolide (bɔ'lid) *m* **1.** Feuerkugel *f*, Meteorstein *m*; **2.** *Auto*: ~ *de course* Renn-wagen *m*, -maschine *f*.

bombage ⚠ (bõ'baːʒ) *m*: ~ *de la route* Straßenwölbung *f*.

bombagiste (bõba'ʒist) *m* Hersteller *m* von Drahtkörben, Deckeln aus Drahtgewebe *usw*.

bombance F (bõ'bɑ̃ːs) *f* Prasserei *f*; *faire* ~ prassen, schwelgen, üppig leben, schlemmen.

bombarde (bõ'bard) *f* **1.** *ehm.* ⚔ Bombarde *f* (*Geschütz*); **2.** ♪ Schalmei *f*; Baßbrummer *m* (*Orgel*).

bombar|dement (bõbardə'mɑ̃) *m* Bombardierung *f*, Bombenangriff *m*; **~der** (~'de) *v/t.* [1a] bombardieren; *fig.* ganz plötzlich ernennen; mit Worten angreifen; F ~ *q. de demandes* j-n mit Fragen überschütten; **~dier** (~'dje) *m* **1.** ✈ Bombenflugzeug *n*, Bomber *m*; **2.** ⚔ Artillerist *m*; **3.** *ent.* Bombardierkäfer *m*.

bombardon ♪ (bõbar'dõ) *m* Bombardon *n*, tiefe Tuba *f*.

bombe (bõːb) *f* **1.** Bombe *f*; ~ *lumineuse* Leuchtbombe *f*; ~ *à retardement* Bombe *f* mit Zeitzündung; ~ *d'avion* Flieger-, Luft-bombe *f*; ~ *à ailettes* Flügelbombe *f*; ~ *au plastic* Plastikbombe *f*; ~ *sous-marine* Unterwasserbombe *f*; ~ *fumigène* Nebelbombe *f*; ~ *extinctrice* Löschbombe *f*; ~ *à hydrogène*, ~*-H* Wasserstoffbombe *f*; ~ *incendiaire* Brandbombe *f*; ~ *atomique*, ~*-A* Atombombe *f*; **2.** ~ *glacée* Gefrorenes *n* in Kegelform; **3.** Ballon *m* (*große runde Glasflasche*); **4.** ⚓ ~ *de signaux* Signalball *m*; **5.** P Schwelgerei *f*, Prasserei *f*; Schmauserei *f*; *faire la* ~ prassen, schwelgen, zechen, flott leben, in Saus und Braus leben; **6.** F Jockey-, Jäger-mütze *f*.

bom|bement (bõb'mɑ̃) *m* Wölbung *f*, Schweifung *f* des Holzes; **~ber** (~'be) [1a] **I** *v/t.* wölben, schweifen; *verre m bombé* Glasglocke *f*; **II** *v/i.* im Bogen vorspringen, sich wölben.

bon (bõ) **I** *adj.* [7c] *u. bisw. adv.* **1.** gut; gutherzig, gutmütig; wohlwollend; freundlich; *le* ~ *Dieu* der liebe Gott *m*; *bonne femme f* gute Frau *f*; F Frau *f* gesetzten Alters, Mütterchen *n*; *c'est un* ~ *garçon*, (*od.* ~ *diable*) er ist ein guter Kerl; *c'est un* ~ *compagnon* (*od.* ~ *vivant*) er ist ein lustiger Kerl *m*; *soyez assez* ~ *pour lui dire* seien Sie so gut u. sagen ihm; *les danses modernes ont du* ~ die modernen Tänze haben etwas für sich (*od.* ... haben e-n Vorteil); **2.** lieb; *mon* ~ *ami* mein guter (*od.* lieber) Freund *m*; **3.** geschickt; fähig; *avoir la main bonne*: a) in Handarbeiten geschickt sein; b) (*a. avoir bonne main*) e-e glückliche Hand haben; *à* ~ *entendeur, salut!* wer Ohren hat zu hören, der höre!; *un* ~ *ouvrier* ein tüchtiger Arbeiter; *arriver* ~ *premier* weit vor den übrigen als erster angekommen; *arriver* ~ *dernier* als allerletzter ankommen; **4.** einfältig; leichtgläubig; *il est bien* ~ *de croire cela* der ist schön dumm, daß er das glaubt; **5.** gut; schön; gesund; *de* ~ *cœur* von Herzen, herzlich gern; *de bonne foi* aufrichtig; *de bonne grâce* bereitwillig, gern; *de son* ~ *gré* auf freiem Antriebe; *de bonne main od. de bonne source* aus guter Quelle, von gut unterrichteter Seite; *le* ~ *sens* der gesunde Menschenverstand; *avoir une bonne main* e-e schöne Handschrift haben; *avoir une bonne tenue* sich gut halten; *être en* ~*s termes avec q.* mit j-m gut stehen (*vgl. bien* 5.); *à quoi* ~? wozu?; *c'est* ~ *à savoir* das wird man sich merken; *il fait* ~ es ist gutes (*od.* mildes) Wetter; *il fait* ~ *ici* hier ist es schön (*od.* warm, angenehm); *comme* ~ *vous semblera od. selon votre* ~ *plaisir* nach Ihrem Gutdünken; *trouver* ~ *qch.* etw. für gut halten; **6.** günstig; einträglich; fruchtbar; glücklich; *bonne année* fruchtbares Jahr; *faire une bonne fin*: a) ein gutes Ende nehmen; b) selig sterben; ~ *an, mal an* jahrein, jahraus; *de bonne heure* frühzeitig; *à la bonne heure!* so ist es recht!, das lasse ich mir gefallen!; meinetwegen!; *de* ~ *matin* sehr früh; *prendre en bonne part* günstig aufnehmen; *le* ~ *temps* die gute alte Zeit; *bonne* *année!* glückliches neues Jahr!; ~ *voyage!* glückliche Reise!; **7.** echt, richtig; *le ~ chemin* der rechte Weg; *à ~ compte od.* (*à*) *~ marché* billig (*Preis*); **8.** groß, stark; beträchtlich, erheblich; *une bonne lieue* e-e reichliche Meile; *depuis ~ nombre d'années* seit e-r Reihe von Jahren; *l'exclusion f de ~ nombre de militants* der Ausschluß e-r Reihe (*od.* beträchtlichen Zahl) von aktiven Parteigenossen; **9.** witzig, geistreich; *~ mot* geistreicher Ausspruch *m*, Witz *m*; *en dire* (*od. raconter*) *de bonnes* lustige (*od.* ulkige) Dinge erzählen; **10.** ernst(lich), wahr; **11.** gültig; *~ pour deux personnes* gültig für zwei Personen; *typ. ~ à tirer* gut (fertig) zum Druck; **II** *adv.* **12.** gut; schön; *sentir ~* gut (*od.* schön) riechen; *tenir ~* standhalten, sich tapfer halten, durchhalten, bei der Stange bleiben; *tout de ~, pour de ~* allen Ernstes; im Ernst; endgültig; *enf.* richtig (*vgl. vrai* II, *Ende*); *mais il était resté des mécontents qui ne voulaient pas croire qu'Henri IV se fût converti pour de ~ au catholicisme* aber es waren Unzufriedene geblieben, die nicht wahrhaben wollten, daß sich Heinrich IV. allen Ernstes zum Katholizismus bekehrt hatte; *~!* gut!, schön!; **III** *m* **13.** *der, das* Gute; *il a du ~* er hat gute Seiten; **14.** Nutzen *m*, Vorteil *m*; **15.** ✝ Scheck *m*, Anweisung *f*, Notgeldschein *m*, Schein *m*; *~ de caisse* Kassenschein *m*; *~ de commission* (*od. de commande*) Bestellschein *m*; *~ de pain* Brot-Karte *f*; *~ de poste* Postanweisung *f*; ✝ *~ du Trésor* Schatzanweisung *f*, Staatsschuldschein *m*; *~ d'achat* Bezugschein *m* (*für bewirtschaftete Waren*); *~ du Trésor libellé en dollars* Dollarschatzanweisung *f*; *~ de décharge, ~ à délivrer* Liefer(ungs)schein *m*; **16.** Genehmigung *f*.

bonace ⚓ (bɔ'nas) *f* kurze Wind-[stille *f*.]

bonasse (~) *adj.* (zu) gutmütig.

bonbon (bɔ̃'bɔ̃) *m* Bonbon *m*; *des ~s* Zucker-, Nasch-werk *n*.

bonbon|ne (bɔ̃n'bɔn) *f* große Korbflasche *f*; ⊕ große Säureflasche *f*, Ballonflasche *f*; *~ à gaz* Gasflasche *f*; **~neuse** (~'nø:z) *f* Bonbonarbeiterin *f*; **~nière** (~bɔ'njɛ:r) *f* **1.** Konfektschachtel *f*; **2.** *fig.* niedliche Wohnung *f*; kleineres Haus *n*.

bon-chrétien ⚘ (bɔ̃kre'tjɛ̃) *m* [6a] Christbirne *f*.

bond (bɔ̃) *m* **1.** Auf-, Ab-sprung *m*, Zurückprallen *n*; *prendre la balle au ~* den Ball im Sprunge auffangen; *fig.* die Gelegenheit beim Schopfe ergreifen; **2.** Sprung *m*, Satz *m*; *faire faux ~ à q. fig.* j-n versetzen, j-n im Stich lassen.

bonde (bɔ̃:d) *f* Abflußöffnung *f*; Spundloch *n*; Spund *m*, Zapfen *m*.

bondé (bɔ̃'de) ganz voll, vollbesetzt, vollgepfropft, gerammelt voll.

bonder (bɔ̃'de) *v/t.* [1a] vollstopfen; ⚓ vollstauen.

bondéris|ation ⊕ (bɔ̃deriza'sjɔ̃) *f* Bondern *n* (*rostschützendes Überzugsverfahren für Stahl und Zink*); **~er** ⊕ (~'ze) *v/t.* [1a] bondern, parkerisieren, phosphatieren; *installation f bondérisante* Bonderanlage *f*.

bondieu|sard F *péj.* (bɔ̃djø'za:r) *adj. u. su.* frömmelnd; Frömmler *m*, Betbruder *m*; **~serie** F *péj.* (~z'ri) *f* Frömmelei *f*; *pl.* **~s** religiöser Kitsch *m*.

bondir (bɔ̃'di:r) *v/i.* [2a] **1.** auf-, zurück-prallen, hüpfen; **2.** aufspringen, e-n Satz machen; sich bäumen; *fig. ~ de joie* vor Freude deckenhoch springen; *cela me fait ~ le cœur* das erregt mir Ekel; **3.** *ch. faire ~* aufscheuchen.

bondissant (bɔ̃di'sɑ̃) *adj.* [7] aufprallend, springend, hüpfend.

bondissement (~s'mɑ̃) *m* Aufspringen *n*, -prallen *n*.

bondon (bɔ̃'dɔ̃) *m* Spund *m*, Zapfen *m*; Pfropfen *m*; **~ner** (~dɔ'ne) *v/t.* [1a] zuspunden; **~nière** (~'njɛr) *f* Spundbohrer *m*.

bonheur (bɔ'nœ:r) *m* **1.** Glück *n*, Glückseligkeit *f*; Heil *n*, Segen *m*; **2.** glückliche Begebenheit *f*, glücklicher Erfolg *m* (*auch im pl.*); *avoir le ~ de* (*mit inf.*) so glücklich sein, zu ...; *au petit ~* auf gut Glück, aufs Geratewohl; *coup m de ~* Glücksfall *m*; *par ~* glücklicherweise, zum Glück.

bonheur-du-jour (bɔ'nœ:rdy'ʒu:r) [*m* Vertiko *n*.]

bonhomie (bɔnɔ'mi) *f* Gutmütigkeit *f*, Biederkeit *f*; *iron.* Einfalt *f*.

bonhomme *sg.* (bɔ'nɔm), **bonshommes** *pl.* (bɔ̃'zɔm), P **bonhommes** *pl.* (bɔ'nɔm) **I** *m* **1.** gutmütiger Mensch *m*, braver Mann *m*, guter Kerl *m*, Biedermann *m*;

Trottel *m*; *aller son petit* ~ *de chemin* gemächlich s-n Weg gehen, F entlangtrotten; s-s Weges gehen (*od.* ziehen); **2.** *un vieux* ~ ein gutmütiger Alter *m*; ~ *Noël der* Weihnachtsmann *m*, Knecht Rupprecht *m*; **3.** F *petit* ~ Junge *m*, Knirps *m*; **4.** ⊕ Schwimmer *m* (*Zeiger am Manometer*); **II** *adj.* gutmütig, bieder.

boni ✝ (bɔ'ni) *m* Überschuß *m*, Guthaben *n*; F Gewinn *m*, Überstundengeld *n*.

boniche P *oft péj.* (bɔ'niʃ) *f* Dienstmädchen *n*, -bolzen *m péj.*

boni|fication (bɔnifika'sjɔ̃) *f* **1.** Verbesserung *f*; **2.** ✝ Vergütung *f*, Entschädigung *f*; **~fier** (~'fje) [1a] **I** *v/t.* **1.** (ver)bessern; **2.** ✝ vergüten, entschädigen; **II** *v/rfl.* se ~ besser werden; **~ment** (~'mɑ̃) *m* **1.** marktschreierische Reklame *f*; **2.** F Humbug *m*, Schwindel *m*; **~menter** (~mɑ̃'te) *v/t.* [1a] *prahlerisch od. übertrieben* anpreisen; **~menteur** (~'tœ:r) *m* Marktschreier *m*; F Faselhans *m*, Quatschkopf *m*.

bonjour (bɔ̃'ʒu:r) *m* guten Morgen!; guten Tag!; *oft a.* guten Abend!; *souhaiter le* ~ *à q.* j-m guten Tag wünschen.

bonne (bɔn) **I** *adj.* s. *bon* **I**; **II** *f* Kinder-, Haus-, Dienst-mädchen *n*, Kinderwärterin *f*; ~ *à tout faire* Mädchen *n* für alles; *contes m/pl. de* ~ Ammenmärchen *n/pl.*

bonne-dame ⚘ (bɔn'dam) *f* [6a] Gartenmelde *f*.

Bonne-Espérance (bɔnɛspe'rɑ̃:s) *f*: *cap m de* ~ Kap *n* der Guten Hoffnung.

bonne-main *dial. u. Schweiz* (bɔn'mɛ̃) *f* Trinkgeld *n*. [Oma *f*.]

bonne-maman *enf.* (bɔnma'mɑ̃) *f*

bonnement (bɔn'mɑ̃) *adv.* redlich, aufrichtig; *parler* ~ *à q.* mit j-m ganz offen sprechen; *tout* ~ ganz einfach, ohne weiteres, kurz gesagt; (ganz) kurz, bloß; *nous voulons tout* ~ *vous demander* wir wollen Sie bloß mal fragen.

bonnet (bɔ'nɛ) *m* (schirmlose) Mütze *f*, Haube *f*, Kappe *f*; Jakobinermütze *f*; ~ *de nuit* Nachtmütze *f*; *hist.* ~ *phrygien* Freiheitsmütze *f* (*der Revolutionäre von 1793*); ~ *de police* Feldmütze *f*; ~ *à poil* Pelzmütze *f*; F *fig. les gros* ~*s* die oberen Zehntausend; *le gros* ~ *fig.* großes Tier *n*, bedeutende Persönlichkeit *f*; *prendre qch. sous son* ~ etw. auf s-e Kappe nehmen; *c'est* ~ *blanc et blanc* ~ das ist ein- und dasselbe; das ist Jacke wie Hose; das ist gehopst wie gesprungen; *triste comme un* ~ *de nuit* miesepetrig; *avoir la tête près du* ~ kurz angebunden sein, äußerst barsch sein; *opiner du* ~ zu allem ja und amen sagen; *deux têtes dans un* ~ ein Herz u. e-e Seele; *jeter son* ~ *par-dessus les moulins* sich über alles hinwegsetzen; sich selbst preisgeben; auf das Urteil s-r Umwelt pfeifen.

bonneteau (bɔn'to) *m* (*jeu m de*) ~ Kümmelblättchen *n* (*Hasardspiel*).

bonneterie (bɔn[ɛ]'tri) *f* **1.** Strumpfwirkerei *f*; **2.** Strumpf(wirker)-ware *f*; **3.** Trikotagen *f/pl.*, Mützen- u. Strumpfwarenhandel *m*.

bonneteur (bɔn'tœ:r) *m* **1.** Kümmelblättler *m*; **2.** Gauner *m*.

bonnet|ier (bɔn'tje) *m* Mützen- u. Strumpf-wirker *m*, -händler *m*; **~ière** (~'tjɛ:r) *f* Wäscheschrank *m*.

bonnette (bɔ'nɛt) *f* **1.** *frt.* Kappe *f* (*Außenwerk*); **2.** ⚓ Beisegel *n*; **3.** Kinderhäubchen *n*; **4.** *phot.* Vorsatzlinse *f*; ~ *écran jaune* Gelbfilter *n*. [Wirkwaren herstellen.]

bonnetter *text.* (bɔnɛ'te) *v/i.* [1a]

bonn|imenter P (~nimɑ̃'te) [1a], **~ir** * (~'ni:r) *v/t.* [2a] marktschreierisch ausrufen.

bon-papa *enf.* (bɔ̃pa'pa) *m* Opa *m*.

bon sens (bɔ̃'sɑ̃:s) *m* gesunder Menschenverstand *m*.

bonsoir *int.* (bɔ̃'swa:r) *m* guten Abend!; *oft a.* auf Wiedersehen!

bonté (bɔ̃'te) *f* **1.** gute Beschaffenheit *f*; **2.** Güte *f*, Gutherzigkeit *f*; *ayez la* ~ seien Sie so gut; ~ *divine!* du lieber Himmel!; **3.** ~*s pl. durch Taten erwiesenes* Wohlwollen *n*, *erwiesene* Freundschaft *f*, Freundlichkeiten *f/pl.* [*f*, Bonus *m*.]

bonus ✝ (bɔ'nys) *m* Extradividende

bonze (bɔ̃:z) *m* **1.** Bonze *m* (*Priester*); **2.** F *fig.* (*Partei- usw.*) Bonze *m*; **3.** P *vieux* ~ alter Trottel *m*.

boom *fin.*, *éc.* (bum) *m* Hausse *f*, geschäftlicher Aufschwung *m*, Hochkonjunktur *f*.

boqueteau (bɔk'to) *m* Gehölz *n*.

borborygme (bɔrbɔ'rigm) *m* Knurren *n im Magen*, Blähungen *f/pl.*

bord (bɔ:r) *m* **1.** Rand *m vom Weg, Wald, Kelch usw.*; (*Feld-*)Rain *m*; (*Hut-*)Krempe *f*; *être au* ~ *de la* *faillite* vor dem Bankrott stehen; **2.** Ufer *n*, Küste *f*, Gestade *n*; **3.** ⚓ Schiffsbord *m*; Schiff *n*; Kurs *m*; ~ *du vent* Windseite *f*, Luv *f*; ~ *sous le vent* Lee(seite) *f*; *journal m de* ~ Schiffstagebuch *n*; *jeter par-dessus* ~ über Bord werfen (*a. fig.*); *aller* (*od. monter*) *à* ~ an Bord gehen; *coucher à* ~ an Bord schlafen; **4.** *fig.* Seite *f*, Partei *f*; *pol.* Richtung *f*; *être du* ~ *de q.* auf j-s Seite sein, es mit j-m halten; *ils sont de notre* ~ sie sind auf unserer Seite; *les journalistes de tous* ~*s* die Journalisten aller Richtungen; **5.** Saum *m*, Besatz *m*, Verbrämung *f*, Borte *f*, Tresse *f*; *mettre un* ~ *à une jupe* e-n Rock einfassen; **6.** ✈ Kante *f*; ✈ ~ *d'attaque* vordere Kante *f*, Leitkante *f*; ~ *de fuite*, ~ *de sortie* Hinterkante *f*.

bordage (bɔr'da:ʒ) *m* **1.** Einfassen *n*; **2.** ⚓ Schiffsplanke *f*.

bordé (bɔr'de) *m* Borte *f*, Tresse *f*; ⚓, ✈ Beplankung *f*.

bordeaux (bɔr'do) *m* Bordeaux(-wein *m*) *m*.

bordée (~) *f* **1.** ⚔ Lage *f* von Schüssen, Geschützsalve *f*; F *fig.* ~ *d'injures* Hagel *m* von Schimpfworten; ~ *de sifflements* Pfeifkonzert *n* (*als Protest*); **2.** ⚓ Breitseite *f*, Schlag *m*, Gang *m e-s lavierenden Schiffes*; *courir* (*od. faire*) *des* ~*s* lavieren; 🚂 *une locomotive en* ~ e-e Lokomotive in Querstellung; **3.** ⚓ Deckmannschaft *f*; **4.** F *tirer* (*od. faire od. courir*) *une* ~ *bsd.* ⚓ sich in Kneipen herumtreiben; *allg.* e-e volle Lage geben; *essuyer une* ~ mit e-r Lage begrüßt (*od.* empfangen) werden.

bordel P (bɔr'dɛl) *m* Bordell *n*, Freudenhaus *n*, Puff *n*, *m* P.

bordelais (bɔrdə'lɛ) *adj. u. su.* [7] (Einwohner *m*) aus Bordeaux.

bordement (bɔrdə'mɑ̃) *m* Einfassung *f*.

border (bɔr'de) *v/t.* [1a] **1.** einfassen, säumen, besetzen, verbrämen; ~ *un lit* Bettlaken und Decke einschlagen; *il est bien bordé dans son petit lit* er liegt schön eingemummelt in s-m kleinen Bett; **2.** ~ *le chemin* sich längs des Weges hinziehen; ⚔ ~ *la haie* Spalier bilden; **3.** ⚓ ~ *la côte* an der Küste entlangfahren; ~ *les voiles* die Segel beiholen.

bordereau (bɔrdə'ro) *m* **1.** Geldsortenzettel *m*; **2.** Verzeichnis *n*; (Konto-)Auszug *m*, Rechnungsauszug *m*; Begleit-schreiben *n*, -papier *n*, -zettel *m*; ~ *de caisse* Kassenzettel *m*; ~ *de commission* Provisionsberechnung *f*; ~ *d'envoi* (*od. d'expédition*) Begleitzettel *m*.

bord|erie (bɔrdə'ri) *f* kleines Pachtgut *n*; ~**ier** (~'dje) *m* Halbpächter *m*.

bordigue ⚓ (bɔr'dig) *f* Buhne *f*.

bordj *arab.* (bɔrdʒ) *m* kl. Fort *n*.

bordure (bɔr'dy:r) *f* **1.** Borte *f*, Besatz *m*, Kante *f*, Tresse *f*, Saum *m*; ⚘ Rabatte *f*; ~ *de plate-bande* Beeteinfassung *f*; ~ *de* (*od. du*) *trottoir* Bord-schwelle *f*, -stein *m*; **2.** Rahmen *m*; **3.** *men.* Leiste *f*; **4.** *pol.* *Etat m de* ~ Randstaat *m*.

boréal (bɔre'al) *adj.* [5c] nördlich; Nord...; *aurore f* ~*e* Nordlicht *n*.

borgne (bɔrɲ) **I** *adj.* (*nach su.*) **1.** einäugig; **2.** *fig.* finster, dunkel; berüchtigt, verrufen; *cabaret m* ~ Spelunke *f*; *rue f* ~ Winkelgasse *f*; *chambre f* ~ dunkles Zimmer *n*; *hôtel m* ~ verrufenes (*od.* zweideutiges) Hotel *n*; **II** *su.* Einäugige(r) *m*.

borique ⚗ (bɔ'rik) *adj.*: *acide m* ~ Borsäure *f*.

boriqué *phm.* (bɔri'ke) *adj.*: *vaseline f* ~*e* Borsalbe *f*.

bornage (bɔr'na:ʒ) *m* **1.** Grenzsteinsetzung *f*; **2.** Küstenschifffahrt *f*.

borne (bɔrn) *f* **1.** Grenzstein *m*; ~ *kilométrique* Kilometerstein *m*; ~ *milliaire* Meilenstein *m*; **2.** Prell-, Eck-stein *m*; **3.** *fig.* Grenze *f*, *fig.* Schranken *f/pl.*; *sans* ~*s* grenzenlos; *passer les* ~*s* zu weit gehen; *cela dépasse les* ~*s* das geht über die Hutschnur!, das ist ja der Gipfel (*od.* die Höhe!)!; **4.** ⊕ Pol-, Draht-klemme *f*, -zwinge *f*; Federklemme *f*; ~ *de dérivation* Abzweigklemme *f*; ⚡, *rad.* ~ (*de raccordement*) Anschlußklemme *f*; ~ *de pôle*, ~ *polaire* Polklemme *f*; ~ *positive* (*négative*) Plus-(Minus-)klemme *f*; ~**-frontière** (~frɔ̃'tjɛ:r) *f* [6a] Grenzstein *m*.

borné (bɔr'ne) *adj.* abge-, be-grenzt; *fig.* beschränkt, dumm.

borner (bɔr'ne) [1a] **I** *v/t.* **1.** abgrenzen, mit Grenzsteinen bezeichnen; **2.** begrenzen; ~ *q.* an j-s Besitztum (*acc.*) grenzen; ~ *la vue* die Aussicht nehmen; **3.** *fig.* mäßigen, beschränken; **II se** ~ sich einschränken; se ~ *à* sich begnügen mit, sich beschränken auf (*acc.*); se ~ *à des menaces* es bei Drohungen bewenden lassen; se ~ *à* (*mit inf.*) sich darauf beschränken zu.

bornoyer (bɔrnwa'je) *v/t.* [1h] **1.** visieren; **2.** ⚠ fluchten, *mit Meßstäben* abstecken.

Boschiman *géogr.* (bɔʃi'mɑ̃) *m* Buschmann *m.*

boscot P (bɔs'ko) *adj. u. su.* [7c] bucklig; Bucklige(r) *m.*

Bosphore (bɔs'fɔːr) *m*: **le** ~ der Bosporus.

bosquet (bɔs'kɛ) *m* Wäldchen *n;* Baumgruppe *f.*

bossage (bɔ'saːʒ) *m* ⚠ Steinvorsprung *m*; Bogenrundung *f*; ~*s pl.* Kragsteine *m/pl.*

bosse (bɔs) *f* **1.** Buckel *m,* Höcker *m*; **2.** Unebenheit *f,* Erhöhung *f*; **3.** F Erhöhung *f am Schädel*; *fig.* Talent *n,* Neigung *f,* Ader *f*; *avoir la* ~ *de* Talent haben zu; *je n'ai pas la* ~ *des math* Mathematik liegt mir nicht; ~ *du vol* Neigung *f* zum Stehlen; **4.** Beule *f,* Anschwellung *f*; **5.** *ch.* Kolben *m* des Hirsches; **6.** *sculp.* erhabene Arbeit *f*; *ouvrage m de ronde* ~ (*de demi-*~) hoch (halb) erhabene Arbeit *f*; *ornements m/pl. en* ~ Verzierungen *f/pl.* von getriebener Arbeit; **7.** *serrure f à* ~ Kastenschloß *n.*

bosse|lage (bɔs'laːʒ) *m* getriebene Arbeit *f*; ~**ler** (~'le) [1c] *v/t.* **1.** ⊕ bosseln, erhabene Arbeit machen; **2.** *mv. p.* verbeulen, Beulen schlagen; **3.** *fig. bosselé de collines* hügelig; ~**lure** (~'lyːr) *f* **1.** = *bosselage*; **2.** bucklige (*od.* höckerige) Beschaffenheit *f.*

bosser (bɔ'se) **I** *v/t.* ⚓ mit e-m Tauende befestigen; **II** P *v/i.* schuften.

bossette (bɔ'sɛt) *f vét.* (~*s du mors*) Buckel *m am Pferdegebiß.*

bossoir (bɔ'swaːr) *m* Kran-, Ankerbalken *m,* Davit *m,* Wippkran *m.*

bossu (bɔ'sy) **I** *adj.* **1.** bucklig, verwachsen; **2.** höckerig; **3.** hügelig; **II** *su.* Bucklige(r) *m*; *rire comme un* ~ sich schief (*od.* bucklig) lachen; ~**er** (~'sɥe) [1a] **I** *v/t.* Beulen machen *od.* schlagen; **II** *v/rfl.* **se** ~ Beulen bekommen; ~**re** (~'syːr) *f* beulige Stelle *f.*

boston (bɔs'tõ) *m* **1.** Boston *n* (*Kartenspiel*); *jouer au* ~ Boston spielen; **2.** Boston *m, Art* Walzer *m*; ~**ner** (~tɔ'ne) *v/i.* [1a] **1.** Boston spielen; **2.** Boston tanzen.

bot (bo) *adj.* [7]: *pied m* ~ Klumpfuß *m*; *main f* ~*e* verwachsene Hand *f.*

bota|nique (bɔta'nik) **I** *adj.* □ botanisch; **II** *f* Botanik *f*; ~**niser** (~ni'ze) *v/i.* [1a] botanisieren; ~**niste** (~'nist) *su.* Pflanzenkenner *m,* Botaniker *m.*

Bot(h)nie (bɔt'ni) *f*: *golfe m de* ~ Bottnischer Meerbusen *m.*

botte (bɔt) *f* **1.** Bund *n,* Bündel *n*; *mettre en* ~*s* bündeln; ~ *de foin* Bund *n* Heu; ~ *d'asperges* Bündel *n* Spargel; ~ *de paperasses* Haufen *m* alter Papiere; ~ *de fil de fer* Drahtrolle *f*; **2.** großes Faß *n,* Butte *f*; **3.** Stiefel *m*; *mettre* (*ôter*) *ses* ~*s* die Stiefel an- (aus-)ziehen; *coup m de* ~ Fußtritt *m*; *talon m de* ~ Stiefelabsatz *m*; ~*s pl. en caoutchouc* Gummistiefel *m/pl.*; ~*s pl. pour travaux dans l'eau*, ~*s pl. de mer* Kanal-, Wasser-stiefel *m/pl.*; ~*s fortes* Kanonenstiefel *m/pl.*; ~*s vernies* Lackstiefel *m/pl.*; ~*s à l'écuyère*, ~*s de chasse* Reitstiefel *m/pl.*; ~*s à revers* Stulp(en)stiefel *m/pl.*; ~*s de sept lieues* Siebenmeilenstiefel *m/pl.*; *il n'est pas plus haut que ma* ~ er ist kaum drei Käse hoch; **4.** F Erd-, Schneeklumpen *m an den Stiefeln*; **5.** *serrer la* ~ die Beine fest andrücken; **6.** *esc.* Stoß *m,* Hieb *m,* Ausfall *m*; ~ *franche* guter Stoß *m*; ~ *secrète* Finte *f*; *fig. pousser* (*od. porter*) *une* ~ *à q.* j-m eins versetzen, j-m e-n Streich spielen, j-m e-e verfängliche Frage stellen, j-n durch e-e unverblümte Frage in Verlegenheit bringen; **7.** *fig. à propos de* ~*s* unter nichtigem Vorwand; ohne besondere Veranlassung; wie aus heiterm Himmel; F *avoir du foin dans ses* ~*s* Pinke Pinke haben F (= reich sein); *graisser ses* ~*s* s-n Ranzen schnüren, sich reisefertig machen.

botte|lage (bɔt'laːʒ) *m* Binden *n von Heu, Stroh usw.*; ~**ler** (~'le) *v/t.* [1c] *od.* [1d] in Bündel zusammenbinden; ~**lette** (~'lɛt) *f* Bündelchen *n*; ~**leur** (~'lœːr) *su.* [7g] (*Garben-*)Binder *m.*

botter (bɔ'te) [1a] **I** *v/t.* **1.** Stiefel machen; mit Schuhwerk versehen; Stiefel anziehen; *chat m botté* gestiefelter Kater *m*; *être bien botté* gute Stiefel anhaben; F *ça me botte* das paßt mir; **2.** ~ *q.* j-m e-n

Fußtritt geben; P ~ *le cul* (*od. les fesses od. le derrière*) *à q.* j-m e-n Tritt in den Hintern geben; II *v/rfl.* *se* ~ sich Stiefel anziehen; Stiefel tragen.

bot|terie (bɔ'tri) *f* Stiefelmacherei *f*; **~tier** (bɔ'tje) *m* Stiefelmacher *m*, feiner Maßschuster *m*; **~tillon** (~ti'jɔ̃) *m* Bündelchen *n*; Damenüberschuh *m*.

bottine (~'tin) *f* Halb-, Damen-, (~ *lacée*) Schnür-stiefel *m*.

boubouler (bubu'le) *v/i.* [1a] schreien (*Eule*).

bouc (buk) *m* **1.** *zo.* (Ziegen-)Bock *m*; **2.** ~ *émissaire* Sündenbock *m*; *fig.* Prügelknabe *m*; **3.** Schlauch *m* vom Bocksfell; **4.** ⊕ Kettenwinde *f*; **5.** F Kinn-, Ziegen-, Spitz-bart *m*.

boucage ⚘ (bu'ka:ʒ) *m* Pimpinelle *f*.

boucan (bu'kɑ̃) *m* **1.** Räucherhütte *f* (*der Indianer*); Räucherrost *m*; **2.** ~ (*du diable*) Höllenlärm *m*, Radau *m*; *faire du* ~ randalieren.

bouca|nage (buka'na:ʒ) *m* Räuchern *n*; **~ner** (~'ne) [1a] **I** *v/t.* räuchern; **II** *v/i.* Büffel jagen; **~nier** (~'nje) *m* **1.** Büffeljäger *m*; **2.** *hist.* Seeräuber *m*.

boucassin (buka'sɛ̃) *m* Futterbarchent *m*.

boucau (bu'ko) *m* Hafeneinfahrt *f*.

boucaut (~) *m* (Pack-)Faß *n*.

bouchage (bu'ʃa:ʒ) *m* **1.** Zustopfen *n*, Verkorken *n*; ⊕ (Ab-)Dichten *n*; **2.** Material *n* zum Zustopfen.

bouchain (bu'ʃɛ̃) *m* Kimm *f* (*Sehhorizont e-s Schiffes*).

boucharde (bu'ʃard) *f* Zackenmeißel *m*; Spitzhammer *m*; Walze *f*.

boucharder ⚠ (buʃar'de) *v/t.* [1a] *a. Beton* mit dem Spitzhammer körnen.

bouche (buʃ) *f* **1.** Mund *m*; ~ *bée* mit aufgesperrtem (*od.* offenem) Munde; *fig. fermer la* ~ *à q.* j-m das Maul stopfen; ~ *close! od. cousue!* Mund halten!; (*ferme*) *ta* ~! halt's Maul! P; *rester* ~ *close* sprachlos dastehen; *avoir la* ~ *amère* e-n bitteren Geschmack im Munde haben; *avoir la* ~ *bien garnie* schöne Zähne haben; *bonne* ~ angenehmer (Nach-)Geschmack *m*; *rester* (*od. demeurer*) *sur la bonne* ~ aufhören, wenn es am besten schmeckt; *l'eau m'en vient à la bouche* das Wasser läuft mir im Munde zusammen; **2.** Maul *n*; Rachen *m*; **3.** Öffnung *f*, Loch *n*; ~ *de chaleur* Luftheizung *f*; ~ *à eau* Wasserkran *m*; ~ *à feu* Kanone *f*; ~ *d'un four* Ofenloch *n*; ~ *d'un volcan* Schlund *m* e-s Vulkans; ~ *d'incendie* Hydrant *m*; **4.** (*mst. pl.*) (Fluß-)Mündung *f*; **5.** F Esser *m*; *fine* ~ Feinschmecker *m*; ~*s pl. inutiles* unnütze Esser *m/pl.*; *avoir dix* ~*s à nourrir* zehn Personen zu ernähren haben; **6.** *hist. service m de la* ~ Tafeldienst *m* (*am königlichen Hofe*).

bouché (bu'ʃe) *adj.* **1.** verstopft; abgedichtet; **2.** *fig.* vernagelt, verbohrt, bekloppt P; unintelligent, *enfant m* ~ schwerfälliges Kind *n*; **3.** *temps m* ~ trübes Wetter *n*.

bouche-bouteilles (buʃbu'tɛj) *m* Flaschenpfropfmaschine *f*.

bouchée (bu'ʃe) *f* **1.** Mundvoll *m*, Bissen *m*, Happen *m*; Maulvoll *n* P; **2.** Appetitbissen *m*; ~ *à la reine* Fleischpastetchen *n*.

bouchement (buʃ'mɑ̃) *m* Verstopfung *f*, Zumauern *n*.

boucher[1] (bu'ʃe) [1a] **I** *v/t.* **1.** zumachen, zu-, ver-stopfen; zumauern; ~ *un trou* ein Loch zustopfen; *fig.* e-e seiner vielen Schulden bezahlen; **2.** zupfropfen; verspunden; ~ *hermétiquement* völlig abdichten; ~ *avec du mastic* zukitten; ~ *avec du ciment* mit Zement verschmieren; ~ *le passage* den Durchgang versperren; ~ *la vue* die Sicht versperren (*od.* nehmen); P *en* ~ *un coin à q.* j-n kleinlaut machen, j-n kille kriegen P; *bouché a. adj.* blöde, doof, bekloppt P; **II** *v/rfl. se* ~ sich verstopfen; *se* ~ *les yeux* (*les oreilles*) nicht sehen (nicht hören) wollen.

boucher[2] (bu'ʃe) *m* **1.** Fleischer *m*; Schlächter *m*; *garçon m* ~ Fleischergeselle *m*, **2.** *fig.* grausamer Mensch *m*.

bou|chère (bu'ʃɛ:r) *f* Schlächtersfrau *f*; **~cherie** (buʃ'ri) *f* **1.** Fleischerei *f*; **2.** Fleischerhandwerk *n*; **3.** *fig.* Gemetzel *n*, Blutbad *n*; *fig. conduire des troupes à la* ~ Truppen zur Schlachtbank führen.

bouche-trou (buʃ'tru) *m* Lückenbüßer *m*.

bouchoir ⊕ (bu'ʃwa:r) *m* Verschlußschieber *m*.

bouchon (bu'ʃɔ̃) *m* **1.** Stöpsel *m*, Pfropfen *m*, Kork *m*; Spund *m*; Zapfen *m*; ~ *mécanique* Patentverschluß *m*; ~ *de radiateur* Kühlerverschluß *m*; ~ *de remplis-*

sage Öleinfüllstutzen *m*; ⚔ ~ *de fusil usw.* Mündungsdeckel *m*; ~ *monté* mit Zierat versehener Flaschenstöpsel *m*; *faire sauter le* ~ den Pfropfen knallen lassen; **2.** Wirtshaus *n*; **3.** ~ *de paille* Strohwisch *m*; **4.** Bündel *n*, Pack *n*; ~ *de linge* Bündel *n* Wäsche; **5.** F *mettre un* ~ *à q.* j-n zum Schweigen bringen; **~ner** (~ʃɔ'ne) [1a] *v/t.* (ein Pferd) mit e-m Strohwisch abreiben; **~nier** (~'nje) *m* **1.** Korkhändler *m*; **2.** Korkschneider *m*, Stöpselmacher *m*.

bouchot (bu'ʃo) *m* **1.** Fischzaun *m*; **2.** Austernbank *f*.

bouchure (bu'ʃy:r) *f* lebende Hecke *f*.

bouclage (bu'klɑ:ʒ) *m* **1.** Zu-, Anschnallen *n*; **2.** ⚡ Schließen *n* e-s Stromkreises; **3.** P ⚔ Karzer *m*; **4.** F ⚔ Abriegelung *f*.

boucle ('buklə) *f* **1.** Ring *m*; Öse *f*; Auge *n in e-m Werkzeug*; (Tau-) Schlinge *f*; *des* ~*s d'or* goldene Ohrringe; **2.** Schnalle *f*; ~ *de ceinturon* Gurtschnalle *f*; **3.** ~ *de cheveux* Locke *f*; **4.** △ Ringverzierung *f*; **5.** ✈ Schleifenkurve *f*, Überschlag *m*, Looping *m*; ~ *sur le dos* Rückenüberschlag *m*.

boucl|é (bu'kle) *adj.* **1.** mit e-m Ring befestigt; **2.** Locken tragend; **3.** mit Schnallen besetzt; **4.** *icht. raie f* ~*e* Sternroche *m*; **~er** (~) [1a] **I** *v/t.* **1.** anschnallen; zuschnallen; ~ *sa malle* s-n Koffer packen; P ~ *la ceinture od. se la* ~ *fig.* den Riemen enger schnallen, sich einschränken; P *la* ~ den Mund halten; *boucle-la!* halt den Mund!; **2.** F ~ *des prisonniers* Gefangene einkasteln; ~ *la folie* die Torheit zähmen; **3.** ~ *q.* j-m Locken legen *od.* machen; **4.** F abschließen, beenden; P schließen (*Laden*); ⚔ abriegeln; **II** *v/i.* sich ringeln, sich locken; ✈ e-e Schleife ziehen; △ sich bauchen (*Mauer*); **III** *v/rfl.* se ~ sich ringeln; zugeschnallt werden.

bouclerie (buklə'ri) *f* Schnallenfabrik *f*.

bouclette (bu'klɛt) *f* Löckchen *n*.

bouclier (bukli'e) **I** *m* **1.** Schild *m*; **2.** *fig.* Schutz *m*; **3.** *zo.* Brust-, Kopfschild *n*; **II** *adjt.* ⚕ *éléments m/pl.* ~*s contre...* Abwehrstoffe *m/pl.* gegen...

bou|der (bu'de) [1a] **I** *v/i.* **1.** schlechte Laune haben, schmollen, schlecht gelaunt sein; ~ *contre* auf j-n böse sein; ~ *à (od. contre) qch.* e-r Sache aus dem Wege gehen; ~ *au jeu* widerwillig spielen; *ne pas* ~ *à la besogne* ordentlich an die Arbeit rangehen, tüchtig zupacken F; **2.** *im Dominospiel*: passen; **3.** ⚘ nicht gedeihen, schlecht wachsen; **II** *v/t.* ~ *q.* auf j-n böse sein; ~ *qch.* e-r Sache aus dem Wege gehen; meiden; an etw. (*dat.*) nicht teilnehmen; *il ne boude pas la bonne chère* er ist kein Kostverächter; **III** *v/rfl.* se ~ miteinander schmollen; **~derie** (bu'dri) *f* Schmollen *n*, üble Laune *f*; **~deur** (bu'dœ:r) [7g] **I** *adj.* schmollend; verdrießlich; **II** *su.* Trotzkopf *m*.

boudin (bu'dɛ̃) *m* **1.** Blut-, Rotwurst *f*; ~ *blanc* Weißwurst *f*; *fig. s'en aller en eau de* ~ *fig.* ins Wasser fallen, scheitern; **2.** *ehm.* ~ *de cheveux* Haarlocke *f*; ~ *de tabac* Tabaksrolle *f*; **3.** ⚔ Sandsack *m*; ⚒ Zündschnur *f*; **4.** P leichte Frau *f*; **5.** △ Rundstab *m*; Wulst *f*; **6.** *ressort à* ~ Spiral-, Spring-feder *f*; **7.** 🚂 Rad-, Spur-kranz *m*.

boudi|né (budi'ne) *adj. u. m* eingezwängt; **~ner** ⊕ (budi'ne) *v/t.* [1a] vorspinnen; **~nière** (~'njɛ:r) *f* Wursttrichter *m*.

boudoir (bu'dwa:r) *m* kleiner, eleganter Damensalon *m*.

boue (bu) *f* **1.** Schlamm *m*; Schmutz *m*, (Gassen-)Kot *m*; Dreck *m* P; *traîner dans la* ~ in den Dreck ziehen, verunglimpfen; **2.** *bain m de* ~ Schlamm-, Moor-bad *n*; **3.** Bodensatz *m gewisser Mineralwasser*.

bouée (bu'e) *f* Boje *f*; ~ *de sauvetage* Rettungsring *m*; ~ *de virage* Wendeboje *f*; ~ *lumineuse* Leuchtboje *f*.

bou|eur (bu'œ:r) *m* Straßen-feger *m*, -kehrer *m*; Müllabfuhrmann *m*; **~eux** (bu'ø) **I** *adj.* [7d] schmutzig, dreckig P; **II** P *m* = *boueur*.

bouffant (bu'fɑ̃) **I** *adj.* [7] bauschig; *manches f/pl.* ~*es* Puffärmel *m/pl.*; *pantalons m/pl.* ~*s* Pluderhosen *f/pl.*; **II** *m* Bausch *m* am Ärmel.

bouffarde F (bu'fard) *f* (Tabaks-) Pfeife *f*.

bouffe (buf) **I** *adj.* komisch; **II** *m* Possen-reißer *m*, -sänger *m*; **III** P *f* Fraß *m* P, Essen *n*.

bouf|fée (bu'fe) *f* **1.** Windstoß *m*; ⚕ Aufstoßen *n*; Zug *m des Rauchers*; ~*s (de fumée)* Qualm *m*; *fumer a* *grandes* ~*s* in großen Zügen paffen; **2.** *fig.* Anfall *m*, Anwandlung *f*; *par* ~*s* ruckweise; ~**fer** (~) *v/i. u. v/t.* [1a] **1.** sich bauschen; **2.** P gierig essen, fressen P; V ~ *q.* j-n fertigmachen; **3.** aufgehen (*Teig*); **4.** ⚠ sich nach außen wölben (*Mauer*); ~**fette** (~'fɛt) *f* Quaste *f*, Troddel *f*; Bandschleife *f*.

bouf|fir (bu'fi:r) *v/t. u. v/i.* [2a] anschwellen, auftreiben; *visage m bouffi* aufgedunsenes Gesicht *n*; *fig. bouffi de prétention* vor Anmaßung aufgeblasen; *style m bouffi* schwülstige Schreibweise *f*; ~**fissure** (~fi'sy:r) *f a.* ⚕ Aufgedunsenheit *f*; *fig.* Aufgeblasenheit *f*; Breitspurigkeit *f*, Schwulst *m*.

bouffon (bu'fɔ̃) [7c] **I** *adj.* **1.** possenhaft, drollig; **II** *su.* **2.** Possenreißer *m*, Clown *m*, *ehm.* Hofnarr *m*; *faire le* ~ Possen reißen; *servir de* ~ als Narr auftreten; **3.** Possenhaftes *n*; ~**ner** (~fɔ'ne) *v/i.* [1a] Posssen reißen; ~**nerie** (~fɔn'ri) *f* Possenreißerei *f*, Possenhaftigkeit *f*; Posse *f*, Schnurre *f*.

bouge (bu:ʒ) *m* **1.** Schmutznest *n*; Spelunke *f*, elendes Loch *n*; **2.** Bauch *m e-s Fasses*, Vertiefung *f e-s Tellers.*

bougeoir (bu'ʒwa:r) *m* Handleuchter *m.*

bougeotte P (bu'ʒɔt) *f*: *avoir la* ~ ruhelos (*od.* rastlos) sein; unruhig sitzen; nicht seßhaft bleiben; vom Reisetrieb erfaßt sein.

bouger (bu'ʒe) [1l] **I** *v/i.* sich bewegen, sich rühren (*a. fig.*); **II** *v/t.* von der Stelle rücken, wegrücken; bewegen (*Arme, Beine usw.*).

bougie (bu'ʒi) *f* **1.** Wachs-licht *n*, -kerze *f*; *aux* ~*s* bei Kerzenlicht; **2.** ⚡ Kerze *f*; **3.** ⚕ Sonde *f*, Katheter *m*; **4.** *Auto*: ~ *d'allumage* Zündkerze *f*; ~ *encrassée* verölte Kerze *f*; *pointe f de* ~ Kerzenstift *m*.

bougnat P (bu'ɲa) *m* Holz- u. Kohlen-, *oft* Weinhändler *m*.

bougon F (bu'gɔ̃) [7c] **I** *su. fig.* Nörgler *m*, Quengelkopf *m*; **II** *adj.* brummig, bärbeißig; ~**ner** F (bugɔ'ne) *v/i.* [1a] herumnörgeln, brummen, murren.

bou|gran (bu'grɑ̃) *m* Steifleinwand *f*, Buckram *m*; ~**grané** (~gra'ne) *adj.*: *toile f* ~*e* gesteifte Leinwand *f*.

bougre P ('bu:grə) **I** *m* Kerl *m*; *bon* ~ guter Kerl *m*; *un pauvre* (*sale*) ~ ein armer (widerlicher) Kerl *m*; ~ *d'idiot* Riesenidiot *m*, großer Idiot *m*; **II** *int.* zum Teufel!; ~**ment** P (~grə'mɑ̃) *adv.* verdammt, kolossal, riesig, sehr; *je me sens* ~ *mieux depuis que tu voles à côté de moi* ich fühle mich verdammt wohler, seitdem du neben mir fliegst.

bougresse P (bu'grɛs) *f* blödes *od.* niederträchtiges Weibsstück *n*.

boui-boui F (bwi'bwi) *m* [6a] kleines Volkstheater *n*, Tingeltangel *m*; Kaschemme *f*.

bouif * (bwif) *m* Schuster *m*.

bouillabaisse *cuis.* (buja'bɛs) *f* Fisch-suppe *f*, -gericht *n*.

bouillant (bu'jɑ̃) *adj.* **1.** kochend; *tout* ~ kochend heiß; **2.** *fig.* hitzig, aufbrausend.

bouillasse P (bu'jas) *f* feiner Nieselregen *m.*

bouille (buj) *f* **1.** *Fischerei*: Störstange *f* (*zum Aufjagen der Fische*); **2.** ⚒ Stück *n* Steinkohle; **3.** Kiepe *f* der Winzer; **4.** dickbauchiges Milchgefäß *n*; **5.** P Visage *f* P, Fratze *f* P, Gesicht *n*.

bouilleur (bu'jœ:r) *m* **1.** ⊕ Branntweinbrenner *m*; **2.** ⊕ Siede-, Dampf-kessel *m*; (*a. adj.*: *tube m* ~ Siederöhre *f*); **3.** ⚡ ~ *électrique* elektrischer Kocher *m.*

bouilli (bu'ji) *m* (Suppen-)Rindfleisch *n.*

bouillie (bu'ji) *f* **1.** Mus *n*, Brei *m*; *de la* ~ *pour les chats* verlorene Mühe *f*; etw. Unverdauliches *n*; etw. Unverständliches *n*; *réduire en* ~ zu Mus schlagen; **2.** ⊕ *Papierfabrik*: Lumpenbrei *m*.

bouillir (bu'ji:r) [2e] *v/i.* **1.** sieden, kochen (*a. fig.*); ~ *d'indignation* vor Empörung kochen; *l'eau bout* das Wasser kocht; ~ *à gros bouillons* stark kochen; **2.** *faire* ~: a) (ab-)kochen; *faire* ~ *de l'eau* Wasser abkochen; b) *fig.* in Wallung bringen; *faire* ~ *le pot* haushalten helfen; **3.** *fig.* pulsieren; **4.** *fig. la tête me bout* der Kopf möchte mir zerplatzen.

bouilloire (bu'jwa:r) *f* Tee-, Wasser-kessel *m.*

bouillon (bu'jɔ̃) *m* **1.** Blase *f*; Welle *f*, Schaum *m*, Sprudel *m*; F Wasser *n*; *à gros* ~*s* sprudelnd; **2.** *fig.* Aufwallung *f*, Aufbrausen *n*; **3.** *cuis.* Bouillon *f* (*deutsch*: bul'jɔ̃), Fleischbrühe *f*; F billiges Restaurant *n*; ~ *à canard* Wassersuppe *f*; (*en*); *être* (*réduit*) *au* ~ nur Fleischbrühe genießen dürfen; *fig.* sehr leidend sein; F *boire* (*od. prendre*) *un* ~ sich verspekulieren, sich bei e-m Geschäft verkalkulieren; Wasser schlucken (*beim Baden*); **4.** F ~ *de onze* (*od.* P *d'onze*) *heures* Gifttrank *m*; **5.** ~ *de culture* Nährboden *m zur Reinkultur der Bakterien*; **6.** *fig.* Gesamtheit *f* der unverkauften Bücher *od.* Zeitungen, unverkaufte Exemplare *n/pl.*, Remittendenexemplare *n/pl.*; **7.** Falte *f*, Bausch *m*; **8.** Bläschen *n*.

bouillon-blanc (bujɔ̃'blɑ̃) *m* flockige Königskerze *f*.

bouillon|nant (bujɔ'nɑ̃) *adj.* [7] sprudelnd, wallend; *fig.* aufbrausend; **~né** (~'ne) *adj.* bauschig; **~nement** (~n'mɑ̃) *m* Sprudeln *n*, Aufwallen *n* (*a. fig.*); Schäumen *n*; Wallung *f* (*z.B. des Blutes*).

bouillonner (bujɔ'ne) [1a] **I** *v/i.* **1.** aufwallen, aufbrausen, aufschäumen; *fig.* ~ *de fureur* vor Wut kochen; **2.** stark gären (*Wein*); **3.** unverkaufte Exemplare zurückschicken; s. *bouillon* 6; **II** *v/t.* bauschig machen, in Bauschen zusammennähen (*Kleid*).

bouillot|te (bu'jɔt) *f* **1.** Hasardspiel *n*; **2.** kleiner Wasserkessel *m*; **3.** (Bett-)Wärmflasche *f*; **4.** P Deetz *m* P, Birne *f* P, Kopf *m*; **~ter** (~'te) *v/i.* [1a] langsam kochen.

boulaie (bu'lɛ) *f* Birkenhain *m*.

boulanger[1] (bulɑ̃'ʒe) [7b] **I** *su.* Bäcker *m*; **II** *adj.*: *garçon m* ~ Bäckergeselle *m*.

boulan|ger[2] (~) [1l] **I** *v/t. Mehl* verbacken; **II** *v/i.* backen (*Brot*); **~gerie** (~ʒ'ri) *f* Bäckerei *f*.

boule[1] (bul) *f* **1.** Kugel *f*; P ⚔ ~ (*de son*) Kommißbrot *n*; ~ *camphrée* Mottenkugel *f*; ~ *de neige* Schneeball *m*; **2.** Kugelstoßen *n*; *jeu m de* ~*s* Kugelspiel *n*; **3.** (Ab-) Stimmkugel *f*; **4.** ~ (*de lampe*) runde Lampenglocke *f*; **5.** *arbre m en* ~ kugelförmig beschnittener Baum *m*; **6.** ⊕ Walze *f*, Rolle *f zur Fortbewegung schwerer Lasten*; **7.** F Kopf *m*, Birne *f* P, Kürbis *m* P, Bregen *m* P, Omme *f* P; *perdre la* ~ *fig.* kopflos werden, den Kopf verlieren; ganz aus dem Häuschen sein; *il a perdu la* ~ *fig.* er hat den Kopf verloren; er weiß nicht mehr ein noch aus; *se mettre en* ~ sich zur Abwehr ducken; in Wut geraten.

boul(l)e[2] (bul) *m* Möbel *n* mit Einlegearbeit.

bouleau (bu'lo) *m* [5b] Birke *f*.

boule-de-neige (buldə'nɛ:ʒ) *f* [6b] gemeiner Schneeball *m*.

bouledogue (~'dɔg) *m* Bulldogge *f*.

bouler (bu'le) [1a] **I** *v/i.* rollen, sich kugeln; P *envoyer* ~ *q.* j-n zum Teufel jagen, sich j-n vom Halse schaffen; **II** *v/t.* Kalk *m*, Mörtel *m* umrühren.

boulet (bu'lɛ) *m* **1.** *ehm.* Kanonenkugel *f*; *heute Sport*: Kugel *f*; *fig.* Bürde *f*; *fig.* Hemmschuh *m*; F *fig. tirer à* ~*s rouges sur q.* gegen j-n schonungslos vorgehen; *traîner son* ~ sein Päckchen (*od.* Los) zu tragen haben; *fig. se mettre un* ~ *au pied* sich etw. aufbürden; **2.** Eierbrikett *n*; **3.** *vét.* Köte *f*.

boulette (bu'lɛt) *f* **1.** Kügelchen *n*; ~ *de papier* Papierkügelchen *n*; **2.** Fleischklößchen *n*, Klops *m*, Bulette *f* P; **3.** *fig.* F *faire une* ~ e-n Bock schießen *fig.*

bouleux (bu'lø) *su. u. adj.* [7d]: (*cheval m*) ~ stämmiges Arbeitspferd *n*.

boulevard (bul'va:r) *m* **1.** Boulevard *m*, breite Verkehrsstraße *f*; **2.** † *frt.* Wall *m*; *heute nur noch fig.* Bollwerk *n*, Schutz *m*; **~er** (~'de) *v/i.* [1a] auf den Boulevards flanieren; **~ier** (~'dje) [7b] **I** *su.* Flaneur *m*, Bummler *m*; **II** *adj.*: *en style* ~ *ling.* im Boulevardstil; in der Sprache der Boulevards.

boulevers|ement (bulvɛrsə'mɑ̃) *m* Umsturz *m*, Umwälzung *f* (*a. fig.*); ~ *social* soziale Umschichtung *f*; **~er** (~'se) [1a] *v/t.* **1.** umstürzen, umwälzen; **2.** in Unordnung bringen (*a. fig.*); außer Fassung bringen, niederschmettern; erschüttern, zerrütten; *bouleversé par la guerre* vom Kriege heimgesucht.

boulier (bul'je) *m* **1.** Rechenschieber *m* mit bunten Kugeln (*für Kinder*); **2.** Fischnetz *n*.

boulimie (buli'mi) *f* Heißhunger *m*.

boulin (bu'lɛ̃) *m* **1.** Taubenloch *n*; **2.** Rüst-loch *n*, -balken *m*.

bou|linage ⚓ (buli'na:ʒ) *m* Segeln *n* bei dem Winde; **~line** ⚓ (~'lin) *f* Bugleine *f*, Buline *f*; *vent m de* ~ schiefer Wind *m*; *aller à la* ~ dicht bei dem Winde segeln *od.* halten; **~liner** (~li'ne) [1a] **I** *v/t* ⚓ die Buline e-s Segels anholen; **II** *v/i.* ⚓ mit Seitenwind segeln; F entlangtippeln.

boulingrin (bulɛ̃'grɛ̃) *m* Rasen-, Gras-platz *m*.

bouliste *Sport* (bu'list) *m* Kugelstoßer *m*, -spieler *m*.

boulisterie (bulis'tri) *f* interne Brief- u. Paketbeförderung *f* e-r Verwaltung.
boulodrome (bulɔ'drɔm) *m* Kugelbahn *f* (*beim pétanque-Spiel*).
bouloir ⚠ (bu'lwa:r) *m* Rührstange *f*.
boulon (bu'lɔ̃) *m* Bolzen *m*; Schraube *f*; ~ *de carrosserie* (*de charrue*) Wagen-(Pflug-)schraube *f*.
boulonner ⊕ (bulɔ'ne) *v/t*. [1a] mit e-m Bolzen befestigen, verbolzen; P schuften; *écol.* ochsen, büffeln; **~ie** (~lɔn'ri) *f* Bolzenfabrik *f*.
boulot (bu'lo) [7c] **I** *adj. u. su.* rundlich; klein u. dick; Dickerchen *n*; **II** P *m* Arbeit *f*, Job *m*; Nahrung *f*; Mahlzeit *f*; langes Brot *n*; *c'est mon* ~ das ist meine Sache *f*.
boulotter P (bulɔ'te) [1a] **I** *v/i*. langsam entlangrollen; *fig.* F ein geruhsames Leben führen, 'ne ruhige Tour schieben P; schlecht u. recht auskommen; sich durchwurschteln P; *ça boulotte* es geht so so; man wurschtelt sich so durch P; **II** *v/t*. futtern, fressen, *plais.* verputzen.
boum! (bum) *int.* bums!, bauz!
boumian * *dial. Prov.* (~'mjɑ̃) *m* Zigeuner *m*.
bouna (bu'na) *m* Buna *m* (*Gummi*).
bouquet (bu'kɛ) *m* **1.** (Blumen-)Strauß *m*, ⚘ Bukett *n*; *faire un* ~ e-n Strauß machen; ~ *de mariée* Hochzeitsstrauß *m* der Braut; **2.** Bund *n*, Büschel *m*, Busch *m*; ~ *de bois* Baumgruppe *f*; **3.** ~ (*d'artifice*) Büschelfeuerwerk *n*; **4.** Blume *f des Weins*; **5.** Fest-gedicht *n*, -geschenk *n*; galantes Gedicht *n*; **6.** *fig. oft iron.* F Höhe(punkt *m*) *m*, Krönung *f*; F *c'est le* ~ das ist ja die Höhe!, das ist ja ein starkes Stück!, das fehlte gerade noch!; **7.** *zo.* Seekrebs *m*; **8.** männlicher Hase *m*, Rammler *m*; **9.** *vét.* Räude *f*.
bouquetière (buk'tjɛ:r) *f* Blumenmädchen *n*.
bouquetin *zo.* (buk'tɛ̃) *m* Steinbock *m*, -ziege *f*.
bouquin (bu'kɛ̃) *m* **1.** *zo.* alter Bock *m* (*a. fig.*); *cornet m à* ~ Alphorn *n*; **2.** männlicher Hase *m*, Rammler *m*; **3.** F (altes) Buch *n*, Schmöker *m* P; **4.** Mundstück *n* (*Pfeife*).
bouqui|ner F (buki'ne) *v/i*. [1a] (alte) Bücher suchen *od.* kaufen; **~nerie** F (~kin'ri) *f* Antiquariatsbuchhandlung *f*; **~neur** F (~'nœ:r) *su.* [7g] Bücherwurm *m*; **~niste** F (~'nist) *m* Antiquar(iatsbuchhändler *m*) *m*.
bour|be (burb) *f* Schlamm *m*, Morast *m*, Kot *m*; **~beux** (bur'bø) *adj.* [7d] schlammig; *zo.* im Schlamm lebend; **~bier** (bur'bje) *m* **1.** Morast-, Sumpf-loch *n*; *fig.* ~ *du péché*, ~ *du vice* Sündenpfuhl *m*; **2.** P üble Lage *f*; *être dans le* ~ in der Klemme sein, in der Patsche stecken, in der Tinte sitzen; **~billon** ⚕ (~bi'jɔ̃) *m* Eiterpfropf *m*.
Bourbon (bur'bɔ̃) *m* Bourbone *m*; *nez à la* ~ Adlernase *f*.
bourdaine (bur'dɛn) *f* **1.** Faulbaum *m*; **2.** Faulbaumrinde *f*.
bourdalou (burda'lu) *m* Hutband *n* mit e-r Schnalle.
bourde F (burd) *f* grober Schnitzer *m*.
bourdon (bur'dɔ̃) *m* **1.** Pilgerstab *m*; **2.** ♪ Baßsaite *f*; Schnarrwerk *n der Orgel*; ♪ *en faux-*~ eintönig; **3.** große Glocke *f*; **4.** *ent.* Hummel *f*; *faux* ~ Drohne *f*; **~nant** (~dɔ'nɑ̃) *adj.* [7] summend; *toupie* ~*e* Brummkreisel *m*; **~nement** (~dɔn'mɑ̃) *m* Summen *n*; dumpfer Lärm *m*, Gemurmel *n*; (Ohren-)Sausen *n*; ⚕ ~ *d'oreilles* Ohrensausen *n*; **~ner** (~dɔ'ne) [1a] **I** *v/i*. summen; murmeln; sausen (*im Ohr*); **II** F *v/t*. leise singen, summen; **~neur** (~'nœ:r) [7g] *adj.* summend.
bourg (bu:r) *m* Marktflecken *m*.
bourgade (bur'gad) *f* kleiner Marktflecken *m*; *iron.* Nest *n*.
bour|geois (bur'ʒwa) [7] **I** *adj.* □ bürgerlich; *péj.* bourgeoishaft, spießig, spießerhaft, spießbürgerlich; *cuisine* ~*e* Hausmannskost *f*; *als Reklame*: bürgerlicher Mittags- u. Abendtisch *m*; *milice f* ~*e* Bürgerwehr *f*; *en* ~ in Zivil(kleidung); *maison f* ~*e* Privathaus *n*, Haus *n* ohne Luxus; **II** *su.* **1.** Bürger *m e-r Stadt*; Städter *m*; **2.** *mit der Sprache der Arbeiter*: Brotherr *m*, Arbeitgeber *m*; Meister *m*; reicher Bürger *m*, Bourgeois *m*; **5.** *iron.* Spießer *m*, Spießbürger *m*, Philister *m*; F *être du dernier* ~ mehr als spießig sein; P *ma* ~*e* meine Frau; **~geoisie** (~ʒwa'zi) *f* **1.** Bürgerschaft *f*; *droit m de* ~ Bürgerrecht *n*; **2.** Bürgerstand *m*; *pol.* Bourgeoisie *f*, reiches Bürgertum *n*, die oberen Zehntausend *pl.*; **3.** Spießbürger *m/pl.*
bourgeon (bur'ʒɔ̃) *m* **1.** Knospe *f*, Auge *n am Weinstock*; **2.** ⚕ Mit-

esser *m*, Pustel *f im Gesicht*; **~nement** (~ʒɔn'mɑ̃) *m* Knospen *n*, Sprießen *n*, Treiben *n*, Ausschlagen *n*; **~ner** (~ʒɔ'ne) *v/i.* [1a] **1.** Knospen treiben; **2.** ⚕ Mitesser (*im Gesicht*) bekommen.

bourgeron (burʒə'rɔ̃) *m* Drillichjacke *f*; Arbeitskittel *m*.

bourgmestre (burg'mɛstrə) *m* Bürgermeister (*in Belgien, Deutschland, der Schweiz, Holland etc.*; *Fr.*: *maire*) *m*.

Bourgogne (bur'gɔɲ) **I** *f*: **la ~** die Bourgogne *f*; *hist.* Burgund *n*; **II** ♀ *m* Burgunder(wein *m*) *m*.

bourguignon (~gi'ɲɔ̃) [7c] **I** *adj.* burgundisch; **II** ♀ Burgunder *m* (*Einwohner der Bourgogne*).

bourlinguer (burlɛ̃'ge) *v/i.* [1a] **1.** ⚓ gegen die Wellen kämpfen (*Schiff*); **2.** P hin- u. hergeworfen werden, herumstromern, herumstrolchen; viel reisen, viel in der Welt herumkommen.

bourrache ⚘ (bu'raʃ) *f* Gurkenkraut *n*, Borretsch *m*.

bour|rade (bu'rad) *f fig.* Rippenstoß *m*, Puff *m*; Seitenhieb *m mit Worten*; *ch.* Biß *m* (*des Jagdhundes*); **~rage** (~'raːʒ) *m* **1.** ⊕ Dichtung *f*, Füllung *f*; **2.** *~ de crâne fig.* Eindrillen *n*, Einimpfen *n fig.*, nachhaltige tendenziöse Bearbeitung *f*, propagandistischer Drill *m*, politische Verdummung *f*, Gehirnwäsche *f*; *écol.* Einpaukerei *f*; **~rasque** (~'rask) *f.* **1.** (jäher) Windstoß *m*; *~ de neige* kurzer, plötzlicher Schneesturm *m*; *~ de pluie* Regensturm *m*; **2.** *fig.* heftiger u. kurzer Anfall *m*, Zornausbruch *m*.

bourre (buːr) *f* **1.** Füllhaar *n*; Wollhaar *n*; *~ de laine od. ~ lanice* Flock-, Kratz-wolle *f*; *~ de (matière) plastique* Plastikfüllung *f*; *~ de soie* Seidenabfälle *m/pl.*, Flockseide *f*; ⋆ *se tirer la ~* sich Konkurrenz machen, sich in die Wolle kriegen; **2.** ⚘ (Knospen-)Flaum *m*; *geler en ~* in der Knospe erfrieren; **3.** ⚔ Vorladung *f* e-s Geschützes; **4.** P Polizist *m*, Schupo *m*; **5.** F wertloses Zeug *n*.

bourreau (bu'ro) *m* [5b] **1.** Henker *m*, Scharfrichter *m*; *valet m de ~* Henkersknecht *m*; **2.** *fig.* Schinder *m*, Wüterich *m*, Unhold *m*, Peiniger *m*, Quälgeist *m*, Plagegeist *m*; *fig. ~ de travail fig.* Arbeitspferd *n*; **3.** *~ des cœurs fig.* Herzensbrecher *m*.

bourrée (bu're) *f* **1.** Reisigbündel *n*; **2.** *munterer* Tanz u. Melodie *dazu*.

bour|rèlement (burɛl'mɑ̃) *m* Marter *f*; *fig.* Seelenqual *f*; **~reler** (bur'le) *v/t.* [1d] **1.** martern, quälen (*nur fig.*); **2.** Fenster dichten; **~relet** (~'lɛ) *m* Sitzpolster *n*; Wulst *m*, Dichtungsstreifen *m*.

bour|relier (burə'lje) *m* Geschirrmacher *m*, Sattler *m*; **~rellerie** (~rɛl'ri) *f* Sattlerei *f*.

bourrer (bu're) [1a] **I** *v/t.* **1.** vollstopfen, füllen (*Kissen, Pfeife*); ⚔ *~ un canon* Vorladung *f* einstoßen; **2.** F *~ q. de* j-m zuviel zu essen geben an ...; *fig.* j-n überfüttern mit ...; **3.** vollpfropfen; *~ le crâne à q.* j-m etw. eintrichtern; *~ à q.* j-m blauen Dunst vormachen; **4.** *~ q. de coups* j-m Rippenstöße geben (*a. fig.*); **II** *v/rfl.* **5.** *se ~ de qch.* sich mit etw. vollessen, etw. verschlingen; **6.** sich in die Haare geraten.

bourrette (bu'rɛt) *f* rohe Seide *f*.

bourri P (bu'ri) *m* Esel *m*.

bourriche (~'riʃ) *f* länglicher Korb *m ohne Henkel*.

bourrichon P (~'ʃɔ̃) *m* Kopf *m*, Birne *f*, Nuschel *m*, Ballon *m*, Kürbis *m*, Omme *f*.

bourricot (~ri'ko) *m* Eselchen *n*; F *kif-kif ~* Jacke wie Hose P, genau dasselbe, ganz egal.

bourrin P (bu'rɛ̃) *m* Pferd *n*.

bour|rique (bu'rik) **1.** Eselin *f*; **2.** *fig.* Dumm-, Dick-, Starrkopf *m*; **~riquet** (~ri'kɛ) *m* Eselchen *n*; ⚠ Mörtelhucke *f der Maurer*; ⚒ Schachthaspel *f*.

bourru (bu'ry) **I** *adj.* **1.** ⚘ filzig; **2.** *fig.* barsch, schroff; mürrisch; **II** *m* Griesgram *m*.

bourse (burs) *f* **1.** (Geld-)Beutel *m*, Börse *f*, Säckel *m*; *Sport*: (Kampf-) Börse *f*; *de ma ~* aus eigener Tasche; *sans ~ délier* kostenlos; *la ~ ou la vie!* Geld oder Leben! ✝ *~ de commerce* Handelsbörse *f*; *~ des titres* Wertpapierbörse *f*; *petite ~* Nachbörse *f*; *négociable (od. coté) en (od. à la)* ♀ börsenfähig; *négocié couramment en* ♀ börsengängig; *coté avant l'ouverture de la* ♀ vorbörslich; *~ bien garnie* gespickter Beutel *m*; *avoir la ~ plate* einen schmalen Beutel haben; **2.** Stipendium *n*, Freistelle *f*, -tisch *m*; *écol. ~ d'entretien*

Erziehungsbeihilfe *f*; ~ *de voyage* Reisestipendium *n*; **3.** ~ *(de quêteuse)* Klingelbeutel *m*; **4.** *(oft* ♀) Börse(ngebäude *n*) *f*; *bulletin m de la* ~ Börsenbericht *m*; ~ *des titres* Wertpapierbörse *f*; *coup m de* ~ gelungene Börsenspekulation *f*; *cours m de la* ~ Kurszettel *m*; *manœuvres f/pl. de* ~ Börsen-manöver *n*, -schwindel *m*; *la* ~ *a monté (baissé)* die Kurse sind gestiegen (gefallen); **5.** ~ *du travail* Versammlungsort *m* der Arbeitergewerkschaften; **6.** V ~*s f/pl.* Hodensack *m*.

bour|sette (~'sɛt) *f* **1.** ⊕ Ventilbeutel *m der Orgel*; **2.** ⚘ Hirtentäschchen *n*; **~sicaut, ~sicot** F (~si'ko) *m* **1.** Geldbeutelchen *n*; **2.** Spar-pfennig *m*, -groschen *m*.

boursico|tage (bursikɔ'ta:ʒ) *m* Börsenschwindel *m*; **~ter** F (~'te) *v/i.* [1a] *kleine* Börsengeschäfte machen, an der Börse spekulieren; **~teur** [7g], **~tier** [7b] (~'tœ:r, ~'tje) *su.* kleiner Börsenspekulant *m*, Jobber *m*.

boursier (bur'sje) *su.* [7b] **1.** Freischüler *m*, Stipendiat *m*; **2.** Börsenspekulant *m*.

boursou|flage (bursu'fla:ʒ) *m* schwülstiger Stil *m*, Schwulst *m*, Bombast *m*; **~flé** (~'fle) **I** *adj.* aufgedunsen; *fig.* schwülstig; ⚘ blasig; **II** *m* Pausback *m*; **~fler** (~) [1a] **I** *v/t.* aufblasen, auftreiben; **II** *v/rfl.* **se** ~ blasig werden, sich aufblähen; **~flure** (~'fly:r) *f fig.* Aufgeblasenheit *f*; Schwulst *m*.

bouscu|lade (busky'lad) *f* Durcheinander *n*, Herumstoßen *n*; Hast *f*, Hetze *f*; *pl.*: *les* ~*s* das Gedrängele; **~ler** (~'le) *v/t.* [1a] **1.** durcheinanderwerfen; F antreiben, hetzen *(zur Arbeit)*; **2.** *(auch* se ~ sich) drängeln, schubsen, anrempeln, herumstoßen; *être bousculé* Püffe bekommen; in Hast sein; nicht wissen, wo e-m der Kopf steht.

bouse (bu:z) *f* (Kuh-)Mist *m*; ~ *de vache* Kuhfladen *m*.

bousier (bu'zje) *m* Mistkäfer *m*.

bousil|lage (buzi'ja:ʒ) *m* **1.** ⚠ Lehmwerk *n*; **2.** F Pfuscherei *f*; **~ler** (~'je) [1a] **I** *v/i.* ⚠ mit Strohlehm *m* bauen; **II** *v/t.* F unsolide arbeiten, pfuschen; P beschädigen, kaputt machen; kaltmachen P, töten, umbringen; **~leur** (~'jœ:r) *su.* [7g] Maurer *m* mit Strohlehm; Pfuscher *m*, Stümper *m*.

bousin (bu'zɛ̃) *m* **1.** Erdkruste *f auf Bruchsteinen*; **2.** P Spektakel *m*; **3.** P Schufte'rei *f*.

bousingot (buzɛ̃'go) *m* Matrosenhut *m*.

boussole (bu'sɔl) *f* **1.** Bussole *f*, Magnetnadel *f*, (Schiffs-)Kompaß *m*; **2.** *fig.* Leitstern *m*; F *perdre la* ~ den Kopf verlieren.

boustifaill|e P (busti'fɑj) *f* Prasserei *f*, Schmaus *m*; Fraß *m*, Futter *n*; *plais.* Freßchen *n*; **~er** P (~fɑ'je) *v/t.* [1a] fressen.

bout (bu) *m* **1.** *in räumlichem Sinne*: Ende *n*, Spitze *f*; Ecke *f*, Zipfel *m*; *de* ~ *en* ~, *d'un* ~ *à l'autre* von Anfang bis Ende, von e-m Ende zum andern; *mettre* ~ *à* ~ aneinanderfügen; *fig. au* ~ *du monde* sehr weit weg; *brûler la chandelle par les deux* ~*s fig.* sein Vermögen verschwenden; s-e Gesundheit ruinieren; *joindre les deux* ~*s* sein Auskommen haben, zurechtkommen; *à* ~ *portant* aus nächster Nähe; *tuer q. d'un coup de revolver à* ~ *portant* j-n mit dem Revolver aus nächster Nähe niederknallen *(od.* niederschießen); *au* ~ *du compte* schließlich, im Grunde genommen, alles in allem; übrigens; *le haut (le bas)* ~ *d'une table* das obere (untere) Tischende *n*; *fig.* der erste (letzte) Platz bei Tische; *rire du* ~ *des dents (od. des lèvres)* gezwungen lachen; *manger du* ~ *des dents* mit Widerwillen essen; *toucher qch. du* ~ *des doigts* etw. mit den Fingerspitzen *(fig.* leise) berühren; *fig. on y touche du* ~ *du doigt* wir sind ganz nahe daran; *savoir qch. sur le* ~ *du doigt* etw. *(od.* e-e Frage) ganz genau kennen *(od.* völlig beherrschen); *j'ai le mot sur le* ~ *de la langue* das Wort schwebt mir auf der Zunge; ~ *du nez* Nasenspitze *f*; *il ne voit plus loin que le* ~ *de son nez* er ist engstirnig *(od.* beschränkt; er hat Scheuklappen um; ~ *du sein* Brustwarze *f*; ~ *de l'oreille* Ohrläppchen *n*; *à tout* ~ *de champ* bei jeder Gelegenheit; *fig. montrer od. laisser passer le* ~ *de l'oreille* die Katze aus dem Sack lassen; durchblicken lassen, was man im Schilde führt; sich entpuppen; **2.** *in zeitlichem Sinne*: Ende *n*; Ablauf *m*; *au* ~ *d'un mois* nach Ablauf e-s Monats, nach Monatsfrist; *pousser q. à* ~ j-n aufs äußerste reizen, j-n auf die Palme bringen F; *venir à ~ de* fertig werden mit (*dat.*); *mener qch. à ~* etw. zustande bringen; mit etw. fertig werden; *ma patience est à ~* m-e Geduld ist zu Ende, mir reicht's F; *être au ~ de son rouleau* am Ende s-r Kunst (*fig.*) sein, nicht mehr ein noch aus wissen; *il n'en verra pas le ~*: a) er wird das Ende nicht erleben; b) er wird damit nie fertig werden; **3.** ⊕ Endstück *n*, Beschlag *m*; Mundstück *n* (*Pumpe*); Knopf *m* (*Stock*); Fleck *m*, Riester *m* (*Stiefel*); *~ de* (*od.* en) *liège* Korkmundstück *n*; *~ or* Goldmundstück *n* (*Zigarette*); **4.** Stückchen *n*, Endchen *n*; *~ de bougie* Lichtstumpf *m*; *~ de cigarette* Zigarettenstummel *m*; *un ~ de chemin* ein Stückchen Weges; *il y a un bon ~ de chemin* es ist ein ganzes Ende bis dahin; *un ~ d'homme* ein Kerlchen *n*, ein Knirps *m*; **5.** *~s pl. de queue* Schwanzfedern *f/pl.*; **6.** ⚓ Vorderteil *n*; *avoir vent de ~* widrigen Wind haben.

boutade (bu'tad) *f* Rappel *m*, Grille *f*, Laune *f*; *fig.* Ausfall *m gegen j-n*; *une heureuse ~* ein guter Einfall; *lancer une ~* e-n Witz zum besten geben.

boute (but) *f* (*Wein-*)Schlauch *m*.

boutée (bu'te) *f* Strebepfeiler *m*.

boute-en-train (butɑ̃'trɛ̃) *m* [6c] Stimmungs-, Spaß-macher *m*, Unterhalter *m*, Vereinsnudel *f*.

boutefeu (but'fø) *m* [5b] **1.** Lunte *f*; **2.** *fig.* Rädelsführer *m*.

bouteil|le (bu'tɛj) *f* Flasche *f*; *col m* (*od. goulot m*) *de ~* Flaschenhals *m*; *cul m de ~* Flaschenboden *m*; *~ de grès* Steinkrug *m*; *bière f en ~s* Flaschenbier *n*; *aimer la ~ fig.* gern in die Flasche gucken; *mettre en ~s* auf Flaschen ziehen *od.* füllen; *ce vin a dix ans de ~* dieser Wein ist seit zehn Jahren auf Flaschen gezogen; P *prendre de la ~* altern; klapprig werden; *c'est la ~ à l'encre* das ist e-e verwickelte Geschichte, daraus wird man nicht schlau (*od.* klug); **~ler** (~tɛ'je) *m* Kellermeister *m*, Mundschenk *m*; **~lerie** (~tɛj'ri) *f* Flaschen-fabrikation *f*, -handel *m*; **~lon** ⚔ (~tɛ'jɔ̃) *m* Feldkessel *m*; Essenträger *m*; *fig.* P Gerücht *n*, Gerede *n*.

bouter (bu'te) *v/i.* [1a]: *~ au large* in See stechen.

boute|rolle (but'rɔl) *f* Metallbeschlag *m an der Säbelscheide*; ⊕ Locher *m*; Döpper *m*, Schellkopf *m*; Schlüsselkerbe *f*; **~-roue** (~'ru) *f* Prellstein *m* (*bsd. an Häuserecken, Torwegen*).

boute-selle ⚔ (~'sɛl) *m*: *sonner le ~* zum Aufsitzen blasen.

bouti|que (bu'tik) *f* **1.** (*Kauf-, Kram-*)Laden *m*; Geschäft *n*; Bude *f* (*a. péj.*), Stand *m*; Boutique *f*, Modesalon *m*; F *fig.* Geschäftsaffäre *f*, Angelegenheit *f*; *garçon m de ~* Ladendiener *m*; F *toute la ~* die ganze Wirtschaft *f*, der ganze Kram *m*; *ouvrir* (*une*) *~* e-n Laden aufmachen (*a.* eröffnen); *tenir ~* e-n Laden haben, ein offenes Geschäft betreiben; *fermer* (*od. plier*) *~* den Laden schließen; das Geschäft aufgeben, die Bude zumachen F; s-e Siebensachen packen, wegziehen; **2.** Werkstatt *f*; **3.** Warenlager *n*; Handwerkszeug *n*; **4.** Fischkasten *m*; **~quier** (~'kje) [7b] *su.* Ladenbesitzer *m*; *fig.* Spießbürger *m*; *mv. p. peuple m de ~s*, *a. adj. peuple m ~* Volk *n* von Schacherern, Krämervolk *n*; *mst. iron. gent f boutiquière* Krämerleute *pl.*

boutis *ch.* (bu'ti) *m* Sauerbruch *m*.

boutisse (bu'tis) *f* Binder(stein *m*) *m*.

boutoir (bu'twa:r) *m* Rüssel *m des Wildschweins*; *a. fig.* ⊕ Rüssel *m*, Arm *m von Maschinen*; *fig. coup m de ~* verletzende Äußerung *f*.

bouton (bu'tɔ̃) *m* **1.** ⚘ Blüten-, Blatt-knospe *f*; *~ d'or* Butterblume *f*; *~ de rose* Rosenknospe *f*; **2.** *anat.* *~ du sein* Brustwarze *f*; **3.** ⚕ Bläschen *n*, Pickel *m*, Blatter *f*; **4.** Knopf *m*; *bottines f/pl. à ~s* Knöpfstiefel *m/pl.*; *~ de chemise, de manchette, de pantalon, de guêtre* Hemden-, Manschetten-, Hosen-, Gamaschen-knopf *m*; *~ à queue* Knopf mit Öhr; *~-pression, ~ à pression* Druckknopf *m* (*Schneiderei*); ⊕ *~-poussoir* Druckknopf *m*; **5.** Türknopf *m*; ⚡ Schalter-, Klingelknopf *m*; *rad.* Knopf *m*, Skalascheibe *f*; ⊕ *~ de mise* (*à l'heure*) Stellknopf *m*; *~ de commande* Antriebsknopf *m*; *~ fileté* Gewindeknopf *m*; ⚡ *~ isolant* Isolierknopf *m*; *~ tournoyant de commande du chauffage* Drehgriff *m* für die Heizung; ⚡ *tourner le ~*

a) anknipsen, (das) Licht anmachen; b) sich die Tür aufmachen; c) *fig.* umschalten, e-n anderen Kurs einschlagen; *appuyer sur le ~ de la sonnerie* auf den (Klingel-)Knopf drücken, klingeln; **6.** *~ de fleuret* Knopf *m* am Rapier; **7.** *~ de mire* Korn *n* am Gewehr.

bouton|nant (butɔ'nɑ̃) *adj.* [7] zum Zuknöpfen; **~né** (~'ne) *adj.* **1.** zugeknöpft (*a. fig.*); **2.** ⚕ pickelig; **3.** ⚘ mit Blütenknospen; **~nement** (~n'mɑ̃) *m* Knospentreiben *n*; **~ner** (~'ne) [1a] **I** *v/i.* ⚘ knospen, Knospen treiben; ⚕ Pickel bekommen; zugeknöpft werden (*Kleid*); **II** *v/t.* zuknöpfen; **III** *v/rfl.* *se ~* zugeknöpft werden (*a. fig.*); **~nerie** (~n'ri) *f* Knopfwaren *f/pl.*; Knopfhandel *m*, -macherei *f*; **~neux** (~'nø) *adj.* [7d] pickelig; **~nier** (~'nje) *m* Knopfmacher *m*; **~nière** (~'jɛ:r) *f* Knopfloch *n*; ⚕ Einschnitt *m*.

boutre ⚓ ('butrə) *m* Dau *f*, arabischer Zweimaster *m*.

bouts-rimés (buri'me) *m/pl.* Gedicht *n* mit gegebenen Endreimen.

boutur|age ⚘ (buty'ra:ʒ) *m* Vermehrung *f* durch Stecklinge; **~e** (~'ty:r) *f* Steckling *m*, Ableger *m*, Setzling *m*; **~er** (~ty're) [1a] **I** *v/i.* Ableger treiben; **II** *v/t.* durch Stecklinge vermehren.

bouveleur ⚒ (buv'lœ:r) *m* Gesteinshauer *m*.

bouvement △ (buv'mɑ̃) *m* Hohlkehle *f*.

bouverie (buv'ri) *f* Ochsenstall *m*.

bouvet *men.* (bu'vɛ) *m* Leistenhobel *m*; *~ mâle* Feder-, Spund-hobel *m*.

bouvier (bu'vje) [7] **I** *su.* Ochsentreiber *m*, -hirt *m*; **II** *adj.* *charrette f bouvière* Ochsenwagen *m*.

bouvreuil (bu'vrœj) *m* *orn.* gemeiner Gimpel *m*, Dompfaff *m*.

bouvril (bu'vril) *m* Verschlag *m für Rindvieh in Schlachthäusern.*

bouyer *dial. Provence* (bu'je) *m* Bauer *m*.

bouzouki ♪ (buzu'ki) *m* griechische Mandoline *f*.

bovidés *zo.* (bɔvi'de) *m/pl.* Rinder *n/pl.*

bovin (bɔ'vɛ̃) **I** *adj.* Rind(er)...; *bêtes f/pl.* **~es** (bɔ'vin) Rinder *n/pl.*; *peste f* **~e** Rinderpest *f*; **II** *m* Rind *n*.

bowette ⚒ (bo'vɛt) *f* Querschlag *m* [(*Seitengang*).

bowetteur ⚒ (bovɛ'tœ:r) *m* Gesteinshauer *m*.

box (bɔks) *m* Stallverschlag *m*, Pferdestand *m*; *Auto*: Box *f*, Einzelgarage *f*; *Krankenhaus*: kleiner Isolierraum *m*; ⚖ *~ d'accusé* Anklagebank *f*.

boxe (~) *f* Boxerei *f*, Boxen *n*, Boxsport *m*, Faustkampf *m*.

box|er (bɔk'se) **I** [1a] *v/i.* (*u. se ~* sich) boxen; **II** *m* Boxer(hund *m*) *m*; **~eur** (~'sœ:r) *su.* [7g] Boxer *m*; Faustkämpfer *m*.

boy (bɔi) *m* Boy *m*; eingeborener Diener *m*.

boyard *hist.* (bɔ'ja:r) *su.* [7] Bojar *m* (*ehm. russischer Würdenträger od. rumänischer Großgrundbesitzer*).

boyau (bwa'jo) *m* [5b] **1.** Darm *m*, **~x** *pl.* Gedärme *n/pl.*; F Bauch *m*, Magen *m*; *corde f à ~* Darmsaite *f*; *racleur m de ~x* Bierfiedler *m*; **2.** *vél.* dünner Fahrradschlauch *m* (*in genähtem Reifen*); **3.** (langer) Schlauch *m* der Feuerspritze; **4.** ⚔ *frt.* Laufgraben *m*.

boyauderie (bwajo'dri) *f* Därmeverarbeitungsindustrie *f*.

boycot|tage (bɔikɔ'ta:ʒ) *m* Boykott *m*; Boykottierung *f*; Auftrags-, Lieferungs-sperre *f*; **~ter** (~'te) *v/t.* [1a] boykottieren.

boy-scout (bɔi'skut) *m* Boyscout *m*, Pfadfinder *m*.

brabançon (brabɑ̃'sɔ̃) [7c] **I** *adj.* brabantisch; **II** *su.* Brabanter *m*; **III** *f la* ⁀*ne* die belgische Nationalhymne *f*.

bracelet (bras'lɛ) *m* Armband *n*; Armreif *m*; *~ m gourmette* Kettenarmband *n*; **~-montre** (~'mɔ̃:trə) *m* [6b] Uhrenarmband *n*.

brachial (bra'kjal) *adj.* [5c] Arm...

brachycéphale (brakise'fal) *adj.* kurz-, rund-schädelig.

bracon|nage (brakɔ'na:ʒ) *m* Wilddieberei *f*, Wildern *n*; **~ner** (~'ne) *v/i.* [1a] herumwildern; **~nier** (~'nje) *su.* [7b] Wilddieb (*a. fig.*) *m*.

bradage *m* (bra'da:ʒ) *m* Verschleudern *n*, Verschleuderung *f*.

bradel (bra'dɛl): *reliure f ~* Halbfranzband *m*.

brader ✝ (bra'de) *v/t.* [1a] verschleudern.

braderie ✝ (bra'dri) *f* billiger Verkauf *m* auf der Straße.

bradeur *pol. péj.* (bra'dœ:r) *m* Landesverhökerer *m*.

bradype *zo.* (bra'dip) *m* Faultier *n*.

bradypepsie ⚕ (bradipɛp'si) *f* langsame u. schwierige Verdauung *f*.

braguette (bra'gɛt) *f* Hosenschlitz *m*.

brai ⚓ (brɛ) *m* Schiffsteer *m*.

braie (~) *f* **1.** *hist.* Hose *f* der Gallier; **2.** *les ~s berbères* die weiten (Pluder-)Hosen *f/pl.* der Berber.
braillard F (brɑ'ja:r) *adj. u. su.* [7] lautschreiend; Schreihals *m* (*v. e-m Kind*).
braille (brɑ:j) *m*: (*transcrit en*) ~ [(in) Blindenschrift *f*.]
brail|lement (brɑj'mɑ̃) *m* Gekreische *n*, Gekläff *n*; **~ler** (brɑ'je) *v/i.* [1a] **1.** laut schreien, kreischen, brüllen; jaulen (*Hund*); **2.** schlecht singen, grölen; **~leur** (~'jœ:r) [7g] **I** *adj.* kreischend; **II** *su.* Schreier *m* (*v. e-m Kind*).
braiment (brɛ'mɑ̃) *m* Eselsgeschrei *n.*
braire (brɛ:r) *v/i.* [4s] wie ein Esel schreien, iahen; P brüllen.
braise (brɛ:z) *f* **1.** Kohlenglut *f*, glühende Kohlen *pl.*; Löschkohlen *pl.*; **2.** P Geld *n.*
brai|ser *cuis.* (brɛ'ze) *v/t.* [1b] schmoren; **~sière** (~'zjɛ:r) *f* Schmortopf *m.*
bramer (bra'me) *v/i.* [1a] *ch.* röhren, schreien (*Hirsch*); F grölen.
bran (brɑ̃) *m* **1.** ~ *de scie* Sägemehl *n*; **2.** P Kacke *f.*
brancard (brɑ̃'ka:r) *m* **1.** Bahre *f*, Tragbahre *f*, Krankentrage *f*; **2.** Gabel(deichsel *f*) *f*; *~s pl.* Trage-, Sattel-bäume *pl.*; F *ruer dans les ~s* bockig (*od.* aufsässig) werden; **3.** ⊕ Steintrage *f*; **~ier** (~kar'dje) *m* Krankenträger *m*, Sanitäter *m.*
branchage (brɑ̃'ʃa:ʒ) *m* Astwerk *n*, Reisig *n*, Astholz *n.*
branche (brɑ̃:ʃ) *f* **1.** Ast *m*; Zweig *m*; ~ *de laurier* Lorbeerzweig *m*; *fig. sauter de ~ en ~* von e-m Gegenstande auf den andern überspringen; F *ma vieille ~!* alter Junge!; **2.** *fig.* Zweig *m*, Abteilung *f*, Fach *n*; ~ *d'administration*, ~ *administrative* Verwaltungszweig *m*; ~ *de commerce*, ~ *commerciale*, ~ *d'industrie*, ~ *industrielle* Handels-, Erwerbs-zweig *m*; **3.** Arm *m e-s Flusses od. Leuchters*; **4.** ~ *aînée* (*cadette*) ältere (jüngere) Linie *e-r Familie*; **5.** ⊕ Waagebalken *m*; Schaft *m*, Rohr *n*; Schenkel *m*; Stange *f*; **6.** ⚒ Nebengang *m* e-r Mine; **7.** Zacken *m des Hischgeweihes.*
bran|chement (brɑ̃ʃmɑ̃) *m* (*a.* ⚡) Anschluß *m*; Abzweigung *f*; **~cher** (~'ʃe) [1a] **I** *v/t.* ⚡ *u.* ⊕ einschalten, anschließen; abzweigen; ~ *un appareil de télévision* ein Fernsehgerät anschalten; *être branché sur* angeschlossen werden (*od.* sein) an; umgeschaltet werden (*od.* sein) auf; ⚡ *u. rad.* ~ *un fil* (*sur*) an-, durchschalten; ~ *en parallèle* parallel (*od.* nebeneinander) schalten; ⚡ *u.* ⊕ anschließen; **II** *v/i.* auf Bäume fliegen, sich auf e-n Ast setzen; **~chette** (~'ʃɛt) *f* kleiner Ast *m.*
bran|chial (brɑ̃'ʃjal) *adj.* [5c] zu den Kiemen gehörig; Kiemen...; **~chié** *adj. u.* **~chiés** *m/pl.* (~'ʃje) durch Kiemen atmend(e Amphibien *f/pl*); **~chies** (~'ʃi) *f/pl.* Kiemen *f/pl.*; **~chiopodes** *zo.* (~ʃjɔ'pɔd) *m/pl* Kiemenfüßler *m/pl.*
branchu ♆ (brɑ̃'ʃy) *adj.* vielästig, stark verzweigt.
brande (brɑ̃:d) *f* **1.** ♆ Heidekraut *n*; **2.** Heide *f.*
Brandebourg (brɑ̃d'bu:r) *m* **1.** Brandenburg *n*; **2.** ♀ Uniform-, Rock-schnur *f*; **3.** ♀ Gartenlaube *f.*
brande|vin (brɑ̃d'vɛ̃) *m* Branntwein *m*, Schnaps *m*; **~vinier** (~vi'nje) *su.* [7b] Schnapshändler *m.*
brandil|lement (brɑ̃dij'mɑ̃) *m* Schlenkern *n*; **~ler** (~di'je) [1a] **I** *v/t.* ~ *les jambes* (*les bras*) mit den Füßen (Armen) schlenkern; **II** *v/i. u.* se ~ (sich) hin und her schwingen, schaukeln; **~loire** P (~di'jwa:r) *f* Schaukel *f aus Zweigen.*
brandir (brɑ̃'di:r) *v/t.* [2a] schwingen (*a. fig.*); ~ *l'épée* das Schwert zücken.
brandon (brɑ̃'dɔ̃) *m* **1.** Strohfackel *f*; *fig.* ~ *de discorde* Fackel *f* der Zwietracht; **2.** Feuer *n*, (Feuer-) Brand *m*; *~s pl. poét.* Scheiterhaufen *m*; **3.** *ehm.* Strohwisch *m* (*zum Zeichen der Pfändung der Früchte auf dem Halm*; *vgl. saisie-brandon*).
branlant (brɑ̃'lɑ̃) *adj.* [7] wackelig, unsicher, klapperig; *avoir la tête ~e* mit dem Kopfe wackeln.
branle ('brɑ̃:lə) *m* **1.** Schwingung *f*, Schwung *m*; *sonner en ~* aus allen Kräften läuten; **2.** *fig.* Anstoß *m*, Impuls *m*; *donner le ~* Alarm schlagen, alles in Bewegung setzen; *mettre qch. en ~* den ersten Anstoß zu etw. geben; e-e Sache in Gang bringen; **3.** ♪ Reigen *m*, Reihentanz *m*; *mener* (*od. ouvrir od. commencer*) *le ~* Reigen führen, das Beispiel geben; *se mettre en ~* sich in Bewegung setzen.
branle-bas (brɑ̃l'bɑ) *m* [6c] **1.** ⚓ Vorbereitungen *f/pl.* zum Aufstehen

u. Schlafengehen; **2.** ⚔ Klarmachen *n* zum Gefecht; ⚔ Aufregung *f*, Durcheinander *n*, Gewühl *n*; *bruit m de* ~ Lärm *m*; *sonner le* ~ klar zum Gefecht blasen; *fig.* Alarm geben.

branlement (~'mɑ̃) *m* Wackeln *n*, Schwanken *n*.

branlequeue F (~'kø) *m* Bachstelze *f*.

branler (brɑ̃'le) [1a] **I** *v/t.* schlenkern; schütteln; ~ *la tête* mit dem Kopfe wackeln; **II** *v/i.* wackeln, wanken; ~ *dans le* (*od. au*) *manche* nicht fest im Sattel sitzen, auf der Kippe stehen.

branloire (brɑ̃'lwa:r) *f* Schaukelbrett *n*.

braquage (bra'ka:ʒ) *m Auto*: Einschlag *m*; Wendigkeit *f*; *angle de* ~ Einschlagwinkel *m der Vorderräder*.

braque[1] F (brak) **I** *adj.* unbesonnen, bekloppt, etw. verdreht; **II** *m* Rappelkopf *m*.

braque[2] (~) Hühnerhund *m*; ~ *allemand od. continental* Vorstehhund *m*.

braquemart (brak'ma:r) *m* **1.** *hist.* breites und kurzes Schwert *n*; **2.** V männliches Glied *n*.

bra|quement (~'mɑ̃) *m* Richten *n e-r Kanone*; **~quer** (bra'ke) **I** *v/t.* [1m] *e-e Kanone, ein Fernrohr* richten (*sur od. vers* gegen); einstellen; *Auto*: einschlagen; *fig.* ~ *ses yeux sur* s-e Augen fest richten auf (*acc.*); **II** *v/i. Auto*: wenden, drehen, e-e Wendung machen.

bras (bra, brɑ) *m* **1.** Arm *m*; Ärmel *m*; Oberarm *m*; *en* ~ *de chemise* in Hemdsärmeln; *les* ~ *retroussés* mit aufgekrempelten Ärmeln; *à* ~ *ouverts* mit offenen Armen; *à pleins* ~ beide Arme voll, überreichlich; ~ *dessus,* ~ *dessous* Arm in Arm, untergefaßt; *de la grosseur du* ~ armdick; *à tour de* ~ mit voller Wucht; *tomber sur q.* (F *dessus à q.*) *à* ~ *raccourcis* mit allen Kräften dreinschlagen; *à* ~ *fléchis* (*tendus*) mit gebeugten (gestreckten) Armen; *couper* ~ *et jambes à q.* a) j-s Pläne vollständig durchkreuzen (*od.* zunichte machen); j-s Willen völlig lähmen; j-n restlos aus der Fassung bringen; b) j-n äußerst erschüttern; *les* ~ *m'en tombent* ich bin sprachlos (darüber), völlig fassungslos (*od.* restlos erschüttert); ich bin wie vom Schlag getroffen; *j'ai les* ~ *rompus* ich bin hundemüde (*od.* völlig fertig *od.* abgearbeitet); *demeurer les* ~ *croisés* die Hände in den Schoß legen; *avoir bien des affaires sur les* ~ die Hände voll zu tun haben; *j'ai qch.* (*od. q.*) *sur les* ~ ich habe etw. (*od.* j-n) auf dem Halse (*od.* zu erledigen); *tendre les* ~ *à q.* j-m unter die Arme greifen; *faire de grands* ~ mit den Armen hin- und herfuchteln; *avoir q. sur les* ~ j-n auf dem Halse haben; *vivre de ses* ~ von s-r Hände Arbeit leben; **2.** *fig.* Arm *m* (*Sinnbild der Tätigkeit, Arbeit, Macht od. Gewalt*); ~ *séculier* weltliche Macht *f*; *avoir le* ~ *long* große Mittel (*od.* weitreichende Macht) besitzen, einflußreich sein; **3.** *zo. les* ~ die vorderen Gliedmaßen *pl.*; Scheren *f/pl. des Krebses*; Fangarme *m/pl. des Polypen*; Flossen *f/pl. des Walfisches*; **4.** *bsd.* ⊕ Arm *m*, armähnlicher Gegenstand *m*, Griff *m*, Schwengel *m*; *siège m à* ~ Armstuhl *m*; ~ *de levier* Hebel-, Dreharm *m*; ~ *oscillant,* ~ *de rotation* Pendel-, Schwenk-arm *m*; *chandelier m à* ~ Armleuchter *m*; **5.** ♀ Ranke *f*; **6.** ~ *de mer* Meerenge *f*; **7.** ⚓ *les* ~ Brassen *f/pl.*

bra|sage (brɑ'za:ʒ) *m*, **~sement** (brɑz'mɑ̃) *m* Hartlötung *f*; **~ser** (brɑ'ze) *v/t.* [1a] hartlöten; **~sero** (~ze'ro) *m* eiserner Kohlenofen *m* (*für Feuer im Freien*), ✈ Rauchofen *m zur Angabe der Windrichtung*; **~sier** (~'zje) *m* **1.** (Kohlen-)Glut *f*; Feuersbrunst *f*; **2.** *fig.* (Liebes-)Glut *f*.

brasil|lement (brɑzij'mɑ̃) *m* Leuchten *n*, Funkeln *n* des Meeres; **~ler** (~'je) [1a] **I** *v/t.* auf Kohlen rösten; **II** *v/i.* leuchten, funkeln, phosphoreszieren (*Meer*).

bras-le-corps (bral'kɔ:r): *prendre un enfant à* ~ ein Kind um den Leib herum fassen (*od.* anpacken).

bras-levier ⊕ (bralə'vje) *m* [6g] Ausleger *m*.

brasque (brask) *f* **1.** Kohlenstaub *m*; **2.** ⊕ (feuerfeste) Auskleidung *f v. Hüttenöfen*.

brassage (bra'sa:ʒ) *m* **1.** Bierbrauen *n*; **2.** Umrühren *n*; *fig.* ~ *de races* Rassenvermischung *f*; **3.** *fig.* Durcheinander *n*; **4.** ⚓ Brassen *n*.

brassard (bra'sa:r) *m* **1.** Armbinde *f* der Krankenpfleger *usw.*; **2.** Trauerflor *m* am Arm; **3.** *hist.* ⚔ Armschiene *f*.

brasse (bras) *f* **1.** ⚓ Faden *m*; Klafter *m* (*Maß*); **2.** Schwimmstoß *m beim Brustschwimmen*; (*nage f à la*) ~ Brustschwimmen n.

brassée (bra'se) *f* **1.** *une* ~ *de* ein Armvoll von ...; *à* ~*s* mit vollen Armen; **2.** Armbewegung *f*, lang ausgehaltener Stoß *m* beim Brustschwimmen.

brasser¹ (~) *v/i.* [1a] brassen.

bras|ser² (~) [1a] **I** *v/t.* **1.** durcheinanderrühren, umrühren; aufwühlen (*mit den Händen*); *il brasse de l'argent* er macht große Geldgeschäfte, ihm fließt viel Geld durch die Finger; **2.** brauen; ~ *du cidre* Apfelwein bereiten; *fig.* ~ *une trahison* e-n Verrat anzetteln; ~ *des affaires* viele Gelegenheitsgeschäfte machen; **II se** ~ *fig.* angezettelt werden; **~serie** (bras'ri) *f* **1.** ⊕ Brauerei *f*; **2.** Bierhalle *f*, Restaurant *n*; **~seur** (~'sœ:r) *su.* [7g] **1.** ⊕ Bierbrauer *m*; *fig.* ~ *d'affaires* Geschäftemacher *m*; **2.** *Sport*: Brustschwimmer *m*.

bras|sière (bra'sjɛ:r) *f* **1.** Babyjäckchen *n*; Untertaille *f*, Leibchen *n*; **2.** Sackgurt *m*, Riemen *m e-r Hucke*; **~sin** ⊕ (~'sɛ̃) *m* **1.** Braupfanne *f*; **2.** Gebräu *n*; **~soir** ⊕ (~'swa:r) *m* Rühr-, Maisch-harke *f*, Malzkrücke *f*.

brasure (brɑ'zy:r) *f* **1.** Hartlöten *n*; **2.** Lötstelle *f*.

bravache (bra'vaʃ) **I** *m* Großmaul *n*, Prahler *m*; **II** *adj.* prahlerisch.

bravade (~'vad) *f* Herausforderung *f*, Prahlerei *f*; herausfordernde Handlung *f*; *faire* ~ *à q.* sich gegen j-n herausfordernd benehmen; *avec un air de* ~ mit e-m herausfordernden Blick.

brave (bra:v) **I** *adj.* □ **1.** (*nach su.*) tapfer, mutig, beherzt; wacker; **2.** (*vor su.*) brav, anständig, ehrlich, rechtschaffen, bieder (*a. iron.*); *mon* ~*!* mein Bester!; **II** *m* tapferer Krieger *m*; Haudegen *m*; *a. allg.* ganzer Kerl *m*; **~ment** (brav'mɑ̃) *adv.* **1.** tapfer *usw.*; **2.** brav, gut, wacker, einsichtig.

braver (bra've) [1a] *v/t.*: ~ *q.* j-m trotzen; entgegentreten, die Stirn bieten; *fig.* ~ *les dangers* den Gefahren trotzen *od.* ins Auge sehen.

braverie (brav'ri) *f* **1.** Kühnheit *f*; **2.** Prahlerei *f*.

bravo (bra'vo) **I** *int.* **1.** bravo!, großartig!; ~ *que* (*mit subj.*), *mais* ... alles gut u. schön, daß ..., aber ...; **II** *m* **2.** (*pl. bravi*) gedungener Mörder *m*, Meuchelmörder *m*; **3.** *des* ~*s* Beifallsrufe *m/pl.*

bravoure (bra'vu:r) *f* **1.** Schneid *m*, Tapferkeit *f*, Heldenmut *m*, Heldentat *f*; **2.** ~*s pl.* Heldentaten *f/pl.*; **3.** *air m de* ~ a) tapferes Aussehen *n*; b) Bravour-arie *f*, -stück *n*, Paradestück *n*.

brayer¹ ⚓ (brɛ'je) *v/t.* [1i] teeren.

brayer² (~) *m* **1.** ⚕ Bruchband *n*; **2.** Fahnengurt *m*; **3.** Speise-, Mörtel-aufzug *m*.

brayette (brɛ'jɛt) *f* Hosenschlitz *m*.

break *Auto* (brek) *m*: ~ *de chasse* Rekordbrecher *m*.

brebis *zo.* (brə'bi) *f* **1.** (Mutter-) Schaf *n*; ~ *galeuse* räudiges (*fig.* schwarzes) Schaf *n*; **2.** *fig.* ~ *pl.* Pfarrkinder *n/pl.*; *une* ~ *égarée* ein verirrtes Schaf *n*.

brèche (brɛʃ) *f* **1**. Bruch *m*, Riß *m*, Scharte *f* (*an e-r Messerklinge*); **2.** Felsspalte *f*; ~ *fluviale* Durchbruch *m* (*e-s Flusses*); **3.** ⚔ Bresche *f*; Einbruchsstelle *f*; *battre qch. en* ~ Bresche in etw schießen, *fig.* schmälern, beeinträchtigen, erschüttern, heftig angreifen; *faire une* ~ sturmreif schießen, einbrechen; *fig. battre en* ~ *une thèse* e-e These von Grund auf widerlegen *od.* völlig umwerfen; **4.** Öffnung *f*, Lücke *f* (*in e-r Hecke*); **5.** Zahnlücke *f*; **6.** *min.* Trümmergestein *n*.

brèche-dent (brɛʃ'dɑ̃) *adj. u. su.* zahnlückig; Zahnlückige(r) *m*.

bréchet (bre'ʃɛ) *m* Brustbein *n der Vögel*.

bredouil|lage (brədu'ja:ʒ) *m* Gestammel *n*; **~le** (brə'duj) *adj.*: *être* ~ dumm dastehen, Pech (*od.* keinen Erfolg) gehabt haben; *fig.* (*s'en*) *revenir* ~, *rentrer* ~ unverrichteter Dinge zurückkehren (*od.* abziehen), mit leeren Händen nach Hause kommen, leer ausgehen, in den Mond (*od.* in die Röhre P) gucken; *ch. revenir* ~ *de la chasse* nichts geschossen haben; *Fischfang*: *revenir* ~ *de la pêche* keinen Fisch gefangen haben; *ch. chasseur m* ~ Jäger, der nichts geschossen hat; **~lement** (~duj'mɑ̃) *m* Gestammel *n*, Gestotter *n*; **~ler** (~'je) [1a] **I** *v/i.* die Wörter verschlucken, undeutlich sprechen, stammeln;

II *v/t.* herausstammeln; **~leur** (~'jœːr) *m* Stotterer *m*.
breeder *at.* (bri'dɛːr) *m* Leistungsreaktor *m*.
bref *m*, **brève** *f* (brɛf, brɛːv) [*adv. brièvement*] **I** *adj.* **1.** kurz, kurzgefaßt; *dans le plus ~ délai* in kürzester Frist; *ton m ~* herrischer Ton *m*, Befehlston *m*; *être ~* sich kurz fassen; *une brève statistique* e-e kurze Statistik *f*; **2.** *Pépin le* ♀ Pipin der Kurze (*od.* der Kleine); **II** *adv.* **3.** kurz(um), kurz u. gut, mit e-m Worte; *vgl. brièvement*; **III** *m* **4.** ⚓ Schiffspaß *m*; **5.** *rl.* Breve *n*, päpstliches Schreiben *n*; **IV.** *f gr.* kurze Silbe *f*, Kürze *f*; ♪ kurze Note *f*.
bréhaigne (bre'ɛɲ) *adj./f* steril, unfruchtbar (*v. Haustieren*).
breitschwanz ✝ (brɛt'ʃvans) *m* Breitschwanz *m* (*Art Astrachan*).
brelan (brə'lɑ̃) *m* **1.** drei gleiche Karten *f/pl.*; **2.** F Trio *n*, *fig.* Kleeblatt *n*; **3.** *mv.p.* Spielhaus *n*.
brelandier (brəlɑ̃'dje) [7b] *su.* **1.** Spielratte *f* (*im Kartenspiel*); **2.** Spielhausbesitzer *m*.
brêler s. *breller*.
brelle (brɛl) *f* Floßhölzer *n/pl*.
breller ⚓, ⚔ (brɛ'le) *v/t.* [1a] festbinden, -schnüren, -schnallen, anziehen, rödeln, befestigen.
breloque (brə'lɔk) *f* **1.** kleines Schmuckstück *n*, Anhängsel *n*, *bsd.* Uhrgehänge *n*; **2.** *battre la ~ fig.* etw. zs.-faseln, verworrenes Zeug reden, den Kopf verlieren; falsch gehen (*Uhr*).
brème *icht.* (brɛːm) *f* Brasse *m*.
Brésil (bre'zil) *m* **1.** **le ~** Brasilien *n*; *au ~* in *od.* nach Brasilien; **2.** *bois m de ~ od. nur*: ♀ *m* Brasil-, Rot-holz *n*.
bressan (brɛ'sɑ̃) *adj. u.* ♀ *su.* [7] aus der Bresse (*Gegend von Bourg*).
Bretagne (brə'taɲ) *f*: **la ~** die Bretagne *f*; *la Grande ~* Großbritannien *n*.
bretèche *ehm.frt.* (brə'tɛʃ) *f* Zinnenturm *m*.
bretelle (brə'tɛl) *f* **1.** Tragriemen *m*, Gurt *m*; Gewehrriemen *m*; *mettre à la ~* (*Waffen*) umhängen; ⚔ *position f en ~* Riegelstellung *f*; **2.** *~s pl.* Hosenträger *m/pl.*; **3.** 🚂 Weichenkreuz *n*; Nebenlinie *f*.
breton (brə'tɔ̃) **I** *adj. u.* ♀ *su.* [7c] bretonisch; Bretagner *m*, Bretone *m*; **II** *m le* (*bas*) *~* das (Nieder-) Bretonische *n* (*Dialekt*).
brette (brɛt) *f* Schläger *m* (*Waffe*).
brette|ler (brɛt'le) *v/t.* [1c] ⊕ zähnen, zäckeln; △ schraffieren; *bét.* stocken, kröneln; abkratzen; △ *enduit m brettelé* Besenputz *m*, gestrippter Putz *m*; **~lure** (~'lyːr) *f* △ Schraffierung *f*.
bretteur (brɛ'tœːr) *m* Raufbold *m*.
bretzel (brɛt'zɛl) Brezel *f*.
breuil (brœj) *m* Brühl *m*, eingehegtes Gebüsch *n*.
breuvage (brœ'vaːʒ) *m bsd.* ⚕ Getränk *n*, Arzneitrank *m*; *~ délectable* Labsal *n*.
brève (brɛːv) *f* **I** *adj.* s. *bref*; **II** *f gr.* Kürze *f*, kurze Silbe *f*; ♪ kurze Note *f*.
brevet (brə'vɛ) *m* Diplom *n*, Bestallungsbrief *m*, Patent *n*, Urkunde *f*; *~ d'apprentissage* Lehrvertrag *m*; *~ d'aptitude* Befähigungsnachweis *m*; *~ de capacité* Unterrichtserlaubnisschein *m*; *~ de capitaine* Kapitänspatent *n*; *~ (d'enseignement)* Lehrbefähigung *f*, Lehrerprüfung *f*; *~ d'invention* Erfindungspatent *n*; ✈ *~ de pilote* Flugzeugführerschein *m*; *titulaire m d'un ~* Patentinhaber *m*; *~ étranger* (*additionnel*) Auslands-(Zusatz-)patent *n*; *acte m en ~* Notariatsurkunde *f*; *~ d'aviateur militaire* Militärfliegerschein *m*; *~ en instance* (als) Patent angemeldet; *annoncer* (*accorder*) *un ~* ein Patent anmelden (erteilen); *prendre* (*od. demander*) *un ~* (*pour*) etw. patentieren lassen.
brevetable (brəv'tablə) *adj.* patentfähig, patentierbar.
breveté (brəv'te) **I** *adj.* geprüft, patentiert; ⚔ befähigt; **II** *m*: (*inventeur m*) *~* Patentinhaber *m*, Patentträger *m*.
breveter (~) *v/t.* [1c] patentieren.
bréviaire (bre'vjɛːr) *m* Gebetsbuch *n*, Brevier *n*.
brévité (brevi'te) *f* Kürze *f* der [*Silben*.]
briard (bri'aːr) **I** *adj. u.* ♀ *su.* [7] aus der Brie; Briarde *m*; **II** *Name e-s großen frz. Schäferhundes.*
bribe (brib) *f* **1.** *~s pl.* Brocken *m/pl.* (*a. fig.*); **2.** *fig. ~s pl.* Überbleibsel *n/pl.* e-r Mahlzeit; **3.** *fig. ~s de latin* lateinische Brocken *m/pl*; *~s de conversation* Bruchstücke *n/pl.* der Unterhaltung.
bric (brik) *m*: *de ~ et de broc* auf allerlei Art; von hier und von dort; ohne Zusammenhang; kunterbunt.

bric-à-brac (brika'brak) *m* [6c] **1.** Trödel *m*, Trödelware *f*; *marchand m de* ~ Trödler *m*; **2.** Trödelladen *m*.
bricheton P (briʃ'tõ) *m* Brot *n*; **~ner** P (~tɔ'ne) *v/t.* [1a] fressen P (= essen).
brick (brik) *m* Zweimaster *m*, Brigg *f*.
brick-école (brike'kɔl) *m* [6a] Segelschulschiff *n*.
bricolage (brikɔ'la:ʒ) *m* Basteln *n*, Bastelei *f*; *local m de* ~ Bastelraum *m*.
bricole (bri'kɔl) *f* **1.** *hist.* Wurfmaschine *f*; **2.** ⚔, *bill.* Rückprall *m*; *bill. faire une bille de* ~ e-n Ball durch Rückprall machen; **3.** ⚒ Auslaufseil *n*; **4.** Zuggurt *m*, Brustriemen *m* am Pferdegeschirr; 🚃 Fensterriemen *m*; Trag-, Zugriemen *m*; **5.** Gelegenheits-arbeit *f*, -beschäftigung *f*; Kleinigkeit *f*; *péj.* wertloses Zeug *n*, Tand *m*; *c'est de la* ~ das ist nichts wert, das ist Dreck P; **6.** P kleiner Fehltritt *m*, Dummheit *f*.
brico|ler (brikɔ'le) [1a] **I** *v/t.* **1.** ~ *un cheval* e-m Pferd den Brustriemen anlegen; **2.** *bill.* e-n Ball durch Bandenstoß machen; **II** *v/i.* **3.** basteln; pfuschen; Gelegenheitsarbeiten machen; F die Zeit verplempern F; **4.** *bill.* Bandenstöße machen; **~leur** (~'lœ:r) *su.* [7g] Bastler *m*; Pfuscher *m*.
bride (brid) *f* **1.** Zügel *m*, Zaum *m*; Zaumzeug *n*; *avoir la* ~ *sur le cou* sich selbst überlassen sein, nach Belieben schalten u. walten dürfen; *lâcher la* ~ *à ses passions* s-n Leidenschaften freien Lauf lassen; *rendre la* ~ *à l'émotion* s-n Gefühlen freien Lauf lassen; *tenir la* ~ *haute* streng sein; *tenir q. en* ~ j-n in Schach halten; *tourner* ~ umkehren; Reißaus nehmen; *fig.* umschwenken, s-e Meinung ändern; *à toute* ~, *à* ~ *abattue* in größter Eile (*od.* Hast); so schnell wie möglich; **2.** Bindeband *n*; Bändchen *n*; Schuhspange *f*; *soulier à* ~ *et à boucle* Bundschuh *m*; *corsage m à* ~*s* Mieder *n*; **3.** ⊕ Riegel *m*, Klammer *f*, Bügel *m*, Flansch *m*, Henkel *m*; ~*s pl. de ressort* Federbunde *n/pl.*; ~ *de liaison* Spannriegel *m*; **4.** ⚔ Achselklappe *f*.
brider (bri'de) *v/t.* [1a] **1.** (auf-)zäumen; *fig.* zügeln, in Schach halten; ~ *l'âne par la queue* etw. verkehrt anfangen; *yeux m/pl. bridés* Schlitzaugen *n/pv.*; **2.** drücken, zu eng sein (*Kleider*); **3.** abstecken (*Knopfloch*); ⊕ anflanschen, umbördeln; **4.** ~ *une poule* e-m Huhn Flügel u. Beine zs.-binden.
bridge (bridʒ) *m* **1.** Bridge *n* (*Kartenspiel*); **2.** ⚕ (Zahn-)Brücke *f*.
bridgeur (brid'ʒœ:r) *su.* [7g] Bridgespieler *m*.
bridon (bri'dõ) *m* Trense *f*.
brie (bri) *m* Briekäse *m*.
briève|ment (briɛv'mɑ̃) [*diese Form gilt jetzt als unregelmäßige Adverbbildung von bref*] *adv.* kurz (und bündig), in wenigen Worten; *il lui a* ~ *répondu que ..., il lui a répondu* ~ *que* er hat ihm kurz geantwortet, daß ...; **~té** (briɛv'te) *f* Kürze *f* (*im Ausdruck*), kurze Dauer *f*.
brif|er P (bri'fe) *v/t. u. v/i.* [1a] fressen (= essen); **~eton** P (brif'tõ) *m* Brot *n*; **~eur** P (~'fœ:r) *m* Vielfraß *m*.
brigade (bri'gad) *f* **1.** Brigade *f*; *général m de* ~ Brigadegeneral *m*; **2.** Polizeiabteilung *f*; Truppe *f*; ~ *des mœurs* Sittenpolizei *f*; ~ *volante* bewegliche Einsatztruppe *f*; **3.** ~ *d'ouvriers* Arbeiterkolonne *f*.
briga|dier (briga'dje) *m* **1.** Vorarbeiter *m*, Rottenführer *m*; ~ *des armées* Brigadekommandeur *m*; **2.** ⚔ Gefreiter *m*; Unteroffizier *m der Gendarmerie*; ~*-chef* Obergefreiter *m*; ~*-général* Generalmajor *m*; P *iron. à vos ordres,* ~*!* zu Befehl!, jawohl!; **3.** ⚓ Vormann *m im Boot.*
brigand (bri'gɑ̃) *m* (Straßen-) Räuber *m*; *bande f de* ~*s* Räuberbande *f*, Lumpenpack *n*; *chef m de* ~*s* Räuberhauptmann *m*; **~age** (~'da:ʒ) *m* (Straßen-)Raub *m*; *fig.* Erpressung *f*; Mißhandlung *f*, unzartes Umgehen *n* (*mit*); **~er** (~'de) *v/i.* rauben; mißhandeln, unzart umgehen (*mit*).
brigan|tin (~'tɛ̃) *m* ⚓ Brigantine *f*; **~tine** ⚓ (~'tin) *f* **1.** kleine Brigantine *f*; **2.** Briggsegel *n*.
brigue (brig) *f* Intrige *f*.
briguer (bri'ge) *v/t.* [1m]: ~ *qc.* nach etw. (*dat.*) trachten; sich eifrig bewerben um; *péj.* buhlen um (*acc.*); etw. durch Intrigen zu erreichen suchen; ~ *q.* j-n zu gewinnen suchen.
brillance *télév.* (bri'jɑ̃:s) *f* Brillanz *f*, Bildschärfe *f*.
brillant (bri'jɑ̃) **I** *adj.* [7] **1.** glänzend, leuchtend, schimmernd,

strahlend; **2.** *fig.* herrlich, prächtig, hervorstechend; ~ *de santé* von Gesundheit strotzend; **II** *m* **3.** Schimmer *m*, Glanz *m*; **4.** *fig.* glänzende Eigenschaften *f/pl.*; **5.** Brillant *m*, geschliffener Diamant *m*; *faux* ~ falscher Diamant *m*, Straß *m*.

brillan|té (brijɑ̃'te) *m Art* Damen-(kleider)stoff *m*; **~ter** (~) *v/t.* [1a] **1.** auf allen Seiten schleifen; **2.** *fig.* Glanz *m* erteilen; (*den Stil*) verschönern; **~tine** *f* Brillantine *f*; Haaröl *n*.

bril|ler (bri'je) *v/i.* [1a] glänzen, leuchten, schimmern, funkeln, strahlen; *fig.* hervorstechen; *faire* ~ blank putzen; **~lo(t)ter** (~jɔ'te) *v/i.* [1a] ein wenig glänzen.

brimade (bri'mad) *f* Hänselei *f* (*bsd. e-s neuen Rekruten od. Schülers*); Schikane *f*.

brimbale (brɛ̃'bal) *f* Pumpenschwengel *m*.

brimbal|ement (brɛ̃bal'mɑ̃) *m* Hin- u. Herschaukeln *n*, Gewackel *n* (*z.B. des Kopfes e-s Bewußtlosen od. Toten*); **~er** (~'le) *v/t. u. v/i.* [1a] (sich) hin und her bewegen *od.* -schaukeln; (~*les cloches*) ununterbrochen läuten; *s. bringuebaler*.

brimborion (brɛ̃bɔr'jɔ̃) *m* Kleinigkeit *f* von geringem Wert; *pl.* ~*s* Tand *m*.

brimer (bri'me) *v/t.* [1a] foppen, hänseln, hochnehmen, piesacken, veruzen, schikanieren; *écol.* zwiebeln, schleifen.

brin (brɛ̃) *m* **1.** Halm *m*, Hälmchen *n*; ~ *de paille, d'herbe* Stroh-, Gras-halm *m*; **2.** Sproß *m*, Sprößchen *n*; ⊕ Faser *f*, Litze *f*; ~ *de bouleau* Birkenreis *n*; ⊕ ~ *d'antenne* Antennenlitze *f*; ~ *de caoutchouc* Gummi-zug *m*, -schnur *f*; *un beau* ~ *de bois* ein langer, gerader Balken; *fig.* F *un beau* ~ *de fille* eine tolle Puppe *f*, ein rassiges (*od.* bildhübsches) Mädchen *n*; **3.** Stückchen *n*, Fädchen *n*; *fig. un* ~ *de ...* ein ganz klein bißchen ...; ein Kleiner, e-e Kleine *usw.*; *venez faire un* ~ *de causette* kommen Sie doch mal auf e-n Sprung zu mir (*od.* zu uns); **~dille** (~'dij) *f* kleines Reis *n*, kleiner Zweig *m*.

bringue P (brɛ̃:g) *f* **1.** lange Bohnenstange *f* (*Frau*); **2.** *quelle* ~! was für ein Stumpfsinn! (*od.* Salbader!); **3.** liederliches Leben *n*, Prasserei *f*; *faire la* ~ üppig leben, in Saus und Braus leben, ein Schlemmerleben führen, prassen.

bringuebaler F (brɛ̃gba'le) *v/i.* hin- u. herschaukeln; *häufiger als brimbaler*.

brio *bsd.* ♪ (bri'o) *m fig.* Feuer *n*, *fig.* Schwung *m*, Schmiß *m*, Energie *f*.

brioche (bri'ɔʃ) *f* **1.** Butterstolle *f*; Apostel-, Napf-kuchen *m*; P Birne *f*, Kopf *m*; P Bauch *m*; **2.** F *fig. faire des* ~*s* Böcke schießen, Fehler machen.

briqu|e (brik) *f* **1.** Back-, Ziegel-, Mauer-stein *m*; ~ *de béton* Betonstein *m*; ~ *creuse* Hohlziegel *m*; Hohlblockstein *m*; ~ *de revêtement* Verblender *m*; ~ *dure*, ~ *hollandaise* Klinker(stein *m*) *m*; ~ *réfractaire* feuerbeständiger Stein *m*; **2.** ~ *de savon* Seifenriegel *m*; **3.** *fig.* P *bouffer des* ~*s* Kohldampf schieben P, nichts zu beißen haben; **~er** F (~'ke) *v/t.* [1a] kräftig säubern.

briquet (bri'kɛ) *m* Feuerzeug *n*; Feuerstahl *m*; *battre le* ~ Feuer schlagen.

brique|tage (brik'ta:ʒ) *m* Backsteinuntermauerung *f*; **~té** (~'te) *adj.* aus Mauersteinen gemauert; mauersteinfarbig; **~ter** (~) *v/t.* [1c] nach Backsteinart bemalen; mit Ziegelsteinen pflastern *od.* umranden; **~terie** ⊕ (brik'tri) *f* Ziegelei *f*; **~teur** (~'tœ:r) *m* Backsteinmauer *m*; **~tier** (~'tje) *m* Ziegel-brenner *m*, -händler *m*.

briquette (bri'kɛt) *f* Preßkohle *f*, Brikett *n*.

bris (bri) *m* **1.** ⚖ gewaltsames Aufbrechen *n*; ~ *de clôture* Einbruch *m*; *par simple* ~ *de la glace* durch einfaches Einschlagen der Glasscheibe; ~ *de scellé(s)* Siegelerbrechung *f*; ~ *de vitres* Fensterscheibenschaden *m*; **2.** ⚓ Schiffstrümmer *pl.*, Wrack *n*; *droit m de* ~ Strandrecht *n*.

bri|sable (bri'zablə) *adj.* zerbrechlich; **~sage** (~'za:ʒ) *m* Krempeln *n der Wolle*; **~sant** (~'zɑ̃) **I** *adj.* [7] **1.** *poudre f* ~*e* Zündmasse *f*; **II** ⚓ *m* **2.** Brandung *f*; **3.** ~*s pl.* blinde (verborgene) Klippen *f/pl.*, Felsenriffe *n/pl.*

briscard (bri'ska:r) *m* alter Soldat *m*.

brise (bri:z) *f* Brise *f*, sanfter Wind *m*; ~ *de terre* schwacher Landwind *m*; ~ *du large* schwacher Seewind *m*.

brise-béton ⊕ (brizbeˈtɔ̃) *m* [6c] Betonbrecher *m*.
brise-bise (brizˈbiːz) *m* [6c] Scheibengardine *f*; Fensterdichtung *f*.
brisées (briˈze) *f/pl. for., ch.* Bruch *m*; *fig. aller sur les ~ de q.* j-m ins Gehege kommen; *suivre les ~ de q.* in j-s Fußtapfen treten.
brise|-glace (brizˈglas) *m* [6c] Eisbrecher *m*; **~-jet** (~ˈʒɛ) *m* Wasserstrahl-dämpfer *m*, -regler *m*; **~-lames** (~ˈlam) *m* [6c] Wellenbrecher *m*; **~ment** (~ˈmɑ̃) *m* **1.** (Zer-)Brechen *n*, Wellenschlag *m*; **2.** *fig. ~ de cœur* Zerknirschung *f*, tiefer Schmerz *m*, großer Kummer *m*.
briser (briˈze) [1a] **I** *v/t.* **1.** zerbrechen, zerschlagen, zertrümmern, zerschmettern; Tür aufbrechen, einschlagen; ✈ *~ son train d'aterrissage* Bruch machen; *fig. ~ ses chaînes od. ses fers* s-e Fesseln sprengen; *~ le cœur* das Herz brechen; **2.** *fig.* ermüden, erschöpfen; *être brisé de fatigue* wie zerschlagen (*od.* wie gerädert *od.* ganz kaputt) sein; **3.** *Zweig* einknicken; **4.** *~ un discours* ein Gespräch abbrechen; *abs. brisons là (-dessus)!* brechen wir hier ab!, genug davon! **5.** Wolle krempeln; **II** *v/i.* **6.** sich brechen (*Welle*); *fig. ~ avec q.* mit j-m brechen, die Freundschaft mit j-m brechen; **III** *v/rfl. se ~* **7.** sich brechen, branden; zerbrechen, -platzen; **8.** scheitern (*a. fig.*), zerschellen; ⚔ zersplittern; ✈ Bruch machen; **9.** sich zusammenlegen lassen.
brise|-raison F (brizrɛˈzɔ̃) *m* [6c] alberner Schwätzer *m*; **~-soleil** △ (~sɔˈlɛj) *m* [6c] Sonnenblende *f*; **~-tout** (~ˈtu) *m* [6c] Tolpatsch *m*; **~-vent** (~ˈvɑ̃) *m* [6c] Windschirm *m* (*zum Schutze von Pflanzen*).
briseur (briˈzœːr) *su.* [7g] Zerbrecher *m*; *~ de grève(s)* Streikbrecher *m*; *hist. rl. ~ d'images* Bilderstürmer *m*.
brisis △ (briˈzi) *m* untere Dachfläche *f* des Mansardendaches.
brisoir ⚒ (briˈzwaːr) *m* Flachsbreche *f*.
brisquard (brisˈkaːr) *m* alter Soldat *m*.
brisque ⚔ (brisk) *f* Litze *f*, Tresse *f*; *fig. vieille ~* alter Soldat *m*.
bristol (brisˈtɔl) *m* **1.** Bristolpapier *n*; **2.** Visitenkarte *f*; **3.** Briefkarte *f* (*aus Bristolpapier*).
brisure (briˈzyːr) *f* **1.** Bruch *m*, Sprung *m*; **2.** Biegung *f*, Knick *m*; **3.** ⛉ Beizeichen *n*.
britannique (britaˈnik) *adj.* britisch; *les Iles* ⁓*s* die Britischen Inseln *f/pl.*
broc (bro; brɔk *vor Vokal*) *m* Kanne *f*, Henkelkrug *m*.
brocaille (brɔˈkɑːj) *f* kleine Pflastersteine *m/pl.*; Schutt *m*.
brocan|tage (brɔkɑ̃ˈtaːʒ) *m* Kunst-, Antiquitäten u. Trödel-handel *m*; **~ter** (~ˈte) [1a] *v/i.* mit Seltenheiten (*Antiquitäten, Kunstgegenständen od. Trödlerwaren*) handeln; **~teur** (~ˈtœːr) *su.* [7g] Kunst-, Antiquitäten-händler *m*, Trödler *m*.
brocard (brɔˈkaːr) *m* **1.** beißender Witz *m*, Stichelei *f*; **2.** *ch.* junger (Dam-)Hirsch *m*; **~er** (~karˈde) *v/t.* [1a] durch Sticheleien reizen; **~eur** (~ˈdœːr) *su.* [7g] Spötter *m*.
brocart (brɔˈkaːr) *m* Brokat *m*.
brocatelle (brɔkaˈtɛl) *f* **1.** Brokatell *n*, Brokatimitation *f*; **2.** buntfarbiger Marmor *m*.
brochage (brɔˈʃaːʒ) *m* Broschieren *n*.
broche (brɔʃ) *f* **1.** (Brat-)Spieß *m*; **2.** Brosche *f*, Vorstecknadel *f*; **3.** *~ à tricoter* Stricknadel *f*; **4.** (Faß-)Zapfen *m*; Pflock *m*; Pfriem *m*; ⊕ Spindel *f*, Dorn *m*; *~ de tour* Drehbankspindel *f*.
broch|é (brɔˈʃe) *adj.* broschiert, geheftet, ungebunden; **~er** (~) *v/t.* [1a] **1.** *mit Gold usw.* durchwirken; **2.** broschieren, heften; **3.** Nägel in das Hufeisen einschlagen; **4.** *fig.* F hinpfuschen, flüchtig machen, hinhauen F; *cet élève broche ses devoirs* dieser Schüler pfuscht (*od.* haut F) s-e Schularbeiten in Eile hin (*od.* macht s-e Schularbeiten sehr oberflächlich); **5.** ⊕ räumen (*Werkzeugmaschine*).
brochet *icht.* (brɔˈʃɛ) *m* Hecht *m*.
brochette (brɔˈʃɛt) *f* **1.** kleiner Bratspieß *m*; **2.** Futterhölzchen *n* für junge Vögel; *fig. élever un enfant à la ~* ein Kind verzärteln; **3.** Ordensschnalle *f*.
bro|cheur (brɔˈʃœːr) *su.* [7g] Broschierer *m*, Bücherhefter *m*; **~cheuse** ⊕ (~ˈʃøːz) *f* Heftmaschine *f*; **~choir** (~ˈʃwaːr) Niethammer *m*; **~chure** (~ˈʃyːr) *f* **1.** Broschüre *f*, kleine Schrift *f*; *~ de propagande* Werbeschrift *f*; *~ provocatrice* Hetzschrift *f*; **2.** eingewebtes Muster *n*; **~churier** (~ʃyˈrje) *su.* [7b] Broschürenschreiberling *m*.

brocoli ⚘ (brɔkɔ'li) *m* Spargelkohl *m.*
brodequin (brɔd'kɛ̃) *m* **1.** Jagd-, Schi-, Berg-, Schnür-stiefel *m*; **2.** *antiq.* Halbstiefel *m* für Schauspieler; *fig.* Lustspiel *n*; **3.** *ehm.* ~*s pl.* spanische Stiefel *m/pl.* (*Folter*), Beinschrauben *f/pl.*
bro|der (brɔ'de) *v/t.* [1a] (*a. abs.*) **1.** sticken; *aiguille f à* ~ Sticknadel *f*; ~ *au crochet* häkeln; ~ *au tambour* am Stickrahmen sticken; **2.** *fig.* ausmalen, ausschmücken; **3.** * schwindeln, lügen; **~derie** (brɔ'dri) *f* **1.** Stickerei *f*; ~ *au crochet* Häkelei *f*; **2.** *fig.* Ausschmückung *f*; **3.** Randeinfassung *f* der Gartenbeete; **~deur** (~'dœ:r) *su.* [7g] Sticker(in *f*) *m*; *fig.* Aufschneider *m*; **~doir** ⊕ (~'dwa:r) *m* Bortenwirkerstuhl *m.*
broie (brwa) *f* Hanf-, Flachsbreche *f*; **~ment** (~'mɑ̃) *m* Zermalmen *n*, Brechen *n* des Hanfes.
broigne *hist.* (brwaɲ) *f* Brünne *f*, mittelalterliches Panzerhemd *n.*
bromate (brɔ'mat) *m* bromsaures Salz *n.*
brome (bro:m) *m* **1.** Brom *n*; **2.** ⚘ [Trespe *f.*]
bronca F (brɔ̃'ka) *f* lärmender Protest *m* des Publikums.
bronche *anat.* (brɔ̃:ʃ) *f* Luftröhrenast *m*; ~*s pl.* Bronchien *f/pl.*
bronchement (brɔ̃ʃmɑ̃) *m* Stolpern *n* (*a. v. Pferden*), Fehltritt *m*; (verräterisches) Zucken *n.*
broncher (brɔ̃'ʃe) *v/i.* [1a] **1.** straucheln, stolpern; **2.** *fig.* anstoßen; *sans* ~ ohne stecken zu bleiben; ohne Widerrede; ohne mit der Wimper zu zucken; *prov. il n'y a si bon cheval qui ne bronche* kein Mensch ist vollkommen; **3.** sich rühren, sich von der Stelle bewegen; *elle ne bronchait pas, dans son coin, près du poêle* sie bewegte sich nicht in ihrer Ecke am Ofen; *ne bronchons pas d'ici!* bleiben wir ja hier!, weichen wir von hier nicht!
bronchite (brɔ̃'ʃit) *f* Bronchitis *f.*
bronzage (brɔ̃'za:ʒ) *m* Bronzierung *f.*
bronze (brɔ̃:z) *m* **1.** Bronze *f*; ~ *à cloches* Glockenmetall *n*; *fondeur m en* ~ Erzgießer *m*; *coulé en* ~ in Erz gegossen; *fig.* von ewiger Dauer; *fig. homme m de* ~ gefühlloser Mann *m*; *cœur m de* ~ Herz *n* aus Stein; *statue f de* ~ Bronzestatue *f*; **2.** antike Denkmünze *f.*
bron|zer (brɔ̃'ze) [1a] **I** *v/t.* **1.** bronzieren; **2.** bräunen (*von der Sonne*); **3.** *fig.* stählen; **II** *v/rfl.* se ~ braun werden; *fig.* hart wie Erz werden; **~zeur** (brɔ̃'zœ:r) *m* Bronzearbeiter *m.*
broquart (brɔ'ka:r) *m* s. *brocard* 2.
broque (brɔk) **I** *m* ⚘ Wirsingkohlschößling *m*; ⚘ Spargelkohl *m*; **II** *f* P *fig. pas une* ~ überhaupt nichts.
broquette (brɔ'kɛt) *f* Tapetennagel *m.*
brossage (brɔ'sa:ʒ) *m* Bürsten *n.*
bros|se (brɔs) *f* **1.** Bürste *f*: ~ *à chapeaux, à cheveux, à dents, à habits, à ongles* Hut-, Haar-, Zahn-, Kleider-, Nagelbürste *f*; ~ *d'acier* Stahlbürste *f*; ~ *en nylon* Nylonbürste *f*; *donner un coup de* ~ *à* abbürsten; *cheveux m/pl. en* ~ Meckifrisur *f*, Bürstenhaarschnitt *m*, Bürste *f*; **2.** Pinsel *m*; ~ *à barbe* Rasierpinsel *m*; **3.** *fig.* Malweise *f*; *d'une belle* ~ technisch einwandfrei u. sauber ausgeführt; **~sée** (brɔ'se) *f* Bürsten *n*; F *fig.* Tracht *f* Prügel; F Schlappe *f.*
bros|ser (brɔ'se) [1a] **I** *v/t.* **1.** (aus-, ab-)bürsten; frottieren; F ~ *q.* j-n durchprügeln; völlig besiegen; **2.** grob (*od.* rasch) malen; *fig.* schnell entwerfen, hinwerfen (*Bild v. e-r Situation*); **II** *v/rfl.* se ~ sich abbürsten; *se* ~ *les dents* sich die Zähne putzen; P *se* ~ (*le ventre*) mit leerem Magen abziehen; Kohldampf schieben P; das Nachsehen haben; leer ausgehen; **~serie** (brɔs'ri) *f* **1.** Bürstenbinderei *f*; **2.** Bürstenhandel *m*; **~seur** (brɔ'sœ:r) *m* Stiefelputzer *m*; *ehm.* Offizierbursche *m*; **~sier** (~'sje) *m* Bürsten-binder *m*; -händler *m.*
brou (bru) *m* grüne Nuß- *od.* Mandel-schale *f*; Nußbranntwein *m.*
brouailles (bru'ɑ:j) *f/pl.* Eingeweide *n von Geflügel od. Fischen.*
brouet (bru'ɛ) *m* dünne Suppe *f.*
brouet|te (bru'ɛt) *f* Schubkarre *f*; *bisw. plais.* Bummelzug *m*; **~ter** (bruɛ'te) *v/t.* [1a] weg-fahren, -karren; **~teur** [7g], **~tier** [7b] (~'tœ:r, ~'tje) *su.* Schubkärrner *m.*
brouhaha (brua'a) *m* Geschrei *n*, Lärm *m*; Getöse *n.*
brouillage *rad.* (bru'ja:ʒ) *m* Stö- [rung *f.*]
brouillamini (bru'jamini) *m fig.* Durcheinander *n*, Wirrwarr *m*, Unordnung *f.*

brouil|lard (bru'ja:r) **I** *m* **1.** Nebel *m*; ~ *matinal* Frühnebel *m*; ~ *sec* Höhenrauch *m*; *fig. un esprit plein de* ~*s* ein sehr unklarer Kopf *m*; F *être dans les* ~*s* benebelt sein, einen sitzen haben P; **2.** † Kladde *f*; **II** *adj. papier m* ~ Löschpapier *n*; ~**lasse** (~'jas) *f* feiner Nebel *m*; ~**lasser** F (~ja'se) *v/imp.* [1a] fein regnen, nieseln.

brouille F (bruj) *f* Zwist *m*, Krach *m* F, Streit *m*; Zerwürfnis *n*; *être en* ~ *avec q.* mit j-m auf gespanntem Fuße leben, sich mit j-m entzweit (*od.* verkracht F) haben.

brouil|ler (bru'je) [1a] **I** *v/t.* **1.** (durcheinander)mischen, (ver-)mengen; *Wein* durch Rütteln trüben; *œufs m/pl. brouillés* Rührei *n*; *fig.* ~ *la vue* die Sicht trüben; ~ *les cartes* Verwirrung (*od.* Unfrieden) stiften; ~ *la cervelle* den Kopf verdrehen; ~ *les contours* die Umrisse verwischen; **2.** verderben; ~ *une serrure* ein Schloß verdrehen; ~ *du papier* Papier verschmieren; **3.** *fig.* Papiere durcheinanderbringen; *fig.* in Verwirrung bringen, verwirren; *abs.* F Verwirrung anstiften; **4.** entzweien, verfeinden; **II** *v/rfl. se* ~ **5.** trübe werden; *tout se brouille devant mes yeux* mir schwimmt alles vor den Augen; **6.** *fig.* sich verfeinden, sich überwerfen; sich verkrachen F; *se* ~ *avec la justice* es mit dem Gericht zu tun bekommen; *ne vouloir se* ~ *avec personne* es mit niemandem verderben wollen; ~**lerie** (bruj'ri) *f* Zwist *m*, Zerwürfnis *n*; ~**leur** (~'jœ:r) *adj./m*: *rad. émetteur m* ~ Störsender *m*; ~**lon** (~'jõ) [7c] **I** *adj.* (*nach su.*) **1.** streitsüchtig; **II** *su.* **2.** Stänker *m* P; **3.** (*a. esprit* ~) Wirrkopf *m*; **III** *m* erster Entwurf *m*, Skizze *f*, Konzept *n*, Unreine(s) *n*, Kladde *f*; *écol.* ~ *od. cahier m de* ~*s* Schmierheft *n*; *écrire en* (*od. au*) ~ ins Unreine schreiben; ~**lonner** (~jɔ'ne) *v/t.* [1a] entwerfen, flüchtig hinschreiben.

brou|ir ✓ (bru'i:r) *v/t.* [2a] *Saat, Pflanzen* versengen (*Sonne*); ~**issure** (~i'sy:r) *f* Frostbrand *m* (*durch Sonne an jungen, angefrorenen Pflanzen*).

broussail|les (bru'sɑ:j) *f/pl.* Buschwerk *n*, Gestrüpp *n*, Dickicht *n*, Gesträuch *n*; *fig. barbe f en* ~ struppiger Bart *m*; ~**leux** (~sɑ'jø) *adj.* [7d] buschig.

brouss|ard F (bru'sa:r) *m* Buschmann *m*; Kenner *m* des afrik. Busches; Buschbewohner *m* (*v. Weißen!*); ~**e** (brus) *f*: *la* ~ *africaine* der afrikanische Busch(wald *m*) *m*.

broussin (bru'sɛ̃) *m* Knorren *m*, Auswuchs *m an Bäumen.*

brout (bru) *m* Trieb *m e-s jungen Baumes.*

brou|tement (brut'mɑ̃) *m* Abgrasen *n*; ~**ter** (~'te) *v/t. u. v/i.* [1a] abweiden, abfressen, (ab-)grasen; *prov. où la chèvre est attachée, il faut qu'elle broute* man muß sich nach der Decke strecken; ~**tille** (~'tij) *f* (*mst.* ~*s pl.*) Reisig *n*; *fig.* F Kram *m*, Krimskrams *m*; *c'est de la* ~ das sind kleine Fische; ~**ture** (~'ty:r) *f* abgenagter Zweig *m*.

browning (bru- *od.* bro'niŋ) *m* Browningpistole *f*.

broyage (brwa'ja:ʒ) *m* **1.** ⊕ Reiben *n der Farben*; Feinzerkleinerung *f*; **2.** ✓ Flachsbrechen *n*.

broy|er (brwa'je) *v/t.* [1h] **1.** (zer-)reiben, (zer-)stoßen, zerstampfen, zerquetschen; *fig.* vernichten; ~ *les aliments* die Speisen gut kauen; ~ *du poivre* Pfeffer stoßen; *fig.* ~ *du noir* alles schwarz sehen; niedergeschlagen sein; **2.** ✓ ~ *du chanvre* Hanf brechen; ~**eur** (~'jœ:r) *su.* [7g] **1.** Farbenreiber *m*; F ~ *de noir* Grillenfänger *m*, Schwarzseher *m*; **2.** ⊕ Farbenreibe-, Zerkleinerungsmaschine *f*; Mahlwerk *n*; ✓ Flachs-, Hanfbrecher *m*; *bét.* ~ *à choc* Prallbrecher *m*.

brrr (brrr) *int.* huch! (*Angst- od. Kältegefühl*).

bru (bry) *f* Schwiegertochter *f*.

bruant *orn.* (bry'ɑ̃) *m* Goldammer *f*.

brucelles ⊕ (bry'sɛl) *f/pl.* Federzange *f*, feine Greifzange *f*, Pinzette *f*.

brucellose ⚕ (brysɛ'lo:z) *f* Maltafieber *n*.

bruche *ent.* (bryʃ) *m* Erbsenkäfer *m*.

Bruges *géogr.* (bry:ʒ) *f* Brügge *n*.

brugnon ♀ (bry'ɲõ) *m* Nektarine *f*, Mandelpfirsich *m*.

brui|ne (brɥ'in) *f* **1.** Sprühregen *m*; **2.** ✓ Kornfäule *f*, Brand *m*; ~**né** (~'ne) *adj.* brandig, durch kalten Staubregen beschädigt; ~**nement** (~n'mɑ̃) *m* Nieseln *n*; ~**ner** (~'ne) *v/imp.* [1a] nieseln, fein regnen; ~**neux** (*adj.* [7d] naßkalt, nieselnd.

bruire (brɥ'i:r) *v/i.* (*nur gebr. in*: *il bruit*; *ils bruissent*; *il bruissait, ils* *bruissaient; qu'ils bruissent*) brausen, rauschen; sausen (*Wind*); rascheln (*Stoff*); rollen (*Donner*).

bruis|sant (brɥi'sɑ̃) *adj.* [7] brausend, sausend, rauschend; raschelnd; rollend; **~sement** (~s'mɑ̃) *m* Brausen *n*, Rauschen *n*, Rascheln *n*; ~ *d'oreilles* Ohrensausen *n*; **~ser** (~'se) *v/i.* [1a] rascheln.

bruit (brɥi) *m* **1.** Geräusch *n*, Rauschen *n*, Krachen *n*, Dröhnen *n*, Getöse *n*; Knall *m*, Geknatter *n*; Rascheln *n*; Knirschen *n* (*des Schnees*); *rad. filtrer les ~s parasites* die Nebengeräusche abfangen *od.* beseitigen; *isolé contre le ~* schalldicht; *~ du canon* Kanonendonner *m*; *~ du tambour* Trommelschlag *m*; *~ des voitures* Gerassel *n* der (*Pferde-*)Wagen; *Auto*: Entlangrauschen *n* der Wagen; *vivre loin du ~* in der Stille leben; *faire grand ~ de* viel Aufsehen machen von; *point de ~!* Ruhe!; *sans ~* geräuschlos, still; *~ du moteur* Motorengeräusch *n*; **2.** Gerede *n*, Gerücht *n*; Aufsehen *n*; *~s en l'air* grundlose (*od.* aus der Luft gegriffene) Gerüchte *n/pl.*; *semer des ~s* Gerüchte in Umlauf setzen; *le ~ court que* es geht das Gerücht, daß; *au ~ de sa mort* bei der Nachricht von s-m Tode; *faire du ~* Aufsehen machen; *beaucoup de ~ pour rien od. tant de ~ pour une omelette* viel Lärm um nichts; **3.** Zank *m*, Streit *m*; **4.** Auflauf *m*, Tumult *m*, Krach *m*, Skandal *m*; *il y a du ~ dans la ville* in der Stadt herrscht Unruhe; **~age** *rad.* (~'ta:ʒ) *m* Störgeräusche *n/pl.*

brû|lable (bry'lablə) *adj.* (ver-)brennbar; **~lage** (~'la:ʒ) *m* Verbrennen *n*; **~lant** (~'lɑ̃) *adj.* [7] **1.** brennend; stechend (*Sonne*); heiß; *un bon café ~* ein guter, heißer Kaffee *m*; *fig. question f ~e* brennende (*od.* heikle) Frage *f*; **2.** *fig.* leidenschaftlich; *zèle m ~* glühender Eifer *m*; **~lé** (~'le) **I** *adj.* angebrannt, verbrannt; durchgebrannt (*Lampe*); *fig.* abgebrannt, pleite; *pol.* entlarvt; *vin ~* Glühwein *m*; *fig. cerveau m ~* Hitzkopf *m*; **II** *m sentir le ~, avoir un goût de ~* nach Rauch schmecken *od.* riechen.

brûle-bout (bryl'bu) *m* [6c] Kerzen-[halter *m.*]

brûle-gueule P (~'gœl) *m* [6c] (Tabaks-)Pfeife *f*, Knösel *m* P.

brûlement (~'mɑ̃) *m* **1.** (Ver-)Brennen *n*, Ansengen *n*; **2.** *fig.* brennendes Gefühl *n*.

brûle|-parfums *antiq., rl.* (~par'fœ̃) *m* [6c] Räucher-faß *n*, -pfanne *f*; **~-pourpoint** (~pur'pwɛ̃) *advt.*: *à ~* ins Gesicht, geradezu heraus, mit schonungsloser Offenheit, unverblümt; auf gut Glück, aufs Geratewohl; *dire qch. à q. à ~* j-m etw. unverblümt ins Gesicht sagen (*od. fig.* schleudern); *y aller à ~* aufs Ganze (*od.* drauflos) gehen; unverblümt s-e Meinung sagen; *prendre à ~ de graves décisions* aufs Geratewohl (*od.* auf gut Glück) schwerwiegende Entscheidungen fällen (*od.* treffen); *demander à q. à ~* j-n mir nichts, dir nichts (*od.* ins Gesicht *od.* auf den Kopf zu) fragen.

brûler (bry'le) [1a] **I** *v/t.* **1.** verbrennen; anbrennen, in Brand stecken; *du bois à ~* Brennholz *n*; *~ la cervelle à q.* j-m e-e Kugel durch den Kopf schießen; *~ de l'encens devant* (*od. à*) *q.* j-m Honig um den Bart schmieren F, j-n beweihräuchern, um j-s Gunst buhlen; *fig. ~ ses vaisseaux* alle Brücken hinter sich abbrechen; *fig. thé. ~ les planches* hinreißend spielen; *fig. vous brûlez* Sie treffen (*od.* erraten) fast das Richtige; *fig.* es brennt, es wird heiß; **2.** *~ du café* Kaffee brennen; *~ du pain* Brot rösten; *~ du vin* Branntwein aus Wein brennen; **3.** zu stark erhitzen; versengen, verbrennen; *fig.* beschädigen, angreifen, zerfressen (*auch vom Frost*); **4.** auslassen; 🚂 *~ la station* an der Station vorbeifahren, durchfahren; *~ un signal* ein Signal überfahren; *fig. ~ toutes les étapes* Karriere machen; *~ l'étape* ein Marschquartier überspringen; *~ la politesse à q.* sich dünne machen, sang- u. klanglos verschwinden, j-n auf Knall u. Fall stehen lassen, j-n plötzlich verlassen, j-m plötzlich den Rücken drehen; **5.** ⊕ ausbrennen, ausschmelzen; **6.** P entlarven, verraten, denunzieren; *il est brûlé* er ist entlarvt; es ist aus mit ihm; **II** *v/i.* **7.** (ver)brennen; heiß sein; anbrennen; *~ sans flamme* schwelen; F *le torchon brûle* es gibt Krach in der Familie (im Hause); **8.** *fig.* verzehrt werden, heftig verlangen; *~ d'amour* vor Liebe glühen (*od.* entbrennen); **III** *v/rfl.* se ~ sich verbrennen; verbrannt werden.

brûlerie (bryl'ri) *f* Branntweinbrennerei *f*.

brûle-tout (~'tu) *m* [6c] Kerzenhalter *m*.

brû|leur (bry'lœ:r) *m* **1.** Branntweinbrenner *m*; **2.** *thé.* ~ *de planches* hinreißend spielender Schauspieler *m*; **3.** Gasbrenner *m*; ⊕ ~ *de découpage autogène* Autogenschneidbrenner *m*; **~lis** (~'li) *m* **1.** abgebrannter Wald- *od.* Feldteil *m*; **2.** Abbrennen *n* des Feldes zu Rodungs- *od.* Düngungszwecken; **~loir** (~'lwa:r) *m* Kaffeebrenner *m*, Röste *f*; Kaffeeröstmaschine *f*; **~lot** (~'lo) *m* **1.** *ehm.* ⚓ Brandschiff *n*; **2.** Glühbranntwein *m* mit Zucker; **3.** F *fig.* Stänker *m*; **~lure** (~'ly:r) *f* **1.** ⚕ Brennen *n*; Brand-wunde *f*, -mal *n*; ~*s pl. d'estomac* Sodbrennen *n*; *onguent m pour (les)* ~*s* Brandsalbe *f*; **2.** ✓ Frostbrand *m*.

bru|maire *hist.* (bry'mɛ:r) *m* Nebelmonat *m* (*23. Okt.–21. Nov.*); **~mal** (~'mal) *adj.* [5c] winterlich; Winter...; **~masse** (~'mas) *f* feiner Nebel *m*; **~masser** (~ma'se) *v/i.* [1a] fein nebeln; **~me** (brym) *f* dichter Nebel *m*; **~mer** (~'me) *v/imp.* [1a] nebeln; **~meux** (~'mø) *adj.* [7d] nebelig, düster; *fig.* unklar, verschwommen.

brun (brœ̃) **I** *adj.* [7] braun; dunkel; **II** *m* braune Farbe *f*, Braun *n*; *être d'un beau* ~ e-e schöne braune Farbe haben.

brunâtre (bry'nɑ:trə) *adj.* bräunlich.

bru|ne (bryn) *f* **1.** Brünette *f*; **2.** dunkles Bier *n*, Braunbier *n*; **3.** Abenddämmerung *f*; **~nette** (~'nɛt) *f* Brünette *f*; **~nir** (~'ni:r) [2a] **I** *v/t.* **1.** bräunen, braun färben *od.* malen; **2.** braun beizen; glänzend machen, polieren; **3.** *ch.* ~ *le bois* das Gehörn fegen; **II** *v/i. u.* **III** *v/rfl.* se ~ braun werden, sich bräunen.

brunis|sage (bryni'sa:ʒ) *m* **1.** Polieren *n*, Brünieren *n*; **2.** Glanz *m*, Politur *f*; **~sement** (~nis'mɑ̃) *m* Bräunen *n*; Braunwerden *n*; **~seur** (~'sœ:r) *su.* [7g] Glätter *m*, Polierer *m*; **~soir** (~'swa:r) *m* Brüniereisen *n*, Poliereisen *n*; **~sure** (~'sy:r) *f* Bräunung *f*; Glätte *f*, Politur *f*; Polierkunst *f*; (Kartoffel-) Krautfäule *f*; Weinstockfäule *f*.

brusque (brysk) *adj.* □ **1.** brüsk, barsch, kurz angebunden; unhöflich; **2.** plötzlich.

brus|quer (brys'ke) *v/t.* [1m] **1.** ~ *q.* j-n barsch (*od.* scharf) anfahren, brüskieren, rücksichtslos behandeln; **2.** *fig.* ~ *qch.* etw. rasch durchsetzen wollen; *ne brusquez rien!* überstürzen Sie nichts!; ~ *une affaire* e-e Sache schnell durchführen; ~ *l'aventure* (*od. la décision*) sich kurz entschließen, auf gut Glück wagen; ~ *les choses fig.* mit der Tür ins Haus fallen; ~ *la fortune* mit Gewalt reich werden wollen; ~ *la situation fig.* kurzen Prozeß machen; **~querie** (~'kri) *f* **1.** barsches Wesen *n*, Schroffheit *f*; **2.** Brüskierung *f*, kränkende Äußerung *f*; **~quet** (~'kɛ) *adj.* [7c], **~quin** (~'kɛ̃) *m nur noch prov.*: *à brusquin brusquet* wie's in den Wald hineinschallt, so schallt's auch wieder heraus; auf e-n groben Klotz gehört ein grober Keil.

brut *m*, **brute** *f* (*beide*: bryt) *adj.* **1.** roh, unbearbeitet; *fig.* ungehobelt; *diamant m* ~ ungeschliffener Diamant *m*; *matière f* ~*e* Rohstoff *m*; *sucre m* ~ Rohzucker *m*; *terrain m* ~ unbebautes Land *n*; **2.** *fig.* unentwickelt, ungebildet; *manières f/pl.* ~*es* ungesittetes Benehmen *n*; *une bête* ~*e* ein unvernünftiges Tier *n*; **3.** unorganisch (*auch le* ~ *m* das Unorganische *n*); *les corps m/pl.* ~*s* die unorganischen Körper *m/pl.*; **4.** *a. advt.* ✝ brutto; *poids m* ~ Bruttogewicht *n*; *fin. bénéfice m* ~ Rohgewinn *m*; *produit m* ~ Bruttoertrag *m*.

brutal (bry'tal) **I** *adj.* [5c] □ **1.** tierisch; **2.** *fig.* brutal, gemein, grob, roh; rücksichtslos, gewalttätig; zuhöchst ungebildet, unschicklich; scharf, eisig (*Wind*); *un vent* ~ *nous gifle* ein scharfer (eisiger) Wind pfeift (*od.* peitscht) uns ins Gesicht; *force f* ~*e* rohe Gewalt *f*; *les lumières f/pl.* ~*es* die grellen Lichter *n/pl.*; **II** *m* Grobian *m*, brutaler Kerl *m*; **~ement** (~l'mɑ̃) *adv.* **1.** s. *brutal*; **2.** *fig.* urplötzlich; *ils furent* ~ *surpris* sie fielen aus allen Wolken F.

brutali|ser (brytali'ze) *v/t.* [1a] mißhandeln, grob behandeln; **~té** (~'te) *f* Roheit *f*, Grobheit *f*, Rücksichtslosigkeit *f*, Ungeschliffenheit *f* des Benehmens; Gewalttätigkeit *f*; ~*s pl.* harte Worte *n/pl.*

brute (bryt) *f* unvernünftiges (*od.*

wildes) Tier *n*, Vieh *n*; *fig.* brutaler Mensch *m*, Rohling *m*, *fig.* Klotz *m*.
Bruxell|es *géogr.* (bry'sɛl, ⚒ bryk'sɛl) *m* Brüssel *n*; **~ois** (~'lwa) *su. u.* ≈ *adj.* Brüsseler *m*; aus Brüssel.
bruyamment (brɥija'mɑ̃) *adv.* mit lautem Krach, tobend, lärmend.
bruyance *bsd.* ⊕, ✈ (brɥi'jɑ̃:s) *f* Geräusch *n*.
bruyant (brɥi'jɑ̃) *adj.* laut, tobend, lärmend, brausend, rauschend, gellend, schmetternd; *assemblée f ~e* sehr laute Versammlung *f*; *hilarité f ~e* schallende Heiterkeit *f*.
bruyère (brɥi'jɛ:r) *f* **1.** ⚘ Heidekraut *n*; *pipe f en ~* Bruyèrepfeife *f* **2.** *orn. coq m de ~* Birk-, Auerhahn *m*; **3.** (*terre f de*) *~* Heide(-land *n*) *f*.
bryologie 🕮 (briɔlɔ'ʒi) *f* Mooskunde *f*.
bu P (by) *adj.* benebelt.
buanderie (bɥɑ̃'dri) *f* Waschküche *f*; Waschhaus *n*.
buandier (bɥɑ̃'dje) *su.* [7b] Wäschereiaufseher *m*.
bubale *zo.* (by'bal) *m* Hirschantilope *f*.
bube (byb) *f* Blatter *f*, Blase *f*.
bubelette (by'blɛt) *f* Bläschen *n*, kleiner Pickel *m*.
bubon (by'bɔ̃) *m* **1.** Drüsen-, Leisten-geschwulst *f*; *~ pestilentiel* Pestbeule *f*; **2.** ⚘ Steineppich *m*; **~ique** ⚕ (~bɔ'nik) *adj.*: *peste f ~* Beulenpest *f*; **~ocèle** ⚕ (~nɔ'sɛl) *f* Leistenbruch *m*.
bucaille ⚘ (by'kɑ:j) *f* Buchweizen *m*.
buccal (by'kal) *adj.* [5c] Mund...; *cavité f ~e* Mundhöhle *f*; *hygiène f ~e* Mund-hygiene *f*, -pflege *f*.
buccin (byk'sɛ̃) *m zo.* Trompetenschnecke *f*; **~al** (~ksi'nal) *adj.* [5c] hornförmig; **~ateur** (~na'tœ:r) *m* **1.** Trompetenbläser *m bei den Römern*; **2.** *anat.* (*a. muscle m ~*) Kinnbackenmuskel *m*; **~ite** (~'nit) *f* versteinerte Trompetenschnecke *f*.
bûche (byʃ) *f* **1.** Scheit *n*, Kloben *m* (*Holz*); **2.** F *fig.* Dummkopf *m*; **3.** *écol. temps m de ~* Büffelwochen *f/pl.* vor der Prüfung; **4.** *fig. quelle ~!* was für ein Pech!; F *prendre* (*od. ramasser*) *une ~* (hin-)fallen, stürzen.
bûcher¹ (by'ʃe) *m* Holz-stall, -boden -schuppen *m*; Scheiterhaufen *m*; *sentir le ~* ketzerisch sein.
bûcher² (~) [1a] **I** *v/t.* (grob) behauen; *écol. ~ ses concours* s-e Wettbewerbsprüfungen vorbereiten; **II** *v/i.* F stark arbeiten, schuften, ochsen; *écol.* büffeln, pauken; **III** *v/rfl. se ~* sich prügeln.
bûch|eron (byʃ'rɔ̃) *su.* [7c] Holzhauer *m*; **~ette** (~'ʃɛt) *f* Hölzchen *n*; Holzspan *m*; Strohhälmchen *n* zum Losen; **~eur** F (~'ʃœ:r) *su.* [7g] emsiger Arbeiter *m*; *écol.* Büffler *m*, Streber *m*.
bucolique (bykɔ'lik) *adj.* hirtenmäßig, bukolisch; *poème m ~* Schäfer-, Hirten-gedicht *n*.
budget (byd'ʒɛ) *m* **1.** Budget *n*, Staatshaushalt *m*, Etat *m*; Voranschlag *m*; *dresser le ~* das Budget aufstellen; *projet m du ~* Haushaltsvoranschlag *m*; **2.** (persönliche) Mittel *n/pl.*
budgétaire (bydʒe'tɛ:r) *adj.* im Haushaltsplan vorgesehen, etatmäßig, das Budget betreffend; *année f ~* Etats-, Haushaltsjahr *n*; *loi f ~* Etatsgesetz *n*; *question f ~* Budgetfrage *f*.
budgétivore *plais.* (bydʒeti'vɔ:r) *adj. u. su.* auf Staatskosten lebend; Steuernutznießer *m*.
buée (bɥe) *f* Wrasen *m*, Wasserdampf *m*, Dunst *m*, Beschlagen *n der Fenster*; *ses yeux s'emplirent de ~* s-e Augen wurden feucht.
buffet (by'fɛ) *m* **1.** Büffett *n*, Speise-, Silber-schrank *m*; **2.** Anrichte-, Schenk-tisch *m*; Tisch *m* mit Speisen u. Getränken; F *danser devant le ~* nichts zu essen (beißen F) haben; **3.** 🚂 Erfrischungsraum *m*, Bahnhofswirtschaft *f*; Buffetwagen *m*; **4.** P Wanst *m*, Pansen *m*, Magen *m*; **5.** Orgelgehäuse *n*; **~ier** (byf'tje) *su.* [7b] Bahnhofswirt *m*.
buffle *zo.* ('byflə) *m* **1.** Büffel *m*; **2.** (*tête f de*) *~* grober (*od.* dummer) Mensch *m*; **3.** (*cuir m de*) *~* Büffelleder *n*; **~terie** (byflɛ'tri) *f* **1.** Büffellederarbeit *f*; **2.** ⚔ Lederzeug *n der Soldaten*; **~tin** (byflə'tɛ̃) *m u.* **bufflon** (by'flɔ̃) *su.* [7c] junger Büffel *m*, Büffelkalb *n*.
bugalet ⚓ (byga'lɛ) *m* kleines bretonisches Küstenschiff *n*.
bugle ('byglə) *m* **1.** ♪ Signalhorn *n*; **2.** ⚘ Günsel *m*.
building (bil'diŋ) *m* Hochhaus *n*, modernes Gebäude *n*, Geschäftshaus *n*.
buire (bɥi:r) *f* dickbäuchige Schenkkanne *f*.
buis ⚘ (bɥi) *m* Buchsbaum *m*; **~saie**, **~sière** (bɥi'sɛ, ~'sjɛ:r) *f* Buchsbaum-pflanzung, -einfassung *f*.
buisson (bɥi'sɔ̃) *m* **1.** Busch *m*, Strauch *m*; **2.** Gebüsch *n*, Busch-

werk *n*, Hain *m*; **~neux** (~sɔ'nø) *adj.* [7d] buschig, buschartig; mit Gebüsch bewachsen; **~nier** (~sɔ'nje) *adj.* [7b] **1.** in Büschen lebend; **2.** F *fig. faire l'école buissonnière* die Schule schwänzen.

bulbe ⚘ (bylb) *m* **1.** Blumenzwiebel *f*, Knolle *f*; **2.** ~ *des dents, des poils* Zahn-, Haar-wurzel *f*; **3.** ⚠ Zwiebeldach *n*.

Bulgarie (bylga'ri) *f*: **la** ~ Bulgarien *n*.

bulldozer ⊕ (buldo'zœ:r) *m* **1.** Planierraupe *f*; **2.** Raupenbagger *m*; ~ *à benne* Baggerbulldozer *m*.

bulle (byl) **I** *f* **1.** Blase *f*; *bét.* ~ *d'air* Luftpore *f*; **2.** ⚕ Blatter *f*; **3.** Siegel *n*; *rl.* (päpstliche) Bulle *f*; **4.** *Auto*: Kleinstauto *n* für zwei Personen; **II** *adj./inv. u. m* (*papier m*) ~ Konzeptpapier *n*.

bulletin (byl'tɛ̃) *m* **1.** ~ (*de vote* Wahl-)Zettel *m*, Stimmzettel *m*; ~ *blanc*, ~ *nul* ungültiger Wahlzettel *m*; ~ *des changes* Wechselkurszettel *m*; ~ *de la* cote Kurszettel *m*; **2.** Bericht *m*; ~ *de neige*, ~ *d'enneigement(s)* Schneebericht *m*; ~ *météorologique* Wetterbericht *m*; ~ *financier* Börsenbericht *m*; ~ *spécial (od. de victoire)* Sondermeldung *f*; ~ *de santé*, ~ *médical* ärztliches Bulletin *n*, Krankenbericht *m*; **3.** ~ *scolaire* Schulzeugnis *n*; **4.** Schein *m*; ~ *de bagages* Gepäckschein *m*; ~ *de commande* Bestellschein *m*; ~ *d'expédition* Frachtbrief *m*; ~ *de garantie* Garantieschein *m*; **5.** ✉ ~ *de versement* Zahlkarte *f*; ~ *des lois* Gesetzblatt *n*.

bulleux (by'lø) *adj.* [7d] voller Blasen, blasig.

buraliste (byra'list) *su.* **1.** Steuereinnehmer *m*; **2.** Tabak-, Steuer- u. Brief-marken-verkäufer *m*; **3.** Beamter *m* zur Ausstellung v. Alkohollizenzen.

bure (by:r) *f* **1.** grober grauer Wollstoff *m*; Wollkleid *n*; **2.** ⚒ Schacht *m*.

bureau (by'ro) *m* [5b] **1.** Schreib-, Arbeits-, Zahl-tisch *m*; ~ *ministre* Diplomatenschreibtisch *m*; **2.** Büro *n*; Amtszimmer *n*; (Theater-)Kasse *f*; *thé. jouer à ~x fermés* vor ausverkauftem Haus spielen; *heures f/pl. de* ~ Geschäfts-, Dienst-stunden *f/pl.*; **3.** Amt *n*, Dienststelle *f*, Agentur *f*; ~ *de bagages* Gepäckaufgabe *f*; ~ *de poste* Postamt *n*; ~ *de recrutement* ⚔ Bezirkskommando *n*; ~ *de tabac* Tabakladen *m*; *téléph.* ~ *central* (*téléphonique*) Fernsprechamt *n*; ~ *de téléphones automatiques* Selbstanschlußamt *n*; ~ *de poste central* Hauptpostamt *n*; ~ *secondaire od. auxiliaire* Nebenpostamt *n*, Zweigstelle *f*; ~ *de poste ambulant* Bahnpost *f* (*im Eisenbahnwagen*); ~ *de poste flottant* Seepost *f* (*auf e-m Dampfer*); ~ *de placement* (*gratuit* kostenloser) Arbeitsvermittlung *f*, -amt *n*; ~ *d'assistance publique* Wohlfahrtsamt *n*; ~ *de(s) logement(s)* Wohnungsnachweis *m*; ~ *des finances, du cadastre* Finanz-, Katasteramt *n*; ~ *de la presse* Presseamt *n*; ~ *des transports automobiles* Kraftverkehrsamt *n*; ♀ *international du Travail* Internationales Arbeitsamt *n* (*in Genf*); ~ *des annonces* Inseratenbüro *n*; ~ *de publicité, de traduction* Reklame-, Übersetzungs-büro *n*; ~ *de vote* Wahl-büro *n*, -lokal *n*; ~ *de paie, d'encaissement* Lohn-, Inkassobüro *n*; ~ *de triage* Umschlagstelle *f*; ~ *de douane* Zollabfertigung(sstelle *f*) *f*; ~ *téléphonique interurbain* Fernamt *n*; ~ *de change* Wechselstube *f*; ~ *pour l'essai des matériaux* Materialprüfungsamt *n*; **4.** Büropersonal *n*; geschäftsführender Ausschuß *m*; Vorstand *m*; ~ *de vote* Wahlvorstand *m*, -zimmer *n*; **5.** *parl.* Präsidium *n*; **~crate** *péj.* (~'krat) *m* Bürokrat *m*, Aktenmensch *m*; **~cratie** (~kra'si) *f* Bürokratie *f*; **~cratique** (~kra'tik) *adj.* bürokratisch; pedantisch; **~cratiser** (~krati'ze) *v/t.* [1a] bürokratisch einrichten *od.* verwalten.

burette (by'rɛt) *f* Kännchen *n*, Fläschchen *n*; *rl.* Meßkännchen *n*; ⊕ Ölkännchen *n* für Maschinen.

burgau *zo.* (byr'go) *m* Perlmuttermuschel *f*; **~dine** (~'din) *f* Perlmutter *f*.

burin (by'rɛ̃) *m* Grabstichel *m*, Radiernadel *f*; (Schab-, Zahn-)Meißel *m*; *fait au* ~ gestochen.

burin|é (byri'ne) *adj.* [7] faltig, durchfurcht; **~er** (~) *v/t.* **1.** mit dem Grabstichel stechen; gravieren; meißeln; (die Zähne mit dem Meißel) abschaben *od.* reinigen; **2.** *fig.* plastisch (*od.* eindringlich *od.* packend) schildern; **3.** *bsd. écol.* büffeln, schuften, sich abrackern, sich plagen.

burlesque (byr'lɛsk) **I** *adj.* □ possierlich, schnurrig, burlesk; **II** *m* (*das*) Burleske *n.*
burnous (byr'nu[s]) *m* **1.** Burnus *m*; **2.** Kindermantel *m* mit Kapuze.
buron (by'rɔ̃) *m* Sennhütte *f.*
bursal (byr'sal) *adj.* [5c] außerordentliche Steuern betreffend.
bursite ⚕ (byr'sit) *f* Schleimbeutelentzündung *f.*
bus P (bys) *m* Bus *m* (= *autobus*).
busard *orn.* (by'za:r) *m* Feldweih *m.*
busc (bysk) *m* Korsett-stange *f*, -feder *f*; Krümmung *f* des Gewehrkolbens.
buse¹ *orn.* (by:z) *f* (Mäuse-)Bussard *m*, Waldgeier *m*; F Dummkopf *m.*
buse² (~) *f* **1.** ~ (*d'aérage*) Wetterschacht *m*; **2.** ⊕ Düse *f*; **3.** ⚓ Heringsboot *n.*
busquer (bys'ke) *v/t.* [1m] **1.** krümmen; *nez m busqué* Adlernase *f*; **2.** mit e-r Korsett-stange, -feder versehen.
busserole ⚘, *phm.* (bys'rɔl) *f* Bärentraube *f.*
buste (byst) *m* **1.** Brust-bild *n*, -stück *n*, Büste *f*; **2.** Oberkörper *m*; **3.** Oberteil *m e-s Kleides.*
but (byt, by; *am Ende des Satzes nur* byt) *m* **1.** Ziel *n*; *fig.* Zweck *m*, Absicht *f*; *avoir pour* ~ zum Ziele haben, bezwecken; *viser* (*od. se proposer od. chercher à atteindre*) *un* ~ sich ein Ziel stecken; *viser au* ~ zielen; *passer le* ~ über das Ziel hinausgehen; *fig. aller droit au* ~ den Kernpunkt treffen, direkt auf das Ziel lossteuern; *dans quel* ~? in welcher Absicht?; *dans ce* ~ zu diesem Zwecke; ~*s pl. d'utilité publique* gemeinnützige Zwecke *m/pl.*; *de* ~ *en blanc* geradeheraus, ohne Überlegung; **2.** *Sport*: Tor *n*; *gardien m de* ~ Torwart *m*; ~ *de corner* Ecktor *n*; *marquer un* ~ ein Tor schießen.
butane (by'tan) *m* brennbares Butan(gas) *n.*
buté (by'te) *adj.* eigensinnig; *geistig* beschränkt.
butée (by'te) *f* **1.** △ Eckpfeiler *m*; **2.** ⊕ Anschlag *m*, Anschlagstift *m*; Widerlager *n.*
buter (by'te) [1a] **I** *v/i.* **1.** ~ *contre* sich stützen auf (*acc.*); **2.** stoßen, stolpern; **3.** 🚂 ~ *à* auffahren auf (*acc.*); *allg.* stoßen auf (*acc.*); **II** *v/t.* **4.** ~ *q.* j-n stoßen; **5.** P j-n kalt machen; **6.** *j-n* ärgern; **7.** △ *durch Strebepfeiler* stützen; **III** *v/rfl.* *se* ~ bockig sein (*Kind*); *se* ~ *à* bestehen auf (*dat.*).
buteur (by'tœ:r) *m* **1.** *Sport*: Torwart *m*; **2.** P Mörder *m.*
butin (by'tɛ̃) *m* **1.** (Kriegs-)Beute *f*; **2.** *fig.* Fund *m*, Ausbeute *f*; P Reichtum *m*, Hab und Gut *n.*
buti|ner (byti'ne) [1a] **I** *v/i.* Beute machen (*a. fig.*); *aller* ~ auf Beute ausgehen; **II** *v/t.* ~ *les fleurs* Honig aus den Blumen sammeln (*Bienen*); ~**neur** (~'nœ:r) *adj.* [7g]: *abeilles f/pl. butineuses* Honig sammelnde Bienen *f/pl.*
butoir (by'twa:r) *m* **1.** 🚂 Prellbock *m*; **2.** ⊕ Anschlag *m.*
butor (by'tɔ:r) *m* **1.** *orn.* Rohrdommel *f*; **2.** *fig.* Lümmel *m*, Tolpatsch *m*, Flegel *m*; ~**de** (~'tɔrd) *f* dumme Frau *f*; ~**derie** (~'dri) *f* Lümmelei *f*, Dummheit *f.*
buttage ✐ (by'ta:ʒ) *m* Anhäufeln *n.*
butte (byt) *f* **1.** kleiner Erdhügel *m*; **2.** ⚔ Schießstand *m*, Kugelfang *m*; 🚂 Ablaufberg *m* (*Rangierbahnhof*); ✈ ~ *de tir* Abschußhügel *m*; **3.** *fig.* Zielscheibe *f*; *être en* ~ *à* ausgesetzt sein.
butter (by'te) [1a] *v/t.* ✐ anhäufeln.
butteur *Fußball, Rugby* (by'tœ:r) *m* Torwart *m.*
buttoir (by'twa:r) *m* **1.** ⊕ Holzschnitzmesser *n*; **2.** ✐ Häufelpflug *m.*
buty|rine (byti'rin) *f* Butterfett *n*; ~**rique** (~'rik) *adj.*: *acide m* ~ Buttersäure *f*; ~**romètre** (~rɔ'mɛtrə) *m* Butyrometer *n.*
bu|vable (by'vablə) *adj.* trinkbar; P erträglich, möglich, tragbar; ~**vard** (~'va:r) **I** *m* Schreibunterlage *f aus Löschpapier*; Löscher *m*; **II** *a. adj.* (*papier m*) ~ Löschblatt *n*; ~**verie** (~'vri) *f* Zecherei *f*; ~**vetier** (~v'tje) *su.* [7b] Schankwirt *m*; ~**vette** (~'vɛt) *f* Schenke *f*, Kneipe *f*; Erfrischungsraum *m* (*a. thé.*, 🚂); Imbißstube *f*; Trinkhalle *f* (*Bad*) Trunk *m*; ~**veur** (~'vœ:r) *su.* [7g] Trinker *m*, Zecher *m*; ~**voter** F (~vɔ'te) *v/i.* [1c] oft einen heben.
by ⊕ (bi) *m* Ablaßgraben *m* e-s Teiches.
by-pass (bai'pa:s) *m*; [6c] Überströmkanal *m*; Umleitung *f.*
byzan|tin (bizɑ̃'tɛ̃) *adj.* [7] byzantinisch; *fig. discussions f/pl.* ~*es* völlig abwegige Erörterungen *f/pl.*; ~**tinisme** (~ti'nism) *m* Byzantinismus *m*; ~**tiniste** (~ti'nist) *su.* Byzantinist *m.*

C

C, c (se) *m* C, c *n.*

ça F (sa) dies, das; *ça alors!, ça par exemple!* **1.** nanu!; was Sie nicht sagen!; das ist ja allerlei! **2.** so e-e Pleite!, auch das noch!, das hat (mir) noch gefehlt!; das mußte mir (uns) zustoßen!, verdammt nochmal!; c'est (*bien*) *ça* so ist es richtig, so stimmt's, so ist's; *rien que ça?, ce n'est que ça?* weiter nichts?, nichts weiter?; *comme ça* so (*erklärend; allein od. bsd. am Satzende*); *ça va?* geht's gut?, wie geht's?; *comme ci, comme ça* so la la, halbwegs, einigermaßen; *c'est ça* stimmt!, ganz recht!, richtig!; *ça y est* jetzt stimmt die Sache!, da haben wir's!; jetzt ist's soweit!; *pas de ça!* das verbitte ich mir!

çà (sa) **I** *adv.* hier; *çà et là* hier und da, hin und her; **II** *int. oft nur noch iron.* los!; *çà! partons!* los, wollen wir gehen!; *ah çà alors!* nanu!; das ist ja allerlei!; was Sie nicht sagen!; *ah çà, venez-vous?* na los, kommen Sie?; *iron. or çà!* nun, darf ich bitten?

cab *a. Auto* (kab) *m* Kabriolett *n.*

caba|le (ka'bal) *f* **1.** ♀ Kabbala *f* (*jüdische Geheimlehre*); **2.** *fig.* Kabale *f*, Intrigen *f/pl.*, Ränke *pl.*, geheime Verbindung *f*, Clique *f*; *homme m de* ~ Ränkeschmied *m*, Intrigant *m*; **~ler** (~'le) *v/i.* [1a] intrigieren, Ränke schmieden; **~leur** (~'lœ:r) *su.* [7g] Intrigant *m*, Ränkeschmied *m*; **~listique** (~lis'tik) *adj.* □ *fig.* geheimnisvoll.

caban ⚓ (ka'bɑ̃) *m* Regenmantel *m* (*mit Kapuze*).

cabanage (kaba'na:ʒ) *m* Baudenleben *n.*

caba|ne (ka'ban) *f* Hütte *f*, Baude *f*; Häuschen *n*; Bude *f*; Koje *f*; Kaninchenstall *m*; P Gefängnis *n*; ✈ Spannturm *m*; **~ner** (~'ne) *v/i.* [1a] **1.** Hütten aufschlagen ; *fig. cabané* gelagert; **2.** ⚓, ✈ umschlagen; ⚓ kentern; **3.** Zweige für die Seidenraupen auslegen; **~non** (kaba'nɔ̃) *m* **1.** kleine Hütte *f*; Schuppen *m* (*für Fahrräder usw.*); **2.** Wohnlaube *f*, Wochenendhäuschen *n* (*in der Provence*); **3.** Isolier-, Gummi-zelle *f* (*Gefängnis u. Irrenanstalt*).

cabaret (kaba'rɛ) *m* **1.** Schenke *f*, Wirtshaus *n*, *péj.* Kneipe *f*; Weinstube *f*, Nacht-lokal *n*, -klub *m*; ~ *artistique* Kabarett *n*; F *pilier m de* ~ Säufer *m*; **2.** Kaffee-, Teebrett *m*; *~-service* Likörservice *n*; **3.** ⚘ Haselwurz *f.*

cabaretier (kabart'je) [7b] *su.* (Schenk-)Wirt *m.*

cabas (ka'bɑ) *m* **1.** Einhole-korb *m*, -tasche *f*; **2.** Stroh-, Binsen-korb *m.*

cabèche P (ka'bɛʃ) *f* Kopf *m*, Birne *f* P, Nuß *f* P, Nüschel *m* P, Deez *m* P (Deets *m*, Däts *m*); *couper la* ~ den Kopf abhauen.

cabernet ⚘ (kabɛr'nɛ) *m südwestfranzösische Rebenart f.*

cabestan (kabɛs'tɑ̃) *m* **1.** Windemaschine *f*; **2.** Göpel *m*; **3.** ⚓

Gangspill *n*, Schiffswinde *f*; **4.** ✈ Haspel *m*, Bockwinde *f*.
cabillaud (kabi'jo) *m* Kabeljau *m*.
cabillot (~) *m* Holz-, Eisen-pflock *m*.
cabine (ka'bin) *f* Kabine *f*, Kajüte *f*, Koje *f*; Badekabine *f*; Flugzeugkabine *f*, Sitzraum *m*, Führerstand *m*; *Auto*: Führerhaus *n*; ~ *particulière* Einzelkabine *f*; ⊕ ~ *de distribution* Schaltwerk *n*; ~ *téléphonique* Fernsprech-, Telefon-zelle *f*.
cabinet (kabi'nɛ) *m* **1.** kleines Gemach *n*; ~(*s*) (*d'aisances*) Abort *m*, W.C. *n*, Toilette *f*; ~ *avec chasse d'eau* Toilette *f* mit Wasserspülung; ~ *de débarras* Abstellraum *m*; ~ *de lecture* Leseraum *m*; Leihbibliothek *f*; ~ *de verdure* Gartenlaube *f*; **2.** Studier-, Arbeitszimmer *n*; Geschäftszimmer *n*; ~ *de consultations* Sprechzimmer *n*; *dans le silence du* ~ im ruhigen Studierzimmer; *homme m de* ~ Stubengelehrter *m*; **3.** ~ (*d'un avocat*) Anwaltsbüro *n*; Praxis *f*; **4.** Kabinett *n* Regierung *f*; Ministerium *n*; *conseil m de* ~ Kabinetts- *od.* Ministerrat *m*; *poser la question de* ~ die Kabinettsfrage stellen; **5.** Minister-, Staats-rat *m*; **6.** Sammlung *f*; ~ *d'histoire naturelle* Naturalien-sammlung *f*, -kabinett *n*; **7.** Schränkchen *n*.
câblage ✈ (kɑ'bla:ʒ) *m* Verseilung *f*.
câble ('kɑ:blə) *m* **1.** Kabel *n*; (dickes) Seil *n*, Tau *n*; ⚒ Förderseil *n*; ~ *métallique* Drahtseil *n*; ~ *armé* Panzerkabel *n*; ~ *d'atterrissage* Landungs-kabel *n*, -tau *n*; ~ *de gauchissement* Verwindungsseil *n*; ⚓ ~ *de halage* Schlepptau *n beim Treideln*; ~ *souterrain* Erdkabel *n*; ~ *d'allumage* Zündkabel *n*; ~ *d'amenée*, ~ *d'arrivée* Zuleitungskabel *n*; ~ (*télégraphique*) *intercontinental od. transatlantique* Übersee-, Tiefsee-kabel *n*; ~ *à haute tension* Hochspannungskabel *n*; ~ *de remorque* Schlepptau *n*, Schlepptrosse *f*; ~ *conducteur* Leitungsdraht *m*; ~ *télégraphique* Telegraphenkabel *n*; ~ *sous-marin* Unterseekabel *n*; ~ *en fil* (*de fer*) Drahtseil *n*; ~ *porteur* (*od. sustentateur*) Tragseil *n*; **2.** Kabeltelegramm *n*.
câblé (kɑ'ble) *m* dicke (Seil-) Schnur *f*.
câbleau (kɑ'blo) *m* Kabeltau *n*.
câbler (kɑ'ble) *v/t*. **1.** [1a] ✈ verseilen; ⚓ ein Kabel schlagen; **2.** kabeln, drahten.
câblogramme (kɑblɔ'gram) *m* Kabeltelegramm *n*.
caboch|ard (kabɔ'ʃa:r) **I** *adj.* [7] dickköpfig; **II** *su.* Dickkopf *m*; **~e** (ka'bɔʃ) *f* **1.** Kuppnagel *m*, breitköpfiger Nagel *m*; **2.** F Birne *f* F, Bregen *m* F, Kürbis *m* F, Nüschel *m* F; **~on** (~'ʃɔ̃) *m* **1.** Polsternagel *m*; **2.** rundgeschliffener Edelstein *m*.
cabos|se (ka'bɔs) *f* **1.** Kakaoschote *f*; **2.** Quetschung *f*, Beule *f*; **3.** F = *caboche*, 2; **~ser** (~'se) *v/t*. [1a] **1.** F ~ *q.* j-n verbleuen, j-n vertrimmen (P); **2.** Metall ein-, ver-beulen *od.* eindrücken; *cabossé* verbeult (*Hut, Autokarosserie*).
cabot (ka'bo) *m* **1.** *péj.* schlechter Komödiant *m*, Schmierenschauspieler *m*; **2.** Köter *m*, Töle *f*; **3.** P ⚔ Korporal *m*, Gefreiter *m*.
cabo|tage (kabɔ'ta:ʒ) *m* Küstenschiffahrt *f*; **~ter** (~'te) *v/i*. [1a] Küsten befahren; **~teur** (~'tœ:r) [7g], **~tier** (~'tje) [7b] ⚓ *m* Küsten-fahrer *m*, -fahrzeug *n*; **~tin** F *péj.* (~'tɛ̃) *su. thé.* schlechter Schauspieler *m*, Schmierenschauspieler *m*, Wanderkomödiant *m*, Gaukler *m*; *fig.* Angeber *m*, Wichtigtuer *m*; *les ~s de la politique* die Wichtigtuer *m/pl.* (*od.* Maulhelden *m/pl.*, Großkotze *m/pl.* P, Angeber *m/pl.* F) der Politik; **~tinage** (~ti'na:ʒ) *m* Wanderkomödiantentum *n*; *fig.* Verstellung *f*, Gaukelei *f*, Angeberei *f*.
caboulot P (kabu'lo) *m* **1.** Kneipe *f*, kleines einfaches Restaurant *n*, Kaschemme P *f*, Schenke *f*; **2.** Abstellraum *m*; Schrank *m*.
cabrer (ka'bre) [1a] **I** *v/t*. ~ *l'avion*, ~ *son appareil* das (*od.* sein Flugzeug) aufrichten; *abs.* Höhenrichtung geben, abfangen; **II** *v/rfl.* *se* ~ sich (auf-)bäumen; *fig.* sich auf die Hinterbeine stellen, sich auflehnen; *abs. faire* ~ Pferd zum (Auf-)Bäumen bringen.
cabri (ka'bri) *m* Zicklein *n*.
cabriol|e (kabri'ɔl) *f* Luftsprung *m*, Bocksprung *m*; Purzelbaum *m*; **~er** (~'le) *v/i*. [1a] Luftsprünge machen; **~et** (~'lɛ) *m* **1.** *Auto*: Kabriolett *n*; **2.** leichter Einspänner *m*, Halbkutsche *f*; **3.** Handschelle *f*.
cabus (ka'by) *adj.*: *chou m* ~ Kopfkohl *m*.

cabussière (kaby'sjɛ:r) *f* Netz *n* zum Einfangen von Wildenten.
caca *enf.* (ka'ka) *m* Kacke *f*; *faire* ~ Aa machen.
cacaber (kaka'be) *v/i.* [1a] schreien (*Rebhuhn*).
cacade P (ka'kad) *f* Reinfall *m*, Blamage *f*.
cacadou *orn.* (kaka'du) *m* Kakadu *m*.
cacafouiller P (~fu'je) s. *cafouiller*.
cacahouète ⚘ (kaka'wɛt) *f* Erdnuß *f*.
cacao (kaka'o) *m* Kakao *m* (*nur als Pulver, nicht als Getränk*); s. *chocolat*; (*grain m de*) ~ Kakaobohne *f*; **~tier** (kakaɔ'tje) *m* Kakaobaum *m*; **~yer** (~ɔ'je) *m* **1.** Kakaobaum *m*; **2.** Kakaopflanzer *m*; **~tière, ~yère** (~ɔ'tjɛ:r, ~ɔ'jɛ:r) *f* Kakaopflanzung *f*.
cacarder (kakar'de) *v/i.* [1a] schnattern (*Gans*).
caca|toès, ~tois[1] *orn.* (~tɔ'ɛs, ~'twa) *m* Kakadu *m*.
cacatois[2] ⚓ (~'twa) *m* Oberbramstenge *f*, -segel *n*.
cachalot *zo.* (kaʃa'lo) *m* Pottwal *m*.
cache (kaʃ) **I** *f* Versteck *n*, Schlupfwinkel *m*; **II** *m phot.* Schutzpapier *n*, Kopiermaske *f*.
cache-cache (kaʃ'kaʃ) *m*: *jouer à* ~ Versteck spielen.
cache-col (~'kɔl) *m* [6c] Kragenschoner *m*.
cachectique ⚕ (kaʃɛk'tik) *adj. u. su.* kachektisch(e), ausgemergelt(e), siech(e Person *f*).
cache|-entrée ⊕ (kaʃɑ̃'tre) *m* Schlüssellochdeckel *m*; **~mire** (~'mi:r) *m* **1.** Kaschmirschal *m*; **2.** F Geschirrtuch *n*; **~-moyeu** *Auto etc.* (~mwa'jø) *m* [6g u. 5b] Radnabenkappe *f*; **~-nez** (~'ne) *m* [6c] (Woll-)Schal *m*, Halstuch *n*; **~-pot** (~'po) *m* [6c] Blumentopf-(papier)manschette *f*; **~-poussière** (~pu'sjɛ:r) *m* [6c] Staub-, Reisemantel *m*.
cacher (ka'ʃe) [1a] **I** *v/t.* **1.** verbergen, verstecken; ~ *son jeu od. ses desseins* sich nicht in die Karten sehen (*od.* gucken) lassen; *caché* verborgen, heimlich; *fig. esprit m caché* heimtückischer Mensch *m*, Leisetreter *m*; **2.** verhüllen, bedecken; *vous me cachez la lumière* Sie stehen mir im Licht; **3.** verschweigen, geheimhalten, verheimlichen; *je n'ai rien de caché pour vous* ich habe kein Geheimnis vor Ihnen, ich habe vor Ihnen nichts zu verbergen; **II** *v/rfl.* *se* ~ sich verstecken, sich verbergen, sich den Blicken entziehen; *se* ~ *de q. pour faire qch.* etw. ohne Wissen j-s tun; *je ne m'en cache pas* ich mache kein Hehl daraus, ich leugne es nicht.
cache-radiateur ⊕ (kaʃradja'tœ:r) *m* [6c] Heizkörperverkleidung *f*.
cache|rie (kaʃ'ri) *f* Heimlichtun *n*; **~ron** ⊕ (~'rɔ̃) *m* Bindfaden *m*.
cache-sexe (kaʃ'sɛks) *m* [6c] Slip *m*, Schlüpfer *m*, Höschen *n*.
cachet (ka'ʃɛ) *m* **1.** (Brief-)Stempel *m*; Petschaft *n*; *apposer le* ~, *revêtir du* ~ stempeln; **2.** Siegel *n*; *bague f à* ~ Siegelring *m*; *apposer od. mettre son* ~ sein Siegel aufdrücken; **3.** *hist. lettre f de* ~ geheimer königlicher Haftbefehl *m od.* Steckbrief *m*; **4.** *fig.* Gepräge *n*, charakteristisches Merkmal *n*, Note *f*, Originalität *f*; *donner à qch. un* ~ *personnel* e-r Sache e-e persönliche Note geben; *cela a du* ~ das sieht nach etw. aus; **5.** Blech-, Kontroll-, Speise-marke *f*; **6.** *thé.* Gage *f*, Spiel-, *allg.* Vortrags-honorar *n*; **7.** (Privat-) Stundengeld *n*; *combien le* ~? was kostet die Stunde?; *payer un maître au* ~ e-n Lehrer stundenweise bezahlen; **8.** *phm.* Briefchen *n* mit Pulver, in Papier gefaltetes Pulver *n*, Oblate *f* in Gelatinehülle.
cache|tage (kaʃ'ta:ʒ) *m* Versiegeln *n*; **~ter** (~'te) *v/t.* [1c] (ver)siegeln; *cire f à* ~ Siegellack *m*.
cachette (ka'ʃɛt) *f* Schlupfwinkel *m*, Versteck *n*; *en* ~ heimlich.
cachexie ⚕ (kaʃɛk'si) *f* Kachexie *f*, schlechter Ernährungs- u. Kräftezustand *m*.
cachot (ka'ʃo) *m* finsteres Gefängnis *n*; ⚔, *ehm. écol.* strenger Arrest *m*; Karzer *m*; **~ter** (~ʃɔ'te) *v/t.* [1a] geheimhalten; **~terie** (~'tri) *f* Geheimniskrämerei *f*; **~tier** (~'tje) *su.* [7b] Geheimniskrämer *m*; *faire le* ~ den Geheimnisvollen spielen.
cachou (ka'ʃu) **I** *m* **1.** Kaschu *n* (*als Masse*); **2.** *Art* Wybertpastille *f für Raucher u. gegen Husten*; **II** *adj./inv.* schwarzbraun.
cacique (ka'sik) *m* **1.** *hist.* Kazike *m*, indianischer Häuptling *m*; **2.** schlauer Fuchs *m*; **3.** *écol.* Primus *m* beim Concours der Ecole Normale Supérieure; **4.** alter Parteiführer *m*.
cacochyme *a.* ⚕ (kakɔ'ʃim) *adj.* schwächlich, siech, leidend; *fig.* mürrisch, launisch.
cacographie (kakɔgra'fi) *f* falsche

Orthographie *f*; schlechter Stil *m*.

cacolet (kakɔ'lɛ) *m* Trag- *od.* Krankensitz *m* auf dem Maultier.

cacologie *gr.* (kakɔlɔ'ʒi) *f* fehlerhafte Sprechweise *f*.

cacophonie (kakɔfɔ'ni) *f gr.* unschöne Wort- u. Silben-folge *f*, Mißlautung *f*; ♪ Mißklang *m*.

cactier, cactus (kak'tje, ~'tys) *m* Kaktus *m*.

c.-à-d. *abr. für* **c'est-à-dire** (sɛta'di:r) das heißt, nämlich.

cadas|trage *m*, **~tration** *f* (kadas'tra:ʒ, ~trɑ'sjɔ̃) Katasteraufnahme *f*; **~tral** (~'tral) *adj.* [5c]: *plan m ~* Kataster-, Grundbuch-plan *m*; **~tre** (~'dastrə) *m* Kataster *n od. m*, Grund-, Flur-buch *n*, Grundsteuerregister *n*; **~trer** (~'tre) *v/t.* [1a] ins Grundbuch eintragen.

cadavé|reux (kadave'rø) *adj.* [7d] leichenblaß; Leichen...; **~rique** (~'rik) *adj. anat.* Leichen...

cadavre (ka'da:vrə) *m* Leiche *f von Menschen*; Kadaver *m*, Aas *n von Tieren*; P ausgetrunkene Flasche *f*; *fig. un ~ ambulant* e-e wandelnde Leiche *f*; *sentir le cadavre fig.* den Braten riechen.

caddie *Sport* (ka'di) *m* Golfjunge *m*; *häufiger als cadet* 6.

cadeau (ka'do) *m* [5b] (kleines) Geschenk *n*; *~ de fiançailles, ~ de noces* Brautgeschenk *n*; *~ publicitaire* Werbegeschenk *n*; *faire ~ de qch. à q.* j-m etw. schenken; *prov. les petits ~x entretiennent l'amitié* kleine Geschenke erhalten die Freundschaft.

cadenas (kad'nɑ) *m* **1.** Vorhängeschloß *n*; **2.** *hist.* Kasten *m* für das königliche Silbergeschirr; **~ser** (~nɑ'se) *v/t.* [1a] mit e-m Vorhängeschloß verschließen.

caden|ce (ka'dɑ̃:s) *f* **1.** Takt *m*; Tempo *n*; ✝ *~ journalière* tägliche Herstellung *f*, Tagesleistung *f*; *~ (de production)* Produktionsrhythmus *m*; *fig. suivre sa ~* s-m eigenen (Lebens-)Rhythmus folgen; *~ du pas* Gleichschritt *m*; *en ~* im Takt; im Gleichschritt; *perdre la ~* aus dem Takt kommen; *~ de tir* Schußfolge *f*, Feuergeschwindigkeit *f*; *sans ~* ohne Tritt!; **2.** Ruhepunkt *m* für die Stimme; Wohlklang *m*, kunstvolle Anordnung *f* der Sätze; *mét.* Rhythmus *m*; **3.** a) Kadenz *f*, Tonfall *m*; b) Triller *m*; **~cer** (~dɑ̃'se) *v/t.* [1k] **1.** nach dem Takte abmessen; *~ le pas* Schritt halten; *cadencé* taktmäßig, rhythmisch; *au pas cadencé* im Gleichschritt; **2.** ♪ trillern.

cadet (ka'dɛ) **I** *adj. u. su.* [7c] **1.** zweitältest(es Kind); *branche f ~te* jüngere Linie *f*; **2.** jünger(er Sohn *od.* Tochter, Bruder *od.* Schwester); *il est mon ~ de quatre ans* er ist vier Jahre jünger als ich; **3.** letztgeboren(er), jüngste(r); Jüngste(r); *c'est le ~ de la maison* er ist der jüngste Sohn des Hauses; *fig. c'est le ~ de mes soucis* das ist meine geringste Sorge; **4.** *adm., Heer:* jünger im Dienst; *il est mon ~* er ist jünger im Dienst; **II** *m* **5.** Kadett *m*; ⚓ Seekadett *m*; **6.** *un fier ~* ein mutiger junger Mann *m*, ein ganzer Kerl *m*; **7.** *Sport:* a) Neuling *m*; **b)** Golfjunge *m*.

cadet|te (ka'dɛt) *f* Steinplatte *f*, Fliese *f*; Billardstock *m*; **~ter** (~dɛ'te) *v/t. u. v/rfl.* se ~ [1a] mit Steinplatten belegen *od.* belegt werden.

cadole *dial.* (ka'dɔl) *f Art* Türklinke *f* (*Provence*).

cadrage (ka'dra:ʒ) *m* Bildformat *n*; Umrahmung *f*; *télév., phot.* Bildeinstellung *f*.

cadran (ka'drɑ̃) *m* **1.** Zifferblatt *n*; *~ solaire* Sonnenuhr *f*; *~ lumineux* Leuchtzifferblatt *n*; **2.** *rad.* Skala *f*; *téléph.* Nummernscheibe *f*; *télév. ~-témoin m* Testscheibe *f*; *~ gradué* Zifferblatt *n* mit Skala; *~ démultiplicateur, ~ démultiplié, ~ à démultiplication, ~ micrométrique* Feineinstellskala *f*; **3.** ⚓ Quadrant *m*.

cadrat *typ.* (ka'dra) *m* Quadrat *n*; **~in** *typ.* (~'tɛ̃) *m* Geviert *n*.

cadrature (kadra'ty:r) *f* Zeiger-, Vorlege-werk *n* an der Uhr.

cadre ('kɑ:drə) *m* **1.** (viereckiger) Rahmen *m*, Türrahmen *m*, (Tür-)Einfassung *f*; *weitS. ~ rond (ovale)* runder (ovaler) Rahmen; *vél. ~ de bicyclette* Fahrradrahmen *m*; **2.** *fig.* Rahmen *m*, Zusammenhang *m*; Bereich *m*, Kreis *m*; Plan *m*, Anlage *f*, Ordnung *f*; *sortir du ~ de ses fonctions* s-e Befugnisse überschreiten; *~ d'un ouvrage* Anlage *f* e-s Werkes; *dans le ~ du Conseil de Sécurité* im Rahmen des Sicherheitsrates; *~ des traitements* Besoldungsordnung *f*; **3.** *pl.* ~s Kader *m*, Stamm *m* e-s Truppenkörpers, Verband *m*; Stammrolle *f*; ⊕ leitendes Personal *n*; Vorarbeiter *m/pl.*, Werkmeister *m/pl.*; ~ *technique* technischer Stab *m* (*Meister u. Ingenieure*); ~*s supérieurs* (*moyens*) höhere (mittlere) Berufe *m/pl.*; *hors* ~ überzählig; **4.** *antenne*-~ *rad.* Rahmenantenne *f*; ~ *incorporé* eingebaute Antenne *f*; ~ *orienté* Richtantenne *f*; ~ *démontable*, ~ *pliable* zerlegbare Rahmenantenne *f*; **5.** P Bild *n*.

cadrer (ka'dre) *v/i.* [1a] passen, zutreffen; ~ *avec* übereinstimmen mit.

caduc (ka'dyk) *adj.* [7i] **1.** baufällig; *fig.* überlebt, morsch, brüchig; **2.** ⚕ gebrechlich; *mal* ~ Fallsucht *f*; **3.** ⚖ verfallen, ungültig (geworden); **4.** ⚘ früh abfallend.

caducée (kady'se) *m* Äskulapstab *m*.

caducité (~si'te) *f* **1.** Baufälligkeit *f*; **2.** ⚕ Gebrechlichkeit *f*; **3.** ⚖ Ungültigkeit *f*, Verfallensein *n*; **4.** ⚘ frühes Abfallen *n*.

caecal ⚕ (se'kal) *adj.* [5c] Blind-[darm...]

caecum (se'kɔm) *m* Blinddarm *m*.

cafard (ka'fa:r) [7] **I** *adj.* heuchlerisch, scheinheilig; **II** *su.* **1.** Heuchler, Scheinheiliger *m*, Mucker *m*; **2.** Denunziant *m*; *bsd. écol.* Petzer *m*; **3.** (Küchen-)Sch(w)abe *f*; **4.** F trübe Gedanken *m/pl.*, moralischer Kater *m* F; *crise f de* ~ Katerstimmung *f*; *avoir le* ~ traurig (*od.* mutlos *od.* mißgestimmt) sein; deprimiert sein, schwarz sehen, die Flügel hängen lassen, Heimweh haben; *il a le* ~ ihm schwimmen sämtliche Felle weg, er ist vollkommen fertig; *faire du* ~ Trübsal blasen; *sombrer dans un* ~ *noir* in e-e düstere Stimmung verfallen; ~**age** *écol.* (~'da:ʒ) *m* Petzerei *f*; ~**er** (~'de) **I** *v/i.* [1a] den Scheinheiligen spielen; *écol.* petzen; miesepetrig sein; **II** *v/t.* heimlich verraten, denunzieren, verpfeifen F; *écol.* verpetzen; ~**eux** F (~'dø) *adj.* [7d] mißgestimmt, trübsinnig; *avoir l'esprit* ~ ohne Lebensfreude sein; ~**ise** F (~'di:z) *f* Heuchelei *f*, Scheinheiligkeit *f*, scheinheiliges Wesen *n*.

café (ka'fe) *m* **1.** Kaffee(pflanze *f*) *m*; **2.** (*grain m de*) ~ Kaffee(bohne *f*) *m*; ~ *en grains* ungemahlener Kaffee *m*; ~ *torréfié* gebrannter Kaffee *m*; ~ *de chicorée* Zichorie *f*; **3.** Kaffee *m* (*als Getränk*); ~ *au lait* (~ *crème*) Kaffee mit Milch (*od.* Sahne); ~ *au malt* Malzkaffee *m*; ~ *complet* Kaffeegedeck *n*; ~ *noir*, ~ *nature* schwarzer Kaffee *m*; ~ *léger* dünner Kaffee *m*, Blümchenkaffee *m*; *faire le* ~ Kaffee kochen (*od.* machen F); *prendre le* (*od. du*) ~ Kaffee trinken; P *c'est un peu fort de* ~*!* das ist ja ein starkes Stück!; **4.** Café *n*; ~-*chantant*, ~-*concert m* Kabarett *n*; Tingeltangel *m od. n*; **5.** Kaffeezeit *f*; **6.** *a. adj.* kaffeebraun(e Farbe); ~**ier** (kafe'je) *m* Kaffeebaum *m*; ~**ière** (~'jɛ:r) *f* Kaffeepflanzung *f*; ~**ine** (~'in) *f* Koffein *n*.

cafetan (kaf'tɑ̃) *m* Kaftan *m*.

cafe|tier (kaf'tje) *m* Cafébesitzer *m*; ~**tière** (~'tjɛ:r) *f* Kaffeekanne *f*; Kaffeemaschine *f*; ~ *express* Schnellkocher *m*.

caffût ⚔ (ka'fy) *m* **Sprengstück *n***; ~**er** (~'te) *v/t.* [1a] als unbrauchbar verwerfen.

cafouill|age P, ~**is** kafu'ja:ʒ, ~'ji) *m* Gefasele *n*, Gestammele *n*; Murks *m*; *mach.* Aussetzen *n* (*e-s Motors*); Gedrängele *n* (*Sport*); ~**er** P (~'je) *v/i.* faseln; murksen; sich disziplinlos benehmen (*Sport*); *mach.* aussetzen.

cafre ('kafrə) **I** *adj.* Kaffern...; *hutte f* ~ Kaffernhütte *f*; **II** ♀ *su.* Kaffer *m*, Kaffernfrau *f*.

cage (ka:ʒ) *f* **1.** (Vogel-)Bauer *n*, Käfig *m*; *fig.* enges Haus *n*, die vier Wände *f/pl.*; P kleine Stube *f*, Hütte *f*, Loch *n*; **2.** F Gefängnis *n*; *mettre q. en* ~ j-n einsperren; **3.** ⚠ a) Mantel *m* von Holz- *od.* Mauer-werk; b) ~ *d'escalier* Treppenhaus *n*; c) Glockenstuhl *m*; d) ~ *d'une maison* Außenwände *f/pl.* e-s Hauses; e) ~ *d(e l)'ascenseur* Fahrstuhlschacht *m*; **4.** Drahtgitter *n* vor den Schaufenstern; **5.** (Web-)Stuhl *m*, Holzgestell *n*; Uhrkasten *m*; **6.** ⚒ Förderkorb *m*; **7.** ⊕ ~ *de laminoir* Walzgerüst *n*.

cageot (ka'ʒo) *m* Hürde *f*, Hühner-, Frucht-korb *m*.

cag|erotte *f*, ~**et** *m* (kaʒ'rɔt, ~'ʒɛ) *Käserei*: Tropfkorb *m*; ~**ette** (ka'ʒɛt) *f* kleiner Käfig *m*; ~**ibi** P *oft plais.* (~ʒi'bi) *m* Rumpelkammer *f*, *fig.* Loch *n* P, Verschlag *m*; kleines Zimmer *n*, Kabuff *n*, Bude *f* P; (Pförtner-)Loge *f*; ~**ier** (~'ʒje) *su.* [7b] Vogelbauer-verfertiger *m*, -händler *m*.

cagna P (ka'ɲa) *m* **1.** ⚔ Unterstand

m; **2.** *allg.* F Bude *f*; Wohnbunker *m*.

cagnard (ka'ɲa:r) **I** *adj. u. su.* [7] F faul; Faulenzer *m*, Tagedieb *m*, Drückeberger *m*; **II** *m* Unterschlupf *m*; geschützter Platz *m*, Eckchen *n*; **~er** F (~ɲar'de) *v/i.* [1a] faulenzen; **~ise** F (~'di:z) *f* Faulenzerei *f*.

cagne (kaɲ) *f* **1.** P Töle *f*, Köter *m*; **2.** Tagedieb *m*, fauler Kerl *m*; **3.** *Fr. école.* Klasse *f*, die sich auf den sprachlichen Zweig der Ecole Normale Supérieure vorbereitet.

cagneux (ka'ɲø) *adj. u. su.* [7d] x-beinig; Krummbein *n*.

cagnot *icht.* (ka'ɲo) *m* Hundshai *m*.

cagnotte (ka'ɲɔt) *f* **1.** Spielkasse *f*; **2.** Spielgewinn *m*.

cagot (ka'go) [7] **I** *adj.* heuchlerisch, scheinheilig; **II** *su.* Frömmler *m*; Betbruder *m*; Heuchler *m*; **~erie** (~gɔ'tri) *f* Heuchelei *f*, Frömmelei *f*; **~isme** (~gɔ'tism) *m* Scheinheiligkeit *f*, heuchlerisches Wesen *n*.

cagoulard P *péj.* (kagu'la:r) *m* Mantelträger *m*, Verschwörer *m*.

cagoule (ka'gul) *f* Mönchskutte *f*; *fréquenter la ~* mit Mönchen verkehren.

cahier (ka'je) *m* **1.** (Schreib-)Heft *n*; *~ de brouillon école.* Schmierheft *n*; *~ de compositions école.* Klassenarbeitsheft *n*; *~ de vocabulaire* Vokabelheft *n*; *~ de textes* Aufgabenbuch *n*; *Fr.*: Klassenbuch *n* für Durchgenommenes u. Aufgegebenes; *Fr.*: *~ de correspondance* Klassenbuch *n für Noten, für die Eintragung fehlender Schüler u. von Disziplinsfällen*; *~ de cours* Kollegheft *n* (*Universität*); **2.** *~ des charges* Lastenheft *n*, Ausschreibungs-, Submissions-bedingungen *f/pl.*; *~ des frais* Kostenanschlag *m*.

cahin-caha F (ka'ɛ̃ka'a) *advt.* schlecht u. recht; mühsam; man gerade so F; soso F; nicht zum besten.

cahot (ka'o) *m* **1.** Wagenstoß *m*; **2.** holpriger Weg *m*; **3.** *fig.* Hindernis *n*, Widerwärtigkeit *f*; **~age** *m*, **~ement** (kaɔ'ta:ʒ, ~t'mɑ̃) *m* Rütteln *n*, Stoßen *n e-s Wagens*; Erschütterung *f e-s Autos*; **~er** (kaɔ'te) [1a] **I** *v/t.* stoßen, hin- und herwerfen, durchrütteln; **II** *v/i.* stoßen, holprig sein; rumpeln; **~eux** (kaɔ'tø) *adj.* [7d] uneben, holprig.

cahute (ka'yt) *f* armselige Hütte *f*.

caïd (ka'id) *m* Kaid *m*, arabischer Statthalter *m*; P ⚔ Anführer *m*, Spieß *m péj.*; *a. allg.* (Banden-)Chef *m*.

caïeu ⚘ (ka'jø) *m* Brutzwiebel *f*.

caillage (ka'ja:ʒ) *m* Gerinnen *n*.

caillasse (ka'jas) *f* **1.** *géol.* kieselhaltiger Mergel *m*; **2.** Schotter *m*.

caille *orn.* (kɑj) *f* Wachtel *f*.

caillé (kɑ'je) *m* dicke Milch *f*.

caille|botis (kajbɔ'ti) *m* Lattenrost *m*; **~botte** (~'bɔt) *f* Quark *m*; **~botter** (~bɔ'te) [1a] **I** *v/t.* gerinnen machen; **II** *v/rfl.* se ~ gerinnen; **~-lait** ⚘ (~'lɛ) *m* [6c] Labkraut *n*.

cailler (kɑ'je) [1a] **I** *v/t.* gerinnen machen; *du lait caillé* dicke Milch *f*; **II** *v/rfl.* se ~ gerinnen.

caille|tage (kɑj'ta:ʒ) *m* Getratsche *n*, Geplappere *n*, Gequatsche *f e-s Klatschweibs*; **~teau** *orn.* (~'to) *m* [5b] junge Wachtel *f*; **~ter** (~'te) *v/i.* [1c] plappern, tratschen, quatschen.

caillette (kɑ'jɛt) *f* **1.** Labmagen *m*; **2.** Klatschweib *n*, Schwätzerin *f*.

caillot ⚕ (ka'jo) *m* Blutgerinnsel *n*.

caillou (ka'ju) *m* [5b] **1.** Kiesel(-stein *m*) *m*; *marquer la journée d'un ~ blanc fig.* e-n roten Strich auf dem Kalender machen; *~x pl. roulés* Geröll *n*; **2.** *~ d'Egypte* *Art* Jaspis *m*; **3.** F Birne *f* (*Kopf*).

caillou|tage (kaju'ta:ʒ) *m* (*Straßen-*)Beschotterung *f*; Schotterbelag *m*; **~ter** (~'te) *v/t.* [1a] mit Kies beschütten, beschottern; **~teux** (~'tø) *adj.* [7d] kieselreich, steinig; **~tis** (~'ti) *m* Schotter *m*; *géol.* Geröll *n*.

caïman *zo.* (kai'mɑ̃) *m* Alligator m.

Caire (kɛ:r) *m*: le ~ Kairo *n*.

cairn (kɛ:rn) *m* kleiner Erd- *od.* Steinhügel *m in keltischen Gegenden* (*als Grenz- od. Grabzeichen*).

caisse (kɛ:s) *f* **1.** Kiste *f*, Kasten *m*; *mettre en ~* einpacken; **2.** ⚒ (Baum-)Kübel *m*; ⚒ *~ de couche* Frühbeetkasten *m*; **3.** ⚓ Tank *m*; *~ à eau de lest* Ballasttank *m*; **4.** Kasse *f*, Geldkasten *m*; Kassenschrank *m*; Kasse(ngelder *n/pl.*) *f*; Kassenschalter *m*, Zahlstelle *f*; *~ d'amortissement* Schuldentilgungskasse *f*. *~ d'avances* Vorschußkasse *f*; *~ centrale* Hauptkasse *f*; *~ de contrôle* Kontrollkasse *f*; *~ de conversion* Konversionskasse *f*; *~ de Crédit municipal* Pfandstelle *f*; *~ enregistreuse* Registrierkasse *f*; *~ d'épargne (postale)* (Post-)Sparkasse *f*; *~ d'escompte* Diskontokasse *f*;

~ *de port* Portokasse *f*; ~ *de prêts* Darlehnskasse *f*; ~ *de retraite* Pensionskasse *f*; ~ *noire* Geheimfonds *m*; ~ *de secours en cas de maladie*, *mst.* ~-*maladie* Krankenkasse *f*; *livre m de* ~ Kassenbuch *n*; *faire sa* ~ Kasse machen; *tenir la* ~ die Kasse führen; **5.** Wagenkasten *m*; 🚂 ~-*poutre pour voiture* Eisenbahnwagenkasten *m*; **6.** ♪ Trommel *f*; *weitS.* Trommelschläger *m*; *grosse* ~ große Trommel *f*, Pauke *f*; *battre la grosse* ~ *fig.* an die große Glocke hängen, stark Reklame machen; **7.** P ⚔ Karzer *m*, Kasten *m*, Bau *m*; P *fig.* Loch *n*, Kittchen *n* P; **8.** *anat.* ~ *du tympan* Trommelhöhle *f* des Ohres; **9.** *Auto*: Karosserie *f*; **10.** Uhrgehäuse *n*.

caisse|rie (kɛs'ri) *f* Kistenfabrikation *f*; **~tte** (kɛ'sɛt) *f* kleine Kiste *f*; Papierhülse *f* (*für kleines Gebäck*).

cais|sier (kɛ'sje) *su.* [7b] Kassenverwalter *m*, -führer *m*, Kassierer *m*; **~son** (kɛ'sɔ̃) *m* **1.** Kastenwagen *m*; 🚂 bedeckter Güterwagen *m*; ⚔ Munitions-, Proviant-wagen *m*; ~-*remorque m* Anhänger *m* für Munition; **2.** ⚓ Proviantkiste *f*; **3.** Wagenkasten *m*; Senkkasten *m* *bei Wasserbauten*; △ Fach *n* (*e-r Zimmerdecke*); **4.** F Birne *f* (*Kopf*).

cajo|ler (kaʒɔ'le) [1a] *v/t.* liebkosen, schmeicheln, F hätscheln; **~lerie** (kaʒɔl'ri) *f* Schmeichelei *f*, Liebkosung *f*; **~leur** (kaʒɔ'lœ:r) *adj. u. su.* [7g] schmeichelnd; Schmeichler *m*, F Schmeichelkätzchen *n*.

cake (kɛk) *m* Königskuchen *m*.

cal ⚕ (kal) *m* Schwiele *f*.

calage ⊕ (ka'lɑ:ʒ) *m* Einstellung *f* Verkeilung *f*.

calaison ⚓ (kalɛ'zɔ̃) *f* Tiefgang *m*.

calami|ne (kala'min) *f* Galmei *m*; Kieselzinkerz *n*, Zinkspat *m*; *mot.* Rußschicht *f* an e-r Zylinderwand; **~ner** (~'ne) *v/i.* oxydieren.

calamistré (~mis'tre) *adj.*: *cheveux m/pl.* **~s** lockiges Haar *n*.

calamite (~'mit) *f* **1.** Gummiharz *n*; **2.** *géol.* Kalamit *m*.

calami|té (kalami'te) *f* (schwere) Not *f*, (schweres) Unglück *n*, Elend *n*, Mißgeschick *n*; Landplage *f*; F **Pech** *n*; **~teux** (~'tø) *adj.* [7d] □ unheilvoll; F pechbringend.

calan|drage (kalɑ̃'dra:ʒ) *m* (Wäsche-)Mangeln, Rollen *n*; Kalandern *n*; **~dre** ⊕ (ka'lɑ̃:drə) *f* (Wäsche-)Rolle *f*, Mangel *f*; Glättmaschine *f*; *Auto*: Motor-, Kühlerhaube *f*; ~ *à catir* Glanzpresse *f*; **~drer** ⊕ (kalɑ̃'dre) [1a] **I** *v/t.* rollen, mangeln; **II** *v/rfl.* se ~ gerollt werden; **~dreur** (kalɑ̃'drœ:r) *su.* [7g] Roller *m*, Mangler *m*.

calanque ⚓ (ka'lɑ̃:k) *f* Schlupfhafen *m*, kleine Bucht *f*.

calcaire (kal'kɛ:r) **I** *adj.* kalk-artig, -haltig; **II** *m* Kalk(-stein *m*, -erde *f*).

calcanéum *anat.* (kalkane'ɔm) *m* Fersenbein *n*.

calcareux *min.* (kalka'rø) *adj.* [7d] kalk-reich, -haltig.

calcifi|cation ⚕ (kalsifikɑ'sjɔ̃) *f* Verkalkung *f*; **~er** (~'fje) *v/t.* [1a] verkalken.

calcin (kal'sɛ̃) *m* Kesselstein *m*; **~ation** ⚗ (kalsinɑ'sjɔ̃) *f* Verkalken *n*; Ausglühen *n* Kalzinierung f; **~é** ⚗ (~'ne) *adj.* kaustisch gebrannt; **~ner** ⚗ (~) *v/t. u.* **se ~** [1a] (sich) verkalken; ausglühen; zu Pulver verbrennen (*Erde, Pflanzen*); verkohlen.

calcique (kal'sik) *adj.* Kalk...

calcium (kal'sjɔm) *m* Kalzium *n*.

calcul (kal'kyl) *m* **1.** Rechnung(sart *f*) *f*, Rechnen *n*, Kalkulation (*a. fig.*) *f*; Errechnung *f*; ~ *différentiel* Differenzialrechnung *f*; ~ *des probabilités* Wahrscheinlichkeitsrechnung *f*; ~ *matriciel* Matrizenrechnung *f*; ~ *opérationnel* Operationsrechnung *f*; ~ *tensoriel* Spannungsberechnung *f*; ~ *des annuités*, ~ *des frais* Renten-, Kosten-rechnung *f*; ~ *du prix de revient* Selbstkostenrechnung *f*; ~ *de l'impôt* Steuer-berechnung *f*, -ermittlung *f*; ~ *échelonné* Staffelrechnung *f*; *par voie de* ~ rechnerisch; *faire à q. le* ~ *de qch.* j-m etw. vorrechnen; ~ *mental*, ~ *de tête* Kopfrechnen *n*; *erreur f de* ~ Rechenfehler *m*; *sauf erreur de* ~ Irrtum vorbehalten; *règle f à* ~ Rechenschieber *m*; **2.** Rechenkunst *f*, Arithmetik *f*; **3.** *fig.* Berechnung *f*, Projekt *n*, Plan *m* V; *par* ~ aus Berechnung; *se tromper dans son* ~ sich verrechnen, die Rechnung ohne den Wirt machen; *in Briefen*: *d'après* ~ *établi* nach unserer Berechnung **4.** ⚕ Stein *m*; ~ *biliaire* Gallenstein *m*; ~ *rénal* Nierenstein *m*; ~ *vésical* Blasenstein *m*; *petits* **~s** Grieß *m*.

calcu|lable (kalky'lablə) *adj.* berechenbar, zählbar; **~lateur** (~la'tœ:r) *adj. u. su.* [7f] Rechner *m*, Berechner *m*; ⊕ ~ *électronique* Elektronenrechner *m*; *fig. esprit m* ~ berechnender (*od.* voraussehender) Kopf *m*; **~lateur-prodige** (~prɔ'di:ʒ) *m* [6b] Rechenkünstler *m*; **~latrice** (~la'tris) *f* **1.** Rechnerin *f*; **2.** ~ *électronique* Elektronenrechnungsmaschine *f*; **~ler** (~'le) [1a] **I** *v/t. u. v/i.* (aus-)rechnen, prüfen, erwägen; *fig.* berechnen, kalkulieren; spekulieren; *machine f à* ~ Rechenmaschine *f*; ~ *en or* in Gold berechnen; ~ *de tête* im Kopf (aus-)rechnen; **II** *v/rfl. se* ~ berechnet werden, sich berechnen lassen; *fig.* bestimmt werden.

calculeux ⚕ (kalky'lø) *adj. u. su.* [7d] Nieren...; an Nierensteinbeschwerden leidend; Nierenstein-kranke(r) *m*.

cale (kal) *f* **1.** Keil *m*, Span *m*, Unterlage *f*; ~ *de liège* Korkeinlage *f*; **2.** 🚂 Bremsschuh *m*; ✈ Bremsklotz *m*; *enlever* (*od. ôter*) *les ~s* die Bremsklötze wegnehmen; **3.** *Fischerei*: Bleigewicht *n*; Angelblei *n*; **4.** abfallendes Ufer *n*; ~ *de quai* Anfahrt *f*, Rampe *f*; **5.** ⚓ a) Helling *f*, Stapel *m*; ~ *flottante* Schwimmdock *n*; ~ *sèche* Trockendock *n*; b) unterster (Schiffs-) Raum *m*, ⚓ Laderäume *m/pl.*; *être à fond de* ~ **im** unteren Schiffsraum sein; F *fig. à fond de* ~ völlig mittellos, in größtem Elend; **6.** *Sport*: Bahn *f*.

calé (ka'le) *adj.* **1.** P bewandert, beschlagen, schlau; *il est* ~ **en** *math(ématique)s* er weiß in der Mathematik gut Bescheid; *écol.* er kann gut Mathe; **2.** verkeilt, kaputt P; *le moteur est* ~ der Motor geht nicht (*od.* ist kaputt).

calebasse (kal'bas) *f* **1.** ⚘ Flaschenkürbis *m*; **2.** Kürbisflasche *f*; **3.** P Kopf *m*, *fig.* Kürbis *m* P, Omme *f* P, Nüschel *m* P.

calèche (ka'lɛʃ) *f* Kalesche *f*, Kutsche *f*.

caleçon (kal'sɔ̃) *m* (*od.* ~*s pl.*) Unterhose *f*; ~ *de bain* Badehose *f*.

caléfac|teur *bsd.* ⚗ (kalefak'tœ:r) *m* Wärmpfanne *f*; **~tion** ⚗ (~fak'sjɔ̃) *f* Erwärmung *f*, Erhitzung *f*.

calem|bour (kalɑ̃'bu:r) *m* Kalauer *m*, Wortspiel *n*, fauler Witz *m*; P Beleidigung *f*; **~bredaine** (~brə'dɛn) *f* Albernheit *f* (*als Äußerung*), Flause *f*; faule Ausrede *f*; *débiter des ~s* Flausen machen; sich rausreden.

calendes (ka'lɑ̃:d) *f/pl.*: *renvoyer qch. aux* ~ *grecques* etw. auf die lange Bank schieben.

calendre ⚒ (ka'lɑ̃:drə) *f* Pumpwerk *n*.

calendrier (kalɑ̃dri'e) *m* Kalender *m*; ~*-bloc* Abreißkalender *m*; ~ *perpétuel* immerwährender Kalender *m*; ~ *grégorien* (*julien*) Gregorianischer (Julianischer) Kalender *m*; F *ce n'est pas un saint de mon* ~ das ist kein Freund von mir.

cale-pied *vél.* (kal'pje) *m* [6b] Fußhalter *m*, Rennhaken *m* (*am Pedal*).

calepin (kal'pɛ̃) *m* (kleines) Notizbuch *n*.

caler (ka'le) [1a] **I** *v/t.* **1.** ⚓ Segel niederlassen; *fig.* ~ (*la voile*) nachgeben, gelindere Saiten aufziehen; **2.** stützen, e-n Keil unterlegen, verkeilen, befestigen; P *se* ~ *les joues od. l'estomac* sich vollfressen P; **II** *v/i.* ⚓ Tiefgang haben, ins Wasser sinken; *fig.* P nachgeben, klein beigeben, kapitulieren, weichen; *mot.* plötzlich aussetzen; P **III** *v/rfl. se* ~ *dans un fauteuil* sich in e-m Sessel niederlassen.

calfat ⚓ (kal'fa) *m* Kalfaterer *m*, Ausbesserer *m*; *auch adj.*: *maître m* ~ Kalfatermeister *m*; **~age** (~'ta:ʒ) *m* Kalfatern *n*; ⚠ Verkitten *n*, Verkittung *f*; **~er** ⚓ (~'te) *v/t.* [1a] kalfatern (*mit Werg verstopfen*); abdichten, mit Teer ausschmieren; ⚠ verkitten.

calfeu|trage (kalfø'tra:ʒ) *m* Abdichten *n* von Fenstern *usw.*; **~trer** (~'tre) [1a] *v/t. Ritzen* abdichten; luftdicht verschließen; *se* ~ *chez soi* bei sich herumhocken, nicht aus dem (*od.* s-m) Bau gehen, in der Stube hocken.

cali|brage (kali'bra:ʒ) *m* Kalibrieren *n*; **~bre** (~'li:brə) *m* **1.** Kaliber *n*, Bohrung *f*, Geschützweite *f*, Seelendurchmesser *m*; **2.** Kugelkaliber *n*; **3.** ⊕ *u.* ⚠ Durchmesser *m*, Stärke *f der Röhren, Säulen usw.*; Richtscheit *n*, Schablone *f*, Lehre *f*; Maßstock *m*; ~ *à coulisse* Schublehre *f*; ~ *à vis* Schraubenlehre *f*; ~ *de filetage* Gewindelehre *f*; *fig.* gros ~ großes Geschütz n; **4.** *fig.* Muster *n*, Beschaffenheit *f*; *être du même* ~

von gleichem Schlage sein; **~brer** (~'bre) *v/t.* [1a] kalibrieren, eichen, richten, abgleichen, gleichen Durchmesser, gleiche Stärke geben.

calice (ka'lis) *m* **1.** (Abendmahls-)Kelch *m*; *boire le ~ jusqu'à la lie* den bitteren Kelch des Leidens bis auf die Neige leeren; **2.** (Blumen-)Kelch *m*.

calicot (kali'ko) *m* **1.** Kaliko *m*, Kattun *m*; **2.** P *péj.* Ladenschwengel *m e-s Modegeschäfts.*

calife (ka'lif) *m* Kalif *m*.

califourchon (kalifur'ʃɔ̃) **1.** *advt. à ~* rittlings, zu Pferde; F *fig. être à ~ sur qch.* auf e-r Sache herumreiten, sich auf etw. (*dat.*) versteifen; etw. sehr gern haben; etw. gründlich beherrschen (*od.* kennen); *mettre à ~* huckepack tragen; **2.** F Steckenpferd *n*, Lieblingsbeschäftigung *f*.

caligineux (kaliʒi'nø) *adj.* [7d] nebelartig.

câlin (kɑ'lɛ̃) [7] **I** *adj.* schmeichlerisch, einschmeichelnd, anschmiegsam, zärtlich; **II** *su.* Schmeichler *m*; *faire le ~* sich einschmeicheln, sich lieb Kind machen; sich anschmiegen, herumschmusen P.

câli|ner (kɑli'ne) *v/t.* [1a]: *~ q.* j-m schmeicheln; j-n verhätscheln; **~nerie** (kalin'ri) *f* Schmeichelei *f*; **~no** F (~'no) *m* naiver, alberner Mensch *m*; **~notade** (~nɔ'tad) *f* naive Albernheit *f*.

caliorne ⚓ (kal'jɔrn) *f* schwere Zugwinde *f*.

calisson (kali'sɔ̃) *m* Mandeltörtchen *n*.

calleux (ka'lø) *adj.* [7d] schwielig, rauh.

calligra|phe (kali'graf) *adj. u. m* kalligraphisch; Schönschreiber *m*; **~phie** (~'fi) *f* Schönschreibekunst *f*; **~phique** (~'fik) *adj.* □ kalligraphisch.

callosité (kalozi'te) *f* Hornhaut *f*, Schwiele *f*; Unempfindlichkeit *f*.

cal(l)ot ⊕ (ka'lo) *m* unbehauener Schieferklumpen *m*; großer Steinblock *m*.

calmant (kal'mɑ̃) *adj.* [7] *u. m* schmerzlindernd(es Mittel *n*); Beruhigungsmittel *n*.

calmar *zo.* (kal'ma:r) *m* Tintenfisch *m*.

calme (kalm) **I** *adj.* **1.** ruhig, still; windstill; gelassen; ☤ flau; **II** *m* **2.** Wind-, Meeres-stille *f*; *~ plat* völlige Windstille *f*; **3.** *fig.* Gemütsruhe *f*, Gelassenheit *f*, Gleichmut *m*; Ruhe *f*, Friede(n) *m*; *écol. du ~!* Ruhe!; ☤ *~ des affaires* Geschäftsstille *f*, Flaute *f*.

calmer (kal'me) [1a] **I** *v/t.* beruhigen, zur Ruhe bringen, besänftigen; beschwichtigen; Schmerz lindern; **II** *v/rfl.* se *~* sich beruhigen, ruhig werden; *le vent se calme* der Wind legt sich; *la douleur se calme* der Schmerz läßt nach.

calmir ⚓ (kal'mi:r) *v/i.* [6a] ruhig werden; *la houle se calmit* die Drift (*od.* die Dünung) wird ruhig.

calomel ℞, *phm.* (kalɔ'mɛl) *m* Quecksilberchlorid *n*; *phm.* Kalomel *n* (*Abführmittel*).

calom|niateur (kalɔmnja'tœ:r) *adj. u. su.* [7f] verleumderisch; Verleumder *m*; **~nie** (~'ni) *f* Verleumdung *f*, Anschwärzung *f*; **~nier** (~'nje) *v/t.* [1a] verleumden, fälschlich beschuldigen, anschwärzen; *~ les intentions de q.* j-s Absichten falsch deuten; **~nieux** (~'njø) *adj.* [7d] □ verleumderisch.

calorescence *phys.* (kalɔrɛ'sɑ̃:s) *f* Kaloreszenz *f*, Verwandlung *f* von Wärme in Licht.

caloricité (kalɔrisi'te) *f physiol.* Lebenswärme *f*.

calorie *phys.* (kalɔ'ri) *f* Kalorie *f*, Wärmeeinheit *f*; *petite ~* Grammkalorie *f*.

calori|fère (kalɔri'fɛ:r) **I** *adj.* Wärme (ent)haltend; **II** ⊕ *m* (Dampf-)Heizungsanlage *f*, Dampfheizung *f*; *~ à air chaud* (*à eau chaude, à vapeur*) Warmluft- (Warmwasser-, Dampf-)heizung *f*; **~fiant** (~'fjɑ̃) *adj.* [7] erwärmend; **~fication** (~fika'sjɔ̃) *f* Wärmeerzeugung *f*; **~fier** (~'fje) *v/t.* [1a] wärmen; **~fique** (~'fik) *adj.* Wärme erzeugend, erwärmend, Wärme..., Heiz...; **~fuge** (~'fy:ʒ) *adj. u. m* wärmeisolierend; Wärmeschutzmittel *n*; **~fugé** (~fy'ʒe) *adj.* wärmeisoliert; **~fugeage** (~fy'ʒa:ʒ) *m* Wärmeschutz *m*; **~fuger** (~fy'ʒe) *v/t.* [1f] Wärme isolieren; **~mètre** (~'mɛtrə) *m* Hitze-, Wärme-messer *m*; **~métrie** *phys.* (~me'tri) *f* Wärmemessungslehre *f*; **~métrique** (~me'trik) *adj.* kalorimetrisch, Wärmemeß...; **~que** *phys.* (~'rik) **I** Wärme *f*; *~ latent* gebundene Wärme *f*; *~ spécifique* spezifische Wärme *f*; **II** *f* Kalorik *f*, Wärmelehre *f*; **III** *adj.* Wärme..., Heiz...; **~sation** ⊕ (~za'sjɔ̃) *f* Kalorisierung *f*; **~ser** ⊕ (~'ze) *v/t* [1a] kalorisieren.

calot (ka'lo) *m* **1.** Holzkeil *m*; **2.** ⚔ Feldmütze *f*, Dienstmütze *f*, Käppi *n*; **3.** ~ *chinois* Chinesenkappe *f* (*Damenmode*); **4.** * Auge *n*; s. *ribouler*; **5.** s. *callot m.*

calotin *péj.* (kalɔ'tɛ̃) *m* Pfaffe(nkerl *m*) *m.*

calot|te (ka'lɔt) *f* **1.** Käppchen *n*; ~ *à oreilles* Ohrenklappe *f*; **2.** Priestermütze *f*; P *péj.* Pfaffenvolk *n*, -gesindel *n*; ~ *rouge de cardinal* Kardinalskäppchen *n*; *porter la* ~ Priester sein; **3.** Kugelabschnitt *m*; **4.** ⊕ Deckel *m*; ~ *d'aspiration* Pumpenkappe *f*; **5.** F ~ *des cieux* Himmelsgewölbe *n*; **6.** F Katzenkopf *m*, leichte Ohrfeige *f*; **7.** ~ *crânienne* Schädeldecke *f*; ~ *d'une dent* Zahnkappe *f*; **8.** *géol.* ~ *glacière* Eiskappe *f*, Inlandeis *n*; **~ter** (kalɔ'te) *v/t.* [1a] **1.** F leicht ohrfeigen; **2.** * klauen.

cal|quage (kal'ka:ʒ) *m* Durchzeichnen *n*, -pausen *n*, Durchpausung *f*; **~que** (kalk) *m phot.*, ⊕ Durch-zeichnung *f*, -pausung *f*, Pause *f*, Kopie *f*; *fig.* sklavische Nachahmung *f*; Konterfei *n*; *gr.* sprachliche Nachbildung *f*; *phot.* Blaupause *f*; *papier* ~ Blaupapier *n*; **~quer** (kal'ke) [1m] **I** *v/t.* durchzeichnen, -pausen; *fig.* sklavisch nachbilden; **II** *v/rfl.*: *se* ~ *sur q.* j-n nachahmen; **~queur** (~'kœ:r) *su.* [7g] Durchzeichner *m.*

calumet (kaly'mɛ) *m* (indianische Friedens-)Pfeife *f*; *fig. fumer le* ~ *de la paix* die Friedenspfeife rauchen, sich wieder vertragen.

calus (ka'lys) *m* Schwiele *f*; *fig.* Kaltherzigkeit *f.*

calvados (kalva'dɔs) *m* Apfel-[schnaps *m.*]

Calvaire (kal'vɛ:r) *m* **1.** *le* ~ Golgatha *n*; **2.** *le* ♀ der Kalvarienberg *m*; *Kunst*: die Passion *f*; **3.** ♀ *fig.* dornenvoller Weg *m.*

calvinis|me (kalvi'nism) *m rl.* Kalvinismus *m*, Kalvins Lehre *f*; **~te** (~'nist) *rl. adj. u. su.* kalvinistisch, Kalvinist *m.*

calvitie (~'si) *f* Kahlköpfigkeit *f.*

camaïeu (kama'jø) *m* [5b] **1.** Bilderstein *m*; **2.** einfarbiges Gemälde *n*; *fig.* langweiliges Buch *od.* Stück *n*; *en* ~ in sich gemustert.

camail (ka'maj) *m* (*nur im sg.*) **1.** Bischofspelerine *f* mit Kappe; **2.** *hist.* Hals- u. Schulterpanzerung *f* (*e-r Rüstung*), Helmdecke *f*; **3.** Hals- u. Rückengefieder *n* gewisser Vögel (*z.B. des Hahns*).

camarade (kama'rad) *su.* Kamerad *m*, *bsd. pol.* Genosse *m*; Mitschüler *m*; ~*s filles f/pl.* Kameradinnen *f/pl.*; ~*de combat* Mitkämpfer *m*, Kampfgenosse *m*, Waffengefährte *m*; ~ *de voyage* Reisegefährte *m*; ~ *de jeu* Spiel-gefährte *m*, -gefährtin *f*; ~ *de* (*od. du*) *travail* Arbeits-kamerad *m*, -kameradin *f*; ~ *de malheur* Unglücksgefährte *m*; ✈ ~ *pilote* Pilotenkamerad *m*, -kollege *m*; ⚔ *faire* ~ sich gefangen geben; **~rie** (~ra'dri) *f* Kameradschaft *f*; *péj. les* ~*s pl.* die Cliquenwirtschaft *f/sg.* [*f*, Clique *f.*]

camard (ka'ma:r) *adj.* [7] stupsnasig; *nez m* ~ Stupsnase *f.*

camarde F (ka'mard) *f* Tod *m*, Freund *m* Hein P.

camarilla (kamari'lja) *f* Kamarilla

camaro P (kama'ro) *m* = *camarade.*

camb|ial (kɑ̃'bjal) *adj.* [5c] auf Wechselgeschäfte bezüglich; **~iste** (~'bist) *m* Wechselmakler *m.*

Cambodg|e *géogr.* (kɑ̃'bɔdʒ) : *le* ~ Kambodscha *n*; **♀ien** (~'dʒjɛ̃) *adj.* [7c] kambodschisch.

cambou|is (kɑ̃'bwi) *m* dickgewordene Wagenschmiere *f*; altes Schmieröl *n*; **~isé** (~bwi'ze) *adj.* schmierig.

cam|brage (kɑ̃'bra:ʒ) *m* Krümmung *f*; **~bré** (~'bre) *adj.* rundlich, geschweift; krummbeinig; *jambes f/pl.* ~*es* Säbelbeine *n/pl.*; *pied m* ~ leicht gewölbter Fuß *m*; *taille f* ~*e* hohles Kreuz *n*; **~brement** (~brə'mɑ̃) *m* Krümmung *f*; **~brer** (~'bre) [1a] **I** *v/t.* krümmen; wölben; ~ *le torse* sich in die Brust werfen; ~ *la taille pour se donner un air martial* sich aufplustern, um sich ein kriegerisches Aussehen zu geben; **II** *v/rfl. se* ~ sich krümmen; *fig.* sich in die Brust werfen.

cambrien *géol.* (kɑ̃bri'ɛ̃) **I** *adj.* [7c] kambrisch; **II** *m* Kambrium *n.*

cambrio|lage (kɑ̃briɔ'la:ʒ) *m* Einbruch *m*; **~le** P (~bri'ɔl) *f* Einbrecherclique *f*; **~ler** (~'le) *v/t. u. v/i.* [1a] einbrechen; ~ *une villa* in e-e Villa einbrechen; *fig.* ~ *le cœur de q.* j-s Herz erobern; **~leur** (~'lœ:r) *su.* [7g] Einbrecher *m.*

cambrous|ard P (kɑ̃bru'za:r) *su. u. adj.* [7] Bauer *m*; Bäuerin *f*; vom Lande, bäuerisch; **~(s)e** P (kɑ̃-'bru:z, ~'brus) *f* Feld *n.*

cambrure ⊕ (kɑ̃'bry:r) *f* Bogenkrümmung *f*, Schweifung *f*, Spann *m*.

cambu|se (kɑ̃'by:z) *f* **1.** ⚓ Proviantkammer *f*, Kombüse *f*; **2.** P Bruchbude *f*; **3.** Bauplatzkantine *f*; **4.** *péj.* Kaschemme *f*; **~sier** ⚓ (~by'zje) *m* Bottler *m*, Proviantmeister *m*, Kantinenwirt *m*.

came (kam) *f* ⊕ Nocken *m*; *arbre à ~s* Nockenwelle *f*; **2.** F = **~lote**.

camée (ka'me) *m* Kamee *f*.

caméléon (kamele'ɔ̃) *m* Chamäleon *n*; *fig. péj.* Mantelträger *m*.

camélia ⚘ (kame'lja) *m* Kamelie *f*.

camelot (kam'lo) *m* **1.** Zeitungsausrufer *m*; Markt-, Straßenhändler *m*, Trödler *m*; **2.** ~ *du roi pol.* Königstreue(r) *m*, Royalist *m*, Anhänger *m* der Action française; **s.** *dort.*

camelo|te F (kam'lɔt) *f* Ramsch *m*, Schleuderware *f*, Schund *m*; Pfuscherei *f*; Kram *m*; **~tier** (~lɔ'tje) *su.* [7b] Ramschhändler *m*.

caméra *cin.*, *phot.* (kame'ra) *f* Kamera *f*, Kinogerät *n*, Filmapparat *m*; ~ *pour film de 8 ou 16 mm* Schmalfilmkamera *f*; ~ *à plan-films* Planfilmkamera *f*; ~ *automatique* Kamera *f* mit Selbstauslöser; ~ *téléscopique* Fernkamera *f*.

camé|rier (kame'rje) *m* päpstlicher Kammerherr *m*; **~rière** (~'rjɛ:r) *f*, **~riste** (~'rist) *f* **1.** *ehm.* Kammerfrau *f*, Zofe *f* (*bsd. in Spanien*); **2.** F Dienstmädchen *n*.

camerluche P (kamɛr'lyʃ) *m* = camaro.

camion (ka'mjɔ̃) *m* **1.** *Auto*: Lastauto *n*, Lastkraftwagen *m*, LKW *m*; ~ *basculant d'arrière* Hinterkipper-LKW *m*; ~ *à châssis surbaissé* Tieflader *m*; ~ *logis* Wohnwagen *m*; ~ *à benne basculante* Kipper *m*, LKW *m* mit Kippvorrichtung; ~ *dépanneur* Abschleppwagen *m*; **2.** Rollwagen *m*; **3.** Farbtopf *m der Anstreicher*; **4.** sehr kleine Stecknadel *f*; **~-grue** (~'gry) *m* [6a] Kranwagen *m*; **~nage** (~mjɔ'na:ʒ) *m* **1.** An- u. Abfuhr *f*; Transport *m*; **2.** Rollgeld *n*; Transportkosten *pl.*; **~-navette** (kamjɔ̃na'vɛt) *m* **1.** *Auto*: Pendelwagen *m*; **2.** ⚒ Förderwagen *m*, Hund *m*, shuttle car *m*; **~ner** (~mjɔ'ne) *v/t.* [1a] mit e-m Last(kraft)wagen befördern; abrollen; ab-, weg-fahren; **~nette** *Auto* (kamjɔ'nɛt) *f* Lieferwagen *m*; **~neur** (~'nœ:r) *m* Lastwagen-fahrer *m*, -besitzer *m*; Rollkutscher *m*.

cami|sole (kami'zɔl) *f*: ~ *de force* Zwangsjacke *f*.

camomille ⚘ (kamɔ'mij) *f* Kamille *f*; *infusion f de* ~ Kamillentee *m*.

camoufl|age *bsd.* ⚔ (kamu'fla:ʒ) *m* Tarnung *f* (*a. fig.*); Einnebelung *f*, Verblendung *f*, Verdunkelung *f*; ⚔ *u. fig.* Verschleierung *f*; Verkleidung *f*, Schutzfarbe *f*; *fig.* Frisieren *n*; Verstellung *f*; † ~ *d'un bilan* Bilanzverschleierung *f*; **~e** * (ka'muflə) *f* Kerze *f*; Lampe *f*; **~er** ⚔, *a. fig.* (~'fle) *v/t.* [1a] tarnen, verschleiern, verdecken, unkenntlich machen; *fig.* frisieren; ~ (*les lumières*) verdunkeln; **~é** *en blanc* weiß getarnt; **~et** (~'flɛ) *m* **1.** F schwere Kränkung *f*, verletzender Verweis *m*, Nasenstüber *m*; **2.** ⚔ Quetschmine *f*.

camp (kɑ̃) *m* **1.** (Feld-, Heer-, Zelt-)Lager *n*; ~ *de transit* Durchgangslager *n*; ~ *de travail* Arbeitslager *n*; ~ *de vacances* Ferienlager *n*; ~ *d'aviation* Militärflugplatz *m*; ~ *de concentration* Konzentrationslager *n*; KZ *n*; ~ *d'instruction*, ~ *de formation mst. pol.* Schulungslager *n*; ~ *d'instruction* Truppenübungsplatz *m*; ~ *retranché* Schanze *f*, Feldschanze *f*, befestigter Platz *m*; ~ *volant* a) kleines Streifkorps *n*; b) Nomaden-, Zigeunerlager *n*; *fig. vivre en* ~ *volant* ein Nomadenleben führen, keine feste Bleibe haben; *la garde du* ~ die Leibwache *f*; *lit m de* ~ Feldbett *n*; Pritsche *f*; *vie f des ~s* Soldatenleben *n*; *dresser un* ~ ein Lager aufschlagen; *lever le* ~ das Lager abbrechen; P *ficher* (*od. foutre*) *le* ~ sich aus dem Staube machen, das Weite suchen, verduften, sich davonmachen, abhauen P, türmen P, die Beine in die Hand nehmen; **2.** lagerndes Heer *n*; **3.** *pol.* Partei *f*, Lager *n*; *pol. le* ~ *socialiste* das sozialistische Lager *n*; **4.** Campingplatz *m*.

campagnard (kɑ̃pa'ɲa:r) **I** *adj.* [7] **1.** auf dem Lande wohnend; Land...; **2.** ländlich; **3.** *péj.* bäurisch; **II** *m* Landmann *m*; *péj.* bäurischer Typ *m*, Bauernflegel *m*; **~e** (~'ɲard) *f* Landfrau *f*; *péj.* Landpomeranze *f*.

campagne (kɑ̃'paɲ) *f* **1.** plattes Land *n*, Ebene *f*; (Acker-)Feld *n*; *poét.* Gefilde *n*, Flur *f*; *en pleine* ~ auf freiem Felde; *à la* ~ auf dem Lande; *la* ~ *est belle* die Felder stehen gut; *battre la* ~ die Gegend durchstreifen; *fig.* (herum-)faseln, phantasieren, abschweifen; **2.** Land *n* (*Gegensatz*: *Stadt*); *maison f de* ~ Landhaus *n*; *aller à la* ~ aufs Land gehen *od.* ziehen; *faire une partie de* ~ e-e Landpartie machen; **3.** ⚔ Feldzug *m*; *batterie f de* ~ Feldbatterie *f*; *pièce f de* ~ Feldgeschütz *n*; *service m en* ~ Felddienst *m*; *tenue f de* ~ Felduniform *f*; *en tenue de* ~ feld(marsch)mäßig; *faire une* ~ e-n Feldzug mitmachen; *entrer en* ~ ins Feld rücken; *fig. partir en* ~ *contre q.* gegen j-n vorgehen; *battre en rase* ~ in offener Feldschlacht schlagen (*od.* besiegen); **4.** ⚓ Seefahrt *f*; *vivres m/pl. de* ~ Schiffsproviant *m*; **5.** Arbeitssaison *f*; Jahr *n*; *une maison f bâtie en deux* ~*s* ein in zwei Jahren erbautes Haus *n*; **6.** *fig.* Hetzkampagne *f*; *fig.* Feldzug *m*; ~ *de mensonges*, ~ *mensongère* Lügenkampagne *f*, -feldzug *m*; ~ *de propagande* Propagandafeldzug *m*; ~ *de publicité* Reklame-, Werbefeldzug *m*.

campagnol *zo.* (kɑ̃pa'ɲɔl) *m* Feldmaus *f*.

campane (kɑ̃'pan) *f* **1.** ⚠ Kapitell *n*; **2.** *ehm.* Troddel *f*, Quaste *f*.

campanile ⚠ (kɑ̃pa'nil) *m* Kampanile *m*, einzeln stehender Glokkenturm *m*.

campa|nul(ac)é (~ny'l[a's]e) *adj. u.* ~*es f/pl.* glockenförmig(e Blumen *f/pl.*); ~**nule** ⚘ (~'nyl) *f* Glockenblume *f*.

campé (kɑ̃'pe) *adj.* [7] **1.** ~ *sur* feststehend auf (*dat.*); **2.** *bien* ~ a) stattlich, robust; b) gut situiert; c) *thé.* lebendig dargestellt; *Bericht*: gut aufgebaut.

campement (kɑ̃p'mɑ̃) *m* **1.** Lagern *n*; Zelten *n*; *matériel m et effets m/pl. de* ~ Lagergerät *n*; **2.** Lagerplatz *m*; **3.** ⚔ (Feld-)Lager *n*; **4.** Quartiermacherkommando *n*.

camper (kɑ̃'pe) **I** *v/i.* kampieren, zelten, im Zelt (*od.* in Zelten) schlafen; *fig.* sich nur kurze Zeit an e-m Orte aufhalten, oft die Wohnung wechseln; vorübergehend wohnen; **II** *v/t.* hin-, auf-stellen, lagern; zelten lassen; *cin.* darstellen; F aufstülpen (*Hut*); F ~ *là q.* j-n sitzen lassen; ~ *qch. à q.* j-m etw. verpassen; *thé. fig. bien* ~ *un personnage* e-e Person gut u. lebendig darstellen; **III** *v/rfl. se* ~ sich hinpostieren; sich hinfläzen, sich hinlümmeln; *il vint se* ~ *devant moi* er postierte sich vor mich hin.

campeur (kɑ̃'pœːr) [7g] **I** Campingfreund *m*, -ausflügler *m*, -reisender *m*, Camper *m*; **II** *adj. nation f campeuse* Campingnation *f*.

camph|re ('kɑ̃ːfrə) *m* Kampfer(-stoff *m*) *m*; ~**rer** (~) *v/t.* [1a] Pelz mit Kampfer einmotten.

campine * (kɑ̃'pin) *m od. f* Zirkus-, Zigeuner-wagen *m*.

camping (kɑ̃'piŋ) *m* (*ohne pl.*) Camping *n*, Zelten *n*; ~ *pédestre* Zeltwandern *n*; *matériel m de* ~ Campingausrüstung *f*; *terrain m de* ~ Campingplatz *m*.

campos F, *bsd. écol.* (kɑ̃'po) *m* Freizeit *f*; *allg.* Urlaub m; *avoir* ~ freihaben; *donner* ~ freigeben; *se donner* ~ blauen Montag machen.

camus (ka'my) *adj.* [7] stups-, plattnasig; platt (*Gesicht*); *fig. en rester* ~ betroffen (*od.* F platt, sprachlos) sein.

canadienne (kana'djɛn) *f* Überzieher *m* (*oft mit Pelzkragen*).

canaille (ka'nɑːj) **I** *f* **1.** Gesindel *n*, Lumpenpack *n*, Pöbel *m*; **2.** Lump *m*, Schuft *m*, Schurke *m*; *franche* ~ Schweinehund *m* P, Erzschuft *m*, durchtriebener Schurke *m*; *im Deutschen nur adj.*: *fig.* ausgekocht F; **3.** F *petite* ~ kleiner Schlingel *m*; *ces* ~*s de rats* diese verfluchten Ratten; **II** *adj./inv.* pöbelhaft, niederträchtig, gemein; ausgekocht; F schelmisch; *des propos* ~ gemeine Reden *f/pl.* (*od.* Äußerungen *f/pl.*); ~**rie** (kanɑj'ri) *f* Gemeinheit *f*, Niederträchtigkeit *f*, Schurkerei *f*.

canal (ka'nal) *m* [5b] **1.** Kanal *m*; Wasserleitung *f*, Rinne *f*, Gosse *f*; ~ *latéral* Seitenkanal *m*; ~ *de dérivation* Schleusen-, Ableitungskanal *m*; ~ *d'écoulement* Abzugskanal *m*; ~ *de moulin* Mühlgraben *m*; *canaux m/pl. d'arrosage od. d'irrigation* Bewässerungskanäle *m/pl.*; *canaux m/pl. de dessèchement* Entwässerungskanäle *m/pl.*; ~ *navigable*, ~ *de navigation* Schiffahrtskanal *m*; ~ *à écluses* Schleusenkanal *m*; ⊕ ~ *vent* Windkanal *m*; ~ *de garage* Stichkanal *m*; **2.** *fig.* Vermittlung *f*; *vous obtiendrez tout par le ~ de M. Lecomte* Sie werden alles durch (*od.* über) Herrn L. erreichen; **3.** Flußbett *n*; Meerenge *f*; **4.** ⊕, ⚘ *u. anat.* Röhre *f*; Rinne *f*; Gang *m*; ~ *intestinal* Darmkanal *m*.

canali|cule (kanali'kyl) *m* Röhrchen *n*; **~sable** (~'zablə) *adj.* kanalisierbar; **~sateur** (~za'tœ:r) **1.** *adj.* [7f] kanalisierend; **2.** *m* [7f] Kanalbauer *m*; **~sation** (~zɑ'sjɔ̃) *f* Kanalisation *f*, Kanalisierung *f*, Anlegung *f* von Kanälen; Kanalnetz *n*; *Auto*: ~ *d'essence* Treibstoffsystem *n*; ~ *électrique* Stromzuleitung *f*; ~ *de graissage* Ölzuleitung *f*; **~ser** (~'ze) *v/t.* [1a] **1.** kanalisieren, mit Kanälen durchziehen; **2.** schiffbar machen; **3.** *fig.* vereinen, zs.-bringen, zs.-stellen.

canamelle ⚘ (kana'mɛl) *f* Zuckerrohr *n*.

canapé (kana'pe) *m* **1.** Kanapee *n*, Sofa *n*; **2.** *cuis.* belegte, geröstete Brotschnitte *f*; **~-lit** (~'li) *m* [6a] Bettcouch *f*.

canard (ka'na:r) *m* **1.** Ente *f*; ~ (*mâle*) Erpel *m*, Enterich *m*; *fig. trempé comme un* ~ pudelnaß; *froid m de* ~ Hunde-, Sau-kälte *f*; **2.** F *fig.* Lügenmeldung *f*, Ammenmärchen *n*, (Zeitungs-)Ente *f*; P Käseblättchen *n*; **3.** ♪ Mißton *m*; *faire un* ~ überschnappen (*Stimme*); **4.** F mit Rum *od.* Schnaps getränkter Zuckerwürfel *m*; **5.** P *péj.* Gaul *m*, Klepper *m*.

canar|deau (kanar'do) *m* junge Ente *f*; **~der** (~'de) **I** *v/t.* ~ *q.* aus gedeckter Stellung auf j-n schießen; j-n bepfeffern; **II** *v/i.* falsch singen *od.* spielen; mit der Stimme überschnappen; ⚓ vorn leck sein; vorn zu tief gehen (*Schiff*); **~dier** (~'dje) *m* **1.** Entenjäger *m*; **2.** * marktschreierischer Ansager *m*; **~dière** (~'djɛ:r) *f* **1.** Entenhütte *f*; **2.** Ententeich *m*; **3.** Entenanstand *m*; **4.** Entenflinte *f*.

canari (kana'ri) **1.** *m* Kanarienvogel *m*; **2.** *adj./inv.* grünlich-gelb.

Canaries (kana'ri): *les îles* ~ *f/pl.* die Kanarischen Inseln *f/pl.*

cancan (kɑ̃'kɑ̃) *m* **1.** *oft im pl.* Klatscherei *f*, Gewäsch *n*, Tratsch *m* P, Klatsch *m*, Gerede *n*; **2.** Cancan *m* (*Tanz*); **~er** (~ka'ne) *v/i.* [1a] tratschen P, klatschen, Klatschereien machen; Cancan tanzen; **~ier** (~'nje) [7b] **I** *adj.* klatschsüchtig; **II** *su.* Klatschmaul *n*; Klatschbase *f*, Waschweib *n* P.

cancel|lariat (kɑ̃sɛla'rja) *m* Kanzlerwürde *f*; **~ler** (~'le) *v/t.* [1a] durchstreichen, ungültig machen.

cancer (kɑ̃'sɛ:r) *m* **1.** ⚕ Krebs *m*; ~ *de l'estomac* Magenkrebs *m*; **2.** *fig.* Krebsschaden *m*; **3.** *ast.* ♋ Krebs *m*.

cancé|reux ⚕ (kɑ̃se'rø) *adj. u. su.* [7d] krebsartig; krebs...; Krebskranker *m*; **~ride** *zo.* (~'rid) *m* Krabbenart *f*; **~rigène** ⚕ (~ri'ʒɛn) *adj.* [7] krebsbildend; **~risation** ⚕ (~rizɑ'sjɔ̃) *f* Krebsbildung *f*; **~rologie** ⚕ (~rɔlɔ'ʒi) *f* Krebsforschung *f*.

cancre ('kɑ̃:krə) *m* **1.** Krabbe *f*; **2.** F armer Schlucker *m*; **3.** Halsabschneider *m*; **4.** *écol.* Faul-pelz *m*, -tier *n*, schlechter Schüler *m*; Dussel *m*.

cancrelac *ent.* (kɑ̃krə'lak) *m* Schabe *f*, Kakerlak *m*.

cancroïde ⚕ (kɑ̃krɔ'id) *m* Hautkrebs *m*.

candélabre (kɑ̃de'lɑ:brə) *m* Armleuchter *m*; Lampenständer *m*.

candeur (kɑ̃'dœ:r) *f* Arglosigkeit *f*, Aufrichtigkeit *f*, Treuherzigkeit *f*, Offenherzigkeit *f*, Unbefangenheit *f*, Reinheit *f*, Kindlichkeit *f*; ~ *de mœurs* Sittenreinheit *f*; *avec* ~, *en toute* ~ treuherzig.

candi (kɑ̃'di) **I** *adj./m* kandiert; **II** *m* (*auch adj.*: *sucre m* ~) Zuckerkand *m*, Kandiszucker *m*; (*fruits m/pl.*) ~s kandierte Früchte *f/pl.*

candi|dat (kɑ̃di'da) *su.* [7] Kandidat *m*, Bewerber *m* um ein Amt; Prüfling *m*; ~ *en philosophie* Kandidat *m* der Philosophie; *se porter* ~ als Kandidat auftreten (*bei Wahlen*); *être* ~ *à un emploi* sich um e-e Stellung bewerben; ~ *au suicide* Selbstmordskandidat *m*; **~dature** (~da'ty:r) *f* Kandidatur *f*, Bewerbung *f*; *poser sa* ~ *à un emploi* sich um e-e Stelle bewerben.

candide (kɑ̃'did) *adj.* □ aufrichtig, offen-, treu-herzig, ohne Falsch, unbefangen, arglos, kindlich; *bisw. auch su.* offenherziger Mensch *m*.

candider F (kɑ̃di'de) *v/i.* [1a] kandidieren, sich um ein Amt bewerben; *dafür besser*: *poser sa candidature.*

candiote *géogr.* (kɑ̃'djɔt) *adj. u.* ♀ *su.* kandiotisch; Kandiote (= kretisch; Kreter) *m*.

cane (kan) *f* weibliche Ente *f*;

marcher comme une ~ watscheln.
canepetière *orn.* (kanpə'tjɛ:r) *f* Zwergtrappe *f.*
caner P (ka'ne) **I** *v/i.* Angst haben, ausrücken, (aus-)kneifen, sich verdrücken, -krümeln, weglaufen, sich verkriechen; **II** *v/t.* ~ *l'école* die Schule schwänzen.
caneton (kan'tɔ̃) *m* junge Ente *f.*
canette (ka'nɛt) *f* **1.** kleine Ente *f*, Knäk-, Kriech-ente *f*; **2.** Bierflasche *f*; Flasche *f* Bier; Kanne *f* Bier; **3.** ⊕ Spule *f.*
canevas (kan'vɑ) *m* **1.** Stickgaze *f*, Kanevas *m*, Gittergewebe *n*; Siebtuch *n*; Segeltuch *n*; **2.** *fig.* erster Entwurf *m*, Plan *m*; Disposition *f* Gliederung *f* (*Aufsatz*); **3.** *a.* ⚔ (Karten-)Gitternetz *n*; **4.** ♪ Wortmaß *n* für den Begleitungstext; *weitS.* der (Arien-)Text *m* selbst.
cange ⚓ (kɑ̃:ʒ) *f* leichtes Nilboot *n.*
caniche (ka'niʃ) *m* Pudel *m*; ~ *royal* Königspudel *m.*
caniculaire (kaniky'lɛ:r) *adj.* **1.** *ast.* zum Hundsstern gehörig; **2.** *jours m/pl.* ~s Hundstage *m/pl.*; *chaleur f* ~ drückende (*od.* wahnsinnige P) Hitze *f.*
Canicule (kani'kyl) *f* **1.** *ast.* Hundsstern *m*, Sirius *m*; **2.** ♀ Hundstage *m/pl.*
canif (ka'nif) *m* Taschen-, Federmesser *n.*
canin (ka'nɛ̃) *adj.* [7] Hunde...; *exposition f* ~e Hundeausstellung *f*; *fig. faim f* ~e Heißhunger *m*, Bärenhunger *m.*
canine (ka'nin) *f* Augen-, Eckzahn *m.*
canitie (kani'si) *f* Grauwerden *n*, Ergrauen *n* (*des Haares*).
caniveau (kani'vo) *m* Rinne *f*, Rinnstein *m*, Abflußrinne *f*, Gosse *f*; *téléph.* Kabelgraben *m*; ⚡ Leitungskanal *m.*
canna|bique (kana'bik) *adj.*: ⚘ *euphorie f* ~ Haschischrausch *m*; **~bis** (~'bis) *m* Haschisch *n*; **~bisme** ⚘ (~'bism) *m* Haschischgenuß *m.*
cannage (ka'na:ʒ) *m* Stuhlflechten *n*; Rohrgeflecht *n.*
canne (kan) *f* **1.** Rohr *n*, Schilf *n*; ~ *à sucre* Zuckerrohr *n*; **2.** Rohrstock *m*; ~ *à pêche* Angelrute *f*; **3.** Spazierstock *m*; **4.** ~ *de verrier* Blasrohr *n* (*e-s Glasbläsers*); ~ *à pompe* Pumpenzylinder *m.*
canneberge ♀ (kan'bɛrʒ) *f* Moosbeere *f.*
canneler (kan'le) *v/t.* [1c] *od.* [1d] auskehlen, riffeln.
cannel|le (ka'nɛl) *f* **1.** Zimt *m*, Zimtrinde *f*; *bâton m de* ~ Zimtstange *f*; *poudre f de* ~ gestoßener Zimt *m*; **2.** (Faß-)Hahn *m*; **~lé** (kanɛ'le) *adj.* zimtfarben.
cannelure (kan'ly:r) *f* ⩓ Aushöhlung *f*; ⊕ *u.* ♀ Furche *f*, Rinne *f.*
canne-parapluie (kanpara'plɥi) *m* [[6b] Stockschirm *m.*
canner (ka'ne) *v/t.* [1a] mit Rohr flechten; *chaise f cannée* Rohrstuhl *m.*
cannette (ka'nɛt) *f* **1.** ⊕ Spulröhrchen *n*; Schützenspule *f*; **2.** (Faß-)Hahn *m.*
canniba|le (kani'bal) *m* Kannibale *m*, Menschenfresser *m*; *fig.* Unmensch *m*; **~lisme** (~'lism) *m* Kannibalismus *m*, Menschenfresserei *f*; *fig.* Grausamkeit *f.*
can|oë (kanɔ'ɛ, ka'nu) *m* Kanu *n*; Paddelboot *n*; *faire du* ~ Kanu fahren; paddeln; **~oéisme** (~nɔe'ism) *m* Paddeln *n*; **~oéiste** (~nɔe'ist) *su.* Kanufahrer *m.*
canon¹ (ka'nɔ̃) *m* **1.** Kanone *f*, Geschütz *n*; *coll.* Artillerie *f*; *feu m du* ~ Geschützfeuer *n*; *gros* ~ schweres Geschütz *n*; ~ *rayé* gezogene Kanone *f*; ~ *d'accompagnement*, ~ *d'infanterie* Begleit-, Infanterie-geschütz *n*; ~ *atomique* Raketengeschütz *n*; ✈ ~ *d'avion* Bordgeschütz *n*, -kanone *f*; ~ *de campagne*, ~ *de siège* Feld-, Belagerungs-geschütz *n*; ~ *automatique anti-aérien* Maschinenflak *f*; ~ *contre-torpilleur* Torpedoabwehrgeschütz *n*; ~ *monté sur rails*, ~ *sur voie ferrée* Eisenbahngeschütz *n*; ~ *à tir rapide* Schnellfeuergeschütz *n*; ~ *sur plate-forme* Sockelgeschütz *n*; ~-*revolver* Revolverkanone *f*; ~ *long* Langrohrgeschütz *n*; ~ *de tranchée* Grabenkanone *f*; ~ *de défense rapproché* Sturmabwehrgeschütz *n*; ~ *antiaérien*, ~ *de D.C.A.* Flak *f*, Fliegerabwehrgeschütz *n*; ~ *antichar* Pak *f*, Panzerabwehrgeschütz *n*, -kanone *f*; *coup m de* ~ Kanonenschuß *m*; *volée f de* ~ Geschützsalve *f*; *le bruit du* ~ der Kanonendonner *m*; *à la portée du* ~ in Geschütznähe; *chair f à* ~ Kanonenfutter *n*; **2.** Lauf *m*, Rohr *n*; ⊕ *rad.* Röhre *f*; **3.** ~ *de soufre* Schwefelstange *f*; **4.** ~ *d'une clef* Höhlung *f* e-s Schlüssels; Schlüssel-

rohr *n*; ~ *de pompe* Pumpen-stiefel *m*, -zylinder *m*; ~ *d'une seringue* Spritzenrohr *n*; ~ *de gouttière* Abfall-, Ausguß-rohr *n*; **5.** *zo.* Schienbein *n* des Pferdes; **6.** P *fig.* Glas *n od.* Flasche *f* Wein.

canon² (ka'nɔ̃) *m* **1.** Regel *f*, Muster *n*, (Kirchen-)Satzung *f*, (Glaubens-) Vorschrift *f*; (*auch adjt.*: *droit m* ~) Kirchenrecht *n*; **2.** ~ *des écritures* kanonische Bücher *n/pl.*; Verzeichnis *n* der Heiligen *od. a.* der Klassiker des Altertums; **3.** ~ *de la messe* Messekanon *m*; Meßgebete *n/pl.*; **4.** ♪ Kanon *m*, Kreisfuge *f*, fortlaufende Fuge *f*.

canon|-culasse ⚔ (kanɔ̃ky'las) *m* [6b] Hinterlader *m*; **~-harpon** (~ar'pɔ̃) *m* [6b] Harpunierkanone *f*.

cano|nial (kanɔ'njal) *adj.* [5c] □ **1.** kanonisch, vorschriftsmäßig; *heures f/pl.* ~*es* Stundengebete *n/pl.*; **2.** domherrlich; *maison f* ~*e* Domstift *n*; **~nicat** (~ni'ka) *m* Domherrenpfründe *f*, Kanonikat *n*; **~nicité** *rl.* (~nisi'te) *f* kanonische Übereinstimmung *f*; **~nique** (~'nik) *adj.* □ kirchlich gültig; *droit m* ~ Kirchenrecht *n*, kanonisches Recht *n*; **~nisable** (~ni'zablə) *adj.* würdig, heilig gesprochen zu werden; **~nisation** (~nizɑ'sjɔ̃) *f* Heiligsprechung *f*; **~niser** (~ni'ze) *v/t.* [1a] **1.** heiligsprechen; **2.** für kanonisch erklären; **~niste** (~'nist) *su.* Kirchenrechtler *m*.

canonna|de (kanɔ'nad) *f* Kanonade *f*, Kanonen-donner *m*, -feuer *n*; **~ge** *artill.* (~'na:ʒ) *m* **1.** Beschießung *f*; **2.** Kanonierkunst *f*.

canon|ner (kanɔ'ne) *v/t.* [1a] (mit Kanonen) beschießen; **~nier** (~'nje) *m* Artillerist *m*; ⚓ *maître m* ~ Feuerwerker *m*; **~nière** (~'njɛ:r) *f* **1.** Kanonenboot *n*; **2.** Schießscharte *f*.

canon|-obusier (kanɔ̃ɔby'zje) *m* [6a] Haubitzengeschütz *n*; **~-revolver** (~revɔl'vɛ:r) *m* [6a] Revolvergeschütz *n*.

canopie ✈, ⚓ (kanɔ'pi) *f* Bettkoje *f*.

canot (ka'no) *m* Boot *n*, Kahn *m*; ~ *à huit rameurs* Achter *m*; ~ *à voiles* Segelboot *n*; ~ *de course* Rennboot *n*; ~ *à grande vitesse* Schnellboot *n der Polizei usw.*; *faire du* ~ rudern; segeln ~ *automobile* Motorboot *n*; ~ *de plaisance* Gondel *f*; ~ *pliant* Faltboot *n*; ~ *pneumatique* Schlauchboot *n*; ~ *de sauvetage* Rettungsboot *n*; *faire une partie de* ~ e-e Bootsfahrt machen.

cano|tage (kanɔ'ta:ʒ) *m* Rudersport *m*, Wassersport *m*, Rudern *n*, Stilrudern *n*; Kahnfahren *n*; ~ *à voile* Segelsport *m*; **~ter** (~'te) *v/i.* [1a] rudern; Kahn fahren; segeln; **~tier** (~'tje) *su.* [7b] **1.** Ruderer *m*; Kahnfahrer *m*; **2.** flacher Strohhut *m*, Kreissäge *f fig.*

cant (kɑ̃:t) *m* Scheinheiligkeit *f*.

cantabile ♪ (kɑ̃ta'bil) *m* Kantabile *n*.

cantaloup ⚘ (kɑ̃ta'lu) *m* Kantalupe *f*, Warzenmelone *f*.

canta|te ♪ (kɑ̃'tat) *f* Kantate *f*; **~trice** (~'tris) *f* Berufssängerin *f*; Sängerin *f* von Genrestücken; Opernsängerin *f*.

cantharide *ent.* (kɑ̃ta'rid) *f* Kantharide *f*, spanische Fliege *f*.

cantilène ♪ (kɑ̃ti'lɛn) *f* Kantilene *f*, eintöniger Gesang *m*.

canti|ne (kɑ̃'tin) *f* **1.** Kantine *f*; ~ *populaire* Volksküche *f*; **2.** ⚔ ~ *d'officier* Offizierskoffer *m*; **~nier** (~'nje) *su.* [7b] **1.** Kantinenwirt *m*; **2.** *ehm.* Marketender *m*.

cantique (kɑ̃'tik) *m* **1.** Lobgesang *m*; F Loblied *n*, Litanei *f*; *le* ♀ *des* ~*s* das Hohelied *n* Salomonis; **2.** Kirchenlied *n*, Choral *m*; *livre m de* ~*s* Gesangbuch *n*.

canton (kɑ̃'tɔ̃) *m* Bezirk *m*, Kreis *m*; (Wald-)Revier *n*; *Straßen-*, 🚂 *Strecken-*Abschnitt *m*; (Schweizer) Kanton *m*.

cantonade *thé.* (kɑ̃tɔ'nad) *f* **1.** Raum *m* hinter den Kulissen; **2.** *a. fig.* *parler à la* ~ in die *od.* aus den Kulissen sprechen; *allg.* in den Wind reden, vor leeren Bänken reden; vor sich hin reden; *monologue m à la* ~ Kulissenmonolog *m*.

cantonal (kɑ̃tɔ'nal) *adj.* [5c] zum Kreise gehörend; Bezirks...; Kantonal...

canton|nement (kɑ̃tɔn'mɑ̃) *m* Quartier *n*; Einquartierung *f*; 🚂 Blocksystem *n*, -anlage *f*; abgegrenztes Fisch-, Jagd-, od. Weide-gebiet *n*; ~ *permanent* Standquartier *n*; *bombarder les* ~*s ennemis* die feindlichen Stellungen bombardieren; **~ner** (~'ne) [1a] **I** *v/t.* einquartieren, unterbringen; **II** *v/i.* Quartier haben, einquartiert sein; **III** *v/rfl.* *se* ~ *allg.* zusammenhocken; *fig.* sich verschanzen; **~nier** (~'nje) *m* Straßen-, Strecken-, Chaussee-, Bahn-wärter *m*, -arbeiter *m*; **~nière**

(~'njɛːr) *f* ⊕ Winkeleisen *n*.
canul|ant P (kany'lɑ̃) *adj.* [7] lästig, aufdringlich; ungenießbar; **~ar(d)** P (~'laːr) *m* Ulk *m*, Jokus *m* F, Schabernack *m*, Streich *m*.
canu|le (ka'nyl) *f* **1.** Röhrchen *n*; Flaschenfüllrohr *n*; *chir.* Kanüle *f*; **2.** Hahn *m an e-m Fasse*; **3.** P langweiliger, lästiger Mensch *m*; Nervensäge *f*; **~lé** *adj.* röhrchenförmig; **~ler** P *v/t.* auf die Nerven fallen.
canut (ka'ny) *m*, **canuse** (ka'nyːz) *f* Lyoner Seidenheimarbeiter (-in *f*) *m*.
caoutchouc (kau'tʃu) *m* **1.** Gummi *m*, Kautschuk *m*; ~ *crêpé* Kreppgummi *m*; ~ *cannelé* geriffter Gummi *m*; ~ *durci* Hartgummi *m*; *bas m de* (*od.* *en*) ~ Gummistrumpf *m*; *gant m en* ~ Gummihandschuh *m*; **2.** Gummiüberschuh *m*; **3.** Regenmantel *m*; **4.** Gummiband *n*; **5.** *Auto, vél.* F Decke *f*, Mantel *m*, Reifen *m*; **~-mousse** (~'mus) *m* Schaumgummi *m*.
caoutchouter (kautʃu'te) *v/t.* [1a] mit Kautschuk überziehen; *roue f caoutchoutée* Gummirad *n*.
cap (kap) *m* **1.** Kap *n*, Vorgebirge *n*; ⚓ *doubler un* ~ ein Vorgebirge umsegeln; *fig. franchir un* ~ e-e Schwierigkeit überwinden, e-e Klippe umschiffen; **2.** ✈ Kurs *m*; **3.** ⚓ Schiffsschnabel *m*, Vorderteil *m* des Schiffes; **4.** *fig. de pied en* ~ vom Scheitel bis zur Sohle.
capable (ka'pablə) *adj.* fähig, tüchtig, geschickt, brauchbar, imstande, geeignet, tauglich, leistungsfähig; ~ *de porter les armes* waffenfähig; ~ *de qch. od. de* (*mit inf.*) zu etw. fähig (geeignet *od.* imstande); ~ *de tout* zu allem fähig; ⚖ ~ *de discerner* zurechnungsfähig; ~ *d'ester en justice* prozeßfähig.
capacité (kapasi'te) *f* **1.** Inhalt *m*, Raum *m*; Rauminhalt *m*; *mesures f/pl. de* ~ Hohlmaße *n/pl.*; **2.** *fig.* Fähigkeit *f*, Befähigung *f*, Geschicklichkeit *f*, Tüchtigkeit *f*, Brauchbarkeit *f*; ✝ ~ *de concurrence* Konkurrenzfähigkeit *f*; ~ *de l'esprit* Fassungsgabe *f*; ~ *d'engendrement* Zeugungskraft *f*; ~ *visuelle* Sehleistung *f*; *avoir beaucoup de ~s* sehr befähigt sein; *manquer de* ~ unfähig (*od.* nicht befähigt) sein; **3.** ⚖ ~ *juridique* Rechtsfähigkeit *f*; ~ *de contracter* Geschäftsfähigkeit *f*; ~ *de paiement* (*de prestation*) Zahlungs-(Leistungs-)fähigkeit *f*; ~ *restreinte* beschränkte Geschäftsfähigkeit *f*; ~ *d'être parti au procès* Parteifähigkeit *f*; *possédant la* ~ *juridique* rechtsfähig; **4.** *fig.* fähiger Kopf *m*, Kapazität *f*, führender Wissenschaftler *m*; **5.** Ladefähigkeit *f*; Fassungsvermögen *n*; Arbeitsleistung *f*, Leistungsfähigkeit *f*; *géom.* Flächeninhalt *m*; Kapazität *f*; Verkehrsleistungsfähigkeit *f*; ~ *de production* Produktionskapazität *f*; Produktionsmenge *f*; *Auto*: ~ *de montée* Steigfähigkeit *f*; *rad.* ~ *propre* Eigenkapazität *f*; *rad.* ~ *d'* (*od.* *de l'*)*antenne* Antennenkapazität *f*; ⚡ ~ *d'induction* Induktionskapazität *f*, -vermögen *n*.
caparaçon (kapara'sɔ̃) *m* Pferdedecke *f*; **~ner** (~sɔ'ne) *v/t.* [1a] e-m Pferde die Decke auflegen.
cape (kap) *f* **1.** *hist.* Rittermantel *m*; **2.** ✎ Melone *f* (*steifer, runder Hut*); ~ *magique* Tarnkappe *f*; **3.** Umhang *m*, Cape (kep) *n*; *fig. rire sous* ~ sich ins Fäustchen lachen; **4.** Deckblatt *n e-r Zigarre*.
capelan (ka'plɑ̃) *m* **1.** *icht.* Zwergdorsch *m*; **2.** F *Südfrankreich*: Priester *m*.
capeler ⚓ (ka'ple); *v/t.* [1c] **1.** das Tauwerk anlegen; ~ *un mât* zutakeln; **2.** * anziehen (*Oberkörperkleidung*).
capeline (ka'plin) *f* **1.** Kopfschal *m*; großer Damenhut *m*; Kapuze *f*; **2.** ⚕ Haubenverband *m*; **3.** *hist.* Sturmhaube *f*.
capharnaüm (kafarna'ɔm) *m* **1.** Rumpelkammer *f*; **2.** Sammelsurium *n*, Durcheinander *n*.
capil|laire (kapi'lɛːr) **I** *adj.* haarartig, -förmig, -fein; Haar...; *lotion f* ~ Haarwasser *n*; *veines f/pl.* ~*s* Haargefäße *n/pl.*; *tube m* ~ Haarröhrchen *n*; **II** *m* ⚘ Frauenhaar *n*; **~larité** (~lari'te) *f* **1.** Haarförmigkeit *f*; **2.** *phys.* Kapillarität *f*, Haarröhrchenanziehung *f*.
capilotade F (kapilɔ'tad) *f* Tohuwabohu *n*, wüstes Durcheinander *n*; *fig. mettre* (*od.* *réduire*) *q. en* ~ j-n kurz u. klein (*od.* zu Brei) schlagen, j-n zu Mus machen, j-n fertig machen; *j'ai la jambe en* ~ mein Bein ist zu Mus geworden.
capiston * ⚔ (kapis'tɔ̃) *m* Hauptmann *m*.
capitaine (kapi'tɛn) *m* **1.** Hauptmann *m*; ~ *de cavalerie* Rittmeister

m; ~ *adjudant-major* Hauptmann *m* beim Stabe; ~ *aviateur* Flugkapitän *m*; ~ *de corvette* Korvettenkapitän *m*; ~ *de vaisseau* Schiffskapitän *m*, Kapitän *m* zur See; ~ *marchand* Handelskapitän *m*; ~ *en premier* (*en second*) Hauptmann *m* erster (zweiter) Klasse; ~ *de port* Hafenmeister *m*; ~ *trésorier* ⚔ Zahlmeister *m*; **2.** Heerführer *m*, Feldherr *m*, Kriegsheld *m*; **3.** Bandenführer *m*; ~ *de voleurs* Räuberhauptmann *m*; **3.** *ehm.* Schloßhauptmann *m*; **4.** *Sport*: Mannschaftsführer *m*; **5.** ~ *d'industrie* Industriemagnat *m*, Großindustrieller *m*.

capital (kapi'tal) **I** *adj.* [5c] **1.** hauptsächlich, wesentlich, vornehmst, Haupt...; *point m* ~ Hauptpunkt *m*; (*lettre f*) ~*e* großer Anfangsbuchstabe *m*; **2.** Todes...; *accusation f* ~*e* Anklage *f* auf Verhängung der Todesstrafe; *peine f* ~*e* Todesstrafe *f*; *sentence f* ~*e* Todesurteil *n*; *péché m* ~ Todsünde *f*; **II** *m* **3.** Hauptsache *m*; *se bien conduire, voilà le* ~ sich gut aufführen, das ist die Hauptsache; **4.** Kapital *n*; Grundstock *m* e-s Vermögens, Substanz *f*; ~ *initial* Anfangs-, Stammkapital *n*; ~ *liquide* (*versé*) flüssiges (eingezahltes) Kapital *n*; ~ *immobilisé* (*od. immobilier*) stehendes Kapital *n*; ~ *autorisé par le statut* satzungsmäßiges (zulässiges *od.* begebbares) Kapital *n*; ~ *d'épargne* (*de fondation*) Spar-(Gründungs-) kapital *n*; *capitaux m/pl.* Kapitalien *n/pl.*; *capitaux-actions* Aktienkapital *n*; ~ *improductif* totes Kapital *n*; ~ *social*, ~ *en actions* Gesellschafts-, Aktien-kapital *n*; ~ *à fonds perdu* auf Leibrenten angelegtes Kapital *n*; ~ *d'exploitation* (*od. de roulement*) Betriebskapital *n*; ~ *foncier* Grundvermögen *n*.

capitale (kapi'tal) *f* **1.** Hauptstadt *f*; **2.** großer Anfangsbuchstabe *m*.

capitali|sable (kapitali'zablə) *adj.* kapitalisierbar; **~sation** (~zɑ'sjɔ̃) *f* Kapitalisierung *f*; *fig.* Ansammeln *n*; **~ser** (~'ze) [1a] **I** *v/t.* kapitalisieren; **II** *v/i.* Kapitalien anhäufen; **III** *v/rfl.* *se* ~ sich verzinsen; **~sme** (~'lism) *m* Kapitalismus *m*; **~ste** (~'list) *su. u. adj.* Kapitalist *m*, Kapitalgeber *m*; kapitalistisch.

capitan *péj.* (kapi'tɑ̃) *m* Aufschneider *m*, Maulheld *m*.

capitation *hist.* (kapitɑ'sjɔ̃) *f* Kopfsteuer *f* (*bis 1789*).

capiteux (kapi'tø) *adj.* [7d] berauschend, zu Kopfe steigend; *fig.* hinreißend packend.

capiton (kapi'tɔ̃) *m* **1.** Sitzpolster *n*; **2.** grobe Flockseide *f*; **~ner** (~tɔ'ne) *v/t.* [1a] auspolstern.

capitu|laire (kapity'lɛ:r) **I** *adj.* □ **1.** zu einem Stift *n* (*od.* Kapitel) gehörig; Stifts...; **2.** *typ.* *lettre f* ~ Initiale *f*; **~lard** F (~'la:r) *m* Feigling *m*, Drückeberger *m*; *pol.* Mießmacher *m*, Defaitist *m*; **~lation** (~lɑ'sjɔ̃) *f* **1.** Kapitulation *f*, Übergabe *f*; **2.** *fig.* Zugeständnis *n*, Vergleich *m*; **~le** *rl.* (~'tyl) *m* Schlußgebet *n*; **~ler** (~ty'le) *v/i.* [1a] kapitulieren, die Waffen strecken, sich ergeben; *fig.* sich zu e-m Vergleich bereit erklären.

capon F (ka'pɔ̃) [7c] **I** *su.* Feigling *m*, Memme *f*, Hasenfuß *m*, Duckmäuser *m*, Drückeberger *m*; **II** *adj.* feige; **~ner** (kapɔ'ne) [1a] **I** F *v/i.* sich drücken, P kneifen; **II** *v/t.* ⚓ ~ *l'ancre* den Anker aufkatten.

capo|ral (kapɔ'ral) *m* [5c] **1.** Korporal *m*, Gefreiter *m*; **2.** *hist.* F *le petit* ♀ Napoleon I.; **3.** F *du* ~ Knaster *m* F (*kein guter Tabak*); **~raliser** (~rali'ze) *v/t.* dem Militärregime unterwerfen; **~ralisme** (~ra'lism) *m* Kasernenhofgeist *f*, Militärdiktatur *f*; *allg.* Autoritätsfimmel *m*.

capot (ka'po) **I** *m* **1.** ⚓ Regenschutzdecke *f*; **2.** ✈ Nase *f*; ⚓, ⊕ ~ *de cheminée* Schornsteinkappe *f*; ~ *de protection* Schutzkappe *f* (*gegen Regen*); ⊕ Schutzhaube *f*; **3.** *Auto*, ✈ Motorhaube *f*; *Auto*: ~ *avant* vordere Haube *f*; **II** *adj./inv.* *beim Kartenspiel*: matsch; F verdutzt; ⚓, ✈ *faire* ~ umschlagen, kentern; *Kartenspiel*: *être* ~ matsch werden, keinen Stich gemacht haben.

capotage (kapɔ'ta:ʒ) *m* **1.** *Auto* Sich-Überschlagen *n*; **2.** ✈ Kopfstand *m*, Überschlag *m*; **3.** ⊕ Haube *f*, Verkleidung *f*.

capo|te (ka'pɔt) *f* **1.** Mantel *m* mit Kapuze; Regen-, Soldaten-mantel *m*; **2.** *a. Auto*: Wagenverdeck *n*; **3.** Kinderhäubchen *n*; **4.** Schornsteinhaube *f*; **5.** V ~ *anglaise* Präservativ *n*; **~ter** (kapɔ'te) [1a] **I** *v/t.* verdecken; **II** *v/i.* ✈ *u. Auto* sich überschlagen; ✈ abstürzen.

câpre ♀ ('kɑ:prə) *f* Kaper *f*; *cuis.*

sauce aux ~*s* Kapernsoße *f*.
capri|cant ⚕ (kapri'kɑ̃) *adj*. [7] unregelmäßig (*Puls*); ~**ce** (ka'pris) *m* **1.** Laune *f*, Grille *f*, launiger Einfall *m*; Eigensinn *m*, Willkür *f*; **2.** Veränderlichkeit *f*, Wunderlichkeit *f*; **3.** ♪ Capriccio *n*, Phantasie (-stück *n*) *f*; ~**cieux** (kapri'sjø) *adj*. *u. su*. [7d] □ launenhaft(er), eigensinnig(er Mensch *m*).
capricorne (kapri'kɔrn) *m* **1.** *ent*. Holzbock *m*; **2.** *ast*. ♑ Steinbock *m*.
capron ⚘ (ka'prɔ̃) *m* Ananaserdbeere *f*.
capsu|laire (kapsy'lɛ:r) *adj*. kapselförmig, -tragend; *fruit m* ~ Kapselfrucht *f*; ~**lateur** (~la'tœ:r) *m* Flaschenverkapselmaschine *f*.
capsu|le (kap'syl) *f* **1.** Kapsel *f*; Einsatz *m* (*Gasmaske*); *anat*. ~ *articulaire* Gelenkkapsel *f*; **2.** ~ *fulminante* Zündhütchen *n*; **3.** ⚘ Samengehäuse *n*; **4.** ⚗ Abdampfschale *f*; **5.** ⚕ ~ *surrénale* Nebenniere *f*; ~**ler** (~'le) *v/t*. [1a] verkapseln.
captage (kap'ta:ʒ) *m* Quellwasserversorgung *f*.
capta|teur ⚖ (kapta'tœ:r) *su*. [7f] Er(b)schleicher *m*; ~**tion** (~tɑ'sjɔ̃) *f* **1.** ⚖ Erbschleicherei *f*, Erschleichung *f*; **2.** *rad*. Empfangsstärke *f*; ~**toire** ⚖ (~'twa:r) *adj*. Erschleichungs..., Schwindel..., erschlichen.
capter (kap'te) *v/t*. [1a] **1.** erschleichen, erschwindeln, ergaunern; ~ *la confiance de q*. sich in j-s Vertrauen schleichen; **2.** e-e Quelle fassen; **3.** *rad*. ~ *un poste* e-e Station heranholen; **4.** *téléph*. ~ *un message* e-e Mitteilung abfangen (*od*. abhören).
captieux (kap'sjø) *adj*. [7d] □ verfänglich, bestechend, hinterlistig, trügerisch, arglistig; *question f captieuse* verfängliche Frage *f*.
captif (kap'tif) [7e] **I** *adj*. **1.** kriegsgefangen; **2.** gefangen; *ballon m* ~ Fesselballon *m*; **II** *su*. (Kriegs-) Gefangener *m*.
capti|vant (kapti'vɑ̃) *adj*. [7] *fig*. fesselnd; gewinnend, bezaubernd; ~**ver** (~'ve) *v/t*. [1a] *fig*. fesseln, in s-n Bann ziehen, faszinieren, für sich gewinnen; ~ *l'attention* die Aufmerksamkeit auf sich lenken; ~**vité** (~vi'te) *f* Gefangenschaft *f*.
captodeur ⊕ (kaptɔ'dœ:r) *adj./inv*. aromaschützend (*Kühlschrank*).
captu|re (kap'ty:r) *f* **1.** Fang *m*; ~ *d'un tigre* Fang *m* e-s Tigers; **2.** ⚖ Verhaftung *f*, Ergreifung *f*; ~ *d'un criminel* Verhaftung *f* e-s Verbrechers; **3.** Wegnahme *f* zollpflichtiger Waren; ⚓ Prise *f*, Kapern *n*; ~ *d'un navire* Aufbringung *f* e-s Schiffes; **4.** (Kriegs-)Beute *f*; ~**rer** (~ty're) *v/t*. [1a] fangen; erbeuten; wegnehmen; aufbringen; verhaften, ergreifen.
capuche (ka'pyʃ) *f* Kapuze *f für Kinder*.
capuchon (kapy'ʃɔ̃) *m* Kapuze *f*, Kappe *f*; Mönchskappe *f*; Hülse *f* (*e-s Füllfederhalters*); *prendre le* ~ Mönch werden; *phot*. ~ *parelumière m* Lichtschacht *m* (*bei Spiegelreflexkamera*); ~**ner** (~ʃɔ'ne) *v/t*. [1a] mit e-r Kappe bedecken.
capucin (kapy'sɛ̃) *m* **1.** Kapuzinermönch *m*; *fig*. Frömmler *m*, Betbruder *m*; *barbe f de* ~ langer Bart *m*; **2.** *zo*. Kapuzineraffe *m*; **3.** *orn*. Kapuzinertaube *f*; **4.** P *ch*. alter Hase *m*; ~**ade** F (~si'nad) *f* **1.** Kapuzinerpredigt *f*, Strafpredigt *f*; **2.** seichtes Gerede *n*, Plattheiten *f/pl*.
capuci|ne (kapy'sin) **I** *f* **1.** Kapuzinernonne *f*; F *fig*. Betschwester *f*; **2.** ⚘ Kapuzinerkresse *f*; **II** *adj*. **3.** *couleur f* ~ Kapuzinerblumenfarbe *f* (*dunkel orangefarbig*); **4.** ⚔ Gewehrring *m*; **III** *advt*. *à la* ~ nach Kapuzinerart; ~**nière** (~'njɛ:r) *f a. péj*. Kapuzinerkloster *n*; *allg*. fromme Sippschaft *f*.
capulet (kapy'lɛ) *m* (Damen-)Kapuze *f*.
caquage (ka'ka:ʒ) *m* Eintonnen *n*.
caque (kak) *f* Heringstonne *f*; *fig*. *serrés comme harengs en* ~ wie die Heringe zusammengepfercht; *prov*. *la* ~ *sent toujours le hareng* Prolet bleibt Prolet; der Apfel fällt nicht weit vom Stamm.
caquer (ka'ke) *v/t*. [1m] **1.** Heringe einsalzen; **2.** P kacken.
caquet (ka'kɛ) *m* **1.** Gackern *n*; Quaken *n*, Schnattern *n*; Schwatzen *n*; **2.** *fig*. Geschwätz *n*; ~*s pl*. (boshafte) Klatscherei *f*, Klatsch *m*; F *avoir le* ~ *bien affilé* ein gutes Mundwerk haben; F *rabattre le* ~ *à q*. (*od*. *de q*.) j-m das Maul stopfen, j-n zum Schweigen bringen; ~**age** (kak'ta:ʒ) *m* = *caquet*; ~**er** (kak'te) *v/i*. [1c] gackern; quaken, schnattern; *fig*. plappern, schwatzen; ~**erie** F (kakɛ'tri) *f* Geschwätz *n*; ~**eur** F (kak'tœ:r) [7g] **I** *su*. Schwätzer *m*; Klatschbase *f*; **II** *adj*. schwatzhaft.

caqueur (ka'kœːr) *su.* [7g] Heringseinsalzer *m.*

car[1] (kaːr) *cj.* denn.

car[2] (~) *m* Rundfahrtauto *n*, Reise-[omnibus *m.*]

carabe *ent.* (ka'rab) *m* Laufkäfer *m.*

carabin F (kara'bɛ̃) *m* Medizinstudent *m.*

carabi|ne ⚔ (kara'bin) *f* Karabiner *m*; ~ *à air comprimé* Luftgewehr *n*; **~né** F (~'ne) *adj.* heftig, sehr scharf, gehörig, tüchtig; sehr übel, ganz gemein F; *recevoir une réprimande* ~*e* e-n scharfen Verweis erhalten; *un rhume* ~ e-e heftige (*od.* üble) Erkältung *f*; ⚓ *brise f* ~*e* heftiger Wind *m*; **~nier** (~'nje) *m Italien*: Polizist *m*; *Spanien*: Zollbeamter *m*; F *arriver comme les* ~*s* zu spät ankommen.

caracal *zo.* (kara'kal) *m* (*pl.* ~s) [Luchskatze *f.*]

caraco (kara'ko) *m* Mieder *n.*

caraco|le (kara'kɔl) *f* 1. *escalier m en* ~ Wendeltreppe *f*; 2. *man.* Schwenkung *f e-s Pferdes*; **~ler** (~'le) *v/i.* [1a] 1. *faire* ~ *son cheval* sein Pferd schnell wenden, sein Pferd tanzen lassen; 2. sich tummeln (*Pferd*).

caractère (karak'tɛːr) *m* 1. Schriftzeichen *n*, Buchstabe *m*; *fondeur m de* ~*s* Schriftgießer *m*; ~*s d'écriture* Schreibschrift *f*; ~*s pl. gras* Fettdruck *m*; ~*s pl. d'imprimerie* Druckschrift *f*; ~*s pl. allemands* Fraktur *f*; ~*s pl. italiques* Kursiv(schrift *f*) *f*; ~*s pl. romains* Antiqua *f*; ~*s pl. à journaux* (*od. à labeurs*) Brot- *od.* Werk-schrift *f*; ~*s pl. de fantaisie* Zierschrift *f*; *écrire en petits* (*gros*) ~*s* klein (groß) schreiben; 2. Eigentümlichkeit *f*, Charakter *m*, Hauptmerkmal *n*, Erkennungszeichen *n*; ~ *distinctif* Merkmal *n*; ✈ Unterscheidungszeichen *n*; ~ *obligatoire* Rechtsverbindlichkeit *f*; ~ *avantageux*, ~ *lucratif* Rentabilität *f*; ~ *problématique* Problematik *f*; ~ *éthnique* Volkscharakter *m*; ~*s pl. héréditaires* Erbanlagen *f/pl.*; ~ *générique* Gattungsmerkmal *n*; 3. Charakter *m*, Gemüts-, Sinnes-art *f*; Charakterstärke *f*; *trait m de* ~ Charakterzug *m*; *manquer de* ~ gesinnungslos sein; 4. charakterfester Mensch *m*, Charakter *m*; 5. Stand *m*, Titel *m*, Würde *f*; ~ *sacré* geistliche Würde *f*; 6. *litt.* Figur *f*; ~*s pl.* Charakterschilderungen *f*; 7. ⚖ ~*s pl. spécifiques d'un crime* Tatbestand *m* e-s Verbrechens.

caracté|riel ⚕ (karakte'rjɛl) *adj.* [7c] charakterlich schwierig; Charakter...; *un enfant* ~ ein Kind mit Gemütsstörungen; **~risation** (~riza'sjɔ̃) *f* Charakterisierung *f*; **~riser** (~ri'ze) [1a] I *v/t.* charakterisieren, treffend bezeichnen, kennzeichnen; II *v/rfl.* se ~ sich kenntlich machen, sein wahres Wesen zeigen; **~ristique** (~ris'tik) I *adj.* charakteristisch, bezeichnend; *trait m* ~ Wesenszug *m*; II *f* Charakteristik *f*; *gr.* Kennbuchstabe *m*; Ꭿ Kennziffer *f*; ⊕ Charakteristikum *n*; ~*s pl.* technische Daten *n/pl.* *od.* Eigenschaften *f/pl.*

carafe (ka'raf) *f* Karaffe *f*; ~ *à eau* Wasserflasche *f.*

carambo|lage (karɑ̃bɔ'laːʒ) *m* 1. *bsd. Auto,* 🚂 Zusammen-stoß *m*, -prall *m*; 2. Rauferei *f*; 3. *bill.* Karambolieren *n*; **~ler** (~'le) *v/i.* [1a] 1. *bds. Auto,* 🚂 zusammen-stoßen, -prallen; 2. *bill.* karambolieren.

carambouilleur P (karɑ̃bu'jœːr) *m* Schieber *m*, (Kredit-)Schwindler *m* (*der s-e gekaufte Ware nicht bezahlt u. nur gegen bar verkauft*).

cara|mel (kara'mɛl) *m* brauner Zuckerkandis *m*, Karamelle *f*, Husten-, Brust-bonbon *m*; **~méliser** (~meli'ze) *v/t.* [1a] Zucker bräunen.

carapace (kara'pas) *f* 1. Rückenschild *n* der Schildkröten; 2. *at.* ~ *de béton* Betonklotz *m.*

carapater P (karapa'te) *v/i.*, *a. v/rfl.* *se* ~ auskneifen F, sich dünne machen P, verduften P, türmen P.

caraque * *dial. Provence* (ka'rak) *m* Zigeuner *m.*

carat (ka'ra) *m* Karat *n.*

carava|ne (kara'van) *f* 1. Karawane *f*; *Auto*: Wohnwagenanhänger *m*; 2. *hist.* ~*s pl.* Kreuzfahrten *f/pl.* der Malteserritter; 3. (Reise-)Gesellschaft *f*; **~nier** (~'nje) *m* Karawanen-, Kamel-führer *m*; *Auto*: Wohnwagenbesitzer *m*; **~niste** (~'nist) *su.* Teilnehmer *m* an e-r Karawane.

caravansérail (~vɑ̃se'raj) *m* 1. Karawanserei *f* (*Orient*); 2. internationaler Treffpunkt *m*; internationales Hotel *n.*

caravelle ⚓ *hist.*, ✈ (kara'vɛl) *f* [Karavelle *f.*]

carbet (kar'bɛ) *m* Bootsschuppen *m.*

carbochimique (karbɔʃi'mik) *adj.* Anilinfarben...

carboglace(karbɔ'glas) *f* Trockeneis *n*.

carbolique ⚗(karbɔ'lik) *adj*. karbolsauer.

carbona|te ⚗ (karbɔ'nat) *m* kohlensaures Salz *n*; ~ *de potasse* kohlensaures Kali *n*; ~ *de soude* kohlensaures Natron *n*; **~ter** ⚗ (~na'te) *v/t. u.* se ~ [1a] **1.** mit Kohlensäure sättigen; **2.** (sich) in kohlensaures Salz verwandeln.

carbo|ne (kar'bɔn) *m* **1.** ⚗ Kohlenstoff *m*; **2.** (*papier*) ~ Blaupapier *n* (*für Schreibmaschinen*); **~né** (~'ne) *adj*., **~nifère** (~ni'fɛ:r) *adj*. kohlenhaltig; **~nil** ⚗ (~'nil) *m* Karbonileum *n*; **~nique** (~'nik) *adj*. kohlensauer; *acide m* ~ Kohlensäure *f*; **~nisation** (~niza'sjɔ̃) *f* Verkohlung *f*; Verkokung *f*; Verbrennung *f*; **~niser** (~ni'ze) *v/t. u.* **se ~** [1a] verkohlen; *v/t*. P schädigen; F *fig*. zu scharf braten.

carbonnade (~'nad) *f* Rostbraten *m*.

carbu|rant (karby'rɑ̃) *m* Treib-, Betriebs-, Brenn-stoff *m* (*z. B. Benzol*); **~rateur** ⊕ (~ra'tœ:r) *m* Vergaser *m*; ~ *à gicleur* Spritzvergaser *m*; **~ration** (~rɑ'sjɔ̃) *f* **1.** *métall*. Kohlung *f* des Eisens; **2.** Vergasung *f*; *chambre f de* ~ *Auto*: Explosionsraum *m*; **~re** ⚗ (kar'by:r) *m* Kohlenstoffverbindung *f*; ~ *de calcium* Karbid *n*; ~ *d'hydrogène* Leuchtgas *n*; **~ré** ⚗ (~by're) *adj*. kohlenstoffhaltig; *hydrogène* ~ Kohlenwasserstoff *m*; **~rer** (~) *v/t*. [1a] vergasen.

carcailler (karka'je) *v/i*. [1a] schlagen (*von Wachteln*).

carcan (kar'kɑ̃) *m* **1.** *hist*. Halseisen *n*, Pranger *m*; **2.** *fig*. Zwang *m*; **3.** P Schindmähre *f*; **4.** langes u. böses Weib *n*; **5.** Halskette *f*.

carcasse (kar'kas) *f* **1.** Gerippe *n*; **2.** Gestell *n e-s Schirmes, Lampenschirms*; ✈ Tragwerk *n*; ⚓ Rumpf *m*; ⚠ Zimmerwerk *n*; **3.** *cuis*. Rumpf *m vom Geflügel*; **4.** F Körper *m*; F *fig*. sehr magere Person; *c'est une* ~ er ist nichts als Haut und Knochen, er ist nur noch ein Knochengerüst; F *iron*. *promener sa* ~ (einher-)wandeln. **5.** *fig*. Entwurf *m*.

carcino|mateux ⚕ (karsinɔma'tø) *adj*. [7d] krebsartig; Krebs...; **~me** ⚕ (~'nɔm) *m* Krebs *m*, Krebsgeschwür *n*; **~se** ⚕ (~'no:z) *f* Karzinosis *f*, allgemeine Krebsdurchseuchung *f*; **~tron** *rad*. (~'trɔ̃) *m* Karzinotron *n* (*Elektronenvorrichtung für Hochfrequenzradaranlagen*).

cardage (kar'da:ʒ) *m* Aufkratzen *n*, Kämmen *n der Wolle*.

cardamine ⚘ (karda'min) *f* Wiesenschaumkraut *n*

cardan(kar'dɑ̃) *m* ⊕, *Auto*: Kreuz-, Kardan-gelenk *n*; *arbre m à* ~ Kardanwelle *f*.

carde (kard) *f* **1.** ⚘ Rippe *f der Artischocke*; Kopf *m* der Kardendistel; **2.** ⊕ Wollkratze *f*, Tuchkamm *m*.

carder (kar'de) [1a] *v/t*. **1.** *Wollspinnerei*: aufkratzen, krempeln, kämmen (*kardätschen*); **2.** P ~ *le poil de q*. j-m das Fell gerben, j-n vertrimmen.

cardère ⚘ (kar'dɛ:r) *f* Kardendistel *f*.

cardia *anat*. (kar'dja) *m* Mageneingang *m*.

cardi|algie ⚕(kardjal'ʒi) *f* Herz- *od*. Mageneingangs-krampf *m*; **~aque** ⚕ (~'djak) **I** *adj*. **1.** zum Herzen (*od*. zum Magenmunde) gehörig; *crise f* ~ Herzanfall *m*; *faiblesse f* ~ Herzschwäche *f*; *névrose f* ~ Herzneurose *f*; **2.** herzstärkend; **II** *su*. Herzleidender *m*; **III** *m* Herzmittel *n*.

cardigan (kardi'gɑ̃) *m* Strickjacke *f*; Wollweste *f*.

cardinal (kardi'nal) **I** *adj*. [5c] hauptsächlich; Kardinal..., Haupt-...; *gr*. *nombre m* ~ Kardinal-, Grund-zahl *f*; *les quatre points cardinaux* die vier Himmelsrichtungen *f/pl*.; **II** *m rl*. Kardinal *m* (*auch als Vogel*); **~at** (~'la) *m* Kardinalswürde *f*; **~ice** (~'lis) *adj*. zur Kardinalswürde gehörig; *barrette f* ~ Kardinalshut *m*; **~iser** (~li'ze) *v/t*. [1a] zum Kardinal machen.

cardio|gramme ⚕ (kardjɔ'gram) *m* Kardiogramm *n* (= KG *n*); **~graphe** ⚕ (kardjɔ'graf) *m* Kardiograph *m*; **~logue** (~'lɔg) *m* (*a. médecin* ~) Spezialist *m* für Herzkrankheiten; **~vasculaire** (~vasky'lɛ:r) *adj*.: *maladies f/pl*. **~s** Herz- u. Gefäßkrankheiten *f/pl*.

cardite ⚕ (kar'dit) *f* Herzentzündung *f*.

car|don ⚘ (kar'dɔ̃) *m* wilde Artischocke *f*; **~duacées** ⚘ (~dɥa'se) *f/pl*. Distelblumen *f/pl*.

carême (ka'rɛ:m) *m* Fastenzeit *f*, Fasten *pl*.; *faire* ~, *observer le* ~ Fasten halten; *rompre le* ~ während der Fastenzeit Fleisch essen; *face f* (*od. visage m*) *de* ~ bleiches Fastengesicht *n*; **~-prenant** (~prə'nɑ̃) *m* [6a] **1.** Fastnachtszeit *f*,

Fasching *m*, *bsd.* Fastnachtsdienstag *m*; Fastnachtsbelustigungen *f/pl.*; **2.** *fig.* F Pfingstochse *m*.

carénage (kare'na:ʒ) *m* ⚓ Werft *f* zum Kielholen; Kielholen *n*; ⊕ Verkleidung *f*; ✈ Radarkuppel *f*; *Auto*, ✈ Stromlinienform *f*.

caren|ce (ka'rɑ̃:s) *f* **1.** ⚖ Abwesenheit *f*; Nichtvorhandensein *n*, Zahlungsunfähigkeit *f*, Pfandmangel *m*; *procès-verbal m de* ~ Protokoll *n* über das Nichtvorhandensein e-s Nachlasses; **2.** ⚕ Nährstoffmangel *m*; ~ *vitaminique* Vitaminmangel *m*; *maladies f/pl. par* ~ Mangelkrankheiten *f/pl.*; **3.** *fig.*, *a. pol.* Versagen *n*; **~cer** (~rɑ̃'se) *v/t.* [1k] als abwesend feststellen.

carène (ka'rɛn) *f* **1.** ⚓ (Schiffs-) Kiel *m*; *abattre en* ~ kielholen; **2.** △ Mittelschiff *n* der Basilika; **3.** ♀ unteres Blumenblatt *n* der Schmetterlingsblumen.

caréner (kare'ne) *v/t.* [1f] ⚓ kielholen, ausbessern, reinigen; ⊕ verkleiden; *Auto*, ✈ e-e Stromlinienform geben.

cares|sant (karɛ'sɑ̃) *adj.* [7] einschmeichelnd, liebkosend, zärtlich, anschmiegsam; **~se** (~'rɛs) *f* Liebkosung *f*; Streicheln *n*; Schmeichelwort *n*, -rede *f*; *faire des* ~*s à q.* j-n liebkosen *od.* streicheln, j-m schmeicheln; *les* ~*s de la fortune* die glücklichen Zufälle *m/pl.*

caresser (karɛ'se) *v/t.* [1b] **1.** liebkosen; streicheln, hätscheln; **2.** *fig.* ~ *une chimère* e-r fixen Idee nachgehen, e-e fixe Idee haben; ~ *un espoir* e-e Hoffnung hegen; F ~ *la bouteille* gern einen heben gehen, gern ins Glas gucken, gern einen bügeln P.

cargaison (kargɛ'zɔ̃) *f* Schiffsladung *f.*

cargo(-boat) (kar'go, ~'bot) *m* Frachtschiff *n*.

car|gue ⚓ (karg) *f* Geitau *n*; **~guer** ⚓ (~'ge) [1a] **I** *v/t.* aufgeien, einreffen; *les voiles carguées* mit gerefften Segeln; **II** *v/i.* sich auf e-e Seite neigen.

cariatide △ (karja'tid) *f* Karyatide *f*, Tragsäulenfigur *f*.

caricatu|re (karika'ty:r) *f* Zerrbild *n*, Karikatur *f*; F *fig.* Schießbudenfigur; **~rer** (~'re) [1a] **I** *v/t.* karikieren; **II** *v/i.* Karikaturen machen; **~riste** (karikaty'rist) *m* Karikaturenzeichner *m*.

carie (ka'ri) *f* **1.** ⚕ Knochenfraß *m*, Karies *f*; ~ *des dents* Zahnfäule *f*, Hohlwerden *n* der Zähne; **2.** 🌿 Brand *m* im Getreide, Kornfäule *f*; **3.** Wurmstich *m*; **4.** ~ *des mur(aille)s* Salpeterfraß *m*.

cari|er (ka'rje) [1a] **I** *v/t.* anfressen, aushöhlen; *dent f cariée* hohler Zahn *m*; **II** *v/rfl.* *se* ~ anfaulen; 🌿 brandig werden (*Getreide*); faulen (*Knochen*); **~eux** (~'rjø) *adj.* [7d] angefressen.

carillon (kari'jɔ̃) *m* **1.** Glockenspiel *n*; *montre f à* ~ Spieluhr *f*; *boîte f à* ~ Spieldose *f*; **2.** Glockenläuten *n*, Geläute *n*; F *fig.* Lärm *m*; *sonner le* ~ die Glocken läuten; **~nement** (~jɔn'mɑ̃) *m* Glockenläuten *n*; **~ner** (~jɔ'ne) [1a] **I** *v/t.* **1.** einläuten; *fig.* ausposaunen, an die große Glocke hängen; ~ *une nouvelle* e-e Nachricht ausposaunen (*od.* **an die große** Glocke hängen); *fête f* ~*née* hohes (religiöses) Fest *n*, kirchlicher Feiertag *m*; ~ *un air* e-e Melodie mittels eines Glockenspiels ertönen lassen; **II** *v/i.* **2.** mit den Glocken läuten, das Glockenspiel spielen; **3.** F stark klingeln; **~neur** (karijɔ'nœ:r) *m* Glöckner *m*.

carlin (kar'lɛ̃) *m* Mops *m* (*Hunderasse*).

carline ♀ (kar'lin) *f* Eberwurz *f*.

carlingue (kar'lɛ̃:g) *f* **1.** ✈ Kabine *f*, Führerstand *m*; Fluggast-, Sitzraum *m*, Flugzeugrumpf *m*; **2.** ⚓ Kiel-balken *m*, -schwein *n*.

carme *rl.* (karm) *m* (*a. adj.*: *père m* ~) Karmeliter(mönch *m*) *m*; ~ *déchaussé* Barfüßermönch *m*.

carmélite (karme'lit) **I** *f* Karmeliternonne *f*; **II** *adj.* hellbraun.

carmin (kar'mɛ̃) **I** *m* Karmin(rot *n*) *n*; *fig. des lèvres f/pl. de* ~ karminrote Lippen *f/pl.*; **II** *adj.* (*inv.*) karminrot.

carminatif ⚕ (karmina'tif) **I** *m* Blähungs-bekämpfung *f*, -mittel *n*; **II** *adj.* [7e] Blähungen verhindernd.

carmi|né (karmi'ne) *adj.* karminfarben; **~ner** (~) *v/t.* [1a] karminrot malen.

carnage (kar'na:ʒ) *m* **1.** Blutbad *n*, Gemetzel *n*; **2.** Fleisch *n* *getöteter Tiere*; Aas *n*.

carnas|sier (karna'sje) **I** *adj.* [7b] **1.** fleischfressend, raubgierig; **2.** F viel Fleisch essend; **II** ~*s m/pl.* *zo.* Fleischfresser *m*; *ent.* Raubkäfer *m*; **~sière** (~'sjɛ:r) *f* Jagdtasche *f*.

carnation (karnɑ'sjɔ̃) *f* **1.** *peint.* Fleischdarstellung *f in e-m Ge-*

mälde; **2.** Haut-, Fleisch-farbe *f*.
carna|val (karna'val) *m, pl.* ~*s* **1.** Fasching(szeit *f*) *m*, Fastnacht *f*, Karneval *m*; **2.** lärmende Lustbarkeit *f*; **3.** *fou* (*od. personnage m*) *de* ~ Faschingsnarr *m*; **~valesque** (~va'lɛsk) *adj.* faschingsmäßig.
carne[1] (karn) *f* Kante *f*, Ecke *f*.
carne[2] P (~) *f* schlechtes *od.* zähes Fleisch *n*; Gaul *m*, Klepper *m*, Schindmähre *f*; Schweinehund *m*, Lump *m*, Strolch *m*, schuftiger Kerl *m*; *bsd.*: niederträchtiges, ausschweifendes Weibsbild *n*.
carné (kar'ne) *adj.* **1.** fleischfarben; **2.** Fleisch...; *alimentation f* ~*e* Fleischkost *f*.
carnet (kar'nɛ) *m* Notizbuch *n*; ~ ~ *à souche* Scheck- *od.* Quittungsheft *n* mit Kontrollabschnitten; ~ *de tickets* Fahrscheinheft *n*; ~ *à calquer* Durchschreibeheft *n*; ⚔ ~ *de message* Meldeblock *m*; ✝ ~ *de chèques* Scheckheft *n*; *écol.* ~ *de vocabulaire* Vokabelheft *n*.
carni|er (kar'nje) *m* Jagdtasche *f*; **~fier** (~ni'fje): *v/rfl.* [1a] *se* ~ zu Fleisch werden; **~forme** (~ni'fɔrm) *adj.* fleischartig; **~vore** (~ni'vɔ:r) *adj.* (*u.* ~*s m/pl.*) **1.** fleischessend; *l'homme est* ~, *mais non pas carnassier* der Mensch ißt Fleisch, aber kein rohes; **2.** fleischfressend(e Tiere *n/pl.*).
carogne (ka'rɔɲ) *f* Aas *n* (P *a. fig.*).
caroncule (karɔ̃'kyl) *f* **1.** *anat.* Fleisch-warze *f*, -auswuchs *m*; **2.** ⚘ Anschwellung *f*.
carotide *anat.*: (karɔ'tid) *adj. u. f* (*artère f*) ~ Kopfschlagader *f*.
carottage (karɔ'ta:ʒ) *m* **1.** ⚒ Kernbohrung *f*; **2.** *fig.* F Gaunerei *f*, Schwindel *m*, Prellerei *f*.
carot|te (ka'rɔt) *f* **1.** Mohrrübe *f*, Möhre *f* (*oft st.s.*); ~ *courte* Karotte *f*; **2.** ~ *de tabac* Kautabaksrolle *f*; **3.** ⚒, *géol.* Bohrkern *m*, Kern *m*; **4.** *fig.* P Schwindel *m*, Trick *m*, Dreh *m*, Schwindelei *f*, Prellerei *f*; *tirer une* ~ *à q.* j-n beschwindeln, j-n anpumpen, j-m etw. abluchsen; **~ter** (~'te) *v/t.* [1a] **1.** P ~ *q.* j-m das Geld aus der Tasche locken, j-n betrügen *od.* beschwindeln *od.* begaunern; ~ *une consultation* e-e ärztliche Beratung umsonst haben wollen; **2.** * ⚔ ~ *le service* sich vom Dienst drücken; **~teur** [7g], **~tier** [7b] ('~tœ:r, ~'tje) *su.* Schwindler *m*; Nassauer *m*; Drückeberger *m*.
carou|be ⚘ (ka'rub) *f* Johannisbrot *n*; **~bier** ⚘ (~'bje) *m* Johannisbrotbaum *m*.
car|pe (karp) **I** *f icht.* Karpfen *m*; *s'ennuyer comme une* ~ sich schrecklich langweilen; *muet comme une* ~ stumm wie ein Fisch; F *être ignorant comme une* ~ von Tuten u. Blasen keine Ahnung haben F; **II** *m anat.* Handwurzel *f*; **~peau** *icht.* (~'po) *m* [5b] kleiner Setzkarpfen *m*; **~pette** (~'pɛt) *f* kleiner Teppich *m*; **~pier** (~'pje) *su.* [7b] Karpfenteich *m*; **~pillon** *icht.* (~pi'jɔ̃) *m* ganz kleiner Karpfen *m*; **~quois** (~'kwa) *m* Köcher *m*.
carrare *min.* (ka'ra:r) *m* karrarischer Marmor *m*.
carre (kɑ:r) *f* **1.** Dicke *f* e-s rechteckig geschnittenen Körpers; **2.** Oberteil *m e-s Hutes*; Schulterstück *n e-s Rockes*; **3.** Schulterbreite *f*; **4.** breite Schuhspitze *f*.
carré (ka're, kɑ're) **I** *adj.* **1.** viereckig; *bsd.* ⩚ Quadrat..., Geviert...; F *fig.* offenherzig, ohne Falsch, geradezu, zuverlässig; ~ *en affaires* zuverlässig in Geschäftsangelegenheiten; ~ *des épaules* breitschultrig; *homme* ~ ehrlicher Mensch ohne Falsch; (*kilo*)*mètre* ~ Quadrat(kilo)meter *m*; *mesurer trois centimètres* ~*s* drei Zentimeter im Quadrat messen; ⩚ *nombre m* ~ Quadratzahl *f*; ⩚ (*extraire la*) *racine* ~*e* (die) Quadratwurzel (ausziehen); *réponse f* ~*e* klare (*od.* sichere) Antwort; *f*; *tête f* ~*e* eigensinniger Mensch *m*, Starrkopf *m*; Quadratschädel *m*; **II** *m* **2.** Quadrat *n*, gleichseitiges Rechteck *n*; ~ *long* Rechteck *n*; ⚔ ~ *du plan directeur* Planquadrat *n e-r Karte*; **3.** ⚘ (viereckiges Garten-)Beet *n*; *un* ~ *de pommes de terre* ein Kartoffelfeld *n*; **4.** ⚔ Karree *n*; *former le* ~ Karree formieren; *enfoncer un* ~ ein Karree sprengen; **5.** ⩚ Quadrat *n e-r Zahl*; **6.** ~ *de mouton* Hammelvorderviertel *n*; **7.** a) Treppenabsatz *m*; b) F Zimmer *n*; **8.** ⚓ ~ *des officiers* Offiziermesse *f*; **9.** (*papier*) ~ Normalformat *n*.
carreau (kɑ'ro) *m* [5b] **1.** (kleines) Viereck *n*; *à petits* ~*x* gewürfelt; *étoffe f à* ~*x* kariertes Zeug *n*; **2.** viereckige Platte *f*; Fliese *f*; Kachel *f*; ~ *de ciment* Beton-,

Zement-platte *f*; **3.** (Erd-)Boden *m*; *mit Fliesen belegter* Fußboden *m*; Straßenpflaster *n*; *coucher sur le* ~ auf dem Fußboden schlafen; *rester sur le* ~ auf dem Platze (*od.* der Strecke) bleiben; *fig.* unterliegen; **4.** Fensterscheibe *f*, Scheibe *f*; **5.** Polster *n*, (Fuß-, Näh-)Kissen *n*; **6.** Plätt-, Bügel-eisen *n*; **7.** Bolzen *m*; ~*x de la foudre* Donnerkeile *f*; **8.** *Kartenspiel*: Karo *n*, Schellen *f/pl.*; *valet m de* ~ Schellenbube *m*; *se garder à* ~ sich bei Karo verwahren; *fig.* sehr auf der Hut sein; **9.** ⚕ Unterleibsschwindsucht *f*.

carrée P (ka're) *f* Behausung *f* (= *Wohnung*), Bude *f*, Loch *n*, Spelunke *f*; Karzer *m*.

carrefour (kar'fu:r) *m* (Wege-, Straßen-)Kreuzung *f*; *fig.* Völkerscheide *f*; Scheideweg *m*; Treffpunkt *m*; *anat.*, ⚕ Mündung *f*; *orateur m de* ~ Volks-, Gassen-redner *m*.

carre|lage (kar'la:ʒ) *m* **1.** Pflastern *n*; **2.** Fliesenpflaster *n*; **3.** Pflasterlohn *m*; **~ler** (~'le) *v/t.* [1c] mit Fliesen pflastern; **~let** (~'lɛ) *m* **1.** Lineal *n*, Kantel *n*; **2.** *icht.* Goldbutte *f od.* gemeine Scholle; **3.** Netz *n* zum Fange kleiner Vögel; *Fischerei*: viereckiges Senknetz *n*; **4.** *phm.* Seiherahmen *m*; **5.** Packnadel *f*; **~lette** (~'lɛt) *f* Polierfeile *f*; **~leur** (~'lœ:r) *m* **1.** Fliesenleger *m*.

carrément (kare'mɑ̃) *adv.* im (*od.* ins) Quadrat, winkelrecht; *fig.* geradezu, rundweg; *dites-le* ~ sagen Sie es geradeheraus.

carrer (kɑ're) [1a] **I** *v/t.* **1.** viereckig machen, quadrieren; **2.** ⚔ im Karree aufstellen; **3.** ⩘ ins Quadrat erheben; in ein Quadrat verwandeln; **4.** P setzen, stellen, legen; **II** *v/rfl.* se ~ **5.** F *fig.* sich bequem machen, sich breit machen.

carrier (ka'rje) *m* Steinbrecher *m*; Eigentümer *m* e-s Steinbruchs.

carrière¹ (ka'rjɛ:r) *f* **1.** (Reit-, Renn-)Bahn *f*; *donner* ~ *à un cheval* mit verhängtem Zügel reiten; **2.** Lauf *m* (*als Reitkunst*); *ast.* Lauf *m* der Gestirne; *fig. avoir libre* ~ freien Lauf haben, sich austoben können; *donner* ~ *à qch.* e-r Sache freien Lauf lassen; *fig. donner* ~ *à sa fantaisie* s-r Phantasie freien Lauf geben; **3.** *fig.* Karriere *f*, Lebens-, Lauf-bahn *f*; Beruf *m*, Stand *m*; ~ *militaire* militärische Laufbahn *f*; *officier m de* ~ aktiver Offizier *m*; *embrasser une* ~ e-n Beruf ergreifen.

carrière² (~) *f* Steinbruch *m*; ~ *de marbre*, ~ *d'ardoise* Marmor-, Schiefer-bruch *m*.

carriole (ka'rjɔl) *f* zweirädriger Planwagen *m*; *péj.* Karrete *f*, Klapperkasten *m*, Mühle *f* P; ~ *administrative* Amtsschimmel *m*; *fig. être attelé à la même* ~ *que q.* mit j-m am gleichen Strange ziehen.

carros|sable (karɔ'sablə) *adj.*: *route f* ~ befahrbare Straße *f*; **~se** (~'rɔs) *m* Kutsche *f*, Pracht-, Staatswagen *m*; F *plais. Auto*: *rouler* ~ herum-fahren, -juckeln F; **~ser** (~'se) *v/t.* [1a] *Auto*: mit e-r Karosserie versehen; **~serie** *Auto* (~s'ri) *f* Karosserie(bau *m*) *f*; ~ *aérodynamique* Stromlinienkarosserie *f*; **~sier** *Auto* (~'sje) *m* Karosseriefabrikant *m*.

carrousel (karu'zɛl) *m* Ringelstechen *n* (*Volksfestlichkeit*); ⊕ ~ *à chaîne* Kreisförderer *m*.

carrure (ka'ry:r) *f* Schulterbreite *f*; *homme m d'une forte* ~ breitschultriger Mann *m*.

cartable (kar'tablə) *m* Schul-, Zeichen-, Schreib-mappe *f*.

carte (kart) *f* **1.** Karte *f*; ~ *postale* Postkarte *f*; ~ *postale illustrée* Ansichtskarte *f*; ~*-lettre* Kartenbrief *m*; ~ *pliante* Faltkarte *f*; ~ *pneumatique* Rohrpostkarte *f*; *adm.* ~ *perforeé* Lochkarte *f*; ~ *de table* Tischkarte *f* für den Gast; **2.** (Spiel-)Karte *f*, Kartenblatt *n*; ~*s pl.* Kartenspiel *n*; ~ *basse* niedrige (geringwertige) Karte *f*; ~ *haute* hohe Karte *f*; *château m de* ~*s* Kartenhaus *n*; *fig.* Luftschloß *n*; *tireur m* (*tireuse f*) *de* ~*s* Kartenleger(in *f*) *m*; *tirer les* ~*s à q.* j-m die Karten legen; *tour m de* ~*s* Kartenkunststück *n*; *battre* (*od. mêler*) *les* ~*s* die Karten mischen; *à qui la* ~? wer spielt aus?; *jouer aux* ~*s* Karten spielen; **3.** (Ausweis-)Karte *f*; ~ *blanche* unbeschränkte Vollmacht *f*; *il me donne* ~ *blanche* er läßt mir freie Hand; *Auto*: ~ *grise* Kraftfahrzeugbrief *m*; ~ *d'alimentation* Lebensmittelkarte *f*; ~ *d'échantillons* Musterkarte *f*; ~ *d'électeur* Wählerkarte *f*; ~ *d'entrée* Eintrittskarte *f*; *d'identité*

Personalausweis *m*, Kennkarte *f*; ~ *de travail*, ~ *de travailleur* Arbeitspaß *m*; ~ *de pain* Brotkarte *f*; *bsd.* ~ *de temps*, ~ *météorologique* Wetterkarte *f*; ~ *de sûreté* Sicherheitspaß *m*; ~ *de visite* Besuchskarte *f*; *déposer sa* ~ s-e Karte abgeben; **4.** Speise-karte *f*, -zettel *m*; ~ *des vins* Weinkarte *f*; *manger à la* ~ nach der Karte essen; **5.** (Land-)Karte *f*; ~ *routière* Touren-, Straßen-karte *f*; ~ *d'état-major* Generalstabskarte *f*; *fig. savoir la* ~ *(du pays)* mit den Gepflogenheiten e-s Landes vertraut sein; *fig.* gut Bescheid wissen; **6.** *fig.* F *perdre la* ~ sich verwirren (lassen), in Verwirrung geraten, s-e Fassung verlieren; F *ne pas perdre la* ~ auf s-n Vorteil bedacht sein, s-e Trümpfe nicht aus der Hand geben; *jouer sa dernière* ~ e-n letzten Versuch machen.

cartel (kar'tɛl) *m* **1.** *ehm.* (schriftliche) Herausforderung *f* zu e-m Duell; **2.** provisorisches (Auslieferungs-)Abkommen *n* zwischen Staaten; **3.** ~ *du mur* Wanduhr *f*; **4.** Rahmenverzierung *f* (Gemälde, Kamin, Uhr); **5.** Kartell *n*, Konzern *m*; *pol.* Block *m*; *pol.* ~ *des gauches* Links-kartell *n*, -block *m*.

cartellisation † (kartɛliza'sjɔ̃) *f* Kartellierung *f*.

cartelliste (~'list) *m* Mitglied *n* e-s Kartells.

carter *Auto* (kar'tɛ:r) *m* Gehäuse *n*, Schutz-, Getriebe-kasten *m*; ~ *du moteur* Motor-gehäuse *n*, -hülle *f*; ~ *à chaîne(s)*, ~ *de la chaîne* Ketten(schutz)kasten *m*; ~ *d'essieu* Achs-kasten *m*, -gehäuse *n*; ~ *du vilebrequin* Kurbelwellengehäuse *n*; ~ *de direction* Lenkgehäuse *n*; ~ *d'arbre à cames* (*désaxé* versetztes) Nockenwellengehäuse *n*; ~ *à bain d'huile* Ölbadkasten *m*; *faux* ~ Ölwanne *f*; ~ *inférieur* Ölsumpf *m*; ~ *des manivelles* Kurbelgehäuse *n*.

carte-réponse (kartre'pɔ̃:s) *f* [6b] Postkarte *f* mit Rückantwort.

cartila|ge (karti'la:ʒ) *m* Knorpel *m*; **~gination** (~laʒina'sjɔ̃) *f* Verknorpelung *f*; **~gineux** (~ʒi'nø) *adj.* [7d] *u. m/pl. icht.* knorpelig; Knorpelfische *m/pl.*

cartogra|phe (kartɔ'graf) *m* Kartograph *m*; **~phie** (~'fi) *f* Kartographie *f*, Kartenzeichnen *n*; **~phique** (~'fik) *adj.* kartographisch.

cartoguide (~'gid) *m* Autokarte *f* u. Reiseführer *m* (*Broschüre*).

cartoman|cie (kartɔmɑ̃'si) *f* Kartenlegen *n*, Wahrsagerei *f*; **~cien** (~'sjɛ̃) *su.* [7c] Kartenleger *m*.

carton (kar'tɔ̃) *m* **1.** Pappe *f*, Pappdeckel *m*; ⚠ ~ *bitumé* Dachpappe *f*; ~ *ondulé* Wellpappe *f*; ~ *paraffiné* Isolierpappe *f*; **2.** Karton *m*, Pappschachtel *f*; ~ *à chapeau* Hutschachtel *f*; **3.** (Zeichen-)Mappe *f*; **4.** Musterkarte *f*; **5.** Karton *m* (*größerer Entwurf zu e-m Gemälde, bsd. zu e-r Wandmalerei*); **6.** *typ.* Andruck *m*, Modell *n*; **7.** ⚔ *faire des* ~*s sur les plafonds* Löcher in die Decken schießen; *faire des* ~*s sur les promeneurs* auf die Spaziergänger drauflos schießen; **~nage** (~'na:ʒ) *m* Kartonieren *n*; Papparbeit *f*, -band *m*; **~ner** (~'ne) *v/t.* [1a] kartonieren, in Pappe binden; **~nerie** (~n'ri) *f* Pappen-, Kartonagenfabrik *f*; **~nier** (~'nje) [7b] **I** *su.* Pappenhändler *m*; Papparbeiter *m*; **II** *m* Aktenschrank *m* mit Pappschubfächern; **III** *adj.* [7b] *ouvrier m* ~ Papparbeiter *m*.

carton|-pâte (kar'tɔ̃'pɑ:t) *m* Papiermaché *n*; **~-pierre** (~'pjɛ:r) *m* Dachpappe *f*.

cartouche[1] (kar'tuʃ) *m* ⚠, *typ.* Zierrahmen *m*, -titel *m*, Schönleiste *f*; Kartusche *f* (*a. als Zierumrandung hieroglyphischer Inschriften altägyptischer Königsnamen*).

cartouch|e[2] (~) *f* Patrone *f*; ⚡ Schmelzsicherung *f*; *rad.* Röhrensicherung *f*; ~ *de parafoudre* Blitzschutzpatrone *f*; ~ *à blanc* Platzpatrone *f*; ~ *filtrante*, ~ *du masque à gaz* Gasmasken-, Atem-einsatz *m*; *bande f à* ~*s* Patronenstreifen *m*; ~ *de dynamite* Dynamitpatrone *f*; ~ *à balle* scharfe Patrone *f*; **~erie** (~tuʃ'ri) *f* Patronenfabrik *f*; **~ière** (~'ʃjɛ:r) *f* Patronentasche *f*.

cartulaire *hist., égl.* (karty'lɛ:r) *m* Urkundenbuch *n*, Kirchenarchiv *n*.

cas (kɑ) *m* **1.** *fig.* Fall *m*; *un* ~ *limite* ein Grenzfall *m*; *par* ~ *imprévu* unvorhergesehenerweise; *posons le* ~ *qu'il en soit ainsi* gesetzt den Fall, es wäre so; ~ *de conscience* Gewissens-fall *m*, -frage *f*; ~ *fortuit* Zufall *m*; *le* ~ *échéant* vorkommendenfalls; ~ *extrême* Grenzfall *m*; ⚖ ~ *de dommage* Schadensfall *m*; *en* ~ *de* im Falle von ...; *en* ~ *de besoin* (*od.* *de nécessité*) im Notfall, notfalls, nötigenfalls; *au* (*od.* *en*) ~ *que* ...

(*mit subj.*), *au* ~ *où, dans le* ~ *où, pour le* ~ *où* ... (*mit cond.*) im Falle (daß) ..., falls ...; *au* ~ *où vous apprendriez du nouveau, faites-le-moi savoir* sollten Sie etw. Neues erfahren, teilen Sie es mir mit!; *en tout* ~, *dans tous les* ~ jedenfalls, in jedem Falle; *en tout* ~ auf alle Fälle, auf jeden Fall; *c'est bien le* ~ *de dire* ... hier kann man sagen ...; *c'est le* ~ *de parler* es ist an der Zeit, frei heraus zu sprechen; *c'est le* ~ *ou jamais* jetzt oder nie; *agir selon le* ~ je nach den Umständen handeln; **2.** Zustand *m*, Lage *f*; *il n'est pas dans le* ~ *de le faire* er ist nicht in der Lage, es zu tun; **3.** *gr.* (Deklinations-)Kasus *m*, Fall *m*; ~ *oblique* obliquer (*od.* abhängiger) Kasus *m* (*alle Fälle, außer dem Nominativ*); ~ *direct* Akkusativ *m*; ~ *indirect* Genetiv, Dativ u. Ablativ; **4.** ⚖ Rechtsfall *m*, *engS.* strafbare Tat *f*; **5.** Wert(schätzung *f*) *m*; *faire grand* ~ *de q.* (*qch.*) große Stücke auf j-n halten (auf etw. [*acc.*] großen Wert legen); *faire peu de* ~ *de qch.* sich wenig aus etw. (*dat.*) machen.

casanier (kaza'nje) [7b] **I** *adj.* zu Hause sitzend, seßhaft, häuslich; *mener une vie casanière* immer zu Hause hocken; ein häusliches Familienleben führen; **II** *su.* Stubenhocker *m*; häuslich eingestellter Mensch.

casa|que (ka'zak) *f* **1.** weitarmiger Damenmantel *m*; *fig. tourner* ~ die Partei wechseln, s-e Meinung ändern, umschwenken; **2.** ~ (*de jockey*) Jockeyjacke *f*; **3.** Kittel(bluse *f*) *m* (*für Frauen*); **~quin** (~'kɛ̃) *m*: P *tomber sur le* ~ *à q.* j-n ordentlich versohlen (*od.* vertrimmen).

casbah (kaz'ba) *f* **1.** Zitadelle *f* u. Palast *m* (*Nordafrika*); arabisches Viertel *n*; **2.** * Haus *n*.

casca|dant (kaska'dɑ̃) *adj.* [7] in e-m Wasserfalle herunterstürzend; **~de** (~'kad) *f* **1.** (kleiner) Wasserfall *m*; ~ *de feu* Feuerregen *m*; *fig.* toller Einfall *m*, sprudelnder Witz *m*; **2.** plötzlicher Übergang *m* in der Rede; *plein de* ~*s* unzusammenhängend; *de* ~ *en* ~, *par* ~*s* in Sprüngen; **3.** F Purzelbaum *m*; **4.** F ausgelassenes Leben *n*; **5.** ⚡ *montage m en* ~ Serienschaltung *f*; **~der** (~ka'de) *v/i.* [1a] **1.** in e-m Wasserfall herunterstürzen; **2.** Witze reißen; **3.** ein tolles (*od.* ausgelassenes) Leben führen; **~deur** F (~'dœːr) [7g] **I** *su.* **1.** Lebemann *m*, leichtfertige Person *f*; **2.** unzuverlässiger Mensch *m*; **II** *adj.* leichtsinnig, -lebig.

cascatelle (~'tɛl) *f* kleiner Wasserfall *m*.

case (kaːz) *f* **1.** Häuschen *n*; (Neger-) Hütte *f*; Bungalow *m*; **2.** *Schach*: Feld *n*; **3.** Abteilung *f*, Fach *n in e-m Schrank, e-m Register, e-m Viehwagen usw.*; ~ *postale* Post(schließ)fach *n*, Schließfach *n*; **4.** P *il lui manque une* ~ bei ihm fehlt 'ne Schraube (*od.* ist e-e Schraube locker), er hat nicht alle Tassen im Schrank, der hat'n Tick.

casé|ation (kazeɑ'sjɔ̃) *f* Käsebereitung *f*, Gerinnen *n* der Milch; **~eux** (kaze'ø) *adj.* [7d] käsig; **~ification** (~zeifika'sjɔ̃) *f* Käsebereitung *f*; **~ifier** (~zei'fje) *v/t.* [1a] verkäsen; **~ine** (kaze'in) *f* Kasein *n*, Käsestoff *m*.

casema|te (kɑz'mat) *f frt.* Kasematte *f*, Bunker *m*, bombensicheres Gewölbe *n*; **~ter** (~'te) [1a] *frt. v/t.* kasemattieren; durch Kasematten befestigen.

casement (kɑz'mɑ̃) *m* Unterbringung *f*.

caser (kɑ'ze) [1a] **I** *v/t.* **1.** fachweise ordnen; *Gepäck usw.* verstauen; *fig. casez bien cela dans votre tête!* prägen Sie sich das gut ein! **2.** F j-m e-e Stellung verschaffen, j-n unterbringen; F ~ *sa fille* s-e Tochter unter die Haube bringen; **II** *v/rfl. se* ~ sich einrichten; F untergebracht werden, unterkommen, e-e Stellung finden.

caser|ne (ka'zɛrn) *f* Kaserne *f*; Mietskaserne *f*; **~nement** (~nə'mɑ̃) *m* **1.** Kasernierung *f*; **2.** *die* Kasernen *f/pl.*; **3.** Kaserneneinrichtung *f*; **~ner** (~'ne) [1a] **I** *v/t.* kasernieren; **II** *v/i.* in Kasernen liegen; **~nier** (~'nje) *m* Kasernenwärter *m*.

caséum (kɑze'ɔm) *m* Käsestoff *m*.

casier (kɑ'zje) *m* **1.** Fach *n*; Fachkasten *m*, -schrank *m*; Kartei *f*; Kartothek *f*; ~ *à bouteilles* Flaschenständer *m*; ~ *à lettres* Brieffach *n*; **2.** ⚖ ~ *judiciaire* (Auszug *m* aus dem) Strafregister *n*; **3.** Weidenkorb *m* (*od.* Reuse *f*) zum Fischen.

casilleux (kazi'jø) *adj.* [7] brüchig (*Glas*).

casino (kazi'no) *m* Kasino *n*, Kursaal *m*, -haus *n*; Gesellschaftshaus *n*.
cas-limite (kali'mit) *m* [6a] Grenzfall *m*.
cas|que (kask) *m* **1.** Helm *m*, Fliegerhaube *f*; *Auto*: Sturzhelm *m*; Kopfhörer *m*; ~ *d'acier* Stahlhelm *m*; ~*s pl. bleus* Unotruppen *f/pl.*; ~ *colonial* Tropenhelm *m*; ~ *de cuir* Lederhelm *m*; ~ *à pointe* Pickelhaube *f*; ~ *pour moto* (Motorrad-)Sturzhelm *m*; ~ *d'écoute*, ~ *téléphonique téléph.*, *rad.* Kopf(fern)hörer *m*; ~ *double*, ~ *à deux écouteurs* Doppelkopfhörer *m*; *Friseur*: ~*-séchoir* Trockenhaube *f*; ~ *à mèche* Zipfelmütze *f*; **2.** *zo.* hornartiger Auswuchs *m*; ~**qué** (~'ke) *adj.* behelmt; ~**quer** P (~) *v/t. u. abs.* bezahlen, blechen P; ~**quette** (~'kɛt) *f* (Schirm-)Mütze *f*; ~ *d'aviateur* Fliegerkappe *f*; ~ *de scaphandrier* Taucherkappe *f*.
cassa|ble (kɑ'sablə) *adj.* (leicht) zerbrechlich; ~**ge** (~'sa:ʒ) *m* Zerbrechen *n*.
cassant (kɑ'sɑ̃) *adj.* [7] **1.** zerbrechlich, brüchig, spröde; **2.** *fig.* unbeugsam, rechthaberisch, schroff, scharf, hochfahrend (*Ton*); *un ordre* ~ ein schroffer Befehl *m*.
cassation (kasɑ'sjɔ̃) *f* **1.** ⚖ Aufhebung *f*, Verwerfung *f*; *cour f de* ~ Kassationshof *m*; *Fr.*: oberster Gerichtshof *m*; *demande f* (*recours m*) *en* ~ Nichtigkeitsbeschwerde *f*; *se pourvoir* (P *rappeler*) *en* ~ Nichtigkeitsbeschwerde einlegen; **2.** ⚔ Degradation *f*, Absetzung *f*.
cassave ⚘ (ka'sa:v) *f* Jamswurzel *f*.
casse[1] (kɑ:s) *f typ.* Schrift-, Setzkasten *m*; *travailler à la* ~ als Schriftsetzer arbeiten.
casse[2] ⊕ (~) *f* Schmelzpfanne *f*.
casse[3] ⚘ (~) *f* Kassia *f*.
casse[4] (~) *f* Zerbrechen *n*; zerbrochene Sachen *f/pl.*; Bruchschaden *m*; ✈ Bruch *m*; ⚔ *u. fig.* Verluste *m/pl.*; *fig.* Schlägerei *f*; *payer la* ~ für den Schaden aufkommen; *il y aura de la* ~ es wird zu e-r Schlägerei kommen; ~**-cœur** F (kɑs'kœ:r) *m* Herzensbrecher *m*; ~**-cou** (~'ku) *m/inv.* **1.** gefährlicher Ort *m*, Fallgrube *f*; **2.** *Warnungsruf beim Blindekuhspiel*: es brennt!; **3.** Wagehals *m*, Draufgänger *m*; **4.** *allg. crier* ~ *à q.* j-n warnen; ~**-croûte** (~'krut) *m* Imbiß *m*; ~**-fer** (~'fɛ:r) *m/inv.* Amboßloch *n*, Durchschlag *m*; ~**-fil** (~'fil) *m/inv.* Fadenhaltbarkeitsmesser *m*; ~**ment** (~'mɑ̃) *m* Zerbrechen *n*; *fig.* ~ *de tête* Kopfzerbrechen *n*; ~**-noisettes** (~nwa'zɛt) *m/inv.* Nußknacker *m*; F *fig. figure f en* ~ Nußknackergesicht *n*; ~**-noix** (~'nwa) *m/inv.* **1.** Nußknacker *m*; **2.** *orn.* Nußhäher *m*; ~**-pieds** F (~'pje) *m* [6c] aufdringlicher Kerl *m*, Klette *f fig.*; ~**-pierres** (~'pjɛ:r) *m* **1.** Steinbrech *m*; **2.** ⊕ Steinhaue *f*; ~**-pipe**(**s**) F (~'pip) *m/inv.* **1.** Krieg *m*; **2.** Schießhalle *f* (*auf Rummelplätzen*).
casser (kɑ'se) [1a] **I** *v/t.* **1.** (zer-)brechen, entzweischlagen; kaputt machen F; ~ *le cou à q.* j-m den Hals (*od.* das Genick) brechen; ~ *la croûte* e-n kleinen Imbiß nehmen; ~ *une noix* e-e Nuß (auf)knacken; F *ses études sont cassées* mit s-n Studien ist es aus; *il ne casse rien* er hat nichts zu sagen (*od.* zu melden); P *ça ne casse rien* das ist nichts Besonderes; *fig. il payera les pots cassés* er wird den Schaden bezahlen müssen; ~ *les vitres* die Fensterscheiben zerschlagen; *fig.* mit der Tür ins Haus fallen; P ~ *la figure* (*od. la gueule*) *à q.* j-m eine pellen, j-m eins in die Fresse schlagen (*od.* hauen); P ~ *sa pipe* ins Gras beißen, verrecken, abnibbeln, die Radieschen von unten begucken, abkratzen; ~ *du bois* Bruch (*od.* Kleinholz) machen; F ~ *du sucre sur le dos de q.* über j-n herziehen; ~ *bras et jambes* jeden Mut nehmen; P ~ *les pieds à q.* j-m auf den Wecker fallen; P ~ *les oreilles à q.* j-m die Ohren vollschreien; j-m in den Ohren liegen (*mit e-r Bitte*); *un vieillard cassé* ein gebrochener alter Mann *m*; *voix f cassée* verbrauchte Stimme *f*; **2.** ⚖ aufheben, ungültig erklären; **3.** ⚔ absetzen, entlassen, degradieren; *allg.* ~ *aux gages* entlassen; **II** *v/i.* **4.** (zer-)brechen, (zer)reißen, (zer) springen; **III** *v/rfl.* *se* ~ **5.** zerbrechen, (zer-)reißen entzweigehen, kaputt gehen F; *Auto*, ✈ Bruch machen; *se* ~ *le nez* mit langer Nase (*od.* unverrichteter Dinge) abziehen müssen, j-n nicht antreffen; sich die Finger verbrennen; **6.** schwach *od.* gebrechlich werden.
casserole (kas'rɔl) *f* **1.** Kochtopf *m*, Kasserolle *f*, Schmorpfanne *f*; *a.* ⚡

~ *pression* Dampfkochtopf *m*; F *passer à la* ~ geschlachtet werden, in den Kochtopf wandern (lassen); schlachten; ~*s f/pl. en fer-blanc* Blechgeschirr *n*; **2.** * Polizeispion *m*, Spitzel *m*, Denunziant *m*; **3.** F ⚔ Stahlhelm *m*; **4.** ♪ F schlechtes Klavier *n od. allg.* Instrument *n*, Klimperkasten *m*.

casse-tête (kɑs'tɛt) *m/inv.* Streitkeule *f* der Wilden; Totschläger *m*; *fig.* betäubender Lärm *m*; Kopfzerbrechen *n*, kopfzerbrechende Aufgabe *f*.

cassette (ka'sɛt) *f* (Gold- *od.* Juwelen)Kästchen *n*, Schatulle *f*; Geldkassette *f*.

casseur (kɑ'sœːr) *m* **1.** ~ *de pierres* Steineklopfer *m*; **2.** *fig.* ~ *d'assiettes*, ~ *de vitres* streitsüchtiger Mensch *m*, Stänker *m* P; *péj.* ~ *de prix* Preisdrücker *m*.

cassine (ka'sin) *f* einsames (*oft* baufälliges) Häuschen *n*; F Bruchbude *f*.

cassis (ka'sis, kɑ'sis) **I** *m* **1.** ⚘ schwarze Johannisbeere *f*; P Kopf *m*; **2.** Johannisbeerlikör *m*; **3.** (~'si) Rinne *f* quer über e-e Straße, Querrinne *f*; **II** *adj./inv.* dunkelblau.

cassolette (kasɔ'lɛt) *f* Räucherpfanne *f*; Riech-büchse *f*, -dose *f*.

casson (ka'sɔ̃) *m* **1.** Zuckerbrocken *m*; **2.** ~*s m/pl. de briques* Ziegelsplit *m*; ~**ade** (kasɔ'nad) *f* Koch-, Farin-, Roh-zucker *m*.

cassot (ka'so) *m* Lumpensortierkasten *m* (*in der Papierfabrikation*).

cassoulet (kɑsu'lɛ) *m* Ragout *n* aus weißen Bohnen, Geflügel- und Schweinefleisch.

cassure (kɑ'syːr) *f* Bruch *m*, gebrochene Stelle *f*, Riß *m*.

castagnette (kasta'ɲɛt) *f* Kastagnette *f*.

castapiane P ⚕ (kasta'pjan) *f* Tripper *m*.

caste (kast) *f* Kaste *f*; *esprit m de* ~ Kastengeist *m*.

castel (kas'tɛl) *m* Schlößchen *n*.

castillan (kasti'jɑ̃) [7] **I** *adj.* kastilisch; **II** ♀ *su.* Kastilier *m*;

castor (kas'tɔːr) *m* **1.** *zo.* Biber *m*; **2.** Biber-haar *n*, -fell *n*; **3.** Velourshut *m*; **4.** Bauherr *m*, der mit eigenen Händen baut *od.* mitanpackt; ~**éum** *phm.* (~tɔre'ɔm) *m* russisches Bibergeil *n*; ~**ine** (~'rin) *f* **1.** Bibergeilkampfer *m*; **2.** leichter Wollstoff *m*.

castramétation (kastrametɑ'sjɔ̃) *f* Vermessung *f* (*od.* Absteckung *f*) e-s Lagers.

castr|at (kas'tra) **I** *m* Kastrierte(r) *m*; **II** *adj.* [7] kastriert, entmannt; ~**ation** (~trɑ'sjɔ̃) *f a. vét.* Kastrierung *f*; Entmannung *f*; ~**er** (~'tre) *v/t.* [1a] *a. vét.* kastrieren.

castriste *pol.* (kas'trist) **I** *adj.* Fidel Castros...; **II.** *su.* Anhänger *m* Castros.

casual|isme *phil.* (kazɥa'lism) *m* Kasualismus *m*; ~**ité** (~li'te) *f* Zufälligkeit *f*.

casu|el (ka'zɥɛl) **I** *adj.* [6c] **1.** zufällig, ungewiß; **2.** widerruflich; *charges f/pl.* ~*les* nicht erbliche Ämter *n/pl.*; *droits m/pl.* ~*s* zufällige Einnahmen *f/pl.*; **II** *m* Nebeneinkünfte *f/pl.*; ~**iste** *rl.* (~'zɥist) *m* Kasuistiker *m*; ~**istique** *rl.* (~zɥis'tik) *f* Kasuistik *f*.

cata|clase ⚕ (kata'klɑːz) *f* Bruch *m* e-s Gliedes; ~**clysme** (~'klism) *m* Sintflut *f*, Erdumwälzung *f*; *fig.* Umsturz *m*, Katastrophe *f*, Umwälzung *f*; ~**combes** (~'kɔ̃ːb) *f/pl.* Katakomben *f/pl.*; ~**falque** (~'falk) *m* Katafalk *m*, Trauergerüst *n*.

cata|lecte (~'lɛkt) **I** *adj. mét.*: *vers m* ~ katalektischer Vers *m*; **II** ~*s m/pl.* Bruchstücke *n/pl.* von Werken der Alten; ~**lepsie** ⚕ (~lɛp'si) *f* Starrsucht *f*, Katalepsie *f*; ~**leptique** ⚕ (~lɛp'tik) *adj. u. su.* kataleptisch, von Starrsucht befallen; Kataleptiker *m*, Starrsüchtige(r) *m*.

cata|logue (~'lɔg) *m* Katalog *m*, Verzeichnis *n*; ~**loguement** (~lɔg'mɑ̃) *m* Katalogisierung *f*; ~**loguer** (~lɔ'ge) *v/t.* [1m] katalogisieren.

cataly|se ⚗ (kata'liːz) *f* Katalyse *f*, Auflösungsvermögen *n*; ~**seur** ⚗ (~li'zœːr) *m* Katalysator *m*.

cataphote *Auto, vél.* (kata'fɔt) *m* Rückstrahler *m*; *vél.* Katzenauge *n*.

cata|plasme ⚕ (~'plasm) *m* (Brei-) Umschlag *m*; ~ *de farine de moutarde* Senfpflaster *n*; ~**pulte** ⚔, ✈ (~'pylt) *f* **1.** *ehm.* Katapult *n*; **2.** ~ (*lance-avion*) Katapult *n*, Flugzeugschleuder *f*; ~ *à vapeur* Dampfkatapult *n*; ~**pulter** ✈ (~pyl'te) *v/t.* [1a] **1.** katapultieren, ein Flugzeug *od.* e-e Rakete durch ein Katapult starten lassen (*od.* abschießen); **2.** *fig.* *être catapulté dans le monde* ins Leben hinausgestoßen werden; ~**racte** (~'rakt) *f* **1.** Wasserfall *m*; *fig.* ~*s pl. du ciel* Wolkenbruch *m*; **2.** ⊕ Katarakt *m*, Gefälle *n* e-s Wassers *bei e-r Brücke*, breiter Wasserfall *m*;

3. ⚕ grauer Star *m*; *opérer la* ~ den grauen Star (weg)operieren; *opérer q. de la* ~ j-n am Star operieren; **~racter** ⚕ (~rak'te): **se ~** [1a] den grauen Star bekommen.

catar|rhe (ka'ta:r) *m* Katarrh *m*, Schleimhautentzündung *f*, Schleimfluß *m*; ~ *pulmonaire* Lungenkatarrh *m*; ~ *de la vessie*, ~ *vésical* Blasenkatarrh *m*; **~rheux** (~ta'rø) *adj.* [7d] zu Katarrh neigend.

catastroph|e (katas'trɔf) *f* Katastrophe *f* (*a.thé.*); Umwälzung *f*; schwerer Unglücksfall *m*; trauriges Ende *n*; **~er** F (~'fe) *v/t.* [1a]: *ça me catastrophe* das geht mir auf die Nerven, das kann ich nicht vertragen; **~ique** (~'fik) *adj.* katastrophal, vernichtend.

catch (katʃ) *m* Freistilringen *n*; **~eur** (~'tʃœ:r) *m* Freistilringer *m*.

caté|chèse (kate'ʃɛ:z) *f* Katechismuslehre *f*; **~chète** (~'ʃɛt) *su.* = *catéchiste*; **~chétique** (~ʃe'tik) *adj. rl.* katechetisch, zur Katechismuslehre gehörig; **~chisation** (~ʃiza'sjɔ̃) *f* Katechisierung *f*; **~chiser** (~ʃi'ze) *v/t.* [1a] **1.** den Katechismus lehren; **2.** F *fig.* ~ *q.* j-m Verhaltungsmaßregeln geben, j-n bevormunden, j-m e-e Gardinenpredigt halten, j-n abkanzeln; **~chisme** (~'ʃism) *m* Katechismus *m*; Religionsunterricht *m*; Konfirmandenunterricht *m*; **~chiste** (~'ʃist) *m* Katechet *m*; **~chumène** (~ky'mɛn) *m* Katechismusschüler *m*, Konfirmand *m*.

catégo|rie (~gɔ'ri) *f* Kategorie *f*, Gattung *f*, Klasse *f*, Art *f*, *fig.* Schlag *m*; *ces gens-là sont de la même* ~ diese Leute da sind von dem gleichen Schlage; **~rique** (~'rik) *adj.* kategorisch, bestimmt, entschieden (*Ton*); **~riser** (~ri'ze) *v/t.* [1a] *a. phil.* in Kategorien einteilen.

caténaire (kate'nɛ:r) **I** *adj.*: ⚡ *suspension f* ~ Aufhängung *f* des Leitungskabels elektrischer Bahnen in gleichen Abständen; Kettenaufhängung *f*; **II** ⚡ *m* Oberleitung(sdraht *m*) *f*, Fahrdraht *m*.

caterpillar ⊕ (katɛrpi'la:r) *m* Raupe(n-kette *f*, -schlepper *m*) *f*.

cathartique ⚕ (katar'tik) *adj. u. m* abführend(es Mittel *n*).

cathédrale (kate'dral) *f* Kathedrale *f*, Dom *m*, Münster *n* (*od. m*).

cathérétique ⚕ (katere'tik) *adj. u. m* ätzend(es Mittel *n*).

Catherine (ka'trin) *f* Katharina *f*; F *coiffer la sainte* ~ e-e alte Jungfer werden (*od.* bleiben).

cathé|ter ⚕ (kate'tɛ:r) *m* Katheter *n*, Sonde *f*; **~tériser** ⚕ (~teri'ze) *v/t.* [1a] sondieren, mit dem Katheter untersuchen; **~térisme** ⚕ (~te'rism) *m* Katheterismus *m*, Einführung *f* des Katheters in die Blase; **~tomètre** (~tɔ'mɛtrə) *m* Kathetometer *n*.

catho|de ⚡ (ka'tɔd) *f* Kathode *f*; **~dique** ⚡ (~'dik) *adj.*: *rayons m/pl.* ~*s* Kathodenstrahlen *m/pl.*

catholi|cisant (katɔlisi'zɑ̃) *adj.* [7] zum Katholizismus neigend; **~cisme** (~'sism) *m* Katholizismus *m*; katholische Religion *f*; **~cité** (~si'te) *f* katholische Lehre *f*; katholische Christenheit *f od.* Welt *f*.

catholi|que (katɔ'lik) **I** *adj.* □ **1.** (römisch-)katholisch; F *fig. cela n'est pas bien* ~ das ist verdächtig!; ~*ment adv.* als guter Katholik; **2.** *phil.* universal; **II** *su.* Katholik *m*; **~sation** (~liza'sjɔ̃) *f* Bekehrung *f* zum Katholizismus.

cati ⊕ (ka'ti) *m*: *le* ~ *d'une étoffe* der Preßglanz *m e-s Stoffes.*

catiche (ka'tiʃ) *f* Fischotterbau *m*.

catilinaire (katili'nɛ:r) *f* heftige Satire *f*; *les* ~*s* die katalinarischen Reden *f/pl.*

catimini F (katimi'ni): *en* ~ *advt.* ganz heimlich, unbemerkt, verstohlen.

catin F (ka'tɛ̃) *f* Fose *f* V, Nutte *f*, Straßendirne *f*.

ca|tir ⊕ (ka'ti:r) *v/t.* [2a] dem Tuch die Glanzpresse geben; **~tissage** ⊕ (~ti'sa:ʒ) *m* Zeugpressen *n*; **~tisseur** ⊕ (~ti'sœ:r) *m* Zeugpresser *m*.

catonien (katɔ'njɛ̃) *adj.* [7c] katonisch; *fig.* streng tugendhaft.

catoptrique *phys.* (katɔp'trik) *f* Spiegel-, Licht-reflexionslehre *f*.

Caucase (ko'kɑ:z) *m*: **le ~** der Kaukasus *m*.

cauchemar (koʃ'ma:r) *m* Alpdruck *m*, Alpdrücken *n*; *weitS.* quälender Traum *m*; *fig.* Schreckgespenst *n*; ~ *d'anxiété* Angsttraum *m*; *donner le* ~ *à q.*, *être un* ~ *pour q.* j-m furchtbar auf die Nerven fallen; *j'ai le* ~ ich habe e-n Alpdruck, ich fühle mich bedrückt.

caudal (ko'dal) *adj.* [5c] Schwanz...; **~e** (~) *f* Schwanzflosse *f*.

caudataire (koda'tɛ:r) *m* **1.** *rl.* Schleppenträger *m*; **2.** *péj.* Parteimann *m*; Speichellecker *m*.

cauli|cole (koli'kɔl) **I** ⚘ *adj.* auf Stengeln wachsend; **II** ~*s f/pl.* △ Spiralen *f/pl.* am korinthischen Säulenknauf; **~cule** (koli'kyl) *f* kleiner Stengel *m*; **~fère** ⚘ (~'fɛr) *adj.* stengeltragend.

causal (ko'zal) *adj.* [5c] **1.** ursächlich; **2.** *gr.* kausal, den Grund angebend; **~ité** (kozali'te) *f* ursächlicher Zusammenhang *m*.

causant (ko'zɑ̃) *adj.* [7] **1.** als Ursache wirkend; **2.** F gesprächig.

causatif (koza'tif) *adj.* [7c] □ *gr.* kausal, den Grund angebend.

cause (ko:z) **I** *f* **1.** Ursache *f*; ~ *finale* Endzweck *m*; *être (la)* ~ *de* schuld sein an (*dat.*); **2.** *petite* ~, *grands effets* kleine Ursache, große Wirkung; ~*s pl. obscures*, ~*s pl. latentes fig.* Hintergründe *m/pl.*; (Beweg-) Grund *m*, Veranlassung *f*; F *ell. et pour* ~ und das aus gutem Grunde; **3.** ⚖ Rechtsgrund *m*; *avec* ~, *en connaissance de* ~ in (*od.* bei) Kenntnis des Sachverhalts, mit Sachkenntnis *f*; **4.** ⚖ Prozeß *m*, Rechtshandel *m*, Klage *f*; Sache *f*, Angelegenheit *f*; Partei *f*; ~ *célèbre* Aufsehen erregender Prozeß; Sensationsprozeß *m*; *plaider la* ~ *de q.* j-n verteidigen; *être en* ~ in Frage kommen; betroffen sein; *imp.* sich handeln um (*acc.*); *être hors de* ~ *fig. an e-r Sache* unbeteiligt sein, über jeden Zweifel erhaben sein; *laisser hors de* ~ aus dem Spiele lassen; *obtenir gain de* ~ Recht *n* bekommen; *faire* ~ *commune avec q.* mit j-m gemeinschaftliche Sache machen; *prendre fait et* ~ *pour q.* für j-n Partei ergreifen; *en* ~ fraglich; *en tout état de* ~ auf jeden Fall, unter allen Umständen, überhaupt; *sans* ~ grundlos; **II ayant** ~ *m* [6b] (*meist im pl.*) Rechtsnachfolger *m*; **III à** ~ **de** *prp.* wegen, um ... willen; *à* ~ *de cela* deswegen; *à* ~ *de moi* meinetwegen, meinethalben.

causer¹ (ko'ze) *v/t.* [1a] veranlassen, verursachen; ~ *un malheur* ein Unglück anrichten.

causer² (~) *v/i.* [1a] sich unterhalten, plaudern; *fig.* ~ *de la pluie et du beau temps* ein belangloses Gespräch führen, von diesem u. jenem sprechen (*od.* plaudern); *ell.* ~ *peinture* über Malerei reden; (*c'est*) *assez causé!* genug der Worte!; *on en cause* man hält sich darüber auf.

cau|serie (ko'zri) *f* Plauderei *f*, Unterhaltung *f*; Geschwätz *n*, Gerede *n*; **~sette** (~'zɛt) *f* Plauderstündchen *n*; *faire un petit bout* (*od. un brin*) *de* ~ ein bißchen plaudern; **~seur** (~'zœ:r) [7g] **I** *adj.* gesprächig, redselig; **II** *su.* Unterhalter *m*; *un charmant* ~ ein angenehmer Erzähler *m*; **~seuse** (ko'zø:z) *f* kleines Kanapee (*od.* Sofa *n*) *n*.

causse (ko:s) **I** *f min.* Mergel *m*; **II** *m* wasserlose Hochebene *f* (*der Cevennen im SW*).

causti|cité (kostisi'te) *f* **1.** ⚗ Ätz-, Beiz-kraft *f*; **2.** *fig.* Spottsucht *f*; bitterer Spott *m*; **~que** (~'tik) **I** *adj.* □ kaustisch, ätzend, beizend; *fig.* beißend; **II** *m* ⚕ Ätzmittel *n*; **III** *f phys.* Brennfläche *f*.

cau|tèle (ko'tɛl) *f* **1.** Verschmitztheit *f*, Verschlagenheit *f*; **2.** *rl.* Vorbehalt *m*; **~teleux** (kot'lø) *adj.* [7g] □ verschmitzt; verschlagen.

cau|tère ⚕ (ko'tɛ:r) *m* **1.** Mittel *n* zum Ausbrennen *od.* Ätzen; ~ *actuel* Brenneisen *n*; ~ *potentiel* chemisches (*od.* schnellwirkendes) Ätzmittel *n*; *fig. c'est un* ~ *sur une jambe de bois* das ist ein Tropfen auf e-n heißen Stein; das ist verlor'ne Liebesmüh; das ist völlig zwecklos; **2.** Fontanelle *f*, künstliche Eiterung *f*, künstliche offene Wunde *f*; **~térétique** ⚕ (~tere'tik) *adj. u. m* ätzend(es Mittel *n*); **~térisation** ⚕ (koterizɑ'sjɔ̃) *f* Ausbrennen *n*; **~tériser** ⚕ (~'ze) *v/t.* [1a] **1.** (aus)brennen, ätzen, wegbeizen; **2.** *fig.* abstumpfen, unempfindlich machen.

caution (ko'sjɔ̃) *f* **1.** Bürgschaft *f*, Sicherheit *f*, Kaution *f*; Bürge *m*; ~ *solvable* Barkaution *f*; *fournir* ~ Bürgschaft leisten; *se porter* ~ *de* bürgen für; *je vous en suis* ~ ich bürge Ihnen dafür; **2.** *fig. sujet à* ~ der Bestätigung bedürfend, unzuverlässig, verdächtig; **~naire** (~sjɔ'nɛ:r) *adj.* zur Bürgschaft gehörig, als Bürgschaft gegeben; **~nement** (~sjɔn'mɑ̃) *m* **1.** Bürgschaftsleistung *f*, Übernahme *f* der Bürgschaft; **2.** Kaution(ssumme *f*) *f*; **3.** Bürgschein *m*; **~ner** (~sjɔ'ne) *v/t.* [1a] anerkennen, gutheißen, (sich ver)bürgen, gutsagen für, garantieren, schützen.

cavage (ka'va:ʒ) *m* Einkellern *n*; Lohn *m* für das Einkellern; Kellermiete *f*.

cavalca|de (kaval'kad) *f* (prächtiger) Aufzug *m* zu Pferde; Spazierritt *m mehrerer Personen*; **~der** (~ka'de) *v/i.* [1a] einen *auffallenden* Spazierritt machen.
cava|le *poét.* (ka'val) *f* Stute *f*; **~ler** P (kava'le) [1a] **I** *v/i. od.* se ~ ausreißen, abhauen; auskneifen; **II** *v/t.* ~ *q.* j-m auf die Nerven fallen.
cavalerie (kaval'ri) *f* **1.** Kavallerie *f*, Reiterei *f*; motorisierte Truppe *f*; F *et toute la* ~ und alle übrigen; F *grosse* ~ grobe Arbeit *f*; **2.** Pferdebestand *m*.
caval|eur P (kava'lœ:r) *m* Schürzenjäger *m*; **~euse** P (~'lø:z) *f* Flittchen *n*.
cavalier (kava'lje) [7b] **I** *adj.* □ **1.** für Reiter bestimmt; *allée cavalière* Reitweg *m*; **2.** ungezwungen; *péj.* rücksichtslos, hochfahrend; *à la cavalière* burschikos, leichtfertig; **3.** *perspective cavalière* perspektivische Zeichnung *f*; **II** *m* **4.** Reiter *m*; Kavallerist *m*; **5.** Kavalier *m*; **6.** Herr *m*, Begleiter *m e-r Dame*; *ihr* Tänzer *m*; **7.** *Schachspiel*: Springer *m*; *saut m du* ~ Rösselsprung *m*; **8.** ⚠ Erdaufschüttung *f an Kanälen*; ⊕ Drahtöse *f*; ⚡ Krampe *f*; **9.** ✝ *Art* Papier(format) *n*.
cavatine ♪ (kava'tin) *f* Kavatine *f*.
cave (ka:v) **I** *f* **1.** Keller *m*; Gruft *f*; ~ *à charbon* Kohlenkeller *m*; *bâtir sur* ~*s* unterkellern; *construction f des* ~*s* Unterkellerung *f*; *fig. aller de la* ~ *au grenier* vom Hundertsten ins Tausendste kommen; **2.** ~ (*à vin*) Weinkeller *m*; Weinvorrat *m*; Kellerlokal *n*; *avoir une* ~ *bien garnie* e-n gut gefüllten Weinkeller haben; **3.** ⚔ ~ *à l'épreuve des bombes* Luftschutzkeller *m*; **4.** ~ *à liqueurs* Kästchen *n* für Flaschen; Likörbar *f* (*rollbar*); **5.** Spielgeld *n*; **6.** *rat m de* ~ a) Kellerratte *f*; b) P Steuerbeamte(r) *m* für Getränkesteuer; **II** *adj.* hohl, eingefallen (*Backe*); tiefliegend (*Augen*); *aux yeux* ~*s* hohläugig; *anat. veine f* ~ Herzblutader *f*; **~-abri** ⚔ (~a'bri) *f* Luftschutzkeller *m*.
caveau (ka'vo) *m* **1.** kleiner Nebenkeller *m*; **2.** Grabgewölbe *n*; **3.** Pariser (Chanson-)Keller *m*.
cavecé (kaf'se) *adj.* schwarzköpfig (*Pferd*).
caveçon (kaf'sɔ̃) *m* Kappzaum *m*; *fig. avoir besoin de* ~ zu wild sein; *faire sentir le* ~ *à q.* j-n in die Kandare nehmen, j-n bändigen.
cavée (ka've) *f* Hohlweg *m*.
caver[1] (~) [1a] **I** *v/t.* aus-, unterhöhlen; **II** *v/rfl.* se ~ hohl werden.
caver[2] (~) [1a] *v/i. od. v/rfl.* **1.** *Spiel*: setzen; ~ *au plus fort* sehr hoch setzen; **2.** *esc.* kavieren.
caver|naire (kavɛr'nɛ:r) *adj.* in Höhlen lebend; Höhlen...; **~ne** (ka'vɛrn) *f* Höhle *f* (*a.* ⚕); Höhlung *f*; ~ (*de brigands*) Räuberhöhle *f*; **~neux** (~'nø) *adj.* [7d] **1.** voller Höhlen; **2.** ⚕ ausgehöhlt; **3.** *anat.* schwammig; **4.** *fig.* dumpf, hohlklingend; *voix f caverneuse* hohle (*od.* dumpfe) Stimme *f*, Grabesstimme *f*; **~nicole** (~ni'kɔl) **I** *adj.* in Höhlen lebend; **II** *m* Höhlentier *n*; **~nosité** (~nozi'te) *f* Hohlsein *n*, löcherige Beschaffenheit *f*.
cavet ⚠ (ka'vɛ) *m* Hohlleiste *f*.
caviar (ka'vja:r) *m* Kaviar *m*; **~der** *typ.* (~vjar'de) *v/t.* von der Zensur verbotene Textstellen ausmerzen.
caviste (ka'vist) *m* Kellermeister *m*.
cavité (kavi'te) *f* Höhlung *f*, Höhle *f*.
ca(w)cher (ka'ʃɛ:r) *adj.* [7b] koscher, astrein F.
ce[1] (sə *vor cons.*), **cet** (sɛt *vor vo. u. stummem h*), *m/sg.*, **cette** (sɛt) *f/sg.*, **ces** (se, sɛ) *m/pl. u. f/pl. adj. démonstr.* **1.** dieser, diese, dieses, diese (*pl.*); *ce cheval* dieses Pferd *n*; *ce héros* dieser Held *m*; *cet enfant* dieses Kind *n* (*pl. ces enfants*); *cet homme* dieser Mensch *m*; *cette maison* dieses Haus *n* (*pl. ces maisons*); *ce matin* heute morgen; **2.** (*unmittelbar am Anfang von Erzählungen*) ein (gewisser); *cette vieille dame qui* ... e-e alte Dame, die ...; *ce Grec jouissait d'une solide réputation de flambeur* ein Grieche genoß den unerschütterlichen Ruf eines routinierten Spielers.
ce[2] (sə) *pr/d. inv.*: *c'est selon* je nachdem, das kommt drauf an; *c'est moi* ich bin es; *c'est moi qui l'ai dit* ich habe es gesagt; *c'est lui* er ist es; *c'est nous* wir sind es; *mst. c'est* (*seltener*: *ce sont*) *eux od. elles* sie sind es; *c'est mon père* es ist mein Vater; *ce sont mes frères* es sind meine Brüder; *c'est à vous que je parle* Sie meine ich; *c'est moi qui l'ai fait* ich habe es getan; *c'est hier qu'il est arrivé* gestern ist er angekommen; *c'est que* ... nämlich, doch; *auch im erklärenden Nachsatz*: so kommt es daher, daß

(*od.* weil); *pourquoi ne venez-vous pas avec nous? — C'est que je suis malade* Warum kommen Sie nicht mit uns mit? — Ich bin doch krank; *s'il s'est tu, c'est que ...* wenn er geschwiegen hat, so kommt das daher (*od.* so erklärt sich das dadurch), daß ...; *si ce n'est que ...* es sei denn ..., außer wenn ...; *ce n'est pas que ...* (*subj.*) nicht etwa, daß ..., nicht eben als ob ...; *c'est pourquoi* daher, deshalb; *c'est pourquoi je m'en vais* daher gehe ich weg; *ç'allait être gai* das sollte lustig werden; *bisw. auch vor devoir, pouvoir, sembler: ce (me) semble* so scheint (mir) es; *ce qui* (*nom.*), *ce que* (*acc.*) was; *savez-vous ce qui se passe dans la rue?* wissen Sie, was auf der Straße vor sich geht?; *il sait ce qu'il veut* er weiß, was er will; *à ce que je vois* soviel ich sehe; *de ce que* darüber, daß (*mit ind. od. subj.*): *dégoûté de ce que les rôdeurs volaient la nuit les poules* darüber verärgert, daß die Herumstreicher des nachts die Hühner stahlen; *il s'étonne de ce qu'il ne soit pas venu* er wundert sich darüber, daß er nicht gekommen ist; *pour ce qui est de votre frère* was Ihren Bruder betrifft; *cela provient de ce que ...* das kommt daher, daß ...; *il ne sait ce que c'est que de travailler* er weiß nicht, was Arbeit ist (*od.* was arbeiten heißt); *qui est-ce qui a parlé?* wer hat gesprochen?; *qu'est-ce qui est vrai?* was ist wahr?; *qu'est-ce que vous voulez?* was wollen Sie?; *qu'est-ce que c'est?* was ist das?; was ist los?, was gibt's?; *qu'est-ce que c'est que cela?* was ist das?; *sur ce* daraufhin; *depuis ce* seitdem; † *ce que* dies: *ce que voyant, il s'assit plein de tristesse* als er dies sah, setzte er sich ganz traurig hin; — *ce dont je me plains, c'est ...* worüber ich mich beklage, ist ...; *ce à quoi je m'intéresse, c'est ...* wofür ich mich interessiere, ist ...

céans † (se'ɑ̃) *adv.* hier(drin); *noch gebräuchlich in: maître m de* ~ Hausherr *m*; *sortez de* ~ machen Sie, daß Sie hier rauskommen!

ceci (sə'si) *pr/d.* dies; das; *que veut dire* ~? was soll das heißen?; ~ **et** *cela* dies und jenes.

cécité (sesi'te) *f* Blindheit *f*; ~ *nocturne* Nachtblindheit *f*; *être frappé* (*od. atteint*) *de* ~ erblinden; *fig.* mit Blindheit geschlagen sein.

cédant ⚖ (se'dɑ̃) [7s] *su.* Überlasser *m.*

céder (se'de) [1f] **I** *v/t.* **1.** ab-, überlassen, abtreten, abgeben; zedieren; ~ *le passage à q.* j-m Vorfahrt geben, j-n vorfahren (*od.* überholen) lassen; *fig.* ~ *le pas à q.* j-m den Vorrang lassen; ~ *le terrain* (zurück)weichen; *le* (= „es") ~ *en qch. à q.* j-m in etw. nachstehen; **II** *v/i.* **2.** nachgeben, weichen; ~ *devant q.* vor j-m weichen; ~ *à qch.* sich in etw. schicken, sich mit etw. abfinden; ~ *à la force* der Gewalt weichen; ~ *au nombre* der Übermacht weichen; **3.** sich biegen, zusammenbrechen; sich vermindern; nachlassen.

cédil|le (se'dij) *f gr.* Cedille *f* (*Häkchen unter dem ç*); **~ler** (~di'je) *v/t.* [1a] mit e-r Cedille versehen.

cédrat (se'dra) *m* **1.** wohlriechende Zitrone *f*; **2.** ⚘ Zedratbaum *m.*

cèdre ⚘ ('sɛdrə) *m* **1.** Zeder(baum *m*) *f*; *essence f de bois de* ~ Zedernholzöl *n*; **2.** Zedernholz *n.*

cédrie (se'dri) *f* Zedernharz *n.*

cédrite (se'drit) *m* Zedernwein *m.*

cédu|laire (sedy'lɛ:r) *adj.*: *impôt m* ~ Steuer *f* auf Einzeleinkommen, *Art* Einkommensteuer *f*; **~le** (~'dyl) *f* **1.** ✝ Schuldschein *m*; schriftliches Zahlungsversprechen *n*, Schuldanerkennung *f*; ~ *hypothécaire* Hypotheken-, Pfand-brief *m*; ~ *de l'impôt fin.* Steuergruppe *f*; **2.** ⚖ Verfügung *f*; ~ *de citation*, ~ *dans la procédure civile* Abkürzung *f* der Ladungsfrist durch den Friedensrichter; ~ *dans l'instruction criminelle* Ersuchen *n* des Untersuchungsrichters an den Staatsanwalt um Zeugenladung; **~lé** (~'le) *adj.* auf Zetteln verzeichnet.

cégétiste *Fr.* (seʒe'tist) *su.* (französischer) Gewerkschaftler *m.*

ceindre ('sɛ̃:drə) [4b] **I** *v/t.* **1.** ~ *qch. de* etwas umgeben mit; **2.** (um-)gürten, umschnallen; *fig.* ~ *ses reins* sich rüsten, sich auf große Anstrengungen vorbereiten; **3.** aufsetzen, um die Stirne binden; ~ *la tiare* Papst werden; **II se** ~ sich gürten; *se* ~ *de qc.* etw. um- *od.* anlegen.

ceintrage ⚓ (sɛ̃'tra:ʒ) *m* Tauwerk *n.*

ceintre ('sɛ̃:trə) *m* **1.** ⚓ Kranz *m* von Tauwerk *an Booten*; **2.** ⚠ Bogen *m.*

ceinture (sɛ̃'ty:r) *f* **1.** Gürtel *m*, Gurt *m*; ~ *abdominale* Bauchbinde *f*; ~ *de flanelle* Flanellbinde *f*; ~ *hygiénique* Damenbinde *f*; ~ *de deuil od.* ~ *funèbre* Trauerdekoration *f* bei Leichenfeiern; ~ *de natation* Schwimmgürtel *m*; ✈, *Auto*: *mettre* (*od. attacher*) *sa* ~ sich anschnailen; ~ *de sauvetage* Rettungsring *m*; *fig. se mettre* (*od. se serrer*) *la* ~ F *fig.* den Riemen enger schnallen, Kohldampf schieben; *bsd.* ⚕ *se dévêtir jusqu'à la* ~ sich den Oberkörper frei machen; **2.** Einfassung *f*, Umwallung *f*; ~ *de muraille* Einfriedungsmauer *f*; 🚂 *trafic de* ~ Ringverkehr *m*; *chemin m de fer* (*od. ligne f*) *de* ~ Stadtbahn *f*; **3.** Lenden *pl.* (-gegend *f*); *ne pas aller à la* ~ *de q.* j-m nicht bis an den Gürtel (*fig.* j-m nicht das Wasser) reichen; **4.** Bund *m am Kleid*; **5.** ⚠ Kranzgesims *n*.

ceintu|ré (sɛ̃ty're) *adj.* **1.** umgürtet; **2.** *zo.* gegürtelt; Gürtel...; **~rer** (~) [1a] **I** *v/t.* umgürten; ⚔ einkreisen; *Ringkampf*: umklammern; **II** *v/rfl.* *se* ~ e-n Gürtel *m* anlegen; **~rier** (~'rje) *m* Gürtler *m*; **~ron** (~'rɔ̃) *m* Säbelkoppel *n*; Lederriemen *m*.

cela (sə'la, sla) *pr/d.* **1.** das da, jenes; **2.** dieses, das; *c'est* (*bien*) ~ richtig!, stimmt!, ganz recht!, so ist es!; *c'est* ~ *même!* stimmt ganz genau!, wirklich wahr!, ganz bestimmt!; *n'est-ce que* ~*?* weiter nichts?; *à* ~ *près* dies ausgenommen, abgesehen davon; *comme* ~: a) also, auf diese Weise; b) so so, so ziemlich; *c'est* (*il est*) *comme* ~ es (er) ist nun einmal so; *comment* ~*?* wieso?; *avec* (*tout*) ~ nichtsdestoweniger, trotzdem; *pas* (*od. point*) *de* ~! nichts davon!, das wäre (noch schöner)!; *il ne manque*(*rait*) *plus que* ~! das fehlt(e) nur gerade noch!; **3.** ~ *étant* da dem so ist; *pour* ~ hierfür; dazu; deswegen; deshalb; ~ *fait* damit, hierauf.

céladon (sela'dɔ̃) **I** *m* **1.** F *iron.* schmachtender Liebhaber *m*; **2.** Schirm *m* e-r Hängelampe; **II** *adj.* **3.** hellgrün.

célé|brable (sele'brablə) *adj.* rühmenswert; **~brant** (~'brɑ̃) *adj. u. m* die Messe lesend(er Priester *m*); **~bration** (~brɑ'sjɔ̃) *f* Feier *f*; *la* ~ *d'une fête* das Feiern e-s Festes.

célèbre (se'lɛbrə) *adj.* berühmt, gefeiert; bekannt.

célé|brer (sele'bre) [1f] **I** *v/t.* **1.** rühmen, preisen; **2.** feiern, festlich begehen; ~ *la messe* die Messe lesen, das Hochamt abhalten; ~ *un mariage* eine Trauung vornehmen; **II** *v/rfl.* *se* ~ gefeiert werden; **~brité** (~bri'te) *f* **1.** Berühmtheit *f*, (hoher) Ruhm *m*, Ruf *m*, Größe *f*; **2.** berühmte Persönlichkeit *f*.

celer (sə'le) [1f] **I** *v/t.* verhehlen, verbergen, verheimlichen, verschweigen; ~ *ses intentions* s-e Absichten verschweigen (*od.* verbergen); **II** *v/rfl.* *se* ~ sich verbergen, sich verstecken, verborgen werden; *se faire* ~ sich verleugnen lassen.

céleri ⚘ (sel'ri) *m* Sellerie *m*.

célérité (seleri'te) *f* Schnelligkeit *f*.

céleste (se'lɛst) *adj.* □ himmlisch; göttlich; *bleu* ~ himmelblau; *corps m* ~ Himmelskörper *m*; *voix f* ~ Engelsstimme *f an der Orgel.*

célibat (seli'ba) *m* Zölibat *n*, Ehelosigkeit *f*; **~aire** (~'tɛ:r) **I** *adj.* unverheiratet, ledig; *vie f* ~ Junggesellenleben *n*; **II** *su.* Junggeselle *m*; Junggesellin *f*, unverheiratete Frau *f*.

cellépore *zo.* (sɛle'pɔ:r) *m* Moostierchen *n*, Zellenkoralle *f*.

cellérier (sele'rje) *su.* [7b] Kellermeister *m* in Klöstern.

cellier (se'lje) *m* Vorratskammer *f*, Wein-, Bier-keller *m* zu ebener Erde; Kelterei *f*.

cello (sɛ'lo) *f abr.* = **~phane** (sɛlɔ'fan) *f* Zellophan *n*.

celloderme (sɛlɔ'dɛrm) *m* abwaschbare (Bücher-)Schutzhülle *f*.

cellulaire (sɛly'lɛ:r) *adj.* Zell(en)...; *prison f* ~ Zellengefängnis *n*; *voiture f* ~ Zellenwagen *m* für Gefangene; *tissu m* ~ Zellengewebe *n*; *détention f* ~ Einzelhaft *f*.

cellu|lar ✝ (sely'la:r) *m* Netzgewebe *n*; *chemise f en* ~ Netzhemd *n*; **~le** (sɛ'lyl) *f a. anat.*, ⚘, ✈ Zelle *f*; ~ *germinale* Keimzelle *f*; ⚡ ~ *au sélène* Selenzelle *f*; *pol.* ~ *communiste* kommunistische Zelle *f*; ~ *dans une* (*od. d'une*) *entreprise*, ~ *dans un établissement industriel* Betriebszelle *f*; **~lé**, **~leux** [7d] (~'le, ~'lø) *adj.* zellenförmig; Zellen...

celluloïd(**e**) (sɛlylɔ'id) *m* Zelluloid *n*.

cellulos|e (sɛly'lo:z) *f* Zellulose *f*; Zellstoff *m*; **~ique** (~lo'zik) *adj.* zellulose-, zellstoff-haltig.

celt|e, **~ique** (sɛlt, ~'tik) *adj.* **keltisch.**

celtiser *ling.* (sɛlti'ze) *v/t.* [1a] keltisieren.
celui (sə'lɥi) *m/sg.*, **celle** (sɛl) *f/sg.*, **ceux** (sø) *m/pl.*, **celles** (sɛl) *f/pl.* *pr/d.* a) *nur vor de od. qui gebraucht*: der(jenige), die(jenige), das(jenige), *pl.* die(jenigen); b) *substantivisch gebraucht*: *celui-ci, celle-ci* dieser, diese, dieses (hier), letzterer, letztere(s); *celui-là, celle-là* jener, jene, jenes (dort), ersterer, erstere(s); *il ne s'attendait pas à celle-là* (*d. h. à cette nouvelle bzw. à cette sottise*) darauf war er nicht gefaßt.
cément (se'mɑ̃) *m* 1. ⚗ Zementier-, Härte-, Einsatz-pulver *n*; Einsatz *m*; 2. Außenschicht *f* (*der Zahnwurzel*); **~ation** ⚗, ⊕ (~tɑ'sjɔ̃) *f* Zementieren *n*, Einsatzhärten *n*.
cémen|ter ⚗, ⊕ (semɑ̃'te) *v/t.* [1a] Eisen zementieren, im Einsatz härten, (hart) einsetzen; **~teux** ⚗ (~'tø) *adj.* [7d] zementpulverartig.
cénacle (se'naklə) *m* Abendmahlssaal *m*; *fig.* Kreis *m* von Gleichgesinnten, geschlossener Kreis *m*, literarischer Verein *m*; *péj.* Clique *f*; *esprit m de ~* Cliquen-, Kastengeist *m*.
cendre ('sɑ̃:drə) *f* Asche *f*; *~s f/pl.* *fig. u. poét.* die irdischen Überreste; geweihte Asche *f*; *~s f/pl. volantes* Flugasche *f*; *reduire en ~s* einäschern; *fig. renaître de ses ~s* aus der Asche erstehen (*wieder aufblühen*); *faire tomber la ~ d'une cigarette* die Asche e-r Zigarette abstreifen; *le mercredi des ♀s* Aschermittwoch *m*; *faire pénitence dans le sac et la ~* in Sack und Asche büßen.
cen|dré (sɑ̃'dre) *adj.* aschfarben; *blond ~ inv.* aschblond; **~drée** (~) *f* 1. Vogel-dunst *m*, -schrot *m u. n*; 2. *Sport*: Aschenbahn *f*; **~drer** (~) *v/t.* [1a] 1. aschgrau malen; 2. mit Asche bestreuen; **~dreux** (~'drø) *adj.* [7d] aschig, voll Asche; **~drier** (~dri'e) *m* 1. Aschbecher *m*; 2. Aschenkasten *m* (*im Ofen*); **~drière** (~dri'ɛ:r) *f* Torf *m*.
Cendrillon (sɑ̃dri'jɔ̃) *f* Aschenbrödel *n*.
cène (sɛn) *f rl.* Abendmahl *n*; *la sainte ~* das heilige Abendmahl; *le jour de la ~* der Gründonnerstag.
céno|bite (senɔ'bit) *m* Klostermönch *m*; **~taphe** (~'taf) *m* Ehrengrabmal *n*.
cens (sɑ̃:s) *m* 1. *hist.* Zählung *f und* Vermögensabschätzung *f*; 2. *hist.* Pachtzins *m*; 3. *~ électoral* Wahlzensus *m*.
cen|sé *a.* ⚖ (sɑ̃'se) *adj.* gehalten für; *vous êtes ~ l'avoir fait* Sie werden als der Täter angesehen; *nul n'est ~ ignorer la loi* Unkenntnis der Gesetze schützt vor Strafe nicht; *il est ~ avoir dit* er soll gesagt haben; **~sément** F (~se'mɑ̃) *adv.* angeblich, anscheinend; **~seur** (~'sœ:r) *m hist.* Zensor *m*; Beurteiler *m*, Kritiker *m*; *fig.* Sittenrichter *m*; *Fr. écol.* Aufseher *m*.
censi|taire *hist.* (sɑ̃si'tɛ:r) *m* 1. (*a. adj.*: *électeur ~*) nach dem Klassensystem berechtigter Wähler; 2. Zinspflichtige(r) *m*; **~ve** *hist.* (~'si:v) *f* 1. Grundzins *m*; 2. Zinsgut *n*.
censor|at (sɑ̃sɔ'ra) *m* Zensurverwaltung *f*; *écol.* Kontrolle *f* der Studien; **~ial** (~sɔ'rjal) *adj.* [5c] Zensur...
censuel (sɑ̃'sɥɛl) *adj.* [7c] Grund-[zins...]
censu|rable (sɑ̃sy'rablə) *adj.* tadelnswert; **~re** (sɑ̃'sy:r) *f* 1. *hist.* Zensoramt *n*; 2. Prüfstelle *f*, Zensurbehörde *f*; (Bücher-, Theater-, Film-)Zensur *f*, staatliche Kontrolle *f*; 3. Urteil *n*; Tadel *m*, Rüge *f*; Verdammungsurteil *n über ein Buch*; 4. Disziplinarkirchenstrafe *f*; **~rer** (~sy're) *v/t.* [1a] 1. tadeln, rügen; 2. für verwerflich erklären; 3. disziplinarisch bestrafen.
cent (sɑ̃) I *adj.* (*der pl. nimmt, wenn kein anderes Zahlwort folgt, ein* s *an, z.B.*: *deux cents [francs]*; *cent ist inv., wenn es für centième steht, z.B.*: *l'an quinze cent, page quatre cent*) hundert; *faire les ~ pas* auf u. ab gehen; II *m* Hundert *f u. n* (*100 Stück*); *un ~ de clous* hundert Stück Nägel; *trois ~s d'œufs* dreihundert Eier *n/pl.*; *trois pour ~* drei Prozent; *je vous le donne en ~* das erraten Sie nie!
centaine (sɑ̃'tɛ:n) *f* 1. *das* Hundert *n*; *par ~s* zu Hunderten; 2. *une ~* etwa hundert.
centaure *myth.* (sɑ̃'tɔ:r) *m* Kentaur [*m*, Zentaur *m*.]
centaurée ♀ (sɑ̃tɔ're) *f* Kornblume *f*.
cente|naire (sɑ̃t'nɛ:r) I *adj.* hundertjährig; II *su.* Hundertjährige(r) *m*; III *m* Hundertjahrfeier *f*.
cen|tennal (~tɛ'nal) *adj.* [5c] alle hundert Jahre wiederkehrend; **~tésimal** (~tezi'mal) *adj.* [5c] hundertteilig, hundertstel; **~tésimo** (~tezi'mo) *adv.* hundertstens.

centiare (sɑ̃'tja:r) *m* Quadratmeter *m od. n* (1/100 Ar *n*).
centième (sɑ̃'tjɛm) **I** *adj.* hundertster; **II** *m* Hundertstel *n*.
centi|me *Fr.* (sɑ̃'tim) *m* Centime *m* (= 1/100 *Frank*); ~*s pl. additionnels de l'impôt sur le revenu* Einkommensteuerzuschlag *m*; **~mètre** (~'mɛtrə) *m* **1.** Zentimeter *n*; **2.** Zentimetermaß *n*; **~métrique** F (~me'trik) *adj.* winzig.
Cent-Jours *hist. Fr.* (sɑ̃'ʒu:r) *m/pl.*: *les* ~ die hunderttägige Herrschaft *f* Napoleons I. (1815).
centon *poét.*, ♪ (sɑ̃'tɔ̃) *m* zusammengeflicktes Gedicht *n od.* Werk *n*.
cent-pieds F (sɑ̃'pje) *m* [6c] Tausendfüßler *m*.
centrage ⊕ (sɑ̃'tra:ʒ) *m* Zentrieren [*n*.]
central (sɑ̃'tral) **I** *adj.* [5c] zentral; im Mittelpunkt gelegen, Mittel..., Zentral...; *chauffage m* ~ Zentralheizung *f*; *point m* ~ Mittelpunkt *m*; **II** *m* [5c] Telefonzentrale *f*; **~e** (~) *f* Zentrale *f*; ~ *électrique* Elektrizitäts-, Kraft-werk *n*, Überlandzentrale *f*; ~ *hydraulique*, ~ *hydroélectrique* Wasserkraftwerk *n*; ~ *nucléaire*, ~ *d'énergie atomique* Atomkraftwerk *n*; ~ *thermique* Wärme-kraftwerk *n*, -zentrale *f*; ✝ ~ *des devises* Devisenzentrale *f*; ⚡ ~ *interurbaine* Überlandzentrale *f*; ⊕ ~ *de commande* Befehlsstand *m*.
centralien (~'ljɛ̃) *m* Zentralleiter *m*.
centrali|sateur (sɑ̃traliza'tœ:r) [7f] *adj.* zentralisierend, zusammenziehend; **~sation** (~zɑ'sjɔ̃) *f* Zentralisierung *f*, Gleichschaltung *f*, Vereinheitlichung *f*; **~ser** (~'ze) *v/t.* [1a] zentralisieren, gleichschalten, vereinheitlichen.
centre ('sɑ̃:trə) *m* **1.** Mittelpunkt *m*, Mitte *f*; Mittelstelle *f*; Zentrale *f*; Stelle *f*, Stätte *f*, *fig.* Schwerpunkt *m*; *phys.* Brennpunkt *m*; ✝ ~ *de transbordement* Umschlagstelle *f*; ⚔ ~ *de renseignements* Meldesammelstelle *f*; ~ *de rassemblement d'isolés* (*der éfugiés*) Versprengten-(Flüchtlings-)sammelstelle *f*; ~ *d'études* Studienzentrale *f*; Kulturinstitut *n* (*a. im Ausland*); ~ *d'informations* Auskunftsstelle *f*; ~ *de ravitaillement en carburant* Tankstelle *f*; ~ *de sports d'hiver* Wintersportplatz *m*; ~ *de phtisiologie* Lungenheilstätte *f*; ~ *de rotation* Drehpunkt *m*; ~ *industriel* Industriezentrum *n*; *phys.*, *allg.* ~ *d'équilibre od. de gravité* Schwerpunkt *m*; **2.** *pol.* Zentrum *n*, Mittelpartei *f*; **3.** *Sport*: Mittelstürmer *m*.
centrer ⊕ (sɑ̃'tre) *v/t.* [1a] zentrieren; ~ *une roue* ein Rad spannen.
centri|fuge (sɑ̃tri'fy:ʒ) **I** *adj.* zentrifugal; *force f* ~ Flieh-, Schwungkraft *f vom Mittelpunkt hinweg*; **II** *f* Zentrifuge *f*; **~fuger** ⊕ (~fy'ʒe) *v/t.* schleudern; **~fugeuse** (~fy'ʒø:z) *f* Zentrifuge *f*, Schleudermaschine *f*; Zentrifugalmaschine *f*; **~pète** (~'pɛt) *adj.* zentripetal.
centu|ple (sɑ̃'typlə) **I** *adj.* hundertfach; **II** *m* das Hundertfache; **~pler** (~ty'ple) *v/t.* [1a] verhundertfachen.
cep (sɛp) *m* Rebstock *m*, Weinstock *m*; ~ *de vigne* Weinrebe *f*.
cépage (se'pa:ʒ) *m* Rebenart *f*.
cèpe (sɛp) *m* Steinpilz *m*.
cependant (s[ə]pɑ̃'dɑ̃) **I** *adv.* **1.** währenddessen, unterdessen, mittlerweile; **2.** jedoch; **II** *cj. litt.* ~ **que** während (*a. gegensätzlich!*).
céphal|algie ⚕ (sefalal'ʒi), **~ée** (sefa'le) *f* Kopfschmerz *m*; **~oïde** (~lɔ'id) *adj.* kopfförmig.
céracé (sera'se) *adj.* wachsartig.
cérami|que (sera'mik) **1.** *adj.* keramisch; **2.** *f* (*art m*) ~ Keramik *f*, Töpferkunst *f*; **~ste** (~'mist) *m* Keramiker *m*, Vasen-kenner *m*, -fabrikant *m*.
céraste *zo.* (se'rast) *m* ägyptische [Hornviper *f*.]
cérat *phm.* (se'ra) *m* Wachssalbe *f*.
cerbère (sɛr'bɛ:r) *m* grober, strenger Wächter *m*.
cerceau (sɛr'so) *m* [5b] **1.** Reif(en) *m e-s Fasses*; Trudelreifen *m zum Spielen*; *jouer au* ~ Reifen spielen; *jambes f/pl. en* ~ O-Beine *n/pl.*; **2.** *ch.* Sprenkel *m* (*e-s Raubvogels*); **3.** ⊕ Bügel *m*, bogenförmiges Gestell *n*.
cerclage (sɛr'kla:ʒ) *m* **1.** Faßbinden *n*; **2.** ⊕ Umreifung *f*.
cercle ('sɛrklə) *m* **1.** ✂ Kreisfläche *f*; Kreis(linie *f*) *m*; ⚔ ~ *de visée* Richtkreis *m* (*Artillerie*); *Hockey*: ~ *d'envoi* Schußkreis *m*; *décrire* (*od. tracer*) *un* ~ einen Kreis *m* beschreiben; *weitS.* ~ *magique* Zauberkreis *m*; ~ *polaire* Polarkreis *m*; **2.** *fig.* Umfang *m*, Bereich *m*, Grenzen *f/pl.*; ~ *administratif* Verwaltungsbereich *m*; **3.** *fig.* Reihenfolge *f*, Zirkel *m*, Kreislauf *m*; *phil.* ~ *vicieux* Kreis *m* falscher Schlüsse; **4.** Klub *m*, Kreis *m*,

(geschlossene) Gesellschaft *f*; Kränzchen *n*; ~ *d'études* Arbeitsgemeinschaft *f*; ~ *des officiers* Offizierskasino *n*; **5.** Reif *m*, Ring *m*; ~ *à tonneau* Tonnen-, Faß-reif *m*; *vin m en* ~*s* Wein *m* im Faß (*od.* in Gebinden).

cercl|er (sɛr'kle) *v/t.* [1a] Faß *n* bereifen; **~eur** (~'klœ:r) *m* Faßbinder *m*.

cercopithèque *zo.* (sɛrkɔpi'tɛk) *m* Rhesusaffe *m*, Seidenäffchen *n*.

cercueil (sɛr'kœj) *m* Sarg *m*; *poét.* Grab *n*; Tod *m*.

céréal|e (sere'al) **I** *adj.* (*nur f*, *bsd. pl.*) getreideartig; *plante f* ~ Getreidepflanze *f*; **II** *f* (*mst.* ~*s pl.*) Getreide(art *f*) *n*; **~ier** (~'lje) *adj.* [7b] Getreide...; *Fr. le plan quadriennal* ~ der Vierjahresgetreideplan *m*.

céré|bral (sere'bral) [5c] **I 1.** *adj.* Gehirn...; *commotion f* ~*e* Gehirnerschütterung *f*; *congestion f* ~*e* Blutandrang *m* nach dem Gehirn; *fièvre f* ~*e* Gehirnentzündung *f*; *hémorragie f* ~*e* Bluterguß *m* ins Gehirn; **2.** (*personnage m tout*) ~ *m* Verstandesmensch *m*; **II** *m* Kopf-, Geistes-arbeiter *m*.

cérébro-spinal ⚕, *anat.* (serebrɔspi'nal) *adj.* Hirn- u. Rückenmark...; zerebrospinal.

cérémo|nial (seremɔ'njal) *m* **1.** (*ohne pl.*) Zeremoniell *n*, Etikette *f*; Höflichkeitsformen *f/pl.*; *être fort sur le* ~: a) das Zeremoniell genau kennen; b) sehr viel auf Formen halten; **2.** (*pl.* ~*s*) *rl.* Zeremonienbuch *n*; **~nie** (~'ni) *f* **1.** Feierlichkeit *f*, festlicher Gebrauch (*bsd. rl.*) *m*, Zeremonie *f*; (*grand*) *maître des* ~*s* (Ober-)Zeremonienmeister *m*; *habit m de* ~ Galaanzug *m*; **2.** Förmlichkeit *f*, (*bsd.* übertriebene) Höflichkeit *f*; *visite f de* ~ Höflichkeitsbesuch *m*; *faire des* ~*s* Umstände machen; *sans* ~ ohne viel Umstände, ohne Förmlichkeit *f*, **~nieux** (~'njø) *adj.* [7d] □ zeremoniös, förmlich, steif, manieriert, affektiert.

cerf (sɛrf) *m* **1.** Hirsch *m*; ~ *dix cors* Zehnender *m*; *courre le* ~ den Hirsch hetzen; **2.** = ~*-volant*.

cerfeuil ⚘ (sɛr'fœj) *m* Kerbel *m*.

cerf-volant (sɛrvɔ'lɑ̃) *m* [6a] **1.** *ent.* Hirschkäfer *m*; **2.** (*Papier*-)Drachen *m*.

ceri|se (s[ə]'ri:z) **I** *f* **1.** Kirsche *f*; *à la douce* ~! süße Kirschen!; **2.** ~ (*du café*) Kaffeeschote *f*; * *avoir la* ~ Pech haben; **3.** F *c'est pour les* ~*s* das ist völlig umsonst (*od.* vergeblich); **II** *adj. inv.* kirschrot; **~sette** (~ri'zɛt) *f* getrocknete Kirsche *f*; ⚘ Kirschpflaume *f*; Kirschsaft *m*; **~sier** (~'zje) *m* Kirschbaum(holz *n*) *m*.

cerne (sɛrn) *m for.* Jahresring *m im Holz*; ⚕ Ring *m* um die Augen; blau angelaufener Kranz *m* um e-e Wunde; ringförmiger Fleck *m*.

cerneau (sɛr'no) *m* [5b] unreife Nuß *f*.

cernement (sɛrnə'mɑ̃) *m* Einschließung *f* (*a.* ⚔).

cerner (sɛr'ne) *v/t.* [1a] **1.** e-n Kreis schließen um (*acc.*), einkreisen, um-ringe(l)n, -zingeln; einschließen; ~ *une maison* ein Haus umstellen; *ch.* umstellen; *fig.* ~ *q.* j-n umgarnen; *avoir les yeux cernés* blaue Ringe um die Augen haben; **2.** *Nuß* auskernen.

céroplastique (serɔplas'tik) *f* Wachsbildnerei *f*.

certain (sɛr'tɛ̃) **I** *adj.* [7] **1.** (*nach su.*) sicher; absolut zuverlässig (*Nachricht*); *une nouvelle* ~*e* e-e sichere Nachricht *f*; *il est* (*sûr et*) ~ *que* ... es steht (absolut) fest, daß ...; **2.** (*vor su.*) gewiß (*im unbestimmten Sinne*); *d'un* ~ *âge* im gewissen Alter; (*de*) ~*es gens* gewisse Leute, *a.* ~*s m/pl.*, ~*es f/pl.* (*a. nach prp.*) einige; (*un*) ~ *homme* ein gewisser Mensch *m*; *il est d'un* ~ *mérite* man muß irgendwie s-e Verdienste anerkennen; ⚖ *un* ~ *quidam* irgendjemand, ein Unbekannter *m*; **3.** ~*ement adv.* sicherlich, gewiß, allerdings; **II** *m das* Gewisse *n*.

certes (sɛrt) *adv.* wahrlich, ganz bestimmt; sicher (*einschränkend*).

certificat (sɛrtifi'ka) *m* Bescheinigung *f*, (schriftliches) Zeugnis *n*; Urkunde *f*; *écol.* ~ *de fin d'études* Abgangszeugnis *n*; ~ *d'aptitude* Befähigungsnachweis *m*; *Fr. écol.* ~ *d'aptitude au professorat de l'enseignement du 2e degré* Befähigungsnachweis *m* für das höhere Lehramt, Staatsexamenszeugnis *n*; ~ *de cession* Abtretungsurkunde *f*; ~ *de bonne conduite*, ~ *de bonne vie et mœurs* Führungs-, Leumundszeugnis *n*; ~ *de décès* Totenschein *m*; ~ *de navigabilité* Pilotenschein *m*; ~ *médical* ärztliche Bescheinigung *f*; ~ *de mariage* Trauschein *m*; ~ *d'origine* Ursprungsbescheinigung *f*; **~eur** (~'tœ:r) *m* **1.** Bescheiniger *m*; **2.** ✝ Gewährsmann *m*; ~ *de caution* Rück-, Gegen-, Nach-bürge *m*.

certi|fier (sɛrti'fje) *v/t.* [1a] bescheinigen, beglaubigen, verbürgen, versichern; *copie f certifiée conforme à l'original* beglaubigte Abschrift *f*; *Fr. écol. professeur m certifié* Studienrat *m*; **~tude** (~'tyd) *f* Zuverlässigkeit *f*, Gewißheit *f*, Überzeugung *f*, Zuversicht *f*.

céruléen (seryle'ɛ̃) *adj.* [7c] himmelblau.

cérumen ⚕ (sery'mɛn) *m* Ohrenschmalz *n*.

cérus|e *min.* (se'ry:z) *f*, **~ite** *min.* (~ry'zit) *f* Weißbleierz *n*.

cerveau (sɛr'vo) *m* **1.** Gehirn *n*, Hirn *n* (*als Sitz des Wahrnehmungs- u. Denkvermögens*); ⚕ *ramollissement m du* ~ Gehirnerweichung *f*; *rhume m de* ~ Schnupfen *m*; *at.* ~ *électronique* Elektronen(ge)hirn *n*; **2.** *fig.* Kopf *m*, Verstand *m*; ~ *brûlé fig.* überspannter Typ *m*, Heißsporn *m*, Hitzkopf *m*, ~ *creux* Träumer *m*, Spintisierer *m*, Phantast *m*; ~ *débile* (*od. étroit*) Schwachkopf *m*; *se creuser* (*od.* F *se fatiguer*) *le* ~ sich den Kopf zerbrechen; *il a le* ~ *fêlé* bei ihm ist 'ne Schraube los, er hat nicht alle Tassen im Schrank P, er ist nicht ganz richtig im Kopf, bei dem tickt's P.

cervelas (sɛrvə'la) *m* Zervelat-, Schlack-wurst *f*.

cervelet (sɛrvə'lɛ) *m* Kleinhirn *n*.

cervelle (sɛr'vɛl) *f* **1.** Gehirn *n*, Hirn *n* (*rein physiologisch als Gehirnmasse gesehen*); *se brûler* (*od. se faire sauter*) *la* ~ sich erschießen; **2.** *fig. nur mv.p.*: Kopf *m*; ~ *légère* (*évaporée*) leichtsinniger Mensch *m*; *fig. rompre la* ~ *à q.* j-m keine Ruhe lassen, j-n nicht in Ruhe lassen; ~ *de lièvre* schlechtes Gedächtnis *n*, Gedächtnis *n* wie ein Sieb; vergeßlicher Mensch *m*; *manquer de* ~ nichts als Stroh im Kopf haben; *avoir la* ~ *renversée fig.* verrückt (*od.* verdreht) sein; **3.** *cuis.* Bregen *m*; **4.** ~ *de palmier* Palmenmark *n*.

cervical *anat.* (sɛrvi'kal) *adj.* [5c] Nacken...

Cervin *géogr.* (sɛr'vɛ̃) *m*: *mont m* ~ Matterhorn *n*.

ces (*vor cons.* se, sɛ; *vor vo.* sez, sɛz) *pl. von* ce, cet, cette.

césar|ien (seza'rjɛ̃) *adj.* [7c] **1.** cäsarisch; **2.** ⚕ *opération f* **~ne** Kaiserschnitt *m*; **~isme** (~'rism) *m* Cäsarentum *n*, Cäsarenherrschaft *f*.

cess|ation (sɛsa'sjɔ̃) *f* Einstellen *n*, Aufhören *n*, Beendigung *f*, Stillstand *m*; ~ *des hostilités* Einstellen *n* der Feindseligkeiten; ~ *des paiements* Zahlungseinstellung *f*; ~ *de travail* Arbeitsniederlegung *f*; *vente f totale pour cause de* ~ *de commerce* Ausverkauf *m* wegen Aufgabe des Geschäfts; **~e** (sɛs) *f* Aufhören *n*, Rast *f*; *sans* ~ unaufhörlich; *je n'ai* (*pas*) *eu de* ~ *que je ne danse* (*subj.*) *correctement* ich hatte nicht eher Ruhe (*od.* ich ließ nicht eher locker), bis ich richtig tanzen konnte; *n'avoir ni repos ni* ~ weder Ruh' noch Rast haben; nicht e-n einzigen Moment Ruhe haben.

cesser (sɛ'se) [1b] **I** *v/i.* aufhören; ~ *d'être en vigueur* außer Kraft treten, unwirksam werden; *faire* ~ *qch.* e-r Sache ein Ende bereiten, etw. einstellen (*od.* beenden); *le temps n'a pas cessé de marcher* die Zeit ist weiter fortgeschritten; **II** *v/t.* einstellen; ~ *le travail* die Arbeit niederlegen; *cessez le feu!* das Feuer einstellen!; *cessez vos plaintes* hören Sie mit Ihren Klagen auf!

cessez-le-feu (sɛselə'fø) *m/inv.* Feuereinstellung *f*.

cessi|bilité ⚖ (sɛsibili'te) *f* Abtretbarkeit *f*; **~ble** ⚖ (~'siblə) *adj.* übertragbar; abtretbar; **~on** (~'sjɔ̃) *f* Abtretung *f*, Zession *f*, Überlassung *f*; ~ *de licence* Lizenzabgabe *f*; **~onnaire** (~sjɔ'nɛ:r) *su.* Zessionär *m*, Abtretungsempfänger *m*.

c'est (sɛ) *wörtlich*: das ist; (~ *dient zur Hervorhebung*; *auch oft gebraucht, wenn das Verb im pl. od. in der Vergangenheit od. im fut. steht*; *bei nous u. vous muß* ~ *stehen!*); ~ *de lui que je parle* von ihm spreche ich; ~ *là que nous allons* dorthin gehen wir; ~ *moi qui l'ai fait* ich habe es gemacht; ~ *nous qui l'avons dit* wir haben es gesagt; ~ *vous qui l'avez fait* Sie haben es gemacht; ~ *jusqu'à 30 000 hommes qui travaillèrent à la construction du palais de Versailles* bis zu 30 000 Mann arbeiteten an der Errichtung des Versailler Palais; ~ *les Phéniciens de Carthage qui ont recueilli Enée* die Phönizier Karthagos haben

Äneas aufgenommen; ~ *lui qui s'occupera de cette affaire* er wird sich mit dieser Angelegenheit befassen; ~ *eux* (*a. ce sont eux*) *qui le disent* sie sagen es.

c'est-à-dire (sɛta'di:r) das heißt, [nämlich.]

césure *mét.* (se'zy:r) *f* Zäsur *f*.

cet (sɛt) s. ce.

cétacés *zo.* (seta'se) *m/pl.* Wale [*m/pl.*]

cétérac ⚘ (sete'rak) *m* Milzfarn *m*.

cétoine *ent.* (se'twan) *f* Metall- [käfer *m*.]

cette (sɛt) *pr/d.*, *f von* ce.

ceux (sø) *m/pl. von celui* (s. *dort*).

cévenol (sev'nɔl) *adj.* Cevennen...

Ceylan *géogr.* (sɛ'lɑ̃) *m* Ceylon *n*.

chabanais P (ʃabanɛ) *m* Krach *m*, Radau *m*; Tohuwabohu *n*.

chabler (ʃa'ble) *v/t.* [1a] **1.** ⚓ *e-e Last* mit e-m Tau heben *od.* ziehen; ⊕ zu e-m Strick drehen; **2.** ~ *des noix* Nüsse abschlagen.

chablis *for.* (ʃa'bli) *m* Windbruch *m*.

chablot (ʃa'blo) *m* Tauwerk *n*.

chabot *icht.* (ʃa'bo) *m* Kaulkopf *m*.

chabraque (ʃa'brak) *f* **1.** = † ⚔ *schabraque* Paradesatteldecke *f*; **2.** V Fose *f*.

chacal (ʃa'kal) *m* (*pl. chacals*) **1.** *zo.* Schakal *m*; **2.** F *ehm.* Zuave *m*. **3.** *fig.* schlauer Fuchs *m*.

chachater (ʃaʃa'te) *v/i.* [1a] cha cha cha tanzen.

chacun (ʃa'kœ̃) *pr. u. su.* [7] *ohne pl. u. ohne folgendes Substantiv*: jeder, jede, jedes; jedermann; ~ *de nous*, ~ *d'entre nous* jeder von uns; *à* ~ *le sien* jedem das Seine; ~ *à son goût* jeder nach s-m Geschmack; ~ *s'en retourne chez soi od. ils s'en retournent* ~ *chez eux* (*od. chez soi*) jeder kehrt von dort nach Hause zurück.

chadouf (ʃa'duf) *m Art* Ziehbrunnen *m* (*bsd. in Tunis u. Ägypten*).

chafouin (ʃa'fwɛ̃) *adj. u. su.* [7] schmächtig; durchtrieben, verschlagen, gerissen; gerissener Kerl *m*; Duckmäuser *m*; *air m* ~ verschlagener Gesichtsausdruck *m*.

chagrin (ʃa'grɛ̃) *m* **I 1.** Gram *m*, Kummer *m*, Ärger *m*, Verdruß *m*; *avoir du* ~ verdrießlich sein; Kummer (*od.* Ärger) haben; *à mon grand* ~ zu m-m großen Kummer; ~ *d'amour* Liebeskummer *m*; **2.** (*peau f de*) ~ Chagrin(leder) *n*; (*reliure f*) ~ *plein* Ganzfranzband *m*; **II** *adj.* [7] □ mißgestimmt, verstimmt, trübselig, kummervoll, vergrämt, bekümmert; **~ant** (~gri'nɑ̃) *adj.* [7] ärgerlich, kränkend; **~er** (~gri'ne) [1a] **I** *v/t.* **1.** ärgern, kränken, betrüben, verdrießen; **2.** chagrinartig zubereiten; Leder narben; **II** *v/rfl.* *se* ~ sich grämen (*de* über *acc.*).

chah (ʃa) *m* Schah *m* (*von Persien*).

chahut (ʃa'y) *m* **1.** *bsd. écol.* großer Lärm *m*, Radau *m*; *faire du* ~ = **~er** I; **2.** *exzentrischer Tanz m*; **~er** (ʃay'te) [1a] **I** *v/i.* randalieren; **II** *v/t.* auspfeifen; *écol.* den Unterricht j-s stören; ~ *le professeur* bei dem Lehrer randalieren; **~eur** *bsd. écol.* (~'tœ:r) *su* [7g] Radaubruder *m*.

chai (ʃɛ) *m* oberirdischer Lagerraum *m* (*für Wein*).

chaînage ⚠ (ʃɛ'na:ʒ) *m* Verankerung *f*, Gurt *m*; **~s** *m/pl. en béton armé* Stahlbetonriegel *m*.

chaîn|e (ʃɛn) *f* **1.** Kette *f*; ~ *antidérapante*, ~ *à neige Auto*: Kettengleitschutz *m*, Schnee(schutz)kette *f*; ~ *roulante* laufendes Band *n*; ~ *de montage* Montagefließband *n*; *l'assemblage fait en amont de la* ~ die am laufenden Band vorgenommene Zusammensetzung *f* (*od.* Montage *f*); ~ *à godets* Kübelaufzug *m*; ~ *d'arpenteur* Meßkette *f*; Meßleine *f*; ~ *de montre* Uhrkette *f*; ~ *du sûreté* Sicherheitskette *f*; Schlüsselkette *f*; *mettre à la* ~ anketten (*Hund*), an die Kette legen; *charger q. de* **~s** j-n in Fesseln legen; **2.** † Galeerenstrafe *f*; **3.** *fig.* (Freundschafts- *usw.*) Bande *n/pl.*; Fesseln *pl.*; *briser ses* **~s** s-e Ketten sprengen, sich frei machen; **4.** Verkettung *f*; **5.** Reihen-, Aufeinanderfolge *f*; ~ *d'événements* Verkettung *f* von Ereignissen; *travail m à la* ~ Fließarbeit *f*; ~ *de montagnes* Gebirgskette *f*; ⚡ ~ *électrique* elektrische Kette *f*; *rad.* ~ *nationale de la Radiodiffusion française* französische Sendergruppe *f*; *faire la* ~ e-e Kette bilden; **6.** *Weberei*: Kette *f* (*od.* Zettel *m*) **7.** *rad.* Meterband *n*, Wellenlänge *f*; *émission f sur la* ~ *intérieure* Sendung *f* für internen Gebrauch; **~é** (ʃɛ'ne) *adj.* kettenförmig; **~er** (ʃɛ'ne) *v/t.* [1b] mit der Kette messen; ⚠ *Mauern* durch Eisenstangen verankern, absteifen; **~etier** (ʃɛn'tje) *m* Gürtler *m*; **~ette** (~'nɛt) *f* **1.** Kettchen *n*; *point m de* ~ Kettenstich *m*; **2.** ~ *d'un mors* Schaumkette *f*; ~ *de* *timon* Deichselkette *f*; **3.** ⚠ Kettengewölbe *n*; **4.** *arith.* Kettenlinie *f*; **~ier** *m*, **~iste** *m* (~'nje, ~'nist) Kettenschmied *m*; **~on** (~'nɔ̃) *m* **1.** ⊕ Kettenglied *n*; **2.** ⚗ Molekülkette *f*; **3.** Hügelkette *f*.

chair (ʃɛ:r) *f* **1.** Fleisch *n des menschlichen u. tierischen Körpers u. v. Früchten*; ~ *à saucisses* Wurstfleisch *n*; *excroissance f de* ~ wildes Fleisch *n*; *couleur (de)* ~ fleischfarben; ~ *à canon* Kanonenfutter *n*; *être ni* ~ *ni poisson fig.* nicht Fisch, nicht Fleisch sein; **2.** Fleisch *n des Obstes*; **3.** *bibl.* Fleischeslust *f*, Sinnlichkeit *f*; **4.** *fig.* Haut *f*; *fig. cela fait venir (od. avoir) la* ~ *de poule* dabei bekommt (*od.* F kriegt) man ja Gänsehaut; **5.** *peint.* ~*s pl.* Fleischpartie(en) *f*; **6.** *Gerberei*: Fleischseite *f der Häute.*

chaire (ʃɛ:r) *f* **1.** (bischöflicher Kirchen-)Stuhl *m*; ~ *apostolique od.* ~ *de saint Pierre* der Stuhl *m* Petri, Papsttum *n*; **2.** Kanzel *f*; *éloquence f de la* ~ Kanzelberedsamkeit *f*; *monter en* ~ die Kanzel besteigen; *interdire la* ~ *à q.* j-m das Predigen untersagen; **3.** Lehrstuhl *m*, Katheder *m u. n*; *fig. obtenir une* ~ e-e Professur *f* erhalten.

chai|se (ʃɛ:z) *f* **1.** Stuhl *m*, Sessel *m*; ~ *à bras* Armstuhl *m*; ~ *de canne(s)* Rohrstuhl *m*; ~ *d'enfant* Kinderstuhl *m*; ~ *longue de jardin* Liegestuhl *m*; ⚖ ~ *électrique* elektrischer Stuhl *m*; ~ *pliante* Klappstuhl *m*; ~ *roulante* ⚕ Rollstuhl *m*; ~ *rembourrée* Polsterstuhl *m*, -sitz *m*; ~ *percée* Nachtstuhl *m (in Krankenhäusern usw.)*; ~ *pivotante* Drehstuhl *m*; ~ *à bascule* Schaukelstuhl *m*; **2.** ~ *à porteurs* Tragsessel *m*, Sänfte *f*; *porteur m de* ~ Sänftenträger *m*; **3.** *ehm.* ~ *de poste* Postwagen *m*; **4.** ⊕ Gestell *n*; *mach.* Gestell *n* zum Tragen der Transmissionswellen; ~ *d'une clocher* Glockenstuhl *m*; **5.** ~ *marchepied* Stuhltrittleiter *f*; **~se-longue** (~'lɔ̃:g) *f* [6a] Liegestuhl *m*; **~sier** (ʃɛ'zje) *su.* [7b] **1.** ⊕ Stuhlmacher *m*; **2.** Stuhlvermieter *m*.

chaland¹ (ʃa'lɑ̃) *m* flaches Transportschiff *n*, Lastkahn *m*.

chaland² † (~) *su.* [7] Stammkunde *m*.

chalaze (ka'lɑ:z) *f* **1.** Hahnentritt *m im Vogelei*; **2.** ⚘ innerer Nabel *m*; **3.** ⚕ Hagelkorn *n am Augenlid.*

chalcogra|phe (kalkɔ'graf) *m* Kupferstecher *m*; **~phie** (~gra'fi) *f* **1.** Kupferstecherkunst *f*; **2.** Kupferstichsammlung *f*; **3.** Kupferstecherkabinett *n*.

châle (ʃɑ:l) *m* Schal *m*.

chalet (ʃa'lɛ) *m* **1.** ~ *(suisse)* Sennhütte *f*, Schweizerhaus *n*; **2.** kleine Villa *f*; **3.** ~ *de nécessité* Bedürfnisanstalt *f*.

chaleur (ʃa'lœ:r) *f* **1.** Hitze *f*, Wärme *f*; ⊕ ~ *blanche (rouge vif)* Weiß-(Rot-)glut *f*; **2.** *fig.* Eifer *m*, Glut *f*; **3.** *zo.* Brunst(zeit *f*) *f* der Weibchen; **~eux** (~lœ'rø) *adj.* [7d] *fig.* warm, warmherzig, gefühlvoll, ergreifend; lebhaft (*Stil, Beifall*).

châlit (ʃɑ'li) *m* Bettgestell *n*; ⚔ Pritsche *f*.

challeng|e (ʃa'lɑ̃:ʒ) *m Sport*: Wanderpreis *m*; **~ger¹** (~lɑ̃'ʒœ:r) *m Sport*: Titelanwärter *m*; **~ger²** (~'ʒe) *v/i.* [1l] den Inhaber e-s Meistertitels *od.* Wanderpreises offiziell herausfordern.

chaloir † (ʃa'lwa:r) *v/i. nur gebr. in*: *il ne m'en chaut, peu m'en chaut* daran liegt mir wenig; ich mache mir nichts draus.

chalon ⚓ (ʃa'lɔ̃) *m* Schleppnetz *n*.

chaloupe ⚓ (ʃa'lup) *f* Schaluppe *f*; ~ *canonnière* Kanonenboot *n*; **~-pilote** ⚓ (~pi'lɔt) *f* [6b] Lotsenboot *n*.

chalouper *fig.* (ʃalu'pe) *v/i.* [1a] schaukelnd gehen (*od.* tanzen).

chalu|meau (ʃaly'mo) *m* [5b] **1.** Strohhalm *m*, Schilfrohr *n*; **2.** ♪ Schalmei *f*; Hirtenflöte *f*; **3.** ⊕ Lötrohr *n*; ~ *oxhydrique* Sauerstoffbrenner *m*; ~ *à souder* Schweißbrenner *m*; ~ *de découpage*, ~ *à découper* Schneidbrenner *m*.

chalut ⚓ (ʃa'ly) *m* Grundschleppnetz *n*; **~ier** ⚓ (~'tje) *m* (Sacknetz-)Fischdampfer *m*.

chamade (ʃa'mad) *f* **1.** † ⚔ Kapitulationssignal *n*; **2.** *fig. son cœur battait la* ~ er war ganz aufgeregt (*od.* sehr erregt); *fig. battre la* ~ nachgeben, zu Kreuze kriechen.

chamail|ler (ʃamɑ'je) *v/rfl.*: *se* ~ [1a] sich balgen, sich raufen; *fig.* sich herumzanken, sich in den Haaren liegen; **~lerie** (~mɑj'ri) *f* Krakeel *m*, Zank *m*, Krach *m*, *fig.* Szene *f*; ~*s pl.* Gezanke *n*.

chamar|ré *iron.* (ʃamɑ're) *adj.* von Orden u. Goldtressen strotzend, F voller Lametta, F mit Lametta behängt; **~rer** *mst. iron.* (~) *v/t.* [1a] verbrämen, ausstaffieren; *un général chamarré de décorations iron.* ein General voller Lametta; *~ de citations* ⚔ mit Belobigungen im Tagesbefehl überhäufen; **~rure** *iron.* (~'ry:r) *f* kitschige Verzierung *f*, lächerliche Ausstaffierung *f*.

chambard F (ʃɑ̃'ba:r) *m* Spektakel *m*, Skandal *m*, Krach *m*, Klamauk *m* F, Krakeel *m* F, Radau *m*; F Kladderadatsch *m*, Umsturz *m*; **~ement** F (~də'mɑ̃) *m* Umsturz *m*, Durcheinander *n*, Umwälzung *f*; Sensation *f*; *mv. p.* Liquidierung *f*; s. *chambard*; **~er** F (~'de) **1.** *v/t.* über den Haufen werfen, umwerfen, umstoßen, zertrümmern; durcheinanderbringen, auf den Kopf stellen; *mv.p.* beseitigen, *mv.p.* fertigmachen P, *mv.p.* liquidieren (*a. Sachen*); **2.** *abs.* randalieren, krakeelen, Krach (*od.* Lärm) machen; **~eur** P (~'dœ:r) *m* Radaubruder *m*.

chambellan *bsd. hist.* (ʃɑ̃bɛ'lɑ̃) *m* Kammerherr *m*.

chambouler P (ʃɑ̃bu'le) *v/t.* [1a] durcheinanderschmeißen P.

chambranle (ʃɑ̃'brɑ̃:lə) *m* (*Tür-, Fenster- usw.*) Verkleidung *f*; Kaminsims *m*.

chambre ('ʃɑ̃:brə) *f* **1.** Zimmer *n*, Stube *f* P, Gemach *n st.s.*; *~ en saillie* Erkerzimmer *n*; *~ à coucher* Schlafzimmer *n*; *~ d'amis* Fremdenzimmer *n*, Gastzimmer *n*; *~ de domestiques* (Dienst-)Mädchenzimmer *n*; *~ meublée* (*od. garnie*) möbliertes Zimmer *n*; *robe f de ~* Schlafrock *m*; ⚕ *~ forte* Panzergewölbe *n* (*e-r Bank*), Tresor *m*; ⚓ *~ de chauffe* Heizraum *m*; ⚓ *~ du capitaine* Kapitänskajüte *f*; *pommes f/pl. de terre en robe de ~* Pellkartoffeln *f/pl.*; *valet m de ~* Kammerdiener *m*; *faire la ~* das Zimmer machen *od.* aufräumen; *garder la ~* das Zimmer hüten; *ouvrier m en ~* Heimarbeiter *m*; **2.** *pol.* Kammer *f*, gesetzgebende Körperschaft *f*; *~ agricole* Landwirtschaftskammer *f*; *~ corporative*, *~ des corporations* Ständekammer *f*; *~ de l'économie* Wirtschaftskammer *f*; *~ de commerce* Handelskammer *f*; *~ de compensation(s)* Abrechnungs-, Verrechnungs-stelle *f*, Ausgleichs-amt *n*, -kammer *f*, Clearinghaus *n*; *~ des métiers* Handwerkskammer *f*; ♀ *des députés* Abgeordnetenhaus *n*; *~s pl.* Parlament *n*; ♀ *des Communes*, ♀ *basse* Unterhaus *n* (*England*); ♀ *haute*, ♀ *des lords* Oberhaus *n* (*England*); *convoquer* (*dissoudre*) *la ~* die Kammer einberufen (auflösen); *siéger à la ~* in der Kammer sitzen; **3.** ⚖ Gerichtshof *m*, Gericht *n*, Abteilung *f* e-s Gerichts; *~ d'appel* Berufungsgericht *n*; *~ des vacations* Ferienstrafkammer *f* (*für dringliche Fälle*); **4.** *abs.* Gemach *n* der Fürsten; *hist. gentilhomme m de la ~* Kammerjunker *m*; **5.** *musique f de ~* Kammermusik *f*; **6.** *phot.* *~ obscure* (*od. noire*) Dunkelkammer *f*; **7.** ⊕ Höhlung *f*, Kammer *f*; *Auto, vél.* *~ à air* Schlauch *m*; *~ d'écluse* Schleusenkammer *f*; *~ frigorifique* Gefrierraum *m*; *~ froide* Kühlraum *m*; *~ de réfrigération* Gefrierkammer *f*; *Auto*: *~ de mélange*, *~ de compression* Vergasungs-, Kompressions-raum *m*; *~ d'explosion*, *~ de combustion* Verbrennungsraum *m*; *at.* *~ des ions* (*à détente*) Ionen-(Nebel-)kammer *f*.

cham|bre-cuisine ('ʃɑ̃:brəkwi'zin) *f* [6a] Wohnküche *f*; **~brée** *bsd.* ⚔ (~'bre) *f* Mannschaftszimmer *n*, Stube *f*; Korporalschaft *f*; ⚔ *balayer la ~* die Stube ausfegen; **~brer** (~'bre) [1a] **I** *v/i.* **1.** *~ ensemble* in demselben Zimmer wohnen; **II** *v/t.* **2.** *~ q.* j-n in e-m Zimmer eingeschlossen halten; **3.** temperieren, zimmerwarm machen (*z.B. Wein*); **4.** P *~ q.* a) j-n einwickeln; b) j-n hochnehmen; **~brette** (~'brɛt) *f* Stübchen *n*, Kämmerchen *n*; **~brière** (~bri'ɛ:r) *f man.* Peitsche *f*.

chameau (ʃa'mo) *m* [5b] **1.** *zo.* Kamel *n*; *~ à une bosse* einhöckeriges Kamel *n*, Dromedar *n*; *~ à deux bosses* zweihöckeriges Kamel *n*; **2.** Kamelhaar *n*; **3.** ⚓ Kamel *n* (*Art Ponton*); **4.** *fig.* F boshafter Mensch *m*, widerlicher Kerl *m*.

chamel|ier (~mə'lje) *m* Kameltreiber *m*; **~le** *zo.* (~'mɛl) *f* Kamelstute *f*.

chamois (ʃa'mwa) *m* **1.** *zo.* Gemse *f*; **2.** (*peau f de ~*) Gemsleder *n*; **3.** (*auch adj.*: *couleur f ~*) Gemsfarbe *f*; **~er** (~'ze) *v/t.* [1a] sämisch gerben; **~erie** (~z'ri) *f* **1.** Sämischgerberei *f*; **2.** Sämischleder *n*.

champ (ʃɑ̃) *m* **1.** Feld *n*, freier Platz *m*, Fläche *f*, Stätte *f*; *en plein* ~ auf offenem (*od.* freiem) Felde; ~ *d'aviation* Flugfeld *n*; *Sport*: ~ *de courses* Rennbahn *f*; ~ *de ski* Schifeld *n*; ~ *de foire* Rummelplatz *m*; Marktplatz *m*; ✈ ~ *d'atterrissage* Landungs-feld *n*, -platz *m*, -stelle *f*; ⚔ ~ *d'entonnoirs* Trichterfeld *n*; ⚡ ~ *magnétique* Magnetfeld *n*; ~ *de bataille* Schlachtfeld *n*; ~ *de manœuvre od. de Mars* Exerzierplatz *m*; ~ *de repos* Friedhof *m*; ~ *de tir* Schießplatz *m*; Schußfeld *n*; *prendre du* ~ Anlauf nehmen; **2.** ⚒ Feld *n*, Acker *m*; ~ *labouré* gepflügtes Land *n od.* Feld *n*, Sturzacker *m*; ~ *en friche* Brachfeld *n*; **3.** ~*s pl.* Land *n*, Ländereien *f/pl.*; *das* Freie *n*; *poét.* Gefilde *n/pl.*, Fluren *f/pl.*; ~*s pl. d'épandage* ⚒ Rieselfelder *n/pl.*; *courir les* ~*s* auf den Feldern umherstreifen; *à travers* ~*s* querfeldein; *prendre la clef des* ~*s* das Weite suchen, sich aus dem Staube (*od.* auf die Beine) machen; **4.** ⚔ *battre* (*od. sonner*) *aux* ~*s* den Präsentiermarsch spielen; **5.** ~ *clos* Kampfplatz *m*, Schranken *f/pl. zum Zweikampf*; Turnierplatz *m*; **6.** *fig.* Gebiet *n*, Bereich *m* (*od. n*); ~ *d'activité* Arbeitsgebiet *n*, Wirkungsbereich *m* (*od. n*); ~ *d'application* Anwendungsbereich *m* (*od. n*); **7.** *fig. sur-le-*~ sofort, auf der Stelle, sogleich; F *à tout bout de* ~ alle Augenblicke, andauernd, bei jeder Gelegenheit; *avoir le* ~ *libre* freie Bahn (*od.* freien Spielraum *od.* freie Hand) haben, völlig ungebunden *od.* sein eigener Herr sein; **8.** *opt.* Sehweite *f e-s Fernrohrs*; ~ *visuel* Gesichtsfeld *n*, Sehweite *f*; **9.** ⚡ ~ *électrique* (*magnétique*) elektrisches magnetisches) Feld *n*; **10.** *peint. usw.* Grund *m*; **11.** ⊕ Fläche *f*; schmale Seite *f*; *mettre* (*od. placer od. poser*) *de* (*od. sur*) ~ auf die hohe Kante stellen (*od.* legen).

champa|gne (ʃɑ̃'paɲ) *m* Champagner(wein *m*) *m*, Sekt *m*, Schaumwein *m*; *fine*(-~) *f* Weinbrand *m*; ~**gniser** (~ɲi'ze) *v/t.* [1a] zu Sekt verarbeiten.

champart (ʃɑ̃'pa:r) *m* **1.** *féod.* Kehrzehent *m*; **2.** ⚒ Mischkorn *n*.

champêtre (ʃɑ̃'pɛ:trə) *adj.* ländlich, Land..., Feld...; *vie f* ~ Landleben *n*; *garde m* ~ Feldhüter *m*.

champignon (ʃɑ̃pi'ɲɔ̃) *m* **1.** Pilz *m*, *bsd.* Champignon *m*; *cuis.* ~*s pl. de Paris* Champignons *pl.*; *fig. pousser comme un* ~ zusehends wachsen (*von Kindern*); **2.** ♣ Schwammgewächs *n*; **3.** Knopf *m* am Kleiderriegel; **4.** F *Auto*: Gashebel *m*; ~**ner** (ʃɑ̃piɲɔ'ne) *v/i.* [1a] wie Pilze aus der Erde schießen (*Städte, Industrien*); ~**nière** ('njɛ:r) *f* Mistbeet *n* für Pilze; Pilzbeet *n*; Champignon-keller *m*, -gewölbe *n*; ~**niste** (~ɲɔ'nist) *m* Champignonzüchter *m*.

champion (ʃɑ̃'pjɔ̃) *m* **1.** *Sport*: Champion *m*, Meister *m*, Sieger *m*; ~ *du monde* Weltmeister *m*; ~ *du monde de boxe* Boxweltmeister *m*; ~ *de bob*(*sleigh*) Bobmeister *m*; ~ *de* (*od. du*) *Derby* Derbysieger *m*; **2.** *fig.* Vorkämpfer *m*, Verfechter *m*; **3.** *féod.* Kämpe *m*; ~**nat** (~pjɔ'na) *m* **1.** Meisterschaft *f*; ~ *du monde sur route* Weltmeisterschaft *f* im Straßenrennen; ~ *du monde* (*de tennis, d'échecs*) Welt-(Tennis-, Schach-) meisterschaft *f*; ~ *de bob*(*sleigh*) Bob(schlitten)meisterschaft *f*; ~ *de* (*demi-*)*fond* Lang-(Mittel-)streckenmeisterschaft *f*; **2.** Wettkampf *m* um die Meisterschaft; ~**ne** (~'pjɔn) *f* **1.** Weltmeisterin *f*; **2.** *fig.* Hauptvertreterin *f*, Vorkämpferin *f*.

cham|plé ⚒ (ʃɑ̃'ple) *adj.* vom Frost beschädigt; ~**plure** ⚒ (~'ply:r) *f* Frostschaden *m*.

champoreau (ʃɑ̃pɔ'ro) *m* warmes Mischgetränk *n* aus Wein u. Kaffee.

chançard P (ʃɑ̃'sa:r) *m* Glückskind *n*, -pilz *m*.

chance (ʃɑ̃:s) *f* Glück *n*, Chance *f*, Glücksfall *m*, gute Aussicht(en *f/pl.*) *f*; ~*s pl.* Möglichkeiten *f/pl.*, *fig.* Aussichten *f/pl.*, Wahrscheinlichkeiten *f/pl.*; *n'avoir pas de* ~ kein Glück haben; *il y a neuf* ~*s sur dix* man kann zehn gegen eins wetten; es ist so gut wie sicher; todsicher; *je veux tenter ma* ~ ich will es darauf ankommen lassen, ich will's riskieren; *se mettre à couvert de toute* ~ sich auf alles gefaßt machen, mit allem rechnen; *saisir sa* ~ *au vol* die Gelegenheit beim Schopfe ergreifen; *bonne* ~*!* viel Glück!, guten Erfolg!, Glück zu!

chance|lant (ʃɑ̃s'lɑ̃) *adj.* wack(e)lig, verwittert, baufällig; ~**ler** (~'le)

v/i. [1c] (sch)wanken, straucheln; *fig.* wankelmütig sein.
chance|lier (ʃɑ̃sə'lje) *m* Kanzler *m*; ~ *de l'Échiquier* Schatzkanzler *m* in England; *All.* ~ *fédéral* Bundeskanzler *m*; **~lière** (~'ljɛ:r) *f* **1.** Frau *f* e-s Kanzlers; **2.** Fuß-sack *m*, -wärmer *m*; **~llement** (~sɛl'mɑ̃) *m* Wanken *n*; *fig.* Unbeständigkeit *f*; **~llerie** (~sɛl'ri) Kanzlei *f*; Staatskanzlei *f*; Kanzleramt *n*; *Fr. bisw.*: Justizministerium *n*, *England*: oberster Gerichtshof *m*; *style m de* ~ Kanzleistil *m*; *Fr. grande* ~ Großkanzleramt *n* der Ehrenlegion.
chanceux (ʃɑ̃'sø) *adj.* [7d] **1.** glücklich; *un homme* ~ ein Glückskind *n*; **2.** gewagt, riskant; *c'est une affaire chanceuse* das ist e-e riskante Angelegenheit *f* (*od.* gewagte Sache *f*).
chan|ci (ʃɑ̃'si) *adj. u. m* schimmlig(er Mist *m*); **~cir** (~'si:r) *v/i.* [2a] schimmlig werden; **~cissure** (~si'sy:r) *f* Schimmel *m*.
chan|cre ('ʃɑ̃:krə) *m* ⚕ Schanker *m*; *allg.* Geschwür *n*; *fig.* Krebsübel *n*; 🌱 Brand *m*, Baumkrebs *m*; **~creux** (ʃɑ̃krø) *adj.* [7d] ⚕ krebsartig; 🌱 brandig.
chandail (ʃɑ̃'daj) *m* (*pl.* ~*s*) Sporttrikot *n*, Pullover *m*, wollene Weste *f*.
Chandeleur *rl.* (ʃɑ̃də'lœ:r) *f* Lichtmeß *f*, Mariä Reinigung *f* (*2. Februar*).
chandel|ier (ʃɑ̃də'lje) *m* Leuchter *m*; ~ *d'église* Kirchenleuchter *m*; ~ *à plusieurs branches* Armleuchter *m*; *être* (*placé*) *sur le* ~ ein hohes Amt bekleiden; **~le** (~'dɛl) *f* (Talg- *usw.*) Licht *n*, Kerze *f*; ~ *de glace* Eiszapfen *m*; ~ *romaine* Feuerwerksrakete *f*; *la* ~ *coule* die Kerze tropft; *faire des économies de bouts de* ~ kleinlich sparen; *brûler la* ~ *par les deux bouts* mit s-r Gesundheit Raubbau treiben; mit s-m Vermögen aasen; *j'en ai vu trente-six* ~*s* mir wurde grün u. blau vor Augen, ich hörte die Engel im Himmel singen; *je lui dois une belle* (*od. fière*) ~ ich kann ihm sehr dankbar sein; ich habe ihm sehr zu danken; *le jeu ne* (*od. n'en*) *vaut pas la* ~ es lohnt sich nicht; *tenir la* ~ Hehler- *od.* Kuppel-dienste leisten; **~lerie** (~dɛl'ri) *f* ⊕ Kerzen-fabrik *f*, -handel *m*.
chanfrein (ʃɑ̃'frɛ̃) *m* **1.** Vorderteil *m des Pferdekopfes*; ~ *blanc* Blässe *f*, Bleß *m*; **2.** ⚠ Schrägkante *f*.
chanfreiner ⚠ (ʃɑ̃frɛ'ne) *v/t.* [1b] ein Stück Holz abschrägen.
change (ʃɑ̃:ʒ) *m* **1.** Tausch *m*, Wechsel *m*; *gagner au* ~ beim Tausch gewinnen; *perdre au* ~ weniger haben als zuvor, schlechter dran sein als zuvor; **2.** Bank-, Wechsel-geschäft *n*, Geld-, Wechsel-handel *m*; *agent m de* ~ Börsen-, Wechsel-makler *m*; (*bureau m de*) ~ Wechselstube *f*; (*cours m du*) ~ Wechselkurs *m*; ~ *à vue od. lettre f de* ~ *à vue* Sichtwechsel *m*; **3.** *ch.* falsche Spur *f*; *fig. prendre le* ~ sich irreführen lassen; *donner le* ~ irreführen; *donner le* ~ *sur le mobile du crime* e-n falschen Hinweis auf das Motiv des Verbrechens geben.
change|able (ʃɑ̃'ʒablə) *adj.* veränderlich; **~ant** (~'ʒɑ̃) *adj.* [7] **1.** veränderlich, launisch, unstet, wetterwendisch; **2.** schillernd; **~ment** (ʃɑ̃ʒ'mɑ̃) *m* (Ver-)Änderung *f*, Verwandlung *f*, Wechsel *m*; *pol.* Umschwung *m*; Versetzung *f* (*e-s Beamten*); ~ *en bien* Verbesserung *f*; ~ *en mal* Verschlechterung *f*; 🚂 ~ *de train* Umsteigen *n*; *Auto*: ~ *de vitesse* Gangschaltung *f*, Wechselgetriebe *n*, Kupplung *f*; *Auto*: ~ *de vitesse automatique* Schnellganggetriebe *n*: ~ *de domicile*, ~ *de résidence*, ~ *d'appartement* Umzug *m*, Wohnsitzverlegung *f*; ~ *d'adresse* Anschriftenänderung *f*, Umadressierung *f*, ✝ Geschäftsverlegung *f*; ~ *de direction* Fahrtrichtungsänderung *f*; ⚓ ~ *de marée* Flutwechsel; *thé.* ~ *de la distribution des rôles* Neubesetzung *f*; ⚔ ~ *de position* Stellungswechsel *m*; ~ *du sens* Bedeutungswandel *m*; ~ *du temps* Witterungsumschlag *m*.
changer (ʃɑ̃'ʒe) **I** *v/i.*: **1.** ~ *de qch. intransitiv mst. bei folgendem Sachobjekt, u. zwar im Falle e-r Änderung od. e-s Wechsels, die od. den eine Person, ein Tier od. e-e Blume, an, mit od. für sich selbst vollzieht od. vollziehen läßt*; *e-e Sache statt e-r anderen nehmen od. annehmen etw. auswechseln*; *s-n eigenen* (*geistigen od. materiellen*) *Zustand ändern*; *Sichverändern des Subjekts!*) (um-, ver-)ändern, wechseln; ~ *d'adresse* s-e (eigene) An-

schrift ändern; ~ *d'appartement* in e-e andere Wohnung ziehen, umziehen; *l'hôte change d'assiettes* der Gast nimmt andere Teller; ~ *d'avis* s-e (eigene) Meinung ändern; anderen Sinnes werden; ~ *de bas* andere Strümpfe anziehen; ~ *de bonne* ein anderes Dienstmädchen nehmen; ⚓ ~ *de cap* den Kurs ändern; ~ *de caractère* sich charakterlich ändern; ~ *de chemise* das Hemd wechseln; ein anderes Hemd anziehen; ~ *de chevaux* die Pferde wechseln; ~ *de conduite* sein Verhalten ändern, sich umstellen; ~ *de couleur* sich verfärben, *a. fig.* die Farbe wechseln; *la fleur change de couleur* die Blume wechselt ihre Farbe; ~ *de domicile* umziehen, s-e Wohnung wechseln; ~ *d'école* die Schule wechseln; ~ (*d'habits od. de vêtements*) sich umziehen; ⚒ ~ *d'huile* das Öl wechseln; ~ *de linge* andere Unterwäsche anziehen; ~ *de logis* umziehen, s-e Wohnung wechseln; ~ *de note fig.* andere Saiten aufziehen, e-n schärferen (*od.* anderen) Ton anschlagen; ~ *de parti* das Mäntelchen nach dem Winde drehen; ~ *de place* den Platz wechseln; ~ *de religion* die Religion wechseln, e-e andere Religion annehmen, zu e-r anderen Religion übertreten; ~ *de résidence* umziehen, s-e Wohnung (s-n Wohnort) wechseln; *elle a changé de robe* sie hat ihr Kleid gewechselt, sie hat ein anderes Kleid angezogen; ⚓ ~ *de route* den Kurs ändern; ~ *de vie* s-e Lebensweise ändern; ~ *de visage* (plötzlich) blaß (*od.* rot) werden, sich verfärben (*Gesicht*), die Fassung verlieren; *Auto*: ~ *de vitesse* (um-) schalten, e-n anderen Gang einschalten; **2.** *abs.* (*p.p. mit avoir im Falle e-r Handlung, mit être im Falle e-s Zustandes*) sich (ver-) ändern, anders werden; *elle a beaucoup changé* sie hat sich sehr verändert; *elle est beaucoup changée* sie ist ganz anders (*od.* völlig verwandelt); *cet homme est changé à ne pas le reconnaître* dieser Mensch ist so verändert, daß man ihn nicht wiedererkennt; *son visage a changé* sein (ihr) Gesichtsausdruck hat sich verändert; *combien les mœurs ont changé!* wie sehr haben sich doch die Sitten geändert!; *combien les temps sont changés!* wie sind jetzt die Zeiten doch anders!; *prov. les temps changent et nous changeons avec eux* die Zeiten ändern sich, und wir ändern uns mit ihnen; *ne pas* ~ gleich bleiben; *aimer* (*à*) ~ die Veränderung lieben; *le temps va* ~ es wird anderes Wetter geben (*od.* werden), wir bekommen anderes Wetter; *le vent a changé* der Wind hat sich gedreht; ~ *en bien*, ~ *à son avantage* sich bessern, sich vorteilhaft (zum Guten) entwickeln; ~ *en mal* sich verschlechtern; b) sich umziehen (*vgl.* III, 4); *je suis rentré chez moi pour* ~ ich bin nach Haus(e) zurückgekehrt, um mich umzuziehen; c) ⊕ ~ *sur* übersetzen auf (*acc.*); **II** *v/t.* (*mst. bei Sachobjekt, das sich nicht auf die eigene Person od. auf das Subjekt e-s Tiers od. e-r Blume bezieht; Veränderung des Objekts!*) a) (ver-, um-) wandeln, umgestalten, ändern, auswechseln, wechseln (*bsd. Geld!*); *le garçon du restaurant changea les assiettes* der Kellner wechselte die Teller; *changez les assiettes!* wechseln Sie die Teller!, geben Sie mir andere Teller!; ~ *son caractère* s-n Charakter (*d. h. den e-s anderen*) ändern; ~ *les idées de q.* j-s Ideen (*od.* Gedanken *od.* Vorstellungen) ändern; ~ *les idées à q.* j-n (*acc.*) auf andere Gedanken bringen; ~ *sa manière de vivre* s-e Lebensweise (*d. h. die e-s anderen*) ändern; ~ *la misère* dem Elend ein Ende bereiten; ~ *les draps d'un lit* ein Bett neu beziehen; *Auto*: ~ *les pneus* die Reifen (Mäntel) auswechseln; † ~ *l'étiquette* das Preisschild ändern; ~ *le papier d'une chambre* die Tapete wechseln; ~ *l'adresse d'une lettre* e-n Brief umadressieren; *cela change les affaires* das ändert die Sachlage; *Auto*, ⚓ *usw.*: ~ *la marche* e-e andere Richtung einschlagen (*od.* nehmen), die Richtung ändern; *thé.* ~ *la distribution des rôles* die Rollenverteilung ändern; ~ *l'ordre* den Befehl ändern; *il a changé toute sa maison* er hat sein ganzes Haus umgebaut (*od.* anders eingerichtet); ~ *une pièce d'argent* (*un billet*) ein Geldstück (e-n Geldschein) wechseln; *rien ne peut* ~ *les lois de la nature* nichts kann die

Gesetze der Natur ändern (*od.* umstoßen); ⚓ ~ *la barre* das (Steuer-)Ruder umlegen; ~ *qch. de place* etw. anderswohin stellen, setzen, legen; *fig.* ~ *ses batteries*, ~ *son fusil d'épaule* (*aber auch*: ~ *de batterie!*) *fig.* s-n Kurs ändern, andere Wege einschlagen, andere Mittel versuchen, sich umstellen; ~ *son fusil d'épaule a. pol.* sein Mäntelchen nach dem Winde drehen; zu e-r anderen Partei überspringen; *Luther a changé la religion dans une partie de l'Allemagne* Luther hat die Religion in e-m Teile Deutschlands verändert; *les alchimistes prétendaient pouvoir* ~ *toutes sortes de métaux en or* die Alchimisten behaupteten, jede Art von Metallen in Gold verwandeln zu können; *cela ne change rien à mon dessein* das ändert nichts in m-r Absicht; *il n'y a rien à* ~ *à cela* daran läßt sich nichts ändern; ~ *la victoire en déroute* den Sieg in e-e völlige Auflösung verwandeln; *rl.* ~ *l'eau en vin* das Wasser in Wein verwandeln; ~ *les soupçons de q. en certitude* j-s Verdachtsmomente in Gewißheit verwandeln; *oft steht transitives changer, wo intransitives* ~ *de wegen der Subjektsbezogenheit* [*vgl.* **I, 1.**] *klarer wäre*: *on change ses habitudes* man ändert s-e Gewohnheiten; *un peuple changeait son culte* ein Volk wechselte mit s-m Kultus; *elle ne changea pas beaucoup sa manière de vivre* sie änderte ihre Lebensweise nicht sehr; b) ~ *qch. pour* (*od. contre*) *qch.* etw. ein- *od.* aus- *od.* um-tauschen gegen *od.* ersetzen durch; *prov.* ~ *son cheval borgne contre un aveugle* aus dem Regen in die Traufe kommen; ~ *un violon contre un accordéon* e-e Geige gegen ein Akkordeon tauschen; *elle a changé sa vaisselle vieille pour de la neuve* sie hat ihr altes Geschirr gegen neues eingetauscht; c) *mit persönlichem Objekt nur in der Bedeutung*: ~ *un enfant* (*un bébé*) ein Kind (ein Baby) trocken legen; ~ *un malade* e-m Kranken reine Wäsche geben; **III** *v/rfl.* *se* ~ sich umziehen; *se* ~ *en qch.* sich in etw. (*acc.*) verwandeln, zu etw. (*dat.*) werden; *se* ~ *en vinaigre* zu Essig werden; *l'eau se change en vapeur* das Wasser verwandelt sich in Dampf (*od.* verdampft); *la victoire se changea en déroute* der Sieg verwandelte sich in e-e völlige Niederlage; *la joie s'est changée en douleur* die Freude hat sich in Schmerz verwandelt.

changeur (ʃɑ̃'ʒœːr) *su.* [7g] (Geld-)Wechsler *m.*

chanoi|ne (ʃa'nwan) *m* Stifts-, Dom-herr, *m* Kanoniker *m*; *avoir une mine de* ~ ein blühendes Aussehen haben; **~nesse** (~nwa'nɛs) *f* Domfrau *f*, Stiftsdame *f*, Kanonissin *f*.

chanson (ʃɑ̃'sɔ̃) *f* **1.** (heiteres, geselliges) Lied *n*; Gesang *m*; ~ *de route* Marschlied *n*; ~ *populaire* Volkslied *n*; **2.** episches Gedicht *n*; ~ *de geste* altfranzösisches Heldengedicht *n*; **3.** F *fig.* ~*s pl.* Unsinn *m*, Gefasele *n*, Quatsch *m*, leeres Geschwätz *n*; ~*s* (*que tout cela*)! nichts als leeres Gerede!; **~ner** (~sɔ'ne) *v/t.* [1a] *auf j-n* ein Spottlied machen; **~nette** (~sɔ'nɛt) *f* Liedchen *n*; **~nier** (~sɔ'nje) [7b] **I** *su.* Lieder-dichter, -sänger *m*, Coupletsänger *m*; **II** *m* Liederbuch *n*.

chant (ʃɑ̃) *m* **1.** Gesang *m*; (ernstes) Lied *n*, *poét.* Ode *f*; Hymne *f*; *leçon f de* ~ Gesangsstunde *f*; *professeur m de* ~ Gesanglehrer *m*; ~ *d'église od.* ~ *grégorien od. plain-*~ einstimmiger Kirchengesang *m*; *société f de* ~ Gesangverein *m*, Liedertafel *f*; ~ *national* Nationalhymne *f*; ~ *nuptial* Hochzeitslied *n*; **2.** Melodie *f*, Weise *f*; **3.** Gesang *m* der Vögel; Krähen *n*; Zirpen *n*; *dès le* ~ *du coq* mit dem ersten Hahnenschrei; ~ *du rossignol* Schlagen *n* der Nachtigall; **4.** ⊕ Schmalseite *f*.

chantable (ʃɑ̃'tablə) *adj.* singbar.

chantage (ʃɑ̃'taːʒ) *m* Erpressung *f*.

chantant (ʃɑ̃'tɑ̃) *adj.* [7] singend; melodisch; mit Gesang, mit Musik; *café m* ~ Kabarett *n*, Tingeltangel *m*.

chanteau (ʃɑ̃'to) *m* **1.** großes Stück *n* Brot; **2.** Stück *n* Stoff; Zwickel *m*.

chantepleure (ʃɑ̃tə'plœːr) *f* **1.** Seihtrichter *m*; **2.** (Wasser-)Abzugsloch *n*; **3.** Stichhahn *m e-s Fasses*; **4.** ↗ Gießkanne *f*.

chanter (ʃɑ̃'te) [1a] **I** *v/i.* **1.** singen; ~ *faux* (*juste*) unrein (rein) *od.* falsch (richtig) singen; ~ *à première vue*, ~ *à livre ouvert* vom

Blatt (ab-)singen; ~ *trop haut (trop bas)* zu hoch (zu tief) singen; *la chanteuse que j'ai entendue* ~ ... die Sängerin, die ich habe singen hören, ...; *la chanson que j'ai entendu* ~... das Lied, das ich habe singen hören, ...; ~ *en chœur* im Chor singen; **2.** in singendem Tone lesen *od.* vortragen; **3.** zwitschern (*Vögel*); schlagen (*Nachtigall*); krähen (*Hahn*); zirpen (*Grille*); **4.** F *chacun fabrique ce qui lui chante* jeder bastelt das, wozu er gerade Lust hat; *au moment où ça leur chante* in dem Augenblick, wo ihnen das zusagt (*od.* wo sie dazu aufgelegt sind); F *si ça vous chante* wenn das Ihnen paßt (*od.* zusagt); **5.** *faire* ~ *q.* j-n erpressen, von j-m Geld erpressen; **II** *v/t.* **6.** singen; besingen, preisen; ~ *misère* dauernd über sein Leid klagen; ~ *pouille(s) à q.* j-n ausschimpfen; ~ *victoire* frohlocken; **7.** F sagen, vorbringen; *qu'est-ce qu'il me chante là?* was schwatzt er mir da vor?; **III** *v/rfl.* *se* ~ gesungen werden.

chan|terelle (ʃɑ̃'trɛl) *f* **1.** E-Saite *f*; Quinte *f*; *fig. baisser la* ~ klein beigeben; *appuyer sur la* ~ auf den springenden Punkt zu sprechen kommen; **2.** *ch.* Lockvogel *m*; **3.** ⚘ Pfifferling *m*; **~teur** (~'tœ:r) [7g] **I** *su.* Sänger *m*; ~ *des rues* Bänkelsänger *m*; **II** *adj.* singend; *maître m* ~ a) *hist.* Meistersänger *m*; b) F Erpresser *m*; *oiseaux m/pl.* **~s** Singvögel *m/pl.*; **~teuse** (~'tø:z) *f* Sängerin *f jeder Art*; ~ *de music-hall* Varietésängerin *f*; ~ *d'opéra* Opernsängerin *f* (*dafür a.*: *cantatrice*).

chantier (ʃɑ̃'tje) *m* Bau(hof *m*) *m*; Baustelle *f*; Arbeitsstelle *f*; Lagerplatz *m*, Lager *n*; ~ *naval* Schiffswerft *f*; ⚠ *chef m de* ~ Polier *m*; *mettre qch. en* ~ ⚠ e-n Bau beginnen; *fig.* etw. inszenieren, einleiten, in Gang bringen, in die Wege leiten.

chantignole ⚠ (ʃɑ̃ti'ɲɔl) *f* **1.** mittelstarker Ziegelstein *m* für Kaminbauten; **2.** *charp.* Knagge *f*.

chanton|nement (ʃɑ̃tɔn'mɑ̃) *m* halblautes Singen *n*; **~ner** (~tɔ'ne) *v/t. u. v/i.* [1a] (etw.) halblaut vor sich hersingen.

chantour|nage (ʃɑ̃tur'na:ʒ) *m*, **~nement** (~nə'mɑ̃) *m men.* Ausschneiden *n*, Auskehlung *f*; Laubsägen *n*; **~ner** (~'ne) *v/t.* [1a] ausschneiden *od.* -kehlen; laubsägen; *scie f à* ~ Laubsäge *f*.

chantre ('ʃɑ̃:trə) *m* **1.** Chorsänger *m* in e-r Kirche; Kantor *m*; *premier* ~ Vorsänger *m*; **2.** *poét.* ~ *des bois* Sänger *m* (*od.* Dichter *m*) des Waldes.

chan|vre ('ʃɑ̃:vrə) *m* Hanf *m*; **~vrier** (ʃɑ̃vri'e) [7b] **I** *su.* Hanf-brecher *m*, -händler *m*; **II** *adj.* *industrie f chanvrière* Hanfindustrie *f*.

chaos (ka'o) *m* Chaos *n*, Durcheinander *n*, Wirrwarr *m*.

chaotique (kaɔ'tik) *adj.* chaotisch.

chaouch *arab.* (ʃa'uʃ) *m* (*pl.* **~es**) Polizeidiener *m*.

chapar|dage F (ʃapar'da:ʒ) *m* Mausen *n*, Stibitzen *n*, Klauen *n*, Klauerei *f*; **~der** F (~'de) *v/i.* [1a] mausen, klauen, stibitzen; **~deur** F (~'dœ:r) *su.* [7g] Dieb *m*, Spitzbube *m*.

chape (ʃap) *f* **1.** Chor-mantel *m*, -rock *m*; Kardinalsrock *m*; *en* ~ *et en mitre* im vollen Ornat; **2.** ⊕ Deckel *m*, Kappe *f*, Überzug *m*, Schutzmantel *m*; ⚗ Helm *m des Destillierkolbens*; ⚠ Fußbodenbelag *m*, Schlußschicht *f*, Porenschluß *m*, Überzug *m*; ⚠ ~ *molle* weiche (Fußboden-)Unterlage *f*; ~ *de plastique spatulée* Spachtelbelag *m*; ~ *de la boussole* Kompaßhütchen *n*; ~ *d'une poulie* Rollenbügel *m*; ~ *tournante* Drehhaube *f*, Schornsteinaufsatz *m*.

chapeau (ʃa'po) *m* [5b] **1.** Hut *m*; ~ *d'homme* Herrenhut *m*; ~ *de femme* Damenhut *m*; ~ *claque* Chapeau claque *m*, Klappzylinderhut *m*; ~ *haut de forme* Zylinder(hut *m*) *m*; ~ *melon* Glocke *f*, Melone *f*; runder, steifer Hut *m*; ~ *à trois cornes* dreieckiger Hut *m*, Dreimaster *m*; ~ *de feutre*, ~ *de paille* Filz-, Stroh-hut *m*; *avoir son* ~ *sur la tête* e-n Hut aufhaben; *enfoncer* (*od.* *poser*) *le* ~ *sur ses yeux* s-n Hut tief ins Gesicht ziehen; *mettre son* ~ sich e-n Hut aufsetzen; *ôter son* ~, *mettre* ~ *bas* den Hut abnehmen (*od.* ziehen); *donner un coup de* ~ *à q.* vor j-m den Hut ziehen; *coup m de* ~ *à qch.* Hut ab vor etw.; *rad.* wir begrüßen *die Melodie* ... (*als Ansage*); ~ *bas!* (man nehme den) Hut ab!; P *il travaille du* ~ bei ihm ist 'ne Schraube locker, bei ihm tickt's, er ist plem-plem; er hat nicht alle Tassen im Schrank!; *~! int.* herrlich!, prima!, ganz groß!; **2.** ♪ *~ chinois* Schellenbaum *m*; **3.** *fin. ~ de titre* Aktienmantel *m*; **4.** ♀ Hut *m der Pilze*; **5.** ⚕ Kopfausschlag *m* der Kinder; **6.** ⊕ Deckel *m*, Kapsel *f*, Klappe *f*; **7.** Kopfnote *f*, kurze Einführung *f oberhalb e-s Zeitungsartikels*; **8.** ⚓ Transportvergütung *f*.

chapeauté F (ʃapo'te) *adj.*: *être bien (mal) ~* e-n schönen (schlechten) Hut aufhaben.

chapelain (ʃa'plɛ̃) *m* Kaplan *m*.

chapelet (ʃa'plɛ) *m* **1.** Rosenkranz *m*; *dire son ~* den Rosenkranz beten; *fig. défiler son ~* sein Herz ausschütten; **2.** *fig.* Reihe *f*, Kette *f*, Serie *f*; *~ d'injures (de jurons)* Flut *f* von Beleidigungen (von Flüchen); *~ de bombes* ganze Kette *f* (*od.* Serie *f*) von Bomben; **3.** ⊕ Becherwerk *n*.

chapelier (ʃapə'lje) *su.* (*a. adj.*) [7b] Hut-macher *m*, -händler *m*; *industrie f chapelière* Hutfabrikation *f*. [*m*.]

chapelière (ʃapə'ljɛːr) *f* Hutkoffer

chapelle (ʃa'pɛl) *f* **1.** *rl.* Kapelle *f*, Kirchlein *n*, Bethaus *n*; Leichenhalle *f*, -haus *n*; *maître m de ~* Kantor *m*; **2.** (Silber-)Gerät *n* e-r Kapelle; **3.** *fig.* Ideen-, Interessengemeinschaft *f*; *mv.p.* Clique *f*; *une ~ littéraire* ein literarischer Zirkel *m* (*od.* Club *m*).

chapellerie (ʃapɛl'ri) *f* Hut-fabrik *f*, -macherei *f*, -geschäft *n*, -handel *m*, -waren *f/pl*.

chapelure (ʃa'plyːr) *f cuis.* abgeriebene Brotkruste *f*.

chaperon (ʃa'prɔ̃) *m* **1.** Käppchen *n*; *le petit ~ rouge* das Rotkäppchen *n*; **2.** *fig.* Anstandsdame *f*; **3.** Haube *f*, Mauerkappe *f*; **~ner** (~rɔ'ne) *v/t.* **1.** ⚠ *e-e Mauer* verkappen; **2.** *fig.* als Anstandsdame ein junges Mädchen begleiten.

chapiteau (ʃapi'to) *m* **1.** ⚠ (Säulen-)Knauf *m*, Kapitell *n*; **2.** ⚗ Brennkolbendeckel *m*; **3.** Aufsatz *m auf Schränken usw.*; **4.** Zirkuszelt *n*; **5.** P Hut *m*, P Deckel *m*.

chapi|tre (ʃa'piːtrə) *m* **1.** Abschnitt *m*, Kapitel *n*; **2.** *fig.* Gegenstand *m e-s Gespräches usw.*; *on en était sur votre ~* man sprach soeben von Ihnen; *en voilà assez sur ce ~!* genug davon!; **3.** *rl.* (Dom-)Kapitel *n*, Stift *n*; *avoir voix au ~* Sitz und Stimme im Kapitel haben; *fig.* ein Wort mitzureden haben; **4.** Stiftsversammlung *f*; **~trer** (~'tre) *v/t.* [1a]: *~ q.* j-n abkanzeln, j-m die Leviten lesen.

chapon (ʃa'pɔ̃) *m* **1.** Kapaun *m*; **2.** *cuis.* mit Knoblauch geriebene Brotkruste im Salat; **~neau** (ʃapɔ'no) *m* [5b] junger Kapaun *m*; **~ner** (ʃapɔ'ne) *v/t.* kapaunen, verschneiden. [*Wein* zuckern.]

chaptaliser (ʃaptali'ze) *v/t.* [1a]

chaque (ʃak) *adj.* jeder, jede, jedes (*einzelne*); *à ~ instant* jeden Augenblick.

char (ʃaːr) *m* **1.** Wagen *m*; *~ à bancs* Kremser *m*; ⚔ *~ blindé*, *~ d'assaut* Panzerwagen *m*, Tank *m*; ⚔ *~ de combat*, Sturm-, Kampf-wagen *m*; *~ monoplace* Einmann-Kampfwagen *m*; *~ rampant m* Kriechtank *m*; *~ (de combat) fumigène (pontonnier, amphibie)* Nebel-(Brücken-, Schwimm-)Kampfwagen *m*; *~ funèbre* Leichenwagen *m*; **2.** *antiq. zweirädriger* Wagen *m*; *~ de triomphe* Triumphwagen *m*.

charabia (ʃara'bja) *m* Kauderwelsch *n*.

charade (ʃa'rad) *f* Silbenrätsel *n*.

charançon (ʃarɑ̃'sɔ̃) *m* Rüsselkäfer *m*; Kornwurm *m*.

charasse (ʃa'ras) *f* Lattenkiste *f*.

charbon (ʃar'bɔ̃) *m* **1.** Kohle *f*; *~ animal*, *~ d'os* Tier-, Knochenkohle *f*; *~ de bois* Holzkohle *f*; *~ brut* Förder-, Roh-kohle *f*; *~ de terre*, *~ minéral* Steinkohle *f*; *~ végétal* Braunkohle *f*; *~ gras* Fettkohle *f*; *~ d'extraction* Förderkohle *f*; *~ pulvérisé* Kohlenstaub *m*; *brûler du ~* mit Kohlen feuern *od.* heizen; *~ domestique* Hausbrandkohle *f*; *fig. être sur des ~s (ardents)* wie auf Kohlen sitzen, in tausend Ängsten schweben; **2.** ⚘ Getreidebrand *m*; **3.** *vét.* Räude *f der Schafe*; **4.** ⚕ Karbunkel *m*; Milzbrand *m*; **~nage** (~bɔ'naːʒ) *m* (Stein-)Kohlenbergwerk *n*, Zeche *f*; **~né** (~bɔ'ne) *adj.* **1.** verkohlt; ⚘ brandig; **2.** kohlschwarz; **~née** (~) *f* **1.** *cuis.* Rostbraten *m*; **2.** ⊕ Kohlenschicht *f*; **3.** *peint.* Kohlezeichnung *f*; **~ner** (~) [1a] **I** *v/t.* **1.** verkohlen, in Kohle verwandeln; **2.** schwarz machen;. **3.** *peint.* mit Kohle zeichnen; **II** *v/i.* blaken (*Lampe*); **~nerie** (ʃarbɔn'ri) *f*

Kohlenhandlung *f*; **~neux** (~bɔ'nø) *adj.* [7d] brandig; karbunkelartig; **~nier** (~bɔ'nje) *m* **1.** Köhler *m*, Kohlenbrenner *m*; **2.** Kohlenhändler *m*; **3.** Kohlenkeller *m*; **4.** ⚓ Kohlenschiff *n*; **~nière** (~'njɛ:r) *f* **1.** Kohlenmeiler *m*; **2.** *orn.* Kohlmeise *f*.

charbucle ↗ (ʃar'byklə) *f* Mehltau [*m*.]

charcu|ter (ʃarky'te) [1a] *v/t.* Fleisch ungeschickt zerhacken; P beim Operieren übel zurichten; **~terie** (~'tri) *f* (Schweine-)Fleischwaren(handlung *f*) *f/pl.*; Fleisch- u. Wurstladen *m*; **~tier** (~'tje) *m* Schweine-schlächter *m*, -fleischwarenhändler *m*.

chardon (ʃar'dɔ̃) *m* **1.** ⚘ Distel *f*; *~ bénit* Bitterdistel *f*; *~ Roland* Männertreu *f*; *~ étoilé* Sterndistel *f*; *~ sauvage* Wegedistel *f*; *fig. aimable* (*od. hérissé*) *comme un ~* kratzbürstig; **2.** *icht.* Stachelroche *m*; **3.** ⚠ *~s pl.* auf e-r Mauer eingelassene Eisenspitzen *f/pl.*; **~ner** *text.* (~dɔ'ne) *v/t.* [1a] Tuch rauhen, krempeln; **~neret** (~dɔn'rɛ) *m* Distelfink *m*, Stieglitz *m*.

charge (ʃarʒ) *f* **1.** Last *f*, *fig.* Bürde *f*; *fig.* Beschwerlichkeit *f*; Sorge *f*; *fin.* Abgabe *f*, Auflage *f*; *la vie lui est à ~* das Leben ist ihm zur Last; *être à ~ à q.* j-m zur Last fallen; *être à la ~ de q.* von j-m erhalten werden; *fin.* zu j-s Lasten gehen; *mettre une somme à la ~ de q.* j-n mit e-m Betrage belasten; *à sa ~* auf seine (ihre) Kosten, zu seinen (ihren) Lasten; *les ~s publiques* die öffentlichen Abgaben *f/pl.*; *~s f/pl. sociales* Sozial-abgaben *f/pl.*, -leistungen *f/pl.*; *~ d'un legs* Beschwerung *f* mit e-m Vermächtnis; *~ relative à l'église* Kirchenbaulast *f*; *~ spéciale* Sonderbelastung *f* (*geldlich, durch Arbeit usw.*); *~ fiscale* Steuer-last *f*, -druck *m*; **2.** Belastung *f*; Fuhre *f*; Ladung *f*, Fracht *f*; *capacité f de ~* Ladefähigkeit *f*, Fassungsvermögen *n*; ⊕ *~ de rupture* Bruchlast *f*; 🚃 *usw. ~ maxima* Höchstbelastung *f*; *~ utile* Ladegewicht *n*, Nutzlast *f*; **3.** Auftrag *m*, Verpflichtung *f*, Obliegenheiten *f/pl.*; *avoir la ~ de q.* j-n betreuen; *~ d'âmes* Seelsorge *f*; *femme f de ~* Haushälterin *f*; *à ~ de ...* (*mit inf.*) unter der Bedingung, zu ... *od.* daß ...; **4.** Amt *n*, Dienst *m*, Posten *m*; Stelle *f*; *se démettre de sa ~* sein Amt niederlegen; *en vertu de sa ~* kraft s-s Amtes; **5.** *fig.* Übertreibung *f*, Zerrbild *n*, Karikatur *f*; Karikierung *f*; *thé.* improvisierter Zusatz *m*; **6.** ⚖ Beschwerde *f*, Anklage(punkt *m*) *f*, erschwerender Umstand *m*; *témoin m à ~* Belastungszeuge *m*; **7.** ⚔ (heftiger) Angriff *m*; *au pas de ~* im Sturmschritt; *~ à la baïonnette* Bajonettangriff *m*; *battre* (*sonner*) *la ~* zum Angriff trommeln (blasen); *revenir à la ~* den Angriff erneuern; *fig.* e-n neuen Vorstoß unternehmen; **8.** a) ⚡, ⚔ Ladung *f*; ⚡ *~ de base* Grundlastenenergie *f*; ⚡ *~ de pointe* Spitzenlastenenergie *f*; *tension f de ~* Ladespannung *f*; *~ de poudre* Pulverladung *f*; *~ concentrée*, *~ en sachet* geballte Ladung *f*; *at. ~ du noyau* Kernladung *f*; b) Laden *n*, Füllung *f e-s Ofens*.

char|gé (ʃar'ʒe) **I** *p/p. v. charger u. adj.* **1.** be-, ge-laden; bepackt; *avoir l'estomac ~* e-n zu vollen Magen haben; *phot. la caméra n'est pas ~e* die Kamera ist nicht geladen, es ist kein Film eingelegt; *lettre f ~e* Wertbrief *m*; *l'arme ~e* mit geladenem Gewehr; **2.** *fig.* belastet; bedeckt; *~ de dettes* mit Schulden belastet, verschuldet; *~ d'enfants* (*auch: de famille*) mit Kindern gesegnet; *~ de malédictions* fluchbeladen; *ciel m ~* bedeckter Himmel *m*; *une journée ~e* ein arbeitsreicher Tag *m*; **3.** ⚕ *avoir la langue ~e* (*les yeux ~s*) e-e belegte Zunge (geschwollene Augen) haben; *vin ~* trüber Wein *m*; **4.** P besoffen; **II** *m ~ d'affaires pol.* Geschäftsträger *m*, Beauftragter *m*; *~ de cours* Lehrbeauftragter *m*; *Fr.* Privatdozent *m*; *~ de procuration* Prokurist *m*; **~gement** (ʃarʒə'mɑ̃) *m* **1.** Ver-, Be-ladung *f*, Belastung *f*, Verschiffung *f*; *~ maximum* Höchstbelastung *f*; **2.** (Schiffs-)Ladung *f*, Fracht *f*; **3.** ✉ Wertbrief *m*; **4.** ⚔ Laden *n*.

charg|er (ʃar'ʒe) [1l] **I** *v/t.* **1.** beladen, bepacken; befrachten (*de* mit); *~ une lettre* e-n Brief als Wertbrief aufgeben; **2.** aufpacken *od.* aufladen (*sur* auf *acc.*); *~ sur une autre voiture* umladen; **3.** beschweren, belasten, überladen; *fin. ~ un compte* ein Konto belasten; **4.** ⚔ heftig angreifen; *~ à la baïonnette* mit dem Bajonett angreifen; **5.** ⚖

~ *q. de qch.* j-m etw. zur Last legen; ~ *q. d'un crime* j-n e-s Verbrechens anklagen; **6.** ~ *q. de qch.*, ~ *q. de faire qch.* j-n mit etw. beauftragen; **7.** übertreiben, das Maß überschreiten; **8.** ins Lächerliche ziehen, karikieren; **9.** *Färberei*: ~ *la cuve* die Küpe ansetzen; *Gießerei*: ~ *le four(neau)* den Ofen füllen (*od.* beschicken); ⚔ ~ *une arme* ein Gewehr laden; ~ (*avec une cartouche*) *à balle* (*à blanc*) scharf (blind) laden; ~ *une caméra* e-e Kamera laden; ~ *une pellicule* e-n neuen Film einlegen; ~ *un accumulateur* e-n Akku(mulator) laden; **II** *v/rfl.* *se* ~ **10.** sich bepacken *od.* beladen; *se* ~ *l'estomac* sich den Magen vollladen; **11.** *se* ~ *de q.* sich j-s annehmen; *je m'en charge* das übernehme ich; das lassen Sie meine Sorge sein; **12.** sich bedecken, sich bewölken, trübe werden; **13.** ⚕ sich belegen (*Zunge*); **14.** P sich besaufen, tanken, ordentlich einen bügeln; **~eur** (~'ʒœːr) **I** *m* Auflader *m*; ⚓ Befrachter *m*; Spediteur *m*; Patronenlager *n*, Magazin *n* (*e-s Revolvers*); *commissionnaire m* ~ Schiffsmakler *m*; **II** *adj.* [7g]: *plateforme f chargeuse* Ladebrücke *f*.

chariot (ʃar'jo) *m* **1.** Fuhrwerk *n*, Roll-, Acker-wagen *m*; ~ *à bâche* Planwagen *m*; ~ *à bière* Bierwagen *m*; ~ *à caisse* Kastenwagen *m*; ~ *à ridelles* Leiterwagen *m*; ~ *de transport* Transportwagen *m*; **2.** Spezialwagen *m*; ⊕ Lore *f*, Karren *m*; Schlitten *m*; Laufkatze *f*; ~ *de l'appareil photographique* Schlitten *m* am Photoapparat; ~ *cavalier* ⊕ Portalhubwagen *m* (*für den Transport schwerer Baumstämme*); ~ *d'écoute* Abhörwagen *m*; ~ *électrique* a) Elektrowagen *m*; b) Elektrolaufkatze *f*; ~ *élévateur à bras* Handhubwagen *m*; ~ *à fourches* (*od. à lames*) Gabelstapler *m*; ~ *à grue* Kranwagen *m*; ~ *de la machine à écrire* Schlitten *m* der Schreibmaschine; ~ *de la machine à tricoter* Schlitten *m* der Strickmaschine; ~ *métallique* kleiner Metallschiebewagen *m* (*Selbstbedienungsgeschäft*); *bét.* ~ *à mortier* Mörtelschlitten *m*; ~ *de prises de vue* Kamerawagen; *m* ~ *de roulement od. du pont roulant* Kran(lauf)katze *f*; ~ *à roulettes* fahrbare Krankenbahre *f*; ~ *du tour* Schlitten *m* der Drehbank; ~ *transbordeur* a) 🚂 Schiebebühne *f*; Fahrbühne *f*; b) ⊕ Kran(lauf)katze *f*; ~ *à tuyaux* Schlauchwagen *m*; **3.** *ast.* *le* ♀ (*de David*) der Große Bär *m*; **~-tour** (~'tuːr) *m* [6a] Drehbank-, Werkzeug-schlitten *m*.

chari|table (ʃari'tablə) *adj.* □ **1.** barmherzig, mild(tätig); *don m* ~ milde Gabe *f*; *esprit m* ~ Milde *f*; *fondation f* ~ wohltätige Stiftung *f*; *service m* ~ Liebesdienst *m*; **2.** wohlwollend; *avis m* ~ wohlgemeinter Rat *m*; **~té** (~'te) *f* **1.** (christliche) Nächstenliebe *f*, Barmherzigkeit *f*, Mild-, Wohltätigkeit *f*; **2.** Gefälligkeit *f*; **3.** milde Gabe *f*, Almosen *n*; *œuvre f de* ~ Liebeswerk *n*; *frères m/pl.* (*sœurs f/pl.*) *de la* ♀ barmherzige Brüder *m/pl.* (Schwestern *f/pl.*); *établissement m de* ~ Armenhaus *n*; ⚕ *hôpital m de la* ♀ Charité *f*; *demander la* ~ betteln, um ein Almosen bitten; *la* ~, *s'il vous plaît!* bitte um eine kleine Gabe; *prov.* ~ *bien ordonnée commence par soi-même* jeder ist sich selbst der Nächste.

charivari (ʃariva'ri) *m* Katzenmusik *f*; Spektakel *m*, Poltern *n*, Gepolter *n*, Lärm *m*.

charlatan (ʃarla'tɑ̃) [7] **I** *su.* Marktschreier *m*; Schwindler *m*, Scharlatan *m*, Quacksalber *m*, Kurpfuscher *m*, Wunderdoktor *m*; leichter Bruder *m*, Angeber *m*, Bluffer *m*, Großtuer *m*, Schaumschläger *m*; **II** *adj.* marktschreierisch, schwindlerisch; **~erie** (~tan'ri) *f* Marktschreierei *f*, marktschreierisches Wesen, Ruhmredigkeit *f*, Angeberei *f*, Großtuerei *f*, Bauernfang *m*, Schwindel *m*, Kurpfuscherei *f*, Quacksalberei *f*; Gauklerkünste *pl.*; **~esque** (~ta'nesk) *adj.* marktschreierisch; schwindlerisch; großtuerisch, angeberisch; **~isme** (~ta'nism) *m* marktschreierisches Wesen; Schwindelei *f*; Quacksalberei *f*; Scharlatanismus *m*.

Charlemagne (ʃarlə'maɲ) *m* Karl der Große; *faire* ~ mit seinem Gewinn abziehen; aufhören zu spielen, wenn man gewonnen hat.

Charles (ʃarl) *npr. m* Karl *m*; P *seul le grand* ~ *nous peut sortir de là!* nur noch ein Wunder kann uns retten!

charlotte (ʃar'lɔt) *f* **1.** Damenhut *m* mit Volants; **2.** *cuis.* Apfelbrei *m* mit gerösteten Brotschnitten; ~ *russe* Schlagsahne *f mit Keks.*

charmant (ʃar'mɑ̃) *adj.* [7] scharmant, gewinnend, entzückend, reizend, bezaubernd, anmutig, hübsch, nett; F allerliebst; *le Prince* ~ der Märchenprinz; *caractère m* ~ einnehmendes Wesen *n.*

charme¹ (ʃarm) *m* **1.** Zauber (-werk *n*, -mittel *n*) *m*, Zauberei *f*; *chanson f de* ~ schmalziges Lied *n*; *chanteur m de* ~ Schlagersänger *m*; *lever* (*od. rompre*) *le* ~ den Zauber lösen; *user de* ~*s* Zauberei treiben; **2.** *fig.* Reiz *m*, Zauber *m*, Anmut *f*, Anziehungskraft *f*; *avoir du* ~ Scharm besitzen, durch sein Wesen sehr gewinnen.

charme² (~) *m* ♀ gemeine Hage-, Weiß-buche *f*; Weißbuchenholz *n*; *se porter comme un* ~ sich bester Gesundheit erfreuen; s. *chêne*; F *ils se portent comme des* ~*s* sie haben e-e Bärennatur.

charm|er (ʃar'me) *v/t.* [1a] **1.** behexen, bezaubern, besprechen; **2.** wegzaubern; auf angenehme Art verkürzen; **3.** entzücken; *charmé!* hocherfreut!; *j'en suis charmé* das freut mich sehr; **~eur** (~'mœ:r) [7g], *bisw. noch* [7h] **I** *su.* **1.** Zauberer *m*; *f:* Charmeuse *f* (*Kunstseide*); ~ *de serpents* Schlangenbeschwörer *m*; **2.** Mann *m* (*bzw.* Frau *f*) mit e-m einnehmenden Wesen; **II** *adj.*: *grâce f charmeuse* zauberische Anmut *f*; *voix f charmeresse* bezaubernde Stimme *f.*

charmille (ʃar'mij) *f* **1.** ♀ Hagebuchenschößling *m*; **2.** Hagebuchenlaube *f*, Laubengang *m.*

charn|el (ʃar'nɛl) *adj.* [7c] □ fleischlich, sinnlich; *l'amour m* ~ die sinnliche Liebe *f*; **~ier** (~n'je) *m* **1.** Beinhaus *n*; **2.** Leichen-grube *f*, -feld *n.*

charn|ière (ʃarn'jɛ:r) *f* **1.** Scharnier *n*; **2.** ⊕ Hohlmeißel *m*; **3.** *anat.* Winkelgelenk *n*; **4.** Klebefalz *m*; **5.** *zo.* Schloß *n e-r Muschel.*

charnu *bsd. anat.* (ʃar'ny) *adj.* fleischig (*a. z.B. vom Pfirsich*); Fleisch..., fleisch...; **~re** (~'ny:r) *f* Fleischbildung *f.*

charogne (ʃa'rɔɲ) *f* Tierleiche *f*, Kadaver *m*, Aas *n*; P Mistvieh *n.*

charpen|te (ʃar'pɑ̃:t) *f* **1.** Zimmerwerk *n*, Gebälk *n*; *bois m de* ~ Bau-, Nutz-holz *n*; ~ *métallique*, ~ *en fer* Eisengerüst *n*; ~ *du corps*, ~ *osseuse* Knochengerüst *n*; *belle* ~ stattlicher Körperbau *m*; **2.** *fig. litt.* Plan *m*; Grundriß *m*, Entwurf *m*, Aufbau *m*, Grundzüge *m/pl.*; **~ter** (~pɑ̃'te) *v/t.* [1a] zimmern; *fig.* anlegen, den Plan entwerfen; *solidement* (*od. bien*) *charpenté physiol.* kräftig gebaut, vierschrötig; **~terie** (~pɑ̃'tri) *f* **1.** Zimmerhandwerk *n*; **2.** Zimmerarbeit *f*; **3.** Lagerplatz *m für Bauholz*; **~tier** (~'tje) *m* Zimmermann *m* (*pl.* Zimmerleute); *a. adj.*: *maître m* ~ Zimmermeister *m*; *compagnon m* ~ Zimmergeselle *m*; *apprenti m* ~ Zimmerlehrling *m*; ~ *de vaisseau od. de navire* Schiffszimmermann *m.*

charpie (ʃar'pi) *f* **1.** ⚕ ⚒ zerzupfte Leinwand *f*; Scharpie *f*; *dafür besser*: *gaze*; **2.** *fig. viande f en* ~ zerkochtes Fleisch *n.*

charrée ⊕ (ʃa're) *f* ausgelaugte Asche *f*, Laugenasche *f.*

charre|tée (ʃar'te) *f* Ladung *f*, Fuhre *f*; **~tier** (~'tje) [7b] **I** *su.* Kärrner *m*, Fuhrmann *m*; **II** *adj.*: *chemin m* ~ Fahrweg *m*; *porte f charretière* Torweg *m.*

charrette (ʃa'rɛt) *f* zweirädriger Pferdekarren *m*; ~ *à bras* zwei- *od.* vierrädriger Handwagen *m.*

charri|age (ʃar'ja:ʒ) *m* **1.** Anfuhr *f*; **2.** Fuhrlohn *m*; **~er** (ʃar'je) [1a] **I** *v/t.* **1.** an-, ab-fahren; **2.** mit sich führen, wegtreiben, wegspülen (*Flüsse*); *le fleuve charrie du sable* der Fluß führt Sand mit sich; **3.** P j-n hochnehmen, veruzen, veräppeln, zum besten haben; **II** *v/i.* **4.** mit Eis gehen, Eis treiben; **5.** *fig.* ~ *droit* den graden Weg gehen; **6.** P es zu bunt treiben; Unsinn reden; **III** *m* Aschen-, Laugen-tuch *n*; **~eur** (~r'jœ:r) *su.* [7g] Fuhrmann *m.*

charroi (ʃa'rwa) *m* **1.** Fuhrwesen *n*; Fuhre *f*; *par* ~ durch Fuhrwerk; **2.** Fuhrlohn *m.*

charron (ʃa'rɔ̃) *m* Stellmacher *m*; **~nage** (~rɔ'na:ʒ) *m* Stellmacherei *f*; **~nerie** (~rɔn'ri) *f* Wagenbau *m.*

charroy|er (ʃarwa'je) *v/t.* [1h] auf Pferdewagen an- *od.* wegfahren; **~eur** (~'jœ:r) *m* **1.** Fuhrmann *m*; **2.** *géol.* Ausläufer *m*, Apophyse *f.*

charrue (ʃa'ry) *f* **1.** Pflug *m*; ~*-buttoir* Häufelpflug *m*; ~ *à pelle* Schaufelpflug *m*; **2.** Hufe *f* (*Stück Ackerland*).

charruer *bét.* (ʃa'rɥe) *v/t.* [1a] scharrieren.
charte (ʃart) *f* (Verfassungs-)Urkunde *f*, Charta *f*; ♀ *Internationale du Travail* internationales Arbeitsabkommen *n*; ♀ *des Nations Unies pol.* Charta *f* der Vereinten Nationen (*seit 1944*); **~-partie** (~par'ti) *f* Befrachtungsvertrag *m*. [*f/pl.*
chartes (ʃart) *f/pl.* Chartergebühren
chartil (ʃar'ti) *m* **1.** † Erntewagen *m*; **2.** Unterstelldach *n für Wagen usw.*
chartiste (ʃar'tist) *m* Schüler *m der Ecole des chartes.*
chartreu|se (ʃar'trø:z) *f* **1.** *rl.* Kartäuserin *f*; **2.** Kartäuserkloster *n*, Kartause *f*; **3.** einsames Landhäuschen *n*; **4.** Kartäuserlikör *m*; **~x** (~'trø) *m* **1.** *rl.* Kartäuser *m*; **2.** *zo.* Kartäuserkatze *f*.
chartrier (ʃartri'e) *m* **1.** Archiv *n e-s Klosters*, Aufbewahrungsort *m für Urkunden*; **2.** Urkundensammlung *f*; **3.** Archivar [Bleilot *n*.
chas (ʃa) *m* **1.** Nadelöhr *n*; **2.** ⚠
chasse (ʃas) *f* **1.** Jagd *f*, Weidwerk *n*, Jägerei *f*, Jagdwesen *n*; *aller à la* ~ auf die Jagd gehen; *partie f de* ~ Jagdpartie *f*; ~ *au(x) client(s)* Kundenjagd *f*; *permis m de* ~ Jagdschein *m*; ~ *à courre* Hetzjagd *f*; ~ *du renard* Fuchsjagd *f*; *donner la* ~ *à* Jagd machen auf (*acc.*); *fig.* verfolgen; *zo.* *se faire la* ~ einander beschleichen; **2.** *terrain m de* ~ Jagd-bezirk *m*, -revier *n*; **3.** *équipage m de la* ~ Jagdzug *m*; **4.** Jagdbeute *f*; **5.** *cabinet m à* ~ *d'eau* Spülklosett *n*; **6.** ✈ *avion m de* ~ Jagdflugzeug *n*; **7.** ⊕ Spielraum *m*, Toleranz *f*.
châsse (ʃa:s) *f* **1.** Reliquienkästchen *n*; **2.** ~ *de lunettes* Brilleneinfassung *f*. [(*beim Tanz*).
chassé (ʃa'se) *m* Seitenschritt *m*
chasse|-clous (ʃas'klu) *m* [6c] Eintreibeisen *n* für Nägel; **~-corps** (~'kɔ:r) *m* [6c] Schienenräumer *m*.
chassé-croisé (ʃasekrwa'ze) *m Tanzkunst*: Chassé-croisé *n*, Bewegung *f* der Tanzpartner in entgegengesetzter Richtung; *fig. allg.* Platzwechsel *m* zwischen zwei Personen; Kreuzen *n* (*v. Briefen*); Hin u. Her *n*.
chasse-goupille ⊕ (ʃasgu'pij) *m* [6c] Splintauszieher *m*.
chasselas ⚘ (ʃas'la) *m* Gutedel *m*.
chasse|-marée (ʃasma're) *m* [6c] kleines Küstenschiff *n* an der bretonischen Küste; Fisch-wagen *m*, -karren *m*; **~-mouches** (~'muʃ) *m* [6c] Fliegen-wedel *m*, -netz *n*; **~-neige** (~'nɛ:ʒ) *m* [6c] Schneepflug *m*; **~-pierres** (~'pjɛ:r) *m* [6c] Schienenräumer *m*.
chasser (ʃa'se) [1a] **I** *v/t.* **1.** jagen, Jagd machen, hetzen; **2.** vor sich herjagen, vorwärts treiben; *Nagel* einschlagen; **3.** wegjagen, verjagen, vertreiben, verscheuchen; ~ *q. de chez soi* j-n aus dem Hause jagen, j-n hinauswerfen; ~ *l'ennemi de ses positions* den Feind aus s-n Stellungen verdrängen; **4.** ⛫ verdrängen; **II** *v/i.* **5.** jagen, auf die Jagd gehen; ~ *sur les terres d'autrui* j-m ins Gehege (*od.* in die Quere) kommen; **6.** *Wolken, Schnee*: treiben; **7.** *Auto*: ~ *sur les roues* rutschen, schleudern; **8.** ⚓ ~ *sur ses ancres* vor Anker treiben; ~ *à la côte* auf die Küste zutreiben; **9.** ⚒ *exploitation f chassante* streichender Abbau *m*; **III** *v/rfl.* *se* ~ einander vertreiben.
chasse-roue(s) (ʃas'ru) *m* [6d] Prell-, Eck-stein *m*.
chasseur (ʃa'sœ:r) *su.* [7g] **1.** Jäger *m*, Weidmann *m*; ~ *alpin* Alpenjäger *m*; ~ *amateur* Sonntagsjäger *m*; ~ *parasites* Kammerjäger *m*; *argot m de* ~*s* Jägersprache *f*, Jägerlatein *n*; **2.** Schütze *m*, Jäger *m*, Kampfwagenschütze *m*, ✈ Jagdflieger *m*; Jagdflugzeug *n*; ~ *à réaction* Düsenjäger *m*; ⚓ ~ *de sous-marin(s)* U-Bootjäger *m*; *vaisseau m* ~ verfolgendes Schiff *n*; **3.** Pikkolo *m*, Hoteldiener *m*, Laufbursche *m*; **4.** *poét.* [7h] *Diane f chasseresse* Diana *f*, *die* Göttin *f* der Jagd. [schleim *m*.
chassie ⚕ (ʃa'si) *f* Augendrüsen-
chassieux (ʃa'sjø) *adj.* [7d] triefäugig (*a. su.*), triefend.
châssis (ʃa'si) *m* **1.** Einfassung *f*; (Fenster-)Rahmen *m*; ⚒ Grubenholz *n*, Rahmen *m*; ~ *pliant* Rahmen *m* zum Zusammenschlagen; **2.** ~ *de fenêtre* Fenster-rahmen *m*, -umrahmung *f*; ~ *dormant* Fensterfutter *n*; ~ *double* Doppelfenster *n*; ~ *à coulisse* Schiebefenster *n*; ~ *de couche* Frühbeetfenster *n*; **3.** ⊕ Gestell *n*; *métall.* ~ *de moulage*, *typ.* ~ *d'imprimerie* Formkasten *m*; **4.** *Auto*: ~ Chassis *n*, Untergestell *n*; ✈ ~ *d'atterrissage* Fahrgestell *n*; **5.** *peint.* Gitter *n*, Blendrahmen *m*; **6.** *phot.* Kassette *f*; **~-presse** Kopier-

rahmen *m*. [(*Böttcherhammer*).]
chassoir ⊕ (ʃa'swa:r) *m* Triebel *m*
chaste (ʃast) *adj*. □ keusch, züchtig, ehrbar, sittsam; **~té** (ʃastə'te) *f* Keuschheit *f*, Sittsamkeit *f*.
chasuble (ʃa'zyblə) *f* **1.** Meßgewand *n*; **2.** Ensemble *n* (*Mode*).
chat (ʃa) *m* [7c] *ohne Hinweis auf das Geschlecht*: Katze *f*; *mit Geschlechtshinweis*: Kater *m*; *fig. pas un* ~ keine Menschenseele *f*; *appeler un* ~ *un* ~ das Kind beim Namen nennen; *prov*. ~ *échaudé craint l'eau froide* gebranntes Kind scheut das Feuer; *à bon* ~, *bon rat* wie du mir, so ich dir; Wurst wider Wurst; *plais. avoir un* ~ *dans la gorge* einen Frosch im Hals haben, heiser sein; *vivre comme chien et* ~ wie Hund u. Katze leben; *le* ~ *parti, les souris dansent* wenn die Katze nicht zu Haus ist, tanzen die Mäuse; *acheter* ~ *en poche* die Katze im Sack kaufen.
châtai|gne ⚘ (ʃɑ'tɛɲ) **I** *f* Kastanie *f*; ~ *de cheval* Roßkastanie *f*; **II** *adj./inv*. kastanienbraun; **~gnier** (~'ɲe) *m* (echter) Kastanienbaum *m*.
châtain (ʃɑ'tɛ̃) *adj*. [7] dunkelblond.
chat-cervier *zo*. (ʃasɛr'vje) *m* [6a] Luchs *m*.
château (ʃɑ'to) *m* [5b] **1.** Schloß *n*, Rittersitz *m*, Herrenhaus *n*; Weingut *n*; ~ *fort* Burg *f*, Kastell *n*; Zitadelle *f*; *bâtir* (*od. faire*) *des* **~x** *en Espagne* Luftschlösser bauen; **2.** *fig*. Hof *m* e-s Fürsten; **3.** ~ *d'eau* Wasserturm *m*; 🚂 Wasserstation *f auf Bahnhöfen*.
chateaubriand *cuis*. (ʃatobri'ɑ̃) *m* Rinderfilet *n* mit Bratkartoffeln.
châtelain (ʃɑt'lɛ̃) *m* **1.** *féod*. Burgherr *m*, Burgvogt *m*, Kastellan *m*; Burgrichter *m*; **2.** *modern*: Schloßherr *m*; Mieter *m* e-s Schlosses; **~e** (~'lɛn) *f* **1.** *féod*. Burgfrau *f*, Burgfräulein *n*; **2.** *modern*: Besitzerin *f* e-s Schlosses; **3.** Gürtelkette *f* (*für Frauen*).
châtelet (ʃɑt'lɛ) *m* Schlößchen *n*; kleine Burg *f*. [Waldkauz *m*.]
chat-huant *orn*. (ʃa'ɥɑ̃) *m* [6a]
châtier (ʃɑ'tje) [1a] **I** *v/t*. **1.** bestrafen, züchtigen; ~ *son corps* sich kasteien; **2.** *fig*. ~ *son style* s-n Stil ausfeilen; *un langage élégant et châtié* e-e elegante u. gepflegte Sprache *f*; **II** *v/rfl*. *se* ~ sich kasteien, sich züchtigen.
chatière (ʃa'tjɛ:r) *f* Katzenloch *n an der Tür*; Katzenfalle *f*; *fig*. Schleichweg *m*; ⊕ Abzugsloch *n im Dachstuhl*. [*f*.]
châtiment (ʃɑti'mɑ̃) *m* Züchtigung
chatoiement (ʃatwa'mɑ̃) *m* Schillern *n*.
chaton (ʃa'tɔ̃) *m* **1.** Kätzchen *n* (*a*. ⚘); **2.** gefaßter Edelstein *m*, Ringfassung *f*; **3.** F Staubflocke *f*, Maus *f*; **~ner** *f* (~tɔ'ne) *v/t*. [1a] einfassen.
chatouil|lant (ʃatu'jɑ̃) *adj*. [7] kitzelnd; *fig*. schmeichelhaft; **~lement** (~tuj'mɑ̃) *m* **1.** Kitzeln *n*; **2.** *fig*. Verlockung *f*; **~ler** (~tu'je) *v/t*. [1a] kitzeln; *fig*. schmeicheln; angenehm berühren; **~leux** (ʃatu'jø) *adj*. [7d] **1.** kitz(e)lig; **2.** *fig*. empfindlich; *question f chatouilleuse* heikle (*od*. F kitzelige) Frage *f*.
chatoy|ant (ʃatwa'jɑ̃) *adj*. [7] schillernd; **~er** (~'je) *v/i*. [1i] schillern (*wie ein Katzenauge*).
chat-pard *zo*. (ʃa'pa:r) *m* [6a] Pardelkatze *f*.
châtrer (ʃɑ'tre) *v/t*. [1a] **1.** *a. vét*. kastrieren, (ver)schneiden; entmannen; **2.** ✓ ausranken; **3.** ~ *des ruches* Bienenstöcke ausnehmen. **4.** zs.-streichen *(Buch)*.
chat|te (ʃat) **I** *f weibliche* Katze; *fig*. Schmeichelkatze *f*; **~temite** F (ʃat'mit) *f* Schleicher(in *f*) *m*, Scheinheiliger *m*, falsche Katze *f*; **~terie** (ʃa'tri) *f* **1.** Schmeichelei *f*; Katzenfreundlichkeit *f*; **2.** Naschhaftigkeit *f*; **3.** Naschwerk *n*.
chatterton ⚡ (ʃatɛr'tɔ̃) *m* Isolierband *n*.
chat-tigre *zo*. (ʃa'tigrə) [6a] *m* Tigerkatze *f*.
chaud (ʃo) **I** *adj*. [7] *u. adv*. **1.** warm; *j'ai* ~ mir ist warm; *il fait* ~ (*très* ~) es ist warm (sehr heiß); ~ *aux pieds* fußwarm; *manger* ~ warm essen; *tenir* ~ warm halten (*Kleidung*); *tenir* (*au*) ~ *etw., j-n* warm halten; *cuis*. warm stellen; *fig*. heiß; *pleurer à* **~es** *larmes* heiße Tränen vergießen; **2.** *fig*. brühwarm; *je vous apporte la nouvelle toute* **~e** ich bringe Ihnen die Nachricht brühwarm; **3.** heißblütig, hitzig, lebhaft, heftig; *une tête* **~e** ein Hitzkopf; *l'affaire fut* **~e** es ging heiß zu; **4.** *peint. coloris m* ~, *ton m* ~ lebhafte Färbung *f*; **II** *m* **5.** Wärme *f*, Hitze *f*; ⚕ *opérer à* ~ im Fieberzustand operieren; *craindre le* ~ sich vor der Hitze fürchten; wärmeempfindlich sein (*Sache*); **6.** F *un* ~ *et froid*

e-e plötzliche Erkältung *f*; **III** *int.* ~! ~! schnell! schnell!
chaude (ʃo:d) *f* Hitze(grad *m*) *f*, Glühhitze *f*; Glutfeuer *n*; ~ *blanche* Weißglühhitze *f*; ~ *rouge* Rotglut *f*; ~ *soudante* Schweißhitze *f*.
chaudeau (ʃoˈdo) *m* heiße Milch *f* mit Ei.
chaud-froid (ʃoˈfrwa) *m* [6a] *cuis.* Geflügel *n* in Gelee.
chaude-pisse P ⚕ (ʃodˈpis) *f* Tripper *m*.
chaudière (ʃoˈdjɛ:r) *f* (Dampf-) Kessel *m*, (Gieß-)Pfanne *f*; Dampf(heizungs)kessel *m*, (Warmwasser-) Heizkessel *m*; ~ *à haute pression* Hochdruckkessel *m*; ~ *à grande puissance* Hochleistungskessel *m*.
chaudron (ʃoˈdrɔ̃) *m* **1.** Kochkessel *m*; **2.** F *fig.* alter Klimperkasten *m* (*altes Klavier*); **~née** (~drɔˈne) *f* Kesselvoll *m*; **~nerie** ⊕ (~drɔnˈri) *f* **1.** Kupferschmiedehandwerk *n*; **2.** Kupfergeschirr *n*; **3.** Kesselschmiede *f*; **~nier** (~drɔˈnje) **I** *adj.* **1.** *apprenti m* ~ Kupferschmiedelehrling *m*; **II** *su.* [7b] **2.** Kupferschmied *m*; **3.** Kupferwarenhändler *m*.
chauff|able (ʃoˈfablə) *adj.* heizbar; **~age** (ʃoˈfa:ʒ) *m* Heizen *n*; Feuerung *f*, Heizung *f*; *bois m de* ~ Brennholz *n*; ~ *à* (*od. au*) *mazout*, ~ *à l'huile* Ölheizung *f*, Ölfeuerung *f*; *courant m de* ~ Heizstrom *m*; ~ *central urbain*, ~ *interurbain*, (*système m de*) ~ *à distance* Fernheizung *f*; ~ *par le plafond* Deckenheizung *f*; ~ *par le sol* Bodenheizung *f*; ~ *à la vapeur*, ~ *au gaz*, ~ *à air chaud*, ~ *à eau chaude*, ~ *central* Dampf-, Gas-, Warmluft-, Warmwasser-, Zentralheizung *f*; **~ant** (ʃoˈfɑ̃) *adj.* [7] Heiz...; ⚡ *tapis m* ~ *électrique* elektrischer Heizteppich *m*; ⚡ *résistance f* ~*e* Heizwiderstand *m*; **~ard** (~ˈfa:r) *m Auto*: rücksichtsloser Autofahrer *m*, Verkehrssünder *m*.
chauffe (ʃo:f) *f* **1.** ⊕ Heizen *n*, Feuerung *f*; *commencer la* ~ anheizen; *surface f de* ~ Heizfläche *f*; **2.** Feuerraum *m e-s Schmelzofens*; Schürloch *n*; **3.** *écol.* Eintrichtern *n* (*zur Prüfung*).
chauffe|-bain (ʃofˈbɛ̃) *m* Badeofen *m*; ⚡, *Gas*: Warmwasserspeicher *m*, Boiler *m*; **~-eau** (~ˈo) *m* ⚡, *Gas*: kleinerer (Küchen-)Warmwasserspeicher *m*; **~-lit** ⚡ (~ˈli) *m* [6d] Heizkissen *n*; **~-pieds** (~ˈpje) *m* [6c] *a.* ⚡ Fußwärmer *m*; **~-plats** *a.* ⚡ (~ˈpla) *m* [6c] Schüsselwärmer *m*.
chauffer (ʃoˈfe) [1a] **I** *v/t. u. abs.* **1.** (er)wärmen, heizen; warm machen; *local m chauffé par le sol* Raum *m* mit Fußbodenheizung; ~ *à blanc* (*à rouge*) weiß(rot) glühend machen; **2.** P wegnehmen, klauen, stehlen; se *faire* ~ sich erwischen lassen; **3.** *fig.* ~ *q.* j-n antreiben; *écol.* ~ *q. pour un examen* j-n auf e-e Prüfung (auf ein Examen) hin einpauken; *fig.* ~ *une affaire* e-e Sache ins Rollen bringen; **II** *v/i.* warm werden; *mot.* sich heiß laufen; *le bain chauffe* das Bad wird warm; *fig. ça chauffe!* die Sache wird ernst!; F *ça va* ~ es wird Krach geben; F *ça chauffe là-bas* dort geht's heiß her; **III** *v/rfl.* se ~ sich (am Feuer) wärmen; F wütend werden; **~ette** (~ˈfrɛt) *f* **1.** ⚡ ~ *électrique* Heizplatte *f*; **2.** Kohlentopf *m* als Fußwärmer, Kieke *f*; **~ie** (~ˈfri) *f* **1.** Schmiedeesse *f*; **2.** ⊕ Kesselhaus *n*, Dampfkessel-, Feuerungs-anlage *f*; Heiz-raum *m*, -zentrale *f*; **3.** ⚓ Feuerungsraum *m*.
chauff|eur (ʃoˈfœ:r) *su.* [7g] **1.** *allg.*, 🚂, ⊕ Heizer *m*; **2.** *Auto*: Fahrer *m*, Kraftfahrer *m*, Autofahrer *m*, Chauffeur *m*; ~ *du dimanche* Sonntagsfahrer *m*; ~ *de poids lourds* Fernlastfahrer *m*; ~*-livreur m* Liefer-, Verkaufs-fahrer *m*; (Waren-)Ausfahrer *m*; ~*-amateur* Herrenfahrer *m*; **3.** *hist.* Bandit *m* (*frz. Revolution*); **~oir** (~ˈfwa:r) *m* **1.** Wärmstube *f*; Wärmehalle *f*; **2.** ⊕ Wärm-feuer *n*, -ofen *m*.
chaufour (ʃoˈfu:r) *m* Kalkofen *m*; **~nier** (~ˈnje) *m* Kalkbrenner *m*.
chau|ler (ʃoˈle) *v/t.* [1a] **1.** ⚒ mit Kalk düngen; **2.** mit flüssigem Kalk bespritzen *od.* bestreichen; **~leur** (~ˈlœ:r) *m* Kalker *m*; Tüncher *m*.
chaum|age ⚒ (ʃoˈma:ʒ) *m* Abstoppeln *n*; **~e** (ʃo:m) *m* **1.** Halm *m*; **2.** ⚒ Stoppel *f*, Stoppelfeld *n*; **3.** Stroh *n*, Dachstroh *n*; (*toit m de*) ~ Strohdach *n*; **~er** (ʃoˈme) *v/t. u. v/i.* [1a] abstoppeln, die Stoppeln ausreißen; **~ier** (~ˈmje) *m* Stoppelschneider *m*; Stoppelhaufen *m*; Strohdachdecker *m*; **~ière** (~ˈmjɛ:r) *f*, **~ine** (~ˈmin) *f* Strohhütte *f*, *a. poét.* Hütte *f*, kleines Bauernhaus *n*.
chaussant (ʃoˈsɑ̃) *adj.* [7] leicht anzuziehen, gut sitzend (*v. Schuhen*).
chausse (ʃo:s) *f* **1.** *Fr.* (seidener)

Schulterstreifen *m* des franz. Professorenornats; **2.** Filtrierbeutel *m*; **3.** *ehm.* ~*s pl.* enganliegende Hosen *f/pl.*, Beinkleider *n/pl.* (*e-r Amtstracht*); *fig.* *porter les ~s* Hosen anhaben (*v. e-r herrischen Frau*), das Regiment im Hause führen; *être après les ~s de q.* j-n verfolgen; *tirer ses ~s* sich davonmachen, entwischen.

chaussée (ʃo'se) *f* **1.** Damm *m*, Deich *m*; **2.** Straßen-, Fahr-damm *m*, Damm *m*, Fahrbahn *f*, Chaussee *f*; *sur la ~* auf dem Fahrdamm; *ponts et ~s* Straßen-, Wege-bau *m*; *~ de rondins* Knüppeldamm *m*; **3.** ⚓ langgezogene Klippe *f*.

chausse-pied (ʃos'pje) *m* Schuhanzieher *m*.

chaus|ser (ʃo'se) [1a] **I** *v/t.* **1.** *Schuhe* anziehen; *~ ses bottes* sich s-e Stiefel anziehen; *~ ses lunettes* sich die Brille aufsetzen; *~ les étriers* den Fuß zu weit in den Bügel stecken; *fig.* *~ le cothurne* Tragödien (*od.* Trauerspiele) schreiben; schwülstig sprechen; **2.** *~ q.* j-m die Schuhe anziehen; als Schuhmacher für j-n arbeiten; *abs.* *ce cordonnier chausse bien* dieser Schuhmacher arbeitet gut; *je suis chaussé trop juste* m-e Stiefel (Schuhe) sind zu eng; **II** *v/i.* *~ bien* gut sitzen *od.* anliegen (*von Schuhen und Strümpfen*); *il chausse du 40* er hat Schuhgröße 40; *cela me chausse* das paßt mir; **III** *v/rfl.* *se ~* sich Schuhe u. Strümpfe anziehen.

chausse-trape (ʃos'trap) *f* [6g] Fußangel *f*; Fuchseisen *n*.

chaus|sette (~'sɛt) *f* Kniestrumpf *m*; Herrensocke *f*; *jus m de ~* Kaffee *m*; *~ russe* Fußlappen *m*; **~seur** (~'sœ:r) *m* Schuhfabrikant *m*, -warenhändler *m*; **~son** (~'sɔ̃) *m* **1.** Filz-, Haus-, Ballett-schuh *m*; Fußling *m*; Babysocke *f*; **2.** *Boxsport*: Beinschlagen *n*; **3.** *~ aux pommes* (Apfel-)Strudel *m*; **~sure** (~'sy:r) *f* Fußbekleidung *f*, Schuhwerk *n*; *~s pl.* Schuhe *m* (*jeder Art*).

chauve (ʃo:v) *adj.* kahl(köpfig); **~-souris** (ʃovsu'ri) *f* [6b] Fledermaus *f*.

chauvin (ʃo'vɛ̃) **I** *m* Chauvinist *m*; Hurrapatriot *m*; **II** *adj.* von übertriebenem Nationalstolz beseelt, chauvinistisch; **~isme** (~vi'nism) *m* Chauvinismus *m*, Hurrapatriotismus *m*; **~iste** (~vi'nist) *adj. u. su.* chauvinistisch; Chauvinist(in *f*) *m*.

chauvir (ʃo'vi:r) *v/i.* [2]: *~ des oreilles* die Ohren spitzen (*v. Pferd, Esel u. Maulesel*).

chaux (ʃo) *f* **1.** Kalk *m* (*a.* ⚗ = *calcium*); Kalkerde *f*; ↗ *~ azotée* Kalkdünger *m*; *~ éteinte* gelöschter Kalk *m*; *~ vive* ungelöschter Kalk; *~ hydraulique* hydraulischer Kalk *m*; *eau f de ~* Kalkwasser *n*; *enduit m de ~* Kalkanwurf *m*; *four m à ~* Kalkofen *m*; *lait* (*od.* *blanc*) *m de ~* Kalkmilch *f*; *pierre f à ~* Kalkstein *m*; **2.** ⚕ *~ caustique* (*vive od. calcinée*) Ätzkalk *m*, Kalziumoxyd *n*.

chavi|rement ⚓ (ʃavir'mɑ̃) *m* Umschlagen *n*; **~rer** (~'re) [1a] **I** *v/i.* (*mit avoir!*) ⚓ kentern; *a. Auto*: sich überschlagen, umkippen; *fig.* scheitern; **II** *v/t.* umkippen; *fig.* bestürzen.

chéchia ⚔ (ʃe'ʃja) *f* rote Mütze *f* (*gewisser Truppen Afrikas*).

chef (ʃɛf) *m* **1.** Oberhaupt *n*, Anführer(-in *f*) *m*; Chef(-in *f*) *m*, Vorgesetzter *m*, Vorgesetzte *f*; Vorsteher(-in *f*) *m*; *in Zssgn*: Haupt...; *~ d'atelier* Werkführer *m*; *~ de bataillon* Bataillonskommandeur *m*; *~ de bureau* Bürovorsteher *m*; ⚔ *~ de chambrée* Stubenältester *m*; *cuisinier m ~* Küchenmeister *m*, Oberkoch *m*; *~ de division*: a) ⚔ Divisionskommandeur *m*; b) *a.*: *~ de service* Abteilungsleiter *m* in e-m Ministerium; *nature f de ~* Führernatur *f*; *~ de cellule d'entreprise* Betriebszellenleiter *m*; *~ d(e l)'entreprise* Betriebs-leiter *m*, -führer *m*; *~ d'association* Verbandsführer *m*; *~ de propagande* Propagandaleiter *m*; *~ de publicité* Werbeleiter *m*, Reklamechef *m*; *~ de la presse* Pressechef *m*; *~ de pompe* Spritzenmeister *m*; *il y a du ~ en lui* er ist e-e Führernatur; 🚂 *~ d'inspection de SES* (= *service électrique et de signalisation*) *U-Bahn usw.*: Stellwerksbahnmeister *m*; *~ de l'Eglise* Oberhaupt *n* der Kirche; *~ d'équipe* Vorarbeiter *m*, Polier *m*, Mannschafts-, Kolonnen-führer *m*; ⚔ *~ d'escadron* Schwadronschef *m*; *~ d'exploitation* Betriebsleiter *m*; *~ d'Etat* Staatsoberhaupt *n*; *~ de famille* Familienoberhaupt *n*; *~ de file* ⚔ Flügel-, Vorder-mann *m*; *pol.* Wortführer *m*; ⚓ vorderstes Schiff *n*, *fig.* Rädelsführer *m*; *~ scout* Scoutführer *m*; 🚂 *~ de gare* Bahnhofsvorsteher *m*; ♪ ~ *d'orchestre* Kapellmeister *m*, Dirigent *m*; ~ *de parti* Partei-führer *m*, -chef *m*; ⚔ ~ *de peloton* (*od. de section*) Zugführer *m*; ⚔ ~ *de pièce* Geschützführer *m*; 🚂 ~ *de train* Zugführer *m*; ~ *de tribu* (Stammes-)Häuptling *m*; ~ *chargeur*, ~ *du chargement* Lademeister *m*; ⚖ ~ *du jury* Geschworenenobmann *m*; *commander en* ~ den Oberbefehl haben; ⚔ *caporal-*~ Obergefreiter *m* (*Infanterie*); *brigadier-*~ Obergefreiter *m* (*Kavallerie, Artillerie, Panzertruppe*); *général en* ~ kommandierender General *m*; *médecin m en* ~ Generalarzt *m*; *pharmacien m en* ~ Oberstabsapotheker *m*; *sergent-*~ Unterfeldwebel *m*; *pol.* ~ *d'îlot* Blockwart *m*; **2.** (Haupt-)Punkt *m*: ~ *d'accusation* Hauptanklagepunkt *m*; *en* (*od. au*) *premier* ~ in erster Linie; im höchsten Grade; *au dernier* ~ in letzter Linie; aufs höchste; *mener qch. à* ~ etw. bewerkstelligen, möglich machen, zu gutem Ende führen; **3.** *de son* ~, *de propre* ~ von sich aus, aus freien Stücken, von seiner Seite, eigenmächtig; *faire qch. de son propre* ~ etw. auf eigene Faust tun; **4.** (erstes, inneres, Kopf-)Ende *n*, Anstoß *m* am Stoff.

chef|-d'œuvre (ʃɛ'dœːvrə) *m* [6b] Meister-stück *n*, -werk *n*; **~esse** F (ʃe'fɛs) *f* s. *cheffesse*; **~ferie** ⚔ (ʃɛ'fri) *f* Pionierkommando *n*; **~fesse** F (ʃɛ'fɛs) *f* Chefin *f*; **~-lieu** (ʃɛf'ljø) *m* [6a] Hauptort *m*, (Bezirks-, Kreis-, Departements-) Hauptstadt *f*.

cheftaine (ʃɛf'tɛn) *f* Scoutführerin *f*; Jugendführerin *f*.

cheik (ʃɛk) *m* Scheich *m*.

chemin (ʃ[ə]'mɛ̃) *m* **1.** Weg *m*, Straße *f*; Zugang *m*; *fig.* Mittel *n*; ~ *couvert* bedeckter Gang *m*; ~ *creux* Hohlweg *m*; *grand* ~ Landstraße *f*, Fuhrweg *m*; *mauvais* ~ falscher Weg *m*; *fig.* Weg *m* der Sünde; ~ *rural* Feldweg *m*; ~ *de grande communication* große Verkehrsstraße *f*, Hauptstraße *f*; ~ *de la Croix* Kreuzesweg *m* (Christi); ~ *pour piétons* Fußweg *m*; ~ *côtier* Strandweg *m*; ~ *d'approche* Anmarschweg *m*; ~ *d'accès* (*od. de desserte od. d'exploitation*) Zufahrtstraße *f*; *fig. faux* ~ Irr-gang *m*, -weg *m*; ~ *de halage* Leinpfad *m*, Treidelweg *m*; *ehm.* ~ *des Indes* Seeweg *m* nach Ostindien; *fig.* ~ *de la vertu* Pfad *m* der Tugend; *à mi-*~ auf halbem Wege; *tout le long du* ~ auf dem ganzen Wege; *faire du* ~ e-e Strecke zurücklegen; *fig.* im Leben vorwärtskommen; ~ *faisant* unterwegs; *fig.* beim Weiterarbeiten; *l'affaire est en bon* ~ die Sache läuft; *aller son petit bonhomme de* ~ s-n Weg entlangtrotten, s-s Wegs dahinziehen; *se mettre en* ~ sich auf den Weg machen; *rester en* ~ unterwegs bleiben; *fig.* unerledigt bleiben; *suivre* (*od. prendre*) *un* ~ e-n Weg einschlagen; *suivre les* ~*s battus* sich in s-n Reden u. Handlungen nach s-r Umwelt richten; nichts Originelles schaffen; keinerlei eigene Ideen haben; *par ce* ~ auf diesem Wege (*a. fig.*); *il vint par ce* ~ er kam auf diesem Wege entlang; *fig. faire son* ~ sein Glück machen, sich durchsetzen, vorwärtskommen; *passez votre* ~! geht Eures Weges!; *fig.* ~ *des écoliers* der längste Weg *m*; *s'écarter du droit* ~ auf Abwege geraten; *ne pas y aller par quatre* ~*s* offenherzig sprechen; entschieden handeln; *suivre le droit* (*od. le bon*) ~ sich gut benehmen; **2.** 🚂 ~ *de fer* Eisenbahn *f*; *prendre le* ~ *de fer od. aller en* ~ *de fer, voyager par* (*od. en*) ~ *de fer* mit der (Eisen-)Bahn fahren; ~ *à rails* Schienenweg *m*; ~ *de fer à une voie* (*à deux voies*) ein-(zwei-)gleisige Eisenbahnstrecke *f*; ~ *de fer de campagne* Feldbahn *f*; ~ *de fer de ceinture* Ringbahn *f*; ~ *de fer à crémaillère* Zahnradbahn *f*; ~ *de fer local* Kleinbahn *f*; ~ *de fer à hélice*(*s*) Propellereisenbahn *f*; ~ *de fer à voie étroite* (*normale*) Schmal-(Voll-)spurbahn *f*; ~ *de fer surélevé* Hochbahn *f*; ⊕ ~ *de roulement* Kranbahn *f*; **3.** ~ *de table* Tischläufer *m*; **4.** *ast.* ~ *de Saint-Jacques* Milchstraße *f*.

chemi|neau (ʃ[ə]mi'no) *m* [5b] Landstreicher *m*, Vagabund *m*; **~née** (~'ne) *f* **1.** Kamin *m*; ~ *prussienne* tragbarer, in e-m Kamin aufstellbarer Ofen *m*; **2.** Schornstein *m*, Rauchfang *m*, Schlot *m*, Esse *f*; **3.** Lampenzylinder *m*; **4.** ⚔ Zündkanal *m der Feuerwaffen*;

5. Kamin *m* (*schmale Bergschlucht*); **~nement** ⚔ (~n'mɑ̃) *m* **1.** *frt.* Annäherungsgräben *m/pl.*; **2.** (planmäßiges) Vorrücken *n*; Vorstoß *m*; **3.** *fig.* (vorbereitender) Anmarsch *m*, Weg *m*, Anlauf *m*; **~ner** (~'ne) *v/i.* [1a] **1.** wandern; **2.** *frt.* sich feindlichen Stellungen durch getarnte Laufgräben nähern; **~not** (~'no) *m* Eisenbahner *m*.

chemise (ʃ[ə]'mi:z) *f* **1.** Hemd *n*; ~ *de jour* Taghemd *n*; ~ *en cellulu* Netzhemd *n*; ~(-)*culotte* Hemdhose *f*; *changer de* ~ sich ein sauberes Hemd anziehen; *être en bras* (*od. manches*) *de* ~ in Hemdsärmeln sein; **2.** Papierumschlag *m*, Hemdchen *n*; ~ *d'un dossier* Aktendeckel *m*; **3.** ⚔ Futterrohr *n*; Geschoßmantel *m*; **4.** *Auto*: ~ *à eau* (*od. d'eau*) *amovible* abnehmbarer Kühlmantel *m*; **5.** ⊕ Futter *n*, Ausfütterung *f*, Verkleidung *f*, Umhüllung *f*; ~ *de vapeur* Dampfmantel *m*; ~ *en bois* Holzfutter *n*.

chemi|ser (ʃ[ə]mi'ze) *v/t.* mit e-m Überzug versehen; **~serie** (~z'ri) *f* Hemden-fabrik *f*, -geschäft *n*; **~sette** (~'zɛt) *f* **1.** Polo-, Sporthemd *n*; Hemdbluse *f*; **2.** Vorhemd *n*, Chemisett *n*; **3.** Bluse *f*, Mieder *n* (*für Frauen*); **~sier** (~'zje) *su.* [7b] Hemden-fabrikant *m*, -händler *m*; *m*: Damenhemdbluse *f*.

chênaie (ʃɛ'nɛ) *f* Eichenwald *m*.

chenal (ʃ[ə]'nal) *m* [5c] **1.** ⚓ (enges) Fahrwasser *n*, Fahrrinne *f*; **2.** Mühlbach *m*, Rinnsal *n*; **3.** ~ *d'écoulement* Abflußrinne *f* (*im Wasserbauwesen*).

chenapan (ʃ[ə]na'pɑ̃) *m* Strolch *m*, Halunke *m*.

chêne (ʃɛn) *m* **1.** ♀ Eiche *f*; *couronne f de feuilles de* ~ Eichenkranz *m*; ~ *vert* immergrüne Eiche *f*; Steineiche *f*; ~ *liège* Korkeiche *f*; *pomme f de* ~ Gallapfel *m*; *se porter comme un* ~ sich bester Gesundheit erfreuen; s. *charme*; **2.** (*bois m de*) ~ Eichenholz *n*; ~ *des Indes* Teakholz *n*.

chéneau (ʃe'no) *m* [5b] Dach-rinne *f*.

chêneau ♀ (ʃɛ'no) *m* [5b] junge Eiche *f*.

chêne-liège ♀ (ʃɛn'ljɛ:ʒ) *m* [6b] Korkeiche *f*.

chenet (ʃ[ə]'nɛ) *m* Feuerbock *m*.

chène|vière (ʃɛn'vjɛ:r) *f* Hanfacker *m*, -feld *n*; **~vis** (~'vi) *m* Hanfsamen *m*; *huile f de* ~ Hanföl *n*; **~votte** (~'vɔt) *f* Hanfstengel *m*.

chenil (ʃ[ə]'ni) *m* Hunde-stall *m*, -hütte *f*, -zwinger *m*, -loch *n* (*a. fig. mv.p.*); Hundehandlung *f*.

chenil|le (ʃ[ə]'nij) *f* **1.** *ent.* Raupe *f*; **2.** *Auto*: Raupenkette *f*; *tracteur m à* ~ Raupenschlepper *m*; **3.** *fig.* widerlicher Kerl *m*, Ekel *n*; schreckliches Weibsbild *n*; **~lette** (~ni'jɛt) *f* kleines Militärlastauto *n* mit Raupenketten; kleines Raupenfahrzeug *n*.

chenu (ʃ[ə]'ny) *adj.* **1.** schneeweiß (✎ *vom Haar*); *arbre m* ~ kahler Baum *m*; **2.** P erstklassig; *du vin* ~ Wein *m* von der besten Sorte; *c'est du* ~! das ist etwas Feines!

cheptel (ʃɛp'tɛl) *m* Viehpacht *f*; Viehbestand *m*; ~ *mort* landwirtschaftliches Pachtinventar *n*; **~ier** (ʃɛptəl'je) *su.* [7b] Viehpächter *m*.

chéquard F (ʃe'ka:r) *m* bestechlicher Beamter *m*.

chèque (ʃɛk) *m* Scheck *m*, Bankanweisung *f*; ~ *bancaire* Bankscheck *m*; ~ *postal* Postscheck *m*; ~ *en blanc* Blankoscheck *m*; ~ *payable au comptant* Barscheck *m*; ~ *de virement* Überweisungsscheck *m*; ~ *barré*, ~ *de compensation, à porter en compte* Verrechnungsscheck *m*; ~ *à ordre* Orderscheck *m*; ~ *créditeur* Kreditscheck *m*, -wechsel *m*; ~ *débiteur*, ~ *rectificatif de débit* Debetscheck *m*, -wechsel *m*; ~ *de voyage* Reise-, Traveller-scheck *m*; *carnet m de* ~*s* Scheckheft *n*; *mouvement m* (*od. service m*) *de(s)* ~*s*, *opérations f/pl.* (*od. transactions f/pl.*) *par* ~*s* Scheckverkehr *m*; *centre m* (*office m*) *de* ~*s postaux* Postscheckamt *n*.

chéquier (ʃe'kje) *m* Scheckheft *n*.

cher (ʃɛ:r) **I** *adj.* [7b] □ **1.** lieb, *fig.* teuer; ♀ *Monsieur*, Mein lieber Herr **X**! (*vertraulicher Briefanfang*); *mon* ~! mein Lieber!; **2.** teuer, kostspielig; *fig.* kostbar; *vie f chère* Teuerung *f*; *vin m* ~ teurer Wein *m*; *marchandise f chère* teure Ware *f*; *moments m/pl.* ~*s* kostbare Augenblicke *m/pl.*; **II** *advt.* *coûter* ~ viel kosten (*a. fig.*); *revenir* ~ teuer zu stehen kommen (*a. fig.*); *acheter* (*vendre*; *payer*) ~ *qch.* etw. teuer kaufen (verkaufen; bezahlen); *il fait* ~ *vivre à Paris* das Leben in Paris ist teuer; **III** *chèrement adv.*: *chèrement aimé* heißgeliebt; *vendre* *chèrement sa vie* (*od.* F *sa peau*) sein Leben (*od.* F s-e Haut) teuer verkaufen.

cherche-fuite (ʃɛrʃ'fɥit) *m* Werkzeug *n* zum Aufsuchen undichter Stellen in Gasleitungen.

cherch|er (ʃɛr'ʃe) [1a] **I** *v/t.* **1.** (auf)suchen, forschen *od.* streben nach (*dat.*), (sich) zu verschaffen suchen; ~ *q.* (*qch.*) *des yeux* sich nach j-m (etw.) umsehen; ~ *fortune* sein Glück zu machen suchen; *l'aiguille aimantée cherche le nord* die Magnetnadel zeigt nach Norden; ~ *la petite bête* Haarspaltereien treiben, ein Haar in der Suppe suchen; ~ *querelle* (*od. chicane od.* F *noise*) *à q.* mit j-m Streit anfangen; ~ *les buissons* die Gebüsche durch-, ab-suchen; F *en* ~ *long* lange fackeln; *abs.* F *ça va* ~ *dans les 30 francs* (*od.* P *balles*) das kostet ungefähr 30 Francs; **2.** *fig.* ~ *qch.* etw. zu finden (*od.* zu erforschen) suchen, etw. untersuchen; **3.** *aller* ~ *qch.* etw. holen (*od.* besorgen); *il envoya* ~ *le médecin* er schickte nach dem Arzt *od.* er ließ den Arzt holen; **4.** *venir* ~ *q. od. qch.* j-n *od.* etw. (auf-) suchen *od.* (ab)holen; **5.** ~ *à* (*mit inf.*) versuchen, wollen, sich bemühen zu ...; ~ *à obtenir qch.* nach etw. streben; **~eur** (~'ʃœ:r) [7g] **I** *oft mv.p. su.* Sucher *m*; Forscher *m*; *in Zssgn*: ...jäger *m*; ~ *d'aventures* Abenteurer *m*; ~ *d'or* Goldgräber *m*; ~ *de trésors* Schatzgräber *m*; **II** *adj.* suchend, forschend; *esprit m* ~ Forschergeist *m*.

chère (ʃɛ'r) *f* Kost *f*, Küche *f*; *aimer la bonne* ~ gern gut essen u. trinken; *faire bonne* ~ gut essen u. trinken; s-e Gäste gut bewirten; *faire mauvaise* (*od. pauvre, petite, maigre*) ~ schlecht essen, mit dem Essen knausern.

chergui (ʃɛr'gi) *m* sehr trockner Sandwind *m* (*Sahara*)

chéri (ʃe'ri) **I** *adj.* (zärtlich) geliebt, *fig.* süß, *fig.* goldig; **II** *su. mon* (*ma*) ~(*e*)*!* mein Liebling!, mein Geliebter! *m*, meine Geliebte! *f*.

chérif (ʃe'rif) *m* Scherif *m*; **~at** (~'fa) *m* Scherifswürde *f*; Statthalterschaft *f* e-s Scherifs.

chér|ir (ʃe'ri:r) [2a] *v/t.* zärtlich lieben; ~ *q.* (*qch.*) an j-m (an e-r Sache) hängen; ~ *un espoir* e-e Hoffnung hegen; **~ot** P (ʃe'ro) *adj. inv.* (ein bißchen) teuer, recht *od.* ziemlich teuer.

cherté (ʃɛr'te) *f* Teuerung *f*; hoher Preis *m*; Kostspieligkeit *f*.

chérubin (ʃery'bɛ̃) *m* Cherub *m*; *fig.* Engelsköpfchen *n*, niedliches Kind *n*; *fig. face f* (*od. figure f*) *de* ~ pausbäckiges Gesicht *n*.

ché|tif (ʃe'tif) *adj.* [7e] **1.** schwächlich, schmächtig; *enfants m/pl.* (*moutons m/pl.*) ~*s* schwächliche Kinder *n/pl.* (Schafe *n/pl.*); *avoir mine chétive* elend aussehen; **2.** *fig.*, *a. vorangestellt*: erbärmlich, kümmerlich, dürftig, armselig; *traitement m* ~ kümmerliches Gehalt *n*; *chétive récolte f* magere Ernte *f*; *chétives habitations* armselige Behausungen *f/pl.*; *un* ~ *bec de gaz* e-e dürftige Gaslampe *f*; **~tiveté** (~tiv'te) *f* Schwächlichkeit *f*; Armseligkeit *f*; **~tivisme** ⚕ (~ti'vism) *m* angeborene Schwächlichkeit *f*.

chétodon (ketɔ'dɔ̃) *m* Klippfisch *m*.

cheval (ʃ[ə]'val) *m* [5c] **1.** Pferd *n*; Roß *n*; ~ *hongre* Wallach *m*; ~ *de race*, ~ *pur sang* Vollblutpferd *n*; ~ *blanc* Schimmel *m*; ~ *noir* Rappe *m*; ~ *d'attelage* (*od. de trait*) Zugpferd *n*; ~ *de bât* Packpferd *n*; *fig.* Packesel *m*; ~ *de bataille* Streitroß *n*; ~ *de course* Rennpferd *n*; ~ *entier* Hengst *m*; ~ *de selle* Reitpferd *n*; ~ *à bascule* Schaukelpferd *n*; *aimer le* ~ gern reiten; *être à* ~ rittlings sitzen; *monter à* ~ aufs Pferd steigen, aufsitzen; *descendre de* ~ vom Pferd steigen; absitzen; *aller à* ~, *faire du* ~, *être à* ~ reiten; *monter un* ~ ein Pferd reiten; *a. Sport*: *fig. être à* ~ *sur qch.* auf e-r Sache herumreiten, auf etw. (*acc.*) pochen, sehr auf etw. (*acc.*) halten, großes Gewicht (*od.* großen Wert) auf etw. (*acc.*) legen; *être à* ~ *sur les principes* ein Prinzipienreiter sein; ⚔ *être à* ~ *sur une route* (*sur un fleuve*) beide Seiten e-s Weges (e-s Flusses) besetzen; *(é)changer son* ~ *borgne contre un aveugle* aus dem Regen in die Traufe kommen; *prov. à* ~ *donné on ne regarde pas à la dent* (*od. à la bride*) e-m geschenkten Gaul sieht man nicht ins Maul; *fig. monter sur ses grands chevaux* sich aufs hohe Pferd setzen; *écrire à q. une lettre à* ~ j-m e-n groben (*od.* gepfefferten *od.* geharnischten) Brief schreiben; *c'est un* ~ *à* *l'ouvrage* er schuftet wie ein Pferd, er ist ein reines (*od.* wahres) Arbeitstier *n*; ~ *de retour* rückfälliger Rechtsbrecher *m*; **2.** *gym.* ~ *d'arçon* Pferd *n*; ~ *de bois* Bock *m*; (*manège m de*) *chevaux m/pl. de bois* Karussell *n*; **3.** ⚔ *frt.* ~ *de frise* spanischer Reiter *m* (*Drahtverhau*); **4.** ⊕ ~*-vapeur* Pferdekraft *f*; **5.** ~ *de Troie* a) *myth.* trojanisches Pferd *n*; b) *fig.* Danaergeschenk *n*.

cheva|lement (ʃval'mɑ̃) *m* **1.** △ Balken- u. Bohlen-stützung *f*; **2.** ⚒ Schachtgerüst *n*; **~ler** (ʃva'le) *v/t.* [1a] △ mit Strebebalken u. Bohlen abstützen (*od.* absteifen).

chevale|resque (ʃval'rɛsk) *adj.* □ ritterlich; **~rie** (~'ri) *f* **1.** Rittertum *n* (*a. fig.*); *roman m de* ~ Ritterroman *m*; **2.** *hist.* Ritter-, Adels-stand *m od.* -würde *f*, Adel *m*; *ordre m de* ~ Ritterorden *m*; **3.** *hist.* Ritterschaft *f*.

cheva|let (ʃva'lɛ) *m* **1.** *hist.* Folter *f*, Folterbank *f*; *mettre sur le* ~ auf die Folter spannen; **2.** ⊕ (Arbeits-, Rüst-, Säge-)Bock *m*, Gerüst *n*; Gestell *n*; *fil.* (Flachs-)Breche *f*; *peint.* Staffelei *f*; *bét.* ~ *vibrant* Rüttelbock *m*; ~ *élévateur* Hubgestell *n*; **3.** ♪ Steg *m an Saiteninstrumenten*; **~lier** (ʃ[ə]va'lje) *m* (Ordens-)Ritter *m*; ~ *errant* fahrender Ritter *m*; ~ *de Malte* Malteserritter *m*; ~ *de Saint-Jean* Johanniterritter *m*; ~ *du Temple* Tempel-herr *m*, -ritter *m*; ~ *de la Légion d'honneur* Ritter *m* der Ehrenlegion; *péj.* ~ *d'industrie* Hochstapler *m*, Gauner *m*, Betrüger *m*; Schwindler *m*; ~ *pillard* Raubritter *m*; **~lière** (~'ljɛ:r) *f* Siegelring *m*.

chevalin (ʃva'lɛ̃) *adj.* [7] Pferde...; *boucherie f* ~*e* Roßschlächterei *f*; *race f* ~*e* Pferderasse *f*; *viande f* ~*e* Pferdefleisch *n*.

cheval-marin *zo.* (ʃvalma'rɛ̃) *m* [5e u. 6a] Walroß *n*, Seepferd *n*.

cheval(-vapeur) (~va'pœ:r) *m* [6c] u. [6b] Pferdestärke *f*, PS; *machine f de 400 chevaux(-vapeur)* [*abr. C.V.*] Maschine *f* von 400 PS.

chevau|chée (ʃ[ə]vo'ʃe) *f* **1.** Reitergesellschaft *f*; **2.** (Spazier-)Ritt *m*; **3.** Wegstrecke *f* (*zu Pferde*); **~chement** (~ʃ'mɑ̃) *fig. m* Überschneidung *f* (*v. Arbeiten od. Regeln*); Überorganisation *f*; **~cher** (~'ʃe) *v/i. u. v/t.* [1a] **1.** reiten; *Auto*: (gewisse Straßenabschnitte) zurücklegen; **2.** *chir.* überea.-stehen (*Zähne*); überea.-liegen, -greifen (*Ziegel*); *typ.* abfallen (*Zeilen*).

chevaux-heures *mot.* (ʃvo'zœ:r) *m/pl.* Stunden-PS *pl.*

chevêche *orn.* (ʃə'vɛʃ) *f* Kauz *m*.

chevelu (ʃə'vly) **I** *adj.* **1.** langhaarig; **2.** behaart, haarig; *hist. la Gaule* ~*e* Gallia comata *f*; **II** *m* **3.** Langhaariger *m*; **4.** *le* ~ (*d'une racine*) Saugwurzeln *f/pl.*

chevelure (ʃə'vly:r) *f* **1.** *coll.* (Menschen-)Haar *n*, Haarwuchs *m*; ~ *flottante* offenes Haar *n*; **2.** Skalp *m*; **3.** *ast.* Schweif *m* e-s Kometen; **4.** ♀ Blätterbüschel *m u. n*, Schopf *m* der Ananas *usw.*

chevet (ʃ[ə]'vɛ) *m* **1.** Kopfende *n* am Bett; *weitS.* Kranken-, Sterbebett *n*; *lampe f de* ~ Nachttischlampe *f*; *livre m de* ~ *fig.* Lieblingsbuch *n*; **2.** Kopfkissen *n*; **3.** △ Chorhaube *f* hinter dem Hochaltar.

chevêtre (ʃ[ə]'vɛ:trə) *m* **1.** Halfter (-binde *f*) *n*; **2.** △ Stichbalken *m*.

cheveu (ʃvø) *m* [5b] (Kopf-)Haar *n des Menschen*; *coupe* (*od. taille*) *f des* ~*x* Haarschneiden *n*; ~*x courts*, ~*x coupés à la garçonne* Bubikopf *m*; ~*x* (*coupés*) *à la Jeanne d'Arc* Pagenkopf *m*; *touffe f de* ~*x* Haarbüschel *n*; *brosse f* (*épingle f*) *à* ~*x* Haar-bürste (-nadel *f*) *f*; *fig. avoir mal aux* ~*x fig.* e-n Kater haben; *ne tenir qu'à un* ~ *fig.* am seidenen Faden hängen; *se faire des* ~*x* sich abquälen, *fig.* sich graue Haare wachsen lassen; *se prendre aux* ~*x* sich in die Haare (*od.* in die Wolle) geraten (*od.* F kriegen); *trouver un* ~ *dans la soupe od. à qch. fig.* ein Haar in etw. (*dat.*) finden; *c'est à vous faire dresser les* ~*x sur la tête* das ist ja haarsträubend!; *il y a un* ~ (*dans la soupe*) die Sache hat e-n Haken; *couper les* ~*x en quatre* Haarspalterei treiben.

chevil|le (ʃvij) *f* **1.** Pflock *m*, Dübel *m*, Bolzen *m*, Zapfen *m*; *cord.* Holznagel *m*, Stift *m*; ⊕ ~ *d'acier* Stahlbolzen *m*; *fig.* ~ *ouvrière* Hauptperson *f*, *fig.* Haupttriebfeder *f*, *fig.* Seele *f*; Kernfrage *f*, Kernpunkt *m*; *il est la* ~ *ouvrière de cette entreprise* er ist die treibende Kraft dieses Unternehmens; **2.** *vente f à la* ~ Schlachtfleischverkauf *m*; **3.** *atteler un cheval en* ~ ein Pferd vor das Gabelpferd spannen; **4.** ♪ Wirbel *m an Saiten-*

instrumenten; **5.** ~ (*du pied*) Knöchel *m*; *fig. il ne lui va pas à la* ~ er reicht nicht an ihn heran, er reicht ihm nicht das Wasser; **6.** *mét.* Flickwort *n*; **~ler** (ʃvi'je) *v/t.* [1a] anholzen, anpflöcken, annageln; einzapfen; *avoir l'âme chevillée au corps* e-e unverwüstliche Gesundheit haben; **~lette** ⊕ (~'jɛt) *f* Häkchen *n*; Stift *m*; **~lon** ⊕ (~'jõ) *m* Docke *f*, Zapfen *m*.

cheviot (ʃə'vjo) *m* englisches Cheviotschaf *n*; **~te** (~'vjɔt) **1.** Cheviotstoff *m*; **2.** Lammwolle *f*.

chèvre *zo.* ('ʃɛ:vrə) *f* **1.** Ziege *f*, Geiß *f*; **2.** ~ *angora* Kamelziege *f*; **3.** ⊕ Hebebock *m*, Dreibein *n*, Winde *f*; *pied-de-*~ *m od. nur* ~ *f* Sägebock *m*.

chevreau (ʃə'vro) *m* [5b] **1.** junge Ziege *f*, Zicklein *n*; **2.** Ziegenleder *n*; *gants m/pl. de* ~ Glacéhandschuhe *m/pl.*

chèvrefeuille (ʃɛvrə'fœj) *m* Geißblatt *n*.

chevr|ette (ʃə'vrɛt) *f* **1.** kleine Ziege *f*; Rehziege *f*, Ricke *f*; Meerkrebs *m*; **2.** ⊕ kleiner Feuerbock *m*; **3.** ♪ Dudelsack *m*; **4.** P ♣ Pfifferling *m*; **~euil** (~'vrœj) *m* Reh *n*, Rehbock *m*; **~ier** (~vri'e) *su.* [7b] Ziegenhirt *m*; **~illard** (~vri'ja:r) *m* Rehkalb *n*.

chevron (ʃə'vrõ) *m* **1.** (Dach-) Sparren *m*; **2.** ⚔ Dienstabzeichen *n*, Tressenwinkel *m am Ärmel*; **~nage** △ (~vrɔ'na:ʒ) *m* Sparrenlegen *n*; Gebälk *n*; **~né** ⚔ (~vrɔ'ne) *adj.* diensterfahren; *allg.* routiniert, ausgekocht; erprobt; *des truands* ~*s* ausgekochte Landstreicher *m/pl.*; *être* ~ etw. weghaben, beschlagen sein.

chevro|tement (ʃəvrɔt'mã) *m* Meckern *n*; Zittern *n* (*Stimme*); Bockstriller *m*; **~ter** (~'te) *v/i.* [1a] ♪ mit der Stimme zittern, tremulieren; **~tin** (~'tɛ̃) *m* **1.** gegerbte Ziegenhaut *f*; **2.** Ziegenkäse *m*; **3.** *zo.* Moschustier *n*; **~tine** *ch.* (~'tin) *f* grober Schrot *m*.

chez (ʃe) **I** *prp.* bei, zu; *devant* ~ *moi* vor m-m Hause (*od.* vor m-r Wohnung); *être* ~ *soi* zu Hause sein; *Mme Blanchon est-elle* ~ *elle?* ist Frau B. zu Haus?; *je vais* ~ *lui* (~ *le médecin*, ~ *le boulanger*) ich gehe zu ihm (zum Arzt, zum Bäcker); *j'irai* ~ *moi* ich werde nach Hause gehen; *écrire* ~ *soi* nach Hause schreiben; *il ne bouge pas de* ~ *lui* er kommt nie aus dem Hause, er hockt dauernd zu Hause herum; *près de* ~ *nous* nahe bei uns; *c'est tout comme* ~ *nous* das ist alles ganz wie bei uns; *je viens de* ~ *vous* ich komme von Ihnen *od.* aus Ihrer Wohnung; *faites comme* ~ *vous* tun Sie, als ob Sie zu Hause wären; ~ *Molière* bei Molière, in Molières Werken; **II** *m avoir un* ~*-soi* e-n eigenen Herd (*od.* e-e eigene Wohnung) haben; *le* ~*-moi* (~*-soi*, ~*-nous usw.*) das Zuhause *n*; *il a maintenant un* ~*-lui* er hat nun e-e eigene Wohnung *f*.

chiad|e * *écol.* (ʃjad) *f* Büffeln *n*; **~é** * (~'de) *adj.* einwandfrei; schwierig; **~er** * (~) *v/t. u. abs. écol.* büffeln *od.* pauken (*für*); *allg.* arbeiten.

chial|er * (ʃja'le) *v/i.* [1a] flennen, plärren, heulen; **~eur** (~'lœ:r) *su.* [7g] *m*: Heulbaby *n*; *f*: Heulsuse *f*.

chiard P (ʃja:r) *m* Hosenschieter *m* P.

chiasse (ʃjas) *f* **1.** Kot *m* (*bsd. v. Insekten u. Würmern*); **2.** ⊕ Metallschaum *m*; Glas-, Eisen-schlacke *f*; **3.** P Durchfall *m*, Dünnschiß *m* V; **4.** V Angst *f*, Schiß *m* V; *avoir la* ~ Schiß haben.

chic (ʃik) **I** *m* **1.** Schick *m*, Geschmack *m*; *ce tailleur a du* ~ dieses Kostüm hat Schick, ist schick; **2.** Geschicklichkeit *f*; *avoir du* (*od. le*) ~ *pour faire qch.* die nötige Fertigkeit (den nötigen Schmiß P) zu etw. haben; *manquer de* ~ keinerlei Fertigkeit besitzen; *faire qch. de* ~ etw. aus dem Stegreif (aus sich heraus, nach der Phantasie) machen; den Bogen raus haben P; **II** *adj.* (*f inv.*) **3.** *nachgestellt*: schick, hochelegant, tipptopp; fesch (*nur v. Frauen*); *jeune femme f* ~ schicke (*od.* fesche) junge Frau *f*; *une toilette f* ~ e-e schicke (*od.* hochelegante) Toilette *f*; *des gens* ~*s* schicke (*od.* feine) Leute *pl.*; **4.** *vorangestellt*: schick, nett, sympathisch, hochanständig, hilfsbereit; *un* ~ *type* ein schicker (*od.* netter) Kerl *m*, ein Prachtkerl *m*; **III** *adj. inv.* prima F, fabelhaft, Klasse F; *est-ce que ce n'est pas* ~? ist das nicht fabelhaft?; **IV** *int.* F ~ *alors!* fabelhaft!, ganz groß!

chica|ne (ʃi'kan) *f* **1.** Spitzfindigkeit *f*, Rechts-verdrehung *f*, -kniff *m*; **2.** Streit *m* um nichts; Krakeel *m*, Händel *pl.*; Schikane *f*; Krittelei *f*; ~*s f/pl. a. pol.* Quertreibereien *f/pl.*; *chercher* ~ *à q.* mit j-m Krakeel anfangen, mit j-m Händel suchen, sich mit j-m krachen wollen; 3. *frt.* Zickzackdurchgang *m*; 4. ⊕ Leit-, Verteilungs-, Stoß-, Fang-wand *f*, Prallfläche *f*, Stoßplatte *f*, Abdrosselungsklappe *f* (*am Kamin*); *a. allg.* Hindernis *n*; *garniture f* ~ Labyrinthdichtung *f*; **~neau** F (~'no) *m* = *~neur*; **~ner** (~'ne) [1a] **I** *v/i.* **1.** Rechtskniffe anwenden; **2.** sich herumstreiten, krakeelen, unnötige Schwierigkeiten machen; meckern F; **II** *v/t.* ~ *q.* j-n wegen nichts und wieder nichts in e-n Prozeß verwickeln; ärgern, schurigeln, schikanieren, triezen; an j-m herummeckern F; j-m wegen reiner Lappalien etw. am Zeuge pflücken; ~ *qch.* etw. kleinlich registrieren; *vous nous chicanez sur des mots* Sie pflücken uns wegen einzelner Wörter etwas am Zeuge, Sie triezen uns wegen ...; **~nerie** (~'ri) *f* Schikanieren *n*, Schurigeln *n*; **~neur** (~'nœ:r) **I** *su.* [7g] Rechtsverdreher *m*; zänkischer Mensch *m*, Krakeeler *m*, Schikaneur *m*, Schurigler *m*, Krittler *m*, Meckerer *m* F, Triezer *m*; **II** *adj.* [7g] zänkisch, streitsüchtig, schikanös, boshaft, gemein, niederträchtig, triezerisch (veranlagt); **~nier** (~'nje) *adj. u. su.* [7b] = *~neur*.

chicard P (ʃi'ka:r) **I** *adj.* [7] schick; **II** *m* Faschingskostüm *n*.

chiche¹ ⚘ (ʃiʃ) *adj.*: *pois m* ~ Kichererbse *f*.

chiche² (~) *adj.* □ knickerig, knauserig; knapp, kärglich, spärlich.

chiche³ (~) *int.* wollen wir wetten?!; von wegen!; ätsch! (*herausfordernd*).

chichi F (ʃi'ʃi) *m* **1.** Getue *n*, Gehabe *n*; *~s pl.* Umstände *m/pl.*; *faire du* ~ Aufhebens machen; j-m etw. weismachen wollen; *faire des ~s autour de qch.* e-n großen Sums von (*od.* um) etw. *od.* viel Wind um etw. machen, sich wegen e-r Sache haben; **2.** *~s pl.* falsche Haarlocken *f/pl.*; **~teux** F (~'tø) [7] *adj. u. su.* querköpfig, halsstarrig; Querkopf *m*.

chicorée ⚘ (ʃikɔ're) *f* Zichorie *f*.

chicot (ʃi'ko) *m* **1.** Strunk *m*, Stumpf *m* (*e-r Zahn- od. Baumwurzel*); F Stück *n*; **2.** * Zahnarzt *m*.

chicotin ⚗ (ʃiko'tɛ̃) *m* Bitterstoff *m*; *amer comme* ~ bitter wie Galle.

chien (ʃjɛ̃) *m* [7c] **1.** Hund *m*; F Sex-Appeal *m*, Scharm *m*, Schwung *m*, Begeisterung *f*, Originalität *f*; *fig. iron. u. péj.* Packesel *m*, Faktotum *n*, *der* Dumme *m*; Geizkragen *m*; *avoir du* ~ Sex Appeal haben; ein Teufelskerl sein; ~ *d'arrêt* Vorstehhund *m*, Hühnerhund *m*; ~ *d'attache* Kettenhund *m*, Hofhund *m*; ~ *d'avalanche* Lawinenhund *m*; ~ *d'aveugle* Blinden(führer)hund *m*; ~ *de berger* Schäferhund *m*; ~ *de boucher* Fleischerhund *m*; ~ *de chasse* Jagdhund *m*; ~ *couchant* Hühnerhund *m*; *fig.* Speichellecker *m*; ~ *courant* Spürhund *m*; ~ *enragé* toller Hund *m*; ~ *policier*, ~ *de police* Polizeihund *m*; ~ *du St-Bernard* Bernhardinerhund *m*; ⚔ ~ *sanitaire* Sanitäts-(Such-)hund *m*; ~ *secret od. furet* Spürhund *m*; ~ *de Terre-Neuve* Neufundländer *m*; *fig.*: *entre* ~ *et loup* im Zwielicht, in der Dämmerung; *mener une vie de* ~ ein Hundeleben führen; *prv. bon* ~ *chasse de race* der Apfel fällt nicht weit vom Stamm; *vivre comme* ~ *et chat* wie Hund u. Katze leben, sich nicht vertragen können; *quel* ~ *de métier!* was für e-e Hundearbeit!; *quel temps de* ~! was für ein Hundewetter!; **2.** ~ *marin od.* ~ *de mer* Seehund *m*, Robbe; *f*; **3.** ⚔ *bei Gewehren, Revolvern*: Hahn *m*; ⚔ ~ *de transmission* Meldehund *m*; *allg. être couché en* ~ *de fusil* mit angezogenen Beinen liegen; **4.** ⚒ Förderhund *m*, Laufkarren *m*; **5.** ⊕ Hemmschuh *m*.

chien|dent ⚘ (ʃjɛ̃'dɑ̃) *m* Quecke *f*; **~-estafette** (~ɛsta'fɛt) *m* [6b] Meldehund *m*; **~lit** F (ʃjɑ̃'li) **I** *m* Hemdenmatz *m*; **II** *su.* Karnevalsmaske *f*; **~-loup** (ʃjɛ̃'lu) *m* [6a] Wolfsspitz *m*; **~ne** (ʃjɛn) *f* Hündin *f*; **~nerie** (ʃjɛn'ri) *f* **1.** Knickrigkeit *f*; **2.** Gemeinheit *f*; Schweinerei *f*.

chier V (ʃje) [1a] *v/i.* scheißen V.

chiffe (ʃif) *f* Papierlumpen *m*; dünnes Zeug *n*; *fig.* (*homme mou comme une*) ~ *fig.* Waschlappen *m*, schlapper Kerl *m*.

chiffon (ʃi'fɔ̃) *m* **1.** Lappen *m*; Stück *n* altes Zeug, Lumpen *m*; **2.** Chiffon *m*, dünner Seidenstoff *m*; **3.** ~ *de papier* Papierfetzen *m*; *fig.* bloßer Fetzen *m*, Papier, Wisch *m*, Geschreibsel *n*; **4.** *~s pl.* Putzsachen *f/pl. e-r Frau*; **~nage** (ʃifɔ'na:ʒ) *m* **1.** Zerknittern *n*; Lumpensammeln *n*; **2.** zerknitterte Stoffe *m/pl.*; **3.** F *etw.* Ärgerliches *n*; **~né** (~'ne) *adj.* zerknittert; *fig. il* *a l'air tout* ~ er sieht völlig übernächtig (*od.* mitgenommen) aus; **~ner** (~) [1a] **I** *v/t.* **1.** zerknittern, zerknüllen; **2.** F ärgern, beunruhigen, betrüben, verstimmen; *ça me chiffonne* das geht mir gegen den Strich; **3.** ~ *une robe* ein Kleid anfertigen; **II** *v/i.* **4.** Lumpen *m* sammeln; **5.** sich mit der (weiblichen) Toilette befassen, schneidern; *elle aime* ~ sie schneidert gern; **~nier** (~fɔ'nje) *su.* [7b] **1.** Lumpensammler *m*; **2.** *m* Nähtischchen *n*.

chiffrage (ʃi'fra:ʒ) *m* **1.** Berechnen *n*; **2.** Chiffrieren *n*.

chiffre ('ʃifrə) *m* **1.** Ziffer *f*, Zahl *f*, Zahlzeichen *n*; *en* ~ *rond* rund gerechnet; ~ *record* Rekord-ziffer *f*, -zahl *f*; ~ *prescrit*, ~ *de rigueur* Stichzahl *f*; ~ *lumineux* Leuchtzahl *f* (*der Uhr*); **2.** ✝ ~ *d'affaires (brut)* (Brutto-)Umsatz *m*; **3.** Chiffre *f*, Geheim-schrift *f*, -zeichen *n*; *écrire en* ~*s* mit Geheimschrift schreiben; *message m en* ~ Chiffretelegramm *n*; **4.** (Namens-)Zeichen *n*; (verzierte) Anfangsbuchstaben *m/pl.*; **5.** ✝ Warenzeichen *n*; Preisnotierung *f*; **~-indice** (~ɛ̃'dis) *m* [6b] Meß-, Richt-, Index-ziffer *f*; **~-limite** (~li'mit) *m* [6b] Stichzahl *f*.

chiffr|er (ʃi'fre) [1a] **I** *v/i.* **1.** rechnen; **2.** F e-n ganz schönen Betrag erreichen; ins Geld gehen; **3.** ~ *od. se* ~ *à* (*od. par*) sich belaufen auf; **II** *v/t.* **4.** chiffrieren, verziffern, verschlüsseln, mit Geheimschrift schreiben; **5.** beziffern, numerieren; **6.** ♪ die Noten in Ziffern angeben; *basse f chiffrée* bezifferter Baß *m*; **7.** kalkulieren, aus-, be-, er-rechnen, schätzen; *à combien chiffrez-vous votre dépense?* wie hoch schätzen Sie Ihre Ausgabe?; **~eur** (~'frœ:r) *m* **1.** guter Rechner *m*; **2.** Chiffreur *m*, Verzifferer *m*; **~ier-balance** (~fri'eba'lɑ̃:s) *m* [6b] Bilanzkontrollregister *n*.

chigner F (ʃi'ɲe) *v/i.* [1a] plärren, flennen; nörgeln.

chignole (ʃi'ɲɔl) *f* **1.** ⊕ Handbohrer *m*; Handbohrmaschine *f*; **2.** F *a. Auto*: (alter) Kasten *m*, altes Vehikel *n*, Klapperkasten *m*, Mühle *f*; * Zirkuswagen *m*.

chignon (ʃi'ɲɔ̃) *m* Haarknoten *m*.

Chili (ʃi'li) *m*: **le** ~ Chile *n*.

chimère (ʃi'mɛ:r) *f* Hirngespinst *n*, Trugbild *n*, Wahngebilde *n*, Schimäre *f*; **se** *forger des* ~*s* Grillen fangen.

chimérique (ʃime'rik) *adj.* □ **1.** wunderlich, eigenartig, komisch, grillenhaft, verstiegen, verschroben; **2.** phantastisch, utopisch, träumerisch; *esprit m* ~ Träumer *m*, Phantast *m*; *espoir m* ~ Wahn *m*; eitle Hoffnung *f*; Wahnvorstellung *f*; *crainte f* ~ grundlose Befürchtung *f*; *monde m* ~ Traumwelt *f*; **3.** undurchführbar.

chim|ie (ʃi'mi) *f* Chemie *f*; ~ *organique* organische Chemie *f*; ~ *inorganique od. minérale* anorganische Chemie *f*; ~ *analytique* analytische Chemie *f*; ~ *biologique* Biochemie *f*; ~ *industrielle od. technologique od. manufacturière* technische Chemie *f*; **~iothérapie** (~mjɔtera'pi) *f* Chemotherapie *f*, Behandlung *f* mit chemischen Mitteln; **~ique** (~'mik) *adj.* □ chemisch; *produits m/pl.* ~*s* Chemikalien *f/pl.*; **~ment** *adv.* auf chemischem Wege, chemisch; **~isme** *biol.* (~'mism) *m* Chemismus *m*; **~iste** (~'mist) *su.* Chemiker(in *f*) *m*; Laborant(in *f*) *m*.

chimpanzé (ʃɛ̃pɑ̃'ze) *m* Schimpanse *m*.

china *phm.* (ʃi'na) *m* Chinarinde *f*.

chinage *text.* (ʃi'na:ʒ) *m* **1.** ⊕ Buntweben *n*; Buntfärben *n*; **2.** F Krittelei *f*, Stichelei *f*; **3.** P Hausieren *n*.

chinchilla (ʃɛ̃ʃil'la) *m* **1.** *zo.* Chinchilla *f*, Hasenmaus *f*; **2.** Chinchillapelz *m*.

Chine (ʃin) **I** *f*: **1. la** ~ China *n*; **2.** P *aller à la* ♀ hausieren; **II** ♀ *m* China-, Reis-papier *n*.

chiner (ʃi'ne) *v/t.* [1a] **1.** ein buntes Muster einweben, buntweben, flammen, schinieren; **2.** P bekritteln, heruntermachen, schlechtmachen; aufziehen, hochnehmen, necken, durch den Kakao ziehen.

chineur (ʃi'nœ:r) *su.* [7g] **1.** P Krittler *m*; **2.** * Trödler *m*, Hausierer *m*.

chinois (ʃi'nwa) [7] **I** *adj.* chinesisch; kleinlich, pedantisch; **II** *su.* ♀ Chinese *m*; **~erie** (~nwaz'ri) *f* **1.** *fig.* ~*s f/pl.* Formalitätenkram *m*, Spitzfindigkeiten *f/pl.*, Wortklauberei *f*, Schikane *f*, Kleinlichkeit *f*, Schererei *f*; ~*s pl. administratives* Amtsschimmel *m*; **2.** ~*s pl.* Chinawaren *f/pl.*, chinesische Kunstgegenstände *m/pl.*

chintz *text.* (ʃins) *m*: *rideau m de* ~ Vorhang *m* aus Chintz.

chinure *text.* (ʃi'ny:r) *f* bunte Zeichnung *f* e-s Stoffes, Schinierung *f*, Flammierung *f*.
chiot (ʃjo) *m* Hündchen *n*, *bsd.* junger Jagdhund *m*; **~tes** V (ʃjɔt) *f/pl.* Scheißhaus *n* V, Lokus *m* F.
chiourme (ʃjurm) *f* Zuchthausinsasse *m/pl.*
chiper P (ʃi'pe) *v/t.* [1a] klauen, stemmen, stibitzen, mausen, klemmen; *se faire ~* sich erwischen lassen; *être chipé* verknallt (*od.* verliebt) sein.
chipette F (ʃi'pɛt) *f*: *ça ne vaut pas ~* das ist keinen Groschen wert.
chipeur F (ʃi'pœ:r) *su.* [7g] Klauer *m*, Stibitzer *m*, Dieb *m*.
chipie P (ʃi'pi) *f* Xanthippe *f*, zänkische Frau *f*, altes Reff *n*, hochnäsiges (*od.* schnippisches) Frauenzimmer *n*.
chipolata (ʃipɔla'ta) *f* Knoblauchwürstchen *n*.
chipo|tage F (ʃipɔ'ta:ʒ) *m* Nörgelei *f*, Meckerei *f*; Trödelei *f*, Umstandskrämerei *f*; Feilscherei *f*; **~ter** F (~'te) *v/i.* [1a] nörgeln, an allem herummeckern, sich an Kleinigkeiten stoßen; herumdrucksen, murksen, trödeln, herumduseln; feilschen, herunterhandeln; ✎ mäkelig essen; **~teur** F (~'tœ:r) *su.* [7g], **~tier** F (~'tje) *su.* [7b] Nörgeler *m*, Meckerer *m*; Umstandskrämer *m*, Trödler *m*; Feilscher *m*, Knauser *m*.
chique[1] *ent.* (ʃik) *f* Sandfloh *m*.
chique[2] (~) *f* **1.** Stück *n* Kautabak, Priem *m*; P *avaler sa ~* abnibbeln P, sterben; P *ça lui coupe la ~* da bleibt ihm die Spucke weg P; **2.** *provc.* Murmel *f*.
chiqué P (ʃi'ke) *m* Verstellung *f*, Heuchelei *f*, Getue *n*, Gehabe *n*; *c'est du ~* das ist nicht echt (*od.* ehrlich); *faire du ~* sich verstellen, heucheln, so tun als ob, sich haben, flunkern, angeben, bluffen.
chiquenaude (ʃik'no:d) *f* Knipsen *n* (*mit dem Mittelfinger*); Klaps *m*.
chiquer (ʃi'ke) [1m] **I** *v/i.* **1.** Tabak kauen, priemen; *tabac m à ~* Kautabak *m*; **2.** P fressen P, tüchtig essen; *fig. n'avoir rien à ~* nichts zu beißen (*od.* zu fressen P) haben; **3.** P kolossal angeben; sich verstellen, so tun als ob; **4.** P *rien à ~* nichts zu wollen (*od.* zu machen).
chiqueteur *text.* (ʃik'tœ:r) *su.* [7g] Wollreißer *m*.
chiragre ⚕ (ki'ra:grə) **I** *f* Handgicht *f*, Chiragra *n*; **II** *su.* an Handgicht Leidende(r).
chirognomonie 📖 (kirɔgnɔmɔ'ni) *f* Chirognomik *f*, Handlesekunst *f*.
chirographaire ⚖ (kirɔgra'fɛ:r) *adj.* handschriftlich; *créance f ~* Anspruch *m*, der durch kein Pfand gesichert ist.
chiro|mancie (kirɔmɑ̃'si) *f* Wahrsagen *n* aus der Hand, Chiromantie *f*; **~mancien** (~mɑ̃'sjɛ̃) *su.* [7c] Handwahrsager *m*, Chiromant *m*.
chiropraticien ⚕ (ʃirɔprati'sjɛ̃) *m* Chiropraktiker *m*.
chiroptère *zo.* (kirɔp'tɛ:r) *m* Flatterfüßler *m*.
chirur|gical (ʃiryrʒi'kal) *adj.* [5c] □ chirurgisch; **~gie** (~'ʒi) *f* Chirurgie *f*; **~gien** (~'ʒjɛ̃) *su.* [7c] Chirurg *m*; *~ cosmétique* (*podologue*) kosmetischer (Fuß-)Chirurg *m*; **~gique** (~'ʒik) *adj.* chirurgisch.
chitine *biol.* (ki'tin) *f* Chitin *n*.
chiure (ʃjy:r) *f* Fliegenschmutz *m*.
chlinguer P (ʃlɛ̃'ge) *v/i.* [1a] stinken; s. *a. schlinguer*.
chlorate ⚗ (klɔ'rat) *m* Chlorat *n*; *~ de potasse* chlorsaures Kali *n*.
chlor|e ⚗ (klɔ:r) *m* Chlor *n*; **~hydrique** ⚗ (klɔri'drik) *adj.*: *acide m ~* Salzsäure *f*.
chloro|-anémie ⚕ (klɔrɔane'mi) *f* Bleichsucht *f*, Chlorose *f*; **~forme** ⚗ (~'fɔrm) *m* Chloroform *n*; **~former** ⚕ (~fɔr'me) *v/t.* [1a] chloroformieren, mit Chloroform betäuben; **~formisation** ⚕ (~fɔrmizɑ'sjɔ̃) *f* Chloroformieren *n*, Betäubung *f* durch Chloroform; **~phylle** ⚗ (~'fil) *f* Blattgrün *n*, Chlorophyll *n*; **~picrine** ⚗ (~pi'krin) *f* Chlorpikrin *n* (*chemischer Kampfstoff*; *Schädlingsbekämpfungsmittel*).
chloro|se ⚕ (klɔ'ro:z) *f* Bleichsucht *f*, Chlorose *f*; **~tique** (~rɔ'tik) *adj.* bleichsüchtig (*a. su.*).
chlorure ⚗ (klɔ'ry:r) *m* Chlorid *n*, Chlorür *n*; *~ d'ammonium* Salmiak *m*; *~ de potasse*, *~ de potassium* Kaliumchlorid *n*, Chlorkalium *n*.
chnouf * *phm.* (knuf) *m* Heroin *n*.
choc (ʃɔk) *m* **1.** Stoß *m*, Anprall *m*, Zusammenstoßen *n*; **2.** *fig.* Schock *m*, Erschütterung *f*, (Schicksals-)Schlag *m*; **3.** *physiol.* Stoß *m*; Schock *m*; *~ nerveux* Nervenschock *m*; *~ du cœur* Herzstoß *m*; **4.** ⊕ *~ en retour* Rückstoß *m*; *amortisseur m de ~* Stoßdämpfer *m*; **5.** ⚔ Zu-

sammenstoß *m*; *troupe f de* ~ Stoßtrupp *m*.

chocolat (ʃɔkɔ'la) **I** *m* Schokolade *f*; Kakao *m* (*als Getränk*); ~*s pl*. Konfekt *n*, Pralinen *f/pl*.; ~ *au lait* Milchschokolade *f*; *tablette f de* ~ Schokoladentafel *f*; *une tasse de* ~ e-e Tasse Kakao; **II** *adj./inv*. schokoladenbraun; F (*en*) *être* (*od. rester*) ~ *fig*. reingefallen (*od*. angeschmiert *od*. lackiert) sein; ~**erie** (~la'tri) *f* Schokoladenfabrik *f*; ~**ier** (~'tje) *su*. [7b] Schokoladen-fabrikant *m*, -händler *m*; ~**ière** (~'tjɛ:r) *f* Kakaokanne *f*.

chocottes * (ʃɔ'kɔt) *f/pl*. Zähne *m/pl*.; *avoir les* ~ Schiß V (*od*. Angst) haben.

chœur (kœ:r) *m* **1.** *thé*. Chor *m*; **2.** (Sänger-, Musik-)Chor *m*; ~ *parlé* Sprechchor *m*; **3.** Chor (-gesang *m*) *m*; *chanter en* ~ im Chor singen; **4.** ⚠ Chor *m od*. *n*.

choir † (ʃwa:r) *v/i*. [3l] (*nur noch im inf*. *nach faire od*. *laisser*) fallen; *se laisser* ~ hinfallen, hinsinken; *fig*. sich gehen (*od*. kleinkriegen) lassen (*im Leben*); *se laisser* ~ *sur une chaise* sich auf e-n Stuhl fallen lassen; P *laisser* ~ im Stich lassen; *on lui donna un coup qui le fit* ~ man versetzte ihm e-n Schlag, der ihn zu Fall brachte; *st.s*. *il laissa soudain* ~ *le vase* er ließ die Vase plötzlich fallen.

choisir (ʃwa'zi:r) [2a] *v/t*. **1.** (aus-) wählen, aussuchen; auslesen; *expression f choisie* gewählter Ausdruck *m*; *morceaux m/pl. choisis* ausgewählte Stücke *n/pl*.; *société f choisie* auserlesene Gesellschaft *f*; *c'est du choisi* das ist etwas Auserlesenes (*od*. ganz Feines); **2.** *abs*. wählen, e-e Wahl treffen; *avoir de quoi* ~ Auswahl haben; *donner à* ~ zur Wahl stellen; *pour* ~ zur Ansicht; *vous n'avez qu'à* ~ Sie brauchen nur zu wählen; *il n'y a point à* ~ es bleibt keine Wahl (übrig).

choix (ʃwa) *m* **1.** Wahl *f* (*nicht pol.!*), Auswahl *f*, (Aus-)Wählen *n*; *avoir le* ~ die (freie) Wahl haben; *faire son* ~ s-e Wahl treffen; *c'est au* ~ man kann sich aussuchen; **2.** Auswahl *f*, Beste *n*; *de* (*premier*) ~ auserlesen, auserwählt; *épicerie f de* ~ Delikatessenhandlung *f*; *travail m de* ~ Qualitätsarbeit *f*.

cholé|cystite ⚕ (kɔlesis'tit) *f* Gallenblasenentzündung *f*; ~**doque** ⚕ (~'dɔk) *adj*.: *canal m* ~ Gallengang *m*.

cholér|a (kɔle'ra) *m* **1.** ⚕ Cholera *f* **2.** *fig*. widerlicher Kerl *m*; fatale Sache *f*; ~**ine** ⚕ (~'rin) *f* Brechdurchfall *m*; ~**rique** (~'rik) **I** *adj*. cholerisch; **II** *su*. **1.** Cholera-, Ruhrkranke(r) *m*; **2.** *psych*. Choleriker *m*.

chôma|ble (ʃo'mablə) *adj*.: *fête f* ~, *jour m* ~ Feiertag *m*; ~**ge** (~'ma:ʒ) *m* **1.** Feiern *n*; Ruhezeit *f*; ⊕ Stillstand *m*, Stillstehen *n*; Stillegung *f*; ⚡ Ruhezustand *m*; Arbeitslosigkeit *f*; ~ *partiel* Kurzarbeit *f*; *en* ~ arbeitslos; F *être au* ~ Arbeitslosenunterstützung bekommen (*od*. beziehen); **2.** ↗ Brachliegen *n*.

chôm'du P (ʃom'dy) *m*: *être au* ~ arbeitslos sein.

chôm|er (ʃo'me) [1a] **I** *v/i*. **1.** feiern; nicht arbeiten; arbeitslos sein; unbeschäftigt sein; die Arbeit einstellen; **2.** ↗ brachliegen; ruhen (*Geschäfte*); ⊕ stillstehen; **II** *v/t*. feiern, festlich begehen; ~**eur** (~'mœ:r) *m* Arbeits-, Erwerbsloser *m*; ~ *partiel* Kurzarbeiter *m*.

chope (ʃɔp) *f* Schoppen *m*, Bierseidel *n*.

choper P (ʃɔ'pe) *v/t*. [1a] erwischen; klauen, mopsen; P ~ *un rhume* sich erkälten, e-n Schnupfen kriegen; ~ *une maladie* sich e-e Krankheit holen (*od*. zuziehen).

chopin P (ʃɔ'pɛ̃) *m* Gewinn *m*, Rebbach *m*, Treffer *m*; guter Fang *m*; Eroberung *f* (*in der Liebe*).

chopi|ne (ʃɔ'pin) *f* Schoppen *m*, Halbliterflasche *f*, -glas *n*; ~**ner** P (~'ne) *v/i*. [1a] picheln, saufen, kneipen, zechen; ~**nette** F (~'nɛt) *f* Schöppchen *n* Wein.

chopper (ʃɔ'pe) *v/i*. [1a] stolpern, *fig*. sich irren.

cho|quant (ʃɔ'kɑ̃) *adj*. [7] anstößig, beleidigend, unfein; auffällig; schockierend; *des contrastes* ~*s* krasse Gegensätze; ~**quer** (ʃɔ'ke) [1a] **I** *v/t*. **1.** (an-) stoßen an, e-n Stoß geben; ~ *les verres avec q*. mit j-m anstoßen; **2.** ⚕ e-n Schock geben; *fig*. verletzen, schockieren, mißfallen; ~ *l'oreille* (*la vue*) das Ohr (Auge) beleidigen; *cela choque la bienséance* das verletzt (*od*. verstößt gegen) den Anstand; *il ne faut* ~ *personne* man soll keinen vor den Kopf stoßen; *être choqué de* Anstoß nehmen an (*dat*.); ⚕ e-n Schock erlitten haben; **II** *v/rfl*. *se* ~ **3.**

aneinander-stoßen *od.* -fahren; e-n Hiatus bilden; ⚔ mitea. in ein Gefecht geraten, aneinandergeraten; **4.** *se* ~ *de* Anstoß nehmen an (*dat.*).

choral ♪ (kɔ'ral) **I** *adj.* zum Chore gehörig; *société f* ~*e* (*od. nur* ~*e f*) Liedertafel *f*, Gesangverein *m*; ~*e f* Chor *m* (*Schule*, *Kirche*); **II** *m* (*pl.* ~*s*) Choral *m.*

choré|graphie (kɔregra'fi) *f* **1.** Choreographie *f*, Tanzschritt *f*; **2.** Ballett-, Tanz-kunst *f*; ~**graphique** (kɔregra'fik) *adj.*: *artiste m* ~ Ballett-, Tanz-künstler *m.*

choriste (kɔ'rist) *su.* Chorsänger *m.*

chorographie (kɔrɔgra'fi) *f* Landesbeschreibung *f.*

chorus (kɔ'rys) *m*: *faire* ~ zusammensingen, im Chor einfallen; *fig.* (*avec. q.* j-m) beistimmen.

chose (ʃo:z) **I** *f* **1.** Sache *f*, Ding *n*, Gegenstand *m*; *les* ~*s les plus nécessaires* das Notwendigste *n*; *autre* ~ etwas anderes; *avant* (*od. sur*) *toutes* ~*s* vor allen Dingen; *en toutes choses* in allem, in allen Dingen; *entre autres* ~*s* unter anderm; *on parla de* ~*s et d'autres* man sprach von diesem und jenem; *dites-lui bien des* ~*s* (*de ma part*) grüßen Sie ihn herzlich (*od.* vielmals) von mir; *de deux* ~*s l'une* eins von beiden; entweder ..., oder ...; ~ *étrange!* seltsam!, sonderbar!; ~ *en question* bewußte Sache *f* (*od.* Angelegenheit *f*); *aller au fond des* ~*s* allen Dingen (*od.* der Sache) auf den Grund gehen; *ce n'est pas grand-*~ das ist nicht viel wert; es ist nicht viel los damit!; *c'est la même* ~ das ist dasselbe *od.* einerlei; *un* (*une*) *pas-grand-*~ eine Null *f* (*Person*); *la* ~ *publique* das Gemeinwesen, der Staat; *bien des* ~*s* viele Grüße *m/pl.*; *toutes sortes f/pl. de bonnes* ~*s* alles Gute *n*; **2.** ⚖ (Rechts-)Sache *f*; **3.** Habe *f*, Besitz *m*, Eigentum *n*, Sachen *pl.*; **4.** Tatsache *f*; Begebenheit *f*, Ereignis *n*; *les* ~*s de la Chine* die chinesischen Verhältnisse; **II** *m* **5.** *quelque* ~ (*de bon, de nouveau*) etwas (Gutes, Neues); *quelque* ~ (*peu de* ~; *autre* ~) *a été fait* etwas (wenig; etwas anderes) ist getan worden; *grand-*~ viel; *ce quelque* ~ dieses gewisse Etwas; **6.** F *monsieur* ~ Herr Soundso; *à* ~ in Dingskirchen; *le petit* ♀ der Knirps, der kleine Dingsda; F *avoir l'air tout* ~ eigenartig aussehen; *je me sens tout* ~ ich fühle mich ganz eigenartig (*od.* komisch); ich habe ein komisches Gefühl, mir ist ganz eigenartig (*od.* komisch) zu Mute.

chott (ʃɔt) *m* ausgetrockneter Salzsee *m*, Schott *m* (*Nordafrika*).

chou (ʃu) *m* [5b] **1.** Kohl *m*; ~ *blanc* Weißkohl *m*; ~ *de Bruxelles* Rosenkohl *m*; ~ *colza* Garten-, Feldkohl *m*; ~ *rouge* Rotkohl *m*; ~ *frisé* Wirsingkohl *m*; ~*-fleur* Blumenkohl *m*; ~ *vert* Grünkohl *m*; *c'est* ~ *vert et vert* ~ das läuft auf's selbe hinaus, das ist Jacke wie Hose; das ist gehopst wie gesprungen; *bête comme un* ~ erzdußlig, saublöde P; *tête f de* ~ Kohlkopf *m*; *fig.* Dummkopf *m*; *soupe f aux* ~*x* Kohlsuppe *f*; *aller planter ses* ~*x* sich aufs Land zurückziehen; *faire* ~ *blanc, être dans les* ~*x fig.* leer ausgehen, reingefallen sein; **2.** F *mon* (*petit*) ~! mein Goldfink!, mein Süßerchen!, mein Liebling!; **3.** *pât.* ~ *à la crème* Sahnebaiser *m*, Windbeutel *m* mit Schlagsahne; **4.** *fig. feuille f de* ~ *péj.* Käseblättchen *n*, Wurschtblatt *n* (*unbedeutende Zeitung*).

choucas *orn.* (ʃu'kɑ) *m* Dohle *f.*

chouchement (ʃuʃ'mɑ̃) *m* Eulengeschrei *n.*

chou-chou (ʃu'ʃu) *m fig.* Goldfink *m*, Liebling *m*; *écol.* Lieblingsschüler *m.*

chouchouter (ʃuʃu'te) *v/t.* [1a] (ver)hätscheln, verwöhnen.

choucroute (ʃu'krut) *f* Sauerkraut *n*; ~ *au lard* Sauerkraut *n* mit Speck; ~ *garnie* Sauerkraut *n* mit Speck und Würstchen.

chouette (ʃwet) **I** *f* Schleiereule *f*; **II** P *adj.* prima, fabelhaft, schau; **III** *int.* ~! prima!, schau!, fabelhaft!, großartig!, wundervoll!, herrlich!, phantastisch!

chou-fleur (ʃu'flœ:r) *m* [6a] Blumenkohl *m*; ~**-navet** (~na'vɛ) *m* [6a] Kohl-, Steck-rübe *f*; ~**-palmiste** (~pal'mist) *m* [6a] Palmkohl *m*; ~**-rave** (~'ra:v) *m* [6a] Kohlrabi *m.*

chouri|ner * (ʃuri'ne) *v/t.* [1a] erstechen, kaltmachen; ~**neur** * (~'nœ:r) *m* Messerheld *m*, Mörder *m.*

chou-rouge (ʃu'ru:ʒ) *m* [6a] Rotkohl *m.*

choyer (ʃwa'je) [1h] sorgsam (*od.* zärtlich) pflegen, verhätscheln; **vorsichtig behandeln.**

chrême *rl.* (krɛm) *m* (*saint*) ~ Salböl *n.* [Taufmützchen *n.*]
chrémeau *rl.* (kre'mo) *m* [5b]
chrestomathie 🕮 (krɛstɔma'si) *f* Lesebuch *n*, Chrestomathie *f.*
chrétien (kre'tjɛ̃) [7c] **I** *adj.* □ **1.** christlich; *peu* ~ unchristlich; *vivre* ~*nement* christlich leben; **2.** F anständig; **II** *su.* Christ *m*; ~**té** (~tjɛ̃'te) *f* Christenheit *f.*
chrisme *rl.* (krism) *m* Christusmonogramm *n.*
Christ (krist; *aber* **Jésus-~** ʒezy'kri) *m*: *le* ~ der Gesalbte *m* des Herrn, Christus *m*; *dater d'avant le* ~ aus vorchristlicher Zeit stammen; *un* ♀ *en ivoire* ein elfenbeinernes Christusbild *n.* [Kristiania *m.*]
christiania *Sport* (kristja'nja) *m*
christiani|ser (kristjani'ze) *v/t.* [1a] christianisieren, zum Christentum bekehren; ~**sme** (~'nism) *m* Christentum *n*, Christenlehre *f*; ~ *primitif* Urchristentum *n.*
chromage ⊕ (kro'ma:ʒ) *m* Verchromung *f.*
chromate ⚗ (kro'mat) *m* chromsaures Salz *n*, Chromat *n.*
chroma|tique (kroma'tik) **I** *adj.* □ ♪ chromatisch, in halben Tönen auf- *od.* ab-steigend; *phys.* farbig; **II** *f* ♪ Chromatik *f*; Farbenmischung *f*; ~**tisme** *phys.* (~'tism) *m* Färbung *f.*
chrom|e ⚗ (kro:m) *m* Chrom *n*; *jaune m de* ~ Chromgelb *n*; ~**é** (kro'me) *adj.*: *acier m* ~ Chromstahl ~**er** ⊕ (~) *v/t.* [1a] verchromen; ~**ique** ⚗ (~'mik) *adj.*: *acide m* ~ Chromsäure *f.*
chromo (krɔ'mo) *m od. f* = ~*lithographie f*; *bisw.* *péj.* schlechtes Farbbild *n* (*od.* Bild *n*).
chromo|lithographie (krɔmɔlitɔgra'fi) *f* Farben(stein)druck *m*; ~**photographie** *phot.* (~fɔtɔgra'fi) *f* Farb(en)photographie *f*; buntes Lichtbild *n*; ~**plastie** (~plas'ti) *f* Metallfärbung *f*; ~**some** *biol.* (~'zɔm) *m* Chromosom *n*, Kernschleife *f* (*des Zellkerns*); ~**sphère** *ast.* (~'sfɛ:r) *f* Chromosphäre *f*; ~**typ(ograph)ie** (~tipɔgra'fi, ~ti'pi) *f* Farben-, Bunt-druck *m.*
chroni|cité ⚕ (krɔnisi'te) *f* chronischer Zustand *m*; ~**que** (~'nik) **I** *adj.* □ ⚕ chronisch, langwierig; **II** *f* **1.** Chronik *f*, Zeit-geschichte *f*, -bericht *m*, Rundschau *f*, Tagesbericht *m*; ~ *de la semaine* Wochenschau *f* (*in Zeitungen*); ~ *scandaleuse* Klatsch *m*, Gerede *n*; böse Nachrede *f*; **2.** *bibl.* ♀*s pl.* Bücher *n/pl.* der Chronika; ~**queur** (~'kœ:r) *su.* [7g] Chronist *m*, Berichterstatter *m.* [uhr *f.*]
chrono *Sport* (krɔ'no) *m* Stopp-
chronographe (krɔnɔ'graf) *m* **1.** ✈ Geschwindigkeits-, Flugzeit-messer *m*; **2.** *Sport:* Stoppuhr *f.*
chronolo|gie (krɔnɔlɔ'ʒi) *f* Chronologie *f*, Zeit-bestimmung *f*, -berechnung *f*, zeitliche Aufeinanderfolge *f*; ~**gique** (~'ʒik) *adj.* chronologisch; ~**giste**, ~**gue** (~'ʒist, ~'lɔg) *m* Zeit-berechner *m*, -kundiger *m.*
chrono|métrage (~me'tra:ʒ) *m* Zeitabnehmen *n*, Zeitmessung *f*; ~**mètre** (~'mɛtrə) *m* Zeitmesser *m*; Taktmesser *m*; *Sport*: Stoppuhr *f*; ~**métrer** *Sport* (~me'tre) *v/t.* [1f]: ~ *une auto* (*od. une course*) die Zeit e-r Fahrt (*od.* e-s Rennens) stoppen *od.* abnehmen ~**métreur** *Sport* (~me'trœ:r) *m* Zeitabnehmer *m*; ~**métrie** (~me'tri) *f* Zeit-, Taktmessung *f*; ~**-timbre** (~'tɛ̃:brə) *m* Zeitstempel *m in Fabriken.*
chrysalide *ent.* (kriza'lid) *f* (Schmetterlings-)Puppe *f*; *se changer en* ~ sich verpuppen.
chrysanthème ⚘ (krizɑ̃'tɛm) *m* Chrysantheme *f.*
chryso|cale, ~**calque** (krizɔ'kal, ~'kalk) *m* unechtes Gold *n.*
chucheter (ʃyʃ'te) *v/i.* [1c] zwitschern, piepen (*Vögel*).
chucho|tage (ʃyʃɔ'ta:ʒ) *m* Flüsterdolmetschen *n* (*leises Sprechen*); ~**tement** (~ʃɔt'mɑ̃) *m* Geflüster *n*; ~**ter** (~ʃɔ'te) *v/i. u. v/t.* flüstern, lispeln (= leise sprechen); *écol.* vorsagen; säuseln (*Wind*); ~**terie** (~'tri) *f* Flüstern *n*, Lispeln *n*, Geheimniskrämerei *f*; ~**teur** (~'tœ:r) *su.* [7g] Flüsterer *m*, Lispeler *m*, Geheimniskrämer *m*; ~**tis** F (~'ti) *m* Getuschle *n* F.
chuin|tant (ʃɥɛ̃'tɑ̃) *adj.* [7] *gr.*: *consonne f* ~*e* Zischlaut *m*; ~**tante** *gr.* (~'tɑ̃:t) *f* Zischlaut *m*; ~**tement** (~t'mɑ̃) *m* Zische[l]n *n*; ~**ter** (ʃɥɛ̃'te) *v/i.* [1a] schreien (*Eule*); zischen (*Dampf*); zischeln (*bei der Aussprache von franz. j und ch*).
chut (ʃyt) *int.* ~! pst!, st!, still!
chute (ʃyt) *f* **1.** Fallen *n*, Fall *m*; Einsturz *m*, Einfallen *n*; ✈ Absturz *m*; ~ *de roches de pierre* Steinrutsch *m*; **2.** ⚕ Heraustreten *n*, Ausfall *m*; ~ *des cheveux* Haar-

ausfall *m*; **3.** *fig.* Sturz *m*; Umsturz *m*; Durchfallen *n* (*Theaterstück*); ~ *du premier homme* Sündenfall *m*; **4.** *rhét.* Schlußfall *m*; Schlußgedanke *m*; ♪ Tonfall *m*; **5.** ~ *du jour* Sinken *n* des Tages; **6.** ✝ ~ *des prix* Preissturz *m*; **7.** Abhang *m* (*e-s Daches*); Gefälle *n*; ~ *d'eau* Wasserfall *m*; ~*s pl. du Niagara* Niagarafälle *m/pl.*

chuter (ʃy'te) [1a] **I** P *v/i.* (durch-)fallen; ✈ abstürzen; **II** *v/t.* auszischen; *a. abs.* zischen.

chyle *physiol.* (ʃil) *m* Chylus *m*, Milch-, Speise-saft *m*.

chylification *physiol.* (ʃilifika'sjɔ̃) *f* Umwandlung *f* des Speisebreis in Milchsaft.

chyme *physiol.* (ʃim) *m* Chymus *m*, Speisebrei *m*.

Chypre ('ʃiprə) **I** *f*: **la** ~ Zypern *n*; *à* ~ auf (nach) Zypern; **II** ♀ *m* Zypernwein *m*.

chypriote (ʃipri'ɔt) [7] **I** *adj.* zypriotisch, zyprisch; **II** ♀ Zypriot *m*.

ci (si) *adv. in Zssg*: hier; *celui-*~ dieser; *cet homme-*~ dieser Mensch hier; ~*-gît* hier ruht (*Grabinschrift*); *par-*~, *par-là* hier und da, hin und her; ab und zu, dann und wann; *comme* ~, *comme ça* soso, lala.

ci|-annexé (sianɛk'se) *adj.* in der Anlage, beiliegend; ~**-après** (~a'prɛ) *adv.* im folgenden, weiter unten; *le tableau* ~ die nachstehende Übersicht *f*.

cibiche P (si'biʃ) *f* Glimmstengel *m*, P, Zigarette *f*.

cible ('siblə) *f* **1.** (Schieß-, Ziel-)Scheibe *f*; *tir m à la* ~ Scheibenschießen *n*; **2.** *fig.* Zielscheibe *f*, Ziel *n*.

ciblot P (si'blo) *m* Zivilperson *f*.

ciboulette (sibu'lɛt) *f* Schnittlauch *m*.

ciboulot F (sibu'lo) *m* Kopf *m*, Deez *m* P, Birne *f* F, Omme *f* P, Kürbis *m* F; *elle s'écriait qu'elle avait mal au* ~ sie schrie, daß sie Kopfschmerzen hatte; *c'est pas la peine de se fatiguer le* ~ *à penser à aut'chose* es lohnt sich nicht, s-n Gehirnkasten mit Gedanken an andere Dinge zu zerbrechen (*od.* zu verkeilen P); *il est parti du* ~ er ist übergeschnappt.

cicatri|ce (sika'tris) *f* Narbe *f*, *bibl.* Wundmal *n*; Schmarre *f*; ~**sable** (~'zablə) *adj.* vernarbbar; ~**sation** (~za'sjɔ̃) *f* Vernarbung *f*; ~**ser** (~'ze) [1a] **I** *v/t.* **1.** zum Vernarben bringen, vernarben; *fig.* lindern, heilen *od.* vergessen machen; **2.** mit Narben bedecken; **II** *v/rfl.* se ~ zuheilen, vernarben.

cicérone (sise'ro:n) *m* (*pl.* cicérones) Fremdenführer *m*; *servir de* ~ *à q.* j-m als Fremdenführer (*od.* Reisebegleiter) zur Seite stehen.

ci-contre (si'kɔ̃:trə) *adv. auf e-r beschriebenen Seite*: nebenstehend; umseitig.

ci|-dessous (si'dsu) *adv.* untenstehend; ~**-dessus** (~'dsy) *adv.* weiter oben, obig; *la signature-*~ die obige Unterschrift *f*; ~**-devant** (~'dvɑ̃) *adv.* **1.** vorstehend; **2.** ehemals, früher; vormals (*bei Firmen*).

cidre ('sidrə) *m* Apfel-, Obst-wein *m*; ~ *mousseux* Apfelschaumwein *m*.

ciel (sjɛl) *m*; *pl. in* **1**, 2 *u.* **4**: **cieux** (sjø); *in* **3**, **5**, **6** *u.* **7**: **ciels**; **1.** Himmel *m*, Weltenraum *m*; Firmament *n*; *voûte f du* ~ *od. des cieux* Himmelszelt *n*; *les cieux* die Himmelsfärbungen *f/pl.*; *il est au septième* ~ er ist im siebenten Himmel, er ist überglücklich; *remuer* ~ *et terre* alles aufbieten, Himmel und Hölle in Bewegung setzen; ⚒ *à* ~ *ouvert* im Übertagebau; *l'immensité f des cieux* der unermeßliche Himmel *m*; ✈ F *prendre le chemin du* ~ e-e Reise auf dem Luftwege antreten; **2.** Himmelsstrich *m*; **3.** Klima *n*; *les* ~*s brûlants des tropiques* das heiße Tropenklima *n*; ~ *d'airain* regenloser Himmel *m*, Dürre *f*; ~ *de plomb* schwüles Wetter *n*; **4.** *rl.* Himmel *m*, Wohnsitz der Seligen; *le chemin du* ~ der Weg zum Himmel; *royaume m des cieux* Himmelreich *n*; *gagner le* ~ in den Himmel kommen; **5.** *peint.* Himmel *m*, Luft *f auf Gemälden*; **6.** ~ (*de lit* Bett-)Thronhimmel *m*; **7.** *mach.* Decke *f*; ~ *de foyer* Feuerungskappe *f*.

cierge (sjɛrʒ) *m* **1.** (Wachs-)Kerze *f*, Licht *n*; *droit comme un* ~ kerzengerade; ~ *merveilleux* Wunderkerze *f*; ~ *pour le culte* Altarkerze *f*; ~ *pascal* Osterkerze *f*; *je lui dois un beau* ~ ich bin ihm zu großem Dank verpflichtet; **2.** ⚘ ~ *du Pérou* peruanische Fackeldistel *f*.

cigale *ent.* (si'gal) *f* Grille *f*, Zikade *f*.

ciga|re (si'ga:r) *m* Zigarre *f*; ~*-déchet* Fehlfarbe *f*; ~**rette** (~ga'rɛt) *f* Zigarette *f*; ~**rier** (~ga'rje) *su.* [7b] Zigarrenmacher *m*; ~**rillo** (~ri'lo) *m* Zigarillo *n*.

cigo|gne *orn.* (si'gɔɲ) *f* Storch *m*; *contes m/pl. de la* ~ Altweibermärchen *n/pl.*; **~gneau** *orn.* (~gɔɲo) *m* [5b] junger Storch *m*.
ciguë (si'gy) *f* **1.** ⚘ Schierling *m*; **2.** *antiq.* Schierlingstrank *m*, Giftbecher *m*.
ci|-inclus (siɛ̃'kly) *adj.* [7] **~-joint** (~'ʒwɛ̃) *adj.* [7] anbei, beiliegend, in der Anlage; ~ *(la) copie* Abschrift anbei.
cil (sil) *m* Wimper *f*, Wimperhaar *n*.
cilice *rl.* (si'lis) *m* Büßerhemd *n*.
cilié (si'lje) *zo.*, ⚘ *adj.* mit feinen Härchen versehen.
cil|lement (sij'mɑ̃) *m* Blinzeln *n*; **~ler** (si'je) [1a] **I** *v/t.* ~ *les yeux* mit den Augen blinzeln; **II** *v/i.* mucksen; *l'élève n'a pas osé* ~ der Schüler hat nicht gewagt zu mucksen.
cimaise (si'mɛ:z) *f* **1.** ⚠ Hohlkehle *f*, -leiste *f*; Gesims *n*, Karnies *n (od. m)*; Tapetenleiste *f*; **2.** bester Platz *m* zum Aufhängen der Bilder in e-m Ausstellungsraum; erhöhte Plattform *f* für Ausstellungsbilder; *peint. à la* ~ am Ehrenplatz.
cimbrique *hist.* (sɛ̃'brik) *adj.* kimbrisch.
cime (sim) *f* Gipfel *m (e-s Berges)*, Wipfel *m*, Spitze *f*, First *m*.
cimenfer ⚠ (simɑ̃'fɛ:r) *m* Eisenzement *m*.
ciment (si'mɑ̃) *m* **1.** Zement *m*; ~ *armé* Eisenbeton *m*; ~ *hydraulique* Bindemittel *n*; **2.** *fig.* einigendes Band *n*; **~aire** (~'tɛ:r) *adj.* zu Kitt tauglich; *terre f* ~ Kitterde *f*; **~er** (~'te) [1a] **I** *v/t.* zementieren; *fig.* festigen, besiegeln; **II** *v/rfl.* se ~ sich festigen, fest werden; **~ier** (~'tje) *m* Zementarbeiter *m*.
cimetière (sim'tjɛ:r) *m* Friedhof *m*; **~s** *pl. de guerre od. de front* Soldaten-, Kriegs-gräber *n/pl.*
cimier (si'mje) *m* **1.** Helmschmuck *m*; **2.** *cuis.* Lendenstück *n (vom Rind od. vom Hirsch)*.
cinabre (si'nabrə) *m* Zinnober *m*.
ciné F (si'ne) *m* Kino *n*.
cinéaste (sine'ast) *m* **1.** Kameramann *m*, Kinofachmann *m*; *amateur m* ~ Filmamateur *m*; **2.** Filmschriftsteller *m*, -verfasser *m*.
ciné|bus (sine'bys) *m* Wanderkino *n*; **~-club** (sine'klœb) *m* Filmklub *m*.
cinéfaction (sinefak'sjɔ̃) *f* Verwandlung *f* in Asche; *s. cinération*.
cinégraphique (~gra'fik) *adj.* Film...
cinéma (sine'ma) *m* Kino *n*; *offiziell*: Lichtspieltheater *n*; *bsd. als Name e-s Kinos*: Lichtspiele *n/pl.*; ~ *scolaire* Schulkino *n*; ~ *ambulant (od. nomade)* Wanderkino *n*; *client(e f) m (od. habitué[e f] m) du* ~ Filmbesucher(in *f*) *m*; *faire du* ~ im Film auftreten; filmen; **~scope** (~'skɔp) *m*: *film m en* ~ Breitwandfilm *m*; **~thèque** (~'tɛk) *f* Filmarchiv *n*; **~tique** *phys.* (~'tik) *f* Kinematik *f*, Bewegungs-, Zwanglauf-lehre *f*; **~tographe** (~tɔ'graf) *m älterer Ausdruck für cinéma*; **~tographie** (~gra'fi) *f* Filmkunst *f*; **~tographier** (~gra'fje) *v/t.* [1a] verfilmen; **~tographique** (~gra'fik) *adj.* Film...; *appareil m* ~ Filmkamera *f*.
cinéologue (sineɔ'lɔg) *m* Filmschriftsteller *m*, Textbuchverfasser *m*.
cinéphile (~'fil) *m* Filmfreund *m*.
cinéraire (sine'rɛ:r) **I** *adj.*: *urne f* ~ Graburne *f*; Aschenkrug *m*; **II** *f* ⚘ Aschenpflanze *f*, Zinerarie *f*.
cinérama *cin.* (sinera'ma) *m* Cinerama *n (Plastische Vorführungsart mit drei kombinierten Kameras auf gewölbter Bildwand)*.
cinération (sinerɑ'sjɔ̃) *f* Veraschung *f*.
ciné-roman *cin.* (~rɔ'mɑ̃) *m* [6g] Filmroman *m*.
cinétique *phys.* (sine'tik) *adj.* kinetisch.
cingalais (sɛ̃ga'lɛ) *adj. u.* ♀ [7] singhalesisch; Singhalese *m*.
cinglage ⚓ (sɛ̃'gla:ʒ) *m* Etmal *n*, Schiffstagereise *f*.
cinglant (sɛ̃'glɑ̃) *adj.* [7] *(a. fig.)* scharf, beißend, schneidend.
cinglé F (sɛ̃'gle) *adj.* verrückt, bekloppt, übergeschnappt.
cingler[1] ⚓ (~) *v/i.* [1a] segeln, e-n Kurs steuern.
cingler[2] (~) *v/t.* [1a] **1.** geißeln, mit e-r Peitsche hauen, antreiben; peitschen *(Regen usw.)*; *a. abs. le vent cingle (le visage)* der Wind ist schneidend; **2.** *serr.* zängen, ausschroten; *charp.* abschnüren.
cingoli ⚔ (sɛ̃gɔ'li) *m*: *(plateau m)* ~ Radgürtel *m (als Radunterlage für schwere Geschütze usw.)*.
cinnam(om)e (sina'mɔm, ~'nam) *m* Zimt *m*, Kaneel *m*.
cinq (1. *alleinstehend od. vor einem grammatikalisch nicht zugehörigen Wort u. vor Vokalen* sɛ̃:k, 2. *vor einem Konsonanten od. h aspiré* sɛ̃, *aber heute häufig a.* sɛ̃k) **I** *a/n.c.* fünf; *à* ~ *pour cent* zu fünf Prozent;

le ~ (sɛ̃:k) *mars* den 5. März; *Louis (Charles)* ~ (sɛ̃:k) Ludwig (Karl) V. (*Könige von Frankreich*); F, *Sport*: *en* ~ *sec* im Nu; im Handumdrehen; eins, zwei, drei; mir nichts, dir nichts; **II** *m* (*im pl. ohne* s) *die* Fünf, *der* Fünfer.

cinqcentiste(s) (sɛ̃sɑ̃'tist) *m* (*pl.*) Cinquecentist(en) *m* (*pl*).

cinquan|taine (sɛ̃kɑ̃'tɛn) *f* **1.** (Zahl *f* von) etwa fünfzig; **2.** fünfzigstes Jahr *n*; **~te** (~'kɑ̃:t) **I** *a/n.c.* fünfzig; **II** *m* (*Zahl*) Fünfzig *f*; **~tenaire** (~kɑ̃t'nɛ:r) *m* fünfzigjähriges Jubiläum *n*; ~ *du mariage* goldene Hochzeit *f*; **~tième** (~kɑ̃'tjɛm) **I** *a/n.o.* der (die, das) fünfzigste; **II** *m* Fünfzigstel *n*.

cinquième (sɛ̃'kjɛm) **I** *a/n. o.* **1.** fünfter, fünfte, fünftes; **II** *m* **2.** Fünfter *m*; **3.** Fünftel *n*; **4.** fünftes Stockwerk *n*; **5.** Schüler *m* der 5. Klasse; **III** *f* fünfte Klasse *f*; **IV** *~ment adv.* fünftens.

cintr|age ⊕ (sɛ̃'tra:ʒ) *m* Runden *n*, Biegen *n*, Wölben *n*; **~e** ('sɛ̃:trə) *m* **1.** ⚠ Bogen *m*, Gewölbe *n*; *en* ~ abgerundet; *plein* ~ Rundbogen *m*; **2.** *charp.* Bogengerüst *n*; **3.** *thé.* (Schnür-)Boden *m über der Bühne*; *loges f/pl. du* ~ letzter Logenrang *m*; **4.** Kleiderbügel *m*; **~é** (sɛ̃'tre) *adj.* gewölbt, bogenförmig; **~er** (~) *v/t.* [1a] (über)wölben, biegen.

cippe (sip) *m* **1.** ⚠ Halbsäule *f*; **2.** Gedenkstein *m*.

cirage (si'ra:ʒ) *m* **1.** Wichsen *n*, Überziehen *n* mit Wachs; Bohnern *n*; **2.** Polier-, Bohnerwachs *n*; Schuhkrem *m*; **3.** ⚔ Lack *m für Lederzeug*; **4.** F Dämmerzustand *m*; *être en plein* ~ *fig.* völlig blau (*a.* benommen) sein.

circaète *orn.* (sirka'ɛt) *m* Schlangenadler *m*.

circarama *cin.* (~ra'ma) *m* Rundkino *n*.

circassien (sirka'sjɛ̃) *adj. u.* ♀ *su.* [7c] tscherkessisch; Tscherkesse *m*.

circompolaire (sirkɔ̃pɔ'lɛ:r) *adj. ast.* um den Pol herum.

circonci|re *rl.* (sirkɔ̃'si:r) *v/t.* [4t] beschneiden; **~sion** (~si'zjɔ̃) *f* Beschneidung *f*.

circonférence ⚹ (~fe'rɑ̃:s) *f* Umkreis *m*, Peripherie *f*; Umfang *m*.

circonflexe (~'flɛks) **I** *adj.* umgebogen; *un i* ~ ein i mit dem Zirkumflex (î); **II** *m* (*a. adj.*: *accent m* ~) *gr.* Zirkumflex (^) *m*.

circonlocution (~lɔky'sjɔ̃) *f rhét.* Umschreibung *f*; Umschweif *m*.

circonscri|ption (~skrip'sjɔ̃) *f* **1.** Um-, Be-grenzung *f*, Absonderung *f*, Abmarkung *f*; **2.** ⚹ Umschreibung *f e-r Figur*; **3.** (Regierungs-)Bezirk *m*; ~ *électorale* Wahl-bezirk *m*, -kreis *m*; ~ *militaire* Wehrkreis *m*; ~ *municipale* Gemeindebezirk *m*; ✉ ~ *postale* Bestellbezirk *m*; **~re** (~'skri:r) [4f] **I** *v/t.* **1.** umgrenzen, einschließen, beschränken; ~ *un incendie* e-e Feuersbrunst eindämmen; **2.** ⚹ umschreiben; ~ *une figure à un cercle* e-e Figur um e-n Kreis beschreiben; **II** *v/rfl.* se ~ umschrieben werden.

circonspect (sirkɔ̃'spɛ, ~'spɛk *od.* ~'spɛkt) *adj.* [7] □ vorsichtig, behutsam, bedächtig, umsichtig; **~ion** (~spɛk'sjɔ̃) *f* Vorsicht *f*, Umsicht *f*.

circonstan|ce (~'stɑ̃:s) *f* Umstand *m*, Bewandtnis *f*; *~s pl.* Verhältnisse *n/pl.*; Lage *f/sg.*; ✝ *profiter des ~s* die Konjunktur ausnutzen; ⚖ *~s pl. aggravantes (atténuantes)* erschwerende (mildernde) Umstände *m/pl.*; *pol.* (*état m de*) *~s pl. exceptionnelles* Ausnahmezustand *m/sg.*; *~s et dépendances f/pl.* gesamtes Zubehör *n/sg.*; *selon les ~s* nach Lage der Dinge, je nachdem; *poésie f de* ~ Gelegenheitsgedicht *n*; *ce n'est pas de* ~ das paßt nicht hierher; *en toutes ~s* bei jeder Gelegenheit; *sourire m de* ~ Augenblickslächeln *n*; **~cié** (~stɑ̃'sje) *adj.* umständlich, weitläufig; eingehend, ausführlich; *un rapport* ~ ein ausführlicher Bericht *m*; *des détails m/pl. ~s* kleinste Einzelheiten *f/pl.*; **~ciel** (~stɑ̃'sjɛl) *adj.* [7c] **1.** *gr.* Umstands...; *complément m* ~ adverbiale Bestimmung *f*; **2.** von den Umständen abhängig, zufällig; **~cier** (~stɑ̃'sje) *v/t.* [1a] umständlich (ausführlich) schildern.

circonvallation *frt.* (~valɑ'sjɔ̃) *f* Umschanzung *f*, Umwallung *f*.

circon|venir (~'vni:r) *v/t.* [2h] umgarnen, überlisten, hintergehen; **~vention** (~vɑ̃'sjɔ̃) *f* Überlistung *f*, Beeinflussung *f*.

circonvoisin (~vwa'zɛ̃) *adj.* [7] umliegend, benachbart.

circonvolution (~vɔly'sjɔ̃) *f anat.* Windung *f*.

circuit (sir'kɥi) *m* **1.** Umfang *m*, Umkreis *m*; Kreisbahn *f*; ✝ ~ *de distribution* Verteilerkreis *m*; ✝ *~s courts* Direktbelieferung *f*; **2.** Rundfahrt *f*; *Sport*: Rundrennen *n*; ✈ *~ aérien* Rundflug *m*; **3.** ⚡ Stromkreis *m*; ⚡, *téléph.* Leitung *f*; *coupe-~* Schalter *m*; *court ~* Kurzschluß *m*; *mettre en ~* einschalten; *mettre hors ~* ausschalten; *~ d'éclairage* Lichtleitung *f*; *~ de basse* (*haute*) *fréquence* Nieder-(Hoch-)frequenz-kreis *m*, -stufe *f*; *rad. ~ inducteur* Erregerkreis *m*; *~ primaire* Primärkreis *m*; *~ secondaire, ~ induit, ~ excité* Sekundärkreis *m*; *~(-)filtre, ~ filtreur* Sperr-, Sieb-kreis *m*; *hydr. ~s pl. à séquences* Folgesteuerkreise *m/pl.*; *~ hydraulique* Kreislauf *m*; **4.** *fig.* Umweg *m*, Abschweifung *f*; *grand* (*od. long*) *~ de paroles* weitläufiges Gerede *n*; **5.** ⚖ *~ d'actions* Regreßverfahren *n*.

circu|laire (sirky'lɛ:r) **I** *adj.* □ kreisförmig; Kreis..., Zirkel..., Rund...; *billet m ~* Rundreisekarte *f*; *voyage m ~* Rundreise *f*; *~ment adv.* kreisförmig, im Kreise; durch Rundschreiben; **II** *f* Rundschreiben *n*, Rund-erlaß *m*, -verfügung *f*; **~lant** (~'lɑ̃) *adj.* [7] umlaufend, im Umlauf befindlich; **~lation** (~la'sjɔ̃) *f* Kreis-, Umlauf *m*; (Straßen-, Waren-)Verkehr *m*, Verkehrsabwicklung *f*; ✝ Umsatz *m*; *~ contraire* Gegenverkehr *m*; *~ de transit* Transit-, Durchgangs-verkehr *m*; *Auto*: *~ d'eau, ~ de l'eau* Kühler-, Wasser-umlauf *m*; *~ d'huile* Ölumlauf *m*; *~ intense* Hochbetrieb *m* (*in den Straßen*); *~ principale* Hauptverkehr *m*; *retirer de la ~* aus dem Verkehr ziehen; *~ monétaire, ~ fiduciaire* Münz-, Banknoten-, Papiergeld-umlauf *m*; *~ des signes monétaires* Geld-umlauf *m*, -verkehr *m*; *~ du sang* Blut-kreislauf *m*, -zirkulation *m*; *~ des marchandises* Güterverkehr *m*; *mettre en ~* verbreiten, in Verkehr bringen; **~latoire** (~la'twa:r) *adj.* den Kreislauf betreffend; Kreis...; **~ler** (~'le) *v/i.* [1a] **1.** umlaufen, kreisen, rollen; **2.** hin und her fahren, fliegen, reiten; sich bewegen; 🚌 *Bus etc.* verkehren; *circulez!* weitergehen!, nicht stehenbleiben!; *~ à droite* rechts fahren; *~ à la file* hintereinander fahren; **3.** *fig.* strömen, sich erneuern (*Luft*); **4.** *fig.* in Umlauf sein, (*a. fig.*) kursieren, umgehen, zirkulieren; *faire ~ une nouvelle* e-e Nachricht verbreiten.

circum|duction (sirkɔmdyk'sjɔ̃) *f* Umdrehung *f*; Kreisbewegung *f*; *~ des jambes Sport*: Beinkreisen *n*; **~navigateur** (~naviga'tœ:r) *m* Weltumsegler *m*; **~navigation** (~naviga'sjɔ̃) *f* Weltumsegelung *f*; **~naviguer** (~navi'ge) *v/t.* [1m] umsegeln.

cire (si:r) *f* **1.** Wachs *n*; *~ brute* rohes Wachs *n*; *~ à cacheter, ~ d'Espagne* Siegellack *m*; *~ à parquets* Bohnerwachs *n*; **2.** Wachslicht *n*, -kerze *f*; Kirchenbeleuchtung *f*; **3.** *~* (*d'oreilles*) Ohrenschmalz *n*; **4.** *fig. ~ molle* labiler Charakter *m*.

cir|é (si're) **I** *m* Regenhaut *f*; **II** P *adj.* bekloppt P, verrückt; **~ement** (sir'mɑ̃) *m* Einwachsen *n*; Wichsen *n*; Bohnern *n*; **~er** (~'re) [1a] **I** *v/t.* **1.** mit Wachs bestreichen; *toile f cirée* Wachstuch *n*; **2.** bohnern; (*Schuhe*) putzen, wichsen; *~ ses chaussures* sich die Schuhe putzen; **3.** *écol.* zwiebeln, schleifen; **II** *v/rfl. se ~* sich bohnern (*bzw.* wichsen) lassen; sich die Schuhe putzen; **~eur** (~'rœ:r) *m* Schuh-, Stiefelputzer *m*; **~euse** (~'rø:z) *f*: *~ de parquet* Bohnerbesen *m*; *~ (mécanique)* Bohnermaschine *f*; **~eux** (~'rø) *adj.* [7] wachsartig.

ciron (si'rɔ̃) *m ent.* Made *f*; F *fig. mv.p.* Null *f* (*Mensch*).

cirque (sirk) *m* Zirkus *m*; Reitbahn *f*; Talkessel *m*; F Radau *m*; *~ errant, ~ ambulant* Wanderzirkus *m*.

cirr(h)e (sir) *m* **1.** ♀ Wickelranke *f*; **2.** *zo.* Bartfaser *f*; Franse *f*.

cirrhose ⚕ (si'ro:z) *f*: *~ du foie* Leberschrumpfung *f*.

cirure (si'ry:r) *f* Wachsüberzug *m*.

cisaille (si'zɑ:j) *f* Metallabschnitzel *n/pl.* (*Abfälle bei der Münzprägung*); **~-guillotine** ⊕ (~gijɔ'tin) *f* [6a] Tafel(blech)-, Guillotine-schere *f*, -maschine *f*.

cisail|lement ⊕ (sizaj'mɑ̃) *m*: *bét. essai m de ~* Scherversuch *m*; **~ler** (~'je) *v/t.* [1a] mit der Schere zerschneiden; **~les** (si'zɑ:) *f/pl.* Blech-, Buchbinder-schere *f*; *~ à volailles* Geflügelschere *f*; **~leur** (~ɑ'jœ:r) *m* Blechschneider *m*.

ciseau (si'zo) *m* [5b] **1.** *~x pl.*, F *a. ~ m/sg.* Schere *f*; *une paire f de ~x* e-e Schere *f*; *~x à (couper le)* *papier* Papierschere *f*; ~*x pl. de jardinier* Garten-, Hecken-, Baumschere *f*; ~*x à ongles* Nagelschere *f*; *faire un livre à coups de* ~*x* ein Buch aus anderen Werken zusammenstoppeln; **2.** Meißel *m*; **3.** *Sport*: (Sprung-)Schere *f* (*Ringkampf*).

cise|lage (siz'la:ʒ) *m* Ziselieren *n*; Meißeln *n*; ~**ler** (~'le) [1c] *v/t.* **1.** ziselieren, (aus)meißeln; *de l'argenterie ciselée* getriebenes Silber *n*; **2.** ~ *le velours* den Sam(me)t schneiden; **3.** *fig.* ausfeilen (*Stil*); ~**let** (~'lɛ) *m* Grabmeißel *m*, kleiner Meißel *m*; ~**leur** (~'lœ:r) *m* Ziseleur *m*; Metallstecher *m*; ~**lure** (~'ly:r) *f* gestochene (*od.* getriebene) Arbeit *f*.

cisoires ⊕ (si'zwa:r) *f/pl.* Metallschere *f*.

cisrhénan (sisre'nɑ̃) *adj.* [7] diesseits des Rheins gelegen.

cistercien *rl.* (sistɛr'sjɛ̃) *adj. u. su.* [7c] zisterziensisch; Zisterzienser *m*.

cistude *zo.* (sis'tyd) *f* Süßwasserschildkröte *f*.

citable (si'tablə) *adj.* anführbar.

cita|delle (sita'dɛl) *f frt.* Zitadelle *f*, Zwingburg *f*; *fig.* Hauptsitz *m*, Hochburg *f*; *Genève,* ~ *calviniste* Genf, der Hauptsitz des Calvinismus; ~**din** (~'dɛ̃) [7] **I** *adj.* städtisch; *la population* ~*e* die städtische Bevölkerung *f*; *vie f* ~*e* Stadtleben *n*; **II** *su.* Städter *m*.

cita|teur (sita'tœ:r) *m* **1.** Zitierer *m*; **2.** Zitatensammlung *f*; ~**tion** (~tɑ'sjɔ̃) *f* **1.** Zitat *n*; **2.** ⚖ Vorladung *f*; **3.** ⚔ lobende Erwähnung *f* im Frontbericht *od.* Tagesbefehl, militärische Belobigung *f*.

cité (si'te) *f* **1.** Stadt *f*; (moderne Stadt-)Siedlung *f*; ~*-jardin f* Gartenstadt *f*; Stadtrandsiedlung *f*; ~ *ouvrière* Arbeitersiedlung *f*; ~ *résidentielle* städtischer Siedlungskomplex *m*; ~ *satellite* Trabantenstadt *f*; ~ *universitaire* Universitätsviertel *n*; ~ *du Vatican* Vatikanstadt *f*; *fig.*: ~ *céleste* Himmelreich *n*; ~ *future* Paradies *n*; 2 *sainte* Jerusalem *n*; **2.** Altstadt *f*; **3.** ~*s lacustres* Pfahlbauten *m/pl.*; **4.** Bürgerschaft *f*; ⚖ *droit m de* ~ Bürgerrecht *n*; *antiq. droit m de* ~ *romaine* römisches Bürgerrecht *n*.

citer (si'te) *v/t.* [1a] **1.** anführen, zitieren; **2.** angeben, nennen; *fig.* ⚔ öffentlich loben, lobend erwähnen; **3.** ⚖ gerichtlich vorladen.

citérieur (site'rjœ:r) *adj.* diesseitig; Vor(der)...

citer|ne (si'tɛrn) *f* Zisterne *f*, Wasserbehälter *m*; Regenfang *m*; Tank *m*; *camion m* ~ Benzin-, Tank-Auto *n*; *wagon m* ~ Kesselwagen *m*; ~**neau** (~'no) *m* [5b] kleiner Wasserbehälter *m*.

citha|re ♪ (si'ta:r) *f* Zither *f*; ~**riste** (~ta'rist) *m* Zitherspieler *m*.

citoyen (sitwa'jɛ̃) [7c] **I** *su.* (Staats-) Bürger *m*, Mitbürger *m*; ~ *du monde* Weltbürger *m*; *droits m/pl. de* ~ Bürgerrecht *n*; *un drôle m de* ~ ein komischer Kauz *m*; **II** *adj.* bürgerlich; Bürger...; ~**ne** (~'jɛn) *f* (Staats-)Bürgerin *f*; ~ *du monde* Weltbürgerin *f*; ~**neté** (~jɛn'te) *f* Staatsangehörigkeit *f*.

citrate ⚗ (si'trat) *m* Zitrat *n*.

citr|ine (si'trin) *f* Zitronenöl *n*; ~**ique** (si'trik) *adj.*: *acide m* ~ Zitronensäure *f*.

citron (si'trɔ̃) **I** *m* **1.** Zitrone *f*; *écorce f de* ~ Zitronenschale *f*; *jus m de* ~ Zitronensaft *m*; **2.** (*couleur f* [*de*]) ~ Zitronenfarbe *f*; **3.** P Schädel *m*, Birne *f*, Omme *f*, Nuß *f*, Kürbis *m*; **II** *adj./inv.* zitronenfarbig; ~**nade** (~'nad) *f* Zitronenlimonade *f*, -wasser *n*, -saft *m*; ~**nate** (~'nat) *m* eingemachte Zitronen *f/pl.*, Zitronat *n*; ~**né** (~'ne) *adj.* mit Zitronensaft; ~**nelle** (~'nɛl) *f* **1.** Zitronenkraut *n*; **2.** Zitronenlikör *m*; ~**ner** (~'ne) *v/t.* [1a] mit Zitronensaft vermischen; ~**nier** (~'nje) *m* Zitronenbaum *m*.

citrouille ⚘ (si'truj) *f* Kürbis *m*; P *fig.* Birne *f* P, Kopf *m*, Kürbis *m* P.

civadière ⚓ (siva'djɛ:r) *f* Bugsprietsegel *n*.

cive ⚘ (si:v) *f* Schnittlauch *m*.

civet *cuis.* (si'vɛ) *m*: ~ *de lièvre* Hasen-pfeffer *m*, -klein *n*; ~**te** (si'vɛt) *f* **1.** ⚘ Schnittlauch *m*; **2.** *zo.* Bisam-, Zibet-katze *f*.

civière (si'vjɛ:r) *f* Tragbahre *f*.

civil (si'vil) **I** *adj.* □ **1.** bürgerlich; Bürger..., Zivil...; *état m* ~ Personalien *pl.*; *actes m/pl. de l'état* ~ Standesamtsregister *n*; *bureau m* (*officier m*) *de l'état* ~ Standesamt *n* (Standesbeamter *m*); *mariage m* ~ standesamtliche Trauung *f*; *guerre f* ~*e* Bürgerkrieg *m*; *société f* ~*e* bürgerliche Gesellschaft *f*; *en* (*tenue*) ~(*e*) in Zivil; **2.** ⚖ zivilrechtlich; *action f* ~*e* Zivilklage *f*;

code m ~ bürgerliches Gesetzbuch *n*; *droit m* ~ bürgerliches Recht *n*, Zivilrecht *n*; *partie f* ~*e* Privatkläger *m*, Kläger *m* in e-r Privatsache; *se porter* (*od.* *se constituer*) *partie* ~*e* als Privatkläger auftreten; *personnalité f* ~*e* juristische Person *f*; *procédure f* ~*e*, *procès m* ~ Zivilprozeß *m*; *responsabilité f* ~*e* Haftpflicht *f*; **3.** höflich, anständig; *paraître* ~ e-n anständigen Eindruck machen; **II** *m* Zivilist *m*, Zivilperson *f*; *le* ~ *od.* *les* ~*s* der Zivilstand *m*; *dans le* ~ im Zivilleben.

civilement (sivil'mɑ̃) *adv.* **1.** nach bürgerlichem Recht, zivilrechtlich; *ne se marier que* ~ sich nur standesamtlich trauen lassen; *poursuivre* ~ zivilrechtlich verfolgen; ~ *responsable* haftpflichtig; **2.** höflich.

civili|sable (sivili'zablə) *adj.* zivilisierbar, zivilisationsfähig, bildungsfähig; **~sateur** (~za'tœ:r) *adj. u. su.* [7f] zivilisierend; Förderer *m* der Kultur, Kulturträger *m*, Bildungsförderer *m*; **~sation** (~zɑ'sjɔ̃) *f* Zivilisation *f*; Kultur *f*, Gesittung *f*; Zivilisierung *f*; **~sé** (~'ze) **I** *adj.* zivilisiert, gesittet; *homme m* ~ Kulturmensch *m*; *peuple m* ~ Kulturvolk *n*; **II** *su.* Kulturmensch *m*; **~ser** (~'ze) [1a] **I** *v/t.* zivilisieren, gesittet machen, verfeinern; **II** *v/rfl.* *se* ~ zivilisiert werden, sich verfeinern, feinere Sitten annehmen; *fig.* sich abschleifen; **~ste** (~'list) *m* Zivil-rechtler *m*, -rechtslehrer *m*, -rechtsgelehrter *m*, -rechtstudierender *m*; **~té** (~li'te) *f* **1.** Höflichkeit *f*, Lebensart *f*, Anstand *m*, Umgangsformen *f/pl.*; **2.** ~*s pl.* Höflichkeitsbezeigungen *f/pl.*, Empfehlungen *f/pl.*; *faire des* ~*s à q.* j-m Höflichkeiten erweisen; *je vous présente mes* ~*s* ich empfehle mich Ihnen; *mes* ~*s à* ... empfehlen Sie mich ... (*dat.*).

civi|que (si'vik) *adj.* staatsbürgerlich; Bürger...; *courage m* ~ Zivilcourage *f*; *obligations f/pl.* ~*s* Bürgerpflichten *f/pl.*; *instruction f* ~ Staatsbürgerkunde *f*; *la responsabilité* ~ die staatsbürgerliche Verantwortung *f*; *sens m* ~ Gemeinschaftssinn *m*; *interdiction f* (*od.* *perte f*) *des droits* ~*s* Verlust *m* (*od.* Aberkennung *f*) der bürgerlichen Ehrenrechte; **~sme** (~'vism) *m* staatsbürgerliches Pflichtgefühl *n*, Staatsgesinnung *f*; bürgerliche Herkunft *f*.

clabaud *ch.* (kla'bo) *m* Bracke *f*, Jagdhund *m*; *allg.* Kläffer *m*; **~age** (~'da:ʒ) *m* Gekläffe *n*, Kläffen *n*; *fig.* Gekeife *n*; **~er** (~'de) *v/i.* [1a] kläffen, bellen; *fig.* keifen; **~eur** (~'dœ:r) *su.* [7g] Kläffer *m*; *fig.* Schreihals *m*, Keifer *m*.

clac (klak) *int.*: ~*!* klapp!; *faire* ~ klappe(r)n; *clic*, ~ klipp, klapp; P *ses clics et ses* ~*s* s-e Siebensachen *pl.*

clafouti(**s**) (klafu'ti) *m* Kirschkuchen *m.*

claie (klɛ) *f* **1.** Gittersieb *n*, Weidengeflecht *n*; ~ *à passer la terre* Wurfsieb *n* zum Durchsieben von Erde; ~ *à trier le sable* Wurfsieb *n* zum Durchsieben von Sand; **2.** *fig.* *traîner sur la* ~ in den Dreck ziehen, runtermachen P, verhöhnen; **3.** hölzernes Gitterwerk *n*; Flechtwerk *n*; Trockengestell *n* *für Früchte*, Obsthürde *f*, Darrhorde *f*; ⚘ ~ *à ombrer* Decke *f für Treibhäuser*.

claine ⚒ (klɛn) *f* Schlackensand *m*.

clair (klɛ:r) **I** *adj.* □ **1.** hell, hellleuchtend, glänzend; blank; erleuchtet; *il fait* ~ es ist (heller) Tag, es ist hell; *blond* ~ hellblond; *brun* ~ hellbraun; **2.** durchsichtig; klar; heiter (*Wetter*); **3.** rein, hellklingend (*Stimme*); **4.** leicht verständlich, deutlich, klar, faßlich; *esprit* ~ klarer Kopf *m*; *style* ~ deutliche Ausdrucksweise *f*; **5.** augenscheinlich, offenbar; *c'est* ~ *comme le jour* das ist sonnenklar, es liegt auf der Hand; **6.** dünn(-flüssig); dünngesät; **II** *adv.* **7.** deutlich, klar; *voir* ~ deutlich (*od.* scharf) sehen; *fig.* *voir* ~ *dans qch.* in e-r Sache klar sehen, etw. durchschauen; *je n'y vois pas* ~ mir ist ganz dumm im Kopfe, ich bin ganz benommen; *parler* ~ deutlich sprechen; *fig.* *parler* ~ *et net* (*od.* *haut et* ~) klipp u. klar etw. sagen, ganz offen etw. aussprechen, *fig.* klaren Wein einschenken; *semer* ~ dünn säen; **III** *m* **8.** Helle *f*, Schein *m*; ~ *de* (*la*) *lune* Mondschein *m*; *il fait* (*grand*) ~ *de lune* es ist (heller) Mondschein; *passer le plus* ~ *de son temps à s'amuser* den hellerlichten Tag mit Nichtstun verbringen; **9.** *mettre sabre au* ~ den Säbel aus der Scheide ziehen; *en* ~ in gewöhnlicher Sprache, nicht verziffert; *traduction f en* ~ Klarübersetzung *f*, Übersetzung *f* e-s Chiffriertextes in die gewöhnliche Sprache; *tirer au* ~ klarstellen, klären; *tirer du vin au* ~ Wein abziehen; **10.** ~*s pl. peint.* Lichter *n/pl. e-s Bildes*; helle Farben *f/pl.*

clair|çage (klɛr'sa:ʒ) *m* Klären *n des Zuckers*; **~ce** ⊕ (klɛrs) *f Zuckersiederei*: Klärsel *n*; **~cer** ⊕ (~'se) *v/t.* [1k] *Zucker* klären.

claire (klɛ:r) *f* Austernpark *m*.

clair|ement (klɛr'mɑ̃) *adv.* deutlich, klar; **~et** (~'rɛ) *m* heller Rotwein *m*, Bleicher *m*; **~ette** (~'rɛt) *f* **1.** blaue Weintraube *f*; *leichter* Weißwein *m*; **2.** ⚘ Rapunzel *f*.

claire-voie (klɛr'vwa) *f* [6a] **1.** leichtvergitterte Öffnung *f*; Durchsicht *f*; Oberlicht *n*; Deckfenster *n*; Balkenlücke *f*, Gitter *n*; **2.** *à* ~ *advt.* mit durchsichtigem Gitter; weit geflochten, lose gewebt; *clôture f à* ~ Lattenzaun *m*; *toile f à* ~ durchsichtige Leinwand *f*; ⚒ *semer à* ~ dünn säen.

clairière (klɛ'rjɛ:r) *f* Lichtung *f*.

clair-obscur (klɛrɔps'ky:r) *m* [6a] Helldunkel *n*; Schattenlicht *n*; *un dessin au* ~ e-e Helldunkelzeichnung *f*.

clairon (klɛ'rɔ̃) *m* **1.** ♪ Zinke *f*, Signalhorn *n*, Trompete *f*; **2.** ♪ (*jeu m de*) ~ Zinkenregister *n* (*Orgel*); **3.** Hornist *m*; **~ner** (~rɔ'ne) **I** *v/i.* mit der Trompete blasen; F brüllen, laut sprechen; **II** *v/t. fig.* hinausschmettern, ausposaunen, laut bekanntmachen.

clairsem|é (klɛrsə'me) *adj.* dünngesät, dünn, spärlich; *bois m* ~ heller (*od.* lichter) Wald *m*.

clairvoy|ance (~vwa'jɑ̃:s) *f* Scharfblick *m*, Klarsicht *f*; **~ant** (~'jɑ̃) **I** *adj.* klarsehend, mit klarem Blick, weitblickend; **II** *su.* heller Kopf *m*, Mensch *m* mit Weitblick.

clam|eau *charp.* (kla'mo) *m* Eisenklammer *f*; ⊕ Kloben *m*; **~er** (~'me) *v/t.* [1a] brüllend (*od.* schreiend) äußern, ausschreien; **~eur** (~'mœ:r) *f* (*oft im pl.*) Geschrei *n*, Lärm *m*, Gejohle *n*, Schmähung *f*; Heulen *n* (*z. B.* (*Wind*); ~ *publique* allgemeine Entrüstung *f*, öffentlicher Tadel *m*.

clampe (klɑ̃:p) *f* Eisenklammer *f*.

clampin (klɑ̃'pɛ̃) [7] **I** *adj.* hinkend; **II** *su.* Nachzügler *m*; F Faulenzer *m*.

clamser P (klam'se) *v/i.* [1a] ins Gras beißen, abnibbeln P, verrecken P.

clan (klɑ̃) *m* Stamm *m*, Clan *m*; F *péj.* Klüngel *m*, Sippschaft *f*, *a. pol.* Clique *f*.

clandestin (klɑ̃dɛs'tɛ̃) *adj.* [7] □ heimlich, unerlaubt; verborgen; *automobiliste m* (*od. chauffeur m*) ~ *Auto*: Schwarzfahrer *m*; *passager m* ~ blinder Passagier *m*; *mouvement m* ~ Geheim-, Untergrundbewegung; **~ité** (~tini'te) *f* Heimlichkeit *f*; Verborgenheit *f*.

clapet ⊕ (kla'pɛ) *m* Klappenventil *n*; ~ *d'arrêt* Absperrklappe *f*.

cla|pier (kla'pje) *m* Kaninchen-bau *m*, -stall *m*; *lapin m de* ~ Hauskaninchen *n*; **~pir** (~'pi:r) [2a] **I** *v/i.* schreien (*Kaninchen*); **II** *v/rfl.* *se* ~ sich verkriechen (*bsd. Kaninchen*).

clapo|tage, ~tement, ~tis (klapɔ'ta:ʒ, ~t'mɑ̃, ~'ti) *m* Plätschern *n der See*; **~ter** (~'te) *v/i.* [1a] plätschern, aufschlagen (*Wellen*); **~teux** (~'tø) *adj.* [7d] leicht bewegt (*See*).

clappement (klap'mɑ̃) *m* Schnalzen *n* (*mit der Zunge*).

clapper (kla'pe) *v/i.* [1a] mit der Zunge schnalzen.

claquage (kla'ka:ʒ) *m* **1.** Überanstrengung *f*; ~ *musculaire* Muskelzerrung *f*; **2.** ⚡ Durchschlag *m*; *tension f de* ~ Durchschlagsspannung *f*.

claquant F (kla'kɑ̃) *adj.* zu anstrengend.

claque (klak) **I** *f* **1.** Klaps *m*, Ohrfeige *f*, Katzenkopf *m* F, Schlag *m* mit der flachen Hand; F *figure f à* ~*s* Backpfeifengesicht *n*; **2.** *thé.* Claque *f*, bezahlte Beifallsklatscher *m/pl.*; **3.** Oberleder *n* vom Schuh; *Art* Damenüberschuh *m*; **4.** * Bordell *n*, Puff *m*; **5.** P *en avoir sa* ~ hundemüde sein; die Nase voll haben; **II** *m* (*chapeau m*) ~ Chapeau claque *m*, Klappzylinderhut *m*; s. *clique*. 3.

claqué (kla'ke) *adj.* **1.** mit Lederrand; **2.** F hundemüde, völlig kaputt, ganz herunter.

claque|dent (klak'dɑ̃) *m* **1.** armer Schlucker *m*; **2.** P Bordell *n*, Puff *m*; **~faim** (~'fɛ̃) *m* Hungerleider *m*; **~ment** (~k'mɑ̃) *m* Schnalzen *n* *usw.*; *téléph.* Knacken *n*; ~ *des dents* Zähneklappern *n*; ~ *de fouet* Knallen *n* mit der Peitsche;

~ *des doigts* Knipsen *n* mit den Fingern; ~ *des mains* Händeklatschen *n*; ~ *de mitrailleuse* Maschinengewehr-, MG-geknatter *n*; **~murer** (~my're) [1a] **I** *v/t.* einsperren; **II** *v/rfl.* *se* ~ sich einschließen, zu Hause hocken, sich verkriechen, sich nirgends sehen lassen.

claquer (kla'ke) [1m] **I** *v/i.* **1.** klatschen; klappern, knallen; schnalzen; ~ *des mains* in die Hände klatschen; ~ *des dents* mit den Zähnen klappern; *écol.* ~ *des doigts* mit den Fingern (*beim Melden*) knipsen; ⚔ ~ *des talons* die Hacken zs.-schlagen; *la porte claqua* die Tür knallte zu; **2.** P krepieren, verrecken, abnibbeln; P ~ *du bec* nichts zu beißen haben, Kohldampf schieben; F *faire* ~ *son fouet* sich wichtig tun, angeben; P *cette affaire a claqué* diese Sache ist schiefgegangen; **3.** P *abs.* e-n fertig (*od.* müde) machen; ermüdend sein; **II** *v/t.* **4.** ~ *q.* j-m e-n Klaps geben, j-n ohrfeigen *od.* durchhauen; **5.** beklatschen; **6.** P ~ *sa galette* s-e Moneten durchbringen (*od.* verpulvern *od.* verjuxen); **7.** F überanstrengen; *Sport: Muskel* verzerren; ~ *son cheval* sein Pferd überanstrengen; **III** *v/rfl.* sich überanstrengen; *se* ~ *au travail* sich abschinden, sich abrackern.

claquet (kla'kɛ) *m* (Mühl-)Klapper *f*; F *la langue lui va comme un* ~ *de moulin* er plappert wie ein Mühlrad.

claqueter (klak'te) *v/i.* [1c] gackern (*Huhn*); klappern (*Storch*).

claquette (kla'kɛt) *f* Kinderklapper *f*, Knarre *f*.

claqueur (kla'kœ:r) *m* [7g] *thé.* Claqueur *m*, (bezahlter) Klatscher *m*.

clarière ⚓ (kla'rjɛ:r) *f* Fahrrinne *f* zwischen Eisschollen.

clarifiant (klari'fjɑ̃) **I** *adj.* [7] klärend; **II** *m* Klärmittel *n*.

clarification (klarifikɑ'sjɔ̃) *f* Klärung von Flüssigkeiten; *installation f de* ~ Kläranlage *f*.

clarifier (klari'fje) *v/t.* [1a] (ab-)klären, läutern (*Flüssigkeiten*); *réservoir m à* ~ Klärbecken *n*; *fig.* ~ *la situation* die Lage klären.

clarine (kla'rin) *f* Kuhglocke *f*.

clarinette ♪ (klari'nɛt) *f* **1.** Klarinette *f*; **2.** (*a. clarinettiste su.*) Klarinettist *m*.

clarté (klar'te) *f* **1.** Helle *f*; ~ *du jour* Tageslicht *n*; **2.** *fig.* Klarheit *f*, Deutlichkeit *f*, Verständlichkeit *f*, Faßlichkeit *f*; *avoir de la* ~ *dans les idées* e-n klaren Kopf haben; *mettre de la* ~ *dans qch.* etw. klären; ✎ ~*s pl.* Erkenntnisse *f/pl.*

clartéiste *litt.* (klarte'ist) *m* franz. Schriftsteller *m*, der sich um die Klarheit der Sprache bemüht.

classe (klɑ:s) *f* **1.** Klasse *f*, Abteilung *f*, Ordnung *f*, Art *f*; *de première* ~ erstklassig, ersten Ranges; ~ *spéciale, hors* ~ Sonderklasse *f*; **2.** ⚔ Jahrgang *m*; ~ *creuse* rekrutenarmer Jahrgang *m*; **3.** Stand *m*; Rang *m*; ~ *moyenne* Mittelstand *m*; *lutte f de(s)* ~*s* Klassenkampf *m*; *pol. société f sans* ~ klassenlose Gesellschaft *f*; **4.** *écol.* Klasse *f*; Schule *f*; Klassenraum *m*; Unterrichtsstunde *f*; Schulunterricht *m*; ~ *élémentaire* (*od. primaire*) Grundschulklasse *f*; ~ *de géographie* Erdkundestunde *f*; *sauter une* ~ e-e Klasse überspringen; *aller en* ~, *faire ses* ~*s* zur Schule gehen; *il ne peut pas venir en* ~ er kann nicht zur Schule kommen; *la* ~ *commence à huit heures* die Schule fängt um acht Uhr an; *faire la* ~ unterrichten, Unterricht geben (*od.* erteilen); *avoir fait toutes ses* ~*s* die Schule ganz durchlaufen (*od.* absolviert) haben; *qui a fait ses* ~*s* Schulentlassener *m*; *rentrée f des* ~*s* Wiederbeginn *m* der Schule (*nach den Ferien*); *nombre m d'heures de* ~ Stundenzahl *f* (*des Lehrers*); **5.** *Sport*: Klasse *f*; *Sport*: ~ *junior*, ~ *des juniors* Juniorenklasse *f*; ~ *senior*, ~ *des seniors* Seniorenklasse *f*; ~ *d'Europe* Europaklasse *f*; **~ment** (klɑs'mɑ̃) *m* Einteilen *n*; Einteilung *f* nach Klassen; Einordnen *n*, Sortieren *n*, Klassifizierung *f*; Registratur *f*, Archiv *n*; *Sport*: Klasse *f*, Rangliste *f*; ~ *général*, ~ *définitif* Gesamtergebnis *n*; ~ *d'Europe* Europaklasse *f*.

clas|ser (klɑ'se) [1a] **I** *v/t.* **1.** einordnen, einsortieren; im Büro ablegen; zu den Akten legen; **2.** *Sport*: klassifizieren; **II** *v/rfl.* *se* ~ klassifiziert werden; abgeschätzt werden; abgelegt (*od.* eingeordnet) werden; *Sport*: sich placieren;

~seur (~'sœːr) *m* Aktenschrank *m*, Kartei *f*, Kartothek *f*; Kollegheft *n*; ~ *(de lettres)* Briefordner *m*; *~-relieur m*, ~ *rapide* Schnellhefter *m*; ~ *plat* Aktenhefter *m*; ~ *auxiliaire* Vorordner *m*; ~ *vertical* Vertikalschrank *m* (*für Büros*).

classi|cisant *litt.* (klasisi'zɑ̃) *adj.* [7] sich an die Klassik anlehnend; **~cisme** *litt.* (~'sism) *m* Klassik *f*; **~ficateur** (~fika'tœːr) *su.* [7f] Einordner *m*, Systematiker *m* (*Person*); **~fication** (~fikɑ'sjɔ̃) *f* Klassifizierung *f*; **~fier** (~'fje) *v/t.* [1a] klassifizieren, einteilen.

classique (kla'sik) **I** *adj.* **1.** klassisch; mustergültig, vom ersten Range; üblich; *l'antiquité* ~ das klassische Altertum *n*; *armes f/pl. ~s* konventionelle Waffen *f/pl.*; *auteur m* ~ Klassiker *m*, klassischer Schriftsteller *m*; **2.** Schul...; *livres m/pl. ~s* Schulbücher *n/pl.*; **II** *m* **3.** Klassiker *m*, klassischer Schriftsteller *m*; **4.** *le* ~ das Klassische *n*; **5.** *écol. le* ~ der altsprachliche Zweig *m*; **6.** *fig.* klassisches (*od.* epochemachendes) Stück *n*, Meisterstück *n*, Meisterwerk ⚘ *fig.* Schlager *m*; *un ~ du cinéma (du jazz)* ein epochemachendes Stück *n* des Films, ein Filmschlager *m* (ein Jazzschlager *m*).

clastique (klas'tik) *adj.* **1.** *géogr.* Trümmer...; **2.** *anat.* zerlegbar.

clatir (kla'tiːr) *v/i.* [2a] wiederholt anschlagen (*Jagdhund*).

claudi|cant (klodi'kɑ̃) *adj.* [7] hinkend; **~cation** (~ka'sjɔ̃) *f* Hinken *n*.

clause ⚖ (kloːz) *f* Klausel *f*, Vorbehalt *m*; *garantir par des ~s* verklausulieren; ~ *bénéficiaire*, ~ *de faveur* Vergünstigungsklausel *f*; *pol.* ~ *facultative*, ~ *d'arbitrage* Fakultativ-, Schiedsgerichts-klausel *f*; ~ *de la nation la plus favorisée* Meistbegünstigungsklausel *f*; ✝ ~ *du dollar* Dollarklausel *f*; ~ *de non-concurrence* Konkurrenzklausel *f*; **~-or** (~'ɔːr) *f* [6b] Goldklausel *f* (*a. pol.*).

claustr|al (klos'tral) *adj.* [5c] klösterlich; *discipline f ~e* Klosterregel *f*; **~ation** (~trɑ'sjɔ̃) *f* Klosterleben *n*, Einschließung *f* in e-m Kloster; *allg.* Zurückgezogenheit *f*; *pol.* Abriegelung *f*; **~er** (~'tre) *v/t.* [1a] in ein Kloster sperren; *allg.* einsperren, einschließen.

claveau¹ (kla'vo) *m* Wölbstein *m*.

claveau² *vét.* (~) *m/sg.* Schafpocken *f/pl.*; *syn. v. clavelée.*

clavecin (klav'sɛ̃, klaf'sɛ̃) *m* Cembalo *n*; **~iste** (~si'nist) *m* Cembalospieler *m*.

clave|lé, **~leux** *vét.* (klav'le, ~'lø) *adj.* pockig; **~lée** *vét.* (klav'le) *f/sg.* Schafpocken *f/pl.*

clavet|er (klav'te) *v/t.* [1c] festkeilen; **~te** (kla'vɛt) *f* ⊕, *Auto*: Schlüssel *m*; Zugkeil *m*; Keil *m*, Splint *m*, Bolzen *m*; Heftklammer *f* (*Buchbinderei*).

clavicule (klavi'kyl) *f* Schlüsselbein *n*; *fig. ne pas se démettre la* ~ sich kein Bein ausreißen.

clavier (kla'vje) *m* **1.** ♪ Klaviatur *f*; Tastatur *f* (*a. Schreibmaschine*); **2.** Schlüsselring *m*.

clayère (klɛ'jɛːr) *f* Austernpark *m*.

clayette (klɛ'jɛt) *f* Kühlschrankrost *m* (*herausnehmbarer Zwischenboden*).

clayon (klɛ'jɔ̃) *m* Flechtwerk *n*; Käsehürde *f*; (Schaf-)Hürde *f*; **~nage** (~jɔ'naːʒ) *m* Strauch-, Hürden-geflecht *n*; **~ner** (~jɔ'ne) *v/t.* [1a] Hürden flechten.

clearing *fin.* (kli'riŋ) *m* Clearing *n*, Verrechnungsverfahren *n*; Abrechnungsbank *f*, Clearinghaus *n*; *accord m de* ~ Verrechnungsabkommen *n*.

clebs * (klɛps) *m* Köter *m* F.

clef *od. mst.* **clé** (kle) *f* **1.** Schlüssel *m*; *fig.* Verschluß *m*, Verwahrung *f*; ~ *de la maison* Hausschlüssel *m*; ⚠ ~ *en main* schlüsselfertig; ~ *forée* Hohlschlüssel *m*; *fausse ~, seconde ~, ~ en double* Nachschlüssel *m*, Dietrich *m*; ~ *faussée* verbogener Schlüssel *m*; *Auto*: ~ *de contact* Zündschlüssel *m*; *trousseau m de ~s* Schlüsselbund *n*; *fig.* ~ *de voûte* Eckpfeiler *m*; *fig. avoir la ~ des champs* hingehen können, wohin man will; völlige Bewegungsfreiheit haben; *donner la ~ des champs* freilassen; *prendre la ~ des champs* türmen, auskneifen, durchbrennen, das Weite suchen, sich aus dem Staube machen; *la ~ est à (od. sur) la porte* der Schlüssel steckt in der Tür; *la ~ est à (od. sur, bisw. dans) la serrure* der Schlüssel steckt im Schloß; *donner un (deux) tour(s) de ~* den Schlüssel ein- (zwei-)mal rumdrehen; *fermer qch. à ~* etw. verschließen; *garder sous ~* verschlossen halten; *mettre la ~ sous la porte* Haus u. Hof im

Stich lassen, durchbrennen; *vin m à la ~* Wein vom Faß; **2.** *fig.* Aufschluß *m*, Sinn *m*; *fig.* Lösung *f*; Verständnis *n*; *être la ~ de qch.* Aufschluß über etw. (*acc.*) geben; *roman m à ~* Schlüsselroman *m*; **3.** ♪ *~ de fa* F-, Baß-schlüssel *m*; *~ d'ut* C-, Alt-schlüssel *m*; *~ de sol* G-, Violin-schlüssel *m*; *~ de piano* Stimmschlüssel *m*; **4.** *ch. ~ de meute* Leithund *m*; **5.** *~ à vis* Schraubenschlüssel *m*; *~ anglaise* Engländer *m*, Universalschraubenschlüssel *m*; *~ d'arrêt* Kuppelungshebel *m*; *~ de montre* Uhrschlüssel *m*; **6.** Klappe *f*; *~ papillon* Aufziehkurbel *f*; **7.** ⚠ Balkenband *n*, Band *n*, Stichbrett *n*; *~ de voûte* Schlußstein *m* e-s Gewölbes; **8.** *~ d'un télégramme chiffré* Schlüssel *m* zu e-m verzifferten (*od.* verschlüsselten) Telegramm; **9.** P *à la ~* bestimmt, totsicher (*bekräftigend*); *il y a qch. à la ~* es gibt bestimmt etw.; *fut.*: es steht etw. in Aussicht; *il y a eu des embêtements à la ~* es hat bestimmt Ärger gegeben; *je suis prêt à faire ce que tu m'as demandé pourvu qu'il y ait du pèse à la ~* ich bin bereit zu tun, worum du mich gebeten hast, vorausgesetzt, daß dabei bestimmt etwas für mich abfällt.

clématite ⚘ (klema'tit) *f* Klematis *f*, Waldrebe *f*.

clémence (kle'mɑ̃:s) *f* Milde *f*, Huld *f*, Gnade *f*; *prendre une mesure de ~, user de ~* Gnade für Recht ergehen lassen.

clément (kle'mɑ̃) *adj.* [7] gnädig, gütig, mild (*a. von der Witterung*); *ciel m ~* mildes Wetter *n*.

clenche (klɑ̃:ʃ) *f* Klinke *f*.

cleptoman|e (klɛptɔ'man) *su.* Kleptomane *m*; **~ie** (~'ni) *f* Kleptomanie *f*.

clerc (klɛ:r) *m* **1.** Geistlicher *m*; **2.** *ehm.* Gelehrter *m*; *il ne faut pas être grand ~ pour le faire* das ist keine Kunst; **3.** Schreiber *m*; Anwaltsgehilfe *m*; *maître m ~* Bürovorsteher *m*; *faire un pas de ~* e-e Dummheit machen, sich blamieren, e-n Bock schießen.

clerg|é (klɛr'ʒe) *m* Geistlichkeit *f*, Klerus *m*, Priesterschaft *f*; *haut (bas) ~* höhere (niedere) Geistlichkeit *f*; *~ régulier* Ordensgeistlichkeit *f*; *~ séculier* Weltgeistlichkeit *f*; **~eon** *rl.* (~'ʒɔ̃) *m* Chorknabe *m*.

clérical (kleri'kal) [5c] **I** *adj.* geistlich, priesterlich, klerikal, Priester...; kirchenfreundlich; **II** *m* Klerikaler *m*, Ultramontaner *m*; **~isme** *pol.* (~'lism) *m* Klerikalismus *m*.

cléricature (~ka'ty:r) *f* geistlicher Stand *m*.

clic *ling.* (klik) *m* Schnalzlaut *m*.

clic! clac! (klik'klak) *int.* klipp klapp!, klatsch!, knack!

clich|age (kli'ʃa:ʒ) *m* Abklatschen *n*, Klischieren *n*; **~é** (~'ʃe) *m* **1.** Abklatsch *m*, Klischee *n*, (Stereotyp-) Platte *f*; *phot.* Negativ *n*; **2.** *fig.* abgedroschene Redensart *f*, Gemeinplatz *m*, Banalität *f*; *toujours le même ~* immer dasselbe Bild *n*; **~e** P (kliʃ) *f* Dünnschiß *m* V, Durchfall *m*; **~er** (~) [1a] *v/t.* klischieren, stereotypieren; *locutions f/pl. clichées* feststehende (*od.* stereotype) Redensarten *f/pl.*; **~erie** ⊕ (~ʃ'ri) *f* Klischieranstalt *f*; **~eur** (~'ʃœ:r) *m* Plattengießer *m*, Stereotypeur *m*.

client (kli'ɑ̃) *su.* [7] ✝ Kunde *m*; ⚖ Klient *m*; ⚕ Patient *m*; **~èle** (~'tɛl) *f* Kundschaft *f*; Praxis *f* e-s Rechtsanwalts *od.* Arztes; *die* Kunden *m/pl.*, *die* Patienten *m/pl.*; *fig.* Freundeskreis *m*, Anhängerschaft *f*; *~ d'habitués* Stammkundschaft *f*.

clign|ement (kliɲ'mɑ̃) *m* Blinzeln *n*; **~e-musette** (kliɲmy'zɛt) *f* Versteckspiel *n*; **~er** (kli'ɲe) [1a] **I** *v/t.*: *~ l'œil (les yeux)* mit dem Auge (mit den Augen) blinzeln; **II** *v/i.* *~ de l'œil* blinzeln, mit dem Auge e-n Wink geben; **~otant** (~ɲɔ'tɑ̃) **I** *adj.* blinzelnd; *feux m/pl. ~s* Blinkfeuer *n/sg.*; **II** *m Auto*: Blinker *m*, Blinklicht *n*; *mettre (od. faire marcher) le ~* Fahrtrichtung durch Blinken (an)geben; **~otement** (~ɲɔt'mɑ̃) *m* Blinzeln *n*; Blinken *n*; **~oter** (~ɲɔ'te) *v/i.* [1a] blinzeln; blinken, flackern; **~oteur** (~ɲɔ'tœ:r) *m Auto:* Blinker *m*; *mettre le ~* die Fahrtrichtung durch Blinken kennzeichnen.

climat (kli'ma) *m* **1.** Klima *n*; **2.** Zone *f*, Erdgürtel *m*, Himmelsstrich *m*, Land *n*, Gegend *f*; **3.** *fig.* Atmosphäre *f*, Stimmung *f*.

clima|térique (klimate'rik) *adj.* **1.** kritisch (*Jahr, Zeit*); *période f ~* kritische Periode *f* (*im Lebensalter*); *années f/pl. ~s* Wechseljahre *n/pl.*; **2.** *abus.* klimatisch; *station f ~*

Luftkurort *m*; **~tique** (~'tik) *adj.* klimatisch; *station f ~* Luftkurort *m*; **~tisation** (~tizɑ'sjɔ̃) *f* Klimaanlage *f*, Frischluftregulierung *f*; **~tiser** (~ti'ze) *v/t.* [1a] mit e-r Klimaanlage versehen, ständig durchlüften; **~tologie** (~tɔlɔ'ʒi) *f* Klimatologie *f*, Klimakunde *f*; **~tologique** (~tɔlɔ'ʒik) *adj.* klimakundlich, klimatologisch; **~tothérapie** (~tɔtera'pi) *f* Luftkur *f*.

clin (klɛ̃) *m*: *~ d'œil* Blick *m*, Augenblick *m*; *faire un ~ d'œil à q.* j-m zublinzeln; *en un ~ d'œil* im Nu.

clinfoc ⚓ (klɛ̃'fɔk) *m* Außenklüver *m*.

clini|cien (klini'sjɛ̃) *m* Kliniker *m*; **~que** (~'nik) **I** *adj.* klinisch; **II** *f* **1.** Klinik *f*; **2.** (*~ dispensaire*) *Fr.* kostenlose *od.* billige ärztliche Beratungsstelle *f*, Gesundheitsfürsorgestelle *f*.

clinomètre (klinɔ'mɛtrə) *m* Neigungsmesser *m*.

clinquant (klɛ̃'kɑ̃) *m* **1.** Flitter-, Rausch-gold *n*; *~ blanc* Rauschsilber *n*; **2.** *fig.* falscher Glanz *m*.

clip (klip) *m* Klammer *f*, Klemmer *m* *am Füllfederhalter, Kleid usw.*, Klipp *m*.

clipper (kli'pœ:r) *m* **1.** ⚓ Klipper *m*, Schnellsegler *m*; **2.** ✈ Klipper *m*, Großverkehrsflugzeug *n*.

clique (klik) *f* **1.** F Clique *f*, Sippschaft *f*, Gesindel *n*, Klüngel *m*, Gelichter *n*; *il est de la ~* er gehört zur Sippschaft; **2.** P ⚔ Musikzug *m*; **3.** *~s f/pl.*: *prendre ses ~s et ses claques* s-e Siebensachen packen u. losziehen, mit Sack u. Pack abziehen.

cliquet (kli'kɛ) *m* Sperr-, Schaltklinke *f*, Sperrhaken *m*, Schlagfeder *f*; Bohrwinde *f*; **~er** (klik'te) *v/i.* [1c] klirren, klappern, rasseln; **~is** (klik'ti) *m* Geklirr *n*, Rasseln *n*, Klappern *n*; *mot.* Klopfen *n*; *le ~ des armes* das Waffengeklirr *n*; *fig. ~ de mots* Wortgeklingel *n*.

clis|sage (kli'sa:ʒ) *m* Umflechten *n*; ⚕ Umschienen *n*; **~se** (klis) *f* **1.** Käsehürde *f* (*zum Abtropfen*); **2.** Korbgeflecht *n um e-e Flasche*; **3.** (Arm-, Bein-)Schiene *f*; **~ser** (~'se) *v/t.* [1a] **1.** einflechten; *bouteille f clissée* Korbflasche *f*; **2.** ⚕ schienen.

clitoris ⚕ (klitɔ'ris) *m* Kitzler *m*.

cli|vage *min.* (kli'va:ʒ) *m* **1.** Spalten *n* **2.** Spaltfläche *f*; **3.** *fig. ligne f de ~* Trennungsstrich *m*; **~ver** (~'ve) *v/t.* [1a] Diamanten spalten.

cloaque (klɔ'ak) *m* Kloake *f*; Senkgrube *f*; *bsd. orn.* Mastdarmende *n*; *weitS.* unsauberer Ort *m*, Schweinestall *m*.

clochard F (~'ʃa:r) *m* Pennbruder *m*, Penner *m*, Stromer *m*, Vagabund *m*, Herumtreiber *m*, Bettler *m*.

cloche (klɔʃ) *f* **1.** Glocke *f* (*a. Damenhut*); *~ du beffroi* Sturmglocke *f*; *au son des ~s* unter Glockengeläut; *au coup de ~* beim Glockenschlag; **2.** Glasglocke *f*; *~ à fromage* Käseglocke *f*; *~ à plongeur* Taucherglocke *f*; **3.** ⚕ Wasserblase *f*; **4.** *déménager à la ~ de bois* sang- u. klanglos abziehen, sich ohne Bezahlung der Miete verdrücken; *sonner les ~s à q.* j-n gehörig (*od.* tüchtig) abkanzeln, j-m e-e dicke Zigarre verpassen; P *se taper la ~* sich ordentlich vollfressen P; *prov. qui n'entend qu'une ~, n'entend qu'un son* eines Mannes Rede ist keines Mannes Rede, man muß sie hören alle beede; audiatur et altera pars.

clocheman *zo.* (~'mɑ̃) *m* Leithammel *m*.

clochement (klɔʃ'mɑ̃) *m* Hinken *n*.

cloche-pied (klɔʃ'pje) *m* [6c] *advt.*: *sauter à ~* (auf e-m Beine) hüpfen.

clocher[1] (klɔ'ʃe) *m* Glocken-, Kirchturm *m*; *l'esprit m de ~* Lokalpatriotismus *m*, Kleinstädterei *f*, kleinstädtisches Wesen *n*, kleinliche Gesinnung *f*; *querelles f/pl. de ~* lokale Streitigkeiten *f/pl.*

clocher[2] (~) **I** *v/t.* [1a] mit e-r Glocke bedecken; **II** *v/i.* wie e-e Glocke klingen.

clocher[3] (~) *v/i.* [1a] hinken, lahmen; *fig.* hapern, mangelhaft sein, auf wackeligen Füßen stehen, schief gehen, e-n Haken haben; *il y a qch. qui cloche* etw. ist nicht in Ordnung, etw. klappt nicht; *cette comparaison cloche* dieser Vergleich hinkt.

cloche|ton (klɔʃ'tɔ̃) *m* kleiner Glockenturm *m*; **~tte** (~'ʃɛt) *f* **1.** Glöckchen *n*, Schelle *f*; **2.** *~s pl.* ♪ Glockenspiel *n*; **3.** ⚘ Glockenblume *f*; **4.** *~s pl.* ⩓ glockenähnliche Verzierungen. *f/pl.*

cloison (klwa'zɔ̃) *f* **1.** Verschlag *m*, Scheidewand *f*; **2.** ⚓ Schott *n*; **~nage** (~zɔ'na:ʒ) *m* Bretter-wand *f*, -verschlag *m*; **~né** *peint.* (~'ne) *m* (*émail m*) *~* Zellenschmelz *m*, Cloisonné *m*; **~ner** (~) *v/t.* [1a] durch eine Scheidewand trennen; ⚠ abgrenzen; ✈, ⚓ abschotten. *allg.* aufgliedern (*Fächer*).

cloîtr|e (ˈklwɑːtrə) *m* **1.** Kreuz-, Kloster-gang *m*; **2.** Kloster *n*; *fig.* Klosterleben *n*; **~er** (klwɑˈtre) [1a] **I** *v/t.* in ein Kloster sperren; *fig.* einsperren; **II** *v/rfl.* se ~ ins Kloster gehen; *fig.* sich einschließen; zurückgezogen leben.

clope F (klɔp) *m* Kippe *f* P, (Zigaretten-) Stummel *m*.

clopin-clopant (klɔpɛ̃klɔˈpɑ̃) *advt.* hinkend; *aller* ~ hinken, humpeln; *s'en aller* ~ forthumpeln.

clopiner (klɔpiˈne) *v/i.* [1a] humpeln.

cloporte (klɔˈpɔrt) *m* **1.** *ent.* Kellerassel *f*; **2.** P Portier *m*.

cloque (klɔk) *f* **1.** ⚕ Brand-blase *f*, -beule *f*; **2.** ⚘ Kräuselkrankheit *f*.

clore (klɔːr) [4k] **I** *v/t.* **1.** (ver-, zu-) schließen; **2.** einschließen, umgeben; **3.** *fig.* abschließen, beenden; **II** *v/i.* schließen, zugehen.

clos (klo) **I** *p/p.* [7] □ **1.** verschlossen, versperrt, zugemacht; versiegelt; *bouche ~e!* Mund halten!; *à huis* ~ hinter verschlossenen Türen; *trouver porte ~e* verschlossene Türen finden (*niemand zu Hause treffen*); **2.** eingeschlossen; *champ m* ~ eingezäuntes Feld *n*; *fig.* Schranken *f/pl.*, Kampfplatz *m*; **3.** *fig.* abgeschlossen, erledigt; **II** *m* Einfriedung *f*, Gehege *n*; Weideplatz *m*; Gehöft *n*; ~ (*de vigne*) eingezäunter Weinberg *m*.

clo|seau (kloˈzo) *m* [5b], **~serie** (klozˈri) *f* kleine Meierei *f*; Gehöft *n*; Gärtchen *n*; **~sier** *m* Pächter *m* e-r Meierei, Kleinbauer *m*; Landarbeiter *m*.

clôtur|e (kloˈtyːr) *f* **1.** Zaun *m*, Umzäunung *f*, Einfriedung *f*, Gehege *n*; **2.** Schließen *n*; Ende *n*, Schließung *f*, letzte Vorstellung; ~ *des bureaux* Büroschluß *m*; *heure f de* ~ Polizeistunde *f*; ✝ ~ *de l'exercice* Jahresabschluß *m*; *Sport*: ~ *des inscriptions* Meldeschluß *m*; *demander la ~ des débats* den Schluß der Debatten beantragen; *la ~!* Schluß!; **3.** ✝ Abschluß *m*; *cours m de* ~ Schlußkurse *m/pl.*; **4.** *vœu m de* ~ Gelübde *n* des Klosterzwanges; **~er** (klotyˈre) *v/t.* [1a] einfrieden, einzäunen; *fig.*, *a.* ✝ abschließen (*a. Sitzung*).

clou (klu) *m* **1.** Nagel *m*, ⚓ Spieker *m*; *chasser* (*cogner, enfoncer, faire entrer, ficher*) *un* ~ e-n Nagel einschlagen; *arracher un* ~ einen Nagel (her)ausziehen; **2.** F a) Leihhaus *n*; *mettre au* ~ versetzen; b) Gefängnis *n*; **3.** ~ *de girofle* ♀ Gewürznelke *f*; **4.** F *fig.* Clou *m*, Glanzstück *n*, Hauptattraktion *f*; *thé.* Schlager *m*; **5.** F alter Wagen *m*, altes Flugzeug *n*, alter Kasten *m*, alte Klamotte *f*; *un vieux* ~ ein altes Rad *n*, alter Motorroller *usw.*; **6.** P ⚕ Furunkel *n*; **~age** (kluaːʒ) *m* Nageln *n*; **~er** (kluˈe) [1a] *v/t.* (an-, auf-)nageln; anschlagen; zunageln; *fig.* fesseln; *cloué au lit* ans Bett gefesselt; *il est toujours cloué sur ses livres* er hockt immer über (*od.* er sitzt immer hinter) seinen Büchern; *rester cloué sur place* wie versteinert dastehen; F ~ (*le bec à*) *q. od. river son ~ à q.* j-m das Maul stopfen, j-n mundtot machen; **~ière** (~ˈjɛːr) *f* s. (*gew.*) *cloutière*; **~ter** (kluˈte) *v/t.* [1a] mit Nägeln beschlagen; *passage m clouté* benagelter Fußgängerübergang *m*; **~terie** (~ˈtri) *f* Nagel-schmiede *f*, -handel *m*; **~tier** (~ˈtje) *m* Nagelschmied *m*, -händler *m*; **~tière** (~ˈtjɛːr) *f* Nagel(sortier)-kasten *m*; Nageleisen *n*.

clovisse (~) *f* eßbare Muschel *f*.

clown (klun) *m* Clown *m*, Spaßmacher *m*, Possenreißer *m*; **~erie** (klunˈri) *f* Posse *f*, Faxenmacherei *f*, Possenreißerei *f*; **~esque** (~ˈnɛsk) *adj.* clownartig, Clown...; **~esse** (~ˈnɛs) *f* weiblicher Clown *m*.

cloyère (klwaˈjɛːr) *f* Austernkorb *m*.

club (klœb) *m* Klub *m*; ~ *alpin* Alpenverein *m*; ~ *littéraire* literarische Gesellschaft *f*; **~man** (~ˈman), *pl.* *~men* (~ˈmen) *m* Klubmitglied *n*.

cluse (klyːz) *f* enge Schlucht *f*.

coabonné *journ.* (koabɔˈne) *su.* Mitabonnent *m*; Mitleser *m*.

coaccusé (koakyˈze) *su.* Mitangeklagter *m*.

coach *Auto* (kotʃ) *m*: ~ *de sport* Sportwagen *m*.

coacqu|éreur ⚖ (koakeˈrœːr) *m* Miterwerber *m*; **~isition** (~kiziˈsjɔ̃) *f* Miterwerbung *f*.

coactif (koakˈtif) *adj.* [7e] zwingend.

coaction (koakˈsjɔ̃) *f* Zwang *m*.

coadju|teur (koadʒyˈtœːr) *m* **1.** *rl.* Koadjutor *m*, Weihbischof *m*; **2.** *allg.* Amtsgehilfe *m*; **~vant** (~ˈvɑ̃) *adj.* behilflich.

coagu|lation (koagylɑˈsjɔ̃) *f* Ge-

rinnen *n*, Erstarren *n*; Geronnensein *n*; **~ler** (~'le) [1a] **I** *v/t.* zum Gerinnen bringen; **II** *v/rfl.* se ~ gerinnen; **~lum** (~'lɔm) *m* Gerinnungsmittel *n*; Gerinnsel *n*.
coalescent (koalɛ'sɑ̃) *adj.* [7] verwachsen.
coali|sé (koali'ze) **I** *adj.* [7] verbündet; **II** *m* Verbündeter *m*; **~ser** (~) [1a] **I** *v/t.* vereinigen, verbünden; **II** *v/rfl.* se ~ sich verbünden; **~tion** (~li'sjɔ̃) *f* Vereinigung *f*; Verbindung *f*; Bündnis *n*; *pol.* Koalition *f*; ~ *gouvernementale* Regierungskoalition *f*.
coaltar ⚒ (kol'ta:r) *m* Steinkohlenteer *m*; **~er** (~ta're) *v/t.* [1a] (aus-)teeren; **~isation** (~rizɑ'sjɔ̃) *f* Austeeren *n*; **~iser** (~ri'ze) *v/t.* [1a] austeeren.
coarctation ⚕ (koarktɑ'sjɔ̃) *f* Verengung *f.*
coarmateur ⚓ (koarma'tœ:r) *m* Schiffspartner *m*, Mitreeder *m*.
coas|sement (kɔas'mɑ̃) *m* Quaken *n*; Gequake *n*; **~ser** (kɔa'se) *v/i.* [1a] quaken.
coassocié (koasɔ'sje) **I** *adj.* mitverbunden, -assoziiert; **II** *m* Mitteilhaber *m*.
coauteur (koo'tœ:r) *m* Mitverfasser *m*; ⚖ Mittäter *m*.
coax|é ⊕ (koak'se), **~ial** ⊕ (~'sjal) *adj.* gleichachsig.
cobalt *min.* (kɔ'balt) *m* Kobalt *m*.
cobaye *zo.* (kɔ'baj) *m* Meerschweinchen *n*.
cobelligérant ⚔ (kobɛli̇ʒe'rɑ̃) **I** *m* mitkämpfendes Land *n*; **II** *adj.* [7] mitkämpfend, in gemeinsamem Kampf stehend.
Coblence (kɔ'blɑ̃:s) *f* Koblenz *n*.
cobra *zo.* (kɔ'bra) *m* Kobra *f*.
coca ⚘ (kɔ'ka) *f od. m* Koka *f*.
cocagne (kɔ'kaɲ) *f*: *pays m de* ♀ Schlaraffenland *n*; *mât m de* ~ Klettermast *m* (*Volksspiel*).
cocaï|ne ⚗ (kɔka'in) *f* Kokain *n*; **~nisation** (~nizɑ'sjɔ̃) *f* Kokaineinspritzung *f*; **~nisme** (~'nism) *m* Kokainvergiftung *f*; **~nomane** (~nɔ'man) **I** *adj.* kokainsüchtig; **II** *su.* Kokainsüchtiger *m*; **~nomanie** (~nɔma'ni) *f* Kokainsucht *f*.
cocar|de (kɔ'kard) *f* **1.** ⚔ Kokarde *f*, Abzeichen *n*; **2.** P Deetz *m*; P *avoir sa* ~ besoffen sein; *taper sur la* ~ zu Kopf steigen; **3.** Band-, Hutschleife *f*; **~dier** (~'dje) **I** *adj.* [7b]: *patriotisme m* ~ Hurrapatriotismus *m*; **II** *m* Hurrapatriot *m*.
cocasse (kɔ'kas) *adj.* drollig, putzig, ulkig, spaßig; schnurrig, lächerlich, komisch; **~rie** (~s'ri) *f* Ulkerei *f*; Drolligkeit *f*.
coccinelle *ent.* (kɔksi'nɛl) *f* Marienkäfer *m*.
coccyx *anat.* (kɔk'sis) *m* Steißbein *n*.
coche[1] (kɔʃ) *m ehm.* (Land-, Post-) Kutsche *f*; *fig. manquer* (*od. rater*) *le* ~ e-e günstige Gelegenheit vorübergehen lassen, *fig.* den Anschluß verpassen; *faire la mouche du* ~ sich wichtig tun.
coche[2] (~) *f* **1.** Kerbe *f*, Einschnitt *m*; **2.** ✎ *zo.*, *noch*: P *fig.* Sau *f*.
cochenil|le (kɔʃ'nij) **I** *f* **1.** Schildlaus *f*; **2.** Koschenillenfarbstoff *m*; **II** *adj. inv.* koschenillenrot; **~ler** (~'je) *v/t.* [1a] mit Koschenille färben.
cocher[1] (kɔ'ʃe) *m* **1.** Kutscher *m*; **2.** ♀ *ast.* Fuhrmann *m* (*Sternbild*).
cocher[2] (~) *v/t.* [1a] (ein)kerben; *fig.* vermerken, ankreuzen.
côcher *zo.* (ko'ʃe) *v/t.* [1a] treten (Hahn).
cochère (kɔ'ʃɛ:r) *adj./f*: *porte f* ~ Torweg *m*, Einfahrt *f*.
cochet (kɔ'ʃɛ) *m* Hähnchen *n*.
cochevis (kɔʃ'vi) *m* Haubenlerche *f*.
cochlé|aire (kɔkle'ɛ:r) *adj.* schneckenförmig (gedreht); **~aria** (~ar'ja) *m* Löffelkraut *n*; **~e** *anat.* (kɔk'le) *f* (Ohr-)Schnecke *f*.
cochon (kɔ'ʃɔ̃) **I** *m* **1.** Schwein *n*; ~ *de lait* Spanferkel *n*; P *être amis comme* ~*s* dicke Freunde sein; **2.** *fig.* Dreckfink *m*; Schweinehund *m*, Saukerl *m*; **3.** Schweinefleisch *n*; **4.** *zo.* ~ *de mer* Meerschwein *n*; ~ *d'Inde* Meerschweinchen *n*; **5.** ⊕ Sau *f* (*Gemisch von Metall u. Schlacken*); **II** *adj.* schweinisch, unsauber, eklig; **~naille** P (~'nɑ:j) *f* Schweinefleisch(waren *f/pl.*) *n*; **~ne** (~'ʃɔn) *f fig.* Sau *f*, Dreckschwein *n*; **~née** (~'ne) *f* Wurf *m* Ferkel; **~ner** P (~) [1a] **I** *v/i.* ferkeln (*Sau*); **II** *v/t.* hinsudeln, versauen, verpatzen, verpfuschen; **~nerie** (~ʃɔn'ri) *f* Schweinerei *f*; P Zote *f*; Pfuscharbeit *f*; Schund *m*, schlechte Ware *f*.
cochonnet (kɔʃɔ'nɛ) *m zo.* **1.** Schweinchen *n*; **2.** Doppelwürfel *m*; Zielkugel *f* (*Spiel*).
cochylis *ent.* (kɔki'lis) *m Art* Schuppenflügler *m* (*Weinschädling*).
cockpit ✈ (kɔk'pit) *m* Flugzeugkanzel *f*.

cocktail (kɔk'tel) *m* **1.** Cocktail *m*; **2. ~-partie** (~par'ti) *f* Cocktail-party *f*.

coco (kɔ'ko) **I** *m* **1.** (*noix f de*) ~ Kokosnuß *f*; *enf.* Schuh *m*; *enf.* Ei *n*; **2.** Lakritzenwasser *n*; **3.** F *péj. od. kosend*: *drôle m de* ~, *fameux* ~ sonderbarer Kauz *m*; (*joli*) ~ (nettes) Früchtchen *n*; Goldhase *m*; *vilain* ~ ekelhafter Kerl *m*, Schuft *m*; *mon* ~! mein Liebling!; **4.** c'est ~! das ist ja Kitsch!; **5.** P Deetz *m*, Birne *f*; Bauch *m*; **II** * *f* **6.** Kokain *n*.

cocon (kɔ'kɔ̃) *m ent.* Puppe *f*, Seidenraupengespinst *n*; *fig. s'enfermer dans son* ~ sich völlig absondern, sich ganz zurückziehen, mit niemandem verkehren; **~nage** (~kɔ'na:ʒ) *m* Kokonbildung *f*; **~ner** (~'ne) *v/i.* [1a] sich verpuppen; **~nière** (~'njɛ:r) *f* Seidenpuppenhaus *n*.

cocorico (kɔkɔri'ko) *m* Kikeriki *n*.

cocose (kɔ'ko:z) *f* Kokosfett *n*.

cocoter P (kɔkɔ'te) *v/i.* [1c] stinken; *ça cocotte* das stinkt.

cocotier (kɔkɔ'tje) *m* Kokospalme *f*.

cocotte (kɔ'kɔt) *f* **1.** Kasserolle *f*, gußeiserner Topf *m*; **2.** *enf.* Henne *f*, Putput *n*, Huhn *n*; F *ma* ~ mein Putchen!, mein kleiner Liebling!; *enf.* ~ (*en papier*) (Papier-)Schiffchen *n*; **3.** Kokotte *f*, Halbweltdame *f*; **4.** ⚕ Augenlidentzündung *f*; P Tripper *m*; *vét.* Maul- u. Klauenseuche *f*; **5.** F Pferd *n*; **6.** ♪ Fioritur *f* (*Gesang*).

coction (kɔk'sjɔ̃) *f* **1.** ⚗ (Ab-)Kochen *n*; **2.** ⚕ Verdauung *f*.

cocu F (kɔ'ky) *m* Hahnrei *m*, betrogener Ehemann *m*; *péj.* Schafskopf *m*; **~fier** P (~'fje) *v/t.* [1a]: ~ *q.* j-m Hörner aufsetzen.

code (kɔd) *m* **1.** Gesetzbuch *n*; ~ *civil* Bürgerliches Gesetzbuch *n*; ~ *de commerce* Handelsgesetzbuch *n*; ~ *industriel*, ~ *des arts et des métiers* Gewerbeordnung *f*; ~ *d'instruction criminelle* Strafprozeßordnung *f*; ~ *militaire* Militärgesetzbuch *n*; Kriegsrecht *n*; ~ *minier* Bergrecht *n*; ~ *pénal* Strafgesetzbuch *n*; ~ *pharmaceutique* Arznei-, Apotheker-buch *n*; ~ *de procédure civile* Zivilprozeßordnung *f*; ~ *de la route* Verkehrsordnung *f*, -gesetz *n*; *fig.* ~ *de (la) morale* Sittenlehre *f*; *Auto*: *être en* ~ abgeblendet haben; *se mettre en* ~ abblenden; ⚖ ≈ *de Justinien* Codex *m* Justinianus; ~ *des eaux* Wasserrecht *n*; ~ *forestier* Forstrecht *n*; ~ *rural* Flurrecht *n*; ~ *chiffré* Chiffrierkode *m*; ~ *maritime* Seerecht *n*; Seegesetzbuch *n*; **2.** ~ *télégraphique* Telegrammschlüssel *m*; ~ *de signaux* Signalbuch *n*; *pol.*, ⚔ ~ *de chiffrement* Verzifferungskode *m*, Verschlüsselungstafel *f*; **3.** *Auto*: Nebelscheinwerfer *m*, Sucher *m* (= *phare* ~).

co|débiteur (kodebi'tœ:r) *su.* [7f] Mitschuldner *m*; **~demandeur** (~d[ə]mɑ̃'dœ:r) *su.* [7h] Mitkläger *m*; **~détenteur** (~detɑ̃'tœ:r) *su.* [7f] Mitbesitzer *m*, Mitinhaber *m*; **~détenu** (~det'ny) *su.* Mitgefangener *m*.

codéine *phm.* (kɔde'in) *f* Kodein *n*.

coder (kɔ'de) *v/t.* verschlüsseln.

codex (kɔ'dɛks) *m* Arzneibuch *n*.

codicille ⚖ (kɔdi'sil) *m* Testamentsnachtrag *m*.

codifi|cation ⚖ (kɔdifikɑ'sjɔ̃) *f* Kodifizierung *f*, Zusammenstellung *f* (*od.* Aufstellung *f*) der Gesetze; **~er** (~'fje) *v/t.* [1a] kodifizieren, zu e-m Gesetzbuch vereinigen; ~ *les règles* die Regeln zusammenstellen.

codirect|eur (kodirɛk'tœ:r) *m* Mitdirektor *m*; **~ion** (~rɛk'sjɔ̃) *f* Mitleitung *f*, Mitdirektion *f*.

codonataire ⚖ (kodɔna'tɛ:r) *su.* Mitbeschenkter *m*.

coéducation (koedykɑ'sjɔ̃) *f* Koedukation *f*.

coefficient (koɛfi'sjɑ̃) *adj. u. m* mitwirkend; Koeffizient *m*; *allg.* Richtwert *m*; Ziffer *f*, Faktor *m*; ~ *de majoration* Teuerungszuschlag *m*; ~ *de difficulté* Schwierigkeitsziffer *f*; *Auto*: ~ *d'accélération* Anzugsmoment *n*; *phys.* ~ *de conductibilité* Leitkoeffizient *m*.

cœlomètre ✈ (selɔ'mɛtrə) *m* Wolkenmeßgerät *n*.

coemption ⚖ (koɑ̃p'sjɔ̃) *f* wechselseitiger (*od.* Rück-)Kauf *m*.

co-entrepreneur (koɑ̃trəprə'nœ:r) *m* Mitunternehmer *m*.

coéquation *fin.* (koekwɑ'sjɔ̃) *f* Steuerverteilung *f*.

coéquipier (koeki'pje) *m Sport*: Mit-spieler *m*, -fahrer *m*; ✈ Besatzungsmitglied *n*; F Kollege *m*.

coerci|bilité *phys.* (koɛrsibili'te) *f* Komprimierbarkeit *f*; **~ble** (~'siblə) *adj.* komprimierbar.

coerci|tif (koɛrsi'tif) *adj.* [7e] zwingend; Zwangs...; **~tion** (~si'sjɔ̃) *f* Zwang *m*.

cœur (kœːr) *m* **1.** Herz *n*; Herzgegend *f*, Brust *f*; *affection f* (*od. défaut m od. vice m*) *du* ~ Herzleiden *n*, -fehler *m*; *battements m/pl. de* ~ Herzklopfen *n*; ~ *graisseux* Fettherz *n*; *inflammation f du* ~ Herzentzündung *f*; *serrement m* (*od. oppression f*) *de* ~ Herzbeklemmung *f*; *j'ai un point* (*od. des battements od. picotements*) *au* ~ ich habe Herz-schmerzen, -stiche; *presser* (*od. serrer*) *q. sur son* ~ j-n an die Brust drücken; **2.** *fig.* Gefühl *n*, Gemüt *n*; Liebe *f*; Zuneigung *f*; Gewissen *n*; *affaire f de* ~ Herzensangelegenheit *f*; *de bon* (*od. grand od. tout*) ~ von Herzen (*od.* herzlich) gern, bereitwillig; *de tout mon* ~ bereitwilligst; von ganzem Herzen; *un homme sans* ~, *un sans-*~ ein herzloser Mensch; *auch*: ein Feigling *m*; *aller au* ~ zu Herzen gehen; *avoir bon* (*mauvais*) ~ ein gutes (kein) Herz haben; *avoir mauvaise tête et bon* ~ heftig (*od.* hitzig), aber im Grunde gutmütig sein; F *s'en donner à* ~ *joie* quietschvergnügt sein; *il a le* ~ *gros* es ist ihm schwer ums Herz; *je veux en avoir le* ~ *net* ich will mir darüber Gewißheit (*od.* Klarheit) verschaffen; *j'ai cela à* ~, *cela me tient au* ~ das liegt mir am Herzen; *avoir qch. sur le* ~ etw. auf dem Herzen haben; *décharger son* ~ sein Herz ausschütten; *parler à* ~ *ouvert* offenherzig sprechen; *prendre qch. à* ~ sich etw. zu Herzen nehmen; *cela le touche* (*od. lui va*) *au* ~ das geht ihm nahe; *avoir le* ~ *sur la main* offenherzig *od.* freigebig sein; *j'en ai le* ~ *navré* das tut mir in der Seele weh; **3.** *fig.* Mut *m*; *homme m de* ~ mutiger Mensch *m*; ~ *de lion* Löwenmut *m*; ~ *de poule*, ~ *de lièvre* Hasenherz *n*; *il a le* ~ *bien placé* er hat das Herz auf dem rechten Fleck; *le* ~ *lui manqua* der Mut verließ ihn; *perdre* ~ den Mut verlieren; *un sans-*~ ein Feigling *m*; *avoir du* ~ Mut haben; *manquer de* ~, *n'avoir pas de* ~ keinen Mut haben, zaghaft sein; *plein de* ~ beherzt, mutig, unverzagt; *je n'ai pas le* ~ *de ...*, *le* ~ *me manque pour ...* ich bringe nicht den Mut auf, zu ...; **4.** *par* ~ auswendig, aus dem Kopfe; *savoir un homme par* ~ e-n Menschen in- u. auswendig kennen; *dîner par* ~ nichts zu essen bekommen, unfreiwillig fasten, e-n leeren Magen haben; **5.** *abus.* Magen *m*; *avoir le* ~ *sur les lèvres* Übelkeit empfinden; *j'ai mal au* ~ *od. cela me lève le* ~ mir wird übel, das ekelt (*od.* widert) mich an; *fig. donner mal au* ~ wehtun, nahe gehen, treffen; *j'en ai le* ~ *barbouillé* mir ist (*od.* wird) schlecht davon; *faire mal au* ~ Übelkeit verursachen; *fig.* anwidern, anekeln; *cela me pèse sur le* ~ das liegt mir wie Blei im Magen; *fig.* das widert mich an; **6.** *fig.* Mitte *f*, Mittelpunkt *m*, Inneres *n*, Kern *m*; ~ *du bois* Kernholz *n*; ~ *d'un chou* Herzblätter *n/pl.* e-s Kohlkopfes; *au* ~ *de l'hiver* mitten im Winter; **7.** Cœur *n*, Herz *n der Spielkarten*.

Cœur-de-Lion (kœrdə'ljɔ̃) *m hist.*: *Richard* ~ Richard Löwenherz.

coexis|tant (koɛgzis'tɑ̃) *adj.* [7] koexistierend (*a. pol.*), gleichzeitig bestehend; **~tence** (~'tɑ̃ːs) *f* Koexistenz *f* (*a. pol.*), gleichzeitiges Bestehen *n*, Nebeneinanderbestehen *n* (*a. pol.*), Zusammenleben *n* (*a. pol.*); **~ter** (~'te) *v/i.* [1a] koexistieren (*a. pol.*), nebeneinander bestehen (*a. pol.*), gleichzeitig vorhanden sein, miteinander leben.

coffin (kɔ'fɛ̃) *m* Wetzsteinbüchse *f*.

coffiot * (kɔ'fjo) *m* Geldschrank *m*.

coffrage (kɔ'fraːʒ) *m* ⚠, ⚒ Verschalung *f*, Verkleidung *f*; ⊕ Maschinengehäuse *n*; *bét.* Schalung *f*.

coffre ('kɔfrə) *m* **1.** Kasten *m*; Lade *f*; Truhe *f*; großer Reisekoffer *m*; *Auto*: ~ (*à bagages*) Gepäck-, Koffer-raum *m*; Koffer *m* e-s Fallschirms; ~ *à l'avoine* Haferkasten *m*; ~ *à bombes* Bombenmagazin *n*; ~ *de bord*, ~ *de marin* Seekiste *f*; ✝ ~ *à échantillons* Musterkoffer *m*; ~ *au linge* Wäschekiste *f*; ⚔ ~ *à munitions* Munitionskasten *m*; ~ *de médicaments* Medizinkasten *m*; ~ *d'outils* Werkzeugkasten *m*; **2.** *les* ~*s de l'Etat* der Staatsschatz *m*; **3.** F Brustkasten *m*; *avoir du* ~, *avoir le* ~ *solide* kräftig gebaut sein; F *rire comme un* ~ aus vollem Hals lachen; **4.** *icht.* Kofferfisch *m*; **5.** ⚓ Mooringsboje *f*; **~-armoire** (~ar'mwaːr) *m* [6a] Schrankkoffer *m*; **~-fort** (~'fɔːr) *m* [6a] Geldschrank *m*, Safe *m*, Stahlkammerfach *n*.

coffr|er (kɔ'fre) *v/t.* [1a] **1.** ⚠ verschalen; **2.** F ins Kittchen bringen, hinter Schloß u. Riegel stecken, einsperren; *se faire* ~ ins Kittchen kommen; **~et** (~'frɛ) *m* Kästchen *n*; Briefträgertasche *f*; ~ (*tourne-disques*) Plattenspieler *m*; **~eur** ⚠ (~'frœːr) *m* Einschaler *m*.

cofidéjusseur ⚖ (kofideʒy'sœːr) *m* Mitbürge *m*.

cogérance (koʒe'rɑ̃ːs) *f* gemeinsame Geschäftsführung *f*.

cogestion (koʒɛs'tjɔ̃) *f* Mit-bestimmung *f*, -verwaltung *f*; *droit m de* ~ Mitbestimmungsrecht *n*.

cogitation *phil.* (koʒitɑ'sjɔ̃) *f* Denken *n*, Überlegen *n*.

cognac (kɔ'ɲak) *m* Kognak *m*.

cognage (kɔ'ɲaːʒ) *m* **1.** *Auto*: Klopfen *n* des Motors; **2.** Schlägerei *f*, Prügelei *f*.

cognasse ⚘ (kɔ'ɲas) *f* wilde Quitte *f*.

cognat (kɔg'na) *m* mütterlicher Anverwandter *m*.

cogne * (kɔɲ) *m* Schupo *m*.

cognée (kɔ'ɲe) *f* Axt *f*; *jeter le manche après la* ~ die Flinte ins Korn werfen, alle Hoffnung aufgeben, den Mut verlieren.

cogner (~) [1a] **I** *v/t.* **1.** Nagel einschlagen; *fig.* einbleuen, einhämmern; **2.** ~ (*sur*) *q.* auf j-n loshauen, j-n verprügeln; ~ *q.* j-n schubsen, anstoßen, anrempeln; **II** *v/i.* klopfen (*a. mot.*), pochen, schlagen; hämmern; * stinken; ~ *à la porte* an die Tür klopfen; ~ *contre q.* j-n anrempeln; **III** *v/rfl.* se ~ F sich schlagen; *fig. se* ~ *la tête contre le mur* mit dem Kopf durch die Wand rennen; *fig.* sich die Haare ausreißen; *se* ~ *le pied contre une pierre* mit dem Fuß an e-n Stein stoßen; **~ie** F (~ɲə'ri) *f* Schlägerei *f*.

cognition *phil.* (kɔɲi'sjɔ̃) *f* Erkenntnis(vermögen *n*) *f*.

cohabi|tant (koabi'tɑ̃) *su.* [7] Mitbewohner *m*; **~tation** (~tɑ'sjɔ̃) *f* (eheliches) Zusammen-leben *n*, -wohnen *n*; Beischlaf *m*; **~ter** (~'te) *v/i.* [1a] zusammenwohnen, (ehelich) zusammenleben; *fig.* sich (in einer Person) vereinen; *allg.* ~ *avec un régime* unter e-m Regime leben.

cohé|rence (koe'rɑ̃ːs) *f* **1.** Zusammenhang *m*; **2.** ⚘ Verwachsensein *n*; **3.** *phys.* Kohärenz *f*; **4.** ⚡ Frittung *f*; **~rent** (~'rɑ̃) *adj.* [7] zusammenhängend, eng verbunden, kohärent; ⚘ angewachsen; **~reur** ⚡ (~'rœːr) *m* Fritter *m*, Kohärer *m*.

cohéritier ⚖ (koeri'tje) *su.* [7b] Miterbe *m*.

cohés|if *phys.*, ⚗ (koe'zif) *adj.* [7e] kohäsiv, verbindend, zusammenhaltend; **~ion** (~'zjɔ̃) *f fig.* Zusammenhalt *m*; *phys.*, ⚗ Kohäsion *f*, Zusammenhang *m*, gegenseitige Anziehungskraft *f*; ⚡ Frittung *f*.

cohibition 📖 (koibi'sjɔ̃) *f* Verbot *n* (*Didaktik*).

cohober ⚗ (kɔɔ'be) *v/t.* [1a] wiederholt destillieren.

cohorte F (kɔ'ɔrt) *f* Haufen *m* Leute.

cohue (kɔ'y) *f* Gedränge *n*, Gewimmel *n*, lärmender Volkshaufen *m*; Durcheinander *n*, Tumult *m*.

coi (kwa) *m*, **~te** (kwat) *f adj.* ruhig, still; *rester* ~ still bleiben; *se tenir* ~ sich ruhig verhalten.

coiffe (kwaf) *f* **1.** Haube *f*, Frauenmütze *f*, -kappe *f*; ~ *à dentelle* Spitzenhaube *f*; ~ *de chapeau* Hutfutter *n*; **2.** *anat.* Helm *m* des neugeborenen Kindes, Kopfhaube *f*; **3.** ⚘ Samendecke *f* der Moose; **4.** ⊕ Haube *f*, Kappe *f*.

coif|fer (kwa'fe) [1a] **I** *v/t.* **1.** den Kopf bedecken; **2.** ~ *q.* j-m das Haar machen, j-n frisieren; ~ *q. de fleurs* j-m Blumen in die Haare flechten; *ce chapeau vous coiffe* dieser Hut steht Ihnen gut; *être bien coiffé* schön frisierte Haare haben; **3.** *un chien bien coiffé* ein Hund mit schönem Behang; **4.** ⚘ *coiffé* bemützt, behaubt, mit e-r (Samen-)Hülle versehen; **5.** ~ *une bouteille* e-e Flasche kapseln; **6.** *fig. être né coiffé* unter e-m günstigen Stern geboren sein; ein Glücks- *od.* Sonntagskind sein; ~ *sainte Catherine* bis zum 25. Lebensjahr unverheiratet bleiben (*Mädchen*); *être coiffé de q.* für j-n eingenommen sein; *être coiffé d'une jeune fille* in ein Mädchen verknallt sein, für ein Mädchen schwärmen; F ~ *q.* j-n decken (*Untergebenen*); *Sport*: ~ *sur le poteau* um e-e Nasenlänge schlagen; F *chèvre f coiffée* alte Ziege *f fig.*; F *chien m coiffé* häßlicher (*od.* widerlicher) Kerl *m*, Ekel *n*; **II** *v/rfl.* se ~ **7.** sich e-n Hut aufsetzen; **8.** sich das Haar machen, sich frisieren; *elle se coiffe bien* sie versteht es, sich ihr Haar zurechtzumachen; **9.** *se* ~ *de q.* sich von j-m einnehmen lassen, für j-n eingenommen sein; **~feur** (~'fœːr) *su.* [7g] Friseur *m*, Haarschneider *m*;

~ *de dames* Damenfriseur *m*; **~feuse** (~'fø:z) *f* Frisiertischchen *n*; **~fure** (~'fy:r) *f* **1.** Kopfbedeckung *f*; **2.** Frisur *f*, Haartracht *f*; ~ *à la garçonne* Bubikopf(frisur *f*) *m*.

coin (kwɛ̃) *m* **1.** Ecke *f*; Winkel *m*; Ecksitz *m*; Zipfel *m*; *Sport*: Ecke *f*, Eckstoß *m*; 🚂 *usw.* *~-fenêtre m* Fensterplatz *m*; ⚠ ~ *à manger* Eßplatz *m*; *le marchand du* ~ der Kaufmann an der Ecke; *de tous les ~s du monde* aus aller Herren Länder; *mourir au ~ d'une haie* hilflos u. verlassen sterben; *fig.* *au ~ du feu* am Kamin, im engsten (Familien-)Kreis, unter Freunden; *~ de la bouche* Mundwinkel *m*; *regarder q. du ~ de l'œil* von der Seite (*od.* schief) ansehen; *faire signe à q. du ~ de l'œil* j-m zublinzeln; *tourner le ~* um die Ecke biegen; F *il la connaît dans les ~s* er kennt den Dreh, er läßt sich nicht so leicht übers Ohr hauen (*od.* behumpsen F); **2.** *fig. un ~ de terre* ein Stückchen Land *n*; *rester dans son ~* völlig für sich bleiben (*od.* leben), ein zurückgezogenes Dasein führen; **3.** *Fußball*: *coup m de ~* Eckstoß *m*; **4.** ⊕, ⚠, *text.* Keil *m*; *faire entrer un ~* e-n Keil eintreiben; **5.** Stempel *m* auf Münzen; *fig.* Gepräge *n*, Art *f*; *au ~ de Berlin* in Berlin geprägt; *fig. être marqué (od. frappé) au ~ de la vérité* den Stempel der Wahrheit tragen; *il est marqué au bon ~* er ist vom guten alten Schlag; **6.** F *le petit ~* das Örtchen *n* F, der Lokus *m* P.

coin|çage ⊕ (kwɛ̃'sa:ʒ) *m* Verkeilen *n*; **~cement** (kwɛ̃s'mɑ̃) *m* Klemmen *n*; **~cer** (~'se) [1k] **I** *v/t.* **1.** ⊕ verkeilen, festklemmen, Keile einschlagen; **2.** F *fig.* ~ *q.* j-n festnehmen, verhaften; in die Enge treiben; *fig.* auf die Folter setzen; *être coincé* in e-r bedrängten Lage sein, nicht ein noch aus wissen; **II** *v/i.*: *la porte coince* die Tür klemmt.

coïnci|dence (koɛ̃si'dɑ̃:s) *f* **1.** *fig.* Zusammentreffen *n*, Gleichzeitigkeit *f*, Zusammenfall *m*, Koinzidenz *f*; **2.** ⩚ Kongruenz *f*; **~dent** (~'dɑ̃) *adj.* [7] **1.** (zeitlich) zusammenfallend, gleichzeitig; ⚕ zugleich eintretend; **2.** ⩚ kongruent; **~der** (~'de) *v/i.* [1a] **1.** (zeitlich) zusammen-fallen, -treffen, gleichzeitig geschehen; **2.** ⩚ kongruent sein; **3.** *fig.* sich decken, übereinstimmen.

coïnculpé ⚖ (koɛ̃kyl'pe) *su.* Mitbeschuldigter *m*, -angeklagter *m*.

coin-fenêtre (kwɛ̃f[ə]'nɛ:trə) *m* [6b] 🚂 *usw.* Fensterplatz *m*.

coing ⚘ (kwɛ̃) *m große* Quitte *f*.

coïntéressé (koɛ̃terɛ'se) *adj. u. su.* mitbeteiligt(e Person *f*). [akt *m*.]

coït (kɔ'it) *m* Koitus *m*, Zeugungs-

coitte (kwat) *f* Federbett *n* (*Garnitur*). [Mitbenutzung *f*.]

co-jouissance ⚖ (koʒwi'sɑ̃:s) *f*

coke (kɔk) *m* Koks *m*; ~ *d'usine à gaz* Gaskoks *m*; ~ *métallurgique*, ~ *de mine* Zechenkoks *m*; ⚗ *appareil m de chauffage du ~* Koksverbrennungsanlage *f* für Cracking.

coké|faction ⚒ (kɔkefak'sjɔ̃) *f* Verkokung *f*; **~fiable** (~'fjablə) *adj.* verkokbar; **~fier** (~'fje) *v/t.* [1a] verkoken.

cokerie ⚒ (kɔ'kri) *f* Kokerei *f*.

col (kɔl) *m* **1.** ~ *de chemise* fester (Hemd-)Kragen *m*; *faux ~* (loser) Kragen *m*; ~ *dur* steifer Kragen *m*; ~ *cassé*, ~ *à coins cassés* Eckenkragen *m*; ~ *à pointe* spitzer Kragen *m*; ~ *Danton* Schillerkragen *m*; ~ *de fourrure* Pelzkragen *m*; ~ *droit* Stehkragen *m*; ~ *droit-rabattu* Stehumlegekragen *m*; ~ *marin* Matrosenkragen *m*; ~ *mou* (*demi-souple*) weicher (halbsteifer) Kragen *m*; ~ *rabattu* Umlegekragen *m*; ~ *rond* Bubikragen *m*; ~ *roulé* Rollkragen *m*; **2.** Hals *m*, *nur noch in*: ~ *de cygne* Schwanenhals *m*; F *se hausser (od. se pousser) du ~* sich dicke tun, sich aufplustern, sich brüsten; *s. cou*; **3.** ⊕ ~ *d'une bouteille* Flaschenhals *m*; **4.** *anat.* Verengerung *f*, Eingang *m*; **5.** ~ *de montagne* Gebirgspaß *m*, Schlucht *f*; **6.** F *~-bleu* [6a] Matrose *m*. [de) ~ Kolanuß *f*.]

cola (kɔ'la) *m* Kolabaum *m*; (*noix*

colat|eur (kɔla'tœ:r) *m* Abzugsgraben *m*, Auslaßschleuße *f*; **~ure** *phm.* (~'ty:r) *f* Durchseihen *n*; Durchgeseihtes *n*. [mütze *f*.]

colback (kɔl'bak) *m* Husarenpelz-

colbertisme 🕮 (kɔlbɛr'tism) *m* Colbertismus *m*, merkantilistische Staatsdoktrin *f* Jean-Baptiste Colberts (*1619—1683*).

colchique ⚘ (kɔl'ʃik) *m* Herbstzeitlose *f*. [mennige *f*.]

colcotar ⚗ (kɔlkɔ'ta:r) *m* Eisen-

cold-cream (kold'krim) *m* Hautkrem *m od. f*.

colégataire ⚖ (kolega'tɛ:r) *su.* Miterbe *m.*
coléoptère (kɔleɔp'tɛ:r) *m* **1.** vierflügliger Käfer *m*, Hartflügler *m*; **2.** *Fr.* ✈ Ringflügelflugzeug *n*, Koleopter *m* (*senkrecht startendes u. landendes Flugzeugmodell*).
colère (kɔ'lɛ:r) **I** *f* Zorn *m*, Wut *f*, Groll *m*; *se mettre en* ~, F *piquer* (*od. prendre*) *une* ~ *contre q.* über j-n wütend werden, in Wut geraten; être en ~ wütend (*od.* zornig) sein; **II** *adjt.* jähzornig, aufbrausend, hitzig, aufgebracht; *humeur f* ~ Jähzorn *m*; *personne f* ~ Choleriker *m.*
colér|eux (kɔle'rø) *adj.* [7d], **~ique** (~'rik) **I** *adj.* □ jähzornig, cholerisch; *tempérament m colérique* Jähzorn *m*; **II** *m* Choleriker *m.*
colibacille ⚕ (kɔliba'sil) *m* Kolibazillus *m.*
colibri *orn.* (kɔli'bri) *m* Kolibri *m.*
colifichet (kɔlifi'ʃɛ) *m* **1.** kleines Schmuckstück *n*, niedliche Kleinigkeit *f*; **2.** ~*s pl.* Flitterkram *m*, Firlefanz *m*, Tand *m*; **3.** Backwerk *n für Vögel.*
colimaçon *zo.* (kɔlima'sɔ̃) *m* Schnecke *f*; *escalier m en* ~ Wendeltreppe *f.*
colin (kɔ'lɛ̃) *m* **1.** *orn.* Baumwachtel *f*; **2.** *icht.* Kohlfisch *m.*
colin-maillard (kɔlɛ̃ma'ja:r) *m* Blindekuh(spiel *n*) *f*; *jouer à* ~ Blindekuh spielen.
colique (kɔ'lik) *f* Kolik *f*; ~ *hépatique* Leber-, Gallenstein-kolik *f*; ~ *néphrétique* Nierenkolik *f*; ~ *de plomb* Bleikolik *f*; F *avoir la* ~ die Hosen gestrichen voll haben P, Schiß haben P; F *donner la* ~ *à q.* j-m auf die Nerven fallen.
colis (kɔ'li) *m* Paket *n*, Frachtstück *n*; ~ *postal* Postpaket *n.*
colistier (kolis'tje) *m* Parteifreund *m*; Wahllistenpartner *m*, Mitkandidat *m.*
colite ⚕ (kɔ'lit) *f* Dickdarmentzündung *f.*
collabo *pol. mv.p.* (kɔla'bo) *m s.* ~*rationniste*; **~rateur** (kɔlabɔra'tœ:r) *su.* [7f] Mitarbeiter *m*; *pol. oft mv.p.* Kollaborateur *m*, Landesverräter *m*; **~ration** (~ra'sjɔ̃) *f* Mitarbeit *f* (*a. pol. mv.p.*); Zs.-arbeit mit dem Feind; **~rationniste** *pol.mv.p.* (~rasjɔ'nist) *m* Anhänger *m* der politischen Zusammenarbeit (*bsd. während der deutschen Besetzung 1940—1944*), Quisling *m*; **~rer** (~'re) *v/i.* [1a] mitarbeiten (*a. pol. mv.p.*).
col|lage (kɔ'la:ʒ) *m* **1.** Leimen *n*; Ankleben *n*; **2.** Klären *n* des Weins; **3.** F wilde Ehe *f*; Liebesverhältnis *n*; **~lant** (~'lɑ̃) **I** *adj.* [7] **1.** kleberig, klebend; **2.** eng anliegend (*Kleidung*); **3.** F aufdringlich; **II** ~*s m/pl.* Strumpfhose *f.*
collapsus ⚕ (kɔlap'sys) *m* Kollaps *m*, Anfall *m.*
collatéral (kɔlate'ral) [5c] **I** *adj.* □ Seiten...; Neben...; **II 1.** *su.* Seitenverwandter *m*; **2.** *m* ⛪ Seitenschiff *n.*
colla|tion (kɔla'sjɔ̃) *f* **1.** Verleihung(srecht *n*) *f*, Übertragung *f* (*e-s Titels, e-r Würde*); **2.** Vergleichung *f*, Kollationieren *n* (*v. Abschriften*); *faire la* ~ *de* (*od. avec od. sur*) *l'original* e-e Abschrift mit dem Original vergleichen; **3.** (*Nachmittags- od. Abends-*) Imbiß *m*; **~tionnement** (kɔlasjɔn'mɑ̃) *m* Vergleichen *n*, Kollationieren *n*; **~tionner** (~sjɔ'ne) [1a] **I** *v/t.* e-e Abschrift mit dem Original vergleichen, kollationieren; **II** *v/i.* e-n Imbiß nehmen, vespern.
colle (kɔl) *f* **1.** ~ (*de pâte*) Kleister *m*; Klebstoff *m*; ~ *d'amidon* Stärkemehlkleister *m*; ~ *forte* Leim *m*; ~ *de poisson* Fischleim *m*, Hausenblase *f*; **2.** P Flause *f*, kleine Lüge *f*; *conter une* ~ *à q.* j-m e-n Bären aufbinden; **3.** * *écol.* kniffige Frage *f*; Vorprüfung *f*; Nachsitzen *n*, Arrest *m*; *faire passer une* ~ *à q.* j-n durchfallen lassen; *poser une* ~ *à q.* j-m e-e knifflige (*od.* verzwickte) Frage stellen.
collec|te (kɔ'lɛkt) *f* (Geld-)Sammlung *f*; *rl.* Kollekte *f*; *centre m de* ~ *du lait* Milchsammelstelle *f*; *faire une* ~ e-e Kollekte veranstalten; **~ter** (~'te) *v/t.* [1a] (öffentlich) sammeln (*Geld, Altpapier usw.*); **~teur** (~'tœ:r) **I** *m* **1.** Einsammler *m*; Sammler *m*; **2.** ⚡ ~ *d'électricité* Sammler *m*, Stromwender *m*, Kollektor *m*; **3.** *rad.* ~ *d'ondes* Wellenfänger *m*, Antenne *f*; **II** *adj./m* sammelnd; *égout m* ~ Hauptkanal *m*; **~tif** (~'tif) **I** *adj.* [7e] □ **1.** gesamt, gemeinsam, gemeinschaftlich, kollektiv; *société f collective, société f à nom* ~ offene Handelsgesellschaft *f*; *voyage m* ~ Gesellschaftsreise *f*; **2.** zs.-fassend; Sammel...; *gr. nom m* ~ Sammelwort *n*; *opt. verre m* ~ Sammellinse *f*; **II** *m das* Ganze *n*,

Gesamtheit *f*; Kollektiv *n*; **~tion** (~'ksjõ) *f* **1.** Sammlung *f*; *bsd.* ✝ Kollektion *f*; Sammeln *n*; ~ *numismatique* Münzsammlung *f*; **2.** ⚕ Ansammlung *f ungesunder Säfte*; **~tionnage** (~ksjɔ'na:ʒ) *m* Sammelwut *f*; **~tionner** (~ksjɔ'ne) [1a] **I** *v/t.* sammeln; **II** *v/i.* e-e Sammlung anlegen; **~tionneur** (~ksjɔ'nœ:r) *su.* [7g] Sammler *m*; **~tivisation** *éc.* (~ktiviza'sjõ) *f* Kollektivierung *f*; Kollektivisierung *f*; ⚒ Umwandlung *f* in Kolchosenwirtschaften; **~tiviser** *éc.* (~ktivi'ze) *v/t.* [1a] kollektivieren; **~tivisme** (~kti'vism) *m* Kollektivismus *m*; **~tiviste** *éc.* (~kti'vist) *adj. u. su.* kollektivistisch; Kollektivist *m*; **~tivité** (~ktivi'te) *f* Gesamtheit *f*, Gemeinschaft *f*; Volksgruppe *f*; Gemeinschaftlichkeit *f*; Kollektivausstellung *f*; ~ *de droit public* öffentlich-rechtliche Körperschaft *f*.

collège (kɔ'lɛ:ʒ) *m* **1.** *rl.* Kollegium *n*; *sacré* ~ Kardinalskollegium *n*; **2.** ~ *électoral* Wahlversammlung *f*; *au* ~ *unique* einstimmig; **3.** (städtische) höhere Schule *f*; ~ *classique* humanistisches Gymnasium *n*; ~ *de plein exercice* Vollanstalt *f*; ~ *des champs* Landschule *f*; *amis m/pl. de* ~ Schulfreunde *m/pl.*; *années f/pl. de* ~ Schulzeit *f*; *fréquenter un* ~ e-e höhere Schule besuchen.

collé|gial *rl.* (kɔle'ʒjal) *adj.* [5c], *a. f*: (*église f*) **~e** Stiftskirche *f*; **~gien** (~'ʒjɛ̃) [7c] **I** *su.* Oberschüler *m*, **II** *adj.* schülerhaft, Schüler...

collègue (kɔ'lɛg) *su.* Kollege *m*; P Kamerad *m*.

collement (kɔl'mɑ̃) *m* Verkleben *n*.

coller (kɔ'le) [1a] **I** *v/t.* **1.** (zusammen-, an-, auf-)kleben *od.* (-)leimen, bekleben; **2.** mit Leim (-wasser) überziehen *od.* tränken, planieren (*Buchbinderei*); ~ *du vin* Wein klären; **3.** *fig.* heften, (dicht) anlegen, anschmiegen; ~ *ses yeux sur qch.* etw. starr anblicken; *être collé sur son cheval* fest auf dem Pferde sitzen; F *il est toujours collé sur ses bouquins* er sitzt beständig über s-n Schmökern; **4.** *ch. chien collé à la voie* guter Spürhund *m*; **5.** *écol. bei e-r Prüfung* durchfallen lassen; ~ *un écolier*: a) e-n Schüler durch Fragen reinlegen; b) e-m Schüler e-e Strafarbeit geben *od.* ihn nachsitzen lassen; **6.** P *l'agent* (P *le flic*) *colle un pègre* der Polizist (P der Grüne) erwischt e-n Spitzbuben; s. *pègre*; **7.** F a) zum Schweigen bringen; b) verpassen, verabreichen (*Backpfeife, Schlag*); **II** *v/i.* **8.** zusammen-kleben, -halten; F *fig.* ~ *à qch.* sich anpassen, mit etw. Hand in Hand gehen; *Auto*: ~ *derrière une voiture* dicht hinter e-m Wagen herfahren; ~ *avec qch.* mit etw. zusammenpassen; **9.** eng anliegen (*Kleidung*); **10.** P *fig. ça colle* das klappt (gut); recht so!, einverstanden!; *ils collent bien ensemble* sie passen gut zueinander; **11.** *bsd. écol.* ~ *de travail* vor Arbeit schwitzen; **III** *v/rfl.* se ~ **12.** se ~ *contre q.* sich an j-n (*acc.*) anschmiegen; **13.** se ~ *avec q.* mit j-m in wilder Ehe leben.

collerette (kɔl'rɛt) *f* **1.** Halskrause *f*; **2.** ⚘ Blumenhülle *f der Doldengewächse*; **3.** ⊕ Rand *m*, Flansch *m*; Krone *f am Dampfkolben*.

collet (kɔ'lɛ) *m* **1.** (Hals-)Kragen *m*; ~ *monté* F Formenmensch *m*, steifer Mensch *m*, affektierter Typ *m*; ~ *d'habit*, ~ *de manteau* Rock-, Mantel-kragen *m*; ~ *montant* steifer Militärkragen *m*; *prendre* (*od. saisir od. empoigner*) *q. au* ~ *od. mettre la main sur le* ~ (*od. au* ~) *de q.* j-n beim Kragen (*od.* am Schlafittchen) kriegen; **2.** Cape *n*, kurzer Umhang *m*, Pelzkragen *m*; **3.** *ch.* Schlinge *f*, Dohne *f*; *tendre des* **~s** Schlingen legen, Dohnen stellen; **4.** *anat.* Zahnhals *m*; **5.** ⚘ Wurzelhals *m*; **6.** *cuis.* Halsstück *n*; ~ (*de bœuf*) Kammstück *n*; **7.** ⊕ Rand *m*, Flansch *m*; **~er** (kɔl'te) [1c] **I** *v/t.* (beim Kragen) packen, fassen; **II** *v/i. ch.* Schlingen legen; **III** se ~ sich raufen, F sich in die Haare (*od.* in die Wolle) kriegen; **~eur** (kɔl'tœ:r) *m* Schlingenleger *m*.

colleur (kɔ'lœ:r) *su.* [7g] **1.** ⊕ Leimer *m*; ~ *de tapisseries* Tapezierer *m*; ~ *d'affiches* Plakatankleber *m*; **2.** *écol.* gefürchteter Prüfer *m*; **2.** F Angeber *m*, Dicketuer *m*.

collier (kɔ'lje) *m* **1.** Hals-band *n*, -kette *f*; ~ *d'un ordre* Ordenskette *f*; ~ *de perles* Perlenschnur *f*; ~ (*de chien*) (Hunde-)Halsband *n*; ~ *de force* Halsband *n* mit eisernen Stacheln; **2.** ~ *de cheval* Kummet *n*, Joch *n*; *fig.* ~ *de misère* schwere Arbeit *f*, Plackerei *f*; *reprendre le* ~ die Arbeit wiederaufnehmen; *donner un coup de* ~ sich große

Mühe geben; sich e-n Ruck geben; e-e besondere Anstrengung machen; *homme franc m du* ~ aufrichtiger, gerader (*od.* tatkräftiger *od.* tüchtiger *od.* wackerer) Mann *m*; *ne pas être franc du* ~ nicht offen (-herzig) sein, verstockt (*od.* verschlossen) sein; **3.** ⚘ Reif *m*, Ring *m von Staubfäden*; **4.** *orn.* (Hals-) Ring *m*; Federkragen *m*; *merle m à* ~ Ringamsel *f*; *pigeon m à* ~ Ringeltaube *f*; **5.** *zo. vipère f à* ~ Halsbandnatter *f*; **6.** Halsstück *n* beim Ochsen; **7.** ⊕ Reifen *m*, Schelle *f*, Flansche *f*, Scheibe *f*, Rand *m*, Kragen *m*; **8.** ⚠ Perlstab *m*.

colliger (kɔli'ʒe) *v/i.* [1n] aus Büchern sammeln, Auszüge aus Büchern machen.

collima|teur *opt.* (kɔlima'tœ:r) *m* Fernrohraufsatz *m*; *lunette f de* ~ Zielfernrohr *n*; **~tion** *opt.* (~ma'sjɔ̃) *f* Visieren *n*; *ligne f de* ~ Sehlinie *f*.

colline (kɔ'lin) *f* Hügel *m*.

collision (kɔli'zjɔ̃) *f* **1.** Zusammenstoß *m*, Anprall *m*; *entrer en* ~ zusammen-stoßen, -fahren; *fig.* sich reiben; **2.** *fig.* Reibung *f*, Zusammenstoß *m*, Kollision *f*; **~ner** (~zjɔ'ne) *v/t.* [1a]: ~ *un autre véhicule* mit e-m anderen Fahrzeug zusammenstoßen.

collocation ⚖ (kɔlɔka'sjɔ̃) *f* **1.** Ranganweisung *f* (*der Gläubiger bei der Teilung der Konkursmasse*); **2.** Reihenfolge *f* (*der Gläubiger*); **3.** Anteilssumme *f* (*des Gläubigers*).

collodion (kɔlɔ'djɔ̃) *m* ⚗ Kollodium *n*; *phm.* Wundpflaster *n*.

collo|que (kɔ'lɔk) *m* **1.** *pol.*, *rl.* Gespräch *n*, Unterredung *f*; **2.** *allg.* F Gerede *n*, Lästerrede *f*; **~quer** (~'ke) *v/t.* [1m] **1.** die Rangordnung der Gläubiger feststellen; ~ *par préférence* bevorzugen; **2.** *mv.p.* ~ *q. à un endroit* j-n irgendwo hinplacieren (*od.* hinstecken *od.* hinsetzen); **3.** ~ *qch. à q.* j-m etw. überlassen *od.* verkaufen, um es loszuwerden, j-m etw. andrehen P (*od.* anschmieren P); **4.** F versetzen (*Hieb*); **~typie** *typ.* (~ti'pi) *f* Lichtdruck *m*.

collu|der ⚖ (kɔly'de) *v/i.* [1a] unter e-r Decke stecken, in heimlichem Einverständnis stehen; **~sion** (~'zjɔ̃) *f* (heimliches) Einverständnis *n*; **~soire** (~'zwa:r) *adj.* □ heimlich verabredet, abgekartet.

collutoire *phm.* (kɔly'twa:r) *m* Mundwasser *n*.

collyre *phm.* (kɔ'li:r) *m* Augenmittel *n*; ~ *liquide* Augentropfen *m/pl.*

colmat|age (kɔlma'ta:ʒ) *m* Erhöhung *f* niedrigen Bodens; Abriegelung *f* e-r Einbruchsstelle; **~er** (~'te) *v/t.* **1.** den Boden durch Flußablagerungen erhöhen *od.* düngen; **2.** *abus.* zukitten; verstopfen (*Loch*); **3.** *a.* ⚔ ~ *une brèche* e-e Einbruchsstelle wieder abriegeln.

colocataire (kolɔka'tɛ:r) *m* Mitmieter *m*.

Cologne (kɔ'lɔɲ) *f* Köln *n*.

Colomb (kɔ'lɔ̃) *m* Kolumbus *m*.

colombage(s) ⚠ (kɔlɔ̃'ba:ʒ) *m*(*/pl.*) Fachwerk *n*.

colombe (kɔ'lɔ̃:b) *f* **1.** *st.s.*, *poét.* Taube *f*; *fig.* unschuldiges Mädchen *n*; *plais.* lockeres Frauenzimmer *n*; *pol.* ~ *de Picasso* Friedenstaube *f*; F *ma* ~! mein Täubchen!, mein Liebling!; **2.** ⊕ ~ *à joindre* Fügebank *f* (*Böttcherei*).

colom|bier (kɔlɔ̃'bje) *m* Taubenschlag *m*; **~bin** (~'bɛ̃) **I** *adj.* [7] taubenartig; Tauben...; **II** ~*s m/pl.* Taubenvögel *m/pl.*; **~bine** (~'bin) *f* **1.** Taubenmist *m*, *weitS.* Geflügeldünger *m*; **2.** *min.* Bleierz *n*; **~bophile** (~bɔ'fil) *m* (Brief-) Taubenzüchter *m*; **~bophilie** (~bɔfi'li) *f* (Brief-)Taubenzucht *f*.

colon (kɔ'lɔ̃) **1.** Kolonist *m*; *a.* Ferienkolonist *m* (*Jugendlicher*); Ansiedler *m*, Pflanzer *m*, Bauer *m*, Landwirt *m*, Pächter *m*; **2.** P ⚔ Oberst *m*; **3.** P Kamerad *m*, Kumpel *m*.

côlon *anat.* (ko'lɔ̃) *m* Grimmdarm *m*.

colonage (kɔlɔ'na:ʒ) *m* **1.** ⚒ Anbau *m* durch e-n Siedler; **2.** Teilpacht *f*.

colonat (kɔlɔ'na) *m* Siedler-, Kolonisten-stand *m*.

colonel (kɔlɔ'nɛl) *m* Oberst *m*; **~le** (~) *f* Frau *f* e-s Obersten.

colo|nial (kɔlɔ'njal) [5c] **I** *adj.* kolonial; *casque m* ~ Tropenhelm *m*; *denrées f/pl.* ~*es* Kolonialwaren *f/pl.*; *politique f* ~*e* Kolonialpolitik *f*; *ville f* ~*e* Pflanzstadt *f*; **II** *m* Kolonialsoldat *m*; Siedler *m*; **III** F *f* Kolonialinfanterie *f*; **~nialisme** (~nja'lism) *m* Kolonialpolitik *f*; **~nialiste** (~nja'list) *adj.*: *exploitation f* ~ koloniale Ausbeutung *f*; **~nie** (~'ni) *f* Kolonie *f*; Ansiedlung *f*, Niederlassung *f*; ~ *péni-*

tentiaire Strafkolonie *f*; ~ *de vacances* Ferienkolonie *f*; ~ *d'habitations à bon marché* Stadtrandsiedlung *f*, soziale Wohnsiedlung *f*.

coloni|sateur (kɔlɔnizaˈtœːr) [7f] I *su.* Kolonisator *m*; II *adj.* kolonisierend; **~sation** (~zɑˈsjɔ̃) *f* Kolonisierung *f*, Gründung *f* einer Kolonie; Ansiedlung *f*; **~ser** (~ˈze) [1a] I *v/t.* kolonisieren; *fig.* ✝ *son marché était colonisé par de nombreux produits industriels étrangers* sein Markt wurde von zahlreichen ausländischen Industriewaren überschwemmt; II *v/rfl.* *se* ~ besiedelt werden.

colonnade ⩓ (~ˈnad) *f* Säulengang *m*, Kolonnade *f*.

colonne (kɔˈlɔn) *f* 1. ⩓ Säule *f*; Pfeiler *m*; Pfosten *m*; *fig.* (Haupt-)Stütze *f*; *base f d'une* ~ Säulenfuß *m*; *chapiteau m d'une* ~ Säulenkapitäl *n*; *fût m d'une* ~ Säulenschaft *m*; ~ *ionique* (*corinthienne, dorique*) ionische (korinthische, dorische) Säule *f*; ~ *monumentale* Gedenksäule *f*; ~ *triomphale* Siegessäule *f*; ~ *itinéraire* Wegweiser *m*; ~ *milliaire* Meilenstein *m*; ~ *d'affiches*, ~ *Morris* Anschlag-, Litfaß-säule *f*; ~ *de lit* Bettpfosten *m*; *lit m à* ~*s* Himmelbett *n*; *meubles m/pl. à* ~*s* mit (kleinen) Säulen verzierte Möbel *n/pl.*; 2. (senkrechte) Reihe *f*, Kolonne *f*; Spalte *f*; *arith.* (Zahlen-)Stelle *f*; *à trois* ~*s* dreispaltig; *par* ~*s* spaltenweise; ~ *des unités* (*des dizaines, des centaines*) Reihe *f* der Einer (Zehner, Hunderter); 3. *phys.* ~ *d'air* Luftsäule *f*; ~ *d'eau* Wassersäule *f*; Wasserstrahl *m*; ~ *de mercure* Quecksilbersäule *f*; 4. ⚔ Kolonne *f*; ~ *mobile*, ~ *volante* Streifkolonne *f*, Streifkommando *n*, fliegendes Korps *n*; ~ *serrée* Regimentskolonne *f*; ~ *d'assaut* Sturmkolonne *f*; ~ *de ravitaillement*, ~ *de vivres* Proviantkolonne *f*; ~ *de route* Marschkolonne *f*; *pol. cinquième* (5ᵉ) ~ Fünfte (5.) Kolonne *f*; 5. *anat.* ~ *vertébrale* Wirbelsäule *f*; **~-affiches** (kɔlɔnaˈfiʃ) *f* [6b] Anschlagsäule *f*, Litfaßsäule *f*.

colonnette (~ˈnɛt) *f* 1. kleine Säule *f*; 2. ⊕ Hubseiltragvorrichtung *f*, Kabelkranreiter *m*, Seilreiter *m*.

colophane (kɔlɔˈfan) *f* Kolophonium *n*, Geigenharz *n*.

coloquinte (~ˈkɛ̃ːt) *f* 1. ♀ Koloquinte *f*, Purgiergurke *f*; 2. P Kopf *m*, Kürbis *m* P, Birne *f* P.

colorado *ent.* (~raˈdo) *m* Kartoffel-, Kolorado-käfer *m*.

colo|rant (kɔlɔˈrɑ̃) I *adj.* [7] färbend; II *m* Farbstoff *m*; **~ration** (~rɑˈsjɔ̃) *f* Färbung *f*; **~rer** (kɔlɔˈre) [1a] I *v/t.* 1. färben; ~ *de pourpre* purpurrot färben; *vin coloré* dunkelroter Wein; *avoir le teint coloré* eine gesunde Gesichtsfarbe haben; *style coloré* farbenreicher Stil; 2. *fig.* ausschmücken, verschönern; beschönigen; II *v/rfl.* *se* ~ sich färben, Farbe bekommen; **~riage** (~ˈrjaːʒ) *m* Kolorieren *n*, Austuschen *n*; **~rier** *peint.* (kɔlɔˈrje) *v/t.* [1a] kolorieren, austuschen, ausmalen, Farben auftragen; **~ris** (~ˈri) *m* Kolorit *n*, Farben-gebung *f*, -mischung *f*; (lebhafte) Färbung *f*; *fig.* Farbenreichtum *m*; **~risation** (~rizɑˈsjɔ̃) *f* Färbung *f*, Färben *n*; **~riste** (~ˈrist) *su.* Kolorist *m*; *fig.* glänzender Stilist *m*.

colos|sal (kɔlɔˈsal) *adj.* [5c] □ kolossal, übergroß; Riesen...; **~se** (~ˈlɔs) I *m* Riesenbildsäule *f*; *fig.* Riese *m*, Koloß *m*; II *adjt.*: *femme f* ~ Riesenweib *n*.

colostrum ⚕ (kɔlɔˈstrɔm) *m* Colostrum *n*, Vormilch *f*.

colpor|tage (kɔlpɔrˈtaːʒ) *m* Hausieren *n*; Hausierhandel *m*; *fig.* eifriges Verbreiten *n* von Nachrichten, Kolportage *f*; *littérature f de* ~ Schundliteratur *f*; **~ter** (~ˈte) *v/t.* [1a]: ~ *des marchandises* mit Waren hausieren gehen; *fig.* ~ *une nouvelle* e-e Nachricht verbreiten (*od.* ausplaudern); Gerücht kolportieren (*od.* weitergeben); **~teur** (~ˈtœːr) *su.* [7g] Hausierer *m*; *fig.* ~ *de nouvelles* Kolporteur *m*, Gerüchtemacher *m*, Neuigkeitskrämer *m*.

colposcopie ⚕ (kɔlpɔskɔˈpi) *f* Kolposkopie *f*, Besichtigung *f* von Scheide u. Portio.

colt (kɔlt) *m* Revolver *m*, Colt *m*.

coltin (kɔlˈtɛ̃) *m* 1. Lederhut *m* (*der Lastträger*); 2. P Arbeit *f*; **~age** (~tiˈnaːʒ) *m* Lastentragen *n*; **~er** (~ˈne) *v/t. u.abs.* [1a] (Lasten) tragen; sich puckeln, P; P *se* ~ sich prügeln; ~ *le mortier sur une échelle* den Mörtel auf e-r Leiter hinauftragen; ~ *d'étage en étage* sich von e-r Etage zur anderen puckeln; **~eur** (~tiˈnœːr) *m* Lastenträger *m*.

colum|baire (kɔlɔ̃ˈbɛːr) *m*, **~barium** (~barˈjɔm) *m* Urnenhalle *f*.

colza ⚘ (kɔl'za) *m* Raps *m*; *huile f de* ~ Rüböl *n*.
coma ⚕ (kɔ'ma) *m* Koma *n*, bewußtloser, schlafähnlicher Zustand *m*, Schlafsucht *f*; *être dans le* ~ in den letzten Zügen liegen; **~teux** ⚕ (~'tø) *adj.* [7d] schlafsüchtig; *fièvre f ~teuse* e-e Art perniziöses Malariafieber *n*.
combat (kõ'ba) *m* **1.** Kampf *m*; ⚔ Treffen *n*, Gefecht *n*; *Sport*: Kampfspiel *n*, *a. fig.* Wettkampf *m*; *fig.* Streit *m*; ~ *à coups de poing* Schlägerei *f*; ✈ ~ *aérien* Luftkampf *m*; ~ *corps à corps* Nahkampf *m*; ~ *général* Hauptschlacht *f*; ~ *isolé* Einzelkampf *m*; ~ *d'arrière-garde* (*d'avant-garde*) Nachhut-(Vorhut-)gefecht *n*; ~ *contre les tanks* Tankbekämpfung *f*; ~ *naval* Seegefecht *n*; ~ *à outrance* Kampf *m* auf Leben und Tod; ~ *rapproché* Nahkampf *m*; ~ *de rues* Straßenkampf *m*; ~ *singulier* Zweikampf *m*, Duell *n*; *au* (*plus*) *fort du* ~ in der Hitze des Gefechts (*a. fig.*); *ardent au* ~ kampflustig; *livrer un* ~ ein Gefecht liefern; *mettre hors de* ~ kampfunfähig machen; *soutenir un* ~ e-n Kampf bestehen; ⚔ *char m de* ~ Panzer(wagen *m*) *m*, Tank *m*; ~ *de taureaux* Stierkampf *m*; **2.** *poét.* ~*s pl.* Krieg *m*; *Dieu m des* ~*s* Kriegsgott *m*; **~if** (~'tif) *adj. u. su.* [7e] kampflustig, kämpferisch, kriegerisch; streitsüchtig(er Mensch *m*); **~ivité** (~tivi'te) *f* Streitsucht *f*; Kampflust *f*; ⚔ Kampfkraft *f*.
combattant (kõba'tɑ̃) *m* **1.** Frontkämpfer *m*, Frontsoldat *m*; Duellant *m*; *ancien* ~ alter Kämpfer *m*; ehemaliger Kriegsteilnehmer *m*; ~ *sur un char* Panzerschütze *m*, *antiq.* Wagenkämpfer *m*; **2.** *orn.* Kampf-läufer *m*, -hahn *m*; **3.** *icht.* Kampffisch *m*.
combattre (kõ'batrə) [4a] **I** *v/t.* **1.** ~ *q.* j-n bekämpfen, mit j-m kämpfen (*od.* fechten); **2.** *fig.* ~ *qch.* etw. bekämpfen; ~ *une maladie* (*un incendie*) e-e Krankheit (e-e Feuersbrunst) bekämpfen; **II** *v/i.* **3.** kämpfen, fechten, streiten; ein Gefecht liefern; ~ *à outrance* auf Tod u. Leben kämpfen; ~ *corps à corps* Mann gegen Mann kämpfen; **4.** *fig.* ~ *contre qch.* gegen etw. ankämpfen; **5.** ~ *de générosité avec q.* j-n an Freigebigkeit überbieten wollen.
combe *géol.* (kõ:b) *f* Bodeneinschnitt *m*, Bergschlucht *f*.
combien (kõ'bjɛ̃) **I** *adv.* **1.** wieviel?; ~ *cela?* wie teuer ist das?; ~ *de fois?* wie oft?; *en* ~ *de temps?* in (*od.* innerhalb) welcher Zeit?; ~ *de fois est-il venu?* wie oft ist er gekommen?; ~ *de temps n'a-t-il pas fallu!* wieviel Zeit ist doch erforderlich gewesen!; *folgt auf* ~ *ein Akkusativobjekt od. ein unpersönliches Verb, so kann der Teilungsartikel u. das su. hinter dem Verb stehen*: ~ *y a-t-il de personnes?* wieviel Personen sind es?; ~ *faut-il de temps?* wieviel Zeit ist erforderlich?; ~ *avez-vous d'argent?* wieviel Geld haben Sie?; ~ *avez-vous mis de temps od.* ~ *de temps avez-vous mis pour faire ce chemin?* wie lange sind Sie unterwegs gewesen?; wie lange haben Sie für diesen Weg gebraucht?; **2.** wie (sehr), in wie hohem Grade; ~ *peu* wie wenig; ~ *multiples sont les* ... wie vielseitig sind die ...!; ~ *il est terrible* wie schrecklich ist es; **II** *m/inv.* *das* Wieviel *n*; *der* Wievielte *m*; F *le* ~ *est-ce aujourd'hui? od.* F *le* ~ *sommes-nous?* der wievielte ist heute?; den wievielten haben wir heute?; *vgl. quantième*; P *tous les* ~ *passe l'autobus? od. l'autobus passe tous les* ~? in welchem Minutenabstand (*od.* wie oft F) fährt der Bus hier vorbei?
combi|nable (kõbi'nablə) *adj.* zusammenstellbar, vereinbar; **~naison** (~nɛ'zõ) *f* **1.** *a.* ⚗ Zusammensetzung *f*, -stellung *f*, Verbindung *f*; ~ *ministérielle* Zusammensetzung *f* e-s Ministeriums; ~ *de circonstances* Verkettung *f* von Umständen; **2.** *fig.* Kombination *f*, Berechnung *f*; **3.** *Sport*: Zusammenspiel *n*; **4.** Unter-rock *m*, -kleid *n*; Strampelhöschen *n*, Kriechanzug *m*; *ehm.* Hemdhose *f*; **5.** Monteuranzug *m*, Kombination *f*; **6.** ⊕ Kombinationsschloß *n*, Buchstabenschloß *n*, Schließanlage *f*; *la* ~ *d'un coffre-fort* die Schließanlage *f* e-s Geldschranks; **~nard** P (~'na:r) *m* gerissener (*od.* geriebener) Kerl *m*; **~nat** *éc.* (~'na) *m* Kombinat *n*, Vereinigung *f* mehrerer Industriebetriebe e-s Gebiets (*UdSSR*); **~nateur** (~na'tœ:r) [7f] **I** *su.* **1.** Zusammensetzer *m*; Berechner *m*;

2. ⚡, *rad.* Stufen-, Wellen-schalter *m*; **II** *adj.* kombinierend; **~natoire** (~na'twa:r) *adj.* kombinatorisch; **~ne** P (kɔ̃'bin) *f* Dreh *m*, Kniff *m*, Trick *m*, Masche *f* P; Idee *f*, guter Einfall *m*; **~né** (~'ne) *m* **1.** ⚗ chemische Verbindung *f*; **2.** *téléph.* ⊕ Hörer *m* (*Gerät*); *rad.* Rundfunkempfänger *m* mit Plattenspieler; **3.** *Auto*: Instrumentbeleuchtung *f*; *Sport*: kombinierter Wettkampf *m*; ~ *en ski* Kombinationslauf *m*; **~ner** (~'ne) [1a] **I** *v/t.* **1.** zusammenstellen, vereinigen; **2.** *fig.* kombinieren, erwägen, berechnen; **3.** ⚗ verbinden, mischen, zusammen-setzen *od.* -stellen; **II** *v/rfl.* se ~ sich verbinden; ♪ sich zusammenstellen lassen.

comble ('kɔ̃:blə) **I** *m* **1.** Zugabe *f*, Übermaß *n*; **2.** Δ Dachstuhl *m*, First *m*, Giebel *m*, Dach *n*; ~ *brisé* Mansardendach *n*; ~ *à deux pentes* Satteldach *n*; ~ *en dôme* Kuppeldach *n*; *les ~s pl.* das Dachstockwerk *n*; *être logé sous les ~s* unter dem Dache wohnen; **3.** *fig.* Gipfel *m*, höchste Stufe *f*, Höhe *f*; *c'est le ~!* das ist ja die Höhe!, das ist ja toll (*od.* unerhört!)!, das schlägt dem Faß den Boden aus!, da geht einem ja der Hut hoch!, da platzt einem ja der Kragen!, da hört doch alles auf!; *mettre le ~ à qch.* e-r Sache die Krone aufsetzen; *advt. de fond en ~* ganz und gar, gänzlich, von Grund auf; *être au ~ de ses vœux* am Ziel s-r Wünsche (angelangt) sein; *l'irritation des esprits était au ~* die Erregung der Gemüter war aufs höchste gestiegen; *parvenir au ~ des honneurs* die höchste Stufe der Ehren erreichen; **II** *adj.* **4.** bis zum Rande aufgehäuft, (über)voll; überfüllt; *fig. la mesure est ~!* das Maß ist voll!; **5.** *thé.* gedrängt voll, besetzt; *faire salle ~* ein volles Haus machen; **~ment** (kɔ̃blə'mɑ̃) *m* **1.** An-, Aus-füllung *f*, Zuschütten *n*; **2.** Deckung *f* e-s Fehlbetrages.

comblé (kɔ̃'ble) *adj.*: ~ (*de joie*) überglücklich, heilfroh, selig, zuhöchst beglückt, äußerst glücklich.

combler (~) [1a] **I** *v/t.* **1.** (an)füllen; überfüllen; *fig.* ~ *ses vœux* s-e Wünsche voll erfüllen; ~ *la mesure* das Maß voll machen; **2.** ausfüllen, zuschütten; ~ *une lacune* e-e Lücke ausfüllen (*a. fig.*); **3.** ~ *un déficit* e-n Fehlbetrag decken; ein Defizit ausgleichen (*Staatshaushalt*); ~ *un retard* ein Versäumnis wieder aufholen *od.* wiedergutmachen); **4.** ~ *q. de* j-n überhäufen mit; *vous me comblez de joie* Sie machen mich überglücklich!; **II** *v/rfl.* se ~ ausgefüllt (*od.* zugeschüttet) werden.

combuger (kɔ̃by'ʒe) *v/t.* [11] wässern (*Fässer*).

comburant (kɔ̃by'rɑ̃) **I** *adj.* verbrennend, verbrennungserregend; **II** *m* Sauerstoffträger *m*, Verbrennungserreger *m*, verbrennungserregendes Element *n*.

combus|tibilité *phys.* (kɔ̃bystibili'te) *f* Brennbarkeit *f*; **~tible** (~'tiblə) **I** *adj.* **1.** (ver)brennbar, entzündlich; **II** *m* **2.** brennbarer Stoff *m*; Brenn-, Treib-stoff *m*; *bsd.* ~*s pl.* Heizmaterial *n*; *at.* ~ *nucléaire* nuklearer Brenn- (*od.* Treib-)stoff *m*; **3.** ~*s pl.* brennbare Materialien *n/pl.*; **~tion** (~bys'tjɔ̃) *f* **1.** Verbrennung *f*, Verbrennen *n*; ~ *spontanée* Selbstentzündung *f*; **2.** *fig.* Aufruhr *m*, Verwirrung *f*; *fig. mettre en ~* in Flammen (*od.* in hellen Aufruhr) setzen.

comé|die (kɔme'di) *f* **1.** Komödie *f*, Lustspiel *n*; ~*-ballet* Lustspiel *n* mit Ballett; ~ *de caractère* Charakterkomödie *f*; ~ *larmoyante* weinerliches Lustspiel *n*, Rührstück *n*; ~ *de mœurs* Sittenkomödie *f*; ~ *pastorale* Schäferspiel *n*; ~*-vaudeville* Singspiel *n*; **2.** *jouer bien la ~* sich gut zu verstellen wissen; *la ~ de la vie* die lächerliche Seite des Lebens, das Komische im Leben; *c'est le secret de la ~* das ist ein öffentliches Geheimnis, das Geheimnis kennt jedes Kind; **3.** Schauspielhaus *n*, Theater *n*; **~dien** (~'djɛ̃) [7c] **I** *su.* Komödiant *m*, Schauspieler *m* (*a. fig.*); *fig.* Heuchler *m*; **II** *adj.* schauspielermäßig; komödienhaft.

comédon ⚕ (kɔme'dɔ̃) *m* Mitesser *m.*

comestib|ilité (kɔmɛstibili'te) *f* Eßbarkeit *f*; **~le** (~'tiblə) **I** *adj.* eßbar; **II** *m* Nahrungsmittel *n*; ~*s pl.* Eßwaren *f/pl.*; ~*s (de choix)*, ~*s (fins)* Delikatessen *f/pl*; *magasin m de ~s* Lebensmittel, Feinkostgeschäft *n*.

cométaire (kɔme'tɛ:r) *adj. ast.* kometenartig, Kometen...

comète (~'mɛt) *f* **1.** *ast.* Komet *m*, Schweifstern *m*; **2.** schmales Band *n*; **3.** kleine, überdeckte Bahre *f für Kleinkindersärge*; **4.** ⊕ Kapitäl *n* (*angeleimter Streifen am Buchrücken*); **5.** *fig.* F: *tirer des plans sur la* ~ sich den Kopf zerbrechen; Zukunftspläne schmieden.

comice (kɔ'mis) *m* Volksversammlung *f*; ~ *électoral* Urwählerversammlung *f*; ~ *agricole* landwirtschaftliche Versammlung *f*.

comique (kɔ'mik) **I** *adj.* □ **1.** komisch; Lustspiel...; **2.** spaßig, drollig, ulkig; **II** *m* **3.** *le* ~ das Komische *od.* Spaßhafte *n*; *le bas* ~ das Possenhafte *n*; *le haut* ~ die höhere Komik *f*; **4.** Komiker *m*, Schauspieler *m*; *allg.* Spaßmacher *m*, Witzbold *m*; **5.** Lustspieldichter *m*, Komödienschreiber *m*.

comité (kɔmi'te) *m* Komitee *n*, Ausschuß *m*; ~ *d'arbitrage* Schlichtungsausschuß *m*; Schiedsgericht *n* (*a. Sport*); ~ *d'administration* Verwaltungs-ausschuß *m*, -rat *m*; Vorstand *m*; ~ *de surveillance* Aufsichtsrat *m*; ~ *des houillères* Steinkohlensyndikat *n*; *pol.* ~ *central* Zentralkomitee *n*, ZK *n*; ~ *d'investigation* Untersuchungsausschuß *m*; ~ *de lecture* Prüfungsausschuß *m* beim Theater; ~ *de salut public* Wohlfahrtsausschuß *m*; ~ *consultatif* beratender Ausschuß *m*; ~ *exécutif* Vollzugsausschuß *m*; ~ *directeur* Vorstand *m*; ~ *électoral* Wahl-ausschuß *m*, -vorstand *m*; ~ *préparatoire* vorbereitender Ausschuß *m*; ~ *de vérification* Prüfungsausschuß *m*; ~ *secret* geheime Ausschußsitzung *f*; F *fig. en petit* ~ in engerem Kreise; *nous serons en petit* ~ wir werden ganz unter uns sein.

command ⚖ (kɔ'mɑ̃) *m* Auftraggeber *m* (*für e-n Ankauf*).

commandant (kɔmɑ̃'dɑ̃) *m* Kommandant *m*, Befehlshaber *m*; Major *m*; ~ *de compagnie* Kompagniechef *m*; ~ *de corps d'armée* kommandierender General *m*; ~ *d'un vaisseau* Schiffskommandant *m*; ~ *en chef* Oberbefehlshaber *m*; **~e** (~'dɑ̃:t) *f* Frau *f* des Kommandanten, des Majors.

command-car ⚔ (kɔ'mɑ̃:d'ka:r) *m* [6g] Befehlswagen *m*.

commande (kɔ'mɑ̃:d) *f* **1.** Bestellung *f*, Auftrag *m*; *forte* ~ großer Auftrag *m*; ~ *d'essai* Probeauftrag *m*; ~ *d'État* Staatsauftrag *m*; *bulletin m de* ~ Bestellzettel *m*, Ablieferungsschein *m*; *livre m de* ~*s* Bestellbuch *n*; *travailler sur* ~ auf Bestellung arbeiten; *faire des* ~*s* bestellen; *révoquer* (*od. annuler*) *une* ~ abbestellen; **2.** *de* ~ bestellt; befohlen; erheuchelt; F *joie f de* ~ erkünstelte (*od.* geheuchelte) Freude *f*; *pleurs f/pl. de* ~ Krokodilstränen *f/pl.*; **3.** ⊕, *mach.* (Arbeits-) Antrieb *m*, Steuerung *f*; ~ *mécanique*, ~ *à* (*la*) *vapeur* Maschinen-, Dampf-antrieb *m*; ~ *par vis sans fin*, ~ *par vis tangente* Schneckenantrieb *m*; ~ *par* (*od. sur*) *roue(s) arrière* Hinterrad-, Heck-antrieb *m*; ~ *par* (*od. sur*) *roue(s) avant* Vorderrad-, Frontantrieb *m*; ✈ ~ (*dynamique*) *du gouvernail de profondeur* (*de direction*) Tiefen- *od.* Höhen-(Seiten-)steuerung *f*; *Auto*: ~ *du contact et du démarreur* Zünd-, Anlaß-schloß *n*; ~ *par chaîne* Kettenantrieb *m*; ~ *électrique des aiguilles* elektrische Weichenstellung *f*; *télév.* ~ *de sonorisation* Tonschaltung *f*; **~ment** (~mɑ̃d'mɑ̃) *m* **1.** Befehl *m*, Gebot *n*; *les dix* ~*s de Dieu* die zehn Gebote Gottes; ~*s pl. de l'église* kirchliche Vorschriften *f/pl.*; **2.** ⚔ Führung *f*, Befehl *m*, Kommando *n*, Gewalt *f*, Herrschaft *f*; Beherrschung *f*; *avoir le* ~ *des* (*od. sur les*) *troupes* das Kommando über die Truppen haben; *être sous le* ~ *de q.* unter j-s Befehl stehen; *le haut* ~ das Oberkommando *n*, die Heeresleitung *f*; *poste m de* ~ Gefechtsstand *m*; ~ *d'étapes* Kommandantur *f*; **3.** ⚖ Zahlungsbefehl *m*.

comman|der (kɔmɑ̃'de) [1a] **I** *v/t.* **1.** ~ *qch. à q.* j-m etw. befehlen; ~ *l'admiration* Bewunderung hervorrufen; *les circonstances commandent ces mesures* die Umstände verlangen solche Maßregeln; **2.** *fig.* ~ *q.* j-n beherrschen; **3.** ~ *qch. à q.* bei j-m etw. bestellen, j-m für etw. e-n Auftrag geben (*od.* erteilen); **4.** ⚔ kommandieren, befehligen, (an)führen, das Kommando führen über (*acc.*); ~ *en chef* den Oberbefehl über ... (*acc.*) haben; **5.** durch die höhere Lage beherrschen; *weitS.* überragen, höher gelegen sein als; **6.** ⊕ (an)treiben, betätigen, in Bewegung setzen; **II** *v/i.* **7.** kommandieren, gebieten *st.s.*; **8.** herrschen; *fig.* ~ *à ses passions* s-e Leidenschaften beherrschen *od.* zügeln; ~ *à soi-même* sich selbst beherrschen (*od.* in der Gewalt haben); sich bezähmen; **III** *v/rfl.* se ~: *la gaieté ne se commande pas* Heiterkeit läßt sich nicht erzwingen; **~deur** (~'dœ:r) *m* **1.** *hist.* Komtur *m*, Ordensritter *m*; **2.** Kommandeur *m e-r Ordensklasse* (*Ordenstitel*); *Fr.* ~ *de la Légion d'honneur* Kommandeur *m* der Ehrenlegion.

commandi|taire ✝ (kɔmɑ̃di'tɛ:r) *adj. u. su.*: (*associé m*) ~ stiller Gesellschafter *m od.* Teilhaber *m*, Kommanditär *m*, Kommanditist *m*; *allg.* Geldgeber *m*; **~te** (~'dit) *f* **1.** (*société f en*) ~ Kommanditgesellschaft *f*; **2.** Anteilsumme *f* e-s Kommanditärs; **~té** (~di'te) *m* verantwortlicher Teilhaber *m* e-r Kommanditgesellschaft, Komplementär *m*; **~ter** (~) *v/t.* [1a] Geld in ein Geschäft geben, Geld in ein Unternehmen stecken, ein Unternehmen finanzieren (*als stiller Teilhaber*); *allg.* geldlich unterstützen.

commando (~'do) *m* (*Gefangenen-*, ⚔) Trupp *m*; Gruppe *f* (*v. Demonstranten*); Stoßtrupp *m*; ~ *de chasse* Jäger-kommando *n*, -einheit *f*.

comme (kɔm) **I** *adv.* **1.** wie, so wie, als; *froid* ~ *glace* eiskalt; *un homme* ~ *lui* ein Mann wie er, ein Mensch seiner Art; *il est* ~ *ça od.* ~ *cela* er ist nun einmal so; ~ *il faut* ordentlich, wie sich's gehört; ~ *tout* überaus; *bête* (*malin*) ~ *tout* überaus dumm (schlau); F *c'est tout* ~ *ça* das ist ganz dasselbe; F ~ *ci,* ~ *ça* so lala, soso; **2.** gleichsam wie; *il était* ~ *pétrifié* er stand wie versteinert da; *l'affaire est* ~ *arrangée* die Sache ist so gut wie abgemacht; F *c'est tout* ~ so gut wie; fast; **3.** als, wie, nach Art von ...; ~ *roi, il pouvait l'exiger* als König konnte er es verlangen; *considérer* ~, *regarder* ~ ansehen als, halten für; **4.** wie (*bisw. noch anstelle von comment in indir. Frage*) *voici* ~ *l'affaire se passa* die Sache verhält sich folgendermaßen; F ~ *quoi* wieso: *il faut que je vous établisse* ~ *quoi je suis M. La Brige* ich soll Ihnen nachweisen, wieso ich La Brige bin; **5.** wie (sehr), bis zu welchem Grade; ~ *il est changé!* wie er sich verändert hat!; ~ *le temps passe!* wie schnell vergeht die Zeit!; ~ *c'est beau!* ist das schön!; **6.** (ebenso) wie; ~ *si* (gleich) wie wenn, als wenn, als ob; ~ *si la question pouvait se résoudre par oui ou par non!* als ob die Frage durch ein einfaches Ja oder Nein gelöst werden könnte!; *faites* ~ *si de rien n'était* tuen Sie so, als ob nichts geschehen wäre; *faites* ~ *moi* machen Sie es wie ich; *il parle* ~ *s'il était le maître* er spricht, als ob er Herr im Hause wäre; ~ *vous dites* wie Sie sagen; Sie haben (ganz) recht; F ~ *qui dirait* e-e Art (von); *il portait sur sa tête* ~ *qui dirait un turban* er trug auf s-m Kopf e-e Art Turban; **II 7.** *cj.* als (*mst. mit impf.*); **8.** da (ja); ~ *l'heure est avancée, ne l'attendez plus* da es schon spät ist, warten Sie auf ihn nicht mehr; *faible* ~ *il* (*l'*)*est*, ... schwach, wie er nun einmal ist, ...

commémo|raison *rl.* (kɔmemɔrɛ'zɔ̃) *f kirchliche* Erwähnung *f* e-s Heiligen; **~ratif** (~ra'tif) *adj.* [7e] Gedenk...; *fête f commémorative* Gedächtnisfeier *f*; **~ration** (~rɑ'sjɔ̃) *f* **1.** Gedächtnisfeier *f*; ~ *des morts* Totenfeier *f*; **2.** Andenken *n*; *en* ~ *de* zum Andenken an (*acc.*); **~rer** (~'re) *v/t.* [1a] wieder ins Gedächtnis rufen.

commen|çant (kɔmɑ̃'sɑ̃) *su.* [7] Anfänger *m*; *écol.* Schulanfänger *m*, Abc-Schütze *m*; **~cement** (~s'mɑ̃) *m* **1.** Anfang *m*, Beginn *m*; Ursprung *m*, erste Ursache *f*; *dès le* ~ gleich von Anfang an; *au* ~ *de l'été* zu Beginn des Sommers; *au* ~ *était le verbe* am Anfang war das Wort; *Dieu est le* ~ *de toutes choses* Gott ist der Urheber *od.* der Urquell aller Dinge; *prov. il y a* ~ *à tout od. le plus difficile, c'est le* ~ aller Anfang ist schwer; **2.** *Golf*: Abschlag *m*; **3.** ~*s pl.* erster Unterricht *m*; Anfangsgründe *f*.

commencer (kɔmɑ̃'se) [1k] **I** *v/t.* **1.** anfangen, beginnen; eröffnen; *j'ai dit en commençant* ich habe im Anfang gesagt; **2.** ~ *un enfant* e-m Kind den ersten Unterricht erteilen; **3.** entwerfen, andeuten; **II** *v/i.* anfangen, beginnen, einsetzen; a) *unterschiedslos mit à od. de* + *inf.*: ~ *à fleurir* aufblühen; *un enfant commence à parler* beginnt zu sprechen; *~ à travailler à qc.* etw. in Arbeit nehmen; *il commence d'écrire* er fängt zu schreiben an; *un orateur commence de parler* fängt zu sprechen an; b) *~ par (faire) qch.* mit etw. den Anfang machen; (*worauf stets eine od. mehrere Handlungen folgen!*); *il commença par écrire* zuerst schrieb er; *par où commencerai-je?* womit soll ich den Anfang machen?; *je commence par vous dire* ich muß Ihnen vorerst sagen; *prov. charité bien ordonnée commence par soi-même* jeder ist sich selbst der Nächste, *od.*: selber essen macht fett; **III** *v/imp. il commence à ...* es fängt an zu ...; **IV** *v/rfl. se ~* angefangen werden, beginnen.

commen|dataire *rl.* (kɔmɑ̃da'tɛ:r) *m* Pfründeninhaber *m*, weltlicher Abt *m*; **~de** *rl.* (kɔ'mɑ̃:d) *f* Ordenspfründe *f*.

commen|sal (kɔmɑ̃'sal) *su.* [5c] **1.** Tischgenosse *m*; *Victor Hugo conserva toujours un appétit qui faisait l'étonnement de ses commensaux* V. Hugo behielt stets e-n Appetit, der s-e Tischgenossen in Erstaunen zu setzen pflegte; **2.** Tafelgast *m bei Hofe*; **~salité** (~sali'te) *f* **1.** Tischgenossenschaft *f*; **2.** (Recht *n* zur) freie(n) Tafel *f bei Hofe*.

comment (kɔ'mɑ̃) **I** *adv.* **1.** *dir. u. indir. Frage*: wie (bitte)?; wie kommt es, daß ...?; *~ allez-vous od. ~ va votre santé?*, F *~ ça va(-t-il)?* wie geht's?; *~ cela?* wieso?; *~ faire?* was ist hier zu tun?; *je ne sais ~ l'exprimer* ich weiß nicht, wie ich es ausdrücken soll; **2.** *Ausruf*: wie!; *~ donc!* was denken Sie!; **II** *m das* Wie, *die* Art und Weise.

commen|taire (kɔmɑ̃'tɛ:r) *m* **1.** Kommentar *m*, Auslegung *f*, Erklärung *f*, erklärende Anmerkungen *f/pl.*; F *point de ~!* kein Wort weiter!; **2.** *~s pl.* F *fig.* boshafte Auslegung *f*, Klatscherei *f*; **3.** *2s pl.* Denkwürdigkeiten *f/pl.*; *les 2s de César* Cäsars Kommentare *m/pl.*; **~tateur** (~ta'tœ:r) *su.* [7f] Kommentator *m*, Ausleger *m*, Erklärer *m*; **~ter** (~'te) [1a] **I** *v/t.* kommentieren, auslegen, erläutern, erklären, besprechen; **II** *v/i.* (boshafte) Anmerkungen machen (*sur* zu *dat.*), s-e Glossen machen (*sur* über *acc.*).

commérage F (kɔme'ra:ʒ) *m* Klatsch *m*, Tratsch *m*, Gewäsch *n*, Geschwätz *n*, Gerede *n*, Altweibergeschwätz *n*, Klatscherei *f*.

commerçant (kɔmɛr'sɑ̃) [7] **I** *adj.* handeltreibend; Handels...; **II** *su.* Geschäftsmann *m*, Kaufmann *m*; *~ en gros* Großkaufmann *m*, Grossist *m*.

commer|ce (kɔ'mɛrs) *m* **1.** Handel *m*; Geschäft *n*, Gewerbe *n*; *~ ambulant* Hausier-, Straßen-handel *m*; *article m de ~* Handelsware *f*; *chambre f de ~* Handelskammer *f*; *code m de ~* Handelsgesetzbuch *n*; *fonds m/pl. de ~* Anlagekapital *n*, Geschäft *n*; *école f de ~* Handelsschule *f*; *maison f de ~* Handelshaus *n*, Firma *f*; *ministère m du ~* Handelsministerium *n*; *~ pour son propre compte* Eigenhandel *m*; *~ local* Platz-handel *m*, -geschäft *n*; *~ par substitution d'intermédiaires* Kettenhandel *m*; *Börse*: *~ des devises, ~ du (od. des) change(s)* Devisenhandel *m*; *~ en devises* Devisenverkehr *m*; *~ des valeurs mobilières* Wertpapierhandel *m*; *registre m du ~* Handelsregister *n*; *traité m de ~* Handelsvertrag *m*; *tribunal m de ~* Handelsgericht *n*; *usages m/pl. du ~* Handelsbrauch *m*; *~ de (od. en) détail* Kleinhandel *m*; *~ d'échange, ~ de troc* Tauschhandel *m*; *~ en gros* Großhandel *m*; *~ général* Gesamthandel *m*; *~ intérieur, ~ extérieur* Binnen-, Außen-handel *m*; *~ illicite, ~ interlope* Schleichhandel *m*, Schwarzhandel *m*, Schiebung *f*; *~ intégré* integrierter Handel *m* (= *Zs.-schluß mehrerer Unternehmen*); *~ libre* Freihandel *m*; *~ maritime* Seehandel *m*; *~ d'outremer* Überseehandel *m*; *être dans le ~* Kaufmann sein; *faire le ~ des bestiaux* mit Vieh handeln; *inscrire au registre du ~* ins Handelsregister eintragen; **2.** Handelsstand *m*, Kaufmannschaft *f*; *le haut ~* die hohe Handelswelt; **3.** *fig.* Verkehr *m*, Umgang *m*; Gemeinschaft *f*; Gesellschaft *f*; *le ~ intime des auteurs de l'antiquité* der vertraute Umgang mit den antiken Schriftstellern; *homme m d'un bon ~ od. d'un ~ agréable* angenehmer Gesellschafter *m*; *homme d'un ~ sûr* zuverlässiger

Mensch *m*; *avoir* (*od.* *entretenir*) ~ *avec q.* mit j-m Verkehr pflegen (*od.* verkehren *od.* Umgang haben *od.* in Verbindung stehen); *rompre tout* ~ *avec q.* jeden Verkehr mit j-m abbrechen; ~ *d'idées* Gedankenaustausch *m*; **~cer** (~mɛr'se) *v/i.* [1k] **1.** Handel treiben; **2.** *fig.* ~ *avec q.* mit j-m verkehren; **~cial** (~'sjal) *adj.* [5c] □ a) zum Handel gehörig, geschäftlich, kaufmännisch, Handels...; *échanges m/pl. commerciaux* Handelsverkehr *m*; *liberté f* ~*e* Handelsfreiheit *f*; *mandataire m* ~ Handelsbevollmächtigter *m*; *société f* ~*e* Handelsgesellschaft *f*; b) Verkehrs...; *vitesse f* ~*e* Verkehrsgeschwindigkeit *f*; **~cialisation** (~sjalizɑ'sjɔ̃) *f* Kommerzialisierung *f*; **~cialiser** (~sjali'ze) *v/t.* [1a] kommerzialisieren; **~cialité** (~sjali'te) *f* Handels-fähigkeit *f*, -stand *m*; *la* ~ *d'une dette* die handelsmäßige Bedingtheit *f* (*od.* Grundlage *f*) e-r Schuld.

commère (kɔ'mɛ:r) *f* **1.** Taufpatin *f*; **2.** *als Anrede*: *ma* ~ Gevatterin *f*!; **3.** F *fig.* Klatschweib *n*, Klatschmaul *n*; **4.** F Weib *n*; *les Joyeuses* ~*s de Windsor* die lustigen Weiber von Windsor.

commérer F (kɔme're) *v/i.* [1f] klatschen, tratschen.

commettage ⚓ (kɔmɛ'ta:ʒ) *m* Zusammendrehen *n* von Taulitzen.

commet|tant (kɔmɛ'tɑ̃) *m* **1.** Auftraggeber *m*; **2.** ⚖ Mandant *m* (*Bevollmächtigter*); **~tre** (kɔ'mɛtrə) [4p] **I** *v/t.* **1.** (*Verbrechen, Fehler*) begehen, sich zuschulden kommen lassen; ~ *des indiscrétions fig.* aus der Schule plaudern, etw. ausplaudern; **2.** † ~ *qch. à q.* j-m etw. auftragen *od.* anvertrauen; **3.** ernennen; ⚖ ~ *un rapporteur* e-n Referenten ernennen; **4.** *st. s.* bloßstellen, aufs Spiel setzen (*Ruf, Ansehen*); ~ *sa réputation* s-n Ruf bloßstellen; **5.** ⚓ ~ *un cordage au tiers ferme* ein Tau zur vollen Härte drehen (*od.* schlagen); **II** *v/rfl.* se ~ **6.** begangen werden; *il se commet ici beaucoup de crimes* es werden hier viele Verbrechen begangen; **7.** † se ~ *à q.* sich j-m anvertrauen; *se* ~ *avec q.* sich mit j-m einlassen; **8.** † sich aussetzen (*à dat.*); **9.** *st. s.* sich kompromittieren (*v. hohen Persönlichkeiten*).

comminatoire (kɔmina'twa:r) ⚖ *adj.* androhend; *arrêt m* ~ Beschlagnahmedrohung *f*; *peine f* ~ Strafandrohung *f*; *serment m* ~ Racheschwur *m*.

commis (kɔ'mi) *su.* [7] Handlungsgehilfe *m*, Angestellter *m*, Verkäufer *m*; Agent *m*; Gehilfe *m*; ~ *de culture* Landwirtschaftsgehilfe *m*, Knecht *m*; *Fr.*: ~ *principal* Obersekretär *m* (*im Ministerium*); ~ *expéditionnaire* Expedient *m*; ~ *placier*, ~ *sédentaire* Stadtreisender *m*; ~ *voyageur* Handlungsreisender *m*.

commise F (kɔ'mi:z) *f* Verkäufe-[rin *f*.]

commisération (kɔmizerɑ'sjɔ̃) *f* Mitleid *n*, Erbarmen *n*.

commissaire (kɔmi'sɛ:r) *m* **1.** Kommissar *m*, Bevollmächtigter *m*; *haut* ~ Hoher Kommissar *m*; ~ *de police* Polizeikommissar *m*; *bureau m du* ~ Kommissariat *n*; *bureau m du* ~ *de police* Polizeibüro *n*; ⚓ ~ *de marine* Zahlmeister *m*; ~ *d'une fête* Festordner *m*; ⚔ ~ *de la comptabilité* Zahlmeister *m*; ~ *à la colonisation* (*aux prix, d'épargne*) Siedlungs-(Preis-, Spar-)kommissar *m*; ✝ ~ *des* (*od. aux*) *comptes* Wirtschafts-, Rechnungs-prüfer *m*; ~ *adjoint* Beigeordneter *m*; ⚔ ~ *aux vivres* Proviantmeister *m*; **2.** Mitglied *n* e-r Kommission; **~-expéditeur** (~ɛkspedi'tœ:r) *m* [6a] Spediteur *m*; **~-priseur** (~pri'zœ:r) *m* [6a] Auktionator *m*, Versteigerer *m*, Taxator *m*.

commis|sariat (kɔmisa'rja) *m* **1.** Kommissariat *n*, Amt *n* (Dienstzeit *f*) e-s Kommissars; **2.** Polizeirevier *n*; **3.** ⚓ Marineverwaltung *f*; **~sion** (~'sjɔ̃) *f* **1.** Kommission *f*, Ausschuß *m*; ~ *d'armistice* Waffenstillstandskommission *f*; ~ *de l'éducation publique* Bildungsausschuß *m*; ~ *d'études*, ~ *d'enquête* Studienkommission *f*; ~ *d'enquête* Untersuchungsausschuß *m*; ~ *d'examen* Prüfungsausschuß *m*; ~ *d'arbitrage* Schlichtungsausschuß *m*; *parl.* ~ *du budget* Haushaltsausschuß *m*; *pol.* ~ *des réparations* Reparations-ausschuß *m*, -kommission *f*; ✝ ~ *du* (*od. de*) *contrôle des changes* Devisenkontrollkommission *f*; **2.** Bestellung *f*; Einkauf *m*, Besorgung *f*, Auftrag *m*; *avoir reçu* ~ *de faire qch.* beauftragt sein, etw. zu tun; *faire* (*od. s'acquitter d'*)*une* ~ e-n

Auftrag ausrichten *od.* besorgen; *faire des* ~*s*, *aller en* ~ Einkäufe *m/pl.* (*od.* Besorgungen *f/pl.*) machen, einholen gehen; *faire la* ~ etw. ausrichten *od.* bestellen; *j'ai fait la* ~ ich habe es ausgerichtet; **3.** ✝ Kommissions-, Vermittelungs-geschäft *n*; (*droit m de*) ~ Kommissionsgebühr *f*, Vergütung *f*, Provision *f*; *commerce m de* ~ Kommissionsgeschäft *n*; *maison f de* ~ *et d'expédition* Speditionsgeschäft *n*; ~ *d'acquisition*, ~ *de production* Abschlußprovision *f*; ~ *de banque* Wechselprovision *f*; *faire la* ~ ein Kommissionsgeschäft haben; **4.** ⚖ ~ *rogatoire* Rechtshilfeersuchen *n*; **5.** ⚓ Kaperbrief *m*; **6.** *librairie f en* ~ Sortimentsbuchhandlung *f*; ~**sionnaire** (~sjɔ'nɛːr) **I** *m* **1.** Kommissionär *m*, Beauftragter *m*; ~ *expéditeur*, ~ *de roulage* Spediteur *m zu Lande*; ~ *chargeur* Spediteur *m zu Wasser*; **2.** Bote *m*, Dienstmann *m*, Gepäckträger *m*, Laufbursche *m*; **3.** ~ *en librairie* Sortimentsbuchhändler *m*; **II** *f* Botenfrau *f*; ~**sionné** (~sjɔ'ne) **I** *adj.* beauftragt; **II** *m* Beauftragter *m*; ~**sionner** (~sjɔ'ne) *v/t.* [1a] bevollmächtigen; ✝ Auftrag (⚓ Kaperbrief) erteilen (*dat.*); ~**soire** ⚖ (~'swaːr) *adj.*: *clause f* ~ Verfallklausel *f*.

commissure (kɔmi'syːr) *f* **1.** *anat.* Verbindungsstelle *f*; ~ *des lèvres* Mundwinkel *m*; **2.** ⚘ *u.* ⚠ Fuge *f*.

commo|de (kɔ'mɔd) **I** *adj.* **1.** bequem, gemächlich; *vie f* ~ gemächliches (*od.* behagliches) Leben *n*; **2.** umgänglich, nachsichtig, nachgiebig; *il est* ~ *à vivre* mit ihm kommt man gut aus; *il n'est pas* ~ mit ihm ist nicht zu spaßen; **3.** *péj.* allzu nachgiebig, schlaff, lax; **II** *f* Kommode *f*; *une* ~ *Louis XIV* e-e Kommode im Stil Ludwigs XIV.; ~**dément** (kɔmɔde'mɑ̃) *adv.* bequem; ~**dité** (~di'te) *f* **1.** Bequemlichkeit *f*; Wohnlichkeit *f*, Behaglichkeit *f*; Annehmlichkeit *f*; *pour plus de* ~ zu größerer Bequemlichkeit *f*; *prendre ses* ~*s* sich's bequem machen; **2.** † ~*s pl.* Toilette *f*, Abort *m*, Klosett *n*.

commodore ⚓ (~'dɔːr) *m* Kommodore *m*.

commotion (kɔmo'sjɔ̃) *f* **1.** Erschütterung *f*; ⚕ ~ *cérébrale* Gehirnerschütterung *f*; ~ *électrique* elektrischer Schlag *m*; ~ *de la terre* Erderschütterung *f*; **2.** *fig.* Erregung *f*, heftige Gemütsbewegung *f*; *subir une* ~ erschüttert werden.

commu|abilité ⚖ (kɔmɥabili'te) *f* Verwandelbarkeit *f*, Abänderlichkeit *f*; ~**able** ⚖ (~'mɥablə) *adj.* abänderlich; *peine f* ~ *in ein milderes Strafmaß* verwandelbare Strafe *f*; ~**er** (~'mɥe) *v/t.* [1a]: ⚖ ~ *une peine* e-e Strafe *in e-e mildere verwandeln*, e-e Strafe mildern.

commun (kɔ'mœ̃) **I** *adj.* [7] **1.** gemeinsam, gemeinschaftlich; ⅍ *dénominateur m* ~ Hauptnenner *m*; *époux m/pl.* ~*s en biens* in Gütergemeinschaft lebende Gatten *m/pl.*; *vie f* ~*e* Zusammenleben *n*; *à frais* ~*s* auf gemeinschaftliche Kosten; *il n'y a rien de* ~ *entre nous* wir haben nichts mit-ea. gemein; *faire cause* ~*e* gemeinschaftliche Sache machen; *mettre en* ~ zusammenlegen; *posséder en* ~ mitbesitzen; **2.** allgemein, öffentlich; *d'un* ~ *accord* einmütig; *droit m* ~ gemeines Recht *n*, Landrecht *n*; *l'intérêt m* ~ das Gemeinwohl *n*; *maison f* ~*e* Gemeindehaus *n*, Rathaus *n*; *d'une* ~*e voix* einstimmig; *la voix* ~*e* die öffentliche Meinung; **3.** alltäglich, gebräuchlich, gewöhnlich, üblich; *lieux m/pl.* ~*s fig.* Gemeinplätze *m/pl.*, Plattheiten *f/pl.*, bekannte Dinge *n/pl.*; *lieux* ~*s de la conversation* Alltagsgeschwätz *n*; *sens m* ~ gesunder Menschenverstand *m*; **4.** gering, mittelmäßig; **5.** gewöhnlich, vulgär, ordinär; **II** *m* **6.** Gemeinschaft *f*; *en* ~ (*avec*) gemeinsam (mit); *vivre sur le* ~ auf gemeinschaftliche Kosten leben; **7.** *le* ~ das Alltägliche *n*, das Gewöhnliche *n*; *cette chose est du* ~ das hat keinen besonderen Wert; **8.** *le* ~ die große Mehrheit *f*; die breite Masse *f*; *le* ~ *des hommes od. des mortels* die meisten Menschen *m/pl.*; der Durchschnittsmensch *m*; *le* ~ *des lecteurs* die meisten Leser *m/pl.*, der größte Teil *m* der Leserschaft; *un homme m du* ~ ein Mann *m* der breiten Masse, ein Mann *m* aus dem Volke (*od.* von der Straße), **9.** ~*s pl.* Neben-, Wirtschafts-gebäude *n/pl.*, Gesindewohnung *f*.

commu|nal (kɔmy'nal) [5c] **I** *adj.* □ Gemeinde..., kommunal...;

II *communaux m/pl.* Gemeindeländereien *f/pl.*, -weide *f*; **~nale** (~) *f* Verwaltungsbezirk *m*; **~nalisation** (~nalizɑ'sjɔ̃) *f* Eingemeindung *f*; **~naliser** (~nali'ze) *v/t.* [1a] eingemeinden; **~naliste** (~na'list) **I** *adj.* kommunalistisch; **II** su. Anhänger *m* der Selbstverwaltung der Gemeinden; **~nard** *hist.* (~'na:r) *adj. u. su.* [7] der *Pariser* Kommune (*1871*) anhängend; Anhänger *m* (*od.* Mitglied *n*) der Pariser Kommune von 1871; **~nautaire** (~no'tɛ:r) *adj.* Gemeinschafts...; *pol. la fin ~* das Ziel der franz. Gemeinschaft; **~nauté** (~no'te) *f* **1.** Gemeinsamkeit *f*, Gemeinschaft *f* (*a. fig.*); *~ économique* Wirtschaftsgemeinschaft *f*; *≗ Européenne du Charbon et de l'Acier* Europäische Gemeinschaft *f* für Kohle u. Stahl, Montanunion *f*; *≗ Européenne de l'Energie Atomique* Europäische Atomgemeinschaft *f* (*Euratom*); *écol.* (*libre*) *~ scolaire* (freie) Schulgemeinde *f*; *~ d'intérêts* Interessengemeinschaft *f*; *~ de sentiments* Übereinstimmung *f* der Gefühle *od.* der Gesinnung; ⚖ *~ de biens* Gütergemeinschaft *f*; **2.** Gemeinwesen *n*; Staat *m*; *≗ Fr. pol.* französische Interessengemeinschaft *f*; **3.** Verbindung *f von Personen*; Innung *f*, Zunft *f*; **4.** religiöse Brüderschaft *f*.

commune (kɔ'myn) *f* **1.** Gemeinde *f*, Ortschaft *f*; *~ urbaine* Stadtgemeinde *f*; **2.** *hist. la ≗ de Paris* a) der Pariser Magistrat (*1791 bis 1794*); b) die Pariser Kommune (*1871*); **3.** *les ≗s, la Chambre des ≗s* das englische Unterhaus *n*; **4.** Bewohnerschaft *f e-r Stadt usw.*

commu|nément (kɔmyne'mɑ̃) *adv.* allgemein, gemeinhin, (für) gewöhnlich; **~niant** *rl.* (~'njɑ̃) *su.* [7] Kommunikant *m*; *premier ~* Erstkommunikant *m*, Kind *n*, das zum ersten Mal zum Abendmahl geht.

communi|cable (kɔmyni'kablə) *adj.* mitteilbar; **~cant** (~'kɑ̃) *adj.* [7] in Verbindung stehend, (sich) verbindend; *phys.* kommunizierend; **~catif** (~ka'tif) *adj.* [7e] □ **1.** mitteilsam; **2.** ansteckend (*Lachen*); **~cation** (~kɑ'sjɔ̃) *f* **1.** Mitteilung *f*, Bekanntgabe *f*; *~ au parquet* Mitteilung *f* an den Staatsanwalt; *~ des idées* Gedankenaustausch *m*; *~ officielle* amtliche Zuschrift *f*; (*od.* Verlautbarung *f*); *~ confidentielle* vertrauliche Mitteilung *f*; *avoir reçu ~ de* Kenntnis erhalten haben von (*dat*); *j'ai une ~ à vous faire* ich habe Ihnen etw. mitzuteilen; *envoyer des livres en ~* Bücher zur Ansicht schicken; *il a reçu ~ des pièces* die Akten sind ihm zur Einsichtnahme zugestellt worden; **2.** Verbindung *f*, Verbindungsweg *m*; Verkehr *m*; *~s pl. terrestres* (*maritimes, aériennes*) Land- (See-, Luft-)verbindungen *f/pl.*, -verkehr *m/sg.*; *rad. ~ radiophonique* Funkverbindung *f*; *escalier m de ~* Verbindungstreppe *f*; *lignes f/pl. de ~* Verkehrslinien *f/pl.*; ⚔ Verbindungs-wege *m/pl.*, -gräben *m/pl.*; *moyen m de ~* Verkehrsmittel *n*; *voie f de ~* Verkehrsweg *m*; **3.** *téléph.* Anschluß *m*, Verbindung *f*; Gespräch *n*; *~ téléphonique interurbaine bzw. internationale* (*urgente* dringendes) Ferngespräch *n*; *~ téléphonique urbaine* Stadtgespräch *n*; *~ avec avis d'appel* Ferngespräch *n* mit Herbeirufen des Teilnehmers, XP-Gespräch *n*; *~ avec préavis* V-Gespräch *n* (mit Voranmeldung); *~ payable à l'arrivée* R-Gespräch *n* (zu Lasten des Angerufenen); *mettre en ~* verbinden; *donnez-moi la ~ avec ...* verbinden Sie mich mit ...; *il y a erreur* (*de ~*) falsch verbunden; *donner une mauvaise ~* falsch verbinden; *rad. nous vous mettons en ~ avec Bruxelles* wir schalten auf Brüssel um; **4.** Verbindung *f*, Beziehung *f*; *avoir ~* (*od. entretenir des ~s*) *avec q.* Beziehungen zu j-m unterhalten; *entrer en ~ avec q.* mit j-m in Verbindung treten; *mettre deux personnes en ~* zwei Personen miteinander in Verbindung bringen.

communi|er (kɔmy'nje) [1a] **I** *v/i.* zum Abendmahl gehen; kommunizieren; *fig.* in Verbindung stehen; **II** *v/t. ~ q.* j-m das Abendmahl reichen; **~on** (~'njɔ̃) *f* **1.** *rl.* (Glaubens-, Kirchen-)Gemeinde *f od.* Gemeinschaft *f*; *allg.* Übereinstimmung *f*; *~ des fidèles* (*des saints*) Gemeinschaft *f* der Gläubigen (der Heiligen); *être en ~ d'idées avec q.* die gleichen Anschauungen mit j-m teilen; **2.** Abendmahl *n*, Kommunion *f*; *faire sa première ~* zur ersten Kommunion gehen; *~ sous les deux* *espèces* Abendmahl *n* in beiderlei Gestalt.

communi|qué *pol.* (kɔmyni'ke) *m* Communiqué *n*, amtlicher Bericht *m*, amtliche Veröffentlichung *f*, amtliche Mitteilung *f* (*a. in Zeitungen*); ~ *de guerre* Heeres-, Wehrmachts-bericht *m*; **~quer** (~) [1a] **I** *v/t.* **1.** mitteilen; Krankheit übertragen; **2.** ~ *qch. à q.* j-m etw. eröffnen, j-n in Kenntnis setzen von etw. (*dat.*); **II** *v/i.* ~ *avec q.* mit j-m verkehren, in Verbindung stehen; ~ *avec* (*od. à*) *qch.* mit etw. in örtlicher Verbindung stehen, stoßen an etw. (*acc.*); **III** *abs.* sich verständlich machen; *écol.* von-ea. abschreiben; **IV** *v/rfl.* se ~ sich gegenseitig mitteilen; mitgeteilt werden; mit-ea. in örtlicher Verbindung stehen; ⚕ ansteckend sein, sich übertragen; ⚡ sich fortpflanzen; um sich greifen (*Feuer*).

commu|nisme (~'nism) *m* Kommunismus *m*; **~niste** (~'nist) *adj. u. su.* kommunistisch; Kommunist *m*.

commuta|ble (kɔmy'tablə) *adj.* umwandelbar; umschaltbar; **~teur** (~'tœːr) *m* Schalter *m*; Serien-, Wechsel-schalter *m* (*ant. interrupteur* einfacher Schalter); ~ *multiple* Parallelschalter *m*; ~ *principal* (*bipolaire, rotatif*) Haupt- (Doppelum-, Dreh-)schalter *m*; *rad.* ~ *de gammes* Wellenschalter *m*; ~ *automatique* selbsttätiger Schalterapparat *m*; ~ *à bascule* Kippschalter *m*; ~ *de pôles* Stromwender *m*; *tourner le* ~ Licht machen (*od. seltener*: einschalten); **~tif** (~'tif) *adj.* [7e] zu beiderseitigen gleichen Leistungen verpflichtend; **~tion** (~tɑ'sjɔ̃) *f* **1.** Vertauschung *f*; **2.** ⚖ ~ *de peine* Strafmilderung *f*; **3.** ⚡ (Um-)Schaltung *f*; **~trice** ⊕ (~'tris) *f* Einankerumformer *m*.

commuter ⚡ (kɔmy'te) *v/t.* [1a] (um)schalten.

compacité (kɔ̃pasi'te) *f* Dichtigkeit *f*, Festigkeit *f*; *bét.* Dichte *f*.

compact (kɔ̃'pakt) *adj.* kompakt, dicht, fest, zusammengedrängt (*a. fig.*); *pain m* ~ festes Brot *n*; *une foule* ~*e* e-e dichte Menschenmenge *f*; **~age** ⊕, *bét.* (kɔ̃pak'taːʒ) *m*, **~ion** *bét.* (~k'sjɔ̃) *f* Verdichtung *f*; ⚠ Boden-verdichtung *f*, -verfestigung *f*.

compa|gne (kɔ̃'paɲ) *f* **1.** Begleiterin *f*, Kameradin *f*, Gefährtin *f*; Gespielin *f*; ~ *de classe* Schulfreundin *f*, Mitschülerin *f*; **2.** Lebensgefährtin *f*; **~gnie** (~'ɲi) *f* **1.** Gesellschaft *f*, Verein *m*, Versammlung *f*; *dame f de* ~ Gesellschafts-, Haus-dame *f*, Gesellschafterin *f*; *voyager de* ~ *avec q.* in Gesellschaft mit j-m reisen; *en* ~ *de* ... in Begleitung von ...; *avec la seule* ~ *de* nur in Begleitung (*gén.*); *être de bonne* ~ zur guten Gesellschaft gehören, ein guter Gesellschafter sein, feine Manieren haben; *il est de mauvaise* ~ er hat keine Manieren *od.* kein feines Benehmen; *tenir* (*a. faire*) ~ *à q.* j-m Gesellschaft leisten; F *fausser* ~ sich (aus der Gesellschaft) verduften F, sich verdrücken P; F *fausser* ~ *à q.* j-n stehen lassen; *j'aime bien votre* ~ ich bin sehr gern in Ihrer Gesellschaft, ich bin sehr gern mit Ihnen zusammen; **2.** gelehrte (*od.* religiöse) Gesellschaft *f*, Körperschaft *f*; ~ *de Jésus* Gesellschaft Jesu (*die Jesuiten*); ~ *de magistrats* Richterkollegium *n*; **3.** ✝ Handelsgesellschaft *f*; ~ *aérienne* Luftverkehrsgesellschaft *f*; ~ *affiliée*, ~ *associée* Zweig-, *od.* Tochter-gesellschaft *f*; ♀ *du Sahara* Französische Saharagesellschaft *f*; ~ *maritime* Schiffahrtsgesellschaft *f*; ~ *d'assurance sur la vie* Lebensversicherungsgesellschaft *f*; ~ *de réassurances* Rückversicherungsgesellschaft *f*; ~ *de chemins de fer allg.* Eisenbahngesellschaft; *s. société*; **4.** *bsd.* ⚔ Kompanie *f*; ~ *de discipline* Strafkompanie *f*; ~ *motocycliste* Kr(aftr)adschützenkompanie *f*; *chef m de* ~ Kompanie-chef *m*, -führer *m*; ~ *de mitrailleuses* M.-G.-Kompanie *f*; ~ *de grand-garde od. d'avant-garde* Vorpostenkompanie *f*; ~ *de cantonniers* Straßenbaukompanie *f*; **5.** *ch.* Kette *f*, Rudel *n*; ~ *de perdrix* Kette *f* Rebhühner; **~gnon** (~'ɲɔ̃) *m* **1.** Gefährte *m*, Lebensgefährte *m*, Kumpan *m* (*a. fig.*), Kamerad *m* (*pol.* „Genosse" *jedoch*: *camarade*); *bsd.* ⚒ Kumpel *m* P; ~ *d'armes* Waffenbruder *m*; ~ *de combat* Front-, Kriegs-kamerad *m*; ~ *de voyage* Mitreisender *m*, Reisegefährte *m*; *il est un bon* ~ er ist ein guter Kamerad; **2.** Begleiter *m*; Kumpan *m*, *fig.* Bruder *m*, Bursche *m*; *joyeux* ~ lustiger Bruder *m*;

un dangereux ~ ein gefährlicher Bruder (*od.* Bursche) *m*; *un hardi* ~ ein Draufgänger *m*; **3.** (Handwerks-)Geselle *m*; Gehilfe *m*; ~ *boulanger* (*cordonnier, tailleur*) Bäcker- (Schuster-, Schneider-) geselle *m*; **~gnonnage** (~ɲɔ'na:ʒ) *m*: *années f/pl.* de ~ Gesellenzeit *f*.

compara|bilité (kɔ̃parabili'te) *f* Vergleichbarkeit *f*; **~ble** (~'rablə) *adj.* □ vergleichbar (*à, auch avec* [s. *comparer* 1] mit [*dat.*]).

comparaison (kɔ̃parɛ'zɔ̃) *f* **1.** Vergleich *m*, Vergleichung *f*; Gleichnis *n*; *entrer en* ~ zu vergleichen sein; *ne pas soutenir la* ~ gar nicht zu vergleichen zu; *en* ~ *de* im Vergleich zu (*dat.*); *advt. sans* ~ unvergleichlich, ohne Vergleich; **2.** ⚖ ~ *d'écritures* Handschriftenvergleichung *f*, Gegeneinanderhalten *n* von Handschriften; *pièce f de* ~ kollationierte Urkunde *f*; **3.** *gr.* Komparation *f*, Steigerung *f*.

compa|raître (kɔ̃pa'rɛ:trə) *v/i.* [4z]: (~ *en justice od. devant le tribunal od. à la barre* vor Gericht) erscheinen; ~ *par avoué* sich durch einen Sachwalter vertreten lassen; **~rant** ⚖ (~'rɑ̃) [7] **I** *adj.* vor Gericht erscheinend; **II** *su.* Erschienener *m*, Erscheinender *m*; **~rateur** *phys.* (~ra'tœ:r) *m* Komparator *m*, Vergleichsgerät *n*; **~ratif** (~ra'tif) **I** *adj.* [7e] □ **1.** vergleichend; *tableau m* ~ vergleichende Übersicht *f*; **2.** *gr.* gesteigert; **II** *m gr.* Komparativ *m*; **III** *comparativement adv.* vergleichsweise; *comparativement à* im Vergleich mit *od.* zu (*dat.*); **~ratiste** (~ra'tist) *m* vergleichender Sprach- *od.* Literaturwissenschaftler *m*; **~ré** (~'re) *adj.* vergleichend; *philologie f* ~*e* vergleichende Sprachwissenschaft *f*, Sprachvergleichung *f*; *grammaire f* ~*e* vergleichende Grammatik *f*; **~rer** (~'re) [1a] **I** *v/t.* **1.** vergleichen (*à* mit [*dat.*]); ~ *avec qch.* mit etw. (*dat.*) genau vergleichen; **2.** ~ *à* gleichstellen (*dat.*); **II** *v/rfl.* se ~ *à* ... sich vergleichen mit; verglichen werden mit; **~roir** ⚖ (~'rwa:r) *v/i.* (*nur im inf. gebr.*) vor Gericht erscheinen.

comparse (kɔ̃'pars) *su. thé.* Statist *m*, Figurant *m*; *weitS.* Nebenperson *f*; unbedeutende Person *f*.

compartiment (kɔ̃parti'mɑ̃) *m* **1.** ⊕ Fach *n*, Feld *n* (*z.B. e-r Zimmerdecke*); **2.** 🚂 Abteil *n*; **~er** (~'te) *v/t.* [1a] auf-, ab-, ein-teilen.

comparution ⚖ (kɔ̃pary'sjɔ̃) *f* Erscheinen *n* vor Gericht.

compas (kɔ̃'pɑ) *m* **1.** Zirkel *m*; *boîte f à* ~ Reißzeug *n*; *mesurer au* ~ mit dem Zirkel abmessen; F *avoir le* ~ *dans l'œil* richtiges Augenmaß haben; **2.** ⚓, ✈ Kompaß *m*; ~ *gyroscopique* Kreiselkompaß *m*; ~ *d'induction* (*terrestre* Erd-)Induktionskompaß *m*; ~ *de relèvement* Peilkompaß *m*; **3.** P Beine *n/pl.*; *allonger* (*od. ouvrir*) *le* ~ schnell machen, die Beine in die Hand nehmen; **~sé** (~pɑ'se) *adj. fig.* steif, abgezirkelt, abgemessen; **~sement** (~pɑs'mɑ̃) *m* Abstecken *n*; *fig.* Abzirkeln *n*; Steifheit *f*; übertriebene Genauigkeit *f*; **~er** (~pɑ'se) *v/t.* [1a] abstecken; *fig.* genau überlegen, einrichten.

compassion (kɔ̃pɑ'sjɔ̃) *f* Bei-, Mitleid *n*; *être touché* (*od. ému*) *de* ~ zum Mitleid gerührt werden; *exciter la* ~ Mitleid erregen.

compati|bilité (kɔ̃patibili'te) *f* **1.** Vereinbarkeit *f*; **2.** Verträglichkeit *f*, Harmonieren *n*, Übereinstimmung *f*; **~ble** (~'tiblə) *adj.* **1.** vereinbar; **2.** verträglich.

compa|tir (kɔ̃pa'ti:r) *v/i.* [2a] ~ *à qch.* etw. mitfühlen, Anteil an etw. (*dat.*) nehmen, mitleidsvolles Verständnis für etw. (*acc.*) aufbringen; **~tissant** (~ti'sɑ̃) *adj.* [7] mitleidig, teilnehmend, mitfühlend, mitleidsvoll.

compatriote (kɔ̃patri'ɔt) *su.* Landsmann (*f*: -männin) *m*; ~*s pl.* Landsleute *pl.*

compen|dieusement (kɔ̃pɑ̃djøz'mɑ̃) *adv.* abgekürzt, gedrängt, kurz; **~dium** (~pɛ̃'djɔm) *m* [5a] Kompendium *n*, Abriß *m*, Handbuch *n*.

compen|sable (kɔ̃pɑ̃'sablə) *adj.* ersetzbar, ausgleichbar; **~sateur** (~sa'tœ:r) [7f] **I** *adj.* ausgleichend; *physiol. mouvement m* ~ Rückgang *m*; *phys. pendule m* ~ Kompensationspendel *m od. n*; **II** *m* ⚡, ⊕ Kompensator *m*, Ausgleicher *m*; **~sation** (~sɑ'sjɔ̃) *f* **1.** Kompensierung *f*, Ausgleich *m*, Ersatz *m*, Vergütung *f*; ~ *des charges* Lastenausgleich *m* (*deutsche Kriegsschädenregelung*); ~ *des rigueurs* Härteausgleich *m*; *il y a* ~ das gleicht sich aus; *en* ~ *de* ... als Ausgleich für ... (*acc.*); **2.** ✝

gegenseitige Abrechnung *f*; *chèque m de* ~ Verrechnungsscheck *m*; *chambre f de* ~ Verrechnungsstelle *f*, Clearinghaus *n*; *par* ~ durch Aufrechnung; *accord m de* ~ Clearingabkommen *n*; *trafic m de* ~ Verrechnungsverkehr *m*; **~satoire** (~sa'twa:r) *adj.* kompensatorisch, ausgleichend, Ersatz...; **~ser** (~'se) *v/t.* [1a] **1.** kompensieren, ausgleichen, ersetzen, vergüten; **2.** aufwiegen, aufheben, das Gleichgewicht halten (*dat.*); *ses qualités compensent ses défauts* seine Vorzüge wiegen seine Fehler auf; **3.** ⚖ ~ *les dépens* die Kosten zu gleichen Teilen auflegen; **4.** ✝ verrechnen, kompensieren.

compérage (kõpe'ra:ʒ) *m* **1.** Patenverhältnis *n*; **2.** *fig.* geheimes Einverständnis *n*, geheime Abmachung *f*.

compère (kõ'pɛ:r) *m* **1.** Pate *m*; **2.** F Kerl *m*, Bursche *m*; *bon* (*od.* *joyeux*) ~ lustiger Bruder *m*; *fin* (*od.* *rusé*) ~ schlauer Fuchs *m*; F *~-compagnon m* treuer Kamerad *m*; **3.** *péj.* Helfershelfer *m*; **~-loriot** P (kõpɛrlɔ'rjo) *m* [6a] ⚕ Gerstenkorn *n am Auge*.

compé|tence (kõpe'tɑ̃:s) *f* **1.** ⚖ Kompetenz *f*, (Rechts-)Zuständigkeit *f*, Befugnis *f*, Amtsbereich *n*; *cela n'est pas de sa* ~ er kann darüber nicht urteilen; **2.** Fachmann *m*, Kompetenz *f*; **3.** Sachkunde *f*; Fähigkeit *f* zu entscheiden; **~tent** (~'tɑ̃) *adj.* [7] **1.** ⚖ zustehend, gebührend; *portion f* ~*e* Pflichtteil *m od. n*; **2.** gehörig, erforderlich; *l'âge m* ~ das erforderliche Alter; **3.** befugt, berechtigt; *autorité f* ~*e* zuständige Behörde *f*; *juge m* ~ befugter Richter *m*; **4.** sachkundig, sachverständig; **~ter** ⚖ (~'te) *v/i.* [1f] rechtmäßig gebühren *od.* zustehen.

compéti|teur (kõpeti'tœ:r) *su.* [7f] Mitbewerber *m*, Konkurrent *m*; Nebenbuhler *m*; **~tif** ✝ (~'tif) *adj.* [7e] konkurrenzfähig; **~tion** (~'sjõ) *f* (Mit-)Wett-Bewerbung *f*, Konkurrenz *f*; Nebenbuhlerschaft *f*; *Sport*: Wettkampf *m*.

compi|lateur (kõpila'tœ:r) *su.* [7f] Sammler *m*; Zusammenschreiber *m*; **~lation** (~la'sjõ) *f* **1.** Zusammentragen *n*; Zusammenstoppeln *n*; **2.** Sammelwerk *n*; **~ler** (~'le) *v/t.* [1a] *aus Schriften* zusammentragen, -stoppeln, -schreiben.

complainte (kõ'plɛ̃:t) *f* **1.** ⚖ Klage *f* wegen Besitzstörung; **2.** Klage (-lied *n*) *f*; **3.** ~*s f/pl.* Wehklagen *n*.

complaire (kõ'plɛ:r) [4a] **I** *v/i.*: ~ *à q.* j-m entgegenkommen, j-m gegenüber gefällig sein; **II** *v/rfl.* *se* ~ *à* (*mit inf.*) Gefallen daran finden zu ...; *se* ~ *dans qch.* Gefallen finden an etw. (*dat.*).

complai|samment (kõplɛza'mɑ̃) *adv.* bereitwillig; **~sance** (~'zɑ̃:s) *f* **1.** Gefälligkeit *f*, Entgegenkommen *n*, Bereitwilligkeit *f*, Nachgiebigkeit *f*, Nachsicht *f*; *par* ~ aus Gefälligkeit; *acte m de* ~ Liebesdienst *m*; *basse* ~ Kriechertum *n*, Schöntuerei *f*, Augendienerei *f*; ✝ *billet m de* ~ Gefälligkeitswechsel *m*; **2.** Wohlgefallen *n*, *bsd.* Selbstgefälligkeit *f*; *se regarder avec* ~ sich wohlgefällig betrachten; **~sant** (~'zɑ̃) [7] **I** *adj.* **1.** gefällig, entgegenkommend, nachgiebig; *mv.p.*: *il a une femme* ~*e* er hat e-e nicht sehr treue, leichtlebige Frau; **2.** selbstgefällig; **II** *péj. su.* Kriecher *m*, Schöntuer *m*, Augendiener *m*; *faire le* ~ scharwenzeln, katzbuckeln, kriechen, schöntun.

complément (kõple'mɑ̃) *m* **1.** Ergänzung *f*, Vervollständigung *f*; **2.** ♪ Komplement *n*; **3.** *gr.* nähere Bestimmung *f*, Ergänzung *f*; ~ *direct* näheres Objekt *n* (*Akkusativ*); ~ *indirect* entfernteres Objekt *n* (*mit prp. wie de, à, par, pour usw.*); **~aire** (~mɑ̃'tɛ:r) *adj.* ergänzend; Ergänzungs...; *cours m* ~ Fortbildungskursus *m*; *être* ~ sich ergänzen; **~arité** (~tari'te) *f* gegenseitige Ergänzung *f*.

complet (kõ'plɛ) **I** *adj.* [7b] □ **1.** vollständig, vollzählig; *œuvres f/pl. complètes de Voltaire* Voltaires sämtliche Werke *n/pl.*; **2.** vollkommen; *iron.* *c'est* ~*!* das fehlte (gerade) noch!; **3.** ganz ausgefüllt; ~*!* besetzt! (*v. Wagen*); **4.** F *être* ~ *total* blau (*od.* besoffen) sein; **II** *m* **5.** Vollzähligkeit *f*, Vollständigkeit *f*; *être au* (*grand*) ~ in Vollständigkeit beisammen sein, vollständig besetzt sein, vollzählig sein; *être accueilli par les membres du gouvernement au grand* ~ von den Regierungsmitgliedern in voller Zahl empfangen werden; **6.** Herrenanzug *m*; ~ *sombre* dunkler Anzug *m*; ~ (*fait*) *sur mesure* Maßanzug *m*; ~ *veston* Straßen-, Sakko-anzug *m*.

complètement (kõplɛt'mɑ̃) **I** *m* Ergänzung *f*, Vervollständigung *f*; **II** *adv. zu complet* völlig.

complé|ter (kõple'te) *v/t.* [1f] ergänzen, vervollständigen, vollzählig machen; **~tif** (~'tif) *adj.* [7e] *gr.* ergänzend.

com|plexe (kõ'plɛks) **I** *adj.* komplex, vielseitig, zusammengesetzt, verwickelt; *gr.* erweitert; ♙ *nombres m/pl.* ~*s* komplexe Zahlen *f/pl.*; **II** *m* a) *psych.* Komplex *m*; ~ *d'infériorité* Minderwertigkeitskomplex *m*; ~ *de refoulement* Verdrängungskomplex *m*; b) *fig.* Mischung *f*; *un* ~ *de crainte et d'espoir* e-e Mischung *f* von Furcht u. Hoffnung; c) *cin.* Szenerie *f* e-s Gesamtbildes; d) ⊕ (Industrie-) Komplex *m*, Anlagen *f/pl.*; **~plexion** (~plɛk'sjõ) **1.** ⚕ Körperbau *m*; **2.** Gemütsanlage *f*, Naturell *n*; Veranlagung *f*; **~plexité** (~plɛksi'te) *f* Vielfalt *f*, Vielseitigkeit *f*; Verwicklung *f*.

complication (kõplikɑ'sjõ) *f* Kompliziertheit *f*, Verwicklung *f*; ⚕ Komplikation *f*, Verschlimmerung *f*; Verquickung *f*, *fig.* Zusammentreffen *n*, Anhäufung *f*.

compli|ce (kõ'plis) *adj. u. su.* mitschuldig; belastend, verdächtig (*Lächeln*); Komplize *m*, Mitschuldiger *m*, Helfershelfer *m*; *mv.p.* Teilnehmer *m* (de an *dat.*); **~cité** (~si'te) *f* Mitschuld *f*; Begünstigung *f*; ~ *par assistance* Mittäterschaft *f*, Beihilfe *f*; *sourire m de* ~ verdächtiges Lächeln *n*; *être de* ~ unter einer Decke stecken.

compliment (kõpli'mɑ̃) *m* Kompliment *n*, Lob *n*, Schmeichelei *f*, verbindliche Redensart *f*, Höflichkeit *f*, Ehren- *od.* Höflichkeitsbezeugung *f*; Glückwunsch *m*; Gruß *m*, Empfehlung *f*; Geburtstags-gedicht *n*, -rede *f*; feierliche Ansprache *f* (*an e-n Vorgesetzten*); *tous mes* ~*s!* ich gratuliere bestens!; *faire ses* ~*s à q.* j-n grüßen; *faire* (*od. échanger*) *des* ~*s* Komplimente machen; *transmettre les* ~*s de q.* Grüße von j-m bestellen (*od.* übermitteln *od.* ausrichten); *adresser des* ~*s à q. au sujet de qch. od. faire* ~ *à q. de od. sur qch.* j-n zu etw. (*dat.*) beglückwünschen; *mes* ~*s à Monsieur votre père* grüßen Sie Ihren Herrn Vater von mir; *faites-lui bien des* ~*s de ma part* grüßen Sie ihn vielmals von mir; *bien des* ~*s de ma part à ...* viele Grüße an ...; *sans* ~ frei heraus; ~ *de félicitation* Glückwunsch *m*; ~*s m/pl. de condoléance* Beileidsbezeugungen *f/pl.*; *faire ses* ~*s de condoléance à q.* j-m e-n Beileidsbesuch abstatten; F *iron. je vous en fais mon* ~ da haben Sie was Schönes angerichtet!; *je ne vous en fais pas mes* ~*s* das war nicht besonders gut!, das war nichts Besonderes!; *apprendre un* ~ *par cœur* ein Glückwunschgedicht auswendig lernen; ~ *de nouvel an* Neujahrsgedicht *n* (*e-s Kindes*); *un enfant fait un* ~ *à son père pour sa fête* ein Kind verfaßt für s-n Vater ein Geburtstagsgedicht (*od.* hält ... e-e Geburtstagsrede); *adresser un* ~ *au roi* e-e feierliche Ansprache an den König halten; *point de* ~*s! od. trève de* ~*s!* ist schon gut!; gern geschehen!; **~er** (~'te) *v/t.* [1a] beglückwünschen (*pour od. sur* zu *dat.*, wegen *gén.*); *abs.* Komplimente machen; ~ *un élève pour ses succès* e-n Schüler zu s-n Erfolgen beglückwünschen; ~ *q. à l'occasion de son anniversaire* j-m zum Geburtstag gratulieren; **~eur** (~'tœːr) *adj. u. su.* [7g] Komplimentemacher *m*, Schmeichler *m*, *mv.p.* Lobhudler *m*.

compliqu|é (kõpli'ke) *adj.* kompliziert, verwickelt, schwierig; F umständlich, verworren, langatmig; **~er** (~) [1m] **I** *v/t.* komplizieren, erschweren, verwickeln, verwirren; **II** *v/rfl. se* ~ sich verschlimmern.

complot (kõ'plo) *m* Komplott *n*, Verschwörung *f*, Anschlag *m*; *former* (*od. monter od. tramer*) *un* ~ ein Komplott schmieden, e-e Verschwörung anzetteln; *être de* ~ *avec q.* mit j-m unter einer Decke stecken; **~er** (~plɔ'te) *v/t. u. v/i.* [1a] heimlich etw. verabreden; sich verschwören, ein Komplott machen; ~ *la perte de q.* es auf das Verderben (*od.* auf den Untergang) j-s abgesehen haben.

compo *écol.* (kõ'po) *f* = *composition.*

componction *rl.* (kõpõk'sjõ) *f* Zerknirschung *f*, Reue *f*.

comport|e *vit.* (kõ'pɔrt) *f* Bottich *m* (*od.* Zuber *m*) zur Beförderung der Weintraubenernte; **~ement** (~pɔrtə'mɑ̃) *m* Verhalten *n*, Benehmen *n*, Betragen *n*; **~er** (~'te) [1a] **I** *v/t.* **1.** vertragen, dulden, zulassen, gestatten; aufweisen, enthalten; **II** *v/rfl.* se ~ **2.** sich verhalten, sich betragen, sich aufführen, sich benehmen; **3.** ⚖: *ainsi qu'il se comporte* in dem Zustande, in dem er (*z.B. der Garten*) sich befindet.

compo|sant (kõpo'zã) **I** *adj.* [7] zusammensetzend, bildend; *partie f ~e* Bestandteil *m*; **II** *m a.* ⚗ Bestandteil *m*; *bét. ~s pl. du mélange* Gemengteile *m/pl.*; **~sante** *phys.* (~'zã:t) *f* Komponente *f*; **~sé** (~'ze) **I** *adj.* **1.** zusammengesetzt; Gesamt...; **2.** *fig.* gesetzt; *maintien m ~, allure f ~e* gesetztes Wesen *n*; **II** *m* Zusammensetzung *f*, Mischung *f* (*a. fig.*); *a.* ⚗ Verbindung *f*; *gr.* zusammengesetztes Wort *n*; **III** ⚘ *~es f/pl. od. composacées f/pl.*; Korbblütler *m/pl.*

compo|ser (kõpo'ze) [1a] **I** *v/t.* **1.** zusammen-setzen, -stellen, bilden; *téléph.* wählen; 🚂 *~ un train* e-n Zug zusammenstellen; *nombres m/pl. composés entre eux* unter sich teilbare Zahlen *f/pl.*; **2.** ausarbeiten, verfertigen, verfassen; ♩ komponieren, vertonen; *~ un air* ein Lied vertonen; *~ un livre* ein Buch schreiben; *~ des vers* dichten; **3.** *typ.* setzen; **4.** *fig. ~ sa contenance* (*od. son visage*) *sur celle* (*bzw. celui*) *de q.* sich in s-r Haltung (*od.* s-m Mienenspiel) j-m anpassen *od.* nach j-m richten, sich j-m gegenüber äußerlich zusammennehmen; **II** *v/i.* **5.** *~ avec q.* sich mit j-m vergleichen, sich mit j-m abfinden, mit j-m e-e vergleichsweise Regelung treffen; *~ avec ses créanciers* sich mit s-n Gläubigern vergleichen; *composons à l'amiable* vergleichen (*od.* einigen) wir uns gütlich (*od.* auf gütlichem Wege); *~ avec sa conscience* sich mit s-m Gewissen abfinden; **6.** *écol.* e-e (*Fr.* Trimester-)Prüfungs- *od.* Klassenarbeit schreiben; **III** *v/rfl.* se ~ **7.** sich nach u. nach anschaffen, sich anlegen; **8.** se ~ *de* zusammengesetzt sein (*od.* bestehen) aus (*dat.*); **9.** *fig.* sich zusammen-nehmen, -reißen, sich beherrschen.

composi|te (kõpo'zit) **I** *adj.* zusammengesetzt; buntscheckig; **II** *m* römische Säulenordnung *f*; **~teur** (~'tœ:r) *su.* [7f] **1.** ♩ Komponist *m*, Tondichter *m*; **2.** *typ.* (Schrift-)Setzer *m*; **3.** ⚖ *amiable ~* Vermittler *m*, Schlichter *m*; **~tion** (~'sjõ) *f* **1.** Zusammensetzung *f*, Mischung *f*, Bau *m*; ⚔ (Truppen-)Gliederung *f*; **2.** Ausarbeitung *f*, Verfertigung *f*; **3.** ♩ Musikstück *n*, Komposition *f*, Werk *n*, Vertonung *f*; Kompositionslehre *f*, Tonsetzkunst *f*; **4.** △ Entwerfen *n* des Bauplans; **5.** *écol.* (schriftliche) (*Fr.* Trimester-) Prüfungs-, Klassenarbeit *f*; Aufsatz *m*; Niederschrift *f*, Schilderung *f*; Gedanken-gliederung *f*, -ordnung *f*; mündliche Probeleistung *f*; *a. ~ de gymnastique* Turnprüfung *f*; *Fr. chaque trimestre, les élèves sont appelés à faire dans toutes les matières une ~* in jedem Vierteljahr müssen die Schüler in allen Fächern eine schriftliche Prüfungsarbeit anfertigen; *faire une ~* e-e Klassenarbeit (*od.* e-n Aufsatz) schreiben; *~ de rédaction* Klassenaufsatz *m*; **6.** Vergleich *m*, gütliche Übereinkunft *f*; *venir à une ~* zu einem Vergleich kommen; **7.** ⚗ Verbindung *f*; Mischung *f*, Bereitung *f*, Mixtur *f*; *~ de métal* Legierung *f*, Mischmetall *n*; **8.** *typ.* Satz *m*; *apprendre la ~* setzen lernen.

compost ⚒ (kõ'pɔst) *m* Kompost (-erde *f*) *m*; **~er** (~'te) *v/t.* [1a] **1.** ⚒ mit Komposterde düngen; **2.** (*mit e-r Stempelmaschine*) abstempeln; (*mit e-m Numerierungsapparat*) numerieren.

composteur (kõpɔs'tœ:r) *m* **1.** *typ.* Winkelhaken *m*; **2.** verstellbarer Datumsstempel *m*, Stempelmaschine *f*; Numerierungsapparat *m*.

compo|te (kõ'pɔt) *f* **1.** Kompott *n*, Einge-wecktes *n*, -machtes *n*; *~ de pommes* Apfelmus *n*; **2.** *pigeons m/pl. en ~ od. ~ de pigeons* gedämpfte Tauben *f/pl.*; *viande f en ~* zerkochtes Fleisch *n*, Ragout *n*; *fig. visage m* (*od. figure f*) *en ~* übel zugerichtetes (*od.* arg zerschlagenes) Gesicht *n*; **~tier** (~'tje) *m* Obstschale *f*, Kompottschüssel *f*.

compound (kõ'pund) **I** *adj. u. f*: **1.** ⊕ (*machine*) *~ f* Verbundmaschine *f* (*Expansionsmaschine*); **2.** ⚡ *enroulement m ~* gemischte Wicklung *f* (*Serien- u. Nebenwicklung*), Doppel-, Compoundwicklung *f*; *génératrice f* (*od. dynamo f*) *~* Compounddynamo *m*, Doppelschlußerzeuger *m*; **3.** *huile f*

~ gemischtes Öl *n* (*Mineral- u. Pflanzenöl*); **II** ⚡ *m* Füll-, Verguß-masse *f*, Compound *n*.

compréhen|sibilité (kɔ̃preɑ̃sibili'te) *f* Faßlichkeit *f*, Verständlichkeit *f*; **~sible** (~'siblə) *adj.* begreiflich, faßbar, verständlich; **~sif** (~'sif) *adj.* [7e] **1.** umfassend; **2.** verständig, einsichtig; **~sion** (kɔ̃preɑ̃'sjɔ̃) *f* **1.** Aufnahmefähigkeit *f*, Fassungs-, Begriffs-vermögen *n*; *être de dure* ~ schwer begreifen; **2.** Einsicht *f*; *pol.* Verständigung *f*; *plein de* ~ verständnisvoll; **3.** Inhalt *m e-s Begriffs.*

comprendre (kɔ̃'prɑ̃:drə) [4q] **I** *v/t.* **1.** enthalten, in sich schließen, mit einschließen, umfassen; mit erwähnen; *les régions comprises entre le Rhin et la Vistule* die Gegenden zwischen Rhein und Weichsel; *service m compris* Bedienung *f* eingerechnet; *cela y est compris* das ist darunter mit verstanden; **2.** *fig.* verstehen, begreifen, (auf-, er-) fassen; *il a mal compris* er hat falsch verstanden; *faire* ~ darlegen, verständlich machen; *se faire* ~ sich verständlich machen; *ne rien* ~ *à* nicht klug werden aus (*dat.*); *si je comprends!* ich verstehe!, na ob!; **II** *v/rfl.* se ~ einander *od.* sich selbst verstehen; verstanden werden; *cela se comprend* das läßt sich denken das ist wohl begreiflich.

compren|aille P (kɔ̃prə'nɑ:j) *f*, **~ette** P (~'nɛt) *f*, **~otte** P ('nɔt) *f* Kapieren *n* F, Verstehste *f* P; *avoir la* ~ *facile* schlau sein.

compres|se *chir.* (kɔ̃'prɛs) *f* Kompresse *f*, Umschlag *m*; **~seur** (~prɛ'sœ:r) *m chir.* Arterienkompressionsinstrument *n*; ⊕, *Auto*: Kompressor *m*; *rouleau m* ~ Dampfwalze *f*; **~sibilité** (~prɛsibili'te) *f* Zusammendrückbarkeit *f*, Preßbarkeit *f*; **~sible** (~prɛ'siblə) *adj.* zusammendrückbar, preßbar; **~sif** (~prɛ'sif) *adj.* [7e] **1.** *chir.* zusammendrückend; *bandage m* ~ Preßverband *m*; **2.** *pol. régime m* ~ Unterdrückungssystem *n*; **~sion** (~prɛ'sjɔ̃) *f* **1.** Druck *m*, Zusammendrückung *f*, -drängung *f*; ⊕ Kompression *f*, Verdichtung *f*; *résistance f à la* ~ Druckfestigkeit *f*; ⊕, *Auto*: *à haute* ~ hochkomprimiert; **2.** *fig.* Unterdrückung *f*; Einschränkung *f*; ✝ ~ *des prix* Preisdrücken *n*, -drückerei *f*; ~*s pl. budgétaires*, ~*s pl. du budget* Einsparungen *f/pl.* im Haushalt; ~ *de dépenses* Einsparung *f*; Einstreichung *f* von Ausgaben; ~ *de personnel* Personaleinsparungen *f/pl.*; **3.** ⚕ Einschnürung *f*.

compri|mable (kɔ̃pri'mablə) *adj.* (zusammen)preßbar; **~mant** (~'mɑ̃) *adj.* [7] zusammendrückend; **~mé** *phm.* (~'me) *m* Tablette *f*; **~mer** (~) [1a] **I** *v/t.* **1.** zusammen-drücken, -pressen; ⊕ komprimieren: ⊕ *air comprimé* Druckluft *f*, Preßluft *f*; *perforatrice f à air comprimé* Preßluftbohrer *m*; *verre m comprimé* Preßglas *n*; **2.** *fig.* unterdrücken, verhindern; im Zaum halten; **3.** einschnüren; **II** *v/rfl.* se ~ sich zusammendrücken lassen; *fig.* sich unterdrücken lassen.

compris (kɔ̃'pri) *p/p. v. comprendre*: verstanden; *y* ~ mit einbegriffen; einschließlich (*gén.*); *il possède un million de francs, y* ~ *la maison* (*od. la maison y* ~*e*) er besitzt eine Million Franken mit dem Haus zusammen; *service m y* ~ einschließlich Bedienung.

compromet|tant (kɔ̃prɔmɛ'tɑ̃) *adj.* [7] bloßstellend, kompromittierend; **~tre** (~'mɛtrə) [4p] **I** *v/t.* **1.** bloßstellen, belasten, kompromittieren, blamieren, gefährden, aufs Spiel setzen; ~ *sa dignité* s-r Würde etw. vergeben; **2.** in Verlegenheiten bringen; **II** *v/rfl.* se ~ sich kompromittieren, sich blamieren, sich Unannehmlichkeiten aussetzen, sich etw. vergeben.

compromis (kɔ̃prɔ'mi) *m* **1.** Kompromiß *m*; ~ *fiscal* Finanzausgleich *m*; *établir un* ~ e-n Kompromiß schließen; **2.** ⚖ Berufung *f* auf schiedsrichterlichen Spruch; *mettre en* ~ e-m schiedsrichterlichen Spruch unterwerfen; **~sion** (~'sjɔ̃) *f* Bloßstellung *f*; **~soire** (~'swa:r) *adj.* schiedsrichterlich.

comptabilis|ation ✝ (kɔ̃tabilizɑ'sjɔ̃) *f* Buchung *f*, Verbuchung *f*; **~er** (~'ze) *v/t.* [1a] ✝ verbuchen, in den Büchern führen; *allg.* genau vermerken, registrieren.

compta|bilité ✝ (kɔ̃tabili'te) *f* Buch-führung *f*, -haltung *f*, Rechnungs-führung *f*, -wesen *n*; ~ *en partie simple* (*double*) einfache (doppelte) Buchführung *f*; *pièce f justificative pour la* ~ Buchungsbeleg *m*; *consulter la* ~ Einsicht in die

Bücher nehmen; **~ble** (~'tablə) **I** *adj.* **1.** Buchungs...; *quittance f ~* Belegquittung *f*; *machine f ~* Buchungsmaschine *f*; **2.** *fig.* verantwortlich (*envers q.* j-m gegenüber); *emploi m ~* verantwortlicher Posten *m*; **II** *m* Buchhalter *m*; Rechnungsbeamter *m*; *expert-~* Bücherrevisor *m*; **~ge** (~'ta:ʒ) *m* Rechnen *n*, Nachzählen *n*.

comptant (kɔ̃'tɑ̃) **I** *adj./m* bar; *fig. être de l'argent ~* so gut wie bares Geld sein; *fig. prendre pour argent ~* für bare Münze halten (*od.* nehmen); **II** *m* Bargeld *n*, Barschaft *f*; *au ~* gegen bar, gegen Kasse; **III** *advt. payer ~* bar bezahlen; *fig.* heimzahlen, mit gleicher Münze bezahlen, sich nichts gefallen lassen.

compte (kɔ̃:t) *m* **1.** Zählen *n*, Rechnen *n*; Rechnung *f*, Berechnung *f*; die durch Rechnen erhaltene Zahl *f*, Betrag *m*; *le ~ y est* die Rechnung stimmt; *le ~ y est-il?* stimmt die Rechnung?; *de ~ à demi* auf halbe Rechnung; zu gleichen Hälften; halbe, halbe F; *payer à ~ sur une dette* auf e-e Schuld etw. anzahlen (*od.* e-e Anzahlung leisten); *donner son ~ à un domestique* e-n Hausangestellten auszahlen (*d. h. nach der Zahlung entlassen*); *être établi à son ~* selbständig arbeiten; *s'installer à son ~* sich selbständig machen; *il établit une imprimerie pour son propre ~* er machte e-e Druckerei auf eigene Rechnung auf; *~ rendu annuel* Jahres(rechenschafts)bericht *m*; *~ rendu d'exécution* Vollzugsmeldung *f*; *~ rendu de la caisse* Kassenbericht *m*; *à votre ~* Ihnen zufolge, nach Ihrer Annahme; *au bout du ~, en fin de ~, tout ~ fait* schließlich, letzten Endes; **2.** *à bon ~* billig; *à meilleur ~* billiger; **3.** Rechnung *f*; *cour f des ~s* Rechnungshof *m*; *mettre (porter, inscrire) à son ~* ihm in Rechnung stellen, ihm anschreiben; *pour mon ~* für meine Rechnung; *fig.* was mich betrifft; *il en a pour son ~* er hat seinen Teil (abbekommen); *trouver son ~ à qch.* Vorteil aus etw. (*dat.*) ziehen; *il n'y a rien à dire sur son ~* man kann ihm nichts (Schlechtes) nachsagen; *je suis rassuré sur leur ~* ich bin ihretwegen unbesorgt; *cela fait bien mon ~* dabei komme ich gut auf meine Rechnung; *garder une commande pour ~* für den Schaden e-s nicht rechtzeitig ausgeführten Auftrages aufkommen; *prendre (od. mettre) sur son ~* auf seine Rechnung nehmen; *fig.* die Verantwortung auf sich nehmen; *régler ses ~s avec q.* mit j-m abrechnen; *être loin de ~* sich schwer verrechnen; weitab vom Ziele sein; *fig. rester pour ~ fig.* sitzen bleiben, keinen Mann finden; **4.** ✝ Konto *n*; *ayant m ~* Kontoinhaber *m*; *à ~ de notre avoir* auf das Konto (*od.* a conto) unseres Guthabens; *~ administratif* Verwaltungskonto *n*; *~ bloqué* Sperr-, Register-konto *n*; *courant* laufende Rechnung *f*, laufendes Konto *n*; Kontokorrent *n*; *~-dollars* Dollarkonto *n*; *~ de virement, ~ de dépôt* Giro-, Depositen-konto *n*; *~ d'ajustement* Ausgleichskonto *n*, Spitzenverrechnung *f*; (*avoir m de*) *~ d'épargne* Sparguthaben *n*; *~s pl. (clos)* Rechnungsabschlüsse *m/pl.*; *~s pl. clos (od. vérifiés) en date du ...* Abschlußrechnung *f/sg.* vom ...; *~ de chèques, ~ à vue* Scheckkonto *n*; *~ de chèques postaux* Postscheckkonto *n*; *~ ouvert* laufende Rechnung *f*; *~d'exploitation* Betriebsabrechnung *f*; *~ des profits et pertes* Gewinn- u. Verlustkonto *n*; *avoir un ~ en banque* Geld auf der Bank haben; **5.** Berücksichtigung *f*; *tenir ~ de qch.* e-r Sache (*dat.*) Rechnung tragen, etw. berücksichtigen, etw. in Betracht ziehen; *~ tenu de ...* im Hinblick auf (*acc.*); *il n'en fait pas grand ~* er macht sich nicht viel daraus; *mettre en ligne de ~* mit in Betracht ziehen; *à ce ~* demnach, unter diesem Gesichtswinkel; *entrer en ligne de ~* in Frage kommen; **6.** Rechenschaft *f*; Bericht *m*; ⚖ Rechnungsbericht *m*; *demander des ~s à q. de qch.* von j-m Rechenschaft über etw. (*acc.*) verlangen; *rendre ~ de* Bericht erstatten über (*acc.*); *rendre ses ~s de qch.* Rechenschaft über etw. (*acc.*) ablegen; *se rendre ~ de qch.* sich über etw. (*acc.*) klar werden, sich im klaren sein, sich Rechenschaft ablegen.

compte|-gouttes (kɔ̃t'gut) *m* [6c] Tropfenzähler *m*; **~-pas** (~'pɑ) *m* [6c] Schrittzähler *m*.

compter (kɔ̃'te) [1a] **I** *v/t.* **1.** zählen; ausrechnen, berechnen; *écol. ~ une faute pour qch.* etw. als Fehler anrechnen; **2.** mit-, zu-zählen *od.*

-rechnen; **3.** schätzen, halten, ansehen; *tout compté* alles wohlerwogen (*od.* in Betracht gezogen); **4.** be-, aus-zahlen; **II** *v/i.* **5.** rechnen, zählen; F *ne pas* ~ von der Hand in den Mund leben; *Sport*: ~ *out* (ut) auszählen; **6.** ♪ den Takt zählen; **7.** ~ *avec q.* mit j-m abrechnen; *fig.* mit j-m rechnen, auf j-n Rücksicht nehmen; **8.** mitzählen, in Anschlag kommen, zählen, wichtig sein, von Bedeutung sein; *cela ne compte pas* das zählt nicht, das ist unwesentlich; **9.** ~ *sur* rechnen mit (*dat.*), sich verlassen auf (*acc.*); *j'y compte* ich verlasse mich darauf; *iron. tu peux y* ~ darauf kannst du dich verlassen; *il ne faut* ~ *que sur soi* selbst ist der Mann; **10.** ~ *de* datieren von (*dat.*); **11.** ~ (*mit bloßem inf.*) beabsichtigen; *il compte partir* er gedenkt morgen abzureisen; **III** *v/rfl.* se ~ **12.** gezählt werden, sich zählen lassen; **13.** *se* ~ *pour perdu* sich für verloren halten.

compte rendu (kɔ̃trɑ̃'dy) *m* [6a] Rechenschaftsbericht *m*; ⚔ Meldung *f*; *école.* Nacherzählung *f*; 🕮 Referat *n*, Besprechung *f*, Rezension *f*.

compte-tours ⊕ (kɔ̃t'tu:r) *m* [6c] Touren-, Umdrehungs-zähler *m*.

compteur (kɔ̃'tœ:r) **I** *su.* [7g] Zähler *m* (*Person*); **II** *m* Zähler *m*, Zählapparat *m*; *at.* ~ *Geiger* Geigersches Zählrohr *n*, Geigerzähler *m*; ~ *à gaz* Gasuhr *f*, Gaszähler *m*; ~ *électrique*, ~ *d'électricité* elektrischer Zähler *m*; ~ *d'eau* Wasseruhr *f*, -zähler *m*; *Auto*: ~ *de stationnement* Parkzeitkontrollautomat *m*; ~ *de taxi* Fahrpreisanzeiger *m*, Taxameter *m*, Zähluhr *f*; ~ *de tours* Tourenzähler *m*; ~ *de vitesse* Geschwindigkeitsmesser *m*.

comptine (kɔ̃'tin) *f* Abzählreim *m*.

comptoir (kɔ̃'twa:r) *m* **1.** Zahl-, Laden-tisch *m*; Theke *f*, Schenktisch *m*; **2.** Kassenraum *m*, Kontor *n*; ~-*caisse* Registrierkasse *f*; **3.** † Zweiggeschäft *n*, Nebenstelle *f*, Vertriebsstelle *f*; Abteilung *f* (*Kaufhaus*); Handelsniederlassung *f in Übersee*.

compul|ser *a.* ⚖ (kɔ̃pyl'se) *v/t.* [1a] nach-schlagen, -sehen, einsehen (*Akten, Bücher*); **~sif** (~'sif) *adj.* [7e] zwingend; **~sion** ⚖ (~'sjɔ̃) *f* (gerichtlicher) Zwang *m*; **~soire** (~'swa:r) *m* Akteneinsicht *f*.

comput (kɔ̃'pyt) *m* Kalenderberechnung *f*; **~er** (~'te) *v/t.* [1a] berechnen.

comtal (kɔ̃'tal) *adj.* [5c] gräflich.

comte (kɔ̃:t) *m* Graf *m*.

comté (kɔ̃'te) *m* (*früher f, daher*: *Franche-Comté*) Grafschaft *f*.

comtesse (kɔ̃'tɛs) *f* Gräfin *f*.

con P (kɔ̃) **1.** *adj./inv. u. m* F doof, dumm, P bekloppt; F Doofkop(f) *m*, Dussel *m*; *quel* ~! was für ein Idiot!; **2.** *physiol.* V Fotze *f* V.

concass|age ⊕ (kɔ̃ka'sa:ʒ) *m* Zerstoßen *n*, Zerkleinerung *f*, Zerkleinern *n*, Brechen *n*; **~er** (~'se) *v/t.* [1a] zerkleinern, zerstückeln, zerschlagen, brechen, zerstampfen; *Pfeffer* zerstoßen; **~eur** ⊕ (~'sœ:r) *m* Zerkleinerungsmaschine *f*, Vorbrecher *m*; Quetschwalze *f*; Stampfwerk *n*; ~ *de grains* Schrotmühle *f*; *bét.* ~-*granulateur* Einschwingenbrecher *m*.

conca|ve (kɔ̃'ka:v) *adj.* konkav, hohl (geschliffen); **~vité** (~kavi'te) *f* Hohlfläche *f*, Konkavität *f*.

concéder (kɔ̃se'de) *v/t.* [1f] bewilligen, verleihen, zugestehen, konzedieren, konzessionieren; *fig.* zugeben, einräumen.

concen|tration (kɔ̃sɑ̃tra'sjɔ̃) *f* **1.** Konzentration *f* (*a. fig.*), Vereinigung *f*, Sammlung *f*, Zusammenziehung *f*; ~ *démographique* Bevölkerungsanhäufung *f*; ~ *horizontale*, ~ *verticale* horizontale, vertikale Gliederung *f od.* Konzentration *f im Wirtschaftsleben*; *camp m de* ~ *pol.* Konzentrationslager *n*; *zivil*: Sammellager *n*; *politique f de* ~ Sammlungspolitik *f*; **2.** Konzentration *f*, Aufmerksamkeit *f*, innere Sammlung *f*; **3.** ⚗ Verdichtung *f*, Konzentrierung *f*; **4.** ⚔ Aufmarsch *m*; ⚗ Kampfstoff-gehalt *m*, -dichte *f*; **5.** *télév. agir sur la* ~ die Bildschärfe nachstellen; **~trationnaire** (~trasjɔ'nɛ:r) *adj.* Konzentrationslager...; **~trer** (~'tre) [1a] **I** *v/t.* **1.** zusammen-drängen, -ziehen, vereinigen, sammeln, *a.* ⚔ konzentrieren; **2.** *Schmerz, Haß* in sich aufspeichern; *homme m concentré en lui-même* verschlossener Mensch *m*; **3.** ⚗ verdichten; *bouillon m concentré* Kraftbrühe *f*; *lait m concentré* Büchsenmilch *f*; **II** *v/rfl.* se ~

phys. sich (in e-m Brennpunkte) ansammeln; *fig.* se ~ *sur* sich konzentrieren auf (*acc.*), sich vertiefen in (*acc.*); **~trique** (~'trik) *adj.* □ konzentrisch.

concept (kɔ̃'sɛpt) *m* Begriff *m*, Vorstellung *f*, Gedanke *m*, Idee *f*; **~acle** ⚘ (~'taklə) *m* Fruchtbehälter *m*; **~tible** *phil.* (~'tiblə) *adj.* (er-)faßbar; **~if** (~'tif) *adj.* [7e]: *faculté f conceptive* (geistiges) Fassungsvermögen *n*; **~ion** (~p'sjɔ̃) *f* **1.** *phil.* Auffassungsvermögen *n*, Fassungskraft *f*; Vorstellung *f*; *~ du monde od. de l'univers* Weltanschauung *f*, Weltbild *n*; *avoir la ~ facile (dure)* leicht (schwer) von Begriff sein, leicht (schwer) begreifen *od.* auffassen; **2.** Geistesschöpfung *f*, Einfall *m*, Gedanke *m*; Planung *f*, Gestaltung *f*; Baustil *m*; *la ~ d'une revue* die Zielsetzung *f* e-r Zeitschrift; **3.** *physiol.* Empfängnis *f*; *rl. l'immaculée ~* die unbefleckte Empfängnis *f*; **~ualisation** *psych.* (~tɥaliza'sjɔ̃) *f* Erfassung *f*; **~ualisme** *phil.* (~tɥa'lism) *m* Konzeptualismus *m*; **~uel** (~'tɥɛl) *adj.* [7c] begrifflich.

concer|nant (kɔ̃sɛr'nɑ̃) *prp.* betreffend (*acc.*), hinsichtlich (*gén.*), bezüglich (*gén.*); **~ner** (~'ne) *v/t.* [1a] betreffen, anlangen, angehen, sich beziehen auf (*acc.*); *en ce qui concerne ...* was ... betrifft.

concert (kɔ̃'sɛ:r) *m* **1.** ♪ Konzert *n*; *~ d'instruments, ~ de voix* Instrumental-, Vokal-konzert *n*; *rad. ~ de musique enregistrée* Schallplattenkonzert *n*; *~ spirituel* Kirchenkonzert *n*; **2.** Einverständnis *n*; *de ~* auf Verabredung; *de ~ avec q.* im Einvernehmen mit j-m; *agir de ~ avec q.* mit j-m gemeinsam handeln; **3.** Zusammenklang *m*; *~ de louanges* einstimmiges Lob *n*; *dans le ~ des nations* im Kreise der (*od.* unter den) Nationen; **~er** (~sɛr'te) [1a] **I** *v/t.* verabreden, aufeinander abstimmen, *mv.p.* abkarten; gemeinsam vorbereiten; *des mesures bien concertées* gut getroffene Maßregeln; **II** *v/rfl.* se ~ sich miteinander verabreden; sich verständigen; **~ina** (~ti'na) *f*, *abus. m* Bandonion *n*; **~iste** (~'tist) *m* Konzertmusiker *m*; **~o** (~'to) *m* Konzertstück *n*.

concess|ible (kɔ̃sɛ'siblə) *adj.* verleihbar, abtretbar; **~if** *gr.* (~'sif) *adj.* [7e] konzessiv, Einräumungs...; **~ion** (~'sjɔ̃) *f* **1.** Bewilligung *f*, Verleihung *f*, verliehenes Recht *n*, Konzession *f*, Überlassung *f*, Abtretung *von Grund und Boden*; (Familien-)Begräbnisplatz *m*; *~ à perpétuité* Erbbegräbnis *n*; **2.** Zugeständnis *n*, Einräumung *f*; ✝ Preisermäßigung *f*; **~ionnaire** (~sjɔ'nɛ:r) *m* Konzessionär *m*, Konzessionsinhaber *m*, Lizenzinhaber *m*, Alleinvertreter *m*.

concetti (kɔ̃tʃɛ'ti) *m/pl.* witzige Einfälle *m/pl.*

conce|vable (kɔ̃s(ə)'vablə) *adj.* begreiflich; vorstellbar; **~voir** (~'vwa:r) [3a] **I** *v/t.* **1.** *physiol.* empfangen, schwanger werden mit (*dat.*), konzipieren; **2.** empfinden, hegen, *fig.* schöpfen, fassen; *~ des soupçons (de l'espérance)* Argwohn (Hoffnung) schöpfen; *~ de l'aversion contre q.* Abneigung gegen j-n fassen; **3.** (aus-, er-)denken, sich vorstellen; ersinnen, entwerfen; ab-, ver-fassen; **4.** begreifen, begreiflich finden, fassen, verstehen; **II** *v/rfl.* se~ sich denken lassen; *cela se conçoit* das läßt sich denken, das ist begreiflich.

conche *dial.* (kɔ̃:ʃ) *f* kleine Bucht *f*, Strand *m*.

conchis ⚠ (kɔ̃'ki) *m* Kiesschicht *f*.

conchite 🕮 (kɔ̃'kit) *f* versteinerte Muschel *f*.

concierge (kɔ̃'sjɛrʒ) *su.* Portier *m*, Pförtner *m*, Hausmeister *m*; Schulhausmeister *m*; **~rie** (~sjɛrʒə'ri) *f* Portier-stelle *f*, -wohnung *f*.

concile *rl.* (kɔ̃'sil) *m* Konzil *n*.

concilia|ble (kɔ̃si'ljablə) *adj.* vereinbar; **~bule** (~lja'byl) *m* **1.** ketzerische Kirchenversammlung *f*; **2.** geheime Zusammenkunft *f*; **~nt** (~'ljɑ̃) *adj.* [7] verträglich, versöhnlich; **~teur** (~lja'tœ:r) [7f] **I** *adj.* vermittelnd, versöhnend; **II** *su.* Vermittler *m*; Schlichter *m* (*in Tarifkämpfen*); **~tion** (~lja'sjɔ̃) *f* Versöhnung *f*, Vermitt(e)lung *f*, Einigung *f*, Vergleich *m*; *par voie de ~* auf gütlichem Wege; ⚖ *appeler (od. citer) en ~* zum Sühneversuch vorladen; *démarches f/pl. de ~* vermittelnde Schritte *m/pl.*; *entrer en ~* sich vergleichen; *procédure f en ~* Sühneverfahren *n*; **~toire** (~lja'twa:r) *adj.* vermittelnd.

concilier (kɔ̃si'lje) [1a] **I** *v/t.* **1.** versöhnen, ausgleichen, zum Vergleiche bewegen; in Übereinstimmung bringen; **2.** ~ *qch. à q.* j-m etw. einbringen *od.* verschaffen; *ses actes lui ont concilié la faveur* s-e Taten haben ihn beliebt gemacht; **II** *v/rfl.* se ~ **3.** sich versöhnen; **4.** se ~ *qch.* sich etw. verschaffen; se ~ *l'attention* die Aufmerksamkeit auf sich lenken.

concis (kɔ̃'si) *adj.* [7] kurz(gefaßt), bündig, knapp, konzis, prägnant; **~ion** (kɔ̃si'zjɔ̃) *f* Prägnanz *f.*

concitoyen (kɔ̃sitwa'jɛ̃) *su.* [7c] Mitbürger *m.*

concluant (kɔ̃kly'ɑ̃) *adj.* [7] treffend, beweiskräftig, überzeugend, schlagend, entscheidend, bündig.

conclu|re (kɔ̃'kly:r) [4l] **I** *v/t. u. abs.* **1.** (ab)schließen, zu Ende bringen; ~ *le marché* sich handelseinig werden; ~ *un contrat* e-n Vertrag schließen; **2.** ~ de folgern *od.* schließen aus (*dat.*); ~ *du particulier au général* vom Besonderen auf das Allgemeine schließen; **II** *v/i.* **3.** zutreffen, ein Beweis sein; *cela conclut en ma faveur* das ist ein Beweis zu m-n Gunsten; **4.** ~ de (*mit inf.*) beschließen zu ...; ⚖ ~ *à* erkennen auf (*acc.*), beantragen; **III** *v/rfl.* se ~ be- *od.* geschlossen werden; **~sif** (kɔ̃kly'zif) *adj.* [7e] *gr.* folgernd; **~sion** (~'zjɔ̃) *f* **1.** Schluß(folgerung *f*) *m,* Konklusion *f*; **2.** Abschluß *m*; *il faut en venir à la* ~ wir müssen zum Schlusse kommen; **3.** ⚖ **~s** *pl.* (Schluß-)Antrag *m*; *prendre ses* **~s** s-n Antrag stellen.

concocteur ⚕ (~kɔk'tœr) *adj.* **[7f]** die Verdauung fördernd.

concombre ♀ (kɔ̃'kɔ̃:brə) *m* Gurke *f*; *salade f de* **~s** Gurkensalat *m.*

concomitan|ce (kɔ̃kɔmi'tɑ̃:s) *f* gleichzeitiges Bestehen *n,* Zusammenwirken *n*; *advt. par* ~ begleitungsweise; **~t** (~'tɑ̃) *adj.* [7] gleichzeitig, begleitend, mitwirkend; *phénomène m* ~ Begleiterscheinung *f.*

concor|dance (kɔ̃kɔr'dɑ̃:s) *f* **1.** Übereinstimmung *f,* Konkordanz *f*; *gr.* ~ *des temps* Zeitenfolge *f*; ~ *d'événements* Zusammentreffen *n* von Umständen; **2.** ~ *de la Bible* alphabetisches Wort- und Sachregister der Bibel; **3.** *rl.* Übereinstimmung *f*; ~ *des Evangiles* Evangelienkonkordanz *f*; **~dant** (~'dɑ̃) *adj.* [7] übereinstimmend; *être* ~ übereinstimmen; **~dat** (~'da) *m* **1.** *rl.* Konkordat *n*; **2.** ⚖ (Zwangs-)Vergleich *m*; **~dataire** ⚖ (~da'tɛ:r) *adj.* Vergleich...; **~de** (kɔ̃'kɔrd) *f* Eintracht *f*; **~der** (~'de) *v/i.* [1a] übereinstimmen; *faire* ~ in Übereinstimmung bringen.

concourir (kɔ̃ku'ri:r) *v/i.* [2i] **1.** in e-m Punkt zusammenlaufen; **2.** beitragen, mitwirken (*à* an *dat.*); **3.** sich gemeinschaftlich bewerben (*pour* um *acc.*); † konkurrieren; sich um den Preis bewerben; *être admis à* ~ zum Mitbewerb zugelassen werden; **4.** gleiche Ansprüche haben (*pour* auf *acc.*).

concours (kɔ̃'ku:r) *m* **1.** Zusammenlauf *m*; **2.** † ~ *des créanciers* Zusammentreten *n* der Gläubiger; **3.** *fig.* Zusammentreffen *n* (*v. Umständen*); **4.** 𝔄 Zusammenlaufen *n in e-m Punkte*; *at.* Zusammenstoßen *n der Atome*; **5.** Wettbewerb *m, bsd.* Schülerwettbewerb *m,* Mitwirkung *f,* Wettstreit *m,* Konkurrenz *f*; *Sport*: Wettkampf *m*; *Fr. écol.* ~ (*d'admission*) Aufnahme-, Ausleseprüfung *f*; *a. Sport*: *hors* ~ außer Konkurrenz; *mettre une place (un travail) au* ~ e-e Stelle (e-e Arbeit) ausschreiben; ~ *d'avions* Wettflug *m*; ~ *d'étalages* (*od. de vitrine*) Schaufensterwettbewerb *m*; ~ *de tir* Preisschießen *n,* Schützenfest *n*; ~ *vélocipédique* Radrennen *n*; ~ *de beauté, weitS.* ~ *d'élégance* Schönheitswettbewerb *m*; *Auto*: ~ *de démarrage* Startprüfung *f*; ✈ ~ *de modèles réduits* (Flug-)Modellwettbewerb *m*; ~ *hippique* Reit- u. Fahrturnier *n*; **6.** Beihilfe *f,* Mithilfe *f*; *prêter son* ~ mitwirken, mithelfen, Beistand leisten.

concréfier ⚗ (kɔ̃kre'fje) [1a] *v/rfl.* se ~ fest werden.

concret (kɔ̃'krɛ) **I** *adj* **1.** konkret, körperlich, sinnlich; greifbar, anschaulich; **2.** 𝔄 *nombre m* ~ benannte Zahl *f*; **3.** ⚗ fest; **II** *m das* Konkrete *n, das* Anschauliche *n.*

concré|ter (kɔ̃kre'te) *v/rfl.* se ~ [1f] fest (dick, hart) werden; gerinnen; **~tion** (~'sjɔ̃) *f* **1.** Dickwerden *n*; Gerinnen *n*; **2.** Zusammenwachsen *n*; **3.** Verhärtung *f*; Versteinerung *f*; ⚕ Knotenbildung *f,* Ablagerung *f,* Stein *m*; ⚕ ~ *arthritique* Gichtknoten *m*; **~tionner** *min.* (~sjɔ'ne) *v/rfl.*: se ~ zusammenwachsen; **~tiser** (~ti'ze) *v/t.* [1a] veranschaulichen; formulieren.

concubi|nage (kõkybi'na:ʒ) *m u.* **~nat** (~'na) *m* wilde Ehe *f*, Konkubinat *n*; **~ne** (~'bin) *f* Konkubine *f*.

concupis|cence (kõkypi'sɑ̃:s) *f* Sinnenlust *f*, Lüsternheit *f*; **~cent** (~'sɑ̃) *adj.* [7] lüstern; begierig.

concur|remment (kõkyra'mɑ̃) *adv.* gemeinschaftlich, gemeinsam, zusammenwirkend; wetteifernd; † konkurrierend; **~rence** (~'rɑ̃:s) *f* **1.** Wettbewerb *m*, Wettstreit *m*, Mitbewerbung *f*; **2.** † Konkurrenz *f*; ~ *déloyale* unlauterer Wettbewerb *m*; **3.** *jusqu'à ~ de ...* bis zum Betrage von ...; **4.** ⚖ Gleichberechtigung *f*; *en ~* zu gleichen Teilen *od.* Rechten; **~rencer** (~rɑ̃'se) *v/t.* [1k]: ~ *q.* (*qch.*) j-m mit j-m in Konkurrenz treten; (e-r Sache) Konkurrenz machen; **~rent** (~'rɑ̃) **I** *su.* Mitbewerber *m*; Wettkämpfer *m*; Preisbewerber *m*; *mv.p.* Rivale *m*, Nebenbuhler *m*; *a.* Konkurrent *m*; **II** *adj.* [7] zusammenwirkend.

concussion (kõky'sjõ) *f* Veruntreuung *f*, Unterschleif *m*; Erpressung *f*; **~naire** (~sjɔ'nɛ:r) *m* (*a. adj.*) der Geldunterschlagung Schuldiger *m*, Erpresser *m*.

condam|nable (kõda'nablə) *adj.* verwerflich, verabscheuenswert; strafbar, sträflich; **~nation** (~na'sjõ) *f* **1.** Verurteilung *f*, Straferkenntnis *n*; ~ *avec sursis*, ~ *avec application de la loi de sursis od. de la loi Bérenger* Verurteilung *f* mit Bewährungsfrist; **2.** Mißbilligung *f*, Verwerfung *f*, Verabscheuung *f*, Verdammung *f*; **3.** ⚖ Strafe *f*; ~ *antérieure* Vorbestrafung *f*, Vorstrafe *f*; *subir sa ~* s-e Strafe verbüßen.

condamner (kõda'ne) *v/t.* [1a] **1.** verurteilen, verdammen; *être condamné aux dépens* (*à quinze jours de prison, aux travaux forcés*) kostenpflichtig (zu 14 Tagen Gefängnis, zu Zuchthaus) verurteilt werden; *fig. être condamné au repos* zur Ruhe gezwungen sein; *être condamné à faire qch.* gezwungen sein, etw. zu tun; etw. tun müssen; ~ *à la peine de mort* zum Tode verurteilen; *fig. être condamné à mort* sterben müssen; **2.** mißbilligen, tadeln, verdammen, verabscheuen; **3.** ~ *un malade* e-n Kranken für unheilbar erklären *od.* aufgeben; **4.** ⚠ *Fenster usw.* vernageln, vermauern, verrammeln; *fig.* ~ *sa porte* für niemanden zu sprechen sein; **5.** ⚓ ~ *un vaisseau* ein Schiff für untauglich erklären (*od.* einziehen).

condensa|ble (kõdɑ̃'sablə) *adj.* verdichtbar, kondensierbar; **~teur** (~'tœ:r) *m* Kondensator *m*; ~ *variable* (*od. réglable od. rotatif od. tournant od. à disque*) Drehkondensator *m*; ~ *électrique* elektrischer Kondensator *m*; *rad. u.* ⚡ ~ *fixe* Blockkondensator *m*; ~ *relié à* (*od. branché sur*) *l'antenne* Antennenkondensator *m*; ~ *d'accord*, ~ *de résonnance* Abstimmkondensator *m*; ~ *de réaction* Kopplungskondensator *m*; ~ *pour ondes courtes* Kurzwellenkondensator *m*; **~tion** (~sa'sjõ) *f* Kondensation *f*, Kondensierung *f*, Verdichtung *f*; ~ *atmosphérique* Niederschlag *m*.

conden|sé 📖 (kõdɑ̃'se) *m* Zusammenfassung *f*; **~ser** (~) *v/t.* [1a] **1.** verdichten, kondensieren; *lait m condensé* kondensierte Milch *f*; **2.** *fig.* bündig ausdrücken, zusammenfassen, kürzen (*Buch*); **~seur** (~'sœ:r) *m* **1.** *Dampfmaschinen u.* ⚗: Kondensator *m*; Kühlgefäß *n*; **2.** *opt.* Kondensor *m*.

condescen|dance (kõdesɑ̃'dɑ̃:s) *f fig.* Herablassung *f*; **~dant** (~'dɑ̃) *adj.* [7] herablassend; **~dre** (~'sɑ̃:drə) *v/i.* [4a]: ~ *à* sich herablassen zu (*dat.*), sich bequemen zu (*dat.*), sich verstehen zu (*dat.*); *abs.* sich entgegenkommend zeigen.

condiment (kõdi'mɑ̃) *m* Gewürz *n*; *fig.* Würze *f*, besonderer Reiz *m*.

condisciple (kõdi'siplə) *m* Mitschüler *m*, Schulfreund *m*.

condition (kõdi'sjõ) *f* **1.** Zustand *m*, Beschaffenheit *f*, Eigenschaft *f*, Lage *f*; Rang *m*, Stand *m* Herkunft *f*, Stellung *f*; vornehmer Stand *m*; *personne f de ~* Standesperson *f*; **2.** Stellung *f* (*Hausangestellte*); *chercher ~* Stellung suchen; *entrer* (*od. se mettre*) *en ~* in Stellung gehen; **3.** (Vor-)Bedingung *f*; ~ *préalable* Vorbedingung *f*; *faire ses* (*od. des*) *~s* Bedingungen stellen; *à une ~* unter e-r Bedingung; *à n'importe quelle ~* unter jeder Bedingung; *à ~* mit (*od.* unter) Vorbehalt; *envoyer à ~* zur Ansicht schicken; *sous ~* bedingungsweise; *baptiser sous ~* mit Vorbehalt taufen; *à (la) ~ que ...*, *sous (la) ~ que* (*mit fut.*, *cond. od. subj.*), *à la ~ de ...* (*mit inf.*) unter der Bedingung (*od.* vorausgesetzt), daß ...; **4.** *~s pl.* Verhältnisse *n/pl.*; *dans ces ~s* unter diesen Verhältnissen; *~s atmosphériques* Witterungsverhältnisse *n/pl.*; **~né** (~sjɔ'ne) *adj.* [7] **1.** *être ~ par qch.* durch etw. bedingt sein; **2.** *bien ~* gut beschaffen, in gutem Zustand; ✝ gesund, unbeschädigt; *mal ~* in schlechtem Zustand; **3.** ✝ mit e-r Schutzpackung versehen; *~ à la cellophane* in Zellophan verpackt; **4.** durch Klimaanlage reguliert (*Luft*); *avec air ~* mit Klima-(tisierungs)anlage, mit Belüftungsanlage; *à l'air ~* bei einer konstant regulierten (*od.* bei klimatisierter) Belüftung; **~nel** (~sjɔ'nɛl) **I** *adj.* [7c] **1.** bedingt; **2.** *gr.* konditional, bedingend; *proposition f ~le* Konditional-, Bedingungs-satz *m*; **II** *~lement adv.* bedingungsweise; **III** *m gr.* Konditionalis *m*, Bedingungsform *f*; **~nement** (~sjɔn'mɑ̃) *m* **1.** Klimatisierung *f*, Schaffung *f* e-r gesunden, konstanten Luft in e-m Raum; *~ d'air* Klimaanlage *f*; **2.** ✝ Schutzverpackung *f*; Aufmachung *f* (*e-r Ware*); *a.* ⊕ Zustand *m* (*e-r Maschine*); ⊕ *en bon état de ~* in gutem Zustand; **3.** ⚔ Feststellung *f* der Verwendungsmöglichkeiten von Militärdienstpflichtigen; **4.** *text.* Konditionnieren *n* (*od.* Trocknen *n*) der Rohseide; **5.** ⚒ *~ des gîtes* Lagerung *f*, Lagerverhältnisse *n/pl.*; **6.** *bét.* Kornabstufung *f*; **~ner** (~sjɔ'ne) *v/t.* [1a] **1.** die erforderliche Beschaffenheit (*od.* Güte) geben; *fig.* entscheidend beeinflussen, beherrschen; *fig.* bedingen, ermöglichen; **2.** klimatisieren, durch Klimaanlage regulieren (*Luft in e-m Raum*); **3.** *text.* trocknen (*Rohseide*); **4.** ⚖ verklausulieren.

condoléance (*oft im pl.*) (kɔ̃dɔle'ɑ̃:s) *f* Beileid *n*; *~s pl.* Beileidsbezeigungen *f/pl.*, Kondolenz *f*; *compliment m de ~* Beileidsbezeigung *f*; *lettre f de ~* Beileidsschreiben *n*, Kondolenzbrief *m*; *faire une visite de ~* e-n Beileidsbesuch machen; *faire ses compliments de ~ à q.*, *adresser* (*od. exprimer*, *faire*, *offrir*, *présenter*) *ses ~s à q.*, *rendre les devoirs de ~ à q.* j-m sein Beileid bezeigen, j-m kondolieren; *exprimer ses ~s attristées* sein herzlichstes Beileid ausdrücken.

condominium *pol.* (kɔ̃dɔmi'njɔm) *m* Kondominium *n*, gemeinsame Herrschaft *f*.

condor *orn.* (kɔ̃'dɔ:r) *m* Kondor *m*.

conduc|tance ⚡ (kɔ̃dyk'tɑ̃:s) *f* Leitwert *m*, Konduktanz *f*; **~teur** (~'tœ:r) [7f] **I** *su.* Leiter *m*, Führer *m*, Aufseher *m*; *Auto*: Kraftfahrer *m*; ⊕ Bedienungsmann *m*; ⊕ Kranführer *m*; *tram. ~ du tramway* Fahrer *m*, Wagenführer *m*; *~ du train* Zugführer *m*; *~ d'un véhicule automobile* Kraftfahrzeugführer *m*; *Fr. ~ des ponts et chaussées* Ingenieur *m* des Straßenbauamtes; *~ des travaux* Bauführer *m*; ⚔ *canonnier m ~* Geschützführer *m*, -fahrer *m*; *~ de derrière* Steckenpferdreiter *m* (*Kinderspiel*); **II** *m phys. bon* (*mauvais*) *~* guter (schlechter) Leiter *m*; ⚡ *~ de terre* Erdleitung *f*; *~ à haute* (*basse*) *tension* Hoch-(Nieder-)spannungsleitung *f*; *non-~* Nichtleiter *m*; **III** *adj.* leitend; leitungsfähig; *fil m ~* Leitungsdraht *m*; *fig.* roter Faden *m*; *balai m ~* Stromabnehmer *m*; **~tibilité** *phys.* (~tibili'te) *f* Leitungsfähigkeit *f*; *~ calorifique* Wärmeleitung *f*, Leitvermögen *n*; **~tible** *phys.* (~'tiblə) *adj.* leitungsfähig; **~tion** (~k'sjɔ̃) *f* ⚡ Stromführung *f*; **~trice** (~'tris) *f* Chauffeurin *f*; Fahrerin *f*.

conduire (kɔ̃'dɥi:r) [4c] **I** *v/t.* **1.** führen, *a.* ⚡ leiten, lenken, fahren, *Auto*: steuern; ⊕ bedienen; *Auto*: *~ une voiture* e-n Wagen steuern (*od.* lenken *od.* chauffieren); *~ des bestiaux au pâturage* Vieh zur Weide treiben; *~ par la main* (*par la bride*) an der Hand (am Zaume) führen; *~ q. à la ville* j-n zur Stadt fahren; *savoir ~ [une voiture* (*od. une auto*)] (Auto) fahren können; *Auto*: *permis m de ~* Führerschein *m*; *fig. on est conduit à penser que ...* man wird zu der Auffassung gebracht, daß ...; **2.** begleiten, zur Deckung dienen (*dat.*); **3.** anordnen, durchführen; *peint. ~ la lumière* das Licht verteilen; **4.** anführen, befehligen; regieren; beaufsichtigen, verwalten, leiten, lenken; *~ une chose à son terme* etw. zum Abschluß bringen; *~ qch. à sa perfection* etw. zur Vollendung führen;

bien ~ sa barque es im Leben richtig machen; **5.** ⚠ *~ un mur* e-e Mauer ziehen; ⚹ *~ une ligne par deux points donnés* e-e Linie durch zwei gegebene Punkte ziehen; **II** *v/i.* **6.** *~ à* (hin) führen nach *od.* zu (*dat.*); **7.** *abs.* selbst fahren, *Auto*: steuern; **III** *v/rfl.* se ~ **8.** geführt werden, s-n Weg finden; **9.** sich führen, sich benehmen, sich betragen.

conduit (kõ'dɥi) *m* **1.** Röhre *f*, Rohrleitung *f*; Leitungsrohr *n*; Rinne *f*; ⚡ *~ isolé* Isolierrohr *n*; *Auto*: *~ de remorque* Anhängerkabel *n*; *~ de la cheminée* Schornsteinrohr *n*; **2.** *anat.* Kanal *m*, Gang *m*; *~ auditif* Gehörgang *m*; *~s pl. de respiration* Atmungskanäle *m/pl.*

conduite (kõ'dɥit) *f* **1.** Führung *f*, Leitung *f*; *Auto*: Fahrpraxis *f*; Steuerung *f*; *~ à distance* Fernsteuerung *f*; *~ intérieure* Innensteuerung *f*; Limousine *f*; **2.** Bedienung *f*; Behandlung *f*; *instructions f/pl. pour la ~* Bedienungsvorschriften *f/pl.*; **3.** Leitung *f*, Lenkung *f*, Aufsicht *f*, Verwaltung *f*, Befehl *m* (de über *acc.*); **4.** Begleitung *f*, Geleit *n*; *faire la ~ à q.* j-m das Geleit geben; *faire un bout de ~ à q.* j-n ein Stückchen begleiten; **5.** *fig.* Verhalten *n*, Benehmen *n*, Führung *f*; *bonne ~* gutes Betragen *n*, gutes Benehmen *n*, gute Führung *f*; *certificat m de bonne ~* Führungszeugnis *n*; *ligne f de ~* Richtschnur *f*; *manquer de ~* sich schlecht benehmen; **6.** Plan *m*, Anlage *f*; *~ d'un poème* Anlage *f* e-s Gedichts; **7.** Röhrenwerk *n*; *~ d'eau* Wasserleitung *f*; ⊕ *~ forcée* Druckleitung *f* (*Wasser*); *~ d'eau chaude* Warmwasserleitung *f*; ⚡ *~ de terre* Erdleitung *f*; *Auto*: *~ d'échappement* Auspuffleitung *f*; *~ de pétrole* Ölleitung *f*; *tuyau m de ~* Wasserleitungsröhre *f*; *~ de gaz* Gasrohr *n*; **8.** F *faire une ~ de Grenoble à q.* j-m heimleuchten, j-n zum Teufel jagen, j-m den Garaus bereiten (*od.* machen).

cône (ko:n) *m* **1.** ⚹ Kegel *m*; *en forme de ~* kegelförmig; *~ droit* gerader Kegel *m*; *~ tronqué od. tronc m de ~* abgestumpfter Kegel *m*; *~ lumineux* Lichtkegel *m*; *~ d'ombre* Schattenkegel *m*; **2.** ⚘ zapfenförmige Frucht *f*, *bsd.* Tannenzapfen *m*; *~ de houblon* Hopfen(frucht)zapfen *m*; **3.** *zo.* Kegelschnecke *f*; **4.** *Fahrrad*: Konus *m*; **5.** *~ (de feutre) pour chapeaux* Hutstumpen *m*.

confection (kõfɛk'sjõ) *f* **1.** Ausführung *f*, Herstellung *f*, Anfertigung *f*; Anlegung *f von Listen*; **2.** ✝: a) Konfektion *f*, fabrikmäßige Anfertigung *f von Kleidungsstücken*; b) Konfektionsware *f* (*fertige Damen- u. Herren-kleidung*); c) Konfektionsgeschäft *n*, Bekleidungsgeschäft *n*; **~ner** (~sjɔ'ne) *v/t.* [1a] an-, ver-fertigen, machen; *~ un résumé* ein Résumé anfertigen; *se ~ une boisson chaude* sich ein warmes Getränk machen; **~neur** (~'nœ:r) *su.* [7g] Konfektionsschneider *m*.

confédéra|tif (kõfedera'tif) *adj.* [7e] eidgenössisch; Bundes...; **~tion** (kõfedera'sjõ) *f* Bündnis *n*, Bund *m*, Konföderation *f*; *~ d'Etats* Staatenbund *m*.

confédé|ré (kõfede're) *su.* **1.** Bundes-, Eid-genosse *m f*; **2.** *hist.* ♀ Konföderierter *m*, Anhänger *m* der Südstaaten von Nordamerika; **~rer** (~) [1f] **I** *v/t.* durch e-n Bund vereinigen; **II** *v/rfl.* se ~ sich verbünden.

conféren|ce (kõfe'rɑ̃:s) *f* **1.** Zusammenkunft *f*, Besprechung *f*, Rücksprache *f*, Konferenz *f*; (Geschäfts-) Verhandlung *f*; *entrer en ~ avec q.* mit j-m in Unterhandlung treten; *~ de la paix* Friedenskonferenz *f*; *~ du (od. de) désarmement* Abrüstungskonferenz *f*; *~ économique internationale* Weltwirtschaftskonferenz *f*; *pol.* *~ au sommet* Gipfelkonferenz *f*; *~ tripartite* Dreimächtekonferenz *f*; *salle f des ~s* Konferenzsaal *m*; *pol.* *~ des transferts* Transferkonferenz *f*; *~ d'immobilisation*, *~ de prorogation* Stillhaltekonferenz *f*; **2.** *öffentliche* Vorlesung *f*, Vortrag *m*; *faire des ~s* Vorträge halten; *maître m de ~s* Privatdozent *m*; außerordentlicher Professor *m*; *~ avec projections (lumineuses)* Lichtbildervortrag *m*; *salle f de ~s* Hörsaal *m*; **~cier** (kõferɑ̃'sje) *su.* [7b] Vortragender *m*, Redner *m* (*nicht*: *Conférencier!*, s. *animateur, présentateur*).

conférer (kõfe're) [1f] **I** *v/t.* **1.** vergleichen, gegeneinanderhalten; *~ des textes* Texte vergleichen; **2.** erteilen, verleihen, gewähren, übertragen; **II** *v/i.* *~ avec q.* sich mit j-m besprechen, Rücksprache mit j-m nehmen, mit j-m e-e Unterredung haben, konferieren (*de* über *acc.*).

confesse (kɔ̃'fɛs) *f* (*nur noch nach à od. de*) Beichte *f*; *aller à* ~ zur Beichte gehen; *revenir de* ~ von der Beichte zurückkommen.

confes|ser (kɔ̃fɛ'se) [1b] **I** *v/t.* **1.** beichten; **2.** ~ *q.* j-m die Beichte abnehmen; F j-n ins Gebet nehmen, j-n aushorchen; ⚖ j-n zum Geständnis bringen; **3.** bekennen, (ein-, zu-)gestehen; ~ *une dette* e-e Schuld anerkennen; **4.** ~ *la foi chrétienne* sich zum christlichen Glauben bekennen; **II** *v/rfl.* **5.** *se* ~ *de qch.* etw. beichten; *se* ~ (*à q.* bei j-m) beichten; *vous en êtes-vous confessé?* haben Sie es gebeichtet?; **6.** *se* ~ *coupable* sich (als) schuldig bekennen; **~seur** (~'sœ:r) *m* **1.** Beichtvater *m*; **2.** Glaubenszeuge *m*, Bekenner *m*; **~sion** (~'sjɔ̃) *f* **1.** *rl.* Konfession *f*, Religion *f*, Glaube *m*, Religionsbekenntnis *n*, Bekenntnis *n*; ⚖ Geständnis *n*; *par sa propre* ~ aus s-m eigenen Geständnisse; **2.** Beichte *f*; *faire sa* ~ Beichte ablegen; *entendre* (*od. ouïr*) *q. en* ~ j-s Beichte hören; ~ *auriculaire od. privée* Ohrenbeichte *f*; *sous le sceau de la* ~ als Beichtgeheimnis; **3.** ℒ*s pl.* Bekenntnisse *n/pl.*; **~nal** (~sjɔ'nal) *m* [5c] Beichtstuhl *m*; **~nel** *rl.* (~sjɔ'nɛl) *adj.* [7c] konfessionell.

confetti(s) (kɔ̃fɛ'ti) *m/pl.* Konfetti *pl.*

confiance (kɔ̃'fjɑ̃:s) *f* **1.** Vertrauen *n*, Zutrauen *n*; *abus m de* ~ Vertrauensmißbrauch *m*, Veruntreuung *f*, Unterschleif *m*; *homme m de* ~ zuverlässiger Mann *m*, Vertrauensperson *f*, Vertrauter *m*; *plein de* ~ vertrauensvoll; *avoir pleine* ~ *en q. od. faire entièrement* ~ *à q.* ganz auf j-n vertrauen; *avoir* ~ *dans l'avenir* Vertrauen in die Zukunft haben; *acheter qch. de* ~ etw. in gutem Glauben kaufen; *mettre sa* ~ *en Dieu* auf Gott vertrauen; **2.** Zuversicht *f*, Unbefangenheit *f*, Selbstvertrauen *n*; Zutraulichkeit *f*; *avec* ~ mit Zuversicht, getrost, freimütig; ~ *en soi* (*-même*) Selbstvertrauen *n.*

confi|ant (kɔ̃'fjɑ̃) *adj.* [7] arglos, zutraulich, vertrauensvoll; mitteilsam, vertrauensselig; **~demment** (kɔ̃fida'mɑ̃) *adv.* im Vertrauen vertraulich; **~dence** (~'dɑ̃:s) *f* vertrauliche Mitteilung *f*; *en* ~ im Vertrauen, unter dem Siegel der Verschwiegenheit; *faire des* ~*s à q.* j-m vertrauliche Mitteilungen machen; *être dans la* ~ *d'un complot* Mitwisser *m* e-s Anschlags sein; **~dent** *a. thé.* (~'dɑ̃) [7] *su.* Vertrauter *m*; **~dentiel** (~dɑ̃'sjɛl) *adj.* [7c] □ vertraulich; **~er** (kɔ̃'fje) [1a] **I** *v/t.* **1.** ~ *qch. à q.* j-m etw. (an)vertrauen; ~ *ses peines à q.* j-m sein Leid klagen; **II** *v/rfl.* **2.** *se* ~ *à q.* sich j-m anvertrauen, j-m Vertrauen schenken; **3.** *se* ~ *en* (*od. dans*) sich verlassen auf (*acc.*); *se* ~ *en Dieu* auf Gott vertrauen; *se* ~ *en* (*od. dans*) *ses forces* sich auf s-e Kräfte verlassen.

configu|ration (kɔ̃figyrɑ'sjɔ̃) *f* **1.** (äußere) Bildung *f*, Gestalt *f*, Gestaltung *f*; **2.** *ast.* Konfiguration *f*, Stand *m der Planeten*; **~rer** (~'re) *v/t.* [1a] bilden, gestalten.

confi|nement (kɔ̃fin'mɑ̃) *m* Einsperrung *f*; Verbannung *f*; Einzelhaft *f*; **~ner** (~'ne) [1a] **I** *v/t.* einsperren, verbannen; **II** *v/i.* ~ *à* (an)grenzen an (*acc.*); *air m confiné* Stubenluft *f*, verbrauchte (*od.* stickige) Luft *f*; **III** *v/rfl.* *se* ~ sich *in die Einsamkeit* zurückziehen; *fig.* *se* ~ *dans* sich beschränken (*od.* spezialisieren) auf.

confins (kɔ̃'fɛ̃) *m/pl.* **1.** Grenzen *f/pl.*; **2.** *weitS. fig.* äußerstes Ende *n*; *aux* ~ *de la terre* am Ende der Welt.

confire (kɔ̃'fi:r) [4o] **I** *v/t.* **1.** *cuis.* einkochen, einwecken, einmachen, einlegen; ~ *au sucre* in Zucker einmachen; ~ *au vinaigre* in Essig einlegen; **2.** *Felle* beizen; **II** *v/rfl.* *se* ~ eingemacht werden.

confirmand *rl.* (kɔ̃fir'mɑ̃) *su.* Konfirmand *m.*

confirma|tif (kɔ̃firma'tif) *adj.* [7e] bestätigend, bekräftigend; **~tion** (~mɑ'sjɔ̃) *f* **1.** Bestätigung *f*, Bekräftigung *f*; *ce bruit mérite* ~ dieses Gerücht bedarf der Bestätigung; ~ *de commande* Auftragsbestätigung *f*; *lettre f de* ~ Bestätigungs-brief *m*, -schreiben *n*; *donner* ~ bestätigen; **2.** *rl.* Einsegnung *f*, Konfirmation *f*; **~toire** (~'twa:r) *adj.* bestätigend.

confirmé (kɔ̃fir'me) *adj. fig.* ausgesprochen, eingefleischt; † versiert.

confirmer [1a] **I** *v/t.* **1.** bestärken, befestigen; ⚓ ~ *une transaction* ein Geschäft festmachen; **2.** bekräftigen, bestätigen; ⚖ ~ *par des documents* (*od. par des titres*) beurkunden; **3.** *rl.* einsegnen, konfirmieren; **II** *v/rfl.* se ~ **4.** fester werden; **5.** sich bestätigen, sich bewahrheiten; sich bewähren.

confis|cable (kɔ̃fis'kablə) *adj.* konfiszierbar; **~cation** (~ka'sjɔ̃) *f* Konfiszierung *f*.

confi|serie (kɔ̃fiz'ri) *f* **1.** Konditorei *f*; Süßwarenhandlung *f*; **2.** Herstellung *f* von Konditorwaren u. Konfekt; Zuckerwarenfabrik(ation *f*) *f*; **3.** (*oft* ~ s *pl.*) Konditorware *f*, Konfekt *n*; **4.** Fabrik *f* für Sardinenkonserven; **~seur** (~'zœ:r) *su.* [7g] Konditor *m*; Süßwaren-fabrikant *m*, -händler *m*.

confisquer (kɔ̃fis'ke) *v/t.* [1m] konfiszieren, beschlagnahmen.

confit (kɔ̃'fi) **I** *adj.* [7] **1.** eingekocht, eingeweckt, eingemacht; *fruits m/pl.* ~*s* eingemachtes (*od.* kandiertes) Obst *n*; **2.** *fig.* ~ *en dévotion* sehr fromm, in Andacht versunken; *elle est toute ~e en malice* sie steckt voller Tücke; **II** *m* Beize *f*.

confiture (kɔ̃fi'ty:r) *f*, *oft* ~*s pl.* Eingemachtes *n*, Eingewecktes *n*, Konfitüre *f*; **~rie** (~tyr'ri) *f* Konfitüren-fabrik(ation *f*) *f*, -lager *n*.

confiturier (~ty'rje) **I** *su.* [7b] Konfitürenfabrikant *m*; **II** *m* Konfitürenglas *n*, Marmeladendose *f*.

conflagration (kɔ̃flagra'sjɔ̃) *f* **1.** *pol.* Weltbrand *m*, allgemeiner Brandherd *m*; **2.** *fig.* Umwälzung *f*, Aufruhr *m*.

conflit (kɔ̃'fli) *m* Konflikt *m*; Streit *m*; Auseinandersetzung *f*; Krieg *m*; *fig.* Reibung *f*; ⚖ ~ *d'attribution*, ~ *de compétence* Kompetenzstreit *m*; ⚖ ~ *de juridiction* Zuständigkeitsstreit *m* zwischen zwei Gerichten.

conflu|ence ⚕ (kɔ̃fly'ɑ̃:s) *f* Zusammenfluß *m*, Konfluenz *f*; **~ent** (~'ɑ̃) **I** *adj.* [7] **1.** ⚕ zusammenfließend (*von Geschwüren*); **2.** ♀ scheinbar verwachsen; **II** *m* **3.** *anat.* Vereinigung *f* von Adern; **4.** Zusammenfluß *m von Flüssen usw.*; **~er** (~'e) *v/i.* [1a] zusammenfließen, sich vereinigen.

confondre (kɔ̃'fɔ̃:drə) [4a] **I** *v/t.* **1.** vermengen, vermischen, vereinigen (*a. fig.*); **2.** verwechseln; **3.** beschämen, verblüffen, in Verwirrung bringen, verwirren, bestürzt machen; **4.** zuschanden machen, vereiteln, vernichten; **II** *v/rfl.* se ~ **5.** sich vermischen; **6.** sich verwirren, irre werden; **7.** *se ~ en excuses* sich in Entschuldigungen förmlich überschlagen; sich tausendmal entschuldigen.

confor|mateur (kɔ̃fɔrma'tœ:r) *m* Hutform *f*; Streckleisten *m* (*Schuh*); **~mation** (~ma'sjɔ̃) *f* Bildung *f*, Gestaltung *f*, Beschaffenheit *f*; ~ *vicieuse* Mißbildung *f*; *vice m de* ~ Geburts-, Körper-fehler *m*; **~me** (~'fɔrm) *adj.* **1.** gleich-förmig, -lautend, übereinstimmend; *copie f ~ à l'original* mit der Urschrift gleichlautende Abschrift *f*; *pour copie ~* die Übereinstimmung *f* vorliegender Abschrift wird bescheinigt (*od.* beglaubigt); für die Richtigkeit der Abschrift; *être ~ à* übereinstimmen mit (*dat.*); entsprechen (*dat.*); **2.** ~ *à* gemäß (*dat.*), entsprechend (*dat.*), *im Deutschen nachgestellt*: zufolge (*dat.*); *abs.* angemessen; ~ *au contrat* vertragsgemäß; *peu ~ aux faits* unsachlich; ~ *aux usages locaux* ortsüblich; *mener une vie ~ à sa profession* standesgemäß leben; **3.** ♗ sich decken (*Figuren*); **~mément** (~me'mɑ̃) *adv.* entsprechend; ~ *à* gemäß (*dat.*), nach (*dat.*), laut (*dat.*); ~ *à l'instruction* laut Anweisung; ~ *à vos ordres* Ihren Weisungen (*od.* Aufträgen) zufolge, nach Ihren Befehlen, gemäß Ihren Anweisungen; **~mer** (~'me) [1a] **I** *v/t.* **1.** Gestalt geben (*dat.*), bilden, gestalten; **2.** ~ *qch. à* etw. anpassen (*dat.*); ~ *sa vie à ses maximes* s-n Grundsätzen gemäß leben; ⚓ ~ *les écritures* e-e gleiche Buchung vornehmen; **II** *v/rfl.* se ~ *à* sich richten nach (*dat.*); Folge leisten; sich fügen; **~misme** (~'mism) *m* **1.** vorbehaltloses (*od.* kritikloses) Sichanpassen *n*; Begeisterungslosigkeit *f*; Jasagerei *f* (*à qch.* zu etwas); *pol.* ~ *étroit* engherzige Befolgung *f* e-r politischen Doktrin; **2.** *rl. England*: *a. litt.* Konformismus *m*; **~miste** (~'mist) **I** *su.* **1.** Jasager *m*, Nachbeter *m*; Gleichgültiger *m*, Mitläufer *m*; **2.** *rl. England*: *a. litt.* Konformist *m*; **II** *adj.* übertrieben anpassungsbereit; begeisterungslos, gleichgültig; **~mité** (~mi'te) *f*

Gleichförmigkeit *f*, Übereinstimmung *f*; *il agit en ~ des ordres* er handelt gemäß den Befehlen.

confort (kɔ̃'fɔ:r) *m* Behaglichkeit *f*, Gemütlichkeit *f*, Wohnlichkeit *f*, Komfort *m*; *vél.*, *Auto*: *pneu m ~* Ballonreifen *m*; **~able** (~'tablə) **I** *adj.* □ gemütlich, bequem, komfortabel, behaglich; **II** *m* Bequemlichkeit *f*, Gemütlichkeit *f*.

confrater|nel (kɔ̃fratɛr'nɛl) *adj.* [7c] kollegial; **~nité** (~ni'te) *f* Kollegialität *f*.

confrère (kɔ̃'frɛ:r) *m* **1.** Amts-, Mit-, Ordens-bruder *m*; **2.** Kollege *m*; **3.** Sportkamerad *m*.

confrérie (kɔ̃fre'ri) *f* (Ordens-) Bruderschaft *f*; *iron. belle ~!* schöne Sippschaft!

confron|tation (kɔ̃frɔ̃tɑ'sjɔ̃) *f* **1.** ⚖ Gegenüberstellung *f*; **2.** Gegeneinanderhalten *n*, Vergleichung *f*, Konfrontierung *f*; **3.** *bsd. pol.* Begegnung *f*, Gespräch *n* **~ter** (~'te) *v/t.* [1a] **1.** ⚖ gegenüberstellen; **2.** vergleichen, konfrontieren (*à, avec* mit).

confus (kɔ̃'fy) *adj.* [7] **1.** ungeordnet, verwirrt, verworren, konfus; *esprit m ~* verworrener Kopf *m*; *tenir un langage ~* verworren sprechen; **2.** unbestimmt; *bruit m ~* dunkles Gerücht *n*; *souvenir m ~* dunkle Erinnerung *f*; **3.** beschämt, bestürzt, verwirrt; *je suis ~ de vos bontés* Ihre Güte beschämt mich; **~ément** (kɔ̃fyze'mɑ̃) *adv.* verworren, durcheinander, dunkel, undeutlich, konfus; **~ion** (kɔ̃fy'zjɔ̃) *f* **1.** Unordnung *f*, Verwirrung *f*, Verworrenheit *f*, Konfusion *f*; *la ~ se mit dans les rangs* die Reihen gerieten in Unordnung; *tout est en ~* alles ist durcheinander; *~ des langues* babylonische Sprachverwirrung *f*; **2.** Irrtum *m*, Verwechslung *f*; *~ de noms* Namenverwechslung *f*; *il y a ~* es findet eine Verwechslung statt; **3.** Bestürzung *f*, Beschämung *f*; *à ma ~* zu meiner Schande.

congé (kɔ̃'ʒe) *m* **1.** Erlaubnis *f* (*sich zu entfernen*), Urlaub(szeit *f*) *m*; *soldat m en ~* Beurlaubter *m*; *~ (il)limité* Urlaub *m* auf (un)bestimmte Zeit; *~ de détente* Erholungsurlaub *m*; *~ de huit jours* Urlaub *m* auf acht Tage; *demander un ~* um Urlaub bitten; *être en ~* auf Urlaub (*od.* beurlaubt) sein; *être en ~ de maladie* krankgeschrieben sein; **2.** schulfreie Zeit *f*; *avoir ~ od. être en ~* frei haben; *jours m/pl. de ~* schulfreie Tage; *m/pl.* **3.** Entlassung *f*, Abschied *m*, Verabschiedung *f*; *audience f de ~* Abschiedsaudienz *f*; *donner ~ à q.* j-m kündigen, j-n entlassen; *prendre son ~* in den Ruhestand treten, seinen Dienst aufgeben; **4.** Abschied *m*, Lebewohl *n*; *prendre ~ de q.* sich von j-m verabschieden; **5.** (Auf-)Kündigung *f der Miete, Pacht usw.*; *donner ~ de sa chambre* sein Zimmer kündigen; *j'ai reçu mon* (*od. le*) *~* mir ist gekündigt worden; **6.** ✝ Zollschein *m*, Passierschein *m für Waren*; ⚓ Seepaß *m*; **7.** ⚠ Fensterkehle *f*; Hohlkehle *f*.

congéable ⚖ (kɔ̃ʒe'ablə) *adj.* auf Kündigung verpachtet.

congédi|able (kɔ̃ʒe'djablə) *adj.* zu beurlauben(d); **~ement** (~di'mɑ̃) *m* Entlassung *f*; Kündigung *f*; **~er** (~'dje) *v/t.* [1a] **1.** j-n entlassen, abbauen, j-m kündigen; **2.** abweisen, rauswerfen F. [bar.]

congelable (kɔ̃ʒ'lablə) *adj.* gefrier-

congéla|teur (kɔ̃ʒela'tœ:r) *m* Gefriermaschine *f*, **~tion** (~lɑ'sjɔ̃) *f* **1.** Gefrieren *n*; Erfrieren *n*; *point m de ~* Gefrierpunkt *m*; **2.** *min.* Tropfsteinbildung *f*.

congeler (kɔ̃ʒ[ə]'le) [1d] **I** *v/t.* **1.** zum Gefrieren bringen; *viande f congelée* Gefrierfleisch *n*; **2.** gerinnen machen; **II** *v/rfl.* *se ~* gefrieren, erstarren, gerinnen.

congénère (kɔ̃ʒe'nɛ:r) *adj. u. su.* gleichartig; *mes ~s* die mit mir Gleichgestellten.

congéni|al (kɔ̃ʒe'njal) *adj.* [5c] geistesverwandt (*à* mit *dat.*); **~alité** (~njali'te) *f* Geistesverwandtschaft *f*; **~tal** (~ni'tal) *adj.* [5c] angeboren; *infirmes m/pl. congénitaux* von Geburt Gebrechliche *m/pl.*

congère (kɔ̃'ʒɛ:r) *f* Schneewehe *f*.

conges|tif ⚕ (kɔ̃ʒɛs'tif) *adj.* [7e] Blutandrang erzeugend; **~tion** ⚕ (~'tjɔ̃) *f* Blutandrang *m*; *~ cérébrale* Schlaganfall *m*; *~ pulmonaire* leichte Lungenentzündung *f*; **~tionner** (~tjɔ'ne) *v/t.* [1a] **1.** ⚕ Blutandrang verursachen; *figure f congestionnée* hochgerötetes Gesicht *n*; **2.** *fig.* versperren, blockieren (*Straße*).

conglo|bation (kɔ̃glɔbɑ'sjɔ̃) *f* Anhäufung *f*, Zusammenballen *n*; *rhét.* Häufung *f von Beweisen*; **~ber** (~'be) *v/t.* [1a] zusammenballen.

conglomé|rat *géol.* (kõglɔme'ra) *m* Konglomerat *n*, Trümmergestein *n*; **~ration** (~ra'sjõ) *f* Zusammen-, An-häufung *f*; **~rer** (~'re) [1f] **I** *v/t.* zusammenhäufen; **II** *v/rfl.* se ~ sich zusammenballen.

congluti|ner ⚕ (kõglyti'ne) [1a] **I** *v/t.* verdicken; verheilen lassen; **II** *v/rfl.* se ~ klebrig werden; *chir.* verheilen; **~neux** (~'nø) *adj.* [7d] klebrig, zähe.

congolais (kõgɔ'lɛ) *adj.* u. 𝟐 *su.* [7] kongolesisch; Kongolese *m.*

congratul|ateur (kõgratyla'tœ:r) *su.* [7f] Gratulant *m*; **~ation** (~la'sjõ) *f* Glückwunsch *m*, Gratulation *f*; **~er** F *iron.* (~'le) *v/t.* [1a]: ~ *q. sur qch.* j-m alles Gute zu etw. (*dat.*) wünschen.

congre *icht.* ('kõ:grə) *m* Seeaal *m.*

congréga|niste (kõgrega'nist) **I** *su.* Ordens-bruder *m*, -schwester *f*; **II** *adj.* *école f* ~ Klosterschule *f*; **~tion** *rl.* (~ga'sjõ) *f* Kongregation *f.*

congrès (kõ'grɛ) *m* Kongreß *m*, Tagung *f*, Zusammenkunft *f*; ~ *paysan*, ~ *de l'artisanat* Bauern-, Handwerker-tagung *f*; ~ *de la route* Straßenbaukongreß *m*; ~ *de la paix* Friedenskongreß *m.*

congressiste (kõgrɛ'sist) *m* Kongreßteilnehmer *m.*

congru (kõ'gry) *adj.* genau, gebührend; passend, richtig; ⩘ kongruent; *être réduit à la portion* ~*e* nur das Allernötigste zum Leben haben, ein kärgliches Dasein führen; **~ence** (~gry'ɑ̃:s) *f* Übereinstimmung *f*; ⩘ Kongruenz *f*; **~ent** (~gry'ɑ̃) *adj.* [7] treffend, passend; **~ité** (~gryi'te) Übereinstimmung *f.*

congrûment (kõgry'mã) *adv.* gebührend, geziemend; passend, richtig; *vivre* ~ regelmäßig leben.

conicité (kɔnisi'te) *f* Kegelform *f.*

coni|fère ⚘ (kɔni'fɛ:r) **I** *adj.* zapfentragend; **II** ~*s m/pl.* Nadelhölzer *n/pl.*, Koniferen *f/pl.*; **~que** (kɔ'nik) *adj.* kegelförmig, konisch, Kegel...; ⩘ *a. (sections)* ~*s f/pl.* Kegelschnitte *m/pl.*; **~rostres** *orn.* (kɔni'rɔstrə) *m/pl.* Kegelschnäbler *m/pl.*

conjectu|ral (kõʒɛkty'ral) *adj.* [5c] □ mutmaßlich; **~re** (~'ty:r) *f* Mutmaßung *f*, Vermutung *f*; **~rer** (~ty're) *v/t.* [1a] vermuten.

con|joindre (kõ'ʒwɛ̃:drə) *v/t.* [4b] (ehelich) verbinden; zusammenfügen; **~joint** (~'ʒwɛ̃) **I** *adj.* [7] □ verbunden; *gr. pronom m* ~ *mit dem Zeitwort* verbundenes Fürwort *n*; ⚖ *signature f* ~*e* beigefügte Unterschrift *f*; *arith. règle f* ~*e* Kettensatz *m*; **II** *mst. nur m* Ehe-gatte *m*, -frau *f*; *les* ~*s pl.* die Eheleute *pl.*; **~jointement** (kõʒwɛ̃t'mɑ̃) *adv.* gemeinschaftlich; ~ *avec* in Verbindung mit ...

conjonc|teur ⚡ (kõʒõk'tœ:r) *m* Schalter *m*; ~ *disjoncteur* Sicherheitsschalter *m*; **~tif** (~'tif) *adj.* [7e] □ (ver)bindend; Binde...; *gr. particule f conjonctive* Bindewort *n*; *anat. tissu m* ~ Bindegewebe *n*; **~tion** (kõʒõk'sjõ) *f* Verbindung , Vereinigung *f*; *gr.*, *ast.* Konjunktion *f*; *gr.* Bindewort *n*; **~tive** (~'ti:v) *f anat.* Bindehaut *f des Auges*; **~tivite** ⚕ (~tivi't) *f* Bindehautentzündung *f*, Konjunktivitis *f*; **~ture** (~'ty:r) *f* **1.** Zusammentreffen *n*, Verbindung *f* von Umständen; Stand *m*, Lage *f der Dinge*, *bsd.* politische Lage *f*; *fig.* Aussicht *f*; *en cette* ~ unter solchen Umständen; **2.** ~*s pl.* Zeitumstände *m/pl.*; **3.** ⚚ Konjunktur *f*; **~turiste** (~ty'rist) *m* Konjunkturforscher *m.*

conju|gable *gr.* (kõʒy'gablə) *adj.* konjugierbar; **~gaison** (kõʒygɛ'zõ) *f gr.* Konjugation *f*; **~gal** (~'gal) *adj.* [5c] □ ehelich; Ehe..., Gatten...; **~gué** *anat.*, ⚘ (~'ge) gepaart; ⩘ zusammengehörig; *allg. les efforts* ~*s du président des Etats-Unis et des gouverneurs sudistes* die vereinten Anstrengungen des Präsidenten der USA u. der Gouverneure der Südstaaten; **~guer** (~'ge) [1m] **I** *v/t.* **1.** *gr.* konjugieren, abwandeln; **2.** *fig.* ~ *ses efforts avec q.* sich mit j-m zs.-tun; **II** *v/rfl.* se ~ konjugiert werden; se ~ *avec q.* sich mit j-m zs.-tun.

conjungo F (kõʒõ'go) *m* Ehestand *m*

conjura|teur (kõʒyra'tœ:r) *m* Verschwörer *m*; (Geister-)Beschwörer *m*; **~tion** (~ra'sjõ) *f* **1.** Verschwörung *f*; **2.** *meist* ~*s pl.* (Geister-)Beschwörung *f*; **3.** ~*s pl.* dringende (*od.* inständige) Bitte *f.*

conjur|é (kõʒy're) *su.* Verschworener *m*; **~er** (~) [1a] **I** *v/t.* **1.** ~ *q.* j-n inständigst bitten, beschwören; **2.** beschwören, abwenden, bannen; ~ *un fléau* e-r Plage Einhalt gebieten; **3.** ~ *qch.* sich zu etw. (*dat.*) verschwören; **II** *v/rfl.* se ~ *avec q. contre q.* sich mit j-m gegen j-n verschwören.

connais|sable (kɔnɛ'sablə) *adj.* erkennbar, kenntlich; **~sance** (~'sɑ̃:s) *f* **1.** Kenntnis *f*, Erkenntnis *f*, Kunde *f*; *~ des affaires*, *~ des hommes* Geschäfts-, Menschenkenntnis *f*; *~ professionnelle* Fachkenntnis *f*; *porter à la ~ du public* an die Öffentlichkeit bringen; *en ~ de cause* mit Sachkenntnis; *avoir ~ de* Kenntnis haben von (*dat.*), wissen von (*dat.*); *à ma ~* meines Wissens; *en âge de ~* im zurechnungsfähigen Alter; **2.** physisches Bewußtsein *n*; *perdre ~* bewußtlos werden; *sans ~* bewußtlos, ohnmächtig; *reprendre ~* wieder zu sich kommen; **3.** *~s pl.* Kenntnisse *f/pl.* Wissen *n*; *posséder beaucoup de ~s*, *avoir des ~s étendues* ein umfassendes Wissen besitzen; **4.** Bekanntschaft *f*; Bekannter *m*; *gens pl. de ~* Bekannte *m/pl.*; *vieille ~* alter Bekannter *m*; *avoir beaucoup de ~s* viele Bekannte haben; *être en pays de ~* unter Bekannten sein, wie zu Hause sein; *faire la ~ de q. od. faire ~ avec q.* j-s (*od.* mit j-m) Bekanntschaft machen, mit j-m bekannt werden; *mst. mv. p. faire ~ avec qch.* etw. kennenlernen, *iron.* etw. genießen; *une de mes ~s od. une personne de ma ~* ein Bekannter (*od.* eine Bekannte) von mir; **5.** *ch.* Fährte *f des großen Wildes*; Erkennungszeichen *n*; **6.** ⚓ a) Sicht *f*; *avoir ~ d'un navire* ein Schiff in Sicht bekommen; b) *~ des temps* Zeitberechnung *f* (*a. ast.*), Witterungskalender *m*; **7.** *phil. ~ immédiate* Anschauung *f*.

connais|sement ✝ (kɔnɛs'mɑ̃) *m* (See-)Frachtbrief *m*, Konnossement *n*; **~seur** (~'sœ:r) *su.* [7g] (Sach-)Kenner *m*, (Sach-)Kundiger *m*; *a. adj.*: *œil m ~* Kennerblick *m*.

connaître (kɔ'nɛ:trə) [4z] **I** *v/t.* **1.** kennen, bekannt sein mit; wissen; kennenlernen, Bekanntschaft machen mit; *~ q. de nom (de vue)* j-n dem Namen nach (vom Sehen) kennen; F *je connais mon monde* ich kenne meine Leute; *nous lui connaissons ce défaut* wir kennen diesen Fehler an ihm (ihr); *je vous le ferai ~* ich werde Sie mit ihm bekanntmachen; *faire ~* mitteilen (*Briefstil*); **2.** verstehen, ein Kenner sein; F *il la connaît* er ist ganz gerissen, er ist mit allen Hunden gehetzt, er ist genauestens im Bilde, er weiß Bescheid, er kennt den Rummel; *ça me connaît* ich kenne so etw. (*od.* ich verstehe mich darauf); **3.** (er)kennen, unterscheiden; **4.** anerkennen; F *je ne connais que cela!* mir ist nur das bekannt; *fig.* das ist das einzige, was ich für richtig halte!; dabei bleibt's!; **5.** *fig.* erleben, erfahren: *cette pièce connut un succès prodigieux* dieses Stück erlebte e-n großartigen Erfolg; **II** *v/i.* **6.** ⚖ *~ de qch.* über etw. (*acc.*) *als Richter* erkennen; urteilen; **III** *v/rfl. se ~* **7.** ea. kennen(lernen); **8.** sich (selbst) kennen, sich erkennen; *connais-toi-même* erkenne dich selbst!; **9.** *se ~ à*, *en od. dans* sich verstehen auf (*acc.*); *ne pas s'y ~* von etw. nichts verstehen; **10.** erkannt werden; *l'arbre se connaît à ses fruits fig.* den Baum erkennt man an s-n Früchten.

conneau P (kɔ'no) *adj./inv. u. m* blöd, doof, dumm, dämlich, dußlig; Blödling *m*, Doof-, Dumm-kopf *m*.

connect|er ⚡, ⊕, *téléph.* (kɔnɛk'te) *v/t.* [1a] verbinden, kuppeln, anschließen, ein-, an-schalten; *~ avec qch.* an etw. (*acc.*) anschließen; *~ en parallèle* parallel- (*od.* nebeneinander-)schalten; **~eur** (~'tœ:r) *m* **1.** ⚡ Verbinder *m*; **2.** *téléph.* Leitungswähler *m*; **~if** (~'tif) [7e] **I** *adj.*: *tissu m ~* Bindegewebe *n*; **II** ⚘ *m* Staubfädenverlängerung *f*.

connerie P (kɔn'ri) *f* Blödsinn *m*, Stuß *m*, Quatsch *m*, Dusseligkeit *f*.

connexe (kɔ'nɛks) *adj.* verbunden, verknüpft, zusammenhängend; *fig.* verwandt; *industries f/pl. ~s* verwandte Industrie-gruppen *f/pl.*, -zweige *m/pl.* (*od.* Industrien *f/pl.*).

connexi|on (kɔnɛk'sjɔ̃) *f* Verbindung *f*, Verknüpfung *f*, Zusammenhang *m*; ⚡ *u.* ⊕ Anschluß *m*; Anschließen *n*, Schaltung *f*; *~ (en) parallèle* Parallel- (*od.* Nebeneinander-)schaltung *f*; **~té** (~ksi'te) *f* Zusammengehörigkeit *f*, Zusammenhang *m*, Verbindung *f*; *fig.* Verwandtschaft *f*.

conni|vence (kɔni'vɑ̃:s) *f* (strafbare) Nachsicht *f*, Duldung *f*, Mitschuld *f*, (strafbares) Einverständnis *n*; *être (od. agir) de ~* stillschweigend geschehen lassen, ein Auge zudrücken (*à qch.* bei etw.); unter e-r Decke stecken (*avec q.* mit j-m); **~vent** ⚘, *anat.* (~'vɑ̃) *adj.* [7] gegeneinander geneigt.

connu (kɔ'ny) **I** *p/p. von connaître*; **II** *m*: *le* ~ das Bekannte *n*, die bekannten Dinge *n/pl.*

conoïde (kɔnɔ'id) **I** *adj.* kegelförmig; **II** *m* Konoid *n.*

conque (kɔ̃:k) *f* **1.** *zo.* Hohlmuschel *f*; **2.** Muschelschale *f*; **3.** *anat.* ~ *de l'oreille* Ohrmuschel *f.*

conqué|rant (kɔ̃ke'rɑ̃) [7] **I** *adj.* eroberungslustig; *esprit m* ~ Eroberungssucht *f*; *air m* ~ siegesgewisse Miene *f*; **II** *su.* Eroberer *m*; **~rir** (~'ri:r) *v/t.* [2l] erobern; gewinnen, erwerben (*Freundschaft*); *fig.* ~ *q.* j-n für sich einnehmen, begeistern, fesseln.

conquêt (kɔ̃'kɛ) *m*: **~s** *pl.* in der Ehe erworbenes gemeinsames Gut *n*; **~e** (kɔ̃'kɛt) *f* Eroberung *f*; *fig.* Errungenschaft *f*; *faire la* ~ *de q.* j-n für sich einnehmen, j-n in s-n Bann ziehen.

consa|crant *rl.* (kɔ̃sa'krɑ̃) *m* Weihbischof *m*; **~cré** (~'kre) *adj.* geweiht, geheiligt; *lieu m* ~ geweihte Stätte *f*; *fig. terme m* ~ feststehender Ausdruck *m*; *les dépenses f/pl.* ~*es à l'habillement* die Ausgaben *f/pl.* für Kleidung; **~crer** (~) [1a] **I** *v/t.* **1.** (ein)weihen, segnen, heiligen; *auch abs.* die Hostie weihen; **2.** *fig.* widmen; **3.** bestätigen (*durch den Gebrauch*); einführen; ~ *par* verankern in (*dat.*); **4.** ~ *le souvenir de qch.* die Erinnerung an etw. (*acc.*) heiligwachhalten; **II** *v/rfl.* *se* ~ **5.** geweiht werden; **6.** *se* ~ *à* sich hingeben (*dat.*), sich widmen (*dat.*).

consanguin (kɔ̃sɑ̃'gɛ̃) **I** *adj.* [7] von demselben Vater abstammend; *frère m* ~ Stief-, Halb-bruder *m*; **II** ~*s m/pl.* Halbgeschwister *pl.* (*von väterlicher Seite*); **~ité** (~g[ɥ]ini'te) *f* Verwandtschaft *f* von väterlicher Seite.

conscien|ce (kɔ̃'sjɑ̃:s) *f* **1.** Gewissen *n*; (-haftigkeit *f*); *cri m* (*od. voix f*) *de la* ~ Stimme *f* des Gewissens; *liberté f de* ~ Gewissensfreiheit *f*; *homme m de* (*sans*) ~ gewissenhafter (gewissenloser) Mensch *m*; *avoir de la* ~ gewissenhaft sein; *avoir la* ~ *large* ein weites Gewissen haben; *il n'a pas la* ~ *nette* er hat kein reines Gewissen; *avoir qch. sur la* ~ etw. auf dem Gewissen haben; *parler contre sa* ~ wider besseres Wissen sprechen; *prendre* ~ *que ...* sich darüber klar werden, daß ...; *en bonne* ~ gewissenhaft, nach bestem Wissen u. Gewissen; *sur mon honneur et ma* ~ auf Ehre u. Gewissen; *cas m de* ~ Gewissensfrage *f*; *la main sur la* ~ Hand aufs Herz!; *par acquit de* ~ zu s-r eigenen Beruhigung; **2.** (Selbst- *od.* seelisches) Bewußtsein *n*; inneres Gefühl *n*; *avoir* ~ *de qch.* sich einer Sache (*gén.*) bewußt sein; ~ *de soi* Selbstbewußtsein *n*; **~cieux** (~'sjø) *adj.* [7d] □ gewissenhaft.

conscient (kɔ̃'sjɑ̃) *adj.* [7] bewußt; ~ *de ...* in dem Bewußtsein, eingedenk, in Anerkennung, in der Erkenntnis (*gén.*).

conscrip|tible (kɔ̃skrip'tiblə) *adj.* militärdienstpflichtig; **~tion** (~p'sjɔ̃) *f* Aushebung *f*, Wehrpflicht *f*, Militärdienst *m*; *échapper à la* ~ vom Militärdienst freikommen.

conscrit (kɔ̃'skri) **1.** ⚔ Ausgehobener *m*, Rekrut *m*; **2.** *allg.*, *écol.* Neuling *m.*

consécra|teur (kɔ̃sekra'tœ:r) *m* = *consacrant*; **~tion** (~a'sjɔ̃) *f* **1.** *rl.* Weihe *f*, Einweihung *f*, Segnung *f*, Ordinierung *f*; *pol.-rl.* ~ *de la jeunesse* Jugendweihe *f*; **2.** *allg. fig.* Bestätigung *f*; ~ *du temps* Bestätigung *f* durch die Länge der Zeit; ~ *d'un talent* Bestätigung *f* e-s Talents; ~ *par ... fig.* Verankerung *f* in (*dat.*).

consécu|tif (kɔ̃seky'tif) *adj.* [7e] □ **1.** *nur im pl.*: aufeinanderfolgend; *cinq jours* ~*s* fünf Tage hintereinander; **2.** nachfolgend, daraufhin eintretend; *gr.* konsekutiv; *infirmité f consécutive à une blessure* durch e-e Verwundung hervorgerufenes Leiden *n*; *phénomènes m/pl.* ~*s à une maladie* Folgeerscheinungen *f/pl.* e-r Krankheit; **~tion** (~'sjɔ̃) *f* Reihenfolge *f*, Verkettung *f*; Folgeerscheinung *f*; *ast.* Zeit *f* zwischen zwei Neumonden.

conseil (kɔ̃'sɛj) *m* **1.** Rat *m* (*pl. Ratschläge*), Ratschlag *m*; Tip *m* F; *demander* ~ *à q.* j-n um Rat fragen; *prendre* ~ *de q.* j-n zu Rate ziehen; *si j'ai un* ~ *à vous donner* wenn ich Ihnen raten darf; *sur mon* ~ auf meinen Rat; *prov. la nuit porte* ~ guter Rat kommt über Nacht; **2.** *rl.* ~*s de Dieu* Gottes Ratschlüsse *m/pl.*; **3.** Entschluß *m*; *je ne sais quel* ~ *prendre* ich weiß nicht, wozu ich mich entschließen soll; *le* ~ *en est pris* die Sache ist beschlossen; **4.** Rat *m* (*pl. Räte*; *Person!*), Ratgeber *m*, Rechtsbeistand *m*; ~ *judiciaire* Kurator *m*, Rechtsbeistand *m*; Vormund *m* e-s Entmündigten; *donner un* ~ *judiciaire à q.* j-n unter Kuratel stellen; *avoir un* ~ *judiciaire* unter Kuratel stehen; *adjt. ingénieur-* ~ beratender Ingenieur *m*; **5.** Ratsversammlung *f*, Rat *m*, Ratssitzung *f*; Vorstand *m*; ~ *académique* Schulbehörde *f*; ~ *administratif*, ~ *d'administration* Verwaltungsrat *m*; ~ *d'arrondissement* Bezirksrat *m*; ~ *du barreau* Anwaltskammer *f*; ~ *de cabinet* Kabinettsrat *m*; *école.* ~ *de classe* Zensurenkonferenz *f*; Klassenkonferenz *f*; ~ *consultatif* Beirat *m*; *rl.* ~ *ecclésiastique* Konsistorium *n*; ~ *d'Etat* Staatsrat *m*; ~ *d'entreprise* Betriebsrat *m* (*Organisation*); *membre m du* ~ *d'entreprise* Betriebsratsmitglied *n*; ~ *d'employés* Angestelltenrat *m* (*Organisation*); *président m du* ~ Ministerpräsident *m*; ~ *exécutif* Vollzugsrat *m*; *pol.* ♀ *de l'Europe* Europarat *m*; *Fr.*: *conseils m/pl. curiaux* Kirchenräte *m/pl.*; ~ *fédéral* Bundesrat *m*; ~ *général* Land-, *Fr.* Departementsrat *m*; ~ *de guerre*: a) Kriegsrat *m*; b) Kriegsgericht *n*; *passer en* ~ *de guerre* vors Kriegsgericht kommen ~ *des ministres* Ministerrat *m*; ~ *municipal* Gemeinderat *m*, Stadtverordnetenversammlung *f*; Magistrat *m*; ~ *national économique* Staatswirtschaftsrat *m*; ~ *d'ouvriers* Arbeiterrat *m*; *écol.* ~ *des parents* Elternbeirat *m*; ⚓ ~ *des prises* Prisengericht *n*; ~ *de prud'hommes* Arbeitsschiedsgericht *n*; *pol.* ♀ *de sécurité* Sicherheitsrat *m* (*UNO*); ~ *de surveillance* Aufsichtsrat *m*; *être membre du* ~ im Rate sitzen, Ratsmitglied sein; *tenir* ~ Rat halten.

conseiller[1] (kõsɛ'je) [1a] *v/t.* raten (*dat.*), Rat geben (*dat.*); ~ *qch. à q.* j-m etw. raten; ~ *q.* j-n beraten; ~ *la paix* zum Frieden raten; ~ *bien* guten Rat erteilen; *il lui conseille de ne rien dire* er rät ihm, nichts zu sagen.

conseiller[2] (~) [7b] *su.* **1.** Ratgeber *m*; ~ *en déclarations d'impôts* (*en testaments*) Steuer-(Testaments-)berater *m*; **2.** Rat *m* (*Person*); ~ *à la cour d'appel* Appellationsrat *m*; ~ *d'ambassade* Botschaftsrat *m*; ~ *d'Etat* Staatsrat *m*; ~ *général Fr.* Departementsrat *m*; ~ *du gouvernement* Regierungsrat *m*; ~ *de légation* Legationsrat *m*; ~ *ministériel* Ministerialrat *m*; ~ *municipal* Stadtverordneter *m*; ~ *de surveillance* Aufsichtsrat *m* (*Person*); ~ *d'orientation professionnelle* Berufsberater *m*; ~ *économique* Wirtschaftsberater *m*; ~ *juridique* Rechtsberater *m*.

conseillère (kõsɛ'jɛːr) *f* Rätin *f*; Ratgeberin *f*; Frau *f* Rat.

conseilleur (kõsɛ'jœːr) *su.* [7g] Ratgeber *m*.

consens|uel ⚖ (kõsɑ̃'sɥɛl) *adj.* [7c]: *contrat m* ~ durch bloße Zustimmung gültiger Vertrag *m*; **~us** (kõsɛ̃'sys) *m* Übereinstimmung *f*.

consen|tement (kõsɑ̃t'mɑ̃) *m* **1.** Übereinstimmung *f*; *du* ~ *de tous* nach der übereinstimmenden Meinung aller; **2.** Zustimmung *f*, Einwilligung *f*, Genehmigung *f*; *de mon* ~ mit meiner Einwilligung; *donner son* ~ *à qch.* etw. bewilligen, genehmigen; **~tir** (~'tiːr) [2b] **I** *v/i.* **1.** ~ *à* zustimmen (*dat.*), einwilligen in (*acc.*), genehmigen (*acc.*); ~ *à tout* mit allem einverstanden sein, zu allem ja sagen; **2.** ⚓ sich biegen, nachgeben (*v. Masten*); **II** † ⚖ *v/t.* genehmigen *od.* bewilligen.

consé|quemment (kõseka'mɑ̃) *adv.* folgerichtig; folglich; **~quence** (~'kɑ̃ːs) *f* **1.** Folgerichtigkeit *f*; Folge *f*, Konsequenz *f*; Folgerung *f*, Schluß *m*; *avoir pour* ~ zur Folge haben; *en* ~ folglich, infolgedessen, daher; dementsprechend; *en* ~ *de vos ordres* Ihren Befehlen gemäß; *tirer la* ~ (*les* ~*s*) *de qch.* die Folgerung(en) aus etw. ziehen; **2.** Wichtigkeit *f*, Bedeutung *f*; *de la dernière* ~ von äußerster Wichtigkeit; *homme m sans* ~ unbedeutender Mensch *m*; *une affaire de* ~ eine wichtige Angelegenheit *f*; **~quent** (~'kɑ̃) **I** *adj.* [7] **1.** folgerichtig, konsequent; *être* ~ *à soi-même* sich selbst gleich- (*od.* treu) bleiben; **2.** *barb.* wichtig: *une affaire* ~*e* e-e wichtige Angelegenheit *f* (*dafür besser*: *une affaire de conséquence*); **II** *m gr.*, *phil.* Folgesatz *m*; **III** *advt. par* ~ infolgedessen, daher.

conserva|bilité (kõsɛrvabili'te) *f* Haltbarkeit *f*; **~teur** (~'tœːr) [7f] **I** *su.* **1.** Erhalter *m*, Bewahrer *m*; **2.** Aufseher *m*, Aufsichtsbeamter *m*, Verwalter *m*, Kurator *m*; ~ *d'une bibliothèque* Bibliothekar *m*; *Fr.* ~

des eaux et forêts Oberforstmeister *m*; ~ *des hypothèques*, ~ *des droits réels* Grundbuchführer *m*; **3.** *pol.* Konservativer *m*; **II** *adj.* erhaltend; *pol.* konservativ; **~tif** (~'tif) *adj.* [7e] konservativ, am Hergebrachten festhaltend, zur Erhaltung dienend; **~tion** (kõsɛrvɑ'sjõ) *f* **1.** Erhaltung *f*, Bewahrung *f*, Konservierung *f*; Haltbarkeit *f*; *en bon état de* ~ gut erhalten; *instinct m de* ~ Selbsterhaltungstrieb *m*; *phys.* ~ *des forces vives* Beharrungsvermögen *n*; **2.** Aufsichtsamt *n*; ~ *des forêts* Forstverwaltung *f*; *bureau m de la* ~ *des hypothèques* Hypotheken-, Grundbuch-amt *n*; **~toire** (~va'twa:r) **I** *adj.* **1.** zur Erhaltung dienend; **2.** ⚖ verwahrend; **II** *m* Konservatorium *n*; ♀ *des arts et métiers* Kunst- und Gewerbeakademie *f*; ♀ *de musique* Konservatorium *n*, Musikhochschule *f*.

conser|ve (kõ'sɛrv) *f* **1.** Eingemachtes *n*; Konserve *f*; *boîte de* ~ Konserven-büchse *f*, -dose *f*; *viande f de* ~ Büchsenfleisch *n*; **2.** ⚓ Geleitschiff *n*; *marcher de* ~ in Gesellscha. segeln; *fig.* gemeinsame Sache machen; *aller de* ~ *au théâtre* gemeinsam ins Theater gehen; **3.** ~*s pl.* Schutzbrille *f*; **4.** * *thé.* Repertoirestück *n*; **~ver** (kõsɛr've) [1a] **I** *v/t.* **1.** erhalten, aufbewahren; konservieren, frisch halten, einmachen, einwecken; ~ *le teint* die Gesichtsfarbe frisch erhalten; *bien conservé* guterhalten; *conservez-moi votre confiance (votre amitié)!* bewahren Sie mir Ihr Vertrauen (Ihre Freundschaft)!; **2.** (bei-,zurück-)behalten; ~ *son calme* die Ruhe bewahren; ~ *la mémoire de qch. (de q.)* etw. (j-n) im Gedächtnis behalten; **II** *v/rfl.* *se* ~ sich (gut) halten, sich aufbewahren lassen; sich (gesund) erhalten; sich erhalten, fortdauern; **~verie** (~'vri) *f* Konservenfabrik *f*.

considé|rable (kõside'rablə) *adj.* □ beachtlich, beträchtlich, erheblich, namhaft; bedeutend, angesehen; **~rant** (~'rã) **I** *cj.* ~ *que* in Erwägung (*od.* in Anbetracht), daß (*an der Spitze e-s Urteils*); **II** *m* Beweggrund *m*, Motiv *n*, Rechtsgrund *m*; **~ration** (~rɑ'sjõ) *f* **1.** Betrachtung *f*, Überlegung *f*, Erwägung *f*; Berücksichtigung *f*, Rücksicht *f*; *prendre qch. en* ~ etw. in Erwägung ziehen, auf etw. (*acc.*) Rücksicht nehmen; *en* ~ *de* mit Rücksicht auf (*acc.*); *en* ~ *de ses mérites* in Anbetracht s-r Verdienste; *sans* ~ unüberlegt, ohne Überlegung *f*; **2.** Beweggrund *m*, Anlaß *m*; **3.** Achtung *f*, Ansehen *n*, Bedeutung *f*; *s'attirer beaucoup de* ~ es zu hohem Ansehen bringen; *Briefschluß*: *recevez* (*od. höflicher*: *agréez od. je vous prie d'agréer od. veuillez agréer*), *Monsieur, l'expression* (*l'assurance*) *de ma* ~ *distinguée od. de ma haute* (*od. parfaite*) ~ genehmigen Sie den Ausdruck meiner vorzüglich(st)en Hochachtung.

considé|ré (kõside're) *adj.*: *tout bien* ~ alles wohl überlegt; *des gens pl.* ~*s* angesehene Leute *pl.*; **~rer** (~) [1f] **I** *v/t.* **1.** ansehen (*comme* als), (aufmerksam) betrachten; **2.** erwägen, reiflich überlegen, bedenken; **3.** berücksichtigen; *ne pas* ~ *les personnes* keine Rücksicht auf die Personen (*acc.*) nehmen; **4.** hochachten, schätzen; **II** *v/rfl.* *se* ~ **5.** sich betrachten; **6.** sich achten; **7.** *se* ~ *comme* sich für etw. ansehen *od.* halten; **8.** betrachtet (*od.* bedacht) werden.

consigna|taire (kõsiɲa'tɛ:r) *m* **1.** Verwahrer *m*; **2.** (Waren-, Ladungs-)Empfänger *m*; **~teur** ✝ (~'tœ:r) *m* Wareneinsender *m*; ⚖ Hinterleger *m*; **~tion** (~ɲɑ'sjõ) *f* **1.** gerichtliche Hinterlegung *f*; **2.** hinterlegte Sache *f*, Depositum *n*; ✝ *caisse f des dépôts et* ~*s* Depositenkasse *f*; *marchandise f en* ~ Kommissionsware *f*; *maison f de* ~ Kommissionsgeschäft *n*; *stock m en* ~ Verfügungslager *n*.

consigne (kõ'siɲ) *f* **1.** ⚔ strenger Befehl *m*, Anweisung *f*, Instruktion *f* (*für die Wache*); ~*s f/pl. de sécurité* Sicherheitsvorschriften *f/pl.*; *obéir aveuglément à la* ~ dem Befehl blindlings Folge leisten; F *manger la* ~ eine Anweisung nicht beachten; *forcer la* ~ den Eingang erzwingen; **2.** 🚂 ~ Gepäckaufbewahrung *f*; Gepäckannahme *f*; *donner en* ~ zur Aufbewahrung geben (*a. in der Badeanstalt*); **3.** Pfand *n*; **4.** ⚔ *écol.* Kasernen-, Stubenarrest *m*.

consigné (kõsi'ɲe) *p/p. u. m, bsd.* ⚔ Arrestant *m*; *être* ~ *chez soi* Hausarrest haben.

consigner (~) *v/t.* [1a] **1.** gerichtlich

hinterlegen; 🚂 ~ *ses bagages* sein Handgepäck aufgeben; **2.** verzeichnen, anführen, eintragen; ~ *une déclaration dans un procès-verbal* e-e Erklärung zu Protokoll geben; **3.** das Ausgehen (*bzw.* den Zugang) verbieten, (Stuben-)Arrest geben; ⚔ ~ (*les troupes dans les casernes*) (die Truppen in den Kasernen) konsignieren *od.* marschbereit halten; ~ *q. à la porte*, ~ *sa porte* Befehl geben, niemand hereinzulassen, niemanden zu sich lassen, sich verleugnen lassen; **4.** ✝ zur Befrachtung übergeben; *Waren* in Kommission geben.

consis|tance (kõsis'tɑ̃:s) *f* **1.** Dichtigkeit *f einer Flüssigkeit*; **2.** Festigkeit *f e-s Körpers*, Haltbarkeit *f*; **3.** *fig.* Beständigkeit *f*, Dauerhaftigkeit *f*; Charakterfestigkeit *f*; *sans* ~ ohne Bedeutung, haltlos, unverbürgt; *prendre de la* ~ sich erhärten, sich bestätigen (*Gerüchte*); **~tant** (~'tɑ̃) *adj.* [7] **1.** dickflüssig, verdickt; **2.** *fig.* Bestand habend, fest, hart, steif, haltbar; charakterfest; **~ter** (~'te) *v/i.* [1a] **1.** Bestand haben; **2.** ~ *en od. dans* bestehen in (*dat.*) *od.* aus (*dat.*); ~ *en* (*nur!*) sich zusammensetzen aus; ~ *à* (*mit inf.*) darin bestehen, darauf beruhen, daß ...; *le tout consiste à savoir* ... alles kommt darauf an, zu wissen ...; **~toire** (~'twa:r) *m* Konsistorium *n*; Kirchenrat *m*.

consœur (kõ'sœ:r) *f rl.* Mitschwester *f*; *allg.* Kollegin *f*.

conso|lable (kõsɔ'lablə) *adj.* tröstbar; *ne pas être* ~ untröstlich sein; **~lant** (~'lɑ̃) *adj.* [7] tröstend, tröstlich, trostbringend, trostreich; **~lateur** (~la'tœ:r) [7f] **I** *su.* Tröster *m*, Trostbringer *m*; *rl.* (*esprit*) ~ Heiliger Geist *m*; **II** *adj.* tröstend, trostreich, tröstlich; **~lation** (~lɑ'sjõ) *f* Trost *m*; Tröstung *f*.

console (kõ'sɔl) *f* **1.** △ Krag-, Trag-stein *m*, Konsole *f*; **2.** Spiegel-, Pfeiler-, Wand-tischchen *n*, Wandbrett *n*.

consoler (kõsɔ'le) [1a] **I** *v/t.* trösten; **II** *v/rfl. se* ~ *à la pensée* (*od. en pensant*) *que* ... sich mit dem Gedanken trösten, daß ...

consoli|dation (kõsɔlidɑ'sjõ) *f* **1.** Befestigen *n*, Stützen *n* (*a. fig.*); **2.** Zusammenheilung *f*, Vernarbung *f*; **3.** Sicherung *f*, Fundierung *f*, Konsolidierung *f e-r Staatsschuld*; ✝ Festigung *f e-r Währung*; Zusammenlegung *f v. Aktien*; **~dé** (~'de) *adj. Preise*: solide; *Wertpapiere*: *non* ~ nicht fundiert; **~der** (~) [1a] **I** *v/t.* **1.** befestigen, *a* ⊕ sichern, begründen (*a. fig.*); **2.** Schuld fundieren, konsolidieren, deren Zinszahlung sichern, Aktien zusammenlegen; Währung festigen; **3.** ⚕ zu-, zusammen-heilen; **II** *v/rfl. se* ~ fest werden, sich befestigen; (zu-)heilen.

consolidés *fin.* (kõsɔli'de) *m/pl.* Konsols *pl.*, Staatspapiere *n/pl.*, konsolidierte Anleihen *f/pl.*

consomma|ble (kõsɔ'mablə) *adj.* verzehrbar; **~teur** (~'tœ:r) **I** *su.* [7f] Verbraucher *m*, Verzehrer *m*, Konsument *m*; Gast *m* (*im Restaurant od. Café*; *zu „Gast" gibt es im Deutschen kein Feminin!*); ✝ Abnehmer *m*; *l'ensemble m des* ~*s* die Verbraucherschaft *f*; **II** *adj.* [7f]: *classes f/pl. consommatrices* Verbraucher-schichten *f/pl.*, -klassen *f/pl.*; **~tion** (~mɑ'sjõ) *f* **1.** Verbrauch *m*, Konsum *m*, Absatz *m*; ~ *de courant* Stromverbrauch *m*; ~ *d'essence* Benzin-, Brennstoff-verbrauch *m*; ~ *en grand*, ~ *en masse*(*s*) Massenverbrauch *m*; ~ *de munitions* Munitionsverbrauch *m*; ~ *de lubrifiant* Schmierölverbrauch *m*; *faire une grande* ~ *de coke* viel Koks verbrauchen; *société f de* ~ Konsumverein *m*; *impôts m/pl.* (*od. taxes f/pl.*) *de* ~ (*od. sur la* ~) Verbrauchssteuern *f/pl.*; **2.** Zeche *f*, Getränk *n*, *a.* Speise *f*; *payer la* ~ die Zeche (*od.* die Rechnung im Restaurant) bezahlen; **3.** ~ *d'un crime* Begehung *f* e-s Verbrechens; ~ *d'un droit* Ausübung *f* e-s Rechts; **4.** *a. rl.* Vollendung *f*, Erfüllung *f*; *la* ~ *des temps* das Ende *n* der Welt; ~ *du mariage* Erfüllung *f* der Ehe (*Geschlechtsverkehr*).

consom|mé (kõsɔ'me) **I** *m* Kraft-Fleisch-brühe *f*, Bouillon *f*; **II** *adj.* **1.** verzehrt, aufgebraucht (*Lebensmittel*, *Wein*); verbraucht (*Holz*, *Koks*); **2.** erfahren, meisterhaft; *avec un art* ~ vollendet schön, meisterhaft; *tacticien m* ~ erfahrener Taktiker *m*; *mv.p. un filou* ~ ein ganz Gehängter P (*od.* Ausgekochter P) *m*, ein abgefeimter

Schurke *m*; **~mer** (~) [1a] **I** *v/t.* **1.** *nützlich* verbrauchen, auf-, verzehren (*a. fig.*), aufessen; trinken; konsumieren; **2.** *a. rl.* vollenden, vollbringen, vollziehen, begehen, ausüben; ~ *un crime* ein Verbrechen begehen; ~ *son droit* sein Recht ausüben; **3.** vervollkommnen, zur höchsten Vollendung bringen; (*Ehe*) vollziehen; **II** *v/rfl.* se ~ verbraucht werden.

consomp|tible (kɔ̃sɔ̃p'tiblə) *adj.* verzehrbar, Verbrauchs...; **~tion** (~p'sjɔ̃) *f* **1.** Schwindsucht *f*; *être atteint de (la)* ~ an Schwindsucht leiden, dahinsiechen; **2.** ✝ ~ *des capitaux* Kapitalschwund *m.*

conso|nance (kɔ̃sɔ'nɑ̃:s) *f* **1.** ♪ Gleich-, Zusammen-klang *m*, Wohlklang *m*, Harmonie *f*; **2.** *gr.* Gleichlaut *m der Endsilben mehrerer Wörter*; **~nant** (~'nɑ̃) *adj.* [7] gleichklingend, zusammenstimmend; **~nantique** *gr.* (~nɑ̃'tik) *adj.* konsonantisch; **~nne** (~'sɔn) *f gr.* Konsonant *m*, Mitlaut *m*; ~ *d'appui* Stützkonsonant *m*; **~n(n)er** (~'ne) *v/i.* [1a] gleichlauten; harmonieren.

consort (kɔ̃'sɔ:r) *m* **1.** *prince m* ~ Prinzgemahl *m*; **2.** *mst. péj.* Konsorte *m*; *pour lui et ses* ~*s* für ihn u. seine Konsorten (*od.* u. seine Clique *od.* Sippschaft).

consortium ✝ (kɔ̃sɔr'sjɔm) *m* Konzern *m*, Konsortium *n.*

conspi|rateur (kɔ̃spira'tœ:r) *su.* [7f] Verschwörer *m*, Verschworener *m*; **~ration** (~rɑ'sjɔ̃) *f* Verschwörung *f*; *ourdir* (*od. tramer*) *une* ~ e-e Verschwörung anzetteln.

conspirer (kɔ̃spi're) [1a] **I** *v/i.* **1.** e-e Verschwörung anstiften; **2.** *fig.* ~ *à* mitwirken bei (*dat.*), sich vereinigen zu, sich verschworen haben zu, verhelfen zu, beitragen zu (*dat.*); *tout conspire à son bonheur* alles trägt zu s-m Glück bei; **II** *v/t.* sich verschwören zu (*dat.*); ~ *la perte de q.* an j-s Untergang arbeiten.

conspuer (kɔ̃'spɥe) *v/t.* [1a] *fig.* öffentlich verunglimpfen, verhöhnen, mit Hohngelächter empfangen, auspfeifen.

const|amment (kɔ̃sta'mɑ̃) *adv. von constant* beständig; **~ance** (~'stɑ̃:s) *f* **1.** Standhaftigkeit *f*, Ausdauer *f*, Beharrlichkeit *f*, Beständigkeit *f*; **2.** *géogr.* ♀ *f* Konstanz *n*; *lac m de* ♀ Bodensee *m*; **~ant** (~'stɑ̃) *adj.* [7] **1.** standhaft, fest; **2.** ausdauernd, beharrlich; **3.** unzweifelhaft, sicher, feststehend; **4.** beständig; treu; **5.** *a. f*: (*quantité f*) ~*e* konstante (*od.* unveränderliche) Größe *f*, Festwert *m*; ⊕ ~*es f/pl.* Daten *n/pl.*

Constantinois *géogr.* (kɔ̃stɑ̃ti'nwa) *m*: *le* ~ der Raum v. Constantine.

constat (kɔ̃'sta) *m* ⚖ amtliches Protokoll *n*; *allg.* Feststellung *f.*

consta|tation (kɔ̃statɑ'sjɔ̃) *f* Feststellung *f*; festgestellte Tatsache *f*, Befund *m*, Bestätigung *f*; ⚖ *procès-verbal m de* ~ Tatbestandsaufnahme *f*; **~ter** (~'te) *v/t.* [1a] feststellen, konstatieren, bestätigen.

constel|lation (kɔ̃stɛlɑ'sjɔ̃) *f* **1.** Gestirn *n*, Sternbild *n*; Konstellation *f* (*a. fig.*), Stellung *f od.* Stand *m* der Gestirne; ~*s zodiacales* (die zwölf) Sternbilder *n/pl.*; **2.** ♀ Constellation *f* (*Name e-r etwa seit 1952 erscheinenden französischen Monatszeitschrift u. e-s Flugzeugtyps*); **~lé** (~'le) *adj.* **1.** gestirnt, sternbesät; **2.** *fig.* ~ *de* übersät, reichlich behangen mit (*dat.*); **~ler** (~) *v/t.* [1a] **1.** mit Sternen bedecken; **2.** *fig.* übersäen.

conster|nation (kɔ̃stɛrnɑ'sjɔ̃) *f* größte Bestürzung *f*, Erschütterung *f*; Fassungslosigkeit *f*; Verblüffung *f*; völlige Niedergeschlagenheit *f*; **~né** (~'ne) *adj.* äußerst bestürzt, verblüfft, sprachlos, fassungslos; niedergeschlagen; **~ner** (~) *v/t.* [1a] in größte Bestürzung versetzen, verblüffen; *fig.* niederschlagen, erschüttern.

consti|pant ⚕ (kɔ̃sti'pɑ̃) *adj.* [7] verstopfend; **~pation** ⚕ (~pɑ'sjɔ̃) *f* Verstopfung *f*, Konstipation *f*, Hartleibigkeit *f*; **~pé** (~'pe) *adj. u. su.* an Verstopfung leidend(e Person *f*); **~per** (~) [1a] **I** *v/t.* verstopfen; **II** *v/rfl.* se ~ Verstopfung bekommen.

constitu|ant (kɔ̃sti'tɥɑ̃) [7] **I** *adj.* **1.** *phys.* Bestandteile e-s Körpers ausmachend; bildend; Ur...; *partie f* ~*e* (Haupt-)Bestandteil *m*; **2.** *pol.* konstituierend, begründend, verfassunggebend; *assemblée f* ~*e* verfassungsgebende Versammlung *f*; **II** *m* **3.** *phys.* Bestandteil *m*; ~ *de base* Grundbestandteil *m*; **III** *su.* **4.** Bearbeiter *m* e-r Verfassung; *pol.* Mitglied *n* e-r konstituierenden Versammlung; **5.** ⚖ Mandant *m*, Vollmachtgeber *m*; **6.** ⚖ Aussetzer *m* e-r Rente; **~ante** *hist.* (kɔ̃sti'tɥɑ̃:t) *f* verfassunggebende Versammlung *f*, Konstituante *f*; **~er** (~'tɥe) [1a] **I** *v/t.* **1.** (ein Ganzes) ausmachen; bilden; *bien constitué physiol.* gut gebaut, gesund, normal entwickelt (*Kind*); *être constitué par* bestehen aus (*dat.*); **2.** das Wesen *e-r Sache* ausmachen; **3.** gründen, errichten; schaffen, aufbauen; *~ une association* e-e Vereinigung (e-n Verein) gründen; **4.** aussetzen, auswerfen, anweisen, stiften; *~ une pension à q.* i-m ein Ruhegehalt aussetzen; *rente f constituée* Leibrente *f*; **5.** ernennen, bestallen; *qui vous a constitué juge?* wer hat Sie zum Richter bestallt?; **II** *v/rfl. se ~* **6.** sich zu etw. machen, sich als etw. hinstellen; *se ~ prisonnier* sich (freiwillig) der Polizei stellen; *se ~ partie civile* als Privatkläger auftreten; **7.** *se ~ en frais* sich in Unkosten stürzen; **~tif** (~ty'tif) *adj.* [7e] grundlegend, festsetzend; wesentlich; *titre m ~* Rechtstitel *m*; *loi f constitutive* Grundgesetz *n*; *éléments m/pl. ~s* wesentliche Bestandteile *m/pl.*; **~tion** (~ty'sjɔ̃) *f* **1.** Anordnung *f*, Einrichtung *f*, Bildung *f*; *~ du capital, ~ des capitaux* Kapitalbildung *f*; **2.** Beschaffenheit *f*, Zustand *m*; *~ du corps* körperlicher Zustand *m*; *~ de l'air od. ~ atmosphérique* Beschaffenheit *f* der Luft; **3.** *pol.* (Staats-)Verfassung *f*; *~ municipale* Städteordnung *f*; **4.** Stiftung *f*, Aussetzung *f e-r Rente*; **5.** ⚖ *~ d'avoué* Bestallung *f* e-s Sachwalters; **~tionnaliser** (~sjɔnali'ze) *v/t.* [1a]: *~ un pays* e-m Lande e-e Verfassung geben; **~tionnalisme** (~sjɔna'lism) *m* konstitutionelles System *n*; **~tionnalité** (~sjɔnali'te) *f* Verfassungsmäßigkeit *f*; **~tionnel** (~sjɔ'nɛl) *adj.* [7c] □ **1.** verfassungsmäßig; *Etat m ~* Rechtsstaat *m*; *parti m ~* Verfassungspartei *f*; **2.** ⚕ angeboren.

constric|teur (kɔ̃strik'tœ:r) *m u. adj./m.* **1.** *anat.* zu(sammen)schnürend; (*muscle*) *~* Schließmuskel *m*; **2.** *zo. boa m ~* amerikanische Riesenschlange *f*; **~tif** (~'tif) *adj.* [7e] *anat.* zu(sammen)schnürend; **~tion** (kɔ̃strik'sjɔ̃) *f anat.* Zu(sammen)schnürung *f*.

constringent ⚕ (kɔ̃strɛ̃'ʒɑ̃) *adj.* [7] zusammenziehend.

construc|teur (kɔ̃stryk'tœ:r) *m* Erbauer *m*, ⊕ Hersteller *m*, Konstrukteur *m*; *mécanicien ~* Maschinenbauer *m*; *adjt. animal ~* e-n Unterschlupf bauendes Tier; **~tif** (~'tif) *adj.* [7e] konstruktiv, *fig.* aufbauend; **~tion** (~stryk'sjɔ̃) *f* **1.** Konstruktion *f*, Erbauung *f*, Bau(en *n*) *m*; *~ de machines* (*de ponts*) Maschinen- (Brücken-) bau *m*; *chantier m de ~* Schiffswerft *f*; *bois m de ~* Bauholz *n*; *en ~* im Bau (begriffen); *~ en béton* Betonbau *m*; *haute et basse ~* Hoch- u. Tiefbau *m*; *a. ~s pl. souterraines* △ Tiefbau *m/sg.*; *~s pl. en élévation* △ Hochbau *m/sg.*; △ *~ par avancement en porte-à-faux* Freivorbau *m*; *~ en ossature* Skelettbau *m*; *~ métallique* Eisenkonstruktion *f*; **2.** Bauwerk *n*; *~ nouvelle* Neubau *m*; **3.** Anordnung *f*, Bau(art *f*) *m*; **4.** *gr.* Konstruktion *f*, Satz(auf)bau *m*, Wortfügung *f*, Satzbildung *f*; *~ inverse* Inversion *f*, umgekehrte Wortfolge *f*; **5.** *peint.* Aufriß *m*, Vorzeichnung *f*; **6.** ⚓ Konstruktion *f*.

construire (kɔ̃'strɥi:r) *v/t.* [4c] **1.** (auf)bauen, errichten, anlegen; **2.** anordnen, entwerfen, zusammensetzen; *gr.* konstruieren, ordnen; *~ une phrase* e-n Satz bilden; **3.** *peint.* aufreißen, (vor)zeichnen; **4.** *mv. p.* erfinden, sich zurechtlegen.

consubstantialité *rl.* (kɔ̃sypstɑ̃sjali'te) *f* Wesenseinheit *f*.

consul (kɔ̃'syl) *m* Konsul *m* (*a. antiq.*); *~ de carrière* Berufskonsul *m*; *~ général* Generalkonsul *m*; *~ honoraire* Honorar-, Wahl-konsul *m*; **~aire** (~'lɛ:r) *adj.* konsularisch; **~at** (~'la) *m* Konsulat *n*; ꝯ *de France* Französisches Konsulat *n*; **~tant** (~'tɑ̃) [7] **I** *adj.* beratend, ratgebend; *avocat m ~* Rechtsberater *m*; *médecin m ~* beratender Arzt *m*; **II** *su.* ⚕, ⚖ Ratsuchender *m*, Konsultierender *m*; **~tatif** (~ta'tif) *adj.* [7e] betend; konsultativ; *comité m ~* beratender Ausschuß *m*; *conseil m ~* Beirat *m*; *avoir voix consultative* beratende Stimme haben; **~tation** (~ta'sjɔ̃) *f* **1.** Beratung *f*; ⚕, ⚖ (*en*) *~* (in der) Sprechstunde *f*; *~ médicale* (*~ d'avocat*) ärztliche (juristische) Beratung *f*; *heures f/pl. de ~* Sprechstunden *f/pl.*; *cabinet m de*

~ Sprechzimmer *n*; ~ *de nourrissons* Mütterberatung; **2.** ⚕, ⚖ schriftliches Gutachten *n*; **~ter** (~te) [1a] **I** *v/t.* um Rat fragen, zu Rate ziehen, befragen; ~ *un ouvrage* in e-m Buch (*od.* Werk) nachschlagen; ~ *le dictionnaire* im Wörterbuch nachsehen; ~ *sa montre* nach der Uhr sehen; sehen, wie spät es ist; **II** *v/i.* beratschlagen; **III** *v/rfl.* se ~ bei sich überlegen, sich über etw. Gedanken machen; einander befragen.

consumer (kõsy'me) [1a] **I** *v/t.* (*bis zur Vernichtung*) aufzehren, verzehren, vergeuden, aufbrauchen, vernichten; verprassen; *le feu consuma tout un village* das Feuer vernichtete ein ganzes Dorf; ~ *ses forces* s-e Kräfte vergeuden; *fig.* ~ *q.* an j-m nagen; **II** *v/rfl.* se ~ *de* (*dans od. en*) sich aufreiben durch (*acc.*) *od.* mit (*dat.*), sich verzehren in (*dat.*); *abs.* se ~ dahin-siechen, -welken.

contact (kõ'takt) *m* Berührung *f*, Fühlung *f*, Kontakt *m* (*a.* ⚡); *mettre en* ~ a) miteinander in Verbindung bringen; b) ein-, anschalten; *mettre q. au* ~ *de q. d'autre* j-n mit j-m anders in Verbindung bringen; *entrer en* ~, *prendre* ~ *avec q.* mit j-m in Fühlung treent; *rester en* ~, *garder le* ~ *avec q.* in Verbindung (*od.* in Fühlung) bleiben, den Kontakt mit j-m aufrechterhalten, in Kontakt bleiben; ⚡ ~ *à fiches* Steckkontakt *m*; *rad. établir le* ~ *avec le sol* erden; ~ *à spirale* Spiralkontakt *m*; *fig.* (*entrée f en*) ~ Fühlungnahme *f*; ⚔ ~ *en marche* Marsch-, Tuch-fühlung *f*; *a. allg. chercher le* ~ vorfühlen; ~ *par frottement* Schleifkontakt *m*; *mauvais* ~ Wackelkontakt *m*; **~er** (~tak'te) *v/t.* [1a]: ~ *q.* j-n kennenlernen, mit j-m in Berührung kommen; **~eur** ⚡ (~'tœ:r) *m* Schütz *n*, Schalter *m*; **~o** *Auto* (~'to) *m* Kommandogerät *n*.

contadin (kõta'dɛ̃) *adj. u. su.* [7] ländlich; Landbewohner *m*; Bauer *m* (*Italien*).

conta|ge ⚕ (kõ'ta:ʒ) *m* Ansteckungsstoff *m*; **~gieux** (~'ʒjø) *adj.* [7d] ansteckend; **~gion** (~'ʒjõ) *f* **1.** Ansteckung *f* (*a. fig.*), Fortpflanzung *f e-r Krankheit*; **2.** Verseuchung *f* (*a. fig.*); *fig.* Seuche *f*; **~gionner** (~ʒjɔ'ne) *v/t.* [1a] anstecken; **~giosité** (~ʒjozi'te) *f* Ansteckungsgefahr *f*.

container ⊕ (kõte'nœ:r *od.* ~'nɛ:r) *m* Behälter *m*, Container *m*; 🚃 Versandbehälter *m*.

contami|nable (kõtami'nablə) *adj.* infizierbar; *at.* verseuchbar; **~nation** (~nɑ'sjõ) *f* Verunreinigung *f*; ⚕, *at.* Verseuchung *f*, Ansteckung *f*, Infektion *f*; *ling.* Kontamination *f*: ~ *nucléaire* Atomverseuchung *f*; **~ner** (~'ne) *v/t.* [1a] verunreinigen; ⚕, *at.* verseuchen, infizieren; *fig.* verderben.

conte (kõ:t) *m* erdichtete Erzählung *f*, Märchen *n*; Geschichte *f*, Schwank *m*, Schnurre *f* P; ~ *bleu*, ~ *de nourrice*, ~ *de bonne femme* Altweiber-, Ammen-märchen *n*, Räubergeschichte *f*; ~ *de bord* Matrosenmärchen *n*; ~ *de fées* Feenmärchen *n*; ~ *gras* Zote *f*.

contempla|teur (kõtɑ̃pla'tœ:r) *su.* [7f] Betrachter *m*, Denker *m*, Beschauer *m*; **~tif** (~'tif) [7e] **I** *adj.* □ beschaulich, nachdenklich, versunken, meditativ; **II** *su.* Beschaulicher; **~tion** (~plɑ'sjõ) *f* **1.** Betrachtung *f*, Anschauung *f*, **2.** Beschaulichkeit *f*; Nachsinnen *n*, innere Hingabe *f*, Selbstaufgabe *f*, Wesensschau *f*; ~ *mystique* mystische Versenkung *f*.

contempler (kõtɑ̃'ple) [1a] **I** *v/t.* betrachten, beschauen; *fig.* nachdenken über (*acc.*).; **II** *v/i.* nachsinnen, Betrachtungen anstellen.

contempor|ain (kõtɑ̃pɔ'rɛ̃) [7] **I** *adj.* zeitgenössisch; être ~ *de q.* zu gleicher Zeit mit j-m leben; *historien m* ~ zeitgenössischer Geschichtsschreiber *m*; **II** *su.* Zeitgenosse *m*; **~anéité** (~ranei'te) *f* Gleichzeitigkeit *f*.

contemp|teur (kõtɑ̃p'tœ:r) *su. u. adj.* [7f] Verächter *m*, verachtungsvoll; **~tible** (~'tiblə) *adj.* verachtungswert.

conte|nance (kõt'nɑ̃:s) *f* **1.** Inhalt *m*, Ladungsfähigkeit *f*, Fassungsvermögen *n*; Flächeninhalt *m*, Ausdehnung *f*, Größe *f*; **2.** Anstand *m*, Haltung *f*; *il n'a pas de* ~ er hat keine Haltung; **3.** Fassung *f*, Gemütsruhe *f*; *faire bonne* ~ sich tapfer halten, die Fassung behalten, entschlossen sein; *perdre* ~ aus der Fassung kommen; **~nant** (~'nɑ̃) **I** *adj.* [7] enthaltend; **II** *m* Behälter *m*.

contendant (kɔ̃tɑ̃'dɑ̃) *su. u. adj.* [7] Mitbewerber *m*; streitend.

conteneur 🚃 (kɔ̃t'nœ:r) *m* besonderer Güterwagen *m* für Umzugsgut.

contenir (kɔ̃t'ni:r) [2h] **I** *v/t.* **1.** (ent)halten, (um)fassen, in sich schließen; **2.** zurückhalten; *fig.* im Zaume (*od.* in Schranken) halten, eindämmen; **II** *v/rfl.* se ~ sich zs.-nehmen, sich mäßigen, sich beherrschen.

content (kɔ̃'tɑ̃) **I** *adj.* [7] **1.** zufrieden (*de* mit *dat.*); **2.** froh, erfreut; *il sera ~ de vous voir* er wird sich freuen, Sie zu sehen; **II** *m* Genüge *f*; *avoir son ~ de* genug haben an (*dat.*); *dormir (tout à) son ~* sich ausschlafen; *manger son ~* sich satt essen; **~ement** (kɔ̃tɑ̃t'mɑ̃) *m* Zufriedenheit *f*, Genügsamkeit *f*, Freude *f*, Vergnügen *n*; Befriedigung *f*; *~ de soi* Selbstzufriedenheit *f*; *prov. ~ passe richesse* Zufriedenheit geht über Reichtum; **~er** (~'te) [1a] **I** *v/t.* befriedigen, zufriedenstellen, genügen (*dat.*); **II** *v/rfl. se ~ de* vorliebnehmen (*od.* sich begnügen) mit (*dat.*).

conten|tieux (kɔ̃tɑ̃'sjø) **I** *adj.* [7d] □ ⚖ strittig, Streit...; *affaire f contentieuse* Streitsache *f*; **II** *m* Prozeßangelegenheiten *f/pl.*, Streitsachen *f/pl.* (mit) der Verwaltung; Rechtsabteilung *f*; *~ administratif* Verwaltungsgerichtsbarkeit *f*; *section f du ~* Streitsachenabteilung *f*; **~tion** (~'sjɔ̃) *f* **1.** Anstrengung *f*; *~ d'esprit* Anspannung *f* der geistigen Kräfte; **2.** † Streit *m*.

contenu (kɔ̃t'ny) *m* Inhalt *m*.

conter (kɔ̃'te) *v/t.* [1a] (*häufiger ist raconter!*) erzählen; F *en ~* (*od. ~ des sornettes*) *à q.* j-m etw. weismachen *od.* vorschwindeln; *ne vous en laissez pas ~* lassen Sie sich nichts vormachen!; *en ~ de belles* (*de fortes*) tüchtig aufschneiden, das Blaue vom Himmel erzählen; *~ des blagues* flunkern; *~ des balivernes* Unsinn (*od.* dummes Zeug) reden, faseln; *~ fleurette à une jeune fille* e-m Mädchen den Hof machen, mit e-m Mädchen flirten; *~ monts et merveilles à q.* j-m goldene Berge versprechen.

contes|tabilité (kɔ̃tɛstabili'te) *f* Bestreitbarkeit *f*, Anfechtbarkeit *f*; **~table** (~'tablə) *adj.* □ strittig, bestreitbar; **~tant** (~'tɑ̃) *adj. u. su.* [7] (be)streitend (e Partei *f*); **~tation** (~tɑ'sjɔ̃) *f* Bestreiten *n*, Streit(-igkeit *f*) *m*; Beanstandung *f*; *mettre en ~* in Zweifel ziehen, bestreiten; **~te** (kɔ̃'tɛst) *f nur noch in*: *sans ~* unbestritten.

contester (kɔ̃tɛs'te) [1a] **I** *v/t* streitig machen, in Abrede stellen, bezweifeln; **II** *v/i.* streiten (*de* über).

conteur (kɔ̃'tœ:r) [7g] *su.* **1.** Erzähler *m*; **2.** Märchen-, Novellendichter *m*; **3.** Schwätzer *m*.

contex|te (kɔ̃'tɛkst) *m* Zusammenhang *m*, Kontext *m*; *pol. le ~* die Verhältnisse *n/pl.*; *pol.* der Staatenblock *m*, der Raum *m*; ⚖ Inhalt *m*, Text *m*; **~ture** (kɔ̃tɛks'ty:r) *f* Gewebe *n*; Verbindung *f*; *~ des os* Knochenbau *m*; *fig. la ~ d'un discours* der innere Zusammenhang *m* (*od.* der Aufbau *m*) e-r Rede; **~turer** *néol.* (~ty're) *v/t.* erklärend erläutern (*Zeichnungen in e-m Buch*).

contigu (kɔ̃ti'gy) *adj.* [7a] angrenzend, benachbart, anstoßend, sich berührend; 𝔄 *angle m ~* Nebenwinkel *m*; **~ïté** (kɔ̃tigɥi'te) *f* Nebeneinanderliegen *n*, Angrenzen *n*.

conti|nence (kɔ̃ti'nɑ̃:s) *f* Enthaltsamkeit *f*, Enthaltung *f*, Keuschheit *f*; **~nent** (~'nɑ̃) **I** *adj.* [7] **1.** enthaltsam, keusch; *fig.* sparsam; **2.** ⚕ gleichbleibend (*Fieber*); **II** *m* Kontinent *m*; **~nental** (~nɑ̃'tal) *adj.* [5c] kontinental; *guerre f ~e* Landkrieg *m*; *eaux f/pl. ~es* Binnengewässer *n/pl.*

contin|gence (kɔ̃tɛ̃'ʒɑ̃:s) *f* Zufälligkeit *f*, Eventualität *f*; 𝔄 Berührung *f*; **~gent** (~'ʒɑ̃) **I** *adj.* [7] **1.** zufällig, ungewiß; **2.** ⚖ *portion f ~e* rechtmäßiger Anteil *m*; **II** *m* **3.** Anteil *m*, Kontingent *n*, Quote *f*; *pour son ~* auf sein(en) Teil; **4.** ⚔ (Truppen-)Kontingent *n*; **~gentement** (~ʒɑ̃t'mɑ̃) *m* (Zwangs-)Bewirtschaftung *f*, Kontingentierung *f*, Rationierung *f*, Zuteilung *f*; **~genter** (~ʒɑ̃'te) *v/t.* (zwangs-)bewirtschaften, kontingentieren, rationieren, zuteilen.

continu (kɔ̃ti'ny) *adj.* **1.** aneinanderhängend, stetig; 𝔄 *fractions f/pl. ~es* Kettenbrüche *m/pl.*; **2.** fortlaufend, beständig, ununterbrochen; ⊕ durchgehend; ⚡ *courant m ~* Gleichstrom *m*; *travail m ~* Fließarbeit *f*; ⚠ *mode m de construction en ordre ~* geschlossene Bauweise *f*; **3.** ♪ *basse ~e* begleitender Generalbaß *m*; **~ation** (kɔ̃tinɥɑ'sjɔ̃) *f* Fortsetzung *f*; Verlängerung *f*; Fortdauer *f*; Wiederaufnahme *f*; ~ *d'emploi* (*od.* *de travail*) Weiterbeschäftigung *f*; **~el** (~'nɥɛl) *adj.* [7c] □ fortdauernd, fortwährend.

continu|er (kɔ̃ti'nɥe) [1a] **I** *v/t.* **1.** fortsetzen, weiterführen; verlängern; ~ *un mur* e-e Mauer weiterziehen; **2.** erhalten, beibehalten; ~ *la confiance* das Vertrauen bewahren; **II** *v/i.* **3.** fortdauern, anhalten; fortfahren; *la pluie continue* der Regen hält an; **4.** *mit à od. de*: *continuez à* (*od.* *de*) • *lire!* lesen Sie weiter!; *les campagnes continueront de se vider* die Landgegenden werden weiter entvölkert werden; *les troupes continuaient à marcher* die Truppen marschierten weiter; *il continue à* (*od.* de) *pleuvoir* es regnet weiter (*od.* immer noch); ✈ ~ *à voler* weiterfliegen; **III** *v/rfl.* se ~ fortgesetzt werden, sich fortsetzen, sich erstrecken; **~ité** (~nɥi'te) *f* Zusammenhang *m*; Einheit *f*; ununterbrochene Fortdauer *f*, Kontinuität *f*; *cin.* Rohdrehbuch *n*; *thé.* ~ *d'action* Einheit *f* der Handlung; *phil. loi f de* ~ Stetigkeitsgesetz *n*; *solution f de* ~ Unterbrechung *f*.

continûment (kɔ̃tiny'mɑ̃) *adv.* ununterbrochen.

contondant (kɔ̃tɔ̃'dɑ̃) *adj.* stumpf; *instrument m* ~ Schlaginstrument *n* (*Waffe*), stumpfe Hiebwaffe *f*.

contorsion (kɔ̃tɔr'sjɔ̃) *f* Verdrehung *f*, Verrenkung *f*, Verzerrung *f*; *faire des ~s* Gesichter schneiden; **~ner** (~sjɔ'ne): *v/rfl.* se ~ [1a] sich verzerren; sich drehen und winden; *des positions contorsionnées* verkrampfte Körperhaltungen *f/pl.*

contour (kɔ̃'tu:r) *m* Umriß *m*, Außenlinie *f*, Umkreis *m*, Kontur *f*, Rand *m*; **~né** *adj.* verschroben, gewunden, geschraubt, schnörkelhaft; krumm; **~ner** (~tur'ne) [1a] **I** *v/t.* **1.** im Umriß entwerfen; **2.** umgehen; sich winden um; herum-gehen, -fahren, -fließen um; ⚡ überspringen; 🚗 ~ *la Suisse* die Schweiz umfahren; **3.** verdrehen, verbiegen; **II** *v/rfl.* se ~ sich verbiegen; sich werfen (*Holz*).

contrac|tant (kɔ̃trak'tɑ̃) **I** *adj.* [7]: vertragschließend **II** *m* Vertragspartner *m*, Kontrahent *m*; **~ter** (~'te) [1a] **I** *v/t.* **1.** zs.-ziehen; verzerren; *a.* ⚕ verkürzen; **2.** *Vertrag* schließen, abschließen; ~ *des dettes envers q.* j-m gegenüber Schulden machen; ~ *une assurance* e-n Versicherungsvertrag abschließen; ~ *un emprunt* e-e Anleihe aufnehmen; ~ *une obligation* e-e Verpflichtung eingehen; *il n'est pas encore en âge de* ~ er ist noch nicht geschäftsfähig; **3.** annehmen, sich zuziehen; ~ *une habitude* e-e Gewohnheit annehmen; ~ *une maladie* sich e-e Krankheit zuziehen; **II** *v/rfl.* se ~ **4.** (ab)geschlossen werden; **5.** sich zs.-ziehen; **~tif** (~'tif) *adj.* [7e] zs.-ziehend; **~tile** *anat.* (~'til) *adj.* zs.-ziehbar; **~tilité** *anat.* (~tili'te) *f* Zs.-ziehbarkeit *f*; **~tion** (kɔ̃trak'siɔ̃) *f* Zs.-ziehung *f*; Verzerrung *f* (*der Gesichtszüge*); Verdichtung *f*; Verengerung *f*; *gr.* Kontraktion *f*; ⚕ Verkürzung *f*; **~tuel** (~'tɥɛl) **I** *adj.* [7c] vertraglich, vertragsgemäß; **II** *su.* nichtbeamteter Behördenangestellter *m*; **~ture** (~'ty:r) *f* **1.** ⚠ Verjüngung *f* (*Säulenschaft*); **2.** ⚕ (Muskel-) Steifigkeit *f*; **~turer** (~ty're) *v/t.* [1a] **1.** ⚠ *Säule* verjüngen; **2.** ⚕ *Muskel* steif machen, lähmen.

contradic|teur (kɔ̃tradik'tœ:r) *m* *bsd.* ⚖ Widersprecher *m*, Gegner *m*; *allg.* Widerspruchsgeist *m* (*Person*); Gegenreferent *m*; *pol.* Oppositionsredner *m*; **~tion** (~k'sjɔ̃) *f* **1.** Widerspruch *m*, Widerlegung *f*, Einrede *f*; *être en* ~ *avec qch.* zu etw. im Widerspruch stehen; **2.** Gegensatz *m*, Unvereinbarkeit *f*, Diskrepanz *f*; **~toire** (~k'twa:r) *adj.* □ (ea.) widersprechend.

contraignable ⚖ (kɔ̃trɛ'ɲablə) *adj.*: ~ *par corps* persönlich haftbar.

contraindre (kɔ̃'trɛ̃:drə) [4b] **I** *v/t.* zwingen, nötigen; ~ *ses goûts* s-e Neigungen (F s-e Gelüste) beherrschen (*od.* bezähmen); ~ *q. à* (*od.* *de*) *faire qch.* j-n zwingen, etw. zu tun; **II** *v/rfl.* se ~ sich Gewalt (*od.* Zwang) antun; *vgl.* *obliger* **4.**

contraint (kɔ̃'trɛ̃) *adj.* [7] er-, gezwungen, erkünstelt, unnatürlich; **~e** (kɔ̃'trɛ̃:t) *f* **1.** Zwang *m*; *fig.* Be-, Ein-schränkung *f*; *par* ~ gezwungen; *sans* ~ ungezwungen, zwanglos; *vivre sous la* ~ unter Zwang leben; *user de* ~ *envers q.* j-m Zwang antun; **2.** ⚖ (gerichtliches)

Zwangsmittel *n*; ~ *par corps* Schuldhaft *f*; ~ *personnelle* Schutzhaft *f*; *porteur m de* ~*s* Vollstreckungsbeamter *m*; **3.** ⊕ Beanspruchung *f*; **4.** *fig.* Gezwungenheit *f*, Gebundenheit *f*, Schwierigkeiten *f/pl.*

contraire (kɔ̃'trɛːr) **I** *adj.* **1.** entgegengesetzt, gegenteilig; Gegen...; widersprechend; *dans le cas* ~, *en cas* ~ widrigen-, andernfalls; *en sens* ~ in entgegengesetzter Richtung *f*; ~ *à la raison* vernunftwidrig; **2.** ~ *à* nachteilig, schädlich (*dat.*); **II** ~*ment à adv.* im Gegensatz zu... (*dat.*); **III** *m* Gegenteil *n*; *je ne dis pas le* ~ ich leugne es nicht; *advt. au* ~ im Gegenteil; umgekehrt.

contralto ♪ (kɔ̃tral'to) *m* [5a] tiefe Altstimme *f.*

contrapontiste ♪ (~pɔ̃'tist) *m* Kontrapunktist *m.*

contrari|ant (kɔ̃tra'rjɑ̃) *adj.* **1.** unangenehm, widerwärtig; **2.** streitsüchtig; ~**er** (~'rje) [1a] **I** *v/t. u. v/i.* **1.** ~ *q.* j-m widersprechen, j-m entgegentreten; **2.** hindern; ~ *les desseins de q.* j-s Pläne durchkreuzen; **3.** ärgern, verstimmen, verdrießen; **4.** in Gegensatz zueinander bringen; **II** *v/rfl. se* ~ sich widersprechen; sich hindern; sich ärgern; ~**été** (~rje'te) *f* **1.** Widerspruch *m*, Widerstreit *m*, Unverträglichkeit *f*; **2.** Hindernis *n*, Widerwärtigkeit *f*; Unannehmlichkeit *f*, Ärger *m.*

contras|tant (kɔ̃tras'tɑ̃) *adj.* [7] kontrastierend; ~**te** (kɔ̃'trast) *m* Gegensatz *m*, Kontrast *m*; *être en* ~, *faire* ~ *avec* sich abheben von (*dat.*), im Gegensatz stehen zu (*dat.*); ~**ter** (kɔ̃tras'te) [1a] **I** *v/t. peint.* hervortreten lassen, in Gegensatz bringen; **II** *v/i.* ~ *avec* sich abheben von (*dat.*), e-n Gegensatz bilden zu (*dat.*).

contrat ⚖ (kɔ̃'tra) *m* Vertrag *m*, Kontrakt *m*, Übereinkunft *f*; ~ *d'achat* Kaufvertrag *m*; ~ *de louage* Mietvertrag *m*; ~ *de mariage* Heiratsvertrag *m*; ~ *de travail* Arbeitsvertrag *m*; *passer un* ~ e-n Vertrag abschließen; *dresser* (*od. rédiger*) *un* ~ e-n Vertrag ausfertigen; ~ *social* Gesellschaftsvertrag *m*, -ordnung *f*; ~ *d'assurance* (*sur la vie* Lebens-)Versicherungsvertrag *m*; ~ *de bail à ferme*, ~ *d'amodiation* Pachtvertrag *m*; ~ *d'affrètement* Schiffsvertrag *m*; *contraire au* ~, *incompatible avec le* ~ vertragswidrig; ~**-type** (~'tip) *m* [6b] Manteltarif *m.*

contravention (kɔ̃travɑ̃'sjɔ̃) *f* Übertretung *f*; Strafmandat *n*, ~ *de* (*simple*) *police* Polizeivergehen *n*; ~ *à un contrat* Vertragsverletzung *f*; ~ *en matière d'impôt* Steuervergehen *n*; ~**nel** ⚖ (~sjɔ'nɛl) *adj.* [7c]: *affaire f* ~*le* Polizeistrafsache *f.*

contravis (~tra'vi) *m* = *contre-avis.*

contre ('kɔ̃ːtrə) **I** *prp.* gegen (*acc.*), wider (*acc.*); (*tout*) ~ (dicht) neben (*dat. u. acc.*), an (*dat. u. acc.*); *appuyer une échelle* ~ *le mur* e-e Leiter an die Wand stellen; *la moto était garée* ~ *le trottoir* das Motorrad war am Bürgersteig (*od.* Gehdamm) abgestellt; *heurter* ~ *une pierre* an e-n Stein stoßen; *j'étais assis* ~ *la porte* ich saß an der Tür (*od.* an die Tür gelehnt); ~ *toute attente* ganz wider Erwarten; *se battre* ~ *q.* sich mit j-m schlagen; *être fâché* ~ *q.* auf j-n böse sein, j-m zürnen; **II** *adv.* dagegen; *n'avoir rien à dire* (*là*) ~ nichts dagegen einzuwenden haben; *parler pour et* ~ dafür und dagegen sprechen; *voter* ~ dagegen stimmen; *ci-*~ neben-, um-stehend; *là* ~ dagegen; *par* ~ andererseits, dagegen; **III** *m* **1.** Gegenteil *n*: *le pour et le* ~ das Für und Wider; **2.** *esc.* Gegen-hieb *m*, -stoß *m*; **3.** *Spiel*: Rückstoß *m.*

contre|-accusation (kɔ̃trakyzɑ'sjɔ̃) *f* Gegenklage *f*; ~**-action** (~trak'sjɔ̃) *f* Gegenaktion *f*; ~**-allée** (~tra'le) *f* Neben-, Seiten-allee *f*; Seitenweg *m*; ~**-amiral** (~trami'ral) *m* [5c] Konteradmiral *m*; ~**-appel** (~tra'pɛl) *m* Nachappell *m*; ~**-approches** ⚔ (~tra'prɔʃ) *f/pl.* Gegenlaufgräben *m/pl.*; ~**-arbre** ⊕ (~'trarbrə) *m* Gegenwelle *f*; ~**-assurance** (~trasy'rɑ̃ːs) *f* Rückversicherung *f*; ~**-attaque** (~tra'tak) *f* Gegenangriff *m*; ~**-aveu** (~tra'vø) *m* Widerruf *m*; ~**-avis** (~tra'vi) *m* Gegenansicht *f*; ✝ Abbestellung *f*; Gegenorder *f*; ~**balance** (~trəba'lɑ̃ːs) *f* Gegengewicht *n*; ~**balancer** (~balɑ̃'se) [1k] **I** *v/t.* das Gleichgewicht halten (*mit e-r Sache*); *fig.* aufwiegen (*acc.*); **II** *v/rfl. se* ~ einander das Gleichgewicht halten; *fig.* sich aufheben.

contreban|de (kɔ̃trə'bɑ̃:d) *f* Schmuggel *m*, Konterbande *f*, Schleichhandel *m*; (*marchandise f*, *de*) ~ Schmuggelware *f*; *de* ~ (ein)geschmuggelt; *faire entrer* (*od. introduire*) *en* ~ einschmuggeln; *passer en* ~ durchschmuggeln; **~dier** (~'dje) *su.* [7b] Schmuggler *m*.
contrebas (kɔ̃trə'bɑ) **I** *adv.*: *en* ~ von oben nach unten; abwärts; tief (*od.* ganz) unten; *être en* ~ tief liegen; **II** *prp.*: *en* ~ *de* unterhalb von ...
contrebass|e (~'bɑ:s) *f* **1.** Kontrabaß *m*; **2.** tiefer Baß *m*; **3.** Bassist *m*; **~iste** (~bɑ'sist) *m* Bassist *m*; **~on** (~'sɔ̃) *m* Doppelfagott *n*.
contrebatt|erie (kɔ̃trəba'tri) *f* **1.** ⚔ Gegenbatterie *f*; Artilleriebekämpfung *f*; **2.** *fig.* Gegenschlag *m*; **~re** (~'batrə) *v/t.* [4a] **1.** ⚔ ein Bombardement erwidern; e-e Gegenbatterie errichten; **2.** *allg.* zurückschlagen, bekämpfen; ~ *l'influence de q.* j-s Einfluß bekämpfen.
contre|-biais (kɔ̃trə'bjɛ): *advt. à* ~ gegen den Strich; **~-billet** † (~bi'jɛ) *m* Gegenwechsel *m*; **~-blocus** (~blɔ'kys) *m* Gegenblockade *f*; **~-boutant** (~bu'tɑ̃) *m* Gegenpfeiler *m*; **~-bouter** (~bu'te) *v/t.* [1a] (mit Strebepfeilern) stützen; **~-butée** ⊕ (~by'te) *f* [6g] Gegenanschlag *m*; **~-calquer** (~kal'ke) *v/t.* [1a] e-n Gegenabdruck machen; **~carrer** (~ka're) *v/t.* [1a] auftreten gegen (*acc.*), entgegenarbeiten (*dat.*), durchkreuzen (*acc.*), vereiteln (*acc.*); **~-caution** (~ko'sjɔ̃) *f* Gegenbürgschaft *f*, Sicherheitspfand *n*; **~cœur** (~'kœ:r) *m* [6d] **1.** ⊕ Rückwand (e-s Kamins), (Kamin-) Platte *f*; **2.** *advt. à* ~ mit Unlust, widerwillig; **~coup** (~'ku) *m* **1.** Gegen-schlag *m*, -stoß *m*; Rück-, Nach-wirkung *f*, Folge *f*; **2.** *advt. par* ~ indirekt; **~-courant** (~ku'rɑ̃) *m* Gegenströmung *f*; ⚡ Gegenstrom *m*; *marcher à* ~ *fig.* gegen den Strom schwimmen; **~danse** (~'dɑ̃:s) *f* Gegentanz *m*; P Geldstrafe *f*; **~-déclaration** (~deklarɑ'sjɔ̃) *f* Gegenerklärung *f*; **~-dénonciation** ⚖ (~denɔ̃sjɑ'sjɔ̃) *f* Kündigungs-, Pfändungs-anzeige *f* an den Drittschuldner.
contre|-digue (kɔ̃trə'dig) *f* Nebendeich *m*; **~dire** (~'di:r) **I** *v/t.* [4m] (*aber: vous contredisez*) : ~ *q.* j-m widersprechen, Einwendungen machen, entgegnen, widerlegen; **II** *v/i.* ~ *à* widersprechen; ⚖ Gegenrede erheben; *je n'y contredis pas* ich habe nichts dagegen (einzuwenden); **~dit** (~'di) *m*: *advt. sans* ~ unbestritten, zweifellos; **~-échange** (kɔ̃tre'ʃɑ̃:ʒ) *m* Gegentausch *m*; **~-écrou** ⊕ (~tre'kru) *m* Sicherungsmutter *f*.
contrée (kɔ̃'tre) *f* Gegend *f*, Landschaft *f*.
contre|-enquête ⚖ (kɔ̃trɑ̃'kɛt) *f* [6g] Gegenuntersuchung *f*; **~-épreuve** (~tre'prœ:v) *f* [6g] Gegenprobe *f bei Abstimmungen* (*a.* ⊕); **~-espionnage** (~trɛspjɔ'na:ʒ) *m* Gegenspionage *f*; Abwehr *f*; **~-essai** (~trɛ'sɛ) *m* [6g] Gegenversuch *m*, Gegenprobe *f*; **~-expertise** (~trɛkspɛr'ti:z) *f* [6g] nochmalige Besichtigung *f od.* Untersuchung *f*; Gegengutachten *n*.
contre|façon (kɔ̃trəfa'sɔ̃) *f* Nachdruck *m*, betrügerische Nachahmung *f*; **~facteur** (~fak'tœ:r) *m* betrügerischer Nachahmer *m*, Fälscher *m*, Nachdrucker *m*; **~faction** (~fak'sjɔ̃) *f* Fälschung *f*; **~faire** (~'fɛ:r) *v/t.* [4n] **1.** ~ *q.* j-m nach-machen *od.* -ahmen, *iron.* nachäffen; ~ *le malade* sich krank stellen; **2.** ~ *qch.* etw. in betrügerischer Absicht nach-ahmen *od.* -drucken, fälschen; ~ *des monnaies* falschmünzen; **3.** *Stimme, Schrift*: verstellen, nachmachen; **4.** verunstalten; **~faiseur** (~fə'zœ:r) *su.* [7g] Nach-ahmer *m*, -äffer *m*; **~fait** (~'fɛ) *adj.* [7] nachgemacht, gefälscht, unecht; mißgestaltet; verwachsen.
contre|-fenêtre (~f[ə]'nɛ:trə) *f* [6g] Vor-, Doppel-fenster *n*; **~-fiche** △ (~'fiʃ) *f* [6g] Strebeband *n*, (Stütz-) Strebe *f*; **~-fil** (~'fil) *advt.*: *à* ~ gegen den Strich.
contrefort (kɔ̃trə'fɔ:r) *m* **1.** △ Strebe-mauer *f*, -bogen *m*, -pfeiler *m*; **2.** Ausläufer *m e-s Gebirges*; **~s** *m/pl. des Alpes* Voralpen *pl.*; **3.** hintere Schuhkappe *f*.
contre|-fugue ♪ (~'fyg) *f* [6g] Kontrafuge *f*; **~-gage** (~'ga:ʒ) *m* [6g] Gegenpfand *n*; **~-garde** ⚔ *frt.* (~'gard) *f* [6g] Vorwall *m*; **~-gouvernement** (~guvɛrnə'mɑ̃) *m* [6g] Gegenregierung *f*; **~-haut** (kɔ̃trə'o) **I** *advt.*: *en* ~ von unten nach oben; **II** *prp.*: *être en* ~ *de* höher liegen als; **~-indiqué** (kɔ̃trɛ̃di'ke) *adj.*:

bsd. ⚕ unangebracht; *il est ~ de ...* es ist nicht ratsam,... zu ...; **~-interroger** ⚖ (kɔ̃trɛ̃tɛrɔ'ʒe) *v/t.* [1l] Gegenfragen stellen (*dat.*); **~-jour** (kɔ̃trə'ʒu:r) *m* Gegenlicht *n*; *advt.*: *à ~* gegen das Licht; *être à ~* das Licht im Rücken haben; *photographie f à ~* Gegenlichtaufnahme *f*; **~-lettre** (~'lɛtrə) *f* [6g] geheime Gegenversicherung *f*, Nebenabrede *f*; Geheimvertrag *m*.

contremaître (kɔ̃trə'mɛ:trə) *m* Werk-führer *m*, -meister *m*, Aufseher *m*, Vorarbeiter *m*; ⚠ Polier *m*.

contre|-mandat (~mɑ̃'da) *m* [6g] Gegenauftrag *m*, -befehl *m*; **~mander** (~mɑ̃'de) *v/t.* [1a] Gegenbefehl geben; abbestellen; absagen; **~-manifestant** (~manifɛs'tɑ̃) *m* [6g] Gegenemonstrant *m* **~-manifestation** (~manifɛstɑ'sjɔ̃) *f* [6g] Gegenkundgebung *f*; **~-marée** (~ma're) *f* Gegenflut *f*.

contremar|que (kɔ̃trə'mark) *f* **1.** ✝ Gegenzeichen *n*; Buchungsnummer *f*; **2.** *thé.* Wiedereintritts-marke *f*, -karte *f*; **3.** 🚌 *usw.* Einzelausweiskarte *f für Teilnehmer an Gruppenfahrten*; **~quer** (~mar'ke) *v/t.* [1m] mit e-m Gegenzeichen versehen.

contre|-mine (kɔ̃trə'min) *f* [6g] **1.** ⚔ Gegenmine *f*; **2.** *fig.* Gegenschlag *m*; **~-miner** (~mi'ne) *v/t.* [1a] mit Gegenminen arbeiten (*a. fig.*); **~-mur** (~'my:r) *m* [6g] Stützmauer *f*; **~-opération** (kɔ̃trɔperɑ'sjɔ̃) *f* [6g] *fig.* Gegenoperation *f*; Gegenschlag *m*; **~-opposition** (~trɔpozi'sjɔ̃) *f* Gegenopposition *f*; **~-ordre** (~'trɔrdrə) *m* Gegenbefehl *m*; *donner (recevoir) ~* Gegenbefehl geben (erhalten); **~partie** (~par'ti) *f* [6g] **1.** Gegen-buch *n*, -register *n*; Gegenposten *m*; Gegenleistung *f*; *compte m de ~* Gegenrechnung *f*; **2.** *fig.* entgegengesetzte Meinung *f*; *fig.* Gegenstück *n*; *faire la ~* die Gegenmeinung vertreten; **3.** ♪ Gegenstimme *f*, zweite Stimme *f*, Alt *m*; **4.** *Spiel*: Gegenpartie *f*, Revanche *f*; **~-partiste** ✝ (~par'tist) *m* Gegenkontrahent *m*; **~-pas** ⚔ (~'pɑ) *m* [6c] Trittwechsel *m*; **~-passation** ✝ (~pɑsɑ'sjɔ̃) *f*, **~-passement** ✝ (~pɑs'mɑ̃) *m* Gegen-, Rückbuchung *f*; **~-passer** (~pɑ'se) *v/t.* ✝ rückbuchen, stornieren; **~-peser** (~pə'ze) *v/t.* [1d] aufwiegen; *fig.* das Gleichgewicht halten (*dat.*).

contre|plaqué *men.* (kɔ̃trəpla'ke) *m* Sperrholz *n*; **~plaquer** *men.* (~) *v/t.* gegenfurnieren.

contrepoids (~'pwa) *m* Gegengewicht *n* (*an Uhren u. fig.*); Balancierstange *f des Seiltänzers*.

contre-poil (~'pwal) *m* Gegenstrich *m* des Haares; *advt. à ~* gegen den Strich; verkehrt; *prendre une affaire à ~* e-e Sache verkehrt anpacken (*od.* anfangen); *prendre q. à ~* j-n vor den Kopf stoßen.

contrepoint ♪ (~'pwɛ̃) *m* Kontrapunkt *m*.

contre-poin|te (~'pwɛ̃:t) *f* **1.** Rükkenschärfe *f e-r Degenspitze*; **2.** *esc.* (Säbel-)Fechten *n* auf Hieb und Stoß zugleich; **~ter** (~pwɛ̃'te) *v/t.* [1a] **1.** *cout.* steppen; **2.** ⚔ *~ un canon* ein Geschütz gegen das feindliche aufstellen.

contre|poison (~pwa'zɔ̃) *m* Gegengift *n*; **~-porte** (~'pɔrt) *f* Doppeltür *f*; **~-poussée** (~pu'se) *f* Gegenangriff *m*; **~-préparation** ⚔ (~preparɑ'sjɔ̃) *f* Vernichtungsfeuer *n*; **~-pression** (~prɛ'sjɔ̃) *f* Gegendruck *m*; **~-prestation** (~prɛstɑ'sjɔ̃) *f* Gegenleistung *f*; **~proposition** (~prɔpozi'sjɔ̃) *f* Gegen-antrag *m*, -vorschlag *m*.

contrer (kɔ̃'tre) *v/t.* [1a] *Boxsport*: kontern; *Kartenspiel*: contra spielen *od.* ansagen; ⚔ *~ l'ennemi* dem Feind entgegentreten.

contre|-rail 🚌 (~'rɑ:j) *m* Leitschiene *f*; **♀-Réforme** *hist. rl.* (~re'fɔrm) *f* Gegenreformation *f*; **~-révolution** (~revɔly'sjɔ̃) *f* Gegenrevolution *f*.

contrescarpe ⚔ *frt.* (kɔ̃trɛs'karp) *f* [Außenböschung *f*.]

contre|-scel, ~-sceau (kɔ̃trə'sɛl, ~'so) *m* Gegen-, Bei-siegel *n*; **~-sceller** (~sɛ'le) *v/t.* [1a] ein Gegensiegel aufdrücken (*dat.*).

contreseing (~'sɛ̃) *m* Gegenzeichnung *f*, Mitunterschrift *f*; *avoir le ~ d'un ministre* (die Vollmacht haben) *für e-n Minister* (zu) unterzeichnen; Prokura haben.

contresens (~'sɑ̃:s) *m* entgegengesetzter (*od.* verkehrter) Sinn *m*; Unsinn *m*; *prendre le ~ des paroles de q.* j-s Worte verkehrt auslegen; *advt. à ~* sinnwidrig, verkehrt.

contre|signataire (~siɲa'tɛ:r) *adj. u: su.* gegen(unter)zeichnend; Gegenzeichner *m*; **~signer** (~si'ɲe) *v/t.* [1a] gegenzeichnen; **~-tailler** (~tɑ'je) *v/t.* [1a] *Zeichenkunst*: gegenschraffieren.

contretemps (~'tɑ̃) *m* **1.** widerwärtiger (*od.* leidiger) Zufall *m*, Mißgeschick *n*, Widerwärtigkeit *f*, Hindernis *n*; *advt.* *à* ~ zur Unzeit, ungelegen, unerwünscht; **2.** ♪ Kontratempo *n*.
contre|-timbre (~'tɛ̃:brə) *m* Überdruck *m* (*auf Briefmarken*); **~-torpilleur** ⚔, ⚓ (~tɔrpi'jœ:r) *m* (Torpedoboot-)Zerstörer *m*; **~-tranchée** ⚔ (~trɑ̃'ʃe) *f* Gegenlaufgraben *m*; **~-valeur** (~va'lœ:r) *f* Gegenwert *m*; **~-vapeur** ⊕ (~va'pœ:r) *f* [6c] Gegendampf *m*.
contreve|nant ⚖ (~v'nɑ̃) *adj. u. su.* [7] übertretend; Übertreter *m*, Zuwiderhandelnder *m*; **~nir** (~v'ni:r) *v/i.* [2h]: ~ *à* übertreten (*acc.*), zuwiderhandeln (*dat.*).
contrevent (kɔ̃trə'vɑ̃) *m* **1.** Klappladen *m*, äußerer Fensterladen *m*; **2.** ⚠ Windstütze *f*; **~ement** (~vɑ̃t'mɑ̃) *m* ⚠ Windversteifung *f*; ✈ Querverspannung *f*.
contre|vérité (~veri'te) *f* *ironische* Behauptung *f* des Gegenteils; *spöttische* Entstellung *f* der Tatsachen; **~-visite** (~vi'zit) *f* Nach-, Kontroll-untersuchung *f*; **~-voie** (~'vwa) *f* Nebengleis *n*; *advt.* *à* ~ auf falschem Gleise; in entgegengesetzter Richtung.
contribu|able (kɔ̃tri'bɥablə) *adj. u. su.* steuerpflichtig; Steuerzahler *m*; Steuerpflichtiger *m*; **~er** (~'bɥe) *v/i.* [1a]: ~ *à* beisteuern, beitragen, mithelfen zu (*dat.*); eingesetzt werden für (*acc.*; *e-n Arbeitszweig*); ~ *à faire qch.* dazu beitragen, etw. zu tun; **~tif** (~by'tif) *adj.* [7e] Steuer...; auf Beiträgen beruhend; **~tion** (~by'sjɔ̃) *f* **1.** Beitrag *m*, Anteil *m*; **2.** Steuer *f*; ~ *foncière* Grundsteuer *f*; ~ *mobiliaire* Mobiliarsteuer *f*; ~ *personnelle* Kopfsteuer *f*; *bureau m des ~s* Steueramt *n*; *receveur m des ~s* Steuereinzieher *m*; **3.** *mettre à* ~ zu Zahlungen heranziehen; *fig.* benutzen, sich dienstbar machen, *j-n* mit heranziehen *od.* in Anspruch nehmen; *mettre sa cervelle à* ~ scharf nachdenken.
contrister (kɔ̃tris'te) [1a] **I** *v/t.* betrüben; Kummer verursachen (*dat.*); **II** *v/rfl.* se ~ traurig werden.
contrit (kɔ̃'tri) *adj.* [7] zerknirscht, reumütig; **~ion** (~tri'sjɔ̃) *f* Zerknirschung *f*, Reue *f*.
contrô|lable (kɔ̃tro'lablə) *adj.* kontrollierbar; **~le** (~'tro:l) *m* **1.** Kontrolle *f*, Nachprüfung *f*; Überwachung *f*, Beaufsichtigung *f*, Aufsicht *f*; *fig.* Kritik *f*; ~ *des logements* Wohnungszwangswirtschaft *f*; ~ *des naissances* Geburtenkontrolle *f*; ⚔ ~ *des armements* Rüstungskontrolle *f*; ✝ ~ *des prix* Preisüberwachung *f*; ~ *des devises* Devisenkontrolle *f*; ~ *douanier*, ~ *de douane* Zollkontrolle *f*; *pol.* ~ *international des airs* internationale Luftkontrolle *f*; *coupon m de* ~ Kontrollabschnitt *m*; *fiche f de* ~ Kontrollzettel *m*; ~ *atomique* Atomkontrolle *f*; ~ *des changes* Währungskontrolle *f*, Währungszwangswirtschaft *f*; **2.** Gegen-buch *n*, -register *n*, -rechnung *f*; **3.** Prüfungsamt *n*; **4.** ⚔ ~ *nominatif* Stammrolle *f*; **5.** Stempel *m* *auf Gold- u. Silberarbeit usw.*; **~ler** (~tro'le) *v/t.* [1a] **1.** kontrollieren, nachprüfen; nachrechnen; beaufsichtigen, überwachen; ablesen (⚡ *Zähler*); ⚔, *éc.* ~ *la mer du Nord* die Nordsee beherrschen; **2.** *fig.* kritisieren, bekritteln; **3.** *Silbergeschirr usw.* stempeln; **~leur** (~'lœ:r) *su.* [7g] **1.** Kontrolleur *m*, Aufseher *m*; *tram.*, *Bus* Schaffner *m*; **2.** *fig.* Tadler *m*, Krittler *m*; **3.** Kontroll-apparat *m*, -gerät *n*; ~ *du gaz* Gasmesser *m*.
contrordre (kɔ̃'trɔrdrə) *m* Gegenbefehl *m*; Abbestellung *f*.
controuver (kɔ̃tru've) *v/t.* [1a] erlügen, Unwahres erfinden, erdichten, frei erfinden, aus der Luft greifen; *cette explication est controuvée en tout point* diese Erklärung ist völlig aus der Luft gegriffen.
controver|sable (kɔ̃trɔvɛr'sablə) *adj.* bestreitbar, fragwürdig; **~se** (~'vɛrs) *f* (Meinungs-, Glaubens-) Streit *m*, Kontroverse *f*; *mettre qch. en* ~ etw. bestreiten; *hors de* ~ unbestritten; *sujet à* ~ strittig; *traiter un point de* ~ e-e Streitfrage behandeln; **~ser** (~'se) *v/t.* [1a] streiten über (*acc.*), bestreiten; *question f controversée* umstrittene Frage *f*.
contumace ⚖ (kɔ̃ty'mas) **I** *f* Nichterscheinen *n*; *condamner par* ~ in Abwesenheit verurteilen; **II** *m* (*a. contumax* [~'maks]) ⚖ (vor Gericht) Nichterscheinender *m*; in Abwesenheit Verurteilter *m*.
contus (kɔ̃'ty) *adj.* [7] gequetscht;

plaie f ~e Quetschwunde *f*; **~ion** (kõty'zjõ) *f* ⚕ Prellung *f*; **~ionner** (~zjɔ'ne) *v/t.* [1a] ⚕ quetschen.

convain|cant (kõvɛ̃'kɑ̃) *adj.* [7] überzeugend, schlagend; *chaleur f* (*od. force f*) ~e Überzeugungskraft *f*; **~cre** (kõ'vɛ̃:krə) *v/t.* [4i]: ~ *q. de* j-n überzeugen von (*dat.*); ~ *q. d'un crime* j-n eines Verbrechens überführen; ~ *q. de mensonge* j-n bei e-r Lüge ertappen, j-n Lügen strafen.

convales|cence (kõvalɛ'sɑ̃:s) *f* Genesung *f*, Rekonvaleszenz *f*; *être* (*od. entrer*) *en* ~ auf dem Wege der Genesung sein; *souhaiter une prompte* ~ *à q.* j-m recht bald gute Besserung wünschen; **~cent** (~'sɑ̃) *adj. u. su.* [7] genesend; Genesender *m*, Rekonvaleszent *m*.

convalo P ⚔ (kõva'lo) *f* Genesungsurlaub *m*.

convection ⚡ (kõvɛk'sjõ) *f* Konvektion *f*.

conve|nable (kõv'nablə) **I** *adj.* □ **1.** ~ *à* angemessen (*dat.*); **2.** passend, gebührend, zuträglich, zweckdienlich, ratsam; schicklich; **II** *m le* ~ das Passende; **~ablement** (~vnablə'mɑ̃) *adv.* ordentlich, anständig, sauber, passend; *s'en tirer* ~ glimpflich davon kommen; **~nance** (~v'nɑ̃:s) *f* **1.** Übereinstimmung *f*, Harmonie *f*, Angemessenheit *f*; *mariage m de* ~ Heirat *f* aus Standes- *od.* Vermögens-rücksichten; **2.** *oft* ~*s pl.* Anstand *m*; *observer* (*od. respecter*) *les* ~*s* den Anstand beobachten; *blesser* (*od. violer*) *les* ~*s* gegen den Anstand verstoßen; *rappeler aux* ~*s* zurechtweisen; *raison f de* ~ Schicklichkeitsgrund *m*; *par* ~ anstandshalber; **3.** Bequemlichkeit *f*, Annehmlichkeit *f*; *à votre* ~ ganz nach Ihrem Belieben; **~nant** (~v'nɑ̃) *adj.* [7] passend, angemessen; schicklich.

convenir (kõv'ni:r) [2h] **I** *v/i. a*) *mst. mit* être (*jedoch in der modernen Sprache häufig auch mit avoir*) **1.** ~ de übereinkommen über (*acc.*), vereinbaren, verabreden, abmachen; *ils sont convenus du prix* sie sind über den Preis einig geworden; *les gouvernements sont convenus de ce qui suit* die Regierungen sind wie folgt übereingekommen; *comme nous en étions convenus* wie wir es verabredet hatten; *comme convenu* wie verabredet; *c'est* (*od. voilà qui est*) *convenu* abgemacht; es bleibt dabei; ~ *d'un arbitre* sich über die Wahl eines Schiedsrichters verständigen; *ils avaient convenu de se retrouver à Rome* sie hatten vereinbart, sich in Rom wieder einzufinden; **2.** ~ de zugeben, einräumen, zugestehen; *j'en conviens* ich gebe es zu; **3.** ~ *sur* übereinstimmen über (*acc.*), sich einig sein über (*acc.*); *b*) *mit avoir*: **4.** ~ *à* entsprechen (*dat.*), übereinstimmen mit (*dat.*); *cela convient à ce que vous disiez* das stimmt mit dem überein, was Sie sagten; **5.** ~ *à q.* für j-n passen, j-m gefallen, j-m recht sein; **6.** ~ *à q.* j-m gebühren *od.* geziemen; **II** *v/imp. il convient de ...* es ist ratsam, es schickt sich (zu); **III** *v/rfl. se* ~ zuea. passen.

conventicule (kõvɑ̃ti'kyl) *m* heimliche Zs.-kunft *f*.

convention (kõvɑ̃'sjõ) *f* **1.** Abkommen *n*, Konvention *f*, Vertrag *m*, Übereinkunft *f*, Vereinbarung *f*; ~ *économique* Wirtschaftsabkommen *n*; ~ *industrielle* Industrieabkommen *n*; ~ *sur la durée du travail* Arbeitszeitabkommen *n*; *pol.* ~ *sur les réparations* Reparationsabkommen *n*; ~ *commerciale* Handelsabkommen *n*; *de* ~ vertragsmäßig, verabredet, vereinbarungsgemäß; **2.** ~*s pl.* Vertragsbestimmungen *f/pl.*; ~*s matrimoniales* Bestimmungen *f/pl.* e-s Ehevertrages; **3.** ~*s pl.* Konventionen *f/pl.*, konventionelle Formen *f/pl.*; ⚖ Klauseln *f/pl.*; **4.** *de* ~ angenommen, hergebracht, konventionell; **5.** Parteikonvent *m*; *hist. Fr. la* ♀ (*nationale*) der Nationalkonvent *m* (*1792—1795*); **~alisme** (~sjɔna'lism) *m* Konventionalismus *m*, Formengebundenheit *f*; **~nel** (~'nɛl) **I** *adj.* [7c] □ **1.** auf e-m Vertrage (*od.* auf e-r Übereinkunft) beruhend, vereinbarungs-, vertragsgemäß; **2.** konventionell, üblich; althergebracht; **3.** *hist. Fr.* zum Konvent gehörig; **II** *hist. m* Konventsmitglied *n*; **~-type** (kõvɑ̃'sjõ'tip) *f* [6b] Rahmenabkommen *n*.

conventu|alité *rl.* (kõvɑ̃tɥali'te) *f* Klosterleben *n*; **~el** (~'tɥɛl) **I** *adj.* [7c] □ klösterlich, Kloster...; **II** *m* Klostermönch *m*.

conver|gence (kõvɛr'ʒɑ̃:s) *f* **1.** A Konvergenz *f*; *phys.* Zs.-strömen *n* zweier Strahlen; ~ *d'une série* Konvergenz *f* e-r unendlichen Reihe; **2.** *a. phil.* gegenseitige Annäherung *f*;

fig. ~ *des efforts* Ausrichtung *f* der Anstrengungen auf ein gemeinsames Ziel; ~ *d'opinions* Übereinstimmung *f* von Ansichten; **~gent** (~'ʒɑ̃) *adj.* [7] konvergent; **~ger** (~'ʒe) *v/i.* [1l] sich nähern, konvergieren, in einem Punkte zs.-laufen; *faire* ~ vereinen.

convers *rl.* (kɔ̃'vɛːr) *adj.* [7]: *frère* ~, *sœur* ~*e* Laien-bruder *m*, -schwester *f*.

conver|sation (kɔ̃vɛrsa'sjɔ̃) *f* **1.** Unterhaltung *f*, Gespräch *n*, Rücksprache *f*; Konversation *f*; ~ *(téléphonique) locale od. urbaine* Ortsgespräch *n*; ~ *interurbaine* Ferngespräch *n*; *droits m/pl. de* ~ Telephon-, Fernsprech-gebühren *f/pl.*; *entrer en* ~ ins Gespräch kommen; *lier* ~ *avec q.* ein Gespräch mit j-m anknüpfen; *se mêler à une* ~ sich in ein Gespräch mischen; **2.** Gesprächsart *f*; **3.** ~ *criminelle* sträflicher Umgang *m*; **~ser** (~'se) *v/i.* [1a] **1.** ~ *avec q.* sich mit j-m unterhalten, mit j-m plaudern; **2.** ⚔ eine Schwenkung machen; **~sion** (~'sjɔ̃) *f* **1.** Veränderung *f*, Verwandlung *f*, *a. fin.* Umstellung *f*; *fin.* Umtausch *m*, Umwandlung *f* (*der Renten*), Konvertierung *f*; Umschuldung *f*; ~ *monétaire* Währungsumstellung *f*; **2.** *fig.* Umschwung *m*; **3.** *rl.* Bekehrung *f*, *bsd.* Glaubensveränderung *f*; **4.** ⚔, ⚓ Schwenkung *f*, Wendung *f*.

converti (kɔ̃vɛr'ti) **I** *adj.* umgewandelt; *rl.* bekehrt; **II** *su.* Konvertit *m*, Bekehrter *m*; **~bilité** *fin.* (~bili'te) *f* Umsetzbarkeit *f*, Einlösbarkeit *f*, Konvertierbarkeit *f*; **~ble** (~'tiblə) *adj.* **1.** *phil.* umkehrbar; **2.** *fin.* ⊕ umwandelbar, umtauschbar; konvertierbar, einlösbar.

convertir (kɔ̃vɛr'tiːr) [2a] **I** *v/t.* **1.** verwandeln, umwandeln; umformen; ~ *en pain* verbacken; **2.** *fin.* konvertieren, umrechnen, *in Geld* umsetzen; **3.** bekehren, überzeugen, anderen Sinnes machen; **II** *v/rfl.* **4.** sich verwandeln (*en* in *acc.*); sich umkehren lassen; **5.** *fig.* sich bekehren lassen (*à* zu *dat.*).

convertis|sable *fin.*, ⊕, ⚒ (kɔ̃vɛrti'sablə) *adj.* umwandelbar, konvertierbar; **~sage** *métall.* (~'saːʒ) *m* Konvertern *n*; **~sement** (~s'mɑ̃) *m* Verwandlung *f* (*en* in *acc.*); *fin.* Konvertierung *f*; **~seur** (~'sœːr) *su.* [7g] **1.** *bsd. rl.* Bekehrer *m*; **2.** *métall.* Bessemerbirne *f*, Konverter *m*, Umformer *m*; ⚡ ~ *de courant* Stromumformer *m*; **3.** *Müllerei:* Ausmahlmaschine *f*.

convexe (kɔ̃'vɛks) *adj.* konvex.

convexité (kɔ̃vɛksi'te) *f* Wölbung *f*.

conviction (kɔ̃vik'sjɔ̃) *f* **1.** Überzeugung *f*; *par* ~ aus Überzeugung; ~*s pl.* Ansichten *f/pl.* Anschauungen *f/pl.*; **2.** ⚖ überzeugender Beweis *m*; *pièces f/pl. de* (*od. à*) ~ Beweis-, Überführungs-stücke *n/pl.*

convi|er (kɔ̃'vje) *v/t.* [1a] einladen; veranlassen (*à* zu *dat.*); *fig.* locken, reizen; **~ve** (~'viːv) *su.* Tischgast *m*.

convoca|ble (kɔ̃vɔ'kablə) *adj.* einberufbar; **~teur** (~'tœːr) *su.* [7f] Einberufer *m*; **~tion** (~ka'sjɔ̃) *f* Einberufung *f* (*a.* ⚔); Vorladung *f*.

convoi (kɔ̃'vwa) *m* **1.** Autokolonne *f*, Konvoi *m*, Transport *m*, Sammeltransport *m*; ~ *de vivres* Proviantkolonne *f*; **2.** ⚓, ✈, *Auto*: Geleit *n*, Geleitzug *m*, Konvoi *m*; ~ *de gros bagages* Troß *m*; ⚓ ~ *remorqué* Schleppzug *m*; **3.** Trauergeleit *n*; ~ *funèbre* Leichenzug *m*; **4.** 🚂 Eisenbahnzug *m*; ~ *de marchandises*, ~ *de voyageurs* Güter-, Personen-zug *m*; **~ement** (~vwa'mɑ̃) *m* Eskortierung *f v. Schiffen, Flugzeugen, Autos*; Schiffs-, Flugzeug-begleitung *f*.

convoi|table (kɔ̃vwa'tablə) *adj.* begehrenswert; **~ter** (~te) *v/t.* [1a] begehren, Lust bekommen *od.* trachten nach (*dat.*); **~tise** (~'tiːz) *f* Begierde *f*, Lüsternheit *f*, Begehrlichkeit *f*.

convoler *iron.* (kɔ̃vɔ'le) *v/i.* [1a] sich verheiraten; ~ *en justes noces* in den Hafen der Ehe einlaufen.

convoluté ⚘ (kɔ̃vɔly'te) *adj.* zusammengerollt.

convolvulus ⚘ (kɔ̃vɔlvy'lys) *m* Winde *f*.

convoquer (kɔ̃vɔ'ke) *v/t.* [1m] zs.-, ein-berufen (*a.* ⚔); *a.* ⚖ vorladen.

convoy|age ✈, ⚓ (kɔ̃vwa'jaːʒ) *m* Geleit *n*; ✈ Geleitflug *m*; **~er** ✈, ⚓, *Autos* (~'je) *v/t.* [1h] begleiten, eskortieren; **~eur** ✈, ⚓, *Auto* (~'jœːr) *adj u. m* **1.** Geleit-schiff *n*, -flugzeug *n*; **2.** Begleitperson *f*; Beifahrer *m*; ~ *de fonds* Geldtransporteur *m*; **3.** ⊕ Förderband *n*, laufendes Band *n*, Förderer *m*; ~ *à raclettes* Kratzbandförderer *m*.

convul|ser ⚕ (kɔ̃vyl'se) [1a] *v/t. u.* (*se*) ~ (sich) krampfhaft verzerren; **~sible** (~'siblə) *adj.* krampfhaft, zu

Krämpfen neigend; **~sif** (~'sif) *adj.* [7e] zuckend, krampfhaft; *toux f convulsive* Keuchhusten *m*; **~sion** (~'sjɔ̃) *f* Zucken *n*, Krampf *m*.

coobligé (koɔbli'ʒe) *m* Mitverpflichteter *m*, Mitschuldner *m*.

coolie (ku'li) *m* Kuli *m*.

coop F (ko'ɔp) *f* 'Konsum (-verein *m*) *m*.

coopéra|teur (koɔpera'tœ:r) [7f] **I** *adj.* mitwirkend; **II** *su.* **1.** Mitarbeiter *m*; **2.** Genossenschaftsmitglied *n*; **~tif** (~'tif) *adj.* [7e] kooperativ, mitwirkend; Genossenschafts...; *(société f) coopérative* Genossenschaft *f*; **~tion** (~ra'sjɔ̃) *f* Zusammenarbeit *f*, Mithilfe *f*; *~ intellectuelle* geistige Zusammenarbeit *f*; **~tisme** (~'tism) *m*, **~tivisme** F (~ti'vism) *m* Genossenschaftswesen *n*; **~tive** (~'ti:v) *f* Genossenschaft *f*; *~ de production (de consommation, de crédit, agricole)* Produktions-(Konsum-, Kredit-, landwirtschaftliche) Genossenschaft *f*; *~ des artisans du bâtiment* Baugenossenschaft *f*; *~ d'achat(s)* (*a. nur ~*) Konsumverein *m*, Einkaufsgenossenschaft *f*; *~ d'entreprise* Werkkantine *f*; *~ de vente* Absatzgenossenschaft *f*.

coopérer (koɔpe're) *v/i.* [1f]: *~ à* mit-wirken, -helfen bei (*dat.*), beitragen zu (*dat.*).

coop|tation (koɔpta'sjɔ̃) *f* Ergänzungswahl *f*; **~ter** (~'te) *v/t.* [1a] hinzuwählen.

coordination (koɔrdina'sjɔ̃) *f* Bei-, Zu-ordnung *f*, Koordination *f* (*a. gr.*), Gleichstellung *f*, Gleichschaltung *f*; *cin.* Zusammenstellung *f*.

coordon|nant (koɔrdɔ'nɑ̃) *adj.* [7] koordinierend, beiordnend; **~nées** ⩓ (~'ne) *f/pl.* Koordinaten *f/pl.*; **~ner** (~) *v/t.* [1a] bei-, gleichordnen, koordinieren; einheitlich leiten; gleichschalten; *~ les efforts* die Bemühungen vereinigen.

copahu *phm.* (kɔpa'y) *m*: *baume m de ~* Kopaivabalsam *m*.

copain F (kɔ'pɛ̃) *m* (*f: copine* [kɔ'pin]) Kamerad *m*, (Schul-, Studien-)Freund *m*; *nous sommes très ~s* wir verstehen uns wundervoll.

copal (kɔ'pal) *m* Kopal(harz *n*) *m*.

copartageant (koparta'ʒɑ̃) *adj. u. su.* [7] teilhabend; Teilhaber *m*.

copeau (kɔ'po) *m* (Hobel-)Span *m*.

copiage ⊕ (kɔ'pja:ʒ) *m*: *~ (d'après gabarit)* Schablone *f*; *travaillant par ~ d'après gabarit* nach Schablone.

copie (kɔ'pi) *f* **1.** Abschrift *f*, Kopie *f*, Duplikat *n*, Reinschrift *f*; *prendre ~ de* e-e Abschrift machen von (*dat.*); *~ au net* Reinschrift *f*; *pour ~ conforme* für die Übereinstimmung mit dem Original; *~ légalisée* beglaubigte Abschrift *f*; *~ (faite à la) machine* Durchschlag *m*; *~ de certificat* Zeugnisabschrift *f*; *~ héliographique* Lichtpause *f*; *~ de traite* Wechselkopie *f*; *papier m ~* Durchschlagpapier *n*; **2.** Nachbildung *f* e-s Kunstwerks, Kopie *f*; Abdruck *m*; **3.** *écol.* Reinschrift *f*; **4.** *fig.* Abbild *n*, Gegenbild *n* (*Person*); Nachahmung *f*; F *plais. original m sans ~* Sonderling *m* ohnegleichen; **~-lettres** (~'lɛtrə) *m* Kopierbuch *n*.

copier (kɔ'pje) [1a] **I** *v/t.* **1.** abschreiben; kopieren; abtippen; ins reine schreiben; nachbilden; *écol. ~ sur un voisin* von e-m Nachbarn abschreiben; **2.** *fig. ~ q.* j-n nachmachen, j-n nachäffen; **II** *v/rfl.* se ~ **3.** ea. nachahmen; *écol.* (*a. ~ l'un sur l'autre*) voneinander abschreiben; **4.** *peint.* sich wiederholen; **5.** sich kopieren lassen.

copieux (kɔ'pjø) *adj.* [7d] □ reichlich (*Mahlzeit*).

copilote (kopi'lɔt) *m* **1.** ✈ zweiter Pilot *m*, Co-Pilot *m*; **2.** *Auto*: Beifahrer *m*.

copine P (kɔ'pin) *f* Kameradin *f*, Freundin *f*.

copiste (kɔ'pist) *su.* **1.** Abschreiber *m*; *~ de musique* Notenschreiber *m*; **2.** *péj.* Nachahmer *m*, Nachäffer *m*.

coposs|éder ⚖ (kopɔse'de) *v/t.* [1g] mitbesitzen; **~esseur** ⚖ (~sɛ'sœ:r) *su.* [7g] Mitbesitzer *m*; **~ession** ⚖ (~sɛ'sjɔ̃) *f* Mitbesitz *m*.

copra(h) (kɔ'pra) *m* Kopra *f* (*getrocknete Kokosnußkerne*).

copreneur ⚖ (koprə'nœ:r) *m* Mitpächter *m*.

coproduction (koprɔdyk'sjɔ̃) *f* Gemeinschaftsproduktion *f*.

copro|lithe *géol.* (kɔprɔ'lit) *m* Koprolith *m*; **~phage** *ent.* (~'fa:ʒ) *m u. adj.* Aaskäfer *m*; kotfressend.

copropri|étaire (koprɔprie'tɛ:r) *su.* Miteigentümer *m*; **~té** (~'te) *f* Miteigentum *n*.

copter (kɔp'te) *v/t.* [1a] e-e Glocke mit e-m Klöppel anschlagen.

copu|latif (kɔpyla'tif) *adj.* [7e] *gr.* □ kopulativ, verbindend; **~lation** (~lɑ'sjɔ̃) *f* Beischlaf *m*, Begattung *f*; **~lative** *gr.* (~la'tiːv) *f* Bindewort *n*; **~le** *gr.* (kɔ'pyl) *f* Kopula *f*; Verbindungswort *n*; **~ler** *gr.* (kɔpy'le) *v/t.* [1a] verbinden; paaren.

coq[1] (kɔk) *m* **1.** *orn.* Hahn *m*; *~ à la broche* Brathähnchen *n*; *plume f de ~* Hahnenfeder *f*; *le ~ chante* der Hahn kräht; **2.** *orn.* *~ de bruyère* (*a. ~ de bois*) Auerhahn *m*, Waldhuhn *n*; *~ de bouleau, petit ~ de bruyère* Birkhahn *m*; *~ d'Inde* (ko'dɛ̃ːd) Truthahn *m*, Puter *m*; *rouge comme un ~* puterrot; **3.** *~ (d'un clocher)* Wetterhahn *m*; **4.** *~ gaulois* gallischer Hahn *m*; **5.** *fig. vivre comme un ~ en pâte* wie der Herrgott in Frankreich leben; wie die Made im Speck leben; *être le ~ du village* Hahn im Korbe sein; die erste Geige spielen.

coq[2] ⚓ (~) *m* Schiffskoch *m*.

coq-à-l'âne (kɔka'lɑːn) *m* [6c] ungereimtes Zeug *n*, Gefasele *n*, Unsinn *m*, Gedankensprung *m*; *faire des ~* vom Hundertsten ins Tausendste kommen.

coquard (kɔ'kaːr) *m* **1.** alter, böser Hahn *m*; **2.** * *fig.* blaues Auge *n*.

coque (kɔk) *f* **1.** (Eier-)Schale *f*; *œufs m/pl. à la ~* weichgekochte Eier *n/pl.*; **2.** ⚘ (Frucht-)Schale *f*; *~ de noix* Nußschale *f*; *fruits m/pl. à ~s* Schal(en)obst *n*; **3.** Gehäuse *n* *e-r Raupe usw.*; **4.** *~s pl. de perles* Halbperlen *f/pl.*; **5.** ⚓, ✈ Rumpf *m*; *~ d'un navire* Schiffsrumpf *m*; *~ d'un sous-marin atomique* Rumpf *m* e-s Atom-U-Boots; **6.** Haarschleife *f*; ⊕ Schleife *f im Draht*; **7.** Eßmuschel *f*.

coquebin (kɔk'bɛ̃) *m* Grünschnabel *m*; Dummkopf *m*.

coque|licot ⚘ (kɔkli'ko) *m* Klatschmohn *m*; **~lourde** ⚘ (~'lurd) *f* Windröschen *n*; Samtnelke *f*; **~luche** (~'lyʃ) *f* **1.** Keuchhusten *m*; **2.** *fig.* Liebling *m*; *être la ~ de q.* j-s Liebling sein, bei j-m gut angeschrieben sein, bei j-m e-n Stein im Brett haben; *il est la ~ des femmes* er ist der Schwarm aller Frauen; **~mar** (~'maːr) *m* Wasserkochkessel *m*; **~rico** (kɔkri'ko) *m* Kikeriki *n*; **~rie** ⚓ (kɔ'kri) *f* Bord-, Hafen-Küche *f*.

coquet (kɔ'kɛ) *adj.* [7c] □ kokett, eitel; niedlich, nett, hübsch, zierlich; *une pièce f ~te* ein hübsch eingerichtetes Zimmer *n*; *une somme ~te* ein hübsches Sümmchen; **~er** (kɔk'te) *v/i.* [1c] kokettieren; **~ier** (kɔk'tje) *m* [7b] **1.** Eier-, Geflügelhändler *m*; **2.** Eierbecher *m*; **~te** (kɔ'kɛt) *f* kokette Frau *f*, schicke Puppe *f* P *plais.*; **~terie** (kɔkɛ'tri) *f* Koketterie *f*, Putzsucht *f*; Eitelkeit *f*, Geziertheit *f*.

coquil|lage (kɔki'jaːʒ) *m* **1.** *zo.* Muschel *f* (*Tier u. Schale*); **2.** *~s pl.* Muschelarbeit *f*; **~lard** * (~'jaːr) *m* Auge *m*; **~lart** *géol.* (~) *m* Muschelkalk *m*; **~le** (kɔ'kij) *f* **1.** Muschel(schale *f*) *f*; *~ (de limaçon)* Schneckengehäuse *n*; *fig. il ne donne pas ses ~s* er gibt nichts umsonst, er verschenkt nichts: *rentrer dans sa ~* die Hörner einziehen; *fig.* sich in s-e Haut zurückziehen; abtreten; sich verkriechen; den Mund halten; ganz kleinlaut werden; **2.** *~ (d'œuf)* Eierschale *f*; *fig. il ne fait que sortir de la ~* er ist noch nicht trocken hinter den Ohren; **3.** *~ de noix* Nußschale *f*; **4.** ⚠ Muschelzierat *m*; *~ d'escalier* Treppenmuschel *f*; **5.** *esc.* Stichblatt *n e-s Säbels*; **6.** *métall.* gußeiserne Form *f*, Gußschale *f*; **7.** *typ.* Druckfehler *m*; **~lier** (~'je) *m* Muschelsammlung *f*.

coquin (kɔ'kɛ̃) [7] **I** *su.* **1.** Schuft *m*, Schurke *m*, Halunke *m*; **2.** *plais. petit ~* kleiner Schelm *m*, Schlingel *m*; **II** *adj.* a) schurkisch, nichtswürdig, gemein, niederträchtig; *maître ~* ausgemachter Schurke *m*; b) schelmisch, schalkhaft; **~erie** F (kɔkin'ri) *f* Schurkerei *f*; dummer Jungenstreich *m*.

cor (kɔːr) *m* **1.** ♪ (Blas-)Horn *n*, Waldhorn *n*; *~ de chasse* Jagdhorn *n*; *~ à pistons* Klapphorn *n*; *à ~ et à cri* unter Hörnerschall; *fig.* mit aller Gewalt; *annoncer qch. à ~ et à cri* etw. ausposaunen, an die große Glocke hängen; *réclamer qch. à ~ et à cri* etw. mit größter Hartnäckigkeit fordern; *donner du ~* ins Horn stoßen; **2.** Hornbläser *m*, Hornist *m*; **3.** *zo. ~ de mer* Hornschnecke *f*; **4.** *ch. un dix-~s* ein Zehnender *m*; **5.** ⚕ Hühnerauge *n*; *l'ablation f des ~s* die Beseitigung *f* der Hühneraugen.

corail (kɔ'raj) *m* [5c] Koralle *f*; *fig.*

bouche f de ~ Korallen-, Rosenmund *m.*

corailleur (kɔra'jœːr) *m* Korallen-[fischer *m.*]

coral|lien (kɔra'ljɛ̃) *adj.* [7c] Korallen...; **~lifère** (kɔrali'fɛːr) *adj.*, **~ligère** (~li'ʒɛːr) *adj.* Korallen..., korallentragend; *de formation* ~ aus Korallen; **~ligène** (~li'ʒɛn) *adj.* korallen-bildend, -förmig; *polypes m/pl.* ~*s* Korallentiere *n/pl.*; **~lin** (~'lɛ̃) *adj.* [7] korallenrot; **~loïde** (~lɔ'id) *adj.* korallenartig.

corbeau (kɔr'bo) *m* **1.** *orn.* Rabe *m*; *noir comme un* ~ rabenschwarz; **2.** ⚠ vorragender Kragstein *m*, Konsole *f*; **3.** *antiq.* ⚓ Enterhaken *m*; **4.** *fig.* Shylocknatur *f*, Halsabschneider *m*, skrupelloser Geschäftsmann *m*; **5.** P *péj.* Pfaffe *m.*

corbeille (kɔr'bɛj) *f* **1.** Korb *m*; ~ *à ouvrage* Nähkorb *m*; ~ *couverte* Deckelkorb *m*; ~ *à détritus* öffentlicher Papierkorb *m*; ~ *de mariage* Brautgeschenk *n*; **2.** ✿ Rondell *n*, rundes *od.* ovales Blumenbeet *n*; **3.** ✿ Frucht-, Geschenk-, Blumenkorb *m*; **4.** Maklerraum *m* (*Börse*); **5.** ⚠ Balkon *m* (*über dem Orchester*).

corbeillée (kɔrbɛ'je) *f* Korbvoll *m.*

corbillard (kɔrbi'jaːr) *m* Leichenwagen *m.*

corbillat *orn.* (kɔrbi'ja) *m* junger [Rabe *m.*]

corbillon (kɔrbi'jɔ̃) *m* Körbchen *n.*

corbleu! (kɔr'blø) *int.* Himmelkreuz!, zum Donnerwetter!

cordage (kɔr'daːʒ) *m* **1.** ⚓ Seil *n*, Tau *n*; **2.** Messen *n des Holzes nach Klaftern.*

cordat (kɔr'da) *m* Packleinwand *f.*

corde (kɔrd) *f* **1.** Strick *m*, Strang *m*, Seil *n*, Leine *f*, Schnur *f*; ⚡ Kabel *n*; ⚓ Tau *n*, Reep *n*; *échelle f de* ~ Strickleiter *f*; ~ *à linge* Wäscheleine *f*; ~ *lisse gym.* Klettertau *n*; ~ *métallique* (*dünnes*) Drahtseil *n*; *étendre du linge sur une* ~ Wäsche auf die Leine hängen; Wäsche aufhängen; ✈ ~ *de déchirure* Reißleine *f*; *fig. si la* ~ *ne rompt* wenn alles gut geht; *danser sur la* ~ auf dem Seil tanzen; *fig.* auf's Glatteis gehen; *avoir plus d'une* ~ (*od. plusieurs* ~*s*) *à son arc* mehrere Eisen im Feuer haben; *homme m de sac et de* ~ Galgenstrick *m*, Gauner *m*; *Sport*: *lutte f à la* ~ Tauziehen *n*; *sauter à la* ~ Seilspringen *n*; *tabac m en* ~ Rollentabak *m*; *tirer sur la même* ~ (*a. fig.*) am selben Strang ziehen; **2.** *Sport*: Innenseite *f* (*Rennbahn*); *tenir la* ~ anderen voraus sein, den Vorteil auf s-r Seite haben; **3.** Faden *m e-s Gewebes*; *montrer la* ~ *text.* abgetragen sein; *fig.* ruiniert sein; *usé jusqu'à la* ~ abgetragen, abgewetzt F; *fig.* abgedroschen, längst bekannt; **4.** ♪ Saite *f*; *instrument m à* ~*s* Saiteninstrument *n*; ~ *à boyau* Darmsaite *f*; ~ *filée* übersponnene Saite *f*; ~ *métallique* Drahtsaite *f*; **5.** ~ (*d'un arc*) (Bogen-)Sehne *f*; **6.** Klafter *f* (*a. m, n*); **7.** ✝ *sous* ~ *advt.* ballenweise; **8.** *anat.* ~*s pl. vocales* Stimmbänder *n/pl.*; **9.** ~*s pl.* Gewichtsschnüre *f/pl. e-r Uhr*; **10.** ~ *à feu* Lunte *f.*

cordé (kɔr'de) *adj.* streifig (*Glas*); stark ausgeprägt (*Muskel*); ✿, *zo.* ledern; herzförmig.

cordeau (kɔr'do) *m* **1.** Schnur *f*, Leine *f*, *bsd.* Meßband *n*; *tiré au* ~ schnurgerade; ~ *à tracer*, ~ *d'alignement* Absteckleine *f*; **2.** ⚔ ~ *Bickford* Zündschnur *f.*

cordée *f* **1.** ~ *de bois* Klafter *m* Holz; **2.** Seilschaft *f*; Anseilen *n*; *faire une* ~ e-e Seilschaft bilden; mehrere Bergsteiger anseilen; **3.** *fig.* Gemeinschaft *f* auf Gedeih und Verderb.

corde|ler (kɔrdə'le) *v/t.* [1c] (zu e-m Strick) drehen, flechten; **~lette** (~'lɛt) *f* Schnürchen *n*; **~lier** (~'lje) *m* Franziskaner (-mönch) *m*; **~lière** (~'ljɛːr) *f* **1.** Franziskanernonne *f*; **2.** Knotenstrick *m der Franziskaner*; **3.** ⚠ Schnurleiste *f*, *typ.* gedrehte Einfassung *f*; **4.** dicke, gedrehte Schnur *f von Seide, Silber od. Gold*, Raupe *f fig.*; **~lle** ⚓ (kɔr'dɛl) *f* Schleppseil *n.*

corder (kɔr'de) [1a] **I** *v/t.* **1.** drehen, spinnen, zwirnen; **2.** nach Klaftern messen; **3.** mit e-m Strick zusammenschnüren; *e-n Tennisschläger* schnüren; **II** *v/rfl.* *se* ~ sich anseilen (*Bergsport*); **~ie** (kɔr'dri) *f* Seiler-bahn *f*, -handwerk *n*, -waren *f/pl.*

cordial (kɔr'djal) **I** *adj.* [5c] □ **1.** herzlich, freundlich, treuherzig, gemütvoll; ~*ement adv.* mit herzlichem Gruß (*Briefschluß*); **2.** *phm.* herzstärkend; **II** *phm.* *m* herzstärkendes Mittel *n*; *fig.* Labsal *n*; **~ité** (~djali'te) *f* Herzlichkeit *f*, Gemüt *n.*

cordier (kɔr'dje) *m* **1.** Seiler *m*; **2.** ♪ Saitenhalter *m*.

cordieu (kɔr'djø) *int.* Himmelkreuz!, zum Donnerwetter!

cordillère (kɔrdi'jɛ:r) *f* Kettengebirge *n*.

cordon (kɔr'dɔ̃) *m* **1.** Schnur *f*, Litze *f*, Strähne *f*; *rl.* Leibstrick *m*; *~ de soulier* Schnürsenkel *m*; *~ bleu* geschulte (*od.* perfekte) Köchin *f*; *le ~, s'il vous plaît!* bitte, ziehen!; **2.** ⚡ *~ de sonnette* Klingelschnur *f*; ⚡ *~ (de contact od. de prise de courant)* Kontaktschnur *f*; *~ de raccordement* Verbindungsschnur *f*; *rad. ~ de (od. du) haut-parleur* Lautsprecherschnur *f*; *~ de (od. du) casque* Kopfhörerschnur *f*; **3.** *breites* (Ordens-)Band *n*; *grand ~ de la Légion d'honneur* Großkordon *m* der Ehrenlegion; **4.** *~ de chapeau* Hutschnur *f*; **5.** *~ de gazon* Rasenstreifen *m*; **6.** Reihe *f*; Kette *f* (*a.* ⚒); **7.** ⚔ Absperr-, Posten-kette *f*, Kordon *m*; *~ de police* Absperrkette *f*, Kordon *m*; *pol. ~ sanitaire* Sperrgürtel *m an der Grenze* (*gegen Einschleppung von Krankheiten*); **8.** △ Mauer-band *n*, -kranz *m*; *waagerechtes* steinernes Gesims *n*; **9.** *~ ombilical* Nabelschnur *f*; *~ nerveux* Nervenstrang *m*; **10.** Rand *m e-r Münze*; **~ner** (kɔrdɔ'ne) *v/t.* [1a] zusammendrehen; beranden, berändern (*v. e-r Münze*); **~nerie** (~dɔn'ri) *f* Schuhmacher-handwerk *n*, -werkstatt *f*; Schuhgeschäft *n*; **~net** (~dɔ'nɛ) *m* **1.** Bändchen *n*; **2.** Münzrand *m*; **3.** grobe Nähseide *f*; **~nier** (~dɔ'nje) *su.* [7b] Schuhmacher *m*, Schuster *m*; *maître ~* Schuhmachermeister *m*.

Corée (kɔ're) *f*: **la ~** Korea *n*.

coreligionnaire (korəliʒjɔ'nɛ:r) *su.* Glaubensgenosse *m*; *fig.* Gesinnungsgenosse *m*.

coréoplastie (kɔreɔplas'ti) *f* Lederpresserei *f*.

corfiote (kɔr'fjɔt) *adj. u.* ♀ *su.* korfiotisch, aus Korfu, Korfiot *m*.

coriace (kɔ'rjas) *adj.* zähe (*a. v. Personen*); *type m ~* zäher Typ *m*.

coricide (kɔri'sid) *m* Hühneraugenpflaster *n*, -mittel *n*.

Corin|the *npr.* (kɔ'rɛ̃:t) *f* Korinth *n*; *raisin m de ~* Korinthe *f*; **♀thien** (~rɛ̃'tjɛ̃) *m* korinthische Säulenordnung *f*.

corme ⚘ (kɔrm) *f* Vogelbeere *f*.

cormier ⚘ (kɔr'mje) *m* Eberesche *f*.

cormoran *orn.* (kɔrmɔ'rɑ̃) *m* Seerabe *m*.

cornac (kɔr'nak) *m* Elefantenführer *m*; *allg.* Tier-führer u. -pfleger *m wilder Tiere*; *fig.* F Reiseführer *m*; Bevormunder *m*; Anpreiser *m*, Lobredner *m*.

cornage *vét.* (kɔr'na:ʒ) *m* Keuchen *n*, Pfeifen *n*.

cornaline *min.* (kɔrna'lin) *f* Karneol *m*.

corne (kɔrn) *f* **1.** Horn *n*; *~ à chaussure* Schuhanzieher *m*; *~ du croissant* Horn *n* des Halbmondes; *coll. bêtes f/pl. à ~s* Hornvieh *n*; *donner des coups de ~s* mit den Hörnern stoßen; *montrer les ~s* die Hörner zeigen; *fig. prendre le taureau par les ~s* etw. am schwierigsten Ende anpacken, mit dem Schwierigsten beginnen; **2.** Hornsubstanz *f*; *de ~, en ~* hörnern, aus Horn; *~ de cerf* Hirschhorn *n*; **3.** *pât. petite ~* Hörnchen *n*; **4.** Ecke *f*, Eselsohr *n in e-m Buch*; *chapeau m à trois ~s* Dreispitz *m*; **5.** *~ d'abondance* Füllhorn *n*; **6.** Kuhhorn *n der Hirten*; *Auto*: Hupe *f*; **7.** *vét.* Hornwand *f*, Huf *m*; **8.** ⚘ Sporn *m mancher Blumen*; **9.** △ *~ de bélier* Schnecke *f am ionischen Kapitell*; **10.** ⚒ *~s pl. de la charrue* Sterz *m* (*od.* Schwanz *m*) am Pflug; **11.** ⚓ *vergue f à ~* Gaffel *f*; **12.** Stielauge *n* (*Schnecke*).

corné (kɔr'ne) *adj.* hornartig.

cornée *anat.* (~) *f* Hornhaut *des Auges*.

corneille *orn.* (kɔr'nɛj) *f* Krähe *f*; *~ bleue* Mandelkrähe *f*; *~ d'église* Dohle *f*; *~ emmantelée* Nebelkrähe *f*; *fig. bayer aux ~s* herumdösen, Löcher in die Luft gucken, gaffen, Maulaffen feilhalten.

cornélien *litt.* (kɔrne'ljɛ) *adj.* [7c] in der Art von Corneille.

cornement ⚕ (kɔrnə'mɑ̃) *m* Ohrensausen *n*.

cornemu|se (~'my:z) *f* ♪ Dudelsack *m*; *fig. pantalon m en ~* Keilhose *f*; **~seur** (~my'zœ:r) *m* Dudelsackpfeifer *m*.

corner[1] (kɔr'ne) [1a] **I** *v/t.* **1.** *~ à tous les échos* ausposaunen, unter die Leute bringen; **2.** *~ une carte de visite* die Ecke e-r Visitenkarte anknifen; **II** *v/i.* **3.** ins Horn stoßen, tuten; *Auto*: hupen; **4.** sausen (*von den Ohren*); *les oreilles ont dû vous ~* die Ohren haben Ihnen klingen müssen; **5.** *vét.* keuchen.

corner[2] *Fußball* (kɔr'nɛ:r) *m* Eckball *m*.

cornet (kɔr'nɛ) *m* **1.** ♪ (kleines)

Horn *n*; ~ *avertisseur* Hupe *f*; ~ *à bouquin* Alp(en)horn *n*; ~ *de chasse* Jagdhorn *n*; ~ *à pistons* Kornett *n*; *ehm.* ~ *de postillon* Posthorn *n*; **2.** ~ (*acoustique*) Hörrohr *n*, Hörapparat *m*, Schallfänger *m* (*für Schwerhörige*); **3.** (*Papier-, Waffel-*) Tüte *f*; **4.** *pât.* Hörnchen *n*; **5.** (Würfel-)Becher *m*; **6.** *chir.* ~ *à ventouse* Schröpfkopf *m*; **7.** *ehm.* Löschhütchen *n*; **8.** P Kehle *f*, Schlund *m*; Bauch *m*, Pansen *m* P; *se mettre qch. dans le* ~ etw. zu sich nehmen, etw. essen.

cornett|e (kɔr'nɛt) **I** *f* **1.** *rl.* (Schwestern-)Haube *f*; **2.** ⚓ Doppelstander *m* (*lange Flagge mit zwei Spitzen*); **3.** F betrogene Ehefrau *f*; **4.** *hist.* Standarte *f*; **II** *hist. m* ⚔ Kornett *m*, Fahnenjunker *m*, Standartenträger *m*; **~iste** (~nɛ'tist) *m* Hornbläser *m*.

corneur (~'nœːr) **I** *su.* [7g] Bläser *m*; **II** *adj. u. m* (*cheval m*) ~ keuchend(es Pferd *n*).

corniche (~'niʃ) *f* **1.** △ Kranz (-gesims *n*, -leiste *f*) *m*; Karnies *n*; Dachfuß *m*; **2.** Gebirgskammweg *m*, Felswandstraße *f*; *route f en* ~ (felsige) Uferstraße *f*; **3.** * *écol.* Vorbereitungsklasse *f* für die Militärschule von Saint-Cyr.

cornichon (kɔrni'ʃɔ̃) *m* **1.** kleine Gurke *f*, Cornichon *n*; ~ *au vinaigre* saure Gurke *f*, Essiggurke *f*; **2.** P *fig.* Schafskopf *m*, Hornochse *m* P, Idiot *m*.

cornier (~'nje) **I** *adj.* [7b] an e-r Ecke stehend; **II** △ *m* Eckpfeiler *m*.

cornière ⊕ (~'njɛːr) *f* Winkeleisen *n*.

corniste (kɔr'nist) *m* Hornbläser *m*.

cornouil|le ⚘ (kɔr'nuj) *f* Kornelkirsche *f*; **~ler** ⚘ (~nu'je) *m* Kornelbaum *m*.

cornu (kɔr'ny) *adj.* gehörnt; zackig; *fig.* ungereimt, albern; F betrogen (*Ehemann*).

cornue ⚗ (~) *f* Retorte *f*, Kolben *m*.

corollaire (kɔrɔ'lɛːr) *m a.* ⅍ Folge(satz *m*) *f*; *avoir pour* ~ *qch.* etw. zur Folge haben, etw. nach sich ziehen.

corolle ⚘ (kɔ'rɔl) *f* Blütenkrone *f*.

coron (kɔ'rɔ̃) *m* Wohnsiedlung *f* für Bergarbeiter.

coronaire *anat.* (kɔrɔ'nɛːr) *adj.* kranzförmig.

coronal (kɔrɔ'nal) *adj. u. su.* [5c] **1.** *anat.* (*os m*) ~ Stirnbein *n*; **2.** Kranz...

corporal (kɔrpɔ'ral) *m* [5c] *rl.* geweihtes Meßtuch *n* für die Hostie.

corpora|tif (kɔrpɔra'tif) *adj.* [7e] körperschaftlich; ständisch; *association f corporative* Innung *f*; *ehm. régime m* ~ Zunftwesen *n*; **~tion** (~ra'sjɔ̃) *f* Körperschaft *f*, Korporation *f*, Innung *f*, Fachschaft *f*; Stand *m*; *ehm.* Zunft *f od.* Gilde *f*; ~ *professionnelle* Berufsgenossenschaft *f*; Fachverband *m*, Fachschaft *f*; **~tisme** (~'tism) *m* Körperschafts-, Innungs-wesen *n*.

corpo|rel (kɔrpɔ'rɛl) *adj.* [7c] □ körperlich, leiblich; *peine f* (*od. punition f*) **~le** Prügelstrafe *f*; *développement m* ~ körperliche Entwicklung *f*; *exercice m* ~ Körperschulung *f*; Bewegung *f*; *soins m/pl.* **~s** Körperpflege *f*.

corps (kɔːr) *m* **1.** Körper *m*, Gegenstand *m*; ~ *solide* (*liquide, gazeux*) fester (flüssiger, gasförmiger) Körper *m*; ~ *céleste* Himmelskörper *m*; ⚕ ~ *étranger* Fremdkörper *m*; ⚡ ~ *incandescent* Glühkörper *m*; ⚔ ~ *de shrapnel(l)* Schrapnellhülse *f*; ⚗ ~ *simple* Element *n*, Grundstoff *m*; **2.** Körper *m*, Leib *m*; *partie f du* ~ Körperteil *m*; *exercices m/pl. du* ~ Leibesübungen *f/pl.*; ⚖ *à son* (*mon, ton usw.*) ~ *défendant* aus Notwehr; *allg.* höchst ungern, widerwillig; *avoir le* ~ *bien fait* e-n schönen Körper haben; *prendre du* ~ dick werden, ansetzen; *fig. l'idée a pris* ~ der Gedanke hat Gestalt angenommen; *faire* ~ *avec qch.* mit etw. innig verbunden (*od.* verwachsen) sein; *saisi au* ~ verhaftet; *s'obliger* ~ *et biens* mit Person und Vermögen haften; ⚓ *périr* ~ *et biens* mit Mann und Maus untergehen; *advt.* ~ *à* ~ Mann gegen Mann (*a. m*: ~ *à* ~ Nahkampf *m*, Handgemenge *n*); *se jeter dans le travail à* ~ *perdu* sich blindlings auf die Arbeit stürzen; *se donner* ~ *et âme à une entreprise* sich mit Leib und Seele e-m Unternehmen widmen; **3.** F Mensch *m*, Person *f*; *drôle m de* ~ drolliger Kauz *m*; **4.** ~ (*mort*) menschlicher Leichnam *m*, Leiche *f*; *rl.* ~ *glorieux* verklärter Leib *m*; *fig.* Heiliger *m*; *rl.* ♀ *de Notre-Seigneur* Leib *m* des Herrn; **5.** Rumpf *m*; *fig.* Hauptsache *f*, Hauptbestandteil *m*; ~ *de doctrine grammaticale* grammatisches Lehrgebäude *n*; ~ *d'une lettre* wesentlicher Inhalt *m* e-s Briefes; *typ.* Schriftkegel *m e-s Buchstabens*; Letternkörper *m*; *dans le ~ d'une phrase* mitten in e-m Satz; *~ de logis* Wohnhaus *n*, Hauptgebäude *n*, abgesondertes Gebäude *n*; ⚓ *~ d'un navire* Schiffsrumpf *m*; *~ de pompe* Pumpengehäuse *n*; ✈ *~ de l'avion* Flugzeugrumpf *m*; *~ d'un violon* Bauch *m* e-r Geige; **6.** *coll.* Körper(schaft *f*) *m*, Personal *n*; *~ de ballet* Balletttruppe *f*; *~ des fonctionnaires de carrière* Berufsbeamtentum *n*; *les grands ~ de l'Etat, les ~ constitués* die obersten Behörden *f/pl. od.* Staatsorgane *n/pl.*, die Vertreter der Verwaltungs- und Gerichtsbehörden; *~ diplomatique* diplomatisches Korps *n*; *~ des fonctionnaires, ~ des employés* Beamtenkörper *m*; *~ médical* Ärzteschaft *f*; *~ enseignant, ~ professoral, ~ des professeurs* Lehrkörper *m*; Lehrerkollegium *n*; Kollegium *n*; *~ de la magistrature* Richterstand *m*; *~ de métier* Gewerbe-, Handwerksstand *m*; *esprit m de ~* Korpsgeist *m*, Standesbewußtsein *n*; *advt. en ~* allesamt, insgesamt, in corpore; **7.** Sammlung *f* von Schriften; Fragenkomplex *m*, Gesamtbild *n*; *~ de droit civil* bürgerliches Gesetzbuch *n*; **8.** ⚖ *~ de délit* Korpus delikti *n*, Beweisstück *n*; *~ héréditaire* Erb(schafts)masse *f*; **9.** ⚔ Korps *n*; Truppenkörper *m*, *~ d'armée* Armeekorps *n*; *~ aérien* Flieger-, Luft-korps *n*; *~ blindé* Panzerkorps *n*; *~ de réserve* Reservekorps *n*; *~ de débarquement* Landungskorps *n*; *~ de garde* Wache *f*, Wachposten *m*, Wachstube *f*, Wachthaus *n*; *la garde du ~* die Leibwache *f*; *le garde du ~* der Leibwächter *m*; *~ sanitaire* Sanitätskorps *n*; *~ des pompiers* Feuerwehr *f*; Löschmannschaft *f*; *~ franc* Freikorps *n*; *~ volant* fliegendes Korps *n*; **10.** ⊕ Gehäuse *n*, Körper *m*; *~ de moyeu* Nabengehäuse *n*; *~ de palier* Lagergehäuse *n*; *~ de pompe* Pumpen-körper *m*, -gehäuse *n*; *~ de soupape* Ventilkörper *m*, -einsatz *m*; *le ~ d'une pioche* das Blatt *n* (*od.* der Körper *m*) e-r Kreuzhacke; **11.** ⚓ *~ mort* Dalbe *f*, Anlegepfahl *m*, Uferpflock *m*.

corpu|lence (kɔrpy'lɑ̃:s) *f* Korpulenz *f*, Beleibtheit *f*; **~lent** (~'lɑ̃) *adj.* [7] korpulent, dick, stark, beleibt.

corpuscul|aire (kɔrpysky'lɛ:r) *adj.* Korpuskular..., aus kleinsten Körperchen bestehend; **~e** (~'kyl) *m* Korpuskel *n*, kleinstes Materieteilchen *n*.

correct (kɔ'rɛkt) *adj.* □ fehlerfrei, richtig, korrekt; kunstgerecht; mustergültig; anständig; *écol.* ausreichend (*Arbeit*); *Sport*: fair; **~eur** (~'tœ:r) *m* Prüfer *m*; *peint.* Kunstrichter *m*; *typ.* Korrekturleser *m*; **~if** (~'tif) **I** *adj.* [7e] verbessernd, mildernd; **II** *m* Milderungs-, Linderungs-mittel *n*, Korrektiv *n*; *fig.* mildernder Ausdruck *m*.

correction (kɔrɛk'sjɔ̃) **1.** [*nicht als Überschrift in Schulheften! Dafür corrigé!*] (*selbständige Einzel-*)Verbesserung *f*, Berichtigung *f*, Korrektur *f*; *faire des ~s sur un livre* Berichtigungen in e-m Buch vornehmen; *la ~ de tel critique sur tel passage de Pline* die Korrektur e-s Kritikers an e-r Stelle bei Plinius; *cette copie f était pleine de ~s* diese Abschrift *f* war voller Korrekturen; *recevoir une pièce de théâtre à ~* ein Theaterstück vorbehaltlich einiger Veränderungen annehmen; *~ des comptes* Revision *f* der Rechnungen; *typ. ~ des épreuves* Korrekturlesen *n*; ⊕ *~ d'une rue* Begradigung *f* e-r Straße *f*; *advt. sauf ~* unter Vorbehalt (der nötigen Verbesserungen); **2.** Verweis *m*, Verwarnung *f*, Rüge *f*, Strafe *f*, Züchtigung *f*; *maison f de ~* Erziehungsanstalt *f*; *recevoir une bonne (od. sérieuse) ~* e-e anständige Tracht Prügel bekommen; **3.** Korrektheit *f*; Anstand *m*, allgemeine Höflichkeit *f*; sprachliche Reinheit *f*; *parler (s'exprimer; écrire) avec une grande ~* mit großer Korrektheit sprechen (sich ausdrücken; schreiben); *conduite f d'une parfaite ~* völlig korrektes *od.* tadelloses Verhalten *n*; **~naliser** ⚖ (~sjɔnali'ze) *v/t.* [1a] ein Verbrechen in ein Vergehen umwandeln; **~nel** (~'nɛl) *adj.* [7c] □ Straf..., strafpolizeilich; *délit m ~* Polizeivergehen *n*; *peine f ~le* Polizeistrafe *f*; *chambre f ~le* Strafkammer *f*; **~nelle** ⚖ (~'nɛl) *f* Strafkammer *f*.

corréla|tif (kɔrela'tif) **I** *adj.* [7e] □ in Wechselbeziehung stehend, korrelativ; **II** *m* Korrelat *n*; **~tion** (~lɑ'sjɔ̃) *f* Wechselbeziehung *f*, Korrelation *f*.

correspon|dance (kɔrɛspɔ̃'dɑ̃:s) *f* **1.** Entsprechen *n*, Übereinstimmung *f*; ~ *d'idées* (*de sentiments*) Übereinstimmung *f* von Gedanken (von Gefühlen); **2.** schriftlicher Verkehr *m*, Briefwechsel *m*, Korrespondenz *f*; Post *f*; ~ *commerciale* Handelskorrespondenz *f*; *écol.* ~ *scolaire* Schülerbriefwechsel *m*; *cours m par* ~ Fernkurs *m*; *rompre toute* ~ alle Verbindungen abbrechen; *être en* ~ *avec q.* mit j-m in Briefwechsel stehen, mit j-m korrespondieren; *faire la* ~ die Korrespondenz führen *od.* besorgen; *faire sa* ~ Briefe schreiben; *par* ~ brieflich; **3.** 🚃 Anschluß *m*; *voiture f de* ~ Anschlußwagen *m*; **4.** Umsteigekarte *f*, Umsteiger *m*; *prendre une* (*od. la*) ~ umsteigen; **5.** Zeitungsbericht *m*, Berichterstattung *f*; **~dancier** (~dɑ̃'sje) *m* [7b] (Handels-)Korrespondent *m*; **~dant** (~'dɑ̃) **I** *adj.* [7] **1.** entsprechend; **2.** ⩓ gleichnamig; *angles m/pl.* ~*s* Gegenwinkel *m/pl.*; **3.** *membre* ~ korrespondierendes (*od.* auswärtiges) Mitglied *n*; **II** *m* **4.** Geschäftsfreund *m*; Briefschreiber *m*, Korrespondent *m*; *téléph.* Teilnehmer *m*; Zeitungskorrespondent *m*; ~ *permanent*, ~ *attitré* ständiger Korrespondent *m*; ~ *exportateur* Auslandskorrespondent *m*.

correspondre (kɔrɛs'pɔ̃:drə) *v/i* [4a] **1.** ~ *à* entsprechen (*dat.*), übereinstimmen mit (*dat.*); zueinander passen; *les chaussures f/pl. de cette paire ne correspondent pas* die Schuhe dieses Paars passen nicht zusammen; **2.** ~ *à od. avec* verbunden sein (*od.* in Verbindung stehen) mit (*dat.*); *abs.* einander berühren, ineinander übergehen, aneinander anstoßen; *salles f/pl. qui correspondent* Säle *m/pl.*, die ineinander übergehen; **3.** ~ *avec q.* mit j-m korrespondieren *od.* in Briefwechsel stehen.

corrida (kɔri'da) *f* **1.** Stierkampf *m*; **2.** *plais.* Ringkampf *m*; **3.** *ernst*: *fig.* Todeskampf *m*.

corridor (kɔri'dɔ:r) *m* Flur *m*, Korridor *m*.

corri|gé *écol.* (kɔri'ʒe) *m* (*als Überschrift in Schulheften*) Verbesserung *f*, Berichtigung *f*, korrigierte Arbeit *f*, Korrektur *f*; ~ *supplémentaire* Nachverbesserung *f*; **~ger** (~) [1l] **I** *v/t.* **1.** verbessern, korrigieren, berichtigen, richtigstellen; wiedergutmachen; ~ *q. de qch.* j-m etw. abgewöhnen; *typ.* ~ *les épreuves* (die) Korrektur(en) lesen; ~ *la fortune* s-m Glück (durch kleine Betrügereien) nachhelfen; **2.** den Geschmack mildern; ~ *avec du sucre l'amertume d'une boisson* den bitteren Geschmack e-s Getränks mit Zucker mildern; **3.** körperlich bestrafen, züchtigen; **II** *v/rfl.* se ~ sich bessern; se ~ *d'un défaut* e-n Fehler ablegen; **~gible** (kɔri'ʒiblə) *adj.* besserungsfähig.

corrobo|rant, **~ratif** ⚕ (kɔrɔbɔ'rɑ̃, ~ra'tif) *adj.* [7], [7e] *u. m* stärkend(es Mittel *n*); **~ration** (~rɑ'sjɔ̃) *f* Stärkung *f*; Bestätigung *f*; **~rer** (~'re) *v/t.* [1a] (*a. v/i*) stärken; *fig.* bekräftigen, erhärten.

corrod|ant (kɔrɔ'dɑ̃) *adj.* [7] *u. m* ätzend; ⚗ Ätzmittel *n*; **~er** (~ro'ze) *v/t.* [1a] an-, durch-, zer-fressen, korrodieren, wegätzen.

corroi (kɔ'rwa) *m* Gerben *n*; lehmhaltiges Verschmiermittel *n*, Dichtungsmittel *n* (*für Kanäle, Becken usw.*); ⚓ Bodenanstrich *m*, Schiffsteer *m*; **~erie** (~'ri) *f* Gerberei *f*.

corrompre (kɔ'rɔ̃:prə) [4a] **I** *v/t.* **1.** verderben, verschlechtern; ~ *l'air* die Luft verpesten; ~ *l'eau* das Wasser verunreinigen; **2.** *fig.* (ver)fälschen; **3.** *fig. sittlich* verderben; bestechen; verführen; **4.** *Gerberei*: ~ *le cuir* das Leder krispeln; *métall.* ~ *le fer* das Eisen ausschweißen; **II** *v/rfl.* se ~ **5.** verderben, in Fäulnis übergehen **6.** *fig.* schlecht werden, in Verfall geraten.

corrompu (kɔrɔ̃'py) *adj. u. p.p.* verdorben (*a. fig.*), faulig, verpestet; korrupt, bestochen.

corro|sif ⚕, ⚗ (kɔro'zif) **I** *adj.* [7e] ätzend, fressend; *fig.* zersetzend; **II** *m* Ätzmittel *n*; **~sion** (~'zjɔ̃) *f* Ätzen *n*, An-, Zer-fressen *n*, Korrosion *f*, Rostschaden *m*.

corroy|age (kɔrwa'ja:ʒ) *m* **1.** Gerben *n*, Lederbereitung *f*; **2.** *métall.* Aus-, An-schweißen *n*; Raffinieren *n* (*des Stahls*); **~er** ('je) *v/t.* [1h] **1.** *Leder*: gerben, zurichten; **2.** *Ton*: kneten, bearbeiten; einrühren; **3.** *Eisen*: aus-, an-schweißen; *Stahl*: raffinieren; *Holz*: rauh behobeln; **~eur** (~'jœ:r) *m* Gerber *m*; *métall.* ~ *de fer* Schweißer *m*.

corrup|teur (kɔryp'tœ:r) [7f] **I** *su.* **1.** Verderber *m*; ~ *du langage* Sprachverderber *m*; **2.** Bestecher *m*; Fälscher *m*; **II** *adj.* von verderblichem Einfluß; verführerisch; **~tibilité** (~tibili'te) *f* Verderblichkeit *f*, Vergänglichkeit *f*; *fig.* Bestechlichkeit *f*; **~tible** (~'tiblə) *adj.* zerstörbar; verweslich; *fig.* bestechlich; **~tion** (kɔryp'sjõ) *f* **1.** Verderb *m*, Verderben *n*, Verderblichkeit *f*; Verwesung *f*, Zersetzung *f*; ~ *de l'air* Verpestung *f* der Luft; ~ *du langage* Entartung *f* der Sprache; **2.** *fig.* Verderbtheit *f*; ~ *des mœurs* Sittenverderbnis *f*; **3.** Korruption *f*, Bestechung *f*; Bestechlichkeit *f*; **4.** Verfälschung *f*.

cors *ch.* (kɔ:r) *m/pl.* Enden *n/pl. am Hirschgeweih.*

corsage (kɔr'sa:ʒ) *m* (Damen-)Bluse *f*; Oberteil *n* (*vom Kleid*); Mieder *n*.

corsaire (kɔr'sɛ:r) *m* **1.** (*a. adj.*: *navire* ~) Seeräuber-, Kaper-schiff *n*; **2.** Seeräuber *m*; **3.** dreiviertellange Hose *f*; **4.** ~*s de la finance* Vampire *m/pl.* der Finanz, Wucherer *m/pl.*

Corse (kɔrs) **I** *f*: **la** ~ Korsika *n*; **II** ♀ *adj.* korsisch; **III** *su.* Korse *m*.

cor|sé (kɔr'se) *adj.* stark, schwer, kräftig; *fig.* pikant, saftig; gepfeffert; *cheval m* ~ stark gebautes Pferd *n*; *drap m* ~ schweres Tuch *n*; *repas m* ~ reichliches Essen *n*; *vin m* ~ kräftiger Wein *m*; *roman m* ~ pikanter Roman *m*; *histoire f* ~*e* saftige Geschichte *f*; *plaisanterie f* ~*e* pikanter Scherz *m*; P *addition f* ~*e* gepfefferte Rechnung *f*; **~selet** (~sə'lɛ) *m* **1.** *ent.* Brustschild *m*; **2.** Mieder *n*; **~ser** (~'se) [1a] **I** *v/t.* **1.** verstärken; **2.** *fig.* ausschmücken, interessant gestalten, würzen, pikant machen; **II** *v/rfl.* se ~ kräftig (*od. fig.* anziehend, pikant, spannend) werden; **~set** (~'sɛ) *m* Korsett *n*; **~seté** (~sə'te) *adj.* eingeschnürt; **~seter** (~) [1e] **I** *v/t.* j-m ein Korsett anziehen; **II** *v/rfl.* se ~ ein Korsett tragen; **~setier** (~sə'tje) *su.* [7b] Korsettmacher *m*.

cortège (kɔr'tɛ:ʒ) *m* **1.** Gefolge *n*, Zug *m*, *Auto*: Wagengeleitzug *m*, (Ehren-)Geleit *n*; *faire* ~ *à q.* j-m das Geleit geben; ~ *funèbre* Trauerzug *m*; ~ *de manifestants* Demonstrationszug *m*; **2.** *fig. bsd.* ⚕ Begleiterscheinung *f*.

cortical (kɔrti'kal) *adj.* [5c] ⚘ rindenartig; *anat.* kortikal.

cortisone *phm.* (~'zɔn) *f* Cortison *n*.

coruscation *ast.* (kɔryskɑ'sjõ) *f* Aufleuchten *n*.

corvé|able *hist.* (kɔrve'ablə) **I** *adj.* fronpflichtig; **II** *m* Fronbauer *m*; **~e** (kɔr've) *f* **1.** *hist.* Frondienst *m*; *faire la* ~ *od. travailler à la* ~ Frondienste tun; **2.** *bsd.* ⚔ Arbeitsdienst *m*; ~ *de vivres (d'eau)* Essens-(Wasser-)dienst *m*; ~ *supplémentaire* Strafdienst *m*; ~ *de propreté* Stubendienst *m*; **3.** Innendienst *m* (*im Ferienlagerleben*); **4.** Plage *f*, Last *f*, Bürde *f*, undankbare Aufgabe *f*; ~*s pl.* Strapazen *f/pl.*, Schinderei *f/sg.*, Plackerei *f/sg.*, mühselige Arbeit *f/sg.*, **Plack** *m* P; (*en*) *avoir fait une* ~ sich e-e vergebliche Mühe gemacht haben.

corvette ⚓ (kɔr'vɛt) *f* Korvette *f*.

corvidés *orn.* (kɔrvi'de) *m/pl.* Rabenvögel *m/pl.*

corydon F *péj.* (kɔri'dõ) *m* Liebhaber *m*.

corymbe ⚘ (kɔ'rɛ̃:b) *m* Doldentraube *f*.

coryphée (kɔri'fe) *m* **1.** *thé.* Chor-, Ballett-leiter *m*; **2.** Parteiführer *m*; Führer *m* e-r Sekte; **3.** *fig.* Koryphäe *f*, *fig.* Größe *f*, Kapazität *f*, Geistesgröße *f*, Hauptvertreter *m*, führender Kopf *m*.

coryza ⚕ (kɔri'za) *m* Schnupfen *m*; ~ *sec* Stockschnupfen *m*.

cosaque F (kɔ'zak) *m* Grobian *m*.

cosignataire (kosiɲa'tɛ:r) *su.* Mitunterzeichner *m*.

cosinus ⩘ (kɔsi'nys) *m* Kosinus *m*.

cosmétique (kɔsme'tik) **I** *adj.* kosmetisch; **II** *m* Kosmetikum *n*; Haarpomade *f*; Schminke *f*; **III** *f* Kosmetik *f*, Schönheitspflege *f*.

cosmique (kɔs'mik) *adj.* kosmisch; *musique f* ~ Sphärenmusik *f*; *rayons m/pl.* ~*s* kosmische Strahlen *m/pl.*

cosmo|gonie (kɔsmɔgɔ'ni) *f* Schöpfungsmythus *m*, Kosmogonie *f*; **~graphe** (~'graf) *m* Kosmograph *m*, Weltbeschreiber *m*; **~graphie** (~gra'fi) *f* Kosmographie *f*, Weltbeschreibung *f*; **~naute** ✈ (~'not) *m* Kosmonaut *m*, Raumfahrer *m*; **~polite** (~pɔ'lit) **I** *adj.* kosmopolitisch; *fig.* gemischt; **II** *su.* Kosmopolit *m*; **~politisme** (~pɔli'tism) *m* Kosmopolitismus *m*, Weltbürgertum *n*.

cosmos (kɔs'mɔs) *m* Kosmos *m*, Weltall *n*.

cosociétaire (kosɔsje'tɛ:r) *m* Mitinhaber *m*, Teilhaber *m*.
cossard F (kɔ'sa:r) **I** *adj.* faul; **II** *m* Faulpelz *m*.
cosse (kɔs) *f* **1.** ⚘ Schote *f*, Hülse *f*; *pois m/pl. en* ~ Schotenerbsen *f/pl.*; **2.** ⊕ Schlaufe *f*, Kausche *f*; ~ *de câble* Kabelschuh *m*; ~ *polaire* Polschuh *m*; **3.** P Faul-heit *f*, -pelzerei *f*; *avoir la* ~ faulpelzen, keine Lust zum Arbeiten haben.
cosser (kɔ'se) *v/i.* [1a] sich mit den Hörnern stoßen (*Widder*); *fig.* kämpfen.
cosson *ent.* (kɔ'sɔ̃) *m* Rüsselkäfer *m*, Kornwurm *m.*
cossu (kɔ'sy) *adj.* **1.** ⚒ ⚘ vielschotig, starkhülsig; **2.** F reich, begütert, gut bei Kasse F; gut angezogen, schick gekleidet, piekfein F; *être* ~ Zaster P (Moos P, Geld, Pinke-Pinke P) haben.
costal (kɔs'tal) *adj.* [5c] Rippen...; ~**gie** ⚕ (~tal'ʒi) *f* interkostale Neuralgie *f*, Rippenschmerz *m*.
costaud P (kɔs'to) **I** *adj.* stämmig, kräftig; **II** *su.* stämmiger (kräftiger) Kerl *m*; ~*e f* stämmige Frau *f*.
costu|me (kɔs'tym) *m* (Herren-) Anzug *m*; (Damen-)Kostüm *n*; Tracht *f*, Kleidung *f*; ~ *de bain* Badeanzug *m*; ~ *de bal* Ballkleid *n*; ~ *de cheval* Reitanzug *m*; ~ *national* Volkstracht *f*; ~ *officiel* Amtstracht *f*; ~ *de carnaval* Karnevals-, Faschings-kostüm *n*; ~ *de plage* Strandanzug *m*; ~ *de ville* Straßenanzug *m*; ~ *tailleur* Schneiderkostüm *n*; ~ *de pays*, ~ *régional* Heimatstracht *f*; ~**mer** (~'me) *v/t.* [1a] kostümieren; *bal m costumé* Kostüm-ball *m*, -fest *n*; ~**mier** (~'mje) *su.* [7b] **1.** Theater-, Kostüm-schneider *m*; **2.** Kostümverleiher *m*.
cotation (kɔtɑ'sjɔ̃) *f* Kurs-, Preis-notierung *f*.
cote (kɔt) *f* **1.** Zeichen *n*, Aktenzeichen *n*, (Kenn-)Ziffer *f*, Nummer *f*, Buchstabe *m*, Maßbezeichnung *f*; ~ *mobile* fortlaufende Nummer *f*; **2.** Beitragsanteil *m*, Quote *f*; ~ *personnelle* Kopfsteuer *f*; ~ *mobilière* Mietssteuer *f*; **3.** Notierung *f*, Preis-, Marktbericht *m*; ~ *des cours* Kurs-zettel *m*, -notierung *f*; ~ *de clôture* Schlußnotierung *f*; ~ *mal taillée* summarische Berechnung *f*; *fig.* Kompromiß *m*; **4.** *fig.* Bewertung *f*; *avoir la* ~ (*od. une bonne* ~) *auprès de q.* bei j-m gut angeschrieben sein, bei j-m e-e Nummer haben; ~ *d'amour* Sonderbewertung *f od.* Extranote *f* (*für die allg. u. sittliche Reife e-s Wettbewerbskandidaten*); *écol.* zu gute Zensur *f*; **5.** Wasserstand *m* (*v. Flüssen*); Höhe *f* (*auf e-r Karte od. Zeichnung*); *la* ~ *306* die Höhe 306; ~ *d'altitude* Höhenstand *m*; **6.** *Sport*: Stand *m*.
côte (ko:t) *f* **1.** *anat.* Rippe *f* (*auch von e-m Schiff*); *cuis.* Kotelett *n*; *fracture f des* ~*s* Rippenbruch *m*; *physiol. vraies* ~*s od.* ~*s sternales* wahre Rippen *f/pl.*; *physiol. fausses* ~*s od.* ~*s flottantes* falsche Rippen *f/pl.*; *on lui compterait les* ~*s* er sieht aus wie ein Skelett (*od.* wie's heulende Elend), dem kann man durch die Backen pusten; *rire à s'en tenir les* ~*s* sich vor Lachen den Bauch halten; *advt.* ~ *à* ~ Schulter an Schulter, (dicht) nebeneinander; **2.** ⚘ Rippe *f v. Blättern od. Melonen*; *à* ~*s* gerippt; **3.** Abhang *m*, Hügel *m*, Steigung *f*; ~ *escarpée* Steilhang *m*; *Auto*: (en) ~ bergauf, mitten in der Steigung; ~ *plantée de vignes* Rebhügel *m*; *advt. à mi-*~ auf der Mitte der Anhöhe; **4.** Küste *f*, Strand *m*, Küstenstrich *m*, Gestade *n*; *sur la* ~ an der Küste; *être jeté à la* ~, *aller à la* ~, *faire* ~ *vor dem Ufer* stranden, auf Grund gehen (*od.* laufen *od.* kommen); *fig.* P *être à la* ~ vor e-m Nichts (*od.* vor dem Ruin) stehen, am Ende s-r Mittel sein, ruiniert sein.
côté (ko'te) **I** *m* **1.** Seite *f der Menschen, Tiere, e-r Sache*; Gegend *f*, Richtung *f*; *point m de* ~ Seitenstechen *n*; 🚂 ~ *d'arrivée* (*du départ*) Ankunfts-(Abfahrts-)seite *f*; ⚕ ~ *de crédit* Kreditseite *f*; ~ *du midi* Sonnen-, Mittagsseite *f*; *bas* ~ *d'une église* Seitenschiff *n* e-r Kirche; *regard m de* ~ Seitenblick *m*; *à* ~ *de ...*, *au(x)* ~*(s) de...* neben ... (*dat.*); *fig. à* ~ *de* im Vergleich zu; *il est à* ~ *de lui* er ist neben ihm; *il s'assit à* ~ *de moi* (*od. à mon* ~) er setzte sich neben mich; *se mettre à* ~ *de q.* sich neben j-n (*acc.*) stellen; *photographié au* ~ *de sa mère* an der Seite s-r Mutter aufgenommen; *se ranger à* (*od. du*) ~ *de q.* auf j-s Seite treten; *ils se rangent de notre* ~ (*od. à nos* ~*s*) sie treten auf unsere Seite; *jeter* (*od. mettre*) *q. sur le* ~ j-n niederwerfen *od.* zu Boden strecken; *mettre qch. sur le* ~ etw.

schräg (*od.* auf die Seite) stellen; *se mettre les mains sur les ~s* die Hände in die Hüften stemmen; ~ (*de l'*)*endroit od. bon* ~ richtige Seite *f*; ~ (*de l'*)*envers od. mauvais* ~ verkehrte Seite *f*; *fig. prendre les choses par leur bon* ~ die Dinge von der guten Seite sehen; *prendre tout du bon* ~ alles von der guten Seite nehmen; *être à* ~ *de la question* an der eigentlichen Frage vorbeigehen, auf dem Holzwege sein; *passer à* ~ *d'une difficulté* e-r Schwierigkeit ausweichen; *demeurer à* ~ nebenan wohnen; *la maison d'à* ~ das Nebenhaus; *du* ~ *de* a) von (*dat.*) ... her; b) nach (*dat.*) ... hin; *du* ~ *du sud* vom Süden her; nach Süden hin; *de ce* ~ auf dieser Seite, nach dieser Seite hin; *il ne sait de quel* ~ *pencher od. se tourner* er weiß nicht, was er anfangen soll; *de tout* ~ *od. de tous* (*les*) *~s* von (auf *od.* nach) allen Seiten; *regarder qch. de tous ~s* etw. von (*od.* nach) allen Seiten betrachten; *de l'autre* ~ auf der anderen Seite; andererseits; *d'un* ~ ..., *de l'autre* ~ ... einerseits ..., andererseits ...; *passez de l'autre* ~ gehen Sie auf die andere Seite!; *de* ~ *et d'autre* beiderseits, beiderseitig, hierhin und dorthin; *moi, de mon* ~ ich für meinen Teil; *de* ~ auf die Seite, schief, schräg; beiseite; *laisser de* ~ beiseite lassen; *mettre qch. de* ~ etw. beiseite legen, *Geld* zurücklegen; etw. aussortieren, etw. unberücksichtigt lassen; *avoir* (*mettre*) *les rieurs de son* ~ die Lacher auf seiner Seite haben (auf seine Seite bringen); *attirer q. de son* ~ j-n auf seine Seite ziehen; *être du* ~ *gauche* zur Linken gehören; *être du* ~ *de q.* auf j-s Seite sein; *être au*(*x*) *côté*(*s*) *de q.* sich neben j-m befinden; *fig.* j-m zur Seite stehen, j-m beistehen; *mon oncle du* ~ *maternel* mein Onkel mütterlicherseits; **2.** *cuis. haut* ~ (*de mouton*) Hammelbrust *f*; **3.** ⩕ ~ *d'un triangle* Seite *f* eines Dreiecks; ~ *d'un angle* Schenkel *m* e-s Winkels; **II** *prpt.* ~ *presse* seitens der Presse.

coteau (kɔ'to) *m* [5b] **1.** Abhang *m*; Hügel *m*; **2.** Weinberg *m*.

côtelette (kɔt'lɛt) *f* **1.** *cuis.* Rippchen *n*, Kotelett *n*, Karbonade *f*; ~ *panée* paniertes Kotelett *n*; ~ *nature* ohne Zutat gebratenes Kotelett *n*; **2.** F *~s pl.* Koteletten *pl.*

coter (kɔ'te) *v/t.* [1a] **1.** mit Buchstaben (*od.* Ziffern) bezeichnen; **2.** † die Börsenkurse notieren; e-n Preis ansetzen; ~ *trop bas* (*trop haut*) unter-(über-)schätzen; ~ *une action* bewerten; *la livre cote* ... *marks* das Pfund notiert ... Mark; *non coté* unnotiert; **3.** hochschätzen; *il est très coté* er wird sehr geschätzt; **4.** *écol.* zensieren, bewerten.

coterie (kɔt'ri) *f* Sippschaft *f*, Clique *f*.

cothurne *antiq.* (kɔ'tyrn) *m* Kothurn *m*; *chausser le* ~ *litt.* den Kothurn anlegen, Tragödien schreiben.

côtier (ko'tje) **I** *adj.* [7b] an der Küste; Küsten...; **II** *m* a) Küstenfahrzeug *n*; b) Vorspannpferd *n* (*für steile Abhänge*).

cotignac (kɔti'ɲak) *m* eingemachte Quitte *f*.

cotillon (kɔti'jɔ̃) *m* **1.** † Unterrock *m* der Bäuerinnen; *noch gebr. in*: *il court* (*od. aime*) *le* ~ er ist ein Schürzenjäger; **2.** Kotillon *m* (*Tanz*).

cotir *dial.* (kɔ'tiːr) *v/t.* [2a] Obst matschig machen, beschädigen, quetschen.

coti|sant (kɔti'zɑ̃) *su.* [7] förderndes Mitglied *n*, Beitragszahler *m*; **~sation** (~zɑ'sjɔ̃) *f* (Mitglieds-, Steuer-)Beitrag *m*; Anteil *m*; **~ser** (~'ze) [1a] **I** *v/t.* e-n Beitrag zahlen, entrichten; **II** *v/rfl. se* ~ *fin.* e-n Beitrag geben; Geld zusammenlegen.

cotissure *dial.* (~'syːr) *f* Druckstelle *f* am Obst.

coton (kɔ'tɔ̃) *m* **1.** Baumwolle *f*; Baumwollstoff *m*; ~ *brut* Rohbaumwolle *f*; *filature f de* ~ Baumwollspinnerei *f*; ~ *à tricoter* Strickbaumwolle *f*; *fil m de* ~, ~ *filé* Baumwollgarn *n*, Twist *m*; ~ *à repriser* Stopfgarn *n*; ~ *à broder* Stickgarn *n*; **2.** ~ *hydrophile* Watte *f*; *se mettre du* ~ *dans les oreilles* sich Watte in die Ohren tun; *avoir du* ~ *dans les oreilles* Watte in den Ohren haben; *fig.* nicht hören wollen; *fig. élever un enfant dans du* ~ ein Kind in Watte packen, ein Kind verhätscheln; **3.** P Schwierigkeit *f*; *fig. il file un mauvais* ~ es steht schlecht mit s-r Gesundheit (mit s-m Geschäft); *il filait un assez mauvais* ~ es ging ihm ziemlich schlecht;

a. ⚔ *il y aura du* ~ es wird dicke Luft (*od.* Kattun) geben; P *c'est* ~ das ist verdammt schwer!; das klappt nicht!; **4.** Flaum *m* (*v. Obst, Bart usw.*).

coton|nade (kɔtɔ'nad) *f* Baumwollstoff *m*, Kattun *m*; **~né** (~'ne) *adj.* baumwollartig, wollig, kraus; **~ner** (~) [1a] **I** mit Baumwolle füttern; **II** *v/rfl.* se ~ wollig (flaumig, flockig) werden (*Stoff*); matschig werden (*Obst*); **~nerie** (~tɔn'ri) *f* Baumwoll-anbau *m*, -pflanzung *f*; **~neux** (~'nø) *adj.* [7d] **1.** wollig, flaumig, flockig; Woll... (*Stoff*); **2.** weich, schwammig, pelzig (*Obst*); **3.** P schwierig, kompliziert, nicht leicht zu deichseln (*od.* zu machen); **~nier** (~'nje) [7b] **I** *adj.*: *industrie f cotonnière* Baumwollindustrie *f*; **II** *su.* Baumwollarbeiter *m*; **III** ⚘ *m* Baumwollpflanze *f*, -staude *f*.

coton-poudre (kɔtɔ̃'pudrə) *m* Schießbaumwolle *f*.

côtoyer (kotwa'je) [1h] **I** *v/t.* **1.** ~ *la rivière* am Fluß entlang-gehen *od.* -fahren; **2.** *fig.* grenzen an (*acc.*), sehr nahe sein (*dat.*); ~ *la misère* dem Elend nahe sein; ~ *le danger* unmittelbar vor der Gefahr stehen; **3.** *fig.* Verkehr pflegen mit; **II** *v/rfl.* se ~ nebeneinander hergehen; sich in engem Kontakt mitea. befinden; *écol.* se ~ *sur les mêmes bancs* dieselbe Schulbank drücken.

cotre ⚓ ('kɔtrə) *m* Kutter *m*.

cotret (kɔ'trɛ) *m* Reisigbündel *n*.

cottage (kɔ'ta:ʒ) *m* (*a.* ~ *campagnard*) Landhäuschen *n*.

cotte (kɔt) *f* **1.** bäuerlicher kurzer Frauenrock *m* ohne Taille; **2.** *hist.* ~ *de mailles* Panzerhemd *n*; **3.** blaue Leinenhose *f* für Monteure; **~-pantalon** (~pɑ̃ta'lɔ̃) *f* [6a] Montageanzug *m*.

cotuteur ⚖ (koty'tœ:r) *su.* [7f] Mitvormund *m*.

cotyle *anat.* (kɔ'til) *f* Gelenkpfanne *f*.

cotylédon ⚘ (kɔtile'dɔ̃) *m* Keimblatt *n*.

cou (ku) *m a.* ⊕ Hals *m*; Nacken *m*, Genick *n*; Flaschenhals *m*; ~ *de cygne* Schwanenhals *m*; ~ *de taureau* Stiernacken *m*; *fig.* ~ *de grue* langer, dünner Hals *m*; *allonger le* ~ einen langen Hals machen; *avoir du travail jusqu'au* ~ vor Arbeit nicht aus den Augen gucken können; sich vor Arbeit nicht retten können (*od.* nicht ein noch aus wissen); *se casser le* ~, *se rompre le* ~ sich den Hals brechen; *rompre le* ~ *à un projet* ein Vorhaben vereiteln, e-m Vorhaben die Spitze abbrechen; *prendre ses jambes à son* ~ die Beine in die Hand nehmen, Hals über Kopf davonlaufen; *sauter au* ~ *de q.* j-m um den Hals fallen; *tendre le* ~ seinen Kopf hinhalten, sich e-r Gefahr aussetzen; *tordre le* ~ *à q.* j-m den Hals umdrehen; *couper le* ~ den Hals abschneiden.

couac (kwak) **I** *m* falscher Ton *m*; falsche Note *f*; *faire des* ~*s* sich (auf e-m Instrument) vergreifen, mit der Stimme überschnappen; *rad.* Mißtöne von sich geben; **II** *int.* ~! quiek!

couard (kwa:r) [7] **I** *adj.* □ feige; **II** *su.* Feigling *m*, Duckmäuser *m*; **~ise** (kwar'di:z) *f* Feigheit *f*, Duckmäuserei *f*, Drückebergerei *f*.

couch|age (ku'ʃa:ʒ) *m* **1.** Übernachten *n*; *sac m de* ~ Schlafsack *m*; **2.** Schlafgeld *n*; **3.** Bettwäsche *f*; **~ant** (~'ʃɑ̃) **I** *adj.* [7]: *chien m* ~ Hühnerhund *m*; *fig.* Kriecher *m*; *faire le chien* ~ *devant q. fig.* vor j-m kriechen; *soleil m* ~ untergehende Sonne *f*; *fig.* verlöschendes Gestirn *n*; **II** *m* Westen *m*; *fig.* Abend *m*, Lebensneige *f*.

couche (kuʃ) *f* **1.** Bettstelle *f*, Bett *n*, Lager *n*, Schlafstätte *f*; ~ *nuptiale* Ehebett *n*; *fig.* Ehe *f*; ~ *funèbre* Totenbett *n*; **2.** *mst.* ~*s pl.* Kindbett *n*, Wochen *pl.*, Entbindung *f*, Niederkunft *f*; *fausse* ~ Fehlgeburt *f*, ⚕ Abortus *m*; *femme f en* ~*s* Wöchnerin *f*; **3.** Windel *f*; *changer un enfant de* ~*s* e-m Kinde frische Windeln geben; **4.** *a.* ⊕, *géol.* Lage *f*, Schicht *f*; *min.* Flöz *n*; *peint.* Anstrich *m*; *fig. les* ~*s sociales* die sozialen Schichten *f/pl.*; *première* ~, ~ *de fond* Grundiermittel *n*; ~ *protectrice* Schutzschicht *f*; ⚔ ~ *de camouflage* Schutz-, Tarnungsanstrich *m*; *bét.* ~ *collante* Haftschicht *f*; ~ *isolante* Isolierschicht *f*; *advt.* en (*od.* par) ~*s* lagenweise; P *en avoir une* ~ dumm (*od.* doof *od.* bekloppt P) sein, 'ne Mattscheibe haben P, ein Schafskopf sein; **5.** ~ *ligneuse* Jahresring *m im Baumstamm*; **6.** ✐ Mistbeet *n*.

couché (ku'ʃe) *p/p.* **1.** *papier m* ~ Glanzpapier *n*; **2.** *écriture f* ~*e* schräge Schrift *f*.

couchée ✎ (~) *f* Nachtquartier *n* auf e-r Reise, Rast *f*, Station *f*.
coucher (ku'ʃe) [1a] **I** *v/t.* **1.** zu Bett bringen, ins Bett legen, hinlegen, schlafen legen; ein Nachtlager bereiten (*dat.*); **2.** nieder-, hin-legen; ~ *à plat* glatt *od.* flach hinlegen; ~ *par terre od. sur le carreau* zu Boden strecken, niederstrecken; **3.** neigen, nieder-drücken, -bürsten, -kämmen; umknicken (*bsd. Pflanzen*); P ~ *le poil à q.* j-m um den Bart schmieren, j-m zu Munde reden, j-m schmeicheln; **4.** Farbe auftragen; **5.** F ~ *par écrit* (*od. sur papier*) zu Papier bringen; **6.** ✝ buchen, eintragen; **7.** ~ *q. od. qch. en joue* auf j-n anlegen, auf j-n *od.* auf etw. zielen, F *fig.* j-n aufs Korn nehmen; **8.** ⊕ ~ *les feuilles de papier* das Papier gautschen; **II** *v/i.* **9.** schlafen, übernachten; *chambre f à* ~ Schlafzimmer *n*; *donner à* ~ *à q.* j-m e-e Schlafstelle anbieten, j-n zur Nacht aufnehmen; F ~ *à la belle étoile od. à l'enseigne de la lune* die Nacht unter freiem Himmel zubringen, bei Mutter Grün schlafen P; ~ *sur la dure* auf dem nackten Erdboden schlafen; *il est couché* er liegt im Bett, er schläft; *avant soleil couché* vor Sonnenuntergang; **III** *v/rfl. se* ~ **10.** sich hinlegen; ⚔ *couchez-vous!* hinlegen!; **11.** schlafen (*od.* zu Bett) gehen, sich schlafen legen; **12.** *ast.* untergehen; *le soleil s'est couché* die Sonne ist untergegangen; **IV** *m* **13.** Schlafen-, Zubett-gehen *n*; *hist.* (*petit*) ~ (*du roi*) königliche Abendaudienz *f*; **14.** Nachtlager *n*; **15.** *ast.* Untergang *m*; *au* ~ *du soleil* bei Sonnenuntergang.
couch|ette (ku'ʃɛt) *f* Bettchen *n*; Bettstelle *f*, Pritsche *f*, Schlafstelle *f*; 🚃, ⚓, ✈ Bett *n*, Liegeplatz *m*; Bettkarte *f*; **~eur** (~'ʃœ:r) *su.* [7g] **1.** Schlafkamerad *m*; F *fig. ne fais pas le mauvais* ~ sei kein Spielverderber; *c'est un mauvais* ~ das ist ein unverträglicher Mensch *m* (*od.* ein Streithammel *m*, ein Stänker *m* P); **2.** ⊕ Gautscher *m* (*bei der Papierherstellung*); **~is** (~'ʃi) *m* **1.** △ (Erd-, Sand-, Kies- *usw.*) Schicht *f*; **2.** *charp.* Untergebälk *n*.
couci-couci, couci-couça F (ku'siku'si, ~ku'sa) *advt.* soso lala; nicht gerade besonders; es geht.
coucou (ku'ku) *m* **1.** *orn.* Kuckuck *m*; **2.** Kuckucksuhr *f*; Schwarzwälder Uhr *f*; **3.** F Rangierlokomotive *f*; *ehm.* alte, zweiräderige Droschke *f*; *ehm.* ✈ Flugzeug *n* (*im 1. Weltkrieg*); **4.** *faire* (*od. jouer à*) ~ Versteck spielen; **5.** ⚘ Primel *f*; Narzisse *f*; **~(l)er** (kuku'le, ~'kwe) *v/i.* [1a] wie ein Kuckuck rufen.
coude (kud) *m* **1.** Ellenbogen *m*; *advt.* ~ *à* ~ Schulter an Schulter; F *jouer des* ~*s* sich durchdrängeln; sich rücksichtslos durchsetzen, die Ellenbogen gebrauchen; *lever* (*od. hausser*) *le* ~ einen heben, zu tief ins Glas gucken; *sentir les* ~*s* sich nahe beieinander fühlen; Tuchfühlung haben (*bsd.* ⚔); *le* (*contact*) ~ *à* ~ die Tuchfühlung *f* (*a. fig.*); *serrer les* ~*s* gemeinsam mit anpacken; **2.** plötzliche (Fluß-) Krümmung *f od.* Biegung *f*; **3.** ⊕ Knie *n*; Kniestück *n*; ~*s m/pl. de tuyaux pour poêles* Ofenknie *n/pl.*
coudé (ku'de) *adj.* gekrümmt, krumm, gebogen, bogenförmig.
coudée (~) *f* **1.** Elle *f*; **2.** *fig. avoir les* ~*s franches* freie Hand haben.
cou-de-pied (kud'pje) *m* [6b] Spann *m am Fuß*, Rist *m*.
couder (ku'de) *v/t.* [1a] knieförmig (um)biegen; *mach.* kröpfen.
coudeuse ⊕ (ku'dø:z) *f* Rohrbiegemaschine *f*.
coudière (ku'djɛ:r) *f Hockey*: Ellenbogenschützer *m* des Tormanns.
coudoiement (kudwa'mɑ̃) *m* (An-) Stoßen *n* mit dem Ellenbogen; *fig.* Umgang *m*.
coudoir (ku'dwa:r) *m* Arm-, Seitenlehne *f* = *accoudoir*.
coudoyer (kudwa'je) *v/t.* [1h] mit den Ellbogen stoßen; *fig.* in Berührung kommen (*q.* mit j-m).
coudraie ⚘ (ku'drɛ) *f* Haselgebüsch *n*.
coudre ('ku:drə) *v/t.* [4d] (an-, zusammen-)nähen, heften; *machine f à* ~ Nähmaschine *f*; *abs.* ~ *en linge* Weißzeug nähen; F *malice f cousue de fil blanc fig.* Bauernfang *m*, klarer Schwindel *m*; s. *cousu*.
coudrier ⚘ (kudri'e) *m* Haselnußstrauch *m*.
couenne (kwan) *f* **1.** Schwarte *f*, Schweinshaut *f*; ~ *de lard* Speckschwarte *f*; * Haut *f*; **2.** P *a. adj.* Dummkopf *m*, Schafskopf *m*, Schlafmütze *f*, Trottel *m*; dusselig, doof, blöde, bekloppt.

couette (kwɛt) *f* **1.** *dial.* Federbett *n*; **2.** Schwänzchen *n* (*z.B. vom Kaninchen*); **3.** ~s *pl. Schiffsbau*: Schlittenkufen *f/pl.*; **4.** ⊕ Drehpfanne *f aus Metall.*
couffe (kuf) *f*, **couffin** (ku'fɛ̃) *m* Gemüsekorb *m*.
cougouar *zo.* (ku'gwa:r) *m* Puma *m*, Silberlöwe *m*.
couic (kwik) *int.* knack!; P *faire* ~ abnibbeln P, sterben.
couille V (kuj) *f* Hode *f*; Sack *m* V.
couillon P (ku'jɔ̃) *m* [7c] feiger (*od.* blöder) Kerl *m*, Feigling *m*; Idiot *m*; **~nade, ~nerie** P (~jɔ'nad, ~n'ri) *f* Albernheit *f*, Blödsinn *m*; dummer Scherz *m*; **~ner** P (~jɔ'ne) [1a] *v/t.* q. : sich lustig machen über j-n.
couin-couin (kwɛ̃'kwɛ̃) *m* Schnattern *n* (*Ente*); *faire* ~ schnattern (*Ente*).
couinard P (kwi'na:r) *m* Quasselstrippe *f* P, Telephon *n*.
couin|ement (kwin'mɑ̃) *m* Quieken *n* (*z.B. v. Kaninchen*); **~er** (kwi'ne) *v/i.* [1a] quieken.
coul|age (ku'la:ʒ) *m* **1.** Gießen *n*, Guß *m*; **2.** Leckwerden *n*, Auslaufen *n v. Flüssigkeiten*; **3.** *fig.* Vergeudung *f*; Schmu *m* P, Verlust *m* durch Veruntreuung; **~ant** (~'lɑ̃) **I** *adj.* [7] fließend, flüssig; *fig. Stil*: leicht, gewandt, geläufig; *bsd.* ✝ kulant, entgegenkommend; beweglich (*a. fig.*), lose; *caractère m* ~ beweglicher (*od.* anpassungsfähiger) Charakter *m*; *nœud m* ~ Schlinge *f*; **II** *m* **1.** ⊕ Schiebering *m*, Hülse *f*; **2.** ♆ Erdbeerranke *f*.
coule (kul) *f* **1.** *rl.* Kutte *f*; **2.** P *être à la* ~ genauestens Bescheid wissen, den Dreh (*od.* den Bogen) raushaben, den Rummel (*od.* den Kram) verstehen, sich auskennen, sich nicht ins Bockshorn jagen lassen.
coulé (ku'le) *m* **1.** Schleifstrich *m*; **2.** Schleifer *m* (*Tanzschritt*); **3.** ♪ Bindung *f*; **4.** *bill. faire un* ~ e-n Nachläufer machen.
coulée (~) *f* **1.** Fließen *n*, Ausströmen *n*; (fließender) Strom *m* (*Lava*; *geschmolzenes Metall*); ⊕ Guß *m*; Abflußrinne *f*; *d'une seule* ~ aus einem Guß; **2.** *géol.* Durchsetzung *f*, Lagerung *f*; **3.** Schreibschrift *f*.
coulement (kul'mɑ̃) *m* Fließen *n*.
couler (ku'le) [1a] **I** *v/t.* **1.** a) (durch-)seihen, filtrieren; ~ *la lessive* die Wäsche einweichen; b) ✝ P(*schlechte Waren*) abstoßen, umsetzen, verschleudern; (*Falschgeld*) in Umlauf bringen; **2.** ⚓ ~ (*à pic, bas od. à fond*) in den Grund bohren, versenken; *fig.* F ~ *q.* j-n aus dem Sattel heben, j-n zugrunde richten *od.* ruinieren, j-n klein kriegen (*od.* fertigmachen); *il est coulé fig.* er ist unten durch, er ist ganz heruntergekommen; *fig.* F ~ *qch.* etw. ruinieren, kaputt machen; **3.** ver-, zubringen (*Zeit*); ~ *d'heureux jours* glückliche Tage verleben; *se la* ~ *douce* sich nicht überarbeiten, sich e-e Sache leicht machen, sich aalen, ein bequemes Leben führen, s-e Tage angenehm verbringen; **4.** gleiten (*od.* einfließen) lassen; hineinschieben; *il coula la main dans ma poche* er steckte heimlich die Hand in meine Tasche; F ~ (*à l'oreille*) zuflüstern; **5.** ♪ verschleifen, binden; **6.** in Formen gießen; **II** *v/i.* **7.** (dahin-)fließen, laufen, strömen, tropfen, rinnen; *le sang a coulé* es ist Blut geflossen; *faire* ~ *des flots de sang* Blut in Strömen vergießen; **8.** entspringen, (her)kommen; **9.** (leicht) fließen (*Stil*); vergehen (*Zeit*); **10.** flüssig sein; **11.** (aus-)laufen, lecken; *ce tonneau coule* dieses Faß ist leck; *le nez lui coule* die Nase läuft ihm; **12.** (aus-, ab-)gleiten *od.* rutschen; herunterrollen; *ce rasoir coule bien* dieser Rasierapparat schneidet gut; *fig.* ~ *sur qch.* leicht über etw. (*acc.*) hinweggehen; **13.** abfallen (*Blume*); *la vigne a coulé* die Trauben sind unreif abgefallen; **14.** ⚓ ~ (*à pic, bas od. à fond*) sinken, untergehen, auf Grund laufen; **III** *v/rfl.* **15.** *se* ~ *dans qch.* sich in etw. (*acc.*) einschleichen; *fig. se* ~ *dans la foule* in der Menge untertauchen; **16.** *se* ~ (*à fond*) sich zugrunde richten; **17.** F *se* ~ pleite gehen, Bankrott machen.
couleur[1] (ku'lœ:r) *f* **I** **1.** Farbe *f*; ~ *bois* Holzfarbe *f*, holzfarben; ~ (*à la*) *mode* Modefarbe *f*; ~ (*à base*) *métallique* Metallfarbe *f*; ~ (*à base*) *de cuivre* Kupferfarbe *f*; ~ *de fond* Grundfarbe *f*; *sans* ~ farblos; *fig.* nichtssagend; *il en a vu de toutes les* ~*s* er ist ganz gerissen, er ist mit allen Wassern gewaschen, er hat viel hinter sich (*od.* durchgemacht); P *elle lui en fai-*

sait voir de toutes les ~s sie machte ihm anständig (*od.* reichlich) zu schaffen; **2.** *~s pl.* Färbung *f*; *à trois ~s* dreifarbig; **3.** *~s pl.* Fahne *f*; *~s nationales* Landesfarben *f/pl.*; *les trois ~s* die französische Trikolore *f*; **4.** *fig.* (politische) Färbung *f od.* Einstellung *f*; *la ~ d'un journal* die politische Richtung *f* e-r Zeitung; **5.** (Haut-)Farbe *f*; Gesichtsfarbe *f*; *les Martiniquais de ~* die farbigen Bewohner *m/pl.* von La Martinique; *les employés de l'Etat sont, en majorité, de ~* die Staatsbeamten *m/pl.* sind in der Mehrzahl Farbige; *femme f* (*homme m*) *de ~* Farbige(r *m*) *f*; *avoir des ~s* Farbe haben, gesund aussehen; *avoir de belles ~s* e-e gesunde (*od.* frische) Gesichtsfarbe haben; *changer de ~* plötzlich blaß *od.* rot werden; *prendre ~* Farbe (*od.* rote Backen) bekommen, braun werden; **6.** Anstrich *m*, Schein *m*; Vorwand *m*, Ausrede *f*; *sous ~ d'amitié* unter dem Deckmantel (*od.* Vorwand) der Freundschaft; F *conter des ~s* flunkern; **7.** P ⚕ *pâles ~s pl.* Bleichsucht *f*; **8.** Farbe *f*, Farbstoff *m*; *~s pl. à huile* Ölfarben *f/pl.*; *~ d'apprêt, ~ primaire, ~ principale* Grundfarbe *f*; *~ à l'eau, ~ d'* (*od.* en) *aquarelle* Wasserfarbe *f*; *~ opaque, ~ couvrante, ~ à la gouache* Deckfarbe *f*; *~ transparente* Lasurfarbe *f*; **II** *adj. inv. des bas m/pl. ~* (*de*) *chair* fleischfarbene Strümpfe *m/pl.*; *des souliers m/pl. ~ d'orange* orangegelbe Schuhe *m/pl.*

couleur[2] ⊕, *bét.* (ku'lœ:r) *m* Gießer [*m*]

couleuvre *zo.* (ku'lœ:vrə) *f* Natter *f*; *~ à collier* Ringelnatter *f*; *fig. avaler des ~s* s-n Ärger runterschlucken; Beleidigungen einstecken müssen.

coulis (ku'li) **I** *m* **1.** durchgeseihte Kraftbrühe *f*; *~ d'écrevisses* Krebssuppe *f*; **2.** ⚠ *~ de ciment* dünner Mörtel *m*; **II** *adj./m vent m ~* Zugluft *f*.

coulis|se (ku'lis) *f* **1.** Falz *m*, Rinne *f*, Führung *f*, Fuge *f*; **2.** Schnürbund *n*; **3.** *fenêtre f* (*od.* *châssis m*) *à ~* Schiebefenster *n*; *porte f à ~* Schiebetür *f*; **4.** *thé.* Kulisse *f*, Bühnen-, Schiebe-wand *f*, Seitengang *m*; **5.** ✝ Freiverkehr *m* (*Börse*), Vorbörse *f*, Winkelbörse *f*; (Nebenbörse *f* der) Pfuschmakler *m/pl.*; **6.** *pol. dans la ~, derrière* (*od.* *dans*) *les ~s* hinter den Kulissen; **~sé** (~'se) *p/p.* gefalzt; **~seau** ⊕ (~'so) *m* Führung(sstück *n*) *f*; Stößel *m* (*e-r Stoßmaschine*); **~ser** (~'se) [1a] **I** *v/t.* mit e-m Falz versehen; **II** *v/i. Tür*: sich schieben lassen, auf e-r Führung gleiten; **~sier** ✝ (~'sje) *m* Aktienspekulant *m*, nicht vereidigter Makler *m*.

couloir (ku'lwa:r) *m* **1.** *enger, längerer* Gang *m*, Flur *m*, Korridor *m*; (kleiner) Verbindungsgang *m*; ⚠ Innenstraße *f* (*Wohnungszugang in modernen Hochhäusern*); *thé. u. parl.* Wandelgang *m*; 🚃 Gang *m in den durchgehenden Wagen*; *wagon m à ~* D-Zugwagen *m*; *fig. intrigue f de ~s* Hintertreppenintrige *f*; **2.** ⊕ Rinne *f*, Rutsche *f*, Kanal *m*; **3.** ✈ *~ aérien* Luftkorridor *m*; **~e** (~) *f* Seihtuch *n*, Sieb *n*, Filter *m* (*od. n*).

coulomb ⚡ (ku'lɔ̃) *m* Coulomb *n*.

coulure ⚘ (ku'ly:r) *f* Abfallen *n* der Blüten.

coup (ku) *m* **1.** Schlag *m*, Hieb *m*, Stich *m*, Stoß *m*, Tritt *m*, Streich *m*; Schmiß *m* (*im Gesicht*); *~s pl. de bâton* Stockschläge *m/pl.*; *~ de bêche* Spatenstich *m*; *~ de couteau* (*d'épée, de poignard*) Messer- (Degen-, Dolch-)stich *m*; *~ de dent* Biß *m*; *~ du destin* Schicksalsschlag *m*; *~ de foudre* Blitzschlag *m*; *fig.* Liebe *f* auf den ersten Blick; *~ de tonnerre* Donnerschlag *m*; *Fußball*: *~ de pied de coin* Eckstoß *m*; *Fußball*: *~ d'envoi* Anstoß *m*, Anpfiff *m*; *donner le ~ d'envoi* das Spiel anpfeifen; *Fußball, Rugby*: *~ franc* Frei-, Straf-stoß *m*; *Boxsport*: *~ bas* Tiefschlag *m*; *~ de haut en bas* Aufwärtshaken *m*; *~ balancé* Schwinger *m*; *pol. ~ de barre à droite* (*gauche*) Ruck *m* nach rechts (links); *~ de grâce* Gnaden-, Todesstoß *m*, Fangschuß *m*; *~ de Jarnac* entscheidender u. unerwarteter Gegenschlag *m*; *~ de pied* Fußtritt *m*; *~ de chaleur* Hitzschlag *m*; *~ de téléphone*, F *~ de fil téléph.* Anruf *m*; *fig. ~ de pied de l'âne* Fußtritt *m*, feige Rache *f*; *~ de pierre* Steinwurf *m*; *fig. faire d'une pierre deux ~s* zwei Fliegen mit einer Klappe schlagen; *~ de poing américain* Schlagring *m*, Totschläger *m*; *~ de sabre* Säbelhieb *m*; *~ de sonnette* Klingelzeichen *n*, (einmaliges)

Klingeln *n*; *au premier* ~ *de tambour od. de baguette* beim ersten Trommelschlag; ~ *de vent* Windstoß *m*; *en* ~ *de vent* in Windeseile, im Nu; *tenir le* ~ etw. aushalten (können); *le* ~ *a porté* der Hieb sitzt; *son observation a porté* ~ seine Bemerkung hat gesessen (*od.* Eindruck gemacht); **2.** ~*s pl.* Kampf *m*; *en venir aux* ~*s* handgemein werden; *sans* ~ *férir* ohne Widerstand, ohne Schwertstreich; **3.** Wunde *f*, Verletzung *f*; ~ *de feu* Schußwunde *f*; **4.** Schuß *m*, Knall *m*; ~ *d'avertissement* Warnungsschuß *m*; ~ *de canon* Kanonenschuß *m*; ⚓ ~ *de détresse* Notsignal *n*; ~ *de feu* Schuß *m*; *fig.* Gewimmel *n*, Betrieb *m*; ~*s pl. de feu* Schießen *n*, Geschieße *n*; F ~ *de fusil* gepfefferte Rechnung *f*; Wucherpreis *m*; **5.** *fig.* Handlung *f*, Streich *m*, F Stückchen *n*, P Ding *n*, Sache *f*; ~ *d'audace* Wagestück *n*; ~ *d'autorité* Gewaltstreich *m*; Machtspruch *m*; ~ *d'éclat* aufsehenerregendes Ereignis *n*; ~ *d'essai* erster Versuch *m*; ~ *d'État* Staatsstreich *m*; ~ *de force* Putsch *m*, Gewaltstreich *m*; *fig.* Gewaltkur *f*; ~ *de main* Handstreich *m*, kühne Unternehmung *f*, Überfall *m*, Überrumpelung *f*; F *fig.* Dreh *m*; ~ *de maître* hervorragende Leistung *f*, Meisterstück *n*; ~ *monté* wohlüberlegte Tat *f*, vorbereitetes Spiel *n*, abgekartete Sache *f*; *monter le* ~ *à q.* j-m e-n Bären aufbinden, j-n beschwindeln; *sale* ~ Gemeinheit *f*; ~ *de tête* unüberlegte Handlung *f*; F ~ *de chien* Gewaltakt *m*, Krawall *m*; F ~ *dur* harter (*od.* schwerer) Schlag *m*, eklige Sache *f*; F *il a (reçu) le* ~ *de bambou* er hat 'nen leichten Tick; F *faire les 400* ~*s* ein tolles Leben führen; *je connais le* ~ ich kenne den Rummel; *faire le* ~ ein Ding drehen; *être dans le* ~ unter e-r Decke stecken; *valoir le* ~ sich lohnen, der Mühe wert sein; **6.** Ton *m*, Glockenschlag *m*; *sur le* ~ *de midi* Punkt zwölf Uhr; **7.** schnelle Bewegung *f* e-s Körperteils *od.* e-s Instruments; ♪ ~ *d'archet* Bogenstrich *m*; ~ *de chapeau* Abnehmen *n od.* Ziehen *n* des Hutes (*zum Grüßen*); Gruß *m*; ~ *de pinceau* Pinselstrich *m*; *fig.* kurze Beschreibung *f*; *donner un* ~ *de balai à la chambre* das Zimmer flüchtig ausfegen; *donner un* ~ *de brosse* abbürsten; *donner un* ~ *de fer* aufbügeln; ~ *de filet* Netzzug *m*; *fig.* Fang *m*; ~ *de pelle* Spatenstich *m*; ~ *de sonde* Stichprobe *f*; *donner un* ~ *de main* (*od. d'épaule*) *à q.* j-m unter die Arme greifen, j-m helfen *od.* behilflich sein; *à* ~*s de millions* mit e-m Aufwand vieler Millionen; ~ *d'œil* Blick *m*, *fig.* Überblick *m*; *donner un* ~ *d'œil à qch.* etw. flüchtig an- *od.* durch-sehen; *jeter un* ~ *d'œil dans les journaux* e-n Blick in die Zeitungen werfen; **8.** ⚕ ~ *de sang* Schlaganfall *m*; ~ *de soleil* Sonnenstich *m*; *weitS.* Gletscherbrand *m*; ~ *de chaleur* Hitzschlag *m*; **9.** plötzliche, kurze u. heftige Wirkung *f*; ~ *de théâtre* a) Theatereffekt *m*; b) *fig.* plötzliche, unerwartete Wendung *f*; plötzlicher Umschwung *m*, Knalleffekt *m*; **10.** Fall *m*, Fügung *f*; ~ *d'aventure* (seltsames) Abenteuer *n*; ~ *de chance* Glücksfall *m*; ~ *de malheur* Unglücksfall *m*; *ce fut un rude* ~ *pour lui* das war für ihn ein harter Schlag; *être aux cent* ~*s* nicht ein noch aus wissen; **11.** Mal *n*; *deux* ~*s* zweimal; *d'un (seul)* ~ auf einmal; plötzlich; *du premier* ~ auf den ersten Schlag; *pour le* ~ diesmal; *advt. tout à* ~ plötzlich; *tout d'un* ~ auf einmal, plötzlich; *à* ~ *sûr* todsicher, mit tödlicher (*od.* hundertprozentiger) Sicherheit; *à* ~ *perdu* aufs Geratewohl; *à tout* ~ jedesmal; *sur le* ~ sofort; ~ *sur* ~ Schlag auf Schlag; *après* ~ hinterher, nachträglich; *encore un* ~ noch einmal; *entrer en* ~ *de vent* hereingestürmt kommen; **12.** Schluck *m*, Trunk *m*; *d'un seul* ~ mit einem Zug; *boire un* ~ e-n Schluck nehmen, e-n zu sich nehmen P; e-n heben P; ~ *de l'étrier* Abschiedstrunk *m*; **13.** Zug *m*, Wurf *m*, Ausspielen *n e-r Karte*; *bill.* Stoß *m*; *Sport*: *tous les* ~*s sont bons* alle Mittel sind recht; **14.** *esc.* ~ *fourré* Doppelstoß *m*; **15.** ⚓ ~ *de gouvernail* Ruck *m* mit dem Steuerruder; ~ *du fond* Grundsee *f*; ~ *de mer* Wellenschlag *m*; *bien tenir le* ~ Wind und Wetter aushalten; **16.** *fig.* *traduire à* ~*s de dictionnaire* mit Hilfe des Wörterbuchs mühselig übersetzen.

coupable (ku'pablə) **I** *adj.* □ **1.** schuldig; *s'avouer* ~ sich schuldig bekennen; *se rendre* ~ *d'un crime* sich e-s Verbrechens schuldig machen; **2.** *action f* ~ strafbare Handlung *f*; être *dans le* ~ an dem Verbrechen beteiligt sein, darin verwickelt sein; **II** *su.* Schuldiger *m*, Täter *m*.

coupage (ku'paːʒ) *m* **1.** ⊕ Zerteilen *n*, (Zu-)Schneiden *n*; ~ *à l'autogène* ⊕ Brennschneiden *n*; **2.** (Wein-)Verschnitt *m*.

coupant (ku'pɑ̃) **I** *adj.* [7] schneidend, scharf; **II** *m* Schneide *f e-s Messers usw.*

coup-de-poing (kud'pwɛ̃) *m* [6b] **1.** Schlagring *m*; **2.** Taschenpistole *f*.

coupe[1] (kup) *f* **1.** Schneiden *n*; Fällen *n*; ⊕ Schlag *m* (*e-s Lufthammers*); ~ *des cheveux* Haarschnitt *m*; Haarschneiden *n*; **2.** *mét.* Verseinschnitt *m*, Zäsur *f*; **3.** *for.* ~ (*de bois*) Holzschlag *m*; ~ *sombre* a) *for.* Dunkelschlag *m*; b) *fig. pol.* Säuberung *f*, Ausmerzung *f*; **4.** *fig.* être *sous la* ~ *de q.* von j-m völlig abhängen; *tomber sous la* ~ *de q.* in j-s Hände (*od.* unter j-s Einfluß) geraten; **5.** Schnitt (-fläche *f*) *m*, An-, Durch-schnitt *m*; ~ *en long* (*en travers*) Längs- (Quer-)schnitt *m*; **6.** Schnitt *m*, Zuschneiden *n* (*beim Schneider*); *fig.* Anlage *f*, Anordnung *f*, Bau *m*, Einteilung *f*; **7.** Behauen *n*; **8.** *Kartenspiel*: Abheben *n*; **9.** Stoßschwimmen *n* (*auf der Seite*), Arm-über-Arm-Schwimmen *n*.

coupe[2] (~) *f* (Trink-)Becher *m*, Schale *f*, Pokal *m*; *fig. prov. il y a loin de la* ~ *aux lèvres* (*od. il y a bon espace entre* ~ *et palais*) da wird noch manches Wasser vom Berge fließen; es wird nichts so heiß gegessen, wie es gekocht wird.

coupé (ku'pe) *m* **1.** Halbkutsche *f* (*zweisitzig*); **2.** *Auto*: Kupee *n*; **3.** Biegeschritt *m* (*beim Tanzen*).

coupe|-asperges ⚘ (kupas'pɛrʒ) *m* [6c] Spargelstecher *m*; **~-cercle** (~'sɛrklə) *m* [6d] **1.** *mach.* Schneidezirkel *m*; **2.** *men.* Zentrum-, Windel-bohrer *m*; **~-choux** F (~'ʃu) *m* [6c] *rl.* Laienbruder *m* für niedrige Dienstleistungen; **~-cigare** (~si'gaːr) *m* [6c] Zigarren(spitzen-) abschneider *m*; **~-circuit** ⚡ (~sir'kɥi) *m* [6c] Sicherung *f*; Sicherheitsschalter *m*; **~-cors** (~'kɔːr) *m* [6c] Hühneraugenmesser *n*.

coupée ⚓, ✈ (ku'pe) *f* Fallreep *n*.

coupe|-fil (kup'fil) *m* [6c] Drahtzange *f*; **~-file** (~) *m* [6c] Passierschein *m bei Paraden usw.*; **~-gorge** (~'gɔrʒ) *m* [6c] Räuberhöhle *f*, Mördergrube *f*; **~-jarret** (~ʒa'rɛ) *m* [6c] Meuchelmörder *m*; *fig.* Halsabschneider *m*; Lump *m*, Strolch *m*, gemeiner Kerl *m*; **~-légumes** (~le'gym) *m* [6c] Wiegemesser *n*.

coupel|lation *métall.* (kupɛlɑ'sjɔ̃) *f* Scheidung *f*; **~le** ⊕ (~'pɛl) *f* Treibherd *m*; Probiertiegel *m*.

coupement (kup'mɑ̃) *m* **1.** ⊕, *charp.* Zersägen *n*; **2.** 🚂 Kreuzung *f*.

coupe|-ongles (ku'pɔ̃ːglə) *m* [6c] Nagelschere *f*; **~-papier** (~pa'pje) *m* [6c] **1.** Papiermesser *n*; *Büro*: Papierschneider *m*; **2.** Falzbein *n*; **~-pâte** (~'pɑːt) *m* [6c] *Bäckerei*: **Teig-rädchen *n*, -messer *n*.**

couper (ku'pe) [1a] **I** *v/t.* **1.** (auf-, ab-, be-, zer-, durch-)schneiden; *cin.* wegfallen lassen (*Drehbuch*); ⚘ kupieren; ~ (*avec les dents*) durch-, ab-beißen; ~ (*avec une scie*) durch-, ab-sägen; ~ *du bois* Holz fällen; ~ *en deux* entzweischneiden; ~ *qch. en* (*od. par*) *morceaux* (*en* [*od. par*] *tranches*) etw. in Stücke (in Scheiben) schneiden; ~ *par le milieu* mitten durchschneiden; se *faire* ~ *les cheveux* sich die Haare schneiden lassen; ~ *la gorge à q.* j-m den Hals abschneiden; ~ *à la pince* abzwicken; ⚓ ~ *un mât* e-n Mast kappen; *ça te la coupe, hein!* da staunst'de!, da bleibt e-m die Spucke weg!; **2.** *Stoff* zuschneiden; **3.** hemmen, abschneiden, unterbrechen; ~ *l'appétit* den Appetit nehmen; ~ *l'appétit à q.* auf j-n abstoßend wirken; ~ (*le*) *chemin à q.* j-m den Weg abschneiden, *fig.* j-m zuvorkommen; *fig.* ~ *chemin à qch.* etw. zum Stillstand bringen; *téléph.* ~ *la communication* das Gespräch (die Verbindung) unterbrechen; ~ *la fièvre* das Fieber senken (*od.* reduzieren); ~ *la parole à q.* j-n unterbrechen, j-m ins Wort fallen; *fig.* ~ *le sifflet à q.* j-m den Mund stopfen; ~ *une route* e-n Weg versperren; ~ *les vivres* die Lebensmittelzufuhr unterbinden; **4.** durch-schneiden, -brechen, -queren; ⚔ abdrängen; ~ *la ligne ennemie* die feindliche Linie durchbrechen; **5.** *Tennis*: ~ *la balle* schneiden; *Spiel*: ~ *une carte* e-e Karte stechen; ~ *du roi* mit dem König stechen; **6.** rissig machen; *le* *froid m'a coupé les lèvres* die Lippen sind mir vor Kälte aufgesprungen; *ce vent coupe le visage* dieser Wind schneidet e-m ins Gesicht; **7.** *e-e Flüssigkeit* mischen; *~ le lait avec de l'eau* Wasser in die Milch tun; *~ du vin* Wein verdünnen; *~ le vin* den Wein (ver)schneiden; **8.** *~ les sons* die Töne kurz abstoßen; *style m coupé* Schreibart *f* in kurzen, abgerissenen Sätzen; **9.** *~ court ein Gesprächsthema usw.* abbrechen; *~ court à q.* mit j-m kurzen Prozeß machen; *~ court à qch.* etw. vereiteln; **10.** ⚡ *~ le courant* (*od. le contact*) den Strom unterbrechen, ausschalten; *Auto*: *~ le(s) gaz* das Gas wegnehmen, (ab)drosseln; *Auto*: *~ l'allumage* die Zündung abstellen; **II** *v/i.* **11.** scharf sein, schneiden; *ne pas ~* stumpf sein; *~ dans le vif* ins Fleisch schneiden; *fig.* einschneidende Maßnahmen ergreifen; **12.** abheben (*im Spiel*); **13.** *téléph.* trennen; *vous avez coupé trop tôt* Sie haben zu früh getrennt; **14.** *Tanzkunst*: den Biegeschritt machen; **15.** P *~ dans le pont, ~ là-dedans* auf den Leim gehen, reinfallen, sich beschwindeln lassen; *mais Jean et moi n'y couperons pas* aber Jean und ich werden darauf nicht reinfallen; **16.** P *~ à qch.* von etw. verschont werden, e-r Sache entgehen, sich e-r Sache entziehen, sich vor etw. drücken; *il n'y couperait pas si ...* es bliebe ihm nicht erspart, wenn ...; *il ne coupera pas à la visite* er wird die Untersuchung nicht vermeiden können; **17.** *~ à travers champs* querfeldein laufen; **III** *v/rfl.* *se ~* **18.** sich schneiden; *se ~ au doigt* sich in den Finger schneiden; *se ~ le doigt* sich den Finger abschneiden; **19.** sich kreuzen; **20.** F sich widersprechen; F *se ~ en parlant* sich verschnappen F.

coupe-racines ⚒ (kupra'sin) *m* Rübenschneider *m*.

couperet (ku'prɛ) *m* Hack(e)messer *n*; ⊕ Drahtzange *f*; Fallbeil *n*.

couperose ⚘ (ku'pro:z) *f* Kupferausschlag *m*.

coupe|-tête P (kup'tɛt) *m* [6c] Henker *m*; **~-tuyau** ⊕ (~tɥi'jo) *m* [6c] Rohrabschneider *m*.

coupeu|r (ku'pœ:r) *su.* [7g] **1.** *su.* Zuschneider *m* (*Konfektion*); **2.** *~ de bourse* Taschendieb *m*; *~ d'oreilles* Schläger(typ) *m*, Raufbold *m*; **~se** ⊕ (~'pø:z) *f* Beschneidemaschine *f*; *~ de papier* Papierschneidemaschine *f*.

coupe-vent (kup'vɑ̃) *m* [6c] **1.** 🚂 Windleitblech *n e-r Lokomotive*; **2.** 🚂, *Auto*: Windschutzscheibe *f*; **3.** *porte f ~* Drehtür *f*, Windfangtür *f*.

coup|lage ⊕, *rad.* (ku'pla:ʒ) *m* Kuppelung *f*, Schaltung *f*; **~le** ('kuplə) **I** *m* **1.** Paar *n lebender Wesen*, Pärchen *n*; *~ d'amis* (*d'amoureux*) Freundes-(Liebes-)paar *n*; *~ de pigeons* Taubenpaar *n*; **2.** ⚡ Element *n* **3.** ⊕ *~ de forces* Kräftepaar *n*; **4.** ⚠, ⚓ Spant *n*; **II** *f* **5.** Paar *n zufällig vereinter Dinge*; *une ~ d'œufs* zwei Eier *n/pl.*; **6.** *ch.* Koppelriemen *m*; **~ler** (~'ple) *v/t.* [1a] **1.** paarweise zs.-tun; *ch.* Hunde koppeln; **2.** ⊕ aneinander befestigen, kuppeln, anhängen; ⚡ zs.-schalten; **~let** (~'plɛ) *m* **1.** *thé.* Tirade *f*, längere Stelle *f* in e-m Schauspiel; **2.** *mét.* Strophe *f*, Vers *m*; **3.** *~s pl.* Lied(chen *n*) *n*, Couplet *n*.

coupleur (ku'plœ:r) *m* **1.** 🚂 Kuppler *m*; **2.** ⚡ Schalter *m*; *~ série-parallèle* Serienparallelschalter *m*.

coupoir ⊕ (ku'pwa:r) *m* **1.** Blechschere *f*; **2.** Schneidbrenner *m*; **3.** Schneidemesser *n*.

coupole (ku'pɔl) *f* **1.** Kuppel *f*; *~ blindée* Panzerkuppel *f*; **2.** Dom *m*; **3.** F *la* ♀ die Académie Française *f*.

coupon (ku'pɔ̃) *m* **1.** Stoffrest *m*; **2.** ✝ Zinsschein *m*, Coupon *m*; *~ de bénéfice, ~ de dividende* Gewinnanteilschein *m*; *~ d'intérêt* Zins-bogen *m*, -abschnitt *m*; *allg.* *~ de contrôle* Kontrollabschnitt *m*; ✉ *un ~ réponse international* ein internationaler Rückantwortschein *m*; **3.** *allg.* Abschnitt *m*.

coupure (ku'py:r) *f* **1.** Einschnitt *m*; Schnitt(wunde *f*) *m*; *se faire une ~ à la main* sich in die Hand schneiden; **2.** Zeitungsausschnitt *m*; Blatt *n* (*Landkarte*); **3.** Unterbrechung *f*; ⚡ *~ du courant* Stromsperre *f*, -unterbrechung *f*; **4.** ✝ kleinerer Geldschein *m*; **5.** Kürzung *f e-s Textes od. Musikstückes*; **6.** *géol.* *~ transversale* Querverwerfung *f*, Verschiebung *f*.

cour (ku'r) *f* **1.** Hof *m*; *~ d'entrée* Vorhof *m*; *~ d'honneur* Schloßhof *m*; *dans la ~* auf dem (*bzw.* den) Hof; *~ intérieure* Innenhof *m*, Lichtschacht *m*; **2.** Hof(haltung *f*) *m*, Hofstaat *m*, Regierung *f*; *à la* ~ bei Hofe; *gens m/pl.* (*od. cercles m/pl.*) *de la* ~ Hofkreise *m/pl.*; *homme m de* ~ Höfling *m*; ~ *plénière* große Hofgesellschaft *f*; *faire la* (*od. sa*) ~ *à q.* j-m s-e Aufwartung (*od.* den Hof) machen; mit j-m anbändeln (*od.* poussieren F); *j'ai bien fait votre* ~ *au roi* ich habe Sie bestens beim König empfohlen; **3.** ⚖ Gericht(shof *m*) *n*; ~ *d'appel* Berufungs-, Appellations-gericht *n*; ~ *d'assises* Schwurgericht *n*; ♀ *de cassation* Kassationshof *m*, Revisionsgericht *n*; *Haute* ♀ *de Justice* Staatsgerichtshof *m*; ♀ *permanente internationale d'Arbitrage* Ständiger internationaler Schiedshof *m im Haag*; ~ *martiale* Kriegs-, Stand-gericht *n*; ♀ *des comptes* Rechnungshof *m*; ~ *des échevins* Schöffenkammer *f*; *mettre hors de* ~ abweisen; *prononcer un hors de* ~ ein Verfahren einstellen.

coura|ge (ku'ra:ʒ) *m* **1.** Mut *m*, Kühnheit *f*; Entschlossenheit *f*; Eifer *m*; *sans* ~ mutlos; *manque m de* ~ Mutlosigkeit *f*; *avoir du* ~ Mut haben; *avoir bon* ~ getrosten (*od.* guten) Mutes sein; *manquer de* ~ keinen Mut haben; *perdre* ~ den Mut sinken lassen; *prendre* ~ Mut fassen; *prendre son* ~ *à deux mains* sich ein Herz fassen; **2.** Kaltherzigkeit *f*; **~geux** (kura'ʒø) *adj. u. su.* [7d] □ mutig, beherzt, kühn, wacker; *der* Mutige *m usw.*

courailler P (kurɑ'je) *v/i.* [1a] sich rumtreiben; liederlich leben.

couramment (kura'mɑ̃) *adv.* fließend, geläufig, mit Leichtigkeit; gewöhnlich.

courant (ku'rɑ̃) **I** *adj.* [7] **1.** laufend; fließend; *le cinq* ~ (*abr. ct.*) am fünften dieses Monats; *ch. chien* ~ Jagdhund *m*; ✝ *compte m* ~ laufende Rechnung *f*; ✝ *main f* ~*e* Kladde *f*; ⚓ *manœuvres f/pl.* ~*es* laufendes Tauwerk *n*; *prix m* ~: a) Marktpreis *m*; b) Preisliste *f*; *terme m* ~ fällige (Zins- *usw.*) Zahlung *f*; **2.** gebräuchlich, üblich, gewöhnlich, gangbar; *argent m* ~, *monnaie f* ~*e* kursierendes, gültiges Geld *n*; **3.** geläufig, flott (*Handschrift*); **II** *advt.* **4.** *tout* ~ in aller Eile eiligst; **III** *m* **5.** Lauf *m*, Strom *m* (*auch fig. u.* ⚡); (⚓, *fig.*) Strömung *f*; *Auto*: ~ *opposé* Gegenverkehr *m*; *fig. lutter contre le* ~ gegen den Strom schwimmen; *suivre le* ~ mit dem Strom schwimmen; *les grands* ~*s de l'opinion* die Hauptströmungen *f/pl.* der öffentlichen Meinung; ~ *d'air* Luftzug *m*; *faire un* ~ *d'air* e-n Durchzug machen; *il y a un* ~ *d'air* es zieht; ~ *d'eau* Bach *m*, Flüßchen *n*; *rad. modèle m pour tous* ~*s* Allstromgerät *n*; ⚡ ~ *alternatif* Wechselstrom *m*; ~ *continu* Gleichstrom *m*; ⚡ ~ *à basse* (*à haute*) *tension* Schwach(Stark-)strom *m*; ⚡ ~ *triphasé* Dreh-, Dreiphasestrom *m*; ⚡ ~ *primaire* (*secondaire*) Primär-(Sekundär-)strom *m*; **6.** laufende Zeit *f*, Verlauf *m*; laufender Monat *m*; ✝ *fin* ~ Ende laufenden Monats, Ultimo *m*; *dans le* ~ *du mois* im Laufe des Monats; **7.** Gang *m*, *fig.* Rummel *m* F; ~ *des affaires* Geschäftsgang *m*; *être au* ~ (*des affaires*) mit dem Geschäftsgang vertraut sein; *abs. être au* ~ auf dem laufenden sein, Bescheid wissen; ✝ keine Rückstände haben; *mettre q. au* ~ *de* j-n genau unterrichten von (*dat.*); *se mettre au* ~ (*de*) sich vertraut machen (mit *dat.*); *se tenir au* ~ sich auf dem laufenden halten; ✝ *les livres m/pl. ne sont pas au* ~ die Posten *m/pl.* sind nicht bis auf den heutigen Tag eingetragen; **8.** ~ *du marché* heutiger Marktpreis *m*; **9.** ⚓ ~ *de manœuvre* laufender Teil *m* eines Tauwerks.

courante (ku'rɑ̃:t) *f* **1.** Kurrentschrift *f*; **2.** P Durchfall *m*.

cour|bage (kur'ba:ʒ) *m* Krümmen *n*; **~bant** (~'bɑ̃) *adj.* [7] biegsam.

courbatu (kurba'ty) *adj. vét.* steif, herzschlägig (*von Pferden*); *fig.* wie zerschlagen, wie gerädert, ganz kaputt F; **~re** (~'ty:r) *f* Steifheit *f*, Herzschlägigkeit *f* (*v. Pferden*); *fig. oft im pl.*: ~*s* allgemeine Erschöpfung *f od.* Mattigkeit *f*, Muskelkater *m*; **~ré** (~ty're) *adj.* gliedersteif, wie gerädert; **~rer** (~) *v/t.* [1a] völlig erschöpfen.

courb|e (kurb) **I** *adj.* **1.** krumm, gebogen; **II** *f* **2.** Kurve *f*; Bogenlinie *f*; ✝ ~ *des prix* Preiswelle *f*; ~ *économique*, ~ *de l'économie* Wirtschaftskurve *f*; ~ *de vente* Verkaufskurve *f*; ⚕ ~ *de température* Temperaturkurve *f*; **3.** Bucht *f*, Krümmung *f*, (Fluß-)Bogen *m*;

~ement (kurbə'mɑ̃) *m* Krümmen *n*.
courber (kur'be) [1a] **I** *v/t*. krümmen, biegen, beugen; ~ *le front* (*od. le dos*) sich demütig verneigen; *courbé de vieillesse* altersgebeugt; **II** *v/rfl*. se ~ krumm werden; sich beugen, sich bücken; *se ~ devant q.* vor j-m kriechen.
courbette (kur'bɛt) *f* **1.** *man.* Bogensprung *m*; **2.** F *péj.* tiefe Verbeugung *f*, *fig.* tiefer Bückling *m* (*iron.*).
courbure (kur'by:r) *f* Krümmung *f*, Biegung *f*, Bogen *m*, Abrundung *f*, Wölbung *f*; ✈ ~ *de l'extrados* Oberflächenwölbung *f*.
courcail|ler (kurkɑ'je) *v/i*. [1a] schlagen (*Wachtel*); **~let** (~'jɛ) *m* Wachtel-schlag *m*, -pfeife *f*.
courçon ✓ (kur'sɔ̃) *m vit.* Schoßrebe *f*; ✓ kleiner Nebenzweig *m*.
courette (ku'rɛt) *f* kleiner Innenhof *m*.
coureur (ku'rœ:r) **I** *m* **1.** *Sport*: Läufer *m*; Rennfahrer *m*, Dauerfahrer *m*; Rennreiter *m*; Rennpferd *n*; ~ (*automobil[ist]e, cycliste usw.*) Rennfahrer *m*; ~ *individuel* Einzelfahrer *m*; ~ *suppléant*, ~ *remplaçant* Ersatzfahrer *m*; ~ *de fond* Langstrecken-fahrer *m*, -läufer *m*; ~ *de demi-fond* Mittelstrecken-fahrer *m*, -läufer *m*; ~ *de vitesse sur faible parcours od. distance* Kurzstreckenläufer *m*; ~ *à longue* (*courte*) *distance* Lang-(Kurz-)streckenfahrer *m*; *femme f coureur Sport*: Läuferin *f*; **2.** *péj.* Rumtreiber *m*; häufiger Besucher *m*; F ~ *de bals* j., der auf alle Bälle läuft; ~ (*de femmes*, ~ *de filles*, ~ *de jupons*) Schürzenjäger *m*; ~ *de nuit* Nachtschwärmer *m*; ~ *de places* Stellenjäger *m*; **3.** ⚔ Meldeläufer *m*; **4.** **~s** *pl.* Laufvögel *m/pl*.
coureuse *péj.* (ku'rø:z) *f* Straßendirne *f*, Hure *f* V, Fose *f* V.
courge ⚘ (kurʒ) *f* Kürbis *m*.
courir (ku'ri:r) [2i] (*mit avoir!*) **I** *v/i*. **1.** rennen, (schnell) laufen; P = *aller* gehen; ~ *aux armes* zu den Waffen eilen; *fig.* ~ *à sa perte* ins Verderben rennen; ~ *après l'argent* dem Gelde nach laufen; ~ *à toutes jambes* die Beine in die Hand nehmen, wetzen P, flitzen P, rasen; *arriver en courant* herbeigelaufen kommen; *passer en courant* vorbeilaufen, vorübereilen; *vous pouvez* (*toujours*) ~*!* da ist doch nichts zu machen!; das kriegen (*od.* schaffen) Sie nie!; *sortir en courant* herausgerannt kommen, hinauseilen; **2.** umher-, herum-laufen *od.* -streifen, herumschwärmen; ~ *toujours* immer noch frei herumlaufen; **3.** e-n Wettlauf machen; rennen (*im Wettrennen*); **4.** im Umlauf sein, umlaufen, verbreitet sein (*Gerücht*); ⚕ grassieren; *il court un bruit* es geht ein Gerücht; *faire ~ un bruit* ein Gerücht verbreiten; **5.** fließen; ~ *à la mer* sich in das Meer ergießen; **6.** verlaufen, verstreichen; *l'année qui court* das laufende Jahr *n*; *par les temps qui courent* bei den heutigen Zeiten; **7.** *fig.* ~ *à sa fin* zu Ende gehen, bald am Ziele sein; **8.** ✝ fällig sein, laufen (*von Zinsen usw.*); **9.** ⚓ Fahrt machen; ~ *au nord* nordwärts segeln, nach Norden steuern; ~ *devant le vent* lenzen, bei schwerem Sturm mit gerafften Segeln vor dem Wind laufen; ~ *sur la terre* landwärts segeln; **II** *v/t*. **10.** durch-laufen, -streifen; ~ *le monde* (*le pays*) in der Welt (im Lande) umher-ziehen *od.* -reisen; ~ *les rues* sich herumtreiben; stadtbekannt sein; überall erzählt werden; **11.** häufig besuchen; ~ *les bals* viel auf Bälle gehen; **12.** jagen, nachjagen (*dat.*), verfolgen; *fig.* nachlaufen (*dat.*), suchen; ~ *l'aventure* auf Abenteuer ausgehen; ~ *les honneurs* auf Auszeichnungen erpicht sein; *c'est une chance à ~* man muß (*od.* kann) es wagen; *être fort couru* sehr gesucht sein, großen Zulauf haben; ~ *deux lièvres à la fois* zwei Ziele zugleich erreichen wollen, *fig.* zwei Fliegen mit einer Klappe schlagen wollen; F *péj.* ~ *la pretantaine* rumbummeln; ~ *les filles* (*od. le jupon*) den Mädchen hinterherlaufen, ein Schürzenjäger sein; P *il me court* er fällt mir auf die Nerven (*od.* auf den Wecker P); **13.** ~ *un danger* sich e-r Gefahr aussetzen; ~ *le risque de* (*inf.*) Gefahr laufen zu ...; ~ *risque de la vie* sein Leben aufs Spiel setzen; **14.** F ~ *la poste en faisant qch.* etw. überhastet tun; **15.** ~ *un prix* (um e-n Preis) rennen; **16.** ⚔ durchstreifen, Streifzüge machen durch (*acc.*); **17.** ⚓ ~ *des bordées* lavieren; **III** *v/rfl.* *Autorennen*: *se ~ à tout va* sich mit dem Aufgebot aller Kräfte jagen.

cour|lis (kur'li), **~lieu** *orn.* (~'ljø) [5b] *m* Brachvogel *m*.

couronne (ku'rɔn) *f* **1.** Krone *f*; Kranz *m*; *fig.* Preis *m*; ~ *de fleurs* (*de laurier*) Blumen-(Lorbeer-)kranz *m*; ~ *d'épines* Dornenkrone *f*; ~ *d'épis* (*et de fleurs*) Erntekranz *m*; ~ *de fer* eiserne Krone *f*; ~ *funéraire* Totenkranz *m*; ~ *du martyre* Märtyrerkrone *f*; ~ *mortuaire* Totenkranz *m*; **2.** Königs-, Kaiserwürde *f*; König-, Kaiser-reich *n*; Fürst *m*; *abdiquer la* ~ die Krone niederlegen; *avènement m à la* ~ Thronbesteigung *f*; *discours m de la* ~ Thronrede *f*; *héritier m de la* ~ Thronerbe *m*; *prétendant m à la* ~ Kronprätendent *m*; **3.** *rl.* kleiner Rosenkranz *m*; Tonsur *f*; **4.** ⚠ Kranzleiste *f*; **5.** *horl.* Aufziehknopf *m*; ⊕ ~ *d'une roue* Felgen-, Radkranz *m*; ~ *dentée* Zahnkranz *m*; ~ *de frein* Bremskranz *m*; **6.** *anat.* (Zahn)Krone *f*; **7.** *ast.* ~ *solaire* (Sonnen)Korona *f*; **8.** ✝ Krone *f*.

couron|nement (kurɔn'mɑ̃) *m* **1.** Krönung *f*, Krönungsfeierlichkeit *f*; *fig.* Vollendung *f*; **2.** ⚠ Krone *f*; kronenförmiger Zierat *m*; Mauerkranz *m*; ~ *d'une digue* Deich-kappe *f*, -krone *f*; **~ner** (kurɔ'ne) [1a] **I** *v/t.* **1.** krönen; bekränzen; *fig.* prämiieren; *couronné* preisgekrönt; *couronné de succès* erfolgreich; **2.** ~ *les vœux de q.* j-s Wünsche erfüllen; **3.** umkränzen, einfassen; *plaine f couronneé de montagnes* von Bergen umschlossene Ebene *f*; **4.** *ch.* *tête f couronnée* Kron(en)gehörn *n*; **II** *v/rfl.* *se* ~ sich krönen; sich bekränzen, sich bedecken (*de* mit *dat.*); *fig.* sich zum Herrscher machen.

cou-rouge F *orn.* (ku'ruːʒ) *m* [6a] Rotkehlchen *n*.

courre (kuːr) *nur im inf. gbr.* **I** *v/t.* *ch.* ~ *le cerf* den Hirsch jagen; **II** *v/i.* *ch.* *laisser* ~ (*les chiens*) die Hunde loskoppeln; *chasse f à* ~ Parforcejagd *f*, Hetzjagd *f*.

courrier (ku'rje) *m* **1.** Eilbote *m*, Kurier *m*, reitender Bote *m*; Postauto *n*, -wagen *m*, -schiff *n*; ✈ Verkehrsflugzeug *n*; *fig.* ~ *de malheur* Unglücksbote *m*; **2.** ⚒ 🐎 Postkutsche *f*; **3.** Korrespondenz *f*, Postsachen *f/pl.*, eingegangene (*od.* abgeschickte) Briefe *m/pl.*; ✝ *par retour du* ~ postwendend; *par le premier* (*prochain*) ~ mit der ersten (nächsten) Post; *faire son* ~ s-e Briefe schreiben, s-e Post erledigen; *expédier son* ~ s-e Briefe absenden; *lire son* ~ die eingegangenen Briefe lesen; **4.** ~ *des théâtres* Theaterbericht *m*, -chronik *f*.

courriériste *journ.* (kurje'rist) *m* Chronist *m*.

courroie (ku'rwa) *f* Riemen *m*; ⊕ ~ *de monte-charges* Lade-(Hebe-)band *n*; ~ *de sac* Tornisterriemen *m*; ⊕ ~ *de commande* Antriebsriemen *m*; ~ *de transmission* Treibriemen *m*; ⊕ ~ *transporteuse* Förderband *n*.

cour|roucer (kuru'se) [1k] *v/t.* (heftig) erzürnen, in Harnisch bringen; **~roux** *poét., st.s.* (ku'ru) *m* **1.** Zorn *m*, Grimm *m*; *entrer en* ~ zornig werden; **2.** *fig.* Toben *n des Meeres*.

cours (kuːr) *m* **1.** Strömung *f*; ~ *d'eau* Wasserlauf *m*, Bach *m*, Rinnsal *n*; *donner* ~ *à l'eau* dem Wasser e-n Lauf (*od.* Abfluß) geben; ~ *rapide* reißende Strömung *f*; **2.** Strecke *f*, Lauf *m*; **3.** Lauf *m der Gestirne*; ~ *orbital* Kreislauf *m*; **4.** *fig.* Gang *m*, Fortschritt *m*, Verlauf *m*; Dauer *f*; ⊕ ~ *de la fabrication* Arbeitsgang *m*; ~ *de la justice* Lauf *m* der Gerechtigkeit; *l'affaire f suit son* ~ die Sache geht ihren Gang; *les négociations f/pl. en* ~ die zur Zeit laufenden Verhandlungen *fpl.*; *bâtiment m de* (*capitaine m au*) *long* ~ Schiff *n* (Kapitän *m*) für überseeische Fahrten; *dans le* (*od. au*) ~ *du mois* im Laufe des Monats; *gr.* *dans le* ~ *de la phrase* innerhalb des Satzes; **5.** Umlauf *m*; Geltung *f*, Gültigkeit *f*, Gangbarkeit *f*, Gebräuchlichkeit *f*; Gebrauch *m*; *cette monnaie n'a plus* ~ diese Münze ist nicht mehr im Kurs; *prendre* ~ Mode werden, aufkommen; **6.** ✝ Kurs *m*, Gang *m*, Notierung *f*; ~ *de la bourse* Börsenkurs *m*; Kurszettel *m*; ~ *forcé* Zwangskurs *m*; ~ *du marché* Marktbericht *m*, -preis *m*; ✝ *premier* ~ Anfangskurs *m*; *le plus haut* ~ der Höchstkurs; ~ *de prolongation* Prolongationskurs *m*; ~ *des devises*, ~ *du change* Devisenkurs *m*; ~ *pl. libres* Freiverkehrskurse *m/pl.*, nachbörsliche Preise *m/pl.*; *avoir* ~ Kurs haben, gangbar sein; Gültigkeit haben; *les* ~ *sont élevés* die Kurse *m/pl.* stehen hoch; **7.** Länge *f e-s Flusses*; *la Seine a 800 kilomètres de* ~ die

Seine hat e-e Länge von 800 km; **8.** wissenschaftliche Vorlesung *f*, Lehrgang *m*, Kursus *m*; Kolleg *n*; ~ *de philosophie* philosophisches Kolleg *n*; ~ *d'instruction* (*de perfectionnement*) Ausbildungs-(Fortbildungs-)lehrgang *m*; ~ *préparatoire* Einführungslehrgang *m*; ~ *de formation* Schulungslehrgang *m*; ~ *de ski sur écorce* Trockenkursus *m*; ~ *de publicité* Werbeunterricht *m*; ~ *par correspondance* Fernunterricht(skursus *m*) *m*; *faire des* ~ Vorlesungen halten; *faire un* ~ (*de logique*) ein Kolleg (über Logik) halten; *faire son* ~ *de droit* die Rechte studieren; *s'inscrire pour un* ~ ein Kolleg belegen; *suivre un* ~ e-e Vorlesung besuchen *od.* hören; **9.** Lehrbuch *n*; ~ *de langue anglaise* Lehrgang *m* der englischen Sprache; **10.** *rl.* ~ *ecclésiastique* Stundengebete *n/pl.*; **11.** Korso *m*, Baumpromenade *f*; **12.** △ ~ *d'assise* ununterbrochene Steinreihe *f*; ~ *de pannes* Dachstuhl(p)fetten *f/pl.*

course (kurs) *f* **1.** Laufen *n*, Rennen *n*; (*au*) *pas m de* ~ (im) Laufschritt *m*; *à la* ~ im Laufe(n); *poét.* Lauf *m*: *la* ~ *du soleil* die Sonnenbahn *f*; **2.** Wettlauf *m*, Wettrennen *n*; Gang *m*, (Turnier-)Rennen *n*; ⚔ ~ *aux armements* Rüstungswettlauf *m*, Wettrüsten *n*; ⚓ ~ *d'essai* Probefahrt *f*; *Sport*: ~ *d'essai* Vorlauf *m*; ~ *de repêchage* Zwischenlauf *m*; ~ *de* (*demi-*)*fond* Lang-(Mittel-)streckenlauf *m*; ~ *de vitesse sur faible parcours od. distance* Kurzstreckenlauf *m*; ~ (*de*) *relais* Stafetten-, Staffel-lauf *m*; ~ *de patrouille*(*s*) (*militaire[s]* Militär-)Patrouillenlauf *m*; ~ *à pied* Lauf-, Renn-sport *m*; ~ *plate*, ~ *de plaine* Flachrennen *n*; ~ *par pelotons* Mannschaftsrennen *n*; ~ *sur route* (*sur piste*) Straßen-(Bahn-)rennen *n*; *Auto*: ~ de côte(s) Bergrennen *n*; Bergprüfungsfahrt *f*; *Radsport*: ~ (*cycliste*) *de*(*s*) *six jours* Sechstagerennen *n*; *Schi*: ~ *de descente* Abfahrtslauf *m*; ~ *de ski* (*grand*) *fond* Schi-dauerlauf *m*, -langlauf *m*; ⚓ ~ *de*(*s*) *juniors* (*seniors*) Junioren-(Senioren-)rennen *n*; ~ *de quatre* (*de huit*) Vierer-(Achter-)rennen *n*; ~ *de lévriers* Windhundrennen *n*; ✈ ~ *aérienne* Luftrennen *n*; *champ m de* ~*s* Renn-bahn *f*, -platz *m*; *cheval m de* ~ Rennpferd *n*; ~ *cycliste* Radrennen *n*; ~ *de championnat* Meisterschafts-lauf *m*, -rennen *n*; ~ *de haies*, ~ *d'obstacles* Hindernisrennen *n*, Hürdenlauf *m*; ~ *motocycliste* (*od.* de *motos*) Motorradrennen *n*; **3.** Gang *m*, Fahrt *f*; Ausflug *m*, Abstecher *m*; *écol.* ~ *d'école* Klassenfahrt *f*; *garçon m de* ~ Botenjunge *m*; *prix m de la* ~ Fahrpreis *m* (*Taxi*); *être en* ~(*s*) weggegangen sein; *faire de grandes* ~*s* Wanderungen (*od.* Ausflüge) machen, wandern; *j'ai quelques* ~*s à faire* ich habe einige Besorgungen zu erledigen; **4.** ⊕, *mach.* ~ *du tiroir* Schubfachführung *f*; ~ *du piston* Hub *m* des Kolbens; **5.** ⚓ Kaperei *f*; *aller en* ~ auf Kaperei fahren; *vaisseau m armé en* ~ zur Kaperei ausgerüstetes Schiff *n*; *armement m en* ~ Ausrüsten *n* von Kaperschiffen; *guerre f de la* ~ Seeräuberei *f*; ~**-record** *Sport* (~rə'kɔ:r) *m* [6b] Rekordlauf *m*.

coursier (kur'sje) **I** *m* a) Streitroß *n*; b) Mühlbach *m*; **II** *su.* [7b] Laufjunge *m*, -mädchen *n*.

coursive ⚓, △ (kur'si:v) *f* Laufgang *m*.

courson ✂ (kur'sɔ̃) *m* = *courçon*.

court[1] (ku:r) **I** *adj.* [7] □ kurz; *fig.* beschränkt, nicht weitreichend, unzureichend; *avoir l'haleine* ~*e* einen kurzen Atem haben, engbrüstig sein; *être* ~ *de mémoire* ein kurzes Gedächtnis haben; *avoir la vue* ~*e* kurzsichtig sein; *fig. avoir des vues* ~*es* beschränkte Ansichten haben; *être* ~ sich kurz fassen, es kurz machen; **II** *m das* Kurze; *savoir le* ~ *et le long d'une affaire* alle Einzelheiten einer Sache kennen; alles haarklein wissen; *le plus* ~ der kürzeste Weg *m*; *être à* ~ *de qch.* etw. entbehren; *être à* ~ (*d'argent*) nicht viel Geld haben, knapp bei Kasse sein; *n'être jamais à* ~ *d'expédients* sich immer Rat (*od.* zu helfen) wissen, nie verlegen sein; *être à* ~ *d'idées* ohne Einfälle sein, sich nicht zu helfen wissen; *ne pas être à* ~ *de ressources* nicht um Hilfsmittel verlegen sein; **III** *adv.* kurz; plötzlich; *arrêter* ~ Einhalt tun; *s'arrêter* ~ plötzlich innehalten, stutzen; 🚗 *usw.* plötzlich halten; *couper* ~ *à q.* j-n unterbrechen, j-n kurz abfertigen; *couper* ~ *à qch.* etw. sofort abbrechen, mit e-r Sache sofort Schluß machen, F *fig.* mit e-r Sache kurzen Prozeß machen;

Vorschläge kurzerhand abschlagen; *Gerüchten usw.* kurz entschlossen entgegentreten, Einhalt tun, das Handwerk legen; (en) *demeurer* (*od. rester*) ~ in der Rede steckenbleiben, nicht weiter können, sich festreden, nichts mehr zu sagen wissen, platt (*od.* baff) sein F; *être pris de* ~ in Verlegenheit gebracht werden; *tourner* ~ *beim Reden* plötzlich abbrechen; *Krankheit, Verhandlung usw.*: ein plötzliches Ende nehmen.

court[2] (kɔrt) *m*: ~ (*de tennis*) Tennisplatz *m*; ~ *couvert* (Tennis-) Halle *f*.

courtage † (kur'ta:ʒ) *m* Maklergeschäft *n*, -gebühr *f*.

courtaud (kur'to) [7] **I** *adj.* untersetzt, kurz u. stämmig; *Hund, Pferd*: kupiert, abgestutzt; **II** *su.* kurzer, stämmiger Mensch *m*; **~er** (~to'de) *v/t.* [1a] *e-m Hund od. Pferd* Schwanz und Ohren stutzen.

court|-bouillon (kurbu'jɔ̃) *m* [6a] *cuis.* Fischbrühe *f*; **~-circuit** ⚡ (~sir'kɥi) *m* [6a] Kurzschluß *m*; **~-circuiter** ⚡ (~sirkɥi'te) *v/t.* kurzschließen.

courtepointe (kurt'pwɛ̃:t) *f* Steppdecke *f*.

courtier † (kur'tje) *m* Makler *m*, Aktienhändler *m*, Vermittler *m*, Agent *m*, Unterhändler *m* (*a. fig.*); ~ *d'annonces* Akquisiteur *m*; ~ *(non) assermenté* (un)beeidigter Makler *m*; ~ *électoral* Wahlagent *m*; ~ *marron* Winkelmakler *m*, freier Makler *m*; ~ *d'assurances* Versicherungs-makler *m*, -agent *m*; ~ *immobilier* Grundstücksmakler *m*; ~ *indicateur* Nachweismakler *m*; ~ *maritime* Schiffsmakler *m*; ~ *de transport* Speditionsmakler *m*.

courtilière *ent.* (kurti'ljɛ:r) *f* Maulwurfsgrille *f*.

courtine Δ (kur'tin) *f* Zwischenfassade *f*.

courti|san (kurti'zɑ̃) *m* Höfling *m*; *fig.* Schmeichler *m*; **~sane** (~'zan) *f* Kurtisane *f*; **~sanerie** (~zan'ri) *f* *fig.* Speichelleckerei *f*; **~ser** (~'ze) *v/t.* [1a]: ~ *q.* j-n umschmeicheln; j-m den Hof machen, F mit j-m poussieren.

courtois (kur'twa) *adj.* [7] □ liebenswürdig, verbindlich, höflich; höfisch, ritterlich; **~ie** (~twa'zi) *f* Liebenswürdigkeit *f*, Verbindlichkeit *f*, Höflichkeit *f*; Ritterlichkeit *f*.

couru (ku'ry) *adj. ch.* gejagt, verfolgt; *fig.* großen Zulauf habend, gesucht; besucht; F *c'est* ~ das ist ganz sicher, das steht fest, das ist klar.

couscous *cuis.* (kus'kus) *m* Kuskus *n* (*arabisches Gericht*).

cousette F (ku'zɛt) *f* kleine Schneiderin *f* (*oft als Kosewort*).

couseuse (ku'zø:z) *f* **1.** Näherin *f*; Broschürenhefterin *f*; **2.** ~ *mécanique* Heftmaschine *f*.

cousin (ku'zɛ̃) *m* **1.** Vetter *m*, Cousin *m*; *~s germains* Geschwisterkinder *n/pl.*; *~s issus de germains* Vettern *m/pl.* zweiten Grades; **2.** F guter Freund *m*; Gevatter *m*; **3.** *ent.* (Stech-)Mücke *f*.

cousi|nage (kuzi'na:ʒ) *m* Vetterschaft *f*; **~ne** (ku'zin) *f* Kusine *f* (*od.* Cousine *f*), Base *f*; ~ *germaine* leibliche Kusine *f*; **~ner** (kuzi'ne) **I** *v/t.* **1.** ~ *q.* j-n Vetter nennen, j-n wie seinen Vetter (*od.* s-e Cousine) behandeln; **II** *v/i.* [1a] **2.** F bei Verwandten nassauern; herumschmarotzen; **3.** sich vertragen, miteinander auskommen; *ils ne cousinent pas ensemble* sie vertragen sich nicht; **~nière** (~'njɛ:r) *f* Mükkennetz *n*.

coussin (ku'sɛ̃) *m* Kissen *n*; ~ *électrique* Heizkissen *n*; ~ *dorsal*, ~ *de dossier* Rückenkissen *n*; ~ *de feutre* Filzunterlage *f*; ~ *pneumatique* Luftkissen *n*; ~ *de protection* Schutzpolster *n*; ~ *de siège* Sitzkissen *n*; **~age** ⊕ (~si'na:ʒ) *m*: ~ *en butée double* Wechsellagerung *f*; **~et** (~'nɛ) *m* **1.** kleines Kissen *n*; ~ *pneumatique* Luftkissen *n*; **2.** ⊕ Lager *n*, Lagerschale *f*, Zapfenlager *n*, Lagerbüchse *f*, Auflager *n*, 🚂 Schienen-stuhl *m*, -lager *n*, Lagerschwelle *f*; ~ *à billes* Kugellager *n*; ~ *de boîte de vitesses* Getriebelager *n*; ~ *de tête de bielle* Pleuel-, Kolbenstangen-lager *n*; ~ *usé* ausgelaufenes Lager *n*; ~ *de support* Stützlager *n*; **3.** Δ ~ (*de chapiteau*) Wulst *m* (*am Kapitell*).

cousu (ku'zy) *p/p. v. coudre*; *fig.* *être* ~ *d'or* Geld wie Heu haben; *garder* (*od. rester*) *bouche ~e* kein Sterbenswörtchen sagen, völlig dichthalten, kein Wort über die Lippen bringen; F *fig.* ~ *de fil blanc* erlogen, aus der Luft gegriffen.

coût (ku) *m* (Un-)Kosten *pl.*; *le* ~ *de la vie* die Lebenshaltungskosten *pl.*; ~ *total* Gesamtkosten *pl.*; ⚖

~ *de l'acte (de protêt)* Protestkosten *pl.*

coûtant (ku'tã) *adj./m. nur in: prix m* ~ Einkaufs-, Fabrik-, Selbstkosten-, Großhandels-preis *m.*

couteau (ku'to) *m* [5b] Messer *n*; ✂ *boîte f (od. écrin m) à* ~*x* Messerbesteck *n*; *coup m de* ~ Messerstich *m*; *lame f de* ~ Messerklinge *f*; ~ *à bascule* Messer *n* mit doppelter Klinge; ~ *à découper* Vorschneidemesser *n*; ~ *à dessert* Nachtischmesser *n*; ~ *à papier* Papiermesser *n*; ~ *à deux tranchants* zweischneidiges Messer *n*; *fig.* Achselträger *m*; ~ *à éplucher* Schälmesser *n*; ~ *à fruits* Obstmesser *n*; ~ *à gâteaux* Kuchenmesser *n*; ~ *de boucher* Fleischermesser *n*; ~ *de chasse* Weidmesser *n*; Hirschfänger *m*; ~ *de cuisine* (*od. de cuisinière*) Küchenmesser *n*; ~ *de poche* Taschenmesser *n*; ~ *de table* Tafelmesser *n*; ⚒ ~*-greffoir m* Kopuliermesser *n*; ~*-poignard m* Dolchmesser *n*; *fig.* ~ *de faisan* Fasanen(hut)feder *f*; *être à* ~*x tirés avec q.* mit j-m auf Kriegsfuß stehen, mit j-m spinnefeind sein.

coute|las (kut'lɑ) *m* Hirschfänger *m*; großes Küchenmesser *n*; **~llerie** (kutɛl'ri) *f* Messer-, Stahl-waren *pl.*

coûter (ku'te) *v/i.* [1a] kosten; Ausgaben (*od. fig.* Mühe) verursachen; ~ *cher,* ~ *beaucoup d'argent* viel (Geld) kosten; *cela m'en coûtera* das wird mir schwerfallen; *coûte que coûte!, quoi qu'il en en coûte!* koste es, was es wolle!, um jeden Preis!; *cela me coûte à dire* es kostet mich viel Überwindung (*od.* es fällt mir schwer), das zu sagen.

coûteux (ku'tø) *adj.* [7d] kostspielig.

coutil *text.* (ku'ti) *m* Drillich *m.*

coutre ⚒ ('ku:trə) *m* Pflugeisen *n.*

coutu|me (ku'tym) *f* **1.** Gewohnheit *f*, Gebrauch *m*, Sitte *f*; *avoir* ~ *de faire qch.* etw. zu tun pflegen; *tourner en* ~ zur Gewohnheit werden (lassen); *venir (od. passer) en* ~ zur Gewohnheit werden; *advt. par* ~ aus Gewohnheit, gewohnheitsmäßig; *comme de* ~ wie immer, wie gewöhnlich; *prov. une fois n'est pas* ~ einmal ist keinmal; **2.** Gewohnheitsrecht *n*; **~mier** (kuty'mje) *adj.* [7b] üblich, gewöhnlich, gewohnheitsmäßig, herkömmlich, gebräuchlich; *droit m* ~, *loi f coutumière* Gewohnheitsrecht *n.*

couture (ku'ty:r) *f* **1.** Nähen *n*; Näherei *f*, Schneiderei *f*; *apprendre la* ~ schneidern lernen; **2.** Naht *f*; ~ *lacée* Kettelnaht *f*; ~ *piquée* Steppnaht *f*; ~ *en surjet* überwendliche Naht *f*; *salon m de Haute-*♀ Modesalon *m*; F *battre q. à plate* ~ j-n verbleuen F, j-n fertigmachen P, j-n windelweich schlagen, j-n verplätten P; *fig. examiner sur toutes les* ~*s* auf Herz u. Nieren prüfen; **3.** Schmiß *m*, Narbe *f*; **4.** ⚓, ⊕ Naht *f.*

coutu|ré (kuty're) *p/p.* narbig, mit Narben bedeckt; verschrammt; **~rier** (~'rje) *m* **1.** Damenschneider *m*; *grand-*~ Modeschöpfer *m*; **2.** *anat.* Schneidermuskel *m*; **~rière** (~'rjɛ:r) *f* Schneiderin *f*, Modistin *f*, Näherin *f*; Kleidermacherin *f*; ~ *en linge* Weißnäherin *f*; ~ *travaillant sur mesure* Maßschneiderin *f.*

couvage (ku'va:ʒ) *m* Brutzeit *f.*

couv|ain (ku'vɛ̃) *m* Brut *f der Bienen usw.*; **~aison** (kuvɛ'zõ) *f* Brüten *n*; Brutzeit *f.*

couvée (ku've) *f* Nest *n* voll Eier; junge Brut *f*, (*die*) Jungen *pl.*

couvent (ku'vɑ̃) *m* **1.** Kloster *n*; *entrer au* ~ ins Kloster gehen; *fig. défendre son* ~ sich für seine Pläne (für seine Idee, für seinen Standpunkt) einsetzen; **2.** von Nonnen geleitetes Mädchenpensionat *n.*

couver (ku've) [1a] **I** *v/t.* **1.** (be-, aus-)brüten; **2.** *fig.* aushecken; ~ *de mauvais desseins* Böses aussinnen; ~ *une maladie* den Keim zu einer Krankheit in sich tragen; **3.** *fig.* ~ *des yeux* mit den Augen verschlingen, nicht aus den Augen lassen, zärtlich anblicken; **II** *v/i.* brüten; *fig.* im verborgenen reifen (*od.* gären), schwelen, im Werden (*od.* im Entstehen) sein; ~ *sous la cendre* unter der Asche glimmen.

couvercle (ku'vɛrklə) *m* Deckel *m*, Stürze *f*; Schutzdeckel *m.*

couvert (ku'vɛ:r) **I** [7] *p/p. von couvrir*; ~ *de qch.* mit etw. bedeckt; *temps m* ~ trübes Wetter *n*; **II** *m* **1.** Tischzeug *n*; *mettre (ôter) le* ~ den Tisch (ab)decken; *avoir toujours son* ~ *mis chez q.* stets gastfreundschaftlich aufgenommen werden, bei j-m wie zu Hause sein; **2.** Gedeck(-preis *m*) *n*; Besteck *n*; *une table de douze* ~*s* ein für zwölf Personen gedeckter Tisch *m*; **3.** Unterkunft *f* (*stets mit art., nur* *noch in einigen Wendungen*); *avoir le vivre et le* ~ freie Kost und Wohnung (*od.* freie Station) haben; *donner le* ~ *à q.* j-m Unterkunft gewähren; *advt. à* ~ geschützt (de durch *acc.*), sicher (vor *dat.*, gegen *acc.*), unter Dach und Fach, im Trocknen; *mettre à* ~ sichern, sicherstellen (de vor *dat.*); ⚔ *se mettre à* ~ de Deckung suchen vor (*dat.*); **4.** Unterschlupf *m*, Versteck *n des Wildes*; *fig. sous le* ~ *de l'amitié* unter dem Deckmantel der Freundschaft; *envoyer une lettre à q. sous le* ~ *d'un autre* j-m e-n Brief unter e-r Deckadresse (*od.* unter e-m Decknamen) schicken.

couver|te (ku'vɛrt) *f* **1.** *Töpferei*; Glasur *f* des Porzellans; **2.** ⚔ wollene Bettdecke *f*; **~ture** (kuvɛr'ty:r) *f* **1.** Decke *f*, Überzug *m*; Bettdecke *f*, Deckbett *n*; ~ *camouflante* Tarndecke *f*; ~ *de cheval* Pferdedecke *f*; ~ *de voyage* Reisedecke *f*; ~ *en poil de chameau* Kamelhaardecke *f*; *faire la* ~ das Deckbett aufschlagen, das Bett abdecken; **2.** Umschlag (-deckel *m*) *m*, Buchdeckel *m*; ~ *en plastique* Plastikeinband *m*; **3.** *fig.* Deckmantel *m*, Vorwand *m*, *nur noch in*: *sous* ~ *de ...* unter dem Vorwand von ...; **4.** ⚠ Bedachung *f*; ~ *en ardoise* Schieferdach *n*; **5.** ✝ Deckung *f*, Sicherheit *f*; ~ *métallique*, ~ *en métal* Metalldeckung *f*; ~ *en or* Golddeckung *f*; **6.** ⚔ Dekkung *f*; *troupes f/pl. de* ~ Deckungs-, Sicherungs-, Grenzschutz-truppen *f/pl.*; ~ *de l'arrière* Rückendeckung *f* des Heeres; **7.** ⊕ Glasur *f*; **~-or** ✝ (~'ɔ:r) *f* [6b] Golddeckung *f*.

couvet (ku'vɛ) *m* Kohlentopf *m* als Fußwärmer, Kieke *f*.

couveuse (ku'vø:z) *f* (*a. adj.*: *poule f* ~) **1.** *orn.* Bruthenne *f*, Glucke *f*; **2.** Brutapparat *m*.

couvi (ku'vi) *adj./m.*: *œuf m* ~ angebrütetes, verdorbenes Ei *n*.

couvoir (ku'vwa:r) *m* **1.** Brutkorb *m*; **2.** ⚡ Brutapparat *m*.

couvre|-bouche ⚔ (kuvrə'buʃ) *m* Mündungskappe *f* am Geschütz; **~-cafetière** (~kaf'tjɛ:r) *m* Kaffeemütze *f*, -wärmer *m*; **~-casque** ⚔ (~'kask) *m* Helmüberzug *m*; **~-chaussures** (~ʃo'sy:r) *m/pl.* Überschuhe *m/pl.*; **~-chef** *iron.* F (~'ʃɛf) *m* [6c] Deckel *m* F, Kopfbedeckung *f*, Hut *m*; **~-culasse** ⚔ (~ky'las) *m* Verschlußüberzug *m*; **~-engrenage** ⊕ (kuvrɑ̃grə'na:ʒ) *m* [6g] Getriebe-, Räderschutzkasten *m*; **~-feu** (~'fø) *m* **1.** [6c] *ehm.* Glutdeckel *m*; **2.** [6g] Abendgeläut *n*; **3.** [6g] ⚔ Sperrstunde *f*, Ausgehverbot *n*; **4.** Zapfenstreich *m* (*im Ferienlagerleben*); **~-hausse** ⚔ (kuvrə'o:s) *m* [6g] Visierkappe *f*; **~-joint** (kuvrə'ʒwɛ̃) *m* [6g] ⚠ Lasche *f*, Stoßplatte *f*, Laschenblech *n*; *men.* Deck-, Fugen-leiste *f*; ~ *cloué* Nagelleiste *f*; **~-lit** (kuvrə'li) *m* [6g] Tagesbettdecke *f*; **~-nuque** (~'nyk) *m* Nackenschirm *m am Helm*; **~-oreilles** (kuvrɔ'rɛj) *m* [6c] Ohrenklappe *f*; **~-pied**(s) (kuvrə'pje) *m* **1.** Plumeau *n*, Fußdecke *f*; **2.** (Parade-)Bettdecke *f*; **~-plat** (~'pla) *m* [6g] Schüsseldeckel *m*; **~-radiateur** (~radja'tœ:r) *m Auto*: Kühlerhaube *f*; **~-théière** (~te'jɛ:r) *m* Tee-mütze *f*, -wärmer *m*.

couvreur (ku'vrœ:r) *su.* [7g] Dachdecker (meister *m*) *m*.

couvrir (ku'vri:r) [2f] **I** *v/t.* **1.** decken, bedecken, zudecken, einhüllen; *fig.* ~ *q. de louanges* j-n mit Lobpreisungen überschütten; ~ *q. de ridicule* j-n blamieren; *pays m couvert* waldiges Land *n*; *temps m couvert* trübes Wetter *n*; *Sport*, ✈: ~ *mille kilomètres* tausend Kilometer zurücklegen; ⚔ ~ *son chef de file* Vordermann nehmen; **2.** (be)kleiden; *être bien* (*od. chaudement*) *couvert* gut (*od.* warm) angezogen sein; **3.** verdecken, verhüllen; geheimhalten, verbergen; ~ *ses projets* s-e Pläne geheimhalten; *parler à mots couverts* durch die Blume reden; **4.** *fig.* bemänteln, beschönigen, entschuldigen; ~ *du manteau de la charité* etw. mit dem Mäntelchen christlicher Nächstenliebe umhüllen; ~ *une faute* e-n Fehler beschönigen; **5.** ~ *un bruit* ein Geräusch übertönen, ersticken; ~ *la voix de q.* j-n überschreien; **6.** ✝ ~ *q.* j-m eine Deckung (*od.* Sicherheit) geben; ~ *les frais* die Kosten decken; ~ *q. de ses frais* j-n für seine Kosten entschädigen; **7.** ~ *une enchère* j-n in der Auktion überbieten, ein höheres Angebot machen; **8.** (be)schützen, decken, (be)schirmen; ~ *un subordonné* e-n Untergebenen decken; ~ *la retraite* den Rückzug decken; ⚓ *le pavillon couvre la marchandise* die (neutrale) Flagge deckt das (feindliche) Gut; **9.** ⚖ ~ *la prescription* sich gegen Verjährung *f* decken; ~ *le temple* die Loge decken, s-n Austritt aus der Loge erklären; **10.** ⚒ ~ *de terre* einschlagen; **11.** *peint.* decken (*von Farben usw.*); *bleu m trop couvert* zu dunkles Blau *n*; *vin m couvert* dunkelroter Wein *m*; **12.** ⊕ belegen, besetzen, überziehen, bekleiden; ~ *d'ardoise* mit Schiefer decken; ~ *le pavé de gravier* das Pflaster mit Kies bestreuen; **13.** *vét.* decken; **II** *v/rfl.* se ~ **14.** sich bedecken, sich bekleiden (*de* mit *dat.*); den Hut aufsetzen; **15.** sich bewölken, sich beziehen, trübe werden; **16.** sich decken *od.* schützen (*de* vor *dat.*); sich verbergen (*de* hinter *dat.*); se ~ *d'un prétexte* etw. vorschützen.

covector (kovɛk'tɔːr) *m* kugelförmiges Weltraumschiff *n* (*in Zukunftsromanen*).

coxal *anat.* (kɔk'sal) *adj.* [5c] Hüft...; *os m* ~ Hüftknochen *m*, **~gie** ⚕ (~'ʒi) *f* Hüft-schmerz *m*, -gelenkentzündung *f*.

crabe *zo.* (krab) *m* Krabbe *f*.

crac (krak) **I** *int.* krach!; knacks!; bums!; plumps!; **II** *m* **1.** Krach(en *n*) *m*; **2.** *fin.* Bankkrach *m*, Finanzskandal *m*; **3.** *Baron de* ♀ *Art* Freiherr von Münchhausen.

crach|at (kra'ʃa) *m* **1.** *oft im pl.*: Spucke *f*, Auswurf *m*, Speichel *m*; **2.** F Ordensstern *m*; ~*s pl. péj.* Lametta *n* P (*Auszeichnungen*); **~ement** (kraʃ'mɑ̃) *m* **1.** Ausspucken *n*; ~ *de sang* Blutspucken *n*; **2.** ⊕ Spritzen *n e-r Maschine*; ⚡ Funkenbildung *f*; ⚡ Geknatter *n*; ⚡ ~ *périphérique* Rundfeuer *n*; ⚔ ~ *de flammes à la bouche* Mündungsfeuer *n*; **~er** (~'ʃe) *v/t. u. v/i.* [1a] **1.** (aus)spucken; ~ *du grec* mit griechischen Brocken um sich werfen; F *cet enfant est son père tout craché* dieses Kind ist s-m Vater wie aus dem Gesicht geschnitten; ~ *sur qch. od. q.* j-n *od.* etw. verachten; **2.** *Schreibfeder*: spritzen (*a.* ⚡); ⚡ funken; sprühen; **3.** Geld herausrücken, blechen F; **~eur** (~'ʃœːr) *su.* [7g] Spucker *m*; **~in** (~'ʃɛ̃) *m* Sprühregen *m*; **~oir** (~'ʃwaːr) *m* Spucknapf *m*; Speibecken *n*; P *tenir le* ~ dauernd selber quasseln; *tenir le* ~ *à q.* mit j-m quasseln (*od.* quatschen); **~oter** (~ʃɔ'te) *v/i.* [1a] oft, aber wenig ausspucken.

crack *Sport, fig.* (krak) *m* Kanone *f*, Favorit *m*; As *n*, Meister *m*.

cracking ⊕ (kra'kiŋ) *m* Cracking (-verfahren *n*) *n*, Umwandlung *f* von Schwerölen in Benzin, Kracken *n*, Krack-, Spalt-verfahren *n*, Spalten *n*, Druck-, Wärme-spaltung *f* von Schwerölen (*auch: craquage*).

craie (krɛ) *f* Kreide *f*; *blanc comme* ~ kreideweiß; *marquer à la* ~ mit Kreide bezeichnen; *bâton m de* ~ Stück *n* Kreide. [(*Krähe*).]

crailler (krɑ'je) *v/i.* [1a] krächzen

craindre ('krɛ̃ːdrə) *v/t. u. v/i.* [4b] **1.** (be)fürchten; sich fürchten; ~ *q.* (*qch.*) j-n (etw.) *od.* sich vor j-m (vor etw.) fürchten; ~ *que* ... fürchten, daß ... (*stets mit subj.*); *nach den Regeln der Grammatik*: *je crains qu'il ne vienne*, *heute jedoch oft ohne ne*: *je crains qu'il vienne* (*der subj. bleibt erhalten!*) ich fürchte, daß er kommt; *je crains qu'il ne vienne pas* ich fürchte, er kommt nicht; *je ne crains pas qu'il vienne* ich fürchte nicht, daß er kommt; *crains-tu qu'il vienne?* fürchtest du, daß er kommt?; *si je craignais qu'il vînt, je serais très inquiet* wenn ich befürchtete, daß er käme, wäre ich sehr unruhig; **2.** Ehrfurcht haben vor (*dat.*); *craignant Dieu* gottesfürchtig; **3.** nicht vertragen können, scheuen; ~ *l'eau* wasserscheu sein; *cette couleur craint le soleil* diese Farbe kann das Sonnenlicht nicht vertragen; *craint l'humidité* vor Nässe zu schützen!; **4.** ~ *de* (*mit inf.*; *diese Konstruktion bei nur einem Subjekt im ganzen Satz!*) befürchten zu ...; sich scheuen zu ...; *elle craint de le dire* sie scheut sich, es zu sagen; ~ *pour q.* für j-n fürchten, um j-n (*od.* wegen j-s) in Sorge sein; *ils craignent pour leur vie* sie bangen um (*od.* fürchten für) ihr Leben; **5.** *prov. chat échaudé craint l'eau froide* gebranntes Kind scheut das Feuer.

crainte (krɛ̃ːt) *f* (*nach avoir ungebr.!*) Furcht *f*, Scheu *f*, Angst *f*, Bangen *n*; ~*s pl.* Besorgnisse *f/pl.*, Befürchtungen *f/pl.*; ~ *de Dieu* Gottesfurcht *f*; ~ *de la mort* Furcht *f* vor dem Tode; *sans* ~ furchtlos; *dans la* ~ *de*, *de* (*od. par*) ~ *de* (*mit inf.*, *bei nur einem Subjekt im ganzen Satze!*), *que* (*bei verschiedenem Subjekt mit* *ne u. subj.*; *vgl. craindre* **1.**) aus Furcht zu ..., daß ...; ~ *de* (*so nur vor su.!*) aus Furcht vor (*dat.*); *il se retira*, ~ *de pis* er zog sich aus Furcht vor Schlimmerem zurück.

craintif (krɛ̃'tif) *adj.* [7e] □ furchtsam, ängstlich.

cramoisi (kramwa'zi) **I** *adj.* karmesin-, dunkel-rot, purpurrot; F puterrot; **II** *m* Karmesinrot *n.*

crampe (krɑ̃:p) *f* **1.** ⚕ Krampf *m*, *bsd.* Wadenkrampf *m*; ~ *des écrivains* Schreibkrampf *m*; **2.** ⚓ Krampe *f*, Klammer *f.*

crampon (krɑ̃'pɔ̃) *m* **1.** Krampe *f*, Kramme *f*, (metallene) Klammer *f*; Haspe *f*, Kloben *m*; ⚡ ~ *pour câbles* Kabelhalter *m*; 🚂 ~ *de voie* Schwellenschraube *f*; **2.** Bergschuhnagel *m*; ~ *à glace* Steigeisen *n*, Eiskrampe *f der Bergsteiger*; **3.** F aufdringliche Person *f*, Klette *f*; **4.** ~ (*de fer à cheval*) Stollen *m am Hufeisen*; **~nage** (krɑ̃pɔ'na:ʒ) *m* Anklammern *n*; **~ner** (~'ne) **I** *v/t.* [1a] **1.** anklammern, mit Krammen befestigen; ~ *un cheval* ein Pferd scharf beschlagen; **2.** P ~ *q.* sich wie e-e Klette an j-n hängen, j-m nicht mehr von der Pelle rücken F, j-n belästigen; **II** *v/rfl.*: *se* ~ *à q.* (*qch.*) sich an j-m (e-r Sache) festklammern; *fig.* j-m nicht mehr von der Pelle rücken F.

cran (krɑ̃) *m* **1.** Einschnitt *f*, Kerbe *f*; Türschlitz *m*; *couteau m à* ~ *d'arrêt* Messer *n* mit feststehender Klinge; F *baisser* (*monter*) *d'un* ~ eine Stufe niedriger (höher) steigen; **2.** ⚔ ~ *d'arrêt*, ~ *de sûreté* Sperrfeder *f*, Rast *f*; *mettre le chien au* ~ *du départ* den Hahn spannen; *mettre le chien au* ~ *de sûreté* den Hahn in Ruhe etzen; *être à* ~ sich in Alarmbereitschaft befinden; F *fig.* kochen, außer sich vor Wut sein, vor Wut platzen, auf 100 (*od.* 99) sein F; ~ *de mire*: a) Kimme *f am Visier*; b) Visier *n am Geschützrohr*; **3.** F *fig.* Schneid *m*, Mut *m*; *avoir du* ~ Schneid (*od.* Mumm) haben.

crâne (krɑ:n) **I** *m* **1.** *anat.* Hirnschale *f*, Schädel *m*; *mets-toi bien ceci dans le* ~! merk' dir das ein für alle Mal!; **2.** F *fig.* Grips *m*, Köpfchen *n*; Angeber *m*; Draufgänger *m*; *faire le* ~ sich großtun, renommieren, angeben, bluffen; **II** *adjt.* □ mutig, entschlossen, verwegen, tollkühn; prahlerisch; *il a l'air* ~ er sieht verwegen aus; **~ment** (krɑn'mɑ̃) *adv.* mutig; toll; famos; *se battre* ~ sich tapfer schlagen; *boire* ~ viel trinken; *un coup* ~ *monté* tollkühner Streich *m.*

crân|er (krɑ'ne) *v/i.* [1a] renommieren, protzen, angeben, den feinen Mann markieren (*od.* spielen), prahlen; **~erie** (krɑn'ri) *f* **1.** Tapferkeit *f*, Verwegenheit *f*; **2.** Prahlerei *f*, Angabe *f*, Angeberei *f*; Bluff *m*; **~eur** (krɑ'nœ:r) *su.* [7g] Renommist *m*, Angeber *m*, Bluffer *m*; **~ien** *anat.* (krɑ'njɛ̃) *adj.* Schädel...

craniologie (~jɔlɔ'ʒi) *f* Schädellehre *f.*

cranter (krɑ̃'te) *v/t.* [1a] tief ausschneiden (*a. Mode*).

crapaud (kra'po) *m* **1.** *zo.* Kröte *f*; F *fig. vilain* ~! Scheusal!, Kröte!; *petit* ~ Schlingel *m*, Knirps *m*, Krabbe *f* (*Kind*); *fig. avaler un* ~ in den sauren Apfel beißen; **2.** *orn.* ~ *volant* Nachtschwalbe *f*, Ziegenmelker *m*; **3.** *vét.* Fesselgeschwulst *f e-s Pferdes*; **4.** niedriger Lehnstuhl *m*; **5.** ⚔ Mörserlafette *f*; **6.** *Feuerwerk*: Frosch *m*; **7.** Diamantenfehler *m*; **8.** F ♪ Stutzflügel *m*; **9.** ⊕ Klemmplatte *f*;

crapau|daille F (krapo'dɑ:j) *f* Gesindel *n*; **~dière** (~'djɛ:r) *f* Krötenloch *n*; *allg.* Dreckloch *n*; **~dine** (~'din) *f* **1.** *min.* Krötenstein *m*; **2.** ⊕ Klappe *f*, Abflußventil *n*; Türangelpfanne *f*; Drehzapfen-, Spur-, Stütz-lager *n*; ~ *à billes* Kugeldrucklager *n*; **3.** *typ.* Frosch *m*, Einstellvorrichtung *f* für die Zeilenlänge; **4.** *à la* ~ auf dem Rost gebraten; **5.** *gym.* Handstand *m.*

crapouillot ⚔ (~pu'jo) *m* Minenwerfer *m.*

crapoussin P (krapu'sɛ̃) *su.* [7] Knirps *m.*

crapu|le (kra'pyl) *f* **1.** Schwelgerei *f*, Völlerei *f*; **2.** Lump *m*, Schurke *m*, Kanaille *f*; Lumpenpack *n*, Pack *n*, Gesindel *n*, Pöbel *m*, Gesocks *n*; **~leux** (~'lø) *adj.* [7d] (*auch su.*) □ ausschweifend, verkommen; scheußlich; *crime m* ~ Raubmord *m.*

craquage ⊕ (kra'ka:ʒ) *m* s. *cracking.*

craque P (krak) *f* Aufschneiderei *f*, kleine Lüge *f*, Angabe *f*; *conter une* ~ (*od. des* ~*s*) schwindeln; *fig.* aufschneiden, angeben.

craque|lage (krak'la:ʒ) *m* Herstellung *f* von Töpferwaren mit rissiger Glasur; **~lé** (~'le) **I** *m*

Töpferware *f* mit rissiger Glasur; **II** *adj.* (~) [7] rissig; **~ler** (~) *v/t.* [1c] dem Porzellan e-e gerissene Glasur geben; **~lin** (~'lɛ̃) *m* **1.** Kringel *m*; Brezel *f*; **2.** F Angeber *m*; Knirps *m*; **3.** ⚓ leichtes Schiff *n*; **~lure** (~'ly:r) *f* Abplatzen *n* des Lacks *od.* der Farbe, Riß *m*; **~ment** (krak'mɑ̃) *m* Knarren *n*, Krachen *n*; ~ *de dents* Zähneknirschen *n*.

craquer (kra'ke) *v/i.* [1m] **1.** knakken, krachen, knarren, knirschen; *être plein à* ~ knackend voll sein; *faire* ~ *ses doigts* mit den Fingern knipsen; *faire* ~ *une allumette* ein Streichholz anzünden; **2.** *fig.* in die Brüche gehen, scheitern, auffliegen; **~ie** F (krak'ri) *f fig.* Angabe *f*.

craquètement (krakɛt'mɑ̃) *m* **1.** Zähne-knirschen *n*, -klappern *n*; **2.** Knistern *n*, Prasseln *n*; **3.** Klappern *n* (*des Storches*).

craqueter (krak'te) *v/i.* [1d] **1.** knacken, knistern, prasseln; knallen; **2.** klappern (*Storch*).

craqueur F (kra'kœ:r) *su.* [7g] Prahler *m*, Angeber *m*.

crassane ⚘ (kra'san) *f* langgestielte Herbstbirne *f*.

cras|se (kras) **I** *f* **1.** Schmutz *m*, Dreck *m* P, Unrat *m*; Dreckwetter *n* F; **2.** niedrige Herkunft *f*, Armut *f*; **3.** *fig.* schmutziger Geiz *m*; **4.** P übler (*od.* gemeiner) Streich *m*; **5.** ⊕ (Metall-)Schlacke *f*, Metallabfälle *m/pl.*; ~ *d'étain* Zinnkrätze *f*, Zinnasche *f*; **6.** ⚔ Pulverrückstand *m in Geschützen* **II** *adj./f fig.*: *ignorance f* ~ grobe (*od.* krasse) Unwissenheit *f*; *superstition f* ~ finsterer Aberglaube *m*; **~ser** (kra'se) [1a] **I** *v/t.* verschmutzen; **II** *v/rfl.* se ~ schmutzig werden; **~seux** (~'sø) [7d] **I** *adj.* **1.** schmutzig, schmierig; **2.** F geizig, filzig; **II** *su.* **3.** Schmutzfink *m*; **4.** schmutziger Geizhals *m*.

crassier ⚒ (kra'sje) *m* Schutthalde *f*.

crassule ⚘ (kra'syl) *f* Dickblatt *n*.

cratère (kra'tɛ:r) *m* Krater *m*; ⊕ Öffnung *f e-s Glasofens*; ~ *éteint* Maar *n*.

cravach|e (kra'vaʃ) *f* Reitpeitsche *f*; **~er** (krava'ʃe) [1a] **I** *v/t.* mit der Reitpeitsche schlagen; **II** *v/i.* schwer arbeiten.

crava|te (kra'vat) **I** *f* **1.** Schlips *m*, Krawatte *f* (*a. beim Ringkampf*), Binder *m*; F ~ *de chanvre* Galgenstrick *m*; ~ *de commandeur* (*de la Légion d'honneur*) (Ehren-)Abzeichen *n* als Kommandeur (der Ehrenlegion); F *s'en jeter un (coup) derrière la* ~ einen hinter die Binde gießen; **2.** ~ *de drapeau* Fahnenband *n*; **3.** ⚓ Tauring *m*; **II** *ehm. m* **4.** (*a. adj.*: *cheval* ~) kroatisches Pferd *n*; **5.** ⚔ kroatischer Reiter *m*; **~ter** (krava'te) [1a] **I** *v/t.* **1.** ~ *q.* j-m e-n Schlips umbinden; *cravaté de blanc* mit weißer Krawatte; *drapeau m cravaté de crêpe* (*od. de deuil*) Fahne *f* mit Trauerschleife; **2.** P *j-n* reinlegen; beklauen; verhaften, schnappen P; **II** *v/i.* stark übertreiben (*od.* aufschneiden F); **~tier** (~'tje) *m* Krawatten-fabrikant *m*, -händler *m*.

crawl *Sport* (kro:l) *m*: *nager* (*od.* F *faire*) *le* ~ kraulen.

crayeux (krɛ'jø) *adj.* [7d] kreidig, kreidehaltig; kreidebleich; *paysage m* ~ Kreidelandschaft *f*.

crayon (krɛ'jɔ̃) *m* **1.** (Blei-, Farben-, Zeichen-)Stift *m*; ~ *à encre* (*od. à copier*) Kopier-, Tinten-stift *m*; ~ *d'ardoise* Schieferstift *m*, Griffel *m*; ~ *blanc* weiße Schreibkreide *f*; ~ *bleu* Blaustift *m*; ~ *de charbon* Reißkohle *f*; ~ *à coulisse* (*od. en métal*) Drehbleistift *m*; ~ *de couleur* Buntstift *m*; ~ *à dessin* Zeichenstift *m*; ~ *de menthol* Mentholstift *m*; ~ *noir* (*pour les yeux*) Augenbrauenstift *m*; ~ *pastel* Pastellstift *m*; ~ *rouge* Rotstift *m*; ~ *de rouge à lèvres* Lippenstift m; *dessin m au* ~ Bleistiftzeichnung *f*; *écrire au* ~ mit dem Bleistift schreiben; **2.** Art *f* zu zeichnen, Manier *f*; *d'un* ~ *facile od. aisé* (*large*) leicht (kräftig) gezeichnet; **3.** Bleistift-, Kreidezeichnung *f*; **4.** Abriß *m*, Skizze *f*.

crayon|nage (krɛjɔ'na:ʒ) *m* Bleistift-, Kreide-zeichnung *f*; **~ner** (~'ne) *v/t.* [1a] mit dem Stift (*od.* mit Kreide) zeichnen; *fig.* flüchtig entwerfen, skizzieren; **~neur** (~'nœ:r) *su.* [7g] schlechter Zeichner *m*.

cré (kre) (*v. sacré*) *int.*: ~ *nom d'un chien!* Himmelkreuz!, verflucht nochmal!, verdammt!

créan|ce (kre'ɑ̃:s) *f* **1.** Glaube(n) *m*; *donner* ~ *à qch.*: a) e-e Sache glaubhaft machen; b) e-r Sache (*dat.*) Glauben schenken; *il n'y ajoute pas* ~ er gibt nichts darauf; *hors de* ~ unglaubwürdig; **2.** *pol. lettre f de* ~ Beglaubigungsschreiben *n*, Akkreditiv *n*; **3.** ✝, ⚖ Schuldforderung *f*, Außenstände *m/pl.*, Aktivforderungen *f/pl.*; *recouvrer des ~s* Außenstände eintreiben; *~s pl. recevables (payables)* Debitoren-(Kreditoren-)konten *n/pl.*; *~ non garantie*, *~ chirographaire* ungedeckte Schuld *f*; *~ gelée* eingefrorene Forderung *f*; *~ hypothécaire* Hypothekenforderung *f*; *~ incessible* nicht übertragbare Forderung *f*; *~ en marchandises* Warenforderung *f*; *se désister d'une ~* von e-r Forderung Abstand nehmen (*od.* absehen); **~cier** (kreɑ̃'sje) *su.* [7b] Gläubiger *m*.

créa|teur (krea'tœ:r) [7f] **I** *su.* Schöpfer *m*, Erfinder *m*; Gründer *m*, Stifter *m*; Modeschöpfer *m*; *abs. le* ♀ der Schöpfer *m*, Gott *m*; *thé. le ~ d'un rôle* der erste Darsteller e-r Rolle; **II** *adj.* schöpferisch; erfinderisch; **~tion** (~ɑ'sjɔ̃) *f* **1.** Schöpfung *f*, Erschaffung *f*; *l'histoire f de la ~* Schöpfungsgeschichte *f*; **2.** Hervorbringung *f*, Erfindung *f*, Bildung *f*; Herstellung *f* (*v. Waren*); (Mode-)Entwurf *m*; 🚜 Einlegen *n*; *thé.* Uraufführung *f*; *~ de capitaux liquides* Schaffung *f* flüssiger Kapitalien; *~ d'une lettre de change* ✝ Wechselausstellung *f*; *mot m de ~ nouvelle* (*od. de ~ récente*) neugebildetes Wort *n*; *thé. ~ d'un rôle* erste Darstellung *f* e-r Rolle; *cout. dernière ~* neueste Mode *f*; **3.** Gründung *f*; Errichtung *f*; Stiftung *f*; *~ d'un service* Errichtung *f* e-r Dienststelle; *~ de jardins* Gartengestaltung *f*; **4.** Ernennung *f*; **5.** Kunstwerk *n*; **~ture** (~a'ty:r) *f* **1.** Geschöpf *n*, Kreatur *f*, Wesen *n*; **2.** *péj.* Mensch *m*, Kreatur *f*, Person *f*, Type *f*; Frauenzimmer *n*, Weibsbild *n*; **3.** *fig. mst. péj.* Günstling *m*.

crécelle (kre'sɛl) *f* **1.** Klapper *f*; Kinderklapper *f*, Knarre *f*, Schnarre *f*; **2.** *fig.* Schwätzer *m*; *voix f de ~* kreischende Stimme *f*.

crécerelle *orn.* (kres'rɛl) *f* Turmfalke *m*.

crèche (krɛʃ) *f* **1.** Krippe *f*; (Weihnachts-)Krippenspiel *n*; **2.** Kleinkinder-heim *n*; -tagesstätte *f*; **3.** P Loch *n*, Bude *f*.

crédence (kre'dɑ̃:s) *f* Kredenz *f*, Anrichte *f*; (Altar-)Seitentischchen *n*.

crédibilité (kredibili'te) *f* Glaubwürdigkeit *f*.

crédit (kre'di) *m* **1.** ✝ Kredit *m*; Darlehen *n*; *à ~* auf Kredit; *~ commercial* Handels-, Waren-kredit *m*; *~ de construction* Baukredit *m*; *~ sans garanties* offener Kredit *m*; *~s pl. bloqués* eingefrorene Kredite *m/pl.*; *~ transitoire* Zwischenkredit *m*; *~ étranger* Auslandskredit *m*; *~ gratuit* Zahlungserleichterung *f* ohne Preisaufschlag; *lettre f de ~* Kreditbrief *m*; *~ municipal* Pfandleihe *f*, Leihhaus *n*; *faire ~ à q.* j-m vertrauen; j-n auf Kredit aufnehmen (*od.* beherbergen); j-m verzeihen; ✝ j-m Kredit einräumen; *ouvrir un ~ à q.* j-m e-n Kredit eröffnen; **2.** ✝ Guthaben *n*, Haben *n*; *passer* (*od. porter*) *une somme au ~ de q.* j-m e-e Summe gutschreiben; **3.** Kreditbank *f*; *~ foncier* Bodenkreditanstalt *f*; **4.** *fig.* Ansehen *n*, Einfluß *m*; *avoir du ~ sur* (*l'esprit de*) *q.* auf j-n großen Einfluß haben (*od.* ausüben); *avoir du ~*, *être en ~ auprès de q.* bei j-m in Ansehen stehen, bei j-m gut angeschrieben sein F, bei j-m Kredit genießen; *mettre qch. en ~* e-r Sache Glauben schenken.

crédi|té (kredi'te) *m* Kreditnehmer *m*; **~ter** (~) *v/t.* [1a] **1.** *~ q. de qch.* j-m etw. gutschreiben; *~ q. d'une somme* j-n für eine Summe erkennen, j-m e-n Betrag gutschreiben *od.* anrechnen; **2.** *être crédité sur une place* Kreditbriefe auf e-n Platz haben; **~teur** (~'tœ:r) **I** *m* [7f] Kreditgeber *m*, Gläubiger *m*; **II** *adj.*: *compte m ~* Guthaben *n*.

credo (kre'do) *m* [5a] Glaubensbekenntnis *n*; Ansichten *f/pl.*

crédu|le (kre'dyl) **I** *adj.* □ leichtgläubig; **II** *su.* Leichtgläubiger *m*; **~lité** (~li'te) *f* Leichtgläubigkeit *f*.

créer (kre'e) *v/t.* [1a] **1.** (er)schaffen; **2.** *fig.* erfinden, ersinnen; entwerfen (*Mode*); errichten, herstellen, ins Leben rufen, gründen, stiften; *~ des actions* Aktien ausgeben; *~ une lettre de change* ✝ e-n Wechsel ausstellen; *~ des mots* neue Wörter bilden (*od.* prägen); *~ des ressources* Hilfsquellen erschließen; *thé. ~ un rôle* e-e Rolle zum ersten Mal darstellen; *~ q. cardinal* j-n zum Kardinal ernennen; *~ des difficultés à q.* j-m Schwierigkeiten machen.

crémaillère (kremɑ'jɛ:r) *f* **1.** Kesselhaken *m*; F *pendre la ~* den Kessel einhängen, *fig.* e-n Einzugsschmaus geben; **2.** ⊕, *men.* Zahneisen *n*, -stange *f*, -leiste *f*; *chemin m de fer à ~* Zahnradbahn *f*; *fauteuil m à ~* verstellbarer Lehnstuhl *m*; *~ de pupitre* Stellholz *n* am Pult.

crémant (kre'mɑ̃) *m* leicht moussierender Champagner(wein) *m*.

créma|tion (kremɑ'sjɔ̃) *f* Feuerbestattung *f*; **~toire** (krema'twa:r) *adj.*: *four m ~* Leichenverbrennungsofen *m*; Krematorium *n*.

crème (krɛ:m) **I** *f* **1.** Sahne *f*; (Milch-)Rahm *m*; *fromage m à la ~* Sahnenkäse *m*; *~ fouettée* Schlagsahne *f*; *~ glacée* Speiseeis *n*; **2.** *fig. das* Erlesenste *n*, Elite *f*; *c'est une ~ d'homme* er gehört zu den besten Menschen; *la ~ de la société* die oberen Zehntausend; **3.** *cuis.* Krem *m*, Sahnenspeise *f*; *~ à la vanille* Vanillenkrem *m*; **4.** dünner Brei *m*; Seim *m*; *~ d'avoine* Haferschleim *m*; *~ d'orge* Gerstenschleim *m*; **5.** Krem *f od. m*; Creme *f*, feine Seife *f*; *~ pour la peau* Hautkrem *m od. f*; *~ d'amandes* Mandelseife *f*; *~ de beauté (à raser)* Schönheits- (Rasier-)krem *m*; **6.** feiner Likör *m*; **II** *adj.*: *(couleur f) ~* mattgelb, cremefarben.

crém|er (kre'me) [1f] **I** *v/i.* sahnig werden, Rahm ansetzen; **II** *v/t.* a) *Stoff* mattgelb färben; b) *néol.* einäschern; **~erie** (krɛm'ri) *f* **1.** Milchgeschäft *n*; **2.** Milchbar *f*; **~eux** (kre'mø) *adj.* [7d] sahnig, sahnehaltig; **~ier** (krem'je) *su.* [7b] Milchhändler *m*; Milch- u. Eierhändler *m*; Sahnekännchen *n*; *~-glacier* Eiskonditor *m*.

cré|neau (kre'no) *m* [5b] ⚔ *frt. ehm.* Zinne *f*; *jetzt*: Schießscharte *f*; **~neler** (krɛn'le) *v/t.* [1c] **1.** ⚔ *frt.* mit Zinnen (*od.* Schießscharten) versehen; **2.** ⚘, ▨ auszacken, auskerben; **3.** *Münzen* rändern; **~nelure** (krɛn'ly:r) *f* **1.** ⊕ Verzahnung *f*; (aus)gezackte Arbeit *f*; **2.** ⚘ Kerbung *f*; **~ner** *typ.* (krɛ'ne) *v/t.* [1f] (Lettern) abschärfen.

créole (kre'ɔl) **I** *adj.* kreolisch; **II** *su.* Kreole *m*.

créosoter (kreɔzɔ'te) *v/t.* [1a] mit Kreosot (*od.* Teeröl) durchtränken.

crê|page (krɛ'pa:ʒ) *m* Kreppen *n*, Kräuseln *n*; P *fig. ~ de chignons* Rauferei *f* (*unter Frauen*); **~pe** (krɛp) **I** *m* **1.** ✝ Flor *m*, Krepp *m* (*auch adj.* Krepp...); *~ de Chine* Chinakrepp *m*, Crêpe *m* de Chine, Florseide *f*; **2.** Trauerflor *m*; **3.** *~ (de latex)* Schaumgummi *m*; **II** *f* Eierkuchen *m*; *~ aux pommes de terre* Kartoffelpuffer *m*; **~pelé**, **~pelu** (~'ple, ~'ply) *adj.* gekräuselt; **~pelure** (~'ply:r) *f* gekräuseltes Haar *n*; **~per** (~'pe) [1a] **I** *v/t.* kräuseln, kreppen; F *se ~ le chignon* sich raufen, sich in die Haare kriegen (*Frauen*); **II** *v/rfl.* *se ~* kraus werden, sich kräuseln.

crépi △ (kre'pi) *m* Putz *m*, Bewurf *m*; *~ en béton* Spritzbeton *m*; *~ de plâtre* Gipsputz *m*.

Crépin (kre'pɛ̃): *m*: *saint ~* der heilige Krispin; *fig. porter tout son Saint ~* alle s-e Habseligkeiten bei sich tragen; *prendre la voiture de Saint-~* auf Schusters Rappen reiten, zu Fuß gehen.

crépi|ne (kre'pin) *f* Franse *f*; ⊕ Sieb *n*, Seiher *m*; **~nette** (~'nɛt) *f* *Art* Mettwurst *f*.

crépins (kre'pɛ̃) *m/pl.* Schusterhandwerkszeug *n*.

cré|pir △ (kre'pi:r) *v/t.* [2a] verputzen (*Mauer*); **~pissage** △ (~pi'sa:ʒ) *m* Verputzen *n*, Berappen *n*; **~pissure** (~pi'sy:r) *f* = *crépi*.

crépi|tant (~pi'tɑ̃) *adj.* [7] (p)rasselnd, knisternd; **~tation** *f*, **~tement** *m* (~tɑ'sjɔ̃, ~t'mɑ̃) **1.** Prasseln *n*, Knattern *n*, Geknatter *n*, Knistern *n e-r Flamme usw.*; **2.** ⚕ Knistergeräusch *n* (*z.B. in den Lungen*); **3.** *téléph.* Knacken *n*; **~ter** *a.* ⚕ (~'te) *v/i.* [1a] (p)rasseln, knattern, knistern.

crépon *m*, **creps** *m* (kre'pɔ̃, krɛps) Krepon *m*, Kreps *m* (*Krepparten*).

cré|pu (kre'py) *adj.* kraus; **~pure** (~'py:r) *f* Kräuseln *n*.

crépuscu|laire (krepysky'lɛ:r) *adj.* dämmerig, schummerig; *lumière f ~* Dämmerlicht *n*; **~le** (~'kyl) *m* (Abend- *od.* ↖ Morgen-)Dämmerung *f*; *fig.* Neige *f*, Niedergang *m*, Ende *n*; *on est au ~* es dämmert.

crescendo (krefʃɛ̃'do) **I** *adv.* **1.** crescendo, anschwellend, **2.** *allg. aller ~* zunehmen; sich verschlimmern; **II** *m* Crescendo *n*.

cresson (krɛ'sɔ̃) *m* **1.** ⚘ Kresse *f*; *~ alénois* Gartenkresse *f*; *~ de fontaine* Brunnenkresse *f*; *~ frisé* krause Kresse *f*; ~ *d'Inde* Kapuzinerkresse *f*; **2.** P Haare *n/pl.*; *ne pas avoir de ~ sur la fontaine* (*od. sur la cafetière*) keine Haare auf dem Kopf haben, e-e Glatze haben.

Crésus (kre'zys) *npr. m* Krösus *m*; *riche comme ~* steinreich.

crétacé *géol.* (kreta'se) **I** *adj.* kreidig; **II** *m* Kreidezeit *f*.

Crète (krɛt) *f*: **la ~** Kreta *n*.

crête (~) *f* **1.** (Hahnen-)Haube *f*, Schopf *m*, *zo.* Krone *f*, Federbusch *m*; *fig. il lève la ~* ihm schwillt der Kamm; *baisser la ~ fig.* die Flügel hängenlassen; *rabaisser la ~ à q., lui donner sur la ~ fig.* j-m eins drauf geben, j-n klein kriegen; **2.** Helmkamm *m*; Verzierung *f*; **3.** ⚠ First *m*; Kappe *f e-r Mauer*; **4.** Grat *m*, Rücken *m*, Gipfel *m*, Bergkamm *m*; ~ *militaire* ⚔ Höhenlinie *f* (*Artillerie*); ~ *d'une vague* Kamm *m* e-r Welle; **5.** Aufwurf *m e-s Grabens*, Damm *m*; ~ *du remblai* 🚂 Dammkrone *f*; ⚔ *frt.* Bekrönung *f*; **6.** gezackte Borte *f*; **7.** ⚕ kantige Knochenhervorragung *f*.

crêté (krɛ'te) *adj.* mit e-m Kamm versehen, kammförmig; Kamm...

crête-de-coq ⚘ (krɛtdə'kɔk) *f* [6b] Hahnenkamm *m*.

crételer (krɛt'le) *v/i.* [1c] gackern.

crételle ⚘ (kre'tɛl) *f* Kammgras *n*.

crétin (kre'tɛ̃) [7] **I** *adj.* blöd-, schwach-sinnig; **II** *su.* Schwachsinniger *m*, Trottel *m*, Kretin *m*, Blödling *m*, Idiot *m*; **~iser** (~tini'ze) *v/t.* [1a] verdummen; **~isme** (~'nism) *m* Kretinismus *m*, angeborene Idiotie *f*; *allg.* Blödheit *f*; Verblödung *f*, Stockdummheit *f*.

crétois (kret'wa) *adj.* [7] kretisch.

cretonne † (krə'tɔn) *f* Kretonne *f*, mittelkräftiger Baumwollstoff *m*.

cretons *cuis.* (krə'tɔ̃) *m/pl.* Grieben *f/pl.*

creus|age, ~ement (krø'za:ʒ, krøz'mɑ̃) *m* Ausgraben *n*, Ausschachtung *f*, Ausbaggerung *f*; Aushöhlen *n*, Ziehen *n e-s Grabens*.

creuser (krø'ze) [1a] **I** *v/t.* **1.** (aus-)graben, ausheben, ausschachten, ausbaggern; aushöhlen; ⚒ abteufen; ~ *un fossé* e-n Graben ziehen; *fig.* ~ *l'estomac* hungrig machen; **2.** *fig.* ergründen, erforschen; nachgrübeln über (*acc.*); **II** *v/rfl.* se ~ hohl werden; ⚓ hohl gehen (*vom Meere*); *fig. se ~ le cerveau* (*od. l'esprit, la tête*, F *les méninges*) sich den Kopf zerbrechen.

creuset ⊕ (krø'zɛ) *m* (Schmelz-)Tiegel *m*; *métall.* Gestell *n des Hochofens*; *fig.* Feuerprobe *f*; ~ *d'essai* Probetiegel *m*; *le ~ de l'expérience* die Versuchsprobe *f*; ~ *de haut fourneau* Schmelzherd *m*; *acier m fondu au ~* Gußstahl *m*.

creux (krø) **I** *adj.* [7d] **1.** hohl; *chemin m ~* Hohlweg *m*, ausgefahrener Weg *m*; *avoir le nez ~* den richtigen Riecher haben; **2.** tief; *assiette f creuse* tiefer (*od.* Suppen-)Teller *m*; **3.** abgemagert, hohl, tiefliegend; *joues f/pl. creuses* eingefallene Backen *f/pl.*; *yeux m/pl. ~* hohle Augen *n/pl.*; **4.** leer; *avoir le ventre ~* e-n leeren Magen haben; *toux f creuse* trockener Husten *m*; *fig. heure f creuse* Stunde *f* des geringsten Licht- *od.* Energie-verbrauchs in e-m Betrieb; verkehrsarme *od. allg.* ruhige Stunde *f*; *écol. leçon f creuse* Spring-, Freistunde *f*; **5.** *fig.* leer, inhaltslos, kraft-, gehalt-los; *Börse*: unlustig, lustlos; **6.** *fig.* eitel, leer, träumerisch, unsinnig; *cervelle f creuse, esprit m ~* Hohlkopf *m*, Träumer *m*; **II** *adv.* **7.** hohl; *sonner ~* hohl klingen; *songer ~* sich Phantastereien hingeben, *fig.* spinnen F; **III** *m* **8.** (Aus-)Höhlung *f*, Vertiefung *f*; ~ *de l'aisselle* Achselhöhle *f*; ~ *de l'estomac* Herzgrube *f*; ~ *épigastrique* Magengrube *f*; ~ *d'une lame* Wellental *n*; *boire dans le ~ de la main* aus der hohlen Hand trinken; **9.** *fig.* Leerheit *f*, Leere *f*; *avoir un ~ dans l'estomac* Kohldampf schieben F; **10.** ♪ Tiefe *f der Stimme*; *avoir du ~ od. un beau ~* e-n schönen Baß haben; **11.** ⚓ Hohl *n*, Holl *n*, Tiefe *f e-s Schiffes*.

crevaison (krəvɛ'zɔ̃) *f* Platzen *n*, Bersten *n*; *Auto, vél.* Reifen-panne *f*, -schaden *m*; P Überanstrengung *f*; Tod *m*, *péj.* Krepieren *n* P; P Leiden *n*.

crevant P (krə'vɑ̃) *adj.* [7] sehr ulkig, zum Schießen P; höchst langweilig; sehr anstrengend.

crevard P (krə'va:r) *m* Todeskandidat *m*; Hungerleider *m*.

crevas|se (krə'vas) *f* Riß *m*, enger Spalt *m*, Gletscherspalte *f*; Sprung *m*; Kluft *f*, Schlucht *f*; *~s pl. aux lèvres* aufgesprungene

Lippen *f/pl.*; **~ser** (krəva'se) [1a] **I** *v/t.* aufreißen; Risse machen in (*acc.*); *crevassé* rissig; spaltenreich; zerklüftet; aufgesprungen; **II** *v/i. u.* se ~ aufspringen, bersten, Risse bekommen.

crevé (krə've) **I** *m* **1.** P Schlappschwanz *m*; **2.** Schlitz *m* (*an Ärmeln*); **II** *adj.*: ganz kaputt, hundemüde.

crève P (krɛ:v) *f* Krankheit *f*; Not *f*, Elend *n*, Hunger *m*, Kälte *f*; Tod *m*; *j'ai la ~* ich bin todkrank, ich pfeife auf dem letzten Loch.

crève-cœur F (krɛv'kœ:r) *m* [6c] schwerer Kummer *m*, Herzeleid *n*.

crève-la-faim P (krɛvla'fɛ̃) *m* [6c] Hungerleider *m*.

crever (krə've) [1d] **I** *v/t.* **1.** zum Platzen *od.* Bersten bringen, zersprengen; *Deich* durchbrechen; *Geschwür* auf-stechen, -drücken; *il tira, crevant un pneu* er schoß u. brachte e-n Reifen zum Platzen; *~ un cheval* ein Pferd zu Tode reiten; P *~ q. au travail* j-n mit Arbeit fertigmachen (*od.* kleinkriegen), j-n bei der Arbeit schikanieren; * *~ q.* j-n töten, um die Ecke bringen P; *~ les yeux*: a) die Augen ausstechen; b) *fig.* in die Augen springen (*od.* fallen), sonnenklar sein; *fig. ~ le cœur* herzzerreißend sein, das Herz zerreißen; **II** *v/i.* **2.** (auf-)platzen, bersten, (auf-, zer-)springen; sich entladen, aus der Haut fahren wollen; *la veine crève* die Ader platzt; *~ de rire* (*de dépit*) vor Lachen (vor Ärger) platzen; *~ de santé* (*d'embonpoint*) vor Gesundheit (vor Fett) strotzen; **3.** umkommen, verrecken, krepieren (*v. Tieren u. v. Menschen* P); F *~ de faim* (*de soif*) vor Hunger (vor Durst) umkommen; *~ de faim* Kohldampf schieben P; **4.** *Auto, vél.* Panne haben; *vous avez crevé* Sie stehen auf Latschen; Sie haben Plattfuß; **III** *v/rfl.* *se ~ de travail* sich abrackern, sich abschinden, sich zu Tode schuften.

crevette *zo.* (krə'vɛt) *f* Garnele *f*.

cri (kri) *m* **1.** Ruf *m*, Schrei *m*, Schreien *n*, Geschrei *n*; *~ d'alarme*, *~ de détresse* Angst-, Not-ruf *m*; *~ d'armes*, *~ de guerre* Kriegsgeschrei *n*; *~ d'allégresse*, *~ de joie* Jubel-, Freuden-geschrei *n*; *jeter od. pousser un ~* (*les hauts ~s*) e-n Schrei ausstoßen (sich laut beschweren, Krach schlagen); **2.** *~ de douleur* Wehklagen *n*; **3.** *~ public* öffentliche Meinung *f*; **4.** innere Stimme *f*; *le ~ de la conscience* die Stimme des Gewissens; **5.** *le dernier ~* der Dernier cri, der letzte Schrei *m*, die neuste Mode *f*, das Allerneuste *n*; **6.** *~s pl. des chiens* Hundegebell *n*; **7.** *~ d'une lime* Quietschen *n* e-r Feile; *~ d'une plume* Kritzeln *n* e-r Feder; **8.** *demander qch. à cor et à ~* um etw. dringlich bitten.

criail|ler (kriɑ'je) *v/i.* [1a] immerzu schreien; keifen; quaken, plärren, knarrig sein (*v. Kindern*); **~lerie** (~ɑj'ri) *f* (*oft ~s pl.*) Geschimpfe *n/sg.*, fortwährendes Geschrei *n*, Gekeife *n*, Gezänk *n*; Geplärre *n*, Gequake *n* (*v. Kindern*); **~leur** (~ɑ'jœ:r) *su.* [7g] Schreier *m*, Schreihals *m*, Keifer *m*.

criant (kri'ɑ̃) *adj.* [7] himmelschreiend; *injustice f ~e* himmelschreiendes Unrecht *n*; *cela est ~* das schreit zum Himmel, das ist himmelschreiend.

criard (kri'a:r) [7] **I** *adj.* schreiend, keifend; ✝ marktschreierisch; *dettes f/pl. ~es* drückende Schulden *f/pl.*; *enfant m ~* kleiner Schreihals *m*; *voix f ~e* gellende Stimme *f*; *couleurs f/pl. ~es* schreiende (*od.* grelle) Farben *f/pl.*; **II** *su.* Schreier *m*, Schreihals *m*, Keifer *m*, Stänker *m* P.

cribl|age (kri'bla:ʒ) *m* Sieben *n*; **~e** ('kriblə) *m* Sieb *n*; ⊕ *~ rotatif* Trommel *f*; *passer au ~* durchsieben; *fig.* genau durchprüfen; **~er** (~'ble) *v/t.* [1a] **1.** (durch-)sieben, sichten; *fig.* das Beste auswählen; **2.** *fig.* durchlöchern; *criblé de blessures* voller Wunden; *être criblé de dettes* bis über die Ohren in Schulden stecken; *criblé de fautes* voller Fehler; **~eur** (~'blœ:r) **I** *su.* [7g] Sieber *m*, Sichter *m*; **II** ⊕ *m* Siebmaschine *f*; Schüttelsieb *n*; **~eux** (~'blø) *adj.* [7d] durchlöchert; Sieb...; **~ier** (~bli'e) *m* Siebmacher *m*; **~ure** (~'bly:r) *f* Aussiebsel *n*.

cric[1] (kri) *m* (Hebe-)Winde *f*, Wagenheber *m*; * Schnaps *m*.

cric[2] (krik) *int.* *~!* krach!; *~ crac!* ritsch, ratsch!

cricket (kri'kɛ) *m* Kricket(spiel) *n*.

cricri *ent.* (kri'kri) *m* [6c] Heimchen *n*.

criée (kri'e) *f* (*vente f à la*) ~ öffentliche (*bzw.* gerichtliche) Versteigerung *f*, Auktion *f*.

crier (kri'e) [1a] **I** *v/i.* **1.** schreien; ~ *au feu*, ~ *au secours*, ~ *au voleur* „Feuer!", „Hilfe!", „Diebe!" schreien *od.* rufen; ~ *au meurtre*, ~ *à l'assassin* Zeter und Mord(io) schreien; ~ *à tue-tête* aus Leibeskräften (*od.* aus vollem Halse) schreien; **2.** ~ *à qch.* sich über etwas empören; ~ *à l'injustice* gegen die Ungerechtigkeit auflehnen; ~ *au surmenage* sich über die Überarbeitung empören; **3.** rufen; P ~ *à q. de sortir* j-n herausrufen; ~ *après q.* j-n herbeirufen (*od.* herbeiwünschen); **4.** schimpfen auf (*acc.*), schelten, hinterherbrüllen; ~ *après* (*contre*) *q.* gegen (*od.* über) j-n losziehen; ~ *contre q.* (*qch.*) j-n (etw.) laut tadeln; **5.** *la porte crie* die Tür knarrt; *la plume crie* die Feder kritzelt; *le sable crie* der Sand knirscht; P *ses boyaux* (*lui*) *crient* s-e Gedärme knurren; **II** *v/t.* **6.** ~ *qch. à q.* j-m etw. zurufen; **7.** ~ *qch.* nach etw. (*dat.*) schreien; ~ *famine* nach Brot (*od.* vor Hunger) schreien; ~ *haro sur q. fig.* sich unter lauten Flüchen über j-n empören; ~ *misère* über große Not jammern; ~ *vengeance* nach Rache schreien; **8.** (öffentlich) *zum Verkauf* ausrufen *bzw.* versteigern; ~ *des journaux* Zeitungen ausrufen; ~ *une vente* e-n Verkauf veröffentlichen; ⚔ ~ *qui vive* anrufen; *fig.* ~ *qch. sur les toits* etw. an die große Glocke hängen, etw. ausposaunen.

crieur (kri'œːr) *su.* [7g] Straßenverkäufer *m*; ~ *public* öffentlicher Ausrufer *m*; *ehm.* ~ *de nuit* Nachtwächter *m*.

crime (krim) *m* Verbrechen *n*; *rl.* Todsünde *f*; Missetat *f*; strafbare Handlung *f*, Frevel *m*; ~ *capital* Kapitalverbrechen *n*; ~ *crapuleux* Raubmord *m*; ~ *contre nature* widernatürliches Verbrechen *n*; ~ *d'Etat* Staatsverbrechen *n*; ~ *de guerre* Kriegsverbrechen *n*; ~ *de lèse-majesté* Majestätsverbrechen *n*.

Crimée (kri'me) *f*: **la** ~ die Krim.

criminali|sable (kriminali'zablə) *adj.* strafrechtlich verfolgbar; **~ser** (~'ze) *v/t.* (*se* ~) [1a] zur Kriminalsache machen (werden); **~ste** (~'list) *m* Strafrechtler *m*, Kriminalist *m*, Strafrechts-kundiger *m*, -lehrer *m*; **~té** (~li'te) *f* Straffälligkeit *f*, Kriminalität *f*, Strafbarkeit *f*, Verbrechen *n/pl.*; *das* Verbrecherische *n*; ~ *juvénile* Jugendkriminalität *f*.

criminel (krimi'nɛl) **I** *adj.* [7c] □ **1.** verbrecherisch, kriminell, e-s Verbrechens schuldig; sündhaft; strafbar; **2.** ⚖ strafrechtlich; *affaire f* ~*le* Strafsache *f*; *code m d'instruction* ~*le* Strafprozeßordnung *f*; *juger q.* ~*lement* j-n vor ein Strafgericht ziehen; *procédure f* ~*le* Strafverfahren *n*; **II** *su.* Verbrecher *m*; **III** *m* ⚖ Strafgerichtsbarkeit *f*; *friser le* ~ hart am Strafgesetzbuch vorbeigehen; ans Verbrecherische grenzen.

criminelle F (krimi'nɛl) *f* Kriminalpolizei *f*, Kripo *f*.

criminogène (kriminɔ'ʒɛn) *adj.* die Verbrechen fördernd.

criminolog|ie (kriminɔlɔ'ʒi) *f* Strafrechtslehre *f*, Kriminalwissenschaft *f*; **~iste** (~'ʒist) *m* Kriminalist *m*.

crin (krɛ̃) *m* **1.** Hals-, Mähnen-haar *n* (*der Tiere*); Roßhaar *n*; ~*s pl.* Mähne *f*; *matelas m de* ~ Roßhaarmatratze *f*; **2.** *péj.* P Kopfhaar *n des Menschen*; P *se prendre aux* ~*s* sich in die Wolle (*od.* Haare) kriegen P; *fig. être comme un* ~ sehr leicht reizbar sein; *à tous* ~*s* leidenschaftlich, hundertprozentig, überzeugt; *un aristocrate à tous* ~*s* ein Aristokrat vom Scheitel bis zur Sohle; *un wagnérien à tous* ~*s* ein leidenschaftlicher (*od.* hundertprozentiger) Wagnerianer *m*; **3.** ~*s pl. d'archet* Geigenbogenhaare *n/pl.*; **4.** ⚘ Faser *f*; ~ *végétal* Pflanzenfaser *f*; Seegras *n*.

crincrin F (krɛ̃'krɛ̃) *m* schlechte Geige *f*, Kratzgeige *f*.

crinière (kri'njɛːr) *f* **1.** Mähne *f*; ~ *d'un casque* Helmbusch *m*; F (*la*) ~ *au vent* mit wehender Mähne (*v. Menschen*); **2.** *fig.* Kometenschweif *m*; ~ *des flots* Schaumkamm *m* der Wellen.

crinoline (krinɔ'lin) *f ehm.* Krinoline *f*, Reifrock *m*.

crique (krik) *f* **1.** ⚓ Schlupfhafen *m*, kleine Bucht *f*; **2.** ⊕ Riß *m* (*Stahl usw.*).

criquet (kri'kɛ) *m* **1.** *ent.* Wanderheuschrecke *f*; **2.** F Klappergaul *m*, Klepper *m*; **3.** F schwächlicher Mensch *m*, Elendswicht *m*, Heimchen *n*; *iron.* Knirps *m*, Präpel *m* P;

4. P schlechter Wein *m*, Krätzer *m*.

crise (kri:z) *f* **1.** ⚕ Krise *f*, Entscheidungs- *od.* Wende-punkt *m e-r Krankheit*; ~ *nerveuse* Nervenkrise *f*; *cela me donne une* ~ *de nerfs* das macht mich nervlich fertig; ~ *de larmes*, ~ *de sanglots* Weinkrampf *m*; ~ *magnétique* Trance *f* (*hypnotischer Schlaf*); **2.** *allg.* Krise *f*, Not *f*, Entscheidung *f*, Wendepunkt *m*; ~ *du bâtiment* Krise *f* auf dem Baumarkt; ~ *charbonnière* Kohlenkrise *f*; ~ *commerciale* Handelskrise *f*; ~ *économique mondiale* Weltwirtschaftskrise *f*; ~ *financière* Finanz-, Geld-krise *f*; ~ *du logement* Wohnungsnot *f*; ~ *ministérielle* Regierungs-, Minister-, Kabinetts-krise *f*; ~ *monétaire* Währungskrise *f*; *à l'abri de la* ~ krisenfest; *faire, subir od. traverser une* ~ e-e Krise durchmachen; *une* ~ *se prépare* es kriselt.

crisp|ation (krispɑ'sjɔ̃) *f* **1.** Kräuseln *n*, Zusammenschrumpfen *n*; **2.** ⚕ ~ *de nerfs* Nervenkrampf *m*; *causer des* ~*s* Zuckungen verursachen; *donner des* ~*s* nervös zucken; **3.** innere Unruhe *f*; *causer une* ~ ärgern, auf die Palme bringen F; **~er** (~'pe) [1a] **I** *v/t.* **1.** kräuseln, kraus machen; (krampfhaft) zusammenziehen; ~ *le visage* das Gesicht verzerren; **2.** F ärgern, in Unruhe versetzen, heftig aufregen; **II** *v/rfl.* se ~ sich kräuseln, zusammenschrumpfen; *son visage se crispe* sein Gesicht verzerrt sich.

crispin (kris'pɛ̃) *m* **1.** *thé.* Diener (-rolle *f*) *m*; *allg.* Spaßvogel *m*; Witzbold *m*; **2.** *gant m à* ~ Stulpenhandschuh *m*.

cris|sement (kris'mɑ̃) *m* Knirschen *n*; Kritzeln *n* (*e-r Schreibfeder*); ⊕ Rattern *n*, Lärm *m*; *Auto*: ~ *des pneus* Rauschen *n* (*od.* Vorbeizischen *n*) der Reifen; **~ser** (~'se) *v/i.* [1a] knirschen; kritzeln.

cristal (kris'tal) *m* [5c] **1.** *géol.* Kristall *m*; ~ *naturel*, ~ *de roche* (Berg-)Kristall *m*; **2.** ✝ Kristall *n*, Kristallglas *n*; *cristaux m/pl.* Kristalle *n/pl.*, geschliffene Glassachen *f/pl.*; **~lerie** (~tal'ri) *f* Kristallfabrik(ation *f*) *f*; Kristallwaren *f/pl.*; **~lier** (~tal'je) *m* Kristallschleifer *m*, -schneider *m*; **~lière** (~tal'jɛ:r) *f* **1.** ⚒ Kristallgrube *f*; **2.** ⊕ Kristallbearbeitungsmaschine *f*; **~lin** (~'lɛ̃) **I** *adj.* [7] kristallen, kristallklar; kristallinisch; ⚕ *cataracte f* ~*e* Linsenstar *m*; *anat. lentille f* ~*e* Kristallinlinse *f*; *humeur f* ~*e* Kristallfeuchtigkeit *f des Auges*; **II** *m* Kristallinse *f des Auges*; **~lisable** (~li'zablə) *adj.* kristallisierbar; **~lisant** (~li'zɑ̃) *adj.* [7] kristallisierend; **~lisation** (~lizɑ'sjɔ̃) *f* Kristallisierung *f*; **~liser** (~li'ze) *v/t.* (*u. v/i. u. v/rfl.* se ~) [1a] (sich heraus-)kristallisieren; **~lisoir** (~li'zwa:r) *m* Kristallisiergefäß *n*.

cristallo|génie (kristalɔʒe'ni) *f* Kristallbildungslehre *f*; **~graphie** (~gra'fi) *f* Kristallographie *f*; **~ïde** (~lɔ'id) *adj.* kristallähnlich.

cristau P (kris'to) *m* Soda *n od. f*.

cristi (kris'ti) *int.* verdammt nochmal!, verflixt!

critère, critérium (kri'tɛ:r, krite'rjɔm) *m* Kriterium *n*, Wertmesser *m*, Prüfstein *m*; *critère m de besoin* (*od.* *de ressources*) Bedürftigkeitsprüfung *f*; *critérium m Sport*: Ausscheidungskampf *m*.

criti|caillerie (kritikɑj'ri) *f* Nörgelei *f*, Meckerei *f*; **~cisme** *phil.* (~'sism) *m* Kritizismus *m*; **~quable** (~'kablə) *adj.* der Kritik unterworfen; tadelnswert, angreifbar, kritisierbar, fragwürdig; **~que** (~'tik) **I** *adj.* **1.** kritisch, beurteilend, kunstrichterlich, prüfend; zur Kritik neigend, tadelsüchtig; **2.** *fig.* kritisch, gefährlich, bedenklich, mißlich; **3.** kritisch, entscheidend; *fig. moment m* ~ entscheidender Augenblick *m*; **II** *su.* **4.** Kunstrichter *m*, Kritiker *m*; ~ *littéraire* Literarkritiker *m*, Rezensent *m*; ~ *hargneux*, ~ *pédant*, ~ *médiocre* Kritikaster *m*, Kritteler *m*, Nörgler *m*; **III** *f* **5.** Kritik *f*, Rezension *f*; Urteilsfähigkeit *f*; wissenschaftliche Prüfung *f*, Kunstprüfung *f*; ~ *surannée*, ~ *superflue*, ~ *trop tardive* überholte Kritik *f*; ~ *de soi* Selbstkritik *f*; ~ *des textes* Textkritik *f*; *faire la* ~ *de qch.* etw. kritisch beurteilen; *péj.* etwas heruntermachen; **6.** Tadel *m*, Tadelsucht *f*, Krittelei *f*; **7.** Gesamtheit *f* der Kritiker, Kritik *f*; **~quer** (~'ke) *v/t.* [1m] kritisieren; streng beurteilen; tadeln, bekritteln, heruntermachen; ~ *tout* an allem mäkeln, über alles meckern F; **~queur** (~'kœ:r) *m* Kritiker *m*; Kritikaster *m*, Kritteler *m*, Nörgler *m*.

croas|sement (krɔas'mɑ̃) *m* Krächzen *n*; **~ser** (krɔa'se) *v/i.* [1a] krächzen.

croc (kro) *m* **1.** Haken *m*; F *faire un ~* e-e Schuld machen; *mettre (od. pendre) qch. au ~* etw. an den Nagel hängen, *fig.* etw. aufgeben; *~ à incendie* Feuerlöschhaken *m*; *moustaches f/pl. en ~* nach oben gedrehter Schnurrbart *m*; **2.** Hakenstock *m*; ⚓ Bootshaken *m*; **3.** *~s pl.* Hakenzähne *m/pl.* (*bsd. v. Hunden*); Hauer *m/pl.* (*v. Wildschweinen*); Krebsscheren *f/pl.*; P Zähne *m/pl.*; P *avoir les ~s* Kohldampf schieben P, einen leeren Magen haben, hungrig sein.

croc-en-jambe (krɔkɑ̃'ʒɑ̃:b) *m* [6b] Beinstellen *n*; *donner (od. faire) un ~ à q.* j-m ein Bein stellen.

croche (krɔʃ) **I** † *adj.* krumm; **II** ♪ *f* Achtelnote *f*; *double ~* Sechzehntelnote *f*.

crocher (krɔ'ʃe) *v/t.* [1a] **1.** umbiegen; **2.** ⚓ mit Haken anholen; **3.** Unebenheiten (Schleifen) beim Stricken ausgleichen; **4.** ♪ (*Noten*) schwänzen; F *Auto*: *~ la route* sich auf der Straße festbeißen.

crochet (krɔ'ʃɛ) *m* **1.** (kleiner) Haken *m*, Häkchen *n*; ⊕ Klammer *f*; *faire du ~* häkeln; *~ (à broder)* Häkelnadel *f*; *(ouvrage m au) ~* Häkelarbeit *f*; *~ à bottines* Schuhknöpfer *m*; *~ de serrurier* Dietrich *m*; **2.** *Boxsport*: Haken *m*; *~ (porté) au foie* Leberhaken *m*; **3.** *~s pl.* Tragereff *n*, Rückentrage *f*; *vivre aux ~s de q. fig.* j-m auf der Tasche liegen; **4.** *fig. faire un ~* plötzlich vor j-m ausbiegen, e-n Haken schlagen; e-n Umweg machen; **5.** ♪ Notenschwanz *m*; **6.** *~s pl.* Schmachtlocken *f/pl.*; **7.** *vét. ~s pl.* Haken-, Eck-, Fangzähne *m/pl.* (*bsd. bei Hunden*); **8.** *~s pl.* Giftzähne *m/pl. bei Schlangen*; **9.** *~s pl. typ.* eckige Klammern *f/pl.*; **10.** *~s pl.* Schnörkel *m/pl.* (*Schrift*); **~able** (krɔʃ'tablə) *adj.* mit e-m Dietrich zu öffnen; **~age** (~'ta:ʒ) *m* Öffnen *n* mit e-m Dietrich; **~er** (~'te) *v/t.* [1e] mit e-m Dietrich öffnen *od.* aufbrechen; **~eur** (~'tœ:r) *m* **1.** ⚒ Reff-, Lastträger *m*; *santé f de ~* robuste Gesundheit *f*; **2.** Grobian *m*; **3.** *~ de serrures, ~ de portes* Einbrecher *m*.

crochu (krɔ'ʃy) *adj.* krumm; hakenförmig; Haken...; *fig. avoir les mains ~es* lange Finger machen, stibitzen F, klauen F.

crocodile (krɔkɔ'dil) *m* **1.** *zo.* Krokodil *n*; **2.** 🚂 Läutesignal *n*.

crocodiler P (krɔkɔdi'le) *v/t.* [1a]: *~ q.* j-m (e-m jungen Mann) schöne Augen machen. [*m*.]

crocus ⚘ (~'kys) *m* Krokus *m*, Safran

croire (krwa:r) [4v] **I** *v/t.* **1.** glauben; *~ q.* j-m glauben *od.* Glauben schenken *od.* (ver)trauen; *~ qch.* etw. glauben; *je le crois* a) ich glaube es; b) ich glaube ihm; *je vous crois* ich glaube (es) Ihnen (*od.* euch) [*Person und Sache können in dieser Bedeutung nicht gleichzeitig im acc. zusammenstehen!*]; *je l'en crois* ich glaube es ihm; *croyez-vous cet homme-là?* glauben Sie jenem Menschen?; *croyez-moi* a) glauben Sie mir!; b) folgen Sie meinem Rat!; *croyez-m'en!* glauben Sie (es) mir!; *~ q. sur parole* j-m aufs Wort glauben; *je n'en crois rien* ich glaube nichts davon; *en ~ à peine ses yeux* kaum seinen Augen trauen; *à l'en ~* nach seinen (ihren) Reden zu urteilen; wenn man es ihm (ihr) glauben soll; *on croit ce qu'on désire* man glaubt, was man wünscht; *faire ~ qch. à q.* j-m etw. einreden; *les tracts sont crus* man glaubt den Propagandazetteln; **2.** (sich) denken, sich einbilden, annehmen; *je le croyais parti* ich glaubte, er sei weg; *je crois que oui* ich glaube ja; *~ bien faire* es gut zu machen glauben; *~ de son intérêt de ...* es für s-n Vorteil halten zu ...; *à ce que je crois* meiner Meinung nach; *je (le) crois bien* das glaube ich schon; **3.** *~ q. homme d'honneur* j-n für e-n Ehrenmann halten; **II** *v/i.* glauben an (*acc.*), Vertrauen haben zu (*dat.*); *abs.* Glauben haben, gläubig sein; *~ à (auch en) q. (à qch.)* an j-n (an etw.) glauben; *je ne crois pas aux médecins* ich glaube nicht an die Ärzte; ich habe zu den Ärzten kein Vertrauen; *~ aux revenants (au diable, aux miracles)* an Gespenster (an den Teufel, an Wunder) glauben; *~ en Dieu* an Gott glauben; *je crois en lui* ich glaube an ihn; *~ en soi* an sich selbst glauben, Selbstvertrauen haben; *aber auch*: *~ en qch. in*: *~ en l'avenir* an die Zukunft glauben; **III** *v/rfl.* se *~ qch.* sich für etw. halten; P *il s'en croit* er gibt an, er ist blasiert (*od.* eingebildet); *il se croit le premier moutardier du pape* er bildet sich reichlich viel ein.

croisade (krwa'zad) *f a. fig.* Kreuzzug *m.*

croisé¹ (krwa'ze) *m* Kreuzfahrer *m.*

croisé² (~) *m* Köper *m* (*Stoffart*).

croisé³ *Sport* (~) *m* Schere *f* (*am Barren*).

croisé⁴ (~) **I** *p/p. v. croiser*; **II** *adj.* gekreuzt, in Kreuzform, über Kreuz liegend, Kreuz...; *chemin m ~* Kreuzweg *m*; *étoffe f ~e* Köper *m* (*Stoffart*); *feu m ~ fig.* Kreuzfeuer *n*; *mots m/pl. ~s* Kreuzworträtsel *n*; *rimes f/pl. ~es* gekreuzte (*od.* abwechselnd männliche u. weibliche) Reime *m/pl.*

croisée (~) *f* **1.** Fenster-kreuz *n*, -rahmen *m*; Fenster *n*; **2.** Kreuzung *f*; Kreuzweg *m*; Wegekreuzung *f*; *à la ~ des chemins* am Scheidewege; **3.** ⚠ Querschiff *n e-r Kirche*; **4.** gekreuzte (*od.* abwechselnde) Reime *m/pl.*

croisement (krwaz'mɑ̃) *m* **1.** 🚂 Kreuzung *f*, Schienenkreuzung *f*; Kreuzungsweiche *f*; *allg.* Straßenkreuzung *f*; Schnittpunkt *m*; *fig. être au ~ des routes* am Scheidewege stehen; **2.** *Auto*, ✈ *usw.* das Sichkreuzen *n*; **3.** *biol.* Kreuzung *f*, Vermischung *f*; *~ d'animaux apparentés* Inzucht *f*; **4.** *esc. ~ du fer* Kreuzen *n* der Klingen.

crois|er (krwa'ze) [1a] **I** *v/t.* **1.** kreuzen, kreuzweise legen, setzen *od.* stellen; durchkreuzen; (*se*) *~ les bras* die Arme verschränken; *fig.* die Hände in den Schoß legen; *~ les jambes* die Beine übereinanderschlagen; **2.** ⚔ *~ la baïonnette* das Bajonett fällen; *esc. ~ le fer* die Klinge kreuzen, sich schlagen; **3.** *fig. ~ (les desseins de) q.* j-m in die Quere kommen, j-s Absichten durchkreuzen; **4.** *biol.*, *Rassen usw.* kreuzen; **5.** ⊕ köpern, ins Kreuz weben; **II** *v/i.* **6.** übereinander-gehen *od.* -liegen, -schlagen (*Rock*); **7.** ⚓ *~ (sur une côte* an e-r Küste) kreuzen; ✈ *~ au-dessus d'une côte* e-e Küste abfliegen; **III** *v/rfl. se ~* **8.** sich kreuzen; *nos lettres se croisèrent* unsere Briefe kreuzten sich; *fig. se ~ avec q.* auf j-n (*acc.*) stoßen, j-n zufällig treffen; **9.** *hist.* das Kreuz nehmen; *weitS.* sich zu e-m Kreuzzug verbinden; **10.** *biol.* sich vermischen.

croisette (krwa'zɛt) *f* Kreuzchen *n.*

crois|eur (krwa'zœ:r) *m* **1.** ⚓ Kreuzer *m*; *~ auxiliaire* Hilfskreuzer *m*; *~ cuirassé* Panzerkreuzer *m*; *~ de bataille* Schlachtkreuzer *m*; *~-école m* Schulkreuzer *m*; *~ porte-avions m* Flugzeugträgerkreuzer *m*; **2.** ✈ *~ aérien* Luft-, Flugzeug-kreuzer *m*; **~ière** (~'zjɛ:r) *f* **1.** a) ⚓ Kreuzfahrt *f*; b) ✈ Flug *m*; *~ de chasse* Jagdflug *m*; c) Erkundungsfahrt *f* (*Wasser, Land*); **2.** ausgedehnte Reise *f*; ⚓, ✈ *vitesse f de ~* Reisegeschwindigkeit *f*; **3.** 🚂 Kreuzungsstelle *f* zweier Gleise; **~illon** (~zi'jɔ̃) *m* Querholz *n* e-s (Fenster-)Kreuzes; ⚠ Querschiff *n e-r Kirche*; Warnkreuz *n* (*vor Bahnübergängen*); ✈ Querarm *m*; ✈ *~ de roue* Radarm *m*, Radspeiche *f*; ⊕ *~ à cardan* Kardangelenk *n*; *~s pl.* (Fenster-)Sprossen *f/pl.*; **~illonnage** ✈ (~zijɔ'na:ʒ) *m* Verspannung *f*, Auskreuzung *f*; ⚠ Raster *m*; **~illonné** (~zijɔ'ne) *adj.* querverbunden; ✈ ausgekreuzt, verspannt; **~illonnement** ✈ (~zijɔn'mɑ̃) *m* = *croisillonnage*; **~illonner** ✈ (~zijɔ'ne) *v/t.* [1a] verspannen.

crois|sance (krwa'sɑ̃:s) *f* Wachsen *n*, Wachstum *n*; *fig.* Anwachsen *n*; Vermehrung *f*; *n'avoir pas encore toute sa ~* noch nicht ausgewachsen sein; **~sant** (~'sɑ̃) **I** *adj.* [7] **1.** wachsend, zunehmend; **II** *m* **2.** Mondsichel *f*, Halbmond *m*; **3.** *pât.* Hörnchen.

croisure (krwa'zy:r) *f* ✝ Köper *m* (*Stoff*).

croît (krwa) *m* Nachwuchs *m* (*e-r Herde*).

croître ('krwa:trə) *v/i.* [4w] wachsen, sich vermehren, zunehmen, größer (höher *od.* stärker) werden; sich entwickeln, gedeihen; steigen (*Fluß*); *les jours m/pl. croissent (de cinq minutes)* die Tage *m/pl.* nehmen (um fünf Minuten) zu; *aller (en) croissant* dauernd wachsen, zunehmen, steigen.

croix (krwa) *f* **1.** Kreuz *n*; Kruzifix *n*; *attacher à (od. sur) la ~, mettre en ~* ans Kreuz schlagen, kreuzigen; *mourir sur la ~ (od. en ~)* den Kreuzestod erleiden; *supplice m de la ~* Kreuzestod *m*; *descente f de la ~* Kreuzabnahme *f*; *chemin m de la ~* Leidensweg *m*; *♀-Rouge f* Rotes Kreuz *n*; *Fr. ~ de la Libération* Befreiungskreuz *n* (*ein am 7. 1. 1944* *in Algier geschaffener Orden*); *Fr.* ~ *de guerre* Kriegsverdienstkreuz *n*; ⛏ *u.* ⚔ ~ *verte* Grünkreuz *n*; ~ *gammée* Hakenkreuz *n*; *advt.* *en* ~ kreuz-förmig, -weise; *mettre les jambes en* ~ die Beine übereinanderschlagen; **2.** Zeichen *n* des Kreuzes; *faire le signe de la* ~ sich bekreuzigen; *faire le signe de la* ~ *sur q.* j-n segnen; *faire la* ~ *sur une créance* e-e Forderung in den Rauch schreiben, auf e-e Forderung verzichten; *faire une* ~ *sur le passé* e-n Strich unter die Vergangenheit ziehen (*od.* setzen); *mettre une* ~ *à qch.* etw. ankreuzen; **3.** Christentum *n*; **4.** *fig.* Kummer *m*, Sorgen *f/pl.*; *chacun porte sa* ~ *dans ce monde* in dieser Welt hat jeder sein Päckchen zu tragen; **5.** ~ *d'un ordre* Ordenskreuz *n*; *la* ~ (*de la Légion d'honneur*) das Kreuz *n* der Ehrenlegion; ~ *de fer* eisernes Kreuz *n*; **6.** ~ *de l'épée* Parierstange *f* des Degens; **7.** Bild-, Vorder-seite *f e-r Münze*; *jouer à* ~ *ou pile* Kopf oder Schrift spielen; **8.** *ast.* ♀ *australe* (*od. du Sud*) Südliches Kreuz *n*.

cromlech *antiq.* (krɔm'lɛk) *m* Kromlech *n* (*keltischer Steinbau*).

crône ⚓ (kro:n) *m* Kran *m*.

croquade (krɔ'kad) *f* flüchtige Skizze *f*.

croquant (krɔ'kɑ̃) **I** *adj.* [7] knusprig; **II** *m* **1.** *péj.* armer Schlucker *m*; Bauernlümmel *m*; Habenichts *m*; **2.** P Knorpel *m*, Knoten *m* im Fleisch; **3.** = *croquante*.

croquante *pât.* (krɔ'kɑ̃:t) *f* Kuchen *m* mit gerösteten Mandeln.

croque-au-sel (krɔko'sɛl) *advt.*: *à la* ~ ungekocht u. nur mit Salz.

croqu|embouche *pât.* (krɔkɑ̃'buʃ) *m od. f* jede Art knusprigen Gebäcks, Krokant *m*; **~ement** (krɔk'mɑ̃) *m* Knabbern *n*, Knacken *n*.

croque|-madame, ~-monsieur (krɔkma'dam ~məs'jø) *m* warmes, geröstetes Käsesandwich *n*.

croque|-mitaine (~mi'tɛn) *m* Schreckgespenst *n*, *der* schwarze Mann *m*; **~-mort** P (~'mɔ:r) *m* [6g] Leichenträger *m*; **~-noisette, ~-noix** *zo.* (~nwa'zɛt, ~'nwa) *m* [6c] Haselmaus *f*; **~not** P (~'no) *m* Treter *m* P, Schuh *m*; *vieux* ~*s* alte Treter *m/pl.* P (*Schuhe*); **~-note** F (~'nɔt) *m* schlechter Musiker *m*.

croquer (krɔ'ke) [1m] **I** *v/t.* **1.** knabbern, knuppern, knacken; verschlingen; verprassen; * verführen; *elle est jolie à* ~ sie ist zum Anbeißen hübsch; **2.** ~ *le marmot* lange warten (müssen); **3.** *peint.* skizzieren; **4.** ~ *des notes* Noten auslassen *od.* unter den Tisch fallen lassen; ~ *un passage* e-e Stelle auslassen; **II** *v/i.* ~ *sous la dent* unter den Zähnen knacken; * *en* ~ bei der Polizei die Leute verpfeifen.

croquet (krɔ'kɛ) *m* **1.** harter Pfefferkuchen *m*; **2.** Krocket *n* (*Spiel*); **~te** (~'kɛt) *f* **1.** *cuis.* Kloß *m*, Klops *m*; **2.** Schokoladenplätzchen *n*.

croquignole (krɔki'ɲɔl) *f* **1.** *pât.* kleines, knusperiges Gebäck *n*; **2.** Nasenstüber *m*; *a. fig.* Beleidigung *f*.

croquis (krɔ'ki) *m* erster Entwurf *m*, Skizze *f*; *allg.*, ⚔ Lageplan *m*.

crosne ⚘ (kro:n) *m* Knollenziest *m*.

cross-country *Sport* (krɔskœn [*od.* ~kun]'tre *od.* ~'tri) *m* Gelände-, Querfeldein-, Wald-lauf *m*.

crosse (krɔs) *f* **1.** Bischofs-, Krummstab *m*; Stockkrücke *f*; Henkel *m* (*Kanne*); ⊕ Kreuzkopf *m*; **2.** (Gewehr-)Kolben *m*; *mettre la* ~ *en l'air* das Gewehr umkehren (*Zeichen der Ergebung*); *à coups de* ~ mit Kolbenhieben; *artill.* ~ *d'affût* Lafettenschwanz *m*; **3.** Golf-Hockey-schläger *m*; **4.** *anat.* ~ *de l'aorte* Aortenbogen *m*.

crosser (krɔ'se) [1a] **I** *v/t.* mit dem Kolben (*od.* Golf-, Hockeyschläger) schlagen; *fig.* ~ *q.* j-n grob behandeln, runtermachen, abkanzeln; *c'est un homme à* ~ er verdient Fußtritte; **II** *v/i.* angeben, prahlen; **III** *v/rfl.* *se* ~ sich raufen.

crossette (krɔ'sɛt) *f* **1.** ↗ Schößling *m* (*bsd. des Weinstocks*); **2.** △ Verkröpfung *f* (*an Türen usw.*).

crosseur (krɔ'sœ:r) *m* **1.** Raufbold *m*; **2.** Angeber *m*.

crotale *zo.* (krɔ'tal) *m* Klapperschlange *f*.

crotte (krɔt) **I** *f* **1.** (Straßen-)Kot *m*, Dreck *m* P; P *fig. tomber dans la* ~ in tiefes Elend geraten; **2.** Kot *m der Ziegen, Mäuse usw.*; ~*s pl. de mouches* Fliegenschmutz *m*; ~ *de poule* Hühnermist *m*; ~ *de brebis* Schafsmist *m*; **3.** P ~ *de bique* Trödelkram *m*, Zeug *n*; **4.** ~*s pl. de chocolat* Schokoladenbonbons *m/pl.*; **II** P *int.* ~! verflucht!; P *c'est de la* ~! so ein Dreck! P.

crotter (krɔ'te) [1a] **I** *v/t.* schmutzig machen, beschmutzen, (mit

Kot *od.* Dreck) bewerfen; P *fig.* *crotté* dreckig; *fig.* elend, zerlumpt; *être crotté comme un barbet* bis über die Ohren verdreckt sein; **II** *v/rfl.* *se* ~ sich schmutzig (*od.* dreckig P) machen, sich mit Kot beschmutzen; *fig.* sich beschmutzen.

crottin (krɔ'tɛ̃) *m* Pferde-apfel *m* (*mst. jedoch* -appel *m* P), -mist *m.*

crou|lant (kru'lɑ̃) **I** *adj.* [7] baufällig; *fig.* dem Untergang geweiht, zs.-brechend; **II** P *m* Tattergreis *m*; **~lement** (krul'mɑ̃) *m* Einsturz *m*; **~ler** (~'le) *v/i.* [1a] einfallen, zs.-stürzen, einsinken.

croup ⚕ (krup) *m* Angina *f*, Kehlkopfdiphtherie *f*, Krupp *m.*

croupade *man.* (kru'pad) *f* Hochsprung *m.*

croupal ⚕ (kru'pal) *adj.* [5c] kruppartig; *voix f* ~*e* heisere Stimme *f.*

croupe (krup) *f* **1.** Kruppe *f*, Hinterteil *m* (*a. n*), Kreuz *n* (*bsd. des Pferdes*); *monter en* ~ hinten aufsitzen (*a. fig.*); **2.** Bergrücken *m*, Koppe *f*; ~ *de terrain* Erdrücken *m.*

croupetons (krup'tɔ̃) *advt.*: *à* ~ zusammengekauert, hockend.

croupeux ⚕ (kru'pø) *adj.* [7d] kruppartig; mit Krupp behaftet.

croupi (kru'pi) *p.p.* stagnierend, stehend; *eau f* ~*e* Moderwasser *n.*

croupier (kru'pje) *m* **1.** *Spiel*: Croupier *m*, Gehilfe *m* des Bankhalters; **2.** † stiller Teilhaber *m.*

croupière (kru'pjɛ:r) *f* Schwanzriemen *m*, Hinterzeug *n*; *fig. tailler des* ~*s à q.* j-m Knüppel zwischen die Beine werfen.

croupion (kru'pjɔ̃) **I** *m anat.* F Steiß *m*, Steißbein *n*; *orn.* Burzel *m* (*Vogelsteiß*); **II** *adjt. hist. Parlement m* ~ Rumpfparlament *n* (*Cromwell*); *péj. pol. alliance* ~ *f* Rumpfbündnis *n.*

croup|ir (kru'pi:r) *v/i.* [2a] **1.** faulig werden, modern, stillstehen, stagnieren (*Wasser*); **2.** versumpfen, verkommen; **~issant** (~pi'sɑ̃) *adj.* [7] modernd; *eau f* ~*e* Jauche *f.*

croupon (kru'pɔ̃) *m* Kernstück *n* (*Rinderhaut*).

croust|ade (krus'tad) *f* warme Pastete *f* mit knuspriger Rinde; **~illant** (~ti'jɑ̃) *adj.* knusprig; *fig.* schlüpfrig, pikant (*v. Geschichten*); **~ille** (~'tij) *f* **1.** (Brot-)Krüstchen *n*; **2.** F kleine Mahlzeit *f*, Imbiß *m*; **3.** dünne Pommes frites-Scheiben *f/pl.*; **~iller** P (~ti'je) *v/t. u. v/i.* fressen P, futtern P (= essen); **~illeux** *nur fig.* (~ti'jø) *adj.* [7d] = ~*illant.*

croûte (krut) *f* **1.** Kruste *f*, Rinde *f*; *cuis.* Blindpastete *f*; Essen *n*, Fressen *n* P, Fraß *m* P; P Lebensunterhalt *m*; *allg.* oberste Schicht *f*; ~ *au pot* Kraftbrühe *f* mit gerösteten Brotscheiben; *casser la* ~ e-n kleinen Imbiß nehmen; essen; *vendre qch. pour une* ~ *de pain* etw. für e-n Pappenstiel verkaufen; **2.** ~ *terrestre* Erdrinde *f*; **3.** ⚕ Schorf *m der Haut*; **4.** F *peint.* schlechtes Bild *n*; Pinselei *f*; **5.** P Dussel *m*, Dummkopf *m.*

croûter P (kru'te) *v/t. u. v/i.* [1a] essen, futtern P, fressen P.

croûton (kru'tɔ̃) *m* **1.** Brotkanten *m*; **2.** gerösteter Brotbrocken *m*; **3.** F *fig.* verkalkter *u.* blasierter Typ *m.*

croy|able (krwa'jablə) **I** *adj.* glaubhaft, glaubwürdig; **II** *m das* Glaubhafte; **~ance** (~'jɑ̃:s) *f* **1.** Glaube(n) *m*; Vertrauen *n*; Zutrauen *n*; *avoir* ~ *en q.* in j-n Vertrauen setzen, j-m glauben; *renoncer à sa* ~ s-n Glauben aufgeben; **2.** Ansicht *f*; Anschauung *f*; **~ant** (~'jɑ̃) [7] **I** *adj.* gläubig, religiös; **II** *su.* Gläubiger *m*; *vrai* ~ Rechtgläubiger *m.*

cru[1] (~) *adj.* **1.** roh, ungekocht; ungebrannt (*Ziegel*); **2.** unbearbeitet; Roh...; ungefärbt; ungegerbt; **3.** unverdaulich; **4.** *de l'eau f* ~*e* hartes Wasser *n*; **5.** derb, grob, hart, anstößig; *simplicité f* ~*e* Urwüchsigkeit *f*; *vérité f* ~*e* nackte Wahrheit *f*; **6.** *peint., opt.* grell; **7.** *à cru advt.* *tomber à* ~ grell hineinkommen (*Licht*); *monter à* ~ ohne Sattel reiten.

cru[2] (~) *m* Wuchs *m*, Trieb *m*; Gewächs *n*, Erzeugnis *n*; Jahrgang *m*; Lage *f* (*bsd. v. Wein*); *vin m de mon* ~ eigenes Gewächs *n*; *vin m du* ~ Landwein *m*; *grand* ~ Wein *m* bester Sorte; *bois m de moyen* ~ Mittelholz *n*; *fig. de son* ~ auf s-m eigenen Mist gewachsen F; von ihm stammend; von s-m Standpunkt.

cruauté (kryo'te) *f* Grausamkeit *f*; Mordlust *f*; *fig.* ungerechte (*od.* grausame) Handlung *f*; Unerbittlichkeit *f*; Unmenschlichkeit *f*; ~ *du sort* Härte *f* des Schicksals.

cruch|e (kryʃ) *f* **1.** Krug *m*, Wasserkrug *m*; Kruke *f*; *prov. tant va la* ~ *à l'eau qu'à la fin elle se brise* der Krug geht so lange zum Brunnen, bis er bricht; **2.** F Dumm-, Stroh-kopf *m*; dumme Gans *f*; **~ée** (~'ʃe) *f* Krugvoll *m*; **~erie** F (kryʃ'ri) *f* große Dummheit *f*; **~ette** (~'ʃɛt) *f* Krüglein *n*; **~on** (~'ʃɔ̃) *m* kleiner Krug *m*, kleiner Bierkrug *m*; Wärmflasche *f*.

cruci|al (kry'sjal) *adj.* [5c] **1.** kreuzförmig; *incision f ~e* Kreuzschnitt *m*; **2.** *fig.* entscheidend, äußerst wichtig; *une question f ~e* e-e höchstwichtige Frage *f*; **~fère** (~si'fɛːr) *adj.* kreuztragend; Kreuz...; *colonne f ~* Martersäule *f*; ⚘ *plantes f/pl.* ~s Kreuzblütler *m/pl.*; **~fié** (~'fje) *m der* Gekreuzigte; *le* ♀ Christus *m*; **~fiement** (~fi'mɑ̃) *m* **1.** Kreuzigung *f*, Kreuzestod *m*; *engS.* ♀ Kreuzigung *f* Christi (*Gemälde*); **2.** *fig. rl.* Kasteiung *f*, Abtötung *f*; **~fier** (~'fje) *v/t.* [1a] **1.** kreuzigen; *fig.* quälen; **2.** *fig.* ~ *la chair* sich kasteien, die sinnlichenBegierden abtöten; **~fix** (~'fi) *m* Kruzifix *n*; Bildnis *n* des Gekreuzigten; **~fixion** (~fik'sjɔ̃) *f a. peint.* Kreuzigung *f*; **~forme** (~'fɔrm) *adj. anat.* kreuzförmig; Kreuz...; **~rostre** *orn.* (~'rɔstrə) *adj.* kreuzschnäbelig; **~verbiste** *su.* (~vɛr'bist) Freund *m* v. Kreuzworträtseln.

crudiste (kry'dist) *m* Rohköstler *m*.

crudité (krydi'te) *f* **1.** roher Zustand *m*; **2.** ~*s pl.* Rohkost *f*, rohe (ungekochte) Nahrungsmittel *n/pl.*; **3.** ⚕ Unverdaulichkeit *f*; **4.** Härte *f des Wassers*; **5.** Derbheit *f*, Kraßheit *f*, Unanständigkeit *f* (*des Ausdrucks*); ~*s pl.* unanständige Reden *f/pl.*; **6.** *peint.* Grellheit *f der Farben*.

crue (kry) *f* **1.** Hochwasser *n*, Steigen *n des Wassers*; *être en ~* steigen (*Wasser*); **2.** Wachstum *n*, Wuchs *m*; *vêtement m à la ~* auf das Wachsen berechnetes Kleidungsstück *n*.

cruel (kry'ɛl) **I** *adj.* [7c] □ **1.** grausam, unmenschlich; blutgierig; **2.** *fig.* unerbittlich, hart (*Schicksal*); **3.** *von Sachen*: schmerzlich, qualvoll, empfindlich; grell; unausstehlich, höchst langweilig; **II** *~lement adv.* F äußerst, furchtbar, sehr; **III** *su.* Grausamer *m*.

cruiser (kru'zœːr) *m* Luxusyacht *f*.

crûment (kry'mɑ̃) *adv.* unverblümt, ungeschminkt, schonungslos, geradeheraus, unumwunden.

crural (~'ral) *adj.* [5c] *anat.* Schenkel...

crustacés (krysta'se) *m/pl.*Krebstiere *n/pl.*

cryomètre ⚒ (kriɔ'mɛtrə) *m* Kältemesser *m*.

crypte (kript) *f* Totengruft *f*; unterirdische Kapelle *f*, Krypta *f*.

crypto|communiste *pol.* (kriptɔkɔmy'nist *m*) verkappter Kommunist *m*; **~game** ⚘ (~'gam) **I** *adj.* kryptogam, bedecktsamig; **II** *f* Kryptogame *f*, Blütenlose *f*, Sporenpflanze *f*; **~gramme** (~'gram) *m* Schreiben *n* in Geheimschrift; **~graphe** (~'graf) *m* Chiffreschreiber *m*, Chiffreur *m*; **~graphie** (~gra'fi) *f* Geheimschreibe-, Chiffrier-kunst *f*; **~graphique** (~gra'fik) *adj.* Geheim..., Chiffrier...; *langage m ~* Geheimsprache *f*; **~nyme** (~'nim) *m* Pseudonym *n* als Anagramm.

Cuba *géogr.* (ky'ba) *f od. m* Kuba *n*.

cubage (ky'baːʒ) *m* Kubikinhalt(smessung *f*) *m*, Kubikberechnung *f*, Würfelinhalt *m*.

cubain (~'bɛ̃) *adj.* [7] kubanisch.

cube (kyb) **I** *adj.* Kubik..., kubisch; *mètre m ~* Kubik-, Raum-meter *m*; *pied m ~* Kubikfuß *m*; **II** *m* **1.** ⩚ Kubus *m*, Würfel *m*, dritte Potenz *f*; *~ d'un nombre* Kubikzahl *f*; *élever un nombre au ~* e-e Zahl zur dritten Potenz erheben; **2.** *cuis.* ~ (*de consommé*), ~ *à potage* Brühwürfel *m*; **3.** Bauklotz *m* (*Baukasten*).

cuber ⩚ (ky'be) [1a] **I** *v/t.* **1.** den Rauminhalt *e-s Körpers* ausmessen; **2.** ~ *un nombre* e-e Zahl in die dritte Potenz erheben; **II** *v/i.* ~ *vingt mètres* zwanzig Kubikmeter Rauminhalt haben.

cubilot *métall.* (kybi'lo) *m* Kupol-, Kuppel-ofen *m*.

cubique ⩚ (ky'bik) *adj.* würf(e)lig, kubisch; *forme f ~* Würfelform *f*; *racine f ~* Kubikwurzel *f*; *équation f* Gleichung *f* dritten Grades.

cub|isme *peint.* (ky'bism) *m* Kubismus *m*; **~iste** *peint.* (~'bist) *adj. u. su.* kubistisch; Kubist *m*.

cubi|tal (kybi'tal) *adj.* [5c] *anat.* Ellbogen...; **~tus** *anat.* (~'tys) *m* Ellbogenknochen *m*.

cucurbi|tacé ⚘ (kykyrbita'se) *adj. u.* ~*es f/pl.* kürbisartig(e Pflanzen *f/pl.*); **~tain** (~'tɛ̃) *s.* ~*tin*; **~te** ⚗ (~'bit) *f* Destillier-kolben *m*, -gefäß *n*; **~tin** ⚕ (~'tɛ̃) *m* Bandwurmglied *n*.

cueillage (kœ'ja:ʒ) *m* **1.** F Erwischen *n*, Festnahme *f*; **2.** Pflücken *n* des Obstes; **3.** Zeit *f* der Obsternte *f*.
cueillaison, cueille (kœjɛ'zõ, kœj) *f* Pflücken *n* des Obstes; Zeit *f* der Obsternte.
cueille|-fleurs (kœj'flœ:r) *m* [6c] Blumenschere *f*; **~-fruits** ✓ (~'frɥi) *m* [6c] Obstpflücker *m* (*Gerät*).
cueil|lement (kœj'mã) *m*, **~lette** (kœ'jɛt) *f* Obsternte *f*, Pflücken *n*, Erntezeit *f*; *fig.* ~ *scolaire* Schulbusverkehr *m*; **~leur** (~'jœ:r) *su.* [7g] Pflücker *m* (*Mann*).
cueil|lir (kœ'ji:r) *v/t.* [2c] *Obst, Blumen usw.* pflücken, ernten; (ein)sammeln, lesen; ~ *un bouquet* Blumen zu e-m Strauß pflücken, e-n Strauß binden; F aufgreifen, erwischen, festnehmen; ~ *une pomme sur (od. à) un pommier* e-n Apfel von e-m Apfelbaum pflücken; F ~ *un voleur* e-n Dieb schnappen (*od.* erwischen); *fig.* ~ *des lauriers*, ~ *des palmes* Lorbeeren ernten, Siege erringen; **~loir** (~'jwa:r) *m* **1.** Obstpflückkorb *m*; **2.** ✓ Obstpflücker *m* (*Gerät*).
cuffat *dial.* ⚒ (ky'fa) *m* Förderkorb *m*.
cuiller, cuillère (kɥi'jɛ:r) *f* **1.** Löffel *m*; ~ *à café, petite* ~ Kaffeelöffel *m*; ~ *à dessert, petite* ~ Dessert-, Kompott-löffel *m*; ~ *à moutarde* Mostrich-, Senf-löffel *m*; ~ *à pot* Suppenkelle *f*; ~ *à soupe*, ~ *à bouche*, ~ *de table* Suppen-, Eßlöffel *m*; ~ *à thé, petite* ~ Teelöffel *m*; ~ *en bois* Kochlöffel *m*; ~ *à sauce* Soßenlöffel *m*; *biscuit m à la* ~ Löffelbiskuit *n*; **2.** ⊕ Näpfchen *n*; ~ *à huile* Ölnäpfchen *n*; **3.** ♀ *feuilles f/pl. en* ~ löffelförmige Blätter *n/pl.*; **4.** *orn.* (*a. adj.*: *héron m* ~) Löffelreiher *m*; *zo. Art* Muschel *f*; **5.** P Hand *f*, Flosse *f* P, Patsche *f* F; **6.** Blinker *m* (*Angelgerät*).
cuir (kɥi:r) *m* **1.** Fell *n*, Haut *f* (*bsd. die dicke Haut gewisser Tiere*); *le* ~ *de l'éléphant* die Elefantenhaut *f*; *anat.* ~ *chevelu* Kopfhaut *f*; **2.** Leder *n*; *ouvrier m en* ~ Lederarbeiter *m*; *reliure f en* ~ Franzband *m*; ~ *de cheval* Roßleder *n*; ~ *de Russie* Juchtenleder *n*; ~ *grainé imprimé* genarbtes Glanzleder *n*; ~ *à semelle* Sohlenleder *n*; ~ *verni* Lackleder *n*; **3.** ~ *de rasoir* Streichriemen *m*, -leder *n* (*für das Rasiermesser*); **4.** *fig. faire des* ~*s* Bindungsfehler beim Sprechen machen (*z. B. r und s, od. s und t in der Bindung verwechseln*); *vgl. pataquès*; *faire des* ~*s et des velours* falsch aussprechen, Stimmhaftigkeit und Stimmlosigkeit mitea. verwechseln.
cuiras|se (kɥi'ras) *f* a) Panzer *m*; b) (Brust-)Harnisch *m*; *fig. le défaut de la* ~ *fig.* der wunde Punkt, die schwache Seite *f*, der Haken, die Achillesferse *f*; **~sé** (~ra'se) **I** *adj.* **1.** gepanzert; **2.** *fig.* gefeit, gewappnet; abgestumpft; ~ *contre les affronts* Beschimpfungen gegenüber gefeit; ~ *contre le remords* abgestumpft gegenüber der Stimme des Gewissens; abgebrüht; hartgesotten F; **II** ⚓ *m* Panzer-schiff *n*, -kreuzer *m*; **~sement** (~ras'mã) *m* Panzerung *f e-s Schiffes*; *plaque f de* ~ Panzerplatte *f*; **~ser** (~ra'se) *v/t.* [1a] panzern; *fig.* wappnen.
cuire (kɥi:r) [4c] **I** *v/t.* **1.** kochen, sieden; braten; backen; ~ *à l'étuvée* schmoren, dämpfen; *pomme f cuite* Bratapfel *m*; *fig. un dur à cuire* ein hartgesottener Mensch *m*; **2.** zur Reife (zum Reifen) bringen; **3.** ⊕ auskochen; ausglühen; ~ *des briques* Ziegel brennen; *de la terre cuite* Terrakotta *f*; ~ *le verre* Farben ins Glas einbrennen; **II** *v/i.* **4.** kochen; braten (*a. fig.* = *in der Sonne*); backen; *faire* (*od. mettre à*) ~ kochen *usw.* lassen; **5.** wehtun, brennen; *les yeux me cuisent* die Augen brennen mir; **III** *v/impers. il t'en cuira* dafür sollst du büßen, das wirst du noch bereuen; *ne le fais plus, sinon il pourrait t'en* ~ mach' das nicht mehr, es könnte dir übel bekommen.
cuisage ⊕ (kɥi'za:ʒ) *m* Holzverkohlung *f*.
cuisant (kɥi'zã) *adj.* [7] leicht zu kochen; *fig.* heftig schmerzend; *douleur f* ~*e* stechender Schmerz *m*; *une réalité f* ~*e* e-e bittere Tatsache *f*.
cuiseur (kɥi'zœ:r) *m* **1.** (Ziegel-, Wein-)Brenner *m*; **2.** *cuis.* großer Kochtopf *m od.* Kessel *m*.
cuisine (kɥi'zin) *f* **1.** Küche *f*; Kost *f*; ~ *fonctionnelle* Anbauküche *f*; *batterie f de* ~ Küchengeschirr *n*; ~ *bourgeoise* Hausmannskost *f*; ~ *française* französische Küche *f*; ~ *roulante* Feldküche *f*; *écol.* ~ *scolaire* Schul-küche *f* -speisung *f*;

chef m de ~ Oberkoch *m*; *apprendre la* ~ kochen lernen; *faire la* ~, *s'occuper de la* ~ das Essen machen, *abs.* kochen; *faire de bonne* ~ gut kochen; **2.** (*a. art m de la* ~) Kochkunst *f*, Kochen *n*; *livre m de* ~ *od. La* ♀ *familiale* Kochbuch *n*; **3.** Küchenpersonal *n*; **4.** ⚓ ~ *de bord* Bordküche *f*, Kombüse *f*; **5.** *fig.* Machenschaften *f/pl.*, Kuhhandel *m*; ~ *électorale* Wahlintrigen *f/pl.*; **6.** * Polizeipräfektur *f*; **~-poêle** (~ˈpwa:l) *f* [6a] Kochherd *m*, (tragbare) Kochmaschine *f*.

cuisi|ner (kɥiziˈne) [1a] **I** *v/i.* die Küche besorgen; kochen; *apprendre à* ~ kochen lernen; **II** *v/t.* **1.** kochen, zubereiten; zurechtmachen, zs.-brauen F *plais.*; *des plats m/pl. bien cuisinés* gut zubereitete Gerichte *n/pl.*; **2.** P *fig.* mit Intrigen vorbereiten, schaukeln *fig.*; *pol.* ~ *une élection* e-e Wahl in Szene setzen *od.* inszenieren; **3.** F *fig.* geschickt ausfragen; ~ *q.* j-n ins Gebet nehmen, j-n ausquetschen P, j-n vornehmen; **~nier** (~ˈnje) *m* Koch *m*; * Denunziant *m*; * Kriminalist *m*; * Rechtsanwalt *m*; **~nière** (~ˈnjɛ:r) *f* **1.** Köchin *f*; **2.** Kochmaschine *f*, Kochherd *m*.

cuissard ⚔ *ehm.* (kɥiˈsa:r) *m* Beinschiene *f*.

cuis|se (kɥis) *f* **1.** *anat.* (Ober-) Schenkel *m*; *fig.* F *se croire sorti de la* ~ *de Jupiter* sich wer weiß was einbilden; **2.** *cuis.* Keule *f*; **~seau** (~ˈso) *m* Kalbskeule *f*.

cuisson (kɥiˈsɔ̃) *f* **1.** Kochen *n*, Sieden *n*; Backen *n*; ⊕ Brennen *n*; ~ *du pain* Brotbacken *n*; *plaque f de* ~ Kochplatte *f*; **2.** Garsein *n*; **3.** ⚕ Brennen *n*, Schmerzen *n e-r Wunde*.

cuissot (kɥiˈso) *m* Keule *f v. Wild.*

cuist|ance * ⚔ (kɥisˈtɑ̃:s) *f* Küche *f*; **~ancier** * ⚔ (~tɑ̃ˈsje) *m*, **~ot** * ⚔ (kɥisˈto) *m* Koch *m*.

cuistre (ˈkɥistrə) *m* **1.** Pedant *m*, Trottel *m*, Kleinigkeitskrämer *m*, Schulfuchs *m*; Banause *m*; **2.** † Schuldiener *m*.

cuit (kɥi) *p.p.* **1.** gekocht, gebacken, gebraten *usw.*; s. *cuire*; *bien* ~ gar; F *c'est du tout* ~ das ist o. k., das geht *od.* ist prima F; **2.** F besoffen P; verloren, fertig, erledigt, erwischt (*v. Personen*).

cuit|e (kɥit) *f* **1.** ⊕ Brennen *n*; Brand *m Töpferei usw.*; **2.** *cuis.* Sirupkochen *n*; **3.** ⚗ Abgedampftes *n*; **4.** P Besoffenheit *f* P; *légère* ~ Schwips *m* F; *prendre une* ~ = **~er** P (~ˈte) : *se* ~ sich besaufen P.

cuivrage (kɥiˈvra:ʒ) *m* Verkupferung *f*.

cuivre (ˈkɥi:vrə) *m* **1.** *min.* Kupfer *n*; Kupfergeschirr *n*; Kupfergeld *n*; gravierte Kupferplatte *f*, Kupferstich *m*; ~ *battu* Kupferblech *n*; ~ *jaune* Messing *n*; ~ (*jaune*) *poli* Messingbronze *f*; ~ *laminé* Kupferplatten *f/pl.*; ~ *rouge* Rotkupfer *n*, reines Kupfer *n*; *de* ~ kupfern; *fil n de* ~ Kupferdraht *m*; *tôle f de* ~ Kupferblech *n*; *fondeur m en* ~ Kupfergießer *m*; *ouvrier m en* ~ a) Kupferschmied *m*; b) Messingschläger *m*; *capsule f en* ~ Zündhütchen *n*; **2.** ♪ Blechinstrument *n*.

cuivr|é (kɥiˈvre) *adj.* **1.** kupferfarbig, -rot; Kupfer...; **2.** *voix f* **~e** klangvolle Stimme *f*; **~er** (~) *v/t.* [1a] verkupfern; falsch vergolden; **~erie** (~vrəˈri) *f* Kupferwaren *f/pl.*; **~eux** [7d] (~vrø), **~ique** (~ˈvrik) *adj.* kupferhaltig; Kupfer...

cul (ky) *m* **1.** V Arsch *m* V (*mst.* [ɑʃ] *gesprochen!*); **2.** Boden *m*, Unterteil *m*; *mettre un tonneau sur* ~ ein Faß aufrecht stellen; ~ *de bouteille* Flaschenboden *m*; ~ *d'artichaud* Artischockenboden *m*; *tomber* ~ *par-dessus tête* kopfüber hinfallen; **3.** V *fig.* Scheißkerl *m*, Idiot *m*, gemeiner Hund *m*, Mistvieh *n*.

culard F (kyˈla:r) *m* gutgenährtes Stück *n* Rindvieh.

culasse (kyˈlas) *f* **1.** ⚔ *artill.* Bodenstück *n*, Stoß(boden *m*) *m*, Verschlußstück *n*, (Gewehr-)Verschlußgehäuse *n*; *fusil m* (*od. canon m*) *se chargeant par la* ~ Hinterlader *m*; **2.** *mot.* Zylinderkopf *m*; **3.** ⚡ Joch *n*.

culbu|table (kylbyˈtablə) *adj.* umwerfbar; **~tage** (~ˈta:ʒ) *m* Ausstürzen *n*, Kippen *n*; **~te** (~ˈbyt) *f* Purzelbaum *m*; *fig.* Sturz *m*, Ruin *m*, Pleite *f*; *faire une* ~ e-n Purzelbaum schießen; *faire la* ~ *fig.* zugrunde gehen, scheitern, straucheln, jählings von s-r Höhe herabstürzen; *prov. au bout du fossé la* ~ das dicke Ende kommt nach; **~ter** (~ˈte) [1a] **I** *v/t.* Hals über Kopf herunterwerfen; *fig.* zugrunderichten, stürzen; ⚔ überrennen, über den Haufen werfen; ⊕ (um)kippen, kanten; **II** *v/i.* stürzen; purzeln; ✈ sich überschlagen, umkippen; *fig.* zugrunde gehen; Bankrott machen; **~teur** ⊕ (~'tœ:r) *m* Kipp-, Schwing-, Ventil-hebel *m*, Kipper *m*, Schwinge *f*; ⚒ Wipper *m*, Kipper *m*; ~ *en tête* Überkopflader *m*; **~tis** (~'ti) *m* Gewirr *n*, Durcheinander *n*.

cu(l)cul *enf.* (ky'ky) *m* Popo *m*.

cul-de|-basse-fosse (kyd[ə]bɑs'fo:s) *m* [6b] Kerker *m*, (Burg-)Verließ *n*; **~-jatte** (~'ʒat) *m* [6b] Krüppel *m* ohne Beine; **~-lampe** (~'lɑ̃:p) *m* [6b] Deckenzierat *m*; *typ.* Schlußvignette *f*; **~-sac** (~'sak) *m* [6b] **1.** Sackgasse *f* (*a. fig.*); *fig.* Engpaß *m*; *fig.* Klemme *f* P; **2.** *fig.* Stellung *f* ohne Aussicht auf Verbesserung, aussichtsloser Posten *m*.

culée (ky'le) *f Brückenbau*: Widerlager *n*; ~ *d'arc-boutant* Gewölbepfeiler *m*; ~ *d'un pont* Brückenpfeiler *m*; ⚓ Rücklauf *m*.

culer *a.* ⚓ (~) *v/i.* [1a] rückwärts gehen (*od.* fahren).

culière (ky'ljɛ:r) *f* Schwanzriemen *m*.

culinaire (kyli'nɛ:r) *adj.* kulinarisch, Küchen...; *art m* ~ Kochkunst *f*.

culmen *géol.* (kyl'mɛn) *m* Gipfel *m e-s Bergmassivs.*

culmi|nance (kylmi'nɑ̃:s) *f* höchster Gipfelpunkt *m*; **~nant** (~'nɑ̃) *adj.* [7] kulminierend; *point m* ~: a) Gipfelpunkt *m*, höchster Punkt *m*; b) *fig.* Höhepunkt *m*; **~nation** (~nɑ'sjɔ̃) *f* **1.** *ast.* Kulmination *f*, Durchgang *m e-s Sterns* durch den Mittagskreis; **2.** *fig.* Höhepunkt *m*; **~ner** (~'ne) *v/i.* [1a] kulminieren, durch den Mittagskreis gehen; *fig.* den Höhepunkt erreichen.

culot (ky'lo) *m* **1.** F Nesthäkchen *n*; **2.** ~ *d'une pipe* Tabakskruste *f* im Pfeifenkopf; **3.** ⊕ Unterteil *m*; Tiegeluntersatz *m*; metallischer Bodensatz *m*; ⚔ Hülsenboden *m*; ⚡ Lampensockel *m*; *Auto*: Schaft *m*; **4.** P Frechheit *f*, Dreistigkeit *f*; *quel* ~! was für e-e Unverfrorenheit! (*od.* Unverschämtheit!); *avoir du* ~ sich durch nichts abschrecken lassen, ein freches Auftreten haben; die nötige Frechheit besitzen; frech sein; **~tage** (kylɔ-'ta:ʒ) *m* Anrauchen *n e-s Pfeifenkopfes.*

culot|te (ky'lɔt) *f* **1.** (*a.* ~*s pl. u. une paire de* ~*s*) kurze Hose(n *pl.*) *f*; Schlüpfer *m* (*Frauenunterkleidung*); ~ *d'athlétisme* (*de football*) Sprinter-(Fußball-)Hose *f*; ~ *de golfe*, ~ *knickerbocker* Golfhose *f*, Knickerbockers *pl.*; ~ *hygiénique* Schutzhöschen *n*; ~ *de cuir* (*od. de peau*) kurze Lederhosen *f/pl.*; ~ *de peau* P ⚔ alter Soldat *m od.* Landser *m*; F *fig. porter la* ~ die Hosen anhaben, das Regiment im Hause führen (*von Frauen*); **2.** *Schlächterei*: Schwanzstück *n*; **3.** ⊕ Gabelrohr *n*; **4.** großer Verlust *m beim Spiel*; *prendre une* ~ verlieren; sich besaufen; **~té** (~'te) *p.p.* angeraucht (*Pfeife*); P dreist, frech, unverschämt, pampig; abgenutzt, abgeschabt; **~ter** (~) [1a] *v/t.* **1.** ~ *un enfant* e-m Kind die Hosen anziehen; **2.** ~ *une pipe* e-e Pfeife anrauchen; **~tier** (~'tje) *su.* [7b] (Leder-)Hosenschneider *m*.

culpabilité (kylpabili'te) *f* Strafbarkeit *f*, Straffälligkeit *f*, Schuld *f*.

culte (kylt) *m* Gottesverehrung *f*, Kultus *m*; Religion(sausübung *f*) *f*; Kult *m*; Kirchenwesen *n*; gottesdienstliche Gebräuche *m/pl.*; *fig.* Verehrung *f*; ~ *des idoles* Abgötterei *f*, Götzendienst *m*; *liberté f des* ~*s* Glaubens-, Gewissensfreiheit *f*; *allg. ministre m de l'instruction publique et des* ~*s* Kultusminister *m*.

cul-terreux F *iron.* (kytɛ'rø) *m* [6b] Kuhbauer *m*, Kossäte *m*.

cultiva|ble (kylti'vablə) *adj.* anbaufähig; **~teur** (~va'tœ:r) [7f] **I** *su.* Landwirt *m*; ⊕ Kultivator *m* (*Gerät*); **II** *adj.* ackerbautreibend; Ackerbau...

cultiver (~ti've) *v/t.* [1a] **1.** (an-, be-)bauen, bearbeiten, bestellen; anpflanzen; *plante f cultivée* Kulturpflanze *f*; **2.** *fig.* betreiben, pflegen, kultivieren; ~ *les arts* die Künste betreiben *od.* pflegen; ~ *les sciences* sich wissenschaftlich bilden; F ~ *la pipe* gern Pfeife rauchen; ~ *son esprit* s-n Geist bilden; ~ *la mémoire* das Gedächtnis üben; *esprit m cultivé* gebildeter Mensch *m*; ~ *l'amitié de q.* mit j-m Freundschaft pflegen, sich j-n warm halten.

cultuel (kyl'tɥɛl) *adj.* [7c] kultisch.

cultural ⚘ (kylty'ral) *adj.* [5c] anbaumäßig, Anbau..., Kultur...

culture (kyl'ty:r) *f* **1.** ⚘, *biol.* (An-, Be-)Bauen *n*, Bestellung *f*, Kultur *f* des Bodens; Anbaufläche *f*; künstliche Zucht *f v. Bakterien usw.*; (*milieu m de*) ~ bakteriologischer Nährboden *m*; ~ *hâtive* Frühkultur *f*; ~ *alternée* Wechselwirtschaft *f*; *pays m de grande* (*petite*) ~ schweres (leichtes) Ackerland *n*; ~ *des champs* Ackerbau *m*; ~ *des arbres* (*des fleurs*) Baum-(Blumen-)zucht *f*; ~ *du seigle* Roggenbau *m*; ~ *de la vigne* Weinbau *m*; *les* ~*s* die Kulturpflanzen *f/pl.*; **2.** ~ *physique* Körperkultur *f*; ~ *du corps* Körperpflege *f*; *le matin, je fais de la* ~ *physique* morgens treibe ich Gymnastik *od.* mache ich körperliche (*od.* Atem-) Übungen; **3.** (geistige) Kultur *f*, Bildung *f*; ~ *des arts et des sciences* Pflege *f* der Künste u. Wissenschaften; ~ *de l'esprit* Geistesbildung *f*; ~ *générale* Allgemeinbildung *f*.

culturel (kylty'rɛl) *adj.* [5c] kulturell, bildungsmäßig, Kultur...

cumin ♀ (ky'mɛ̃) *m* Kümmel *m*; ~ *des prés* Gartenkümmel *m*; *fromage m au* ~ Kümmelkäse *m*; *pain m au* ~ Kümmelbrot *n*.

cumul (ky'myl) *m* **1.** gleichzeitiger Besitz *m mehrerer Ämter usw.*; Kumulierung *f*; F Doppelverdienertum *n*; **2.** ⚖ ~ *de peines* Strafenhäufung *f*; **~ard** F (~'la:r) *m* Beamter *m* mit mehreren Posten, Doppelverdiener *m*.

cumulatif (kymyla'tif) *adj.* [7e] zusätzlich.

cumu|ler (kymy'le) *v/t.* [1a] (anhäufen, vereinigen; *mehrere Ämter* gleichzeitig bekleiden (*od.* innehaben); **~lo-nimbus** (~lɔnɛ̃'bys) *m* [6c] dichte Regenwolke *f*; *bisw. nimbo-cumulus*; **~lus** (~'lys) *m* Haufenwolke *f*, Kumuluswolke *f*.

cunéiforme (kynei'fɔrm) *adj.* keilförmig; *écriture f* ~ Keilschrift *f*.

cunette (ky'nɛt) *f* **1.** unterirdischer Abflußgraben *m*; **2.** kleiner Kanal *m* in e-m Festungsgraben.

cuniculiculture, cuniculture (kynikylikyl'ty:r, kynikyl'ty:r) *f* Kaninchenzucht *f*.

cupi|de (ky'pid) **I** *adj.* geldgierig, habsüchtig; **II** *su.* Habsüchtiger *m*, Geldgieriger *m*; **~dité** (~di'te) *f* Geld-gier *f*, -hunger *m*, Habsucht *f*.

cupri|fère (kypri'fɛ:r) *adj.* kupferhaltig; **~que** (ky'prik) *adj.* kupferartig.

cupule ♀ (ky'pyl) *f* Becher *m*.

cura|bilité (kyrabili'te) *f* Heilbarkeit *f*; **~ble** (~'rablə) *adj.* heilbar.

curaçao (kyra'so) *m* Curaçao *m*.

curage (ky'ra:ʒ) *m* Reinigen *n*, Säubern *n*, Spülen *n*; ⚓ (Aus-) Baggern *n*; *tube m de* ~ Spülrohr *n*.

curare (ky'ra:r) *m* Kurare *n*, Urari *n* (*Pflanzengift für Indianerpfeile*).

cura|telle ⚖ (kyra'tɛl) *f* Pflegschaft *f*, Vormundschaft *f*; ~ *à la succession* Nachlaßpflegschaft *f*; **~teur** ⚖ (~'tœ:r) *su.* [7f] Pfleger *m*, Vormund *m*; **~tif** (~'tif) *adj.* [7e] heilend; *onguent m* ~ Heilsalbe *f*; *propriété f curative* heilkräftige Eigenschaft *f*; *vertu f curative* Heilkraft *f*.

cure (ky:r) *f* **1.** Heilung *f*, Heilverfahren *n*, Kur *f*; ⚕ Pflege *f*; ~ *d'air* Luftkur *f*; ~ *d'eau minérale* Trinkkur *f*, Brunnenkur *f*; ~ *de petit-lait* Molkenkur *f*; ⚕ ~ *de raisins* Traubenkur *f*; ~ *de jouvence*, ~ *de rajeunissement* Verjüngungskur *f*; *faire une* ~ *d'eau minérale* eine Trinkkur machen; ~ *de désintoxication* Entziehungskur *f*; ~ *de repos* Liegekur *f*; ~ *de santé* Gesundheitspflege *f*; ~ *secondaire* Nachkur *f*; **2.** Pfarre *f*, Pfarrei *f*, Pfarrstelle *f*; Pfarrhaus *n*; **3.** *il n'en a* ~ er kümmert sich nicht darum, er macht sich nichts daraus.

curé (ky're) *m* (katholischer) Pfarrer *m*, Geistlicher *m*.

cure-dent(**s**) (kyr'dɑ̃) *m* Zahnstocher *m*.

curée *ch.* (ky're) *f* Jägerrecht *n* der Hunde (*die den Hunden gegebenen Teile des Wildes*); Schmaus *m für die Hunde*; *sonner la* ~ zum Jägerrechte blasen; *âpre à la* ~ beutegierig; *fig.* ~ *des places* Postenjägerei *f*.

curement (kyr'mɑ̃) *m* Reinigen *n von Gräben usw.*

cure|-môle ⚓ (kyr'mo:l) *m* Bagger *m*; **~-ongles** (~'ɔ̃:glə) *m* [7g] Nagelfeile *f*; **~-oreille** (~ɔ'rɛj) *m* Ohrenreiniger *m*; **~-pipe** (~'pip) *m* Pfeifenreiniger *m*.

curer (ky're) [1a] **I** *v/t.* **1.** reinigen, säubern; ~ *ses souliers* sich die Füße *am Kratzeisen* abstreichen; ~ *une vigne en pied* e-n Weinstock von unnützem Holz befreien; **2.** (aus)baggern; **II** *v/rfl.*: *se* ~ *les dents* sich die Zähne reinigen.

curet|age ⚕ (kyr'ta:ʒ) *m* Aus-

kratzen *n*; **~te** *chir.* (ky'rɛt) *f* Kürette *f*, Instrument *n* zum Ausschaben, scharfer Löffel *m*.
cureur (ky'rœ:r) *m* Brunnen- *od.* Graben-reiniger *m*, Kloakenfeger *m*.
curial (ky'rjal) *adj.* [5c] zur Pfarre gehörig; Pfarr...; Kurial...
curie (ky'ri) **I** *f rl., antiq.* Kurie *f*; **II** ⚗ *m* Curie *n*; **~thérapie** ⚕ (~tera'pi) *f* Radiumtherapie *f*.
curi|eux (ky'rjø) [7d] **I** *adj.* □ **1.** neugierig; wißbegierig; vorwitzig; **2.** merkwürdig, sehenswert, wunderlich; seltsam, eigenartig, komisch, kurios; **II** *su.* **3.** Schaulustiger *m*; Wißbegieriger *m*; Neugieriger *m*; **4.** Liebhaber *m*, Raritätensammler *m*; **5.** * Untersuchungsrichter *m*; **III** *m le ~ de l'affaire* das Merkwürdige an der Sache; **~osité** (kyrjozi'te) *f* **1.** Neugier(de) *f*; Wißbegier(de) *f*; *par ~* aus Neugier; *pour la ~ du fait* der Seltenheit wegen; **2.** *sotte ~* Naseweisheit *f*, Vorwitz *m*; **3.** Liebhaberei *f an seltenen Gegenständen usw.*; **4.** Seltenheit *f*, Kuriosität *f*; *bsd. pl.*: *~s d'une ville* Sehenswürdigkeiten *f/pl.* einer Stadt.
curiste (ky'rist) *su.* Kurgast *nur*: *m*.
curium ⚗ (ky'rjɔm) *m* Curium *n*.
curriculum vitae (kyrikylɔmvi'tɛ) *m* (schriftlicher) Lebenslauf *m*.
curseur (kyr'sœ:r) *m* **1.** ⊕ Schieb-, Stell-, Schraub-ring *m*, Läufer *m*, Gleitschiene *f an Instrumenten* (*Lineal*, *Zirkel*, *Rechenschieber usw.*); **2.** ⚡ Gleitkontakt *m*.
cursif (kyr'sif) *adj.* [7e] □ kursiv; *fig.* flüssig (*Stil*).
curure (ky'ry:r) *f* Unrat *m*, Baggergut *n*, Schlamm *m aus Gräben usw.*
curvi|ligne (kyrvi'liɲ) *adj.* krummlinig; **~mètre** ⊕ (~'mɛtrə) *m* Kurven-, Krümmungs-messer *m*.
cuscute ⚘ (kys'kyt) *f* Flachsseide *f*.
cuspid|é ⚘ (kyspi'de) *adj.* stachelspitzig; **~e** ⚘ (kys'pid) *f* Stachelspitze *f*.
custode (kyst'ɔd) *f* **1.** Altarvorhang *m*; **2.** Hostienschachtel *f*; **3.** *Auto*: hintere Seitenwand *f* e-r geschlossenen Karosserie, rückwärtige Scheibe *f*.
cutané *anat.* (kyta'ne) *adj.* Haut...
cuticule *anat.* ⚘ (kyti'kyl) *f* Häutchen *n*.
cuti-réaction ⚕ (kytireak'sjõ) *f* Hautreaktion *f*.
cutter ⚓ (kœ'tœ:r) *m* Kutter *m*.
cuv|age (ky'va:ʒ) *m*, **~aison** (~vɛ'zõ) *f* **1.** Gärenlassen *n des Weines*; **2.** Gärzeit *f*; Gärraum *m*.
cuve (ky:v) *f* **1.** Faß *n*, Bottich *m*, Trog *m*, Wanne *f*, Zuber *m*; *Brauerei*: *~ guilloire* Gär(ungs)-bottich *m*; *~ matière* Maischbottich *m*; ✈ *~ du compas* Kompaßgehäuse *n*; *~ à dégeler* Auftaugefäß *n*; *~ à flotteur*, *~ à niveau constant* Schwimmergehäuse *n*; *~ d'huile* Ölwanne *f*; *~ du moteur* Motorwanne *f*; **2.** (*Hochofen*-) Schacht *m*; **3.** *papier m à la ~* Büttenpapier *n*.
cu|veau (ky'vo) *m* kleine Wanne *f*, Bütte *f*; **~vée** (ky've) *f* **1.** Wannevoll *f*, Büttevoll *f*; Weinmenge *f* aus derselben (Kelter-)Bütte; *première* (*seconde*) *~* erste (zweite) Bütte *f*; *weitS. vin m de première* (*deuxième*) *~* Wein *m* bester (zweiter) Sorte; **2.** F *fig.* Art *f*; *de la même ~* von gleicher Beschaffenheit.
cuve|lage ⚒ (kyv'la:ʒ) *m*, **~llement** (kyvɛl'mã) *m* Schacht-, Grubenverschalung *f*; ⚠, *bét.* Verschalung *f*; **~ler** ⚒, *bét.* (kyv'le) *v/t.* [1c] verschalen.
cuver (ky've) [1a] **I** *v/i.* in der Bütte gären (*vom Wein*); **II** *v/t.* F *fig.* *~ son vin* s-n Rausch ausschlafen; *~ sa rage* s-e Wut verrauschen lassen.
cuvette (ky'vɛt) *f* **1.** (Spül-)Becken *n*, Waschbecken *n*, Napf *m*, *a. phot.* Schale *f*; (Blumen-)Untersatz *m*; ⊕ *~ à huile* (*od. d'égouttage*) Öltropfschale *f*; *~ de W.-C.* Klosettbecken *n*; *rad.* *~ pour* (*la*) *galène* Kristallnäpfchen *n*; **2.** (Quecksilber-)Kapsel *f* (*Barometer*); **3.** ⚕ flache Schale *f*; Näpfchen *n an Instrumenten*; **4.** *vél.* Kugellager *n*; **5.** *horl.* innerer Staubdeckel *m*; **6.** ⚔ Zündglocke *f*; *~ de tir* Zündhütchen *n*; **7.** Mulde *f im Gelände*.
cuvier (ky'vje) *m* Laugen-, Waschfaß *n*.
CV (se've) *abr.* *für cheval-vapeur m* Pferdekraft *f*, PS *n abr.*
cyan|hydrique ⚗ (sjani'drik) *adj.*: *acide m ~* Zyan-, Blau-säure *f*; **~ose** ⚕ (~'no:z) *f* Blausucht *f*, Zyanose *f*; **~ure** ⚗ (~'ny:r) *f* Zyanid *n*, Blausäureverbindung *f*; *~ de potassium* Zyankali *n*.
cybernétique *phys.* (siberne'tik) *f* Kybernetik *f*, Wissenschaft *f* von

der Steuerung u. der Information durch elektronische Maschinen.

cyclable (si'klablə) *adj.*: *route f (chemin m od. piste f)* ~ Radfahrweg *m.*

cyclamen ⚘(sikla'mɛn) *m* Alpenveilchen *n.*

cycle ('siklə) *m* **1.** *ast.* Zyklus *m*, Zeitkreis *m*, Periode *f*; ~ *pascal* Osterzyklus *m (532 Jahre)*; ~ *solaire* Sonnenzyklus *m (v. 28 Jahren)*; **2.** Sagenkreis *m*; **3.** *écol.* Ausbildungsabschnitt *m* an französischen höheren Schulen; *le premier* ~ der erste Unterrichtsabschnitt *m*, die Mittelstufe *f (classe de sixième à troisième)*; *le deuxième (od. second)* ~ (~ *du second od. deuxième degré)* der zweite Unterrichtsabschnitt *m*, die Oberstufe *f (classe de deuxième, classe de première et la classe terminale* = Abschlußklasse); **4.** ⊕ Arbeitsgang *m*; **5.** *biol.* Kreislauf *m*; biologischer Rhythmus *m*; ⚕ Periode *f*; **6.** ~*s pl. allg. Ausdruck für*: Fahr-, Motor-räder *n/pl.*, (Motor-)Roller *m/pl.*, Mopeds *n/pl.*

cyclecar *Auto* (siklə'ka:r) *m* Kleinauto *n*, Kabinenroller *m.*

cycli|que (si'klik) *adj.* **1.** *ast.* zyklisch; ⚗ ringförmig; **2.** *poème m* ~ Sagenkreis *m*; **~sme** (~'klism) *m* Radsport *m*, Radfahren *n*, Radeln *n*; **~ste** (~'klist) *adj. u. su.* radfahrend; Rad...; Radfahrer(in *f*) *m*, Radler(in *f*) *m.*

cyclo-cross *Radsport* (siklɔ'krɔs) *m* Querfeldeinradfahrt *f.*

cycloïde ⚗ (siklɔ'id) *f* Zykloide *f*, Radlinie *f.*

cyclo|moteur (~mɔ'tœ:r) *m* Moped *n*; **~motoriste** (~mɔtɔ'rist) *m* Mopedfahrer *m.*

cyclone (si'klo:n) *m* Wirbelsturm *m*, *a.* ⊕ Zyklon *m.*

cyclonette *Auto* (siklɔ'nɛt) *f* Dreiradwagen *m* mit Frontantrieb.

cyclo|pe *myth.* (si'klɔp) *m* Zyklop *m*; **~péen** (~pe'ɛ̃) *adj.* [7] zyklopisch, gigantisch, kolossal; **~-rameur** (siklɔra'mœ:r) *m* [6g] Rudertretrad *n für Kinder*; **~tourisme** (~tu'rism) *m* Radfahrtouristik *f*, Radwandersport *m*; **~-touriste** (~tu'rist) *su.* Fahrrad-ausflügler(in *f*) *m*, -tourist (-in *f*) *m*; **~tron** *phys.* (~'trɔ̃) *m* Elektronenschleuder *f*, Zyklotron *n.*

cygne (siɲ) *m* **1.** *orn.* Schwan *m*; *poét. chant m du* ~ Schwanengesang *m*; *fig.* letztes Werk *n*; **2.** *fig., poét.* Dichter *m*, Sänger *m*, Musiker *m*; *z.B. le* ~ *de l'Académie* Plato *m*; *le* ~ *de Cambrai* Fénelon *m*; *le* ~ *de Mantoue* Vergil *m.*

cylindrage ⊕ (silɛ̃'dra:ʒ) *m* Walzen *n*, Walzarbeit *f.*

cylindre (si'lɛ̃:drə) *m* Zylinder *m*, Spindel *f*, Welle *f*, Walze *f*; ⊕ Trommel *f*, Rolle *f*; *en* ~ zylinderförmig; *passer au* ~ walzen; ~ *à vapeur* Dampfzylinder *m*; *moteur m à deux* ~*s* Zweizylindermotor *m*; ~ *calibré (od. cannelé)* Kaliberwalze *f*; ~ *de pompe* Pumpenstiefel *m*, -zylinder *m*; ~ *à cames* Nockentrommel *f*; ~ *(compresseur od. écraseur)* Straßenwalze *f*; ~ *enrouleur* Seiltrommel *f*; ♪ ~ *noté* Walze *f* einer Drehorgel; ~ *d'un phonographe* Pponographenwalze *f*, Schallwalze *f.*

cylin|drée *Auto* (silɛ̃'dre) *f* Zylinder-inhalt *m*, -volumen *n*, Hubraum *m*, -volumen *n*; **~drer** (~) [1a] **I** *v/t.* rollen, walzen; zylindrische Form geben; *text.* kalandern; *métall.* strecken; **II** *v/rfl. se* ~ zylindrische Form annehmen; **~drique** (~'drik) *adj.* □ walzenförmig, zylindrisch.

cymba|le ♪ (sɛ̃'bal) *f* Zimbel *f*, Schallbecken *n*; ~*s pl.* Becken *n/pl.*; **~lier** ♪ (~ba'lje) *m* Beckenschläger *m.*

cynégétique (sineʒe'tik) **I** *adj.* Jagd...; **II** *f* Jagd *f*; Jägerei *f.*

cynips *ent.* (si'nips) *m* Gallwespe *f.*

cyni|que (si'nik) **I** *adj.* □ zynisch; schamlos, unverschämt, gemein; **II** *m a. phil.* Zyniker *m*; schamloser Spötter *m*; **~sme** (~'nism) *m* **1.** *phil.* Zynismus *m*, Lehre *f* und Sitten *f/pl.* der Zyniker; **2.** *allg.* Zynismus *m*, beißender Spott *m*

cyno|céphale *zo.* (sinɔse'fal) *m* Pavian *m*; **~glosse** ⚘ (~'glɔs) *f* Hundskraut *n.*

cypr|ès ⚘ (si'prɛ) *m* Zypresse *f*; ~ *funèbre* Trauerzypresse *f*; **~ière** (~pri'ɛ:r) *f* Zypressenhain *m.*

cyprin *icht.* (si'prɛ̃) *m* (Gold-)Karpfen *m*; Goldfisch *m.*

cypriote (sipri'ɔt) *adj. u.* 2 *su.* zypriotisch, zyprisch; Zypriot *m.*

cyrillique (siri'lik) *adj.* kyrillisch.

cystite ⚕ (sis'tit) *f* Zystitis *f*, Blasenentzündung *f.*

cystotomie *chir.* (sistɔtɔ'mi) *f* Blasenschnitt *m.*

cytise ⚘ (si'ti:z) *m* Goldregen *m.*

cytoplastique ⚕ (sitɔpla'stik) zellenbildend.

czar (tsa:r) *m usw.* = *tsar usw.*

D

D, d (de) *m* D, d *n*; s. *système.*
da (da): F *oui-~* jawohl!, ei ja!; ✎ *u.* F *nenni-~, non-~* nicht doch!, ach nein!
dab|(e) * (dab) *m*: **1.** *mon ~* mein alter Herr *m*, mein Alter *m* (= *Vater*); **2.** *le ~* der Alte *m* (=*Chef*); **~esse** * (~'bɛs) *f*: *ma ~* m-e alte Dame *f*, m-e Alte *f* (= *Mutter*).
d'abord (da'bɔːr) *adv.* zuerst.
d'accord (da'kɔːr) *adv.* einverstanden; *~!* einverstanden!; o. k.! P.
dace *antiq.* (das) *adj. u.* ♀ *su.* dakisch, dazisch; Daker(in *f*) *m*, Dazier(in *f*) *m*.
Dacie *antiq.* (da'si) *f*: **la ~** Dakien *n*, Dazien *n*.
daco-roman *ling.* (dakorɔ'mɑ̃) *adj.* [7] dakoromanisch.
dacty|le (dak'til) *m* **1.** *mét.* Daktylus *m* (*Versfuß*); **2.** ♀ Knäuelgras *n*; **3.** *zo.* Dattelschnecke *f*; **~lé** (~'le) *adj.* fingerartig, gefingert.
dactylo F (dakti'lo) *f* Stenotypistin *f*, Tippfräulein *n* F; **~graphe** (daktilɔ'graf) *su.* Maschinenschreiber(in *f*) *m*; *weitS.* Stenotypist(in *f*) *m*; **~graphie** (~gra'fi) *f* Maschineschreiben *n*; **~graphier** (~gra'fje) *v/t.* [1a] mit der Schreibmaschine schreiben; tippen F; **~logie** 🕮 (~lɔ'ʒi) *f* Fingersprache *f der Taubstummen*; **~scopie** (~skɔ'pi) *f* Fingerabdruckverfahren *n*.
dada (da'da) *m* **1.** *enf.* Pferdchen *n*; *aller à ~* reiten; **2.** F *fig.* Steckenpferd *n*; *enfourcher son ~, être sur son ~* auf s-m Steckenpferd herumreiten.
dadais F (da'dɛ) *m* Döfchen *n* F, blöder Bengel *m od.* Kerl *m*.
dagorne (da'gɔrn) *f* Kuh *f*, die ein Horn verloren hat.
dague (dag) *f* **1.** langer Dolch *m*; Stoß-, Faust-degen *m*; **2.** *ch.* *~s pl.* Spieße *m/pl.* des Hirsches; Hauer *m/pl.* des Ebers.
daguet *ch.* (da'gɛ) *m* Spießer *m* (*Hirsch*).
dahlia ♀ (da'lja) *m* Dahlie *f*.
daigner (dɛ'ɲe) *v/i.* [1b] geruhen, die Güte haben; *il n'a pas daigné lui répondre* er hat ihn keiner Antwort gewürdigt; ✎ *als Briefschluß*: *Daignez agréer, Monsieur, l'expression de ma haute considération* Genehmigen Sie den Ausdruck m-r vorzüglichen Hochachtung.
d'ailleurs (da'jœːr) *adv.* **1.** übrigens, sonst; **2.** anderswoher; *vgl.* de I 1.
daim (dɛ̃) *m* **1.** *zo.* Damhirsch *m*; **2.** Wildleder *n*, Damhirschleder *n*; *des gants m/pl. de (peau de) ~* wildlederne Handschuhe *m/pl.*
daine *zo.* (dɛn) *f* Damhirschkuh *f*.
dais (dɛ) *m* (Thron-, Altar- *usw.*) Himmel *m*, Baldachin *m*; *poét.*: *sous le ~* auf dem Thron; *~ de feuillage od. de verdure* Laubdach *n*; *le ~ d'azur* das blaue Himmelszelt *n*.
dal|lage ⊕ (da'laːʒ) *m* Legen *n* v. Fliesen *od.* Mosaik *od.* Steinplatten; Pflastern *n* v. Gehwegen; ⚠ (Decken-)Plattenbelag *m*; Bodenbelag *m*; ⚠ *sol m en ~* Plattenfußboden *m*; **~le** (dal) *f* Fliese *f*,

(Stein-)Platte *f*; ~*s f/pl. de construction légères* Leichtbauplatten *f/pl.*; * *se rincer la* ~ einen heben P; **~ler** (~'le) *v/t.* [1a] mit Fliesen *od.* (Stein-)Platten belegen; **~leur** ⊕ (~'lœ:r) *m* Fliesenleger *m usw.*

dalmate (dal'mat) *adj.* dalmatinisch; *le* ♀ der Dalmatiner *m.*

dalot ⚓ (da'lo) *m* Speigatt *n.*

dalton|ien ⚕ (daltɔ'njɛ̃) *adj.* [7c] farbenblind; **~isme** ⚕ (~'nism) *m* Farbenblindheit *f.*

dam † (dã) *m* Schaden *m*; *nur noch in*: *au grand* ~ *de q.* sehr zum Nachteil j-s; *à son* ~ zu s-m Schaden; *rl. la peine du* ~ die Strafe der Verdammnis.

damage ⊕ (da'ma:ʒ) *m* Feststampfen *n*, Planieren *n*; *bét.* (Ein-)Stampfen *n.*

daman *zo.* (da'mã) *m* Klippschliefer *m.*

Damas I (da'mɑ:s) *m* **1.** Damaskus *n* (*Hauptstadt Syriens*); *trouver son chemin de* ~ sich bekehren; sich auf sich selbst besinnen; **II** ♀ (da'mɑ) *m* **2.** Damast *m* (*Seidenstoff*); **3.** *lame f de* ~ Damaszenerklinge *f*; **4.** *prune f de* ~ Damaspflaume *f*; *raisin m de* ~ Damastraube *f.*

damasquin|er (damaski'ne) *v/t.* [1a] damaszieren; **~erie** (~n'ri) *f* Damaszierkunst *f*, Damaszenerarbeit *f.*

damas|sé (dama'se) *adj. u. m* damastartig; Damastleinwand *f*; **~ser** (~) *v/t.* [1a] **1.** auf Damastart weben; **2.** ~ *une corbeille* Zierate *usw.* in ein Körbchen flechten; **3.** Stahl damaszieren.

dame (dam) *f* **1.** Dame *f*; *ehm.* Edelfrau *f*; ~ *de compagnie* Gesellschafterin *f*; ~ *d'honneur* Hofdame *f*; ~ *de la maison* Frau *f* des Hauses, Herrin *f*; *faire la grande* ~ die vornehme (*od.* große) Dame spielen; P *votre* ~ Ihre (*Ehe-*)Frau *f* (*gewollt höflich*); **2.** *Spiel*: Dame *f*; (Karten-, Schach-)Königin *f*; *Kegelspiel*: König *m*; **3.** ⚓ Rudergabel *f*; **4.** ⊕ Ramme *f*; **5.** *int.* ~*!* a) allerdings!, in der Tat!, doch!, na sicher!; ~*! c'est juste!* aber das stimmt doch!; ~ *oui!* aber ja!, ja doch!; ~ *non!* a) aber nein!, nicht doch!; b) na und?!, verflixt!; (*Zögern, Verlegenheit, Verblüfftsein*).

dame-jeanne (damʒ'ɑ:n) *f* [6a] große Korbflasche *f*; Ballon *m.*

damer (da'me) *v/t.* [1a] **1.** F *Schach*: zur Dame *od.* Königin machen; F ~ *le pion à q.* j-m den Rang ablaufen; **2.** ⊕ feststampfen, einrammen.

dameret † (dam'rɛ) *m* Galan *m*, Geck *m.*

damier (da'mje) *m* **1.** Damebrett *n*, Schachbrett *n*; **2.** ⚠ Schachbrettfries *m.*

damna|ble (dɑ'nablə) *adj.* verdammenswert; abscheulich; strafbar; **~tion** (~ɑ'sjɔ̃) *f* Verdammung *f*; *rl.* Verdammnis *f*; *als int.*: (*mort et*) ~*!* Tod und Teufel!

dam|né (dɑ'ne) *su.* Verdammter *m*; **~ner** (~) [1a] **I** *v/t.* verdammen; *faire* ~ *q.* j-n bis aufs äußerste quälen (*od.* peinigen), j-n zur Verzweiflung bringen; **II** *v/rfl. se* ~ sich ins Verderben stürzen.

Damoclès (damɔk'lɛs) *npr.* Damokles *m*; *fig. épée f de* ~ Damoklesschwert *n* (*ständige Gefahr*).

damoi|seau (damwa'zo) *m ehm.* Edelknappe *m*; *jetzt*: F Stutzer *m*; **~selle** (~'zɛl) *f ehm.* Edelfräulein *n.*

dancing (dã'siŋ) *m* Tanzdiele *f*, Tanzbar *f*; öffentlicher Ball *m.*

dandin F (dã'dɛ̃) *su.* [7] Dummkopf *m*, Einfaltspinsel *m*, Laffe *m*; **~ant** (~di'nã) *adj.* [7] schlenkernd, ohne Haltung; **~er** (~di'ne) [1a] **I** *v/i. u. v/rfl. se* ~ lässig u. linkisch schlenkern; wackeln, watscheln, beim Gehen hin- u. herschaukeln, latschig gehen, sich in den Hüften wiegen; **II** *v/t.* ~ *une jambe* mit e-m Bein schlenkern.

dandy, *pl. a.* **dandies** (dã'di) *m* **1.** Geck *m*, Modeheld *m*; **2.** ⚓ Kutter *m.*

dandysme (dã'dism) *m* Dandytum *n*, Geckenhaftigkeit *f*, Afferei *f.*

Danemark *géogr.* (dan'mark) *m*: **le** ~ Dänemark *n*; *au* (*od. en*) ~ in *od.* nach Dänemark.

danger (dã'ʒe) *m* **1.** Gefahr *f*; *courir le* ~ *de* (*inf.*) Gefahr laufen zu ...; *se mettre en* ~ sich in Gefahr begeben; *il n'y a pas de* ~*!* nur keine Angst!; ~ *de mort* Lebensgefahr *f*; *il n'est pas encore hors de* ~ er hat die Gefahr noch nicht überwunden, er ist noch nicht außer Gefahr; ⚖ ~ *de collusion*, ~ *d'obscurcissement* (*d'une procédure judiciaire*) Gefahr *f* e-r geheimen Absprache zweier Parteien zum Schaden e-r dritten, Verdunkelungsgefahr *f*; *absence f de* ~ Gefahrlosigkeit *f*; *sans* ~ gefahrlos, ungefährlich, ungefährdet; **2.** ~**s** (*naturels*) gefährliche Klippen *f/pl.*; Untiefen *f/pl.*; ~**eux** (dɑ̃'ʒrø) *adj.* [7d] gefährlich; schädlich; nachteilig; *il est ~ de résister* Widerstand bringt Gefahr.

danien *géol.* (da'njɛ̃) *adj.* [7c]: *étage m ~* Danien *n*, dänische Stufe *f* (*Kreideformation*).

danois (da'nwa) [7] **I** *adj.* dänisch; **II** ♀ *su.* Däne *m*.

dans (dɑ̃) *prp.* **1.** *örtlich, zuständlich* (s. *auch unter* 3) a) *auf die Frage „wo?", „wohin?"* = innerhalb (*gén.*), in (*dat. bzw. acc.*), an (*dat. bzw. acc.*), auf (*dat. bzw. acc.*), hinter (*dat. bzw. acc.*): *~ la ville* innerhalb der Stadt; *~ Paris* in (innerhalb von) Paris; *~ la cour* auf dem (*bzw.* den) Hof; *entrer ~ la cour* auf den Hof fahren; *faire un petit tour ~ la Lune* e-n Abstecher auf den Mond machen; *~ la rue* auf der (*bzw.* die) Straße; *jeter un objet ~ la rue* e-n Gegenstand auf die Straße werfen; *j'habite ~* (*od. sur*) *l'avenue de l'Opéra* ich wohne in der Avenue de l'Opéra; *~ cet endroit* an diesem Ort; *que voyez-vous ~ ce tableau?* was sehen Sie auf diesem Bild?; *~ son champ* auf s-m Feld; *~ un pré* auf e-r Wiese; *~ une île* auf e-r Insel; *les fleuves s'en vont ~ l'Océan* die Flüsse ergießen sich in den Ozean; *~ cet immense pays* in diesem riesigen Land; *bei näherer Bestimmung, bsd. auch wenn Ländernamen durch ein Adjektiv oder einen Genitiv erweitert sind*: *~ notre jardin* in unserem (*bzw.* in unsern) Garten; *~ le jardin* (*a. au jardin*) im Garten, in den Garten; *~ la France méridionale* in (nach) Südfrankreich; *nous entrons ~ la France* wir betreten französischen Boden; wir fahren nach Frankreich hinein; *~ la od. en Grande-Bretagne* in (*od.* nach)Großbritannien; *~ l'Angleterre d'Elisabeth* in dem England Elisabeths; *~ l'Inde, älter*: *~ les Indes* (*od. aux Indes*) in *bzw.* nach Indien; *~ l'Amérique du Nord* in *bzw.* nach Nordamerika; *~ les Pays-Bas* (*od. aux Pays-Bas*) in den Niederlanden, in die Niederlande; *~ l'Union Soviétique* (*od. en U.R.S.S.*) in der *bzw.* in die Sowjetunion; *vor Namen von Schriftstellern*: bei; *~ Racine* bei Racine; *descendre ~ le puits* ⚒ in die Grube fahren; *prendre q. ~ ses bras* j-n in die Arme nehmen (*od.* schließen); *monter ~ la chaire* auf die Kanzel steigen; *~ l'escalier* auf der Treppe; *s'élancer ~ l'escalier* die Treppe hinauf- *od.* hinunter-stürzen; *~ les airs* in der Luft; *le soleil ~ le ciel* die Sonne am Himmel; *jeter q. ~ l'étonnement* j-n in Erstaunen setzen; *se jeter ~ l'eau* ins Wasser springen (*um zu schwimmen*; s. *eau*); *persévérer ~ son silence* in s-r Schweigsamkeit verharren; *persister ~ son opinion* auf s-r Meinung verharren, bei s-r Meinung bleiben; *~ l'école* in den Schulräumen; *être ~ la maison* im Hause sein; *assis ~ le comptoir* hinter dem Ladentisch sitzend; *tu es ~ mon jour* du bist mir im Licht; *se glisser ~ l'église* ganz leise in die Kirche hineingehen; sich in die Kirche einschleichen; *~ les coulisses* hinter den (*bzw.* die) Kulissen; *~ la colère où il est* bei s-m Zorn; *être ~ le commerce* im Handel tätig sein, Kaufmann sein; *~ le domaine des sports* auf dem Gebiete des Sports; *~ le journal* in der Zeitung; *~ la phrase ci-dessus* im obigen Satze; *~ le monde entier* auf der ganzen Welt; *~ le nord de la France* im Norden Frankreichs; *~ cette plaine* in dieser Ebene; *~ l'Etat d'Ohio* im Staate Ohio; *~ tout le nord* im ganzen Norden; *absorbé ~ un jeu* in ein Spiel vertieft; *écrivez la date ~ la marge!* schreiben Sie (schreibt) das Datum auf den Rand!; *se mettre qch. ~ la tête* sich etw. in den Kopf setzen; *frapper ~ les mains* klatschen; *tenir qch. ~ sa main* (*~ ses mains*) etw. in s-r Hand (in s-n Händen) halten; *la tête ~ les mains* den Kopf in die Hände gestützt; *c'est ~ les choses possibles* das liegt im Bereich der Möglichkeit; *il est ~ son caractère de* (*mit inf.*) es liegt in s-m Charakter, zu ...; *être ~ ses meubles* s-e eigenen Möbel haben; *weitS.* e-e eigene Wohnung haben; *avoir q. ~ sa manche* e-e bedeutende Person hinter sich zu stehen haben; *avoir foi ~ l'avenir* Vertrauen auf die Zukunft haben, auf die Zukunft vertrauen; *la confiance ~ l'avenir* das Vertrauen auf die Zukunft; b) *Auswahl bzw. Ent-*

nahme, auf die Frage „wo heraus?", „woraus?": aus, in; *qui a bu ~ mon verre?* wer hat aus meinem Glas getrunken?; *choisissez ~ la classe trois bons élèves* wählen Sie aus der Klasse drei gute Schüler aus; *son travail consiste ~ le nettoyage des chambres* s-e Arbeit besteht in der Reinigung der Zimmer; *j'ai pris ça ~ le journal* ich habe es aus der Zeitung; *découper ~ le journal* aus der Zeitung ausschneiden; *quelqu'un a fumé ~ ma pipe* jemand hat aus meiner Pfeife geraucht; *lire ~ un livre* aus e-m Buch vorlesen, in e-m Buch lesen; *manger ~ la main* aus der Hand fressen; *fig. mit j-m* zu familiär werden; *prendre un livre ~ une armoire* ein Buch aus e-m Schrank nehmen; *il prend une lettre ~ le tiroir* er nimmt e-n Brief aus dem Schubfach; *puiser ~ une rivière* aus e-m Flusse schöpfen; **2.** *zeitlich, auf die Frage „wann?", „innerhalb" od. (zukünftiger Zeitpunkt!) „nach welcher Zeit?"*: während (*gén.*), innerhalb (*gén.*), in (*dat.*); *~ la vie privée* im (in das) Privatleben; *~ deux jours* in (*od.* nach) zwei Tagen; *revenir ~ une heure* in (*od.* nach *od.* binnen) einer Stunde zurückkommen; *il reviendra ~ quinze jours* er wird nach (*od.* binnen) zwei Wochen zurückkommen; *~ les vingt-quatre heures* innerhalb von 24 Stunden; *~ l'espace de cinq jours* in e-m Zeitraum von 5 Tagen; *~ sa fuite* auf s-r Flucht; *~ le voyage* auf der Reise; *~ (od. en) peu de temps* in kurzem, in kurzer Zeit; *~ peu de jours* in wenigen Tagen; *~ le principe* im Anfang; *j'ai beaucoup travaillé ~ le temps* früher habe ich viel gearbeitet; *~ les temps* vor Zeiten, einstmals; *~ le courant du XIXe siècle* im Laufe des 19. Jahrhunderts; *~ l'absence* während der Abwesenheit; *~ le délai d'un an* in Jahresfrist; **3.** *Art und Weise, auf die Frage „wie?" „wann?" „wo?"*: in (*dat.*), auf (*acc.*), unter (*dat.*), gemäß (*dat.*), nach (*dat.*); *~ un triste état* in e-m traurigen Zustand; *~ ces conditions (od. circonstances)* unter diesen Umständen; *~ une chasse* auf e-r Jagd; *vivre ~ la misère (~ l'espérance)* im Elend (in der Hoffnung) leben; *être ~ la peine (od. en peine)* in Not sein; *il fait cela ~ le dessein (od. ~ l'intention) de s'établir* er tut dies in der Absicht, sich niederzulassen; *~ les règles* nach den Regeln, regelrecht; *le voyage aérien peut s'achever ~ la mort* die Luftreise kann mit dem Tode enden; *~ la perfection* vortrefflich; *als Briefschluß*: *~ l'attente (~ l'espoir) de recevoir vos ordres* in Erwartung Ihrer Aufträge; *~ tous les cas (od. en tout cas)* auf alle Fälle; *~ une large mesure* in bedeutendem Maße, größtenteils; **4.** F etwa, ungefähr *adv.*; *avoir ~ les cinquante ans* in den Fünfzigern sein; *coûter ~ les mille francs* etwa tausend Francs kosten.

dansant (dɑ̃'sɑ̃) *adj.* [7] **1.** tanzend; **2.** Tanz...; *soirée f (matinée f) ~e* Abendgesellschaft *f* mit Tanz, Ball-, Tanz-gesellschaft *f*.

danse (dɑ̃:s) *f* **1.** Tanz *m*, Tanzen *n*; *professeur m de ~* Tanz-lehrer *m*, -meister *m*; *prendre des leçons de ~* Tanzunterricht nehmen, zur Tanzstunde gehen; *~ macabre od. ~ des morts* Totentanz *m*; *musique f de ~* Tanzmusik *f*; *~ sur la corde* Seiltanzen *n*; **2.** Tanzart *f*; **3.** ⚕ *~ de Saint-Guy* Veitstanz *m*; **4.** P Tracht *f* Prügel.

dans|er (dɑ̃'se) [1a] **I** *v/i.* tanzen; *il fait bon ~ ici* hier kann man gut tanzen, es tanzt sich gut hier; P *fig. faire ~ q.* j-n verprügeln, j-n fertigmachen P; *faire ~ l'anse du panier* in die eigene Tasche wirtschaften; *ne (pas) savoir sur quel pied ~* sich nicht entscheiden können; nicht ein noch aus wissen; *faire ~ les écus* die Taler springen lassen, mit dem Geld nur man so um sich werfen P, tief in die Tasche greifen; **II** *v/t.*: *~ une valse* e-n Walzer tanzen; **III** *v/rfl.* se ~ getanzt werden; sich (gut *bzw.* schlecht) tanzen lassen; **~eur** (~'sœ:r) *su.* [7g] Tänzer *m*; *~ de corde* Seiltänzer *m*; *~ professionnel* Ein-, Berufs-tänzer *m*; *danseuse f de la glace* Eistänzerin *f*; **~otter** F (~sɔ'te) *v/i.* [1a] scherbeln F, ein Tänzchen machen, hopsen.

Danube (da'nyb) *m*: **le ~** die Donau *f*.

daphné ♀ (daf'ne) *m* Seidelbast *m*.

daphnie *ent.* (daf'ni) *f* Wasserfloh *m*.

d'après (da'prɛ) *prp.* gemäß, nach (*läßt e-n Zweifel zu*); *~ lui ils*

seraient perdus s-r Ansicht nach sollen sie verloren sein.
daraise (da'rɛ:z) *f* Abzugsrinne *f e-s Teichs.*
dard (da:r) *m* **1.** Wurfspieß *m*; Dolch *m*; ⚓ Harpune *f*; **2.** *fig.* Spitze *f*; *le ~ de la satire* die Spitze *f* der Satire; **3.** (*Bienen-, Skorpion-*)Stachel *m*; Schlangenzunge(nspitze *f*) *f*; **4.** ⚘ Stempel *m*; **5.** ⚠ wurfspießförmige Verzierung *f*; **6.** *~ de chalumeau* Stichflamme *f* e-s Lötbrenners; **7.** *icht.* Lauben *m.*
darder (dar'de) *v/t.* [1a] **1.** *~ q.* j-n mit e-m Wurfspieß *usw.* treffen; *~ une baleine* e-n Walfisch harpunieren; **2.** *~ un javelot* e-n Wurfspieß schleudern; *~ l'aiguillon* (*la langue*) den Stachel (die Zunge) hervorstrecken *od.* herausschnellen; **3.** *fig.* senden; werfen (*Blick*); *le soleil dardait ses rayons sur ...* die Sonne sandte ihre glühenden Strahlen auf ... (*acc.*) herab.
dare-dare F (dar'da:r) *advt.* schleunigst, in aller Eile.
dariole *pât.* (da'rjɔl) *f* Cremetörtchen *n.*
darne (darn) *f* (Fisch-)Scheibe *f.*
d'arrache-pied (da'raʃ'pje) *adv.* pausenlos, unablässig; *travailler ~* pausenlos arbeiten.
darse, darce ⚓ (dars) *f* Binnenhafen *m* (*bsd. am Mittelmeer*).
darsonvalisation ⚕ (darsɔ̃valiza'sjɔ̃) *f* Behandlung *f* mit Hochfrequenz, Diathermie *f.*
dartre ⚕ ('dartrə) *f* Flechte *f*; *~ du cuir chevelu* Haarflechte *f.*
dashpot ⚡ (dɛʃ'po) *m* Dämpfzylinder *m.*
datation (data'sjɔ̃) *f* Datierung *f.*
datcha (da'tʃa) *f* Datscha *f*, russisches Landhaus *n.*
daté (da'te) *adj. a. fig.* veraltet, überholt.
date (dat) *f* **1.** Datum *n*, Zeitangabe *f*, Zeitpunkt *m*, Jahreszahl *f*; *mettre la ~* datieren; *prendre ~* sich verabreden; *faire ~* Epoche machen; *faire ~ dans les annales de l'aviation* in die Geschichte der Fliegerei eingehen (*od.* eingetragen werden); *à longue ~* auf lange (*od.* weite) Sicht; *de vieille ~* langjährig, seit langem; *être le premier en ~* die ältesten Ansprüche haben; **2.** ⚖ Tag *m* der Eintragung, Ausstellungstag *m*; **~-limite** (~li'mit) *f* [6a] End-, Schluß-termin *m.*
dater (da'te) [1a] **I** *v/t.* **1.** datieren, mit dem Datum versehen; **II** *v/i.* **2.** *~ de ... von ...* (*dat.*) datieren, von ... an rechnen *od.* zählen, von ... herstammen; *~ d'avant le Christ* aus vorchristlicher Zeit stammen; *à ~ de ce jour* von diesem Tage an; *cela date de loin* das ist e-e uralte Geschichte *f*; **3.** Epoche machen; **4.** *péj.* veraltet sein; *ce costume date* dieser Anzug (dieses Kostüm) ist unmodern geworden.
dateur (da'tœ:r) *adj.* [7g]: *tampon m ~* Datumsstempel *m.*
datif *gr.* (da'tif) *m* Dativ *m*, Wemfall *m.*
dation ⚖ (da'sjɔ̃) *f* Übergabe *f*, Übertragung *f*; ⚖ *~ en paiement* Überweisung *f* an Zahlungs Statt.
datte ⚘ (dat) *f* Dattel *f.*
daube *cuis.* (do:b) *f* **1.** Dämpfen *n*, Schmoren *n*; *advt.* (*mis*) *à la* (*od. en*) *~* geschmort; *gigot m en ~* geschmorte Hammelkeule *f*; **2.** Schmorfleisch *n.*
dau|ber (do'be) *v/t.* [1a] **1.** schmoren, dämpfen; **2.** verprügeln; verspotten; **3.** *fig.* (*a. v/i.*): *~ (sur) q.* über j-n herziehen, von j-m schlecht reden, j-n lächerlich machen *od.* heruntermachen; *~ sur qch.* über etw. herziehen; **~beur** F (~'bœ:r) *su.* [7g] Lästermaul *n*; **~bière** (~'bjɛ:r) *f* Schmortopf *m.*
dauphin (do'fɛ̃) *m* **I** *m icht.* Delphin *m*, Tümmler *m*; **II** ♀ *su.* [7] *hist. Fr.* Dauphin *m*, französischer Kronprinz *m.*
dauphinelle ⚘ (dofi'nɛl) *f* Rittersporn *m.*
daurade *icht.* (do'rad) *f* Goldbrassen *m.*
d'autant (do'tɑ̃) *adv.*: *~ plus que ...* um so mehr als ...
d'avant (da'vɑ̃) *prp. nach Verben od. su.*: vor; *dater ~ le Christ* aus vorchristlicher Zeit stammen; *en revenir à l'usage ~ la Révolution* auf den Gebrauch vor der Französischen Revolution zurückkommen.
davantage (davɑ̃'ta:ʒ) *adv.* **1.** (noch) mehr; *je n'en dirai pas ~* ich will nichts weiter sagen; **2.** länger, weiter; *ne restez pas ~* bleiben Sie nicht länger; *sans tarder ~* ohne noch länger zu zögern; **3.** *bisw. heute noch mit* de: *~ d'Esquimaux et d'animaux* mehr Eskimos und Tiere; *ce sont des plats avec lesquels on mange ~ de pain* das sind Gerichte, bei denen man mehr Brot ißt; **4.** *heute wieder häufig mit* que: *rien ne dérange une vie ~ que l'amour* nichts bringt

in ein Leben mehr Verwirrung als die Liebe.

davier (da'vje) *m* **1.** *chir.* Zahnzange *f*; **2.** ⊕ Bandhaken *m*, Reifzange *f*; **3.** ⚓ (Boots-) Davit *m*.

D.C.A. ✈, ⚔ (dese'a) *f abr.* = *Défense contre Avions* Luft-abwehr *f*, -schutz *m*, Flak *f*.

de (də) **I** *prp.* von (*dat.*); **1.** *Ausgangspunkt, Herkunft, Richtung, auf die Frage „woher?"*: von, aus (*dat.*); *venir de l'église* aus der Kirche kommen; *se séparer de* sich trennen von; *venir de lire* soeben gelesen haben; *il vient d'ailleurs* (*od. d'un autre endroit*) er kommt anderswoher; *se mouvoir de haut en bas* sich von oben nach unten bewegen; *le train de Lyon* der von Lyon kommende (*aber a.* nach Lyon fahrende!) Zug; *vent m du nord* Nordwind *m*; **2.** *Abstammung, Ursprung*: *né de parents obscurs* von armen Eltern geboren; **3.** *Seite*: von, nach (*dat.*), auf (*dat. u. acc.*); *de ce côté* von (auf) dieser Seite (*wo?*); nach dieser Seite hin, auf diese Seite (*wohin?*); *aller de l'avant* vorwärtsgehen, -kommen, sich nicht abhalten lassen; *d'une et d'autre part* auf beiden Seiten; *paralysé d'un bras* an e-m Arm gelähmt; **4.** *Zeit*: *du matin au soir* von früh bis abend; *de mémoire d'homme* seit Menschengedenken; *de jour* bei Tage; *de nuit* bei Nacht, des Nachts, nachts; *ne pas fermer l'œil de la nuit* nachts kein Auge zumachen; *de toute la journée* den ganzen Tag; *de nos jours* heutzutage, in unsern Tagen; *le lendemain des noces* am Tage nach der Hochzeit; *la veille de Noël* Heiligabend, am Abend vor Weihnachten; **5.** *Teil* (*partitiv*): a) *beaucoup* (*assez*, [*ne* ...] *pas, peu, plus, moins, tant, trop*) *d'argent* viel (genug, kein[e], wenig, mehr, weniger, soviel, zuviel) Geld; *beaucoup d'amis* viele Freunde; *combien de livres avez-vous? od. combien avez-vous de livres?* (*vgl. combien*) wieviel Bücher haben Sie?; *rien de nouveau* nichts Neues; *qu'y a-t-il de nouveau?* was gibt's Neues?; *quelque chose de bon* etw. Gutes; *moins de un sur cent* weniger als einer von hundert; *il n'a jamais pris de notes* er hat sich nie Notizen gemacht; *elle ne pouvait plus avoir d'estime pour soi-même* sie konnte keine Achtung mehr vor sich selbst haben; *on fait 100 de moyenne* man hat e-e Durchschnittsgeschwindigkeit von 100 km; *écol. avec 10 de moyenne on passe dans la classe supérieure* mit e-r Durchschnittsleistung von 10 Punkten wird man (in die nächste Klasse) versetzt; *bisw. auch ohne pas*: *je ne ferai de reproche à personne* ich werde niemandem e-n Vorwurf machen; b) *du pain* Brot *n*; *de l'argent* Geld *n*; *de la farine* Mehl *n*; *des pains* Brote *n/pl.*; *boire de la bière* (*du vin*) Bier (Wein) trinken; *il n'a rien que des livres* er hat nichts weiter als Bücher, er hat nur Bücher; c) *im sg. bei vorangehendem adj. nur noch de + Artikel*: *du bon camembert* guter Camembert(käse *m*) *m*; *du bon drap* gutes Tuch *n*; *c'est du très bon travail* das ist sehr gute Arbeit; *de la bonne farine* gutes Mehl *n*; d) *im pl. bei vorangehendem Artikel mst. noch* de (F des): *de* (F *des*) *bons fruits* gutes Obst *n*, gute Früchte *f/pl.*; *de beaux tableaux* schöne Bilder *n/pl.*; e) *bildet das adj. u. su. e-n einzigen Begriff, so steht* de + *Artikel*: *il a du bon sens* er besitzt Takt; er hat e-n gesunden Menschenverstand; *des grands seigneurs* vornehme Herren *m/pl.*; *des jeunes filles* Mädchen *f/pl.*; *des jeunes gens* junge Leute *pl.*; *des petits-enfants* Enkel(kinder *n/pl.*) *pl.*; *des rouges-gorges* Rotkehlchen *n/pl.*; *des sages-femmes* Hebammen *f/pl.*; f) *nach bien und la plupart steht* de + *Artikel*: *bien du monde, bien des gens* sehr viel Menschen (*od.* Leute); *la plupart des ouvriers chôment* die meisten Arbeiter sind arbeitslos; g) *nach sans + inf. steht* de: *il parle sans faire de fautes* er spricht, ohne Fehler zu machen; *vous êtes parti sans attendre de réponse* Sie sind weggegangen, ohne e-e Antwort abzuwarten; *ce sont des libertés où l'on s'abandonne sans y penser de mal* das sind Freiheiten, denen man sich hingibt, ohne sich dabei etw. Schlechtes zu denken; *sans avoir assiégé de villes ni bombardé de ports il peut* *cependant être qualifié de grand roi* ohne Städte belagert und Häfen bombardiert zu haben, kann er dennoch als ein großer König angesehen werden; h) *allgemeine Teilvorstellungen*: *le seul de mes amis* der einzige meiner Freunde; *il y eut trois hommes de tués* es wurden dabei drei Mann getötet, es kamen dabei drei Menschen ums Leben; *un verre de vin* ein Glas Wein; *un tas de pierres* ein Haufen Steine; *une paire de bas-nylon* ein Paar Nylonstrümpfe; *il est de mon devoir* es ist meine Pflicht; *nous avons nombre d'amis* wir haben zahlreiche Freunde; *cela n'est plus de mode* das ist nicht mehr Mode; *cela n'est pas du jeu* das ist gegen die Spielregel; être *de la·fête* am Fest teilnehmen; *si j'étais de vos amis* wenn ich zu Ihren Freunden zählte; *serez-vous des nôtres?* werdet ihr mit uns mitmachen?; **6.** *Stoff, Beschaffenheit*: *bâtir de (od. en) bois* aus Holz bauen; *lit m de plume* Federbett *n*; *in gewissen Ausrufen erhält das* de *der Beschaffenheit e-e verstärkende Kraft*: *c'est d'une légèreté!* ist das ein Leichtsinn!; *et d'une!* war das eine! (*z.B. Detonation*); **7.** *Ursache od. Grund*; *Beziehung*: über, für (*acc.*), wegen (*gén.*), vor, an, zu, von (*dat.*); *bei bestimmten Verben im Passiv, mehr als Ausdruck des Zustandes, des Gewohnheitsmäßigen als der eigentlichen besonderen Handlung, des Außergewöhnlichen*; de *bsd. in abgeschwächtem, figürlichem Sinn*; *oft auch ohne Sinnveränderung durch par ersetzbar*); *mourir de faim* vor Hunger sterben; *accuser q. d'un crime* j-n e-s Verbrechens beschuldigen; *être atteint d'une maladie* an e-r Krankheit leiden; *s'ennuyer de q.* (*de qch.*) sich nach j-m (nach etw. *dat.*) sehnen; *s'étonner de q.* (*de qch.*) sich über j-n (über etw. *acc.*) wundern; *se plaindre de* sich beklagen über (*acc.*); *se réjouir de qch.* sich über etw. (*acc.*) freuen; *content de* zufrieden mit (*dat.*); *remercier q. de* (*wofür heute häufig pour*) *qch.* j-m für etw. danken; *souffrir de qch.* an etw. (*dat.*) (unter etw. *dat.*) leiden; *c'est de ma faute* die Schuld liegt bei mir, das ist meine Schuld; *estimé de tout le monde* von jedermann geachtet; *être aimé (haï) de q.* von j-m geliebt (gehaßt) werden; *cet homme est aimé (estimé, honoré) de tous ceux qui le connaissent, de tout le monde; cet autre est aimé par ses voisins, par ses collègues, il est estimé même par ses adversaires* dieser Mensch wird von all denen, die ihn kennen, von jedermann geliebt (geschätzt, geehrt); der andere wird von s-n Nachbarn, von s-n Kollegen geliebt, ja, er wird sogar von s-n Gegnern geschätzt; *l'indépendance acquise de sa patrie* die Unabhängigkeit, die sein (ihr) Vaterland erworben hat; *être touché de (od. par) qch.* über etw. gerührt sein; *il était accablé de honte* er war vor Beschämung niedergeschlagen; *dagegen*: *il était accablé par la charge* er wurde von der Last zu Boden gedrückt; *être accompagné de q.* (*dagegen* ♪: *par q.*) von j-m begleitet werden; *souvent, les parents ne sont plus compris de leurs enfants* oft werden die Eltern von ihren Kindern nicht mehr verstanden; *je ne suis pas connu de vous* ich werde von Ihnen nicht verstanden; *il est suivi (précédé) de* (*manchmal auch*: *par*) *q.* ihm folgt jemand (ihm geht jemand voraus); *être orné (vêtu) de* geschmückt (bekleidet) sein mit (*dat.*); *être craint (od. redouté) de* gefürchtet werden von; *je suis ravi d'elle* ich bin von ihr entzückt; *respecté de* geachtet von; *méprisé de* mißachtet von; *entouré de* umgeben von; *un visage éclairé d'un sourire* ein Gesicht, über das ein Lächeln ging; *dagegen*: *une chambre éclairée par une lampe* ein Zimmer, das von e-r Lampe erleuchtet wird; *surpris de la promptitude de l'attaque* über die Schnelligkeit des Angriffs überrascht; *dagegen*: *surpris par la promptitude de l'attaque* von der Schnelligkeit des Angriffs überrascht; *le malade a été abandonné des médecins* der Kranke war von den Ärzten aufgegeben; *dagegen*: *elle a été abandonnée par son mari* sie ist von ihrem Mann verlassen worden; **8.** *Beziehung*: in bezug auf (*bleibt im Deutschen oft unübersetzt*), über, von, an; *changer de qch.* etw. auswechseln; *changer de vêtements (od. d'habits)* sich umziehen; *chan-*

ger de train umsteigen; *changer de route* e-n anderen Weg einschlagen; *douter de qch.* an etw. zweifeln; *manquer d'argent (de tact)* kein Geld (keinen Takt) haben (*od.* besitzen); *parler de qch.* von etw. (über etw.) sprechen; *redoubler d'efforts* s-e Anstrengungen verdoppeln; *se tromper de clé* e-n falschen Schlüssel nehmen; *se tromper de porte* sich in der Tür irren; *pour ce qui est de lui* was ihn betrifft; **9.** *Gemäßheit*: zufolge (*gén.*), nach (*dat.*); *de l'aveu de tout le monde* nach der Ansicht aller; *être d'accord avec q. sur qch.* mit j-m in etw. übereinstimmen; *cela est de rigueur* das ist vorgeschrieben *od.* durchaus nötig; **10.** *Werkzeug, Mittel*: *combler q. de bienfaits* j-n mit Wohltaten überhäufen; *couvrir de qch.* mit etw. bedecken; *enveloppé de cellophane* mit Zellophanpapier eingewickelt; *interroger q. du regard* j-n fragend ansehen; *jouer du piano* Klavier spielen; *orner de fleurs* mit Blumen schmücken; *saluer q. de la main* j-m zuwinken; *vêtu de noir* schwarz gekleidet; *de vive voix* mündlich; *que fais-tu de ton argent?* was machst du mit deinem Geld?; *le chat joua de la patte avec le coin de mon oreiller* die Katze spielte mit ihrer Pfote an dem Zipfel meines Kopfkissens herum; *pousser q. du coude* j-n mit dem Ellenbogen anstoßen; **11.** *nähere Bestimmung*: *la ville de Berlin* die Stadt Berlin; *rue de Rivoli* Rivolistraße *f*; *le nom de Charles* der Name Karl; *le mois de mai* der Monat Mai; *cette sorte de vin* diese Weinsorte; *le titre de général* der Generalstitel; *le consul d'Allemagne* der deutsche Konsul; *hist. la guerre de Trente ans* der Dreißigjährige Krieg; *des vins m/pl. d'Espagne* spanische Weine *m/pl.*; *homme m d'esprit* Mann *m* von Geist, geistvoller (*od.* geistreicher) Mann *m*; *la pensée de la mort* der Gedanke an den Tod; *livres m/pl. d'enfants* Kinderbücher *n/pl.*; *hist. le roi de France* der König von Frankreich; *hist. la bataille de Leipzig* die Schlacht bei Leipzig; *le voyage de Paris* die Reise nach Paris; *humble de cœur* demütigen Herzens; *capable de tout* zu allem fähig; *avide d'argent* geldgierig; **12.** *Art u. Weise*: *de cette manière (od. façon)* auf diese Weise; *d'un seul coup* mit einem Schlage, auf einmal; *d'un bond* mit einem Sprung (*od.* Satz); *vider le verre d'un seul trait* das Glas mit einem Zug austrinken; *marcher d'un pas ferme* festen Schrittes einhergehen; *de force* mit Gewalt; *de bonne foi* in gutem Glauben; ehrlich; *de son mieux* so gut er kann; *de plus en plus* immer mehr; *qualifier q. de bon roi* j-n als e-n guten König bezeichnen (*od.* ansehen); *servir de modèle* als Muster dienen; *traiter q. de fou* j-n als Dummkopf behandeln; **13.** *Maß*: *il est de beaucoup plus grand que moi* er ist viel größer als ich; *large d'un mètre od. d'un mètre de largeur* ein Meter breit; *âgé de dix ans* zehn Jahre alt; *la hauteur est de six mètres* die Höhe beträgt sechs Meter; *plus (moins) de* (*vor Zahlen*; s. *a. unter* 5a) ... mehr (weniger) als ...; *plus de la moitié* über (*od.* mehr als) die Hälfte; *il y a quelqu'un de trop* es ist jemand zuviel hier, jemand ist überzählig; *une fois de plus* wieder einmal; *école. monter d'une classe* versetzt werden; **14.** *genetivus obiectivus (d. h. 2. Fall, der zum Akkusativobjekt wird, wenn das vorstehende Substantiv verbalisiert wird)*: *l'amour m de la patrie* die Vaterlandsliebe, die Liebe zur Heimat (*verbal*: *aimer la patrie*); *pour l'amour de vous* aus Liebe zu euch; *la crainte de la mort* die Furcht vor dem Tode (*verbal*: *craindre la mort*); *de crainte d'accident* aus Furcht vor e-m Unglück; *le goût de la paix* der Genuß des Friedens (*verbal*: *goûter la paix*); *la haine du voisinage* der Haß der Nachbarschaft gegenüber (*verbal*: *haïr le voisinage*); *le mépris de Dieu* die Gottesverachtung (*verbal*: *mépriser Dieu*); *désir m de la gloire* Ruhmsucht *f*; *estime f de soi(-même)* Selbstachtung *f*; *fomenter la haine de q. (d'un pays)* den Haß gegen j-n (gegen ein Land) schüren; *l'entretien m des vêtements* die Kleiderpflege; **15.** *vor dem Infinitiv*: *je m'efforce de le convaincre* ich bemühe mich, ihn zu überzeugen; *il est bon de dire la vérité* es ist gut, die Wahrheit zu sagen; *statt eines Hauptsatzes*: *Et les chiens de courir* und nun fingen die Hunde zu laufen an; *Et lui de conclure* und da folgerte er (s. et); **16.** *in Verbindung mit e-r Präposition*: *qui d'entre vous?* wer von Euch (von Ihnen)?; *il a disparu d'au milieu d'eux* er ist aus ihrer Mitte verschwunden; *la séparation d'avec l'Inde* die Trennung von Indien; *je viens de chez lui* ich komme aus seiner Wohnung; *il sentait qu'il était bien de chez nous* er fühlte, daß er ganz zu uns gehörte; **II** *m* F Adelszeichen *n*; *avoir un de devant son nom* ein „von" vor seinem Namen haben.

dé¹ (de) *m* **1.** (Spiel-)Würfel *m*; (*jeu m de*) *dés* Würfelspiel *n*; *jouer aux dés* würfeln, Würfel spielen; *tout risquer sur un coup de dés* alles auf eine Kappe setzen; *le ~ en est jeté* der Würfel ist gefallen; **2.** Dominostein *m*; **3.** ⚠ *~ de pierre* steinerner Untersatz *m*.

dé² (~) *m* Fingerhut *m*.

dead-heat *Sport* : (dɛd'it) *m* totes Rennen *n*; *faire ~* ein totes Rennen laufen.

déambul|ation (deɑ̃bylɑ'sjɔ̃) *f* Umhergehen *n*; **~atoire** ⚠ (~la'twa:r) *m* Chorumgang *m*; **~er** (~'le) *v/i.* [1a] umhergehen, herumlaufen, umhertrollen, e-n Spaziergang machen.

débâcher (debɑ'ʃe) *v/t.* [1a] die Wagendecke (die Plane) abnehmen.

débâc|le (de'bɑ:klə) *f* **1.** Eisgang *m*; **2.** *fig.* Auflösung *f*, Verwirrung *f*, Umsturz *m*, Zusammenbruch *m*; *~ financière* Börsenkrach *m*; **~ler** (~bɑ'kle) [1a] **I** *v/t.* ⚓ *~ un port* e-n Hafen von leeren Schiffen räumen; **II** *v/i.* brechen (*vom Eise*).

débagouler P (debagu'le) [1a] **I** *v/i. physiol.* brechen, kotzen V; **II** *v/t.* auskotzen; *fig. ~ des injures* Schimpfkanonaden vom Stapel lassen.

déball|lage (deba'la:ʒ) *m* Auspacken *n der Waren*; Wanderausstellung *f* (*zum Verkauf von Waren*); Partiewarenhandel *m*, ambulanter Handel *m*; *fig. péj. faire un ~ de nouvelles* mit Nachrichten auspacken; **~lé** P (~'le) *adj.* ängstlich, bedrückt, mißmutig; **~ler** (~) [1a] **I** *v/t.* auspacken (*a. fig.*); zum Verkauf ausstellen; **II** P *v/i.* sein Herz ausschütten; V s-e Notdurft verrichten; **III** V *v/rfl. se ~* sich auspellen P; den Mut verlieren; **~leur** (~'lœ:r) *m* Auspacker *m*; Partiewarenhändler *m*, fliegender Händler *m*.

déban|dade (debɑ̃'dad) *f* Auflösung *f*, Auseinanderlaufen *n*, wilde Unordnung *f*, wüstes Durcheinander *n*; *à la ~* drunter und drüber; **~dement** ⚔ (~d'mɑ̃) *m* Auflösung *f der Truppen*; **~der** (~'de) [1a] **I** *v/t.* **1.** *~ un arc* e-n Bogen entspannen; **2.** *a.* ⚕ *~ q.* j-m den Verband *od.* die Binde abnehmen; **3.** ⚔ in Unordnung bringen; **II** *v/rfl. se ~* ⚔ sich planlos auflösen, auseinanderlaufen, Hals über Kopf türmen P.

débanquer (debɑ̃'ke) **1.** *v/t.* [1a] *Spiel*: Bank sprengen; **2.** *v/i.* nach e-m Fischfang die Fischbank verlassen; **3.** *v/t.* aus e-m Boot die Bänke herausnehmen.

débaptiser (debati'ze) *v/t.* [1a] umtaufen; umbenennen.

débarbouill|age (debarbu'ja:ʒ) *m* Waschen *n*; **~er** (~'je) [1a] **I** *v/t.* (das Gesicht) waschen; F aus der Patsche helfen; P auseinandertüfteln; **II** *v/rfl. se ~* sich das Gesicht waschen; F *fig.* sich aus der Verlegenheit ziehen, aus der Klemme (*od.* Patsche) kommen.

débar|cadère (debarka'dɛ:r) *m* **1.** Landungs-, Auslade-, Löschplatz *m*, Landestelle *f*; Landungsbrücke *f*; **2.** 🚂 Ankunfts-bahnsteig *m*, -seite *f*, Ausladebrücke *f*; **~dage** (~'da:ʒ) *m* **1.** ⚓ Ausladen *n*, Löschen *n von Waren*; **2.** Wegschaffen *n des geschlagenen Holzes*; *arche f de ~* Hebearm *m* (*e-s Raupenschleppers*); **~der** (~'de) *v/t.* [1a] **1.** ab-, aus-laden, löschen; **2.** *geschlagenes Holz* wegschaffen; **~deur** (~'dœ:r) *m* ⚓ Schiffsablader *m*, -löscher *m*, Schauermann *m*; Holzablader *m*; **~quement** (~barkə'mɑ̃) *m* Ausschiffung *f*, Ausladen *n*, Löschen *n*; Landung *f*, *a.* 🚂 Aussteigen *n*; *allg.* Ankunft *f*; ⚓, 🚂 Landungs-, Verlade-platz *m*, -stelle *f*; *fig.* Ausbootung *f*, Abschiebung *f* (*e-s lästigen Kollegen*); *~ de marchandises* Warenumschlag *m*; ⚔ *troupes f/pl. de ~* Landungstruppen *f/pl.*

débarquer ⚓ (debar'ke) [1m] **I** *v/t.* an Land setzen, landen; ausladen, löschen; F *fig. ~ q.* j-n ausbooten (*od.* abschieben), j-n entlassen, j-n aufs tote Gleis schieben; **II** *v/i.* landen, aussteigen; *allg.* ankommen; *~ du train* aus dem Zug aussteigen; **III** *m*: *au ~* beim Landen; beim Aussteigen; bei der Ankunft.

débarras (deba'ra) *m* Wegräumen *n*, Befreiung *f von e-r Last*, Entlastung *f*; (*chambre f od. cabinet m de*) ~ Rumpelkammer *f*, Abstellraum *m*; **~ser** (~ra'se) [1a] **I** *v/t.* von e-r Last befreien; aufräumen; freilegen, freimachen; ~ *les combles des immeubles de fatras* die Böden der Häuser entrümpeln; *fig.* ~ *q. d'un souci* j-n e-r Sorge (*gén.*) entheben; **II** *v/rfl. se* ~ *de q.* sich j-n vom Halse schaffen; *se* ~ *de qch.* sich von etw. Lästigem befreien; *se* ~ *d'un défaut* sich e-n Fehler abgewöhnen, e-n Fehler ablegen; *se* ~ *de ses vêtements* s-e Sachen ausziehen; *débarrassez-vous* legen Sie ab!

débarrer (deba're) *v/t.* [1a] aufriegeln; den Schlagbaum wegnehmen.

débat (de'ba) *m* Debatte *f*, Wortstreit *m*, lebhafte Besprechung *f*; mündliche Verhandlung *f*; *trancher* (*od. vider*) *un* ~ e-n Streit beilegen.

débate|lage ⚓ (debat'la:ʒ) *m* Ausladen *n*; **~ler** (~t'le) *v/t.* [1c] ausladen, löschen.

débâter (deba'te) *v/t.* [1a] absatteln.

débâtir (deba'ti:r) *v/t.* [2a] niederreißen; ~ *une robe* ein Kleid auftrennen.

débattre (de'batrə) [4a] **I** *v/t.* streiten um *od.* über (*acc.*), debattieren über (*acc.*), be-, durch-sprechen; **II** *v/rfl.* *se* ~ zappeln, sich sträuben, sich gebärden; sich (hin und her) streiten; verhandelt (*od.* erörtert) werden; *se* ~ *entre la vie et la mort* zwischen Leben u. Tod schweben, in höchster Lebensgefahr sein; *se* ~ *avec q.* sich mit j-m abquälen.

débau|chage (debo'ʃa:ʒ) *m* Entlassung *f*, Abbau *m*; Abwerben *n* (*von der Arbeit, von e-m Posten*); **~che** (~'bo:ʃ) *f* **1.** Übermaß *n* im Essen u. Trinken, Prasserei *f*, Schlemmerei *f*; *faire (la)* ~ schwelgen; *faire une petite* ~ sich etw. gönnen; **2.** Ausschweifung *f*, Wollust *f*, Lasterhaftigkeit *f*; *homme m perdu de ~s* durch Ausschweifungen zerrütteter Mensch *m*; *fig.* ~ *d'imagination* Schwärmerei *f*, zügellose Phantasie *f*; *abus.* ~ *d'esprit* Geistesverschwendung *f*; *mener une vie de* ~ ein lasterhaftes (*od.* liederliches) Leben führen; *se livrer à la* ~ sich e-m lasterhaften Leben hingeben, e-m lasterhaften Leben fröhnen; **~ché** (~bo'ʃe) **I** *adj.* ausschweifend; **II** *su.* Prasser *m*, Schlemmer *m*; Wüstling *m*, verkommener Mensch *m*; **~cher** (~) [1a] **I** *v/t.* **1.** zu Ausschweifungen verführen, verderben; **2.** *fig.* ~ *un ouvrier de son travail* e-n Arbeiter abwerben *od.* zum Einstellen der Arbeit verleiten; **3.** *fig.* abbauen (*Personal*); **II** *v/rfl.* *se* ~ sich der Schlemmerei hingeben; ein ausschweifendes Leben führen; **~cheur** (~'ʃœ:r) *su.* [7g] Verführer *m*.

débecqueter P (debɛk'te) *v/i.* [1d] sich übergeben, kotzen V.

débenzoler ⚗ (debɛ̃zɔ'le) *v/t.* [1a] das Benzol entziehen.

débet (de'bɛ) *m* Passivschuld *f*, Debet *n*, Rückstand *m*, Soll *n*.

débi|le (de'bil) *adj.* **1.** kraftlos, schlaff, schwach (*a. fig.*); ⚕ schwachsinnig; **2.** ♀ mit zu dünnem Stengel; **~litant** (~li'tɑ̃) **I** *adj.* entkräftend; **II** *m* Entfettungsmittel *n* (*Diät*); **~lité** (~li'te) *f* Schwäche *f*, Kraftlosigkeit *f*; ~ *mentale*, ~ *de l'esprit* Schwachsinn *m*; **~liter** ⚕ (~) *v/t.* [1a] schwächen, entkräften (*a. fig.*).

débin|age P (debi'na:ʒ) *m* Klatscherei *f*, Anschwärzen *n*; **~e** P (de'bin) *f* Geldnot *f*, Klemme *f*; Misere *f*; **~er** P (~'ne) [1a] **I** *v/t.*: **1.** ~ *q.* j-n anschwärzen; **2.** ~ *le truc* den Trick verraten; **II** *v/i.* in Not kommen; **III** *v/rfl.* *se* ~ sich drücken, türmen F, sich aus dem Staube machen; **~eur** P (~'nœ:r) *su.* Anschwärzer *m*, Petzer *m*.

débit (de'bi) *m* **1.** Absatz *m von Waren*, Verkauf *m*; *de bon* ~ *od. d'un* ~ *facile* gängig, gut gehend, leicht verkäuflich; **2.** Kleinhandlung *f*, Geschäft *n*, Laden *m*; ~ *de tabac* Tabakladen *m*; ~ *de vin* Wein-handlung *f*, -ausschank *m*; Ausschank *m*; **3.** Verkaufsrecht *n* (*monopolisierter Waren*); **4.** Sprechweise *f*, Vortragsart *f* (*a.* ♪); **5.** Soll *n*, Debet *n*; *porter qch. au* ~ *de q.* j-s Konto belasten mit (*dat.*); **6.** ⊕ Zurechtsägen *n des Holzes*; *hydr.* Durchfluß *m* (*e-r Pumpe*); **7.** ⚡ Stromabgabe *f*; ⊕ Leistung *f*; ⚡ ~ *horaire* Stundenleistung *f*.

débit|age (debi'ta:ʒ) *m* Zurechtsägen *n*, -schneiden *n*, Kleinhacken *n des Holzes*; **~ant** (~'tɑ̃) *su.* [7] Schenkwirt *m*, Verkäufer *m* *bsd. von Getränken*; **~er** (~'te) [1a] **I** *v/t.* **1.** im kleinen *od.* im einzelnen verkaufen, ausschenken; **2.** vortragen, hersagen; ~ *machinalement* runterleiern F, runterschnurren F; **3.** *Lügen* aussäen, verbreiten; ~ *des histoires à q.* j-m etw. vorschwindeln; **4.** *hydr. u.* ⚡ liefern; *cette fontaine débite mille litres par jour* diese Quelle liefert täglich tausend Liter; **5.** ✝ in das Soll eintragen; ~ *q.* de j-n belasten (*od.* debitieren) mit (*dat.*); **6.** ~ *le bois* das Holz zurechtsägen, klein hacken; **II** *v/rfl.* se ~ **7.** sich verkaufen, Absatz finden; **8.** verbreitet werden (*Lügen*); **9.** zurechtgeschnitten (*od.* klein gehackt) werden; **~eur** (~'tœ:r) **I** *su.* [7g] Verbreiter *m* von falschen Nachrichten; ~ *de nouvelles* Neuigkeitskrämer *m*; **II** *su.* [7f] Schuldner *m*; ✝ ~ *obligatoire* Obligationsschuldner *m*; ~*s solidaires* Gesamtschuldner *m/pl.*; **III** *adj.* [7f] *compte m* ~ Debetposten *m*, Debetkonto *n*.

déblai (de'blɛ) *m* **1.** Freilegung *f*, Abräumen *n e-s Platzes usw.*; Erdarbeiten *f/pl.*; *chemin de fer m en* ~ Eisenbahn *f* in e-m freigelegten Gelände; **2.** ~*s pl.* abgetragene Erde *f*, Schutt *m*; **~ement** (~blɛ'mɑ̃) *m* Freilegen *n*, Abtragen *n v. Erde*, Wegräumen *n v. Schutt usw.*, Aushebung *f e-s Schützengrabens.*

déblatér|ation (deblatera'sjɔ̃) *f* Schmähung *f*, Schimpfrede *f*; **~er** (~'re) *v/i.* [1f]: ~ *contre* schimpfen auf (*acc.*), herziehen über (*acc.*).

déblay|age (deblɛ'ja:ʒ) *m* s. *déblaiement*; **~er** (~'je) *v/t.* [1i] auf-, aus-, ab-räumen, freilegen (*a. bei Ausgrabungen*), Schutt wegschaffen; ~ *la neige* Schnee schippen; ~ *les tranchées* die Schützengräben ausheben; *fig.* ~ *le terrain* den Weg ebnen.

déblocage (deblɔ'ka:ʒ) *m* ✝, *fin.* Freigabe *f*; 🚂 ~ *des signaux* Freigabe *f* e-r Strecke durch Signale.

déblo|quement ⚔ (deblɔk'mɑ̃) *m* Aufhebung *f* e-r Blockade, Entsatz *m*; **~quer** (~'ke) [1m] **I** *v/t.* **1.** von der Blockade befreien, e-e Stadt entsetzen; **2.** ✝, *fin.* freigeben; **3.** *bsd. Auto*: ~ *les freins* die Bremsen lösen; **4.** *typ.* deblockieren, die Fliegenköpfe herausnehmen; **II** * *v/i.* zusammenfaseln, albernes Zeug reden; vertraulich werden.

déboire (de'bwa:r) *m*: *bsd.* ~*s pl.* Kummer *m*, Verdruß *m*, Enttäuschung *f*; *toute une série de* ~*s* ganz außergewöhnliches Pech *n*.

déboiser (debwa'ze) *v/t.* [1a] abholzen, entwalden, ausroden.

déboît|ement (debwat'mɑ̃) *m* Verrenkung *f*; **~er** (~'te) [1a] **I** *v/t.* ⚕ verrenken; ⊕ aus den Fugen bringen; **II** *v/rfl.* se ~ sich ausrenken; aus dem Leim gehen; *fig.* aus der Reihe tanzen.

débonder (debɔ̃'de) [1a] **I** *v/t.* aufspünden, den Zapfen herausziehen aus (*dat.*); ~ *un étang* e-n Teich ablassen; *fig.* ~ *son cœur* sein Herz ausschütten; **II** *v/i.* herausströmen, sich ergießen; **III** *v/rfl.* se ~ ausfließen.

débondonner (debɔ̃dɔ'ne) *v/t.* [1a] aufspünden.

débonnaire (debɔ'nɛ:r) *adj.* zu gutmütig, überaus gutherzig.

débord (de'bɔ:r) *m fig.* Erguß *m*; **~ant** (~bɔr'dɑ̃) *adj.* [7] überlaufend; *fig.* überreich; übermäßig, überschwenglich; *d'une joie* ~*e* mit überschwenglicher Freude; **~é** (~'de) **I** *adj.* **1.** ausschweifend, liederlich, zügellos; **2.** überlastet; über'laufen (*z. B. Arzt*); *à l'heure actuelle les parents sont complètement* ~*s* heutzutage sind die Eltern völlig überlastet; **II** *su.* zügelloser Mensch *m*; **~ement** (~də'mɑ̃) *m* **1.** Überflutung *f*, Überschwemmung *f*; ⚕ Ergießung *f*; ⚔ Einfall *m*; *a. fig.* Überflügelung *f*; **2.** *fig.* ~ *d'injures* Flut *f* von Schmähungen; **3.** *fig.* Ausgelassenheit *f*, Zügellosigkeit *f*; ~ *des passions* Ausbruch *m* der Leidenschaften; **~er** (~'de) [1a] **I** *v/t.* **1.** den Rand e-s Kleidungsstückes abtrennen; **2.** hinausragen über (*acc.*); *fig.* übergreifen auf (*acc.*); **3.** ⚔, *a. fig.* überflügeln; übertreffen, *a.* ⚔ überrennen; den Feind umgehen; *allg.* überwältigen; *un homme d'État débordé par les événements* ein von den Ereignissen überwältigter Staatsmann *m*; **II** *v/i.* **4.** über die Ufer treten; *fig.* übersprudeln; *weitS.* über die Grenzen treten; ⚔ in ein Land einfallen; ⚕ sich ergießen; **5.** überlaufen, überkochen; am Rande e-r Sache hervorstehen; **6.** ⚠ vorspringen; **7.** ⚓ *vom Bord e-s Schiffes, vom Ufer* *usw.* abstechen; **III** *v/rfl.* se ~ **8.** sich von Bord losmachen, von e-m Schiff abstoßen; **9.** *fig.* se ~ *en injures (en imprécations)* Flüche (Verwünschungen) ausstoßen; **~oir** ⊕ (~'dwa:r) *m* Beschneidemesser *n.*

débosseler ⊕ (debɔs'le) *v/t.* [1c] ausbeulen.

débosser ⚓ (debɔ'se) *v/t.* [1a] vom Ankertau losmachen.

débott|é, ~er (debɔ'te) *m*: *au* ~ gleich bei der Ankunft; *fig.* unversehens, unverhofft, auf Knall u. Fall (P); mir nichts, dir nichts (F); **~er** (~) *v/t. u. abs.* se ~ = j-m *bzw.* sich die Stiefel ausziehen.

débouch|age (debu'ʃa:ʒ) *m* Öffnen *n,* Entkorken *n*; **~é** (~'ʃe) *m* **1.** Ausgang *m,* Ende *n* e-s Engpasses, e-r Schlucht; *fig.* Ausweg *m*; *le* ~ *d'une rue* die Mündung *f* e-r Straße; **2.** ✝ Absatz-möglichkeit *f,* -gebiet *n,* -quelle *f,* Markt *m für e-e Ware,* Handelsweg *m*; **3.** *fig.* Aussicht *f,* Anwartschaft *f*; *les* **~s** *pl.* a) die Absatzmöglichkeiten *f/pl.*; b) die Berufsaussichten *f/pl.*; **4.** ⚔ Hervorbrechen *n,* Durchbruch *m*; **~ement** (~ʃ'mɑ̃) *m* **1.** Öffnen *n,* Aufmachen *n,* Entkorken *n*; ~ *d'un canal* Ausräumung *f* e-s Kanals; **2.** ✝ Absatzweg *m,* Absatzmöglichkeit *f*; **3.** ⚔ Hervorrücken *n aus e-m Hohlwege*; **4.** *allg.* Hervorkommen *n*; **~er** (~'ʃe) [1a] **I** *v/t.* **1.** ~ *une bouteille* e-e Flasche entkorken; ~ *un chemin* e-n Weg freimachen; **II** *v/i.* **2.** ⚔ los-, hervorbrechen; *a. allg.* herauskommen; **3.** münden (*Fluß, Straße*); ~ *sur* führen auf (*acc.*; *Tor, Straße*); **III** *v/rfl.* se ~ sich entkorken lassen; frei werden; **~oir** (~'ʃwa:r) *m* Flaschenöffner *m*; Korkenzieher *m.*

déboucl|é (debu'kle) *adj.* zerzaust; *cheveux m/pl.* **~s** zerzaustes Haar *n*; **~er** (~) [1a] **I** *v/t.* **1.** ab-, auf-, losschnallen; **2.** ~ *les cheveux* die Lockennadeln herausnehmen,; **3.** F j-n freilassen; **II** *v/rfl.* se ~ sich losschnallen; aufgehen; in Unordnung geraten (*Haare*).

déboul|é, ~er[1] *m* (debu'le) **1.** *ch.* plötzliches Wegrennen *n*; **2.** *Sport*: plötzlicher, unvorbereiteter Start *m*; **~er**[2] (~) *v/i.* [1a] **1.** P unversehens auf u. davon rennen; ausreißen; **2.** F *a. v/t.* ~ *(dans) l'escalier* die Treppe herunterstürzen.

déboulonn|age ⊕ (debulɔ'na:ʒ) *m,* **~ement** (~lɔn'mɑ̃) *m* Abbolzen *n*; **~er** (~'ne) *v/t.* [1a] losschrauben, abbolzen; lösen, losmachen, abnehmen; *allg.* niederreißen, (um-) stürzen; ~ *une statue* ein Denkmal umstürzen; *fig.* ~ *la réputation de q.* j-s Ruf herunterreißen, j-n in Mißkredit bringen; ~ *q.* j-n rausekeln.

débouqu|ement ⚓ (debuk'mɑ̃) *m* Ausfahrt *f*; Durchfahrtsstraße *f,* Meerenge *f*; **~er** ⚓ (~'ke) *v/i.* [1m] aus e-m Kanal herausfahren; ein enges Fahrwasser passieren.

débourb|age ⚒ (debur'ba:ʒ) *m* Ausschlämmen *n*; **~er** (~'be) [1a] **I** *v/t.* **1.** aus-, ab-schlämmen, vom Schlamm reinigen; **2.** ~ *une voiture* e-n Wagen aus dem Schlamme herausholen; *fig.* ~ *q.* j-m aus der Patsche (*od.* Klemme) helfen; **II** *v/rfl.* se ~ aus dem Schlamm (*fig.* aus der Verlegenheit) herauskommen.

débourgeoiser (deburʒwa'ze) *v/t.* [1a] entbürgerlichen.

débourr|age ⊕ (debu'ra:ʒ) *m* Reinigen *n,* Putzen *n,* Abstreifen *n,* Lösen *n*; *appareil m de* ~ Ausstoßvorrichtung *f*; **~er** (~'re) [1a] **I** *v/t.* den Pfropfen herausziehen aus (*dat.*); ~ *une pipe* e-e verstopfte Pfeife reinigen; F *fig.* ~ *un jeune homme* e-m jungen Mann die Anfangsgründe *e-s Gebietes* beibringen; **II** *v/i.* aufbrechen (*v. Knospen des Weinstocks*); P s-e Notdurft verrichten.

débours (de'bu:r) *m* (*mst. pl.*) ausgelegtes Geld *n,* Auslagen *f/pl.*; *rentrer dans ses* ~ auf s-e Kosten kommen.

débourser (debur'se) *v/t.* [1a] (*Geld*) auslegen, vor-schießen, -strecken; F zahlen, blechen F.

debout (də'bu) **I** *adv.* **1.** aufrecht (-stehend), auf den Beinen; *être* ~ stehen; auf (den Beinen) sein; *écrire* ~ im Stehen schreiben; *travailler* ~ stehend arbeiten; *être encore* ~ noch am Leben sein; *rester* ~ stehenbleiben; erhalten bleiben; *fig.* sich aufrecht erhalten; *tenir* ~ standhalten; *cela ne tient pas* ~ das läßt sich nicht halten, das ist glatter Unsinn; *ne plus tenir* ~ nicht mehr stehen können; *se tenir* ~ sich aufrecht erhalten; *dormir* ~ im Stehen schlafen; *place f* ~ Stehplatz *m*; **2.** ✝ *passer* ~ durchgehen (*Waren*), zollfrei passieren; **3.** *ch. mettre un animal ~* ein Tier aufjagen; **4.** ✈ *station f ~* stehende Haltung *f*; **5.** *a.* ⚓ *avoir vent ~* Gegenwind haben; *aller ~ au courant* gegen die Strömung segeln; *~ à la lame* quer durch die Wellen; **II** *int.* *~!* *a.* ⚔ auf!, aufstehen!, aufgestanden!

débou|té ⚖ (debu'te) *m* **1.** Abweisen *n* e-r Klage; **2.** Kläger *m*, dessen Klage abgewiesen worden ist; **~tement** ⚖ (~t'mɑ̃) *m* Klageabweisung *f*; **~ter** ⚖ (~'te) *v/t.* [1a] abweisen; *être débouté de sa demande* mit s-r Klage abgewiesen werden.

déboutonner (~tɔ'ne) [1a] **I** *v/t.* aufknöpfen; F *fig. rire à ventre déboutonné* sich ausschütten vor Lachen; *manger à ventre déboutonné* essen, was das Zeug hält; sich vollfressen P; **II** *v/rfl. se ~* sich aufknöpfen; aufgehen (*Kleidungsstücke*); *fig.* sich anvertrauen, sein Herz ausschütten.

débraill|é F (debrɑ'je) **I** *adj.* schamlos *od.* zu frei gekleidet, schlampig, salopp, verwahrlost; *fig.* ohne Anstandsgefühl; **II** *m* Schlampige *n*, Ungepflegtheit *f in der Kleidung*, zerlumpter Zustand *m*; *fig. le ~ du style* der ungepflegte Stil *m*; **~er** (~) *v/rfl.* [1a] *se ~* sich schamlos (*od.* schlampig) kleiden; *allg.* verwahrlosen.

débrancher (debrɑ̃'ʃe) *v/t.* [1a] **1.** ⚡, *rad.* umstecken; *e-n Zweig* abschalten; **2.** 🚂 ausrangieren.

débray|age (debrɛ'jaːʒ) *m* **1.** ⊕ Ausschalten *n*; Aus-, Los-, Entkupplung *f*; *double ~ Auto*: Zwischengasgeben *n*; **2.** *fig.* Arbeitseinstellung *f*, Niederlegung *f* der Arbeit; Kurzstreik *m*; *a. désembrayage*; **~er** (~brɛ'je) *v/t.* [1i] **1.** entkuppeln, die Kupplung lösen; **2.** P *fig.* die Arbeit niederlegen; *a. désembrayer*.

débri|dement (debrid'mɑ̃) *m* **1.** Abzäumen *n*; **2.** ✈ Durchschneiden *n*, Erweitern *n*; **~der** (~'de) *v/t.* [1a] **1.** abzäumen; haltmachen; *fig.* lösen (*Zunge*); *langue f débridée* lose Zunge *f*; *sans ~* in einem fort, ununterbrochen; **2.** *chir.* einschneiden; *~ une plaie* e-e Wunde erweitern.

débris (de'bri) *m* (*mst. pl.*) Trümmer *pl.*; Scherben *f/pl.*; Wrack *n*; Überbleibsel *n/pl.*, Überreste *m/pl.*; *les ~ d'un repas* die Reste *m/pl.* e-r Mahlzeit; *fig. les ~ d'un empire* die Überreste *m/pl.* e-s Reichs; *géol. ~ d'alluvion* Anschwemmungen *f/pl.*

débrouil|lage (debru'jaːʒ) *m* s. *~lement*; **~lard** (~'jaːr) **I** F *adj. u. su.* [7] pfiffig, schlau; Schlauberger *m*, Schlaukopf *m*; **II** *m* ⚠ Enttrümmerer *m*; **~lardise** F (~brujar'diːz) *f* Pfiifigkeit *f*, Gerissenheit *f*; **~lement** (~bruj'mɑ̃) *m* **1.** Entwirrung *f*, Entwicklung *f*, Aufklärung *f*; **2.** ⚠ Enttrümmerung *f*; **~ler** (~'je) [1a] **I** *v/t.* **1.** entwirren, in Ordnung bringen; (auf)klären; *~ une écriture* e-e Schrift entziffern; **2.** ⚠ enttrümmern; **II** *v/rfl. se ~* entwirrt werden; sich entwirren; in Ordnung kommen; (auf)geklärt werden; klar u. verständlich werden; sich aufklären (*Wetter*); sich *im Leben* durchschlagen; *savoir se ~* sich zu helfen wissen, sich aus der Affäre zu ziehen wissen.

débroussailler (debrusɑ'je) *v/t.* [1a] Gestrüpp entfernen aus (*dat.*).

débrutir ⊕ (debry'tiːr) *v/t.* [2a] die erste Politur geben, abschleifen.

débucher (deby'ʃe) [1a] *ch.* **I** *v/t.* Wild aufjagen; **II** *v/i.* sein Lager (*od.* s-n Stand) verlassen (*Wild*).

débusqu|ement ⚔ (debyskə'mɑ̃) *m* Aufstöbern *n*, Verjagen *n*; **~er** (~'ke) [1m] **I** *v/t. a.* ⚔ aufstöbern; verjagen; *allg.* aufscheuchen; *fig. j-n* von s-m Posten verdrängen, *j-n* rausdrängeln F (*od.* rausekeln P); *ch. ~ le cerf* den Hirsch aufjagen; **II** *v/i. ch.* aus dem Dickicht hervorbrechen (*Wolf*).

début (de'by) *m* **1.** *Spiel*: erster Schlag *m od.* Stoß *m usw.*; *faire un beau ~* günstig anspielen; *fig.* gut anfangen; **2.** *fig.* Anfang *m*, erster Versuch *m*; Eingangsformel *f*; *pol. ~ oratoire* Antrittsrede *f*; *au ~* im Anfang, zu Anfang, anfangs; *au ~ de* bei Beginn (*gén.*); *en ~ de l'après-midi* zu Anfang des Nachmittags; *dès le ~* von Anfang an, gleich zu Beginn; **3.** *thé.* erstes Auftreten *n*, Debüt *n*, Erstlingsrolle *f*; **4.** *~ dans le monde* Eintritt *m* in die Welt; *en être à ses ~s* erst ein Anfänger sein (*beruflich*); **~ant** (~'tɑ̃) *su.* [7] Debütant *m*, erstmalig Auftretender *m*, Anfänger(in *f*) *m*, Neuling *m*; *~ de ski* Schianfänger *m*; **~er** (~'te) *v/i.* [1a] debütieren, erstmalig auftreten, anfangen (*par* mit *dat.*);

s-n Dienst antreten; *Spiel*: anwerfen, anspielen; *thé*. zum ersten Mal auftreten, debütieren; *allg*. anfangen; *par où ~?* womit soll ich anfangen?, was soll ich zuerst sagen (*od.* schreiben)?
deçà (də'sa) **I** *adv.*: *aller ~ (et) delà* hin und hergehen, herüber und hinüber gehen; *en* (*bisw. au od. par*) ~ auf dieser Seite, diesseits; *en ~* herüber (*auf die Frage: wohin?*); **II** *prp. en ~ de* diesseits von (*dat.*); *rester en ~ de la vérité* flunkern, nicht ganz bei der Wahrheit bleiben.
décacheter (dekaʃ'te) [1c] *v/t.* entsiegeln.
décad|aire (deka'dɛ:r) *adj.* zehntägig, Dekaden...; **~e** (de'kad) *f* **1.** zehn Stück; **2.** Dekade *f*, Zeitraum *m* von zehn Tagen (*od. a.* Jahren); **3.** *litt.* Dekade *f*, Werk *n* in zehn Büchern.
décadenasser (dekadna'se) *v/t.* [1a] das Vorhängeschloß abnehmen.
décad|ence *a. Fr. litt.* (deka'dɑ̃:s) *f* Dekadenz *f* (*a. Fr. litt.*), Verfall *m*; **~ent** (~'dɑ̃) **I** *adj.* [7] dekadent, entartet, heruntergekommen (*a. su.*); **II** *m litt.* Dekadenter *m*; **~isme** *Fr. litt.* (~'dism) *m* = *décadence*.
décaèdre (deka'ɛdrə) *m* Dekaeder *n*.
décaféiner (dekafei'ne) *v/t.* [1a] den Kaffee koffeinfrei machen.
décagement ⚒ (dekaʒ'mɑ̃) *m* Abziehen *n* aus dem Förderkorb.
décagone (deka'gɔn) *m* Zehneck *n*.
décagramme (deka'gram) *m* Dekagramm *n*, Neulot *n*.
décaiss|ement (dekɛs'mɑ̃) *m* **1.** *fin.* Erschöpfung *f* e-r Zahlstelle (*od.* Kasse); Entnahme *f*; Auszahlung *f*; **2.** ✓ Verpflanzung *f* aus e-m Kasten; **~er** (~'se) *v/t.* [1a] **1.** *fin.* auszahlen; **2.** ✓ aus e-m Kasten verpflanzen; **3.** auspacken.
décalage (deka'la:ʒ) *m* **1.** Wegnehmen *n* der Keile, der Unterlage; **2.** *artill.* Entriegeln *n*; **3.** ⚡, *méc.* Verschieben *n*, Verschiebung *f*; **4.** *fig.* Abstand *m*, Verschiebung *f* (*räumlich od. zeitlich*), Änderung *f*; △ versetzte Gruppierung *f*; *le ~ des classes supprime les inconvénients des longs corridors* durch die versetzte Gruppierung der Klassenräume werden die Mißstände der langen Korridore vermieden.
décalamin|age *Auto* (dekalami'na:ʒ) *m* Entfernung *f* von Rückständen im Motor; **~er** *Auto*, ⊕ (~'ne) *v/t.* [1a] ent-rußen, -zundern.
décalcifier ⚗ (dekalsi'fje) *v/t.* [1a] entkalken.
décalcomanie (dekalkɔma'ni) *f* Abziehbild *n.*
décaler (deka'le) *v/t.* [1a] **1.** e-n Keil wegnehmen; (*Löschzug*) flottmachen; **2.** *artill.* entriegeln; **3.** ⚡, *méc.*, *allg.* verschieben; *~ le diagramme théorique* die Sollkurve verschieben; **4.** *fig.*, *a. pol.* verlagern.
décalescence *métall.* (dekalɛ'sɑ̃:s) *f* Abschreckung *f*.
décalogue (deka'lɔg) *m die* Zehn Gebote *n/pl.*
décalotter (dekalɔ'te) *v/t.* [1a] die Kappe (die Kuppe) abnehmen.
décalqu|age (dekal'ka:ʒ) *m* Durchpausen *n*; Abzug *m*, Abziehbild *n*; **~e** (de'kalk) *m* Gegenabzug *m*; Lichtpause *f*, Pause *f*; *fig.* Nachahmung *f*, Abklatsch *m*; *fig.* Abbild *n*; *ling.* sprachliche Nachbildung *f e-s Fremdwortes*; **~er** (~'ke) *v/t.* [1m] durchpausen; ein Bild abziehen; *fig.* nachahmen; *papier m à ~* Pauspapier *n*.
décalvant (dekal'vɑ̃) *adj.* kahlköpfig machend.
décamètre (deka'mɛtrə) *m* Dekameter *n*.
décamouflage (~mu'fla:ʒ) *m* Enthüllung *f*.
decam|pement (dekɑ̃p'mɑ̃) *m* (plötzlicher) Aufbruch *m* (aus dem Lager); **~per** (~'pe) *v/i.* [1a] das Lager abbrechen; aus dem Lager aufbrechen; plötzlich abhauen F.
décanat (deka'na) *m* Dekanat *n*.
décaniller P (dekani'je) *v/i.* [1a] abhauen F, sich auf und davon machen.
décant|age (dekɑ̃'ta:ʒ) *m*, **~ation** (~tɑ'sjɔ̃) *f* Abziehen *n*, Abgießen *n*, Abklären *n*, Dekantieren *n*; *bassin m de ~* Klärbecken *n*; **~er** (~'te) *v/t.* [1a] abklären, abgießen, abziehen, dekantieren; *fig.* läutern; **~eur** (~'tœ:r) *m* Klärapparat *m*.
décap|age (deka'pa:ʒ) *m* Beizen *n*, Abbeizen *n*, Entrosten *n*, Blankmachen *n*, Scheuern *n*; **~er** (~'pe) *v/t.* [1a] *Gold* abbeizen; entrosten, *Metall* scheuern, blank putzen; *~ mat* matt brennen; **~euse** ⊕ (~'pø:z) *f* Schürfkübelbagger *m*.
décapit|ation (dekapitɑ'sjɔ̃) *f* Enthauptung *f*; **~er** (~'te) *v/t.* [1a] enthaupten; *fig.* der Spitze (*od.* der Krone) berauben; *gr. la proposition reste décapitée* der Satz bleibt an s-r Spitze verstümmelt.

décapot|able *Auto* : (dekapɔ'tablə) **I** *adj.* mit herunterklappbarem Verdeck; **II** *f* Kabriolett *n*; **~er** *Auto* : (~'te) *v/t.* [1a] das Verdeck aufklappen. [Flaschenöffner *m.*]
décapsuleur (dekapsy'lœ:r) *m*
décapuchonner (dekapyʃɔ'ne) *v/t.* [1a] die Kapuze abnehmen; *Füllhalter* aufschrauben *usw.*; s. *capuchon.*
décarburer ⚗, *métall.* (dekarby're) *v/t.* [1a] entkohlen.
décarcasser P (dekarka'se) [1a]: se ~ sich abrackern, sich abquälen.
décarêmer (dekarɛ'me) *v/rfl.* [1a]: **se** ~ sich nach dem Fasten am Fleischgenuß gütlich tun; *allg.* sich für e-e Entbehrung schadlos halten.
décarreler (dekar'le) *v/t.* [1c] die Steinplatten aus e-m Fußboden herausnehmen.
décartellis|ation ✝ (dekartɛliza'sjɔ̃) *f* Entflechtung *f*; **~er** ✝ (~'ze) *v/t.* [1a] entflechten.
décasyllab|e, ~ique (dekasi'lab, ~'bik) *adj.* zehnsilbig. [kampf *m.*]
décathlon *Sport* (dekat'lɔ̃) *m* Zehn-
décatholiciser (dekatɔlisi'ze) *v/t.* [1a] entkatholisieren.
décati *fig.* F (deka'ti) *adj.* [7] verblaßt, kraftlos.
décatir (deka'ti:r) [2a] **I** *v/t. text.* krumpen, aufkratzen, glanzlos machen, dekatieren; **II** P *v/rfl.* se ~ sich aufreiben, klapprig werden.
decauville 🚂 (dəko'vil) *m* Feldbahn *f.*
déca|vé F (deka've) *adj.* [7] einer, der alles beim Spiel verloren hat; *fig.* völlig blank, *fig.* ausgezogen, ruiniert, erledigt; **~ver** F (~) *v/t.* [1a] ~ *q.* j-m um sein ganzes Vermögen bringen; *fig.* j-n ausziehen, ruinieren.
décédé (dese'de) *su.* Verstorbener *m.*
décéder (~) *v/i.* [1f] sterben.
déceindre (de'sɛ̃:drə) *v/t.* [4b] entgürten.
décelable (des'lablə) *adj.* nachweisbar; ⚔ aufspürbar, feststellbar.
décèlement (desɛl'mɑ̃) *m* **1.** Entdeckung *f*, Verrat *m*; ⚔ Aufspüren *n*; **2.** ⚗ Nachweisen *n.*
déceler (des'le) *v/t.* [1d] **1.** entdecken, verraten; enträtseln; herauslesen; **2.** ⚗ nachweisen.
décélér|ation ⊕ (deselera'sjɔ̃) *f* Verlangsamung *f*; **~er** (~'re) *v/t.* [1f] verlangsamen.
déceleur (des'lœ:r) *su.* [7g] Verräter *m*; ⊕ Spürgerät *n.* [*m.*]
décembre (de'sɑ̃:brə) *m* Dezember
décemment (desa'mɑ̃) *adv.* auf anständige Art, gebührend, korrekt.
décence (de'sɑ̃:s) *f* (*ohne pl.*) Anstand *m*; *cela n'est pas dans la* ~ das ist nicht anständig.
décennie (desɛ'ni) *f* Jahrzehnt *n.*
décent (de'sɑ̃) **I** *adj.* [7] anständig, schicklich, geziemend, dezent, sittsam, ehrbar, züchtig; **II** *m das* Anständige *n*, *das* Schickliche *n.*
décentrable *phot.* (desɑ̃'trablə) *adj.* verstellbar.
décentrali|sation (desɑ̃traliza'sjɔ̃) *f* Dezentralisierung *f*, Aufhebung *f* der zentralgelenkten Verwaltung; **~ser** (~'ze) *v/t.* [1a] dezentralisieren; **~sme** (~'lism) *m* System *n* der Dezentralisation.
décentr|ement *phot.* (desɑ̃trə'mɑ̃) *m* Dezentrieren *n*, Verstellbarkeit *f*; **~er** *phot.* (~'tre) *v/t.* [1a] dezentrieren, verstellen.
déception (desɛp'sjɔ̃) *f* Enttäuschung *f*; *éprouver des* **~s** enttäuscht werden.
décercler ⊕ (desɛr'kle) *v/t.* [1a] die Reifen abnehmen von (*dat.*).
décern|ement ⚖ (desɛrnə'mɑ̃) *m* gerichtliche Entscheidung *f*; **~er** (~'ne) *v/t.* [1a] **1.** ⚖ ~ *qch.* etw. gerichtlich beschließen; ~ *un mandat d'arrêt* e-n Haftbefehl (*od.* Steckbrief) erlassen; ~ *une peine* e-e Strafe verfügen; **2.** *e-n Preis usw.* zuerkennen, erteilen; *Orden* verleihen.
décès (de'sɛ) *m* Tod *m*, Ableben *n*; Heimgang *m st.s.*; *acte m de* ~ Sterbeurkunde *f*, Totenschein *m.*
déce|vable (des'vablə) *adj.* leicht zu hintergehen; **~vant** (~'vɑ̃) *adj.* [7] (be)trügerisch; (ent)täuschend; **~voir** (~'vwa:r) *v/t.* [3a] (ent)täuschen; hintergehen; *son espoir fut vite déçu* er sah sich schnell in s-r Hoffnung getäuscht.
déchaî|nement (deʃɛn'mɑ̃) *m* Entfesselung *f*; Toben *n*; *fig.* Ausbruch *m von Leidenschaften*, leidenschaftliche Angriffe *m/pl.*, Wut *f*, Entrüstung *f*; **~ner** (~'ne) [1b] **I** *v/t.* **1.** losketten; **2.** *fig.* loslassen, entfesseln, entfachen; F *le diable est déchaîné* der Teufel ist los; **II** *v/rfl.* se ~ losbrechen, toben, tosen; se ~ *contre q.* auf j-n losgehen; *fig.* zu Felde ziehen.
déchalander ✎ (~ʃalɑ̃'de) *v/t.* [1a]: ~

q. j-m Kunden abspenstig machen.

déchalasser ⚒ (deʃala'se) *v/t.*: ~ *une vigne* die Reben abpfählen.

déchaler (deʃa'le) *v/i.* [1a] zurückweichen (*Flut*); außer Wasser liegen (*Strand*).

déchanter F (deʃɑ̃'te) *v/i.* [1a] den Ton mildern, seine Hoffnungen sinken lassen, seine Ansprüche herabschrauben; *fig.* gelindere Saiten aufziehen.

déchaperonner (deʃaprɔ'ne) *v/t.* [1a] **1.** *ch.* abkappen; **2.** △ die Mauerkappe wegnehmen.

décharg|e (de'ʃarʒ) *f* **1.** Ab-, Ausladen *n*; ⚓ Löschen *n*; *faire la* ~ *de ...* ab-, aus-laden, löschen; **2.** ⚖ Entlastung *f*; *obtenir* ~ ein freisprechendes Urteil auswirken; *témoin m à* ~ Entlastungszeuge *m*; **3.** Rumpelkammer *f*; Schuttwinkel *m*; ~ *publique* Schuttabladestelle *f*; **4.** Ab-, Aus-fluß *m*; Abzugs-becken *n*, -graben *m*; *tuyau m de* ~ Abflußröhre *f*; **5.** †, *fin.* Quittung *f*; Lieferschein *m*; Empfangsbescheinigung *f*; Steuerbefreiung *f*; *donner* ~ *à q.* j-m Entlastung erteilen; ~ *de livraison faite* Auslieferungsschein *m*; *porter une somme en* ~ e-n Betrag abschreiben, e-e Summe als empfangen buchen; *pour* ~ zur Entlastung; **6.** △ Entlastungsbogen *m*; **7.** ⚡ Entladung *f*, Schlag *m*; **8.** ⚔ Abfeuern *n*, Salve *f*, Schuß *m*; *faire une* ~ e-e Salve geben; **~ée** ⊕ (~'ʒe) *f* Entladen *n*; **~ement** (deʃarʒə'mɑ̃) *m* **1.** Ausladen *n*, Abladen *n*; ⚓ Löschen *n*; **2.** ⚔ Entladen *n*; Abfeuern *n*; **3.** *métall.* Auskratzen *n* (*e-s Hochofens*).

décharger (deʃar'ʒe) [1l] **I** *v/t.* **1.** ab-, aus-laden; ⚓ löschen; **2.** von e-r Last befreien; entlasten, erleichtern; *fig.* ~ *le cerveau* den Kopf freimachen; ~ *son cœur* sein Herz ausschütten; ~ *sa bile sur* s-n Ärger auslassen an (*dat.*), Gift und Galle spucken auf (*acc.*); *fig. j'en décharge ma conscience* ich wasche meine Hände in Unschuld; **3.** ~ *q. d'une obligation* (*d'un soin*) j-n von e-r Verpflichtung entbinden (j-n e-r Sorge [*gén.*] entheben); ~ *q. d'une dette* j-s Schuld quittieren; ~ *un compte* ein Konto entlasten; **4.** ⚖ zum Vorteile für *j-n* zeugen, *j-n* entlasten; ~ *q. d'accusation* j-n freisprechen; **5.** ⚔ ab-, losschießen; ~ *un canon* e-e Kanone lösen; ~ *un coup de fusil* e-n Schuß abfeuern; **6.** ~ (*un fusil ein Gewehr*) entladen; ⚡ entladen; **7.** ⚒ ~ *un arbre* e-n Baum ausschneiden; **8.** ⊕ *charp. e-n Balken* entlasten; *métall. den Hochofen* auskratzen; **9.** ⚓ ~ *les voiles* abbrassen; ~ *une chaloupe* ein Boot klar machen; **II** *v/i.* **10.** auslaufen (*von der Tinte, von e-r Farbe usw.*); **III** *v/rfl.* **11.** se ~ de sich *e-r Last od. Bürde* (*gén.*) entledigen; se ~ *de qch. sur q.* etw. auf j-n abwälzen; *se* ~ *de la responsabilité* die Verantwortung von sich abwälzen, e-e Haftpflicht abwälzen; **12.** ⚔ sich entladen, (von selbst) losgehen; **13.** sich ergießen; **14.** (sich) abfärben, verschießen (*v. Farben*).

décharg|eoir (deʃar'ʒwa:r) *m* ⊕ Abflußrohr *n*; *text.* Webspule *f*; **~eur** (~'ʒœ:r) *m* **1.** Ab-, Aus-lader *m*; ⚓ Löscher *m*; **2.** ⚡ Entlader *m*.

déchar|né (deʃar'ne) *adj.* hager, abgezehrt, ausgemergelt; *os m* ~ Knochen *m* ohne Fleisch; *il est tout* ~ er ist nichts als Haut u. Knochen; *fig. style m* ~ farbloser (*od.* trockener) Stil *m*; **~ner** (~) [1a] *v/t.* das Fleisch vom Knochen lösen; auszehren, mager machen; *sa maladie l'a décharné* die Krankheit hat ihn völlig ausgezehrt; ~ *un os* das Fleisch vom Knochen abmachen.

déchau|mage ⚒ (deʃo'ma:ʒ) *m* Umpflügen *n* (*od.* Umbrechen *n*) e-s Stoppelfeldes; **~mer** ⚒ (~'me) *v/t.* [1a] e-n Stoppelacker umpflügen *od.* umbrechen; **~meuse** ⚒ (~'mø:z) *f* leichter Pflug *m*.

déchaus|sement (deʃos'mɑ̃) *m* **1.** ⚒ Aufhacken *n*; Aufgraben *n*; **2.** ⚕ Bloßl(i)egen *n* der Zahnwurzel; **3.** △ Unterwaschung *f* e-s Fundaments; **4.** Ausziehen *n* der Schuhe; **~ser** (~'se) [1a] **I** *v/t.* **1.** ~ *q.* j-m Schuhe (und Strümpfe) ausziehen; **2.** ⚒ ~ *des arbres* Bäumen durch Aufhacken um die Wurzeln Luft machen; **3.** *chir.* ~ *les dents* die Zähne bloßlegen; **4.** △ ~ *un mur* e-e Mauer unten bloßlegen *od.* unterspülen; ~ *les pierres d'un trottoir* die Pflastersteine aus dem Bürgersteig herausreißen; **II** *v/rfl.* se ~ **5.** sich die Schuhe (*od.* Stiefel) ausziehen; **6.** ⚕ völlig locker werden (*Zähne*).

déchaux (de'ʃo) *adj./m*: *carme m* (*od. moine m*) ~ Barfüßermönch *m*.
dèche P (dɛʃ) *f*: *être dans la* (*od. en*) ~, *battre la* ~ in Geldverlegenheit (*od.* in der Klemme) sein, auf den Hund gekommen sein.
déch|éance (deʃe'ɑ̃:s) *f* **1.** Verfall *m*, Verkommenheit *f*; **2.** Erniedrigung *f*, Degradierung *f*, Verlust *m* der Krone, Absetzung *f*; **3.** *allg.* Verlust *m*; ⚖ Erlöschen *n*, Verfall *m*; ~ *de droit* Rechtsverlust *m*; ~ *juridique* Rechtsnachteil *m*; ~ *de la nationalité* Verlust *m* der Staatsangehörigkeit; *delai m de* ~ Ausschlußfrist *f*; ~ *de poids* Gewichtsverlust *m*; **~et** (~'ʃɛ) *m* Verlust *m* (*sur* an *dat.*); *les* ~*s pl.* die Abfälle *m/pl.*, die Überbleibsel *n/pl.*, der Schutt *m*, der Unrat *m*; ~*s de cuisine* Küchenabfälle *m/pl.*; *at.* ~*s m/pl. radio-actifs* Atommüll *m*; *fig. il y a beaucoup de* ~ es geht viel dabei verloren, es ist viel Abgang dabei.
décheveler (deʃə'vle) [1c] **I** *v/t.* ~ *q.* j-m die Haare zerzausen; **II** *v/rfl.* *se* ~ sich das Haar zerzausen.
déchevêtrer (deʃəvɛ'tre) [1a] *v/t.* *ein Lasttier* abhalftern.
déchiffonner (deʃifɔ'ne) *v/t.* [1a] wieder glattstreichen.
déchiffr|able (deʃi'frablə) *adj.* entzifferbar, leserlich; **~age** (~'fra:ʒ) *m* ♪, *allg.* Lesen *n*; **~ement** (~frə'mɑ̃) *m* Entzifferung *f*; **~er** (~'fre) [1a] **I** *v/t.* **1.** entziffern; dechiffrieren (*mit dem bekannten Schlüssel*); *vgl. décrypter*; *fig.* erraten, enträtseln; *j-n* durchschauen; **2.** ♪ vom Blatt spielen *od.* singen; **II** *v/rfl.* *se* ~ sich entziffern lassen, entziffert werden; **~eur** (~'frœ:r) *m* [7g] Entzifferer *m*; ♪ Notenleser *m*.
déchique|ter (deʃik'te) [1c] **I** *v/t.* zerstückeln, zerschneiden, zerfetzen, zerreißen (*z.B. durch e-e Bombe*), zerfleischen; auszacken; *fig.* ~ *un ouvrage littéraire* ein literarisches Werk durchhecheln; ♀ *feuille f déchiquetée* ausgezacktes Blatt *n*; **II** *v/rfl.* *se* ~ sich (gegenseitig) zerfleischen; **~ture** ⊕ (~'ty:r) *f* zackiger Ausschnitt *m*.
déchir|age (deʃi'ra:ʒ) *m* Zerschlagen *n e-s Holzfloßes usw.*; ⚓ Abwracken *n*; (*bois m de*) ~ altes Bauholz *n*; **~ant** (~'rɑ̃) *adj.* [7] herzzerreißend, jammervoll; **~ement** (~r'mɑ̃) *m* **1.** Zerreißen *n*; Riß *m*; ⚕ ~ *d'entrailles* Leibschneiden *n*, Wühlen *n* in den Därmen; *fig.* ~ *de cœur* seelische Erschütterung *f*; **2.** ~*s pl.* (innere) Spaltungen *f/pl*; Streit *m*.
déchir|er (deʃi're) [1a] **I** *v/t.* **1.** auf-, zer-reißen, zerfetzen; ein Loch reißen in (*acc.*); ~ *de part en part* durchreißen; ~ *en deux* entzweireißen; *déchiré* abgerissen, zerlumpt, zerfetzt, entzwei; ♀, *zo.* mit zackigem Rand; **2.** *fig.* zerrütten, zerreißen; *déchiré de factions* durch Parteiungen zerrüttet; **3.** *fig.* peinigen, *abs.* weh tun; **4.** *fig.* anschwärzen, schlecht machen; ~ *q. à belles dents* j-n auf das übelste verunglimpfen; **5.** ~ *un tonneau* ein Faß zusammenschlagen; ~ *un bateau* ein Schiff abwracken; **II** *v/rfl.* *se* ~ **6.** (sich) zerreißen; Risse bekommen; *fig.* (auf-) brechen, bluten; **7.** sich gegenseitig zerfleischen; *fig.* sich herunterreißen; **~ure** (~'ry:r) *f* Riß *m*; ⚕ ~ *musculaire* Muskelriß *m*.
déchoir (de'ʃwa:r) *v/i.* [3l] **1.** verfallen, in Verfall geraten; schwächer werden; abnehmen, sinken, scheitern, straucheln, verkommen, auf den Hund kommen F; **2.** *fig.* fehlgehen, e-n falschen Weg beschreiten; *nous ne croyons donc pas* ~ *en publiant des articles sur ...* wir glauben daher nicht fehlzugehen, wenn wir Artikel über ... veröffentlichen; **3.** ~ *de qch.* e-r Sache (*gén.*) verlustig werden, etw. verlieren; *déclarer q. déchu de tous ses droits* j-n aller Rechte für verlustig erklären; *être déchu de ses droits* s-r Rechte verlustig gehen; *abs. ange m déchu* gefallener Engel *m*; *l'homme m déchu* der sündige Mensch; *roi m déchu* abgesetzter König *m*.
déchristianiser (dekristjani'ze) *v/t.* [1a] dem Christentum entfremden.
déchu (de'ʃy) *adj. u. su. pol.* abgesetzt; *fig.* heruntergekommen, verkommen, gescheitert, gestrauchelt.
décidé (desi'de) *adj.* **1.** entschieden, ausgemacht; *c'est une affaire* ~*e* die Sache ist fest beschlossen; **2.** entschlossen, fest.
de-ci, de-là (də'si, də'la) *adv.* hier u. dort; hin u. her, hierhin u. dorthin.
décidément (deside'mɑ̃) *adv.* entschieden, ganz bestimmt.

décider (desi'de) [1a] **I** *v/t.* **1.** entscheiden, ausmachen, beschließen, anordnen; *fig.* den Ausschlag geben; ~ *une querelle* e-m Streite ein Ende machen; **2.** ~ *q. à* (*mit inf.*) j-n bestimmen zu; *être décidé à* (*inf.*) entschlossen sein zu; **II** *v/i.* **3.** ~ *de* (*inf.*) sich entscheiden zu, beschließen zu; *il décida de partir* er entschloß sich, abzufahren; **4.** entscheiden, urteilen (*de* über *acc.*); *la suite en décidera* die Folge wird es lehren; ~ *sur od. de* sich ein Urteil anmaßen über (*acc.*); **5.** ausschlaggebend sein, den Ausschlag geben; **III** *v/rfl.* *se* ~ entschieden werden, sich entscheiden; *se* ~ *à* (*mit inf.*) = 3; *se* ~ *à parler* mit der Sprache herausrücken; *se* ~ *pour* sich entscheiden für, sich entschließen zu.

déci|gramme (desi'gram) *m* Dezigramm *n*, Zehntelgramm *n*; **~litre** (~'litrə) *m* Deziliter *n*, Zehntelliter *n*.

déci|mal (desi'mal) *adj.* [5c] ⩘ dezimal; *calcul m* ~ Dezimalrechnung *f*; *fraction f* ~*e* Dezimalbruch *m*; **~male** (~'mal) *f* Dezimalbruch *m*; **~mation** (~mɑ'sjɔ̃) *f* Dezimierung *f*; **~mer** (desi'me) *v/t.* [1a] dezimieren, aufreiben; fast völlig vernichten; **~mo** (~'mo) zehntens.

décin|trage, ~trement ⚠ (desɛ̃'tra:ʒ, ~trə'mɑ̃) *m* Wegnehmen *n* des Bogengerüstes, Abrüsten *n*; **~trer** ⚠ (~'tre) *v/t.* [1a] das Bogengerüst wegnehmen.

déci|sif (desi'zif) *adj.* [7e] □ entscheidend; entschieden; *ton m* ~ bestimmter Ton *m*; **~sion** (~'zjɔ̃) *f* **1.** Entscheidung *f*, Bescheid *m*, Beschluß *m*, (richterliches) Erkenntnis *n*, Rechtsspruch *m*; Verordnung *f*; *prendre une* ~ e-e Entscheidung treffen; ~ *défectueuse*, ~ *entachée d'erreurs* Fehlentscheidung *f*; *sans* ~ unentschieden; **2.** Entschlossenheit *f*, Bestimmtheit *f*; **~soire** ⚖ (~'zwa:r) *adj.*: *serment m* ~ Entscheidungseid *m*.

déclama|teur (deklama'tœ:r) [7d] **I** *su.* Vortragskünstler *m*; *péj.* schwülstiger Redner *m*, Phrasendrescher *m*; **II** *adj.* hochtrabend, schwülstig; **~tion** (~mɑ'sjɔ̃) *f* **1.** Deklamation *f*, Vortragskunst *f*; **2.** *péj.* Wortgepränge *n*, Wortgeklingel *n*, Wortschwall *m*, Schwulst *m*; **~toire** (~'twa:r) *adj.* **1.** deklamatorisch; *art m* ~ Redekunst *f*; **2.** *péj.* hochtrabend, pomphaft.

déclamer (dekla'me) [1a] **I** *v/t.* deklamieren, vortragen; **II** *v/i.* schwülstig reden; ~ *contre qch. od. contre q.* gegen etw. *od.* gegen j-n wettern.

déclara|tif (deklara'tif) *adj.* [7e] erklärend; **~tion** (~rɑ'sjɔ̃) *f* **1.** Erklärung *f*, Bekanntmachung *f*, Anzeige *f*, Angabe *f*, Anmeldung *f*, Verkündigung *f*, Aussage *f*; ~ *d'accident* Unfallanzeige *f*; ~ *des droits de l'homme* Verkündigung *f* der Menschenrechte; ~ *de guerre* Kriegserklärung *f*; ~ *de décès* (*de naissance*) Todes-(Geburts-)anzeige *f bei der Behörde*; ~ *de déchéance* Verlustigkeitserklärung *f*; ~ *de faillite* Konkurserklärung *f*; ~ *de fortune* Vermögenserklärung *f*; ~ *des revenus* Einkommenserklärung *f*; ~ *de résidence* (*od. de séjour*) polizeiliche Anmeldung *f*; *bureau m des* ~*s de résidence* Meldeamt *n*, Anmeldestelle *f*; *faire sa* ~ *de séjour* (*od. de résidence*) sich polizeilich anmelden; *sujet à la* ~ anmeldepflichtig; *terme m de* ~ Meldefrist *f*, Anmeldefrist *f*; ~ *d'honneur* Ehrenerklärung *f*; *pol.*, *parl.* ~ *ministérielle* Regierungserklärung *f*; *fin.* ~ *d'impôts* Steuererklärung *f*; ~ *obligatoire* Anmeldepflicht *f*; *sur la* ~ *de deux témoins* auf die Aussage zweier Zeugen hin; *faire la* ~ *de qch.* etw. angeben; *faire une* ~ *par serment* e-e eidesstattliche Erklärung abgeben; **2.** ~ (*d'amour*) Liebeserklärung *f*; **3.** ✝ Aufzählung *f*, Verzeichnis *n*; ~ *d'entrée* (*de sortie*) Angabe *f* über eingehende (ausgehende) Waren; ~ *en douane* Zollinhaltserklärung *f*; ~ *d'expédition* Frachtbrief *m*; ~ *de port payé* Frankierungsvermerk *m*; ~ *de valeur* Wertangabe *f*; ~ *de versement* Einlieferungs-, Aufgabeschein *m*; ~ *provisoire* vorläufige Zollangabe *f*; **4.** ⚖ ~ *d'absence* Verschollenheits-, Todes-erklärung *f*; ~ *du jury* Verdikt *n* der Geschworenen; **5.** ⚓ Verklarung *f*; gerichtliche Feststellung *f* e-s Schiffsunfalles; **~toire** (~'twa:r) *adj.* deklaratorisch, feststellend; *acte m* ~ förmliche Erklärung *f*.

déclarer (dekla're) [1a] **I** *v/t.* **1.** erklären, anzeigen, bekanntmachen; ~ *à l'abandon* als niemandem gehörig erklären; ⚖ ~ *l'appel mal* *fondé au fond* die Berufung sachlich für unbegründet erklären; ~ *nul* für nichtig (*od.* ungültig) erklären; *il fut déclaré coupable* er wurde für schuldig erklärt; ~ *la naissance d'un enfant* die Geburt e-s Kindes beim Standesamt anzeigen; *ennemi m déclaré* offener Feind *m*; **2.** ⚕ deklarieren; ~ *des marchandises à la douane* Waren beim Zollamt angeben; (*n'avez-vous*) *rien à* ~? (haben Sie) etwas zu verzollen?; **II** *v/rfl.* se ~ **3.** sich erklären, sich äußern; *se* ~ *pour q.* sich für j-n erklären; *se* ~ *l'auteur d'un livre* sich als Verfasser e-s Buches nennen; *se* ~ *en faillite* Konkurs anmelden; **4.** erkennbar werden, zum Ausbruch kommen; *la maladie se déclare* die Krankheit kommt zum Ausbruch; **5.** sich (*d.h. s-e Liebe*) erklären.

déclas|sé (dekla'se) *adj. u. m* verkommen(er) *od.* heruntergekommen(er Mensch *m*); ausgestoßen; *fig. a.* ⚓ *u. frt.* gestrichen; *être un* ~ s-e gesellschaftliche Stellung verloren haben, zu den Parias gehören; **~sement** (~klɑs'mɑ̃) *m* Herabsetzung *f* in e-e niedrigere Kategorie *od.* Klasse, Klassenverschiebung *f*; 🚂 Überwechseln *n* von e-r Klasse in die andere; Vermengung *f* der Stände *od.* der sozialen Schichten, Aufhören *n* der Standesunterschiede; *fig.* Streichung *f*; *le* ~ *des fortifications de Paris* die Aufgabe *f* (*od.* Streichung *f*) der Befestigungswerke von Paris; **~ser** (~'se) [1a] **I** *v/t.* **1.** in e-e andere Kategorie *od.* Klasse einordnen; *a.* ⚔ von der Liste der betreffenden Klasse streichen; *allg.* aussortieren; **2.** ~ *q.* j-n aus s-r gesellschaftlichen Stellung bringen; **3.** ⚔ *forteresse f déclassée* aufgegebene Festung *f*; **4.** ⚓ aus der Marineliste streichen; **II** *v/rfl.* se ~ aus e-r Kategorie *od.* Klasse austreten; 🚂 aus e-r Wagenklasse in die andere übergehen; sozial sinken.

déclaveter ⊕ (deklav'te) *v/t.* [1c] loskeilen.

déclen|che ⊕ (de'klɑ̃:ʃ) *f* Trenngerät *n*; **~chement** (deklɑ̃ʃ'mɑ̃) *m* **1.** Aufklinken *n*; *häufig fig.*: Auftakt *m*, Beginn *m*; Ausbruch *m*, Auslösung *f* (*Krieg*; *Heiterkeit*); ⚔ Losgehen *n* (*Gewehr*); ⚕ Ankurbelung *f*; **2.** *Dampfmaschine*: Ausrücken *n*; ⚡ Auslösung *f*; *phot.* ~ *au doigt, à la poire* Finger-, Ball-auslösung *f*; **3.** ⚔ ~ *d'une attaque* Beginn *m* e-s Angriffs; **~cher** (~klɑ̃'ʃe) *v/t.* [1a] **1.** aufklinken; *häufig fig.*: ~ *qch.* den Auftakt zu etw. (*dat.*) geben, etw. (*acc.*) auslösen, in Fluß bringen, entfesseln, in Gang setzen *od.* bringen; ⚕ ~ *la reprise économique* die Wirtschaft wieder ankurbeln; **2.** *Dampfmaschine*: ausrücken; ⚡, *téléph., phot.* auslösen; *phot.* knipsen; **3.** ⚔ ~ *l'attaque* den Angriff beginnen, zum Angriff übergehen; **~cheur** (~'ʃœ:r) *m phot.* Auslöser *m*; *phot.* ~ *flexible* Drahtauslöser *m*; *a. adj.*: ⊕ *appareil m* ~ Auslösevorrichtung *f*.

déclic (de'klik) *m* **1.** Sperrklinke *f*; Auslöse-, Aushebe-vorrichtung *f*; Druckfeder *f*; *montre f à* ~ Stoppuhr *f*; **2.** *phot. appuyer sur le* ~ auf den Auslöser drücken; *faire entendre* (*od. faire marcher*) *le* ~ am Auslöser knipsen.

déclimater (deklima'te) *v/t.* [1a] *Tiere, Pflanzen usw.* e-s Klimas (*od.* von e-m Klima) entwöhnen, in e-r andern Gegend heimisch machen.

déclin (de'klɛ̃) *m* Untergang *m*, Niedergang *m*, Abnehmen *n*, Verfall *m*; Ende *n*; ~ *de la vie* Lebensabend *m*; *être à* (*od. sur*) *son* ~ auf die Neige gehen, untergehen; *au* ~ *du jour* gegen Abend.

déclin|abilité *gr.* (deklinabili'te) *f* Deklinierbarkeit *f*; **~able** *gr.* (dekli'nablə) *adj.* deklinierbar; **~aison** (~nɛ'zɔ̃) *f gr.* Deklination *f*; *ast.* Abweichung *f*; *phys.* ~ *magnétique* magnetische Abweichung *f*; **~ant** (~'nɑ̃) *adj.* abweichend; *fig.* abnehmend, verfallend, auf die Neige *od.* zur Neige gehend; **~ateur** *phys.* (~na'tœ:r) *m* Abweichungskompaß *m*, Deklinationsbussole *f*, Deklinatorium *n*.

déclinatoire (deklina'twa:r) **I** *adj.* ⚖ ablehnend; **II** *m* **1.** ⚖ Ablehnungserklärung *f*; **2.** ✈ Ortungsbussole *f*.

décliné (dekli'ne) *adj.* niedergebogen, abwärts geneigt.

décli|ner (~) [1a] **I** *v/i.* **1.** abnehmen, zu Ende gehen, verfallen; *sa santé déclinait* s-e Gesundheit wurde schlechter, es ging mit s-r Gesundheit bergab; **2.** *ast., phys.* abweichen; **II** *v/t.* **3.** *gr.* deklinieren; **4.** ⚖ ablehnen (*a. fig.*); ~ *la responsabilité* die Verantwortung ablehnen; **5.** angeben (*Namen, Beruf*); **III** *v/rfl.* se ~ **6.** *gr.* dekliniert werden; **7.** ⚖ abgelehnt werden; **~nomètre** *phys.*, ⊕ (~nɔ'mɛtrə) *m* Ablenkungsmesser *m*.

déclique(te)r ⊕ (dekli'ke, ~k'te) *v/t.* [1a], [1c] die Sperrung ausklinken *od.* auslösen, die Hemmung losmachen.

décli|ve (de'kli:v) **I** *adj.* abschüssig; **II** *f* = **~vité** (~klivi'te) *f* Neigung *f*, Abschüssigkeit *f*; ~ *de terrain* Bodensenkung *f*.

déclore (de'klɔ:r) *v/t.* [4k] die Umzäumung von etw. (*dat.*) wegnehmen.

déclos (de'klo) *adj.* [7] offen, ohne Zaun.

déclôture (deklo'ty:r) *f* Wegnahme *f* e-r Umzäunung.

déclouer (deklu'e) *v/t.* [1a] durch Herausziehen der Nägel öffnen.

décoaguler (dekɔagy'le) *v/t.* [1a] wieder flüssig machen.

déco|chement (dekɔʃ'mɑ̃) *m* Abschießen *n* e-s Pfeiles (*a. fig.*); **~cher** (~'ʃe) *v/t.* [1a] abschießen; *fig.* loslassen, abfeuern; vom Stapel lassen; versetzen (*j-m e-n Schlag*); ~ *une œillade à q.* j-n mit Blicken bombardieren.

décoction ⚗ (dekɔk'sjɔ̃) *f* Absud *m*; Abkochung *f*; ⚗ *faire une* ~ abkochen.

décoder (dekɔ'de) *v/t.* [1a] entschlüsseln.

décoffr|age ⚠ (dekɔ'fra:ʒ) *m* Ausschalen *n*; **~er** ⚠ (~'fre) *v/t.* [1a] ausschalen.

décohéreur (dekɔe'rœ:r) *m rad.* Entfritter *m*; *télégr.* Klopfer *m*.

décohésion *rad.* (dekɔe'zjɔ̃) *f* Entfrittung *f*.

décoiffer (dekwa'fe) [1a] **I** *v/t.* **1.** das Haar in Unordnung bringen; **2.** ~ *une bouteille* e-e Flasche entkapseln; **II** *v/rfl.* se ~ die Mütze (*od.* den Hut) abnehmen.

décoincer ⊕ (dekwɛ̃'se) *v/t.* [1k]: ~ *des rails* Schienen loskeilen.

décolérer (dekɔle're) *v/i.* [1f]: *ne pas* ~ nicht aufhören zu toben.

décollage (dekɔ'la:ʒ) *m* **1.** ✈ Abflug *m*, Start *m*; ⊕ Anlauf *m*; ~ *vent arrière* Start *m* mit Rückenwind; ~ *vent debout* Start *m* gegen den Wind; ~ *vent de côté* Start *m* mit Seitenwind; **2.** Los-machen *n*, -gehen *n des Geleimten*, Ablösen *n*.

décollation † (dekɔlɑ'sjɔ̃) *f* Enthauptung *f e-s Märtyrers*.

décollement (dekɔl'mɑ̃) *m* Abreißen *n*; Losgehen *n des Leims*; ⚕ ~ *de la rétine* Netzhautablösung *f*.

décoller (dekɔ'le) [1a] **I** *v/t.* ~ *qch.* etw. An- *od.* Zu-geklebtes ab-, los- *od.* auf-machen, ablösen; † köpfen, enthaupten; **II** *v/i.* a) F losziehen; sich trennen; *ne pas* ~ *d'un endroit* nicht von e-r Stelle weichen; b) ✈ starten (*a.* ⚓), aufsteigen, abfliegen; ✈ *auf dem Wasser*: abwassern; c) *fig.* F den Boden unter den Füßen verlieren; d) P ⚕ altern; *ce qu'il a décollé!* wie klapprig ist er geworden!; **III** *v/rfl.* se ~ losgehen, aus dem Leim gehen.

décolle|tage (dekɔl'ta:ʒ) *m* Ausschnitt *m* am Kleid; ⊕ Abstech-, Dreh-, Automaten-arbeit *f*; *pièces f/pl. de* ~ Fassondrehteile *m/pl.*; **~té** (~'te) **I** *adj.* ausgeschnitten, dekolletiert; **II** *m* (Hals-)Ausschnitt *m*; **~tée** (~) *adj./f. u. f* (*robe f*) ~ ausgeschnittenes Kleid *n*; **~ter** (~) *v/t.* [1c] e-n Ausschnitt an e-m Kleide machen, dekolletieren.

décolonis|ation (dekɔlɔnizɑ'sjɔ̃) *f* Abschaffung *f* (*od.* Beseitigung *f*) der Kolonialherrschaft **~er** (~'ze) [1a] *v/rfl.* se ~ die Kolonialherrschaft abschütteln.

décolo|rant ⚗ (dekɔlɔ'rɑ̃) *m* Bleichmittel *n*, Entfärbungsmittel *n*; **~ration** (~rɑ'sjɔ̃) *f* Entfärbung *f*; *fig.* ~ *du style* Farblosigkeit *f* des Stils; **~rer** (~'re) [1a] **I** *v/t.* entfärben; blaß machen; *décoloré* farblos, verwaschen, blaß; **II** *v/rfl.* se ~ sich entfärben; verbleichen.

décom|brement (dekɔ̃brə'mɑ̃) *m* Beseitigung *f* des Schutts, Enttrümmerung *f*, Schuttbeseitigung *f*; **~brer** (~'bre) *v/t.* [1a] von Schutt reinigen, enttrümmern; **~bres** (~'kɔ̃:brə) *m/pl.* (Bau-)Schutt *m*, Trümmer *m/pl.* (*a. fig.*).

décommander (dekɔmɑ̃'de) *v/t.* [1a] abbestellen, absagen; ⚔ verbieten, abblasen F.

décommettre (dekɔ'mɛtrə) *v/t.* [4p]: ~ *un cordage* ein Tau aufdrehen.

décommis (dekɔ'mi) *adj.* aufgedreht (*Tau, Litze*).

décompléter (dekɔ̃ple'te) *v/t.* [1f] unvollständig machen.

décompo|sable *a.* ⚗ (dekɔ̃po'zablə) *adj.* zerlegbar; **~sé** (~'ze) *adj.* **1.** zersetzt, in Zersetzung geraten; **2.** *fig.*

un visage ~ par la douleur ein durch den Schmerz entstelltes Gesicht *n*; **~ser** (~) [1a] **I** *v/t.* auflösen, zersetzen, zerteilen, zerlegen; *phys.* trennen, spalten; *allg.* zergliedern; *~ une machine* e-e Maschine auseinander nehmen; 🚂 *~ les trains* ausrangieren; *~ le visage* das Gesicht entstellen *od.* verzerren; **II** *v/rfl.* se ~ sich zersetzen, sich auflösen; in Fäulnis geraten; verwesen; *fig.* sich verzerren; **~sition** (~zi'sjɔ̃) *f* **1.** Zersetzung *f*, Auflösung *f*, Zerlegung *f*, Zergliederung *f*; *phys.* Spaltung *f*; *~ automatique* Selbstzersetzung *f*; *fig.* F *tomber en ~* die Haltung verlieren; *produit m de ~* Abbauprodukt *n*; **2.** Faulen *n*, Verwesung *f*; *en ~* verdorben; **3.** *fig.* Verfall *m*, Zerfall *m*; Verzerrung *f*.

décompress|er (~prɛ'se) *v/t.* [1a] entlasten; **~eur** ⊕ (~prɛ'sœ:r) *m* Zischhahn *m*, Verdichtungsminderer *m*, Dekompressionsvorrichtung *f*; **~ion** ⊕ (~'sjɔ̃) *f* Dekompression *f*, Druckminderung *f*, Verdichtungsminderung *f*.

décomprimer ⊕ (dekɔ̃pri'me) *v/t.* [1a] den Druck vermindern.

décompt|able ✝ dekɔ̃'tablə) *adj.* abzugsfähig; **~e** (de'kɔ̃:t) *m* Abzug *m*, Abrechnung *f*, Verrechnung *f*, Gegenrechnung *f*; *fig.* Enttäuschung *f*; **~er** (dekɔ̃'te) *v/t.* [1a] abziehen, ab-, ver-rechnen, abschreiben; *abus.* = *compter* zählen.

déconcentration ✝, *allg.* (dekɔ̃sɑ̃trɑ'sjɔ̃) *f* Entflechtung *f*, Auflockerung *f*; *~ de la circulation* Verkehrs-auflockerung *f*, -entlastung *f*.

déconcer|tant (dekɔ̃sɛr'tɑ̃) *adj.* [7] verwirrend; seltsam, eigenartig; unberechenbar; wunderlich, merkwürdig; **~tement** (~tə'mɑ̃) *m* Verwirrung *f*, Bestürzung *f*; **~ter** (~'te) [1a] **I** *v/t.* **1.** ♪ die Harmonie *e-r Musik usw.* stören; **2.** *fig. ~ q.* j-n außer Fassung bringen, bestürzt *od.* verwirrt machen; **3.** *fig.* stören, vereiteln; *~ les projets de q.* j-s Pläne durchkreuzen; **II** *v/rfl. se ~ fig.* aus der Fassung kommen; in Unordnung geraten.

déconfit (dekɔ̃'fi) *adj. fig.* fassungslos, ganz geschlagen, kleinlaut; **~ture** (~'ty:r) *f* **1.** ⚔ wilde Flucht *f*, Niederlage *f*; F *allg.* Mißerfolg *m*, Pleite *f* F; **2.** ⚖ Zahlungsunfähigkeit *f*, Insolvenz *f*.

déconfort (dekɔ̃'fɔ:r) *m* Trostlosigkeit *f*; **~er** (~fɔr'te) *v/t.* [1a] entmutigen.

décongestion ⚕ (dekɔ̃ʒɛs'tjɔ̃) *f* Blutmangel *m* (*e-s Körperteils*); Entzündungsbehebung *f*; Blutableitung *f*; **~nement** (~tjɔn'mɑ̃) *m* Auflockerung *f*, Entlastung *f*; **~ner** (~tjɔ'ne) *v/t.* [1a] **1.** ⚕ blutarm machen; Entzündungen beseitigen; **2.** *fig.* freimachen, entlasten, auflockern; *~ la circulation* den Verkehr entlasten; ⚠ *mode m de construction décongestionné* aufgelockerte Bauart *f*.

déconnecter ⚡ (dekɔnɛk'te) *v/t.* [1a] abschalten.

déconner V (~kɔ'ne) *v/i.* [1a] Blödheiten sagen.

déconseill|é (dekɔ̃sɛ'je) *adj.* unerwünscht; **~er** (~) *v/t.* [1a]: *~ qch. à q.* j-m etw. abraten.

déconsidé|ration (dekɔ̃siderɑ'sjɔ̃) *f* Verlust *m* der Achtung *anderer*, Verruf *m*; **~rer** (~'re) [1f] **I** *v/t. ~ q.* j-n um die Achtung anderer bringen; in Verruf (*od.* Mißkredit) bringen; **II** *v/rfl.* se ~ in Verruf kommen.

décontamin|ation ☢ (dekɔ̃taminɑ'sjɔ̃) *f* Entseuchung *f*; Entstrahlung(smaßnahmen *f/pl.*) *f* (*bei Vorhandensein radioaktiver Stoffe*); **~er** ☢ (~'ne) *v/t.* [1a] entseuchen.

décontenan|ce (dekɔ̃t'nɑ:s) *f* Bestürzung *f*, Fassungslosigkeit *f*, Verblüffung *f*; **~cer** (~nɑ̃'se) [1k] **I** *v/t.* aus der Fassung bringen, verblüffen; **II** *v/rfl.* se ~ die Fassung verlieren.

décontracté *physiol.* (dekɔ̃trak'te) *adj.* entspannt.

déconvenue (dekɔ̃'vny) *f* Mißgeschick *n*, Unfall *m*; *fig.* Pech *n*.

décor (de'kɔ:r) *m* **1.** ⚠ Verzierung *f*, Zierat *m*; **2.** *thé.* Dekoration *f*; *cin.*, *thé.* Hintergrund *m*; *~s pl.* Ausstattung *f e-s Stückes*; *peintre m en ~(s)* Dekorationsmaler *m*; **3.** *Autosport*: Umrandung *f* von Rennstrecken mit Strohballen.

décora|teur (dekɔra'tœ:r) **I** *m* Dekorateur *m*; **II** *adj.*: *peintre m ~* Dekorationsmaler *m*; **~tif** (~'tif) *adj.* [7e] dekorativ, verzierend; Dekorations...; *fig.* stattlich; **~tion** (~rɑ'sjɔ̃) *f* **1.** Verzierung *f*, Schmuck *m* (*a. fig.*); Dekoration *f*; *~ d'intérieurs* Innenarchitektur *f*, Raumkunst *f*; *~ d'arbre(s) de Noël* Christbaumschmuck *m*; *~ d'étalage* Schaufensterdekoration *f*; **2.** Ehrenzeichen *n*, Orden(-sverleihung *f*) *m*; **3.** ⊕ Veredeln *n*, Veredelung *f* (*v. Metallen*).

déco|ré (dekɔ're) **I** *adj.* verziert; geschmückt (*de* mit); **II** *su.* Ordensträger *m*; **~rer** (~) [1a] **I** *v/t.* **1.** (ver)zieren, (aus)schmücken; auszeichnen; ~ *q. d'un titre* j-m e-n Titel verleihen; **2.** ein Ordenszeichen *od.* e-e Auszeichnung verleihen *od.* überreichen (*dat.*); **II** *v/rfl.* se ~ sich schmücken (*de* mit *dat.*).

décorner (dekɔr'ne) *v/t.* [1a] **1.** der Hörner berauben; **2.** die Eselsohren in Büchern glätten.

décorti|cation *f*, **~cage** *m* (dekɔrtika'sjɔ̃, ~'ka:ʒ) Abschälen *n*, Abrinden *n*; **~quer** (~'ke) *v/t.* [1m] die Rinde abschälen von (*dat.*), entrinden; **~queur** ⊕ (~'kœ:r) *su.* [7g] Abschälmaschine *f*; ~ *de riz* Reisschälmaschine *f*.

décorum (dekɔ'rɔm) *m* Anstand *m*, Schicklichkeit *f*; Etikette *f*; *garder le* ~ den Anstand wahren, auf die äußere Form bedacht sein.

découcher (deku'ʃe) *v/i.* [1a] auswärts *od.* außer dem Hause schlafen.

découdre (de'ku:drə) [4d] **I** *v/t.* ab-, auf-trennen; *fig. décousu* unzusammenhängend, abgerissen; **II** F *v/i. en* ~ handgreiflich werden, sich raufen; *ils veulent en* ~ sie wollen aneinandergeraten, sie wollen sich raufen; **III** *v/rfl.* se ~ aufgehen, aufreißen (*Naht*); auseinandergehen (*Freundschaft*).

découenner (dekwa'ne) *v/t.* [1a] die (Speck-) Schwarte lostrennen.

décou|lant (deku'lɑ̃) *adj.* [7] überschäumend (*de* von); *terre f ~e de lait et de miel* Land *n*, wo Milch u. Honig fließt; **~lement** (~l'mɑ̃) *m* Abfluß *m*, Abtröpfeln *n*; **~ler** (~'le) *v/i.* [1a] (herab)tröpfeln; *fig.* ~ *de* herkommen von (*dat.*); sich ergeben aus (*dat.*).

décou|page (deku'pa:ʒ) *m* Zer-, Aus-schneiden *n*; Ausstückeln *n*, Ausschlagen *n*; *cuis.* Zerlegen *n*, Vorschneiden *n*; ⊕ Laubsägerei *f*; Schnitz-, Stanz-arbeit *f*; *cin.* Schnitt *m*; Filmtext *m*; **~pé** (~'pe) *adj.* gezackt; **~per** (~) [1a] **I** *v/t.* **1.** aus-, zer-schneiden; *Braten* vorschneiden, zerlegen; kunstvoll ausschneiden; **2.** *Kleid* zuschneiden; *fig. pied m bien découpé* schön geformter Fuß *m*; **3.** ⊕ durch-, ausschlagen; zuschneiden; **4.** ♪ *péj.* abgehackt hervorbringen; **II** *v/rfl.* se ~ sich zerschneiden (lassen); ausgeschnitten werden; sich abheben (*sur* von); **~peur** (~'pœ:r) *su.* [7g] Zuschneider *m*; **~peuse** (~'pø:z) *f* Zuschneidemaschine *f*.

découplage *rad.* (deku'pla:ʒ) *m* Entkopplung *f*.

découplé F (deku'ple) *adj.* stramm, kräftig; *gaillard m bien* ~ stattlicher, strammer Bursche *m*.

découpler (deku'ple) *v/t.* [1a] **1.** *rad.* entkoppeln; **2.** *ch.* Hunde loskoppeln; F *fig.* ~ *des gens après q.* Leute auf j-n loshetzen.

décou|poir ⊕ (deku'pwa:r) *m* Abschneideschere *f*; Ausschlageisen *n*; Lochmaschine *f*; **~pure** (~'py:r) *f* **1.** Aus-, Zu-schneiden *n*; Ausschnitzen *n*; **2.** Ausschnitt *m*, *das* Ausgeschnittene *n*; ~ *de journal* Zeitungsausschnitt *m*; **3.** ⚘ zackiger Rand *m*; **4.** *géol.* Einkerbung *f*.

découra|gé (dekura'ʒe) *adj.* mutlos, verzagt, mißmutig, niedergeschlagen; **~geant** (~'ʒɑ̃) *adj.* [7] entmutigend; **~gement** (~raʒ'mɑ̃) *m* Mutlosigkeit *f*, Verzagtheit *f*, Niedergeschlagenheit *f*.

décourager (dekura'ʒe) [1l] **I** *v/t.* **1.** entmutigen, mutlos machen; **2.** ~ *q. de qch.* j-m die Lust zu etw. (*dat.*) nehmen; **II** *v/rfl.* se ~ sich entmutigen lassen, den Mut sinken lassen (*od.* verlieren).

découronn|ement (dekurɔn'mɑ̃) *m* Entkrönung *f*; ⸗ Kronlosigkeit *f e-s Baumes*; **~er** (~'ne) *v/t.* [1a] **1.** der Krone berauben; **2.** ⸗ ~ *un arbre* die oberen Äste e-s Baumes abschneiden, e-n Baum oben kappen.

décours (de'ku:r) *m* **1.** Abnehmen *n des Mondes*; **2.** ⚕ Nachlassen *n od.* Abflauen *n e-r Krankheit*.

décousu (deku'zy) **I** *p.p.* s. *découdre*; zusammenhanglos; **II** *m* Zusammenhanglosigkeit *f*; Unzusammenhängendes *n*, Zerfahrenheit *f*, Mangel *m* an Einheit; Abgerissenheit *f* (*des Stils*); *le* ~ *de sa vie* die Planlosigkeit s-s Lebens; **~re** (~'zy:r) *f* aufgetrennte Naht *f*.

découvert (deku'vɛ:r) **I** *adj.* [7] **1.** unbedeckt, bloß; *aller tête ~e* ohne Hut gehen; *pays m* ~ waldarme Gegend *f*; *voiture f ~e* offener Wagen *m*; *à visage* ~ mit unverhülltem Gesicht; ohne Schleier;

fig. ohne Maske; *fig. agir à visage* ~ offen handeln; **2.** *ent.* deckenlos (*Insektenflügel*); **3.** ⚔ ungedeckt; **II** *m* ✝ ungedeckte Ausgaben *f/pl.*; Defizit *n*; Fehlbetrag *m*, Verlust *m*, Blankokredit *m*; *il n'y a pas de* ~*s* es ist alles gedeckt; **III** *à* ~ *advt.* blanko, ohne Deckung (*a.* ⚔).

découverte (deku'vɛːrt) *f* Entdeckung *f*, Auffindung *f*; *a.* ⚔ *aller à la* ~ auf Entdeckung ausgehen, auskundschaften.

découvrir (deku'vriːr) [2f] **I** *v/t.* **1.** auf-, ab-decken; ~ *une maison* ein Haus abdecken; **2.** entdecken; ⚓ sichten; enthüllen, offenbaren, verraten; ~ *son jeu* sein Spiel aufdecken; F ~ *le pot aux roses* hinter das Geheimnis kommen, den Braten riechen; **3.** zu Gesicht bekommen, erblicken; **4.** ohne Deckung lassen, dem Feuer aussetzen; **II** *v/i.* **5.** ⚓ *rocher m qui découvre à la basse mer* bei Ebbe hervorragende Klippe *f*; **III** *v/rfl.* se ~ **6.** den Hut (*od. allg.* die Kopfbedeckung) abnehmen; **7.** *fig.* sich zu erkennen geben; *se* ~ *à q.* j-m sein Herz öffnen über (*acc.*); **8.** sich aufklären (*Wetter*); **9.** sichtbar werden; *esc.*, *fig.* sich eine Blöße geben; *fig.* ans Licht kommen.

décrass|er (dekra'se) [1a] **I** *v/t.* säubern, reinigen; abbaden; abschlacken (*Herd*); *fig.* ~ *q.* j-m Grundkenntnisse *od.* Bildung (*od.* Manieren) beibringen, j-n gewitzt machen, j-m aus dem Gröbsten heraushelfen; **II** *v/rfl.* se ~ sich säubern; *fig.* sich Bildung *od.* die nötigen Grundkenntnisse aneignen; feine Manieren annehmen; **~oir** (~'swaːr) *m* Staubkamm *m*.

décréditer ↘ (dekredi'te) [1a] (*häufiger ist discréditer*).

décré|pir (dekre'piːr) [2a] **I** *v/t.* ⚠ den Putz abkratzen; **II** *v/rfl.* se ~ den Putz verlieren; **~pissage** ⚠ (~pi'saːʒ) *m* Abklopfen *n* des Putzes; **~pit** (~'pi) *adj.* [7] gebrechlich, altersschwach; **~pitant** (~pi'tɑ̃) *adj.* [7] knisternd, prasselnd; **~piter** (~pi'te) *v/i.* [1a] knistern, prasseln; **~pitude** (~pi'tyd) *f* Gebrechlichkeit *f*, Altersschwäche *f*; *fig.* völliger Verfall *m*.

décret (de'krɛ) *m* **1.** Verordnung *f*, Verfügung *f*, Erlaß *m*, Beschluß *m*; *rendre un* ~ eine Verordnung erlassen; **2.** *fig. les* ~*s de la Providence* die Ratschlüsse *m/pl.* der Vorsehung.

décréter (dekre'te) *v/t.* [1f] **1.** verordnen, verfügen, befehlen; festsetzen; **2.** ~ *q. de prise de corps* gegen j-n e-n Haftbefehl erlassen.

décret-loi (de'krɛ 'lwa) *m* [6a] Notverordnung *f*.

décri (de'kri) *m* Verruf *m*; *tomber dans le* ~ *public* in öffentlichen Verruf kommen.

décrié (dekri'e) *adj.* verrufen, verschrien, übel beleumdet; *être* ~ in Verruf stehen.

décrier (dekri'e) [1a] **I** *v/t.* in Verruf bringen, verunglimpfen; **II** *v/rfl.* se ~ sich selbst ins Gerede bringen.

décrire (de'kriːr) *v/t.* [4f] **1.** beschreiben, schildern, darstellen; **2.** ⩓ ~ *une courbe* e-e krumme Linie ziehen; ~ *un cercle* e-n Kreis beschreiben *od.* ziehen.

décroch|ement (dekrɔʃ'mɑ̃) *m* Loshaken *n*; **~er** (~'ʃe) [1a] **I** *v/t.* **1.** loshaken; 🚂 loskuppeln; *téléph.* ~ *le téléphone* (*le récepteur*) den Hörer abnehmen; **2.** F *fig.* erlangen, erwerben; F *la permission sera dure à* ~ es wird schwer sein, die Erlaubnis zu bekommen; F ~ *des diplômes* Diplome einheimsen (*od.* ergattern); **3.** *Sport*: ~ *q.* e-n Vorsprung vor j-m gewinnen; **II** *v/i.* ⚔ sich absetzen; *les rebelles ont décroché* die Rebellen haben sich abgesetzt; **III** *v/rfl.* se ~ sich aushaken.

décrochez-moi-ça (dekrɔʃemwa'sa) *m/inv.* **1.** gebrauchter Anzug *m*, gebrauchtes Kleidungsstück *n*; **2.** Laden *m* für gebrauchte Kleidung *od.* Monatsgarderobe.

décrochoir ⊕ (dekrɔ'ʃwaːr) *m* Aushaker *m* (*Werkzeug zum Loshaken*).

décroiser (dekrwa'ze) *v/t.* [1a]: ~ *les jambes* die Beine aus gekreuzter Stellung bringen.

décrois|sance (dekrwa'sɑ̃ːs) *f* Abnehmen *n*, Abnahme *f*; *être en* ~ abnehmen, im Schwinden sein; **~sant** (~'sɑ̃) *adj.* [7] abnehmend; *aller* ~ immer mehr abnehmen; **~sement** (~s'mɑ̃) *m* Abnehmen *n*.

décroît *ast.* (de'krwa) *m* Abnehmen *n des Mondes*; **~re** (~'krwaːtrə) *v/i.* [4w] abnehmen, sich vermindern, fallen, sinken, schwinden.

décrot|tage (dekrɔ'taːʒ) *m* Reinigen *n*, Abputzen *n*; **~ter** (~'te) *v/t.* [1a] (ab)putzen, von Schmutz säubern; ⚠ *Steine* von Mörtel reinigen, *Steine* abklopfen; F *fig.* ~ *q.* j-m den nötigen Schliff beibringen; **~teur** (~'tœ:r) *su.* [7g] Schuhputzer *m*; **~toir** (~'twa:r) *m* Kratzeisen *n vor der Tür*; Fußabtreter *m aus Metall*; **~toire** (~), **~teuse** (~'tø:z) *f* (Schuh-)Bürste *f*; Schmutzbürste *f*.

décrouir ⊕ (dekru'i:r) *v/t.* [2a] ausglühen.

décroûter *men.* (dekru'te) *v/t.* [1a] grob behobeln.

décru|e (de'kry) *f* Abnahme *f a. fig.*, Sinken *n*, Fallen *n des Wassers*; **~(s)er** *text.* (~kry'[z]e) *v/t.* [1a] ablaugen, -kochen; ansieden.

décrypter (dekrip'te) *v/t.* [1a] e-n Telegrammcode entschlüsseln; *fig.* der Vergessenheit entreißen; *vgl. déchiffrer.*

déçu (de'sy) *adj.* enttäuscht.

décubitus ⚕ (dekybi'tys) *m* Horizontallagerung *f*.

décuirasser (dekɥira'se) *v/t.* [1a]: ⚓ ~ *un navire* e-m Schiff die Panzerung abnehmen.

décuire ⚗ (de'kɥi:r) [4c] **I** *v/t.* abkochen; **II** *v/rfl.* se ~ wieder flüssig werden.

déculotter F (dekylɔ'te) [1a] **I** *v/t.*: ~ *q.* j-m (*dat.*) die Hose ausziehen; **II** *v/rfl.* se ~ (sich) die Hose ausziehen.

décupl|e (de'kyplə) *adj.* zehnfach; **~er** (~'ple) *v/t.* [1a] verzehnfachen; *allg.* verstärken.

décuscuteuse ⚒ (dekysky'tø:z) *f* Sortiermaschine *f* zur Trennung von Flachseidensamen u. Saatgut.

décuver (deky've) *v/t.* [1a] Wein ablassen (*od.* abfüllen).

dédai|gnable (dedɛ'ɲablə) *adj.* verachtungswürdig; **~gner** (~'ɲe) [1b] **I** *v/t.* ver-, miß-achten, verschmähen, nicht würdigen; **II** *v/i.* ~ *de* ... (*inf.*) es nicht der Mühe (*od.* für) wert halten zu ..., es unter s-r Würde halten zu ...; **~gneux** (~'ɲø) *adj.* [7d] verächtlich, mißachtend, nicht achtend, hochmütig; geringschätzig, herablassend; *faire le* ~ vornehm tun, angeben.

dédain (de'dɛ̃) *m* Verachtung *f*, Geringschätzung *f*, Mißachtung *f*.

dédale (de'dal) *m a. fig.* Labyrinth *n*; *fig.* Wirrwarr *m*, Gewirr *n*, Durcheinander *n*.

dedans (də'dɑ̃) **I** *adv.* darin, hinein, innen, inwendig, in uns, in unserm Innern; *en* ~, *au*-~ innen; ⚓ *mettre les voiles* ~ die Segel bergen; *sortez de là*-~! kommen Sie von da heraus!; *donner* (*mettre*, F *ficher*, P *foutre*) ~ rein-fallen (-legen); **II** *prp.* *au* ~ *de* innerhalb (*gén.*); *il passa par*-~ *la ville* er zog mitten durch die Stadt; **III** *m* Innere(s) *n*, innerer Raum *m*; *text. die* Innenseite *f*; *fig. das* Innere *n* (*der Seele*); ⚓ ~ *d'une voile* innere Seite *f* e-s Segels.

dédica|ce (dedi'kas) *f* **1.** Widmung *f*, Dedikation *f*; **2.** *rl.* Einweihung *f*, Weihe *f*; **~cer** (~'se) *v/t.* [1k] widmen; **~toire** (~'twa:r) *adj.* Widmungs...

dédier (de'dje) [1a] **I** *v/t.* **1.** widmen; *allg.* überlassen; ~ *un livre à q.* j-m ein Buch widmen *od.* zueignen; **2.** *rl.* (ein)weihen; **II** *v/rfl.* se ~ *à qch.* sich e-r Sache widmen.

dédire (de'di:r) [4m] **I** *v/t.* ~ *q.* j-m (*dat.*) widersprechen, j-s Behauptung in Abrede stellen; ~ *q. de* j-n Lügen strafen wegen (*gén.*); **II** *v/rfl.* se ~ *de qch.* s-e Worte verleugnen, etw. widerrufen; von etw. zurücktreten, ein Versprechen zurückziehen.

dédit (de'di) *m* Widerruf *m*, Zurücknahme *f*; Abstandszahlung *f*.

dédomma|gement (dedɔmaʒ'mɑ̃) *m* Entschädigung *f*, Entgelt *n*, Schadensersatz *m*, Schadloshaltung *f*, Vergütung *f*; **~ger** (~'ʒe) [1l] **I** *v/t.*: ~ *q. de qch.* j-n für etw. (*acc.*) entschädigen; **II** *v/rfl.* se ~ *de qch.* sich an etw. (*dat.*) schadlos halten.

dédorer (dedɔ're) *v/t.* [1a] die Vergoldung entfernen.

dédouan|age, ~ement (dedwa'na:ʒ, ~dwan'mɑ̃) *m* Zollabfertigung *f*, Verzollung *f*; **~er** (~'ne) [1a] **I** *v/t.* (zollamtlich) abfertigen, verzollen; F *pol.* *j-n* rehabilitieren; **II** *v/rfl.* F se ~ sich reinwaschen.

dédoubl|age ⚗ (dedu'bla:ʒ) *m* Verdünnung *f* v. Alkohol; **~ement** (~blə'mɑ̃) *m* Verdoppelung *f*, Trennung *f* in zwei Teile; *a.* ⚗, *psych.* Spaltung *f*; *allg.* zweifache Betrachtungsart *f* (*ein u. derselben Frage*); 🚂, *Auto* ~ *de la voie* Anlage *f* e-s (e-r) zweiten Gleises (Fahrbahn).

dédoubler (dedu'ble) *v/t.* [1a] **1.** verdoppeln; 🚂, *Auto* ~ *la voie* ein zweites Gleis (e-e zweite Fahrbahn) anlegen; ~ *un train* e-n zweiten Zug *wegen zu starken Andranges v. Reisenden* einsetzen; **2.** ~ *un habit* das Futter e-s Anzugs heraustrennen; **3.** in zwei (Teile) teilen; halbieren; *écol.* ~ *les classes* die Klassen teilen; ~ *un régiment* aus e-m Regiment zwei (Regimenter) machen; **4.** ⚔ ~ *les rangs* aus zwei Gliedern eins machen; **5.** ⚗ zerlegen, trennen, abspalten; **6.** *Sport*: überrunden.

déduc|tif (dedyk'tif) *adj.* [7e] *phil.* deduktiv; **~tion** (~dyk'sjɔ̃) *f* **1.** Abzug *m*; ~ *faite des frais* nach Abzug der Kosten; **2.** *phil.* Deduktion *f*, Rückschluß *m*, Ableitung *f*; **3.** Rechtsbeweis *m*.

dédui|re (de'dɥi:r) *v/t.* [4c] **1.** abziehen, abrechnen; *frais m/pl. déduits* nach Abzug der Kosten; *il faut en* ~ man muß nicht alles glauben; **2.** ausführlich darlegen, aufzählen; **3.** *phil. u.* ⚖ folgern; *on peut en* ~ *que ...* man kann daraus folgern (*od.* schließen), daß ...; **~sible** (~dɥi'ziblə) *adj.* abzugsfähig.

déesse (de'ɛs) *f* Göttin *f*.

défâcher F (defɑ'ʃe) [1a]: *v/rfl.* **se** ~ nicht mehr böse sein.

défail|lance (defa'jɑ̃:s) *f* **1.** Ohnmacht *f*; (Körper-)Schwäche *f*; plötzliches Versagen *n*; ~ *de mémoire* Versagen *n* des Gedächtnisses, Vergeßlichkeit *f*; *il a ses* ~*s* er hat s-e schwachen Seiten (*od.* s-e Schwächen); *avoir une* ~ *fig.* (plötzlich) versagen; ~ *d'une race* Aussterben *n* e-s Geschlechts; ⊕ *fonctionner sans* ~ einwandfrei arbeiten (*Maschine*); **2.** ⚖ Nichterfüllen *n* e-r Vertragsbedingung; **~lant** (~'jɑ̃) *adj.* [7] **1.** erlöschend; *ligne f* ~*e* aussterbende Linie *f*; **2.** ohnmächtig, (alters)schwach; *voix f* ~*e* halb erstickte Stimme *f*; **3.** ⚖ nicht erscheinend(e Partei *f*); **~lir** (~'ji:r) *v/i.* [2c] (*dieses Verb wird heute nur noch in affektierter Sprache nach* [2n] *konjugiert*) **1.** in Ohnmacht fallen; *je me sens* ~ mir wird übel (*od.* schwindlig); **2.** zugrundegehen, straucheln, verkommen; **3.** fehlen; *sans* ~ unentwegt; **4.** ⚖ nicht erscheinen.

défaire (de'fɛ:r) [4n] **I** *v/t.* **1.** ab-, los-, auf-machen, auseinandernehmen, auflösen; auspacken; ~ *une couture* e-e Naht (wieder) auftrennen; ~ *sa malle* s-n Koffer auspacken; *fig.* ~ *un marché* ein Geschäft rückgängig machen; ~ *un nœud* e-n Knoten lösen; (*od.* aufmachen F); ~ *les vis* losschrauben; **2.** vernichten, zerstören; schwächen; *fig.* mitnehmen; ~ *l'ennemi* den Feind in die Flucht schlagen; ~ *la santé de q.* j-s Gesundheit angreifen; *la maladie l'a défait* die Krankheit hat ihn mitgenommen (*od.* geschwächt); **3.** ~ *q. de qch.* (*de q.*) j-n von etw. (von j-m) befreien; ~ *q. d'une habitude* j-m etw. abgewöhnen; **II** *v/rfl.* **se** ~ a) *abs.* **4.** aufgehen, sich auflösen; *le nœud s'est défait* der Knoten ist aufgegangen; b) *mit de*: **5.** *se* ~ *de qch.* etw. ablegen, sich etw. abgewöhnen; sich von e-r Sache trennen; veräußern; *se* ~ *de qch. à bas prix* etw. billig losschlagen (*od.* abstoßen); *il veut se* ~ *de sa maison* er will sein Haus loswerden *od.* verkaufen; *je ne puis me* ~ *de cette pensée* ich kann diesen Gedanken nicht loswerden; *se* ~ *d'une charge* ein Amt niederlegen *od.* aufgeben; *se* ~ *de q.* sich j-n vom Halse schaffen.

défait (de'fɛ) **I** *p.p. v. défaire*; **II** *adj.* abgezehrt, mitgenommen, angegriffen; *il a une mine* ~*e* er sieht ganz mitgenommen aus.

défai|te (de'fɛt) *f* **1.** Niederlage *f*, Schlappe *f*; *essuyer* (*od. subir*) *une* ~ e-e Niederlage erleiden; ~ *électorale* Wahlniederlage *f*; **2.** faule Ausrede *f*; **~tisme** *pol.* (~'tism) *m* Miesmacherei *f*, Defätismus *m*; **~tiste** (~'tist) *m u. adj.* Miesmacher *m*, Defätist *m*; defätistisch.

défal|cation ✝ (defalkɑ'sjɔ̃) *f* Abzug *m*; **~quer** ✝ (~'ke) *v/t.* [1m] abrechnen, abziehen (*de od. sur* von *dat.*).

défarder (defar'de) *v/t. u. v/rfl.* **se** [~ (sich) abschminken.]

défaufiler (defofi'le) *v/t.* [1a] die Heftfäden ausziehen.

défausser (defo'se) [1a] **I** *v/t.* (wieder) geradebiegen; **II** *v/rfl.* **se** ~ *Kartenspiel*: Fehlkarten abwerfen.

défaut (de'fo) *m* **1.** Mangel *m*, Fehlen *n* (*de* an *dat.*); *à* ~ *de* in Ermangelung (*gén.*), anstelle (*gén.*); *le travail fait* ~ es fehlt an Arbeit; *les vivres m/pl. commencent à faire* ~ die Lebensmittel *n/pl.* fangen an knapp zu werden; **2.** *anat.* ~ *des côtes* Weichen *f/pl.*; **3.** körperlicher *od.* moralischer Fehler *m*, Gebrechen *n*, Unvollkommenheit *f*, Untugend *f*; Mangel *m*, Mißstand *m*; materieller Fehler *m*, Defekt *m*; ~ *visuel* Augenfehler *m*; ~ *de la parole* Sprachfehler *m*; *faire* ~ *à ses engagements* s-n Verpflichtungen nicht nachkommen; *faire* ~ *à q.* j-n im Stich lassen; ⊕ *faire* ~ versagen; *avoir des* ~*s* defekt sein, fehlerhafte Stellen haben; ⚖ ~ *de forme* Formfehler *m*; *fig.* ~ *de la cuirasse* schwache Seite *f*, wunde Stelle *f*, wunder Punkt *m*, Achillesferse *f*; *sans* ~ fehler-los, -frei, einwandfrei, ohne Fehl; **4.** *être en* ~ fehlgehen, die Spur verloren haben; auf dem Holzwege sein; die Schuld haben; *mettre qch. en* ~ etw. vereiteln; **5.** ⚖ unentschuldigtes Nichterscheinen vor Gericht; *faire* ~ nicht erscheinen; *jugement m par* ~ Versäumnisurteil *n*.

défaveur (defaˈvœ:r) *f* **1.** Ungunst *f*, Ungnade *f*; *tomber en* ~ in Ungnade fallen; **2.** ☨ Mißkredit *m*; *les effets m/pl. sont en* ~ die Wertpapiere *n/pl.* fallen.

défavorable (defavɔˈrablə) *adj.* □ **1.** ungünstig, nachteilig; ~ *à* abgeneigt (*dat.*); **2.** ☨ gedrückt.

défavorisé (defavɔriˈze) *p.p.* benachteiligt, im Nachteil; être ~ zu kurz kommen, im Nachteil sein.

défécation (defekaˈsjɔ̃) *f* **1.** ⚗ Klärung *f*; ~ *des eaux d'égout* Abwasserklärung *f*; **2.** ⚕ Stuhl *m*.

défec|tibilité (defɛktibiliˈte) *f* Unvollkommenheit *f*; *la* ~ *de la nature humaine* die Unvollkommenheit des Menschen; **~tible** (~ˈtiblə) *adj.* □ unvollkommen, unvollständig, mangelhaft; **~tif** (~ˈtif) *adj.* [7e] *bsd. gr.* defektiv, mangelhaft; unvollständig; **~tion** (defɛkˈsjɔ̃) *f* Abfall *m*, ⚔ Übergehen *n zum Feinde* (*a. pol.*); Ausbleiben *n*, Wegfall *m*; *Sport*: Absage *f*; *faire* ~ von e-r Partei abfallen, abspringen; ⚔ abtrünnig werden; *fig.* zu e-r Verabredung nicht erscheinen; **~tivité** *gr.* (~tiviˈte) *f* Unvollständigkeit *f e-s Wortes*; **~tueux** (~ˈtɥø) *adj.* [7d] □ mangelhaft, defekt, entzwei, unvollständig; schadhaft; unfachgemäß; beanstandet; **~tuosité** (~tɥoziˈte) *f* Mangel(haftigkeit *f*) *m*; Unvollkommenheit *f*; Lückenhaftigkeit *f*; ⊕ Schaden *m*; Fehler *m*, Gebrechen *n*; *remédier aux* ~*s* Mängel beheben.

défen|dable (defɑ̃ˈdablə) *adj.* **1.** *a.* ⚖ haltbar, vertretbar, zu rechtfertigen; **2.** ⚔ haltbar, zu verteidigen, zu behaupten; **~dant** (~ˈdɑ̃) *advt.*: *à mon corps* ~: a) aus Notwehr; b) *fig.* mit Widerwillen, ungern; **~deur** ⚖ (~ˈdœ:r) *su.* [7h] Be-, Ver-klagter *m*.

défendre (deˈfɑ̃:drə) [4a] **I** *v/t.* **1.** verteidigen; ~ *sa peau* sich s-r Haut wehren; ums nackte Leben kämpfen **2.** (be)schützen, schirmen, bewahren; **3.** untersagen, verbieten; ~ *le vin à un malade* e-m Kranken das Trinken von Wein verbieten; *je lui défends de faire telle chose, je lui défends qu'il fasse telle chose* ich verbiete ihm, so etwas zu machen; ~ *sa porte à q.* j-m das Haus verbieten; **4.** *abs.* ⚖ Verteidiger sein; **II** *v/rfl.* se ~ **5.** sich verteidigen, sich wehren; *cela se défend* das läßt sich hören; **6.** se ~ *qch.* sich etw. versagen; **7.** se ~ *de*: a) sich schützen vor (*dat.*), sich erwehren (*gén.*), nicht umhinkönnen; *je ne puis me* ~ *de faire cela* ich kann nicht umhin, dies zu tun; ich muß dies unbedingt machen; *je ne pouvais me* ~ *de pleurer* ich konnte mich der Tränen nicht enthalten; b) ablehnen, leugnen, sich verbitten, sich verwahren gegen (*acc.*); **8.** F *se* ~ sich halten (*im* Alter); **9.** P sich durchschlagen. [~ Schonung *f*.]

défen(d)s (deˈfɑ̃) *m for.*: *bois m en*

défenestration *hist.* (defənɛstraˈsjɔ̃) *f* Fenstersturz *m*.

défense (deˈfɑ̃:s) *f* **1.** Verteidigung *f*, Gegenwehr *f*, Abwehr *f*, Schutz *m*; *légitime* ~ Notwehr *f*; ~ *nationale*, ~ *du pays* Landesverteidigung *f*; *propre* ~, ~ *personnelle* Selbstverteidigung *f*; *être en état de* ~ im Verteidigungszustande sein; *se mettre en* ~ sich zur Wehr setzen, sich wehren; ~*s pl.*: *ch.* Fangzähne *m/pl.*, Hauer *m/pl.*; Stoßzähne *m/pl.*; eiserne Spitzen *f/pl. an e-m Drahtgitter*; ⚔ *frt.* Verteidigungswerke *n/pl.*; ⚔ ~ *antiaérienne*, *od.* ~ *contre avions* Luftschutz *m*, Flugabwehr, Flak *f*; ⚔ ~ *sous-marine* Mine *f*; ~ *côtière* Küstenschutz *m*; ⊕ ~ *automatique* Schutzvorrichtung *f*; **2.** Verbot *n*; ~ *d'afficher* Zettelankleben verboten!; ~ *de fumer* Rauchen verboten!; ~ *de déposer des ordures* Schuttabladen verboten!; *il est fait ~ expresse* es ist ausdrücklich verboten; **3.** ⚖ Verteidigung *f*; Verteidigungs-mittel *n*, -rede *f*; Gegenschrift *f*; *~s pl.* Verteidigungsschrift *f*.

défen|seur (defɑ̃'sœ:r) *m* Verteidiger *m*, Beschützer *m*; Verfechter *m*; ⚖ ~ *en justice* Rechtsbeistand *m*; **~sif** (~'sif) *adj.* [7e] □ zur Verteidigung dienend; *armes f/pl. défensives* Verteidigungswaffen *f/pl.*; *système m ~* Verteidigungssystem *n*; **~sive** (~'si:v) *f* Defensive *f*; *être* (*od. se tenir*) *sur la ~* in der Defensive bleiben.

déféquer ⚗ (defe'ke) *v/t* [1f, 1m] klären, reinigen.

défé|rence (defe'rɑ̃:s) *f* achtungsvolle Ehrerbietung *f*, Rücksicht *f*, Willfährigkeit *f*; *faire acte de ~ envers q.* j-m gegenüber nachgeben; **~rent** (~'rɑ̃) *adj.* [7] **1.** nachgiebig, willfährig; **2.** ⊕ abführend; *canal m ~* Abzugskanal *m*; **~rer** (defe're) [1f] **I** *v/t.* **1.** ~ *qch. à q.* j-m etw. übertragen *od.* zuerkennen; ~ *des honneurs à q.* j-m Ehrungen erweisen (*od.* zuteil werden lassen); ⚖ ~ *le serment à q.* j-m den Eid zuerkennen; **2.** ⚖ ~ *q. en* (*od. à la*) *justice* j-n bei der Behörde anzeigen, j-n gerichtlich belangen; ~ *une cause à une cour* e-e Rechtssache vor Gericht bringen; **II** *v/i.* nachgeben, (aus Achtung) zustimmen; sich fügen (*dat.*); *je défère à son jugement* ich unterwerfe mich (*od.* füge mich) s-m Urteile, ich pflichte s-m Urteile bei; ~ *au désir de q.* dem Wunsche j-s nachkommen *od.* entsprechen; ~ *à un ordre* e-m Befehl nachkommen.

déferl|age, ~ement ⚓ (defɛr'la:ʒ, ~lə'mɑ̃) *m* Setzen *n* (*Segel*); Brandung *f* (*See*); Überflutungskatastrophe *f*; *fig.* ~ *des passions* Entfesselung *f* der Leidenschaften; *fig. ~ement verbal* Wortschwall *m*; **~er** (~'le) [1a] **I** *v/t.* ~ *les voiles* die Segel setzen; **II** *v/i.* branden, auf-, an-schlagen an (*dat.*); *fig.* hageln, niederprasseln; sich ergießen.

défer|rage, ~rement (defɛ'ra:ʒ, ~r'mɑ̃) *m* Abnehmen *n* des Hufeisens; **~rer** (~'re) [1b] *v/t.* den Eisenbeschlag (die Ketten) abnehmen von (*dat.*); ~ *un cheval* e-m Pferde die (Huf-)Eisen abreißen; ~ *une caisse* (*une roue*) den Eisenbeschlag von e-r Kiste (von e-m Rad) abnehmen.

défervescence (defɛrvɛ'sɑ̃:s) *f* **1.** ⚗ Nichtaufwallen *n*; **2.** ⚕ plötzliches Absinken *n* des Fiebers.

défet *typ.* (de'fɛ) *m* Defekt *m*.

défeuill|aison ♀ (defœjɛ'zɔ̃) *f* Abfallen *n* der Blätter; **~er** (~'je) [1a] **I** *v/t.* entblättern, die Blätter abrupfen; **II** *v/rfl. se ~* die Blätter (das Laub) verlieren, kahl werden.

défi (de'fi) *m* Herausforderung *f*; *d'un air de ~* mit herausfordernder Miene; *accepter un ~* e-e Herausforderung annehmen; *lancer* (*od. porter*) *~ à q.* j-n herausfordern; *mettre q. au ~ de ...* j-m etw. nicht zutrauen, an j-s Vorhaben zweifeln; wetten, daß j. nicht ...

défiance (de'fjɑ̃:s) *f* Mißtrauen *n* (de in *acc.*), Argwohn *m*; *concevoir de la ~* Argwohn schöpfen; *~ de soi-même* Mangel *m* an Selbstvertrauen; *pol. vote m de ~* Mißtrauens-antrag *m*, -votum *n*.

défibr|age (defi'bra:ʒ) *m* Entfaserung *f* (*z.B. v. Zuckerrohr*); **~er** (~'bre) *v/t.* [1a] entfasern; **~eur** ⊕ *m*, **~euse** ⊕ *f* (~'brœ:r, ~'brø:z) Entfaserungsmaschine *f*.

défi|cience ⚕ (defi'sjɑ̃:s) *f* Insuffizienz *f*, Schwäche *f*; **~cient** (~'sjɑ̃) *adj.* [7] ungenügend entwickelt, schwächlich.

déficit (defi'sit) *m* Defizit *n*, Fehlbetrag *m*; *combler un ~* e-n Fehlbetrag decken; ⚕ ~ *en calcium* Kalkmangel *m*; *fin. ~ des recouvrements fiscaux* Steuerausfall *m*; **~aire** (~'tɛ:r) *adj.* e-n Fehlbetrag aufweisend.

défier (de'fje) [1a] **I** *v/t.* **1.** herausfordern (*à* zu); ~ *l'opinion publique* die öffentliche Meinung herausfordern; ~ *la comparaison* dem Vergleich standhalten, unvergleichlich sein; **2.** *je vous défie de le faire*: a) ich wette, daß Sie es nicht können; b) ich würde Ihnen nicht raten, es zu tun; *je vous en défie* das lassen Sie lieber bleiben; **3.** ~ *qch.* e-r Sache Trotz bieten (*od.* trotzen); ~ *q.* es mit j-m aufnehmen, j-m die Stirn bieten, j-m entgegentreten; **II** *v/rfl. se ~* **4.** mißtrauen (*dat.*); sich hüten vor (*dat.*); *se ~ de tout le monde* niemandem trauen; *se ~*

de soi-même kein Selbstvertrauen haben; **5.** sich gegenseitig herausfordern.

défigur|ation (defigyra'sjõ) *f* Entstellung *f*, Verunstaltung *f*; **~er** (defigy're) [1a] *v/t.* entstellen; verunstalten; *fig.* ~ *la vérité* die Wahrheit entstellen; *qui défigure le sens* sinnentstellend.

défi|lade (defi'lad) *f* ⚔ Vorbeimarsch *m*; ⚓ Vorbeisegeln *n*; **~lé** (~'le) *m* **1.** Engpaß *m*, Gebirgspaß *m*; **2.** Parademarsch *m*, Defilieren *n*; ~ *aérien* Luftparade *f*; **3.** lange Reihe *f von Personen od. Wagen*; Umzug *m*; **4.** *Papierfabrikation*: Lumpenbrei *m*, Halb-zeug *n*, -stoff *m*; **~lement** (~l'mã) *m* ⚔ Gedecktsein *n*, Sicherstellung *f*.

défiler¹ (defi'le) [1a] **I** *v/i.* ⚔ ~ *(en parade* im Parademarsch) vorbeimarschieren, defilieren; ⚓ (nacheinander) vorbeisegeln; **II** *v/t.* ⚔ gegen Sicht decken; *position f défilée* gedeckte Stellung *f*; **III** *v/rfl.* se ~ entfliehen; sich heimlich davonschleichen, sich drücken F, sich dünne machen F, auskneifen; ⚔ in Deckung gehen.

défiler² (~) [1a] **I** *v/t.* ~ *qch.* abfädeln; ⊕ *altes Wollzeug* zerreißen; ~ *son chapelet* den Rosenkranz herunterbeten; *fig.* alles wie am Schnürchen wissen, etw. herleiern; **II** *v/rfl.* *se* ~ auseinanderfallen, -gehen, -reißen (*Kollier*); *le chapelet se défile fig.* das einigende Band löst sich auf.

défi|ni (defi'ni) **I** *adj.* **1.** bestimmt, entschieden; **2.** *gr. article m* ~ bestimmter Artikel *m*; ✎ *passé* ~ (*seit 1910 aber wird diese Zeitstufe passé simple genannt!*) bestimmte Vergangenheit *f* (*z.B. je parlai, tu parlas, il parla usw.*); **II** *m phil. das* Bestimmte *n*; **~nir** (~'ni:r) [2a] **I** *v/t.* **1.** definieren, näher bestimmen; erklären; ~ *un mot* ein Wort näher bestimmen; **2.** schildern, genau beschreiben; **II** *v/rfl.* *se* ~ bestimmt werden; *cela se définit de soi-même* das erklärt sich von selbst; **~nissable** (~ni'sablə) *adj.* definierbar, bestimmbar; **~nitif** (~ni'tif) *adj.* [7e] □ definitiv, entscheidend, endgültig; *en définitive* zu guter Letzt, schließlich, alles in allem genommen; *jugement m* ~ Endurteil *n*; **~nition** (~ni'sjõ) *f* Definition *f*, Begriffsbestimmung *f*, Erklärung *f*; *télév.* Zeilenzahl *f*.

déflagr|ateur *phys.* (deflagra'tœ:r) *m* elektrischer Zünder *m*, Deflagrator *m*; **~ation** ⚗ (~gra'sjõ) *f* Aufflackern *n*, Verpuffen *n*; (schnelle) explosionsartige Verbrennung *f*, Abbrennen *n* (*v. Sprengstoff*), Deflagration *f*; *fig.* Ausbruch *m*.

déflation (defla'sjõ) *f* **1.** *fin.* Deflation *f*, Verminderung *f* des Zahlungsmittelumlaufs, Aufwertung *f*; **2.** *géol.* Abtragung *f durch Wind*, Deflation *f*.

défléchir (defle'ʃi:r) [2a] **I** *v/t. phys.* ablenken; *tige f défléchie* niedergebogener Stengel *m*; **II** *v/i.* von der Richtung abkommen *od.* abweichen; *phys.* abgelenkt werden (*Lichtstrahlen*); *gr.* ablauten.

déflecteur ⊕ (deflɛk'tœ:r) *m* Schornsteinaufsatz *m*, Rauchkappe *f*; Führungs-, Leit-blech *n*; Ablenkplatte *f*; *Auto*: Drehfenster *n*.

déflexion (deflɛk'sjõ) *f phys.* Ablenkung *f* der Lichtstrahlen, der Magnetnadel; *gr.* Ablaut *m*.

déflo|raison ⚘ (deflɔrɛ'zõ) *f* Ab-, Ver-blühen *n*; **~ration** *physiol.* (~ra'sjõ) *f* Entjungferung *f*, Schändung *f*; **~rer** (~'re) *v/t.* [1a] e-e Jungfrau schänden, entehren; *fig.* ~ *une matière* e-m Gegenstande den Reiz der Neuheit nehmen; ⚘ *défloré* abgeblüht; *être défloré fig.* den Reiz der Neuheit verlieren (*bzw.* verloren haben).

défoliation ⚘ (defɔlja'sjõ) *f* Abfallen *n* der Blätter, (frühzeitiger) Laubfall *m*.

défon|çage *m*, **~cement** *m* (defõ'sa:ʒ, ~s'mã) **1.** ⚒ Abteufen *n*; stark fallende Strecke *f*; **2.** ⊕ *Böttcherei*: Einschlagen *n des Faßbodens*; **3.** ↗ tiefes Umgraben *n*, Rigolen *n*; **~cer** (~'se) *v/t.* [1k] **1.** ~ *un tonneau* e-m Fasse den Boden einschlagen; **2.** unbefahrbar machen, völlig ausfahren; *chemin m défoncé* tief ausgefahrener (*od.* grundloser) Weg *m*; **3.** ↗ ~ *le terrain* das Land tief umgraben, rigolen; **4.** ⚔ ~ *une colonne* e-e Kolonne durchbrechen; **~ceuse** ⊕ (~'sø:z) *f* Aufreißer *m*, Rigolpflug *m*.

défor|mation *bsd. anat.*, ⚘ (defɔrma'sjõ) *f* Formveränderung *f*; Mißbildung *f*; Verunstaltung *f*, Entstellung *f*; ~ *de la route* Unebenheit *f* der Straße; ⊕ ~ *des métaux à froid* Kaltverformung *f*;

cin. ~s *apportées au scénario* endgültige Formen *f/pl.* der Filmszene; ~ *professionnelle* berufsbedingte, falsche Beurteilung *f*, berufliche Einseitigkeit *f*; *fig.* Berufskrankheit *f*; **~mer** (~'me) [1a] **I** *v/t.* aus der Form bringen, verunstalten; verbilden; *Schuhe* schief treten; ⊕ aus der Form nehmen; 🚂 ausrangieren; **II** *v/rfl.* se ~ s-e Gestalt verlieren; sich verbiegen; *Schuhe*: sich austreten; *déformé* verwachsen, mißgestaltet, entstellt; verbogen, schief.

défortifier ⚔ (defɔrti'fje) *v/t.* [1a]: ~ *une place* e-e Festung schleifen.

défourner (defur'ne) *v/t.* [1a] aus dem (Back-)Ofen (heraus-)nehmen.

défraîchir (defrɛ'ʃi:r) [2a] **I** *v/t.* ~ *qch.* e-r Sache den Glanz nehmen; *défraîchi* nicht mehr frisch; nicht mehr neu; abgetragen; verblaßt (*Farbe*); **II** *v/rfl.* se ~ s-n Glanz verlieren, sich abtragen; verbleichen.

défranciser (defrɑ̃si'ze) *v/t.* [1a] entfranzösieren.

défrayer (defrɛ'je) *v/t.* [1i] **1.** ~ *q.* j-n freihalten, j-s Unterhalt bestreiten; *être défrayé de tout* alles frei haben, freie Station haben; **2.** F *fig.* ~ *la société de bons mots* die Gesellschaft mit Witzen (*od.* Späßen) unterhalten (*od.* belustigen); ~ *la conversation* das Wort allein führen; den Gegenstand der Unterhaltung bilden; ~ *les journaux* durch die Zeitungen gehen (*von e-m Thema, e-r Frage*).

défrettage ⊕ (defrɛ'ta:ʒ) *m* Zerbrechen *n* des Schutzringes.

défri|chage (defri'ʃa:ʒ) *m* Urbarmachen *n*; **~chement** (~ʃ'mɑ̃) *m* **1.** = *défrichage*; **2.** urbar gemachtes Land *n*; **~cher** (~'ʃe) *v/t.* [1a] (*a. abs.*) **1.** ✓ urbar machen, umbrechen, anbauen; ~ *un terrain vierge* Neuland erschließen; **2.** *fig.* klären, verständlich *od.* zugänglich machen.

défrimousser F (defrimu'se) *v/t.* [1a] anglotzen.

défringuer P (defrɛ̃'ge) [1m]: **se ~** sich auspellen.

défriser (defri'ze) [1a] *v/t.* **1.** ~ *q.* j-m die Frisur verderben; ~ *les cheveux* die Haare zerzausen; **2.** F *fig.* j-n enttäuschen; j-m e-n Strich durch die Rechnung machen.

défron|cement (defrɔ̃s'mɑ̃) *m* Glättung *f der Stirnfalten*; F *fig.* Heiterwerden *n*; **~cer** (~'se) *v/t.* [1k] **1.** e-n Stoff glatt streichen; **2.** ~ *les sourcils* die Stirn glätten; *fig.* wieder ein heiteres Aussehen annehmen.

défro|que (de'frɔk) *f* **1.** Plunder *m*, Kram *m* (*als Nachlaß*); **2.** abgelegte (*od.* alte) Kleidungsstücke *n/pl.*; **~qué** (~'ke) *m* ehemaliger Mönch *m od.* Priester *m*; **~quer** (~) [1a] **I** *v/t.* j-n zum Austritt aus dem Kloster bewegen; **II** *v/rfl.* se ~ das Ordenskleid ablegen.

défruiter (defrɥi'te) *v/t.* [1a] **1.** die Früchte abpflücken; **2.** den Fruchtgeschmack nehmen.

défrusquer P (defrys'ke) *v/t. u. v/rfl.* [1a]: (se) ~ (sich) ausziehen, (sich) auspellen P.

défunt (de'fœ̃) [7] **I** *adj.* verstorben; **II** *su.* Verstorbener *m*; Erblasser *m*.

dégagé (dega'ʒe) *adj.* frei, los; *fig.* ungezwungen, unbefangen; munter, flott (*Schritt, Gang*); schlank; ⚠ *le caractère* ~ *d'une maison* der großzügige Charakter e-s Hauses.

dégagement (degaʒ'mɑ̃) *m* **1.** Aus-, Ein-lösung *f e-s Pfandes*; Erfüllung *f e-s Versprechens*; Entlastung *f* (*v. e-r Verantwortung*); **2.** *fig.* Ungezwungenheit *f*, Unbefangenheit *f*, Zwanglosigkeit *f*; **3.** *esc.* Losmachen *n* der Klinge *von der des Gegners*; **4.** ⚗ Freiwerden *n von Gasen*; ⊕ *tube m de* ~ Ableitrohr *n*; *mach.* ~ *de vapeur* Entweichen *n* des Dampfes; **5.** ✎ Bringen *n* der unbekannten Größe auf eine Seite der Gleichung; **6.** *a.* ⚕ Erleichterung *f*; **7.** ⚠ Nebenausgang *m*; *escalier m de* ~ Hintertreppe *f*, Notausgang *m*; **8.** ✈ ~s *m/pl.* Nebenrollbahnen *f/pl.*, Ausweichmöglichkeiten *f/pl.*

dégager (dega'ʒe) [1l] **I** *v/t.* **1.** auslösen, einlösen; frei-, los-machen, befreien, *a.* ⚔ Luft schaffen; *Sport*: s-e Spielhälfte befreien; *fig.* die Lehre ziehen; ~ *ses terres* s-e Güter von Hypotheken freimachen; ~ *sa promesse* sein Versprechen einlösen; ~ *sa parole* sein Wort zurücknehmen; ~ *q. de sa parole* j-n s-s Wortes entbinden; ~ *q. de la responsabilité* j-n von der Verantwortung befreien; ~ *q. du secret professionnel* j-n vom Berufsgeheimnis entbinden; ~ *une place* e-e Festung entsetzen; ~ *les sorties des grandes villes* die Ausfallstraßen der großen Städte entlasten; ~ *la voie* *publique* die (versperrte) Straße freimachen; ~ *q. de dessous sa voiture* j-n unter s-m Wagen hervorziehen; *Auto*: ~ *l'accouplement* auskuppeln; ~ *son esprit de toute préoccupation* sich innerlich von allen Sorgen freimachen; *physiol.* ~ *la poitrine* die Brust erleichtern; *physiol.* ~ *la tête* den Kopf freimachen; *dégagé de tout souci* frei von allen Sorgen; *fig. d'un air dégagé* voller Unbefangenheit; ungezwungen; *avoir des airs dégagés* sich ungezwungen geben; **2.** Ungezwungenheit vermitteln, j-n innerlich auflockern *od.* frei machen; **3.** hervorheben; **4.** *esc.* ~ *(le fer)* die Klinge *von der des Gegners* losbinden; **5.** ⚗ freimachen, ausströmen lassen, ausscheiden; ~ *une odeur* e-n Geruch von sich geben; **6.** ⅍ ~ *l'inconnue* die unbekannte Größe allein auf eine Seite der Gleichung bringen; **7.** ~ *un appartement* in e-r Wohnung e-n Nebenausgang schaffen; *chambre f dégagée* Zimmer *n* mit e-r Nebentür; *escalier m dégagé* Hintertreppe *f*; **8.** ⚔ ~ *le cylindre* die Kammer (*aus dem Gewehr*) herausnehmen; ~ *la sûreté* entsichern; **9.** ⚓ ~ *le cordage* das Tauwerk klarmachen; **10.** *fig.* ~ *des conclusions de* Schlüsse ziehen aus (*dat.*); *fig.* ~ *l'essentiel* das Hauptsächliche aufzeigen (*od.* darlegen); *fig.* ~ *des notions précises* genaue Vorstellungen über etw. herausarbeiten (*od.* entwickeln); *fig.* ~ *le char(iot) embourbé* die Karre aus dem Dreck ziehen; **II** *v/rfl.* **11.** *se* ~ *de* sich befreien *od.* losmachen von; sich herausarbeiten aus; *fig.* sich ergeben aus; **12.** *se* ~ ⚗ sich entwickeln, frei werden, entweichen; ⚔ sich heraushauen; sich aufklären (*Himmel*); *le terrain se dégage* das Gelände ist offen.

dégai|ne F (de'gɛn) *f* lächerliche Haltung *f*, komisches Benehmen *n*; *il a une drôle de* ~ er sieht lächerlich aus; **~ner** (~gɛ'ne) [1b] **I** *v/t.* aus der Scheide ziehen; **II** *v/i.* nach dem Schwert (*od.* Dolch) greifen; **~neur** (~'nœ:r) *m* Raufbold *m*.

déganter (degɑ̃'te) [1a] **I** *v/t.* ~ *la main* den Handschuh ausziehen; **II** *v/rfl. se* ~ sich die Handschuhe ausziehen.

dégar|ni (degar'ni) *adj.* ausgeräumt, leer; *Baum, Kopf*: kahl; **~nir** (~'ni:r) [2a] **I** *v/t.* **1.** ab-, wegnehmen; ausräumen; den Besatz *e-s Kleides usw.* abnehmen, vom Schmuck entblößen; den Bettbezug abnehmen; ~ *un appartement* e-e Wohnung ausräumen; ~ *un arbre* e-n Baum ausschneiden (*od.* lichten); *bouche f dégarnie* zahnloser Mund *m*; *cave f dégarnie* leerer (Wein-)Keller *m*; **2.** ⚔ ~ *la frontière* Truppen von der Grenze abziehen; ~ *une place* Truppenteile aus e-r Festung herausziehen (*Verteidigung*); **3.** ⚓ ~ *un vaisseau* ein Schiff abtakeln; **II** *v/rfl.* se ~ **4.** leer werden, kahl werden; *la salle se dégarnit* der Saal wird leer; *sa tête se dégarnit (de cheveux)* die Haare fallen ihm (ihr) aus; **5.** *se* ~ *(de ses vêtements d'hiver)* sich leichter kleiden; **~nissement** (~nis'mɑ̃) *m* Entblößung *f*; Herausziehung *f* v. Truppenteilen.

dégât (de'gɑ) *m* **1.** Schaden *m*, Verheerung *f*, Verwüstung *f*; ~ *causé par le gel* Frostschaden *m*; **2.** übermäßiger Verbrauch *m*, Vergeudung *f*.

dégau|chir (dego'ʃi:r) [2a] **I** *v/t.* gerade|richten, behauen, bearbeiten; F *fig. j-n* zurechtstutzen, *j-m* den nötigen Schliff geben; P finden; **II** *v/rfl.* se ~ F *fig.* manierlicher werden.

dégazer ⚗, ⚔ (degɑ'ze) *v/t.* [1a] entgasen, entgiften.

dégazolinage ⊕ (degɑzɔli'na:ʒ) *m* Entölen *n*.

dégazonn|ement (degazɔn'mɑ̃) *m* Wegnahme *f* des Rasens; **~er** (~'ne) *v/t.* [1a] den Rasen wegnehmen.

dégel (de'ʒɛl) *m* **1.** (Auf-)Tauen *n*; Tauwetter *n*; *le temps est au* ~ es ist Tauwetter; **2.** *fin. le* ~ *d'un dépôt* die Freigabe *f* e-s Guthabens.

dégelée P (deʒ'le) *f* Tracht *f* Prügel, Senge *f*, Keile *f*, Dresche *f* P.

dégèlement (deʒɛl'mɑ̃) *m* Auftauen *n*.

dégeler (deʒ'le) [1d] **I** *v/t.* ~ *qch.* etw. auftauen (*a. fig. Kapitalien*); F *fig.* ~ *q.* j-n ermuntern (*od.* aufmöbeln P); **II** *v/i.* (auf)tauen (*a. fig.*); V sterben; **III** *v/imp. il dégèle* es taut; **IV** *v/rfl.* se ~ *a. fig.* auftauen.

dégéné|ration (deʒenerɑ'sjɔ̃) *f* Degenerierung *f*, Entartung *f*, Ausarten *n*; *fig.* Abnahme *f*, Verfall *m*; ⚕ ~ *graisseuse du cœur* Herzverfettung *f*; **~rer** (~'re) *v/i.* [1f]

entarten, degenerieren, ausarten; *fig.* aus der Art schlagen, sich mit der Zeit verschlechtern; *la dispute dégénéra en rixe* der Wortstreit artete in e-e Schlägerei aus; *il a dégénéré* er ist degeneriert (*als Handlung*); *il est dégénéré* er ist degeneriert (*als Zustand*); **~rescence** (~rɛ'sɑ̃:s) *f* Entartung *f*; ⚕ ~ *graisseuse* Verfettung *f*; **~rescent** (~rɛ'sɑ̃) *adj.* [7] aus-, ent-artend.

dégermanis|ation (deʒɛrmanizɑ'sjɔ̃) *f* **1.** Entdeutschung *f*; **2.** Preisgabe *f od.* Aufgabe *f* (*od.* Verlust *m*) des Deutschtums; **~er** (~'ze) [1a] **I** *v/t.* entdeutschen; **II** *v/rfl.* *se* ~ das Deutschtum aufgeben (*od.* verlieren).

dégermer (deʒɛr'me) *v/t.* [1a] entkeimen.

dégingan|dé F (deʒɛ̃gɑ̃'de) *adj.* schlottrig, watschelig; **~dement** F (~d'mɑ̃) *m* watscheliger Gang *m*; **~der** F (~'de) [1a] **I** *v/t.* schlotterig machen, ein lässiges Aussehen geben; **II** *v/rfl.* *se* ~ schlotterig werden; watscheln.

dégîter *ch.* (deʒi'te) [1a] **I** *v/t.* aus dem Lager aufjagen (*od.* aufscheuchen); **II** *v/rfl.* *se* ~ das Lager verlassen.

dégivr|age ✈, *Auto* (deʒi'vra:ʒ) *m* Enteisung *f*, Entfrostung *f*; **~er** (~'vre) *v/t.* [1a] enteisen, entfrosten; **~eur** (~'vrœ:r) *m* Enteiser *m*, Entfroster *m*; ✈ ~ *pneumatique* Druckluftenteiser *m*.

dégla|çage, ~cement (degla'sa:ʒ, ~s'mɑ̃) *m* **1.** Beseitigung *f* des Eises (*v. den Straßen*); **2.** ⊕ Glanzlosmachung *f* (*des Papiers*); **~cer** (~'se) [1k] *v/t.* **1.** das Eis von der Straße beseitigen (*od.* entfernen); **2.** ⊕ dem Papier den Glanz nehmen.

déglinguer F (deglɛ̃'ge) *v/t.* [1m] kaputt machen.

déglobuliser ⚕ (deglɔbyli'ze) *v/t.* [1a] an roten Blutkörperchen ärmer machen.

déglu|er (degly'e) *v/t.* [1a] von der Leimrute (*od. allg.* vom Leim) losmachen; **~tiner** (~ti'ne) *v/t.* [1a] den Vogelleim von dem Gefieder losmachen.

déglu|tir (degly'ti:r) *v/t.* [2a] (ver-)schlucken, (ver)schlingen; **~tition** (~ti'sjɔ̃) *f* Verschlingen *n*.

dégobil|lage P (degɔbi'ja:ʒ) *m* Kotzen *n* P; **~ler** P (~'je) *v/i. u. v/t.* [1a] kotzen P; auskotzen P.

dégoi|sement F (degwaz'mɑ̃) *m* Geschwätz *n*, Ratschen *n*, Geratsche *n*, Tratsch *m*; **~ser** F (~'ze) [1a] **I** *v/t.* zum besten geben; ausquatschen, ausplaudern; **II** *v/i.* quatschen, schwatzen, tratschen, ratschen.

dégomm|age (degɔ'ma:ʒ) *m* Degummierung *f*; **~er** ⊕ (~'me) *v/t.* [1a] Seide vom Gummi befreien, degummieren; F j-n kaltstellen, absägen, abhalftern, an die Wand drängen, absetzen, verdrängen, ausbooten, ausstechen.

dégonder (degɔ̃'de) *v/t.* [1a] aus den Angeln heben.

dégon|flard P (degɔ̃'fla:r) *m* Drückeberger *m*, Angsthase *m*; **~flé** (~'fle) *adj.* ohne Luft, luftleer (*Auto-, Fahrrad-reifen, Ballon*); P feige; *rouler* ~ auf der Felge (auf Latschen F) fahren: **~flement** (~flə'mɑ̃) *m* Entleerung *f e-s Auto-, Fahrrad-reifens usw.*; Luftabfuhr *f*; **~fler** (~'fle) [1a] **I** *v/t.* die Luft rauslassen; ⚕ e-e Schwellung beseitigen; ~ *un ballon* e-n Ballon entleeren; *fig.* ~ *une polémique* e-e Polemik entkräften, e-r Polemik die Spitze abbrechen; *fig.* ~ *son cœur* s-m Herzen Luft machen; **II** *v/rfl.* *se* ~ sich entleeren, zusammenfallen; P gestehen; kneifen P, Schiß haben V; klein beigeben F.

dégor|geage *m*, **~gement** *m* (degɔr'ʒa:ʒ, ~ʒə'mɑ̃) **1.** Ausleerung *f*, Ausbrechen *n*; Aus-räumen *n*, -schlämmen *n*; Auswaschen *n*, Spülen *n*; **2.** ⚕ Entleerung *f der Galle usw.*; **~geoir** (~'ʒwa:r) *m* ⚠ Ablaufrinne *f*; *tiss.* Wasch-, Spülmaschine *f*; **~ger** (~'ʒe) [1l] **I** *v/t.* **1.** ausbrechen, ausspeien, herausbringen F; **2.** ausschlämmen, spülen, ausräumen; **3.** ⊕ Häute, Wolle ausspülen, abschwemmen, reinigen; ~ *du poisson* Fische in reines Wasser setzen; **4.** F herausrücken; *faire* ~ *de l'argent à q.* von j-m Geld erpressen; **II** *v/i.* **5.** abfließen; **III** *v/rfl.* *se* ~ **6.** sich entleeren; abfließen, sich ergießen (*a. fig.*); sich abspülen; **7.** ⚕ abnehmen (*Geschwulst*), dünner werden.

dégot(t)er P (degɔ'te) [1a] **I** *v/t.* **1.** abschießen, herunterholen; umwerfen; **2.** ergattern, erwischen; **II** *v/i.* ~ *bien* (*mal*) e-n guten (schlechten) Eindruck machen.

dégouliner P (deguli'ne) *v/i.* [1a] langsam entlangfließen, sickern, rinnen; herabtröpfeln.

dégoupillé ⚔ (~pi'je) *adj.* entsichert.

dégour|dir (degur'di:r) [2a] **I** *v/t.* **1.** die Erstarrung nehmen, wieder gelenkig machen; ⊕ wieder beweglich machen; (*faire*) ~ *Wasser usw.* lau(warm) werden lassen; **2.** *fig.* ~ *q.* j-n manierlicher machen, j-m sein ungelenkes Wesen abgewöhnen; j-n gewitzt machen; *dégourdi* aufgeweckt, verschlagen, *auch als su.*: schlauer Kopf *m*; **II** *v/rfl.* se ~ sich *durch Erwärmung* beleben; *fig.* das ungelenke Wesen ablegen; lau (-warm) werden; *se ~ les jambes* sich Bewegung verschaffen, sich die Beine vertreten; **~dissement** (~dis'mɑ̃) *m* **1.** Wiederbelebung *f*; F *fig.* Auftauen *n*; **2.** mäßige Erwärmung *f e-r Flüssigkeit.*

dégoût (de'gu) *m* **1.** Appetitlosigkeit *f*; **2.** *du ~ pour* Ekel *m* vor (*dat.*), Widerwille(n) *m* gegen (*acc.*); *j'ai cela en ~* es ekelt mich davor, das widert mich an; *fig. le ~ de la vie* der Lebensüberdruß *m*; **3.** Unannehmlichkeiten *f/pl.*

dégoû|tant (degu'tɑ̃) *adj.* [7] Ekel erregend, ekelhaft, widerlich; abstoßend; unappetitlich; **~té** (~'te) *adj.* ~ *de* überdrüssig (*gén.*); übersättigt; **~ter** (~) [1a] **I** *v/t.* **1.** den Appetit verderben; **2.** *fig.* anwidern, abstoßen, anekeln; mit Widerwillen erfüllen; ~ *q. de qch.* j-m etw. verleiden *od.* verekeln; **3.** *fig.* langweilen; **II** *v/rfl.* se ~ *de* Ekel bekommen vor (*dat.*); *fig.* überdrüssig werden (*gén.*), satt kriegen (*acc.*).

dégoutter (degu'te) *v/i.* [1a] **1.** (herab)tropfen (*a. fig.*); *le toit dégoutte* das Wasser tropft vom Dache; **2.** triefen (*de sueur* von Schweiß).

dégra|dant (degra'dɑ̃) *adj.* [7] erniedrigend, entehrend, degradierend, entwürdigend; **~dateur** *phot.* (~da'tœ:r) *m* Abtönvignette *f*, Abschattierer *m*; **~dation** (~dɑ'sjɔ̃) *f* **1.** Degradierung *f*; ~ *civique* Aberkennung *f* der bürgerlichen Ehrenrechte; **2.** Herabwürdigung *f*, Erniedrigung *f*; **3.** Beschädigung *f*, Schaden *m*, Verwitterung *f*; Schändung *f* (*e-s Denkmals*); ⚖ Wert(ver)minderung *f*; Verfall *m eines Hauses*; ⚒ Abbau *m*; *géol.* Abtragung *f*; **4.** *peint.* Abtönung *f*, Abschatt(ier)ung *f der Farben*; **~dé** (degra'de) *adj.* degradiert; heruntergekommen, verkommen; schadhaft, beschädigt, verdorben; abschattiert; **~der** (~) [1a] **I** *v/t.* **1.** ~ *q.* j-n degradieren, den Rang aberkennen, absetzen; erniedrigen; aus dem Militärstand ausstoßen; *fig.* ganz herunterbringen; *ehm.* ~ *q. de noblesse* j-m den Adel entziehen; **2.** *fig.* herab-, ent-würdigen; **3.** beschädigen; verderben; verwüsten; *ein Haus* unterwaschen; **4.** *peint.* tönen, abschatt(ier)en; **II** *v/rfl.* se ~ sich herabwürdigen, verkommen, *fig.* ganz herunterkommen; schlechter (*od.* schadhaft) werden; verfallen, verwittern (*Haus*); *peint.* sich abschattieren.

dégrafer (degra'fe) *v/t.* [1a] auf-[haken.]

dégrais|sage *m*, **~sement** *m* (degrɛ'sa:ʒ, ~s'mɑ̃) Entfettung *f*; *Auto*: Abschmieren *n*; Reinigen *n* vom Fett; **~sant** (~'sɑ̃) *m* Fleckentfernungsmittel *n*, Fleckenwasser *n*; **~ser** (~'se) [1b] **I** *v/t.* **1.** abfetten, (*das*) Fett abschöpfen; F *fig.* ~ *q.* die Korpulenz j-s verringern; **2.** entfetten, vom Fett reinigen; *Wäsche, Kleidung* chemisch reinigen; *Flecke* entfernen; (aus)waschen; *Auto*: abschmieren; *savon m à ~* Fleckseife *f*; *donner à ~ Wäsche usw.* zur Reinigung geben; **II** *v/rfl.* se ~ vom Fett gereinigt werden, entfettet werden, mager werden; chemisch gereinigt werden; **~seur** (~'sœ:r) *su.* [7g] **1.** Fleckenreiniger *m* (*Person*); **2.** chemische Reinigungsanstalt *f*.

dégras (de'grɑ) *m* Gerberfett *n*.

dégra|voiement (degravwa'mɑ̃) *m* Unterhöhlung *f*; Unterspülung *f*; **~voyer** (~vwa'je) *v/t.* [1h] *Mauer* unterhöhlen *od.* unterspülen; ausbaggern (*Fluß*).

degré (də'gre) *m* **1.** (Treppen-)Stufe *f*, Tritt *m*, Staffel *f*; *fig. de ~ en ~, par ~s* von Stufe zu Stufe, stufenweise, allmählich; **2.** *fig.* (Rang-)Stufe *f*, Grad *m*; ~ *d'instruction* Bildungsgrad *m*; ~ *d'occupation* Beschäftigungsgrad *m*; **3.** *fig.* a) Grad *m*, Höhe(punkt *m*) *f*; ~ *intermédiaire* Zwischenstufe *f*; *écol. enseignement m du premier ~* Einheitsschulunterricht *m* (*Fr.*: *Klasse 12—4, d. h. von 6—14 Jahren*); *enseignement m du deuxième* (*od. second*) ~ höherer Schulunterricht *m* (*Fr.*: *Klasse 6 bis zur classe terminale*; s. *cycle* 3); *au dernier* (*au plus haut od. au suprême*) ~ im höchsten

Grade; b) Verwandtschaftsgrad *m*; *être parents au premier (second)* ~ im ersten (zweiten) Grade verwandt sein; c) ⩚ *équation f du premier* ~ Gleichung *f* ersten Grades; d) ⚖ ~ *de juridiction* Instanz *f*; e) *gr.* ~*s pl. de comparaison* Vergleichsgrade *m/pl.*; **4.** (Einteilungs-)Grad *m am Thermometer usw.*; ~ *de congélation* Gefrierpunkt *m*; ~ *de longitude* Längengrad *m*; ~ *de latitude* Breitengrad *m*.

dégréer ⚓ (degre'e) *v/t.* [1a] abtakeln.

dégress|if (degrɛ'sif) *adj.* [7e] abnehmend; abgestuft; **~ion** (~'sjɔ̃) *f* Rückgang *m*; Abstufung *f*.

dégrèvement (degrɛv'mɑ̃) *m* Steuererlaß *m*, Steuererleichterung *f*; Gebühren-erlaß *m*, -streichung *f*.

dégrever (degrə've) *v/t.* [1d] von e-r Steuer entlasten, e-e Steuer herabsetzen; ⚖ ~ *un immeuble* die lastenden Hypotheken löschen.

dégringo|lade (degrɛ̃gɔ'lad) *f* Herunterpurzeln *n*; *fig.* Fall *m*, Sturz *m*; **~ler** (~'le) *v/i.* [1a] **1.** hinab-, herab-rollen; ~ *(de) l'escalier (also a. v/t.)* die Treppe herunterpurzeln; **2.** *fig.* schnell herunterkommen, verkommen, sinken.

dégris|ement (degriz'mɑ̃) *m* Ernüchterung *f*; **~er** (~'ze) [1a] **I** *v/t.* nüchtern machen; *fig.* ~ *q.* j-m die Augen öffnen; **II** *v/rfl.* *se* ~ nüchtern werden, wieder zu sich kommen.

dégrosser ⊕ (degro'se) *v/t.* [1a] Draht ziehen *od.* strecken.

dégros|sir (degro'si:r) *v/t.* [2a] **1.** ⊕ aus dem Gröbsten herausarbeiten, grob bearbeiten; **2.** *charp.* (grob) behauen; **3.** *fig.* ~ *q.* j-m den nötigen Schliff geben; *être mal dégrossi* in den Flegeljahren stecken (*od.* sein); ein Flegel sein; **~sissage** ⊕ (~si'sa:ʒ) *m* Grobschliff *m*, Vorschleifen *n*; **~sisseur** ⊕ (~si'sœ:r) *m* Vorwalzwerk *n*.

dégrouiller * (degru'je) [1a]: *v/rfl.* *se* ~ sich beeilen.

déguenillé (degni'je) *adj.* zerlumpt.

déguerpir (degɛr'pi:r) *v/i.* [2a] sich aus dem Staube machen, ausreißen, türmen F; *déguerpissez! od. allez-vous* ~! machen Sie, daß Sie wegkommen!; schert euch weg!; macht, daß ihr wegkommt!

dégueul|as(se) V (degœ'la, ~'las) *adj. u. m* zum Kotzen V, widerlich, ekelhaft; ekliger Kerl *m*, Ekel *n*; **~asser** V (~la'se), **~er** V (~'le) *v/t. u. v/i.* (aus-)kotzen P.

déguignonner F (degiɲɔ'ne) *v/t.* [1a]: ~ *q.* j-m wieder Glück bringen.

dégui|sé (degi'ze) *su.* Verkleideter *m*; **~sement** (~giz'mɑ̃) *m* Verkleidung *f*; *fig.* Bemäntelung *f*, Verstellung *f*; *sans* ~ unverhohlen; **~ser** (~'ze) [1a] **I** *v/t.* verkleiden; *fig.* verstellen; verbergen, bemänteln; *pol.* ~ *sa cocarde* mit den Wölfen heulen; ~ *son écriture (sa voix)* s-e Handschrift (s-e Stimme) verstellen; ~ *son nom* e-n falschen Namen annehmen; *sans rien* ~ ohne Hehl; **II** *v/rfl.* *se* ~ sich verkleiden (*en* als); *fig.* sich verstellen, sich verstecken; sich verbergen.

dégusta|teur (degysta'tœ:r) *su.* [7f] (*a. adj.*: *commissaire m* ~) (amtlicher) Weinkoster *m*, Weinprüfer *m*; Abschmecker *m*; **~tion** (~tɑ'sjɔ̃) *f* Kosten *n v. Getränken u. Speisen*, Probieren *n*; Weinstube *f*.

déguster (degys'te) *v/t.* [1a] kosten, abschmecken, probieren, prüfen; *allg.* genießen.

déhaler ⚓ (dea'le) *v/t.* [1a] verholen, an e-e andere Stelle bringen.

déhâler (dea'le) *v/t.* [1a]: ~ *le teint* den Sonnenbrand vertreiben.

déhan|ché (deɑ̃'ʃe) *adj.* hüften-, lenden-lahm; watschelnd F; **~chement** (~ɑ̃ʃ'mɑ̃) *m* Ausrenken *n* der Hüften; *fig.* nachlässiger Gang *m*; **~cher** (~ʃe) [1a]: *v/rfl.* *se* ~ sich die Hüfte verrenken; e-n nachlässigen *od.* wiegenden Gang annehmen.

déharnacher (dearna'ʃe) *v/t.* [1a] losschirren; F auspellen.

déhiscen|ce ⚘ (dei'sɑ̃:s) *f* Aufspringen *n* **~t** (~'sɑ̃) *adj.* aufspringend.

dehors (də'ɔ:r) **I** *adv.* draußen, hinaus; *de* ~ von draußen; *venir de* ~ von draußen kommen; *mettre (od.* F *flanquer) q.* ~ j-n an die Luft setzen; ✝ *mettre un billet* ~ e-n Wechsel weitergeben (*od.* in Umlauf setzen); ⚓ *mettre* ~ in See stechen; *toutes (les) voiles* ~ mit gespannten Segeln; *jeter qch.* ~ etw. über Bord werfen; *au* ~ draußen; *fig.* äußerlich; *s'ouvrir en* ~ sich nach außen öffnen; *porter la pointe du pied en* ~ die Fußspitzen auswärts kehren; **II** *prp.* **1.** *en* ~ *de* außerhalb (*gén.*); außer (*dat.*), abgesehen von (*dat.*); *cela est en* ~ *de la* *question* das gehört nicht zur Sache; *en ~ du service* außer Dienst; **2.** *par ~ qch.* außen, von außen, außen an (*dat.*); **III** *m* Äußere(s) *n* (*a. fig.*), Außenseite *f*; ⚔ *~ pl.* (*d'une place*) Außenwerke *n/pl.* e-r Festung; *garder* (*od. défendre*) *les ~* die Außenwerke verteidigen; *fig. sauver les ~* den äußeren Schein wahren.

déhouill|ement ⚒ (deuj'mɑ̃) *m* Abbau *m* (*v. Steinkohle*); **~er** ⚒ (deu'je) *v/t.* [1a] abkohlen, verhauen.

déifi|cation (deifikɑ'sjɔ̃) *f* Vergötterung *f* (*a. fig.*); **~er** (~'fje) *v/t.* [1a] in die Zahl der Götter aufnehmen; *fig.* vergöttern.

déisme (de'ism) *m* Deismus *m.*

déiste (de'ist) *su. u. adj.* Deist *m*; deistisch.

déité (dei'te) *f* Gottheit *f.*

déjà (de'ʒa) *adv.* schon, bereits.

déjection (deʒɛk'sjɔ̃) *f* **1.** ⚕ Ausleerung *f*, Stuhlgang *m*; *~s pl.* Exkremente *n/pl.*; **2.** *géol.* *~s* (*volcaniques*) Auswurf *m* e-s Vulkans.

déjeter (deʒ'te, deʃ'te) *v/rfl.* [1c]: *se ~* sich werfen, sich verziehen (*Holz*); *anat.* sich krümmen.

déjeuner (deʒœ'ne) **I** *v/i.* [1a] **1.** frühstücken; **2.** (zu) Mittag essen; *aller ~* zu Tisch gehen; **II** *m* **3.** Mittagessen *n*; *provc.*, *Schweiz*: Frühstück *n*; *petit ~* Frühstück *n*; *heure f du ~* Mittagsstunde *f*; *inviter à ~* zu Tisch einladen; *~ à la fourchette* Gabelfrühstück *n*; *prendre son ~* zu Mittag essen; *provc.*, *Schweiz*: frühstücken; *prendre son petit ~* frühstücken; **4.** Frühstücksservice *n*; **5.** *fig. ~ de soleil* a) leicht verschießender (*od.* verblassender) Stoff *m*; b) vergängliche Sache *f*; (schnelle) Vergänglichkeit *f* (*der Schönheit*, *der Haarfarbe*).

déjoindre (de'ʒwɛ̃:drə) [4b] **I** *v/t.* trennen, auseinandernehmen; **II** *v/rfl.* *se ~* aus den Fugen gehen.

déjouer (de'ʒwe) *v/t.* [1a]: *~ un projet* e-n Plan vereiteln, hintertreiben.

déjucher (deʒy'ʃe) [1a] **I** *v/t.* *Hühner* (*Vögel*) von der Stange scheuchen, aufjagen; **II** *v/i.* von der Stange wegfliegen (*Hühner*, *Vögel*).

déjuger (~'ʒe) [1l] **I** *v/t.* *~ qch.* ein über etw. (*acc.*) gefälltes Urteil ändern, ein Urteil aufheben *od.* zurücknehmen, e-n entgegengesetzten Beschluß fassen; **II** *v/rfl.* *se ~* s-e Meinung ändern.

delà (də'la) **I** *prp.* jenseits (*gén.*); *au-~* (*od. en ~*) *du Rhin* jenseits des Rheins; *par-~ les montagnes* jenseits der Berge; *de ~ les montagnes* von jenseits der Berge; *fig. au-~ de toutes mes espérances* über alle meine Erwartungen; **II** *adv.* jenseits; *deçà et ~* hin und her, hinüber und herüber; *au-~*, *par-~ fig.* noch mehr, darüber hinaus; *il a réussi, et au- ~* er hatte Erfolg, und zwar e-n größeren, als er erwartet hatte; *en ~* drüben, weiter(hin).

déla|bré (dela'bre) *adj.* schadhaft, baufällig; zerrüttet, schwach (*Organismus*, *Gesundheit*); *il a l'estomac ~* er hat e-n gründlich verdorbenen Magen; **~brement** (~brə'mɑ̃) *m* Verfall *m*, Baufälligkeit *f*; Zerrüttung *f*; **~brer** (~'bre) [1a] **I** *v/t.* ruinieren, baufällig machen, schwer beschädigen, verderben; *fig.* zerrütten, zugrunde richten; **II** *v/rfl.* *se ~* in Verfall geraten, verfallen; verderben, zugrunde gehen.

délacer (dela'se) [1k] **I** *v/t.* aufschnüren; **II** *v/rfl.* *se ~* los-, aufgehen (*Kleid*, *Schuhe usw.*).

délai (de'lɛ) *m* **1.** Aufschub *m*, Verzug *m*; *sans ~* unverzüglich; *à bref ~* in kurzer Frist; *demander un ~* um Aufschub bitten; **2.** Frist *f*; Bedenkzeit *f*; *~ de livraison* Lieferfrist *f*, -zeit *f*; *~ de paiement* Zahlungsfrist *f*; Stundung *f*; *~ de grâce* Gnadenfrist *f*; *~ de rigueur* äußerster Termin *m*; *~ de vérification* Bewährungsfrist *f*; *~ de protection* Schutzfrist *f für literarische usw. Werke*; *~ de garantie* Garantiefrist *f*; **~-congé** (~kɔ̃'ʒe) *m* [6b] Kündigungsfrist *f* (*für Angestellte*).

délaissé (delɛ'se) *adj.* verlassen, verwahrlost, hilflos.

délaissement (delɛs'mɑ̃) *m* **1.** Verlassen *n*, Sitzenlassen *n*; **2.** Verlassenheit *f*, Hilflosigkeit *f*; **3.** ✝, ⚖ Abstand *m*, Überlassung *f*; Verzicht *m*, Aufgabe *f od.* Preisgabe *f* (*e-s Rechts*), Abtretung *f.*

délaisser (delɛ'se) *v/t.* [1b] **1.** im Stich lassen, aufgeben, verlassen, in hilflosem Zustande lassen; **2.** ⚖ auf-, preisgeben, abtreten.

délait|age ⚒ **~ement** (delɛ'ta:ʒ, ~lɛt'mɑ̃) *m* Scheidung *f* der Butter von den Molken; **~er** ⚒ (~'te) *v/t.*

[1b]: ~ *le beurre* die Butter auskneten.

délarder (delar'de) *v/t.* [1a] **1.** *cuis.* den Speck ausschneiden; **2.** ⊕, *charp.* abkanten, abschrägen, abrunden; ⚠ mit dem Spitzhammer behauen.

délas|sant (dela'sɑ̃) *adj.* [7] Erholung gewährend, entspannend, erquickend, stärkend; **~sement** (~s'mɑ̃) *m* Erholung *f*, Entspannung *f*; **~ser** (~'se) [1a] **I** *v/t.* ~ *q.* j-m Erholung gewähren, j-n entspannen; ~ *l'esprit* sich geistig entspannen; **II** *v/rfl.* **se** ~ sich erholen, sich entspannen.

déla|teur (dela'tœ:r) *su.* [7f] Denunziant *m*; **~tion** (~la'sjɔ̃) *f* **1.** Denunziation *f*, Anzeige *f*; **2.** ⚖ ~ *du serment* Zuschiebung *f* des Eides.

délatter (~'te) *v/t.* [1a] ein Dach ablatten.

déla|vage (~'va:ʒ) *m* Verwaschen *n* (*der Farbe*); **~ver** (~'ve) *v/t.* [1a] **1.** verwaschen; *délavé* blaß, bleich, verwaschen (*Farbe*); **2.** Wege aufweichen (*vom Regen*).

délay|age (delɛ'ja:ʒ) *m* Verdünnung *f*; *fig.* Weitschweifigkeit *f*; **~ant** (~'jɑ̃) *adj.* [7] *u. m* verdünnend(es Mittel *n*); **~er** (~'je) *v/t.* [1i] verdünnen, auflösen, *mit Wasser* anrühren; *fig.* verwässern, weitläufig ausführen, breittreten.

delco *Auto* (dɛl'ko) *m* Zündapparat *m.*

délébile (dele'bil) *adj.* auslöschbar (*Tinte*).

délec|table (delɛk'tablə) *adj.* □ köstlich, herzerquickend, lieblich; **~tation** (~ta'sjɔ̃) *f* Ergötzung *f*, Lust *f*, Wohlbehagen *n*; ~ *morose* Gefühl *n* der Befriedigung, etw. Verbotenes getan zu haben; **~ter** (~'te) [1a] **I** *v/t.* ergötzen; **II** *v/rfl.* **se** ~ *à* sich ergötzen an (*dat.*).

déléga|taire ⚖ (delega'tɛ:r) *m* Beauftragter *m*; **~teur** ⚖ (~'tœ:r) *su.* [7f] Auftraggeber *m*; **~tion** (~ga'sjɔ̃) *f* **1.** Delegation *f*, Abordnung *f*, Ausschuß *m*, Vertretung *f*; ~ *d'entreprise* Betriebsausschuß *m*; ~ *d'instruction* Untersuchungsausschuß *m*; **2.** ⚖ Auftrag *m*; *par* ~ im Auftrage, kraft Vollmacht; *par* ~ *du prince* im Auftrage des Fürsten; **3.** ⚖ ~ *de pouvoirs* Übertragung *f* von Vollmachten; Vollmacht *f*; **4.** Anweisung *f* (*sur* auf *acc.*); *recevoir* ~ ermächtigt werden; **~toire** (~'twa:r) *adj.* Auftrag..., delegatorisch.

délé|gué (dele'ge) *su.* Delegierter *m*, Abgeordneter *m*, Vertreter *m*; ~ *municipal* Stadtverordneter *m*; **~guer** (~) *v/t.* [1f] *u.* [1m] **1.** ~ *son autorité* s-e Amtsgewalt auf einen anderen übertragen; **2.** ~ *q.* j-n abordnen, delegieren; beauftragen; **3.** ⚖ ~ *une somme* e-e Summe anweisen.

déles|tage (delɛs'ta:ʒ) *m* **1.** ⚓, ✈ Abwerfen *n* des Ballastes; Ausladen *n*; Entlasten *n*; **2.** ⚡ Stromunterbrechung *f*. **~ter** (~'te) *v/t.* [1a] **1.** ⚓, ✈ Ballast ausladen *od.* abwerfen; ~ *un chariot* e-n Wagen entlasten *od.* erleichtern; *iron.* ~ *q. d'une somme* j-n um e-n Betrag erleichtern; *délesté fig.* erleichtert; **2.** ⚡ den Strom unterbrechen; **~teur** ⚓, ✈ (~'tœ:r) *m* Ballastausschießer *m.*

délétère (dele'tɛ:r) *adj.* tödlich; *fig.* schädlich; *gaz m* ~ Giftgas *n.*

déliaison (deljɛ'zɔ̃) *f* lückenhafte Verbindung *f* von Mauersteinen *od.* e-r Schiffsbekleidung.

délibé|rant (delibe'rɑ̃) [7] **I** *adj.* beratend; **II** *su.* Beratender *m*; Stimmberechtigter *m*; **~ratif** (~ra'tif) *adj.* [7e] beratend; beschließend (*Stimme*); *qui a voix délibérative* stimmberechtigt; **~ration** (~ra'sjɔ̃) *f* **1.** Beratung *f*; *mettre qch. en* ~ etw. zur Sprache bringen; *être mis en* ~ zur Sprache kommen; **2.** Überlegung *f*; *agir sans* ~ unüberlegt handeln; **3.** Beschluß *m*; *prendre une* ~ e-n Beschluß fassen; **~ratoire** (~ra'twa:r) *adj.* beratend; **~ré** (~'re) **1.** *adj.* fest entschlossen, wohl erwogen, reiflich überlegt; fest, bestimmt; *c'est une chose* ~*e* das ist e-e abgemachte (*od.* beschlossene) Sache; *de propos* ~ mit Vorbedacht, vorsätzlich; *d'un pas* ~ festen Schrittes, mit festem Schritt; *avoir un air* ~ e-n Ausdruck fester Entschlossenheit haben; **2.** *m* ⚖ Beratung *f*; Urteil *n*; **~rément** (~re'mɑ̃) *adv.* fest entschlossen; absichtlich; mit festem Schritt; **~rer** (~'re) [1f] **I** *v/i.* **1.** ~ *sur* beraten, zu Rate gehen *od.* sitzen über (*acc.*), etw. überlegen; **2.** ~ *de faire qch.* sich entschließen, etw. zu tun; **II** *v/t.* beraten, beschließen; *qu'a-t-on délibéré?* was hat man beschlossen?

délicat (deli'ka) [7] **I** *adj.* □ **1.** köstlich, lecker, wohlschmeckend; *morceau m* ~ Delikatesse *f*; **2.** fein, zart; *avoir la peau* ~*e* eine zarte Haut haben; *fig. cet ouvrier a la main* ~*e* dieser Arbeiter hat eine leichte (*od.* geschickte) Hand; *avoir le sommeil* ~ e-n leichten Schlaf haben; **3.** schwächlich, zart; anfällig; *enfant m* ~ schwächliches (*od.* zartes) Kind *n*; *être d'une santé* ~*e* anfällig (*od.* schwächlich) sein, e-e zarte Gesundheit haben; **4.** fein, sinnvoll; *travail m* ~ feine Arbeit *f*; **5.** zartfühlend, taktvoll, feinsinnig, empfindlich, empfindsam; gewissenhaft, ängstlich; *avoir la conscience* ~*e* ein peinliches Gewissen haben; *goût m* ~ feiner Geschmack *m*; ~ *sur le point d'honneur* im Punkte der Ehre empfindlich; *la probité la plus* ~*e* die peinlichste Redlichkeit; **6.** schwer zu befriedigen; *bouche f* ~*e* Leckermaul *n*; **7.** mißlich, bedenklich, heikel, kitzlig F, delikat; *c'est une affaire* ~*e* das ist e-e heikle Sache; **II** *su.* **8.** Feinschmecker *m*, Leckermaul *n*; **9.** Zartgesinnter *m*; Verwöhnter *m*, Weichling *m*; *faire le* ~ sich haben F, sich zieren, den Empfindsamen spielen; ~**esse** (~'tɛs) *f* **1.** Feinheit *f*, Zartheit *f*; *fig.* Subtilität *f*; Heikelkeit *f*; *la* ~ *des traits* die feinen Züge *m/pl.*; ~ *de sentiment* Feingefühl *n*; Zartgefühl *n*; *la* ~ *du goût* der feine Geschmack; *péj.* die Mäkelei; *la* ~ *d'une pensée* die Subtilität e-s Gedankens; *sans* ~ unfein; *la* ~ *d'une question* die Heikelkeit e-r Frage; *être en* ~ *avec q.* mit j-m auf gespanntem Fuße leben; **2.** *psych.* Takt *m*, Feinempfinden *n*, Feinfühligkeit *f*, Zartgefühl *n*; Fingerspitzengefühl *n*; Aufmerksamkeit *f*; Zuvorkommenheit *f*; *bisw. pl.*: ~*s* Rücksichtnahme *f*; ~ *de conscience* Gewissenhaftigkeit *f*; *traiter une affaire avec toute la* ~ *qu'elle demande* e-e Angelegenheit mit dem ganzen, erforderlichen Fingerspitzengefühl behandeln; *manque m de* ~ Taktlosigkeit *f*; *traiter q. avec* ~ j-n zuvorkommend behandeln; **3.** ⚕ Schwäche *f*, Empfindlichkeit *f*; ~ *d'estomac* Magenschwäche *f*; **4.** *cuis.* Köstlichkeit *f*; köstlicher (*od.* feiner) Geschmack *m*; *la* ~ *des mets* die köstlichen Speisen *f/pl.*; *la* ~ *d'un plat* die Köstlichkeit e-r Platte; *la* ~ *d'un vin* der köstliche Geschmack e-s Weins; *bisw. les* ~*s de la table* Leckerbissen *m/pl.*, herrliche Speisen *f/pl.* (*od.* Sachen *f/pl.* F).

déli|ce (de'lis) **I** *m* Lust *f*, Wonne *f*, Vergnügen *n*; hoher Genuß *m*; **II** ~*s f/pl.* Genüsse *m/pl.*, Freuden *f/pl.*; *faire ses* ~*s de* s-e höchste Freude haben an (*dat.*); *les* ~*s des sens* die sinnlichen Vergnügungen *f/pl.*; *les* ~*s de Capoue* die höchsten sinnlichen Genüsse *m/pl.*; ~**cieux** (~'sjø) *adj.* [7d] □ köstlich, lecker (*Geschmack*); *allg.* herrlich, großartig, fabelhaft; *parfum m* ~ herrliches Parfüm *n*; *bal m* ~ wundervoller (*od.* sehr schöner) Ball *m*; *musique f délicieuse* liebliche (*od.* sehr angenehme) Musik *f*; *entretien m* ~ sehr angenehme Unterhaltung *f*.

délictueux (delik'tɥø) *adj.* [7d] [strafbar.]

délié (del'je) **I** *adj.* dünn, fein, schlank; *fig.* gewandt, geschickt, schlau, verschmitzt; *esprit m* ~ heller Kopf *m*; **II** *m* Auf-, Haarstrich *m* (*e-s Buchstabens*).

délier (~) [1a] **I** *v/t.* **1.** aufbinden; *fig.* ~ *la langue à q.* j-m die Zunge lösen; *il a la langue bien déliée* er besitzt e-e große Zungenfertigkeit; **2.** ~ *q. d'une obligation* j-n e-r Verpflichtung entbinden; **3.** *rl.* von Sünden freisprechen; **II** *v/rfl. se* ~ sich losmachen (de von *dat.*), sich lösen.

délimi|tation (delimita'sjɔ̃) *f* Abgrenzung *f*, Grenzberichtigung *f*; ~**ter** (~'te) *v/t.* [1a] abgrenzen, abstecken; *fig.* bestimmen.

déliné|ament (delinea'mɑ̃) *m* Umriß *m*; ~**er** (~ne'e) *v/t.* [1a] Umrisse zeichnen, umreißen.

délin|quance ⚖ (delɛ̃'kɑ̃:s) *f* Straffälligkeit *f*; ~ *juvénile* Jugendkriminalität *f*; ~**quant** ⚖ (~'kɑ̃) *su.* [7] Delinquent *m*, Belasteter *m*.

déliquescen|ce (delikɛ'sɑ̃:s) *f* **1.** ⚗ Deliqueszenz *f*, Zerfließbarkeit *f*, Zerfließlichkeit *f*; **2.** *fig.* Verfall *m*, Auflösung *f*; ~**t** (~'sɑ̃) *adj.* [7] zerfließend, zerfallend; *fig.* zerfallen, entartet, dekadent.

déli|rant (deli'rɑ̃) *adj.* [7] **1.** ⚕ im Fieberwahn befangen, phantasierend; *imagination f* ~*e* Wahnvorstellung *f*; **2.** *fig.* rasend, wahnsinnig, taumelhaft; *joie f* ~*e* übermäßige (*od.* riesige) Freude *f*; ~**re** (~'li:r) *m* **1.** a) ⚕ Delirium *n*, Fieberwahn *m*, Irrereden *n*; ~ *alcoolique* Delirium tremens *n*,

Säuferwahnsinn *m*; b) *fig.* Taumel *m*, Raserei *f*; ~ *de l'amour* Liebestaumel *m*; **2.** *fig.* ~ *poétique* dichterische Begeisterung *f*; **~rer** (~'re) *v/i.* [1a] irre reden, delirieren; *fig.* schwärmen, toben; ~ *de joie* außer sich vor Freude sein.

délisser (deli'se) *v/t.* [1a] **1.** ~ *les cheveux* die Haare in Unordnung bringen; **2.** ⊕ *Papierfabrikation: Lumpen* sortieren und zurichten.

délit[1] ⚖ (de'li) *m* Delikt *n*, Vergehen *n*, Frevel *m*; strafbare Handlung *f*, Straftat *f*; *corps m du* ~ Corpus *n* delicti; ~ *forestier* Baum-, Wald-, Forst-frevel *m*; ~ *rural* Feldfrevel *m*; ~ *politique* politisches Vergehen *n*; ~ *de contrebande* Zollvergehen *n*; ~ *de fuite* Fahrerflucht *f*; ~ *contre la propriété* Vermögensdelikt *n*; ~ *de presse* Pressevergehen *n*; *prendre q. en* ~ *flagrant* j-n in flagranti (*od.* auf frischer Tat) ertappen.

délit[2] (~) *m* **1.** *géol.* Schichtung *f* des Gesteins; **2.** △ Fleckenseite *f*.

déliter △ (deli'te) [1a] **I** *v/t.* a) ~ *une pierre* e-n Stein falsch setzen (*anders, als er im Bruche gelegen hat, so daß er sich leicht spaltet*); b) e-n Stein nach der Schichtfuge spalten; ~ *la chaux vive* den gebrannten Kalk durch Besprengen mit Wasser zum Zerfallen bringen; **II** *v/rfl.* se ~ *géol.* verwittern.

délitescence (delitɛ'sɑ̃:s) *f* **1.** ⚗ Zerfallen *n*, Verwittern *n*; **2.** ⚕ plötzliches Verschwinden *n* e-s Tumors.

déli|vrance (deli'vrɑ̃:s) *f* **1.** Befreiung *f*, Erlösung *f*, Errettung *f*; **2.** ⚕ Entbindung *f*; **3.** Aushändigung *f*, Auslieferung *f*; ~ *des billets* Fahrkartenausgabe *f*; **4.** Ausfertigung *f*, Ausstellung *f*; ~ *d'un certificat* Ausstellung *f* e-r Bescheinigung, e-s Zeugnisses; ~ *de copies certifiées conformes* Ausfertigung *f* von beglaubigten Abschriften; **~vre** ⚕ (~'li:vrə) *m* Nachgeburt *f*; **~vrer** (~li'vre) [1a] **I** *v/t.* **1.** in Freiheit setzen, befreien, erlösen; ⚔ ~ *une ville* e-e Stadt entsetzen (*od.* befreien); ~ *q. de la misère* j-n aus dem Elend erretten; **2.** ⚕ entbinden; **3.** (aus)liefern, aushändigen, überliefern, übergeben; ausstellen (*Paß*); ~ *les billets* die Fahrkarten ausgeben; ~ *un passeport* e-n Paß ausstellen; ~ *un visa* ein Visum erteilen; *délivrez à M. ...* zu liefern an Herrn ...; **II** *v/rfl.* se ~ *de* **4.** sich befreien von (*dat.*); **5.** ⚕ entbunden werden.

délo|gement (delɔʒ'mɑ̃) *m* Umzug *m*; Abmarsch *m*, Aufbruch *m*; ~ *des ennemis* Vertreibung *f* der Feinde aus ihrer Stellung; **~ger** (~'ʒe) [1l] **I** *v/i.* ausziehen, umziehen; F abziehen; ⚔ aufbrechen, abmarschieren; *faire* ~ *q.* j-n ausquartieren; ~ *sans tambour ni trompette* sich heimlich auf- u. davonmachen, sang- u. klanglos abziehen; s. *déménager*; **II** *v/t.* *a.* ⚔ vertreiben.

déloy|al (delwa'jal) *adj.* [5c] □ unehrlich, unredlich, unlauter, pflichtvergessen, gewissenlos, hinterlistig, falsch, treulos; *concurrence f* ~*e* unlauterer Wettbewerb *m*; **~auté** (~jo'te) *f* Unredlichkeit *f*, Untreue *f*.

delta (dɛl'ta) *m* Delta *n*; **~ïque** (dɛlta'ik) *adj.* Delta..., deltamäßig.

déluge (de'ly:ʒ) *m* **1.** Riesenüberschwemmung *f*, Überflutung *f*; ~ (*universel*) Sintflut *f*; F *remonter au* ~ bis auf Adam u. Eva ausholen (*od.* zurückgehen); *prov. après nous le* ~ nach uns die Sintflut; **2.** *fig.* Flut *f*, Hagel *m*, Schwall *m*, große Menge *f*; ~ *d'injures* Hagel *m* von Schimpfworten.

déluré (dely're) *adj.* munter, aufgeweckt; *péj.* keß, frühreif, frech, herausfordernd.

délurer (~) *v/t.* [1a] gewitzt machen; *péj. j-n* aufklären.

délustrer *text.* (delys'tre) [1a] *v/t.* dekatieren.

démagnétis|ation (demaɲetizɑ'sjɔ̃) *f* Entmagnetisierung *f*; **~er** (~'ze) *v/t.* [1a] entmagnetisieren.

démago|gie (demagɔ'ʒi) *f* Demagogie *f*; Volksherrschaft *f*; **~gique** (~'ʒik) *adj.* demagogisch; **~gue** (~'gɔg) *m* Demagoge *m*, Volksführer *m*; *mv.p.* Volksverführer *m*, Volksaufhetzer *m*, Hetzer *m*.

démaigrir (demɛ'gri:r) [2a] **I** *v/i.* Fett ansetzen, dicker werden; **II** *v/t.* dünner machen.

démailler (dema'je) *v/t.* [1a] die Maschen auftrennen.

démailloter (demajɔ'te) [1a] *v/t.* Säugling auswickeln.

demain (də'mɛ̃) *adv.* morgen; ~ *matin* morgen früh; ~ *à midi* morgen mittag; ~ *soir* morgen abend; (de) ~ *en quinze* morgen in vierzehn Tagen; *à* ~ bis morgen (*bei der Verabschiedung*); *jusqu'à* ~ *od. d'ici* (*à*) ~ bis morgen (*als bloße Zeitangabe*); *à partir de* ~ von morgen ab (*od.* an); *dès* ~ gleich morgen; von morgen ab; *remettre à* ~ auf morgen verschieben.

démajori|sation ⚖ (demaʒɔriza'sjõ) *f* Entmündigung *f*; **~ser** ⚖ (~'ze) *v/t.* [1a] entmündigen.

déman|chement (demɑ̃ʃ'mɑ̃) *m* Abmachen *n* des Stieles; *fig.* Spaltung *f*, Entzweiung *f*; **~cher** (~'ʃe) [1a] **I** *v/t.* **1.** den Stiel (*od.* das Heft *od.* den Griff) losmachen; **2.** *fig.* in Unordnung bringen; verunreinigen; *démanché* stiellos, ohne Stiel; **3.** F ⚕ verrenken; **II** *v/i.* übergreifen; **III** *v/rfl.* se ~ vom Stiel losgehen; *fig.* in Unordnung geraten; F sich *für j-n* halb umbringen.

demande (d[ə]'mɑ̃:d) *f* **1.** Bitte *f*, Anliegen *n*, Gesuch *n*, Eingabe *f*, Bittschrift *f*, Antrag *m*, Verlangen *n*, Begehren *n*, Forderung *f*; ~ *d'emploi* Stellungsgesuch *n*; ~ *en mariage* Heiratsantrag *m*; *faire une* ~ ein Gesuch einreichen; *sur ma* ~ auf meine Bitte; *à la* ~ *générale* auf allgemeines Verlangen; ~ *en dommages-intérêts* Schadensersatzforderung *f*; ~ *d'assurance* (*d'admission od. d'inscription*) Versicherungs-(Zulassungs-)antrag *m*; ~ *de salaire* Lohnforderung *f*; ~ *de brevet* Patentantrag *m*, -anmeldung *f*; ~ *de retraite* Rücktrittsgesuch *n*; ~ *d'urgence* Dringlichkeitsantrag *m*; *Sport*: ~ *d'inscription*, ~ *d'engagement* Nennung *f*; *pol.* ~ *de plébiscite* Volksbegehren *n*; **2.** ☤ Nachfrage *f*; Bestellung *f*; *marchandises f/pl. de* ~ gesuchte Waren *f/pl.*; *l'offre et la* ~ Angebot und Nachfrage; **3.** ⚖ Klage *f*; ~ *d'assistance judiciaire* Armenrechtsgesuch *n*; ~ *en divorce* Scheidungsbegehren *n*; *former une* ~ *en divorce od. de séparation de corps et biens* Scheidung beantragen; **4.** Frage *f*; *par* ~*s et par réponses* in Fragen und Antworten; *par* ~*s* durch Fragen; F, *a. iron. belle* ~*!* aber selbstverständlich!; na klar!; so eine Frage!

demander (d[ə]mɑ̃'de) [1a] **I** *v/t. u. abs.* **1.** ~ *qch. à q.* (*à q.* = *lat. ab aliquo*; *wörtlich*: *von j-m etw. erbitten*; *vgl. faire* 18) j-n um etw. (*acc.*) bitten, etw. von j-m verlangen, wünschen, begehren, erbitten; j-n nach etw. fragen; *on lui a demandé son nom* man hat ihn nach s-m Namen gefragt; ~ *grâce* um Gnade bitten; *je vous demande pardon* ich bitte Sie um Verzeihung, entschuldigen Sie bitte!; *je demande la parole* ich bitte ums Wort; *je vous demande un service* ich bitte Sie um e-e Gefälligkeit; *il lui demande des renseignements* er bittet ihn (sie) um Auskunft; ~ *du temps* um Aufschub bitten; *cela demande du temps* das verlangt (*od.* kostet) Zeit; *je ne demande pas mieux que* ... ich wünsche nichts sehnlicher als ..., sehr gern möchte ich ...; *abs. je ne demande pas mieux* furchtbar gern, mit dem größten Vergnügen; nichts, was ich lieber täte; *il demande à lui parler* er wünscht, ihn (sie *sg.*) zu sprechen; *aber*: *il lui demande de parler* er bittet ihn (sie *sg.*) zu sprechen (*od.* zu reden); F *je demande à voir* ich behalte mir die Entscheidung vor; na, woll'n wir mal sehen F; **2.** fordern; erfordern, verlangen; *cela demande explication* das verlangt eine Erklärung; **3.** ⚖ beantragen; **4.** ~ *q.* j-n suchen, nach j-m fragen *od.* verlangen; j-n heiraten wollen; j-n zu sprechen wünschen; ~ *qch.* nach etw. fragen, sich nach etw. erkundigen; *qui demandez-vous?* wen wünschen Sie (zu sprechen)?, nach wem fragen Sie?; *il demande de vos nouvelles* er läßt fragen, wie es Ihnen geht; **5.** ☤ nachfragen, suchen; *le cuivre était assez demandé* Kupfer war ziemlich stark gefragt; **II** *v/rfl.* se ~ **6.** sich (selbst) fragen, sich Rechenschaft zu geben suchen; gefragt werden; *c'est ce que je me demande* das möchte ich selber wissen, das frage ich mich auch; *je suis encore à me* ~ ich frage mich noch; *cela ne se demande pas* das versteht sich, das beantwortet sich von selbst, das ist (doch) völlig klar; **7.** sich gegenseitig nach etw. fragen; **8.** verlangt werden.

demanderesse ⚖ (d[ə]mɑ̃'drɛs) *f* Klägerin *f*.

demandeur (d[ə]mɑ̃'dœ:r) *su.* [7g] Bittender *m*, Forderer *m*; ⚖ Kläger *m*.

déman|geaison (demɑ̃ʒɛ'zõ) *f* Jucken *n*, Juckreiz *m*; F *fig.* unbändiges Verlangen *n* (*de* nach *dat.*); **~ger** (~'ʒe) *v/i.* [1l] jucken, kitzeln; *fig.* reizen (*mit de* + *inf.*);

le dos lui démange ihm juckt das Fell (*nach Schlägen*); *la langue lui démange* er hat große Lust zu reden; er möchte platzen F.

déman|tèlement (demɑ̃tɛl'mɑ̃) *m* Schleifen *n* der Festungswerke; **~teler** (~'tle) *v/t.* [1d] ⚔ *e-e Festung od. Fabrikanlagen* schleifen; ⊕ bloßlegen, auseinandernehmen, abbauen, abmontieren.

démantibuler (demɑ̃tiby'le) [1a] **I** *v/t.* F kaputtmachen; **II** *crier à se ~ la mâchoire* sich die Lunge aus dem Halse schreien.

démaquiller (demaki'je) [1a] **I** *v/t.* von der Schminke reinigen; **II** *v/rfl. se ~* sich abschminken.

démar|catif (demarka'tif) *adj.* [7c] abgrenzend; **~cation** (~kɑ'sjɔ̃) *f* **1.** Abgrenzung *f*, Scheidegrenze *f*; *ligne f de ~* Grenz-, Demarkationslinie *f*; **2.** *fig.* Trennung *f*.

démarchage (demar'ʃa:ʒ) *m* Kundenwerbung *f*.

démarche (de'marʃ) *f* **1.** Haltung *f* beim Gehen; Gang *m*; **2.** *fig.* Schritt *m*, Maßnahme *f*; *faire des ~s auprès de q.* bei j-m Schritte unternehmen; *observer toutes les ~s de q.* j-n scharf im Auge haben *od.* auf Schritt u. Tritt verfolgen.

démarcheur *Börse* (demar'ʃœ:r) *m* Anwerber *m*, Makler *m*.

démarier (demar'je) *v/t.* [1a] F Eheleute scheiden; ✓ *~ des plantes* Pflanzen auslichten.

démarquer (demar'ke) [1m] **I** *v/t.* **1.** *~ un livre (le linge)* die Zeichen aus e-m Buch (aus der Wäsche) entfernen; **2.** nachmachen, mit geringen Veränderungen abschreiben (*od.* abzeichnen); **3.** entschlüsseln (*Geheimschrift*); **II** *v/rfl. se ~ Sport:* sich frei spielen.

démar|rage (dema'ra:ʒ) *m* **1.** ⚓ a) Losmachen *n vom Lande*; b) Losreißen *n von den Ankern*; **2.** ⚓, *Auto*, 🚂, *vél.*, ⊕ An-, Ab-fahrt *f*, Starten *n*, Anlassen *n*, Anfahren *n*; *Sport: il a eu (od. fait) un ~ sec* er ist gut vom Start abgekommen, er hat e-n guten Start gehabt; **~rer** (~'re) [1a] **I** *v/t.* **1.** (von den Tauen) losmachen; **2.** ⊕ *u.* ⚡ anlassen; *Auto, vél.* anlassen, starten, in Betrieb setzen; **3.** F *fig.* von der Stelle bringen; **II** *v/i.* (*mit avoir*) **4.** anlaufen, in Gang kommen; ⚓ absegeln; *a.* = III; 🚂 abfahren, *Auto:* anfahren, *a.* ⊕ starten, anspringen; starten, aufsteigen (*von Raketengeschossen*); *fig.* anlaufen; *cette affaire a du mal à ~* diese Angelegenheit läuft schwer an; **5.** F von der Stelle weichen, wegfahren, -gehen; **III** *v/rfl. se ~* ⚓ sich von den Ankertauen losreißen; **~reur** (~'rœ:r) *m* ⚡ Anlasser *m*; *Auto:* Starter *m*, Anlasser *m*.

démasclage ⊕ (~mas'kla:ʒ) *m* Korkabschälung *f*.

démasquer (demas'ke) [1m] **I** *v/t.* **1.** *~ q.* j-m die Maske abreißen, j-n entlarven, bloßstellen; **2.** *~ une batterie* e-e Batterie demaskieren *od.* frei spielen lassen; *fig.* sich offen zeigen; *fig. ~ ses batteries* s-e Absichten offen zur Schau tragen, *fig.* mit offenen Karten spielen; **II** *v/rfl. se ~* die Maske abnehmen *od.* fallen lassen; *fig.* sein wahres Gesicht zeigen.

démastiquer (demasti'ke) *v/t.* [1a] loskitten, den Kitt losmachen von (*dat.*).

démâter ⚓ (demɑ'te) [1a] **I** *v/t.* entmasten; **II** *v/i.* s-e Masten verlieren.

dématérialiser (dematerjali'ze) *v/t.* [1a] entmaterialisieren, entkörpern, vergeistigen; *fig.* veredeln.

démê|lage (demɛ'la:ʒ) *m* **1.** *Brauerei:* Einmaischen *n*; **2.** Entwirren *n*; **~lé** (~'le) *m* (*bsd. im pl.*) Streit *m*, Zank *m*, Krach *m*, Händel *pl.*, Zwistigkeiten *f/pl.*; *avoir toujours des ~s avec la justice* dauernd mit dem Gericht zu tun haben; **~lement** (~l'mɑ̃) *m* Entwirrung *f*; **~ler** (~'le) [1a] **I** *v/t.* **1.** ab-, aussondern, entwirren, ordnen; *~ avec un peigne* durchkämmen (*Haar*); *fig.* klarstellen, auseinanderfädeln; *~ une affaire (une difficulté)* e-e Sache (e-e Schwierigkeit) aufklären; **2.** *~ q. dans la foule* j-n in der Menge erkennen (*od.* herausfinden); **3.** unterscheiden; *~ le vrai du faux* das Wahre vom Falschen unterscheiden; **4.** durchschauen, erraten; **5.** *avoir qch. à ~ avec q.* mit j-m ein Hühnchen zu rupfen haben; **6.** *Brauerei:* einmaischen; **II** *v/rfl. se ~* **7.** sich entwirren, sich losmachen; *fig.* sich aufklären; **8.** *se ~ de* a) sich unterscheiden von (*dat.*); b) sich heraushelfen aus (*dat.*); **~leur** (~'lœ:r) *su.* [7g] **1.** Wollkämmer *m*; **2.** *Brauerei:* Einmaischer *m*; **~loir** (~'lwa:r) *m* **1.** weiter Frisierkamm *m*; **2.** *Spin-*

nerei: Haspel *f*; **~lures** (~'ly:r) *f/pl.* ausgekämmte Haare *n/pl.*

démem|brement (demɑ̃brə'mɑ̃) *m* Teilung *f* (*e-s Landes*), Zergliederung *f*; ⚖ Übertragung *f e-s dinglichen Rechts*; *fig.* Losreißung *f*, Zerstückelung *f*; **~brer** (~'bre) *v/t.* [1a] zergliedern, zerstückeln, zerreißen; (auf-, zer-)teilen.

déména|gement (demenaʒ'mɑ̃) *m* Ausziehen *n*, Umzug *m*; ~ *de meubles* Wegschaffen *n* von Möbeln; *voiture f de* ~ Möbelwagen *m*; *frais m/pl. de* ~ Umzugskosten *pl.*; *entreprise f de* ~ Möbeltransportgeschäft *n*; **~ger** (~'ʒe) [1l] **I** *v/t.* ausräumen, weg-, fort-schaffen (*Möbel*); **II** *v/i.* **1.** aus-, um-ziehen; ~ *à la cloche de bois* bei Nacht und Nebel ausziehen; s. *déloger*; *nous avons déménagé* wir sind ausgezogen (*Handlung*); *nous sommes déménagés* wir sind ausgezogen (*Zustand*); **2.** F den Verstand verlieren, e-n Tick kriegen F; Unsinn quatschen F; *sa tête déménage* er redet Unsinn, er faselt; **~geur** (~'ʒœ:r) *su.* [7g] Möbelträger *m*, Packer *m*; Möbeltransportgeschäft *n*.

démence ⚕ (de'mɑ̃:s) *f* Wahnsinn *m*, Verrücktheit *f*, Schizophrenie *f*; *tomber en* ~ wahnsinnig werden.

démener F (dem'ne) [1d]: *v/rfl. se* ~ mit Händen u. Füßen um sich schlagen, sich gebärden, zappeln; *fig. se* ~ *pour une affaire* sich wegen e-s Geschäftes abquälen (*od.* sich abrackern F *od.* die Beine ablaufen).

dément ⚕ (de'mɑ̃) *adj.* [7] *u. su.* wahnsinnig; Wahnsinniger *m*.

démen|ti (demɑ̃'ti) *m* **1.** Lügenstrafen *n*; **2.** *bsd. pol.* Dementi *n*, Gegenerklärung *f*; Ableugnung *f*, Verleugnung *f*; **3.** F *fig.* Enttäuschung *f*; *il en aura le* ~ er wird darüber enttäuscht sein; **~tiel** (~'sjɛl) *adj.* [7c] wahnsinnig; **~tir** (~'ti:r) [2b] **I** *v/t.* **1.** ~ *q. de qch.* j-n in bezug auf etwas Lügen strafen; **2.** verleugnen, in Abrede stellen, dementieren; für falsch erklären; ~ *des faits* Tatsachen in Abrede stellen; **3.** ~ *une crainte* e-e Befürchtung widerlegen; **4.** widersprechen, nicht entsprechen; **II** *v/rfl. se* ~ sich widersprechen; sich verleugnen; sich als falsch (*od.* unwahr) erweisen; *ne se* ~ *jamais* sich stets gleichbleiben.

démerder V (demɛr'de): *se* ~ sich durchwurschteln P.

démérir ⚒ (deme'ri:r) *v/i.* [2a] abwassern.

déméri|te (deme'rit) *m* Verschuldung *f*, Versehen *n*; **~ter** (~ri'te) *v/i.* [1a]: ~ *auprès de q.* j-s Achtung (*od.* Wohlwollen) verlieren, bei j-m verspielen; **~toire** (~ri'twa:r) *adj.* tadelhaft.

démerrir ⚒ (demɛ'ri:r) *v/i.* [2a] abwassern.

démesure (dem(ə)'zy:r) *f* Übermaß *n*, Unmaß *n*; Maßlosigkeit *f*.

démesuré (dem(ə)zy're) *adj.* maßlos.

démettre (de'mɛtrə) [4p] **I** *v/t.* **1.** ausrenken, verrenken; **2.** ~ *q. d'un emploi* j-n e-s Amtes entsetzen; **3.** ⚖ abweisen; **II** *v/rfl. se* ~ sich verrenken; *fig. se* ~ *de* verzichten auf (*acc.*); *se* ~ *d'une fonction* ein Amt niederlegen, zurücktreten; ⚖ *se* ~ *d'une chose* sich e-r Sache begeben.

démeu|blement (demœblə'mɑ̃) *m* **1.** Ausräumen *n* der Möbel; **2.** Leerstehen *n e-r Wohnung*; **~bler** (~'ble) *v/t.* [1a] die Möbel wegschaffen; ausräumen; F *bouche démeublée* zahnloser Mund *m*.

demeu|rant (d[ə]mœ'rɑ̃) [7] **I** *adj.* wohnhaft; **II** *su.* Überlebender *m*; ⚖ Ansässiger *m*; **III** *m* Rest *m*; *advt. au* ~ übrigens; alles in allem, im Grunde; **~re** (d[ə]'mœ:r) *f* **1.** Wohnung *f*, Wohnsitz *m*, ständiger Aufenthalt *m*; *établir sa* ~ s-n Aufenthalt in e-m Orte nehmen; ~ *fixe* bleibender Wohnort *m*; **2.** Aufenthalt(szeit *f*) *m*, Dauer *f*; *advt. à* ~ auf die Dauer; *à perpétuelle* ~ für ewige Zeiten; *prov. il n'y a pas péril en la* ~ das eilt wirklich nicht; eile mit Weile; **3.** *a.* ⚖ *mise f en* ~ ultimative Aufforderung *f*; *mettre q. en* ~ *de ...* j-n auffordern zu ...; *fig. se mettre en* ~ *de ...* daran gehen zu ...

demeurer (d[ə]mœ're) *v/i.* [1a] **1.** (*mit avoir*) wohnen, sich aufhalten; ~ *à la campagne* (*à la ville*) auf dem Lande (in der Stadt) wohnen; *aller* ~ *à la campagne* aufs Land ziehen; **2.** (*mit avoir*) sich *mit od. bei etw.* aufhalten, *Zeit* brauchen; *il n'a demeuré qu'une heure à faire cela* er hat dafür nur e-e Stunde gebraucht; ~ *longtemps à venir* lange auf sich warten lassen; ~ *court* (in der Rede) steckenbleiben; **3.** (*mit être*) bleiben; zurück-, übrig-bleiben; ~ *dans* verharren in (*dat.*); ~ *en arrière* zurückbleiben; ~ *en reste avec q.* j-m etw. schuldig bleiben; ~ *en reste fin.* im Rückstand sein (*od.* bleiben); ~ *en chemin* unterwegs bleiben; ⚔ ~ *sur la place* auf der Strecke bleiben (*umkommen*); *où en êtes-vous demeuré(s)?* wo sind Sie stehengeblieben?; ~ *confus* beschämt dastehen; ~ *hésitant* zögern, noch im Zweifel sein; **4.** *en* ~ *là* (*de qch.*) es bei etw. (*dat.*) bewenden (bleiben) lassen; *l'affaire n'en demeurera pas là* die Sache wird weitere Folgen haben; *le travail en demeura là* die Arbeit blieb liegen; *l'histoire en demeura là* damit hatte die Geschichte ein Ende.

demi (d[ə]'mi) **I** *adj.* halb; *un* ~*-litre* ein halber Liter; *une livre et* ~*e* anderthalb Pfund *n*; *une heure et* ~*e* anderthalb Stunden *f/pl.*; *il est une heure et* ~*e* es ist halb zwei (Uhr); *midi et* ~ halb eins (*am Tage*); *minuit et* ~ halb eins (*in der Nacht*); **II** *m Sport*: Läufer *m*; *un* ~ ein Halbes *n*, ein Seidel *n*, e-e Molle P; *quatre* ~*s valent deux unités* vier Halbe machen zwei Ganze; **III** *adv.* halb; *advt. à* ~ zur Hälfte; halb; *weitS.* unvollkommen, unvollständig; *faire tout à* ~ alles nur halb machen; *plus d'à* (*od. qu'à*) ~ mehr als zur Hälfte.

demi|-bas (d[ə]mi'bɑ) *m* [6c] Kniestrumpf *m*; **~-botte** (~'bɔt) *f* [6g] Halbstiefel *m*; **~-centre** *Fußball usw.* (~'sɑ̃:trə) *m* [6g] Mittelläufer *m*; **~-cercle** (~'sɛrklə) *m* [6g] Halbkreis *m*; **~-cultivé** (~kylti've) *adj.* [7] halbgebildet; **~-deuil** (~'dœj) *m* [6g] Halbtrauer(kleidung *f*) *f*; **~-diamètre** *géom.* (~dja'mɛtrə) *m* Halbmesser *m*, Radius *m*; **~-dieu** *myth., fig.* (~'djø) *m* [6g] Halbgott *m*.

demie (d[ə]'mi) *f* halbe Stunde *f*; *la* ~ *sonne* es schlägt halb; *sonner les heures et les* ~*s* voll und halb schlagen (*Uhr*).

démieller ⊕ (demjɛ'le) *v/t.* [1a] den Honig aus dem Wachs auspressen.

demi|-fin (d[ə]mi'fɛ̃) *adj.* [7] halbfein; halb Gold, halb Silber; **~-finale** *Sport* (~fi'nal) *f* [6g] Zwischenrunde *f*; **~-fini** (~fi'ni) *adj.* [7] halbfertig; **~-fluide** (~fly'id) *adj.* [7] halbflüssig; **~-fond** *Sport* (~'fɔ̃) *m*: *coureur m de* ~ Mittelstreckenläufer *m*, -fahrer *m*; **~-frère** (~'frɛ:r) *m* Halb-, Stiefbruder *m*; **~-gros** (~'gro) *m* Zwischenhandel *m*; *commerçant m en* ~ Zwischenhändler *m*; **~-guêtre** (~'gɛ:trə) *f* kurze Gamasche *f*; **~-heure** (~'œ:r) *f* halbe Stunde *f*; **~-image** *télév.* (~i'ma:ʒ) *f* Halbbild *n*; **~-jour** (~'ʒu:r) *m* Halbdunkel *n*, Zwielicht *n*.

démilitaris|ation (demilitarizɑ'sjɔ̃) *f* Entmilitarisierung *f*; **~er** (~'ze) *v/t.* [1a] entmilitarisieren.

demi|-londrès (d[ə]milɔ̃'drɛs) *m* halbe Londres(habana-)zigarre *f*; **~-long** (~'lɔ̃) *adj.* [7i] halblang; **~-lune** (~'lyn) *f* Halbmond *m*; **~-mal** F (~'mal) *adv.*: *ce n'est que* ~, *il n'y a que* ~ das ist halb so schlimm; das ist nicht so gefährlich; nur keine Aufregung!; **~-mondaine** (~mɔ̃'dɛn) *f* Halbweltdame *f*; **~-monde** *péj.* (~'mɔ̃:d) *m fig. mv.p.* Halbwelt *f*, Lebewelt *f*; **~-mort** (~'mɔ:r) *adj.* [7] halbtot; **~-mot** (~'mo) *advt.*: *entendre à* ~ auf e-e bloße Andeutung hin verstehen.

déminéralis|ation (demineralizɑ'sjɔ̃) *f* Salzverarmung *f*; **~er** (~'ze) *v/t.* [1a] Mineralsalze entziehen.

demi|-page (d[ə]mi'pa:ʒ) *f* [6g] halbe Seite *f*; **~-pause** ♪ (~'po:z) *f* halbe Pause *f*; **~-pension** (~pɑ̃'sjɔ̃) *f* halbe Pension *f*; **~-pensionnaire** (~pɑ̃sjɔ'nɛ:r) *m* Halbpensionär *m*; **~-pièce** (~'pjɛs) *f* halbes Stück *n* (*Stoff*); Halbfaß *n* (*Wein*); **~-place** (~'plas) *f*: *payer* ~ die Hälfte (*des Sitzplatzes*) bezahlen; **~-portion** (~pɔr'sjɔ̃) *f* halbe Portion *f*; **~-produit** (~prɔ'dɥi) *m* [6g] Halbfertigfabrikat *n*; **~-quart** (~'ka:r) *m* Achtel *n*; **~-ration** (~rɑ'sjɔ̃) *f* [6g] halbe Ration *f*; **~-reliure** (~rə'ljy:r) *f* Halbfranzband *m*; **~-saison** (~sɛ'zɔ̃) *f* Übergangszeit *f* (*Frühling od. Herbst*); *vêtements m/pl. de* ~ Übergangsbekleidung *f*; *un* ~ ein Übergangsbekleidungsstück *n*, ein Übergangskleid *n*; *manteau m de* ~ Übergangs-, Frühlings-, Herbstmantel *m*; **~-sang** (~'sɑ̃) *m* Halbblut *n* (*Pferdezucht*); **~-savoir** (~sa'vwa:r) *m* Halbwissen *n*; **~-sel** *péj.* (~'sɛl) *m inv.* Halbstarker *m*; **~-setier** † (~s[ə]'tje) *m* $^1/_4$ Liter *Wein*; **~-sœur** (~'sœ:r) *f* Halb-, Stief-schwester *f*; **~-solde** (~'sɔld) **I** *f* Wartegeld *n*; *mettre en* ~ auf Wartegeld setzen; **II** *m inv.* Offizier *m* auf Wartegeld; **~-sommeil** (~sɔ'mɛj) *m* Halbschlaf *m*, Dösen *n*; **~-soupir** ♪ (~su'pi:r) *m* Achtelpause *f*.

démission (demi'sjõ) *f* **1.** Abdankung *f*, Rücktritt *m*, Niederlegung *f e-s Amtes*; *donner sa ~* s-e Entlassung einreichen (*od.* beantragen), aus dem Dienst ausscheiden; **2.** ⚖ Abtretung *f*; **~naire** (~sjɔ'nɛ:r) *adj. u. su.* zurückgetreten(er Beamter *m*); *être ~* zurücktreten, sein Amt niederlegen; **~ner** (~'ne) [1a] **I** *v/i.* sein Amt niederlegen; aus dem Dienst ausscheiden, zurücktreten; **II** F *v/t. ~ q.* j-n zum Dienstaustritt (zur Amtsniederlegung) zwingen.

demi|-tasse (d[ə]mi'tɑ:s) *f* Mokkatasse *f*; **~-teinte** (~'tɛ̃:t) *f peint.* Mittelfarbe *f*; Halbschatten *m*; ♪ abgeschwächte (*od.* gedämpfte) Schallfülle *f*; **~-ton** ♪ (~'tõ) *m* halber Ton *m*; **~-tour** (~'tu:r) *m* Kehrtwendung *f*; *~ à droite!* rechtsum kehrt!; *faire ~* kehrtmachen.

démiurge *phil.* (demi'yrʒ) *m* Demiurg *m*, Weltordner *m*.

demi-voix (d[ə]mi'vwa) *adv.*: *à ~* halblaut.

démobilis|ation (demɔbiliza'sjõ) *f* Demobilisierung *f*, Entlassung *f* aus dem Militärdienst; **~er** (~'ze) *v/t.* [1a] demobilisieren, aus dem Militärdienst entlassen.

démocra|te (demɔ'krat) **I** *m* Demokrat *m*; **II** *adj.* demokratisch (*nur v. Personen u. Parteien*); **~tie** (demɔkra'si) *f* Demokratie *f*; **~tique** (~'tik) *adj.* demokratisch (*nur v. Einrichtungen*); **~tisation** *pol.* (~tiza'sjõ) *f* Demokratisierung *f*; **~tiser** (~ti'ze) [1a] **I** *v/t.* a) demokratisieren; b) *fig. ~ la science* die Wissenschaft allgemeinverständlich machen; **II** *v/rfl.* *se ~* a) demokratisch werden; b) allgemeinverständlich werden.

démoder (demɔ'de) [1a] **I** *v/t.* aus der Mode bringen; *démodé* unmodern; **II** *v/rfl.* *se ~* aus der Mode kommen, unmodern werden, veralten.

démograph|e (demɔ'graf) *m* Demograph *m*, Bevölkerungsstatistiker *m*; **~ie** (~'fi) *f* Demographie *f*, Bevölkerungsstatistik *f*; **~ique** (~'fik) *adj.* bevölkerungs-politisch, -statistisch; Bevölkerungs...

demoiselle (d[ə]mwa'zel) *f* **1.** Fräulein *n* (*nicht in der Anrede*), Mädchen *n*; P Tochter *f*; *~ de magasin* Verkäuferin *f*; *~ d'honneur* Brautjungfer *f*; *~ du téléphone* Telephonistin *f*; *elle est encore ~* sie ist noch ledig; *rester ~* ledig bleiben; **2.** *ent.* Libelle *f*; **3.** ⊕ Handramme *f*; **4.** ⊕ Handschuhweiter *m*.

démo|lir (demɔ'li:r) *v/t.* [2a] **1.** ein-, ab-, nieder-reißen, abtragen; *fig.* umstürzen; *~ des fortifications* Festungswerke schleifen; *~ un navire* ein Schiff abtakeln (*od.* verschrotten); *~ à coups de canon* zusammenschießen; **2.** F *fig. ~ q.* die Gesundheit j-s zerrütten; j-s guten Ruf zugrunderichten; j-n zs.-schlagen; **~lisseur** (~li'sœ:r) *su.* [7g] **1.** Abbruch-arbeiter *m*, -unternehmer *m*; **2.** *fig.* (politischer) Umstürzler *m*; **3.** *fig.* Kritikaster *m*; **~lition** (~li'sjõ) *f* **1.** Abbruch *m*, Einreißen *n*, Niederreißen *n*, Abbrechen *n*, Zerstörung *f*, Schleifen *n v. Festungswerken*; *travaux m/pl. de ~* Abbrucharbeiten *f/pl.*; **2.** **~s** *pl.* Trümmer *pl.*

démon (de'mõ) *m* **1.** *myth.* Dämon *m*, höheres Wesen *n*, (Schutz-) Geist *m*; *le ~ familier* die innere Stimme *f*; **2.** böser Geist *m*, Teufel *m*; **3.** Plagegeist *m*, Quälgeist *m*; *faire le ~* e-n Höllenlärm machen; **4.** *fig.* **~** *(intérieur)* innerer Trieb *m*; *~ du jeu* Spielteufel *m*.

démonéti|sation (demɔnetiza'sjõ) *f* Entwertung *f* des Geldes, Außerkurssetzung *f*; **~ser** (~'ze) *v/t.* [1a] den Wert des Geldes herabsetzen; entwerten, außer Kurs setzen.

démoniaque (demɔ'njak) *adj. u. su.* besessen, teuflisch, satanisch, dämonisch; Besessener *m*; Dämonische *n* (*Zustand*).

démonstra|teur (demõstra'tœ:r) *m* Erklärer *m*, Vorführer *m*; **~tif** (~'tif) *adj.* [7e] □ **1.** beweisend, bündig, schlagend, überzeugend; **2.** *gr.*: *pronom m ~* Demonstrativpronomen *n*; **3.** ausdrucksvoll, warmherzig; mitteilsam; **~tion** (~stra'sjõ) *f* **1.** Beweisführung *f*, Beweis *m*; Kundgebung *f*, Demonstration *f*; Äußerung *f od.* Bekundung *f*; **2.** Vortrag *m* mit praktischen Vorführungen; **3.** ⚔ Scheinmanöver *n*.

démon|table (demõ'tablə) *adj.* auseinander-, ab-nehmbar, ausziehbar, zerlegbar; **~tage** (~'ta:ʒ) *m* Demontage *f*, Demontieren *n*, Auseinandernehmen *n*; ⚠ Abrüsten *n*; ⚓ Abwracken *n*.

démonte-pneu *Auto* (de'mɔ̃tə'pnø) *m* [6c] Reifenheber *m*.

démonter (demɔ̃'te) [1a] **I** *v/t*. **1.** ~ *q*. j-n aus dem Sattel heben, j-n abwerfen; *fig*. j-n absetzen, kaltstellen; **2.** ~ *la cavalerie* die Reiter abwerfen; **3.** ⊕ *Maschine* demontieren, auseinandernehmen, zerlegen; *Gerüst* abbrechen; ⚓ abwracken; *Edelstein* aus der Fassung herausnehmen; **4.** *fig*. aus der Fassung bringen, verwirren; ⚔ außer Gefecht setzen; **5.** ⚓ *mer f démontée* stürmische See *f*; **II** *v/rfl*. *se* ~ **6.** sich auseinandernehmen lassen; **7.** auseinandergehen; **8.** *fig*. die Fassung verlieren, stocken, außer sich geraten, explodieren; *fig*. *la machine commence à se* ~ a) die Geschichte fängt an, faul zu werden; b) es fängt an, mit der Gesundheit zu hapern.

démontrer (~'tre) [1a] **I** *v/t*. **1.** beweisen, zeigen, darlegen, demonstrieren; **2.** (durch Vorzeigen) erklären, anschaulich erläutern, praktisch vorführen; **II** *v/rfl*. *se* ~ sich beweisen lassen.

démorali|sant (demɔrali'zɑ̃) *adj*. [7] demoralisierend, entmutigend, entsittlichend; *allg*. *c'est* ~ das macht e-n fertig; **~sateur** (~za'tœ:r) [7f] **I** *adj*. demoralisierend, entsittlichend; verderblich; **II** *su*. Sittenverderber *m*; **~sation** (~zɑ'sjɔ̃) *f* **1.** Demoralisierung *f*, Sittenverderbnis *f*, Verkommenheit *f*, Entsittlichung *f*; **2.** Mutlosigkeit *f*; **~ser** (~'ze) [1a] **I** *v/t*. **1.** demoralisieren, entsittlichen, sittlich verderben; **2.** mutlos machen, entmutigen, das Selbstvertrauen nehmen (*dat*.); **II** *v/rfl*. *se* ~ moralisch sinken, sittlich verkommen; mutlos werden, das Selbstvertrauen verlieren.

démordre (de'mɔrdrə) *v/i*. [4a] *fig*. *ne pas en* ~ *de* nicht locker lassen von (*dat*.), nicht ablassen von (*dat*.), sich verbeißen in (*acc*.); *abs*. (*ohne de*) auf s-m Kopfe bestehen; *il ne veut pas en* ~ er läßt nicht locker.

démou|lage (demu'la:ʒ) *m* Herausnehmen *n* aus der Form; **~ler** (~'le) *v/t*. [1a] aus der Form nehmen; **~leur** (~'lœ:r) *m* Kokillenmann *m*, Abstreifer *m*.

démultiplicat|eur ⊕ (demyltiplika'tœ:r) *m* Untersetzungs-, Reduzier-getriebe *n*; *rad*. (bouton *m*) ~ Fein(ein)steller *m*; **~ion** (~kɑ'sjɔ̃) *f* ⊕ Untersetzung *f*; *rad*. Fein(ein)stellung *f*.

démuni (demy'ni) *adj*. *u*. *su*. bedürftig; Bedürftiger *m*; **~r** (~'ni:r) *v/t*. [2a] entblößen, berauben; *complètement démuni* völlig mittellos; *se* ~ *de qch*. etw. auf-, preisgeben, auf etw. verzichten.

démurer △ (demy're) *v/t*. [1a] e-e Maueröffnung wieder aufbrechen.

démuseler (demyz'le) *v/t*. [1c] den Maulkorb abnehmen; *fig*. ~ *les passions* den Leidenschaften freien Lauf geben, die Leidenschaften entfesseln.

dénantir (denɑ̃'ti:r) [2a] *v/rfl*.: *se* ~ *de qch*. etw. preisgeben, aus den Händen geben.

dénatalité (denatali'te) *f* Geburtenrückgang *m*.

dénationalis|ation (denasjɔnalizɑ'sjɔ̃) *f* Entnationalisierung *f*; **~er** (~'ze) [1a] **I** *v/t*. entnationalisieren, des nationalen Charakters berauben; die Verstaatlichung *e-s Unternehmens* rückgängig machen; **II** *v/rfl*. *se* ~ s-e Staatsangehörigkeit (s-n nationalen Charakter, sein Volkstum) verlieren.

dénatter (dena'te) [1a] **I** *v/t*. Haare aufflechten; **II** *v/rfl*. *se* ~ aufgehen (*Zopf*).

dénaturalis|ation (denatyralizɑ'sjɔ̃) *f* Verlust *m* des Heimatrechts, Ausbürgerung *f*; **~er** (~'ze) *v/t*. [1a] ausbürgern, entnaturalisieren.

dénatu|ration (denatyrɑ'sjɔ̃) *f* **1.** Entstellung *f*; **2.** ⚕ Denaturierung *f des Spiritus*; **~ré** (~'re) *adj*. entstellt; unnatürlich; entartet, unmenschlich, entmenscht; herzlos; *mère f dénaturée* Rabenmutter *f*; **~rer** (~) [1a] **I** *v/t*. **1.** die Natur e-s Dinges verändern; ~ *un fait* e-e Tatsache entstellen; **2.** ⚕ denaturieren, vergällen; *alcool m dénaturé* denaturierter Spiritus *m*; **II** *v/rfl*. *se* ~ sich verändern, entarten.

dénazi|fication *pol*. (denazifikɑ'sjɔ̃) *f* Entnazifizierung *f*; **~fier** *pol*. (~'fje) *v/t*. [1a] entnazifizieren.

denché ⛉ (dɑ̃'ʃe) *adj*. gezähnt; gezackt.

dendr|ite (dɑ̃'drit) *f* **1.** *min*. Stein *m* mit pflanzenähnlicher Zeichnung; **2.** *géol*. fossiler Baum *m*; **3.** *anat*. verzweigter Protoplasmafortsatz *m* der Nervenzellen; **~olithe** (~drɔ'lit) *m* versteinerter Baum *m*; **~ologie** (~drɔlɔ'ʒi) *f* Baum-kunde *f*, -zuchtlehre *f*; **~ophage** (~drɔ'fa:ʒ) *adj.* holzfressend.

dénéga|tion *bsd.* ⚖ (denegɑ'sjɔ̃) *f* Leugnen *n*, Bestreiten *n*.

déneigement (denɛʒ'mɑ̃) *m* Schneebeseitigung *f*.

déni ⚖ (de'ni) *m* Versagung *f*; ~ *de justice* Rechtsverweigerung *f*.

déniai|sé (denjɛ'ze) *adj.* durchtrieben, schlau; gewitzt; **~ser** (~'ze) [1b] **I** *v/t.* klüger (*od.* gewitzt) machen, aufklären; **II** *v/rfl.* *se* ~ klüger (*od.* aufgeklärt) werden.

dénich|er (deni'ʃe) [1a] **I** *v/t.* **1.** aus dem Neste (*od.* der Nische) nehmen; **2.** F ausfindig machen, herauskriegen, entdecken, hervor--kramen, -buddeln, auftreiben, aufstöbern; **3.** vertreiben, verjagen; **II** *v/i.* das Nest verlassen, ausfliegen; F *fig.* sich aus dem Staube machen; *les oiseaux (s)ont déniché(s)* das Nest ist leer; **~eur** (~'ʃœ:r) *su.* [7g] Nesterausnehmer *m*; Aufstöberer *m*; ~ *de curiosités* (*od. d'objets rares*) Raritätenjäger *m*.

dénicotinis|ation (denikɔtinizɑ'sjɔ̃) *f* Entnikotinisierung *f*; **~é** (~'ze) *adj.* nikotinfrei; **~er** (~) *v/t.* [1a] nikotin frei machen.

denier (də'nje) *m* **1.** Heller *m*; *fig.* Scherflein *n*; (*bsd.* ~*s pl.*) Geld *n*; ~*s comptants* bares Geld *n*; ~*s publics* Staatsgelder *n/pl.*; ~*s pupillaires* Mündelgeld *n*; *un* ~ *assez coquet* ein recht beachtliches Sümmchen *n*; ~ *à Dieu* Hand-, Drauf-geld *n*; ***payer jusqu'au dernier*** ~ auf Heller u. Pfennig bezahlen; **2.** Denier *m* (*Fadenstärke der Garne od. Fasern, z. B. beim Damenstrumpf*).

dénier (de'nje) *v/t.* [1a] (ab)leugnen; ~ *par serment* abschwören; ~ *qch. à q.* j-m etw. verweigern *od.* abschlagen.

déni|grement (denigrə'mɑ̃) *m* Verleumdung *f*; Anschwärzung *f*, Verunglimpfung *f*; **~grer** (~'gre) *v/t.* [1a] (*auch abs.*) anschwärzen, verleumden, verunglimpfen; **~greur** (~'grœ:r) *su.* [7g] Verleumder *m*, Verunglimpfer *m*, Lästerzunge *f*.

dénitrification (denitrifikɑ'sjɔ̃) *f* [Stickstoffentziehung *f*.]

dénivel|er (deni'vle) *v/t.* [1c] den Boden uneben machen; **~lation** (denivɛlɑ'sjɔ̃) *f* Unebenheit *f*, Bodensenkung *f*; ✝ Preisunterschied *m*; *fig.* ~*s pl. de culture* Bildungs-rückgang *m*, -unterschiede *m/pl.*

dénom|brement (denɔ̃brə'mɑ̃) *m* Zählung *f*, Aufzählung *f*; (namentliche) Abzählung *f* (*e-r Gruppe*); **~brer** (~'bre) *v/t.* [1a] (auf)zählen; namentlich abzählen (*e-r Gruppe*).

dénomina|teur ✗ (denɔmina'tœ:r) *m* Nenner *m*; **~tif** (~'tif) *adj.* [7e] benennend; **~tion** (~nɑ'sjɔ̃) *f* Benennung *f*, Namhaftmachung *f*.

dénommer (denɔ'me) [1a] *v/t.* benennen, namhaft machen, namentlich aufführen.

dénon|çable (denɔ̃'sablə) *adj.* kündbar (*Vertrag*); **~cer** (~'se) *v/t.* [1k] **1.** ~ *un traité* e-n Vertrag (auf)kündigen; **2.** ~ *q.* j-n anzeigen, denunzieren, angeben; *le coupable se dénonce* der Schuldige stellt sich; *écol. j'espère que le coupable se dénoncera* der Schuldige wird sich hoffentlich melden; **3.** *fig.* verraten, erkennen lassen; **~ciateur** (~sja'tœ:r) gebend; Denunziant *m*; *fig.* Verräter *m*; **~ciation** (~sjɑ'sjɔ̃) *f* **1.** Kündigung *f* (*e-s Vertrages*); **2.** Anzeige *f*, Denunziation *f*.

déno|tation (denɔtɑ'sjɔ̃) *f* Bezeichnung *f*; **~ter** (~'te) *v/t.* [1a] bezeichnen, anzeigen, andeuten, *auf etw.* (*acc.*) schließen lassen, kennzeichnen.

dénou|able (de'nwablə) *adj.* auflösbar; **~ement** (~nu'mɑ̃) *m* Lösung *f* des Knotens; Ausgang *m e-r Sache*, Entscheidung *f*; **~er** (~'nue) [1a] **I** *v/t.* **1.** aufknüpfen, *den Knoten* lösen; *fig.* klären; ~ *la langue à q.* j-m die Zunge lösen, j-n zum Sprechen bringen; **2.** geschmeidiger (*od.* gelenkiger) machen; **II** *v/rfl.* *se* ~ sich auflösen, aufgehen; sich entwickeln, verlaufen, ausgehen; gelenkiger werden.

denrée (dɑ̃'re) *f* **1.** Eßware *f*: ~*s pl. alimentaires* Lebensmittel *n/pl.*; *usine f de* ~*s alimentaires* Lebensmittelfabrik *f*; ~*s coloniales* Kolonialwaren *f/pl.*; **2.** *allg.* Ware *f*; ~ *marchande* gängige Ware *f*; ~ *rare* Seltenheit *f*.

dens|e (dɑ̃:s) *adj.* **1.** dicht, fest aneinander; **2.** *phys.* spezifisch schwer; **~imètre** *phys.* (dɑ̃si'mɛtrə) *m* Dichtigkeitsmesser *m*; **~ité** (~si'te) *f* **1.** Dichtigkeit *f*, Festigkeit *f*; ~ *de la population*

Bevölkerungsdichte *f*; *à forte ~ de population* dicht bevölkert; *fig. ~ de la vie* Lebensfülle *f*; **2.** spezifisches Gewicht *n*.

dent (dɑ̃) *f* **1.** Zahn *m*; *~ de l'œil, ~ canine* Augenzahn *m*; *~s pl. angulaires* Eckzähne *m/pl.*; *grosse ~, ~ molaire* Backenzahn *m*; *~s de dessous od. ~s d'en bas* (*~s de dessus od. ~s d'en haut*) untere (obere) Zähne *m/pl.*; *~ de devant* Vorderzahn *m*; *fausses ~s* falsche Zähne *m/pl.*; *~s incisives* Schneidezähne *m/pl.*; *~s de lait* Milchzähne *m/pl.*; *~ à pivot* Stiftzahn *m*; *~ de sagesse* Weisheitszahn *m*; *~s artificielles* Zahnersatz *m*, künstliche Zähne *m/pl.*; *brosse f à ~s* Zahnbürste *f*; ⚕ *carie f des ~s* Zahnfäule *f*; *mal m de ~s* Zahnschmerzen *m/pl.*; *se faire arracher od. extraire une ~* sich e-n Zahn ziehen lassen; P *avoir la ~* Hunger haben; *avoir les ~s (bien) longues (od. aiguisées)*: a) e-n Riesen-, Heiß-hunger haben; Kohldampf schieben P; b) profitgierig *od.* gewinnsüchtig *od.* sehr ehrgeizig sein; *avoir (od. conserver od. garder) une ~ contre q.* e-n Pik auf j-n haben, s-e Wut auf j-n aufspeichern; *ne pas desserrer les ~s fig.* den Mund nicht aufmachen, hartnäckig schweigen; *faire ses ~s* Zähne bekommen; zahnen; F *je n'avais rien à me mettre sous la ~* ich hatte nichts zu beißen; *n'avoir pas de quoi se mettre sous la ~* nichts zu beißen haben, Kohldampf schieben P; s. *dîner*; *mordre à belles ~s* tüchtig zulangen, ordentlich reinhauen (*beim Essen*); *montrer les ~s à q.* die Zähne zeigen, j-m drohen; *être armé jusqu'aux ~s* bis an die Zähne bewaffnet sein; F *être savant jusqu'aux ~s* äußerst beschlagen sein F, gut Bescheid wissen; F *être sur les ~s* ganz kaputt (*od.* fertig *od.* runter) sein F, hundemüde sein; sich abrackern; *prendre le mors aux ~s* durchgehen (*Pferd*); F *fig.* wütend werden, aufbrausen, sich plötzlich ereifern; *parler entre ses ~s* undeutlich sprechen, nuscheln P; *rire du bout des ~s* gezwungen lachen; *prov. œil pour œil, ~ pour ~* Auge um Auge, Zahn um Zahn; **2.** Scharte *f e-s Messers*; **3.** Horn *n*, Bergkegel *m*; **4.** ⊕ Zahn *m an Rädern usw.*, Zacken *m*, Zinke *f an Gerätschaften*; **5.** *Näherei*: *~s pl. de loup* Randzäckchen *n/pl.*

den|tage ⊕ (dɑ̃'ta:ʒ) *m* Verzahnung *f*; **~taire** (~'tɛ:r) **I** *adj. anat.* Zahn...; *chirurgie f ~* Zahnheilkunde *f*; *nerf m ~* Zahnnerv *m*; **II** *f* ⚘ Zahnwurz *f*; **~tale** (~'tal) *f* **1.** *gr.* Dental(laut *m*) *m*; **2.** *zo.* Zahnschnecke *f*.

dent-de|-chien (dɑ̃də'ʃjɛ̃) *f* [6b] **1.** ⚘ gemeiner Hundszahn *m*; **2.** Bildhauermeißel *m*; **~-lion** ⚘ (~'ljɔ̃) *f* [6b] Löwenzahn *m*, Butterblume *f*; **~-loup** ⊕ (~'lu) *f* [6b] Zapfennagel *m*; Sperrklinke *f*.

denté (dɑ̃'te) *adj.* gezahnt; gezackt; *roue f ~e* Zahnrad *n*; *feuille f ~e* gezacktes Blatt *n*.

dentée *ch.* (~) *f* Biß *m* des Hundes am Wild.

dente|lé (dɑ̃'tle) **I** *adj.* gezähnt, zackig; **II** *m anat. grand ~* Sägemuskel *m*; **~ler** ⊕ (~) *v/t.* [1c] (aus-)zacken, zähneln.

dentel|le (dɑ̃'tɛl) *f* **1.** Spitze *f* (*feines Gewebe*); *~s pl.* Spitzen *f/pl.*; *faire de la ~* (Spitzen) klöppeln; *faiseuse f de ~* Spitzenklöpplerin *f*; *aiguille f à ~* Klöppnadel *f*; *garniture f de ~(s)* Spitzenbesatz *m*; *~ à l'aiguille, ~ de point* genähte Spitze *f*; *~ anglaise* Baumwollspitze *f*; *~ au fuseau* geklöppelte Spitze *f*, Klöppelarbeit *f*; *~ de soie* Seidenspitze *f*, Blonde *f*; **2.** * *de la ~* Geldscheine *m/pl.*; **~lerie** (~tɛl'ri) *f* Spitzen-fabrikation *f*, -handel *m*; **~lier** (~tɛl'je) **I** *su.* [7b] Spitzenfabrikant *m*, -klöppler *m*, -händler *m*; **II** *adj. industrie f dentellière* Spitzenindustrie *f*.

dentelure (dɑ̃'tly:r) *f* ⊕ Auszackung *f*, Zahnschnitt *m*; ⚠ Sägezahnverzierung *f*.

denter ⊕ (dɑ̃'te) *v/t.* [1a] verzahnen, mit Zähnen versehen.

denti|cule ⚠ (dɑ̃ti'kyl) *m* Zähnchen *n*; *~s pl.* Kälberzähne *m/pl.*; **~culé** (~ky'le) *adj.* gezähnt; **~er** (~'tje) *m* künstliches Gebiß *n*, (Zahn-)Prothese *f*; **~fication** (~tifikɑ'sjɔ̃) *f* Zahnbildung *f*; **~frice** (~'fris) **I** *adj.* zahnreinigend; *eau f ~* Mundwasser *n*; *pâte f ~* Zahnkrem *m*, Zahnpaste *f*; *poudre f ~* Zahnpulver *n*; **II** *m* Zahnpaste *f*; **~ne** *anat.* (dɑ̃'tin) *f* Zahnbein *n*; **~rostre** *orn.* (~'rɔstrə) *m* Zahnschnäbler *m*; **~ste** (~'tist) **I** *su.* Zahnarzt *m*; **II** *adj.*: *chirurgien m ~* Zahnchirurg *m*; *mécanicien m ~*

Zahntechniker *m*; **~tion** (~ti'sjõ) *f* **1.** Zahnen *n*; **2.** *natürliches* Gebiß *n*, Zähne *m/pl.*
denture (dɑ̃'ty:r) *f* **1.** natürliches Gebiß *n*; **2.** ⊕ Zähne *m/pl.* im Uhrwerk; Zahnung *f*.
dénucléarisation (denyklearizɑ'sjõ) *f* Schaffung e-r atom(waffen-)freien Zone.
dénu|dation (denydɑ'sjõ) *f* Kahlheit *f*, Bloßliegen *n*; Entblößung *f*; Bloßlegen *n*; *géol.* Denudation *f*; **~dé** (~'de) *adj.* entblößt; blätterlos; kahl; *fig.* bloß, beraubt; ~ *de tout secours* völlig hilflos, ohne jede Hilfe; ~ *d'argent* völlig mittellos; ~ *de sens* ohne jeden Sinn; ~ *de tout* völlig verarmt; **~der** (~) [1a] **I** *v/t.* entblößen, bloßlegen; nackt ausziehen; *Baum* entblättern, abrinden; abisolieren, abmanteln; *géol.* die Vegetation vernichten; **II** *v/rfl.* se ~ kahl werden; **~ement** (deny'mɑ̃) *m* bitterste Not *f*, Mittellosigkeit *f*, Elend *n*, Armut *f*; *être dans un ~ complet* völlig mittellos dastehen; **~er** (de'nɥe) [1a] **I** *v/t.* berauben; *dénué de fondement* grund-, halt-los; **II** *v/rfl.* se ~ *de tout* auf alles verzichten.
dépann|age *rad.*, *Auto*, ⊕ (depa'na:ʒ) *m* Reparatur *f*; Abschleppen *n*; **~er** *rad.*, *Auto*, ⊕ (~'ne) *v/t.* [1a] reparieren, e-e Panne beseitigen, wieder flott machen, wieder in Gang bringen; *Auto* abschleppen; F ~ *q.* j-m aus der Klemme (*od.* Panne) helfen; **~eur** (~'nœ:r) *m* **1.** Reparateur *m*; Autoschlosser *m*; **2.** Aushelfer *m*; **3.** *Auto*: Abschleppwagen *m*; **~euse** *Auto* (~'nø:z) *f* Abschleppwagen *m*.
dépaqueter (depak'te) *v/t.* [1c] auspacken.
de par (də'pa:r) *prp.* **1.** *nur noch gebr. in*: *de par le monde* irgendwo in der Welt; **2.** *abus.* wegen, auf Grund (*gén.*); *de par sa situation* auf Grund s-r Stellung; *de par la tradition* traditionsgemäß.
déparasitage ⚡ (deparazi'ta:ʒ) *m* Entstörung *f*.
dépareiller (deparɛ'je) [1a] **I** *v/t.* Zusammengehöriges trennen, unvollständig machen; *dépareillé* nicht zusammenpassend; einzeln, unvollständig; **II** *v/rfl.* se ~ unvollständig (*od.* ungleich) werden.
déparer (depa're) *v/t.* [1a] *fig.* verunstalten, entstellen, verunzieren.
déparier (depar'je) *v/t.* [1a] paarweise Zusammengehöriges trennen.
déparler F (depar'le) *v/i.* [1a]: *il ne déparle point* er muß dauernd reden, er kann nie still sein.
déparquer (~'ke) *v/t.* [1m] aus dem Pferch lassen (*Schafe*); ~ *des huîtres* Austern aus dem Park nehmen.
départ (de'pa:r) *m* **1.** Abfahrt *f*; Abreise *f*; Weggang *m*; Fortzug *m*; Aufbruch *m*; Ausscheiden *n*, Abtreten *n*; ⚔ Abmarsch *m*; ⚓ Absegeln *n*; ✈ Abflug *m*, Start *m*; *Sport*: Start *m*; *prendre le* ~ starten; *être sur son* ~ im Begriffe sein abzureisen (*od.* abzufahren *od.* zu starten); *bureau m de* ~ (*des* ~*s*) Aufgabeamt *n*, Abfertigungsstelle *f*; *heure f de* ~ Abfahrtszeit *f*; *fig. point m de* ~ Ausgangspunkt *m*; *annoncer son* ~ *à la police* sich polizeilich abmelden; *déclaration f de* ~ Abmeldung *f*; **2.** ⚔ Abschuß *m* e-r *Waffe*; **3.** ⚗ Trennung *f*, Ausscheidung *f*, Sonderung *f*.
dépar|tager (departa'ʒe) *v/t.* [1l] **1.** ~ *les voix* bei Stimmengleichheit den Ausschlag geben; **2.** *Sport*, *Wahl*: e-e Rangliste aufstellen; **~tement** (~tə'mɑ̃) *m* **1.** Departement *n*, Regierungs-, Verwaltungsbezirk *m*; *les* ~*s* die Provinz (*im Gegensatz zu Paris*); **2.** Geschäftsbereich *m*; Verwaltungs-, Ministerial-abteilung *f*; *fig. cela n'est pas (de) son* ~ das schlägt nicht in sein Fach, das ist nicht sein Gebiet; **~temental** (~təmɑ̃'tal) *adj.* [5c] Departements...; *route f* ~*e* Straße *f* erster Ordnung.
départir (depar'ti:r) [2b], *jedoch oft abus.* [2a] **I** *v/t.* aus-, ver-teilen, zuerteilen; **II** *v/rfl.* se ~ de ablassen von (*dat.*); se ~ *de son devoir* von s-r Pflicht abweichen; *ne pas se* ~ *de son sang-froid* sich nicht aus der Ruhe bringen lassen; se ~ *d'une règle* von e-r Regel abweichen.
dépassement (depɑs'mɑ̃) *m* Überholen *n* (*im Verkehr*); Überschreitung *f* (*Kredit*); ~ *interdit* Überholverbot *n*.
dépasser (depɑ'se) *v/t.* [1a] **1.** ~ *q.* (*qch.*) j-n (etw.) an Schnelligkeit überholen *od.* hinter sich lassen; ~ *le but* das Ziel überschreiten; **2.** ~ *q. en latin* j-n im lateinischen übertreffen; ~ *qch.* höher hinaufreichen als etw., sich höher belaufen als etw.; etw. überschreiten; über

etw. hinausgehen; e-e Anleihe überzeichnen; körperlich überragen, größer sein; *il me dépasse* er ist größer als ich, er ist mir über den Kopf gewachsen; ~ *ses pouvoirs* s-e Machtbefugnis überschreiten; *cela dépasse mes forces* das geht über meine Kräfte; *cela dépasse mes moyens* ich kann es nicht erschwingen, das geht über meinen Geldbeutel; *cela le dépasse* er ist dem nicht gewachsen, das geht über s-n Horizont F; F *cela me dépasse* da bin ich doch erstaunt; *écol. avoir dépassé l'âge scolaire* aus dem schulpflichtigen Alter hinaussein; ✝ ~ *la souscription* (*od. l'émission*) überzeichnen.

dépa|vage (depa'va:ʒ) *m* Aufreißen *n* des Pflasters; **~ver** (~'ve) *v/t.* [1a]: ~ *une rue* das Pflaster e-r Straße aufreißen.

dépays|ement (depeiz'mɑ̃) *m* Veränderung *f* des Ortes; Entfremdung *f*; Hang *m* zum Ausland (*od.* zur Fremde); Fremdartigkeit *f*; Loslösung *f* vom Alltäglichen; **~er** (~'ze) *v/t.* [1a] **1.** in die Fremde schicken; **2.** *fig.* irreführen; *fig.* auf ein fremdes Gebiet bringen; *écol. Ausländer* mit der franz. Sprache u. Kultur vertraut machen; *se trouver dépaysé* nicht Bescheid wissen, sich nicht heimisch fühlen; **3.** vom täglichen Einerlei befreien.

dé|peçage, ~pècement (depə'sa:ʒ, ~pɛs'mɑ̃) *m* Zerstückelung *f*; ⚓ Abwracken *n* (*e-s alten Schiffes*); **~pecer** (depə'se) *v/t.* [1d] *u.* [1k] zerschneiden; in Stücke reißen; zerstückeln; ⚓ abwracken.

dépê|che (de'pɛʃ) *f*: ~ (*diplomatique pol.*) Depesche *f*; *allg.* eilige Nachricht *f*; ~ *télégraphique* Telegramm *n*; ~ *transmise par T.S.F.* Radiotelegramm *n*; **~che-mandat** (~mɑ̃'da) *f* [6a] telegraphische Geldüberweisung *f*; **~cher** (~'ʃe) [1a] **I** *v/t.* **1.** beschleunigen, schnell erledigen (*od.* absenden); *fig.* ~ *q. dans l'autre monde* j-n ins Jenseits befördern; *dépêchez!, dépêchons!* los, schnell!; **2.** ~ *un courrier* e-n Eilboten abschicken; **II** *v/rfl. se* ~ sich beeilen; *dépêche-toi!* beeil' dich!; *dépêchez-vous de partir!* macht, daß ihr wegkommt!

dépeigné (depɛ'ɲe) *adj.* ungekämmt.

dépeindre (de'pɛ̃:drə) *v/t.* [4b] schildern, darstellen, beschreiben, *fig.* ausmalen, charakterisieren.

dépenaillé F (depnɑ'je) *adj.* zerlumpt.

dépen|dance (depɑ̃'dɑ̃:s) *f* **1.** Abhängigkeit *f*; *a.* Abhängigkeitsgebiet *n*; **2.** enge Verbindung *f*, Zugehörigkeit *f*; **3.** ✝ Nebenbetrieb *m*, Filiale *f*; △ Trakt *m*; *~s pl.* Nebengebäude *n/pl.*; Zubehör *n*; **~dant** (~'dɑ̃) *adj.* [7] abhängig, zugehörig; *mv.p.* unselbständig; **~deur** P (~'dœ:r) *m*: ~ *d'andouilles* baumlanger Kerl *m*; **~dre** (~'pɑ̃:drə) [4a] **I** *v/t.* abhängen (*v/t.*), herunternehmen; aus den Angeln heben (*Tür*); **II** *v/i.* (*a. v/imp.*) ~ *de q.* von j-m abhängig sein *od.* abhängen (*v/i.*); ~ *de qch.* von etw. herrühren; *cela dépend de lui* das hängt von ihm ab, das liegt an ihm, das steht in s-r Macht; *beaucoup de choses en dépendent* es hängt viel davon ab; *cela dépend* es kommt d(a)rauf an, je nachdem; *l'effet dépend de la cause* die Wirkung rührt von der Ursache her.

dépens (de'pɑ̃) *m/pl.* **1.** Kosten *pl.*; *aux* ~ *de q.* auf j-s Kosten; zu j-s Nachteil; *à mes* ~ auf meine Kosten; *aux* ~ *de sa santé* auf Kosten s-r Gesundheit; *rire aux* ~ *de q.* sich über j-n lustig machen; F *je l'ai appris à mes* ~ ich bin durch Schaden klug geworden; **2.** ⚖ Gerichtskosten *pl.*

dépen|se (de'pɑ̃:s) *f* **1.** Ausgabe *f*, Auslage *f*, Kosten *pl.*; *fig.* Aufwand *m*; ~ *estimée* Sollausgabe *f*; ~ *effective*, ~ *réelle* Istausgabe *f*; *~s pl. matérielles* Sachausgaben *f/pl.*; ~ *de forces* Kräfteverschleiß *m*; Kraftaufwand *m*; *menues ~s* kleine Ausgaben *f/pl.*; *grandes ~s* großer Aufwand *m*; *faire des ~s, se mettre en* ~ sich in Unkosten stürzen; ⊕ ~ *de main-d'œuvre* Arbeitsaufwand *m*; ~ *de temps* Zeitvergeudung *f*, Zeitaufwand *m*; ~ *de bouche* Zehrgeld *n*, Ausgaben *f/pl.* für Essen u. Trinken; *~s pl. d'entretien* Unterhaltungskosten *pl.*; *~s pl. d'exercice* Betriebskosten *pl.*; *~s pl. du ménage* Haushaltungskosten *pl.*; **2.** *~s pl. de l'Etat*, *~s pl. gouvernementales* (*od. nationales*) Staatsausgaben *f/pl.*; *~s pl. publiques* öffentliche Ausgaben *f/pl.*; **3.** Speisekammer *f*; **~ser** (~pɑ̃'se) [1a] **I** *v/t.* **1.** ausgeben, aufwenden; verbrauchen, fressen F (*z.B. Strom*); *aimer* (*à*) ~ gern Geld ausgeben; **II** *v/rfl.* se ~ **2.** ausgegeben werden, draufgehen F; **3.** *fig.* se ~ *pour q.* (*pour qch.*) sich voll u. ganz für j-n (für etw.) [*acc.*] einsetzen; *se* ~ *sans compter* s-e Kräfte vergeuden, sich verausgaben; **~sier** (~'sje) *adj. u. su.* [7b] verschwenderisch; großzügig, spendabel F; Verschwender *m*; Essenausgeber *m*.

déperdition (deperdi'sjõ) *f* ⊕, ✝ Abgang *m*, Abfall *m*, Schwund *m*, Verlust *m* *allg.* Schwächung *f*.

dépé|rir (depe'ri:r) *v/i.* [2a] **1.** schwächer werden, abnehmen, zugrunde gehen, ab-, hin-sterben, dahinsiechen, verkümmern, verkommen; *cet enfant dépérit* dieses Kind siecht dahin; *cet arbre dépérit* dieser Baum stirbt ab; **2.** ⚠ baufällig werden; **3.** ⚖ an (Beweis-) Kraft verlieren; **~rissement** (~ris'mã) *m* **1.** Abnehmen *n*, Verkümmern *n*, Dahinsiechen *n*; Absterben *n*; **2.** ⚠ Verfall *m*; **3.** Wertminderung *f*; **4.** ⚖ ~ *des preuves* Entkräftung *f* der Beweismittel.

dépersonnali|sation (depersɔnaliza'sjõ) *f* Entpersönlichung *f*; ⚕ Persönlichkeitsverlust *m*; **~ser** (~'ze) *v/t.* [1a] entpersönlichen.

dépêtrer (depɛ'tre) [1a] **I** *v/t.* heraushelfen; **II** *v/rfl.* se ~ sich heraushelfen, sich durchwinden.

dépeup|lement (depœplə'mã) *m* Entvölkerung *f*; **~ler** (~'ple) [1a] **I** *v/t.* entvölkern; *Teich* ausfischen; *Waldgebiet* ausjagen; **II** *v/rfl.* se ~ entvölkert werden, aussterben, veröden.

déphas|age (defa'za:ʒ) *m* ⚡ Phasen-, *fig.* Lohn- u. Preis-verschiebung *f*; **~er** ⚡ (~'ze) *v/t.* [1a] verschieben.

déphosphoration ⚗ (defɔsfɔra'sjõ) *f* Phosphorentziehung *f*.

dépiauter P (depjo'te) [1a] **I** *v/t.* die Haut (die Schale) abziehen; *fig.* ~ *q.* j-n auspellen P, j-n ausziehen; **II** *v/rfl.* P se ~ sich auspellen P, sich ausziehen.

dépi|lage (depi'la:ʒ) *m* = **~lation**; **~latif** (~la'tif) *adj.* [7e] enthaarend; Enthaarungs...; **~lation** (~la'sjõ) *f* **1.** Enthaaren *n*; **2.** Ausfallen *n* der Haare; **~latoire** (~la'twa:r) *adj. u. m* Enthaarungs... (-mittel *n*); **~ler** (~'le) [1a] **I** *v/t.* **1.** enthaaren; **2.** ⚒ die Stützen wegnehmen; **II** *v/rfl.* se ~ haaren (*von Tieren*).

dépiquer[1] ✓ (depi'ke) *v/t.* [1m] **1.** dreschen; **2.** *e-e Pflanze* umsetzen, pikieren.

dépiquer[2] (~) *v/t.* [1m]: ~ *une étoffe* gesteppte Arbeit auftrennen.

dépistage (depis'ta:ʒ) *m* **1.** Aufspüren *n*; **2.** ⚕ Prophylaxe *f*; Reihenuntersuchung *f*.

dépister (depis'te) *v/t.* [1a] **1.** *ch.* aufspüren; auf die Spur kommen (*dat.*); *allg.* ausfindig machen, ergründen; **2.** *fig.* von der Spur abbringen, irreführen.

dépit (de'pi) *m* Ärger *m*, Unwille *m*, Verdruß *m*; ~ *amoureux* Liebeskummer *m*; *en* ~ *de* trotz (*gén.*); *en* ~ *du bon sens* gegen alle Vernunft (*od.* bessere Einsicht), völlig verfehlt; *faire qch. en* ~ *de q.* j-m etw. zum Trotze tun; *sécher* (*od. crever*) *de* ~ vor Ärger (*od.* vor Neid) platzen (*od.* vergehen).

dépiter (depi'te) [1a] **I** *v/t.* (ver-) ärgern; (schwer)enttäuschen; *dépité* ärgerlich, unwillig, ungehalten; **II** *v/rfl.* se ~ *de qch.* (*se* ~ *contre q.*) über etw. (über j-n) ärgerlich werden.

dépla|çable (depla'sablə) *adj.* versetzbar, umlegbar, verschiebbar; **~cé** (~'se) *adj.* nicht an s-m Platze; heimatlos, vertrieben; *pol.* verschleppt; unangebracht, unpassend, deplaciert; **~cement** (~s'mã) *m* **1.** Umstellung *f*, Verschiebung *f*, Verlagerung *f*, Verlegung *f*; ~ *d'air* Luftstoß *m* (*bei Luftangriffen*); ~ *d'une route* Verlegung *f* e-r Straße; **2.** Ortsveränderung *f*, Reise *f*; Versetzung *f* (*e-s Beamten*); ~ *disciplinaire* Strafversetzung *f*; ~ *d'office* Amtsenthebung *f*; *frais m/pl.* de ~ Trennungsentschädigung *f*, Reisekosten *pl.*; **3.** ⚓ Wasserverdrängung *f e-s Schiffes*; **4.** ⊕ ~ *du piston* Hubraum *m*; ~ *à vide* toter Gang *m*; **~cer** (~'se) *v/t.* [1k] **1.** ~ *qch.* etw. von s-m Platze wegnehmen, um-, ver-stellen; etw. wegrücken *od.* verschieben; *fig.* verlagern; *fig.* ~ *la question* die Frage auf ein anderes Gleis schieben; **2.** ~ *q.* j-n absetzen, versetzen; **3.** ⚓ *an Tonnen* verdrängen (*Schiffe*).

déplaire (de'plɛ:r) [4aa] **I** *v/i.* mißfallen; *il a qch. en lui qui déplaît* er hat etwas Unangenehmes an sich; ~ *à q.* j-m mißfallen, zuwider sein; **II** *v/imp.* *il lui déplaît fort de ...* es ist ihm höchst unangenehm zu ...;

iron. ne vous en déplaise! lassen Sie sich das gesagt sein!; wenn Sie nichts dagegen haben!; III *v/rfl.* se ~ a) nicht gern irgendwo sein; nicht gedeihen (*Pflanze*); b) sich nicht leiden können.

déplai|sance (deplɛ'zɑ̃:s) *f* Mißfallen *n*; **~sant** (~'zɑ̃) *adj.* [7] unangenehm; verdrießlich; **~sir** (~'zi:r) *m* **1.** Mißfallen *n*, Unzufriedenheit *f*; *à mon grand ~* zu meinem großen Leidwesen; **2.** Ärger *m*; *il ne me donne que du ~* er macht mir nur Ärger.

déplan|tage *m*, **~tation** *f* (deplɑ̃'ta:ʒ, ~tɑ'sjɔ̃) Verpflanzung *f*; **~ter** (~'te) *v/t.* [1a] verpflanzen, versetzen; *~ un terrain* ein Stück Land von Pflanzen säubern; **~toir** ✓ (~'twa:r) *m* Pflanzschippchen *n*.

déplâtrer (deplɑ'tre) *v/t.* [1a] den Gips entfernen von etw. (*dat.*).

déplé|tif ⚕ (deple'tif) *m* Blutentleerungsmittel *n*; **~tion** (~'sjɔ̃) *f* Minderung *f* der Blutfülle; Flüssigkeitsentziehung *f*.

dépliant (depli'ɑ̃) *m* Faltprospekt *m*.

déplier (depli'e) [1a] **I** *v/t.* entfalten, auseinanderlegen; ausbreiten; **II** *v/rfl.* se ~ sich entfalten.

déplisser (depli'se) *v/t.* [1a] die Falten herausmachen aus (*dat.*); glätten.

déploiement (deplwa'mɑ̃) *m* **1.** Auseinanderbreiten *n*, Entfalten *n* (*a. fig.*); *fig.* Aufwand *m*; Strecken *n* der Arme; ✈ *~ du parachute* Entfaltung *f* des Fallschirms; *~ d'énergie*, *~ de forces* Kraftaufwand *m*; **2.** ⚔ Aufmarsch *m*, Ausschwärmen *n*; *~ par file* Rottenaufmarsch *m*; *~ de forces* Aufmarsch *m* (*od.* Entfaltung *f*) von Streitkräften; militärische Demonstration *f*.

déplomber (deplɔ̃'be) *v/t.* [1a] das Bleisiegel abnehmen; *~ une dent* e-e Zahnfüllung (*od.* e-e Plombe) herausnehmen.

déplo|rable (deplɔ'rablə) *adj.* □ bedauernswert, beklagenswert, erbärmlich; unheilvoll, schlimm (*v. der Zeit*); **~rer** (~'re) *v/t.* [1a] bedauern, beklagen; bejammern.

déployer (deplwa'je) [1h] **I** *v/t.* **1.** ausbreiten, entfalten, aufspannen; *Segel* setzen; *enseignes déployées* mit fliegenden Fahnen; F *rire à gorge déployée* aus vollem Halse lachen; *fig. ~ toute son éloquence* (*toutes ses forces*) s-e ganze Beredsamkeit (alle s-e Kräfte) aufbieten; *~ un grand luxe* großen Aufwand treiben; **2.** ⚔ aufmarschieren (*od.* ausschwärmen) lassen; **II** *v/rfl.* se ~ sich ausbreiten, sich entfalten (*a. fig.*); ⚔ *se ~ en tirailleurs* (*od. en éclaireurs*) ausschwärmen.

déplumer (deply'me) [1a] **I** *v/t.* rupfen; kahl machen, Haarausfall verursachen (*od.* mit sich bringen); *fig.* F *~ un gogo* e-m Schafskopf das Geld aus der Tasche ziehen; **II** *v/rfl.* se ~ mausern; s-e Haare verlieren.

dépoétiser (depɔeti'ze) *v/t.* [1a] den poetischen Zauber nehmen.

dépoint|age ⚔ (depwɛ̃'ta:ʒ) *m* Richtfehler *m* (*artill.*); **~er** (~'te) [1a] **I** *v/t.* aufschneiden (*Stoff*); **II** *v/rfl.* ⚔: se ~ aus der Richtung geraten (*artill.*).

dépoitraillé (depwatra'je) *adj.* mit halbentblößter Brust; *fig.* schlampig, nachlässig angezogen.

dépolaris|ant ⚡ (depɔlari'zɑ̃) *m* Depolarisator *m*; **~er** ⚡ (~'ze) *v/t.* [1a] depolarisieren.

dépolir (depɔ'li:r) [2a] **I** *v/t.* abpolieren, matt schleifen, mattieren; glanzlos machen; *verre m dépoli* Milchglas *n*; *phot.* Mattscheibe *f*; **II** *v/rfl.* se ~ matt werden.

dépolissage (depɔli'sa:ʒ) *m* Mattierung *f*.

dépolitisation (depɔlitizɑ'sjɔ̃) *f* Entpolitisierung *f*.

déponent *gr.* (depɔ'nɑ̃) *m* (*a. verbe m*) ~ Deponens *n*.

dépopu|lariser (depɔpylari'ze) *v/t.* [1a] um die Gunst des Volkes bringen; **~lation** (~lɑ'sjɔ̃) *f* Entvölkerung *f*.

déport (de'pɔ:r) *m* **1.** † Deport *m*; Kursabschlag *m*; **2.** ⚖ Ablehnung *f*; **3.** *sans ~* unverzüglich.

dépor|tation (depɔrtɑ'sjɔ̃) *f* Deportation *f*, Deportierung *f*, Zwangsverschleppung *f*, Strafverschickung *f*; **~té** (~'te) *su.* Deportierter *m*; KZ-Häftling *m*, KZler *m* F; **~tement** (~tə'mɑ̃) *m*: *~s pl.* schlechter Lebenswandel *m*; **~ter** (~'te) *v/t.* [1a] deportieren, zwangsverschleppen,; ⚓, ✈ abtreiben.

dépo|sant (depo'zɑ̃) [7] **I** *adj.* **1.** ⚖ Zeugnis ablegend; **II** *su.* **2.** ⚖ aussagender Zeuge *m*; **3.** Einzahler *m*, Deponent *m*, Sparer *m*; **~ser** (~'ze) [1a] **I** *v/t.* **1.** nieder-, hin-, weg-setzen *od.* -legen; *Auto usw.*: ~ *q.* j-n absetzen; ~ *un corps* eine Leiche beisetzen; ~ *sa canne* s-n Stock hinstellen; *son manteau* den Mantel ablegen; ~ *les armes* die Waffen strecken; *défense de* ~ *des ordures* Schuttabladen verboten!; **2.** hinterlegen, in Verwahrung geben, deponieren, abgeben, einreichen; ~ *sa carte chez q.* s-e Karte bei j-m abgeben (*od.* hinterlassen); ~ *une somme* e-n Betrag hinterlegen (*od.* einzahlen); ~ *une demande* ein Gesuch einreichen; ☤ ~ *son bilan* Konkurs anmelden, sich für zahlungsunfähig (*od.* insolvent) erklären; *marque f déposée* eingetragenes Warenzeichen *n*; ~ *un projet de loi* e-n Gesetzentwurf einbringen; **3.** absetzen; ~ *q. de sa charge* j-n s-s Amtes entsetzen; ~ *sa charge* sein Amt niederlegen; **4.** ⚗ *Bodensatz* absetzen; *abs.* e-n Niederschlag *od.* Bodensatz bilden; **II** *v/i.* ⚖ *gerichtlich* aussagen; zeugen; **III** *v/rfl.* se ~ sich legen, sich setzen; (sich) niederschlagen; **~sitaire** (~zi'tɛ:r) *su.* **1.** Verwahrer *m*; Aufbewahrer *m*; *fig.* ~ *d'un secret* Mitwisser *m* e-s Geheimnisses; *les* ~*s de l'autorité* (*od. du pouvoir*) die Machthaber *m/pl.*; **2.** ☤ Wiederverkäufer *m*; Agent *m*; **3.** ⚖ Treuhänder *m*; **~sition** (~zi'sjɔ̃) *f* **1.** Absetzung *f*, Entsetzung *f*; **2.** ⚖ (Zeugen-)Aussage *f*; *faire sa* ~ sein Zeugnis ablegen; **3.** *peint.* ~ *de croix* Kreuzabnahme *f* Christi; **4.** *adm. délai m de* ~ Einreichungsfrist *f*; **~sitoire** (~zi'twa:r) *m* Leichenhalle *f*.

dépos|séder (depɔse'de) *v/t.* [1f]: ~ *q. de qch.* j-n berauben (*z.B. s-r Rechte, gén.*); ~ *q.* (*de ses biens*) j-n enteignen; **~session** (~sɛ'sjɔ̃) *f* Enteignung *f*.

dépôt (de'po) *m* **1.** Hinterlegung *f*, Aufbewahrung *f*, Deponierung *f*; ⚖ ~ *de statuts* Satzungshinterlegung *f*; *faire le* ~ *d'une somme* e-e Summe hinterlegen; ~ *d'un projet de loi* Einbringung *f* eines Gesetzentwurfs; ~ *d'un brevet d'invention* Einreichung *f* e-s Erfindungspatents; ~ *d'un corps* Beisetzung *f* e-r Leiche; **2.** anvertrautes Gut *n*; hinterlegter Betrag *m*, Einlage *f* (*bei e-r Bank*), Depot *n*, Wertpapiere *n/pl.*; *caisse f des* ~*s et consignations* Depositenkasse *f*; **3.** Verwahrungsort *m*, Depot *n*, Abstellraum *m*; Kleiderabgabe *f* (*Badeanstalt*); ☤ Niederlage *f*, Lager *n*, Magazin *n*; (Straßenbahn-, Bus-)Depot *n*; ~ *central* Sammelstelle *f*; ~ *frigorifique* Kühlhaus *n*; ~ *de charbon* Kohlenstation *f*; 🚂 ~ *des locomotives* Lokomotivschuppen *m*; ⚔ ~ *de munitions* Munitionslager *n*; *en* ~: a) ☤ in Kommission; b) 🚂 bahnlagernd; **4.** ⚔ Stammtruppe *f*, Ersatztruppenteil *m*; **5.** polizeilicher Gewahrsam *m*; *mandat m de* ~ Haftbefehl *m*; **6.** Niederschlag *m*, Bodensatz *m*; ⚕ Ansammlung *f von Eiter*; *géol.*, ⚕ Ablagerung *f*.

dépo|tage (depɔ'ta:ʒ) *m* **1.** ✓ Umtopfen *n*; **2.** *Wein*: Umfüllen *n*; **~ter** (~'te) *v/t.* [1a] **1.** ✓ umtopfen; **2.** *Wein*: umfüllen; **~toir** (~'twa:r) *m* Schuttabladeplatz *m*.

dépoudrer (depu'dre) *v/t.* [1a] abstauben; entpudern.

dépouil|le (de'puj) *f* **1.** Balg *m* abgezogenes Fell *n*; **2.** *fig. la* ~ (*mortelle*) die sterbliche Hülle *f*; **3.** Nachlaß *m* (*a. Kleider*); **4.** Beute *f*, Raub *m*; **~lé** (~pu'je) *adj.* kahl, laublos; unbekleidet, nackt; *Wein*: abgeklärt; *Stil*: nüchtern, sachlich; *architecture f* ~*e* schlichte Bauweise *f*; **~lement** (~puj'mɑ̃) *m* **1.** Beraubung *f*; Entäußerung *f*; **2.** *fig.* Dürftigkeit *f*; *fig.* Entsagung *f*, Verzicht *fig.* Schlichtheit *f*, Sachlichkeit *f*; **3.** ☤ ~ *d'un compte* Auszug *m* aus e-r Rechnung; **4.** ~ *du scrutin* Stimmenzählung *f* (*bei e-r Wahl*); **~ler** (~pu'je) [1a] **I** *v/t.* **1.** abbalgen, das Fell abziehen (*dat.*); entblößen, bloßlegen; ⚕ abstreifen, abschuppen; **2.** ~ *q. de qch.* j-m etw. abnehmen, j-n e-r Sache berauben; ~ *q. de ses habits* j-m die Sachen vom Leibe reißen; **3.** ⚘ entblättern, der Früchte berauben, e-n Baum plündern, abernten; **4.** *fig.* ~ *le vieil homme* den alten Adam ausziehen, ein anderer Mensch werden; ~ *toute pudeur* alle Scham ablegen; **5.** ☤ Auszüge aus Büchern machen, Rechnungen *usw.* prüfen; ~ *le courrier* die Briefe (*od.* die Post) durchlesen (*od.* durchsehen); ~ *le scrutin* die Stimmzettel auszählen; **II** *v/rfl.* se ~ sich häuten; se ~ *de ses habits* sich ausziehen; s-e Sachen ausziehen; se ~ die Blätter verlieren; *fig.* se ~ *de* sich enthalten (*gén.*), sich freimachen von (*dat.*: *Leidenschaften, Vorurteilen, Haßgefühlen usw.*).

dépour|voir (depur'vwa:r) *v/t.* [3b] entblößen; **~vu** (~'vy) *adj.*: ~ de nicht versehen mit (*dat.*), ohne (*acc.*); ~ *de bon sens* ohne Sinn u. Verstand; taktlos; ~ *d'eau* wasserarm; ~ *d'esprit* geistlos; *advt. au* ~ unversehens.

dépoussiér|age (depusje'ra:ʒ) *m* Entstaubung *f*, Entstauben *n*; **~er** (~'re) *v/t.* [1f] entstauben; **~eur** ⊕ (~'rœ:r) *m* Entstäuber *m*.

dépra|vant (depra'vɑ̃) *adj.* sittenverderbend, verderblich; **~vateur** (~va'tœ:r) *adj. u. su.* [7f] (sittlich) verderblich; Verführer *m*; **~vation** (~vɑ'sjɔ̃) *f* Verderbtheit *f*, Verdorbenheit *f*, Verkommenheit *f*, sittlicher Verfall *m*; ⚕ *la* ~ *du sang* die Verschlechterung *f* des Blutes; **~ver** (~'ve) [1a] **I** *v/t.* verderben; verschlechtern, verschlimmern; **II** *v/rfl.* se ~ verderben, sich verschlechtern; verfallen (*Sitten*).

déprécation (deprekɑ'sjɔ̃) *f* inständige Bitte *f*; Abbitte *f*.

dépréci|ation (depresjɑ'sjɔ̃) *f* Entwertung *f*, Wertminderung *f*, Sinken *n* des Preises; *Börse*: Rückgang *m*; **~er** (~'sje) [1a] **I** *v/t.* entwerten; herabsetzen; schmälern, heruntermachen (*den Preis, den Wert*); **II** *v/rfl.* se ~ den Wert verlieren, entwertet werden; *im Preise, im Werte* sinken.

dépré|dateur (depreda'tœ:r) [7f] **I** *su.* Plünderer *m*; Veruntreuer *m*; **II** *adj.* der Veruntreuung (*od.* der Unterschlagung) schuldig; **~dation** (~dɑ'sjɔ̃) *f* Plünderung *f*, Raub *m*; Veruntreuung *f*, Unterschlagung *f*, Unterschleif *m*; **~der** (~'de) *v/t.* [1f] plündern; veruntreuen, unterschlagen.

déprendre (de'prɑ̃:drə) [4q] *v/t.* (*u. v/rfl.* se ~ sich) los-, frei-machen *von*; sə ~ auftauen (*Fluß*).

dépres|sif (deprɛ'sif) *adj.* [7e] niederdrückend; **~sion** (~'sjɔ̃) *f* **1.** Senkung *f*, Vertiefung *f*; ~ *barométrique* Wettersturz *m*, niedriger Barometerstand *m*, Tief *n*; *géol.* ~ *de terrain* Bodensenkung *f*, Senke *f*, Mulde *f*; **2.** ✝, *Börse*: Flaute *f*, Sinken *n* der Preise; ~ *économique* Wirtschaftsdepression *f*; ~ *du commerce* Darniederliegen *n* des Handels; **3.** *psych.*, ⚕ Depression *f*, Niedergeschlagenheit *f*; Demütigung *f*; *fig.* Tiefstand *m*; Abnahme *f* der Kräfte; ~ *nerveuse* Nervenzusammenbruch *m*; **4.** ✈ Sog *m*, Unterdruck *m*.

déprim|ant (depri'mɑ̃) *adj.* (nieder)drückend; **~é** (~'me) *adj.* niedergeschlagen, deprimiert, gedrückt; matt; *cicatrice f* **~e** eingezogene Narbe *f*; *Fr. l'Ouest m* ~ der wirtschaftlich benachteiligte Westen; **~er** (~) *v/t.* [1a] **1.** ein-, nieder-drücken; **2.** *fig.* j-n deprimieren.

dépriser ↘ (~'ze) *v/t.* [1a] *Preise* herabsetzen (*häufiger*: *déprécier*).

déprisonner (deprizɔ'ne) *v/t.* [1a] aus dem Gefängnis befreien.

de profundis *rl.* (deprɔfɔ̃'dis) *m* Fürbitte *f* für Tote.

déprovincialiser (deprɔvɛ̃sjali'ze) *v/rfl.* [1a]: se ~ die Kleinstadtmanieren ablegen.

dépuceler (depys'le) *v/t.* [1c] **1.** V entjungfern; **2.** zum ersten Mal öffnen, entkorken.

depuis (də'pɥi) **I** *prp.* seit (*dat.*), von (*dat.*) ... an; ~ *toujours* schon immer; P *a. örtlich*: ~ *Paris jusqu'à Lyon* von Paris bis Lyon; **II** *adv.* seitdem, inzwischen; **III** ~ **que** *cj.* seitdem, seit; ~ *que je ne l'ai vu* seit(dem) ich ihn gesehen habe.

dépu|ratif ⚕ (depyra'tif) *adj. u. m* [7e] blutreinigend(es Mittel *n*); **~ration** (~rɑ'sjɔ̃) *f* Läuterung *f*; ⚕ Blutreinigung *f*; **~rer** (~'re) *v/t.* [1a] läutern; ⚕ reinigen.

dépu|tation (depytɑ'sjɔ̃) *f* Abordnung *f*, Deputation *f*; Würde *f* *e-s Abgeordneten*; *aspirer à la* ~ Abgeordneter werden wollen; **~té** (~'te) *m* Abgeordneter *m*; Mme X, ~(F ~e) Frau X, Abgeordnete *f*; **~ter** (~) *v/t.* [1a] ab-ordnen, -senden.

déqualifier (dekali'fje) *v/t.* [1a] j-n degradieren.

déraci|né (derasi'ne) *adj. a. fig.* entwurzelt; **~ner** (~) *v/t.* [1a] mit den Wurzeln herausreißen, entwurzeln; *fig.* ausrotten, beseitigen.

dérader ⚓ (dera'de) *v/i.* [1a] von der Reede abgetrieben werden.

dérager (dera'ʒe) *v/i.* [1l]: *ne pas* ~ in einem fort toben, sich vor Wut nicht beruhigen können.

déraidir (derɛ'di:r) [2a] **I** *v/t.* gelenkig machen; **II** *v/rfl.* se ~ gelenkig (*fig.* wendig, anpassungsfähig) werden, sich ungezwungener geben.

dérail|lement 🚂 (derɑj'mɑ̃) *m* Entgleisung *f*; **~ler** (~'je) *v/i.* [1a] 🚂

entgleisen (*a. fig.*); F *fig.* den Faden verlieren, phantasieren; faseln, unvernünftiges Zeug reden; **~leur** (~'jœ:r) *m* **1.** 🚂 *usw.* Weiche *f*; **2.** *vél.* Gangschaltung *f*.

déraison (derɛ'zɔ̃) *f* Unvernunft *f*, Unverstand *m*; **~nable** (~zɔ'nablə) *adj.* □ unvernünftig, unverständig, vernunftswidrig; **~nement** (~zɔn-'mɑ̃) *m* Gefasele *n*, unsinniges Gerede *n*; **~ner** (~zɔ'ne) *v/i.* [1a] dummes Zeug reden, faseln.

déran|gement (derɑ̃ʒ'mɑ̃) *m* **1.** Verwirrung *f*, Störung *f*; Verstellen *n*, Verschieben *n*; *téléph.*, ⚡, *méc.* Störung *f*, Unterbrechung *f*; *rad.* ~ *d'émission* Sendestörung *f*; *causer du* ~ *à q.* j-n stören; **2.** Unordnung *f*; Verwirrung *f*, Zerrüttung *f*; ~ *d'esprit* Geistesverwirrung *f*; ~ *de la santé* Unpäßlichkeit *f*; ~ *du corps* Durchfall *m*; **~ger** (~'ʒe) [1l] **I** *v/t.* **1.** in Unordnung bringen, verwirren; stören; zerrütten; ~ *le cerveau* den Kopf verdrehen; *il a l'esprit dérangé* er ist nicht ganz richtig im Kopfe; ~ *des meubles* Möbel verrücken; *cela dérange nos projets* das macht uns einen Strich durch die Rechnung; **2.** vom guten Wege abbringen; **3.** ⚕ verderben (*Magen*); *estomac m dérangé* verdorbener Magen *m*; *être dérangé* Durchfall haben; **II** *v/rfl. se* ~ **4.** in Unordnung geraten, gestört werden; **5.** sich bemühen, den Weg machen; *ne vous dérangez pas* lassen Sie sich nicht stören!; bemühen Sie sich nicht!; **6.** auf Abwege geraten.

dérapage *Auto usw.* (dera'pa:ʒ) *m* Schleudern *n*; **~er** (~'pe) [1a] **I** *v/t.* ⚓ ~ *l'ancre* den Anker lichten; **II** (*mit avoir*) *v/i. Auto*: schleudern, ins Schleudern kommen (*od.* geraten); *vél.* rutschen; ✈ abrutschen, -schmieren F; ⚓ sich losreißen (*Anker*).

déraser △ (dera'ze) *v/t.* [1a] abflachen.

déra|té (dera'te) *su.* **1.** *courir comme un* ~ wie ein Besessener (*od.* wie ein Wiesel) rennen (*od.* rasen); **2.** *fig.* Schelm *m*, Wildfang *m*, Springinsfeld *m*; **~ter** ⚕ (~) *v/t.* [1a]: ~ *q.* j-m die Milz ausschneiden.

dératis|ation (deratizɑ'sjɔ̃) *f* Rattenvertilgung *f*; **~er** (~'ze) *v/t.* [1a] von Ratten befreien.

dérayer (derɛ'je) *v/t.* [1i] ⚒ eine Grenzfurche ziehen; *fig.* Einhalt gebieten.

derby (dɛr'bi) *m* (*pl.* ~s) Derby *n*.

derechef (dər'ʃɛf) *adv.* erneut.

déréglé (dere'gle) *adj.* unregelmäßig; unordentlich, liederlich; zügellos; ⊕ gestört, in Unordnung; *ma montre est* ~*e* meine Uhr geht falsch.

dérèglement (derɛglə'mɑ̃) *m* **1.** Unregelmäßigkeit *f*, Unordnung *f*; ⊕ unrichtiger Gang *m von Maschinen, Uhren usw.*; **2.** Sittenlosigkeit *f*, Ausschweifung *f*; Liederlichkeit *f*; ~ *d'imagination* ausschweifende Phantasie *f*; *vivre dans le* ~ ein ausschweifendes Leben führen.

dérégler (dere'gle) [1f] **I** *v/t.* **1.** in Unordnung bringen; stören; *avoir le pouls déréglé* einen unregelmäßigen Puls haben; **2.** liederlich (*od.* unordentlich) machen; **II** *v/rfl.* *se* ~ in Unordnung geraten; unbeständig werden (*Wetter*); liederlich werden; nicht richtig gehen (*Uhr*).

dérider (deri'de) *v/t.* [1a] (*Haut*) glätten; *fig.* ~ *q.* j-n aufheitern.

déri|sion (deri'zjɔ̃) *f* Spott *m*, Verhöhnung *f*; **~soire** (~'zwa:r) *adj.* □ höhnisch, spöttisch; lächerlich; *prix m* ~ Spottpreis *m*.

dériva|ble (deri'vablə) *adj.* ableitbar; **~tif** (~'tif) *adj. u. m* [7e] ⚕ ableitend(es Mittel *n*); *fig.* Ablenkungsmittel *n*; **~tion** (derivɑ'sjɔ̃) *f* **1.** ⚕ Ableitung *f*; **2.** *gr.* Herleitung *f*; **3.** ⊕ Hinleitung *f des Wassers*; *canal m de* ~ Ableitungskanal *m*; **4.** ⚡ Abzweigung *f*, Nebenschluß *m*, Zweigleitung *f*; ~ *à la terre* Erdschluß *m*; *boîte f de* ~ Abzweigdose *f*; **5.** ⚓, ✈ Abtrift *f*; **6.** ⚔ Abweichung *f* (*Geschoß*).

déri|ve (de'ri:v) *f* **1.** ⚓, ✈ Abtrift *f*; *Auto*: seitliches Wegdrücken *n*; *aller à la* ~ abgetrieben werden, treiben (*v/i.*); *fig.* willenlos umhergetrieben werden; sich selbst überlassen sein; *fig.* auf Abwege geraten; ✝ bergab gehen; **2.** ✈ Seitenflosse *f*; **3.** *artill.* Seitenverschiebung *f*; **~vé** (deri've) *adj. u. m* **1.** *gr.* (*mot m*) ~ abgeleitet(es Wort *n*); *langue f* ~*e* Tochtersprache *f*; **2.** ⚗ Nebenprodukt *n*, Derivat *n*; **~vée** (~'ve) *f* Differentialquotient *m*, abgeleitete Funktion *f*.

dériver[1] (deri've) [1a] **I** *v/i.* **1.** ⚓ (*vom Ufer*) (ab)treiben; ✈ *vom*

Kurs abgetrieben werden; **2.** *gr.* abgeleitet werden, abstammen; *fig.* herkommen, herrühren; **II** *v/t.* **3.** *~ de l'eau* Wasser ableiten; **4.** *fig.*, *gr.* herleiten.

dériver² ⊕ (~) [1a] *v/t. u. v/rfl.* (se ~ sich) losnieten.

dérivomètre ⚓, ✈ (derivɔ'mɛtrə) *m* Abweichungsmesser *m*.

dermatolog|ie ⚕ (dɛrmatɔlɔ'ʒi) *f* Dermatologie *f*; **~iste** (~'ʒist) *m* Hautarzt *m*, Dermatologe *m*.

dernier (dɛr'nje) [7b] **I** *adj.* **1.** letzter, letzte, letztes; *le ~ cri* die letzte Neuheit, die neueste Mode, das Allerneuste; *arriver bon ~* zu allerletzt ankommen; *rendre les ~s devoirs* (*od. honneurs*) *à q.* j-m die letzte Ehre erweisen; *pour la dernière fois* zum letztenmal; *en ~ lieu* zu allerletzt, an letzter Stelle, schließlich; *mettre la dernière main à qch.* e-r Sache den letzten Schliff geben; *rendre le ~ soupir* den Geist aufgeben; *~ venu m* Zuletztgekommener *m*, Letzter *m*; *dernières volontés f/pl.* letzter Wille *m*; *brûler sa dernière cartouche fig.* auf dem letzten Loch pfeifen, nicht mehr ein noch aus wissen; **2.** *rein zeitlich, nachgestellt*: vergangen, letzter, vorig, verflossen; *l'année f dernière, l'an m ~* im vergangenen (im letzten, im vorigen, im verflossenen) Jahre *od.* vergangenes, letztes, voriges Jahr; *dimanche m ~* (am) letzten, vorigen, vergangenen Sonntag; *jugement m ~* Jüngstes Gericht *n*; **3.** entferntest; *la dernière postérité* die fernsten Geschlechter *n/pl.*; **4.** unterst, niedrigst; **5.** gemeinst; *c'est la dernière des créatures* sie (*od.* er) ist das verworfenste Geschöpf auf Erden; **6.** höchst, äußerst; F *il est à la dernière extrémité* es ist mit ihm Matthäi am letzten; *en venir aux dernières extrémités* zum Äußersten kommen; *quel est votre ~ prix?* was ist Ihr äußerster Preis?; *c'est du ~ ridicule* das ist äußerst lächerlich; *il est du ~ bien avec elle* er steht sich mit ihr sehr gut; er hat ein sehr enges Verhältnis mit ihr; **II** *su.* **7.** *der, die, das* Letzte; **8.** Niedrigster *m*, Gemeinster *m*.

dernièrement (dɛrnjɛr'mɑ̃) *adv.* neulich, vor kurzem.

dernier-né (dɛrnje'ne) *m* [6a] Jüngster *m.*

déro|bade (derɔ'bad) *f fig.* Flucht *f*; Kneifen *n* F; *~ devant la vie* Flucht *f* vor dem Leben; **~bée** (~'be) *f*: *à la ~* heimlich.

dérober (~) [1a] **I** *v/t.* **1.** *~ qch. à q.* j-m etw. entwenden *od.* stehlen *od.* entreißen; *den Blicken* entziehen; *~ un secret à q.* j-m ein Geheimnis entlocken; **2.** *~ q.* j-n bestehlen; **3.** geheimhalten; *escalier m dérobé* Geheimtreppe *f*; *porte f dérobée* Geheimtür *f*; **II** *v/rfl.* *se ~* **4.** verschwinden, sich entziehen; sich wegschleichen, sich drücken, kneifen F; **5.** sich verbergen; versteckt sein; **6.** nachgeben, zs.-brechen; *Erdboden*: einsinken; *ses genoux se dérobent sous lui* er sinkt in die Knie.

dérocher (derɔ'ʃe) [1a] **I** *v/t.* **1.** ⊕ abbeizen, abbrennen; **2.** die Felsblöcke entfernen; **II** *v/i.* **3.** *alp.* abstürzen.

déroder (derɔ'de) *v/t.* [1a] ausroden.

déroga|tion ⚖ (derɔgɑ'sjɔ̃) *f* **1.** *~ à un droit* Beeinträchtigung *f* eines Rechtes; **2.** *~ à un traité* Verstoß *m* gegen e-n Vertrag; *par ~ des dispositions* abweichend von den Vorschriften; **~toire** ⚖ (~ga'twa:r) *adj.* beeinträchtigend; abweichend.

déroger ⚖ (derɔ'ʒe) *v/i.* [1l] **1.** *~ à un traité* e-m Vertrage zuwiderhandeln; *~ à l'usage* gegen die Sitte verstoßen; **2.** *~ à un droit* ein Recht beeinträchtigen; **3.** *abs.*, *bsd. iron.* sich erniedrigen, sich herablassen; etw. Unwürdiges tun.

dérosond|age *phys.* (derɔsɔ̃'da:ʒ) *m* Echolotung *f* (*bei Tiefseemessungen*); **~e** *phys.* (~'sɔ̃:d) *f* Echolot *n*.

dérougir (deru'ʒi:r) [2a] **I** *v/t.* die rote Farbe entfernen; **II** *v/i.* die Röte verlieren.

dérouill|age (deru'ja:ʒ) *m* Entrostung *f*; **~er** (~'je) [1a] **I** *v/t.* entrosten, vom Rost reinigen; wieder in Gang bringen; einüben; *fig.* manierlich (gelenkig) machen; P verprügeln; **II** *v/rfl.* *se ~* wieder in Gang kommen; wieder gelenkig werden; manierlich werden.

dérou|lement (derul'mɑ̃) *m* Entrollen *n*, Abwicklung *f*; *fig.* Entwicklung *f*; **~ler** (~'le) [1a] **I** *v/t.* **1.** ab-, auseinander-rollen *od.* -wickeln; *~ le fil* das Garn abhaspeln; **2.** ausbreiten; entfalten, entwickeln; **II** *v/rfl.* *se ~* stattfinden, sich abspielen, sich entfalten; sich zeigen, sich enthüllen; *un combat se déroule* ein Kampf findet statt (*od.* wird ausgetragen); *le paysage se déroule sous nos yeux* die Landschaft breitet sich vor unsern Augen aus.

dérou|tant (deru'tɑ̃) *adj.* irreführend; **~te** (~'rut) *f* **1.** ⚔ wilde Flucht *f*, Auflösung *f*; *mettre en* ~ in die Flucht schlagen, zersprengen; *en pleine* ~ in voller Flucht; *fig.* in völliger Verwirrung; **2.** *fig.* gänzlicher Niedergang *m*; Zusammenbruch *m*; *cela a mis la* ~ *dans ses affaires* das hat s-e Geschäfte (gänzlich) zerrüttet; **~té** (~'te) *adj.*: *être tout* ~ *fig.* völlig sprachlos (*od.* ganz verwirrt) sein; **~ter** (~) [1a] **I** *v/t.* **1.** vom Wege abbringen, irreführen; ✈, ⚓ den Kurs ändern; **2.** *fig.* ~ *q.* j-n in Verwirrung bringen; j-s Maßnahmen durchkreuzen; **II** *v/rfl.* se ~ irregehen; *fig.* verwirrt werden.

derrick ⊕ (dɛ'rik) *m* Bohrturm *m*; Drehkran *m*; Ladebaum *m*.

derrière (dɛr'jɛ:r) **I** *adv.* **1.** hinten; *là* ~ dahinter; dahinten; *par-*~ (von(hinten, hinterrücks; **II** *prp.* **2.** hinter (*dat. u. acc.*); *l'un* ~ *l'autre* hintereinander; **III** *m* **3.** Rückseite *f*, Hinterseite *f*; *porte f de* ~ Hintertür *f* (*a. fig.*); *loger sur le* ~ nach hinten raus wohnen; **4.** Hintern *m*, Gesäß *n*, Podex *m* (*plais.*); **5.** *peint.* (Hinter-)Grund *m*; **6.** ⚔ *les* ~*s d'une armée* der Nachtrab *m* (die Nachhut *f*) e-s Heeres.

des (de, *bsd. thé.* dɛ) *art. gén. pl.* der, zu den, aus den, von den, über den ...; *voilà qui va des mieux* das geht ja bestens (*od.* sehr gut); *a. Teilungsartikel*: *des livres m/pl.* Bücher *n/pl.*; *des jeunes filles f/pl.* Mädchen *n/pl.*

dès (dɛ) **I** *prp.* **1.** *zeitlich*: seit (*dat.*), von (*dat.*) an, bereits (gleich mit), noch; *dès à présent, dès maintenant, dès ce moment* von jetzt ab (*gegenwartsbezogen*); *dès aujourd'hui* noch heute; *dès avant 1914* schon (*od.* bereits) vor 1914; *dès l'aube* mit Tagesanbruch; *dès hier* seit gestern; *dès lors, dès ce moment-là* seitdem, von da ab (*vergangenheitsbezogen*); *dès demain* gleich morgen; ~ *lors auch*: infolgedessen; *dès en entrant* gleich beim Eintreten; *l'action doit commencer dès le mois de février 1959* die Aktion soll bereits im Februar 1959 beginnen (*od.* starten); **2.** *örtlich*: von ... aus; bereits an ...; *il cria dès la porte: Bonjour!* von der Tür aus rief er: Guten Tag!; *dès sa source* bereits an der Quelle; **II dès que** *cj.* **1.** sobald; *dès qu'il parut* sobald er erschien; *dès qu'il sera ici* sobald er hier sein wird; **2.** da (nun einmal); *dès que vous le voulez* da Sie es wollen.

désabonn|ement (dezabɔn'mɑ̃) *m* Abonnentenverlust *m*; **~er** (~'ne) *v/rfl.*: se ~ ein Abonnement abbestellen (*od.* aufgeben).

désabus|é (dezaby'ze) *adj.* enttäuscht, skeptisch, hoffnungslos; enttäuschend, niederschmetternd; **~ement** (~byz'mɑ̃) *m* Enttäuschung *f*, Hoffnungslosigkeit *f*, Skepsis *f*; **~er** (~'ze) [1a] **I** *v/t.* ~ *q. de qch.* j-m die Augen über etw. (*acc.*) öffnen; j-n enttäuschen in etw. (*dat.*) (*a. abs.*); **II** *v/rfl.* se ~ s-n Irrtum einsehen.

désaccord (deza'kɔ:r) *m* **1.** ♪ Mißklang *m*; **2.** *fig.* Uneinigkeit *f*; Zerwürfnis *n*, Meinungsverschiedenheit *f*; **~er** (~kɔr'de) [1a] **I** *v/t.* **1.** ♪ verstimmen; **2.** *fig.* veruneinigen; stören; **II** *v/rfl.* se ~ **3.** ♪ die Stimmung verlieren; **4.** *fig.* uneinig werden.

désaccoupler (dezaku'ple) *v/t.* [1a] *a.* ⊕, ⚡ voneinander trennen; *ch. Hunde* loskoppeln.

désaccoutumer (dezakuty'me) [1a] **I** *v/t.* ~ *q. de qch.* j-m etw. (*acc.*) abgewöhnen; **II** *v/rfl.* se ~ *de qch.* sich etw. abgewöhnen.

désachaland|age ✎ (dezaʃalɑ̃'da:ʒ) *m* Verlust *m* der Kundschaft; **~er** ✎ (~'de) *v/t.* [1a]: ~ *q.* j-n um s-e Kundschaft bringen, j-m die Kundschaft ablotsen F.

désacidifier ⚗ (dezasidi'fje) *v/t.* [1a] entsäuern.

désaciérer ⊕ (dezasje're) *v/t.* [1a] entstählen.

désadaptation *psych.* (~dapta'sjɔ̃) *f* Außenseitertum *n*, Gesellschaftsfeindlichkeit *f*, mangelnde Anpassungsfähigkeit *f*.

désaération ⊕ (dezaera'sjɔ̃) *f* Entlüftung *f*.

désaffect|ation (dezafɛkta'sjɔ̃) *f* Verwendung *f* für andere Zwecke, Zweckentfremdung *f*; Nichtbenutzung *f*; **~é** (~'te) *adj.* außer Betrieb, verlassen, aufgegeben; **~er** (~'te) *v/t.* [1a] anders (*od.* für andere Zwecke) verwenden.

désaffection (dezafɛk'sjɔ̃) *f* Erkaltung *f* der Liebe; Abneigung *f*;

\~ner (\~sjɔ'ne) [1a] **I** *v/t.* abgeneigt machen; **II** *v/rfl.* se \~ de ... in s-r Zuneigung zu ... (*dat.*) erkalten.
désaffilier (dezafi'lje) *v/rfl.*: se \~ *d'un parti* aus e-r Partei austreten.
désagréable (dezagre'ablə) *adj.* unangenehm, unerfreulich, mißlich, unliebsam, störend, verdrießlich.
désagré|gateur (dezagrega'tœ:r) *adj.* [7f] zersetzend; **\~gation** (\~gɑ'sjɔ̃) *f* Trennung *f* der Bestandteile, Zerfallen *n*; Zersetzung *f*, Verwitterung *f*; **\~geant** (\~'ʒɑ̃) *adj.* [7] auflösend, zersetzend; **\~ger** (\~'ʒe) [1g] **I** *v/t.* zersetzen, auflösen, trennen; **II** *v/rfl.* se \~ sich zersetzen, sich auflösen, *a. at.* zerfallen.
désagrément (dezagre'mɑ̃) *m* Unannehmlichkeit *f*, Widerwärtigkeit *f*.
désaimanter *phys.* (dezɛmɑ̃'te) *v/t.* [1a] entmagnetisieren.
désajus|tement (dezaʒystə'mɑ̃) *m* Störung *f* im Gang e-r Maschine; **\~ter** (\~'te) *v/t.* [1a] in Unordnung (*od.* aus dem Gang) bringen.
désalcoolisé (dezalkɔli'ze) *adj.* alkoholfrei.
désaligner (dezali'ɲe) [1a] **I** *v/t.* aus der geraden Linie bringen; **II** *v/rfl.* se \~ die Richtung verlieren.
désallaiter (dezalɛ'te) *v/t.* [1a] ein Kind entwöhnen; ein Tier absetzen (*für beide Bedeutungen besser: sevrer*).
désallier (deza'lje) *v/t.* [1a] entzweien.
désaltér|ant (dezalte'rɑ̃) *adj.* [7] durstlöschend, erfrischend; **\~er** (\~'re) [1f] **I** *v/t.* **1.** den Durst löschen, *j-m* zu trinken geben; *Pflanze* benetzen (*Regen*); **2.** *fig.* erleichtern; **II** *v/rfl.* se \~ s-n Durst löschen.
désamarrer ⚓ (dezama're) *v/t.* [1a] das Tauwerk losmachen.
désamor|çage (dezamɔr'sa:ʒ) *m* **1.** Aussetzen *n* der Magnetisierung *od.* der Stromzufuhr e-r Dynamomaschine; **2.** Leerung *f* e-s Pumpenrohrs; **3.** ⚔ Abnehmen *n* des Zündhütchens; **4.** *pol.* \~ *des crises* Krisendämpfung *f*; **\~cer** (\~'se) [1k] **I** *v/t.* **1.** \~ *une pompe* e-e Pumpe vor dem Frost leeren; **2.** ⚔ das Zündhütchen abnehmen; **II** *v/rfl.* ⚡ se \~ stromlos werden.
désancrer ⚓ (dezɑ̃'kre) *v/i.* [1a] den Anker lichten.
désannexer *pol.* (dezanɛk'se) *v/t.* [1a] die Einverleibung wieder aufheben.
désappareiller ⚓ (dezaparɛ'je) *v/t.* [1a] zum Ankern fertig machen.
désapparier *biol.* (dezapa'rje) *v/t.* [1a] ein Pärchen (Vögel) trennen.
désappoin|tement (dezapwɛ̃t'mɑ̃) *m* Enttäuschung *f*, getäuschte Hoffnung *f* (*od.* Erwartung *f*), Verdruß *m*; **\~ter** (\~'te) *v/t.* [1a] *fig.* \~ *q.* j-n enttäuschen, j-n in s-n Erwartungen täuschen, j-m e-n Strich durch die Rechnung machen.
désappren|dre (deza'prɑ̃:drə) [4q] **I** *v/t.* verlernen; \~ *à chanter* das Singen verlernen; **II** *v/i.* umlernen; **\~ti** (\~prɑ̃'ti) *m* Umlernling *m*, Umlerner *m*.
désapproba|teur (dezaprɔba'tœ:r) [7f] **I** *adj.* mißbilligend, tadelnd; **II** *su.* Tadler *m*; **\~tion** (\~bɑ'sjɔ̃) *f* Mißbilligung *f*, Mißfallen *n*.
désapproprier (dezaprɔpri'e) *v/t.* [1a] j-n des Eigentums berauben.
désapprouver (dezapru've) *v/t.* [1a] mißbilligen, tadeln.
désapprovision|nement (dezaprɔvizjɔn'mɑ̃) *m* Schwinden *n* des Vorrats; **\~ner** (\~zjɔ'ne) *v/t.* [1a] den Vorrat zu stark beanspruchen, die Reserven (*en* an) angreifen; ⚔ *e-e Waffe* entladen.
désarçonner (dezarsɔ'ne) *v/t.* [1a] aus dem Sattel heben, abwerfen; F *fig.* zum Schweigen (*od.* aus der Fassung) bringen.
désargent|é F (dezarʒɑ̃'te) *adj. fig.* abgebrannt, ohne Geld; blank F; **\~er** (\~) [1a] **I** *v/t.* die Versilberung entfernen; F \~ *q.* j-m das gesamte Bargeld abknöpfen; **II** *v/rfl.* se \~ die Versilberung verlieren; F sein Geld loswerden.
désar|mement (dezarmə'mɑ̃) *m* **1.** Entwaffnung *f*; **2.** Abrüstung *f*; **3.** ⚓ Abtakelung *f*; **4.** *éc.* \~ *douanier* Zollsenkung *f*; **\~mer** (\~'me) [1a] **I** *v/t.* **1.** die Waffen abnehmen (*dat.*); entwaffnen (*acc.*); *esc.* die Waffe aus der Hand schlagen; **2.** *fig.* beruhigen; erweichen; \~ *la colère de q.* den Zorn j-s beschwichtigen; *se laisser* \~ sich erweichen lassen; **3.** *fig.* \~ *q. de qch.* j-n e-r Sache (*gén.*) berauben; **4.** ⚔ \~ *un canon* ein Geschütz entladen; \~ *un fusil* ein Gewehr sichern; \~ *une bombe* e-e Bombe entschärfen; **5.** \~ *un navire* ein Schiff abtakeln; **II** *v/i.* ⚔ abrüsten.
désarrimer ⚓ (dezari'me) *v/t.* [1a] umstauen.
désarroi (deza'rwa) *m* Bestürzung *f*;

Unordnung *f*, Verwirrung *f*; *en ~, dans le ~* in Unordnung, in Verwirrung; *tout est en ~* alles geht drunter und drüber.

désarticuler (dezartiky'le) *v/t.* [1a] *chir.* aus den Gelenken lösen; *désarticulé fig.* gelenkig, geschmeidig; *fig. ~ une manœuvre criminelle* ein verbrecherisches Unternehmen auflösen (*od.* vereiteln, unschädlich machen).

désassembler (dezasɑ̃'ble) [1a] **I** *v/t.* auseinandernehmen; *fig.* trennen; **II** *v/rfl. se ~* auseinandergehen.

désassimiler *physiol.* (dezasimi'le) *v/t.* [1a] ausscheiden.

désasso|ciation (dezasɔsjɑ'sjɔ̃) *f* Auflösung *f* e-r Vereinigung; **~cier** (~sɔ'sje) [1a] **I** *v/t.* e-e Vereinigung auflösen; **II** *v/rfl. se ~* aus e-r Vereinigung austreten; sich trennen.

désassortir (dezasɔr'ti:r) *v/t.* [2a] trennen; räumen (*Laden*).

désas|tre (de'zastrə) *m* **1.** Unheil *n*, schweres Unglück *n*, schweres Mißgeschick *n*, schwere Niederlage *f*, Katastrophe *f*; **2.** ☤ völliger Bankrott *m*; **~treux** (~'trø) *adj.* [7d] ☐ unheilvoll, fatal, un(glück)selig.

désavanta|ge (dezavɑ̃'ta:ʒ) *m* Nachteil *m*, Schaden *m*; *avoir le ~* den kürzeren ziehen; **~ger** (~ta'ʒe) *v/t.* [1l]: *~ q.* j-n benachteiligen; **~geux** (~'ʒø) *adj.* [7d] ☐ ungünstig, nachteilig, unvorteilhaft.

désaveu (deza'vø) *m* [5b] Ableugnung *f*; Nichtanerkennung *f*; Widerruf *m*, Gegenerklärung *f*; Rückzieher *m*; Mißbilligung *f*; *bsd. pol.* Desavouierung *f*.

désaveugler (dezavœ'gle) [1a] *v/t. fig.*: *~ q.* j-m die Augen öffnen.

désavouer (deza'vwe) *v/t.* [1a] **1.** *~ qch.* etw. in Abrede stellen, leugnen; widerrufen; **2.** nicht anerkennen (*pour* als); *bsd. pol.* desavouieren; *~ sa signature* s-e Unterschrift verleugnen; **3.** *~ q.* j-n im Stiche lassen, j-s Handlungen mißbilligen, tadeln, verwerfen, verdammen; *fig. ~ son propre cœur* gegen s-e bessere Überzeugung handeln.

désaxé (dezak'se) *adj.* ⊕ versetzt; *fig.* haltlos, labil.

descel|lement (desɛl'mɑ̃) *m* **1.** ⚖ Abnehmen *n* des Siegels, Entsiegeln *n*; **2.** △ Losreißen *n vom Putz*; **~er** (desɛ'le) *v/t.* [1a] **1.** das Siegel abnehmen von (*dat.*), entsiegeln; **2.** △ *vom Putz* losreißen.

descen|dance (desɑ̃'dɑ̃:s) *f* Ab-, Her-kunft *f*; Nachkommenschaft *f*; *~ contaminée* erbkranker Nachwuchs *m*; **~dant** (~'dɑ̃) [7] **I** *adj.* abnehmend, absteigend; 🚂 *train m ~* zurückfahrender Zug *m*; ⚔ *garde f ~e* abziehende Wache *f*; ⚓ *marée f ~e* abnehmende Flut *f*; *Auto*: *glaces f/pl. ~es* herunterdrehbare Wagenfenster *n/pl.*; **II** *su.* Nachkomme *m*; *~s pl.* Nachkommenschaft *f*, Nachkommen *m/pl.*

descen|dre (de'sɑ̃:drə) [4a] **I** (*mst. mit être, bsd. wenn der Zustand, mit avoir, wenn die Handlung hervorgehoben werden soll*) *v/i.* **1.** herabsteigen *od.* -gehen; aussteigen; herabfliegen; ✈ tiefer gehen, nieder-, herunter-gehen; F *~ au tombeau* sterben; *~ de cheval* vom Pferde (ab)steigen; *fig.* vom Sockel heruntersteigen, sich herablassen; *~ de (sa) voiture* aus dem Wagen steigen; ✈ *~ précipitamment* abstürzen; ✈ *~ à plat* durch-, absacken; ✈ *~ en parachute* abspringen; *Auto*: *~ à première vitesse* auf den ersten Gang herunterschalten; *faire ~ q.* j-n herunterkommen lassen, j-n (herab-) stürzen *od.* herunterholen; **2.** *~ (à terre)* ans Land steigen, *a.* ✈ landen; *~ en von den Bergen herunter in ein Land* einfallen; **3.** *~ chez q.* bei j-m einkehren *od.* absteigen; **4.** ⚖ *~ chez q.* bei j-m e-e Haussuchung *od.* Razzia vornehmen; **5.** sich (herab)senken, sich niederlassen; fallen; zu Boden sinken; bergab gehen *od.* fließen; abschüssig sein; *le thermomètre a descendu* das Thermometer ist gefallen; **6.** *fig.* sich herablassen, sich erniedrigen; **7.** *~ de* abstammen (*od.* herrühren) von (*dat.*); **8.** *~ jusqu'à od. sur* heruntergehen (-hängen *od.* -reichen) bis zu (*dat.*); **9.** ♪ *~ d'un ton* e-n Ton niedriger singen *od.* spielen; **II** (*stets mit avoir*) *v/t.* **10.** herunter-nehmen, -heben, niederlassen; niedriger hängen; F niederknallen, kaltmachen P, zu Boden strecken; ⚔ *Flugzeug* abschießen, herunterholen, zum Absturz bringen; **11.** *e-n Fluß, e-n Berg* hinab-fahren, -gehen, -steigen; *j'ai descendu l'escalier* ich bin die Treppe heruntergegangen; *Ski*: *j'avais descendu* *toutes les pistes du Tyrol* ich bin alle Tiroler Bahnen (he)runtergefahren; *thé.* ~ *la scène* nach vorn gehen; **12.** runtertragen, herunterbringen; **13.** F ~ *des voyageurs* Reisende absetzen *od.* ans Land setzen; **14.** ♪ herunterstimmen, tiefer stimmen; ~ *la gamme* die absteigende Tonleiter singen *od.* spielen; **15.** ⚔ ~ *la garde* von der Wache abziehen; **~seur** (~'sœ:r) *m*: ~ *automatique* Rutschtuch *n* der Feuerwehr; **~te** (~'sɑ̃:t) *f* **1.** Herab-, Hinab-fahren *n*, -gehen *n*, -kommen *n*, -steigen *n*; *Auto*: Talfahrt *f*; ⚓, ✈ Landung *f*; ⚒ Einfahren *n*; ⚒ Schrägstollen *m*; ✈ ~ *en piqué* Sturzflug *m*; ~ *planée* Gleitflug *m*; ~ *en parachute* Fallschirmabsprung *m*; *course f de* ~ Abfahrtslauf *m* (*Schi*); *à la* ~ beim Aussteigen, beim Runtergehen; *Auto*: während der Talfahrt; ~ *du Saint-Esprit* Ausgießung *f* des Heiligen Geistes; ⚔ ~ *de la garde* Abziehen *n* der Wache; **2.** Fallen *n des Wassers, des Thermometers*; **3.** ~ (*maritime, d'armée*) feindliche Landung *f*, Einfall *m* in ein Land; ~ *de troupes de débarquement aériennes* Einsatz *m* von Luftlandetruppen; **4.** ⚖ *faire une* ~ *chez q.* bei j-m Haussuchung machen; ~ *sur les lieux* Ortsbesichtigung *f*; Lokaltermin *m*; **5.** Herunternehmen *n*, Runterschaffen *n*, Tieferhängen *n*; ⚔ ~ *d'un avion* Abschuß *m* e-s Flugzeuges; ♀ *de croix* Kreuzabnahme *f*; **6.** abschüssige Stelle *f*, Abhang *m*; **7.** ⚒ Bruch *m*; Senkung *f*; **8.** ~ *de lit* Bettvorleger *m*; **9.** *tuyau m de* ~ Fallrohr *n*; **10.** ⚡, *rad.* ~ *de poste* (*en fourche* Doppel-) Ableitung *f*.

descrip|teur (deskrip'tœ:r) *su.* [7g] Beschreiber *m*; **~tible** (deskrip'tiblə) *adj.* beschreibbar; **~tif** (~p'tif) *adj.* [7e] deskriptiv, darstellend, beschreibend; **~tion** (~p'sjɔ̃) *f* **1.** Beschreibung *f*, Darstellung *f*; **2.** ✝ kurzgefaßtes Inventar *n*; **3.** ⩚ Zeichnung *f* e-r Linie.

déséchouer ⚓ (deze'ʃwe) [1a] *v/t.* wieder flott machen.

désemballlage (dezɑ̃ba'la:ʒ) *m* Auspacken *n*; **~ler** (~'le) *v/t.* [1a] Waren auspacken.

désembarquer ⚓ (dezɑ̃bar'ke) *v/t.* [1m] (wieder) ausladen.

désembourber (dezɑ̃bur'be) *v/t.* [1a] aus dem Schlamm (*od. fig.* aus dem Elend, aus der Unwissenheit *usw.*) herausziehen.

désembourgeoiser (dezɑ̃burʒwa'ze) *v/t.* [1a] entbürgerlichen, verproletarisieren.

désembouteillage (dezɑ̃butɛ'ja:ʒ) *m* Verkehrsentlastung *f*.

désembray|age (dezɑ̃brɛ'ja:ʒ) *m* s. *débrayage*; **~er** (~'je) *v/t.* [1i] los-, ent-kuppeln, ausrücken, auslösen; s. *débrayer*.

désembuage (~'bɥa:ʒ) *m* Beseitigung *f* des Beschlagenseins (*Autoscheibe*).

désemmancher (dezamɑ̃'ʃe) *v/t.* [1a] den Stiel abmachen.

désempar|é (dezɑ̃pa're) *adj.* **1.** ratlos; **2.** ⚓, ✈, *Auto* manövrierunfähig, ramponiert, beschädigt, gebrauchsunfähig; **~er** (~) [1a] **I** *v/i.* **1.** *a.* ⚔ ~ (*d'un lieu*) abziehen, weggehen, e-n Ort räumen; *ne pas* ~ nicht von der Stelle weichen; *sans* ~ widerspruchslos, auf der Stelle, ohne Widerrede; ununterbrochen; **II** *v/t.* **2.** aus den Fugen bringen; *fig.* ratlos machen; **3.** ⚓, ✈ ~ *un vaisseau* (*un avion*) ein Schiff (ein Flugzeug) manövrierunfähig machen.

désemplir (dezɑ̃'pli:r) [2a] **I** *v/t.* leeren; ab-füllen, -gießen; **II** *v/i.* leer werden, *mst. nég.*: *la maison ne désemplit pas* das Haus wird nie leer, das Haus ist immer voll.

désempoisonner (dezɑ̃pwazɔ'ne) *v/t.* [1a] entgiften.

désempoissonner (dezɑ̃pwasɔ'ne) *v/t.* [1a] fischleer machen.

désemprisonner (dezɑ̃prizɔ'ne) *v/t.* [1a] aus dem Gefängnis entlassen.

désémulsion ⚗ (dezemyl'sjɔ̃) *f* Entemulsionierung *f*.

désencadrer (dezɑ̃ka'dre) *v/t.* [1a] aus dem Rahmen herausnehmen.

désenchaîner (dezɑ̃ʃɛ'ne) *v/t.* [1b] losketten.

désenchant|ement (dezɑ̃ʃɑ̃t'mɑ̃) *m* Entzauberung *f*; *fig.* Enttäuschung *f*; **~er** (~'te) [1a] **I** *v/t.* entzaubern; *fig.* von e-r Leidenschaft heilen; ernüchtern; *un cœur désenchanté* ein enttäuschtes Herz; **II** *v/rfl.*: *se* ~ *fig.* enttäuscht (*od.* ernüchtert) werden.

désenchâsser (dezɑ̃ʃɑ'se) *v/t.* [1a] aus der Einfassung herausnehmen.

désenclaver *pol.* (dezɑ̃kla've) *v/t.* [1a] aus e-m fremden Staatsgebiet

herausnehmen.
désenclencher ⊕ (dezɑ̃klɑ̃'ʃe) *v/t.* [1a] ausrücken, auskuppeln.
désenclouer (dezɑ̃'klwe) *v/t.* [1a] losnageln; *vét.* ~ *un cheval* e-n Nagel aus dem Hufe ziehen.
désencom|brement (dezɑ̃kɔ̃brə'mɑ̃) *m* Schuttbeseitigung *f*, Wegräumen *n* von Schutt; Entrümpelung *f*; **~brer** (~'bre) *v/t.* [1a] vom Schutt befreien, freilegen; entrümpeln.
désencroûter (dezɑ̃kru'te) *v/t.* [1a] die Kruste (den Kesselstein) abschaben (*od.* beseitigen); *fig.* j-n von alten Vorurteilen befreien; *fig.* j-n geistig rege machen.
désendett|ement ✝ (dezɑ̃dɛt'mɑ̃) *m* Entschuldung *f*; **~er** (~te) *v/t.* [1a] entschulden.
désen|flement *m*, **~flure** ⚕ (dezɑ̃flə'mɑ̃, ~fly:r) *f* Rückgang *m der Geschwulst*, Abschwellen *n*; **~fler** (~'fle) [1a] *v/t.* **1.** ⚕ die Geschwulst vertreiben; **2.** ~ *un ballon* e-n Ballon entleeren; **3.** *fig.* ~ *q.* j-m den Dünkel (*od.* die Aufgeblasenheit *od.* den Spleen) austreiben; **4.** *fig.* einfacher gestalten (*Stil*).
désenfourner (dezɑ̃fur'ne) *v/t.* [1a] aus dem Ofen herausnehmen.
désenfumer (dezɑ̃fy'me) *v/t.* [1a] vom Rauch befreien, lüften.
désengagement (dezɑ̃gaʒ'mɑ̃) *m* **1.** *allg.* Befreiung *f* (*bzw.* Abrücken *n*) von Verpflichtungen; **2.** *pol.* Disengagement *n*, Einfrieren *n* der Rüstungen in Mitteleuropa, Rüstungsbeschränkung *f*.
désengager (dezɑ̃ga'ʒe) *v/t.* [1l] von e-r Verpflichtung befreien.
désengageur ⊕ (dezɑ̃ga'ʒœ:r) *m* Ausrücker *m*, Ausrück-hebel *m*, -vorrichtung *f*.
désengren|age (dezɑ̃grə'na:ʒ) *m* Ausschaltung *f*, Auskupplung *f*; **~é** (~'ne) *adj.* ausgeschaltet, außer Betrieb; **~er** (~) *v/t.* [1a] ausschalten, ausrücken, auskuppeln.
désenivrer (dezɑ̃ni'vre) [1a] **I** *v/t.* ~ *q.* j-n nüchtern (*fig.* besonnen) machen; **II** *v/rfl.* *se* ~ nüchtern werden.
désenlacer (dezɑ̃la'se) *v/t.* [1k] aus e-r Schlinge losmachen; trennen.
désenlaidir (dezɑ̃lɛ'di:r) *v/t. u. v/i.* [2a] hübscher machen (*od.* werden).
désennuyer (dezɑ̃nɥi'je) [1h] **I** *v/t.* *j-n* unterhalten, zerstreuen; *j-m* die Langeweile vertreiben; **II** *v/rfl.* *se* ~ sich die Zeit vertreiben.
désen|rayer (dezɑ̃rɛ'je) *v/t.* [1i] den Hemmschuh wegnehmen; *Gewehr* wieder schußfertig machen, entsichern; ⊕ wieder in Gang bringen; **~rhumer** (~ry'me) *v/t.* [1a] den Schnupfen *od.* Husten vertreiben; **~rouer** (~'rwe) [1a] **I** *v/t.* die Heiserkeit vertreiben; **II** *v/rfl.* *se* ~ die Heiserkeit verlieren; **~sabler** (~sa'ble) *v/t.* [1a] **1.** ausbaggern; **2.** ⚓ wieder flottmachen; **~sevelir** (dezɑ̃sə'vli:r) *v/t.* [2a] das Leichentuch von e-m Toten abnehmen; **~sibilisateur** *phot.* (~zɑ̃sibiliza'tœ:r) *m* Desensibilisator *m*, Farbstoff *m* gegen Lichtempfindlichkeit; **~sibilisation** (~sibiliza'sjɔ̃) *f* **1.** *phot.* Lichtempfindlichkeitsverminderung *f* (*der photographischen Emulsion*); **2.** ⚕ Desensibilisierung *f*, Abstumpfung *f* der Überempfindlichkeit (*der Allergie*); **~sibiliser** (~sibili'ze) *v/t.* [1a] desensibilisieren, unempfindlich machen; **~sorceler** (~zɑ̃sɔrsə'le) *v/t.* [1c] entzaubern; **~tasser** (~tɑ'se) *v/t.* [1a] ausea.-machen, -stellen; *die Erde* auflockern; **~têter** (~tɛ'te) *v/t.* [1a] j-m etw. aus dem Sinne schlagen; **~tortiller** (~tɔrti'je) *v/t.* [1a] entwirren (*a. fig.*); **~traver** (~tra've) *v/t.* [1a] losmachen (*Pferd*); **~trelacer** (~trəla'se) *v/t.* [1k] entwirren; **~velopper** (~vlɔ'pe) *v/t.* [1a] auswickeln; **~venimer** (~vni'me) *v/t.* [1a] entgiften.
déséquilibr|e (dezeki'librə) *m* Gleichgewichtsstörung *f*; *fig.* Mißverhältnis *n*; ~ *mental* seelische Störung *f*; **~é** (~'bre) *adj. u. su.* *fig.* seelisch unausgeglichen; labil; überspannt; Mensch *m* mit gestörtem seelischem Gleichgewicht, Neurotiker *m*; **~er** (~) *v/t.* [1a] aus dem Gleichgewicht bringen.
déséquiper (dezeki'pe) *v/t.* [1a] **1.** ⚓ abrüsten; **2.** *j-m* die Ausrüstung abnehmen.
désert (de'zɛ:r) **I** *adj.* verlassen, einsam, menschenleer, wüst, öde; *fig. rue f* ~*e* ausgestorbene Straße *f*; **II** *m* Wüste *f*, Wildnis *f*, Einöde *f*; *prêcher dans le* ~ in den Wind reden.
déser|ter (dezɛr'te) [1a] **I** *v/t.* **1.** *e-n Ort usw.* verlassen; ~ *l'armée*, ~ *les drapeaux*, ~ *le service* fahnen-

flüchtig werden; *déserté* verödet, verlassen; **2.** *pol.* ~ *un parti* von e-r Partei abfallen; **II** *v/i.* **3.** ausreißen, durchbrennen F; **4.** ⚔ fahnenflüchtig werden, desertieren, flüchten; ~ *(à l'ennemi)* zum Feinde übergehen; **~teur** (~'tœːr) *m* Abtrünniger *m*, ⚔ Deserteur *m*, Fahnenflüchtiger *m*; **~tion** (~'sjɔ̃) *f pol.* Abfall *m*, Abtrünnigwerden *n*; ⚔ Fahnenflucht *f*, Desertion *f*; ~ *des campagnes* Landflucht *f*; **~tique** (~'tik) *adj.* öde, verlassen; wüstenartig, Wüsten...

désespé|rant (dezɛspe'rɑ̃) *adj.* [7] verzweifelnd; trostlos; c'est ~ das ist zum Verzweifeln; **~ré** (~re) *su.* Verzweifelter *m*; *agir en* ~ wie ein Verzweifelter handeln; *être dans une situation* ~*e* rettungslos verloren sein, in e-r verzweifelten Lage sein.

désespérer (~) [1f] **I** *v/i.* **1.** ~ *de* die Hoffnung aufgeben auf (*acc.*), verzweifeln an (*dat.*); *affaire f désespérée* hoffnungslose Sache *f*; *elle désespérait, à 40 ans, d'avoir des enfants* im Alter von 40 Jahren gab sie die Hoffnung auf, Kinder zu bekommen; **2.** *être désespéré de* in Verzweiflung (*od.* untröstlich) über etw. (*acc.*) sein, nicht genug bedauern können; **II** *v/t.* ~ *q.* j-n zur Verzweiflung bringen; entmutigen; **III** *v/rfl.* se ~ in Verzweiflung sein *od.* geraten, verzweifeln.

désespoir (dezɛs'pwaːr) *m* **1.** Verzweiflung *f*; *mettre q. au* ~, *faire le* ~ *de q.* j-n zur Verzweiflung bringen; *faire qch. en* ~ *de cause* etw. aus reiner Verzweiflung tun; **2.** Ärgernis *n*, Kummer *m*, unerreichbares Vorbild *n*; *c'est là mon* ~, *cela fait mon* ~ daran scheitert meine ganze Kunst; das ist mir ein unerreichbares Vorbild; *c'est là mon* ~ *a. allg.* das ist es ja eben!; **3.** Bedauern *n*: *je suis au* ~ *de* ... es tut mir unendlich leid, daß ...; *être au* ~ *que* (*mit subj.*) es ganz außerordentlich bedauern, daß ...

désessenciement ⊕ (dezesɑ̃si'mɑ̃) *m* Entölen *n*.

déshabil|lé (dezabi'je) *m* Hauskleid *n*, Negligé *n der Frauen*; **~ler** (~) [1a] **I** *v/t.* die Sachen ausziehen (*dat.*), ausziehen, entkleiden; *fig.* ~ *une maison* ein Haus völlig ausplündern; *fig.* ~ *q.* j-s Absichten aufdecken, j-n bloßstellen; **II** *v/rfl.* se ~ sich entkleiden, sich ausziehen; sich umziehen, die Sachen wechseln; ⚕ *déshabillez-vous un peu* machen Sie die Brust (*od.* den Oberkörper) frei!

déshabituer (dezabi'tɥe) *v/t.* [1a]: ~ *q. de qch.* j-m etw. (*acc.*) abgewöhnen; *se* ~ *de qch.* sich etw. abgewöhnen.

désherb|age ⚒, ⚗ (dezɛr'baːʒ) *m* Unkrautvertilgung *f*; **~ant** ⚒ (~'bɑ̃) *m* Unkrautvertilgungsmittel *n*; **~er** ⚒ (~'be) *v/t.* [1a] ausjäten, von Unkraut säubern.

déshérence ⚖ (deze'rɑ̃ːs) *f* Erbenlosigkeit *f*; *tomber en* ~ dem Fiskus anheimfallen.

déshéri|té (dezeri'te) **I** *su.* Enterbter *m*; *fig.* völlig Mittelloser *m*, Armer *m*; Entrechteter *m*; **II** *adj.* vernachlässigt; **~tement** (~t'mɑ̃) *m* Enterbung *f*; Rechtlosigkeit *f*; **~ter** (~'te) *v/t.* [1a] enterben, verstoßen; entrechten; *fig.* zurücksetzen; stark benachteiligen.

déshonnête (dezɔ'nɛt) *adj.* □ unanständig, anstößig, unschicklich, ehrlos, schamlos; **~té** (~nɛt'te) *f* Unanständigkeit *f*, Anstößigkeit *f*.

déshon|neur (dezɔ'nœːr) *m* Unehre *f*, Ehrlosigkeit *f*, Entehrung *f*, Schande *f*, Schimpf *m*; *risquer le* ~ s-e Ehre aufs Spiel setzen; **~orant** (~nɔ'rɑ̃) *adj.* [7] entehrend, schandhaft, schimpflich; **~orer** (~nɔ're) [1a] **I** *v/t.* **1.** entehren, beschimpfen; ~ *sa famille* s-r Familie Schande machen; ~ *une femme* e-e Frau schänden; **2.** *fig.* verunzieren; verunstalten; **II** *v/rfl.* se ~ die Ehre verlieren.

déshuil|age ⊕ (dezɥi'laːʒ) *m* Entölung *f*; **~er** ⊕ (~'le) *v/t.* [1a] entölen; **~eur** ⊕ (~'lœːr) *m* Entöler *m*.

déshydrat|ant ⚗ (dezidra'tɑ̃) **I** *adj.* [7] wasserentziehend; **II** *m* Deshydratierungs-, Wasserabspaltungs-, Wasserentziehungs-mittel *n*; **~er** ⚗ (~'te) *v/t.* [1a] dehydrieren, das Wasser entziehen.

déshydrogéner ⚗ (dezidrɔʒe'ne) *v/t.* [1f] dehydrieren, von Wasserstoff befreien.

déshypothéquer *fin.* (dezipɔte'ke) *v/t.* [1f] von e-r Hypothek entlasten.

désidérabilité (deziderabili'te) *f* wirtschaftlicher Nutzen *m*.

desiderata (dezidera'ta) *m/pl.* **1.**

Lücken *f/pl.*, noch ungelöste Fragen *f/pl. od.* Probleme *n/pl.*; *a. pol.* Anliegen *n/pl.*, Wünsche *m/pl.*; **2.** Desideratenliste *f/sg.*, Bücherwunschliste *f/sg.*, Bücherwünsche *m/pl.*

desideratum (dezidera'tɔm) *m* Lücke *f*, ungelöstes Problem *n*, Wunschtraum *m*, fernes Ziel *n*; *a. pol.* Anliegen *n*.

désign|atif (deziɲa'tif) *adj.* [7e] kennzeichnend, unterscheidend; **~ation** (~ɲa'sjɔ̃) *f* **1.** Bezeichnung *f*, Kenntlichmachung *f*; ~ *de la fonction* Amtsbezeichnung *f*; **2.** Ernennung *f*; Bestimmung *f*, Verordnung *f*; **~er** (~'ɲe) [1a] **I** *v/t.* **1.** bezeichnen, kenntlich machen; ~ *qch. du doigt* auf etw. zeigen; **2.** anzeigen, schließen lassen auf (*acc.*); **3.** bestimmen, festsetzen; **4.** ✝ auszeichnen, inventarisieren; **5.** ~ *q. pour qch.* j-n für etw. (*acc.*) empfehlen, j-n zu etw. (*dat.*) ernennen *od.* bestimmen; **II** *v/rfl.* se ~ sich auszeichnen, die Aufmerksamkeit auf sich lenken.

désillusion *f*, **~nement** (dezily'zjɔ̃, ~zjɔn'mɑ̃) *m* Enttäuschung *f*; **~ner** (~zjɔ'ne) *v/t.* [1a] enttäuschen.

désincarné (dezɛ̃kar'ne) *adj.* vergeistigt.

désincorporer (dezɛ̃kɔrpɔ're) *v/t.* [1a] aus e-m (Truppen-)Verbande aussondern.

désincruster ⊕ (dezɛ̃krys'te) *v/t.* [1a] den Kesselstein entfernen.

désinence *gr.* (dezi'nɑ̃:s) *f* Wortendung *f*, Endung *f*.

désinfec|tant (dezɛ̃fɛk'tɑ̃) **I** *adj.* desinfizierend; **II** *m* Desinfektionsmittel *n*; **~ter** (~'te) *v/t.* [1a] ausräuchern; desinfizieren; entseuchen, entkeimen; ⚔ entgiften (*vom Giftgas*); **~teur** (~'tœ:r) *adj. u. m* [7g] luftreinigend, desinfizierend; (*appareil m*) ~ *m* Luftreiniger *m*, Luftverbesserer *m*; **~tion** (~k'sjɔ̃) *f* Desinfizierung *f*, Reinigung *f* von Ansteckungsstoffen, Ent-keimung *f*, -seuchung *f*; ⚔ ~ *du terrain* Geländeentgiftung *f*.

désinsectisation (dezɛ̃sɛktiza'sjɔ̃) *f* Insektenvertilgung *f*.

désinséré *psych.* (dezɛ̃se're) *adj.* labil.

désintégr|ation (dezɛ̃tegrɑ'sjɔ̃) *f* Zersetzung *f*, Ausscheidung *f*, Auflösung *f*; Zerfall *m*; *phys.* Kernspaltung *f*, Atomzertrümmerung *f*; *at.* ~ *en chaîne* Kettenreaktion *f*; **~er** (~'gre) *v/t.* [1g] zersetzen (*a. fig.*), desintegrieren; *at.* spalten.

désintéres|sé (dezɛ̃terɛ'se) **I** *adj.* **1.** ~ *dans* uninteressiert an (*dat.*), unbeteiligt bei (*dat.*); **2.** uneigennützig, selbstlos; **3.** entschädigt; **4.** ~ *de* gleichgültig gegen (*acc.*); **5.** unparteiisch, unbefangen; **II** *su.* Unbeteiligter *m*, unbeteiligte Person *f*; **~sement** (~s'mɑ̃) *m* Teilnahmslosigkeit *f*, Interesselosigkeit *f*; Uneigennützigkeit *f*; Unparteilichkeit *f*; **~ser** (~'se) [1a] **I** *v/t.* ~ *q.* j-n abfinden, entschädigen; **II** *v/rfl.* *se ~ de qch.* sich für etw. (*acc.*) nicht mehr interessieren, sich um etw. (*acc.*) nicht mehr kümmern, gegen etw. (*acc.*) gleichgültig werden.

désintoxiquer (dezɛ̃tɔksi'ke) *v/t.* [1a] entgiften.

désinvestissement (dezɛ̃vɛstis'mɑ̃) *m* **1.** ⚔ Aufhebung *f* der Belagerung; **2.** *écol.* Begabungsrückgang *m*, Anlagenschwund *m*.

désinviter (dezɛ̃vi'te) *v/t.* [1a] ausladen (*Gäste*), die Einladung j-m gegenüber zurücknehmen.

désinvolt|e (dezɛ̃'vɔlt) *adj.* ungezwungen, unbefangen, ungeniert; *péj.* achtlos; keß; lässig, gleichgültig, nonchalant; *d'un geste* ~ mit e-r lässigen Geste; **~ure** (~'ty:r) *f* Ungezwungenheit *f*; Unbefangenheit *f*, ungezwungene (*od.* zwanglose) Haltung *f*; Natürlichkeit *f*, Selbstverständlichkeit *f*; *péj.* Achtlosigkeit *f*; Ungeniertheit *f*; Dreistigkeit *f*, Keßheit *f*; *traiter q. avec* ~ j-n ohne besondere Aufmerksamkeiten (achtlos, von oben herab) behandeln, j-m völlig ungeniert gegenübertreten; *traiter qch. avec* ~ etw. auf die leichte Schulter nehmen.

désir (de'zi:r) *m* **1.** Wunsch *m*, Verlangen *n*; Begierde *f*, Sehnsucht *f*; Drang *m*, Trieb *m*; *~s pl.* Wünsche *m/pl.*, Gelüste *n/pl.*; *au gré de ses ~s, selon ses ~s* nach s-m Wunsch; ~ *de la gloire* Ruhmsucht *f*; ~ *de s'instruire* Wissensdurst *m*, -drang *m*; **2.** Gegenstand *m* des Verlangens; **~able** (dezi'rablə) *adj.* wünschens-, begehrens-wert; willkommen (*Zu- od. Um-stand, Sache*); **~é** (~'re) *su.* Ersehnter *m*.

désir|er (~'re) **1.** *v/t.* [1a] ~ *qch.* etw. für sich (sehnlichst) wünschen, gern haben wollen, ersehnen, trachten nach etw. (*dat.*), begehren nach etw. (*dat.*); *cela laisse beaucoup à* ~ das läßt viel zu wünschen übrig; *je désire le voir* ich möchte ihn gern sehen; *je désirerais savoir* ich möchte gern wissen; *je désire qu'il vienne* ich wünsche, daß er kommt; *le malade désire la guérison* der Kranke ersehnt die Heilung; **2.** *se faire* ~ sich selten sehen lassen; **~eux** (~'rø) *adj.* [7d]: ~ *de* begierig nach (*dat.*) *od.* auf (*acc.*); *être* ~ *de* (*inf.*) den Wunsch haben zu ...

désis|tement (dezistə'mɑ̃) *m* Absage *f*, Verzicht *m*; **~ter** (~'te) *v/rfl.* [1a]: *se* ~ *de* absehen von (*dat.*), Abstand nehmen von (*dat.*), verzichten auf (*acc.*).

désobé|ir (dezɔbe'i:r) *v/i.* [2a] **1.** ~ *à q.* j-m nicht gehorchen; *je ne veux point être désobéi* ich dulde keinen Ungehorsam; **2.** *fig.* ~ *à qch.* auf etw. (*acc.*) nicht hören; ~ *à la loi* das Gesetz übertreten; **~issance** (~i'sɑ̃:s) *f* Ungehorsam *m*; **~issant** (~i'sɑ̃) *adj. u. su.* [7] ungehorsam, unfolgsam; Ungehorsamer *m*.

désobli|geamment (dezɔbliʒa'mɑ̃) *adv.* ungefällig, unfreundlich, abfällig; **~geance** (~'ʒɑ̃:s) *f* Ungefälligkeit *f*, Unfreundlichkeit *f*; **~geant** (~'ʒɑ̃) *adj.* [7] ungefällig, unfreundlich, abfällig; **~ger** (~'ʒe) *v/t.* [1l]: ~ *q.* j-m e-n schlechten Dienst erweisen; j-m unfreundlich begegnen, j-n vor den Kopf stoßen, kränken, beleidigen, j-m mißfallen, j-m gegenüber unfreundlich sein.

désob|struant [7], **~structif** [7e] (dezɔpstry'ɑ̃, ~stryk'tif) **I** *adj.* die Verstopfung beseitigend; **II** *m* Mittel *n* gegen Verstopfung; **~struction** (~stryk'sjɔ̃) *f* **1.** Beseitigung *f* der Verstopfung; **2.** *a.* ⚓ Freimachung *f* (*e-s Fahrwassers*); **3.** Aufräumungsarbeiten *f/pl.*

désobstruer (~stry'e) [1a] **I** *v/t.* *Straße* frei machen, räumen, von Hindernissen frei machen; *Kanal* aufräumen; ⚕ von Verstopfung befreien; **II** *v/rfl.* *se* ~ sich Luft machen; frei werden.

désoccup|ation (dezɔkypɑ'sjɔ̃) *f* Tatenlosigkeit *f*, Beschäftigungslosigkeit *f*, Muße *f*; **~é** (~'pe) *adj.* unbeschäftigt.

désodoris|ant (dezɔdɔri'zɑ̃) *m* Geruchbeseitigungsmittel *n*; **~er** (~'ze) *v/t.* [1a] geruchlos machen.

désœu|vré (dezœ'vre) **I** *adj.* untätig, beschäftigungslos; faul, verbummelt; *jeunesse f* ~*e* Halbstarke *m/pl.*; **II** *su.* Müßiggänger *m*, Beschäftigungsloser *m*; **~vrement** (~vrə'mɑ̃) *m* Müßiggang *m*, Untätigkeit *f*, Herumlungern *n*; **~vrer** (~'vre) *v/t.* [1a] zur Untätigkeit bringen (*od.* führen).

désolant (dezɔ'lɑ̃) *adj.* [7] betrüblich, trostlos, traurig; F fürchterlich, entsetzlich.

déso|lation (~zɔlɑ'sjɔ̃) *f* **1.** Verwüstung *f*, Verheerung *f*; **2.** Trostlosigkeit *f*, tiefe Betrübnis *f*; **~ler** (~'le) [1a] **I** *v/t.* **1.** verwüsten, verheeren; **2.** aufs tiefste betrüben; *allg.* ärgern; *je suis désolé de ...* ich bin untröstlich (*od.* tief betrübt, ganz niedergeschlagen), es tut mir (unendlich) leid, daß ...; **II** *v/rfl.* *se* ~ sich (ab)grämen, vergrämt (bedrückt, betrübt, beschwert) sein, Kummer haben, bekümmert sein, bangen, seelischen Schmerz empfinden, sich abhärmen.

désolidariser (desɔlidari'ze) [1a] **I** *v/t.* die Solidarität vernichten; **II** *v/rfl.* *se* ~ *de* (*od. d'avec*) *q.* sich von j-m lossagen (*od.* distanzieren).

désoperculer (dezɔpɛrky'le) *v/t.* [1a] den Deckel der Honigwabenzellen abnehmen.

désopi|lant (dezɔpi'lɑ̃) *adj.* [7] spaßig, ulkig, zum Lachen; **~ler** (~'le) [1a] **I** *v/t.* *fig.* ~ *q.* (*od.* ~ *la rate à q.*) j-n zum Lachen bringen; **II** *v/rfl.* *se* ~ herzlich lachen.

désor|donné (dezɔrdɔ'ne) *adj.* (*adv.* ~*ment*) unordentlich; zügellos, liederlich; unmäßig; unbeherrscht, fahrig; **~donner** (~) [1a] *v/t.* (*u.* *se* ~) in Unordnung bringen (geraten); (sich) verwirren; **~dre** (de'zɔrdrə) *m* **1.** Unordnung *f*; Verwirrung *f*; *advt.* *en* ~ in Unordnung, unordentlich; **2.** Liederlichkeit *f*, Ausschweifung *f*; **3.** Zwietracht *f*; öffentliche Unruhe *f*, Aufruhr *m*; **4.** Bestürzung *f*; **5.** ⚕, ⊕ Störung *f*.

désorgani|sateur (dezɔrganiza'tœ:r) *adj. u. su.* [7f] auflösend, zerrüttend, zersetzend, desorganisierend; Zersetzer *m*, Zerstörer *m*; **~sation** (~zɑ'sjɔ̃) *f* Störung *f* der Ordnung, Desorganisation *f*, Zersetzung *f*, Auflösung *f*, Zerrüttung *f*; **~ser** (~'ze) *v/t.* [1a] in Unordnung bringen, zersetzen, desorganisieren, zerstören, auflösen, zerrütten.

désorien|tation (dezɔrjɑ̃tɑ'sjɔ̃) *f* Irreführung *f*, Verwirrung *f*; ~ *des esprits* Fehlen *n* e-r geistigen Ausrichtung; **~ter** (~'te) [1a] **I** *v/t.* irreführen, ganz durcheinanderbringen, desorientieren, irremachen, verwirren; *être tout désorienté* sich nicht mehr zurechtfinden können, ganz durcheinander sein; **II** *v/rfl.* se ~ die Richtung verlieren, sich verirren; *fig.* verwirrt werden.

désormais (dezɔr'mɛ) *adv.* von jetzt ab, in Zukunft, künftig.

désos|sé (dezo'se) **I** *adj. cuis.* ohne Knochen; *fig.* sehr gelenkig, akrobatisch; **II** *m* Schlangenmensch *m*, Akrobat *m*; **~sement** *cuis.* (~zos'mɑ̃) *m* Entfernung *f* der Knochen; Entgrätung *f*; **~ser** (~zo'se) [1a] **I** *v/t. cuis.* die Knochen entfernen; entgräten; *fig.* zerlegen; **II** *v/rfl.* se ~ gelenkig werden; Gelenkigkeitsübungen machen.

désoxyder (dezɔksi'de) *v/t.* [1a] desoxydieren, Sauerstoff entziehen.

des plus (de'ply) *advt.* (*vor unverändertem Adjektiv, Partizip od. vor e-m Adverb*) äußerst, überaus (*vgl. plus* III).

despot|e (dɛs'pɔt) **I** *m* Despot *m*; **II** *adj.* (*nur mit Personenbezeichnungen!*) despotisch; *un mari* ~ ein despotischer Ehemann *m*; **~ie** (~'ti) *f* s. *despotisme*; **~ique** (~'tik) *adj.* despotisch; herrisch; **~isme** (~'tism) *m* Despotismus *m*, Gewaltherrschaft *f*.

despumer *phm.* (dɛspy'me) *v/t.* [1a] abschäumen.

desqua|mation ⚕ (dɛskwamɑ'sjɔ̃) *f* Abschuppung *f* (*nach e-r Krankheit*); **~mer** (~'me) [1a] **I** *v/t.* abschuppen, abschürfen; **II** *v/rfl.* se ~ sich abschälen (*Haut*).

dessabl|age (desa'blaːʒ) *m* Entsanden *n*; ⊕ Sandstrahlen *n*; **~er** (~'ble) *v/t.* [1a] entsanden.

dessai|sir ⚖ (desɛ'ziːr) [2a] **I** *v/t.* ~ *q. de qch.* etw. dem Besitze j-s entziehen; **II** *v/rfl.* se ~ *de qch.* etw. abtreten, auf etw. verzichten; **~sissement** (~zis'mɑ̃) *m* Herausgabe *f*, Abtretung *f*, Aushändigung *f*.

dessal|é (desa'le) *adj.* **1.** entsalzt; **2.** *fig.* F gewitzt, helle, aufgeweckt; *bien* ~ mit allen Wassern gewaschen, mit allen Hunden gehetzt, durchtrieben, ausgekocht, ganz gerissen; **~er** (~) [1a] **I** *v/t.* entsalzen; wässern; F *fig.* gewitzt machen; **II** *v/rfl.* se ~ den Salzgehalt verlieren; F *fig.* gewitzt (*od.* gescheit) werden.

dessangler (desɑ̃'gle) *v/t.* [1a] losgürten.

dessaouler (desu'le) [1a] **I** *v/t.* nüchtern machen; **II** *v/i.* nüchtern werden.

des|sèchement (desɛʃ'mɑ̃) *m* Austrocknung *f*, Entwässerung *f*, Trockenlegung *f*; Dörren *n*; ⚕ Einschrumpfen *n*; *fig.* Lähmung *f*, Verknöcherung *f*, Abstumpfung *f*, Schwinden *n*; **~sécher** (~se'ʃe) [1f] **I** *v/t.* **1.** (aus)trocknen, entwässern, trockenlegen; **2.** *Obst* dörren; **3.** abzehren; **4.** *fig.* abstumpfen; ~ *le cœur* das Gefühl ertöten; **II** *v/rfl.* se ~ trocken werden; ver-, austrocknen; abmagern; *fig.* verknöchern, abstumpfen, gefühllos werden, verschwinden.

dessein (de'sɛ̃) *m* Absicht *f*, Vorhaben *n*, Plan *m*, Zweck *m*; *avoir le* ~ *de* ... die Absicht haben zu ...; *avoir des* ~*s sur q.* etw. im Schilde führen gegen j-n; es auf j-n abgesehen haben; *advt. à* ~ absichtlich, geflissentlich (*st.s.*); *à quel* ~? wozu?, in welcher Absicht?; *dans le* ~ *de* ... in der Absicht zu ...; *sans* ~ ohne Absicht, unabsichtlich, unvorsätzlich; harmlos.

desseller (desɛ'le) *v/t.* [1a] absatteln.

desserr|age (desɛ'raːʒ) *m* Losmachen *n usw.*; **~e** F(de'sɛːr) *f*: *être dur à la* ~ sich schwer vom Gelde trennen, sehr ungern mit dem Geld herausrücken; **~er** (~sɛ're) [1b] **I** *v/t.* aufschnüren, lockern, locker-, los-machen, Knoten aufmachen; etw. loser schnallen; entspannen; *sans* ~ *les dents* ohne e-n Ton zu sagen, ohne den Mund aufzumachen; **II** *v/rfl.* se ~ nachlassen; locker werden, sich lösen.

dessert (de'sɛːr) *m* Nachtisch *m*, Dessert *n*.

desserte (de'sɛrt) *f* **1.** Anrichte *f*, Anrichtetisch *m*; ~ *mobile* fahrbarer Serviertisch *m*; **2.** *rl.* Seelsorge *f*; **3.** regelmäßige Verbindung *f*, Verkehr *m*; *chemin m de* ~ Verbindungsweg *m*, Zufahrtstraße *f*.

dessertir (desɛr'tiːr) *v/t.* [2a] e-n Edelstein aus der Fassung nehmen.

desser|vant *cath.* (desɛr'vɑ̃) *m* Pfarr-verweser *m*, -herr *m*; **~vir** (~'viːr) *v/t.* [2b] **1.** ~ *les plats* die Speisen abtragen; ~ *la table* den Tisch abdecken; **2.** ~ *q.* j-m e-n schlechten Dienst erweisen; j-m schaden; **3.** ~ *une cure* e-e Pfarre betreuen; **4.** 🚂 *usw.* die Verkehrsverbindung herstellen mit (*dat.*); (regelmäßig) fahren über *od.* durch (*acc.*); ⚓ (regelmäßig) anlaufen; *cet autobus dessert les boulevards* ... dieser Bus fährt durch die (*bzw.* nach den) ... Boulevards; **5.** *Treppe, Korridor*: in Verbindung stehen mit (*dat.*).

dessicca|teur (desika'tœːr) *m* Trokkenhaus *n*, Darre *f*; Trockenapparat *m*; **~tif** (~'tif) [7e] *adj. u. m* (aus)trocknend(es Mittel *n*); **~tion** (~kɑ'sjɔ̃) *f* Austrocknung *f*; Darren *n*.

dessiller (desi'je) [1a] **I** *v/t. fig.* ~ *les yeux à q.* j-m die Augen öffnen; **II** *v/rfl.* **se** ~: *ses yeux se dessillent fig.* die Augen gehen ihm (ihr) auf, er (sie) sieht klar.

dessin (de'sɛ̃) *m* **1.** Zeichenkunst *f*; Zeichnen *n*; *maître m de* ~ Zeichenlehrer *m*; *arts m/pl. du* ~ bildende Künste *f/pl.*; ~ *industriel* technisches Zeichnen *n*; **2.** Zeichnung *f*, Skizze *f*; *cin.* ~ *animé* Trickfilm *m*; ~ *au crayon*, ~ *à la plume* Bleistift-, Feder-zeichnung *f*; ~ *au lavis* Tuschzeichnung *f*; ~ *à main levée* Freihandzeichnen *n*; ~ *linéaire* Linearzeichnen *n*; ~ *en coupe* Schnittzeichnung *f*; ~ *au trait* Kontur *f*, Umrißzeichnung *f*; **3.** ⚠ Riß *m*, Plan *m*; *fig.* Entwurf *m e-s literarischen Werkes usw.*; ~ *d'un bâtiment* Bauplan *m*; **4.** *tiss.* Muster *n*, Dessin *n*; **~ateur** (~sina'tœːr) *su.* [7f] Zeichner *m*; ~ *industriel* technischer Zeichner *m*; ~ *publicitaire* Reklamezeichner *m*; *dessinatrice f de modes* Modezeichnerin *f*; ~ *de meubles* Möbelgestalter *m*; **~-charge** (de'sɛ̃'ʃarʒ) *m* [6a] Karikaturzeichnung *f*; **~er** (~si'ne) [1a] **I** *v/t.* **1.** (ab)zeichnen; ~ *d'après nature* nach der Natur zeichnen; ~ *de fantaisie* aus dem Kopfe zeichnen; **2.** *fig.* hervortreten lassen; andeuten; **II** *v/rfl.* se ~ sich abzeichnen, sichtbar werden, hervortreten, sich hervorheben; *fig.* *e-e bestimmte Gestalt* annehmen.

dessoler ⚒ (desɔ'le) *v/t.* [1a] die Fruchtfolge ändern.

dessoucher ⚒ (desu'ʃe) *v/t.* [1a] ausroden.

dessouder ⊕ (desu'de) [1a] **I** *v/t.* loslöten; **II** *v/rfl.* se ~ abgehen.

dessouler (desu'le) [1a] *v/t.* (*u. v/i.*) nüchtern machen (werden).

dessous (də'su) **I** *adv.* **1.** unten, d(a)runter; *vêtements m/pl. de* ~ Unterkleidung *f*; **2.** *en* ~ (nach) unten; *fig.* versteckt; *manœuvrer* (*od. agir*) *en* ~ nicht mit offenen Karten spielen; *attaques f/pl. en* ~ versteckte Angriffe *m/pl.*; *par-*~, *en* ~ unten durch; *fig.* heimlich, hinten rum F; *regarder en* ~ nicht offen ins Gesicht schauen (*od.* blicken); **3.** *de* ~ von unten her; unter... hervor; **II** *prp.* **4.** *de* ~, *par-*~ *z.B. in*: *arracher un voleur de* ~ *le lit* e-n Dieb unter dem Bett hervorziehen; *dégager q. de* ~ *sa voiture* j-n unter s-m Wagen hervorziehen; *passer par-*~ *la table* unter dem Tisch durchgehen; **III** *m* **5.** Unter-seite *f*, teil *m u. n*; Unterlage *f*; Grundlage *f*; ~ *du pied* Fußsohle *f*; **6.** *fig.* Kehrseite *f*; *connaître les* ~ die Hintergründe kennen; **7.** ~-*de-bras* Armblatt *n* (*Kleid*); *les* ~ *pl.* die Unterwäsche *f* (*der Frauen*); **8.** ~ (*d'un théâtre*) Versenkung *f*; *fig. être dans le trente-sixième* ~ in e-r äußerst üblen Lage sein; **9.** ~ *de bouteille* Flaschenuntersatz *m*; **10.** *avoir le* ~ den kürzeren ziehen; unterliegen; **11.** ⚓ ~ *du vent* Lee(seite *f*) *f*.

dessous|-de-plat (~də'pla) *m/inv.* Schüsseluntersatz *m*; **~-de-table** ✝ (~də'tablə) *m/inv.* Draufgeld *n*.

dessuinter (desɥɛ̃'te) *v/t.* [1a] (*Wolle*) entfetten, auswaschen.

dessus (də'sy) **I** *adv.* **1.** oben, obendrauf; *vêtements m/pl. de* ~ Oberkleidung *f*; *fig. vous avez mis le doigt* ~ Sie haben den Nagel auf den Kopf getroffen; *bras* ~, *bras dessous* Arm in Arm; *sens* ~ *dessous* das Unterste zu oberst, drunter und drüber; F *marcher* ~ *à q.* j-m auf die Füße treten; **2.** ⚓ *avoir le (vent)* ~ backliegen; **3.** *en* ~ (nach) oben; **II** *prp.* **4.** *chercher* ~ *et dessous la table* auf und unter dem Tische suchen; *de* ~ *z.B.*: *ôtez cela de* ~ *la table!* nehmen Sie dies vom Tische weg!; *par-*~ *le marché* obendrein, außerdem, noch dazu; **III** *m* **5.** Oberteil *m u. n*, die obere Seite *f*; ⚓ Verdeck *n*; ~ *de boîte* Schachteldeckel *m*; ~ *de lit* Überbett *n*; *le* ~ *du panier* das Beste *n*; ~ *de table* Tischplatte *f*; *les* ~ *de théâtre* Schnürboden *m*; *fig. avoir le* ~ die Oberhand behalten (*od.* haben); überlegen sein; *prendre le* ~ *sur q.* die Oberhand über j-n (*acc.*) gewinnen; *prendre le* ~ überhandnehmen; s-n Schmerz überwinden; *reprendre le* ~ allmählich wieder gesund werden, sich erholen; **6.** ♪ Diskant *m*; **7.** ⚠ ~ *de porte* Gesims *n* über der Tür; **8.** ⚓ ~ *du vent* Luv(seite *f*) *f*; *fig. prendre le* ~ *du vent* den Wind abfangen.

déstalinis|ation *pol.* (destaliniza'sjõ) *f* Entstalinisierung *f*; **~er** *pol.* (~'ze) *v/t.* [1a] entstalinisieren.

destin (dɛs'tɛ̃) *m* Schicksal *n*, Los *n*, Verhängnis *n*.

destina|taire (dɛstina'tɛ:r) *su.* Empfänger(in), Empfangsberechtigte(r), Adressat(in); **~teur** (~'tœ:r) *su.* [7f] Absender(in); **~tion** (~na'sjõ) *f* Zweck *m*, Sinn *m*; Reiseziel *n*; Bestimmungs-ort *m*, -hafen *m*; Ziel *n*; ⚖ Verfügung *f*; ✝ *à* ~ *de Dijon* nach Dijon.

desti|née (dɛsti'ne) *f* (*häufiger wird destin gebraucht*) Schicksal *n*, Verhängnis *n*, Geschick *n*, Los *n*, Fatum *n*; Schicksalsprobe *f*; **~ner** (~'ne) [1a] **I** *v/t.* bestimmen, aussersehen (*à* für *acc.*); ~ *q. à qch.* j-n zu etw. berufen, für etw. auserwählen; *cet argent est destiné aux pauvres* dieses Geld ist für die Armen bestimmt; *le prix qui vous est destiné* der Ihnen zugedachte Preis *m*; **II** *v/rfl. se* ~ *à qch.* sich e-r Sache (*dat.*) widmen.

destitu|able (dɛsti'tɥablə) *adj.* absetzbar; **~er** (~'tɥe) *v/t.* [1a] **1.** absetzen; ~ *d'une fonction* s-s Amtes entheben; **2.** † berauben; *nur noch im p/p.*: *destitué de toute vraisemblance* völlig unwahrscheinlich; *destitué de fondement* grundlos; **~tion** (~ty'sjõ) *f* Absetzung *f*.

déstockage (destɔ'ka:ʒ) *m* Auflösung *f* von Lagerbeständen.

destrier *poét.* (dɛstri'e) *m* Schlachtroß *n*.

destroyer ⚓, ✈ (dɛstrɔ'jœ:r) *m* Zerstörer *m*.

destruc|teur (dɛstryk'tœ:r) *adj. u. su.* [7f] zerstörend, verheerend; Zerstörer *m*; Beseitiger *m* (*von Mißbräuchen*); ✈ ~ *d'avion* Flugzeugzerstörer *m*; **~tible** (~'tiblə) *adj.* zerstörbar; **~tif** (~'tif) *adj.* [7e] zerstörend, vernichtend; **~tion** (~k'sjõ) *f* Zerstörung *f*, Vernichtung *f*; *fig.* Untergang *m*; Beseitigung *f von Mißbräuchen*; ~ *des parasites* Schädlingsbekämpfung *f*; ~ *massive* Massenvernichtung *f*.

désuet (de'sɥɛ) *adj.*, *f*: **désuète** (de'sɥɛt) ungebräuchlich, veraltet, altmodisch.

désuétude (desɥe'tyd) *f* Ungebräuchlichkeit *f*; *tomber en* ~ ungebräuchlich werden, außer Gebrauch kommen, veralten.

désulfurer (desylfy're) *v/t.* [1a] entschwefeln.

désu|ni (dezy'ni) *adj.* getrennt; *fig.* uneinig; zerrüttet (*Ehe usw.*); **~nion** (dezy'njõ) *f* Trennung *f*; *fig.* Uneinigkeit *f*, Entzweiung *f*, Zwietracht *f*; **~nir** (~'ni:r) *v/t.* [2a] trennen; *fig.* entzweien, veruneinigen.

désurbanisation ⚔ (dezyrbaniza'sjõ) *f* Ausrottung *f* von Städten.

détach|able (deta'ʃablə) *adj.* lösbar, abnehmbar, (ab)trennbar; *non* ~ unablöslich; **~age** (~'ʃa:ʒ) *m* Reinigung *f* (*v. Kleidern*), Fleckenbeseitigung *f*; **~ant** (~'ʃã) *m* Fleckenwasser *n*; **~é** (~'ʃe) *adj.* lose, locker; abgesondert, isoliert; nicht gebunden; *air m* ~ gleichgültige Miene *f*; ⚔ *forts m/pl.* ~*s* Außenwerke *n/pl.*; **~ement** (~ʃ'mã) *m* **1.** Entsagung *f*, Lossagung *f*, Abwendung *f*; Gleichgültigkeit *f* Uninteressiertheit *f*; **2.** ⚔ Abteilung *f*, Trupp *m*, Kommando *n*; ✈ ~ *d'atterrissage* Landungsabteilung *f*; ⚓ ~ *de débarquement* Landeabteilung *f*; ~ *de découverte* Aufklärungsabteilung *f*; ~ *de radiotélégraphistes* Funkkommando *n*; ~ *d'assaut* Sturmabteilung *f*, Sturmtrupp *m*; ~ *de lance-flammes* Flammenwerfertrupp *m*; ~ *d'éclaireurs* Spähtrupp *m*; *en* ~ abkommandiert; **3.** ⚔ *u. allg.* Entsendung *f* (*als Handlung*); **~er** (~'ʃe) [1a] **I** *v/t.* **1.** ab-machen, -brechen, -reißen, trennen, absondern, zerlegen; losbinden; abtrennen; *Obst* abnehmen; ⚡ abschalten; ~ *un pays d'une emprise politique* ein Land aus e-m politischen Einfluß heraushalten; **2.** *peint.* e-e Figur hervorheben; **3.** ♪ die Töne kurz abstoßen (*staccato*); **4.** ⚔, ⚓ abkommandieren, auf Kommando ab- *od.* ausschicken; *allg.* entsenden, delegieren; **5.** von Flecken reinigen; *savon m à ~* Fleckenseife *f*; **II** *v/rfl.* se ~ **6.** sich los-machen *od.* -reißen; abfallen (*Obst*); **7.** *fig.* sich trennen (*de* von *dat.*); *se ~ du monde* der Welt entsagen; **8.** *peint. les figures ne se détachent pas assez* die Figuren heben sich nicht genug ab.

détail (de'taj) *m* **1.** Einzelheit *f*, Nebenumstand *m*, einzelner Umstand *m*, Kleinigkeit *f*; *coll.* das Einzelne *n*; *faire le ~ d'un compte* die einzelnen Posten e-r Rechnung angeben; *entrer dans le(s) ~(s)* aufs einzelne zu sprechen kommen; *sans descendre* (*od. entrer*) *dans le(s) ~(s)* ohne auf die näheren Umstände einzugehen; *c'est un ~* das ist Nebensache, das ist unwichtig; *en ~* im einzelnen, ausführlich, umständlich; **2.** Einzel-, Klein-, Detail-handel *m*.

détail|lant (deta'jɑ̃) *su.* [7] Einzel-, Klein-händler *m*, Detaillist *m*; **~lé** (~'je) *adj.* ausführlich, erschöpfend, genau, detailliert, eingehend; umständlich, weitläufig; **~ler** (~) *v/t.* [1a] **1.** in Stücke zerlegen *od.* zerschneiden; **2.** im kleinen verkaufen; **3.** *fig.* ausführlich darlegen, umständlich erzählen, genau beschreiben; von oben bis unten mustern *od.* betrachten; **~liste** (~'jist) *su.* **1.** Detailmaler *m*; **2.** Schilderer *m* von Einzelheiten.

détaler (deta'le) [1a] **I** *abs.* † wieder einpacken (*nach e-r Messe*); **II** *v/i.* *fig.* ausreißen, türmen, abhauen, sich packen, davonlaufen, sich auf die Beine machen; flitzen, sausen, brausen F.

détartrer ⊕, ⚕ (detar'tre) *v/t.* [1a] den Kessel- *bzw.* Zahn-stein entfernen.

détax|e (de'taks) *f* Steuer- (*od.* Gebühren-)senkung *f*, -erlaß *m*; **~er** (~k'se) *v/t.* [1a] Steuern (*od.* Gebühren) herabsetzen *od.* senken.

détect|er (detɛk'te) *v/t.* [1a] nachweisen, feststellen, auf-, entdecken; **~eur** *rad.*, ⊕ (~'tœ:r) *m* Detektor *m*; **~ion** (~tɛk'sjɔ̃) *f* Auffindung *f*, Entdeckung *f*; *rad.* (*circuit m de*) ~ Audionstufe *f*; **~ive** (~'ti:v) *m* Detektiv *m*.

déteindre (de'tɛ̃:drə) [4b] **I** *v/t.* entfärben; **II** *v/i. u. v/rfl.* se ~ verschießen, sich verfärben, farbunecht sein; *v/i. fig. ~ sur q.* auf j-n abfärben, j-n beeinflussen.

dételer (de'tle) *v/t.* [1c] (*a. abs.*) ab-, aus-spannen; ⊕ ab-, los-kuppeln.

détend|eur ⊕ (detɑ̃'dœ:r) *m* Niederdruckzylinder *m*, Druckregler *m*, Reduzierventil *n*; **~re** (~'tɑ̃:drə) [4a] **I** *v/t.* **1.** ab-, los-, ent-spannen; ausstrecken (*Bein*); *faire ~ un gaz* ein Gas ausströmen lassen; *fig. la lecture détend l'esprit* die Lektüre lenkt ab (*od.* entspannt); **2.** *~ une chambre* die Tapeten e-s Zimmers abnehmen; *~ une tente* ein Zelt abbrechen; *~ un pavillon* e-e Flagge herunternehmen; ⊕ *~ la vapeur* den Dampf entspannen; **II** *v/rfl.* **se ~ 3.** schlaff werden, nachgeben (*a. fin. von Kursen*), nachlassen; sich ausdehnen (*Feder*); *fig. les rapports se sont détendus* die Beziehungen haben sich entspannt; **4.** *fig.* sich erholen, ausspannen, sich entspannen; *se ~ l'esprit od. ~ son esprit* geistig ausspannen; **5.** *Wetter*: besser (*od.* milder) werden.

détenir (det'ni:r) *v/t.* [2h] **1.** zurück-, fest-halten, besitzen, im Besitz haben; *Sport*: *~ le championnat* die Meisterschaft errungen haben (*od.* innehaben); **2.** ⚖ vorenthalten; **3.** *~ (en prison)* gefangenhalten.

déten|te (de'tɑ̃:t) *f* **1.** Abzug *m*, Drücker *m am Gewehr*; *appuyer sur la ~, lâcher* (*od. presser*) *la ~* (*das Gewehr*) abdrücken; schießen; **2.** Losdrücken *n*; **3.** *fig. a. pol.* Entspannung *f*; *exercice m de ~* Entspannungsübung *f*; **4.** F *être dur à la ~* nur ungern mit s-m Geld herausrücken; nicht leicht nachgeben; **~teur** (~tɑ̃'tœ:r) *su.* [7f] Besitzer *m*, Inhaber *m*; *Sport*: *~ titulaire, ~ de titre* Titel-halter *m*, -verteidiger *m*; **~tion** (~'sjɔ̃) *f* **1.** Gefangenhaltung *f*; Haft *f*; *~ préventive* Untersuchungs-, Schutzhaft *f*; **2.** Besitz *m*; Vorenthaltung *f*; *~ d'armes* Waffenbesitz *m*; *~ de matériel de guerre* Lagerung *f* von Kriegsmaterial; **~tionnaire** (~sjɔ'nɛ:r) *m* Häftling *m*; **~trice** (~'tris) *adj./f*: *puissance f ~* Gewahrsamsmacht *f*.

détenu (det'ny) *su.* Häftling *m*, Inhaftierter *m*, Sträfling *m*.

détergent *phm.*, ⚗ (detɛr'ʒɑ̃) *adj.* [7] *u. m*: (*produit m*) ~ Reinigungs-

mittel *n* (*dafür häufiger*: *détersif*); *pouvoir m* ~ Reinigungsstärke *f*.
déterger ⚕ (detɛr'ʒe) *v/t*. [1l] reinigen.
détériorer (detɛrjɔ're) *v/t*. [1a] verderben, verschlechtern, beschädigen.
détermi|nant (detɛrmi'nɑ̃) *adj*. [7] bestimmend, ausschlaggebend, maßgebend, entscheidend; **~natif** (~na'tif) **I** *adj*. [7e] *gr*. näher bestimmend, attributivisch; **II** *m gr*. Attribut *n*, Bestimmungswort *n*; **~nation** (~nɑ'sjɔ̃) *f* **1.** Bestimmung *f*, Feststellung *f*, Ermittlung *f*; ~ *des hauteurs* Höhenmessung *f*; **2.** Entschluß *m*; Entschlossenheit *f*; *prendre une* ~ e-n Entschluß fassen; **3.** *géom*. Determination *f*; **~né** (~'ne) **I** *adj*. **1.** bestimmt; **2.** entschieden, entschlossen, resolut; kühn, verwegen; **3.** leidenschaftlich ergeben; Erz...; **II** *su*. (toll)kühner Mensch *m*; **~ner** (~) [1a] **I** *v/t*. **1.** bestimmen, abgrenzen, festsetzen, -stellen, ermitteln, klären, regeln; ~ (*de faire*) *qch*. etw. (zu tun) beschließen; ~ *q. à faire qch*. j-n bestimmen, etw. zu tun; **2.** veranlassen; herbeiführen, bewirken; **3.** die Richtung geben (*dat*.); **4.** genau beschreiben, näher bestimmen; **II** *v/rfl*. *se* ~ *à qch*. sich zu etw. (*dat*.) entschließen; **~nisme** *phil*. (~'nism) *m* Determinismus *m*.
déter|ré (detɛ're) *su*. ausgegrabene Leiche *f*; *il a l'air d'un* ~ er sieht leichenblaß aus; **~rement** (~tɛr'mɑ̃) *m* Ausgrabung *f*; **~rer** (~'re) *v/t*. [1b] ausgraben, ausbuddeln; *fig*. entdecken, ausfindig machen, *Schätze* heben.
détersif (detɛr'sif) *adj*. [7e] *u*. *m*: (*remède m*) ~ reinigend(es Mittel *n*); Reinigungs-, Putz-mittel *n*.
détes|table (detɛs'tablə) *adj*. abscheulich; **~tation** (~ta'sjɔ̃) *f* Verabscheuung *f*, Abscheu *m*, Haß *m*; **~ter** (~'te) *v/t*. [1a] verabscheuen, hassen; *il se fait* ~ *de tout le monde* er macht sich bei allen verhaßt.
détirer (deti're) *v/t*. [1a] ziehen (*Wäsche*); ausrecken (*Arme*).
détisser *text*. (deti'se) *v/t*. [1a] ausfasern.
déto|nant (detɔ'nɑ̃) *adj*. [7] knallend, explodierend; *gaz m* ~ Knallgas *n*; *mélange m* ~ explosives Gemisch *n*; **~nateur** (~na'tœ:r) *m* Zündkapsel *f*; **~nation** (~nɑ'sjɔ̃) *f* Knall *m*, Explosion *f*, Detonation *f*; **~ner** (~'ne) *v/i*. [1a] explodieren, detonieren, knallen.
détonner (~) *v/i*. [1a] ♪ vom Tone abweichen; *fig*. ~ *avec qch*. nicht zu etw. (*dat*.) passen.
détordre (de'tɔrdrə) *v/t*. [4a] auf-, auseinander-drehen, -fädeln.
détorquer (detɔr'ke) *v/t*. [1a]: ~ *un texte* e-n Text falsch deuten, e-m Text Gewalt antun.
détors (de'tɔ:r) *adj*. [7] auseinandergedreht, aufgefädelt.
détortiller (detɔrti'je) *v/t*. [1a] auseinanderwickeln; *fig*. ~ *qch*. mit etw. fertigwerden.
détour (de'tu:r) *m* **1.** Krümmung *f*, Biegung *f*, Wendung *f*; *fig*. *les* ~*s du cœur* die geheimsten Winkel *m/pl*. des Herzens; **2.** Umweg *m*; *par un* ~ auf e-m Umweg; *prendre* (*od*. *faire*) *un* ~ e-n Umweg machen; *après bien des tours et des* ~*s* nach langem (*od*. endlosem) Herumlaufen; **3.** *fig*. Ausflucht *f*, Ausrede *f*, Winkelzug *m*; *chercher des* ~*s* Ausflüchte (*od*. Ausreden) suchen; *être sans* ~ ohne Falsch sein; *parler sans* ~ mit rückhaltloser Offenheit sprechen.
détour|né (detur'ne) *adj*. abgelegen; *chemin m* ~ *a*. *fig*. Umweg *m*, Schleichweg *m*; Schlich *m*; *reproche m* ~ versteckter Vorwurf *m*; *sens m* ~ *d'un mot* Nebensinn *m* e-s Wortes; **~nement** (~nə'mɑ̃) *m* **1.** Ablenken *n*; 🚂 *usw*. Umleitung *f e-s Zuges*; **2.** Entwendung *f*, Unterschlagung *f*; Veruntreuung *f*; Entführung *f*; ~ *d'impôts* Steuerhinterziehung *f*; **~ner** (~'ne) [1a] **I** *v/t*. **1.** abwenden, ablenken; ⚡ *u*. *Blitz*: ableiten; ~ *la circulation* den Verkehr umleiten; ~ *q*. (*de son chemin*) j-n vom Wege abbringen; ~ *un coup* (*les yeux*) e-n Schlag (die Augen) abwenden; ~ *q*. *de son devoir* j-n von s-r Pflicht abhalten; **2.** (heimlich) beiseiteschaffen; entführen; ~ *des fonds* Gelder unterschlagen *od*. veruntreuen; **3.** *fig*. ~ *le sens d'un passage* e-r Stelle einen anderen Sinn geben, den Sinn e-r Stelle verdrehen; ~ *la vérité* die Wahrheit verdrehen (*od*. entstellen); **II** *v/rfl*. **4.** *se* ~ *de qch*. sich von etw. abwenden, etw. aufgeben, etw. im Stiche lassen; *se* ~ *de q*. sich von j-m abwenden, sich mit j-m entfremden, j-n meiden; **5.** *se* ~ sich

abwenden, sich seitwärts (*od.* nach e-r anderen Seite) wenden.

détrac|ter (detrak'te) *v/t.* [1a] verleumden, *fig.* schmälern, herunterreißen; **~teur** (~'tœ:r) **I** *su.* [7f] Verleumder *m*; *se faire le ~ de q.* F j-n verleumden, j-n anschwärzen; **II** *adj./m* verleumderisch; **~tion** (~k'sjɔ̃) *f* Verleumdung *f*.

détra|qué (detra'ke) *adj. u. su.* ⊕ kaputt, entzwei; *fig.* verrückt, übergeschnappt; verschrobener Kerl *m*; Verrückter *m*; *la montre est ~e* die Uhr ist kaputt; *j'ai fini par comprendre ce qui est ~ chez elle* ich habe endlich begriffen, was bei ihr nicht stimmt; **~quement** (~k'mɑ̃) *m* Störung *f*, Zerrüttung *f*; **~quer** (~'ke) **I** *v/t.* [1m] in Unordnung bringen, verwirren; zerrütten; verderben; F kaputt machen; **II** *v/rfl.* se ~ in Unordnung kommen; kaputt gehen; F überschnappen F.

détrem|pe (de'trɑ̃:p) *f* **1.** Wasserfarbe *f*; *peindre en ~* mit Wasserfarben malen; **2.** Wassermalerei *f*; **3.** Gemälde *n* in Wasserfarben; **4.** ⊕ Weichmachen *n*; ⚒ Enthärten *n* (*des Stahls*); **~pé** (~ɑ̃'pe) *p.p.*: *tout ~* völlig durchnäßt; **~per** (~) *v/t.* [1a] **1.** an-, ein-rühren; Kalk löschen; Leim kochen; Farben einrühren; **2.** ⊕ ein-, auf-weichen (*a. Wege*); *~ l'acier* den Stahl enthärten.

détresse (de'trɛs) *f* Not(lage *f*) *f*, Notstand *m*; Elend *n*; *cri m de ~* Notschrei *m*; ⚓ *signal m de ~* Not-schuß *m*, -signal *n*; *~ en mer* Seenot *f*; 🚂 *être en ~* steckenbleiben; ⚓ in Not sein.

détresser (detrɛ'se) *v/t.* [1b] aufflechten.

détricher *text.* (~tri'ʃe) *v/t.* [1a] sortieren (*Wolle*).

détriment (detri'mɑ̃) *m* Nachteil *m*.

détri|ter (detri'te) *v/t.* [1a] Oliven zerquetschen; **~tique** (~'tik) *adj.* verwittert; **~toir** (~'twa:r) *m* Oliven-, Öl-presse *f*; **~tus** (~'tys) *m/pl.* Schutt *m*, Abfälle *m/pl.*; *géol.* Detritus *m*, Geröll *n*, Grus *m*, zerbröckeltes (*od.* verwittertes) Gestein *n*; *biol.* Aufschwemmung *f* (*v. Exkrementen im Wasser*).

détroit (de'trwa) *m* Meerenge *f*; Engpaß *m* zwischen Gebirgen.

détromper (detrɔ̃'pe) [1a] **I** *v/t.* *~ q.* j-n e-s Besseren belehren, von e-m Irrtum befreien; **II** *v/rfl.* se ~ s-n Irrtum erkennen (*od.* einsehen).

détrôner (detro'ne) *v/t.* [1a] entthronen, absetzen; *allg.* verdrängen.

détrousser (detru'se) *v/t.* [1a] ausplündern; *~ une robe* ein Kleid herunterlassen; **~seur** (~'sœ:r) *su.* [7g] Wegelagerer *m*.

détruire (de'trɥi:r) [4c] **I** *v/t.* **1.** zerstören, vernichten, niederreißen, zertrümmern; ⚔ schleifen (*Festung*); verheeren, umbringen; aus-, vertilgen; **2.** *fig.* zugrunde richten; **II** *v/rfl.* se ~ sich gegenseitig vernichten; einfallen, verfallen; zugrunde gehen, sich das Leben nehmen.

dette (dɛt) *f* **1.** (Geld-)Schuld *f*; *payer ses ~s od. s'acquitter de ses ~s* s-e Schulden bezahlen (*od.* begleichen; ✝ abführen, abdecken); *contracter* (*od. faire*) *des ~s* Schulden machen; *être criblé de ~s, être dans les ~s jusqu'au cou* bis über die Ohren in Schulden stecken; *recouvrer une ~* e-e Schuld einziehen; *~ active* ausstehende Schuld; *~ commerciale* (*obligatoire*) Handels(-Obligations-)schuld *f*; *~ fiscale* Steuerschuld *f*; *convertir une ~* e-e Schuld umwandeln; *~ flottante* schwebende Schuld *f*; ✝ *~ fondée sur une lettre de change* Wechselschuld *f*; *~ publique* Staatsschuld *f*; *~s f/pl. criardes* häufig angemahnte, kleinere Schuldbeträge *m/pl.*, F Läpperschulden *f/pl.*; *~ d'honneur* Ehrenschuld *f*; **2.** *fig. payer sa ~ à son pays* s-e vaterländische Pflicht erfüllen; *payer sa ~ à la nature* aus dem Leben scheiden; *payer sa ~ à la société* hingerichtet werden.

détumescence ⚕ (detymɛ'sɑ̃:s) *f* Nachlassen *n* e-r Geschwulst.

deuil (dœj) *m* **1.** großes Leid *n*, Betrübnis *f*; Trauer *f*; *j'en fais mon ~* das tut mir bitter leid; ich gebe es auf, ich verzichte darauf; **2.** (*habit m de*) *~* Trauerkleidung *f*; *grand ~* tiefe Trauer *f*; *petit ~* Halbtrauer *f*; *avoir les ongles en ~* Trauerränder an den Fingernägeln haben; *prendre* (*quitter*) *le ~* Trauer anlegen (ablegen); *être en ~ de q., porter le ~ de q.* um j-n (*acc.*) trauern; **3.** (*durée f du*) *~* Trauerzeit *f*; *année f de ~* Trauerjahr *n*; **4.** Trauerzug *m*; *mener le ~* an der Spitze des Leichenzuges gehen.

deux (dø) **I** *adj./n.c.* **1.** zwei; *piquer des ~* beide Sporen geben; F *fig.* sich sehr beeilen; antreiben, anspornen; ~ *fois autant* zweimal so viel; *des* ~ *mains* mit beiden Händen; *en moins de* ~ im Handumdrehen; *en* ~ *mots* in ein paar Worten; *j'ai* ~ *mots à vous dire* ich habe Ihnen nur kurz etw. zu sagen; F *à* ~ *pas d'ici* nur einige Schritte (*od.* nur e-n Katzensprung) von hier; *nous* ~ wir beide; *tous (les)* ~ alle beide; *l'un des* ~ einer von beiden; *à* ~ zu zweien, paarweise; *couper en* ~ entzweischneiden; *partager en* ~ halbieren; *tome m* ~ Band *m* zwei, zweiter Band *m*; *Frédéric* ~ Friedrich II; *page f* ~ Seite zwei, zweite Seite *f*; **II** *m* **2.** Zwei *f*; **3.** *der* Zweite *m* des Monats; *aujourd'hui, nous sommes le* ~ *janvier* heute haben wir den zweiten Januar.

deuxième (dø'zjɛm) *adj./n.o. u. su.* zweiter, zweite, zweites; *demeurer au* ~ *(étage)* im zweiten Stock (*od.* in der zweiten Etage) wohnen; **~ment** (~'mɑ̃) *adv.* zweitens.

deux-mâts (dø'mɑ) *m* [6c] Zweimaster *m*.

deux-pièces (~'pjɛs) *m* Deux-pièces *n*, zweiteiliges Kleid *n*.

deux-points (dø'pwɛ̃) *m/pl.* Doppelpunkt *m*.

deux-roues (dø'ru) *m/pl.* Rad-, Moped- u. Motorradfahrer *m/pl.*

dévaler (deva'le) [1a] **I** (*mit avoir!*) *v/t.* a) hinunter-lassen, -schaffen; ~ *du vin à la cave* Wein in den Keller hinunterbefördern; b) *des blocs de pierre dévalent les flancs des montagnes* Steinblöcke rollen auf den Berghängen herab; *Auto*: ~ *la rue* die Straße herunterbrausen; *une voiture a dérapé et a dévalé le talus* ein Wagen ist ins Schleudern geraten u. die Böschung hinuntergestürzt; **II** *v/i.* herabfließen; nach etw. neigen (*Gelände*); heruntersausen, -rasen (*a. Menschen*); *les torrents dévalent des montagnes* die Sturzbäche fließen von den Bergen herab.

dévali|ser (devali'ze) *v/t.* [1a] ausplündern; **~seur** (~'zœ:r) *su.* [7g] Dieb *m*.

dévaloris|ation (devalɔriza'sjɔ̃) *f* Entwertung *f*, Wertminderung *f*; **~er** (~'ze) *v/t.* [1a] entwerten.

dévalu|ateur (devalɥa'tœ:r) *m* Abwertungsbefürworter *m*; **~ation** (~lɥa'sjɔ̃) *f* Abwertung *f*, Devalvation *f*; **~er** (~'lɥe) *v/t.* [1a] abwerten.

devan|cer (d[ə]vɑ̃'se) *v/t.* [1k] **1.** ~ *q.* vor j-m hergehen; j-m vorausfahren; j-m zuvorkommen; vor j-m eintreffen; j-n überholen (*a. fig.*); j-n übertreffen *od.* überflügeln; den Vortritt vor j-m haben; vor j-m leben, j-s Vorgänger sein; **2.** ~ *qch.* e-r Sache (*dat.*) vorhergehen *od.* vorauseilen; ~ *son âge* s-m Alter voraus sein; **3.** ⚔ ~ *l'appel* freiwillig eintreten; **~cier** (~'sje) *adj. u. su.* [7b] vorangehend; Vorgänger *m*; ~*s pl. die* Vorfahren *m/pl.*

devant (də'vɑ̃) **I** *adv.* vorn, voran, voraus; *courir* ~ voranlaufen; *passez* ~, *s'il vous plaît* bitte, gehen Sie voran!; *par* ~ (von) vorn; *pied m de* ~ Vorderfuß *m*; *siège m de* ~ Vordersitz *m*; ⚓ *vent m* ~ Gegenwind *m*; **II** *prp.* vor (*dat. u. acc.*) [*örtlich*]; (s. *au-*~ *de*); *il était* ~ *lui* er stand vor ihm; *il se mit* ~ *lui* er stellte sich vor ihn; *avoir* ~ *les yeux j-m* vor Augen schweben; **III** *m* Vorderteil *m* (*a. n*), *das* Vorderste *n*; △ Vorderseite *f*; *loger* (*od. habiter*) *sur le* ~ nach vorn hinaus wohnen; *prendre les* ~*s* voraus-gehen, -fahren, -eilen, -reisen; zuvorkommen, vorbeugen; e-n Vorsprung gewinnen.

devanture (dəvɑ̃'ty:r) *f* Schaufenster *n*; Auslage *f*.

dévas|tateur (devasta'tœ:r) *adj. u. su.* [7f] verheerend; Verwüster *m*; **~tation** (~tɑ'sjɔ̃) *f* Verheerung *f*, Verwüstung *f*; **~ter** (~s'te) *v/t.* [1a] verheeren, verwüsten, heimsuchen.

dévei|nard F (deve'na:r) *m* Pechvogel *m*; **~ne** F (de'vɛn) *f* Unglück *n*, F Pech *n*; *avoir de la* ~ Pech haben.

dévelop|pable (devlɔ'pablə) *adj.* entwickelbar; **~pante** *géom.* (~'pɑ̃:t) *f* Evolvente *f*; ⊕ *machine f à fraiser par* ~ Wälzfräsmaschine *f*; **~pée** *géom.* (~'pe) *f* Evolute *f*, Abwickelungslinie *f*; **~pement** (~p'mɑ̃) *m* **1.** Ab-, Ent-wicklung *f* (*a. phot.*); Förderung *f*; Wachstum *n*, Ausdehnung *f*; Ausbildung *f*; ~ *d'un roman* Gang *m* (Verlauf *m*) e-s Romans; ⚔ ~ *en bataille* Aufmarschieren *n*; ~ *graduel* Stufengang *m*; ~ *rétrograde* Rückbildung *f*; **2.** Erörterung *f*, Auseinandersetzen *n*; **3.** △ Riß *m*; *faire le* ~ *de qch.* etwas nach dem Grundriß darstellen; **4.** ✗ Evolution *f e-r krummen Linie*; **5.** *vél.* zurückgelegte

Strecke *f* nach einmaliger Umdrehung der Pedale; **~per** (~'pe) *v/t.* [1a] **1.** auseinander-, aus-, auf-, ent-wickeln (*a. phot.*); fördern; entfalten; aufrollen, ⚔ ~ *une armée* ein Heer aufmarschieren lassen; **2.** *fig.* ausbilden, zur Reife bringen; **3.** *fig.* darlegen; ~ *davantage* ausführlicher erörtern; *inutile de* ~ mehr brauche ich nicht zu sagen; **4.** ⚠ ~ *un édifice* ein Gebäude im Risse darstellen.

devenir (dəv'ni:r) [2h] **I** *v/i.* ~ (*qch.* etw.) werden; *que va-t-il ~?* was wird aus ihm werden?; *je ne sais pas que* ~ ich weiß vor Unruhe (Aufregung *usw.*) nicht, was ich machen soll; ich weiß nicht, was aus mir werden soll; *que devins-je!* wie groß war mein Schrecken!; *que devenez-vous?* a) was machen Sie?; b) wo wollen Sie denn hin?; c) wo stecken Sie denn?; ~ *à rien* zusammenschrumpfen; abmagern; **II** *m das* Werden *n.*

dévergon|dage (devɛrgɔ̃'da:ʒ) *m* Schamlosigkeit *f*; **~dé** (~'de) *adj.* schamlos; verlottert F; **~der** (~'de) *v/rfl.* [1a]: se ~ alle Scham verlieren; sich ausleben.

dévernir ⊕ (devɛr'ni:r) *v/t.* [2a] ablackieren. [aufriegeln.]

déverrouiller (devɛru'je) *v/t.* [1a]

devers ↖ (də'vɛ:r) *prp.* (nahe)bei.

dévers (de'vɛ:r) **I** *adj.* [7] krumm, schief; **II** *m charp.* schiefe Kante *f*; ⊕ Schräge *f*, Schräglage *f*; 🚂 Überhöhung *f* der äußeren Schiene bei Kurven.

déver|sement (devɛrsə'mɑ̃) *m* Ableiten *n* (*v. Wasser*); Abfluß *m*; *géol.* einseitige Verlagerung *f*; Überflutung *f*; ⊕ ~ *automatique* selbsttätige Kippvorrichtung *f*; **~ser** (~'se) [1a] **I** *v/t.* krümmen, neigen; verkanten; ausgießen, abfließen lassen; *a.* ⊕ ausschütten, auskippen; **II** *v/i.* ⚠ schief stehen, überhängen (*Mauer*); sich werfen (*Holz*); **III** *v/rfl.* se ~ sich werfen (*Holz*); abfließen, sich ergießen; **~seur** *Auto*, ⊕ (~'sœ:r) *m*: ~ *automoteur* Auto-kipper *m*, -schütter *m*; **~soir** (~'swa:r) *m* Wasserablaß *m*, Wehr *n*; Abflußrinne *f*.

dévêtir (devɛ'ti:r) [2g] **I** *v/t.* entkleiden, ausziehen; **II** *v/rfl.* se ~ sich ausziehen, sich entkleiden; ⚖ se ~ *d'un héritage* auf e-e Erbschaft verzichten.

déviation (devjɑ'sjɔ̃) *f* **1.** Abweichung *f*; ⊕ Verbiegung *f*; *phys.* Ausschlag *m* (*der Magnetnadel*); *produire* (*subir*) *une* ~ e-e Ablenkung hervorrufen (erfahren); **2.** ~ (*routière*) Umleitung *f* (*des Weges*); **3.** *fig.* Abweichen *n*; **4.** *anat.* Verwachsung *f*; ~ *de la colonne vertébrale* Rückgratsverkrümmung *f*; **~nisme** *pol.* (~sjɔ'nism) *m* Ablenkungsmanöver *n*; Diversantentum *n*; ~ *doctrinal* doktrinäre Abweichung *f*; **~niste** *pol.* (~sjɔ'nist) *su. u. adj.* Diversant *m*; abtrünnig, von der Parteilinie abweichend.

dévi|der ⊕ (devi'de) *v/t.* [1a] *Garn* ab-haspeln, -spulen; *fig.* in Ordnung bringen, klären; **~doir** ⊕ (~'dwa:r) *m* Haspel *f*.

dévier (de'vje) [1a] **I** *v/i.* abweichen (*de* von *dat.*); sich krümmen; von s-r Richtung abgelenkt werden; *phys.* ausschlagen (*Magnetnadel*); ~ *de son chemin* von s-m Wege abkommen (*a. fig.*); *faire* ~ krümmen; **II** *v/t.* von der senkrechten Linie ablenken; umleiten (*Verkehr*); verkrümmen; verbiegen; *fig.* ablenken; **III** *v/rfl.* se ~ von der Bahn abweichen; *anat.* sich verkrümmen; verwachsen.

devin (d[ə]'vɛ̃) *adj.* [7] *u. su.* [*f*: **~eresse** (d[ə]vin'rɛs)] **1.** weissagend; Wahrsager *m*, Seher *m*; **2.** *zo.* (*serpent m*) ~ Königs-, Abgottschlange *f* (*Boa constrictor*); **~able** (d[ə]vi'nablə) *adj.* erratbar; **~er** (d[ə]vi'ne) [1a] **I** *v/t.* (er)raten; herauslesen; vorhersagen, prophezeien; vorhersehen; ahnen; **II** *v/rfl.* se ~ sich erraten lassen, sich von selbst verstehen; **~ette** (d[ə]vi'nɛt) *f* Rätsel *n*; *jouer aux* ~*s* Rätsel raten.

devis (d[ə]'vi) *m* **1.** Kosten-, Bauanschlag *m*; *établir un* ~ e-n Kostenanschlag machen; **2.** Patentbeschreibung *f*.

dévisager (deviza'ʒe) *v/t.* [1l] scharf ansehen, mit Blicken messen.

devise (d[ə]'vi:z) *f* **1.** Denk-, Sinn-, Wahl-, Wappen-spruch *m*, Losung *f*, Devise *f*, Motto *n*; **2.** † ausländisches Zahlungsmittel *n*, Devise *f*; ~*s pl. étrangères* Valuten *f/pl.*, Devisen *f/pl.*

deviser (d[ə]vi'ze) *v/i.* [1a] vertraulich miteinander plaudern.

dévisser (devi'se) *v/t.* [1a] losschrauben; ⋆ ~ *son billard* abnippeln P, abkratzen P, sterben.

de visu (d[ə] vi'zy) *advt.* aus eigener Anschauung (heraus).

dévitaliser ⚕ (devitali'ze) *v/t.* [1a] abtöten.

dévitrifier (devitri'fje) *v/t.* [1a] entglasen.

dévocalis|ation *gr.* (devɔkaliza'sjõ) *f* Stimmloswerden *n*; **~er** (~'ze) *v/t.* [1a] stimmlos aussprechen (*bzw.* machen).

dévoiement (devwa'mã) *m* **1.** ⚕ Durchfall *m*; **2.** ⊕, ⚠ Neigung *f.*

dévoi|lement (devwal'mã) *m* Enthüllung *f*; **~ler** (~'le) [1a] **I** *v/t.* entschleiern, enthüllen; *fig.* aufdecken, ans Licht bringen; **II** *v/rfl.* se ~ sich entschleiern; *fig.* sich entpuppen, ans Tageslicht kommen; *le mystère se dévoile* das Rätsel klärt sich auf.

devoir[1] (d[ə]'vwa:r) [3a] **I** *v/t.* **1.** (*a. abs.*) (*Geld*) schulden, schuldig sein; verdanken, zu verdanken haben; *je lui dois mille francs* ich schulde ihm 1000 Franken; *nous lui devons la vie* wir verdanken ihm das Leben; *je lui dois d'être ici* ich verdanke es ihm, hier zu sein; *cela lui est dû* man ist es ihm schuldig; er verdient es; *c'est à lui que les remerciements sont dus* ihm gebührt der Dank; **2.** sollen (*moralisch, ethisch*), müssen (*oft als Ausdruck der Wahrscheinlichkeit auch durch „vielleicht", „sicher", „wohl" od. „können" zu übersetzen*), willens sein; *j'aurais dû y aller* ich hätte hingehen müssen (*od.* sollen); *ce crime ne doit pas rester impuni* dieses Verbrechen darf nicht ungestraft bleiben; *il doit le savoir mieux que personne* er muß es am besten wissen; *la campagne doit être belle maintenant* die Natur auf dem Lande muß jetzt schön sein, ... ist jetzt sicher schön; *vous devez bien penser que ...* Sie können sich leicht denken, daß ...; *il a dû partir hier* er wird wohl gestern abgereist (*od.* abgefahren; abgeflogen) sein; *dussé-je y périr* wenn ich auch selbst dabei zugrundegehen sollte; *je dois aller demain à la campagne* ich will morgen aufs Land gehen; **3.** (*im impf. u. p.s. bleibt es oft unübersetzt*) **a**) wollen, planen; können; sollen, müssen (*schicksalsmäßig*); *ils devaient faire une excursion* sie wollten e-n Ausflug (e-e Fahrt) machen; *les survivants devaient expliquer que l'eau fut précipitée dans le tunnel* die Überlebenden sagten aus (*od.* erklärten), daß das Wasser in den Tunnel gedrungen sei; *des barbelés avaient été installés autour du réservoir profond, mais l'enfant, en se penchant, dut glisser* Stacheldraht war um den tiefen Brunnen gelegt worden, aber das Kind glitt (*od.* rutschte) hinein, als es sich darüberneigte; *personne ne conteste que les Francs aient envahi la Gaule. Mais ils ne l'ont pas dû peupler, et auraient été absorbés par la population gallo-romaine* niemand bestreitet, daß die Franken in Gallien eingefallen sind. Aber sie haben es nicht bevölkert (*wörtlicher*: sie sollten es nicht bevölkern) und dürften schnell von der gallo-romanischen Bevölkerung aufgesogen worden sein; *je dus m'endormir presque aussitôt, et j'étais en train de faire un rêve* ich war wohl fast gleich danach eingeschlafen (*od.* ich mußte fast unmittelbar darauf eingeschlafen sein) und hatte gerade e-n Traum; *il semble ne pas ~ passer la nuit* er scheint die Nacht nicht überstehen zu können; *on alla se coucher, et beaucoup durent méditer ces sages paroles* man ging schlafen, und viele werden über diese klugen Worte nachgedacht haben; **b**) *im prés. als Futurersatz*: *les élections qui doivent avoir lieu dimanche ...* die Wahlen, die am Sonntag stattfinden werden ...; **II** *v/rfl.* **4.** *se ~ à soi-même de ...* es sich selbst schuldig sein zu ...; *se ~ à sa famille* sich für s-e Familie erhalten müssen; **5.** sich gehören (*sittliche Notwendigkeit*); *cela se doit entre gens bien élevés* das gehört sich unter gebildeten Menschen, das kann man von gebildeten Menschen erwarten.

devoir[2] (d[ə]'vwa:r) *m* **1.** Pflicht *f*; *accomplir (remplir, faire) son ~* s-e Pflicht erfüllen; *je crois de mon ~ od. je m'en fais un ~* ich halte es für meine Pflicht; *être à son ~* auf s-m Posten sein (*od.* stehen); *il est de mon ~ de ...* es ist meine Pflicht (*od.* ich fühle mich verpflichtet) zu ...; *manquer à son ~* s-e Pflicht versäumen; *se mettre en ~ de faire qch.* es als s-e Pflicht ansehen, etw.

zu tun; **2.** Ehrenbezeugung *f*; *aller rendre ses* ~*s à q.* j-m s-e Aufwartung machen; *rendre les derniers* ~*s à q.* j-m die letzte Ehre erweisen; **3.** *écol.* Schulaufgabe *f*; ~*s pl.* Schularbeiten *f/pl.*

dévolu (devɔ'ly) **I** *adj.* **1.** ~ *à q.* j-m zugefallen, an j-n übertragen; **2.** *allg.* bestimmt (für j-n); *le rôle* ~ *à l'Europe* die Europa zufallende (*od.* für Europa bestimmte) Rolle *f*; **II** *fig. m jeter son* ~ *sur qch.* sein Auge auf etw. (*acc.*) werfen, etw. für sich beanspruchen; **~tion** (~'sjɔ̃) *f* Anfall *m* (*e-r Erbschaft*).

dévonien *géol.* (devɔ'njɛ̃) *adj.* [7c] *u. m*: *le* ~ die Devonformation *f.*

dévo|rant (devɔ'rɑ̃) [7a] **1.** gefräßig, unersättlich; *bête* ~*e* reißendes Tier *n*; **2.** *fig.* verzehrend, aufreibend; *appétit m* ~ mächtiger Appetit *m*; *faim f* ~*e* Heißhunger *m*; s. *dent* 1; *soif f* ~*e* brennender Durst *m*; **~rer** (~'re) [1a] **I** *v/t.* **1.** zerfleischen, zerreißen; (gierig) fressen, gierig essen, verschlingen; ~ *q. de caresses* j-n vor Liebe mit Zärtlichkeiten überschütten; ~ *q. des yeux* j-n mit den Augen verschlingen; **2.** zerstören, vernichten, ruinieren, verzehren; verschwenden; ~ *son patrimoine* sein Vermögen verschwenden (aufbrauchen, vertun); *dévoré d'ambition* vom Ehrgeiz gepackt; ~ *ses chagrins* seinen Kummer in sich hineinfressen (*od.* sich ... nicht anmerken lassen); ~ *un affront* e-e Beleidigung einstecken; ~ *ses larmes* s-e Tränen unterdrücken; *fig.* ~ *un livre* ein Buch verschlingen; **3.** *Auto*: *Kilometer* fressen; **II** *v/rfl.* *se* ~ sich zerfleischen; *se* ~ *d'impatience* vor Ungeduld vergehen.

dévot (de'vo) [7] **I** *adj.* **1.** fromm, gottesfürchtig, andächtig; **2.** *péj.* frömmelnd, scheinheilig, devot; **II** *su.* frommer Mensch *m*, Kirchgänger *m*; *fig.* getreuer Anhänger *m*; *faux* ~ *m*, *fausse* ~*e f* Frömmler(in *f*) *m*; Betbruder *m*, Betschwester *f*; *péj. faire le* ~ frömmeln; fromm tun; **~ion** (~'sjɔ̃) *f* **1.** Andacht *f*, Frömmigkeit *f*; Andachtsübung *f*; *faire ses* ~*s* s-e Andacht halten; beichten u. kommunizieren; *livres m/pl. de* ~ Gebet-, Andachtsbücher *n/pl.*; **2.** *fausse* ~ Frömmelei *f*; **3.** (große) Ergebenheit *f*, Ehrerbietung *f*; *avoir q. à sa* ~ sich auf j-n hundertprozentig verlassen können; *être à la* ~ *de q.* j-m ganz ergeben sein.

dévoué (de'vwe) *adj.* ergeben, zugetan, treu, anhänglich; ~ *aux autres* selbstlos, aufopfernd.

dévouement (devu'mɑ̃) *m* Hingabe *f*, Ergebenheit *f*; Aufopferung *f*, Hingebung *f*, Treue *f*, Anhänglichkeit *f*; ~ *aux autres* Selbstlosigkeit *f*, Selbstaufopferung *f.*

dévouer (de'vwe) [1a] **I** *v/t.* weihen, widmen; ~ *q. au mépris* j-n der Verachtung preisgeben; **II** *v/rfl.* *se* ~ sich hingeben, sich widmen, sich aufopfern; *des gens dévoués* ganz zuverlässige Leute; *in Briefen alten Stils*: (*je suis*) *votre tout dévoué* (*serviteur*) (ich verbleibe) Ihr ergeben(st)er (Diener).

dévoy|é (devwa'je) *adj.* verirrt (*a. fig.*); *fig.* entgleist, ungeraten, mißraten; **~er** (~) [1h] **I** *v/t.* **1.** vom rechten Wege abbringen; **2.** ⊕ schräg aufsetzen; △ schief bauen; **3.** ⚕ Durchfall verursachen; **II** *v/rfl.* *se* ~ sich verirren.

dextérité (dɛksteri'te) *f* Geschicklichkeit *f*, Fingerfertigkeit *f*; *fig.* Gewandtheit *f.*

dextre ('dɛkstrə) **I** *adj. nur noch* ▨ recht; **II** *f assis à la* ~ *de Dieu* sitzend zur rechten Hand Gottes; *st. s. lever la* ~ die rechte Hand *zum Schwur* heben; **~ment** (dɛkstrə'mɑ̃) *adv.* mit Geschick, geschickt.

dextr|ine ⚗ (dɛks'trin) *f* Dextrin *n*; **~ogyre** *phys.* (dɛkstrɔ'ʒiːr) *adj.* sich nach rechts drehend; **~ose** *phm.* (~'troːz) *f* Traubenzucker *m.*

dia (dja) *int.* hü! (= nach links!); *l'un tire à hue, l'autre à* ~ der e-e will hott, der andere hü; F *n'entendre ni à hue ni à* ~ keinerlei Vernunft annehmen wollen, eigensinnig auf s-r Meinung bestehen.

dia|bète (dja'bɛt) *m* Zuckerkrankheit *f*; **~bétique** (~be'tik) *adj. u. su.* zuckerkrank; Zuckerkranke(r).

diable ('djablə) *m* **1.** Teufel *m*; *le* ~ *t'emporte!* hol' dich der Teufel!; *envoyer q. au* ~ j-n zum Teufel jagen, F j-n rauswerfen (*od.* rausschmeißen); *souhaiter q. au* ~ j-n zum Teufel wünschen, j-n verwünschen; *ce* ~ *d'homme* dieser Pfiffikus *m od.* Tausendsassa *m od.* Teufelskerl *m*; *une* ~ *d'affaire* e-e verteufelte (*od.* verflixte) Geschichte *f*; *que* ~ *signifie cela?* was zum Teufel soll das bedeuten?; *pourquoi ~?* warum in aller Welt?, warum eigentlich (*od.* überhaupt)?; **2.** *un bon ~* ein guter Kerl *m*; *avoir l'air bon ~* gutmütig aussehen; *~ incarné* ganz gemeiner Mensch *m* (*od.* Charakter *m*); F *pauvre ~* armer Deibel *m* (*od.* Schlucker *m*); *petit ~* Racker *m*, Schelm *m*, Wildfang *m* (*v. Kindern*); *à la ~* F miserabel, sehr schlecht; *la beauté du ~* der Reiz jugendlicher Frische; *un grand ~* ein langer Kerl *m*; *avoir le ~ au corps* den Teufel im Leibe haben; *tirer le ~ par la queue* sich kümmerlich durchs Leben schlagen, sein Leben fristen, am Hungertuche nagen; *c'est le ~ de ...* das ist verteufelt schwer, zu ...; *c'est au ~ vauvert* das ist verdammt weit von hier, das ist ja am Ende der Welt; *se démener comme un ~ dans un bénitier* sich wie ein Verrückter gebärden; *faire le ~ à quatre* e-n Höllenspektakel machen; *loger le ~ dans sa bourse* nicht e-n Pfennig in der Tasche haben; *c'est le ~ à confesser* das ist e-e verflixt (*od.* verdammt) schwierige Sache *f*; **3.** ⊕ Sack-, Müll-, Stech-karre *f*, Stechkarren *m* (*zum Schieben, zweiräderig; auf Bahnhöfen, in Lagerschuppen usw.*); **4.** *text.* Reißwolf *m*, Wollöffner *m*; **5.** *roue f du ~* Taifun-(Teufels-)rad *n* (*Rummelplatz*).

diable|ment F (djablə'mɑ̃) *adv.* verteufelt; äußerst; **~rie** (~'ri) *f* Teufelei *f*, Teufelsstreich *m*; **~sse** (~'blɛs) *f* Teufelin *f*; Teufelsweib *n*, Satan *m* (*von e-r Frau*).

dia|bloteau (djablɔ'to) *m* Teufelchen *n*; **~blotin** (~blɔ'tɛ̃) *m* Teufelchen *n*; F kleiner Schlingel *m*; ⊕ Ofenreiniger *m*; **~bolique** (~bɔ'lik) *adj.* □ teuflisch, diabolisch; Satans...; abscheulich, abstoßend, gemein, widerlich; F verteufelt schwer; **~bolo** (~bɔ'lo) *m* Diabolo *n*, Schleuderkreisel *m* (*Kinderspiel*).

diaco|nat (djakɔ'na) *m* Diakonat *n*; **~nesse** (~'nɛs) *f* Diakonissin *f*.

diacoustique *phys.* (djakus'tik) *f* Schallbrechungslehre *f*, Diakustik *f*.

diacre *rl.* ('djakrə) *m* Diakon *m*.

diacritique (djakri'tik) *adj.* diakritisch, unterscheidend.

diadème (dja'dɛm) *m* Diadem *n*, Stirnband *n*; Krone *f* (*a. fig.*); *fig.* Königswürde *f*.

diadoque *pol.* (dja'dɔk) *m* griechischer Thronfolger *m*.

diagnostic ⚕ (djagnɔs'tik) *m* Diagnose *f*; *établir un ~* e-e Diagnose stellen.

diagnosti|que ⚕ (djagnɔs'tik) *adj.* *u. m*: (*signe m*) *~* Erkennungszeichen *n*; **~quer** ⚕ (~'ke) *v/t.* [1m] e-e Krankheit feststellen, diagnostizieren.

diago|nal ⩚ (djagɔ'nal) *adj.* [5c] diagonal; **~nale** ⩚ (~) *f* Diagonale *f*; *en ~* schräg; schräg gegenüber.

diagramme (dja'gram) *m* Plan *m*, Skizze *f*, Diagramm *n*, Abriß *m*.

dialec|tal (djalɛk'tal) *adj.* [5c] dialektisch, mundartlich; **~te** (dja'lɛkt) *m* Dialekt *m*, Mundart *f*; **~ticien** (~ti'sjɛ̃) *m* Dialektiker *m*; **~tique** *phil.* (~'tik) **I** *adj.* dialektisch, disputierend; **II** *f* Dialektik *f*; **~tologie** *ling.* (~tɔlɔ'ʒi) *f* Dialektkunde *f*, -forschung *f*.

dialo|gique (djalɔ'ʒik) *adj.* □ dialogisch; **~gisme** (~'ʒism) *m* Dialogkunst *f*; **~gue** (dja'lɔg) *m* **1.** Dialog *m*, Zwiegespräch *n*; *bsd. pol.* Gespräch *n*; *en forme de ~* in Gesprächsform; **2.** Werk *n* in Gesprächsform; *thé.* dialogisierte Szene *f*; **~guer** (~'ge) [1m] **I** *v/t.* in Gesprächsform kleiden; redend einführen; *contexte m dialogué* zusammenhängender Text *m* in Gesprächsform; **II** *v/i.* sich unterhalten, in Gesprächsform reden *od.* schreiben; **~guiste** *cin.* (~'gist) *m* Dialogist *m*.

diamant (dja'mɑ̃) *m* **1.** Diamant *m*; *~ à facettes* Brillant *m*, Rautendiamant *m*; *~ taillé* (*brut*) geschliffener (ungeschliffener) Diamant *m*; *~ rose*, *~ rosette* Rosette *f*; **2.** Diamantring *m*; **3.** *typ.* *édition f ~* Diamant-, Miniatur-ausgabe *f*, kleines Werk *n* der Kunst *od.* Literatur von vollendeter Ausführung.

diaman|taire (djamɑ̃'tɛ:r) **I** *adj.* diamantenähnlich; **II** *m* Diamantschleifer *m*; † Diamanthändler *m*; **~ter** (~'te) *v/t.* [1a] **1.** mit Diamanten besetzen; **2.** wie Diamanten leuchten machen; **~tifère** (~ti'fɛ:r) *adj.* diamantenhaltig; **~tin** (~'tɛ̃) *adj.* [7] diamanten.

dia|métral (djame'tral) *adj.* [5c] diametral; *ligne f ~e* Durchschnittslinie *f*; *adv.* *~ement opposé* diametral entgegengesetzt, in krassem Widerspruch; **~mètre** (~'mɛtrə) *m* **1.** Durchmesser *m*; **2.** ⚠ Spannung *f* e-s Gewölbebogens; **3.** ⚔ ~ *du canon* Rohrweite *f*.

diane ⚔, ⚓ *litt.* (djan) *f* Wecken *n*.

diantre ('djɑ̃:trə) *int.*: *~!* zum Teufel!, verdammt nochmal!, zum Kuckuck!, Himmeldonnerwetter!; *cette ~ de cérémonie!* diese verdammte Zeremonie!; **~ment** (djɑ̃trə'mɑ̃) *adv.* verteufelt.

diapason (djapa'zɔ̃) *m* **1.** ♪: a) Umfang *m*, Ausdehnung *f* e-r Stimme, e-s Instruments; *fig.* Ton *m*; Stimmung *f*; *fig. baisser le ~* die Ansprüche herabsetzen; *se mettre au ~ de q.* sich nach j-s Stimmung (*od.* Laune) richten, sich j-m anpassen; b) Stimmgabel *f*; Stimmton *m*; *~ normal, ~ officiel* Kammerton *m*; **2.** ⊕ *Glockengießerei*: Maßstab *m*; **~ner** ♪ (~zɔ'ne) *v/t.* [1a] stimmen.

diapha|ne 📖 (dja'fan) *adj.* durchscheinend, lichtdurchlässig, durchsichtig; **~néité** (~nei'te) *f* Durchscheinen *n*, -sichtigkeit *f*, Lichtdurchlässigkeit *f*; **~nomètre** *phys.* (~nɔ'mɛtrə) *m* Luftdurchsichtigkeitsmesser *m*, Diaphanometer *m*; **~noscope** ⚕ (~nɔs'kɔp) *m* Durchleuchtungsapparat *m*, Diaphanoskop *n*; **~noscopie** ⚕ (~nɔskɔ'pi) *f* Diaphanoskopie *f*, Untersuchung *f* mit Durchleuchtung.

diaphrag|me (dja'fragm) *m* **1.** *anat.* Zwerchfell *n*; **2.** ⚘, *zo.* Quer-, Scheide-wand *f*; **3.** *phot.*, *opt.* Blende *f*; *phot. mettre le ~* abblenden; **4.** *Grammophon*: Membrane *f*, Schalldose *f*; *rad.* Membrane *f*, Lautsprecherdose *f*; **~mer** *phot. u. opt.* (~g'me) *v/t.* [1a] abblenden.

diapositive *phot.* (djapozi'ti:v) *f* Diapositiv *n*.

dia|pré (dja'pre) *adj.* vielfarbig, bunt; **~prer** (~) *v/t.* [1a] *text.* abmustern; **~prure** (~'pry:r) *f* Buntheit *f*.

diariste (dja'rist) *m* Tagebuchschreiber *m*.

diar|rhée ⚕ (dja're) *f* Durchfall *m*, Diarrhöe *f*; **~rhéique** ⚕ (~re'ik) **I** *adj.* durchfallartig; **II** *m* mit Durchfall Behafteter *m*.

diarthrose *anat.* (djar'tro:z) *f* Diarthrose *f*, Gelenk *n* mit Beweglichkeit nach allen Richtungen.

diascope (dja'skɔp) *m* Bildwerfer *m*.

diastase (djas'tɑ:z) *f chir.* Diastase *f*, Auseinanderweichen *n* zweier Knochen.

diastole ⚕ (djas'tɔl) *f* Diastole *f*, Herzerweiterung *f*.

diastrophie ⚕ (djastrɔ'fi) *f* Muskelzerrung *f*.

diatherm|ane ⚗ (djatɛr'man) *adj.* wärmedurchlässig, diatherman; **~ie** ⚕ (~'mi) *f* Diathermie *f*; **~ique** (~'mik) *adj.* diathermisch.

diatomique ⚗ (djatɔ'mik) *adj.* doppelatomig, zweiwertig.

diatonique ♪ (djatɔ'nik) *adj.* diatonisch, tonleitereigen.

diatribe (dja'trib) *f* Schmäh-schrift *f*, -rede *f*; heftige Kritik *f*.

dichotomie (dikɔtɔ'mi) *f* **1.** *allg.* Zweiteilung *f*; **2.** ⚘ gablige Verzweigung *f*; **3.** ⚕ Honorarteilung *f* (*zwischen behandelndem und hinzugezogenem Arzt*).

dichroïsme *phys.* (dikrɔ'ism) *m* Zweifarbigkeit *f*.

dictame (dik'tam) *m* **1.** ⚘ Eschenwurz *m*; **2.** *a. fig.* Trost *m*; Balsam *m*.

dictamen 📖 (dikta'mɛn) *m* Antrieb *m*, Mahnung *f*.

dicta|phone *a.* ⚡ (dikta'fɔn) *m* Diktiergerät *n* (*a. in Autos*); **~teur** (~'tœ:r) *m* Diktator *m*, Gewaltherrscher *m*; *prendre un ton de ~* e-n gebieterischen Ton annehmen; **~torial** (~tɔ'rjal) *adj.* [5c] diktatorisch, gebieterisch; **~ture** (~'ty:r) *f* Diktatur *f*.

dic|tée (dik'te) *f* Diktieren *n*; Diktat *n*; *écrire sous la ~* nach Diktat schreiben; *faire une ~ (à q.)* (j-n) ein Diktat schreiben (lassen); **~ter** (~'te) *v/t.* [1a] diktieren (*a. fig.*); vorschreiben; auferlegen; **~teur** (~'tœ:r) *m* Diktierer *m*; **~tion** (dik'sjɔ̃) *f* Vortragsart *f*, Sprache *f*, Stil *m*, Ausdruck *m*, Diktion *f*.

dictionnaire (diksjɔ'nɛ:r) *m* Wörterbuch *n*, Lexikon *n*; *~ illustré* Bildwörterbuch *n*; *~ de poche*, *~ portatif* Taschenwörterbuch *n*; F *il est (od. c'est) un ~ vivant (od. ambulant)* er (*od.* das) ist ein wandelndes Wörterbuch.

dicton (dik'tɔ̃) *m* sprichwörtliche Redensart *f*.

didactique (didak'tik) **I** *adj.* didaktisch, belehrend; Lehr...; *lettres f/pl. ~s* Unterrichtsbriefe *m/pl.*; *écol. matériel m ~* Lehrmittel *n/pl.*; *poème m ~* Lehrgedicht *n*; **II** *m* belehrende Literatur *f*; **III** *f* Lehrkunst *f*, Didaktik *f*.

dièdre ('djɛ:drə) *m* V-Form *f*, Winkelform *f*.

diélectrique (dielɛk'trik) *adj. u. m* nicht leitend(es) *od.* isolierend(es Mittel *n*); dielektrisch.
dièse ♪ (djɛ:z) *m* Kreuz *n*; *ut* ~ *majeur* Cis-Dur *n*; *ut* ~ *mineur* Cis-Moll *n*.
diesel ⊕ (di'zɛl) *m* Dieselmotor *m*; **~-électrique** (~elɛk'trik) *adj.* dieselelektrisch; **~ification** (~ifika'sjɔ̃) *f* Umstellung *f* auf Dieselmotoren.
diéser ♪ (dje'ze) *v/t.* [1f] mit e-m Kreuz bezeichnen.
diète¹ (djɛt) *f* Lebens-ordnung *f*, -weise *f*; ⚕ zweckmäßige Kost *f*, Diät *f*; ~ *absolue*, ~ *complète* völlige Diät *f*, Hungerkur *f*; ~ *lactée* Milchkur *f*; *mettre q. à la* ~ j-n auf magere Kost setzen; *être à la* ~, *faire* ~ Diät halten.
diète² (~) *f* Landtag *m*; *hist.* ~ *de l'empire ehm.* deutscher Reichstag *m*; *heute*: ♀ *fédérale* (Deutscher) Bundestag *m*.
diététicien ⚕ (djeteti'sjɛ̃) *su.* [7c] Diätetiker *m*.
diététique ⚕ (djete'tik) **I** *adj.* □ zur Diät gehörig; **II** *f* Diätetik *f*, Gesundheitslehre *f*, Ernährungsweise *f*, Ernährungswissenschaft *f*.
Dieu (djø) *m* **1.** Gott *m*; ~ *de miséricorde* barmherziger Gott *m*; *confiance en* ~ Gottvertrauen *n*; *le bon* ~ der liebe Gott *m*, der Herrgott *m*; *craignant* ~ gottesfürchtig; *crainte f de* ~ Gottesfurcht *f*; *croire en* ~ an Gott glauben; *prier* ~ zu Gott beten; *pour l'amour de* ~ für die Liebe Gottes, umsonst, gratis; ~ *le sait* weiß Gott; ~ *le sache* das mag Gott wissen; *plaise à* ~! *od.* ~ *le veuille!* Gott gebe es!; *à* ~ *ne plaise!*, ~ *m'en garde!* Gott bewahre! *od.* behüte!; *plût à* ~ wollte Gott; *grâce à* ~!, ~ *merci!*, ~ *(en) soit loué!* Gott sei Dank!, gottlob!; *grand (od. bon)* ~!, *juste* ~!, *mon* ~! großer (*od.* gerechter) Gott!, Herrgott!, mein Gott!; **2.** ♀ [5b] *fig.* Abgott *m*, Götze *m*; *dieux pl. de l'Olympe*, *grands dieux* große Götter *m/pl.*; *dieux infernaux* Götter der Unterwelt.
Dieu-Homme (djø'ɔm) *m* Gottmensch *m*.
diffa *arab.* (di'fa) *f* Empfangsschmaus *m*.
diffa|mant (difa'mɑ̃) *adj.* [7] ehrenrührig; verleumderisch, diffamierend; **~mateur** (~ma'tœ:r) *su.* [7f] Verleumder *m*, Diffamierer *m*; **~mation** (~mɑ'sjɔ̃) *f* Verleumdung *f*, üble Nachrede *f*, Lästerung *f*; *poursuivre en* ~ wegen Verleumdung verklagen; **~matoire** (~ma'twa:r) *adj.* ehrenrührig, verleumderisch; *libelle m* ~ Schmähschrift *f*; **~mer** (~'me) *v/t.* [1a] diffamieren, diskriminieren, verleumden, heruntermachen; in bösen Leumund bringen, entehren; *maison f diffamée* verrufenes Haus *n*.
différemment (difera'mɑ̃) *adv.* (in) verschieden(er Weise), abweichend, unterschiedlich; ~ *de* ... anders als ...
différen|ce (~'rɑ̃:s) *f* **1.** Unterschied *m*, Verschiedenheit *f*; *à la* ~ *de* zum Unterschied von (*dat.*); ~ *de la température* Temperatur-unterschied *m*, -schwankung *f*; ~ *de* (*od. du*) *change* Kursdifferenz *f*; **2.** 𝔄 Differenz *f*; Rest *m*; ✝ Fehlbetrag *m*; **~ciation** (~sjɑ'sjɔ̃) *f* Differenzierung *f*, Unterscheidung *f*; **~cier** (~'sje) [1a] **I** *v/t.* unterscheiden; 𝔄 differenzieren; **II** *v/rfl.* *se* ~ sich unterscheiden; *fig.* sich hervortun.
différend (dife'rɑ̃) *m* Meinungsverschiedenheit *f*; *fig.* Differenz *f*; Streit *m*, Streitigkeit *f*, Streitsache *f*; Auseinandersetzung *f*, Zwist *m*.
différent (~) *adj.* [7] **1.** verschieden, abweichend; *en termes* ~*s* mit andern Worten; *c'est* ~ das ist etw. anderes; **2.** ~*s m/pl.*, ~*es f/pl.* (*vor su. und ohne* de) manche, mehrere, verschiedene, etliche; ~*es personnes* verschiedene Personen *f/pl.*; *à* ~*es reprises* mehrfach; **~iation** 𝔄 (~sjɑ'sjɔ̃) *f* Differenzieren *n*; **~iel** (~'sjɛl) **I** *adj.* [7c] 𝔄 Differential...; *calcul m* ~ Differentialrechnung *f*; **II** *m Auto*, ⚒ Differential *n*, Ausgleichsgetriebe *n*; **~ier** (~'sje) *v/t.* [1a] 𝔄 differenzieren.
différer (dife're) [1f] **I** *v/t.* **1.** aufschieben, zurückstellen, verschieben; *télév. image f en différé* Zeitlupenbild *n*; *prov. ce qui est différé n'est pas perdu* aufgeschoben ist nicht aufgehoben; **II** *v/i.* **2.** ~ *de* (*mit inf.*) zögern; *il diffère de partir* er zögert abzufahren; **3.** sich unterscheiden, voneinander abweichen; ~ *du blanc au noir* himmelweit verschieden sein.
diffi|cile (difi'sil) **I** *adj.* □ **1.** schwierig, schwer (zu machen), mühsam; **2.** eigensinnig, diffizil, wunderlich, schwer zu behandeln, schwer erziehbar, schwer zu befriedigen;

wählerisch, mäkelig; anspruchsvoll; *cheval m* ~ leicht scheuendes Pferd *n*; *des femmes f/pl. élégantes et* ~*s* elegante u. anspruchsvolle Damen *f/pl.*; **II** *su. faire le* (*od. la*) ~ große Ansprüche machen, wählerisch sein; ~**culté** (~kyl'te) *f* **1.** Schwierigkeit *f*; *je n'y vois aucune* ~ ich sehe darin keinerlei Schwierigkeit; *écol. expliquer les mots qui font* ~ die Wörter erklären, die Schwierigkeiten bereiten; **2.** Beschwerlichkeit *f*, Mühe *f*; *il éprouve de la* ~ *à marcher* das Gehen fällt ihm schwer; ~ *de respirer* Atemnot *f*; **3.** Einwand *m*; *soulever une* ~ e-n Einwand machen; **4.** Streitigkeit *f*, Streit *m*; *être en* ~ *avec q.* sich mit j-m streiten; **5.** schwierige (*od.* dunkle) Stelle *f* (*im Text*); ~**cultueux** (~kyl'tɥø) *adj.* [7d] □ ⚒ kleinlich; *abus.* schwierig, querköpfig; mühselig, knifflig.

difflu|ence (difly'ɑ̃:s) *f* Zerfließen *n*; ~**ent** (~fly'ɑ̃) *adj.* [7] zerfließend; ~**er** (~fly'e) *v/i.* [1a] zerfließen, sich auflösen.

diffor|me (di'fɔrm) *adj.* ungestalt, mißgestaltet, häßlich, unförmlich; ~**mer** (~'me) *v/t.* [1a] verunstalten; ~**mité** (~mi'te) *f* Unförmlichkeit *f*.

diffrac|ter *phys.* (difrak'te) *v/t.* [1a] Lichtstrahlen brechen; *les électrons peuvent se* ~ die Elektronen können gebrochen werden; ~**tion** *phys.* (~k'sjɔ̃) *f* Brechung *f* des Lichts; ~ *des électrons* Elektronenbrechung *f*.

diffus (di'fy) *adj.* [7] weitschweifig, umständlich, breit; *phys.* weit ausgebreitet; zerstreut (*Licht*); *fig.* unbestimmt; *lumière f* ~*e* matte Beleuchtung *f*; ~**ément** (~ze'mɑ̃) *adv.* weitschweifig, umständlich; ~**er** (~'ze) *v/t.* [1a] *a. phys.* ausbreiten; zerstreuen; verbreiten; *rad.* senden; *Gas*: abblasen; ~ *par T. S. F.*, ~ *par radio* durch Rundfunk übertragen; ~**eur** (~'zœ:r) *m* **1.** ⊕ Absüßungsapparat *m* (*in Zuckerfabriken*), Diffusor *m*; **2.** *Auto*: Zerstäuber *m*, Luftdüse *f*, Venturirohr *n*; **3.** *rad.* Lautsprecher *m*; **4.** Lichtschirm *m*; ~**if** *phys.* (~'zif) *adj.* [7e] flüchtig; ~**ion** (~'zjɔ̃) *f phys.* Ausbreitung *f*; Verbreitung *f*; Streuung *f*; *rad.* Sendung *f*, Übertragung *f*; *fig.* Weitschweifigkeit *f*; ~ *d'images par T. S. F.* Bildfunk *m*.

digé|rable (diʒe'rablə) *adj.* verdaulich; ~**rer** (~'re) [1f] *v/t.* **1.** verdauen; **2.** *fig.* verarbeiten, durchdenken, innerlich aufnehmen, überlegen; **3.** *fig.* ertragen, verwinden.

diges|te (di'ʒɛst) *adj.* (leicht) verdaulich, leicht bekömmlich; *peu* ~ schwer verdaulich; ~**teur** ⊕ (~'tœ:r) *m*: ~ *de Papin* Papinscher Kochtopf *m*; ~**tibilité** (~tibili'te) *f* Verdaulichkeit *f*; ~**tible** (~'tiblə) *adj.* verdaulich; ~**tif** ⚕ (~'tif) **I** *adj.*: *appareil m* ~ Verdauungsapparat *m*; **II** *adj. u. m* verdauungsfördernd(es Mittel *n*); ~**tion** (~'tjɔ̃) *f* Verdauung *f*.

digi|tal (diʒi'tal) *adj.* [5c] *anat.* Finger...; ~**tale** ⚘ (~) *f* Fingerhut *m*; ~**tation** (~tɑ'sjɔ̃) *f* Fingerform *f*, fingerförmige Ausbreitung *f*; ~**té** ⚘ (~'te) *adj.* fingerförmig; gezackt; ~**tigrade** *zo.* (~ti'grad) **I** *adj.* auf den Zehenspitzen gehend; **II** ~*s m/pl.* Zehen-gänger *m/pl.*, -tier *n/pl.*

diglossie *ling.* (diglɔ'si) *f* Zweisprachigkeit *f*.

digne (diɲ) *adj.* □ **1.** ~ *de* würdig (*gén.*); ~ *d'admiration* bewundernswert; ~ *d'efforts* erstrebenswert; ~ *de foi* glaubwürdig; **2.** würdevoll; ehrenwert; **3.** angemessen, passend; ~**ment** (~ɲ'mɑ̃) *adv.* auf würdige Weise, in würdiger Weise, gebührend.

digni|taire (diɲi'tɛ:r) *m* Würdenträger *m*; *pol.* Hoheitsträger *m*; *grand* ~ Großwürdenträger *m*; ~**té** (~'te) *f* **1.** Würde *f*; *ne pas croire de sa* ~ *de ...* es unter s-r Würde halten, ... zu ...; **2.** Ehren-amt *n*, -stelle *f*; **3.** würdige Haltung *f*; *marcher avec* ~ würdevoll einherschreiten.

digraphie ✝ (digra'fi) *f* doppelte Buchführung *f*.

digres|ser (digrɛ'se) *v/i.* [1b] abschweifen; ~**sion** (~'sjɔ̃) *f* **1.** Abschweifung *f*; **2.** *ast.* Abweichung *f*; **3.** ⚓ Abstand *m*.

di|gue (dig) *f* **1.** Damm *m*, Deich *m*, Aufschüttung *f*; **2.** *fig.* Hindernis *n*; ~**guer** (~'ge) *v/t.* [1m] eindeichen.

diktat *pol.* (dik'tat) *m* Diktat *n*.

dilacé|ration (dilaserɑ'sjɔ̃) *f* gewaltsame Zerreißung *f*; ~**rer** (~'re) *v/t.* [1f] gewaltsam zerreißen.

dilapi|dateur (dilapida'tœ:r) *adj. u. su.* [7f] vergeudend; Verschwender *m*; ~**dation** (~dɑ'sjɔ̃) *f* Vergeudung *f*, Verschwendung *f*; ~**der** (~'de) *v/t.* [1a] verschwenden, vergeuden.

dilata|bilité *phys.* (dilatabili'te) *f* (Aus-)Dehnbarkeit *f*; **~ble** *phys.* (~'tablə) *adj.* (aus)dehnbar; **~teur** *chir.* (~'tœ:r) *m* Instrument *n* zum Erweitern e-r Wunde; **~tion** *phys.* (~tɑ'sjɔ̃) *f* Dehnung *f*, Erweiterung *f*.

dilater (dila'te) [1a] **I** *v/t.* (aus-) dehnen, erweitern; *fig.* ~ *le cœur* das Herz erheben *od.* erfreuen; **II** *v/rfl.* se ~ *adj.* sich ausdehnen; sich erweitern; *fig. il se dilate* das Herz geht ihm auf.

dilatoire ⚖ (dila'twa:r) *adj.* verzögernd, dilatorisch.

dilection (dilɛk'sjɔ̃) *f zarte u. reine* Liebe *f*.

dilemme (di'lɛm) *m* Dilemma *n*.

dilettan|te (dilɛ'tɑ̃:t) *m* Musik-, Kunst-liebhaber *m*; *bisw. péj.* Dilettant *m*; *péj.* Stümper *m*; **~tisme** (~tɑ̃'tism) *m* Musik-, Kunstliebhaberei *f*; *biw. péj.* Dilettantismus *m*; *péj.* Stümperei *f*.

dili|gemment (diliʒa'mɑ̃) *adv.* **1.** sorgfältig; **2.** prompt; emsig, fleißig; **~gence** (~'ʒɑ̃:s) *f* **1.** Emsigkeit *f*, Eile *f*, Schnelligkeit *f*; **2.** Achtsamkeit *f*; Sorgfalt *f*; Fleiß *m*; **3.** **~s** *pl.* Bemühungen *f/pl.*; **4.** *hist.* Postkutsche *f*; **5.** ⚖ Betreibung *f* e-r Klage; *à la ~ du procureur* auf Veranlassung des Staatsanwalts; **~gent** (~'ʒɑ̃) *adj.* [7] **1.** prompt, flink, schnell, geschwind; **2.** sorgfältig, fleißig; **~genter** (~ʒɑ̃'te) **I** *v/t.* [1a] beschleunigen, fördern, schnell betreiben; **II** *v/i. u. v/rfl.* se ~ sich beeilen.

dilu|er (di'lɥe) *v/t.* [1a] (mit Wasser) verdünnen; **~tion** (~ly'sjɔ̃) *f* Verdünnung *f*.

dilu|vial *géol.* (dily'vjal) *adj.* [5c] diluvial; **~vien** (~'vjɛ̃) *adj.* [7c] sintflutlich; *fig. pluie f ~ne* Wolkenbruch *m*; **~vium** *géol.* (dily'vjɔm) *m* Diluvium *n*.

dimanchard (dimɑ̃'ʃa:r) *su.* [7] Sonntagsausflügler(in *f*) *m*.

dimanche (di'mɑ̃:ʃ) *m* Sonntag *m*; ~ *gras* Sonntag *m* vor Aschermittwoch; ~ *des Rameaux* Palmsonntag *m*; *tous les ~s* jeden Sonntag; Sonntag für Sonntag; *habits m/pl. des ~s* (*od. du* ~) Sonntagsanzug *m*; *prov. qui rit vendredi, ~ pleurera* man soll den Tag nicht vor dem Abend loben.

dîme *hist.* (dim) *f* Zehent *m*.

dimension (dimɑ̃'sjɔ̃) *f* Ausmaß *n*, Ausdehnung *f*, Umfang *m*.

diminué (dimi'nɥe) *m*: ~ *physique* Körperbehinderter *m*.

diminu|er (~) [1a] **I** *v/t.* **1.** verkleinern, vermindern; *Personal, Steuern, Rüstungen usw.* abbauen *od.* verringern; ~ *le prix* den Preis herabsetzen; **2.** ♪ nachlassen; *diminué* um e-n halben Ton vermindert; *octave f diminuée* kleine Oktave *f*; **3.** ⚠ verjüngen, dünner machen; **II** *v/i.* **4.** sich vermindern, abnehmen; ~ (*de prix*) im Preise heruntergehen; **5.** abmagern; **6.** ⚠ sich verjüngen; **~tif** (~'tif) **I** *adj.* [7e] *gr.* verkleinernd, diminutiv; **II** *m gr.* Verkleinerungswort *n*, Diminutiv *n*; **~tion** (~ny'sjɔ̃) *f* **1.** Verkleinerung *f*, Verminderung *f*, Verringerung *f*; Abbau *m od.* Senkung *f der Steuern, Rüstungen*; ~ *des traitements*, ~ *des appointements* Gehalts-abbau *m*, -senkung *f*; ~ *de la natalité*, ~ *du chiffre des naissances* Geburtenrückgang *m*; ~ *de la semaine de travail* Verkürzung *f* der Arbeits-zeit, -woche; **2.** ⚠ Verjüngung *f*; **3.** ✝ Preisermäßigung *f*; *faire une* ~ etw. ablassen (*sur* auf *acc.*); **4.** *Häkeln*: Luftmasche(n *pl.*) *f*.

dinanderie ✝ (dinɑ̃'dri) *f* Messingware *f*.

dînatoire (dina'twa:r) *adj.*: *déjeuner m* ~ großes (*od.* reichliches) Frühstück *n*.

dinde (dɛ̃:d) *f* Truthenne *f*, Pute *f*; F *fig.* dumme Gans *f*.

dindon (dɛ̃'dɔ̃) *m* Truthahn *m*, Puter *m*; F *fig.* (Einfalts-)Pinsel *m*; F *être le ~ de la farce* der Dumme bei e-r Sache sein; **~neau** (~dɔ'no) *m* [5b] junge Pute *f*; junger Truthahn *m*; **~ner** F (~dɔ'ne) *v/t.* [1a] betrügen; **~nier** (~dɔ'nje) *m* Putenhirt *m*; **~nière** (~'njɛ:r) *f* Putenhirtin *f*; F Landpomeranze *f*.

dîné (di'ne) *p.p. am Satzanfang*: ~ *avec* ... nachdem er (sie, es) bei ... gegessen hat.

dînée † (di'ne) *f* Mittags-herberge *f*, -station *f*, -zeche *f*.

dîner[1] (~) *v/i.* [1a] zu Abend (*ehm. u. heute noch in bestimmten Gegenden* zu Mittag) essen; ~ *en ville* auswärts (*od.* in der Stadt) essen; *avoir du monde à* ~ Gäste haben; ~ *par cœur* sich die Hauptmahlzeit verkneifen; ~ *à la fortune du pot* mit dem vorliebnehmen, was es gerade zu essen gibt.

dîner² (~) *m* Abendessen *n*; *ehm. u. heute noch regional* Mittagessen *n*; *à l'heure du* ~ zur Essenszeit.

dînette F (di'nɛt) *f* Kinder-, Puppen-mahlzeit *f*; *faire la* ~ e-e kleine Mahlzeit halten, kurz etw. zu Mittag (*od.* zum Abendbrot) essen.

dîneur (di'nœ:r) *su.* [7g] Tischgast *m*; *beau* ~ starker Esser *m*.

din|ghy, ~guy ⚓ (dɛ̃'gɛ) *m* Rettungsschlauchboot *n*.

dingo (dɛ̃'go) **I** *m zo.* Dingo *m* (*australischer Hund*); * Verrückter *m*; **II** *adj.* * plem-plem P, mabu P, bekloppt P, verrückt, meschugge P.

dinguer P (dɛ̃'ge) *v/i.* [1 m] fallen; *envoyer* ~ *q.* j-n abblitzen lassen.

dio|césain *rl.* (djɔse'zɛ̃) *adj.* [7] *u. m* zum Sprengel gehörig; Diözesan *m*; **~cèse** (~'sɛ:z) *m* Diözese *f*.

diode ⚡ (dj'ɔd) *f* Zweielektrodenröhre *f*.

dionysiaque *myth.* (djɔni'zjak) *adj.* dionysisch.

diop|tre *opt.* ('djɔptrə) *f* Diopter *n*; *phot.* Sucher *m*; **~trique** (~'trik) **I** *adj.* dioptrisch; **II** *f* Strahlenberechnungslehre *f*, Dioptrik *f*.

dip|age (di'pa:ʒ) *m* besonders dauerhafte Stärkung *f* der Wäsche mit „Dip"; **~é** (di'pe) *adj.* mit Dip gestärkt.

diphasé ⚡ (difɑ'ze) *adj.* zweiphasig.

diphtér|ie ⚕ (difte'ri) *f* Diphtherie *f*; **~ique** ⚕ (~'rik) *adj.* diphtheritisch.

diphtong|aison *gr.* (diftɔ̃gɛ'zɔ̃) *f* Diphthongierung *f*; **~ue** *gr.* (~'tɔ̃:g) *f* Diphthong *m*.

diphylle ♀ (di'fil) *adj.* zweiblättrig.

diplégie ⚕ (diple'ʒi) *f* doppelseitige Lähmung *f*.

diploma|te (diplɔ'mat) **I** *m* Diplomat *m*, Staatsmann *m*; *habile* ~ gewandter Mensch *m*; **II** *adj.* diplomatisch; schlau; **~tie** (~'si) *f* **1.** Diplomatie *f*; *entrer dans la* ~ die diplomatische Laufbahn einschlagen, Diplomat werden; **2.** auswärtige Beziehungen *f/pl.*; **3.** Diplomaten *m/pl.*; **4.** *fig.* Klugheit *f*, Gerissenheit *f*, Schlauheit *f*; **~tique** (~'tik) **I** *adj.* □ **1.** diplomatisch, gesandtschaftlich; *corps m* ~ diplomatisches Korps *n*; **2.** zweideutig, geheimnisvoll; gerissen, schlau; *d'un air* ~ mit geheimnisvollem Blick; *langage m* ~ zweideutige Sprache *f*; **3.** urkundlich; Urkunden...; **II** *f* Diplomatik *f*, Urkundenlehre *f*; **~tiste** (~'tist) *m* Urkundenkenner *m*.

diplô|me (di'plo:m) *m* Diplom *n*, Urkunde *f*, Bestallungsbrief *m*, Prüfungszeugnis *n*; ~ *de fin d'études*, ~ *de baccalauréat* (*od. de bachelier*) Abiturientenzeugnis *n*; **~mé** (diplo'me) **I** *adj.* mit e-m Diplom versehen; *ingénieur m* ~ Diplomingenieur *m*; **II** *m* Graduierter *m*.

diptère (dip'tɛ:r) **I** *adj.* **1.** *zo.* zweiflügelig; **II** *m* **2.** ⚠ mit zwei Säulenreihen umgebener Tempel *m*; **3.** ~*s pl. zo.* Zweiflügler *m/pl.*

diptyque *rl.* (dip'tik) *m* Diptychon *n*.

dire (di:r) [4m] **I** *v/t.* **1.** sagen, sprechen, reden; mitteilen; *à* ~ *vrai od. à vrai* ~ offen gesagt; ~ *la vérité* die Wahrheit sagen; ~ *vrai* wahr sprechen; *cela va sans* ~ das ist selbstverständlich, das versteht sich von selbst; *c'est-à-~*, *meist abr. c.-à-d.* das heißt; nämlich; ~ *des douceurs* mit Worten schmeicheln; F schmusen; ~ *la bonne aventure*, ~ *l'avenir* wahrsagen; ~ *le droit* Recht sprechen; ~ *que oui* (*non*) ja (nein) sagen; *ne* ~ *mot* kein Wort sagen; *sans* ~ *mot* (*od. rien*), *sans mot* (*od. rien*) ~ ohne ein Wort zu sagen; *dites donc!* hören Sie mal!; *dites-lui bien des choses de ma part* grüßen Sie ihn (sie) vielmals von mir; *il a beau* ~ er hat gut reden; was er auch sagen mag; *il me fait* ~ er behauptet, ich hätte gesagt; *j'ai dit* ich habe gesprochen; *pour ainsi* ~ sozusagen, gleichsam; *à qui le dites-vous* wem sagen Sie es; das brauchen Sie mir gar nicht erst zu sagen; F *tu viendras, dis?* du kommst doch, nicht wahr?; *vous dites?, vous disiez?* wie bitte?, wie (meinten Sie)?; *c'est tout* ~ damit ist alles gesagt; *pour tout* ~ kurz und gut; *on dirait* man möchte sagen; *si le cœur vous en dit* wenn Sie Lust dazu haben; *s. a. unter et*; **2.** her-, auf-sagen, vortragen, deklamieren; *ce comédien dit à merveille* dieser Schauspieler besitzt e-e hohe Vortragskunst; ~ *son chapelet* den Rosenkranz herbeten; *écol.* ~ *sa leçon* s-e Aufgabe hersagen; *l'art m de bien* ~ die Redekunst; ~ *la messe* (die) Messe lesen; **3.** befehlen; *dites-lui* *de venir od. qu'il vienne* sagen Sie ihm, daß er kommen soll; *vous n'avez qu'à* ~ Sie haben nur zu befehlen; **4.** (be)nennen, festsetzen; *à l'heure dite* zur festgesetzten Stunde; **5.** glauben, denken; (darunter) verstehen, (damit) sagen wollen, meinen; *on dit* man sagt *od.* es geht das Gerücht; *m/pl.*: *ce sont des on dit* es sind bloße Gerüchte; *qu'en dira-t-on?* was wird man dazu sagen?; *qu'en dites-vous?* was meinen Sie dazu?; *cette réflexion en disait long* diese Äußerung besagte viel; *ne savoir que* ~ nicht wissen, was man (dazu) sagen soll; **6.** *poét.* besingen, preisen, erzählen; *Muse, dis la colère d'Achille* Muse, besinge den Zorn des Achilles; **7.** *vouloir* ~ bedeuten, heißen; *que veut* ~ *ce mot?* was bedeutet dieses Wort?; **8.** einwenden; *il trouve toujours qch. à* ~ er hat immer etw. auszusetzen; *il y aurait beaucoup à* ~ *là-dessus* es ließe sich manches dagegen einwenden; *il n'y a rien à* ~ *à cela* es ist nichts dagegen zu sagen; *il n'y a pas à* ~ zweifellos; **II** *se* ~ **9.** gesagt werden; *il se dit bien des choses* man sagt mancherlei; *cela ne se dit pas* das sagt man nicht (*schickt sich nicht*); **10.** sich nennen; heißen; *se* ~ *médecin* sich als Arzt ausgeben; **11.** einander sagen; *se* ~ (*à soi-même*) zu sich selbst sagen; **III** *m* **12.** Sagen *n*, Aussage *f*; Gerede *n*; *au* ~ *de tout le monde* wie alle Leute behaupten; **13.** Behauptung *f*, Ansicht *f*: *au* ~ *des experts* nach dem Urteil der Sachverständigen.

direct (di'rɛkt) **I** *adj.* **1.** in gerader Richtung (fortlaufend), geradlinig, gerade; **2.** unmittelbar, direkt; *argument m* ~ direkter Beweis *m*; *gr. complément m* ~, *régime m* ~ näheres Objekt *n*, Akkusativ *m*; *construction f* ~*e* regelmäßige Wortfolge *f*; *discours m* ~ direkte Rede *f*; *mode m* ~ *gr.* Anrede *f*; *téléw. image f en* ~ im Original gezeigtes Bild *n*; 🚂 *train m* ~ D-Zug *m*; *train m semi-*~ Eilzug *m*; **II** *m Boxsport*: *un* ~ *du* (*poing*) *droit* ein rechter Gerader *m*; **III** ~**ement** (dirɛktə'mɑ̃) *adv.* direkt, ohne Zwischenaufenthalt; geradezu; ohne Vermittlung.

directeur (dirɛk'tœ:r) [7f] **I** *su.* **1.** Direktor *m*; Leiter *m*, Chef *m*; Vorsteher *m*; **2.** *rl.* ~ *de conscience* Beichtvater *m*, Seelsorger *m*; **II** *adj.* leitend; ⚙ *force f directrice* Richtkraft *f*, -vermögen *n*; *idée f directrice* Leitgedanke *m*; *artill. plan m* ~ Meßplan *m* Meßtischblatt *n*; *principe m* ~ Richtschnur *f*; *roue f directrice vél. usw.* Vorderrad *n*; ~**-gérant** (~ʒe'rɑ̃) *m* [6a] Geschäftsführer *m*.

direc|tion (dirɛk'sjɔ̃) *f* **1.** Leitung *f*, Führung *f*; *avoir la* ~ *de qch.* den Vorsitz führen; *prendre la* ~ *de qch.* die Leitung e-r Sache in die Hand nehmen; **2.** Direktion *f*, obere Leitung *f*; Oberaufsicht *f*; Vorstand *m*; Direktorium *n*; Direktionsgebäude *n*; *centre m* (*od. service m*) *de* ~ Lenkungsstelle *f*; ⚔ ~ *du tir* Feuerleitung *f*; ~ *du personnel* Personalabteilung *f*; **3.** ⚖ ~ *de créanciers* Verwaltung *f* der Konkursmasse; **4.** Richtung *f*; Fahrtrichtung *f*; *en* (*od. dans la*) ~ *de Dijon* in Richtung (nach) Dijon; *prendre une* ~ e-e Richtung einschlagen; *dans toutes les* ~*s* nach (in) allen Richtungen; **5.** ⚒ ~ *d'une veine* Streichen *n* (*od.* Bestimmung *f* der Lage) e-s Ganges; **6.** *Auto*, ⚙: Lenkung *f*, Steuerung *f*; ⚙ ~ *à distance* Fernlenkung *f*; ~ *de* (*od. à*) *gauche* (*de od. à droite*) Links-(Rechts-)steuerung *f*; ~ *à vis sans fin* (*à vis et à écrou*) Schnecken-(Schrauben-)lenkung *f*; ~**tive** (~'ti:v) *f* Weisung *f*, Richtlinie *f*, Anleitung *f*, Direktive *f*, Verhaltungsmaßregel *f*; *les* ~*s pl.* die Richtlinien *f/pl.*; ✝, ⊕ ~*s au sujet de la qualité* Güterichtlinien *f/pl.*; ~**toire** (~'twa:r) *m* Direktorium *n*, Verwaltungsrat *m*, Vorstand *m*; leitende Behörde *f*; *hist. le* ♀ das Direktorium *n* (*1795—99*).

directo|rat (~tɔ'ra) *m* Direktorat *n*, Direktoramt *n*; ~**rial** (~'rjal) *adj.* [5c] leitend; *le personnel* ~ das leitende Personal *n*.

directrice (dirɛk'tris) *f* **1.** Leiterin *f*, Direktorin *f usw.*; ✝ Direktrice *f*; **2.** ♈ Leitlinie *f*.

dirigea|bilité ⚙ (diriʒabili'te) *f* Lenkbarkeit *f*; ~**ble** (~'ʒablə) *adj. u. m* lenkbar; (*ballon m*) ~ lenkbares Luftschiff *n*; ~ *géant* Riesenluftschiff *n*; ~ *rigide* starres Luftschiff *n*.

dirigeant (diri'ʒɑ̃) *adj.* [7] *u. m* leitend; *bsd. pol.* Leiter *m*, (*Partei-*, *Gewerkschafts-*)Führer *m*, Funktionär *m*; Machthaber *m*; *principes m/pl.* ~s Richtlinien *f/pl.*; *les* ~s die führenden Kreise *m/pl.*

diriger (diri'ʒe) [1l] **I** *v/t.* **1.** führen, leiten; lenken; *fig.* vorstehen (*dat.*); ~ *les travaux* die Arbeiten leiten; *rl.* ~ *la conscience de q.* j-s Gewissensrat sein; **2.** ~ *qch. vers* (*od. sur*) *qch.* etw. auf etw. (*acc.*) hinlenken (*od.* hinsteuern); ~ *ses pas vers la ville* seine Schritte zur Stadt hin lenken; auf die Stadt zugehen; **3.** senden, befördern; **4.** *Auto*, ✈, ⚓ steuern; **II** *v/rfl.* **5.** *se* ~ *vers* ... zugehen auf, in Richtung ... gehen (*od.* fahren *od.* fliegen); **6.** *fig. se* ~ sich benehmen, sich in der Gewalt haben; *il ne saura jamais se* ~ er wird sich niemals benehmen können; **7.** *fig. se* ~ *d'après q.* sich nach j-m richten.

dirigis|me (diri'ʒism) *m* Planwirtschaft *f*, Wirtschaftslenkung *f*, gelenkte Wirtschaft *f*; **~te** (~'ʒist) *m* Anhänger *m* (*od.* Verfechter *m*) der Planwirtschaft.

dirimer ⚖ (diri'me) *v/t.* [1a] aufheben, ungültig machen.

discaire (dis'kɛ:r) *m* Schallplattenhändler *m*.

discale ✝ (dis'kal) *f* Gewichtsverlust *m*, -abgang *m e-r Ware*.

discer|nable (disɛr'nablə) *adj.* unterscheidbar; **~nement** (~nə'mɑ̃) *m* **1.** Unterscheidung *f*; Trennung *f*; *employé sans* ~ unterschiedslos gebraucht; **2.** Unterscheidungsvermögen *n*, Einsicht *f*, Klugheit *f*, Verstand *m*; Überlegung *f*; *il faut y procéder avec* ~ man muß dabei mit Überlegung verfahren; *agir sans* ~ sich der Tragweite s-r Handlungen nicht bewußt sein, ohne Überlegung handeln; ⚖ *âge m de* ~ zurechnungsfähiges Alter *n*; **~ner** (~'ne) *v/t.* [1a] unterscheiden, erkennen, einsehen; *capable de* ~ zurechnungsfähig.

disciple (di'siplə) *su.* Schüler *m* (*e-s Meisters, e-s Gelehrten, e-s Philosophen usw.*), Nachfolger *m*, Anhänger *m*; *les* ~s *pl. de Jésus-Christ* Christi Jünger *m/pl.*

discipli|nable (disipli'nablə) *adj.* folgsam, gelehrig; **~naire** (~'nɛ:r) **I** *adj.* □ disziplinarisch; Disziplinar...; *enquête f* ~ Disziplinarverfahren *n*; *établissement m* ~ Besserungsanstalt *f*; *peine f* (*od. punition f*) ~ Ordnungsstrafe *f*; *déplacement m par mesure* ~ Strafversetzung *f*; **II** *m* ⚔ Soldat *m* e-r Strafkompanie; **~ne** (disi'plin) *f* **1.** Disziplin *f*, Zucht *f*; ⚖ *conseil m de* ~ Disziplinargerichtshof *m*; ⚔ *compagnie f de* ~ Strafkompanie *f*; ~ *militaire* militärische Disziplin *f*, Manneszucht *f*; ~ *de soi-même* Selbst-zucht *f*, -disziplin *f*; ~ *scolaire* Schuldisziplin *f*, Schulzucht *f*; **2.** Lehre *f*, Disziplin *f*; Unterrichtsfach *n*; Wissenszweig *m*; ✝ *libre* ~ freie Marktwirtschaft *f*; **3.** *Sport*: Sportart *f*; **4.** *rl.* Geißelung *f*; Geißel *f*; **~ner** (~pli'ne) *v/t.* [1a] **1.** in Zucht und Ordnung halten; ⚔ an Zucht gewöhnen, disziplinieren; **2.** *rl.* geißeln.

discobole *Sport* (diskɔ'bɔl) *m* Diskuswerfer *m*.

discographie (diskɔgra'fi) *f* Schallplattenkunde *f*, Spezialabhandlung *f* über Schallplatten.

discolore (diskɔ'lɔ:r) *adj.* □ verschiedenfarbig.

discontinu (diskɔ̃ti'ny) *adj.* unterbrochen, unzusammenhängend; *A* unstetig; *phys.* diskontinuierlich; *temps m* ~ unbeständiges Wetter *n*; **~ation** (~nɥɑ'sjɔ̃) *f* Unterbrechung *f*, Einstellung *f*, Stockung *f*; *sans* ~ ohne Unterbrechung *f*, hintereinander, andauernd, fortwährend, in einem fort, unausgesetzt; **~er** (~'nɥe) [1a] **I** *v/t.* unterbrechen, liegen lassen, einstellen, nicht fortsetzen; **II** *v/i.* ~ (*de mit inf.*) aufhören zu ... *od.* mit (*dat.*); **~ité** (~nɥi'te) *f* Unterbrechung *f*; *A* Unstetigkeit *f*.

disconve|nance (diskɔ̃v'nɑ̃:s) *f* Mißverhältnis *n*; **~nant** (~'nɑ̃) *adj.* [7] nicht passend; **~nir** (~'ni:r) *v/i.* [2h] **1.** ~ *de* (~ *que mit subj.*) in Abrede stellen (daß); leugnen; **2.** ~ *à q.* j-m nicht passen.

disco|parade ♪, *rad.* (diskɔpa'rad) *f* Schallplattenparade *f*; **~phile** ♪ (~'fil) *su. u. adj.* Plattensammler(in *f*) *m*; plattenbegeistert; **~rama** *rad.* (~ra'ma) *m* Schallplattenkonzert *n*.

discord (dis'kɔ:r) *adj./m* ♪ verstimmt; *piano m* ~ verstimmtes Klavier *n*; *allg. bruits m/pl.* ~s schrille Geräusche *n/pl.*

discor|dance (diskɔr'dɑ̃:s) *f* **1.** Nichtübereinstimmung *f*; Mißhelligkeit *f*, Uneinigkeit *f*; **2.** ♪ Mißton *m*, Mißklang *m*, Disharmonie *f*;

~dant (~'dɑ̃) *adj.* **1.** ♪ verstimmt, unharmonisch; *tons m/pl.* ~*s* Mißtöne *m/pl.*; **2.** *fig.* nicht übereinstimmend, uneinig; **~de** (dis'kɔrd) *f* **1.** Zwietracht *f*, Uneinigkeit *f*, Hader *m*; **2.** *myth.* Eris *f*; *pomme f de* ~ Zankapfel *m*; **~der** ♪ (~'de) *v/i.* [1a] verstimmt sein.
discothécaire (diskɔte'kɛːr) *m* Schallplatten-sammler *m*, -wart *m*, -archivar *m*.
discothèque (diskɔ'tɛk) *f* Schallplatten-archiv *n*, -sammlung *f*.
discou|reur (disku'rœːr) *su.* [7g] Schwätzer *m*; *faire le beau* ~ sich gerne reden hören; **~rir** (~'riːr) *v/i.* [2i] **1.** ~ *sur* ausführlich reden *od.* sich ausführlich unterhalten über (*acc.*); **2.** *péj.* schwatzen, faseln; ~ *à perte de vue* vom Hundertsten ins Tausendste kommen.
discours (dis'kuːr) *m* **1.** Rede *f*, Gespräch *n*, Unterhaltung *f*; *tenir d'étranges* ~ sonderbare Reden führen; *point de* ~ *superflus!* keine überflüssigen Worte!; *péj.* ~ *que tout cela!* nichts als Gequatsche! *trêve de* ~*!*, *point de* ~*!* genug der Worte!; **2.** *gr. les neuf parties f/pl. du* ~ die neun Redeteile *m/pl.*; **3.** Ansprache *f*, öffentlich gehaltene Rede *f*, Vortrag *m*; *faire* (*od. prononcer od. tenir*) *un* ~ e-n Vortrag (e-e Rede) halten; ~ *d'ouverture* (*de réception*) Eröffnungs-(Begrüßungs-)rede *f*; ~ *improvisé* Rede *f* aus dem Stegreif; ~ *programme* Programmrede *f*; ~ *inaugural* Eröffnungsrede *f*; ~ *du trône* Thronrede *f*; **4.** 🕮 Abhandlung *f*; **~-fleuve** (~'flœːv) *m* [6c] Bandwurmrede *f*.
discourtois (diskur'twa) *adj.* [7] □ [unhöflich.]
discrédit (diskre'di) *m* Mißkredit *m*, Verruf *m*; *jeter le* ~ *sur* in Verruf bringen; *tomber dans le* (*od.* en) ~ in Mißkredit kommen; **~é** (~'te) *adj.* kreditlos; verrufen, verachtet; *être* ~ in Verruf kommen *od.* sein; **~er** (~) *v/t.* [1a] in Mißkredit (*od.* in Verruf) bringen.
discret (dis'krɛ) [7b] *adj.* □ **1.** zurückhaltend, bescheiden, besonnen, diskret, vorsichtig, taktvoll, verschwiegen; *faire le* ~ geheimnisvoll tun; **2.** 𝔄 unstetig.
discré|tion (diskre'sjɔ̃) *f* **1.** Zurückhaltung *f*, Bescheidenheit *f*, Umsicht *f*; *sans* ~ rücksichtslos, maßlos, taktlos; **2.** Ermessen *n*, Belieben *n*; *je m'en remets à votre* ~ das überlasse ich Ihnen, ich stelle es Ihrem Ermessen anheim; *se mettre à la* ~ *de q.* sich j-m ganz unterordnen; **3.** *à* ~ *advt.* a) nach Belieben; b) bedingungslos; *boire à* ~ trinken, soviel man will; *a.* ⚔ *se rendre à* ~ *à q.* sich j-m auf Gnade u. Ungnade ergeben; **4.** Diskretion *f*, Verschwiegenheit *f*; *n'avoir rien à perdre de la* ~ auf e-e absolute Geheimhaltung angewiesen sein; ~ *de fonctionnaire* Amtsverschwiegenheit *f*; ~ *professionnelle* Schweigepflicht *f*; **~tionnaire** (~sjɔ'nɛːr) *adj.* dem freien Ermessen überlassen.
discrimin|ant (diskrimi'nɑ̃) **I** *adj.* unterscheidend; **II** 𝔄 *m* Diskriminante *f*; **~ateur** *rad.* (~na'tœːr) *m* Diskriminator *m*; **~ation** (~na'sjɔ̃) *f* Unterscheidung *f*; Unterscheidungsvermögen *n*; *péj.* Diskriminierung *f*, Verunglimpfung *f*, Herabsetzung *f*; **~atoire** *péj.* (~na'twaːr) *adj.* diskriminierend, entwürdigend; **~er** (~'ne) *v/t.* [1a] **1.** unterscheiden; *péj.* (*in der Ehre*) herabsetzen, diskriminieren; verunglimpfen; **2.** *rad.* hochfrequenzmodulierten Strom durch e-n Diskriminator gehen lassen, um Niederfrequenzschwingungen zu erhalten.
discul|pation (diskylpɑ'sjɔ̃) *f* Entschuldigung *f*, Rechtfertigung *f*; **~per** (~'pe) *v/t.* [1a]: ~ *q. de* j-n rechtfertigen wegen (*gén.*), entlasten von (*gén.*); *se* ~ sich rechtfertigen, die Schuld von sich wälzen, sich rein waschen F.
discursif (diskyr'sif) *adj.* [7e] e-n Schluß ziehend, folgernd; F flatterhaft; *faculté f discursive* Urteilskraft *f*.
discussion (disky'sjɔ̃) *f* **1.** Erörterung *f*, Untersuchung *f*, Diskussion *f*, Disput *m*; *s'engager dans une* ~ sich in e-e Erörterung einlassen; *cela est sujet à* ~ darüber läßt sich streiten; *la* ~ *n'est pas là* darum geht es nicht, darum dreht es sich nicht; *hors de* ~ unbestritten; *mettre en* ~ zur Sprache bringen; **2.** Wortwechsel *m*; *je ne veux pas entrer en* ~ *avec lui* ich will mich nicht in e-n Streit mit ihm einlassen; **3.** ⚖ Auspfändung *f*.
discu|table (disky'tablə) *adj.* fraglich, diskutabel, anfechtbar, be-

streitbar; **~ter** (~'te) [1a] **I** *v/t.* **1.** besprechen, erörtern, untersuchen; ~ *cuisine* sich über die Kochkunst unterhalten; **2.** ⚖ gerichtlich verkaufen lassen, ausklagen; **II** *v/i.* ~ *de od. sur qch.* über etw. (*acc.*) verhandeln, diskutieren; **~teur** (~'tœ:r) *su.* [7g] Disputierer *m*, streitsüchtiger Mensch *m*.

disert (di'zɛ:r) *adj.* [7] □ beredt.

diset|te (di'zɛt) *f* Knappheit *f*, Mangel *m bsd. an Lebensmitteln*, Nahrungsmangel *m*, Hungersnot *f*, Not *f*, Teuerung *f*; *année f de* ~ Teuerungsjahr *n*; **~teux** (dizɛ'tø) *adj.* [7d] notleidend.

diseur (di'zœ:r) *su.* [7g] Erzähler *m*; Deklamator *m*, Rezitator *m*, Vortragskünstler *m*; ~ *de bonne aventure* Wahrsager *m*; ~ *de bons mots* Witzbold *m*; *fin* ~ guter Erzähler *m*; ~ *de nouvelles* Neuigkeitskrämer *m*; ~ *de riens* Schwätzer *m*; *beau* ~ Schönredner *m*.

disgrâce (dis'grɑ:s) *f* **1.** Ungnade *f*; *encourir la* ~ *de q.* sich j-s Ungnade zuziehen; *tomber en* ~ in Ungnade fallen; **2.** Mißgeschick *n*, Unglück *n*; **3.** ~ *physique* Fehlen *n* jeglicher Anmut.

disgra|cier (disgrɑ'sje) *v/t.* [1a]: ~ *q.* j-m seine Gnade (*od.* Gunst) entziehen; *disgracié* in Ungnade gefallen (*a. su.*); *disgracié de la nature* von der Natur stiefmütterlich behandelt; **~cieux** (~'sjø) *adj.* [7d] □ ungraziös, plump, schwerfällig, steif, ungelenk, ohne Anmut; unfreundlich, barsch, widerwärtig.

disjoindre (dis'ʒwɛ̃:drə) [4b] **I** *v/t.* trennen; lockern; **II** *v/rfl. se* ~ aus den Fugen gehen.

disjonc|teur ⚡ (disʒɔ̃k'tœ:r) *m* Schalter *m*; ~ *dans l'huile*, ~ *à bain d'huile* Ölschalter *m*; ~ *de protection* Schutzschalter *m*; **~tif** (~'tif) *adj.* [7e] *gr.* trennend, disjunktiv; **~tion** (~'sjɔ̃) *f* Trennung *f*; ⚡ Abschaltung *f*.

dislo|cation (dislɔka'sjɔ̃) *f* **1.** Auseinandernehmen *n*; **2.** ~ *d'un empire* Zerstückelung *f* e-s Reiches; **3.** ⚕ Ausrenkung *f*; **4.** ⚔ Verlegung *f* nach verschiedenen Standorten; Verwirrung *f* (*von Truppeneinheiten*); **~quement** ⚕ (~lɔk'mɑ̃) *m* Verrenkung *f*; **~quer** (~lɔ'ke) [1m] **I** *v/t.* **1.** auseinandernehmen; zertrennen; **2.** ⚕ verrenken, ausrenken; **3.** ⚔ verlegen (*Truppen*); zerschlagen; aufreiben; ~ *l'attaque* den Angriff lahmlegen; **II** *v/rfl. se* ~ auseinandergehen; ⚕ sich ausrenken; *disloqué* gelenkig.

dispach|e ⚓ (dis'paʃ) *f* Seeschadensregelung *f*; **~eur** ⚓ (~'ʃœ:r) *m* Schiedsrichter *m bei Seeversicherungen*; Seeschadenberechner *m*.

disparaître (dispa'rɛ:trə) *v/i.* [4z] (*mit avoir, um die Handlung, mit être, um den Zustand auszudrücken*) verschwinden, unsichtbar werden; *gr.* verstummen.

dispa|rate (dispa'rat) **I** *adj.* nicht zusammenpassend, verschiedenartig, unvereinbar; **II** *f* Diskrepanz *f*; **~rité** (~ri'te) *f* Ungleichheit *f*.

dispa|rition (dispari'sjɔ̃) *f* Verschwinden *n*; **~ru** (~'ry) *adj. u. m* verschollen; ⚔ vermißt; Vermißter *m*.

dispatch|er (dispɛt'ʃœ:r) *m* **1.** 🚂 Betriebsüberwacher *m*; **2.** ⊕ Förderaufseher *m*; **~ing** (~'ʃiŋ) *m* Betriebsüberwachung *f*.

dispendieux (dispɑ̃'djø) *adj.* [7d] □ kostspielig.

dispen|sable (dispɑ̃'sablə) *adj.* erlaßbar; **~saire** (~'sɛ:r) *m* Poliklinik *f*; **~sateur** (~sa'tœ:r) *su.* [7f] Austeiler *m*; **~sation** (~sɑ'sjɔ̃) *f* Aus-, Ver-teilung *f*, Gewährung *f*.

dispen|se (dis'pɑ̃:s) *f* **1.** Erlassung *f*, Befreiung *f*; **2.** Erlaubnis(schein *m*) *f*, Befreiungsbescheinigung *f*; **~ser** (~pɑ̃'se) [1a] **I** *v/t.* **1.** ~ *q. de qch. od. de ...* (*inf.*) j-n von etw. (*dat.*) befreien (*od.* ausnehmen, dispensieren, entbinden), j-m etw. erlassen *od.* schenken; *dispensez-m'en* verschonen Sie mich damit; **2.** gewähren, spenden, aus-, ver-teilen; **II** *v/rfl. se* ~ *de qch. od. de ...* (*inf.*) auf etw. (*acc.*) verzichten, von etw. (*dat.*) Abstand nehmen.

disper|ser (dispɛr'se) [1a] **I** *v/t.* **1.** ausstreuen, austeilen, verteilen; **2.** ver-, zer-streuen; zersplittern; ~ *les ennemis* den Feind zersprengen; ~ *ses efforts fig.* sich zersplittern; **II** *v/rfl. se* ~ umhergestreut werden; sich zerstreuen, ausea.-laufen; ⚔ *se* ~ *en tirailleurs* (aus-)schwärmen; **~sion** (~'sjɔ̃) *f* Umherstreuen *n*; *phys.* (Zer-)Streuung *f*; Streuung *m* (*Beschuß*); ~ *des forces* Zersplitterung *f* der Kräfte; ⚔ Auseinanderlegung *f der Truppen*; **~sif** *phys.* (~'sif) *adj.* [7e] zerstreuend, Zerstreuungs...; *opt.* Streu...

disponi|bilité (dispɔnibili'te) *f*

1. *a.* ⚔ Verfügbarkeit *f*, Bereitschaft *f*; *a.* ⚔ *mettre en* ~ einstweilig aus dem Dienste entlassen, zur Disposition stellen; *hommes m/pl. en* ~ Ersatzreserve *f*; Beurlaubtenstand *m*; *traitement m de* ~ Wartegeld *n*; **2.** ✝ ~*s pl.* verfügbare Beträge *m/pl. od.* Gelder *n/pl.*; ~*s en espèces* Barmittel *n/pl.*; **~ble** (~'niblə) *adj.* verfügbar; ✝ flüssig, vorrätig; *a.* ⚔ zur Disposition stehend.

dispos (dis'po) *adj./m* munter, rüstig; *frais et* ~ frisch und gesund, völlig mobil, ganz auf dem Damm F.

disposer (dispo'ze) [1a] **I** *v/t.* **1.** disponieren, (an)ordnen; einrichten; ~ *les affaires* die nötigen Anstalten treffen; **2.** ~ *q. à qch.* j-n zu etw. (*dat.*) vorbereiten, bewegen, geneigt machen; ~ *q. en faveur de* j-n günstig stimmen für (*acc.*); ~ *q. à la mort* j-n zum Tode vorbereiten; *disposé à qch.* bereit zu etw., zu etw. neigend; *bien (mal) disposé* gut (schlecht) gelaunt; **3.** ~ *qch. pour qch.* etw. für etw. (*acc.*) vorbereiten *od.* herrichten; **4.** ✝ (*a. abs.*) ~ (*sur q.*) *e-n Wechsel* (auf j-n) ziehen, (auf j-n) trassieren; **5.** ⚔ ~ *une troupe* e-e Truppe aufstellen; **II** *v/i.* ~ *de q.* (*qch.*) über j-n (etw.) verfügen (können); *disposez de ma maison* mein Haus steht zu Ihrer Verfügung; *Dieu en a disposé ainsi* Gott hat es so beschlossen (*od.* gewollt); *Dieu a disposé de lui* Gott hat ihn abberufen; **III** *v/rfl. se* ~ *à faire qch.* sich bereit halten *od.* sich anschicken etw. zu tun.

dispositif (~zi'tif) *m* **1.** ⚖ verordnender Teil *m* e-s Urteils; ~ *du jugement* Urteils-formel *f*, -spruch *m*; **2.** ⚔ Gliederung *f*, Gefechtsgliederung *f*, Kräfteverteilung *f*, Einweisung *f*; Verband *m*; ~ *de marche* Marschgliederung *f*; **3.** ⊕ Vorrichtung *f*, Einrichtung *f*, System *n*, Apparat(ur *f*) *m*, Anlage *f*; ~ *d'ajustage*, ~ *de réglage* Einstellvorrichtung *f*; ~ *cheminant* wandernde Vorrichtung *f*; ~ *de protection* Schutzvorrichtung *f* an Maschinen; ~ *de démarrage*, ~ *de mise en marche* Anlaßvorrichtung *f*; ~ *de barrage* Stauanlage *f*; *Auto*: ~ *de démarrage* Starter(knopf *m*) *m*, Startvorrichtung *f*; *rad.* ~ *d'accord* Abstimmvorrichtung *f*; ⚓ ~ *correcteur de centrage dans un navire* Trimmgerät *n*.

disposition (dispozi'sjõ) *f* **1.** a) Anordnung *f*, Einrichtung *f*; Einteilung *f*; ~ *des troupes* Aufstellung *f* der Truppen; ~ *de la bataille* Schlachtordnung *f*; b) ⊕ Einrichtung *f* e-r Maschinenanlage; ~ *des soupapes* Ventilanordnung *f*; **2.** *a. écol.* Gliederung *f*, Disposition *f* (*im Aufsatz*); **3.** Verfügung *f*; *tout est à votre* ~ alles steht zu Ihrer Verfügung; *mettre à la* ~ (*de q.* j-m) zur Verfügung stellen; **4.** Neigung *f*, Lust *f*, Stimmung *f* (*à* zu *dat.*); körperliches Befinden *n*; ~ *au mal* Hang *m* zum Bösen; F *en bonne* ~ wohlauf; *fig.* in guter Verfassung; **5.** körperliche *od.* geistige Anlage *f*, Empfänglichkeit *f*, Anfälligkeit *f*; ~ *à la goutte* Anlage *f* zur Gicht; *avoir des* ~*s* Anlagen *pl. od.* Talente *pl.* haben; **6.** ~*s pl.* Vorkehrungen *f/pl.* (*od.* Anstalten *f/pl.*), ⚔ Anordnungen *f/pl.*; *faire ses* ~*s pour partir* Vorkehrungen (*od.* Anstalten) zur Abreise treffen; **7.** ⚖ Bestimmung *f*, Verfügung *f*; ~ *concernant les constructions* Bauvorschrift *f*; ~ *transitoire* Übergangsvorschrift *f*; ~ *d'application d'une loi* Durchführungsbestimmung *f*; ~ *contractuelle* Vertragsbestimmung *f*; ~*s pl. testamentaires* letztwillige Verfügungen *f/pl.*; *ayant le droit de* ~ verfügungsberechtigt; *droit m de libre* ~ Selbstbestimmungsrecht *n*.

dispropor|tion (disprɔpɔr'sjõ) *f* Mißverhältnis *n*; Ungleichheit *f*; ~ *du corps* Mangel *m* an Ebenmaß des körperlichen Wuchses; **~tionné** (~sjɔ'ne) *adj.* (~*tionnément adv.*) disproportioniert, nicht ebenmäßig, ungleich; unverhältnismäßig; **~tionner** (~sjɔ'ne) *v/t.* [1a] in ein Mißverhältnis bringen, ungleich machen.

dispu|table (dispy'tablə) *adj.* bestreitbar, streitig, strittig; **~tailler** F (~ta'je) *v/i.* [1a] sich lange wegen nichts und wieder nichts herumstreiten; stänkern P, querulieren F; **~taillerie** F (~taj'ri) *f* Gezänk *n*, Stunk *m* P; **~tailleur** F (~ta'jœ:r) *adj.* [7g] *u. su.* zänkisch(er Mensch *m*); Stänker *m* P, Querulant *m*.

dispu|te (dis'pyt) *f* **1.** (gelehrter) Streit *m*, Diskussion *f*; Disput *m*, Krach *m* F; Wortwechsel *m*; ~ *de mots* Streit *m* über Worte, Wortklauberei *f*; *ils sont toujours en* ~ sie krachen sich dauernd; ~*s de religion* Religionsstreitigkeiten *f/pl.*; *hors de* ~, *sans* ~ unbestreitbar; **2.** Disputierübung *f*; ~**ter** (~'te) [1a] **I** *v/i.* **1.** disputieren, sich unterhalten (de über *acc.*); erörtern; *on dispute du talent d'un auteur* man unterhält sich über das Talent e-s Verfassers; ~ *de points de vue politiques* sich über politische Gesichtspunkte unterhalten, politische Gesichtspunkte erörtern; **2.** ~ (*de od. sur*) streiten, in Wortwechsel geraten (um *od.* über *acc.*); *il ne faut pas* ~ *des goûts* über den Geschmack läßt sich nicht streiten; ~ *sur la pointe d'une aiguille* sich um Kleinigkeiten (*od.* um Kaisers Bart) streiten; ~ *de beauté* um den Preis der Schönheit ringen; **II** *v/t.* **3.** streiten um (*acc.*), streitig machen; ~ *le prix* um den Preis streiten (*od.* ringen, kämpfen); ~ *le terrain*: a) ⚔ das Feld Schritt für Schritt verteidigen; b) *fig.* bei einem Wortstreit das Feld streitig machen; ~ *sa vie* für sein Leben kämpfen; *Sport*: ~ *un match* (*une partie*) ein Wettspiel (ein Spiel) austragen; ~ *un championnat* e-e Meisterschaft austragen; ~ *un titre* den Träger e-s Titels herausfordern; **4.** *le* ~ *à q. en qch.* j-m den Vorrang in etw. (*dat.*) streitig machen; mit j-m in etw. (*dat.*) wetteifern; **5.** F ~ *q.* j-n ausschelten (*od.* ausschimpfen); **III** *v/rfl.* **6.** *se* ~ *avec q. au sujet de qch.* sich mit j-m wegen e-r Sache (*od.* Frage) zanken (*od.* in den Haaren *od.* in der Wolle haben F); **7.** *se* ~ *qch.* sich etw. streitig machen; sich um etw. reißen; *fig.* miteinander um etw. (*acc.*) wetteifern; ~**teur** (~'tœ:r) *adj.* [7g] *u. su.* streitsüchtig(er Mensch *m*).

disquaire (dis'kɛ:r) *m* Schallplattenhändler *m*; *a. discaire.*

disqualifi|cation (diskalifika'sjɔ̃) *f* Ausschluß *m*, Ausschließung *f*, *a. Sport*: Ausscheidung *f*, Disqualifizierung *f*; ~**er** (~'fje) [1a] **I** *v/t.* für ungeeignet erklären, ausschließen; *Sport*: disqualifizieren, ausscheiden; **II** *v/rfl.* *se* ~ sich unmöglich machen.

disque (disk) *m* **1.** Diskus *m*, Wurfscheibe *f*; *lancer le* ~ den Diskus werfen; *Sport*: *jeu m du* ~ Scheibenwerfen *n*; **2.** Scheibe *f* (*bsd. ast.*); **3.** Grammophon-, Schall-platte *f*; **4.** 🚂 Weichen-, Signal-scheibe *f*; **5.** ⚘ Fläche *f* e-s Blattes; **6.** *téléph.* ~ *d'appel* Wählerscheibe *f*; **7.** *Fr. Auto*: ~ *de stationnement* Parkzeitkontrollscheibe *f* (*an der Windschutzscheibe*); **8.** *anat.*, ⚕ ~ *vertébral* Bandscheibe *f*.

disque-album (diskal'bɔm) *m* [6a]: ~ *pour les enfants* Schallplattenbilderbuch *n* für Kinder.

dissection (disɛk'sjɔ̃) *f* Zergliederung *f*; *anat.* Sezieren *n*, Sektion *f*.

dissem|blable (disɑ̃'blablə) *adj.* □ unähnlich; verschieden, unterschiedlich; ~**blance** (~'blɑ̃:s) *f* Unähnlichkeit *f*, Verschiedenartigkeit *f*, Unterschiedlichkeit *f*.

dissémi|nation (disemina'sjɔ̃) *f* Ausstreuung *f* des Samens; *fig.* Verbreitung *f*; ~**ner** (~'ne) *v/t.* [1a] ausstreuen; verbreiten; zersplittern.

dissension (disɑ̃'sjɔ̃) *f* Entzweiung *f*, Zwietracht *f*, Mißhelligkeit *f*, Zwist *m*; ~ *domestique* häuslicher Streit *m*.

dissentiment (disɑ̃ti'mɑ̃) *m* Meinungsverschiedenheit *f*.

disséquer (dise'ke) *v/t.* [1f] *u.* [1m] *anat.* zergliedern, sezieren; *fig.* haargenau untersuchen, *fig.* sezieren.

dissertateur *péj.* (diserta'tœ:r) *m* gelehrter Schwätzer *m*; ~**tation** (~ta'sjɔ̃) *f* Dissertation *f*, (*wissenschaftliche*) Abhandlung *f*; *écol.* Aufsatz *m* (*e-r höheren Klasse*); ~**ter** (~'te) [1a] **I** *v/i.* e-e Dissertation (*écol.* e-n Aufsatz) schreiben (*sur qch.* über etw. *acc.*); **II** *v/t.*: ~ *politique* über Politik sprechen.

dissi|dence (disi'dɑ̃:s) *f* *rl.* (Glaubens-)Zwist *m*, Schisma *n*; *pol.*, *rl.* Abweichung *f*, Meinungsverschiedenheit *f*, Spaltung *f*; *rl. die* Dissidenten *pl.*, *pol. die* Spalter *pl.*; ~**dent** (~'dɑ̃) **I** *adj. rl.*, *pol.* andersdenkend; **II** *m rl.* Dissident *m*; *pol.* Spalter *m*.

dissimi|laire (disimi'lɛ:r) *adj.* ungleichartig; ~**larité** (~lari'te) *f* Ungleichartigkeit *f*; ~**lation** *gr.*, ⚘ (~la'sjɔ̃) *f* Dissimilation *f*, Dissimilierung *f*, Entähnlichung *f*; ~**ler** *gr.*, ⚘, *physiol.* (~'le) *v/t.* [1a] dissimilieren, entähnlichen; ~**litude** (~li'tyd) *f* Ungleichartigkeit *f*.

dissimu|lateur (disimyla'tœ:r) [7f] **I** *su.* Heuchler *m*, Schleicher *m*; **II** *adj.* heuchlerisch; ~**lation** (~la-

'sjɔ̃) *f* Heuchelei *f*, Verstellung(skunst *f*) *f*; Verheimlichung *f*; ✝ ~ *d'actif* Bilanzverschleierung *f*; **~lé** (~'le) **I** *adj.* **1.** hinterhältig, heuchlerisch; **2.** ⚡ *électricité ~e* gebundene Elektrizität *f*; **II** *su.* Schleicher *m*, Duckmäuser *m*; **~ler** (~'le) [1a] **I** *v/t.* **1.** verbergen, verstecken, verhehlen, verheimlichen, verschweigen; **2.** nicht merken lassen, nicht zeigen; ~ *une injure* eine Beleidigung einstecken; **II** *v/i.* **3.** sich verstellen; **III** *v/rfl.* se ~ **4.** verborgen werden; **5.** sich verstecken, heimlich wegschleichen; **6.** *se ~ qch.* etw. sich selbst gegenüber nicht eingestehen wollen; *je ne me dissimule pas que ce sera difficile* ich bin mir völlig darüber im klaren, daß das sehr schwierig sein wird; *ne pas se ~ les difficultés* sich über die Schwierigkeiten völlig im klaren sein.

dissipa|teur (disipa'tœ:r) *su. u. adj.* [7f] Verschwender *m*; verschwenderisch; **~tion** (~pɑ'sjɔ̃) *f* **1.** Zerstreutheit *f*, Zerfahrenheit *f*; ~ *d'esprit* Gedankenlosigkeit *f*; **2.** Verschwendung *f*, Prasserei *f*; *~s pl.* übertriebene Geldausgaben *f/pl.*; *vivre dans la ~* in Saus und Braus leben; **3.** ⚗ Verdunstung *f*; **4.** *rad.* Streuung *f*; **5.** *fig.* Verschwinden *n*.

dissipé (disi'pe) *adj.* abgelenkt, fahrig, zerfahren, zerstreut; leichtsinnig, üppig (*Leben*); vergnügungssüchtig.

dissiper (~) [1a] **I** *v/t.* **1.** vertreiben, zerteilen, auflösen; ~ *une armée* ein Heer auseinandersprengen; *fig.* ~ *des doutes* Zweifel verscheuchen; **2.** verschwenden, vergeuden, verprassen; vertrödeln, verbummeln; verschleudern; **3.** (*von der Pflicht, von der Arbeit*) ablenken, verleiten; **II** *v/rfl.* se ~ **4.** (ver)schwinden; sich verziehen; vergehen, verfliegen, verdunsten; *fig. se ~ en fumée* in Rauch aufgehen; **5.** Unfug treiben; **6.** leichtsinnig (*od.* verschwenderisch) werden.

dissoc|iable ⚗ (disɔ'sjablə) *adj.* trennbar, auflösbar; **~iation** ⚗ (~sjɑ'sjɔ̃) *f* Zerfall *m*, Trennung *f*, Auflösung *f*, Abspaltung *f*, Dissoziation *f*; **~ier** ⚗ (~'sje) *v/t.* [1a] auflösen, trennen, abspalten, zersetzen (*a. allg.*), dissoziieren.

dissolu (disɔ'ly) *adj.* ausschweifend; liederlich; **~bilité** (~bili'te) *f* Auflösbarkeit *f*; **~ble** (~'lyblə) *adj.* (auf-)lösbar; **~tion** (~'sjɔ̃) *f* **1.** ⚗ Auflösung *f*; **2.** ⚕ Zersetzung *f* des Blutes; **3.** *fig.* Auflösung *f*, Trennung *f*, Scheidung *f*; *pol.* ~ *de la Chambre* Auflösung *f* der Kammer; ~ *d'un mariage* Ehescheidung *f*; *tomber en ~* sich auflösen, aufgelöst werden; **4.** *fig.* Ausschweifung *f*, Sittenlosigkeit *f*.

dissolvant ⚗ (disɔl'vɑ̃) **I** *adj.* [7] auflösend; **II** *m* Auflösungsmittel *n*; Nagellackentferner *m*.

disso|nance (disɔ'nɑ̃:s) *f* **1.** ♪ Mißklang *m*, Dissonanz *f*, Mißton *m*; *résoudre (od. sauver) une ~* eine Dissonanz auflösen *od.* beseitigen; **2.** *fig.* Dissonanz *f*, Miß-ton *m*, -klang *m*; **~nant** (~'nɑ̃) *adj.* [7] mißtönend, falsch klingend; **~ner** (~'ne) *v/i.* [1a] falsch klingen, dissonieren.

dissoudre (di'su:drə) *v/t.* [4bb] auflösen; zersetzen; *fig.* trennen; aufheben.

dissuader (disɥa'de) *v/t.* [1a]: ~ *q. de (faire) qch.* j-m etw. abraten *od.* ausreden, j-n von etw. abbringen.

dissuasion *bsd.* ⚔ (~sɥɑ'zjɔ̃) *f*: *moyens m/pl. de ~* Abschreckungsmittel *n/pl.*

dissylla|be (disi'lab) *adj. u. m u.* **~bique** (~'bik) *adj.* zweisilbig(es Wort *n*).

dissymétrie (disime'tri) *f* fehlende Symmetrie *f*.

distan|ce (dis'tɑ̃:s) *f* **1.** Abstand *m*, Entfernung *f*, Strecke *f*; *Auto*: ~ *d'arrêt (od. de freinage)* Bremsweg *m*, -strecke *f*; *de ~ en ~* in gewissen Abständen; ✈ *vol m à grande ~* Langstreckenflug *m*; ~ *de tir* Schußweite *f*; *tenez-vous à ~!* kommen Sie nicht so nah heran!; *phot.* ~ *focale* Brennweite *f*; ⚔ *prendre les ~s* Abstand nehmen; **2.** Zwischenzeit *f*; **3.** *fig.* Unterschied *m*; *~s* (Standes-)Unterschiede *m/pl.*; *garder ses ~s* zurückhaltend sein; *tenir q. à ~* sich von j-m distanzieren; **~cer** (~'se) *v/t.* [1k] **1.** *Sport*: ~ *q.* j-n überholen; *fig.* j-m den Rang abgewinnen, j-n überflügeln; **2.** ~ *qch.* etw. weit auseinanderstellen; ~ *ses visites chez q. od. à q.* bei j-m s-e Besuche seltener werden lassen; **~ciation** (~sjɑ'sjɔ̃) *f* Distanzierung *f*.

distant (dis'tɑ̃) *adj.* [7] **1.** entfernt; ~ *de 15 kilomètres* 15 km weit entfernt; **2.** *fig.* zurückhaltend; **un**nahbar, reserviert.

disten|dre (dis'tɑ̃:drə) *v/t.* [4a] ausdehnen; lockern, lösen; **~sion** (~tɑ̃'sjɔ̃) *f* übermäßige Ausdehnung *f.*

distilla|ble (disti'lablə) *adj.* destillierbar; **~t** (~'la) *m* Destillationsprodukt *n*, Destillat *n*; **~teur** (~'tœ:r) *m* Branntweinbrenner *m*, Destillateur *m*; **~tion** (~ɑ'sjɔ̃) *f* Destillation *f*, Brennen *n*; *produit m de* ~ Destillat *n*; **~toire** (~a'twa:r) *adj. u. m* (*appareil m*) ~ Destillierapparat *m.*

distil|ler (disti'le) [1a] **I** *v/t.* **1.** ⚗ abziehen, destillieren; ~ *du miel* Honig bereiten (*Bienen*); **2.** *fig.* ~ *son fiel* (*od. son venin*) *sur q.* s-e Wut an j-m auslassen; ~ *des histoires gaillardes* schlüpfrige Geschichten vom Stapel lassen; **II** *v/i.* (herab)tröpfeln; **~lerie** (~l'ri) *f* (Branntwein-)Brennerei *f*, Schnapsfabrik *f*; ⚗ Destillierkammer *f.*

distinct (dis'tɛ̃:kt) *adj.* [7] □ **1.** unterschieden; **2.** deutlich, klar, verständlich, übersichtlich; **3.** ⚘ getrennt; **~if** (~tɛ̃k'tif) *adj.* [7e] □ unterscheidend, trennend; Kenn...; **~ion** (~tɛ̃k'sjɔ̃) *f* **1.** Unterscheidung *f*; *la* ~ *du bien et du mal* die Erkenntnis des Guten und des Bösen; **2.** Unterschied *m*; *sans* ~ ohne Unterschied; **3.** Auszeichnung *f*; *traiter q. avec* ~ j-n mit besonderer Zuvorkommenheit behandeln; **4.** Vornehmheit *f*; *homme m de* ~ vornehmer Mann *m*; Standesperson *f*; *air m de* ~ vornehmes Aussehen *n* (*od.* Äußeres *n*).

distin|gué (distɛ̃'ge) *adj.* hervorragend; vornehm, fein F; **~guer** (~) [1m] **I** *v/t.* **1.** unterscheiden; ~ *le passé simple d'avec* (*od. nur*: *de*) *l'imparfait* das Passé simple vom Imparfait unterscheiden; **2.** kenn-, auszeichnen, mit besonderer Auszeichnung behandeln; **3.** vernehmen, erkennen; ⚓ ausmachen; auseinanderhalten; **II** *v/rfl.* se ~ sich unterscheiden; sich auszeichnen; sichtbar werden; **~guo** F (distɛ̃'go) *m*: *faire un* ~ unterscheiden.

distordre (dis'tɔrdrə) [4a] *v/t.* verrenken.

distors (dis'tɔ:r) *adj.* [7] ver-dreht, -renkt; **~ion** (~tɔr'sjɔ̃) *f* Verdrehung *f*; ⚕ Verrenkung *f*; *a. rad.* Verzerrung *f.*

distraction (~trak'sjɔ̃) *f* **1.** ⚖, ✝ Trennung *f*; Aussonderung *f*; Entnahme *f*; Abzug *m*; ~ *des biens saisis* Pfandunterschlagung *f*; *faire* ~ *d'une somme* e-e Summe abziehen; ~ *de juridiction* Verweisung *f* an ein anderes Gericht; **2.** Zerstreutheit *f*, Vergeßlichkeit *f*, Geistesabwesenheit *f*; *par* ~ in Gedanken, aus Gedankenlosigkeit; **3.** Zerstreuung *f*, Ablenkung *f*, Vergnügen *n*, Unterhaltung *f.*

dis|traire (dis'trɛ:r) [4s] **I** *v/t.* **1.** absondern, trennen; ~ *une somme d'une autre somme* e-n Betrag von e-m anderen abzweigen; **2.** ⚖ entziehen, veruntreuen, unterschlagen; **3.** *fig.* ablenken, unterhalten, auf andere Gedanken bringen; zerstreuen; **II** *v/t.* in Muße verbringen; ~ *beaucoup de temps* viel Zeit in Muße verbringen; **~trait** (~'trɛ) [7] **I** *adj.* zerstreut; **II** *su.* Zerstreuter *m*; **~trayant** (~trɛ'jɑ̃) *adj.* [7] unterhaltsam; *un sport bien* ~ ein recht interessanter Sport *m.*

distribu|er (distri'bɥe) *v/t.* [1a] **1.** austeilen, verteilen; spenden; *Dividende*: ausschütten; ~ *des lettres* Briefe austragen; **2.** ab-, einteilen; **~teur** (~by'tœ:r) **I** *su.* [7f] **1.** Austeiler *m*, Verteiler *m*; Spender *m*; Filmverleiher *m*; **II** *m* **2.** Handelsvertretung *f*, einschlägiges Geschäft *n*; ~ (*automatique*) (Waren-)Automat *m*; **3.** ⊕ Steuerung *f* (*Vorrichtung am Zylinder, z.B. der Dampfmaschine*); *Auto*: ~ *d'allumage* Zündverteiler *m*; ⊕ ~ *d'eau chaude* Warmwasserspeicher *m*, Boiler *m*; *rad.* ~ (*automatique*) *à cinq départs* Hörerverteiler *m* mit fünf Anschlüssen; ~ *d'essence* a) Benzintank *m*; b) Tankstelle *f*, Zapf-, Tanksäule *f*; ⚡ ~ *de courant* Stromverteiler *m*; ⚒ ~ *d'engrais* Düngerstreumaschine *f*; **~tif** (~'tif) *adj.* [7e] **1.** austeilend, verteilend; **2.** *gr. nombre m* ~ Distributivzahl *f*; *particule f distributive* Teilungspartikel *f*; **~tion** (~'sjɔ̃) *f* **1.** Austeilung *f*, Verteilung *f*; Spendung *f*; *cin.* Verleih *m*; ⚔ Verpflegungsempfang *m*; *école.* ~ *des notes* Zensurenverteilung *f*; ✝ ~ *de dividende*(s) Dividendenausschüttung *f*; ✉ ~ *postale*, ~ *des lettres* Postbestellung *f*, Austragen *n* der Briefe; **2.** Anordnung *f*, Einteilung *f*; *thé.* ~ *des rôles* Rollenverteilung *f*; **3.** ⊕, ⚡ Anlage *f*, Anschluß *m*; ~ *d'eau* Wasserleitung *f*; ~ *électrique* elektrische Anlage *f*; ~ *de vapeur* Steuerung *f* der Dampfmaschine; **4.** F Tracht *f* Prügel.

district (dis'trikt) *m* Bezirk *m*; *tribunal m de* ~ Kreisgericht *n*; ~ *houiller* Kohlengebiet *n*; ⚔ ~ *militaire* Wehrkreis *m*.

dit (di) **I** *p/p. v. dire*; *advt.*: *autrement* ~ mit anderen Worten; **II** *adj.* [7] genannt; vereinbart; festgesetzt; **III** *m* **1.** *litt.* mittelalterliche französische Erzählung *f* in Versen; **2.** Denkspruch *m*, Ausspruch *m*; *dits pl. et redits* Hin- und Hergerede *n*.

dithyram|be (diti'rɑ̃:b) *m* Loblied *n*; **~bique** (~rɑ̃'bik) *adj.* schwungvoll, lobpreisend.

dito (di'to) *adv.* desgleichen, dito.

dit-on (di'tɔ̃) *m/inv.* Gerede *n*.

diu|rèse (djy'rɛ:z) *f* Harnabsonderung *f*; **~rétique** (~re'tik) *adj. u. m* harntreibend(es Mittel *n*).

diurne (djyrn) **I** *adj.* Tages..., einen Tag dauernd; *pluie f* ~ Tagesregen *m*; *les températures* ~*s* die Tagestemperaturen *f/pl.*; **II** *zo.*, *ent.* ~*s m/pl.* Eintagstiere *n/pl.*

diva (di'va) *f* Diva *f*, gefeierte Sängerin *f*.

diva|gation (divaga'sjɔ̃) *f* **1.** Abschweifung *f* (*fig.*); Faselei *f*, Hirngespinst *n*, Irrereden *n*; **2.** Überschwemmung *f*, Flußübertritt *m*; **~guer** (~'ge) *v/i.* [1m] **1.** umherirren; *fig.* abschweifen; faseln; irrereden; **2.** über die Ufer treten (*Fluß*).

divan (di'vɑ̃) *m* Diwan *m*: **1.** ♀ *allg.* türkische Regierung *f*; *ehm.* die hohe Pforte *f*, türkischer Staatsrat *m* (*bis 1924*); **2.** Couch *f*; **3.** *litt.* Sammlung *f* von arabischen Gedichten; **~-lit** (~'li) *m* [6a] Bettcouch *f*.

dive F (di:v) *adj./f* göttlich; *nur noch in*: *ami m de la* ~ *bouteille* Zech-, Sauf-bruder *m*.

diver|gence (divɛr'ʒɑ̃:s) *f* **1.** 𝔄, *phys.* Divergenz *f*, Abweichen *n*, Auseinanderlaufen *n*; *opt. point m de* ~ Zerstreuungspunkt *m*; **2.** *fig.* Meinungsverschiedenheit *f*, Widerstreit *m*, Divergenz *f*; **~gent** (~'ʒɑ̃) *adj.* [7] 𝔄, *phys.* auseinanderlaufend; *fig.* divergierend, abweichend, widerstreitend; **~ger** (~'ʒe) *v/i.* [1l] 𝔄, *phys.* divergieren, auseinanderlaufen, sich ausbreiten; *fig.* abweichen.

divers (di'vɛ:r) **I** *adj.* [7] □ **1.** *immer pl.* (*nachgestellt*): verschiedene, unterschiedliche; *faits* ~ Vermischtes *n/sg.* in der Zeitung; *avec des succès* ~ mit wechselndem Erfolg; **2.** *immer pl.* (*vorgestellt*): verschiedene, manche, allerlei; *à* ~*es fois* zu verschiedenen Malen; *à* ~ *égards* in mancherlei Hinsicht; *de* ~*es sortes* vielerlei Sorten *f/pl.* (*od.* Arten *f/pl.*); ~*es choses* verschiedene Dinge *n/pl.*; *en* ~ *lieux*, *à* ~ *endroits* an verschiedenen Orten; *de* ~*es couleurs* (*a.*: *de couleurs* ~*es*) bunt(farbig); *de* ~*es espèces* verschiedener Art, vielartig; ~*es sortes de* verschiedene Sorten von; **II ~ement** (diversə'mɑ̃) *adv.* auf verschiedene Art (u. Weise).

diver|sification (divɛrsifika'sjɔ̃) *f* vielseitige Gestaltung *f*; **~sifier** (~si'fje) *v/t.* [1a] Abwechselung bringen in (*acc.*); **~sion** (~'sjɔ̃) *f* Zerstreuung *f*; Ablenkung *f*; ⚔ Ablenkungsangriff *m*, Entlastungsvorstoß *m*; **~sité** (~si'te) *f* Mannigfaltigkeit *f*, Verschiedenheit *f*, Buntheit *f*, Abwechselung *f*.

diver|tir (divɛr'ti:r) [2a] **I** *v/t.* **1.** *fig.* ablenken, zerstreuen, unterhalten, belustigen; **2.** unterschlagen, veruntreuen; **II** *v/rfl. se* ~ sich mit etw. (*dat.*) belustigen, sich vergnügen, sich ablenken, sich unterhalten; sich ergötzen (*à qch.* an etw.); *se* ~ *de q.* (*aux dépens de q.*) sich über j-n lustig machen; **~tissant** (~ti'sɑ̃) *adj.* [7] belustigend, unterhaltend, spaßhaft; **~tissement** (~tis'mɑ̃) *m* **1.** Unterhaltung *f*, Belustigung *f*, Zeitvertreib *m*, Ablenkung *f*; *prendre du* ~ sich erholen, sich entspannen; **2.** Unterschlagung *f*, Veruntreuung *f*; **3.** *thé.* Zwischenspiel *n*.

divette (di'vɛt) *f* Chansonette *f*, Kabarett-, Operetten-sängerin *f*.

dividende (divi'dɑ̃:d) *m* **1.** 𝔄 Dividend(us) *m*, zu teilende Zahl *f*; **2.** † Dividende *f*, Gewinnanteil *m*, Kapitalertrag *m*, Ausbeute *f*, Rate *f*; ~*s pl. accumulés* Dividendenrückstände *m/pl.*; ~ *stable* (*non réclamé*) gleichbleibende (nicht abgehobene) Dividende *f*.

divin (di'vɛ̃) **I** *adj.* [7] □ **1.** göttlich; Gottes...; *culte m* ~ Verehrung *f* Gottes; *service m* ~ Gottesdienst *m*; **2.** *vorangestellt*: *fig.* gottbegnadet; *le* ~ *Virgile* der göttliche Vergil *m*; **II** *m* das Göttliche *m*.

divina|teur (divina'tœ:r) [7f] **I** *adj.* weissagend; **II** *su.* Weissager *m*, Wahrsager *m*; **~tion** (~nɑ'sjɔ̃) *f* Wahrsagung *f*; Ahnungsvermögen *n*; **~toire** (~na'twa:r) *adj.*: *art m* ~ Wahrsagekunst *f*; *baguette f* ~ Wünschelrute *f*.

divinement (divin'mɑ̃) *adv.* göttlich; *fig.* wundervoll, herrlich, entzückend, himmlisch F.

divini|ser (divini'ze) *v/t.* [1a] göttlich verehren; *fig.* vergöttern; **~té** (~'te) *f* **1.** Göttlichkeit *f*, göttliche Natur *f*; **2.** ♀ Gott *m*; **3.** Gottheit *f*; *~s pl.* Götter *m/pl.*; **4.** *fig.* Abgott *m*; große Schönheit *f* (*Frau*).

divio * (di'vjo) *m* Trickkünstler *m*.

divi|ser (divi'ze) [1a] **I** *v/t.* **1.** (ab-, ein-, zer-)teilen; dividieren; ~ *un discours* e-e Rede (e-n Vortrag) gliedern; **2.** trennen; *fig.* entzweien, veruneinigen; **II** *v/rfl.* *se* ~ sich teilen, geteilt werden; *fig.* sich entzweien; *arith.* sich teilen lassen; **~seur** (~'zœ:r) **I** *adj./m* teilend; **II** *m* Divisor *m*, Teiler *m*; *le plus grand commun* ~ der Hauptnenner *m*; **~sibilité** (~zibili'te) *f* Teilbarkeit *f*; **~sible** (~'ziblə) *adj.* teilbar; **~sion** (~'zjɔ̃) *f* **1.** Teilung *f*, Einteilung *f*; ~ *cellulaire* Zellteilung *f*; ~ *du travail* Arbeitsteilung *f*; ~ *en syllabes* Silbentrennung *f*; **2.** Uneinigkeit *f*, Zerrissenheit *f*, Zwist *m*; *la* ~ *entre les citoyens* die Spaltung unter den Bürgern; **3.** *arith.* Division *f*, Teilung *f*; ✝ *~s pl. des risques* Risikoausgleich *m*; **4.** (Unter-)Abteilung *f*; *les ~s d'un livre* die Abschnitte *m/pl.* e-s Buchs; *écol.* *la* ~ *des moyens* die Mittelstufe *f*; **5.** ⚔ Division *f*; *général m de* ~ Divisionsgeneral *m*; ~ *motorisée* motorisierte Division *f*; ~ *des radiotélégraphistes* Funkerabteilung *f*; **6.** *Verwaltung*: Abteilung *f*; *chef m de* ~ Abteilungsleiter *m*, -vorsteher *m*; ~ *des recherches* Forschungsabteilung *f*; **7.** *Sport*: Spitzen-, Sonder-klasse *f*, Klasse *f*, Liga *f*; ~ *nationale* Ländermannschaft *f*; **~sionnaire** (~zjɔ'nɛ:r) **I** *a.* Divisions...; *inspecteur m* ~ Kreisinspektor *m*; *monnaie f* ~ Scheidemünze *f*; **II** *m* ⚔ Divisionsgeneral *m*.

divor|ce (di'vɔrs) *m* **1.** Ehescheidung *f*; *action f en* ~ Scheidungsklage *f*; *demande f en* ~ Scheidungsbegehren *n*; *faire* ~ sich scheiden lassen; **2.** Zwietracht *f*, Zerwürfnis *n*, Trennung *f*; *être en* ~ *avec q.* mit j-m überworfen sein; **~cer** (divɔr'se) [1k] *v/i.* (*d'avec q.*) sich scheiden lassen; *ils ont divorcé* sie haben sich scheiden lassen; (*homme*) *divorcé* Geschiedener *m*; (*femme*) *divorcée* Geschiedene *f*; *fig.* ~ *avec* brechen mit (*dat.*); **~ceur** (~'sœ:r) *su.* [7g] Person, die sich scheiden läßt; **~tialité** (~sjali'te) *f* Ehescheidungsindex *m*.

divul|gateur (divylga'tœ:r) *su.* [7f] Verbreiter *m*; **~gation** (~gɑ'sjɔ̃) *f* Verbreitung *f*; **~guer** (~'ge) [1m] **I** *v/t.* verbreiten, unter die Leute bringen; **II** *se* ~ bekannt werden; verlautbaren.

divulsion (divyl'sjɔ̃) *f* gewaltsame Zerreißung *f*.

dix I *a/n.c.* (1. *vor vo. od. stummem h*: [diz], *z.B. dix hommes* [di'zɔm] 2. *vor cons. od. h aspiré*: [di], *z.B. dix* [di] *garçons*; 3. *alleinstehend*: [dis], *z.B dix* [dis] *et dix font vingt*) zehn; *chapitre* ~ zehntes Kapitel *n*; *Louis* ~ (= Louis X) Ludwig der Zehnte; *le* ~ [dis *od.* di] *mars* am zehnten März; **II** *m* [*immer*: dis] Zehn *f*; Zehnte; ~ *de cœur* Herzen-Zehn *f*.

dix|-huit (di'zɥit) **I** *adj./n.c.* (*vor e-m cons.* di'zɥi) achtzehn; *Louis* ~ (= Louis XVIII) Ludwig der Achtzehnte; *page f* ~ Seite 18; **II** *m* (*immer*: di'zɥit; *der pl. ohne* s) Achtzehn *f*; *le* ~ *du mois* der Achtzehnte des Monats; **~-huitième** (~ɥi'tjɛm) **I** *a/n.o.* achtzehnter; **II** *su.* Achtzehnter; **III** *m* Achtzehntel *n*.

dixième (di'zjɛm) **I** *adj./n.o.* zehnter; zehntel; **II** *su.* Zehnter; **III** *m*: Zehntel *n*; **IV** *f* ♪ Dezime *f*.

dix|-neuf I *adj./n.c.* (diz'nœf, ~'nø *od.* ~'nœv) neunzehn; neunzehnter; *le* ~ *mai* der 19. Mai; **II** *m* (*immer*: ~'nœf; *pl. ohne* s) Neunzehn *f*; *le* ~ *du mois* der Neunzehnte des Monats; **~-neuvième** (~nœ'vjɛm) **I** *adj./n.o.* neunzehnter; neunzehntel; **II** *su.* Neunzehnter *m*; **III** *m* Neunzehntel *n*.

dix|-sept I *adj./n.c.* (di'sɛt, *vor cons.* di'sɛ) siebzehn; siebzehnter; *le ~ avril* der 17. April; **II** *m* (*immer* ~'sɛt; *pl. ohne* s) Siebzehn *f*; **~-septième** (~sɛ'tjɛm) **I** *adj./n.o.* siebzehnter; siebzehntel; **II** *su.* Siebzehnter *m*; **III** *m* Siebzehntel *n*.
dizain (di'zɛ̃) *m* Zehnzeiler *m*.
dizaine (di'zɛn) *f* **1.** Anzahl *f* von zehn; *une ~* etwa zehn; **2.** *arith.* Zehner *m*.
djebel *arab.* (dʒɛ'bɛl) *m* Berg *m*, [Gebirge *n*.]
djellaba (dʒɛla'ba) *f* lange Bluse *f* der Algerier u. Marokkaner.
djerme (dʒɛrm) *m* kleines ägyptisches Boot *n*.
djihad *arab.* (dʒi'ad) *m*: *le ~* der heilige Krieg.
djin(n) *arab.* (dʒin) *m* Dschinn *m* (*guter od. böser Geist*).
do ♪ (do) *m* [5a] *das* C; *~ dièse* Cis *n*.
doci|le (dɔ'sil) **I** *adj.* □ folgsam; gelehrig; empfänglich (*à* für *acc.*); **II** *su.* Gelehriger *m*; **~lité** (~li'te) *f* Folgsamkeit *f*; Gelehrigkeit *f*.
dock ⚓ (dɔk) *m* **1.** Dock *n*; *~ flottant* Schwimmdock *n*; *faire entrer aux ~s* eindocken; **2.** ⚓ Lagerhof *m*, Warenlager *n*; Kaischuppen *m*; **~er** (dɔ'kɛːr) *m* Dock-, Hafen-arbeiter *m*.
docte (dɔkt) **I** *adj.* □ gelehrt; **II** *m* Gelehrter *m*.
docteur (dɔk'tœːr) *m* **1.** Doktor *m*; *im Französischen stets hinter dem Namen*: *~ en droit* Doktor der Rechte, dr. jur.; *~ en médecine* (*ès lettres, ès sciences*) Doktor der Medizin, dr. med.; (der Philosophie, der Naturwissenschaften, dr. phil.); *prendre le grade de ~* promovieren, s-e Doktorprüfung (s-n Doktor) machen; **2.** *bibl.*: *~ de la loi* Schriftgelehrter; ♀ *de l'Eglise* Kirchenvater *m*; **3.** Arzt *m*, Doktor *m*.
doctissime *plais.* (dɔkti'sim) *adj.* hochgelahrt.
docto|ral (dɔktɔ'ral) *adj.* [5c] **1.** zur Doktorwürde gehörig, doktormäßig; *air ~* Doktormiene *f*; **2.** *iron.* pedantisch; *ton ~* Schulmeisterton *m*; **~rat** (~'ra) *m* Doktortitel *m*, -würde *f*, Promotion *f*; *passer son ~* promovieren, s-e Doktorprüfung (s-n Doktor) machen; **~resse** (~'rɛs) *f* Ärztin *f*.
doctri|naire (dɔktri'nɛːr) **I** *adj.* □ doktrinär; **II** *m* Doktrinär (*bsd.* politischer Parteigänger *m* der französischen Restauration [*1814 bis 1830*]); *allg.* Prinzipienreiter *m*; **~nal** (~'nal) *adj.* [5c] □ der Kirchendoktrin gemäß; **~narisme** (~na'rism) *m* Doktrinarismus *m*; *allg.* Prinzipienreiterei *f*; **~ne** (~'trin) *f* Doktrin *f*, Lehre *f*, Lehrgebäude *n*, philosophisches System *n*.
document (dɔky'mɑ̃) *m* Urkunde *f*, Dokument *n*, Papier *n*, Aktenstück *n*, Beleg *m*.
documen|taire (~mɑ̃'tɛːr) **1.** *adj.* urkundlich; *à titre ~* als Beleg; **2.** *m* Kultur-, Dokumentar-film *m*; **~tation** (~tɑ'sjɔ̃) *f* Dokumentieren *n*, Belegen *n*; Urkundenbeweis *m*, Beurkundung *f*; **~ter** (~'te) *v/t.* [1a] beurkunden, durch Urkunden belegen; *être très documenté sur qch.* über etw. gut Bescheid wissen; *se ~ sur qch.* Beweisstücke *n/pl.* (Belege *m/pl. od.* Unterlagen *f/pl.*) sammeln über (*acc.*).
dodéca|èdre (dɔdeka'ɛdrə) *m* (*a. adj.*) Zwölfflächner *m*; **~gone** (~'gɔn) *m* (*a. adj.*) Zwölfeck *n*.
dod(el)iner F (dɔdli'ne) *v/t. u. v/i.* [1a] einlullen; *~* (**de**) *la tête* langsam **mit** dem Kopfe wackeln.
dodo *enf.* (dɔ'do) *m* Baba *f*, Heia *f*, Bettchen *n*; *aller au ~* in die Heia gehen; *faire ~* Heia (*od.* Baba) machen; *mettre au ~* ins Bett bringen; *~, dodinette, ~, dodino!* eia, popeia.
dodu F (dɔ'dy) **I** *adj.* dick, fett; drall, wabbelig; **II** *su.* Dickwanst *m*.
dogmati|que (dɔgma'tik) **I** *adj.* □ **1.** dogmatisch, auf Lehr- *od.* Glaubens-sätze gestützt; **2.** *fig.* pedantisch, schulmeisterlich; *prendre un ton ~* schulmeistern; **II** *m* **3.** dogmatischer Teil *m*; **4.** Lehrstil *m*; **5.** Dogmatiker *m*; **III** *f* Dogmatik *f*, Glaubenslehre *f*; **~ser** (~'ze) *v/i.* [1a] **1.** Dogmen aufstellen; **2.** in e-m dogmatischen u. scharfen Tone sprechen, wettern; **~seur** *péj.* (~'zœːr) *m* schulmeisterlicher Typ *m*, Pedant *m*, Rechthaber *m*, Wortklauber *m*; **~sme** (~'tism) *m* Dogmatismus *m*; **~ste** (~'tist) *m* Anhänger *m* des Dogmatismus.
dogme (dɔgm) *m a. allg.* Lehre *f*, Dogma *n*.
do|gue (dɔg) *m* Dogge *f*; **~guin** (~'gɛ̃) *su.* [7] junge Dogge *f*.
doigt (dwa) *m* **1.** Finger *m*; Fingerbreite *f*, -dicke *f*; *fig. être à deux ~s de la faillite* unmittelbar vor

dem Bankrott stehen; *être à deux ~s de sa perte* s-m Untergange sehr nahe sein; ~ *indicateur* Zeigefinger *m*; ~ *du milieu* Mittelfinger *m*; (~) *annulaire* Ringfinger *m*; *petit* ~ *od.* ~ *auriculaire* kleiner Finger *m*; *bout m du* ~ Fingerspitze *f*; *mv.p. montrer q. du* (*od. au*) ~ mit Fingern auf j-n zeigen, über j-n öffentlich herziehen; *il s'en mordra les ~s* er wird es noch bitter bereuen; *mettre le* ~ *dessus* etw. erraten, den Nagel auf den Kopf treffen; *il se met le* ~ *dans l'œil* er läßt sich reinlegen, er läßt sich übers Ohr hauen; *obéir au* ~ *et à l'œil* aufs Wort gehorchen; *savoir qch. sur le bout du* ~ etw. ganz genau kennen; etw. fließend hersagen können; *être unis comme les* (*cinq*) *~s de la main* ein Herz und e-e Seele sein; *avoir de l'esprit jusqu'au bout des ~s* sehr intelligent sein; *ne faire œuvre de ses dix ~s* keinen Finger rühren; **2.** Bißchen *n*, Tröpfchen *n*; *boire un* ~ *de vin* ein Schlückchen Wein trinken; **3.** ~ (*du pied*) Zehe *f*; *le gros* ~ die große Zehe *f*; **4.** *zo.* Klaue *f*, Kralle *f*; **5.** ♪ *avoir des ~s* Fingerfertigkeit haben; **6.** *ch.* *~s pl.* Augensprossen *f/pl.* am Hirschgeweih.

doig|té ♪ (dwa'te) *m* Fingersatz *m*; *fig.* Takt(gefühl *n*) *m*, Fingerspitzengefühl *n*, Geschicklichkeit *f*; *il faut avoir un extrême* ~ *pour ménager la susceptibilité masculine* es bedarf e-s sehr großen Fingerspitzengefühls, um mit der männlichen Empfindlichkeit fertig zu werden; **~ter** (~) [1a] **I** *v/i.* den Fingersatz befolgen; **II** *v/t.* mit dem Fingersatze bezeichnen; **~tier** (~'tje) *m* Däumling *m*, Fingerling *m*.

doit † (dwa) *m* Soll *n*, Debet *n*, Passiva *n/pl.*; ~ *et avoir* Soll *n* und Haben *n*.

dol ⚖ (dɔl) *m* Betrug *m*, Arglist *f*.

doléances (dɔle'ɑ̃:s) *f/pl.* Klagen *f/pl.*, Beschwerden *f/pl.*

dolemment (dɔla'mɑ̃) *adv.* kläglich.

dolent (dɔ'lɑ̃) [7] **I** *adj.* wehklagend, kläglich, jämmerlich; kränklich; *parler d'une voix ~e* jammern, wimmern; **II** *su. faire le* ~ sich kläglich gebärden.

doler (dɔ'le) *v/t.* [1a] (*mit e-m Beil*) glätten; dünn schaben (*Gerberei*).

dolichocéphale 🕮 (dɔlikɔse'fal) **I** *adj.* langschädelig; **II** *m* Langschädel *m*.

dollar (dɔ'la:r) *m* Dollar *m*.

dolmen (dɔl'mɛn) *m* Dolmen *m* (*keltisches Großsteingrab*).

doloire (dɔ'lwa:r) *f* ⊕ Schneide-, Band-messer *n*; *charp.* Dünnbeil *n*; Mörtelrührschaufel *f*.

dolomie, dolomite *min.* (dɔlɔ'mi[t]) *f* Dolomit *m*, Kalkstein *m*.

domaine (dɔ'mɛn) *m* **1.** Besitzung *f*; (Ritter-, Erb-)Gut *n*, Landsitz *m*; **2.** ~ (*public*), ~ *de l'État* staatliche Domäne *f*; *~s pl.* Staats-güter *n/pl.*, -domänen *f/pl.*; ~ *de la couronne* Krongüter *n/pl.*; **3.** Domänenverwaltung *f*; **4.** *fig.* Gebiet *n*, Bereich *m od. n*; ~ *public* Gemeingut *n* literarischer *usw.* Werke; ⚖ *tomber dans le* ~ *public* freiwerden (*Kunstwerke*); *dans le* ~ *de la littérature française* auf dem Gebiet der französischen Literatur; *des découvertes sur le* ~ *de l'électricité* Entdeckungen auf dem Gebiete der Elektrizität; ~ *aérien* Luftraum *m*; *être du* ~ *de q.* in j-s Gebiet *od.* Fach schlagen.

domanial (dɔma'njal) *adj.* [5c] Domänen..., Staats...

dôme (do:m) *m* **1.** Kuppel *f*; *le* ~ *du Panthéon* die Kuppel *f* des Pantheons; *le* ~ *des Invalides* der Invalidendom *m*; ~ *des cieux* Himmelsgewölbe *n*; ~ *de verdure* Laubdach *n*; **2.** Dom *m* (*in gewissen Ländern, wie Italien usw.*; *sonst cathédrale*); *le* ~ *de Milan* der Mailänder Dom *m*; *le* ~ *de Saint-Pierre de Rome* der St.-Peters-Dom *m*; **3.** ⊕ Deckel *m*, Haube *f*; ~ *de protection* Schutzhaube *f* für Maschinen (*Luftschutzbau*); ~ *de prise de vapeur* Dampfdom *m*.

domesti|cation (dɔmɛstika'sjɔ̃) *f* Zähmung *f*; **~cité** (~si'te) *f* **1.** Hausangestelltenverhältnis *n*; **2.** Dienerschaft *f*, Gesinde *n*; **3.** gezähmter Zustand *m* der Haustiere; **~que** (~'tik) **I** *adj.* □ **1.** häuslich; Haus...; *affaires f/pl. ~s* häusliche (*od.* Familien-)Angelegenheiten *f/pl.*; *roman m* ~ Familienroman *m*; **2.** im Innern des Landes, inner; *guerre f* ~ Bürgerkrieg *m*; **3.** zahm; *animal* ~ Haustier *n*; **4.** *état m* ~ Stellung *f* e-s Dieners; **II** *m* **5.** Diener *m*, Bedienter *m*; ~ *à tout faire* Dienstbote *m* für alles; *les ~s* die Dienerschaft *f*; **6.** Gesinde *n*,

Dienerschaft *f*; Personal *n*; *avoir un nombreux* ~ e-e zahlreiche Dienerschaft haben; **III** *f* Dienstmädchen *n*; Dienerin *f*; Magd *f*; **~quer** (~ti'ke) *v/t.* [1m] zähmen; *fig.* se ~ zahm werden.

domicile (dɔmi'sil) *m* **1.** Wohn-ort *m*, -sitz *m*, Wohnung *f*, Haus *n*, Heim *n*; *changement m de* ~ Wohnungswechsel *m*; ⚖ *droit m de* ~ Wohnrecht *n*, Niederlassungsrecht *n*; *élire* ~, *établir son* ~ sich ansässig machen; *travail m à* ~ Heimarbeit *f*; *violation f de* ~ Hausfriedensbruch *m*; *sans* ~ wohnungslos; **2.** *astrol.* Haus *n* e-s Planeten.

domici|liaire (dɔmisi'ljɛ:r) *adj.*: *visite f* ~ Haussuchung *f*; **~liation** (~lja'sjɔ̃) *f* ⚕ Domizilierung *f*; Adressenangabe *f* (*bei Annoncen*); **~lié** (~'lje) *adj.* ansässig, wohnhaft; **~lier** (~) *v/t.* [1a] **1.** ansiedeln; **2.** ⚕ ~ *une lettre de change* e-n Wechsel domizilieren.

dominant (dɔmi'nɑ̃) *adj.* [7] vorherrschend, vorwiegend, Haupt..., Grund...; *idée f* ~*e* Grundgedanke *m*; **~e** (~'nɑ̃:nt) *f* ♪ Dominante *f*; *gr.* vorherrschender Vokal *m* in e-m Diphthong.

domina|teur (~na'tœ:r) [7f] **I** *adj.* herrschend; herrschsüchtig; **II** *su.* Beherrscher *m*; **~tion** (~nɑ'sjɔ̃) *f* (Ober-)Herrschaft *f*; *ranger sous sa* ~ unter s-e Herrschaft (*od.* Botmäßigkeit) bringen; *usurper la* ~ die Herrschaft an sich reißen.

dominer (dɔmi'ne) [1a] **I** *v/t.* beherrschen; überragen; übertönen; *fig. il domine son sujet* er beherrscht sein Thema; ~ *ses passions* s-e Leidenschaften bezwingen (*od.* in Schach halten); ~ *la situation* Herr der Lage sein, die Situation meistern; **II** *v/i.* ~ *sur* herrschen, *fig.* hervorragen über (*acc.*); *fig.* vorherrschen; *le poivre domine dans cette sauce* diese Soße ist stark gepfeffert; **III** *v/rfl. fig. savoir se* ~ sich beherrschen können.

dominical (dɔmini'kal) *adj.* [5c]: *oraison f* ~*e* Vaterunser *n*; *repos m* ~ Sonntagsruhe *f*.

domino (dɔmi'no) *m* Domino *m* (*Maskenkostüm*; *Person*); Dominospiel *n*, -stein *m*; *jouer aux* ~*s* Domino spielen; **~terie** (~nɔ'tri) *f* Bilderbogen *m*, bemaltes *od.* buntes Papier *n*; **~tier** (~nɔ'tje) *m* wilder Pflaumenbaum *m*.

domma|ge (dɔ'ma:ʒ) *m* **1.** Schaden *m*; Beschädigung *f*; Einbuße *f*, Verlust *m*; Nachteil *m*; *causer du* ~, *porter* ~ Schaden anrichten; *éprouver du* ~ Schaden leiden (*od.* nehmen); *c'est* ~ das ist schade (de um; *que mit subj.*); *c'est grand* ~ es ist jammerschade; *quel* ~*!* wie schade!; ~ *matériel*, ~ *causé aux biens od. à des biens* Sachschaden *m*; ~*s pl. de guerre* Kriegsschäden *m/pl.*; **2.** ⚖ ~*s et intérêts, dommages-intérêts* Schadensersatz *m*; **~geable** (~'ʒablə) *adj.* □ nachteilig, schädlich.

domp|table (dɔ̃'tablə) *adj.* zähmbar; ⚔ besiegbar, bezwingbar; **~tage, ~tement** (~'ta:ʒ, ~t'mɑ̃) *m* Bändigung *f*, Zähmung *f*; ⚔ Niederwerfung *f*; **~ter** (~'te) *v/t.* [1a] (be)zähmen, bändigen; ⚔ be-, nieder-zwingen, niederwerfen; **~teur** (~'tœ:r) *su.* [7g] Dompteur *m*.

don (dɔ̃) *m* **1.** *a. éc.* Schenkung *f*; Gabe *f*, Geschenk *n*; *faire* ~ *de qch.* etw. spenden; ~ *en nature* Sachspende *f*; ~*s pl. de la fortune* Glücksgüter *n/pl.*; **2.** *fig.* Gabe *f*, Talent *n*, Anlage *f*, Fähigkeit *f*; ~ *de la parole* Rednergabe *f*; **3.** *rl.* milde Gabe *f*, Spende *f*.

dona|taire (dɔna'tɛ:r) *su.* Beschenkter *m*; **~teur** (~'tœ:r) *su.* [7f] Schenker *m*; **~tion** (~nɑ'sjɔ̃) *f* Schenkung(surkunde *f*) *f*; *faire une* ~ etw. stiften.

donc (*in der Mitte des Satzes vor vo.*: dɔ̃:k, *vor cons.*: dɔ̃; *zu Anfang des Satzes*: dɔ̃:k, *am Ende des Satzes*: dɔ̃) *cj.* **1.** also, daher, demnach, folglich; *je pense,* ~ *je suis*, ich denke, also bin ich (*Ausspruch von Descartes*); **2.** *beim impér.* doch; *répondez* ~*!* antworten Sie doch!; *allons* ~ [dɔ̃]*!* nun schlägt's aber dreizehn!; da hört doch alles auf!; nun mach' (machen Sie) mal 'nen Punkt!; das ist ja kaum zu glauben!; *dites* ~ ['ditdɔ̃] sagen Sie mal!; *dis* ~ ['disdɔ̃] sag' mal!; *viens* ~ komm' doch!; **3.** *in Fragen*: denn, also; *il est* ~ *bien décidé?* er ist also fest entschlossen?; *pourquoi* ~*?* warum denn?; *que veut-il* ~*?* was will er denn?

dondon F (dɔ̃'dɔ̃) **I** *f* F *fig.* Berolina *f*, *fig.* Kanone *f*, Walze *f*, Dralle *f*, Fette *f* (*dicke Frau*); **II** *int. im Kehr-*

reim von Volksliedern: *dondaine*, ~ *etwa*: valleri, vallera; trallali, trallala.
donjon (dɔ̃'ʒɔ̃) *m* Schloßturm *m*.
donjuanesque (dɔ̃ʒɥa'nɛsk) *adj.* leichtsinnig.
donnant (dɔ'nɑ̃) *adj.* [7] freigebig; ~ ~ e-e Hand wäscht die andere; *drohend*: wie du mir, so ich dir; Wurscht wider Wurscht.
donne (dɔn) *f* (Karten-)Geben *n*; *à qui la* ~? wer gibt?; *faire fausse* ~ die Karten falsch geben.
donnée (dɔ'ne) *f* **1.** ⅍ Gegebenes *n*, bekannte Größe *f*; **2.** Grundgedanke *m*, Vorwurf *m* e-s Werkes; **3.** ~*s pl.* gegebene Tatsachen *f/pl.*; ~*s pl. chronologiques* Daten *n/pl.*
donner (dɔ'ne) [1a] **I** *v/t.* **1.** geben; schenken; P ~ *q.* j-n verpfeifen P, j-n denunzieren, j-n verraten; ~ *à pleines mains* mit vollen Händen geben; ~ *l'aumône* Almosen geben; ~ *l'hospitalité à q.* j-n gastlich aufnehmen; ~ *sa parole à q.* j-m sein Wort geben; *il donnerait jusqu'à sa chemise* er würde sein letztes Hab und Gut (*od.* sein letztes Hemd) hergeben; F *iron. vous me la donnez belle od. bonne* Sie spaßen wohl!; Sie machen wohl Scherze!; ~ *à rire* Anlaß zum Lachen geben; ~ *à entendre* zu verstehen geben, durchblicken lassen; ~ *pour bon* garantieren; *Tennis*: ~ *le service* den Aufschlag geben; F *je vous le donne en cent* (*od. en mille*) ich wette mit Ihnen hundert gegen eins, daß Sie das nicht erraten (*od.* machen können); das werden Sie ganz bestimmt nicht erraten!; **2.** verschaffen; **3.** verursachen, machen; mitteilen, übertragen; hervorbringen, erzeugen; einflößen; ~ *l'alarme* Lärm schlagen; ~ *de l'appétit* Appetit machen; ~ *du chagrin* Kummer machen; ~ *du courage à q.* j-m Mut machen (*od.* einflößen); j-m gut zureden; ~ *du dégoût à q.* j-n anekeln (*od.* anwidern); *cela lui a donné la fièvre* davon hat er Fieber bekommen; ~ *lieu à qch.* Anlaß zu etw. (*dat.*) geben; ~ *la chasse à* Jagd machen auf (*acc.*); ~ *de la peine* (*od. du mal*) *à q.* j-m Mühe verursachen (*od. häufiger*: machen); **4.** widmen, hingeben; **5.** übergeben, aushändigen; ~ *quittance* quittieren; ~ *avis* avisieren; **6.** zuteilen, erteilen; zuschreiben, beilegen; *quel âge lui donne-t-on?* wie alt schätzt man ihn (sie *sg.*)?; ~ *droit à q.* j-n berechtigen; **7.** ~ *q.* (*qch.*) *pour* j-n (etw.) ausgeben für (*acc.*); **8.** liefern, beibringen, beschaffen; bringen, tragen; versorgen, versehen; von sich geben, zeigen; ~ *son assentiment* einwilligen, zustimmen; ~ *des louanges* Lob spenden; ~ *de ses nouvelles* von sich hören lassen, Nachricht geben; ~ *des preuves* Beweise liefern; *le vent nous donne de la pluie* der Wind bringt uns Regen; *cet arbre donne beaucoup* dieser Baum trägt (*od.* bringt) viel; **9.** reichen; ~ *le bras à q.* j-m den Arm reichen; ~ *la main* die Hand reichen; *fig.* unterstützen; **10.** veranstalten; **11.** aufführen; **12.** gestatten, gewähren; ~ *audience* Gehör geben; ~ *la parole à q.* j-m das Wort erteilen; ~ *le choix* freie Wahl lassen; ~ *passage* freien Durchgang gestatten; **13.** ~ *à...* überlassen; ~ *au hasard* dem Zufalle überlassen; **14.** betiteln; ~ *de l'excellence à q.* j-n mit „Exzellenz" betiteln (*od.* ansprechen); **15.** auseinandersetzen, aussprechen; ~ *ses raisons* s-e Gründe darlegen; **16.** aufgeben, vorschreiben; festsetzen, bestimmen; ~ *son congé*, ~ *ses huit jours à q.* j-m kündigen; *je lui ai donné jour le lundi* ich habe ihn für Montag bestellt; ⚔ ~ *le mot d'ordre* die Parole ausgeben; ♪ *u. fig. donner le ton* den Ton angeben; ~ *un pensum* (*od. une punition*) e-e Strafarbeit aufgeben; *étant donné que ...* da es feststeht (*od.* da man weiß), daß ...; *oft einfach nur*: da...; **17.** versetzen; ~ *des coups à q.* j-n schlagen, j-m Schläge (*od.* Hiebe) versetzen; *fig.* ~ *un coup de patte à q.* über j-n herziehen, j-n scharf kritisieren, j-n heruntermachen; ~ *un coup de poing à q.* j-m e-n Faustschlag versetzen; ~ *la question à q.* j-n auf die Folter spannen; **18.** *gr.* bilden; **19.** Karten austeilen (*im Spiel*); *mal* ~ sich vergeben, falsch *od.* zuviel geben; **20.** ausfertigen; *donné à Dijon le 18 mai 1957* gegeben zu Dijon am 18. Mai 1957; **21.** ~ *à fond* ankern; ~ *une remorque à un vaisseau* ein Schiff bugsieren; **II** *v/i.* **22.** ~ *à* irgendwohin geraten *od.* kommen; ⚓, ✈ ~ *à la côte*

stranden; ~ *à gauche* *bsd. pol.* zur gegnerischen Partei halten; ~ *à tout* sich mit allem möglichen befassen; *le vent donne au visage* der Wind weht (*od.* bläst) ins Gesicht; ~ *au but* das Ziel treffen; *fig.* den Nagel auf den Kopf treffen, *fig.* den Haken e-r Sache herausfinden, j-s Absicht durchschauen; ~ *contre* rennen (*od.* stoßen) gegen (*acc.*); ~ *dans*: a) geraten auf *od.* in (*acc.*); *fig.* verfallen auf *od.* in; sich hingeben (*dat.*); F ~ *dans qch. fig.* auf etw. hereinfallen, blind an etw. glauben; ~ *dans la dévotion* sich der Frömmelei ergeben; ~ *dans le panneau* (*od. dans le piège*) in die Falle geraten, sich anführen lassen; b) sich stürzen auf (*acc.*); ~ *tête baissée dans* sich blindlings stürzen auf; ~ *dans le luxe* sich dem ~ Luxus hingeben, dem Luxus frönen; c) ~ *dans la vue* blenden (*von der Sonne*); d) *la chambre donne dans la cour* das Zimmer geht auf den Hof hinaus; ~ *dans deux rues* nach zwei Straßen Ausgänge haben; ~ *de*: ~ *de la tête contre un mur* mit dem Kopf gegen e-e Mauer stoßen; *fig.* mit dem Kopf gegen die Wand rennen; *il ne sait où* ~ *de la tête* er weiß nicht, wo ihm der Kopf steht; ~ *du pied dans le derrière de q.* j-m e-n Tritt in den Hintern geben; ~ *dedans* in die Falle gehen, auf den Leim reinfallen, sich anführen lassen; ~ *sur*: a) ~ *sur le jardin* e-n Ausgang zum Garten haben (*Tür*); zum Garten hin liegen *od.* hinausgehen (*Fenster*); b) ⚓ ~ *sur un banc de sable* auf e-e Sandbank auffahren; c) *fig.* ~ *sur q.* über j-n herziehen; ~ *au travers de* mitten hineingeraten in (*acc.*); **23.** ⚒ ergiebig sein; (gut) geraten; **24.** ~ *sur l'ennemi* gegen den Feind vorrücken (*od.* losstürmen); **25.** *Auto usw.*: *le moteur donne* der Motor springt an; **III** *v/rfl.* **26.** *se* ~ einander (etw.) geben; *se* ~ *le bras* sich unterfassen, Arm in Arm gehen; *se* ~ *la main* sich die Hand reichen; **27.** *se* ~ *à* sich widmen (*dat.*); *se* ~ *tout entier à q.* sich j-m ganz hingeben; **28.** gegeben werden; *thé.* aufgeführt werden; geliefert werden (*Schlacht*); *ce mal se donne* diese Krankheit ist ansteckend; **29.** *se* ~ *pour* sich ausgeben als (*acc.*); **30.** *se* ~ *de la peine, se* ~ *du mal de faire qch.* sich bemühen (*od.* sich Mühe geben), etw. zu tun; *donnez-vous la peine d'entrer* bitte, treten Sie näher!; bitte, bemühen Sie sich herein!; *donnez-vous la peine de vous asseoir* bitte, nehmen Sie freundlichst Platz!; *ne pas se* ~ *de coups de pied* selbstgefällig sein; *se* ~ *des airs* vornehm tun, angeben F (*abs.*); *se* ~ *des airs de savant* so tun, als sei man ein Gelehrter; den Gelehrten spielen; *se* ~ *garde de* ... (*inf.*) sich davor hüten, zu ...; *se* ~ *du bon temps* ein bequemes Leben führen; *se* ~ *le mot pour* ... (*inf.*) sich von vornherein (über etw. *acc.*) verabreden; *se* ~ *les violons de qch.* sich allein den Erfolg bei etw. zuschreiben.

donneur (dɔ'nœ:r) *su.* [7g] **1.** Geber *m*; ⚕ ~ *de sang* Blutspender *m*; **2.** ✝ ~ *d'aval* Wechselbürge *m*; ~ *d'ordre* Auftraggeber *m*; Wechselaussteller *m*; **3.** P Verräter *m*.

don-quichottisme (dɔ̃kiʃɔ'tism) *m* Donquichotterie *f*, Abenteuerlichkeit *f*, prahlerisches Auftreten *n*.

dont (dɔ̃) *gén. des pr./r. sg. u. pl.* **1.** (*bezieht sich sowohl auf Personen als auch auf Sachen, verlangt stets den Artikel vor dem Substantiv, auf das es sich bezieht, hat nach sich die gleiche Wortfolge wie im Hauptsatz und steht heute mst. für älteres de qui, duquel, de laquelle, desquels, desquelles*) dessen, deren, von (mit, aus) welchem, welcher, welchen; *voilà la personne* ~ *je vous ai parlé* das ist die Person, von der ich (zu) Ihnen gesprochen habe; *l'enfant* ~ *les parents sont toujours malades est malheureux* das Kind, dessen Eltern immer krank sind, ist unglücklich; *la maison* ~ *le toit est démoli* ... das Haus, dessen Dach völlig beschädigt ist, ...; *c'est un malheur* ~ *je ne prévois pas le terme* das ist ein Unglück, dessen Ende ich nicht voraussehe; *la manière* ~ *il le fit* die Art, wie er es tat; ⚖ ~ *acte délivré en brevet à Lausanne ce six juillet* zu Urkund dessen in Lausanne, heute, den 6. Juli; **2.** *ce* ~ (*nur von Sachen gebraucht*; *steht für ce de quoi*) womit, woraus, worüber, wovon; *ce* ~ *je parle* das, worüber ich spreche; *voilà ce* ~ *il s'agit* darum handelt es sich.

donte (dɔ̃:t) *f* Bauch *m* der Laute.

donzelle *mv.p.* (dɔ̃'zɛl) *f* Fose *f* V.
doper *Sport* (dɔ'pe) [1a] **I** *v/a.* dopen; **II** *v/rfl. fig.* se ~ sich aufpeitschen.
doping *Sport* (dɔ'piŋ) *m* Aufpeitschungsmittel *n.* [Goldfisch *m.*]
dorade *icht.* (dɔ'rad) *f*: ~ (*chinoise*)
doré (dɔ're) **I** *m* Vergoldung *f*; goldgelbe Farbe *f*; F Glückspilz *m*; **II** *adj.* vergoldet, golden, Gold...; *fig.* goldgelb, goldig; *jeunesse dorée* **1.** *hist.* reaktionäre Jugend *f*, vornehme junge Leute *pl.* (*Franz. Revolution*); **2.** vergnügungssüchtige, reiche Großstadtjugend *f.*
dorénavant (dɔrena'vɑ̃) *adv.* künftig, von jetzt ab, in Zukunft.
dorer (dɔ're) [1a] *v/t.* **1.** vergolden; ~ *à la pile* galvanisch vergolden; ~ *au feu* im Feuer vergolden; **2.** *fig.* erträglich(er) machen (*à q.* j-m gegenüber); ~ *la pilule à q.* j-m gegenüber etw. Unangenehmes schmackhaft machen; **3.** *cuis.* ~ *la pâte* den Teig mit Eigelb *od.* Zucker bestreichen. [jetzt.]
d'ores (dɔ:r) *adv.*: ~ *et déjà* schon
dorique ⚠ (dɔ'rik) *adj.* dorisch.
dorlot|ement (dɔrlɔt'mɑ̃) *m* Verhätschelung *f*; **~er** (~'te) *v/t.* [1a] verhätscheln, verwöhnen.
dor|mant (dɔr'mɑ̃) **I** *adj.* [7] **1.** schlafend; *fig. la Belle au bois* ~ Dornröschen *n*; **2.** *fig.* stehend, unbeweglich; *eau f* ~*e* stehendes Wasser *n*; *torpille* ~*e* auf dem Meeresgrunde ruhender Torpedo *m*; **II** *m* **3.** Schläfer *m*: *rl. les sept* ~*s* die Siebenschläfer *m/pl.*; **4.** ~ *de table* Tafelaufsatz *m*; **5.** ~ *de fenêtre* (*de porte*) Fenster-, Türfutter *n*; **6.** ⚓ ~ *du cordage*, ~ *d'une manœuvre* stehender Teil *m* e-s Tauwerkes; **~meur** (~'mœ:r) [7g] **I** *adj.* schläfrig; **II** *su.* Langschläfer *m*; **~meuse** (~'mø:z) *f* **1.** Langschläferin *f*; **2.** *ehm.* bequemer Reisewagen *m*; **3.** bequemer Schlafsessel *m*; **4.** feiner Ohrring *m.*
dor|mir (dɔr'mi:r) [2b] **I** *v/i.* **1.** schlafen; *je n'ai pas dormi toute la nuit* ich habe die ganze Nacht nicht geschlafen; *conte m à* ~ *debout* unwahrscheinliche Geschichte *f*; Geschichte *f* zum Einschlafen; ~ *à la belle étoile* unter freiem Himmel (*od.* bei Mutter Grün P) schlafen; ~ *comme une brute* (*comme un loir, comme une marmote, comme un sabot, comme une souche, à poings fermés*) wie ein Murmeltier (wie e-e Ratte, wie ein Bär) schlafen; ~ *du sommeil du juste* den Schlaf des Gerechten schlafen; *fig. ne* ~ *que d'un œil* sehr wachsam (*od.* mißtrauisch) sein; *il n'en dort pas* er kann darüber nicht schlafen; *il faut* ~ *là-dessus* man muß es erst mal beschlafen; **2.** *fig.* ruhen, liegen; stillstehen, sich nicht bewegen; *la toupie* (*le toton*) *dort* der Spielkreisel steht (indem er sich dreht); **II** *v/t.* ~ *un bon somme* sich gut ausschlafen; ~ *son content* sich richtig ausschlafen; **~mitif** (~mi'tif) *adj.* [7e] *u. m* einschläfernd (-es Mittel *n*); Schlafmittel *n.*
doroir (dɔ'rwa:r) *m* Vergolde-, *Bäckerei*: Streich-pinsel *m.*
dorsal (dɔr'sal) [5c] **I** *adj. u. su. anat.* Rücken...; *épine f* ~*e* Rückgrat *n*; ⚕ *consomption f* ~*e* Rückenmarksschwindsucht *f*; *zo.* (*nageoire f*) ~*e* Rückenflosse *f*; **II** *m* [5c] Rückenfallschirm *m.*
dortoir (dɔr'twa:r) *m* Schlafsaal *m.*
dorure (dɔ'ry:r) *f* **1.** Vergoldung *f*, Vergolden *n*; *fig.* Trug *m*; ~*s pl.* Goldsachen *f/pl.*; **2.** *cuis.* Bestreichen *n* mit Eigelb.
doryphore *ent.* (dɔri'fɔ:r) *m* Kartoffel-, Kolorado-käfer *m.*
dos (do) *m* **1.** Rücken *m*; Buckel *m*; *avoir bon* ~ *fig.* e-n breiten Rücken (*od.* ein dickes Fell) haben; manchen Hieb vertragen können; *le* ~ *lui démange* ihm juckt das Fell; *se mettre q. à* ~ sich mit j-m verkrachen, sich j-n zum Feinde machen; ~ *à* ~ Rücken an Rücken; *et de là à* ~ *d'âne ou de mulet* und von dort mit dem Esel oder Maulesel; *faire le gros* ~ e-n Buckel *m* machen (*Katze*); *renvoyer* ~ *à* ~ keinem recht geben; abweisen, abblitzen lassen F; F *scier le* ~ in den Ohren liegen; *mettre qch. sur le* ~ *de q.* j-m etw. aufhalsen; *dire du mal de q. derrière son* ~ j-n hinter s-m Rücken schlecht machen; *se laisser manger la laine sur le* ~ sich die Butter vom Brot nehmen lassen; sich das Fell über die Ohren ziehen lassen; F *en avoir plein le* ~ etw. satt haben, von etw. genug haben; **2.** Rückseite *f*; ~ *d'une chaise* Lehne *f* e-s Stuhls; *chaise f* (*od.* *siège m*) *à* ~ Lehnstuhl *m*; ~ *d'un couteau* Messerrücken *m*; ~ *d'un livre* Buchrücken *m*; ~ *de la main* Handrücken *m*; F *ne pas y*

aller avec le ~ de la cuiller rücksichtslos vorgehen; **3.** ⚒ ~ *d'un sillon* Aufhäufung *f* e-r Furche; **4.** ⚠ ~ *d'âne* Satteldach *n*; Rangierberg *m*; Abhang *m*; *en* ~ *d'âne* abschüssig.

dos|able (do'zablə) *adj.* dosierbar; **~age** (~'za:ʒ) *m* **1.** ⚗, *a. fig.* Dosierung *f*; Gewichtsbestimmung *f*; *bét.* Mischungsverhältnis *n*; *phm.* Bestimmen *n* der Dosis; **2.** Zubereitung *f* (*z.B. des Tees*); **~e** (do:z) *f* Dosis *f*; Menge *f*; *fig.* Maß *n*; *fig. avoir une forte* ~ *d'orgueil* e-e ganz schöne Portion Stolz besitzen; *une bonne* ~ *d'assurance* ein großer Prozentsatz Sicherheit; **~er** (do'ze) *v/t.* [1a] *a.fig.* dosieren; die richtige Dosis geben *od.* bestimmen; **~eur** ⊕ (~'zœ:r) *m* Meßapparat *m*; ~ *d'air* Anlaßdüse *f*; **~imètre** *a. at.* (~zi'mɛ:trə) *m* Dosimeter *n*.

dosse *charp.*, ⚠ (do:s) *f* Schalbrett *n*.

dossier (do'sje) *m* **1.** Rückenlehne *f*, Rück-seite *f*, -wand *f*; ~ *rembourré* Rückenpolster *n*; **2.** *a. Auto*: Innere *n*, Wageninnere *n*; **3.** ⚓ bewegliche Rückenlehne *f e-s Bootes*; Kopfbrett *n am Bett*; **4.** Sammelmappe *f*; Aktenstück *n*, Vorgang *m*, Aktenbündel *n*, Strafregister *n*, Vorstrafen *f/pl.*; ~ *personnel* Personalakten *pl.*; *les pièces du* ~ die Aktenstücke *n/pl.*; *joindre au* ~ zu den Akten legen; **5.** ~ *suspendu* Hängerollkorb *m* (*für Büros*); **~-classeur** (~kla'sœ:r) *m* [6a] Schnellhefter *m*.

dossière (do'sjɛ:r) *f* Rückenriemen *m* am Pferdegeschirr.

dot (dɔt) *f* **1.** Aussteuer *f*, Mitgift *f*, Brautschatz *m*; *allg.* Heiratsgut *n* (*a. des Mannes*); **2.** ⚔ ~ *réglementaire* Kommißausrüstung *f*; **3.** ~ *d'une religieuse* Mitgabe *f* e-r Nonne; **~al** ⚖ (~'tal) *adj.* [5c] zur Aussteuer (zum Heiratsgut) gehörend; *régime m* ~ Ausschluß *m* der Gütergemeinschaft.

dotation (dɔtɑ'sjɔ̃) *f* **1.** Ausstattung *f* mit Einkünften, Schenkung *f*; **2.** Dotation *f*, zugewiesene Einkünfte *f/pl.*; Majoratsgut *n*; **3.** ⚔, ⊕ Ausstattung *f*; **4.** *fin.* Zuweisung *f*.

doter (dɔ'te) *v/t.* [1a] **1.** ~ *q.* j-n aus-statten *od.* -steuern; **2.** mit Einkünften versehen; beschenken; **3.** *fig.* begaben, *a.* ⚔, ⊕ ausstatten.

douairière (dwɛ'rjɛ:r) **I** *f* Witwe *f* vom Stand; vornehme alte Dame *f*; **II** *adj./f reine* ~ Königinwitwe *f*.

doua|ne (dwan) *f* **1.** (*droit m de*) ~ Zoll *m*; *déclaration f en* ~ Zollinhaltserklärung *f*; ~ *à l'entrée* Einfuhrzoll *m*; *frais m/pl. de* ~ Zollgebühr *f*; *soumis aux droits de* ~ zollpflichtig; **2.** Zollverwaltung *f*; (Grenz-)Zollamt *n*; **~ner** (dwa'ne) *v/t.* [1a] auf dem Zollamt plombieren; **~nier** (~'nje) **I** *m* Zolleinnehmer *m*, -beamter *m*, Grenzaufseher *m*; **II** *adj.* [7b] Zoll...; *barrière f douanière* Zollschranke *f*; *tarif m* ~ Zolltarif *m*; *association f* ~ Zoll-verein *m*, -verband *m*.

douar (dwa:r) *m* Beduinendorf *n*.

doubat (du'ba) *m* farbiger Soldat *m* Ostafrikas.

doublage ⊕ (du'bla:ʒ) *m* Verdoppelung *f*; Fütterung *f*; *cin.* Synchronisierung *f*; *cin.* Ersetzung durch ein Double; ~ *de cuivre* Kupferbeschlag *m*.

double ('dublə) **I** *adj.* □ **1.** doppelt, zweifach; Doppel...; ⚖ *en* ~ *expédition* in doppelter Ausführung; *en* ~ (*copie*) abschriftlich; *avoir qch. en* ~ etw. doppelt haben; *clef f* (*od. clé f*) *en* ~ Nach-, Nebenschlüssel *m*; *faire coup* ~: a) *ch.* e-n Doppeltreffer machen, mit einem Schuß zwei Tiere treffen; b) *fig.* zwei Fliegen mit einer Klappe schlagen; ⚘ *fleur f* ~ gefüllte Blume *f*; *à* ~ *fond* mit doppeltem Boden *m*; ~ *menton m* Doppel-, Unter-kinn *n*; ~ *sens m* Doppelsinn *m*; *à* ~ *sens* zweideutig; **2.** *fig.* doppelt (stark); vorzüglich; Haupt-..., Erz...; ~ *bière f* Doppelbier *n*; ~ *fripon m* Erzschurke *m*; **3.** *fig.* doppelzüngig, gleisnerisch, falsch; *mv.p. homme m à* ~ *face* Mensch *m* mit e-m doppelten Gesicht, Heuchler *m*, Scheinheiliger *m*, Achselträger *m*; **4.** ♪ ~ *croche f* Sechzehntelnote *f*; **II** *adv.* **5.** doppelt; *voir* ~ doppelt sehen; **III** *m* **6.** *das* Doppelte; *rendre au* ~ doppelt vergelten; **7.** Dublette *f*; Doppel *n*; Duplikat *n*, Durchschlag *m* (*in Maschinenschrift*); ✝ ~ *de commission* Orderkopie *f*; *prendre le* ~ *de* ... e-e Kopie *f* machen von ...; **8.** *Tennis*: Doppel(spiel) *n*; ~ *dames* Damen-Doppel *n*; ~ *messieurs* Herren-Doppel *n*; ~ *mixte* gemischtes Doppel *n*; **9.** Doppelgänger *m*;

10. *thé.*, *cin.* Doppelspieler *m*, Stellvertreter *m in e-r Rolle*.

dou|blé (du'ble) **I** *m* **1.** ⊕ Dublee *n*, Plattierung *f mit Gold oder Silber*, plattierte Ware *f*, Talmigold *n*; **2.** *ch.* Dublette *f*, Doppeltreffer *m*; *faire un ~ de canards* zwei Enten hintereinander abschießen; **3.** ✈ Doppelabschuß *m*, doppelter Luftsieg *m*; **II** *adj. a.* ⚘ gefüllt; **~bleau** ⚠ (~'blo) *m* [5b] Doppelbalken *m*; **~blement** (~blə'mɑ̃) *m* Verdoppelung *f*; *Straßenverkehr*: Überholen *n*.

doubler (du'ble) [1a] **I** *v/t.* **1.** verdoppeln; (doppelt) zusammenlegen; *écol.* ~ *une classe* sitzenbleiben; ~ *le pas* schneller gehen; *il était un critique doublé d'un psychologue* er war ein Kritiker und Psychologe zugleich; ~ *q. par q.* j-n durch j-n ersetzen; **2.** *cin.* synchronisieren; **3.** *a.* ⊕ füttern; auskleiden; ~ *de soie* mit Seide füttern; ~ *en fer* mit Eisen beschlagen; **4.** plattieren; **5.** ⚔ ~ *les rangs* die Reihen verdoppeln; **6.** ⚓ ~ *un cap* ein Vorgebirge umsegeln; ~ *un autre navire* ein Schiff überholen; *a. Auto*: ~ *une voiture* e-n Wagen überholen; **II** *v/i.* sich verdoppeln; *Preis*: um das Doppelte steigen.

doublet (du'blɛ) *m* **1.** falscher Edelstein *m*; **2.** *gr.* Dublette *f*.

doublier ⚘ (dubli'e) *m* Doppelraufe *f*, zweiseitige Heuraufe *f*.

doubleur ⊕ (du'blœ:r) **I** *m* Elektrizitätssammler *m*; (Frequenz-)Verdoppler *m*; *text.* Lappingmaschine *f*, Bandvereinigungsmaschine *f*; **II** *su.* [7g] *text.* Zwirner *m*.

doublure (du'bly:r) *f* **1.** ⊕ Futter *n*, Unterfutter *n*; Verkleidung *f*; **2.** *thé.* Stellvertreter *m*, Doppelspieler *m*; Lückenbüßer *m*; *cin.* Double *n*; *allg.* Doppelgänger *m*.

douce-amère ⚘ (dusa'mɛ:r) *f* [6a] Bittersüß *n*.

douceâtre (du'sɑ:trə) *adj. a. fig.* fade, süßlich.

douce|ment (dus'mɑ̃) *adv.* langsam, behutsam; leise, sachte; heimlich; ruhig, friedlich, gelassen; gütig; menschlich; gemächlich, behaglich; *tout* ~ so leidlich, einigermaßen, so lala, nicht gerade besonders gut (*Gesundheit, Geschäft*); ~, *mon ami!* immer langsam (*od.* F sachte), mein Lieber!; **~reux** (dus'rø) **I** *adj.* widerlich süß; *fig.* katzenfreundlich; *faire le* ~ freundlich tun; **II** *m* Kavalier *m*, verliebter Geck *m*, Verliebter *m*.

doucet F (du'sɛ) [7c] **I** *adj.* süß(lich), zimperlich; **~tement** (~t'mɑ̃) *adv.* ganz sachte; **II** *su.* zimperliche Person *f*; **~te** ⚘ (~'sɛt) *f* Rapünzchen *n*, Feld-, Acker-salat *m*.

douceur (du'sœ:r) *f* **1.** Lieblichkeit *f*, Milde *f*, Anmut *f*, Zartheit *f*, Zauber *m*; Freundlichkeit *f*, Sanftmut *f*; P *en* ~ sachte, in aller Güte; **2.** ~*s pl.* Süßigkeiten *f/pl.*; *aimer les* ~*s* gern Süßigkeiten essen; **3.** ~*s pl.* Schmeicheleien *f/pl.*

douch|e (duʃ) *f* Dusche *f*, Brausebad *n*; ~ *à air chaud* Heißluftdusche *f*; *fig. recevoir une* ~ e-n Rüffel bekommen; **~er** (~'ʃe) *v/t.* [1a] abbrausen, duschen; *fig.* enttäuschen, ernüchtern; **~eur** (~'ʃœ:r) *su.* [7g] Badediener *m*.

doucin ⚘ (du'sɛ̃) *m* wilder Apfelbaum *m*.

doucine ⚠ (du'sin) *f* Kehlleiste *f*.

doucir (du'si:r) *v/t.* [2a] *Spiegel*: schleifen; *Metall*: polieren.

doué (dwe) *adj.* begabt; talentvoll; *mal* ~ unbegabt.

douer (~) *v/t.* [1a] versehen (*de* mit [*dat.*]).

douille (duj) *f* ⊕ Rohransatz *m*; Tülle *f*; Sockel *m*, Muffe *f*; ⚔ Patronenhülse *f*; ⚡ Fassung *f e-r Birne*; *rad.* ~ *de lampe* Lampenbuchse *f*, -sockel *m*; * Geld *n*; * ~*s pl.* Haare *n/pl.*

douillet (du'jɛ) [7c] **I** *adj.* □ mollig, weich; gemütlich, kosig; verweichlicht, empfindlich, zimperlich; *une demeure* ~*te et aimable* e-e warme u. freundliche Wohnung *f*; **II** *su.* Weichling *m*; **~te** (~'jɛt) *f* wattierter (Pelz-)Mantel *m*.

douleur (du'lœ:r) *f* Schmerz *m*.

douloureux (dulu'rø) *adj.* [7d] □ schmerzhaft.

doute (dut) *m* **1.** Zweifel *m*; *il n'y a pas de* ~ da gibt's gar kein Zweifel, da ist gar keine Frage; *laisser dans le* ~ im Zweifel (*od.* offen) lassen; *mettre en* ~ bezweifeln, in Zweifel ziehen; *sans* ~ zweifellos; *sans* ~ *pourra-t-il le faire* zweifellos wird er es machen können; **2.** Bedenken *n*; **3.** ~*s pl.* Verdacht *m*; *concevoir des* ~*s* Argwohn *m* schöpfen.

douter (du'te) [1a] **I** *v/i.* **1.** zweifeln (*de* an *dat.*); *j'en doute fort* ich zweifle sehr daran; *je doute si je* *partirai demain* ich bin im Zweifel, ob ich morgen abfahren soll; *je doute qu'il vienne* ich zweifle, daß er kommt; **2.** ~ de (*mit inf.*) Bedenken tragen zu ...; **II** *v/rfl. se ~ de qch.* etw. ahnen, etw. vermuten; *je m'en suis toujours douté* ich habe es stets vermutet, das habe ich mir schon immer gedacht; *il se doute de qch.* er merkt etw.; er hat Verdacht; *je ne m'en serais jamais douté* das hätte ich mir nie träumen lassen, daran hätte ich nie gedacht; *on ne s'en doute guère* man glaubt es kaum; *je ne me doutais de rien* ich vermutete nichts Böses (*od.* Schlimmes); *je ne m'en doutais même pas, j'étais loin de m'en ~* ich hatte keine Ahnung (*od.* keinen Begriff) davon.

dou|teur (du'tœ:r) *su.* [7g] Zweifler *m*; **~teux** (~'tø) *adj.* [7d] **1.** zweifelhaft, unentschieden; **2.** *pièce douteuse* verdächtiges Geldstück *n*; *réputation douteuse* zweideutiger Ruf *m*; **3.** doppelsinnig; **4.** *clarté douteuse, jour ~, lumière f douteuse* Halbdunkel *n*, trübes Licht *n*; *fig. sens ~* dunkler Sinn *m*.

douvain (du'vɛ̃) *m* (Faß-)Dauben-[holz *n*.]

douve (du:v) *f* **1.** (Faß-)Daube *f*; **2.** Wassergraben *m*; **3.** *vét.* ~ *du foie* Leberwurm *m*.

Douvres ('du:vrə) *f* Dover *n*.

doux (du) **I** *adj.* (*f douce* [dus]) □ **1.** süß; *eau f douce* Süßwasser *n*; *marin d'eau douce* Flußschiffer *m*; unerfahrener Matrose *m*; *vin ~* Süßwein *m*; *a.* Most *m*; *être ~* süß schmecken; *rendre ~* versüßen; **2.** ungewürzt; **3.** angenehm, wohltuend, lieblich; *le plus ~ plaisir* das köstlichste Vergnügen *n*; *la douce France* das liebe Frankreich; **4.** gelinde; sanft; weich; *il fait très ~* es ist sehr gelindes Wetter; *feu ~* schwaches Feuer *n*; *médecine douce* leichte Arznei *f*; *prix ~* mäßiger Preis *m*; *~ sommeil* ruhiger Schlaf *m*; *pente douce* sanfter Abhang *m*; *c'est ~ à toucher* es fühlt sich weich an; **5.** sanftmütig, mild, freundlich; *billet m ~* Liebesbrief *m*; *les ~ propos* das Liebesgeplauder *n*; *~ sourire* holdes Lächeln *n*; F *faire les yeux ~* liebäugeln; **6.** sanft, zahm, fromm (*von Tieren*); **7.** *gr. lettre douce* stimmhafter Buchstabe *m*; *grch. gr.*: *esprit m ~* Spiritus lenis; **8.** ⊕ geschmeidig, weich (*von Metallen*); *lime douce* feine Feile *f*; **II** *adv.* (*vgl. a. doucement*) **9.** sachte, leise; F *tout ~!* nicht so hitzig!; immer sachte!; ereifern Sie sich nicht!; **10.** still, behutsam; F *filer ~* klein beigeben, zum Munde reden, kriechen; **11.** zart; **III** *m le ~* das Angenehme *n od.* Sanfte *n*; F *un verre de ~* ein Gläschen süßen Likörs; **IV** *su.* F *faire le ~* (*la douce*) den Sanftmütigen (die Sanftmütige) spielen, freundlich tun; *adv.* P *comment ça va-t-il? — à la douce!* wie geht's? — ganz leidlich!

douzaine (du'zɛn) Dutzend *n*; etwa zwölf; *à la ~* dutzendweise.

douze (du:z) **I** *a/n.c.* **1.** zwölf; *ehm.* ⚔ *pièce f de ~* Zwölfpfünder *m*; **2.** zwölfter; *Charles ~, gew. Charles XII* Karl der Zwölfte; *le ~ juin, gew. le 12 juin* am zwölften (12.) Juni; **II** *m* **3.** Zwölf *f*; **4.** *le ~ du mois* der Zwölfte des Monats.

douzième (du'zjɛm) **I** *a/n.o.* zwölfter, zwölfte, zwölftes; **II** *su.* Zwölfter *m*; **III** *m* Zwölftel *n*; *fin. ~ provisoire* Notetat *m*, Überbrückungskredit *m*; **IV** *f* ♪ Duodezime; **V** **~ment** (duzjɛm'mɑ̃) *adv.* zwölftens.

douzil (du'zi) *m* (*Faß-*)Spund *m*.

doyen (dwa'jɛ̃) *su.* [7c] **1.** *rl.* Dechant *m*, Dekan *m*; **2.** *allg.* Ältester; ~ (*d'âge*) Alterspräsident *m*; **3.** Dekan *m*, (Pro-)Rektor *m* einer Fakultät.

doyenné (dwajɛ'ne) *m* **1.** Dekanat *n*; **2.** Dekanatswohnung *f*; **3.** ♀ Butterbirne *f*.

draconien (drakɔ'njɛ̃) *adj.* [7c] drakonisch; sehr streng, unerbittlich.

dragage (dra'ga:ʒ) *m* Ausbaggern *n*.

dragée (dra'ʒe) *f* **1.** Stück *n* Konfekt, überzuckerte Mandel *f*; *~ au cognac* Kognakbohne *f*; *~s pl.* Konfekt *n*, Süßigkeiten *f/pl.*; *fig. avaler la ~* in den sauren Apfel beißen müssen; *tenir la ~ haute à q.* j-m den Brotkorb höher hängen; **2.** ↗ Mischfutter *n*; *sachet m à ~* Futtersack *m*; **3.** *ch.* (Flinten-)Schrot *n*; ⚔ blaue Bohne *f*.

drageoir (~'ʒwa:r) *m* Konfektdose *f*, -schachtel *f*, -büchse *f*.

drageon (~'ʒɔ̃) *m* Wurzelschößling *m*; **~ner** (~ʒɔ'ne) *v/i.* [1a] Wurzelschößlinge *m/pl.* treiben.

dragon (dra'gɔ̃) *m* **1.** Drache *m*, Lindwurm *m*; **2.** F *fig.* Hausdrache *m*, böses Weib *n*, Schreckschraube *f*; *~ de vertu* Tugenddrachen *m*; **3.** *zo.* geflügelte Eidechse *f*; **4.** *ehm.* ⚔ Dragoner *m*; **5.** ⚓ Marsstagsegel *n*; **6.** ⚕ Fleck *m im Auge*; **~ne** (~'gɔn) *f* ⚔ Degenquaste *f*, Säbeltroddel *f*, Portepee *n*; Faustriemen *m*; *à la ~ advt.* kühn, forsch, F drauflos.

dragonnier ⚘ (~gɔ'nje) *m* Drachenbaum *m*.

dra|guage ⊕ (dra'ga:ʒ) *m* **1.** Baggern *n*; **2.** Fischen *n* mit dem Schleppnetz; **~gue** ⊕ (drag) *f* **1.** Bagger *m*, Erdräumer *m*; *~ à chaîne* Kettenbagger *m*; *~ à cuiller* Löffelbagger *m*; *~ à godets* Eimerbagger *m*; ⚔, ⚓ *~ de mines* Minensucher *m*; **2.** Schleppnetz *n*; **~guer** ⊕ (~'ge) *v/t.* [1a] **1.** (aus)baggern; **2.** mit dem Schleppnetz fischen; **3.** ⚓ *~ l'ancre* den Anker mit dem Suchtau aufsuchen; *~ le fond* nach e-m verlorenen Gegenstande suchen, den Meeresgrund absuchen, dreggen; ⚔, ⚓ *~ des mines* Minen suchen; **~gueur** ⊕ (~'gœ:r) *m* **1.** Baggerführer *m* (*Person*); Baggerer *m* (*Arbeiter*); **2.** Baggerschiff *n*; ⊕ Bagger(maschine *f*) *m*; *~ de mines* Minensuchboot *n*; ⚓ *~ d'aspiration* Saugbagger *m*; **3.** * Schürzenjäger *m* (*Student*); **~gueuse** (~'gø:z) *f* Baggermaschine *f*.

drain ⚒ (drɛ̃) *m* Abzugskanal *m*, Sickerrohr *n*, Dränröhre *f*; ⚕ Kanüle *f*.

drain|able (drɛ'nablə) *adj.* dränierbar, entwässerbar; **~age** (~'na:ʒ) *m* Entwässerung *f* des Bodens, Dränierung *f*; **~er** (~'ne) *v/t.* [1b] ⚒ dränieren, entwässern, trockenlegen; ⚕ (*Wunde*) drainieren, seröse Flüssigkeit beseitigen, Wundröhrchen einlegen; *fig.* aufsaugen, für sich in Anspruch nehmen, verbrauchen; **~neur** (~'nœ:r) *m* Dränierer *m*.

draisine 🚂 (dre'zin) *f* Draisine *f*.

dralon *text.* (dra'lɔ̃) *m* Dralon *m* (*Stoff*).

drama|tique (drama'tik) **I** *adj.* □ **1.** dramatisch; Schauspiel..., Bühnen..., Theater...; *art m ~* Bühnenkunst *f*, Dramatik *f*; *artiste m ~* Bühnenkünstler *m*; *poète m* (*od. auteur m*) *~* Bühnendichter *m*, Dramatiker *m*; **2.** *fig.* dramatisch, packend; **3.** *fig.* ernst; *des conséquences ~s* ernste Folgen *f/pl.*; **II** *m* dramatisches Gebiet *n*; *das* Dramatische *n*; Lebhaftigkeit *f*; **~tiser** (~ti'ze) *v/t.* [1a] bühnengerecht machen; dramatisch darstellen; dramatisieren; **~turge** (~'tyrʒ) *su.* Dramaturg *m*, Bühnendichter *m*; **~turgie** (~tyr'ʒi) *f* Dramaturgie *f*, Bühnendichtung *f*.

drame (dram) *m* Drama *n*, Theaterstück *n*; Schauspiel *n*; *fig.* Drama *n*, tragische Begebenheit *f*; *~ lyrique* Musikdrama *n*, lyrisches Drama *n*.

drap (dra) *m* **1.** Tuch *n*; Stoff *m*; *~ d'argent* Silberstoff *m*; *~ croisé* Köpertuch *n*; *~ feutré* Filztuch *n*; *de ~, en ~* aus Tuch; **2.** *~ de lit* Bettlaken *n*; *~ mortuaire* Leichentuch *n*; *~ de pied* Betstuhldecke *f*; **3.** F *nous voilà dans de jolis* (*od. beaux od. vilains*) *~s* da sitzen wir schön in der Tunke!, da haben wir uns 'was eingebrockt!; wir sind aufgeschmissen!; *se mettre dans de mauvais ~s* ins Fettnäpfchen treten, 'anecken; **~age** (~'pa:ʒ) *m* Drapierung *f*.

drapeau (dra'po) *m* [5b] Fahne *f*; *appeler sous les ~x* zu den Fahnen rufen; einberufen; *être sous les ~x* dienen; *fig. faire sortir son ~* Farbe bekennen, zu e-r Sache stehen.

draper (dra'pe) [1a] **I** *v/t.* **1.** mit Tuch ausschlagen *od.* behängen; *voiture f drapée* Trauerkutsche *f*; **2.** *peint.*, *sculp.* Gewänder in (schöne) Falten legen, drapieren; *Mode*: *~ une robe* ein Kleid drapieren (*Mannekin*); **II** *v/rfl.* *se ~ dans son manteau* sich in s-n Mantel hüllen; *fig. se ~ dans sa dignité* sich in Schweigen hüllen; *se ~ dans sa vertu* sich mit s-r Tugend brüsten.

draperie (dra'pri) *f* **1.** Tuchfabrik *f*; Tuchhandel *m*; Tuchwaren *f/pl.*; **2.** *peint.*, *sculp.* Gewandung *f*, Faltenwurf *m*; **3.** *~s pl.* Vorhänge *m/pl.*, Gardinen *pl.*

drapier (dra'pje) *su.* [7b] (*a. adj.*): (*fabricant m*) *~* Tuch-macher *m*, -fabrikant *m*; (*marchand m*) *~* Tuchhändler *m*.

drastique (dras'tik) *adj.* schnell wirkend (*Abführmittel*).

drav|e *dial. Canada* (dra:v) *f* Flößerei *f*; **~eur** (dra'vœ:r) *m* Flößer *m*.

drayer ⊕ (drɛ'je) *v/t.* [1i] *Gerberei*: (aus)schaben, ausfleischen.

drèche ⊕ (drɛʃ) *f* Treber *pl.*

drège (drɛ:ʒ) *f* **1.** *Fischerei*: großes Schleppnetz *n*; **2.** *text.* Flachskamm *m*.

drelin-drelin (drə'lɛ̃drə'lɛ̃) *m* Ge-

klingel *n e-r Glocke*; ~ *int.* klingling!; *drelin dindin* Klingen *n z.B. der Gläser.* [zittern.]
drelinguer (drəlɛ̃'ge) *v/i.* [1m]
dress|age (drɛ'sa:ʒ) *m* **1.** Abrichten *n*, Dressieren *n*; *fig.* Drill *m*, Schulung *f*, Ausbildung *f*; **2.** ✔ Anbinden *n der Reben usw.*; **3.** (Aus-, Zu-)Richten *n*; Schleifen *n des Spiegelglases*; **~ement** (~s'mɑ̃) *m* = *dressage* **1.**
dress|er (drɛ'se) [1b] **I** *v/t.* **1.** (auf-)richten, in die Höhe richten, strecken, gerade-machen *od.* -halten; ~ *l'oreille* aufmerksam zuhören; ~ *les oreilles* die Ohren spitzen; *dressé* aufrecht (stehend); **2.** errichten, aufstellen, aufschlagen; ~ *une machine* e-e Maschine montieren (*od.* aufstellen); ~ *une statue* e-e Bildsäule errichten; ~ *une tente* (*un camp*) ein Zelt (ein Lager) aufschlagen; ~ *une embuscade* e-n Hinterhalt legen; *fig.* ~ *un piège à q.* j-m e-e Falle stellen; **3.** abfassen, ausfertigen; ~ *un contract* e-n Vertrag aufsetzen; ~ *un inventaire* ein Verzeichnis aufnehmen, Inventur machen; ~ *un plan* e-n Plan entwerfen; ~ *un procès-verbal* ein Protokoll aufnehmen; ~ *une statistique* e-e Statistik aufstellen; **4.** dressieren, abrichten; schulen, drillen; ⚔ ~ *des recrues* Rekruten drillen; ~ *q. qch.* j-n (durch Mühen) zu etw. machen; *ces deux mille kilomètres vous dressent un homme!* diese zweitausend Kilometer machen Sie zu e-m Menschen!; **5.** ⊕ aus-, zurichten; behobeln; behauen, beschneiden; ⚠ ~ *d'alignement* (*od. à la ligne*) einfluchten; **6.** *cuis.* anrichten, zubereiten, fertigmachen; **II** *v/rfl.* *se* ~ **7.** sich aufrichten, sich (auf)bäumen; sich erheben; *les cheveux se dressent sur la tête* die Haare stehen e-m zu Berge; *qui fait* (*bzw. font*) ~ *les cheveux sur la tête* haarsträubend; *se* ~ *sur la pointe des pieds* sich auf die Fußspitzen stellen; **8.** abgerichtet (geschult, gedrillt) werden.
dress|eur (drɛ'sœ:r) *su.* [7g] Dresierer *m*; ⚔ Driller *m*; **~oir** (~'swa:r) *m* Anrichtetisch *m*.
dreyfusard *hist. Fr.* (drɛfy'za:r) *m* Dreyfusanhänger *m*.
dribbler *Sport* (dri'ble) *v/i. u. v/t.* [1a] *Fußball*: dribbeln; den Ball vor sich hertreiben.
drille[1] F (drij) *m*: *bon* ~ netter Kerl *m*; *pauvre* ~ armer Schlucker *m*; *vieux* ~ alter Lüstling *m*.
drille[2] ⊕ (~) *f* Drillbohrer *m*.
drilles ⊕ (~) *f/pl.* Lumpen *m/pl.*
drisse ⚓ (dris) *f* Hißtau *n*.
drive *Tennis* (draiv) *m* Treibschlag *m*.
dro|gue (drɔg) *f* **1.** ⚕ Droge *f*, Drogeriewaare *f*; P Arznei *f*; **2.** F schlechte Ware *f*, Schund *m*; *faire valoir sa* ~ *od. bien débiter sa* ~ s-n Kram gut anzubringen wissen; **3.** * Rauschgift *n*; **~guer** (drɔ'ge) [1m] **I** *v/t.* ~ *du vin* Wein verfälschen; F ~ *q.* j-m zuviel Arznei eingeben; an j-m herumdoktern F; **II** F *v/i.* warten, bis man schwarz wird; **~guerie** (~'gri) *f* **1.** Drogeriewaren *pl.*, Drogenhandel *m*; **2.** Drogenhandlung *f*; **~gueur** (~'gœ:r) *m* Arzt *m*, der zuviel Arzneien verschreibt, Quacksalber *m*; **~guiste** (~'gist) *su.* Drogist *m*.
droit[1] (drwa) **I** *adj.* **1.** gerade; *le* ~ *chemin* der gerade Weg (*a. fig.*); *la ligne* ~*e* die gerade Linie *f*; *en ligne* ~*e*, *en* ~*e ligne* in gerader Linie; F *être* ~ *comme un cierge* kerzengerade sein; **2.** aufrecht stehend; **3.** recht; *fig. être le bras* ~ *de q.* j-s rechte Hand sein; **4.** □ rechtschaffen, aufrichtig, geradlinig, korrekt; **5.** □ richtig; ~*e raison* gesunde Vernunft *f*; **6.** *angle m* ~ rechter Winkel *m*; **7.** einreihig (*Sakko*); **II** *adv.* gerade; *aller tout* ~ ganz geradeaus gehen; *fig. aller* ~ rechtschaffen handeln; *aller* ~ *au cœur* zu Herzen gehen; *aller* ~ *au fait* ohne Umschweife anfangen, zu reden; unmittelbar auf das Thema zu sprechen kommen; gerade auf sein Ziel lossteuern; *marcher* ~ gerade gehen; *fig.* s-e Pflicht erfüllen, zu s-m Worte stehen; **III** *m Boxsport*: Rechte(r) *m*; *Tennis*: (*coup m*) ~ Vorhandschlag *m*.
droit[2] (drwa) *m* **1.** Recht *n*, Berechtigung *f*, Anrecht *n*; Gerechtigkeit *f*, Rechtsordnung *f*, Gesamtheit *f* der Gesetze; *avoir* ~ *à* Anspruch haben auf (*acc.*); *faire* ~ *à q.* j-m Gerechtigkeit widerfahren lassen; *faire* ~ *à une exigence* e-r Forderung entsprechen; ~ *d'aînesse* Erstgeburtsrecht *n*; *fig.* Vorrecht *n*; ~ *d'auteur* Urheberrecht *n*; ~ *de bourgeoisie*, ~ *de cité*, ~ *de*

citoyen Bürgerrecht *n*; ~ *sur des brevets* Patentrecht *n*; ~ *budgétaire* Budgetrecht *n*; ~ *cambiaire*, ~ *cambial* Wechselrecht *n*; ~ *civil* bürgerliches Recht *n*; ~*s civiques* bürgerliche Ehrenrechte *n/pl.*; ~ *canon* kanonisches Recht *n*, Kirchenrecht *n*; ~ *de change* Wechselrecht *n*; ~ *commercial* Handelsrecht *n*; ~ *commun* gemeines Recht *n*; Landrecht *n*; ~ *coutumier* Gewohnheitsrecht *n*; ~ *criminel* Strafrecht *n*; ~ *électoral* Wahl-, Stimm-recht *n*; ~ *du plus fort* Faustrecht *n*; ~ *des gens*, ~ *international* Völkerrecht *n*; ~ *pénal* Strafrecht *n*; ~ *romain* römisches Recht *n*; ~ *de grâce* Begnadigungsrecht *n*; ~ *des peuples à disposer d'eux-mêmes* Selbstbestimmungsrecht *n* der Völker; ~ *d'impression* Verlagsrecht *n*; ~ *du jeu* Spielregel *f*; ~ *d'option*, ~ *de faveur* Vorkaufs-, Vorzugs-recht *n*; ~ *de recours* Regreßrecht *n*; ~ *d'usage*, ~ *d'usufruit*, ~ *d'exploitation*, ~ *d'exploiter* Nutzungsrecht *n*; ~ *de souscription*, ~ *de disposition* Verfügungs-, Bezugsrecht *n*; ~ *intellectuel* (*scientifique*) geistiges (wissenschaftliches) Eigentumsrecht *n*; ~ *contractuel*, ~ *conventionnel* Vertragsrecht *n*; ~ *de suite* Nachfolgerecht *n*; ~ *syndical* Gewerkschaftsrecht *n*; ~*s pl. matériels exercés sur les choses* Sachenrecht *n*; ~ *minoritaire*, ~ *des minorités* Minderheitenrecht *n*; ~ *de vote féminin od.* ~ *des femmes* Frauenwahlrecht *n*; *priver q. de ses* ~*s* j-n entrechten; *privation f des* ~*s* Entrechtung *f*; ~ *de vote* Stimmrecht *n*; ~ *maritime* Seerecht *n*; ~ *naturel* Naturrecht *n*; *de* ~ von Rechts wegen; *cela est de* ~ das besteht zu Recht; *à bon* ~ mit vollem Recht, mit Fug und Recht; *à qui de* ~ wem es zukommt; an die zuständige Person (*od.* Stelle) (*englisch*: *to whom it may concern*); *être en* ~ *de* berechtigt sein zu ...; *de plein* (*od. de bon*) ~ von Rechts wegen, rechtmäßig, mit vollem Recht; ~*s de l'homme* die Menschenrechte *n/pl.*; *contre tout* ~ *et raison* gegen Recht und Billigkeit; ~*s pl. en cours d'acquisition* Anwartschaften *f/pl.*; **2.** *ayant* ~ (*mst. pl.*: *ayants* ~) Berechtigter *m*, Rechtsnachfolger *m*; *ayant le* ~ *de vote* wahlberechtigt; **3.** Rechtswissenschaft *f*, Jurisprudenz *f*; *docteur m en* ~ Doktor *m* der Rechte, *mst.*: Dr. jur.; *faculté f de* ~ juristische *od.* rechtswissenschaftliche Fakultät *f*; *étudiant m en* ~ Student *m* der Rechte, *mst.*: stud. jur.; *étudier le* ~, *faire son* ~ Jura (*od.* Rechtswissenschaften) studieren; **4.** Abgabe *f*, Auflage *f*, Gebühr *f*; Zoll *m*; ~*s pl.* Steuern *f/pl.*, *ehm.* Gefälle *n/pl.*; ~ *d'entrée* (~ *d'importation*) Eingangs-(Einfuhr-)zoll *m*; ~ *d'exportation* Ausfuhrzoll *m*; ~*s pl. de chaussée* Straßenbenutzungsgebühren *f/pl.*; *ehm.* ~ *d'octroi* Torzoll *m*; ~ *protecteur* Schutzzoll *m*; ~ *de sortie* Ausgangszoll *m*; ~ *sur les successions* Erbschaftssteuer *f*; ~ *de timbre* Stempelgebühr *f*; *exempt de* ~ zollfrei; *percevoir un* ~ e-n Zoll erheben; ~(*s pl.*) *de consommation*, ~ *d'enregistrement* Verbrauchs-, Verkehrs-steuer *f*; ~ *des pauvres* Lustbarkeits-, Vergnügungs-steuer *f*; ~ *de douane* Zoll-abgabe *f*, -gebühr *f*; ~ *de scolarité* Schulgeld *n*.

droite (drwat) *f* **1.** rechte Seite *f od.* Hand *f*; *pol.* Rechte *f*; rechter Flügel *m*; *à la* ~ *de Dieu* zur Rechten Gottes; *prendre la* ~ (*od. sa* ~), *tenir sa* ~ sich rechts halten, *Auto usw.*: rechts fahren; **2.** ⩚ *die* Gerade *f*, gerade Linie *f*; **3.** *à* ~ *advt.* (nach) rechts; ⚔ rechtsum; *tourner à* ~ sich (nach) rechts wenden.

droitier (drwa'tje) **I** *adj. u. su.* [7b] rechtshändig; **II** F *m pol.* Abgeordneter *m* der Rechten.

droiture (drwa'ty:r) *f* Rechtschaffenheit *f*, Aufrichtigkeit *f*.

drolatique (drola'tik) *adj.* □ lustig, drollig, spaßig, ulkig, F putzig.

drôle (drol) **I** *adj.* □ **1.** drollig, lustig, possierlich; **II** *su.* **2.** (durchtriebener) Kerl *m*; Schlingel *m*; F *petit(e)* ~ kleiner Schelm *m*; **3.** *m*: *un* ~ *de corps* ein merkwürdiger (*od.* komischer) Kauz *m*; *un* ~ *de personnage* ein wunderlicher Heiliger *m*; *f*: *une* ~ *d'idée* ein seltsamer Gedanke *m*; *m*: *un* ~ *de spectacle* ein drolliges Schauspiel *n*; ~**ment** P (drol'mɑ̃) *adv.* wahnsinnig, irrsinnig, furchtbar, riesig; *il fait* ~ *chaud* es ist irrsinnig heiß; ~**rie** F (drol'ri) *f* **1.** Drolligkeit *f*; **2.**

schnurriger Einfall *m*; **3.** Posse *f*, Streich *m*; **~s** *pl.* Schwänke *m/pl.*; **~sse** *péj.* (dro'lɛs) *f* (liederliches) Frauenzimmer *n*; **~t** F (dro'lɛ) *adj.* [7c] drollig.

dromadaire *zo.* (drɔma'dɛ:r) *m* Dromedar *n.*

drome (drɔm) *f* **1.** ⚓ im Wasser befindliches Mastwerk *n*; **2.** Floß *n*; **3.** *charp.* Längsbalken *m* (*e-s Schmiedehammers*).

dronte *orn.* (drɔ̃:t) *m* Dronte *f.*

drop *Sport* (drɔp) *m* Sprungtritt *m*, Stoß *m* (*Rugby*).

drosomètre *phys.* (drɔzɔ'mɛ:trə) *m* Drosometer *n*, Taumesser *m.*

drosse ⚓ (drɔs) *f* Steuerreep *n*; **~r** (~'se) ⚓ *v/t.* [1a] abtreiben.

dru (dry) **I** *adj.* **1.** dicht, gedrängt; *sa barbe* **~e** sein dichter Bart *m*; *ces blés sont fort* **~s** dies Korn steht sehr dicht; *pluie f* **~e** dichter Regen *m*; **2.** (*Kinder*) kräftig; **II** *adv.* dicht; *semer* **~** dicht säen; *la pluie tombait* **~** *et menu* es fiel ein dichter, feiner Sprühregen.

drugstore (drɔg'stɔ:r) *m* Tag u. Nacht geöffnetes Geschäft *n* (*Tabak, Zeitungen, Eßwaren*).

druide *hist.* (dry'id) *m* Druide *m.*

dry (dra'i) *adj. u. m* trocken(er Sekt *m*).

dryade *myth.* (dri'ad) *f* Dryade *f*, Waldnymphe *f.*

du (dy) *art. m/sg.* **I** *gén.* **1.** des (der); **2.** von (zu, aus) dem *od.* der, vom, zum, zur; *du temps de Henri IV* zur Zeit Heinrichs IV; *du temps de nos pères* zur Zeit unserer Vorfahren; *du temps que Berthe filait* in guten, alten Zeiten; *le voyage du sud* die Reise nach dem Süden; **II** (*art. partitif*) *du* (*bon*) *vin* (guter) Wein *m.*

dû *m*, **due** *f* (dy) **I** *p/p. von devoir* (*pl. dus, dues*) schuldig, gebührend; vorschriftsmäßig; *en bonne et due forme* vorschriftsmäßig, in gehöriger Form; **II** *m* Forderung *f*; *je vous demande mon dû* ich verlange von Ihnen, was mir zukommt.

dua|lisme *phil.* (dɥa'lism) *m* Dualismus *m*; **~lité** (~li'te) *f* Zweiheit *f.*

dubitatif (dybita'tif) *adj.* [7e] **1.** *gr.* dubitativ, Zweifel andeutend, zweifelhaft; **2.** *allg.* voller Zweifel.

duc (dyk) *m* **1.** Herzog *m*; *grand* **~** Großherzog *m*, Großfürst *m*; **2.** Luxuskutsche *f*; **3.** *orn.* Ohreule *f*; *grand* **~** Uhu *m.*

ducal (dy'kal) *adj.* [5c] herzoglich.

ducasse *dial.* (dy'kas) *f* Kirmes *f.*

ducat (dy'ka) *m* Dukaten *m.*

duché (dy'ʃe) *m* Herzogtum *n.*

duchesse (dy'ʃɛs) *f* **1.** Herzogin *f*; **2.** F vornehmtuende Frau *f*; **3.** *altmodisches* Ruhebett *n*; **4.** *poire f à la* **~** Tafelbirne *f.*

ducroire † (dy'krwa:r) *m* Delcredere *n*, Bürgschaftsvergütung *f.*

ducti|le (dyk'til) *adj.* ausziehbar, dehn-, streck-bar; geschmeidig; **~limètre** (~li'mɛtrə) *m* Meßgerät *n* zum Bestimmen der Dehnbarkeit; **~lité** (~li'te) *f* Ausziehbarkeit *f*; Dehn-, Streck-barkeit *f.*

duègne (dɥɛɲ) *f* Anstandsdame *f.*

duel (dɥɛl) *m* **1.** Duell *n*; *se battre en* **~** sich duellieren; *provoquer en* **~** herausfordern; **2.** *gr.* Dual *m*; **~liste** (~'list) *m* Duellant *m.*

duettiste (dɥɛ'tist) *m* Duettsänger *m.*

dugong *zo.* (dy'gɔ̃) *m* Seekuh *f.*

duit ⊕ (dɥi) *m* Querdamm *m.*

duite *text.* (dɥit) *f* Schußfaden *m.*

dulcifi|ant (dylsi'fjɑ̃) *m* Süßstoff *m*; **~er** (~'fje) *v/t.* [1a] versüßen.

dulcinée F (dylsi'ne) *f* Geliebte *f*, Flamme *f*, Dulcinea *f*, Schatz *m.*

dulie *rl.* (dy'li) *f*: *culte m de* **~** Heiligenverehrung *f.*

dum-dum ⚔ (dum'dum) *f* (*a. balle f* **~**) Dumdumgeschoß *n.*

dûment (dy'mɑ̃) *adv.* gebührend.

dumper ⊕ (dum'pɛ:r) *m* Autoschütter *m.*

dumping † (dum'piŋ) *m* Dumping *n*, Verschleudern *n*; *faire le* **~** unter dem Preis verkaufen, verschleudern.

dundee ⚓ (dœn'di) *m* großer Zweimaster *m.*

dune (dyn) *f* Düne *f.*

dunette (dy'nɛt) *f* Kajüte *f* auf Deck.

Dunkerque *géogr.* (dœ̃'kɛrk) *f* Dünkirchen *n.*

duo (dy'o) *m* **1.** ♪ Duett *n*; **2.** *Motorrad*: Soziussitz *m.*

duodénum *anat.* (dyɔde'nɔm) *m* Zwölffingerdarm *m.*

dupe (dyp) *f u. adj. der* (*die*) Betrogene; betrogen; *être* **~** betrogen (*od.* geprellt *od.* angeführt) werden; *être la* **~** *de q.* von j-m angeführt (*od.* zum Narren gehalten *od.* an der Nase herumgeführt *od.* übers Ohr gehauen) werden; *il a été la* **~** *de sa complaisance* er ist das Opfer s-r Gefälligkeit geworden; *faire des* **~s** die Leute betrügen.

duper (dy'pe) *v/t.* [1a] anführen, hintergehen, betrügen, übers Ohr hauen, prellen; **~ie** (dy'pri) *f* Betrügerei *f*, Schwindel *m*, Fopperei *f*.
dupeur (dy'pœ:r) *su.* [7g] Betrüger *m*.
duplex (dy'plɛks) **I** *adj.* ⊕ doppelt wirkend; **II** *m téléph.* Gegensprechen *n*; *télégr.* Duplex-telegraphie *f*, ⊕ -verfahren *n*.
duplicata (dyplika'ta) *m* [7a] Doppel *n*, Zweitschrift *f*.
duplica|teur (dyplika'tœ:r) *m* Vervielfältigungsapparat *m*; *phys.* Duplikator *m*, Elektrizitätssammler *m*; **~tif** (~'tif) *adj.* [7e] verdoppelnd; **~tion** (~kɑ'sjɔ̃) *f* ⚘ *u.* ⚕ Verdoppelung *f*.
duplicité (dyplisi'te) *f* Doppelheit *f*; *fig.* Doppelspiel *n*, Doppelzüngigkeit *f*.
dur (dy:r) **I** *adj.* □ **1.** hart, fest; unempfindlich; *une ~e nécessité* e-e harte (*od.* rauhe) Notwendigkeit *f*; *il a la peau ~e* er hat ein dickes Fell; er kann etwas vertragen; *jouer le ~* den starken Mann spielen; *fig. avoir la vie ~e* ein zähes Leben haben; ⚠ *bâtiment m en ~* Massivbau *m*; **2.** streng; hartherzig, schonungslos, schroff; *avoir le cœur ~* hartherzig sein; **3.** mühsam, sauer; *rendre la vie ~e à q.* j-m das Leben sauer machen; **4.** schwer, schwierig; *fig. avoir l'intelligence* (*od. la* tête) *~e* schwer von Begriffen sein; *avoir l'oreille ~e, être ~ d'oreille* schwer hören; **5.** rauh, hart; *fig. les temps sont ~s* es sind schwere Zeiten; *voix ~e* rauhe Stimme *f*; **6.** *~ à* abgehärtet gegen (*acc.*); *~ à la fatigue* gegen Strapazen abgehärtet; *un ~ à cuire* ein hartgesottener Mensch *m*; **7.** *vin ~* herber Wein *m*; **II** *adv.*: *travailler ~* schwer arbeiten; *il y croit ~ comme fer* er glaubt steif und fest daran; **III** *m* F Draufgänger *m*; * Eisenbahn *f*; **IV** F *~e f* a) harte Erde *f*; *coucher sur la ~e* auf der bloßen Erde *f* (*od.* auf dem Erdboden *m*) schlafen; b) *en dire de ~es* heftige Vorwürfe *m/pl.* machen.
dura|bilité (dyrabili'te) *f* Haltbarkeit *f*, Dauerhaftigkeit *f*; **~ble** (dy'rablə) *adj.* □ haltbar, dauerhaft.
duralumin (dyraly'mɛ̃) *m* Duralumin *n* (*Aluminiumlegierung*).
duramen (dyra'mɛn) *m* Kernholz *n*.
durant (dy'rɑ̃) **I** *prp.* während (*gén.*); *~ trois jours* drei Tage lang; *~ ce temps(-là)* während jener Zeit, in der Zwischenzeit; **II** *p.pr. nachgestellt*: *une heure f ~* eine Stunde lang; *sa vie ~* sein ganzes Leben lang, Zeit s-s Lebens.
dur|cir (dyr'si:r) [2a] **I** *v/t.* härten; *fig.* abhärten; **II** *v/i. u. v/rfl.* se *~* hart werden; verharschen (*Schnee*); **~cissement** (~sis'mɑ̃) *m* **1.** Hartwerden *n*; Verhärtung *f*; **2.** *pol.* Verschärfung *f*; **3.** ⊕ Härtung *f*.
durée (dy're) *f* **1.** Dauer *f*; *être de courte ~* von kurzer Dauer sein, nicht lange dauern; **2.** Dauerhaftigkeit *f*; *~ de vie* Lebens-dauer *f* (*a.* ⊕), -zeit *f*; *~ du parcours, ~ du trajet* Fahrzeit *f*; ✈ Flugzeit *f*; ⚔ *~ du service* (*militaire*) Militärzeit *f*; *~ de marche d'une pendule* Laufzeit *f* e-s Pendels; ⚠ *~ de la prise* Abbindezeit *f*; de *~* haltbar, dauerhaft.
dure-mère *anat.* (dyr'mɛ:r) *f* [6a] harte Hirnhaut *f*.
durer (dy're) *v/i.* [1a] **1.** (fort-) dauern, währen, Bestand haben, sich halten (*a. Blumen*); **2.** *le temps lui dure* die Zeit wird ihm lang; **3.** aushalten; *ne pouvoir ~ en place* nicht stillsitzen können; keine Ruhe haben; es an e-m Orte nicht lange aushalten können; *ne pouvoir ~ de chaud* es vor Hitze nicht mehr aushalten.
duret F (dy'rɛ) *adj.* [7c] etwas hart.
dureté (dyr'te) *f* **1.** Härte *f*, Festigkeit *f*; *fig. ~ d'oreille* Schwerhörigkeit *f*; *~ de ventre* Hartleibigkeit *f*; **2.** *fig.* Schroffheit *f*, Gefühllosigkeit *f*, Schonungslosigkeit *f*, Unbarmherzigkeit *f*; *~ de cœur* Hartherzigkeit *f*; *~s f/pl.* harte Worte *n/pl.*; **3.** Strenge *f* (*Klima u. peint.*).
durillon (dyri'jɔ̃) *m* Schwiele *f*.
durite ⊕ (dy'rit) *f* biegsame Gummi- *od.* Preßstoffrohrleitung *f für Wasser, Treibstoff u. Öl.*
duvet (dy'vɛ) *m* **1.** Flaum(federn *f/pl.*) *m*, Daunen *f/pl.*; Pelzschicht *f* (*Pfirsich*); ✝ *~ d'autruche* Straußendaunen *f/pl.*; **2.** Feder-, Daunenbett *n*; *coussin m de ~* Daunenkissen *n*; **3.** *fig.* Milchbart *m*; **~é, ~eux** (dyv'te, ~'tø) *adj.* [7d] flaumig, weichhaarig, pelzig; **~er** (dyv'te) *v/rfl.*: se *~* sich mit e-r Pelzschicht überziehen.
dyarchie *pol.* (diar'ʃi) *f* Zweiparteienherrschaft *f*.
dyna|mie 🕮 (dina'mi) *f* Arbeitseinheit *f*; **~mique** (~'mik) **I** *adj.*

1. dynamisch; *état m* ~ Zustand *m* e-s in Bewegung befindlichen Körpers; **2.** *fig.* energisch, temperamentvoll, lebhaft, energiegeladen; *a.* ⊕ intensiv; **II** *f* Dynamik *f*, Kraftlehre *f*; **~misme** 🕮 (~'mism) *m* Dynamismus *m*, Schwung *m*.

dynami|tage (dinami'ta:ʒ) *m* Sprengen *n* mit Dynamit; **~e** (~'mit) *f* Dynamit *n*; **~ter** (~mi'te) *v/t.* [1a] mit Dynamit sprengen; **~teur** (~mi'tœ:r) *su.* [7g] Dynamitattentäter *m*; Dynamitfabrikant *m*.

dynamo ⊕, ⚡ (dina'mo) *f* Dynamo *m*; **~mètre** (~'mɛtrə) *m* Dynamometer *n*, Leistungs-, Kraft-messer *m*; **~métrie** (~me'tri) *f* Kraftmessung *f*.

dynas|tie (dinas'ti) *f* Dynastie *f*; Herrscherhaus *n*; **~tique** (~s'tik *adj.* dynastisch.

dyne *phys.* (din) *f* Dyn *n*.

dyschrom|atopsie ⚕ (diskrɔmatɔp'si) *f* Dyschromatopsie *f*, partielle Farbenblindheit *f*; **~ie** ⚕ (~'mi) *f* Hautverfärbung *f*.

dyscole (dis'kɔl) *adj.* griesgrämig.

dysenterie ⚕ (disɑ̃'tri) *f* Ruhr *f*.

dyslexi|e ⚕ (~lɛk'si) *f* neurotische Lesestörungen *f/pl.*; **~que** (~k'sik) *adj. u. su.* lesegehemmt(es Kind *n*).

dysménorrhée ⚕ (dismenɔ're) *f* Menstruationsbeschwerden *f/pl.*

dyspepsie ⚕ (dispɛp'si) *f* Verdauungsstörung *f*.

dyspnée ⚕ (dis'pne) *f* Atemnot *f*.

dysthymique ⚕ (disti'mik) *adj.*: *un enfant* ~ ein Kind *n* mit Gemütsstörungen.

dysurie ⚕ (dizy'ri) *f* Harnbeschwerden *f/pl.*

dytique *ent.* (di'tik) *m* Schwimmkäfer *m*.

E

E, e *m* E, e *n*; *e ouvert* offenes e (è, ê *Ausspr.* ɛ); *e fermé* geschlossenes e (é, *Ausspr.* e); *e muet* stummes e (*z.B. porte* [pɔrt]); *e demi-muet, e faible* halbstummes e (*Ausspr.* ə; *z.B. me, faible* [mə, fɛblə]).

eau (o) *f* [5b] **1.** Wasser *n*; *~x pl.* Gewässer *n/pl.*; *rl. ~ bénite* Weihwasser *n*; *~ douce*: a) weiches Wasser *n*; b) Süßwasser *n*; *~x ménagères* Spülwasser *n*; *~x résiduaires, ~x usées, ~x-vannes* Abwässer *n/pl.*; *~ potable* Trinkwasser *n*; *~ de puits, ~ de source* Brunnen-, Quell-wasser *n*; *~ rougie* mit etw. Rotwein vermischtes Wasser *n*; *~ souterraine* Grundwasser *n*; *~ sucrée* Zuckerwasser *n*; *~ vive* Quellwasser *n*; *se jeter à l'~* sich ins Wasser stürzen (*um zu ertrinken od. um Ertrinkende zu retten*); *fig.* frisch u. frei ans Werk gehen; mutig u. entschlossen etw. anpacken; sich mutig an etw. (*acc.*) heranmachen; *se jeter dans l'~* ins Wasser springen (*um zu baden*); *passer qch. à l'~* etw. wässern (*od.* spülen); *flotter entre deux ~x* unter Wasser entlang treiben (*Leiche*); *nager entre deux ~x* unter Wasser schwimmen; *tomber à l'~* ins Wasser fallen (*a. fig.*); ⚓ *voie d'~* Leck *n*; ⚓ *faire ~, avoir une voie d'~* leck werden; ⚓ *faire de l'~* sich mit Trinkwasser versehen; *prov. porter de l'~ à la mer* Eulen nach Athen tragen; *s'en aller* (*od. tourner*) *en ~ de boudin, tomber dans* (*od. à*) *l'~ fig.* ins Wasser fallen, nichts daraus werden, scheitern; *se ressembler comme deux gouttes d'~* einander gleichen wie ein Ei dem anderen; *l'~ m'en vient à la bouche* mir läuft das Wasser im Munde zusammen; *aller* (*od.* être) *à-vau l'~* stromabwärts gehen, *fig.* scheitern, mißlingen; *battre l'~ avec un bâton* leeres Stroh dreschen, sich umsonst abquälen; *mettre de l'~ dans son vin* klein beigeben, gelindere Saiten aufziehen, kleinlaut werden; *pêcher en ~ trouble* im trüben fischen; *les grandes ~x* das Hochwasser *n*; *les basses ~x* der niedrige Wasserstand *m*; *~ montante* steigende Flut *f*; *~x vives* Springflut *f*; *les ~x d'un navire* Kielwasser *n* e-s Schiffes; *Sport*: *faire sa pleine ~* sich freischwimmen; **2.** *~x pl. jaillissantes, grandes ~x* Springbrunnen *m*, Wasserkünste *f/pl.*; **3.** *administration f des ~x et forêts od. les ~x et forêts* Jagd-, Forst- und Wasserbauverwaltung *f*; *grand maître des ~x et forêts* Oberforstmeister *m*; **4.** *~ minérale* Mineralwasser *n*; *~x pl.* (*minérales*) Mineralquelle *f*; (Gesund-)Brunnen *m*; (*ville f d'*)*~x* Bad *n*, Badeort *m*; *aller aux ~x* ins Bad reisen; *prendre les ~x* e-e Brunnenkur *f* machen; *voyage m aux ~x* Badereise *f*; **5.** Regen *m*: *il tombe de l'~* es regnet; **6.** Tränen *f/pl.*; Schweiß *m*; Speichel *m*;

P ⚕ Wasser *n*, Urin *m*; *cela fait venir l'~ à la bouche* dabei läuft einem das Wasser im Munde zusammen; *avoir les yeux tout en ~* in Tränen zerfließen; *ses yeux se fondent en ~* er (sie) weint sich die Augen rot; *être tout en ~* in Schweiß gebadet sein, wie aus dem Wasser gezogen sein; *suer sang et ~* Blut und Wasser schwitzen; P *lâcher de l'~* Wasser lassen, urinieren; **7.** Saft *m*; *pêche d'une ~ fort agréable* sehr saftiger, süßer Pfirsich *m*; **8.** künstliches Wasser *n*, destillierte Flüssigkeit *f*; ⚗ *~ acidulée* angesäuertes Wasser *n*; *pharm. ~ blanche* Bleiwasser *n*; *~ à dégraisser* Fleckenreinigungs-wasser *n*, -mittel *n*; *~gazeuse* kohlensaures Wasser *n*; *~ des carmes, ~ de mélisse* Melissengeist *m*; *~ de Cologne* Kölnisch Wasser *n*; *~ ferrugineuse* Eisenwasser *n*; P ⚗ *~-forte* Salpetersäure *f*; *Graphik*: Radierung *f*; *~ oxygénée* Wasserstoffsuperoxyd *n*; *~ seconde* verdünntes Scheidewasser *n*; *~ graduée* gradierte Sole *f*; ⚗ *eau mère f* Mutterlauge *f*; *eaux-mères f/pl.* Solbad *n*; *~ de noyau* (Pflaumenkern-, Kirschkern-) Branntwein *m*; *petites ~x*: a) ✝ sehr starker Alkohol *m*; b) ⚗ schwache Salpeterlauge *f*; ⚗ *~ régale* Goldscheide-, Königs-wasser *n*; *~ salée* Sole *f*; *~ de senteur* wohlriechendes Wasser *n*; ⚕ *~ vulnéraire, ~ d'arquebusade* Wundwasser *n*; **9.** Glanz *m*, Wasser *n e-s Edelsteins*; *diamant m de la première ~* Diamant vom reinsten Wasser.

eau-de-vie (od'vi) *f* [6b] Branntwein *m*; *~ de Dantzig* Danziger Goldwasser *n*; *~ de grain, ~ de pommes de terre* Korn-, Kartoffel-Branntwein *m*. [⚗ Ätzwasser *n*.]

eau-forte (o'fɔrt) *f* [6a] Radierung *f*;

éba|hir (eba'i:r) [2a] **I** *v/t.* in Erstaunen setzen; **II s'~** verblüfft sein (*de* über *acc.*); *être tout ébahi* ganz verdutzt sein, sprachlos (F platt) sein; wie aus den Wolken gefallen sein; **~hissement** (~is'mɑ̃) *m* Erstaunen *n*, Verwunderung *f*.

ébar|bage *bsd.* ⊕, **~bement** ⊕, ✂ (ebar'ba:ʒ, ~bə'mɑ̃) *m* Beschneiden *n*; ⊕ Putzen *n*; **~ber** (~'be) *v/t.* [1a] verputzen; ⊕ abgraten; ✂ *Hecken* verschneiden *od.* stutzen; *~ du papier* Papier *n* beschneiden; *~ des plumes* Federn reißen; *~ des pièces de monnaie* Münzen beschroten; *~ de l'orge* Gerste *f* entgrannen; **~boir** ⊕ (~'bwa:r) *m Kupferstecherei*: Schaber *m*; *Schmiede*: Schroteisen *n*; **~bure** (~'by:r) *f* Späne *m/pl.*

ébat|s (e'ba) *m/pl.* Freudensprünge *m/pl.*; *prendre ses ~s* sich herumtummeln; **~tre** (e'batrə) [4a]: **s'~** *vergnügt* umherspringen; sich tummeln.

ébaubi F (ebo'bi) *adj.* ganz paff, zuhöchst erstaunt, platt, sprachlos, verdutzt, verblüfft, platt F; **~ssement** F (~bis'mɑ̃) *m* Verblüfftheit *f*.

ébau|chage (ebo'ʃa:ʒ) *m* Zurichten *n*, Behauen *n*; Entwerfen *n*, flüchtiges Skizzieren *n*; **~che** (e'boʃ) *f* Skizze *f*, Umriß *m*, Anlage *f*, erster Entwurf *m*; Roharbeit *f*; ⊕ Vorschliff *m*; *fig.* schwacher Versuch *m*; *cin. l'~ d'un film* die Rohfassung *f* e-s Films; **~cher** (ebo'ʃe) [1a] **I** *v/t.* flüchtig entwerfen, skizzieren, aus dem Groben arbeiten, in allgemeinen Umrissen entwerfen; *fig.* andeuten; **II s'~** *fig.* in die Wege geleitet werden; **~choir** ⊕ (~'ʃwa:r) *m* Schrotmeißel *m*.

ébène (e'bɛn) *f* Ebenholz *n*; *fig. cheveux m/pl. d'~* tiefschwarze Haare *n/pl.*

ébé|ner (ebe'ne) *v/t.* [1f] schwarz beizen; **~nier** (~'nje) *m* Ebenholzbaum *m*; **~niste** (~'nist) **I** *m u. adj.*: (*menuisier*) *~* Kunsttischler *m*; **II** *zo. f* Riesenameise *f*; **~nisterie** (~nis'tri) *f* Kunst-, Möbel-tischlerei *f*; Kunsttischlerarbeit *f*.

éberluer (ebɛr'lɥe) *v/t.* [1a] blenden, verblüffen, verdutzen; *Auto*: *être éberlué* geblendet werden.

éblou|ir (eblu'i:r) *v/t.* [2a] blenden; *fig.* blenden, verblüffen, betören; *~ de son érudition* mit s-r Bildung bluffen (*od.* protzen); **~issant** (~i'sɑ̃) *adj.* [7] blendend, verblüffend; **~issement** (~is'mɑ̃) *m* Blendung *f*, Flimmern *n* vor den Augen; *fig.* Verblendung *f*; bewunderndes Staunen *n*; *bsd.* **~s** *pl.* Schwindelanfall *m*; *j'ai des ~s* es flimmert mir vor den Augen, mir wird schwarz vor Augen.

ébonite (ebɔ'nit) *f* Hartgummi *m*.

ébor|gnement (ebɔrɲə'mɑ̃) *m* Wegnehmen *n* e-s Auges; Einäugigkeit *f*; **~gner** (~'ɲe) *v/t.* [1a] j-m ein Auge aus-stechen, -schlagen.

ébou|age (e'bwa:ʒ) *m* Straßenreinigung *f*; **~er** (~'bwe) *v/t.* [1a]

die Straße(n) reinigen, den Müll abfahren; **~eur** (~'bwœ:r) *su.* [7g] Straßenkehrer *m*; **~euse** (~'bwø:z) *f* Straßenkehrmaschine *f*.

ébouillanter (ebujɑ̃'te) *v/t.* [1a] abbrühen; auskochen.

ébou|lement (ebul'mɑ̃) *m* **1.** Einsturz *m*; ~ (*de terre*) Erdrutsch *m*; **2.** Trümmerstätte *f*; **~ler** (~'le) [1a] **I** *v/t.* zum Einsturz bringen; **II** *v/i.* (*avoir!*) *u.* s'~ einstürzen; **~lis** *bsd. géol.* (~'li) *m* Geröll *n*.

ébourgeonner ✓ (eburʒɔ'ne) *v/t.* [1a] Triebe *e-s Obstbaumes* abbrechen, ausputzen.

ébourif|fant (eburi'fɑ̃) *adj.* [7] verblüffend; unglaublich, haarsträubend; **~fé** (~'fe) **I** *adj.* **1.** struppig, mit zerzaustem Haar; **2.** *fig.* verblüfft, ganz paff F, vollkommen sprachlos; **II** *m*: *un* ~ ein Struwwelpeter *m*; **~fer** (~'fe) *v/t.* [1a] **1.** ~ *q.* j-m das Haar zerzausen; **2.** *fig.* in größtes Erstaunen versetzen, völlig verblüffen.

ébourrer (ebu're) *v/t.* [1a] abhaaren (*Fell*).

ébousiner (ebuzi'ne) *v/t.* [1a] abschaben (*Steine*).

ébouter (ebu'te) *v/t.* [1a] abschneiden (*Stück Holz*).

ébranch|er ✓ (ebrɑ̃'ʃe) *v/t.* [1a] e-n Baum lichten; **~oir** ✓ (~'ʃwa:r) *m* Baummesser *n* (*mit langem Stil*).

ébran|lement (ebrɑ̃l'mɑ̃) *m* **1.** Erschütterung *f*, heftiger Stoß *m*; ~ *du cerveau* Gehirnerschütterung *f*; **2.** *fig.* Zerrüttung *f*; Erschütterung *f*; Schwanken *n*; **~ler** (~'le) [1a] **I** *v/t.* erschüttern; Zahn locker machen; lockern, rütteln; *fig.* in Verwirrung bringen; ⚔ ~ *un bataillon* ein Bataillon ins Wanken bringen; ~ *la résolution de q.* j-n in s-m Vorsatze wankend machen; **II** *v/rfl.* s'~ in Bewegung kommen, sich in Bewegung setzen (*vom Zuge, von e-r Gruppe*); ⚔ vorrücken; ⚔ weichen; *fig.* in Verwirrung geraten.

ébraser △ (ebrə'ze) *v/t.* [1a] ausschrägen.

ébrécher (ebre'ʃe) [1f] **I** *v/t.* **1.** schartig machen; P *ébréché* beschwipst, angeheitert; *couteau m ébréché* schartiges Messer *n*; *dent f ébréchée* lückenhafter Zahn *m*; **2.** *fig. fortune ébréchée* stark angegriffenes Vermögen *n*; **II** *v/rfl.* s'~ schartig werden; s'~ *une dent* sich ein Stück von e-m Zahn ausbeißen.

ébriété (ebrie'te) *f* Trunkenheit *f*.

ébrou|ement (ebru'mɑ̃) *m* Schnauben *n*; Niesen *n* (*von Tieren*); **~er** (~bru'e) [1a]: **s'~** schnauben; niesen (*v. Tieren*); sich schütteln (*v. Hunden*); (*Vögel*) baden.

ébruiter (ebrɥi'te) [1a] **I** *v/t.* ausplaudern, unter die Leute bringen; **II** *v/rfl.* s'~ ruchbar werden, herauskommen, an den Tag kommen.

ébuard (e'bɥa:r) *m* Spaltkeil *m*.

ébull|iomètre *m*, **~ioscope** *m* (ebyljɔ'mɛtrə, ~ljɔ'skɔp) Siedemesser *m*; **~ition** (~li'sjɔ̃) *f* **1.** Kochen *n*; *être en* ~ kochen *v/i.*; *fig.* auf dem Siedepunkt angelangt sein; *point m d'*~ Siedepunkt *m*; *mettre en* ~ zum Sieden bringen; **2.** ⚕ Aufbrausen *n*; **3.** *fig.* Aufbrausen *n*.

éburné (ebyr'ne) *adj.*, **~néen** (~ne'ɛ̃) *adj.* [7c] elfenbeinern.

écacher (eka'ʃe) *v/t.* [1a] (zer-)quetschen, platt drücken.

écaillage (eka'ja:ʒ) *m* Abschuppen *n*.

écaille (e'kɑ:j) *f* **1.** (*Fisch- usw.*) Schuppe *f*; *tomber par* ~*s* sich abschuppen; abbröckeln, abspringen; *fig. les* ~*s lui sont tombées des yeux* die Schuppen sind ihm von den Augen gefallen; **2.** Muschelschale *f*; ✝ ~ (*de tortue*) Schildpatt *n*; *chat persan* ~ *de tortue* bunte Perserkatze *f* mit Schildpattfarbe; *lunettes f/pl. d'*~ Hornbrille *f*.

écaillement (ekaj'mɑ̃) *m* **1.** Aufmachen *n* der Austern; **2.** ⊕ Kupferhammerschlag *m*.

écailler[1] (eka'je) [1a] **I** *v/t.* **1.** (ab-)schuppen; **2.** ~ *des huîtres* Austern aufmachen; **II** *v/rfl.* s'~ abbröckeln, abblättern.

écailler[2] (~) *su.* [7b] Austernhändler *m*.

éca|le (e'kal) *f* (*Erbsen-, Nuß-*) Schale *f*, Hülse *f*; **~ler** (~'le) *v/t.* [1a] enthülsen; knacken.

écanguer ✓ (ekɑ̃'ge) *v/t.* [1a] Flachs brechen.

écarlate (ekar'lat) **I** *f* **1.** Scharlachfarbe *f*; **2.** ✝ knallroter Stoff *m*; **II** *adj.* scharlach-, *fig.* puter-rot (de vor).

écarquiller (ekarki'je) *v/t.* [1a]: ~ *les jambes* die Beine spreizen; ~ *les yeux* die Augen aufsperren.

écart (e'ka:r) *m* **1.** Seiten-schritt *m*, -sprung *m*, -wendung *f*; *Akrobatik*: *grand* ~ Spagat *m*; **2.** *fig.* Abschweifung *f*; Verstoß *m*; Verirrung *f*; ~*s pl. de jeunesse* Jugendstreiche *m/pl.*,

Ausschweifungen *f/pl.*; *commettre des ~s* auf Abwege geraten; ⚕ *~ de régime* Diätfehler *m*; **3.** Abstand *m*, Unterschied *m* Abweichung *f*; ⊕ Toleranz *f*, Spielraum *m*; *éc. ~ entre les prix de la production et ceux de la vente* Preisschere *f*; *les ~s pl. du climat* die Klimaunterschiede *m/pl.*; **4.** *à l'~ advt.* abseits, entlegen, für sich; *demeurer à l'~* beiseitebleiben; *mettre à l'~* beiseite-schaffen, -legen; *mise f à l'~* Beiseitesetzung *f*; *se tenir à l'~* beiseitestehen, sich abseits halten, sich fernhalten; *vivre à l'~* zurückgezogen leben; **5.** weggelegte Karten *f/pl.*, Skat *m*; **6.** *vét.* Buglähmung *f*, Verrenkung *f*; **7.** ⚔ Abweichung *f*, Streuung *f* (*beim Schießen*).

écarté (ekar'te) **I** *adj.* abgelegen; abstehend (*Ohren*); gespreizt (*Finger*); entfernt, entlegen; *fig. cartes ~es* abgeworfene Karten; **II** *m* Ekarté *n* (*Kartenspiel*).

écarteler (ekartə'le) *v/t.* [1d] vierteilen; ▨ in vier Felder teilen.

écar|tement (ekartə'mɑ̃) *m* **1.** Ausspreizen *n*; *fig.* Beseitigung *f*; **2.** Abstand *m*, Auseinanderstehen *n*, Abweichen *n*; Spalt *m*, Ritze *f*; ⚡ *~ des bougies* Elektrodenabstand *m*; **3.** 🚂 Spurweite *f*; **4.** *~ des essieux* Achsenabstand *m*; **5.** Streuen *n* (*von Geschossen*); **~ter** (~'te) [1a] **I** *v/t.* **1.** auseinandermachen, auseinandertreiben; zerstreuen; *~ les doigts* (*les jambes*) die Finger (Beine) spreizen, *Beine*: grätschen; **2.** *vom Wege* ablenken; *~ un coup* (*de bâton*) e-n (Stock-)Hieb *m* parieren; **3.** *fig.* entfernen, beseitigen; *~ les difficultés* die Schwierigkeiten beseitigen; *~ q.* j-n beiseiteschieben *od.* kalt stellen; *~ une demande* ein Gesuch *n* (eine Bitte *f*) abweisen; *~ les soupçons* den Verdacht (von sich) ablenken; **4.** *~ des cartes* Karten weg (*in den Skat*) legen; **5.** ⚔ *u. ch., abs. le fusil écarte* die Flinte streut; **II s'~ 6.** sich entfernen; *s'~ du chemin* vom Wege abkommen, sich verlaufen; *fig.*: *s'~ de son devoir* von s-r Pflicht abweichen; **7.** sich öffnen; **8.** *s'~* (*au large*) auseinandergehen, sich zerstreuen (*Volksmenge*).

écatir *text.* (eka'ti:r) *v/t.* [2a] *Tuch* kalt pressen.

ecce homo (ɛksеɔ'mo) *m* [5a] **1.** *peint.* Christus mit der Dornenkrone; **2.** F *fig.* Elendsfigur *f*.

ecchymo|se ⚕ (ɛki'mo:z) *f* Bluterguß *m*, Quetschung *f*, blauer Fleck *m*; **~ser** ⚕ (~mo'ze) [1a]: **s'~** mit Blut unterlaufen.

ecclésiastique (ɛklezjas'tik) **I** *adj.* □ geistlich, kirchlich; *histoire f ~* Kirchengeschichte; **II** *m* Geistlicher *m*.

écervelé (esɛr'vle) *adj.* leichtsinnig, völlig unüberlegt, kopflos, töricht.

échafaud (eʃa'fo) *m* **1.** (Arbeits-) Gerüst *n* (*für Maler, Maurer usw.*); *~ volant* schwebendes Gerüst *n*, Hängegerüst *n*; **2.** provisorische Tribüne *f*; **3.** Schafott *n*; **~age** (~fo'da:ʒ) *m* **1.** Gerüst *n*; *~ tubulaire* Stangengerüst *n*; **2.** *fig.* Ansammlung *f*; Anhäufung *f*; **3.** *fig.* Gebäude *n*, Theorie *f*; **~er** (~fo'de) [1a] **I** *v/t.* **1.** an-, auf-häufen, aufeinandersetzen, zusammenstellen; **2.** *fig.* Plan *m* entwerfen, ausarbeiten; *~ un système sur qch.* ein System auf etw. aufbauen; **II** *v/i.* ⚠ ein Gerüst aufstellen, rüsten; **~eur** (~fo'dœ:r) *m* Gerüstbauer *m*.

échalas (eʃa'lɑ) *m* **1.** ✓ Wein-, Reb-pfahl *m*; Hopfen-, Tomatenstange *f*; *se tenir droit comme un ~, avoir avalé un ~* steif sein wie ein Stock; **2.** P steifer Kerl *m*; *c'est un véritable ~* er ist lang wie e-e Bohnenstange; **~ser** (~lɑ'se) *v/t.* [1a] anpfählen; stengeln.

échalier (eʃa'lje) *m*, **échalis** (eʃa'li) *m* Feldzaun *m* aus Reisig; Heckensteigleiter *f*.

échalote ⚘ (eʃa'lɔt) *f* Schalotte *f*, Eschlauch *m*.

échan|crer (eʃɑ̃'kre) *v/t.* [1a] ausrändern, auszacken, (bogenförmig) ausschneiden; **~crure** (~'kry:r) *f* bogenförmiger Ausschnitt *m*, Einkerbung *f*, Kerbe *f*; *Küste*: Einbuchtung *f*, Busen *m*.

échandole ⚠ (eʃɑ̃'dɔl) *f* Dachschindel *f*.

échan|ge (e'ʃɑ̃:ʒ) *m* Auswechselung *f*, Tausch *m*, Aus-, Um-tausch *m*; *~ d'élèves* Schüleraustausch *m*; *~ de lettres* Briefwechsel *m*; *~ de notes diplomatiques* diplomatischer Notenwechsel *m*; *~ de populations* Bevölkerungsaustausch *m*; *~ de vue* Meinungsaustausch *m*; *~ de professeurs* (*d'étudiants*) Lehrer-(Studenten-)austausch *m*; *professeur m d'~* Austauschprofessor *m*; *~ de logement(s)* Wohnungstausch *m*;

~ *commercial* Handelsbeziehung *f*; *fig.* ~ *d'injures* gegenseitige Beschimpfung *f*; (*commerce m d'*) ~ Tauschhandel *m*; *libre* ~ freie Wirtschaft *f*; Freihandel *m*; ~*s pl. de biens* Güteraustausch *m*; *les* ~*s pl.* der Warenaustausch *m*; *advt.* en ~ dafür, dagegen; en ~ de als Austausch (*od.* Gegengabe) für (*acc.*); **~geable** (~'ʒablə) *adj.* vertauschbar, austauschbar; **~ger** (~'ʒe) *v/t.* [1l]: ~ *contre od. pour* aus-, ein-, um-, ver-tauschen (*od.* auswechseln) gegen *od.* für (*acc.*); *fig.* ~ *des compliments* (*des injures*) Komplimente (Beleidigungen) austauschen; *prov.* ~ *un cheval borgne contre un boiteux* vom Regen in die Traufe kommen, um nichts gebessert sein; **~giste** (~'ʒist) *su.* **1.** Tauschhändler *m*; **2.** Austauschpartner *m*.

échanson (eʃɑ̃'sɔ̃) *m* Mundschenk *m*.

échantillon (eʃɑ̃ti'jɔ̃) *m* **1.** Probe *f*, Muster *n*; Probestück *n*; *donner un* ~ *de son savoir-faire* zeigen, was man kann; *carte f d'*~*s* Musterkarte *f*; ~ *de vin* Weinprobe *f*; ~ *sans valeur* Muster *n* ohne Wert; **2.** gesetzliches Mustergewicht *n*, Eichmaß *n*; **~nage** (~jɔ'na:ʒ) *m* Sortieren *n*; Musterkollektion *f*; Stichprobenerhebung *f*; **~ner** (~'ne) *v/t.* [1a] **1.** eichen; **2.** ✝ sortieren; zu Proben zerschneiden; mit den Proben vergleichen; **3.** *allg., sogar in Bezug auf irgendein Unterrichtsfach*: auswählen.

échanvrer ⚒ (eʃɑ̃'vre) *v/t.* [1a] den Flachs schwingen.

échap|pade (eʃa'pad) *f* (mutwilliger) Streich *m*; kleiner Ausflug *m*, Abstecher *m*, Partie *f*; *Tiere*: Ausbrechen *n*, Entwischen *n*; **~patoire** (~pa'twa:r) *f* Vorwand *m*, Ausrede *f*, Ausflucht *f*; **~pé** (~'pe) *su.* Entlaufener *m*; ~ *des galères* Galgenstrick *m*; ~ *de Charenton* Verrückter *m*; **~pée** (~) *f* **1.** Ausflug *m*, Abstecher *m*; **2.** ~ *de vue* schmale Aussicht *f*, Durchblick *m*, *peint.* Ausblick *m*; ~ *de lumière* Streiflicht *n*; **3.** kurzer Augenblick *m*; ~ *de soleil* (kurzer) Sonnenblick *m*; **4.** ⚠ ~ *du jour* Lichtenweite *f*; **~pement** (eʃap'mɑ̃) *m* **1.** Entweichen *n*; ⊕ Ausströmen *n z.B. des Dampfes*; **2.** *Auto*, ⊕ Auspuff *m*; *tuyau m d'*~ Dampfauslaß- *od.* Auspuff-rohr *n*; **3.** ⊕ *horl.* Hemmung *f*; *montre f avec* ~ *à cylindre* Zylinderuhr *f*.

échapper (eʃa'pe) [1a] **I** *v/i.* **1.** entwischen, entschlüpfen, entrinnen, entfahren, entfliehen, entgehen, entkommen, sich retten; *laisser* ~ *un prisonnier* e-n Gefangenen entspringen lassen; *laisser* ~ *une occasion* e-e Gelegenheit *f* versäumen; *il n'échappa qu'à grande peine* er entkam nur mit knapper Not; **2.** ~ **à** *q. od. qch.* **a**) [*mit avoir*]: ~ *à la mort* dem Tode entrinnen; ~ *à un danger* e-r Gefahr entgehen; *cela échappe à tout calcul* das entzieht sich aller Berechnung; *la patience lui a échappé* die Geduld ist ihm ausgegangen, F der Geduldsfaden ist ihm gerissen; seine Geduld ist zu Ende; *la tasse lui a échappé des mains* ... ist ihm aus der Hand gefallen; ~ *à la vue* sich den Blicken entziehen; *le mot m'a échappé* ... ist mir entgangen (*ich habe es überhört, a.: übersehen*); *il m'a échappé que* ... ich habe übersehen, daß ...; **b**) [*mit être*]: *le mot m'est échappé* das Wort ist mir entschlüpft *od.* entfahren (*ich habe es unbesonnen ausgesprochen*); *quelques fautes vous sont échappées od. v/imp.*: *il vous est échappé quelques fautes* es sind Ihnen einige Fehler unterlaufen; **c**) [*mit avoir* (*Handlung*!) *bzw. être* (*Zustand*!)]: *cela m'avait* (*bzw. m'était*) *échappé de la mémoire* das war mir aus dem Gedächtnis entschwunden; *un cri lui a* (*bzw. est*) *échappé* er *od.* sie hat e-n Schrei ausgestoßen; ~ **de** (*mit avoir bzw. être*): ~ *de la prison* aus dem Gefängnis entweichen; ~ *d'un naufrage* sich aus einem Schiffbruch retten; *il a échappé des mains des ennemis* er ist den Feinden entwischt; **II** *v/t.* **3.** *l'*~ *belle* mit heiler Haut (*od.* mit blauem Auge *od.* mit knapper Not) davonkommen; **4.** ~ *des mailles* Maschen fallen lassen; ~ *un verre* ein Glas fallen lassen; **III s'**~ **5.** s'~ (*de*) entweichen, sich flüchten; entwischen, entfliehen, entschlüpfen, entkommen, ausbrechen; auslaufen (*Flüssigkeit*); rinnen, strömen (*Blut*); hinausdringen (*Rauch*) (aus *dat.*); *s'*~ *de prison* aus dem Gefängnis entspringen; **6.** *Auto*: ausströmen, entweichen (*Verbrennungsgase*); **7.** sich vergessen; *il s'échappa jusqu'à dire* ... er vergaß sich so weit und sagte ...; **8.** los-, auf-gehen; s'~ *de l'aiguille* sich ausfädeln.

échar|de (e'ʃard) *f* ins Fleisch gedrungener (Holz-)Splitter *m*; **~donner** (~dɔ'ne) *v/t.* [1a] ✓ von Disteln befreien; *Tuch* aufrauhen.

échar|ner ⊕ (eʃar'ne) *v/t.* [1a] *Gerberei*: abschaben; **~noir** (~'nwa:r) *m* Schabeisen *n*; **~nure** ⊕ (~'ny:r) *f Gerberei*: Abschabsel *n*.

écharpe (e'ʃarp) *f* **1.** Schärpe *f*, Feldbinde *f*; **2.** leichter Damenschal *m*, leichtes Umhängetuch *n*; **3.** ⚕ *porter le bras en* ~ den Arm in e-r Binde tragen; **4.** *advt. en* ~ quer, schräg; *esc. coup m en* ~ Querhieb *m*; *se prendre en* ~ a) von der Seite rammen; quer *od.* schräg aneinanderfahren; *un camion prend une voiture de tourisme en* ~ ein Lastauto rammt e-n Reiseomnibus; *être pris en* ~ *par un train* von e-m Zug querseitig gerammt werden; b) ⚔ von der Seite angreifen; **5.** ⊕ Schrägleiste *f*; Spanntau *n*.

écharper (eʃar'pe) *v/t.* [1a] **1.** zerhauen; schwer verwunden; Feind zusammenhauen, zerschlagen; **2.** ⊕ *Spinnerei*: krempeln; *Wolle*: auseinanderkämmen.

écharpiller F (eʃarpi'je) *v/t.* [1a] in Stücke hauen; *Roßhaar* auseinanderzupfen.

échas|se (e'ʃas) *f* Stelze *f*; **~sier** *orn.* (~'sje) *m* Stelzvogel *m*.

échauboulure ⚕ (eʃobu'ly:r) *f* Hitzebläschen *n*.

échau|dage (eʃo'da:ʒ) *m* **1.** Brühen *n*, Ausbrühen *n*; **2.** △ Kalktünche *f*, Weißen *n* der Wände mit Kalktünche; **~dé** (~'de) *adj. pât.* Windbeutel *m*.

échau|der (~) [1a] **I** *v/t.* **1.** verbrühen, versengen, verbrennen; abbrühen; *prov. chat m échaudé craint l'eau froide* gebranntes Kind scheut das Feuer; **2.** *fig.* ~ *q.* j-n reinlegen, j-n übers Ohr hauen, j-n übervorteilen; **3.** △ mit Kalk überstreichen, weißen; **II** *v/rfl.* s'~ sich verbrühen; F *fig.* sich die Finger bei etw. verbrennen, zu Schaden kommen; **~doir** ⊕ (~'dwa:r) *m* Brüh-faß *n*, -kessel *m*; -haus *n*; **~dure** ⚕ (~'dy:r) *f* verbrühte Stelle *f*, Brandblase *f*.

échauf|fant (eʃo'fɑ̃) *adj.* [7] **1.** erhitzend (*Nahrungs-*, *Heilmittel*); **2.** ⚕ verstopfend; **3.** *fig.* aufreizend; **~fe** (e'ʃof) *f Gerberei*: Schwitze *f*; **~fé** (~'fe) **1.** erhitzt; *fig.* in gehobener Stimmung; aufgeregt; **2.** brandig, stockig (*Getreide*); **3.** *teint m* ~ unreine Haut *f*; **4.** ⚕ verstopft, hartleibig; **~fement** (~f'mɑ̃) *m* **1.** Erhitzung *f*; erhitztes Blut *n*; Aufregung *f*; **2.** Muffigwerden *n*; **3.** ⚕ Verstopfung *f*; **4.** ⊕ Heißlaufen *n*.

échauf|fer (eʃo'fe) [1a] **I** *v/t.* **1.** *a. fig.* erwärmen, warm machen; erhitzen, heiß machen; *fig.* anfeuern, anregen, begeistern; ~ *la bile* (*les oreilles*, *le sang od. la tête*) j-n in Wut (*od.* in Harnisch) bringen, j-n wütend machen; *le vin lui a échauffé la tête* der Wein ist ihm zu Kopfe gestiegen; **2.** ✓ ~ *un terrain* e-n Boden gut düngen; **3.** ⚕ F verstopfen; **II** *v/rfl.* s'~ **4.** warm werden, sich erhitzen; sich heißlaufen (*Räder*); *fig.* sich ereifern, wütend werden; *s'~ au sujet de qch.* sich für etw. erwärmen (*od.* begeistern); **5.** ✓ stockig *od.* muffig werden (*Getreide*); **6.** ⊕ sich heiß laufen; **~fourée** (~fu're) *f* Fiasko *n*, mißglückter Handstreich *m*; Krawall *m*, Tumult *m*; ⚔ Geplänkel *n*; **~fure** ⚕ (eʃo'fy:r) *f* Hitzblatter *f*.

échauguette *frt.* (eʃo'gɛt) *f* (Burg-)Warte *f*, Wachturm *m*.

échauler ✓ (eʃo'le) *v/t.* [1a] (ein-)kalken, mit Kalk düngen; mit Kalkwasser bespritzen.

échaumer ✓ (eʃo'me) *v/t.* [1a] abstoppeln.

éché|able (eʃe'ablə) *adj.* fällig; **~ance** (~'ɑ̃:s) *f* Verfall(-tag *m*, -zeit *f*) *m*, (Zahlungs-)Termin *m*, Ziel *n*, Fälligkeit *f*; ~*s pl.* fällige Beträge *m/pl.*; *reculer l'*~ den Verfalltag aufschieben; *à l'*~ bei Verfall; *à courte* (*longue*) ~ auf kurze (lange) Sicht; *payer ses* ~*s* s-e Verbindlichkeiten erfüllen; *venir à l'*~ fällig werden; **~ancier** (~ɑ̃'sje) *m* Wechselbuch *n*; Terminkalender *m*; **~ant** (~'ɑ̃) *adj.* [7] fällig; *le cas* ~ erforderlichenfalls, gegebenenfalls.

échec (e'ʃɛk) **I** *m* **1.** Schach *n*; ~ *et mat* Schach (und) matt; *fig.* schachmatt; *faire* ~ Schach bieten; *donner* (*od. faire*) ~ *et mat* matt setzen; *tenir q. en* ~ j-n in Schach halten (*a. fig.*); **2.** *fig.* Mißerfolg m, Fehl-, Rück-schlag *m*, Scheitern *n*; Verlust *m*; *écol.* Durchfall *m*; Schlappe *f*; *faire* ~ *à qch.* etw. zum

Scheitern bringen; *faire ~ à q.* a) j-n in Schach halten; **b**) j-n in Verlegenheit bringen; j-n erschüttern; *voué à l'~* aussichtslos; *recevoir un rude ~* e-e empfindliche Schlappe erleiden; **II** *~s m/pl.* Schachspiel *n*; *jouer aux ~s* Schach spielen.

échelle (e'ʃɛl) *f* **1.** Leiter *f*; *~ de corde* Strickleiter *f*; *~ d'assaut* Sturmleiter *f*; *~ automobile* mechanische Leiter *f* (*Feuerwehr, städtische Beleuchtung*); *~ double* Garten-, Baum-, Steh-leiter *f*; *~ automobile, ~ à incendie, ~ de sauvetage* Feuer-, Rettungs-leiter *f*; *~ coulissante, ~ à coulisse* Auszieh-, Schiebe-leiter *f*; *~ de meunier* Leitertreppe *f*; *~ pliante* Klappleiter *f*; *monter sur* (*od. à*) *une ~* auf e-e Leiter steigen; *faire la courte ~ à q.* j-m beim Klettern s-e Schultern reichen; *fig. tenir l'~ à q.* j-m behilflich sein, j-m unter die Arme greifen; *fig. après lui, il faut tirer l'~* ihm kommt niemand gleich, mit ihm nimmt's keiner auf; F *monter à l'~* e-n Spaß ernst nehmen; F *faire monter q. à l'~* j-n auf die Palme bringen *fig.*; **2.** (*bsd.* ⚓ Schiffs-)Treppe *f*; *~ de poupe* Heckleiter *f*; **3.** *fig.* Stufenleiter *f*, Abstufung *f*; *~ sociale* gesellschaftliche Rangordnung *f*, Gesellschaft *f*, Stände *m/pl.*; **4.** *a. phys.* Gradeinteilung *f*, Skala *f*, Tabelle *f*; Tonleiter *f*; *allg.* Maßstab *m*; *~ fluviale, ~ hydrométrique, ~ des eaux* Pegel *m*; *~ de jauge* Eichskala *f*; *~ graduée* Gradmesser *m*; *~ mobile* gleitende Skala *f*; *~ mobile des prix* (*des salaires*) Preis-(Lohn-)welle *f*, laufende Preis-(Lohn- *od.* Gehalts-)erhöhung *f*; ✝ *~ d'intérêts* Zinsskala *f*, -staffel *f*; *phot. ~ d'exposition* Belichtungstabelle *f*; *à l'~* maßgerecht; *~ de réduction* verkleinerter Maßstab *m*; *~ des traitements* Gehaltsstufe *f*; Besoldungsklasse *f*; *fig. à grande ~* in großem Maße; *a. fig. sur une grande ~* in großem Maßstabe (*od.* Stil); **5.** ⚓ *faire ~* anlaufen, anlegen; **~-marchepied** (~marʃ'pje) *f* [6b] Stehleiter *f* (*Leiter auf e-r Seite*).

échelon (eʃ'lɔ̃) *m* (Leiter-)Sprosse *f*; *fig.* Stufe *f*, Rangstufe *f*, Dienstgrad *m*; ⚔ Staffel *f*; *~ de combat* Gefechtsstaffel *f*; *~ du commandement* Befehlsstelle *f*; *premier ~* vordere Linie *f*; *par ~s, en ~s* stufenweise; staffelförmig; *marcher en ~s* in Staffelstellung marschieren; *pol. pourparlers m/pl. à l'~ le plus élevé* Verhandlungen *f/pl.* auf höchster Ebene; **~nement** (eʃlɔn'mɑ̃) *m* **1.** Staffelung *f*; *fig.* Abstufung *f*; *~ des prix* Preissteigerung *f*; **2.** Verteilung *f* auf verschiedene Zeitpunkte; *~ des vivres* Kartensystem *n*, Lebensmittelverteilung *f* (*im Falle der Rationierung*); **3.** ⚔ Staffelaufstellung *f*; *~ en profondeur* Tiefengliederung *f*; **~ner** (eʃlɔ'ne) *v/t.* [1a] **1.** staffeln; abstufen; **2.** auf bestimmte Zeitpunkte verteilen; **3.** ⚔ staffelförmig aufstellen.

échenil|lage ↗ (eʃni'ja:ʒ) *m* Raupenablesen *n*; **~ler** ↗ (~ni'je) *v/t.* [1a] abraupen, die Raupen ablesen; **~loir** ↗ (~ni'jwa:r) *m* Raupenschere *f*.

écheveau (eʃ'vo) *m* [5b] **1.** Bund *n*, kleiner Strang *m*, kleine Strähne *f*; *~ de fil* Bund *n* Garn; **2.** *fig.* Durcheinander *n*, Wirrwarr *m*; *~ embrouillé* verwickelte Geschichte *f*; *débrouiller* (*od. démêler*) *l'~* den gordischen Knoten lösen, des Rätsels Lösung finden.

écheveler (eʃə'vle) *v/t.* [1c] das Haar zerzausen (*dat.*).

échevette (eʃ'vɛt) *f* (Garn-Knäuel *m u. n* (= 100 m).

échevin (eʃ'vɛ̃) *m* Schöffe *m*; **~age** (eʃvi'na:ʒ) *m* **1.** Schöffenamt *n*; **2.** Dauer *f* des Schöffenamts; **3.** von Schöffen verwaltetes Gebiet *n*.

échidné *zo.* (ekid'ne) *m* Ameisenigel *m*.

échidnovaccin *phm.* (ekidnɔvak'sɛ̃) *m* Viperngiftvakzine *f* (*Impfstoff*).

échif *ch.* (e'ʃif) *adj.* [7e] gierig, gefräßig (*v. Jagdhunden u. Falken*).

échiff(r)e (e'ʃif[rə]) *f u. m* **1.** △ Treppenmauer *f*; **2.** *hist.* hölzerner Wachturm *m* auf e-r Stadtmauer.

échigner (eʃi'ɲe) **I** *v/t.* **1.** = échiner; **2.** zerkratzen, ein-, auf-ritzen; **II** *v/rfl.* F *s'~* sich abrackern, sich plagen.

échine (e'ʃin) *f* Rückgrat *n*; P *fig.*: *longue ~* lange Bohnenstange *f*, langer Kerl *m*; F *fig. avoir l'~ souple od. très flexible* ein Kriecher sein; *frotter l'~ à q.* j-n krumm u. lahm schlagen.

échiné (eʃi'ne) *adj.* lendenlahm,

völlig kaputt, todmüde.

échinée *cuis.* (eʃi'ne) *f* Rückenstück *n* vom Schwein.

échiner (~) [1a] **I** *v/t.* ~ *q.* j-m das Rückgrat zerbrechen; j-n schlagen; F totschlagen, erschlagen; völlig müde (*od.* lahm) machen, erschöpfen; j-n böswillig runtermachen (*in e-r Kritik*); ~ *q. de coups* j-n krumm u. lahm schlagen; **II** *v/rfl.* s'~ *fig.* sich abrackern, sich abquälen, sich abarbeiten.

échinodermes ◻ (ekinɔ'dɛrm) *m/pl. zo.* Stachelhäuter *m/pl.*

échi|queté (eʃik'te) *adj.* schachbrettartig geteilt; **~quier** (eʃi'kje) *m* **1.** Schachbrett *n*; **2.** ✓ kreuzweise bepflanztes Feld *n*; **3.** ⚔ schachbrettförmige Aufstellung *f*; **4.** ♀ englisches Finanzministerium *n*; **5.** *Fischerei*: viereckiges Fischnetz *n*.

écho (e'ko) *m* **1.** Echo *n*, Widerhall *m*; *il y a de l'~ ici* hier gibt es ein Echo, hier hallt es wider; *se faire l'~ de q.* nachbeten, was jemand sagt; *fig. trouver peu d'~* wenig Anklang finden; **2.** ~*s m/pl. de la ville* Lokale(s) *n/sg.* (*in Zeitungen*); **3.** *Radar*: ~ *truqué* Scheinecho *n*.

échoir (e'ʃwa:r) *v/i.* [3l] **1.** anheim-, zu-fallen, zuteil werden; *il espère que le gros lot lui écherra* er hofft, daß ihm das große Los zufallen wird; *il m'est échu en partage de ...* es war mir beschieden zu ...; **2.** ✝ verfallen, fällig werden; *cette lettre de change est échue* dieser Wechsel ist verfallen; **3.** *le cas échéant* erforderlichenfalls, gegebenenfalls.

écho|mètre (ekɔ'mɛtrə) *m* Schallmesser *m*; **~métrie** (~me'tri) *f* Schallmessung *f*.

échoppe[1] (e'ʃɔp) *f* kleine(r) Verkaufsstand *m*, kleine Verkaufsbude *f*.

échop|pe[2] ⊕ (~) *f Gravierkunst*: Radiernadel *f*; Grabstichel *m*; **~per** (eʃɔ'pe) *v/t.* [1a] mit der Radiernadel arbeiten, wegradieren.

échotier (ekɔ'tje) *su.* Lokalreporter *m*.

échou|age ⚓ (e'ʃwa:ʒ) *m* **1.** Auffahren *n* auf den Strand; **2.** Strandungsstelle *f*; **~ement** (eʃu'mɑ̃) *m* **1.** ⚓ Scheitern *n*, Stranden *n*; **2.** *fig.* Scheitern *n*, Mißlingen *n*.

échouer (e'ʃwe) [1a] **I** *v/i.* mißlingen, scheitern, fehlschlagen; bei e-r Prüfung durchfallen; *faire ~* vereiteln, hintertreiben; **II** ⚓ *v/i. u. v/rfl.* s'~: auflaufen, auf Grund kommen (*od.* laufen), stranden, sich festfahren, auf e-e Sandbank laufen; **III** *v/t.* auf den Strand setzen, stranden machen.

échu ✝ (e'ʃy) *adj.* fällig, verfallen.

écim|age ✓ (esi'ma:ʒ) *m* Kappen *n*, Stutzen *n* der Bäume; **~er** ✓ (~'me) *v/t.* [1a] e-n Baum kappen.

éclabous|sement (eklabus'mɑ̃) *m* Bespritzen *n* mit Straßenschmutz; **~ser** (~'se) *v/t.* [1a] mit Straßenschmutz bespritzen; *fig.* ~ *q.* j-n vor aller Welt bloßstellen; j-n durch s-n Luxus ausstechen *od.* in den Schatten stellen; **~sure** (~'sy:r) *f* angespritzter Straßenschmutz *m*, Kotspritzer *m*; *fig.* Rückschlag *m*, Unannehmlichkeit *f*.

éclair (e'klɛ:r) *m* **1.** Blitz *m*; ~*s de chaleur* Wetterleuchten *n*; *il fait des ~s* es blitzt; *il fait des ~s de chaleur* es wetterleuchtet; *passer comme un ~* vorbeisausen, vorbeiflitzen; **2.** *fig.* Aufleuchten *n*; *ses yeux lançaient des ~s* s-e Augen blitzten; ~ *de génie* Geistesblitz *m*; genialer Gedanke *m*; **3.** ~ *de(s) harengs* Leuchten *n* (*od.* Blicken *n*) der Heringszüge; **4.** ⊕ *métall.* (Silber-)Blick *m*; *faire l'~* blicken; **5.** Eclair *m*, Liebesknochen *m* P (*Gebäck*); **6.** *fermeture f ~* Reißverschluß *m*; *guerre f ~* Blitzkrieg *m*; **7.** *phot.* ~ *de magnésium* Magnesiumblitzlicht *n*.

éclai|rage (eklɛ'ra:ʒ) *m* Beleuchtung *f*, Erleuchtung *f*; *Auto*: Licht *n*; ~ *d'arrière* (rotes) Rücklicht *n*; *Auto*: ~ *de ville* Stadtlicht *n*; ⚡ *circuit m* (*od. réseau m od. ligne f*) *d'~* Lichtleitung *f*; ~ *de secours* Notbeleuchtung *f*; ~ *direct* (*indirect*) unmittelbare (mittelbare) Beleuchtung *f*; ~ *au gaz* Gasbeleuchtung *f*; ~ *électrique* elektrisches Licht *n*; ~ *par arc* Bogenlichtbeleuchtung *f*; ~ *à incandescence par le gaz* Gasglühlichtbeleuchtung *f*; **~ragiste** (~ra'ʒist) *m* Beleuchtungsingenieur *m*; **~rant** (~'rɑ̃) *adj.* [7] leuchtend; *gaz m ~* Leuchtgas *n*; *fusée f ~e* Leuchtrakete *f*; *pouvoir m ~* Leuchtkraft *f*, -vermögen *n*.

éclair|ci (eklɛr'si) *adj.* licht; **~cie** (~) *f* **1.** Lichtung *f im Walde*; **2.** helle Stelle *f am bewölkten Himmel*; ~ *de soleil* Sonnenblick *m*; **3.** *fig.* Aufheiterung *f des Wetters*;

~cir (~'si:r) [2a] **I** *v/t.* **1.** erhellen, hell machen; **2.** *fig.* aufklären, erklären, Licht (*od.* Klarheit) bringen in (*acc.*); **3.** *cuis.* verdünnen; **4.** ~ *les rangs* (*une forêt*) die Reihen (e-n Wald) lichten; **5.** ⊕ blank machen, putzen, polieren; **II** *v/rfl.* s'~ **6.** sich aufklären; aufklaren (*Wetter*); **7.** dünner werden; sich lichten; **~cissement** (~sis'mɑ̃) *m* **1.** ~ *de qch.* Klärung *f* e-r Sache, Aufschluß *m* über etw. (*acc.*), Klarstellung *f*, Erläuterung *f*; **2.** *cuis.* Verdünnen *n*; *for.* Auslichten *n*.

éclair|é (eklɛ're) *adj.* hell, erleuchtet; *fig.* aufgeklärt, freisinnig; einsichtig; *esprit m* ~ helle(r) Kopf *m*; *litt. siècle m* ~ Zeitalter *n* der Aufklärung; **~ement** (~r'mɑ̃) *m* Helligkeit *f*; Beleuchtung *f*; **~er** (~'re) [1b] **I** *v/t.* **1.** beleuchten, erleuchten, erhellen; bescheinen; ~ *à l'électricité* elektrisch beleuchten; ~ *q. pour sortir* (*pour descendre*) j-m hinaus- (hinunter-)leuchten; *être logé et éclairé* freie Wohnung und Licht haben; *éclairez-moi* leuchten Sie mir!; **2.** *fig.* aufklären, erleuchten; **3.** ~(*les pas de*) *q.* j-n überwachen *od.* beobachten; **4.** ⚔ aufklären; ~ *l'ennemi* den Feind beobachten; **II** *v/i.* **5.** leuchten, funkeln, blinken; blitzen; **6.** P blechen; **III** *v/imp.* **7.** *il éclaire* es blitzt; **IV.** *v/rfl.* s'~ **8.** sich erhellen; erleuchtet werden; für s-e Beleuchtung sorgen; **9.** *fig.* sich aufhellen; sich aufheitern; sich klären, klar werden.

éclaireur (eklɛ'rœ:r) *m* **1.** ⚔ Aufklärer *m*, Kundschafter *m*; Gasspürer *m* (*Luftschutz*); ~*s pl.* Vortrab *m*; **2.** *Sport*: Pfadfinder *m*; **3.** ⚓ Erkundungsschiff *n*.

éclat (e'kla) *m* **1.** Splitter *m*, Span *m*, abgesprungenes Stück *n*; *à l'abri des* ~*s* splittersicher; ~ *d'obus* Bomben-, Granat-splitter *m*; ~ *de verre* Glassplitter *m*; *voler en* ~*s* in Stücke fliegen, (sich) zersplittern; **2.** Knall *m*, starker Schall *m*; ~*s du tonnerre* Rollen *n* des Donners; ~ *de tonnerre* Donnerschlag *m*; *fig. etw.* Niederschmetterndes *n*; ~*s de voix* schallende Stimmen *f/pl.*; (*grands*) ~*s de rire* schallendes Gelächter *n*; *rire aux* ~*s* laut auflachen; **3.** Aufblitzen *n*, Lichtblitz *m*, Lichtschein *m*; **4.** *fig.* Auftritt *m*, Skandal *m*; *provoquer un* ~ e-n Skandal herbeiführen; *faire beaucoup d'*~ ein großes Aufsehen erregen; ~*s pl.* heftiger Wortstreit *m*; **5.** Glanz *m*; *fig.* Pracht *f*; *action f d'*~ glänzende Tat *f*, Glanztat *f*, Glanzleistung *f*; ~ *des couleurs* Farbenpracht *f*; *sans* ~ glanzlos, matt; *fig.* unscheinbar.

écla|tant (ekla'tɑ̃) *adj.* [7] **1.** glänzend, blank; **2.** hell, schallend, laut, schmetternd; **3.** großartig, glanzvoll, hervorragend, Aufsehen erregend, auffallend; strotzend; offensichtlich, offenkundig, sichtbar, allgemein bekannt; **~tement** (~t'mɑ̃) *m* Zerplatzen *n*, Zerspringen *n*; *bombe f à* ~ Sprengbombe *f*; ~ *dans l'âme d'un canon* Rohrkrepierer *m*, -zerspringer *m*.

écla|ter (ekla'te) [1a] (*mit avoir!*) **I** *v/i.* **1.** (zer)platzen, bersten, zersplittern, zerspringen; ⚔ krepieren (*von Geschossen*); explodieren; *faire* ~ *a.* sprengen; *le pneu éclate* der Reifen platzt; *ma tête m'éclate* der Kopf will mir platzen; *la peau éclate* die Haut springt auf; **2.** lautes Geräusch *n* machen, erschallen; knallen, prasseln, krachen; ~ *de rire* laut auflachen; ~ *de santé* vor Gesundheit strotzen; ~ *en injures* in Schmähungen ausbrechen; **3.** zum Ausbruch kommen, aufflackern; *la révolution* (*l'incendie*) *éclata* die Revolution (der Brand) brach aus; **4.** sich zeigen, an den Tag kommen, laut werden; *faire* ~ *la vérité* die Wahrheit ans Licht bringen; **5.** blitzen, glänzen; **II.** *v/t.* zersplittern; ✓ ~ *des racines* Wurzeln auseinanderreißen; **~teur** ⚡, *rad.* (~'tœ:r) *m* Entlader *m*, Funkenstrecke *f*, Blitzableiter *m*.

éclectisme *phil.* (eklɛk'tism) *m* Eklektizismus *m*.

éclimètre (ekli'mɛtrə) *m* Gefällemesser *m*, Azimutkompaß *m*, Gradbogen *m*, Röhrenlibelle *f*.

éclip|se (e'klips) *f* Verdunkelung *f*, Verfinsterung *f*, Finsternis *f*; *une* ~ *de soleil* e-e Sonnenfinsternis *f*; ⊕ *à* ~ einziehbar, versenkbar; **~ser** (~p'se) [1a] **I** *v/t.* verdunkeln, verfinstern; *fig.* ~ *q.* (*qch.*) j-n (etw.) in den Schatten stellen; **II** *v/rfl.* s'~ F verduften, spurlos verschwinden, sich verkrümeln (*plais.*), sich aus dem Staube machen; s'~

par des portes dérobées sich durch Hintertüren aus dem Staube machen; **~tique** *ast.* (~'tik) **I** *adj.* ekliptisch; **II** *f* Ekliptik *f.*

éclissage (ekli'sa:ʒ) *m* **1.** ⚕ Schienen *n*; **2.** 🚂, ⊕ Verlaschung *f.*

éclis|se (e'klis) *f* Holzspan *m*; ⚕ (Arm-, Bein-)Schiene *f*; ⊕, 🚂 Lasche *f*, Stoßschiene *f*; *Käsefabrikation*: Abtropfkörbchen *n*; **~ser** (ekli'se) *v/t.* [1a] ⚕ schienen; 🚂, ⊕ verlaschen.

éclo|pé F (eklɔ'pe) **I** *adj.* gehunfähig, lahm, fußkrank, hinkend; ⚔ marode; **II** *m a.* ⚔ Nachzügler *m*; Leichtverwundeter *m*; Marsch-, Fuß-kranker *m*; **~pement** (eklɔp'mɑ̃) *m* Lähmung *f*, Lahmsein *n*; **~per** (eklɔ'pe) *v/t.* [1a] fußlahm (*od.* gehunfähig) machen, zum Krüppel machen.

éclore (e'klɔ:r) *v/i.* [4k] **1.** aus dem Ei kriechen; ausschlüpfen; *les petits sont éclos* die Jungen sind ausgekrochen; **2.** sich öffnen (*Ei*); aufbrechen (*Knospe*); aufblühen (*Blume*); *fig.* anbrechen (*Tag*); *fig.* an den Tag kommen; *faire ~* ausbrüten; ⚘ zum Aufblühen bringen; *fig.* hervorrufen, zur Reife bringen.

éclosion (eklo'zjɔ̃) *f* Auskriechen *n*, Ausschlüpfen *n*; ⚘ Aufbrechen *n*; Aufblühen *n*; *fig.* Werden *n.*

éclusage ⚓ (ekly'za:ʒ) *m* Durchschleusen *n.*

écluse (e'kly:z) *f* Schleuse *f.*

éclu|sée (ekly'ze) *f* Schleusenwasser *n*; Gesamtheit *f* der auf einmal durchgeschleusten Schiffe; **~ser** (~) *v/t.* [1a] durchschleusen; mit Schleusen Versehen.

écobu|age ⚒ (ekɔ'bɥa:ʒ) *m* Jäten *n* und Abbrennen *n* des Unkrauts; **~er** ⚒ (~'bɥe) *v/t.* [1a] Unkraut jäten und verbrennen u. die Asche ausstreuen (*zur Kulturlandgewinnung*).

écœu|rant (ekœ'rɑ̃) *adj.* [7] ekelhaft, widerlich; **~rement** (~r'mɑ̃) *m* Ekel *m*; **~rer** (~'re) [1a] **I** *v/t.* anekeln, anwidern; **II** *v/rfl.* s'~ Ekel empfinden.

écoin|çon △, **~son** (ekwɛ̃'sɔ̃) *m* Eck-, Kropf-stein *m.*

écolage † (ekɔ'la:ʒ) *m* Schulgeld *n.*

école (e'kɔl) *f* **1.** Schule *f*; Lehranstalt *f*; Schulgebäude *n*, Schulhaus *n*; *aller à l'~* zur Schule gehen; die Schule (regelmäßig) besuchen; *fréquenter l'~* die Schule (regelmäßig) besuchen; *être à bonne ~ a. iron.* e-e gute Gelegenheit haben, etw. zu lernen; in guter Lehre *od.* Schule sein; *faire une rude ~, être à rude ~* durch e-e harte (*od.* strenge) Schule gehen; *mettre* (*od. envoyer*) *un enfant à l'~* (*od. dans une ~*) ein Kind einschulen; *en âge d'aller à l'~* schulpflichtig; *fig. faire ~ a. iron.* Schule machen, Nachahmer *od.* Nachfolger finden; *fig. faire l'~ buissonnière* die Schule schwänzen; *renvoyer q. à l'~* j-m s-e Dummheit *od.* Unkenntnis unter die Nase reiben; (*pratique f de l'*)*~ active* Arbeitsunterricht *m*; *~ ambulante* Wanderschule *f*; *~ d'art industriel* Kunstgewerbschule *f*; *~ de base* Grundschule *f*; *Fr.* ♀ *nationale des beaux-arts* Staatliche Kunstakademie *f*; *~ des chartes* staatliche Hochschule *f* für das Studium von Handschriften *usw.*; *~ de(s) chauffeurs* (*od. de conducteurs d'automobiles*) Fahrschule *f*; *~ (supérieure) de commerce* Handels(hoch)schule *f*; *~ communale* Gemeinde-, Volks-schule *f*; *~ complémentaire rurale* ländliche Fortbildungsschule *f*; *~ confessionnelle* Bekenntnisschule *f*; *~ de continuation* Fortbildungsschule *f*; ♀ *de droit* juristische Fakultät *f*; *~ enfantine* Kleinkinderschule *f*; *~ d'équitation* Reitschule *f*; *~ des eaux et forêts* Forstakademie *f*; *~ de(s) femmes* Frauenschule *f*; *~ des hautes études commerciales* Handelshochschule *f* (*in Paris*); *~ industrielle* Gewerbeschule *f*; *~ interconfessionnelle* Simultanschule *f*; *Fr. ~ interlinguistique* Welthilfsspracheninstitut *n*; *~ laïque* weltliche Schule *f*, staatliche Schule *f* ohne Religionsunterricht; *~ libre* Privatschule *f*; *~ maternelle* Kindergarten *m*, Kleinkinderheim *n*; *~ militaire* Kriegsakademie *f*; *~ des mines* Bergakademie *f*; *~ de minorité* Minderheitenschule *f*; *allg. ~ moyenne* Mittelschule *f*; *Fr. ~ normale* Lehrer(innen)seminar *n*; *~ (en) plein air* Wald-, Freiluftschule *f*; *~ polytechnique* Technikum *n*; *Fr. ~ des ponts et chaussées* Bauingenieurschule *f*; *~ préparatoire* Vorschule *f*; *~ primaire* Volksschule *f*; *ehm. Fr. ~ primaire supérieure* Mittelschule *f*; *~ profession-*

nelle Fach-, Berufs-, Gewerbeschule *f*; *Fr.* ♀ *de Saint-Cyr* Kriegsakademie *f* in Saint-Cyr; ~ *secondaire* Oberschule *f*, höhere Schule *f*, höhere Lehranstalt *f*; ~ *spéciale* Fachschule *f*; ~ *solidariste* Gemeinschaftsschule *f*; ♀ *supérieure d'éducation physique* Hochschule *f* für Leibesübungen; *Fr.* ♀ *supérieure de guerre* Kriegsakademie *f*; *a. Fr.* ~ *unique* Einheitsschule *f*; ~ *vétérinaire* Tierarzneischule *f*; ~ *de vol à voile* Segelflugschule *f*; *fig.* ~ *du malheur* Schule *f* des Leidens; *aller à l'*~, *fréquenter une* ~ zur Schule gehen, e-e Schule besuchen; *envoyer à l'*~ in die Schule schicken; *mettre un enfant à l'*~ ein Kind einschulen; **2.** Lehrgebäude *n*, Lehrsystem *n*; **3.** Schulton *m*, Schülermanieren *f/pl.*; **4.** Lehre *f*, Schule *f*, Sekte *f*, System *n*; ~ *classique* (~ *romantique*) klassische (romantische) Schule *f*; ~ *flamande* (~ *d'Italie*) niederländische (italienische) Schule *f*; *faire* ~ Schule machen, Nachahmer finden; **5.** Schulung *f*, Dressur *f*, Ausbildung *f*; **~-cité** (~si'te) *f* [6a] Schulgemeinde *f*.

écolier (ekɔ'lje) [7b] **I** *su.* junger Schüler *m*; *fig.* Anfänger *m*, Novize *m*; *prendre le chemin des* ~*s* Umwege machen, den längsten Weg einschlagen; *faute f d'*~ Elementarfehler *m*; **II** *adj. la gent écolière* das Schülervolk *n*; *Fr. papier m* ~ liniiertes Konzeptpapier *n*.

écolo|gie 🕮 (ekɔlɔ'ʒi) *f* Ökologie *f*, Wissenschaft *f* v. den Beziehungen der Lebewesen zu ihrer Umwelt (*Klima, Boden, andere Lebewesen, technische Umwelt, Einwirkung der Technik auf Natur und Mensch*); **~gue** (ekɔ'lɔg) *m* Ökologe *m*.

écondu|ire (ekɔ̃'dɥi:r) *v/t.* [4c] j-n höflich abweisen, j-m die Tür weisen, j-n hinauskomplimentieren, j-m e-n Korb geben, j-n abblitzen lassen; **~ite** (~'dɥit) *f* Abweisung *f*.

économat (ekɔnɔ'ma) *m* Verwalterstelle *f*, Verwaltung *f*; Verkaufsstelle *f* für verbilligte Einkäufe für Betriebsangehörige; ~*s pl. Art* Filialbetriebe *m/pl.*

écono|me (ekɔ'nɔm) **I** *adj.* sparsam, haushälterisch, wirtschaftlich; *fig.* ~ *de paroles* wortkarg; *être* ~ *de qch.* mit etw. sparsam umgehen; **II** *su.* Verwalter *m*, Ökonom *m*; Sparsamer *m*; **~mie** (~'mi) *f* **1.** Wirtschaft *f*; ~ *agricole* (*od. rurale*) Agrarwirtschaft *f*; ~ *armée* Wehrwirtschaft *f*; *concernant l'*~ *privée* privatwirtschaftlich; ~ *concurrentielle* Wettbewerbswirtschaft *f*; ~ *contrôlée par l'Etat* Zwangswirtschaft *f*; ~ *coopérative* Genossenschaftswirtschaft *f*; ~ *dirigée* Planwirtschaft *f*, gelenkte Wirtschaft *f*; ~ *domestique* Hauswirtschaft *f*; ~ *financière* Finanzwirtschaft *f*; ~ *forestière* Forstwirtschaft *f*; ~ *harmonisée* ausgeglichene Wirtschaft *f*; ~ *hydraulique* Wasserwirtschaft *f*; ~ *libre* freie Wirtschaft *f*; ~ *monétaire* Geldwirtschaft *f*; ~ *nationale* einheimische Wirtschaft *f*, Staatswirtschaft *f*; ~ *planifiée* Planwirtschaft *f*; ~ *politique* Nationalökonomie *f*; ~ *privée* Privatwirtschaft *f*; *sage* ~ vernünftiges Wirtschaften *n*; ~ *sociale* soziale Wirtschaft *f*, **2.** *fig.* Anordnung *f*, (zweckmäßige) Einrichtung *f*; ~ *animale* tierischer Bau *m*; ~ *végétale* Pflanzenbau *m*; **3.** Sparsamkeit *f*, Wirtschaftlichkeit *f*; Einsparung *f*; ~*s pl.* a) Ersparnisse *f/pl.*; b) Wirtschaftlichkeit *f*; *mauvaise* ~ falsche Sparsamkeit *f*; *avoir de l'*~ *od. vivre avec* ~ haushälterisch leben; *faire od. réaliser des* ~*s* sparen, etw. zurücklegen; etw. einsparen; ~ *de place* Raumersparnis *f*; *mesure f d'*~ Sparmaßnahme *f*; **~mique** (~'mik) **I** *adj.* wirtschaftlich, preiswert, sparsam; *peu* ~ unwirtschaftlich; *problèmes m/pl.* ~*s* Wirtschaftsfragen *f/pl.*; *branche f* ~ Wirtschaftszweig *m*; **II** *f* Haushaltungskunst *f*; Wirtschaften *n*; **~miser** (~mi'ze) [1a] **I** *v/t.* sparsam verwalten *od.* bewirtschaften, sparsam umgehen mit (*dat.*); (ein-) sparen, zurücklegen, erübrigen; ~ *son temps* sparsam mit s-r Zeit umgehen; **II** *v/i.* ~ *sur ses revenus* von s-m Einkommen sparen; **~miseur** ⊕ (~mi'zœ:r) *m* Spargerät *n*; ~ *de charbon* Kohlensparer *m*; **~miste** (~'mist) *m* Volkswirt *m*, Nationalökonom *m*.

éco|pe ⚓ (e'kɔp) *f* Wasserschaufel *f*; **~per** (~'pe) [1a] **I** *v/t.* ⚓ *das Wasser aus e-m Fahrzeug* ausschöpfen; **II** F *v/i.* Vorwürfe *od.* Schläge bekommen; die Zeche bezahlen müssen (*fig.*); der Sündenbock sein, es ausbaden müssen; *ce sont toujours les braves gens qui écopent* das sind immer die anständigen Leute, die herhalten müssen; **~perche** ⊕ (ekɔ'pɛrʃ) *f* Kranbalken *m*.

écorce (e'kɔrs) *f* **1.** Rinde *f*, Bast *m*, Borke *f*, Schale *f*; *~ de citron* Zitronenschale *f*; *~ d'orange* Apfelsinenschale *f*; *~ des jésuites*, *~ du Pérou* echte Chinarinde *f*; **2.** Kruste; *~ du globe* Erdrinde; **3.** *fig. das* Äußere, Schein *m*; **4.** *Gerberei*: Lohe *f*.

écorcer (ekɔr'se) [1k] *v/t.* (*u. s'~* sich) (ab)schälen, abrinden.

écor|chage (ekɔr'ʃa:ʒ) *m*, **~chement** (~ʃə'mã) *m* Schinden *n*, Abziehen *n des Felles*; **~cher** (ekɔr'ʃe) [1a] **I** *v/t.* **1.** *e-m Tier* das Fell abziehen, schinden; **2.** *~ un arbre* einen Baum abrinden; **3.** wund reiben, durchscheuern, zerkratzen, verletzen; wund reiten; F *fig.* *~ un violon* auf e-r Geige herumkratzen; *~ une langue* e-e Sprache radebrechen; *elle écorche l'allemand* sie spricht gebrochenes Deutsch; *~ un mot* ein Wort schlecht aussprechen; *~ les oreilles à q.* j-m (*tonlich*) auf die Nerven fallen; *avoir le pied écorché* wunde Füße bekommen, sich die Füße wund laufen; **4.** F *fig.* j-m das Fell über die Ohren ziehen, j-n prellen, überteuern; **II s'~** **5.** sich (ab)schinden; sich Wunden laufen *od.* reiten; *s'~ à force d'être couché* sich wund liegen; **6.** zerkratzt werden; **~cherie** (~ʃə'ri) *f* Abdeckerei *f*, Schindanger *m*; F *fig.* Nepp-lokal *n*, -hotel *n*; Nepp *m*, Nepperei *f*, Geldschneiderei *f*; **~cheur** (~'ʃœ:r) *su.* [7d] **1.** Abdecker *m*, Schinder *m*; **2.** F *fig.* Leuteschinder *m*; Gauner *m*; Preller *m*; **~cheuse** ⊕ (~'ʃø:z) *f*: *~ à bras* Handschrapper *m*; **~chure** (~'ʃy:r) *f* Aufreibung *f der Haut*, wunde Stelle *f*; Durchliegen *n*; Schramme *f*.

écor|nement (ekɔrnə'mã) *m* Abstoßen *n* der Hörner; **~ner** (~'ne) *v/t.* [1a] **1.** *~ un bœuf* einem Ochsen die Hörner abstoßen; **2.** die scharfen Ecken abstoßen; abkanten, abhobeln; **3.** *~ un livre* die Ecken e-s Buchdeckels beschädigen, *in ein Buch* Eselsohren machen; **4.** *fig.* schmälern, verringern; *~ son bien* sein Vermögen zum Teil durchbringen; **~nifler** (~ni'fle) *v/t.* [1a] sich ergaunern; *~ un dîner* sich ein Mittagessen ergaunern; **~niflerie** F (~niflə'ri) *f* Nassauerei *f*, Nassauern *n*; **~nifleur** F (~ni'flœ:r) *su.* [7g] Schmarotzer *m*, Nassauer *m* F; Zechpreller *m*; **~nure** (~'ny:r) *f* abgestoßene Ecke *f*.

écossais (ekɔ'sɛ) **I** *adj.* [7] schottisch; **II** *m* ♀ Schotte *m*.

Ecosse (e'kɔs) *f*: **l'~** Schottland *n*.

écoss|er (ekɔ'se) *v/t.* [1a] enthülsen, ausschoten; **~euse** ⊕ (~'sø:z) *f* Schälmaschine *f*.

écot[1] (e'ko) *m* Anteil *m an der Zeche*; *payer son ~* s-n Anteil an der Zeche bezahlen, sich beteiligen.

écot[2] (~) *m* Baumstumpf *m*.

écôt|age (eko'ta:ʒ) *m* **1.** Ausrippen *n* des Tabaks; **2.** ⊕ Glattziehen *n* (*Draht*); **~er** (~'te) *v/t.* **1.** Tabakblätter entrippen; **2.** ⊕ Draht *m* glattziehen.

écoul|ement (ekul'mã) *m* **1.** Ab-, Aus-fluß *m*, Abzug *m*; ✝ *~ des marchandises* Absatz *m* (Umsatz *m*, Verkauf *m*) der Waren; **2.** ⚕ Ausfluß *m*, Eiterung *f*; * Tripper *m*; **3.** *fig.* (Zeit-)Verlauf *m*; **4.** Ab-, Durch-zug *m* (*Truppen*); **~er** (~'le) [1a] **I** *v/rfl.* **s'~** **1.** auslaufen, abfließen (*Wasser*); **2.** verfließen, verstreichen (*Zeit*); **3.** auseinanderströmen, sich verlaufen (*Menschenmenge*); **4.** ✝ Absatz finden (*Ware*); **II** *v/t.* **5.** ✝ absetzen, verkaufen; **6.** ⚔ *~ des troupes* Truppen durchziehen (*od.* durchmarschieren) lassen.

écourter (ekur'te) *v/t.* [1a] stutzen, kürzer machen; *Zeit* verkürzen; *~ les cheveux* die Haare etw. kürzer schneiden; *fig.* *~ un discours* e-e Rede etw. kürzen.

écoute[1] ⚓ (e'kut) *f* Schote *f*, Segelleine *f*.

écoute[2] (~) *f* **1.** (*oft pl.*) Horchwinkel *m*; *être à l'~* (*od. aux ~s*) auf der Lauer sein; ⚔ abhören; *se tenir aux ~s* horchen; **2.** ⚔ *poste m d'~s* Horchposten *m*; *dispositif m d'~s* Abhörvorrichtung *f*; *service m d'~s* Abhördienst *m*; *galerie f d'~* Horchgang *m*; **3.** *ch.* *~s pl.* Gehör *n* (*Ohren*) des Ebers; **4.** *téléph.*, *rad.* *être à l'~* (e-e) Übertragung hören; *Rundfunkgerät*: auf Empfang stehen, an sein F; *restez à l'~* bleiben Sie am Apparat!; *appareil m d'~* Horchgerät *n*; *~ radio et radar* Funkhorchdienst *m*.

écouter (eku'te) [1a] **I** *v/t. u. v/i.* **1.** aufmerksam zuhören (*dat.*), hören auf (*acc.*), j-n anhören, *rad.* hören; *on nous écoute* man belauscht uns; *nous l'écoutons* wir hören ihm (ihr) zu; *n'~ que d'une oreille* nur mit halbem Ohr zu-, hin-hören; *écoutez!* hören Sie mal!; **2.** Gehör *n* schenken; erhören; *il est très écouté ici* er hat hier viel zu sagen; *il ne fut pas écouté* man hörte nicht auf ihn, er fand kein Gehör; **3.** befolgen; *n'~ que soi-même* nur seinen eigenen Ideen folgen; **II** *v/rfl. s'~* um s-e Gesundheit ängstlich besorgt sein, sich verpimpeln; sich selbst gern reden hören.

écou|teur (eku'tœ:r) **I** *su.* [7g] Hörer *m*; Horcher *m*; **II** *m téléph., rad. usw.* Hörer *m* (*Person*); Kopfhörer *m*; Abhör-Horchgerät *n*; Hörrohr *n*; **~teux** (~'tø) *adj.* [7d] scheu, stutzig (*v. Pferden*).

écoutille (~'tij) *f* ⚓, *Treppe, Raumkapsel*: Luke *f*.

écouvillon (ekuvi'jɔ̃) *m* Ofenwischer *m* (*Bürste*); ⚔ Kanonenwischer *m*; Flaschenbürste *f*.

écrabouiller F (ekrabu'je) *v/t.* [1a] zermalmen, zerquetschen.

écran (e'krɑ̃) *m* **1.** Licht-, Ofen-, Kamin-schirm *m*; *télév.* ~ *électronique* Elektronenschirm *m*; ~ *radar* Radarschirm *m*; **2.** △ durchbrochene Schranke *f*, Gitter *n*; **3.** ⊕ Schutzblech *n*; ⚔ Schutzwand *f*: ~ *de fumée* Rauch-schleier *m*, -vorhang *m*; **4.** *cin.* Leinwand *f*; *porter à l'~* verfilmen; **5.** *phot.* Filter *m*; ~ *jaune* Gelbscheibe *f*; **6.** *géogr.* Wetter-front *f*, -scheide *f*; **~ner** *rad.* (ekra'ne) *v/t.* [1a] abschirmen, entstören.

écra|sant *fig.* (ekrɑ'zɑ̃) *adj.* [7] verblüffend; **~sement** (~z'mɑ̃) *m* Zermalmen *n*, Vernichtung *f*; *fig.* Gedränge *n*; **~ser** (~'ze) [1a] **I** *v/t.* **1.** zerdrücken, zu Boden strecken (*od.* schmettern), zermalmen, zerquetschen; ~ *avec le pied* zertreten; über-, tot-fahren; *il a été écrasé* er ist überfahren worden; *nez m écrasé* platte Nase *f*; **2.** *fig.* vernichten, zugrunderichten, niederwerfen, erdrücken, übermäßig belasten; *fig.* in den Schatten stellen, total in die Ecke drängen, ausstechen; *sous un soleil écrasant* in glühender Sonne; *majorité f écrasante* erdrückende Mehrheit *f*; **II** *v/rfl. s'~* **3.** zerdrückt werden; sich drängen (*Menschenmenge*); **4.** ✈ abstürzen; *s'~ contre une montagne* an e-m Berg zerschellen; *Auto*: *s'~ contre un mur* gegen e-e Mauer prallen (*od.* fahren).

écré|mage (ekre'ma:ʒ) *m* Abrahmen *n*; Abschäumen *n*; *fig.* Ausleseprozeß *m*, Nachwuchsauslese *f*; **~mer** (~'me) *v/t.* [1f] absahnen; abschäumen; *fig.* das Beste (*od.* den Rahm) abschöpfen; **~meuse** (~'mø:z) *f* (Milch-)Zentrifuge *f*; **~moir** (~'mwa:r) *m* Rahmlöffel *m*.

écrêter ⚔ (ekrɛ'te) *v/t.* [1f]: ~ *un bastion* e-e Bastion abkämmen.

écrevisse (ekrə'vis) *f* **1.** *zo.* (Fluß-)Krebs *m*; ~ *de mer* Hummer *m*; *soupe f aux ~s, coulis m d'~s* Krebssuppe *f*; **2.** *métall.* Rumpf-, Scheren-, große Luppen-zange *f*.

écrier (ekri'e) [1a]: *s'~* **1.** laut aufschreien; *s'~ de douleur* e-n Schmerzensschrei ausstoßen; **2.** (aus)rufen.

écrille (e'krij) *f* Fischwehr *n*.

écrin (e'krɛ̃) *m* Schmuck-, Reliquien-kästchen *n*, Schrein *m*; Schmuck *m*.

écrire (e'kri:r) [4f] **I** *v/t.* **1.** (auf- *od.* nieder-)schreiben; ~ *à la machine* (Schreib-)Maschine *f* schreiben; ~ *en un mot* zusammenschreiben, in einem Worte schreiben; ~ *en toutes lettres* ganz ausschreiben; ~ *sous la dictée* nach Diktat schreiben; ~ *tout fin* sehr klein schreiben; ~ *plus serré* enger schreiben; ~ (*très*) *gros* sehr groß schreiben; ~ *plus desserré* weiter auseinander schreiben; *exercices m/pl. écrits* schriftliche Übungen *f/pl.*; F ~ *comme un chat* unleserlich schreiben; **2.** (schriftlich) ausarbeiten, verfassen; ♪ in Noten setzen, komponieren; **3.** schriftlich mitteilen, etw. schriftlich geben; *il est écrit* es ist beschlossen; *c'était écrit* es sollte so sein, so wollte es das Schicksal; **II** *v/i.* schriftstellern; **III** *v/rfl. s'~* sich (*Briefe*) schreiben, miteinander in Briefwechsel stehen; geschrieben werden; *cela se dit, mais ne s'écrit pas* das sagt man, aber schreibt man nicht.

écrit (e'kri) *m* Schriftstück *n*; 📖 *litt.* Werk *n*; *das* Schriftliche *n*; *die* schriftliche Prüfung *f*; *j'aime mieux que vous me donniez un mot* *d'écrit* ich möchte lieber, daß Sie mir etw. Schriftliches gäben; *advt. par* ~ schriftlich, brieflich; *mettre (formuler, passer) par* ~ schriftlich abfassen.

écri|teau (ekri'to) *m* [5b] Schild *n*, Aufschrift *f*; Anschlagzettel *m*, Aushängetafel *f*; **~toire** (~'twa:r) *f* Schreibzeug *n*; **~ture** (~'ty:r) *f* **1.** Schreibkunst *f*, Schrift *f*; ~ *chiffrée* Geheimschrift *f*; ~ *droite* Steilschrift *f*; ~ *gothique* Frakturschrift *f*; ~ *renversée* Spiegelschrift *f*; ~ *fumigène* Rauchschrift *f* am Himmel; ~ *lumineuse mobile* Wanderleuchtschrift *f*; ~ *ornée* Schnörkelschrift *f*; *maître m d'*~ Schreiblehrer *m*; ~ *en lettres (en chiffres)* Buchstaben-(Ziffern-)schrift *f*; **2.** Handschrift *f*; **3.** *das* Geschriebene *n*; *effacer l'*~ die Schrift auswischen; ~*s préparatoires* vorbereitender Schriftsatz *m*; **4.** *l'*≗ *(sainte), les (saintes)* ≗*s* die Heilige Schrift *f*, die Bibel *f*; *passage m de l'*≗ Bibelstelle *f*; **5.** ✝ a) Buchung *f*; ~ *de clôture (od. d'inventaire)* Abschlußbuchung *f*; ~ *comptable* Buchungsposten *m*; *passer* ~ *de qch.* etw. buchen; b) ~*s pl.* Handelsbücher *n/pl.*; ~*s pl. portées au débit* (de) Lastschriften *f/pl.*; *commis aux* ~*s* Buchhalter *m*.

écrivail|ler F (ekriva'je) *v/i.* [1a] liederlich schreiben, etw. zusammenschreiben, hinschmieren; *écol.* pinseln; **~leur** F (~'jœ:r) *su.* [7g] Schreiberling *m*.

écri|vain (ekri'vɛ̃) *m* Schriftsteller (-in *f*) *m*; *(femme f)* ~ Schriftstellerin *f*; ~ *public* Winkelschreiber *m*; **~vasser** (~va'se) *v/i.* [1a]: *s. écrivailler*; **~vasserie** (~vas'ri) *f* Vielschreiberei *f*; **~vassier** F (~va'sje) *m* Vielschreiber *m*; *a. écrivailleur*; **~veur** *péj.* (~'vœ:r) *su.* [7g] Vielschreiber *m*.

écrou[1] ⊕ (e'kru) *m* (Schrauben-)Mutter *f*.

écrou[2] (~) *m* Inhaftnahme *f*; Gefangenenregister *n*; *levée f d'*~ Haftentlassung *f*; *lever l'*~ *de q.* j-n aus der Haft entlassen.

écrouel|les (ekru'ɛl) *f/pl.* Skrofeln *pl.*; **~leux** (~'lø) *adj.* [7d] skrofulös.

écrouer (ekru'e) *v/t.* [1a] in die Gefangenenregister eintragen; *fig.* erwischen, schnappen, in Haft nehmen, einsperren, einlochen P.

écrou|ir ⊕ (ekru'i:r) *v/t.* [2a] durch Kalthämmern härten; **~issage, ~issement** (~i'sa:ʒ, ~is'mɑ̃) *m* Härten *n* des Metalls.

écrou|lement (ekrul'mɑ̃) *m* Einsturz *m*, Zusammenbruch *m*; *fig.* Verfall *m*; **~ler** (~'le) [1a] *v/rfl.*: *s'*~ (zusammen-, ein-)stürzen; *fig.* zusammenbrechen, zugrunde gehen, verfallen; dahinschwinden (*Traum*); *ohne se*: *faire* ~ *un mur* e-e Mauer einreißen.

écroûter (ekru'te) *v/t.* [1a] **1.** Brot *n* abkrusten; **2.** ⸗ ein Brachfeld *n* umbrechen.

écru (e'kry) *adj.* roh, ungebleicht; *soie f* ~*e* Rohseide *f*.

écu (e'ky) *m* **1.** Schild *m*; Wappenschild *m (od. n)*; **2.** Taler *m*; *amasser des* ~*s* Geld zusammenscharren (*od.* aufhäufen); **3.** *ent.* Rückenschild *m* der Insekten.

écubier ⚓ (eky'bje) *m* Klüse *f*.

écueil (e'kœj) *m* Klippe *f*; *a. fig. tourner les* ~*s* die Klippen umfahren; ⚓ *(s')échouer sur* ~ zerschellen.

écuel|le (e'kɥɛl) *f* **1.** Napf *m*, Schale *f*; Schüssel *f*; **2.** Napfvoll *m*; **3.** ⊕ ~ *de pivot* Lagerpfanne *f*; **~lée** (~'le) *f* e-e Schüssel voll.

écuisser (ekɥi'se) *v/t.* [1a] e-n Baum beim Fällen splittern.

éculer (eky'le) *v/t.* [1a]: ~ *des bottes* Stiefel schieflaufen *od.* schieftreten; *éculé* ausgetreten; *fig.* abgedroschen.

écum|age *métall.* (eky'ma:ʒ) *m* Abstrich *m*, Abschäumen *n*; **~e** (e'kym) *f* **1.** Schaum *m*; *fig.* ~ *de la société* Abschaum *m* der Menschheit; **2.** Geifer *m*; Schweiß *m* des Pferdes; **3.** *min.*: ~ *de mer* Meerschaum *m*; *pipe f d'*~ *(od.* en ~*)* Meerschaumpfeife *f*; **4.** *métall.* Abschaum *m*, Schlacke *f*, Erzschaum *m*.

écu|mer (eky'me) [1a] **I** *v/t.* abschäumen; *fig.* (plündernd) heimsuchen; ~ *les côtes od. les mers* Seeräuberei treiben; **II** *v/i.* schäumen (*a. fig.*); *fig.* toben; *fig.* ~ *de rage* vor Wut kochen; **~eur** (~'mœ:r) *su.* [7g] *nur fig.*: F *de marmites*, ~ *de table* Schmarotzer *m*, Parasit *m*; ~ *de mer* Seeräuber *m*, Pirat *m*; **~meux** (~'mø) *adj.* [7d] schäumend, schaumbedeckt; **~moire** (~'mwa:r) *f* Schaumlöffel *m*.

écu|rage (eky'ra:ʒ) *m* Scheuern *n*, Reinemachen *n*, Schrubben *n*; **~rer**

(~'re) *v/t.* [1a] (ab)scheuern, reinigen, schrubben; **~rette** ⊕ (~'rɛt) *f* Baggerschaufel *f*; Kratzer *m*.
écureuil (eky'rœj) *m zo.* Eichhörnchen *n*.
écureuse (eky'rø:z) *f* Scheuerfrau *f*.
écurie (eky'ri) *f* (Pferde-)Stall *m*; ~ (*de courses*) Rennstall *m*; *avoir une* ~ (*de courses*) Rennpferde halten; *valet m d'*~ Stallknecht *m*.
écusson (eky'sɔ̃) *m* **1.** (kleiner) Wappenschild *m*; Namens-, Firmenschild *n*; **2.** Schlüsselblech *n*; **3.** *ent.* Rückenschild *n*; **4.** ✓ Auge *n*, Okulierschild *n*; **5.** ⚔ Kragenspiegel *m*; **~ner** ✓ (~sɔ'ne) *v/t.* [1a] okulieren; veredeln; **~noir** (~sɔ'nwa:r) *m* Okuliermesser *n*.
écuy|er (ekɥi'je) *m* **1.** *ehm.* (Schild-)Knappe *m*; Junker *m*; **2.** Zureiter *m*, Kunstreiter *n*, (guter) Reiter *m*; Reitlehrer *m*; *grand* ~ Oberstallmeister *m*; **3.** Geländerstange *f* (*Treppe*); **~ère** (~'jɛ:r) *f* **1.** (Kunst-)Reiterin *f*; **2.** *bottes f/pl. à l'*~ Reit-, Stulpen-stiefel *m/pl*.
eczéma ⚕ (ɛgze'ma) *m* Hautausschlag *m*, Ekzem *n*; **~teux** 🕮 ⚕ (~ma'tø) *adj.* [7d] ekzemartig. [*n.*]
édelweiss (edɛlwa'is) ⚘ *m* Edelweiß
Eden (e'dɛn) *m* Paradies *n*.
édé|nien [7c], **~nique** (ede'njɛ̃, ~'nik) *adj.* paradiesisch.
édent|é (edɑ̃'te) **I** *adj.* zahnlos; **II** ~*s m/pl. zo.* Zahnlücker *m/pl.* (*zahnarme Säugetiere*); **~er** (~) [1a] **I** *v/t.* Zähne ausbrechen (*dat.*); **II s'**~ zahnlos werden.
édicter ⚖ (edik'te) *v/t.* [1a] verordnen.
édicule (edi'kyl) *m* Häuschen *n*; Kiosk *m*; Bedürfnisanstalt *f*.
édifi|ant (edi'fjɑ̃) *adj.* [7] erbaulich; **~cateur** (~fika'tœ:r) *m* Erbauer *m*; **~cation** (~kɑ'sjɔ̃) *f* **1.** ▲ Erbauung *f*; **2.** *fig.* Erbauung *f*, innere Besinnung *f*; Aufbau *m*.
édifi|ce (edi'fis) *m* **1.** *großartiges* Gebäude *n*, Bauwerk *n*, Prachtbau *m*; **2.** *fig.*, *a.* ⚗ Struktur *f*; Aufbau *m*; **~er** (~'fje) *v/t.* [1a] **1.** er-, aufbauen, errichten; **2.** *fig.*, *a. rl.* erbauen; **3.** ~ *q. sur qch.* j-n über etw. (*acc.*) belehren; *je suis édifié sur ses intentions* ich bin über seine Absichten auf dem laufenden; *je suis édifié* ich weiß, woran ich bin; ich bin im Bilde.
édi|le (e'dil) *m* Stadtrat *m*; *les* ~*s* die Stadtväter *m/pl.*, der Magistrat; **~litaire** (~li'tɛ:r) *adj.* Stadtrats...; **~lité** (edili'te) *f* Stadtverwaltung *f* (*a. iron.*); Tiefbauamt *n*; ~*s pl.* Erschließung *f* (*Gas, Wasser,* ⚡).
édit *hist.* (e'di) *m* Edikt *n*.
édi|ter (edi'te) [1a] **I** *v/t.* ein Werk herausgeben, verlegen; **II** *v/rfl.* s'~ verlegt *od.* herausgegeben werden; **~teur** (~'tœ:r) *su.* [7f] Herausgeber *m*, Verleger *m*; *maison f éditrice* Verlag *m*; **~tion** (~'sjɔ̃) *f* Ausgabe *f*, Auflage *f e-s Buches*; *nouvelle* ~ Neuauflage *f*; ~ *portative* Taschenausgabe *f*; ~ *refondue*, ~ *remaniée* neubearbeitete Auflage *f*; **~torial** (~tɔ'rjal) **I** *adj.* [5c] vom Herausgeber (herrührend); **II** *m* [5c] Leitartikel *m*; **~torialiste** (~tɔrja'list) *su.* Leitartikelschreiber *m*.
édredon (edrə'dɔ̃) *m* Daunendecke *f*; Deck-, Feder-bett *n*.
éduca|ble (edy'kablə) *adj.* erziehbar; bildungsfähig; **~teur** (~'tœ:r) *su.* [7f] Erzieher *m*; **~tion** (~kɑ'sjɔ̃) *f* **1.** Erziehung *f*; Ertüchtigung *f*; Bildung *f*; Heranbildung *f*; Ausbildung *f*; *maison f d'*~ Bildungsanstalt *f*; ~ *correctionnelle* Fürsorgeerziehung *f*; ~ *mixte* Koedukation *f*; ~ *populaire* Volksbildung *f*, -erziehung *f*; ~ *forcée* Zwangserziehung *f*; ~ *professionnelle* Fachbildung *f*; ~ *physique* Leibeserziehung *f*, Körperschulung *f*; *subvention f d'*~ Erziehungsbeihilfe *f*; **2.** Aufzucht *f*: ~ *des abeilles* Bienenzucht *f*; **3.** *fig.* (gutes) Benehmen *n*, Bildung *f*; *avoir de l'*~ Bildung haben.
édulco|rant (edylkɔ'rɑ̃) *m* Süßstoff *m*; **~ration** (~rɑ'sjɔ̃) *f* **1.** Entsäuerung *f*; **2.** *phm.* Versüßung *f*; **~rer** (~'re) *v/t.* [1a] **1.** entsäuern; **2.** *phm.* versüßen; **3.** *fig.* mildern.
éduquer (edy'ke) *v/t.* [1m] erziehen, ertüchtigen, schulen.
éfaufiler (efofi'le) *v/t.* [1a] ausfasern.
effa|çable (efa'sablə) *adj.* auslöschbar, vertilgbar; **~çage** (~'sa:ʒ) *m*, **~cement** (~s'mɑ̃) *m* **1.** Auslöschen *n*, Tilgung *f*; **2.** **~cement**: *a. fig.* bescheidenes Zurücktreten *n*, Bescheidenheit *f*; **~cé** (~'se) *adj. fig.* zurückgezogen, bescheiden; **~cer** (~) [1k] **I** *v/t.* **1.** auswischen, auslöschen, ausradieren, ausstreichen; tilgen; **2.** *fig.* in den Schatten stellen, überragen, verdrängen, übertreffen; **3.** ~ *les épaules* die

Schultern einziehen, die Brust herausnehmen, sich (schön) geradehalten; ~ *le corps* den Körper zurücknehmen, etw. zur Seite treten (*beim Tanzen od. Fechten*); **II** *v/rfl.* s'~ erlöschen, ausgelöscht *usw.* werden, vergehen, sich verwischen; bescheiden beiseitetreten, zurücktreten, in den Hintergrund treten; *esc.* den Körper zurücknehmen; *allg. Sport*: zurückbleiben.

effa|rement (efar'mɑ̃) *m* Bestürzung *f*; **~rer** (~'re) [1a] **I** *v/t.* bestürzt machen, außer sich bringen; *mine effarée* verstörte Miene *f*; **II** *v/rfl.* s'~ außer sich geraten.

effaroucher (efaru'ʃe) [1a] **I** *v/t.* **1.** auf-, ver-scheuchen; **2.** scheu machen; F *fig.* abschrecken; verscheuchen; **II** *v/rfl.* s'~ scheu werden; *s'~ d'un rien* (sich) über eine Kleinigkeit erschrecken; *se laisser ~* sich einschüchtern lassen.

effec|tif (efɛk'tif) **I** *adj.* [7e] □ wirklich, faktisch, real, effektiv, tatsächlich; *rl. amour m ~* tätige Liebe *f*; ✝ *capital ~* Aktivvermögen *n*; **II** *m* Effektivbestand *m*, Stärke *f*; wirklicher Bestand *m*, Ist-Bestand *m*; *écol. l'~ de trois classes* die Gesamtzahl von drei Klassen; *écol. ~ des classes* Klassenstärke *f*; *allg. ~ théorique, ~ prévu* Sollstärke *f*; *bsd.* ⚔ *~ des rationnaires* Verpflegungsstärke *f*; *~s pl.* (*de guerre*) Kriegs-)Stärke *f*; *~ ouvrier* Arbeiterschaft *f*; **~tivité** (~tivi'te) *f* wirkliches Vorhandensein *n*; **~tuer** (~'tɥe) **I** *v/t.* ausführen, verwirklichen, leisten, machen; ein Geschäft tätigen; *~ un paiement* eine Zahlung *f* leisten; *~ une promesse* ein Versprechen *n* erfüllen; *à ~* ausführbar; **II** *v/rfl.* s'~ sich vollziehen.

effémi|nation (efeminɑ'sjɔ̃) *f* Verweichlichung *f*; **~ner** (~'ne) *v/t.* [1a] verweichlichen.

efferves|cence (efɛrvɛ'sɑ̃:s) *f* ⚗, *a. fig.* Aufbrausen *n*; *fig.* Aufregung *f*, Aufruhr *m*, Gärung *f*; **~cent** (~'sɑ̃) *adj.* [7] ⚗, *a. fig.* aufbrausend; *fig.* erregt, kochend; leicht erregbar.

effet (e'fɛ) *m* **1.** Wirkung *f*, Ergebnis *n*, Folge *f*, Effekt *m*; *~ utile* Nutzleistung *f*; **2.** Eindruck *m*; *~s de l'ensemble* Gesamteindruck *m*; F *faire à q. l'~ de* j-m den Eindruck von ... machen, j-m wie ... vorkommen; *il me fait l'~ d'un fou* er kommt mir vor wie ein Narr (*od.* Blödling); **3.** Effekt *m*; *phrase f à ~* auf Effekt berechneter Satz; *recherche f de l'~* Effekthascherei *f*; **4.** Ausführung *f*, Verwirklichung *f*; Zweck *m*; *mettre à ~* verwirklichen; *en venir aux ~s* zur Tat schreiten, zur Verwirklichung übergehen; *prendre ~* in Kraft treten (*Vertrag*); *produire son ~* sich auswirken; *à quel ~?* zu welchem Zweck?; *à cet ~* zu diesem Zweck; diesbezüglich, deshalb; *advt. en ~* in der Tat, wirklich; effektiv; **5.** *~s pl.* Kleidungsstücke *n/pl.*; Sachen *f/pl.*, Gepäck *n*, Effekten *pl.*; *~ d'habillement* Bekleidungs-, Uniform-stück *n*; *~s de campement* Lagergerätschaften *f/pl.*; **6.** *~s pl.* Güter *n/pl.*, Vermögen(sstücke *n/pl.*) *n*, Habe *f*; *~s mobiliers* Mobiliarvermögen *n*; **7.** ✝ *~s (de commerce)* Wechsel *m/pl.*, Schecks *m/pl.* (*u. andere Kreditpapiere*); Effekten *pl.*, Vermögenswerte *m/pl.*; *~ (tiré) sur l'étranger* Auslandswechsel *m*; *~ (remis) à l'encaissement* Inkassowechsel *m*; *~ fictif* Kellerwechsel *m*; *~s publics* Staatspapiere *n/pl.*; **8.** *~ dynamique* mechanische Leistung *f* e-r Kraft; **9.** ⚔ *~ de mine (d'éclatement, d'explosion, du tir)* Trichter-(Splitter-, Spreng-, Feuer-)wirkung *f*; *~ utile* Schußwirkung *f*.

effeuil|lage (efœ'ja:ʒ) *m* Abblättern *n* (*als Handlung*); **~laison** (~jɛ'zɔ̃) *f* Abfallen *n* der Blätter; **~ler** (~'je) [1a] **I** *v/t.* abblättern, abrupfen; **II** *v/rfl.* s'~ das Laub verlieren.

effica|ce (efi'kas) *adj.* □ wirksam; *remède m ~* wirksames Mittel *n*; *rl. grâce f ~* wirksame Gnade *f*; **~cité** (~si'te) *f* Wirkungskraft *f*, Wirksamkeit *f*; *phys.* Leistung *f*; *éc.* Wirtschaftsaufschwung *m*; ⚔ Wirkung *f*.

efficience (efi'sjɑ̃:s) *f bsd. menschliche, seelische* Leistungsfähigkeit *f*.

efficient (efi'sjɑ̃) *adj.* [7] wirkend; F routiniert, gewandt, bewährt.

effigie (efi'ʒi) *f bsd. num.* Bildnis *n*.

effi|lage (efi'la:ʒ) *m text.* Ausfasern *n*; *méc.* Abschärfung *f*; **~lé** (~'le) **I** *adj.* zugespitzt, dünn; schlank, schmächtig, schmal, lang; *Auto*: stromlinienförmig; *fig.* scharf, spitz; *langue f ~e fig.* scharfe Zunge *f*; **II** *m* ausgefaserte Franse *f*; **~ler** (~) [1a] **I** *v/t.* ausfasern, ausfädeln, ausfransen; *Haar* dünner schneiden; *méc.* abschärfen; *ch.* die Hunde müde hetzen; **II** *v/rfl.* s'~ sich ausfasern; **~leuse** *text.* (~'lø:z) *f* Zerreißmaschine *f*, Lumpenwolf *m*.

effil|ochage (efilɔ'ʃa:ʒ) *m* Zerreißen *n* der Lumpen; **~ocher** (~'ʃe) *v/t.* [1a] ausfasern, Lumpen zerreißen; **~ocheuse** *text.* (~'ʃø:z) *f* Zerreißmaschine *f*, Lumpenwolf *m*; **~ochure** *f*, **~ure** (~lə'ʃy:r, ~'ly:r) *f* zerfasertes Zeug *n*; Laufmasche *f* (*Strumpf*).

efflan|qué (eflɑ̃'ke) *adj.* dünn, schmächtig, kraftlos, ausgemergelt (*von Tieren und Menschen*); *fig.* kraftlos, fade, seicht (*Stil*); **~quer** (~) *v/t.* [1m]: ~ *un cheval* ein Pferd entkräften, mager machen.

effleurer (eflœ're) *v/t.* [1a] **1.** streifen, leicht berühren, ritzen, schrammen; **2.** *fig.* ~ *une question* e-e Frage streifen (*od.* kurz anschneiden).

effleurir (~'ri:r) [2a] *v/rfl.* *s'~ u. v/i.* ⚗ ausblühen, verwittern.

efflores|cence (eflɔrɛ'sɑ̃:s) *f* **1.** ⚘ Blütezeit *f*, Aufblühen *n*; flaumartiger Anflug *m gewisser Früchte*; **2.** ⚗, *min.* Auswittern *n*, salziger Ausschlag *m auf Mauern*, Effloreszenz *f*; **3.** ⚕ glatter Hautausschlag *m*; **~cent** (~'sɑ̃) *adj.* [7] **1.** ⚘ aufblühend; **2.** ⚗, *min.* verwitternd.

efflu|ence *phys.* (efly'ɑ̃:s) *f* Ausströmen *n*; Ausfluß *m*; **~ent** *phys.* (~'ɑ̃) *adj.* [7] ausströmend; **~ve** (e'fly:v) *m* Ausdünstung *f*, Ausströmung *f*; Fluidum *n*.

effon|drement (efɔ̃drə'mɑ̃) *m* **1.** Einsturz *m*, Sturz *m*; *fig.*, *bsd. pol.* Zusammenbruch *m*, Zerfall *m*, Krach *m*; Niedergeschlagenheit *f*; Verkommenheit *f*; ~ *des prix* Preissturz *m*; **2.** ⚒ tiefes Umpflügen *n*; **~drer** (~'dre) [1a] **I** *v/t.* **1.** einschlagen, einstoßen, eintreten; *chemin m effondré* ausgehöhlter (*od.* gründloser) Weg *m*; ~ *un coffre* den Boden e-s Koffers einstoßen; *fig. effondré* heruntergekommen; *aux joues effondrées* mit eingefallenen Backen; **2.** ⚒ tief umpflügen *od.* umgraben; **II** *v/rfl.* s'~ sinken, sich setzen, einstürzen; *fig.* zusammenbrechen; **~drilles** (~'drij) *f/pl.* Bodensatz *m*.

ef|forcer (efɔr'se) [1k] *v/rfl.* s'~ (*de od. à*) sich anstrengen, sich bemühen (zu ...); **~fort** (~'fɔ:r) *m* **1.** Anstrengung *f*; *faire un* ~ sich anstrengen; *faire un* ~ *sur soi* sich selbst überwinden; *il est à bout d'~s* er kann nicht weiter, er ist am Ende s-r Kunst; **2.** Bemühung *f*, Streben *n*, Versuch *m*; *fig.* ~ *de l'art* Meisterstück *n* der Kunst; **3.** ~ *de l'eau* Gewalt *f* des Wassers; *l'~ de la guerre* die ganze Last *f* des Krieges; ⚔ ~ *principal* Schwerpunkt *m*; **4.** ⚕ F Bruch *m*, übergeschlagene Sehne *f*; *se donner un* ~, *attraper un* ~ sich verheben, sich e-n Bruch zuziehen; **5.** ⊕ Kraftäußerung *f e-r Maschine*, Beanspruchung *f*, Druck *m*; *méc.* ~ *de traction* Zugkraft *f*; *transmission f d'~s* Kraftübertragung *f*.

effraction (efrak'sjɔ̃) *f* Einbruch *m*; *vol m avec* (*od. par*) ~ Einbruchsdiebstahl *m*.

effraie (e'frɛ) *f* Schleiereule *f*.

effranger (efrɑ̃'ʒe) *v/t.* [1l] ausfransen.

effray|ant (efrɛ'jɑ̃) *adj.* [7] fürchterlich, schrecklich; **~er** (~'je) [1i] **I** *v/t.* erschrecken, in Schrecken setzen, aufscheuchen; **II** *v/rfl.* s'~ *de* in Schrecken geraten, (sich) erschrecken über (*acc.*).

effréné (efre'ne) *adj.* zügellos, unbändig.

effrit|ement (efrit'mɑ̃) *m* Verwitterung *f*, Abbröckeln *n*; **~er** (~'te) [1a] **I** *v/t.* **1.** Ackerboden bröckelig machen; aussaugen; **2.** *fig.* unterminieren; *les divisions internes effritent les partis* die inneren Spaltungen unterminieren die Parteien; **II** *v/rfl.* s'~ verwittern, zerbröckeln.

effroi (e'frwa) *m* Entsetzen *n*; *causer de l'~ à q.* j-m Schrecken einjagen.

effron|té (efrɔ̃'te) **I** *adj.* frech, unverschämt; **II** *su.* freche Person *f*; **~tément** (~te'mɑ̃) *adv.* frech, unverschämt; *le sport se commercialise* ~ der Sport wird in schamloser Weise zu einer Geschäftsangelegenheit; **~terie** (~'tri) *f* Frechheit *f*, Unverschämtheit *f*.

effroyable (efrwa'jablə) *adj.* □ entsetzlich, fürchterlich, furchtbar.

effusion (efy'zjɔ̃) *f* **1.** Ausguß *m*, Aus-, Ver-gießen *n*; Ausströmen *n*; (*sans*) ~ *de sang* (ohne) Blutvergießen *n*; **2.** *fig.* ~ (*du cœur*) Herzenserguß *m*; ~ *de tendresse* überströmende Zärtlichkeit *f*; *parler avec* ~ aus vollem Herzen sprechen; *s'embrasser avec* ~ sich auf das herzlichste umarmen (*od.* küssen).

éfourceau (efur'so) *m* zweirädriger

Blockkarren *m* (*mit langer Deichsel*).
égaiement (egɛ'mɑ̃) *m* Aufheiterung *f*.
égailler (ega'je) *v/rfl.* s'~ sich zerstreuen.
égal (e'gal) **I** *adj.* [5c] □ **1.** gleich, gleich-förmig, -mäßig; ⚹ kongruent; **2.** gleichgültig; **3.** sich gleichbleibend; **4.** eben, ebenmäßig; **II** *su.* **5.** *der, die, das* Gleiche *od.* Ebenbürtige; *mon* ~ meinesgleichen; *entre égaux* mit (*od.* unter) seinesgleichen; *il n'est pas son* ~ *en force* er kommt ihm an Kräften nicht gleich; **6.** *advt.* d'~ als Gleicher, als Gleichen; *traiter d'~ à ~ avec q.* j-n wie seinesgleichen behandeln, mit j-m wie mit seinesgleichen umgehen; *égaux m/pl. en droits* gleichberechtigt; **7.** *à l'~ de* ... (ebenso) wie ..., ebenso sehr wie ...; gleich dem (der) ...
éga|lable (ega'lablə) *adj.* dem man gleichkommen kann; **~lé** (~'le) *adj.*; *non* ~ unerreicht; **~lement** (~l'mɑ̃) *adv.* auf gleiche Art u. Weise; ebenfalls; gleichfalls; **~ler** (~'le) [1a] **I** *v/t.* **1.** gleichmachen; **2.** ~ *q.* (*qch.*) j-m (e-r Sache) gleichkommen *od.* gleich sein; **3.** ~ *q. à q.* j-n e-m anderen an die Seite setzen *od.* gleichstellen; **II** *v/rfl.* s'~ **4.** gleich werden; **5.** *s'~ à q.* sich j-m an die Seite stellen; **~lisation** (egalizɑ'sjɔ̃) *f* Ausgleichung *f*; Planierung *f*; **~liser** (~'ze) [1a] **I** *v/t.* **1.** gleichmachen, gleichmäßig verteilen; **2.** ebenmachen, eb(e)nen, planieren; **3.** *Sport*: ausgleichen; **II** *s'~* gleich werden; **~litaire** (~'tɛ:r) **I** *adj.* gleichmacherisch; *doctrines f/pl.* ~*s* Lehren von der Gleichheit aller Menschen; **II** *m* Vertreter *m* des Gedankens der Gleichberechtigung; **~lité** (~'te) *f* **1.** Gleichheit *f*, Gleichmäßigkeit *f*; ~ *devant la loi* Rechtsgleichheit *f*; ~ *de droits* Gleichberechtigung *f*, Rechtsgleichheit *f*; *sur le pied d'~* auf gleichem Fuße; **2.** Gleichförmigkeit *f*; ~ *d'humeur*, ~ *d'âme* Gleichmut *m*; **3.** Ebenheit *f*; **4.** *Sport*: Ausgleich *m*, Einstand *m* (*bsd. a. Tennis*).
égard (e'ga:r) *m* Achtung *f*; Rücksicht *f*, Betracht; *avoir de grands* ~*s pour q.* j-m Aufmerksamkeiten (*od.* Achtung *f*) erweisen, j-n rücksichtsvoll (*od.* schonungsvoll) behandeln; *eu* ~ *à* (*od. par* ~ *pour*) hinsichtlich (*gén.*), im Hinblick auf (*acc.*), unter Berücksichtigung (*gén.*); *plein d'~s* rücksichtsvoll; *manque m d'~s* Rücksichtslosigkeit *f*; *sans* ~ *pour* ohne Rücksicht auf (*acc.*); *avoir* ~ *à qc.* etw. berücksichtigen, Rücksicht auf etw. nehmen; *à mon* ~ was mich betrifft; *à cet* ~ in dieser Hinsicht *od.* Beziehung; *à tous* ~*s* in jeder Hinsicht.
éga|ré (ega're) *adj.* **1.** verlaufen, verirrt (*Mensch, Tier*); **2.** verlegt, weg (*Gegenstand*); **3.** *fig.* verwirrt, wirr, verstört; **~rement** (~r'mɑ̃) *m* **1.** Irregehen *n*, Verirrung *f*; *fig.* ~ *d'esprit* Geistesver(w)irrung *f*; Verrücktheit *f*, Wahnsinn *m*; **2.** Ausschweifung *f*, sittliche Verirrung *f*; **~rer** (~'re) [1a] **I** *v/t.* **1.** irreleiten, vom rechten Wege abbringen; zu Irrtümern verleiten; *fig.* verführen; **2.** verwirren; ~ *l'esprit* den Verstand rauben; *avoir l'air égaré* verstört aussehen; **3.** verlegen; *il a égaré ses lunettes* er hat seine Brille verlegt; **II s'~** sich verirren; sich verlaufen; irregehen; *fig.* vom Thema abschweifen; außer sich kommen; verlegt werden; abhanden kommen, in Verlust geraten; *ta lettre s'est égarée* dein Brief ist verlorengegangen.
égayer (egɛ'je) [1i] **I** *v/t.* **1.** aufheitern, ermuntern; **2.** angenehmer (*od.* gefälliger) machen; ⚒ ~ *un arbre* einen Baum lichten; **II s'~** sich erheitern, lustig werden; *s'~ sur le compte* (*od. aux dépens*) *de q.* sich über j-n lustig machen.
égérie (eʒe'ri) *f* geheime, vertrauenswürdige Ratgeberin *f*.
égermer ⊕ (eʒɛr'me) *v/t.* [1a] abkeimen.
égide (e'ʒid) *f* Ägide *f*; *fig.* Schutz *m*, Schirmherrschaft *f*.
églan|tier (eglɑ̃'tje) *m* Heckenrosenstrauch *m*; *fruit m de l'~* Hagebutte *f*; **~tine** (~'tin) *f* wilde Rose *f*.
église (e'gli:z) *f* **1.** Kirche *f*, Gotteshaus *n*; *aller à l'~* in die Kirche gehen; **2.** ♀ geistlicher Stand *m*, Geistlichkeit *f*; **3.** ♀ Kirchengemeinschaft *f*; ♀ *nationale* Staatskirche *f*; *l'♀ catholique* (*protestante*) die katholische (protestantische) Kirche *f*; *l'♀ militante* die streitende Kirche; **4.** *États m/pl. de l'♀* Kirchenstaat *m/sg*.
églogue *litt.* (eg'lɔg) *f* Ekloge *f*.
égocen|trique *psych.* (egɔsɑ̃'trik) *adj.* egozentrisch, alles auf das

eigene Ich beziehend; **~trisme** (~'trism) *m* Ichbezogenheit *f*.
égo|hine, ~ïne ⊕ (egɔ'in) *f* Fuchsschwanz *m*, Stoßsäge *f*.
égo|ïsme (egɔ'ism) *m* Egoismus *m*, Selbstsucht *f*; **~ïste** (~'ist) I *adj.* □ egoistisch, selbstsüchtig; II *su.* Egoist *m*, selbstsüchtiger Mensch *m*.
égor|gement (egɔrʒə'mɑ̃) *m* Ermordung *f*; Mord *m*; **~ger** (~'ʒe) *v/t.* [1l] den Hals abschneiden (*dat.*); erwürgen, töten; *fig.* überteuern, prellen, schröpfen, zugrunderichten; **~geur** (~'ʒœ:r) *su.* [7g] Mörder *m*; *fig.* Halsabschneider *m*.
égosiller (egɔzi'je) [1a]: **s'~** sich heiser schreien, sich überschreien.
égo|tisme (egɔ'tism) *m* Egotismus *m*, Ichkult *m*; **~tiste** (~'tist) *adj. u. m* ichbetont(er Mensch *m*).
égout (e'gu) *m* **1.** Abfluß *m*; **2.** *eaux f/pl.* d'~ herabfließendes Wasser *n*; Abflußwasser *n*; **3.** ~ *du toit* Abflußrinne *f*; **4.** *bsd. pl.* ~s Kanalisation *f*, Gully *m*, Abflußkanal *m*; **~ier** (~'tje) *m* Kanalisationsarbeiter *m*.
égout|tage, ~tement (egu'ta:ʒ, ~t'mɑ̃) *m* Abtröpfeln(lassen *n*) *n*; Trockenlegung *f*, Entwässerung *f*; **~ter** (~'te) [1a] I *v/t.* abtropfen lassen; ⚒ trockenlegen, entwässern; II *v/rfl.* s'~ ablaufen, abtropfen; **~tis** (~'ti) *m* = ~*tement*; **~toir** (~'twa:r) *m* ⊕ Abtropf-brett *n*, -schale *f*; *cuis.* Tropfbrett *n*; *phot.* Trockenständer *m*; **~ture** (~'ty:r) *f* Rest *m* aus e-r Flasche.
égrainer s. *égrener*.
égrapper (egra'pe) *v/t.* [1a] abbeeren.
égratign|er (egrati'ɲe) *v/t.* [1a] **1.** zerschrammen; (zer)kratzen, ritzen; *fig.* ~ *q.* über j-n herziehen, gegen j-n sticheln; **2.** ⚒ den Boden aufkratzen, leicht bearbeiten, lokkern; ⊕ *Seidenzeug* aufrauhen; **3.** *peint.* schraffieren; *manière f égratignée* Saraffito *n*; **~eur** (~'ɲœ:r) [7g] **1.** *adj.* (gern)kratzend; **2.** *su.* ⊕ Aufkratzer *m*, Auszacker *m*; **~ure** (~'ɲy:r) *f* Streif-, Kratzwunde *f*, Schramme *f*.
égravillonner ⚒ (egravijɔ'ne) *v/t.* [1a] die Wurzeln *e-s Baumes* zum Umpflanzen freilegen.
égrenage, égrènement (egrə'na:ʒ, egrɛn'mɑ̃) *m* Auskörnen *n*; Abbeeren *n*.
égren|er (egrə'ne) [1d] I *v/t.* **1.** auskörnen; abbeeren; **2.** *rl.* ~ *son* (*od. le*) *chapelet* den Rosenkranz abbeten (*od.* herbeten *od. mv.p.* runterleiern); **3.** *fig.* mechanisch bekanntgeben, herunterleiern; II *v/rfl.* s'~ a) abfallen (*von Beeren*); b) *Auto*: s'~ davonsausen; **~euse** ⚒ (~'nø:z) *f* Auskörnmaschine *f*.
égrillard (egri'ja:r) *adj.* [7] sehr ausgelassen, allzu gewagt.
égri|sage (egri'za:ʒ) *m* Abschleifen *n* (*Diamant*); **~sée** (~'ze) *f* Diamantpulver *n*; **~ser** (~) *v/t.* [1a] Diamanten abschleifen.
égrotant (egrɔ'tɑ̃) *adj.* kränklich, [anfällig.]
égrug|eage (egry'ʒa:ʒ) *m* Zerstampfen *n*; **~eoir** (~'ʒwa:r) *m* Holzmörser *m*, Stampfbüchse *f*; **~er** (~'ʒe) *v/t.* [1l] zerstampfen.
égueuler (egœ'le) [1a] I *v/t.* **1.** den Hals *e-s Gefäßes* abstoßen; **2.** ⚔ die Geschützmündung abnutzen; II *v/rfl.* s'~ abbrechen.
Egypte (e'ʒipt) *f*: **l'~** Ägypten *n*.
égyp|tien (eʒip'sjɛ̃) [7c] I *adj.* ägyptisch; II ♀ *su.* Ägypter *m*; **~tologie** (~ptɔlɔ'ʒi) *f* Ägyptologie *f*.
eh (e) *int.* heh!, nun!; ~ *bien!* nun? na und?; nun gut!; ~ *bien, mais...* alles gut und schön, aber ...
éhonté (eɔ̃'te) I *adj.* schamlos; unverschämt, frech; II *su.* unverschämte Person *f*.
éhouper ⚒ (eu'pe) *v/t.* [1a] *Bäume* [kappen.]
eider (e'dɛ:r) *m* Eiderente *f*.
Eiffel (ɛ'fɛl) *m*: *la tour f* ~ der Eiffelturm *m*.
éjacu|lation (eʒakylɑ'sjɔ̃) *f physiol.* Ausspritzung *f*; Samenerguß *m*; *fig.* Stoßgebet *n*; **~ler** (~'le) *v/t.* [1a] ausspritzen, ausstoßen; den Samen entleeren.
éject|able ✈ (eʒɛk'tablə) *adj.*: *siège m* ~ Schleudersitz *m*; **~er** (~'te) *v/t.* [1a] heraus-schleudern -werfen; **~eur** (~'tœ:r) *m* (Patronen-) Auswerfer *m*; **~ion** (~k'sjɔ̃) *f* **1.** Auswerfung *f*; ✈ Abwurf *m*; ⚔ *tuyau m* d'~ Ausstoßrohr *n* (*beim M.G.*); **2.** ⚕ Ausstoßung *f*; Ausscheidung *f* von Exkrementen.
élabo|ration (elabɔrɑ'sjɔ̃) *f* Aus-, Ver-arbeitung *f*, Herstellung *f*; **~rer** (~'re) *v/t.* [1a] ver-, be-, ausarbeiten.
éla|gage (ela'ga:ʒ) *m* **1.** ⚒ Ausschneiden *n der Zweige*, Auslichten *n*; *fig.* Beseitigung *f* des unnützen Beiwerks; **2.** ausgeschnittene Zweige *m/pl.*; **~guer** (~'ge) *v/t.* [1m] ⚒ e-n Baum lichten *od.* ausästen;

fig. abkürzen.
élaiomètre (elajɔ'mɛtrə) *m* Öl-messer *m.*
élan[1] (e'lɑ̃) *m* **1.** Anlauf *m*, Satz *m*, Sprung *m*; *prendre son* ~ e-n Anlauf nehmen; **2.** *fig.* Schwung *m*, Elan *m*, Begeisterung *f*, *fig.* Stoßkraft *f*, Schmiß *m*; *plein d'*~ schmissig; *la chose a de l'*~ die Sache hat Schmiß; ~ *de générosité* Anwandlung *f* von Großzügigkeit.
élan[2] *zo.* (~) *m* Elen(tier *n*) *n*, Elch *m*.
élan|cé (elɑ̃'se) *adj.* schlank; hoch aufgeschossen; **~cement** (~s'mɑ̃) *m* **1.** Losstürzen *n*, Ansturm *m*; **2.** ⚕ stechender Schmerz *m*; **3.** ~*s pl. de l'âme* Aufschwung *m/sg.* der Seele; **4.** ~*s pl.* Stoßseufzer *m/sg. od. m/pl.*; **~cer** (~'se) [1k] **I** *v/i.* **1.** stechen, heftig schmerzen; *le doigt m'élance* ich habe Stiche im Finger; **II** *v/rfl.* *s'*~ **2.** sich stürzen, losbrechen; *fig.* sich emporschwingen **3.** in die Höhe schießen (*Baum, Mensch*).
élar|gir (elar'ʒiːr) [2a] **I** *v/t.* **1.** breiter (*od.* weiter) machen, erweitern; Kleider auslassen; **2.** freilassen; **II** *v/rfl.* *s'*~ **3.** sich erweitern, breiter (*od.* weiter) werden; **~gissement** (~ʒis'mɑ̃) *m* **1.** Ausweitung *f*, Erweiterung *f*, Verbreiterung *f*; *fig.* Ausdehnung *f* (*sur* auf [*acc.*]); **2.** Freilassung *f*; **~gissure** *cout.* (~ʒi'syːr) *f* Zwickel *m*.
élasti|cité (elastisi'te) *f a. fig.* Spannkraft *f*, Elastizität *f*; **~que** (~'tik) **I** *adj.* elastisch, federnd; *balle f* ~ Gummiball *m*; *Auto*: *bandage m* ~ Elastikbereifung *f*; *force f* ~ Federkraft *f*; *sommier m* ~ Springfedermatratze *f*; **II** *m* (elastisches) Gummiband *n*.
élater *m*, **élatère** *m* (ela'tɛːr) **1.** ⚘ Springfaden *m*; **2.** *ent.* Springkäfer *m*.
élatéromètre *phys.* (elaterɔ'mɛtrə) *m* Dampfbarometer *n*, Elastizitäts-, Spannungs-messer *m*.
élation (elɑ'sjɔ̃) *f*: *en état d'*~ in gehobener Stimmung.
élavé *ch.* (ela've) *adj.* falb.
eldorado (ɛldɔra'do) *m* Eldorado *n*.
élec|teur (elɛk'tœːr) *su.* [7f] **1.** Wähler *m*; **2.** *hist.* Kurfürst *m*; *le Grand* ♀ der Große Kurfürst *m*; **~tif** (~'tif) *adj.* [7e] auf Wahl begründet; Wahl...; *roi m* ~ Wahlkönig *m*; *affinité f élective* Wahlverwandtschaft *f*; **~tion** (~k'sjɔ̃) *f* **1.** Wahl *f* (*mst. nur noch „Wahl durch Abstimmung“*); *l'*~ *du président* die Wahl des Präsidenten; ~ *primaire* Ur-abstimmung *f*, -wahl *f*; ~ *proportionnelle* Verhältniswahl *f*; ~*s f/pl. à liste unique* Einheitslistenwahlen *f/pl.*; **2.** *rl.* Auserwählung *f*; ~ *à la grâce* Gnadenwahl *f*; *d'*~ auserlesen; **~tivité** (~tivi'te) *f* Wählbarkeit *f*; **~toral** (~tɔ'ral) *adj.* [5c] **1.** Wahl...; *campagne f* ~*e* Wahlkampf *m*; *circonscription f* ~*e* Wahlbezirk *m*; *collège m* ~, *corps m* ~ Wählerschaft *f*; *comité m* ~ Wahlvorstand *m*; *loi f* ~*e* Wahlgesetz *n*; *liste f* ~*e* Wählerliste *f*; *lutte f* ~*e* Wahlkampf *m*; *manifeste m* ~ Wahlaufruf *m*; *réunion f* ~*e* Wahlversammlung *f*; **2.** *hist.* kurfürstlich; Kur...; *prince m* ~ Kurprinz *m*; **~torat** (~tɔ'ra) *m* **1.** Wahlrecht *n*; **2.** *hist.* Kurfürstentum *n*; **3.** *hist.* Kurwürde *f*.
électri|cien (elɛktri'sjɛ̃) *m* Elektriker *m*, Elektrotechniker *m*, *ingénieur-*~ Elektroingenieur *m*; **~cité** (~si'te) *f* **1.** Elektrizität *f*; elektrische Kraft *f*; ⚡ *compteur m d'*~ elektrischer Zähler *m*; **2.** elektrisches Licht *n*.
électrifi|cation (elɛktrifikɑ'sjɔ̃) *f* Elektrifizierung *f*; **~er** (~'fje) *v/t.* [1a] elektrifizieren.
électri|que (elɛk'trik) *adj.* **1.** elektrisch; Elektrizitäts..., *courant m* ~ elektrischer Strom *m*; *tabouret m* ~ Isolier-schemel *m*, -stuhl *m*; *usine f* ~ Elektrizitätswerk *n*; **2.** *fig.* elektrisierend, zündend; **~sable** (~'zablə) *adj.* elektrisierbar; *fig.* leicht zu begeistern; **~sant** (~'zɑ̃) *adj.* [7] elektrisierend; *fig.* begeisternd; **~sation** (~zɑ'sjɔ̃) *f* Elektrisierung *f*; **~ser** (~'ze) [1a] *v/t.* Elektrizität erzeugen; elektrisieren; *fig.* begeistern; **~seur** (~'zœːr) *su.* [7g] Elektrisierer *m*.
électro ⚡ (elɛk'tro) *m* Elektromagnet *m*; ~ *à rappel* Rücklaufmagnet *m*; **~-aimant** (elɛktrɔɛ'mɑ̃) *m* Elektromagnet *m*; **~cardiogramme** ⚕ (~kardjɔ'gram) *m* Elektrokardiogramm *n*, *mst.*: EKG *n*; **~-chimie** (~ʃi'mi) *f* Elektrochemie *f*; **~chimique** (~ʃi'mik) *adj.* elektrochemisch; **~-choc** (~'ʃɔk) *m* ⚕ *a. fig.* elektrischer Schock *m*.
électrocu|ter (elɛtrɔky'te) *v/t.* [1a] auf dem elektrischen Stuhl hinrichten; *s'*~, *être électrocuté* durch Elektrizität getötet werden: **~teur**

(~'tœ:r) *adj.* [7f]: *courant m* ~ tötender Strom *m*; **~tion** (~ky'sjɔ̃) *f* Hinrichtung *f* durch Elektrizität; ⚡ tödlicher Schlag *m*.
électrode (elɛk'trɔd) *f* Elektrode *f*.
électrodynam|ique (elɛktrɔdina'mik) **I** *adj.* elektrodynamisch; **II** *f* Elektrodynamik *f*; **~omètre** (~mɔ'mɛtrə) *m* Elektrodynamometer *n*.
électro-encéphalo|gramme ⚕, ⚡ (elɛktrɔɑ̃sefalɔ'gram) *m* Enzephalogramm *n*; **~graphe** ⚕, ⚡ (~'graf) *m* Enzephalograph *m*, Meßgerät *n* für Gehirnstörungen.
électro|galvanique (elɛktrɔgalva'nik) *adj.* elektrogalvanisch; **~gène** (~'ʒɛn) **I** *adj.* elektrizitätserzeugend; **II** *m* Elektrizitätserzeuger *m*; **~-hydraulique** (~trɔidro'lik) **I** *adj.* elektrohydraulisch; **II** *f* Elektrohydraulik *f*; **~lyse** (~'li:z) *f* Elektrolyse *f*; **~lyser** (~li'ze) *v/t.* [1a] elektrolysieren; **~magnétique** (~maɲe'tik) *adj.* elektromagnetisch; **~magnétisme** (~maɲe'tism) *m* Elektromagnetismus *m*; **~mécanique** (~meka'nik) **I** *adj.* elektromechanisch; **II** *f* Elektromechanik *f*; **~-ménager** (~mena'ʒe) *adj.* [7b]: *appareils m/pl. électro-ménagers* elektrische Haus- u. Küchengeräte *n/pl.*; **~métallurgie** (~metalyr'ʒi) *f* Elektrometallurgie *f*; **~mètre** (~'mɛ:trə) *m* Elektrometer *n*; **~métrie** (~me'tri) *f* Elektrizitätsmessung *f*; **~moteur** (~mɔ'tœ:r) *m u. adj.* [7f] Elektromotor *m*; Elektrizität erregend.
électron ⚡, *phys.*, *at.* (elɛk'trɔ̃) *m* Elektron *n*; **~icien** ⚡, *phys.*, *at.* (elɛktrɔni'sjɛ̃) *m* Elektronenwissenschaftler *m*; **~ique** ⚡, *phys.*, *at.* (~trɔ'nik) **I** *f* Elektronik *f*, **II** *adj.* elektronisch.
électronucléaire *at.* (elɛktrɔnykle'ɛ:r) *adj.*: *centrale f* ~ Atomkraftwerk *n*.
électrophone ⚡, ♪ (~'fɔn) *m* Plattenspieler *m*.
électrophore (elɛktrɔ'fɔ:r) *m* Elektrizitätsträger *m*, Elektrophor *m*.
électro|scope (elɛktrɔ'skɔp) *m* Elektroskop *n*, Elektrizitätsanzeiger *m*; **~technique** (~tɛk'nik) **I** *adj.* elektrotechnisch; **II** *f* Elektrotechnik *f*; **~thérapie** (~tera'pi) *f* Elektrotherapie *f*; **~typie** (~ti'pi) *f* Galvanoplastik *f*, Elektrotypie *f*.
électuaire *phm.* (elɛk'tɥɛ:r) *m* Latwerge *f*.
élé|gamment (elega'mɑ̃) *adv.* elegant, vornehm, geschmackvoll; *parler* ~ gewählt sprechen; **~gance** (~'gɑ̃:s) *f* Eleganz *f*, Geschmack *m*, Anmut *f*; Feinheit *f*; **~gant** (~'gɑ̃) [7] **I** *adj.* elegant, geschmackvoll, fein; **II** *su.* Modeherr *m*; *péj.* Geck *m*; **~e** *f* Modedame *f*.
élé|giaque (ele'ʒjak) **I** *adj.* elegisch; *fig.* melancholisch; **II** *su.* Elegiker *m*; **~gie** (~'ʒi) *f* Elegie *f*, Klagelied *n*.
élément (ele'mɑ̃) *m* **1.** Element *n*; Lebenselement *n*; *être hors de son* ~ sich unbehaglich fühlen; *c'est son* ~ das ist sein Lieblings-gebiet *n*, -fach *n*; **2.** *a.* ⚗ Grund-, Ur-stoff *m*; wesentlicher Bestandteil *m*; Faktor *m*; **3.** *~s pl.* Anfangsgründe *m/pl.*, Urbegriffe *m/pl.*, Grundlagen *f/pl.*, Grundzüge *m/pl.*; *a.* ⊕ Einzelteile *m/pl.*; *il en est encore aux (premiers) ~s* er ist noch bei den Anfangsgründen; *n'avoir pas les premiers ~s d'une science* von e-r Wissenschaft absolut nichts verstehen (*od.* keinerlei Ahnung haben); *~s pl. de civilisation* Kulturträger *m/pl.*; **4.** Anbaumöbelstück *n*; ~ *mural* Wandschrank *m*.
élémentaire (elemɑ̃'tɛ:r) *adj.* **1.** elementar, uranfänglich; *fig.* elementar, einfach ⚗ *molécules f/pl. ~s* unzerlegbare Moleküle *n/pl.*; *c'est* ~ das weiß doch jedes Kind; **2.** Elementar..., Anfangs..., Vor...; *classes f/pl. ~s* die untersten (Schul-)Klassen; *école f* ~ Grundschule *f*; **3.** hauptsächlich, wesentlich; Grund... [Almosen...]
élémosinaire (elemɔzi'nɛ:r) *adj.*
éléphant (ele'fɑ̃) *m* Elefant *m*; ~ *nain* Zwergelefant *m*; *fig. faire d'une mouche un* ~ aus e-r Mücke e-n Elefanten machen; **~esque** F (~'tɛsk) *adj.* riesig, ungeheuer.
éleva|ge (el'va:ʒ) *m* Aufzucht *f*, Zucht *f*, Züchtung *f der Haustiere*; **~teur** (~va'tœ:r) *m u. adj./m*: **1.** ⊕ Hebemaschine *f*, Lastenaufzug *m*, Elevator *m*; ~ *des bateaux* Schiffshebewerk *n*; ~ *à godets* Becherwerk *n*; **2.** *anat. muscle m* ~ Hebemuskel *m*; **~tion** (~vɑ'sjɔ̃) *f* **1.** Hebung *f*, Erhöhung *f*, Erhebung *f*; ~ *d'eau* Wasserförderung *f*; **2.** Erhebung *f zu Würden*; Emporkommen *n*; hohe Stellung *f*; ~ *à une dignité (au trône)* Erhebung *f* zu e-r Würde (auf den Thron); **3.** Steigen *n*; ~ *du pouls*

Beschleunigung *f* des Pulses; ~ *des prix* Preissteigerung *f*, Hochgehen *n od.* Anziehen *n* der Preise; **4.** ⩫ ~ *à une puissance* Potenzierung *f*; **5.** Höhe *f*, Erhöhung *f*; Hügel *m*; **6.** *fig.* Erhabenheit *f*, Geistesgröße *f*; ~ *de sentiments* Adel *m* der Gesinnung; ~ *du style* Erhabenheit *f* des Stils; **7.** △, ⩫ Höhenmaß *n*, Aufriß *m*; ~ *de devant*, ~ *antérieure* Vorderansicht *f*; ~ *longitudinale* Längenansicht *f*; ~ *latérale* Seitenansicht *f*; ~ *de derrière* Hinteransicht *f*; **8.** *ast. angle m d'*~ Höhenwinkel *m*; ~ *d'une étoile* Höhe *f* e-s Sterns; ~ *du pôle* Polhöhe *f*; **9.** *rl.* Wandlung *f*; **~toire** (~va'twa:r) *adj.* Hebe...; *appareil m* ~ Aufzug *m*, Hebegerät *n*; Hebevorrichtung *f*.

élève (e'lɛ:v) **I** *su.* Schüler(in *f*) *m* (*a. e-r Autofahrschule*); *une* ~ e-e Schülerin *f*; ~ *m forain* (*auswärtiger*) Fahrschüler *m*; ~ *à orientation lente* Spätentwickler *m*; **II** *m* a) junges Zuchttier *n*; b) Sämling *m*, Pflänzling *m*; **III** *f* Zucht *f*; ~ *du cheval* Pferdezucht *f* (*vgl. élevage*); **~-pilote** ✈ (~pi'lɔt) *su.* [6a] Flugschüler.

élever (el've) [1d] **I** *v/t.* **1.** erheben, erhöhen, höher setzen *fig.* ~ *des difficultés* Schwierigkeiten verursachen; ~ *une vigoureuse protestation* e-n scharfen Protest erheben; ~ *des scrupules* Zweifel erregen; ~ *les eaux* das Wasser stauen; ~ *un mur* e-e Mauer ziehen; ~ *au trône* auf den Thron heben; *un lieu élevé* ein hochgelegener Ort *m*; ~ *la voix* die Stimme heben; *style m élevé* gehobener Stil *m*; ~ *aux nues* bis in den Himmel heben, zuhöchst loben; **2.** steigern; ~ *le prix* den Preis erhöhen; ~ *ses prétentions* s-e Ansprüche steigern; *d'un prix trop élevé* zu teuer; *température élevée* hohe Temperatur *f*; *pouls élevé* beschleunigter Puls *m*; **3.** ♪ ~ *le ton d'un morceau* ein Musikstück in e-e höhere Tonart umsetzen; *fig.* ~ *le ton* e-n andern Ton anschlagen; **4.** ⩫ ~ *un nombre au carré* e-e Zahl zum Quadrat erheben; ~ *à la cinquième puissance* mit 5 potenzieren; ~ *une perpendiculaire* ein Lot errichten; **5.** △ erbauen, errichten; ~ *un monument* ein Denkmal errichten; ⚔ ~ *un ouvrage* ein Schanzwerk aufwerfen **6.** großziehen, aufziehen; ~ *au biberon* aufpäppeln; ~ *du bétail* Viehzucht betreiben; **7.** erziehen; *un enfant bien élevé* ein wohlerzogenes Kind *n*; *bien élevé ein* gebildeter Mann *m*; **8.** ⚔ *ein Geschütz* richten; **II** *v/rfl.* s'~ **9.** sich erheben, *a.* ✈ aufsteigen; *s'~ en l'air* sich emporheben, aufsteigen; auffliegen (*Vögel*); *s'~ par terrasses* stufenförmig aufsteigen; *s'~ au-dessus de qch.* sich über etw. (*acc.*) hinwegsetzen; über etw. (*dat.*) erhaben sein; **10.** *s'~ contre q.* sich gegen j-n erheben, gegen j-n auftreten; **11.** *fig.* emporkommen; *s'~ à la connaissance de Dieu* sich zur Erkenntnis Gottes aufschwingen; **12.** erhöht (*od.* stolz) werden; *s'~ au-dessus de q.* sich über j-n hinwegsetzen, übergehen; **13.** *s'~ à ...* sich belaufen auf; **14.** stärker werden (*Ton*); steigen (*Temperaturen*); *le temps s'élève* die Temperatur steigt; **15.** ⚕ ausschlagen; *sa peau s'élève* s-e Haut bedeckt sich mit Hitzepickeln; **16.** sich auf- (*od.* groß-) ziehen lassen (*Tiere*); **17.** ⚓ *s'~ d'une côte* in die hohe See stechen; **III** *v/imp. il s'élève* es erhebt sich; *il s'élève des opinions* es tauchen Meinungen auf, es werden Stimmen laut.

éle|veur (el'vœ:r) *su.* [7g] Viehzüchter *m*; **~veuse** (~'vø:z) *f* Brutapparat *m*; **~vure** ⚕ (~'vy:r) *f* Ausschlag *m*, Hitzpickel *m*.

élider *gr.* (eli'de) *v/t.* [1a] elidieren, e-n Buchstaben ausstoßen.

éligi|bilité (eliʒibili'te) *f* Wählbarkeit *f*, passives Wahlrecht *n*; **~ble** (~'ʒiblə) *adj.* wählbar.

élimé (eli'me) *adj.* abgetragen, schäbig.

élimer (~) [1a] **I** *v/t.* abnutzen, abtragen; **II** *v/rfl.* s'~ sich abnutzen.

élimi|nateur *rad.* (elimina'tœ:r) *m*: ~ *de perturbations* Störbeseitiger *m*; **~nation** (~nɑ'sjɔ̃) *f* Beseitigung *f*, Aussonderung *f*, Ausmerzung *f*; *fig.* Kaltstellung *f*; Ausschaltung *f*; ~ *d'un obstacle* Beseitigung *f* e-s Hindernisses; *rad.* ~ *des dérangements*, ~ *des perturbations*, ~ *des troubles* Störschutz *m*; **~ner** (~'ne) *v/t.* [1a] beseitigen, aussondern, ausmerzen, ausschalten, *fig.* kaltstellen; (weg-)räumen, beseitigen; *bsd. Sport*: (*durch engere Wahl*) ausscheiden.

élingue ⊕, ⚓ (e'lɛ̃:g) *f* Schlinge *f* (*am Tau*); **~r** (elɛ̃'ge) *v/t.* [1m] e-e Schlinge schlagen um (*acc.*).

élire (e'li:r) *v/t.* [4x] **1.** wählen (*durch Abstimmung*), ernennen; *~ q. roi* j-n zum König wählen; *~ q. à la majorité* (*od. à la pluralité*) *des voix* j-n durch Stimmenmehrheit wählen; *~ au sort* durchs Los wählen; **2.** sich aussuchen, sich auserwählen; *~ domicile* den gesetzlichen Wohnsitz bestimmen; *allg.* sich e-n Wohnsitz wählen.

élision *gr.* (eli'zjɔ̃) *f* Elision *f.*

élite (e'lit) *f* Elite *f,* Auswahl *f*; *l'~ mondaine* die obersten Zehntausend *pl.*, die Elite *f* der Gesellschaft; *troupes f/pl. d'~* Elitetruppen *f/pl.*; *~ de la noblesse* Blüte *f* des Adels.

élixir (elik'si:r) *m* Heiltrank *m,* Elixier *n*; *~ de longévité* Lebenselixier *n.*

elle (ɛl) *pr/p. f der 3. Person* (*pl. ~s*) sie; *à ~s trois, elles peuvent plus que moi* sie alle drei zusammen schaffen mehr als ich allein.

ellébore ⚘ (ɛle'bɔ:r) *m* Christrose *f.*

ellip|se (ɛ'lips) *f* **1.** ⩘ Ellipse *f*; **2.** *gr. u.* ♪ Auslassung *f*; *faire ~* de auslassen; **~tique** (~'tik) *a.* □ elliptisch.

élocution (elɔky'sjɔ̃) *f* Ausdrucksweise *f,* Vortragsart *f,* Diktion *f*; *~ aisée* Redefertigkeit *f.*

élo|ge (e'lɔ:ʒ) *m* Lobrede *f*; *prodiguer les ~s à q.* j-n mit Lob überhäufen; *faire l'~ de q.* j-n loben; **~gieux** (elɔ'ʒjø) *adj.* [7d] lobend.

éloi|gné (elwa'ɲe) *adj.* fern, abgelegen, entlegen; *cause f ~e* entfernte Ursache *f*; *ils sont parents ~s* sie sind weitläufig verwandt; **~gnement** (~ɲ'mɑ̃) *m* **1.** Entfernung *f,* Entfernen *n*; **2.** Ferne *f,* Abwesenheit *f*; *fig.* Abneigung *f*; *éprouver de l'~ pour q.* j-m gegenüber abgeneigt sein; *dans l'~* in der Ferne; *en ~* in der ferneren Zukunft; **~gner** (~'ɲe) [1a] **I** *v/t.* **1.** entfernen, fernhalten, wegstellen; *fig.* verwerfen, beseitigen; *éloignez de vous ces tristes idées* schlagen Sie sich diese traurigen Gedanken aus dem Sinn; *être bien éloigné de* (*inf.*) noch weit davon entfernt sein, zu ...; **2.** aufschieben, aufhalten, verzögern; **3.** entfremden, **II s'~ 4.** *s'~* (*beaucoup*) sich (weit) entfernen; *peint.* zurücktreten; *s'~ en courant* weglaufen; **5.** *fig. s'~ de* abweichen von, sich unterscheiden von (*dat.*); abschweifen.

élongamètre ⚕ (elɔ̃ga'mɛtrə) *m* Längenmesser *m* (*zur Feststellung der Widerstandskraft u. Länge der Haare*).

élo|quence (elɔ'kɑ̃:s) *f* Beredsamkeit *f*; *l'art de l'~* die Rednerkunst *f*; *~ du barreau* gerichtliche Beredsamkeit *f*; *~ de la chaire* geistliche Beredsamkeit *f*; *~ de la tribune* parlamentarische Beredsamkeit *f*; **~quent** (~'kɑ̃) *adj.* [7] beredt; *fig.* ausdrucksvoll, bedeutsam.

élu (e'ly) *su.* Gewählter *m,* Erwählter [*m.*]

éluci|dation (elysidɑ'sjɔ̃) *f* Aufklärung *f,* Erläuterung *f*; **~der** (~'de) *v/t.* [1a] aufklären, erläutern.

élucu|brations *péj.* (~kybrɑ'sjɔ̃) *f/pl. péj.* Hirngespinste *n/pl.*; *se livrer à des ~* spintisieren, *fig.* aus-hecken, -brüten; **~brer** *péj.* (~'bre) *v/t.* [1a] *fig.* aushecken, ausbrüten.

élu|dable (ely'dablə) *adj.*: *loi f ~* Gesetz *f,* das umgangen werden kann; **~der** (~'de) *v/t.* [1a]: *~ une question* einer Frage ausweichen; *~ une loi* ein Gesetz *n* umgehen; **~sif** (~'zif) *adj.* [7e] ausweichend.

Elysée (eli'ze) *m* **1.** *myth.* Elysium *n*; *fig.* Paradies *n*; **2.** *le Palais de l'~* der Elyseepalast *m*; *les Champs-~s* (*Prachtstraße in Paris*).

élytre *ent.* (e'litrə) *m* Flügeldecke *f.*

éma|ciation ⚕ (emasjɑ'sjɔ̃) *f* Abzehrung *f*; **~cié** ⚕ (~'sje) *adj.* abgezehrt.

émail (e'maj) *m* [5c] **1.** Schmelz (-glas *n*) *m,* Emaille *f,* Glasur *f*; *émaux pl. od. ouvrages m/pl. en ~* Emaillewaren *f/pl.*; **2.** Schmelzarbeit *f,* -malerei *f*; **3.** *~ des dents* Zahnschmelz *n*; **4.** *fig.* Farbenpracht *f.*

émail|ler (ema'je) [1a] *v/t.* **1.** emaillieren, mit Schmelz überziehen; glasieren; **2.** *fig.* bunt durchwirken; *émaillé de fleurs* mit Blumen geschmückt *od.* besät; **~lerie** (~j'ri) *f* Emaillier-arbeit *f*; -werkstatt *f*; **~leur** (~'jœ:r) *su.* [7g] Schmelzarbeiter *m.*

émanation (emanɑ'sjɔ̃) *f* Ausströmen *n,* Ausdünstung *f,* Ausfluß *m* (*a. fig.*); *phys.* Emanation *f.*

émanci|pateur (emɑ̃sipa'tœ:r) [7f] **I** *su.* Befreier *m*; **II** *adj.* befreiend; **~pation** (~pɑ'sjɔ̃) *f* **1.** ⚖ Mündigsprechung *f*; **2.** Freilassung *f* (*der*

Sklaven); bürgerliche Gleichstellung *f*, Emanzipation *f* (*Gleichstellung derFrau*); **~per** (~'pe) [1a] **I** *v/t.* **1.** ⚖ mündigsprechen; **2.** freimachen; bürgerlich gleichstellen; **II s'~** sich mündig machen; sich freimachen; F, *iron.* sich allzu große Freiheiten herausnehmen, über die Stränge schlagen.

émaner (ema'ne) *v/i.* [1a] ausfließen, ausströmen; *fig.* ausgehen, herrühren, hervorgehen.

émar|gement (emarʒə'mɑ̃) *m* **1.** Beschneiden *n* des Randes; **2.** ✝ Auswerfen *n*, Abzeichnen *n od.* Quittieren *n e-r Summe* am Rande einer Rechnung; *feuille f d'~* monatliche Gehaltsliste *f zwecks Quittung*; *pl.* *~s* Gehaltsbezüge *m/pl*; **~ger** (~'ʒe) *v/t.* [1l] **1.** (am Rande) beschneiden; **2.** ✝ am Rande auswerfen, abzeichnen *od.* quittieren; *abs.* *~ au budget* Gehalt vom Staat beziehen.

émascul|ation (emaskylɑ'sjɔ̃) *f* Kastrierung *f*; Entmannung *f*; **~er** (~'le) *v/t.* [1a] kastrieren; entmannen; *fig.* verweichlichen.

embabouiner F (ɑ̃babwi'ne) *v/t.* [1a] (mit List) beschwatzen.

embâcle (ɑ̃'bɑːklə) *f* Anhäufung *f* von Eisschollen.

embal|lage (ɑ̃ba'laːʒ) *m* **1.** Einpacken *n*, Verpacken *n*; Verpackung *f*; *toile f d'~* Packleinwand *f*; **2.** Verpackungsmaterial *n*; *marchandises f/pl. sans ~* lose Waren *f/pl.*; **3.** Verpackungskosten *f/pl.*; **~lé** F (~ba'le) *adj.*: *fig. en être très ~* ganz weg (*od.* hingerissen) sein (*vor Begeisterung*); **~lement** (~bal'mɑ̃) *m* Durchgehen *n der Pferde*; *bsd.* *~s pl. fig.* blinde Begeisterung *f*, Ereiferung *f*; **~ler** (~ba'le) [1a] **I** *v/t.* **1.** (ein-, ver-) packen; **2.** F beschwatzen *fig.* einwickeln F; begeistern, hinreißen; **3.** *Auto*: (*faire*) *~ le moteur* den Motor auf Touren bringen; (*faire*) *~ le moteur à fond* Vollgas geben; **4.** P aufgreifen, einsperren; V runterputzen, anpfeifen; verprügeln; **II** *v/rfl.* *s'~* **5.** durchgehen, ausreißen (*Pferd*); *mot.* auf Touren kommen; *s'~ pour qch.* sich für etw. begeistern **6.** sich hinreißen lassen; sich ereifern; wütend werden; *ne vous emballez pas!* haut euch nicht!; **~leur** (~ba'lœːr) *m* Packer *m*.

embarbouiller (ɑ̃barbu'je) [1a] **I** *v/t.* tüchtig beschmieren, besudeln; *fig.* verwirren, aus dem Konzept bringen; **II** *v/rfl.* *s'~ dans son discours* sich in seiner Rede verwirren (*od.* verhaspeln *od.* aus dem Konzept bringen lassen); *s'~* sich verhaspeln (*mit Worten*).

embarca|dère (ɑ̃barka'dɛːr) *m* **1.** Landungs-platz *m*, -stelle *f*; Verladeort *m*, **2.** 🚂 Abfahrts-halle *f*, -seite *f*, -bahnsteig *m*; **~tion** (~kɑ'sjɔ̃) *f* Boot *n*, kleines Schiff *n*.

embard|ée (ɑ̃bar'de) *f* **1.** ⚓, ✈ Gieren *n*, Schlingerbewegung *f*; ✈ Zickzackflug *m*; **2.** *Auto*: Ausscheren *n*, plötzliche Seitenwendung *f*, Schleudern *n*; **~er** (~'de) [1a] *v/i.* **1.** ⚓ gieren; **2.** ✈ im Zickzack fliegen; **3.** *Auto*: ausscheren, sich plötzlich wenden, schleudern.

embargo ⚓ (ɑ̃bar'go) *m* Embargo *m u. n*, Hafensperre *f*; Schiffssperre *f*; *allg.* Beschlagnahme *f*; *mettre l'~ sur une marchandise allg.* e-e Ware beschlagnahmen; *lever l'~* die Beschlagnahme aufheben.

embar|quement (ɑ̃barkə'mɑ̃) *m* **1.** ⚓ Verschiffung *f*, Verladung *f*; **2.** ⚓ Anbordgehen *m*; *allg.* Einsteigen *n*; **3.** Verladungskosten *n*; **~quer** (~'ke) [1m] **I** *v/t.* **1.** verschiffen, verladen; **2.** *fig.* *~ q. dans une affaire* j-n in e-e Angelegenheit verwickeln **II** *v/i.* **3.** (*mit être!*) ⚓ an Bord gehen; *allg.* einsteigen; **III** *v/rfl.* *s'~* **4.** *s'~ pour* sich einschiffen nach (*dat.*); *allg.* abfahren nach (*dat.*); **5.** *fig.* *s'~ dans* sich einlassen auf (*acc.*).

embarras (ɑ̃ba'rɑ) *m* **1.** Versperrung *f*, Hemmnis *n*, Hindernis *n*; *~ de voitures* Verkehrsstockung *f*; **2.** Ungelegenheit *f*, Belästigung *f*; *causer de l'~ à q.* j-n belästigen, j-m ungelegen kommen; *faire de l'~* wichtig tun, angeben F; *faire des ~* Umstände machen; unberechtigte Ansprüche machen, *faiseur m d'~* Großmaul *n*, Angeber *m* F; **3.** Schwierigkeit *f*; *vous n'avez que l'~ du choix* Sie haben e-e reichliche Auswahl; **4.** Verwirrung *f*; Wirrwarr *m*; **5.** Verlegenheit *f*; Unentschlossenheit *f*; *être dans l'~* in Verlegenheit sein, in der Klemme sitzen; *tirer q. d'~* j-m aus der Klemme helfen; **6.** *~ d'argent* Geldverlegenheit *f*; **7.** ⚕ *~ gastrique* Magenverstimmung *f*; **~sant** (~ra'sɑ̃) *adj.* [7] hinderlich, beschwerlich; peinlich, mißlich, unangenehm, lästig.

embarrass|é (ãbara'se) *adj.* versperrt; verwickelt; mißlich; verlegen, unschlüssig, ratlos; ⚕ benommen; verschleimt; gestört; s. **~er** 5.; **~er** (~) [1a] **I** *v/t.* **1.** (ver)sperren; hindern, hemmen; **2.** ~ *q.* j-m hinderlich sein, j-n belästigen; **3.** verwirren, verwickeln; **4.** in Verlegenheit bringen, *être embarrassé* in Geldverlegenheti sein; *être embarrassé de répondre* um die Antwort verlegen sein; *être embarrassé de sa personne* sich nicht zu benehmen wissen; **5.** ⚕ beschweren; *avoir la langue embarrassée* anfangen, zu stottern; *avoir l'estomac embarrassé* Magenbeschwerden haben; *tête embarrassée* benommener Kopf *m*; **II s'~ 6.** in Verwirrung (*od.* Verlegenheit) geraten; **7.** *s'~ dans* sich verwickeln in (*acc.*); *s'~ dans ses discours* in seiner Rede stecken bleiben; **8.** s'~ *de q.* sich j-n auf den Hals laden, sich um j-n bekümmern; s'~ *de qch.* sich über etw. (*acc.*) beunruhigen; sich in etw. (*acc.*) einlassen.

embase (ã'bɑ:z) *f* **1.** *méc.* Ansatz *m*, Anpaß *m*, Stoßscheibe *f*; **2.** *règles f/pl.* d'~ Richtmaße *n/pl.*

embasement ⚠ (ãbɑz'mã) *m* Grundmauer *f*, Sockel *m.*

embastil|lement (ãbastij'mã) *m* **1.** Einsperrung *f*; **2.** †, ⚔ Befestigung *f*; **~ler** (~'je) *v/t.* [1a] **1.** einsperren; **2.** † ⚔ mit Forts umgeben.

embat(t)age (ãba'ta:ʒ) ⊕ *m* Beschlagen *n* (*e-s Rades*).

embâter (ãbɑ'te) *v/t.* [1a] satteln; F *fig.* ~ *q. de qch.* j-m etw. aufhalsen.

embat(t)re ⊕ (ã'batrə) *v/t.* [4a] *Räder* beschlagen *od.* beschienen.

embau|chage (ãbo'ʃa:ʒ) *m*, **~che** (ã'bo:ʃ) *f* An-, Ein-stellung *f*, Anwerbung *f*; *bureau m* d'~ Werbebüro *n*; **~cher** (ãbo'ʃe) *v/t.* [1a] **1.** an-, ein-stellen; **2.** (listig) anwerben; in s-e Dienste nehmen; **3.** ⚔ zur Fahnenflucht *f* verleiten; **~cheur** (ãbo'ʃœ:r) *m* Anwerber *m*; **~choir** ⊕ (~'ʃwa:r) *m* Schuhleisten *m.*

embau|mement (ãbom'mã) *m* Einbalsamierung *f*; **~mer** (~'me) [1a] **I** *v/t.* **1.** (ein)balsamieren; **2.** mit Wohlgeruch *m* erfüllen; *fig.* würzen; **II** *v/i.* duften, herrlich riechen.

embecquer (ãbɛ'ke) *v/t.* **1.** füttern (*e-n Vogel*); **2.** nudeln, mästen.

embéguiner F (ãbegi'ne) [1a] **I** *v/t.* **1.** ~ *q.* j-m den Kopf mit einem Tuch umhüllen; **2.** *fig.* ~ *q. de qch.* j-m etw. in den Kopf setzen; **II s'~** *de q.*, *être embéguiné de q.* in j-n vernarrt sein.

embellie (ãbɛ'li) *f* kurze Wetterbesserung *f*; *fig.* Lichtblick *m.*

embel|lir (ãbɛ'li:r) [2a] **I** *v/t.* verschönern, *fig.* ausschmücken; **II** *v/i. u.* **s'~** schöner werden; **~lissement** (~lis'mã) *m* Verschönerung *f.*

emberlificot|er F (ãbɛrlifikɔ'te) [1a] *v/t. u.* **s'~** (sich) verwickeln (*a. fig.*) *od. fig. v/t.* verstricken; *v/t.* in e-e Falle locken; **~eur** F (~'tœ:r) *su.* [7g] Schwindler *m.*

embê|tant F (ãbɛ'tã) *adj.* [7] langweilig; ärgerlich, lästig; **~tement** F (~t'mã) *m* Belästigung *f*, Ärger *m*; **~ter** F (~'te) [1a] **I** *v/t.* [1a] belästigen, langweilen, ärgern; **II** *v/rfl.* *s'~* sich langweilen.

embeurrer (ãbœ're) *v/t.* [1a] mit Butter bestreichen.

embla|vage ✓ (ãbla'va:ʒ) *m* Saatbestellung *f*; **~ve** (ã'bla:v) *f* frisch besätes Kornfeld *n*; **~ver** (~'ve) *v/t.* [1a] mit Korn besäen;

emblée (~'ble): **d'~** *advt.* auf Anhieb *m*, im ersten Anlauf *m*, gleich, ohne weiteres; *élu* d'~ im ersten Wahlgang *m* gewählt.

emblématique (~ma'tik) *adj.* sinnbildlich.

emblème (ã'blɛ:m) *m* Sinnbild *n*; *les* ~*s de la royauté* die Kroninsignien *pl.*

embob(el)iner (ãbɔb[l]i'ne) *v/t.* [1a] (*heute ist embobiner häufiger*) **1.** ⚡, ⊕ umwickeln; *text.* aufspulen; **2.** F *fig.* beschwatzen, einwickeln.

emboire ⊕ (ã'bwa:r) [4u] **I** *v/t.* *e-e Form* einölen, mit Öl (*od.* Wachs) tränken; **II** *v/rfl.* s'~ einziehen *od.* einlaufen (*von Farben*).

emboî|tage, ~tement (ãbwa'ta:ʒ, ~t'mã) *m* **1.** Einschachtelung *f*; **2.** Einfügen *n*, Futter *n*; Verschluß *m*; ⊕ *~tement* Muffe *f*; Ineinandergreifen *n*; *anat.* *~tement m des os* Knochenfügung *f*; **3.** *Buchbinderei*: a) Ankleben *n e-s Buches an e-n Pappband*; b) Pappband *m*; **4.** * *fig.* Protestkundgebung *f gegen e-n Redner, Schauspieler usw.*

emboîter (ãbwa'te) *v/t.* [1a] genau einpassen, ineinanderfügen, anpassen; *charp.* einzapfen; ~ *le pas à q.* j-m auf dem Fuße folgen; sich nach j-m richten; ⚔ ~ *les files* aufschließen, sich anschließen; *péj.*

hinterher-laufen, -hinken; hinter j-m zurückstehen; * auspfeifen, verhöhnen. [Fuge *f*.]
emboîture *charp.* (ãbwa'ty:r) *f*
embolie ⚕ (ãbɔ'li) *f* Embolie *f.*
embonpoint (ãbɔ̃'pwɛ̃) *m* Korpulenz *f*, Beleibtheit *f*; *recouvrer son* ~ wieder dicker werden.
emboquer (ãbɔ'ke) *v/t.* [1m] Geflügel nudeln. [einrahmen.]
embordurer ⊕ (ãbɔrdy're) *v/t.* [1a]
embosser (ãbɔ'se) [1a] *v/t.* ⚓ quer vor Anker legen; ⚔ aufpostieren, auffahren lassen.
emboucaner * (ãbuka'ne) *v/t. u. v/i.* [1a] stinken; anwidern.
embou|che (ã'buʃ) *f* fettes Weideland *n*; **~ché** F (ãbu'ʃe) *adj.*: *mal* ~ großmäulig; **~chement** (ãbuʃ'mã) *m* **1.** Ansetzen *n e-s Blasinstruments* an den Mund; **2.** Aufzäumung *f*; **3.** ⚓ Hineinfahren *n in e-e Flußmündung*; **~cher** (ãbu'ʃe) *v/t.* [1a] *Trompete usw.* an den Mund setzen; *fig.* ~ *la trompette pour annoncer qch.* etw. ausposaunen; **~choir** (~'ʃwa:r *m* **1.** ♪ Mundstück *n*; **2.** Schuhleisten *m*; **3.** ⚔ ~ *du fusil* Oberring *m*; **~chure** (~'ʃy:r) *f* **1.** Mündung *f*; Hafeneinfahrt *f*; **2.** ~ *du mors* Trense *f*; **3.** ♪ Mundstück *n.*
embouer (ã'bwe) *v/t.* [1a] mit Straßenschmutz besudeln.
embouquer ⚓ (ãbu'ke) *v/i.* [1m] in e-e Meerenge *f* einlaufen.
embourb|é (ãbur'be) *adj.* im Schlamm steckend; **~er** (~) [1a] **I** *v/t.* in Schlamm *od.* Morast führen, bringen, F *fig.* ~ *q. dans une mauvaise affaire* j-n in e-e üble Angelegenheit verwickeln; **II** *v/rfl.* *s'*~ in Morast geraten; sich festfahren.
embourgeois|ement (ãburʒwaz'mã) *m* Verbürgerlichung *f*; **~er** (~ʒwa'ze) *v/rfl.* *s'*~ verbürgerlichen; *péj.* verspießern.
embour|rage, ~rement ⊕ (ãbu'ra:ʒ, ~r'mã) *m* Polstern *n*; **~rer** (~'re) *v/t.* [1a] polstern.
embourser (ãbur'se) *v/t.* [1a] *fig.* einstecken (*Beleidigung*).
embouser ⚘ (ãbu'ze) *v/t.* [1a] mit Kuhdünger bedecken. [*Stock*).]
embout (ã'bu) *m* Zwinge *f* (*am*
embouteil|lage (ãbutɛ'ja:ʒ) *m* **1.** Abfüllen *n* auf Flaschen; **2.** *fig.* Überfüllung *f*; Verkehrsstockung *f*; *l'*~ *des professions libérales* die Überfüllung *f* der freien Berufe; ~ *social* die Überfüllung *f* e-s Berufs; **~lé** (~'je) *adj.* überfüllt; überbelastet; **~ler** (~) *v/t.* [1a] **1.** auf Flaschen abfüllen; **2.** versperren.
embouter (ãbu'te) *v/t.* [1a] mit e-r Zwinge *f* versehen.
emboutir (ãbu'ti:r) *v/t.* [2a] Metall *n* ausbauchen, pressen, austiefen; *bét.* ziehen; *Auto*: anfahren, rammen.
embran|chement (ãbrãʃ'mã) *m* Ab-, Ver-zweigung *f*; Kreuz-, Scheide-weg *m*; 🚂 Abzweigung *f* e-r Linie, Gleisanschluß *m*, Zweigbahn *f*; Ausläufer *m* e-s Gebirges; *fig.* Zweig *m* e-r Wissenschaft; **~cher** (~'ʃe) [1a] **I** *v/t.* verbinden, einfügen; anschiften; zusammenlöten; **II** *v/rfl.* *s'*~ sich ineinanderfügen; *s'*~ *à* (*od. avec od. sur*) einmünden in (*acc.*); (sich) abzweigen von (*dat.*). [an-, ein-holen.]
embraquer ⚓ (ãbra'ke) *v/t.* [1m]
embra|sé (ãbrɑ'ze) *adj.* glühend; *être* ~ glühen; *le couchant est* ~ das Abendrot glüht; **~sement** (~brɑz'mã) *m* große Feuersbrunst *f*; *fig.* a) Aufruhr *m*; b) festliche Beleuchtung *f*; **~ser** (~'ze) [1a] **I** *v/t.* anzünden, in Brand stecken; *fig.* entflammen; erhitzen; **II** *v/rfl.* *s'*~ Feuer fangen, in Brand geraten, sich entzünden; *fig.* entbrennen.
embras|sade (ãbra'sad) *f* Umarmung *f*; *des* ~*s* Geküsse *n*, Küssen *n*, Küsserei *f*; **~se** (~'bras) *f* Gardinenhalter *m*; **~sement** (~bras'mã) *m* Umarmung *f*, Küsserei *f.*
embras|ser (ãbra'se) *v/t.* [1a] **1.** umarmen; küssen; *beaucoup* (*od. bien*) ~ abküssen; **2.** umspannen, umschlingen; *bien* ~ *le cheval* einen guten Schluß haben (*vom Reiter*); *fig.* ~ *d'un regard* überblicken, mit einem einzigen Blick übersehen; **3.** unternehmen; ~ *trop d'affaires* zu vielerlei unternehmen; **4.** ergreifen, erwählen, annehmen; ~ *une carrière* einen Beruf *m* ergreifen; ~ *la cause de q.* j-s Partei in e-r Sache ergreifen ~ *le christianisme* das Christentum annehmen; ~ *une occasion* eine Gelegenheit *f* ergreifen ~ *un parti* sich e-r Partei *f* anschließen; **5.** enthalten, in sich mit einbegreifen, sich erstrecken über (*acc.*); **~sure** ⚠ (~'sy:r) *f* Krampe *f.*
embrasure (ãbrɑ'zy:r) *f* ⚔ Schießscharte *f*; ⚠ Fenster-, Türöffnung *f.*
embray|age ⊕ (ãbrɛ'ja:ʒ) *m Auto*: Kupplung *f*; *vél.* ~ *à roue libre*

Freilauf *m*; ~ *à cônes* Konuskuppelung *f*; ~ *à disques* Lamellenkupplung *f*; **~er** (~'je) [1i] **I** *v/t.* e-n Maschinenteil ein- *od.* ausrücken; kuppeln; in Gang setzen; **II** *v/i.* ~ *sur qch.* etw. einschalten.

embrener †, F (ɑ̃brə'ne) [1d] *v/t. u.* s'~ (sich) mit Kot (*od.* Kacke V) beschmutzen (*od.* bekacken V).

embrigader (ɑ̃briga'de) *v/t.* [1a] **1.** ⚔ in Brigaden verteilen; **2.** *fig.* anwerben.

embrocation ⚕ (ɑ̃brɔka'sjɔ̃) *f* (Einreiben *n* mit e-r) schmerzlindernde(n) Salbe *f.*

embrocher (ɑ̃brɔ'ʃe) [1a] **I** *v/t.* an den Bratspieß stecken; *fig.* durchbohren; **II** ⚡ *v/i.* ~ *sur le circuit* in den Stromkreis einschalten.

embrouil|lage (ɑ̃bru'ja:ʒ) *m*, **~lamini** F (ɑ̃brujami'ni) *m*, **~lement** (~j'mɑ̃) *m* Verwirrung *f*, völliger Wirrwarr *m*, Verworrenheit *f*; **~ler** (~'je) [1a] **I** *v/t.* verwirren; *fig.* irre machen, verwickeln; ~ *son discours* vom Hundertsten ins Tausendste kommen, *fig.* spinnen F *embrouillé* verzwickt, verwickelt, unklar; **II** *v/rfl.* s'~ sich verwickeln, kompliziert werden; *fig.* irre werden, den Faden der Rede verlieren, *fig.* spinnen F, spintisieren P; ⚓ trübe werden (*vom Wetter*); P besoffen werden P; **~leur** (~'jœ:r) *su.* [7g] Störenfried *m.*

embroussaillé (ɑ̃brusa'je) *adj.* buschig, (mit) struppig(em Bart); *fig.* verworren, verwickelt; durch Buschwerk versperrt.

embruiné (ɑ̃brɥi'ne) *adj.* durch kalten Sprühregen beschädigt.

embrumer (ɑ̃bry'me) *v/t.* [1a] in Nebel hüllen; *fig.* überschatten; düster (*od.* traurig) stimmen.

embrun ⚓ (ɑ̃'brœ̃) *m* **1.** bedeckter Himmel *m*; **2.** *bsd. pl.* Gischt *m.*

embrunir (ɑ̃bry'ni:r) *v/t.* [2a] braun *od.* dunkel (*od.* dunkler) machen.

embry|ogénie *biol.* (ɑ̃briɔʒe'ni) *f* Entwicklung *f* des Embryos; **~on** *biol.* (ɑ̃bri'ɔ̃) *m* Embryo *m*, Fötus *m*, Eizelle *f*; ⚘ Keim *m*; *fig.* Keimzelle *f*; erster Anfang *m*; *fig.* Grundlage *f*; Knirps *m*; **~onnaire** (ɑ̃briɔ'nɛ:r) *adj.* Keim... Embryo...

embu (ɑ̃'by) **I** *m* verblaßte Farbe *f*; Nachdunkeln *n*; **II** *adj. peint.* dunkel gefärbt; **~age** (~'bɥa:ʒ) *m* Beschlagen *n* der Augengläser.

embûche (ɑ̃'byʃ) *f* Falle *f*, Schlinge *f*; *fig.* Hinterhalt *m*; *dresser* (*od. tendre*) *des* ~*s* Fallen stellen.

embuer (ɑ̃'bɥe) *v/t.* [1a] feucht machen; *vitre f embuée* beschlagene Fensterscheibe *f.*

embus|cade ⚔ (ɑ̃bys'kad) *f* **1.** Hinterhalt *m*; *dresser une* ~ einen Hinterhalt *m* legen; *donner* (*od. tomber*) *dans une* ~ in einen Hinterhalt geraten; **2.** die im Hinterhalt liegende Mannschaft; **~qué** ⚔ (~'ke) *m* Drückeberger *m*, *n*; *péj.*, *oft pol. pl.* ~*s*)Hintermänner *m/pl.*; **~quer** (~) [1m]: **s'~** sich in e-n Hinterhalt (*od.* sich auf die Lauer) legen; P sich drücken.

éméché F (eme'ʃe) *adj.* beschwipst.

émender ⚖ (emɑ̃'de) *v/t.* [1a] (*ein Urteil*) abändern.

émeraude (ɛm'ro:d) **I** *f* **1.** Smaragd *m*; **2.** Smaragdgrün *n*; **II** *adj.* smaragd-farben, -artig.

émeraudine *ent.* (~ro'din) *f* Goldkäfer *m.*

émer|gement (emɛrʒə'mɑ̃) *m* Hervortauchen *n*; **~gence** (~'ʒɑ̃:s) *f* Auftauchen *n*; *point m d'*~ Austrittspunkt *m*; **~gent** (~'ʒɑ̃) *adj.* [7] auftauchend; **~ger** (~'ʒe) *v/i.* [1l] auftauchen; *fig.* zum Vorschein kommen, sich auszeichnen.

émeri (em'ri) *m* Schmirgel *m.*

émerillon (emri'jɔ̃) *m* **1.** *orn.* Lerchenfalke *m*; **2.** ⚓ ~ *à chaîne* Kettenwirbel *m*; **~né** (~jɔ'ne) *adj.* lustig, lebhaft, übermütig.

émeriser (emri'ze) *v/t.* [1a] mit Schmirgel belegen.

émérite (eme'rit) *adj.* tüchtig, hervorragend, erfahren, beschlagen.

émersion (emɛr'sjɔ̃) *f* Emporsteigen *n*, Hervortauchen *n.*

émerveill|ement (emɛrvɛj'mɑ̃) *m* Verwunderung *f*, Erstaunen *n*; **~er** (~'je) *v/t.* [1a] in Verwunderung (*od.* größtes Erstaunen) versetzen.

éméti|que ⚕ (eme'tik) **I** *adj.* Erbrechen *n* erregend; **II** *m* Brechmittel *n*; **~ser** ⚕ (~ti'ze) *v/t.* [1a] **1.** mit e-m Brechmittel vermischen; **2.** zum Erbrechen bringen.

émet|teur (emɛ'tœ:r) **I** *m rad.* (Rundfunk-)Sender *m*; ~ *à ondes dirigées vers* ... Richtstrahler *m* nach ...; ~ *radiogoniométrique* Peilfunksender *m*; ~ *de signaux* Zeichengeber *m*; ~ *de télévision* Fernsehsender *m*; ~ *T.S.F.* Rundfunksender *m*; ~ *clandestin* Schwarzsender *m*; ~ *intermédiaire*, ~ *auxi-*

liaire Zwischensender *m*; ~ *local*, ~ *régional* Ortssender *m*; (*poste m*) ~ *à grande puissance* Großsender *m*; (*poste m*) ~ *à lampes* Röhrensender *m*; ~ *à ondes ultra-courtes* UKW-Sender *m*, Ultrakurzwellensender *m*; **II** *adj.* [7f]: *station f émettrice* (*od. d'émission*) Sendestation *f*, Sendestelle *f*; **~tre** (e'mεtrə) *v/t.* [4p] **1.** *phys.* ausstrahlen; *rad.* senden; *téléph.* ~ *en ligne* e-e Nachricht *f* telefonisch bekanntgeben; *fig.* ~ *une opinion* e-e Meinung *f* äußern; **2.** † in Umlauf bringen; emittieren, ausgeben, ausstellen; ~ *des actions* Aktien begeben.

émeu *orn.* (e'mø) *m* (*pl.* ~*s*) Emu *m*.

émeuler (emø'le) *v/t.* [1a] *Perlmutter* schleifen.

émeu|te (e'møt) *f* Aufruhr *m*, Krawall *m*, Meuterei *f*; *fig.* Aufregung *f*; **~tier** (emø'tje) *su. u. adj.* [7b] Meuterer *m*, Aufrührer *m*, Aufständiger *m*; aufrührerisch; *harangue f émeutière* Hetzrede *f*.

émiettement (emjεt'mɑ̃) *m* Zerbröckeln *n*; *fig.* Zersplitterung *f*.

émietter (emjε'te) [1a] **I** *v/t.* zerbröckeln; zerkrümeln; **II** *v/rfl.* s'~ zerbröckeln, *fig.* zersplittern (*v/i.*).

émi|grant (emi'grɑ̃) [7] **I** *adj.* auswandernd; **II** *su.* Auswanderer *m* (s. *dagegen*: *émigré!*); **~gration** (~grɑ'sjɔ̃) *f* **1.** Auswanderung *f*; † ~ *des capitaux* Kapitalabwanderung *f*; **2.** *hist.* *l'*~ die Emigranten *m/pl.* (*bsd. z. Zt. der franz. Revolution*); **3.** *zo.* Wanderung *f* (*z.B. der Schwalben*); **~gré** (~'gre) **I** *adj.* ausgewandert; **II** *su.* Emigrant *m* (*politischer od. religiöser Flüchtling*); **~grer** (~'gre) *v/i.* [1a] auswandern; *zo.* wandern, ziehen.

émin|cé (emε̃'se) *m* dünne Scheibe *f* Fleisch; **~cer** (~) *v/t.* [1k] in dünne Scheiben schneiden.

émi|nemment (emina'mɑ̃) *adv.* überaus, höchst, in höchstem Grade; **~nence** (~'nɑ̃:s) *f* **1.** Anhöhe *f*; Hügel *m*; Erhebung *f*; **2.** *fig.* Erhabenheit *f*; **3.** ♀ Eminenz *f*, Hoheit *f* (*Titel*); **~nent** (~'nɑ̃) *adj.* [7] hoch gelegen; *fig.* überragend, ausgezeichnet; **~nentissime** (~nɑ̃ti'sim) *adj.* hochwürdigst.

émis|saire (emi'sε:r) **I** *m* **1.** Geheimbote *m*, Sendbote *m*; **2.** ⊕ Abfluß *m*; Ableitungskanal *m*; **II** *adj.* *bouc* ~ *m* Sündenbock *m*; **~sion** (~'sjɔ̃) *f* **1.** Ausströmen *n*, Ausstoßen *n*, Ausstrahlen *n*; **2.** † Ausgabe *f*, Inumlaufsetzen *n*, Begebung *f*; Auflegung *f e-r Anleihe usw.*; ~ *d'actions* Emission *f* von Aktien; ~ *de billets de banque* Ausgabe *f* von Banknoten; *banque f d'*~ Notenbank *f*; *cours m d'*~ Begebungskurs *m*; **3.** *rl.* ~ *des vœux* (feierliche) Ablegung *f* der Gelübde; **4.** *rad.* ~ (*radiophonique od. de T.S.F.*) (Rundfunk-)Sendung *f*; ~ *enfantine* Kinderfunk *m*; ~ *météo* Wettersendung *f*; ~ *publicitaire* Reklamesendung *f*; ~ *radioaérienne* ✈ Bordfunken *n*; ~ *de télévision*, ~ *télévisée*, ~ *télévisuelle* Fernsehsendung *f*; ~ *à ondes ultra-courtes* Ultrakurzwellensendung *f*; *ordre m* (*weitS. programme m*) *des* ~*s* Hörfolge *f*, Rundfunkprogramm *n*; *aimez-vous les* ~*s radiophoniques?* hören Sie gern Radio?

emmagasi|nage, **~nement** (ɑ̃magazi'na:ʒ, ~zin'mɑ̃) † *m* Lagerung *f*; **~ner** (~'ne) *v/t.* [1a] (ein)lagern.

emmailler (ɑ̃ma'je) [1a] *v/rfl.* s'~ sich in den Maschen e-s Netzes verfangen.

emmailloter (ɑ̃majɔ'te) *v/t.* [1a] (*Kind in Windeln*) wickeln; ⚕ *allg.* verbinden, bandagieren.

emman|ché (ɑ̃mɑ̃'ʃe) *adj.* *a.* ⊕ gestielt; gut verbunden; *fig. bien* ~ gut eingeleitet; **~chement** (~ʃ'mɑ̃) *m* ⊕ Bestielen *n*, Anfügen *n* der Glieder; **~cher** (~'ʃe) *v/t.* [1a] ⊕ mit e-m Stiel versehen; F *fig.* ~ *une affaire* ein Unternehmen in Angriff nehmen *od.* in Gang bringen; **~chure** (~'ʃy:r) *f* Ärmelloch *n*.

emmêler (ɑ̃mε'le) *v/t.* [1a] verwirren, durcheinanderbringen.

emména|gement (ɑ̃menaʒ'mɑ̃) *m* **1.** Einrichtung *f* e-r neuen Wohnung; Einziehen *n*; **2.** ⚓ Kajüte(neinteilung *f*) *f*; **~ger** (~'ʒe) [1l] **I** *v/i.* sich einrichten, einziehen; **II** *v/t.* in e-e neue Wohnung transportieren; ~ *q.* j-m beim Umzug behilflich sein.

emménagogue ⚕ (εmena'gɔg) *adj.* menstruationsfördernd.

emmener (ɑ̃m'ne) *v/t.* [1d] wegführen, mitnehmen; *Auto*: ~ *q. en voiture* j-n im Wagen mitnehmen.

emmerder V (ɑ̃mεr'de) *v/t.* [1a] ankotzen V, anöden, anwidern.

emmétrer (ɑ̃me'tre) *v/t.* [1f] so anordnen *od.* hinlegen, daß man leicht nach Metern abmessen kann.

emmétrope *physiol.* (ãme'trɔp) *adj.* normalsichtig.
emmeuler (ãmø'le) *v/t.* [1a] Heu[aufschobern.]
emmiel|ler (ãmjɛ'le) *v/t.* [1a] **1.** mit Honig bestreichen *od.* mischen, versüßen; *emmiellé* honig-, zuckersüß, schmeichelhaft; **2.** F = *emmerder*; **~lure** (~'ly:r) *f* Honigpflaster *n.*
emmi|tonner, ~toufler F (ãmitɔ'ner, ~tu'fle) [1a] *v/t.* (*und s'~* sich) einmummeln, warm umhüllen; *fig.* umgarnen, einseifen, beschwatzen.
emmortaiser *charp.* (ãmɔrtɛ'ze) *v/t.* [1b] einzapfen.
emmouscailler * (ãmuska'je) *v/t.* [1a]: *~ q.* j-m auf die Nerven fallen, j-n belästigen; *s'~ fig.* sich festfahren.
emmu|railler (~myra'je) *v/t.* [1a] einmauern; **~rer** (~'re) *v/t.* [1a] in Mauern einschließen, mit Mauern umgeben; *allg.* einschließen, umringen; ⚒ *être emmuré dans une mine* in e-r Grube eingeschlossen sein.
émoi (e'mwa) *m* innere Unruhe *f*, [Aufregung *f.*]
émollient (emɔl'jã) *adj.* [7] *u. m* aufweichend; Aufweichmittel *n.*
émoluments (emɔly'mã) *m/pl.* (Dienst-)Bezüge *m/pl.*, Gehalt *n.*
émonctoire *physiol.* (emɔ̃k'twa:r) *m* Ausscheidungsapparat *m.*
émon|dage, ~dement (emɔ̃'da:ʒ, ~d'mã) *m* Ausästen *n* der Bäume; *~dage m de la chevelure* Ausschneiden *n* der Haare; **~der** (~'de) *v/t.* [1a] e-n Baum auslichten; *fig.* Geschriebenes zusammenstreichen.
émorfiler (emɔrfi'le) *v/t.* [1a]: *~ un couteau* ein Messer *n* abziehen.
émotif *psych.* (emɔ'tif) *adj.* [7e]: *l'âge ~* das leicht erregbare Alter *n.*
émotion (emo'sjɔ̃) *f* **1.** Aufregung *f*; *~ du pouls* Blutwallung *f*; **2.** *fig.* Aufregung *f*, Erregung *f*, Ergriffenheit *f*, *grosse ~* Erschütterung *f*; *de douces ~s* sanfte Regungen; **~nable** (emosjɔ'nablə) *adj.* leicht erregbar; **~ner** (~'ne) *v/t.* [1a] aufregen, ergreifen, erschüttern;
émotivité *psych.* (emɔtivi'te) *f* Erregbarkeit *f*; Feinfühligkeit *f.*
émot|ter (emɔ'te) *v/t.* [1a]: *~ le champ* die Erdschollen *auf dem Acker* zerschlagen; **~teuse** (~'tø:z) *f* Ackerwalze *f.*
émou *orn.* (e'mu) *m* (*pl.* ~s) Emu *m.*
émou|cher (emu'ʃe) *v/t.* [1a] *einem Pferd* die Fliegen wegscheuchen; **~chet** (~'ʃɛ) *m* Turmfalke *m*; **~chette** (~'ʃɛt) *f* Fliegen-netz *n*, -decke *f für Pferde*; **~choir** (~'ʃwa:r) *m* Fliegenwedel *m.*
émou|dre (e'mudrə) *v/t.* [4y] schleifen, abschleifen; *fig. un bachelier frais émoulu* ein frisch gebackener Abiturient *m*; **~leur** (~'lœ:r) *m* Scherenschleifer *m.*
émousser[1] (emu'se) [1a] **I** *v/t.* **1.** abstumpfen, stumpf machen; *~ la pointe* die Spitze *f* abbrechen; *émoussé* unscharf; **2.** *fig.* lähmen, schwächen; **II** *v/rfl. s'~ fig.* nachlassen (*Prestige*).
émousser[2] (~) *v/t.* [1a] vom Moose [reinigen.]
émoustiller F (emusti'je) *v/t.* [1a] aufmuntern, lustig machen; *émoustillé* angeheitert, freudig erregt.
émouvoir (emu'vwa:r) [3d] **I** *v/t.* **1.** bewegen, in Bewegung setzen; unruhig machen; F *~ la bile à q.* j-s Zorn *m* erregen; **2.** *fig.* rühren; auf-, er-regen, ergreifen; **3.** aufwiegeln; *~ les esprits* die Gemüter erregen; **II s'~** *fig.* gerührt werden; aufrührerisch werden; sich aufregen, *fig.* rege werden, sich regen.
empail|lage, ~lement (ãpa'ja:ʒ, ~j'mã) *m* Beflechten *n* mit Stroh; Ausstopfen *n von Tieren*; **~ler** (~'je) *v/t.* [1a] mit Stroh *n* beflechten, bewickeln; *Tiere* ausstopfen; in Stroh *n* (ein)packen; F *être ~lé* bekloppt sein; **~leur** (~'jœ:r) *su.* [7g] Strohflechter *m*; Tierausstopfer *m.*
empalement *ehm.* (~) *m* Pfählen *n*, Aufspießen *n e-s Verbrechers.*
empan (ã'pã) *m* Spanne *f der Hand.*
empanacher (ãpana'ʃe) *v/t.* [1a] mit e-m Federbusch schmücken.
empanner ⚓ (ãpa'ne) *v/t. u. v/i.* [1a] aufbrassen, beilegen.
empaquet|age (ãpak'ta:ʒ) *m* Ein-, Ver-packen *n*; **~er** (ãpak'te) *v/t.* [1c] ein-, ver-packen.
emparer (ãpa're) [1a]: *s'~ de q.* (*de qch.*) sich j-s (e-r Sache) bemächtigen; *s'~ de la conversation* das Gespräch *n* an sich reißen, das große Wort führen.
emparquer (ãpar'ke) *v/t.* [1m] einpferchen.
empâté *peint.* (ãpa'te) *adj.* dick aufgetragen; *ses traits sont un peu ~s* s-e Gesichtszüge treten etw. zu stark hervor.
empâtement (ãpat'mã) *m* **1.** *~ (de la langue)* Verschleimung *f*, Belegtheit *f*; **2.** Nudeln *n*, Mästen *n*; **3.** ⚕ Anschwellung *f*; **4.** *peint.*

dicker Farbenauftrag *m*.
empâter (ãpɑ'te) [1a] **I** *v/t.* **1.** verschleimen; *langue f empâtée* verschleimte Zunge *f*; belegte Stimme *f*; **2.** nudeln, stopfen, mästen; **3.** *peint.* dick auftragen; **II** *v/rfl.* s'~ dick und bequem werden.
empat|tage *m*, **~tement** *m* (ãpa'ta:ʒ, ~t'mã) Grund- *od.* Stützbalken *m*; Dicke *f* e-r Grundmauer; Ausmauern *n*; *Auto*: Rad-, Achs-stand *m*; ⚓ Verscherbung *f*; ✓ Einfügungsstelle *f der Äste, Zweige usw.*; **~ter** (~'te) *v/t.* [1a] **1.** aneinanderfügen; wieder zusammendrehen (*Litze, Tau*); **2.** den Grund ausmauern; **3.** Kran mit Balken stützen; **~ture** *charp.* (~'ty:r) *f* Fügung *f*; Bindung *f*.
empau|mer (ãpo'me) *v/t.* [1a] **1.** ~ *la balle* den Ball auffangen u. wegschlagen; **2.** *ch.* ~ *la voie* die Spur aufnehmen; **3.** F *fig.* ~ *q.* j-n beschwindeln, übers Ohr hauen; ~ *une affaire* e-e Sache geschickt anpacken; **~mure** (~'my:r) *f* **1.** innerer Teil *m* e-s Handschuhes; **2.** *ch.* (Geweih-) Krone *f*.
empê|chement (ãpɛʃ'mã) *m* Hindernis *n*, Verhinderung *f*; ~ *de la langue* Schwierigkeiten *f/pl.* in der Aussprache, Sprachhemmung *f*; **~cher** (~'ʃe) [1a] **I** *v/t.* (ver)hindern; sich widersetzen (*dat.*); verhüten; *je n'empêche pas qu'il (ne) fasse ce qu'il voudra* ich hindere ihn nicht daran, zu tun, was er will; *empêché* a) F behindert, arbeitsunfähig; b) *fig.* verlegen; *être empêché de sa personne od. de sa contenance* nicht wissen, wie man sich benehmen soll; *fig.* in großer Verlegenheit sein; *auch als su.*: *faire l'empêché* den Geschäftigen spielen; *dafür mst.*: so tun, als hätte man sehr viel Arbeit; **II** *v/rfl.* *s'~ de* (*inf.*) sich enthalten (*gén.*); *je ne puis m'~ de vous dire* ich muß Ihnen unbedingt sagen; **~cheur** (~'ʃœ:r) *su.* [7g]: F ~ *de danser en rond* Spielverderber *m*,
empeigne (ã'pɛɲ) *f* Oberleder *n*.
empeloter (ãplɔ'te) *v/t.* [1a] zu e-m Knäuel aufwickeln.
empenn|age ✈ (ãpɛ'na:ʒ) *m* Leitwerk *n*, Leitflosse *f*; ~ *d'altitude*, ~ *horizontal* Höhenleitwerk *n*; ~ *de la bombe d'avion* Flügel *m* der Fliegerbombe; **~e** (~'pɛn) *f* Befiederung *f e-s Pfeiles*; **~er** (~'ne) *v/t.* [1a] befiedern (*Pfeil*).
empereur (ã'prœ:r) *m* Kaiser *m*.
emperler (ãpɛr'le) *v/t.* [1a] mit Perlen schmücken; *fig. la sueur emperle ses joues* der Schweiß läuft ihm von den Backen.
empeser (ãpə'ze) *v/t.* [1d] ~ *du linge* Wäsche stärken; *empesé fig.* steif, gezwungen (*Gesichtsausdruck, Stil*).
empester (ãpɛs'te) *v/t.* [1a] (mit der Pest) anstecken; *fig.* verpesten.
empêtrer (ãpɛ'tre) [1a] **I** *v/t.* die Füße fesseln; *fig.* ~ *q. dans une affaire* j-n in e-e Angelegenheit verwickeln; *avoir l'air empêtré* verlegen aussehen; e-n unbeholfenen Eindruck machen; *rester empêtré dans la vie civilisée* in den Fesseln des zivilisierten Lebens hängenbleiben; **II** *v/rfl.* *s'~* sich verwickeln; *fig.* sich verstricken.
empha|se (ã'fɑ:z) *f* Nachdruck *m*, Übertreibung *f*, Pathos *m*, Bombast *m*, Schwulst *m*; ~ *du discours* Wortschwall *m*, Überschwenglichkeit *f*; **~tique** (~fa'tik) *adj.* □ emphatisch; überschwenglich, bombastisch.
emphy|sème ⚕ (ãfi'zɛm) *m* Lungenerweiterung *f*, Emphysem *n*; **~téose** ⚖ (~te'o:z) *f* langfristige Erbpacht *f*; **~téote** ⚖ (~te'ɔt) *m* Erbpächter *m*; **~téotique** ⚖ (~teɔ'tik) *adj.* erbzinslich; Erb...; *bail m* ~ Erbpacht *f*.
empiècement (ãpjɛs'mã) *m* Einsatz-, Schulter-stück *n am Kleid*.
empier|rement (ãpjɛr'mã) *m* Beschotterung *f*; **~rer** (~'re) *v/t.* [1b] beschottern.
empié|tement (ãpjɛt'mã) *m* Eingriff *m* in j-s Rechte; Beeinträchtigung *f*; *a. pol.* Übergriff *m*; △ Überbau *m*; *les ~s de la mer sur les terres* das allmähliche Vordringen *n* des Meeres ins Land; **~ter** (~pje'te) *v/t. u. v/i.* [1f] **1.** ~ (*sur*) *le terrain de q.* sich widerrechtlich fremdes Gelände aneignen; ~ *sur les droits de q.* in j-s Rechte eingreifen; **2.** ~ *sur les côtes* ins Land vordringen (*Meer*).
empiffrer F (ãpi'fre) *v/t.* [1a] mit Essen vollstopfen.
empi|lage, **~lement** (ãpi'la:ʒ, ~l'mã) *m* Schichtung *f*, Aufstapelung *f*; *bsd.* ⊕ *~lage m* Stapeln *n*; **~ler** (~'le) *v/t.* [1a] aufschichten, (auf-)stapeln; stauen (*Waren*); zusammenpferchen (*Menschen*); * übers Ohr hauen, anschmieren.

empire (ɑ̃'pi:r) *m* **1.** Macht *f*, Gewalt *f*, Herrschaft *f*; *fig. sous l'~ d'un état alcoolique* unter Alkoholeinfluß; **2.** Kaiserreich *n*.

empirer (ɑ̃pi're) [1a] *v/t. u. v/i.* (sich) verschlechtern.

empi|rique (ɑ̃pi'rik) **I** *adj.* □ erfahrungsmäßig, empirisch; unwissenschaftlich; **II** *m* Empiriker *m*; Quacksalber *m*; **~risme** (~'rism) *m* Empirismus *m*.

emplacement (ɑ̃plas'mɑ̃) *m* **1.** Platz *m*, Baustelle *f*; *~ sportif* Sportplatzanlage *f*; **2.** *Auto*: Parkplatz *m*; **3.** ⚔ Standquartier *n*, Stellung *f*, Geschützstand *m*; **4.** einstige Stätte *f*.

emplanture ✈ (ɑ̃plɑ̃'ty:r) *f*: *~ de l'aile* Tragflächenwurzel *f*.

emplâ|tre (ɑ̃'plɑ:trə) *m* **1.** Pflaster *n*; *~ collant*, *~ agglutinatif* Heftpflaster *n*; *~ vésicatoire* Zugpflaster *n*; *~ vulnéraire* Wundpflaster *n*; *appliquer un ~* ein Pflaster auflegen; F *fig. mettre un ~ sur qch.* etw. bemänteln; **2.** P Ohrfeige *f*; **3.** F Schlappschwanz *m*.

emplette (ɑ̃'plɛt) *f* Einkauf *m*; *faire ~ de qch.* etw. (ein)kaufen; *faire ses ~s* einholen (*a. abs.*), Besorgungen machen.

emplir (ɑ̃'pli:r) *v/t.* [2a] (an-)füllen; vollpacken; vollschenken.

emploi (ɑ̃'plwa) *m* **1.** Anwendung *f*, Verwendung *f*, Gebrauch *m*; Anlage *f von Geldern*; *bsd.* ⚔ Einsatz *m*; *~ du temps* Arbeitsplan *m*, Arbeitseinteilung *f*; *mode m d'~* Gebrauchsanweisung *f*; *faire un bon ~ de son temps* s-e Zeit gut anwenden; *faire l'~ d'une somme dans un compte* e-n Betrag in Rechnung stellen; *~ abusif* Mißbrauch *m*; *double ~* unnütze Wiederholung *f*; doppelte Aufführung *f des gleichen Betrags*; *ce mot fait double ~* dieses Wort ist unnütz; **2.** Beschäftigung *f*, Stelle *f*; Anstellung *f*; *solliciter un ~* sich um e-e Stellung bewerben; *indication f* (*od. offres f/pl.*) *d'~s vacants* Stellen-, Arbeits-nachweis *m*; *~ accessoire* Nebenamt *n*; ⚔ F *~ d'embusqué* Druckposten *m*; **3.** *thé.* Rolle *f*; *il tient l'~ des valets* er spielt die Dienerrollen.

employ|able (ɑ̃plwa'jablə) *adj.* verwendbar; **~é** (~'je) *su.* **1.** Angestellte(r) *m*, Arbeitnehmer *m*; Beamte(r) *m*; **2.** *~ de commerce* Handlungsgehilfe *m*; **3.** Beamte(r) *m*; *m*; *~ du guichet* Schalterbeamte(r) *m*; **~er** (~) [1h] **I** *v/t.* **1.** anwenden, (ge)brauchen *od.* verwenden; **2.** *~ q.* j-n an-, ein-stellen; **3.** *~ ses bons offices pour q.* sich für j-n verwenden; **4.** ⚕ *~ des capitaux* Kapital arbeiten lassen; **II** *v/rfl.* *s'~* gebraucht werden; *s'~ pour q.* sich für j-n verwenden; *s'~ à qch. à fond* sich voll und ganz für etw. einsetzen; **~eur** (~'jœ:r) *su.* [7g] Arbeitgeber *m*.

emplumer (ɑ̃ply'me) *v/t.* [1a] befiedern, mit Federn schmücken.

empocher (ɑ̃pɔ'ʃe) *v/t.* [1a] in die Tasche stecken, einstecken; *fig. ~ des coups* Schläge einstecken.

empoi|gnade (ɑ̃pwa'ɲad) *f* Wortwechsel *m*, F Krach *m*; **~gnant** (~'ɲɑ̃) *adj.* [7] *fig.* packend, ergreifend; **~gne** F (ɑ̃'pwaɲ) *f*: *acheter à la foire d'~* mausen, klauen P; **~gnement** F (~ɲ'mɑ̃) *m* Festnahme *f*; **~gner** (~'ɲe) [1a] **I** *v/t.* **1.** anpacken, er-, an-fassen; festnehmen; **2.** anschnauzen, runtermachen; *thé.* auspfeifen; **3.** *fig.* hinreißen, ergreifen, fesseln, tief beeindrucken; **II** *v/rfl.* *s'~* sich raufen; in Wortwechsel geraten.

empointer (ɑ̃pwɛ̃'te) *v/t.* [1a] **1.** *Falten mit Nadeln* anheften; **2.** *Nadeln* zuspitzen.

empois (ɑ̃'pwa) *m* *Wäscherei*: Stärke *f*.

empoise ⊕ (ɑ̃'pwɑ:z) *f* Achsenlager *n*.

empoison|nement (ɑ̃pwazɔn'mɑ̃) *m* Vergiftung *f*; Giftmord *m*; **~ner** (~zɔ'ne) *v/t.* [1a] **1.** vergiften; *fig.* verderben; verbittern; *~ l'existence de q.* j-s Leben vergällen (*od.* verbittern); **2.** verpesten, **3.** F zu Tode langweilen; **~neur** (~'nœ:r) *su.* [7g] Giftmischer *m*; *fig.* Vergifter *m*.

empoisser (ɑ̃pwa'se) *v/t.* [1a] teeren.

empoissonner (ɑ̃pwasɔ'ne) [1a] *v/t.* e-n Teich mit Fischbrut besetzen.

empor|té (ɑ̃pɔr'te) *adj.* aufbrausend, jähzornig; **~tement** (~tə'mɑ̃) *m* Aufbrausen *n*; Jähzorn *m*.

emporte-pièce (ɑ̃pɔrtə'pjɛs) *m* [6c] **1.** ⊕ Lochzange *f*, Locheisen *n*; *~ (à boutonnière)* Knopflochzange *f*; **2.** *fig.* bissiger Mensch *m*; *à l'~* beißend, bissig.

emporter (~'te) [1a] **I** *v/t.* **1.** wegtragen, -bringen, -reißen; *que le* *diable vous emporte!* hol' euch der Teufel!; **2.** mitnehmen, (mit sich) wegführen; **3.** *fig.* hin-, fortreißen; *se laisser ~ par la colère* sich vom Zorn hinreißen lassen; **4.** vertilgen, wegnehmen; dahinraffen; *les frais emportèrent tout* die Kosten verschlangen alles; *cette maladie l'a emporté* diese Krankheit hat ihn dahingerafft; **5.** wegbringen, beseitigen, **6.** erlangen, davontragen; ⚔ *~ une place* e-e Festung erstürmen; *l'~ de haute lutte* (*od. de vive force*) etw. mit Gewalt durchsetzen, sich erkämpfen; *~ la balance fig.* den Ausschlag geben; *~ la conviction* überzeugend wirken (*z.B. e-e Auffassung*); *l'~ sur qch.* schwerer wiegen als etw.; *fig. l'~* (*sur*) den Sieg davontragen (über *acc.*), die Oberhand gewinnen; *l'amour l'emporte souvent sur la raison* die Liebe ist oft stärker als alle Vernunft; **7.** nach sich ziehen, zur Folge haben; **8.** ⚖ *la forme emporte le fond* Formfehler schaden dem Rechtsanspruch; **9.** F *c'est un homme qui emporte la pièce* das ist ein Mensch, der e-e sehr scharfe Zunge hat; **II** *v/rfl. s'~* sich wegschaffen usw. lassen; *ch.* durchgehen; *fig.* sich ereifern, leicht aufbrausen, sich nicht beherrschen können; *s'~ (jusqu')à qch.* sich zu etw. (*dat.*) hinreißen lassen.

empot|é (ɑ̃pɔ'te) **I** *adj.* ungeschickt, plump, unbeholfen, steif, **II** *m* blöder Kerl *m*; **~er** (~) *v/t.* [1a] in e-n Topf pflanzen.

empouilles ⚖ (ɑ̃'puj) *f/pl.* (*noch nicht abgeerntetes*) Getreide *n* auf dem Halm.

empourprer (ɑ̃pur'pre) *v/t.* [1a] purpurrot färben.

empoussiérer (ɑ̃pusje're) *v/t* [1f] mit Staub bedecken.

emprein|dre (ɑ̃'prɛ̃:drə) *v/t.* [4b] *ein Siegel usw.* ab-, ein-, aufdrücken; *a. fig.* einprägen; *~ son image dans le cœur de q.* in j-s Herzen e-n nachhaltigen Eindruck hinterlassen; *empreint de* mit e-m Gepräge von (*dat.*); **~te** (~'prɛ̃:t) *f* **1.** Abdruck *m*, Prägung *f*; *~ en creux (en relief)* vertiefter (erhabener) Abdruck *m*; *~ digitale* Fingerabdruck *m*; *l'~ des pas* die Fußspuren *f/pl.* (*z.B. im Sand od. Schnee*); **2.** *géol.* Stein *m* mit e-m Abdruck, Petrefakt *m od. n*; **3.** *peint.* Grundieren *n*; *typ.* Schattieren *n*; **4.** *fig.* Gepräge *n*, Stempel *m*; **5.** ⚔ Schliff *m*(*in der Ausbildung*); Treffer *m*, Einschlagloch *n*; *~ de travers* Quertreffer *m*.

empressé (ɑ̃prɛ'se) *adj.* **1.** eifrig, betriebsam, geschäftig; *air m ~, manières f/pl. ~es* geschäftiges Wesen *n*; *soins m/pl. ~s* eifriges Bemühen *n*, volle Hingabe *f*; *des vœux m/pl. ~s* angelegentliche (*od.* innige) Wünsche *m/pl.*; *Briefschluß*: *Recevez, Monsieur, mes salutations ~es* Hochachtungsvoll; **2.** *~ auprès de q.* um j-n (*acc.*) besorgt.

empressement (ɑ̃prɛs'mɑ̃) *m* Eifer *m*, Emsigkeit *f*, Geschäftigkeit *f*.

empresser (ɑ̃prɛ'se) [1b]: **1.** *s'~ de faire qch.* sich beeilen, etw. zu tun; **2.** *s'~ à* (*seltener*: *de*) *faire qch.* sich bemühen etw. zu tun; *s'~ auprès de q.* sich um j-s Gunst bemühen.

emprise (ɑ̃'pri:z) *f* **1.** ⚖ Besitzergreifung *f* e-s Geländes zu öffentlichen Zwecken; *~ du chemin de fer* Bahngelände *n*; **2.** ⚖ Eingriff *m*; **3.** *fig. néol.* Einfluß *m*; Gewalt *f*; *avoir de l'~ sur q.* Einfluß auf j-n haben; *renforcer l'~ du pouvoir central* den Machteinfluß der Zentralregierung verstärken; *détacher un pays d'une ~ antioccidentale* ein Land aus e-m antiwestlichen Einfluß heraushalten; *sous l'~ de l'alcool* unter dem Einfluß von Alkohol.

emprison|nement (ɑ̃prizɔn'mɑ̃) *m* **1.** Verhaftung *f*, Gefangennahme *f*; **2.** Haft *f*, Gefängnisstrafe *f*; *~ cellulaire* Einzelhaft *f*; **~ner** (~'ne) *v/t.* [1a] **1.** inhaftieren, einsperren, gefangenhalten; **2.** ⚗ *Gase usw.* gebunden halten; **3.** *fig.* ein-, um-, ver-schließen, verschlossen halten; *les rives qui emprisonnent le fleuve* die Ufer, die den Fluß umsäumen.

emprunt (ɑ̃'prœ̃) *m* Entleihung *f*; Anleihe *f*; *~ forcé* Zwangsanleihe *f*; *~ à primes* Prämienanleihe *f*; *~ de guerre* Kriegsanleihe *f*; *~ hypothécaire* Hypothekenanleihe *f*; *~ à valeur fixe* wertbeständige Anleihe *f*; *placer (émettre) un ~* e-e Anleihe unterbringen (begeben); *négocier* (*od. ouvrir*) *un ~* e-e Anleihe auflegen; *souscrire à un ~* e-e Anleihe zeichnen; *~ de courant* Stromentnahme *f*; *vivre d'~s* auf Pump leben; *mot m d'~ gr.* Lehnwort *n*; *fig. d'~* fremd, falsch, Schein....

emprun|té (ɑ̃prœ̃'te) *adj.* geborgt, entliehen; *gr.* entlehnt; angenommen, falsch, Schein..., künstlich, erzwungen; unbeholfen, linkisch, steif; **~ter** (~) [1a] **I** *v/t.* (*a. v/i.*) ~ *qch.* etw. von j-m borgen *od.* leihen; *iron.* * organisieren, klauen; *fig.* ~ *qch.* etw. (*bsd. Weg, Treppe*) benutzen; sich e-r Sache bedienen; ~ *une route (l'autostrade)* e-n Weg (die Autobahn) benutzen; *empruntez le (passage) souterrain* benutzen Sie den Tunnel!; ~ *certains moyens* sich gewisser Mittel bedienen; ~ *le nom (le crédit) de q.* sich des Namens (des Ansehens) j-s bedienen; ~ *les apparences de la vertu* sich den Schein der Tugend geben; *un auteur emprunte une pensée de (od. à) q., d'un autre ouvrage* ein Verfasser hat e-n Gedanken von j-m, aus e-m anderen Werke; **II** *v/rfl.* F *s'*~ sich pumpen, sich leihen; **~teur** (~'tœ:r) [7g] *su.* Entleiher *m*; Anleihenehmer *m*.

emprunt-or ✝ (~'ɔ:r) *m* [6b] Goldanleihe *f*.

empsychose *phil.* (ɑ̃psi'ko:z) *f* Beseelung *f*.

empuantir (ɑ̃pɥɑ̃'ti:r) [2a] *v/t.* verpesten.

empyème ⚕ (ɑ̃'pjɛm) *m* Eiteransammlung *f*.

empyrée *myth.* (ɑ̃pi're) *m*: *l'*~ *od. adj.*: *ciel m* ~ Feuerhimmel *m*; *fig. être toujours dans l'*~ immer in höheren Regionen (*od.* im siebenten Himmel) schweben.

empyreu|matique ⚗ (ɑ̃pirøma'tik) *adj.* brandig; *huile f* ~ Fusel(öl *n*) *m*; **~me** (~'røm) *m* ⚗ Brandgeruch *m*, -geschmack *m*.

émulation (emyla'sjɔ̃) *f* Nacheiferung *f*, Wetteifer *m*, Strebsamkeit *f*; *être plein d'*~ wetteifern.

émule (e'myl) *su.* Nacheiferer *m*; Rivale *m*; *être l'*~ *de q.* mit j-m wetteifern.

émul|seur (emyl'sœ:r) *m* Luftdruck-, Druckluft-pumpe *f*; *Auto*: ~ *carburateur* Vergaserzerstäuber *m*; **~sif** (~'sif) **I** *adj.* [7e] ölgebend, ölig; **II** *m* Milchsaft *m*; **~sion** (~'sjɔ̃) *f phm.* (*phot. photographique*) (photographische) Emulsion *f*.

en (ɑ̃) **I** *pronom adverbial* **1.** *rein örtlich*: von dort: *j'en viens* ich komme von dort; *va-t'en* geh' weg!; *ne t'en va pas* geh' nicht weg!; *allez-vous-en* geht weg!, gehen Sie weg!; *ne vous en allez pas* geht nicht weg!, gehen Sie nicht weg!; *il en sortit* er ging dort hinaus; *fig. je n'en sors pas* das schaffe ich nicht, ich werde damit nicht fertig; **2.** *auf etw. Vorhergehendes, mst. auf Dinge, allg. Begriffe od. auf Tiere, bezüglich*: davon; darüber; deshalb; seine, ihre *usw.*; von ihm, von ihr *usw.* (*bei Tieren*); *oft bleibt en im Deutschen unübersetzt! avez-vous du sucre? — oui, madame, j'en ai* haben Sie Zucker? — Ja, meine Dame, (ich habe welchen); *il m'en a donné* er hat mir davon gegeben; *parle-t-il de ce cas (chien?)? — non, il n'en parle pas* spricht er über diesen Fall (Hund?)? — nein, er spricht nicht darüber (über ihn); *nous nous en sommes bien réjouis* wir haben uns sehr darüber gefreut; *j'en suis content* ich bin damit zufrieden; *je n'en suis pas plus heureux* ich bin deshalb nicht glücklicher; *si vous êtes sage, je vous* ~ *aimerai davantage* wenn Sie verständig sind, werde ich Sie um so mehr lieben; *il n'en partira pas moins* er wird trotz allem abreisen; *je vous en prie* ich bitte Sie (darum); wenn ich bitten darf (*einladend*); bitte sehr, macht nichts (*als Antwort auf e-e Entschuldigung*); bitte sehr, gern geschehen (*als Antwort auf e-n Dank*); das bitte ich mir aus! (*drohend*); *je ne vous en veux pas* das nehme ich Ihnen nicht übel; *quoi qu'il en soit* wie dem auch sei; *à qui en a-t-il donc?* wen meint er eigentlich?, auf wen hat er es denn abgesehen?; *c'en est assez!* genug davon!; *c'en est trop!* das geht aber zu weit!, *c'en est fait* das ist fertig (*od.* geschehen); es ist aus damit; *en être pour ses frais* nicht auf s-e Kosten kommen, sich umsonst bemüht haben; *où en sommes-nous?* wo sind wir stehengeblieben? (*beim Lesen*); *nous allons voir ce qu'il en est* wir werden sehen, was es ist (*od.* wie es damit steht *od.* aussieht), was los ist; *en en créant de nouveaux wörtlich*: indem er (sie *usw.*) davon neue schafft; *les habitants en sont heureux* ihre Einwohner (*nämlich die e-r Stadt*) sind glücklich; *bisw. im Passiv*: *on ne voit pas les autos; on n'en est pas vu* man sieht die Autos nicht; man wird von ihnen nicht gesehen; **II** *préposition* **3.**

Raum: in (*auf die Frage wo? bei Ländern*), nach (*auf die Frage wohin? bei Ländern*), auf (*bei Flüssen, dat.*); *en France* in (nach) Frankreich; *en U.R.S.S.*, *en Union Soviétique* in der [*wo?*] (in die [*wohin?*]) Sowjetunion; *en République fédérale* in der [*wo?*] (in die [*wohin?*]) Bundesrepublik; *bei großen Inseln*: *en Crète* auf [*wo?*] (nach [*wohin?*]) Kreta; *bei Gebiets- od. Provinznamen*: *en Picardie* in (nach) der Pikardie; *regional sogar heute noch bei Städten*: *arriver en Avignon* in Avignon ankommen; *en ville* (*auf Briefen*) hier(selbst); *aller en ville* in die Stadt gehen *od.* fahren; ausgehen; *aller en France* nach Frankreich fahren; *canoter en Seine* auf der Seine segeln; *de haut en bas* von oben nach unten; *de père en fils* vom Vater auf den Sohn; *fig. de mal en pis* immer schlimmer; *il n'est pas en moi de le faire* es steht mir nicht zu, es zu tun; *en route pour* auf dem Wege nach; *en voyage* auf Reisen; *en pleine assemblée* vor der ganzen Versammlung; *en l'église de la Madeleine* in der Madeleineskirche; **4.** *Zeit*: im Jahre; in (*dat.*); innerhalb (*gén.*); *en 1958* (*daneben häufig*: *en l'an 1958 od. nur*: *l'année 1958*) im Jahre 1958; *en deux ans* in zwei Jahren; *en trois jours* innerhalb von drei Tagen; *je me suis décidé en quarante-huit heures* ich habe mich in 48 Stunden entschieden; *en automne* im Herbst; *en août* im August; *en temps de guerre* in Kriegszeiten; *d'aujourd'hui en huit* heute über acht Tage; *de jour en jour* von Tag zu Tag; *il reviendra en quinze jours* er wird in vierzehn Tagen zurückkommen; **5.** *Zweck, Bestimmung*: *venir en aide* zu Hilfe kommen; *mettre en gage* versetzen; *armer en guerre* zum Kriege rüsten; *en vente chez tous les libraires* bei allen Buchhändlern erhältlich; *mettre en vente* zum Verkauf anbieten; *en l'honneur de q.* j-m zu Ehren; *en son honneur* ihm zu Ehren; **6.** *Einteilung*: *en deux* entzwei; **7.** *Form, Umhüllung, Kleidung*: *en pyramide* pyramidenförmig; *en grand deuil* in voller Trauer; **8.** *Stoff, Inhalt*: *bordé en or* mit Gold verbrämt; *montre f en or* goldene Uhr *f*; *table f en bois* Holztisch *m*; **9.** *Art, Weise, Mittel, Zustand usw.* *approvisionnement m en matières premières* Rohstoffbeschaffung *f*; *besoins m/pl. en énergie* ⚡ Energiebedarf *m*; *colorer en bleu* blau färben; *course f (excursion f, promenade f, voyage m) en auto* Autofahrt *f*; *course f (excursion f, randonnée f, promenade f) en vélo* Radfahrt *f*; *en latin* auf lateinisch; *en votre qualité de ...* in Ihrer Eigenschaft als ...; *portrait m en pied* Bild *n* in ganzer Figur; *surpasser q. en beauté* j-n an Schönheit übertreffen; *elle était en blanc* sie hatte ein weißes Kleid an; *en chemise* im Hemd; *prendre q. en horreur* j-n verabscheuen; *être en vie (en congé)* am Leben (auf Urlaub) sein; *fertile en* reich an (*dat.*); *je me suis ruiné en pilules* ich habe mich mit Pillen zugrundegerichtet; **10.** *Fach*: *étudiant m en droit* Jurastudent *m*; *ouvrier m en bâtiment* Bauhandwerker *m*; *ouvrier m en soie* Seidenarbeiter *m*; **11.** als, wie; *en ami* als Freund; *s'habiller en Eskimo* sich wie ein Eskimo anziehen; *se battre en désespéré* sich wie ein Verzweifelter schlagen; **12.** *verschiedene Redensarten*: *en tous les cas* in allen Fällen; *il n'y avait en femmes que ...* an Frauen waren nur ... da; *croire en Dieu* an Gott glauben; *croire en sa chance* an s-e Chance glauben; *fondre en larmes* in Tränen zerfließen (*od.* ausbrechen); *se changer en qch.* sich in etw. verwandeln; *se mettre en frais* sich in Unkosten stürzen; *Auto*: *entrer en collision avec* zusammenstoßen mit (*dat.*); **13.** *zur Bildung des gérondifs*: *c'est en forgeant qu'on devient forgeron* durch (vieles) Schmieden wird man Schmied; Übung macht den Meister; *il a gagné sa fortune en travaillant* er hat sich ein Vermögen durch Arbeit erworben; *en en* (*s. unter 2!*) *créant de nouveaux* indem (*od.* dadurch, daß) er (sie *usw.*) davon neue schafft; *en en* (*s. unter 2!*) *multipliant les classes* indem man davon die (Schul-) Klassen vermehrt; *il lit en se promenant* er liest beim Spazierengehen; **14.** *advt.* *en avant!* vorwärts!

en... (ã) *Vorsilbe* (*vor b, m od. p auch* em...) **1.** *zur Verstärkung*

(*z.B.* enchérir verteuern); **2.** *in etw. hinein* (*z.B.* enfoncer einstoßen); **3.** *von etw. weg* (*z.B.* emmener wegführen; emporter wegtragen; enlever beseitigen).
enamourer (ãnamu're), *nach der Académie*: **énamourer** (enamu're) [1a] *v/rfl.*: s'~ de q. sich in j-n verlieben.
énarrer (ena're) *v/t.* [1a] in allen Einzelheiten erzählen.
énarthrose *anat.* (enar'tro:z) *f* Kugelgelenk *n.*
en bas (ã'bɑ) *adv.* (nach) unten; d'~ von unten (her).
encabaner (ãkaba'ne) *v/t.* [1a] die Seidenraupen auf die Hürde bringen.
encablure ⚓ (ãka'bly:r) *f* Kabellänge *f.*
enca|drement (ãkadrə'mã) *m* Einfassung *f*, Einrahmung *f*; **~drer** (~'dre) *v/t.* [1a] einrahmen; einfassen, einfügen; ⚔ *in Kader einverleiben; durch Beschuß* abriegeln, einkreisen; *artill.* ~ un but ein Ziel eingabeln.
encag|ement ⚒ (ãkaʒ'mã) *m* Beschickung *f* des Förderkorbes; **~er** ⚒ (~'ʒe) *v/t.* [1l] in einen Käfig (*od.* F ins Gefängnis) stecken; ⚒ den Förderkorb beschicken; **~eur** ⚒ (~'ʒœ:r) *m* Beschickungsmaschine *f.*
encais|sable (ãkɛ'sablə) *adj.* einkassierbar; **~sage** (~'sa:ʒ) *m* Einsetzen *n* in Kübel; **~se** ✝ (~'kɛs) *f* Kassenbestand *m*; **~sé** *géol.* (~kɛ'se) *adj.* eingeengt, tief eingeschnitten; kesselförmig; **~sement** (~kɛs'mã) *m* **1.** Einpacken *n* in Kisten; Verpackung *f*; **2.** ✝ Einkassieren *n*, Zahlungseingang *m*, Inkasso *n*; **3.** ⊕ Eindämmung *f e-s Flusses*; **~se-or** (~kɛ'sɔ:r) *f* [6b] Goldbestand *m*; **~ser** (~'se) *v/t.* [1b] **1.** in e-e Kiste *usw.* (ver)packen; **2.** einkassieren, Scheck einlösen; *fig.* F Keile *f* kriegen; F (*Beleidigungen*) einstecken; F ne pas ~ nicht leiden können; **3.** in Kübel einsetzen; **~seur** (~'sœ:r) *m* Einkassierer *m.*
encan (ã'kã) *m*: (vente *f* à l'~) Auktion *f*, Versteigerung *f*; être à l'~ für den Meistbietenden zu haben sein; mettre à l'~ versteigern.
encanailler (ãkanɑ'je) [1a] **I** *v/t.* in schlechte Gesellschaft bringen; **II** *v/rfl.* s'~ in schlechte Gesellschaft geraten, schlechten Umgang haben.
encaper ⚓ (ãka'pe) *v/i.* [1a] zwischen zwei Vorgebirgen segeln.
encapuchonner (ãkapyʃɔ'ne) [1a] *v/t.* eine Kapuze überziehen; F ~ q. j-n zum Mönch machen.
encaquer (ãka'ke) [1m] *v/t.* in Tonnen (ein)packen; F zusammenpferchen.
encart (ã'ka:r) *m* Beilage *f* (*a.* ~age); *typ.* Einlage *f*; **~age** (~'ta:ʒ) *m* **1.** Einbriefen *n* (*od.* Einheften *n*) *der Stecknadeln*; **2.** *journ. unregelmäßige* Beilage *f*, *beigefügter* Prospekt *m*; Einlegen *n e-r Beilage*; **~er, ~onner** (~'te, ~tɔ'ne) [1a] **I** *v/t.* **1.** ~ les épingles die Stecknadeln in Briefe stekken; **2.** *journ. eine Beilage, eine Reklame* einlegen; **II** *v/rfl.* s'~ gefalzt werden, auf Pappe gesteckt werden; *journ.* eingelegt werden.
en-cas (ã'kɑ) *m* [6c] **1.** Notbehelf *m*, Reserve *f*; Notgroschen *m*; *cuis.* Aushilfsgericht *n*; **2.** kombinierter Regen- und Sonnenschirm *m.*
encasern|ement (ãkazɛrnə'mã) *m* Kasernierung *f*; **~er** (~'ne) *v/t.* [1a] kasernieren.
encastelure *vét.* (ãkastə'ly:r) *f* Hufzwang *m.*
encastr|é ⊕ (ãkas'tre) *adj.* eingebaut; gelagert; **~ement** (~strə'mã) *m* Einfugen *n*, Einlassen *n*, Einpassen *n*; Lager *n*, Zapfenlager *n*; ~ d'essieu Achslager *n*; **~er** (~s'tre) *v/t.* [1a] einbauen, einfalzen, einlassen, einfassen.
encaus|tique (ãkos'tik) **I** *adj.* **1.** peinture *f* ~ (eingebrannte) Wachsmalerei *f*; **II** *f* **2.** peindre à l'~ mit Wachsfarben malen; **3.** Bohnerwachs *n*; passer à l'~ bohnern; **~tiquer** (~ti'ke) *v/t.* [1m] bohnern.
enca|ver (ãka've) *v/t.* [1a] einkellern; **~veur** (~'vœ:r) *m* Küfer *m.*
enceindre (ã'sɛ̃:drə) *v/t.* [4b]: ~ de einschließen, umgeben mit (*dat.*).
enceinte (ã'sɛ̃:t) **I** *adj./f* **1.** schwanger, in andern Umständen; **II** *f* **2.** Umfassung *f*, Umgrenzung *f*; Ausstellungsgelände *n*; **3.** abgeschlossener Raum; Saal *m*; ⚖ l'~ d'un tribunal der Gerichtssaal *m*; **4.** *frt.* Umwallung *f*; Stadtmauer *f.*
encelluler (ãsɛly'le) *v/t.* [1a] in eine Zelle (ein)sperren.
encens (ã'sã) *m* **1.** Weihrauch *m*; **2.** *fig. péj.* Lob *n*, Schmeichelei *f.*
encen|sement (ãsãs'mã) *m* Weihrauchstreuen *n*; *fig.* ~ de soi Selbstbeweihräucherung *f*; **~ser** (ãsã'se) *v/t.* [1a] mit Weihrauch beräuchern,

j-m Weihrauch streuen; *fig.* verehren; *péj.* beweihräuchern, schmeicheln; **~seur** (~'sœ:r) *su.* [7g] Lobhudler *m*; **~soir** (~'swa:r) *m* **1.** Weihrauchfaß *n*; *fig.* Lobhudelei *f*, übertriebene Schmeichelei *f*; *donner l'~ à q., lui casser l'~ sur le nez fig.* j-m ordentlich um den Bart schmieren; **2.** *fig.* geistliche Macht *f*; *tenir le sceptre et l'~* die weltliche und die geistliche Gewalt haben.

encéphalite ⚕ (ãsefa'lit) *f* Gehirnentzündung *f*.

encer|clement (ãsɛrklə'mã) *m* Einkreisung *f* (*bsd. pol.*); **~cler** (~'kle) *v/t.* [1a] einkreisen.

enchaî|nement (ãʃɛn'mã) *m* An-, Ver-kettung *f*; **~ner** (~'ne) **I** *v/t.* [1b] **1.** anketten; fesseln; **2.** *fig.* in Ketten legen, unterjochen; **3.** hemmen, hindern; **4.** verketten, verknüpfen; *cin.* einblenden; **II** *abs.* fortsetzen; sogleich wieder aufgreifen, sogleich antworten.

enchan|tement (ãʃãt'mã) *m* **1.** Bezauberung *f*, Zauber(ei *f*) *m*; **2.** *fig.* Zauber *m*, Reiz *m*; Zaubermittel *n*; Entzücken *n*; *être dans l'~* ganz entzückt sein; **~ter** (~'te) *v/t.* [1a] bezaubern, verzaubern, behexen; *fig.* entzücken, bezaubern; *enchanté d'avoir fait votre connaissance* sehr erfreut, Ihre Bekanntschaft gemacht zu haben; *häufiger*: (es) hat mich sehr gefreut; *palais enchanté* Zauberschloß *n*; **~teur** (~'tœ:r) [7h] **I** *su.* Zauberer *m*, Zauberin *f*; **II** *adj.* bezaubernd; Zauber...

enchâs|sement (ãʃas'mã) *m* Einfassung *f*; **~er** (~ʃa'se) [1a] *v/t.* **1.** in ein Reliquienkästchen legen; **2.** einfassen, einfügen (*Diamanten*); *fig. in Reden* einflechten; **~sure** *f*, **enchatonnement** *m* (~'sy:r, ~ʃatɔn'mã) Einfassen *n*, Fassung *f*.

enchatonner ⊕ (ãʃatɔ'ne) *v/t.* [1a] Edelsteine einfassen.

enchausser (ãʃo'se) *v/t.* [1a] mit Stroh *n* (*od.* Dung *m*) zudecken.

enchère (ã'ʃɛ:r) *f* **1.** höheres Angebot *n*; *~ minimum* Mindestgebot *n*; *la plus forte* (*od. la dernière*) *~* Höchstgebot *n*; *aller d'~ en ~* die Preise höher treiben; *couvrir une ~* überbieten; *en payer la folle ~* etw. ausbaden (müssen); *fig. cet homme est à l'~* dieser Mensch ist käuflich; **2.** *vente f aux ~s* Versteigerung *f*, Auktion *f*; *~s forcées* Zwangsversteigerung *f*; *mettre* (*od. vendre*) *aux ~s* versteigern.

enché|rir (ãʃe'ri:r) [2a] **I** *v/t.* ein höheres Gebot auf (*acc.*) abgeben; verteuern; **II** *v/i.* a) den Preis in die Höhe treiben; *~ sur q.* j-n überbieten; *fig. Néron enchérit sur la cruauté de Tibère* Nero übertraf Tiberius an Grausamkeit; *~ sur la vérité* mehr sagen, als wahr ist; b) ✝ teurer werden; **~rissement** (~ris'mã) *m* Verteuerung *f*, Preissteigerung *f*; **~risseur** (~ri'sœ:r) *su.* [7g] Mehrbieter *m*, Steigerer *m*, Bieter *m*; *dernier ~* Meistbietender *m*.

enchevalement ⚠ (ãʃ[ə]val'mã) *m* Stützgerüst *n*.

enchevêtr|é (ãʃ[ə]vɛ'tre) *adj.* verwickelt, kompliziert, **~ement** (~vɛtrə'mã) *m* Verwicklung *f*, Verworrenheit *f*; **~er** (~vɛ'tre) [1a] **I** *v/t.* halftern; ⚠ Balken verbinden; *fig.* verwickeln, komplizieren; **II** *v/rfl. s'~ avec* sich verbinden mit; **~ure** (~'try:r) *f*: *l'~ (des poutres)* die Balkenverbindung *f*.

enchi|frènement ⚕ (ãʃifrɛn'mã) *m* Stockschnupfen *m*; **~frener** ⚕ (~frə'ne) [1d]: **s'~** sich e-n tüchtigen Schnupfen holen.

enchymose ⚕ (ãki'mo:z) *f* Bluterguß *m*.

encirer (ãsi're) *v/t.* [1a] mit Wachs überziehen, (ein)wachsen.

encla|ve (ã'klɑ:v) *f* Enklave *f*, von e-m anderen Lande umschlossener Gebietsteil *m*; **~ver** (ãklɑ've) *v/t.* [1a] Landesteile *usw.* umschließen; ⊕ einfügen (*a. fig.*), einkeilen.

enclen|che ⊕ (ã'klã:ʃ) *f Art* Kerbe *f*; **~chement** *mach.* (ãklãʃ'mã) *m* Einrückung *f*; **~cher** (ãklã'ʃe) *v/t.* [1a] *mach.* ein-klinken, -schalten.

enclin (ã'klɛ̃) *adj.* [7]: *~ à od. vers qch. od. à* (*mit inf.*) geneigt zu ...

encliquet|age ⊕ (ãklik'ta:ʒ) *m* Sperrvorrichtung *f*; **~er** ⊕ (~klik'te) *v/t.* [1c] einschnappen

enclitique *gr.* (ãkli'tik) *adj.* angehängt, enklitisch.

encloîtrer (ãklwɑ'tre) [1a] *v/t.* ins Kloster sperren.

enclore (ã'klɔ:r) *v/t.* [4k] einfrieden, umzäunen, ummauern.

enclos (ã'klo) **I** *adj.* [7] eingeschlossen; **II** *m* Einfriedung *f*; eingeschlossener Platz *m*; Koppel *f*.

enclou|age *ehm.* ⚔ (ãklu'a:ʒ) *m* Vernageln *n der Kanonen*; **~er** (~'e) *v/t.* [1a] *ein Pferd beim Beschlagen* vernageln; P versetzen, verpfänden; **~ure** *vét.* (~'y:r) *f* Nagelschaden *m*.

enclume (ɑ̃'klym) *f* Amboß *m*; *dur comme une* ~ steinhart; *être entre le marteau et l'*~ zwischen Tür und Angel schweben; *remettre sur l'*~ wieder umarbeiten.

encoche (ɑ̃'kɔʃ) *f* Kerbe *f*, Einschnitt *m*; *faire une* ~ einkerben; **~ment** (~'mɑ̃) *m* Einkerben *n*; Einlegen *n der Bogensehne* in die Kerbe.

encoch|er (ɑ̃kɔ'ʃe) *v/t.* [1a] **1.** einkerben; **2.** *die Bogensehne* in die Kerbe legen; **~euse** ⊕ (~'ʃø:z) *f* Nutenstanzpresse *f*.

encoffrer (ɑ̃kɔ'fre) *v/t.* [1a] in einen Kasten einschließen.

encoignure (ɑ̃kwa-, ɑ̃kɔ-'ɲy:r) *f* (Mauer-)Ecke *f*; Eckschrank *m*.

encol|lage (ɑ̃kɔ'la:ʒ) *m* **1.** Gummieren *n*, Leimen *n*; **2.** Steife *f*, Leimgrund *m*, Glanz *m*; **~ler** (~'le) *v/t.* [1a] leimen, gummieren.

encolure (ɑ̃kɔ'ly:r) *f* **1.** (Pferde-)Hals *m*; **2.** Kragen-, Hals-weite *f*; Handschuhnummer *f*; **3.** *Sport*: Hals- u. Schulter-breite *f* (*v. Personen*); **4.** *fig.* äußere Erscheinung *f*; *il en a toute l'*~ er sieht ganz danach aus.

encom|brant (ɑ̃kɔ̃'brɑ̃) *adj.* [7] **1.** sperrig unhandlich; verkehrsbehindernd; **2.** *fig.* störend; **~bre** (~'kɔ̃:brə) *m*; *sans* ~ unbehindert; **~brement** (~kɔ̃brə'mɑ̃) *m* Versperrung *f*; Gedränge *n*; Stockung *f im Verkehr*; *bsd.* ⊕ Platzbedarf *m* (*e-r Maschine usw.*); **~brer** (~'bre) *v/t.* [1a] versperren; überfüllen; ~ *q.* j-m zur Last fallen.

encontre (ɑ̃'kɔ̃:trə): *à l'*~ *de* gegen (*acc.*); *aller à l'*~ *de* sich widersetzen (*dat.*); *personne ne va* ~ niemand ist dagegen, niemand bestreitet es.

encorbellement ⚠ (ɑ̃kɔrbɛl'mɑ̃) *m* Erker *m*, Überhang *m*, Mauervorsprung *m*, Vorkragung *f*; *poutre f en* ~ Kragträger *m*; *être en* ~ *sur qch.* über etw. auskragen.

encorder (ɑ̃kɔr'de) *v/t.* [1a] *Klettersport*: anseilen; *text.* abschnüren.

encore (ɑ̃'kɔ:r) **I** *adv.* **1.** noch (immer), bis jetzt; ~ *assez* noch und noch, reichlich; ~ *plus*, ~ *davantage* noch mehr; *il en veut* ~ er will noch mehr; *pas* ~ noch nicht; **2.** abermals, nochmals; *im Satz*: ~ *un coup*: ich wiederhole; wie gesagt; ~ *une fois* noch einmal; *int.* ~*!* schon wieder!; *qu'est-ce* ~*?* was ist das schon wieder?; **3.** auch noch, überdies, ferner; *non seulement*..., *mais* ~ nicht nur, sondern auch; *est-il que*... hinzukommt, daß ...; außerdem ...; obendrein...; **4.** *mais* ~*?* und dann?; na und?; was weiter? *et* ~ und selbst dann; **5.** ~ *s'il venait* wenn er nur wenigstens käme; **6.** (*mit Inversion*) jedoch, (und) dennoch; **II** ~ **que** *cj. mit subj.* obgleich, wenn auch; ~ *qu'il soit jeune* wenn er auch noch jung ist; ~ *qu'innocemment* wenn auch unschuldigerweise.

encor|ner (ɑ̃kɔr'ne) *v/t.* [1a] **1.** mit Hörnern stoßen; **2.** mit Hörnern versehen; ⊕ mit Horn beschlagen; **~net** *icht.* (~'nɛ) *m* Tintenfisch *m*; **~nure** (~'ny:r) *f* Gehörn *n*.

encoura|gement (~raʒ'mɑ̃) *m* Ermutigung *f*, Aufmunterung *f*; *société f d'*~ Verein *m* zur Förderung ...; **~ger** (~'ʒe) *v/t.* [1l] ermutigen, aufmuntern, anfeuern; ~ *qch.* etw. (zu) fördern (suchen).

encourir (ɑ̃ku'ri:r) *v/t.* [2i] sich zuziehen, sich aussetzen (*dat.*), auf sich laden; ~ *une peine* sich eine Strafe zuziehen; ~ *la disgrâce* in Ungnade fallen; ~ *une amende* e-e Geldstrafe erhalten; ~ *des reproches* sich Vorwürfen aussetzen.

encrage *typ.* (ɑ̃'kra:ʒ) *m* Färben *n*.

encrass|é (ɑ̃kra'se) *adj.* verschmutzt, verölt, verrußt; **~er** (~) *v/t.* [1a] beschmutzen, schmutzig machen; ~ *par la suie* verrußen.

en|cre ('ɑ̃:krə) *f* Tinte *f*; ~ *d'imprimerie*, ~ *noire* Druckerschwärze *f*; ~ *de Chine* Tusche *f*; ~ *indélébile* unauslöschbare Tinte *f*; ~ *pour stylos* Füllertinte *f*; ~ *à copier* Kopiertinte *f*; *crayon m* ~ Kopierstift *m*; *tache f d'*~ Tintenklecks *m*; **~crer** (ɑ̃'kre) *v/t.* [1a] *typ.* ~ *les lettres* Druckerschwärze auftragen; ~ *les rouleaux* die Walzen schwärzen; **~crier** (ɑ̃kri'e) *m* **1.** Tintenfaß *n*; **2.** *typ.* Farbkasten *m*; **~crivore** (ɑ̃kri'vɔ:r) *adj.* tintelöslich.

encroût|é (ɑ̃kru'te) *adj. a. fig.* verkalkt; **~er** (~) [1a] *v/t.* **1.** mit e-r Kruste überziehen, berinden; **2.** ⚠ mit Mörtel bewerfen; **3.** *fig.* abstumpfen, verblöden; *être encroûté de préjugés* voller Vorurteile sein; *pédant encroûté* verkalkter (*od.* verknöcherter) Pedant *m*.

encu|vage, ~vement ⊕ (ɑ̃ky'va:ʒ, ~v'mɑ̃) *m* Einlegen *n* in Fässer; Einmaischen *n*; **~ver** (~'ve) *v/t.* [1a] **1.** in Fässer bringen; **2.** ~ *du linge* Wäsche einweichen; **3.** *Brauerei*:

~ *le malt* einmaischen.

encyclique (ɑ̃si'klik) *f* Enzyklika *f*.

encyclopé|die (ɑ̃siklɔpe'di) *f* Konversationslexikon *n*, Enzyklopädie *f*; ~ *pratique* Reallexikon *f*; *fig. une* ~ *vivante* ein wandelndes Wörterbuch *n*; **~dique** (~'dik) *adj.* enzyklopädisch, allumfassend; **~diste** (~'dist) *m u. adj.* Verfasser *m* e-r Enzyklopädie; enzyklopädistisch.

endauber *cuis.* (ɑ̃do'be) *v/t.* [1a] dämpfen, schmoren.

endéans *dial.*, *belgisch* (ɑ̃de'ɑ̃) *prp.* innerhalb (*gén.*); ~ *les quinze jours* innerhalb von nur 14 Tagen.

en-deçà (ɑ̃də'sa) **I** *adv.* diesseits; **II** *prp.* ~ *de la rivière* diesseits des Flusses.

endé|mie ⚕ (ɑ̃de'mi) *f* Endemie *f*; **~mique** (~'mik) *adj.* endemisch, einheimisch; *fig.* dauernd.

enden|té (ɑ̃dɑ̃'te) *adj.* mit Zähnen versehen, gezähnt; ⊕ *roue f* ~*e* Zahnrad *n*; **~ter** (~'te) *v/t.* [1a] verzahnen; **~ture** *méc.* (~'ty:r) *f* Zacke *f*, Zahnwerk *n*.

endermique ⚕ (ɑ̃dɛr'mik) *adj.* endermatisch.

endet|tement (ɑ̃dɛt'mɑ̃) *m* Ver-, Über-schuldung *f*; **~ter** (~'te) [1a] *v/t.* (*u.* *s'*~ sich) in Schulden stürzen; ~*té* verschuldet

endeuiller (ɑ̃dœ'je) *v/t.* [1a] in Trauer versetzen.

endiab|lé (ɑ̃dja'ble) **I** *adj.* verteufelt; besessen, leidenschaftlich; *être* ~ *de* (*od. après*) versessen sein auf (*acc.*); **II** *su. un* ~ ein Teufelskerl *m*; **~ler** F (~'ble) *v/i.* [1a] teufelswild werden.

endiamanté (ɑ̃djamɑ̃'te) *adj.* mit Diamanten geschmückt.

endi|guement (ɑ̃dig'mɑ̃) *m* Eindämmung *f*, Eindeichen *n*; **~guer** (ɑ̃di'ge) *v/t.* [1m] eindämmen, eindeichen; *fig.* einschränken.

endimancher (ɑ̃dimɑ̃'ʃe) [1a] *v/t.* (*u.* *s'*~ sich) sonntäglich anziehen.

en dit (ɑ̃ 'di) *adj.* [7] sogenannt.

endive ⚘ (ɑ̃'di:v) *f* Endivie *f*.

endivisionner ⚔ (ɑ̃divizjɔ'ne) *v/t.* [1a] in Divisionen aufstellen.

endo|carde *anat.* (ɑ̃dɔ'kard) *m* Endokardium *n*, innere Herzhaut *f*; **~cardite** ⚕ (~kar'dit) *f* Endokarditis *f*, Entzündung *f* der inneren Herzhaut; **~carpe** ⚘ (~'karp) *m* Endokarp *n*, innerste Schalenschicht *f* der pflanzlichen Frucht; **~crine** *physiol.* (~'krin) *adj.*: *glandes f/pl.* ~*s* endokrine Drüsen *f/pl.*

endoctri|né (ɑ̃dɔktri'ne) *adj.* geschult (*bsd. pol.*); **~nement** *pol.* (~n'mɑ̃) *m* Schulung *f*; **~ner** (~) *v/t.* [1a] belehren, *bsd. pol.* schulen; **~neur** (~'nœ:r) *m bsd. pol.* Schulungsleiter *m*.

endogène *anat.* (ɑ̃dɔ'ʒɛn) *adj.* endogen.

endolo|ri (ɑ̃dɔlɔ'ri) *adj.* schmerzhaft; **~rir** (~'ri:r) *v/t.* [2a] Schmerzen verursachen (*dat.*); *j'ai le bras endolori* der Arm tut mir weh; *fig. une nouvelle qui endolorit mon cœur* e-e Nachricht, die mich innerlich trifft **~rissement** (~ris'mɑ̃) *m* schmerzhafter Zustand *m*.

endomma|gé (ɑ̃dɔma'ʒe) *adj.* beschädigt, defekt; **~gement** (~maʒ'mɑ̃) *m* Beschädigung *f*; **~ger** (~'ʒe) [1l] **I** *v/t.* beschädigen; **II** *v/rfl.* *s'*~ beschädigt werden.

endonéphrite ⚕ (ɑ̃dɔne'frit) *f* Nierenbeckenhautentzündung *f*.

endor|mant (ɑ̃dɔr'mɑ̃) *adj.* [7] einschläfernd; *fig.* zum Einschlafen, langweilig; **~meur** (~'mœ:r) *su.* **1.** langweiliger Mensch *m* **2.** Schwindler *m*; **~mi** (~'mi) *adj. u. su.* schläfrig(er), träge(r Mensch *m*); **~mir** (~'mi:r) [2b] **I** *v/t.* **1.** einschläfern, *fig.* täuschen, beschwatzen; *il l'a endormi (avec) de belles paroles* er hat ihn mit schönen Redensarten betört; **2.** ~ *à l'éther* ⚕ betäuben, unempfindlich machen; *jambe f endormie* eingeschlafenes Bein *n*; **II** *v/rfl.* *s'*~ einschlafen; sterben; nachlassen (*Schmerz*); *fig.* nachlässig werden.

endos ☨ (ɑ̃'do) *m* Indossament *n*, Indossierung *f*, Giro *n*, Übertragsvermerk *m*; *a.*: ~*ement*.

endoscop|e ⚕ (ɑ̃dɔs'kɔp) *m* Endoskop *n*; ~ *tubulaire* schlauchartiges Endoskop *n*; **~ie** (~'pi) *f* Untersuchung *f* mit e-m Endoskop.

endosmose (ɑ̃dɔs'mo:z) *f phys.* Endosmose *f*; *fig.* Einfluß *m*.

endosperme ⚘ (ɑ̃dɔ'spɛrm) *m* Endosperma *n*, Fruchtkeim *m*.

endos|sable ☨ (ɑ̃do'sablə) *adj.* indossierbar, durch Giro übertragbar; **~se** (ɑ̃'do:s) *f* Verantwortung *f*, Last *f*, Mühe *f*; * ~*s pl.* Schultern *f/pl.*; Klamotten *f/pl.* P (*Kleidung*); **~sé** ☨ (ɑ̃do'se) *m* Indossat *m*, Wechselnehmer *m*; **~ser** (~) *v/t.* [1a] auf den Rücken nehmen; *weitS.* anziehen; ~ *la* *soutane* Priester werden; *~ l'uniforme* Soldat werden; *fig.* *~ qch.* etw. auf sich nehmen, für etw. geradestehen; *~ la responsabilité* die Verantwortung übernehmen; ✝ *~ une lettre de change* e-n Wechsel indossieren *od.* girieren; **~seur** ✝ (ãdo'sœ:r) *m* Indossant *m*, Girant *m*, Überweiser *m*.

endroit (ã'drwa) *m* **1.** (bestimmter) Ort *m*, Platz *m*; Stelle *f*; *en tel ~...* an der und der Stelle ...; *au bon ~* an der richtigen Stelle; *à l'~ où* da wo; *par ~s* stellenweise; **2.** Ort *m*, Ortschaft *f*; **3.** rechte Seite *f*, Glanzseite *f e-s Stoffes usw.*; *étoffe f à deux ~s* auf beiden Seiten gleicher Stoff *m*; *mettre qch. à l'~* etw. (*ein Kleidungsstück*) richtig anziehen; *le bas est à l'~* der Strumpf ist rechts herum; *fig.* *se faire voir par son bel ~* sich von s-r besten Seite zeigen (*od.* *iron.* präsentieren); *~ faible* (*od.* *sensible*) schwache Seite *f*; **4.** *plais.* F *le petit ~* Örtchen *n*, Toilette *f*, WC *n*; **5.** *prp.* *à l'~ de ...* hinsichtlich (*gén.*); *il a bien agi à mon ~* er hat mir Gutes getan.

en|duire (ã'dɥi:r) *v/t.* [4c] be-, über-streichen, -gießen; (*de qch.* mit etw.); **~duit** (ã'dɥi) *m* **1.** Belag *m*, Überzug *m*; **2.** ⚠ Putz *m*, Verputz *m*; *~ de plancher* Estrich *m*; *~ de plâtre* Gipsputz *m*; *~ hourdé* Berappung *f*; *~ au pistolet* Spritzbewurf *m*; *~ à chaux* Kalkanstrich *m*; **3.** *mach.* *~ gras* Schmiere *f*.

endu|rable (ãdy'rablə) *adj.* erträglich **~rance** (~'rã:s) *f* Ausdauer *f*, Widerstandskraft *f*; *épreuve f d'~* Dauerprobe *f*; *Sport:* Dauerrennen *n*; **~rant** (~'rã) *adj.* [7] ausdauernd; duldsam; *il n'est pas trop ~* er läßt sich nichts gefallen.

endur|ci *fig.* (ãdyr'si) *adj.* **1.** abgebrüht, verstockt, Gewohnheits...; *pêcheur m ~* alter Sünder *m*; **2.** eingefleischt; *haine f ~e* eingefleischter Haß *m*; **3.** hart, mitleidlos; **4.** *a.* ⚔ erprobt; **~cir** (~'si:r) [2a] **I** *v/t.* **1.** hart machen, härten; *fig.* *~ le corps à la fatigue* den Körper gegen Ermüdung abhärten; **2.** *fig.* verhärten, verstockt machen; *das Herz* verschließen; **II** *v/rfl.* *s'~* **3.** hart werden; *fig.* abgehärtet werden; sich abhärten; *s'~ au travail* (*à la douleur*) sich an die harte Arbeit (an den Schmerz) gewöhnen; **4.** *fig.* verstockt (*od.* gefühllos *od.* abgebrüht) werden; **~cissement** (~sis'mã) *m* Verhärtung *f*; *fig.* Abhärtung *f*; Verstocktheit *f*, Gefühlsarmut *f*.

endurer (ãdy're) [1a] *v/t.* *u.* *v/i.* aushalten, ertragen, erdulden.

énergétique *biol.*, ⚡ (enɛrʒe'tik) **I** *adj.* kraftspendend; *dépense f ~ du muscle* Kraftverbrauch *m* des Muskels; *valeur f ~ des aliments* Nährwert *m* der Speisen; **II** *f* Energetik *f*, dynamische Kraft *f*; *~ biologique* tätig wirkende Lebenskraft *f*; *~ musculaire* Muskelkraft *f*.

éner|gie *a.* *phys.* (enɛr'ʒi) *f* Energie *f*, Kraft *f*; *fig.* Willensstärke *f*, Tatkraft *f*; Schneid *m*; ⚘ Wirksamkeit *f*, Wirkung *f*; *méc.* *~ absorbée* Kraft-bedarf *m*, -verbrauch *m*; *~ cinétique* kinetische Energie *f*, Bewegungsenergie *f*; *mach.* *~ dépensée* Arbeitsaufwand *m*; *méc.* *~ potentielle* Energie *f*, Lageenergie *f*; *~ atomique* (*od.* *nucléaire*) Atom-(*od.* Kern-)energie *f*; *~ latente* Beharrungsvermögen *n*; *~ rayonnante* Strahlungsenergie *f*; *~ hydro-électrique* Wasserkraft *f*; *plein d'~* energiegeladen; **~gique** *adj.* □ energisch, tatkräftig; wirksam, kraft-voll; *prendre des mesures ~s* einschneidende Maßnahmen treffen, *abs.* durchgreifen.

énergumène (enɛrgy'mɛn) *su.* *rl.* Besessener *m*; *pol.* Fanatiker *m*.

éner|vant (enɛr'vã) *adj.* [7] entnervend, nervenaufreibend; **~vation** (~va'sjõ) *f* Entnervung *f*, Schwächung *f*; **~vement** (~v'mã) *m* Auf-, Er-regung *f*, Entnervung *f*, Nervenschwäche *f*, Nervosität *f*; **~ver** (~'ve) [1a] **I** *v/t.* aufregen, erregen, nervös machen, schwächen; **II** *v/rfl.* *s'~* a) sich aufregen, nervös werden; b) sich regen, sich beeilen.

enfance (ã'fã:s) *f* **1.** Kindheit *f*, Kinderjahre *n/pl.*; *tomber en ~* kindisch werden; **2.** Kinderwelt *f*, Kinder *n/pl.*; **3.** *fig* Anfang *m*.

enfant (ã'fã) **I** *su.* Kind *n*; *un ~* ein Junge *m*; *une ~* ein Mädchen *n*; *~ au maillot* (*od.* *au berceau*) Wickelkind *n*; *~ à la mamelle* Säugling *m*; *bon ~* gutmütiger Kerl *m*; *il est bien (bon) ~ de croire cela* wie kann man so naiv sein, das zu glauben; *ils sont loin d'être ~s de chœur* sie sind alles andere als gefügig; ~ *espiègle* übermütiges Kind *n*; ~ *gâté* verzogenes Kind *n*; ~ *naturel* uneheliches Kind *n*; ~ *prodige* Wunderkind *n*; *l'~ prodigue* der verlorene Sohn *m*; ~ *terrible* Enfant terrible *n*, alles ausplauderndes Kind *n*; *l'hospice m des ~s trouvés, les* ℒ*s trouvés* Findelhaus *n*; *~s assistés* staatlich unterstützte Waisenkinder *n/pl.*; *c'est bien l'~ de sa mère* er ist ganz die Mutter; *d'~* kindlich; kindisch; Kinder...; *ce n'est pas (un) jeu d'~* das ist kein Kinderspiel *n*; *jardin m d'~s* Kindergarten; *livres m/pl. d'~* Kinderbücher *n/pl.*; *être un ~ de son siècle* ein Kind s-r Zeit sein; *faire l'~* sich wie ein kleines Kind anstellen; **II** *adjt. il a l'air bon ~* er sieht gutmütig aus.

enfan|tement (ɑ̃fɑ̃tˈmɑ̃) *m* **1.** Gebären *n*; *douleurs f/pl. (od. travail m) de l'~* Geburtswehen *f/pl.*; **2.** *fig.* Zustandekommen *n*; **~ter** (~ˈte) *v/t.* [1a] gebären; *fig.* zustandebringen; zutagefördern; **~tillage** (~tiˈjaːʒ) *m* Kinderei *f*, Kinderstreich *m*, kindisches Wesen *n*; **~tin** (~ˈtɛ̃) *adj.* [7] **1.** kindlich; *fig.* kinderleicht; *question f ~e* kinderleichte Frage *f*; *voix f ~e* Kinderstimme *f*; **2.** *péj.* kindisch.

enfariner (ɑ̃fariˈne) [1a] **I** *v/t.* mit Mehl bestreuen; P *la gueule (od. la bouche) enfarinée, le bec enfariné* leichtgläubig, naiv; *attendre, le bec enfariné, la venue de qch.* auf etw. erpicht sein; **II** *v/rfl. s'~* sich mit Mehl weiß machen.

enfer (ɑ̃ˈfɛːr) *m* **1.** Hölle *f*; *~s pl.* Orkus *m*, *myth.* Unterwelt *f*; *descente f aux ~s* Höllenfahrt *f*; *aller en ~* in die Hölle kommen; *aller un train d'~* rasend schnell fahren, sausen; **2.** *fig.* quälende Gedanken *m/pl.*; *avoir l'~ dans le cœur* großen Kummer haben; *porter son ~ avec soi* von den Gewissensqualen nicht loskommen.

enfer|mé (ɑ̃fɛrˈme) *adj.* **1.** eingesperrt; **2.** *sentir l'~* muffig riechen; **~mer** (~) [1a] *v/t.* **1.** ein-schließen, -sperren; ~ *(à clef)* verschließen; *bon à ~* irrsinnig, total verrückt, *fig.* ~ *sa honte* s-e Schande vor der Welt verbergen; **2.** rings umgeben; ~ *de murailles* mit Mauern umgeben; **3.** in sich schließen; *ce passage enferme beaucoup de vérités* diese Stelle enthält viele Wahrheiten.

enferrer (ɑ̃fɛˈre) [1b] **I** *v/t.* durchstechen, durchbohren; aufspießen; **II s'~** *fig.* sich in s-m eigenen Lügengewebe verfangen, sich festfahren.

enfeuiller (ɑ̃fœˈje) [1a]: **s'~** sich belauben.

enficeler (ɑ̃fisˈle) *v/t.* [1c] mit e-m Bindfaden umschnüren.

enfieller (ɑ̃fjɛˈle) *v/t.* [1a] *fig.* verbittern, mit Haß erfüllen.

enfiévrer (ɑ̃fjeˈvre) [1f] *v/t.* (*u. s'~* sich) mit Fieber anstecken; *fig.* (sich) aufregen.

enfi|lade (ɑ̃fiˈlad) *f* **1.** lange Reihe *f*; ~ *(de chambres)* Zimmerflucht *f*; *en ~ Zugtiere*: hintereinander; **2.** *fig. longue ~ de phrases* langes, ermüdendes Geschwätz *n*; **3.** ⚔, ⚓ Längsbestreichung *f*; *tir m d'~* Schrägfeuer *n*; *prendre d'~* ins Schräg-(Lang-)feuer nehmen; **~ler** (~ˈle) [1a] **I** *v/t.* **1.** einfädeln; auf e-n Faden ziehen; aufreihen; aufspießen, durchbohren; F über-, an-ziehen (*z.B. Hemd*); *fig.* ~ *des perles* sich völlig umsonst abquälen; *fig.* ~ *un chemin* e-n Weg einschlagen; ✎ ~ *un discours* e-e lange Rede anfangen; F ~ *sa chemise de nylon* sein Nylonhemd anziehen; **2.** V betrügen, prellen; **3.** ⚔ ⚓ bestreichen, der Länge nach beschießen; **II** *v/i.* ~ *à droite* sich rechts wenden, rechts umbiegen; **III s'~** eingefädelt werden; *fig.* verwickelt werden; hineingeraten; P *s'~ qch.* sich an etw. (*dat.*) gütlich tun; verzehren; hintergießen (P), saufen (P); V *se faire ~* sich begaunern lassen; **~lure** (~ˈlyːr) *f* Aufreihen *n*, Einfädeln *n*.

enfin (ɑ̃ˈfɛ̃) *adv.* **1.** endlich, schließlich, zuletzt; **2.** kurz(um).

enflam|mé (ɑ̃flɑˈme) *adj.* feurig (*Augen*); kochend, aufgebracht (*vor Zorn*); zündend, begeisternd (*Worte*); ⚕ entzündet (*Wunde*); **~mement** (~mˈmɑ̃) *m* Entzündung *f*; **~mer** (~ˈme) [1a] **I** *v/t.* anzünden, in Flammen setzen; *fig.* entflammen, erhitzen, begeistern; ~ *le visage* das Gesicht röten; ~ *le courage* den Mut anfeuern; **II s'~** sich entzünden; *fig.* entbrennen; *s'~ (d'amour)* in Liebe entbrennen.

enflé P (ɑ̃ˈfle) *m* Dummkopf *m*.

enfler [1a] **I** *v/t.* anschwellen lassen, aufblähen; aufblasen; *fig.* steigern; übertreiben; ~ *le cœur* den

Mut erhöhen; ~ *les espérances* die Hoffnungen steigern; ~ *une facture* e-e Rechnung zu hoch ansetzen; ~ *un récit* e-n Bericht aufbauschen; ~ *les voiles* die Segel anschwellen lassen; ~ *la voix* die Stimme verstärken; *style enflé* schwülstiger Stil *m*; **II s'~** *u. v/i.* (an-, auf-)schwellen, auflaufen, sich aufblähen; *fig.* sich aufplustern; sich brüsten; e-n schwülstigen Ton annehmen; *sa jambe droite a enflé* (*bzw. est enflée*) sein rechtes Bein ist geschwollen; F *être enflé comme un ballon* aufgeblasen wie ein Puter sein.

enflure (ã'fly:r) *f* Geschwulst *f*; *fig.* ~ (*du cœur*) Aufgeblasenheit *f*, Hochmut *m*; ~ *du style* Schwulst *m*.

enfoncement (ãfõs'mã) *m* Einschlagen *n e-s Nagels*; Einrammen *n e-s Pfahls*; Einstoßen *n e-r Tür*; Abteufung *f e-s Schachts*; ⚔ Durchbrechen *n od.* Sprengung *f e-r Linie*; Durchbruch *m*; Eindringen *n e-s Geschosses*; *géol.* Einbuchtung *f*; △ Fundamenttiefe *f*; *peint.* Hintergrund *m*.

enfoncer (ãfõ'se) [1k] **I** *v/t.* **1.** (tief) einschlagen, einrammen; ~ *son chapeau* (*sur la tête*) den Hut tief ins Gesicht drücken; *avoir les yeux enfoncés dans la tête* tiefliegende Augen haben; **2.** einstoßen, einschlagen, erbrechen; ~ *le plancher* den Fußboden eintreten; ~ *des portes ouvertes* viel Lärm um nichts machen, offene Türen einrennen; ⚔ ~ *les rangs de l'ennemi* die feindlichen Linien durchbrechen sprengen; **3.** F ~ *q.*: a) j-n anführen, reinlegen; *se laisser* ~ reinfallen; *enfoncé* reingefallen; b) j-n übertrumpfen, j-n übertreffen; P übers Ohr hauen, betrügen; **4.** ⊕ ~ *un tonneau* den Boden in ein Faß einsetzen; **II** *v/i.* sinken, untergehen; **III s'~** sich senken, (ver)sinken; einstürzen; *s'~ dans le bois* in den Wald vordringen; *s'~ dans l'étude* sich in das Studium vertiefen; *s'~ toujours plus bas fig.* immer tiefer sinken, immer mehr verkommen,.

enfonçure (ãfõ'sy:r) *f* Vertiefung *f*, Grube *f*; Boden *m e-s Fasses*.

enfou|ir (ã'fwi:r) [2a] **I** *v/t.* eingraben, vergraben, verscharren; ⚔ verschütten; *fig.* verstecken; ~ *son talent* (*ses talents*) sein Licht unter den Scheffel stellen; **II s'~** sich verkriechen; **~issement** ⚔ (~fwis'mã) *m* Verschüttung *f*.

enfour|chement ⊕ (ãfurʃə'mã) *m* gabelförmige Verbindung *f*; **~cher** (~'ʃe) *v/t.* [1a] mit der Heugabel aufnehmen; aufgabeln; *fig.* ~ *une idée* e-n Gedanken aufgreifen; ~ *un cheval* ein Pferd rittlings besteigen; ~ *son dada* sein Steckenpferd reiten; ~ *un vélo* sich auf ein Fahrrad schwingen; **~chure** (~'ʃy:r) *f* **1.** Gabelung *f*; **2.** *cout.* Hosenkreuz *n*; **3.** *ch.* Gabelgehörn *n*.

enfourner (ãfur'ne) [1a] **I** *v/t.* **1.** ⊕ *Brote* in den Ofen schieben; *Hochofen beschicken*; **2.** *fig.* anpacken, sich an etw. (*acc.*) heranmachen; *mal* ~ *une affaire* e-e Angelegenheit schlecht anpacken; **3.** F verschlingen; **II** *v/i.*: *il a bien enfourné* er hat die Sache gut angefangen; **III s'~**: *il s'est enfourné dans une mauvaise affaire* er hat sich in e-e üble Sache eingelassen.

enfreindre (ã'frɛ̃:drə) *v/t.* [4b] *Gesetz* übertreten, verletzen.

enfuir (ã'fɥi:r) [2d]: **s'~ 1.** entfliehen; entlaufen; vergehen (*Zeit*); dahinschwinden (*Glück*); **2.** aus-, über-laufen; leck sein; rinnen.

enfumer (ãfy'me) *v/t.* [1a] ein-, an-, aus-, ver-räuchern, mit Rauch erfüllen; durch Rauch belästigen; ⚔ ein-, ver-nebeln.

enfûtage (ãfy'ta:ʒ) *m* Abfüllen *n* in Fässer.

enfutailler (ãfytɑ'je) *v/t.* [1a] in Fässer füllen.

enga|gé ⚔ (ãga'ʒe) *m* Freiwilliger; ~ *pour la durée de la guerre* Kriegsfreiwilliger *m*; **~geant** (~'ʒã) *adj.* [7] einladend, einnehmend, verführerisch, verlockend; **~gement** (~ʒ'mã) *m* **1.** Verpfändung *f*; **2.** Verbindlichkeit *f*, Verpflichtung *f*; Versprechen *n*, Zusage *f*; *Sport*: Meldung *f*; ~ *d'honneur* Verpflichtung *f* auf Ehrenwort; *faire honneur* (*manquer*) *à ses ~s* s-n Verpflichtungen (nicht) nachkommen; *sans* ~ ✝ freibleibend; **3.** Ein-, Anstellung *f* (*in e-m Betrieb od. Haushalt*); *thé.* Engagement *n*; ⚔ Anwerbung *f*; ⚓ Anheuern *n*; **4.** ⚔ *prime f d'~* Werbesold *m*; **5.** Dienstzeit *f*; **6.** ⚔ Einsatz *m*, Gefecht *n*.

engager (ãga'ʒe) [1l] **I** *v/t.* **1.** verpfänden, **2.** verpflichten, binden; ~ *son cœur* sich verlieben; ~ *son honneur* s-e Ehre verpfänden; *nous ne* *pouvons pas* ~ *notre responsabilité pour ces produits* wir können für diese Erzeugnisse keine Verantwortung übernehmen; **3.** ein-, anstellen (*Arbeiter od. Hausangestellte*); ⚔ anwerben; ⚓ anheuern; **4.** ~ *q. à qch.*, ~ *q. à faire qch.* j-n zu etw. (*dat.*) bewegen; ~*q. à dîner* j-n zum (Abend-)Essen einladen; **5.** ~ *q.* (*qch.*) *dans* j-n (etw.) verwickeln in (*acc.*); ~ *q. dans son parti* j-n auf s-e Seite bringen; ~ *ses capitaux dans une entreprise* sein Geld in ein Geschäft stecken; ⚔ ~ *une troupe dans le combat* e-e Truppe einsetzen; **6.** anfangen, beginnen; ~ *la partie* das Spiel anfangen; ⚖ ~ *le procès* (*la procédure*) den Prozeß (das Verfahren) einleiten; **7.** *esc.* ~ *le fer* die Klinge binden; **II s'~ 8.** s'~ (*à ... mit inf.*) sich verpflichten zu ...; zusagen; s'~ *par écrit* (*par serment*) sich schriftlich (eidlich) verpflichten; s'~ *pour q.* sich für j-n verbürgen, für j-n gutsagen; **9.** s'~ *au service de q.* bei j-m e-e Stellung antreten; ⚔ s'~ sich freiwillig melden; s'~ *dans les ordres* das Ordensgelübde ablegen; **10.** s'~ *dans* sich einlassen in (*acc.*), unternehmen; eindringen in, hineingeraten in (*acc.*); s'~ *dans un chemin* e-n Weg einschlagen; *Sport*: s'~ *dans la ligne d'arrivée od. dans la* (*ligne*) *droite* in die Gerade einbiegen; *ils s'engagèrent dans la rue St.-Denis* sie bogen in die Rue St.-Denis ein; **11.** beginnen (*Kampf*).

engainer (ãgɛ'ne) *v/t.* [1b] in e-e Scheide stecken; *fig.* in sich bergen.

engazonner (ãgazɔ'ne) *v/t.* [1a] mit Rasen belegen.

engeance *péj.* (ã'ʒã:s) *f fig.* Brut *f*, Sippschaft *f*, Gelichter *n*.

engendrement (ãʒãdrə'mã) *m* Zeugungsakt *m*; Erzeugung *f*.

engendrer (ãʒã'dre) [1a] *v/t.* (er-)zeugen; *fig.* verursachen.

engerber (ãʒɛr'be) *v/t.* [1a] in Garben binden.

engin (ã'ʒɛ̃) *m* **1.** ⊕ Werkzeug *n*, Gerät *n*, Maschine *f*; Winde *f*, Hebezeug *n*; ~*s pl.* Jagd- u. Fischgerät *n*; ~ *blindé* Panzer *m*; ~ *atomique* Atomrakete *f*; ~*s pl. de combat rapproché* Nahkampfmittel *n/pl.*; ⚔ ~*s pl. de guerre* Kriegsmaschinen *f/pl.*; **2.** Falle *f*, Netz *n*.

englober (ãglɔ'be) *v/t.* [1a] umfassen (*fig.*); vereinigen, verschmelzen, mit einrechnen; einverleiben.

englou|tir (ãglu'ti:r) [2a] **I** *v/t.* verschlingen (*a. Gelder*); verprassen; **II** *v/rfl.* s'~ versinken, untergehen; **~tissement** (~tis'mã) *m* Verschlingen *n*; Versinken *n*, Untergang *m e-s Schiffes*.

englu|able (ãgly'ablə) *adj.* leicht zu übertölpeln; **~er** (~'e) [1a] **I** *v/t.* mit Vogelleim bestreichen *od.* fangen; *fig.* übertölpeln, leimen; **II** *v/rfl.* s'~ an der Leimrute kleben bleiben; *fig.* auf den Leim hereinfallen.

engob|e ⊕ (ã'gɔb) *m* Farberde *f*; **~er** ⊕ (~'be) *v/t.* [1a] mit e-r Farberdenschicht überziehen.

engommer ⊕ (ãgɔ'me) *v/t.* [1a] gummieren.

engon|cé (ãgɔ̃'se) *adj.* tief eingehüllt (*in ein Kleidungsstück*); *plais.* eingemummelt; **~cer** (~'se) *v/t.* [1k] tief einhüllen (*od. plais.* einmummeln).

engor|gement (ãgɔrʒə'mã) *m* **1.** ⊕ Verstopfung *f*; ⚕ Verschleimung *f*; ~ *des glandes* Drüsenanschwellung *f*; **2.** *fig.* Überfüllung *f der Geschäfte*, Stockung *f des Verkehrs usw.*; **~ger** (~'ʒe) [1l] **I** ⊕ *v/t.* verstopfen; überfüllen; ⚕ verschleimen; **II s'~** ⚕ sich *mit Blut usw.* füllen; verschleimen; anschwellen.

en|gouement (ãgu'mã) *m* **1.** ⚕ Verstopfung *f*; **2.** *fig.* Schwärmen *n*, Schwärmerei *f*, Eingenommenheit *f*; **~gouer** (ã'gwe) [1a] **I** *v/t.* ⚒ ~ *q.* j-m die Kehle verstopfen; **II** *v/rfl.* ⚕ s'~ sich verschlucken; *fig.* *être engoué de, od.* s'~ *de q.* (*qch.*) für j-n (etw.) schwärmen, von j-m (etw.) eingenommen sein.

engouffrer (ãgu'fre) [1a] **I** *v/t.* in einen Abgrund reißen; verschlingen; **II s'~** (sich in e-n Abgrund) stürzen; mit Wucht eindringen (*Wind*).

engoulevent *orn.* (ãgul'vã) *m* [Nachtschwalbe *f.*]

engour|di (ãgur'di) *adj.* starr, eingeschlafen (*Glieder*), steif, klamm; schwerfällig, träge; schläfrig, dösig; *chir.* unempfindlich; *il n'a pas l'esprit* ~ er ist nicht auf den Kopf gefallen; **~dir** (~'di:r) [2a] **I** *v/t.* **1.** erstarren (machen), starr (empfindungslos) machen; einschlafen lassen (*Fuß*); **2.** *fig.* erschlaffen, abstumpfen;; **II s'~** erstarren; *fig.* erschlaffen; *zo.* Winterschlaf *m* halten; **~dissement** (~dis'mã) *m* Erstarrung *f*, Einschlafen *n von*

Gliedern; *fig.* Erschlaffung *f*, Betäubung *f*; *zo.* Winterschlaf *m.*

engrais (ɑ̃'grɛ) *m* **1.** Mastfutter *n*; *mettre à l'*~ mästen; *bétail à l'*~ Mastvieh *n*; **2.** Dung *m*; Dünger *m*; ~ *azoté* Stickstoffdünger *m*; ~ *chimique* Kunstdünger *m*; ~ *m phosphatique* Phosphatdüngemittel *n*; ~ *verts m/pl.* Gründüngung *f*; **~sage** (~'sa:ʒ) *m*, **~sement** (ɑ̃grɛs'mɑ̃) *m* Mästen *n*; **~ser** (~'se) [1b] **I** *v/t.* mästen, fett machen; düngen; einfetten; mit Fett beschmutzen; *fig.* bereichern; ⊕ verbreitern; **II** *v/i. u.* **s'~** fett werden; zunehmen; *fig.* sich bereichern.

engranger ⸙ (ɑ̃grɑ̃'ʒe) *v/t.* [1l] in die Scheune bringen, einfahren.

engraver ¹ (ɑ̃gra've) **I** [1a] *v/t.* **1.** ⚓ auf den Sand treiben; **2.** mit Sand beschütten; **II** *v/i. u. s'*~ auf Sand geraten.

engraver ² (~) *v/t.* [1a] einkerben.

engrenage (ɑ̃grə'na:ʒ) *m* ⊕ **1.** Verzahnung *f*, Getriebe *n*; ~ *différentiel* Ausgleichsgetriebe *n*; **2.** *fig.* Räderwerk *n*, Verwicklung *f.*

engrener¹ (ɑ̃grə'ne) [1d] **I** *v/t. ein Zahnrad* einrücken; *fig.* einleiten, anknüpfen, starten, beginnen; *bien* ~ *qch.* e-e Sache gut einfädeln; *abs. il a bien engrené* er ist gut gestartet, er hat gut angefangen; **II** ⊕ *v/i. u.* **s'~** ineinandergreifen.

engren|er² (~) *v/t.* [1d] **1.** ~ *du grain* Getreide *n zum Mahlen* aufschütten; **2.** mit Korn mästen; **~euse** ⊕ (~grə'nø:z) *f* Aufschüttmaschine *f.*

engrenure ⊕ (ɑ̃grə'ny:r) *f* Verzahnung *f.*

engrois (ɑ̃'grwa) *m* kleiner Holzkeil *m.*

engrosser V (ɑ̃grɔ'se) *v/t. u. v/i.* [1a] schwanger machen (werden).

engrumeler (ɑ̃grym'le) [1c] **I** *v/t.* gerinnen machen; **II** *v/rfl. s'*~ gerinnen.

engueul|ade P (ɑ̃gœ'lad) *f* Anschnauzer *m*; **~er** P (~'le) *v/t.* [1a] anschnauzen.

enguirlander (ɑ̃girlɑ̃'de) *v/t.* [1a] mit Girlanden schmücken; F *fig.* j-n umgarnen; F anschnauzen.

enhardir (ɑ̃nar'di:r) **I** *v/t.* ermutigen, kühn machen; **II** *v/rfl. s'*~ Mut fassen, sich erkühnen.

enharnacher (ɑ̃narna'ʃe) *v/t.* [1a] anschirren; F *fig.* lächerlich aufputzen *od.* ausstaffieren.

en haut (ɑ̃'o) *advt.* (*auf die Frage wohin?*) hinauf, nach oben; (*auf die Frage wo?*) oben.

enherber ⸙ (ɑ̃nɛr'be) *v/t.* [1a] mit Gras besäen.

énig|matique (enigma'tik) *adj.* □ rätselhaft; **~me** (e'nigm) *f* Rätsel *n*; *proposer une* ~ ein Rätsel aufgeben; *deviner une* ~ ein Rätsel raten (*od.* lösen); *parler par* ~*s* in Rätseln sprechen.

eni|vrement (ɑ̃nivrə'mɑ̃) *m* Rausch *m*, Trunkenheit *f*; *fig.* Berauschung *f*, Taumel *m*; **~vrer** (ɑ̃ni'vre) [1a] **I** *v/t.* berauschen; *fig.* betören, blenden; **II** *v/rfl. s'*~ sich betrinken; *fig.* sich berauschen.

enjam|bée (ɑ̃ʒɑ̃'be) *f* großer Schritt *m*, Satz *m*, Sprung *m*; Schritt (-weite *f*) *m*; *ce n'est qu'une* ~ F es ist nur ein Katzensprung; **~bement** *mét.* (~b'mɑ̃) *m* Enjambement *n*; **~ber** (~'be) [1a] **I** *v/t.* ~ *qch.* etw. überschreiten *od.* überspringen (*a. fig.*); *écol.* ~ *une classe* e-e Klasse überspringen; ~ *un ruisseau* über e-n Bach springen; ~ *deux marches à la fois* zwei Stufen auf einmal nehmen; **II** *v/i.* lange Schritte machen, tüchtig ausschreiten; ~ *sur les droits de q.* in j-s Rechte eingreifen; ~ *sur le vers suivant* aus e-m Verse in den folgenden hinübergreifen; ~ *sur un mur* über e-e Mauer hervorragen.

enjaveler ⸙ (ɑ̃ʒa'vle) *v/t.* [1c] Getreide in Schwaden legen.

enjeu (ɑ̃'ʒø) *m* [5b] Einsatz *m im Spiel*; ⚔ ~ *militaire* militärischer Einsatz *m*, Kampfprobe *f.*

enjoindre (ɑ̃'ʒwɛ̃:drə) *v/t.* [4b]: ~ *qch. à q.* j-m etw. befehlen.

enjô|ler (ɑ̃ʒo'le) *v/t.* [1a] beschwatzen, betören; umgarnen; **~leur** (~'lœ:r) *su.* [7g] Betrüger *m.*

enjoli|vement (ɑ̃ʒɔliv'mɑ̃) *m* Verzierung *f*; **~ver** (~'ve) *v/t.* [1a] verzieren; **~veur** (~'vœ:r) *m* Verzierer *m*; *Auto*: Rad-, Zier-kappe *f*; **~vure** (~'vy:r) *f* Verzierung *f.*

enjoué (ɑ̃'ʒwe) *adj.* munter, fidel, ausgelassen, heiter, lustig.

en|jouement, ~joûment (ɑ̃ʒu'mɑ̃) *m* Unbeschwertheit *f*, *fig.* Heiterkeit *f*, Ausgelassenheit *f.*

enjuguer (ɑ̃ʒy'ge) *v/t.* [1m] ins Joch spannen.

enjuponner (ɑ̃ʒypɔ'ne) [1a] **I** mit e-m (Frauen-)Rock bekleiden; **II** *v/rfl. s'*~ den Frauen nachlaufen.

enkyst|é ⚕ (ɑ̃kis'te) *adj.* eingekapselt; **~er** (~) [1a] *v/rfl. s'*~ sich verkapseln.

enlac|ement (ɑ̃las'mɑ̃) *m* Verflechtung *f*, Geflecht *n*; Umschlingung *f*; Umarmung *f*; **~er** (~'se) *v/t.* [1k] **1.** ineinanderflechten; *les doigts enlacés* mit verschlungenen Fingern; **2.** ~ *des papiers* Papiere zusammenbinden; **3.** ~ *q. dans ses bras* j-n umschlingen (*a. Schlange*), umarmen; ⚔ ~ *l'ennemi* den Feind umklammern.

enlaid|ir (ɑ̃lɛ'di:r) [2a] **I** *v/t.* häßlich machen, verunstalten, entstellen; **II** *v/i.* häßlich werden; **~issement** (~dis'mɑ̃) *m* Häßlichmachen *n*, Verunstaltung *f*, Entstellung *f*; Häßlichwerden *n*, Schönheitsfehler *m*.

enlevable (ɑ̃lə'vablə) *adj.* abnehmbar.

enlevé (ɑ̃l've) *adj.* **1.** *fig.* hoch, gehoben, maßgebend; *dans les milieux ~s* in den maßgebenden Kreisen; **2.** *fig.* hinreißend, packend (*Rede*); kühn, leicht hingeworfen, gelungen, flott; *la chose est bien ~e* die Sache hat Schmiß.

enlevée (ɑ̃l've) *f*: ~ *finale* Endspurt *m*.

enlèvement (ɑ̃lɛv'mɑ̃) *m* Beseitigung *f*, Abtransport *m*; Wegnahme *f*; Abholen *n*; Abnahme *f od.* Aufkauf *m von Waren*; Entführung *f*, Raub *m*; ⚔ Erstürmung *f*; ~ *de taches* Fleckenreinigung *f*; *bét.* ~ *d'agglomérés de ciment* Abtragen *n* von Betonsteinen; ~ *des ordures ménagères* Müllabfuhr *f*; ⚔ ~ *de troupes* Truppenverschiebung *f*; ⚔ *plan m d'*~ Verladeplan *m*.

enlever (ɑ̃l've) [1d] **I** (auf)heben, hochheben; ausziehen (*Kleidung*); *Drachen* steigen lassen; **2.** gewaltsam wegnehmen; stehlen, entwenden; ⚔ erstürmen, ausheben; ~ *une montre* e-e Uhr stehlen; ~ *une jeune fille* ein Mädchen entführen; ~ *la première place à qch.* sich in e-r Sache sehr in den Vordergrund schieben; **3.** ab-, los-, weg-reißen; ~ *la peau* die Haut abreißen; **4.** weg-schaffen, -tragen; ~ *q.* (*od. qch.*) *en voiture* j-n (*od.* etw.) abtransportieren, wegfahren; ~ *q. par avion* j-n abfliegen (*z. B. Flüchtlinge, Verwundete*); ~ *le couvert* den Tisch abdecken; **5.** beseitigen; ~ *des taches* Flecke entfernen; **6.** *fig.* hinreißen, begeistern, entzücken; ~ *les suffrages* stürmischen Beifall ernten; **7.** ✝ auf-, weg-kaufen; *Waren* abnehmen; **8.** ↙ ~ *la récolte* die Ernte einbringen; **9.** *fig.* F ~ *une affaire* e-e Sache schnell erledigen; ~ *un morceau de musique* ein Musikstück mit Schwung spielen; *thé.* ~ *une scène* e-e Szene flott darstellen; **10.** P anschnauzen; P rausschmeißen; **II** *v/rfl.* *s'*~ **11.** sich in die Luft erheben; hochsteigen; **12.** herausgehen (*Flecke*); sich loslösen, abgehen; sich abschuppen; **13.** ✝ *s'*~ *rapidement* reißenden Absatz finden; **14.** *peint.* *s'*~ *sur un fond* sich von e-m Hintergrund abheben; **15.** *s'*~ *une idée de la tête* sich e-n Gedanken aus dem Kopf schlagen.

enlevure (ɑ̃l'vy:r) *f* Relief *n*.

enliasser (ɑ̃lja'se) *v/t.* [1a] *Papier* bündeln; einpacken.

enlier (ɑ̃'lje) *v/t.* [1a] im Verband mauern.

enligner (ɑ̃li'ɲe) *v/t.* [1a] nach der Schnur richten, schnurgerade aufeinanderpassen, einfluchten.

enli|sé (ɑ̃li'ze) *p/p.*: ~ *dans des difficultés* in Schwierigkeiten verwickelt; sein; **~sement** (~lis'mɑ̃) *m* Versinken *n* im Triebsand; **~ser** (~li'se) [1a] *v/rfl.*: *s'*~ im Triebsand versinken; *allg.* *s'*~ *dans la boue* im Schlamm stecken bleiben; *fig.* *s'*~ *dans un confort intellectuel* in e-e geistige Bequemlichkeit verfallen.

enluminer (ɑ̃lymi'ne) [1a] **I** *v/t.* *peint.* ausmalen, kolorieren; *fig.* ~ *son style* s-n Stil ausschmücken; *fig.* ~ *le teint* das Gesicht rot werden lassen; **II** P *v/rfl.*: *s'*~ *la trogne* sich besaufen; **~neur** (~'nœ:r) *su. peint* Ausmaler *m*; **~nure** (~'ny:r) *f* Ausmalen *f*; ausgemaltes Bild *n*; *fig.* Schilderung *f* in grellen Farben; grelle Farbengebung *f*; Röte *f* des Gesichts.

enneigement (ɑ̃nɛʒ'mɑ̃) *m* Schneeverwehung *f*; *Sport*: *bulletin m d'*~ Schneebericht *m*.

ennemi (ɛn'mi) **I** *su.* Feind *m*, Gegner *m*; ~ *héréditaire* Erbfeind *m*; ~ *mortel* Todfeind *m*; ⚔ *marcher à l'*~ gegen den Feind marschieren; *mourir à l'*~ vor dem Feinde sterben; *passer à l'*~ zum Feinde überlaufen; **II** *adj.* feindlich; *fig.* widerstrebend; *l'armée ~e* das feindliche Heer *n*; *couleurs f/pl. ~es* Farben *f/pl.*, die sich beißen.

ennième F (ɛ'njɛm) *adj.*: *l'*~ *essai* der soundsovielte Versuch *m*.

enno|blir *nur fig.* (ɑ̃nɔ'bli:r) *v/t.* [2a] *fig.* adeln, heben; verfeinern; **~blissement** *fig.* (~blis'mɑ̃) *m fig.* Hebung *f*; Verfeinerung *f*.

ennui (ɑ̃'nɥi) *m* **1.** Langeweile *f*; *fig. faire mourir d'~* zu Tode langweilen; *sécher d'~* vor Langeweile vergehen **2.** *~ romantique* (*od. romanesque*) Sehnsucht *f*, schwärmerisches Verlangen *n*; **3.** Verdruß *m*, Sorge *f*, Kummer *m*, Ärger *m*, Schererei *f*; *~ de la vie* Lebensüberdruß *m*.

ennuy|ant ⚒ (ɑ̃nɥi'jɑ̃) *adj.* [7] widerlich; **~er** (~'je) [1h] **I** *v/t.* **1.** langweilen, ärgern; auf die Nerven fallen; stören; **II** *v/rfl. s'~* **2.** sich langweilen; *s'~ à mourir* sich zu Tode langweilen; *s'~ de* (*inf.*) es satt haben zu ...; **3.** sich sehnen; *je m'ennuie de vous* ich sehne mich nach Ihnen, ich vermisse Sie sehr; **~eux** (~'jø) *adj.* □ *u. su.* [7d] unangenehm, lästig, ärgerlich, peinlich; langweilig (er Mensch *m*).

énon|cé (enɔ̃'se) *m* Wortlaut *m*, Aussage *f*; *rad.* Durchsage *f*; ⚗ Bedingungen *f/pl.*; **~cer** (~) *v/t.* [1k] **1.** aussprechen, ausdrücken; **2.** ⚖ vor Gericht aussagen; *~ faux* falsch aussagen; **3.** ⚗ aufgeben; **~ciatif** (~sja'tif) *adj.* [7e] aussagend, erwähnend; **~ciation** (~sjɑ'sjɔ̃) *f* Ausdruck *m*; ⚖ Aussage *f*; Darlegung *f*, Erwähnung *f*; ✝ *~ de la valeur fournie* Valutaquittung *f*.

enorgueillir (ɑ̃nɔrgœ'ji:r) [2a] **I** *v/t.* stolz machen; mit Stolz erfüllen; **II** *v/rfl. s'~ de* stolz sein auf (*acc.*).

énor|me (e'nɔrm) *adj.* unermeßlich, ungeheuer, riesenhaft, abscheulich; unerschwinglich (*Preis*); bodenlos (*Dummheit*); **~mément** (~me'mɑ̃) *adv. von énorme*; **~mité** (~mi'te) *f* Ungeheuerlichkeit *f*, Riesenhaftigkeit *f*; Unanständigkeit *f*.

énoyaut|er (enwajo'te) *v/t.* [1a] entkernen (*Früchte*); **~eur** (~'tœ:r) *m* Entkernungsgerät *n*.

en plus de (ɑ̃'plydə) *prp.* zusätzlich zu (*dat.*) abgesehen von (*dat.*) ..., über ... hinaus.

enquérir (ɑ̃ke'ri:r) [2l]: *s'~ de qch. auprès de q.* sich bei j-m nach etw. (*dat.*) erkundigen.

enquê|te (ɑ̃'kɛ:t) *f* Erkundigung *f*, Nachforschung *f*, Untersuchung *f*, Rund-, Um-frage *f*; *a.* ⚖ Beweiserhebung *f*; *~ fiscale* Steuerfahndung *f*; *faire une ~* e-e Umfrage halten; **~ter** (ɑ̃kɛ'te) *v/i.* [1a] um-, aus-fragen, e-e Untersuchung einleiten (*auprès de q.* bei j-m; *sur qch.* über etw. *acc.*); **~teur** (~'tœ:r) *m* Untersuchungskommissar *m*; *allg.* Meinungsforscher *m*.

enraciner (ɑ̃rasi'ne) [1a] **I** *v/t.* einwurzeln lassen; *des préjugés enracinés* fest verwurzelte *od.* tiefgreifende Vorurteile *n/pl.*; **II** *v/rfl. s'~ a. fig.* Wurzeln schlagen; *fig.* um sich greifen.

enra|gé (ɑ̃ra'ʒe) **I** *adj.* **1.** tollwütig; *chien m ~* tollwütiger Hund *m*; **2.** wütend; leidenschaftlich; rasend, wahnsinnig; *musique f ~e* lärmende Musik *f*, Katzenmusik *f*; *dépense f ~e* übertriebene Ausgabe *f*; P *manger* (*de*) *la vache ~e* kaum zu beißen haben, sich kümmerlich durchs Leben schlagen; **II** *su.* Rasender *m*; F *fig.* Tollkopf *m*; **~geant** (ɑ̃ra'ʒɑ̃) *adj.* [7] höchst ärgerlich; **~ger** (~'ʒe) *v/i.* [1l] wütend *od.* rasend (*v. Hunden*: tollwütig) werden; in Wut geraten; *j'enrage* (*de douleur*) ich könnte (vor Schmerzen) verrückt werden; *faire ~ q.* j-n wütend machen; *j'enrage de faim* ich komme um vor Hunger; *il enrage que* (*subj.*) er ist wütend, daß (*ind.*).

enra|yage, ~yement, ~iement (ɑ̃rɛ'ja:ʒ, ~rɛj'mɑ̃, ~rɛ'mɑ̃) *m* Bremsen *n*, Hemmung *f*; ⚕, *pol.* erfolgreiche Bekämpfung *f*; *chaîne f d'~* Hemmkette *f*; ⚔ *~yage m* Ladehemmung *f*.

enrayer[1] (ɑ̃rɛ'je) *v/t.* [1i] **1.** mit Speichen versehen; **2.** hemmen, bremsen; *fig.* Einhalt gebieten (*dat.*), verhindern; *~ l'attaque* a) *Sport*: den Vorlauf verbieten; b) den Angriff zurückschlagen; ⚕ *~ une maladie* e-r Krankheit wirksam entgegentreten.

enrayer[2] ⚒ (~) *v/t* [1i] anpflügen.

enrayure[1] (~'jy:r) *f* Hemmschuh *m*.

enrayure[2] (~) *f* erste Furche *f* beim Pflügen; ⚠ *~ (de comble)* Dachbalkenlage *f*.

enrégimenter (ɑ̃reʒimɑ̃'te) [1a] **I** *v/t.* ⚔ in ein Regiment einreihen; *fig. ~ q. dans un parti* j-n für e-e Partei werben; **II** *v/rfl. s'~ fig.* sich *e-r Partei* anschließen.

enregis|trement (ɑ̃rəʒistrə'mɑ̃) *m* **1.** Eintragen *n* in ein Register; Eintragung *f*, Registrierung *f*; 🚂 *~ de bagages* Gepäck-abfertigung *f*, -aufgabe *f*; (*droits m/pl. d'*)*~* Eintragungsgebühr *f*; Verkehrssteuer *f* (*Auto usw.*); *bulletin m* d'~ Gepäckschein *m*; *bureau m* d'~ Verkehrssteueramt *n*; Registratur *f*; **2.** Eintragungsvermerk *m*; **3.** (*Grammophon-, Magnetophon-, Film- usw.*) Aufnahme *f*; ~ *musical* Musikaufnahme *f*; *cin.* musikalische Untermalung *f*; ~ *pris par magnétophone* Bandaufnahme *f*; **~trer** (~'tre) *v/t.* [1a] **1.** eintragen, registrieren, aufzeichnen, verzeichnen; *faire* ~ *ses bagages* sein Gepäck aufgeben; **2.** (*Grammophon, Magnetophon, Film usw.*) aufnehmen; **~treur** (~'trœːr) *m* **1.** Registrator *m*; **2.** *appareil* ~ Registrier-, Aufnahme-gerät *n*; (*Grammophon, Magnetophon usw.*) Schalldose *f*; **3.** *tél.* ~ *à ruban magnétique pour la télévision* Fernsehmagnetbandgerät *n*.

enrhu|mé (ãry'me) **I** *su.* Erkälteter *m*; **II** *adj.* erkältet; **~mer** (~) [1a] **I** *v/t.* ~ *q.* j-m e-e Erkältung verursachen; **II** *v/rfl.* s'~ sich erkälten, e-n Schnupfen bekommen; *être sujet à s'*~ sich leicht erkälten.

enri|chi (ãri'ʃi) *su.* (*nouvel*) ~ Reichgewordener *m*, Emporkömmling *m*, Neureicher *m*; **~chir** (~'ʃiːr) [2a] **I** *v/t.* bereichern; ausschmücken; *métall.* anreichern; **II** *v/rfl.* s'~ *de od. par* reich werden, sich bereichern durch (*acc.*); **~chissement** (~ʃis'mã) *m* Bereicherung *f*; Ausschmückung *f*; *métall.* Anreicherung *f*.

enrober ⊕ (ãrɔ'be) *v/t.* [1a] *mit e-r Schutzhülle* umgeben, ⚡ umwickeln.

enrô|lement ⚔ (ãrol'mã) *m* Einziehung *f*, Anwerbung *f* zum Heeresdienst; ~ *volontaire* freiwilliger Eintritt *m*; *bureau m* d'~ Werbebüro *n*; Wehrkreiskommando *n*; **~ler** ⚔ (~'le) [1a] **I** *v/t.* in die (Werbe-)Liste eintragen, anwerben; **II** *v/rfl.* s'~ *dans* sich bei (*dat.*) ... anwerben lassen; *sich e-r Partei* (*od. e-r Gesellschaft*) anschließen; **~leur** ⚔ (~'lœːr) *m* Werber *m*.

enrou|é (ã'rwe) *adj.* heiser; **~ement** (ãru'mã) *m* Heiserkeit *f*; **~er** (ã'rwe) [1a] *v/t.* (*u.* s'~) heiser machen (werden).

enrouill|é (ãru'je) *adj.* rostig; **~er** (~) [1a] *v/rfl.* s'~ rostig werden.

enroul|ement (ãrul'mã) *m* Umwickeln *n*, Aufrollen *n*; ⚡ Wicklung *f*; △ Schneckenwindung *f*, Schnörkel *m*; ⚡, *rad.* ~ *sur* (*la*) *bobine primaire* (*secondaire*) Primär-(Sekundär-)wicklung *f*; *à* ~ *en croix* kreuzgewickelt (*Spule*); **~er** (~'le) [1a] **I** *v/t.* aufwickeln, (auf-, zusammen-)rollen; ~ *le fil de traction du cerf-volant* den Drachen einholen; **II** *v/rfl.* s'~ sich zusammenrollen; s'~ *autour de qch.* sich um etw. herumwickeln, etw. umschlingen; **~euse** (~'løːz) *f*: ~ *de câble* Kabelwickelmaschine *f*.

enrubanner (ãryba'ne) *v/t.* [1a] mit Bändern schmücken; *iron. fig.* mit Lametta behängen.

ensa|blement (ãsablə'mã) *m* Sandhaufen *m*; Versandung *f*; ⚓ Untiefe *f*, Sandbank *f*; **~bler** (~'ble) [1a] **I** *v/t.* mit Sand verschütten *od.* bestreuen; **II** *v/rfl.* s'~ versanden; ⚓ auf Sand laufen.

ensaboter ⊕ (ãsabɔ'te) *v/t.* [1a] hemmen, bremsen.

ensacher (ãsa'ʃe) *v/t.* [1a] in Säcke packen (*od.* tun), einsacken.

ensanglanter (ãsãglã'te) *v/t.* [1a] mit Blut beflecken *od.* besudeln.

enseignant (ãsɛ'ɲã) *adj. u. su.* [7] lehrend; Lehrkraft *f*; *corps m* ~ Lehrkörper *m*.

enseigne[1] (ã'sɛɲ) *f* **1.** Merkmal *n*, Kennzeichen *n*, Zeichen *n*; *advt. à bonnes* ~*s* bei hinreichender Sicherheit, gegen hinreichende Sicherheit *od.* Bürgschaft; bei Aussicht auf Erfolg; *à telle(s)* ~*(s) que* dergestalt daß ...; **2.** Schild *n*, Firmen-, Aushänge-schild *n*, Plakat *n*; ~ *au néon* Neonlichtschild *n*; ~ (*de la rue*) Straßenschild *n*; ~ *de magasin* Ladenschild *n*; ~ *lumineuse* Lichtreklameschild *n*, Transparent *n*; F *être logé à l'*~ *de l'Ours* im Gasthof zum Bären wohnen; *fig. nous sommes logés à la même* ~ wir sind beide in der gleichen Lage; F *à l'*~ *de la lune* (*od. de la belle étoile*) im Freien; *prov. à bon vin point d'*~ gute Ware empfiehlt sich von selbst; **3.** ⚔ Feldzeichen *n*, Fahne *f*; *marcher* ~*s déployées* mit wehenden Fahnen marschieren.

enseigne[2] (ã'sɛɲ) *m*: ~ *de vaisseau de 2me* (*1ère*) *classe* (Ober-)Leutnant *m* zur See.

ensei|gnement (ãsɛɲ'mã) *m* **1.** Unterricht(en *n*) *m*; Schulwesen *n*; *fonctions f/pl.* d'~ Lehrberuf *m*; ~ *intuitif* (*od. par l'image od. par la vue*) Anschauungsunterricht *m*; ~ *obligatoire* Schulpflicht *f*; ~ *or-*

ganique aufbauender (planmäßiger) Unterricht *m*; ~ *postscolaire* Fortbildungsunterricht *m*; ~ *professionnel* Fach-, Berufsschul-unterricht *m*; *Fr.* ~ *du premier degré*, *ehm. Fr. u. a. allg.* ~ *primaire* Grundschulunterricht *m*; *All. etwa*: praktischer Zweig *m*; *Fr.* ~ *du deuxième* (*od. second*) *degré*, *ehm. Fr. u. a. allg.* ~ *secondaire* höherer Schulunterricht *m*; ~ *secondaire classique* höherer Schulunterricht *m* auf der Grundlage der klassischen Gymnasien; ~ *supérieur* Universitätsunterricht *m*, -wesen *n*; ~ *technique* Unterricht *m* auf dem Gebiete der Technik; Gewerbeunterricht *m*; ~ *commercial*, ~ *ménager* Handels-, Haushaltungs-unterricht *m*; ~ *intégral* Gesamtunterricht *m*; ~ *laïque* konfessionsloser Unterricht *m*; ~ *civique* Staatsbürgerkunde *f*; ~ *féminin* Frauenstudium *n*; ~ *gratuit* (*payant*) schulgeldfreier (schulgeldpflichtiger) Unterricht *m*; **2.** Lehre *f*, Belehrung *f*; **3.** Lehrberuf *m*; *entrer dans l'*~ Lehrer werden; **~gner** (ãsɛ'ɲe) *v/t.* [1a] **1.** ~ *qch. à q. od. à q. à* (*inf.*) j-n in etw. (*dat.*) unterrichten, j-m etw. (*acc.*) beibringen; ~ *les langues* Sprachunterricht geben; **2.** ~ *q.* j-n unterrichten, j-m Unterricht erteilen; **3.** zeigen; *enseignez-nous le chemin* zeigen Sie uns den Weg!

ensellé (ãsɛ'le) *adj.* **1.** *cheval m* ~ Pferd *n* mit hohlem Rücken; **2.** ⚓ *navire m* ~ stark gewölbtes Schiff *n* (*mit niedriger Mitte u. erhöhten Enden*).

ensemble (ã'sã:blə) **I** *adv.* **1.** ~ miteinander, zusammen, zugleich, im Chor; *aller* ~ zusammengehören; *être bien* ~ sich gut miteinander vertragen; *le tout* ~ alles zusammen; *tous* ~ alle zusammen; **II** *m* **2.** *das* Ganze *n*; Summe *f*; Gesamtheit *f*; Komplex *m*; △ *grand* ~ *immobilier* moderner Wohnblock *m*; ~ *industriel* Industriekomplex *m*; *plan m d'*~ Gesamtplan *m*; **3.** Einheit(lichkeit *f*) *f*, Übereinstimmung *f*; *thé.* Zusammenspiel *n*; Ensemble *n*; Chorgesang *m*; **4.** Ensemble *n*, Komplet *n* (*Damenkleid mit passender Jacke*); *a. chasuble*; **5.** ⊕ Stück *n*, Einheit *f*; Aggregat *n*, Anschlußgruppe *f*; *Auto*: ~ *de véhicules* Last(kraft)zug *m*; **6.** Innenausstattung *f*.

ensemblier (ãsãbli'e) *m* Innenarchitekt *m*; *cin.* Gestalter *m*.

ensemen|cement (ãs[ə]mãs'mã) *m* Besäen *n*, Aussaat *f*; Anlegen *n* e-r Kultur; ⚕ Impfen *n*; **~cer** (~'se) *v/t.* [1k] be-, aus-säen; Kultur anlegen; ⚕ impfen; ~ *une rivière* Fische zur Zucht einsetzen.

enserrer (ãsɛ're) *v/t.* [1b] **1.** einschließen; umfassen; *zo.* erdrücken (*von Schlangen*); **2.** ins Treibhaus bringen.

enseve|lir (ãsəv'li:r) *v/t.* [2a] **1.** in ein Leichentuch einhüllen; aufbahren; beerdigen, ⚔ verschütten; **2.** *fig.* ~ *dans* begraben (*od.* vergraben) in *od.* unter (*dat.*); *être enseveli dans les livres* hinter den Büchern hocken; *enseveli dans le chagrin* in Kummer versunken; **3.** ⚔ **verschütten.**

ensil(ot)age (ãsi'la:ʒ, ~lɔ'ta:ʒ) *m* Lagerung *f* im Silo, Silolagerung *f*.

ensil(ot)er (ãsi'l[ɔ't]e) *v/t.* [1a] das Korn einbringen, einfahren, im Silo lagern; *matière f* (*od. masse f*) *ensilée* Silofüllgut *n*, Silolagergut *n*; *grains m/pl. ensilés* Silogetreide *n*.

ensoleillement *bsd.* △ (ãsɔlɛj'mã) *m* Sonnenlicht *n*.

ensoleiller (ãsɔlɛ'je) *v/t.* [1a] sonnig bescheinen *fig.* erheitern.

ensommeillé (ãsɔmɛ'je) *adj.* schläfrig.

ensorce|ler (ãsɔrsə'le) *v/t.* [1c] be-, ver-hexen, bezaubern, verwünschen; **~leur** (~'lœ:r) [7g] **I** *su.* Zauberer *m*, Hexenmeister *m*; **II** *adj.* bezaubernd; *des yeux* ~*s* faszinierende Augen *n/pl.*; **~llement** (~sɛl'mã) *m* **1.** Bezauberung *f*, Zauberei *f*; **2.** Behextsein *n*.

ensoufrer (ãsu'fre) *v/t.* [1a] (ein-)schwefeln.

ensouple *text.* (ã'suplə) *f* Weberbaum *m*.

ensoutan|é F (ãsuta'ne) **I** *adj.* im Priesterrock; **II** *péj. m* Pfaffe *m*; **~er** F (~) *v/t.* [1a] Priester werden lassen, zum Pfaffen machen.

ensuite (ã'sɥit) *adv.* *unmittelbar* darauf, danach.

ensuivre (ã'sɥi:vrə) [4h] *v/rfl.* *s'*~ **1.** *s'*~ *de* sich ergeben *od.* folgen aus (*dat.*); *il s'ensuit que* ... (*mit ind.*) daraus ergibt sich, daß ...; **2.** (nach)folgen.

entablement (ãtablə'mã) *m* **1.** △ Hauptgesims *n*; **2.** *géol.* Gesteinsvorlagerung *f*.

entacher (ãta'ʃe) *v/t.* [1a] *fig.* beflecken, besudeln; *entaché d'avarice* vom Geize besessen; ⚖ *entaché de* *nullité* null und nichtig.

entail|le (ɑ̃'tɑ:j) *f* **1.** (tiefe) Schnittwunde *f*; **2.** ⊕ Einschnitt *m*; *bét.* ~ *formant poignée* Griffschlitz *m* (*bei Betonvollsteinen*); **~ler** ⊕ (~tɑ'je) *v/t.* [1a] ein-schneiden, -kerben.

enta|me (ɑ̃'tam) *f* Anschnitt *m vom Brot, Schinken usw.*; Kanten *m*, abgeschnittenes Stück *n*; **~mer** (~'me) *v/t.* [1a] **1.** anschneiden; anzapfen; anbrechen; anreißen; e-n Betrag angreifen; **2.** ritzen, (leicht) verwunden; **3.** F *fig.* ~ *q.* an j-n herankommen; *on ne sait par où l'*~ man weiß nicht, wie man ihm beikommen soll; **4.** *fig.* ~ *la réputation de q.* j-s Ruf antasten *od.* untergraben; **5.** in Angriff nehmen, anfangen, eröffnen; ~ *une conversation (des négociations)* ein Gespräch (Verhandlungen) anknüpfen; ~ *une matière* auf e-n Gegenstand übergehen; ~ *une question* e-e Frage anschneiden; **~mure** (~'my:r) *f* = *entame*.

en tant que (ɑ̃'tɑ̃kə) *adv.* als; ~ *la France* ~ *nation indépendante* Frankreich als unabhängige Nation.

entas|sement (ɑ̃tɑs'mɑ̃) *m* Anhäufung *m*; Haufen *m*; *fig.* Schwall *m von Worten*, *fig.* Schwulst *m*; **~ser** (~'se) [1a] **I** *v/t.* an-, auf-häufen; *Geld* zusammensparen; hamstern (*Ware od. Geld*); zusammenpferchen; *fig.* ~ *paroles sur paroles* e-n großen Wortschwall machen; ⚔ ~ *des troupes* Truppen zusammenballen; **II** *v/rfl.* *s'*~ sich türmen (*Waren usw.*); sich zusammendrängen, sich stauen (*Menschen*).

ente (ɑ̃:t) *f* ⸗ Pfropfreis *n*; gepfropfter Baum *m*; Pinselstiel *m*; ⊕, ⚠ Verspannung *f*, Verzahnung *f*.

enten|dement (ɑ̃tɑ̃d'mɑ̃) *m* **1.** Begriffsvermögen *n*, Verständnis *n*; Fassungskraft *f*; **2.** Verstand *m*, Urteil(skraft) *n*; **~deur** (~'dœ:r) *m nur gebr.i* : *à bon* ~ *peu de paroles* klugen Leut n genügen ein paar Worte; *à bon* ~ *salut* wer Ohren hat zu hören, der höre!

entendre (ɑ̃'tɑ̃:drə) [4a] **I** *v/t.* **1.** hören, vernehmen; ~ *clair* ein gutes Gehör haben; ~ *dur* schwerhörig sein; *en avez-vous entendu parler* haben Sie davon gehört?; *il ne veut pas en* ~ *parler* er will nichts davon wissen; *j'ai entendu dire qu'il est malade* ich habe gehört (*od. seltener*: ich habe sagen hören), er sei krank; *la chanteuse que j'ai entendue chanter* die Sängerin, die ich singen hörte (*seltener*: ..., die ich habe singen hören); *la chanson que j'ai entendu chanter* das Lied, das ich singen hörte; *se faire* ~ sich vernehmlich machen, mit s-r Stimme durchdringen; *à l'*~ s-n Reden nach; **2.** anhören; erhören; *je ne sais plus lequel* ~ ich weiß nicht mehr, auf wen ich hören soll; ~ *q. en confession* j-s Beichte hören; ~ *la messe* der Messe beiwohnen; ⚖ *entendu les parties od. les parties entendues* nach Anhörung der Parteien; ~ *les témoins* die Zeugen vernehmen; ~ *q. en ses observations* j-n mit s-n Einwendungen hören; ~ *raison* Vernunft annehmen; **3.** meinen; glauben, annehmen; *qu'entendez-vous par là?* was wollen Sie damit sagen?; **4.** begreifen, verstehen; *je n'y entends rien* ich verstehe nichts davon; *ne rien* ~ *à la musique* nichts von Musik verstehen; *abs. j'entends* ich verstehe!; *donner à* ~, *faire* ~ zu verstehen geben; *laisser* ~ merken lassen; *se faire* ~ sich verständlich machen; (*ne pas*) ~ *raillerie*, (*ne pas*) ~ *la plaisanterie* (keinen) Spaß verstehen; ~ *la raillerie* (die Kunst), Spaß zu machen *od.* zu scherzen verstehen; ~ *son monde* s-e Leute kennen; (*c'est*) *entendu!* abgemacht!; einverstanden!; **5.** *bei unverändertem Subjekt steht der reine inf., bei Subjektwechsel que mit subj.*: beabsichtigen; wünschen; verlangen; *comme vous l'entendrez* wie Sie wollen; *il n'entend pas s'engager dans les querelles personnelles* er hat nicht die Absicht, sich in persönliche Streitigkeiten einzulassen; *j'entends être obéi, j'entends qu'on m'obéisse* ich verlange Gehorsam; *j'entends qu'on me prenne au sérieux* ich lege Wert darauf, ernst genommen zu werden; **II** *v/rfl.* *s'*~ **6.** gehört werden; sich hören; *cela s'entend de loin* das hört man von weitem; *il aime (à) s'*~ *parler* er hört sich gern reden; **7.** verstanden werden; (*cela*) *s'entend!* (das) versteht sich (von selbst); natürlich!; *le poids atomique s'entend du poids relatif des atomes* unter Atomgewicht versteht man das relative

Gewicht der Atome; **8.** sich verständigen; *entendons-nous!* verstehen wir uns recht!; einigen wir uns!; *il ne s'entend pas lui-même* er weiß selbst nicht, was er will; *bien s'~ avec q.* sich gut mit j-m verstehen; **9.** *s'~ à od. en* qch. sich verstehen auf (*acc.*); sich ein Urteil über etw. (*acc.*) bilden können; **10.** *s'~* (*mit inf.*) hören (*se ist hier rückbezüglicher Dativ, abhängig von dem folgenden Infinitiv passiven Inhalts, jedoch aktivischer Form; Fortsetzung des lat. a.c.i.*); *je me suis entendu décrire cette situation* ich habe die Schilderung dieser Lage gehört; *s' ~ répondre que* ... die Antwort erhalten, daß ... (*vgl. voir* 15).

entendu (ɑ̃tɑ̃'dy) *adj.* **1.** klug, erfahren, geschickt; *~ aux affaires* geschäftskundig; *prendre un air ~* so tun, als ob man alles begriffen hätte; *faire l'~* den Kenner spielen; klug reden; **2.** *bien ~*: a) wohlverstanden; kunstvoll angeordnet; b) *advt.* natürlich, selbstverständlich!; (das) versteht sich!; *il est bien ~ que* (*mit ind.*) es versteht sich von selbst, daß...; *c'est tellement ~ qu'on doit faire du sport* es gehört nun einmal dazu, daß man Sport treibt; *mal ~* schlecht angeordnet; übel angebracht; **3.** *adv.* *~!* einverstanden!

enténébrer (ɑ̃tene'bre) *v/t.* [1f] verfinstern, in Dunkel hüllen (*a. fig.*).

entente (ɑ̃'tɑ̃:t) *f* **1.** Einvernehmen *n*, Verständigung *f*; **2.** ⚒ Verständnis *n*; *~ de la scène* Bühnenkenntnis *f*; **3.** *bisw. noch*: Bedeutung *f*, Sinn *m*.

enter (ɑ̃'te) *v/t.* [1a] **1.** ✑ pfropfen; *fig. canne f entée* zusammengeschraubter Stock *m*; **2.** *~ des bas* Strümpfe anstricken; **3.** *charp.* einzapfen.

entériner ⚖ (ɑ̃teri'ne) *v/t.* [1a] gerichtlich bestätigen *od.* eintragen; *allg.* bestätigen.

entéri|que ⚕ (ɑ̃te'rik) *adj.* Darm...; **~te** ⚕ (~'rit) *f* Darmentzündung *f*, Enteritis *f*; Durchfall *m*.

entéro|sténose ⚕ (ɑ̃terɔste'no:z) *f* Darmverengung *f*; **~tomie** ⚕ (~tɔ'mi) *f* Darmschnitt *m*; **~vaccin** ⚕ (~vak'sɛ̃) *m* Darmimpfstoff *m*.

enter|rement (ɑ̃tɛr'mɑ̃) *m* **1.** Beerdigung *f*, Begräbnis *n*, Bestattung *f*; *air m* (*od. mine f*) *d'~* todernstes Gesicht *n*; **2.** *fig.* Aufgabe *f*, Verzicht *m*; *~ d'une loi* Abschaffung *f* e-s Gesetzes; **~rer** (~'re) *v/t.* [1b] **I** **1.** vergraben; beerdigen, begraben, bestatten; *~ tout vif* lebendig begraben; *il nous enterrera tous* er wird uns noch alle überleben; **2.** *fig.* verbergen, verstecken; **3.** *fig.* in die Vergessenheit geraten lassen; *homme m enterré* völlig zurückgezogener (*od.* in die Vergessenheit geratener) Mensch *m*; **II** *v/rfl.* *s'~* sich zurückziehen, zurückgezogen leben; sich eingraben; **~reur** *ent.* (~'rœ:r) *m ent.* Totengräber *m*.

en-tête (ɑ̃'tɛ:t) *m* **1.** *~ (de lettre)* Brief-, Titel-kopf *m*; **2.** Auf-, Über-schrift *f*.

entê|té (ɑ̃tɛ'te) *adj. u. su.* starrköpfig, dickschädelig, stur F; Starrkopf *m*, Dickschädel *m*; **~tement** (~t'mɑ̃) *m* Dickköpfigkeit *f*, Sturheit *f* F; **~ter** (~'te) [1a] **I** *v/t. j-m* in den Kopf steigen (*a. abs. u. fig.*); **II** *v/rfl.* *s'~ d'un auteur* für e-n Schriftsteller schwärmen; *s'~ dans qch. od. à faire qch.* sich etw. in den Kopf setzen; eigensinnig beharren auf (*dat.*).

enthelminthe (ɑ̃tɛl'mɛ̃:t) *m* Eingeweidewurm *m*.

enthousias|me (ɑ̃tu'zjasm) *m* Begeisterung *f*, Enthusiasmus *m*; *aptitude f à l'~* Begeisterungsfähigkeit *f*; **~mer** (~s'me) *v/t.* [1a] begeistern, entzücken, mitreißen; **~te** (~'zjast) **I** *su.* Enthusiast *m*, Begeisterte(r) *m*; Schwärmer *m*; **II** *adj.* begeistert, enthusiastisch.

entiché (ɑ̃ti'ʃe) *adj.*: *~ de* vernarrt in (*acc.*), eingenommen für (*acc.*).

entichement (ɑ̃tiʃ'mɑ̃) *m* Vernarrtheit *f*; Voreingenommenheit *f*.

enticher (ɑ̃ti'ʃe) [1a] **I** *~ de péj.* vernarrt machen in (*acc.*); in s-n Bann ziehen; **II** *v/rfl.* *s'~ de fig.* sich verlieben in (*acc.*), schwärmen für (*acc.*); *s'être entiché de q.* in j-n ganz vernarrt sein.

entier (ɑ̃'tje) **I** *adj.* [7b] □ **1.** ganz, vollständig, ungeteilt; *mourir tout ~* ohne jeden Nachruhm sterben; *l'assemblée tout entière se leva* die ganze Versammlung erhob sich; **2.** unangetastet, unversehrt, unentschieden, ungelöst; *entière confiance f* (*bei Freundschaft*), *confiance f entière* (*bei Fähigkeiten*) völliges Vertrauen *n*; *cheval ~* Hengst *m*; *lait m ~* Vollmilch *f*; *la question reste entière* die Frage bleibt offen (*od.* unentschieden); *sévérité f entière* unbedingte Strenge *f*; **3.** *fig.* eigensinnig; *c'est un homme ~* das ist ein eigensinniger Mensch *m*; *qui a l'esprit* (*od. le caractère*) *~* mit e-m eigensinnigen Charakter; **4.** ⚗ *nombre m ~* ganze Zahl *f*; **II** *m* Ganzes *n*; *advt. en ~* gänzlich, völlig, vollständig, unverkürzt; *lire en ~* ganz durchlesen.

entièrement (ɑ̃tjɛr'mɑ̃) *adv.* ganz und gar; *~ ivre* total betrunken.

entiroirement (ɑ̃tirwar'mɑ̃) *m* Aufbewahren *n in e-m Schubfach.*

entité (ɑ̃ti'te) *f* **1.** Wesenheit *f*; Entität *f*; *allg.* abstrakter Begriff *m*; **2.** *~ du droit publique* öffentlich-rechtliche Körperschaft *f*; *~ juridique* juristische Person *f.*

entoi|lage (ɑ̃twa'la:ʒ) *m* **1.** Aufziehen *n* auf Leinwand; Einpacken *n* in Leinwand; **2.** ✈ Bekleidung *f*, Bespannung *f*; *~ du fuselage* Rumpf-bekleidung *f*, -bespannung *f*; **3.** *cout.* Einlage *f* (*für Kleider*); **~ler** (~'le) *v/t.* [1a] auf Leinwand nähen *od.* aufziehen; in Leinwand einpacken.

entoir ✓ (ɑ̃'twa:r) *m* Pfropfmesser *n.*

entôl|age P (ɑ̃to'la:ʒ) *m* Diebstahl *m*, Bestehlen *n* (*durch e-e Dirne*); **~er** P (~'le) *v/t.* [1a] bestehlen; **~euse** P (~'lø:z) *f* diebische Dirne *f* (*od.* Hure *f* V).

entomo|logie (ɑ̃tɔmɔlɔ'ʒi) *f* Insektenkunde *f*; **~logiste** (~lɔ'ʒist) *m* Insektenkenner *m*; **~phage** (~'fa:ʒ) *adj.* insektenfressend.

enton|nage[1] *m*, **~naison** *f*, **~nement** *m* (ɑ̃tɔ'na:ʒ, ~nɛ'zɔ̃, ~n'mɑ̃) Füllen *n* in Fässer.

entonnage[2] *écol.* (ɑ̃tɔ'na:ʒ) *m* Eintrichtern *n*, Einpaukerei *f.*

entonner[1] (ɑ̃tɔ'ne) *v/t.* [1a] a) in Fässer füllen; b) *fig. écol.*: *~ des connaissances* Kenntnisse eintrichtern; *~ qch. à q.* j-m etw. einpauken (*od.* eintrichtern); c) F hintergießen, trinken.

entonner[2] (~) *v/t.* [1a] ein Lied anstimmen; *fig. ~ les louanges de q.* j-m ein Loblied singen, j-n lobpreisen.

entonnoir (ɑ̃tɔ'nwa:r) *m a.* ⊕ Trichter *m*; ⚔ Spreng-, Minen-, Bomben-, Granat-trichter *m.*

entorse (ɑ̃'tɔrs) *f* **1.** ⚕ Verrenkung *f*, Verstauchung *f*; **2.** *fig.* Verstoß *m*; *~ à la vérité* Verdrehung *f* der Wahrheit (*gén.*); *donner une ~ à un passage* e-e Stelle (*e-r Rede, e-s Textes usw.*) verdrehen.

entortil|lage (ɑ̃tɔrti'ja:ʒ) *m* **1.** Einwickeln *n*, **2.** *fig.* Ausflucht *f*, Winkelzug *m*; **~lement** (~tij'mɑ̃) *m* **1.** Winden *n*; **2.** *fig.* Geschraubtheit *f*; **~ler** (~'je) [1a] **I** *v/t.* **1.** einwickeln, umwickeln, herumschlingen; **2.** *fig.* verwickeln, verwirren; *style m entortillé* geschraubter Stil *m*; **3.** F *fig.* reinlegen, überlisten; **II** *v/rfl.* *s'~* **4.** *s'~ autour de* sich herumwickeln um (*acc.*); *s'~ dans* sich einwickeln in (*acc.*); **5.** *fig.* sich verwirren, sich verfangen.

entour (ɑ̃'tu:r) *m*: *~s pl.* Umgebung *f*; *fig.* Umgebung *f*, umgebende Personen *f/pl.*, Vertraute *m/pl.*; *adv. à l'~* rings herum; *prp. à l'~ de ...* um ... (*acc.*) herum.

entou|rage (ɑ̃tu'ra:ʒ) *m* **1.** Einfassung *f*; Fassung *f* e-s Edelsteins; *mot.* Motorhaube *f*; ⚠ *~ d'une poutre* Ummantelung *f* e-s Trägers; *~ imperméable* wasserdichte Umschließung *f*; **2.** *fig., bsd. a. pol.* Umgebung *f* (*Personen*); **~rer** (~'re) [1a] **I** *v/t.* **1.** einfassen, umgeben; ✓ umranken; ⚔ umzingeln; **2.** *fig. il est mal entouré* er hat schlechten Umgang; *~ q. de soins* j-n liebevoll pflegen; **II** *v/rfl.* *s'~ de mystère* sich in Schweigen hüllen, geheimnisvoll verfahren.

entourloupette P (ɑ̃turlu'pɛt) *f* übler Streich *m*; Intrige *f*; *des ~s* Hinterhältigkeiten *f/pl.*

entournure (ɑ̃tur'ny:r) *f* Ärmelausschnitt *m*; *fig. être gêné dans les ~s* sich unbehaglich fühlen.

en-tout-cas (ɑ̃tu'kɑ) *m* [6c] s. *en-cas.*

entozoaires *biol.* (ɑ̃tɔzɔ'ɛ:r) *m/pl.* Eingeweidewürmer *m/pl.*

entraccorder (ɑ̃trakɔr'de) [1a]: *s'~* sich miteinander verständigen.

entraccuser (~ky'ze) [1a]: *s'~* sich gegenseitig beschuldigen.

entracte (ɑ̃'trakt) *m* Zwischenakt *m*, Pause *f*; Zwischenspiel *n.*

entradmirer (~admi're) [1a]: *s'~* sich gegenseitig bewundern.

entraid|e (ɑ̃'trɛd) *f* gegenseitige Hilfe *f*; **~er** (~'de) [1b]: *s'~* sich gegenseitig helfen.

entrailles (ɑ̃'trɑ:j) *f/pl.* **1.** Eingeweide *n/pl.*; F *sentir crier les ~* sehr hungrig sein; *dans les ~ de la terre* im Erdinneren; **2.** *fig.* Herz *n*;

Liebe *f*; Mitleid *n*; *avoir des* ~ ein mitfühlendes Herz haben

entr'aimer (ɑ̃trɛ'me) [1b]: *s'*~ sich gegenseitig lieben.

entrain (ɑ̃'trɛ̃) *m* Schwung *m*, Temperament *n*, Lebhaftigkeit *f*, Begeisterung *f*; *c'est plein d'*~ da ist Schwung drin.

entraî|nant (ɑ̃trɛ'nɑ̃) *adj.* [7] *fig.* schmissig, hinreißend; **~nement** (~trɛn'mɑ̃) *m* **1.** hinreißende Gewalt *f*, Begeisterung *f*; **2.** Verleitung *f*, Verführung *f*; **3.** Training *n*, Schulung *f*; Abhärten *n*; ~ *à la course* Laufübung *f*; ⚔ *un équipage à l'*~ e-e in der Ausbildung befindliche Mannschaft *f*; ~ *au football* Fußballtraining *n*; *marche f d'*~ Übungsmarsch *m* **4.** ⊕ Antrieb *m*; ~ *de l'arbre à cames* Nockenwellenantrieb *m*; **~ner** (~'ne) [1b] **I** *v/t.* **1.** ziehen; mit sich fort-reißen *od.* -schleppen; ~ *q.* j-n entführen, ver führen, verleiten; **2.** *fig.* hinreißen, mitreißen, packen F, für sich einnehmen; *se sentir entraîné vers le théâtre* sich zum Theater hingezogen fühlen; **3.** ~ *après* (*od. avec*) *soi* nach sich ziehen, zur Folge haben; **4.** trainieren, schulen, üben; **II s'**~ trainieren (*v/i.*); **~neur** (~'nœːr) *m* **1.** *Sport*: Trainer *m*; Sportlehrer *m*; *vél.* Schrittmacher *m*; **2.** ⊕, ⚒ ~ *à racloirs* Kratzerförderer *m*; **~neuse** (~'nøːz) *f* Bar-, Animierdame *f*.

entrait *charp.* (ɑ̃'trɛ) *m* Spannbalken *m*.

entrant (ɑ̃'trɑ̃) **I** *adj.* [7] eintretend; **II** *su.* Eintretender *m*; *les* ~*s et les sortants* die Aus- und Eingehenden.

entra|ve (ɑ̃'traːv) *f* (*mst.* ~*s pl.*) Spannstricke *m/pl.* (*beim Beschlagen der Pferde*); *fig.* Fessel(n *f/pl.*) *f*, Hemmnis *n*, Hindernis *n*; ~ *au commerce* Handelsbeschränkung *f*; ~ *à la circulation* Verkehrshindernis *n*; **~ver** (~tra've) *v/t.* [1a] *e-m Pferde* die Füße fesseln; *fig.* Fesseln anlegen (*dat.*), hemmen, hindern; * kapieren, begreifen.

en travers de (ɑ̃tra'vɛːrdə) *prp.* quer über.

entre ('ɑ̃ːtrə) *prp.* **1.** (*räumlich*) zwischen, unter (*dat. bzw. acc.*); *lui et moi* zwischen ihm und mir (*bzw.* zwischen ihn und mich *auf die Frage*: *wohin*?); *tenir un enfant* ~ *ses bras* ein Kind in den Armen halten; *remettre* ~ *les mains de q.* in j-s Hände geben; ~ *mes mains* in meine(n) Hände(n); *fig.* in meine(r) Gewalt; *nager* ~ *deux eaux* unter Wasser schwimmen; **2.** (*zeitlich*) zwischen (*dat. bzw. acc.*); ~ *deux âges* im mittleren Alter; ~ *chien et loup* im Zwielicht, in der Dämmerung; ~ *la poire et le fromage* beim Nachtisch; *advt.* ~ *temps* inzwischen; **3.** unter (*dat.*), unter der Zahl der (*gén.*); ~ *autres* unter anderem; ~ *amis* unter Freunden; ~ *nous* unter uns (gesagt); *quelqu'un d'*~ *vous* einer unter euch (*od.* Ihnen); *qui d'*~ *vous?* wer von euch (*od.* Ihnen)?

entrebâillement (ɑ̃trəbɑj'mɑ̃) *m* geringe Öffnung *f*.

entrebâiller (~bɑ'je) [1a] **I** *v/t.* halb öffnen, *Tür* anlehnen; **II** *v/rfl.* *s'*~ sich ein wenig öffnen.

entrebâilleur (~bɑ'jœːr) *m*: ~ *à chaîne* Sperrkette *f an e-r Wohnungstür.*

entrebaiser (ɑ̃trəbɛ'ze) [1b]: *s'*~ sich küssen.

entre-bande *text.* (~'bɑ̃ːd) *f* Salband *n*, Salleiste *f*, Webekante *f*.

entrebattre (~'batrə) [4a]: *s'*~ sich gegenseitig schlagen.

entrechat (~'ʃa) *m* Luftsprung *m* (*bsd. beim Negertanz*); *battre* (*od. faire*) *un* ~ e-n Luftsprung machen.

entrechoquer (~ʃɔ'ke) [1m]: *s'*~ gegen- *od.* auf-einander-stoßen; *fig.* aneinandergeraten.

entrecolonne *f*, **~ment** *m* △ (~kɔ'lɔn, ~kɔlɔn'mɑ̃) Säulenabstand *m*.

entrecôte *cuis.* (~'kot) *f* (*ehm. m*) Mittelrippenstück *n*.

entre|couper (~ku'pe) [1a] **I** *v/t.* **1.** durchschneiden; durchqueren; **2.** (oft) unterbrechen; *d'une voix entrecoupée* mit gebrochener Stimme; **II** *s'*~ *a.* sich schneiden (*Linien*); **~croisement** (~krwɑz'mɑ̃) *f* Kreuzung *f*; **~croiser** (~krwɑ'ze) [1a] **I** *v/t.* (durch-) kreuzen; **II** *v/rfl.* *s'*~ sich kreuzen.

entrecuisse *cuis.* (~'kɥis) *m* Mittelstück *n* zwischen den Keulen.

entre|-déchirement (~deʃir'mɑ̃) *m* [6d] Selbstzerfleischung *f*; **~-déchirer** (~deʃi're) [1a]: *s'*~ sich gegenseitig zerreißen; sich gegenseitig anschwärzen.

entre-détruire (~de'trɥiːr) [4c]: *s'*~ sich gegenseitig vernichten.

entre-deux (ɑ̃trə'dø) **I** *m* [6c] **1.** Zwischenraum *m*; *fig.* Zwischenglied *n*; ~ *des épaules* Schulterweite *f*; ⚔ *suppléer l'*~ die Zwischenglieder ergänzen; **2.** Wandschränkchen *n*; **3.** ~ (*de dentelles* Spitzen-)Einsatz *m*; **4.** ~ *de morue* Mittelstück *n* des Stockfisches; **II** ~ *od. entre les deux adv.* so so; halb und halb.

entre-deux-guerres (~'gɛ:r) *f od. m* Zwischenkriegszeit *f* (*1918-1939*).

entre-dévorer (~devɔ're) [1a]: *s'*~ sich gegenseitig zerfleischen.

entre-donner (~dɔ'ne) [1a]: *s'*~ sich gegenseitig geben.

entredoublure ⊕ (~du'bly:r) *f* Zwischenfutter *n*.

entrée (ɑ̃'tre) *f* **1.** Eintreten *n*, Eintritt *m*; Einmarsch *m*; Einfahrt *f*; ✈, *ent., orn.* Einflug *m*; Auftreten *n* auf der Bühne; ⚓ Einlaufen *n*; Einreise *f*; *Alpensport*: Einstieg *m*; *Hut*: Kopfweite *f*; *visa m d'*~ Einreise-visum *n*, -erlaubnis *f*; ⚔ ~ *en ligne* Einsatz *m*; *rad.* ~ *de poste* Antenneneinführung *f*; ~ *au collège* Eintritt *m* in die höhere Schule; ~ *à l'école* Einschulung *f*; *faire son* ~ s-n Einzug halten; *fig. faire son* ~ *dans le monde* zum erstenmal in der Gesellschaft erscheinen; ~ (*de ballet*) Zwischentanz *m*, Akt *m* e-s Opernballetts; **2.** Anfang *m*, Beginn *m*; *à l'*~ *de l'hiver* zu Beginn des Winters; *à l'*~ *de la nuit* bei hereinbrechender Nacht; *dès l'*~ *de table* gleich zu Anfang der Mahlzeit; ⊕ ~ *en action* Inbetriebsetzung *f*; ⊕ ~ *du câble* Kabeleinführung *f*; ~ *en campagne* (*en séance*) Eröffnung *f* des Feldzuges (der Sitzung); ~ *en fonction* Amtsantritt *m*; ⚖ ~ *en jouissance* Genußantritt *m*, Übernahme *f*; *a.* ⚖ ~ *en matière* Anfang *m* der Verhandlung; ⚖ ~ *en possession* Besitzergreifung *f*; ⚖ ~ *en vigueur* Inkrafttreten *n* e-s Gesetzes; **3.** Ein-, Zu-gang *m*; Einfahrt *f*; **4.** Zugang *m*; Zutritt *m*, Aufnahme *f*, Zulassung *f*; ~ *de faveur*, ~ *libre* freier Zutritt *m*; ~*s de faveur suspendues* Freikarten sind ungültig; **5.** Veranlassung *f*, Gelegenheit *f* (*à* zu *dat.*), Vorwand *m* (*à* für *acc.*); **6.** Öffnung *f*; Ärmelloch *n*; Schlüsselloch *n*; **7.** *cuis.* Vor-gericht *n*, -speise(n *pl.*) *f*, erster Gang *m*; **8.** Eintrittsgeld *n*; *droits m/pl. d'*~ Einfuhrzoll *m*; **9.** ✝ a) Buchung *f*, Eintragung *f in die Geschäftsbücher*; b) ~*s pl.* eingehende Waren *f/pl. od.* Gelder; *livre m des* ~*s* Eingangsbuch *n*; **10.** ♪ ~ *d'un instrument* Einsetzen *n* e-s Instruments; *manquer son* ~ zu spät einsetzen.

entrefaite (ɑ̃trə'fɛt) *f*: *sur ces* ~*s* inzwischen, unterdessen.

entrefer *phys.* (~'fɛ:r) *m*: ~ *d'un aimant* Luftspalt *m* e-s Magneten.

entrefermer (~fɛr'me) *v/t.* [1a] halb schließen.

entrefilet *journ.* (~fi'lɛ) *m* Pressenotiz *f*, kurzer Zeitungsartikel *m*.

entre-frapper (~fra'pe) [1a]: *s'*~ sich gegenseitig schlagen.

entregent (ɑ̃trə'ʒɑ̃) *m* Gewandtheit *f*, Fingerspitzengefühl *n fig.*

entregreffer (ɑ̃trəgrɛ'fe) [1a]: *s'*~ miteinander verwachsen.

entre-haïr (ɑ̃trəa'i:r) [2m]: *s'*~ sich gegenseitig hassen.

entre-heurter (ɑ̃trəœr'te) [1a]: sich gegenseitig stoßen.

entrejambe (ɑ̃trə'ʒɑ̃:b) *m* [6c] Schritt *m* (*Hosenteil*).

entrelac|ement *télév.* (ɑ̃trəlas'mɑ̃) *m*: ~ *de l'image* Verschwommenheit *f* des Bildes; ~**er** (~'se) *v/t.* [1k] ineinanderschlingen, verflechten; durch-, ein-weben.

entrelacs (~'la, ~'lɑ) *m/sg.* Geflecht *n*, Verschlingungen *f/pl.*; Blumengeflecht *n* (*a.* ⛫ *u. peint.*); verschlungene Schriftzüge *m/pl.*, Schnörkel *m/pl.*; Schlangenlinie *f*. Zierate *m/pl. usw.*

entrelarder (~lar'de) *v/t.* [1a] **1.** mit Speck spicken; *morceau m entrelardé* (mit Fett) durchwachsenes Stück Fleisch; **2.** *fig.* F würzen; spicken (*de mit dat.*).

entre-ligne (ɑ̃trə'liɲ) *m* Zwischenzeile *f*.

entre-louer (~'lwe) [1a]: **s'**~ sich gegenseitig loben.

entre-luire (~'lɥi:r) *v/i.* [4c] durchschimmern.

entre-manger (~mɑ̃'ʒe) [1l]: *s'*~ sich gegenseitig auffressen.

entremêl|ement (~mɛl'mɑ̃) *m* Vermengung *f*; ~**er** (~'le) [1a] *v/t.* unter-mischen, -mengen; *fig.* miteinander vermengen.

entremets *cuis.* (ɑ̃trə'mɛ) *m/sg.* Süßspeise *f*.

entremet|teur (~mɛ'tœ:r) *su.* [7g] Unterhändler *m*, Vermittler *m*; *péj.* Kuppler *m*; ~**tre** (~'mɛtrə) [4p]: *s'*~ vermitteln, sich verwenden, sich einschalten.

entremise (ɑ̃trə'mi:z) *f* Vermittlung *f*; Zutun *n*, Verwendung *f* (*für j-n acc.*); ✝ ~ *de capitaux* Kapitalvermittlung *f*.

entremordre (~'mɔrdrə) *v/rfl.* [4a]: *s'~* sich beißen.

entre-nuire (~'nɥi:r) *v/rfl.* [4c]: *s'~* sich gegenseitig schaden.

entrepas (~'pɑ) *m* Halbtrab *m*.

entrepointe(s) ⊕ (ɑ̃trə'pwɛ̃:t) *adj./inv.*: *distance f ~* Spitzenweite *f* (*Drehbank*).

entrepont ⚓ (~'pɔ̃) *m* Zwischen-[deck *n*.]

entrepo|sage ✝ (ɑ̃trəpo'za:ʒ) *m* (Ein-)Lagern *n*; **~ser** ✝ (~'ze) *v/t.* [1a] auf Lager bringen *od.* nehmen, einlagern; **~seur** (~'zœ:r) *su.* [7g] Lager-aufseher *m*, -halter *m*; Zwischenhändler *m*; **~sitaire** (~zi'tɛ:r) *m* Lagerverwalter *m*; Einlagerer *m*; **~sition** ✝ (~zi'sjɔ̃) *f* Aufbewahrung *f* (*v. Waren*).

entrepôt ✝ (ɑ̃trə'po) *m* Warenniederlage *f*, Lager *n*, Silo *n*, Lagerhaus *n*, Speicher *m*; *~ de céréales*, *~ à grains* Getreidesilo *n*; *~ de douane* Zollniederlage *f*; *lieu m d'~* Stapelplatz *m*; *à l'~* auf Lager; *en ~* unverzollt, unter Zollverschluß; *~ maritime* Zwischenhafen *m*; *commerce m d'~* Zwischenhandel *m*; *~ frigorifique* Kühlraum *m*.

entre|prenant (ɑ̃trəprə'nɑ̃) *adj.* [7] unternehmungslustig, kühn; **~prendre** (~'prɑ̃:drə) [4q] **I** *v/t.* **1.** *Reise usw.* unternehmen; *Auftrag* übernehmen; *~ une guerre* e-n Krieg anfangen; ⚖ *~ une preuve* e-n Beweis antreten; **2.** F *fig.* *~ q.* a) sich j-n vornehmen, herfallen über j-n; b) j-n zu gewinnen suchen; sich um j-n kümmern; c) F j-n hochnehmen, verspotten; **II** *v/i.* *~ de* (*mit inf.*) den Versuch wagen, versuchen, (es) übernehmen zu; *~ sur les droits de q.* (*sur q.*) sich an j-s Rechten (an j-m) vergreifen; *~ sur la liberté de q.* j-m die Freiheit zu entziehen trachten; *~ sur le métier de q.* j-m ins Handwerk pfuschen; *~ sur la vie de q.* j-m nach dem Leben trachten; **~preneur** (~prə'nœ:r) *su.* [7g] Unternehmer *m*, Arbeitgeber *m*; *grand ~*, *~ en grand* Großunternehmer *m*; *~ en bâtiment*, *~ de bâtiments*, *~ de travaux publics* Bauunternehmer *m*; *~ de pompes funèbres* Leichenbestatter *m*; *~ de transports* Spediteur *m*, Fuhrunternehmer *m*; *les ~s m/pl.* das Unternehmertum *n*; **~prise** (~'pri:z) *f* **1.** Unternehmen *n*; Bauprojekt *n*; Vorhaben *n*; *esprit m d'~* Unternehmungsgeist *m*; **2.** ✝ Übernahme *f* von Bauten, Lieferungen *usw.*; *avoir l'~ d'une construction* e-n Bau übernommen haben; *advt. par ~* kontraktmäßig; **3.** Unternehmen *n*, Geschäft *n*, Betrieb *m*; *~ de construction* Baugeschäft *n*; *~ de messageries* Paketpost *f*; *~ à succursales multiples* Kettengeschäft *n*; Unternehmen *n* mit Filialnetz *n*; *groupement m d'~s* Konzern *m*; *grande ~*, *~ à grand rendement* Großunternehmen *n*; *~ centrale* Mutterfirma *f*; *~ de concurrence* Konkurrenzunternehmen *n*; *~ ferroviaire* Eisenbahnunternehmen *n*; *~ individuelle* Einzelbetrieb *m*; *~ productrice* Erzeugerbetrieb *m*; *~ de pompes funèbres* Leichenbestattungsunternehmen *n*; **4.** Eingriff *m* (*sur od. contre* in *acc.*); *~ contre le droit des gens* Verletzung *f* des Völkerrechts.

entre-quereller (ɑ̃trəkərɛ'le) *v/rfl.* [1a]: *s'~* sich miteinander zanken.

entrer (ɑ̃'tre) [1a] **I** *v/i.* (*nur mit être!*) **1. a)** hinein-, herein-gehen, eintreten; einströmen; einziehen; hineinkommen, (hin)einfahren *usw.*; ⚔ einrücken; ⚓ einlaufen; einreisen; hineinpassen; *~ en coup de vent* herein-stürmen, -stürzen; *entrez!* herein!; *entrez par ici!* Eintritt hier!; *défense d'~* Eintritt verboten!; *à droite en entrant* am Eingang rechts; **b)** *mit prp.*: *~* **à:** *~ au collège* auf e-e Oberschule kommen; *~ au service* Soldat werden; *~ au service de q.* bei j-m in Dienst treten; *~* **dans:** *~ dans l'administration* zur (*od.* in die) Verwaltung gehen; *~ dans le commerce* (*la robe, l'Eglise*) Kaufmann *m* (Jurist *m*, Geistlicher *m*) werden; *~ dans la confection de* zur Herstellung *f* dienen von (*dat.*); *~ dans le détail de qch.* näher auf e-e Sache *f* eingehen; *~ dans la dépense* zu den Ausgaben *f/pl.* beitragen; *~ dans une famille* in e-e Familie *f* (hin)einheiraten; *~ dans les intérêts de q.* j-s Interessen wahrnehmen; *~ dans le monde* in die Gesellschaft eingeführt werden; *~ dans la pensée de q.*: a) sich in j-n hineindenken; b) j-n begreifen; c) im Sinne j-s handeln; ⚓ *~ dans un port* in e-n Hafen einlaufen; *~ dans les secrets de q.* in j-s Geheimnisse eindringen; ~ *dans un service* (*od. dans un emploi*) e-e Stellung antreten; *cela ne m'est jamais entré dans la tête* das ist mir garnicht eingefallen; das habe ich nie begreifen können; ~ *dans la vie*: a) das Licht der Welt erblicken, zur Welt kommen; b) in die Welt treten; ~ *dans les vues de q.*: a) auf j-s Absichten eingehen; b) j-s Absichten entsprechen; *cela n'entre pas dans la valise* das geht nicht in den Koffer hinein; ~ **en:** ~ *en arrangement* e-n Vergleich eingehen; ~ *en campagne* ins Feld rücken; ~ *en charge od. en fonction* ein Amt antreten (*od.* übernehmen); ~ *en collision avec* zusammenstoßen mit (*dat.*); ~ *en (ligne de) compte* in Betracht kommen; in Frage kommen; ~ *en comparaison od. en parallèle* sich vergleichen lassen; ~ *en condition mst. v. Frauen*: in Stellung gehen; *a.*: s-e Stellung als Hausdiener antreten; ~ *en correspondance avec q.* mit j-m in Briefwechsel treten; 🚂 ~ *en gare* einlaufen; *fig.* ~ *en jeu od. lice* sich einschalten; ~ *en matière* zur Sache kommen; ~ *en place* als Dienstbote eintreten; ~ *en relation avec q.* sich mit j-m einlassen; *a.* ✝ zu j-m in Beziehung treten; ~ *en religion* Mönch werden; ~ *en service* s-n Dienst (*od.* e-e Stellung) antreten; ~ *en vigueur* in Kraft treten; ~ **par**: ~ *par la fenêtre* zum Fenster hineinsteigen; ~ **pour**: *j'y entre pour un tiers* ich bin mit e-m Drittel dabei beteiligt; ~ *pour beaucoup dans qch.* großen Einfluß auf etw. (*acc.*) haben; c) *mit vorgesetztem Verb*: **fairc** ~ hineinbringen; *faire ~ qch. dans un calcul* etw. in e-e Rechnung einbegreifen; *faire ~ qch. dans la tête de q.* j-m etw. begreiflich machen; *parvenir à faire ~* hereinbekommen; **laisser** ~ hinein-, herein-lassen; **pouvoir** ~ hinein-, herein-können; **d)** *v/imp. il entre de l'ambition dans ce dessein* an diesem Plane hat der Ehrgeiz teil; *il entre bien du drap dans cet habit* zu diesem Rocke gehört viel Tuch; **2.** passen; *ce chapeau n'entre pas ...* ist zu eng; **II** *v/t.* (*mit avoir!*) **3.** herein-, hineinbringen; *Waren* einführen; **4.** ✝ buchen, eintragen; **5.** ✈ ~ *l'avion* das Flugzeug einhallen.

entre-rail 🚂 (ɑ̃trəˈrɑj) *m* Spurweite *f*.

entre-regarder (ɑ̃trərəgarˈde) *v/rfl.* [1a]: s'~ sich gegenseitig anblicken.

entre-secourir (~səkuˈriːr) *v/rfl.* [2i]: s'~ sich gegenseitig helfen.

entresol (~ˈsɔl) *m* Zwischenstock *m*.

entre-temps (~ˈtɑ̃) **I** *m* Zwischenzeit *f*; **II** *adv.* inzwischen.

entre|teneur (~ˈtənœːr) *su.* [7g] Versorger *m*, Träger *m* der Kosten; *péj.* Zuhälter *m*; **~nir** (~ˈniːr) [2h] **I** *v/t.* **1.** (*in gutem Zustand*) erhalten, instandhalten, unterhalten; ~ *une correspondance avec q.* mit j-m in Briefwechsel stehen; ~ *q. d'espérances* (*de belles promesses*) j-n mit Hoffnungen (mit leeren Versprechungen) hinhalten; ~ *le feu* das Feuer nicht ausgehen lassen; **2.** ernähren, für den Unterhalt j-s aufkommen; *péj.* j-n aushalten; **3.** ~ *q. de* mit j-m sprechen über (*acc.*), j-n unterhalten mit (*dat.*); ~ *q. en particulier* mit j-m allein sprechen; **II** *v/rfl.* s'~ **4.** sich (er)halten; sich nähren; s'~ *en bonne santé* (*en bonne humeur*; *frais*) sich gesund (bei guter Laune; frisch) erhalten; **5.** s'~ *de* sich unterhalten über (*acc.*), sprechen von (*dat.*); **6.** sich erhalten, fortbestehen, bleiben.

entretien (ɑ̃trəˈtjɛ̃) *m* **1.** Instandhaltung *f*, Wartung *f*, Pflege *f*, Behandlung *f*, Erhaltung *f*; Lebensunterhalt *m*; Unterhaltungskosten *pl.*; ~ *conforme à la condition* standesgemäßer Unterhalt; *Auto*: ~ *d'une voiture* (*od. de la carrosserie*) Wagenpflege *f*; ~ *des pneumatiques* Reifenpflege *f*; ~ *des organes mécaniques* Wartungsdienst *m*; **2.** Unterredung *f*, Gespräch *n*, Unterhaltung *f*.

entretois|e (~ˈtwaːz) *f* Quer-, Zwischenträger *m*, Versteifung *f*; Riegel *m*; **~ement** ⊕ (~twazˈmɑ̃) *m* Verstrebung *f*; **~er** ⊕, ⚒ (~twaˈze) *v/t.* [1a] absteifen.

entre-tuer (~ˈtɥe) *v/rfl.* [1a]: s'~ sich gegenseitig töten.

entre-voie (~ˈvwa) *f* Raum *m* zwischen zwei Schienensträngen.

entrevoir (~ˈvwaːr) [3b] *v/t. nur* halb *od.* flüchtig sehen; *fig.* ahnen; *ne pas ~ dans ses rêves* sich nicht träumen lassen; *laisser ~ qch. à q.* j-m gegenüber etw. durchblicken lassen.

entrevous ⚠ (~'vu) *m* Schalbrett *n*; Füllung *f*.
entrevue (ɑ̃trə'vy) *f* Zusammenkunft *f*, Unterredung *f*.
entrobliger (~trɔbli'ʒe) *v/rfl.* [1l] *s'~* sich gegenseitig verpflichten.
entr|ouvert (ɑ̃tru'vɛ:r) *adj.* [7] halb offen; **~ouvrir** (~tru'vri:r) *v/t.* [2f] (nur) halb öffnen.
enturbanné (ɑ̃tyrba'ne) *adj.* mit e-m Turban auf dem Kopf.
enture ✓ (ɑ̃'ty:r) *f* Pfropfspalt *m*.
énuclé|ation ⚕ (enyklea'sjɔ̃) *f* Entfernung *f*; **~er** ⚕ (~kle'e) *v/t.* [1a] entfernen.
énumé|ration (enymera'sjɔ̃) *f* Aufzählung *f*; *~ récapitulaire* Übersicht *f*, Zusammenstellung *f*; **~rer** (~'re) *v/t.* [1f] auf-zählen, -führen.
énurèse ⚕ (eny'rɛ:z) *f*, **énurésie** ⚕ (enyre'zi) *f* Bettnässen *n*.
envahir (ɑ̃va'i:r) *v/t.* [2a] einfallen (eindringen *od.* einbrechen) in (*acc.*), überfallen; erfassen (*Feuer*); befallen (*Krankheit*); überschwemmen; überwuchern (*Unkraut*); *~ un pays* über ein Land herfallen; *fig. la politique envahit tout* die Politik greift überall um sich.
envahis|sant (ɑ̃vai'sɑ̃) *adj.* [7] *a. fig.* überhandnehmend; *érudition f ~e* umfassendes Wissen *n*; **~sement** (~is'mɑ̃) *m* Eindringen *n*; (feindlicher) Einfall *m*, Überfall *m*; Überflutung *f e-s Flusses*, Umsichgreifen *n des Feuers*; **~seur** (~'sœ:r) *m* Eindringling *m*.
envas|ement (ɑ̃vɑz'mɑ̃) *m* Verschlammung *f*; **~er** (ɑ̃vɑ'ze) *v/t.* [1a] verschlammen.
envelop|pe (ɑ̃'vlɔp) *f* Briefumschlag *m*; *Auto, vél.* Schlauchdecke *f*, Reifen *m*, Decke *f*, (Fahrrad-)Mantel *m*; ⊕ Gehäuse *n*, Umwicklung *f*; Hülle *f*, Umhüllung *f*; *Auto*: *~ antidérapante* Gleitschutzdecke *f*; *~ d'édredon* Inlett *n*; ✈ *~ de ballon* Ballonhülle *f*; *~ en paille* Flaschenhülse *f* aus Strohgeflecht; *mettre sous ~* in e-n Umschlag stecken; ✉ *~ timbrée, ~ affranchie* Freiumschlag *m*; *~ transparente* Fenster-(brief)umschlag *m*; *~ de coussin* Kissenbezug *m*; ⊕ *moteur m à ~ refroidie* Motor *m* mit Außenkühlung; *biol. ~ embryonnaire* Eihülle *f*; *~ en fer blanc* Blechmantel *m*; *~ de protection, ~ protectrice* Schutzhülle *f*; *~ de vote* Wahlumschlag *m*; **~per** (~'pe) *v/t.* [1a] **1.** einhüllen, einwickeln, einpacken; in e-n Umschlag stecken (*Brief*); *on l'a enveloppé dans ce procès* man hat ihn in diesen Prozeß verwickelt; *fig. ~ q. d'un regard* j-n mit Blicken mustern; **2.** ⚔ einschließen, umzingeln, **3.** *fig.* einwickeln, verhüllen, verbergen; *avoir l'esprit enveloppé* ein Wirrkopf sein; *avoir l'esprit enveloppé dans la matière* ein primitiver, geistloser Mensch sein; *parler d'une manière enveloppée* durch die Blume sprechen; *style m enveloppé* unklarer Stil *m*; **4.** *fig.* mitreißen.
envenim|ement (ɑ̃vənim'mɑ̃) *m* Verschlimmerung *f*; **~er** (~ni'me) [1a] **I** *v/t.* vergiften; *fig.* verschlimmern; *~ une querelle* e-n Streit schüren; *~ q. (contre q.)* j-n (gegen j-n) aufhetzen; **II** *v/rfl. s'~* sich verschlimmern; *fig.* sich verschärfen.
enverger ⊕ (ɑ̃vɛr'ʒe) *v/t.* [1l] mit Weidenruten durchflechten.
enver|guer ⚓ (~'ge) *v/t.* [1m] Segel anschlagen, festmachen; **~gure** (~'gy:r) **1.** ⚓ Weite *f* e-s Segels; Länge *f* der Rahe; **2.** *zo.* Flügelweite *f*; ✈ Spannweite *f*; **3.** *fig.* Weitblick *m*; Schaffenskraft *f*; Ausmaß *n*.
envers (ɑ̃'vɛ:r) **I** *prp.* gegen (*acc.*); gegenüber (*dat.*), zu (*dat.*); *être aimable (gentil) ~ q.* zu j-m freundlich sein; *bon ~ tout le monde* gut zu jedermann; *juste ~ q.* gerecht j-m gegenüber; *avoir de l'indulgence ~ q.* gegen j-n Nachsicht üben; *sa manière d'agir ~ q.* s-e Handlungsweise j-m gegenüber; *prendre un engagement ~ q.* e-e Verpflichtung j-m gegenüber eingehen; *répondre ~ q.* j-m gegenüber haften; *traître m ~ sa patrie* Verräter *m* an s-m Vaterland; *~ et contre tous* gegen jedermann; **II** *m* Kehrseite *f*, linke (*od.* unrechte) Seite *f*; untere Blattseite *f*; *fig.* Gegenteil *n*; *advt. à l'~* verkehrt; *voilà l'~ de la médaille* da ist die Kehrseite der Medaille; *mettre ses bas à l'~* s-e Strümpfe verkehrt anziehen; *fig. avoir l'esprit à l'~* verschroben sein; *prendre tout à l'~* alles verkehrt auffassen; *repasser à l'~* von links bügeln.
envi (ɑ̃'vi): *à l'~* **I** *advt.* um die Wette; **II** *à l'~ de q. prp.* um die Wette mit j-m; *ils luttaient à l'~ les uns des autres* sie rangen mit-

einander um die Wette.

enviable (ɑ̃'vjablə) *adj.* beneidenswert.

envider ⊕ (ɑ̃vi'de) *v/t.* [1a] aufspulen; *text.* bewickeln.

envie (ɑ̃'vi) *f* **1.** Neid *m*, Mißgunst *f*; *faire ~ à q., exciter l'~ de q.* j-s Neid erregen (*wegen faire ~* s. *a.* 2.); *porter ~ à q.* j-n beneiden; *regarder qch. d'un œil d'~, jeter des regards d'~ à qch.* etw. mit neidvollem Auge betrachten; *digne d'~* beneidenswert; **2.** Lust *f*, Verlangen *n*; *j'ai ~ de* ich habe Lust, zu...; *j'ai grande ~ de manger qch. de bon* ich habe große Lust, etw. Gutes zu essen; *je n'ai nulle ~ de vous nuire* ich will Ihnen durchaus nicht schaden; *il n'en a pas ~* er hat keine Lust dazu; *faire ~ à q.* j-n anregen; *cela me fait ~* ich habe Lust dazu; *si l'~ lui en prend* wenn er Lust dazu bekommt; *passer son ~ (de qch.)* s-e Lust (an etw. *dat.*) befriedigen; *faire passer l'~ de qch. à q.* j-m die Lust zu etw. (*dat.*) austreiben *od.* nehmen; **3.** Niednagel *m*; **4.** *anat.* Muttermal *n*.

envi|er (ɑ̃'vje) *v/t.* [1a] **1.** *~ q. (qch.)* auf j-n (etw.) neidisch sein; *~ qch. à q.* j-n um etw. (*acc.*) beneiden; **2.** begehren, sehnsüchtig wünschen; **~eux** (ɑ̃'vjø) [7d] **I** *adj.*: *~ de* neidisch, mißgünstig auf (*acc.*); **II** *su.* Neider *m*.

environ (ɑ̃vi'rɔ̃) **I** *adv.* ungefähr, etwa; *il y a ~ deux ans* vor ungefähr zwei Jahren; **II** *~s m/pl.* Umgebung *f*; **~nant** (~rɔ'nɑ̃) *adj.* [7] umliegend, nahe liegend; *monde m ~* Umwelt *f*; **~ner** (~rɔ'ne) *v/t.* [1a]: umgeben (*de* mit [*dat.*]); umzingeln, einschließen; *fig. environné d'éclat* ruhmvoll, hochgeachtet.

envisager (ɑ̃viza'ʒe) *v/t.* [1l] *j-m* ins Gesicht sehen; *fig.* betrachten, ins Auge fassen, im Auge haben, *nach etw.* [*dat.*] trachten.

envoi (ɑ̃'vwa) *m* **1.** Absenden *n*, Versand *m*, Abschicken *n*; *fig. donner un coup d'~ de qch.* etw. in Gang bringen, sich an etw. heranmachen; **2.** Sendung *f*, Paket *n*; *sous ~* gegen Einsendung; *~ collectif* Postwurfsendung *f*; *~ groupé, ~ d'objets groupés* Mischsendung *f*; *~ au choix* Ansichtssendung *f*; *~ en franchise de port* portofreie Sendung *f*; *bordereau m d'~* Begleitzettel *m*; *lettre f d'~* Begleitbrief *m*; *~ sous bande* Kreuzbandsendung *f*; *~ d'argent* Geldsendung *f*; *~ à titre d'essai* Probesendung *f*; *expédier un ~* e-e Sendung abschicken; *~ partiel* Teilsendung *f*; *~ avec valeur déclarée* Wertsendung *f*; *~ contre remboursement* Nachnahmesendung *f*; *~ à domicile* Sendung *f* ins Haus *od.* an Privat; *~ d'or* Goldsendung *f*; **3.** *poét.* Zueignungsstrophe *f*, letzte Strophe *f*.

envoiler *métall.* (ɑ̃vwa'le) *v/rfl.* [1a]: *s'~* sich biegen (*bei der Härtung von Eisen od. Stahl*).

envoisiné F (ɑ̃vwazi'ne) *adj.*: *être bien ~* gute Nachbarn haben.

envol (ɑ̃'vɔl) *m* **1.** ✈ Start *m*, Abflug *m*; **2.** *orn.* Davonfliegen *n*.

envolé F (ɑ̃vɔ'le) *adj.* geflüchtet.

envolée (~) *f* An-, Auf-flug *m*; *fig.* (Auf-)Schwung *m*, Gedankenflug *m*; *~ technique* technischer Aufschwung *m*; *discours m d'une belle ~* schwungvolle Rede *f*; *svelte ~ du corps* schlanker Wuchs *m*; *adv. tout d'une ~* plötzlich.

envoler (ɑ̃vɔ'le) [1a] *v/rfl. s'~* **1.** wegfliegen; *faire s'~* verscheuchen (*Vögel*); **2.** ✈ aufsteigen, starten (*pour* nach); **3.** *fig.* schwinden (*Jahre*), schnell vergehen, entwischen (*Gelegenheit*). [wölben.]

envoûter¹ (ɑ̃vu'te) *v/t.* [1a] über-

envoû|ter² (~) *v/t.* [1a] bezaubern; **~teur** (~'tœːr) *su.* [7g] Zauberer *m*.

envoy|é (ɑ̃vwa'je) *su.* Abgesandter *m*; Geschäftsträger *m*; **~er** (~) *v/t.* [1p] **1.** (ab)schicken, (ab)senden; *~ q. au diable (à tous les diables)* j-n zum Teufel jagen; *~ q. aux bains, ~ q. promener (paître, coucher)* j-n abblitzen lassen; *~ q. se faire pendre ailleurs* j-n zum Henker schicken; *~ dire qch. à q.* j-m etw. sagen lassen; *ne pas l'~ dire* kein Blatt vor den Mund nehmen; *~ q. à la mort* j-n in den Tod schicken; F *il m'envoya promener de la belle façon* er ließ mich schön abblitzen; P *... ou je t'envoie cette bouteille au visage* ... oder die Flasche da fliegt dir ins Gesicht; *téléph. ~ des signaux* Zeichen geben; **2.** *~ un soufflet* e-e Ohrfeige geben; **3.** abordnen; **4.** *~ chercher qch.* etw. holen lassen; *~ demander qch. à q.* j-n um etw. (*acc.*) bitten lassen; *~ dire* sagen lassen; *~ chez q.* nach j-s Befinden fragen lassen; **5.** *bien envoyé* die

Antwort hat gesessen!; **~eur** (~ˈjœːr) *su.* Versender *m.*

enzyme *biol.* (ɑ̃ˈzim) *m* Enzym *n*, Ferment *n.*

éolien (eɔˈljɛ̃) [7c] *adj.* äolisch; Wind...; *dépôts m/pl. ~s* Ablagerungen *f/pl.* des Windes; *harpe f ~ne* Äolsharfe *f*; **~ne** *mot.* (eɔˈljɛn) *f* Windmotor *m.*

éolipyle (eɔliˈpil) *m* **1.** *phys.* Dampfkugel *f*; **2.** ⚠ Schornsteinhaube *f*; **3.** ⊕ Lötlampe *f.*

épagneul *zo.* (epaˈɲœl) *m* Spaniel *m.*

épais (eˈpɛ) **I** *adj.* [7d] **1.** dick; **2.** dicht, gedrängt; **3.** dick(flüssig); *nuit f ~se* stockfinstere Nacht *f*; *fig. ignorance f ~se* grobe Unwissenheit *f*; **4.** *fig.* schwerfällig; *avoir l'esprit ~* schwerfällig (*od.* träge) sein; *avoir la langue ~se* e-e schwere Zunge haben; **II** *advt. semer ~* dicht säen; *il a neigé épais de trois doigts* es hat dreifingerhoch geschneit; **III** *m* Dicke *f*; *plusieurs pieds d'~* mehrere Fuß dick (*wörtlich*: „an Dicke"); **~seur** (epɛˈsœːr) *f* **1.** Dicke *f*, Stärke *f*; *avoir un mètre d'~* e-n Meter dick sein; **2.** Dichtheit *f*; **3.** Dickicht *n*; **4.** Undurchdringlichkeit *f*, Schwärze *f der Nacht*; **5.** *fig.* geistige Trägheit *f*, Schwerfälligkei *f*; **~sir** (~ˈsiːr) [2a] **I** *v/t.* dick(er) machen, verdicken, verdichten; eindicken; **II** *v/i. u.* **III** *v/rfl.* s'~ dick werden, sich verdichten; schwerfällig werden; **~sissement** (~sisˈmɑ̃) *m* Verdickung *f.*

épamprer ⸙ (epɑ̃ˈpre) *v/t.* [1a] den Weinstock abranken.

épan|chement (epɑ̃ʃˈmɑ̃) *m* Herzenserguß *m*, Erguß *m*, Ausfluß *m*; Erguß *m*, Exsudat *n*; **~cher** (~ˈʃe) [1a] **I** *v/t.* ausgießen; *fig. ~ son cœur* sein Herz ausschütten; **II** *v/rfl.* s'~ *fig.* sich ergießen; sein Herz ausschütten; ⚕ aus den Gefäßen treten, unterlaufen.

épan|dage ⸙ (epɑ̃ˈdaːʒ) *m* Berieseln *n*, Ausstreuen *n*; *champs m/pl. d'~* Rieselfelder *n/pl.*; **~deur** ⊕ (~ˈdœːr) *m*, **~deuse** ⊕ (~ˈdøːz) *f* Streu-, Spritzmaschine *f*; **~dre** (eˈpɑ̃ːdrə) *v/t.* [4a] *Dung usw.* ausstreuen; *Wasser* aus-, ver-gießen; *poét. fig.* aus-, ver-breiten.

épanou|i (epaˈnwi) *adj.* **1.** aufgeblüht; **2.** *fig.* freudig, vergnügt; **~ir** (~ˈnwiːr) [2a] **I** *v/t.* zum Aufblühen bringen; *fig.* auf-, er-heitern; **II** *v/rfl.* s'~ aufblühen; *physiol.* sich verzweigen (*Nerven*); *fig.* sich entfalten; *fig.* sich aufheitern; *Mode*: s'~ *sur qch.* etw. garnieren; **~issement** (~nwisˈmɑ̃) *m* Aufblühen *n*; *fig.* Aufheiterung *f*; *fig.* Ent-wicklung *f*, -faltung *f*; *péd. ~ des personnalités individuelles* Persönlichkeitsentfaltung *f.*

épargnant (eparˈɲɑ̃) *su.* [7] Sparer *m.*

épargne (eˈparɲ) *f* **1.** Sparsamkeit *f*; *aller à l'~* sparsam sein; *fig. aller à l'~ de qch.* mit etw. sparsam umgehen; **2.** *a.* Ersparnis *f*; *caisse f d'~* Sparkasse *f*; *caisse f d'~ postale* Postsparkasse *f*; *contrat m d'~ de construction* Bausparvertrag *m*; *~ de temps* Zeitersparnis *f*; **3.** *la petite ~* die kleinen Sparer *m/pl.*

épargner (eparˈɲe) [1a] **I** *v/t.* **1.** sparen; sparsam umgehen mit (*dat.*); *fig.* ersparen, erübrigen, überflüssig machen; *~ de l'argent* Geld sparen; *ne pas ~ sa peine* keine Mühe scheuen; *~ qch. sur sa bouche* sich etw. vom Munde absparen; *~ des ennuis à q.* j-m Ärger ersparen; **2.** schonen, verschonen, schonend behandeln; *n'~ personne* niemanden verschonen; *~ la sensibilité de q.* auf j-s Empfindlichkeit Rücksicht nehmen; **3.** *typ. ~ les blancs du papier* die weißen Stellen aussparen; **II** *v/rfl.* s'~ **4.** einander schonen; **5.** sich schonen; **6.** *s'~ qch.* sich etw. ersparen (*a. fig.*).

éparpill|ement (eparpijˈmɑ̃) *m* Verzettelung *f*; **~er** (~ˈje) *v/t.* [1a] umherstreuen; *fig.* verzetteln.

épars (eˈpaːr) *adj.* [7] zerstreut; vereinzelt; *avoir les cheveux ~* aufgelöste Haare haben; *quelques pluies f/pl. ~es* strichweise einige Regenfälle *m/pl.*

éparvin *vét.* (eparˈvɛ̃) *m* Spat *m* der Pferde.

épa|tant (epaˈtɑ̃) *adj.* [7] verblüffend, erstaunlich; c'est ~ das ist ja fabelhaft F *od.* phantastisch F; *un type ~* ein feiner Kerl *m*; **~tante** F (~ˈtɑ̃ːt) *f*: *faire de l'~* prahlen, angeben (*v. e-r Frau*); **~ter** (~ˈte) *v/t.* [1a] **1.** den Fuß (*od.* Unterteil *e-s Glases*) abbrechen; *fig. nez m épaté* Stumpfnase *f*; **2.** *fig.* j-n verblüffen; *être tout épaté* ganz verdutzt sein; **~teur** (~ˈtœːr) *su.* [7g] Aufschneider *m*, Angeber *m.*

épau|lard *icht.* (epoˈlaːr) *m* Butzkopf *m*; **~le** (eˈpol) *f* **1.** Schulter *f*, Achsel *f*, Bug *m*; *hausser* (*od. rouler*) *les ~s* mit den Achseln zucken; *prendre par les* ~*s* beim Kragen packen; *prêter l'*~ *à q.*, *donner un coup d'*~ *à q.* j-n unterstützen, j-m unter die Arme greifen; *regarder* (*od. traiter*) *q. par-dessus l'*~ j-n über die Achsel ansehen, j-n von oben herab behandeln; **2.** † ⚓ Back *f*; **3.** *charp.* ~ *de mouton* Breitaxt *f*; **~lée** (~'le) *f* **1.** Schubs *m od.* Stoß *m* mit den Schultern; **2.** *cuis.* Vorderviertel *n* vom Hammel ohne Bug; **3.** *maçonnerie f faite par* ~*s* in Absätzen durchgeführte Maurerarbeit; **~lement** (epol'mɑ̃) *m* **1.** △ Schulter-, Futter-mauer *f*; **2.** ⚔ *frt.* Schulterwehr *f*; Bedeckung *f* e-r Batterie; **~ler** (~'le) *v/t.* [1a] **1.** ein Tier schulterlahm machen; **2.** F helfen (*dat.*); beistehen (*dat*); **3.** ~ *le fusil* das Gewehr anlegen; **4.** ⚔ *Truppen* decken; **~lette** ⚔ (~'lɛt) *f* Achselstück *n*; Epaulette *f*; *gagner l'*~ (zum) Offizier (befördert) werden; **~lière** (~'ljɛ:r) *f* **1.** Schulterblech *n* der Ritterrüstung; **2.** ⚔ M.G.-Schulterstütze *f*; **3.** *text.* Träger *m* (*an Kinderhöschen od. -röckchen*); **~loir** ⚔ (~'lwa:r) *m* M.G.-Schulterstütze *f*.

épave (e'pa:v) **I** *adj.* **1.** † herrenlos, verlaufen; wrack; **II** *f* **2.** herrenloses Gut *n*, Wrack *n* (*a.* ✈); ~*s f/pl. maritimes*, ~*s f/pl. recueillies en mer* ⚓ Bergungsgut *n*; Strand-, Treib-gut *n*; *droit m d'*~ Strandrecht *n*; **3.** *fig.* Überbleibsel *n*, kümmerlicher Rest *m*; **4.** *fig.* Wrack *n*, Elendsfigur *f* (*Person*).

épeautre ♀ (e'po:trə) *m* Spelz *m*.

épée (e'pe) *f* Schwert *n*, Degen *m*; *iron. il a fait un beau coup d'*~ er hat e-e schöne Dummheit begangen; *fig. donner des coups d'*~ *dans l'eau* sich umsonst abquälen; *un coup d'*~ *dans l'eau* ein Tropfen auf e-n heißen Stein; *mettre l'*~ *à la main* zum Schwert greifen; *tirer l'*~ das Schwert ziehen; *passer au fil de l'*~ über die Klinge springen lassen, mitleidslos niedermetzeln; *mettre* (*od. pousser*) *à q. l'*~ *dans les reins* j-m das Messer an die Kehle setzen; *poursuivre q. l'*~ *dans les reins* j-m hart zusetzen, j-m auf den Fersen sein; *à la pointe de l'*~ mit Gewalt; *fig. préférer la robe à l'*~ lieber Zivilist als Soldat sein wollen; **~-baïonnette** (~bajɔ'nɛt) *f* [6a] Seitengewehr *n*.

épeiche *orn.* (e'pɛʃ) *f* Rot-, Buntspecht *m*.

épeichette *orn.* (epɛ'ʃɛt) *f* Kleinspecht *m*.

épeire *zo.* (e'pɛ:r) *f* Kreuzspinne *f*.

épéiste (epe'ist) *m* Fechter *m*.

épel|er (e'ple) *v/t. u. v/i.* [1c] buchstabieren; **~lation** (epɛlɑ'sjɔ̃) *f* Buchstabieren *n*.

éperdu (epɛr'dy) *adj.* **1.** bestürzt; hingerissen; außer sich; **2.** heftig.

éperlan *icht.* (epɛr'lɑ̃) *m* Stint *m*.

éperon (e'prɔ̃) *m* **1.** Sporn *m* (♀, *zo.*, △ *u. Reitgerät*); *donner de l'*~ die Sporen geben; **2.** △ Strebemauer *f*, -pfeiler *m*; **3.** *frt.* vorspringendes Außenwerk *n*; **4.** ⚓ Schiffsschnabel *m*; Rammsporn *m*; Wellenbrecher *m*, **5.** Gebirgsvorsprung *m*; **6.** *fig.* Ansporn *m*; **~né** (eprɔ'ne) *adj.* gespornt; *zo. u.* ♀ mit e-m Sporne versehen; sporentragend; F *fig. avoir les yeux* ~*s* Krähenfüße haben F; **~ner** (~) *v/t.* [1a] e-m Pferd die Sporen geben; rammen; *fig.* anspornen, antreiben.

éper|vier (epɛr'vje) *m orn.* Sperber *m*; *Fischerei*: Wurfnetz *n*; **~vière** ♀ (~'vjɛ:r) *f* Habichtskraut *n*.

épeuré (epœ're) *adj.* erschreckt.

éphèbe (e'fɛb) *m* **1.** *a. antiq.*, *st.s.* Jüngling *m*; **2.** F *fig. péj.* grüner Junge *m*, Grünschnabel *m*.

éphé|lide ⚕ (efe'lid) *f* Sommersprosse *f*; **~mère** (~'mɛ:r) **I** *adj.* □ vergänglich; kurzlebig; **II** *m* Eintagsfliege *f*; **~mérides** (~me'rid) *f/pl.* historischer Abreißkalender *m*.

épi (e'pi) *m* **1.** ♀ Ähre *f*; ~ *de maïs* Maiskolben *m*; *monter en* ~ in Ähren schießen; **2.** *fig.* ~ *de cheveux* Haarbüschel *m u. n*; **3.** △ eiserne Spitze *f* (*auf e-r Mauer*); **4.** ⚓ ~ *du vent* Windrichtung *f*, Windstrich *m*; **5.** △ Buhne *f*; **6.** doppelseitiges Büchergestell *n*; **7.** 🚂 Verschiebegleis *n*; **~nage** ♀ (epi'na:ʒ) *m* Ährenbildung *f*.

épicarpe ♀ (epi'karp) *m* Fruchthaut *f*.

épice (e'pis) *f* Gewürz *n*; *pain m d'*~ Pfefferkuchen *m*; ~*s f/pl.* Kolonialwaren *f/pl.*

épicéa ♀ (epise'a) *m* Fichte *f*, Rottanne *f*.

épicentre *géol.* (epi'sɑ̃:trə) *m* Epizentrum *n*.

épi|cer (epi'se) *v/t.* [1k] würzen; *a. fig.* épicé gepfeffert; **~cerie** (~s'ri) *f* **1.** Kolonialwaren *f/pl.*; ~ *de choix od.* ~ *fine* Delikatessen *f/pl.* (*a. als Firmenschild*); **2.** Kolonialwaren-, Lebensmittel-handel *m*,

-geschäft *n*; **~cier** (~'sje) [7b] **I** *su.* **1.** Kolonialwarenhändler *m*; *mv.p. mentalité f d'~* Krämergeist *m*; **2.** F Philister *m*, Spießbürger *m*; **II** *adj.* **3.** *garçon m ~* Ladenjunge *m*; **4.** F philiströs, spießbürgerlich.

épicrâne *anat.* (epi'krɑ:n) *m* Schädelhaut *f*.

épicycle *astr.* (epi'siklə) *m* Nebenkreis *m*.

épidé|mie ⚕ (epide'mi) *f* Epidemie *f*, Seuche *f*; **~mique** (~'mik) *adj.* □ epidemisch, seuchenartig; *fig.* ansteckend.

épiderme (epi'dɛrm) *m anat.* Oberhaut *f*, Epidermis *f*; *fig. ne pas avoir d'~* nicht feinfühlend sein.

épidiascope *phot.* (epidjas'kɔp) *m* Epidiaskop *n*

épier[1] (e'pje) *v/t.* [1a] auflauern (*dat.*), belauern, erspähen, auskundschaften, aus-, ab-horchen.

épier[2] ⚘ (~) *v/i.* [1a] in Ähren (*bzw.* in Kolben) schießen.

épierr|er ⚒ (epjɛ're) *v/t.* [1b] von Steinen säubern; **~eur** ⚒ (~'rœ:r) *m*, **~euse** ⚒ (~'rø:z) *f* Getreidereinigungsmaschine *f*.

épieu (e'pjø) *m* [5b] Spieß *m*.

épieur (e'pjœ:r) *su.* [7g] Späher *m*.

épigastre *anat.* (epi'gastrə) *m* Magengegend *f*, Herzgrube *f*.

épigeonner ⚠ (epiʒɔ'ne) *v/t.* [1a]: *~ le mortier* den Mörtel auftragen.

épiglotte *anat.* (epi'glɔt) *f* Stimmritzen-, Kehl-deckel *m*, Zäpfchen *n*.

épigone (epi'gɔn) *m* Epigone *m*, Nachkomme *m*; *bsd. litt.* unschöpferischer Nachahmer *m*.

épigram|matique (epigrama'tik) *adj.* □ epigrammatisch; spöttisch; **~me** (~'gram) *f* Epigramm *n*, Spottgedicht *n*.

épigraph|e (epi'graf) *f* Inschrift *f*; Überschrift *f*, Motto *n*; **~ie** (~'fi) *f* Inschriftenkunde *f*; **~iste** (~'fist) *m* Inschriftenkenner *m*.

épil|age (epi'la:ʒ) *m*, **~ation** (~la'sjɔ̃) *f* Enthaarung *f*, Beseitigung *f* der Haare; **~atoire** (~la'twa:r) **I** *adj.* haarentfernend; **II** *m* Haarentfernungsmittel *n*; **~é** F (~'le) *m* Drückeberger *m*.

épilep|sie ⚕ (epilɛp'si) *f* Epilepsie *f*, Fallsucht *f*; **~tique** ⚕ (~'tik) **I** *adj.* epileptisch; **II** *su.* Epileptiker *m*.

épiler (epi'le) *v/t.* [1a] enthaaren.

épillet ⚘ (epi'jɛ) *m* Granne *f*.

épilo|gue (epi'lɔg) *m* Epilog *m*; *fig.* Nachspiel *n*; **~guer** (~'ge) *v/i.* [1m]: *~ sur* s-e Glossen machen über (*acc.*).

épinard (epi'na:r) *m* Spinat *m*; *cuis. des ~s, purée f d'~s* Spinat (-gericht *n*) *m*; *fig. cela met du beurre dans les ~s* das ist Wasser auf s-e Mühle; P *aller aux ~s* zum Lohnempfang gehen.

épin|çage *text.* (epɛ̃'sa:ʒ) *m* Auszupfen *n*; **~celer** *text.* (epɛ̃s'le) *v/t.* [1c] s. *~ceter*; **~cer** (~'se) *v/t.* [1k] **1.** ⚒ Schößlinge vom Baumstamm entfernen; **2.** *bisw. text.* *~ceter*; **~ceter** *text.* (~s'te) *v/t.* [1c] noppen, belesen, auszupfen.

épine (e'pin) *f* **1.** ⚘ Dornstrauch *m*, Dornbusch *m*; Dorn *m*; *~-fleurie od. noire* Schlehdorn *m*; *haie f d'~s* Dornenhecke *f*; **2.** Stachel *m*; *fig. ~s pl.* Ärgernisse *n/pl.*, Schwierigkeiten *f/pl.*; *être sur des ~s fig.* wie auf Kohlen sitzen; *tirer une ~ du pied à q.* j-n aus der Klemme ziehen; *trouver une ~ à qch.* ein Haar in etw. (*dat.*) finden; **3.** *anat. ~ dorsale* Rückgrat *n*.

épinette (epi'nɛt) *f* **1.** ♪ Spinett *n*; **2.** ⚒ Mastkäfig *m*; **3.** ⚘ Rottanne *f*.

épineux (epi'nø) *adj.* [7d] dornig; *fig.* bedenklich, mißlich, heikel; mühselig, dornenvoll, schwierig.

épine-vinette ⚘ (epinvi'nɛt) *f* [6a] Berberitze *f*, Sauerdorn *m*.

épin|gle (e'pɛ̃:glə) *f* **1.** Stecknadel *f*; *~ à cheveux* Haarnadel *f*; *~ anglaise, ~ de sûreté, ~ de nourrice* Sicherheitsnadel *f*; *~ à chapeau* Hutnadel *f*; *~ de cravate* Krawattennadel *f*; *attacher avec des ~s* abstecken; *fig. coups m/pl. d'~* Nadelstiche *m/pl.*, Sticheleien *f/pl.*; *tiré à quatre ~s* geschniegelt und gebügelt; wie aus dem Ei gepellt; *tirer son ~ du jeu* sich geschickt aus der Affaire ziehen; *chercher une ~ dans une botte de foin fig.* Sterne vom Himmel herunterholen wollen; F *monter qch. en ~* etw. besonders herausstreichen (*od.* betonen), etw. aufbauschen; *virage m en ~ à cheveux* Haarnadelkurve *f*; **2.** *~ (à linge)* Wäscheklammer *f* (*mit e-r Feder*); **~gler** (epɛ̃'gle) *v/t.* [1a] **1.** mit der Nadel anstecken *od.* aufstecken; **2.** mit e-r Nadel säubern; **3.** *text. épinglé* gerippt; **4.** F verhaften; **~glerie** (~glə'ri) *f* Nadelfabrik *f*, -handlung *f*; **~glette** (~'glɛt) *f* Schützennadel *f*.

épinière *anat.* (epi'njɛ:r) *adj./f.*: *moelle f ~* Rückenmark *n*.

épinoche *icht.* (~'nɔʃ) *f* Stichling *m*.

Epiphanie (epifa'ni) *f* Dreikönigsfest *n*.
épique (e'pik) *adj*. episch, Helden...
épisco|pal (episkɔ'pal) *adj*. [6c] □ bischöflich; Bischofs...; **~pat** (~'pa) *m* Episkopat *n*; Gesamtheit *f* der Bischöfe *pl*.
épiso|de (epi'zɔd) *m* Neben-, Zwischen-handlung *f*, Episode *f*; *fig*. Ereignis *n*; Zwischenfall *m*; *film m à ~s* Abenteuerfilm *m*; **~dique** (~'dik) *adj*. untergeordnet, nebensächlich, episodisch, eingeschaltet; *personnage m ~* Nebenperson *f*.
épi|spastique *phm*. (epispas'tik) **I** *adj*. blasenziehend; **II** *m* Zugpflaster *n*; **~sperme** ⚘ (~'spɛrm) *m* Samen-hülle *f*, -decke *f*.
épiss|age ⚓, ⚡ (epi'sa:ʒ) *m* Spleißung *f*, Splissung *f*; **~er** ⚓, ⚡ (~'se) *v/t*. [1a] splissen; **~ière** (~'sjɛ:r) *f* Fliegennetz *n* (*für Pferde*); **~oir** ⚓ *m*, **~oire** ⚓ (~'swa:r) *f* Splißhorn *n*; **~ure** (~'sy:r) *f* ⚓ Splissung *f*; ⊕ Lötstelle *f*.
épisto|laire (epistɔ'lɛ:r) *adj*. brieflich; Brief...; *guide m ~* Briefsteller *m*; **~lier** F, *litt*. (~'lje) *m* Briefschreiber *m*.
épitaphe (epi'taf) *f* Grabinschrift *f*.
épithalame (~ta'lam) *m* Hochzeitsgedicht *n*.
épithète (~'tɛt) *f* Epitheton *n*, Beiwort *n*; Spitzname *m*.
épitoge *Fr*. (epi'tɔ:ʒ) *f seidener* Schulterstreifen *m der franz. Professoren im Ornat*.
épitomé *litt*. (~tɔ'me) *m* Abriß *m*, Auszug *m*.
épître (e'pi:trə) *f* Sendschreiben *n*, Epistel *f*, Brief *m*.
épizootie *vét*. (epizɔɔ'ti, ~'si) *f* Viehseuche *f*.
éploré (eplɔ're) *adj*. in Tränen gebadet, verweint; verheult.
éployé (eplwa'je) *adj*. aus-gestreckt, -gebreitet (*Flügel*).
épluch|er (eply'ʃe) *v/t*. [1a] **1.** putzen (*Gemüse*); schälen (*Früchte*); *Wolle* zupfen; *Erbsen usw*. verlesen; *Geflügel* rupfen; Baum ausputzen; *~ un champ* ein Feld von Unkraut säubern; **2.** *fig*. genau untersuchen; *Fehler* herausklauben aus (*dat*.); *fig*. *~ un texte fig*. *e-n Text* zerpflücken; **~eur** (~'ʃœ:r) *su*. [7g] Ausleser *m*; Wollsortierer *m*; F *fig*. *~ de mots* Wortklauber *m*; **~oir** (~'ʃwa:r) *m* Schälmesser *n*; **~ures** (~'ʃy:r) *f/pl*. Küchenabfälle *m/pl*.

épointer (epwɛ̃'te) *v/t*. [1a] stumpf machen; *~ un couteau* die Spitze e-s Messers abbrechen; *épointé* stumpf; *vét*. kreuz-, lenden-lahm.
épong|e (e'pɔ̃:ʒ) *f* **1.** (*Bade-, Tafel-*) Schwamm *m*; *Boxsport*: *jeter l'~* das Handtuch werfen; *passer l'~ sur qch*. etw. mit e-m Schwamm auswischen; *fig*. über etw. hinwegsehen, etw. vergessen *od*. verzeihen; *passons l'~* Schwamm drüber!; reden wir nicht mehr davon!; **2.** *zo*. Schwammtier *n*; **3.** *vét*. Stollschwamm *m*; **~er** (epɔ̃'ʒe) *v/t*. [1l] mit e-m Schwamm abwischen.
épontille ⚓ (epɔ̃'tij) *f* Deckstütze *f*.
épopée (epɔ'pe) *f* Epos *n*.
époque (e'pɔk) *f* **1.** Epoche *f*, Zeitabschnitt *m*, Zeitpunkt *m*, Zeit *f*; *à l'~* damals; *avant cette ~* früher; *être d'~* echt sein; *une de mes tâches à l'~* e-e meiner damaligen Aufgaben; *~ glaciaire* Eiszeit *f*; *~ de transition* Übergangszeit *f*; *Sport*: *~ de l'entraînement* Trainingszeit *f*; ✝ *~ de l'exécution* Erfüllungszeit *f*; **2.** *fig*. Aufsehen *n*; *faire ~* Aufsehen erregen; **3.** *physiol*. *~s pl*. Menstruation *f*, Zeit *f*, Tage *m/pl*.
épouiller (epu'je) *v/t*. [1a] ab-, entlausen.
époumoner (epumɔ'ne) [1a] *v/t*. (*u. s'~*) außer Atem setzen (kommen); *s'~* sich heiser schreien.
épou|se (e'pu:z) *f* Gattin *f*, Gemahlin *f*; **~sée** (epu'ze) *f* Braut *f*, junge verheiratete Frau *f*; **~ser** (~) *v/t*. [1a] **1.** heiraten, sich verheiraten mit (*dat*.); **2.** *fig*. sich anpassen, genau entsprechen; *fig*. annehmen, sich zu eigen machen; sich binden an (*acc*.); *~ les formes de ...* die Gestalt annehmen, sich anschmiegen, eng anliegen (*Kleidung*); *~ la cause de q*. für j-n eintreten; *je n'épouse personne* ich binde mich an niemand; **~seur** F (~'zœ:r) *m* Heiratskandidat *m*, Freier *m*; *~ à toutes mains* Heiratsschwindler *m*.
épousse|ter (epus'te) *v/t*. [1c] abstauben, aus-, abklopfen; *~ la craie sur son veston* die Kreide von s-r Jacke abklopfen; **~toir** (~s'twa:r) *m* Staubwedel *m*; Staubpinsel *m der Juweliere*; **~tte** (~'sɛt) *f* Staubbesen *m*, -bürste *f*, -lappen *m*.
époustoufler F (epustu'fle) *v/t*. [1a] verblüffen, überraschen.
épouvan|table (epuvɑ̃'tablə) *adj*. □ entsetzlich, grauenerregend, furchtbar, schrecklich, grauenvoll; **~tail**

(~'taj) *m* (~s *pl.*) Vogelscheuche *f*; Schreckgespenst *n*; **~te** (~'vɑ̃:t) *f* Entsetzen *n*, Grauen *n*, Panik *f*; *l'~ les a pris* Schrecken überkam sie; **~ter** (~vɑ̃'te) [1a] *v/t.* erschrecken, in Schrecken setzen.

époux (e'pu) *m* Gatte *m*, Gemahl *m*; *les ~* die Eheleute *pl.*; *jeunes ~* Neuvermählte *pl.*

épreinte (e'prɛ̃:t) *f* (*oft im pl. gebr.*: *~s*) **1.** Stuhlzwang *m*; **2.** *ch.* Fischotterkot *m*.

éprendre (e'prɑ̃:drə) [4q]: *s'~ de q.* sich in j-n verlieben; *s'~ de qch.* sich für etw. (*acc.*) begeistern.

épreuve (e'prœ:v) *f* **1.** Probe *f*, Versuch *m*; ⊕ Prüfung *f*; *Sport*: Wettkampf *m*; *mettre à l'~* auf die Probe stellen, erproben; versuchen; *temps m d'~* Probezeit *f*; *Sport*: *~ éliminatoire* Ausscheidungskampf *m*; *Auto*: *~ d'endurance* Prüfungs- (*od.* Dauer-)fahrt *f*; *Auto*: *~ de marche* Fahrprobe *f*; *~ judiciaire* Gottesurteil *n*; *advt.* *à l'~ de* sicher vor (*dat.*); *être à l'~* leistungsfähig sein; *être à l'~ de la balle* kugelfest sein; *à l'~ des bombes* (*de l'eau, du feu*) bombengeschützt (wasserdicht, feuerfest); ⊕ *~ par le frein* Bremsprobe *f*; *~ faite au hasard, ~ par hasard, ~ improvisée, ~ sur prélèvement* Stichprobe *f*; ⊕, ⚒ *~ de rupture* Bruchprobe *f*; *soutenir* (*od. supporter*) *l'~* die Probe bestehen; *~ de force* Kraftprobe *f*; *~ de performance, ~ de rendement* Leistungsprüfung *f*; *~ de nage* Schwimmprüfung *f*; *passer l'~ de nage* sich frei schwimmen; *Schi*: *~ de descente* Abfahrtslauf *m*; *Auto*: *~ de résistance* Zuverlässigkeitsprüfung *f*; *~ de réception* Abnahmeprüfung *f*; *~ de tourisme* Tourenfahrt *f*; *à l'~ de la lumière* lichtecht; *à l'~ de la poussière* staubdicht; *à l'~ de tout, à toute ~* ganz ausgezeichnet, bewährt; **2.** Prüfung *f*; *~ de compagnon* Gesellenprüfung *f*; *~s f/pl. de brevet de pilote* (*de permis de conduire*) Flugzeugführer- (*Auto*: Fahr-)prüfung *f*; *~s écrites* schriftliche Prüfung *f*; *des ~s du sort* Heimsuchungen *f/pl.*; **3.** ⊕: a) *phot.* Abzug *m*; *~ photographique aérienne* Luftaufnahme *f*, Fliegerbild *n*; *~ héliographique* Lichtpause *f*; b) *typ.* Korrekturbogen *m*, Korrektur *f*; *corriger* (*od. revoir*) *une ~* e-e Korrektur lesen; c) *Kupferstecherei*: Probedruck *m*; *~ d'artiste* Abzug *m* vor dem Probedruck.

épris (e'pri) *adj.* verliebt.

éprouv|é (epru've) *adj.* ⊕ betriebssicher; *Auto usw.*: zuverlässig; **~er** (~) *v/t.* [1a] **1.** probieren, versuchen; **2.** auf die Probe stellen, erproben, prüfen; heimsuchen; *ami éprouvé* bewährter Freund *m*; **3.** empfinden; fühlen; erleiden; durchmachen; **~ette** ⚗ (~'vɛt); Reagenzglas *n*; *~ graduée* Meßzylinder *m*; Versuchs-menge *f*, -stoff *m*.

épucer (epy'se) *v/t.* [1k] flöhen.

épui|sant (epɥi'zɑ̃) *adj.* [7] entkräftend; **~sé** (epɥi'ze) *adj.* **1.** erschöpft, körperlich verbraucht; **2.** † vergriffen; ausverkauft, alle F; **~sement** (~z'mɑ̃) *m* Ausschöpfung *f*; ⚒ Wasserhaltung *f*, Abführung *f* des Wassers; Austrocknung *f*; *fig.* Erschöpfung *f*; *~ des finances* Zerrüttung *f* der Finanzen; **~ser** (~'ze) [1a] **I** *v/t.* ausschöpfen; austrocknen; *fig.* verbrauchen, erschöpfen; ⚔ *Munition* verschießen; *~ un sujet* ein Thema erschöpfend behandeln; **II** *v/rfl.* *s'~* versiegen; *fig.* sich erschöpfen, ermatten; **~sette** (epɥi'zɛt) *f* **1.** Fangnetz *n*; **2.** Schaufel *f zum Wasserschöpfen*.

épura|teur ⊕ (epyra'tœ:r) *m*: *~ d'air* Luftreiniger *m*; *~ d'eau* (*d'huile*) Wasser-(Öl-)reiniger *m*; **~tif** (~'tif) *adj.* [7e] reinigend; **~tion** (~rɑ'sjɔ̃) *f* Reinigung *f*; *pol.* politische Säuberungsaktion *f*; ⊕ *station f d'~* Kläranlage *f*; *fig.* *~ des mœurs* Läuterung *f* der Sitten; **~toire** (~'twa:r) *adj.* reinigend; Reinigungs...; *fig.* ausmusternd.

épu|re (e'py:r) *f* △, ⊕ Aufriß *m*, Entwurf *m*; technische Zeichnung *f*; **~rement** (~pyr'mɑ̃) *m* Reinigung *f*; Ausmusterung *f*; ⚗ Läuterung *f*; **~rer** (~'re) *v/t.* [1a] **1.** läutern, reinigen; *fig.* veredeln, verfeinern; läutern; *~ les mœurs* (*la langue*) die Sitten (die Sprache) verfeinern; **2.** *fig.* *~ une assemblée* in e-r Versammlung aufräumen.

équar|rir (eka'ri:r) *v/t.* [2a] **1.** ⊕ vierkantig zuschneiden *od.* behauen; *bois m équarri* Kantholz *n*; **2.** *e-n Tierkadaver* abdecken; **~rissage** *m*, **~rissement** *m* (~ri'sa:ʒ, ~ris'mɑ̃) **1.** *charp.* Behauen *n*; *bois m d'~* Kantholz *n*; **2.** Abdecken *n* (*e-s Tieres*).

équa|teur (ekwa'tœ:r) *m* Äquator *m*; **~tion** (ekwɑ'sjɔ̃) *f* Gleichung *f*; **~torial** (ekwatɔ'rjal) *adj.* [5c] Äquatorial...

équerre (e'kɛ:r) *f* Winkelmaß *n*, Winkelhaken *m*; ~ *en T* Reißschiene *f*; *à l'*~, *d'*~ rechtwinkelig; △ *en retour d'*~ mit zwei vorspringenden Flügeln; *à fausse* ~ schiefwinklig. [Ritter...]

équestre (e'k[w]ɛstrə) *adj.* Reiter...,

équeut|age (ekø'ta:ʒ) *m* Entstielung *f* (*von Früchten*); **~er** (~'te) *v/t.* [1a] entstielen.

équi|angle ⩘ (ekwi'ɑ̃:glə) *adj.* gleichwinklig; **~distance** (~dis'tɑ̃:s) *f* gleicher Abstand *m* voneinander; **~distant** (~dis'tɑ̃) *adj.* [7] gleich weit voneinander entfernt; **~latéral** ⩘ (~late'ral) *adj.* [5c] gleichseitig.

équili|brage ⊕ (ekili'bra:ʒ) *m* Ausbalancieren *n*; **~bre** (~'librə) *m* **1.** Gleichgewicht *n*; *fig.* Ausgeglichenheit *f*; *mettre en* ~ ins Gleichgewicht bringen; **2.** *tour m d'*~ Trapezkunststück *n*; **~bré** (~li'bre) *adj. a. fig.* ausgeglichen; ✈ ausgewogen; **~brer** (~) *v/t.* [1a] ins Gleichgewicht bringen, ausgleichen; **~briste** (~li'brist) *su.* Trapezkünstler *m*, Seiltänzer *m*.

équi|moléculaire *biol.* (ekwimɔlekу'lɛ:r) *adj.* äquimolekular; **~multiple** (~myl'tiplə) *adj.*: *nombres m/pl.* ~*s* Zahlen, die ein gemeinschaftliches Vielfaches haben.

équin (e'kɛ̃) *adj.* [7] Pferde...

équinox|e (eki'nɔks) *m* Tagundnachtgleiche *f*; **~ial** (~nɔk'sjal) *adj.* [5c] unter dem Äquator liegend.

équi|page (eki'pa:ʒ) *m* **1.** Fuhrwerk *n*, Equipage *f*; *avoir* ~ eigenes Fuhrwerk haben; **2.** Auf-, Reise-zug *m*, Zug *m* (*v. Menschen*), Troß *m*; **3.** F Anzug *m*; *être en piteux* ~ elend gekleidet sein; **4.** ⚓ Mannschaft *f*; ✈ Besatzung *f*; ~ *de service* Bedienungsmannschaft *f*; **5.** ⚔ ~ *de pont* Brückenkolonne *f*; *train m des* ~*s* Armeetrain *m*; **6.** *ch.* Koppel *f* Hunde; **7.** Gerät *n*, Zubehör *n*, Ausrüstung *f*; Ausstattung *f*; *méc.* ~ *de pompe* Pumpwerk *n*; **~pe** (e'kip) *f* **1.** Anzahl *f* Arbeiter; *a.* ⚔ Trupp *m*; *a. Sport*: Mannschaft *f*; Besetzung *f*; (Arbeits-)Schicht *f*; ~ *de nuit* Nachtschicht *f*; *homme m d'*~ Rottenarbeiter *m*; *chef m d'*~ Rottenführer *m*; Polier *m*; ~ *de construction* Bautrupp *m*; ~ *de huit heures* Achtstundenschicht *f*; *Sport*: ~ *sélectionnée* (*nationale*) Auswahl-(National-)mannschaft *f*; ~ *de course* Rennmannschaft *f*; ⚔ ~ *de téléphonistes* Fernsprechtrupp *m*; ~ *de transmission* Nachrichtenabteilung *f*; ✈ ~ *d'atterrissage* Landungs-, Halte-mannschaft *f*; **2.** ⚓ Zug *m* aneinandergebundener Flußschiffe; **~pée** (~'pe) *f* Streich *m*; **~pement** (~p'mɑ̃) *m* **1.** Ausrüstung *f*, Ausstattung *f*, Einrichtung *f*; ~ *ménager* Haushaltungseinrichtung *f*; *effets m/pl. d'*~ Dienstbekleidungsstücke *n/pl.*; ~ *de l'aviateur* Fliegerausrüstung *f*; ~ *de bandages* (*od. de pneus*) Bereifung *f*; ~ *de canot* Bootsausrüstung *f*; ~ *d'éclairage* Beleuchtungsgerät *n*; ~ *d'excursionniste* Wanderausrüstung *f*; **2.** ⚓, ✈ Bemannung *f* (*Handlung*); **~per** (~'pe) [1a] **I** *v/t.* ausrüsten, ausstatten; *bsd.* ⚔ einkleiden; ⚓ bemannen; betakeln; **II** *v/rfl.*: *s'*~ *de* sich ausrüsten mit (*dat.*); **~pier** *Sport* (~'pje) Spieler *m*.

équipoll|ence ⩘ (ekwipɔ'lɑ̃:s) *f* Gleichwertigkeit *f*; **~ent** (~'lɑ̃) *adj.* [7] gleichwertig (*à* mit [*dat.*]).

équipondérance (ekwipɔ̃de'rɑ̃:s) *f* Gewichtsgleichheit *f*.

équipotentiel ⚡ (ekwipɔtɑ̃'sjɛl) *adj.* [7c] von gleicher Spannung.

équitable (eki'tablə) *adj.* □ gerecht; unparteiisch; angemessen.

équitation (ekitɑ'sjɔ̃) *f* Reitkunst *f*; Reiten *n*; ~ *féminine* Damenreiten *n*.

équité (eki'te) *f* Gerechtigkeit *f*, Billigkeit *f*; *plein d'*~ gerecht.

équiva|lence (ekiva'lɑ̃:s) *f* Gleichwertigkeit *f*; **~lent** (~'lɑ̃) **I** *adj.* [7] gleichwertig (*à* mit); **II** *m* Äquivalent *n*, Gegenwert *m*, Ersatz *m*; *phys.*, ⚗ Äquivalent *n*; **~loir** (~'lwa:r) *v/i.* [3h] gleichen Wert haben (*à* mit [*dat.*]), (eben-) so gut sein wie ..., gleichkommen (*dat.*).

équivo|que (eki'vɔk) **I** *adj.* doppelsinnig; zweideutig, zweifelhaft, verdächtig; **II** *f* Doppelsinnigkeit *f*; Zweideutigkeit *f*; Witz *m*; Wortspiel *n*; **~quer** (~vɔ'ke) *v/i.* [1m] zweideutig schreiben *od.* reden.

érable ⚘ (e'rablə) *m* Ahorn *m*.

éradication (eradikɑ'sjɔ̃) *f* Herausreißen *n* mit der Wurzel; *fig.* Ausrottung *f*; Zerstörung *f*; ⚕ Entfernung *f*.

éra|fler (era'fle) *v/t.* [1a] ritzen, schrammen, abschürfen; **~flure** (~'fly:r) *f* Schramme *f*, Riß *m*; Streifwunde *f*, Streifschuß *m*.

éraill|é (erɑ'je) *adj.* ausgefranst, abgetragen; *voix f ~e* heisere Stimme *f*; **~ement** (erɑj'mɑ̃) *m* Heiserkeit *f*; ⚕ Auswärtswendung *f* des Augenlids, Ektropium *n*; *text.* Lockerwerden *n*, Ausfransen *n* (*e-s Stoffes*); **~er** (~'je) [1a] **I** *v/t. tiss.* ausfasern, aufrauhen; **II** *v/rfl.*: *s'~ la voix* sich heiser schreien.

ère (ɛ:r) *f* Zeitrechnung *f*, Zeitalter *n*, Ära *f*.

érec|teur (erɛk'tœ:r) *adj.* [7f] *u. m anat.*: (*muscle m*) *~* aufrichtend(er Muskel *m*); **~tion** (erɛk'sjɔ̃) *f* **1.** Er-, Ein-richtung *f*; Einführung *f e-s Titels*; **2.** *physiol.* Erektion *f*.

éreint|é (erɛ̃'te) *adj.* hunde-, todmüde; **~ement** (~t'mɑ̃) *m* Abspannung *f*, völlige Erschöpfung *f*; F *fig.* Heruntermachen *n*; **~er** (~'te) *v/t.* [1a] überanstrengen, abhetzen, todmüde machen; *fig.* (*Autor, Buch*) F heruntermachen.

érémitique (eremi'tik) *adj.* einsiedlerisch.

érésipèle ⚕ (erezi'pɛl) *m* Rose *f*.

éréthisme ⚕ (ere'tism) *m* Überreizung *f*.

ergot (ɛr'go) *m* **1.** *zo.* Sporn *m*; Afterklaue *f*; F *se dresser* (*od. monter*) *sur ses ~s fig.* rabiat werden; **2.** ⚘ Brand *m*, Mutterkorn *n*; *vét.* Flußgalle *f*; **3.** ⊕ Stift *m*; Anschlag *m*; **~age** (ɛrgɔ'ta:ʒ) *m* Rechthaberei *f*; **~é** (~gɔ'te) *adj.* **1.** *zo.* bespornt; **2.** ⚘ *seigle m ~* Mutterkorn *n*; **~er** (~) *v/i.* [1a] über Kleinigkeiten streiten; **~erie** (~'tri) *f* Rechthaberei *f*; **~eur** (~'tœ:r) *adj. u. su.* [7g] rechthaberisch(er Mensch *m*).

ergotine *pharm.* (ɛrgɔ'tin) *f* Ergotin *n*.

éricacées ⚘ (erika'se) *f/pl.* Heidekrautpflanzen *f/pl.*

ériger (eri'ʒe) [1l] **I** *v/t.* **1.** aufrichten, errichten; gründen, stiften; einsetzen, einrichten; **2.** *fig. ~ en* erheben, erhöhen zu (*dat.*); *~ en principe* als Grundsatz aufstellen; **II** *v/rfl. s'~ en censeur public* sich zum Sittenrichter aufwerfen.

érigne ⚕ (e'riɲ) *f* Hakenpinzette *f*.

erminette ⊕ (ɛrmi'nɛt) *f* Dachsbeil *n*, Dechsel *f*.

ermi|tage (ɛrmi'ta:ʒ) *m* Einsiedelei *f*; *fig.* einsame Gegend *f*; einsam gelegenes Landhaus *n*; **~te** (~'mit) *m* Eremit *m*, Einsiedler *m*, Klausner *m*; *vivre en ~* abgeschieden leben.

éroder (erɔ'de) *v/t.* zernagen, anfressen; ätzen; *géol.* auswaschen (*v. Wasser*); den Boden aussaugen.

éro|sif (ero'zif) *adj.* [7e] erodierend; zerfressend; ätzend; **~sion** (ero'zjɔ̃) *f* Zerfressen *n*; ⚕ angefressene Stelle *f*; *géol.* Verwitterung *f*, Abtragung *f* durch fließendes Wasser, Auswaschung *f*, Erosion *f*.

érotique (erɔ'tik) *adj.* □ erotisch.

érotisme (~'tism) *m* Erotik *f*.

erpétologie 🕮 (ɛrpetɔlɔ'ʒi) *f* Reptilienkunde *f*.

errance (ɛ'rɑ̃:s) *f* Heimatlosigkeit *f*, zielloses Umherirren *n*; *fig. ~s pl.* Irrfahrten *f/pl.*

errant (ɛ'rɑ̃) *adj.* [7] unstet, bewegt, umherschweifend; *chevalier m ~* fahrender Ritter *m*; *chien m ~* streunender Hund *m*; *le Juif ~* der ewige Jude *m*; *mener une vie ~e* ein unstetes Leben führen.

errata (ɛra'ta) *m/inv.* (*un ~, des ~*) Druckfehlerverzeichnis *n*.

erratique ⚕, *géol.* (ɛra'tik) *adj.* umherziehend; wandernd (*Schmerz*); unregelmäßig (*Fieber*).

erratum (ɛra'tɔm) *m* Druckfehler *m*.

erre (ɛ:r) *f* **1.** *aller à belle ~ od. à grand-~* rasch seines Weges gehen; **2.** ⚓ auslaufende Fahrgeschwindigkeit *f* (*ohne Motor*); ⚓ *casser l'~* die Fahrt stoppen; 🚂 *l'~ des trains* die Geschwindigkeit *f* der Züge; **3.** *ch. ~s pl.* Fährte *f/sg.*; F *fig. péj. revenir à ses premières ~s* in s-e alten Gewohnheiten verfallen; *aller sur les ~s de q. od. suivre les ~s de q.* in j-s Fußtapfen treten.

errements (ɛr'mɑ̃) *m/pl.* **1.** übliche Handlungsweise *f*; **2.** *péj.* Praktiken *pl.*, Schliche *m/pl.*, Kniffe *m/pl.*; **3.** *abus.* Irrtümer *m/pl.*

errer (ɛ're) *v/i.* [1b] **1.** (umher-) irren, herumziehen; **2.** ↖, *st. s.* (sich) *fig.* irren, sich täuschen.

erreur (ɛ'rœ:r) *f* **1.** Irrtum *m*, irrige Meinung *f*; Fehler *m*, Versehen *n*; *~ de frappe* Tippfehler *m*; *téléph. ~ d'audition* Hörfehler *m*; ⚖ *~ judiciaire* Rechts-, Justiz-irrtum *m*; *l'~ est chose humaine* Irren ist menschlich; *téléph. il y a ~* falsch verbunden; *induire en ~* irreführen; *revenir de son ~* s-n Irrtum einsehen; *vous faites ~* da sind Sie im Irrtum!; *~ de calcul* Rechenfehler *m*; *une ~ s'est glissée dans mes comptes* ein Irrtum hat sich in meine Berechnungen eingeschlichen; ✝ *sauf* ~ Irrtum vorbehalten; **2.** ~*s pl.* Verirrungen *f/pl.*; *les* ~*s de jeunesse* die Jugendsünden *f/pl.*; **3.** ⚖ ~ *de droit* falsche Anwendung *f* e-s Gesetzes; ~ *de personne* Personenverwechslung *f*; **4.** *poét. les* ~*s d'Ulysse* die Irrfahrten *f/pl.* des Odysseus.

erroné (ɛrɔ'ne) *adj.* irrig, irrtümlich.

ersatz (ɛr'zats) *m* [5a] Ersatz *m*, Ersatznahrungsmittel *n*.

érubes|cence (erybɛ'sɑ̃:s) *f* Erröten *n*; ~**cent** (~'sɑ̃) *adj.* [7] rot werdend, errötend.

éruc|tation (eryktɑ'sjɔ̃) *f* Aufstoßen *n*, Rülpsen *n* F; ~**ter** (~'te) *v/i.* [1a] aufstoßen, rülpsen F.

érudit (ery'di) **I** *adj.* [7] gelehrt; **II** *m* Gelehrter *m*; ~**ion** (~di'sjɔ̃) *f* Gelehrsamkeit *f*; ~ *fausse* Scheinwissen *n*.

érugineux (~ʒi'nø) *adj.* [7d] kupfergrün, mit Grünspan beschlagen.

érup|tif (eryp'tif) *adj.* [7c] **1.** *géol.* eruptiv; **2.** ⚕ mit Ausschlag verbunden; ~**tion** (~p'sjɔ̃) *f* **1.** *géol. u. fig.* Eruption *f*, Ausbruch *m*; **2.** ⚕ Durchbrechen *n der Zähne*; Hautausschlag *m*; plötzliche Entleerung *f*. [Rose *f*.]

érysipèle ⚕ (erizi'pɛl) *m* Rotlauf *m*,

ès (ɛs *vor cons.*; *in der Bindung* ɛz; *veraltet für* en les) *prp.* in (*dat.*); *bachelier m ès lettres* (*ès sciences*) Abiturient *m* der sprachlich-philosophischen (der naturwissenschaftlichen) Abteilung; *docteur m ès lettres* Doktor *m* der Philosophie (*Dr. ès L.* = Dr. phil.).

esbigner P (ɛzbi'ɲe) [1a]: *s'*~ türmen, abhauen, sich dünne machen.

esbrouf|e F (ɛz'bruf) *f* Bluff *m*, Angabe *f* F; *la faire à l'*~ *à q.* j-n übers Ohr hauen; *faire de l'*~ sich wichtig machen; *vol m à l'*~ Taschendiebstahl *m* durch Anrempeln; ~**er** F (~'fe) *v/t.* [1a] verblüffen, frappieren; P anrempeln, *um zu klauen*; ~**eur** P (~'fœ:r) **I** *su.* [7g] Angeber *m*, Wichtigtuer *m*; **II** *adj.* angeberisch, protzend.

escabeau (ɛska'bo) *m* [5b], **escabelle** (~'bɛl) *f* (Holz-)Schemel *m*, Hocker *m*; Tritt *m* (*kleine Leiter*).

esca|dre ⚓, ✈ (ɛs'kɑ:drə) *f* Geschwader *n*; ~**drille** (~ka'drij) *f* **1.** ⚓ Flotille *f*; **2.** ✈ Staffel *f*; ~ *de chasse* (*de protection*) Jagd-(Schutz-)staffel *f*; ~**dron** (~'drɔ̃) *m* Schwadron *f*; *fig.* Schar *f*.

escala|de (ɛska'lad) *f* ⚔ Ersteigen *n* mit (Sturm-)Leitern; Sturmlauf *m*; *échelle f d'*~ Sturmleiter *f*; (*vol m à l'*)~ Einbruch(sdiebstahl *m*) *m* (*durch Einsteigen*); ~**der** (~'de) *v/t.* [1a] **1.** mit (Sturm-)Leitern ersteigen; **2.** ~ *une maison* in ein Haus einsteigen (*von Dieben*).

escalator *néol.* (ɛskala'tɔ:r) *m* Rolltreppe *f*.

esca|le (ɛs'kal) *f* ⚓ Anlege-, Nothafen *m*; Handelsplatz *m*; ✈, ⚓ Zwischenlandung *f*; ⚓, ✈ *faire* ~ e-e Zwischenlandung machen.

escalier (ɛska'lje) *m* Treppe *f*; ~ *de dégagement* Nebentreppe *f*; ~ *dérobé* Lauftreppe *f*; geheime Treppe *f*; ~ *de sauvetage* Rettungsleiter *f*; ~ *de secours* Nottreppe *f*; ~ *de service* Hintertreppe *f*; ~ *mécanique*, ~ *roulant* Rolltreppe *f*; ~ *tournant od. en colimaçon* Wendeltreppe *f*; ~ *suspendu*, ~ *en porte-à-faux* freitragende Treppe *f*.

escalope *cuis.* (ɛska'lɔp) *f* Schnitzel *n*.

escamo|table ⊕ (ɛskamɔ'tablə) *adj.* versenkbar, ein-, hochziehbar; ~**tage** (~'ta:ʒ) *m* Verschwindenlassen *n*; Stibitzen *n* F; Umgehen *n* (*e-r Frage*); ~**ter** (~'te) *v/t.* [1a] verschwinden lassen; stibitzen F; totschweigen; umgehen; *gr.* ~ *une voyelle* e-n Vokal verschlucken; *phot.* ~ *les plaques* die Platten auswechseln; ~**teur** (~'tœ:r) *su.* [7g] Taschenspieler *m*; Langfinger *m* P, Taschendieb *m*, Gauner *m*.

escampette F (ɛskɑ̃'pɛt) *f*: *prendre la poudre d'*~ ausreißen, türmen.

escapade (ɛska'pad) *f* **1.** Durchgehen *n*, *fig.* Durchbrennen *n* F; Abstecher *m*, kleine Fahrt *f*; **2.** toller Streich *m*, unüberlegte Handlung *f*; Grille *f*, Laune *f*; *fig.* Seitensprung *m*.

escape (ɛs'kap) *f* Säulenschaft *m*.

escapologiste (ɛskapɔlɔ'ʒist) *m* Entfesselungskünstler *m* (*Zirkus*).

escarbille ⊕ (ɛskar'bij) *f* halbverbranntes (*od.* glühendes) Kohlenstückchen *n*; Flugasche *f*.

escarbot *ent.* (ɛskar'bo) *m* Käfer *m*.

escarboucle (~'buklə) *f* Karfunkel *m*.

escarcelle *ehm.* (~'sɛl) *f* Geldbeutel *m*, Geldkatze *f*.

escargot (~'go) *m bsd. die eßbare* Weinbergsschnecke *f*.

escarmouch|e (~'muʃ) *f* Geplänkel *n*; *allg.* Streit *m*.

escarole ⚘, *cuis.* (ɛska'rɔl) *f* Eskarol *m*, Endivie(nsalat *m*) *f*.

escarpe[1] (ɛsˈkarp) *m* Raubmörder *m*.
escar|pe[2] ⚔ (~) *f* innere Grabenböschung *f*; **~pé** (~ˈpe) *adj.* steil, abschüssig, jäh, steil ansteigend; **~pement** (ɛskarpəˈmɑ̃) *m* schroffer Abhang *m*, Steilabfall *m*; **~per** (~ˈpe) *v/t.* [1a] abdachen, steilmachen; **~pin** (~ˈpɛ̃) *m* leichter Schuh *m*, Tanzschuh *m*; **~polette** (~pɔˈlɛt) *f* (Strick-)Schaukel *f*.
escarre ⚕ (ɛsˈka:r) *f* Grind *m*, Schorf *m*; **~s** *f/pl.* Wundliegen *n*.
Escaut (ɛsˈko) *m*: **l'~** die Schelde.
esc(h)a|re ⚕ (ɛsˈka:r) *f* Grind *m*, Schorf *m*; **~rification** ⚕ (~karifikɑˈsjɔ̃) *f* Schorfbildung *f*; **~rotique** ⚕ (~rɔˈtik) *adj. u. m* schorfbildend; Ätzmittel *n*.
escient (ɛˈsjɑ̃) *m*: *à bon ~* nach reiflicher Überlegung; ⚖ nach bestem Wissen und Gewissen; *à mon ~* mit meinem Wissen.
esclaffer (ɛsklaˈfe) [1a]: **s'~** laut auflachen (*de qch.* über etw. [*acc.*]).
esclandre (ɛsˈklɑ̃:drə) *m* ärgerlicher Auftritt *m*, Skandal *m*; *causer de l'~* öffentliches Ärgernis erregen.
escla|vage (ɛsklaˈva:ʒ) *m* **1.** Sklaverei *f*, Knechtschaft *f*; *réduire en ~* versklaven; **2.** *fig.* Abhängigkeit *f*; **~vagiste** *hist.* (~vaˈʒist) *m* Verteidiger *m* der Sklaverei; **~ve** (ɛsˈklɑ:v) **I** *su.* Sklave *m*, Sklavin *f*; **II** *adj.* sklavisch, geknechtet; Sklaven....
escobar F (ɛskɔˈba:r) *m* Scheinheiliger *m*; **~der** F (~barˈde) *v/i.* [1a] heucheln; **~derie** F (~ˈdri) *f* Jesuitenkniff *m*, listige Ausrede *f*.
escoffier P (ɛskɔˈfje) *v/t.* totschlagen.
escogriffe F (ɛskɔˈgrif) *m* F langer Lulatsch *m*.
escomp|table ✝ (ɛskɔ̃ˈtablə) *adj.* diskontierbar; im voraus berechenbar; **~te** ✝ (ɛsˈkɔ̃:t) *m* Abzug *m*, Skonto *m od. n*, Diskont(o) *m*, Wechselzins *m*; *~ des effets* Wechseldiskont *m*; *~ échelonné* Staffelskonto *n*; *sous ~* unter Abzug; *déduction faite de l'~* nach Abzug des Skontos; **~ter** ✝ (ɛskɔ̃ˈte) *v/t.* [1a] **1.** *~ l'intérêt bei Vorausbezahlung* die Zinsen abziehen; **2.** *~ un billet, une lettre de change* e-n Wechsel diskontieren; **3.** *fig.* im voraus verbrauchen (*a. fig.*), im voraus bestimmen; erwarten, rechnen mit; *~ l'avenir* auf eine glückliche Zukunft spekulieren und flott leben.
escor|te (ɛsˈkɔrt) *f* Begleitmannschaft *f*, Eskorte *f*, Bedeckung *f*, Geleit *n*; Begleitkommando *n*; *fig.* Gefolge *n*; *~ d'honneur* Ehrengeleit *n*; **~ter** (ɛskɔrˈte) *v/t.* [1a] geleiten; **~teur** ⚓ (~ˈtœ:r) *m* Geleitschiff *n*.
escot (ɛsˈko) *m* wollener Köperstoff [*m*.]
escouade (ɛsˈkwad) *f* **1.** ⚔ Korporalschaft *f*, Rotte *f*; Beritt *m*; *~ (de police) mobile* Überfallkommando *n*; **2.** Trupp *m* Arbeiter.
escourgeon (ɛskurˈʒɔ̃) *m* **1.** Winter-, Früh-gerste *f*; **2.** Lederstreifen *m* am Dreschflegel.
escri|me (ɛsˈkrim) *f* Fechten *n*, Fechtkunst *f*; *faire de l'~* fechten; **~mer** (~ˈme) [1a] **I** *v/i.* † fechten; ↖ *fig.* disputieren (*sur* über); **II** *v/rfl.* **s'~** sich herumzanken (*contre* mit); sich abmühen (*à faire qch.* etw. zu tun); **~meur** (~ˈmœ:r) *su.* [7g] Fechter *m*.
escro|c (ɛsˈkro) *m* Hochstapler *m*, Schwindler *m*, Betrüger *m*, Gauner *m*; *vivre en ~* als Gauner *usw.* leben; *tour m d'~* Gaunerstreich *m*; *~ à l'assurance* Versicherungsschwindler *m*; **~quer** (ɛskrɔˈke) *v/t.* [1m]: *~ qch. à q.* etw. von j-m ergaunern; *~ q.* j-n prellen; **~querie** (ɛskrɔˈkri) *f* Hochstapelei *f*, Gaunerei *f*, Schwindelgeschäft *n*; *~ à l'assurance* Versicherungsschwindel *m*.
esculape F (ɛskyˈlap) *m* Arzt *m*.
esherber ✂ (ezɛrˈbe) *v/t.* [1a] jäten.
ésotér|ique *phil.* (ezɔteˈrik) *adj.* esoterisch, geheim; **~isme** *phil.* (~ˈrism) *m* Geheimlehre *f*.
espa|ce (ɛsˈpas) **I** *m* **1.** Raum *m*; Zwischenraum *m*, Lücke *f*; ✈ *~ aérien* Luftraum *m*; *~ urbain* Lebensraum *m* (*Städteplanung*); *~ interplanétaire* (*od. cosmique od. intersidéral*), *~s pl. sidéraux* (*od. extra-terrestres*) Weltraum *m*; *la course pour l'~* das Wettrennen um den Weltraum; *envoyer dans l'~* in den Weltraum schicken; *pol. ~ vital* Lebensraum *m*; *~ vide* Hohlraum *m*; **2.** *un court ~ de temps* e-e kurze Zeitspanne *f*; *dans l'~ de six mois* innerhalb e-s halben Jahres (*od.* von sechs Monaten); **3.** ♪ Zwischenraum *m* zwischen den Notenlinien; **4.** ⛫ Fläche *f*; **5.** *pl.* *~s verts* Grünflächen *f/pl.*; **6.** *phys.* durchlaufener Raum *m*; Bahn *f*; **II** *f typ.* Spatium *n*, Ausschluß *m*; **~cement** (~pasˈmɑ̃) *m* Abstand *m*; Weitläufigkeit *f*; △ Zwischenweite *f*;

Aufstellen *n* in Zwischenräumen; *typ.* Durchschießen *n*; **~cer** (~'se) [1k] *v/t.* **1.** Zwischenraum lassen zwischen (*dat.*); *fig.* ~ *ses visites* s-e Besuche seltener werden lassen; **2.** *typ.* durchschießen; sperren.

espadon (ɛspa'dɔ̃) *m* **1.** † großes, breites Schwert *n*; **2.** *icht.* Schwertfisch *m*.

espadrilles (ɛspa'drij) *f/pl.* Leinenschuhe *m/pl.* mit geflochtener Sohle, Bast-, Hanf-, Strand-, Strohpantoffeln *m/pl.*, Strand-, Bade-schuhe *m/pl.*

Espagne (ɛs'paɲ) *f*: **l'~** Spanien *n*.

espa|gnol (ɛspa'ɲɔl) *adj. u.* ♀ *su.* spanisch; Spanier *m*; **~gnolette** (~'lɛt) *f* Drehstangenverschluß *m*.

espalier (ɛspa'lje) *m* Spalier *n*; *arbre m en* ~ Spalierbaum *m*

espar (ɛs'pa:r) *m* **1.** *artill.* Hebel *m*; **2.** ⚓ Spiere *f*.

espar|cet ⚘ (ɛspar'sɛ) *m*, **~cette** ⚘ (~'sɛt) *f* Esparsette *f*, Süßklee *m*; **~goute** ⚘ (~'gut) *f* Spergel *m*.

espèce (ɛs'pɛs) *f* **1.** Art *f*, Sorte *f*; ⚘ *u. zo.* Spezies *f*; *péj.* (*des gens de*) *cette* ~ ein solches Gelichter *n*; *la belle* ~! e-e feine Sorte!; *l'*~ *humaine* das Menschengeschlecht *n*; *des gens de son* ~ Leute *pl.* s-r Art; *de l'*~, *propre à l'*~ arteigen; *étranger à l'*~ artfremd; F *une* ~ *de savant* e-e Art Gelehrter; **2.** ⚖ *en l'*~ im vorliegenden Falle; **3.** ~*s pl.* bares Geld *n*, Münzsorten *f/pl.*; *en* ~*s* (*sonnantes*) in klingender Münze.

espérance (ɛspe'rɑ̃:s) *f* Hoffen *n*, Hoffnung *f*, Aussicht *f*, Erwartung *f* (*ursprünglich das vagere, unbestimmte Hoffen als Dauerzustand*; *heute oft* = *espoir gebraucht*); *daher auch*: Gegenstand *m* der Hoffnung: *c'est toute mon* ~ das ist m-e ganze Hoffnung; *avoir des* ~*s* Aussicht *f* auf e-e Erbschaft haben; *concevoir* (*od. nourrir*) *des* ~*s* Hoffnung schöpfen (*od.* hegen); *dans l'*~ in der Hoffnung.

espéran|tiste (~rɑ̃'tist) *su.* Anhänger *m* der Esperantosprache; **~to** (~'to) *m* Esperanto *n* (*Kunstsprache*).

espérer (ɛspe're) *v/t. u. v/i.* erhoffen, erwarten (*bei e-m einzigen Subjekt folgt im allg. der reine inf.*; *il espère me voir* er hofft, mich zu sehen; *bei mehreren Subjekten steht que + fut. bzw. cond.*: *j'espère qu'il viendra* ich hoffe, daß er kommt; *j'espérais qu'il viendrait* ich hoffte (ich erwartete), daß er kam; *ist der Satz bei mehreren Subjekten verneint, muß der Konjunktiv gebraucht werden*: *je n'espère pas que vous vous rappeliez combien il y a de langages* ich erwarte nicht, daß Sie sich daran erinnern, wieviel Sprachen es gibt; *j'espère en vous* ich hoffe auf Sie.

espiègle (ɛs'pjɛ:glə) *adj. u. su.* schelmisch, ausgelassen, schalkhaft; Schelm *m*; **~rie** (~pjɛglə'ri) *f* Schalkhaftigkeit *f*; Streich *m*.

espion (ɛs'pjɔ̃) *su.* [7c] Spitzel *m*, Spion *m*; **~nage** (~pjɔ'na:ʒ) *m* Spionage *f*, Spitzelei *f*; ~ *industriel* Werkspionage *f*; **~ner** (~pjɔ'ne) [1a] **I** *v/t.* ausspionieren, bespitzeln; abhorchen; **II** *v/i.* spionieren; **~nite** (~'nit) *f* Spionagekomplex *m*.

esplanade (ɛspla'nad) *f* freier Platz *m*, Vorplatz *m*.

espoir (ɛs'pwa:r) *m* konkrete Hoffnung *f*; Zuversicht *f*; *j'ai bon* ~ ich bin guter Hoffnung; *mettre son* ~ *en Dieu* s-e Hoffnung auf Gott setzen; *plein d'*~ hoffnungsvoll; *dans l'*~ *de recevoir de vos nouvelles* in der Hoffnung, von Ihnen zu hören (*Briefschluß*).

esprit (ɛs'pri) *m* **1.** Geist *m*, Seele *f*; Leben *n*; Verstand *m*; Witz *m*; Scharfsinn *m*; *faire de l'*~ Witze machen; *perdre l'*~ den Verstand verlieren; *présence f d'*~ Geistesgegenwart *f*; *rendre l'*~ den Geist aufgeben, sterben; *reprendre ses* ~*s* wieder zu sich kommen; *fig.* sich von e-m Schrecken *usw.* wieder erholen; ~*s pl. animaux* (*od.* ~*s pl. vitaux*) Lebensgeister *m/pl.*; *venir à l'*~ in den Sinn kommen, einfallen; *trait m* (*od. mot m*) *d'*~ Geistesblitz *m*, Witz *m*, geistreicher Gedanke *m*; **2.** (Mensch *m* von) Geist *m*; *bel* ~ Schöngeist *m*; *femme f bel* ~ schöngeistige Frau *f*; ~ *étroit*, ~ *borné* beschränkter Kopf *m*; ~ *faible* schwacher Kopf *m*; ~ *fort* Freidenker *m*; ~ *lucide* heller (*od.* klarer) Kopf *m*; **3.** Wesen *n*, Eigentümlichkeit *f*; Sinn *m* e-r Textstelle; ~ *de corps* Korpsgeist *m*; ~ *d'équipe* Gemeinschaftsgeist *m*; ~ *du front* Frontgeist *m*; ~ *de sacrifice* Opfergeist *m*; *dans l'*~ *de la loi* im Sinne des Gesetzes; ~ *de parti* Parteigeist *m*; ~ *du siècle*, ~ *du temps* Zeitgeist *m*; ~ *mercantile* Krämergeist *m*; ~ *nouveau* neuer Kurs *m*; **4.** Neigung *f*, Fähigkeit *f*;

Gabe *f*; *il a l'*~ *des affaires* er hat kaufmännisches Talent; ~ *d'entreprise* Unternehmungsgeist *m*; ~ *de prophétie* Sehergabe *f*; *quitter un pays sans* ~ *de retour* ein Land auf Nimmerwiedersehen (für immer) verlassen; **5.** Gemütsstimmung *f*, Charakter *m*; ~ *positif* Tatsachenmensch *m*; ~ *remuant* unruhiger Geist *m*; *avoir l'*~ *de suite* beharrlich sein; ~ *volage* flatterhafter Charakter *m*; ~ *de travers* Querkopf *m*; **6.** Meinung *f*; Stimmung *f*; ~*s pl.* Gemüter *n/pl.*; ~ *national* Nationalgefühl *n*; ~ *public* öffentliche Meinung *f*; *calmer les* ~*s* die Gemüter beruhigen; *éclairer les* ~*s* die Menschen aufklären; **7.** ~ *du monde* Weltklugheit *f*; ~ *de petite ville*, ~ *de clocher*, ~ *bourgeois* Kleinstädterei *f*, Spießbürgertum *n*; **8.** ~ *follet* Kobold *m*; ~*s frappeurs* Klopfgeister *m/pl.*; *les* ~*s immondes* die Teufel *m/pl.*; *l'*~ *malin*, *l'*~ *du mal* der böse Geist *m*; *évoquer les* ~*s* Geister heraufbeschwören; *il y revient des* ~*s* es spukt da; **9.** Sprit *m*; ~ *de sel (ammoniac)* Salmiakgeist *m*; ~*(-)de(-)vin* Weingeist *m*; ~ *de vitriol* Vitriolöl *n*; ~ *de bois* Methylalkohol *m*; *les* ~*s* die Spirituosen *f/pl.*; **10.** Hauch *m*.

esquif ⚓ (ɛs'kif) *m* kleines Boot *n*.

esquill|e (ɛs'kij) *f* Knochensplitter *m*; **~eux** (~'jø) *adj.* [7d] splittrig.

esquinter F (ɛskɛ̃'te) *v/t.* [1a] müde (*od.* kaputt [*a. Sache*]) machen; *fig.* heruntermachen (*Person, Buch*).

esquis|se (ɛs'kis) *f* Entwurf *m*, Skizze *f*; ~ *au crayon* Bleistiftskizze *f*; *tracer une* ~ e-e Skizze entwerfen; **~ser** (~'se) *v/i.* [1a] skizzieren, entwerfen.

esquiver (~ki've) [1a] **I** *v/t.* ausweichen; **II** *v/rfl. s'*~ sich heimlich davonmachen, sich drücken.

essai (e'sɛ) *m* **1.** Probe *f*, Versuch *m*; ~ *d'arbitrage* Schlichtungsversuch *m*; ~ *de charge* Belastungsprobe *f*; *Auto*: ~ *sur route* Probefahrt *f*; ~ *d'établir un record* Rekordversuch *m*; *à titre d'*~ versuchsweise; *prendre à l'*~ auf die Probe nehmen; *mettre à l'*~ (⊕ *a. en* ~) auf die Probe stellen; ⊕ zu Versuchszwecken einsetzen; *coup m d'*~ Probestück *n*; ⊕ ~ *de contrôle* Überwachungsprüfung *f*; *il n'en est plus à son coup d'*~ er ist kein Anfänger (*od.* Neuling) mehr; **2.** *litt.* Essay *m*, literarischer Versuch *m*; kurze Abhandlung *f*; **3.** Muster *n*; ~*s pl. de vin* Weinproben *f/pl.*; **4.** *Sport*: Einwurf *m* (*Rugby*).

essaim (e'sɛ̃) *m* (Bienen-)Schwarm *m*; **~er** (esɛ'me) *v/i.* [1b] *Bienenzucht*: schwärmen.

essanger (esɑ̃'ʒe) *v/t.* [1l] *Wäsche* einweichen.

essart ↗ (e'sa:r) *m* Rode-, Neuland *n*; **~er** ↗ (esar'te) *v/t.* [1a] (aus)roden, urbar machen.

essay|age (esɛ'ja:ʒ) *m* Anprobe *f*; *faire l'*~ anprobieren (*Kleid*); **~er** (~'je) [1i] **I** *v/t.* versuchen, probieren; ~ *du vin* Wein kosten; **II** *v/i.* ~ *de q. od. de (faire) qch.* es mit j-m (*od.* mit etw.) versuchen; **III** *v/rfl.*: *s'*~ *à nager* sich im Schwimmen versuchen; **~eur** (~'jœ:r) *m* (*Münz-, Nahrungsmittel-*) Prüfer *m*; **~iste** (~'jist) *su. litt.* Essayist *m*.

esse (ɛs) *f* S-förmiger Haken *m*; Achsennagel *m*; ♪ Schalloch *n an e-r Geige*.

essence (e'sɑ̃:s) *f* **1.** *phil. das* Wesen *n*, *das* Sein *n*; Wesenheit *f*; *allg. dans son* ~ im wesentlichen; **2.** Essenz *f*, ätherisches Öl *n*; *Auto*, ✈ Benzin *n*, Treibstoff *m*; ~ *de térébenthine* Terpentinöl *n*; *réservoir m d'*~ Benzintank *m*; *faire de l'*~, *faire son (od. le) plein d'*~, *se ravitailler en* ~ tanken; *poste m d'*~ Tankstelle *f*.

essente (e'sɑ̃:t) *f* Holzschindel *f*.

essentiel (esɑ̃'sjɛl) **I** *adj.* [7c] □ **1.** wesentlich, eigentlich, wirklich; Haupt...; unerläßlich; *caractère m* ~ Wesens-, Haupt-zug *m*; *point m* ~ Kernpunkt *m*; *la raison est* ~*le à l'homme* die Vernunft ist e-e wesentliche Eigenschaft des Menschen; *essentiellement adv.* wesentlich; bedeutend; in hohem Maße; **2.** ⚕ *maladie f* ~*le* selbständig auftretende Krankheit *f*; **II** *m das* Wesentliche *n*; Hauptsache *f*.

esseulé (esœ'le) **I** *adj.* vereinsamt; einsam; **II** *su.* Vereinsamter *m*.

essieu (e'sjø) *m* [5b] (Wagen-) Achse *f*; ~ *avant* (~ *arrière*) Vorder- (Hinter-)achse *f*.

essor (e'sɔ:r) *m* **1.** Aufflug *m e-s Vogels*; *prendre son* ~ *od. l'*~ auffliegen; **2.** *fig.* Aufschwung *m*; *donner un* ~ *à qch.* etw. in Schwung bringen; *prendre l'*~ sich aufschwingen; *les arts prirent un rapide* ~ die Künste nahmen e-n schnellen Aufstieg.

essor|age (esɔ'ra:ʒ) *m* Auswringen *n*; Ausschleudern *n*; Trocknen *n* an der Luft; *avec mécanisme d'~ intégré* mit eingebauter Schleudervorrichtung; **~er** (~'re) *v/t.* [1a] an der Luft trocknen lassen; ⊕ *text.* *~ dans des machines rotatives* in Rotationsmaschinen auswringen; **~euse** (~'rø:z) *f* Wringmaschine *f*; Trockenschleuder *f*; *~ centrifuge électrique* elektrische Wäscheschleuder *f*.

essoriller (esɔri'je) *v/t.* [1a]: *~ un chien* e-m Hunde die Ohren stutzen (*od.* kupieren).

essoucher (esu'ʃe) *v/t.* [1a] ausroden.

essouffl|é (esu'fle) *adj.* außer Atem, atemlos; **~ement** (~flə'mɑ̃) *m* Kurzatmigkeit *f*; **~er** (~'fle) *v/t.* [1a] außer Atem bringen; *s'~* außer Atem kommen.

essuie|-glace (esɥi'glas) *m* [6d] *Auto*: Scheibenwischer *m*; **~-main** (~'mɛ̃) *m* [6d] Handtuch *n*; **~-pieds** (~'pje) *m* [6c] Abtreter *m*; **~-plume(s)** (~'plym) *m* [6d] Tintenwischer *m*; **~-verres** (~'vɛ:r) *m* [6c] Gläsertuch *n*.

essuyage (esɥi'ja:ʒ) *m* Abtrocknen *n*.

essuyer (esɥi'je) *v/t.* [1h] **1.** abtrocknen, abwischen; *~ les larmes de q.* j-s Tränen trocknen; *fig.* j-n trösten; **2.** trocknen, austrocknen; *~ les plâtres* e-e Wohnung trocken wohnen; **3.** *fig.* ausstehen, ertragen, über sich ergehen lassen; *~ de grandes fatigues* große Strapazen ausstehen; *~ un refus* e-n Korb (*fig.*) erhalten.

est[1] (ɛst) **I** *m* (*abr.* E.) Osten *m*; (*vent m d'*)*~* Ostwind *m*; *d'~ en ouest* von Osten nach Westen; *pol. rencontre f* ♀*-Ouest* Ost-West-Gespräch *n*; **II** *adj./inv.*: *côté m ~* Ostseite *f*; *longitude f ~* östliche Länge *f*.

est[2] (ɛ) s. être; *am Satzanfang*: *Est-ce à dire que ...* Soll das etwa bedeuten (*od.* heißen), daß ...?

estacade (ɛsta'kad) *f* Pfahlwerk *n*, Umzäunung *f*; ⚓ Wellenbrecher *m*; 🚂 Bekohlungsbühne *f*.

estafette (~'fɛt) *f* Stafette *f*; Kurier *m*.

estafilade (~fi'lad) *f* Schmarre *f*, *bsd.* Schmiß *m im Gesicht.*

estagnon ✝ (ɛsta'ɲɔ̃) *m* Blechkanne *f für Speiseöl*, Blechgefäß *n*.

estaminet (ɛstami'nɛ) *m* Kneipe *f*, Stampe *f*, Wirtshaus *n*.

estam|page (ɛstɑ̃'pa:ʒ) *m* Stanzen *n*, Prägen *n*; *fig.* F Übervorteilung *f*, Prellerei *f*, Nepp *m* F; **~pe** (ɛs'tɑ̃:p) *f* **1.** Kupfer-)Stich *m*; *~ en bois* Holzschnitt *m*; *~ à l'eau forte* Radierung *f*; **2.** Locheisen *n*; Stampfe *f*, Stanze *f*; **~per** (ɛstɑ̃'pe) *v/t.* [1a] Stiche drucken; stempeln, prägen; stanzen; F prellen, neppen, **~peur** (~'pœ:r) **I** *su.* [7g] Stanzer *m*; F Betrüger *m*, Nepper *m*, Gauner *m*; **II** *adj.*: *balancier m ~* Prägestock *m*; **~pille** (~'pij) *f* Kontrollstempel *m*; **~piller** (~pi'je) *v/t.* stempeln.

estarie ⚓ (~a'ri) *f* Liege-zeit *f*, -geld *n*.

ester ⚖ (ɛs'te) *v/i.* [1a]: *~ en justice* vor Gericht auftreten, e-n Prozeß führen.

estère (ɛs'tɛ:r) *f* Binsenmatte *f* (*der Orientalen*).

es|thète (ɛs'tɛt) *su.* Ästhet *m*; **~thétique** (~te'tik) **I** *adj.* ästhetisch; **II** *f* Ästhetik *f*.

estima|ble (ɛsti'mablə) *adj.* schätzenswert, achtbar; **~teur** (~'tœ:r) *su.* [7f] Abschätzer *m*, Taxator *m*; *fig.* Beurteiler *m*; **~tif** (~'tif) *adj.* [7e] auf Schätzung beruhend; *devis m* (~) Kostenanschlag *m*; **~tion** (~mɑ'sjɔ̃) *f* Abschätzung *f*, Anschlag *m*, Überschlag *m*, Bewertung *f*, Berechnung *f*; *~ à vue* Augenmaß *n*; **~toire** (~'twa:r) *adj.* schätzungsmäßig, Schätzungs...

esti|me (ɛs'tim) *f* Achtung *f*, Hochachtung *f*, Wertschätzung *f*; guter Ruf *m*; *être en grande ~* in hohem Ansehen stehen; *manque m d'~* Geringschätzung *f*, Mißachtung *f*; *témoigner de l'~ à q.* j-m gegenüber Hochachtung bezeugen; *~ de soi* Selbstachtung *f*; *perdre l'~ de soi-même* die Achtung vor sich selbst verlieren; **~mer** (~'me) [1a] **I** *v/t.* **1.** (ab-)schätzen, veranschlagen, taxieren; **2.** (hoch-)achten; ✝ *votre estimée* Ihr geschätztes Schreiben; *être estimé de tout le monde* von jedermann geachtet werden; **3.** glauben, der Ansicht sein; *il estimait cette place imprenable* er hielt diese Festung für uneinnehmbar; *être estimé sage* (*savant*) für weise (gelehrt) gehalten werden; **II** *v/rfl.* *s'~* sich schätzen; *s'~ heureux* sich glücklich schätzen; *s'~ qch.* sich für etw. (*acc.*) halten.

esti|vage ⚘ (ɛsti'va:ʒ) *m* Übersommerung *f*; *mettre en ~* auf die Alm bringen; **~val** (~'val) *adj.* [5c]

sommerlich; Sommer...; **~vant**(e) (~'vɑ̃) *su.* Sommerfrischler *m*; **~ver** (~'ve) [1a] **I** *v/t.* das Vieh übersommern lassen; **II** *v/i.* den Sommer verbringen.

estoc (ɛs'tɔk) *m* **1.** (Baum-)Stumpf *m*, Stubben *m*; *couper à blanc ~* vollständig abholzen; **2.** Stoßdegen *m*; Degenspitze *f*; *frapper d'~ et de taille* aufs Geratewohl (*od.* blindlings) um sich schlagen; **~ade** (~'kad) *f* Degenstoß *m*.

estomac (ɛstɔ'ma) *m* **1.** Magen *m*; *avoir l'~ creux* e-n leeren Magen haben; *avoir l'~ dans les talons* Kohldampf schieben P; *~ dérangé* verdorbener Magen *m*; *peser sur l'~* schwer wie Blei im Magen liegen; *creux m de l'~* Herzgrube *f*, Magengegend *f*; **2.** *cuis.* Brust (-fleisch *n*) *f*; **3.** F Mut *m*, *péj.* Frechheit *f*.

estomaqu|é F (~ma'ke) *adj.* sprachlos, verblüfft; **~er** [1m] (~) **I** F *v/t.* verblüffen; **II** *v/rfl. s'~ de* a) † sich ärgern über (*acc.*); brüllen; b) sich wundern.

estom|pe (ɛs'tɔ̃:p) *f* (Zeichen-) Wischer *m*; gewischte Zeichnung *f*; **~per** (~tɔ̃'pe) [1a] **I** *v/t.* mit dem Wischer zeichnen; *fig.* verwischen; beseitigen; **II** *v/rfl. s'~* dahinschwinden, verschwimmen, verblassen; *la notion du temps s'estompe* der Begriff Zeit entschwindet; *mes beaux rêves s'étaient estompés* m-e schönen Träume waren dahin.

estoquer (ɛstɔ'ke) *v/t.* [1a] **1.** erstechen, totstechen; **2.** ⊕ vernieten.

estourbir * (ɛstur'bi:r) *v/t.* [2a] totschlagen.

estrade (ɛs'trad) *f* **1.** Podium *n*; Tribüne *f*, Bühne *f*, erhöhter Platz *m*; *écol.* Katheder *n*; 🚂 Ladebühne *f*; **2.** *battre l'~* umherstreifen.

estro|pié (ɛstrɔ'pje) *su.* Krüppel *m*; **~pier** (~) *v/t.* [1a] **1.** zum Krüppel machen, verstümmeln, verkrüppeln, lähmen; *estropié d'une jambe* an e-m Beine lahm; **2.** *fig.* verstümmeln, entstellen; *~ une langue* e-e Sprache radebrechen.

estuaire *géogr.* (ɛs'tɥɛ:r) *m* weite Flußmündung *f*; Watt *n*.

estudiantin (ɛstydjɑ̃'tɛ̃) *adj.* [7] Studenten..., studentisch; *cotisation f ~e* Studenten(mitglieds)beitrag *m*; *cabaret m ~* Studentenlokal *n*; *population f ~e* Studentenschaft *f*.

esturgeon *icht.* (ɛstyr'ʒɔ̃) *m* Stör *m*.

et (e) [*wird nie gebunden!*] *cj.* und; **et ... et ...** sowohl ... als auch ...; *als Satzanfang*: a) *mit reinem inf.*: *Et dire qu'il avait absolument insisté la veille pour qu'on avançât l'heure du départ!* Und wenn man bedenkt, daß er am Abend vorher noch so darauf bestanden hatte, daß die Abfahrtszeit vorverlegt wird!; b) *mit de + inf. statt e-s Hauptsatzes* und dann, darauf(hin), gleichzeitig; *Et lui de conclure* und da folgerte er; *Et les commentateurs d'ajouter que ...* Die Kommentatoren fügten gleichzeitig hinzu, daß ...; *Et de démontrer que ...* Daraufhin legte er dar, daß ...

éta|blage (eta'bla:ʒ) *m* Stallgeld *n*; **~ble** (e'tablə) *f* Kuhstall *m*; **~bler** (~'ble) *v/t.* [1a] in den Stall bringen.

établi (eta'bli) **I** *m* Hobelbank *f*, Werktisch *m*; **II** *adj.* wohnhaft.

établir (eta'bli:r) [2a] **I** *v/t.* **1.** festsetzen, einrichten; errichten, gründen; ein-, auf-setzen, ausstellen, feststellen; *~ des écoles* Schulen einrichten; *~ un camp* ein Lager aufschlagen; *~ une machine* e-e Maschine aufstellen; *~ une maison* ein Haus errichten; *~ en principe* als Grundsatz aufstellen; *~ un tribunal* e-n Gerichtshof einsetzen; ✝ *~ le bilan* die Bilanz ziehen; *~ un procès-verbal* ein Protokoll aufnehmen; *téléph. ~ la communication* verbinden, die Verbindung herstellen; *~ le contact* **2.** *fig.* darlegen, erklären; begründen; *~ son droit sur* sein Recht begründen mit (*dat.*); *il est établi que ...* es steht fest, daß ...; *~ un fait* e-e Tatsache darlegen; *réputation établie* feststehender guter Ruf *m*; **3.** *fig. ~ ses enfants (sa fille)* s-e Kinder (s-e Tochter) versorgen, unterbringen; **II** *v/rfl. s'~* **4.** sich niederlassen, sich ansiedeln, einwandern; **5.** sich verheiraten; **6.** sich selbst einsetzen als; *s'~ juge d'un différend* sich zum Richter e-s Streits aufwerfen **7.** errichtet werden; entstehen; sich einbürgern, um sich greifen (*Sitte*); **8.** ⚔ *s'~ dans une position* Stellung beziehen.

établissement (etablis'mɑ̃) *m* **1.** Gründung *f*; Einrichtung *f*; Errichtung *f*; **2.** Versorgung *f*, Verheiratung *f*; **3.** *fig.* Begründung *f*, Darlegung *f*; Feststellung *f*; Ausstellung *f*, Ausfertigung *f* (*e-r Be-*

scheinigung); ~ *de la taxe*, ~ *de l'impôt* Steuer-veranlagung *f*, -festsetzung *f*; ✝ ~ *du bilan* Bilanzaufstellung *f*; ⚖ ~ *de propriété* Darlegung *f* der Besitzakten; **4.** Unternehmen *n*, (*Fabrik- usw.*) Anlage *f*, Geschäft *n*, Geschäftslokal *n*; ~ *de droit public* Körperschaft *f* des öffentlichen Rechts; ~ *de nuit* Nachtlokal *n*; ✝ ~ *émetteur* Emissionshaus *n*; ~ *d'héliothérapie* Lichtheilanstalt *f*; ~*s pl. de crédit* Kreditinstitute *n/pl.*; ~ *d'assistance publique* Wohlfahrtseinrichtung *f*; **5.** Niederlassung *f*, Ansiedlung *f*; **6.** ⚓ ~ *des marées* Fluttabelle *f*; **7.** *écol.* Anstalt *f*, Schule *f*; ~ *primaire* Volksschule *f*; ~ *scolaire* Lehranstalt *f*.

éta|ge (e'ta:ʒ) *m* **1.** Stock *m*, Etage *f*; Stockwerk *n*, Geschoß *n*; ~ *mansardé*, ~ *en mansarde* Dachgeschoß *n*; *maison f à deux* ~*s* zweistöckiges Haus *n*; *maison f à* ~*s assez bas* Haus *n* mit niedrigen Geschossen; *fig. menton m à double* ~ Doppelkinn *n*; **2.** *géol.* Stufe *f*, Schicht *f*; Sohle *f*; ~ *m aquitanien* aquitanische Stufe *f*; **3.** *fig.* Grad *m*, Rang *m*, Schlag *m*, Stand *m*; *gens pl. de bas* ~ einfache Leute *pl.*; ~**gement** (etaʒ'mɑ̃) *m* Übereinanderreihen *n*, Abstufung *f*; Fächerhöhe *f* (*Regal usw.*); ~**ger** (~'ʒe) [1l] **I** *v/t.* übereinander errichten, abstufen; **II** *v/rfl.* *s'*~ stufenweise aufsteigen, sich stufenweise aufbauen; ~**gère** (~'ʒɛ:r) *f* Küchen-, Bücher-brett *n*; Wandbrettchen *n*; Bücher-, Noten-ständer *m*; *rester sur l'*~ ein Ladenhüter bleiben; *fig.* in Vergessenheit geraten.

étai (e'tɛ) *m* **1.** ⚠ Stützbalken *m*; ⚒ ~ *de mine* Stempel *m*; **2.** ⚓ Stag *m*; **3.** *fig.* Stütze *f*.

étaim ⊕ (e'tɛ̃) *m* Kammwolle *f*.

étain (e'tɛ̃) *m* Zinn *n*; ~ *de soudure* Lötzinn *n*; ~ *en feuilles* Stanniol *n*.

étal (e'tal) (*pl. étaux od. étals*) *m* Fleischbank *f*; Fleischerei *f*.

étala|ge (eta'la:ʒ) *m* **1.** Aus-stellen *n*, -hängen *n*, -legen *n*; *fig.* Aufwand *m*; *faire* ~ *de qch.* sich durch etw. auszeichnen; etw. zur Schau tragen; *péj.* mit etw. (*dat.*) protzen (*od.* prahlen), sich mit etw. (*dat.*) großtun; sich mit etw. (*dat.* breitmachen; **2.** ausgestellte Ware *f*; Auslage *f*; **3.** Schau-fenster *n*, -kasten *m*; **4.** Standgeld *n*; **5.** *métall.* ~ *d'un haut-fourneau* Rast *f* e-s Hochofens; ~**ger** (~la'ʒe) *v/t.* [1l] ausstellen (*Waren*); ~**gisme** (~'ʒism) *m* Schaufenster-dekoration *f*, -reklame *f*; ~**giste** (~'ʒist) *su.* Inhaber *m* e-s Verkaufsstandes; Aussteller *m* auf e-r Messe; Schaufensterdekorateur *m*.

étale ⚓ (e'tal) *adj.* ohne Ebbe u. Flut (*Meer*); unbeweglich (*Schiff*).

étaler (eta'le) [1a] **I** *v/t.* **1.** (*zum Verkauf*) aus-legen, -stellen, -hängen; ausbreiten; *fig.* zeigen, zur Schau tragen, entfalten; *fig.* ~ *son savoir* mit s-m Wissen nicht hinter dem Berge halten; ~ *son jeu a. fig.* s-e Karten aufdecken; **2.** F fallen lassen; niederstrecken; **II** *v/rfl.* *s'*~ sich ausbreiten, sich entfalten; *fig.* sich breit machen, prahlen, sich zur Schau stellen; *s'*~ *par terre* der Länge nach hinfallen.

étalon¹ (eta'lɔ̃) *m* Zuchthengst *m*.

étalon² (~) *m* Eichmaß *n*, Normalgewicht *n*, -maß *n*; Standard *m*, Währung *f*; ~ *d'or* Goldwährung *f*; ~ *monétaire* Währungsstandard *m*; ~**nage** (~lɔ'na:ʒ) *m*, ~**nement** (~lɔn'mɑ̃) *m* Eichung *f*; ~**ner** (~lɔ'ne) *v/t.* [1a] eichen; ~**neur** (~lɔ'nœ:r) *m* Eicher *m*.

étam|age (eta'ma:ʒ) *m* Verzinnung *f*; Spiegelbelegung *f*, Foliierung *f*; ~**er** (~'me) *v/t.* [1a] verzinnen; e-n Spiegel belegen, foliieren; *étamé à chaud* feuerverzinnt.

étamine¹ (eta'min) *f* **1.** ✝ Etamin *m*; **2.** Beutel-, Sieb-, Seihe-tuch *n*; *passer par l'*~ durchseihen; *fig.* peinlichst überprüfen.

étamine² ⚘ (~) *f* Staubfaden *m*.

étam|pe (e'tɑ̃:p) *f* Stanze *f*, Prägestempel *m*; ⊕ Gesenk *n*; ~**per** (etɑ̃'pe) *v/t.* [1a] stempeln; stanzen, lochen; ⊕ im Gesenk schmieden.

étamure (eta'my:r) *f* Verzinnung *f*; Blattzinn *n*; Zinnbelag *m*.

étanch|e ⚓ (e'tɑ̃:ʃ) *adj. u. f* (*cloison f*) ~ wasserdicht(es Schott *n*); ~**éifier** ⊕ *bét. usw.* (etɑ̃ʃei'fje) *v/t.* [1a] abdichten; ~**éité** (etɑ̃ʃei'te) *f* Wasserdichtigkeit *f*, Abdichtung *f*.

étancher (etɑ̃'ʃe) *v/t.* [1a] **1.** ~ *le sang* das Blut stillen; ~ *la soif* den Durst löschen; **2.** wasserdicht machen; ⚓ ~ *une voie d'eau* ein Leck verstopfen.

étançon (etɑ̃'sɔ̃) *m charp.* Stütze *f*, Absteifung *f*, Steife *f*; ⚒ Baumpfahl *m*; ⚒ Stempel *m*; ⚒ ~

automoteur selbstfahrender Grubenstempel *m*; **~nage** *bsd.* ⚒ (~sɔ'na:ʒ) *m* Verstempeln *n*, Verpfählen *n*, Abfangen *n*, Absteifen *n*; **~ner** (~sɔ'ne) *v/t.* [1a] stützen, absteifen.

étang (e'tɑ̃) *m* Teich *m*, Weiher *n*.

étant *p.pr.* (e'tɑ̃) seiend; ~ *entendu que ...* mit der Maßgabe, daß ...; *cela* ~ angesichts dieser Tatsache; da (*od.* wenn) dem so ist.

éta|pe (e'tap) *f* **1.** *a.* ⚔ Etappe *f*, Rast *f*, Marschquartier *n*; Tagesmarsch *m*; *brûler l'*~ kein Quartier machen; **2.** Reiseabschnitt *m*; Wegstrecke *f*; *vél.* Rennstrecke *f*; **3.** *fig.* Entwicklungsstufe *f*, Schritt *m* vorwärts; *faire une bonne* ~ ein gut Stück Arbeit schaffen, ganz schön vorwärtskommen (*od.* vorankommen). [hissen, spannen.]

étarquer ⚓ (etar'ke) *v/t.* [1m]

état¹ (e'ta) *m* **1.** Lage *f*, Stand *m*, Zustand *m*, Stadium *n*, Beschaffenheit *f*; ~ *d'âme* Stimmung *f*; ~ *de choses* (*od. de fait*[*s*]) Sachlage *f*, Tatbestand *m*; ~ *civil* Personenstand *m*; *bureau m d'*~ *civil* Standesamt *n*; ~ *de circonstances exceptionnelles* außergewöhnliche Lage *f*; ~ *d'esprit* Geisteshaltung *f*; Geistesverfassung *f*; ~ *de guerre* Kriegszustand *m*; ~ *de mariage* Ehestand *m*; ~ *de santé* Gesundheitszustand *m*, Befinden *n*; ⚔ ~ *de siège* Belagerungszustand *m*, Ausnahmezustand *m*; ~ *hygrométrique* Feuchtigkeitsgehalt *m*, Sättigungsgrad *m*; ~ *météorologique* Wetterlage *f*; ~ *transitoire* Übergangsstadium *n*; ~ *de légitime défense* Notstand *m*, Zustand *m* der Notwehr; ~ *des récoltes* Saatenstand *m*; ~ *d'alarme*, ~ *d'alerte* Alarmzustand *m*; ~ *des armements d'un pays* Rüstungsstand *m* e-s Landes; *mettre hors d'*~ *de servir* unbrauchbar machen; *en* ~ *de service* (*od. de servir*) betriebs-(gebrauchs-)fertig; *être en* ~ (*hors d'*~) im-(außer-) stande sein; *être dans tous ses* ~*s* äußerst erregt (*od.* aufgeregt) sein; *mettre en* ~ instandsetzen, reparieren; *tenir en* ~ instandhalten; *mettre en* ~ *d'accusation* in Anklagezustand versetzen; *faire* ~ *de qch.* auf etw. hinweisen; e-r Sache Bedeutung beimessen, sehr auf etw. (*acc.*) halten, sich um etw. (*acc.*) kümmern; auf etw. erpicht F (*od.* scharf P) sein; *faire beaucoup d'*~ *de q.* viel von j-m halten; **2.** Stellung *f*, Stand *m*, Beruf *m*; Gewerbe *n*; *hist. le tiers* ~ der dritte Stand *m*; *vivre selon son* ~ standesgemäß leben; *il est médecin de son* ~ er ist Arzt von Beruf; **3.** Liste *f*, Verzeichnis *n*; Anschlag *m*, Überschlag *m*; ⚖ *établir un* ~ *de compte* e-e Kostenaufstellung machen; ~ *de compte* Rechnungsübersicht *f*; ~ *de frais* Kostenanschlag *m*; ~ *nominatif* namentliches Verzeichnis *n*; ~*s pl. de service* Dienstjahre *n/pl.*; Dienstbescheinigung *f*; *dresser un* ~ ein Verzeichnis aufsetzen; *être sur l'*~ auf der Liste stehen; **4.** Bestand *m*; ~ *des biens*, ~ *de fortune* Vermögens-stand *m*, -bestand *m*, -verhältnisse *n/pl.*; **5.** *hist.* ~*s pl. généraux* Generalstände *m/pl.*; Versammlung *f* der drei Stände.

Etat² (~) *m* Staat *m*; *l'*~ *français* der französische Staat *m*; *affaire f d'*~ Staatsangelegenheit *f*; F *fig.* wichtige Sache *f*; *chef m de l'*~ Staatsoberhaupt *n*; *coup m d'*~ Staatsstreich *m*; *fig.* entscheidende Tat *f*; *homme m d'*~ Staatsmann *m*; ~ *fédératif* Bundesstaat *m*; ~ *membre* [6a] Mitgliedsstaat *m*; ~ *unifié*, ~ *unitaire* Einheitsstaat *m*; ~ *totalitaire* totalitärer Staat *m*; ~ *limitrophe* Randstaat *m*; ~ *intermédiaire* Zwischenstaat *m*; ~ *tampon* Pufferstaat *m*; ~ *industriel* Industriestaat *m*; ~ *agraire* Agrarstaat *m*; ~ *héréditaire* Kronland *n*; *un* ~ *discriminé en matière de droits* ein Staat mit geringeren Rechten, ein rechtloser Staat *m*; *appartenant à l'*~ staatseigen; *petit* ~ Kleinstaat *m*; ~*s pontificaux*, ~ *ecclésiasitique*, ~ *de l'Eglise* Kirchenstaat *m*; *les* ~*s-Unis* die Vereinigten Staaten *m/pl.*, die U.S.A. *pl.*; *aux* ~*s-Unis* in den (*bzw.* in die) Vereinigten Staaten; ~*s successeurs* Nachfolgestaaten *m/pl.*; *hist.* ~*s-Généraux* Generalstaaten *m/pl.* (*Holland*).

étatis|ation (etatizɑ'sjɔ̃) *f* Verstaatlichung *f*; **~er** (~'ze) *v/t.* [1a] verstaatlichen; in den Haushaltsplan aufnehmen; **~me** (~'tism) *m* Staatssozialismus *m*; Staatsaufsicht *f*, Obrigkeitsstaat *m*; **~te** (~'tist) *su. u. adj.* Anhänger *m* des Staatssozialismus; staatlich; *une société*

f ~ e-e staatliche Gesellschaft *f.*
état-major (etama'ʒɔːr) *m* [6a] **1.** (Regiments- *usw.*) Stab *m*; ~ *général* Generalstab *m*; ~ *de l'armée de l'air* Generalstab *m* der Luftwaffe; **2.** Generalstabsgebäude *n*; **3.** ⚓ Offiziere *m/pl. e-s Schiffes.*
Etats-Unis (etazy'ni) *m/pl.*: **les** ~ die Vereinigten Staaten *m/pl.*
étau (e'to) *m* [5b] ⊕ Schraubstock *m*; ~ *à main* Feilkloben *m*; *fig. pris dans un* ~ in der Klemme, in der Patsche; **~-limeur** ⊕ (~li'mœːr) *m* Waagerechtstoßmaschine *f*, Shapingmaschine *f.*
étay|age ⊕ (etɛ'jaːʒ) *m* Absteifung *f*, Stützen *n*; **~er** (~'je) *v/t.* [1i] stützen, absteifen; *fig.* stützen, erhärten (*Theorie*); *~é d'arguments solides* wohlbegründet.
et caetera (ɛtsete'ra) *advt.* (*abr. etc.*) und so weiter (*abr.* usw.).
été (e'te) *m* Sommer *m*; *au fort de l'*~ im Hochsommer; ⚕ *catarrhe m d'*~ Heuschnupfen *m*; *en* ~ im Sommer; ~ *de la Saint-Martin* Spät-, Altweiber-sommer *m.*
éteign|eur (etɛ'ɲœːr) *su.* [7g] Auslöscher *m v. Straßenlaternen*; **~oir** (~'ɲwaːr) *m* Löschhütchen *n* (*zum Auslöschen v. Kerzen*); *fig.* Miesmacher *m*, Spielverderber *m.*
éteindre (e'tɛ̃ːdrə) [4b] **I** *v/t.* **1.** (aus-)löschen; *Hochofen*: ausblasen; ~ *l'incendie* (*la soif*) den Brand (den Durst) löschen; ~ *une cigarette* e-e Zigarette ausdrücken; *fig.* ~ *une dette* e-e Schuld löschen; **2.** *fig.* mildern, dämpfen; schwächen; *voix f éteinte* tonlose Stimme *f*; *yeux m/pl. éteints* matte Augen *n/pl.*; **3.** *fig.* vernichten; ausrotten, vertilgen; ⚔ *feindliches Feuer* zum Schweigen bringen; **4.** ~ *de la chaux* Kalk löschen; **II** *v/rfl.* *s'*~ **5.** erlöschen, ausgehen; **6.** *fig.* den Glanz verlieren, trübe werden (*Augen*); **7.** aussterben; verstummen (*Stimme*); **8.** *fig.* sanft entschlafen.
ételle (e'tɛl) *f* Hobelspan *m.*
éten|dage (etɑ̃'daːʒ) *m* Ausbreiten *n*, Ausstrecken *n*; Aufhängen *n* (*Wäsche*); **~dard** (~'daːr) *m* Standarte *f*, Fahne *f*; **~doir** (~'dwaːr) *m* Wäscheleine *f*; Wäschestange *f*; Trockenboden *m.*
étendre (e'tɑ̃ːdrə) [4a] **I** *v/t.* **1.** ausbreiten, auseinanderfalten; auftragen (*Farbe*); *les bras étendus* mit ausgestreckten Armen; ~ *du beurre sur le pain* Butter aufs Brot streichen; ~ *du linge* Wäsche aufhängen; ~ *la vue sur* s-n Blick über (*acc.*) schweifen lassen; **2.** *fig.* erweitern, vermehren; vergrößern (*Grenzen*; *Macht*; *Thema*); *voix f étendue* tragende (*od.* volle) Stimme *f*; **3.** ~ *q. par terre* (*od. sur le carreau*) j-n zu Boden strecken; F *se faire* ~ durchfallen (*bei e-r Prüfung*); **4.** ~ *du lait* (*du vin*) Milch (Wein) verdünnen; **II** *v/rfl.* *s'*~ sich ausbreiten, sich erstrecken, reichen; sich hinstrecken; *fig.* *s'*~ *sur qch.* sich ausführlich über etw. (*acc.*) auslassen, etw. ausführlich behandeln.
étendue (etɑ̃'dy) *f* Ausdehnung *f*, Fläche *f*, Größe *f*, Weite *f*; Raum *m*; Umfang *m*, Ausmaß *n*; Zeitraum *m*; *l'*~ *de ses connaissances* s-e umfassenden Kenntnisse *f/pl.*; ♪ *l'*~ *de sa voix* die Klangfülle s-r Stimme; *gr. l'*~ *d'un mot* der Bedeutungsumfang *m* e-s Wortes.
éternel (etɛr'nɛl) **I** *adj.* [7c] □ ewig, immerwährend; *damnation f ~le* ewige Verdammnis *f*; **II l'**~ *m* der Ewige *m*, Gott *m*; **~le** ⚘ (~) *f* Strohblume *f*, Immortelle *f.*
éterni|ser (eterni'ze) [1a] **I** *v/t.* **1.** verewigen; **2.** (sehr) in die Länge ziehen; **II** *v/rfl.* *s'*~ ewig dauern; F ewig bleiben; **~té** (~'te) *f* Ewigkeit *f*; *de toute* ~ von Ewigkeit her.
éter|nuement (eterny'mɑ̃) *m* Niesen *n*; **~nuer** (~'nɥe) *v/i.* [1a] niesen.
étésiens (ete'zjɛ̃) *adj./pl.*: *vents m/pl.* ~ Etesien *pl.*, sommerliche Nordwinde *m/pl.* (*bsd. in Griechenland*).
étêter ✐ (etɛ'te) *v/t.* [1a] Bäume kappen *od.* stutzen.
éteuf † (e'tœf) *m* Schlagball *m*; † *renvoyer l'*~ *à q.* j-m schlagfertig antworten.
éteule ✐ (e'tœl) *f* Stoppel *f.*
éther (e'tɛːr) *m* Äther *m* (*a.* ⚗).
éthé|rate ⚗ (ete'rat) *m* äthersaures Salz *n*; **~ré** (~'re) *adj.* mit Äther erfüllt; *fig.* ätherisch, übersinnlich, erhaben; **~rifier** ⚗ (~ri'fje) *v/t.* [1a] in Äther verwandeln; **~rique** ⚗ (~'rik) *adj.* ätherisch, ätherhaft; **~risation** ⚗ (~riza'sjɔ̃) *f* **1.** ⚗ Ätherbildung *f*; **2.** ⚕ Betäubung *f* durch Äther, Äthernarkose *f*; **~riser** (~ri'ze) *v/t.* [1a] **1.** ⚗ mit Äther verbinden; **2.** ⚕ mit Äther betäuben; **~romanie** ⚕ (~rɔma'ni) *f* Äthersucht *f.*

Ethiopie (etjɔ'pi) *f*: **l'~** Äthiopien *n*.
éthique (e'tik) **I** *adj*. ethisch, sittlich; **II** *f* Ethik *f*.
ethnie (ɛt'ni) *f* Volks-tum *n*, [gruppe *f*.]
ethnique (ɛt'nik) *adj*. **1.** ethnisch, Volks..., Völker...; **2.** *rl*. heidnisch.
ethno|graphe (ɛtnɔ'graf) *su*. Ethnograph *m*, Völkerkundler *m*; **~graphie** (~gra'fi) *f* Ethnographie *f*, Völkerbeschreibung *f*; **~graphique** (~gra'fik) *adj*. ethnographisch; **~logie** (~lɔ'ʒi) *f* Völkerkunde *f*; **~logique** (~lɔ'ʒik) *adj*. völkerkundlich; **~logiste** (~lɔ'ʒist) *m*, **~logue** (~'lɔg) *su*. Ethnologe *m*.
éthyl|e ⚗ (e'til) *m* Äthyl *n*; **~isme** (~'lism) *m* Alkoholvergiftung *f*.
étiage (e'tja:ʒ) *m* niedrigster Wasserstand *m*; *échelle f d'~* Pegel *m*.
étinceler (etɛ̃s'le) *v/i*. [1c] funkeln, schimmern; *fig*. sprühen.
étincel|le (etɛ̃'sɛl) *f* Funke(n) *m*; **~lement** (~sɛl'mɑ̃) *m* Funkeln *n*.
étiol|ement (etjɔl'mɑ̃) *m*: *fig*. *~ économique* wirtschaftliches Dahinsiechen *n*; **~er** (~'le) [1a] **I** *v/t*. verkümmern lassen; **II** *v/rfl*. *s'~* bleichsüchtig werden, verkümmern.
étiologie (etjɔlɔ'ʒi) *f* **1.** Lehre *f* von den Ursachen e-r Krankheit; **2.** *phil*. Ätiologie *f*, Ursachenlehre *f*, -forschung *f*.
étique (e'tik) *adj*. schwindsüchtig; mager, dürr; *fig*. dürftig (*Stil*).
étiquet|age (etik'ta:ʒ) *m* Etikettieren *n*; **~er** (~'te) *v/t*. [1d] etikettieren; **~te** (~'kɛt) *f* **1.** *a*. Etikett *n*, Preisschild *n*; **2.** Etikette *f*, Hofsitte *f*; gesellschaftliche Umgangsformen *f/pl*.; *manquer à l'~* gegen die Etikette verstoßen.
éti|rage ⊕ (eti'ra:ʒ) *m* Strecken *n*, Walzen *n*, Zieharbeit *f*; **~rer** (~'re) [1a] **I** *v/t*. ⊕ *métall*. strecken, walzen; *étiré* gezogen (*Draht*); **II** *v/rfl*. *s'~* sich ziehen, sich dehnen; **~reuse** ⊕ (~'rø:z) *f* Streckwalze *f*.
étisie ⚕ (eti'zi) *f* Schwindsucht *f*.
étof|fe (e'tɔf) *f* **1.** Stoff *m*; *~ en fil d'étain* Kammgarnstoff *m*; *~ infroissable* knitterfreier Stoff *m*; *~ unie* glatter Stoff *m*; *tailler en pleine ~, ne pas plaindre l'~* aus dem vollen wirtschaften; **2.** *fig*. Stoff *m*, Material *n* (*z.B. für e-n Roman*); **3.** *fig*. Fähigkeit *f*, Tüchtigkeit *f*, Anlage *f*; *il a l'~ d'un président* er hat das Zeug zum Präsidenten; *il y a en lui l'~ de* er hat das Zeug zu ... (*dat*.); *il y a de l'~ dans ce jeune homme* aus diesem jungen Manne kann was werden; **~fé** (~'fe) *adj*. **1.** reichlich mit Stoff versehen (*Bekleidung*); *bien ~* gut gekleidet; **2.** F stämmig, robust, kräftig; **3.** *fig*. reich, üppig; *style m ~* reicher (*od*. üppiger) Stil *m*; **4.** ♪ klangvoll; *voix f ~e* klangvolle Stimme *f*; **5.** *fig*. umfassend, ausgedehnt (*z. B. Rundreise*); **~fer** (~) *v/t*. [1a] ausstaffieren, reich ausstatten; *fig*. ausbauen, weiter entwickeln, spannend gestalten; *~ le marché* den Markt beschicken; *fig*. *~ un roman* e-n Roman spannend gestalten.
étoi|le (e'twal) *f* **1.** Stern *m*; *~ du berger* Venus *f*; *~ filante* Sternschnuppe *f*; *~ polaire* Polarstern *m*; *pol*. *~* des Soviets Sowjetstern *m*; *il fait clair d'~* es ist sternenklar; *à la belle ~* unter freiem Himmel; **2.** *fig*. bedeutende Persönlichkeit *f*; *bsd*. *thé*., *cin*. Star *m*, Stern *m*; **3.** *fig*. *bonne ~* Glücksstern *m*; *mauvaise ~* Unglücksstern *m*; **4.** (Ordens-)Stern *m*; sternförmige(s) Verzierung *f* (Abzeichen *n*); ⚔ *avoir les deux (les trois) ~s* Brigadegeneral *m* (Divisionsgeneral) sein; **5.** Blesse *f an der Stirn des Pferdes*; **6.** *~ de mer* Seestern *m* (*Polyp*); **7.** sternförmiger Sprung *m* (*im Glas*); **~ler** (~'le) [1a] **I** *v/t*. mit Sternen schmücken; *étoilé* gestirnt, sternklar; sternförmig, Stern...; *drapeau m étoilé* Sternenbanner *n*; *verre m étoilé* Glas *n* mit e-m sternförmigen Sprung *m*; **II** *v/rfl*. *s'~* sternförmig springen (*Glas*).
étole (e'tɔl) *f* Stola *f* (*Meßgewand u. Damenpelzkragen*).
éton|nant (etɔ'nɑ̃) *adj*. [7] (*adv. étonnament*) erstaunlich; *il ne serait pas ~ que ...* (*mit subj*.) es wäre nicht erstaunlich der), wenn ...; *cela n'est pas ~* das ist kein Wunder; **~nement** (~tɔn'mɑ̃) *m* Erstaunen *n*; Verwunderung *f*; **~ner** (~'ne) [1a] **I** *v/t*. erstaunen, in Erstaunen setzen; *je suis étonné d'apprendre* ich wundere mich zu hören; **II** *v/rfl*. *s'~* sich wundern; staunen (de über *acc*.).
étouf|fant (etu'fɑ̃) *adj*. [7] schwül; **~fée** (~'fe) *f* Schmoren *n*, Dämpfen *n*; *pommes f/pl*. *de terre à l'~* gedämpfte Kartoffeln *f/pl*.; **~fement** (~f'mɑ̃) *m* Ersticken *n*; ⚕ Atemnot *f*, Beklemmung *f*; **~fer**

(~'fe) [1a] **I** *v/t.* **1.** ersticken; auslöschen; ~ *des sons* Töne dämpfen; **2.** vertuschen *od.* totschweigen; **3.** *chambre étouffée* stickiges Zimmer *n*; **4.** *fig.* ~ *une révolte* e-n Putsch im Keime ersticken; ~ *un rire* sich das Lachen verkneifen (*od.* verbeißen); ~ *un soupir* e-n Seufzer unterdrücken; **II** *v/i.* ersticken, nicht frei atmen können; ~ *de chaleur* vor Hitze umkommen; ~ *de rage* vor Wut platzen; **III** **s'~** ersticken; sich totdrücken; **~foir** (~'fwa:r) *m* (Kohlen-)Glutdämpfer *m*; ⚡ Funkenlöscher *m*; *fig.* F Brutkasten *m* (*stickiges Zimmer*); ♪ Dämpfer *m am Klavier.*

étou|page ⊕ (etu'pa:ʒ) *m* Dichtung *f*, Packung *f*; **~pe** (e'tup) *f* Werg *n*, Hede *f*; Dichtungsmaterial *n*; **~per** (etu'pe) *v/t.* [1a] (mit Werg) verstopfen; ⊕ abdichten, verpacken; **~pille** (~'pij) *f* Zündschnur *f*; Lunte *f*.

étour|derie (eturdə'ri) *f* **1.** Unbesonnenheit *f*, Leichtsinn *m*; **2.** Dummerjungenstreich *m*; **~di** (~'di) **I** *adj.* **1.** unbesonnen, leichtsinnig; *à l'~e advt. od. étourdiment adv.* unbesonnenerweise, leichtfertig; **2.** ~ de betäubt von (*dat.*), bestürzt über (*acc.*); **II** *su.* leichtsinniger Mensch *m*; *jeune* ~ Wildfang *m*; **~dir** (~'di:r) [2a] **I** *v/t.* **1.** betäuben; *cet enfant m'étourdit* dieses Kind fällt mir auf die Nerven; ~ *la douleur* den Schmerz lindern; ~ *les oreilles à q.* j-m die Ohren vollschwatzen; **2.** bestürzt machen, verdutzen; *je fus tout étourdi* mir verging Hören und Sehen; **3.** benebeln, berauscht machen; **II** **s'~** sich betäuben; *s'~ de chimères* Trugbildern nachjagen; **~dissement** (~dis'mɑ̃) *m* Betäubung *f*; *fig.* Bestürzung *f*; ⚕ *j'ai un* ~ mir wird schwindlig; *avoir des* ~*s* Schwindelanfälle haben.

étourneau (etur'no) *m* [5b] **1.** *orn.* Star *m*; **2.** *fig.* leichtfertiger (junger) Mensch *m*.

étran|ge (e'trɑ̃:ʒ) *adj.* □ befremdend, sonderbar; *chose ~!* komisch!, eigenartig!, seltsam!; **~gement** (etrɑ̃ʒ'mɑ̃) *adv.* überaus, äußerst; **~ger** (etrɑ̃'ʒe) [7b] **I** *adj.* ausländisch, fremd; unbekannt; fremdartig; ~ *à* nicht gehörig zu (*dat.*); unbeteiligt bei (*dat.*); nicht verwandt mit (*dat.*); ~ (*à la localité*) ortsfremd; *affaires étrangères* auswärtige Angelegenheiten; *ministère m des Affaires étrangères* Außenministerium *n*; *All.:* Auswärtiges Amt; *il a l'air* ~ er sieht wie ein Fremder aus; *légion étrangère* Fremdenlegion *f*; *n'être* ~ *nulle part* überall zu Hause sein; *je suis ~ à cela* ich habe nichts damit zu schaffen; **II** *su.* Ausländer *m*, Fremder *m*, Fremdling *m*; ~*s pl.* fremde Leute; **III** *m* Ausland *n*, Fremde *f*; *vivre à l'~* im Auslande leben; *téléph. conversation f avec l'~* Ferngespräch *n* mit dem Auslande; **~geté** (etrɑ̃ʒ'te) *f* Seltsamkeit *f*; *sensation f d'~* Befremden *n*.

étrang|lement (etrɑ̃glə'mɑ̃) *m* **1.** Erdrosseln *n*; **2.** Verengung *f*; **3.** ⚕ Zusammenschnürung *f der Kehle*; Einklemmung *f* (*Bruch*); ~ *intestinal* Darmverschluß *m*; ⊕ *soupape f d'~* Drosselventil *n*; **~ler** (~'gle) [1a] **I** *v/t.* **1.** erdrosseln, (er)würgen; **2.** zu eng machen; engen; **3.** *fig.* zu kurz fassen (*e-e Ausarbeitung*); ~ *une affaire* eine Sache zum Stillstand bringen; e-e Angelegenheit abbrechen; **II** *v/i.* drücken (*Kragen*); ~ *de colère* vor Wut platzen; **III** s'~ ersticken; enger werden; *sa voix s'étrangla* es versagte ihm die Stimme; *s'~ de soif* vor Durst verschmachten; **~leur** (~'glœ:r) *m* **1.** Würger *m*, **2.** ⊕ Drossel *f*; *Auto:* Luftklappe *f*.

étranguillon *vét.* (etrɑ̃gi'jɔ̃) *m* Bräune *f*, Halsgeschwulst *f*.

étrave (e'tra:v) ⚓ *f* Vordersteven *m*.

être ('ɛ:trə) [1] **I** *v/aux.* s e i n: **1.** a) *zur Bildung der zs.-gesetzten Zeiten einiger v/i.: je suis arrivé* ich bin angekommen; *Zustand: le mois d'avril était à peine commencé que ...* kaum war es Anfang April geworden, als ...; b) *zur Umschreibung v. Verbalbegriffen:* ~ *assis* sitzen; ~ *couché* liegen; ~ *debout* stehen; **2.** *beim Passiv:* werden: ~ *aimé* geliebt werden; **3.** *beim v/rfl. mit acc. od. dat.:* h a b e n; *je me suis réjoui* ich habe mich gefreut; *ils se sont donné la promesse* sie haben sich das Versprechen gegeben; **II** *v/i.* **4.** s e i n, dasein, vorhanden sein; a) *als Kopula u. ell.: la terre est ronde* die Erde ist rund; F *c'est (bien) ça!* so ist's recht!; *n'est-ce pas?* nicht wahr?; *cela sera* das soll geschehen; *soit!* meinetwegen!; es sei!; *ainsi soit-il* so sei es!, Amen!; *cela étant* da dem so ist; b) *als v/impers.* **5. il est**: *il est des hommes ...* es gibt Leute ...; *à l'heure qu'il est* zur Stunde, jetzt; **6. c'est** *zur Hervorhebung*: *c'est ce que je désire* das wünsche ich; *c'était à qui m'offrirait ...* sie boten mir um die Wette ... an; **7.** = *fr. aller* [a'le] *in den Zeiten der Vergangenheit*: *j'ai été le voir* ich habe ihn besucht; **8.** *mit prp.*: Å ~ *à ...* sich verhalten zu (*dat.*); ~ *à même de faire qch.* imstande sein, etw. zu tun; *à qui est ce livre?* wem gehört dieses Buch?; *il est à son travail* er ist mit s-r Arbeit beschäftigt; ~ *après q.* (immer) hinter j-m hersein; ~ *bien avec q.* gut mit j-m stehen; ~ *dans l'artillerie* bei der Artillerie dienen; ~ *de* gehören zu, teilhaben an; *je suis de la famille* ich gehöre zur Familie; ~ *de service* Dienst *m* haben; ⚔ ~ *de garde*, ⚓ *de quart* die Wache haben; *c'est bien de vous* das sieht Ihnen ähnlich; *cela est bien de son caractère* das liegt ganz in seinem Charakter; *pour ce qui est de ...* was ... (an-) betrifft; *il est de mes amis* er ist ein Freund von mir; ~ *de la partie* dabeisein, mitmachen; ~ *de rigueur* unumgänglich, nötig sein; *il est d'usage que* (*subj.*) *od. de* (*inf.*) es ist gebräuchlich, daß (*ind.*); *c'est selon* je nachdem; *en* ~ *à* (*inf.*) dabeisein, zu ...; e-n Arbeitsabschnitt erreicht haben; *je veux bien en être* ich will gern dabeisein; *j'en suis* ich mache mit (*z.B.* *e-e Fahrt*); *je ne sais où j'en suis* ich weiß nicht, woran ich bin; *où en sommes-nous?* wie weit sind wir?; was soll das heißen?; *où en êtes-vous?* wie steht's mit Ihnen?, wie geht's Ihnen?, *en êtes-vous là?* haben Sie das vor?; so weit ist es mit Ihnen gekommen?; *j'en suis pour mon argent* ich bin um mein Geld gekommen; *il en est ainsi* so ist's; so verhält sich die Sache; *j'y suis!* ach so!; jetzt hab' ich's (erraten *usw.*)!; ich bin im Bilde; *je n'y suis pour rien* ich kann nichts dafür; *ça y est!* da haben wir's!; jetzt ist's richtig!; **9.** (aus-) machen, betragen; *c'est vingt francs* das macht zwanzig Franken; **10.** sich befinden; *je suis bien* (*mal*) es geht mir gut (schlecht); *il est mieux aujourd'hui* es geht ihm heute besser; **11.** gehören (*à*[*dat.*]); *ce livre est à moi ...* gehört mir; *je suis à vous* ich stehe Ihnen zu Diensten; *il n'est plus à lui, il n'est plus lui-même* er ist ganz außer sich; *c'est à vous de* (*od. à*) *parler* Ihnen kommt es zu *od.* Sie sind an der Reihe, zu sprechen; **III** *v/rfl.*: **12.** *il s'en fut* er war weggegangen; **IV** *m* **13.** (*Lebe-*)Wesen *n*, Geschöpf *n*; **14.** *l'♀ des ~s, le grand ♀, l'♀ suprême* das höchste Wesen, Gott; **15.** *das* Sein, *das* Dasein, Wirklichkeit *f*.

étré|cir (etre'si:r) [2a] **I** *v/t.* enger (*od.* schmaler) machen; **II** *v/rfl.* s'~ enger werden; einlaufen (*Stoff*); **~cissement** (~sis'mɑ̃) *m* Vereng(er)ung *f*; Einlaufen *n*.

étrein|dre (e'trɛ̃:drə) *v/t.* [4b] **1.** fest zs.-binden, -drücken; ~ *la main à q.* j-m die Hand drücken; **2.** umarmen, umschlingen; **3.** *fig.* beklemmen; *l'émotion m'étreint à voir ...* bei dem Anblick von ... schnürt sich mir das Herz zusammen; **~te** (e'trɛ̃:t) *f* **1.** Zs.-drücken *n*, -schnüren *n*; *fig.* Druck *m*, Zwang *m*; **2.** Umarmung *f*; *Boxsport*: Umklammerung *f*.

étren|ne (e'trɛn) *f* **1.** (*mst.* ~*s pl.*) Neujahrsgeschenk *n*; **2.** ☤ Handgeld *n*, erste Einnahme *f*; **3.** erste Benutzung *von etwas*; *il en a l'~* er ist der erste, der dies benutzt; **4.** Belohnung *f*, Geschenk *n* (*für geleistete Dienste*); *l'~ du garçon de course* das Geschenk für den Botenjungen; **~ner** (~'ne) [1a] **I** *v/t.* **1.** ~ *q.* j-m (zu Neujahr) beschenken sein; **2.** *ein Kleid, e-n Anzug* einweihen, zum erstenmal benutzen; ~ *une piste Sport*: e-e Strecke zum ersten Male befahren, e-e Strecke einweihen; **II** *v/i.* a) ☤ das erste Handgeld bekommen (*od.* einstekken); b) *fig.* alles ausbaden müssen.

êtres ('ɛ:trə) *m/pl.* Räumlichkeiten *pl. e-s Hauses*; *vgl. aîtres.*

étrésillon (etreźi'jɔ̃) *m charp.* (*a.* ⚒) Strebe *f*, Absteifung *f*, Stütze *f*; **~ner** (~jɔ'ne) *v/t.* [1a] absteifen, stützen.

étrier (etri'e) *m* **1.** Steigbügel *m*; *boire le coup* (*od. le vin*) *de l'~* den Abschiedstrunk trinken; *être ferme sur ses ~s* fest im Sattel sitzen; *fig. mettre le pied à l'~ à q.* j-m in den Sattel helfen; *a. fig. tenir l'~ à q.* j-m die Steigbügel halten, j-n schieben F; **2.** ⊕ ✈ *u.* ⚓ Bügel *m*.

étril|lage (etri'ja:ʒ) *m* Striegeln *n*; **~le** (e'trij) *f* Striegel *m*; **~ler** (etri'je) *v/t.* [1a] striegeln; F *fig.* verprügeln, versohlen; arg mitnehmen (*Krankheit*); F übervorteilen; ~ *un cheval d'un coup de fouet* ein Pferd mit e-m Peitschenhieb aufmuntern.

étriqué (etri'ke) *adj.* **1.** zu knapp zugeschnitten (*Kleid*); **2.** zu knapp gefaßt (*Rede*); **3.** *mv.p.* kümmerlich (*Person, Stil*).

étriquer (~) *v/t.* [1m] zu eng machen; *fig.* zu kurz fassen.

étrivière (etri'vjɛ:r) *f* **1.** Steigbügelriemen *m*; **2.** (*coups m/pl. d'~*) *~s pl.* Hiebe *m/pl.* mit dem Riemen, Tracht *f* Prügel; *donner les ~s à q.* j-n durchpeitschen.

étroit (e'trwa) **I** *adj.* [7] □ **1.** eng, schmal; *chemin m de fer à voie ~e* Kleinbahn *f*, Schmalspurbahn *f*; **2.** innig; **3.** engherzig, einseitig, kleinlich; *esprit m ~* beschränkter Kopf *m*; *~ d'idées* beschränkt, stur F; *un purisme m ~* ein engherziger (*od.* kleinlicher) Purismus *m*; **4.** streng genau; *droit m ~* strenges (*od.* wörtlich genommenes) Recht *n*; *~e obligation f* bindende Verpflichtung *f*; *prendre qch. dans le sens ~* etw. wörtlich nehmen; *adv.* *~ement*: *ils se tenaient ~ement embrassés* sie hielten sich umschlungen; *surveiller q. ~ement* j-n scharf überwachen; **II** *advt. à l'~ fig.* beengt; in beschränkten (*od.* dürftigen) Verhältnissen; **~esse** (~'tɛs) *f* Enge *f*; Eingeschränktheit *f*; Knappheit *f* (*Kleid, Anzug*); *fig.* Beschränktheit *f*; Engherzigkeit *f*, Kurzsichtigkeit *f*.

étron (e'trɔ̃) *m* Kot *m*.

étronçonner ⚘ (etrɔ̃sɔ'ne) *v/t.* [1a] *e-n Baum* kappen.

étu|de (e'tyd) *f* **1.** Studium *n*, Studieren *n*; *avoir fait de bonnes ~s* e-e gute Schulbildung haben; *faire ses* (*od. des*) *~s* studieren; † *~ des marchés* Konjunkturforschung *f*; *écol. ~s primaires, ~s secondaires* Schulzeit *f*; *~s pl. supérieures* (*od. universitaires*) Studium *n*; *compagnon m d'~* Studienkamerad *m*, Kommilitone *m*; *Fr. écol. maître m d'~* Beaufsichtiger *m* der Schularbeiten; Hilfslehrer *m*; **2.** *thé.* Einstudieren *n*; **3.** Gelehrsamkeit *f*, Wissen *n*; **4.** *fig.* Streben *n*, Dichten *n* u. Trachten *n*; **5.** Ziererei *f*; *se montrer sans ~* sich natürlich geben; *sentir l'~* etw. Gekünsteltes an sich haben; **6.** Studie *f*, Übungsstück *n*, Studienzeichnung *f*; Etüde *f*; **7.** Abhandlung *f*, Aufsatz *m*, Arbeit *f*; **8.** *Fr. écol.* Studienraum *m e-r Schule*; **9.** ⚖ Anwaltsbüro *n*; **10.** *bsd.* † ⊕ Untersuchung *f*, Prüfung *f*; *a. pl. ~s* technische Vorbereitungen *f/pl.*; **~diant** (~'djɑ̃) *su. u. adj.* [7] Studierende(r) *m*, Student *m*; *~ en droit* Student *m* der Rechte; *~ en* (*od. ès*) *lettres* Student *m* der Literatur; *~ en médecine* Medizinstudent *m*; *Fr. Sécurité f sociale ~e* Soziales Studentenhilfswerk *n*; **~dier** (~'dje) [1a] **I** *v/t.* **1.** studieren; **2.** einüben, lernen; ♪ üben; *thé. ~ un rôle* e-e Rolle einstudieren; **3.** genau beobachten, *Plan* prüfen, untersuchen, Vorarbeiten machen; **4.** erkünsteln; *étudié fig.* gezwungen, erkünstelt, vorgetäuscht; **II** *v/rfl. s'~*: *s'~ soi-même* sich selbst zu erkennen suchen, in sich gehen; *s'~ à qch. od. s'~ à ...* (*mit inf.*) sich auf etw. (*acc.*) legen, sich etw. angelegen sein lassen.

étui (e'tɥi) *m* **1.** Etui *n*, Futteral *n*, Besteck *n*; *~ à lunettes* Brillenfutteral *n*; *~ de mathématiques* Reißzeug *n*; *~ de poche* chirurgisches Besteck *n*, Verbandtasche *f*; *~ à violon* Geigenkasten *m*; **2.** ⚔ *~ de cartouche* Patronenhülse *f*; **3.** ⚓ Leinwandumhüllung *f*, -überzug *m*, Persenning *f*; **4.** Flügeldecke *f der Käfer*.

étu|vage ⊕ (ety'va:ʒ) *m* Wasserdampfbehandlung *f*; **~ve** (e'ty:v) *f* **1.** Schwitzraum *m*; *~ sèche* Schwitzbad *n*, römisches Bad *n*; *~ humide* Dampfbad *n*, russisches Bad *n*; **2.** 🝖 *~ à quinquet* Trockenapparat *m* mit Argandscher Lampe; ⊕ Trockenkammer *f*; **~vée** *cuis.* (ety've) *f* Dämpfen *n*, Schmoren *n*; Schmorfleisch *n*; **~ver** (~) *v/t.* [1a] *cuis.* dämpfen, schmoren; ⚕ in lauem Wasser baden, (*Wunde*) ausspülen; ⊕ trocknen.

étymolo|gie (etimɔlɔ'ʒi) *f* Etymologie *f*, Wortforschung *f*; **~gique** (~'ʒik) *adj.* □ etymologisch, wortgeschichtlich.

eucalyptus (økalip'tys) *m* Eukalyptus(baum *m*) *m*.

eucharistie (økaris'ti) *f* Kommunion *f*, Abendmahl *n*.

eudio|mètre *phys.* (ødjɔ'mɛtrə) *m* Eudiometer *m*, Luftgütemesser *m*; **~métrie** *phys.* (~me'tri) *f* Eudiometrie *f*, Luftgütemessung *f*.

eu égard à (y e'ga:r'a) *prp.* hinsichtlich (*gén.*), im Hinblick auf (*acc.*), unter Berücksichtigung (*gén.*).

eugén|ique (øʒe'nik) *adj. u. f* eugenisch, rassenhygienisch; Eugenik *f*; **~isme** (~'nism) *m* s. *~ique f.*

euh (ø) *int.*: oh!, ach!; ~! ~! so so! (*Erstaunen u. Zweifel*).

eunuque (ø'nyk) *m* Eunuch *m.*

euphémi|que (øfe'mik) *adj.* □ euphemistisch, beschönigend; **~sme** (~'mism) *m* Euphemismus *m.*

euphonie (øfɔ'ni) *f* Wohlklang *m.*

euphorb|e ⚘ (ø'fɔrb) *f* Wolfsmilch *f.*

euphor|ie ⚕ (øfɔ'ri) *f* Rausch *m*; Wohlbefinden *n*; *pol.* Entspannung *f*; **~imètre** ⊕ (~'mɛtrə) *m* Zimmerklimamesser *m*; **~ique** ⚕ (~'rik) *adj.* rauschartig.

eurafricain *pol.* (œrafri'kɛ̃) *adj.* [7] europafrikanisch.

Eurasie (œra'zi) *f*: **l'~** Eurasien *n.*

Euratom *pol.* (œra'tɔm) *m* Euratom *n.*

Europasie *abus.* (œrɔpa'zi) *f*: **l'~** s. [*Eurasie.*]

Europe (œ'rɔp) *f*: **l'~** Europa *n.*

européan|iser (œrɔpeani'ze) [1a] **I** *v/t.* europäisieren; **II** *v/rfl.* **s'~** europäisch werden; **~isme** (~'nism) *m* europäische(r) Gedanke *m.*

Européen (œrɔpe'ɛ̃) *su. u.* ♀ *adj.* [7c] Europäer *m*; europäisch.

eurythmie (œrit'mi) *f* **1.** *peint.* Harmonie *f* der Verhältnisse, Ebenmaß *n*; ausgeglichene (harmonische) Linienführung *f*; **2.** ♪ Wohlklang *m*; **3.** ⚕ Regelmäßigkeit des Pulses.

eustache ✐ (øs'taʃ) *m* Gärtner-[messer *n.*]

eux (ø, *vor folgendem Vokal* øz) *pr./p.* (*pl. von lui*) sie; *nach vorangehendem su.*: ihrerseits; *c'est ~, ce sont ~* sie sind es; *d'~* ihrer, von ihnen; *c'est à ~ qu'il faut vous adresser* Sie müssen sich an sie wenden.

évacu|ant, ~atif (eva'kɥɑ̃, ~kɥa'tif) *adj. u. m* entleerend; Entleerungs-, Stuhlgang-mittel *n*; **~ation** (~ɑ'sjɔ̃) *f* **1.** ⚕ Ausleerung *f*, Entleerung *f*; ausgeleerte Stoffe *m/pl.*; **2.** Abfluß *m*; **3.** *bsd.* ⚔ Räumung *f*, Evakuierung *f*, Abschub *m*; **~er** (~'kɥe) [1a] **I** *v/t. u. v/i.* **1.** ⚕ abführen; **2.** *~ une salle* einen Saal räumen; **3.** *Truppen usw.* verlegen, abziehen, evakuieren, abschieben; ✈ ausfliegen (*z.B. Flüchtlinge*); *~ en voiture* im Auto abtransportieren (*Verletzte*); **II** *v/rfl.* **s'~** abgehen (*Eiter usw.*).

évad|é (eva'de) *m* ausgerissene(r) Gefangener *m*; **~er** (~) *v/rfl.* **s'~** ausreißen, entlaufen, entweichen.

évage ⊕ (e'vaːʒ) *m* Wasser-, Bewässerungs-anlage *f.*

évalu|ation (evalɥɑ'sjɔ̃) *f* Schätzung *f*, Berechnung *f*, Anschlag *m*, Taxierung *f*; *~ approximative* Überschlag *m*; *~ des frais* Kostenanschlag *m*; **~er** (eva'lɥe) *v/t.* [1a] (ab)schätzen, berechnen, veranschlagen, taxieren.

évanescent (evanɛ'sɑ̃) *adj.* (ent-)schwindend; verschwimmend.

évangéli|que (evɑ̃ʒe'lik) **I** *adj.* □ evangelisch; protestantisch; **II** *su. les ~s pl.* die Evangelischen; **~sation** (~za'sjɔ̃) *f* Verkündigung *f* des Evangeliums; **~ser** (~'ze) *v/i. u. v/t.* [1a]: ~ (*q.* j-m) das Evangelium predigen; ~ (*q.* j-n) zum Christentum bekehren; **~ste** (~'list) *m* Evangelist *m.*

évangile (evɑ̃'ʒil) *m* Evangelium *n*; ♀ *selon saint Matthieu* Evangelium St. Matthäi; *ce n'est pas parole d'~* das steht gar nicht fest.

évanou|i (eva'nwi) *adj.* ohnmächtig; **~ir** (eva'nwiːr) [2a]: **s'~** ohnmächtig werden, in Ohnmacht fallen; *fig.* verschwinden, vergehen, zerrinnen (*Hoffnung*); ♪ abklingen; *s'~ en fumée* in Rauch aufgehen; *faire ~* verschwinden machen, zerstören; ⅍ *faire ~ une inconnue* eine unbekannte Größe wegschaffen; **~issement** (~is'mɑ̃) *m* Ohnmacht *f*, Bewußtlosigkeit *f*; *fig.* Verschwinden *n*, Vergehen *n*; Zerrinnen *n.*

évapora|teur ⊕ (evapɔra'tœːr) *m* Verdampfer *m*; **~tion** (~ra'sjɔ̃) *f* Abdampfung *f*, Verdunstung *f*; **~toire** (~ra'twaːr) *adj.*: *appareil m ~* Verdunstungsapparat *m.*

évapo|ré (evapɔ're) **I** *adj.* leichtsinnig, flatterhaft; **II** *m* leichtsinniger Mensch *m*, *fig.* Windhund *m*, Hansdampf *m* in allen Gassen; **~rer** (~) [1a] **I** *v/t.* verdampfen, verdunsten lassen; *fig.* verfliegen (*od.* verrauchen) lassen; *~ sa bile* seinen Zorn auslassen; **II** *v/i.*: *faire ~* verdunsten lassen; **III** **s'~** verdampfen, verdunsten; *fig.* verfliegen, verrauchen; *fig.* leichtsinnig werden.

éva|sé (evɑ'ze) *adj. Mode*: weit; ausschweifend verarbeitet; **~sement** (evɑz'mɑ̃) *m* Ausweitung *f*, Erweiterung *f*; **~ser** (evɑ'ze) [1a] **I** *v/t.* ausweiten; *gilet m évasé* ausgeschnittene Weste *f*; **II** **s'~** sich ausbreiten; **~sif** (~'zif) *adj.* [7e] □

ausweichend; *moyen* ~ Ausflucht *f*; **~sion** (~'zjɔ̃) *f* Entweichung *f*, Entspringen *n*; ~ *des capitaux* Kapitalflucht *f*; ~ *fiscale* Steuerflucht *f*; *fig.* ~ *dans l'alcool* Zuflucht *f* zum Alkohol; **~sionniste** (~zjɔ'nist) *m* Entfesselungskünstler *m* (*Zirkus*); **~sure** (~'zy:r) *f* Öffnung *f*; Ausweitung *f*.

Eve (ɛ:v) *f* Eva; *je ne le connais ni d'~ ni d'Adam* er ist mir völlig unbekannt.

évêché (evɛ'ʃe) *m* **1.** Bistum *n*; **2.** Bischofswürde *f*.

éveil (e'vɛj) *m* Wecken *n*; *fig.* Warnung *f*, Wink *m*; *donner l'~* warnen; *en ~* auf der Hut, wachsam; **~lé** (evɛ'je) **I** *adj. fig.* aufgeweckt, helle, klug; **II** *fig. su.* aufgeweckter Kopf *m*; **~ler** (~) [1a] **I** *v/t.* (auf)wecken; *fig.* beleben; munter machen; wachrufen; **II** *s'~* aufwachen, erwachen.

événement (evɛn'mɑ̃) *m* **1.** Ereignis *n*, Vorfall *m*, *faire* ~ (*dafür besser*: *faire sensation*) Aufsehen erregen; *à tout* ~ auf jeden Fall, wie es auch kommen mag; **2.** † *thé.* Ausgang *m*.

évent (e'vɑ̃) *m* **1.** Luftabzug *m*, Luftschacht *m*, Luft-, Zug-loch *n*; ⚒ ~ *des gaz* Gasabzug *m*; **2.** Spritzloch *n der Walfische*; **3.** Abstehen *n*, Schalwerden *n des Weins usw.*; *sentir l'~* abgestanden schmecken; **4.** frische Luft *f nur noch in*: *mettre à l'~* (aus)lüften; *il a la tête à l'~*, *c'est une tête à l'~* das ist ein Luftikus.

éventail (evɑ̃'taj) *m* **1.** Fächer *m*; *en* ~ fächerförmig; **2.** *néol.* Gesamtheit *f*, Umfang *m*, Menge *f*; *un vaste ~ de toutes les connaissances* ein umfassender Querschnitt durch alle Erkenntnisse; **~liste** (~ta'jist) *s.* ⊕ Fächer-fabrikant, -maler *m*; ⚚ -händler *m*.

éven|taire (~'tɛ:r) *m* flacher Korb *m* (*für Obst, Blumen u. Gemüse*); Bauchladen *m*, Hausiererkasten *m*; **~té** *adj.* **1.** schal, abgestanden; *sel* ~ feucht gewordenes Salz *n*; **2.** *fig.* leichtsinnig; **3.** zugig, windig; **~ter** (~'te) [1a] **I** *v/t.* **1.** fächeln; **2.** (aus)lüften; ~ *le grain* Korn *n* umschaufeln; **3.** schal werden lassen; **4.** entdecken, aufspüren; ~ *la mèche* den Braten riechen, dahinterkommen; ⚔ ~ *une mine* e-e *feindliche* Mine auffinden; ~ *un secret* ein Geheimnis entdecken; **5.** ~ *les voiles* die Segel nach dem Winde richten; **II** *s'~* **6.** sich (Luft zu)fächeln; **7.** schal werden; *vin eventé* abgestandener Wein *m*; **8.** aufgedeckt werden, ans Tageslicht kommen.

éventr|ation ⚕ (evɑ̃tra'sjɔ̃) *f* Bauchhernie *f*; **~er** (evɑ̃'tre) *v/t.* [1a] den Bauch aufschlitzen (*dat.*); ausnehmen; *fig.* gewaltsam öffnen; ~ *un pâté* e-e Pastete aufschneiden; ~ *une valise* e-n Koffer aufbrechen.

éventu|alité (evɑ̃tɥali'te) *f*, Möglichkeit *f*, Eventualität *f*; *à toute* ~ auf alle Fälle; **~el** (~'tɥɛl) *adj.* [7c] etwaig, möglich; zufällig; eventuell; **~ellement** (~tɥɛl'mɑ̃) *adv.* gegebenenfalls, eventuell, unter Umständen.

évêque (e'vɛk) *m* Bischof *m*.

évertuer (evɛr'tɥe) [1a]: **s'~** bestrebt sein, sich anstrengen.

éviction ⚖ (evik'sjɔ̃) *f* Verdrängung *f*.

évidement △ (evid'mɑ̃) *m* Aussparung *f*.

évi|demment (evida'mɑ̃) *adv.* augenscheinlich, offenbar; ~*!* na sicher!; **~dence** (~'dɑ̃:s) *f* Evidenz *f*, Klarheit *f*, Augenscheinlichkeit *f*, Offensichtlichkeit *f*; ~ *de fait* durch Tatsachen erlangte Gewißheit; *être en* ~ sichtbar sein, sich hervorheben; *être de toute* ~ sonnenklar sein; *mettre en* ~ klarstellen, ins rechte Licht rücken, hervorheben; *se mettre en* ~ sich bemerkbar machen, die Aufmerksamkeit auf sich lenken; *se refuser à l'~* mit offenen Augen nicht sehen wollen; *se rendre à l'~* sich von den Tatsachen überzeugen lassen; **~dent** (~'dɑ̃) *adj.* [7] offensichtlich, evident, klar, unleugbar.

évider (evi'de) *v/t.* [1a] **1.** aushöhlen; ausweiten, abrunden; **2.** *chir.* ~ *un os* die inneren Teile e-s kranken Knochens ausschneiden; **3.** △ durchbrochen arbeiten, durchbrechen.

évidoir ⊕ (evi'dwa:r) *m* Hohlbohrer *m*.

évier (e'vje) *m* Ausguß *m*, Spülbecken *n*.

évincer (evɛ̃'se) *v/t.* [1k] aus dem Besitz vertreiben; enteignen; *fig.* verdrängen, ausstechen.

évi|table (evi'tablə) *adj.* vermeidbar; **~tage** (~'ta:ʒ) *m* Schwenken *n* um den Anker; **~tement** (~t'mɑ̃) *m* **1.** 🚂 Abstellgleis *n*, Rangiergleis *n*, Ausweichstelle *f*; *gare f d'~* Rangier-, Verschiebebahnhof *m*; **2.** ⚓ Drehung *f*, Schwenkung *f*; **~ter** (~'te) [1a] **I** *v/t.* (ver)meiden; entgehen; ~ *une voiture* (*une conver-*

sation) e-m Wagen (e-m Gespräch) ausweichen; **II** *v/i.* ⚓ drehen (*v/i.*); **III** *v/rfl.* *s'~* sich vermeiden lassen; sich meiden, sich aus dem Wege gehen, ea. ausweichen.

évoca|ble (evɔ'kable) *adj.* geeignet, vor ein höheres Gericht gebracht zu werden; **~teur** (~'tœ:r) *adj.* [7f] anschaulich; vielsagend; stimmungsvoll; **~tion** (~ka'sjɔ̃) *f* Beschwörung *f* von Geistern; *fig.* Wachrufen *n* e-r Erinnerung; ⚖ Vorladung *f* vor ein höheres Gericht; Evokation *f*; **~toire** (~'twa:r) *adj.* **1.** eindrucksvoll; **2.** ⚖ *cause f ~* Grund *m* zur Berufung.

évolu|er (evɔ'lɥe) *v/i.* [1a] *adj.* sich entwickeln, sich verwandeln; ⚔ Schwenkungen (*od.* Umdrehungen) machen; sich entwickeln; ⊕ Umdrehungen machen; *pays m/pl. non-évolués* Entwicklungsländer *n/pl.*; **~tion** (~ly'sjɔ̃) *f* **1.** Ab-, Los-, Entwicklung *f*, Evolution *f*; *~ des conversations* Verlauf *m* der Gespräche; *~ économique* Wirtschaftsentwicklung *f*; *doctrine f de l'~* Darwins Entwicklungslehre *f*; **2.** ⚔ Schwenkung *f*, Aufstellungsänderung *f*; **~tionnisme** *phil.* (~sjɔ'nism) *m* Entwicklungs-, Evolutionstheorie *f*.

évoquer (evɔ'ke) *v/t.* [1m]: **1.** *~ des esprits* Geister beschwören; **2.** wachrufen; *~ un souvenir* e-e Erinnerung wachrufen; *~ qch.* an etw. (*acc.*) erinnern; *~ qch. aux yeux de q.* j-m etw. vor Augen führen; **3.** ⚖ vor e-n andern Gerichtshof ziehen; **4.** *allg.* äußern, hinweisen *auf*, geltend machen, zur Sprache bringen; *pol. être évoqué à l'O.N.U.* vor die UNO gebracht werden.

évulsion *bsd.* ⚕ (evyl'sjɔ̃) *f* Herausreißen *n*; (Zahn-)Ziehen *n*.

exacer|bation (ɛgzasɛrbɑ'sjɔ̃) *f.* **1.** Verschlimmerung *f*; **2.** Überreiztheit *f*, höchste Erregung *f*; **~ber** (~'be) *v/t.* [1a] **1.** verschlimmern; **2.** stark reizen, überreizen.

exact (ɛg'zakt) *adj.* □ genau, exakt, pünktlich, eingehend; wahr, richtig; *les sciences f/pl. ~es* die mathematischen Wissenschaften *f/pl.* *être ~* pünktlich sein; **~eur** (~'tœ:r) *m* Erpresser *m*; **~ion** (~zak'sjɔ̃) *f* Erpressung *f*; **~itude** (~ti'tyd) *f* Genauigkeit *f*, Pünktlichkeit *f*; Richtigkeit *f*; *avoir de l'~* genau (*od.* pünktlich) sein.

exagé|ration (ɛgzaʒera'sjɔ̃) *f* Übertreibung *f*; **~rer** (~'re) *v/t.* [1f] übertreiben; überschätzen (*Wert*); zu hoch anschlagen (*Verdienst*).

exal|tation (ɛgzaltɑ'sjɔ̃) *f* **1.** Erhöhung *f*; Erhebung *f*; (*fête f de*) *l'*♀ *de la Sainte Croix* (Fest *n* der) Kreuzeserhöhung; **2.** Verherrlichung *f*, Hochgefühl *n*; **3.** *physiol.* Erregung *f*, übermäßige Aufregung *f*, krankhafte Überreizung *f*; **4.** Überschwenglichkeit *f*, Schwärmerei *f*, Überspanntheit *f*; **~té** (~'te) **I** *adj. fig.* überspannt, exaltiert, überschwenglich, schwärmerisch; **II** *m* (*esprit m*) *~* Schwärmer *m*, überspannter Mensch *m*; **~ter** (~) [1a] **I** *v/t.* **1.** erheben, preisen; *~ les mérites de q.* die Verdienste j-s würdigen; **2.** *fig.* erhitzen, erregen, begeistern, zur Überspannung reizen, exaltieren; **II** *v/rfl.* *s'~ fig.* sich begeistern, in Begeisterung (*od.* Schwärmerei geraten.

examen (ɛgza'mɛ̃) *m* Prüfung *f*, Examen *n*, Untersuchung *f*, Besichtigung *f*; Körung *f* (*v. Hengsten, Böcken usw.*); *après mûr ~* nach reiflicher Überlegung; *~ de conscience* Selbstprüfung *f*; *~ oral* (*~ écrit*) mündliche (schriftliche) Prüfung *f*; *~ sanguin* Blutprobe *f*; *~ d'admission* (*~ de passage*, *~ de sortie*) Aufnahme- (Versetzungs-, Abgangs-)prüfung *f*; *~ d'aptitude* Eignungsprüfung *f*; *~ de maîtrise* Meisterprüfung *f*; *~ des marchandises reçues* ✝ Abnahmeprüfung *f*; *~ médical* ärztliche Untersuchung *f*; *~ médico-légal* gerichtsmedizinische Untersuchung *f*, Leichenschau *f*; *~ aux rayons* X Durchleuchtung *f*; *~ de matériel* Materialprüfung *f*; *libre ~* freie Forschung *f*; *centre m d'~* Prüfstelle *f* (*für Fahrzeuge usw.*); *faire un ~* e-e Prüfung abhalten; *passer* (*od. subir*) *un ~* e-e Prüfung machen, sich e-r Prüfung unterziehen; *réussir* (*od. être reçu*) *à l'~* die Prüfung bestehen.

exami|nateur (ɛgzamina'tœ:r) [7f] *adj. u. su.* prüfend; Prüfer *m*, Prüfende(r) *m*; **~ner** (~'ne) *v/t.* [1a] prüfen, examinieren; *a.* ⚕ untersuchen; besichtigen; *fig.* beleuchten, aufmerksam betrachten; kören (*Hengste, Böcke usw.*); *sans avoir été examiné* ungeprüft; ⚕ *~ aux rayons* X durchleuchten; röntgen.

exanthème (ɛgzɑ̃'tɛm) *m* Hautausschlag *m*.

exarthrose ⚕ (ɛgzarˈtroːz) *f* Ausrenkung *f.*
exaspé|ration (ɛgzasperɑˈsjɔ̃) *f* Verbitterung *f*; ⚕ Verschlimmerung *f*; **~rer** (~ˈre) [1f] **I** *v/t.* in Wut bringen, wütend machen; im höchsten Grade erbittern; ⚕ verschlimmern; **II** *v/rfl.* s'~ wütend werden, außer sich geraten; ⚕ sich verschlimmern.
exaucer (ɛgzoˈse) *v/t.* [1k] erhören; gewähren (*Bitte*); erfüllen (*Wunsch*).
exca|vateur ⊕ (ɛkskavaˈtœːr) *m* Bagger *m*; ⊕ ~ *à godets* Ladebagger *m*, Lader *m*; **~vation** (~vɑˈsjɔ̃) *f* Ausbaggern *n*, Ausschachten *n*, Aushöhlung *f*; Grube *f*; **~ver** (~ˈve) *v/t.* [1a] aushöhlen, ausbaggern, ausschachten.
excé|dant (ɛkseˈdɑ̃) *adj.* [7] überschüssig, überzählig; *fig.* lästig, auf die Nerven fallend, entnervend; *bavardage m* ~ entnervendes Gerede *n*; **~dent** (~) *m* Überschuß *m*; Zuschlag *m*, Plus *n*; ~ *de récettes* Betriebsüberschuß *m*, Mehr-einnahme *f*, -erlös *m*; ~ *de(s) frais* Mehrkosten *pl.*; ~ *de(s) naissances* (*de la population*) Geburten- (Bevölkerungs-)überschuß *m*; ~ *d'* (*od.* *des*) *exportation(s)* Ausfuhrüberschuß *m*; ~ *de main-d'œuvre* Überangebot *n* an Arbeitskräften; ~ *de poids* Übergewicht *n*; **~dentaire** (~dɑ̃ˈtɛːr) *adj.* Überschuß...; ✝, *Bilanz*: aktiv, überschießend; **~der** (~ˈde) [1f] **I** *v/t.* übersteigen; überschreiten; überhäufen; völlig erschöpfen; **II** *v/rfl.* **s'~** sich zuviel zumuten.
excel|lemment (ɛksɛlaˈmɑ̃) *adv* vorzüglich, ausgezeichnet; **~lence** (~ˈlɑ̃ːs) *f* **1.** Vortrefflichkeit *f*; *prix m d'~* erster Preis in Schulen; *advt.* *par* ~ im höchsten Grade, ausgesprochen, im wahrsten Sinne des Wortes; *un orateur par* ~ ein Redner von Format, ein ausgezeichneter Redner *m*; **2.** ♀ Exzellenz *f*; **~lent** (~ˈlɑ̃) **I** *adj.* [7] ausgezeichnet, vorzüglich; **II** *m das* Ausgezeichnete *n*; **~ler** (~ˈle) *v/i.* [1a] sich auszeichnen; *il excelle à danser* er tanzt ganz ausgezeichnet; ~ *sur tous les autres* (*od.* *entre tous*) alle anderen übertreffen.
excentr|age *méc.* (ɛksɑ̃ˈtraːʒ) *m* exzentrischer Antrieb *m*; **~er** *méc.* (~ˈtre) *v/t.* [1a] exzentrieren; **~icité** (~trisiˈte) *f* Abstand *m* vom Mittelpunkt; *fig.* Überspanntheit *f*; komischer Einfall *m*, Schrulle *f*; **~ique** (~ˈtrik) **I** *adj.* **1.** ⩚ *cercles m/pl.* ~s exzentrische Kreise *m/pl.*; **2.** *fig.* überspannt, exzentrisch, auffällig, sonderbar; **II** *m* Sonderling *m.*
excep|té (ɛksɛpˈte) **I** *p/p.* *veränderlich nach su.*; *unveränderlich, wenn als prp. gebraucht vor su.*: ausgenommen, außer (*dat.*), mit Ausnahme (*gén.*); **II** ~ *que* (*mit ind.*) *cj.* außer, daß ...; ausgenommen, daß ...; **~ter** (~) *v/t.* [1a] ausnehmen, ausschließen; **~tion** (~pˈsjɔ̃) *f* **1.** Ausnahme *f*; *par* ~ ausnahmsweise; **2.** ⚖ Einwand *m*; ~ *dilatoire* prozeßlindernde Einrede *f*; **~tionnel** (~sjɔˈnɛl) *adj.* [7c] **1.** außergewöhnlich, abweichend; *cas m* ~ Ausnahmefall *m*; **2.** *fig.* außerordentlich; **~tionnellement** (~sjɔnɛlˈmɑ̃) *adv.* ausnahmsweise.
excès (ɛkˈsɛ) *m* **1.** Übermaß *n*; ~ *de fatigue* Übermüdung *f*; ~ *de population* Übervölkerung *f*; *à l'~* im Übermaß; *poussé jusqu'à l'~* übertrieben; **2.** Mutwille *m*, Unfug *m*; ~ *pl.* Ausschweifungen *f/pl.*, Exzesse *m/pl.*, Übertreibung *f/sg.*; *se porter à des* ~ es zu Tätlichkeiten (*od.* Ausschreitungen) kommen lassen; **3.** ⚖ ~ *de pouvoir* Überschreitung *f* der Amtsgewalt.
excessif (ɛksɛˈsif) *adj.* [7e] □ übermäßig; maßlos.
exciper ⚖ (ɛksiˈpe) *v/i.* [1a]: ~ *de* sich berufen auf; Einrede erheben gegen (*acc.*).
excipient *phm.* (ɛksiˈpjɑ̃) *m* lösendes Mittel *n.*
excis|er ⚕ (ɛksiˈze) *v/t.* [1a] herausschneiden; **~ion** ⚕ (~ˈzjɔ̃) *f* Ausschneiden *n.*
exci|table (ɛksiˈtablə) *adj.* reizbar; **~tant** (~ˈtɑ̃) **I** *adj.* [7] anregend; **II** ⚕ *m* Reizmittel *n*; **~tateur** (~taˈtœːr) [7f] **I** *adj.* anregend; **II** *su.* Aufwiegler *m*, Hetzer *m*, Anstifter *m*; **III** *m phys.* Entlader *m*; **~tation** (~tɑˈsjɔ̃) *f* Reiz *m*, Anregung *f*, Ansporn *m*, *fig.* Antrieb *m*; Erregung *f*, Gereiztheit *f*; ~ *à la guerre* Kriegs-hetze *f*, -treiberei *f*; **~ter** (~ˈte) *v/t.* [1a] erregen, anregen, anspornen, aufwiegeln; reizen; ~ *la haine* den Haß schüren; ~ *au travail* zur Arbeit antreiben.
exclama|tif (ɛksklamaˈtif) *adj.* [7e] Ausrufungs..., Ausruf...; **~tion** (~mɑˈsjɔ̃) *f* **1.** Ausruf *m*; **2.** *gr.* *point m d'~* Ausrufungszeichen *n.*

exclamer (~kla'me) [1a] **I** *mst. nur noch v/rfl.*: s'~ ausrufen; **II** *bisw. noch v/i.*: *vraiment!*, *exclama-t-il* tatsächlich!, rief er aus.

exclu|re (ɛks'kly:r) *v/t.* [4l] ausschließen; *fig.* ausschalten, ausklammern, ausmerzen, ausstoßen; **~sif** (~'zif) *adj.* [7e] □ ausschließend, exklusiv; ausschließlich; Allein...; ✝ *représentant* ~ *m* Alleinvertreter *m*; **~sion** (~'zjɔ̃) *f* Ausschluß *m*; **~sivisme** (~zi'vism) *m* Exklusivität *f*; Einzelgängertum *n*; **~siviste** (~zi'vist) *su.* Einzelgänger *m*; Außenseiter *m*; **~sivité** (~zivi'te) *f* Ausschließlichkeit *f*; ✝ Allein-verkauf *m*, -vertrieb *m*, -aufführung(srecht *n*) *f*.

excommuni|cation (ɛkskɔmynikɑ'sjɔ̃) *f*, Exkommunizierung *f*; **~é** (~'nje) *su.* Exkommunizierter *m*; **~er** (~) *v/t.* [1a] exkommunizieren.

excori|ation ⚕ (ɛkskɔrjɑ'sjɔ̃) *f* Hautabschürfung *f*; **~er** (~'rje) [1a] *v/t.* (*u.* s'~) (sich) die Haut abschürfen *od.* wund reiben.

excré|ment (ɛkskre'mɑ̃) *m* Exkrement *n*, (Darm-)Ausscheidung *f*, Kot *m*; *fig.* Auswurf *m*, Abschaum *m*; **~ter** (~'te) *v/t.* [1f] ausleeren, aussondern; **~tion** (ɛkskre'sjɔ̃) *f* Ausscheidung *f*; Auswurf *m*.

excroissance (ɛkskrwɑ'sɑ̃:s) *f* Auswuchs *m*.

excursion (ɛkskyr'sjɔ̃) *f* **1.** Ausflug *m*, Fahrt *f*; Wanderung *f*; Abstecher *m*; ~ *à pied* Fußwanderung *f*; ~ *cycliste* Radtour *f*; ~ *en auto(mobile)* Auto-fahrt *f*, -tour *f*; **2.** *fig.* Abschweifung *f*; **~ner** (~sjɔ'ne) *v/i.* [1a] e-e Fahrt (e-e Wanderung, e-n Ausflug) machen; **~nisme** (~sjɔ'nism) *m* Wandern *n*; **~niste** (~sjɔ'nist) *su.* (*a. adj.*) Ausflügler *m*, Wanderer *m*.

excu|sable (ɛksky'zablə) *adj.* entschuldbar; **~se** (~'ky:z) *f* Entschuldigung(sgrund *m*) *f*; *péj.* Ausrede *f*; *écol.* ~ *écrite* Entschuldigungszettel *m*; *chercher des ~s* sich herausreden; *faire* (*od. présenter*) *ses* (*od. des*) *~s à q.* sich bei j-m entschuldigen; *prendre* (*od. alléguer, donner*) *qch. pour* ~ etw. als Entschuldigung vorbringen, etw. vortäuschen (*od.* vorgeben); **~ser** (~ky'ze) [1a] **I** *v/t.* entschuldigen, verzeihen; ~ *q.* Nachsicht mit j-m haben; ~ *q. de faire qch.* j-m etw. erlassen; **II** *v/rfl.* s'~ sich entschuldigen; e-e (erhaltene) Einladung ablehnen; s'~ *de faire qch.* etw. ablehnen; s'~ *de qch.* sich wegen e-r (verschuldeten) Sache entschuldigen; s'~ *sur qch.* sich mit e-r Sache entschuldigen, die Schuld auf etw. (*acc.*) schieben; s'~ *sur q.* die Schuld auf j-n (*acc.*) schieben; *il a envoyé s'~* er hat sich entschuldigen lassen.

exeat (ɛgze'at) *m* [5a] Passierschein *m*, Ausgeherlaubnis *f*; Erlaubnis *f* für e-n Geistlichen zur Seelsorge in e-r anderen Diözese; Berechtigung *f* zur Entnahme von Büchern aus e-r Bibliothek; Erlaubniskarte *f* zum Ausgehen; Entlassungsschein *m*; *iron. donner son ~ à q.* j-m den Laufpaß geben.

exécra|ble (ɛgze'kreblə) *adj.* □ abscheulich; verabscheuungswürdig; **~tion** (~krɑ'sjɔ̃) *f* Fluch *m*; Abscheu *m*; *avoir qch. en ~* etw. verabscheuen; *je l'ai en ~* er ist mir widerlich.

exécrer (ɛgze'kre) *v/t.* [1f] verabscheuen; verwünschen.

exécu|tabilité (ɛgzekytabili'te) *f* Erfüllbarkeit *f*; **~table** (~'tablə) *adj.* ausführbar, vollstreckbar; **~tant** (~'tɑ̃) *su.* [7] ausübender Künstler *m*, Musiker *m*; ⊕ technischer Leiter *m*; **~ter** (~'te) [1a] **I** *v/t.* **1.** aus-, durch-führen, bewerkstelligen; zuwegebringen; ~ *un jugement* ein Urteil vollstrecken; ~ *un projet* e-n Plan ausführen; **2.** ♪ vortragen, spielen; **3.** ⚖ pfänden; ~ *les meubles d'un débiteur* die Möbel e-s Schuldners pfänden (lassen); **4.** ~ *q.* j-n hinrichten; ~ *militairement* standrechtlich erschießen; **5.** ~ *q.* (*qch.*) j-n (etw.) scharf kritisieren, tadeln; j-m deutlich s-e Meinung sagen; **II** *v/rfl.* s'~ e-r (Zahlungs-)Verpflichtung nachkommen; sich fügen; **~teur** (~'tœ:r) *su.* [7f] Vollstrecker *m*, Vollzieher *m*; ~ *des hautes œuvres* Scharfrichter *m*; ~ *testamentaire* Testamentsvollstrecker *m*; **~tif** (~'tif) *adj.* [7e] *u. m* ausübend, vollziehend; *le pouvoir* ~ *od. l'~* die ausübende Gewalt *f*; **~tion** (~'sjɔ̃) *f* **1.** Ausführung *f*; ~ *d'une commande*, ~ *d'un ordre* Erledigung *f* (*od.* Ausführung *f*) e-s Auftrags; **2.** ♪, *thé.* Vortrag *m*, Aufführung *f*; **3.** ⚖ Vollstreckung *f*, Pfändung *f*; ~ *forcée* Zwangsvollstreckung *f*; ~ (*capitale*) Hin-

richtung *f*; ⚔ ~ *militaire*, ~ *par les armes* standrechtliche Erschießung *f*; **4.** scharfe Kritik *f*; Tadel *m*; **~toire** (~'twa:r) **I** *adj.* vollstreckbar; rechtskräftig; **II** *m* Vollstreckungsbefehl *m*.
exégè|se (ɛgze'ʒɛ:z) *f* Auslegung *f e-s Textes*; **~te** (~'ʒɛt) *m* Exeget *m*.
exem|plaire (ɛgzɑ̃'plɛ:r) **I** *adj.* □ **1.** mustergültig, musterhaft; **2.** als abschreckendes Beispiel, exemplarisch; **II** *m* **3.** Muster *n*; **4.** Exemplar *n*, Stück *n*; ~ *gratuit* Freiexemplar *n*; ~ *justificatif* Belegexemplar *n*; ~ *spécial* Sonderanfertigung *f*; **~plarité** (~plari'te) *f* Mustergültigkeit *f*; abschreckendes Beispiel *n* (*e-r Strafe*); **~ple** (ɛg'zɑ̃:plə) *m* Beispiel *n*, Muster *n*, Vorbild *n*; *à l'*~ *de q.* nach j-s Vorbild; *donner l'*~ mit gutem Beispiel vorangehen; *prendre* ~ *sur q.* sich ein Beispiel an j-m nehmen; *sans* ~ beispiellos; *par* ~ zum Beispiel; *par* ~*!* ist doch nicht möglich!; das wäre noch schöner!; ach was!.
exempt (ɛg'zɑ̃) **I** *adj.* [7] ~ *de* befreit (*od.* frei) von (*dat.*); ~ *de faute*(*s*) fehlerfrei; † ~ *de défauts* einwandfrei, tadellos; ~ *d'impôts* steuer-, abgaben-frei; ~ *du service militaire* vom Militärdienst befreit; ~ *de tout reproche a.* † einwandfrei; **II** *ehm.* ⚔ Gefreite(r) *m*; Polizeibeamte(r) *m*; **~er** (~'te) *v/t.* [1a] befreien, ausnehmen; **~ion** (ɛgzɑ̃'sjɔ̃) *f* Befreiung *f*; *écol.* ~ *de gymnastique* Turnbefreiung *f*.
exer|cer (ɛgzɛr'se) [1k] **I** *v/t.* **1.** ausbilden, trainieren, schulen (*Soldaten, Körper, Geist*); ⚔ drillen; ~ *ses jambes* sich Bewegung schaffen; **2.** ausüben, (be)treiben; ⚖ ~ *une action* e-e Klage einreichen (*od.* anstrengen); ~ *une charge*, ~ *un emploi*, ~ *une fonction* ein Amt bekleiden; ~ *son droit* sein Recht geltend machen; **3.** ~ *la patience* die Geduld auf die Probe stellen; **4.** ~ *les débitants de boissons* e-e staatliche Steuerkontrolle bei den Verkäufern alkoholischer Getränke durchführen; **II** *v/i.* praktizieren, tätig sein (*Arzt, Lehrer usw.*); **III** *v/rfl.* *s'*~ *à qch. od. à* (*mit inf.*) sich in etw. (*dat.*) üben, sich üben zu ...; **~cice** (~'sis) *m* **1.** Übung *f*, Ausübung *f*, (Pflicht-, Dienst-)Erfüllung *f*; *dans l'*~ *de ses fonctions* in Ausübung s-s Amtes; *entrer en* ~ sein Amt antreten; **2.** ⚔ Übung *f*; Exerzieren *n*; ~*s pl.* Schießübungen *f/pl.*; ⚔, ✈, *at.* ~ *d'alerte* Probealarm *m*; *faire l'*~ exerzieren; ~*s sur le terrain* Geländeübungen *f/pl.*; **3.** ~*s pl. de gymnastique* Gymnastikübungen *f/pl.*; ~*s pl. aux* (*od. avec*) *agrès* Geräteübungen *f/pl.*; ~ *corporel* Körperschulung *f*; ~*s pl. du plateau*, ~*s pl. de plain-pied* Boden-gymnastik *f*; **4.** *écol.* Übung *f*, schriftliche Aufgabe *f*; ~*d'épreuve* Prüfungsarbeit *f*, Extemporale *n ehm.*; **5.** † Geschäfts-, Rechnungs-jahr *n*; ~ *écoulé* abgelaufenes Geschäftsjahr *n*; **6.** Steuerkontrolle *f*.
exergue *num.* (ɛg'zɛrg) *m* Inschrift *f auf e-r Münze*; *fig. mettre en* ~ unterstreichen, hervorheben.
exfol|iation (ɛksfɔlja'sjɔ̃) *f a.* ⚘ Abblättern *n*; ⚕ Exfoliation *f*, allmähliche Abstoßung *f* abgestorbener Teile; **~ier** (~'lje) [1a] *v/t. u. v/rfl.* *s'*~ abblättern (*v/t. u. v/i.*).
exha|laison (ɛgzalɛ'zɔ̃) *f* Ausdünstung *f*, Ausströmung *f*; **~lation** (~lɑ'sjɔ̃) *f* Aus-atmung *f*, -dünstung *f*; **~ler** (~'le) [1a] **I** *v/t.* aus-atmen, -dünsten, -hauchen, -schwitzen; *fig. Klagen, Schmerz, Zorn usw.* freien Lauf lassen; ~ *sa colère en menaces* s-m Zorn in Drohungen Luft machen; ~ *sa douleur en plaintes* s-n Schmerz durch Wehklagen zum Ausdruck bringen; ~ *le dernier soupir* s-e Seele aushauchen; **II** *v/rfl.* *s'*~ ausströmen; verdunsten (*Wasser*).
exhaure *bsd.* ⚒ (ɛg'zɔ:r) *f* Wasserhebung *f*.
exhaus|sement (ɛgzos'mɑ̃) *m* Erhöhung *f*; Überbau *m*; **~ser** (~'se) *v/t.* [1a] höher machen, erhöhen; ⚠ aufstocken.
exhaust|eur ⊕ (ɛgzos'tœ:r) *m* Exhaustor *m*, Entlüfter *m*; **~if** (~'tif) *adj.* [7e] (*den Boden*) aussaugend; *fig.* erschöpfend, allumfassend, ausführlich; **~ion** (~'tjɔ̃) *f* Absaugung *f*; Ausschöpfung *f*, Entleerung *f*; *fig.* erschöpfende Darstellung *f*, Ausführlichkeit *f*.
exhéréd|ation ⚖ (ɛgzeredɑ'sjɔ̃) *f* Enterbung *f*; **~er** ⚖ (~'de) *v/t.* [1f] enterben.
exhi|ber (ɛgzi'be) *v/t.* [1a] vorlegen *od.* vorzeigen; *péj.* zur Schau tragen; **~bition** (~bi'sjɔ̃) *f* Vor-

legung *f*, Vorzeigung *f*; *péj.* Zurschaustellung *f*; **~bitionniste** *psych.* (~bisjɔ'nist) *m* Exhibitionist *m*.
exhilarant (ɛgzila'rɑ̃) *adj.* [7] erheiternd.
exhor|tatif (ɛgzɔrta'tif) *adj.* [7] ermutigend; ermunternd; **~tation** (~tɑ'sjɔ̃) *f* Ermutigung *f*, Aufmunterung *f*; **~ter** (~'te) *v/t* [1a] ermutigen; aufmuntern.
exhu|mation (ɛgzymɑ'sjɔ̃) *f* Exhumierung *f*, Leichenausgrabung *f*; **~mer** (~'me) *v/t.* [1a] exhumieren, e-e Leiche ausgraben; *fig.* wieder ans Licht bringen.
exi|geant (ɛgzi'ʒɑ̃) *adj.* [7] anspruchsvoll; **~gence** (~'ʒɑ̃:s) *f* **1.** anspruchsvolles Wesen *n*; **2.** Anforderungen *f*, Anspruch *m*; ungerechte Forderung *f*; **3.** Erfordernis *n*; *selon l'~ du cas* je nachdem es jeweils der Fall erfordert; ⚠ *~s f/pl. de location* Raumbedürfnisse *n/pl.*; **~ger** (~'ʒe) *v/t.* [1l] (er-) fordern, verlangen; Steuern eintreiben; **~gibilité** (~ʒibili'te) *f* Einklagbarkeit *f*; Eintreibbarkeit *f*; **~gible** (~'ʒiblə) *adj.* einklagbar; eintreibbar.
exigu (ɛgzi'gy) *adj.* [7a] zu klein, zu beschränkt, zu gering, kärglich; **~ïté** (~gyi'te) *f* Knappheit *f*, Kleinheit *f*; Raumnot *f*.
exil (ɛg'zil) *m* Exil *n*, Verbannung(sort *m*) *f*; *envoyer q. en ~* j-n in die Verbannung schicken; **~é** (~'le) *su.* Verbannte(r) *m*, Landesverwiesene(r) *m*; **~er** (~) [1a] **I** *v/t.* verbannen, des Landes verweisen; **II** *v/rfl.* s'~ in die Verbannung gehen; *il s'est exilé du monde* er hat sich ganz aus der Öffentlichkeit zurückgezogen.
exis|tant (ɛgzis'tɑ̃) **I** *adj.* [7] bestehend, vorhanden, existent; **II** *m das* Bestehende *n*, Vorhandene *n*; *respect m de l'~* Ehrfurcht *f* vor dem Bestehenden; *phil. tous les ~s sont absurdes* alles Bestehende ist absurd (nicht existenzberechtigt: *Sartre*); ✝ *tout l'~* der ganze Vorrat *m*; **~tence** (~'tɑ̃:s) *f* Existenz *f*, Dasein *n*, Vorhandensein *n*, Bestehen *n*; Leben *n*; *moyens m/pl. d'~* Erwerbs-, Unterhaltsmittel *n/pl.*; **~tentialisme** *litt.* (~tɑ̃sja'lism) *m* Existentialismus *m*; **~tentialiste** *litt.* (~tɑ̃sja'list) *adj. u. su.* existentialistisch; Existentialist *m*; **~ter** (~'te) *v/i.* [1a] bestehen, existieren, dasein, vorhanden sein; leben.
ex-libris (ɛksli'bris) *m* (*a. pl.*) Exlibris *n*, Buchzeichen *n*.
exode (ɛg'zɔd) *m* **1.** Auswanderung *f*, Auszug *m*; *~ rural* Landflucht *f*; **2.** ♀ zweites Buch *n* Moses.
exoné|ration (ɛgzɔnerɑ'sjɔ̃) *f* Entlastung *f*, Befreiung *f*; Abgabenfreiheit *f*; *~ d'impôts* Steuerbefreiung *f*, -freiheit *f*; **~ré** (~'re) *adj.*: *~ d'impôts* abgabenfrei, steuerfrei; **~rer** (~) *v/t.* [1f] entlasten, befreien.
exorable (ɛgzɔ'rablə) *adj.* Bittenden gegenüber zugänglich.
exorbitant (ɛgzɔrbi'tɑ̃) *adj.* [7] übertrieben, unmäßig; *à des prix ~s* zu unerschwinglichen Preisen.
exorci|ser (ɛgzɔrsi'ze) *v/t.* [1a] Geister beschwören, austreiben; **~sme** (~'sism) *m* Geister-, Teufelsbeschwörung *f*; **~ste** (~'sist) *m* Teufelsbeschwörer *m*, Geisterbanner *m*.
exorde (ɛg'zɔrd) *m* Anfang *m*, Einleitung *f e-r Rede.*
exostose (ɛgzɔs'to:z) *f* ⚕ Knochenauswuchs *m*, Überbein *n*; ⚘ Knorren *m an Bäumen.*
exo|térique *phil.* (ɛgzɔte'rik) *adj.* gemeinfaßlich; **~tique** (~'tik) exotisch, fremdartig; **~tisme** (~'tism) *m* exotisches Wesen *n*, Fremdartigkeit *f*.
expan|sibilité (ɛkspɑ̃sibili'te) *f* Ausdehnbarkeit *f*, Spannkraft *f*, Elastizität *f* (*bsd. v. Gasen*); **~sible** (~'siblə) *adj.* (aus)dehnbar; **~sif** (~'sif) *adj.* [7e] ausdehnend, expansiv, Ausdehnungs...; *fig.* mitteilsam, offenherzig; **~sion** (~'sjɔ̃) *f* **1.** Ausdehnung *f*; *bsd. pol.* Expansion *f*; ⚗, ⊕ Ausdehnung *f*, Expansion *f*; Erweiterung *f e-s Rohres*; **2.** *éc.* Entwicklung *f*, Aufschwung *m*; **3.** *fig.* Mitteilsamkeit *f*; **~sionnisme** *pol.* (~sjɔ'nism) *m* Ausdehnungsdrang *m*; **~sionniste** *pol.* (~sjɔ'nist) *adj. u. su.* Expansions...; Vertreter *m* der Expansionspolitik; **~sivité** (~sivi'te) *f* Ausdehnbarkeit *f*.
expatr|iation (ɛkspatriɑ'sjɔ̃) *f* Verbannung *f*; Auswanderung *f*; **~ier** (~tri'e) **I** *v/t.* des Landes verweisen, die Staatsangehörigkeit entziehen (*dat*).); **II** *v/rfl.* s'~ s-e Heimat verlassen, auswandern, s-e Staatsangehörigkeit aufgeben.
expec|tance (ɛkspɛk'tɑ̃:s) *f* Anwartschaft *f*, Aussicht *f* (de auf *acc.*); **~tant** (~'tɑ̃) **I** *adj.* [7] **1.** abwartend; *garder une attitude ~e* e-e ab-

wartende Haltung bewahren (*od.* einnehmen); **2.** die Anwartschaft auf e-e Stelle habend; **II** *su.* Anwärter *m*; **~tative** (~ta'ti:v) *f* Erwartung *f*; Anwartschaft *f*; Aussicht *f*; *rester dans l'~, garder l'~* sich abwartend verhalten, e-e abwartende Haltung einnehmen.

expecto|rant (ɛkspɛktɔ'rɑ̃) *adj.* [7] *u. m* schleimlösend(es Mittel *n*); **~ration** (~rɑ'sjɔ̃) *f* ⚕ Ausspucken *n*, Schleimauswurf *m*; **~rer** (~'re) *v/t. u. v/i.* [1a] ⚕ ausspucken, aushusten, den Schleim herausbringen.

expé|dient (ɛkspe'djɑ̃) **I** *adj.* [7]: *il est ~ de (inf.) od. que (subj.)* es ist zweckmäßig (ratsam) zu *od.* daß ...; **II** *m* Mittel *n*, Notbehelf *m*, Ausweg *m*; *~s pl.* Maßnahmen *f/pl.*; Selbsthilfe *f*; *péj.* Tricks *m/pl.*; rettende Einfälle *m/pl.*; *vivre d'~s, en être réduit à des ~s* sich durchschwindeln müssen; **~dier** (~'dje) *v/t.* [1a] **1.** (ab-, ver-)senden, befördern, expedieren, abgehen lassen; schnell abfertigen; *ils furent promptement expédiés* es wurde kurzer Prozeß mit ihnen gemacht; **2.** *péj.* allzu hastig erledigen; *~ un repas* e-e Mahlzeit verschlingen; *~ son travail* s-e Arbeit zu schnell machen; **3.** *Abschrift od. Urkunde* ausfertigen; **~diteur** (~di'tœ:r) *su.* [7f] Absender *m e-s Briefes*; Güterversender *m*; Verfrachter *m*; *commissionnaire-~* Spediteur *m*; **~ditif** (~di'tif) *adj.* [7e] □ rasch, flink; *employer des procédés ~s* kurzen Prozeß machen; **~dition** (~di'sjɔ̃) *f* **1.** Versand *m*, Expedition *f*; Beförderung *f*; Spedition *f*; *effectuer l'~ de qch.* etw. zum Versand bringen; *service m d'~* Versand-, Expeditionsabteilung *f*; ✝ *~s f/pl. collectives* Sammel-gut *n*, -ladung *f*; **2.** ⚖ Ausfertigung *f von Urkunden usw.*; *en double ~* in doppelter Ausfertigung; *pour ~ conforme* für die Richtigkeit der Ausfertigung; **3.** *homme m d'~* tatkräftiger Mensch *m*, Mann *m* der Tat; **4.** ⚔ *~ (militaire)* Feldzug *m*; kriegerisches Unternehmen *n*; *bsd.* ⚔ *~ punitive, ~ répressive* Strafexpedition *f*; **5.** Forschungsreise *f*; ⚓ Entdeckungsfahrt *f*; **~ditionnaire** (~disjɔ'nɛ:r) *su. u. adj.* **1.** ✝ Spediteur *m*, Güterversender *m*; *commis ~* Expedient *m*; **2.** Kanzleiangestellter *m*; **3.** *corps m ~* Expeditionskorps *n*.

expéri|ence (ɛkspe'rjɑ̃:s) *f* **1.** Erfahrung *f*; *~ du monde* Lebenserfahrung *f*, -klugheit *f*, Weltkenntnis *f*; *par ~* aus Erfahrung; **2.** Versuch *m*, Experiment *n*; *faire des ~s* experimentieren; **~mental** (~mɑ̃'tal) *adj.* [7] erfahrungsmäßig, experimentell; Experimental...; **~mentateur** (~mɑ̃ta'tœ:r) *su.* [7f] Experimentierender *m*; **~mentation** (~mɑ̃tɑ'sjɔ̃) *f* Experimentieren *n*; **~menté** (~mɑ̃'te) *adj.* erfahren; **~menter** (~) *v/t.* [1a] *~ qch.* e-n Versuch mit etw. anstellen, etw. probieren; *abs.* experimentieren.

expert (ɛks'pɛ:r) [7] **I** *adj.* □ erfahren, fach-, sach-kundig; **II** *su.* Sachverständiger *m*, Gutachter *m*; *~ comptable* Bücherrevisor *m*, Buchprüfer *m*; *~ (en matière) d'art* Kunstsachverständiger *m*; **~ise** (~'ti:z) *f* **1.** Untersuchung *f od.* Begutachtung *f* durch Sachverständige; **2.** Sachverständigengutachten *n*; Gutachten *n*; **~iser** (~ti'ze) *v/t.* [1a] begutachten.

expia|ble (ɛks'pjablə) *adj.* sühnbar; **~tion** (~pjɑ'sjɔ̃) *f* Buße *f*; Sühne *f*; **~toire** (~pja'twa:r) *adj.* Sühn...

expier (ɛks'pje) *v/t.* [1a] büßen.

expi|ration (ɛkspirɑ'sjɔ̃) *f* Ausatmung *f*; *fig.* Ablauf *m*; *~ d'un délai* Fristablauf *m*; *~ du délai de production* Ablauf *m* der Einreichungsfrist; *à l'~ de l'année* mit Ablauf des Jahres; **~rer** (~'re) [1a] **I** *v/t.* ausatmen, aushauchen; **II** *v/i.* sterben; *fig.* verhallen; erlöschen; ungültig werden.

explétif (ɛksple'tif) *adj.* [7e] □ *gr. particule f explétive* Füllwort *n*.

explica|ble (ɛkspli'kablə) *adj.* erklärbar; **~tif** (~'tif) *adj.* [7e] *gr.* erklärend; **~tion** (~kɑ'sjɔ̃) *f* **1.** Auslegung *f*, Erklärung *f* (*von Unbekanntem*); Auseinandersetzung *f*; *cela demande ~* das bedarf der Klärung (*od.* Klarstellung); *avoir une ~ avec q.* mit j-m e-e Aussprache haben, sich mit j-m auseinandersetzen; **2.** mündliche Übersetzung *f*.

explicite (ɛkspli'sit) *adj.* □ ausdrücklich.

expliquer (ɛkspli'ke) [1m] **I** *v/t.* (*Unbekanntes*) erklären, deutlich machen; auslegen, deuten; entwickeln, zu erkennen geben (*s-e Gedanken*); (*mündlich*) übersetzen; **II** *v/rfl.* *s'~* a) offen sprechen, sich aussprechen, sich deutlich ausdrücken; *s'*~ (*de qch.*) *avec q.* sich mit j-m (über etw. *acc.*) aussprechen *od.* einigen; b) klar werden, leicht zu erklären sein.

exploit (ɛks'plwa) *m* **1.** Heldentat *f*, Großtat *f*; Leistung *f*; sportliche Leistung *f*; **2.** ⚖ Vorladung *f*; ~ *de saisie* Pfändung *f*.

exploi|tabilité (ɛksplwatabili'te) *f* Benutzbarkeit *f*, Abbaufähigkeit *f*; ⚖ Pfändbarkeit *f*; **~table** (~'tablə) *adj.* benutzbar, abbaufähig; *Wald*: schlagbar; † ⚖ pfändbar; **~tant** (~'tɑ̃) *m* Unternehmer *m*; (Film-)Verleiher *m*; ~ *agricole* landwirtschaftlicher Siedler *m*; ~ *forestier* Forstwirt *m*; **~tation** (~tɑ'sjɔ̃) *f* **1.** Ausbeutung *f*; (Aus-)Nutzung *f*, Verwertung *f*, Betrieb *m*; Wirtschaftsführung *f*; *cin.* Vorführung *f*; *fig.* Ausschlachtung *f*; Anbau *m*, Bewirtschaftung *f*; Bauern-, Landwirtschaft *f*; Abbau *m*; Zeche *f*; ~ *forcée* Zwangsbewirtschaftung *f*; ~*-pilote a.* ✓ *f* Musterbetrieb *m*; *frais m/pl.* d'~ Betriebskosten *pl.*; *année f* (*od. exercice m*) *d'*~ Betriebsjahr *n*; *mise f en* ~ Inbetrieb-setzung *f*, -nahme *f*; **2.** ⚖ † gerichtliche Beschlagnahme *f*; **~ter** (~'te) [1a] **I** *v/t.* (an)bauen, nutzbar machen, zum Ertrag bringen; Geschäft betreiben; bewirtschaften, *Betrieb* unterhalten; Nutzen ziehen aus (*dat.*); *péj.* aus-beuten, -nutzen; *fig.* ausschlachten; *cin.* ~ *un film* e-n Film laufen lassen; ⚒ ~ *une mine* e-e Grube abbauen; ✓ bewirtschaften, bebauen; *Straße* befahren; **II** *v/i.* ⚖ vorladen; pfänden; **~teur** (~'tœːr) *su.* [7g] **1.** *péj.* Ausbeuter *m*, Aussauger *m*, Menschenschinder *m*; **2.** = *exploitant*.

explo|rateur (ɛksplɔra'tœːr) *adj. u. su.* [7f] forschend; Forscher *f*; Forschungsreisende(r) *m*; **~ration** (~rɑ'sjɔ̃) *f* Erforschung *f*; Untersuchung *f*; ⚔ Aufklärung *f*; ~ *à* (*grande*) *distance* Fernaufklärung *f*; ~ *rapprochée* Nahaufklärung *f*; ~ *aérienne* Luftaufklärung *f*; *voyage m d'*~ Forschungsreise *f*; ⚔ *service m d'*~ Aufklärungsdienst *m*; **~rer** (~'re) *v/t.* [1a] erforschen, unter-, durch-suchen; ⚔ erkunden, aufklären, auskundschaften.

explo|ser (ɛksplo'ze) *v/i.* (*mit avoir!*) *a. fig.* explodieren; **~seur** (~'zœːr) *m* **1.** ⚒ elektrische Zündvorrichtung *f*; **2.** Sprengstoffkontrollgerät *n*; **~sibilité** (~zibili'te) *f* Explodierbarkeit *f*; **~sible** (~'ziblə) *adj.* explodierbar, explosionsfähig; **~sif** (~'zif) **I** *adj.* [7e] explosiv, Knall..., Schlag...; *gr. son m* ~ Verschlußlaut *m*; **II** *m* Sprengstoff *m*; **~sion** (~'zjɔ̃) *f* **1.** Explosion *f*, Zerplatzen *n*, Zerspringen *n*; *Auto*: ~ (*prématurée*) Fehlzündung *f*, Knall *m*; *faire* ~ explodieren; **2.** *fig.* Ausbruch *m des Zorns, e-r Krankheit usw.*

expo P (ɛks'po) *f* Ausstellung *f*.

exponentiel (ɛkspɔnɑ̃'sjɛl) *adj.* [7c] ⩘ Exponential...

expor|table † (ɛkspɔr'tablə) *adj.* exportfähig, ausfuhrfähig; **~tateur** (~'tœːr) [7f] **I** *adj.* exportierend, Export...; **II** *su.* Exportkaufmann *m*, Exporteur *m*; **~tation** (~tɑ'sjɔ̃) *f* Ausfuhr(handel *m*) *f*, Export *m*; *article m d'*~ Ausfuhrartikel *m*; ~ *à vil prix* Schleuderausfuhr *f*; ~ *des capitaux* Kapitalflucht *f*; *droit m d'*~ Ausfuhrzoll *m*; *licence f d'*~ Ausfuhrgenehmigung *f*; *maison f d'*~ Exportgeschäft *n*; **~ter** (~'te) *v/t.* [1a] exportieren.

expo|sant (ɛkspo'zɑ̃) **I** *su.* [7] † Aussteller *m*; ⚖ ✎ Antragsteller *m*; **II** *m* ⩘ Exponent *m*; **~sé** (ɛkspo'ze) *m* Bericht *m*, Darstellung *f*, Referat *n*, Vortrag *m*, Darlegung *f*, Rechenschaftsbericht *m*; ~ *général* Gesamtübersicht *f*; ~ *d'invention* Patentschrift *f*; **~ser** (~) [1a] **I** *v/t.* **1.** aus-legen, -setzen, -stellen; *maison f exposée au midi* nach Süden gelegenes Haus *n*; *exposé au soleil* sonnig, der Sonne ausgesetzt; ~ *en vente* zum Verkauf ausstellen; ~ *un enfant* ein Kind aussetzen; **2.** *fig.* gefährden, in Gefahr bringen; ~ *sa vie* sein Leben aufs Spiel setzen; **3.** *fig.* darlegen, erklären, auseinandersetzen; **4.** *phot.* belichten, exponieren; **II** *v/rfl. s'*~ ausgestellt (auseinandergesetzt) werden; *fig.* sich in Gefahr begeben; *s'*~ *à qch.* sich e-r Sache (*dat.*) aussetzen; **~sition** (~zi'sjɔ̃) *f* **1.** Ausstellung *f*; ~ *d'agriculture* landwirtschaftliche Ausstellung *f*; ~ *de livres* Buchausstellung *f*; ~ *industrielle* Industrieausstellung *f*; ~ *itinérante* (*od. circulante*) Wanderausstellung *f*; ~ *permanente* Dauerausstellung *f*; ~ *universelle* Weltausstellung *f*; **2.** Ausstellen *n*; ~ *à l'air* Auslüften *n*; **3.** Aussetzen *n e-s*

Kindes; **4.** Lage *f* (*z.B. au nord* nach Norden); *ce tableau est dans une bonne* ~ dieses Bild hängt in gutem Licht; **5.** *fig.* Darlegung *f*, Erklärung *f*; *faire l'~ d'une affaire* e-e Sache ausführlich entwickeln; **6.** *phot.* Belichtung *f*.

exprès (ɛks'prɛ) **I** *adj.* (*f*: **expresse** [ɛks'prɛs]) ausdrücklich; **II** *adv.* (*tout*) ~ absichtlich; **III** *m* Bote *m*, Eilbote *m*; *par* ~ durch Boten.

express 🚂 (ɛks'prɛs) *m* [5a] Eilzug *m*; *par* ~ als Expreßgut *n*.

expres|sément (ɛksprɛse'mɑ̃) *adv.* ausdrücklich; absichtlich; **~sif** (~'sif) *adj.* [7e] □ ausdrucksvoll; **~sion** (~'sjɔ̃) *f* **1.** Ausdrücken *n*, Auspressen *n*; **2.** *fig.* (Gesichts-) Ausdruck *m* (*a.* ♪ *u. peint.*); *sans* ~ (*plein d'*~) ausdrucks-leer (-voll); *l'~ de la joie* der Ausdruck der Freude; **3.** sprachlicher Ausdruck *m*; *avoir l'~ noble* vornehm sprechen; *au-delà de toute* ~ unbeschreiblich; *pol. les pays africains d'* ~ *française* die profranzösischen Länder Afrikas; **4.** *A* Formel *f*, Ausdruck *m*; *réduire à sa plus simple* ~ auf die kleinste Zahl reduzieren; *fig.* auf den einfachsten Ausdruck (*od.* Nenner) bringen; stark verkleinern; *ein Land* aufs äußerste zusammenschrumpfen lassen; **~sionnisme** *litt.*, *peint.* (~sjɔ'nism) *m* Expressionismus *m*; **~sionniste** *litt.*, *peint.* (~sjɔ'nist) *adj. u. su.* expressionistisch; Expressionist *m*.

expri|mable (ɛkspri'mablə) *adj.* ausdrückbar; **~mer** (~'me) **I** *v/t.* [1a] ausdrücken, auspressen; *fig.* aussprechen; zum Ausdruck bringen; **II** *v/rfl. s'~* sich ausdrücken; ausgedrückt werden.

expropri|ateur (ɛksprɔpria'tœ:r) [7f] *adj. u. su.* enteignend; Enteigner *m*; **~ation** ⚖ (~pria'sjɔ̃) *f* Enteignung *f*, Zwangsverkauf *m*; **~er** ⚖ (~pri'e) *v/t.* [1a] enteignen.

expul|ser (ɛkspyl'se) *v/t.* [1a] aus-, ver-treiben; ausschließen, ausstoßen; ⚕ aus dem Körper entfernen; *at.* abspalten; ~ *du pays* des Landes verweisen; **~sif** ⚕ (~'sif) *adj.* [7e] abtreibend, ausstoßend; **~sion** (~'sjɔ̃) *f* Vertreibung *f*, Ausweisung *f*, Ausschluß *m*; ⚕ Abführung *f*.

expurger (ɛkspyr'ʒe) *v/t.* [1l] *ein Buch* (von anstößigen Stellen) säubern, Anstößiges ausmerzen.

exquis (ɛks'ki) *adj.* □ vorzüglich, köstlich, ausgezeichnet.

exsangue ⚕ (ɛk'sɑ̃:g) *adj.* blut-arm, [-leer.]

exsiccation ⚕ (ɛksika'sjɔ̃) *f* Austrocknen *n*.

exsu|dant ⚕ (ɛksy'dɑ̃) *adj. u. m* die Ausschwitzung bewirkend; Ausschwitzungsmittel *n*; **~dat** ⚕ (~'da) *m* Exsudat *n*, Ausschwitzung *f*; **~dation** ⚕ (~da'sjɔ̃) *f* Ausschwitzen *n*; **~der** (~'de) [1a] **I** *v/t.* ausschwitzen; **II** ⚠ *v/i.* ausschwitzen (*Mauer*).

extase (ɛks'tɑ:z) *f* Verzückung *f*, Ekstase *f*, Schwärmerei *f*.

exta|sier (ɛksta'zje) [1a] **I** *v/t.* entzücken; **II** *v/rfl. s'~* in Verzückung geraten, schwärmen; **~tique** (~'tik) **I** *adj.* verzückt, ekstatisch, schwärmerisch; **II** *su.* Verzückter *m*, Exstatiker *m*.

extemporané (ɛkstɑ̃pɔra'ne) *adj.* **1.** *phm.* auf der Stelle zubereitet; **2.** ⚖ unbedacht.

exten|seur (ɛkstɑ̃'sœ:r) *adj. u. m* **1.** *anat.* (*muscle m*) ~ Streckmuskel *m*; **2.** Expander *m* (*Armmuskelstreckgerät*); **~sibilité** (~sibili'te) *f* Dehn-, Streck-barkeit *f*; **~sible** (~'siblə) *adj.* dehn-, streckbar; ⊕ ausziehbar; **~sion** (~'sjɔ̃) *f* Ausdehnung *f*; *téléph.* Nebenanschluß *m*; ♪ Ausstreckung *f der Finger*, weiter Griff *m*; *fig.* Erweiterung *f*, Vergrößerung *f*, Umfang *m*, Aufschwung *m*; ⚕ Strekkung *f*; *bandage m à* ~ *continue* Streckverband *m*.

exténu|ation (ɛkstenɥa'sjɔ̃) *f* Erschöpfung *f*, Entkräftung *f*; **~er** (~'nɥe) [1a] **I** *v/t.* erschöpfen, entkräften, schwächen; **II** *v/rfl. s'~* erschöpft werden, sich aufreiben.

extéri|eur (ɛkste'rjœ:r) **I** *adj.* □ **1.** äußerlich, äußere(r, s); Außen...; **2.** auswärtig; † *commerce m* ~ Außenhandel *m*; *politique f* ~*e* Außenpolitik *f*, auswärtige Politik *f*; **II** *m* **3.** Außenseite *f*, *das* Äußere; *fig.* äußerlicher Schein *m*; *à l'~ advt.* äußerlich; draußen; **4.** Ausland *n*; *nouvelles f/pl. de l'~* Nachrichten *f/pl.* aus dem Ausland; *à l'~* im Ausland; **5.** *cin.* ~*s m/pl.* Außenaufnahmen *f/pl.*; **~orisation** *psych.* (~jɔriza'sjɔ̃) *f* Vergegenständlichung *f*, Exteriorisierung *f*; **~oriser** *psych.* (~jɔri'ze) *v/t.* [1a] vergegenständlichen, exteriorisieren; **~orité** (~jɔri'te) *f* Äußerlichkeit *f*.

extermi|nateur (ɛkstɛrmina'tœ:r) [7f] **I** *adj.* vernichtend, vertilgend; *ange* ~ Würgeengel *m*; **II** *su.* Vertilger *m*; **~nation** (~nɑ'sjɔ̃) *f* Ausrottung *f* Vertilgung *f*; *guerre f d'*~ Vernichtungskrieg *m*; **~ner** (~'ne) *v/t.* [1a] ausrotten, vertilgen.

exter|nat (ɛkstɛr'na) *m* **1.** *écol.* Schule *f* ohne Schülerheim, Externat *n*; **2.** ⚕ Externat *n*, medizinisches Praktikum *n*, Stellung *f* e-s Assistenzgehilfen *od.* Medizinstudenten in e-m Krankenhaus; **~ne** (ɛks'tɛrn) **I** *adj.* **1.** äußerlich, von außen; Außen...; *phm. médicament m* ~ äußerliches Heilmittel *n*; *pour l'usage* ~ *phm.* äußerlich anzuwenden; ⩘ *angles m/pl.* ~*s* Außenwinkel *m/pl.*; **2.** außerhalb wohnend; **II** *m* **3.** (*a.* élève ~) Externeer *m*, Stadtschüler *m*; **4.** Externist *m* (*Medizinstudent in e-m Krankenhaus*).

exterritorialité (ɛkstɛritɔrjali'te) *f* Exterritorialität *f*.

extinc|teur (ɛkstɛ̃k'tœ:r) **I** *adj.* [7f] Lösch...; **II** *m* ~ (*de feu*) Feuerlöschgerät *n*, -löscher *m*; ~ *à mousse* (*carbonique*) Schaumlöscher *m*; **~tion** (~k'sjɔ̃) *f* **1.** Auslöschen *n*; **2.** ~ *de la chaux* Löschen *n* des Kalks; **3.** Erlöschen *n*, gänzlicher Verlust *m*; ~ *de voix* vollständige Heiserkeit *f*; **4.** Ausrottung *f*, Vertilgung *f*; Aussterben *n* (*e-r Rasse*); Tilgung *f*; ✝ ~ *d'une dette* Tilgung *f* e-r Schuld; **5.** ⚔ ~ *des feux* Zapfenstreich *m*.

extir|pateur ↗ (ɛkstirpa'tœ:r) *m* Grubber *m*, Kultivator *m*; **~pation** (~pɑ'sjɔ̃) *f* **1.** ↗ Jäten *n*, Herausziehen *n* (*v. Unkraut*); **2.** ⚕ Ausschneiden *n*; Exstirpation *f*; **3.** *fig.* *l'*~ *des abus* die Ausrottung *f* (*od.* völlige Beseitigung *f*) der Mißstände; **~per** (~'pe) *v/t.* [1a] **1.** ↗ jäten, vertilgen, ausroden; **2.** ⚕ ausschneiden; **3.** *fig.* ~ *des abus* Mißbräuche abstellen.

extor|quer (ɛkstɔr'ke) *v/t.* [1m] abnötigen, erpressen; **~queur** (~'kœ:r) *su.* [7g] Erpresser *m*; **~sion** (~r'sjɔ̃) *f* Erpressung *f*.

extra (ɛks'tra) *m/inv.* **1.** Zugabe *f* (*bsd. cuis.*), Extra-, Sonder-essen *n*; zusätzliche Arbeit *f*; zusätzliches Vergnügen *n*; **2.** Hilfskellner *m*; Aushilfe *f*.

extrabudgétaire (~bydʒe'tɛ:r) *adj.* [außeretatmäßig.]

extra|-conjugal (~kɔ̃ʒy'gal) *adj.* [5c] außerehelich; **~-contractuel** (~kɔ̃trak'tɥɛl) *adj.* [7c] außervertraglich; **~-courant** ⚡ (~ku'rɑ̃) *m* [6g] Extrastrom *m*; ~ *de rupture* Öffnungsinduktionsstrom *m*.

extrac|teur (ɛkstrak'tœ:r) *m* **1.** ⚕ Zange *f*; **2.** ⚔ Patronen-auswerfer *m*, -auszieher *m*; **3.** ⊕ Aushebevorrichtung *f*; *métall.* Auszieher *m*; Extraktionsapparat *m*; ↗ Schleudermaschine *f*; **~tible** (~'tiblə) *adj.* (her)ausziehbar; **~tif** (~'tif) *adj.* [7e] ausziehend; *industrie f extractive* Rohstoffindustrie *f*; **~tion** (~k'sjɔ̃) *f* **1.** Ausziehen *n*, Herausziehen *n*; Ziehen *n* (*e-s Zahns, e-s Grabens*); ⚗ Ausscheiden *n*, Aussonderung *f*; **2.** ⩘ ~ *de la racine carrée* Ziehen *n* der Quadratwurzel; **3.** ⚒ Förderung *f*, Abbau *m*; *capacité f d'*~ Förderleistung *f*; **4.** *fig.* Herkunft *f*.

extra|der (ɛkstra'de) *v/t.* [1a] **1.** ausliefern, überantworten (*Verbrecher*); **2.** ausliefern (*Waren*); **~dition** (~di'sjɔ̃) *f* Auslieferung *f*.

extraire (ɛks'trɛ:r) *v/t.* [4s] **1.** (her-)ausziehen; ~ *des passages d'un livre* Auszüge aus e-m Buche machen; ~ *une dent* e-n Zahn ziehen; **2.** ⩘ ~ *la racine carrée* die Quadratwurzel ziehen; **3.** ⚒ fördern; ~ *de l'or* Gold fördern (*od.* gewinnen); **4.** ⚗ ausscheiden.

extrait (ɛks'trɛ) *m cuis.* Extrakt *m*; *fig.* Auszug *m*; Abriß *m*; Bescheinigung *f*; ~ *de compte* Rechnungsauszug *m*; ~ *de mariage* Trauschein *m*; ~ *de decès*, ~ *mortuaire* Sterbeurkunde *f*, Totenschein *m*; ~ *de naissance* Geburtsurkunde *f*.

extra|judiciaire ⚖ (ɛkstraʒydi'sjɛ:r) *adj.* außergerichtlich; **~légal** ⚖ (~le'gal) *adj.* [5c] ungesetzlich; **~-matrimonial** ⚖ (~matrimɔ'njal) *adj.* [5c] außerehelich.

extraordinaire (ɛkstraɔrdi'nɛ:r) **I** *adj.* □ **1.** außerordentlich; außergewöhnlich, **2.** ungewöhnlich, erstaunlich; **II** *m l'*~ das Außergewöhnliche *n*.

extra|-parlementaire (~parləmɑ̃'tɛ:r) *adj.* außerparlamentarisch; **~poler** (~pɔ'le) *v/i.* [1a]: ~ *sur un événement* ein Ereignis von außen her deuten; **~-rapide** *phot.* (~ra'pid) *adj.* hochempfindlich; **~-réglementaire** (~regləmɑ̃'tɛ:r) *adj.* unvorschriftsmäßig; **~scolaire** (~skɔ'lɛ:r) *adj.* außerschulisch; **~-terrestre** *at.* (~tɛ'rɛstrə) *adj.* außerhalb

der (überwiegenden) Erdanziehung.
extrava|gance (ɛkstrava'gɑ̃:s) *f* Überspanntsein *n*, Narrheit *f*, Extravaganz *f*, toller Streich *m*; ⊕ übertriebene Höhe *f* der Preise; **~gant** (~'gɑ̃) *adj. u. su.* [7] überspannt, extravagant, ungereimt; Narr *m*, Phantast *m*; *idée f ~e* Hirngespinst *n*; **~guer** (~'ge) *v/i.* [1m] faseln; überspannt handeln.
extravaser (~vɑ'ze) [1a]: **s'~** aus den Gefäßen austreten.
extrême (ɛks'trɛ:m) **I** *adj.* □ **1.** äußerst, extrem, letzt; höchst, außerordentlich; **2.** ausschweifend, übertrieben; **II** *m* äußerste Grenze *f*, äußerster Punkt *m*, Übertreibung *f*; ꝶ *~s pl.* äußere Glieder *n/pl.*; *pousser à l'~* zum Äußersten treiben.
extrême|-gauche *pol.* (ɛkstrɛ:m-'goʃ) *f*: *l'~* die äußerste Linke *f*; **~-onction** *rl.* (~ɔ̃'ksjɔ̃) *f* letzte Ölung *f*; **♀-Orient** (~ɔ'rjɑ̃) *m*: **l'~** der Ferne Osten *m*, Ostasien *n*.
extré|misme (ɛkstre'mism) *m* Extremismus *m*; **~miste** (~'mist *adj. u. su.* extremistisch, äußerst, radikal; Extremist *m*, Heißsporn *n*, Hitzkopf *m*, Anhänger *m* e-r extremen Anschauung; **~mité** (~mi'te) *f* **1.** äußerstes Ende *n*; Endpunkt *m*; **2.** *~s pl.* Gliedmaßen *pl.*; **3.** *dernière ~* äußerste Not *f*; *à la dernière ~* im (äußersten) Notfall, im letzten Augenblick; *être à toute ~* in den letzten Zügen (*od.* im Sterben) liegen; **4.** *~s pl.* tätliche Mißhandlung *f*; *en venir à des ~s contre q.* sich zu Tätlichkeiten j-m gegenüber hinreißen lassen; **5.** Übermaß *n*; *porter les choses aux dernières ~s* die Dinge auf die Spitze treiben.
extrinsèque (ɛkstrɛ̃'sɛk) *adj.* □ äußerlich; *cause f ~* äußere Ursache *f*; *valeur f ~* Nennwert *m*.
exubé|rance (egzybe'rɑ̃:s) *f* Überfülle *f*, Üppigkeit *f*; *fig.* Ausgelassenheit *f*, Übermut *m*; *~ de paroles* Wortschwall *m*, Überschwenglichkeit *f*; **~rant** (~'rɑ̃) *adj.* [7] strotzend; ⚘ üppig wuchernd; *fig.* überschwenglich, übermütig.
exulcé|ration (egzylserɑ'sjɔ̃) *f* oberflächliches Geschwür *n*; **~rer** (~'re) *v/t.* [1f] mit Geschwüren bedecken.
exul|tation (egzyltɑ'sjɔ̃) *f* Frohlocken *n*, Jubel *m*, Jauchzen *n*; **~ter** (~'te) *v/i.* [1a] frohlocken, jubeln.
ex-voto (ɛksvɔ'to) *m/inv.* Weih-, Votiv-bild *n*, -tafel *f*.

F

F, f (ɛf) *m* **1.** F, f *n*; **2.** F *od.* f = franc(s); ♪ F *od.* f = *forte*.
fa ♪ (fa) *m* F *n*; ~ *dièse* Fis *n*; *clé de* ~ Baßschlüssel *m*.
fable ('fablə) *f* **1.** Fabel *f*; Erzählung *f*, Märchen *n*; F *conter des* ~*s* schwindeln; **2.** ♀ Fabellehre *f*, Mythologie *f*; *les dieux de la* ♀ die heidnischen Götter *m/pl.*; **3.** Handlung *f od.* Stoff *m* e-s Dramas; **4.** Gerede *n*, Gespött *n*.
fabli|au (fabli'o) *m* [5b] *litt.* Fabliau *n*, altfranzösische Erzählung *f* in Versen, Schwank *m*, derbe Schnurre *f*; **~er** (~bli'e) *m* **1.** Fabelsammlung *f*; **2.** † Fabeldichter *m*.
fabri|cant (fabri'kɑ̃) *m* Hersteller *m*, Fabrikant *m*; **~cateur** *mv.p.* (~ka'tœ:r) *su.* [7f] Macher *m*; ~ *de mensonges* Brunnenvergifter *m*; ~ *de fausse monnaie* Falschmünzer *m*; **~cation** (~kɑ'sjɔ̃) *f* Fabrikation *f*, Anfertigung *f*; ~ *maison* Heimarbeit *f*; ~ *automatique continue* (*od. au tapis roulant*) Fließbandfertigung *f*, Reihenfabrikation *f*; ~ *d'un faux acte* Urkundenfälschung *f*; ~ *soignée* sorgfältige Ausführung *f*; ~ *de rubans* Bandfabrikation *f*; *mettre en* ~ in Arbeit geben; ~ *en grand* (*od. en masse od. en série*) Serien-, Massen-herstellung *f*; **~cien** (~'sjɛ̃) *m* Kirchenvorsteher *m*; **~que** (~'brik) *f* **1.** Fabrik(gebäude *n*) *f*; ~ *de bas* Strumpfwirkerei *f*; ~ *de saucisses* (*de saucissons*) Wurst-(Würstchen-)fabrik *f*; *marque f de* ~ Fabrikzeichen *n*, -marke *f*; **2.** Verfertigung *f*, Arbeit *f*; *fig. mv.p. ces deux types sont de même* ~ der e-e taugt nicht mehr als der andere; diese zwei Typen sind vom gleichen Schlage; **3.** Kirchenvermögen *n*, -verwaltung *f*; *conseil m de* ~ Kirchen-vorstand *m*, -rat *m*; **~quer** (~'ke) *v/t.* [1m] verfertigen, herstellen, fabrizieren; *fig.* erdichten; *mv.p.* anstellen F, treiben, machen; *qu'est-ce que vous fabriquez donc?* was macht ihr denn da?; ~ *de la fausse monnaie* Falschmünzerei treiben; ~ *un testament* ein gefälschtes Testament anfertigen (*od.* aufsetzen); ~ *de toutes pièces* das Blauste vom Himmel erzählen; wie gedruckt lügen.
fabu|leux (faby'lø) **I** *adj.* [7d] □ **1.** erdichtet, märchenhaft, sagenhaft, mythisch; *fig.* ans Fabelhafte grenzend; **2.** der Sagen- *od.* Mythenwelt angehörig; **II** *m das* Sagenhafte *n*; *cela tient du* ~ das klingt wie ein Märchen; **~liste** (~'list) *m* Fabeldichter *m*.
façade (fa'sad) *f* **1.** Vorder-, Außenseite *f*, Fassade *f e-s Gebäudes*; **2.** *fig.* Schein *m*, Fassade *f*.
face (fas) *f* **1.** Gesicht *n*, Angesicht *n*, Antlitz *m*; *mv.p. avoir deux* ~*s* zwei Gesichter haben, das Fähnchen nach dem Winde tragen; ~ *à prpt.* mit dem Blick auf...; ~ *à* ~ Auge in Auge; *de* ~ von vorn; *une figure dessinée de* ~ ein von

vorn gezeichnetes Gesicht *n*; *voir qch. de ~* etw. von vorn (*od.* von der Vorderseite aus) ansehen; *en ~* ins Gesicht; *la maison* (*d'*)*en ~* das Haus gegenüber; *avoir le soleil en ~* die Sonne im Gesicht haben; *regarder la mort en ~* dem Tode ins Antlitz schauen; *en ~ de* gegenüber (*dat.*); *se placer en ~ de q.* sich vor j-n hinstellen; *fig.* j-m die Stirn bieten; *fig. perdre la ~* sein Ansehen (s-n Ruf) verlieren; *faire ~ à q.* j-m die Stirn bieten; *~ à droite!* rechtsum!; *~ à gauche!* linksum!; *fig. faire ~ à des dépenses* die Kosten bestreiten; *faire ~ à ses engagements* s-n Verpflichtungen nachkommen; *faire ~ à toutes les éventualités* alle Möglichkeiten ins Auge fassen; *faire ~ aux difficultés* die Schwierigkeiten meistern; *à double ~ fig.* zweideutig, zweizüngig; **2.** Schläfe *f*; *il a les ~s dégarnies* er hat keine Haare mehr an den Schläfen; **3.** Oberfläche *f*, Außenseite *f*; ⩓ Fläche *f*; Seite *f*; *à dix ~s* zehnflächig; **4.** Lage *der Dinge*; Gesichtspunkt *m*, Aspekt *m*, Gesichtswinkel *m*, Seite *f*; *~ f nord* Nordwand *f* (*Berg*); *la ~ des choses a changé* die Sachlage hat sich geändert; *cette affaire a plusieurs ~s* diese Angelegenheit hat mehrere Seiten; *la question se présentait sous une autre ~* die Frage stellte sich unter e-m anderen Gesichswinkel dar; **5.** Schein *m*, Anschein *m*; *sauver la ~* den Schein wahren; *adv. de ~* nach außen, dem Anschein nach; **6.** Kopfseite *e-r Münze*; *jouer à pile ou ~* Kopf oder Schrift raten; *fig. à pile ou ~* aufs Geratewohl; **7.** rechte Seite *e-s Stoffes*; **8.** Vorder-seite, -teil *m e-s Gebäudes usw.*

face-à-main (fasa'mɛ̃) *m* [6b] Lorgnette *f*.

facé|tie (fase'si) *f* derber Witz *m od.* Spaß *m*, Posse *f*, Streich *m*; **~tieux** (~'sjø) **I** *adj.* [7d] □ drollig, spaßig; **II** *m* Spaßmacher *m*.

facet|te (fa'sɛt) *f* kleine Seitenfläche *f*, kleine Raute(nfläche) *f*, schräg geschliffene Glaskante *f*, Facette *f*; *advt. à ~s* rautenweise geschnitten; *zo. œil m à ~s* Netzauge *n*; *fig. mot m à ~s* Wort *n* mit vielen Bedeutungen; *fig. style m à ~s* schillernder (*od.* geistreicher) Stil *m*; **~ter** (fase'te) *v/t.* [1a] facettieren, viel|eckig schleifen.

fâch|er (fa'ʃe) [1a] **I** *v/t.* **1.** *v/t.* **1.** ärgern, böse machen, verdrießen; *être fâché contre q.* auf j-n böse sein; **2.** *~ q.* j-n betrüben, j-m leid tun, j-m nahegehen; *je suis fâché de* (*inf.*) *od. que* (*subj.*), *a v/imp. il me fâche de od. que* es tut mir leid zu ... *od.* daß ... (*ind.*); *j'en suis bien fâché* es tut mir sehr leid; **II se ~ 3. se ~** (*de* ...) sich ärgern, böse (*od.* unmutig) werden (über *acc.*); **4.** *se ~ avec q.* sich mit j-m überwerfen; *se ~ contre q.* auf j-n böse werden; **~erie** (faʃ'ri) *f* **1.** Unwille *m*, Verdruß *m*; **2.** Zerwürfnis *n*, F Krach *m*; **~eux** (fa'ʃø) **I** *adj.* [7d] □ **1.** ärgerlich, unangenehm, dumm, fatal; **2.** mühsam, beschwerlich; schwer zu befriedigen, empfindlich; **3.** lästig, ungelegen, zudringlich; **II** *m* Störenfried *m*, ungebetener Gast *m*.

facial (fa'sjal) *adj.* [5c] Gesichts...

facies (fa'sjɛs) *m/sg.* Gesichtszüge *m/pl. e-s Kranken*; *allg.* Gesichtsausdruck *m*.

facile (fa'sil) *adj.* □ **1.** leicht (zu machen), mühelos; *fig.* billig (*Witz*); *il a les larmes ~s* die Tränen sitzen ihm locker; *c'est ~ à dire* das ist leicht gesagt; *~ à comprendre* leichtverständlich; **2.** *fig.* leicht geschrieben *od.* zu verstehen (*Buch*); *style m ~* geläufiger (*od.* leichter) Stil *m*; **3.** mit Leichtigkeit arbeitend *od.* schaffend: *il a la parole ~* er ist sprachgewandt; *il a le travail ~* die Arbeit geht ihm gut von der Hand; **4.** *fig.* umgänglich, verträglich; *homme m ~ à vivre* umgänglicher (*od.* verträglicher) Mensch *m*; *être d'un accès ~* leicht zugänglich sein; **5.** fügsam (*Kind*); **6.** *fig.* leichtfertig, charakterschwach.

facili|té (fasili'te) *f* **1.** Leichtigkeit *f e-r Arbeit*; bequeme Gelegenheit *f*, leichte Möglichkeit *f*; **2.** *~s pl.* Erleichterungen *f/pl.*; *~s de paiement* Zahlungserleichterungen *f/pl.*; **3.** *fig.* Gewandtheit *f* Geläufigkeit *f*, Fertigkeit *f*; *~s pl.* Begabung *f*; leichte Auffassungsgabe *f*; *écol. il a des ~s* es fliegt ihm alles zu; **4.** Ungezwungenheit *f des Stils*; **5.** *fig.* Umgänglichkeit *f*; **6.** Leichtfertigkeit *f*, Charakterschwäche *f*; **~ter** (~) *v/t.* [1a] erleichtern; fördern.

façon (fa'sɔ̃) *f* **I** *f* **1.** Form *f*, Gestalt *f*; ~ *d'un gilet* Schnitt *m* e-r Weste; **2.** Schneiderarbeit *f*, Zuschneiden *n*, Zuschnitt *m*; Schneider-, Macher-lohn *m*; *allg.* Arbeit *f*, Bearbeitung *f*; *frais m/pl. de* ~ Macherlohn *m*; *lire des vers de sa* ~ *à q.* j-m s-e eigenen Verse vorlesen; *travailler à* ~ in Heimarbeit herstellen *od.* anfertigen; *ouvrier m à* ~ Heimarbeiter *m*; *donner la première* ~ *à qch.* etw. entwerfen; *donner la dernière* ~ *à qch.* e-r Sache den letzten Schliff geben; **3.** ⚒ (Boden-)Bearbeitung *f*; Bestellung *f*; *donner la seconde* ~ *à un champ* ein Feld zum zweitenmal (um)pflügen; **4.** Art *f*, Weise *f*; *c'est une* ~ *de bel esprit* er ist e-e Art Schöngeist; ~ *d'agir* Handlungsweise *f*; ~ *de parler* Redensart *f*; *de* ~ *ou d'autre* auf die eine *od.* andere Art; *en aucune* ~ keineswegs; *en quelque* ~ in gewissem Grade, einigermaßen; *de la bonne* ~, *de belle* ~ gehörig, tüchtig; **5.** Aussehen, Benehmen *n*, Verhalten *n*, Anstand *m*, Haltung *f*; *avoir bonne* ~ gut (*od.* schick) aussehen; **6.** ~*s pl.* Umstände *m/pl.*, Förmlichkeiten *f/pl.*; *faire des* ~*s* Umstände machen, sich zieren; *sans* ~(*s*) ohne Umstände, ohne weiteres; *péj.* burschikos, ohne Hemmung, dreist; **II** *cj.* de ~ (*à* ce) que (*als Tatsache mit ind., als Absicht mit subj.*); de ~ *à* (*mit inf.*) so daß ...

faconde (fa'kɔ̃:d) *f* Zungen-, Redefertigkeit *f*; *oft péj.* Redseligkeit *f*.

façon|nage, ~nement (fasɔ'na:ʒ, ~n'mɑ̃) *m* Gestalten *n*, Ausarbeitung *f*, Ein-, Zu-richtung *f*; Formgebung *f*; **~ner** (~'ne) [1a] *v/t.* **1.** bearbeiten, gestalten, formen; *métall.* bearbeiten; ~ *l'opinion publique* die öffentliche Meinung gestalten; **2.** ~ *qch.* die letzte Hand an etw. (*acc.*) legen; **3.** ⚒ bestellen; **4.** *fig.* (aus)bilden; gewöhnen (*à* an *acc.*); **5.** ✝ *ruban façonné* geblümtes (gemustertes) Band *n*; **~nier** (~'nje) [7b] **I** *adj.* geziert, umständlich, gespreizt, überhöflich; **II** *su.* **1.** Komplimentemacher *m*; **2.** Heimarbeiter *m*.

fac-similé (faksimi'le) *m* Faksimile *n*.

fac|tage ✝ (fak'ta:ʒ) *m* Warenzustellung *f*, Güterbeförderung *f*; Speditionsgeschäft *n*; Brief-, Telegramm-, Paketbestellung *f*; Zustellungsgebühren *f/pl.*; **~teur** (~'tœ:r) *su.* [7f] **1.** Hersteller *m* (*bsd. v. Musikinstrumenten*); ~ *d'orgues* Orgelbauer *m*; **2.** Briefträger(in *f*) *m*; ~ *rural* (~ *de ville*) Land- (Stadt-)briefträger *m*; ~ *d'express* Telegrammbote *m*; **3.** Packmeister(in *f*) *m*; **4.** ✝ Agent *m*, Vertreter *m*, Kommissionär *m*; **5.** ⚗ Faktor *m*; **6.** *fig.* Faktor *m*, Element *n*, Triebkraft *f*, Haupttriebfeder *f*; **~-chef** (~'ʃɛf) *m* [6a] Oberbriefträger *m*; **~tice** (~'tis) *adj.* □ künstlich; *fig.* erkünstelt; unnatürlich; gestellt; nachgemacht; *argent m* ~ Falschgeld *n*; ✝ *article m* ~ *pour l'étalage* Attrappe *f*; ⚔ *combats m/pl.* ~*s* Manöverkämpfe *m/pl.*; **~tieux** (fak'sjø) [7d] **I** *adj.* aufständisch, revolutionär, aufrührerisch; **II** *su.* Revolutionär *m*, Friedensstörer *m*.

faction (fak'sjɔ̃) *f* **1.** umstürzlerische Partei *f*, Parteigruppe *f*, Clique *f*; **2.** ⚔ Wache *f*; Wachtposten *m*; *être de* (*od.* en) ~, *faire* ~ Wache (auf Posten) stehen; *entrer en* ~, *monter la* ~ auf Posten ziehen; *en* ~! Ablösung vor!; **~naire** (~sjɔ'nɛ:r) *m* Posten *m*, Wache *f*.

factorerie (faktɔr'ri) *f* Handelsniederlassung *f* (*in e-r Kolonie*).

fac|totum (faktɔ'tɔm) *m* Faktotum *n*, Hausdiener *m*; *péj.* Alleswisser *m*; **~tum** (fak'tɔm) *m* **1.** † ⚖ Darstellung *f* des Tatbestandes, Schriftsatz *m*; **2.** ✎ *mv.p.* Schmäh-, Anklage-, Verteidigungs-schrift *f*.

factu|ration ✝ (fakturɑ'sjɔ̃) *f* Fakturierung *f*; Rechnungsabteilung *f*; **~re** (fak'ty:r) **1.** ✝ Rechnung *f*, Faktura *f*, Warenverzeichnis *n mit Preisen*; *au prix de* ~ zum Selbstkostenpreis; *dresser* (*od. faire*) *une* ~ e-e Rechnung schreiben (*od.* ausstellen); *suivant* ~ laut Rechnung; **2.** *litt.*, ♪ Ausführung *f*, Ausarbeitung *f*, Komposition *f*, Arbeit *f*; Gestalt *f*, (Mach-)Art *f*; *morceau m de* ~ gelungenes Musikstück *n*; **3.** ♪ ~ *d'une orgue* Orgelbau *m*; **~rer** (~kty're) *v/t.* [1a] in Rechnung stellen *od.* fakturieren; **~rier** (~'rje) *m* **1.** Fakturist *m*; **2.** Fakturabuch *n*.

facul|tatif (fakylta'tif) *adj.* [7e] □ fakultativ, wahlfrei, beliebig, unverbindlich; *arrêt m* ~ Haltestelle *f* je nach Bedarf; *travail m* ~ freiwillige Arbeit *f*; **~té** (~kyl'te) *f* **1.** Fähigkeit *f*, Vermögen *n*, Talent *n*; Kraft *f*; Eigenschaft *f*, Gabe *f*; ~*s f/pl.* Anlagen *f/pl.*; ⊕ ~ *lubrifiante* Schmierfähigkeit *f*; ~ *d'adaptation* Anpassungsfähigkeit *f*; **2.** Macht *f*, Recht *n*, Freiheit *f*, Befugnis *f*; **3.** Fakultät *f*; *oft für* Universität *f*; Fach *n*; ~ *de droit* juristische Fakultät *f*; ~ *des lettres* philosophische Fakultät *f*; *abs.*, *bisw. iron. la* ♀ die Ärzteschaft *f*.

fada F *dial.* (fa'da) *adj. u. m* dumm, blöd; Dummkopf *m*.

fad|aises (fa'dɛ:z) *f/pl.* Unsinn *m*, dummes Zeug *n*; *dire des* ~ Unsinn reden, *abs.* quatschen, faseln; **~asse** (~'das) *adj.* sehr fade; **~e** (fad) *adj.* □ fade, reizlos, abgeschmackt; ungesalzen; **~ette** *dial.* (~'dɛt) *f* Elfe *f*; **~eur** (~'dœ:r) *f* Fadheit *f*, Schalheit *f*, Geschmacklosigkeit *f*; Geistlosigkeit *f*, abgeschmackte Schmeichelei *f*; ~*s* seichtes Gerede *n*.

fading *rad.* (fa'diŋ) *m* Fading *n*.

fafiot P (fa'fjo) *m* Banknote *f*.

fagoquercie (fagɔkɛr'si) *f* Mischwald *m* von Buchen und Eichen.

fagot (fa'go) *m* Reisigbündel *n*; ~ *d'épines* Dornenbündel *n*; *fig.* bärbeißiger Mensch *m*; *vin m de derrière les* ~*s* Wein *m* von der besten Sorte; *il y a* ~*s et* ~*s* die Menschen (die Dinge) sind alle verschieden; **~er** (fagɔ'te) [1a] **I** *v/t.* in Bündel zusammenbinden; F *fig.* zusammenstümpern; pfuschen; komisch anziehen; **II se** ~ F *fig.* sich geschmacklos anziehen; **~eur** (~'tœ:r) *m* Reisholzbinder *m*; F *fig.* Stümper *m*, Zusammenstoppler *m*, Pfuscher *m*; ~ *de chansons*, ~ *de vers* Reimschmied *m*; **~in** (~'tɛ̃) *m* kleines Reisigbündel *n*; *fig.* Hanswurst *m*.

fagoue (fa'gu) *f* Brustdrüse *f der Tiere*; ~ *de veau* Kalbsmilch *f*.

faiblard F (fɛ'bla:r) *adj.* schwächlich.

faible ('fɛ:blə) **I** *adj.* □ **1.** schwach, schwächlich, kraftlos, matt; allzu nachsichtig (*avec* gegen); *âge m* ~ zartes Alter *n*; *esprit m* ~ Schwachkopf *m*; ~ *d'esprit* schwachsinnig; *le point* ~ der wunde Punkt; ~ *souvenir* dunkle Erinnerung *f*; **2.** dünn (*Getränk*); unbedeutend, gering (*Unterschied*, *Zahl*); *monnaie f* ~ nicht vollwichtige Münze; **3.** ✝ flau; **II** *m le* ~ der Schwache *m*, Schwächling *m*, charakterloser Mensch *m*; schwache Seite *od.* Stelle, *fig.* Schwäche *f*, Vorliebe *f*; ~ *su. économiquement* Bedürftige(r), Unbemittelte(r); *avoir un* (*od. du*) ~ *pour q.* e-e Schwäche für j-n haben, j-m gewogen sein; *prendre q. par son* ~ j-n an s-r Archillesferse treffen.

faibl|esse (fɛ'blɛs) *f* **1.** Schwäche *f*; *fig. avoir de la* ~ *pour ...* e-e Vorliebe haben für ...; **2.** Ohnmacht *f*; *elle tomba en* ~ es wurde ihr schwach; **3.** Gebrechen *n*; *les* ~*s humaines* die menschlichen Gebrechen *n/pl.*; ~ *d'esprit* geistige Armut *f*; **4.** ~ *d'un poids* zu leichtes Gewicht; **5.** ✝ Flauheit *f*; **~ir** (~'bli:r) *v/i.* [2a] schwach werden; nachgeben; wanken; abnehmen, sinken; ✝ abflauen; *fig.* nachlassen (*Wind*).

faïenc|e (fa'jɑ̃:s) *f* Fayence *f*, Steingut *n*; **~erie** (~jɑ̃s'ri) *f* ⊕ Steingut-fabrik *f*, ✝ -handel *m*; Steingut(ware *f*) *n*.

faille[1] (fɑ:j) *f* **1.** *géol.* Spalte im Gestein, Kluft *f*, Verwerfung *f*; ⚒ (*fausse*) ~ tauber Gang *m*; **2.** *fig.* Fehl(er) *m*, Schattenseite *f*, Riß *m*.

faille[2] ✝ (~) *f* gerippter Taft *m*, grober Seidenstoff *m*.

failli ✝ (fɑ'ji) *m* Konkursschuldner *m*.

failli|bilité (fɑjibili'te) *f* Fehlbarkeit *f*; **~ble** (fɑ'jiblə) *adj.* (nicht un)fehlbar.

fail|lir (fɑ'ji:r) *v/i.* [2n] **1.** (ver-)fehlen, irren, sich versehen; e-n Fehltritt tun, sich vergehen; **2.** ~ *à q.* j-n im Stich lassen; *la mémoire lui faillit tout à coup* sein Gedächtnis ließ ihn plötzlich im Stich; ~ *à son devoir* gegen seine Pflicht verstoßen; **3.** schwach werden; *le cœur lui a failli* ihm (ihr) ist schlecht geworden; **4.** sich neigen, zu Ende gehen; *la branche des Valois a failli dans la personne de Henri III* die Linie der Valois ist mit Heinrich III. erloschen; **5.** ✝ Bankrott machen; **6.** *j'ai failli tomber* ich wäre beinah gefallen; *v/imp. il a failli nous arriver un grand malheur* es wäre uns beinah ein großes Unglück passiert; **7.** *die alte Form der 3. P. sg. Präs. noch erhalten in*: *prov. à battre faut l'amour* Schläge bringen die Liebe zum Erkalten;

la mémoire me faut das Gedächtnis läßt mich im Stich; s. a. *falloir* 3., *was formal zu faillir gehört*; *prov. pour un moine l'abbaye ne faut pas* niemand ist unersetzlich (*wörtlich: wegen e-s Mönches macht die Abtei nicht Bankrott*); **~lite** (fa'jit) *f* Bankrott *m*, Konkurs *m*; *masse f de ~* Konkursmasse *f*; *vente f après ~* Konkursausverkauf *m*; *ouvrir la ~* den Konkurs eröffnen; *tomber en ~* in Konkurs geraten; *faire ~* Bankrott machen; *se déclarer en ~* sich für bankrott erklären, Konkurs anmelden.

faim (fɛ̃) *f* Hunger *m*; *j'ai grand-~*, *j'ai une très grande ~*, *abus. j'ai très ~* ich bin sehr hungrig; ich habe großen Hunger; *~ canine*, *~ de loup* Heißhunger *m*.

faine ⚘ (fɛ:n) *f* Buchecker *f*.

fainéant (fɛne'ɑ̃) [7] **I** *adj*. träge, müßig, faul; *les rois ~s* die Schattenkönige, die letzten Merowingerkönige *m/pl*.; **II** *su*. Faulenzer *m*, Nichtstuer *m*; **~er** (~'te) *v/i*. [1a] (herum)faulenzen, die Hände in den Schoß legen; **~ise** (~'ti:z) *f* Faulenzerei *f*, Müßiggang *m*.

faire (fɛ:r) [4n] **I** *v/t*. *u*. *v/i*. **1.** machen, tun; anfertigen, verfertigen; zubereiten; herstellen; verursachen; bilden, formen; ausführen, vornehmen; *~ attention* aufpassen; *~ le beau* schön machen (*z.B. v. Hunde*); *~ du bien* (*~ du mal*) *à q.* j-m Gutes antun, j-m guttun (j-m schaden; j-m wehtun, j-n verletzen); *cela vous fait du bien* das tut Ihnen (euch) gut; ⚔ *~ brèche* Bresche *f* schießen; *~ son chemin* (*od. sa fortune*) sein Glück machen; *~ commerce* Handel *m* treiben; *~ côte* auf den Strand laufen; *~ la cuisine* kochen; *elle sait bien ~ la cuisine* sie kann gut kochen; *~ un cours* e-e Vorlesung halten; *~ la classe*, *~ l'école* Unterricht *m* geben; *~ du café* Kaffee *m* machen; *~ le dîner* das Essen machen; ⚓ *~ eau* lecken; *cin. ~ des prises de vues* (*od. du film*) filmen, Filmaufnahmen machen; kurbeln, drehen; *~ un métier* ein Handwerk *n* betreiben; *~ ses bagages* (*od. ses malles*) einpacken, die Koffer packen; F *~ la malle* (*od. la valise*) abhauen, türmen; ⚔ *~ son service* (*od. son temps*) dienen; *~ des embarras* sich zieren, sich haben F; *~ droit à une réclamation* e-r Beschwerde *f* Rechnung tragen; *~ droit à une demande* e-m Gesuch *n* stattgeben, ein Gesuch *n* annehmen; ✝ *~ une commande* bestellen; *~ mention de* erwähnen; *~ passer un montant* (*od. une somme*) *à q.* j-m e-n Betrag zugehen lassen; *~* (*od. tirer*) *une traite sur q.* e-e Tratte auf j-n ziehen; *~ des rentrées* Außenstände einziehen *od.* eintreiben; *~ honneur à une signature* e-n Wechsel einlösen; *~ un discours* e-e Rede halten; *~ son entrée* s-n Einzug halten; *~ explosion* explodieren; *~ une bonne fin* ein gutes Ende nehmen; *~ gloire de qch.* sich e-r Sache (*gén.*) rühmen; *~ la guerre à ...* bekriegen (*acc.*); *~ bonne mine à mauvais jeu* gute Miene zu bösem Spiele machen; *~ la paix* Frieden schließen; *~ part de qch. à q.* j-m etw. anzeigen, mitteilen; *~ partie de qch.* zu etw. (*dat.*) gehören; ⚓ *~ pavillon* die Flagge zeigen; *~ peur* (*~ pitié*) Furcht (Mitleid) erregen; *Auto*: *~ son* (*od. le*) *plein* (*Benzin*) tanken; *~ présent de qch. à q.* j-m etw. schenken; *être fait prisonnier* gefangen genommen werden; *~ la queue* Schlange stehen; *ne ~ qu'un* (*od. ~ corps avec ...*) verwachsen (*od.* eins) sein mit (*dat.*); ⚓ *~ voile* in See stechen; *~ voile pour* (ab)segeln nach; *~ du cheval* reiten; *~ du tandem* auf e-m Tandem fahren; *~ de l'auto* Auto fahren; *~ du sport* Sport treiben; *~ du tennis* Tennis spielen; *~ de la photo* photographieren *abs.*; *~ bien ensemble* gut zusammenpassen; *en ~ autant* es ebenso machen; *c'en est fait* es (*od.* die Sache) ist aus; *c'en est fait de moi* es ist um mich geschehen; *en ~ à sa tête* nach s-m Kopfe handeln; (*ne*) *t'en fais pas!* mach' dir daraus nichts!; mach' dir keine Sorge(n)!; *c'est bien fait pour toi!* das geschieht dir recht!; *avoir à ~ à q.* (*jedoch häufiger: avoir affaire à q.*) mit j-m zu tun haben (*vgl. affaire* I, 1); *n'avoir rien à ~ avec qch.* nichts mit etw. zu tun haben; *une bonne à tout ~* ein Mädchen *n* für alles; *c'est un homme à tout ~* er ist zu allem zu gebrauchen; er ist zu allem fähig; *il n'y a rien à ~* da ist nichts zu machen, es läßt sich nichts machen; *que ~?* was soll man machen?, was ist (dabei) zu machen?; P *ne ~ ni une ni deux* nicht lange fackeln (*od.* überlegen), sich nicht lange besinnen; *ne ~ que* (*inf.*) nichts tun als ..., bloß ..., nur ..., unaufhörlich; *il ne fait qu'aller et venir* er ist gleich wieder da; *il ne fait que lire* er macht nichts anderes als lesen, er liest nur; *laisser ~* geschehen lassen; **2.** schaffen, erschaffen; hervorbringen; erzeugen; *~ ses dents* Zähne bekommen; P *~ des enfants* Kinder gebären; *~ des petits* Junge werfen (*Tiere*); **3.** zurechtmachen, in Ordnung bringen; *~ sa barbe* sich rasieren; *~ un bouquet* e-n Strauß *m* binden; *~ la chambre* das Zimmer machen; *~ ses cheveux* sich frisieren; *~ les lits* die Betten machen; **4.** ausbilden; *~ la main* die Hand üben; **5.** *Geld* beschaffen, zusammenbringen; erwerben, verdienen, einbringen; ... *a fait beaucoup d'argent* ... hat viel Geld eingebracht; *~ fortune* viel (Geld) verdienen; *~ sa fortune* sein Glück machen; *~ ses frais* auf s-e Kosten kommen; *l'incendie a fait un mort* der Brand hat e-n Toten gekostet (*od.* gefordert); **6.** durchmachen, ertragen; aushalten, durchhalten; *~ son apprentissage* in der Lehre sein; *~ maigre* Fasten halten; **7.** durchlaufen, besuchen, *bsd. Auto*: *e-e Entfernung* zurücklegen, schaffen; *~ le boulevard* sich auf den Boulevards umhertreiben; *~ une ville* eine Stadt *in Geschäften* bereisen; *~ du soixante à l'heure* sechzig Kilometer in der Stunde zurücklegen; **8.** treiben, betreiben, ausüben; *~ ses besoins od. ~ ses nécessités* seine Notdurft verrichten; ⚕ *~ le commerce* (*de*) Handel *m* treiben, handeln (mit *dat.*); *~ le métier de* ... das Handwerk eines ... betreiben; **9.** zu *e-r Würde usw.* erheben; *~ qc. de q.* (*qc.*) etw. aus *od.* mit j-m (etw.) machen; *que ferez-vous de votre fils?* was soll Ihr Sohn werden?; *~ son fils avocat* seinen Sohn Rechtsanwalt werden lassen; **10.** (sich) *für etw.* ausgeben; darstellen, spielen; so tun; *~ le mort* sich totstellen; *~ la sourde oreille* sich taub stellen; *il a fait celui qui ne me voyait pas* er hat so getan, als hätte er mich nicht gesehen; **11.** ausmachen, bedeuten, ergeben, sein; zur Folge haben, einbringen, kosten (*a. Tote*); s. 5; *deux et deux font quatre* zwei und zwei ist vier; *cela ne fait rien* das hat nichts zu sagen; *qu'est-ce que cela me fait!* was mache ich mir schon daraus!; *combien cela fait-il?* wieviel (*od.* was) kostet das?; **12.** berechnen; *combien faites-vous le mètre de ...?* wie teuer verkaufen Sie das Meter ...?; **13.** *~ face aux dépenses*, *~ les frais* die Kosten bestreiten; **14.** Karten mischen und geben; *à qui est-ce de ~?* wer gibt?; **15.** *gr.* bilden; *cheval fait au pluriel chevaux* ... bildet den Plural ...; **16.** ausleeren, ausscheiden; *~ du sang* Blut verlieren; **17.** *fait-il* sagt (*od.* erwidert) er; **18.** *~ mit inf.* lassen; **a**) veranlassen (*vor transitiven Verben, d. h. vor solchen mit möglichem nachfolgenden Akkusativobjekt, steht die Person, die man veranlaßt, im Dativ*); *~ faire qch. à q.* (*od. par q.*) [*franz. à = lat. a, ab* „von ... her, von sich aus"; *vgl. demander*] j-n etw. machen lassen; *faire faire un habit à q.* sich bei (*od.* von) j-m e-n Anzug machen (*od.* anfertigen) lassen; *il lui fit visiter la ville* er zeigte ihm (ihr) die Stadt; *je ferai bâtir ma maison à* (*od. par*) *cet architecte* ich werde mein Haus von diesem Architekten bauen lassen; *je le lui ai fait répéter* ich ließ es ihn wiederholen; *faire savoir qch. à q.* j-n etw. wissen lassen *od.* mitteilen; *je lui ai fait savoir que* ... ich habe ihm mitgeteilt, daß ...; *la robe que cette dame s'est fait faire, n'est pas encore payée* das Kleid, das sich diese Dame machen ließ, ist noch nicht bezahlt; **b**) veranlassen; in e-n Zustand versetzen (*vor intransitiven Verben od. vor absolut gebrauchten, transitiven Verben; die zu veranlassende Person od. die in e-n Zustand zu versetzende Sache steht im Akkusativ*); *la condition où le destin l'a fait naître* die Lage, zu der er (sie) vom Schicksal bestimmt war; *chaque vers qu'il entend le fait extasier* jeder Vers, den er hört, bringt ihn in Verzückung; *si le Roi avait un cœur de père pour son peuple ne mettrait-il pas sa gloire à les faire respirer après tant de maux!* hätte der König ein väterliches Herz für sein Volk, würde er es sich nicht zum Ruhme anrechnen, es nach so vielem Leid einmal aufatmen zu lassen?; *il les fait trembler* er macht sie zittern; *je ferai renoncer cet homme à ses prétentions* ich werde diesen Menschen zum Verzicht auf s-e Ansprüche veranlassen; *on l'a fait sortir* man hat ihn (sie) hinausgeworfen *od.* hinausgeführt; *vous le ferez tomber malade* Sie werden ihn krank machen; *je l'ai fait attendre (signer)* ich ließ ihn (sie) warten (unterschreiben); *je le fais mouvoir* ich setze ihn in Bewegung; *faire bouillir* abkochen; c) *ohne ausdrückliche Personenangabe und in reflexivem Gebrauch*: *faites voir!* zeigen Sie!, lassen Sie sehen!; *je ferai faire le nécessaire* ich werde alles Erforderliche veranlassen; *il (elle) s'est fait photographier* er (sie) ließ sich photographieren; **19.** *ell.* P: *man ergänze accroire*: *faut pas me la* ~!; *man ergänze vor me die Wörter faut pas u. hinter faire das Wort digérer*: *me la* ~ *à l'estomac! iron.* das können Sie mir doch nicht erzählen (*od.* weismachen)!; den Bären können Sie einem andern aufbinden!; **II** *v/imp.* **20.** *il fait chaud (froid)* es ist warm (kalt); *il fait jour* es ist Tag; *il fait beau od. bon (temps)* es ist schönes Wetter; *il fait plus beau, il fait meilleur* es ist schöneres Wetter; *il fait un froid de loup* es ist e-e Hundekälte *f*; *il fait un temps de chien (od. un chien de temps od. un temps à ne pas mettre un chien dehors)* es ist ein Hundewetter *n*; *il fait mauvais (temps)* es ist schlechtes Wetter; *il fait du (gros) vent* es ist (sehr) windig; *il fait de la pluie* es regnet; *il fait de la neige* es schneit; *il fait du tonnere (des éclairs)* es donnert (es blitzt); *il fait bon être (od. vivre) ici* hier ist's gut sein; *il n'y fait pas sûr* es ist dort nicht geheuer; **III** *v/i.* **21.** passen; ~ *bien ensemble* gut zs.-passen; *le gris fait bien avec le bleu* grau paßt gut zu blau; **22.** wirken; *ces adverbes font déplorablement* diese Adverbien wirken (= klingen) entsetzlich; **IV** *v/rfl.* *se* ~ **23.** sich ereignen, geschehen, sich zutragen; *cela* (F *ça*) *peut se* ~ das ist gut möglich; so etwas kann passieren; *comment se fait-il que ...?* woher kommt es, daß ...?; **24.** werden; zustandekommen; *il s'est fait soldat* er ist Soldat geworden; *se* ~ *vieux* alt werden; *v/imp. il se fait tard* es wird spät; **25.** sich stellen, sich ausgeben für (*acc.*); *se* ~ *malade* sich krank stellen; **26.** *se* ~ (~) *la barbe* sich rasieren (lassen); *se* ~ *un devoir de* (*inf.*) es für s-e Pflicht halten zu ...; *se* ~ *honneur* es sich zur Ehre anrechnen; **27.** *se* ~ *aimer de q.* sich bei j-m beliebt machen; *se* ~ *écouter* Gehör finden, mit s-n Worten durchdringen; **28.** *se* ~ *à qch.* sich an etw. (*acc.*) gewöhnen, sich mit etw. (*dat.*) abfinden; *il y est déjà fait* er ist schon daran gewöhnt; *on finit par s'y faire* man gewöhnt sich schließlich daran; **29.** *se* ~ *une raison* resignieren; *se* ~ *la main* üben, versuchen; *se* ~ *un chemin* sich e-n Weg bahnen; *se* ~ *de l'argent* sich Geld verschaffen; *s'en* ~ sich Sorgen machen; *ne vous en faites pas!* machen Sie sich darüber keine Sorgen!; *se laisser* ~ sich gefallen lassen; *se* ~ *tuer* (F *descendre*) erschossen werden; im Kriege fallen; sich abknallen lassen P; *se* ~ *jour fig.* sich verbreiten, sich herausstellen; *se* ~ *connaître, se* ~ *un nom* sich e-n Namen schaffen, bekannt (*od.* berühmt) werden; *se* ~ *beau* sich feinmachen; **V** *m* Machen *n*, Tun *n*, Tat *f*; Art *f e-s Kunstwerks.*

faire-part (fɛr'pa:r) *m* [6c] Heirats-, Todes- *usw.* Anzeige *f*.

faire-valoir ↗ (fɛ:rva'lwa:r) *m/sg.*: *le* ~ *direct* die Selbstbewirtschaftung *f*.

faisable (fə'zablə) *adj.* möglich, durchführbar.

faisan (fə'zɑ̃) **I** *m* Fasan *m*; *fig.* Betrüger *m*; **II** *adj.* [7] *coq m (poule f)* ~(e) Fasanenhahn *m*, (-henne *f*); **~dé** (fəzɑ̃'de) *adj.* mit Wildgeruch; *fig.* mit e-m Stich (*Fleisch*); anrüchig; *littérature f* ~*e* Schundliteratur *f*; **~derie** (~zɑ̃'dri) *f* Fasanerie *f*.

faisceau (fɛ'so) *m* [5b] **1.** Bündel *n*; ~ *de nerfs* Nervenbündel *n*; ~ *de rayons lumineux* Strahlen-bündel *n*, -büschel *n*; ~ *de verges* Rutenbündel *n*; *réunir en un* ~ zu e-m Bündel zusammenfassen; *opt. réuni en* ~ gebündelt; **2.** *antiq.* ~*x pl.* Liktorenbündel *n/pl.*; *fig. déposer les* ~*x* das Konsulat niederlegen;

prendre les ~*x* zum Konsul ernannt werden; **3.** *colonne f en* ~ Bündelschaft *m*; **4.** ⚔ ~ *de fusils*, ~ *d'armes* Gewehrpyramide *f*.

faiseur (fə'zœ:r) *su.* [7g] Macher *m*, Verfertiger *m*; Schneider *m*; *péj.* Angeber *m*; Intrigant *m*; Schwindler *m*; *du bon* ~ vom ersten Schneider; ~ *de dupes* Bauernfänger *m*; ~ *d'embarras* Angeber *m*; ~ *de réclame*, ~ *de boniments* Reklamemacher *m*; ~ *de tours* Taschenspieler *m*.

fait (fɛ) **I** *p/p. von faire u. adj.* [7] **1.** gemacht, getan; fertig; reif (*Früchte*); eßbar; trinkbar; gar, mürbe (*Fleisch*); durch (*Käse*); gewachsen, von ... Wuchs, von ... Gestalt; F angezogen; F ertappt, erwischt; *c'est bien* ~*!* recht so!; *c'est bien* ~ *pour lui* das geschieht ihm recht; *voilà qui est* ~ das wäre erledigt; *est-ce* ~*?* fertig?; *tout* ~ fix und fertig; *bien* ~ wohlgebaut; *mal* ~ häßlich gewachsen; *esprit m bien* ~ klarer Verstand *m*; *phrase (toute)* ~*e* feststehende Redensart *f*; *ce fromage n'est pas assez* ~ dieser Käse ist nicht genügend durch; *c'en est* ~ *de moi od. je suis* ~ ich bin erledigt (*od.* geliefert F), es ist aus mit mir, es ist um mich geschehen; **II** (fɛ; *im sg. a.* fɛt, *wenn am Ende e-s Redetakts od. wenn betont*) *m* **2.** Tat *f*, Handlung *f*; *on en vint aux voies de* ~*es kam zu Tätlichkeiten; *(en) venir au* ~ auf den Kern der Sache kommen; *prendre q. sur le* ~ j-n auf frischer Tat ertappen; *traduire qch. dans les* ~*s* etw. in die Tat umsetzen; **3.** Tatsache *f*; ~ *accompli* vollendete Tatsache *f*; *exposer les* ~*s* den Sachverhalt darlegen; ~ *générateur de l'action* die den Rechtsanspruch begründende Tatsache *f*; *de* ~ faktisch, tatsächlich; *le* ~ *est que* ... Tatsache ist, daß ...; *du* ~ *de* ... auf Grund von ...; wegen, im Hinblick auf; *tout à* ~ ganz u. gar; *prendre* ~ *et cause pour q.* für j-n einstehen; **4.** Vorfall *m*, Begebenheit *f*, Ereignis *n*; ~*s divers* Verschiedene(s) *n*, vermischte Nachrichten *f/pl.*, Vermischtes *n in Zeitungen*; *voilà le* ~ die Sache ist die; *aller droit au* ~ ohne Umschweife auf die Sache an sich eingehen; *être sûr de son* ~ seiner Sache (*gén.*) sicher sein; *mettre q. au* ~ *de* j-n über etw. (*acc.*) in Kenntnis setzen (*od.* unterrichten), j-n in etw. einweihen, j-m über etw. Aufschluß geben; **5.** Fall *m*; Anteil *m*; Teil *m*; *ce n'est pas mon* ~ das ist nicht mein Fall; das ist nichts für mich; *c'est un* ~ *à part* das ist eine Sache für sich; *chacun a eu son* ~ jeder hat seinen Teil erhalten; *dire son* ~ *à q.* j-m gehörig Bescheid sagen F, j-m s-e Meinung ins Gesicht sagen, j-m klaren Wein einschenken, j-m gegenüber kein Blatt vor den Mund nehmen; **6.** ✝ ~*s pl. d'un acte* Gegenstände *m/pl.* eines Vertrages.

faî|tage ⚠ (fɛ'ta:ʒ) *m* Dachstuhl *m*; ~**te** (fɛt) *m* ⚠ First *m*, Giebel *m*; Gebirgsrücken *m*, Wasserscheide *f*; Wipfel *m*, Gipfel *m*; *fig.* Höhepunkt *m*; ~**tière** ⚠ (fɛ'tjɛ:r) *f* Firstziegel *m*; ~ (*ventilatrice*) Firstfensterchen *n*.

fait-tout *m* [6c], **faitout** *m* (fɛ'tu) Kochtopf *m*.

faix (fɛ) *m* Bürde *f*, Last *f*; ⚠ Senkung *f*, Sackung *f* (*e-s Neubaus*).

falaise (fa'lɛ:z) *f* Felsküste *f*.

falbala (falba'la) *m* Volant *m*, Falbel *f* (*am Kleid*).

falciforme (falsi'fɔrm) *adj.* sichelförmig.

fallacieux (fala'sjø) *adj.* [7d] □ trügerisch; erlogen, erheuchelt; eitel (*Hoffnung*).

falloir (fa'lwa:r) *v/imp.* (*in der gesprochenen Sprache häufiger mit subj. als mit inf.!*) [3c] **1.** müssen, nötig sein; *il faut que je sorte, il me faut sortir* ich muß hinausgehen; *il faut partir* ich muß weg (*od.* gehen); wir müssen weg (*od.* gehen *od.* losfahren); *il le faut* das muß sein; *comme il faut* [kɔmi'fo] wie sich's gehört, tüchtig; richtig; brav; *un homme comme il faut* ein feiner Mensch; **2.** brauchen, nötig haben, benötigen; *il leur fallut trois heures* sie brauchten drei Stunden; *plus qu'il ne faut* mehr als nötig ist; *qu'est-ce qu'il vous faut?* was wünschen Sie?; **3.** (*gehört formal zu faillir* 7.): *s'en* ~ fehlen; *il s'en faut* bei weitem nicht; *tant s'en faut* weit gefehlt; *il s'en faut de beaucoup que* ... (*mit möglichem, zusätzlichem ne* + *subj.*) es fehlt viel daran, daß ...; *peu s'en est fallu qu'elle (ne) partît* wenig hätte daran gefehlt, daß sie abgereist wäre; beinahe wäre sie abgereist.

falot[1] (fa'lo) *m* Handlaterne *f*; * ⚔ Kriegsgericht *n*.

falot² (~) *adj.* [7] *péj.* nichtssagend, flatterhaft, charakterschwach; kümmerlich, schwächlich.
falourde (fa'lurd) *f* **1.** Bund *n* Knüppelholz; **2.** P *orn.* Meerschwalbe *f.*
falsifi|cateur (falsifika'tœ:r) *adj. u. su.* [7f] (ver)fälschend; Fälscher *m*; **~cation** (~kɑ'sjõ) *f* Fälschung *f*; **~er** (~'fje) *v/t.* [1a] fälschen.
faluche (fa'lyʃ) *f* Studentenmütze *f.*
falun ⚒ (fa'lœ̃) *m* Muschelerde *f*; **~er** ⚒ (~ly'ne) *v/t.* [1a] mit Muschelerde düngen; **~ière** (~ly'njɛ:r) *f* Muschelerdbank *f.*
famé (fa'me) *adj.*: *bien (mal)* ~ in gutem (schlechtem) Ruf stehend.
famélique (fame'lik) *adj. u. su.* ausgehungert; Hungergestalt *f.*
fameux (fa'mø) *adj.* [7d] □ **1.** berühmt; ausgezeichnet; P *c'est* ~ das ist (ja) prima; **2.** *péj.* berüchtigt; **3.** F gewaltig, gehörig; ~ *imbécile* riesiger Dummkopf *m.*
famili|al (fami'ljal) *adj.* [5c] Familien...; *fig.* gemütlich; **~ale** *Auto* (~) *f* großer Tourenwagen *m*; **~ariser** (~ljari'ze) [1a] **I 1.** ~ *q. avec* j-n gewöhnen an (*acc.*), j-n vertraut machen mit (*dat.*); **2.** zähmen; **II** *v/rfl.* se ~ *avec q.* j-n näher kennenlernen, mit j-m vertrauter werden; se ~ *avec qch.* sich in etw. (hin)einleben; mit etw. vertraut werden; se ~ zahm werden; **~arité** (~ljari'te) *f* Vertraulichkeit *f*, vertraulicher Umgang *m*; ~s *pl.* Vertraulichkeiten *f/pl.*; **~er** (~'lje) [7b] **I** *adj.* □ **1.** zur Familie gehörig; *dieux m/pl.* ~s Hausgötter *m/pl.*; *esprit m* ~, *génie m* ~ Schutzgeist *m*; **2.** frei, ungezwungen, vertraulich; *être* ~ *avec q.* mit j-m auf vertraulichem Fuße stehen; *rapports m/pl.* ~s vertrauter Umgang *m*; **3.** *langage* ~ Umgangssprache *f*; *mot* ~, *terme* ~ Ausdruck *m* der Umgangssprache; **4.** bekannt; geläufig; vertraut (*de qch.* mit etw. *dat.*); *cette langue lui est familière* er (sie) ist mit dieser Sprache vertraut; **II** *su.* Vertrauter *m*; ~ *de la maison* Hausfreund *m.*
famille (fa'mij) *f* **1.** Familie *f*; Verwandtschaft *f*; Verwandte *m/pl.* *fig.* Herkunft *f*; ~ *nombreuse* kinderreiche Familie *f*; ~ *fugitive* Flüchtlingsfamilie *f*; *avoir de la* ~ Verwandte haben; *en* ~ im Familienkreise; *il est pour ainsi dire de la* ~ er ist bei uns wie zu Hause; *être de bonne* ~ von guter Herkunft sein; *fils m de* ~ Sohn *m* aus gutem Hause; *air m de* ~ Familienähnlichkeit *f*; *logement m pour une* ~ Einfamilienwohnung *f*; *nom m de* ~ Familienname *m*; *père m de* ~ Hausvater *m*, Familienhaupt *n*; **2.** *zo.*, ⚘ Familie *f*, Geschlecht *n*, Klasse *f*, Gattung *f*; *allg.* Art *f*; *gr.* ~ *de mots* Wörterfamilie *f*; ~ *d'emploi* Verwendungsart *f.*
famine (fa'min) *f* Hunger(snot *f*) *m*; *crier* ~ vor Hunger jammern, über sein Elend klagen; *prendre q. par la* ~ j-m den Brotkorb höher hängen; *salaire de* ~ Hungerlohn *m.*
fanage ⚒ (fa'na:ʒ) *m* Heuernte *f.*
fanal (fa'nal) *m* [5c] ⚓, ✈ Leuchtfeuer *n*, Signalfeuer *n*; ⚓ Feuerbake *f*; ⚓, 🚂 große Laterne *f*; *fig.* Signal *n.*
fanati|que (fana'tik) **I** *adj.* fanatisch, radikal, hochbegeistert, schwärmerisch; **II** *su.* Fanatiker *m*, Schwärmer *m*; **~ser** (~ti'ze) *v/t.* [1a] fanatisieren, in höchste Begeisterung versetzen; mit Schwärmerei erfüllen; aufhetzen; **~sme** (~'tism) *m* Fanatismus *m.*
fanchon (fã'ʃõ) *f* Kopftuch *n.*
fane (fan) *f* welkes Blatt *n*; ~s *pl.* (*Kartoffel-, Rüben- usw.*) Kraut *n.*
fan|er (fa'ne) [1a] **I** *v/t.* **1.** ⚒ Heu *n* wenden (*od.* machen); **2.** welk machen; **II** *v/rfl.* se ~ welk werden, (ver)welken; *fig.* verblühen; verblassen, die Farbe verlieren; **~eur** ⚒ (~'nœ:r) *su.* [7g] Heumacher *m*; **~euse** ⊕ (~'nø:z) *f* Heuwender *m.*
fanfan F (fã'fã) *m* Süßerchen *n*, Herzchen *n* (*zu kleinen Kindern*).
fanfa|re (fã'fa:r) *f* **1.** ♪ Trompetengeschmetter *n*, Tusch *m*; **2.** Blechmusikkapelle *f*, Blechmusikkorps *n*; **3.** *fig.* Prahlerei *f*; **~ron** (~'rõ) [7c] **I** *adj.* großsprecherisch; **II** *su.* Aufschneider *m*, Prahler *m*, *faire le* ~ prahlen, aufschneiden; **~ronnade** (~rɔ'nad) *f* Prahlerei *f*, Großsprecherei *f*, Aufschneiderei *f.*
fanfreluches (fãfrə'lyʃ) *f/pl.* Flitterkram *m*, Firlefanz *m*, Tand *m.*
fan|ge (fã:ʒ) *f* Schlamm *m*, Schmutz *m*; *fig.* Sumpf *m*, Verkommenheit *f*; **~geux** (fã'ʒø) *adj.* [7d] schmutzig.
fanion ⚔ (fa'njõ) *m* Flagge *f*, Wimpel *m*; ~ *du commandement* Kommandoflagge *f*; ~ *de signaleur* Winkerflagge *f.*

fanon (fa'nɔ̃) *m* **1.** *zo.* Wamme *f*, Fleischfetzen *m unter dem Schnabel*; (Haar-)Zotte *f am Pferdefuß*; ~ (*de baleine*) Walfischbarte *f*; **2.** *rl.* Binde *f*.

fantais|ie (fɑ̃tɛ'zi) *f* **1.** Phantasie *f*, Einbildungskraft *f*; *prix m de* ~ willkürlicher Preis *m*; *tissu m de* ~ bunt gemusterter Stoff *m*; *robe f de* ~ leichtes Modekleid *n*; **2.** Lust *f*; Laune *f*; Einfall *m*; **~iste** (~'zist) **I** *adj.* phantasiereich; extravagant; phantastisch; schwärmerisch; dilettantisch; **II** *m* Phantast *m*; Kabarettist *m*.

fantasia (~ta'zja) *f* **1.** arab. Reitertournier *n*; **2.** *allg.* Radauszene *f*.

fantasmagor|ie (fɑ̃tasmagɔ'ri) *f* Wahngebilde *n*, Blendwerk *n*; Spiegelfechterei *f*; *fig.* Schattenspiel *n*; **~ique** (~'rik) *adj.* Wahn...

fantasme (fɑ̃'tasm) *m* Lufterscheinung *f*, Phantasma *n*.

fantasque (fɑ̃'task) **I** *adj.* □ *u. su.* wunderlich(e), grillenhaft(e Person), Grillenfänger *m*; **II** *m das* Wunderliche *n*.

fantassin ⚔ (fɑ̃ta'sɛ̃) *m* Infanterist *m*; ~ *porté* Panzergrenadier *m*.

fantastique (fɑ̃tas'tik) *adj.* unwirklich, phantastisch, Wunder...

fantoche (fɑ̃'tɔʃ) *m* Drahtpuppe *f*, Marionette *f*, Strohpuppe *f*.

fantôme (fɑ̃'to:m) *m* **1.** Gespenst *n*, Schemen *m*; *le vaisseau* ~ der fliegende Holländer *m*; **2.** Schatten *m*, Schattenbild *n*; ~ *de roi* Schattenkönig *m*; **3.** *fig.* Grille *f*, Hirngespinst *n*; **4.** anatomische Gliederpuppe *f*; **5.** *fig.* Bohnenstange *f*.

fanton ⊕ (fɑ̃'tɔ̃) *m* Dübel *m*, Holzpflock *m*; △ Eisenband *n*, Anker *m*.

faon (fɑ̃) *m* Reh-, Hirsch-kalb *n*; **~ner** (fa'ne) *v/i.* [1a] Junge werfen (*v. Wild*).

faquin † (fa'kɛ̃) *m* Schurke *m*, Lump *m*, Schuft *m*.

farad *phys.*, ⚡ (fa'ra) *m* Farad *n*; **~isation** ⚕ (~dizɑ'sjɔ̃) *f* Behandlung *f* durch elektrische Ströme.

farandol|e (farɑ̃'dɔl) *f provenzalischer* Rundtanz *m*; **~er** (~'le) *v/i.* [1a] den Rundtanz tanzen.

faraud F (fa'ro) *adj. u. su.* [7] großspurig, geckenhaft, angeberisch; Großtuer *m*, Geck *m*, Angeber *m*; *faire le* ~ angeben, prahlen.

far|ce (fars) **I** *f* **1.** *cuis.* Füllung *f*; **2.** *thé.* Posse *f*, Schwank *m*; **3.** Streich *m*, Schabernack *m*; *faire une* ~ *à q.* j-m e-n Streich spielen; **II** F *adj.* drollig, spaßhaft; **~ceur** (~'sœ:r) *su.* [7g] Witzbold *m*.

farcin *vét.* (far'sɛ̃) *m* Wurm *m*.

far|cir (far'si:r) *v/t.* [2a] *cuis.* Geflügel *usw.* füllen; *fig.* spicken, vollpfropfen (*mit Zitaten*); **~cissure** *cuis.* (~si'sy:r) *f* Füllung *f*.

fard (fa:r) *m* Schminke *f*; *fig. sans* ~ ungeschminkt, aufrichtig; *parler à q. sans* ~ j-m reinen Wein einschenken; F *piquer son* (*od. un*) ~ (scham)rot werden.

fardage (far'da:ʒ) *m* **1.** Schminken *n*; **2.** ✝ Vortäuschen *n* guter Ware.

farde ✝ (fard) *f* Kaffeeballen *m*.

fardeau (far'do) *m* Bürde *f*, Last *f*; ~ *du contribuable* Steuerlast *f*.

farder[1] (far'de) [1a] **I** *v/t.* schminken; *fig.* falschen Glanz geben (*dat.*); beschönigen; ~ *la vérité* die Wahrheit bemänteln; **II** *v/rfl. se* ~ sich schminken.

farder[2] (~) *v/i.* [1a] sich senken, sich setzen (*Mauer*); drücken (*Last*); ⚓ sich bauschen (*Segel*).

fardier (~'dje) *m* Blockwagen *m*; Fracht-, Last-fuhrwerk *n*.

farfadet (~fa'dɛ) *m* Kobold *m*, Irrwisch *m*.

farfelu F (farfə'ly) *adj.* abstrus, verdreht, komisch.

farfouiller (~fu'je) [1a] **I** *v/t.* durchstöbern; durchwühlen; **II** *v/i.* herum-stöbern, -kramen, -wühlen.

fargue ⚓ (farg) *f* Schirmbrett *n*.

fari|boles (fari'bɔl) *f/pl.* albernes Geschwätz *n*; **~goule** ♀ *Prov.* (~'gul) *f* Thymian *m*.

farinacé (farina'se) *adj.* mehlartig.

fari|ne (fa'rin) *f* Mehl *n*; *fleur f de* ~, ~ *fleur* feinstes Mehl *n*, Auszugmehl *n*; ~ *lactée* Kindermehl *n*; *fig. de même* ~ von gleichem Schlage; **~ner** (~'ne) [1a] **I** *v/t.* mit Mehl bestreuen, in Mehl wälzen; **II** *v/i. physiol.* sich schälen (*Haut*); **~neux** (~'nø) **I** *adj.* [7d] mehlhaltig, mehlig, Mehl...; **II** *m/pl.* Mehlspeisen *f/pl.*; **~nière** (~'njɛ:r) *f* Mehlkiste *f*.

farlouse *orn.* (far'lu:z) *f* Wiesenpieper *m*.

farniente (farnjɛn'te) *m* (süßes) Nichtstun *n*.

farouche (fa'ruʃ) *adj.* ungezähmt, scheu (*Tiere*); ungesellig, menschenscheu (*Menschen*); grausam, furchtbar; *fig.* leidenschaftlich, starkbetont; *une* ~ *indépendance* ein starkbetontes Unabhängigkeitsgefühl *n*.

farrago (fara'go) *m* Mischkorn *n*.

fart (fa:r) *m* Schiwachs *n*; **~age** (far'ta:ʒ) *m* Wachsen *n* der Schier; **~er** (~'te) *v/t.* [1a] die Schier wachsen.
fasce (fas) *f* ▨ Balken *m.*
fasciation ⚘ (fasjɑ'sjɔ̃) *f* Verwachsensein *n.*
fascicule (fasi'kyl) *m* **1.** Faszikel *n*, Lieferung *f*, Heft *n*; **2.** ⚘ Büschel *n.*
fascié *ent.* (fas'je) *adj.* gestreift.
fascinage (fasi'na:ʒ) *m* Faschinenwerk *n*, -bekleidung *f.*
fascina|teur (fasina'tœ:r) *adj.* [7f] bezaubernd; **~tion** (~nɑ'sjɔ̃) *f* Faszinierung *f*, bezaubernde Kraft *f*; *fig.* Bann *m*, Verblendung *f.*
fascine (fa'sin) *f* Faschine *f.*
fasciner (fasi'ne) *v/t.* [1a] bezaubern, faszinieren, in s-n Bann ziehen; *fig.* verblenden, betören.
fasci|sme *pol.* (fa'ʃism) *m* Faschismus *m*; **~ste** *pol.* (~'ʃist) *adj. u. su.* faschistisch; Faschist *m.*
fas|eiller, ~éyer ⚓ (fɑze'je) [1a *u.* 1i] flattern (*Segel*).
faséole P(faze'ɔl) *f* Bohne *f.*
fashion (fɛ'ʃœn) *f* Mode *f*, Ton *m* der vornehmen Welt; vornehme Welt *f*; *la ~ parisienne* die Pariser Hautevolée; **~able** (fɛʃœ'nɛblə) **I** *adj.* modisch; **II** *m* Geck *m.*
faste (fast) *m* Pomp *m*, Pracht *f*, Prunk *m*; Prunksucht *f.*
fastidieux (fasti'djø) *adj.* [7d] □ langweilig; widerlich, abstoßend.
fastueux (~'tɥø) *adj.* [7d] □ prunkliebend; prunkvoll.
fat (fat) *adj./m u. m* geckenhaft, eingebildet; Geck *m*, Laffe *m.*
fatal (fa'tal) *adj.* (*pl.* ~*s*) verhängnisvoll, zwangsläufig, fatal, unabwendbar, unheilvoll, tödlich, Todes...; *caractère m ~* Unabwendbarkeit *f*; **~isme** (~'lism) *m* Schicksalsglaube *m*, Fatalismus *m*; **~iste** (~'list) **I** *su* Fatalist *m*; **II** *adj.* fatalistisch; **~ité** (~li'te) *f* Verhängnis *n*, Fatalität *f*, Schicksalsfügung *f*, Zwangsläufigkeit *f*, Mißgeschick *n.*
fatidique (fati'dik) *adj.* □ weissagend; schicksalhaft.
fati|gant (fati'gɑ̃) *adj.* [7] ermüdend, mühsam, langweilig; **~gue** (fa'tig) *f* **1.** Ermüdung *f*, Mattigkeit *f*; **2.** Beschwerlichkeit *f*, Überanstrengung *f*, Strapaze *f*; ⚠, ⊕ Beanspruchung *f*; *habit m de ~* Strapazieranzug *m*; **~gué** (~'ge) *adj.* müde, abgespannt, matt; s. *a.* ~*guer* III; *~ de sa profession* berufsmüde; **~guer** (~) [1m] **I** *vt/.* **1.** müde machen, überanstrengen; *~ les oreilles à q.* j-m in den Ohren liegen; **2.** *~ q. de od. par* j-n belästigen mit (*dat.*); **3.** strapazieren; *~ un champ* e-n Acker erschöpfen (*od.* zu stark beanspruchen); *couleur f fatiguée* verblichene Farbe *f*; *livre m fatigué* zerlesenes Buch *n*; *souliers m/pl. fatigués* abgetragene Schuhe *m/pl.*; *vêtement m fatigué* abgetragenes Kleidungsstück *n*; **II** *v/i.* müde werden, ermüden; ⚠ zu sehr belastet sein (*Balken*); ⊕ zu stark beansprucht werden; *une poutre qui fatigue* ein Balken, der zuviel zu tragen hat; **III** *v/rfl.* *se ~ à qch., se ~ à* (*mit inf.*) ermüden durch etw. (*acc.*); *se ~ à courir* sich müde rennen.
fatras (fa'trɑ) *m* Kram *m*, Plunder *m*; *fig.* Wortschwall *m*; *un ~ d'opinions* ein Wust von Ansichten.
fatuité (fatɥi'te) *f* Überheblichkeit *f*, Selbstgefälligkeit *f*, Aufgeblasenheit *f*, Dünkel *m.*
fatum (fa'tɔm) *m* Schicksal *n.*
faubert ⚓ (fo'bɛ:r) *m* Schiffsbesen *m.*
faubour|g (fo'bu:r) *m* Vorort *m*, Vorstadt *f*; **~ien** (fobu'rjɛ̃) *adj. u. su.* [7c] vorstädtisch; Vorstädter *m.*
faucard (fo'ka:r) *m* Binsensense *f*; **~er** (~kar'de) *v/t.* [1a] (*Flüsse, Bäche*) von Binsen reinigen.
fauch|age ⸙ (fo'ʃa:ʒ) *m* Mähen *n*; **~aison** (~ʃɛ'zɔ̃) *f* Heumahd *f*, Mähzeit *f*; **~ard** (~'ʃa:r) *m* **1.** zweischneidige Baumhippe *f*; **2.** F finanziell Abgebrannte(r) *m*, Pleitegeier *m*; **~e** (foʃ) *f* gemähtes Gras *n*; † Mähzeit *f*; P Diebstahl *m*; **~é** F (fo'ʃe) *adj.* pleite, abgebrannt, blank; **~ée** (~) *f* Mahd *f*, Tagewerk *n* e-s Mähers.
fau|cher (~) *v/t.* [1a] (ab)mähen; *fig.* hinwegraffen; F stehlen, klauen P; **~chet** (~'ʃɛ) *m* Heurechen *n*; **~chette** (~'ʃɛt) *f* Heckenhippe *f*; **~cheur** (~'ʃœ:r) **I** *su.* [7g] Mäher *m*, Schnitter *m*; P Dieb *m*, Spitzbube *m*; **II** *m fig.* Sensenmann *m*; *ent.* Weberknecht *m* (*a. faucheux*); **~cheuse** (~'ʃø:z) *f* Mähmaschine *f*; **~cheuse-batteuse** (~ba'tø:z) *f* ⸙, ⊕ Mäh- u. Dresch-maschine *f.*
faucheux *ent.* (fo'ʃø) *m* Weberknecht *m* (*langbeinige Spinne*).
faucille (fo'sij) *f* Sichel *f.*
faucon (fo'kɔ̃) *m* Falke *m*; ~

chouette Falkeneule *f*; ~ *pèlerin* Wanderfalke *m*; ~ *lanier* Wachtelfalke *m*; ~ *gentil* abgerichteter Falke *m*; **~nerie** (~kɔn'ri) *f* Falkenjagd *f*.

faufil (fo'fil) *m* Heftfaden *m*.

faufi|ler (fofi'le) [1a] **I** *v/t*. provisorisch mit langen Stichen annähen; † *fig*. einschmuggeln; **II** *v/rfl*. *fig*. se ~ *dans* sich einschleichen in (*acc*.).

faune (fon) *f* Fauna *f*, Tierwelt *f*.

faunesque (fo'nɛsk) *adj*. satyrhaft.

faus|saire (fo'sɛ:r) *su*. Urkunden-, ✈ Wechsel-, Scheckfälscher *m*; **~sement** (~s'mɑ̃) *adv*. fälschlich; **~ser** (~'se) [1a] **I** *v/t*. *Schloß*, *Text*, *Sinn*, *das Recht* verdrehen; ⊕ verbiegen; *Eid* brechen; F ~ *compagnie à q*. j-m entwischen; **II** *v/i*. falsch singen *od*. spielen.

fausset (fo'sɛ) *m* **1.** ♪ (*voix f de*) ~ Falsettstimme *f*; **2.** ⊕ Spund *m*.

fausseté (fos'te) *f* Falschheit *f*, Unwahrheit *f*, Unechtheit *f*, Heuchelei Doppelzüngigkeit *f*.

fau|te (fot) *f* **1.** Fehler *m*, *den man macht*; ~ *d'écriture* Schreibfehler *m*; ~ *d'impression*, ~ *typographique* Druckfehler *m*; ~ *d'inattention* Flüchtigkeitsfehler *m*; ~ *de grammaire* grammatischer Fehler *m*; ~ *de la langue* Sprechfehler *m*; *Sport*: *double* ~ Doppelfehler *m*; *faire* (*commettre*) *une* ~ e-n Fehler machen (*od*. begehen); **2.** Schuld *f*, Versehen *n*, Verstoß *m*, Fehlgriff *m*; *porter la* ~ *de qch*. etw. verschulden; *se sentir en* ~ sich schuldig fühlen; *prendre en* ~ auf frischer Tat ertappen; **3.** ⚖ Verschulden *n*, Fahrlässigkeit *f*; **4.** ⊕ schlechte Stelle *fin e-r Arbeit*; Sprung *m*; **5.** Mangel *m*; *ne pas se faire* ~ sich (*dat*.) keinen Zwang antun; sich (*dat*.) nichts abgehen lassen; *sans* ~ *advt*. unfehlbar, gewiß, sicher, ganz bestimmt; ~ *de prp*. aus Mangel an (*dat*.), in Ermangelung von (*dat*.); ~ *de mieux* in Ermangelung von etw. Besserem; ⚖ ~ *de quoi* widrigenfalls; ~ *que cj*. (*mit subj*.) weil nicht ...; ~ *que soit précisé* ... weil nicht ausdrücklich festgelegt ist; *faire* ~ fehlen, vermißt werden; *ne pas se faire* ~ *de* ... nicht verfehlen, ...zu...; **~ter** F (fo'te) *v/i*. [1a] e-n Fehltritt begehen(*v. e-r Frau*).

fauteuil (fo'tœj) *m* Sessel *m*, Lehnstuhl *m*; *fig*. ~ (*présidentiel*) Vorsitz *m*; *Fr*. *fig*. ~ *académique* ein Sitz unter den Akademiemitgliedern; ~ *Voltaire* Großvaterstuhl *m*; ~ *cabine* Strandkorb *m*; ~ *couchette*, ~-*lit m* [6a] Schlafsessel *m*; ~ *anglais* Klubsessel *m*; ~ *de cuir* Ledersessel *m*; ~*s pl*. *rembourrés* Polstermöbel *n/pl*.; ~ *d'orchestre* Parkett-, Sperr-sitz *m*; ~ *à bascule* Schaukelstuhl *m*; ~ *pliant*, ~ *transatlantique* Liegestuhl *m*; ~ *mécanique roulant* Krankenfahrstuhl *m*.

fauteur *péj*. (fo'tœ:r) *su*. [7f] Anstifter *m*; Aufwiegler *m*; ~ *de guerre* Kriegshetzer *m*.

fautif (fo'tif) *adj*. [7e] □ **1.** schuldig; **2.** fehlerhaft; **3.** trügerisch, unzuverlässig (*z.B*. *unsere Sinne*).

fauve (fo:v) **I** *adj*. falb, fahlrot; *bêtes f/pl*. ~*s* Rotwild *n*, *a*. wilde Tiere *n/pl*.; **II** *m* fahlrote Farbe *f*; ~(*s*) Rotwild *n*.

fauvette *orn*. (fo'vet) *f* Grasmücke *f*.

faux[1] (fo) *f* Sense *f*.

faux[2] *m*, **fausse** *f* (fo; fo:s) **I** *adj*. □ falsch; **1.** unwahr, nicht wahr; ~ *dieux pl*. Abgötter *m/pl*.; *fausse nouvelle* Falschmeldung *f*; **2.** unrichtig, verkehrt, regelwidrig; *faire fausse route* sich verfahren; *fig*. auf Abwege geraten; sich irren; *s'inscrire en* ~ *contre qch*. etw. abstreiten, etw. für falsch erklären; *fig*. *faire des* ~ *pas* Fehltritte begehen; **3.** unbegründet; eitel (*Hoffnung*); **4.** nachgemacht, unecht, gefälscht; Schein...; *a*. ⚘ *u*. *zo*. Neben...; *un* ~ *air de qch*. e-e leichte Ähnlichkeit mit etw. (*dat*.); *bijoutier m* ~ Juwelier *m*, der nur unechten Schmuck verkauft; ⚔ *fausse attaque f* Scheinangriff *m*; *fausse clé* Dietrich *m*, Nachschlüssel *m*; *fausse cartouche f* blinde Patrone *f*, Exerzierpatrone *f*; ~ *col* (*Hemd*-)Kragen *m*; ⚕ *fausse couche f* Fehlgeburt *f*; ⌂ *fausse fenêtre f* blindes Fenster *n*; Blendfenster *n*; ~ *frais m/pl*. Nebenkosten *pl*.; *fausse manche f* Schreibärmel *m*; *fausse monnaie f* Falschgeld *n*; ~ *monnayeur m* Falschmünzer *m*; ~ *nez m* Halbmaske *f*; ⌂ ~ *plafond m* Blinddecke *f*; *fausse porte f* a) Hintertür *f*; b) ⌂ blinde Tür *f*; c) ⚔ *frt*. Ausfalltor *n*; *c'est une fausse lame* auf ihn ist kein Verlaß; **5.** heuchlerisch, verstellt; *personne fausse* Heuchler *m*, Lügner *m*; **II** *advt*. falsch; *il chante* ~ er singt falsch;

III *m* *das* Falsche *n*, Unwahre *n*, Unnatürliche *n*, Unreine *n* (*im Ton usw.*); ⚖ Fälschung *f*; ✝ Nachahmung *f*, nachgeahmtes Stück *n*, nachgemachte Ware *f*, *bsd. v. Schmucksachen*; *fabriquer des* ~ falsche Exemplare herstellen (*od.* fabrizieren, *z.B. Möbel*); *advt.* *à* ~ mit Unrecht, fälschlich, fehlerhaft.
faux-accord (foza'kɔ:r) *m* [6g] Mißklang *m*.
faux-bond (fo'bɔ̃) *m* Wortbruch *m*; *faire* ~ *à q.* zu e-r Verabredung nicht erscheinen, j-n versetzen.
faux-bourdon (fobur'dɔ̃) *m* **1.** ♪ einförmiger Kirchengesang *m*; **2.** *ent.* Drohne *f*.
faux-bruit (fo'brɥi) *m* [6g] Falschmeldung *f*.
faux-col (fo'kɔl) *m* [6g] loser Kragen *m*.
faux-fuyant (fofɥi'jɑ̃) *m* [6g] Schlupfweg *m*; *fig.* Ausrede *f*, Ausflucht *f*, Winkelzug *m*.
faux-jour (fo'ʒu:r) *m* [6c] schwaches Licht *n*, schwache Beleuchtung *f*.
faux|-monnayage (fomɔnɛ'ja:ʒ) *m* Falschmünzerei *f*; **~-monnayeur** (~'jœ:r) *m* Falschmünzer *m*.
faveur (fa'vœ:r) *f* **1.** Gunst *f*, Begünstigung *f*, Gewogenheit *f*; *homme m de* ~ Günstling *m*; *thé. billet m de* ~ Freikarte *f* für eine Vorstellung; *entrée f de* ~ freier Eintritt *m*; *prix m de* ~ Vorzugspreis *m*; *réduction f de* ~ Sonderermäßigung *f*; *remise f de* ~ Vorzugsrabatt *m*; *tour m de* ~ Abfertigung *f* außer der Reihe; *advt.*: *à la* ~ *de la nuit* (*du brouillard*) im Schutze der Nacht (des Nebels); *être en* ~ *auprès de q.* bei j-m in Gunst stehen, bei j-m beliebt sein; *en* ~ *de* zugunsten (*gén.*) **2.** ~*s pl.* Gunstbezeigungen *f/pl.*; **3.** Gewogenheit *f*, Gnade *f*, Nachsicht *f*; **4.** Beifall *m*, Beliebtheit *f*; **5.** Ansehen *n*, Einfluß *m*; **6.** schmales Seidenband *n*.
favo|rable (favɔ'rablə) *adj.* □ ~ (*à*) günstig, gewogen (*dat.*); vorteilhaft; **~ri** *m*, **~rite** *f* (~'ri, ~'rit) **I** *adj.* beliebt; Lieblings...; *mets m* ~ Leibgericht *n*; **II** *su.* Günstling *m*, Favorit *m*, Liebling *m*; **~ris** (~'ri) *m/pl.* Backenbart *m/sg.*; **~riser** (~ri'ze) *v/t.* [1a]: ~ *q.* j-n begünstigen, j-m geneigt sein, j-m wohlwollen; ~ *q. de* j-n ehren *od.* würdigen mit (*dat.*); ~ *qch.* etw. unterstützen *od.* fördern; **~ritisme** (~ri'tism) *m* Günstlingswirtschaft *f*.
fayard ♀ (fa'ja:r) *m* Buche *f*.
fayot P (fa'jo) *m* ♀ trockene (weiße) Bohne *f*; *⚔ Arbeitstier *n fig.*; **~er** *⚔ (~jɔ'te) *v/i.* [1c] schuften, sich abrackern.
fébri|fuge ⚕ (febri'fy:ʒ) *adj. u. m* fiebervertreibend(es Mittel *n*); **~le** (fe'bril) *adj.* fieberhaft; **~lité** (~li'te) *f* fiebriger Zustand *m*.
fécal (fe'kal) *adj.* [5c] Kot...; *matière f* ~*e* Menschenkot *m*.
fécer ⚗ (fe'se) *v/i.* [1f] Hefe absetzen.
fèces (fɛs) *f/pl.* **1.** Bodensatz *m*; **2.** *physiol.* Fäkalien *f/pl.*
fécond (fe'kɔ̃) *adj.* [7] *physiol.* fruchtbar; ergiebig, reichlich; befruchtend; *fig.* schöpferisch, findig; **~ation** (~dɑ'sjɔ̃) *f* Befruchtung *f*; **~er** (~'de) *v/t.* [1a] befruchten; **~ité** (~di'te) *f* *physiol.* Fruchtbarkeit *f*; *fig.* Reichhaltigkeit *f*; schöpferische Kraft *f*.
fécu|le (fe'kyl) *f* Bodenmehl *n*, Satzmehl *n*; ~ *de pommes de terre* Kartoffelmehl *n*; ~ *amylacée* Stärkemehl *n*; **~lent** (~'lɑ̃) **I** *adj.* [7] stärkemehlhaltig; trübe (*Flüssigkeit*); **II** *m* stärkemehlhaltiges Gemüse *n*; **~lerie** (~kyl'ri) *f* Stärkemehlfabrik *f*.
fedayine *arab.* (fəda'jin) *m* tapferer Kämpfer *m*.
fédéral (fede'ral) [5c] **I** *adj.* (*oft* = *fédératif*) **1.** eidgenössisch; Bundes...; *conseil m* ~ Bundesrat *m*; *constitution f* ~*e* Bundesverfassung *f*; *diète f* ~*e* Bundestag *m*; *Etat m* ~ Bundesstaat *m*; *gouvernement m* ~ Bundesregierung *f*; *la République* ~*e allemande* die deutsche Bundesrepublik *f*; *la Suisse est une République* ~*e* die Schweiz ist e-e Bundesrepublik; *tribunal* ~ Bundesgericht *n*; **2.** *hist.* nordstaatlich (*USA*); **II** *hist. Fédéraux m/pl.* Föderalisten *m/pl.*; **~iser** (~li'ze) *v/t.* [1a] zu e-m Bundesstaat machen, föderalisieren; **~isme** (~'lism) *m* Föderalismus *m*, Bundesstaatssystem *n*; **~iste** (~'list) *adj. u. su.* föderalistisch; Föderalist *m*, Anhänger *m* des Föderalsystems.
fédéra|tif (federa'tif) *adj.* [7e] (*oft* = *fédéral*) Bundes..., föderativ; *Etat m* ~ Bundesstaat *m*; *les Etats-Unis sont une grande république fédérative* die Vereinigten Staaten sind e-e große Bundesrepublik; *Napoléon fit de la République helvétique unitaire*

une République fédérative Napoleon machte aus der einheitlichen helvetischen Republik e-e Bundesrepublik; **~tion** (~rɑ'sjɔ̃) *f* **1.** ~ *(d'Etats)* Staatenbund *m*; ♀ *de Malaisie* Malaiischer Bund *m*; **2.** Verband *m*; ~ *des fonctionnaires* Beamtenbund *m*; ~ *des travailleurs* Arbeiterverband *m*; ~ *pour la sauvegarde des intérêts (de ...)* Interessengemeinschaft *f*; ~ *nationale* Nationalverband *m*.

fédé|ré (fede're) *adj.* verbündet; **~rer** (~) [1f] *v/t.* (*v/rfl.* se ~ sich) verbünden.

fée (fe) *f* Zauberin *f*, Fee *f*; *conte m de ~s* Märchen *n*; ~ *Morgane* Fata Morgana *f*.

feeder ⚡ (fi'dœ:r) *m* Speiseleitung *f*.

fée|rie (fe'ri) *f* Zauberkunst *f*; *thé.* Märchenspiel *n*, Zauberstück *n*; *fig.* bezaubernder Anblick *m*; **~rique** (~'rik) *adj.* feen-, zauberhaft; *fig.* von wunderbarer Schönheit, phantastisch, bezaubernd.

feindre ('fɛ̃:drə) **I** *v/t.* [4b] erheucheln, vortäuschen, fingieren, vorgeben; erdichten; **II** *v/i.* sich verstellen; so tun, als ob; *il feint d'être malade* er stellt sich krank.

feint (fɛ̃) *p.p. u. adj.* [7] erheuchelt; erdichtet; Δ nachgeahmt; *porte f ~e* blinde Tür *f*.

feinte (fɛ̃:t) *f* Verstellung *f*, Vortäuschung *f*, Finte *f*.

fêle ⊕ (fɛ:l) *f* Blasrohr *n*.

fêlé (fɛ'le) *adj.* gesprungen (*Glas*).

fêler (~) [1a] **I** *v/t.* spalten, Sprünge (*od.* Risse) machen in (*acc.*); *avoir la tête fêlée* e-n Tick (*od.* e-n leichten Stich) haben; **II** *v/rfl.* **se ~ springen**, Risse bekommen.

félibre *litt.* (fe'librə) *m* neuprovenzalischer Dichter *m*.

félici|tation (felisitɑ'sjɔ̃) *f* Glückwunsch *m*; *faire ses ~s à q. de qch.* j-m zu etw. (*dat.*) gratulieren; **~té** (~'te) *f* Glückseligkeit *f*; **~ter** (~) [1a] **I** *v/t.* ~ *q. de* (*od. pour*) *qch.*, ~ *q. de ...* (*mit inf.*) j-n zu etw. (*dat.*) beglückwünschen *od.* gratulieren; **II** *v/rfl.* se ~ *de* (*mit inf. od. su., auch* se ~ *que mit subj.*) sich wegen e-r Sache glücklich schätzen, sich glücklich schätzen, daß ....

félin *zo.* (fe'lɛ̃) *adj.* [7] Katzen...

félir (fe'li:r) *v/i.* [2a] fauchen.

fellegh (fɛ'lɛg) *m* (*pl. les fellagha* [fɛla'ga]) nordafrikanischer Bauer *m*.

félon (fe'lɔ̃) [7c] **I** *adj.* eid-, treu-, wort-brüchig, verräterisch, treulos; **II** *su.* Verräter *m*; **~ie** (felɔ'ni) *f* **1.** *hist.* Lehnsfrevel *m*; **2.** Treubruch *m*, Verrat *m*.

felouque ⚓ (fə'luk) *f* Feluke *f*.

fêlure (fɛ'ly:r) *f* Riß *m*, Sprung *m*; F *fig.* leichter Stich *m*, Tick *m*.

femelle (fə'mɛl) **I** *f* **1.** Muttertier *n*, Weibchen *n*; **2.** ⊕ (Röhren-)Muffe *f*; **II** *adj. zo.*, ♀ weiblich.

fémi|nin (femi'nɛ̃) [7] **I** *adj.* **1.** weiblich; *rime f ~e* weiblicher Reim *m*; *gr. terminaison f ~e* weibliche *od.* feminine Endung *f*; *voix f ~e* Frauenstimme *f*; **2.** *mv.p.* weibisch; **II** *m gr.* Femininum *n*, weibliches Geschlecht *n*; **~niser** (~ni'ze) [1a] **I** *v/t.* **1.** *péj.* weibisch machen; verweichlichen; **2.** *gr.* feminisieren, e-m Worte weibliches Geschlecht geben; **II** *v/rfl.* se ~ verweichlichen (*v/i.*); **~nisme** (~'nism) *m* Frauen-bewegung *f*, -frage *f*; **~niste** (~'nist) **I** *adj.* die Frauen betreffend; *mouvement m ~* Frauenbewegung *f*; **II** *su.* Frauenrechtler(in *f*) *m*; **~nité** (~ni'te) *f* Weiblichkeit *f*; frauliche Eigenschaft *f*, Fraulichkeit *f*, weiblicher Charakterzug *m*.

femme (fam) *f* **1.** Frau *f*; Ehefrau *f*; *bonne ~* a) gute, vortreffliche Frau *f*; b) alte Frau *f*, Mütterchen *n*, Amme *f*; c) Frau *f* aus dem Volk; *péj.* Weibsbild *n*, Frauensperson *f*; ~ *de journée* Tagesaushilfe *f*; ~ *de ménage* Aufwartung *f*; ~ *du monde* Dame *f* von Welt; ~ *auteur f* Schriftstellerin *f*; ~ *médicin* Ärztin *f*; ~ *peintre* Malerin *f*; ~ *poète* Dichterin *f*; ~ *de salle* Aufwartung *f* (*im Krankenhaus*); ~ *soldat f* weiblicher Soldat *m*; ~ *publique* Prostituierte *f*, Dirne *f*; **2.** Ehefrau *f*; *ma ~* meine Frau; *prendre ~* sich verheiraten; ~ *commune en biens* in Gütergemeinschaft mit ihrem Manne lebende Frau *f*; *im Kanzleistil*: *la ~ Durand* die verehelichte Durand; **3.** weibischer Mensch *m*; **~lette** (fam'lɛt) *f* **1.** *péj.* schwaches u. leichtfertiges Frauenzimmer *n*; **2.** *péj.* Schwächling *m*.

fémoral *anat.* (femɔ'ral) *adj.* [5c] Schenkel...

fémur (fe'my:r) *m* Oberschenkelknochen *m*.

fenaison (fənɛ'zɔ̃) *f* Heuernte *f*.

fend|age ⊕ (fɑ̃'da:ʒ) *m* Spalten *n*; **~ant** (~'dɑ̃) **I** *m* **1.** Maulheld *m*, Bramarbas *m*; **2.** *esc.* Kopfhieb *m*; **II** *adj.* aufschneiderisch, prahlerisch; **~erie** ⊕ (fɑ̃'dri) *f* **1.** Zerhauen *n* *des Eisens in Stangen*; Zerspalten *n* (*von Holz*); **2.** Zainhammer, -werk *n*; Holzschneidemaschine *f*; **~eur** (~'dœ:r) **I** *su.* [7g] Spalter *m*; *~ de bois* Holzhacker *m*; **II** *m* Zainer *m*, Stabeisenschmied *m*; **~iller** ⊕ (~di'je) [1a] **I** *v/t.* (ein-, auf-)ritzen; *fendillé* rissig; **II** *se ~* rissig werden; **~illes** ⊕ (~'dij) *f/pl.* Risse *m/pl. im Eisen*; **~oir** (~'dwa:r) *m* Pfropfmesser *n*; ⊕ Klobeisen *n*; Spaltkeil *m*, Eisenkeil *m*; *~ du boucher* Fleischerbeil *n*.

fendre ('fɑ̃:drə) [4a] **I** *v/t.* **1.** spalten, zerspalten, aufspalten; (auf)schlitzen, (auf)ritzen; hacken (*Holz*); zerteilen; *~ la foule* die Menschenmenge durchbrechen; *~ en deux* entzweihauen; F *~ l'oreille à q.* j-n kaltstellen (*od.* absägen); *spectacle m à ~ le cœur* herzzerreißender Anblick *m*; **II** *v/i.* **2.** *le cœur me fend* das Herz will mir brechen; *la tête me fend* der Kopf möchte mir zerspringen; *fig. cela fait ~ le cœur* das bricht einem das Herz; **III** *v/rfl. se ~* **3.** bersten, sich (leicht) spalten; aufreißen; **4.** *esc.* ausfallen, e-n Ausfall machen.

fenêtrage (fənɛ'tra:ʒ) *m* Fensterwerk *n*.

fenê|tre (f[ə]'nɛ:trə) *f* Fenster *n*; *appui m de ~* Fensterbrüstung *f*; *~ à bascule* Kippfenster *n*; *~ à coulisse*, *~ glissante*, *~ à guillotine* (*verticale* vertikales) Schiebefenster *n*; *~ croisée à battants* Flügelfenster *n*; *~ en saillie* Erkerfenster *n*; *fausse ~* blindes Fenster *n*; *~ gisante* Querfenster *n*, breites niedriges Fenster *n*; **~trer** (fənɛ'tre) *v/t.* [1a] **1.** mit Fenstern versehen; **2.** ⚕ *e-n Verband, ein Pflaster für den Eiterausfluß* durchlöchern.

fenière (fə'njɛ:r) *f*, **fenil** (f[ə]'ni) *m* Heuboden *m*.

fennec *zo.* (fɛ'nɛk) *m* Wüstenfuchs *m*.

fenouil ⚘ (f[ə]'nuj) *m* Fenchel *m*.

fente (fɑ̃:t) *f* **1.** Ritze *f*, Spalte *f*, Schlitz *m*, Sprung *m*; **2.** *~s pl.* Felsenklüfte *f*; ⚒ Gangspalten *f/pl.*; **3.** *esc.* Ausfall *m*.

fenton ⊕ (fɑ̃'tɔ̃) *m* **1.** Pflockholz *n*; **2.** Schlüsseleisen *n*; **3.** Eisenanker *m*, Gesimsklammer *f*.

féodal *hist.* (feɔ'dal) *adj.* [5c] feudal lehnbar; Feudal..., Lehns...; *droit ~* Lehnsrecht *n*; *seigneur ~* Lehnsherr *m*; **~isme** *hist., pol.* (~'lism) *m* Feudalismus *m*; **~ité** *hist.* (~li'te) *f* **1.** Lehnbarkeit *f*; **2.** Lehnspflicht *f*; **3.** Feudalsystem *n* (*a. pol.*).

fer (fɛ:r) *m* **1.** Eisen *n* (*Metall*); *âge m de ~* Eisenzeit *f*; *~ en barres* Stabeisen *n*; *~ battu*, *~ forgé*, *~ de forge* Schmiedeeisen *n*; *~ blanc* Weißblech *n*; *~ brut* Roheisen *n*; *~ carré* Quadrateisen *n*; *~ cornière* Winkeleisen *n*; *~ doux* Weicheisen *n*; *~ ductile* Schmiedeeisen *n*; *~ façonné* Formeisen *n*; *~ fondu*, *~ de fonte* Gußeisen *n*; *~ laminé* Walzeisen *n*; *~ natif*, *~ vierge* gediegenes Eisen *n*; *~ plat* Flacheisen *n*; *profilé* Profileisen *n*; *~ rouge* rotglühendes Eisen *n*; *~ puddlé* Puddeleisen *n*; *~ en rubans*, *~ feuillard* Bandeisen *n*; *à* (*od.* en) *T* T-Träger *m*; *~ en od. à U* U-Eisen *n*; *chemin m de ~* Eisenbahn *f*; *être de ~* von Eisen (*od.* unverwüstlich) sein (*eine gute Gesundheit haben*); *à tête f de ~* fest entschlossen; **2.** *~ électrique* elektrisches Plätteisen *n*; *~ à repasser* Bügel-, Plätt-eisen *n*; *donner un coup de ~ à un chapeau* einen Hut aufbügeln; *~ à friser*, *~ à onduler* Brennschere *f*, Brenneisen *n*; *~ à marquer* Brennstempel *m*; *~ à polir* Glätteisen *n*; *~ à souder* Lötkolben *m*; *employer le ~ et le feu fig.* die schärfsten Mittel anwenden; *fig. mettre les ~s au feu* sich ernsthaft an die Arbeit machen, sich auf die Arbeit stürzen; **3.** *~ à cheval* (*a. bloß ~*) Hufeisen *n*; *en ~ à cheval* hufeisenförmig; **4.** Eisenspitze *f*; *~ d'une lance* Lanzenspitze *f*; *se battre à ~ émoulu* mit scharfen Waffen kämpfen; **5.** *esc.* Klinge *f*; *fig.* Dolch *m*, Messer *n*, Schwert *n*; *croiser* (*od. engager*) *le ~* die Klingen kreuzen; **6.** *~s pl.* Ketten *f/pl.*, Fesseln *f/pl.*; Gefangenschaft *f*; *jeter dans les ~s* ins Gefängnis werfen; *mettre aux ~s* in Ketten legen.

fer-blanc (fɛr'blɑ̃) *m* [6a] Blech *n*.

ferblan|terie (fɛrblɑ̃'tri) *f* **1.** Klempnerei *f*; **2.** Eisenwaren *pl.*; *~ émaillée* Emaillewaren *f/pl.*; **~tier** (~'tje) **I** *m* Klempner *m*; **II** *a/m. u. m* Eisenwarenhändler *m*.

fér|ie *rl.* (fe'ri) *f* Wochentag *m* (*außer Sonnabend*); **~ié** (fe'rje) *adj.*: *jour ~* Feiertag *m*; *jour non ~* Werktag *m*.

férir (fe'ri:r) *v/t.* schlagen, *nur in*: *sans coup ~* ohne Schwertstreich.

ferler ⚓ (fɛr'le) *v/t.* [1a] *die Segel* einziehen und festmachen.

fermage (fɛr'ma:ʒ) *m* Pachtgeld *n*; Pacht *f*; *mettre en ~* verpachten.

fermant (fɛr'mɑ̃) *adj.* [7] schließend, verschließbar; *à jour* ~ mit Ende des Tages; *à portes* ~*es* bei Toresschluß.

ferme[1] (fɛrm) **I** *adj.* □ **1.** fest, stark, kräftig, kernig; **2.** festhaltend; feststehend; sicher, festsitzend, festliegend; *fig.* standhaft; sicher; *caractère m* ~ fester (starker) Charakter *m*; *avoir l'esprit* ~ unerschütterlich sein; *avoir la main* ~ e-e sichere Hand haben; *fig.* e-e feste Hand haben; *fig.* unbeirrt; *de pied* ~ festen Fußes (*a. fig.*); *être* ~ *sur ses étriers*, *être* ~ *en selle* fest im Sattel sitzen; *être* ~ *sur ses pieds* fest auf den Füßen stehen; *prendre la* ~ *résolution* sich fest vornehmen; *santé f* ~ eiserne (unverwüstliche) Gesundheit *f*; *style m* ~ knapper, kräftiger Stil *m*; *ton m* ~ entschlossener Ton *m*; *volonté* ~ fester Wille *m*; ⚚ *bourse f* ~ Börse fest; *les cours sont* ~*s* die Kurse behaupten sich; **3.** stark, kräftig, kernig; **II** *adv.* **4.** fest; *fig.* standhaft; *acheter* ~ fest kaufen; *demeurer* ~ *dans sa résolution* fest bei s-m Entschluß bleiben; *promettre* ~ fest versprechen; *tenir* ~ festhalten; standhalten; † ~! *int.* haltet euch tapfer!; nur Mut!; **5.** derb, nachdrücklich; tüchtig, sehr: *frapper* ~ tüchtig zuschlagen; *parler* ~ *à q.* nachdrücklich (*od.* unmißverständlich *od.* sehr deutlich) mit j-m reden; *travailler* ~ sehr (*od.* schwer) arbeiten; **6.** *fort et* ~ steif und fest.

ferme[2] (~) *f* **1.** Pacht(vertrag *m*) *f*, Verpachtung *f*; *bailler* (*od. donner*) *à* ~ verpachten, in Pacht geben; *prendre à* ~ pachten, in Pacht nehmen; **2.** Pacht-gut *n*, -hof *m*, Meierei *f*, Bauern-gut *n*, -hof *m*, Hof *m*, Gehöft *n*, Farm *f*; ~ *modèle f* [6a] Mustergut *n*.

ferme[3] (~) *f* Dachstuhl(verband *m*), gesamte Dachkonstruktion *f*, Gebinde *n*, Dachgerüst *n*; ~ *maîtresse* Binder *m*, Träger *m*; ~ *en aluminium* Aluminiumbinder *m*.

ferme-circuit ⚡ (fɛrmsir'kɥi) *m* [6c] Stromschließer *m*, Schalter *m*.

ferme-école (fɛrme'kɔl) *f* [6a] praktische landwirtschaftliche Schule *f*.

ferment (fɛr'mɑ̃) *m* Gärstoff *m*; *fig.* Keim *m*; ~**ation** (~tɑ'sjɔ̃) *f* Gärung *f*; *entrer en* ~ in Gärung geraten; ~**er** (~'te) *v/i.* [1a] gären, fermentieren; *fig. les esprits fermentent* es gärt in den Köpfen; ~**escibilité** (~tɛsibili'te) *f* Gärbarkeit *f*; ~**escible** (~tɛ'siblə) *adj.* gärungsfähig.

ferme-porte (fɛrmə'pɔrt) *m* [5c] selbsttätiger Türschließer *m*; ~ *à air comprimé* Drucklufttürschließer *m*.

fermer (fɛr'me) [1a] **I** *v/t.* **1.** zumachen, schließen; *Fabrik*: stilllegen; zuknöpfen; zusiegeln; zunähen; zunageln; zuschrauben; ~ *à clé* ab-, zu-schließen, *Gas usw.* abstellen; *Auto*: ~ *le papillon* (*du carburateur*) abdrosseln; ~ *au verrou* zuriegeln; ~ *à vis* zu-, ver-schrauben; ~ *à double tour* zweimal abschließen; zweimal rumdrehen F; *fig.* ~ *les yeux sur qch.* die Augen über etw. (*acc.*) zudrücken; *fig.* ~ *les yeux à qch.* die Augen vor etw. (*dat.*) verschließen; P *ferme!*, *ferme ton bec* (*ta boîte*)!, *ferme ça!* halt die Schnauze V (*od.* die Klappe *od.* den Schnabel P); **2.** den Zugang versperren; **3.** beendigen; **4.** einschließen, umgeben; **II** *v/i.* schließen; zugehen; geschlossen werden; **III** *v/rfl. se* ~ *rapidement* zuschnappen (*Tür*).

ferme|té (fɛrmə'te) *f* Festigkeit *f*; *fig.* Beharrlichkeit *f*, Standhaftigkeit *f*; ~ *de caractère* Charakterfestigkeit *f*; ~**ture** (~'ty:r) *f* **1.** Verschluß(vorrichtung *f*) *m*; ~ *éclair*, ~ *métallique od. automatique* (*détachable*) (aushakbarer) Reißverschluß *m*; ~ *à coin(s)* Keilverschluß *m*; **2.** Abschließen *n*, Zuschließen *n*, Sperrung *f*; ~ *des portes* Tor(es)schluß *m*; ~ *des magasins* Geschäftsschluß *m*.

fermier (fɛr'mje) [7b] **I** *su.* **1.** Landwirt *m*, Bauer *m*; Farmer *m*; **2.** Pächter *m*; ~ *partiaire* Teilpächter *m*; **II** *adj.*: *exploitation fermière* Pachtgutsbetrieb *m*.

fermoir (fɛr'mwa:r) *m* **1.** Verschluß *m* (*am Buch od. Portemonnaie*); ~ *à crochet* Schließhaken *m*; **2.** ⊕ breites Stemmeisen *n*; ~ *à nez* krummer Hohlmeißel *m*.

féro|ce (fe'rɔs) *adj.* blutdürstig, wild, reißend; *fig.* grausam; rauh; *appétit m* ~ Riesenappetit *m*; ~**cité** (~si'te) *f* Wildheit *f*, Blutgier *f*, Roheit *f*, Grausamkeit *f*.

ferrage (fɛ'ra:ʒ) *m* Beschlagen *n* *mit Hufeisen*.

ferrail|le (fɛ'rɑ:j) *f* Schrott *m*, Alteisen *n*; *transformer en* ~ verschrotten; **~ler** (~ra'je) *v/i.* [1a] mit dem Säbel herumfuchteln *od.* rasseln; *fig.* sich heftig herumzanken; **~leur** (~'jœ:r) *m* **1.** Alteisen-, Schrott-händler *m*; **2.** *esc.* schlechter Fechter *m*; **3.** Raufbold *m.*

ferrant (fɛ'rɑ̃) *adj.*: *maréchal m* ~ Hufschmied *m.*

fer|ré (fɛ're) *adj.* **1.** mit Eisen (Nägeln) beschlagen; ~ *à glace* scharf beschlagen (*Pferd*); *bâton m* ~ Bergstock *m*; ✝ *par voie ~e* auf dem Schienenwege; *voie f ~e* Eisenbahnstrecke *f*, Gleis *n*, Schienenstrang *m*; *soulier m* ~ Nagelschuh *m*; ⚕ *eau f ~e* künstliches Eisenwasser *n*; **2.** F *être* ~ *sur qch.* in etw. (*dat.*) beschlagen *od.* bewandert sein, in etw. (*dat.*) genauestens Bescheid wissen; **~rement** ⊕ (fɛr'mɑ̃) *m* **1.** Beschlagen *n* mit Hufeisen; **2.** *~s pl.* Eisenbeschläge *m/pl.* (*e-r Truhe usw.*); **~rer** (fɛ're) *v/t.* [1b] (*mit Eisen*) beschlagen; **~ret** (~'rɛ) *m* Schnürsenkel-ende *n*, -stift *m*; **~reur** (~'rœ:r) *m* Hufschmied *m*; Bauschlosser *m*, Beschläger *m.*

fer|reux ⚗ (fɛ'rø) *adj.* [7g] mit Eisen verbunden, Eisen...; **~rière** (~'rjɛ:r) *f* lederne Tasche *f* (*für Schlosserwerkzeug*); **~rifère** (~ri'fɛ:r) *adj.* eisenhaltig; **~rique** ⚗ (~'rik) *adj.* mit Eisen verbunden; *oxyde m* ~ Eisenoxyd *n.*

ferro|-ciment ⚠ (fɛrɔsi'mɑ̃) *m* Eisenzement *m*; **~-magnétisme** *phys.* (~maɲe'tism) *m* Eisenmagnetismus *m.*

ferron|nerie (fɛrɔn'ri) *f* **1.** Kunstschmiede *f*; **2.** schmiedeeiserne Waren *f/pl.*; **3.** ⚠ Baueisen *n*; **~nier** (~'nje) *su.* [7b] Eisenschmied *m*; Händler *m* mit Baueisen *od.* schmiedeeisernen Waren; **~nière** (~'njɛ:r) *f* Stirnband *n* (*Schmuck*).

ferroviaire (fɛrɔ'vjɛ:r) **I** *adj.* Eisenbahn...; **II** *~s f/pl.* Eisenbahnwerte *m/pl.* (*Börse*).

ferrugineux (fɛryʒi'nø) **I** *adj.* [7d] eisenhaltig; **II** *pharm. m* Eisenpräparat *n.*

ferruginosité *pharm.* (fɛryʒinozi'te) *f* Eisenhaltigkeit *f.*

ferrure (fɛ'ry:r) *f* **1.** (Eisen-)Beschlag *m*; *~s f/pl. de bâtiment* Baubeschläge *m/pl.*; **2.** Beschlagen *n e-s Pferdes*, Art *f* des Beschlagens.

ferry-boat (feri'bo:t) *m* Eisenbahnfähre *f.*

ferti|le ⚘ (fɛr'til) *adj.* □ fruchtbar, ergiebig, reich (*en* an *dat.*); *fig.* schöpferisch, ...reich; *être* ~ *en expédients* sich stets zu helfen wissen; ~ *en incidents* ereignisreich; *sujet m* (*od. matière f*) ~ dankbares Thema *n*; **~lisant** (~li'zɑ̃) *m* Düngemittel *n*; **~liser** (~li'ze) *v/t.* [1a] fruchtbar machen, befruchten; **~lité** (~li'te) *f* ⚒, *fig.* Fruchtbarkeit *f*; ~ *d'esprit* schöpferischer Geist *m.*

féru (fe'ry) *adj.* **1.** *fig.* ~ *de* versessen (*od.* erpicht) auf (*acc.*); begeistert für (*acc.*); **2.** *vét.* verletzt.

férule (fe'ryl) *f* **1.** Rute *f*; Fuchtel *f*; *être sous la* ~ *de q.* (*de sa femme*) unter j-s Fuchtel (unter dem Pantoffel) stehen; **2.** ⚘ Steckenkraut *n.*

fer|vent (fɛr'vɑ̃) **I** *adj.* (*adv. ~vemment*) eifrig, inbrünstig, leidenschaftlich; **II** *m* glühender Verehrer *m*; **~veur** (~'vœ:r) *f* glühender Eifer *m*, innige Leidenschaft *f*, Inbrunst *f*; *avec* ~ inbrünstig.

fes|se (fɛs) *f* (Hinter-)Backe *f*; *~s pl.* Podex *m* F; *plais.* Po *m* F; *donner sur les ~s à q.* j-m die Hosen stramm ziehen; **~sée** (fɛ'se) *f* Keile *f*, Tracht *f* Prügel, Haue *f.*

fesse-mathieu (fɛsma'tjø) *m* [6g] Geizhals *m*; Wucherer *m.*

fesser (fɛ'se) *v/t.* [1b]: ~ *q.* j-m den Hintern vollhauen, j-n versohlen.

fessier F (fɛ'sje) *m* Hinterteil *n.*

festin (fɛs'tɛ̃) *m* Festessen *n.*

festi|val (fɛsti'val) *m* (*pl. ~s*) Musik-, Gesangs-fest *n*; *thé.* Festveranstaltung *f*; *Sport*: großartige Leistung *f*; *~s pl.* Festspiele *n/pl.*; *~s cinématographiques* Filmfestspiele *n/pl.*; **~vité** (~vi'te) *f* Festlichkeit *f.*

feston (fɛs'tɔ̃) *m* Girlande *f*; **~ner** (~stɔ'ne) *v/t.* [1a] **1.** mit Girlanden schmücken; **2.** zierlich sticken; langettieren.

festoyer (fɛstwa'je [1h] **I** *v/t.* festlich bewirten; **II** *v/i.* tüchtig schmausen.

fêtard (fɛ'ta:r) *su.* [7] Lebemann *m*; *~e f* Lebedame *f.*

fête (fɛ:t) *f* **1.** Fest *n*, Feiertag *m*; *les dimanches et ~s* die Sonn- u. Feier-tage *m/pl.*; *la* ~ *des morts* Allerseelen(tag *m*) *n*; ~ *patronale*, ~ *de village* Kirchweih *f*, Kirmeß *f*; ~ *de la récolte*, ~ *de la moisson* Erntedankfest *n*; ~ *de bienfaisance* Wohltätigkeitsfest *n*; ~ *artistique* (*enfantine, champêtre*) Künstler-

(Kinder-, Wald-)fest *n*; **2.** Namens tag *m*; Lustbarkeit *f*; *faire* ~*à q.* j-n festlich bewirten.

Fête-Dieu (fɛt'djø) *f* [6b] Fronleichnamsfest *n*.

fêter (fɛ'te) *v/t.* [1a] feiern; ~ *q.* j-n festlich empfangen.

fé|tiche (fe'tiʃ) *m u. adj.*: *(dieu)* ~ Fetisch *m*, Götzenbild *n*; **~cheur** (~'ʃœːr) *m* [7g] Fetischzauberer *m*; **~chisme** (~'ʃism) *m* Fetischismus *m*; **~chiste** (~'ʃist) *m u. adj.* Fetischanbeter *m*; Fetisch...

féti|de (fe'tid) *adj.* stinkend; **~dité** (~di'te) *f* Gestank *m*.

fétu (fe'ty) *m* Strohhalm *m*.

feu[1] (fø) *m* **1.** Feuer(sbrunst *f*) *n*, Brand *m*; ~ *de forêt* Waldbrand *m*; *au* ~! Feuer!; es brennt!; *crier au* ~ „Feuer!" schreien; *allumer le* ~, *faire du* ~ Feuer machen; *faire* ~ Funken geben; *fig. cela n'a pas fait long* ~ das hat nicht lange gedauert; *aller au* ~ feuerfest sein (*Porzellan usw.*); *se jeter au* (*od. dans le*) ~ *pour q.* für j-n durchs Feuer gehen; *a. fig. mettre de l'huile sur le* ~ Öl aufs Feuer gießen; *j'en mettrais la* (*od. ma*) *main au* ~ ich könnte meine Hand dafür ins Feuer legen, ich könnte es schwören; *a. fig. jouer avec le* ~ mit dem Feuer spielen; *a. fig.* ~ *de paille* Strohfeuer *n*; *fig. faire* ~ *des quatre fers* alle Hebel in Bewegung setzen; **2.** *hist.* Feuerstrafe *f*, -tod *m*; **3.** feuerartige Lufterscheinung *f*; ~ *du ciel* Blitz *m*, Wetterstrahl *m*; ~ *follet* Irrlicht *n*; **4.** Licht *n*, Fackel *f*; Leuchtfeuer *n*; ⚓ Feuerbake *f*; ~*x pl.* Signallaternen *f/pl.*; ~*x pl. du firmament* Himmelslichter *n/pl.*; *vél., Auto*: ~ *arrière*, ~ *rouge* Katzenauge *n*, Rückstrahler *m*, Schlußlicht *n*; ~*x pl. d'atterrissage* Landeleuchten *f/pl.*; *Auto*: ~*x pl. de croisement* Nebelscheinwerfer *m/pl.*, Sucher *m/pl.*; ~ *éclair*, ~ *à éclipses*, ~ *intermittent*, ~ *à intermittence*, ~ *clignotant* Blinklicht *n*; *Auto*: ~*x pl. stop*, ~*x pl. de freinage* Bremslichter *n/pl.*; **5.** künstliches Feuer *n*; ~ *d'artifice* Feuerwerk *n*; ~*x pl. de Bengale* bengalisches Feuer *n*; ~ *de (la) Saint-Jean* Johannisfeuer *n*; *thé.* ~*x pl. de la rampe* Rampenlicht *n*; **6.** ⚔ Gewehr-, Geschütz-feuer *n*; *aller au* ~ ins Gefecht rücken; *arme f à* ~ Schußwaffe *f*; *être pris entre deux* ~*x* zwischen zwei Feuerlinien geraten; *fig.* in der Klemme sein; ~ *de file* Lauffeuer *n*; ~ *de protection* Feuerschutz *m*; ~ *rapide od. roulant* Schnellfeuer *n*, Trommelfeuer *n*; *faire* ~ *sur* feuern *od.* Feuer geben auf (*acc.*); ⚔ ~! Feuer! (*Kommando*); *faire long* ~ ⚔ zu spät zünden; *fig.* lange auf sich warten lassen; Pech haben; mißlingen; *ne pas faire long* ~ nicht lange dauern; **7.** Feuerstätte ~, -stelle *f*, Herd *m*, Kamin *m*; *weitS. fig.* Familie *f*, Wirtschaft *f*; *chambre f à* ~ heizbares Zimmer *n*; *coin m du* ~ Kaminecke *f*; *au coin du* ~ am Kamin; *sans* ~ *ni lieu* ohne Bleibe, obdachlos, heimatlos; **8.** *fig.* Lebhaftigkeit *f*; Begeisterung *f*; Einbildungskraft *f*; *plein d'un beau* ~ voll Feuereifer *m*; *prendre* ~ Feuer fangen; in Zorn geraten; sich verlieben; *poét.* ~*x pl.* Liebe *f*; **9.** ~ *(de) grisou* schlagende Wetter *n/pl.*, Schlagwetter *n*; **10.** ~ *du rasoir* Brennen *n* des Rasiermessers.

feu[2] (fø) *adj.* (*f u. pl. nur* unmittelbar *vor su., sonst inv.*): *feu ma mère od. ma feue mère* meine verstorbene (*od.* selige) Mutter *f*; *les feus rois* die verstorbenen Könige *m/pl.*

feudataire *hist.* (føda'tɛːr) *m* Lehensträger *m*, -mann. *m*.

feuil|lage (fœ'jaːʒ) *m* Laub(werk *n*) *n*; Zweige *pl.* mit Laub; **~laison** (~jɛ'zɔ̃) *f* Belaubung *f*; Grünwerden *n der Bäume*; **~lantine** (~jɑ̃'tin) *f* Blätterteiggebäck *n*; **~lard** (~'jaːr) *m Böttcherei*: Reifholz *n*; *fer m* ~, *od. nur* ~*s m/pl.* Bandeisen *n*.

feuille (fœj) *f* **1.** ⚘ Blatt *n*; Blumenblatt *n*; ⚘ ~ *bractée* Deckblatt *n*; ~ *morte* welkes Blatt *n*; ~ *de robe* Deckblatt *n* e-r Zigarre; *trembler comme la* ~ wie Espenlaub zittern; ~ *de vigne fig.* Feigenblatt *n*; **2.** Blatt *n* Papier, Bogen *m*; Formular *n*, Vordruck *m*; *advt. à la* ~, *par* ~*s* bogenweise; ⊕, *typ. bonne* ~ Aushängebogen *m*; ~ *d'épreuve* Korrekturbogen *m*; ~ *rectificative* Berichtigungsblatt *n*; *une* ~ *de papier à lettres* ein Briefbogen *m*; ~ *in-quarto* Quartblatt *n*; ~ *topographique* Meßtischblatt *n*; ~ *de route* ⚔ Marschroute *f*; Urlaubsschein *m*; *fig.* ~ *vierge* unbeschriebenes Blatt *n*; **3.** Zeitung(sblatt *n*) *f*;

~ *hebdomadaire* Wochenblatt *n*; ~ *locale* Lokalblatt *n*; ~ *périodique* Zeitschrift *f*; ~ *à scandale* Skandalblatt *n*; ~ *volante* Flugblatt *n*; F ~ *de chou* Wurst-, Käse-blatt *n*; **4.** Liste *f*, Bestellbogen *m* der Boten *usw.*; Schein *m*; Protokoll *n*; ~ *d'accompagnement* Begleitschein *m*; ~ *d'avertissement* Steuermahnzettel *m*; ~ *de chargement* Verladeschein *m*; ~ *de contributions* Steuerzettel *m*; ~ *de dépôt* Aufbewahrungsschein *m*; ~*s f/pl. de paie* Lohnliste *f*; ~ *de présence* Anwesenheitsliste *f*; ✝ Begleit-schein *m*, -zettel *m*; ~ *de renseignements* Merkblatt *n*; ~ *de séance* Sitzungsprotokoll *n*; ~ *de température* Fiebertabelle *f*; **5.** Blättchen *n*, Folie *f*; Splitter *m*, Schuppe *f*; *se lever par* ~*s* abblättern; ~ *d'étain* Staniolbogen *m*.

feuillée (fœ'je) *f* Laube *f*; *a.* ⚔ ~*s f/pl.* Latrinen *f/pl.*, Abort *m*.

feuille-morte (fœj'mɔrt) *adj./inv.* hellbraun; *couleur f* ~ Hellbraun *n*; ✈ *descente f en* ~ Sturzflug *m*.

feuillet (fœ'jɛ) *m* **1.** Blatt *n in e-m Buch od. Heft*; **2.** *zo.* Blättermagen *m der Wiederkäuer*; **3.** ⊕ Bogensäge *f*; **4.** *men.* Furnierblatt *n*, -holz *n*; **~age** (~j'ta:ʒ) *m* (Herstellung *f* von) Blätterteig *m*; **~er** (~j'te) *v/t.* [1c] (durch)blättern; **~on** (~j'tɔ̃) *m* Feuilleton *n*; **~onesque** (~jtɔ'nɛsk) *adj.* feuilletonistisch, -haft; **~oniste** (~jtɔ'nist) *su.* Feuilletonschreiber *m*.

feuillette[1] (fœ'jɛt) *f* Blättchen *n*.

feuillette[2] (~) *f* Fäßchen *n* (*etwa 125 Liter*).

feuil|lu (fœ'jy) *adj.* blätterreich, dicht belaubt; **~lure** (~'jy:r) *f* Falz *m an Türen u. Fenstern*, Hohlkehle *f*, Anschlag *m*.

feul|ement (fœl'mɑ̃) *m* Tigergebrüll *n*; **~er** (~'le) *v/i.* [1a] brüllen (*Tiger*).

feu|tre ('fø:trə) *m* Filz *m*; Filzhut *m*; **~tré** (fø'tre) *adj.* filzig; *fig.* abgenutzt, schäbig; leise; *pas m* ~ leiser Gang *m*; **~trer** (~) *v/t.* [1a] filzen, mit Haaren (*od.* Wolle) ausstopfen.

fève (fɛ:v) *f* Bohne *f*; ~ *de cacao* Kakaobohne *f*; ~ *de marais* Saubohne *f*.

féverole (fɛ'vrɔl) *f* kleine Saubohne *f*.

février (fevri'e) *m* Februar *m*.

fez (fɛ:z) *m* Fes *m*.

fi (fi) *int. fi (donc)!* pfui!; *fi de lui!* pfui über ihn!; *faire* ~ *de qch.* etw. verachten; sich über etw. (*acc.*) hinwegsetzen.

fiacre ('fjakrə) *m* Droschke *f*.

fian|çailles (fjɑ̃'sɑ:j) *f/pl.* Verlobung *f*; **~cé** (~'se) *adj. u. su.* verlobt; Verlobter *m*; **~cer** (~) [1k] **I** *v/t.* ~ *sa fille à q.* s-e Tochter mit j-m verloben; **II** *v/rfl. se* ~ *à q.* sich mit j-m verloben.

fiasco (fjas'ko) *m* [5a] *bsd. thé.* Fiasko *n*, Reinfall *m*; *faire* ~ ein Fiasko erleben.

fibr|anne ⊕ (fi'bran) *f* Zellwolle *f*, Kunstfaser *f*; **~e** ('fi:brə) *f* **1.** Faser *f*, Fiber *f*; ~ *végétale* Pflanzenfaser *f*; ~ *d'écorce* Bastfaser *f*; ~ *d'emballage od. de bois* Holzwolle *f*; ~ *de verre* Glaswolle *f*; ⊕ ~ *vulcanisée* Vulkanfiber *f*; **2.** (*nur sg.*) *fig.* Neigung *f*, Ader *f*, Anlage *f*; *avoir la* ~ *poétique* e-e poetische Ader haben; **3.** ⚒ Ader *f*; **~eux** (~'brø) *adj.* [7d] faserig; **~ille** (~'brij) *f* Fäserchen *n*; **~ine** (~'brin) *f* Faserstoff *m*; **~ineux** (~bri'nø) *adj.* [7d] faserstoffhaltig; **~ome** ⚕ (~'brɔm) *m* Fasergeschwulst *f*.

fic (fik) *m* **1.** ⚕ Feigwarze *f*; **2.** *vét.* Kröte *f* (*am Pferdefuß*).

fice|ler (fis'le) *v/t.* [1c] zubinden; ver-, zusammen-schnüren; F kleiden; *mal ficelé* schlecht gekleidet; **~lier** (~sə'lje) **~llier** (fisɛ'lje) *m* Bindfadenrolle *f*; F gerissener Kerl *m*.

ficelle (fi'sɛl) *f* **1.** Bindfaden *m*, Schnur *f*, Faden *m*; *bisw.* Hundeleine *f*; *fig. celui qui tire les* ~*s* der Drahtzieher *m*; *tenir un chien par la* ~ e-n Hund an der Leine führen; **2.** P *fig.* ~*s pl.* Kniffe *m/pl.*, Tricks *m/pl.*; *connaître toutes les* ~*s* alle Kniffe kennen; **3.** F *u. adj.* gerissen(er Kerl *m*).

fichaise P (fi'ʃɛ:z) *f* wertlose Sache *f*, Kram *m*, Plunder *m*, Tand *m*.

fichant (fi'ʃɑ̃) *adj.* **1.** P ärgerlich; **2.** *artill.*: *feu m* ~ direkt einschlagendes Feuer *n*.

fiche (fiʃ) *f* **1.** Zettel *m*; Karteikarte *f*; Karteiblatt *n*; Personalnachweis *m*; Blatt *n*, Schein *m*; ~ *d'immatriculation* Antragsvor-Zählblatt *n*; ~ *de salaire* Lohnzettel *m*; ✆ ~ *de paiment* Zahlkarte *f*; *catalogue par* ~*s* Kartothek *f*, Zettelkatalog *m*; **2.** ⚡ Stecker *m*; Klemme *f*; ~ *femelle* Steckbuchse *f*; ~ *intermédiaire* (*bipolaire*) Zwischen-(Doppel-)stecker *m*; ~ *mâle* Stecker *m*; ~ *à un* (*à plusieurs*) *pôle(s)* einpoliger (mehrpoliger) Stecker *m*; ~ *banane* Bananenstecker *m*; ~ (*de fixation*) Spulenstecker *m*; ~ *de raccordement* Verbindungsstecker *m*; **3.** Absteckpfahl *m*, Pflock *m*, Bolzen *m*; **4.** Spielmarke *f*; ~ *de consolation* Trostpreis *m*; **5.** *serr.* ~ *à gond* (*od. à repos*) Türband *n*.

ficher (fi'ʃe) [1a] **I** *v/t.* **1.** einrammen; *Nagel* einschlagen; festmachen; *Stecker* reinstecken; **2.** P (*euphemistisch für foutre gebraucht; daher ein 2. p/p. fichu nach foutu*) schmeißen; ~ *q. à la porte* j-n rausschmeißen; *être foutu à la porte* rausgeschmissen werden; **3.** P *fiche-moi le camp!* scher' dich zum Teufel!; *fiche-moi la paix!* laß mich in Ruhe!; **4.** P *je t'en fiche!* nichts zu machen!, kommt gar nicht in Frage!, auf keinen Fall!; **II** *v/rfl. se* ~ eindringen; *se* ~ *dedans* sich irren; sich verfahren; *se* ~ *qch. dans la tête* sich etw. in den Kopf setzen; *se* ~ *par terre* der Länge nach hinfliegen; *se* ~ *de* sich lustig machen über (*acc.*); *je m'en fiche* (*pas mal*) daraus mach' ich mir gar nichts, das ist mir vollkommen egal; *se* ~ *du public* sich um die Meinung der Leute gar nicht kümmern.

fichet *dial.* (fi'ʃɛ) *m* Ausweis *m*, Bescheinigung *f* (*e-r Teilnahme an e-r Veranstaltung*).

fichier (fi'ʃje) *m* Kartothek *f*, Kartei *f*.

fichisme P (~'ʃism) *m*: *le je-m'en-~ m* die Gleichgültigkeit *f*, die Wurschtigkeit *f* F.

fichoir (fi'ʃwa:r) *m* Wäscheklammer *f*.

fichtre F ('fiʃtrə) *int. a. Erstaunen od. Bewunderung*: verflucht nochmal!; Himmel Donnerwetter!; **~ment** P (fiʃtrə'mɑ̃) *adv.* erstaunlich, verdammt F, riesig, äußerst.

fichu¹ (fi'ʃy) *m* leichter Damenschal *m*, Schultertuch *n*.

fichu² P (fi'ʃy) *adj.* **1.** schlecht, mies, erbärmlich, lächerlich, miserabel, verloren, kaputt, vorbei, erledigt, *quel* ~ *métier!* was für ein widerliches Handwerk!; *ce malade est* ~ dieser Kranke ist verloren; *ma robe est* ~*e* mein Kleid ist hin; **2.** gemacht; gewachsen; *c'est mal* ~ das ist hingepfuscht; *ce n'est pas mal* ~ das ist nicht schlecht gemacht; *il est mal* ~ er ist schlecht aufgelegt, er ist nicht auf dem Damm, er fühlt sich nicht recht wohl; *bien* ~ gut *od.* schön gemacht; gut gewachsen; *mal* ~ schlecht gemacht; nicht ganz in Ordnung, unwohl; schmächtig; **3.** ~ *de* (*mit inf.*) imstande: *il n'est pas* ~ *de gagner sa vie* er ist nicht imstande, sich s-n Lebensunterhalt zu verdienen.

fic|tif (fik'tif) *adj.* [7e] □ angenommen, erdichtet, fiktiv, fingiert, Schein...; **~tion** (fik'sjɔ̃) *f* Erfindung *f*, Fiktion *f*.

fideicommis ⚖ (fideikɔ'mi) *m* Fideikommiß *n*, unveräußerliches Familiengut *n*, Nießbrauchsgut *n*, Stammerbe *n*; **~saire** ⚖ (~'sɛ:r) **I** *m* Fideikommißbesitzer *m*; ~ *substitué* Nacherbe *m*; **II** *adj.* fideikommissarisch; **~sariat** ⚖ (~sa'rja) *m* Fideikommissariat *n*.

fidé|jusseur ⚖ (fideʒy'sœ:r) *m* Bürge *m*, Gewährsmann *m*; **~jussion** ⚖ (~ʒy'sjɔ̃) *f* Bürgschaft *f*; **~jussoire** ⚖ (~ʒy'swa:r) *adj.* auf Bürgschaft beruhend.

fidèle (fi'dɛl) **I** *adj.* □ **1.** treu; zuverlässig; **2.** gläubig; **3.** wahrheitsgetreu, genau; *mémoire f* ~ zuverlässiges Gedächtnis *n*; *traduction f* ~ genaue Übersetzung *f*; **II** **~ment** *adv.* treu; **III** *su.* Getreuer *m*; Gläubiger *m*, Kirchgänger *m*.

fidélité (fideli'te) *f* **1.** Treue *f*; Zuverlässigkeit *f*; Anhänglichkeit *f*; *serment m de* ~ Huldigungseid *m*; ~ *à un contrat* Vertragstreue *f*; ~ *naturelle* angeborene Treue *f*; **2.** Genauigkeit *f*.

fiduciaire ⚖ (fidy'sjɛ:r) **I** *adj.* treuhänderisch; auf Kredit beruhend; vom Vertrauen abhängend; *circulation f* ~ Notenumlauf *m*; *monnaie f* ~ Papiergeld *n*; Banknoten *f/pl.*; **II** *m* Treuhänder *m*.

fiducie ⚖ (fidy'si) *f* Treuhänderschaft *f*; Sicherungsübereignung *f*; *contrat m de* ~ Treuhandvertrag *m*.

fief (fjɛf) *m* **1.** *hist.* Lehen *n*; **2.** *pol.* Hochburg *f*; Residenz *f*; **~fal** (~'fal) *adj.* [5c] Lehns...; **~fé** (~'fe) *adj.* **1.** *hist.* belehnt; **2.** P *péj.* ausgekocht, abgefeimt, Erz...; *canaille f* ~*e*, *fripon m* ~ Erzschuft *m*; *ivrogne m* ~ Erzsäufer *m*; **~fer** *hist.* (~) *v/t.* [1a]: ~ *q. de* j-n belehnen mit (*dat.*).

fiel (fjɛl) *m* **1.** Galle *f* (*bsd. der Tiere*); **2.** *fig.* Gehässigkeit *f*, Bitterkeit *f*; Haß *m*, Groll *m*; *être sans* ~

keinen Groll hegen; *vomir son* ~ Gift u. Galle spucken; **~leux** (~'lø) *adj.* [7d] gallig; *fig.* krötig, gehässig.

fien|te (fjɑ̃:t) *f* (tierischer) Mist *m*, Kot *m*; **~ter** (fjɑ̃'te) *v/i.* [1a] Kot auswerfen (*von Tieren*).

fier[1] (fje) [1a] *v/rfl. se* ~ *à q.* (*qch.*) j-m (e-r Sache) (ver)trauen, sich auf j-n (etw.) verlassen; *on ne peut* (*pas*) *se* ~ *à lui* man kann ihm nicht trauen, es ist kein Verlaß auf ihn; *fiez-vous-en à moi* verlassen Sie sich auf mich!; *iron. fiez-vous-y!* verlassen Sie sich man bloß darauf!

fier[2] (fjɛ:r) [7b] **I** *adj.* □ **1.** ~ (de) stolz (auf *acc.*); *péj.* hochmütig; **2.** hochherzig, edelsinnig; **3.** *st.s.* unerschrocken, kühn, mutig, tapfer; **4.** F riesig, mächtig; anständig; fabelhaft, ausgezeichnet; *j'ai fait un* ~ *déjeuner* ich hatte ein fabelhaftes Essen; **II** *su.* Stolzer *m*; *péj.* Hochmütiger *m*; *faire le* ~ stolz (*od.* hochmütig) tun.

fier-à-bras (fjɛra'brɑ) *m* [6c] Bramarbas *m*, Maulheld *m*.

fièrement F (fjɛr'mɑ̃) *adv.* ganz gehörig; *je l'ai* ~ *tancé* ich habe ihn ordentlich ausgescholten.

fierté (fjɛr'te) *f* Stolz *m*; Edelsinn *m*; Kühnheit *f*; *Kunst*: kühner Schwung *m*; *péj.* Hochmut *m*.

fièvre ('fjɛ:vrə) *f* Fieber *n*; *fig.* Unruhe *f*, Unrast *f*, heftige Aufregung *f*; *avoir* (F *faire*) *de la* ~ Fieber haben; *prendre la* ~ Fieber bekommen; *accès m de* ~ Fieberanfall *m*; *fort m de la* ~ höchste Stufe *f* des Fiebers; ~ *bilieuse* Gallenfieber *n*; ~ *cérébrale* Gehirnentzündung *f*; ~ *charbonneuse* Rauschbrand *m*; ~ *intermittente* Wechselfieber *n*; ~ *nerveuse* Nervenfieber *n*; ~ *puerpérale* Wochenbett-, Kindbett-fieber *f*; ~ *scarlatine* Scharlachfieber *n*; ~ *de la rampe* Rampenfieber *n*; *fig.* ⚔ ~ *des tranchées* Schützengrabenfieber *n*; *fig.* ~ *politique* politische Erregung *f*.

fiévreux (fje'vrø) *adj.* [7d] **1.** Fieber verursachend; **2.** fieberkrank; *fig.* fieberhaft; aufgeregt; *activité f fiévreuse* fieberhafte Tätigkeit *f*; *imagination f fiévreuse* Wahnvorstellung *f*, krankhafte Vorstellung *f*.

fifi F (fi'fi) *m* kleines liebes Ding *n*, Herzchen *n*, Liebling *m*; **~lle** F (~'fij) *f* kleines, liebes Mädchen *n* (*beide Ausdrücke bsd. zu Kindern*).

fifre ('fifrə) *m* **1.** Querpfeife *f*; *au son du* ~ *et du tambour* unter Trommelwirbel u. Pfeifenklang; **2.** (*joueur m de*) ~ Pfeifer *m*.

fifrelin F (fifrə'lɛ̃) *m* Pfifferling *m*, Heller *m* (*wertloses Ding*).

fifrer (fi'fre) *v/t.* [1a] pfeifen.

figaro F (figa'ro) *m* Friseur *m*, Barbier *m*.

figé (fi'ʒe) *adj.* erstarrt; dick(flüssig); *fig.* starr; gezwungen; *huile f* ~*e* dickes Öl *n*; ~ *de peur* starr vor Schreck; *sourire m* ~ erzwungenes Lächeln *n*; *rester* ~ *dans ses préjugés* bei s-n Vorurteilen starr verharren.

figement (fiʒ'mɑ̃) *m* Gerinnen *n*; Geronnensein *n*.

figer (fi'ʒe) [1l] **I** *v/t.* gerinnen *od.* erstarren machen; **II** *v/rfl. se* ~ gerinnen; erstarren (*a. fig.*); *fig.* stocken.

fignol|age (fiɲɔ'la:ʒ) *m* **1.** Geputztsein *n*; **2.** peinliche Sorgfalt *f* in der Ausführung; saubere Arbeit *f*; **~er** (~'le) [1a] **I** *v/t.* sorgfältig ausarbeiten *od.* ausführen; peinlich genau zu Ende führen; ⊕ ausmeißeln, durchfeilen, auspolieren; *allg.* fein machen; ~ *un discours* e-e Rede (e-n Vortrag) sorgfältig ausarbeiten; **II** *v/i.* sich feinmachen.

figue (fi:g) *f* Feige *f*; *moitié* ~, *moitié raisin* (*od. mi* ~, *mi raisin*) wohl oder übel; schlecht und recht; leidlich, erträglich, ganz annehmbar; halb im Spaß, halb im Ernst; *d'un air moitié* ~, *moitié raisin* mit e-m süßsauren Gesicht; ↖ *faire la* ~ *à q.* j-m die kalte Schulter zeigen, j-n abblitzen lassen, auf j-n pfeifen, sich nichts aus j-m machen.

figuier (fi'gje) *m* Feigenbaum *m*; ~ *élastique* Gummibaum *m*.

figuline (figy'lin) *f* Gefäß *n* aus Terrakotta.

figu|rant (figy'rɑ̃) *su.* [7] *thé.* Statist *m*; **~ratif** (~ra'tif) *adj.* [7e] bildlich, figürlich, symbolisch; *écriture f figurative* Bilderschrift *f*; **~ration** (~rɑ'sjɔ̃) *f* **1.** (bildliche) Darstellung *f*; Gestaltung *f*; *fig.* Bild *n*; *toute la* ~ *de la vocation pastorale* das ganze Bild des Hirtenberufs; **2.** *thé.* Statisten *m/pl.*; **3.** *Sport*: Mannschaft *f*.

figure (fi'gy:r) *f* **1.** Figur *f* (*a.* ♞, *Sport, Tanz*), Gestalt *f*; Aussehen *n*, Haltung *f*; *litt.* des ~s Charaktere *m/pl.* (*in e-m Drama od. Roman*); *faire* ~ e-e Rolle spielen, etw. darstellen; *abs.* (*ohne adj. vor* ~) repräsentieren, Staat machen; *une plaisante* ~ *d'homme* ein ulkiger (*od.* drolliger) Kerl *m*; *il fait une triste* ~ er stellt e-e traurige Figur dar; *abs. faire bonne* ~ s-n Mann stehen; **2.** Abbildung *f*, Bild *n*; Abbild *n*, Symbol *n*; **3.** *Kartenspiel*: ~s *pl.* Figuren *f/pl.* (*a.* ♪), Kartenbilder *n/pl.*; **4.** Gesichtsausdruck *m*, Miene *f*; ~ *d'enfant* Kindergesicht *n*; *être bien de* ~ angenehme Züge haben, gut aussehen; *faire bonne* ~ *à mauvais jeu* gute Miene zu bösem Spiel machen; *faire bonne* ~ *à q.* j-m freundlich entgegentreten; **5.** sprachliche Figur *f*, bildlicher Ausdruck *m*, Bild *n*.

figuré (figy're) **I** *adj.* (*adv.* ~*ment*) **1.** *plan m* ~ bildliche Darstellung *f*; *copie f* ~*e* genau nachgemachte Abschrift *f*; **2.** bildlich, figürlich; bilderreich; *Stoff*: gemustert; *langage m* ~ Bildersprache *f*; **II** *m* (*a. adj.*: *sens m* ~) übertragener Sinn *m*; *au* ~ in übertragenem (*od.* bildlichem) Sinne.

figurer (~) [1a] **I** *v/t.* **1.** bildlich *od.* symbolisch darstellen, abbilden; anschaulich machen; ~ *un terrain* ein Gelände aufnehmen; **II** *v/i.* **2.** ~ (*bien, mal*) *ensemble* (gut, schlecht) zusammenpassen; **3.** *bsd. litt.* (*in e-m Text*) vorkommen, erscheinen, dargestellt *bzw.* beschrieben werden, auftreten; ~ *sur une liste* auf e-r Liste stehen (*od.* figurieren); **4.** *thé.* als Statist auftreten; **III** *v/rfl.* *se* ~ sich einbilden, sich vorstellen; *figurez-vous ...* denken Sie sich ...!

figurine (figy'rin) *f* kleine Statue *f*, Statuette *f*, kleine Figur *f*; Postwertzeichen *n*; **~ste** (~'rist) *m* Gipsfigurenmacher *m*.

fil (fil) *m* **1.** Faden *m*; Garn *n*; *aiguillée f* (*od. brin m*) *de* ~ Zwirnsfaden *m*; *pelote f de* ~ Garnknäuel *n*; ~ *d'étaim* Kammgarn *n*; ~ *à plomb* (Blei-)Lot *n*; ~*s pl. d'araignée* Spinngewebe *n*; ~ *de laine* Wollgarn *n*; ~ *de soie* Seidenfaden *m*; ~ *bis*, ~ *de Flandre* Doppelgarn *n*; *gros* ~ Sackgarn *n*; ~ *poissé* Schusterzwirn *m*; ~ *de lin*, ~ *retors* Zwirn *m*; ~*s pl. de papier* ⊕ Papierwolle *f*; ~ *retors de soie* Seidenzwirn *m*; *fig.* ~ *conducteur* Leitgedanke *m*, rote(r) Faden *m e-r Erzählung usw.*; ~*s pl. de la Vierge* Altweibersommer *m*; *fig. avoir le* ~ gewitzt sein, den Rummel verstehen; *fig. cousu de* ~ *blanc* allzu durchsichtig (*od.* offensichtlich); *de* ~ *en aiguille* von A bis Z; ein Wort ergab das andere; *donner du* ~ *à retordre à q.* j-m e-e harte Nuß zu knacken geben, j-m zu schaffen machen; *perdre le* ~ den (roten) Faden verlieren; *ne tenir qu'à un* ~ nur (noch) am seidenen Faden hängen; **2.** ~ (*de fer*) Draht *m*; ⚡ Leitung *f*; ~ *d'acier* Stahldraht *m*; ~ *de laiton*, ~ *d'archal* Messingdraht *m*; ~ *d'argent* Silberdraht *m*; ~ *de cuivre* Kupferdraht *m*; ~ *de fer barbelé* Stacheldraht *m*; ~ (*de fer*) *laminé*, ~ *machine* Walzdraht *m*; ~ *à brocher* (*pour fleurs*) Heft-(Blumen-)draht *m*; ⚡ ~*s pl. aériens* Oberleitung *f/sg.*; ~ *d'arrivée*, ~ *d'amenée* Zuführungs-, Zuleitungs-draht *m*; ~ *d'amenée de courant* Steigleitung *f*; ~ *de contact*, ~ *de prise de courant* Kontaktschnur *f*; ~ *sous tube* Rohrdraht *m*; ~ *de raccordement* Verbindungsdraht *m*; *Auto*: ~ *de bougie* Zündkerzenkabel *n*; ~ *télégraphique* Telegraphendraht *m*; *télégraphie f sans* ~ (*abr. T.S.F.*) drahtlose Telegraphie *f*; **3.** Faser *f*; ⊕ Ader *f* (*im Marmor, Glas usw.*); **4.** Strömung *f*; ~ *de l'eau* Lauf *m*, Talweg *m e-s Flusses*; *au* ~ *de l'eau* den Fluß hinab, stromabwärts, mit dem Strom; *suivre le* ~ *de l'eau* mit dem Strom schwimmen; *fig. le* ~ *de la vie* der Gang *m* des Lebens; **5.** Schärfe *f*, Schneide *f e-s Messers usw.*; *avoir le* ~ scharf sein; *fig.* sehr schlau sein (s. *a. unter* 1.); *donner le* ~ *à un rasoir* ein Rasiermesser schärfen; *passer au* ~ *de l'épée* über die Klinge springen lassen.

filage (fi'la:ʒ) *m* **1.** Spinnen *n*; Gespinst *n*; **2.** ~ *de l'huile* langsames Auseinanderfließenlassen *n* von Öl auf die Meeresoberfläche (*zur Abschwächung der Wellen*); **3.** *métall.* Warmumformung *f*.

filaire *zo.* (fi'lɛ:r) *m* Fadenwurm *m*.

filament (fila'mɑ̃) *m* **1.** *anat.* ⚘ Faden *m*, Faser *f*; **2.** ⚡ ~ (*à incandescence*) Glühfaden *m*, -draht *m*; **~eux** (~'tø) *adj.* [7d] faserig.

filan|dier (filɑ̃'dje) *adj. u. su.* [7b] spinnend; Spinner *m*; *poét. soeurs f/pl. filandières* Parzen *f/pl.*; **~dres** (~'lɑ̃:drə) *f/pl.* **1.** Fasern *f/pl.* (*des Fleisches u. einiger Gemüsesorten*); **2.** Streifen *m*, Strähne *f*, Schliere *f* (*Fehler im Glas od. Marmor*); **3.** Marien-, Sommer-fäden *m/pl.*; Altweibersommer *m*; **~dreux** (~lɑ̃-'drø) *adj.* [7d] faserig; aderig (*Marmor*); *fig.* langatmig, weitschweifig; verworren, geschraubt.

filant (fi'lɑ̃) *adj.* [7] **1.** dickflüssig, zähe; **2.** *étoile f* ~*e* Sternschnuppe *f*.

filanzane (filɑ̃'zan) *f* Sänfte *f* (*auf Madagaskar*).

filardeau *icht.* (filar'do) *m* Brathecht *m*.

fila|sse (fi'las) *f* Hanf *m*, Flachs *m*, Bast *m*, Werg *n*; *fig. cheveux m/pl.* (*de*) ~ flachsgelbes Haar *n*; **~teur** (~'tœ:r) *su.* [7f] Spinnereibesitzer *m*; **~ture** (~'ty:r) *f* **1.** Spinnerei *f*; **2.** *fig.* heimliche Beobachtung *f*; *prendre q. en* ~ nach j-m fahnden, j-n polizeilich verfolgen.

file (fil) *f* **1.** Reihe *f*, Zug *m*; *aller* (*od. marcher*) *à la* ~ (*indienne*) hintereinander gehen; im Gänsemarsch laufen; **2.** ⚔ Glied *n*, Rotte *f*; *chef m de* ~ Vordermann *m*, Rottenführer *m*; *se joindre en* ~ antreten; sich in Reih und Glied aufstellen; *marcher sur deux* ~*s* in zwei Gliedern marschieren; *serrer les* ~*s* die Glieder aufschließen; *par* ~ rottenweise; *par* ~ *à droite!* die ganze Kolonne rechtsum!

filé (fi'le) *m*: ~ *d'argent* (~ *d'or*) mit Silber- (Gold-)draht übersponnener Faden.

filer (~) [1a] **I** *v/t.* **1.** spinnen; *fig. e-n Satz* zurechtdrechseln; *e-e Szene, e-n Bericht* kunstvoll durchführen *od.* ausführlich entwickeln; ♪ *Ton* aushalten; *il file un mauvais coton* es ist schlecht um ihn bestellt; *Spiel*: ~ *ses cartes* s-e Karten einzeln aufdecken; **2.** ⊕ ~ *de l'or* Golddraht ziehen; **3.** ~ *le* (*od. du*) *câble* das Tau *allmählich* nach-, los-lassen, fieren; **4.** F ~ *q.* j-n verfolgen, nach j-m fahnden, j-m nachgehen (*bsd. von Polizisten*); **II** *v/i.* **5.** ~ *doux* zum Munde reden, klein beigeben; **6.** dick fließen, sich (zu Fäden) ziehen; **7.** blaken (*Lampe*), qualmen; **8.** spinnen, schnurren (*Katze*); **9.** F sich wegscheren, sich auf- und davonmachen; *bsd. Auto*: flitzen, sausen; *Schiff*: schnell segeln *od.* fahren; ~ *à l'anglaise*, ~ *en douce* sich verduften, sich dünne machen; **10.** ⚔ in e-r Reihe hintereinander gehen.

filerie ⊕ (fil'ri) *f* **1.** ~ *de chanvre* Hanfspinnerei *f*; **2.** Drahtzieherei *f*.

filet (fi'lɛ) *m* **1.** ⚘ Staubfaden *m*; **2.** dünner Faden *m*, Fädchen *n*; *anat.* Zungenband *n*; **3.** ~ *d'eau* dünner Wasserstrahl *m*; *un* ~ *de voix* ein ganz zartes Stimmchen *n*; ~ *de lumière* Lichtstreifen *m*; **4.** Netz *n* (*bsd. als Fanggerät*); ~ (*pour les cheveux*) Frisiernetz *n*, Haarnetz *n*; Filetarbeit *f*; ~ *à bagages* Gepäcknetz *n*; ~ *de camouflage* Tarnnetz *n*; ~ (*dit*) *tramail Fischerei*: Stellnetz *n*; *tendre des* ~*s* Netze ausspannen; *jeter le* ~ das Netz auswerfen; *fig. attirer q. dans ses* ~*s* j-n umgarnen; j-n in die Falle locken; **5.** *cuis.* Filet *n*, Lenden-, Rückenstück *n*; **6.** ⊕ ~ (*d'une vis*) Schraubengewinde *n*; schmale Leiste *f*; **~age** (fil'ta:ʒ) *m* Gewindeschneiden *n*; Gewinde *n*; **~er** (fil'te) *v/t.* [1d] **1.** ~ *une vis* ein Schraubengewinde schneiden; **2.** Draht ziehen.

fileur (fi'lœ:r) *su.* [7g] Spinner *m*; Spinnereibesitzer *m*; F Polizeispitzel *m*.

filial (fi'ljal) *adj.* [5c] □ kindlich; Kindes...; *amour m* ~ Kindesliebe *f*; **~e** ✝ (~) *f* Filiale *f*.

filiation (filjɑ'sjɔ̃) *f* Abstammung *f*; *fig.* Verbindung *f*, Verkettung *f*, Folge *f*; Verbundenheit *f*.

filière (fil'jɛ:r) **1.** Gewinde-, Schneid-kluppe *f*; Zieheisen *n*; **2.** *fig.* Reihenfolge *f*, Stufenleiter *f*; Dienstweg *m*; ~ *administrative* Verwaltungslaufbahn *f*; *passer par la* ~ von der Pike auf dienen; von Stufe zu Stufe gelangen; den Instanzenweg durchmachen; **3.** ⚓ Tau *n*; **4.** örtliche Aufeinanderfolge *f* Asylbietender für politische Flüchtlinge; **5.** ✝ Lieferschein *m*; **6.** F ⚖ Beschattung *f*; **7.** P ~*s pl.* Hintertürchen *n/pl.*

fili|forme (fili'fɔrm) *adj.* fadenförmig; schlank; **~grane** (~'gran) *m* **1.** Wasserzeichen *n im Papier*; **2.** Filigran *n*, feine Gold- (*od.* Silber-)drahtarbeit *f*; **~graniste** (~gra'nist) *m* Filigranarbeiter *m*; **~granoscope** (~granɔ'skɔp) *m* Wasserzeichenglas *n* (*Philatelie*).

filin ⚓ (fi'lɛ̃) *m* Seil *n*, Tau *n*.

fille (fij) *f* **1.** Tochter *f*; *poét.* ~*s de l'enfer* Furien *f/pl.*; ~*s du Jour* Horen *pl.*; ~*s de Mémoire* Musen *pl.*; **2.** Mädchen *n*; Jungfrau *f*; *camarades f/pl.* ~*s* Kameradinnen *f/pl.*; *jeune* ~ (*à l'âge ingrat*) Backfisch *m*, Teenager *m néol.*; *petite* ~ kleines Mädchen *n*; *vieille* ~ alte Jungfer *f*; ~ *publique*, ~ *de joie* Straßendirne *f*, Hure *f* V; ~ *de magasin* Ladenmädchen *n*; ~ *de chambre* Kammerjungfer *f*; ~ *de salle* Kellnerin *f*; ~ (*de service*) (Dienst-)Mädchen *n*; ~ *d'honneur* Hoffräulein *n*, Brautjungfer *f*; ~ *mère* unverheiratete Mutter *f*; **3.** *rl.* Nonne *f*.

fillette (fi'jɛt) *f* junges Mädchen *n*; Backfisch *m*, Teenager *m néol.*

filleul (fi'jœl) *su.* Patenkind *n*.

film (film) *m* Film *m*; ~ *corrupteur* Schundfilm *m*; ~ *en couleur(s)* Farbfilm *m*; ~ *inversible* Umkehrfilm *m*; ~ *muet* Stummfilm *m*; ~ *parlant* Sprechfilm *m* (*mit Schallplatten*); ~ *policier* Detektiv-, Polizeifilm *m*; ~ *en relief* plastischer Film *m*; ~ *sonore* Tonfilm *m*; ~ *à succès* Filmschlager *m*; ~ *d'aventure(s)*, ~ *à épisodes*, ~ *à sérials* Abenteuerfilm *m*; ~ *d'agrément* Spielfilm *m*; ~ *documentaire* Lehr-, Kultur-film *m*; ~ *panchromatique* (*en relief*) farbiger (plastischer) Film *m*; ~ *truqué* Trickfilm *m*; ~ *de propagande*, ~ *de publicité* Propaganda-, Werbe-film *m*; ~ *tourné en plein air*, ~ *tourné au dehors* Außenfilm *m*; *petit* ~ Kurzfilm *m*; ~ *étroit*, ~ *de petit format* Schmalfilm *m*; ~ *à grand spectacle* Ausstattungsfilm *m*; *tourner un* ~ e-n Film drehen; ~**er** (~'me) *v/t.* [1a] (ver)filmen.

filmo-résistance ⊕ (filmɔrezis'tɑ̃:s) *f*: *la* ~ *d'une huile* der Ölfilmwiderstand *m*.

film-pack (film'pak) *m* Filmpack *m*.

filoche (fi'lɔʃ) *f* großmaschiges Gewebe *n*.

filocher P (filɔ'ʃe) *v/i.* [1a] flitzen; hinterherlaufen, folgen.

filoir ⊕ (fi'lwa:r) *m* Spinnmaschine *f*.

filon (fi'lɔ̃) *m* **1.** ⚒ Ader *f*, Gang *m*; **2.** F *fig.* guter Posten *m* (*der wenig Arbeit macht*), *fig.* Pfründe *f*, Druckposten *m*; **3.** F *fig.* Schwein *n* P, Glück *n*; *trouver le* ~ Schwein haben.

filoselle (filɔ'zɛl) *f* Flock-, Florettseide *f*.

filou (fi'lu) *m* Dieb *m*, Spitzbube *m*; Falschspieler *m*; ~**tage** (~'ta:ʒ) *m* Betrügerei *f*, Gaunerei *f*; ~**ter** (~'te) [1a] **I** *v/t.* klauen, stibitzen; ergaunern; **II** *v/i.* mogeln, schummeln (*bsd. beim Spiel*); ~**terie** (~'tri) *f* Schwindel *m*, Betrug *m*, Prellerei *f*; ~ *f d'aliments* Zechprellerei *f*.

fils (fis) *m* Sohn *m*; *le* ~ *de la maison*, *le* ~ *des patrons* der Sohn *m* des Hauses; ~ *de ses œuvres* Selfmademan *m*; ~ *à papa* Sohn *m* e-s reichen Vaters; *il est bien le* ~ *de son père* er ist ganz der Vater *m*.

filtra|ge (fil'tra:ʒ) *m*, ~**tion** (~tra'sjɔ̃) *f* Filtrieren *n*, Durchseihen *n*.

filtre ('filtrə) *m* Filter *m od. n*; *rad.* Sperrkreis *m*; ~ *à ondes* Wellensieb *n*; *Auto*: ~ *à huile* Ölfilter *n*, Ölreiniger *m*; ~ *à essence* Benzinfilter *n*; ~ (*en toile*) *métallique* Drahtsieb *n*; *phot.* ~ *à encre* Farbfilter *m*; ~ *à café* Kaffeefilter *n*; ~ *à emboîtement* Aufsteckfilter *n*; *papier m* ~ Filterpapier *n*; *passer au* ~ durchfiltern; *Auto*: ~ *à air* Luftfilter *n*, Luftreiniger *m*; *phot.* ~ *jaune* Gelbscheibe *f*.

filtrer (fil'tre) [1a] **I** *v/t.* filtern, durchgießen, durchlaufen lassen; *fig.* sichten, kontrollieren; **II** *v/i.* durchsickern, hindurchdringen.

filure (fi'ly:r) *f* Gespinst *n*; Fadenbeschaffenheit *f*.

fin[1] (fɛ̃) *f* **1.** zeitliches Ende *n*, Ausgang *m*, Schluß *m*; (Lebens-)Ende *n*, Tod *m*; ~ *de semaine* Wochenende *n*; ~ *d'alerte* Entwarnung *f*; *mener une affaire à bonne* ~ e-e Angelegenheit zu gutem Ende bringen; *mettre* ~ *à qch.* mit e-r Sache (*dat.*) Schluß machen; *prendre* ~ zu Ende gehen; ~ *courant* (*prochain*) Ende dieses (nächsten) Monats; ~ *février* Ende Februar; *sans* ~ endlos; *nos provisions touchent à leur* ~ unsere Vorräte gehen zur Neige; *à la* ~ schließlich, endlich; *à la* ~ *des* ~*s*, *en* ~ *de compte* letzten Endes, schließlich; **2.** Absicht *f*, Ziel *n*, Zweck *m*, Verwendungszweck *m*; ~ *en soi* Selbstzweck *m*; ~ *individuelle*, ~ *particulière* Privatzweck *m*; ~ *de propagande* Werbezweck *m*; *arriver* (*od. en venir*) *à ses* ~*s* s-n Ziel erreichen; s-n Willen durchsetzen; *à quelle* ~? zu welchem Zweck?; *bsd.* ⚖ *à cette* ~, *à ces* ~*s* zu diesem Zweck; deshalb; *la* ~ *justifie les moyens* der Zweck heiligt die Mittel; *à toute* ~

(*utile*) auf jeden Fall; *à toutes* ~*s utiles* zur weiteren Veranlassung; *prov. qui veut la* ~ *veut les moyens* wer will haben, der muß graben; wer A sagt, muß auch B sagen; **3.** ⚖ ~ *de non recevoir* Abweisung(sbescheid *m*) *f*.

fin² (fɛ̃) [7] **I** *adj*. □ **1.** fein, zart, zierlich; *farine f* ~*e* feines Mehl *n*; *linge m* ~ feine Wäsche *f*; *papier m* ~ feines Briefpapier *n*; *passoire f* ~*e* feines Sieb *n*; *peigne m* ~ feiner Kamm *m*; *visage m* ~ feines (zartes) Gesicht *n*; ~ *comme un cheveu* haarfein; **2.** auserlesen, gut; *fig. la* (~*e*) *fleur de la chevalerie* die Blüte *f* der Ritterschaft *f*; ~ *gourmet m* (~ *bec m*), ~*e bouche f*, ~*e fourchette f* Feinschmecker *m*; *cuis.* ~*es herbes f/pl.* Gewürzkräuter *n/pl.*; *vin m* ~ edler Wein *m*; *le parler* ~ die gewählte Ausdrucksweise *f*; **3.** schlank; dünn; *avoir la jambe* ~*e* (*la taille* ~*e*) fein geformte Beine (e-n schlanken Wuchs) haben; **4.** *fig. Sinnesorgane*: fein, scharf; *avoir le nez* ~ e-e feine Nase haben; *avoir l'oreille* ~*e* (*od. l'ouie* ~*e*) ein feines Gehör besitzen (*od.* haben); **5.** *fig.* durchtrieben, schlau, gerieben F; ~ *matois m*, ~*e mouche f*, ~ *renard m* Schlauberger *m*, Schlaufuchs *m*, durchtriebener Kerl *m*; **6.** *le* ~ *mot* die Hintergründe *m/pl.*, des Pudels Kern *m*, das letzte entscheidende Wort *n*; die Lösung *f* e-s Rätsels; **7.** ~ *voilier* schneller Segler *m*; **8.** *au* ~ *fond de la mer* im tiefsten Meeresgrunde; *il vient du* ~ *fond de la Russie* er kommt aus dem Innersten Rußlands; **II** *adv*. **9.** *écrire* ~ fein (*od.* dünn) schreiben; **10.** völlig, ganz; *j'étais* ~ *prêt* ich war fix und fertig; *tous sont* ~ *prêts pour tirer tout le bénéfice du spectacle* alle sind ganz bei der Sache, um das Schauspiel vollauf zu genießen; **III** *m* **11.** feine Wäsche *f*; *blanchisseuse f de* ~ Wäscherin *f* für feine Wäsche; Feinwäscherin *f*; **12.** *das* Feine *n*; *le* ~ *du* ~ das Allerbeste *n*, -schönste *n*; *savoir le fort et le* ~ *de qch.* etw. haargenau kennen; **13.** *der* Hauptpunkt *m*; *le* ~ *d'une affaire* die Kernfrage *f* e-r Sache; *le* ~ *du* ~ die Hauptsache *f*, das Allerwichtigste *n*; *chercher le* ~ *du* ~ spintisieren; **14.** Feingehalt *m* (*e-s Edelmetalls*); **15.** *der* Schlaue *m*; *jouer au plus* ~ *avec q.* j-n an Gerissenheit übertrumpfen.

finage (fi'na:ʒ) *m* **1.** Gemarkung *f*; **2.** *métall.* Läutern *n*, Siliziumentfernung *f*.

final (fi'nal) *adj.* (*pl.*: ~*s*) endlich, schließlich; End..., Schluß...; *gr.* final, e-e Absicht (*od.* e-n Wunsch) ausdrückend; *phil. cause f* ~*e* Endzweck *m*; *arrangement m* (~) Abkommen *n*; ✝ *compte m* ~ Schlußrechnung *f*.

finale (~) **I** *m* ♪ Finale *n*, Schlußsatz *m*; **II** *f* **1.** *gr.* Endsilbe *f*, Wortausgang *m*; ♪ Grundton *m*; **2.** *Sport*: Endkampf *m*, Endsport *m*, Endlauf *m*, Schlußrunde *f*.

finalement (final'mɑ̃) *adv.* schließlich; alles in allem.

finaliste *Sport* (fina'list) *su. Tennis*: Schlußrunden-spieler *m*, -teilnehmer *m*; *allg.* Teilnehmer *m* an e-m Entscheidungskampf (*a.* an e-m Wettbewerb).

finalité *phil., gr.* (finali'te) *f* Finalität *f*, Zweckbestimmung *f*.

finan|ce (fi'nɑ̃:s) *f* **1.** Barschaft *f*, bares Geld *n*; *être à court de* ~ knapp bei Kasse sein, nicht viel Geld haben; *moyennant* ~ gegen bar; **2.** ~*s pl.* Vermögensbestand *m*, -lage *f*; **3.** Staatseinkünfte *f/pl.*, Finanzen *f/pl.*; *ministère m des* ~*s* Finanzministerium *n*; *employé m aux* ~*s* Beamter *m* im Finanzministerium; *être dans la* ~ Finanzbeamter sein; **4.** ~*s pl.* Finanzwissenschaft *f*; *il n'entend rien aux* ~*s* er versteht nichts vom Finanzwesen; **5.** Finanzwelt *f*; *homme m de* ~ Geldmann *m*, Financier *m*; *la haute* ~ die Hochfinanz *f*, die Geldaristokratie *f*; ~ *interlope*, ~ *véreuse* Finanz *f* der Verbrecherwelt; ~**cement** (~nɑ̃s'mɑ̃) *m* Finanzierung *f*; ~ *propre*, ~ *par propres fonds* Selbstfinanzierung *f*; ~**cer** (~nɑ̃'se) [1k] **I** *v/i.* Geld vorstrecken (*od.* herausrücken), die Kosten tragen; **II** *v/t.* finanzieren, bezahlen; ~**cier** (~'sje) **I** *adj.* [7b] □ zum Finanzwesen gehörig, finanziell; Finanz...; *crise f financière* Geldkrisis *f*; *établissement m* ~ Geldinstitut *m*; **II** *m* Geld-, Finanzmann *m*, Financier *m*; ~**cière** *cuis.* (~'sjɛ:r) *f*: *à la* ~ *advt.* mit den besten u. feinsten Zutaten zubereitet.

finas|ser F (fina'se) *v/i.* [1a] mit Tricks arbeiten; **~serie** (~nas'ri) *f* Trick *m*, Kniff *m*; **~seur** [7g], **~sier** [7b] (~'sœ:r, ~'sje) *su.* Intrigant *m*.

finaud F (fi'no) [7] **I** *adj.* pfiffig, schlau; **II** *su.* Pfiffikus *m*, Schlauberger *m*; *c'est un* ~ er ist ausgekocht; **~erie** F (fino'dri) *f* Pfiffigkeit *f*.

fine (fin) *f* **1.** besserer Kognak *m*, Weinbrand *m*; **2.** ⚒ *~s pl.* Staubkohle *f*, Feinkohle *f* (*Anthrazit*).

finesse (fi'nɛs) *f* **1.** Feinheit *f*, Zartheit *f*; **2.** Sinnesschärfe *f*, Scharfsinn *m*; **3.** List *f*, Verschmitztheit *f*; Kunstgriff *m*, Kniff *m*; *il est au bout de ses ~s* er ist mit s-r Kunst zu Ende; *entendre (chercher) ~ à qch.* Hintergedanken bei etw. (*dat.*) haben, sich etw. Schlimmes bei etw. denken; *user de ~* List anwenden.

finette (fi'nɛt) *f* leichter Woll- *od.* Baumwollstoff *m*.

fini (fi'ni) **I** *adj.* **1.** beendet, vollendet; *péj. fig.* Erz...; *produit m ~* Fertigfabrikat *n*; *coquin ~* Erzhalunke *m*; *ivrogne ~* Erzsäufer *m*; **2.** *phil.* begrenzt, endlich; **3.** *peint., sculp.* sorgfältig ausgeführt, vollendet; **4.** *fig.* erledigt; *c'est un homme ~* es ist aus mit ihm; *tout est ~ entre eux* sie sind geschiedene Leute; **II** *m* Vollendung *f*, feine Ausführung *f*; *phil. das* Endliche, *die* Endlichkeit *f*.

finir (fi'ni:r) [2a] **I** *v/t.* **1.** enden, beenden, beendigen, vollenden, zu Ende führen; ⊕ veredeln; *il a fini son apprentissage* er hat ausgelernt; *~ un plat* eine Schüssel leer essen (*od.* ausessen); *~ un verre* ein Glas austrinken; **2.** *bien ~* die letzte Hand legen an (*acc.*); **3.** das Ende *od.* den Schluß bilden von (*dat.*); **II** *v/i.* **4.** aufhören, ein Ende machen; end(ig)en, zu Ende gehen; sterben *st.s.*, enden; *j'ai fini* ich bin fertig; *finissons!* (machen wir) Schluß!; *en ~ avec q.* (*od. qch.*) mit j-m (*od.* etw.) Schluß machen, ein Ende finden, (*zeitlich*); *fig.* mit j-m kurzen Prozeß machen); *il n'en finit plus* er kommt zu keinem Ende, er findet kein Ende; *pour en ~* um zum Schluß zu kommen; *son bail finit à Pâques* sein Miets- (*od.* Pacht-)vertrag läuft zu Ostern ab; *ne pas ~* kein Ende nehmen; **5.** *~ en pointe* in e-e Spitze auslaufen; *gr. ~ en od. par* ausgehen (*od.* enden) auf (*acc.*); **6.** *~ par* (*mit inf.*) schließlich (*od.* endlich *od.* zuletzt) doch etw. tun; endigen mit (*dat.*); *il a fini par y consentir* er hat (doch) schließlich zugestimmt; *il finira bien par payer* zum Schluß wird er doch bezahlen.

finiss|age ⊕, *bét.* (fini'sa:ʒ) *m* Ausarbeitung *f*; Nachbehandlung *f*; Veredelung *f*; **~eur** (~'sœ:r) *m* Fertigsteller *m*; ⚠ *~ pour routes en béton* Betonstraßenfertiger *m*.

finition ⊕ (fini'sjõ) *f* Fertigstellung *f*, Ausarbeitung *f*; *dernière ~ f* letzter Schliff *m* e-r Arbeit.

Finland|ais (fɛ̃lɑ̃'dɛ) **I** *su.* Finne *m*; **II** ♀ *adj.* [7] finnisch; **~e** (~'lɑ̃:d): **la ~e** *f* Finnland *n*.

finnois (fi'nwa) s. *finlandais*; *bsd. la langue ~e* die finnische Sprache *f*.

fiole (fjɔl) *f* **1.** Arzneifläschchen *n*; **2.** P Gesicht *n*, Visage *f* P,; Kopf *m*; *se payer la ~ de q.* sich über j-n lustig machen.

fion P (fjõ) *m* letzter Schliff *m*.

fioriture (fjɔri'ty:r) *f* **1.** ♪ Koloratur(en *pl.*) *f*, Verzierung(en *pl.*) *f*; **2.** Schnörkel *m*, Ausschmückung *f*.

fioule *néol.* (fjul) *m* Brennstoff *m*.

firmament (firma'mɑ̃) *m* Firmament *n*, Sternen-himmel *m*, -zelt *n*.

firme (firm) *f* Firma *f*; *~ éteinte* erloschene Firma *f*.

fisc (fisk) *m* Finanzamt *n*; Fiskus *m*, Staatskasse *f*; *administration f du ~* Steuer-verwaltung *f*, -behörde *f*; *être en règle avec le ~* s-e steuerlichen Verpflichtungen erfüllt haben; **~al** (~'kal) *adj.* [5c] fiskalisch; Fiskal..., Steuer...; **~alité** (~kali'te) *f* Steuerwesen *n*.

fissi|ble *at.* (fi'siblə) *adj.* spaltbar; **~le** *bsd.* ♀ *u. min.* (~'sil) *adj.* leicht spaltbar; **~lité** (~li'te) *f* Spaltbarkeit *f*; **~on** *at.* (fi'sjõ) *f* Spaltung *f*; *~ de l'atome phys.* Kernspaltung *f*; **~pare** *zo.* (fisi'pa:r) *adj.* sich durch Zellspaltung vermehrend.

fissu|ration ⚠, ⊕ (fisyra'sjõ) *f* Rissebildung *f*; **~re** (~'sy:r) *f* Spalte *f*, Riß *m*; **~rer** (~sy're) [1a] **I** *v/t.* spalten; **II** *v/rfl. se ~* sich spalten.

fiston P (fis'tõ) *m* Sohn *m*; *iron.* Söhnchen *n*, Bürschchen *n*.

fistu|le ⚕ (fis'tyl) *f* Fistel *f*, Hohlgeschwür *n*; Eitergang *m*; **~leux** (~'lø) *adj.* [7d] fistelartig.

fixa|ge *phot.* (fik'sa:ʒ) *m* Fixieren *n*; **~teur** (~sa'tœ:r) *adj.* [7f] *u. m* Mittel *n* zum Festmachen; *phot.* Fixier-bad *n* -salz *n*, -flüssigkeit *f*,

-mittel *n*; ⚗ Bindemittel *n*; **~tif** (~'tif) **I** *adj.* [7e] festmachend; **II** *m* Fixierlack *m*; **~tion** (~ksɑ'sjɔ̃) *f* **1.** ⊕ Befestigung *f*; Festmachen *n*; *Skier*: Bindung *f*; **2.** Bestimmung *f*, Festsetzung *f*; ~ *des limites* Abgrenzung *f*; ⚕ ~ *du* (*od. des*) *cours* Kursfestsetzung *f*; ~ *de l'impôt* Steuerfestsetzung *f*; **3.** ⚗ Bindung *f*, Verdichtung *f*.

fixe (fiks) **I** *adj.* □ **1.** fest, unbeweglich; *étoile f* ~ Fixstern *m*; **2.** beständig, bestimmt, unveränderlich; *appointements m/pl.* ~*s* festes Gehalt *n*; *demeure f* ~ bleibender Wohnort *m*; *être au beau* ~ auf beständig stehen (*v. Barometer*); *idée f* ~ fixe Idee *f*; *poste m* ~ feste Anstellung *f*; *prix m* ~ fester Preis *m*; **3.** ⚗ feuerfest; **II** *m* **4.** Fixum *n*, festes Gehalt *n*; **5.** ⚗ *les* ~*s* die feuerfesten Körper *m/pl.*; **III 6.** *ast.* *les* ~*s f/pl.* die Fixsterne *m/pl.*; **IV 7.** ⚔ ~! *int.* stillgestanden!; Augen geradeaus!

fixe|-chaussettes (fiksʃo'sɛt) *m* [6c] Sockenhalter; **~-cravate** (~kra'vat) *m* [6g] Schlips-nadel *f*, -halter *m*; **~-moustache** (mus'taʃ) *m* [6d] Bartbinde *f*; **~-nappe** (~'nap) *m* [6d] Tischtuchklammer *f*.

fixer (fik'se) [1a] **I** *v/t.* **1.** befestigen, festmachen; **2.** e-e bestimmte (*od.* feste) Richtung geben (*dat.*), richten, lenken; (an sich) fesseln; ~ *l'attention de q.* j-s Aufmerksamkeit fesseln; ~ *les soupçons sur q.* den Argwohn auf j-n lenken; **3.** ~ *q.* (*qch.*) *du regard*, ~ *les yeux* (*od. son regard*) *sur q.* (*qch.*) j-n (etw.) starr ansehen, s-e Augen heften auf j-n (etw.); fixieren; **4.** festsetzen, bestimmen, anberaumen (*e-n Zeitpunkt*); ~ *les limites* abgrenzen; ~ *les maxima*, ~ *un maximum* e-n Höchstbetrag festsetzen, maximieren; *être fixé sur qch.* wissen, woran man ist; über etw. Bescheid wissen; **5.** festlegen; ~ *sa demeure* (*od. sa résidence*) *dans une ville* in e-r Stadt s-n Wohnsitz nehmen; **6.** ⚗, *phys.* feuerfest machen; ~ *par combinaison* binden, anziehen; ⚔ ~ *l'ennemi* den Feind binden; **7.** *phot.* fixieren; **II** *v/rfl.* se ~ **8.** sich (an)heften; auf etw. ruhen (*Blick*); starr werden (*Blick*); sich festsetzen; **9.** *fig.* e-e feste Gestalt (*od.* e-e bestimmte Richtung) annehmen; *fig.* sich verwurzeln; *mon choix s'est fixé sur lui* m-e Wahl hat sich für ihn entschieden; **10.** sich niederlassen.

fixisme *biol.* (fik'sism) *m* Lehre *f* von der Unveränderlichkeit der Arten.

fixité (fiksi'te) *f* Festigkeit *f*, Haltbarkeit *f*; Unbeweglichkeit *f*; Starrheit *f*; ⊕ Feuerbeständigkeit *f*; *biol.* Unwandelbarkeit *f*, Unveränderlichkeit *f*, Beständigkeit *f*.

fla ♪ (fla) *m* Doppelschlag *m* auf der Trommel.

flac (flak) *int.* klatsch!

flaccid|e (flak'sid) *adj.* schlaff; **~ité** (~sidi'te) *f* Schlaffheit *f*.

flache (flaʃ) **I** *f* **1.** *charp.* Wahnkante *f*, entrindeter, aber noch nicht vierkantig geschnittener Baumstamm *m*; Fehler *m im Holz*; **2.** Felsspalte *f*; **3.** Vertiefung *f*; Kute *f*, Schlagloch *n*, ausgefahrene Stelle *f* (*im Wege*); Wasserlache *f im Walde auf Tonboden*; **II** *adj.*: *une poutre* ~ ein wahnkantiger (*od.* stumpfkantiger) Balken *m*.

flacherie (flaʃ'ri) *f* Bakterienkrankheit *f der Seidenraupen*.

fla-fla (fla'fla) *m/inv.* **1.** Effekthascherei *f*, Kitsch *m* (*in der Malerei*); **2.** Großtuerei *f*, Angeberei *f*.

flagel|lant (flaʒɛ'lɑ̃) *m* Geißelbruder *m*; **~lation** (~lɑ'sjɔ̃) *f* Geißelung *f*; **~ler** (~'le) *v/t.* [1a] *a. fig.* geißeln.

flageo|ler (flaʒɔ'le) *v/i.* [1a] **1.** schlottern, wanken; *il avait les jambes flageolantes* die Beine schlotterten ihm vor Schwäche; **2.** ♪ Flageolett blasen; **~let** ♪ (~'lɛ) *m* **1.** Flageolett *n*, kleine Schnabelflöte *f*; F *fig. être monté sur des* ~*s* Storchbeine haben; **2.** ⚘ kleine weiße Bohne *f*.

flagor|ner (flagɔr'ne) *v/t.* [1a]: ~ *q.* vor j-m kriechen; **~nerie** (~nə'ri) *f* niedrige Schmeichelei *f*, Kriecherei *f*, Byzantinismus *m*; **~neur** (~'nœːr) *m* Speichellecker *m*.

flagrant (fla'grɑ̃) *adj.* [7] offenkundig, unbestreitbar; *inégalité f* ~*e* offenkundige (*od.* unbestreitbare) Ungleichheit *f*; *prendre en* ~ *délit* auf frischer Tat (*od.* in flagranti) ertappen.

flair (flɛːr) *m* Geruch *m*, Witterung *f*; *fig.* Scharfsinn *m*, Spürsinn *m*; *avoir du* ~ e-e feine Nase haben; **~er** (flɛ're) *v/t.* [1b] riechen, wittern; herausbekommen; aufspüren; beschnuppern (*v. Hunden usw.*); *fig.*

ahnen; **~eur** (~'rœ:r) *su* [7g] Schnüffler *m*; F ~ *de cuisine* Topfgucker *m*; ~ *de table* Schmarotzer *m*.

flamand (fla'mɑ̃) [7] **I** *adj.* flämisch; **II** ♀ Flame *m* (*f*: Flämin).

flamant *orn.* (fla'mɑ̃) *m* Flamingo *m*.

flam|bage (flɑ̃'ba:ʒ) *m* **1.** ⊕, ⚠ Knick *m*, Knickung *f*; **2.** *cuis.* (Ab-)Sengen *n*; **~bant** (~'bɑ̃) *adj.* [7] flammend; *fig.* auffällig; *tout* ~ *neuf* funkelnagelneu; ~ *clair* hell lodernd; *journ. article m à titre* ~ (Zeitungs-)Artikel *m* mit e-r auffälligen Überschrift; **~bard, ~bart** (~'ba:r) *m* **1.** F lustiger Bruder *m*; *faire le* ~ protzen, angeben; **2.** P Kahnfahrer *m*; **3.** ⚓ Fischerschaluppe *f*.

flam|be (flɑ̃:b) *f* **1.** ⚘ Schwertlilie *f*; **2.** *peint.* Flammenschwert *n*; **~bé** (flɑ̃'be) **I** *adj.* F zugrundegerichtet, erledigt; *il est* ~ es ist aus mit ihm, er ist erledigt, er hat verspielt; **II** *ent. m* Mantel-, Segel-falter *m*; **~beau** (flɑ̃'bo) *m* [5b] **1.** Fackel *f*; *aux* ~*x* bei Fackelschein; *retraite f aux* ~*x* Fackelzug *m*; **2.** (Wachs-)Kerze *f*, (großes) Licht *n*; **3.** (hoher *od.* Arm-)Leuchter *m*; **4.** *fig.* Leuchte *f*; **~bée** (~'be) *f* schnell auflodderndes Feuer *n*, Strohfeuer *n*; *fig.* Anfall *m*; *pol.* ~ *de terrorisme* Terrorwelle *f*; **~ber** (~) [1a] **I** *v/i.* **1.** aufflammen, Flammen schlagen, flackern, (auf)lodern; **2.** *fig.* vor Liebesglut brennen; **II** *v/t.* über die Flamme halten, (ver)sengen.

flamberge (flɑ̃'bɛrʒ) *f* † Schwert *n*; *fig. mettre* ~ *au vent* s-e Meinung offen zur Schau tragen.

flambeur P (flɑ̃'bœ:r) *m* Glückspilz *m*, routinierter Spieler *m*.

flamb|oiement (flɑ̃bwa'mɑ̃) *m* Lodern *n*, Flackern *n*, Flimmern *n*; **~oyant** (~bwa'jɑ̃) *adj.* flammend; *myth. épée f* ~*e* Flammenschwert *n*; ⚠ *style m* ~ Flammenstil *m*, Stil *m* der späteren Gotik, spätere Gotik *f*; **~oyer** (~bwa'je) *v/i.* [1h] flammen, aufleuchten, blitzen, funkeln, glänzen.

flamenco ♪ (flamɑ̃'ko) *adj.* andalusisch.

flamingant (flamɛ̃'gɑ̃) *su.* [7] Vertreter *m* der flämischen Sprache und Kultur.

flamme (flɑ:m) *f* **1.** Flamme *f*; ~ *en pointe* Stichflamme *f*; **2.** *fig.* Leidenschaft *f*; *poét.* Liebesglut *f*; **3.** ⚔ ~ *de lance* Lanzenfähnlein *n*; **4.** ⚓ Wimpel *m*.

flammé (flɑ'me) *adj.* geflammt.

flammèche (flɑ'mɛʃ) *f* großer Feuerfunke *m*.

flammerole (flɑm'rɔl) *f* Irrlicht *n*.

flammette (flɑ'mɛt) *f* **1.** Flämmchen *n*; **2.** ⚘ Hahnenfuß *m*; **3.** ⚓ kleiner Wimpel *m*; **4.** ⚕ Schnäpper *m* (*zur örtlichen Blutentnahme*).

flan (flɑ̃) *m* **1.** *cuis. Art* Auflauf *m*; **2.** ⊕ Platine *f*; **3.** P *à la* ~ schlampig; *du* ~! Unsinn!; denkste!

flanc (~) *m* **1.** Weiche *f*, Flanke *f*; *poét.* (Mutter-)Schoß *m*; **2.** Seite *f*; *de* ~ (flɑ̃k...) *en* ~ von einer Seite zur andern; **3.** Abhang *m e-s Berges*; **4.** ⚔ Flanke *f*; *par le* ~ *droit!* rechtsum kehrt!; ~ *dégarni* ungedeckte Flanke *f*; *prendre les ennemis en* ~ (*od. de* ~) dem Feinde in die Flanke fallen; *bsd.* ⚔ F *tirer au* ~ sich (*vor dem Dienst*) drücken; *prêter le* ~ sich angreifen lassen; *fig. prêter le* ~ *à la critique* sich der Kritik aussetzen; **~-garde** ⚔ (flɑ̃'gard) *f* [6a] Seitendeckung *f*.

flancher F (flɑ̃'ʃe) *v/i.* [1a] zurückweichen, Angst (*od.* Bammel F) haben, im Druck sein, kneifen, versagen; *écol. faire q.* ~ j-n durchfallen lassen.

flanchet *cuis.* (flɑ̃'ʃɛ) *m* Mittelstück *n* (*Rind*).

Flandre *géogr.* ('flɑ̃:drə) *f*: **la** ~ (*a. les* ~*s pl.*) Flandern *n*.

flandrin F (flɑ̃'drɛ̃) *su.* [7]: (*grand*) ~ langer Latsch *m* (*od.* Lulatsch *m*).

flanelle (fla'nɛl) *f* Flanell *m*; (*gilet m de*) ~ wollene Unterjacke *f*; wollenes Unterhemd *n*.

flân|er (flɑ'ne) *v/i.* [1a] (herum-)bummeln, flanieren; umherschlendern; faulenzen; **~erie** (flɑn'ri) *f* Bummeln *n*, Flanieren *n*; **~eur** (flɑ'nœ:r) *su.* [7g] Bummler *m*; **~euse** (~'nø:z) *f* Liegestuhl *m*; **~ocher** F (~nɔ'ʃe) *v/i.* [1a] = *flâner*.

flanquer¹ (flɑ̃'ke) *v/t.* [1a] hinwerfen, schmeißen P; verpassen, versetzen F; ~ *un coup de pied à q.* j-m e-n anständigen Tritt geben; ~ *un soufflet* (*od. une calotte*) *à q.* j-m e-e knallen P, j-m e-e Ohrfeige versetzen (*od.* geben); ~ *q. à la porte* j-n rausschmeißen P; j-n an die Luft setzen *iron.* F.

flanquer² (flɑ̃'ke) *v/t.* [1m] **1.** ⚔ *mit e-m Geschütz* beharken; **2.** ⚔ decken. flankieren; **3.** ~ *qch.* an der Seite von etw. (*dat.*) *od.* neben e-r Sache (*dat.*) stehen; *weitS.* etw. von der Seite her angreifen *od.* nehmen.

flapi F (fla'pi) *adj.* schlapp, hunde-, tod-müde, schachmatt.
fla|que (flak) *f* Lache *f*, Pfütze *f*; ~ *de boue* Dreckpfütze *f*; **~quée** F (~'ke) *f* (Wasser-)Guß *m*; Dusche *f*; anständiger Spritzer *m*; **~quer** F (~) *v/t.* [1m]: ~ *q.* (*od. qch.*) j-n *od.* etw. ordentlich bespritzen.
flash (flaʃ) *m* (*pl.* ~*es*) *phot.* Blitzlicht *n*; *cin.* kurze Szene *f*; *journ.* wichtige Kurznachricht *f*; *lampe f* ~ Blitzlichtlampe *f*.
flasque[1] (flask) *adj.* □ schlaff, welk; *fig. style m* ~ kraftloser Stil *m*.
flasque[2] (~) **I** *f ch.* Pulverhorn *n*; **II** ⚔ *m* a) Lafettenwand *f*; b) ⊕ Flansch *m*.
flatter (fla'te) [1a] **I** *v/t.* **1.** schmeicheln; ~ *q.* j-m schmeicheln; ~ *q. de qch.* j-m auf etw. (*acc.*) Hoffnung machen; **2.** angenehm berühren, wohltun, ergötzen; *cette musique flatte l'oreille* diese Musik tut e-m wohl, diese Musik hört man gern; *ce mets flatte le palais* dieses Gericht ist ein wahrer Gaumenkitzel; *ce vin flatte le goût* dieser Wein schmeckt herrlich; *des louanges flattent l'orgueilleux* Lobhudeleien tuen einem dünkelhaften Menschen wohl; **3.** leicht (*od.* vorsichtig) berühren (*od.* werfen); ♪ ~ *la corde* die Saite leicht anschlagen; ~ *un dé* e-n Würfel vorsichtig werfen; **4.** liebkosen, streicheln; ~ *un enfant* ein Kind liebkosen (*od.* streicheln); ~ *un animal* ein Tier streicheln; **5.** schmeichelhaft darstellen, schmeicheln, verschönern; *le peintre l'a un peu flattée* der Maler hat sie etw. schmeichelhaft dargestellt; *ce miroir flatte* dieser Spiegel schmeichelt; ~ *un portrait* ein Porträt verschönern; **6.** täuschen, hinwegtäuschen (über *acc.*), beschönigen, zu lindern suchen, schonend behandeln; ~ *un malade sur son état* e-n Kranken über s-n Zustand hinwegtäuschen; ~ *un cheval fougueux* ein scheues Pferd beschwichtigen (*od.* beruhigen); ~ *le courant d'une rivière* den Flußlauf vorsichtig regulieren; ~ *la peine* (*la douleur*) *de q.* den Schmerz j-s zu lindern suchen; ~ *une plaie* e-e Wunde zu schonend behandeln; e-r Wunde nicht mit den nötigen Mitteln entgegentreten; **7.** *mv./p.* etw. Schlechtem zustimmen, huldigen, frönen, sich hingeben; ~ *les caprices de q.* die Launen j-s schön finden; *il est trop homme de bien pour* ~ *le vice* er ist ein zu anständiger Mensch, um dem Laster zu frönen (*od.* um sich dem Laster hinzugeben); **II** *v/rfl.* *se* ~ sich schmeicheln (*de* mit *dat.*); von sich eingenommen sein; sich Hoffnungen machen (*de* auf *acc.*); **~ie** (fla'tri) *f* Schmeichelei *f*.
flatteur (fla'tœ:r) [7g] **I** *adj.* **1.** (ein-) schmeichelnd; schmeichelhaft; verbindlich; *murmure m* ~ beifälliges Gemurmel *n*; **2.** liebkosend; verschönernd (*Spiegel*); **II** *su.* Schmeichler *m*.
flatu|eux (fla'tɥø) *adj.* [7d] blähend; **~lence, ~osité** (flaty'lɑ̃:s, ~tɥozi'te) *f* Blähung *f*.
fléau (fle'o) *m* [5b] **1.** ✓ (Dresch-) Flegel *m*; **2.** *fig.* Landplage *f*, Geißel *f*; **3.** *fig.* Plagegeist *m*, lästiger Mensch *m*; **4.** Torriegel *m*; **5.** Waagebalken *m*.
fléchage (fle'ʃa:ʒ) *m* Wegmarkierung *f*.
flèche (flɛʃ) *f* **1.** Pfeil *m*; ⚔ ~ *à feu* Leuchtpfeil *m*; *Auto*: ~ *mobile*, ~ (*lumineuse*) *de signalisation* Winker *m*; *faire* ~ *de tout bois* alle nur denkbaren Mittel anwenden, kein Mittel (*od.* keine Arbeit) scheuen; **2.** Spitze *f*; ~ *de lance* Lanzenspitze *f*; ✓ ~ *de voiture* Deichsel *f*; **3.** Schwengel *m*, Schlagbalken *m* (*e-r Ziehbrücke*); **4.** ⛪ Turmspitze *f*; **5.** ♀ Stengel *m des Zuckerrohrs*; **6.** *fig. les prix sont montés en* ~ die Preise sind blitzartig gestiegen; *position f en* ~ gewagte (*od.* gefährliche) Stellung(nahme *f*) *f*; **7.** ✈ ~ *longitudinale* Pfeilstellung *f*; **8.** ~ *de lard* Speckseite *f*; **9.** ⊕ Ausleger *m* (*Kran*).
flécher (fle'ʃe) *v/t.* [1f] markieren (*Weg*).
fléchette (fle'ʃɛt) *f* kleiner Pfeil *m*.
fléch|ir (fle'ʃi:r) [2a] **I** *v/t.* **1.** biegen, beugen; *faire* ~ krümmen; ~ *le genou devant q.* vor j-m in die Knie sinken, sich vor j-m erniedrigen; **2.** *fig.* bewegen, rühren, erweichen; **II** *v/i.* **3.** sich biegen; *fig.* ~ *sous le joug* sich unter das Joch beugen, sich unterwerfen; **4.** ✝ (*im Preise*) fallen, abflauen (*Börse*); **5.** nachgeben, wanken; ⚔ weichen; **~issement** (fleʃis'mɑ̃) *m* Beugung *f*; Krümmung *f*; *fig.* Nachlassen *n*, Rückgang *m*; ✝ Abflauen *n*, Nachlassen *n*, Nachgeben *n* (*der Kurse*); *Devisen*: Rückgang *m*; **~isseur** *anat.* (~ʃi'sœ:r) *m u. adj.* (*muscle m*) ~

Beugemuskel *m.*
flegm|atique (flɛgma'tik) **I** *adj.* □ phlegmatisch, gelassen, kaltblütig; **II** *su.* Phlegmatiker *m*; kaltblütiger Mensch *m*; **~e** (flɛgm) *m* Phlegma *n*, Kaltblütigkeit *f*, Gelassenheit *f.*
flémard P (fle'ma:r), **flemmard** (flɛ'ma:r) *su. u. adj.* [7] Faulpelz *m*; faul.
flème, flemme P (flɛ:m, flɛm) *f* Faulenzerei *f*; *avoir la flemme* keine Lust haben, die Nase voll haben; *battre la (od. sa) flemme, tirer sa flemme* faulenzen, herumlungern.
flémer P (fle'me) *v/i.* [1a] faulenzen.
fléole ⚘ (fle'ɔl) *f* Lieschgras *n.*
flet *icht.* (flɛ) *m* Flunder *f.*
flétan *icht.* (fle'tɑ̃) *m* Heilbutt *m.*
flétrir[1] (fle'tri:r) [2a] **I** *v/t.* **1.** welk machen; bleichen; *flétri* verwelkt, welk; **2.** *fig.* die Frische nehmen, entstellen; ~ *les traits* die Gesichtszüge entstellen (*od.* verändern); ~ *le cœur* entmutigen; **II** *v/rfl.* se ~ (ver)welken; s-e Frische (s-n Glanz) verlieren; verschießen; dahinsiechen.
flétrir[2] (~) *v/t.* [2a]: ~ *q.* (*qch.*) j-n (etw.) brandmarken; verdammen; geißeln; ~ *la réputation de q.* j-s guten Ruf untergraben (*od.* erschüttern), j-s Namen beflecken.
flétrissure (fletri'sy:r) *f* **1.** Schandmal *n*, -fleck *m*; Brandmarkung *f*; Entehrung *f*; **2.** Welksein *n*, Verwelken *n*, Verbleichen *n.*
fleur (flœ:r) *f* **1.** Blume *f*, Blüte *f*; *étoffe f à ~s* geblümter Stoff *m*; ⚕ *~s blanches* Weißfluß *m*; ⚗ *~ de soufre* Schwefelblumen *f/pl.*; *marché m aux ~s* Blumenmarkt *m*; *pot m de ~s* Blumentopf *m*; ▨ *hist.* *~s pl. de lis* Lilienwappen *n* (*der franz. Könige*); *être en ~* blühen, in Blüte stehen; *jeter (od. semer) des ~s* Blumen streuen; *fig. la petite ~ bleue* übertriebene Sentimentalität *f*; *être très ~ bleue* sehr sentimental sein; *fig. couvrir de ~s* lobhudeln (*dat.*), beweihräuchern P (*acc.*), schmeicheln (*dat.*); *fig. ~ du bitume* Straßendirne *f*, Asphaltpflanze *f*; **2.** *fig.* Blütezeit *f*; *à la ~ de l'âge* in der Blüte s-s Lebens; **3.** *fig.* Elite *f*, *das* Beste *n*, *das* Feinste *n*, *die* Zierde *f*; ~ *de farine* Auszugsmehl *n*; **4.** *fig.* Glanz *m*; Reiz *m*; *la ~ du teint* die frische Gesichtsfarbe *f*; **5.** *~s pl. de rhétorique* schöne Floskeln *f/pl.*; **6.** Flaum *m*, Reif *m auf Obst*; **7.** *~s pl.* Schimmel *m* (*auf Wein usw.*); **8.** Oberfläche *f*; *à ~ de ...* in gleicher Höhe mit (*dat.*); *à ~ d'eau* auf der Oberfläche des Wassers; *à ~ de terre* in gleicher Höhe mit der Erde; *yeux m/pl. à ~ de tête* Glotzaugen *n/pl.*
fleuraison ⚘ (flœrɛ'zɔ̃) *f* s. *floraison.*
fleurdeliser ▨ (flœrdəli'ze) *v/t.* [1a] mit Lilien zieren.
fleurer (flœ're) *v/i.* [1a] duften.
fleuret (flœ'rɛ) *m* **1.** Florett *n*, Stoßdegen *m*; **2.** ✝ Florettseide *f*; Florettband *n*; ~ *de laine* (~ *de coton*) feine (Baum-)Wolle *f*; **3.** ⚒ Bergbohrer *m*; **~te** (~'rɛt) *f* Blümchen *n*; *fig.* galante Schmeichelei *f*; *conter ~ aux dames* flirten, Komplimente machen; **~tiste** *esc.* (~rɛ'tist) *su.* Florettfechter *m.*
fleurir (flœ'ri:r) [2a] (*fig. p/pr. florissant*; *impf. florissait, seltener: fleurissait*) **I** *v/i.* blühen, in Blüte stehen; zu wachsen anfangen (*Bart*); *nez m fleuri* Schnapsnase *f*; *Pâques f/pl. fleuries* Palmsonntag *m*; *saison f fleurie* Frühling *m*; *teint m fleuri* blühende Gesichtsfarbe *f*; *fig. les beaux arts florissaient od. fleurissaient* die schönen Künste blühten; **II** *v/t.* mit Blumen schmücken; ~ *q.* j-m Blumen schenken; *fig. style m fleuri* blumenreicher Stil *m.*
fleuriste (flœ'rist) **I** *su.* Blumenzüchter *m*, -händler *m*; -maler *m*; ~ (*artificiel*) Blumenfabrikant *m*; *magasin m de ~* Blumengeschäft *n*; *kiosque m de ~* Blumenstand *m*; **II** *adj.* Blumen...; *jardinier m ~* Blumengärtner *m.*
fleuron (flœ'rɔ̃) *m a.* ⚠ Blumenzierat *m*; *typ.* Vignette *f*; *fig.* Blume *f*; Kleinod *n*; ⚘ Blütenblatt *n*; **~né** (~rɔ'ne) *v/t.* [1a] mit Blumenzierat versehen.
fleuve (flœ:v) **I** *m* großer Fluß *m*, Strom *m*; ~ *frontière* Grenzfluß *m*; *être situé(e) sur un ~* an e-m Fluß liegen (*Stadt*); *fig.* ~ *de sang* Blutstrom *m*; **II** *adjt.* endlos.
flexi|bilité (flɛksibili'te) *f* Biegsamkeit *f*, Geschmeidigkeit *f*; **~ble** (~k'siblə) *adj.* biegsam, geschmeidig; **~on** (~k'sjɔ̃) *f* **1.** Biegung *f*, Beugen *n*; **2.** *gr.* Flexion *f e-s Wortes.*
flexu|eux (flɛk'sɥø) *adj.* [7d] gewunden, mehrfach gebogen; **~osité** (~ksɥozi'te) *f* Gebogenheit *f.*
flibus|ter (flibys'te) [1a] **I** *v/i.* ⚓ Freibeuterei treiben; **II** *v/t.* klauen, bemogeln, beschummeln; **~terie**

(~stə'ri) *f* Schwindelei *f*, Hochstapelei *f*; ⚓ Freibeuterei *f*; **~tier** (~s'tje) *m* Gauner *m*, Schwindler *m*, Hochstapler *m*; ⚓, *hist.* Seeräuber *m*, Freibeuter *m*.

flic P (flik) *m* Schupo *m*, Schutzmann *m*; **~aille** P (~'kɑ:j) *f* Polente *f*.

flic flac (flik 'flak) *int.* klipp, klapp!

fling|ot P ⚔ (flɛ̃'go) *m*, **~ue** P (flɛ̃:g) *m* Knarre *f* (*Gewehr*); **~uer** P ⚔ (flɛ̃'ge) *v/t.* [1m] niederknallen, erschießen.

flirt (flœrt) *m*, **~age** (flœr'ta:ʒ) *m* Flirt *m*, Flirten *n*, Liebschaft *f*, Kokettieren *n*; **~er** (flœr'te) *v/i.* [1a]: ~ *avec q.* mit j-m flirten, poussieren, kokettieren; **~eur** (~'tœ:r) *su.* [7g] Liebhaber *m*,

floc¹ (flɔk) *m* (Seiden-)Büschel *m*.

floc² (~) *int.* plauz!, plumps!.

floche (flɔʃ) **I** *adj.*: *soie f* ~ Flockseide *f*; **II** *f* Hutquaste *f*.

flocon (flɔ'kɔ̃) *m* Flocke *f*; ~*s pl. d'avoine* Haferflocken *f/pl.*; **~ner** (~kɔ'ne) *v/i.* [1a] in Flocken fallen; **~neux** (~'nø) *adj.* [7d] flockig.

flocul|ation ⚗ (flɔkyla'sjɔ̃) *f* (Aus-)Flockung *f*; **~er** (~'le) *v/i.* [1a] e-e Flockung bilden.

flonflon ♪ (flɔ̃'flɔ̃) *m* Gassenhauer *m*.

flopée P (flɔ'pe) *f* Unmenge *f*, ungemein (*od.* riesig) viel.

floquet (flɔ'kɛ) *m* Büschel *m od. n.*

floraison (flɔrɛ'zɔ̃) *f* Blühen *n*, Blütezeit *f*.

floral (flɔ'ral) *adj.* [5c] Blumen...

floralies (flɔra'li) *f/pl. allg.* Blumenschau *f*.

flore (flɔ:r) *f* **1.** Flora *f*, Pflanzenwelt *f*; **2.** Pflanzenbeschreibung *f*.

floréal *hist. Fr.* (flɔre'al) *m* Blütenmonat *m* (*20. April bis 19. Mai*).

florée ✝ (flɔ're) *f* Mittelindigo *m*.

Florence (flɔ'rɑ̃:s) *f* **1.** *géogr.* Florenz *n*; **2.** ♀ ✝ Futtertaft *m*; **3.** ♀ *Fischerei*: *Art* starker Faden *m*.

florès F (flɔ'rɛ:s): *faire* ~ flott leben, dicke Geschäfte machen.

flori|cole (flɔri'kɔl) *adj.* auf Blumen lebend; **~culture** (~kyl'ty:r) *f* Blumenzucht *f*; **~fère** ⚘ (~'fɛ:r) *adj.* blütenreich; **~lège** 🕮 (~'lɛ:ʒ) *m fig.* Gedichtssammlung *f*.

florin (flɔ'rɛ̃) *m* Gulden *m*.

florissant (flɔri'sɑ̃) *adj.* [7] *fig.* blühend (s. *fleurir*).

flot (flo) *m* **1.** Welle *f*, Woge *f*; ~*s pl.* Fluten *f/pl.*, See *f*; *fig.* ~ *touristique* Touristenwelle *f*; *être à* ~ flott sein; *fig.* F bei Kasse sein; (*re*)*mettre à* ~ (wieder) flottmachen; *fig.* F wieder auf die Beine helfen; *fig. se remettre à* ~ wirtschaftlich wieder hochkommen; *se tenir à* ~ *fig.* sich über Wasser halten; ~ *de sang* Blutstrom *m*; **2.** aufsteigende Flut *f*; Springflut *f z.B. in der Seinemündung*; **3.** ~*s pl.* Flut *f*, Strom *m*; *des* ~*s de lumière* Lichtströme *m/pl.*; *des* ~*s de poussière* Staubwolken *f/pl.*; *des* ~*s de bile* Flut *f* von Schimpfworten; *a. sg.*: ~ *de paroles* Redefluß *m*, Wortschwall *m*; **4.** ~*s pl.* (Menschen-)Menge *f*; ~*s d'auditeurs* Zuhörermenge *f*; *a. sg.*: ~ *humain* Menschen-menge *f*, -strom *m*; **5.** Floß *n*; *mettre du bois à* ~ Holz flößen.

flot|tabilité (flɔtabili'te) *f* Schwimmkraft *f*, Schwimmfähigkeit *f*; **~table** (~'tablə) *adj.* **1.** flößbar; **2.** schwimmfähig; schwimmend; seefähig; **~tage** (~'ta:ʒ) *m* **1.** Flößen *n*; ~ *à bûches perdues* Flößen *n* in losen Stämmen; ~ *en trains* Flößen *n* in zusammengebundenen Stämmen; **2.** Flößholz *n*; **~taison** ⚓ (~tɛ'zɔ̃) *f* Wassertracht *f*; *ligne f de* ~ Bord-, Wasser-linie *f*; **~tant** (~'tɑ̃) *adj.* [7] **1.** schwimmend; *pont m* ~ Schiffbrücke *f*; **2.** flatternd, fliegend, wallend, wehend; (zu) weit (*Kleid*); **3.** ✝ *Wertpapiere usw.*: unfundiert; *dette f* ~*e* schwebende Schuld *f*; **4.** *fig.* wankelmütig, schwankend (*Charakter*); **5.** *anat. rein m* ~ Wanderniere *f*; **6.** ⚓ *ancre f* ~*e* Treibanker *m*; **~tard** P (~'ta:r) *m* Schüler *m* e-r Seeschule.

flotte¹ (flɔt) *f* **1.** Flotte *f*; ~ *marchande* Handelsflotte *f*; ~ *aérienne* Luftflotte *f*; **2.** P große Menge *f*; *avoir une* ~ *d'amis* e-e Menge Freunde haben; *une* ~ *de gens* e-e Riesenmenschenmenge *f*; *des* ~*s* viel(e); **3.** P Wasser *n*; Regen *m*; *il tombe de la* ~ es gießt.

flotte² ⚓ (~) *f Fischerei*: Schwimmer *m*; ~*s pl.* Bojen *f/pl.*, leere Tonnen *f/pl. an e-m Kabel*; *mettre des* ~*s à un câble* ein Ankertau aufbojen; **~ment** (flɔt'mɑ̃) *m* Schwanken *n*, Wankelmut *m*, Unschlüssigkeit *f*; *il y a* ~ *dans l'usage* es herrscht ein Schwanken im Gebrauch.

flot|ter (flɔ'te) [1a] **I** *v/i.* **1.** auf dem Wasser treiben, schwimmen (*v. Sachen*); geflößt werden; **2.** flattern, wehen, fliegen; (hin und her) wanken; weit sein (*Kleid*); locker sein

(*Zügel*); **3.** *fig.* unschlüssig sein, schwanken; **4.** P regnen; **II** *v/t.* flößen; *bois m flotté* Flößholz *n*; **~teur** (~'tœ:r) *m* **1.** (Holz-)Flößer *m*; **2.** ⊕ Schwimmer *m an der Angel, am Wasserflugzeug, am Vergaser usw.*; **~tille** (~'tij) *f* Flotille *f*, kleine Flotte *f*.

flou (flu) **I** *adj. u. adv. peint.* sanft, weich; duftig und verschwommen gezeichnet; *phot.* unscharf; **II** *m peint., phot.* weiche Manier *f*, Weichheit *f*, Verschwommenheit *f*.

flou|er F (flu'e) *v/t.* [1a] bestehlen; betrügen; beschummeln; **~erie** F (flu'ri) *f* Betrügerei *f*, Schummel *m*; **~eur** F (~'œ:r) *m* Betrüger *m*.

flouve ⚘ (flu:v) *f* Ruchgras *n*.

fluage ⊕ (fly'a:ʒ) *m* Kriecheinfluß *m*.

fluctu|ant (flyk'tɥɑ̃) *adj.* [7] schwankend; **~ation** (~tɥɑ'sjɔ̃) *f* Schwankung *f*; ~ *saisonnière* Saisonschwankung *f*; ~ *des prix* (*des cours*) Preis-(Kurs-)schwankung *f*; ~ *de la température* Temperaturschwankung *f*; **~er** (~'tɥe) *v/i.* [1a] schwanken; **~eux** (~'tɥø) *adj.* [7d] wogend, stürmisch bewegt.

fluent (fly'ɑ̃) *adj.* [7] fließend.

fluet (fly'ɛ) *adj.* [7c] schmächtig, zart, dünn.

flui|de (fly'id) **I** *adj.* □ flüssig; *fig. style m* ~ flüssiger Stil *m*; **II** *m* flüssiger Körper *m*, Fluidum *n*; ⚗ Flüssigkeit *f*; **~dification** *phys.* (~difikɑ'sjɔ̃) *f* Verflüssigung *f*; **~difier** *phys.* (~di'fje) *v/t.* [1a] verflüssigen; **~dique** (~'dik) *adj.* ätherartig; **~dité** (~di'te) *f* Flüssigsein *n*, flüssiger Zustand *m*; ⊕ Flüssigkeitsgrad *m*.

fluor ⚗ (fly'ɔ:r) *m* Fluor *n*; **~escence** (~ɔrɛ'sɑ̃:s) *f* schillernde Färbung *f*, Fluoreszenz *f*; **~escent** (~rɛ'sɑ̃) *adj.* [7] fluoreszierend; **~hydrique** ⚗ (~ri'drik) *adj.* Fluorwasserstoff...; **~hydrate** ⚗ (~ri'drat) *m* Fluorhydrat *n*; **~ure** ⚗ (~'ry:r) *m* Fluorid *n*; ~ *de calcium* Flußspat *m*.

flûte (flyt) *f* **1.** Flöte *f*; ~ *traversière* Querflöte *f*; ~ *à bec* Blockflöte *f*; *jouer de la* ~ Flöte blasen; *fig. jouer les premières* ~*s* die erste Geige spielen, tonangebend sein; *fig. aller aux* ~*s de q.* nach j-s Pfeife tanzen; **2.** Flötist *m*; **3.** F ~*s pl.* lange, dünne Beine *n/pl.*, Flossen *f/pl.*; P *ajuster ses* ~*s* (*od. jouer des* ~*s*) sich auf die Beine machen; **4.** ~ *à champagne* Sektglas *n*; **5.** längliches Brot *n*; **6.** *int.* ~! verdammt nochmal!.

flû|té (fly'te) *adj.* Flöten...; *fig. voix* ~*e* Flötenstimme *f*; dünne Stimme; **~teau** (~'to) *m* [5b] Kinderflöte *f*; **~ter** (~'te) [1a] **I** *v/i.* die Flöte blasen; singen (*Amsel*); **II** P *v/t.* hinter die Binde gießen, hintergießen, aussaufen; **~tiste** (~'tist) *m* Flötenspieler *m*.

fluvial (fly'vjal) *adj.* [5c] Fluß...; *navigation* ~*e* Binnenschiffahrt *f*.

fluviatile (flyvja'til) *adj.* in fließenden Wassern lebend *od.* wachsend.

fluviomètre (flyvjɔ'mɛtrə) *m* Pegel *m*, Flußmesser *m*.

flux (fly) *m* **1.** Flut *f*; *le* ~ *et le reflux* Ebbe *f* und Flut *f*; die Gezeiten *f/pl.*; *fig.* ~ *et reflux* Wechsel *m*; **2.** ⚕ Ausfluß *m*; ~ *de sang* Blutfluß *m*; ~ *de salive*, ~ *de bouche* Speichelfluß *m*; ~ *de ventre* Durchfall *m*.

fluxion (flyk'sjɔ̃) *f* ⚕ Anschwellung *f*, *bsd. im Gesicht*; F dicke Backe *f*; ~ *sur les dents* geschwollenes Zahnfleisch *n*; ~ *de poitrine* Lungenentzündung *f*.

foc ⚓ (fɔk) *m* Klüver *m*.

focal (fɔ'kal) *adj.* [5c] *opt.* Brenn-(punkt)...; **~e** ⚔ (~) *f* Brennweite *f*; **~isation** *opt.* (~lizɑ'sjɔ̃) *f* Scharfeinstellung *f*.

fœhn (fœn) *m* Föhn *m* (*wärmerer Wind*).

foène (fɔ'ɛn) *f Fischfang*: Harpune *f*.

fœtus (fe'tys) *m* Leibesfrucht *f*.

foi (fwa) *f* **1.** Glaube(n) *m*; Glaubwürdigkeit *f*, Glaubhaftigkeit *f*; *avoir* ~ *en q.* zu j-m Vertrauen haben; *avoir* ~ *dans son médecin* zu s-m Arzt Vertrauen haben; *avoir* ~ *en Dieu* an Gott glauben; ~ *à* (*od. en*) *qch.* Glaube an etw.; *accorder od. ajouter* ~ *à qch.* e-r Sache (*dat.*) Glauben schenken; *donner* ~ Vertrauen erwecken; *faire* ~ *de qch.* etw. beweisen; *homme m digne de* ~ glaubwürdiger Mann *m*; **2.** *rl.* Glaube *m*; ~ *divine* Offenbarungsglaube *m*; *manque m de* ~ Unglaube *m*; *profession f de* ~ Glaubensbekenntnis *n*; **3.** Treue *f*, Gewissenhaftigkeit *f*, Zuverlässigkeit *f*; Versprechen *n*, Wort *n*; ~ *conjugale*, ~ *du mariage* eheliche Treue *f*; ~ *des contrats* Vertragstreue *f*; ~ *d'honnête homme!*, *par* (*od. sur*) *ma* ~! meiner Treu!, auf Ehrenwort!; F *ma* ~ wirklich; ehrlich gesagt; *dégager sa* ~ sein Versprechen erfüllen; *engager sa* ~ sein Wort geben; *garder sa* ~ sein Wort halten; *manquer de* ~ sein Wort nicht halten; *homme m sans* ~ gewissenloser (unzuverlässiger, treuloser) Mensch *m*; *n'avoir ni* ~ *ni loi* gewissenlos sein; *bonne* ~ Zuverlässigkeit *f*, Glaubwürdigkeit *f*; Ehrlichkeit *f*, Aufrichtigkeit *f*; *de bonne* ~ in gutem Glauben; ehrlich, aufrichtig; *agir de bonne* ~ in gutem Glauben handeln; *être de bonne* ~ aufrichtig (*od.* ehrlich) sein; *de la meilleure* ~ *du monde* in der redlichsten Absicht; *être de mauvaise* ~ unehrlich (*od.* unzuverlässig) sein; **4.** ⚖ ~ *des traités* Verbindlichkeit *f* der Verträge; *en* ~ *de quoi* urkundlich dessen; *faire* ~ *de qch.* maßgebend für etw. (*acc.*) sein; *sous la* ~ *du serment* unter Eid.

foie (~) *m* Leber *f*; *pâté m de* ~ *gras* Gänseleberpastete *f*; *saucisson m de* ~ Leberwurst *f*; P *avoir les* ~*s* Angst haben; *huile f de* ~ *de morue* Lebertran *m*; *fig. au* ~ *engorgé* kurzsichtig, beschränkt.

foin[1] (fwɛ̃) *m* **1.** Heu *n*; *botte f de* ~ Heubündel *n*; *tas m de* ~ Heuhaufen *m*; *grenier m à* ~ Heuboden *m*; ~ *comprimé* Preßheu *n*; *fig. faire ses* ~*s*, *mettre du* ~ *dans ses bottes* sein Schäfchen ins trokkene bringen; *être bête à manger du* ~ strohdumm sein; *fièvre f* (*od. rhume m*) *des* ~*s* Heuschnupfen *m*; **2.** (*bsd.* ~*s pl.*) noch ungemähtes Gras *n*; *les* ~*s sont beaux* das Gras steht gut; *couper le* ~ Gras mähen; *faire les* ~*s* heuen.

foin[2] (~) **I** *int.* pfui!; ~ *des soucis!* weg mit den Sorgen!; **II** P *m*: *faire du* ~ Krach machen.

foirail (fwa'raj) *m* [5c], **foiral** (fwa'ral) *m* [5c] Marktplatz *m*.

foire[1] (fwa:r) *f* **1.** Messe *f*; Markt *m*, Jahrmarkt *m*; ~ *d'échantillons* Mustermesse *f*; ~ *aux puces* Trödel-, Floh-markt *m*; *en temps de* ~ zur Messezeit *f*; *revenir de la* ~ *d'empoigne* mit gestohlenen Sachen zurückkehren; *dans une* ~ auf e-m Jahrmarkt, auf e-r Messe; *pavillon m de* ~ Messehaus *n*; *un stand à la* ~ ein Messestand *m*; ~ *aux chevaux* Pferdemarkt *m*; *champ m de* ~ Messegelände *n*; Jahrmarktplatz *m*; **2.** F Durcheinander *n*.

foire[2] V (fwa:r) *f* Dünnschiß *m* V; *avoir la* ~ Dünnschiß (V) haben; Schiß (V) (= Angst) haben.

foirer (fwa're) *v/i.* [1a] **1.** V Dünnschiß (V) haben; *fig.* Schiß (V) (*od.* Angst) haben; **2.** ⊕ e-n weiten Feuerschein hinterlassen (*Rakete*); nicht mehr fassen (*Schraubengewinde*); ⚓ sich aufdrehen, sich ausdehnen (*Tau*); *allg.* reißen.

foireux V (fwa'rø) *m* Scheißer *m* V; *fig.* Feigling *m*, Angsthase *m*.

fois (fwa) *f* Mal *n*; *une* ~ einmal; *je te le dis une* ~ *pour toutes* ich sage es dir ein für allemal; *il y avait* (*od. il était*) *une* ~ *un homme très pauvre* es war einmal ein sehr armer Mann; *en une seule* ~ aus e-m Guß; auf einmal; *une* ~ *qu'il sera venu* wenn er erst mal gekommen ist; *pour une* ~ *que* ... (*ind.*) wenn einmal ...; *cette* ~*-ci* diesmal; *trois* ~ *quatre font douze* dreimal vier ist zwölf; *de deux* ~ *l'une od. une* ~ *sur deux* einmal um das andere; *il est deux* ~ *plus grand que toi* er ist nochmal so groß wie du; *combien de* ~? wie oft?; F *des* ~ manchmal; *bien des* ~ sehr oft; *maintes* ~ öfters, immer wieder, so manches Mal; *à* (*od. par*) *deux* ~ zweimal; *de* ~ *à autre* von Zeit zu Zeit; dann und wann; *toutes les* ~ *que tu viendras* sooft du kommst; *autant de* ~ *que vous voudrez* sooft Sie wollen; (*tout*) *à la* ~ auf einmal.

foison (fwa'zõ) *f* Überfluß *m*; *advt. à* ~ in Hülle und Fülle; ~**nement** (~zɔn'mã) *m* Vermehrung *f*; Wimmeln *n* (*v. Tieren*); Wuchern *n* (*v. Pflanzen*); ⛏ Anschwellen *n*; Aufquellen *n*; ~**ner** (~zɔ'ne) *v/i.* [1a] Überfluß haben (*en od. de* an *dat.*); im Überfluß vorhanden sein; sich stark vermehren; wimmeln (*v. Tieren*); wuchern (*v. Pflanzen*); aufquellen (*Kalk*).

folâ|tre (fɔ'lɑ:trə) *adj.* □ ausgelassen, scherzhaft; ~**trer** (~lɑ'tre) *v/i.* [1a] ausgelassen herumspringen, scherzen; ~**trerie** (~trə'ri) *f* Ausgelassenheit *f*, Schäkerei *f*.

foliacé ⚘ (fɔlja'se) *adj.* blattartig.

foliaire ⚘ (fɔl'jɛ:r) *adj.* blattständig.

foliation ⚘ (fɔljɑ'sjõ) *f* Ausschlagen *n* (*der Blätter*); Blätterstand *m*.

folichon F (fɔli'ʃõ) *adj.* [7c] heiter, lustig, ulkig.

folie (fɔ'li) *f* **1.** Narrheit *f*, Irrsinn *m*, Wahnsinn *m*; *advt. aimer qch. od. q. à la* ~ etw. *od.* j-n bis zur

Verrücktheit lieben; *tenir de la* ~ an Wahnsinn grenzen; ~ *des grandeurs* Größenwahnsinn *m*; ~ *des persécutions* Verfolgungswahnsinn *m*; **2.** Torheit *f*, Unklugheit *f*, unvernünftige Geldausgabe *f*; ~*s de jeunesse* Jugendstreiche *m/pl.*; **3.** Hobby *n*, Liebhaberei *f*; *chacun a sa* ~ (*besser: marotte*) jeder hat sein Steckenpferd (*od.* Hobby); **4.** Ausgelassenheit *f*.

folié ⚘ (fɔl'je) *adj.* beblättert.

folio (fɔl'jo) *m* Blatt *n od.* Seite *f* e-s Buches, Folio *n*; ~**le** ⚘ (~'ljɔl) *f* Blättchen *n*, Kelchblatt *n*; ~**tage** (fɔljɔ'ta:ʒ) *m* Folieren *n*, Seitenzählung *f* (*e-s Registers*); ~**ter** (fɔljɔ'te) *v/t.* [1a] foliieren.

folklor|e (fɔlk'lɔ:r) *m* Volkskunde *f*; ~**ique** (~lɔ'rik) *adj.* volkskundlich; ~**iste** (~'rist) *su.* Volkskundler *m*.

folle (fɔl) s. *fou*[1]; *la* ~ *du logis* die Phantasie *f*; ~**ment** (fɔl'mɑ̃) *adv.* töricht(erweise), dumm.

follet (fɔ'lɛ) *adj.* [7c] albern, kindisch; *cheveux* ~*s* leichter Haarwuchs im Nacken; *esprit m* ~ Poltergeist *m*, Kobold *m*; *feu m* ~ Irrlicht *n*; *fig.* Anwandlung *f*, Strohfeuer *n*; *poil m* ~ Flaum-haar *n*, -bart *m*.

folletage ⚘ (fɔl'ta:ʒ) *m* Traubenkrankheit *f*, -fäule *f*.

follicu|laire *péj.* (fɔliky'lɛ:r) *m* Zeitungsvielschreiber *m*, Pamphletist *m*; ~**le** (~'kyl) *m anat.*, ⚘ Follikel *m*.

fomenta|teur (fɔmɑ̃ta'tœ:r) [7f] **I** *su.* Aufwiegler *m*, Hetzer *m*; **II** *adj.* aufwieglerisch, hetzerisch; ~**tion** (~ta'sjɔ̃) *f* **1.** *fig.* ~ *de troubles* Aufwiegelung *f*, Aufhetzung *f*; **2.** ⚕ warmer Umschlag *m*.

fomenter ('te) *v/t.* [1a] *fig. mv.p.* schüren, anstiften; hegen, nähren, aufkommen lassen.

fonçage ⚒ (fɔ̃'sa:ʒ) *m* Ausschachten *n*.

fonçailles (fɔ̃'sa:j) *f/pl.* Boden *m e-s Fasses od. Betts.*

foncé (fɔ̃'se) *adj.* dunkel (*Farbe*).

foncer (~) [1k] **I** *v/t.* **1.** ~ *un tonneau* in ein Faß den Boden einsetzen; **2.** ~ *un puits* e-n Brunnen graben; ⚒ e-n Schacht abteufen; **3.** *peint.* ~ *une couleur* e-e Farbe dunkler machen; **II** *v/i.* **3.** dunkler werden (*z.B. Haare*); **4.** F flitzen; *a.* ~ *droit sur* ... drauflossgehen auf (*acc.*); ~ *au travers* (*od. dans le brouillard*) drauflosstürmen; **5.** P zahlen.

fonceur (fɔ̃'sœ:r) *m* **1.**: ~ (*de puits*) Schachthauer *m*; **2.** *peint.* Grundierer *m*.

fon|cier (fɔ̃'sje) *adj.* [7b] Grund..., Boden...; *fig.* fest verwurzelt *od.* verankert; *propriété f foncière* Grundbesitz *m*; *contribution f foncière*, *impôt m* ~ Grundsteuer *f*; *crédit m* ~ Bodenkredit *m* (-bank *f*); *fig. qualités f/pl. foncières* Wesenszüge *m/pl.*, Haupt- *od.* Grundeigenschaften *f/pl.*; ~**cièrement** (~sjɛr'mɑ̃) *adv.* durchaus, von Grund auf; ~ *honnête* grundanständig.

fonction (fɔ̃k'sjɔ̃) *f* **1.** Amtsverrichtung *f*, Amtsgeschäft *f*; **2.** Amt *n*; dienstliche Stellung *f*; *s'acquitter de ses* ~*s* sein Amt verrichten, s-s Amtes walten; *relever q. de ses* ~*s* j-n s-s Amtes entheben; *résilier ses fonctions* sein Amt niederlegen; *entrer en* ~ sein Amt antreten; *obtenir une* ~, *entrer dans une* ~ ein Amt übernehmen; *faire* ~ *de q.* fungieren *od.* dienen als ..., den Dienst j-s vertreten; *dans l'exercice de ses* ~*s* in Ausübung s-s Amtes; **3.** *physiol.* Funktion *f*, Tätigkeit *f e-s Organs*; ~ *cardiaque* Herztätigkeit *f*; **4.** *méc.* ~ *d'une machine* Gang *m* e-r Maschine; **5.** 𝔄 Funktion *f*; ⚗ Kraft *f*, Wirkung *f*; **6.** *en* ~ *de* in (*s-r usw.*) Abhängigkeit von (*dat.*), im Zusammenhang mit (*dat.*); *être* ~ *de qch.* von etw. abhängen; *faire* ~ *de qch.* etw. vertreten; ~**naire** (~sjɔ'nɛ:r) *m* (höherer) Beamter *m*; ~ *préposé aux renseignements* Auskunftsbeamte(r) *m*; ~ *réglementaire* etatmäßiger Beamter *m*; ~ *des cadres moyens* mittlerer Beamter *m*; *les hauts* ~*s* die hohen Beamten *m/pl.*; *les* ~*s de carrière* das Berufsbeamtentum *n*; ~**nariser** (~nari'ze) *v/t. u. v/i.* [1a] verbürokratisieren; ~**narisme** *péj.* (~na'rism) *m* Bürokratismus *m*; ~**nel** (~sjɔ'nɛl) *adj.* [7c] **1.** funktionell, Funktions...; zweckgebunden; **2.** ✝, ⊕ dazugehörig, gebrauchsfertig, *a. allg.* praktisch; ⊕ rationell arbeitend; ~**nement** (~sjɔn'mɑ̃) *m* Tätigkeit *f*, Betrieb *m*; ~**ner** (fɔ̃ksjɔ'ne) ⊕, *a. physiol. v/i.* [1a] arbeiten (*v. Maschinen, v. Magen usw.*), funktionieren; in Betrieb sein; ~ *à plein rendement* ⊕ auf Hochtouren laufen.

fond (fɔ̃) *m* **1.** Boden *m*, Grund *m*; *das* Unterste *n*, Tiefe *f*; ⚒ (ex-

ploitation f au) ~ Untertagebau *m*; *au* ~ *de la mine* im Untertagebau; *couleur f de* ~ Grundfarbe *f*; ⚓ ~ *de cale* unterster Schiffsraum *m*; *à* ~ *de cale* ⚓ im Kielraum; *fig.* F ganz abgebrannt, ohne Geld; ~ *du fossé* Grabensohle *f*; ~ *de pantalon* Hosenboden *m*; ~ *de robe* Unterkleid *n*; ~ *de vallée* Talsohle *f*; *de* ~ *en comble* von Grund aus; vom Scheitel bis zur Sohle; **2.** Bodensatz *m*, Rest *m*; *fig.* ~ *de boutique* Ladenhüter *m*; ~*s de* **3.** ⚓ Meeresboden *m*; - Flußbett *n*; *couler un navire à* ~ ein Schiff versenken; *s'en aller par le* ~ versinken; *toucher le* ~ auf Grund geraten; **4.** ⚓ Wassertiefe *f*; **5.** Grund *m*, entlegenster Teil *m*; *au fin* ~ tief in; *fig.* im Innersten; *son* ~ *n'est pas mauvais* er ist im Grunde genommen kein schlechter Kerl; *du* ~ *du cœur* aus tiefstem Herzen; *advt. à* ~ gründlich, ganz gehörig; *à* ~ *de train* in schnellstem Tempo; *Auto*: *appuyer à* ~ *sur l'accélérateur* ordentlich Gas geben; *Auto*: *arriver à* ~ *de train* angesaust kommen; *Auto*: *marcher à* ~ auf vollen Touren laufen; *examiner qch. à* ~ e-r Sache auf den Grund gehen; **6.** *fig.* Grund *m*, *das* Geheimste *n*; Hauptsache *f*, Kern *m*; Untergrund *m*; *article m de* ~ Leitartikel *m*; *dans le* (*od. au*) ~ im wesentlichen; im Grunde genommen; *venir au* ~ zur Hauptsache kommen; **7.** (*siège m du*) ~ *de la voiture* Hintersitz *m im Auto, Wagen*; **8.** Baugrund *m*; **9.** *peint., thé.* Hintergrund *m*; *chambre f du* ~ Hinterzimmer *n*; *dans le* ~ im Hintergrund; **10.** *avoir du* ~ solide Kenntnisse haben; tüchtig (*od.* brauchbar) sein; **11.** *vél. course f de* ~ Steherrennen *n*; *coureur m de* ~ Langstreckenläufer *m*.

fondage ⊕ (fɔ̃'da:ʒ) *m* (Aus-) Schmelzen *n* der Metalle.

fondamental (fɔ̃damɑ̃'tal) *adj.* [5c] □ **1.** Grund...; **2.** *fig.* wesentlich, fundamental; Haupt...; ♪ *accord m* ~ Grundakkord *m*; *loi f* ~*e de l'Etat* Staatsgrundgesetz *n*.

fondant (fɔ̃'dɑ̃) **I** *adj.* [7] **1.** im Munde zergehend; saftig; **2.** ~ *en larmes* in Tränen zerfließend; **3.** ⚕ auflösend; **II** *m* **4.** ~*s pl.* Fondant *m*, gefülltes Zuckerwerk *n*; **5.** ⚕ auflösendes Mittel *n*; ⚒ Schmelzzusatz *n*, Flußmittel *n*.

fonda|teur (fɔ̃da'tœ:r) [7f] *su.* (*a. adj.*: *membre m* ~) Gründer *m*, Stifter *m*; ~**tion** (~dɑ'sjɔ̃) *f* **1.** ⚠ Fundamentierung *f*, Unterbau *m*, Legung *f* der Fundamente; **2.** ⚠ ~*s pl.* Fundamente *n/pl.*; *creuser od. asseoir les* ~*s d'un édifice* den Grundstein zu e-m Gebäude legen; **3.** *fig.* Gründung *f*; *fig* Stiftung *f*.

fondé (fɔ̃'de) **I** *p/p. u. adj.* ermächtigt; be-, ge-gründet; *être* ~ *de pouvoir* Prokurist sein; *être* ~ *à croire* ... zu der berechtigten Annahme kommen ...; **II** *m* ~ *de pouvoir*, ~ *de procuration* Prokurist *m*.

fondement (fɔ̃d'mɑ̃) *m* **1.** ⚠ Fundament *n*; *creuser* (*od. jeter, asseoir, établir*) *les* ~*s d'un édifice* den Grundstein zu e-m Gebäude legen; **2.** *fig.* Begründung *f*; Grundlage *f*; **3.** *physiol.* Hintern *m*.

fonder (fɔ̃'de) [1a] **I** *v/t.* **1.** den Grund legen von *od.* zu (*dat.*), gründen; **2.** begründen, stiften; **3.** *fig.* begründen; *des craintes mal fondées* unberechtigte (*od.* unbegründete) Befürchtungen *f/pl.*; **4.** ✝ *dette f fondée* fundierte Schuld *f*; **5.** ✝ ~ *q. de procuration* (*od. de pouvoir*) j-n bevollmächtigen, j-m Prokura geben (*od.* erteilen); **II** *abus. statt fondre* 8.: *v/i.* ~ *sur q.* j-n überfallen; **III** *v/rfl.* *se* ~ *sur* basieren auf (*dat.*).

fonderie (fɔ̃'dri) *f* **1.** Eisenhütte *f*, Hüttenwerk *n*, Schmelzhütte *f*; ~ *de caractères* Schriftgießerei *f*; **2.** Schmelzkunst *f*.

fondeuse ⊕ (fɔ̃'dø:z) *f* Gieß-[maschine *f*.]

fondoir (fɔ̃'dwa:r) *m* Schmelzkessel *m* (*Fleischerei*).

fon|dre ('fɔ̃:drə) [4a] **I** *v/t.* **1.** schmelzen; *Butter* zerlassen; *fig.* ~ *qch. dans* (*od. avec*) *qch.* etw. mit etw. (*dat.*) verschmelzen; *écol.* ~ *deux classes* zwei Klassen zusammenlegen; **2.** gießen; ~ *des balles* Kugeln gießen; *fig. il faut* ~ *la cloche* man muß mit e-r schwierigen Arbeit fertig werden; **3.** *métall.* ~ *le minérai* das Erz verhütten; **4.** ✝ ~ *des actions* Aktien zu Geld machen; **II** *v/i.* **5.** schmelzen; sich auflösen; *fig.* ~ *en larmes* in Tränen zerfließen; **6.** *fig.* abnehmen, dahinschwinden; F ~ *à vue d'œil* zusehends abnehmen, verfallen; **7.** einsinken, versinken; *gymn. jouer à cheval fondu* Bock springen;

✈ ~ *en piquant* im Sturzflug heruntergehen; **8.** ~ *sur* überfallen, über j-n herfallen (*dafür abus. fonder* II); *l'orage est près de* ~ das Gewitter wird gleich losbrechen; **III** *v/rfl.* se ~ (zer-) schmelzen; ineinander übergehen; se ~ *dans* aufgehen in (*dat.*); **~drière** (~dri'ɛ:r) *f* Sumpf-, Schlamm-Loch *n*; Wegvertiefung *f*.

fonds (fɔ̃) *m* **1.** Grund und Boden *m*, Grundstück *n*; (Land-)Gut *n*; **2.** *a. fig.* Vorrat *m*; ~ *d'érudition* Wissensschatz *m*; **3.** *fig.* Stoff *m* (*z.B. e-s Romans*); **4.** *mst. pl.* Gelder *n/pl.*; Fonds *m/sg.*; (Anlage-, Stamm-) Kapital *n*; ~ *publics* Staatsgelder *n/pl.*, Staatspapiere *n/pl.*; ~ *de caisse* Kassen-bestand *m*, -guthaben *n*; *être en* ~ bei Kasse sein; *rentrer dans ses* ~ wieder zu Geld kommen; ~ *de bénéfices*, ~ *de dividendes* Dividendenfonds *m/sg.*; ~ *pl. disponibles* verfügbare Gelder *n/pl.*; Verfügungsmittel *n/pl.*; ~ *social* Gesellschaftskapital *n*; *porter le* ~ *social de ... à ...* das Stammkapital von ... auf ... erhöhen; *mise f de* ~ Kapitaleinlage *f*; ~ *m/pl. à terme* Gelder *n/pl.* auf Zeit; ~ *perdu* Leibrente *f*; *à* ~ *perdu fig.* auf Nimmerwiedersehen; ~ *de commerce*, ~ *commerciaux* Geschäftskapital *n*; ~ *de roulement* Betriebskapital *n*; **5.** ⚚ Geschäft *n*; Warenlager *n*; ~ *de commerce* Handelsunternehmen *n*, Geschäft *n*; ~ *de librairie* Verlagsbuchhandlung *f*.

fondu (fɔ̃'dy) **I** *adj.* ge-, verschmolzen; aufgeweicht (*Butter*); verschwommen (*Farbe*); * *Marseille*: verrückt; **II** *m/sg.* **1.** Bockspringen *n*; **2.** *cin.* allmähliches Öffnen *od.* Schließen der Irisblende, Ab- *od.* Aufblenden *n*; ~ *enchaîné* Überblendung *f*; **3.** *peint.* ~ *des tons* Abtönung *f*; ~ *des contours* Verschwommenheit *f* der Umrisse.

fondue *cuis.* (fɔ̃'dy) *f* Rührei *m* mit Käse.

fongi|ble ⚖ (fɔ̃'ʒiblə) *adj.* fungibel, vertretbar; **~cide** ⚗ (~'sid) *m* Hausschwammbekämpfungsmittel *n*; **~forme** (~'fɔrm) *adj.* pilzförmig.

fon|gosité (fɔ̃gozi'te) *f* Schwammigkeit *f*; ⚕ schwammiger Auswuchs *m*; **~gueux** (~'gø) [7d] *adj.* ⚕ schwammig; ♀ pilzartig; **~gus** (~'gys) *m* Schwamm *m* (*im Holz*).

fontaine (fɔ̃'tɛn) *f* **1.** Quelle *f*; Brunnen *m*; ~ (*jaillissante*) Springbrunnen *m*, Wasserkunst *f*; **2.** Wasserfaß *n*; **3.** F Heulsuse *f*; **~rie** (~n'ri) *f* Brunnenbau *m*.

fontanelle *physiol.* (fɔ̃ta'nɛl) *f* Fontanelle *f*.

fonte (fɔ̃:t) *f* **1.** Schmelzen *n*, Einschmelzen *n*; *peint.* Verschmelzung *f der Farben*; ~ *des neiges* Schneeschmelze *f*; **2.** Guß *m*; *jeter en* ~ gießen; ~ *hydraulique* Hydraulikguß *m*; **3.** Gußmetall *n*, Gußeisen *n*; *ouvrage m de* ~ Gußware *f*; ~ *brute od. crue* Roheisen *n*; ~ *moulée* Gußeisen *n*; **4.** Pistolenhalfter *f*.

fontis (fɔ̃'ti) *m* Erdrutsch *m*.

fonts (fɔ̃) *m/pl.* Taufbecken *n*; *tenir sur les* ~ (*baptismaux*) über die Taufe halten.

football (fut'bo:l) *m* Fußballspiel *n*; *équipe f* (*chaussure f*) *de* ~ Fußballmannschaft *f* (-schuhe *m/pl.*); *jouer au* ~ (*od. au ballon*) = **~er** (~bo'le) *v/i.* [1a] Fußball spielen; **~eur** (~'lœ:r) *su.* [7g] Fußballspieler *m*.

for (fɔ:r) *m nur noch fig.*: ~ *intérieur* Innere *n*, Gewissen *n*.

forage (fɔ'ra:ʒ) *m* Bohrung *f e-s Brunnens usw.*; ⚒ Senkung *f*, Schacht *m*.

forain[1] (fɔ'rɛ̃) *adj.* auswärtig; *nur in*: ⚓ *rade f* ~*e* offene Reede *f*; *écol. élève su.* ~ Fahrschüler *m*.

forain[2] (~) **I** *adj.* Jahrmarkts..., Messe...; (*marchand m*) ~ Markthändler *m*; herumziehender Händler *m*; *fête f* ~*e* Jahrmarktsfest *n*; **II** *m* Jahrmarktshändler *m*.

forban (fɔr'bɑ̃) *m* Freibeuter *m*; *fig.* Hochstapler *m*.

forçat (fɔr'sa) *m* Zuchthäusler *m*.

force (fɔrs) *f* **1.** Kraft *f*, Stärke *f*, Gewalt *f*, Macht *f*; ~ *d'achat* Kaufkraft *f*; ~ *d'âme* Seelenstärke *f*; *la* ~ *des choses* die Macht der Ereignisse (*od.* die Zwangsläufigkeit *f*); ~ *d'inertie* Beharrungsvermögen *n*, Trägheitsgesetz *n*; *fig.* passiver Widerstand *m*; ~ *portante* Tragfähigkeit *f*; ✈ ~ *ascensionnelle* Steigkraft *f*, Tragfähigkeit *f*; ~ *d'aspiration* Saugkraft *f*; ~ *de traction* Zugleistung *f e-r Zugmaschine, e-s Pferdes usw.*; ~*s pl. en jeu od. aux prises* Kräfteverteilung *f*, -ausgleich *n*; *plein de* ~(*s*), *d'une* ~ *exubérante* kraftstrotzend; ~ *motrice* Antriebskraft *f*, treibende Kraft *f*; *phys.* ~ *de cheval nominale* nominelle Pferdestärke *f* (*in der Technik jedoch*: *cheval-vapeur, abr. CV*); ~*s vitales* Lebenskräfte *f/pl.*; *dans la* ~ *de l'âge* im besten Alter; *tour m de* ~ Kraftleistung *f*, Bravourstück *m*; *coup m de* ~ Gewaltstreich *m*; ~ *majeure* höhere Gewalt *f*; *céder à la* ~ der Gewalt weichen; *être de* ~ *à* (*inf.*) die Kraft haben zu ...; *reprendre des* ~*s* wieder zu Kräften kommen; *à* ~ *de prp.* durch vieles ...; mit bloßer Kraft des..., der...; *à* ~ *de bras* mit bloßer Armkraft; *à* ~ *de travailler* durch vieles Arbeiten; *à toute* ~ unbedingt, durchaus; *par* ~, *de* ~ *od. de vive* ~ mit offener Gewalt; ⚔ im Sturm; *de gré ou de* ~ wohl oder übel; *de toute ma* ~, *de toutes mes* ~*s* aus Leibeskräften; *par* ~ gewaltsam; *a. fig.* zwangsweise; ~ *nous est de* ... (*inf.*) wir müssen ...; **2.** ⚔ Heeresmacht *f*, Streitkraft *f*; ~*s pl.* Streitkräfte *f/pl.*; ~*s aériennes* Luftstreitkräfte *f/pl.*; ~*s combattantes*, ~*s militaires* Streitkräfte *f/pl.*; ~*s navales* Seestreitkräfte *f/pl.*; ~ *d'un régiment* Stärke *f* e-s Regiments; *unité f de* ~ Kampfeinheit *f*; *supériorité f des* ~*s* Übermacht *f*; **3.** *advt.* ~ ... (*das franz. Verb steht im pl.*) zahlreiche ..., sehr viele ...; ~ *gens* e-e Menge Leute; ~ *chaînes f/pl.* zahlreiche Ketten *f/pl.*; *non sans* ~ *grimaces* mit sehr vielen Grimassen.

forcé (fɔr'se) *adj.* gezwungen, erzwungen; Zwangs...; *fig.* zwangsläufig, unvermeidbar; unnatürlich, erkünstelt; *être* ~ *de faire qch.* gezwungen sein, etw. zu tun; *marche f* ~*e* Eilmarsch *m*; *rapprochement m* ~ an den Haaren herbeigezogener Vergleich *m*; ✝ *cours m* ~ Zwangskurs *m*; *travaux m/pl.* ~*s* Zwangsarbeit *f*; **~ment** (~'mɑ̃) *adv.* mit Gewalt; gezwungenerweise; notwendigerweise.

forcement (~sə'mɑ̃) *m* **1.** ⚔ ~ *du projectile* Geschoßführung *f*; **2.** ✝ ~ *du blocus* Blockadebruch *m*, Brechung *f* der Blockade.

forcené (fɔrsə'ne) **I** *adj.* rasend; **II** *su.* Wüterich *m.*

forceps (fɔr'sɛps) *m chir.* (Geburts-)[Zange *f.*]

forcer (fɔr'se) [1k]] **I** *v/t.* **1.** mit Gewalt nehmen; überwältigen, bezwingen; *ch.* in die Enge treiben, stellen; aufbrechen, gewaltsam öffnen; ~ *la porte de q.* mit Gewalt bei j-m eindringen; *ch.* ~ *un animal de chasse* ein Wild stellen; **2.** zwingen, nötigen; ~ *q. à* (*od.* de) *faire qch.* j-n zwingen, etw. zu tun; ~ *la main à q.* j-n zu etw. (*dat.*) zwingen; **3.** übermäßig anstrengen; stärker beanspruchen; steigern; ~ *sa voix* s-e Stimme zu sehr anstrengen; ~ *la nature* a) s-e Kräfte überbeanspruchen; b) das Wachstum (*v. Pflanzen*) beschleunigen; *culture forcée* Treibhauskultur *f*; ~ *la dose* die Dosis übertreiben; ~ *le pas* a) *Auto*: das Tempo beschleunigen; b) den Schritt beschleunigen; **4.** *fig.* entstellen, vergewaltigen; ~ *le sens* den Sinn entstellen; **II** *v/i.* sich sehr anstrengen; *il a forcé à la marche* er hat e-n Gewaltmarsch hinter sich; ⚓ ~ *de rames* mit dem Aufgebot aller Kräfte rudern; ~ *de voiles* alle Segel beisetzen; *cordage qui force trop* Tau *n*, das zu straff gespannt ist; **III** *v/rfl.* se ~ sich überanstrengen; sich bezwingen; *vgl. obliger* 4.

forcerie ✍ (~sə'ri) *f* Treibhaus *n.*

forces ✝ (fɔrs) *f/pl.* (Schaf-, Tuch-, Blech- *usw.*)Schere *f/sg.*

forceur ⚓ (fɔr'sœːr) *m*: ~ *de blocus* Blockadebrecher *m.*

forclore ⚖ (fɔr'klɔːr) *v/t.* [4k] ausschließen (*bei Fristversäumnis*).

forclusion ⚖ (fɔrkly'zjɔ̃) *f* Rechtsausschließung *f*; *délai m de* ~ Verfallsfrist *f*; *sous peine de* ~ zur Vermeidung des Verfalls.

forer (fɔ're) *v/t.* [1a] (durch-, an-)[bohren.]

forestage (fɔrɛs'taːʒ) *m* Forstarbeit *f.*

forestier (fɔrɛs'tje) *adj.* [7b] Forst..., Wald...; waldreich; *école f forestière* Forst-akademie *f*, -schule *f*; *économie f forestière* Forstwirtschaft *f*; *garde m* ~ Förster *m*; *maison f forestière* Försterei *f.*

foret ⊕ (fɔ'rɛ) *m* Bohrer *m.*

forêt (~) *f* Wald *m*, Waldung *f*, Forst *m*; ~ *domaniale* Staatsforst *m*; ~ *vierge* Urwald *m*; *la* ♀ *Noire* der Schwarzwald *m*; *fig. c'est une* (*véritable*) ~ *de Bondy* (*od. on est ici dans la* ~ *de Bondy*) es ist unheimlich hier.

for|eur ⊕ (fɔ'rœːr) *adj. u. su.* [7g] Bohr...; Bohrer *m* (*Person*); ~ *au chantier* Spezialhauer *m* (*Person*); **~euse** ⊕ ('~røːz) *f* Bohrmaschine *f*; **~euse-fraiseuse** (~frɛ'zøːz) *f* [6a] Bohr- u. Fräs-maschine *f.*

forfaire (fɔr'fɛ:r) [4n] (*nur inf. u. p/p.*) *v/i.* pflichtwidrig handeln; ~ *à ses engagements* s-n Verpflichtungen zuwiderhandeln.

forfait (fɔr'fɛ) *m* **1.** Schandtat *f*, Frevel-, Misse-tat *f*, Untat *f*; *Sport*: *déclarer* ~ aufgeben, verzichten; **2.** Akkord *m*; Stücklohn *m*; Pauschalvertrag *m*; *travail m à* ~ Akkordarbeit *f*; *prix m à* ~ Pauschalpreis *m*; *vendre à* ~ in Bausch und Bogen verkaufen; **3.** *Sport*: Reugeld *n*; **~aire** (~'tɛ:r) *adj.* Pauschal...; *indemnité f* ~ Pauschalentschädigung *f*; **~ure** (~'ty:r) *f* Verletzung *f* der Amtspflicht.

forfanterie (fɔrfɑ̃'tri) *f* Prahlerei *f*.

forfétaire (fɔrfe'tɛ:r) *adj.*: *somme f* ~ Pauschalbetrag *m*; einmalige Abfindung *f*.

forficule *ent.* (fɔrfi'kyl) *m* Ohrwurm *m*.

for|ge (fɔrʒ) *f* **1.** Schmiede *f*; **2.** *mst.* ~*s pl.* Hüttenwerk *n*; **~geable** (~'ʒablə) *adj.* schmiedbar; **~geage** (~'ʒa:ʒ) *m*, **~gement** (~ʒə'mɑ̃) *m* Ausschmieden *n*.

forger (fɔr'ʒe) *v/t.* [1l] schmieden, hämmern; *fig.* aushecken, erdichten; ~ *des vers* Verse drechseln; **~on** (fɔrʒə'rɔ̃) *m* Schmied *m*; *à force de forger on devient* ~ Übung macht den Meister.

forgeur (fɔr'ʒœ:r) *m* Kunstschmied *m*; *fig.* Erfinder *m*.

forjeter ⚠ (fɔrʒə'te) [1c] *v/i. u. v/rfl.* *se* ~ vorspringen, sich bauchen.

forlancer (fɔrlɑ̃'se) *v/t.* [1k] Wild aufjagen.

forligner (fɔrli'ɲe) *v/i.* [1a] aus der Art schlagen.

forma|ble (fɔr'mablə) *adj.* bildsam; **~ge** ⊕ (~'ma:ʒ) *m* Formung *f*.

forma|liser (fɔrmali'ze) [1a]: *se* ~ *de qch.* etw. übelnehmen; ungehalten sein über (*acc.*); **~lisme** (~'lism) *m* Umständlichkeit *f*, Kleben *n* an Förmlichkeiten; *a. phil.* Formalismus *m*; **~liste** (~'list) *adj. u. su.* umständlich; förmlich; formalistisch; Formenmensch *m*; *a. phil.* Formalist *m*; **~lité** (~li'te) Formalität *f*, Förmlichkeit *f*, Formvorschrift *f*, Form *f*; *observer les* ~*s* die Form wahren; *manquer aux* ~*s* gegen die Form verstoßen; *c'est une simple* ~ das ist e-e reine Formensache *f*.

format (fɔr'ma) *m* Format *n*; ~ *de poche* Taschenformat *n*.

format|eur (fɔrma'tœ:r) [7f] **I** *m* Bildner *m*; **II** *adj.* bildend; **~if** *gr.* (~'tif) *adj.* [7e] bildend; **~ion** (~mɑ'sjɔ̃) *f* Bildung *f*, Entstehung *f*, Erzeugung *f*; Ausbildung *f*, Schulung *f*; Gründung *f*; Gebilde *n*; Formation *f* (*géol. u.* ⚔); ⚔ Verband *m*, Formierung *f*; ~ *d'une conception du monde* weltanschauliche Schulung *f*; ~ *des maîtres* Lehrerbildung *f*; ✝ ~ *des prix* Preisbildung *f*; ~ *paramilitaire* Wehrverband *m*; ~ *à traction automobile* Kraftfahrtruppe *f*; ~ *professionnelle* Fachbildung *f*, Schulung *f*; ~ *en bataille* Aufstellung *f* in Schlachtordnung; ✈ ~ *de chasse* Jagdverband *m*; *géol.* ~ *du terrain* Bodengestaltung *f*; ⚖ ~ *d'un contrat* Zustandekommen *n* e-s Vertrages; ~ *d'une obligation* Entstehung *f* e-s Schuldverhältnisses; ~ *d'une société* Gesellschaftsgründung *f*.

forme (fɔrm) *f* **1.** Form *f*, Gestalt *f*; Äußere(s) *n*; ~ *primitive* Urform *f*; *Sport*: *meilleure* ~ Höchstform *f*; *a. Sport*: être en ~ in Form sein; *allg.* auf dem Damm sein; *juger sur la* ~ nach dem Äußeren urteilen; *Hutmacherei*: ~ (*de feutre pour chapeaux*) Hutstumpen *m*; *Auto usw.*: ~ *aérodynamique* Stromlinienform *f*; *prendre* ~ Gestalt annehmen; **2.** Ausdruck *m*; **3.** ~*s pl.* Körperbau *m*; **4.** Art und Weise *f*; Verfahren *n*; *fig.* ~*s pl.* Lebensart *f*, höfliches Benehmen *n*, gute Manieren *f/pl.*; *dans les* ~*s* formgerecht; *en* ~ förmlich; *en bonne* ~ in aller Form; ⚖ *en bonne et due* ~ ordnungsgemäß; *dire qch. par* ~ *d'avis* s-e Meinung über etw. (*acc.*) äußern; *pour la bonne* ~ der Ordnung wegen; *pour la* ~ der Form halber, zum Schein, anstandshalber, pro forma; *pour vice de* ~ wegen eines Formfehlers; *défaut m de* ~ Formfehler *m*; *manque m de* ~ Formlosigkeit *f*, Ungeschliffenheit *f*; *avoir des* ~*s* sich zu benehmen wissen; *observer les* ~*s*, *y mettre des* ~*s* die Form wahren; *de pure* ~ nur zum Schein; *sous* ~ de als; *en* ~ de als, wie, ...förmig; *sans autre* ~ *de procès* ohne weiteres; *se tenir dans les* ~*s* innerhalb der Formen des Anstands *od.* des guten Tons bleiben; **5.** *cord.* (Schuh-)Leisten *m*; *mettre* (*od. monter*) *sur la* ~ auf den Leisten schlagen; **6.** ⚓ ~ *de radoub* Dock *n*.

formel (fɔr'mɛl) *adj.* [7c] förmlich, formell, ausdrücklich, deutlich; *phil.* formal.

formène ⚗ (fɔr'mɛn) *m* Methan *n*, Sumpfgas *n*.
former (fɔr'me) [1a] **I.** *v/t.* **1.** bilden, formen (*sur qch.* nach etw. *dat.*); ~ *un nœud* e-n Knoten machen; ~ *un plan* e-n Plan fassen; **2.** einrichten, organisieren; ~ *une société* e-e Gesellschaft gründen; **3.** hervorbringen; ⚖ ~ *une demande* e-n Antrag stellen; ⚖ ~ *opposition* Einspruch erheben; ~ *des vœux* Wünsche hegen; **4.** aus-, heran-bilden; schulen; entwickeln; **II** *v/rfl.* **se** ~ sich (aus-, heran-)bilden; geschult werden; sich entfalten; ⚗ entstehen; ⚔ *se* ~ *en bataille* sich in Schlachtordnung aufstellen; *se* ~ *aux affaires* sich als Kaufmann ausbilden.
formiate ⚗ (fɔr'mjat) *m* ameisensaures Salz *n*.
formic|ant ⚕ (fɔrmi'kɑ̃) *adj.*: *pouls* ~ schwacher, rascher Puls *m*; **~ation** ⚕ (~kɑ'sjɔ̃) *f* Jucken *n*.
formid F (fɔr'mi) *adj.* fabelhaft.
formidable (~'dablə) *adj.* □ **1.** ungeheuer; furchtbar, fürchterlich; **2.** *fig.* kolossal, *fig.* wahnsinnig F, riesig, fabelhaft, großartig, außergewöhnlich. [*m* ~ Ameisensäure *f*.]
formique ⚗ (fɔr'mik) *adj.*: *acide*
formu|laire (fɔrmy'lɛːr) *m* Formular *n*; ⚖, *phm.* Formelbuch *n*; ~ (*imprimé*) Vordruck *m*; ~ *d'inscription od.* ~ *de déclaration* Anmeldebogen *m*; ~ *de demande*, ~ *de proposition* Antragsformular *n*; ~ *impératif* vorgeschriebenes Formular *n*; ~ *de départ* Abmeldeschein *m*; ~ *pour télégrammes* Telegrammformular *n*; **~le** (~'myl) *f a.* ✗ Formel *f*; Formulierung *f*; ⚖ Form *f* (*des Miteigentumsrechts bei Eigentumswohnungen*); *phm.* Rezept *n*; ~ *de politesse* Höflichkeitsformel *f*; ~ *à la mode* Schlagwort *n*; ~ *f passe-partout* Patentlösung *f*; ~ *imprimée* Vordruck *m*; ~ *de virement* Überweisungsformular *n*; ~ *judiciaire* Gerichtsformel *f*; **~ler** (~'le) *v/t.* [1a] formulieren, ausdrücken; ✗ die Schlußformel ziehen aus (*dat.*); ~ *une ordonnance* ein Rezept schreiben; ~ *des réclamations* Beanstandungen vorbringen.
forni|cation *bibl.* (fɔrnikɑ'sjɔ̃) *f* Unzucht *f*; **~quer** *bibl.* (~ni'ke) *v/i.* [1m] Unzucht treiben.
fort (~) **I** *adj.* [7] ~ (s. II) **1.** stark, kräftig, kraftvoll; ~ *comme un Turc* sehr stark, mit Riesenkräften; *c'est plus* ~ *que moi* das geht über m-e Kräfte; ich kann nicht anders; *c'est vraiment par trop* ~*!* das ist ja unglaublich!; **2.** tüchtig, bewandert, geschickt; ~ *en histoire* in Geschichte bewandert; ~ *en thème* begabt; *il est* ~ *aux échecs* er ist ein tüchtiger Schachspieler *m*; *se faire* ~ (*inv.*) *de qch.* es sich zutrauen, etw. zu tun; *être* ~ *pour qch.* starke Neigung für etw. (*acc.*) haben; **3.** scharf(-sinnig); *il n'est pas* ~ es ist nicht viel los mit ihm; *esprit m* ~ Freigeist *m*; ~*e tête, tête* ~*e* fähiger Kopf *m*; ~*e tête a.* a) Dickkopf *m*; b) Strolch *m*; **4.** markig, drastisch, kernig; **5.** stark im Widerstand; fest, dauerhaft, haltbar; ⚒ fett, schwer zu bestellen (*Ackerboden*); **6.** schwer, mühsam; **7.** stark *an Zahl, Masse usw.*); ~ *de six mille hommes* sechstausend Mann stark; **8.** dick, beleibt; **9.** dicht gedrängt; **10.** bedeutend, ansehnlich; reichlich; voll, volltönend (*Stimme*); dick aufgetragen (*Farbe*); *fig. à plus* ~*e raison* um so mehr; **11.** heftig, gewaltig, hochgehend (*Meer*); *faire une* ~*e impression* e-n tiefen Eindruck machen; **12.** unangenehm auf die Sinne wirkend; ranzig (*Butter*); scharf, schwer (*Wein*); stark (*Zigarre*); *avoir l'holeine* ~*e* aus dem Munde riechen; **13.** *gr. consonne f* ~*e* harter (*od.* stimmloser) Konsonant *m*; **14.** hart, beleidigend; **15.** ⚔ befestigt; *place f* ~*e* Festung *f*; **II** *adv.* **16.** stark, sehr; *frapper* ~ stark klopfen; *a. pol. parler* ~ e-e massive Sprache sprechen; *c'est* ~ *bien!* sehr gut!; *crier de plus en plus* ~ immer stärker schreien; *avoir* ~ *à faire* viel zu tun haben; *il y a* ~ *peu de choses de changé* sehr wenig hat sich geändert; ~ *heureusement pour ...* äußerst günstig für ...; ~ *et ferme* steif u. fest; **III** *m* **17.** Starker *m*; *Paris*: ~ *de la Halle* Lastenträger *m*, Markthelfer *m*; Ab-, Auf-lader *m*; *droit m du plus* ~ Faustrecht *n*; **18.** Stärke *f*, starke Seite *f*; *c'est là mon* ~ darin liegt meine Stärke; **19.** *fig. das* Hauptsächliche *n*; *le plus* ~ das Schwierigste *n*, das Schlimmste *n*; *le plus* ~ *en est fait* das Schwierigste ist jetzt überstanden; *au plus* ~ *de* mitten in (*dat. bzw. acc.*); *savoir le* ~ *et le fin de son art* jeden Griff s-s Berufs genau kennen; **20.** ⚔

Fort *n*; ~ *blindé*, ~ *cuirassé* Panzerfort *n*; ~ *d'arrêt* Sperrfort *n*.
fortement (fɔrtə'mɑ̃) *adv.* (sehr) stark, kräftig; *fig.* nachdrücklich.
forteresse (~tə'rɛs) *f* Festung *f*; ✈ ⚔ ~ *volante* fliegende Festung *f*.
fortifi|able (fɔrti'fjablə) *adj.* verschanzbar; **~ant** (~'fjɑ̃) *adj.* [7] *u. m* stärkend(es Mittel *n*); **~cation** (~kɑ'sjɔ̃) *f* Befestigung *f*; Festungswerk *n*; **~er** (~'fje) *v/t.* [1a] stärken, bestärken, verstärken, kräftigen; ⚔ befestigen.
fortin ⚔ (fɔr'tɛ̃) *m* kleines Fort *n*.
fortiori (fɔrsjɔ'ri) *adv.*: *a* ~ um so mehr, mit um so größerer Berechtigung.
fortitude (fɔrti'tyd) *f* Charakterstärke *f*, Energie *f*, Mut *m*.
fortrait *vét.* (fɔr'trɛ) *adj.* erschöpft (*Pferd*); **~ure** *vét.* (~'ty:r) *f* Überbeanspruchung *f* (*Pferd*).
fortuit (fɔr'tɥi) *adj.* [7] □ unvermutet, zufällig.
fortune (fɔr'tyn) *f* **1.** ♀ Fortuna *f*, Glücksgöttin *f*; **2.** Schicksal *n*, Geschick *n*; *bonne* ~ Glück *n*; *mauvaise* ~ Unglück *n*; Mißgeschick *n*; *biens m/pl. de la* ~ Glücksgüter *n/pl.*; *revers m/pl. de* ~ Schicksalsschläge *m/pl.*; *chercher* ~ sein Glück zu machen suchen; *un dîner à la* ~ *du pot* ein zwangloses Essen; *dîner à la* ~ *du pot* essen, was auf den Tisch kommt; *être l'enfant gâté de la* ~ ein Glückskind sein; *faire* ~ sein Glück machen; Glück (Erfolg) haben; *faire contre mauvaise* ~ *bon cœur* gute Miene zu bösem Spiel machen; *tenter* ~ sein Glück versuchen; **3.** Zufall *m*; ... *de* ~ Not(behelfs)...; *dans des locaux de* ~ in behelfsmäßigen Räumen; *officier de* ~ Offizier, der von der Pieke auf gedient hat; ✈ *atterrissage m de* ~ Notlandung *f*; *bandage m de* ~ Notverband *m*; *moyens m/pl. de* ~ Notbehelfsmittel *n/pl.*; ⚓ *mât m de* ~ Notmast *m*; **4.** Vermögen *n*; *avoir de la* ~ Vermögen haben; *après* ~ *faite* nach erworbenem Vermögen; *sans* ~ unbemittelt, ohne Vermögen; *se contenter de sa* ~ mit s-r Lage zufrieden sein; *homme m de* ~ reich gewordener Mann *m*.
fortuné (fɔrty'ne) *adj.* begütert; vom Glück gesegnet.
forure ⊕ (fɔ'ry:r) *f* Bohrloch *n*; Loch *n* im Schlüsselbart.
fosse (fo:s) *f* **1.** Grube *f*; ~ *d'aisances*, ~ *à chaux*, ~ *à fumier*, ~ *aux ordures* Abtritts-, Kalk-, Mist-, Müll-grube *f*; ~ *à fond perdu*, ~ *filtrante* Sickergrube *f*; **2.** Grab *n*, Gruft *f*; ~ *commune* Massengrab *n*; **3.** ⊕ Schmelzgrube *f*; ~ (*à tan*) Lohgrube *f*; **4.** ⚒ Schacht *m*; ~ *d'extraction* Förderschacht *m*; **5.** *anat.* Höhlung *f*; ~ *nasale* Nasenhöhle *f*.
fossé (fo'se) *m* Graben *m*; Straßen-, Chaussee-graben *m*; ~ *d'écoulement* Entwässerungs-, Abzugs-graben *m*.
fossette (fo'sɛt) *f* Grübchen *n*.
fossile (fo'sil) **I** *adj.* ausgegraben; fossil; *fig.* veraltet, verknöchert; **II** *m géol.* Versteinerung *f*, Fossil *n*.
fossoy|age (foswa'ja:ʒ) *m* Grabenziehen *n*; Totengräberei *f*; **~eur** (~'jœ:r) *m* Totengräber *m*.
fou[1] *m*, **folle** *f* (fu; fɔl) (*als adj. vor e-m mit Vokal od. mit stummem h beginnenden m/sg. immer*: **fol** [fɔl], *sonst im m* **fou**; *su. m* **fou**; *m/pl.* **fous** [fu]) **I** *adj.* **1.** □ verrückt, wahnsinnig, toll; *c'est à en devenir* ~ das ist zum Verrücktwerden; *être fou furieux* vor Wut platzen; *folle enchère f* Reukauf *m*; *il a failli me rendre fou* er hat mich fast verrückt gemacht; *chien m fou* tollwütiger Hund *m*; **2.** □ närrisch, töricht; einfältig; **3.** ausgelassen; *fou rire* unbändiges Gelächter *n*; **4.** ungeheuer, furchtbar viel, groß, hoch *usw.*; *un argent fou* ein Heidengeld *n*; *luxe m fou* unsinniger Luxus *m*; *il y avait un monde fou* es war ein tolles Gedränge *n*; *prix fou* irrsinniger *od.* übertrieben hoher Preis *m*; **5.** schwankend; lose; ♀ *branches folles* wilde Zweige *m/pl.*; ⊕ *poulie f folle* Losscheibe *f*; *tourner fou* leer laufen; **II** *su.* Irrer *m*, Verrückter *m*; Tor *m*, Torin *f*, Narr *m*, Närrin *f*; Einfaltspinsel *m*; *orn.* Tölpel *m*; *fou de cour od. fou du roi* Hofnarr *m*; *faire le fou* den Hanswurst spielen; *la folle du logis* die Phantasie *f*; *écouter la folle du logis* phantasieren; *prov. plus on est de fous, plus on rit* je toller, um so besser; geteilte Freude ist doppelte Freude.
fou[2] (~) *m* (~*s pl.*) Läufer *m* im [*Schachspiel.*]
fouailler (fwa'je) *v/t.* [1a] durchpeitschen; *fig.* schwer kränken.
foucade (fu'kad) *f* Streich *m*; Einfall *m*.
fouchtra (fuʃ'tra) *int.* verflucht!

foudre[1] ('fudrə) **I** *f* **1.** Blitz(strahl *m*) *m*; Donner(schlag *m*) *m*; *coup m de* ~ Blitzschlag *m*; Donnerschlag *m* (*a. fig.*); *recevoir le coup de* ~ sich plötzlich verlieben; *lancer ses* ~*s contre q. fig.* gegen j-n wettern; *essuyer les* ~*s de q.* den Wutausbruch j-s über sich ergehen lassen; *la* ~ *est tombée sur cette maison* der Blitz hat in dies Haus eingeschlagen; *comme la* ~, *avec la rapidité de la* ~ blitzschnell; **2.** *rl. pl.* ~*s de l'Eglise* Bannstrahl *m*; **II** *m* (*grand*) ~ *de guerre* Kriegsheld *m*; ~ *d'éloquence* gewaltiger Redner *m*.

foudre[2] (~) *m großes* Faß *n*.

foudroy|age ⚒ (fudrwa'ja:ʒ) *m* Bruchbau *m*; **~ant** (fudrwa'jɑ̃) *adj.* [7] donnernd; Blitze schleudernd; *fig.* zorn-sprühend, -entflammt; *regard* ~ drohender Blick *m*; *fig. nouvelle* ~*e* niederschmetternde Nachricht *f*; ⚕ *apoplexie* ~*e* plötzlicher Schlaganfall *m*; **~er** (~'je) [1h] **I** *v/t.* durch den Blitz erschlagen; ⚡ plötzlich töten; zerschmettern, zermalmen; **II** *v/i.* blitzen.

fouet (fwɛ) *m* **1.** Peitsche *f*; **2.** ⚔ *tir m de plein* ~ Horizontalschuß *m*, Volltreffer *m*; Flachfeuer *n*; **3.** Rute *f* (*a. Rute des Hundes*); *donner le* ~ *à un enfant* ein Kind züchtigen; **4.** ~ *de l'aile* Flügelspitze *f e-s Vogels*; **5.** ~ *à battre* Quirl *m*; **6.** ⚕ *coup de* ~ plötzlicher, heftiger Schmerz in der Wade; **~ter** (fwɛ'te) [1a] **I** *v/t.* **1.** auspeitschen; klatschen (*Regen*); *avoir bien d'autres chiens à* ~ viel Wichtigeres zu tun haben; **2.** *fig.* kritisieren, geißeln; **3.** zu Schaum *m* schlagen; *crême fouettée* Schlagsahne *f*; **II** *v/i.* **4.** peitschen; **5.** * stinken.

fou|fou, ~tou (fu'fu, ~'tu) *m* afrikanisches Erdnußgericht *n* mit pfeffriger Soße.

fougasse ⚔ (fu'gas) *f* Flattermine *f*; ~ *mécanique* Tretmine *f*.

fougère (fu'ʒɛ:r) *f* Farn(kraut *n*) *m*.

fou|gue (fug) *f* **1.** Begeisterung *f*, Feuer *n*, Schwung *m*; **2.** *mât m de* ~ Besanmast *m*; *vergue f de* ~ Besanrahe *f*; **~gueux** (fu'gø) *adj.* [7d] aufbrausend.

fouille (fuj) *f* Auf-, Um-graben *n*, Ausgrabung *f*; ⚠ Baugrube *f*; *fig.* Durchsuchung *f*, Nachforschung *f*; Leibesvisitation *f*; * Tasche *f*; **~-(au-)pot** F (fuj[o]'po) *m* [6c] kleiner Küchenjunge *m*; Topfgucker *m*; **~ment** (fuj'mɑ̃) *m* Durch-wühlen *n*, -suchen *n*.

fouil|ler (fu'je) [1a] **I** *v/t.* **1.** auf-, durch-graben, -wühlen; **2.** durchsuchen; *fig. j-n* zu erforschen suchen; ~ *un bois* e-n Wald absuchen; **3.** *fig.* sorgfältig ausarbeiten; **II** *v/i. in der Erde* wühlen; ~ *dans* nachsuchen in (*dat.*); **III** *v/rfl.* se ~ in s-n Taschen kramen; F *tu peux te* ~ darauf kannst du lange warten; **~leur** (fu'jœ:r) *m* Grübler *m* ⚒ Prospektor *m*; *fig.* Schnüffler *m*; *a. adj.*: *critique m* ~ scharf prüfender Kunstrichter *m*; **~leuse** (~'jø:z) *f* Untergrundpflug *m*; **~lis** (~'ji) *m* Gewühl *n*; Durcheinander *n*; Wirrwarr *m*; *fig.* konfuses Zeug *n*.

fouinard F (fwi'na:r) *su. u. adj.* [7] Schnüffler *m*; neugierig(er) und zudringlich(er Mensch *m*).

fouine[1] (fwin) *f* **1.** Steinmarder *m*; *fig.* Schlaukopf *m*; **2.** Marderfell *n*.

fouine[2] (~) *f* Heugabel *f*; ⚓ Harpune *f*.

fouiner F (fwi'ne) *v/i.* [1a] sich einmischen, schnüffeln.

fou|ir (fwi:r) *v/t.* [2a] aufwühlen (*z.B. vom Maulwurf*); **~isseur** (fwi'sœ:r) *adj. u. su.* [7g] (auf-) grabend, Wühl...; Wühler *m*; *rat m* ~ Wühlmaus *f*.

foulage ⊕ (fu'la:ʒ) *m* **1.** *Tuchmacherei*: Walken *n*; **2.** ~ *du raisin* Auskeltern *n* des Weins; **3.** *typ.* Schattierung *f*.

foulant (fu'lɑ̃) *adj.* [7] **1.** ⊕ *pompe f* ~*e* Druckpumpe *f*; **2.** P ermüdend.

foulard (fu'la:r) *m* **1.** Seidenschal *m*; **2.** † bunt bedruckter Taft *m*, Foulard *m*.

foule (ful) *f* **1.** (Menschen-)Menge *f*; Gedränge *f*; *en* ~ in Massen; *il y a grande* ~ es wimmelt von Menschen; *fendre la* ~ sich durch die Menschenmenge hindurchdrängeln; **2.** F viele (*a. auf Sachen bezogen!*); *une* ~ *de personnes* (*d'animaux, d'objets, d'idées*) viele Personen (Tiere, Gegenstände, Gedanken); *les idées se présentent en* ~ die Ideen stellen sich in großer Menge ein.

foulée (fu'le) *f* **1.** *Sport*: Schritt *m*, Sprung-, Schritt-weite *f*; **2.** *ch.* Wildfährte *f*.

fouler (~) [1a] **I** *v/t.* **1.** niedertreten; treten; ~ *aux pieds* mit Füßen treten; *fig.* mißachten; ~ *les lois* die Gesetze mit Füßen treten (*od.* mißachten); *fig.* ~ *le peuple* das Volk unterdrücken; **2.** *Fuß* verrenken, verstauchen; **3.** ~ *la vendange* die Weintrauben austreten *od.* keltern; **4.** *Tuchmacherei*: walken; **II** *v/i.* **5.** drücken; **III** *v/rfl.* **6.** *se* ~ *le pied* (*od. le jarret*) sich den Fuß verstauchen; **7.** *fig.* F *ne pas se* ~ *la rate od.* P *ne pas se* (*la*) ~ *fig.* sich kein Bein ausreißen; **~ie** (ful'ri) *f* Walkmühle *f.*

foul|eur (fu'lœːr) *m* Tuchwalker *m*; **~oir** (~'lwaːr) *m* Walkstock *m*; **~on** (~'lɔ̃) *m* Walker *m.*

foulque *orn.* (fulk) *f* Bläßhuhn *n.*

foulure ⚕ (fu'lyːr) *f* Verstauchung *f*, Verrenkung *f.*

four (fuːr) *m* **1.** (Back-)Ofen *m*; Bratröhre *f*; Herd *m*; ~ *à gaz* (*à quatre feux* vierflammiger) Gasherd *m*; ~ *électrique* elektrischer Herd *m*; F *bouche grande comme un* ~ Maul wie ein Scheunentor; **2.** Back-haus *n*, -stube *f*; *fig.* sehr heißes Zimmer *n*; **3.** ⊕ ~ *à brique* (*à chaux*) Ziegel-(Kalk-)ofen *m*; *métall.* ~ *à cuve* Schachtofen *m*; ~ *électrique* Elektro-Stahlofen *m*; ~ *Martin* Siemens-Martin-Ofen *m*; ~ *Pits* Tiefofen *m*; **4.** *pât. petits* ~*s pl.* Petits Fours *pl.*, Zuckertörtchen *n/pl.*; **5.** *thé., allg.* F Reinfall *m*, Fiasko *n*, Mißerfolg *m*; *faire* (*un*) ~ ein Fiasko erleiden; **6.** *écol.* P ~ *à bachot* Presse *f*, private Vorbereitungsanstalt *f.*

four|be (furb) **I** *adj.* arglistig, betrügerisch; **II** *su.* Betrüger *m*; *agir en* ~ betrügerisch handeln; **~berie** (~bə'ri) *f* Niederträchtigkeit *f*, Betrügerei *f*, Betrug *m.*

four|bi F (fur'bi) *m* Kram *m*, Plunder *m*, Klamotten *f/pl.*, Murks *m*; **~bir** (fur'biːr) *v/t.* [2a] *Metall* (blank) putzen; **~bissage** (~bi'saːʒ) *m* Polieren *n.*

fourbu (fur'by) *adj. vét.* erschöpft; *fig.* ermattet, matt, schlapp; **~re** *vét.* (~'byːr) *f* Lahmheit *f.*

fourche (furʃ) *f* **1.** Heu-, Mistgabel *f*, Forke *f*; **2.** Gabelung *f*; *vél.* (Rad-)Gabel *f*; *faire la* ~ sich gabeln, sich teilen.

fourcher (fur'ʃe) *v/i.* [1a] sich gabelförmig teilen, sich spalten; *la langue m'a fourché* ich habe mich versprochen (*od.* verhaspelt).

four|chet (fur'ʃɛ) *m* **1.** ⚘ Astgabelung *f*; **2.** zweizinkige Heugabel *f*; **3.** *vét.* ~ *du mouton* Klauenseuche *f*; **~chette** (~'ʃɛt) *f* **1.** Gabel *f*, Eßgabel *f*; *déjeuner à la* ~ Gabelfrühstück *n*; *être une bonne* (*od. belle*) ~, *avoir un bon coup de* ~, *jouer de la* ~ ein starker (*od.* tüchtiger) Esser sein; ⊕ ~ *à courroie* Riemengabel *f*; **2.** Hemmgabel *f*, Hemmschuh *m* (*am Pferdewagen*); *Auto*: ~ *d'embrayage* Schaltgabel *f*; **~chon** (~'ʃɔ̃) *m* Zinke *f an e-r Gabel*; **~chu** (~'ʃy) *adj.* gabelförmig, gespalten; *chemin m* ~ Scheideweg *m*; *menton m* ~ in der Mitte vertieftes Kinn *n*; **~chure** (~'ʃyːr) *f* Gabelung *f* (*a. e-s Weges*).

fourgon (fur'gɔ̃) *m* **1.** Ofenhaken *m*; **2.** ⚔ Proviant-, Munitions-wagen *m*; ~ *à vivres* Lebensmittelwagen *m*; **3.** 🚂 Güterwagen *m*, Gepäckwagen *m*; **4.** *Auto*: geschlossener Lastkraftwagen *m*; ~ *mortuaire* Leichenwagen *m*; **~ner** (~gɔ'ne) *v/i.* [1a] stochern; *fig.* herumkramen; **~nette** *Auto* (~'nɛt) *f* Lieferwagen *m.*

fourgue * (furg) *m* Hehler *m*, Komplice *m.*

fourmi (fur'mi) *f* Ameise *f*; ~ *blanche* Termite *f*; *j'ai des* ~*s* es juckt mich; **~lier** (~mi'lje) *m* Ameisenbär *m*; **~lière** (~'ljɛːr) *f* Ameisenhaufen *m*; *fig.* Gewimmel *n*; **~-lion** (~mi'ljɔ̃) *m* [6a] Ameisenlöwe *m*; **~llant** (~mi'jɑ̃) *adj.* [7] wimmelnd; **~llement** (~j'mɑ̃) *m* **1.** Wimmeln *n e-r großen Menge*; **2.** Kribbeln *n*, Jucken *n*; **~ller** (~mi'je) *v/i.* [1a] **1.** wimmeln; *les solliciteurs fourmillent* es wimmelt von Bewerbern; **2.** ⚕ jucken.

four|naise (~'nɛːz) *f* Schmelzofen *m* (*in voller Glut*); *fig.* Affenhitze *f*; **~neau** (fur'no) *m* [5b] **1.** (Kuchen-, Fabrik-)Ofen *m*; ~ *de faïence* Kachelofen *m*; ~ *économique* Volksküche *f*; ~ *à l'huile* Ölofen *m*; **2.** ~ *de pipe* Pfeifenkopf *m*; **3.** ~ *à charbon* (Kohlen-)Meiler *m*; **4.** ⊕ ~ *de fonderie* Gieß-, Schmelz-ofen *m*; *haut* ~ Hochofen *m*; ~ *à manche* Kuppel-, Schachtofen *m*; ~ *à réverbère* Flammofen *m*; **5.** ⚔ ~ (*de mine*) Mine(nkammer *f*) *f*; *faire jouer un* ~ eine Mine springen lassen; **~née** (~'ne) *f* **1.** *Bäckerei*: *une* ~ (*de pain*) ein Schub (Brot), ein Backofenvoll; ⊕ Brand *m*; *une* ~ ein Ofenvoll *m*, e-e Gicht; **2.** *fig.* F Schub *m* (*von Wartenden, zu ernennenden Be-*

amten usw.); *nouvelle* ~ neuer Schub *m*; Nachschub *m*; ~ *de travail* Arbeitsschicht *f*; *par* ~*s* schubweise; **3.** *zo.* Wurf *m* (*z.B. Ratten*); **~nette** ⊕ (~'nɛt) *f* Flammofen *m*; **~ni** (~'ni) *adj.* **1.** *barbe f* ~*e* starker Bart *m*; *bois m* ~ dichter Wald *m*; *qui a les cheveux* ~*s* mit dichtem Haar; **2.** *bien* ~ reich ausgestattet, gut versehen; **~nier** (~'nje) *su.* [7b] **1.** Backofenbesitzer *m*; Bäcker *m auf dem Lande*; **2.** Heizer *m*; **~nil** (~'ni) *m* ⊕ Backstube *f*.

fourniment ⚔ (furni'mɑ̃) *m* Lederzeug *n*; *allg.* Ausrüstung *f*.

fournir (fur'ni:r) [2a] **I** *v/t.* **1.** ~ *q. de qch.* j-n mit etw. (*dat.*) versorgen *od.* versehen *od.* beliefern; *abs.* ~ *un régiment* die Lieferungen für ein Regiment haben; **2.** ~ (*qch. à q.* j-m etw.) liefern; ⚕ *Rechnung* vorlegen; ⚕ ~ *une traite sur q.* auf j-n e-n Wechsel ziehen; ~ (*une*) *caution* (e-e) Kaution stellen; *fig.* ~ *matière à des conjectures* Veranlassung zu Vermutungen geben; **3.** *magasin m bien fourni* reichhaltig versehenes Geschäft; **4.** ⚖ herbeischaffen; ~ *ses défenses* s-e Verteidigungsschrift einreichen; ~ *et faire valoir une dette* für eine Schuld haften (*od.* bürgen); ~ *un garant* e-n Bürgen stellen; ~ *des preuves* (*des témoins*) Beweise (Zeugen) beibringen; ~ *des renseignements* Auskunft geben; **5.** *esc.* ~ *à q. un coup d'épée* j-m e-n tüchtigen Degenstoß versetzen; **6.** *fig. il a fourni une belle carrière* er hat s-e Laufbahn ehrenvoll vollendet; ~ *un gros effort* e-e große Anstrengung machen; ⚔ ~ *un rapport* e-n Bericht erstatten; ⚔ ~ *une charge de cavalerie* e-n Reiterangriff ausführen; **II** *v/i.* **7.** ~ *dans une maison* für ein Haus liefern; ~ *à qch.* zu etw. (*dat.*) beitragen; *fig.* für etw. (*acc.*) aufkommen; *faire et* ~ Arbeit und Zutaten; **8.** *Kartenspiel*: Farbe bekennen; **III** *v/rfl.* se ~ *de* sich versehen (*od.* versorgen) mit (*dat.*); se ~ *chez q.* bei j-m kaufen.

four|nissement (furnis'mɑ̃) *m* Zuschuß *m*, Einlage(kapital *n*) *f*; **~nisseur** (~ni'sœ:r) *su.* [7g] Lieferant *m*; **~niture** (~ni'ty:r) *f* **1.** Lieferung *f*; **2.** Bedarf *m*, Vorrat *m*; *pl.* ~*s* Bedarfsartikel *m/pl.*; ~*s de bureau* Schreibmaterialien *n/pl.*, Bürobedarf *m*; ~*s scolaires* Lehrmittel *n/pl.*; **3.** Zutaten *pl.* (*e-s Schneiders, Tapezierers usw.*; *cuis. zum Salat*).

fourrage[1] ⚓ (fu'ra:ʒ) *m* Fütterung *f e-s Taues.*

fourra|ge[2] (~) *m* **1.** Viehfutter *n*; ~ *concentré* Kraftfutter *n*; ~ *fermenté* Gärfutter *n*; ~ *vert* Grünfutter *n*; **2.** ⚔ Fourage *f*; Futterholen *n*; **~gement** ⚔ (furaʒ'mɑ̃) *m* Fouragieren *n*, Futterholen *n*; **~ger** (~'ʒe) [1l] **I** *v/i.* Futter *n* (ein-)holen; ⚔ fouragieren; *fig.* ~ *dans des papiers* in Papieren herumwühlen; **II** *v/t.* a) ⚒ plündern; b) durchwühlen; **III** *adj.* [7b] Futter...; **~gère** (~'ʒɛ:r) *f* **1.** ✓ (Klee- *usw.*)Feld *n*; **2.** Futter-kasten *m*, -wagen *m*.

fourré[1] (fu're) *m* Dickicht *n*.

fourré[2] † (~) *adj.* waldig, dicht.

fourreau (fu'ro) *m* [5b] **1.** Scheide *f*, Futteral *n*; ~ *de parapluie* Schirmhülle *f*; *tirer l'épée du* ~ das Schwert ziehen; *fig.* die Feindseligkeiten eröffnen; **2.** Futteralkleid *n*, eng anschließendes Kleid; **3.** *prov. la lame use le* ~ zuviel Geistesarbeit greift die Gesundheit an; *chez lui, la lame use le* ~ er reibt sich durch nervliche Überanspruchung auf; **4.** P Hose *f*.

four|rer (fu're) [1a] **I** *v/t.* **1.** hinein-stecken, -stopfen, -schieben, -stoßen; *être fourré de malice* voll Bosheit stecken; F ~ *qch. dans un discours* etw. in e-e Rede einflechten; F ~ *q. dedans* j-n reinlegen; *écol.* ~ *qch. dans la tête de q.* j-m etw. einpauken (*od.* beibringen); ~ *q. dans une affaire* j-n in e-e Sache verwickeln; **2.** ⚕ *mit Schlechtem* untermengen, verfälschen; *paix fourrée* Scheinfriede *m*; **3.** (mit Pelz) füttern; **II** *v/rfl.* se ~ **4.** sich verstecken, sich verkriechen; **5.** se ~ *qch. dans la tête* sich etw. in den Kopf setzen; *fig.* se ~ *dans qch.* sich in etw. (*acc.*) hineindrängeln; sich auf etw. einlassen; **6.** P se ~ *dedans*, se ~ *le doigt dans l'œil* auf den Leim gehen, sich gewaltig irren (*od.* täuschen).

fourre-tout (fur'tu) *m* [6c] **1.** Rumpelkammer *f*; **2.** große Reisetasche *f*.

fourreur (fu'rœ:r) *m* Kürschner *m*.

fourri|er ⚔ (fu'rje) *m* (*a. adj.*/*m sergent m* ~) Fourier *m*, Quartiermacher *m*; *fig.* Vorbote *m*; **~ère** (~'rjɛ:r) *f* Pfandstall *m*.

fourrure (fu'ry:r) *f* **1.** Pelz *m*; Kürschnerware *f*; **2.** ⊕ (Tür-) Futter *n*.

fourvoyer (furvwa'je) [1h] **I** *v/t.* irreführen (*a. fig.*); **II** *v/rfl.* se ~ sich verirren; *fig.* auf Abwege geraten; *il s'est fourvoyé* er ist ganz auf dem Holzwege, er hat sich ganz verrannt.

foutaise P (fu'tɛ:z) *f* Unsinn *m*; *c'est de la* ~ das ist Unsinn.

fouteau *dial.* (fu'to) *m* [5b] Buche *f*.

fou|tre, *bisw. nur* **f...** *geschrieben* ('futrə) [4a] **I** *v/t.* **1.** P stellen, werfen, schmeißen P; machen; P *péj.* Unsinn machen; ~ *le camp* sich aus dem Staube machen, abhauen; ~ *la paix à q.* j-n in Ruhe lassen; ~ *q. dedans* j-n reinlegen (*od.* anführen); j-n einlochen (*od.* einsperren); ~ *q. dehors* (*od. à la porte*) j-n rausschmeißen; *en* ~ *un coup* tüchtig arbeiten, schuften; *en* ~ *un coup à q.* j-m eins versetzen, j-m e-n Schlag verpassen; *ne pas en* ~ *une rame* gar nichts tun; *va te faire* ~*!* scher' dich zum Teufel!; *foutez-moi* (*fous-moi*) *la paix*! laßt mich (laß' mich) in Ruhe!; *foutu*: a) gemacht, ausgeführt; gebaut, gewachsen; b) verloren, futsch F; *c'est bien foutu* das ist gar nicht übel, das ist ganz nett gemacht; **2.** V vögeln V; **II** *v/rfl. se* ~ *de qch.* sich nichts aus e-r Sache machen; *je m'en fous* ich pfeife darauf; ich schere mich den Teufel drum; **III** *int.* ~*!* verflucht nochmal!, verdammter Mist!; **~trement** P, **~trûment** P (futrə'mɑ̃, ~try'mɑ̃) *adv.* verflucht, verdammt, riesig.

foutriquet P (futri'kɛ) *m* Niete *f fig.*, völlige Null *f*.

foutu P (fu'ty) *adj.* verloren, erledigt, kaputt; verpfuscht; futsch; verreckt, tot; *bien* ~ gut (*od.* schön) gemacht; *mal* ~ schlecht gemacht; unwohl; schmächtig; *être* ~ *comme l'as de pique* schlecht gekleidet sein.

fox(-terrier) *zo.* (fɔkstɛ'rje) *m* Terrier *m* (*Hunderasse*).

foyer (fwa'je) *m* **1.** Feuerstätte *f*, Herd *m*; ⊕ Feuerraum *m*; *fig.* Haus *n*; (~*s pl.*) Heimat *f*, Heim *n*; vier Wände *f/pl.*; ~ *de conflit(s)*, ~ *de danger(s)* Gefahrenherd *m*, Nährboden *m* (*beide a. fig.*); ~ *des étudiants* Studentenheim *n*; ~ *de jeunes* Jugendheim *n*; ~ *scolaire*, ~ *de vacances* Schul-, Ferienheim *n*; ~ *scolaire à la campagne* Landschulheim *n*; *être un monsieur de* ~ sich in s-n vier Wänden am wohlsten fühlen; *se créer un* ~ sich ein Eigenheim schaffen (*od.* gründen); *rentrer dans ses* ~*s* in s-e vier Wände zurückkehren; ⚕ ~ *d'infection* Infektionsherd *m*; **2.** *phys.*, *fig.* Brennpunkt *m*; Fokus *m*; *fig.* Sitz *m*, Mittelpunkt *m*; *opt. lunettes f/pl. à double* ~ Brille *f* mit doppeltem Schliff; *le* ~ *du commerce* der Brennpunkt *m* des Handels; **3.** *thé.* Foyer *n*, Wandelgang *m*; **4.** Steinplatte *f* vor dem Kamin; **5.** bunte wollene Fußdecke *f*.

frac (frak) *m* Frack *m*.

fracas (fra'kɑ) *m* Zerschmetterung *f mit Getöse*; Krachen *n des Donners*; Brausen *n* (*v. Meer*), Prasseln *n* (*v. Hagel*); Sausen *n* (*v. Eisenbahnzug*); Geräusch *n*, Getöse *n*, Lärm *m*; Aufsehen *n*, Spektakel *m*; *thé.* Knalleffekt *m*; **~ser** (~ka'se) *v/t.* [1a] zerschmettern, zerbrechen.

fraction (frak'sjɔ̃) *f* **1.** *arith.* Bruch *m*; *calcul m des* ~*s* Bruchrechnung *f*; ~ *de prime* Prämien-rate *f*, -anteil *m*; **2.** *pol.* Fraktion *f*, Gruppe *f*; **3.** *rl.* Brechen *n des Brotes*; **~naire** (~ksjɔ'nɛ:r) *adj. arith.* Bruch...; *nombre m* ~ gemischter Bruch *m*; *expression f* ~ unechter Bruch *m*; **~nel** *pol. péj.* (~ksjɔ'nɛl) *adj.* [7c] Spaltungs...; *travail m* ~ Spaltungs-, Zersetzungstätigkeit *f*; **~nement** (~ksjɔn'mɑ̃) *m* Zerlegung *f*; Einteilung *f*; ⚗ Kracken *n*; **~ner** (~ksjɔ'ne) *v/t.* [1a] teilen; ⚔ aufteilen, zerlegen, (*Verband*) zerreißen; **~niste** *pol. péj.* (~ksjɔ'nist) *adj. u. su.* spalterisch; Spalter *m*.

fractu|re (frak'ty:r) *f* **1.** Aufbrechen *n*, Erbrechen *n*; **2.** ⚕ (Knochen-) Bruch *m*; ~ *par éclats* Splitterbruch *m*; **~rer** (frakty're) [1a] *v/t. u. se* ~ zerbrechen; ~ *la porte* die Tür erbrechen; *se* ~ *le crâne* sich e-n Schädelbruch zuziehen.

fragi|le (fra'ʒil) *adj.* zerbrechlich; spröde; *fig.* vergänglich (*Glück*); schwach; *résultat m* ~ dürftiges (*od.* kümmerliches) Ergebnis *n*; **~lité** (~li'te) *f* Zerbrechlichkeit *f*; Sprödigkeit *f*; *fig.* Vergänglichkeit *f*; Zartheit *f*, Schwäche *f*.

fragment (frag'mɑ̃) *m* Bruchstück *n*, Scherbe *f*, Splitter *m*; ⚠ ~*s m/pl. de brique* Ziegelsplitt *m*; **~aire** (~'tɛ:r) *adj.* in Bruchstücken; Trümmer...; **~ation** (~tɑ'sjɔ̃) *f* Zertrümmerung *f*, Zersplitterung *f*; Zerlegung *f*; **~er** (~'te) *v/t.* [1a] zerstückeln, zerlegen, aufteilen.

fragrant (fra'grɑ̃) *adj.* [7] duftend.

frai[1] (frɛ) *m* Laichen *n*; Laich *m*; Rogen *m*; (*saison f du*) ~ Laichzeit *f*.

frai[2] (~) *m* Abnutzung *f* (*Münze*).

fraîche (frɛ:ʃ) *f*: *à la* ~ in der Morgen- *od.* Abend-kühle *f*.

fraîch|ement (frɛʃ'mɑ̃) *adv.* **1.** frisch, kühl; unfreundlich, kalt; **2.** ganz kürzlich, soeben; ~ *tiré* frisch vom Faß; **~eur** (~'ʃœ:r) *f* **1.** Frische *f*, Kühle *f*; *à la* ~ im Kühlen; ~ *du teint* frische Farbe *f*; jugendliches Aussehen *n*; **2.** F ⚕ Erkältung *f*; *attraper une* ~ sich erkälten; **3.** Neuheit *f* (*als Zustand*); **~ir** (~'ʃi:r) *v/i.* [2a] frischer (*od.* stärker) werden; *la température* (*od. v/imp. il*) *fraîchit* es wird kühler.

frairie F *dial.* (frɛ'ri) *f* **1.** Dorffest *n*; **2.** fröhliche Gesellschaft *f*.

frais[1] (frɛ) **I** *adj.* (*f fraîche* [frɛ:ʃ]); □ **1.** frisch; kühl; *du pain frais* frisches Brot *n*; *il fait* ~ es ist frisch; **2.** neu; *amitié f de fraîche date* neue Freundschaft *f*; *avoir la mémoire fraîche de qch.*, *avoir qch.* (*tout*) ~ etw. frisch im Gedächtnis haben, sich an etw. (*acc.*) ganz genau erinnern können; *être encore tout* ~ *du collège* die Schule erst kürzlich verlassen haben; **3.** gesund, wohlerhalten, lebhaft, munter; *avoir le teint* ~ e-e frische Gesichtsfarbe haben; **4.** P *nous voilà* ~ so e-e Pleite!; **II** *advt. vor p/p.*, *ursprünglich adj.*, *das wie das p/p. in Zahl und Geschlecht übereingestimmt wird*; s. a. *fraîchement*) frisch, kühl; *étudiant m* ~ *émoulu* frisch gebackener Student *m*; *boire* ~ kalt trinken; ~ *arrivé* soeben angekommen; *fleur fraîche cueillie* frisch gepflückte Blume *f*; *manchmal aber bleibt frais unverändert*: *une boîte* ~ *repeinte* ein frisch überstrichener Kasten *m*; *de* ~ soeben; *rasé de* ~ frisch rasiert; **III** *m* **1.** Frische *f* (*Wetter*); *prendre le* ~ frische Luft schnappen; **2.** frisches (rohes) Obst *n od.* Gemüse *n* (*Rohkost*).

frais[2] (frɛ) *m/pl.* Kosten *pl.*, Unkosten *pl.*, Spesen *f/pl.*; Auslagen *f/pl.*, Kostenaufwand *m*, Amtsgebühren *f/pl.*; *faux* ~ Unkosten *pl.*, Nebenkosten *pl.*; unvorhergesehene Ausgaben *f/pl.*; *à mes* ~ auf m-e Kosten; *à* ~ *communs* auf gemeinsame Kosten; *à peu de* ~ mit wenig Kosten; *fig.* ohne viel Mühe; *à ses* ~ *et dépens* auf s-e Kosten; ~ *de port* Portokosten *pl.*; ~ *de douane* Zollgebühren *f/pl.*; ~ *généraux* Geschäftskosten *pl.*, Handelsspesen *pl.*; ~ *d'entretien* Instandhaltungskosten *pl.*; ~ *de banque* Bank-, Wechselspesen *pl.*; ~ *d'embarquement* Verschiffungskosten *pl.*; ~ *de publicité* Werbekosten *pl.*; ~ *de transport* Zustellungsgebühr *f*; ~ *médicaux* Arztkosten *pl.*; *fig. faire les* ~ *de la conversation* die Unterhaltung allein führen; *faire ses* ~ auf s-e Kosten kommen; *se mettre en* ~ sich in Unkosten stürzen; *tu en seras pour tes* ~ du wirst dein Geld dabei verlieren, du wirst nicht auf deine Kosten kommen, du wirst dich umsonst bemüht haben; ⚖ *être condamné aux* ~ kostenpflichtig verurteilt werden; ✝ *avance f de* ~ Kostenvorschuß *m*; ~ *d'exploitation* Betriebskosten *pl.*; (*tous*) ~ *payés* kostenfrei; 🚂 ~ *de stationnement* Standgeld *n*; Gleisbenutzungsgebühr *f*; ⚖ ~ *de radiation* Löschungskosten *pl.*; ~ *judiciaires* Gerichtskosten *pl.*; ~ *d'entretien* Verpflegungsgeld *n*.

fraise[1] (frɛ:z) *f* **1.** Erdbeere *f*; **2.** P Kopf *m*, Birne *f* P; Gesicht *n*.

frais|e[2] (~) *f* **1.** *cuis.* Gekröse *n* (*v. Kalb u. Lamm*); **2.** ⊕ Fräser *m*, Fräse *f*, Schneiderad *n*; ~ *profilée* Formfräse *f*; **3.** ⚔ *frt.*, ⚠ Pfahlwerk *n*; **~er** (frɛ'ze) *v/t.* [1b] **1.** falten, kräuseln; **2.** ⊕ (aus)fräsen; **3.** ⚔ *frt.*, ⚠ verpfählen; **~eur** (~'zœ:r) *su.* [7g] Fräser *m* (*Person*); **~euse** ⊕ (~'zø:z) *f* Fräsmaschine *f*; **~euse-raboteuse** (~rabɔ'tø:z) *f* [6a] Langfräsmaschine *f*.

fraisier (frɛ'zje) *m* Erdbeerpflanze *f*.

fraisil (frɛ'zi) *m* Holz- *od.* Steinkohlen- *od.* Schmiede-asche *f*.

framboise (frɑ̃'bwa:z) *f* Himbeere *f*.

franc (frɑ̃) **I** *adj. u.* ♀ *su.* [7i] a) ♀ Franke *m*; *les* ♀*s m/pl. hist.* die Franken (*a. Bezeichnung der Europäer in der Levante*); b) *adj.* fränkisch; *la langue franque* das Fränkische; *a.* Sprache *f* der Europäer in der Levante (*bestehend aus französischen, italienischen, spanischen usw. Elementen*; *vgl. sabir*); **II** *m* Frank(en) *m* (*Geldstück*); **III** *adj.* [7k] □ **1.** frei; *port m* ~ Freihafen *m*; *ville f franche* Freistadt *f*; *avoir ses coudées franches* Handlungsfreiheit haben; **2.** ~ *de* ... frei von ...; ✝ ~ *de casse* frei von Bruch; **3.** (kosten)frei; ⚖ ~ *et quitte* lasten-, schulden-frei; F *franche lippée* gutes, kostenloses Essen *n*; ~ *de droits* steuerfrei; ~ *de port* frankiert; portofrei; **4.** freimütig, aufrichtig, offenherzig rein, unverfälscht, wahr; *avoir son ~ parler* kein Blatt vor den Mund nehmen; ~ *coquin* Erzschuft *m*; *huit jours ~s* volle acht Tage; **5.** *à ~ étrier* in gestrecktem Galopp; schleunigst; **6.** ⚘ ungepfropft; *terre f franche* Blumenerde *f*; **IV** *adv.* (s. *a. franchement*) freimütig; ~ *et net od. tout* ~ geradeheraus, ganz offen; *parler* ~ frei u. offen sprechen; *peindre* ~ kühn malen.

français (frɑ̃'sɛ) **I** *adj.* [7] französisch; *la langue ~e* die französische Sprache; *advt. en* ~ auf französisch, im Französischen; *à la ~e* auf französische Art; *parler* ~ französisch sprechen; *parler ~ comme une vache espagnole* französisch radebrechen; F *parler ~ à q.* mit j-m (*in drohendem Tone*) deutsch reden; **II** *m* Französisch(e) *n*; französische Sprache *f*; *le vieux ~, l'ancien ~* das Altfranzösische *n*; *en bon ~* auf gut französisch; F *fig.* von der Leber weg, offen gesagt; **III** ♀ *su.* [7] Franzose *m* (*f*: Französin).

franc-bord ⚓ (frɑ̃'bɔ:r) *m* [6a] Freibord *m*.

franc-comtois (frɑ̃kɔ̃'twa) *adj.* (*f*: *franc-comtoise*) hochburgundisch, aus der Franche-Comté.

France (frɑ̃:s) *f*: **la** ~ Frankreich *n*; *la ~ métropolitaine* französisches Mutterland *n*.

franchement (frɑ̃ʃ'mɑ̃) *adv.* frei heraus, geradezu; schlankweg, ganz einfach; *à parler* ~ offen gestanden; ~ *mauvais* herzlich schlecht.

fran|chir (frɑ̃'ʃi:r) *v/t.* [2a] **1.** überspringen (*z.B. e-n Graben*); **2.** überschreiten; *fig.* ~ *les limites* die Grenzen überschreiten; **3.** überwinden; ~ *le pas fig.* den Schritt wagen; **~chise** (~'ʃi:z) *f* **1.** Gebühren-, ✝, *fin.* Zins-freiheit *f*; 🚂 Freigepäck *n*; ~ *postale*, ~ *de port* Portofreiheit *f*; *en ~ de douane* zollfrei; **2.** *fig.* Offenherzigkeit *f*, Offenheit *f*; *peint.* kühne Linienführung *f*; **~chissable** (~ʃi'sablə) *adj.* überschreitbar; **~chissement** (~ʃis'mɑ̃) *m*: ~ *d'une frontière* Grenzübertritt *m*. [das Fränkische *n*.]

francique *hist. ling.* (frɑ̃'sik) *m*: *le* ~

francisation *gr.* (frɑ̃sizɑ'sjɔ̃) *f* Französierung *f*.

franciscain (frɑ̃sis'kɛ̃) *su.* (*a. adj.*) [7] *rl.*: Franziskaner.

franciser (frɑ̃si'ze) *v/t.* [1a] französieren, e-e französische Form geben.

franc-maçon (frɑ̃ma'sɔ̃) *m* [6a] Freimaurer *m*; **~nerie** (~sɔn'ri) *f* Freimaurerei *f*; **~nique** (~sɔ'nik) *adj.* freimaurerisch.

franco (frɑ̃'ko) *advt.* franko, frankiert, portofrei; ~ (*à*) *domicile* frei (ins) Haus; ~ (en) *gare* frei (zum) Bahnhof; ~ *chantier* frei Bau; ~ *sur camion* frei Lastwagen.

franco-allemand (frɑ̃kɔal'mɑ̃) *adj.* französisch-deutsch.

franconien *All.* (frɑ̃kɔ'njɛ̃) *adj. u.* ♀ [7c] fränkisch; Franke *m*.

franco|phile (frɑ̃kɔ'fil) **I** *adj.* franzosenfreundlich; **II** *m* Franzosenfreund *m*; **~phobe** (~'fɔb) **I** *adj.* franzosenfeindlich; **II** *m* Franzosenfeind *m*; **~phone** (~'fo:n) **I** *adj.* französisch sprechend; *fig. pol.* profranzösisch **II** *su.* Französischsprechende(r) *m*.

franc|-parler (frɑ̃par'le) *m fig.* offene Sprache *f*; *avoir son ~ avec q.* j-m gegenüber kein Blatt vor den Mund nehmen; **~-tireur** ⚔ (~ti'rœ:r) *m* [6a] Freischärler *m*.

fran|ge (frɑ̃:ʒ) *f* Franse *f*; **~ger** (frɑ̃'ʒe) *v/t.* [1l] mit Fransen besetzen.

frangibilité (frɑ̃ʒibili'te) *f* Zerbrechlichkeit *f*.

frangible (frɑ̃'ʒiblə) *adj.* zerbrechlich.

frangin P (frɑ̃'ʒɛ̃) *m* [7] Bruder *m*; **~e** P (~'ʒin) *f* Schwester *f*.

frangipane (frɑ̃ʒi'pan) *f* Mandelkrem *m*, -kuchen *m*.

franquette (frɑ̃'kɛt) *f*: *à la bonne* ~ ohne Umstände, gemütlich.

frap|page ⊕ (fra'pa:ʒ) *m* Schlagen *n*; Prägung *f*; **~pant** (~'pɑ̃) *adj.* [7] schlagend, auffallend, treffend; verblüffend; **~pe** (frap) *f* **1.** Schlagen *n*; Prägung *f*, Gepräge *n*; ⚔ *force f de* ~ Schlagkraft *f*; **2.** Anschlag *m* (*e-r Schreibmaschine*); **3.** P *petite* ~ Gassenjunge *m*.

frappé (fra'pe) *adj.* **1.** beeindruckt, erschüttert, **2.** betroffen, heimgesucht, befallen (*v. e-r Krankheit*); **3.** verstört: *avoir l'imagination ~e* etw. Schlimmes ahnen, e-e fixe

Idee haben; **4.** P bekloppt; **5.** eisgekühlt; **6.** *des vers bien* ~*s* kraftvolle Verse *m/pl.*; **7.** ♪ *temps m* ~ Niederschlag *m beim Takte.*

frappe-devant ⊕ (frapdə'vɑ̃) *m* [6c] langstieliger Schmiedehammer *m.*

frappement (frap'mɑ̃) *m* Schlagen *n.*

frap|per (fra'pe) [1a] **I** *v/t.* **1.** schlagen; treffen; verwunden; *fig.* heimsuchen; ~ *l'air de ses cris* die Luft mit s-m Geschrei erfüllen; *fig.* ~ *l'imagination abs.* Eindruck machen; ~ *la vue*, ~ *les yeux* in die Augen fallen; *cela l'a frappé au cœur* das war ihm ein Stich ins Herz; ~ *un coup*: a) e-n Schlag tun; b) klopfen (*an die Tür*); c) schlagen (*Uhr*); F *fig.* ~ *un grand coup*, ~ *les grands coups* erfolgreich durchgreifen; *frappé d'apoplexie* vom Schlage gerührt (*od.* getroffen); **2.** prägen; **3.** ~ (*de glace*) kaltstellen, mit Eis kühlen; **4.** *fig.* Eindruck machen auf (*acc.*), überraschen, befremden; *cela m'a frappé* das ist mir aufgefallen; ~ *q. d'étonnement* j-n in Erstaunen setzen; **5.** ⚖ bestrafen; ✝ belasten; *frappé d'un droit à l'entrée* (*à la sortie*) ... mit e-m Eingangs-(Ausgangs-)zoll belegt; **II** *v/i.* **6.** schlagen, klopfen; ~ *des mains* in die Hände klatschen; ⚔ ~ *au but* treffen; ~ *à faux* vorbeihauen; ~ *à la porte* an die Tür klopfen; *on frappe* es klopft; ~ *à tort et à travers*, ~ *comme un sourd* blind drauflos schlagen; **III** *v/rfl.* se ~ **7.** sich (*od.* einander) stoßen *od.* treffen; se ~ *la poitrine* sich an die Brust schlagen; **8.** F *fig.* sich innerlich aufregen, sich Sorgen machen (*um Kranke*); **9.** (in Eis) gekühlt werden; **~peur** (~'pœːr) [7g] **I** *adj.* (an-)klopfend; *esprit m* ~ Klopfgeist *m*; **II** ⊕ *m* Zuschläger *m* (*beim Schmied*); *télégr.* Klopfer *m.*

frasque (frask) *f* Unüberlegtheit *f*, (kleine) Dummheit *f.*

fraternel (fratɛr'nɛl) *adj.* [7c] □ brüderlich; **~nisation** (~niza'sjɔ̃) *f* Verbrüderung *f*; **~niser** (~ni'ze) *v/i.* [1a] brüderlich (*od.* miteinander) verkehren; Brüderschaft schließen; **~nité** (~ni'te) *f* Brüderlichkeit *f.*

fratricide (fratri'sid) **I** *adj. u. su.* brudermörderisch; Bruder- (*od.* Schwester-)mörder *m*; **II** *m* Bruder- (*od.* Schwester-)mord *m.*

frau|de (froːd) *f* **1.** Betrug *m*; ~ *douanière* Zollhinterziehung *f*; ~ *fiscale* Steuerhinterziehung *f*; *user de* ~ betrügerisch handeln; ~ *sur les vins* Weinverfälschung *f*; *par* ~ betrügerischerweise; **2.** Schleichhandel *m*, Schmuggel *m*, Schmuggelei *f*; *faire la* ~ *de qch.* mit etw. (*dat.*) Schmuggel treiben; *introduit en* ~ eingeschmuggelt; **~der** (fro'de) [1a] **I** *v/t.* betrügen; hintergehen; ~ *la douane* beim Zoll schmuggeln; ~ *les droits* Abgaben hinterziehen; ~ *du vin* Wein verfälschen; **II** *v/i.* betrügen; ~ *dans un examen* bei e-r Prüfung betrügen; **~deur** (~'dœːr) *su. u. adj.* [7g] Betrüger *m*; betrügerisch; ~ *sur les vins* Weinverfälscher *m*; **~duleux** (frody'lø) *adj.* [7d] □ betrügerisch; gefälscht (*Text*).

fray|er (frɛ'je) [1i] **I** *v/t.* **1.** ~ *le chemin* den Weg bahnen; ~ *des chaussures* Schuhe austreten; **2.** *ch.* ~ *sa tête* sein Gehörn abfegen; **II** *v/i.* **3.** laichen; **4.** *fig.* ~ *avec q.* mit j-m verkehren; sich mit j-m einlassen; **III** *v/rfl.* se ~ sich wund reiben; **~ère** (~'jɛːr) *f* Laich-platz *m*, -zeit *f.*

frayeur (frɛ'jœːr) *f* Angst *f*, Schreck(en) *m.*

fredaine (frə'dɛn) *f* Jugendstreich *m.*

fredonner (frədɔ'ne) *v/i. u. v/t.* [1a] ♪ (vor sich her-)trillern.

frégate (fre'gat) *f* **1.** Fregatte *f*; U-Bootjäger *m*; ~ *météo* Wetterschiff *n*; ~ *cuirassée* Panzerfregatte *f*; **2.** *orn.* Fregattenvogel *m*: **~-école** (~e'kɔl) *f* [6a] Kadettenschulschiff *n.*

frégoli (fregɔ'li) *m* Verwandlungskünstler *m.*

frein (frɛ̃) *m* **1.** (Pferde-)Gebiß *n*; *fig. ronger son* ~ s-n Ärger runterschlucken; **2.** *fig.* Zaum *m*, Zügel *m*; *mettre un* ~ *à q.* j-n in Schach halten; *mettre un* ~ *à qch.* etw. unterbinden; e-r Sache Einhalt gebieten; **3.** *anat.* ~ *de la langue* Zungenband *n*; **4.** Bremse *f*; *serrer les* ~*s* bremsen; ~ *aéro-dynamique*, ~ *à air comprimé*, ~ *pneumatique* Luftdruckbremse *f*; ~ *hydraulique* Wasserdruckbremse *f*, hydraulische Bremse *f*, Ventilbremse *f*; ~ *à corde* (*de tambour*) Seil-(Trommel-)bremse *f*; ⚔, *artill.*: ~ *de recul* Rücklaufbremse *f*; *Auto*: ~ (*sur roue*) *arrière* Hinterradbremse *f*; ~ *à segments in-*

térieurs Innenbackenbremse *f*; ~ *de secours* Notbremse *f*; *vél.* ~ *à contrepédalage*, ~ *à rétropédalage* Rücktrittbremse *f*; *vél.* ~ *sur jante* Felgenbremse *f*; *Auto*: ~ *à quatre roues* Vierradbremse *f*; **~age** (frɛ'na:ʒ) *m* Bremsen *n*; ⊕ Bremsvorrichtung *f*, Bremswerk *n*; *fig.* Einschränkung *f*, Stillstand *m*; ✝ ~ *d'inflation* Inflationsstop *m*; **~er** (frɛ'ne) *v/t.* [1b] bremsen; *fig.* hemmen.

freinte ⊕, ✝ (frɛ̃:t) *f* Verlust *m*, Schwund *m*, Abfall *m*.

frela|tage *m*, **~tement** (frəla'ta:ʒ, ~lat'mɑ̃) *m* Verfälschung *f*; ~*tage m du vin* Weinverfälschung *f*; **~ter** (~'te) *v/t.* [1a] *Lebensmittel*, *Getränke*, *fig.* verfälschen.

frêle (frɛ:l) *adj.* schwach, zerbrechlich; zart, fein; *fig.* gebrechlich.

freloche (frə'lɔʃ) *f* Kescher *m*.

frelon (frə'lɔ̃) *m* Hornisse *f*.

freluche (frə'lyʃ) *f* **1.** seidene Quaste *f*; **2.** *fig.* Tand *m*.

freluquet F (frəly'kɛ) *m* Laffe *f*, Geck *m*, Fatzke *m*, Modenarr *m*.

frém|ir (fre'mi:r) *v/i.* [2a] **1.** brausen; rauschen; schwirren; zischen (*Wasser*), singen (*kochendes Wasser*); **2.** *fig.* schaudern, zittern, beben (*de* vor *dat.*); aufbrausen; *cela fait frémir* das ist schauderhaft; **~issement** (~mis'mɑ̃) *m* **1.** Brausen *n*, Rauschen *n*, Schwirren *n usw.*; **2.** ⚕ Zittern *n*, Fieberschauer *m*; *fig.* Schau(d)er *m*.

frên|aie (frɛ'nɛ) *f* Eschenwald *m*; **~e** (frɛ:n) *m* Esche *f*.

fréné|sie ⚕ (frene'zi) *f* Tobsucht *f*; *fig.* Raserei *f*, Verrücktheit *f*; *entrer en* ~ tobsüchtig werden; **~tique** ⚕ (~'tik) *adj. u. su.* □ tobsüchtig(er), verrückt(er Mensch); *fig.* hektisch, wahnsinnig; *applaudissements m/pl.* ~*s* tobender Beifall *m*.

fréquemment freka'mɑ̃) *adv.* häufig, oft.

fréquen|ce (fre'kɑ̃:s) *f* Häufigkeit *f*; häufige Wiederholung *f*; Besuchsziffer *f*; ⚡ *haute* (*basse*) ~ Hoch-(Nieder-)frequenz *f*; ⚕ ~ *du pouls* Geschwindigkeit *f* des Pulses; 🚂 ~ *des trains* Zugfolge *f*; **~t** (fre'kɑ̃) *adj.* [7] häufig; ⚕ *pouls* ~ beschleunigter Puls *m*; **~tatif** (~kɑ̃ta'tif) *gr. adj.* [7e]: *verbe* ~ Frequentativum *n*; **~tation** (~tɑ'sjɔ̃) *f* häufiger Verkehr *m*, Umgang *m*; ~ *de l'école* Schulbesuch *m*; **~ter** (~'te) [1a] **I** *v/t.* **1.** ~ *q.* j-n öfter (*od.* häufig) besuchen; **2.** ~ *qch.* etw. oft *od.* regelmäßig besuchen; ~ *une école* e-e Schule (regelmäßig) besuchen; *rue fréquentée* belebte Straße *f*; *fig.* ~ *un livre* ein Buch oft lesen; **II** *v/i.* oft wohin kommen; ~ *avec q.* mit j-m verkehren; *il fréquente chez lui* er geht bei ihm ein und aus.

frère (frɛ:r) *m* **1.** Bruder *m*; ~ *germain* leiblicher Bruder; ~*s pl. jumeaux* Zwillingsbrüder; ~ *d'armes* Waffenbruder *m*; **2.** *rl.* (Ordens-)Bruder *m*, *engS.* Logenbruder *m*.

frérot F (fre'ro) *m* Brüderchen *n*.

fresque (frɛsk) *f* Freske *f*.

fressure (frɛ'sy:r) *f* **1.** *Schlächterei*: Innereien *f/pl.*; ~ *de veau* Kalbsgekröse *n*; **2.** F *fig.* Bauch *m*.

fret ⚓, ✝ (frɛ) *m* **1.** Vermietung *f e-s Schiffes*; **2.** Frachtgeld *n*, Mietpreis *m für ein Schiff*; **3.** Schiffsfracht *f*, *a.* ✈ Ladung *f*, Fracht *f*.

frètement ⚓ (frɛt'mɑ̃) *m* Befrachtung *f*, Vermietung *f e-s Schiffes*.

fré|ter ⚓, ✈ (fre'te) *v/t.* [1f] **1.** *Schiff*, *Flugzeug* vermieten *od.* mieten, chartern, be-, ver-frachten; **2.** F *ein Fahrzeug* mieten; **~teur** ⚓ (~'tœ:r) *m* Reeder *m*.

frétil|ler (freti'je) *v/i.* [1a] sich hin und her bewegen, zappeln; ~ *de la queue* mit dem Schwanze wedeln; **~lon** F (~'jɔ̃) *su.* [7c] unruhige Person; Zappelfritze *m* (*f*: -liese *f*).

fretin (frə'tɛ̃) *m* kleine Fische *pl.* (*a. fig.*); *fig. menu* ~ Ausschuß *m*, Schund *m*; kleine Leute *pl.*

frette ⊕ (frɛt) *f* **1.** (Eisen-)Ring *m*, Zwinge *f*; Eisenbeschlag *m*; **2.** ⚠ Zinnenfries *m*.

fretter (frɛ'te) *v/t.* [1a] mit eisernen Reifen (mit e-m Ring) beschlagen.

freux *orn.* (frø) *m* Saatkrähe *f*.

friab|ilité (friabili'te) *f* Mürbheit *f*, Brüchigkeit *f*; **~le** (fri'ablə) *adj.* brüchig, mürbe, zerreibbar.

friand (fri'ɑ̃) [7] **I** *adj.* **1.** naschhaft; *il a le goût* ~ er ist ein Feinschmecker; ~ *de* begierig auf (*acc.*); **2.** schmackhaft, lecker; **II** *su.* Feinschmecker *m*, Leckermaul *n*; *Art* Pastete *f*; **~ise** (~'di:z) *f* **1.** Naschhaftigkeit *f*; **2.** Leckerbissen *m*; ~*s pl.* Süßigkeiten *f/pl.*

fric P (frik) *m* Moneten *f/pl.*

fric|adelle *cuis.* (frika'dɛl) *f* Fleischklößchen *n*; **~andeau** *cuis.* (~kɑ̃'do) *m* [5b] gespickter Kalbsbraten *m*; **~assée** *cuis.* (~ka'se) *f* Frikassee *n*;

fig. Sammelsurium *n*; F ~ *de museaux* langes Geknutsche *n*; **~asser** *cuis.* (~) *v/t.* [1a] frikassieren; *fig.* verplempern F, durchbringen; **~asseur** (~ka'sœ:r) *su.* [7g] schlechter Koch *m.*

fricative *gr.* (frika'ti:v) *f* Reibelaut *m.*

fric-frac * (frik'frak) *m* Einbruch *m.*

friche (friʃ) *f* Brachfeld *n*, Brache *f*; *en* ~ brach; *fig. esprit m en* ~ primitiver (*od.* ungehobelter) Mensch *m.*

frichti F (friʃ'ti) *m* Fraß *m.*

fricot P (fri'ko) *m* Ragout *n*; Essen *n*; **~er** P (frikɔ'te) [1a] **I** *v/i.* **1.** kochen; **2.** *fig.* krumme Geschäfte machen; **3.** † ⚔ sich drücken; **II** *v/t.* **4.** ~ *tout son bien* alles verprassen; **5.** *fig.* einfädeln, anzetteln; ✝ *die Bücher* fälschen; **6.** *cuis.* als Ragout zubereiten; **~eur** (~'tœ:r) *su.* [7g] **1.** Koch *m*; **2.** Schieber *m*; **3.** † ⚔ Drückeberger *m.*

friction (frik'sjɔ̃) *f* (Ab- [*a. fig.*], Ein-)Reibung *f*; **~ner** (~sjɔ'ne) *v/t.* [1a] (ein)reiben.

frigide *psych.* (fri'ʒid) *adj.* gefühllos, frigid, kalt.

frigidité *bsd. psych.* (friʒidi'te) *f* Impotenz *f*, Frigidität *f*, Gefühllosigkeit *f*, Kälte *f.*

frigo P (fri'go) *m* **1.** Kühlschrank *m*; **2.** Gefrierfleisch *n.*

frigori|fère (frigɔri'fɛ:r) *m* Kühlraum *m*; **~fier** (~'fje) *v/t.* [1a] kühlen; *viande f frigorifiée* Gefrierfleisch *n*; **~fique** (~'fik) *adj.* kälteerzeugend; *appareil m* ~ Kühlapparat *m*; *bâtiment m* ~ Kühlschiff *n*; *installation f* (*od. usine f*) ~ Kühlanlage *f*; **~ste** (~'rist) *m* Kältetechniker *m.*

frileux (fri'lø) *adj. u. su.* [7d] fröstelnd, leicht frierend; Fröstling *m*; P *orn.* Rotkehlchen *n.*

frim|aire *Fr. hist.* (fri'mɛ:r) *m* Reifmonat *m*; **~as** (~'mɑ) *m* Reif *m.*

fri|me F (frim) *f* Schein *m*, Mache *f*; Lüge *f* Schwindel *m*, Humbug *m*; *c'est de la* ~ das ist Humbug; **~mousse** P (~'mus) *f* niedliches Gesichtchen *n.*

fringale F (frɛ̃'gal) *f* Heißhunger *m*; *fig.* Fimmel *m*, Sucht *f.*

fringant (frɛ̃'gɑ̃) *adj.* forsch, munter, lebhaft, keck; fesch; schnippisch; feurig (*Pferd*).

fringuer P (frɛ̃'ge) **I** *v/t.* anziehen, ausstaffieren; **II** *v/rfl. se* ~ sich anziehen.

fringues P (frɛ̃:g) *f/pl.* Klamotten *f/pl.* P, Sachen *f/pl.*

fripe † (frip) *f jede Art* Brotaufstrich *m*; *allg.* Essen *n*, Ernährung *f.*

friper (fri'pe) *v/t.* [1a] **1.** zerknittern; abnutzen; abtragen; (*Gesicht*) runzeln; **2.** † gierig runterschlingen; **~ie** (fri'pri) *f* **1.** Trödel(kram *m*) *m*, Plunder *m*; alte Sachen *f/pl.*, gebrauchte Kleidung *f od.* Möbel *pl.*; *marchand m de* ~ Trödelhändler *m*; **2.** Trödelladen *m.*

fripe-sauce F (frip'sos) *m* [6c] **1.** Sudelkoch *m*; **2.** Tellerlecker *m.*

frip|ier (fri'pje) *su.* [7b] Trödelhändler *m*; **~on** (fri'pɔ̃) [7c] **I** *adj.* spitzbübisch, schelmisch; **II** a) ⚒ Schurke *m*, Gauner *m*; b) Schelm *m*, Schalk *m*; **~onne** (~'pɔn) *f* kesses Mädchen *n*; **~onneau** (~pɔ'no) *m* Bürschchen *n*; **~onnerie** ⚒ (~pɔn'ri) *f* Gaunerei *f*; **~ouille** P (~'puj) *f* Halunke *m*, Schuft *m*, Strolch *m*; **~ouillerie** (~puj'ri) *f* Schuftigkeit *f.*

friquet *orn.* (fri'kɛ) *m* Feldsperling *m.*

frire (fri:r) *v/t. u. v/i.* [4m] in der Pfanne braten; *poêle f à* ~ Bratpfanne *f*; *poisson m à* ~ Bratfisch *m*; *pommes f/pl.* (*de terre*) *frites* Bratkartoffeln *f/pl.*; P *il est frit* er ist erledigt (*od.* geplatzt).

frisage (fri'za:ʒ) *m* Kräuseln *n.*

frisant (fri'zɑ̃) *adj.* schummerig (*vom Tag, vom Licht*).

Frise[1] (fri:z) *f*: **1.** *la* ~ Friesland *n*; **2.** ♀ ⚔ *frt.*: *cheval m de* ♀ spanischer Reiter *m* (*zur Barrikadierung*).

frise[2] (~) *f* **1.** ⌂ Fries *m*; **2.** *thé.* Bühnenhimmel *m*; **3.** *text.* Fries *m*, Flausch *m* (*Wollstoff*).

friselée ✿ (friz'le) *f* Kartoffelkrankheit *f.*

friselis (friz'li) *m* Rauschen *n*, Flattern *n.*

friser (fri'ze) [1a] **I** *v/t.* **1.** kräuseln (*Haare*); **2.** *fig.* streifen, leicht berühren; **3.** *text.* Tuch aufkratzen, aufrauhen; **4.** *fig.* frisieren, beschönigen, vertuschen; **II** *v/i.* **5.** sich kräuseln; *chou frisé* Wirsingkohl *m*; **6.** ⚓ killen; flattern (*von Segeln*).

frisette (fri'zɛt) *f* Löckchen *n.*

frisoir (~'zwa:r) *m* Brenn-eisen *n*, -schere *f.*

frisolée ✿ (frizɔ'le) *f* Kartoffelkrankheit *f.*

frison[1] (fri'zɔ̃) *m* Locke *f.*

frison[2] (~) *adj. u.* ♀ [7c] friesisch; Friese *m.*

frisotter (frizɔ'te) [1a] *v/t.* leicht kräuseln.

frisquet F (fris'kɛ) *adj.* [7c] frisch, kühl; *il fait* ~ es ist kühl; **~te** *tiss.* (~'kɛt) *f* Kartenmuster *n.*

frisson (fri'sɔ̃) *m* Schauder *m*; **~ne-**

ment (˷sɔn'mɑ̃) *m* Frösteln *n*, Schauder *m*; *il lui prit* (*od.* *passa*) *un* ˷, *il eut des* ˷*s* ein Schauder packte (*od.* überkam) ihn; **˷ner** (˷'ne) *v/i.* [1a] schaudern, frösteln; ˷ *de peur* vor Furcht zittern.

frisure (fri'zy:r) *f* Frisur *f*, Haartracht *f*; gekräuseltes Haar *n*; *fig.* Ziererei *f*; (*Stil*) Künstelei *f*.

friteau (fri'to) *m*: ˷ *de poulet*, *od.* *poulet m en* ˷ Brathuhn *n*.

friterie (fri'tri) *f* **1.** Fischbrathalle *f*; **2.** Fischkonservenfabrik *f*.

frites (frit) *f/pl.* (*abr. für pommes* ˷) Pommes frites *pl.*

fritillaire ⚘ (fritil'lɛ:r) *f*: ˷ *impériale* [Kaiserkrone *f*.]

fritt|age ⊕ (fri'ta:ʒ) *m* Fritten *n*, Ausbrennen *n* (*Glasfabrikation*); **˷e** (frit) *f* Fritte *f*, Glasschmelzmasse *f*; **˷er** (˷'te) *v/t.* [1a] fritten, Glasmaterialien ausbrennen.

friture (fri'ty:r) *f* **1.** Braten *n* in der Pfanne; **2.** Braten-fett *n*, -schmalz *n*; **3.** kleine Bratfische *m/pl.*; **4.** *téléph.*, *rad.* Nebengeräusche *n/pl.*; ˷ (*parasite*) Störungsgeräusche *n/pl.*

frivo|le (fri'vɔl) *adj.* unbedeutend, wertlos; nichtig; oberflächlich, frivol, leichtfertig, leichtsinnig; **˷lité** (˷li'te) *f* **1.** ˷*s pl.* Tand *m*, wertloses Zeug *n*; *fig.* Kindereien *f/pl.*; **2.** Leichtfertigkeit *f*, Frivolität *f*; **3.** ˷*s pl.* Spitzen *f/pl.*.

froc (frɔk) *m* Mönchskutte *f*; Kappe; geistlicher Stand *m*; grober Wollstoff *m*; P Hose *f*; *jeter le* ˷ *aux orties* die Kutte ablegen; **˷ard** P *péj.* (˷'ka:r) *m* Pfaffe *m*.

froid (frwa) **I** *adj.* □ **1.** kalt; *viandes f/pl.* ˷*es* kaltes Fleisch *n*; *mets m/pl.* ˷*s* kalte Küche *f*; **2.** *fig.* kühl, kaltblütig, gefühllos, lieblos, gemütsarm, unfreundlich; ausdruckslos, leblos, nüchtern (*Stil*); *à* ˷ kalt (-blütig), ohne Begeisterung, ohne Vorbereitung; *cuis.* ungewärmt *fig.* *battre le fer à* ˷ s-e innere Erregung verbergen; **II** *m* (*auch* ˷*s pl.*) **3.** Kälte *f*, Frost *m*; *avoir* ˷ frieren; *avoir* ˷ *aux mains* kalte Hände haben; *fig.* *ne pas avoir* ˷ *aux yeux* tollkühn (unverfroren) sein; *dès la venue des premiers* ˷*s* seit Beginn der kalten Jahreszeit; *il fait* ˷ es ist kalt(es Wetter *n*); *il fait un* ˷ *de loup* (*od.* *de canard*) es ist e-e Hundekälte; *mourir de* ˷ erfrieren; *prendre* (*od.* *attraper*) ˷ sich erkälten, sich e-e Erkältung zuziehen; *prendre* ˷ *aux pieds* kalte Füße bekommen; *le* ˷ *me prend* mir wird kalt; *trembler de* ˷ vor Kälte zittern; *souffler le chaud et le* ˷ sein Mäntelchen nach dem Winde tragen, doppelzüngig sein; **4.** *fig.* kaltes Wesen *n*; *battre* ˷ *à q.* j-m kühl entgegentreten; *être en* ˷ *avec q.* sich mit j-m nicht besonders stehen; *il y a un* ˷ *entre eux* es herrscht ein gespanntes Verhältnis zwischen ihnen; *cela jette un* ˷ das macht e-n peinlichen Eindruck; **˷eur** (˷'dœ:r) *f* **1.** Kälte *f*; *la* ˷ *de l'air* (*de l'eau*, *du temps*) die Kälte der Luft (des Wassers, des Wetters); **2.** *fig.* Gefühllosigkeit *f*, Teilnahmslosigkeit *f*, Leblosigkeit *f*, Lauheit *f*; kaltes Wesen *n*; **˷ure** (˷'dy:r) *f* kalte Luft *f*.

frois|sement (frwas'mɑ̃) *m* Reibung *f* (*a. fig.*); Zerknittern *n*, Knüllen *n* (*Stoff*); Quetschung *f*; *fig.* Kränkung *f*; ˷*s pl. des intérêts* Interessensgegensätze *m/pl.*; **˷ser** (frwa'se) [1a] **I** *v/t.* wund reiben, (zer)quetschen; zerknittern, knüllen; *fig.* kränken, verletzen; **II** *v/rfl.* se ˷ *de qch.* sich durch etw. (*acc.*) verletzt (*od.* gekränkt) fühlen; **˷sure** (˷'sy:r) *f* Knick *m*; Bruch *m*; Quetschung *f*.

frôl|ement (frol'mɑ̃) *m* (An-)Streifen *n*; Rauschen *n*, Rascheln *n* (*v. Kleidern*); **˷er** (˷'le) [1a] **I** *v/t.* streifen, leicht berühren; ˷ *la mort* hart am Tode vorbeigehen; **II** *v/rfl.* se ˷ *auprès de q.* sich bei j-m anschmiegen (*Katze*); **˷eur** (˷'lœ:r) *adj.* [7g] leicht streifend; einschmeichelnd, anschmiegsam.

froma|ge (frɔ'ma:ʒ) *m* **1.** Käse *m*; ˷ *aux herbes* Kräuterkäse *m*; ˷ *de chèvre* (˷ *à la crème*, ˷ *de Gruyère*, ˷ *de lait frais*) Ziegen- (Rahm-, Schweizer-, Süßmilch-)Käse *m*; ˷ *blanc*, ˷ *mou* weißer Käse *m*, Quark *m*; ˷ *égoutté* trockener Quark *m*; *être dans le* ˷ an der Futterkrippe sitzen; *conserver son* ˷ sich sein Pöstchen halten; *se retirer dans un* ˷ nur an sich denken; *entre la poire et le* ˷ beim Nachtisch; *fig.* so nebenbei; **2.** ˷ *de porc* (*od.* de tête) Sülze *f*; **˷ger** (˷ma'ʒe) **I** *su.* (*a. adj.*) [7b] Käse-macher *m*, -händler *m*; **II** *m* a) Käsenapf *m*; b) ⚘ Wollbaum *m* (*Bombax*); **˷gerie** (˷maʒ'ri) *f* Käse-fabrik *f*, -geschäft *n*.

froment (frɔ'mɑ̃) *m* Weizen *m*; **~al** ⚘ (~'tal) *m* Wiesenhafer *m*, Hafergras *n*.
fronce (frɔ̃:s) *f* **1.** kleine Falte *f*; **2.** Knick *m* (*im Papier*).
fron|cement (frɔ̃s'mɑ̃) *m* Stirnrunzeln *n*; **~cer** (frɔ̃'se) *v/t.* [1k] **1.** ~ *les sourcils* die Stirn runzeln; **2.** ⊕ fälteln (*Rock*); **~cis** (frɔ̃'si) *m* Falten *f/pl.*
frondaison (frɔ̃dɛ'zɔ̃) *f* Treiben *n* der Blätter; Laub *n*.
fron|de (frɔ̃:d) *f* **1.** Schleuder *f*; **2.** *chir.* Schleuderbinde *f* (*Kopfverband*); **3.** ⚘ Wedel *m* (*Farn- od. Palmenblatt*); **4.** *hist.* Fronde *f*; **5.** *fig.* *esprit m de* ~ Aufbegehren *n*, Trotz *m*; **~der** (frɔ̃'de) [1a] **I** *v/t.* **1.** ⚒ schleudern; **2.** *fig.*kritisieren; **II** *v/i.* meckern (*contre* über).
frondescent (frɔ̃dɛ'sɑ̃) *adj.* [7] sich belaubend.
frondeur (frɔ̃'dœ:r) *su.* [7g] Kritikaster *m*, Nörgeler *m*, Meckerer *m*.
front (frɔ̃) *m* **1.** Stirn *f*; Gesicht *n*; ~ *serein* heiteres Gesicht *n*; *le* ~ *baissé* gesenkten Hauptes; *marcher le* ~ *levé* den Kopf hoch tragen, sicher auftreten; *courber* (*relever*) *le* ~ den Kopf nach vorn beugen (wieder heben); **2.** Vorderseite *f*, Front *f* (*bsd.* ⚔); ~*!* stillgestanden!; *aller au* ~ an die Front gehen; *passer devant le* ~ *des troupes* die Front abschreiten; *fig. faire* ~ *à* die Stirn bieten, trotzen, widerstehen; *advt.*: *de* ~ a) von vorn; b) nebeneinander; *de* ~ *avec les alliés* in gemeinsamer Front mit den Verbündeten; *marchez quatre de* ~*!* zu vieren nebeneinander!; c) zu gleicher Zeit; d) schonungslos; ohne Umschweife (*od.* Verzögerung); *bsd. fig. heurter de* ~ *q.* j-n vor den Kopf stoßen; **3.** Dreistigkeit *f*, Frechheit *f*; *avoir du* ~ frech (*od.* unverschämt) sein; *avoir le* ~ *de* (*mit inf.*) sich erdreisten, zu ..., die Frechheit besitzen, zu ...; **~al** (~'tal) [5c] **I** *adj.* Stirn...; *anat. os m* ~ Stirnbein *n*; **II** *m* Stirnbinde *f*; **~alier** (~ta'lje) [7b] **I** *adj.*: *différend m* ~ Grenzstreit *m*; *trafic m* ~ Grenzverkehr *m*; **II** *su.* Grenzgänger *m*; **~eau** (~'to) *m* Stirnbinde *f* (*der Nonnen*).
frontière (frɔ̃'tjɛ:r) *f* (*staatspolitische* Landes-)Grenze *f*; *als adj.*: Grenz...; ~ *du nord* Nordgrenze *f*; *à la* ~, *sur la* ~ an der Grenze; *conduire à la* ~, *faire repasser la* ~ über die Grenze bringen, des Landes verweisen; *gare f* ~ Grenzbahnhof *m*; *trafic m à la* ~ Grenzverkehr *m*; *fermeture f de la* ~ Grenzsperre *f*.
front|ispice (frɔ̃tis'pis) *m* ⚠ Vordergiebel *m*, Vorderseite *f*, Fassade *f*; *typ.* Titelblatt *n*; **~on** (~'tɔ̃) *m* ⚠ Tür-, Fenster-giebel *m*; Giebeldach *n*, Stirnwand *f*.
frot|tage (frɔ'ta:ʒ) *m* Reiben *n*, Frottieren *n*; Bohnern *n*; **~tée** (~'te) *f* Tracht *f* Prügel; *administrer une* ~ *à q.* j-n durchhauen, versohlen F; **~tement** (~t'mɑ̃) *m* Reiben *n*, Frottieren *n*; *phys.* Reibung *f*; *fig.* Reiberei *f*, Differenz *f*; **~ter** (~'te) [1a] **I** *v/t.* **1.** (ab-, ein-)reiben; F ~ *les oreilles à q.* j-m eins hinter die Ohren geben; ~ *le rasoir* das Rasiermesser abziehen; **2.** *a. abs.* bohnern; schrubben, aufwischen; **3.** P durchprügeln; **II** *v/rfl.* *se* ~ **4.** sich reiben (*contre* an *dat.*); *se* ~ *les dents* sich die Zähne putzen; *se* ~ *de* sich einreiben mit (*dat.*); *fig. se* ~ *à q.* a) Umgang mit j-m haben; b) sich mit j-m reiben, sich mit j-m einlassen; *il ne fait pas bon se* ~ *à lui* mit ihm ist nicht gut Kirschen essen; F *se* ~ *à qch.* sich an e-e Sache heranmachen; *ne vous y frottez pas* fangen Sie bloß so was nicht an!; **~teur** (~'tœ:r) *su.* [7g] Parkettreiniger *m*; ⚡ Kontakt-schleifer *m*, -arm *m*; **~toir** (~'twa:r) *m* **1.** Bohner-, Reibebürste *f*; **2.** Wischlappen *m*; Frottiertuch *n*; **3.** Reibfläche *f* für Streichhölzer.
frou-frou (fru'fru) *m* Rascheln *n* (*v. Blättern*); Rauschen *n*, Knistern *n* (*bsd. v. Seidenkleidern*); *faire du* ~ *fig.* Staat (*od.* Wind) machen.
froufrouter (frufru'te) *v/i.* [1a] rascheln (*v. Blättern*); knistern, rauschen (*v. seidenen Kleidern*).
frous|sard P (fru'sa:r) **I** *su.* [7] Angsthase *m*; **II** *adj.* feige; **~se** P (frus) *f* Heidenangst *f*.
fructi|dor *Fr. hist.* (frykti'dɔ:r) *m* Fruchtmonat (*15./16. Aug. bis 16./17. Sept.*); **~fication** (~fika'sjɔ̃) *f* Befruchtung *f*; Fruchtentwicklung *f*; **~fier** (~'fje) *v/i.* [1a] Früchte tragen; *faire* ~ befruchten; *fig.* (*Geld*) nutzbringend anlegen.
fructose (fryk'to:z) *f* Fruchtzucker *m*.
fructueux (fryk'tɥø) *adj.* [7d] einträglich (*Geschäft*); erfolgreich,

nutzbringend (*Arbeit*).

frugal (fry'gal) *adj.* [5c] **1.** genügsam, bedürfnislos; **2.** einfach, spärlich, bescheiden (*Mahl, Essen*); **~ité** (~li'te) *f* Genügsamkeit *f*, Bedürfnislosigkeit *f*, Einfachheit *f*.

fruit¹ △ (frɥi) *m* Verjüngung *f e-r Mauer nach oben*.

fruit² (~) *m* **1.** Frucht *f*; *~s pl.* Obst *n*; *~s pl. cuits* Backobst *n*; *~s pl. secs* Dörrobst *n*; *~ à noyau* Steinfrucht *f*; *~ à pépins* Kernfrucht *f*; *cet arbre ne se met pas à ~* dieser Baum setzt nicht an; *~ sec* getrocknete Frucht *f*; *fig.* gescheiterte Existenz *f*; schönes Früchtchen *n*; *écol.* Schüler *m*, der nicht mitkommt; durchgefallener Schüler *m*; **2.** *servir les ~s* den Nachtisch auftragen; **3.** *fig.* Erfolg *m*, Ertrag *m*, Vorteil *m*, Nutzen *m*, Gewinn *m*; **4.** ⚖ *~s pl.* Einkünfte *f/pl.*; *~s m/pl. civils* Mieteinnahmen *f/pl.*; **~arien** (~ta'rjɛ̃) *su.* [7c] Rohköstler *m*; **~arisme** (~ta'rism) *m* Rohkostdiät *f*; **~erie** (frɥi'tri) *f* Obst-geschäft *n*, -laden *m*, -handel *m*, -kammer *f*, -keller *m*; **~ier** (~'tje) **I** *adj.* [7b] **1.** obsttragend; *arbre m ~* Obstbaum *m*; *jardin m ~* Obstgarten *m*; **II** *su.* [7b] **2.** Obst- u. Gemüse-händler *m*; **3.** Käsefabrikant *m*, Senne *m* (*Franche-Comté, Jura*); **III** *m* Obstkeller *m*, -kammer *f*, -ständer *m*, -regal *n*, -garten *m*.

frumentaire (frymɑ̃'tɛːr) *adj.* Getreide...

frusquer P frys'ke [1m]: (se) ~ [(sich) anziehen.]

frusques P (frysk) *f/pl.* **1.** Lumpen *pl.*, alte Sachen *f/p zum Anziehen*); **2.** Klamotten *f/pl.* (*wertlose Möbel*).

frusquin P (frys'kɛ̃) *m* Habselig-[keiten *f/pl.*.]

fruste (fryst) *adj.* abgegriffen; abgescheuert, verwittert; derb, ungeschlacht, vierschrötig, tölpelhaft; ⚕ unklar (*v. Krankheiten*).

frustr|ation (frystrɑ'sjɔ̃) *f* **1.** ⚖ Vereitelung *f*; **2.** Benachteiligung *f*; Prellerei *f*, Enttäuschung *f*; **~er** (~'tre) *v/t.* [1a]: *~ q. de* j-n bringen (*od.* prellen) um (*acc.*); *fig. ~ l'attente de q.* j-s Erwartung täuschen.

fuchsia ⚘ (fyk'sja) *m* Fuchsie *f*.

fucus ⚘ (fy'kys) *m* Alge *f*, Tang *m*.

Fuégien (fye'ʒjɛ̃) *su.* [7c] Feuerländer *m*.

fuel(-oil) (fulɔ'il) *m* Heizöl *n*; *chauffe f au ~* Ölfeuerung *f*.

fuga|ce (fy'gas) *adj.* flüchtig (*z.B. Parfüm*); vorübergehend (*Schmerz*); schnell verblassend, unecht (*Farbe*); ⚘ früh abfallend; *fig.* von kurzer Dauer; **~cité** (~si'te) *f* Flüchtigkeit *f*; schnelles Verblassen *n*, Unechtheit *f*; Vergänglichkeit *f*.

fugitif (fyʒi'tif) [7e] **I** *adj.* **1.** flüchtig; **2.** *fig.* von kurzer Dauer, schnell vorübergehend; einfach und kurz (*Gedicht*); **II** *su* Flüchtling *m*.

fugue (fyg) *f* **1.** F Seitensprung *m*; Ausreißen *n*; *faire une ~* e-n Seitensprung machen; ausreißen F, durchbrennen F; **2.** ♪ Fuge *f*.

fugué ♪ (fy'ge) *adj.* fugenhaft.

fuie (fɥi) *f* kleiner Taubenschlag *m*; *Auto*: fahrbare Militärbrieftaubenstation *f*.

fuir (fɥiːr) [2d] **I** *v/i.* (*mit avoir*) **1.** (ent)fliehen, die Flucht ergreifen; *~ à toutes jambes* Hals über Kopf davonlaufen; **2.** *fig.* schnell vergehen; **3.** undicht werden, lecken (*Faß*); **4.** zurücktreten (*Stirn*); **II** *v/t. ~ q.* (*qch.*) vor j-m (etw.) fliehen; j-n (etw.) meiden.

fuite (fɥit) *f* **1.** Flucht *f*, Fliehen *n* (*de* vor *dat.*); *fig.* Entweichen *n*; *être en ~* auf der Flucht sein; *mettre en ~* in die Flucht schlagen, verscheuchen; *prendre la ~* die Flucht ergreifen; ✝ *~ des capitaux* Kapitalflucht *f*; *user de ~s* Ausflüchte gebrauchen; **2.** *a.* ⊕ Ausströmen *n*, Auslaufen *n*; ⚡ Stromverlust *m*; *pol.* ⚖ durchgesickerte Nachrichten *f/pl.*, gezielte Indiskretion *f*; ✈ *~ d'essence* Leck *n* in der Benzinleitung; **3.** Spalte *f*, Ritze *f*, Öffnung *f* (*an e-r Gasröhre*); *avoir une ~* leck sein; **4.** *fig.* Vergänglichkeit *f*; **5.** *, *a.* ⚔ Entlassung *f*; Ferien *pl.*

fulgu|rance (fylgy'rɑ̃ːs) *f* Blitzen *n*, Funkeln *n*; **~rant** (~'rɑ̃) *adj.* [7] blitzend; *fig.* blitzschnell; ⚕ stechend; **~ration** (~rɑ'sjɔ̃) *f* Wetterleuchten *n*; *fig.* Funkeln *n*, Blitzen *n*; **~rer** (~'re) *v/i.* [1a] funkeln, leuchten, blitzen.

fuligineux (fyliʒi'nø) *adj.* [7d] rußig, rußfarben.

fulmicoton (fylmikɔ'tɔ̃) *m* Schießbaumwolle *f*.

fulmi|naire *min.* (fylmi'nɛːr) *adj.*: *pierre f ~* Donnerkeil *m*; **~nant** (~'nɑ̃) *adj.* [7] blitzend, donnernd; *fig.* drohend, tobend, wetternd, wütend; *argent m ~* Knallsilber *n*; *bonbon m ~* Knallbonbon *m*; **~na-**

tion (ˌnɑ'sjɔ̃) *f* Aufblitzen *n*; Knall *m*; **ˌner** (ˌ'ne) [1a] **I** *v/i.* Blitz und Donner schleudern; *fig.* wettern, toben, wütend sein; ⚗ knallen, verpuffen; **II** *v/t. rl.* e-n Bannstrahl schleudern.

fumage¹ (fy'ma:ʒ) *m* Räuchern *n*; ⊕ (falsche) Goldfarbe *f*.

fumage² ⸗ (ˌ) *m*, **fumaison** (fymɛ'zɔ̃) *f* Düngen *n*.

fume|-cigare (fymsi'ga:r) *m* [6c] Zigarrenspitze *f*; **ˌ-cigarette** (ˌsiga'rɛt) *m* Zigarettenspitze *f*.

fumée (fy'me) *f* **1.** Rauch *m*, Dampf *m*; **ˌs** *pl.* Dunst *m*; ⊕ ˌ *d'arsenic*, ˌ *arsenicale* Hüttenrauch *m* (*der Industrie*); *épaisse* ˌ, ˌ *noire* Qualm *m*; *avaler la* ˌ auf Lunge rauchen; *nuage m de* ˌ Rauchwolke *f*; **2.** ˌ*s pl.* Rausch *m*; **3.** *fig.* Nichtigkeit *f*, Vergänglichkeit *f*.

fumer¹ (fy'me) [1a] **I** *v/i.* **1.** rauchen; qualmen; blaken; **2.** dampfen; F wütend sein; **II** *v/t.* rauchen; ˌ *le calumet de paix* die Friedenspfeife rauchen; *défense f de* ˌ! Rauchen verboten!; **3.** (durch)räuchern; *verre m fumé* (rauch)geschwärztes Glas *n*.

fumer² (ˌ) *v/t.* [1a] düngen.

fume|rie (fym'ri) *f* **1.** (Tabak-) Rauchen *n*; **2.** Opiumhöhle *f*.

fumet (fy'mɛ) *m* **1.** Geruch *m* (*v. Fleisch*); Blume *f* (*Wein*); **2.** *ch.* Witterung *f*.

fumeur (fy'mœ:r) *su.* [7g] Raucher *m*; *grand* ˌ starker Raucher *m*.

fumeux (fy'mø) *adj.* [7] □ **1.** rauchig; qualmend; **2.** berauschend; benebelnd (*Wein*); *fig.* unklar.

fumier (fy'mje) *m* **1.** Mist *m*, Dung *m*; (*tas m de*) ˌ Misthaufen *m*; *fosse f à* ˌ Mistgrube *f*; **2.** *fig.* Dreck *m*; P Mistvieh *n*.

fumi|gateur ⸗ (fymiga'tœ:r) *m* Rauchzerstäuber *m*; **ˌgation** (ˌga'sjɔ̃) *f* **1.** ⚕ Dampfbad *n*; **2.** Ausräuchern *n*; ⚗ Anräuchern *n*; **ˌgène** (ˌ'ʒɛn) *adj.* Rauch..., Nebel...; **ˌger** (ˌ'ʒe) *v/t.* [1l] ausräuchern; ⚗ anräuchern; **ˌste** (ˌ'mist) *m* **1.** Ofensetzer *m*; **2.** F Zotenreißer *m*; Angeber *m*; **ˌsterie** (ˌstə'ri) *f* **1.** Ofensetzerei *f*; **2.** F Bluff *m*, Angeberei *f*, fauler Witz *m*.

fumivore (fymi'vɔ:r) *adj. u. m* rauchverzehrend; Rauchverzehrer *m*.

fumoir (fy'mwa:r) *m* **1.** Rauchzimmer *n*; **2.** Räucherkammer *f*.

fumure ⸗ (fy'my:r) *f* Düngung *f*; Dung *m*, Dünger *m*.

funambu|le (fynɑ̃'byl) *su.* Seiltänzer *m*; **ˌlesque** (ˌ'lɛsk) *adj.* seiltänzerisch; *fig.* wunderlich.

funèbre (fy'nɛbrə) *adj.* **1.** Begräbnis..., Leichen..., Trauer...; *chant m* ˌ Trauergesang *m*; *cortège m* ˌ Leichenzug *m*; *marche f* ˌ Trauermarsch *m*; *oraison f* ˌ Leichenrede *f*; *pompe f* ˌ Leichenbegängnis *n*; *pompes f/pl.* ˌ*s* Beerdigungsinstitut *n*; *service m* ˌ Trauergottesdienst *m*; **2.** *fig.* düster, traurig, unheimlich.

funé|railles (fyne'rɑ:j) *f/pl.* Leichenbegängnis *n*; Beerdigungsfeier *f*; ˌ *nationales* Staatsbegräbnis *n*; **ˌraire** (ˌ'rɛ:r) *adj.* Grab..., Begräbnis...

funeste (fy'nɛst) *adj.* □ unheilvoll, verheerend, unglücklich, traurig.

funicu|laire (fyniky'lɛ:r) **I** *adj.*, Seil...; **II** *m* Drahtseilbahn *f*.

funin ⚓ (fy'nɛ̃) *m* Takelwerk *n*.

fur (fy:r) *m nur noch gebr. in*: *au fur et à mesure* (*de od. que*) entsprechend; in dem Maße, wie; nach Maßgabe (*gén.*); je nach ...

furet (fy'rɛ) *m zo.* Frettchen *n*; *fig.* Schnüffler *m*, Aushorcher *m*; **ˌage** (fyr'ta:ʒ) *m ch.* Kaninchenjagd *f* mit Frettchen; F *fig.* Aufstöbern *n*, Ausfindigmachen *n*; **ˌer** (ˌ'te) *v/t. u. v/i.* [1c] *ch.* mit Frettchen jagen; F *fig.* aufspüren, erschnüffeln; **ˌeur** (ˌ'tœ:r) [7g] *su.* **1.** *ch.* Kaninchenjäger *m* mit Frettchen; **2.** F *fig.* Aufspürer *m*, Schnüffler *m*.

fur|eur (fy'rœ:r) *f* **1.** Wut *f*, Raserei *f*; *être transporté de* ˌ vor Wut außer sich sein; *entrer en* ˌ in Wut geraten; **2.** *fig.* ˌ *de l'orage* Toben *n* des Sturmes; *la mer est en* ˌ das Meer tobt; ˌ*s pl. de la guerre* Greuel *m/pl.* des Krieges; **3.** *fig.* Begeisterung *f*; Leidenschaft *f*; ˌ *d'agir*, ˌ *de servir* Einsatzbereitschaft *f*; ˌ *du jeu* Spielwut *f*.

fur|ibond (fyri'bɔ̃) *adj. u. su.* [7] wütend; Rasende(r) *m*; **ˌie** (fy'ri) *f* **1.** *myth.* ♀ Furie *f*; **2.** *fig.* böses Weib *n*; **3.** Wut *f*; *être en* ˌ wüten; **4.** Heftigkeit *f*, Ungestüm *n*; **ˌieux** (fy'rjø) [7d] **I** *adj.* □ rasend, grimmig, wütend; F *fig.* außerordentlich, gewaltig, Riesen...; *rendre q. fou* ˌ j-n zur Weißglut bringen; **II** *su.* Rasende(r) *m*.

furole (fy'rɔl) *f* Irrlicht *n*.

furon|cle ⚕ (fy'rɔ̃:klə) *m* Furunkel

m, Blutgeschwür *n*; **~culeux** ⚕ (fyrɔ̃ky'lø) *adj.* [7d] furunkulös; **~culose** ⚕ (~'lo:z) *f* Furunkulose *f*.

furtif (fyr'tif) *adj.* [7e] □ verstohlen, heimlich.

fusain (fy'zɛ̃) *m* **1.** ⚘ Spindelbaum *m*; **2.** Zeichenkohle *f*; **3.** Kohlezeichnung *f*.

fusant ⚔ (fy'zɑ̃) *m* Sprenggeschoß *n*.

fus|eau (fy'zo) *m* [5b] **1.** Spindel *f*; F *fig. jambes f/pl. de ~x* Spindelbeine *n/pl.*; **2.** *Sport*: Keilhose *f*; **3.** Klöppel *m zur Spitzenfabrikation*; **4.** ⚼ Kugelsegment *n*; **~ée** (fy'ze) *f* **1.** Garnspule *f*, eine Spindelvoll; **2.** ⊕ Spindel *f*; *~ d'essieu* Achsschenkel *m*; **3.** ⚔ Zünder *m*; Rakete *f*; *~ atomique* Atomrakete *f*; ✈ *~ réacteur* Düsenrakete *f*; *~ à temps* Zeitzünder *m*; *~ brillante*, *~ éclairante*, *~ illuminante*, *~ lumineuse* Leuchtrakete *f* (*à parachute* mit Fallschirm); *~ incendiaire*, *~ fumigène* Brandrakete *f*; *~ interplanétaire* Raumrakete *f*; *lancer* (*od. tirer*) *une ~* e-e Rakete abschießen; *~ courante* Schwärmer *m*; ⚓ *~ porte-amarre* Rettungsrakete *f*; *~ à sept* (*à plusieurs*) *étages* siebenstufige (mehrstufige) Rakete *f*; *~-sonde f* [6a] Raketensonde *f*; *base f lance-fusées* Raketenabschußbasis *f*; *fig. ~ de mots spirituels* Salve *f* von Witzen; **4.** *chir.* Eiterkanal *m*; **~éiste** (~ze'ist) *su.* Raketensachverständige(r) *m*.

fuse|lage (fyz'la:ʒ) *m* Flugzeugrumpf *m*; **~lé** (fyz'le) *adj.* spindelförmig, dünn, verschmälert.

fus|er (fy'ze) *v/i.* [1a] auseinanderfließen (*Farben*); schmelzen (*Wachs*); ⚗ mit Geprassel zerschmelzen; ohne Knall verbrennen (*Pulver*); losgehen (*Bombe*); *fig.* zischen, sprudeln, sprühen; erschallen; brausen (*Wind*); ⚕ sich senken (*Eiter*); *faire ~ des rires* ein lautes Gelächter erschallen lassen; **~ibilité** (~zibili'te) *f* Schmelzbarkeit *f*; **~ible** (~'ziblə) **I** *adj.* schmelzbar; **II** ⚡ *m* Sicherung *f*, Blitzschutzpatrone *f*, -sicherung *f*, -schalter *m*; *rad.* Röhren-, Schmelzsicherung *f*.

fusil (fy'zi) *m* **1.** Gewehr *n*; *coup m de ~* Gewehr-, Flinten-schuß *m*; F gepfefferte Rechnung *f*; *~ à air comprimé* Luftgewehr *n*; *~ antichars* Panzerabwehrbüchse *f*; *~ automatique* Selbstladegewehr *n*; *~ de chasse* Jagdgewehr *n*; *~ à magasin* Magazingewehr *n*; *~-mitrailleur* leichtes M.-G.; *~ à petit calibre* Kleinkaliberbüchse *f*; *~ à répétition* Mehrlade-, Repetiergewehr *n*; *armer le ~* den Hahn spannen; *mettre le ~ en joue* das Gewehr anlegen; *à portée de ~* bis in Gewehrschußweite; *fig. changer son ~ d'épaule* sein Mäntelchen nach dem Winde drehen; **2.** *pierre f à ~* Feuerstein *m*; **3.** ⊕ *~ de boucher* Wetzstahl *m*; **~ier** (~'lje) *m* Füsilier *m*; **~lade** (fyzi'jad) *f* **1.** Gewehrfeuer *n*, Schießerei *f*; **2.** (*auch* **~lement** [~zij'mɑ̃] *m*) Erschießen *n*; **~ler** (~zi'je) *v/t.* [1a] **1.** standrechtlich erschießen; **2.** *fig. ~ q. de qch.* j-n mit etw. überschütten; *~ q. du regard* j-n dauernd anglotzen; **3.** P kaputt machen; **4.** P prellen, übers Ohr hauen; **5.** F *phot.* knipsen.

fusion (fy'zjɔ̃) *f* **1.** Schmelzen *n*; *point m de ~* Schmelzpunkt *m*; **2.** ⚖, ✝, *fig.* Fusion *f*, Verschmelzung *f*, Vereinigung *f*; *faire ~* sich verschmelzen; **~ner** (~zjɔ'ne) *v/t.* (*a. v/i.*) [1a] verschmelzen (*a. v/i.*).

fustig|ation (fystigɑ'sjɔ̃) *f* Auspeitschen *n*, Geißelung *f*; **~er** (~sti'ʒe) *v/t.* [1l] auspeitschen; *fig.* geißeln, brandmarken.

fût (fy) *m* **1.** *a.* ⚠ Schaft *m*; Gewehrschaft *m*; ⚠ *~ d'une colonne* Säulenschaft *m*; ⊕ *~ élévateur* Hubsäule *f*; **2.** Gestell *n*; **3.** Faß *n*.

futaie (fy'tɛ) *f* Hochwald *m*.

futaille (fy'tɑ:j) *f* Faß *n*, Tonne *f*.

futé F (fy'te) *adj.* verschmitzt.

futi|le (fy'til) *adj.* gering, wertlos; gehaltlos, unbedeutend, belanglos, nichtssagend; leichtfertig, seicht; **~lité** (~tili'te) *f* Bedeutungslosigkeit *f*, Seichtheit *f*, Wertlosigkeit *f*.

futur (fy'ty:r) **I** *adj.* (zu)künftig; *les ~s époux* die Verlobten; **II** *su.* F (*auch adj.*: *le ~ époux, la ~e épouse*) Verlobte(r), Bräutigam *m* (*f* Braut); **III** *m* Zukunft *f*; *gr.* Futurum *n*; *~ antérieur* zweites Futurum *n*; **~isme** *litt.*, *peint.* (fyty'rism) *m* Futurismus *m*.

fuy|ant (fɥi'jɑ̃) *adj.* [7] flüchtig; *peint.* zurücktretend; *fig.* ausweichend; *front ~* fliehende Stirn *f*; *échelle ~e* verjüngter Maßstab *m*; *regard ~* scheuer Blick *m*; **~ard** (~'ja:r) *adj. u. su.* [7] fliehend, flüchtig; Flüchtling *m*, Ausreißer *m*.

G

G, g (ʒe) *m* G, g; *abr.* g = *gramme.*
gabardine (gabar'din) *f* Gabardine(-mantel *m*) *m.*
gaba|re (ga'ba:r) *f* **1.** Schleppnetz *n*; **2.** ⚓ Lastschiff *n*; Leichter *m*, Schute *f*; **~rier¹** (~'rje) *m* Eigentümer *m* e-r Schute.
gabarier² ⊕ (~'rje) *v/t.* [1a] nach Modell arbeiten, nach dem Kaliber abmessen; ⚓ (ab)mallen.
gabarit ⊕ (gaba'ri) *m* Kaliber *m*, Modell *n*, Formbrett *n*, Schablone *f*; ⚒, 🚂, ⊕ Ladeprofil *n*, Laderaumhöhe *f*, Lehr(e *f*) *n*; Richtscheit *m*; F *fig.* Körpergröße *f*, Statur *f*, Figur *f* (*v. Menschen*); ~ de chargement Ladeprofil *n.*
gabegie F (gab'ʒi) *f* Schlamperei *f*; Betrug *m*, Betrugsaffäre *f*, Veruntreuung *f* öffentlicher Gelder.
gabel|le *ehm.* (ga'bɛl) *f* Salzsteuer *f*; **~ou** (ga'blu) *m ehm.* Beamter *m* der Salzsteuer; F *jetzt oft mv. p.*: Steuer-, Zoll-beamter *m.*
ga|bie ⚓ (ga'bi) *f* Mastkorb *m*; **~bier** ⚓ (ga'bje) *m* Marsgast *m*, Mastwächter *m.*
gabion (ga'bjɔ̃) *m* **1.** ⚔ Schanzkorb *m*; **2.** *ch.* behelfsmäßige Hütte *f* für die Jagd auf Wasserwild; **3.** ⸙ großer Korb *m*; **~nade** ⚔ (~bjɔ'nad) *f* Brustwehr *f* von Schanzkörben; **~ner** (~bjɔ'ne) *v/t.* [1a] durch Schanzkörbe decken.
gable u. **gâble** △ ('gablə, 'gɑ:blə) *m* Giebel *m* (*mst. skulptierte, dreieckige Giebelvorderseite, bsd. beim Spitzbogenstil*).
gâchage (gɑ'ʃa:ʒ) *m* **1.** △ Anrühren *n des Mörtels*; **2.** *fig.* Pfuscherei *f*; ✝ Verschleuderung *f.*
gâch|e (gɑ:ʃ) *f* **1.** ⊕ Rührspatel *m des Bäckers*; △ Kalk(rühr)spaten *m des Maurers*; **2.** Schließklappe *f*; Riegelloch *n*; **~é** (gɑ'ʃe) *adj.* verpfuscht; stümperhaft; **~er** (gɑ'ʃe) *v/t.* [1a] **1.** △ *den Mörtel* anrühren; **2.** F *fig.* verpfuschen; verschwenden; verderben; ~ le métier die Preise verderben; **3.** ✝ die Ware verschleudern.
gâchet *orn.* (gɑ'ʃɛ) *m* Seeschwalbe *f.*
gâchette (gɑ'ʃɛt) *f* **1.** ⊕ Drücker *m am Schloß*; **2.** ⚔ Abzug *m am Gewehr.*
gâch|eur (gɑ'ʃœ:r) *su.* [7g] **1.** △ Kalkeinrührer *m*; **2.** F *fig.* Pfuscher *m*; Verschleuderer *m*; **~eux** (~'ʃø) *adj.* [7d] matschig (*Weg*), schlammig; **~is** (~'ʃi) *m* Dreck *m*, Schlamm *m*; *fig.* Durcheinander *n*, Patsche *f*; Pfuscherei *f*; être dans le ~ in der Patsche sitzen; faire du ~ die Lage verderben.
gadoue (ga'du) *f* Straßenkot *m*; Küchenabfälle *m/pl.*; Kompost *m.*
gaélique (gae'lik) *adj.* gälisch.
Gaëls (ga'ɛl) *m/pl.*: les ~ die Gälen *m/pl.* (*in Irland u. Wales*).
gaf|fe (gaf) *f* **1.** F Versehen *n*, Schnitzer *m*, Dummheit *f*; Fehler *m*, Mißgriff *m*; faire une ~ sich blamieren, e-e Dummheit machen; **2.** F faire (la) ~ aufpassen; **3.** ⚓ Bootshaken *m*; **~fer** (~'fe) [1a]

I *v/i.* a) F e-e Dummheit sagen *od.* machen, sich blamieren; b) P aufpassen; II *v/t.* anhaken; **~feur** (~'fœ:r) I *adj.* dusselig; II *m* Dussel *m.* [Improvisator *m.*]

gag *cin.* (gag) *m* Gagmann *m,*

gaga F (ga'ga) I *adj.* kindisch (*durch das Alter*), vertrottelt, nicht mehr zurechnungsfähig, einfältig; II *m*: *un vieux ~* ein alter Knacker *m.*

gagate (ga'gat) *f* Gagat *m*, Pechkohle *f.*

gage (ga:ʒ) *m* 1. Pfand *n*, Unterpfand *n*; *fig.* Bürgschaft *f*, sicherer Beweis *m*; *prêteur m sur ~s* Pfandleiher *m*; *être en ~* versetzt sein; *mettre* (*donner*) *en ~* verpfänden, versetzen; *retirer* (*racheter*) *un ~* ein Pfand einlösen; *laisser qch. en ~* etw. als Pfand hinterlassen; 2. *mst.* *~s pl.* Lohn *m/sg.*, Dienst(boten)-lohn *m*; *être aux ~s de q.* in j-s Diensten stehen.

ga|geable (ga'ʒablə) *adj.* beleihbar; **~ger** (ga'ʒe) *v/t.* [1l] 1. *~ contre od. avec* wetten mit (F); *dat.* *~ de mit inf. od. que mit ind.* wetten, daß ...; *je gage que non* (*que si*) ich wette, nein (ja); 2. pfänden, beleihen, sicherstellen; 3. entlohnen; besolden, bezahlen; **~gerie** (gaʒ'ri) *f* Vermieterpfandrecht *n*; **~geur** (ga'ʒœ:r) *su.* [7g] Wettender *m* (*f*: Wettende); **~geure** (ga'ʒy:r) *f* 1. Wette *f*, Wetten *n*; *se livrer à une ~, faire une ~* e-e Wette eingehen; 2. Wettpreis *m*; 3. *fig.* F *c'est une ~!* ist das ein Wahnsinn!; **~giste** (ga'ʒist) *su.* 1. Lohnarbeiter *m*; *~ de théâtre* Theaterdiener *m*; 2. ⚖ Pfandnehmer *m*; *créancier m ~* Pfandgläubiger *m.*

gagmen *cin.* (gagm'ɛn) *m/pl.* Gagleute *pl.* [winnen, gewinnbar.]

gagnable (ga'ɲablə) *adj.* zu ge-

gagne|-pain (gaɲə'pɛ̃) *m* [6c] 1. Broterwerb *m*; 2. Ernährer *m*; **~-petit** (~p[ə]'ti) *m* [6c] 1. kleiner Lohnempfänger *m*; 2. ⚒ *herumziehender* Scherenschleifer *m.*

gagner (ga'ɲe) [1a] I *v/t.* 1. verdienen; *~ gros* viel Geld verdienen; *~ sur un marché* an e-m Geschäft verdienen; *~ sa vie* (*od. son pain*) *à chanter, etc.* s-n Lebensunterhalt (*od.* sein Brot) mit Singen *usw.* verdienen; 2. erlangen, bekommen, gewinnen; sich bemächtigen (*gén.*); *Sport*: *abs.* das Rennen machen; bestechen; *~ q.* j-n auf s-e Seite bringen; *~ de l'avance* e-n Vorsprung gewinnen; *~ du chemin* vorwärtskommen; *~ le ciel od. le paradis* in den Himmel kommen; *~le dessus* die Oberhand gewinnen; *~ le large* ⚓ die raume See gewinnen; *allg.* das Weite suchen; *~ un prix* e-n Preis davontragen; *~ du terrain* (*sur q.*) um sich greifen; Fortschritte machen, (j-m) Boden abgewinnen; ⚔ vordringen; 3. sich zuziehen, davontragen; *~ un rhume* sich erkälten; 4. erreichen, kommen bis an (*acc.*); *~ la frontière* (*Chypre*) die Grenze (Zypern) erreichen; *~ le(s) devant(s) de od. sur q.* j-m vorauseilen; *~ la porte* das Weite suchen; *~ q.* j-n einholen; *~ q. de vitesse* j-n überholen; *fig.* j-m zuvorkommen; *fig.* *~ les champs* sich aus dem Staube machen; 5. übergreifen auf (*acc.*), erfassen; überraschen; *le sommeil me gagne* der Schlaf übermannt mich; *sa tristesse me gagne* s-e Traurigkeit steckt mich an; 6. *Spiel*: *je vous donne gagné* ich gebe Ihnen gewonnenes Spiel; II *v/i.* 7. gewinnen (*a. fig.*); *Sport*: das Rennen machen; *~ au jeu* im Spiel gewinnen; *~ en clarté* an Klarheit gewinnen; *il gagne à être connu* er gewinnt bei näherer Bekanntschaft; *~ sur q.* den Sieg über j-n davontragen; 8. sich verbessern; 9. um sich greifen (*Feuer*); III *v/rfl.* *se ~*; 10. erworben werden; 11. ⚕ ansteckend sein (*Krankheit*).

gagneur (ga'ɲœ:r) *su.* [7g] Gewinner *m.*

gai (ge, gɛ) I *adj.* (*adv. gaiement*) 1. fröhlich, heiter; lustig, aufgeräumt; *~ comme un pinson* kreuzfidel; *propos m/pl. ~s* heitere, ausgelassene Reden *f/pl.*; *il est un peu ~* er hat 'nen Schwips; 2. ⊕ lose, zuviel Spielraum habend; II *~! int.* juchhe!

gaïac (ga'jak) *m* Guajakbaum *m*; **~ine** (gaja'sin) *f* Guajakharz *n.*

gaieté (ge'te) *f* 1. Fröhlichkeit *f*, Heiterkeit *f*, Lustigkeit *f*; 2. *~ de cœur* Übermut.

gaillard (ga'ja:r) I *adj.* [7] □ 1. lustig, munter, fidel; 2. *frais et ~* frisch und munter; 3. schlüpfrig, etwas frei (*Worte*), leichtfertig; 4. ausgelassen, keck, burschikos, dreist; 5. *vent m ~* etw. frischer Wind *m*; II *su. a. péj.* Kerl *m*,

Bursche *m*; Typ *m*; *fameux* ~ fabelhafter Kerl *m*; *mon* ~! alter Freund!; **III** ⚓ *m*: ~ *d'avant* Vorderdeck *n*; **~e** (~'jard) *f* resolute Frau *f*; **~ise** (~'di:z) *f* **1.** Lustigkeit *f* Fröhlichkeit *f*; **2.** ~*s pl.* schlüpfrige Reden *f/pl.*
gailleterie *f* (gajɛ'tri) großstückige Kohle *f*.
gain (gɛ̃) *m* Gewinn *m*; *amour m du* ~ Gewinnsucht *f*; *à perte et à* ~ auf Gewinn u. Verlust; ~ *au jeu* Spielgewinn *m*; *avoir* ~ *de cause* gewonnenes Spiel haben; *donner* ~ *de cause au(x) requérant(s)* dem Antrag stattgeben; *obtenir* ~ *de cause* den Prozeß gewinnen; *se retirer sur son* ~ mit s-m Gewinn abziehen.
gain|age (gɛ'na:ʒ) *m* (Koffer-)Bezug *m*; **~e** (gɛn) *f* Scheide *f*, Futteral *n*, Hülle *f*; Hüfthalter *m*, Korse(le)tt *n*; ♆ Blattscheide *f*; Sockel *m* e-r Büste; *anat.* ~ *du tendon* Sehnenscheide *f*; △ ~ *de ventilation* Ventilationskanal *m*; △ ~ *de chauffage* Heizkanal *m*.
gala (ga'la) *m* Festveranstaltung *f*; *habit m de* ~ Gesellschafts-anzug *m*, -kleid *n*; *représentation f de* ~ Galavorstellung *f*; *dîner en grand* ~ e-m Festmahl beiwohnen.
galacto|mètre (galaktɔ'mɛtrə) *m* Milch(güte)messer *m*; **~phage** (~'fa:ʒ) *adj.* milchliebend; **~se** (~'to:z) *f* Milchzucker *m*.
galalithe (gala'lit) *f* Galalith *n*.
galamment (gala'mɑ̃) *adv.* **1.** zuvorkommend, galant, ritterlich; **2.** fein, graziös, gefällig, elegant; **3.** geschickt.
galant (ga'lɑ̃) [7] **I** *adj.* **1.** anständig, zuvorkommend, aufmerksam; *en* ~ *homme* als Ehrenmann; *vous êtes un* ~ *homme* das ist nett von Ihnen; **2.** galant, verliebt, gefallsüchtig; *homme m* ~ Frauen gegenüber zuvorkommender Mann *m*; *femme f* ~*e* Kokotte *f*; *aventure f* ~*e* Liebesabenteuer *n*; *billet m* ~ Liebesbrief *m*; **II** *su.* Galan *m*, Liebhaber *m*, Freier *m*; *vert* ~ Schürzenjäger *m*; **~erie** (~'tri) *f* **1.** Höflichkeit *f*, Zuvorkommenheit *f*; feines Wesen *n* (*Damen gegenüber*); **2.** Kompliment *n*, Galanterie *f*, Schmeichelei *f*; **3.** Liebelei *f*, Schäkerei *f*; **4.** kleines Geschenk *n*; **~in** *péj.* (~'tɛ̃) *m* Geck *m*, geckenhafter Liebhaber *m*.
galantine (galɑ̃'tin) *f* Sülzgericht *n*.
galapiat F *péj.* (gala'pja) *m* hergelaufener Kerl *m*, Strolch *m*.
galaxie *ast.* (gala'ksi) *f* Milchstraße *f*; Spiralnebel *n*.
galbe (galb) *m* Konturen *f/pl.* *od.* Umrisse *m/pl.* *e-s Bauwerks*, Profil *n*; Rundung *f*, Wölbung *f*.
galbé △ (gal'be) *adj.* ausgebaucht (*v. Säulen*); geschweift.
galber *bsd. Mode* (~) *v/t.* [1a] hervortreten lassen, die nötigen Konturen verleihen.
galbeux (gal'bø) *adj.* [7d] zierlich, gefällig, gut geformt; F piekfein.
gale (gal) *f* **1.** Krätze *f*; *vét.* Räude *f*; P *n'avoir pas la* ~ *aux dents* ein Vielfraß sein; **2.** F gemeine, niederträchtige Person *f*; F *être méchant comme la* ~ bösartig sein.
galéj|ade (gale'ʒad) *f* Witz *m*, Scherz *m*, Aufschneiderei *f*, Phantasterei *f*, Absonderlichkeit *f*; **~er** (~'ʒe) *v/i.* *fig.* e-m e-n Bären aufbinden; flunkern, schwindeln.
galène (ga'lɛn) *f* *min.* Bleiglanz *m*; *rad. poste m à* ~ Detektorapparat *m*.
galère (ga'lɛ:r) *f* **1.** *ehm.* ⚓ Galeere *f*; F *fig. vogue la* ~! komme, was da wolle!; na dann man viel Spaß!; **2.** *ehm.* ~*s pl.* Galeerenstrafe *f*, Zwangsarbeit *f*; F *fig. c'est une vraie* ~ das ist e-e wahre Höllenpein; **3.** △ Maurerkarren *m*; **4.** △ Ziegelofen *m*.
galerie (gal'ri) *f* Galerie *f*: **1.** bedeckter Gang *m*, langer Saal *m*; ♀ *des Glaces* Spiegelsaal *m* (*Versailles*); △ ~ *couverte* Laubengang *m*; **2.** ~ (*de tableaux*) Gemäldesammlung *f*, Bildersaal *m*; ~ *des aïeux* Ahnengalerie *f*; ♀ *des Batailles* Schlachtengalerie *f* (*Versailles*); **3.** *thé. stalle f de première* ~ Sperrsitz *m* der ersten Galerie; **4.** ⚒ Minengang *m*, Stollen *m*; ~ *oblique* Querstollen *m*; ~ *de roulage* Förderstrecke *f*; **5.** ⊕ unterirdischer Kanal *m*; ~ *d'eau non traitée* Rohwasserkanal *m*; **6.** *Auto*: ~ *à bagages*, ~ *de toit* Kofferbrücke *f* (*auf dem Autodach*); Gepäckträger *m*; **7.** *fig.* (Kreis *m* von) Zuschauer(n) *m/pl.*; *pour la* ~ nur um bewundert zu werden; *faire* ~ zusehen.
galérien *ehm.* (gale'rjɛ̃) *m* Galeerensklave *m*, Sträfling *m*.
galet (ga'lɛ) *m* **1.** Kieselstein *m*; *pl.* ~*s* Kies *m*, Geröll *n*; *géol.* Geschiebe *n*; **2.** ⊕ (Führungs-)Rolle *f*.

galetas (gal'tɑ) *m* Dachkammer *f*; *fig.* ärmliche Wohnung *f*; *étage m en* ~ ausgebautes Dachgeschoß *n*.
galette (ga'lɛt) *f* **1.** Blechkuchen *m*, Blätterteigkuchen *m*; ⚓ Schiffszwieback *m*; ~ *cassante* Knäckebrot *n*; ~ *des Rois* Dreikönigskuchen *m*; **2.** ⊕ Flachspule *f*; **3.** F *fig.* Null *f*, Waschlappen *m*; **4.** P Moneten *f/pl.* P, Geld *n*.
galetteux P (galɛ'tø) *adj.* [7d] reich.
galeux (ga'lø) [7d] **I** *adj.* ⚕ krätzig, räudig; *fig.* schäbig; **II** *su.* Krätzekranker *m*; P ~ *pl.* Gören *f/pl.* (*Kinder*).
galfâtre F (gal'fɑːtrə) *m* Nichtsnutz *m.*
galgal (gal'gal) *m* (*pl.* ~s) keltisches Grabdenkmal *n*.
galhaubans ⚓ (galo'bɑ̃) *m/pl.* Pardunen *f/pl.*
galibot ⚒ (gali'bo) *m* Lehrhauer *m*, Schlepper *m*, Fördermann *m*.
Galic|e *géogr.* (ga'lis) *f*: **la** ~ Galicia *n* (*Nordspanien*); **~ie** (~'si) *f*: **la** ~ Galizien *n* (*Polen*); **~ien** (~'sjɛ̃) *su.* [7c] **1.** Galego *m* (*Nordspanien*); **2.** Galizier *m* (*Südpolen*).
galimafrée *cuis.* (galima'fre) *f* schlechtes Essen *n*.
galimatias (galima'tjɑ) *m* verschrobener Stil *m*, Unsinn *m*, Gefasele *n*, Quatsch *m*.
galion ⚓ *ehm.* (ga'ljɔ̃) *m* Galione *f*.
galiote ⚓ *ehm.* (ga'ljɔt) *f* Galiote *f* (*leichte, kleine Galeere*).
galipette F (gali'pɛt) *f* Luftsprung *m*; *pl.* ~s Unfug *m*.
galipot (gali'po) *m* Fichtenharz *n*.
galle ⚘ (gal) *f*: *noix de* ~ Eichengalle *f*, Gallapfel *m*.
Galles (gal) *f*: *pays m* **de** ~ Wales *n*.
gallican *hist.* (gali'kɑ̃) [7] *adj.* gallikanisch; *l'Eglise f* ~*e* die französisch-katholische Kirche *f*; **~isme** *hist.* (~'nism) *m* Gallikanismus *m*, Lehre *f* der gallikanischen Kirche.
gallicisme *gr.* (gali'sism) *m* Gallizismus *m*, französische Spracheigentümlichkeit *f*.
galli|nacé (galina'se) *adj. u.* ~s *m/pl.* hühnerartig(e Vögel *m/pl.*); **~ne** (ga'lin) *adj./f*: *espèce f* ~ (Haus-)Hühner *n/pl.*
gallois (ga'lwa) *adj. u.* 2 *su.* [7] walisisch, aus Wales; Waliser *m*.
galloman|e (galɔ'man) *su.* Franzosenschwärmer *m*; **~ie** (~'ni) *f* Französelei *f*.
gallon ✝ (ga'lɔ̃) *m* Gallone *f* ($4^1/_2$ *Liter*).
gallopho|be (galɔ'fɔb) *su. u. adj.* Franzosenfeind *m*; franzosenfeindlich; **~bie** (~'bi) *f* Franzosenhaß *m*.
gallo-romain (galɔrɔ'mɛ̃) *adj.* [7] galloromanisch.
galoche (ga'lɔʃ) *f* **1.** Galosche *f*, Gummiüberschuh *m*; **2.** Holzpantine *f*; **3.** F *menton m en* ~ vorspringendes Kinn *n*.
galon *bsd.* ⚔ (ga'lɔ̃) *m* Borte *f*, Tresse *f*; Ärmel-, Hosen-streifen *m*; *fig.* Dienstgrad *m*, höhere Stelle *f*; F ⚔ *arroser ses* ~*s* s-e Beförderung mit s-n Kameraden begießen; *prendre du* ~ aufrücken; **~ard** P (~lɔ'naːr) *m* ehrgeiziger Offizier *m*; Karrieremacher *m*; **~né** (~lɔ'ne) *adj.*: *brute f* ~*e* P *péj. fig.* Menschendriller *m*, Offiziersschwein *n*; **~ner** (~) *v/t.* [1a] mit Tressen besetzen.
galop (ga'lo) *m* **1.** Galopp *m*; *au grand* (*petit*) ~ im gestreckten (kurzen) Galopp; *partir au* ~ davonsprengen; **2.** *fig.* F Rüffel *m*; **~ade** (~lɔ'pad) *f* Galoppieren *n*; **~er** (~lɔ'pe) [1a] **I** *v/i.* galoppieren; F schnell gehen *usw.*; **II** *v/t.* galoppieren lassen; F belästigen, plagen; P schnell hinpfuschen; **~euse** (~'pøːz) *f* Sekundenzeiger *m*; **~in** (~'pɛ̃) *m* Laufbursche *m*; F Schlingel *m*, Straßenjunge *m*, Bengel *m*.
galoubet ♪ (galu'bɛ) *m Art* Hirtenflöte *f*.
galvani|que (galva'nik) *adj.* galvanisch; **~sation** (~zɑ'sjɔ̃) *f* Galvanisierung *f*; Verzinkung *f*; **~ser** (~'ze) *v/t.* [1a] galvanisieren, verzinken; *fig.* mitreißen, aufpeitschen; *galvanisé au feu* (*od. au chaud*) feuerverzinkt; *fig.* ~ *la combativité* die Schlagkraft erhöhen; **~sme** (~'nism) *m* Galvanismus *m*, Berührungselektrizität *f*.
galvano *typ.* (galva'no) *m* Galvano *n*, Klischee *n*; **~cautère** ⚕ (~nɔko'tɛːr) *m* elektrischer Brennapparat *m*; **~mètre** (~nɔ'mɛtrə) *m* Galvanometer *m*, Strommesser *m*; **~plastie** (~nɔplas'ti) *f* Galvanoplastik *f*, Metallüberziehung *f*, Photozinkographie *f*; **~scope** (~'skɔp) *m* Galvanoskop *n*; **~thérapie** ⚕ (~tera'pi) *f* Galvanotherapie *f*.
galvaud|er F (galvo'de) [1a] **I** *v/t.* verpfuschen; vergeuden, verplempern; entehren, *fig.* besudeln; **II** *v/i.* herumlungern; **~eux** (~'dø) *adj. u. su.* liederlich(er Kerl *m*).
gamache (ga'maʃ) *f* Gammasche *f*.
gamba|de (gɑ̃'bad) *f* Luftsprung *m*;

~der F (~'de) *v/i.* [1a] Sprünge machen, hopsen, umherspringen.
gambe ⚓ (gɑ̃:b) *f* Puttingtau *n.*
gamberge * (gɑ̃'bɛrʒ) *f* Stein *m* der Weisen.
gambiller (gɑ̃bi'je) *v/i.* [1a] mit den Beinen schlenkern *od.* baumeln.
gamelle *bsd.* ⚔ (ga'mɛl) *f* Eßnapf *m.*
gamète *biol.* (ga'mɛt) *m* Sameneizelle *f.*
gamin (ga'mɛ̃) [7] **I** *su.* kleiner Junge *m*, Bengel *m*, Schlingel *m*; Gassenjunge *m*; (wildes) Mädel *n*, Göre *f*; **II** *adj.* lausbubenhaft; **~er** (~mi'ne) *v/i.* [1a] sich herumtreiben, sich wie ein Straßenlümmel betragen; **~erie** (~min'ri) *f* Dummerjungenstreich *m.*
gamme (gam) *f* **1.** ♪ Tonleiter *f*, Skala *f*; *faire des ~s* Tonleitern spielen; *rad.* ~ *d'ondes* Wellenskala *f*, -bereich *m*; **2.** F *chanter sa ~ à q.* j-m s-e Meinung geigen; *changer de ~* andere Saiten aufziehen; *être hors de ~* verwirrt sein.
gammé (ga'me) *adj.*: *croix f ~e* Hakenkreuz *n.*
ganach|e (ga'naʃ) **I** *f* untere Kinnlade *f des Pferdes*; P Schafskopf *m*; P Kinnlade *f*; Kopf *m*; **II** *adj.* P doof; **~erie** P (~naʃ'ri) *f* Dummheit *f.*
Gand (gɑ̃) *m* Gent *n.*
gandin (gɑ̃'dɛ̃) *m* Geck *m.*
gandourah (gɑ̃du'ra) *f* arabische, ärmellose Wollbluse *f.*
gang (gɑ̃) *m* Bande *f* (*v. Verbrechern*); *pol.* Klüngel *m*, Clique *f.*
ganglion (gɑ̃gli'ɔ̃) *m* **1.** *anat.* Nervenknoten *m*; Lymphdrüse *f*; **2.** ⚕ Überbein *n*, Ganglion *n.*
gan|grène ⚕ (gɑ̃'grɛn) *f* **1.** (heißer) Brand *m*; ~ *sénile* Altersbrand *m*; **2.** *fig.* Krebsschaden *m*; **~grené** (~grə'ne) *adj.* brandig; *fig.* verdorben, von Lastern zerrüttet; **~grener** (~) *v/t.* [1d] brandig machen; *fig.* verderben; **~greneux** (~grə'nø) *adj.* [7d] brandig.
gangue ⚒ (gɑ̃:g) *f* Gangstein *m*, Muttererde *f* um ein Mineral *od.* e-n Edelstein; ~ *stérile* taubes Gestein *n*; *fig. débarrasser de sa ~* von s-n Schlacken reinigen; *la ~ de l'ignorance* der Wust der Unwissenheit.
ganse (gɑ̃:s) *f* Schnur *f*, Schleife *f*, Öse *f*; ⚓ Schlinge *f* e-s Taues.
gant (gɑ̃) *m* Handschuh *m*; ~ *en daim lavable* waschbarer Wildlederhandschuh *m*; *~s de fil* gewirkte Handschuhe *m/pl.*; *~s de peau* Lederhandschuhe *m/pl.*; *~s à revers*, *~s à crispin* Stulphandschuhe *m/pl.*; *~s en caoutchouc* Gummihandschuhe *m/pl.*; *~s de boxe* (*d'équitation*) Box-(Reit-)handschuhe *m/pl.*; ~ *de toilette* Waschlappen *m*; F *ne pas mettre* (*od. prendre*) *de ~s* keine Umstände machen; F *cela lui va comme un ~* das sitzt ihm wie angegossen; *fig.* das paßt ihm sehr; *jeter le ~ à q.* j-n herausfordern; *ramasser* (*od. relever*) *le ~* eine Herausforderung annehmen; *il est souple comme un ~* er ist ein gutmütiges Geschöpf; *rendre q. souple comme un ~* j-n klein kriegen; *se donner des ~s* sich das Verdienst von etw. zuschreiben.
gante|lée ⚘ (gɑ̃'tle) *f Art* Glockenblume *f*; **~let** (~'tlɛ) *m* **1.** *hist.* Panzerhandschuh *m*; **2.** *chir.* Fingerverband *m*; **3.** ⊕ Stück *n* Leder zum Schutz der rechten Handfläche.
ganter (gɑ̃'te) [1a] **I** *v/t.* **1.** ~ *q.* j-m Handschuhe anziehen; *il est bien ganté* er hat gut sitzende Handschuhe an; ~ *du six* Handschuhe Nummer 6 tragen; **2.** passen; F *cela me gante* das paßt mir; **II** *v/rfl.* *se ~* sich Handschuhe anziehen; **~ie** (gɑ̃'tri) *f* Handschuh-geschäft *n*, -laden *m*, -macherei *f.*
gantier (gɑ̃'tje) *su.* (*auch adj.*) [7b]: (*ouvrier m*) ~ Handschuhmacher *m*; (*marchand m*) ~ Handschuhhändler *m.*
gantois (gɑ̃'twa) *adj. u.* ♀ *su.* [7] [aus Gent; Genter *m.*]
gara|ge (ga'rɑ:ʒ) *m* **1.** 🚃 Ausbiegen *n*, Ausweichung *f*; *voie f de ~* Verschiebegleis *n*; **2.** Garage *f*; Fahrradstand *m*; **~giste** (~'ʒist) *su.* Garagen-besitzer *m*, -verleiher *m*; Autoschlosser *m.*
garance (ga'rɑ̃:s) *f* Krapp(rot *n*) *m.*
garant (ga'rɑ̃) **I** *su.* [7] Garant *m* (*f*: -in), Bürge *m* (*f*: Bürgin); Gewährsmann *m*; *nur m se porter ~ pour q.* (*od. de qch*). für j-n (für etw.) bürgen; *fig. je vous suis ~ que* (*ind.*) ich bürge Ihnen dafür, daß ...; **II** *m fig.* Garantie *f*; **~ie** (~'ti) *f* Garantie *f*, Gewähr *f*, Bürgschaft *f*; Sicherheit *f*, Schutz *m*; *~s pl. constitutionnelles* verfassungsmäßiger Schutz *m* der Volksrechte; *promesse f* (*od. lettre f*) *de ~* Garantieschein *m*; **~ir** (~'ti:r) *v/t.* [2a] **1.** ~ *qch.* etw. garantieren, für etw. (*acc.*) gut sagen (*od.* bürgen); etw. gewährleisten; für etw. (*acc.*)

einstehen, etw. zusichern, etw. bestätigen; **2.** ~ *q. de qch.* j-n vor etw. (*dat.*) schützen.

garbure *cuis. Fr. SW* (gar'by:r) *f* Kohl- u. Specksuppe *f.*

garce P *mv. p.* (gars) *f* **1.** Weibsbild *n*; Hure *f* V; **2.** (*vor e-m sg.*/*f mit de*) P *que ~ de vie!* was für ein elendes Leben!

garçon (gar'sɔ̃) *m* **1.** Junge *m*; Knabe *m* ✎; *bon ~* guter Kerl *m*; *~ d'honneur* Brautführer *m*; *mauvais ~* schwerer Junge *m* F; *être tout petit ~* klein beigeben, sich fügen; *c'est un ~ manqué* an ihr ist ein Junge verlorengegangen; **2.** Junggeselle *m*; *ménage m de ~* Junggesellenwirtschaft *f*; *il est encore ~* er ist noch ledig; *rester ~* ledig (*od.* Junggeselle) bleiben; **3.** *Handwerk*: Geselle *m*; *~ boulanger* Bäckergeselle *m*; **4.** Gehilfe *m*; *~ d'ascenseur* Fahrstuhlführer *m*; *~ de boutique* Laufbursche *m*; *~ brasseur* Bierkutscher *m*; *~ de bureau* Bürogehilfe *m*; *~ de caisse*, *~ de recettes* Kassenbote *m*; *~ de courses* Laufjunge *m*; *~ de ferme* Bauerngehilfe *m*; **5.** Kellner *m*; *~!* Kellner!; *premier ~* Oberkellner *m.*

garçonne (gar'sɔn) *f* **1.** (zu freie) Junggesellin *f*; kesses Mädchen *n*; **2.** *cheveux m/pl. à la ~* Bubikopf *m.*

garçonnet (garsɔ'nɛ) *m* kleiner Junge *m.*

garçonnier (~sɔ'nje) *adj.* [7b] jungenhaft, burschikos.

garçonnière (~sɔ'njɛ:r) *f* Junggesellenwohnung *f.*

garde (gard) **I** *f* **1.** Wache *f*; *~ avancée* Vorposten *m*; *~ d'honneur* Ehrenwache *f*; *la ~ montante* die aufziehende Wache; *corps m de ~* Wachtposten *m*; Wachlokal *n*; *être de ~* Wache haben; *monter la ~* Wache stehen; *prendre la ~* auf Wache ziehen; *relever la ~* die Wache ablösen; **2.** Garde *f*; *~ civique* Einwohnerwehr *f*; *~ du corps* Leibgarde *f*; *~ républicaine* Polizeitruppe *f*; *allg. ~ municipale de Paris* (*od. mobile*) Pariser Stadtpolizei *f*; *~s pl. suisses* Schweizergarde *f*; **3.** Aufsicht *f*, Bewachung *f*, Bewahrung *f*, Obhut *f*; *à* (*od. sous*) *la ~ de* unter dem Schutze von (*dat.*); *être de bonne ~* sich gut halten (*Obst*); *un bon chien de ~* ein guter Wachhund *m*; *de ~ difficile* schwer zu hüten; *être sur ses ~s* auf der Hut sein, sich vorsehen; *mettre en ~ contre* warnen vor (*dat.*); *se mettre en ~ contre*, *prendre ~ à* sich in acht nehmen vor (*dat.*), achtgeben auf (*acc.*); *prenez ~!* Vorsicht!, Achtung!; *prendre ~ que* (*mit ne u. subj.*) sich hüten (sich in acht nehmen), daß etw. geschehe; *prendre ~ que* (*ind.*; *bei bloßer Annahme*: *cond.*) bedenken, daran denken; *prenez ~ de* (*ne pas*) *tomber* fallen Sie nicht!; ⚔ *~ à vous, fixe!* Achtung!, stillgestanden!; **4.** *~ de l'épée* Stichblatt *n*; **5.** *esc.* Stellung *f*, Deckung *f*; *être en ~* gedeckt sein; *fig.* sich in acht nehmen; *en ~! fig.* aufgepaßt!; **II** *m* Wachsoldat *m*, Wache *f* (*Person*), Wächter *m*, Aufseher *m*, Gardist *m*; *~ champêtre* Feldwächter *m*, *~ forestier* Förster *m*; *~ général* Oberförster *m*; *frt. ~ du génie* Wallmeister *m*; *~ de nuit* Nachtwächter *m*; *~ des sceaux* Großsiegelbewahrer *m*, Justizminister *m* (*England*).

gardé (gar'de) *adj.* gesichert (*Eisenbahnübergang, durch Schranken*).

garde|-barrière (gardəbar'jɛ:r) *su.* [6a *u.* 6c] Bahn-, Schrankenwärter *m*; **~-boue** (~'bu) *m* [6c] *Motorrad, vél.*: Schutzblech *n*; *Auto*: Kotflügel *m*; *allg.* Schutzleder *n*; **~-boutique** (~bu'tik) *m* [6c] Ladenhüter *m*; **~-but** *Sport* (~'by, ~'byt) *m* [6c] Torwart *m*; **~-cendre** (~'sɑ̃:drə) *m* [6c] Ofen-, Kaminschirm *m*; **~-chasse** (~'ʃas) *m* [6a *u.* 6c] Jagdaufseher *m*; **~-chevaux** ⚔ (~'ʃvo) *m* [6e] Pferdehalter *m*; **~-chiourme** (~'ʃjurm) *m* [6c] Gefängniswärter *m*; **~-corps** (~'kɔ:r) *m* [6c] (Brücken-)Geländer *n*; **~-côte** (~'ko:t) **I** *m* **1.** [6a] Strand-wache *f*, -wächter *m*; **2.** [6g] Küstenwachschiff *n*; **II** *adj. canonnier m ~* Küstenartillerist *m*; **~-crotte** (~'krɔt) *m* [c] *Auto, vél.*: Schutzblech *n*, *Auto*: Kotflügel *m*; **~-feu** (~'fø) *m* [6d] Feuerschirm *m*; **~-forestier** (~fɔrɛs'tje) *m* [6c] Förster *m*; **~-fou** (~'fu) *m* [6g;] (Brücken-)Geländer *n*, Brustwehr *f*; idiotensichere Auto-(straßen)karte *f*; **~-frein** (~'frɛ̃) *m* [6a *u.* 6b] Bremser *m*; **~-frontière** (~frɔ̃'tjɛ:r) *m* [6a *u.* 6b] Grenzschutzsoldat *m*; *pl.*: Grenzschutz *m*; **~-jambe** *Sport* (~'ʒɑ̃:b) *m* Beinschiene *f* (*Krikket, Hockey*); **~-ligne** (~'liɲ) *m* [6a *u.* 6b] Streckenwärter *m*; **~-magasin**

(~maga'zɛ̃) *m* [6a *u.* 6b] Lagerverwalter *m*; **~-main** (~'mɛ̃) *m* [6d] Schreibunterlage *f*; **~-malade** (~ma'lad) *su.* [6a] Krankenwärter *m*; **~-manche** (~'mɑ̃:ʃ) *m* [6d] Schreib-, Schutz-ärmel *m*; **~-manger** (~mɑ̃'ʒe) *m* [6c] **1.** Fliegen-, Speise-schrank *m*; **2.** Speisekammer *f*; **~-meuble** (~'mœblə) *m* [6d] Möbellager *n*; **~-mites** F (~'mit) *m* [6c] Lagerverwalter *m*; **~-nappe** (~'nap) *m* [6d] Untersatz *m*, Stroh-matte *f*, -teller *m*; **~-pêche** (~'pɛ:ʃ) *m* [6b] Fischereiaufseher *m*; **~-phare** (~'fa:r) *m* [6e] Leuchtturmwächter *m*; **~-place** (~'plas) *m* [6g] Rahmen *m* für Platzkartennummer; **~-port** (~'pɔ:r) *m* [6a *u.* 6b] Hafenwächter *m*.

garder (gar'de) **I** *v/t.* **1.** aufbewahren, verwahren, aufheben; erhalten, (zurück-, auf-, an-)behalten; ~ *fidèlement un dépôt* e-n anvertrauten Gegenstand treu bewahren; ~ *en dépôt* auf Lager halten; ~ *en bon état* in gutem Zustande erhalten; ~ *sous clé* verschlossen halten; *donner qch. à* ~ etw. in Verwahrung geben; ~ *q. à dîner* j-n zum Essen bei sich bleiben lassen; ~ *son chapeau sur la tête* s-n Hut aufbehalten; ~ *une poire pour la soif* sich e-n Notgroschen zurücklegen, etw. für den Notfall zurückbehalten ~ *qch. pour la bonne bouche a. fig.* den besten Happen (*od.* als Bestes) bis zum Schluß aufheben; *fig. en donner à* ~ *à q.* j-m etw. weismachen (*od.* vormachen, einreden); **2.** bewachen, beaufsichtigen; pflegen; hüten; bewahren (*od.* schützen) vor (*dat.*); ~ *un malade* e-n Kranken pflegen; ~ *les brebis* (*les vaches*) die Schafe (die Kühe) hüten; ~ *le lit* das Bett hüten; ~ *la chambre* (*la maison*) im Zimmer (zu Hause) bleiben (*v. Kranken*); ~ *q. de qch.* j-n vor etw. (*dat.*) bewahren (*od.* schützen); **3.** *fig.* beobachten, wahren, einhalten, beibehalten, halten; ~ *les arrêts* Stubenarrest haben; ~ *la bienséance* (*od. les convenances*) die Form wahren; ~ *le contact* in Fühlung bleiben; ~ *les dehors* den gebührenden Abstand wahren; ~ *ses habitudes* s-n Gewohnheiten treu bleiben; ~ *le jeûne* fasten; ~ *en mémoire* im Gedächtnis behalten; ~ *la mesure* Maß halten; ~ *sa parole* sein Wort halten; ~ *le pas* Schritt halten; ~ *qch. pour soi* etw. für sich behalten; ~ *son prix* sich im Preise halten (*Ware*); ~ *rancune* (*od. une dent*) *à q.* j-m etw. nachtragen (*od.* übelnehmen); ~ *les rangs* in Reih u. Glied bleiben; ~ *le silence sur qch.* über etw. stillschweigen; ~ *son sang-froid* sich nicht aus der Ruhe bringen lassen; ~ *son sérieux* ernst bleiben; ~ *une chose secrète* etw. geheim halten; **II** *v/rfl.* se ~ *de* sich hüten; (*od.* sich in acht nehmen) vor (*dat.*); se ~ *du froid* sich vor (der) Kälte schützen; *gardez-vous de croire ...* glauben Sie ja nicht ...; se ~ sich (er)halten; se ~ *en bon état* sich in gutem Zustande erhalten; se ~ sich lagern (*od.* aufbewahren) lassen.

garderie (gar'dri) *f*: ~ *d'enfants* Kinderhort *m*.

garde-robe (gar'drɔb) *f* **1.** Kleiderschrank *m*; **2.** Garderobe *f*, Kleidung *f*, Sachen *f/pl.*; **3.** Ankleideraum *m*; *thé.* Kostümraum *m*; **4.** Toilette *f*, Toilettenraum *m*.

gardeur (gar'dœ:r) *su.* [7g] Hüter *m*, Hirt *m*; *gardeuse f d'oies* Gänseliesel *f*.

garde|-voie 🚂 (gardə'vwa) *m* [6a *u.* 6b] Bahnwärter *m*, Weichensteller *m*; **~-vue** (~'vy) *m* [6c] Augenschirm *m*.

gardian (gar'djɑ̃) *m* provenzalischer Ochsenhirte *m* u. Stierkämpfer *m* der Camargue (*Rhônedelta*).

gardien (gar'djɛ̃) **I** *su.* [7c] **1.** Wächter *m*, Aufseher *m*; *fig.* Hüter *m*; ~ *de la paix* Polizist *m* (*in Paris*); **II** *m* **2.** *Sport*: ~ *de* (*du*) *but*, ~ *de buts* Torwart *m*; **3.** *rl.* Klostervorsteher *m*, Oberer *m*; **4.** ⚖ ~ *des scellés* Siegelbewahrer *m*; **~-chef** (~'ʃɛf) *m* [6a] Oberaufseher *m*; **~nage** *a.* ⚓ (~djɛ'na:ʒ) *m* Aufseher-stelle *f*, -dienst *m* (*z. B. in der Werft*); Überwachung *f*; **~nat** *rl.* (~djɛ'na) *m* Amt *n* e-s Klostervorstehers.

gardon *icht.* (gar'dɔ̃) *m* Plötze *f*.

gare[1] (ga:r) *f* **1.** Bahnhof *m*; *chef m de* ~ Bahnhofs-, Stations-vorsteher *m*; ~ *destinataire* Bestimmungs-, Empfangs-station *f*; *en* ~, ~ *restante* bahnhoflagernd; ~ *d'attache* Heimatbahnhof *m*; ~ *de marchandises* Güterbahnhof *m*; ~ *expéditrice* Güterabfertigung *f*; ~ *de passage* Durchgangsbahnhof *m*; ~ *de remisage* Abstellbahnhof *m*; ~ *de triage*

Rangier-, Verschiebe-bahnhof *m*; ~ *aérienne*, ~ *aéronautique* Flughafen *m*; **2.** Flußhafen *m*; **3.** *a.* ⚔ Ausweichstelle *f*; ~ *régulatrice* Weiterleitungsstelle *f*; ~ *de ravitaillement* Verpflegungs-stelle *f*, -bahnhof *m*; ~ *d'eau* Ausweichstelle *f* (*im Fluß*).

gare[2] (~) *int.*: ~! Vorsicht!, Achtung!; ~ *la tête!* Kopf weg!; *sans crier* ~ ohne vorher zu warnen; ohne weiteres; völlig unerwartet; ~ *aux voleurs!* vor Dieben wird gewarnt!; *entrer sans crier* ~ mit der Tür ins Haus fallen.

garenne (ga'rɛn) **I** *f* **1.** Kaninchengehege *n*; *lapin m de* ~ wildes Kaninchen *n*; **2.** Angel-platz *m*, -stelle *f*; **II** *m* wildes Kaninchen *n*.

garer (ga're) [1a] **I** *v/t.* in Sicherheit bringen; (*Fahrzeug*) unterstellen; ~ *sa voiture Auto*: parken, s-n Wagen unterstellen; ~ *un train* e-n Zug verschieben; ~ *un avion* ein Flugzeug in die Halle bringen; **II** *v/rfl.* *se* ~ ausweichen (*bsd. v. Fahrzeugen*); parken (*v/i.*); *se* ~ *de* sich vorsehen vor (*dat.*).

Gargantua (gargɑ̃'tɥa) *m* **1.** *litt.* Gargantua *m*; **2.** Schwelger *m*, Freßsack *m*.

gargari|ser (gargari'ze) *v/rfl.* [1a]: *se* ~ gurgeln; **~sme** (~'rism) *m* **1.** Gurgel-, Mund-wasser *n*; **2.** Gurgeln *n*.

gargot|e (gar'gɔt) *f* billiges Lokal *n*, schmutzige Kneipe *f*; *cuisine f de* ~ Massenfütterung *f*; **~er** (~gɔ'te) *v/i.* [1a] schlecht u. unsauber kochen; **~ier** *péj.* (~'tje) *su.* [7b] Inhaber *m* e-s billigen u. schlechten Lokals.

gargouil|le (gar'guj) *f* Wasserspeier *m*, Traufrinne *f*; **~lement** (~guj'mɑ̃) *m* Plätschern *n*; Gurgeln *n*; **~ler** (~gu'je) *v/i.* [1a] gurgeln; plätschern; knurren (*Magen*); **~lis** (~'ji) *m* Plätschern *n* des Wassers aus e-m Wasserspeier.

gargousse *artill.* (~'gus) *f* Patrone *f*.

garnement (garnə'mɑ̃) *m* **1.** † Tagedieb *m*, Nichtstuer *m*, Spitzbube *m*, nichtsnutziger Kerl *m*; **2.** Bengel *m*, Schlingel *m*, Bürschchen *n*.

garni (gar'ni) *m* möbliertes Zimmer *n* (*od.* Haus *n*); möblierte Wohnung *f*; *loger* (*od. habiter*) *en* ~, *habiter un* ~ möbliert wohnen.

garnir (gar'ni:r) **I** *v/t.* [2a] **1.** versehen, ausstatten; *bourse f bien garnie* volles Portemonnaie *n*; ~ *un lit* (*une maison*) ein Bett beziehen (ein Haus möblieren); ~ *la rue* (*la salle*) die Straße (den Saal) füllen; *table bien garnie* reich gedeckter Tisch *m*; **2.** einfassen, verzieren, besetzen, garnieren; *cuis.* spicken; ~ *de fleurs* mit Blumen schmücken; *thé. bien garni* gut besetzt; *légume m garni* Gemüse *n* mit Beilage; **3.** ausstopfen, füttern, polstern, überziehen; abdichten (*Fugen*); ⊕ ausfüttern, auskleiden, ausmauern; ⚓ betakeln; **II** *v/rfl.* *se* ~ sich füllen.

garnison (garni'zɔ̃) *f* Besatzung *f*, Garnison(sstadt *f*) *f*.

garnisseuse (garni'sø:z) *f* Putzmacherin *f*.

garniture (garni'ty:r) *f* **1.** Ausrüstung *f*, Einrichtung *f*, Zubehör *n*; **2.** Besatz *m*; Schmuck *m*; ~ *de rubans* Bänderbesatz *m*; ~ *de cheminée* Kaminaufsatz *m*; ~ *de* (*od. en*) *fourrure(s)* Pelzbesatz *m*; ~ *de porcelaine* Tafelgeschirr *n*; **3.** ~ *d'épée* Degengefäß *n*; **4.** *cuis.* Zutaten *f/pl.*, Garnierung *f*; **5.** ⊕ Futter *n*; Dichtung *f*; Armatur *f*; *Auto*: ~ *d'embrayage* Kupplungsbelag *m*; ~ *de frein* Bremsbelag *m*; ~*s pl. de constructions* Baubeschläge *m/pl.*; **6.** Garnitur *f*, vollständiger Satz *m*; ~ *de boutons* Satz Knöpfe; **7.** ⚓ Takelwerk *n*.

Garonne (ga'rɔn) *f*: **la** ~ die Garonne *f*; *enfant m de la* ~ Gaskogner *m*, Aufschneider *m*.

garou ⚘ (ga'ru) *m* Seidelbast *m*.

garrigue (ga'rig) *f* Heide *f*.

garrot (ga'ro) *m* **1.** *zo.* Widerrist *m*; **2.** ⊕ Knebel *m* (*a.* ⚕), Sperrholz *n bsd. an der Säge*; **~te** *ehm.* (ga'rɔt) *f* Erdrosselung *f* (*Hinrichtungsart*); **~ter** (~rɔ'te) *v/t.* [1a] knebeln; durch Erdrosseln hinrichten.

garrulité (garyli'te) *f* Geschwätzigkeit *f*.

gars F (gɑ) *m* Junge *m*, Bursche *m*; F *mes* ~ meine Leute *pl.*.

gascon (gas'kɔ̃) gaskognisch; Gaskogner *m*; *fig.* prahlerisch, angeberisch; Angeber *m*, Aufschneider *m*; **~isme** (~kɔ'nism) *m* Gaskogner Redensart *f bzw.* Aussprache *f*; **~nade** (~kɔ'nad) *f* Angeberei *f*, Prahlerei *f*, Aufschneiderei *f*; **~ner** (~'ne) *v/i.* [1a] **1.** im Gaskogner Dialekt sprechen; **2.** angeben, aufschneiden, prahlen, flunkern.

gas-oil (gasɔ'il, gɑ'zwal) *m* Gasöl *n*.

gaspil|lage (gaspi'ja:ʒ) *m* Verschwendung *f*, Vergeudung *f*; *~ de l'argent* Geldverschwendung *f*; *~ de temps* Zeitvergeudung *f*; **~ler** (~'je) *v/t.* [1a] verschwenden, vergeuden; **~leur** (~'jœ:r) *adj. u. su.* [7g] verschwenderisch; Verschwender *m.*

gastéropodes *zo.* (gasterɔ'pɔd) *m/pl.* Bauchfüßler *pl.*

gastr|algie ⚕ (gastral'ʒi) *f* Magenkrampf *m*; **~ique** (~'trik) *adj.* Magen...; *suc m ~* Magensaft *m*; **~ite** ⚕ (~'trit) *f* Magenentzündung *f*; Gastritis *f.*

gastro|-entérite ⚕ (gastroɑ̃te'rit) *f* Magen-Darm-Entzündung *f*; **~-intestinal** (~ɛ̃tɛsti'nal) *adj.* [5c] Magen-Darm-...; **~lâtre** F (~'la:trə) *m* Schlemmer *m*; **~logie** (~lɔ'ʒi) *f* Kochkunst *f*; **~nome** (~'nɔm) *m* Gastronom *m*, Feinschmecker *m*; **~nomie** (~nɔ'mi) *f* Gastronomie *f*, Kochkunst *f*; **~nomique** (~nɔ'mik) *adj.* gastronomisch; **~tomie** (~tɔ'mi) *f* Bauchschnitt *m.*

gâteau (ga'to) *m* Kuchen *m*; *~ aux amandes* Mandelkuchen *m*; *~ feuilleté* Blätterteigkuchen *m*; *~ de miel* Honigwabe *f*; *~ des Rois* Dreikönigskuchen *m*; *~x pl. secs* Keks *m*, Teegebäck *n*; *anat. ~ placentaire* Mutterkuchen *m*; *fig. avoir part au ~* am Gewinne teilhaben; *partager le ~* den Gewinn teilen; F *c'est du ~* das ist kinderleicht; *un papa m ~* ein zu nachsichtiger Vater *m.*

gat ⚓ (ga) *m* große Landungstreppe *f.*

gâté (ga'te) **I** *adj. a. fig.* verdorben; beschädigt; angefault (*Obst, Zahn*); abgestanden (*Getränk*); verpfuscht (*Anzug, Kleid*); *enfant m ~* verwöhntes Kind *n*; **II** *m* schlechte (*od.* faule) Stelle *f* (*im Obst*); *enlever le ~* die schlechte (*od.* faule) Stelle *od.* das Schlechte entfernen.

gâte-métier (gatme'tje) *m* [6d] Preisverderber *m.*

gâte-papier (gatpa'pje) *m* [6c] Schreiberling *m.*

gâter (ga'te) [1a] **I** *v/t.* **1.** verderben, beschädigen; *fig. ~ le métier* j-m ins Handwerk pfuschen; den Preis verderben; *~ du papier* Papier verschmieren; *~ le plaisir de q.* j-m die Freude verderben; F *~ les affaires* e-n Strich durch die Rechnung machen; *cela ne gâte rien* das kann nichts schaden; *~ l'existence à q.* j-m das Leben versauern; *~ la digestion* der Verdauung schaden; **2.** *fig.* verwöhnen, verziehen; *enfant m gâté* verzogenes Kind *n*; *être l'enfant gâté de la fortune* ein ausgesprochenes Glückskind sein; **II** *v/rfl.* *se ~* verderben (*v/i.*), schlecht (*od.* faul) werden, umkommen (*Obst*); *fig. cela se gâte* das nimmt e-e schlimme Wendung, die Sache geht schief.

gâterie (ga'tri) *f* Verwöhnung *f*, Verhätschelung *f*; Nascherei *f.*

gâte-sauce (gat'so:s) *m* [6d] schlechter Koch *m*. [*m*, Trampel *m.*]

gâte-tout (gat'tu) *m* [6c] Tolpatsch

gâteur (ga'tœ:r) *su.* [7g] Verhätscheler *m*, Verwöhner *m.*

gâteux (ga'tø) **I** *adj.* altersschwach, kindisch geworden; **II 1.** *m vieux ~* alter Knacker *m*; **2.** *gâteuse f* Krankenhausmantel *m* (*mit Kapuze*).

gâtine (ga'tin) *f* undurchlässiger Sumpfboden *m.*

gâtisme ⚕ (ga'tism) *m* Alters-, Geistes-schwäche *f.*

gatte ⚓ (gat) *f* Reffgat *n.*

gattine *vét.* (ga'tin) *f Name e-r Seidenraupenkrankheit.*

gauche (go:ʃ) **I** *adj.* **1.** links; *côté m ~* linke Seite *f*; **2.** □ *fig.* linkisch, unbeholfen; **3.** schief; krumm; **II** *f* **4.** linke Hand *f*; *à ma ~* zu meiner Linken; **5.** linke Seite *f*, linker Flügel *m*; *pol. l'extrême ~* die äußerste Linke *f*; *prendre la ~* links ausbiegen *od.* fahren; *advt. à ~* (nach) links; *fig.* verkehrt; F beiseite; F *jusqu'à la ~* bis zum Ende; F *passer l'arme à ~* sterben, ins Gras beißen F; *à droite et à ~* nach (*od.* von) allen Seiten; *à ~ — alignement!* Augen — links!; *demi-tour — à ~!* linksum — kehrt!; *tourner à ~* sich nach links wenden; **~ment** (goʃ'mɑ̃) *adv.* linkisch.

gaucher (go'ʃe) *adj. u. su.* [7b] linkshändig; Linkshänder *m*; **~ie** (goʃ'ri) *f* linkisches Wesen *n*, Unbeholfenheit *f*, Tolpatschigkeit *f*, ungeschicktes Benehmen *n.*

gauch|ir (go'ʃi:r) [2a] **I** *v/i.* **1.** (wind)schief sein *od.* werden; sich werfen, sich verziehen (*Holz*); **2.** ausweichen; F *fig.* Winkelzüge machen; **II** *v/t. charp.* krümmen; ✈ verwinden; **~issement** (~ʃis'mɑ̃) *m* Schiefwerden *n*; Werfen *n* (*vom Holz*); Schief-sein *n*, -werden *n*; *charp.* Krümmung *f*; ✈ Verwindung *f*. [reißer *m.*]

gaudissart (godi'sa:r) *m* Zoten-

gaudriole F (godri'ɔl) *f* anzüglicher Witz *m.*
gau|fre ('go:frə) *f* **1.** Wabe *f*, Honigscheibe *f*; **2.** Waffel *f*; **3.** P *se sucrer la* ~ sich schminken; **~frer** (go'fre) *v/t.* [1a] **1.** gaufrieren, Figuren pressen auf (*acc.*); **2.** P schnappen, festnehmen, erwischen, dingfest machen; **~frette** (~'frɛt) *f* kleine Waffel *f*; **~frier** (~fri'e) *m* Waffeleisen *n*; **~froir** (~'frwa:r) *m* Modelleisen *n*, Musterwalze *f*. [(*Damenstrumpf*).]
gauge (go:ʒ) *f* Maschenzahl *f*
gaulage (go'la:ʒ) *m* Abschlagen *n* (*v. Nüssen*).
Gaule[1] (go:l) *f*: **la ~** (*auch* **les ~s** *pl.*) Gallien *n*. [stock *m.*]
gaule[2] (~) *f* lange Stange *f*; Angel-
gaul|er ✓ (go'le) *v/t.* [1a] Nüsse mit e-r Stange abschlagen; **~ette** (~'lɛt) *f* kleine Stange *f*.
gaull|isme *Fr. pol.* (go'lism) *m* Politik *f* de Gaulles; **~iste** (go'list) *adj. u. su.* gaullistisch; Anhänger *m* von de Gaulle.
gaulois (go'lwa) [7] **I** *adj.* gallisch; F *fig.* gepfeffert, saftig, derb; ungehobelt; *esprit m* ~ gallischer Witz *m* (*od.* Humor *m*); *franchise f* ~*e* große Offenherzigkeit *f*; *gaieté f* ~*e* lebhafte Heiterkeit *f*; *manières f/pl.* ~*es* altväterliche Sitten *f/pl.*; *tournure f* ~*e* veraltete Redewendung *f*; **II** ♀ *su.* Gallier *m*; *bon* ~, *vrai* ~ aufrichtiger (*od.* biederer) Mann *m*; **III** *m* Gallische *n*; **~erie** (~lwaz'ri) *f* derber Witz *m*, Zote *f*.
gaus|ser (go'se) *v/rfl.* [1a]: *se* ~ *de q.* (*de qch.*) sich über j-n (über etw.) lustig machen; **~serie** (gos'ri) *f* Spöttelei *f*, Fopperei *f*.
gavage (ga'va:ʒ) *m* **1.** *cuis.* Mästen *n*, Nudeln *n*, Kröpfen *n*; **2.** *fig. écol.* Eintrichtern *n*, Einpauken *n*, Einpaukerei *f*. [*Pyrenäen.*]
gave (ga:v) *m* Sturzbach *m in den*
gavé (ga've) *adj.* übersättigt.
gav|er (ga've) [1a] **I** *v/t.* **1.** mästen, kröpfen, nudeln; F *se* ~ *sa passion* sich ordentlich satt essen; **2.** ~ *un enfant* ein Kind überfüttern, **3.** F *écol.* ~ *q. de connaissances* j-m Kenntnisse eintrichtern; **II** F *v/rfl.* *se* ~ *de* sich vollfressen mit (*dat.*); **~eur** (~'vœ:r) *su.* [7g] Mäster *m*; **~euse** (~'vø:z) *f* Mästapparat *m*.
gavial *zo.* (ga'vjal) *m* (*pl.* ~*s*) *m* Gavial *m*.
gavion P (ga'vjɔ̃) *m*, **gaviot** P (ga'vjo) *m* Kehle *f*, Gurgel *f*.
gavot *Fr.* (ga'vo) *adj. u. m* ♀, **~te**[1] (ga'vɔt) *adj. u. f* ♀ (französischer Alpenbewohner) aus Gap; **~te**[2] (ga'vɔt) *f* Gavotte *f* (*alter Tanz*).
gavroche (ga'vrɔʃ) *m* Pariser Straßenjunge *m*; ~ *haut comme trois pommes* Dreikäsehoch *m*.
gaz (gɑ:z) *m* **1.** Gas *n*; Gasbeleuchtung *f*; ~ *ammoniac* Ammoniakgas *n*; ~ *d'éclairage* Leuchtgas *n*; ~ *de France* Gasöl *n*; ~ *naturel* Erd-, Natur-gas *n*; *bec m de* ~ Gasflamme *f*; *compagnie f du* ~ Gasgesellschaft *f*; *conduite f* (*fuite f*, *odeur f*) *de* ~ Gas-leitung *f* (-entströmung *f*, -geruch *m*); *compteur m à* ~ Gasuhr *f*; *Auto*: ~ *d'échappement*, ~ *perdu*, ~ *brûlé* Auspuffgas *n*, Abgas *n*; ~ *distribué à distance* Ferngas *n*; ~ *rare* Edelgas *n*; *incandescence f par le* ~ Gasglühlicht *n*; *usine f à* ~ Gasanstalt *f*; *Auto*: *mettre plein* ~, *mettre (plein) les* ~, *mettre tous les* ~ (Voll-)Gas geben; *couper le(s)* ~ das Gas wegnehmen, abdrosseln; ✈ *piquer à pleins* ~ mit Vollgas heruntergehen; **2.** ⚔ ~ *de combat* Kampfgas *n*; ~ *à effet irritant* Reizgas *n*; ~ *lacrymogène* Tränen-, *weitS.* Reiz-gas *n*; ~ *corrosif* (*moutarde*) Ätz-(Senf-)gas *n*; ~ *toxique*, ~ *délétère*, ~ *asphyxiant* Giftgas *n*; *intoxiqué par le* ~ gasvergiftet.
gaze (gɑ:z) *f* Mullbinde *f*, Gaze *f*, dünner Flor *m*. [giftet.]
gazé (gɑ'ze) *adj.* vergast, gasver-
gazéi|fiabilité ⚗ (gazeifjabili'te) *f* Vergasbarkeit *f*; **~fiable** ⚗ (~'fjablə) *adj.* vergasbar; **~fication** ⚗ (~fikɑ'sjɔ̃) *f* Vergasung *f*; **~fier** ⚗ (~'fje) *v/t.* [1a] vergasen; **~forme** (~'fɔrm) *adj.* gas-, luft-förmig; **~té** (~'te) *f* Gasförmigkeit *f*.
gazelle *zo.* (ga'zɛl) *f* Gazelle *f*.
gazer[1] (gɑ'ze) *v/t.* [1a] mit Gaze überziehen; *fig.* verschleiern, verblümt ausdrücken; beschönigen.
gazer[2] (~) **I** *v/t.* [1a] durch Gas vergiften, vergasen; **II** *v/i.* a) *bsd. Auto*: flitzen, rasen, sausen; b) P *Auto*, ✈ *ça gaze* der Motor läuft gut; *fig. ça gaze!* das klappt ja!
gazette (gɑ'zɛt) *f* Zeitung *f*; *fig.* Klatschbase *f*.
gazeux (gɑ'zø) *adj.* [7d] **1.** gasartig, -förmig; **2.** kohlensäurehaltig; *eau f gazeuse* Selterwasser *n*; *limonade f gazeuse* Brause-

limonade *f*; *poudre f gazeuse* Brausepulver *n*.
gazier ⊕ (ga'zje) *m* Gasarbeiter *m*; Gazeweber *m*; * schwuler Kerl *m*.
gazoduc ⊕ (gazɔ'dyk) *m* (Überland-)Gasleitung *f*.
gazogène *Auto*, ⊕ (gazɔ'ʒɛn) **I** *m* Generator *m*; **II** *adj*. gaserzeugend.
gazole (ga'zɔl) *m* Gasöl *n*.
gazoline (~'lin) *f* Gasolin *n*, Gasäther *m*.
gazomètre (~'mɛtrə) *m* Gasometer *m*; Gas-behälter *m*, -messer *m*.
gazon (ga'zõ) *m* Rasen *m*; *~s pl*. ausgestochene Rasenstücke *n/pl*.; **~ner** (~zɔ'ne) *v/t*. [1a] mit Rasen belegen.
gazouil|lement (gazuj'mã) *m* Zwitschern *n*; Lallen *n*; Plätschern *n*, Murmeln *n*; **~ler** (~'je) *v/i*. [1a] zwitschern (*Vogel*); lallen (*Kind*); plätschern, murmeln (*Bach*); **~lis** (~'ji) *m* Gezwitscher *n*.
geai (ʒe, ʒɛ) *m* Eichelhäher *m*.
géant (ʒe'ã) *su. u. adj*. [7] Riese *m* (*f*: Riesin); riesig; *à pas de ~* mit Riesenschritten.
géhenne *bibl*. (ʒe'ɛn) *f* Hölle *f*.
geign|ard (ʒɛ'ɲa:r) **I** *adj*. [7] stöhnend, winselnd, quengelig; **II** *m* Quengelkopf *m*; *f*: *~e* Heulsuse *f*; **~ement** (~ɲ'mã) *m* Stöhnen *n*, Wimmern *n*, Winseln *n*.
geindre ('ʒɛ̃:drə) *v/i*. [4b] jammern, nörgeln, ächzen, stöhnen.
gel (ʒɛl) *m* Frost(schaden *m*) *m*.
gélatin|e (ʒela'tin) *f* Gelatine *f*, Gallerte *f*, Knochenleim *m*; 📷 *~ bichromatée* Chromgelatine *f*; **~eux** (~'nø) *adj*. [7d] gallertartig.
gelée (ʒə'le) *f* **1.** Frost *m*; *~ blanche* Reif *m*; *~ nocturne* Nachtfrost *m*; **2.** *cuis*. eingekochter Fruchtsaft *m*, Gelee *n*; Gallerte *f*, Sülze *f*.
geler (ʒə'le) [1d] **I** *v/t*. **1.** zum Gefrieren bringen; **2.** durch Frost beschädigen; **3.** frieren (*od*. erstarren) lassen; *je suis tout gelé* ich bin völlig durchgefroren; **II** *v/i*. **4.** gefrieren, einfrieren; *la rivière a gelé* der Fluß ist zugefroren; *v/impers. il gèle* es friert; *il gèle à pierre fendre* es ist e-e Hundekälte; *il a gelé blanc* es hat gereift; **5.** erfrieren; *les vignes ont gelé* die Weinstöcke sind erfroren; **6.** (sehr) frieren; **III** *v/rfl. se ~* gefrieren.
gélif (ʒe'lif) *adj*. [7e] frostverwittert.
gélifier (ʒeli'fje) *v/t*., *v/i*. [1a] vereisen.
gelinotte (ʒəli'nɔt) *f* Haselhuhn *n*.
gélivure (ʒeli'vy:r) *f* Frostspalt *m* (*in Bäumen od. Steinen*). [-stelle *f*.]
gelure ⚕ (ʒə'ly:r) *f* Frost-beule *f*,
Gémeaux *ast*. (ʒe'mo) *m/pl*. Zwillinge *m/pl*.
gémellaire (ʒemɛ'lɛ:r) *adj*. Zwillings...
gémin|ation (ʒemina'sjõ) *f* Zusammenlegung *f*; Paarung *f*; Verdoppelung *f*; **~é** (~'ne) *adj*. doppelt, wiederholt; ⚘ gepaart; **~er** (~) *v/t*. [1a] (*a. écol. Jungen u. Mädchen in e-r Klasse*) zusammenlegen.
gém|ir (ʒe'mi:r) *v/i*. [2a] **1.** *~* (*de od. sur*) ächzen, seufzen, wimmern, stöhnen (über *acc*.); *~ de douleur* vor Schmerz stöhnen; *~ de ses fautes* über s-e Fehler jammern; **2.** girren (*Taube*); **3.** knarren (*Rad*); **~issement** (~mis'mã) *m* **1.** Stöhnen *n*, Wimmern *n*, Ächzen *n*, Seufzen *n*; **2.** Girren *n*; **3.** Knarren *n*; **~isseur** F *iron*. (~mi'sœ:r) *m* [7g] Quengelkopf *m*.
gem|macé (ʒɛma'se) *adj*. knospenähnlich; **~mage** (~'ma:ʒ) *m* Anzapfung *f* (*der Bäume zur Harzgewinnung*); **~mation** (~ma'sjõ) *f* Knospentreiben *n*; **~me** (ʒɛm) **I** *adj*. **1.** *sel m ~* Steinsalz *n*; **II** *f* **2.** Edelstein *m*, Gemme *f*; **3.** ⚘ Auge *n*, Knospe *f*; **~mé** (ʒɛ'me) *adj*. mit Edelsteinen geschmückt; **~mer** (~) [1a] **I** *v/i*. keimen, knospen, ausschlagen; **II** *v/t*. anzapfen (*Bäume zur Harzgewinnung*).
gémonies (ʒemɔ'ni) *f/pl*.: *traîner q. aux ~* j-n in den Dreck ziehen; *vouer q. aux ~* j-n öffentlich verdammen.
gênant (ʒɛ'nã) *adj*. [7] hinderlich, beschwerlich, peinlich.
gencive (ʒã'si:v) *f* Zahnfleisch *n*.
gendar|me (ʒã'darm) *m* **1.** Gendarm *m*; **2.** F *un vrai ~* ein echtes Mannweib *n*, ein wahrer Dragoner *m*; **3.** P Bückling *m* (*geräucherter Salzhering*), Räucherhering *m*; **~mer** (~'me) *v/rfl*. [1a]: *se ~ contre* sich gegen (*acc*.) ereifern; tadeln, heftig protestieren; **~merie** (~mə'ri) *f* **1.** Gendarmerie(korps *n*) *f*; *se constituer prisonnier à la ~* sich bei der Polizei stellen; **2.** Gendarmerie-, Polizei-kaserne *f*.
gendre ('ʒã:drə) *m* Schwiegersohn *m*.
gêne (ʒɛ:n) *f* **1.** Hinderlichkeit *f*, Hindernis *n*, Hemmung *f*, Last *f*, Störung *f*, Zwang *m*, Unbehagen *n*,

Ärgernis *n*, Verlegenheit *f*; *être sans* ~ sich keinen Zwang antun; **2.** Geldverlegenheit *f*, bedrängte Lage *f*; Not *f*; *ils sont dans la* ~ sie leben in ärmlichen Verhältnissen.

généalog|ie (ʒenealɔ'ʒi) *f* Geschlechtsregister *n*, Stammfolge *f*; Genealogie *f*; Geschlechterkunde *f*; **~ique** (~'ʒik) *adj.* genealogisch; *arbre m* ~ Stammbaum *m*; **~iste** (~'ʒist) *m* Genealoge *m*, Stammbaumforscher *m*.

gén|épi, ~ipi ⚘ (ʒene'pi, ~ni'pi) *m* Schafgarbe *f*, Beifuß *m*.

gêner (ʒɛ'ne) [1b] **I** *v/t.* **1.** beengen, zusammenpferchen, drücken, quälen, spannen, zwängen; zu eng sein (*z.B. Hosen*); **2.** hindern, hemmen; *avoir la respiration gênée* an Atemnot leiden; **3.** belästigen, in Verlegenheit bringen; **4.** in Geldverlegenheit bringen; *être gêné* knapp bei Kasse sein; **II** *v/rfl. se* ~ sich Zwang antun, sich genieren, sich schämen (*devant q. à cause de qch.* vor j-m wegen etw. *gén.*); *air m gêné* verlegener Gesichtsausdruck *m*.

général (ʒene'ral) [5c] **I** *adj.* □ **1.** allgemein; *en termes généraux* allgemein ausgedrückt; ✝ *les frais m/pl. généraux* die Geschäftsunkosten *pl.*, die allgemeinen Unkosten *pl.*; **2.** General..., Haupt..., Ober..., Stabs...; *garde m* ~ Oberförster *m*, Forstmeister *m*; *grève f* ~*e* Generalstreik *m*; *quartier m* ~ Hauptquartier *n*; *receveur m* ~ Obersteuereinnehmer *m*; **II** *m* **3.** *das* Allgemeine *n*; *advt. en* ~ im allgemeinen, überhaupt; gewöhnlich; **4.** ⚔ General *m*, Feldherr *m*; ~ *de brigade, brigadier m* ~ Generalmajor *m*; ~ *de division* Generalleutnant *m*; ~ *commandant de corps d'armée*, ~ *colonel* Generaloberst *m*; ~ *d'aviation* General *m* der Flieger; ~ *d'artillerie* General *m* der Artillerie; ~ *de l'infanterie* (*de la cavalerie*) General *m* der Infanterie (der Kavallerie); ~ *en chef* kommandierender General *m*; **5.** *rl.* Ordensgeneral *m*; **~at** (~'la) *m* **1.** ⚔ Generalsrang *m*; Dienstzeit *f* als General; **2.** *rl.* Stellung *f* e-s Ordensgenerals; **~e** (~'ral) *f* **1.** Generalin *f*; **2.** *rl.* Oberin *f*; **3.** *sonner la* ~ zum Sammeln blasen; **~ement** (~ral'mɑ̃) *adv.* allgemein, im allgemeinen; **~isable** (~li'zablə) *adj.* verallgemeinbar; **~isateur** (~liza'tœ:r) *adj.* [7f] verallgemeinernd; **~isation** (~lizɑ'sjɔ̃) *f* **1.** Verallgemeinerung *f*; **2.** allgemeine Verbreitung *f*; **~iser** (~li'ze) *v/t.* [1a] verallgemeinern; **~issime** (~li'sim) *m* Generalissimus *m*, Oberfeldherr *m*, oberster General *m*; **~iste** (~'list) *m* praktischer Arzt *m*; **~ité** (~li'te) *f* **1.** Allgemeinheit *f*; ~*s pl.* allgemeine Begriffe *m/pl.*; Allgemeines *n*; **2.** Mehrzahl *f*; *dans la* ~ *des cas* meistens.

généra|teur (ʒenera'tœ:r) **I** *adj.* [7f] erzeugend; Zeugungs...; Schöpfungs...; **II** *su.* [7f] Erzeuger *m*; **III** *m* ⊕ Generator *m*; Dampfkessel *m*; ⚡ ~ *du courant électrique* Stromerzeuger *m*; **~tion** (~rɑ'sjɔ̃) *f* **1.** Zeugung *f*, Erzeugung *f*; Entstehung *f*; ~ *spontanée* Selbstbefruchtung *f*, Urerzeugung *f*; **2.** Generation *f*, Geschlecht *n*; Nachkommenschaft *f*; *de* ~ *en* ~ von Geschlecht zu Geschlecht; **3.** Menschenalter *n*; **~trice** (~'tris) *f* Kraftstation *f*; Dynamo *m*.

géné|reux (ʒene'rø) *adj.* [7d] □ **1.** großmütig, edel, hochherzig; **2.** freigebig; **3.** *sol m* ~ ergiebiger Boden *m*; *vin m* ~ edler (*od.* feuriger) Wein *m*; **~rique** (~'rik) **I** *adj.* generisch, die Gattung allgemein bestimmend; **II** *cin.* ~ *m* Vorspann *m*; **~rosité** (~rozi'te) *f* **1.** Edelmut *m*, Großmut *f*; **2.** Freigebigkeit *f*; ~*s f/pl.* Wohltaten *f/pl.*

Gênes (ʒɛ:n) *f* Genua *n*.

genèse (ʒə'nɛ:z) *f* **1.** Entwicklungs-, Entstehungs-geschichte *f*, Werdegang *m*; **2.** *bibl.* ♀ Genesis *f*.

génésique (ʒene'zik) *adj.* genetisch, Geschlechts..., Zeugungs...

genêt ⚘ (ʒə'nɛ) *m* Ginster *m*.

genette *zo.* (ʒə'nɛt) *f* Ginsterkatze *f*.

gêneur (ʒɛ'nœ:r) *m* [7g] Störenfried *m*, Querkopf *m*.

Genève (ʒə'nɛ:v) *f* Genf *n*.

genevois (ʒən'vwa) *adj. u.* ♀ *su.* [7] genferisch; Genfer *m*.

genévrier ⚘ (ʒənevri'e) *m* Wacholderstrauch *m*.

Gengis-Khan *hist.* (ʒɛ̃ʒis'kɑ̃) *m* Dschingis Khan *m*.

génial (ʒe'njal) *adj.* [5c] genial; **~ité** (~li'te) *f* Genialität *f*.

génie (ʒe'ni) *m* **1.** Geist *m*, Genius *m*, Dämon *m*; ~ *tutélaire* Schutzgeist *m*; *bon* (*mauvais*) ~ guter (böser) Geist *m*; ~ *familier* Hausgeist *m*; **2.** Genie *n*, geniale Veranlagung *f*; Wesen *n*, Charakter *m*, Anlage(n *f*/*pl*.) *f*, schöpferische Kraft *f*; de ~ genial; *suivre son* ~ seiner Neigung folgen; *avoir le* ~ *de la musique* von Natur aus musikalisch hochbegabt sein; **3.** Genie *n*, genialer Kopf *m*, großer Geist *m*; ~ *méconnu* verkanntes Genie *n*; **4.** Eigentümlichkeit *f*, Wesen *n*; ~ *romain* Römertum *n*; *le* ~ *d'une langue* die Wesensart *f* e-r Sprache; **5.** Pionierwesen *n*, Ingenieur-, Kriegsbaukunst *f*; *le corps du* ~ das Pionierkorps *n*; *officier m du* ~ Pionieroffizier *m*; ⚠ *travaux m*/*pl*. de ~ *civil* Tiefbau *m*.

genièvre ⚘ (ʒəˈnjɛːvrə) *m* Wacholderbeere *f*, -strauch *m*, -schnaps *m*.

génisse *zo*. (ʒeˈnis) *f* Färse *f*.

génital (ʒeniˈtal) *adj*. [5c] Zeugungs...; *parties f*/*pl*. ~es Genitalien *pl*., Geschlechtsteile *m*/*pl*.

génitif *gr*. (ʒeniˈtif) *m* Genitiv *m*.

génocide (ʒenɔˈsid) *m* Völker-, Rassen-, Massen-mord *m*.

génois (ʒeˈnwa) *adj*. *u*. 2 *su*. [7] genuesisch; Genueser *m*.

genou (ʒəˈnu) *m* [5b] **1.** Knie *n*; *rotule f du* ~ Kniescheibe *f*; *avoir les* ~*x en dedans, avoir les* ~*x cagneux* X-Beine haben; *avoir les* ~*x en dehors, avoir les* ~*x arqués* O-Beine haben; *à* ~*x* auf den Knien; *être aux* ~*x de q*. vor j-m auf den Knien liegen; *se mettre* (*od*. *tomber*) *à* ~*x* (nieder-)knien; *fléchir les* ~*x* die Knie beugen; *fig*. in die Knie sinken (*devant q*. vor j-m); *prendre sur ses* ~*x* auf den Schoß nehmen; F *sur les* ~*x* todmüde; **2.** ⚘ Absatz *m*, Knoten *m*; **3.** ⊕ Kugelscharnier *n*; Knie-stück *n*, -rohr *n*, -gelenk *n*, Knie *n*; **~illère** (~ˈjɛːr) *f ehm*. Knieschiene *f*; Knieleder *n*; ⊕ Kniestück *n*; Knie-hebel *m*, -gelenk *n*; (Stiefel-) Stulpe *f*; Knieschützer *m für Hockeyspieler*.

genre (ˈʒɑ̃ːrə) *m* **1.** Gattung *f*, Geschlecht *n*; ~ *humain* Menschengeschlecht *n*; **2.** Art *f*, Sorte *f*; *des marchandises de tout* ~ Waren *f*/*pl*. aller Art; **3.** Art u. Weise *f*; ~ *de vie* Lebensweise *f*; **4.** ~ *de style* Schreibart *f*, Stil *m*; **5.** Geschmack *m*, Mode *f*; *le bon* ~ das Benehmen *n* aus der guten, alten Zeit; *le dernier* ~ die neueste Mode *f*; *faire du* ~ affektiert (*od*. geziert) sein; F *pour se donner un* ~ aus Angabe; **6.** *peint*. Szene *f* aus dem täglichen Leben; *tableau m de* ~ Genrebild *n*; **7.** *gr*. Geschlecht *n*, Genus *n*.

gens (ʒɑ̃) *su*./*pl*. (*~ ist m, jedoch ist das* v o r *~ stehende adj. f, wenn es im m* n i c h t *auf ein stummes -e ausgeht; das prädikative adj. aber ist stets m*) **1.** Leute *pl*., Menschen *m*/*pl*.; *bonnes* ~ gute Menschen *m*/*pl*.; *fille f de petites* ~ Tochter *f* von kleinen (*od*. einfachen) Leuten; *presque toutes les vieilles* ~ *sont soupçonneux* fast alle alten Leute sind argwöhnisch (*od*. mißtrauisch); *les bons jeunes* ~ die guten jungen Leute *pl*.; *tous les* (*braves*) ~ alle (braven) Leute *pl*.; *tous les* ~ *vertueux sont honorés* alle anständigen Menschen werden geehrt; ~ *d'affaires* Geschäftsleute *pl*.; ~ *de mer* Seeleute *pl*.; *tous les* ~ *de bien* alle rechtschaffenen Leute *pl*.; *droit m des* ~ Völkerrecht *n*; ~ *de lettres* Literaten *m*/*pl*., Schriftsteller *m*/*pl*.; *les* ~ *du monde* die höhere Gesellschaft *f*, die vornehme Welt *f*; ~ *de noce* Hochzeitsgäste *m*/*pl*.; ~ *de peu*, ~ *de rien* einfache (*od*. kleine) Leute *pl*.; ~ *de robe*, ~ *de loi* Juristen *m*/*pl*.; *des* ~ *sans aveu* Landstreicher *m*/*pl*.; *des* ~ *de sac et de corde* Bettler *m*/*pl*.; F *se connaître en* ~ s-e Leute kennen; **2.** Leute *pl*., Personal *n*, Bediente *m*/*pl*.; ~ *de maison*, ~ *de service* Dienstboten *m*/*pl*.; *sonner ses* ~ nach s-n Dienern klingeln; ~ *de mer* Seeleute *pl*.; *un de ses* ~ e-r seiner Leute.

gent *poét*. (ʒɑ̃) *f* (*ohne pl*.) Volk *n*; *iron*. Völkchen *n*; *la* ~ *trotte menu* die Mäuse *f*/*pl*.; *péj*. *la* ~ *moutonnière fig*. die Herdenmenschen *m*/*pl*.; *péj*. *la* ~ *de lettres* die Schreiberlinge *m*/*pl*., die Tintenkleckser *m*/*pl*.

gentiane ⚘ (ʒɑ̃ˈsjan) *f* Enzian *m*.

gentil[1] *bibl*. (ʒɑ̃ˈti) *adj*. *u*. *m* heidnisch; Heide *m*.

gentil[2] (ʒɑ̃ˈti, *vor vo*. ʒɑ̃ˈtij; *f*: ʒɑ̃ˈtij) *adj*. [7c] (*adv*. *gentiment*) nett, liebenswürdig; hübsch, allerliebst, niedlich, lieb; artig; *c'est* ~ *à vous* das ist nett von Ihnen.

gentilhomm|e (ʒɑ̃tiˈjɔm) *m* (*pl*. *gentilshommes* [ʒɑ̃tiˈzɔm]) Edelmann *m*, Adliger *m*, Junker *m*; *fig*. Kavalier *m*, Gentleman *m*; ~ *campagnard* Landjunker *m*; ~ *de parchemin* neu(ge)backener Edelmann *m*; ~ *de la chambre* Kammerjunker *m*; **~er** F (~'me) *v/i.* [1a] den Edelmann (*od.* Junker) spielen; **~erie** F (~m'ri) *f* Adelsstand *m*; Junkertum *n*; **~ière** (~'mjɛ:r) *f* kleineres Rittergut *n*.

gentilité *bibl.* (ʒɑ̃tili'te) *f* Heidentum *n.*

gentillesse (ʒɑ̃ti'jɛs) *f* **1.** Anmut *f*, Zierlichkeit *f*; **2.** Liebenswürdigkeit *f*; **3.** Aufmerksamkeit *f* (*z.B. ein Geschenk*).

gentillet F (ʒɑ̃ti'jɛ) *adj.* [7c] recht nett; klein und niedlich (*od.* zierlich).

gentiment (ʒɑ̃ti'mɑ̃) *adv. v. gentil*[2].

génuflexion (ʒenyflɛk'sjɔ̃) *f* Kniebeuge *f*.

géocentrique (ʒeɔsɑ̃'trik) *adj.* geozentrisch, auf den Erdmittelpunkt bezogen.

géode *min.* (ʒe'ɔd) *f* Geode *f*, mit Mineralmasse ausgefüllter Hohlraum *m* in Gesteinen.

géodé|sie (ʒeɔde'zi) *f* Vermessungskunde *f*, Geodäsie *f*; **~sien** (~'zjɛ̃) *m* Landmesser *m*, Geodät *m*.

géogénie (ʒeɔʒe'ni) *f* Erdentstehungslehre *f*, Geogonie *f*.

géogno|sie (ʒeɔgnɔ'zi) *f* Gesteinslehre *f*, Erdschichtenkunde *f*; **~ste** (~'gnɔst) *m* Gesteinskundiger *m*.

géogonie (ʒeɔgɔ'ni) s. *géogénie*.

géogra|phe (ʒeɔ'graf) *m* Geograph *m*; **~phie** (~'fi) *f* Erdkunde *f*; ~ *économique* Wirtschaftsgeographie *f*; **~phique** (~'fik) *adj.* □ geographisch; *carte f* ~ Landkarte *f*.

geô|le (ʒo:l) *f* Gefängnis *n*; **~lier** (ʒo'lje) *su.* [7b] Kerkermeister *m*.

géolo|gie (ʒeɔlɔ'ʒi) *f* Geologie *f*, Erdgeschichte *f*; **~gique** (~'ʒik) *adj.* □ geologisch.

géomètre (ʒeɔ'mɛtrə) *m* **1.** Land-, Feld-messer *m*; **2.** Geometriker *m*.

géomé|trie (ʒeɔme'tri) *f* Geometrie *f*, Raumlehre *f*; ~ *plane od. à deux dimensions* Planimetrie *f*; ~ *à trois dimensions* Stereometrie *f*; **~trique** (~'trik) *adj.* □ geometrisch; *fig.* mathematisch genau.

géo|phage (ʒeɔ'fa:ʒ) *m* Erdesser *m*, Geophage *m* (*Kongo, China*); **~politique** (~pɔli'tik) **I** *adj.* geopolitisch; **II** *su.* Geopolitiker *m*; Geopolitikerin *f*; **III** *f* Geopolitik *f*.

Géorgie (ʒeɔr'ʒi) *f*: **la ~** Georgien *n*.

géorgien (ʒeɔr'ʒjɛ̃) *adj. u.* ♀ *su.* [7c] georgisch; Georgier *m*.

géorgique *poét.* (~'ʒik) *adj.* ländlich.

géotrupe *ent.* (ʒeɔ'tryp) *m* Roßkäfer *m*.

gérance (ʒe'rɑ̃:s) *f* Geschäftsführung *f*, Verwaltung *f*, Bewirtschaftung *f*.

géranium ⚘ (ʒera'njɔm) *m* Geranie *f*, Storchschnabel *m*.

gérant (ʒe'rɑ̃) *su.* [7] Prokurist *m*, Geschäftsführer *m*; Verwalter *m*; ~ *d'un immeuble* Hausverwalter *m*; ~ *d'un journal* verantwortlicher Herausgeber *m* e-r Zeitung.

gerbable ⊕ (ʒɛr'bablə) *adj.* stapelbar.

gerbage (ʒɛr'ba:ʒ) *m* Abtransport *m* der Garben; Garbenbinden *n*.

gerbe (ʒɛrb) *f* **1.** Garbe *f*; ~ *de fleurs* Blumenstrauß *m*; *faire des ~s* Garben binden; *lier en ~s* in Garben binden; **2.** *fig.* ~ *d'eau* (~ *de feu*) Wasser-(Feuer-)garbe *f*; ~ *de poussière* Staubwirbel *m*; **3.** ⚔ ~ *d'éclatement* Geschoßgarbe *f*.

ger|bée (ʒɛr'be) *f* Strohbund *n* (in welchem noch Körner sind); grünes Mengfutter *n*; **~ber** (~) [1a] **I** *v/t.* in Garben binden; aufeinanderschichten (*Tonnen*); ⊕ stapeln; verurteilen; **II** *v/i.* viele Garben (reichliches Stroh) geben; *fig.* (*Feuer-, Wasser-*)Garben bilden; **~beur** ⊕, *bét.* (~'bœ:r) **I** *m* Stapler *m*; **II** *adj.* [7g]: *grue f gerbeuse* Stapelkran *m*; **~bier** (~'bje) *m* Garbenhaufen *m*; **~bière** (~'bjɛ:r) *f* Strohkarren *m*, Ernte-, Leiter-wagen *m*.

gerboise *zo.* (ʒɛr'bwa:z) *f* Springmaus *f*.

ger|ce (ʒɛrs) *f* **1.** *Holz*: Sprung *m*; ⚒ *géol., Haut*: Riß *m*; **2.** Kleidermotte *f*; **3.** * Dirne *f* V; **~cement** (~sə'mɑ̃) *m* Aufspringen *n* der Haut; **~cer** (~'se) [1k] **I** *v/t.* aufritzen (*Haut*), aufspringen machen, aufreißen; **II** *v/i. u. se* ~ rissig werden.

gerçure (ʒɛr'sy:r) *f* Riß *m*, Sprung *m*, Spalt *m*; Aufspringen *n der Haut*.

gérer (ʒe're) *v/t.* [1f] leiten, führen, verwalten.

gerfaut *orn.* (ʒɛr'fo) *m* Geierfalke *m*.

gériatrie ⚕ (ʒerja'tri) *f* Geriatrie *f*, Alterskrankenbehandlung *f*, Alterungstherapie *f*.

germain[1] (~) [7] **I** *adj.* leiblich, recht, vollbürtig; **II** ⚖ *su.* **~s**, **~es** *pl.* vollbürtige Geschwister *pl.*

germain[2] (~) *adj. u.* ♀ *su.* [7] germanisch; Germane *m*.

germandrée ⚘ (ʒɛrmɑ̃'dre) *f* Gamander *m*.

Germanie *hist.* (ʒɛrma'ni) *f*: **la ~** Germanien *n.*

germani|que (ʒɛrma'nik) *adj.* **1.** deutsch; *Confédération f* ♀ *ehm.*

Deutscher Bund *m*; *pol. le satellite m* ~ der deutsche Satellitenstaat *m*; **2.** germanisch; **~sation** (~zɑ'sjɔ̃) *f* Germanisierung *f*; Eindeutschung *f*; **~ser** (~'ze) *v/t.* [1a] germanisieren; eindeutschen; **~sme** (~'nism) *m* Germanismus *m*, deutsche Spracheigentümlichkeit *f*; **~ste** (~'nist) *su.* Germanist *m.*

germano|-américain (ʒɛrmanɔ-ameri'kɛ̃) *adj. u.* ♀ *su.* [7] deutschamerikanisch; Deutschamerikaner *m*; **~-espagnol** (~ɛspa'ɲɔl) *adj.* [7] deutsch-spanisch; **~phile** (~'fil) *adj. u. su.* deutschfreundlich; Deutschenfreund *m*; **~philie** (~fi'li) *f* Deutschfreundlichkeit *f*; **~phobe** (~'fɔb) *adj. u. su.* deutschfeindlich; Deutschenfeind *m*; **~phobie** (~fɔ-'bi) *f* Deutschfeindlichkeit *f.*

germ|e (ʒɛrm) *m* Keim *m*, Fruchtknoten *m*; *fig.* Ursprung *m*, Quelle *f*; *en* ~ im Keime; ~ *d'un œuf* Hahnentritt *m*; **~er** (~'me) *v/i.* [1a] keimen, ausschlagen; *fig.* sich entwickeln, aufkommen.

germi|nal (ʒɛrmi'nal) **I** *adj.* [5c] Keim...; **II** *Fr. hist. m* Keimmonat *m*; **~nation** (~nɑ'sjɔ̃) *f* Keimen *n.*

germoir (ʒɛr'mwa:r) *m* Malzkeller *m*; Keimkasten *m.*

gérondif *gr.* (ʒerɔ̃'dif) *m* **1.** Gerundium *n* (*in der franz. Sprache*); **2.** Gerundivum *n* (*in der lateinischen Sprache*).

gérontologie 🕮 (ʒerɔ̃tɔlɔ'ʒi) *f* Forschung *f*, die sich mit dem Altern befaßt, Gerontologie *f.*

gerzeau ⚘ (ʒɛr'zo) *m* (Korn-) Rade *f.*

gésier *orn.* (ʒe'zje) *m* Kaumagen *m.*

gésine (ʒe'zin) *f nur noch fig.*: *notre siècle m en* ~ unser im Umbruch befindliches Jahrhundert.

gésir (ʒe'zi:r) *v/i. dft.* (*nur gebr. in*: *prés. de l'ind. il gît, nous gisons, vous gisez, ils gisent, impf. de l'ind. je gisais usw.*; *p. pr. gisant*) liegen (*bsd. v. Kranken*); *fig. c'est là que gît le lièvre* da liegt der Hase im Pfeffer; *voilà où gît la difficulté* da liegt die Schwierigkeit; ~ *en vrac* durcheinanderliegen (*Geräte*); *ci-gît als Grabinschrift*: hier ruht.

gesse ⚘ (ʒɛs) *f* Platterbse *f.*

gestation *physiol.* (ʒɛstɑ'sjɔ̃) *f* **1.** Trächtigkeit *f*; **2.** Schwangerschaft *f*; **3.** *fig.* Vorbereitung *f.*

geste (ʒɛst) **I** *m* Gebärde *f*; Geste *f*; Mienenspiel *n*; *fig.* Geste *f*, Schritt *m*, Handlung *f*; *fig. accomplir le* ~ *ultime* den letzten Schritt tun; F *faits m/pl. et* ~*s* Tun u. Treiben *n*; **II** *hist. f* (*chansons f/pl. de*) ~*s pl.* altfranzösische Heldengedichte *n/pl.*

gesticul|ation (ʒɛstikylɑ'sjɔ̃) *f* Gebärdenspiel *n*; Gestikulierung *f*; **~er** (~'le) *v/i.* [1a] Gebärden machen; gestikulieren.

gestion (ʒɛs'tjɔ̃) *f* Geschäfts-, Amts-, Wirtschafts-führung *f*, Verwaltung *f*; ~ *directe* Selbstbewirtschaftung *f*; ~ *forcée* Zwangsverwaltung *f*; **~naire** (~tjɔ'nɛ:r) *m* Verwalter *m.*

Gètes *antiq.* (ʒɛt) *m/pl.* Geten *pl.*

geyser (ʒe'zɛ:r) *m* Geiser *m.* [na *n.*]

Ghana *géogr.* (ga'na) *m*: **le** ~ Gha-

ghanéen *géogr.* (gane'ɛ̃) *adj.* [7c] ghanisch, ghanesisch.

ghetto (gɛ'to) *m* G(h)etto *n.*

giaour *mép.* (ʒja'u:r) *m* Nichtmohammedaner *m*, Christ *m.*

gib|beux (ʒi'bø) *adj.* [7d] bucklig; **~bosité** (~bozi'te) *f* Buckel *m.*

gibecière (ʒip'sjɛ:r) *f* Umhänge-, Schul-, Reise-, Jagd-tasche *f.*

gibelet ⊕ (ʒi'blɛ) *m* Zwickbohrer *m.*

gibelotte *cuis.* (ʒi'blɔt) *f* Kaninchenfrikassee *n* in Weißwein.

giberne (ʒi'bɛrn) *f* † Patronentasche *f*; *enfant m de* ~ Soldatenkind *n*; *il a plus d'un tour dans sa* ~ er weiß sich immer zu helfen.

giberner ✎ P (~'ne) [1a] **I** *v/t.* langweilen, auf die Nerven fallen; **II** *v/i.* quatschen.

gibet (ʒi'bɛ) *m* Galgen *m.*

gibier (ʒi'bje) *m* Wild *n*, Wildbret *n*; *gros* ~ Hochwild *n*; *menu* ~ kleines Wild *n*; ~ *à plumes* Federwild *n*; ~ *d'eau* Wasserwild *n*; *fig.* ~ *de potence* Galgenstrick *m.*

giboulée (ʒibu'le) *f* **1.** Unwetter *n*, Regen-, Graupel-, Hagel-schauer *m*; **2.** Tracht *f* Prügel.

giboy|er (ʒibwa'je) *v/i.* [1h] pirschen; **~eux** (~'jø) *adj.* [7d] wildreich. [hut *m.*]

gibus (ʒi'bys) *m* Klapp(zylinder)-

gicler (ʒi'kle) *v/i.* [1a] hervorspritzen.

gicleur *mot.* (ʒi'klœ:r) *m* Düse *f*; ~ *de carburateur* (*de ralenti*) Vergaser-(Leerlauf-)düse *f.*

giclure (ʒi'kly:r) *f* Gespritze *n.*

gidien *litt.* (ʒi'djɛ̃) *adj.* [7c] von André Gide. [injektor *m.*]

giffard ⊕ (ʒi'fa:r) *m* Dampfkessel-

gi|fle (ˈʒiflə) *f* Backpfeife *f*, Ohrfeige *f*; **~fler** (~ˈfle) *v/t.* [1a] backpfeifen.

gigant|esque (ʒigɑ̃ˈtɛsk) *adj.* □ gigantisch, riesenhaft, Riesen...; **~isme** (~ˈtism) *m* Riesengröße *f*, Hang *m* zum Kolossalen.

Gigogne (ʒiˈgɔɲ) *f* **1.** *mère f* ~ Mutter *f* Gigogne (*die viele Kinder hat*); **2.** *table f* ♀ Beistelltische *m/pl.* (*Serie untereinanderschiebbarer Anbautischchen*); *at. fusée-~ f* mehrstufige Rakete *f*.

gigol|ette P (ʒigɔˈlɛt) *f* Prostituierte *f*; **~o** P *mép.* (~ˈlo) *m* Geliebter *m*, Freund *m*.

gigot (ʒiˈgo) *m* Hammelkeule *f*; *a.* Keule *f* e-s Lammes *od.* Rehs; *plais.* ~*s pl.* Schenkel *m/pl.*, Beine *n/pl.*; P *manches f/pl. à* ~ Puffärmel *m/pl.*; **~er** (~gɔˈte) *v/i.* [1a] mit den Beinen zappeln; * tanzen.

gigue[1] (ʒig) *f* Rehkeule *f*; P langes Bein *n*, Stelze *f*.

gigue[2] (~) *f* Gigue *f* (*schneller Tanz*).

gilet (ʒiˈlɛ) *m* Weste *f*; ⚓, ✈ Schwimmweste *f*; ~ *de flanelle* Flanellunterhemd *n*; ~ *pare-balles* Kugelschutzweste *f*.

gille (ʒil) *m* **1.** Einfaltspinsel *m*, Hanswurst *m*; **2.** großes Fischnetz *n*.

gillotage ⊕ (ʒilɔˈtaːʒ) *m* Zinkätzung *f*.

gimblette (ʒɛ̃ˈblɛt) *f* Kringel *m* [(*Gebäck*).]

gingembre ♀ (ʒɛ̃ˈʒɑ̃ːbrə) *m* Ingwer *m*.

gingivite ⚕ (ʒɛ̃ʒiˈvit) *f* Zahnfleischentzündung *f*.

ginglard F (ʒɛ̃ˈglaːr) *m* saurer Wein *m*, Krätzer *m*, Rachenputzer *m*.

ginglyme *anat.* (ʒɛ̃ˈglim) *m* Winkel-, Scharnier-gelenk *n*.

ginguer (ʒɛ̃ˈge) *v/i.* [1m] springen; herumtollen; (*Tiere*) ausschlagen.

ginguet F (ʒɛ̃ˈgɛ) *adj. u. su.* [7c] **1.** säuerlich; (*vin m*) ~ Krätzer *m*; **2.** wertlos.

giorno (dʒɔrˈno): *à* ~ *advt.* hell (*od.* glänzend) erleuchtet.

girafe (ʒiˈraf) *f* Giraffe *f*.

giran|de (ʒiˈrɑ̃ːd) *f s. girandole*; **~dole** (~rɑ̃ˈdɔl) *f* **1.** Wasser-, Feuerrad *n*; **2.** Armleuchter *m*; **3.** Ohrgehänge *n* aus Edelsteinen.

girasol (ʒiraˈsɔl) *m* **1.** *min.* schillernder Quarz *m*; **2.** ♀ Sonnenblume *f*.

gira|tion (ʒirɑˈsjɔ̃) *f* Kreisbewegung *f*, Drehung *f*; **~toire** (~raˈtwaːr) *adj.* kreisend; Dreh..., Kreis...; ⊕ *sens m* ~ Kreisverkehr *m*.

giraumont ♀ (ʒiroˈmɔ̃) *m* Kürbis *m* (*aus den Antillen*).

giraviation ✈ (ʒiravjɑˈsjɔ̃) *f* Hubschraubertechnik *f*.

girie P (ʒiˈri) *f*, *bsd.* ~*s pl.*: Gejammere *n*,; Gehabe *n*; *faire des* ~*s* jammern, sich haben.

giro *vél.* (ʒiˈro) *m Sport*: italienische Radrundfahrt *f*.

giro|fle (ʒiˈrɔflə) *m*: (*clou m de*) ~ Gewürznelke *f*; **~flée** (~ˈfle) *f* Goldlack *m*; Levkoje *f*.

girol(l)e ♀ (ʒiˈrɔl) *f* Pfifferling *m*.

giron (ʒiˈrɔ̃) *m* Schoß *m* (*a. fig., z.B. der Kirche*).

girouette (ʒiˈrwɛt) *f* Wetter-fahne *f*, -hahn *m*; *tourner à tout vent comme une* ~ das Mäntelchen nach dem Winde drehen; *fig. c'est une* ~ er ist ein wetterwendischer Mensch.

gis|ant (ʒiˈzɑ̃) **I** *adj.* [7] liegend; bewegungslos; **II** *m* plastisches Abbild *n* e-s Toten in liegender Haltung; **~ement** (ʒizˈmɑ̃) *m* ⚓ Lage *f*, Richtung *f* der Küste; ⚒ Vorkommen *n*, Lagerung *f*; ~ *aurifère* Goldlager *n*; ~ *houiller* Kohlevorkommen *n*.

gitan (ʒiˈtɑ̃) *m* Zigeuner *m* (*Spanien*); **~e** (~ˈtan) *f* Zigeunerin *f*.

gît|e (ʒit) *m* Nacht-lager *n*, -quartier *n*; Bleibe *f*, Unterkunft *f*; *ch.* Lager *n des Hasen*; *min.* Fundort *m*; *cuis.* ~ *à la noix* Hinterviertel *n* vom Rind; **~er** (~ˈte) [1a] **I** *v/i.* übernachten; *ch.* sich lagern; ⚓ auf der Seite liegen, versanden (*von e-m gescheiterten Schiff*); **II** *v/t.* unterbringen.

givrage ✈ (ʒiˈvraːʒ) *m* Vereisung *f*.

givre (ˈʒiːvrə) *m* (Rauh-)Reif *m*; *fleurs f/pl. de* ~ Eisblumen *f/pl.*

givré (ʒiˈvre) *adj.* mit Reif bedeckt.

givrer (~) *v/i.* [1a] vereisen.

glabre (ˈglɑːbrə) *adj.* kahl, unbehaart.

glaçage (glaˈsaːʒ) *m*: ~ *du linge* [Stärken *n* der Wäsche.]

glaçant (glaˈsɑ̃) *adj.* [7] eisig, eiskalt (*a. fig.*).

glace (glas) *f* **1.** Eis *n*; ~*s pl.* (*accumulées*) Packeis *n/sg.*; *être bloqué par les* ~*s* (*accumulées*) im Packeis festsitzen; ~ *artificielle* Kunsteis *n*; *aiguilles f/pl.* (*cristaux m/pl.*) *de* ~ Eiszapfen *m/pl.*; ~ *de fond* Grundeis *n*; *couche f de* ~ Eisdecke *f*; ~*s flottantes* Treibeis *n*; *briser* (*casser, enlever, rompre*) *la* ~ das Eis aufhacken; *fig.* ein Gespräch anknüpfen; *les* ~*s* die Eismassenn *f/pl.*; *pris dans les* ~*s* eingefroren; *pris par les* ~*s* vereist; **2.** *fig.* Gefühlskälte *f*; **3.** *cuis.* Eis *n*, Speiseeis *n*, Gefrorenes *n*; *marchand m de* ~*s* Eisverkäufer *m*; *une* ~ eine Portion *f* Eis; ~ *à la vanille* Vanilleeis *n*; **4.** *pât.* Zuckerguß *m*, Glasur *f*; **5.** *phys.* Gefrierpunkt *m*; **6.** Spiegel-glas *n*, -scheibe *f*; Spiegel *m*; Kutschen-, Wagen-fenster *n*; *bsd. Auto*: ~ *brise-vent* Windschutzscheibe *f*; **7.** ⚕ *poche f* (*od. vessie f*) *à* ~ Eisbeutel *m*.

glacé[1] (gla'se) *m* Glanz *m*, Glasur *f*.

glacé[2] (~) **I** *p/p. v. glacer*; **II** *adj. a. fig.* eisig, eiskalt; erstarrt, durchfroren; glasiert, überzuckert.

glacer (~) [1k] **I** *v/t.* **1.** in Eis verwandeln, gefrieren machen; **2.** in Eis stellen; **3.** *fig.* erstarren machen, lähmen; **4.** *pât.* mit Zuckerguß überziehen; **5.** ⊕ mit e-r Glasur überziehen; *peint.* lasieren; *Papier*: satinieren; *gants m/pl. glacés* Glacéhandschuhe *m/pl.*; **II** *v/rfl.* se ~ zu Eis werden, gefrieren; *fig.* erstarren; ~**ie** (glas'ri) *f* **1.** Eisbereitung *f*; Eishandel *m*; Eisdiele *f*; **2.** Spiegelglasfabrik *f*; Spiegelhandel *m*.

glaceur (gla'sœ:r) *m* Glasierer *m*; Satinierer *m*. [(*von Diamanten*).]

glaceux (gla'sø) *adj.* [7d] wolkig

glaci|aire (gla'sjɛ:r) *adj.* Gletscher...; ~**al** (~'sjal) *adj.* eiskalt, eisig; *l'océan m* ~, *la mer f* ~*e* das Eismeer *n*; *fig. homme m* ~ kaltherziger Mensch *m*; ~**ation** (~sja'sjɔ̃) *f* Eisbildung *f*.

glaci|er (gla'sje) *m* **1.** Gletscher *m*, Eisberg *m*; **2.** Speiseeisverkäufer *m*; **3.** Spiegelscheibenfabrikant *m*; ~**ère** (~'sjɛ:r) *f* **1.** Eisschrank *m*; **2.** Eiskeller *m*; Eisfabrik *f*; **3.** ⊕ Eismaschine *f*, Kühl-anlage *f*, -apparat *m*; ~(*s pl.*) *frigorifique(s)* Kühlhaus *n auf Schlachthöfen*.

glacis (gla'si) *m* **1.** Abhang *m*; **2.** *frt.* ~ (*de la contrescarpe*) Feldbrustwehr *f*; **3.** *peint.* Lasurfarbe *f*.

glaçon (gla'sɔ̃) *m* **1.** Eisklumpen *m*, Stück *n* Eis, Eisscholle *f*; **2.** Eiszapfen *m*. [*rei*).]

glaçure (gla'sy:r) *f* Glasur *f* (*Töpfe-*

gladiateur (gladja'tœ:r) *m* Gladiator *m*, Fechter *m*.

glaïeul ⚘ (gla'jœl) *m* Gladiole *f*.

glair|e (glɛ:r) *f* rohes Eiweiß *n*; *physiol.* Schleim *m*; ~**eux** (glɛ'rø) *adj.* [7d] schleimig, zähe.

glais|e (glɛ:z) *f* (*a. adj.*: *terre f* ~) Ton(erde *f*) *m*; Lehm *m*; ~**er** (glɛ'ze) *v/t.* mit Lehm ausschmieren; ↗ mit Ton (*od.* Lehm) düngen; ~**eux** (glɛ'zø) *adj.* [7d] tonhaltig, lehmig; ~**ière** (~'zjɛ:r) *f* Lehm-, Ton-grube *f*.

glaive *poét.* (glɛ:v) *m* Schwert *n*.

glanage ↗ (gla'na:ʒ) *m* Ährenlesen *n*, Stoppeln *n*, Nachlese *f*.

gland (glɑ̃) *m* Eichel *f*, Ecker *f*; *fig.* Quaste *f*.

glande (glɑ̃:d) *f* Drüse *f*; ~ *lacrymale* Tränendrüse *f*; ~ *thyroïde* Schilddrüse *f*.

glandée (glɑ̃'de) *f* **1.** Eichelernte *f*; **2.** Schweinemast *f*.

glandul|aire (glɑ̃dy'lɛ:r) *adj.*, ~**eux** (~'lø) *adj.* [7d] drüsenartig.

glan|e (glan) *f* Ährenbüschel *n*; ~ *d'oignons* Bund *n* Zwiebeln; *fig. faire* ~ Nachlese halten; ~**ement** (glan'mɑ̃) *m* Ährenlesen *n*; ~**er** (gla'ne) *v/t. u. v/i.* [1a] (Ähren) lesen, stoppeln; *fig.* Nachlese halten; ~ *des connaissances* Kenntnisse sammeln; ~**eur** (~'nœ:r) *su.* [7g] Ähren-, Nach-leser *m*; ~**ure** (~'ny:r) *f* Ährenlese *f*, Nachlese *f*.

glap|ir (gla'pi:r) [2a] **I** *v/i.* kläffen; kreischen; **II** *v/t.* ~ *des injures* Flüche mit keifender Stimme ausstoßen; ~**issement** (~pis'mɑ̃) *m* Kläffen *n*; Kreischen *n*.

glas (glɑ) *m*: ~ (*funèbre*) Totengeläute *n*; *sonner le* ~ die Totenglocke läuten. [Star *m*.]

glaucome ⚕ (glo'ko:m) *m* grüner

glauque (glok) *adj.* meergrün.

glèbe (glɛb) *f* Erdklumpen *m*; Scholle *f*.

glène *anat.* (glɛn) *f* Gelenkpfanne *f*.

glissa|de (gli'sad) *f* **1.** Ausgleiten *n*, Rutschen *n*; *faire une* ~ ausgleiten; *faire des* ~*s* schlittern; **2.** Schlitterbahn *f*; **3.** *Tanzkunst*: Schleifschritt *m*; **4.** ✈ Gleitflug *m*; ~ *oblique*, ~ *penchée* Schrägflug *m*; ~**ge** (~'sa:ʒ) *m* Herunterschaffen *n v. Holz* auf Schlitten *im Gebirge*; ~**nt** (~'sɑ̃) *adj.* [7] glatt, schlüpfrig; *fig.* bedenklich, mißlich, heikel; *il fait* ~ es ist glatt (*auf der Straße*).

glissement (glis'mɑ̃) *m* Gleiten *n*, Rutschen *n*, Schlittern *n*; ~ *de terrain* Erdrutsch *m*; ✈ *tomber par* ~ *sur l'aile* in der Kurve abrutschen.

glisser (gli'se) [1a] **I** *v/i.* **1.** aus-, ab-gleiten; rutschen; *le pied m'a glissé* ich bin ausgerutscht; *fig. glissez, mortels, n'appuyez pas* sprechen Sie lieber nicht davon; **2.** gleiten, schlittern; *faire* ~ *le pied* beim Tanzen schleifen; **3.** *fig.* ~ *sur* *qch.* etw. nur streifen; *il a glissé sur ce fait* er hat sich leicht darüber hinweggesetzt; *tout glisse sur lui* alles prallt an ihm ab, **4.** *fig.* ~ *des mains à q.* j-m entwischen; **II** *v/t.* ~ *un pied* e-n Fuß vorschieben; ~ *qch. à q.* j-m etw. zustecken; ~ *qch. dans qch.* etw. unbemerkt in etw. (*acc*). hineinbringen *od.* einschieben; ~ *une lettre à la poste* e-n Brief beider Post einstecken; ~ *qch. à l'oreille de q.* j-m etw. zuflüstern; **III** *v/rfl.* se ~ sich einschleichen, *a. fig.*; unterlaufen (*Fehler*).

glisseur (gli'sœ:r) *m* **1.** Schlitterer *m*; **2.** ⊕ Schlitten *m*; ⚡, *rad.* Schleifkontakt *m*; **3.** ⚓ Schnellboot *n* mit Luftschraubenantrieb.

glis|sière (gli'sjɛ:r) *f* Rutschbahn *f* (*für gefälltes Holz*); Führungs-, Gleit-schiene *f*, -stange *f an Maschinen*; **~soir** (~'swa:r) *m for.* Holzrutschbahn *f* (*für gefällte Bäume*); ⚒, ⊕ Rutsche *f*; kleiner Kettenschiebering *m*; ⊕ ~ *de levage* Hubschlitten *m*; **~soire** (~) *f* Eisbahn *f*; Schlitterbahn *f*; Rettungstuch *n* (*Feuerwehr*).

global (glɔ'bal) *adj.* [5c] □ gesamt, abgerundet; *écol. méthode f* ~*e* Ganzheitsmethode *f*; *somme f* ~*e* runde Summe *f*, Pauschalbetrag *m*; *tirage m* ~ Gesamtauflage *f*; **~ement** (~bal'mɑ̃) *adv.* in Bausch u. Bogen.

glob|e (glɔb) *m* **1.** Kugel *f*; *hist.* ~ (*impérial*) Reichsapfel *m*; **2.** *poét.* Ball *m*; *ast.* Himmelskörper *m*; *les* ~*s pl. célestes* die Gestirne *n/pl.*; ~ *solaire* Sonnen-kugel *f*, -ball *m*; ~ (*terrestre*) Erd-kugel *f*, -ball *m*; *voyages m/pl. autour du* ~ Reisen *f/pl.* um die Welt; ~ *terrestre* Globus *m*; **3.** ~ *de lampe* Lampenglocke *f*; ~ *de verre* Glasglocke *f*; ~ *à fromage* Käseglocke *f*; **4.** *anat.* ~ *oculaire*, ~ *de l'œil* Augapfel *m*; **~e-trotter** (~trɔ'tœ:r) *m* Globetrotter *m*, Weltenbummler *m*; **~ulaire** (~by'lɛ:r) **I** *adj.* Kugel...; **II** *f* ⚘ Kugelblume *f*; **~ule** (~'byl) *m* **1.** Kügelchen *n*; ~ *du sang* Blutkörperchen *n*; ~ *rouge* (*blanc*) rotes (weißes) Blutkörperchen *n*; ~ *blanc a.* Leukozyte *f*; **2.** kleine Pille *f*; **~uleux** (~by'lø) *adj.* [7d] Kugel...

gloire (glwa:r) *f* **1.** Ruhm *m*; *poét.* Ruf *m*, Ehre *f*; *mettre toute sa* ~ *dans qch.* (*od. à faire qch.*) s-n ganzen Ehrgeiz in etw. (*acc.*) setzen; *se faire* ~ *de* sich etw. zur Ehre anrechnen; **2.** *passion f de la* ~ Ruhmsucht *f*; *avide* (*od. affamé*) *de* ~ ruhmsüchtig, **3.** *rl.* Glanz *m*, Herrlichkeit *f*, Seligkeit *f*; **4.** *peint.* Glorie *f*, Heiligenschein *m*; **5.** *bsd. thé.* erleuchteter Wolkenhimmel *m*.

glomérule (glɔme'ryl) *m* (⚘ Blüten-, *anat.* Gefäß-)Knäuel *n od. m.*

gloria (glɔ'rja) *m* **1.** *rl.* Gloria *n*; **2.** F Kaffee *m od.* gesüßter Tee *m* mit Kognak *od.* Rum.

gloriette (glɔ'rjɛt) *f* Gartenhäuschen *n.*

glori|eux (glɔ'rjø) [7d] *adj.* □ **1.** ruhmvoll, glorreich; **2.** stolz; *mv.p.* eingebildet (*de* auf *acc.*); **~fication** (~rifika'sjɔ̃) *f* Verherrlichung *f*, Glorifizierung *f*; *rl.* Verklärung *f*; **~fier** (~ri'fje) [1a] **I** *v/t.* verherrlichen, glorifizieren; **II** *v/rfl.*: se ~ *de* sich rühmen (*gén.*); **~ole** *mv.p.* (~'rjɔl) *f* kleinliche Ruhmsucht *f*; Eitelkeit *f*.

glo|se (glo:z) *f* Auslegung *f*, (Wort-) Erklärung *f*, Glosse *f*; F spöttische Bemerkung *f*; **~ser** (glo'ze) [1a] **I** *v/t.* erklären, glossieren; besprechen, rezensieren (*z.B. e-n Verfasser*); *péj.* ~ *qch.* über etw. herziehen; **II** *v/i.* F ~ *sur* (boshafte) Bemerkungen machen über (*acc.*); **~seur** (~'zœ:r) *su.* [7g] Glossenmacher(in *f*) *m*.

glossaire (glɔ'sɛ:r) *m* Glossar *n*.

glossateur *litt.* (glɔsa'tœ:r) *m* Glossator *m*, Erklärer *m*, Ausleger *m*.

glossine *ent.* (glɔ'sin) *f* Tsetsefliege *f*.

glossite ⚕ (glɔ'sit) *f* Zungenentzündung *f*. [Glossis *f*.]

glotte *anat.* (glɔt) *f* Stimmritze *f*,

glou|glou (glu'glu) *m* Kollern *n des Truthahns*; Girren *n der Taube*; Gluckern *n der Flasche*; **~glo(u)ter** (~glɔ'te, ~glu'te) *v/t.* [1a] kollern; girren; gluckern.

glousser (glu'se) *v/i.* [1a] glucksen, locken (*Henne*).

glouteron ⚘ (glu'trɔ̃) *m* Klette *f*.

glouton (glu'tɔ̃) *adj.* □ *u. su.* [7c] gefräßig; *a. zo.* Vielfraß *m*; **~nerie** (~tɔn'ri) *f* Gefräßigkeit *f*, Eßgier *f*; Freßbegierde *f* (*v. Tieren*); Freßsucht *f* P (*v. Menschen*).

glu (gly) *f* Vogelleim *m*; **~ant** (~'ɑ̃) *adj.* [7] zähflüssig, klebrig; *fig.* aufdringlich; **~au** (~'o) *m* [5b] Leimrute *f*.

gluc|ides (gly'sid) *m/pl.* Kohlehydrate *n/pl.*; **~omètre** (~kɔ'mɛtrə) *m* Mostwaage *f*.

glucose (gly'ko:z) *m* Trauben-, Stärke-zucker *m*, Glukose *f*.
gluer (gly'e) *v/t.* [1a] mit Vogelleim bestreichen; klebrig machen.
glui (glɥi) *m* grobes Stroh *n*.
glume ⚘ (glym) *f* Spelze *f*.
glu|ten (gly'tɛn) *m* Binde-, Klebestoff *m*; Kleber *m*; **~tinatif** (~tina'tif) **I** *adj.* [7e] klebend; **II** *m* Klebemittel *n*; **~tineux** (~ti'nø) *adj.* [7d] klebrig, leimartig.
glycérine (glise'rin) *f* Glyzerin *n*.
glycine ⚘ (gli'sin) *f* Glyzine *f*.
glycosurie ⚕ (glikozy'ri) *f* Zuckerkrankheit *f*.
glyphe ⚠ (glif) *m* Schlitz *m* im Gebälk, Hohlkehle *f*.
glyp|tique (glip'tik) *f* Steinschneidekunst *f*; **~tothèque** (~tɔ'tɛk) *f* Glyptothek *f*, Sammlung *f* von Bildhauerarbeiten.
gnac * (ɲak) *m* Dummkopf *m*
gnaf P (ɲaf) *m* Flickschuster *m*.
gnangnan F (ɲɑ̃'ɲɑ̃) **I** *m* Schlappschwanz *m*, Waschlappen *m*; **II** *adj./inv.* zimperlich.
gneiss *min.* (gnɛs) *m* Gneis *m*.
gniaule F (ɲo:l) *f* Schnaps *m*.
gnognote P (ɲɔ'ɲɔt) *f* wertloses Zeug *n*, Kram *m*, P Käse *m fig.*
gnom|e (gno:m) **I** *m* Gnom *m*, Erdgeist *m*; **II** *f* Gnome *f*, Sinnspruch *m*; **~ique** (gnɔ'mik) *adj.* gnomisch; *poésie f ~* Spruchdichtung *f*; **~on** (~'mɔ̃) *m* Sonnenuhr *f*.
gnon P (ɲɔ̃) *m* Schlag *m*.
gnosti|cisme *rl.* (gnɔsti'sism) *m* Gnostik *f*; **~que** (~s'tik) **I** *adj. rl.* gnostisch; **II** *su.* Gnostiker *m*.
gnou *zo.* (gnu) *m* Gnu *n*.
go F (go) *advt.*: *tout de ~* ohne große Umstände, ohne besondere Vorbereitung; geradezu, schlankweg.
goal *Sport* (go:l) *m* **1.** Tor *n*; **2.** Torwart *m*.
gob(b)e (gɔb) *f* **1.** Giftbrocken *m*; **2.** Mästkugel *f*.
gobelet (gɔ'blɛ) *m* Becher *m*; *tours m/pl. de ~s* Taschenspielerkünste *f/pl.*; *jouer des ~s* Taschenspielerkünste machen; *fig.* betrügen; **~erie** (~blɛ'tri) *f* Fabrikation *f* von Bechern; Becher *m/pl*.
gobelin¹ (gɔ'blɛ̃) *m* Kobold *m*.
gobelin² (~) *m* Gobelin *m*, Wandteppich *m*.
gobelot(t)er F (gɔblɔ'te) *v/i.* [1a] süffeln, zechen.
gobe-mouches (gɔb'muʃ) *m* [6c] **1.** *orn.* Fliegenschnäpper *m*; **2.** ⚘ Venusfliegenfalle *f*; **3.** F *fig.* Einfaltspinsel *m*, Dussel *m*.
gober (gɔ'be) *v/t.* [1a] **1.** (gierig) runterschlucken; *~ un œuf* ein Ei ausschlürfen; F *fig. ~ le morceau* (*od. l'hameçon*) in die Falle gehen; *fig.* leicht glauben, drauf reinfallen; *~ une histoire*, F *la ~* sich e-n Bären aufbinden lassen; *fig. ~ des mouches*, *~ du vent* die Zeit vertrödeln; **2.** P *~ q.* j-n furchtbar gern haben; *se ~* von sich eingenommen sein; **3.** F *~ un cambrioleur* e-n Einbrecher erwischen.
gober|ge (gɔ'bɛrʒ) *f* **1.** *men.* Leimzwinge *f*; **2.** *~s pl.* Bettbodenbretter *n/pl.*; **~ger** F (~'ʒe) *v/rfl.* [1l]: *se ~* sich gute Tage machen, in Saus u. Braus leben.
gobet|age (gɔb'ta:ʒ) *m* ⚠ Berappung *f*, erster Bewurf *m*; **~er** (~'te) *v/t.* [1c] ⚠ berappen, zum ersten Mal bewerfen.
gobeur F (gɔ'bœ:r) *m* leichtgläubiges Schaf *n*, Karnickel *n*.
gobichonner F (gɔbiʃɔ'ne) *v/i* [1a] in Saus u. Braus leben.
godail|le F (gɔ'dɑ:j) *f* Völlerei *f*, Gezeche *n*, Zechgelage *n*; **~ler** F (~dɑ'je) *v/i.* [1a] zechen, saufen; **~leur** F (~dɑ'jœ:r) *su.* [7g] Säufer *m*.
godasse P (gɔ'das) *f* Treter *m*, Latschen *m*, alter Schuh *m*.
godelureau F (gɔdly'ro) *m* Geck *m*, Laffe *m*, Schürzenjäger *m*.
godenot (gɔd'no) *m* Gaukelmännchen *n*; *fig.* Wicht *m*, Männchen *n*.
goder (gɔ'de) *v/i.* [1a] Falten werfen.
godet (gɔ'dɛ) *m* **1.** kleiner Becher *m ohne Fuß u. Henkel*; Näpfchen *n*; *peint.* Farben-, Öl-napf *m*; **2.** *~ de pipe* Pfeifenkopf *m*; **3.** ⊕ Baggereimer *m*; *chaîne f à ~s* Becherkette *f*; *élévateur m à ~s* Becherwerk *n*; *~ graisseur* Schmierbuchse *f*; **4.** falsche Falte *f*; **5.** *jupe f à ~s* Glockenrock *m*; **6.** ⚘ Osterglocke *f*.
godi|che F (gɔ'diʃ) **I** *su.* Dummkopf *m*; *f*; **II** *adj.* dumm, tölpelhaft, unbeholfen; **~chon** F (~'ʃɔ̃) **I** *adj.* [7c] tapsig; doof; **II** *m* unbeholfener Kerl *m*, Tölpel *m*.
godill|e (gɔ'dij) *f* Ruder *n* am Bootsheck; *moteur m ~* Außenbordmotor *m*; **~er** (~di'je) *v/i.* [1a] wricken; **~ot** (~'jo) *m*: *les ~s pl* die (Soldaten-)Stiefel *m/pl.*; P die Quadratlatschen *m/pl*.
godiveau *cuis.* (gɔdi'vo) *m* Fleischklößchen *n*, -pastete *f*.
godron (gɔ'drɔ̃) *m* Glockenfalte *f*;

⚠ Eierleiste *f*; **~ner** (~drɔ'ne) *v/t.* [1a] rund fälteln; mit ausgeschweiften Randverzierungen versehen.

goéland *orn.* (gɔe'lɑ̃) *m* Seemöve *f.*

goélette (gɔe'lɛt) *f* **1.** ⚓ Schoner *m*; **2.** *orn.* Seeschwalbe *f.*

goémon ⚘ (gɔe'mɔ̃) *m* Seegras *u,* Tang *m.*

gogaille P ⚒ (gɔ'gɑ:j) *f* Gelage *n*; *faire* ~ schlemmen, prassen.

gogo F (gɔ'go) **I** *m* Schafskopf *m*, Schaf *n*; **II** F *à* ~ *advt.* in Hülle u. Fülle; nach Herzenslust; *avoir tout à* ~ alles in Hülle u. Fülle haben; *vivre à* ~ wie der Herrgott in Frankreich leben.

goguenard (gɔg'na:r) *adj. u. su.* [7] spöttisch(er Spaßmacher *m*); spöttelnd, schalkhaft; **~er** (~nar'de) *v/i.* [1a] spötteln, witzeln; **~ise** (~'di:z) *f* Spöttelei *f*, Witzelei *f.*

goguenot P (gɔg'no) *m*: *~s pl.* Lokus *m* F, Abort *m.*

goguette F (gɔ'gɛt) *f* lustiger Schmaus *m*; *être en* ~ e-n Schwips haben; in Stimmung sein.

goï (gɔ'i) *m* (*pl.* goïm) Goj *m*, Nichtjude *m.*

goinfre ('gwɛ̃:frə) *m* Vielfraß *n* P, Fresser *m* P; **~r** F (gwɛ̃'fre) *v/i. u. v/rfl.* se ~ (sich dicke) fressen; **~rie** F (~frə'ri) *f* Fresserei *f.*

goi|tre ⚕ ('gwa:trə) *m* Kropf *m*; ~ *exophtalmique* Basedowsche Krankheit *f*; **~treux** (gwa'trø) [7d] **I** *adj.* kropfartig; **II** *su.* Kropfkranker *m.*

golf *Sport* (gɔlf) *m* Golf(spiel *n*) *n*; *le pantalon fait* ~ *sur la botte* die Hose fällt über den Stiefel.

golfe (~) *m* Meerbusen *m*, Golf *m.*

gom|mage (gɔ'ma:ʒ) *m* Gummieren *n*; **~me** (gɔm) *f* **1.** (dickflüssiger Roh-)Gummi *m* (*a. n*); ~ *arabique* Gummiarabikum *n*; ~ *laque* Schellack *m*, Gummilack *m*; *fig. affaires f/pl. à la* ~ Scheingeschäfte *n/pl.*; **2.** ~ (*à effacer*) Radiergummi *m*; ~ *élastique* Kautschuk *m*; ~ **3.** F *mettre toute la* ~ a) *Auto*: Vollgas geben; b) e-r Sache den letzten Schliff geben; ★ ⚒ *fréquenter la haute* ~ in der Lebewelt verkehren; **~mer** (~'me) *v/t.* [1a] **1.** gummieren; **2.** ausradieren; **~me-résine** (gɔmre'zin) *f* [6c] Gummiharz *n*; **~meux** (~'mø) [7g] **I** *adj.* gummiartig, Gummi...; **II** *m* Geck *m*, Lackaffe *m* P; **~mier** (~'mje) *m* Gummibaum *m*; **~mose** ✓ (~'mo:z) *f* Gummifluß *m* ~ *bacillaire* Weinstockgummose *f.*

gonadotrophines *phm.* (gɔnadɔtrɔ'fin) *f/pl.* Keimdrüsenmittel *n/pl.*

gonce P (gɔ̃:s) *m* Kerl *m*, Mann *m.*

gond (gɔ̃) *m* Türangel *f*, Haspe *f*; *mettre q. hors des ~s* j-n aus dem Häuschen bringen; j-n auf die Palme bringen; *sortir des ~s* außer Rand u. Band geraten.

gondo|lant P (gɔ̃dɔ'lɑ̃) *adj.* [7] urkomisch, zu drollig; **~le** (~'dɔl) *f* **1.** ⚓ Gondel *f*; **2.** ✝ Fach *n* (voller Ware) zur Selbstbedienung; **~ler** (~'le) [1a] **I** *v/i.* **1.** ⚓ an den Enden höher sein; **2.** *a.* se ~ ⊕ sich werfen (*vom Holz*); **II** *v/rfl.* se ~ a) F sich bucklig (*od.* schief) lachen; b) ⊕ sich werfen (*vom Holz*).

gonfa|lon *hist.*, **~non** *hist.* (gɔ̃fa'lɔ̃, ~'nɔ̃) *m* Banner *n*; **~lonier** *hist.*, **~nonier** *hist.* (~lɔ'nje, ~nɔ'nje) *m* Bannerträger *m.*

gonflé (gɔ̃'fle) *adj.* **1.** geschwollen; **2.** verquollen (*Holz*); **3.** P mutig, couragiert, waghalsig, tollkühn; *Sport*: ~ *à bloc* bis aufs äußerste gespannt.

gonflement (gɔ̃flə'mɑ̃) *m* Aufblasen *n*; ⚕ Geschwulst *f*; Anschwellung *f*, Aufblähung *f*; *Auto, vél.* Aufpumpen *n.*

gonfler (gɔ̃'fle) [1a] **I** *v/t.* **1.** (auf-)blähen, aufblasen; aufpumpen; (*Reifen*); **II** *v/i. u.* se ~ **2.** ⚕ anschwellen, dick werden; *fig. son cœur se gonfle* ihm (ihr) ist weinerlich zumute; **3.** verquellen (*Holz*); *fig.* sich (auf)blähen; *se* ~ *à propos de* ... sich dicke tun mit ...; *gonflé* aufgeblasen (*fig.*); **4.** *vom Teig*: aufgehen.

gong (gɔ̃) *m* Gong *m.*

gongorisme (gɔ̃gɔ'rism) *m* schwülstiger Stil *m.*

gonio|mètre (gɔnjɔ'mɛtrə) *m* Winkelmesser *m*; ✈ Peilgerät *n*; ⚔ Richtkreis *m*, Bussole *f*; **~métrie** (~me'tri) *f* Winkelmessung *f.*

gonocoque ⚕ (gɔnɔ'kɔk) *m* Gono-, Tripper-kokkus *m*, Gonokokke *f.*

gonzesse ★ (gɔ̃'zɛs) *f* Weibsbild *n.*

gord (gɔ:r) *m* Fischwehr *n.*

gordien (gɔr'djɛ̃) *adj.* [7c]: *nœud m* ~ gordischer Knoten *m.*

goret (gɔ'rɛ) *m* **1.** Spanferkel *n*; **2.** ⚓ Schrubber *m*, Scheuerbürste *f*; **3.** F *fig. péj.* Ferkel *n* (*schmutziges Kind*).

gorge (gɔrʒ) *f* **1.** Gurgel *f*, Kehle *f*, Rachen *m*, Schlund *m*; *avoir la* ~ *enflée* e-n geschwollenen Hals haben; *mal m de* ~ Halsweh *n*; *il a* *mal à la ~, il a un mal de ~* er hat Halsweh; *arroser la ~* einen heben; *prendre à la ~* in die Luftröhre gehen (*Rauch*); *rire à ~ déployée* aus vollem Halse lachen; *fig. faire rentrer à q. les mots dans la ~* j-n zum Widerruf zwingen; ♪ *chanter de la ~* mit Bruststimme singen; *voix f de ~* Bruststimme *f*; **2.** Busen *m*; Brust *f* (*der Frau*); **3.** Bruststück *n e-s Hemds*; **4.** Engpaß *m*, Gebirgspaß *m*, Schlucht *f*; **5.** △ (Hohl-)Kehle *f*; **6.** ⊕ Einschnitt *m*, Rille *f*; **7.** Rolle *f* e-r Wandkarte; **8.** *faire des ~s chaudes de q.* j-n verhöhnen, sich über j-n offen lustig machen; *rendre ~* sich übergeben; *fig.* wieder herausgeben müssen.

gorge|-blanche *orn.* (gɔrʒə'blɑ̃:ʃ) *f* [6a] Weißkehlchen *n*; **~-bleue** *orn.* (~'blø) *f* [6a] Blaukehlchen *n*; **~-de-pigeon** (gɔrʒdəpi'ʒɔ̃) **I** *adj./inv.* taubenfarbig, schillernd; **II** *m* Taubenblau *n*.

gorg|ée (gɔr'ʒe) *f* Schluck *m*; *par ~s* schluckweise; **~eon** P (~'ʒɔ) *m* Glas *n*; **~er** (~) *v/t.* [1l] stopfen, nudeln; *fig.* vollpfropfen (de mit *dat.*); **~eret** *chir.* (~ʒə'rɛ) *m* Leitsonde *f*; **~erette** *hist.* (~ʒə'rɛt) *f* Halskragen *m*.

gorget *men.* (gɔr'ʒɛ) *m* Falzhobel *m*.

gorille (gɔ'rij) *m* Gorilla *m*.

gosier (go'zje) *m* Kehle *f*, Gurgel *f*, Schlund *m*; *rire à plein ~* aus vollem Halse lachen; *avoir le ~ sec* e-e trockene Kehle haben; *avoir le ~ pavé* (*od. ferré*) gegen heiße *od.* stark gewürzte Speisen *od.* Getränke unempfindlich sein; *avoir le ~ en pente* e-n ordentlichen Schluck vertragen können; F *grand ~* starker Esser *m*; *~ d'éponge* starker Trinker *m*.

gosse F (gɔs) **I** *m* Junge *m*, Bengel *m*; **II** *f* kleines Mädchen *n*, Göre *f* P.

Goth *hist.* (go) *m* Gote *m*.

gothique (gɔ'tik) **I** *adj.* □ gotisch; ⚒ altmodisch; **II** *m* Gotik *f*; **III** *f* gotische Schrift *f*, Frakturschrift *f*.

gouache (gwaʃ) *f* Wasserfarben-, Guasch-malerei *f*, -gemälde *n*.

gouail|le ⚒ (gwɑ:j) *f* Gespött *n*; **~ler** (gwɑ'je) [1a] **I** *v/t.* ⚒ verspotten, zum besten haben; **II** *v/i.* spotten; **~lerie** ⚒ (gwɑj'ri) *f* Spöttelei *f*; **~leur** ⚒ (~'jœ:r) *adj. u. su.* [7g] spöttelnd; Spötter *m*.

goual|ante * (gwa'lɑ̃:t) *f* Gassenhauer *m*; **~er** * (~'le) *v/i.* [1a] auf der Straße singen; **~eur** * (~'lœ:r) *m* [7g] Straßensänger *m*.

goua|pe P (gwap) *f* Strolch *m*, Tagedieb *m*; **~per** † (~'pe) *v/i.* [1a] herum-lungern, -strolchen; **~peur** † (~'pœ:r) *su.* [7g] Bummler *m*, Tagedieb *m*, Strolch *m*.

goudron (gu'drɔ̃) *m* Teer *m*; **~nage** (~drɔ'na:ʒ) *m* Teeren *n*, Asphaltieren *n*; **~ner** (~'ne) *v/t.* [1a] teeren, asphaltieren; **~nerie** (~n'ri) *f* Teerbrennerei *f*; **~neur** (~'nœ:r) *m* Asphaltarbeiter *m*; **~neux** (~'nø) *adj.* [7d] teerig.

gouet (gwɛ) *m* **1.** ✓ Rebmesser *n*; **2.** ⚘ Aron *m*, Zehrwurz *f*.

gouffre ('gufrə) *m* **1.** Abgrund *m*, Schlund *m*; **2.** Strudel *m*; *fig.* Verschwender *m*; *ce procès est un ~* dieser Prozeß verschlingt ungeheuer viel Geld.

goug|e (gu:ʒ) *f* **1.** ⊕ Hohlmeißel *m*; **2.** *dial.* Dienstmädchen *n*; Tochter *f* (*im Süden*); **~er** (gu'ʒe) *v/t.* [1l] ausmeißeln.

gougère (gu'ʒɛ:r) *f* Käsekuchen *m*.

goujat (gu'ʒa) *m* **1.** † △ Maurerlehrling *m*; **2.** *hist.* Troßknecht *m*; **3.** *fig.* Flegel *m*, Lümmel *m*.

goujon[1] *icht.* (gu'ʒɔ̃) *m* Gründling *m*.

goujon[2] *charp.* (~) *m* Pflock *m*, Dübel *m*, Stift *m*; **~ner** (~ʒɔ'ne) *v/i.* [1a] verdübeln.

goule (gul) *f Art* Vampir *m*; P Schnauze *f*, Fresse *f*.

goulée F (~'le) *f* Maulvoll *n*, großer Bissen *m*.

goulet (gu'lɛ) *m* enge Einfahrt *f* e-s Hafens; Engpaß *m*.

goulot (gu'lo) *m* **1.** (enger) *Flaschen*-Hals *m*; **2.** ✓ *arroser au ~* ohne Tülle (*od.* Brause) an der Gießkanne gießen; **~te** (gu'lɔt) *f* Wasserablaufrinne *f*; ⊕ *~ hélicoïdale* Wendeschurre *f*.

goulu (gu'ly) *adj.* (*adv. goulûment*) *u. su.* gefräßig, gierig; Vielfraß *m*.

goum ⚔ (gum) *m* bewaffneter Stamm *m* (*Nord- u. Zentralafrika*); **~ier** ⚔ (gu'mje) *m* Soldat *m* in e-m Gum.

goupil † (gu'pi) *m* Reineke Fuchs *m*.

goupil|le (gu'pij) *f* Pflock *m*, Stift *m*, Splint *m*; **~ler** (~pi'je) *v/t.* [1a] versplinten; **~lon** (~pi'jɔ̃) *m* **1.** Weihwedel *m*; *mv. p. régime m du ~* Pfaffenherrschaft *f*; **2.** Flaschen-, Gläser-bürste *f*.

gourbi (gur'bi) *m* arabische Hütte *f*.

gourd (gu:r) *adj.* [7] (*vor Kälte*) starr, steif.
gourde (gurd) *f* **1.** Kürbis *m*, *bsd.* Flaschenkürbis *m*; **2.** Kürbisflasche *f*; *weitS.* umflochtene Glasflasche *f*; **3.** F Dussel *m*.
gourdin (gur'dɛ̃) *m* Knüppel *m*.
gourdiner P (gurdi'ne) *v/rfl.* [1a]: se ~ sich irren.
gour|e † (gu:r) *f* verfälschte Droge *f*; **~er** P (gu're) [1a] **I** *v/t.* beschwindeln; **II** *v/rfl.* se ~ sich täuschen.
gourgandine F (gurgɑ̃'din) *f* übles Frauenzimmer *n*, Hure *f* V.
gourgane ⚘ (gur'gan) *f* Saubohne *f*.
gourmade (gur'mad) *f* Faustschlag *m*, Schlag *m* ins Gesicht.
gourmand (gur'mɑ̃) **I** *adj.* [7] **1.** naschhaft; **2.** gefräßig; gierig (*de* nach *dat.*); **II** *su.* [7] **3.** Feinschmecker *m*, Leckermaul *n*, *bsd.* Weinkenner *m*; **4.** Vielfraß *m*; **III** ✍ *m* (*a. adj. branche f ~e*) Wasserschoß *m*; **~er** (~mɑ̃'de) *v/t.* [1a] ausschelten, abkanzeln; **~ise** (~'di:z) *f* **1.** Naschhaftigkeit *f*; Gefräßigkeit *f*; **2.** *~s pl.* Naschereien *f/pl.*, Leckerbissen *m/pl.*
gour|me (gurm) *f* **1.** *vét.* Druse *f* der Pferde; **2.** ⚕ Milchschorf *m*, Kopfausschlag *m*; **3.** F *fig. jeter sa ~* sich austoben; **~mé** (~'me) *adj. fig.* steif; pedantisch; *mv. p.* hochnäsig; **~mer** (~) [1a] **I** *v/t. ~ un cheval* e-m Pferd die Kinnkette anlegen; **II** *v/rfl. se ~* sich wichtig tun.
gourmet (gur'mɛ) *m* Weinkenner *m*; Feinschmecker *m*.
gourmette (~'mɛt) *f* Kinn-, Uhrkette *f*; (Glieder-)Armband *n*.
gouspin P, **goussepain** P (gus'pɛ̃) *m* kleiner Schlingel *m*.
goussaut (gu'so) *adj. u. m* gedrungen(es Pferd *n*).
gousse (gus) *f* Schote *f*, Hülse *f*; *~ d'ail* Knoblauchzehe *f*; **~t** (~'sɛ) *m* **1.** Achselhöhle *f*; **2.** *sentir le ~* nach Schweiß riechen; **3.** Achselband *n* (*am Hemd*); **4.** kleine Hosen- (*od.* Westen-)tasche *f*; F *avoir le ~ (bien) garni* die Taschen voll Geld haben.
goût (gu) *m* **1.** Geschmack(ssinn *m*) *m*; *avoir le ~ fin, avoir le (od. un) ~ exquis* e-n feinen Geschmack haben; *de mauvais ~* geschmacklos, unpassend, kitschig; *avoir bon ~* gut schmecken; *être au ~ de q.* nach j-s Geschmack sein; *avoir un ~ amer* bitter schmecken; *de haut ~* stark gewürzt *od.* gepfeffert; **2.** *fig.* Vorliebe *f*, Lust *f*, Neigung *f* (zu *dat.*); Gefallen *n*, Geschmack *m* (an *dat.*); Schönheits-gefühl *n*, -sinn *m*; *~ de l'épargne* Sparsinn *m*, Spartrieb *m*; *~ de la responsabilité* Verantwortungsfreudigkeit *f*; *le ~ de la solitude* die Neigung *f* zur Einsamkeit; *affaire f de ~* Geschmackssache *f*; Ansichtssache *f*; *de bon ~* geschmack-, takt-voll; *cela est de mon ~* das ist nach meinem Geschmack; *avoir du ~ pour ...* Sinn haben für (*acc.*); *prendre ~ à* Geschmack finden an (*dat.*) *faire qch. par ~* etw. zu seinem Vergnügen tun; **3.** *fig.* Stil *m*.
goûter (gu'te) [1a] **I** *v/t.* **1.** kosten, probieren; *fig.* genießen; billigen; Geschmack finden an (*dat.*); *goûté* beliebt; begehrt, gesucht; **II** *v/i.* **2.** *~ à* (*od. de*) *qch.* etw. kosten, probieren, von etw. nippen; **3.** *fig. ~ de qch.* etw. versuchen *od.* kennenlernen; **4.** vespern; **III** *m* Nachmittagskaffee *m*; Vesperbrot *n*.
goutte (gut) *f* **1.** Tropfen *m*; *~ à ~* tropfenweise, allmählich; *faire ~* tröpfeln; *il tombe des ~s* es fängt an zu regnen; *il a la ~ au nez* s-e Nase läuft; *c'est la ~ d'eau qui fait déborder le vase fig.* das ist ja die Höhe!; **2.** *ne ... goutte* überhaupt nichts; *on n'y voit ~* es ist stockfinster; *je n'y entends ~* ich verstehe absolut nichts davon; **3.** P Gläschen *n* Schnaps; **4.** *La* 𝒢 *de Lait* Säuglingsfürsorgestelle *f*; **5.** ⚕ Gicht *f*; *attaque f de ~* Gichtanfall *m*; *~ sciatique* Ischias *m*, Hüftweh *n*; **~lette** (gut'lɛt) *f* Tröpfchen *n*.
goutter (gu'te) *v/i.* [1a] tropfen.
goutteux (gu'tø) [7d] *adj. u. su.* gichtisch; Gichtkranker *m*.
gouttière (gu'tjɛ:r) *f* **1.** Traufe *f*, Dachrinne *f*; **2.** *chir.* Hohlschiene *f*.
gouver|nable (guvɛr'nablə) *adj.* regierbar, lenkbar; ⚓ steuerbar; **~nail** (~'naj) *m* (*pl. ~s*) Steuer *n*, Steuerruder *n*, Ruderpinne *f*; *fig.* Staatsruder *n*; ✈ *~ de profondeur, ~ d'altitude* Tiefen-, Höhen-steuer *n*; *~ vertical, ~ de direction* Seitensteuer *n*; ⊕ *~s pl. hydrauliques* hydraulische Ruderanlagen *f/pl.*; **~nant** (~'nɑ̃) **I** *adj.* [7] regierend; **II** *su.* Beherrscher *m*, Regierender *m*; **~nante** (~'nɑ̃:t) *f* **1.** Kinderfräulein *n*, Erzieherin *f*, Gouvernante *f*; **2.** Haushälterin *f*; **~ne**

(gu'vern) *f* ⚓, ✈ Steuerung *f*, Ruderfläche *f*, Steuerruder *n*; *fig.* Richtschnur *f*, Orientierung *f*; *pour ta* ~ zu Deiner Orientierung; ✈ ~*s pl.* Leitwerk *n*; **~nement** (~vernə'mɑ̃) *m* Regierung *f*; Regierungsform *f*; Statthalterschaft *f*; Verwaltung *f*; ~ *fantoche* Marionetten-, Scheinregierung *f*; ~ *militaire* Militärregierung *f*, -verwaltung *f*; *le* ~ *monarchique* die monarchische Regierungsform *f*; ~ *républicain* parlamentarische Regierung *f*; ~ *soviétique* Sowjetregierung *f*; ~ *travailliste* Arbeiterregierung *f*; *avoir le* ~ *d'une maison* ein Haus verwalten; **~nemental** (~mɑ̃'tal) *adj.* [5c] regierungsfreundlich; *le parti* ~ die Regierungspartei; *les milieux m/pl. gouvernementaux* die Regierungskreise *m/pl.*; **~ner** (~'ne) [1a] **I** *v/t.* **1.** ⚓, ✈ steuern, lenken; **2.** regieren *od.* herrschen über (*acc.*); *fig.* führen, verwalten; ~ *ses passions* s-e Leidenschaften beherrschen; **3.** beaufsichtigen; **II** *v/i.* regieren; steuern; **~neur** (~'nœ:r) *m* **1.** Statthalter *m*; Oberbefehlshaber *m*; **2.** Vorsteher *m*, *bsd.* Bankdirektor *m*; **3.** (Prinzen-) Erzieher *m*, Hofmeister *m*; **~norat** *pol.-adm.* (~nɔ'ra) *m* Gouverneurssitz *m*.

grabat (gra'ba) *m* altes Bett *n*, Pritsche *f* P; *être sur le* ~ ⚕ bettlägerig sein; *fig.* dem Ruin entgegengehen.

grabuge F (gra'by:ʒ) *m* Krakeel *m*.

grâce (grɑ:s) *f* **1.** Gnade *f*; *de* ~! Gnade!; *bisw. iron.* um Gottes willen!; *par* ~ aus Gnaden; *par la* ~ *de Dieu* von Gottes Gnaden; *à la* ~ *de Dieu* in Gottes Namen; *coup m de* ~ Gnadenstoß *m* (*a. fig.*); *quart d'heure m de* ~ akademisches Viertel *n*; Galgenfrist *f*; *l'an m de* ~ im Jahre des Heils; **2.** Begnadigung *f*, Verzeihung *f*; *demande f* (*pourvoi m, recours m*) *en* ~ Gnadengesuch *n*; *droit m de* ~ Begnadigungsrecht *n*; *faire* ~ *à q.* j-n begnadigen; *faire* ~ *de* verschonen, erlassen; **3.** Gewogenheit *f*, Gunst *f*, Gunstbezeigung *f*; *rentrer en* ~ *auprès de q.* bei j-m wieder in Gnaden auf genommen werden; *bonnes* ~*s* Gewogenheit *f*, Gunst *f e-r Frau*; **4.** Anmut *f*, Anstand *m*; *plein de* ~ anmutig; *la bonne* ~ der feine Anstand; *de bonne* (*mauvaise*) ~ gern (ungern); **5.** ♀ Grazie *f*, Huldgöttin *f*; **6.** *mst. im pl.* Dank *m*; ~ *à Dieu*! Gott sei Dank!; *action f de* ~*s* Danksagung *f*; *rl.* Dankfeier *f*; *rendre* ~(s) Dank sagen; ~ *à vous*: a) dank Ihrer Bemühung; b) *iron.* durch Ihre Schuld; **7.** ~*s pl.* Dankgebet *n nach Tische*; *dire les* ~*s* das Dankgebet sprechen; **8.** *Sa* ♀ Seine Gnaden.

graci|er ⚖ (gra'sje) *v/t.* [1a] begnadigen; **~euser** F (grasjø'ze) *v/t.* [1a] *j-n* freundschaftlich (*od.* wohlwollend) behandeln; **~euseté** (grasjøz'te) *f* **1.** Gefälligkeit *f*, Höflichkeit *f*; **2.** Zugabe *f*; **~eux** (gra'sjø) **I** *adj.* [7d] □ **1.** freundlich; liebreich; **2.** anmutig, hold, graziös; **3.** *nur in*: *notre* ~ *souverain* unser allergnädigster Herr; **4.** *à titre* ~ freundlicherweise, freiwillig; unentgeltlich, gratis; **II** *m das* Anmutige.

gracil|e (gra'sil) *adj.* schlank, zierlich; *auch*: schwächlich; dünn; **~ité** (grasili'te) *f* Schlankheit *f*, Zierlichkeit *f*.

gradation (gradɑ'sjɔ̃) *f* **1.** Abstufung *f*, Stufenfolge *f*, allmähliche Steigerung *f*; ~ *descendante* Verminderung *f*, Reduzierung *f*, Nachlassen *n*; *par* ~ stufenweise; **2.** *peint.* Abstufung *f der Farben.*

gra|de (grad) *m* **1.** Ehrenstufe *f*; (akademische) Würde *f*; (militärischer) Rang *m*; *élever q. au* ~ *de colonel* j-n zum Obersten befördern; *prendre le* ~ *de docteur* promovieren; *monter* (*od. avancer*) *en* ~ aufrücken; *passer par tous les* ~*s* von der Pike auf dienen; **2.** Zentesimalgrad *m*; **~dé** ⚔ (gra'de) *m* Unteroffizier *m*; ~ *de semaine* Diensthabender *m*; *les* ~*s* die Unteroffiziere *m/pl.*; **~din** (~'dɛ̃) *m* **1.** (*Altar- usw.*) Aufsatz *m*; **2.** ~*s pl.* stufenweise erhöhte Bänke *f/pl.*; *en* ~*s* terrassenförmig; *mettre en* ~*s* abstufen; **~dine** *culp.* (~'din) *f* Gradiereisen *n*; **~duation** (~dɥɑ'sjɔ̃) *f* **1.** Gradeinteilung *f*; **2.** ⚒ Gradierung *f*; *Saline*: *bâtiment m de* ~ Gradierwerk *n*; **~dué** (~'dɥe) **I** *adj. échelle f* ~*e* Skala *f*, Maßstab *m*; **II** *su.* Graduierter *e-r Universität*; **~duel** (~'dɥɛl) *adj.* [7c] □ stufenweise fortschreitend, abgestuft; **~duer** (~'dɥe) *v/t.* [1a] **1.** in Grade abteilen; **2.** stufenweise (*od.* allmählich) steigern; **3.** ~ *q.* j-m e-e akademische Würde erteilen; **4.** *Sa-*

line: *eau graduée f* gradierte Sole *f*.
graffite *peint*. (gra'fit) *m* [*pl*. ~*s od*. *graffiti*] Sgraffito *n*; Kritzelei *f auf e-r Mauer*. [(zs.-)kratzen.]
grafigner *dial*. (grafi'ɲe) *v/t*. [1a]
grail|le F *dial*. (grɑ:j) *f* Krähe *f*; ~**ler** (grɑ'je) *v/i*. [1a] krächzen.
graillon[1] (grɑ'jɔ̃) *m* brenzliger Fettgeruch *m*; Speiseüberreste *m/pl*.
graillon[2] (~) *m* (Brust-)Schleim *m*.
graillonner[1] (grɑjɔ'ne) *v/i*. [1a] nach angebranntem Fett riechen.
graillonner[2] P (~) *v/i*. [1a] Schleim ausspucken.
grain (grɛ̃) *m* **1.** ⚘ Korn *n*; Beere *f*; Kaffeebohne *f*; ~*s pl*. Getreide *n*, Korn *n*; Körnerfutter *n*; *gros* ~*s* Wintergetreide *n* (*Weizen*, *Roggen*); *menus* ~*s* Sommergetreide *n* (*Gerste*, *Hafer*); *bét*. *à gros* ~*s* grobkörnig; *fig*. oberflächlich; *eau-de-vie f de* ~ Kornbranntwein *m*; P *fig*. *avoir un* ~ (*de folie od*. *de trop*) e-n Tick haben; F *veiller au* ~ auf der Hut sein; **2.** Kügelchen *n*, Körnchen *n*; ~ *de chapelet* Kügelchen *n* am Rosenkranz; ~ *de grêle* Hagelkorn *n*; ~ *de sable* Sandkorn *n*; ~ *de sel* Körnchen *n* (Koch-)Salz; *fig*. Fünkchen *n* Witz; *ajouter* (*od*. *mettre*) *son* ~ *de sel à qch*. s-n Senf zu etw. geben; ✝ ~ (*de verre*) Glasperlen *f/pl*.; **3.** ✝ Gran *n*; **4.** Köper *m*; *d'un beau* ~ schön geköpert, schön genarbt; **5.** ~ *de petite vérole*: a) Pocke *f*, Blatter *f*; b) Pocken-, Blatternarbe *f*; ~ *d'orge* Gerstenkorn *n am Auge*; ~ *de beauté* Muttermal *n*; **6.** plötzlicher Regenguß *m*; ⚓ ~ (*de vent*) Bö *f*.
grain|e (grɛ:n) *f* **1.** Samenkorn *n*, Same(n) *m*; *sans* ~ kernlos; *mauvaise* ~ *fig*. Unkraut *n*; *monter en* ~ in Samen schießen; F riesig wachsen; *iron*. e-e alte Jungfer werden; *en prendre de la* ~ sich j-n zum Vorbild nehmen; **2.** *Stickerei*: Knotenstich *m*; **3.** ~*s pl*. (*de vers à soie*) Seidenraupeneier *n/pl*.; ~**eterie** (grɛn'tri) *f* Samenhandlung *f*; ~**etier** (grɛn'tje) *m* Samen-, Futtermittel-, Gemüse-händler *m*; ~**ier** (grɛ'nje) *su*. [7b] Samenhändler *m*.
grais|sage ⊕ (grɛ'sa:ʒ) *m* Schmieren *n*, Ölen *n*; *Auto*: Schmierung *f*; Abschmierdienst *m*; *faire un* ~ *complet* abschmieren; ~ *sous pression* Druckschmierung *f*; ~ *par barbotage* Tauch- (*od*. Schleuder-) -schmierung *f*; ~ *par circulation* Umlaufschmierung *f*; ~**se** (grɛ:s) *f* **1.** Fett *n*; ⊕ Schmiere *f*, Schmiermittel *n*; Zähigkeit *f* (*Wein usw*.); ~ *de rôti* Bratenfett *n*; ~ (*fondue*) Schmalz *n*; ~ *végétale* Pflanzenfett *n*; *frotter avec de la* ~ einfetten; *prendre de la* ~ Fett ansetzen; **2.** *fig*. *la* ~ *de la terre* die Fruchtbarkeit der Erde; **3.** ~*s pl*. Fettwaren *f/pl*.; ~**ser** (grɛ'se) [1b] **I** *v/t*. **1.** einfetten; mit Fett *usw*. einschmieren; ~ *ses bottes* s-e Stiefel einfetten; *fig*. sich auf sein letztes Stündchen vorbereiten; ~ *la patte à q*. j-n bestechen; **2.** fettig machen, beschmutzen; **II** *v/i*. zäh werden (*vom Weine*); ~**set** (~'sɛ) *m* gemeiner Laubfrosch *m*; ~**seur** (~'sœ:r) **I** *adj*. [7g] Öl..., Schmier...; **II** *m* Schmierer *m* (*Person*); ⊕ Öler *m*, Schmiervorrichtung *f*; ~ *automatique* Selbstöler *m*, Schmieranlage *f*; ~**seux** (~'sø) *adj*. [7d] fettig, schmierig. [sendes Gras *n*.]
gramen ⚘ (gra'mɛn) *m* wildwach-
graminée ⚘ (grami'ne) *adj*./*f u*. *f*: (*plantes f/pl*.) ~*s pl*. grasartige Pflanzen *f/pl*., Gräser *n/pl*.
grammai|re (gra'mɛ:r) *f* Grammatik *f*; ~**rien** (gramɛ'rjɛ̃) *su*. [7c] Grammatiker *m*.
gramma|tical (gramati'kal) *adj*. [5c] □ grammatisch; ~**tiste** *péj*. ⚒ (~'tist) *m fig*. grammatischer Stümper *m*; Wortklauber *m*.
gramme (gram) *m* Gramm *n*.
grand (grɑ̃) **I** *adj*. [7] □ **1.** groß; hochgewachsen; *de* ~*e taille* groß (*von Gestalt*, *auf Personen bezogen*); ~*es eaux f/pl*.: a) Steigen *n* der Gewässer, Hochflut *f*; b) (Springen *n*) sämtliche(r) Fontänen *f/pl*.; *homme m* ~ hochgewachsener (*od*. großer) Mann; *la* ~*e guerre* der Weltkrieg 1914—1918; *plus* ~ *que nature* in Überlebensgröße; *fig*. *ouvrir de* ~*s yeux* (*od*. *les yeux tout* ~*s*) große Augen machen; *iron*. ~ *bien vous fasse!* m-n Segen haben Sie!; **2.** erwachsen; *il se fait* ~ er wächst heran; **3.** beträchtlich; heftig, stark; zahlreich, reichlich; vollständig; *il est* ~ *temps* es ist höchste Zeit; *faire* ~ *cas de* hochschätzen; ~(*e*) *ouvert*(*e*) weit offen; ~ *air m* frische Luft *f*; *au* ~ *air* im Freien; ~*e barbe f* langer Bart *m*; *de* ~ *cœur* herzlich gern; *en* ~*e colère* in hellem Zorn; ~ *cri m* lauter Schrei *m*; *à* ~*s frais*

mit großen Kosten; *deux ~es heures* zwei gute Stunden; *il fait ~ jour* es ist heller Tag; *au ~ jour* am hellen Tage; *fig. produire (od. mettre) au ~ jour* ans Licht bringen, veröffentlichen; *marcher à ~es journées* in starken Tagemärschen marschieren; *de ~ matin* frühmorgens; *il y aura ~ monde* es wird große Gesellschaft da sein; *~ mutilé* schwer(kriegs)beschädigt; *m* Schwer(kriegs)beschädigter *m*; *~e pluie f* heftiger Regen *m*; *être en ~e toilette* in vollem Staate sein; *on y mène ~ train* da geht's hoch her; *un ~ verre* ein volles Glas *n*; *~e vieillesse (od. ~ âge m)* hohes Alter *n*; **4.** *fig.* großartig, erhaben; tüchtig, ausgezeichnet; vornehm, hochgestellt; großherzig, edel(denkend); wichtig; Groß..., Haupt...; gewaltig; *iron.* c'est *~!* das ist ja großartig (*od.* fabelhaft)!; *péj. ~s mots m/pl.* hochtrabende Worte *n/pl.*; *avoir ~ air* vornehm aussehen; *~s airs m/pl.* hochmütiger Gesichtsausdruck *m*; *~ genre m* vornehme Art *f* (*od.* Ton); *un ~ cœur* ein edles Herz; *~e dame f* vornehme Dame *f*; *les ~s dignitaires* die hohen Würdenträger; *~ homme m* großer *od.* bedeutender Mann *m* (*od. Mensch m*); *le ~ monde* die vornehme Welt; *~e nouvelle f* wichtige Nachricht *f*; *~ seigneur m* vornehmer Herr *m*; *~ teint* farbecht; *un ~ travailleur* ein tüchtiger Arbeiter *m*; *~ chemin m* Hauptstraße *f*; **5.** *als Titel; le* ♀ *Electeur* der Große Kurfürst; *~ maître m* Großmeister *m*; *~-prêtre m* Oberpriester *m*; *~ prieur m* Großprior *m*; *~ rabbin m* Oberrabbiner *m*; ♀ *Seigneur m* Großherr *m*, Sultan *m*; **6.** schwierig, mühsam; **II** *m* **7.** Erwachsener *m*; F *écol.* älterer Schüler *m*; **8.** hochgestellte Person *f*; Grande *m von Spanien*; *pol. les ~s* die führenden Männer; **9.** *das* Große, *das* Erhabene; *en ~ advt.* im großen, in Lebensgröße; *fig.* in großem Maßstabe; großzügig; *penser (agir) en ~* edel denken (handeln); *voir ~* große Pläne **10.** Luxus *m*; *donner dans le ~* Luxus treiben, viel Aufwand machen.

grand blessé de guerre (grɑ̃blɛ'se də 'gɛ:r) *m* Schwerkriegsbeschädigter *m*.

grand-chose (grɑ̃'ʃo:z) *adv.*: *pas ~* nicht viel; *cela ne vaut pas ~* das ist nicht viel wert; F *un(e) pas ~* ein unbedeutender Mensch *m*; ein Taugenichts *m*.

grand-croix (grɑ̃'krwa) **1.** *f* [6c] Großkreuz *n der Ehrenlegion*; **2.** *m* [6b] Inhaber *m* des Großkreuzes.

grand|-duc (grɑ̃'dyk) *m* [6a] **1.** Großfürst *m*; Großherzog *m*; **2.** *orn.* Uhu *m*; **~-ducal** (grɑ̃dy'kal) *adj.* [5c] großherzoglich; **~-duché** (grɑ̃dy'ʃe) *m* [6a] Großherzogtum *n*.

Grande-Bretagne (grɑ̃:dbrə'taɲ) *f*: *la ~* Großbritannien *n*.

grande-duchesse (grɑ̃:ddy'ʃɛs) *f* [6a] Großfürstin *f*; Großherzogin *f*.

grand|elet F (grɑ̃'dlɛ) *adj.* [7c] schon (*od.* ziemlich) groß (*Kind*); **~ement** (grɑ̃d'mɑ̃) *adv.* **1.** großzügig; *faire les choses ~* nichts sparen; **2.** sehr, gewaltig, stark; *il est ~ temps* es ist die höchste Zeit; *différer ~* sich wesentlich unterscheiden; **3.** reichlich; *il a ~ de quoi vivre* er hat sein gutes Auskommen.

grandeur (~'dœ:r) *f* **1.** Größe *f*; *~ d'âme* Seelengröße *f*; **2.** *fig.* Erhabenheit *f*, Großartigkeit *f*, Hoheit *f*, Herrlichkeit *f*; *folie f des ~s* Größenwahn *m*; **3.** *Sa (Votre)* ♀ Seine (Ew.) Gnaden.

grandguignolesque (grɑ̃giɲɔ'lɛsk) *adj.*: *récits m/pl. ~s* gruselige Geschichten *f/pl.*

grand infirme (grɑ̃tɛ̃'firm) *adj.* [6a] schwerbeschädigt.

gran|diose (grɑ̃'djo:z) **I** *adj.* □ großartig; **II** *m das* Großartige *n*; *die* Grandiosität *f*; **~diosité** *abus.* (~djozi'te) *f* Grandiosität *f*; **~dir** (~'di:r) [2a] **I** *v/i.* groß (*od.* größer) werden; wachsen, zunehmen; *que vous avez (od. êtes) grandi!* was Sie gewachsen sind!; *fig. ~ en sagesse* an Weisheit zunehmen; **II** *v/t.* größer machen, übertreiben.

grand-livre ✝ (grɑ̃'li:vrə) *m* [6a] Hauptbuch *n*.

grand-maman (grɑ̃ma'mɑ̃) *f* [6a], **grand-mère** (grɑ̃'mɛ:r) *f* [6a] Großmutter *f*; Großmütterchen *n*.

grand-messe *rl.* (grɑ̃'mɛs) *f* [6a] Hauptmesse *f*, Hochamt *n*.

grand-oncle (grɑ̃'tɔ̃:klə) *m* [6a] Großonkel *m*.

grand-papa (grɑ̃pa'pa) *m* [6a], **grand-père** (grɑ̃'pɛ:r) *m* [6a] Großvater *m*.

grand-route (grɑ̃'rut) *f* [6a] große Landstraße *f*, Hauptverbindungsweg *m*, Fernverkehrsstraße *f*.

grand-rue (grɑ̃'ry) *f* [6a] Hauptstraße *f e-r Stadt.*
grands-parents (grɑ̃pa'rɑ̃) *m/pl.* Großeltern *pl.*
grand-tante (grɑ̃'tɑ̃:t) *f* [6a] Großtante *f.*
grand-voile (grɑ̃'vwal) *f* [6a] Großsegel *n.*
grange (grɑ̃:ʒ) *f* Scheune *f*; *battre en* ~ (aus)dreschen; *mettre en* ~ einfahren, in die Scheune bringen.
granit (gra'ni, ~'nit) *m* Granit *m*; **~é** (~'te) *adj.* [7] gerauht; **~eux** [~'tø] *adj.* [7d] granithaltig; **~o** (~'to) *m* Terrazzo *m.*
granivore (grani'vɔ:r) *adj.* körnerfressend.
granu|laire (grany'lɛ:r) *adj.* körnig; **~lation** (~lɑ'sjɔ̃) *f* Körnen *n*; ~*s pl.* Körnchen- (*od.* Knötchen-) bildung *f*; *bét.* ~ *des couches d'usure* Vorsatzkörnung *f*; **~le** (~'nyl) *m* Körnchen *n*; *phm.* Kügelchen *n*; **~ler** (~ny'le) *v/t.* [1a] körnen; **~leux** (~'lø) *adj.* [7d] körnig; **~lométrie** *bét.* (~lɔme'tri) *f* Kornaufbau *m*; **~lométrique** *bét.* (~lɔme'trik) *adj.*: *composition f* ~ Kornzusammensetzung *f.*
graphi|que (gra'fik) **I** *adj.* □ graphisch; Schrift..., Zeichen...; **II** *m* Kurvenbild *n*, graphische Darstellung *f*; **~te** (~'fit) *m* Graphit *m*; **~teux** (~'tø) *adj.* [7d] graphithaltig.
grapho|logie (grafɔlɔ'ʒi) *f* Graphologie *f*; **~logue** (~'lɔg) *m* Graphologe *m*; **~mètre** ⚔, *ast.* (~'mɛtrə) *m* Winkelmesser *m.*
grappe (grap) *f* **1.** ⚘ Traube *f*; Büschel *n*; Bündel *n*; *fig.* Haufen *m*; ~ *de raisin* Weintraube *f*; *vin m de* ~ Traubenwein *m*; *en* ~ traubenförmig; F *fig. mordre à la* ~ drauf reinfallen; **2.** *vét.* Mauke *f.*
grappil|lage (grapi'ja:ʒ) *m* **1.** ✓ Nachlese *f*; **2.** ⚒ Raubbau *m*; **~ler** (grapi'je) *v/t. u. v/i.* [1a] **1.** in Weinbergen Nachlese halten; **2.** ~ *qch.* etw. nachernten; *fig.* aufschnappen; F einheimsen; **~leur** (~'jœ:r) *su.* [7g] **1.** Nachleser *m in Weinbergen*; **2.** F *m* kleiner Profitmacher *m od.* Profiteur *m*; **~lon** ⚘ (~'jɔ̃) *m* kleine Traube *f.*
grappin (gra'pɛ̃) *m* **1.** ⚓ kleiner Anker *m*, Dregg *m*; ~ *d'arbordage* Enterhaken *m*; F *fig. mettre le* ~ *sur q.* j-n (geistig) beherrschen; erwischen; *ce policier lui a mis le* ~ *dessus* dieser Polizist hat ihn beim Schlafittchen gepackt; **2.** ⊕ Greifer *m* (*e-s Krans*); Scharreisen *n*; Steigeisen *n*; *bét.* ~ *pour plateaux* Brettgreifer *m*; **~er** ⚓ (grapi'ne) *v/t.* [1a] entern.
grappu (gra'py) *adj.* traubenreich.
gras (grɑ) **I** *adj.* [7c] **1.** □ fett, dick, feist, wohlgenährt; speckig; fettig, fetthaltig; ⚘ saftig, fleischig; *couleur f* ~*se* dick aufgetragene Farbe *f*; *jours m/pl.* ~ Fleischtage *m/pl.*; letzte Karnevalstage *m/pl.*; *mardi m* ~ Fastnacht *f*; *potage m* ~ Fleischsuppe *f*; *manger* (*od. faire*) ~ *an Fasttagen* Fleisch essen; *faire* (*od. dormir*) *la* ~*se matinée* in den Tag hinein schlafen; **2.** schmierig; ⚕ verschleimt; *pavé m* ~ glitschiges Pflaster *n*; *terre f* ~*se* Lehmerde *f*; **3.** schwer, zähe; *terre f* ~*se* fruchtbares Land *n*; *de l'huile* ~*se* dick gewordenes Öl *n*; *fig. parler* ~ das R (als Zäpfchen-r) in der Kehle sprechen; Zoten reißen; P *il y a* ~ dabei gibt's was zu verdienen; **4.** ⚓ feucht, neblig; **5.** *m das* Fette *n*; *il aime le* ~ er ißt gern fettes Fleisch; F *tourner au* ~ dick (*od.* beleibt) werden; ~ *de la jambe* Wade *f.*
gras|-cuit (grɑ'kɥi) *adj./m* klitschig (*Brot*); **~-double** *cuis.* (~'dublə) *m* Fettdarm *m*; **~-fondu** *vét.* (~fɔ̃'dy) *m* Fettschmelzen *n.*
gras|sement (grɑs'mɑ̃) *adv.* *v. gras*; *payer* ~ reichlich bezahlen; *vivre* ~ flott leben; **~set** (~'sɛ) **I** *adj.* [7c] etwas fett; **II** *orn. m* Graukehlchen *n*; **~seyer** (~sɛ'je) *v/i.* [1i] das R (als Zäpfchen-r) in der Kehle sprechen; **~souillet** F (~su'jɛ) *adj.* [7c] dicklich, rundlich.
grateron ⚘ (gra'trɔ̃) *m* Labkraut *n.*
gratifi|cation (gratifikɑ'sjɔ̃) *f* (Sonder-)Vergütung *f*, Gratifikation *f*; **~er** (~'fje) *v/t.* [1a] ~ *q. de* j-m e-e Sondervergütung von ... zukommen lassen; j-n beschenken mit.
gratin (gra'tɛ̃) *m* **1.** Essenskruste *f*, Speisesatz *m in Kochtöpfen*; **2.** P *die* oberen Zehntausend *pl.*.
gratiner (grati'ne) [1a] **I** *v/t.* überkrusten; *cuis.* (*faire*) ~ panieren; *fig. c'est une histoire gratinée* ist e-e pfundige Sache; **II** *v/i.* in e-m Kochtopf festbacken.
gratis (gra'tis) *adv.* gratis, kostenlos, unentgeltlich.
gratitude (grati'tyd) *f* Dankbarkeit *f*; *donner des marques de* ~ sich dankbar zeigen (*od.* erweisen).
grattage (gra'ta:ʒ) *m* Abkratzen *n.*

gratte (grat) *f* Jäthacke *f*; F Profitchen *n*; P ⚕ Krätze *f*.
gratte|-ciel (grat'sjɛl) *m* [6c] Wolkenkratzer *m*, Hochhaus *n*; **~-cul** F (~'ky) *m* Hagebutte *f*.
grattel|er (grat'le) *v/t*. [1c] schaben; **~eux** (~t'lø) *adj*. [7d] krätzig; **~le** (gra'tɛl) *f* Krätze *f*.
gratte|-paille *orn*. (grat'pɑ:j) *f* [6c] Baumnachtigall *f*; **~-papier** *péj*. (~pa'pje) *m* [6c] Bürohengst *m*, Aktenschmierer *m*.
grat|ter (gra'te) [1a] **I** *v/t*. **1.** (ab-)kratzen, schaben, scharren, *Geld* zusammenkratzen; scheuern; krauen (*z.B. den Hund*); (aus)radieren; **2.** F ~ *q. à la course* j-n beim Wettlauf überholen; **3.** *fig*. schmeicheln (*dat*.); ~ *l'épaule à q*. j-m Honig um den Bart schmieren, sich bei j-m beliebt zu machen suchen; **II** *v/i*. kratzen; kritzeln (*Schreibfeder*); *abs*. P Geld zs.-kratzen; P Profitchen machen; ~ *à la porte* leise anklopfen; **III** *v/rfl*. *se* ~ sich kratzen; F sich rasieren; **~teur** (~'tœ:r) *su*. [7g] Kratzer *m*; F ~ *de papier* Schreiberling *m*; **~toir** (~'twa:r) *m* Radiermesser *n*; ⊕ Kratzeisen *n*; **~ture** (~'ty:r) *f* Abgekratztes *n*.
gratui|t (gra'tɥi) *adj*. [7] □ **1.** unentgeltlich, kostenlos, frei; *enseignement m* ~ schulgeldfreier Unterricht *m*; *exemplaire m* ~ Freiexemplar *n*; *à titre* ~ gratis, unentgeltlich; **2.** *fig*. unbegründet; grundlos; zwecklos; mutwillig; willkürlich; *les compagnons m/pl. de l'acte* ~ die Halbstarken *m/pl*.; *affirmation f* ~*e* unbegründete Behauptung *f*; *supposition f* ~*e* willkürliche Annahme *f*; **~té** (~'te) *f* Unentgeltlichkeit *f*; Grund-, Zwecklosigkeit *f*; Mutwilligkeit *f*; Unbegründetheit *f*; ~ *de l'enseignement primaire et secondaire* Schulgeldfreiheit *f*; **~tement** (gratɥit'mɑ̃) *adv*. gratis, kostenlos, unentgeltlich, umsonst.
gravatier (grava'tje) *m* Schuttfahrer [*m*.
gravats (~'va) *m/pl*. Schutt *m*.
grave (grɑ:v) **I** *adj*. □ **1.** *nur fig*. schwer; ernst; folgenreich; bedenklich, gefährlich; schwerwiegend; schlimm; erheblich; ernsthaft; *homme m* ~ gesetzter Mensch *m*; *faute f* ~ schwerer Fehler *m*; *maladie f* ~ schwere Krankheit *f*; *symptôme m* ~ bedenkliches (*od*. schlimmes) Zeichen *n*; **2.** *son m* ~ tiefer Ton *m*; *gr. accent m* ~ Gravis *m*; **II** *m fig*. *das* Ernste *n*, *das* Ernsthafte *n*; ♪ tiefer Ton *m*.
gravel|er (grav'le) *v/t*. [1c] mit Kies beschütten; **~eux** (~'lø) *adj*. [7d] **1.** kiesig; **2.** ⚕ mit Harngrieß behaftet; **3.** *fig*. anstößig, schlüpfrig, kitzelig; **~le** ⚕ (~'vɛl) *f* Harngrieß *m*; **~ure** (grav'ly:r) *f* Zweideutigkeit *f*, Zote *f*.
grav|er (gra've) *v/t*. [1a] (*a. abs*.) ein-graben, -schneiden, stechen, einprägen (*a. fig*.), gravieren (*dans* in); ~ *sur bois* in Holz schneiden; ~ *à l'eau forte* ätzen, radieren; **~eur** (~'vœ:r) *m* Graveur *m*; ~ *en acier* Stahlstecher *m*; ~ *sur bois* Holzschneider *m*; ~ *de cachets* Petschaftstecher *m*; ~ *sur cuivre*, ~ *en taille-douce* Kupferstecher *m*; ~ *à l'eau forte* Radierer *m*.
gravid|e (gra'vid) *adj*. schwanger; *prädikativ*: in anderen Umständen; **~ité** (~vidi'te) *f* Schwangerschaft *f*.
gravier (gra'vje) *m* Kies *m*; ⚕ Harngrieß *m*, Nierensteine *m/pl*.; ~ *de sulphure de barium at*. Barytkies *m* (*in Spezialbeton als Strahlenschutz*). [△, *bét*. Splitt *m*.]
gravillon (gravi'jɔ̃) *m* Kiessand *m*;
gravi|mètre (~vi'metrə) *m* Gravi-, Aräo-meter *n*, Schweremesser *m*; **~métrie** (~me'tri) *f* Gravimetrie *f*, Schweremessung *f*.
gravir (gra'vi:r) [2a] **I** *v/t*. erklimmen; herauf-fahren, -steigen; **II** *v/i*. klettern, steigen.
gravi|tation (gravitɑ'sjɔ̃) *f* Schwer-, Anziehungs-kraft *f*; Gravitation *f*; **~té** (~'te) *f* **1.** *phys*. Schwere *f*; *centre m de* ~ Schwerpunkt *m*; **2.** *fig*. Wichtigkeit *f*; Größe *f*; Ernst(haftigkeit *f*) *m*; *garder sa* ~ ernsthaft bleiben; **3.** Gefährlichkeit *f*; **4.** ♪ Tiefe *f e-s Tones*; **~ter** (~) *v/i*. [1a] *phys*. dem Schwerpunkt zustreben; ~ *autour de* um (*acc*.) herumkreisen.
gravois (~'vwa) *m/pl*. Schutt *m*.
gravure (gra'vy:r) *f* **1.** Stecherkunst *f*; ~ *en taille-douce* Kupferstecherkunst *f*; ~ *sur bois* Holzschneidekunst *f*; ~ *à l'eau forte* Ätz-, Radier-kunst *f*; **2.** Stich *m*; ~ *sur acier* Stahlstich *m*; ~ *d'art* Kunstblatt *n*; ~ *sur cuivre od. en taille-douce* Kupferstich *m*; ~ *sur bois* Holzschnitt *m*; ~ *sur linoléum* Linoldruck *m*.
gré (gre) *m* **1.** Belieben *n*, Gefallen

n; Wille *m*, Gutdünken *n*; Geschmack *m*; Meinung *f*; *de son (bon)* ~, *de (son) plein* ~, *de bon* ~ aus freiem Antrieb, freiwillig; gern; *bon* ~, *mal* ~ wohl oder übel; *de* ~ *à* ~ nach freier Übereinkunft, gütlich; *vendre de* ~ *à* ~ aus freien Stücken, (*od.* unter der Hand) verkaufen; *à mon* ~ nach meiner Meinung; *à votre* ~ (ganz) nach Ihrem Belieben (*od.* Ermessen); *cela est-il à votre* ~ *?* gefällt Ihnen das?, ist es Ihnen so recht?; *au* ~ *de q.* nach j-s Wunsch; nach j-s Meinung; *au* ~ *des vents* dem Winde preisgegeben; *se laisser aller au* ~ *des événements* sich jeweils nach den Ereignissen richten; **2.** Dank *m*; *savoir* ~ *od. bon* ~ *(beaucoup de* ~*) à q. de qch.* j-m für etw. (*acc.*) (viel) Dank wissen; j-m etw. hoch anrechnen; sich j-m gegenüber erkenntlich erweisen (zeigen).

gréage ⚓ (gre'a:ʒ) *m* Auftakeln *n.*

grèbe *orn.* (grɛb) *m* Steißfuß *m.*

grec *m*, **grecque** *f* (grɛk) **I** *adj.* **1.** griechisch; *l'y grec* das Ypsilon *n*; **2.** ~ *orthodoxe* griechisch-katholisch; **II** ♀ *su.* **3.** Grieche *m*: **III** *m* **4.** *das* Griechische *n* ~ *ancien* Altgriechische *n*; ~ *moderne* Neugriechische *n*; F *fig. c'est du* ~ *pour lui* das kommt ihm spanisch vor.

Grèce (grɛ:s) *f*: **la** ~ Griechenland *n.*

gréci|ser (gresi'ze) *v/t.* [1a] gräzisieren, e-e griechische Form geben; **~té** (~'te) *f* griechischer Sprachcharakter *m*, Gräzität *f*; *la basse* ~ das Byzantinische *n.*

gréco|-latin (grekɔla'tɛ̃) *adj.* **[7]** griechisch-lateinisch; **~-romain** (~rɔ'mɛ̃) *adj.* [7] griechisch-römisch; *l'empire* ~ das byzantinische Kaisertum *n.*

grecque (grɛk) **I** *adj./f u. f* s. grec; **II** *f* Mäander *m*, Schlangenlinie *f.*

gredin (grə'dɛ̃) *su.* [7] Halunke *m*, Lump *m*; Schlingel m; **~erie** (~din'ri) *f* Gemeinheit *f.* [werk *n.*]

gréement ⚓ (gre'mɑ̃) *m* Takel-

gréer ⚓ (gre'e) *v/t.* [1a] betakeln.

greffage (grɛ'fa:ʒ) *m* Pfropfen *n.*

greffe[1] (grɛf) *m* Kanzlei *f*, Gerichtsschreiberei *f*, Geschäftsstelle *f*; *tenir le* ~ die Registratur führen.

gref|fe[2] (~) *f* **1.** Pfropfreis *n*, Auge *n*; **2.** Pfropfen *n*, Veredelung *f*; **~fer** (grɛ'fe) *v/t.* [1a] pfropfen, veredeln.

greffier (grɛ'fje) *m* Kanzleibeamter *m*, Amts-, Gerichts-schreiber *m*, Urkundsbeamter *m.* [messer *n.*]

greffoir (grɛ'fwa:r) *m* Pfropf-

greffon (grɛ'fɔ̃) *m* **1.** Pfropfreis *n*; **2.** Transplantat *n.*

grégaire (gre'gɛ:r) *adj.* Herden..., Massen...; *instinct m* ~ Herdentrieb *m.*

grégarisme (grega'rism) *m a. fig.* Herdentrieb *m*; Masseninstinkt *m*; Herdenleben *n.* [Seide *f.*]

grège[1] (grɛ:ʒ) *adj.*: *soie f* ~ rohe

grège[2] *bsd. Mode* (~) *adj.* grau-beige.

grégeois *hist.* ⚔, ⚓ (gre'ʒwa) *adj.*: *feu m* ~ griechisches Feuer *n.*

grègues † (grɛg) *f/pl.* Hosen *f/pl.*; *nur noch in*: *mettre de l'argent dans ses* ~ reich werden, zu Geld kommen; *tirer ses* ~ ausreißen.

grêle[1] (grɛ:l) *adj.* **1.** schlank, dünn; hager; *anat. intestin m* ~ Dünndarm *m*; **2.** piepsig, zart (*Stimme*).

grê|le[2] (~) *f* **1.** Hagel *m*; *(chute f de)* ~ Hagelschlag *m*; *il tombe de la* ~ es hagelt; ~ *de balles* Kugelregen *m*; ~ *de pierres* Steinhagel *m*; **2.** Hagelkorn *n* (*am Augenlid*); **~lé** (grɛ'le) *adj.* **1.** verhagelt; **2.** pockennarbig; **~ler** (~) [1a] **I** *v/i.* hageln; *v/impers. il grêle* es hagelt; **II** *v/t.* durch Hagel verderben (*od.* vernichten).

grelet (grə'lɛ) *m* Spitzhammer *m*; *dial.* Melkkübel *m.*

grêlon (~'lɔ̃) *m* Hagelkorn *n.*

grelot (grə'lo) *m* **1.** Schelle *f*; **~s** *pl.* (Schellen-)Geläute *n*; P *attacher le* ~ etw. fertigkriegen, die Tat wagen; *avoir les* ~*s* Angst (Schiß V) haben; **2.** *zo.* Klapper *f* der Klapperschlange; **~tement** (~lɔt'mɑ̃) *m* Klappern *n*, Klirren *n*; **~ter** (~lɔ'te) *v/i.* [1a] vor Kälte zittern, ~ *de fièvre* Schüttelfrost haben.

greluch|e * (grə'lyʃ) *f* Mädchen *n*; **~on** * (grəly'ʃɔ̃) *m* heimlicher Liebhaber *m.* [Schoßtuch *n.*]

grémial *rl.* (gre'mjal) *m* [5c]

grémil (gre'mil) *m* Steinsamen *m.*

grémille *icht.* (gre'mij) *f* Kaulbarsch *m.* [Eidechse *f.*]

gremillette *dial. suisse* (grəmi'jɛt) *f*

grenache (grə'naʃ) *m* großbeerige Rebensorte *f*; Süßwein *m.*

grena|de (grə'nad) *f* **1.** Granatapfel *m*; **2.** ⚔ ~ *(à main)* Handgranate *f*; ~ *fumigène* Rauchgranate *f*; ~ *à fusil* Gewehrgranate *f*; ~ *de jet* Wurfgranate *f*; ~ *sous-marine* Unterwasserbombe *f*; **~dier** (~'dje) *m* **1.** Granatapfelbaum *m*; **2.** ⚔ Grenadier *m*; *c'est un (franc)* ~ sie ist ein wahrer Dragoner; **3.** P Laus *f*; **~dière** ⚔ (~'djɛ:r) *f* Mittelring *m am Gewehr*; *mettre le fusil à la* ~ das Gewehr umhängen; **~dille** ⚘ (~'dij) *f* Passionsblume *f*; **~din** (~'dɛ̃) *m orn.* Granatvogel *m*; ⚘ Nelkenart *f*; *cuis.* kleines Frikandeau *n*; gefülltes Geflügel *n*; **~dine** (~'din) *f* Granatapfelsirup *m*.

grenafe P (grə'naf) *f* Scheune *f*.

grenage (grə'na:ʒ) *m* **1.** ⊕ Körnen *n* **2.** gekörnter Zucker *m*.

grenail|le (grə'nɑ:j) *f* **1.** ⚒ Kornabfall *m*; **2.** ⊕ Schrot *m*; ⚠ Splitt *m*; ~ *de plomb* Schrotkörner *n/pl.*; **~ler** (~nɑ'je) *v/t.* [1a] Metall zerschroten.

grenaison ⚘ (grənɛ'zɔ̃) *f* Fruchtansatz *m*.

grenasse ⚓ (grə'nas) *f* leichte Bö *f*; ~ *de pluie* Regenschauer *m*.

grenat (~'na) **I** *m* Granat-stein *m*, -farbe *f*; **II** *adj./inv.* granatfarben, dunkelrot.

grené (grə'ne) *adj.* gekörnt; punktiert (*Muster*).

greneler (grɛn'le) *v/t.* [1c] *Papier, Leder* fein narben.

grener (grə'ne) [1d] **I** *v/i.* ⚒ Körner tragen; **II** *v/t. Pulver usw.* körnen; *Leder, Papier* narben.

grène|terie (grɛn'tri) *f* Samenhandlung *f*; **~tier** (~tje) *su.* [7b] Samenhändler *m*; **~tis** (~'ti) *m* Randverzierung *f e-r Münze*.

grenier (grə'nje) *m* **1.** (Dach-)Boden *m* Speicher *m*; *être logé au* ~ unter dem Dache wohnen; **2.** *fig.* Kornkammer *f (e-s Landes)*.

grenoblois (grənɔ'blwa) *adj. u.* ♀ *su.* [7] aus Grenoble; Grenobler *m*.

grenoir (grə'nwa:r) *m* Körnmaschine *f*; Kornsieb *n*.

grenouil|le (grə'nuj) *f* **1.** *zo.* Frosch *m*; ~ *verte* Laubfrosch *m*; **2.** P Vereinsgelder *n/pl.*, Sammelgeld *n*, Löhnungskasse *f*; P *manger (od. faire sauter) la* ~ mit der Kasse durchbrennen; **3.** Dirne *f* V; **~ler** P (grənu'je) *v/i.* [1a] Wasser trinken; sich rumtreiben, sich versteckt halten; im Wasser plätschern; **~lère** (~'jɛ:r) *f* Froschtümpel *m*; *fig.* flache Badestelle *f*; **~lette** (~'jɛt) *f* **1.** ⚘ Wasserhahnenfuß *m*; **2.** Laubfrosch *m*.

grenu (grə'ny) *adj.* **1.** ⚘ kornreich; **2.** genarbt (*Leder, Papier*); körnig (*Marmor*).

grès (grɛ) *m* **1.** Sandstein *m*; ~ *bigarré* Buntsandstein *m*; **2.** (*a.* ~ *cérame*) Steingut *n*; *poterie f de* ~ Steingutgeschirr *n*.

gréseuse ⊕ (gre'zø:z) *f*: ~ *pour le finissage de la pierre reconstituée* Schleifmaschine *f* für Betonwerksteinarbeiten.

gréseux (gre'zø) *adj.* [7d] sandsteinartig.

grésil (gre'zi) *m* Graupeln *f/pl.*

grésill|ement (grezij'mɑ̃) *m* Graupeln *n*; Knistern *n*; Zirpen *n*; **~er** (~zi'je) [1a] **I** *v/impers. il grésille* es graupelt; **II** *v/i.* zirpen; knistern (*Feuer*); **III** *v/t.* zs.-schrumpfen lassen; **IV** *v/rfl. se* ~ zs.-schrumpfen; **~on** (~zi'jɔ̃) *m* Kohlengrus *m*.

gresserie (grɛs'ri) *f* Sandsteinbruch *m*, -lager *n*; Sandsteine *m/pl.*; Steingut *n*.

gressin (grɛ'sɛ̃) *m* knusperiges Stangenbrot *n*.

grève (grɛ:v) *f* **1.** sandiges Ufer *n*, Strand *m*, Gestade *n*; **2.** Streik *m*, Arbeitseinstellung *f*; ~ *d'avertissement* Warnstreik *m*; ~ *des bras croisés*, ~ *sur le tas* Sitzstreik *m*; ~ *des dockers* Hafenarbeiterstreik *m*; ~ *des écoliers* Schulstreik *m*; ~ *de la faim* Hungerstreik *m*; ~ *générale* Generalstreik *m*; ~ *en masse* Massenstreik *m*; ~ *perlée* Bummelstreik *m*; *univ.* ~ *des repas* Essensstreik *m*; ~ *de solidarité* Sympathiestreik *m*; ~ *du textile* Textilstreik *m*; ~ *tournante* wilder (*od.* (flackernder) Streik *m*; ~ *du zèle* Streik *m* durch Übereifer, durch übertriebene Wahrnehmung von Rechten bei der Berufsausübung; *briseur m de* ~ Streikbrecher *m*; *piquet m de* ~ Streikposten *m*; *être en* ~ streiken; *faire* ~, *se mettre en* ~ in den Streik treten; *faire la* ~ *du règlement od. du zèle* genau nach den Vorschriften handeln; **3.** † Beinschiene *f*.

grever (grə've) [1d] **I** *v/t.* belasten (*d'hypothèques* mit Hypotheken); **II** *v/rfl. se* ~ *de qch.* etw. auf sich (*acc.*) nehmen; sich (*dat.*) große Ausgaben auferlegen.

gréviste (gre'vist) *su. u. adj.* Streiker *m*, Streikender *m*, Ausständiger *m*; streikend; Streik...

griblette (gri'blɛt) *f* mit Speck gespicktes, gegrilltes Fleisch *n*.

gribouil|lage F (gribu'ja:ʒ) *m* Geschmiere *n*, Schmiererei *f*; **~le** F (gri'buj) *m* Einfaltspinsel *m*; *poli-*

tique f de ~ Vogel-Strauß-Politik *f*; **~ler** F (~'je) *v/t. u. v/i.* [1a] schmieren, kritzeln; **~lette** (~'jɛt) *f* Auffangespiel *n*; *advt. à la* ~ aufs geratewohl; **~lis** (~'ji) *m* Geschmiere *n*, unleserliche Schrift *f*.

grief (gri'ɛf) *m* Klagegrund *m*, Beschwerde *f*, Unrecht *n*, Beeinträchtigung *f*; ⚖ *~s et contredits* Appellations- (*od.* Berufungs-) und Gegen-gründe *m/pl.*; *~s réciproques* gegenseitige Beschwerde *f*.

grièvement (griɛv'mɑ̃) *adv. fig.* ~ *blessé* schwer verwundet.

grif|fade (gri'fad) *f* Krallen-, Klauen-hieb *m*; **~fe** (grif) *f* **1.** Klaue *f*, Kralle *f*, Tatze *f*; *fig. donner un coup de* ~ *à q.* j-m eins versetzen; **2.** Namensstempel *m*; **3.** ⚘ Ranke *f*, Luftwurzel *f*; **4.** *phot.* ~ *porte-viseur* Sucher(schuh *m*) *m*; **5.** ⊕ Haken *m*; **6.** *fig.* Neuerung *f*, Trick *m*; *Mode, peint.* Note *f*, Stempel *m*; **~fer** (gri'fe) *v/t.* [1a] mit den Klauen ergreifen, kratzen; **~feton** P (grif'tɔ̃) *m* Muschkot *m* (*Soldat*); **~fon** (~'fɔ̃) *m* **1.** *orn.* Geier *m*; **2.** *zo.* Pin(t)scher *m* (*Hunderasse*); **3.** *myth. u.* ▨ Greif *m*; **4.** Hechthaken *m*; **~fure** (~'fy:r) *f* Krallenhieb *m*; Schramme *f*.

griffon|nage (grifɔ'na:ʒ) *m* Gekritzel *n*, Geschmiere *n*; **~ner** (~'ne) *v/t. u. v/i.* [1a] (be-, hin-)kritzeln, schmieren, klieren; flüchtig abfassen; **~neur** (~'nœ:r) *su.* [7g] Kritzler *m*; Schreiberling *m*.

grignon (gri'ɲɔ̃) *m* Brotkanten *m*.

grignot|age (griɲɔ'ta:ʒ) *m* Annagen *n*, Anfressen *n*; Angenagtwerden *n*; *fig.* Zermürbung *f*; Verfall *m*; **~er** (~'te) *v/t. u. v/i.* [1a] annagen, knabbern; naschen; F zusammenschachern; ⚔ aufreiben.

grigou P (gri'gu) *adj. u. m* knauserig; Knauser *m*.

gri-gri (gri'gri) *m* [6a] Negeramulett *n*.

gril (gri) *m* (Brat-)Rost *m*; *faire cuire sur le* ~ auf dem Rost braten, grillen; *fig. être sur le* ~ wie auf Kohlen sitzen; *sembler sur le* ~ ungeduldig zu sein scheinen; *retourner q. sur le* ~ j-m die Hölle heiß machen; **~lade** (~'jad) *f* **1.** Rösten *n*; **2.** Rostbraten *m*; **~lage** (~'ja:ʒ) *m* **1.** ⊕ Rösten *n der Erze*; **2.** Gitterwerk *n*, Drahtgitter *n*; ~ *métallique* Drahtgeflecht *n*; **~lager** (~ja'ʒe) *v/t.* [1l] vergittern; **~lageur** (~ja'ʒœ:r) *m* Gitterfabrikant *m*; **~lante** P (~'jɑ̃:t) *f* Zigarette *f*, Stäbchen *n* P; **~le** (grij) *f* **1.** Gitter *n*, Gitterwerk *n*; ~ *protectrice Laden*: Schutzgitter *n*; *rad. deuxième* (*od. seconde*) ~ Doppelgitter *n*; *être sous les ~s* hinter Schloß und Riegel sitzen; **2.** Chorgitter *n in der Kirche*; Sprechgitter *n in e-m Kloster*; **3.** (Feuer- *od.* Lese-)Rost *m*; **~lé** F (gri'je) *adj.* durchschaut, entdeckt; **~le-écran** *rad.* (grije'krɑ̃) *m* [6c] Schutzgitter *n*; **~le-pain** (~'pɛ̃) *m* [6c] Brotröster *m*; **~ler** (gri'je) [1a] **I** *v/t.* **1.** rösten; **2.** F verbrennen; F ~ *cigarette sur cigarette* e-e Zigarette nach der anderen verpaffen; F *Auto*: ~ *un feu rouge* ein rotes Licht überfahren; **3.** *Fenster* vergittern; **4.** einsperren; **5.** F anmachen, einschalten; **II** *v/i.* braten, brennen; *fig.* sehnlichst wünschen; ~ *d'impatience* vor Ungeduld vergehen; *l'été, on grille* im Sommer kommt man um vor Hitze; **~loir** ⊕ (~'jwa:r) *m* Röstofen *m*.

grillon *ent.* (gri'jɔ̃) *m* Grille *f*, Heimchen *n*; **~-taupe** *ent.* (~'top) *m* [6a] Maulwurfsgrille *f*.

grill-room (gril'rum) *m* [6g] Weinstube *f*.

grima|ce (gri'mas) *f* **1.** Fratze *f*, Gesichtsverzerrung *f*, Grimasse *f*; *faire une* ~ *od. des ~s* Grimassen schneiden; *faire la* ~ ein saures Gesicht machen, die Nase rümpfen; *faire des ~s a.* aufmucken, Mucken haben; **2.** *fig.* Verstellung *f*; *~s pl.* Heuchelei *f/sg.*; affektiertes Wesen *n*; **3.** F *cet habit fait la* ~ dieser Rock hat e-e falsche Falte; **~cer** (~'se) *v/i.* [1k] das Gesicht verzerren, Gesichter (*od.* Grimassen) schneiden, grinsen; *fig.* sich geschraubt ausdrücken; **~cier** (~'sje) [7b] **I** *adj.* Grimassen schneidend; *fig.* geziert, affektiert; heuchlerisch; **II** *su.* Grimassen-, Fratzen-schneider *m*; Heuchler *m*; *fig.* Zieraffe (*f*: Zierpuppe *f*).

grimaud (gri'mo) **I** *adj.* [7] verdrießlich, mufflig F; **II** *m péj.* Pedant *m*; Schreiberling *m*.

grimer *thé.* (gri'me) **I** *v/t.* Runzeln anschminken; *allg.* schminken; **II** *v/rfl.* se ~ sich (*dat.*) Runzeln anmalen, sich alt schminken; *allg.* sich schminken.

grimoire (gri'mwa:r) *m* **1.** Zauberbuch *n*; **2.** *fig.* F Geschreibsel *n*, konfuses Zeug *n*, Klaue *f* F.

grimp|ade (grɛ̃'pad) *f* Kletterei *f*; **~ant** (~'pɑ̃) **I** *adj.* [7] kletternd; *plantes f/pl.* ~*es* Schling- *od.* Kletter-pflanzen *f/pl.*; **II** P *m* Hose *f*; **~ée** (~'pe) *f* Aufsteigen *n*, Aufstieg *m*; **~er** (~'pe) [1a] **I** *v/i.* klettern; *faire* ~ *q.* j-n hochnehmen, aufziehen, verkohlen; **II** *v/t.* hinaufschwingen, -ziehen; **~ereau** *orn.* (~'pro) *m* [5b] Baumläufer *m*; Grauspecht *m*; **~ette** F (~'pɛt) *f*: *faire une* ~ kraxeln; **~eur** (~'pœ:r) **I** *su.* [7g] Kletterer *m*, Kraxler *m*; **II** ~*s m/pl. orn.* Klettervögel *m/pl.*

grin|cement (grɛ̃s'mɑ̃) *m* Knirschen *n*; Knarren *n* (*Tür*); **~cer** (~'se) *v/t. u. v/i.* [1k]: ~ (*les od. des dents* mit den Zähnen) knirschen; die Zähne fletschen; knarren (*Tür usw.*); schnarren (*Saite*).

grincher (grɛ̃'ʃe) [1a] **I** *v/i.* brummen; **II** * *v/t.* klauen P.

grincheux (grɛ̃'ʃø) *adj. u. su.* [7d] mürrisch; Griesgram *m*, Nörgler *m*.

grinchir * (~'ʃi:r) = *grincher* II.

gringalet F (grɛ̃ga'lɛ) *su.* [7c] kleiner schwächlicher Kerl *m*.

griot (gri'o) *m* Kleienmehl *n*.

griotte (gri'ɔt) *f* **1.** Sauer-, Weichsel-kirsche *f*; **2.** rot- u. braungefleckter Marmor *m*.

grippage *mot.* (gri'pa:ʒ) *m* Heißlaufen *n*, Festfressen *n*.

grip|pe (grip) *f* **1.** ⚕ Grippe *f*; ~ *asiatique* asiatische Grippe *f*; **2.** F *avoir* (*od. prendre*) *q. en* ~ gegen j-n eingenommen sein; **~pé** (~'pe) **I** *adj.* **1.** ⚕ vergrippt, grippekrank; **2.** *mot.* festgefahren, heißgelaufen; **II** *su.* Grippekranker *m*.

grip|per (gri'pe) [1a] **I** *v/t.* † greifen, fassen; P mausen; erwischen; **II** *v/i. mot.* sich festfressen, festsitzen; **III** *v/rfl. se* ~ sich heißlaufen (*Motor*); einlaufen (*von Stoffen*); aneinanderhängen; **~pe-sou** F (grip'su) *m* [6d] Pfennigfuchser *m*, Knauser *m*.

gris (gri) **I** *adj.* [7] **1.** grau; F *il est tout* ~ er hat ganz graues Haar; *cheval m* ~ Grauschimmel *m*; *cheval m* ~ *pommelé* Apfelschimmel *m*; *vin m* ~ bleichroter Wein *m*; ~ *verdâtre* feldgrau; *il fait* (*un temps*) ~ es ist trübes Wetter; F *fig. faire* ~*e mine à q.* j-m gegenüber ein saures Gesicht machen; **2.** F angetrunken, benebelt; **3.** ~*-terre* feldgrau; **II** *m* Grau *n*, graue Farbe *f*; *s'habiller de* ~ sich grau kleiden; *peindre en* ~ grau anstreichen; **~aille** *peint.* (~'zɑ:j) *f* Grau *n* in Grau; **~ailler** (~zɑ'je) [1a] **I** *v/t.* grau in grau malen; grau anstreichen; **II** *v/i.* grau werden; **~ard** (~'za:r) *m* Silberpappel *f*; **~âtre** (~'zɑ:trə) *adj.* gräulich, etwas grau; **~-cendré** (grisɑ̃'dre) *adj./inv.* aschgrau; **~(-de-)perle** (gri[d]'pɛrl) *adj./inv.* perlgrau.

griser F (gri'ze) *v/t.* [1a] berauschen, benebeln; **~ie** F (griz'ri) *f* leichter Rausch *m*, Schwips *m*.

griset (gri'zɛ) *m* Distelfink *m*; **~te** (~'zɛt) *f* **1.** † Grisette *f* (*Stoff*); **2.** *fig.* leichtlebige, kokette Arbeiterin *f*, Grisette *f*.

grisoller (grizɔ'le) *v/i.* [1a] trillern (*Lerche*).

grison (gri'zɔ̃) **I** *adj.* [7c] **1.** grau (*vom Haar*); **II.** *m* **2.** Grau *n*, **3.** F Graukopf *m*; F Grautier *n*, Esel *m*; **III** *géogr. adj. u.* ♀ *su.* [7c] graubündnerisch; Graubündner *m*; *canton m des* ♀*s*, *les* ♀*s* Graubünden *n*; **~ner** F (~zɔ'ne) *v/i.* [1a] grau werden.

grisou ⚒ (gri'zu) *m* Schlagwetter *n/pl.*; *coup m de* ~ Grubengas-, Schlagwetter-explosion *f*; **~mètre** (~'mɛtrə) *m* Schlagwettermeßgerät *n*; **~scope** (~'skɔp) *m* Schlagwetteranzeiger *m*; **~teux** (~'tø) *adj.* [7d] schlagwetter-führend, -gefährdet.

gris-terre (gri'tɛ:r) *adj./inv.* feldgrau.

griv|e (gri:v) *f* Drossel *f*; Krammetsvogel *m*; * Krieg *m*; *faute de* ~*s on prend des merles* in der Not frißt der Teufel Fliegen; P *être soûl comme une* ~ total besoffen P (*od.* blau F) sein; **~elé** (gri'vle) *adj.* weiß und grau gesprenkelt; **~eler** (~) *v/t. u. v/i.* [1a] den Wirt um die Zeche prellen; nassauern; **~èlerie** (grivɛl'ri) *f* Zechprellerei *f*; **~eleur** (griv'lœ:r) *m* Zechpreller *m*; **~eton** * (griv'tɔ̃) *m* ⚔ Landser *m*.

grivois (gri'vwa) [7] **I** *adj.* schlüpfrig, zotig; **II** *su.* reichlich dreister u. anzüglicher Kerl *m*; † Soldat *m*; **~erie** (~vwaz'ri) *f* schlüpfrige Rede *f*, Zote *f*, Anzüglichkeit *f*.

grog (grɔg) *m* Grog *m*.

grogn|ard (grɔ'ɲa:r) *adj. u. su.* [7] ⚡ brummig(-er Mensch *m*); *hist.* alter Soldat *m*; **~asse** P (~'ɲas) *f* alte Schrulle *f*, Weibsstück *n*; **~asser** P (~ɲa'se) *v/i.* [1a] dauernd etw. auszusetzen haben, dauernd schimpfen; **~er** (~'ɲe) [1a] **I** *v/i.* knurren; grunzen; *fig.* schimpfen, meckern P, brummen; **II** F *v/t.* ausschimpfen; **~eur** [7g], **~on** [7c] (~'ɲœːr, ~'ɲɔ̃) *adj. u. su.* brummig; mürrisch; Meckerer *m* (*f*: Meckerliese *f*); **~onner** F (~ɲɔ'ne) *v/i.* [1a] = *grogner*. [*f*; F *fig.* Fratze *f.*]

groin (grwɛ̃) *m* Schweineschnauze

grol(l)e (grɔl) *f dial.* Saatkrähe *f*; P Schuh *m*, Latschen *m*, Treter *m*; P*avoir les ~s* Angst haben.

grommeler F (grɔm'le) *v/t. u. v/i.* [1c] vor sich herbrummeln.

grond|ement (grɔ̃d'mɑ̃) *m* Brummen *n*; Knurren *n*; Rollen *n* des Donners; **~er** (~'de) [1a] **I** *v/i.* **1.** ~ (*contre q.* über j-n) brummen, murren; knurren; *~ entre les dents* in den Bart brummen; **2.** brausen, dröhnen; tosen, (g)rollen (*Donner*); **II** *v/t.* ausschimpfen, (aus-)schelten; **~erie** (~'dri) *f* Gezänk *n*, Geschimpfe *n*, Schelten *n*; **~eur** F (~'dœːr) [7g] **I** *adj.* brummig, mürrisch, zänkisch; **II** *su.* Zänker *m*; **~in** *icht.* (~'dɛ̃) *m* Knurrfisch *m*.

groom (grum) *m* Hoteldiener *m*, Page *m*.

gros (gro) **I** *adj.* [7c] □ **1.** dick, stark beleibt; *~ et gras* dick und fett; *~se corde f* dickes Seil *n*; ♪ tiefe Saite *f*; *~se femme f* dicke Frau *f*; F *~ papa m* gutmütiger dicker Kerl *m*; **2.** dick, geschwollen; *a. fig.* schwanger; *avoir le cœur ~* betrübt sein; *avoir la joue ~se* e-e dicke Backe haben; *avoir les yeux ~ (de larmes)* Tränen in den Augen haben; *femme ~se* schwangere Frau *f*; *fig.* *~ de conséquences* folgenschwer; *~ de malheurs* verhängnisvoll; **3.** groß, bedeutend, beträchtlich; zahlreich; *fig.* wohlhabend, reich; *~ bétail m* Großvieh *n*; *~se entreprise f* Großunternehmen *n*; *~ gibier m* Hochwild *n*; *~ grains m/pl.* Wintergetreide *n*; *~se industrie f* Großindustrie *f*; *~se terre f* hohe Küste *f*; *~se affaire f* Geschäft *n* von Wichtigkeit; *~ bonnet*, F *~se légume f* (!) hohes Tier *n*, bedeutender Mann *m*, *péj.* Bonze *m*; *~ mangeur m* starker Esser *m*; *des rubans ~ bleu* dunkelblaue Bänder *n/pl.*; *se heurter à de ~ses difficultés* auf erhebliche Schwierigkeiten stoßen; *jouer ~ (jeu)* hoch (*fig.* ein gewagtes Spiel) spielen; **4.** heftig, stark; stürmisch; *~se fièvre f* heftiges Fieber *n*; *~se gaieté f* lärmende (*od.* laute) Freude *f*; *~ rire m* schallendes Gelächter *n*; *~se rivière f* angeschwollener Fluß *m*; *~ succès m* Riesenerfolg *m*; *~ temps m* Unwetter *n*; *la mer est ~se* die See geht hoch; **5.** schwer; *~se artillerie f* schweres Geschütz *n*; *~ bagage m* schweres Gepäck *n*; *~se marchandise f* Frachtgut *n*; **6.** derb, grob; *~se bête f*, *~ lourdaud m* gewaltiger Dummkopf *m*; *~ mots m/pl.* hochtrabende Redensarten *f/pl.*; Schimpfworte *n/pl.*; *~ œuvre m* Rohbau *m*; *~ pain m* hausbackenes Brot *n*; *~se toile f* grobe Leinwand *f*; *~ travaux m/pl.* schwere (*od.* grobe) Arbeit *f*; **II** *adv.* **7.** dick; groß; *en avoir ~ sur le cœur* in banger Sorge sein; *écrire ~* groß (*große Buchstaben*) schreiben; **8.** viel; *gagner ~* viel verdienen; *risquer ~* viel riskieren; *rapporter ~* viel einbringen; **III** *m* dickster (*od.* stärkster) Teil *m*; *fig.* Hauptteil *m*, Hauptmasse *f*, Hauptsache *f*; ✝ Großhandel *m*; ⚔ Gros *n*; *les ~* die Bonzen *m/pl.*, die hohen Herren *m/pl.*; *faire le plus ~* das Gröbste machen; *~ de l'été* Hochsommer *m*; *au ~ d'hiver* im tiefsten Winter, mitten im Winter; *~ (du revenu)* feste Einkünfte *f/pl.*; Haupteinkommen *n*; *~ d'un vaisseau* Schiffsbauch *m*; *advt.* *en ~* im großen und ganzen; ✝ en gros; *tout en ~* alles in allem; *raconter en ~* ... der Hauptsache nach erzählen, das Wichtigste bringen; *faire le (commerce en) ~* Großhandel treiben; *marchand m en ~* Großhändler *m*; *au prix du ~* zum Engrospreis; *le ~ de l'armée* das Gros *n* des Heeres.

gros-bec *orn.* (gro'bɛk) *m* Kernbeißer *m*.

groseil|le (gro'zɛj) **I** *f* **1.** Johannisbeere *f*; *~ à maquereau*, *~ verte* Stachelbeere *f*; **2.** Johannisbeersaft *m*; **II** *adj.* johannisbeerfarben; **~lier** (~zɛ'je) *m* Johannisbeerstrauch *m*; *~ épineux* Stachelbeerstrauch *m*.

Gros-Jean (gro'ʒɑ̃): *me voilà* (*od.* *me voici*) *~ comme devant* da bin ich nun ebenso schlau wie vorher.

grosse (groːs) **I** *adj./f* s. *gros* **I**; **II** *f* **1.** Gros *n* (*12 Dutzend*); **2.** ⚖ Ausfertigung *f*, Abschrift *f* e-r Urkunde; **~ment** (gros'mɑ̃) *adv.* im großen und ganzen; *fig.* im Rohbau; **~sse** (~'sɛs) *f* Schwangerschaft *f*; ~ *extra-utérine* Bauchhöhlenschwangerschaft *f*; ~ *gémellaire* Zwillingsschwangerschaft *f*; ~ *nerveuse* Scheinschwangerschaft *f*.

gross|eur (gro'sœ:r) *f* **1.** Dicke *f*, Größe *f*, Stärke *f*; Umfang *m e-s Baumes*; **2.** ⚕ Geschwulst *f*; **~ier** (~'sje) **I** *adj.* [7b] □ **1.** grob; plump; **2.** roh; *plaisirs m/pl.* ~*s* sinnliche Vergnügungen *f/pl.*; **3.** roh, wenig vollendet; *adv. grossièrement travaillé* oberflächlich gearbeitet; **4.** *fig.* unhöflich, flegelhaft, ungeschliffen, grob; gemein; **5.** arg; *faute f grossière* grober Fehler *m*; **II** *m* **6.** grober Mensch *m*, Flegel *m*; **7.** *das* Grobe *n*; **~ièreté** (~sjɛr'te) *f* Grobheit *f*; Taktlosigkeit *f*; Unhöflichkeit *f*; Roheit *f*; Rauheit *f e-s Stoffes*; ~ *croissante* Verrohung *f*.

gross|ir (gro'si:r) [2a] **I** *v/t.* dicker machen, verstärken, vergrößern; *Fluß* anschwellen lassen; *fig.* übertreiben; *verre m grossissant* Vergrößerungsglas *n*; ~ *sa voix* s-e Stimme erheben; **II** *v/i.* zunehmen, stärker werden; anwachsen, anschwellen; **~iste** (~'sist) *m* Grossist *m*, Großhändler *m*; **~ium** * (~'sjɔm) *m* [5a] Chef *m*, Boß *m* (*e-r Verbrecherbande*).

grosso-modo (grɔsomɔ'do) *adv.* im großen u. ganzen.

grossoyer (groswa'je) *v/t.* [1h] ausfertigen (*Urkunde*).

grotesque (grɔ'tɛsk) **I** *adj.* □ grotesk, lächerlich, komisch; *figure f* ~ Fratze *f*; **II** *m das* Groteske *n*; **III** *su.* Grotesk(en)tänzer *m*; Komiker *m*; *personnage m qui fait le* ~ Possenreißer *m*.

grotte (grɔt) *f* Grotte *f*, Höhle *f*.

grouil|lant (gru'jɑ̃) *adj.* wimmelnd; **~lement** (gruj'mɑ̃) *m* **1.** Gewimmel *n*; **2.** Knurren *n im Magen*; **~ler** (~'je) [1a] **I** *v/i.* **1.** wimmeln (*de* von *dat.*); **2.** knurren (*Magen*); **3.** *la tête lui grouille* er wackelt mit dem Kopf; **II** *v/rfl.* *se* ~ P sich beeilen; **~lot** F (~'jo) *m* Laufbursche *m*; Rumtreiber *m*.

group ✝ (grup) *m* versiegelter Geldsack *m*.

group|age 🚂 (gru'pa:ʒ) *m* Sammelladung *f*; **~e** (grup) *m* Gruppe *f*, Menge *f*; ✝ Konzern *m*, Konsortium *n*; *pol.* Fraktion *f*; ⚔ Abteilung *f*; ✈ Kette *f* (*von Flugzeugen*); ⚡ Aggregat *n*; ✈ ~ *d'armées* Heeresgruppe *f*; *écol.* △ ~ *scolaire* Komplex *m* mehrerer Schulgebäude; ⚡ ~ *électrogène* Umformeranlage *f*; ⚡ ~ *Diesel*, ~ *moteur-générateur* Dieselaggregat *n*; ~ *d'études*, ~ *de travail* Arbeitsgemeinschaft *f*; **~ement** (grup'mɑ̃) *m* Gruppierung *f*, Zusammenstellung *f*; Konzern *m*; ~ *sidérurgique* Stahlwerk *n*; ~ *d'études* Arbeitsgemeinschaft *f*; ~ *de(s) jeunes (gens)* Jugendgruppe *f*; ~ *professionnel* Berufsverband *m*; Fachgruppe *f*; ~ *de capitaux* Kapitalzusammenlegung *f*; ~ *d'intérêt*, ~ *d'action* Interessengruppe *f*; ⚕ ~ *sanguin* Blutgruppe *f*; **~er** (~'pe) [1a] **I** *v/t.* gruppieren, zusammenstellen, -legen; umfassen; einordnen; ~ *autrement* umgruppieren; **II** *v/rfl.* *se* ~ **sich gruppieren, eine Gruppe bilden; sich zs.-schließen;** **~eur** (~'pœ:r) *m* Sammelspediteur *m*; **~uscule** *péj.* (~pys'kyl) *m* Grüppchen *n*.

gruau[1] (gry'o) *m* [5b] **1.** Grütze *f*; **2.** *farine f de* ~ Auszugmehl *n*; *pain m de* ~ ganz helles Weißbrot *n*.

gruau[2] (~) *m* [5b] junger Kranich *m*.

grue (gry) *f* **1.** Kranich *m*; F *faire le pied de* ~ lange umsonst warten, sich die Beine in den Bauch stehen; **2.** ⊕ Kran *m*, Hebemaschine *f*; ~ *de bord à volée* (*variable*) Bordwippkran *m*; ~ *à câble* Kabelkran *m*; ~ *pour cale sèche* Hellingkran *m*; ~ *de chargement* Ladekran *m*; ~ *démouleuse* Stripperkran *m*; ~ *excavatrice* Bagger *m*; ~ *à flèche* Auslegerkran *m*; ~ *gerbeuse* Stapelkran *m*; ~ *hydraulique* Wasserkran *m*; ~ *à pivot*, ~ *à bras* Drehkran *m*; ~ *à portique* bodenfreier Hubförderer *m*; ~ *de quai* Hafenkran *m*; ~ *roulante* Laufkran *m*; ~ *suspendue* Hängekran *m*; **3.** P *fig. péj.* Hure *f*.

grue-tourelle ⊕ (grytu'rɛl) *f* [6a] Riesenkran *m*.

grug|er (gry'ʒe) *v/t.* [1l] ⊕ ausklinken (*Stanzarbeit*); *fig.* ~ *q.* j-n ausnutzen, ausbeuten, aussaugen; **~eur** (~'gœ:r) *su.* [7g] Ausbeuter *m*.

grume (grym) *f* Baumrinde *f* auf geschnittenem Holz; *bois m en* ~ unbehauenes Rundholz *n*.

grumeau (gry'mo) *m* [5b] Klümpchen *n*, Gerinnsel *n*.

grumeler (grym'le) *v/rfl.* [1c]: *se* ~ klumpig (*od.* dick) werden.

grumeleux (grym'lø) *adj.* [7d]

klumpig.

Gruyère (gry'jɛːr) *f*: *fromage m de* ~, *a. bloß* 2 *m* Schweizer Käse *m*.

gué (ge) *m* Furt *f*, seichte Stelle *f*; **~able** (ge'ablə) *adj.* durchwatbar, durchfahrbar, seicht (*Fluß*).

guède ⚘ (gɛd) *f* Färberwaid *m*.

guéer (ge'e) [1a] **1.** *v/t. Fluß* durchwaten; **2.** *Wäsche* spülen; *Pferde* schwemmen.

guelte ✝ (gɛlt) *f* Gewinnanteil *m*.

guenille (gə'nij) *f* **1.** Lumpen *m*; *être en* ~*s* zerlumpt sein; *tomber en* ~*s* verlumpen; **2.** *bsd.* ~*s pl.* alte Kleider *n/pl. od.* Sachen *f/pl.*; **3.** *fig.* Plunder *m*; Wisch *m*, Zettel *m*.

guenon (gə'nɔ̃) *f* Rhesusaffe *m*, Seidenäffchen *n*; *fig. péj.* häßliches Frauenzimmer *n*.

guenuche (gə'nyʃ) *f* kleine Äffin; *fig.* Hutzelweibchen *n*.

guépard *zo.* (ge'paːr) *m* Gepard *m*.

guêp|e (gɛːp) *f* Wespe *f*; **~ier** (gɛ'pje) *m* **1.** Wespennest *n*; *fig. donner, se fourrer od. tomber dans un* ~ *fig.* in ein Wespennest geraten, übel reinfallen; **2.** *orn.* Bienenfresser *m*.

guère (gɛːr) *adv.*: *ne* ... ~ nicht viel; nicht sehr; nicht oft; nicht lange; kaum, schwerlich; *il n'y a* ~ *que lui qui le sache* außer ihm weiß es wohl niemand; *il n'a* ~ *d'argent* er hat nicht viel Geld; *il ne s'en faut de* ~ *que* ... es fehlt nicht viel, daß ...; *ne* ... *plus* ~ kaum noch; *ne* ... ~ *plus* nicht viel mehr.

guéret (ge'rɛ) *m* Brachland *n*.

guéridon (geri'dɔ̃) *m* (einfüßiges) Tischchen *n*, Nipptisch *m*.

guérilla ⚔, *pol.* (geri'ja) *f* Kleinkrieg *m*, Guerillakrieg *m*; *les* ~*s f/pl.* die Partisanen *m/pl.*

guér|ir (ge'riːr) [2a] **I** *v/t.* heilen, gesund machen; *l'art m de* ~ die Heilkunst *f*; **II** *v/i.* gesunden, wieder gesund werden; (zu) heilen; **III** *v/rfl. fig. se* ~ *de qch.* sich etw. abgewöhnen; **~ison** (~ri'zɔ̃) *f* Genesung *f*, Heilung *f*; *je vous souhaite une prompte* ~ ich wünsche Ihnen baldige Besserung; **~issable** (~ri'sablə) *adj.* heilbar; **~isseur** (~ri'sœːr) *su.* [7g] Heilpraktiker *m*; *mst. péj.* Kurpfuscher *m*.

guérite (ge'rit) *f* **1.** ⚔ Schilderhäuschen *n*; **2.** 🚂 ~ (*de garde*) Bahnwärterhäuschen *n*; Schaffner-, Bremser-sitz *m*; **3.** ~ *de plage* Strandkorb *m*.

guer|re (gɛːr) *f* Krieg *m*; *fig.* Angriff *m*, Streit *m*; Kriegs-wesen *n*, -kunst *f*; ~ *aérienne* Luftkrieg *m*; ~ *atomique* Atomkrieg *m*; ~ *bactériologique* Bakterienkrieg *m*; ~ *civile* Bürgerkrieg *m*; ~ *d'évolution* Bewegungskrieg *m*; ~ *froide* kalter Krieg *m*; ~ *de gaz* Gaskrieg *m*; *la grande* ~ *od. la première* ~ *mondiale* der erste Weltkrieg *m*; *la seconde* ~ *mondiale* der zweite Weltkrieg *m*; ~ *de mouvement* (*de position*) Bewegungs- (Stellungs-)krieg *m*; ~ *navale* Seekrieg *m*; ~ *offensive* (*défensive*) Angriffs-(Verteidigungs-) Krieg *m*; ~ *à outrance* Krieg *m* bis aufs Messer; ~ *psychologique* Nervenkrieg *m*; ~ *sous-marine* U-Boot-Krieg *m*; ~ *des tranchées* (Schützen-)Grabenkrieg *m*; ~ *de commerce* Handelskrieg *m*; ~ *économique* Wirtschaftskrieg *m*; ~ *terrestre*, ~ *continentale* Landkrieg *m*; ~ *se déroulant à la frontière* Grenzkrieg *m*; ~ *d'usure* Zermürbungskrieg *m*; *aveugle m de* ~ Kriegsblinder *m*; *mutilé m de* ~ Kriegs-versehrter *m*, -beschädigter *m*; *conseil m de* ~ Kriegsrat *m*; *état m de* ~ Kriegszustand *m*; *honneurs m/pl. de la* ~ kriegerische Ehrungen *f/pl.*; *nom m de* ~ Künstler-, Deckname *m*; *pied m de* ~ Kriegsbereitschaft *f*; *risque m de* ~ Kriegsrisiko *n*; *théâtre m de la* ~ Kriegsschauplatz *m*; *faire la* ~ *à q.* Krieg mit j-m führen; F *faire la* ~ *à q. à cause de qch.* bei j-m etw. monieren; ~ *des classes* Klassenkampf *m*; *à la* ~ *comme à la* ~ im Kriege ist es nun einmal nicht anders; das ist mal so; *de* ~ *lasse, ils se sont rendus* des Kampfes müde haben sie sich ergeben; *de* ~ *lasse, il était rentré s'asseoir dans sa chambre* er gab es (*z.B. das Warten*) auf, ging in sein Zimmer zurück und setzte sich hin; *c'est de bonne* ~ das ist nicht unfair; **~rier** (gɛ'rje) [7b] **I** *adj.* kriegerisch; Kriegs...; **II** *su.* Krieger *m*; **~royant** (~rwa'jɑ̃) *adj.* [7] kriegführend; **~royer** (~rwa'je) *v/i.* [1h] Krieg führen.

guet (gɛ) *m* Lauern *n*, Lauer *f*, Wache *f*; *être au* ~ auf der Lauer stehen; *faire le* ~ Wache halten, aufpassen; ~ *de mer* Strandwache *f*; **~-apens** (gɛta'pɑ̃) *m/sg. u. m/pl.* [6b] Hinterhalt *m*; *fig.* Hinterlist *f*;

dresser (*od.* *tendre*) *un* ~ **e-n** Hinterhalt legen.
guêtre ('gɛ:trə) *f* Gamasche *f*.
guet|ter (gɛ'te) *v/t.* [1a]: ~ *q.* j-n belauern, j-m auflauern; ~ *qch.* etw. erspähen; **~teur** (~'tœ:r) *su.* [7g] Aufpasser *m*; Wächter *m*.
gueulard (gœ'la:r) **I** P *su. u. adj.* [7] Großmaul *n*; großschnäuzig; **II** ⊕ *m* oberer Rand *m e-s Hochofens*, Gicht *f*; Aufschüttplatte *f*.
gueule (gœl) *f* **1.** Maul *n*, Rachen *m*, Schnauze *f*; Fresse *f* V; P Gesicht *n*; (*ferme*) *ta* ~! halt die Schnauze (*od.* Fresse)!; *être fort en* ~ ein großes Maul haben; **2.** Öffnung *f*, Loch *n*, Mündung *f*; *métall.* Gicht *f* (*e-s Hochofens*); *gaz m/pl. de* ~ Gichtgase *n/pl.*; **3.** ♀ *fleurs f/pl. en* ~ Rachen- u. Lippen-blumen *f/pl.*; **4.** P ~ *de bois* Katzenjammer *m*, Kater *m*; **5.** ⚒ ~ *noire* Kumpel *m*; **~-de-loup** (~də'lu) *f* [6b] **1.** ♀ Löwenmaul *n*; **2.** ⊕ drehbare Knieröhre *f*; **3.** ⚕ Wolfsrachen *m*.
gueulée P (gœ'le) *f* Maulvoll *n*.
gueul|er F (~) *v/i.* [1a] brüllen; F *fig.* in die Augen fallen; **~es** ⛉ (gœl) *m* Rot *n*; **~eton** P (gœl'tõ) *m* große Fresserei *f*, Riesenfraß *m*; Festschmaus *m*; **~etonner** P (gœltɔ'ne) *v/i.* [1a] e-n Riesenfraß veranstalten, prassen.
gueu|saille F (gø'zɑ:j) *f* Bettelvolk *n*, Lumpengesindel *n*; **~sard** F (~'za:r) *su.* [7] Strolch *m*.
gueuse[1] ⊕ (gø:z) *f* (Eisen-)Gans *f*, Massel *f*; Gußform *f*; Ballasteisen *n*.
gueuse[2] (~) *f* liederliches Frauenzimmer *n*.
gueuser (gø'ze) [1a] **I** *v/i.* ✎ herumbetteln; **II** P *v/t.* ~ *sa vie* (*od.* *son pain*) sich s-e Existenz erbetteln.
gueuserie (gøz'ri) *f* Bettelwesen *n*, Bettelei *f*; Bettelarmut *f*.
gueux (gø) [7d] **I** *adj.* bettelarm; armselig, bettelhaft; **II** *m* a) Bettler *m*, Habenichts *m*, Lump *m*; b) *les* ♀ *pl. hist.* die Geusen *pl.*
gui ♀ (gi) *m* Mistel *f*.
guibolle * (gi'bɔl) *f* Bein *n*; *jouer des* ~*s* rennen, keulen P.
guiches (giʃ) *f/pl.* Stirnlocken *f/pl.*
guichet (gi'ʃɛ) *m* **1.** 🚂 *u.* ☏ (*Büro-*) Schalter *m*; *thé.* Kasse *f*; *employé m du* ~ Schalterbeamter *m*; ~ *des annonces* Inseratenannahme *f*; ~ *des bagages* Gepäckschalter *m*; ~ *pour télégrammes* Telegrammannahme *f*; ~ *des valeurs minières* Kuxenschalter *m*; **2.** Türchen *n*, Einlaßpforte *f*, kleine Tür *f* in e-r großen; **~ier** (giʃ'tje) *m* Schalterbeamter *m*; Gefängnispförtner *m*.
guidage ⊕ (gi'da:ʒ) *m* Führung *f*.
guide (gid) **I** *m* **1.** Reiseführer *m*, Führer *m* (*Person*); ~ *montagnard* Bergführer *m*; ~ *de la région* einheimischer Führer *m*; Autolotse *m*; **2.** Führer *m* (*Buch*); ~ *épistolaire* Briefsteller *m*; **3.** ⚔ Flügelmann *m*; **4.** ♪ Thema *n*, Hauptsatz *m e-r Fuge*; **5.** ⚓ Boje *f*; **6.** ⊕ Führung *f an e-r Maschine*; ~ *de soupape(s)* Ventilführung *f*; ~ *de toupie* Leit- (*od.* Zug-) spindel *f*; **II** *f* Leine *f*, Lenkseil *n*, Zügel *m*; *à grandes* ~*s* vierspännig; *mener la vie à grandes* ~*s* ein flottes Leben führen, **~-âne** (gi'dɑ:n) *m* [6g] **1.** Anleitung *f* (*Buch*); **2.** Linienblatt *n*.
guider (gi'de) *v/t.* [1a] führen; *fig.* anleiten; lenken; **~ope** (gi'drɔp) *m* Schleppseil *n* (*Ballon*).
guidon (gi'dõ) *m* **1.** (Visier-)Korn *n*, Richtkorn *n*; **2.** *vél. usw.* Lenkstange *f*; **3.** ⚔ Standarte *f*, Wimpel *m*; ⚓ Stander *m*.
guign|ard (gi'ɲa:r) *m* **1.** F Pechvogel *m*; **2.** *orn.* Regenpfeifer *m*, Mornell *m*; **~e** (giɲ) *f* **1.** P Pech *n*, Unglück *n* (*bsd. im Spiel*); *avoir la* ~ Pech haben; **2.** Süß-, Herz-kirsche *f*; **~er** F (gi'ɲe) [1a] **I** *v/t.* ~ *qch.* nach etw. (*dat.*) hinschielen; *fig.* auf etw. (*acc.*) spekulieren; **II** *v/i.* verstohlen seitwärts blicken; **~ier** (~) *m* Süßkirschenbaum *m*; **~ol** (gi'ɲɔl) *m* Kasperle *m*; (*aller à*) ~ (ins) Kasperletheater *n* (gehen); **~olet** (~ɲɔ'lɛ) *m* Kirschlikör *m*; **~oliste** (~ɲɔ'list) *su.* Kasperlespieler *m*; **~on** F (~'ɲõ) *m* Pech *n*, Unglück *n*; *avoir du* ~ Pech haben; **~onnant** P, **~olant** P (~ɲɔ'nɑ̃, ~ɲɔ'lɑ̃) *adj.* verflixt, verdammt.
guillage (gi'ja:ʒ) *m* Gärung *f* (*Brauerei*).
Guillaume (gi'jo:m) *m* **1.** Wilhelm *m*; **2.** ♀ ⊕ Falzhobel *m*.
guilledou P (gij'du): *courir le* ~ sich nachts herumtreiben.
guillemet (gij'mɛ) *m* Anführungszeichen *n*, Gänsefüßchen *n fig.*
guilleret F (gij'rɛ) *adj.* [7c] munter, lustig, ausgelassen.
guilleri (gij'ri) *m* Sperlingsgezwitscher *n*.
guilloch|age ⊕ (gijɔ'ʃa:ʒ) *m* Guil-

loch-ieren *n*, -ierung *f*; **~er** (~'ʃe) *v/t.* [1a] guillochieren (*mit verschlungenen Linien verzieren*).
guilloire (gi'jwa:r) *f* Gärbottich *m*.
guilloti|ne (gijɔ'tin) *f* Guillotine *f*, Fallbeil *n*; **~ner** (~ti'ne) *v/t.* [1a] guillotinieren, köpfen.
guimauve ⚘ (gi'mo:v) *f* Eibisch *m*.
guimbarde (gɛ̃'bard) *f* **1.** F wackeliger Wagen *m*, Klapperkasten *m* (*a. Auto*); *bisw.* klappriger Mensch *m*; **2.** † ♪ Maultrommel *f*; F schlechte Gitarre *f*; **3.** ⊕ Nuthobel *m*.
guimpe (gɛ̃:p) *f* Brustschleier *m* der Nonnen; dünnes Kopftuch *n*; Kinderblüschen *n*.
guinch|e P (gɛ̃:ʃ) *m* Schwof *m* P, öffentliches Tanzvergnügen *n*; **~er** P (gɛ̃'ʃe) *v/i.* [1a] schwofen P, öffentlich tanzen.
guin|dage (gɛ̃'da:ʒ) *m* ⊕ Aufwinden *n*; ⚓ Aufhissen *n*; Ausladen *n* v. Lasten mit Zugwinden; **~dal** ⚓ (~'dal) *m* (*pl.* ~s) (Schiffs-)Winde *f*; **~dé** (gɛ̃'de) *adj.* steif, gezwungen, hochnäsig; gekünstelt; **~der** (~) [1a] **I** *v/t.* aufwinden; ⚓ aufhissen; *fig.* einschüchtern; **II** *v/rfl.* se ~ *fig.* sich winden; sich zieren, geschraubt sein; sich großtun.
guingois (gɛ̃'gwa) *m das* Schiefe *n*; *advt.* de ~ schief; *fig.* verschroben.
guinguette (gɛ̃'gɛt) *f* Vorstadtkneipe *f*, -schenke *f*.
gui|per ⊕ (gi'pe) *v/t.* [1a] mit Seide überspinnen; **~pure** ⊕ (~'py:r) *f* mit Seide übersponnene Spitze *f*; erhabene Stickerei *f*.
guirlande (gir'lɑ̃:d) *f* Girlande *f*.
guise (gi:z) *f*: *à* (*od. selon*) *sa* ~ nach seiner Weise; wie es ihm beliebt; *advt.* en ~ de ... als, statt (*gén.*).
guitar|e (gi'ta:r) *f* Gitarre *f*; **~iste** (~ta'rist) *su.* Gitarrenspieler(in *f*) *m*.
guitoune P ⚔ (gi'tun) *f* Zelt *n*, Unterstand *m*.
guivre ▨ ('gi:vrə) *f* Schlange *f*.
gunit|age ⚠ (gyni'ta:ʒ) *m* **1.** Einpressen *n* von Zementmilch in schadhafte Fugen, Torkretverfahren *n*; *réservoir m compresseur de matériel à* ~ Torkretverpreßkessel *m*; **2.** ~ *à* (*od. de*) *béton* dünnflüssiger Zement *m*, Torkretbeton *m*; *projecteur m de* ~ *de béton* Torkretspritzmaschine *f*; *transporteur m de* ~ *à béton* Torkretbetonförderer *m*; **~euse** ⚠ (~'tø:z) *f u. adj.* (*pompe f*) ~ Beton(einpreß)-pumpe *f*.
gusta|tif (gysta'tif) *adj.* [7e]: *nerf m* ~ Geschmacksnerv *m*; **~tion** (~tɑ'sjɔ̃) *f* Kosten *n*, Schmecken *n*.
gutta-percha (gytapɛr'ka) *f* Guttapercha *f*.
guttier ⚘ (gy'tje) *m* Gummi(gutt)-baum *m*.
guttural (gyty'ral) *adj.* [5c] guttural, Kehl...; *consonne f* ~e (*auch* ~e *f*) Kehllaut *m*, Guttural *m*; *voix f* ~e Kehlkopfstimme *f*.
gymna|se (ʒim'nɑ:z) *m* **1.** Turnhalle *f*; **2.** *antiq.* Gymnasium *n* (*Ort für Leibesübungen*); **3.** *écol. All.* Gymnasium *n*; **~ste** (~'nast) *m* **1.** Turner *m*; *section f de* ~s Turnerriege; **2.** *antiq.* Gymnast *m*; **~stique** (~nas'tik) **I** *adj.* Turn...; *médecine f* ~ Heilgymnastik *f*; *pas m* ~ Dauerlauf *m*, Laufschritt *m*; **II** *f* Gymnastik *f*, Leibesübungen *f/pl.*, Turnen *n*; *faire de la* ~ turnen; ~ *respiratoire* Atmungsgymnastik *f*; ~ *aux agrès* Geräteturnen *n*; ~ *corrective du maintien* orthopädisches Turnen *n*; ~ *médicale* Heilgymnastik *f*; ~ *utilitaire* Zweckgymnastik *f*; ~ *suédoise* schwedische (Heil-)Gymnastik *f*; *salle f de* ~ Turnhalle *f*.
gymnique (ʒim'nik) **I** *f* Übungskunst *f* der Athleten; **II** *adj.* gymnastisch.
gymno|branche *icht.* (ʒimnɔ'brɑ̃:ʃ) *m* Nacktkiemer *m*; **~sperme** ⚘ (~'spɛrm) *adj.* nacktsamig.
gymnote *icht.* (ʒim'nɔt) *m*: ~ (*électrique*) Zitteraal *m*.
gynécée (ʒine'se) *m* **1.** *antiq.* Frauengemach *n*; **2.** *féod.* Kemenate *f*; **3.** ⚘ Pistill *n*, Stempel *m*.
gynécolo|gie 🕮 (ʒinekɔlɔ'ʒi) *f* Gynäkologie *f*; **~giste** 🕮 (~'ʒist) *m* Gynäkologe *m*, Frauenarzt *m*.
gypaète *orn.* (ʒipa'ɛt) *m* Lämmergeier *m*.
gyp|se (ʒips) *m* Gips *m*; **~seux** (ʒip'sø) *adj.* [7d] gips-artig, -haltig.
gyrin *ent.* (ʒi'rɛ̃) *m* Drehkäfer *m*.
gyro|clinomètre ✈ (ʒirɔklinɔ'mɛ:trə) *m* Kreiselneigungsmesser *m*; **~-compas** ✈ (~kɔ̃'pɑ) *m* Kreiselkompaß *m*; **~mètre** ⊕ (~'mɛ:trə) *m* Umdrehungsmesser *m*; **~pilote** ✈, ⚓ (~pi'lɔt) *m* Selbststeuergerät *n*; **~scope** ⚓, ✈ (~'skɔp) *m* Kreisel *m*; ⚓ Torpedorichtungssteuer *n*; **~scopique** (~skɔ'pik) *adj.* Kreisel...; **~trope** ⚡ (~'trɔp) *m* Stromwender *m*, Umschalter *m*.

H

Vorbemerkung: Der Stern (*) bedeutet das aspirierte h, das Apostrophierung und Bindung ausschließt.

H, h (aʃ) *m* H, h *n*; ~ *aspiré* aspiriertes (*bis ins 16. Jh. gehauchtes*) H; ~ *muet* stummes H.

***ha** (a) *int.* ah!, ei!, ha!; ~*!*~*!* haha!

habile (a'bil) **I** *adj.* □ **1.** geschickt, tüchtig; **2.** gerissen, gewitzt, schlau; ~ *fripon m* verschmitzter Spitzbube *m*; **3.** ⚖ fähig; berechtigt; ~ *à succéder* erbfähig; ~ *à tester* testierfähig; **II** *m* geschickter (*od.* schlauer) Mensch *m*; **~té** (abil'te) *f* **1.** Geschick *n*, Geschicklichkeit *f*, Gewandtheit *f*; **2.** Gewitztheit *f*, Klugheit *f*.

habili|tation ⚖ (abilita'sjõ) *f* Erteilung *f* der Ermächtigung, Rechtsfähigkeitserteilung *f*; **~té** (~li'te) *f* (*bsd.* ⚖) Fähigkeit *f*; ~ *à ester en justice* Prozeßfähigkeit *f*; **~ter** (~) *v/t.* [1a]: ~ *q. à* (*inf.*) j-n (rechtlich) fähig machen zu, ermächtigen.

habil|lage (abi'ja:ʒ) *m* **1.** An-, Einkleiden *n*; **2.** ✓ Beschneiden *n* (*der Wurzeln u. Zweige e-s zu verpflanzenden Baumes*); Hecheln *n* (*v. Flachs*); **3.** *cuis.* Zurichten *n*, Ausschlachten *n* (*z.B. Geflügel*); **4.** *typ.* Textverteilung *f* um e-e Illustration; ⊕ Anordnung *f* der verschiedenen Teile des Mechanismus e-r Uhr; ⊕ Montage *f*; Gehäuse *n*; ✝ Verkapseln *n* von Weinflaschen; ✝ Aufmachung *f* (*v. Waren*); **~lement** (~bij'mã) *m* **1.** Kleidung *f*, Bekleidung *f*; Anzug *m*; **2.** An-, Ein-kleiden *n*; Art *f*, sich zu kleiden; **~ler** (~'je) [1a] **I** *v/t.* **1.** (an-, be-, ein-)kleiden; anziehen; ~ *de blanc* weiß anziehen; ~ *de deuil* in Trauer kleiden; ~ *à la française* nach französischer Art kleiden; *dormir tout habillé* in Sachen schlafen; *robe f habillée* elegantes Kleid *n*; *toilette f habillée* (*costume m habillé*) große Toilette *f*; **2.** ~ *q.* j-m die Anzüge schneidern; **3.** *peint.* kostümieren, ausputzen; **4.** kleiden, stehen; **5.** bedecken, ein-, umhüllen (de mit) (*z.B. empfindliche Pflanzen mit Stroh usw.*); *fig.* einkleiden; *fig.* bemänteln, zurechtfrisieren; **6.** ✓ den Flachs hecheln; **7.** *cuis.* zurichten, putzen, zurechtmachen, ausschlachten; ⊕ montieren; **8.** *fig.* ~ *q.* j-n heruntermachen, kein gutes Haar an j-m lassen; **9.** *typ.* ~ *une nouvelle* e-e Nachricht ausschmükken; ~ *une illustration* ein Bild textlich einfassen; **II** *v/rfl. s'~* sich anziehen, sich kleiden; *s'~ de neuf* sich neu einkleiden; s'~ *de noir* e-n dunklen Anzug anziehen; *s'~ en femme* sich als Frau verkleiden; *s'~ chez les premiers faiseurs* bei den ersten Schneidern arbeiten lassen; **~leur** (~'jœːr) *su.* [7g] Ankleider(in *f*) *m*; *cuis.* Zurichter(in *f*) *m*; *thé.* Garderobier(e *f*) *m*.

habit (a'bi) *m* Kleidung(sstück *n*) *f*, Tracht *f*; Anzug *m*, Rock *m* (*für Männer*); ~ (de cérémonie), ~ (*noir*) Frack *m*; *l'~ est de rigueur* Frackzwang *m*; *rl. ~ religieux* Ordenskleid *n*; *prendre l'~* in e-n (geistlichen) Orden (ein)treten; *brosse f à ~s* Kleiderbürste *f*; *mettre un ~* e-n Anzug anziehen; *ôter son ~, mettre ~ bas* den Rock ausziehen; *changer d'~s* sich umziehen; *fig. ~ vert Fr.* Akademiemitglied *n*.

habi|table (abi'tablə) *adj.* bewohnbar; **~tacle** (~'taklə) *m* **1.** ✈ Gehäuse *n*, Flugzeugkabine *f*, Führerstand *m*; ~ *des radios* Funkkabine *f*; **2.** ⚓ Kompaßhäuschen *n*; **~tant** (~'tɑ̃) [7] **I** *adj.* ~ *à* wohnhaft in; **II** *su.* Bewohner *m*, Einwohner *m*; ~ *de faubourg*, ~ *de la banlieue* Vorortbewohner *m*; ⚔ ~ *qui loge* Quartierwirt *m*; ⚔ *être logé chez l'~* einquartiert sein; *nourriture f chez l'~* Quartierverpflegung *f*.

habi|tat (abi'ta) *m* **1.** Wohnungswesen *n*, -problem *n*; Wohnung *f*; Siedlung *f*; *problème m d'~* Unterbringungsproblem *n*; **2.** *biol.* Heimat *f*, Vorkommen *n*; *zo.* Verbreitungsgebiet *n*; **~tation** (~tɑ'sjɔ̃) *f* **1.** Wohnung *f*; *~s pl. lacustres* Pfahlbauten *m/pl.*; *~s pl. économiques* sozialer Wohnungsbau *m*; **2.** Wohnen *n*, Bewohnen *n*; *maison f d'~* Wohnhaus *n*; **~ter** (~'te) [1a] **I** *v/t.* bewohnen; **II** *v/i.* wohnen, leben.

habitu|de (abi'tyd) *f* **1.** Gewohnheit *f*; *homme m d'~* Gewohnheitsmensch *m*; *avoir l' ~ du cheval* mit Pferden umzugehen verstehen; *je n'ai pas l'~ d'un pareil traitement* ich bin e-e solche Behandlung nicht gewöhnt; *il en a l'~* er ist daran gewöhnt; *garder ses ~s* bei s-r Gewohnheit bleiben; *perdre l'~* aus der Übung kommen; sich abgewöhnen; *prendre* (*od. contracter*) *l'~ de faire qch.* die Gewohnheit annehmen, etw. zu tun; *tourner en ~, devenir une ~* zur Gewohnheit werden; *par ~* aus Gewohnheit; *d'~* (für) gewöhnlich; normalerweise; **2.** ~ *du corps* (Körper-) Haltung *f*; **~é** (~'tɥe) *m* regelmäßiger Besucher *m*; Kunde *m*, Stammgast *m*; **~el** (~'tɥɛl) *adj.* [7] üblich, gewöhnlich, gewohnheitsmäßig; Gewohnheits...; **~er** (~'tɥe) [1a] **I** *v/t.* ~ *q. à qch. od. à* (*inf.*) j-n an etw. (*acc.*) gewöhnen, j-n daran gewöhnen, zu (*inf.*); **II** *v/rfl. s'~ à qch.* (*od. à mit inf.*) sich gewöhnen an (*acc.*); sich in etw. (*acc.*) einleben.

habitus ⚕ (abi'tys) *m* Habitus *m*.

***hâbl|er** (ɑ'ble) *v/i.* [1a] angeben, prahlen; **~erie** (~blə'ri) *f* Angabe *f*, Prahlerei *f*, Großsprecherei *f*; **~eur** (~'blœːr) *su.* [7g] Prahlhans *m*, Angeber *m*, Großtuer *m*.

***hache** (aʃ) *f* Axt *f*, Beil *n*; **~-légumes** (~le'gym) *m* Wiegemesser *n*; **~-paille** (~'pɑj) *m* [6c] Futterschneide-, Häcksel-maschine *f*.

***hach|er** (a'ʃe) *v/t.* [1a] **1.** zerhacken, zerschlagen, zerfetzen; vernichten (*die Ernte*); *fig.* unterbrechen; ~ *menu* klein hacken, *cuis.* wiegen; *style m haché* abgehackter Stil *m*; **2.** ⊕ *Gravierkunst*: schraffieren; **~ereau** (aʃ'ro) *m* [5c] kleine Axt *f*; **~ette** (a'ʃɛt) *f* Handbeil *n*.

***hachis** *cuis.* (a'ʃi) *m* Gehacktes *n*.

***hachoir** (a'ʃwaːr) *m* Hackbrett *n*; Hack-, Wiege-messer *n*, -maschine *f*; Fleischwolf *m*.

***hachur|e** (a'ʃyːr) *f* Schraffierung *f*; **~er** (aʃy're) *v/t.* [1a] schraffieren.

***hagard** (a'gaːr) *adj.* [7] verstört, scheu (*Blick*).

hagiographie (aʒjɔgra'fi) *f* Heiligengeschichte *f*.

***haie** (ɛ) *f* **1.** Hecke *f*, Einfried(ig)ung *f*; *Sport*: Hürde *f*; ~ *barbelée* Stacheldrahtverhau *m*; ~ *vive* lebende Hecke *f*; *course f de ~s* Hindernisrennen *n*; **2.** *fig.* Spalier *n*; *faire une ~ d'honneur à q.* ein Spalier zu j-s Ehren bilden; *se ranger en ~, former* (*od. faire*) *la ~* Spalier bilden.

***haïe** (a'i) *int.* hüh!

***haillon** (ɑ'jɔ̃) *m* Lumpen *m*; Lappen *m*, Flicken *m*.

***hain|e** (ɛːn) *f* Haß *m*, Groll *m*; Widerwille *m*; *ils n'ont pas la ~* sie hassen nicht; sie kennen keinen Haß; **~eux** (ɛ'nø) *adj.* [7d] □ gehässig; feindselig; boshaft.

***haïr** (a'i:r) *v/t.* [2m] **1.** hassen; *il le hait à mort* er haßt ihn tödlich; **2.** Widerwillen gegen (*acc.*) haben.

***haire** (ɛ:r) *f* härenes Bußkleid *n.*

***haïssable** (ai'sablə) *adj.* hassenswert.

***halage** ⚓ (a'la:ʒ) *m* Ziehen *n* der Schiffe, Treideln *n*; ✈ Einholen *n.*

***halde** ⚒ (ald) *f* Halde *f*; *métall.* Schuttplatz *m.*

***hâle** (ɑ:l) *m* Sonnenbrand *m*; trokkener Wind *m.*

***hâlé** (ɑ'le) *adj.* sonnengebräunt.

haleine (a'lɛ:n) *f* Atem *m*; *fig.* Hauch *m*; ~ *forte* übelriechender Atem *m*; *avoir l'~ mauvaise* aus dem Munde riechen; *avoir l'~ courte, être court d'~* kurzatmig sein; *avoir l'~ parfumée* F e-e Fahne haben (*nach Alkohol riechen*); *sans ~* atemlos; *perdre ~* außer Atem kommen; *fig. reprendre ~* sich erholen; aufatmen; rasten; *ouvrage m de longue ~* langwieriges (*od.* lange Zeit beanspruchendes) Werk *n*; *à perte d'~* endlos; *se mettre en ~* sich in Gang setzen; *tenir en ~ fig.* in Atem halten, fesseln, packen.

halenée (al'ne) *f* übelriechender Atem *m*; ~ *de vin* Weingeruch *m* (*aus dem Munde*).

***haler** (a'le) *v/t.* [1a] ⚓ an-, aufholen, heran-, herauf-ziehen (*a. Baumstämme durch Raupenschlepperhebearme im Urwald*); ✈ einholen; (*Schiff*) treideln.

***hâler** (ɑ'le) *v/t.* [1a] *die Haut* bräunen; *die Pflanzen usw.* dörren.

***halètement** (alɛt'mɑ̃) *m* Keuchen *n*; *fig.* 🚂 Fauchen *n.*

***haleter** (al'te) *v/i.* [1c] keuchen, schnauben; *fig.* 🚂 fauchen; *fig.* ~ *après qch.* sehnsüchtig nach etw. verlangen.

***haleur** (a'lœ:r) *su.* [7g] ⚓ Treidler *m*; ✈ Einholer *m.*

***hall** (o:l) *m* großer Saal *m*; (*a.* Flugzeugs-)Halle *f*; ⚠ Vorbau *m*; ⊕ Werkhalle *f*; ⊕ ~ *de fabrication* Fabrikhalle *f*; ~ *de gare* Bahnhofshalle *f*; ~ *de l'Exposition* Ausstellungshalle *f*; ~ *de la foire* Messehalle *f*; ~ *d'honneur* Ehrenhalle *f.*

***hallage** (a'la:ʒ) *m* Standgeld *n*; Umwandung *f* e-r Thermosflasche.

hallali *ch.* (ala'li) *m* Halali *n* (*Jagdruf*); *sonner l'~* Halali blasen; *fig. sonner l'~ de q.* den bevorstehenden Sturz j-s laut verkünden.

***halle** (al) *f* **1.** Verkaufshalle *f*, Markthalle *f*; *dames f/pl. de la ~* (Pariser) Marktfrauen *f/pl.*; *langage m des ~s* Gossensprache *f*; **2.** 🚂 Schuppen *m*; ~ *de gare* Bahnhofshalle *f.*

***hallebarde** *ehm.* (al'bard) *f* Hellebarde *f*; F *il tombe des ~s* es regnet in Strömen.

***hallier**[1] (a'lje) *m* Hallenaufseher *m.*

***hallier**[2] (~) *m* Dickicht *n.*

halluci|nation (alysinɑ'sjɔ̃) *f* Sinnestäuschung *f*, Halluzination *f*; **~né** (~'ne) *adj. u. su.* an Sinnestäuschungen leidend; F verrückt.

***halo** (a'lo) *m* Hof *m* um Sonne u. Mond; *phot.* Lichthof *m.*

halo|gène (alɔ'ʒɛ:n) **I** *adj.* salzbildend; **II** *m* Salzbild(n)er *m*; **~graphie** (~gra'fi) *f* Salzbeschreibung *f*; **~ïde** ⚗ (~lɔ'id) *adj.* salzartig.

***hâloir** ⊕ (a'lwa:r) *m* Dörrhaus *n.*

***halot** (a'lo) *m* Kaninchenhöhle *f.*

halotechnie (alɔtɛk'ni) *f* Halotechnik *f*, Lehre *f* von der Verarbeitung von Salzen.

***halte** (alt) **I** *f* Halt *m*, Rast *f*; Rastplatz *m*; Sammelpunkt *m*; Haltestelle *f*, kurzer Haltepunkt *m*; *fig.* Pause *f*; Marschpause *f*; *faire ~* haltmachen; **II** *int.* ~! halt!; *~-là!* halt!, stehenbleiben!; ⚔ ~ *au feu!* Feuerpause!

haltère (al'tɛ:r) *m* Hantel *f* (*der Turner*); *faire des ~s* hanteln.

haltérophil|e *Sport* (alterɔ'fil) *m* Gewichtheber *m*; **~ie** *Sport* (~'li) *f* Gewichtstemmen *n.*

***hamac** (a'mak) *m* Hängematte *f.*

***hameau** (a'mo) *m* [5b] Weiler *m*, Dörfchen *n.*

hameçon (am'sɔ̃) *m* Angelhaken *m*; *fig. mordre à l'~* anbeißen.

***hamman** (a'mɑ̃) *m* Badeanstalt *f* (*im Orient*; *allg. zur Entfettungskur*).

***hampe**[1] (ɑ̃:p) *f* (Lanzen-, Fahnen-) Stange *f*, Schaft *m*; *peint.* Pinselstiel *m*; ⚘ Schaft *m.*

***hampe**[2] (~) *f* Wamme *f* (*Rind*); Brust *f* (*Hirsch*).

***hamster** *zo.* (am'stɛ:r) *m* Hamster *m.*

***hanap** (a'nap) *m* Humpen *m.*

***hanche** (ɑ̃:ʃ) *f* Hüfte *f*; ⊕ Ausbauchung *f.*

***hand|-ball** *Sport* (ɛnd'bo:l) *m* Handball *m*; **~balleur** (~bo'lœ:r) *m* Handballer *m*, Handballspieler *m.*

***handicap** (ɑ̃di'kap) *m Sport*: Ausgleich *m*, Handikap *n*, Vorgabe *f*; *fig.* Benachteiligung *f*, Nachteil *m*; **~er** (~'pe) *v/t.* [1a] *Sport*: gleiche Aussichten geben; *fig.* benachteiligen.

***hangar** (ɑ̃'ga:r) *m* (Wagen-)Schuppen *m*; Flugzeug-, Bootshalle *f*; *at.* Atombombenhalle *f*.

***hanneton** (an'tɔ̃) *m* Maikäfer *m*; F *fig.* leichtsinniger Mensch *m*; P *il a un ~ dans le plafond* er hat 'nen Tick; **~nage** (~tɔ'na:ʒ) *m* Maikäfervernichtung *f*.

***hanse** *hist.* (ɑ̃:s) *f* Hansa *f*.

***han|ter** (ɑ̃'te) *v/t.* [1a] **1.** oft besuchen; verkehren mit; **2.** spuken in (*dat.*); *maison f hantée* Spuk-, Gespenster-haus *n*; **3.** *fig.* quälen, heimsuchen; *être hanté de* geplagt werden von; **~tise** (~'ti:z) *f* Besessensein *n*; fixe Idee *f*, Wahnidee *f*; Angst *f*; *j'en ai la ~* mir graut davor; *~ d'examen* Prüfungsangst *f*.

haplopétale (aplɔpe'tal) *adj.* einblätterig (*von e-r Blütenkrone*).

***happe** ⊕ (ap) *f* Achsenblech *n*; Krampe *f*, Haspe *f*, Schirrnagel *m*; Fenster-, Tür-riegel *m*; *men.* (Leim-)Zwinge *f*.

***happée** (a'pe) *f* Bissen *m*.

***happer** (~) [1a] **I** *v/t.* erhaschen, auf-, weg-schnappen; schnell nach etw. greifen; *happé par le train* vom Zuge erfaßt; **II** *v/i. ~ à la langue* an der Zunge kleben.

***haquenée** *hist.* (ak'ne) *f* Zelter *m*.

***haquet** (a'kɛ) *m* Kippwagen *m*, Sturzkarren *m*; **~ier** (ak'tje) *m* Rollkutscher *m*.

***haran|gue** (a'rɑ̃:g) *f* (feierliche) Ansprache *f*; F langweiliges Gefasele *n*; Strafpredigt *f*; *prononcer une ~* e-e Ansprache halten; **~guer** (~rɑ̃'ge) *v/t.* [1a] feierlich anreden; F abkanzeln; *~ la foule* feierlich zur Menge sprechen; **~gueur** (~'gœ:r) *su.* [7g] Volksredner *m*.

***haras** (a'rɑ) *m* Gestüt *n*.

***harass|ant** (ara'sɑ̃) *adj.* aufreibend; **~ement** (~s'mɑ̃) *m* Ermattung *f*; **~er** (~'se) *v/t.* [1a] ermatten, erschöpfen, strapazieren.

***har|cèlement** (arsɛl'mɑ̃) *m* Quälerei *f*; Plage *f*; ⚔ Plänkelei *f*, Störung *f*; ⚔ *tir m de ~* Störungsfeuer *n*; **~celer** (arsə'le) *v/t.* [1d] plagen, ärgern, hochnehmen, provozieren; ⚔ *~ l'ennemi* den Feind beunruhigen.

***har|de** (ard) *f* **1.** *ch.* Rudel *n* Wild; **2.** Koppelriemen *m*; **~dées** (~'de) *f/pl.* Wildschaden *m*; **~der** (~) *v/t.* [1a] **1.** *ch.* Hunde zusammenkoppeln; **2.** ein Fell stollen (*Gerberei*).

***hardes** *a. mv.p.* (ard) *f/pl.* alte Kleidungsstücke *n/pl.*, Sachen *f/pl.*, Siebensachen *pl.*, Lumpen *m/pl.*

***hardi** (ar'di) **I** *adj.* (*adv.* ~ment) **1.** kühn, beherzt; gewagt (*Sache*); **2.** dreist, keck, unverschämt; **II** *int.* ~! immer feste!, los!; **~esse** (~'djɛs) *f* **1.** Kühnheit *f*, Mut *m*; **2.** Dreistigkeit *f*, Unverschämtheit *f*, Frechheit *f*; *prendre des ~s* sich Freiheiten herausnehmen.

***harem** (a'rɛm) *m* Harem *m*.

***hareng** (a'rɑ̃) *m* Hering *m*; *caque f de ~s* Heringsfaß *n*; *~ blanc* Fetthering *m*; *~ fumé*, *~ saur* Bückling *m*, geräucherter Hering *m*; *~ roulé* (*od. mariné*) Rollmops *m*; *~ salé* Salzhering *m*; *~ vierge* Matjeshering *m*; **~aison** (~gɛ'zɔ̃) *f* (Zeit *f* des) Heringsfang(s) *m*; **~ère** (~'ʒɛ:r) *f* Heringshändlerin *f*.

***haret** *zo.* (a'rɛ) *m* Wildkatze *f*.

***hargn|e** (arɲ) *f* Bissigkeit *f*, mürrisches Wesen *n*; **~eux** (~'ɲø) *adj.* [7d] mürrisch, zänkisch; bissig.

***haricot** (ari'ko) *m* **1.** Bohne *f*; *~ nain* Buschbohne *f*; *~ d'Espagne* Feuerbohne *f*; **2.** *cuis. ~s verts* grüne Bohnen *f/pl.*; *~s pl. en salade* Bohnensalat *m*; **3.** P Kopf *m*, Deets *m*; *courir sur l'~* (*od. le ~*) *à q.* j-m auf die Nerven fallen; **4.** P *c'est la fin des ~s* es ist alle, es ist aus; da hört doch alles auf!

***haridelle** (ari'dɛl) *f* Gaul *m*, Klepper *m*; *fig.* dürre Ziege *f*.

***harkis** ⚔ (ar'ki) *m/pl.* algerische Hilfspolizei *f*, Moslemsoldaten *m/pl.*

***harle** *orn.* (arl) *m* Sägetaucher *m*.

harmonica ♪ (armɔni'ka) *m* Harmonika *f*; *~ à bouche* Mundharmonika *f*.

harmo|nie (armɔ'ni) *f* **1.** ♪ Harmonie *f*, Wohl-, Zusammen-klang *m*; Akkord *m*; Harmonielehre *f*; *table f d'~* Resonanzboden *m*; **2.** *fig.* Harmonie *f*, Eintracht *f*, Übereinstimmung *f*; *mettre en ~* in Einklang bringen; **~nieux** (~'njø) *adj.* [7d] □ harmonisch (*a. fig.*), wohlklingend; **~nique** ♪, *phys.*, ♪ (~'nik) *adj.* □ harmonisch; **~nisation** (~nizɑ'sjɔ̃) *f* Harmonisierung *f*; *~ des rapports* Normalisierung *f* der Beziehungen; **~niser** (~ni'ze) [1a] **I** *v/t.* in Übereinstimmung (*od.* in Einklang) bringen; e-e Melodie mehrstimmig setzen *od.* begleiten;

II *v/rfl.* s'~ harmonieren, zusammenstimmen; s'~ *avec le milieu ambiant* zur Umgebung passen; **~niste** (~'nist) *m* Musiker *m*, der die Regeln der Harmonie fein behandelt; **~nium** (armɔ'njɔm) *m* Harmonium *n*.

***harnach|é** (arna'ʃe) *adj.*: F *un scooter* ~ ein funkelnagelneuer Motorroller *m*; F *être bien* ~ schick angezogen sein; **~er** (~) *v/t.* [1a] **1.** Pferde an-, auf-schirren; **2.** F lächerlich ausstaffieren.

***harnais** (ar'nɛ) *m* **1.** Pferdegeschirr *n*, Sattel- u. Zaumzeug *n*; *cheval m de* ~ Zugpferd *n*; **2.** *hist.* Harnisch *m*, Rüstung *f*; **3.** ⊕ Getriebe *n*; Vorgelege *n*; **4.** *blanchir sous le* ~ im Dienste (*bsd.* ⚔) alt und grau werden.

***haro** (a'ro): *crier* ~ *sur q.* gegen j-n loswettern.

harpagon (arpa'gɔ̃) *m* Geizhals *m*.

***harpe**[1] (arp) *f* Harfe *f*.

***harp|e**[2] (~) *f* Haken *m*; △ Verzahnung *f*; **~ie** (ar'pi) *f fig.* Xanthippe *f*; **~in** ⚓ (~'pɛ̃) *m* Bootshaken *m*.

***harpiste** ♪ (ar'pist) *su.* Harfenspieler *m*.

***harpon** (ar'pɔ̃) *m* **1.** Harpune *f*; **2.** ⚓ Enterhaken *m*; **3.** △ Gabelanker *m*, Eisenklammer *f*, Eckband *n*; ⊕ Greifer *m*; **~ner** (~pɔ'ne) *v/t.* [1a] **1.** harpunieren; **2.** *fig.* ergreifen, erwischen; **3.** F *j-n* (zufällig) aufgabeln.

***hart** (a:r) *f* Weidenband *n*.

***hasard** (a'za:r) *m* Zufall *m*; Glück *n*; Gefahr *f*, Wagnis *n*; ~ (*providentiel*) Schicksalsfügung *f*; *coup m de* ~ Glücksspiel *n*; *advt. au* ~, *à tout* ~ aufs Geratewohl; *à tout* ~ für alle Fälle; *écrire au* ~ *de la plume* drauflosschreiben; *laisser au* ~ dem Zufall überlassen; *parler au* ~ in den Tag hinein reden; *par* ~ zufällig; *in der Frage*: etwa, vielleicht; **~er** (~zar'de) [1a] **I** *v/t.* wagen, aufs Spiel setzen; **II** *v/i.* ~ (*de mit inf.*) es wagen (zu ...); **III** *v/rfl.* *se* ~ *à faire qch.* etw. wagen; **~eux** (~'dø) *adj.* [7d] □ gewagt; verwegen; **~ise** (~'di:z) *f* Wagnis *n*.

***hase** (ɑ:z) *f* Häsin *f*.

***hassania** (asa'nja) *m*: *le* ~ die mauritanische Sprache *f*.

***hâte** (ɑ:t) *f* Eile *f*, Hast *f*; *advt. à la* ~, *en* ~ in Hast, eiligst.

***hâtel|ette** *f*, **~le** *f* (ɑt'lɛt, ɑ'tɛl) Röstschnitte *f*.

***hâter** (ɑ'te) [1a] **I** *v/t.* beschleunigen (*Sache*); ~ *le pas* s-e Schritte beschleunigen; **II** *v/rfl.* *se* ~ sich beeilen (*de mit inf.* zu ...).

***hâtif** (ɑ'tif) *adj.* [7e] □ **1.** ⚘ frühreif, -zeitig; **2.** eilig; übereilt.

***hâtiveau** (ɑti'vo) *m* [5b] Früherbse *f*; Frühbirne *f*.

***hauban** (o'bɑ̃) *m* **1.** Rüstseil *n*, *a.* ✈ Haltetau *n*, Spannseil *n*, Spanndraht *m*, Halteleine *f*; ⊕ Drahtseil *n*; **2.** ⚓ **~s** *pl.* Wanten *f/pl.*; **~age** ✈ (oba'na:ʒ) *m* Verspannung *f*, Verstrebung *f*; **~er** (oba'ne) *v/t.* [1a] verankern; ✈ verspannen, verstreben.

***haubert** *féod.* (o'bɛ:r) *m* Panzerhemd *n*.

***hausse** (o:s) *f* **1.** Unter-satz *m*, -lage *f* (*z.B. unter Tischbeinen*); **2.** ⚔ Visier *n*; Aufsatz *m* (*bei Geschützen*); ~ *fixe* Standvisier *n*; **3.** Steigerung *f*, Ansteigen *n*; Aufschlag *m*, Preiserhöhung *f*; *fin.* Hausse *f*; ~ *des fonds* Steigen *n* der Kurse; ~ *de prix* Preiswelle *f*; ~ *illicite* Preistreiberei *f*; *une brusque* (*pointe de*) ~ e-e scharfe Hausse *od.* Aufwärtsbewegung *f*; *être en* ~ steigen (*Aktienkurse*); *Wetter*: *température f en faible* ~ Temperatur *f* schwach ansteigend; **~ment** (os'mɑ̃) *m*: ~ *de la voix* Heben *n* der Stimme; ~ *d'épaules* Achselzucken *n*; **~-pied** (~'pje) *m* [6e] Fußschemel *m*, Stütze *f*; *ch.* Falle *f*.

***hauss|er** (o'se) [1a] **I** *v/t.* **1.** auf-, hoch-heben; ~ *les épaules* die Achseln (*od.* mit den Achseln) zucken; **2.** höher machen, *a.* *Preise*: erhöhen; *fig.* ~ *le courage de q.* den Mut j-s erhöhen; ~ *un instrument* ein Instrument höher stimmen; *fig.* ~ *le ton* e-n schärferen Ton anschlagen; ~ *la voix* die Stimme heben; **II** *v/i.* steigen, anschwellen, anwachsen; ✝ anziehen; **III** *v/rfl.* *se* ~ sich höher machen; *fig.* größer scheinen wollen (als man ist); *se* ~ *sur la pointe des pieds* sich auf die Zehen (-spitzen) stellen; **~ier** (o'sje) *m* Haussier *m*, Kurs-, Preistreiber *m*.

***haut** (o) **I** *adj.* [7] **1.** *örtlich*: hoch; erhoben; hoch gelegen; Hoch...; Ober...; ~ *de vingt mètres* zwanzig Meter hoch; *chapeau m* ~ *de forme* Zylinder(hut *m*) *m*; *être* ~ *sur jambes* langbeinig sein; *fig. avoir la* **~e** *main dans* ... das Regiment in ... führen; *avoir la ~e main sur* ... frei schalten u. walten über ...; *garder la ~e main* die Oberhand behalten; *tenir la main ~e à q.* nichts bei j-m durchgehen lassen; *tenir la dragée ~e à q.* j-m den Brotkorb höher hängen; j-n zappeln lassen; *pays m ~* Hochland *n*; *le ~ Rhin* der Oberrhein *m*; *la ~e Seine* die Seine oberhalb von Paris; F *faire ~ le pied* entwischen, türmen; **2.** *zeitlich*: sehr früh; *~e antiquité f* graues (*od.* frühes) Altertum *n*; **3.** *fig.* hochgestellt, vornehm; edel; teuer; *le Très-*♀ der Allerhöchste *m* (*Gott*); *la ~e administration* die hohen Verwaltungskreise *m/pl.*; *une âme ~e* e-e edle Seele; *les ~es classes* die oberen Klassen *f/pl.* (*der Gesellschaft*); *écol.* die oberen Klassen *f/pl.*; P *les gens de la ~e* die oberen Zehntausend *pl.*; *~ enseignement* (*dafür offiziell*: *l'enseignement supérieur*) Hochschul-, Universitäts-unterricht *m*; *la ~e finance* die Hochfinanz *f*; *en ~ lieu* höheren Orts, an höchster Stelle; *la ~e société, la ~e volée* die vornehme Gesellschaft *f*; ✝ *l'argent est ~* der Zinsfuß ist hoch; **4.** *fig.* groß, bedeutend, gewaltig, stark; *avoir q. en ~e estime* j-n hochschätzen; *als Briefschluß*: *Recevez, Monsieur, l'expression de ma plus ~e considération* mit dem Ausdruck meiner vorzüglichsten Hochachtung; *c'est d'un ~ comique* das ist äußerst spaßig (*od.* drollig); (de) *~e nouveauté* das Allerneueste *n*; *mach. ~e pression f* Hochdruck *m*; ⚡ *~e tension f* Hochspannung *f*; (*crime m de*) *~e trahison f* Hochverrat *m*; *visage m ~ en couleur* puterrotes (*od.* glühendes) Gesicht *n*; **5.** hochmütig, stolz; *le prendre d'un ton ~* e-n arroganten Ton anschlagen; *avoir le verbe ~* das große Wort führen; **6.** laut; *à ~e voix* mit lauter Stimme; laut; **7.** ⚓ hoch (*vom Wasserspiegel*); *~es marées f/pl.* hohe Flut *f*; *~e mer f* offene See *f*; **II** *adv.* (s. *a. hautement*) **8.** hoch; *plus ~* (weiter) oben, vorher (*im Text*); *là-~* da oben; *en ~* oben; hinauf; *d'en ~* von oben herab; *de ~ en bas* von oben nach unten; *fig.* von oben herab; *porter ~ la tête* den Kopf hoch tragen; eingebildet sein; *quand la lune fut ~ dans le ciel* als der Mond aufgegangen war; *~ les cœurs! fig.* Kopf hoch!; *~ les mains!* Hände hoch!; *~ le pied!* schert euch weg!; *fig. ~ la main* mit Leichtigkeit; **9.** laut; *fig.* frei heraus; *parler ~* laut sprechen; *parler ~ et clair* laut u. deutlich sprechen; kein Blatt vor den Mund nehmen; **III** *m* **10.** Höhe *f*; oberer Teil *m*; Gipfel *m*, Spitze *f*; *les ~s et les bas* das Auf u. Ab; *vingt mètres de ~* zwanzig Meter hoch; *du ~ du ciel* hoch vom Himmel (herab); *tomber de son ~* der Länge nach hinfallen; *fig.* sehr enttäuscht sein; *fig.* wie aus den Wolken fallen; *les étages m/pl. d'en ~* die oberen Stockwerke *n/pl.*; *lumières f/pl. d'en ~* Oberlicht *n*; **11.** ⚓ *~s d'un vaisseau* Oberwerk *n* e-s Schiffes.

***hautain** (o'tɛ̃) *adj.* [7] hochmütig, stolz.

***hautbois** ♪ (o'bwa) *m* Oboe *f*.

***hautboïste** (obɔ'ist) *su.* Oboebläser *m*.

***haut-commissaire** *pol.* (okɔmi'sɛ:r) *m* [6a] hoher Kommissar *m*.

***haut-de-chausses** † (od'ʃo:s) *m* [6b] Kniehosen *f/pl.*

***haut-de-forme** (od'fɔrm) *m* [6b] Zylinder(hut *m*) *m*.

***haute|-contre** ♪ (ot'kɔ̃:trə) *f* [6b] **1.** Alt *m*, Altstimme *f*; **2.** Altist *m*, Altsänger *m*; ♀**-Couture** (otku'ty:r) *f*: *la ~* die Modeschöpfer *m/pl.*, die großen Modehäuser *n/pl.*; **~(-)fréquence** ⚡ (otfre'kɑ̃:s) *f* Hochfrequenz *f*.

***hautement** (ot'mɑ̃) *adv.* laut; mit Nachdruck; öffentlich; frei heraus; stolz, hochmütig; zuhöchst.

***Haute-Silésie** *géogr.* (otsile'zi) *f*: la ~ Oberschlesien *n*.

***Hautesse** (o'tɛs) *f* Hoheit *f*; *bsd. ehm. Sa ~* der türkische Sultan.

***haute(-)tension** ⚡ (ottɑ̃'sjɔ̃) *f* Hochspannung *f*.

***hauteur** (o'tœ:r) *f* **1.** Höhe *f*; Anhöhe *f*; Hügel *m*; *de cinq mètres de ~* fünf Meter hoch; *à ~ d'appui* in Brusthöhe; *voler à une grande ~* sehr hoch fliegen; *tomber de sa ~* der Länge nach hinfallen; *fig.* wie aus den Wolken fallen, völlig sprachlos sein; *être à la ~ du siècle* auf der Höhe seiner Zeit sein; *être à la ~ de la situation* s-r Aufgabe gewachsen sein, die Lage meistern; **2.** *fig.* Hoheit *f*, Erhabenheit *f*; **3.** *fig.* Anmaßung *f*, Hochmut *m*; *plein de ~* hochmütig; **4.** ~

du pôle Polhöhe *f*; **5.** ⚓ ~ *de l'eau* Wasserstand *m*, Tiefe *f*; **6.** ♪ ~ *du son* Tonhöhe *f*; **7.** ✈ *vol m en* ~ Höhenflug *m*.
***haut-fond** ⚓ (o'fɔ̃) *m* [6a] Untiefe *f*; **~-fourneau** (~fur'no) *m* [6a] Hochofen *m*; **~-goût** (~'gu) *m* Wildbretgeschmack *m*; **~-le-cœur** (ol'kœ:r) *m* [6c] Übelkeit *f*; Ekel *m*; **~-le-corps** (ol'kɔ:r) *m* [6c] **1.** Ruck *m*; **2.** Satz *m*, Sprung *m* (*vom Pferde*); **~-le-pied** (ol'pje) **I** *adj./inv.* nicht montiert, nicht angekuppelt, nicht angeschirrt, nicht beladen; *locomotive f* ~ Rangierlokomotive *f*; *train m* ~ leerer Zug *m*; *cheval m* ~ Reservepferd *n*; **II** 🚂 *m* Leerfahrt *f*; **~-mal** ⚕ (o'mal) *m* Epilepsie *f*, **~-parleur** *rad.* (~par'lœ:r) *m* [6a] Lautsprecher *m*; **~-relief** (~rə'ljɛf) *m* Hochrelief *n*; *typ.* Hochdruck *m*; **2-Rhin** (~'rɛ̃) *m* **1.** *Fr.*: *franz. Departement*: Oberelsaß *n*; **2.** Oberrhein *m*.
***hauturier** ⚓ (oty'rje) *adj.* [7b] [Hochsee...]
***havage** ⚒ (a'va:ʒ) *m* Schrämen *n*.
***havane** (a'van) **I** *m* Havanna(zigarre *f*) *f*; **II** *adj./inv.* havannafarben, gelbbraun.
***hâve** (ɑ:v) *adj.* abgezehrt, hager, [elend, blaß.]
***haven|eau** (av'no) *m* [5b], **~et** (av'nɛ) *m* Krabbennetz *n*.
***hav|er** ⚒ (a've) *v/t.* [1a] schrämen; **~eur** ⚒ (~'vœ:r) *m* Hauer *m*, Schrämer *m*; **~euse** ⚒ (~'vø:z) *f* Schrämmaschine *f*; *conducteur m de* ~ Schrämer *m*. [(*Brot, Fleisch*).]
***havir** (a'vi:r) [2a] *v/t.* anbrennen
***havrais** (a'vrɛ) *adj.* [7] aus (*od.* von) Le Havre. [Zufluchtsort *m*.]
***havre** ('ɑ:vrə) *m* Seehafen *m*; *fig.*
***havresac** (avrə'sak) *m* ⚔ Tornister *n*; *allg.* Rucksack *m* (*für Handwerkszeug*).
***Haye** *géogr.* (ɛ) *f*: **la** ~ der Haag *m*.
***hayon** *Auto* (ɛ'jɔ̃) *m* aufklappbare Gatterwand *f* e-s Kombiwagens.
***hé** (e) *int.* **1.** hallo!; ~ *là-bas!* hallo, aufpassen!; Achtung, Platz!; **2.** o!, ach! (*Überraschung*; *Bedauern*); **3.** (*wiederholt*): ei! (*Zufriedenheit*).
***heaume** *féod.* (o:m) *m* Helm *m*.
hebdomadaire (ɛbdɔma'dɛ:r) **I** *adj.* □ wöchentlich; **II** *m* Wochenschrift *f*.
héberg|ement (ebɛrʒə'mɑ̃) *m* Unterbringung *f* (*v. Gästen*); **~er** (~'ʒe) *v/t.* [1l] beherbergen, unterbringen.
hébé|té (ebe'te) *adj.* stumpfsinnig; **~ter** (~) *v/t.* [1f] stumpfsinnig machen, verdummen; **~tude** (~'tyd) *f* Stumpfsinn *m*, Verdummung *f*.
hébra|ïque (ebra'ik) *adj.* hebräisch (*bsd. v. der Sprache*); **~ïsant** (~i'zɑ̃) *m* Hebraist *m*, Kenner *m* des Hebräischen; **~ïser** (~i'ze) *v/i.* [1a] hebräisch treiben; hebräische Ausdrücke gebrauchen.
hébreu (e'brø) [5b] **I** *adj./m* (*adj./f*: *hébraïque*) **1.** hebräisch; **II** *m* **2.** 2 Hebräer *m*; **3.** Hebräische *n*; *c'est de l'*~ *pour moi* das sind für mich böhmische Dörfer; das kommt mir spanisch vor.
hécatombe (eka'tɔ̃:b) *f antiq.* Hekatombe *f*; *fig.* Blutbad *n*.
hectare (ɛk'ta:r) *m* Hektar *m*.
hecti|que (ɛk'tik) *adj.* ⚕ hektisch, schwindsüchtig; *fig.* morbide, angekränkelt; **~sie** (~'zi) *f* Ab-, Auszehrung *f*, Schwindsucht *f*.
hecto|gramme (ɛktɔ'gram) *m* Hektogramm *n*; **~graphe** (~'graf) *m* Vervielfältigungsapparat *m*; **~graphie** (~gra'fi) *f* Vervielfältigung *f*; **~graphier** (~gra'fje) *v/t.* [1a] vervielfältigen; **~litre** (~'litrə) *m* Hektoliter *n*; **~mètre** (~'mɛtrə) *m* Hektometer *n*; **~watt-heure** ⚡ (~va'tœ:r) *m* [6a] Hektowattstunde *f*.
hédéracé ⚘ (edera'se) *adj.* efeuartig.
hégémonie (eʒemɔ'ni) *f* Vorherrschaft *f*; ~ *mondiale* Weltherrschaft *f*.
hégire *rl. hist.* (e'ʒi:r) *f* Hedschra *f*.
***hein** F (ɛ̃) *int.* was?, na?, ja?, wie?
hélas (e'lɑ:s) *int.* ach!, oh weh!
***héler** (e'le) *v/t.* [1f] ⚓ preien, anrufen; *allg.* herbeirufen (*z. B. Taxi*).
hélianthe ⚘ (e'ljɑ̃:t) *m* Sonnenblume *f*.
hélice (e'lis) *f* **1.** ⟁ Schraubenlinie *f*; ⚠ *escalier m en* ~ Wendeltreppe *f*; **2.** ⚓ Schiffsschraube *f*; ✈ Propeller *m*; ~ *à quatre pales* Vierflügelpropeller *m*; *lancer l'*~ den Propeller anwerfen; *vaisseau m à* ~ Schraubendampfer *m*.
héli|coïdal (elikɔi'dal) *adj.* [5c], **~coïde** (~kɔ'id) *adj.* schraubenförmig. [schrauber *m*.]
hélicoptère ✈ (elikɔp'tɛ:r) *m* Hub-
hélio|graphie *phot.* (eljɔgra'fi) *f*, **~gravure** *phot.* (~gra'vy:r) *f* Lichtdruck *m*; Lichtpausverfahren *n*; Lichtpause *f*; **~graphique** (~gra'fik) *adj.* heliographisch; **~scope** *ast.* (~'skɔp) *m* Helioskop *n*, Son-

nenfernrohr *n*; **~scopique** (~skɔ-'pik) *adj.* helioskopisch; **~stat** *phys.* (~'sta) *m* Heliostat *m*; **~thérapie** ⚕ (~tera'pi) *f* Heliotherapie *f*, (Sonnen-)Lichtheilverfahren *n*; **~zoaires** *ent.* (~zɔ'ɛ:r) *m/pl.* Heliozoen *pl.*, Sonnentierchen *n/pl.*

héliport (eli'pɔ:r) *m* Hubschrauberlandeplatz *m.*

hélium (e'ljɔm) *m* Helium *n.*

hélix *anat.* (e'liks) *m* äußerer Ohrrand *m.*

hellé|nique *hist. od. modern* (ɛle'nik) *adj.* griechisch, **~nisme** (~'nism) *m* **1.** griechische Spracheigentümlichkeit *f*; **2.** Hellenismus *m* (*von 336—30 v. Chr.*); **~nistique** *hist.* (~nis'tik) *adj.* hellenistisch.

helvétique (ɛlve'tik) *adj. a. poét.* schweizerisch.

***hem** (ɛm) *int.* heda!, pst!; hm!

héma|tie *physiol.* (ema'ti) *f* rotes Blutkörperchen *n*; **~tite** *min.* (~'tit) *f* Hämatit *m*, Blutstein *m*, rotbraunes Eisenerz *n*; **~togène** (~tɔ-'ʒɛn) *m* blutbildendes Mittel *n*; **~tologie** (~tɔlɔ'ʒi) *f* Blutlehre *f*; **~tome** ⚕ (~'tɔm) *m* Blutgeschwulst *f*, Hämatom *n*; **~tose** (~'to:z) *f* Blutumbildung *f.*

héméralop|e ⚕ (emera'lɔp) *adj.* nachtblind; **~ie** (~lɔ'pi) *f* Nachtblindheit *f.*

hémi|cycle (emi'siklə) *m* Halbkreis *m*; halbkreisförmiger Saal *m*; Amphitheater *n*; **~one** *zo.* (emi'ɔn) *m* Halbesel *m*; **~plégie** ⚕ (emiple'ʒi) *f* einseitige Lähmung *f*; **~sphère** (~'sfɛ:r) *m* Halbkugel *f*, Hemisphäre *f*; *anat.* Hälfte *f* des Großhirns; **~stiche** (~'stiʃ) *m* Halbvers *m.*

hémoptysie ⚕ (emɔpti'zi) *f* Blutspeien *n.*

hémor|ragie ⚕ (emɔra'ʒi) *f* Bluterguß *m*; ~ *foudroyante* Blutsturz *m*; ~ *nasale* Nasenbluten *n*; ~ *stomacale* Magenblutung *f*; **~roïdes** ⚕ (~rɔ'id) *f/pl.* Hämorrhoiden *pl.*

hémosta|se (emɔs'tɑ:z) *f* **1.** ⚕ Stockung *f* des Blutes; **2.** *chir.* Stillung *f* e-r Blutung; **~tique** (~sta'tik) *adj.* blutstillend.

hémotoxie ⚕ (emɔtɔk'si) *f* Blutvergiftung *f.*

hendécasyllabe *mét.* (ɛ̃dekasi'lab) *m* Elfsilbler *m*; Hendekasyllabus *m.*

***henné** (ɛ'ne) *m* **1.** ⚘ Hennastrauch *m*; **2.** Hennafarbstoff *m.*

***henn|ir** (e'ni:r) *v/i.* [2a] wiehern; **~issement** (enis'mɑ̃) *m* Wiehern *n*, Gewieher *n.*

(*)Henri (ɑ̃'ri) *m* Heinrich *m*; *la vie d'~* (*od. de* ~) *IV* das Leben *n* Heinrichs IV.

***hep** (ɛp) *int.* hallo!

hépat|algie ⚕ (epatal'ʒi) *f* Leberleiden *n*; **~ique** (~tik) **I** *adj.* Leber...; **II** *su.* Leberkranker *m*; **III** *f* Leberblümchen *n*; **~ite** (~'tit) *f* **1.** *min.* Hepatit *m*, Leberstein *m*; **2.** ⚕ Leberentzündung *f*; **~ologie** (~tɔlɔ'ʒi) *f* Leberkunde *f.*

hepta|èdre (ɛpta'ɛdrə) *m* Heptaeder *n*, Siebenflächner *m*; **~gone** (~'gɔn) *m* Heptagon *n.*

héraclite (hera'klit) *f*: (*plaque f en*) ~ Heraklitplatte *f*, zementgebundene Holzfaserplatte *f.*

héraldique (eral'dik) **I** *adj.* heraldisch; Wappen...; **II** *f* Wappenkunde *f*, Heraldik *f.*

***héraut** *ehm.* (e'ro) *m* Herold *m.*

herba|cé ⚘ (ɛrba'se) *adj.* krautartig; **~ge** (~'ba:ʒ) *m* Futtergras *n*; Weideplatz *m*; **~ger** (~ba'ʒe) **I** *v/t.* [1l] auf die Weide bringen; **II** *su.* [7b] Rindviehmäster *m*; **~geux** (~'ʒø) *adj.* [7d] grasreich.

her|be (ɛrb) *f* Gras *n*; *cuis.*, ⚕ **~s** *pl.* Kräuter *n/pl.*; ~ *médicinale* Heilkraut *n*; *~s pl. potagères* Suppenkräuter *n/pl.*; *mauvaise* ~ Unkraut *n*; *fig.* Taugenichts *m*; *potage m aux ~s* Kräutersuppe *f*; *en* ~ noch grün (*Getreide*); *fig.* künftig, im Werden; vielversprechend; *blé m en* ~ junge Saat *f*; *se coucher sur l'*~ sich ins Gras legen; *couper l'~ sous le pied à q.* j-m den Rang ablaufen (wollen); j-n verdrängen; **~ber** (~'be) *v/t.* [1a] (auf dem Grase) bleichen; **~bette** (~'bɛt) *f* junges Gras *n*; kurzer Rasen *m*; **~beux** (~'bø) *adj.* [7d] mit Gras bewachsen, grasreich; grasartig; **~bicide** (~bi-'sid) *m* Unkraut(vernichtungs *od.* -bekämpfungs-)mittel *n*; **~bier** (~'bje) *m* **1.** Pflanzensammlung *f*, Herbarium *n*, Pflanzenbuch *n*; **2.** Heuschuppen *m*; **3.** *zo.* Pansen *m* der Wiederkäuer; **~bivore** (~bi-'vɔ:r) *adj. u. ~s m/pl. zo.* pflanzenfressend(e Tiere *n/pl.*); **~borisateur** (~bɔriza'tœ:r) *su.* [7f] Kräuter-, Pflanzen-sammler *m*; **~borisation** (~bɔrizɑ'sjɔ̃) *f* Kräuter-, Pflanzensammeln *n*; botanischer Ausflug *m*; **~boriser** (~bɔri'ze) *v/i.* [1a] Pflanzen sammeln; **~boriste** (~bɔ-

'rist) *su.* Kräuterhändler *m*; **~boristerie** (~bɔrist[ə]'ri) *f* Kräuterhandlung *f*; **~bu** (ɛr'by) *adj.* mit Gras bewachsen; **~bue** (~) *f* magerer Boden *m*.

***herch|age** *min.* (ɛr'ʃa:ʒ) *m* Förderung *f* von Erz; **~er** (~'ʃe) *v/t.* [1a] fördern (*Erz*); **~eur** (~'ʃœ:r) *su.* [7g] Förder-mann *m* (*f*: -frau *f*).

herculéen (ɛrkyle'ɛ̃) *adj.* [7c] herkulisch, riesig, Riesen...

***hère** (ɛ:r) *m* **1.** *pauvre* ~ armer Teufel *m*, Habenichts *m*; **2.** *ch.* Spießhirsch *m*.

hérédi|taire (eredi'tɛ:r) *adj.* □ **1.** erblich; Erb...; *prince m* ~ Erbprinz *m*; *droit m* ~ angestammtes Recht *n*; **2.** *fig.* angeerbt; *défaut m* ~, *vice m* ~ Erbfehler *m*; *maladie f* ~ Erbkrankheit *f*; **~té** (~'te) *f* Erblichkeit *f*, Erbanlagen *f/pl.*; Erbgut *n*; ⚖ Erbrecht *n*.

hérédo ⚕ (ere'do) *su.* Erbkranker *m*, *bsd.* Syphilitiker *m*.

héré|siarque (ere'zjark) *m* Ketzerhaupt *m*, Heresiarch *m*; **~sie** (~'zi) *f* Ketzerei *f*; *fig.* großer Irrtum *m*, Irrlehre *f*; **~tique** (~'tik) **I** *adj.* ketzerisch; **II** *su.* Ketzer *m*.

***héris|sé** (eri'se) *adj.* borstig, struppig; *fig.* störrisch; wütend; ~ *de* strotzend von, voller; **~ser** (~) [1a] **I** *v/t.* emporrichten, sträuben; mit Stacheln besetzen; *fig.* rasend machen; *fig.* ~ *de* spicken mit; **II** *v/rfl.* *se* ~ zu Berge stehen (*Haare*); sich sträuben; **~son** (~'sɔ̃) **I** *m* Igel *m*; *fig.* höchst unfreundlicher Mensch *m*; *fig.* Kratzbürste *f* F; *bsd. frt.* Eisenspitzenhindernis *n*; ⚒ Stachelwalze *f*; ⚔ (*position f en*) ~ Igelstellung *f*, Widerstandsnest *n*; **II** *adj.* [7c] *fig.* kratzbürstig.

héri|tage (eri'ta:ʒ) *m* Erbe *n*, Erbschaft *f*, Erbteil *n*; **~ter** (~'te) [1a] **I** *v/t.* ~ (*qch. de q.* etw. von j-m) erben; **II** *v/i.* ~ *de qch.* etw. erben; ~ *de q.* j-n beerben; ~ *de tous les biens de q.* j-n vollständig beerben; **~tier** (~'tje) *su.* [7b] Erbe (*f*: Erbin *f*) *m*; *arrière* ~ Nacherbe *m*; ~ *principal* Anerbe *m*; ~ *principal*, ~ *universel* Haupterbe *m*; ~ *grevé de substitution* Vorerbe *m*; ~ *contractuel*, ~ *conventionnel* Vertragserbe *m*; *auch adj.*: *prince m* ~ Erbprinz *m*; ~ *présomptif de la couronne* Kronerbe *m*.

hermaphrodite (ɛrmafrɔ'dit) *su. u. adj.* Zwitter(...) *m.*

herméneutique 🕮 (ɛrmenø'tik) *adj. u. f*: (*art m*) ~ Kunst *f*, die Schriften der Alten auszulegen.

hermét|icité (ɛrmetisi'te) *f* luftdichter Verschluß *m*; **~ique** (~'tik) *adj.* **1.** hermetisch, luftdicht (verschlossen); **2.** ⚠ *colonne f* ~ Hermensäule *f*; **~isme** *litt.* (~'tism) *m* Verschleierung *f*.

hermine (ɛr'min) *f* Hermelin(-pelz *m*) *n*.

herminette *charp.* (ɛrmi'nɛt) *f* Dachsbeil *n.*

***her|niaire** ⚕ (ɛr'njɛ:r) *adj.* Bruch...; *bandage m* ~ Bruchband *n*; **~nie** ⚕ (ɛr'ni) *f* Bruch *m*, Hernie *f*.

hernu *dial. Picardie* (ɛr'ny) *m* Juli (-hitze *f*) *m*; Gewitter *n*.

héroï-comique *litt.* (erɔikɔ'mik) *adj.*: *poème m* ~ spaßhaftes Heldengedicht *n*.

héroï|ne (erɔ'in) *f* **1.** Heldin *f*; *l'*~ die Heldin *f*; (*aber*: *le héros* der Held *m*); **2.** *phm.* Heroin *n* (*Narkotikum*); **~nomanie** ⚕ (~nɔma'ni) *f* Heroinsucht *f*; **~que** (erɔ'ik) *adj.* □ **1.** heroisch, tapfer, heldenmütig; *poésie f* ~, *poème m* ~ Heldendichtung *f*, episches Gedicht *n*; *vers m* ~ Alexandriner *m* (*in der franz. Dichtung*); **2.** ⚕ sehr stark wirkend; *un remède* ~ ein Radikalmittel *n*; **~sme** (erɔ'ism) *m* Heldentum *n*, -mut *m*.

***héron** *orn.* (e'rɔ̃) *m* Reiher *m*.

***héros** (e'ro) *m* **1.** Held *m*; *le* ~ der Held *m*; *en* ~ als Held; **2.** *myth.* Heros *m*, Halbgott *m*; *vgl. héroïne*.

***herpes** ⚓ (ɛrp) *f/pl.* Geländerdocken *f/pl.* an der Rundung des Galions.

herpès ⚕ (ɛr'pɛs) *m* Flechte *f* (*Hautkrankheit*).

herpétique ⚕ (ɛrpe'tik) *adj.* Flechten...

***her|sage** ⚒ (ɛr'sa:ʒ) *m* Eggen *n*; **~se** (ɛrs) *f* **1.** Egge *f*; **2.** *hist.* ⚔ *frt.* Fallgatter *n*; **3.** *auf dem Erdboden aufgezeichneter* Aufriß *m* e-s Dachstuhls; **4.** großer Kirchenleuchter *m*; **5.** *thé.* unsichtbar angebrachtes Beleuchtungsgerät *n* auf der Bühne; **~ser** ⚒ (~'se) *v/t.* [1a] eggen.

hési|tation (ezitɑ'sjɔ̃) *f* **1.** Zögern *n*; *sans* ~ ohne Bedenken; **2.** ~ *de parole* Stocken *n* (*beim Reden*); **~ter** (~'te) *v/i.* [1a] **1.** schwanken, unschlüssig sein, zaudern; zögern; *sans* ~ ohne zu zögern; **2.** (*beim Reden*) stocken.

hétéro|clite (eterɔ'klit) *adj. gr.* unregelmäßig; *fig.* wunderlich, seltsam; ⚠ bizarr; **~doxe** (~'dɔks) *adj.*

u. su. ketzerisch, irrgläubig; Ketzer *m*, Irrgläubiger *m*; **~doxie** (~dɔk'si) *f* Irrglaube *m*, Ketzerei *f*; **~dyne** *rad.* (~'din) *adj. u. f* empfangsverstärkend, heterodyn; Heterodyne *f*; **~gène** (~'ʒɛn) *adj.* heterogen, verschieden-, ungleich-, fremdartig; **~généité** (~ʒenei'te) *f* Verschieden-, Fremd-, Ungleich-artigkeit *f*; **~morphe** *min.* (~'mɔrf) *adj.* heteromorph, ungleichförmig; **~nyme** (~'nim) *adj.* ungleichnamig.

***hêtraie** (ɛ'trɛ) *f* Buchenhain *m*.

***hêtre** ('ɛ:trə) *m* Buche *f*.

***heu** (ø) *int.*: ~, ~! hm, hm!; so, so!; oho!

heur † (œ:r) *m* Glück *n*; *nur noch in*: *avoir l'~ de plaire* das Glück haben zu gefallen; *il a plus d'~ que de science* er hat mehr Glück (*od.* Schwein P) als Verstand.

heure (œ:r) *f* **1.** Stunde *f*; (Uhr-) Zeit *f*, Zeitpunkt *m*; ⚔ *l'~ H* die Stunde X; *deux grandes ~s* gut zwei Stunden *f/pl.*; *cinq ~s de suite* fünf Stunden hintereinander; (*durant od. pendant*) *des ~s entières* stundenlang; *une demi-~* eine halbe Stunde *f*; *une ~ et demie* anderthalb Stunden *f/pl.*; *un quart d'~* eine Viertelstunde *f*; *~ du repas* Tischzeit *f*; *à l'~ du déjeuner* (*bzw. du dîner*) zur Essenszeit; *écol. ~ de classe* Schulstunde *f*; *écol. nombre m d'~s de classe* Stundenzahl *f* (*des Lehrers*); *journée f de huit ~s* Achtstundentag *m*; *~ d'été* Sommerzeit *f*; *~s pl. de loisir* Mußestunden *f/pl.*; *~ de l'Europe centrale* mitteleuropäische Zeit *f*; *~ locale* Ortszeit *f*; *~s pl. d'étude* Arbeitszeit *f* (*e-s Schülers usw.*); *~ de travail* Arbeitszeit *f der Arbeiter*; *~s pl. d'excédent, ~s pl. supplémentaires* Überstunden *f/pl.*; *~s pl. d'affluence, ~s de grande affluence* Hauptgeschäfts-, Hauptverkehrszeit *f*; *~s pl. creuses* verkehrsarme Stunden *f/pl.*; *~ creuse* Zwischen-, Spring-stunde *f*; *rad. ~ d'émission* Sendestunde *f*; *~ du bricoleur* Bastelstunde *f*; *~ de Paris* Pariser Zeit *f*; *convenir d'une ~ avec q.* mit j-m e-e Zeit verabreden; *être tenu* (*od. sujet*) *à l'~* (*od. à une ~ près*), *avoir souci de l'~* an die Stunde (*od.* Zeit) gebunden sein; nicht über s-e Zeit verfügen können; *mettre* (*od. régler*) *sa montre à l'~, prendre l'~* s-e Uhr (richtig) stellen; die Uhrzeit vergleichen; *ma montre est à l'~* m-e Uhr geht genau; *son ~ est venue* sein Stündlein ist gekommen; *advt.*: *à l'~*: a) zur rechten Zeit, rechtzeitig, pünktlich; b) stundenweise; *à l'~ qu'il est* jetzt, zur Zeit, heutzutage; *à cette ~* jetzt; *à la bonne ~!* bravo!, recht so!, *être à l'~* pünktlich sein; *tout à l'~*: a) gleich, sofort; b) soeben; vorhin; *sur l'~* sofort, auf der Stelle; *à tout à l'~* bis nachher; ich bin gleich wieder da; *à toute ~* jederzeit; *de bonne ~* früh(morgens), rechtzeitig, beizeiten; *de trop bonne ~* zu früh; *de meilleure ~* früher; *à une ~ indue* ungelegen, zu unpassender Zeit; *dans les 24 ~s* binnen 24 Stunden; *pour l'~, pour le quart d'~* augenblicklich, zur Zeit; **2.** Uhr (-zeit *f*) *f*; *quelle ~ est-il?, quelle ~ avez-vous?* wieviel Uhr ist's?; *il est une* (*deux*) *~(s)* es ist ein (zwei) Uhr; *huit ~s viennent de sonner* es hat soeben acht (Uhr) geschlagen; *à deux ~s précises* (*od. juste od. sonnantes*) Punkt zwei Uhr; *il est deux ~s sonnées* es hat zwei geschlagen; *il est deux ~s passées, deux ~s ont sonné* es ist zwei Uhr durch; *vers* (*les*) *quatre ~s* gegen vier Uhr; *il est quatre ~s et demie* es ist halb fünf; **3.** Stundenziffer *f* auf dem Zifferblatt; **4.** *rl.* *2s pl.* (*a. livre m d'~s*) Gebetbuch *n*.

heur|eusement (œrøz'mɑ̃) *adv.* zum Glück, glücklicherweise, erfreulicherweise; *maison f ~ située* günstig gelegenes Haus *n*; **~eux** (œ'rø) [7d] **I** *adj.* □ glücklich; *j'en suis ~* ich bin sehr froh darüber; *il est ~ de son succès* er freut sich über s-n Erfolg; *il a été ~* es ist ihm gut gegangen; *il est ~ chez nous* er hat es gut bei uns, er fühlt sich bei uns wohl; *avoir la main heureuse* es gut treffen (*bei e-r Wahl*); *une physionomie heureuse* ein gewinnendes Äußeres *n*; *une repartie heureuse* e-e schlagfertige Entgegnung *f*; *une mémoire heureuse* ein gutes Gedächtnis *n*; *rendre q. ~* j-n glücklich machen; *il est* (*fort*) *~ que* (*subj.*) es ist ein (großes) Glück (*od.* sehr erfreulich), daß (*ind.*); **II** *su.* Glücklicher *m*.

***heurt** (œ:r) *m* Stoß *m*, Zusammenstoß(en *n*) *m*, Anprall *m*; **~er** (œr'te) [1a] **I** *v/t.* **1.** (an-, zusammen-)stoßen; anrempeln; *fig. ~ q.* j-n vor den Kopf stoßen; *Auto*: j-n anfahren; *~ l'amour-propre de q.*

j-s Eigenliebe verletzen; **2.** *heurté* abgerissen, abgehackt (*Rede*); schroff, kontrastreich; **II** *v/i.* (an-)stoßen; (an-)prallen; ~ *du pied contre une pierre* mit dem Fuß gegen e-n Stein stoßen; ~ *à la porte* an die Tür klopfen; **~oir** (~'twa:r) *m* Türklopfer *m*; ⊕ Prellbock *m*.

hexa|èdre ⩘ (ɛgza'ɛ:drə) **I** *adj.* sechsflächig; **II** *m* Hexaeder *n*, Sechsflächner *m*; **~gone** (~'gɔn) **I** *adj.* sechseckig; **II** *m* Sechseck *n*; **~mètre** *mét.* (~'mɛ:trə) *m* sechsfüßiger Vers *m*, Hexameter *m*; **~moteur** ✈ (~mɔ'tœ:r) *adj. u. m.* sechsmotoriges Flugzeug *n*.

hiatus (ja'tys) *m* **1.** *gr.* Hiatus *m* (*Zs.-treffen zweier Vokale*); **2.** *anat.* Lücke *f*; Spalte *f*; **3.** *fig.* Kluft *f*.

hiber|nal (ibɛr'nal) *adj.* [5c] winterlich; Winter...; **~nation** (~nɑ'sjɔ̃) *f zo.* Winterschlaf *m*; ⚕ ~ *artificielle* künstlicher Winterschlaf *m*, Dauer-, Heil-schlaf *m*; **~ner** *zo.* (~'ne) *v/i.* [1a] Winterschlaf halten.

***hibou** (i'bu) *m* [5b] Eule *f*; *fig.* Einsiedler *m*, komischer Kauz *m*; ~ *des clochers* Schleiereule *f*.

***hic** F (ik) *m* Hauptschwierigkeit *f*; *voilà* (*od. c'est là*) *le* ~ da liegt der Hase im Pfeffer; da ist der Haken.

***hid|eur** (i'dœ:r) *f* Häßlichkeit *f*, Scheußlichkeit *f*; **~eux** (~'dø) *adj.* [7d] □ häßlich, scheußlich.

***hie** ⊕ (i) *f* Pflaster-, Hand-ramme *f*.

hièble ⚘ ('jɛblə) *f* Attich *m*.

hiém|al *bsd.* ⚘ (je'mal) *adj.* [5c] winterlich; **~ation** ⚘ (~mɑ'sjɔ̃) *f* Überwinterung *f*.

***hiement** (i'mɑ̃) *m* **1.** Festrammen *n* des Pflasters; **2.** Geräusch *n*, Knarren *n der Lasthebemaschinen*.

hier¹ (jɛ:r) *adv.* gestern; *fig.* vor kurzer Zeit; ~ *matin* gestern früh; ~ *tout au matin* gestern ganz früh; ~ *soir, bisw. auch* ~ *au soir* gestern abend; *d'*~ gestrig; *sa fortune date d'*~ sein Vermögen ist neu.

***hier²** ⊕ (i'je) *v/t.* [1a] einrammen.

***hiérarch|ie** (jerar'ʃi) *f* Hierarchie *f*, Rangordnung *f*; **~ique** (~'ʃik) *adj.* □ hierarchisch, vorschriftsmäßig; *par la voie* ~ auf dem Dienstwege; **~iser** (~ʃi'ze) *v/t.* [1a] nach Rangordnungen einteilen.

hiératique (jera'tik) *adj.* hieratisch, religiös gebunden, feierlich.

hiéroglyphe (jerɔ'glif) *m* Hieroglyphe *f*; **~s** *pl. fig.* unlesbare Handschrift *f*, unverständliches Zeug *n*.

***highlander** ⚔ (ajlɛn'dœ:r) *m* Schotte *m*.

***high-life** (aj'laif) *m/inv. die* obersten Zehntausend *pl.*, vornehme Welt *f*.

hilarant (ila'rɑ̃) *adj.* [7] *nur in*: *c'est* ~ das ist zum Lachen; *gaz m* ~ Lachgas *n*.

hilare (i'la:r) *adj.* heiter.

hilarité (ilari'te) *f* Heiterkeit *f*.

hiloire ⚓ (i'lwa:r) *f* Scherstock *m* (*Verstärkungsplanke des Decks*).

himalayen (imala'jɛ̃) *adj.* [7c] Himalaja...

hindou (ɛ̃'du) *adj. u.* ♀ *su.* Hindi...; Hindu *m*; **~isme** *rl.* (~'dwism) *m* Hinduismus *m*; **~iste** (~'dwist) *su.* Hindu *m*.

Hindoustan *géogr.* (ɛ̃dus'tɑ̃) *m*: **l'~** Hindustan; **♀i** (ɛ̃dusta'ni) *m* Hindustani(sprache *f*) *n*; **♀ique** (~ta'nik) *adj.* hindustanisch.

hinterland (intɛr'lɑ̃:d) *m* Hinterland *n*.

hippiatre (i'pjatrə) *m* Pferdearzt *m*.

hippique (i'pik) *adj.* zum Pferde gehörig; Pferde...; *concours m* ~ Pferderennen *n*.

hippisme (i'pism) *m* Pferde-, Reitsport *m*.

hippo|campe (ipɔ'kɑ̃:p) *m* **1.** *icht.* Seepferdchen *n*; **2.** *myth.* Meerpferd *n*; **~drome** (~'drɔm) *m* Rennbahn *f*; **~logie** (~lɔ'ʒi) *f* Pferdekunde *f*; **~mobile** (~mɔ'bil) *adj.* von Pferden gezogen; **~phagique** (~fa'ʒik) *adj.*: *boucherie f* ~ Roßschlächterei *f*; **~potame** (~pɔ'tam) *m* Nil-, Fluß-pferd *n*, Rhinozeros *n*.

hircin (ir'sɛ̃) *adj.* [7] bocksartig; *odeur f* **~e** Bocksgeruch *m*.

hirondelle (irɔ̃'dɛl) *f* **1.** Schwalbe *f*; ~ *de cheminée* Rauchschwalbe *f*; F ~ *d'hiver in Paris*: a) Schornsteinfeger *m*; b) Eßkastanienhändler *m*; **2.** ⚓ kleines (Dampf-)Boot *n*.

hirsute (ir'syt) *adj.* struppig, zerzaust, ⚘ rauh, stachelhaarig.

hispan|ique (ispa'nik) *adj.*: *péninsule f* ~ spanische Halbinsel *f*; **~isant** (~ni'zɑ̃) *m* Spanienforscher *m*; **~isme** (~'nism) *m* spanische Spracheigentümlichkeit *f*; **~o-allemand** (~nɔal'mɑ̃) *adj.* [7] spanisch-deutsch; **~o-américain** (~nɔameri'kɛ̃) *adj.* [7] spanisch-amerikanisch.

hispide ⚘ (is'pid) *adj.* stachelig, borstig.

***hisser** (i'se) *v/t.* [1a] (auf)hissen, in die Höhe ziehen (*bsd.* ⚓).

histoire (is'twa:r) *f* **1.** Geschichte *f*; ~ *ancienne* (*moderne, contemporaine*) alte (neue, neueste *od.* zeitgenössische) Geschichte *f*; ~ *ecclésiastique* Kirchengeschichte *f*; ~ *littéraire* Literaturgeschichte *f*; ~ *naturelle* Naturgeschichte *f*; ~ *profane* weltliche Geschichte *f*; ~ *sacrée* Religionsgeschichte *f*; ~ *sainte* biblische Geschichte *f*; ~ *universelle* Weltgeschichte *f*; ~ *de la civilisation* Kulturgeschichte *f*; ~ *de France* Geschichte *f* Frankreichs; *écol.* *classe f* (*od. leçon f*) *d'*~ Geschichtsstunde *f*; **2.** Geschichtswerk *n*; **3.** Beschreibung *f*, Erzählung *f*, Geschichte *f*; *c'est l'*(*éternelle*) ~ *de ...* so geht es allen ...; **4.** erfundene Geschichte *f*; **5.** (ärgerliche) Sache *f*; *c'est une autre* ~ das ist etwas anderes; *voilà bien une autre* ~*!* auch das noch! (*von Unangenehmem*); *voilà bien des* ~*s!* was das für Sachen (Geschichten) sind!; **6.** F ~*s pl.* Umstände *m/pl.*; Schwierigkeiten *f/pl.*, Scherereien *f/pl.*; Krach *m*, Zank *m*, Streit *m*; *que d'*~*s!* was für Umstände!; *ne faites donc pas tant d'*~*s!* machen Sie doch bloß nicht so viele Umstände!; *faire des* ~*s à q.* j-m Schwierigkeiten machen; *avoir des* ~*s avec q.* mit j-m Krach (F) haben, *pas* (*tant*) *d'*~*s!* Schluß damit!; **7.** ⚕, *psych.* Bild *n*; ~ *clinique* klinisches Bild *n*; ~ *biologique* biologisches Bild *n*; **8.** P, F ~ *de mit inf.* (bloß) um zu ...; ~ *d'avoir le champ libre pour ses manigances* bloß um für s-e Machenschaften freies Feld zu haben.

histo|ricité (istɔrisi'te) *f* geschichtlicher Tatbestand *m od.* Wert *m*; **~rien** (~'rjɛ̃) *m* Historiker *m*, Geschichts-forscher *m*, -schreiber *m*; ~ *de la littérature* Literarhistoriker *m*; **~rier** (~'rje) *v/t.* [1a] illustrieren; verzieren; **~riette** (~'rjɛt) *f* kleine Geschichte *f*; **~riographe** (~rjɔ'graf) *m* Geschichtsschreiber *m*; **~rique** (~'rik) **I** *adj.* □ geschichtlich, historisch; Geschichts...; **II** *m* geschichtliche Darstellung *f*, Werdegang *m*, Ablauf *m*.

histrion (istri'ɔ̃) *m* **1.** Possenreißer *m*, Schmierenspieler *m*, Gaukler *m*; *mv.p.* Scheinheiliger *m*, elender Angeber *m*; **2.** *antiq.* Schauspieler *m*, Komödiant *m*.

***hit** ♪ (it) *m* Schlager *m*.

hitlérien *All. ehm. pol.* (itle'rjɛ̃) *adj. u. su.* [7c] hitleristisch, Hitler...; Hitlerist *m*, Nationalsozialist *m*.

hitlérisme *All. ehm. pol.* (itle'rism) *m* Hitlerbewegung *f*, Nationalsozialismus *m*.

Hittite *antiq.* (i'tit) *m* Hethiter *m*, Hettiter *m*.

hiver (i'vɛ:r) *m* Winter *m*; *en* ~ im Winter; *au milieu* (*au plus fort, au cœur*) *de l'*~ mitten im Winter; *passer l'*~ überwintern; *sports m/pl. d'*~ Wintersport *m/sg.*; *vêtements m/pl. d'*~ Winter-kleidung *f/sg.*, -sachen *f/pl.*; *poét. fig.* ~ *de l'âge*, ~ *des ans*, ~ *de la vie* (Greisen-)Alter *n*; **~nage** (~'na:ʒ) *m* Winter-, Regen-zeit *f*; ⚒ Winterbestellung *f*; ⚓, ⚒ Überwinterung *f*; ⚓ Winterhafen *m*; **~nal** (~'nal) *adj.* [5c] winterlich; *saison f* ~*e* Wintersaison *f*; **~nant** (~'nɑ̃) *su.* [7] Winterkurgast *m*; **~nement** *zo.* (~nə'mɑ̃) *m* Überwinterung *f*; **~ner** (~'ne) [1a] **I** *v/i.* überwintern; Winterquartiere beziehen; **II** *v/t.* ⚒ ~ *les terres* die Winterbestellung des Ackers machen; ~ *le bétail* das Vieh im Stall füttern; **~neur** (~'nœ:r) *m* [7g] Winterkurgast *m*.

***ho** (o) *int.* ho!; hisse!; hau ruck!

***hobereau** (ɔ'bro) *m* [5b] **1.** *orn.* Baumfalke *m*; **2.** *fig. péj.* Krautjunker *m*; *les* ~*x* das Junkertum *n*; *mv.p. parti m des* ~*x* Junkerpartei *f*.

***hoche** (ɔʃ) *f* Kerbe *f*.

***hochement** (ɔʃ'mɑ̃) *m*: ~ *de tête* Kopfschütteln *n*.

***hochepied** *ch.* (ɔʃ'pje) *m* Stoßfalke *m*.

***hochepot** *cuis.* (ɔʃ'po) *m* Fleischragout *n* mit Kastanien, Rüben *usw.*

***hochequeue** *orn.* (ɔʃ'kø) *m* Bachstelze *f*.

***hocher** (ɔ'ʃe) *v/t.* [1a] schütteln; ~ *la* tête mißbilligend den Kopf schütteln; *dial.* ~ *un arbre fruitier* e-n Obstbaum schütteln.

***hochet** (ɔ'ʃɛ) *m* Beißring *m* (*für Kinder*), Kinderklapper *f*; *fig.* Tand *m*.

***hockey** *Sport* (ɔ'kɛ) *m* Hockey *n*; ~ *sur glace* Eishockey *n*; **~eur** (ɔkɛ'œ:r) *su.* [7g] Hockeyspieler *m*.

hodomètre (ɔdɔ'mɛ:trə) *m* Schrittmesser *m*; *a. odomètre.*

hoir † ⚖ (wa:r) *m* (Leibes-)Erbe *m*.

hoirie † ⚖ (wa'ri) *f* Erbschaft *f*.

***holà** (ɔ'la) **I** *int.* hallo!; ruhig!; still!; ~*! plus un mot!* ruhig!, kein Wort mehr!; **II** *m* F *mettre le* ~ Einhalt gebieten.

***holding** † (ɔl'diŋ) *m* Dachgesellschaft *f*.

***hold-up** (ɔl'dœp) *m* bewaffneter Raubüberfall *m*.
***hollandais** (ɔlɑ̃'dɛ) *adj. u.* ♀ *su.* [7] holländisch; Holländer *m*.
***Hollande** (ɔ'lɑ̃:d) *f*: **la** ~ Holland *n*.
holocauste (ɔlɔ'kost) *m* Brand-, Sühn-opfer(tier *n*) *n*.
holothurie *zo.* (ɔlɔty'ri) *f* Seegurke *f*.
***hom** (ɔm) *int.* hm! (*Zweifel, Mißtrauen*).
***homard** (ɔ'ma:r) *m* Hummer *m*.
***hombre** ('ɔ̃:brə) *m* Lomber(spiel) *n*.
***home** (o:m) *m* Heim *n*.
homélie *rl.* (ɔme'li) *f* **1.** Predigt *f*; **2.** *fig.* langweilige Moralpredigt *f*.
homéopath|e ⚕ (ɔmeɔ'pat) *adj. u. m* homöopathisch; Homöopath *m*; **~ie** ⚕ (~pa'ti) *f* Homöopathie *f*.
homérique (ɔme'rik) *adj.* homerisch.
homicide (ɔmi'sid) **I** *m* Totschlag *m*; Mord(tat *f*) *m*; ~ *par imprudence* fahrlässige Tötung *f*; **II** *adj.* mörderisch, Mord... kannibalisch.
hommage (ɔ'ma:ʒ) *m* **1.** *féod.* Lehnseid *m* (Vasallen-)Huldigung *f*; **2.** Ehrerbietung *f*; (*bsd.* ~*s pl.*); ~ *national à* ... Staatsakt *m* für ...; *fig. rendre* ~ *aux mérites de q.* j-s Verdienste anerkennen (*od.* würdigen); *présenter ses* ~*s à q.* j-m huldigen, j-m s-e Ehrfurcht bezeigen **3.** Widmung *f*; ~ *de l'auteur* vom Verfasser überreicht; *faire* ~ *de qch. à q.* j-m etw. widmen *od.* verehren; *en* ~ *de reconnaissance* als Zeichen dankbarer Verehrung.
hommasse (ɔ'mas) *adj.*: *personne f* ~ Mannweib *n*.
homme (ɔm) *m* **1.** Mensch *m*; *les* ~*s* die Menschen *m/pl.*, die Leute *pl.*; **2.** Mann *m*; (*habillé*) *en* ~ als Mann (gekleidet); *voix f d'*~ Männerstimme *f*; ~ *fait* Erwachsener *m*; *jeune* ~ junger Mann *m*; *il se fait* ~ er wächst zum Manne heran; ~ *d'action* Mann *m* der Tat; ~ *d'affaires* Geschäftsmann *m*; *brave* ~, ~ *de bien, galant* ~, *honnête* ~ Ehren-, Biedermann *m*, anständiger (*od.* zuverlässiger) Mensch *m*; ~ *de couleur* Farbiger *m*; ~ *d'État* Staatsmann *m*; ~ *à femmes* Schürzenjäger *m*; ~ *du monde* Weltmann *m*; ~ *des neiges* Schneemann *m* (*Himalaja*); ~ *nouveau* Emporkömmling *m*; *fig. l'*~ *de la rue* der (einfache) Mann *m* der Straße; ~ *de paille* Strohmann *m*; ~ *de peine* Dienstmann *m*; ~ *du peuple* Mann *m* aus dem Volke; ~ *de qualité* Standesperson *f*; *il serait* ~ *à le faire* er wäre imstande, es zu tun; *c'est un* ~ *à ménager* auf ihn muß man Rücksicht nehmen; **3.** ~*s pl.* Leute *pl.*, Personal *n*; **4.** *féod.* ~ *lige* Lehnsmann *m*, Vasall *m*; ~ *de corps* Leibeigener *m*; **5.** P (Ehe-)Mann *m*; **6.** ⚔ Mann *m*; ~ *de liaison* Verbindungsmann *m*; *l'*~ *qu'on a devant soi* der Vordermann *m*; *mille* ~*s à cheval* tausend Mann Reiterei; ⚓ ~ *à la mer* Mann über Bord.
Homme-Dieu (ɔm'djø) *m* Gottmensch *m*.
homme-grenouille (ɔmgrə'nuj) *m* [6a] Froschmensch *m* (*Taucher*).
homme-réclames (ɔmre'klam) *m* [6b] (Reklame-)Zettelverteiler *m*.
homme-sandwich (~sɑ̃'dwiʃ) *m* [6b] Plakatträger *m*.
homme-serpent (~sɛr'pɑ̃) *m* [6a] Schlangenmensch *m*.
homo|gène (ɔmɔ'ʒɛn) *adj.* □ homogen, gleichartig; **~généité** (~ʒenei'te) *f* Gleichartigkeit *f*; Zusammengehörigkeit *f*; **~logation** ⚖ (~lɔgɑ'sjɔ̃) *f* Genehmigung *f*, Bestätigung *f*; *Sport*: Beglaubigung *f* *od.* Anerkennung *f* (*bsd. e-s Rekords*); *Auto*, ⚒ (Typ-)Prüfung *f*, Freigabe *f*; **~logue** (~'lɔg) *adj. a biol.* entsprechend; F *m* Kollege *m*; **~loguer** ⚖ (~lɔ'ge) *v/t.* [1m] (gerichtlich) bestätigen; *Sport*: e-n Rekord beglaubigen *od.* anerkennen; *Werkstoff usw.* (amtlich) zulassen; **~nyme** *gr.* (~'nim) *adj. u. m* gleichlautend; Homonym *n*; **~nymie** *gr.* (~ni'mi) *f* Gleichlaut *m*; **~phonie** *gr.* (~fɔ'ni) *f* Gleichklang *m*; **~sexualité** (~sɛksɥali'te) *f* Homosexualität *f*; **~sexuel** (~sɛ'ksɥɛl) *adj.* [7c] homosexuell.
***hongre** ('ɔ̃:grə) **I** *adj.* verschnitten (*Pferd*); **II** *m* Wallach *m*.
***Hongrie** (ɔ̃'gri) *f*: **la** ~ Ungarn *n*.
***hongrois** (ɔ̃'grwa) *adj. u.* ♀ *su.* [7] ungarisch; Ungar *m*.
honnête (ɔ'nɛ:t) **I** *adj.* □ **1.** ehrlich, redlich, anständig, bieder, rechtschaffen, achtbar, ehrbar, sittsam; **2.** passend, anständig, schicklich, angemessen; *fortune f* ~ hübsches (*od.* anständiges) Vermögen *n*; *récompense f* ~ angemessene Entschädigung *f*; **II** *m das* Anständige *n*, *das* Ehrbare *n*; **~ment** (ɔnɛt'mɑ̃) *adv.* in (*od.* mit) Ehren; **~té** (ɔnɛt'te) *f* **1.** Ehrlichkeit *f*, Redlichkeit *f*, Rechtschaffenheit *f*; **2.** Anständigkeit *f*, Schicklichkeit *f*.

honneur (ɔ'nœ:r) *m* **1.** Ehre *f*; *affaire f d'~*: a) Ehrensache *f*; b) Zweikampf *m*, Duell *n*; *Fr.*: *croix f (de la Légion) d'~* Kreuz *n* der Ehrenlegion; *dame f d'~* Hof-, Ehren-dame *f*; *demoiselle f d'~* Brautjungfer *f*; *garçon m d'~* Brautführer *m*; *parole f d'~* (auf) Ehrenwort *n*; *avec ~* ehrenvoll; *sans ~* ehrlos; *en l'~ de q.* j-m zu Ehren; *avoir l'~ (de)* die Ehre haben (zu); *être à l'~* gebührend gewürdigt werden, e-n Ehrenplatz einnehmen; *cela vous fait ~* es macht Ihnen Ehre; *faire ~ à la vérité* der Wahrheit die Ehre geben; *faites-moi l'~ de venir me voir* beehren Sie mich mit Ihrem Besuch; *faire ~ à un plat* sich ein Gericht schmecken lassen; *tenir à ~ de faire qch.* es sich zur Ehrenpflicht machen, etw. zu tun; **2.** *fig.* Schmuck *m*, Zierde *f*; **3.** *~s pl.* Ehrenämter *n/pl.*; Ehrenstellen *f/pl.*; Ehrenbezeigungen *f/pl.*; *rendre les derniers ~s à q.* j-m die letzte Ehre erweisen; *faire les ~s de la maison* die Gäste empfangen; **4.** ☨ *faire ~ à une lettre de change* e-n Wechsel bezahlen (*od.* honorieren).

***honnir** † (ɔ'ni:r) *v/t.* [2a] anprangern; *honni soit qui mal y pense* ein Schuft, der Schlechtes dabei denkt.

honora|bilité (ɔnɔrabili'te) *f* Ehrenhaftigkeit *f*; **~ble** (~'rablə) *adj.* **1.** ehrenvoll, rühmlich; Ehren...; **2.** achtbar, ehren-, achtungs-wert, geschätzt; Ehren...; *fig.* ansehnlich.

hono|raire (ɔnɔ'rɛ:r) **I** *adj.* Ehren..., Titular...; *membre m ~* Ehrenmitglied *n*; *professeur m ~* Honorarprofessor *m*; **II** *m/pl.* *~s* Honorar *n*, Gebühren *f/pl.*; *~s pl. de notaire* Notariatsgebühren *f/pl.*; **~rariat** (~ra'rja) *m* Ehrenmitgliedschaft *f*; **~rée** (~'re) *f*: *votre ~ du 18 mai* Ihr geehrtes (*od.* wertes) Schreiben vom 18. Mai; **~rer** (~) [1a] **I** *v/t.* **1.** (ver)ehren, in Ehren halten; **2.** *~ q. de qch.* j-n mit etw. (*dat.*) beehren (*od.* e-e Ehre erweisen); **3.** *~ q. (od. qch.)* j-m (*od.* e-r Sache) Ehre machen; **4.** ☨ *~ une lettre de change* e-n Wechsel bezahlen (*od.* honorieren); **II** *v/rfl.* *s'~ de qch.* sich durch etw. geehrt fühlen; *s'~ par qch.* mit etw. (*dat.*) Ehre einlegen; **~rifique** (~ri'fik) *adj.* □ Ehre bringend, ehrend, Ehren...; *à titre ~* ehrenamtlich; *charge f ~* Ehrenamt *n*; *titre m ~* Ehrentitel *m*.

***honte** (ɔ̃:t) *f* **1.** Scham(haftigkeit *f*) *f*, Schamgefühl *n*; *mauvaise (od. fausse) ~* falsche Scham *f*; *avoir ~ de qch.* sich wegen e-r Sache (*gén.*) schämen; *avoir ~ de q.* sich vor j-m (*dat.*) schämen; *rougir de ~* vor Scham erröten; *qui a toute ~ bue* wer völlig schamlos ist; **2.** Schande *f*, Schandfleck *m*; *il n'y a pas de ~ à faire cela* man braucht sich nicht zu schämen, dies zu tun; *faire ~ à q.* j-n blamieren (*od.* bloßstellen).

***honteux** (ɔ̃'tø) [7d] *adj.* □ **1.** beschämt; *n'es-tu pas ~ de ...?* schämst du dich nicht, zu ...?; *rendre ~* beschämen; **2.** schüchtern; **3.** schandhaft, beschämend.

***hop** (ɔp) *int.* *~!* hopp!, hops(a)!

hôpital (opi'tal) *m* [5c] **1.** Krankenhaus *n*, Hospital *n*; ⚔ *~-arrière m* Reservelazarett *n*; *~ militaire* Lazarett *n*; ⚔ *~ de campagne* Feldlazarett *n*; *~ de contagieux* Seuchenlazarett *n*; *~ d'évacuation* Etappenlazarett *n*; *~ vétérinaire* Pferdelazarett *n*; *vaisseau-~* Lazarettschiff *n*; *amener q. à l'~* j-n (ins Krankenhaus) einliefern; *transporter (od. emmener) q. à l'~* j-n ins Krankenhaus bringen; **2.** *réduire q. à l'~* j-n ruinieren.

***hop-là** (ɔp'la) *int.* *~!* hoppla!

***hoquet** (ɔ'kɛ) *m* Schlucken *m*; *avoir le ~* Schlucken haben; **~er** (ɔk'te) *v/i.* [1c] Schlucken haben.

***hoqueton** *féod.* (ɔk'tɔ̃) *m* (mit goldenen Lilien) bestickter Waffenrock *m*.

horaire (ɔ'rɛ:r) **I** *adj.* Stunden...; **II** *m école.* Stundenplan *m*; 🚂, ⚓, ✈ Fahrplan *m*, Kursbuch *n*.

***horde** (ɔrd) *f* Horde *f*.

***horion** (ɔ'rjɔ̃) *m* Puff *m*, Schlag *m*; *bsd. pl.* *~s* F Prügel *f*, Hiebe *m/pl.*; *échange m de ~s* Prügelei *f*; *distribuer des ~s* Schläge austeilen; *recevoir des ~s* Keile kriegen.

horizon (ɔri'zɔ̃) *m* Horizont *m*, Gesichtskreis *m*; *cela passe mon ~* das geht über meinen Horizont (*od.* Verstand); *le soleil descend (od. disparaît) à l'~* die Sonne geht unter; **~tal** (~'tal) *adj.* [5c] □ waagerecht, horizontal.

horlo|ge (ɔr'lɔ:ʒ) *f* große (Turm-)Uhr *f*; *~ de gare* Bahnhofsuhr *f*; *~ régulatrice* Normaluhr *f*; *~ parlante* Zeitansage *f (durch Rundfunk od. Telephon)*; *~ de parquet* Stand-uhr *f*; ~ *pointeuse* Stechuhr *f* (*Kontrolluhr für Wächter*); **~ger** (~'ʒe) **I** *m* Uhrmacher *m*; **II** *adj.* [7b] Uhren...; *industrie f horlogère* Uhrenindustrie *f*; **~gerie** (ɔrlɔʒ'ri) *f* Uhrmacherei *f*; ✝ Uhrenhandel *m*; Uhrengeschäft *n*; Uhrenwaren *f/pl.*

hormis ✎(ɔr'mi) *prp.* außer (*dat.*), ausgenommen (*acc.*), abgesehen von (*dat.*); (*bisw. fälschlich*: ~ de).

hormon|al (ɔrmɔ'nal) *adj.* [5c] Hormon...; **~e** *phm.* (ɔr'mɔn) *f* Hormon *n*, Wirkstoff *m*.

horo|dateur (ɔrɔda'tœ:r) *m* Datums- u. Zeitstempel *m*; **~kilométrique** (~kilɔme'trik) *adj.*: *compteur m* ~ Tachometer *m*; **~scope** (~'skɔp) *m* Horoskop *n*; *fig.* Vorhersage *f*; *tirer* (*od. faire od. dresser*) *l'*~ *de q.* j-m das Horoskop stellen.

horr|eur (ɔ'rœ:r) *f* **1.** Entsetzen *n*, Schauder *m*; *j'ai* ~ *de* ... mich graut es, zu ...; *cela fait* ~ *à penser* man schaudert bei dem Gedanken; *je suis saisi d'*~ *à l'idée* ... mich packt ein Grauen bei dem Gedanken ...; **2.** Abscheu *m*; *avoir* ~ *de qch., avoir qch. en* ~, *avoir de l'*~ *pour qch.* etw. verabscheuen; *être en* ~ *à q.* j-m ein Greuel sein; **3.** *c'est une* ~ das ist ein Scheusal; *une* ~ *d'enfant* ein abscheuliches Kind; **4.** Scheußlichkeit *f*, Abscheulichkeit *f*; *fi, l'*~! pfui, wie abscheulich!; *dire des* ~*s de q.* über j-n abscheuliche Dinge sagen; **5.** Greuel(tat *f*) *m*, Schandtat *f*; Schrecken *m*; **~ible** (~'riblə) *adj.* □ **1.** entsetzlich, grauenvoll, scheußlich; **2.** fürchterlich, furchtbar; **~ifier** (~ri'fje) *v/t.* [1a] entsetzen; **~ifique** (~ri'fik) *adj.* ungeheuer; **~ipilant** (~ripi'lɑ̃) *adj.* [7] schauderhaft; äußerst ärgerlich; unausstehlich; haarsträubend; **~ipilation** (~ripila'sjɔ̃) *f* Gänsehaut *f*; F *fig.* etw. Haarsträubendes *n*; **~ipiler** (~ripi'le) *v/t.* [1a]: ~ *q.* j-m e-e Gänsehaut machen; *fig.* j-n bis zum äußersten reizen.

***hors** (ɔ:r) **I** *prp.*: *mst. mit* de: außerhalb (*gén.*); ~ *d'âge* Alter unbestimmt (*v. Pferden*); ~ *de combat* kampfunfähig; ~ *de la ville*, *bisw. auch nur* ~ *la ville* außerhalb der Stadt; ~ *d'ici!* weg (von) hier!, *être* ~ *d'affaire* außer Gefahr sein (*v. Kranken*); *être* ~ *de cause* unbeteiligt sein; ~ *de dispute* unstrittig; *mettre qch.* ~ *de doute* etw. außer allen Zweifel setzen; ~ *d'haleine* außer Atem; *être* ~ *de page fig.* aus den Kinderschuhen heraus sein, selbständig sein; ~ *de prix* übermäßig teuer; ~ *de propos*, ~ *de saison* unpassend, nicht angebracht, nicht zutreffend; ~ *d'usage* unbrauchbar; ~ (*de*) *pair* unerreicht, außergewöhnlich; *il est* ~ *de lui* er ist außer sich vor Wut; *mettre q.* ~ *des gonds* j-n fuchsteufelswild machen; *in gewissen Redensarten auch noch ohne* de: F *être logé* ~ *barrière* in der Vorstadt wohnen; ~ *cadre* außeretatmäßig, überzählig; *Sport*: ~ *classe* Sonderklasse *f*; ~ *commerce* unverkäuflich; ~ *cours* außer Kurs; ~ *la loi* vogelfrei; ~ *concours* außer Konkurrenz; ~ *ligne*, ~ *concours* ganz hervorragend; ~ *les murs* vor den Mauern (*e-r Stadt*), außerhalb; ~ *mariage* außerehelich; ~ *rang* außer der Reihe (*Beförderung*); ~ (*de*) *service* außer Betrieb; ~ *texte adj./inv.* eingefügt, eingeschaltet (*im Buch*), als Bilderbeigabe; *fig.* ~ *de là* im übrigen, abgesehen davon; **II** *stets ohne* de: außer, ausgenommen; ~ *lui, tous étaient là* außer ihm waren alle da; **III** ~ *que cj.* (*ind. od. cond.*) mit Ausnahme, daß; außer, daß.

***hors-bord** ⚓ (ɔr'bɔ:r) *m/inv.* Boot *n* mit Außenmotor.

***hors-cadre** ⚔ (ɔr'kadrə) *adj./inv.* überzählig.

***hors-concours** (ɔrkɔ̃'ku:r) *adj./inv.* vom Wettbewerb ausgeschlossen.

***hors-d'œuvre** (ɔr'dœ:vrə) *m* [6c] **1.** *cuis.* Vorspeise *f*, Hors d'œuvre *n*; **2.** *litt.* Nebenhandlung *f*, Abschweifung *f*, Zugabe *f*, beiläufige Schilderung *f*; *peint.* Beiwerk *n*, Nebensache *f*; **3.** ⚠ Anbau *m*.

***hors-jeu** *Sport* (ɔr'ʒø) *adj./inv.* *Fußball usw.*: abseits.

***hors-la-loi** (ɔrla'lwa) *m/inv.* Vogelfreier *m*, Verbrecher *m*.

***hors-texte** (ɔr'tɛkst) *m/inv.* (Bild-) Tafel *f* (*in e-m Buch*).

hortensia ⚘ (ɔrtɑ̃'sja) *m* Hortensie *f*.

horti|cole (ɔrti'kɔl) *adj.* Garten...; *établissement m* ~ Gärtnerei *f*; **~culteur** (~kyl'tœ:r) *m* (Kunst-) Gärtner *m*; **~culture** (~kyl'ty:r) *f* Gartenbau *m*; **~llonnage** (~jɔ'na:ʒ) *m* für den Gemüseanbau verwendetes Sumpfland *n*.

hosanna *rl.* (ɔza'na) *m* Hosianna *n*.

hospi|ce (ɔs'pis) *m* Hospiz *n*; Altersheim *n*; Waisenhaus *n*; Klosterherberge *f*; ~ *d'aliénés* Irrenanstalt *f*; **~talier** (~ta'lje) [7b] **I** *adj.* □ **1.** gastfreundlich, gastlich; Verpflegungs...; **2.** *religieuse f hospitalière* barmherzige Schwester *f*; **II** *m*: Johanniter *m*, Pfleger *m*; *f*: barmherzige Schwester *f*; **~talisation** (~talizɑ'sjɔ̃) *f* Unterbringung *f in e-m Krankenhaus*; *frais m/pl. d'~* Krankenhauskosten *pl.*; **~taliser** (~tali'ze) *v/t.* [1a] in e-m Krankenhaus aufnehmen, in ein Krankenhaus einliefern; ~ *les blessés* die Verwundeten im Lazarett unterbringen; **~talité** (~tali'te) *f* Gastfreundschaft *f*; *donner l'~ à q.* j-n gastlich aufnehmen.

hostellerie (ɔstɛl'ri) *f* Gasthaus *n*; ~ *scolaire de campagne* Schullandheim *n*.

hostie *rl.* (ɔs'ti) *f* **1.** *antiq.* Opfer *n*; **2.** Oblate *f*, Hostie *f*.

hosti|le (ɔs'til) *adj.* □ feindlich, feindselig; **~lité** (~li'te) *f* Feindschaft *f*; Feindseligkeit *f*.

hôte (o:t) *m* **1.** Gastgeber *m*, Gastwirt *m*; *compter sans son* ~ die Rechnung ohne den Wirt machen; **2.** Gast *m*; *table f d'~* Gasttisch *m*.

hôtel (o'tɛl) *m* **1.** Hotel *n*, besseres Gasthaus *n*; *maître m d'~* Oberkellner *m*; **2.** vornehmes Privathaus *n*; großes öffentliches Gebäude *n*; ~ *de l'ambassadeur* Gesandtschaftsgebäude *n*; ~ *garni* (*od. meublé*) Logierhaus *n* (*mit möblierten Zimmern*); ~ *des postes* Hauptpostamt *n*; ~ *de ville* Rathaus *n*; **~-Dieu** (~'djø) *m* [6b] städtisches Krankenhaus *n*; **~ier** (otə'lje) *su. u. adj.* [7b] Hotelbesitzer(in *f*) *m*; Gastwirt(in *f*) *m*; *industrie f hôtelière* Gaststättengewerbe *n*, Hotelwesen *n*; **~lerie** (otel'ri) *f* a) Gasthof *m*, Wirtshaus *n*; b) Hotelgewerbe *n*.

hôtesse (o'tɛs) *f* Gast-geberin *f*, -wirtin *f*; ✈ ~ *de l'air* Stewardeß *f*.

***hotte** (ɔt) *f* **1.** Tragkorb *m*, Kiepe *f*; **2.** ⚠ ~ (*de cheminée*) Rauchfang *m*; **3.** * *Auto*: Taxe *f*; Mühle *f*.

***hottentot** (ɔtɑ̃'to) *adj. u.* ♀ *su.* [7] hottentottisch; Hottentotte *m*.

***hotteur** (ɔ'tœ:r) *su.* [7g] Kiepenträger *m.*

***hou** (u) *int.* hu! pfui!

***houache** (waʃ) *f* Kielwasser *n*.

***houage** ⚒ (wa:ʒ) *m* Umhacken *n*.

***houblon** ⚘ (u'blɔ̃) *m* Hopfen *m*; **~ner** (~blɔ'ne) *v/t.* [1a] mit Hopfen würzen; **~nier** (~'nje) *adj.* [7b] *u. m* hopfenerzeugend; Hopfenbauer *m*; **~nière** (~'njɛ:r) *f* Hopfenfeld *n*.

***hou|e** ⚒ (u) *f* Hacke *f*; **~er** ⚒ (we) *v/t.* [1a] (um)hacken.

***houil|le** (uj) *f* Steinkohle *f*; ~ *blanche* Wasserkraft *f*; **~ler** (u'je) *adj.* [7b] kohlenhaltig; *bassin m* ~ Kohlenbecken *n*; *industrie f houillère* Kohlenbergbau *m*; **~lère** (~'jɛ:r) *f* Steinkohlen-grube *f*, -bergwerk *n*; **~leux** (~'jø) *adj.* [7d] steinkohlenhaltig.

***houle** (ul) *f* ⚓ Dünung *f*, hohle See *f*, Drift *f*; *il y a de la* ~ die See geht hohl.

***houlette** (u'lɛt) *f* Hirtenstab *m*.

***houleux** (u'lø) *adj.* [7d] **1.** ⚓ unruhig, stürmisch (*a. fig.*); **2.** *allg.* unruhig, aufgeregt.

houliganisme (uliga'nism) *m* Bandenwesen *n*, Rowdytum *n*.

***hou(l)que** ⚘ (uk) *f* Honiggras *n*.

***houp** (up) *int.* ~! hallo!; los!

***houp|pe** (up) *f* **1.** *zo.* Büschel *n*; Quaste *f*; Troddel *f*; ~ *à poudrer* Puderquaste *f*; **2.** Haarschopf *m*; **~pelande** (up'lɑ̃:d) *f* **1.** *hist.* weit herabfallender Überwurf *m* (*Mittelalter*); **2.** *Mode*: weiter Mantel *m*; **3.** Talar *m*; **~per** (~'pe) *v/t.* [1a] **1.** ~ *de la laine* Wolle kämmen; **2.** anrufen; **~pier** (u'pje) *m* **1.** beschnittener Baum *m*; **2.** Baumkrone *f*.

***hour|dage** (ur'da:ʒ) *m* **1.** Lattenwerk *n*; rauhes Feldsteinmauerwerk *n*; **2.** Berappen *n*, Spritzwurf *m*; **~der** (ur'de) *v/t.* [1a] **1.** grob ausmauern; **2.** ⚠ Mauer berappen, rauh putzen; ~ *au mortier de ciment* mit Zementmörtel berappen; **~dis** (ur'di) *m* = **~dage**.

***houret** (u'rɛ) *m* schlechter Jagdhund *m*, Kläffer *m*.

***houri**[1] (u'ri) *f* **1.** Huri *f*, mohammedanische Paradiesjungfrau *f*; **2.** *allg.* sehr hübsche Frau *f*, Schönheit *f*.

***houri**[2] (~) *m* Küstenschiff *n des Ärmelkanals*.

***hourra** (u'ra) **I** *int.* hurra!; **II** *m* Hurra(ruf *m*) *n*; *pousser des* ~*s* hurra schreien (*od.* rufen).

***hourvari** (urva'ri) **I** *int. ch.* such hier!; **II** F *m* Wirrwarr *m*, Durcheinander *n*, Spektakel *m*.

***houseau** (u'zo) *m* [5b] hohe, lederne Gamasche *f*.

***houspiller** (uspi'je) *v/t.* [1a] hin- u. herzerren; *fig.* hart anfahren, heruntermachen.

*houssaie (u'sɛ) *f* Stechpalmengebüsch *n*.
*housse (us) *f* 1. (Möbel-)Überzug *m*; *Auto usw.* Schutzüberzug *m*; 2. Reit-, Pferde-, Sattel-decke *f*.
*hous|ser (u'se) *v/t.* [1a] abstäuben; ~sine (u'sin) *f* dünner Stock *m*; Gerte *f*; ~siner (~si'ne) *v/t.* [1a] mit e-m Stock ausklopfen (*Teppich*); ~soir (~'swa:r) *m* Staubwedel *m*.
*houx (u) *m* Stechpalme *f*.
*Hova (u'va) *m* Hova *m* (*freier Bürger Madagaskars*).
*hoyau (wa'jo) *m* [5b] Rodehacke *f*.
*huard *orn.* (ɥa:r) *m* Seeadler *m*.
*hublot (y'blo) *m* ⚓, ✈ Luke *f*.
*huche (yʃ) *f* Brot-, Mehl-kasten *m*.
*huchet (y'ʃɛ) *m* Hift-, Jagd-horn *n*.
*hue (y) *int.* ~! hü!; vorwärts!; rechts!; *l'un tire à ~, l'autre à dia* der eine will hü, der andere hott; *à ~ et à dia* kreuz und quer.
*huée (ɥe) *f* (*mst. pl.*) Geschrei *n*; Hohngelächter *n*.
*huer (~) I *v/t.* aus-pfeifen, -zischen, verhöhnen; II *v/i.* schreien, kreischen (*v. Eulen*).
*huguenot (yg'no) *adj. u. su.* [7] hugenottisch; Hugenotte *m*.
*huguenote (yg'nɔt) *f* Topf *m* aus Steingut.
huilage (ɥi'la:ʒ) *m* Ölen *n*.
hui|le (ɥil) *f* Öl *n*; ~ *camphrée*, ~ *de camphre* Kampferöl *n*; ~ *d'amandes* Mandelöl *n*; ~ *végétale* (*solaire, de sésame*) Pflanzen- (Solar-, Sesam-)öl *n*; ~ *de graissage* Schmieröl *n*; ~ *brute* Rohöl *n*; ~ *Diesel* Dieselöl *n*, Dieselkraftstoff *m*; ~ *de trempage* Härteöl *n*; ~ *d'anis* Anisöl *n*; ~ *de lin* (*de noix, d'olive, de ricin, de rose*) Lein- (Nuß-, Oliven-, Rizinus-, Rosen-)öl *n*; ~ *de baleine* Walfischtran *m*; ~ *de foie de morue* Lebertran *m*; ~ *lourde* Heizöl *n*; ~ *minérale* Petroleum *n*; ~ *comestible* Speiseöl *n*; ~ *pour la peau* Hautöl *n*; ~ *de poisson* Tran *m*; ~ *vierge* Jungfernöl *n* (*bestes Olivenöl*); *chauffage m à l'~* Ölheizung *f*; *couleur f à l'~* Ölfarbe *f*; *peindre à l'~* in Öl malen; *rl. les saintes ~s* das geweihte Öl *n*; die letzte Ölung *f*; F ~ *de coude*, ~ *de bras* viel schwere Arbeit *f*; F ~ *de cotret* Hiebe *m/pl.*, Prügel *f*; F *une grosse* ~ ein hohes Tier *n*, ein Bonze *m*; *fig. jeter de l'~ sur le feu* Öl ins Feuer gießen; aufhetzen, aufwiegeln; *fig. faire tache d'~* um sich greifen, sich ausbreiten; ~ler (~'le) *v/t.* [1a] (ein)ölen, schmieren; ~lerie (ɥil'ri) *f* Ölmühle *f*; Ölgeschäft *n*; ~leux (~'lø) *adj.* [7d] ölig, ölartig; ~lier (~'lje) *m* 1. Essig- und Ölständer *m*; 2. Ölmüller *m*; Ölhändler *m*.
huis (ɥi) *m* Tür *f*; *nur noch in*: *à ~ clos* unter Ausschluß der Öffentlichkeit, in geheimer Sitzung; ~serie (ɥis'ri) *f* Türeinfassung *f*; Türrahmen *m*; ~sier (~'sje) *m* Türhüter *m*, Saalwärter *m*; Gerichtsdiener *m*; Gerichtsvollzieher *m*.
*huit (*alleinstehend, also auch am Satzende, in Prozentangaben, vor allen Monatsnamen — auch vor denen, die mit Konsonant beginnen — und vor Vokalen*: ɥit; *vor cons. od. h aspiré*: ɥi; ~ *hat immer h aspiré* (*z.B. le ~ mars* [lə ɥit mars]), *außer in dix-~* [di'zɥit] *u. vingt-~* [vɛ̃'tɥit]) I *adj./n.c.* acht; *de ~ ans* achtjährig; *cerf m* (*à*) ~ *cors* Achtender *m*; *journée f de ~ heures* Achtstundentag *m*; *il y a ~ jours* vor acht Tagen; *d'aujourd'hui en ~, dans ~ jours* in (= nach) acht Tagen; *Charles ~* Karl der Achte; II *m* (*immer* ɥit) Acht *f*; ⚓ Achter *m*; *le ~ du mois* der Achte des Monats.
*huitain *litt.* (ɥi'tɛ̃) *m* Achtzeiler *m*.
*huitaine (ɥi'tɛn) *f* 1. *une ~ de* ... ungefähr acht ...; 2. Zeitraum *m* von acht Tagen.
*huitante *dial.* (ɥi'tɑ̃:t) *adj./n.c.* (*Schweizer Amtssprache, Militär, Telephon usw.*) achtzig.
*huitième (ɥi'tjɛm) I *adj./n.o.* achter, achte, achtes; II *su.* Achte *m*; III *m* Achtel *n*; IV *f* achte Klasse *f*; ~ment (~tjɛm'mɑ̃) *adv.* achtens.
huître ('ɥi:trə) *f* 1. Auster *f*; *banc m d'~s* Austernbank *f*; *écaille f d'~* Austernschale *f*; 2. F Schafs-, Dumm-kopf *m*.
*huit-reflets P (ɥirə'flɛ) *m/inv.* Angströhre *f* P (*Zylinderhut*).
huîtr|ier (ɥitri'e) I *adj.* [7c] Austern...; II *m* 1. *orn.* Austerndieb *m*, -fischer *m*; 2. Austernbank *f*; ~ière (~tri'ɛ:r) *f* Austernbank *f*.
*hulotte (y'lɔt) *f* Waldkauz *m*.
*hululer (yly'le) *v/i.* [1a] kreischen (*v. Eulen usw.*).
*hum (œm) *int.* ~! hm! (*Zweifel, Zurückhaltung, Ungeduld*).
humain (y'mɛ̃) I *adj.* [7] □ 1. menschlich, irdisch; Menschen...;

le genre ~ das Menschengeschlecht *n*; *plus qu'*~ übermenschlich; **2.** leutselig, menschenfreundlich, human; **3.** † *litt.* humanistisch; **II** *m das* Menschliche *n*; *bsd. poét. les* ~*s* die Menschen *m/pl.*; ~**ement** (ymɛn'mɑ̃) *adv.* menschlich; menschenfreundlich, human; ~ *possible* menschenmöglich; ~ *parlant* nach menschlicher Voraussicht.

humani|sation (ymanizɑ'sjɔ̃) *f* Vermenschlichen *n*, Milderung *f*, Verfeinerung *f* (*der Sitten*); ~**ser** (~ni'ze) *v/t.* [1a] vermenschlichen; gesittet machen, milder stimmen, verfeinern (*Sitten*); ~**sme** (~'nism) *m* Humanismus *m*; ~**ste** (~'nist) *m* Humanist *m*; *adj.* humanistisch; ~**taire** (~'tɛ:r) **I** *adj.* das Wohl der Menschheit betreffend; **II** *m* ⚒ Verfechter *m* des humanitären Gedankens; ~**tarisme** (~ta'rism) *m* **1.** *phil.* Humanitarismus *m*; *allg.* Menschenfreundlichkeit *f*; **2.** *mv.p.* Humanitätsdusel(ei *f*) *m*; ~**té** (~ni'te) *f* **1.** Menschheit *f*, menschliche Natur *f*; Menschengeschlecht *n*; **2.** Menschlichkeit *f*; **3.** ~*s pl.* a) klassische Wissenschaften *f/pl.*, Studium *n* der Antike; b) *écol.* Oberstufenunterricht *m*; *faire ses* ~*s* bis zum Abiturium (zur Schule) gehen; *allg.* sich e-e humanistisch-akademische Bildung aneignen.

humble ('œ̃:blə) *adj.* □ demütig, bescheiden, einfach, untertänig; ~ *de cœur* demütigen Herzens; *les* ~*s* die einfachen Leute *pl.*

humec|tant (ymɛk'tɑ̃) *adj.* [7] anfeuchtend; ~**tation** (~tɑ'sjɔ̃) *f* Anfeuchten *n*; Wassereinwirkung *f*; ~**ter** (~mɛk'te) *v/t.* [1a] anfeuchten; benetzen; P *plais. s'*~ *le gosier* einen heben, einen hinter die Kehle gießen P.

***humer** (y'me) *v/t.* [1a] (ein-)schlürfen; riechen (*v/t.*); ~ *un œuf* ein Ei ausschlürfen.

huméral *anat.* (yme'ral) *adj.* [5c] Oberarm...

humérus *anat.* (yme'rys) *m* Oberarmknochen *m.*

humeur (y'mœ:r) *f* **1.** Stimmung *f*; Laune *f*; Temperament *n*, Charakter *m*; *je suis d'*~ *à me promener* ich hätte Lust, spazieren zu gehen; ~ *prompte* aufbrausender Charakter *m*; *être de bonne* (*mauvaise*) ~ guter (schlechter) Laune sein; *avec* ~ verdrießlich, verstimmt; *de joyeuse* ~ gutgelaunt; *je ne suis pas en* ~ *d'écrire* ich habe keine Lust zu schreiben; *homme m d'*~ launischer Mann *m*; ~ *sombre* (*od. noire*) tiefe Schwermut *f*; **2.** üble Laune *f*; *avoir de l'*~ *contre q.* auf j-n (*acc.*) geladen sein; *prendre de l'*~ ärgerlich werden; **3.** ⚒ *physiol.* Feuchtigkeit *f*; ~*s pl.* Säfte *m/pl.* im menschlichen Körper; ⚕ ~*s froides* Skrofeln *f/pl.*

humi|de (y'mid) **I** *adj.* feucht, naß; **II** *m* Feuchtigkeit *f*, Nässe *f*, *das* Nasse *n*; ~**dification** (~difikɑ'sjɔ̃) *f* Anfeuchtung *f*; Feuchthaltung *f*; ~**difier** (~di'fje) *v/t.* [1a] anfeuchten; feucht halten; ~**dité** (~di'te) *f* Feuchtigkeit *f*, Nässe *f*; *prendre* (*de*) *l'*~ feucht werden.

humili|ant (ymi'ljɑ̃) *adj.* [7] beschämend, erniedrigend, demütigend; ~**ation** (~ljɑ'sjɔ̃) *f* Demütigung *f*; Erniedrigung *f*; Blamage *f*; ~**er** (~'lje) [1a] **I** *v/t.* beschämen, demütigen, erniedrigen; **II** *v/rfl. s'*~ sich erniedrigen; sich blamieren; ~**té** (~li'te) *f* Demut *f*, Unterwürfigkeit *f.*

humor|al *physiol.* (ymɔ'ral) *adj.* [5c] Fluß..., Säfte..., humoral; *fièvre f* ~*e* Flußfieber *n*; ~**isme** (~'rism) *m* **1.** *litt.* humorvolle Darstellungsweise *f*; **2.** † 🕮 ⚕ Humoralpathologie *f*; ~**iste** (~'rist) **I** *adj.* **1.** humoristisch (*Person*); **2.** † ⚕ humoralmedizinisch; **II** *m* **3.** *litt.* Humorist *m*; **4.** † ⚕ Humoralmediziner *m*; ~**istique** (~ris'tik) *adj.* humoristisch.

humour (y'mu:r) *m* Humor *m*; ~ *noir* Galgenhumor *m.*

humus ⚘ (y'mys) *m* Humus *m.*

***Hun** *hist.* (œ̃) *m* Hunne *m.*

***hune** ⚓ (yn) *f* Mars *m od. f*, Mastkorb *m*; ~ *d'artimon* (~ *de misaine*) Besan- (Fock-)mars *m.*

***hunier** ⚓ (y'nje) *m* Mars-, Topp-segel *n.*

***hunnique** (y'nik) *adj.* hunnisch.

***huppe**[1] (yp) *f* Wiedehopf *m.*

***huppe**[2] (~) *f* Schopf *m*, Haube *f der Vögel.*

***huppé** (y'pe) *adj.* **1.** *orn.* behaubt; **2.** F *fig.* reich, vornehm, fein.

***hure** (y:r) *f* Kopf *m* (*bsd. e-s Wildschweins, großen Fisches*); P *allg.* Kopf *m*, Birne *f* P, Fresse *f* V.

***hurl|ement** (yrlə'mɑ̃) *m* Heulen *n*; Gebrüll *n*; ~**er** (yr'le) *v/i.* [1a] heulen; brüllen; ~**eur** (~'lœ:r) **I** *su.* [7g] Heuler *m*; **II** *m* Brüllaffe *m.*

hurluberlu (yrlybɛr'ly) **I** *adj./inv. u. adv.* unbesonnen; **II** *m* Faselkopf *m*, Wirrkopf *m*, Luftikus *m*.
hurlure P (yr'ly:r) *advt.*: *agir à l'~* unbesonnen handeln.
***huron** F (y'rɔ̃) *m* Grobian *m*, Flegel *m*.
hussarde (y'sard) *f*: *à la ~ advt.* draufgängerisch; stürmisch.
***hutte** (yt) *f* Hütte *f*, Baracke *f*.
hyacinthe (ja'sɛ̃:t) **I** *f* Hyazinthe *f*; Hyazinth *m* (*Edelstein*); **II** *adj.* violettblau.
hyalin (ja'lɛ̃) *adj.* [7] durchsichtig (*wie Glas*), glasähnlich.
hybride *zo.*, ⚘ (i'brid) *adj. u. m* hybrid, Bastard...; Bastard *m*.
hybrid|isme (ibri'dism) *m*, **~ité** (~di'te) *f* Zwitterhaftigkeit *f*.
hydarthrose ⚕ (idar'tro:z) *f* Gelenkwassersucht *f*.
hydratation ⚗ (idratɑ'sjɔ̃) *f* Hydrierung *f*.
hydraulicien (idroli'sjɛ̃) *m* Fachmann *m* für Hydraulik.
hydraulique (idro'lik) **I** *adj.* hydraulisch, durch Wasser getrieben; *machine f ~* Wasserwerk *n*; **II** *f* Hydraulik *f*.
hydr|aviation (idravjɑ'sjɔ̃) *f* Wasserflugzeugwesen *n*; **~avion** (~dra'vjɔ̃) *m* Wasserflugzeug *n* (*à coque* mit Bootsrumpf; *à flotteurs* mit Schwimmern); *~ de marine* Marineflugzeug *n*.
hydre ('i:drə) *f* **1.** *zo.* Wasser-, Seeschlange *f*; **2.** *myth.* Hydra *f*.
hydro|base (idrɔ'bɑ:z) *f* Wasserfläche *f* für Wasserflugzeuge; **~carbone** ⚗ (~kar'bo:n) *m* Kohlehydrat *n*; **~carbure** ⚗ (~kar'by:r) *f* Kohlenwasserstoffverbindung *f*; **~céphale** ⚕ (~se'fal) *adj. u. su.* wasserköpfig; Wasserkopf *m*; **~céphalie** ⚕ (~sefa'li) *f* Hydrozephalie *f*, Wasserköpfigkeit *f*; **~copieur** ⊕ (~kɔ'pjœ:r) *adj.* [7g]: *appareils m/pl. de fraisage ~s hydrauliques* hydraulische Kopiereinrichtungen *f/pl.* für Fräsmaschinen; **~cution** ⚕ (~ky'sjɔ̃) *f* Wasserschlag *m*, plötzlicher Tod *m* im Wasser; **~dynamique** (~dina'mik) **I** *adj.* hydrodynamisch; **II** *phys. f* Hydrodynamik *f*, Wasserkraftlehre *f*; **~-électrique** (~elɛk'trik) *adj.* hydroelektrisch; **~gène** ⚗ (~'ʒɛn) *m* Wasserstoff *m*; **~géner** ⚗ (~ʒe'ne) *v/t.* [1f] hydrieren, mit Wasserstoff verbinden; **~glisseur** ⚓ (~gli'sœ:r) *m* Gleitboot *n*; **~graphie** *géogr.* (~gra'fi) *f* Wasservorkommnisse *n/pl.*; **~graphique** (~gra'fik) *adj.* hydrographisch; *carte f ~* Seekarte *f*; **~logie** (~lɔ'ʒi) *f*, Gewässerkunde *f*; **~mel** (~'mɛl) *m* Met *m*; **~mètre** *phys.* (~'mɛ:trə) *m* Hydrometer *n*; **~pathie** ⚕ (~pa'ti) *f* Wasserheilkunde *f*; **~phile** (~'fil) **I** *adj.* wasseraufsaugend; **II** *ent. m* Wasserkäfer *m*; **~phobe** (~'fɔb) *adj.* wasserscheu; **~phobie** (~fɔ'bi) *f* Wasserscheu *f*; Tollwut *f*; **~phone** ⚓ (~'fɔn) *m* Unterwassermikrophon *n*; **~pisie** ⚕ (~pi'zi) *f*; Wassersucht *f*; **~plane** ⚓ (~'plan) *m* Gleitboot *n*, Wellenschlitten *m*; **~pneumatique** ⊕ (~pnøma'tik) *adj.* [7] hydropneumatisch; **~scope** (~'skɔp) *m* Rutengänger *m*; **~statique** *phys.* (~sta'tik) *adj. u. f* hydrostatisch; Hydrostatik *f*; **~sulfate** ⚗ (~syl'fat) *m* schwefelwasserstoffsaures Salz *n*; Hydrosulfat *n*; **~sulfurique** ⚗ (~sylfy'rik) *adj.*: *acide m ~* Schwefelwasserstoff *m*; **~technique** (~tɛk'nik) *f* Wasserbaukunst *f*; **~thérapie** ⚕ (~tera'pi) *f* Wasserheilkunde *f*.
hyène (jɛn) *f* Hyäne *f*.
hygiène (i'ʒjɛ:n) *f* Hygiene *f*, Gesundheitslehre *f*; *~ de la bouche* Zahnpflege *f*; *service m d'~* Gesundheitsamt *n*.
hygiénique (iʒje'nik) *adj.* □ hygienisch, gesundheitlich, Gesundheits...; *papier m ~* Toilettenpapier *n*; *serviette f ~* Damenbinde *f*.
hygiéniste (iʒje'nist) *su.* Hygieniker *m*.
hygro|mètre (igrɔ'mɛ:trə) *m* Feuchtigkeitsmesser *m*; **~métrique** (~me'trik) *adj.*: *degré m ~* Luftfeuchtigkeitsgrad *m*; **~scope** (~'skɔp) *m* Feuchtigkeitsanzeiger *m*.
hymen (i'mɛn) *m* **1.** *poét.* Ehe *f*; **2.** *anat.* Hymen *n*, Jungfernhäutchen *n*; **3.** *fig.* Verquickung *f*, Paarung *f*.
hymén|ée *poét.* (ime'ne) *m* Ehe *f*; **~optères** (~nɔp'tɛ:r) *m/pl.* Hymenopteren *pl.*, Hautflügler *m/pl.*
hymn|aire *rl.* (im'nɛ:r) *m* Gesangbuch *n*; **~e** (imn) **I** *m*: *~ national* Nationalhymne *f*; *~ triomphal* Siegeslied *n*; **II** *f* Hymne *f*, Choral *m*, Kirchengesang *m*; **~ique** (~'nik) *adj.* hymnisch, choralartig.
hyper|bole (ipɛr'bɔl) *f bsd.* ⩘ Hyperbel *f*; *fig.* Übertreibung *f*; **~bolique** (~bɔ'lik) *adj.* □ übertreibend, übertrieben; **~borée,**

~boréen *bsd. myth.-hist.* (~bɔ're, ~re'ɛ̃) *adj.* nördlich; **~critique** (~kri'tik) *adj.* über-, hyperkritisch; **~émie** ⚕ (~e'mi) *f* Blutüberfüllung *f*, Hyperämie *f*; **~esthésie** ⚕ (~ɛste'zi) *f* Überempfindlichkeit *f*; **~métrope** ⚕ (~me'trɔp) *adj.* weit-, über-sichtig; **~métropie** ⚕ (~metrɔ'pi) *f* Weit-, Über-sichtigkeit *f*; **~pression** ⊕ (~prɛ'sjɔ̃) *f* Überdruck *m*; **~sensible** *psych.*, ⚕ (~sɑ̃'siblə) *adj.* überempfindlich; **~tendu** (~tɑ̃'dy) *adj.* überspannt; **~tensif** (~tɑ̃'sif) *adj.*: *vertiges m/pl.* ~*s* Schwindelanfälle *m/pl.* durch zu hohen Blutdruck; **~tension** (~tɑ̃'sjɔ̃) *f* **1.** zu große Spannung *f*; **2.** ⚕ erhöhter Blutdruck *m*; **~trophie** ⚕ (~trɔ'fi) *f* krankhafte Vergrößerung *f od.* Erweiterung *f*; ~ *cardiaque*, ~ *du cœur* Herzerweiterung *f*; ~ *du foie* Leberanschwellung *f*; **~trophier** ⚕ (~trɔ'fje) *bsd. v/rfl.*: *s'*~ krankhaft anschwellen.

hypnoïdal (ipnɔi'dal) *adj.* [5c] hypnosenähnlich.

hypnologie 🕮 (ipnɔlɔ'ʒi) *f* Lehre *f* vom Schlaf.

hypno|se (ip'no:z) *f* Hypnose *f*; **~tique** (~nɔ'tik) *adj.* hypnotisch; **~tiser** (~ti'ze) [1a] **I** *v/t.* hypnotisieren, einschläfern; *fig.* bannen; **II** *v/rfl. s'*~ *sur qch.* sich auf etw. (*acc.*) versteifen; **~tiseur** (~ti'zœ:r) *m* Hypnotiseur *m*; **~tisme** (~'tism) *m* Hypnotismus *m*.

hypocon|dre (ipɔ'kɔ̃:drə) **I** *anat. m* Unterrippengegend *f*, Hypochondrium *n*; **II** *adj. u. su.* = **~driaque** (~kɔ̃dri'ak) *adj. u. su.* hypochondrisch, schwermütig; Hypochonder *m*, Schwermütiger *m*; **~drie** (~'dri) *f* Hypochondrie *f*, Schwermut *f*.

hypocoristique *gr.* (ipɔkɔris'tik) *m* Koseform *f* (*e-s Namens*).

hypocri|sie (ipɔkri'zi) *f* Heuchelei *f*, Scheinheiligkeit *f*; Verstellung *f*; **~te** (~'krit) **I** *adj.* □ scheinheilig, heuchlerisch; **II** *su.* Heuchler *m*, Scheinheiliger *m*.

hypodermique ⚕ (ipɔdɛr'mik) *adj.* □: *injection f* ~ Einspritzung *f* unter die Haut.

hypodynamique ⊕ (~dina'mik) *f* Unterdruck *m*.

hypo|gée 🕮 (ipɔ'ʒe) *adj. u. m* unterirdisch(es Gewölbe *n*); Totengruft *f*; **~physe** *anat.* (~'fi:z) *f* Hypophyse *f*, Hirnanhang *m*; **~stase** (~stɑ:z) *f* **1.** *rl.* Erscheinungsform *f*, Wesen *n*; **2.** ⚕ Blutsenkung *f*; **~tension** (~tɑ̃'sjɔ̃) *f* **1.** zu geringe Spannung *f*; **2.** ⚕ zu geringer Blutdruck *m*; **~ténuse** ⩓ (~te'ny:z) *f* Hypotenuse *f*; **~thécaire** ⚖ (~te'kɛ:r) *adj.* hypothekarisch, pfandrechtlich; *livre m* (*od. registre m*) ~ Hypothekenbuch *n*; *inscription f* ~ Hypothekeneintragung *f*; *titre m* ~ Pfandbrief *m*; **~thèque** (~'tɛk) *f* Hypothek *f*, Pfandverschreibung *f*; *grevé d'*~*s* mit Hypotheken belastet; ~ *de garantie* Sicherheitshypothek *f*; ~ (*basée sur la valeur de l'*)*or fin* Feingoldhypothek *f*; *prendre* (*amortir, rembourser, purger*) *une* ~ eine Hypothek aufnehmen (abtragen, zurückzahlen, löschen); *garanti par une* (*od. des*) ~(*s*) hypothekarisch sichergestellt; **~théquer** (~te'ke) *v/t.* [1f] **1.** † mit e-r Hypothek belasten, verpfänden; **2.** *fig.* ~ *l'avenir* die Zukunft belasten; P *être mal hypothéqué* a) e-n schweren Knacks weghaben; b) in der Klemme sitzen; **~thermie** ⚕ (~tɛr'mi) *f* Untertemperatur *f*; **~thèse** (~'tɛ:z) *f* Hypothese *f*, Annahme *f*, Vermutung *f*, Voraussetzung *f*; *avancer une* ~ e-e Vermutung anstellen; **~thétique** (~te'tik) *adj.* □ hypothetisch, angenommen; unsicher.

hypsométrie 🕮 (ipsɔme'tri) *f* Höhenmessung *f*.

hysope ⚘ (i'zɔp) *f* Ysop *m*.

hysté|rie ⚕ (iste'ri) *f* Hysterie *f*; **~rique** ⚕ (~'rik) *adj.* (*auch f*) hysterisch(e Frau *f*); **~rotomie** ⚕ (~rɔtɔ'mi) *f* Gebärmutter- *od.* Kaiser-schnitt *m*.

I

I, i (i) *m* I, i *n*; *mettre les points sur les i* das Tüpfelchen auf dem i nicht vergessen, peinlich genau sein; P = *il*.

ïamb|e (i'ɑ̃:b) *m* **1.** *métr.* Jambus *m*; **2.** ~*s pl.* Spottgedicht *n*; **~ique** (iɑ̃'bik) *adj.* jambisch.

ibérique *géogr.* (ibe'rik) *adj.*: *péninsule f* ~ Pyrenäenhalbinsel *f*.

iceberg (is'bɛrg) *m* Eisberg *m*.

ichor (i'kɔ:r) *m* ⚕ eitrige Flüssigkeit *f*; *géol.* Auswurfsgestein *n*; **~eux** ⚕ (ikɔ'rø) *adj.* [7d] eitrig.

ichtyo|colle (iktjɔ'kɔl) *f* Fischleim *m*; **~lithe** (~'lit) *m* versteinerter Fisch *m*; **~logie** (~lɔ'ʒi) *f* Fischkunde *f*; **~phage** (~'fa:ʒ) *su.* Fischesser *m*; **~saure** (~'zo:r) *m* Ichthyosaurus *m*.

ici (i'si) *adj.* **1.** hier; hierher; *d'~* von hier; *les gens d'~* die hiesigen Leute *pl.*; *à partir d'~* von hier an; *d'~ là* von hier bis dorthin; *hors d'~* draußen; *hors d'~!* raus! (*od.* hinaus!); *il a passé par ~* er ist hier vorbeigekommen; *viens* (*par*) *~!* komm (mal) her!; **2.** jetzt; *jusqu'~* bis hierher; bis jetzt; *dans un an d'~* in einem Jahr; *d'~ là* bis dahin, einstweilen; *d'~ en huit* (*jours*) heute über acht Tage; *d'~ peu* in kurzem; *d'~ un quart de siècle* (heute) in einem Vierteljahrhundert; *d'~ vingt ans* in den nächsten zwanzig Jahren; **~-bas** (~'bɑ) *adv.* hier auf Erden; *les choses d'~* das Irdische *n*; *s'en aller d'~* das Zeitliche segnen.

icono|clasme *hist. rl.* (ikɔnɔ'klasm) *m* Bilderstürmerei *f*; **~claste** *hist. rl.* (~'klast) *m* Bilderstürmer *m*; **~graphie** (~gra'fi) *f* **1.** Bilderkunde *f*; Bilderbeschreibung *f*, Ikonographie *f*; **2.** Sammlung *f* von Bildern (*berühmter Personen*); **~lâtre** (~'lɑ:trə) *su.* Bilderanbeter *m*. [zigflächner *m*.]

icosaèdre △ (ikɔza'ɛdrə) *m* Zwan-

ict|ère ⚕ (ik'tɛ:r) *m* Gelbsucht *f*; **~érique** ⚕ (ikte'rik) *adj.* gelbsüchtig.

idéal (ide'al) **I** *adj.* [5c] □ ideal, vollkommen; nur in der Vorstellung vorhanden; **II** *m* (*pl.* ~*s od.* [5c]) Ideal *n*, Vorbild *n*; **~iser** (~li'ze) *v/t.* [1a] (ver)idealisieren; **~isme** (~'lism) *m* Idealismus *m*; **~iste** (~'list) **I** *su.* Idealist *m*; **II** *adj.* idealistisch.

idée (i'de) *f* **1.** Idee *f*, Begriff *m*, Vorstellung *f*, Bild *n*; ~ *claire* (*vague*) (un)klare Vorstellung *f*; ~ *fondamentale* Grundbegriff *m*; ~ *d'ensemble* (allgemeiner) Überblick *m*; *se faire une ~ d'ensemble* sich **e-n** Gesamtüberblick verschaffen; *ne pas avoir la première ~ de qch.* nicht die geringste Ahnung von etw. (*dat.*) haben; (*je n'en ai*) *aucune ~, pas la moindre ~* keine Ahnung!; *tu n'as pas ~, tu ne peux pas te faire* (*une*) *~ de ...* das kannst du dir gar nicht vorstellen; F *j'ai dans l'~ que ...* ich denke, daß ...; **2.** Einfall *m*, Gedanke *m*; (falsche) Vorstellung *f*;

~ *directrice* Richtlinie *f*, Leitgedanke *m*; ~ *folle* toller Einfall *m*; ~ *fixe* fixe Idee *f*, Zwangsvorstellung *f*; *ce sont des ~s!* Unsinn!; ~ *de derrière la tête* Hintergedanke *m*; *c'est une ~!* das wäre was!; *on n'a pas ~!* das ist unerhört!; F *se faire des ~s* sich Illusionen machen; sich ohne Grund Sorgen machen; *venir à l'~* auf den Gedanken kommen; *il a de l'~* er ist klug; F *il y a de l'~* es steckt etw. dahinter; *il m'est venu à l'~ de ...* ich bin auf den Gedanken gekommen, zu ...; *l'~ lui est venue de ...* es ist ihm eingefallen, zu ...; *c'est une ~ qu'elle a* das bildet sie sich ein; *se faire des ~s noires* trübsinnig werden, sich Gedanken machen; *se repaître d'~s* Träumereien nachhängen; **3.** Meinung *f*, Ansicht *f*, Anschauung *f*; *à mon ~* meiner Ansicht nach; *j'ai mes ~s là-dessus* darüber habe ich meine eigenen Ansichten; *changer d'~* s-e Ansicht (Meinung) ändern; *il fait tout à son ~* er macht alles nach s-m Kopf; **4.** *phil.* Grundgedanke *m*; **5.** Entwurf *m*, Skizze *f*; **6.** F *fig. une ~* ein ganz klein wenig.

idem F (i'dɛm) *adv.* ebenso.

identi|fication (idɑ̃tifika'sjɔ̃) *f* Identifizierung *f*, Feststellung *f* der Person; **~fier** (~'fje) [1a] **I** *v/t.* identifizieren, die Gleichheit von Personen *od.* Sachen feststellen, gleichsetzen; **II** *v/rfl. s'~ avec qch.* sich völlig e-r Sache anpassen, völlig mit etw. (*dat.*) übereinstimmen; *s'~ avec q.* völlig in j-m aufgehen, sich in j-s Lage versetzen; **~que** (~'tik) *adj.* □ identisch, gleich, wesensgleich, gleichbedeutend; *biol.* eineiig; **~té** (~'te) *f* Identität *f*, völlige Gleichheit *f* (*od.* Übereinstimmung *f*); Personalien *pl.*; *carte f d'~* Personalausweis *m*.

idéolog|ie (ideɔlɔ'ʒi) *f* **1.** *phil.* Ideologie *f*, **2.** Schwärmerei *f*; **~ue** (~'lɔg) *m* **1.** *phil.* Ideologe *m*; **2.** Schwärmer *m*.

idio|lâtrie (idjɔlɑ'tri) *f* Selbstvergötterung *f*; **~matique** (~ma'tik) *adj.* □ spracheigentümlich; **~matologie** *ling.* (~matɔlɔ'ʒi) *f* Studium *n* fremder Sprachen; **~me** (i'djo:m) *m* Idiom *n*, Mundart *f*; **~syncrasie** ⚕ (~sɛ̃kra'zi) *f* krankhafte Veranlagung *f*.

idiot (i'djo) [7] **I** *adj.* blödsinnig, dumm, einfältig; *a.* ⚕ idiotisch; **II** *su.* Idiot *m* (*a.* ⚕), Dummkopf *m*; F *ne fais pas l'~!* hab' dich doch nicht so!; **~ie** (idjɔ'si) *f a.* ⚕ Idiotie *f*, Geistesschwäche *f*; Unsinn *m*.

idiotisme *gr.* (idjɔ'tism) *m* Spracheigentümlichkeit *f*.

idoine ⚒, *nur noch plais.* (i'dwan) *adj.* geschickt, passend (*à* zu *dat.*).

idolâ|tre (idɔ'lɑ:trə) **I** *adj.* □ abgöttisch; ~ *de* närrisch verliebt in (*acc.*); **II** *su.* Götzendiener *m*; **~trer** (~lɑ'tre) [1a] **I** *v/i.* Abgötterei treiben; **II** *v/t.* vergöttern; **~trie** (~'tri) *f* Abgötterei *f*, Götzendienst *m*, Idolatrie *f*; *fig.* abgöttische Liebe *f*.

idole (i'dɔl) *f* **1.** Götze *m*, Götzenbild *n*; **2.** *fig.* Idol *n*, Abgott *m*.

idyl|le (i'dil) *f* Idyll *n*, Schäfergedicht *n*; *fig.* Idylle *f*, zärtliche Liebe *f*; **~lique** (~'lik) *adj.* idyllisch.

if (if) *m* Eibe *f*, Taxusbaum *m*.

igloo (i'glo) *m* Eskimoschneehütte *f*.

ignare (i'ɲa:r) **I** *adj.* unwissend; **II** *m* (völliger) Ignorant *m*.

igné (ig'ne) *adj.* feurig, vulkanisch.

igni|cole (igni'kɔl) *adj. u. su.* feueranbetend; Feueranbeter *m*; **~fuge** (~'fy:ʒ) *adj. u. m* feuerfest(er Stoff *m*); **~fuger** (~fy'ʒe) *v/t.* [1l] feuerfest machen; **~tion** ⚗ (~'sjɔ̃) *f* Glühen *n*, Verbrennung *f*, Glimmen *n*; ~ *spontanée* Selbstentzündung *f*; **~vome** *géol.* (~'vo:m) *adj.*: *cratère m ~* feuerspeiender Berg *m*; **~vore** (~'vɔ:r) *adj. u. m* feuerfressend; Feuerfresser *m*.

igno|bilité *antiq.* (iɲɔbili'te) *f* niedrige Herkunft *f*; *allg.* Niedrigkeit *f*, Gemeinheit *f*; **~ble** (i'ɲɔblə) *adj.* □ schändlich, niedrig, unedel, gemein; **~minie** (~mi'ni) *f* Schande *f*, Schmach *f*; **~minieux** (~mi'njø) *adj.* [7d] □ schändlich, schimpflich.

ignor|ance (iɲɔ'rɑ̃:s) *f* Unwissenheit *f*, Unkenntnis *f*; ⚖ *prétendre cause d'~* Unwissenheit vorschützen; *par ~* aus Unwissenheit; *être tenu dans l'~* in Unkenntnis gehalten werden; **~ant** (~'rɑ̃) [7] **I** *adj.* unwissend, unkundig; ~ *comme une carpe* dumm wie Bohnenstroh; **II** *su.* Ignorant *m*, Dummkopf *m*; **~antin** *rl.* (~rɑ̃'tɛ̃) *adj. u. m* (*frère m*) ~ barmherziger Bruder *m*; **~antisme** (~rɑ̃'tism) *m* Verdummungssystem *n*; **~er** (~'re) *v/t.* [1a] nicht wissen, nicht kennen, ignorieren; *ne pas ~ que* sehr wohl (*od.* genau) wissen, daß ...; *on ignore ce qu'il* *est devenu* von ihm fehlt jede Spur; *rester ignoré des ouvriers* den Arbeitern unbekannt bleiben.

iguane *zo.* (i'gɥan) *m* Leguan *m.*

il (il; F *vor cons.*: i) *pr/p. m der 3. Person*: er, sie es; **a**) *das pronominale Subjekt wird bei Aufzählungen nicht wiederholt*: *il boit, rit*, er trinkt, lacht; *il pleut* es regnet; **b**) es; *auch als grammatisches Subjekt zur Hervorhebung des logischen Subjekts* (*nur bei intransitiven od. reflexiv gebrauchten Verben möglich*): *~ est des cas où ...* es gibt Fälle, wo ...; *~ est trois qualités* es gibt drei Eigenschaften; *~ est temps de ...* es ist Zeit zu ...; *~ est trois heures* es ist drei Uhr; *~ fait beau* (*mauvais*) *temps* es ist gutes (schlechtes) Wetter; *~ fait chaud* (*froid*) es ist warm (kalt); *~ faut* es ist nötig; *~ faut que j'apprenne le français* ich muß Französisch lernen; *~ lui a pris une boutade* er hat e-n Rappel bekommen; *~ lui a pris envie de ...* er bekam Lust zu ...; *je l'ai vu ~ y a huit jours* vor acht Tagen habe ich ihn gesehen; *~ y a huit jours que je ne l'ai pas vu* seit acht Tagen habe ich ihn nicht gesehen; *~ arriva trois étrangers* es kamen drei Fremde an; drei Fremde kamen an; *~ se prépare de grandes choses* etwas Großes ist im Gange.

île (il) *f* Insel *f*; *fig.* Häuserblock *m*; *dans une ~* auf e-r Insel; *~ flottante* (*servant de champ d'atterrissage*) Flugzeuglandeinsel *f im Ozean*; *~ de glace* schwimmende Eisinsel *f.*

iles *anat.* (il) *m/pl.* Weichen *f/pl.*

iléus ⚕ (ile'ys) *m* Darmverschlingung *f.*

iliaque *anat.* (i'ljak) *adj.*: *os m ~* Hüftbein *n.*

illégal (ille'gal) *adj.* [5c] □ ungesetzlich, gesetzwidrig, widerrechtlich, illegal; **~ité** (~li'te) *f* Rechtswidrigkeit *f*, Ungesetzlichkeit *f*, Rechtsungültigkeit *f.*

illégiti|me (illeʒi'tim) *adj.* □ **1.** unrechtmäßig, ungesetzlich, widerrechtlich; *enfant m ~* uneheliches Kind *n*; **2.** *fig.* unbillig, unvernünftig; **~mité** (~mi'te) *f* Ungesetzlichkeit *f*, Unrechtmäßigkeit *f*, Ungültigkeit *f*; Unehelichkeit *f*; *fig.* Unbilligkeit *f.*

illettré (ille'tre) *su. u. adj.* Analphabet *m*; ungebildet; unwissenschaftlich.

illicite (illi'sit) *adj.* □ unerlaubt, unlauter.

illico F (illi'ko) *adv.* auf der Stelle, unverzüglich, sofort.

illimi|tation (illimita'sjɔ̃) *f* Unbeschränktheit *f*; **~té** (~'te) *adj.* unbegrenzt, schrankenlos, unumschränkt, unbeschränkt.

illisi|bilité (illizibili'te) *f* Unleserlichkeit *f*, Unlesbarkeit *f*; **~ble** (~'ziblə) *adj.* unlesbar, unleserlich.

illog|ique (ilɔ'ʒik) *adj.* □ unlogisch, vernunftwidrig; **~isme** (~'ʒism) *m* Vernunft-, Folge-widrigkeit *f.*

illumi|nant (illymi'nɑ̃) *adj.* [7] erleuchtend; *pouvoir m ~* Leuchtkraft *f*; **~natif** (~na'tif) *adj.* [7e] erleuchtend; **~nation** (~na'sjɔ̃) *f* Beleuchtung *f*; *fig.* Erleuchtung *f*; *fig.* Eingebung *f*; **~né** *rl.* (~'ne) **I** *su.* Schwärmer *m*; F Verrückter *m*; **II** F *adj.* verrückt; **~ner** (~'ne) *v/t.* [1a] beleuchten, festlich erleuchten; *fig.* aufklären.

illusion (illy'zjɔ̃) *f* Illusion *f*, Selbstbetrug *m*, Wahnvorstellung *f*; Aussichtslosigkeit *f*; *~ des sens* Sinnestäuschung *f*; *faire ~ à q.* j-n täuschen; *se faire ~ sur* sich täuschen über (*acc.*); *se faire des ~s* sich Illusionen machen, **~ner** (~zjɔ'ne) **I** *v/t.* täuschen; **II** *v/rfl. s'~* sich Täuschungen hingeben; **~niste** (~'nist) *su.* Zauberkünstler *m.*

illusoire (illy'zwa:r) *adj.* □ illusorisch, trügerisch, täuschend; aussichtslos.

illustr|ateur (illystra'tœ:r) *m* Illustrierer *m*; **~ation** (~tra'sjɔ̃) *f* **1.** Illustration *f*, Bild *n*, Abbildung *f*; **2.** Bebilderung *f*, Erläuterung *f*; Veranschaulichung *f*; **3.** Berühmtheit *f*; berühmte Person *f*, Größe *f*; **~e** (il'lystrə) *adj.* berühmt, hervorragend, erlaucht; **~er** (~'tre) *v/t.* [1a] **1.** illustrieren, erläutern, mit Bildern versehen; bebildern; **2.** berühmt machen, auszeichnen.

il n'est pas jusqu'à ... qui ne ... (il nɛ pɑ ʒys'ka ... ki nə ...) *loc. mit subj.* ganz zu schweigen von ...; *vgl. jusque* II.

îlot (i'lo) *m* **1.** kleine Insel *f*; **2.** Verkehrsinsel *f*; **3.** ⚔ *~ de résistance* Widerstandsnest *n*; **4.** ⚓ Kommandoturm *m (auf Flugzeugträgern)*; **5.** ⚠ Häuserblock *m.*

il y a (il'ja) **a**) es gibt; *~ des gens qui ...* es gibt Leute, die ...; *il n'y en aura jamais plus* es wird niemals mehr davon geben; **b**) *prp.* vor (*zeitlich zurückblickend*); *je vous ai écrit ~ quinze jours* ich habe Ihnen vor vierzehn Tagen geschrieben; *~ quelque soixante ans de cela, ...* vor nunmehr etwa sechzig Jahren ...; *bisw. wird ~ noch konjugiert*: *il y a eu dimanche huit jours* Sonntag vor acht Tagen; **c)** *cj.* **il y a que** seit; *il y a huit jours que je ne l'ai pas vu* seit acht Tagen habe ich ihn nicht gesehen; **d)** *il y a que ...* es steht fest, daß ...; *d'abord il y a que ...*; *et puis il y a que ...* erstens steht es fest, daß ...; ferner ist es eine Tatsache, daß ...

ima|ge (i'ma:ʒ) *f* **1.** Bild *n*, Bildnis *n*, Abbildung *f*; *livre m d'~s* Bilderbuch *n*; *feuille f d'~s* Bilderbogen *m*; *~ à décalquer* Abziehbild *n*; *~ projetée*, *~ lumineuse* Projektionsbild *n*; *~ radiodiffusée*, *~ transmise par T.S.F.* Funkbild *n*; *~ télévisée* Fernsehbild *n*; *rl. culte m des ~s* Bilderdienst *m*; **2.** Ebenbild *n*; Spiegelbild *n*; *fig.* Vorstellung *f*; bildlicher Ausdruck *m*; *~ du monde* Weltbild *n* (*e-s Schriftstellers od. Dichters*); **~ger** (ima'ʒe) *v/t.* [1l] mit Bildern schmücken; *fig.* veranschaulichen; *langage m imagé* bilderreiche Sprache *f*; *gr. expressions f/pl. imagées* bildhafte Ausdrücke *m/pl.*; **~gerie** (imaʒ'ri) *f* Bilder-fabrik *f*; -handel *m*; **~gier** (ima'ʒje) *su.* [7b] Bilder-fabrikant *m*, -händler *m*; Illustrierer *m* alter Bücher; † Maler u. Bildhauer *m*.

imagi|nable (imaʒi'nablə) *adj.* vorstellbar, denkbar; **~naire** (~'nɛ:r) *adj.* eingebildet, vermeintlich, erträumt, vorgestellt; *a.* ♠ imaginär; **~natif** (~na'tif) *adj.* [7e] erfinderisch, phantasievoll; *faculté f imaginative* Erfindungsgabe *f*; **~nation** (~nɑ'sjɔ̃) *f* Einbildung(skraft *f*) *f*, Phantasie *f*, Gedankenwelt *f*; **~ner** (~'ne) [1a] **I** *v/t.* **1.** *~ qch.* sich etw. denken; **2.** ersinnen, auf etw. (*acc.*) verfallen; **II** *v/rfl.* *s'~* sich einbilden, sich denken, sich vorstellen, sich ausmalen; *il s'imagine être un grand docteur* er bildet sich ein, ein großer Arzt zu sein

imbattable (ɛ̃ba'tablə) *adj. a. Sport*: unschlagbar, unerreicht; *prix m ~* konkurrenzloser Preis *m*.

imbécil|e (ɛ̃be'sil) **I** *adj.* □ schwachsinnig, blöde, dumm; einfältig; **II** *su.* Schwachsinniger *m*, Dumm-, Schafs-kopf *m*; **~lité** (~li'te) *f* Geistesschwäche *f*; Dummheit *f*, Blödheit *f*, Einfältigkeit *f*.

imberbe (ɛ̃'bɛrb) *adj.* bartlos; ⚘ unbehaart; *fig.* sehr jung.

imbiber (ɛ̃bi'be) [1a] **I** *v/t.* durchnässen, einweichen; tränken; **II** *v/rfl.* *s'~ d'eau* sich mit Wasser vollsaugen.

imbibition (ɛ̃bibi'sjɔ̃) *f* Aufsaugen *n*.

imbrication (ɛ̃brikɑ'sjɔ̃) *f* dachziegelartiges Übereinandergreifen *n*.

imbriqué (ɛ̃bri'ke) *adj.* dachziegelartig übereinanderliegend.

imbrisable (ɛ̃bri'zablə) *adj.* unzerbrechlich.

imbroglio (ɛ̃brɔ'ljo) *m* Verwicklung *f*, Durcheinander *n*; *ling.* Unklarheit *f*; *thé.* Intrigenstück *n*.

imbu (ɛ̃'by) *adj.*: *~ de* durchdrungen von (*dat.*); eingenommen (*od.* voll) von (*dat.*); *~ de préjugés* voller Vorurteile.

imbuvable (ɛ̃by'vablə) *adj.* untrinkbar.

imita|ble (imi'tablə) *adj.* nachahmbar, nachahmenswert; **~teur** (~'tœ:r) [7f] *adj. u. su.* nachahmend; Nachahmer *m*; *litt.* Epigone *m*; *~ servile mv.p.* Nachäffer *m*; **~tif** (~'tif) *adj.* [7e] nachahmend; **~tion** (~tɑ'sjɔ̃) *f* Nachahmung *f*; *à l'~ de* nach dem Beispiel von (*dat.*); *être au-dessus de toute ~* unübertroffen sein; *L'*♀ (*de Jésus-Christ*) Nachfolge *f* Jesu Christi.

imiter (imi'te) *v/t.* [1a]: *~ q.* j-m (*bzw.* j-n [*im Sinne*: nachmachen]) nachahmen; nachmachen; nachäffen; nachbilden; nachdichten.

immaculé (immaky'le) *adj.* makelfrei, rein, unbefleckt.

immanen|ce *phil.* (imma'nɑ̃:s) *f* Immanenz *f*, Innewohnen *n*, In-etwas-Enthaltensein *n*; **~t** (~'nɑ̃) *adj.* [7] *phil.* innewohnend, immanent; wesenhaft.

imman|geable (ɛ̃- *od.* im-mɑ̃'ʒablə) *adj.* ungenießbar; **~quable** (ɛ̃- *od.* im-mɑ̃'kablə) *adj.* unausbleiblich, unfehlbar.

immarcescible (immarsɛ'siblə) *adj.* unvergänglich.

immaté|rialiser (immaterjali'ze) *v/t.* [1a] als unkörperlich ansehen; **~rialisme** *phil.* (~rja'lism) *m* Immaterialismus *m*, Auffassung *f* der Materie als e-e Erscheinungsform e-r geistigen Wirklichkeit; **~rialité** (~rjali'te) *f* Unkörperlichkeit *f*; Stofflosigkeit *f*, Übersinnlichkeit *f*; **~riel** (~'rjɛl) *adj.* [7c] □ unkörperlich, stofflos, übersinnlich, geistig.

immatricu|lation (immatrikyla'sjõ) *f* Immatrikulation *f*, Eintragung *f*, Registrierung *f*; *Auto*: *numéro m d'*~ Autonummer *f*; *plaque f d'*~ Nummernschild *n*; ~**le** *adm.*, ⚖ (~'kyl) *f* Einschreibung *f*, Eintragung *f*; ~**ler** (~'le) *v/t.* [1a] immatrikulieren, eintragen, registrieren; einschreiben; *Auto*: zulassen.

immaturité (immatyri'te) *f a. fig.* Unreife *f*.

immédiat (imme'dja) **I** *adj.* [7] □ unmittelbar; unverzüglich; **II** *m/sg.* gegenwärtiger Augenblick *m*; Gegenwart *f*; *dans l'*~ im gegenwärtigen Augenblick.

immémorial (immemɔ'rjal) *adj.* [5c] undenklich, uralt; *de temps* ~ seit Menschengedenken.

immen|se (im'mɑ̃:s) *adj.*, ~**sément** (immɑ̃se'mɑ̃) *adv.* unermeßlich, ungeheuer, maßlos, unendlich, grenzenlos, unübersehbar; F fabelhaft, großartig; ~**sité** (~mɑ̃si'te) *f* Unermeßlichkeit *f*; Maßlosigkeit *f*; Unendlichkeit *f*; Grenzenlosigkeit *f*; sehr weite (*od.* riesige) Ausdehnung *f*.

immensurable (immɑ̃sy'rablə) *adj.* unmeßbar.

immerg|ent (immɛr'ʒɑ̃) *adj.* eindringend (*Lichtstrahl*); ~**er** (~'ʒe) *v/t.* [1l] ein-, unter-tauchen; versenken.

immérité (immeri'te) *adj.* unverdient.

immersion (immɛr'sjõ) *f* Ein-, Unter-tauchen *n*; Überflutung *f*; Versenkung *f*; *ast.* Eintritt *m* in den Schatten.

immeuble (im'mœ:blə) *adj. u. m* unbeweglich(es Gut *n*); Grundstück *n*; ~ *d'habitation* Wohn-, Miets-haus *n*; ~ (*construit*) *en briques hollandaises* Klinkerbau *m*; ~ *de commerce* Geschäftshaus *n*; ~*s pl.* Liegenschaften *f/pl.*

immi|grant (immi'grɑ̃) *adj. u. su.* [7] einwandernd; Einwanderer *m*; ~**gration** (~gra'sjõ) *f* Einwanderung *f*; ~**grer** (~'gre) *v/i.* [1a] einwandern.

immi|nence (immi'nɑ̃:s) *f* nahes Bevorstehen *n*, Herannahen *n*; ~**nent** (~'nɑ̃) *adj.* [7] (nahe) bevorstehend, drohend.

immi|scer (immi'se) [1k] *v/rfl.*: *s'*~ *dans qch.* sich in etw. (*acc.*) einmischen; ~**scible** ⚗ (~'siblə) *adj.* unvermischbar; ~**ssion** (~'sjõ) *f* Einwirkung *f*, Zuführung *f* (*v. Gasen, Gerüchen, Dämpfen*); ~**xtion** (~miks'tjõ) *f* Einmischung *f*.

immobi|le (immɔ'bil) *adj.* unbeweglich, regungslos; *fig.* unerschütterlich, standhaft; ~**lier** (~'lje) *adj.* [7b] unbeweglich; *fortune f immobilière* Vermögen *n* an Liegenschaften; *vente f immobilière* Liegenschaftsverkauf *m*; ~**lisation** (~liza'sjõ) *f* Lahmlegung *f*; Untätigkeit *f*; ⚔ Bindung *f* (*des Feindes*); *fin.* Festlegung *f v. Kapitalien*, Immobilisierung *f*; ~**liser** (~li'ze) [1a] **I** *v/t.* unbeweglich machen; lahmlegen; zur Untätigkeit zwingen; *fin.* festlegen, immobilisieren; ⚖ in unbewegliches Gut verwandeln; *Fahrzeug*: stillegen; **II** *v/rfl.* *s'*~ sich nicht rühren, stehen (*od.* unbeweglich) bleiben, anhalten; ~**lisme** (~'lism) *m* (Zustand *m* der) Unbeweglichkeit *f*, starre Haltung *f*, *pol.* abwartende Haltung *f*; Bewegungslosigkeit *f*; *fig.* Starrsinn *m*, Unfortschrittlichkeit *f*; ~**lité** (~li'te) *f* Unbeweglichkeit *f*; Untätigkeit *f*.

immodé|ration (immɔdera'sjõ) *f* Maßlosigkeit *f*, Unmäßigkeit *f*; ~**ré** (~'re) *adj.*, ~**rément** (~re'mɑ̃) *adv.* übermäßig, unmäßig; maßlos.

immodes|te (immɔ'dɛst) *adj.* □ unbescheiden, dreist; ~**tie** (~'ti) *f* Unbescheidenheit *f*, Dreistigkeit *f*.

immo|lateur (immɔla'tœ:r) *m* Opferer *m*; ~**lation** (~la'sjõ) *f* Opferung *f*; *fig.* Hinopfern *n*; ~**ler** (~'le) *v/t.* [1a] **1.** opfern; **2.** *fig.* hinschlachten; **3.** *fig.* verzichten (auf *acc.*), preisgeben.

immon|de (im'mõ:d) *adj.* unrein, unsauber; ekelhaft; *l'esprit m* ~ der Teufel *m*; *littérature f* ~ Schundliteratur *f*; ~**dice** (imõ'dis) *f*: *bsd.* ~*s pl.* **1.** Müll *m*, Unrat *m*, Schmutz *m*, Dreck *m* F; **2.** *fig. rl.* Unreinheit *f*.

immoral (immɔ'ral) *adj.* [5c] □ unmoralisch, unsittlich; ~**ité** (~li'te) *f* Unsittlichkeit *f*, Sittenlosigkeit *f*.

immor|taliser (immɔrtali'ze) *v/t.* [1a] unsterblich machen, verewigen; ~**talité** (~tali'te) *f* Unsterblichkeit *f*; ~**tel** (~'tɛl) [7c] **I** *adj.* □ unsterblich; *fig.* unvergänglich; **II** *su.* Unsterblicher *m*; **III** F *m* Mitglied *n* der franz. Akademie.

immortelle ⚘ (immɔr'tɛl) *f* Strohblume *f*, Immortelle *f*.

immotivé (immɔti've) *adj.* unbe-

gründet.
immuable (im'mɥablə) *adj.* □ unwandelbar, unabänderlich.
immuni|sé (immyni'ze) *adj.* seuchenfest, immun; gefeit; mottenecht; **~ser** (~) *v/t.* [1a] gegen Ansteckung sichern; **~té** (~'te) *f* **1.** Schutz *m* vor Ansteckung, Immunität *f*; **2.** Steuerfreiheit *f*; **3.** *parl.* Unverletzbarkeit *f*, Straffreiheit *f*, Immunität *f*.
immutabilité (immytabili'te) *f* Unveränderlichkeit *f*, Unwandelbarkeit *f*, Unabänderlichkeit *f*.
impact ⚔ (ɛ̃'pakt) *m* Aufschlag *m*; *point m d'~* Einschlag *m*.
impair (ɛ̃'pɛːr) **I** *adj.* □ ungerade; unpaarig; ungleich; **II** F *m* Fauxpas *m*, Ungeschicklichkeit *f*; Blamage *f*; *commettre un ~* sich blamieren.
impalpab|ilité (ɛ̃palpabili'te) *f* Unfühlbarkeit *f*; **~le** (~'pablə) *adj.* unfühlbar; staubartig.
impaludisme (ɛ̃paly'dism) *m* Sumpffieber *n*, Malaria *f*.
impardonnable (ɛ̃pardɔ'nablə) *adj.* unverzeihlich.
imparfait (ɛ̃par'fɛ) **I** *adj.* [7] □ unvollkommen, unvollendet, mangelhaft; **II** *m gr.* Imperfekt *n*, einfache Vergangenheit *f*.
imparisyllabique *gr.* (ɛ̃parisila'bik) *adj.* ungleichsilbig.
imparité (ɛ̃pari'te) *f* Ungeradheit *f*; Ungleichheit *f*.
impart|able, ~ageable (ɛ̃par'tablə, ~ta'ʒablə) *adj.* unteilbar.
impartial (ɛ̃par'sjal) *adj.* [5c] □ *u. m* unparteiisch; Unparteiischer *m*; **~ité** (~li'te) *f* Unparteilichkeit *f*.
impartir (ɛ̃par'tiːr) *v/t.* [5a] gewähren, zuteilen, bewilligen.
impasse (ɛ̃'pɑːs) *f* Sackgasse *f*; 🚂 Abstellgleis *n*; *fig.* Klemme *f*.
impassi|bilité (ɛ̃pɑsibili'te) *f* Unempfindlichkeit *f*; *fig.* Gleichgültigkeit *f*, Leidenschaftslosigkeit *f*, Gefühllosigkeit *f*, Kaltblütigkeit *f*; **~ble** (~'siblə) *adj.* □ unempfindlich; *fig.* kaltblütig, gleichgültig; gefaßt; *demeurer ~* nicht zucken; *rester ~ en présence du danger* der Gefahr gelassen ins Auge sehen.
impati|ence (ɛ̃pa'sjɑ̃ːs) *f* Ungeduld *f*; *attendre q. avec ~* j-n ungeduldig erwarten; *il meurt d'~* er vergeht fast vor Ungeduld; **~ent** (~'sjɑ̃) *adj.* [7] (*adv. impatiemment*) ungeduldig; sehnsüchtig (*de* nach *dat.*); unwillig (*de* über *acc.*); **~entant** (~sjɑ̃'tɑ̃) *adj.* [7] beunruhigend; **~enter** (~sjɑ̃'te) [1a] *v/t.* (*u. v/rfl. s'~*) ungeduldig machen (werden).
impatroniser (ɛ̃patrɔni'ze) [1a] **I** *v/t.* einführen (*z.B. a. fig. e-e Sitte*); *fig.* aufzwingen, auferlegen; **II** *v/rfl. s'~* sich zum Herrn machen, sich einnisten; *fig.* sich breitmachen; aufkommen (*Sitte*).
impavide (ɛ̃pa'vid) *adj.* unerschrocken, unanfechtbar, standhaft, unerschütterlich.
impay|able (ɛ̃pɛ'jablə) *adj.* unbezahlbar: F *fig.* köstlich, höchst amüsant, komisch; **~é** (~'je) *adj.* unbezahlt.
impeccab|ilité (ɛ̃pɛkabili'te) *f* **1.** einwandfreier Zustand *m*; **2.** *rl.* Unfehlbarkeit *f*; **~le** (~'kablə) *adj.* **1.** einwandfrei, tadellos, fehlerlos; **2.** *rl.* sündenfrei, unfehlbar.
impécun|ieux (ɛ̃peky'njø) *adj.* [7] bedürftig, mittellos; **~iosité** (~njozi'te) *f* Bedürftigkeit *f*, Mittellosigkeit *f*.
impédance ⚡ (ɛ̃pe'dɑ̃ːs) *f* Impedanz *f*.
impénétra|bilité (ɛ̃penetrabili'te) *f* Undurchdringlichkeit *f*; *fig.* Unerforsch-barkeit *f*, -lichkeit *f*; **~ble** (~'trablə) *adj.* **1.** undurchdringlich; *~ aux balles* kugelsicher; *~ à l'eau* wasserdicht; **2.** *fig.* unerforsch-bar, -lich, unergründlich, undurchschaubar.
impéni|tence (ɛ̃peni'tɑ̃ːs) *f* Unbußfertigkeit *f*; **~tent** (~'tɑ̃) *adj.* [7] *rl.* unbußfertig; F *allg.* verstockt; unverbesserlich.
impensable (ɛ̃pɑ̃'sablə) *adj.* unvorstellbar, undenkbar.
impenses ⚖ (ɛ̃'pɑ̃ːs) *f/pl.* Aufwendungen *f/pl.*; *~ voluptaires* Luxusaufwendungen *f/pl.*
impératif (ɛ̃pera'tif) **I** *adj.* [7e] □ gebieterisch; *la mode sur ce point est impérative* die Mode ist in diesem Punkt ausschlaggebend (*od.* tonangebend); **II** *m gr.* Imperativ *m*, Befehlsform *f*; *allg.*: *les ~s nationaux* die nationalen Belange *pl.*
impératrice (ɛ̃pera'tris) *f* Kaiserin *f*.
imperceptib|ilité (ɛ̃pɛrsɛptibili'te) *f* fehlende Wahrnehmbarkeit *f*; Unsichtbarkeit *f*; **~le** (~'tiblə) *adj.* □ unmerklich, nicht wahrnehmbar.
imperdable (ɛ̃pɛr'dablə) *adj.* unverlierbar.
imperfec|tibilité (ɛ̃pɛrfɛktibili'te) *f* Unfähigkeit *f*, sich zu vervoll-

kommnen; **~tible** (~'tiblə) *adj.* vervollkommnungsunfähig; **~tion** (~fɛk'sjɔ̃) *f* Unvollkommenheit *f*, Mangel *m*; Nachteil *m*.
imperfor|able (ɛ̃pɛrfɔ'rablə) *adj.* stichfest; **~ation** ⚕ (~ra'sjɔ̃) *f* mangelnde Öffnung *f*.
impérial (ɛ̃pe'rjal) [5c] **I** *adj.* □ kaiserlich; Kaiser..., Reichs..., Weltreichs...; *couronne f ~e* Kaiserkrone *f*; *hist. ville f ~e* freie Reichsstadt *f*; *cin. ~ partenaire* Hauptpartner *m*; **II** *m hist. les Impériaux* die kaiserlichen Truppen *f/pl.*; **~e** (~) *f* **1.** mit Sitzen versehenes Wagenverdeck *n*; **2.** Kinnbart *m*; **3.** ⚘ Kaiserkrone *f*; **4.** ⚠ *toit m à l'~* Zwiebeldach *n*; **~isme** (~'lism) *m* Imperialismus *m*; **~iste** (~'list) **I** *adj.* imperialistisch; **II** *m* Imperialist *m*.
impérieux (ɛ̃pe'rjø) *adj.* [7d] gebieterisch, herrschsüchtig; dringend, unabweislich.
impérissable (ɛ̃peri'sablə) *adj.* unvergänglich.
impéritie (ɛ̃peri'si) *f* Unerfahrenheit *f*; Ungeschicklichkeit *f*.
imperméab|iliser (ɛ̃pɛrmeabili'ze) *v/t.* [1a] wasserdicht machen; **~le** (~me'ablə) **I** *adj.* □ undurchdringlich, undurchlässig; regendicht, wetterfest; *~ au gaz* gasdicht; **II** *m* Regenmantel *m*.
impermutable (~my'tablə) *adj.* unvertauschbar.
impersonn|alité (ɛ̃pɛrsɔnali'te) *f*: *l'~ du style* die Unpersönlichkeit *f* des Stils; **~el** (~'nɛl) *adj.* [7c] □ unpersönlich.
imperti|nence (ɛ̃pɛrti'nɑ̃:s) *f* Ungehörigkeit *f*, Frechheit *f*; Unverschämtheit *f*, Flegelei *f*; *sotte ~* Dummdreistigkeit *f*; **~nent** (~'nɑ̃) [7] **I** *adj.* (*adv. impertinemment* [~na'mɑ̃]) frech, unverschämt, ungehörig, flegelhaft; ⚖ nicht zur Sache gehörig; **II** *su.* Flegel *m*.
imperturba|bilité (ɛ̃pɛrtyrbabili'te) *f* Unerschütterlichkeit *f*; **~ble** (~'bablə) *adj.* □ unerschütterlich; unverwüstlich (*Gesundheit*).
impétig|ineux ⚕ (ɛ̃petiʒi'nø) *adj.* [7d] eiterig; **~o** ⚕ (~'go) *m* Hautausschlag *m* Eiterflechte *f*.
impé|trable ⚖ (ɛ̃pe'trablə) *adj.* erreichbar; **~trant** ⚖ (~'trɑ̃) *m* Nutznießer *m*; Diplominhaber *m*; *abus.* Gesuchsteller *m*; **~tration** ⚖ (~tra'sjɔ̃) *f* Erlangung *f*; **~trer** ✎ ⚖ (~'tre) *v/t.* [1a] *durch Ersuchen* erlangen.
impétu|eux (ɛ̃pe'tɥø) *adj.* [7d] □ ungestüm, heftig, stürmisch, wild; reißend (*Strom*); ♪ feurig; **~osité** (~tɥozi'te) *f* Ungestüm *n*, Heftigkeit *f*, Wucht *f*, Wildheit *f*.
im|pie (ɛ̃'pi) **I** *adj.* pietätlos, gott-, ruch-los; **II** *su.* Gottloser *m*; **~piété** (ɛ̃pje'te) *f* Gott-, Ruch-, Pietätlosigkeit *f*.
impitoyable (ɛ̃pitwa'jablə) *adj.* □ unerbittlich, erbarmungslos, schonungslos, unbarmherzig.
implacab|ilité (ɛ̃plakabili'te) *f* Unerbittlichkeit *f*, Unversöhnlichkeit *f*; **~le** (~'kablə) *adj.* □ unerbittlich, unversöhnlich.
implan|tation (ɛ̃plɑ̃ta'sjɔ̃) *f* Einpflanzung *f*; Eingewachsensein *n*; *fig.* Verwurzelung *f*; ⊕ Aufstellung *f*; ⚠ bauliche Einfügung *f* (*e-s neuen Gebäudes zwischen ältere Gebäude*); **~ter** (~'te) [1a] **I** *v/t.* ein-, auf-pflanzen; *fig.* einführen; *être implanté* eingewachsen (*fig.* verwurzelt) sein; **II** *v/rfl. s'~* festwachsen; *fig.* Fuß fassen, sich einbürgern; *fig.* sich festsetzen.
impli|cation (ɛ̃plika'sjɔ̃) *f* **1.** ⚖ Verwickelung *f* in ein Verbrechen; **2.** Widerspruch *m*; **~cite** (~'sit) *adj.* □ mit einbegriffen; nicht formell, unausgesprochen, stillschweigend; *foi f ~* blinder Glaube *m*; *gr. proposition f ~* verkürzter Satz *m*; **~quer** (~'ke) *v/t.* [1m] hineinziehen, verwickeln; mit einbegreifen; *cela implique contradiction* das widerspricht sich; *néol. cela implique que* ... das setzt voraus, daß ...
implor|ation (ɛ̃plɔra'sjɔ̃) *f* Anflehen *n*; **~er** (~'re) *v/t.* [1a] anflehen, anrufen.
imployable (ɛ̃plwa'jablə) *adj.* unbiegsam.
impoli (ɛ̃pɔ'li) **I** *adj.* (*adv. ~ment* [~'mɑ̃]) unhöflich, grob, ungeschliffen; **II** *su.* Grobian *m*; **~tesse** (~'tɛs) *f* Unhöflichkeit *f*, Ungeschliffenheit *f*, Grobheit *f*.
impolitique (ɛ̃pɔli'tik) *adj.* □ unpolitisch, unklug.
impondérab|ilité (ɛ̃pɔ̃derabili'te) *f phys. u. fig.* Unwägbarkeit *f*; **~le** (~'rablə) **I** *adj.* unwägbar; **II** *~s pl.* Imponderabilien *pl.*, unerklärbare Dinge *n/pl.*, Unwägbarkeiten *f/pl.*
impopu|laire (ɛ̃pɔpy'lɛ:r) *adj.* unpopulär, unbeliebt; **~larité** (~lari'te) *f* Unbeliebtheit *f*.
impor|table (ɛ̃pɔr'tablə) *adj.* einführbar; **~tance** (~'tɑ̃:s) *f* Wichtig-

keit *f*, Bedeutung *f*, Erheblichkeit *f*, Belang *m*; Ansehen *n*, Einfluß *m*; *de la dernière* ~ höchst wichtig; *sans* ~, *dénué d'*~ belanglos, unwichtig; *affaire f sans (aucune)* ~ Belanglosigkeit *f*; *cela n'a pas d'*~ das hat nichts auf sich (*od.* zu sagen); *accorder* (*od. attacher*) *de l'*~ *à qch.* e-r Sache Bedeutung beimessen; *d'*~ erheblich; ordentlich, gewaltig; *punir d'*~ gehörig bestrafen; **~tant** (~'tɑ̃) *adj.* [7] **I** *adj.* wichtig, erheblich, beträchtlich; *il fait l'*~ er gibt an F, er tut wichtig; **II** *m* Hauptsache *f*, Hauptpunkt *m*.

importa|teur (ɛ̃pɔrta'tœːr) *su.* [7f] Importeur *m*; **~tion** (~tɑ'sjɔ̃) *f* **1.** Einfuhr *f*, Import *m*; ~ *aérienne* Einfuhr *f* auf dem Luftwege; ~ *alimentaire* Lebensmitteleinfuhr *f*; *autorisation f d'*~ Einfuhrgenehmigung *f*; *droits m/pl. d'*~ Import-, Einfuhrzoll *m*; ~*s f/pl. totales* Gesamteinfuhr *f*; *commerce m d'*~ Einfuhrhandel *m*; **2.** ⚕ Einschleppung *f e-r Krankheit*; **3.** ~*s pl.* eingeführte Waren *f/pl.*

importer[1] (ɛ̃pɔr'te) *v/t.* [1a] importieren, einführen; (*Krankheit*) einschleppen.

importer[2] (~) [1a] **I** *v/i.* ~ (*à q., à od. pour qch.* für j-n *od.* für etw.) wichtig sein; *que vous importe (cela)?* was geht Sie das an?; *qu'importent ces folies?* was sollen diese Dummheiten?; **II** *v/imp.*: *il lui importe beaucoup* (*od. grandement*) *de* (*mit inf.*) es ist ihm viel daran gelegen zu ...; *peu importe que ...* (*mit subj.*) es ist belanglos (*od.* unwichtig *od.* gleichgültig), ob ...; *n'importe od. peu importe* das macht nichts, das spielt keine Rolle; *n'importe comment* auf (jede) beliebige Weise, einerlei wie; *à n'importe quelle heure* zu jeder beliebigen Stunde; *n'importe qui* der erste beste; *qu'importe?* was macht das aus?; *qu'importe(nt) ces pierres de taille?* was haben diese behauenen Steine zu bedeuten?

importun (ɛ̃pɔr'tœ̃) [7] *adj.* (*adv.* ~*ément* [~tyne'mɑ̃]) *u. su.* ungebeten(er Gast *m*), aufdringlich(er Mensch *m*); Aufdringling *m*; **~er** (~ty'ne) *v/t.* [1a] belästigen, behelligen; **~ité** (~tyni'te) *f* Belästigung *f*, Aufdringlichkeit *f*.

impo|sable (ɛ̃po'zablə) *adj.* steuerpflichtig, versteuerbar; **~sant** (~'zɑ̃) *adj.* [7] achtunggebietend, stattlich, ansehnlich, eindrucksvoll, überwältigend, imposant, erhaben; **~sé** (~'ze) *adj. u. su.* besteuert; *les plus* ~*s* die Höchstbesteuerten *m/pl.*; *travail m* ~ Zwangsarbeit *f*.

impo|ser (ɛ̃po'ze) **I** *v/t.* auf-drängen, -laden, -(er)legen, -zwingen; *fig.* ~ *qch. à q.* j-m etw. auferlegen *od.* vorschreiben; ~ *silence* Schweigen gebieten; ~ *du* (*od. le*) *respect* Ehrfurcht einflößen; ~ *une ville* e-e Stadt mit Steuern belasten; ~ *le vin* den Wein besteuern; **II** *v/i. en* ~ *à q.* j-m imponieren, auf j-n Eindruck machen; j-m etw. weismachen, j-n betrügen; **III** *v/rfl. s'*~ unbedingt nötig sein; *s'*~ *à q.* sich j-m aufdrängen; *s'*~ *qch.* sich etw. auflegen, sich besteuern; *s'*~ *la règle de ...* sich e-e Regel daraus machen, zu ...; *s'*~ *de faire qch.* sich zwingen, etw. zu tun; **~sition** (~zi'sjɔ̃) *f* **1.** *rl.* ~ *des mains* Auflegen *n* der Hände; *fig.* ~ *d'un nom* Beilegung *f* e-s Namens; *fig.* ~ *d'une contribution* Auf(er)legung *f* e-r Steuer; **2.** Besteuerung *f*; Steuer *f*, Auflage *f*, Abgabe *f*; **3.** *typ.* Einheben *n* (*der Form*); *catégorie f d'*~ Steuergruppe *f*; *non soumis à l'*~ steuerfrei.

impossi|bilité (ɛ̃pɔsibili'te) *f* Unmöglichkeit *f*; *se trouver dans l'*~ außerstande sein; **~ble** (~'siblə) **I** *adj.* unmöglich, unausführbar, ausgeschlossen; **II** *m das* Unmögliche *n*; *faire l'*~ Unmögliches leisten.

imposte ⚠ (ɛ̃'pɔst) *f* Schlußstein *m*; Oberlicht *n* (*Fenster*, *Tür*), Lüftungsflügel *m*.

impos|teur (ɛ̃pɔs'tœːr) **I** *m* Betrüger *m*, Verleumder *m*; **II** *adj./m* betrügerisch; **~ture** (~'tyːr) *f* Betrug *m*; Heuchelei *f*; Verleumdung *f*.

impôt (ɛ̃'po) *m* Steuer *f*, Auflage *f*, Abgabe *f*; ~ *sur le revenu* Einkommensteuer *f*; *lever* (*od. percevoir*) *des* ~*s* Steuern erheben; *les* ~*s* das Steuerwesen *n*; ~ *sur les boissons* Getränkesteuer *f*; ~ *sur les chiens* Hundesteuer *f*; ~ *sur les cultes*, ~ *ecclésiastique* Kirchensteuer *f*; ~ *foncier* Grundsteuer *f*; *déclaration f d'*~ Steuererklärung *f*; *soustraction f d'*~*s* Steuerhinterziehung *f*; *dégrever les* ~*s* die Steuern herabsetzen; ~ *corporatif* Körperschaftssteuer *f*; ~ *sur les* *loyers* Miet-, Haus-zinssteuer *f*; ~ *sur la fortune* (*immobilière* Grund-)Vermögenssteuer *f*; ~ *sur les bénéfices* Gewinnabgabe *f*; ~ *sur le revenu* (*od.* *le produit*) *du capital* Kapitalertragssteuer *f*; ~ *sur* (*od.* *pour*) *les célibataires* Ledigensteuer *f*; ~ *sur le(s) salaire(s)* Lohnsteuer *f*; ~ *sur la plus-value* Wertzuwachssteuer *f*; ~ *dû* Steuerschuld *f*.

impoten|ce ⚕ (ɛ̃pɔ'tɑ̃:s) *f* Bewegungsunfähigkeit *f*, Gebrechlichkeit *f*; **~t** (~'tɑ̃) **I** *adj.* [7] bewegungsunfähig; **II** *m* Krüppel *m*.

imprati|cabilité (ɛ̃pratikabili'te) *f* Undurchführbarkeit *f*; Unwegsamkeit *f*; **~cable** (~'kablə) *adj.* undurchführbar; ungangbar, unbefahrbar, unwegsam; **~qué** (~'ke) *adj.* unbenutzt (*v. Wegen*).

imprécation (ɛ̃prekɑ'sjɔ̃) *f* Fluch *m*, Verwünschung *f*.

imprécis (ɛ̃pre'si) *adj.* ungenau, unbestimmt, unklar, verschwommen; **~ion** (~'zjɔ̃) *f* Ungenauigkeit *f*, Unbestimmtheit *f*, Verschwommenheit *f*.

imprégn|able ⚗ (ɛ̃pre'ɲablə) *adj.* imprägnierbar; **~ation** (~ɲɑ'sjɔ̃) *f* ⚗ Imprägnierung *f*; Durchtränkung *f*, Sättigung *f*; *fig.* Durchdringung *f*; **~er** (~'ɲe) [1f] **I** *v/t.* ⚗ imprägnieren, durchtränken, sättigen; *fig.* erfüllen (*de* mit *dat.*); **II** *v/rfl.* *s'*~ *de* etw. in sich aufnehmen.

imprenable ⚔ (ɛ̃prə'nablə) *adj.* uneinnehmbar.

imprésario (ɛ̃preza'rjo) *m* (*pl.* ~*s* *od.* *impresarii*) Impresario *m*, (Theater-, Konzert-, Film-)Unternehmer *m*.

imprescriptib|ilité ⚖ (ɛ̃prɛskriptibili'te) *f* Unverjährbarkeit *f*; **~le** (~'tiblə) *adj.* unverjährbar.

impression (ɛ̃prɛ'sjɔ̃) *f* **1.** Drücken *n*, Druck *m*; Aufdrücken *n e-s Siegels*; **2.** Eindruck *m*; Empfindung *f*; **3.** *peint.* Grund *m*, Grundierung *f*; **4.** *typ.* Drucken *n*; (Ab-, Auf-)Druck *m*; ~ *artistique* Kunstdruck *m*; ~ *avant tirage* Vordruck *m*; ~ *en couleur* Farbendruck *m*; ~ *en* (*plusieurs*) *couleurs* Buntdruck *m*; *text.* ~ *sur chaîne* Kettendruck *m*; *faute f d'*~ Druckfehler *m*; *papier m d'*~ Druckpapier *n*; **~nable** (~sjɔ'nablə) *adj.* für Eindrücke empfänglich; **~nant** (~'nɑ̃) *adj.* [7] eindrucksvoll; **~ner** (~'ne) *v/t.* [1a]: ~ *q.* j-n beeindrucken; **~nisme** (~'nism) *m* Impressionismus *m*; **~niste** (~'nist) *su. u. adj.* Impressionist(in *f*) *m*; impressionistisch.

imprévisib|ilité (ɛ̃previzibili'te) *f* Unvorstellbarkeit *f*; **~le** (~'ziblə) *adj.* unvorstellbar; nicht vorauszusehen.

imprévoy|ance (ɛ̃prevwa'jɑ̃:s) *f* Unvorsichtigkeit *f*; **~ant** (~'jɑ̃) *adj.* [7] unvorsichtig.

imprévu (ɛ̃pre'vy) *adj. u. m* unvorhergesehen, unerwartet; *l'*~ das Unvorhergesehene *n*.

impri|mable (ɛ̃pri'mablə) *adj.* druckbar; **~mé** (~'me) *m* Drucksache *f*; **~mer** (~) *v/t.* [1a] **1.** aufdrücken; *fig.* einflößen, verleihen; ~ *du respect* Achtung gebieten (*od.* einflößen); ~ *un mouvement à un corps* e-m Körper e-e Bewegung mitteilen; *fig.* ~ *son sceau à qch.* e-r Sache ihr Gepräge geben; **2.** *peint.* grundieren; **3.** (ab)drucken, drucken; *faire* ~ drucken lassen; **~merie** (ɛ̃prim'ri) *f* **1.** Buchdruckerkunst *f*; **2.** Buchdruckerei *f*, Druckerei *f*; ~ *lithographique* lithographische Anstalt *f*, Steindruckerei *f*; ~ *à la minute* Schnelldruckerei *f*; **~meur** (~'mœ:r) *m* Buchdruckereibesitzer *m*; (*auch adj.*: *ouvrier m* ~) Buchdrucker *m*, Drucker *m*; ~ *lithographe* Steindrucker *m*; **~meuse** (~'mø:z) *f* Druckereimaschine *f*.

improba|bilité (ɛ̃prɔbabili'te) *f* Unwahrscheinlichkeit *f*; **~ble** (~'bablə) *adj.* □ unwahrscheinlich.

improba|teur (~ba'tœ:r) *adj.* [7f] mißbilligend; **~tion** (~bɑ'sjɔ̃) *f* Mißbilligung *f*, Tadel *m*.

impro|be (ɛ̃'prɔb) *adj.* unredlich; **~bité** (~bi'te) *f* Unredlichkeit *f*.

improduct|if (ɛ̃prɔdyk'tif) *adj.* [7e] □ ertraglos, unproduktiv, unwirtschaftlich, unergiebig; tot (*Kapital*); **~ivité** (~tivi'te) *f* Ertraglosigkeit *f*, Unwirtschaftlichkeit *f*.

impromptu (ɛ̃prɔ̃'ty) **I** *m* Gedicht *n* (♪ Stück *n*) aus dem Stegreif, Impromptu *n*; **II** *adj./inv.* aus dem Stegreif gemacht, improvisiert; **III** *adv.* aus dem Stegreif, ohne Vorbereitung.

imprononçable (ɛ̃prɔnɔ̃'sablə) *adj.* unaussprechbar.

improportionnel (~pɔrsjɔ'nɛl) *adj.* [7c] unverhältnismäßig.

impropr|e (ɛ̃'prɔprə) *adj.* □ ungeeignet, unzweckmäßig; unpassend; falsch angewandt; ~ *au service a.* ⚔ dienstuntauglich; **~iété** (~prie'te) *f* Untauglichkeit *f*; falsche Anwendung *f*.

improuv|able (ɛ̃pru'vablə) *adj.* unbeweisbar, unerweislich; **~er** (~'ve) *v/t.* [1a] mißbilligen.

improvi|sateur (ɛ̃prɔviza'tœ:r) *su.* [7f] Stegreif-dichter *m*, -musiker *m*, -redner *m*, Improvisator *m*; *talent m d'~* Improvisationstalent *n*; **~sation** (~za'sjɔ̃) *f* Improvisieren *n*; Stegreifgedicht *n*; ♪ Phantasieren *n*; **~ser** (~'ze) [1a] *v/t. u. v/i.* aus dem Stegreif dichten *od.* ♪ komponieren; improvisieren; phantasieren; *allg.* ~ *qch.* etw. aus dem Ärmel schütteln; **~ste** (~'vist) *advt.*: *à l'~* unvermutet, unversehens.

impru|dence (ɛ̃pry'dɑ̃:s) *f* Unüberlegtheit *f*, Unvorsichtigkeit *f*; *blessure f par ~* fahrlässige Körperverletzung *f*; **~dent** (~'dɑ̃) [7] *adj.* (*adv. imprudemment* [ɛ̃pryda'mɑ̃]) *u. su.* unklug, unvorsichtig; Unvorsichtiger *m*, Unbesonnener *m*.

impub|ère (ɛ̃py'bɛ:r) *adj.* nicht mannbar, unreif; ⚖ unerwachsen, nicht mündig; **~erté** (~bɛr'te) *f* Unreife *f*; ⚖ Unmündigkeit *f*.

impu|dence (ɛ̃py'dɑ̃:s) *f* Frechheit *f*, Unverschämtheit *f*, Schamlosigkeit *f*; **~dent** (~'dɑ̃) [7] **I** *adj.* (*adv. impudemment* [ɛ̃pyda'mɑ̃]) frech, unverschämt; **II** *su.* Unverschämter *m*; **~deur** (~'dœ:r) *f* Schamlosigkeit *f*; **~dicité** (~disi'te) *f* Unzucht *f*; unzüchtige Rede *f od.* Handlung *f*; **~dique** (~'dik) *adj.* □ *u. su.* unsittlich(er Mensch *m*).

impugn|ation ⚖ (ɛ̃pyɲɑ'sjɔ̃) *f* Bestreitung *f*, Anfechtung *f*; **~er** ⚖ (~'ɲe) *v/t.* [1a] bestreiten, anfechten, angreifen.

impuiss|ance (ɛ̃pɥi'sɑ̃:s) *f* Ohnmacht *f*, Unvermögen *n*, Machtlosigkeit *f*; ⚕ Impotenz *f*; **~ant** (~'sɑ̃) *adj.* [7] ohnmächtig, machtlos; *fig.* unschöpferisch; ⚕ impotent.

impul|sif (ɛ̃pyl'sif) *adj.* [7e] **1.** treibend, Treib...; **2.** impulsiv, triebhaft; **~sion** (~'sjɔ̃) *f* **1.** Stoß *m*; ⊕ *force f d'~* Triebkraft *f*; **2.** *fig.* Antrieb *m*, Anregung *f*, Anstoß *m*, Impuls *m*; ~ *criminelle* verbrecherische Neigung *f*; ~ *de conscience* Gewissensregung *f*; **3.** ⚡ Stromstoß *m*; *rad.* Impuls *m*; *at.* Schub *m*.

impu|nément (ɛ̃pyne'mɑ̃) *adv.* ungestraft; ohne nachteilige Folgen; **~ni** (~'ni) *adj.* ungestraft, straflos; **~nité** (~ni'te) *f* Straflosigkeit *f*.

impur (ɛ̃'py:r) *adj.* □ unrein; unkeusch; **~eté** (~pyr'te) *f* Unreinheit *f*, Verunreinigung *f*, Unlauterkeit *f*; *les ~s f/pl.* Schmutz *m/sg.*

impu|tabilité (ɛ̃pytabili'te) *f* Zurechnungsfähigkeit *f*; **~table** (~'tablə) *adj.* **1.** *être ~ à q.* (*à qch.*) j-m (e-r Sache) zuzuschreiben sein; **2.** *être ~ sur qch.* von etw. (*dat.*) abzuziehen sein (*Buchhaltung*); **~tation** (~tɑ'sjɔ̃) *f* **1.** ~ *sur une somme* Abrechnung *f* von e-m Betrag; **2.** *fig.* Beschuldigung *f*, Beimessung *f*; **~ter** (~'te) *v/t.* [1a] **1.** ~ *qch. à q.* j-n e-r Sache (*gén.*) beschuldigen; ~ *à q. qch. à crime* j-m etw. als Verbrechen anrechnen; **2.** ~ *qch. sur qch.* etw. von etw. (*dat.*) abrechnen *od.* abziehen, etw. auf etw. (*acc.*) anrechnen.

imputrescible (~trɛ'siblə) *adj.* unverweslich, unverfaulbar.

inabordable (inabɔr'dablə) *adj.* **1.** unzugänglich (*Ort, Person*); unnahbar; **2.** unerschwinglich (*Preis*).

inabrité (inabri'te) *adj.* ungeschützt.

inaccentué *gr.* (inaksɑ̃'tɥe) *adj.* unbetont; akzentlos.

inac|ceptable (inaksɛp'tablə) *adj.* unannehmbar; **~ceptation** (~tɑ'sjɔ̃) *f* Nichtannahme *f*; **~cessible** (~ksɛ'siblə) *adj.* unzugänglich (*Ort*); *fig.* unempfindlich; ~ *à la concurrence* konkurrenzlos; **~commodable** (~kɔmɔ'dablə) *adj.* unausgleichbar; **~cordable** (~kɔr'dablə) *adj.* unvereinbar; nicht zu bewilligen; **~coutumé** (~kuty'me) *adj.* **1.** ungewöhnlich; **2.** ~ *à* ungewohnt (*gén.*).

inachevé (inaʃ've) *adj.* unvollendet.

inachèvement (inaʃɛv'mɑ̃) *m* Nichtvollendung *f*.

inac|tif (inak'tif) *adj.* [7e] □ untätig, müßig, tatenlos, inaktiv; unwirksam; **~tion** (~k'sjɔ̃) *f* zeitweilige Untätigkeit *f*; **~tivité** (~ktivi'te) *f* **1.** Untätigkeit *f*; **2.** Ruhestand *m*; **3.** ⚕ Unwirksamkeit *f e-s Heilmittels.*

inadapt|able, ~é (inadap'tablə, ~'te) *adj.* schwer erziehbar.

inadéquat (inade'kwa) *adj.* [7] nicht entsprechend, ungeeignet.

inadmissi|bilité (inadmisibili'te) *f* Unzulässigkeit *f*; **~ble** (~'siblə) *adj.* unzulässig.

inadvertance (inadvɛr'tɑ̃:s) *f* Unvorsichtigkeit *f*, Unachtsamkeit *f*; *par ~* aus Versehen.

inaliénab|ilité ⚖ (inaljenabili'te) *f* Unveräußerlichkeit *f*; **~le** (~'nablə) *adj.* unveräußerlich.
inalliable (ina'ljablə) *adj.* unlegierbar (*Metall*); *fig.* unvereinbar.
inaltéra|bilité (inalterabili'te) *f* Unveränderlichkeit; *f* **~ble** (~'rablə) *adj.* **1.** unveränderlich; unverwüstlich (*Gesundheit*); **2.** *fig.* unerschüttert; *bonheur m* ~ ungetrübtes Glück *n.*
inamendable (~amɑ̃'dablə) *adj.* unverbesserlich.
inamical (inami'kal) *adj.* [5c] unfreundschaftlich.
inamovi|bilité (inamɔvibili'te) Unwiderruflichkeit *f*; Unabsetzbarkeit *f*; **~ble** (~'viblə) *adj.* unwiderruflich, lebenslänglich; unabsetzbar.
inanalysable (inanali'zablə) *adj.* nicht analysierbar; *gr.* etymologisch dunkel *od.* unklar.
inanimé (inani'me) *adj.* leblos.
inani|té (inani'te) *f* Nichtigkeit *f*, Nutzlosigkeit *f*, Vergeblichkeit *f*; **~tion** (~ni'sjɔ̃) *f* Entkräftung *f.*
inapais|able (inapɛ'zablə) *adj.* nicht zu besänftigen; *a. fig.* unstillbar (*Durst*); **~é** (~'ze) *adj.* unbesänftigt; ungestillt.
inaper|cevable (inapɛrsə'vablə) *adj.* unbemerkbar; **~çu** (~'sy) *adj.* unbemerkt. [sichtbar; unmerklich.]
inapparent (inapa'rɑ̃) *adj.* [7] un-
inappétence (inape'tɑ̃:s) *f* Appetitlosigkeit *f.*
inappli|cable (inapli'kablə) *adj.* unanwendbar (*à* auf *acc.*); **~cation** (~kɑ'sjɔ̃) *f* Trägheit *f*, Faulheit *f*; **~qué** (~'ke) *adj.* unfleißig, nachlässig, träge, faul; unangewandt.
inappréciable (inapre'sjablə) *adj.* **1.** unbestimmbar; sehr gering; kaum merkbar; **2.** unschätzbar.
inapprivoisable (inaprivwa'zablə) *adj.* unbezähmbar.
inap|te (i'napt) *adj.* untauglich, unfähig (*à* zu *dat.*); **~titude** (~ti'tyd) *f* Untauglichkeit *f.*
inarticul|able (inartiky'lablə) *adj.* unaussprechbar; **~é** (~'le) *adj.* **1.** undeutlich ausgesprochen; **2.** ⚘, *zo.* ungegliedert; **3.** *gr.* unartikuliert, artikellos. [unvereidigt.]
inassermenté (inasɛrmɑ̃'te) *adj.*
inasservi (inasɛr'vi) *adj.* nicht unterworfen; unabhängig.
inassiduité (inasidɥi'te) *f* Unpünktlichkeit *f* (*im Dienst*), Faulheit *f.*
inassimilable (inasimi'lablə) *adj.* nicht assimilierbar.
inassou|vi (inasu'vi) *adj.* ungestillt (*Hunger*); unbefriedigt (*Haß*); unerfüllt (*Wunsch*); **~vissable** (~vi'sablə) *adj.* nicht zu stillen; nicht zu befriedigen.
inattaquable (inata'kablə) *adj.* unangreifbar; ⚗ ~ *aux acides* säurebeständig. [tet, unverhofft.]
inattendu (inatɑ̃'dy) *adj.* unerwar-
inatten|tif (inatɑ̃'tif) *adj.* [7e] unaufmerksam, unachtsam; **~tion** (~'sjɔ̃) *f* Unaufmerksamkeit *f*, Unachtsamkeit *f*; *faute f d'*~ Flüchtigkeitsfehler *m.*
inaudible (ino'diblə) *adj.* unhörbar.
inaugu|ral (inogy'ral) *adj.* [5c] Antritts..., Einweihungs...; *séance f* ~*e* Eröffnungssitzung *f*; **~ration** (~rɑ'sjɔ̃) *f* Einweihung *f*; ~ *d'un monument* Enthüllung *f* e-s Denkmals; *discours m d'*~ Festrede *f*; Antrittsrede *f*; **~rer** (~'re) *v/t.* [1a] feierlich einsetzen, einweihen, eröffnen; (*Standbild*) enthüllen;) *fig.* ankündigen, einleiten (*e-e Ära*).
inauthent|icité (inotɑ̃tisi'te) *f* Unechtheit *f*; **~ique** (~'tik) *adj.* unbeglaubigt, unbestätigt, nicht authentisch, unecht.
inavouable (ina'vwablə) *adj.* **1.** unaussprechbar schandhaft; **2.** ⚖ nicht anerkennbar.
inavoué (ina'vwe) *adj.* uneingestanden, heimlich.
incalculable (ɛ̃kalky'lablə) *adj.* □ unberechenbar; unübersehbar.
incandes|cence (ɛ̃kɑ̃dɛ'sɑ̃:s) *f* **1.** Weißglühen *n*; *lampe f à* ~ Glüh-lampe *f*, -birne *f*; **2.** *fig.* Glut *f*, Feuer *n*; *l'*~ *des passions* die Entfachung *f* der Leidenschaften; **~cent** (~'sɑ̃) *adj.* [7] (weiß)glühend; *fig.* feurig.
incapa|ble (ɛ̃ka'pablə) *adj.*: ~ *de qch.* zu etw. (*dat.*) unfähig *od.* ungeschickt; **~cité** (~si'te) *f* Unfähigkeit *f*, Untauglichkeit *f*; ~ *légale* Rechtsunfähigkeit *f*; ~ *de travail* Arbeitsunfähigkeit *f*; ~ *de paiement(s)* Zahlungsunfähigkeit *f.*
incarcérer (ɛ̃karse're) *v/t.* [1f] einkerkern.
incar|nadin (ɛ̃karna'dɛ̃) **I** *adj.* [7] fleischfarben; blaßrot; **II** *m* Fleischfarbe *f*; **~nat** (~'na) *adj.* [7] *u. m* hochrot; Hochrot *n*; **~nation** *rl.* (~nɑ'sjɔ̃) *f* Fleischwerdung *f*; **~né** (~'ne) *adj. rl.* Fleisch (*od.* Mensch) geworden; *allg.* leibhaftig, personifiziert, verkörpert; ⚕ *ongle m* ~ eingewachsener Nagel *m*; **~ner** (~)

[1a] **I** *v/t. rl.* in Fleisch verwandeln; *allg.* verkörpern; **II** *v/rfl.* ⚘ *s'~* ins Fleisch einwachsen.

incartade (ɛ̃kar'tad) *f* **1.** ↖ mutwillige Beleidigung *f*, Brüskierung *f*; **2.** *heute*: Ungehörigkeit *f*, Entgleisung *f*, Dummheit *f*, Unüberlegtheit *f*; Sprachschnitzer *m*; Seitensprung *m* (*Pferd*).

incassable (ɛ̃ka'sablə) *adj.* unzerbrechlich; splitterfrei (*Glas*).

incen|diaire (ɛ̃sɑ̃'djɛ:r) **I** *adj.* **1.** zündend; Zünd..., Brand...; *bombe f ~* Brandbombe *f*; *matière f ~* Zündstoff *m*; **2.** *fig.* aufrührerisch; *presse f ~* Hetzpresse *f*; **II** *su.* Brandstifter *m*; **~die** (~'di) *m* Brand *m*, Feuersbrunst *f*; *~ volontaire* Brandstiftung *f*; *assurance f contre l'~* Feuerversicherung *f*; *avertisseur m d'~* Feuermelder *m*; *bouche f d'~* Hydrant *m*; *pompe f à ~* Feuerspritze *f*; **~dié** (~'dje) *su.* von e-r Feuersbrunst Betroffener *m*; **~dier** (~) *v/t.* [1a] in Brand stecken; einäschern; *fig.* in Aufruhr bringen.

incer|tain (ɛ̃sɛr'tɛ̃) **I** *adj.* [7] ungewiß, zweifelhaft, unsicher; unbestimmt; unentschieden; veränderlich; unbeständig, unzuverlässig; unschlüssig (*de* über *acc.*); **II** *m das* Ungewisse *n*; **~titude** (~ti'tyd) *f* Ungewißheit *f*, Unsicherheit *f*; Unbeständigkeit *f*; Unschlüssigkeit *f*.

inces|samment (ɛ̃sesa'mɑ̃) *adv.* **1.** beständig, unaufhörlich; **2.** unverzüglich, sofort; **~sant** (~'sɑ̃) *adj.* [7] unaufhörlich, unablässig; **~sibilité** (~sibili'te) *f* Unabtretbarkeit *f*, Unübertragbarkeit *f*; **~sible** (~'siblə) *adj.* unabtretbar, unübertragbar.

inces|te (ɛ̃'sɛst) *m* Blutschande *f*; Blutschänder *m*; **~tueux** (~'tɥø) *adj.* [7d] *u. su.* blutschänderisch; Blutschänder *m*.

inchangé (ɛ̃ʃɑ̃'ʒe) *adj.* unverändert.

inchoatif *gr.* (ɛ̃kɔa'tif) *adj.* [7e] inchoativ, das Werden *od.* Vergehen bezeichnend.

inci|demment (ɛ̃sida'mɑ̃) *adv.* gelegentlich, beiläufig; nebenbei; **~dence** (~'dɑ̃:s) *f* **1.** *géom., phys.* Einfall *m*, Auftreffen *n*; *angle m d'~* Einfallswinkel *m*; **2.** *abus.* Folge *f*; **~dent** (~'dɑ̃) **I** *adj.* [7] **1.** beiläufig, zufällig, gelegentlich; dazwischenkommend; *demande f ~e* Nebenklage *f*; *gr. proposition f ~e* eingeschobener Satz *m*; **2.** *phys.* einfallend; **II** *m* Zwischenfall *m*; unangenehmer Vorfall *m*; ⚖ Einwand *m*, strittiger Nebenumstand *m*; *faire* (*od. lever*) *des ~s* Schwierigkeiten (*od.* Einwände) machen; *~ de frontière* Grenzzwischenfall *m*; *~ de marche*, *~ du service* Betriebsstörung *f*; ⚔ *~ de chargement* Ladehemmung *f*; **~dente** *gr.* (~'dɑ̃:t) *f* eingeschobener Satz *m*; **~dentel** (~dɑ̃'tɛl) *adj.* [7c] nebensächlich, zufällig; **~denter** (~dɑ̃'te) *v/i.* [1a] ⚖ Schwierigkeiten (*od.* Einwürfe) machen.

inciné|ration (ɛ̃sinerɑ'sjɔ̃) *f* Einäscherung *f*; **~rer** (~'re) *v/t.* [1f] einäschern.

inci|se (ɛ̃'si:z) *f* **1.** *gr.* eingeschobener Satz *m*; **2.** ♪ Einschnitt *m*; **~ser** (~si'ze) *v/t.* [1a] einschneiden; *chir.* aufschneiden; **~sif** (~'zif) *adj.* [7e] □ schneidend; *auch f*: (*dent f*) *incisive* Schneidezahn *m*; *fig.* beißend, bissig; **~sion** (~'zjɔ̃) *f* Einschnitt *m*.

inci|tabilité *a.* ⚘ (ɛ̃sitabili'te) *f* Erregbarkeit *f*, Reizbarkeit *f*; **~table** *a.* ⚘ (~'tablə) *adj.* erreg-, reiz-bar; **~tant** ⚘ (~'tɑ̃) *adj.* [7] *u. m* erregend; Reizmittel *n*; **~tation** (~tɑ'sjɔ̃) *f* Anreiz *m*, Anregung *f*; **~ter** (~'te) *v/t.* [1a] anreizen, anregen; veranlassen (*à* zu *dat.*).

incivil (ɛ̃si'vil) *adj.* □ unhöflich, ungeschliffen, anstandswidrig; **~ité** (~li'te) *f* Unhöflichkeit *f*, Ungeschliffenheit *f*, Anstandswidrigkeit *f*.

inciv|ique (ɛ̃si'vik) *adj.* ohne staatsbürgerliches Pflichtgefühl; **~isme** (~'vism) *m* Mangel *m* an staatsbürgerlichem Pflichtgefühl.

inclé|mence (ɛ̃kle'mɑ̃:s) *f* Ungnade *f* der Götter; Unfreundlichkeit *f*, Rauheit *f* (*Wetter*); **~ment** (~'mɑ̃) *adj.* [7] ungnädig; unfreundlich (*Wetter*).

incli|naison (ɛ̃klinɛ'zɔ̃) *f* Neigung *f* (*nicht fig.!*), Gefälle *n e-r Straße*; **~nant** (~'nɑ̃) *adj.* [7] sich neigend, geneigt; **~nation** (~nɑ'sjɔ̃) *f* **1.** Verneigung *f*, Verbeugung *f*; Nicken *n*; **2.** *fig.* Neigung *f*, Zuneigung *f*, Hang *m*; *se sentir de l'~ pour q.* sich zu j-m hingezogen fühlen; **3.** F Liebschaft *f* (*Person*); **~ner** (~'ne) [1a] **I** *v/t.* **1.** neigen, schief halten; **2.** *fig.* geneigt machen; **II** *v/i.* **3.** sich neigen; *plan m incliné* schiefe Ebene *f*; *fig. ~ vers sa fin* sich s-m Ende nähern; **4.** *fig.* geneigt sein, neigen; *j'incline à croire* ich neige zu der Auffassung; ~ *vers od. pour od. à qch.* für etw. (*acc.*) (eingenommen) sein, zu etw. (*dat.*) hinneigen; **III** *v/rfl s'~ vers* (*od. devant*) *q.* sich vor j-m verbeugen; *abs.* nachgeben, sich fügen.

inclu|re (ɛ̃'kly:r) *v/t.* [4l] beifügen, mitschicken (*in e-m Brief*); **~s** (~'kly) *adj.* [7] beigefügt, an-, bei-, ein-liegend; **~sif** (~'zif) *adj.* [7e], *~sivement* (~ziv'mɑ̃) *adv.* einschließlich; **~sion** (~'zjɔ̃) *f* Beifügung *f.*

incoercible (ɛ̃kɔɛr'siblə) *adj.* **1.** unbändig, nicht unterdrückbar; **2.** *phys.* nicht einschließbar, nicht zusammendrückbar.

incognito (ɛ̃kɔgni'to) **I** *adv.* inkognito, unbekannt; unter fremdem Namen; unbemerkt; **II** *m*: *garder l'~* sich nicht zu erkennen geben.

incohé|rence (ɛ̃kɔe'rɑ̃:s) *f* Zusammenhangslosigkeit *f*; **~rent** (~'rɑ̃) *adj.* [7] zusammenhangslos; **~sion** *phys.* (~'zjɔ̃) *f* Mangel *m* an Zusammenhang.

incolore (ɛ̃kɔ'lɔ:r) *adj.* ungefärbt, farblos.

incomber (ɛ̃kɔ̃'be) *v/i.* [1a] obliegen, zukommen, *e-m* auferlegt sein, sich selbst schuldig sein; auf den Schultern ruhen.

incombustib|ilité (ɛ̃kɔ̃bystibili'te) *f* Unverbrennbarkeit *f*; Feuerfestigkeit *f*; **~le** (~'tiblə) *adj.* unverbrennbar, feuerfest.

incommensura|bilité (ɛ̃kɔmɑ̃syrabili'te) *f* ♁ Unmeßbarkeit *f*; *fig.* Unermeßlichkeit *f*; **~ble** (~'rablə) *adj.* □ ♁ nicht meßbar; *fig.* unermeßlich.

incommo|de (ɛ̃kɔ'mɔd) *adj.* (*~dément* [~de'mɑ̃]) *adv.* unbequem; beschwerlich; lästig; ungelegen; **~der** (~'de) [1a] **I** *v/t.* stören, belästigen; behindern; in (Geld-)Verlegenheit bringen; *j-m* schwer im Magen liegen (*Speisen*); *incommodé* in Geldverlegenheit; ⚕ unpäßlich; **II** *v/rfl. s'~* sich Ungelegenheiten machen; **~dité** (~di'te) *f* Unbehaglichkeit *f*, Unbequemlichkeit *f*; Ungelegenheit *f*; ⚕ Unpäßlichkeit *f*; *~s pl.* Beschwerden *f/pl.*

incommunicable (ɛ̃kɔmyni'kablə) *adj.* nicht mitteilbar.

incommutab|ilité ⚖ (ɛ̃kɔmytabili'te) *f* Unveräußerlichkeit *f*, Unübertragbarkeit *f*; **~le** ⚖ (~'tablə) *adj.* unveräußerlich, unübertragbar.

incomparable (ɛ̃kɔ̃pa'rablə) *adj.* unvergleich-bar, **~lich**, unübertrefflich.

incompatib|ilité (ɛ̃kɔ̃patibili'te) *f* Unvereinbarkeit *f*; charakterliche Unverträglichkeit *f*; **~le** (~'tiblə) *adj.* □ unvereinbar, einander ausschließend (*z. B. Krankheiten*); nicht zueinander passend.

incompé|tence (ɛ̃kɔ̃pe'tɑ̃:s) *f* ⚖ Inkompetenz *f*, Nichtzuständigkeit *f*; *fig.* Unfähigkeit *f*; **~tent** (~'tɑ̃) *adj.* [7] (*adv. ~temment* [~ta'mɑ̃]) ⚖ inkompetent, nicht zuständig; *fig.* unfähig, unmaßgeblich.

incomplet (ɛ̃kɔ̃'plɛ) *adj.* [7b] □ unvollständig, lückenhaft.

incompréhens|ibilité (ɛ̃kɔ̃preɑ̃sibili'te) *f* Unverständlichkeit *f*; **~ible** (~'siblə) *adj.* unbegreiflich, unverständlich; *a. m l'~* das Unbegreifliche *n*; **~ion** (~'sjɔ̃) *f* Verständnislosigkeit *f.*

incompressib|ilité (ɛ̃kɔ̃prɛsibili'te) *f* Unpreßbarkeit *f*; **~le** (~'siblə) *adj.* nicht zusammendrückbar, unpreßbar; *fig.* nicht reduzierbar; unumgänglich notwendig.

incompris (ɛ̃kɔ̃'pri) *adj.* unverstanden, verkannt; nicht gewürdigt.

inconcevable (ɛ̃kɔ̃s[ə]'vablə) *adj.* □ unbegreiflich; unfaßbar.

inconciliab|ilité (ɛ̃kɔ̃siljabili'te) *f* Unvereinbarkeit *f*; **~le** (~'ljablə) *adj.* unvereinbar, unverträglich.

inconditionn|é (ɛ̃kɔ̃disjɔ'ne) *adj.* unbedingt; **~el** (~'nɛl) *adj.* [7c] bedingungslos.

inconduite (ɛ̃kɔ̃'dɥit) *f* Sittenlosigkeit *f*, schlechte Führung *f*, liederliches Leben *n.*

inconfort (ɛ̃kɔ̃'fɔ:r) *m* Mißbehagen *n*, Unbequemlichkeit *f.*

incongelable *phys.* (ɛ̃kɔ̃ʒ[ə]'lablə) *adj.* nicht gefrierbar; kältebeständig.

incon|gru (ɛ̃kɔ̃'gry) *adj.* (*adv. ~grûment* [~gry'mɑ̃]) unpassend, ungehörig; anstößig; fehlerhaft, sprachwidrig; **~gruité** (~gryi'te) *f* Ungehörigkeit *f*; Unschicklichkeit *f*; Sprachfehler *m.*

inconnaissable (ɛ̃kɔnɛ'sablə) **I** *adj.* nicht erkennbar, unerforschlich; **II** *m*: *l'~* das Unerforschliche *n.*

inconnu (ɛ̃kɔ'ny) **I** *adj.* unbekannt; **II** *su.* Unbekannter *m*; **~e** ♁ (~) *f* unbekannte Größe *f.*

inconsci|ence (ɛ̃kɔ̃'sjɑ̃:s) *f* Unbewußtsein *n*; fehlendes Bewußtsein *n*, Ahnungslosigkeit *f*; **~ent** (~'sjã) *adj.* [7] ahnungslos, unbewußt.

inconsé|quence (ɛ̃kõse'kã:s) *f* Folgewidrigkeit *f*, Inkonsequenz *f*, Widerspruch *m*, Leichtfertigkeit *f*, Unüberlegtheit *f*; **~quent** (~'kã) *adj.* [7] (*adv.* *~quemment* [~ka'mã]) nicht folgerichtig, inkonsequent, unbedacht, leichtsinnig.

inconsidé|ration (ɛ̃kõsidera'sjõ) *f* Unvorsichtigkeit *f*; Unbedachtsamkeit *f*, Unüberlegtheit *f*; **~ré** (~'re) *adj.*, **~rément** (~re'mã) *adv.* unüberlegt, unbedacht, unvorsichtig, übereilt, leichtfertig.

inconsis|tance (ɛ̃kõsis'tã:s) *f* Unbeständigkeit *f*; Haltlosigkeit *f* (*v. Ideen*); **~tant** (~'tã) *adj.* [7] unbeständig; haltlos.

inconsolable (ɛ̃kõsɔ'lablə) *adj.* □ untröstlich.

inconsommable (ɛ̃kõsɔ'mablə) *adj.* [unverzehrbar.]

inconst|ance (ɛ̃kõ'stã:s) *f* Unbeständigkeit *f*; Vergänglichkeit *f*; Wankelmut *m*; **~ant** (~'stã) *adj.* [7] (*adv.* *~amment* [~sta'mã]) unbeständig; vergänglich; wankelmütig.

inconstitutionn|alité (ɛ̃kõstitysjɔnali'te) *f* Verfassungswidrigkeit *f*; **~el** (~'nɛl) *adj.* [7c] □ verfassungswidrig.

incontes|table (ɛ̃kõtes'tablə) *adj.* □ unanfechtbar; einwandfrei; **~té** (~'te) *adj.* unbestritten.

inconti|nence (ɛ̃kõti'nã:s) *f* mangelnde Enthaltsamkeit *f*; Unbeherrschtheit *f*; ~ *de langage* zügellose Sprache *f*; ⚕ ~ *d'urine* Bettnässen *n*; **~nent** (~'nã) *adj.* [7] (*adv.* *~nemment* [~na'mã]) unenthaltsam; unbeherrscht; *adv.* sofort.

incontrôlable (ɛ̃kõtro'lablə) *adj.* unkontrollierbar, nicht nachprüfbar.

incontroversé (ɛ̃kõtrɔvɛr'se) *adj.* unbestritten.

inconve|nance (ɛ̃kõv'nã:s) *f* Ungehörigkeit *f*, Unschicklichkeit *f*; **~nant** (~'nã) *adj.* [7] ungehörig, unpassend, unschicklich.

inconvénient (ɛ̃kõve'njã) *m* **1.** Unzuträglichkeit *f*, Mißstand *m*; Unannehmlichkeit *f*; *je n'y vois pas d'~* ich habe nichts dagegen einzuwenden; **2.** Nachteil *m*.

inconvertib|ilité *fin.* (ɛ̃kõvɛrtibili'te) *f* Nichteinlösbarkeit *f*; **~le** *fin.* (~'tiblə) *adj.* nicht umwechselbar, nicht um-, absetzbar (*Rente*).

incorpo|rable (ɛ̃kɔrpɔ'rablə) *adj.* eingliedbar; ⚔ einziehbar; einstellbar (*Arbeiter*); **~ralité** (~rali'te) *f* Unkörperlichkeit *f*; **~ration** (~ra'sjõ) *f* Einverleibung *f*; ⚔ Diensteintritt *m*, Einberufung *f*; Einstellung *f* (*v. Arbeitern*); ⊕ Einbau *m*; **~rel** (~'rɛl) *adj.* [7c] unkörperlich; **~rer** (~'re) [1a] **I** *v/t.* einverleiben; (*Rekruten od. Arbeiter*) einstellen; eingliedern; ⊕ einbauen; **II** *v/rfl.* *s'~* sich (innigst) vereinigen; verschmelzen (*à* mit *dat.*).

incorrect (ɛ̃kɔ'rɛkt) *adj.* □ fehlerhaft, unrichtig, unpassend, anstößig, unkorrekt; **~ion** (~k'sjõ) *f* Fehlerhaftigkeit *f*, fehlerhafte Stelle *f*; Verstoß *m*; Unschicklichkeit *f*; ~ *du style* Ausdrucksfehler *m*.

incorrigi|bilité (ɛ̃kɔriʒibili'te) *f* Unverbesserlichkeit *f*; **~ble** (~'ʒiblə) *adj.* □ unverbesserlich.

incorruptib|ilité (ɛ̃kɔryptibili'te) *f* Unverderblichkeit *f*; Unbestechlichkeit *f*; **~le** (~'tiblə) *adj.* unverderblich; unbestechlich.

incré|dibilité (ɛ̃kredibili'te) *f* Unglaublichkeit *f*; **~dule** (~'dyl) *adj.* *u. su. a. rl.* ungläubig; Ungläubiger *m*; **~dulité** (~dyli'te) *f* Ungläubigkeit *f*; Unglaube *m*.

increvable P (ɛ̃krə'vablə) *adj.* un[verwüstlich.]

incrimi|nable (ɛ̃krimi'nablə) *adj.* strafbar; **~nation** (~na'sjõ) *f* Beschuldigung *f*, Anklage *f*; **~né** (~'ne) *su.* Angeklagter *m*; **~ner** (~) *v/t.* [1a] beschuldigen; etw. als strafbar bezeichnen.

incroy|able (ɛ̃krwa'jablə) **I** *adj.* □ unglaublich; außerordentlich; **II** *m das* Unglaubliche *n*; **~ance** (~'jã:s) *f* Unglaube *m*; **~ant** (~'jã) *adj. u. su.* [7] ungläubig; Ungläubiger *m*.

incrus|tation (ɛ̃krysta'sjõ) *f* **1.** Überziehen *n*; Belag *m*; Verkrustung *f*; **2.** eingelegte Arbeit *f*; **3.** *min.* Sinter *m*; **4.** ⊕ Kesselstein *m*; **~ter** (~'te) [1a] **I** *v/t.* **1.** ⊕ aus-, ein-legen; plattieren; *incrusté als m*: eingelegte Arbeit *f*; **2.** übersintern; **II** *v/rfl.* *s'~* verkrusten; sich (*an od. auf etw.*) festsetzen; sich tief einprägen; F *péj.* sich *bei j-n* einnisten.

incubat|eur (ɛ̃kyba'tœ:r) *m* Brutapparat *m*; **~ion** (~ba'sjõ) *f* **1.** Brüten *n*; **2.** ⚕ Inkubation *f*.

incube (ɛ̃'kyb) *m* Alpdruck *m*; *myth.* *esprit m* ~ Alpgeist *m*.

incul|pable (ɛ̃kyl'pablə) *adj.* verklagbar; **~pation** (~pa'sjõ) *f* Beschuldigung *f*; **~pé** (~'pe) *su.* An-

geklagter *m*; **~per** (~) *v/t.* [1a] **beschuldigen**, anklagen.
inculquer (ɛ̃kyl'ke) *v/t.* [1m] einprägen, beibringen, eintrichtern.
incul|te (ɛ̃'kylt) *adj.* unbebaut; *fig.* un(aus)gebildet; vernachlässigt; ungepflegt (*Haar, Bart*); **~tivable** (~ti'vablə) *adj.* unbebaubar; *fig.* unausbildbar; **~tivé** (~ti've) *adj.* unbebaut; *fig.* ungebildet; **~ture** (~'ty:r) *f fig.* Unbildung *f.*
incunable (ɛ̃ky'nablə) **I** *adj.*: *édition f* ~ Urausgabe *f*; **II** *m* Inkunabel *f*, Wiegendruck *m.*
incurab|ilité (ɛ̃kyrabili'te) *f* Unheilbarkeit *f*; **~le** (~'rablə) *adj. u. su.* unheilbar(er Kranker *m*).
incurie (ɛ̃ky'ri) *f* Sorglosigkeit *f.*
incuri|eux (ɛ̃ky'rjø) *adj.* [7d] □ ohne Wißbegierde, gleichgültig; **~osité** (~rjozi'te) *f* Mangel *m* an Wißbegierde, Gleichgültigkeit *f.*
incursion (ɛ̃kyr'sjɔ̃) *f bsd.* ⚔ Überfall *m*, Einfall *m*; ~*s pl. d'avions* Einflüge *m/pl.*; *fig.* ~*s pl.* wissenschaftliche Streifzüge *m/pl.*
incurv|ation ⊕ (ɛ̃kyrva'sjɔ̃) *f* Einbiegung *f*; **~é** ⊕ (~'ve) *adj.* eingebogen, gekrümmt; **~er** *géogr.* (~): *s'*~ in Kurven verlaufen.
Inde (ɛ̃:d) **I** *f*: **l'~** Indien *n*; *en* ~ in (nach) Indien; *les* ~*s pl. ehm.* Britisch-Indien *n* u. Burma; *les* ~*s occidentales* (*orientales*) West-(Ost-)indien *n*; *mer f des* ~*s* Indischer Ozean *m*; *zo. cochon m d'*~ Meerschweinchen *n*; **II** ♀ *m* (*od. bleu m d'Inde*) Indigoblau *n.*
indébrouillable (ɛ̃debru'jablə) *adj.* unentwirrbar.
indécelable (ɛ̃des'lablə) *adj.* : ~ *au radar* mit Radar unerfaßbar.
indé|cence (ɛ̃de'sɑ̃:s) *f* Unanständigkeit *f*; **~cent** (~'sɑ̃) *adj.* [7] (*adv. indécemment* [~sa'mɑ̃]) unanständig.
indéchiffrable (ɛ̃deʃi'frablə) *adj.* □ unentzifferbar; unlesbar; *fig.* rätselhaft, unergründlich.
indéchirable (ɛ̃deʃi'rablə) *adj.* unzerreißbar.
indécis (ɛ̃de'si) *adj.* unentschieden; unentschlossen, unschlüssig; **~ion** (~'zjɔ̃) *f* Unbestimmtheit *f*; Unentschlossenheit *f*, Wankelmut *m.*
indéclinab|ilité *gr.* (ɛ̃deklinabili'te) *f* Undeklinierbarkeit *f*; **~le** (~'nablə) *adj.* undeklinierbar; unumgänglich (*Gesetz*), unvermeidlich.
indécomposable *a. gr.* (ɛ̃dekɔ̃po'zablə) *adj.* nicht zerlegbar.
indécrottable (ɛ̃dekrɔ'tablə) *adj.* nicht zu reinigen; *fig.* unverbesserlich.
indéfecti|bilité (ɛ̃defɛktibili'te) *f* Unfehlbarkeit *f*; Unvergänglichkeit *f*; **~ble** (~'tiblə) *adj.* unfehlbar; unvergänglich.
indéfini (ɛ̃defi'ni) **I** *adj.* (*adv.* ~*ment* [~'mɑ̃]) unbestimmt; unbegrenzt; **II** *m l'*~ das Unbestimmte *n*; **~ssable** (~'sablə) *adj.* unbestimmbar; unerklärlich.
indéformable (ɛ̃defɔr'mablə) *adj.* s-e Form nicht verlierend.
indéfrichable ✓ (ɛ̃defri'ʃablə) *adj.* unbebaubar, nicht rodbar.
indéfrisable (ɛ̃defri'zablə) **I** *adj.* unzerzausbar (*Haar*); **II** *f* Dauerwelle(n *f/pl.*) *f/sg.*; *se faire faire od. se faire avoir une* ~ sich (*dat.*) Dauerwellen machen lassen.
indélébile (ɛ̃dele'bil) *adj.* unauslöschlich, nicht zu entfernen(d) (*a. fig.*); *Lippenstift*: kußfest.
indélibéré (ɛ̃delibe're) *adj.*, **~ment** (~'mɑ̃) *adv.* unüberlegt.
indélicat (ɛ̃deli'ka) *adj.* [7] □ unfein, taktlos; **~esse** (~'tɛs) *f* Taktlosigkeit *f*, rücksichtsloses Verfahren *n.*
indémaillable (ɛ̃dema'jablə) *adj.* maschenfest (*Strumpf*).
indem|ne (ɛ̃'dɛmn) *adj.* schadlos; ungeschädigt; heil, unversehrt; frei (*von e-m Leiden*); *être* ~ unverletzt bleiben; **~nisation** (~niza'sjɔ̃) *f* Entschädigung *f*, Abfindung *f*; **~niser** (~ni'ze) *v/t.* [1a] entschädigen, abfinden (*de qch.* für etw. *acc.*); **~nité** (~ni'te) *f* Entschädigung *f*, Schadenersatz *m*; Abfindungssumme *f*; Abstandsgeld *n*; Versicherungsleistung *f*; *parl.* Diäten *f/pl.*; ~ *de guerre* Kriegsentschädigung *f*; ~ *de logement* Quartier-, Wohnungs-geld *n*; Wohnungsentschädigung *f*; ~ *de voyage* Reisegeld *n*; ~ *journalière* Tagegeld *n*; ~ *supplémentaire* Zuschuß *m*; Zulage *f*; ~ *de déménagement* Umzugsvergütung *f*; ~ *locale*, ~ *de résidence* Ortszulage *f*; ~ *de vie chère* Teuerungszulage *f*; ~ *de licenciement* Abbau-beihilfe *f*, -entschädigung *f*; ~ *d'accident* Unfallentschädigung *f.*
indémontrable (ɛ̃demɔ̃'trablə) *adj.* unbeweisbar.
indéniable (ɛ̃de'njablə) *adj.* unleugbar.
indent|ation *géogr.* (ɛ̃dɑ̃ta'sjɔ̃) *f* Einbuchtung *f*; **~é** *géogr.* (~'te) *adj.* eingebuchtet; buchtenreich.

indépen|damment (ɛ̃depɑ̃da'mɑ̃) *adv.*: ~ *de* unabhängig von (*dat.*), ohne Rücksicht auf (*acc.*); **~dance** (~'dɑ̃:s) *f* Unabhängigkeit *f*; *guerre f d'*~ Befreiungskrieg *m*; **~dant** (~'dɑ̃) *adj.* [7] unabhängig, selbständig.

indéracinable (ɛ̃derasi'nablə) *adj.* [unausrottbar.

indéréglable (ɛ̃dere'glablə) *adj.* absolut betriebssicher, unverwüstlich.

Indes *ehm.* (ɛ̃:d) *f/pl.*: **les** ~ Britisch-Indien u. Burma; *jetzt*: *Inde f/sg.*

indescriptible (ɛ̃dɛskrip'tiblə) *adj.* □ unbeschreiblich.

indésirable (ɛ̃dezi'rablə) **I** *adj.* unerwünscht; **II** *su.* ungebetener Gast *m*, Eindringling *m*.

indessert|able ⊕ (ɛ̃desɛr'tablə) *adj.*, **~issable** ⊕ (~ti'sablə) *adj.* ganz fest sitzend.

indestructib|ilité (ɛ̃dɛstryktibili'te) *f* Unzerstörbarkeit *f*; **~le** (~'tiblə) *adj.* □ unzerstörbar.

indétachable (ɛ̃deta'ʃablə) *adj.* unlöslich.

indétermi|nable (ɛ̃detɛrmi'nablə) *adj.* unbestimmbar; **~nation** (~na'sjɔ̃) *f* Unschlüssigkeit *f*; Unbestimmtheit *f*; **~né** (~'ne) *adj.*, **~nément** (~ne'mɑ̃) *adv.* unbestimmt; unendlich (*bsd.* Å); unschlüssig.

indévot (ɛ̃de'vo) [7] **I** *adj.* □ ungläubig, unkirchlich; **II** *su.* unreligiöser Mensch *m*; **~ion** (~'sjɔ̃) *f* Unkirchlichkeit *f*.

index (ɛ̃'dɛks) *m* **1.** Index *m*, Register *n*, Verzeichnis *n*; *mettre à l'*~ auf den Index setzen, verbieten; j-n in Verruf erklären; **2.** Zeigefinger *m*; **3.** Å Kennziffer *f e-s Logarithmus*; **~ation** † (~ksa'sjɔ̃) *f*: *l'*~ *des prix* die Preisermittlung *f* auf Grund der Indexziffer; **~er** (~'kse) *v/t.* [1a] **1.** alphabetisch eintragen; **2.** *fin.* ~ *un emprunt sur l'or* (*sur le charbon*) den Wert e-r Anleihe nach dem Gold-(Kohlen-)index festlegen; *emprunt m indexé* Indexanleihe *f*.

indian|isme (ɛ̃dja'nism) *m* Studium *n* des Indischen; **~iste** (~'nist) *m* Indologe *m*.

indica|teur (ɛ̃dika'tœ:r) **I** *adj.* [7f] **1.** anzeigend; *poteau m* ~ Wegweiser *m*; **II** *m* **2.** (*a. adj.*: *doigt m* ~) Zeigefinger *m*; (*muscle m* ~) Streckmuskel *m* des Zeigefingers; **3.** Anzeiger *m*; Verzeichnis *n*; ~ (*des chemins de fer*) Eisenbahnfahrplan *m*, Kursbuch *n*; ✈ ~ *aérien* Flugplan *m*; **4.** Zeiger *m*; ⚡ ~ *de courant* Stromanzeiger *m*; ⊕ ~ *de pression d'huile* Öldruckanzeiger *m*, -messer *m*; *Auto*: ~ *de vitesse* Geschwindigkeitsmesser *m*, Tachometer *m*; ~ *du niveau d'eau* Wasserstandsmelder *m*; ~ *d'essence* Benzinstandmesser *m*; ✈ ~ *de vol* Fluggeschwindigkeitsmesser *m*; **5.** Wegweiser *m*; **6.** *Auto*: ~ *de direction* Winker *m*; **7.** Spitzel *m*, Aufpasser *m*, Denunziant *m*; **~tif** (~'tif) **I** *adj.* [7e] anzeigend; **II** *m* **1.** *gr.* (*auch adj.*: *mode m* ~) Indikativ *m*, Wirklichkeitsform *f*; **2.** *télégr.*, *téléph.*, ✕ Rufzeichen *n*, Kennbuchstabe *m*, Deckname *m*, Kennzeichen *n*; *rad.* Pausenzeichen *n*; ♪ Einleitung *f*; ~ *d'appel* Funkrufzeichen *n*; ✈ ~ *d'atterrissage* Landezeichen *n*; **~tion** (~ka'sjɔ̃) *f* **1.** Anzeige *f*; *sur votre* ~ auf Ihre Anzeige hin; **2.** Hinweis *m*, Wink *m*; Angabe *f*, Merkmal *n*, *a.* ⚕ Anzeichen *n*; ~ *de sources* Quellen-angabe *f*, -nachweis *m*; ~ *d'origine* Ursprungsangabe *f*; *rad.* ~ *d'heure* Zeitangabe *f*; **~s** *pl.* technische Daten *n/pl.*; **3.** ~ *de service* Postvermerk *m*.

indi|ce (ɛ̃'dis) *m* **1.** Anzeichen *n*; Anhaltspunkt *m*; ~ *irréfutable* unwiderleglicher Beweis *m*; **2.** ⚓ Landmarke *f*; Å Exponent *m*; † Richtzahl *f*; Index *m*, Stichzahl *f*; ~ *du coût de la vie* Lebenshaltungsindex *m*; ~ *des prix* Preisindex *m*; **~cible** (~'siblə) *adj.* □ unaussprechlich; unsagbar, unbeschreiblich; **~ction** (~dik'sjɔ̃) *f a. rl.* Ankündigung *f*; Ausschreibung *f*; Zusammen-, Ein-berufung *f*.

indien (ɛ̃'djɛ̃) *adj.* *u.* ♀ *su.* [7c] **1.** indisch; Inder *m*; **2.** indianisch; Indianer *m*; *jouer aux* ♀*s* Indianer spielen.

indienne (ɛ̃'djɛn) *f* gedruckter *od.* gefärbter Kattun *m*.

indiennerie (ɛ̃djɛn'ri) *f* Kattunweberei *f*; Kattunstoffe *m/pl.*

indiffé|rence (ɛ̃dife'rɑ̃:s) *f* Gleichgültigkeit *f*; **~rent** (~'rɑ̃) **I** *adj.* [7] (*adv.* **~remment** [~ra'mɑ̃]) gleichgültig (*à q.* j-m gegenüber, *à qch.* e-r Sache gegenüber); teilnahms-, partei-los; gefühllos; unwichtig; ⚗ indifferent; **II** *su.* Gleichgültiger *m*; **~rentisme** *pol.*, *rl.* (~rɑ̃'tism) *m* Gleichgültigkeit *f*.

indigénat (ɛ̃diʒe'na) *m* **1.** Bürger-, Heimats-recht *n*, Staatsangehörigkeit *f*; **2.** Eingeborenen *m/pl.*

indigence (ɛ̃di'ʒɑ̃:s) *f* Bedürftigkeit *f*.
indigène (~'ʒɛn) *adj. u. su.* eingeboren, einheimisch; Eingeborener *m*.
indigent (ɛ̃di'ʒɑ̃) *adj.* [7] *u. su.* arm, bedürftig.
indiges|te (ɛ̃di'ʒɛst) *adj.* unverdaulich (*a. fig. von e-m Buch*); ungenießbar; **~tion** (~'tjɔ̃) *f* **1.** Verdauungsbeschwerden *f/pl.*, verdorbener Magen *m* F; **2.** F *fig.* Überdruß *m*; *avoir une ~ de qch.* genug (*od.* die Nase voll F) von etw. haben.
indign|ation (ɛ̃diɲɑ'sjɔ̃) *f* Entrüstung *f*, Empörung *f*, Unwille *m*; **~e** (ɛ̃'diɲ) **I** *adj.* □ unwürdig (*gén.*); nichtswürdig; *~ de qch.* etw. nicht verdienend; **II** *su.* Unwürdiger *m*; **~er** (~'ɲe) [1a] **I** *v/t.* *~ q.* j-n empören, unwillig machen; *être indigné* entrüstet sein; **II** *v/rfl.* *s'~ de qch.* ((*s'~ contre q.*) sich über etw. (über j-n) entrüsten; **~ité** (~ɲi'te) *f* **1.** Unwürdigkeit *f*; **2.** Niederträchtigkeit *f*, Beleidigung *f*.
indigo ✝ (ɛ̃di'go) *m* Indigo *m*.
indiquer (ɛ̃di'ke) *v/t.* [1m] **1.** anzeigen; *~ qch. du doigt* (mit dem Finger) auf etw. (*acc.*) zeigen; **2.** hinweisen; angeben, andeuten; *fig.* erkennen lassen, verraten; **3.** *il est tout indiqué de se taire* es empfiehlt sich zu schweigen; **4.** ✝ *~ un prix* e-n Preis angeben.
indirect (ɛ̃di'rɛkt) *adj.* [7] □ *fig.* indirekt, mittelbar; *voies f/pl.* **~es** krumme Wege *m/pl.*, Schleichwege *m/pl.*; *régime m ~, complément m ~* entfernteres Objekt *n* (*Genetiv od. Dativ*).
indiscernable *bsd. phil.* (ɛ̃disɛr'nablə) *adj.* ununterscheidbar.
indisciplin|able (ɛ̃disipli'nablə) *adj.* undisziplinierbar, unfügsam; **~e** (~'plin) *f* Disziplinlosigkeit *f*, Zuchtlosigkeit *f*, Ungehorsam *m*; **~é** (~'ne) *adj.* undiszipliniert.
indis|cret (ɛ̃dis'krɛ) [7b] **I** *adj.* indiskret, taktlos, unvorsichtig, vorwitzig, voreilig, übereilt, aufdringlich, unbescheiden, unüberlegt, schwatzhaft; **II** *su.* Lauscher *m*; Schwätzer *m*; **~crétion** (~kre'sjɔ̃) *f* Taktlosigkeit *f*, Unvorsichtigkeit *f*, Unbescheidenheit *f*, Aufdringlichkeit *f*, Schwatzhaftigkeit *f*; *commettre une ~* ein Geheimnis ausplaudern.
indiscutable (ɛ̃disky'tablə) *adj.* indiskutabel, unbestreitbar.
indispensable (~pɑ̃'sablə) *adj.* □ unentbehrlich, unbedingt notwendig, unerläßlich; unabkömmlich.
indis|ponibilité (~pɔnibili'te) *f* Unabkömmlichkeit *f*; ⚖ Unverfügbarkeit *f*; **~ponible** (~pɔ'niblɛ) *adj.* unabkömmlich; ⚖ unverfügbar; **~posé** (~po'ze) *adj.* unwohl, nicht in Stimmung, nicht disponiert, *fig.* verstimmt; **~poser** (~) *v/t.* [1a] **1.** unwohl *od.* krank machen; **2.** *fig.* verstimmen; **~position** (~pozi'sjɔ̃) *f* Unpäßlichkeit *f*; Unwohlsein *n*; *fig.* Verstimmung *f*; schlechte Laune *f*.
indissolub|ilité (ɛ̃disɔlybili'te) *f* Unauflösbarkeit *f*; *bsd.* ⚖ Untrennbarkeit *f*; **~le** (~'lyblə) *adj.* □ un(auf)löslich; *fig.* unzertrennlich.
indistinct (ɛ̃dis'tɛ̃kt) *adj.* □ undeutlich.
indium ⚗ (ɛ̃'djɔm) *m* Indium *n*.
individu (ɛ̃divi'dy) *m* Individuum *n*, Einzelwesen *n*; *oft. iron.*, *péj.* Mensch *m*, Person *f*, Gewisser *m*; **~alisation** *phil.* (~dɥaliza'sjɔ̃) *f* Individualisierung *f*; **~aliser** (~dɥali'ze) *v/t.* [1a] individualisieren, absondern; einzeln behandeln; **~alisme** (~dya'lism) *m* Individualismus *m*; **~aliste** (~dɥa'list) *m u. adj.* Individualist *m*; individualistisch; **~alité** (~dyali'te) *f* Individualität *f*, Eigenart *f*; Persönlichkeit *f*; *allg.* individuelle Behandlung *f*; **~el** (~'dɥɛl) *adj.* [7c] individuell, persönlich, einzeln; **~ellement** (~dɥɛl'mɑ̃) *adv.* einzeln betrachtet.
indivis (ɛ̃di'vi) *adj.* [7] ungeteilt, gemeinschaftlich; *advt.*; *par ~* ungeteilt; **~é** (~'ze) *adj.* **~ément** (~ze'mɑ̃) *adv.* unzerteilt; einteilig; **~ibilité** (~zibili'te) *f* Unteilbarkeit *f*; **~ible** (~'ziblə) *adj.* □ unteilbar, **~ion** ⚖ (~'zjɔ̃) *f* Gemeinschaft *f*.
in-dix-huit *typ.* (ɛ̃di'zɥit) *m* (*mst. abr. in-18°*) Oktodezformat *n*.
Indochin|e *géogr.* (ɛ̃dɔ'ʃin) *f*: **l'~** Indochina *n*; **♀ois** (~'nwa) *adj.* [7] indochinesisch.
indocil|e (ɛ̃dɔ'sil) *adj.* □ ungehorsam, unbelehrbar, starrköpfig, unlenksam, widerspenstig, aufsässig; **~ité** (~li'te) *f* Ungehorsam *m*, Aufsässigkeit *f*, Trotz *m*, Starrköpfigkeit *f*, Unbelehrbarkeit *f*.
indocte (ɛ̃'dɔkt) *adj.* ungelehrt.
indo|-européen (ɛ̃dɔœrɔpe'ɛ̃) *adj.* [7c] indoeuropäisch; **~-germanique** (~ʒɛrma'nik) *adj.* indogermanisch.
indo|lence (ɛ̃dɔ'lɑ̃:s) *f* Lässigkeit *f*;

Gleichgültigkeit *f*, Apathie *f*, Indolenz *f*; ⚕ Schmerzlosigkeit *f*; **~lent** (~'lɑ̃) *adj.* [7a] (*adv. indolemment* [~la'mɑ̃]) lässig, träge; gleichgültig; ⚕ schmerzlos.
indolore (ɛ̃dɔ'lɔ:r) *adj.* schmerzlos.
indomp|table (ɛ̃dɔ̃'tablə) *adj.* □ unbeugsam, un(be)zähmbar; **~té** (~'te) *adj.* ungebändigt, wild.
Indoné|sie (ɛ̃dɔne'zi) *f*: **l'~** Indonesien *n*; **~sien** (~'zjɛ̃) *su.* [7c] *u.* ♀ *adj.* Indonesier *m*; indonesisch.
in-douze *typ.* (ɛ̃'du:z) *m* (*mst. abr. in-12°*) Duodezformat *n*.
indu (ɛ̃'dy) *adj.* (*adv. indûment*) ungehörig, unpassend.
indubitable (ɛ̃dybi'tablə) *adj.* □ zweifellos, unzweifelhaft.
induc|tance ⚡ (ɛ̃dyk'tɑ̃:s) *f* Selbstinduktionswiderstand *m*; **~teur** ⚡ (~'tœ:r) *m u. adj.* Induktor *m*, Induktionsapparat *m*; induzierend; **~tif** *phil., phys.,* ⚡ (~'tif) *adj.* [7e] induktiv; **~tion** (~k'sjɔ̃) *f* Induktion *f*; Folgerung *f*; *tirer une* ~ e-e Schlußfolgerung ziehen; ⚡ *courant m d'*~ Induktionsstrom *m*; ⚡ ~ *magnétique* Magnetinduktion *f*; *influencer par* ~ induzieren.
induire (ɛ̃'dɥi:r) *v/t.* [4c] **1.** verleiten; ~ *en erreur* irreführen; **2.** ~ *qch. de* folgern (schließen) aus (*dat.*); **3.** ⚡ induzieren.
induit ⚡ (ɛ̃'dɥi) **I** *adj.* [7] induziert; **II** *m* Induktor *m*, Rotor *m*, Läufer *m*, Anker *m*, Armatur *f*.
indul|gence (ɛ̃dyl'ʒɑ̃:s) *f* **1.** Nachsicht *f*, Duldsamkeit *f*, Milde *f*, Schonung *f*, Indulgenz *f*; *avoir de l'*~, *user d'*~ Nachsicht üben; **2.** *rl.* Ablaß *m*; **~gent** (~'ʒɑ̃) *adj.* [7] (*adv. indulgemment* [~ʒa'mɑ̃]): ~ *envers*, ~ *pour* nachsichtig gegen (*acc.*).
induration ⚕ (ɛ̃dyrɑ'sjɔ̃) *f* Verhärtung *f*.
industri|alisation (ɛ̃dystrializɑ'sjɔ̃) *f* Industrialisierung *f*; **~aliser** (~triali'ze) *v/t.* [1a] industrialisieren; **~alisme** (~a'lism) *m* Industrialismus *m*.
industrie (ɛ̃dys'tri) *f* **1.** Industrie *f*; Gewerbe *n*; ~*s pl. d'art* Kunstgewerbe *n*; ~ *de l'atome* Atomindustrie *f*; ~ *de base* Grundindustrie *f*; ~ *alimentaire* Nahrungsmittelindustrie *f*; ~ *hôtelière* Hotelwesen *n*, Gaststättengewerbe *n*; ~ *laitière* Milchindustrie *f*; ~ *de l'ameublement* Möbelindustrie *f*; ~ *radiophonique* Rundfunkindustrie *f*; ~ *automobile* Automobilindustrie *f*; ~ *saisonnière* Saisongewerbe *n*; ~ *des colorants*, ~ *des couleurs* Farbstoffindustrie *f*; ~ *du tourisme*, ~ *touristique*, ~ *des étrangers* Fremdenindustrie *f*; ~ *transformatrice*, ~ *de transformation* verarbeitende *od.* Veredelungsindustrie *f*; ~ *de finissage* Veredelungsindustrie *f*; ~ *de l'habillement* Bekleidungsindustrie *f*; ~ *du bâtiment* Baugewerbe *n*; ~ *d'assurance(s)* Versicherungswesen *n*; ~ *minière* Montanindustrie *f*; ~ *sidérurgique* Eisenindustrie *f*; ~ *textile* Textilindustrie *f*; ~ *toilière* Leinenindustrie *f*; *petite* ~ Kleingewerbe *n*; *grande* ~ *od.* ~ *lourde* Schwerindustrie *f*; *fig. chevalier m d'*~ Hochstapler *m*; **2.** † Geschicklichkeit *f*, Betriebsamkeit *f*; **~-clef** (~'kle) *f* [6a] Schlüsselindustrie *f*.
industri|el (ɛ̃dystri'ɛl) **I** *adj.* [7c] □ industriell, gewerbetreibend, gewerblich; *art m* ~ Kunstgewerbe *n*; *école f* ~*le* Gewerbeschule *f*; *exposition f* ~*le* Industrie-, Gewerbe-ausstellung *f*; **II** *su.* Industrieller *m*, Gewerbetreibender *m*; ~ *du bâtiment* Bauschaffender *m*; *grand* ~ Großindustrieller *m*; *petit* ~ Kleingewerbetreibender *m*; **~eux** (~tri'ø) *adj.* [7d] □ geschickt.
inébranlable (inebrɑ̃'lablə) *adj.* □ unerschütterlich.
inéchangeable (ineʃɑ̃'ʒablə) *adj.* nicht umtauschbar (*Waren*); nicht einwechselbar (*Wertpapiere*).
inédit (ine'di) *adj.* [7] ungedruckt, noch nicht veröffentlicht; neu (-artig); *auch m*: *l'*~ das Neue *n*.
ineffab|ilité (inefabili'te) *f* Unaussprechlichkeit *f*; **~le** (~'fablə) *adj.* unaussprechlich.
ineffaçable (inefa'sablə) *adj.* unauslöschlich; unvergeßlich.
ineffectif (inefɛk'tif) *adj.* [7e] unwirksam, ineffektiv.
inefficа|ce (inefi'kas) *adj.* unwirksam, fruchtlos; **~cité** (~si'te) *f* Unwirksamkeit *f*.
inégal (ine'gal) *adj.* [5c] □ ungleich; uneben; ungleichmäßig, veränderlich; *fig.* unbeständig; launisch; **~able** (~'lablə) *adj.* unvergleichlich; unerreichbar; **~ité** (~li'te) *f* Ungleichheit *f*; Unebenheit *f*; Unregelmäßigkeit *f*; *fig.* Unbeständigkeit *f*.
inélé|gance (inele'gɑ̃:s) *f* Mangel *m* an Eleganz; **~gant** (~'gɑ̃) *adj.* [7]

(*adv. inélégamment* [~ga'mɑ̃]) unelegant; taktlos.
inéligi|bilité (ineliʒibili'te) *f* Unwählbarkeit *f*; **~ble** (~'ʒiblə) *adj.* nicht wählbar.
inéluctable (inelyk'tablə) *adj.* unvermeidlich; unabwendbar, unausweichlich. [unanwendbar.]
inemployable (inɑ̃plwa'jablə) *adj.*
inemployé (inɑ̃plwa'je) *adj.* ungebraucht.
inénarrable (inena'rablə) *adj.* unerzählbar; höchst drollig.
inentamé (inɑ̃ta'me) *adj.* unangeschnitten, ganz (*Brot*); unberührt.
inept|e (i'nɛpt) *adj.* □ dumm, albern, töricht; **~ie** (inɛp'si) *f* Dummheit *f*, Albernheit *f*.
inépuisable (inepɥi'zablə) *adj.* □ unerschöpflich.
inéquilatéral ⩕ (inekilate'ral) *adj.* [5c] ungleichseitig.
inerme (i'nɛrm) *adj.* *zo.*, ⚘ unbewaffnet; *zo.* stachellos.
iner|te (i'nɛrt) *adj.* bewegungslos, regungslos, tot; *a.* ⚗ indifferent; träge, untätig; ⚕ indifferent; **~tie** (inɛr'si) *f* **1.** Trägheit *f*; *phys. force f d'~* Trägheitsgesetz *n*; **2.** *fig.* passiver Widerstand *m*.
inespéré (inɛspe're) *adj.* (*adv. ~ment*) unverhofft, unerwartet.
inessayé (inesɛ'je) *adj.* unversucht.
inesthétique (inɛste'tik) *adj.* unästhetisch. [schätzbar.]
inestimable (~ti'mablə) *adj.* un-
inévitable (inevi'tablə) *adj.* □ unvermeidlich, unabwendbar.
inexact (inɛg'zakt) *adj.* □ ungenau, unrichtig, unzutreffend; unpünktlich; nachlässig; **~itude** (~ti'tyd) *f* Ungenauigkeit *f*, Unpünktlichkeit *f*; Nachlässigkeit *f*.
inexcusable (inɛksky'zablə) *adj.* □ unentschuldbar, unverzeihlich, unverantwortlich.
inexécutable (inɛgzeky'tablə) *adj.* □ undurchführbar.
inexigib|ilité ⚖, ✝ (inɛgziʒibili'te) *f* Uneintreibbarkeit *f* (*v. Schuldforderungen*); **~le** (~'ʒiblə) *adj.* uneintreibbar; *von Wechseln*: noch nicht fällig; **c'est ~** das kann nicht gefordert werden. [vorhanden.]
inexistant (inɛgzis'tɑ̃) *adj.* [7] nicht
inexistence (~ɛgzis'tɑ̃:s) *f* Nichtvorhandensein *n*.
inexorab|ilité (~ɛgzɔrabili'te) *f* Unerbittlichkeit *f*; **~le** (~'rablə) *adj.* unerbittlich, unnachsichtig.
inexpéri|ence (inɛkspe'rjɑ̃:s) *f* Unerfahrenheit *f*; **~menté** (~perimɑ̃'te) *adj.* unerfahren; ungeübt; noch unversucht, nicht angewandt.
inexpert (inɛks'pɛ:r) *adj.* [7] unerfahren.
inexpiable (inɛks'pjablə) *adj.* unsühnbar. [unerklärlich.]
inexplicable (inɛkspli'kablə) *adj.*
inexploi|table (~plwa'tablə) *adj.* nicht auszubeuten; ⚒ unabbaubar; **~té** (~'te) *adj.* nicht in Betrieb.
inexplor|able (~ɛksplɔ'rablə) *adj.* unerforschbar; **~é** (~'re) *adj.* unerforscht.
inexplosible (~plo'ziblə) *adj.* nicht explodierbar, explosionssicher.
inexpress|ible (~prɛ'siblə) *adj.* unaussprechlich; **~if** (~'sif) *adj.* [7e] ausdruckslos, nichtssagend.
inexprimable (~pri'mablə) *adj.* unaussprechlich, unsagbar.
inexpugnab|ilité (~pygnabili'te) *f* Uneinnehmbarkeit *f*; **~le** (~'nablə) *adj.* uneinnehmbar; *fig.* unüberwindlich. [dehnbar.]
inextensible (~tɑ̃'siblə) *adj.* unaus-
in extenso (inɛkstɛ̃'so) *adv.* ausführlich, ungekürzt.
inextinguible (~tɛ̃'giblə) *adj.* nicht löschbar; *fig.* unbezwingbar (*Lachen*). [vertilgbar, unausrottbar.]
inextirpable (~tir'pablə) *adj.* un-
in extremis (inɛkstre'mis) *adv.* im letzten Augenblick. [entwirrbar.]
inextricable (~tri'kablə) *adj.* un-
infailli|bilité (ɛ̃fajibili'te) *f* Unfehlbarkeit *f*; Untrüglichkeit *f*; ⊕, ✝ einwandfreie Verwendung *f*; **~ble** (~'jiblə) *adj.* unfehlbar; unausbleiblich; untrüglich.
infaisable (ɛ̃fə'zablə) *adj.* nicht zu machen, undurchführbar.
infamant (ɛ̃fa'mɑ̃) *adj.* [7] entehrend, ehrenrührig.
infâme (ɛ̃'fɑ:m) **I** *adj.* □ ehrlos, unehrlich; niederträchtig, hundsgemein; schändlich; schmutzig, abscheulich; **II** a) *m* Strolch *m*; b) *f*: gemeines Frauenzimmer *n*.
infamie (ɛ̃fa'mi) *f* **1.** Ehrlosigkeit *f*; Niederträchtigkeit *f*, Gemeinheit *f*, Schandtat *f*, Schande *f*; **2.** *~s pl.* Schmähungen *f/pl.*; Verleumdungen *f/pl.* [*f* Infantin *f*.]
infant (ɛ̃'fɑ̃) *m* Infant *m*; **~e** (~'fɑ̃:t)
infanterie ⚔ (ɛ̃fɑ̃'tri) *f* Infanterie *f*, Fußtruppen *f/pl.*; *soldat m d'~* Infanterist *m*.
infanti|cide (ɛ̃fɑ̃ti'sid) **I** *adj. u. su.*

kindermörderisch; Kindermörder *m*; **II** *m* Kindermord *m*; **~le** (~'til) *adj.* □ **1.** kindisch, infantil; **2.** Kinder...; *maladies f/pl.* **~s** Kinderkrankheiten *f/pl.*; *psychiatre* ~ Kindernervenarzt *m*; **~lisme** (~'lism) *m* Infantilismus *m*, Kinderei *f*.

infarctus ⚕ (ɛ̃fark'tys) *m*: ~ *du myocarde* Herzinfarkt *m*.

infatigable (ɛ̃fati'gablə) *adj.* □ unermüdlich.

infatu|ation (ɛ̃fatɥɑ'sjɔ̃) *f mv.p.* Einbildung *f*, Selbstgefälligkeit *f*; **~é** (~'tɥe) *adj.*: ~ *de soi-même* eingebildet, von sich eingenommen; **~er** (~) *v/rfl.*: *s'*~ *de q.* (*od. de qch.*) von j-m (von e-r Sache) eingenommen sein; für j-n (für etw.) schwärmen; sich auf j-n (auf etw.) viel einbilden.

infécond (ɛ̃fe'kɔ̃) *adj.* [7] unfruchtbar (*a. fig.*); **~ité** (~di'te) *f* Unfruchtbarkeit *f*; Unergiebigkeit *f*.

infect (ɛ̃'fɛkt) *adj.* faulig, stinkend, ekelhaft; **~er** (~'te) [1a] **I** *v/t.* anstecken, infizieren, verseuchen; ⚔ vergasen; *Brunnen* vergiften; *Luft* verpesten; verunreinigen; **II** *v/i.* übel riechen; **III** *v/rfl.* *s'*~ eitern, sich entzünden; **~ieux** (~fɛk'sjø) *adj.* [7d] ansteckend; **~ion** (~'sjɔ̃) *f* **1.** ⚕ Infektion *f*, Ansteckung *f*; ⚔ Vergasung *f*; **2.** Verpestung *f*, Verunreinigung *f*.

infélicité (ɛ̃felisi'te) *f* Unglückseligkeit *f*.

inféod|ation *hist.* (ɛ̃feɔdɑ'sjɔ̃) *f* Belehnung *f*; **~é** (~'de) *adj.*: ~ *à q.* j-m völlig ergeben; **~er** (~) [1a] **I** *hist. v/t.* belehnen, zum Lehen geben; **II** *fig. v/rfl.*: *s'*~ *à qch.* sich e-r Sache völlig verschreiben.

inférer (ɛ̃fe're) *v/t.* [1f] folgern.

inféri|eur (ɛ̃fe'rjœ:r) **I** *adj.* □ **1.** niedrig gelegen; Unter..., Nieder...; *les classes f/pl.* **~es** a) *écol.* die Unterklassen *f/pl.*; b) die unteren Schichten *f/pl.* (*e-s Volkes*); *lèvre f* **~e** Unterlippe *f*; **2.** ~ *à* ... geringer als ...; *être* ~ (*en qch.*) *à q.* j-m (in etw. *dat.*) unterlegen sein; **II** *su.* Unterer *m*, Untergebener *m*; **~orité** (~rjɔri'te) *f* **1.** niedrigere Lage *f*, *fig.* Unterlegenheit *f*, Minderwertigkeit *f*; *complexe m d'*~ Minderwertigkeitskomplex *m*; **2.** Minderheit *f*.

infernal (ɛ̃fɛr'nal) *adj.* [5c] □ höllisch; Höllen...; teuflisch; *machine f* **~e** Höllenmaschine *f*; *pierre f* **~e** Höllenstein *m*.

inferti|le (ɛ̃fɛr'til) *adj.* □ unfruchtbar; *fig.* unergiebig; **~lité** (~li'te) *f* Unfruchtbarkeit *f*.

infester (ɛ̃fɛs'te) *v/t.* [1a] heimsuchen, plagen, unsicher machen, beunruhigen; verwüsten, verseuchen.

infeutrable (ɛ̃fø'trablə) *adj.* unverfilzbar.

infi|dèle (ɛ̃fi'dɛl) **I** *adj.* □ untreu, treulos; unzuverlässig, unehrlich; ungenau; *rl.* ungläubig; **II** *su.* Ungetreuer *m*; *rl.* Ungläubiger *m*; **~délité** (~deli'te) *f* **1.** Treulosigkeit *f*, Untreue *f*; Ungenauigkeit *f*; (*Gedächtnis*) Unzuverlässigkeit *f*; **2.** *rl.* Unglaube *m*.

infil|tration (ɛ̃filtrɑ'sjɔ̃) *f* Einsickern *n*; **~trer** (~'tre) [1a] *v/rfl.* *s'*~ *dans* einsickern, einziehen (*od.* eindringen *a.* ⚔) in (*acc.*).

infime (ɛ̃'fim) *adj.* unterst; winzig.

infini (ɛ̃fi'ni) **I** *adj.* unendlich, endlos; zahllos; *fig.* außerordentlich; *adv.* **~ment** überaus; **II** *m das* Unendliche *n*; 𝔄 unendliche Größe *f*; **~té** (~'te) *f* Unendlichkeit *f*; **~tésimal** (~tezi'mal) *adj.* [5c] □ unendlich klein; Infinitesimal...

infinitif *gr.* (ɛ̃fini'tif) **I** *m* Infinitiv *m*; **II.** *adj.* [7e]: *proposition f infinitive* Infinitivsatz *m*.

infir|matif ⚖ (ɛ̃firma'tif) *adj.* [7e] entkräftend, aufhebend; **~mation** ⚖ (~mɑ'sjɔ̃) *f* Entkräftung *f*, Ungültigmachung *f*; Aufhebung *f*; **~me** (ɛ̃'firm) **I** *adj.* schwächlich, gebrechlich, verwachsen, kränklich, siech; **II** *su.* Körperbehinderter *m*; **~me moteur-cérébral** ⚕ (~mɔ'tœ:r sere'bral) *m* [6a *u.* 5c] (*pl.* **~mes** *moteurs-cérébraux*) Hirnkranker *m*; **~mer** ⚖ (~'me) *v/t.* [1a] *fig.* entkräften; für ungültig erklären, aufheben; **~merie** *écol.* (~mə'ri) *f* Kranken-raum *m*, -saal *m*; **~mier** (~'mje) **I** *su.* [7b] Krankenpfleger *m*; **II** *m* ⚔: ~ (*militaire*) Sanitäter *m*, Sanitätssoldat *m*; **~mière** (~'mjɛ:r) *f* Krankenschwester *f*; ~*-major* [6a] Oberschwester *f*; **~mité** (~mi'te) *f* Gebrechlichkeit *f*, Schwäche *f*; Gebrechen *n*, Siechtum *n*.

inflamma|bilité (ɛ̃flamabili'te) *f* Entzündbarkeit *f*; **~ble** (~'mablə) *adj.* entzündbar, brennbar, feuergefährlich; *fig.* reizbar; **~tion** (~mɑ'sjɔ̃) *f bsd.* ⚕ Entzündung *f*; *Auto*: Verbrennung *f*; ~ *spontanée* Selbst-

entzündung *f*; ~ *des tendons* Sehnenentzündung *f*; **~toire** (~'twa:r) *adj.* Entzündungs...
inflation (ɛ̃flɑ'sjɔ̃) *f* **1.** *éc.*, *fin.* Inflation *f*, Währungsverfall *m*; Geldentwertung *f*; **2.** ⚕ Aufblähung *f*; **~niste** *éc.*, *fin.* (ɛ̃flasjɔ'nist) *adj.* inflationistisch, Inflations...
infléchir (ɛ̃fle'ʃi:r) [2a] **I** *v/t.* (einwärts) biegen, lenken; *gr.* umlauten; **II** *v/rfl.* s'~ sich krümmen, sich biegen; ⚔ (*richtungsmäßig*) abbiegen.
inflétrissable (ɛ̃fletri'sablə) *adj.* unverwelklich.
inflex|ibilité (ɛ̃fleksibili'te) *f* Unbeugsamkeit *f*; *fig.* Unbarmherzigkeit *f*; **~ible** (~'ksiblə) *adj.* □ unbiegsam, steif; *fig.* unbeugsam, unerbittlich, unnachgiebig; **~ion** (~'ksjɔ̃) *f* Biegung *f*; ♪ Modulation *f*; Abwandlung *f*; Ablenkung *f* der Lichtstrahlen, Inflexion *f*; *gr.* Umlaut *m*; ~ *de voix* Stimmfall *m*.
infli|ction (ɛ̃flik'sjɔ̃) *f* Zuerkennung *f e-r Strafe*; **~ger** (~'ʒe) [1l] **I** *v/t.* auferlegen; zufügen; **II** *v/rfl.* s'~ sich auferlegen.
inflorescence (ɛ̃flɔrɛ'sɑ̃:s) *f* Blütenstand *m*.
influ|ençable (ɛ̃flyɑ̃'sablə) *adj.* beeinflußbar; **~ence** (~'ɑ̃:s) *f* Einfluß *m*, Einwirkung *f*; ~ *mondiale* Weltgeltung *f*; *avoir* (*od. exercer*) *de l'*~ *sur q.* Einfluß auf j-n ausüben; **~encer** (~ɑ̃'se) *v/t.* [1k] beeinflussen; **~ent** (~'ɑ̃) *adj.* [7] einflußreich; **~enza** ⚕ (~ɑ̃'za) *f* Grippe *f*; **~er** (~'e) *v/i.* [1a] Einfluß ausüben; ~ *sur* ... Einfluß haben auf ...; **~x** (ɛ̃'fly) *m* Einfließen *n*.
in-folio, *abr.* **in-fo** (ɛ̃fɔ'ljo) *adj./inv. u. m* [6c]: (*format m*) ~ Folioformat *n*, Foliant *m*.
informat|eur (ɛ̃fɔrma'tœ:r) *m* Auskunftgeber *m*; **~ion** (~mɑ'sjɔ̃) *f* **1.** Erkundigung *f*, Ermittlung *f*, Nachricht *f*, Auskunft *f*, Benachrichtigung *f*, Information *f*; Belehrung *f*; *aller aux* ~*s*, *prendre* (*od. recueillir*) *des* ~*s* Erkundigungen einziehen; **2.** ⚖ Zeugenverhör *n*; ~ *préalable* Voruntersuchung *f*.
informe (ɛ̃'fɔrm) *adj.* gestaltlos, ungestalt, plump, unförmig.
informé ⚖ (ɛ̃fɔr'me) *m*: *jusqu'à plus ample* ~ bis auf weiteres.
informer (~) [1a] **I** *v/t.* ~ *q. de qch.* j-n von etw. (*dat.*) benachrichtigen, j-n von etw. (*dat.*) *od.* über etw. (*acc.*) unterrichten (*od.* belehren); **II** *v/i.* ⚖ ~ *contre q. de qch.* gegen j-n e-e Untersuchung einleiten wegen (*gén.*); **III** *v/rfl.* s'~ *auprès de q. de qch.* sich bei j-m nach etw. (*dat.*) erkundigen.
infortu|ne (ɛ̃fɔr'tyn) *f* Unglück *n*, Mißgeschick *n*; **~né** (~'ne) *adj. u. su.* unglücklich; Unglücklicher *m*.
infrac|teur ⚖ (ɛ̃frak'tœ:r) *su.* [7f] Rechtsbrecher *m*, Übertreter *m*; **~tion** ⚖ (~k'sjɔ̃) *f* Übertretung *f e-s Gesetzes*, Verstoß *m* (*à* gegen *acc.*), Rechtsbruch *m*.
infranchissable (ɛ̃frɑ̃ʃi'sablə) *adj.* unüberschreitbar; *fig.* unüberwindlich.
infrangible (~'ʒiblə) *adj.* unzerbrechlich.
infra-rouge (ɛ̃fra'ru:ʒ) **I** *adj.* [6g] infrarot; *rayons m/pl.* ~*s* infrarote Strahlen *m/pl.*; **II** *m* Infrarot *n*.
infra-son, infrason *phys.* (~'sɔ̃) *m* Infraschall *m*.
infrastructure 🚂 (~stryk'ty:r) *f* Unterbau *m*.
infréquenté (ɛ̃frekɑ̃'te) *adj.* unbesucht; unbefahren.
infroissable (ɛ̃frwa'sablə) *adj. Stoff*: knitterfrei.
infructueux (ɛ̃fryk'tɥø) *adj.* [7d] □ unfruchtbar; *fig.* fruchtlos, erfolglos, vergeblich.
infus (ɛ̃'fy) *adj.* [7] angeboren; ~ *de* durchdrungen von (*dat*); **~er** (ɛ̃fy'ze) [1a] **I** *v/t.* eingießen; ziehen lassen; *Blut* übertragen; *fig.* ~ *de l'énergie* Energie einflößen; **II** *v/i.* (an)ziehen; *faire* ~ *le thé* den Tee ziehen lassen; **~ible** (~'ziblə) *adj.* unschmelzbar; **~ion** (~'zjɔ̃) *f* Aufgießen *n*, Ziehenlassen *n*; Aufguß *m*; ⚕ Transfusion *f*; *rl.* Ergießung *f*; ~ *de camomille* Kamillentee *m*; **~oires** (~'zwa:r) *m/pl.* Aufgußtierchen *n/pl.*, Infusorien *n/pl.*; *min. terre f d'*~ Kieselgur *f*.
ingagnable (ɛ̃ga'ɲablə) *adj.* nicht zu gewinnen.
ingambe F (ɛ̃'gɑ̃:b) *adj.* rüstig; gut zu Fuß.
ingé|nier (ɛ̃ʒe'nje): *v/rfl.* [1a]: s'~ nachsinnen; sich den Kopf zerbrechen; sich bemühen, versuchen; s'~ *à faire qch.* darüber nachdenken, wie man etw. machen kann; **~nieur** (~'njœ:r) *m* Ingenieur *m*, Baumeister *m*; ~ *des ponts et chaussées*, ~ *routier*, ~ *du service vicinal* Straßenbauingenieur *m*; ~ *d'aviation*, ~ *d'aéronautique* Flugingenieur *m*; ~ *de la circulation* Verkehrsingenieur *m*; ~-*conseil* beratender Ingenieur *m*; ~-*contrôleur* Prüfingenieur *m*; ~ *électricien*

Elektroingenieur *m*; ~ *électronicien* Atomingenieur *m*; ~ *en chef* technischer Leiter *m*; ~*-géographe* [6a] Planzeichner *m*; ~ *gestion* mit der Organisation betrauter Ingenieur *m*; ~ *mécanicien* Maschineningenieur *m*; ~ *du son* Toningenieur *m*; **~nieux** (~'njø) *adj.* [7d] □ erfinderisch, findig; geistreich; kunstreich; **~niosité** (~njozi'te) *f* Scharfsinn *m*, Erfindungsgabe *f*.

ingénu (ɛ̃ʒe'ny) **I** *adj.* (*adv.* ~*ment*) harmlos, kindlich, unschuldig, unbefangen, arglos, naiv; **II** *su.* Unbefangener *m*; Naturkind *n*; *thé. jouer les* ~*es* die Rollen der unschuldigen Mädchen spielen; **~ité** (~nɥi'te) *f* Harmlosigkeit *f*, Kindlichkeit *f*, Unbefangenheit *f*.

ingé|rence (ɛ̃ʒe'rɑ̃:s) *f* Einmischung *f* (*a. pol.*); **~rer** (~'re) [1f] **I** *v/t. Speisen* in den Magen einführen; *Medizin* einnehmen; **II** *v/rfl. s'*~ *de* (*mit inf.*) sich anmaßen zu ...; *s'*~ *dans* sich einmischen in (*acc.*).

ingestion (ɛ̃ʒɛs'tjɔ̃) *f* Einnehmen *n* (*v. Medizin*); Einführen *n* (*in den Magen*).

ingouvernable (ɛ̃guvɛr'nablə) *adj.* nicht zu regieren, unlenkbar.

ingrat (ɛ̃'gra) **I** *adj.* [7] □ unangenehm; undankbar; *fig.* unfruchtbar; erfolglos; *fig. être à l'âge* ~ in den Flegeljahren sein; **II** *su.* Undankbarer *m*; **~itude** (~ti'tyd) *f* Undank *m*; ⚒ Unfruchtbarkeit *f*.

ingrédient (ɛ̃gre'djɑ̃) *m cuis.* Zutat *f*; *phm.* Bestandteil *m*.

inguérissable (ɛ̃geri'sablə) *adj.* unheilbar.

inguinal (ɛ̃gɥi'nal) *adj.* [5c] *anat. u.* ⚕ Leisten...

ingurgit|ation (ɛ̃gyrʒitɑ'sjɔ̃) *f* Verschlucken *n*; **~er** (~'te) *v/t.* [1a] gierig verschlucken; in die Kehle gießen; runtergießen.

inhabile (ina'bil) *adj.* □ ungeschickt, unfähig; ⚖ ~ *à tester* testierunfähig; **~té** (~bil'te) *f* Ungeschicklichkeit *f*, Untüchtigkeit *f*.

inhabilité ⚖ (inabili'te) *f* Unfähigkeit *f*.

inhabi|table (inabi'tablə) *adj.* unbewohnbar; **~té** (~'te) *adj.* unbewohnt.

inhabituel (inabi'tɥɛl) *adj.* [7c] ungewöhnlich.

inhal|ateur ⚕ (inala'tœ:r) *m* Inhalierungsapparat *m*; Chloroformmaske *f*; **~ation** (~lɑ'sjɔ̃) *f* Einatmung *f*; ⚕ *appareil m d'*~ Inhalierungsapparat *m*; **~er** (~'le) *v/t.* [1a] einatmen; ⚕ inhalieren.

inharmon|ie ♪ (inarmɔ'ni) *f* Disharmonie *f*; **~ieux** (~'njø) *adj.* [7d], **~ique** (~'nik) *adj.* dis-, unharmonisch.

inhé|rence (ine'rɑ̃:s) *f* Anhaften *n*; *phil.* Inhärenz *f*; **~rent** (~'rɑ̃) *adj.* [7]: ~ *à qch.* e-r Sache (*dat.*) anhaftend, verbunden mit etw. (*dat.*); inhärent, innewohnend (*dat.*).

inhi|ber (ini'be) [1a] *psych.* hemmen; **~bition** (~bi'sjɔ̃) *f psych.* Hemmung *f*.

inhospita|lier (inɔspita'lje) *adj.* [7b] □ ungastlich; unfreundlich; **~lité** (~li'te) *f* Ungastlichkeit *f*.

inhu|main (iny'mɛ̃) *adj.* [7] □ unmenschlich, grausam; **~manité** (~mani'te) *f* Unmenschlichkeit *f*.

inhu|mation (inymɑ'sjɔ̃) *f* Beerdigung *f*; **~mer** (~'me) *v/t.* [1a] beerdigen, bestatten, beisetzen.

inimaginable (inimaʒi'nablə) *adj.* undenkbar, unvorstellbar.

inimitable (inimi'tablə) *adj.* nicht nachahmbar.

inimitié (inimi'tje) *f* Feindschaft *f*; *concevoir de l'*~ *contre q.* j-m feindlich gesonnen sein.

ininflammable (inɛ̃fla'mablə) *adj.* unentzündbar.

ininfluençable (inɛ̃flyɑ̃'sablə) *adj.* unbeeinflußbar.

inintellig|ence (inɛ̃tɛli'ʒɑ̃:s) *f* Unklugheit *f*, Unverständnis *n*, geistige Beschränktheit *f*; **~ent** (~'ʒɑ̃) *adj.* [7] (*adv. inintelligemment*) unintelligent, unklug, nicht begabt; unverständig; **~ible** (~'ʒiblə) *adj.* □ unverständlich.

inintention (inɛ̃tɑ̃'sjɔ̃) *f* Unabsichtlichkeit *f*; **~nel** (~sjɔ'nɛl) *adj.* [7c] unabsichtlich.

ininterrompu (inɛ̃tɛrɔ̃'py) *adj.* ununterbrochen, unausgesetzt.

ini|que (i'nik) *adj.* □ unbillig, äußerst ungerecht; widerrechtlich; **~quité** (~ki'te) *f* schwere Ungerechtigkeit *f*; *rl.* Sünde *f*.

ini|tial (ini'sjal) *adj.* [5c] □ anfänglich, Anfangs...; *lettre f* ~*e* (*auch f*: ~*e*) Anfangsbuchstabe *m*; **~tiateur** (~sja'tœ:r) *adj. u. su.* [7f] einführend; bahnbrechend; Anreger *m*, Förderer *m*, Bahnbrecher *m*; Einweihender *m*; **~tiation** (~sjɑ'sjɔ̃) *f* Initiation *f*, Einweihung *f*; Einführung *f*; **~tiative** (~sja'ti:v) *f* Initiative *f*, Anregung *f*; *droit m d'*~

Antragsrecht *n*; *syndicat m d'*~ Fremdenverkehrsverein *m*; *prendre l'*~ die Initiative ergreifen; *prendre une* ~ e-n Entschluß fassen; *fig.* e-n Weg beschreiten; *pol.* ~ *populaire*, ~ *de plébiscite* Volksbegehren *n*; **~tié** (~'sje) *adj. u. su.* eingeweiht; Eingeweihter *m*; **~tier** (~) *v/t.* [1a] einweihen (*q. à qch.* j-n in etw. *acc.*), einführen.

injec|ter (ɛ̃ʒɛk'te) *v/t.* [1a] einspritzen, injizieren; ~ *une plaie* e-e Wunde ausspritzen; *yeux injectés* (*de sang*) rot unterlaufene Augen *n/pl.*; **~teur** (~'tœ:r) *m* **1.** ⚕ Injektionsspritze *f*; Irrigator *m*; **2.** *mach.* Injektor *m*, Dampfstrahlpumpe *f*; **~tion** (~k'sjɔ̃) *f* ⚕ Spritze *f* (*als Handlung!*), Injektion *f*; *allg.* Ein-, Aus-spritzung *f*.

injonction (ɛ̃ʒɔ̃k'sjɔ̃) *f* Weisung *f*, ausdrücklicher Befehl *m*.

injouable *a. thé.* (ɛ̃'ʒwablə) *adj.* unspielbar.

inju|re (ɛ̃'ʒy:r) *f* **1.** Beleidigung *f*; Beschimpfung *f*; Schimpfwort *n*; *faire* ~ *à q.* j-n beleidigen; **2.** *fig.* ~*(s) du temps* Zahn *m* der Zeit; **~rier** (~ʒy'rje) *v/t.* [1a] beleidigen, beschimpfen; **~rieux** (~'rjø) *adj.* [7d] beleidigend.

injus|te (ɛ̃'ʒyst) **I** *adj.* □ ungerecht; **II** *su.* Ungerechter *m*; **III** *m* Unrecht *n*; **~tice** (~'tis) *f* Ungerechtigkeit *f*; **~tifiable** (~ti'fjablə) *adj.* nicht zu rechtfertigen(d), unverantwortlich; **~tifié** (~ti'fje) *adj.* unberechtigt.

inlassable (ɛ̃la'sablə) *adj.* unermüdlich.

innavigable (innavi'gablə) *adj.* unschiffbar.

inné (in'ne) *adj.* angeboren.

innervation (innɛrva'sjɔ̃) *f* **1.** *physiol.* Innervation *f*, Zuleitung *f* e-s Reizes durch die Nerven zu e-m Organ; **2.** *anat.* Nervenverteilung *f*.

inno|cence (innɔ'sɑ̃:s) *f* Unschuld *f*, Schuldlosigkeit *f*; Kindlichkeit *f*, Treuherzigkeit *f*, Unverdorbenheit *f*, Arglosigkeit *f*; **~cent** (~'sɑ̃) [7] **I** *adj.* (*adv.* ~*cemment*) **1.** unschuldig; schuldlos; **2.** harmlos, kindlich, treuherzig; *jeux m/pl.* ~*s* Gesellschaftsspiele *n/pl.*; **II** *su.* **3.** Unschuldiger *m*; **4.** F Dummkopf *m*; *faire l'*~ sich dummstellen; **~center** (~sɑ̃'te) *v/t.* [1a] für unschuldig erklären; entschuldigen; **~cuité** (~kɥi'te) *f* Unschädlichkeit *f*.

innombrable (innɔ̃'brablə) *adj.* unzählig.

inno|m(m)é, ~miné (innɔ'me, ~mi'ne) *adj.* unbenannt.

innova|teur (innɔva'tœ:r) [7f] *adj. u. su.* erneuernd; Neuerer *m*; **~tion** (~vɑ'sjɔ̃) *f* Neuerung *f*, Neuschöpfung *f*.

innover (innɔ've) *v/i.* (*auch v/t.*) [1a] Neuerungen einführen; *manie f d'*~ Neuerungssucht *f*.

inobéis|sance (inɔbei'sɑ̃:s) *f* Ungehorsam *m*; **~sant** (~'sɑ̃) *adj.* [7] ungehorsam.

inobser|vance, ~vation (inɔpsɛr'vɑ̃:s, ~vɑ'sjɔ̃) *f* Nichtbeachtung *f*, Nichtbefolgung *f*; **~vé** (~'ve) *adj.* unbeachtet.

inoccupé (inɔky'pe) *adj.* **1.** unbeschäftigt, untätig; **2.** unbesetzt.

in-octavo, *mst. abr.* **in-8°** (inɔkta'vo) *adj./inv. u. m* [6c]: (*format m*) ~ Oktavformat *n*, Oktavband *m*; *grand* ~ Lexikonformat *n*.

inocu|lable ⚕ (inɔky'lablə) *adj.* impfbar; **~lateur** ⚕ (~la'tœ:r) *su.* [7f] Impfer *m*; **~lation** (~lɑ'sjɔ̃) *f* Impfung *f*; **~ler** (~'le) *v/t.* [1a] (ein)impfen (*a. fig.*).

inodore (inɔ'dɔ:r) *adj.* geruchlos.

inoffensif (inɔfɑ̃'sif) *adj.* [7e] □ unschädlich, harmlos.

inoffici|el (inɔfi'sjɛl) *adj.* [7c] □ nicht amtlich; **~eux** (~'sjø) *adj.* [7d] □ **1.** nicht offiziös; **2.** ⚖ widerrechtlich; **~osité** ⚖ (~sjozi'te) *f* Enterbung *f* ohne Rechtsgrund.

inon|dation (inɔ̃dɑ'sjɔ̃) *f* Überschwemmung *f*; **~der** (~'de) *v/t.* [1a] überschwemmen, überfluten.

inopérant (inɔpe'rɑ̃) *adj.* [7] wirkungslos, unwirksam.

inopiné (inɔpi'ne) *adj.* unerwartet, unvermutet.

inopportun (inɔpɔr'tœ̃) *adj.* [7], **~ément** (~tyne'mɑ̃) *adv.* unpassend, ungeeignet, ungelegen, unzweckmäßig; **~ité** (~tyni'te) *f* Unzweckmäßigkeit *f*.

inorganique (inɔrga'nik) *adj.* □ unorganisch.

inorganisable (inɔrgani'zablə) *adj.* nicht zu organisieren.

inorientable *écol.* (inɔrjɑ̃'tablə) *adj.* der Schulart nach nicht zu beurteilen.

inoubliable (inubli'ablə) *adj.* unvergeßlich.

inouï (i'nwi) *adj.* unerhört, beispiellos, bodenlos, ungeheuer; **~sme** F (~'wism) *m* Eigenartigkeit *f*, Seltsamkeit *f*; Beispiellosigkeit *f*; Ungeheuerlichkeit *f*. [frei.]

inoxydable (inɔksi'dablə) *adj.* rost-

in petto (inpɛ'to) *adv.* **1.** innerlich, für sich; *protester* ~ innerlich protestieren; **2.** *cardinal m* ~ in Aussicht genommener Kardinal *m*.

inqualifiable (ɛ̃kali'fjablə) *adj.* nicht zu bezeichnen; niederträchtig, schandhaft, unverantwortlich.

in-quarto, *mst. abr.* **in-4°** (ɛ̃kwar'to) *adj./inv. u. m* [6c] Quart...

inquiet (ɛ̃'kjɛ) *adj.* [7b]: ~ *de qch.* a) unruhig wegen e-r Sache (*Grund der Unruhe*); b) être ~ *de q.* um j-n (*acc.*) besorgt sein; être ~ *pour* (*od. sur*) *qch.* um etw. besorgt sein (*Ziel der Unruhe*).

inquié|tant (ɛ̃kje'tɑ̃) *adj.* beunruhigend, besorgniserregend, unheimlich; **~ter** (~'te) [1f] **I** *v/t.* beunruhigen; **II** *v/rfl.* s'~ *de* sich beunruhigen über (*acc.*) *od.* wegen (*gén.*); *abs.* sich Sorgen machen; **~tude** (~'tyd) *f* Unruhe *f*, Besorgnis *f*; ⚕ **~s** *pl.* kleinere Gliederschmerzen *m/pl.*

inquisi|teur *hist. rl.* (ɛ̃kizi'tœ:r) *m* Inquisitor *m*, Glaubensrichter *m*; **~tion** (~zi'sjɔ̃) *f* **1.** Nachforschung *f*; **2.** *hist. rl.* Inquisition *f*; **~torial** (~tɔ'rjal) *adj.* [5c] mit übertriebener Strenge nachforschend, inquisitorisch; Inquisitions...

insaisissab|ilité (ɛ̃sɛzisabili'te) *f* Unpfändbarkeit *f*; **~le** (~'sablə) *adj.* □ ungreifbar; ⚖ unpfändbar; unantastbar; *fig.* unfaßlich.

insalissable (ɛ̃sali'sablə) *adj.* nicht schmutzend, unbefleckbar.

insalivation ⚕ (ɛ̃salivɑ'sjɔ̃) *f* Einspeichelung *f*.

insalu|bre (ɛ̃sa'lybrə) *adj.* □ gesundheitsschädlich, ungesund; **~brité** (~bri'te) *f* Ungesundheit *f*.

insanité (ɛ̃sani'te) *f* (*mst. im pl.*): *dire des ~s* Unsinn reden, faseln.

insatia|bilité (ɛ̃sasjabili'te) *f* Unersättlichkeit *f*; **~ble** (~'sjablə) *adj.* □ unersättlich.

insatis|faction (ɛ̃satisfak'sjɔ̃) *f* Unzufriedenheit *f*, Unbefriedigtheit *f*; **~fait** (~'fɛ) *adj.* [7] unzufrieden, unbefriedigt.

insciemment (ɛ̃sja'mɑ̃) *adv.* unbewußt, unwissentlich.

inscri|ption (ɛ̃skrip'sjɔ̃) *f* **1.** Inschrift *f*; **2.** Aufschrift *f*, Überschrift *f*; **3.** ⩕ Einbeschreibung *f e-r Figur in e-n Kreis*; **4.** Eintragung *f*, Vermerk *m*; ✝ Buchung *f*; *Sport*: Meldung *f*; ~ *à l'Université* Immatrikulation *f*; *prendre ses ~s* sich immatrikulieren, sich als Student anmelden; *prendre une* ~ ein Kolleg belegen; *montant m des ~s* Kolleggelder *n/pl.*; Studiengeld *n*; **~re** (ɛ̃'skri:r) [4f] **I** *v/t.* einschreiben, eintragen; **II** *v/rfl.* s'~ sich eintragen, s-n Namen einschreiben lassen; *s'~ en faculté* sich immatrikulieren; **~t** (ɛ̃'skri) *m*: ~ *maritime* in die Marinerolle eingeschriebener Seemann *m*.

inscrutable ✎ (ɛ̃skry'tablə) *adj.* unerforschlich. [Ungeziefer *n*.]

insecte (ɛ̃'sɛkt) *m* Insekt *n*; **~s** *pl.*

insecti|cide (ɛ̃sɛkti'sid) *adj. u. m* insektentötend; Schädlings-, Insekten-bekämpfungsmittel *n*; **~vore** (~'vɔ:r) **I** *m* Insektenfresser *m*; **II** *adj.* insektenfressend.

insécurité (ɛ̃sekyri'te) *f* Unsicherheit *f*.

insémination *zo.*, ⚕ (~minɑ'sjɔ̃) *f*: ~ *artificielle* künstliche Befruchtung *f*.

insen|sé (ɛ̃sɑ̃'se) *adj.* (*adv.* **~sément**) *u. su.* sinnlos; verrückt; Wahnsinniger *m*; **~sibilisateur** (~sibiliza'tœ:r) *adj.* [7f] betäubend; **~sibilisation** (~sibilizɑ'sjɔ̃) *f* Betäubung *f*; **~sibiliser** (~sibili'ze) *v/t.* [1a] unempfindlich machen, betäuben; **~sibilité** (~sibili'te) *f* Unempfindlichkeit *f*, Gefühl-, Herz-losigkeit *f*; Gleichgültigkeit *f*, Teilnahmlosigkeit *f*; **~sible** (~'siblə) **I** *adj.* □ **1.** unempfindlich, gefühllos (*à* gegen *acc.*); ungerührt; gleichgültig, teilnahmlos; **2.** unmerklich; allmählich; **II** *su.* Gefühlloser *m*; **~siblement** (~siblə'mɑ̃) *adv.* unmerklich; ganz allmählich.

insépara|bilité (ɛ̃separabili'te) *f* Unzertrennlichkeit *f*; **~ble** (~'rablə) *adj.* □ untrennbar; unzertrennlich.

insérer (ɛ̃se're) *v/t.* [1f] einsetzen, einschalten, einschieben; mit hineinlegen; einflechten, einfügen; *thé.* einlegen; (*in Zeitungen*) inserieren; *thé. morceau m inséré* Einlage *f*.

insertion (ɛ̃sɛr'sjɔ̃) *f* Einfügung *f*; Einsetzen *n*, Inserieren *n*; Inserat *n*.

insexué (ɛ̃sɛk'sɥe) *adj.* geschlechtslos.

insidieux (ɛ̃si'djø) *adj.* [7d] □ hinterlistig; verfänglich; schleichend, heimtückisch (*Krankheit*); *pol. écrits m/pl.* ~ Hetzschriften *f/pl.*

insign|e (ɛ̃'siɲ) **I** *adj.* bedeutend, beachtlich; *a. mv.p.* ganz besonderer, kolossal, Riesen..., Erz...; *nur péj.* berüchtigt; *~fripon m* Erzschelm *m*; **II** *m* Abzeichen *n*; Ehrenzeichen *n*; *~ sportif* Sportabzeichen *n*; **~ifiance** (~ɲi'fjɑ̃:s) *f* Bedeutungslosigkeit *f*, Geringfügigkeit *f*; **~ifiant** (~ɲi'fjɑ̃) *adj.* [7] unbedeutend, geringfügig, unerheblich.

insin|cère (ɛ̃sɛ̃'sɛ:r) *adj.* unaufrichtig; trügerisch; falsch; **~cérité** (~seri'te) *f* Unaufrichtigkeit *f*.

insinu|ant (ɛ̃si'nɥɑ̃) *adj.* [7] einschmeichelnd, einnehmend; **~ation** (~nɥɑ'sjɔ̃) *f* **1.** ⚕ Einschieben *n*; **2.** *fig.* Andeutung *f*; Wink *m*; Einschmeichelung *f*; **3.** *rhét.* Captatio *f* benevolentiae; **~er** (~'nɥe) **I** *v/t.* [1a] **1.** *~ qch.* vorsichtig etw. in e-e Wunde einführen; **2.** *fig. ~ qch. à q.* j-m etw. zu verstehen geben, andeuten, zuflüstern; ⚖ unterstellen; **II** *v/rfl. s'~* sich einschleichen; sich einschmeicheln.

insipi|de (ɛ̃si'pid) *adj.* □ geschmacklos, fade, schal; *fig.* abgeschmackt, seicht, langweilig; **~dité** (~di'te) *f* Geschmacklosigkeit *f*; *fig.* Abgeschmacktheit *f*.

insis|tance (ɛ̃sis'tɑ̃:s) *f* Dringen *n*; Beharrlichkeit *f*; Zudringlichkeit *f*; dringende Bitte *f*; **~ter** (~'te) *v/i.* [1a]: *~ sur* bestehen auf (*dat.*); *etw.* betonen (*od.* unterstreichen); *~ à* (*mit inf.*) nicht nachlassen zu ...; *il n'insista pas* er fragte nicht weiter.

in situ (ɛ̃si'ty) *adv.* an Ort u. Stelle.

insociab|ilité (ɛ̃sɔsjabili'te) *f* Ungeselligkeit *f*; **~le** (~'sjablə) *adj.* ungesellig; *a. antisociable*.

insolation ⚕ (ɛ̃sɔlɑ'sjɔ̃) *f* Sonnenstich *m*.

inso|lence (ɛ̃sɔ'lɑ̃:s) *f* Unverschämtheit *f*, Frechheit *f*; Anmaßung *f*; **~lent** (~'lɑ̃) *adj.* [7] (*adv. ~lemment*) unverschämt, frech; hochmütig, anmaßend.

insoler *phot.* ⚗ (ɛ̃sɔ'le) *v/t.* [1a] der Sonne aussetzen.

insoli|de (ɛ̃sɔ'lid) *adj.* □ nicht haltbar; **~dité** (~di'te) *f* Mangel *m* an Haltbarkeit.

insolite (ɛ̃sɔ'lit) *adj.* ungewöhnlich.

insolub|iliser ⚗ (ɛ̃sɔlybili'ze) *v/t.* [1a] unlöslich machen; **~le** (~'lyblə) *adj.* unauflöslich; *fig.* unlösbar.

insolvab|ilité ⚖, ⚗ (ɛ̃sɔlvabili'te) *f* Zahlungsunfähigkeit *f*; **~le** (~'vablə) *adj.* zahlungsunfähig.

insomnie (ɛ̃sɔm'ni) *f* Schlaflosigkeit *f*; *~s pl.* schlaflose Nächte *f/pl.*

insondable (ɛ̃sɔ̃'dablə) *adj.* unergründlich.

insonor|isation *a.* ⚠ (ɛ̃sɔnɔrizɑ'sjɔ̃) *f* Schall-schutz *m*, -dämpfung *f*; **~isé** (~ri'ze) *adj.* schalldicht; ✈ *cabine f ~e* schalldichte Kabine *f*; **~iser** (~) *v/t.* [1a] schalldicht machen; **~ité** (~ri'te) *f* schalltechnische Verbesserung *f*.

insou|ciance (ɛ̃su'sjɑ̃:s) *f* Sorglosigkeit *f*; **~ciant** [7], **~cieux** [7d] (~'sjɑ̃, ~'sjø) *adj.* sorglos, unbekümmert.

insoumis (ɛ̃su'mi) *adj.* [7] ungehorsam; ⚔ *a. m*: Militärdienstverweigerer *m*; Dienstflüchtiger *m*; **~sion** (~mi'sjɔ̃) *f* Ungehorsam *m*; ⚔ Wehrdienstverweigerung *f*.

insoupçonné (ɛ̃supsɔ'ne) *adj.* **1.** unverdächtigt, einwandfrei (*Person*); **2.** ungeahnt, unvermutet.

insoutenable (ɛ̃sut'nablə) *adj.* □ unhaltbar; unerträglich.

inspec|ter (ɛ̃spɛk'te) *v/t.* [1] genau durchsehen, prüfen, mustern, besichtigen, inspizieren; **~teur** (~'tœ:r) [7f] **I** *adj.* besichtigend, inspizierend; **II** *su.* Inspektor *m*, Aufseher *m*; *écol. ~ de l'enseignement supérieur* Schulrat *m* für höhere Schulen; *~ d'apprentissage* Lehrlingswart *m*; **~tion** (~k'sjɔ̃) *f* Aufsicht *f*, Be(auf)sichtigung *f*; Inspektion *f*; ⚔ Musterung *f*; *~ des métiers* Gewerbeaufsicht *f*; *~ scolaire*, *~ de l'enseignement* Schulaufsicht *f*; *~ préalable*, *~ préliminaire* Vorbesichtigung *f*.

inspi|rateur (ɛ̃spira'tœ:r) [7f] **I** *adj.* eingebend, inspirierend; begeisternd; **II** *su. fig.* Ratgeber *m*; *fig.* treibende Kraft *f*; **~ration** (~rɑ'sjɔ̃) *f* Einatmen *n*; *fig.* Eingebung *f*; dichterische Begeisterung *f*; **~rer** (~'re) [1a] **I** *v/t.* einatmen; *fig.* einflößen; begeistern, anregen, beraten; *~ des soupçons* Verdacht erregen; **II** *v/rfl. s'~ de qch.* sich von e-r Sache beeinflussen lassen.

insta|bilité *psych.* (ɛ̃stabili'te) *f* Unbeständigkeit *f*, Mangel *m* an Festigkeit; Wankelmut *m*; **~ble** *psych.* (~'stablə) *adj.* □ unbeständig; fahrig, labil; *fig. paix f ~* unsicherer Frieden *m*; *phys. équilibre m ~* labiles Gleichgewicht *n*.

instal|lateur (ɛ̃stala'tœ:r) *m* [7f] Installateur *m*; **~lation** (~lɑ'sjɔ̃) *f*

1. Einführung *f in ein Amt*; **2.** ⊕ Einrichtung *f*, Anlage *f*; ⚡ Installation *f*; ⊕ Einbau(en *n*) *m e-r Maschine usw.*; ~ *téléphonique* (*frigorifique*) Fernsprech-(Kühl-)anlage *f*; ~ *de force motrice* (*d'éclairage, de ventilation*) Kraft- (Licht-, Ventilations-)anlage *f*; ⊕ ~ *de préparation de matériaux* Aufbereitungsanlage *f*; ~ *radiotélégraphique* Funkanlage *f*; ~ *à vent* Windkraftanlage *f*; ~ *d'air* Klimaanlage *f*; **~ler** (~'le) [1a] **I** *v/t.* **1.** einführen; **2.** installieren, anbringen, anlegen, einbauen, errichten; **II** * *v/i.* angeben, protzen, **III** *v/rfl.* s'~ sich einrichten, sich niederlassen; ⚔ sich einquartieren.

instamment (ɛ̃sta'mɑ̃) *adv.* inständig, dringend.

instan|ce (ɛ̃'stɑ̃:s) *f* **1.** ~*s pl.* Drängen *n*, dringende Bitte *f*; *sur les ~s de q.* auf Drängen j-s; **2.** ⚖ Instanz *f*; Prozeß *m*, Klage *f*, Gesuch *n*; *première* ~ erste Instanz *f*; **~t** (~'stɑ̃) **I** *adj.* [7] **1.** dringend; **2.** nahe bevorstehend; **II** *m* Augenblick *m*; *advt. à l'~* (so)eben, augenblicklich, sogleich; *un ~!* (e-n) Moment!; *l'~ d'après* im nächsten Augenblick; *par ~s* ab u. zu; **~tané** (~ta'ne) **I** *adv.* (*adv.* **~ment**) augenblicklich; plötzlich eintretend; **II** *m* Momentaufnahme *f*, Schnappschuß *m*; **~tanéité** (~tanei'te) *f* Augenblicklichkeit *f*.

instar (ɛ̃'sta:r): **à l'~ de** *prp.* nach Art von (*dat.*), geradeso wie.

instau|rateur (ɛ̃stora'tœ:r) *m* Einführer *m*; **~ration** (~rɑ'sjɔ̃) *f* Einführung *f*; **~rer** (~'re) [1a] **I** *v/t.* einführen; gründen, errichten; **II** *v/rfl.* s'~ *fig.* sich festsetzen.

insti|gateur (ɛ̃stiga'tœ:r) *su.* [7f] Aufhetzer *m*, Aufwiegler *m*, Anstifter *m*; *fig.* Drahtzieher *m*; **~gation** (~gɑ'sjɔ̃) *f* Aufhetzung *f*; *fig.* Antrieb *m*, Veranlassung *f*; *à l'~ de* auf Betreiben (*gén.*); **~guer** (~'ge) *v/t.* [1m] aufhetzen, antreiben.

instill|ation (ɛ̃stilɑ'sjɔ̃) *f* Einträufeln *n*; **~er** (~'le) *v/t.* [1a] einträufeln.

instinct (ɛ̃'stɛ̃) *m* Instinkt *m*, Naturtrieb *m*; ~ *de composition* Gestaltungswille *m*; ~ *grégaire* (*sexuel, économique*) Herden-(Geschlechts-, Spar-)trieb *m*; **~if** (~'tif) *adj.* [7e] □ instinktmäßig; **~ivité** (~tivi'te) *f* Instinktmäßigkeit *f*.

institu|er (ɛ̃sti'tɥe) *v/t.* [1a] **1.** einführen, stiften; anordnen; ein-, errichten; **2.** einsetzen, ernennen; ~ *comme héritier* als Erben einsetzen; ~ *q. son héritier* j-n zu s-m Erben einsetzen; **~t** (~'ty) *m* **1.** Institut *n* (*mst. nur in feststehenden Namen wissenschaftlicher Gesellschaften usw.*); ~ *médico-pédagogique* medizinisch-pädagogisches Institut *n*; ~ *d'études conjoncturelles* Konjunkturinstitut *n*; ♀ (*de France*) das Französische Institut *n* (*Gesamtheit der fünf Akademien*); **2.** ~ *de beauté* Salon *m* für Schönheitspflege; ~ *de gymnastique*, ~ *de culture physique* Gymnastikschule *f*; **3.** *rl.* Ordensregel *f*; geistlicher Orden *m*; **~tes** (~'tyt) *f/pl.* Institutionen *f/pl.* des römischen Rechts; **~teur** (~'tœ:r) *su.* [7f] **1.** Stifter *m*, Begründer *m*; **2.** Volksschul-, *All.* Grund-schullehrer *m*; ~ *stagiaire* Junglehrer *m*; ~ *suppléant*, ~ *adjoint*, ~ *provisoire* Hilfslehrer *m*; *institutrice f auch*: Hauslehrerin *f*; **~tion** (~ty'sjɔ̃) *f* **1.** Stiftung *f*, Gründung *f*; Einführung *f*, Einsetzung *f*; Einrichtung *f*; ~*s pl. de la Santé* Einrichtungen *f/pl.* des Gesundheitsdienstes; **2.** ⚖ ~ *d'héritier* Erbeinsetzung *f*; **3.** (Erziehungs- *od.* Lehr-)Anstalt *f*; ~ *libre* Landerziehungsheim *n*; *chef m d'~* Anstaltsleiter *m*; ~ *pour aveugles* Blindenanstalt *f*.

instruc|teur (ɛ̃stryk'tœ:r) *m Auto*: Fahrlehrer *m*; *a.* ⚔ Ausbilder *m*; (*auch adj.*: *juge m ~*) Untersuchungsrichter *m*; **~tif** (~'tif) *adj.* [7e] lehrreich, instruktiv; **~tion** (~k'sjɔ̃) *f* **1.** Schulung *f*, Unterweisung *f*, Ausbildung *f*, ⚔ Drill *m*, (Schul-)Unterricht *m*; ~ *civique* Staatsbürgerkunde *f*; ~ *intégrale*, ~ *totale* Gesamtunterricht *m*; *a. écol.* ~ *en matière de circulation* Verkehrsunterricht *m*; ~ *judiciaire* Rechtsbelehrung *f*; ~ *primaire* Grundschulunterricht *m*; ~ *secondaire* höherer Schulunterricht *m*, höhere Schulbildung *f*; ~ *religieuse* Religionsunterricht *m*; ~ *supérieure* Hochschulunterricht *m*; **2.** (wissenschaftliche) Bildung *f*, Wissen *n*; **3.** Anweisung *f*, Vorschrift *f*, Verhaltungsmaßregel *f*; ~ *préventive aux accidents* Unfallverhütungsvorschrift *f*; ~ *pastorale* bischöflicher Hirtenbrief *m*; **4.** ⚖ Untersuchung *f*; ~ *criminelle* Straf-

verfahren *n*; ~ *pénale* Ermittlungsverfahren *n*.
instrui|re (ɛ̃'strɥi:r) [4c] **I** *v/t.* **1.** unterrichten, ausbilden, schulen, lehren; ~ *q. aux armes* j-m die Handhabung von Waffen beibringen; ~ *un chien* e-n Hund abrichten; *instruit par le malheur* durch Schaden klug geworden; **2.** ~ *q. de qch.* j-n von etw. (*dat.*) benachrichtigen, j-m Bericht über etw. (*acc.*) erstatten; **3.** ⚖ ~ *une affaire* e-e Angelegenheit untersuchen; ~ *un procès contre q.* gegen j-n Prozeß anstrengen; **II** *v/rfl.* s'~ e-e Ausbildung erhalten; sich bilden; s'~ *à ses dépens* durch Schaden klug werden; **~sable** (~strɥi'zablə) *adj.* bildungsfähig.
instrument (ɛ̃stry'mɑ̃) *m* **1.** Instrument *n*, Werkzeug *n*; *fig.* Mittel *n*; *éc.* ~*s de production* Produktionsmittel *n/pl*; **2.** ♪ ~ *à cordes* (*à vent*) Saiten-(Blas-)instrument *n*; ~ *soliste* Soloinstrument *n*; *jouer d'un* ~ ein Instrument spielen; **3.** ⚖ Urkunde *f*, Dokument *n*; ~ *d'adhésion* Beitrittserklärung *f*; ~ *de ratification* Ratifikationsurkunde *f*; **~aire** ⚖ (~'tɛ:r) *adj.*: *témoin m* ~ Beizeuge *m*; **~al** (~'tal) *adj.* [5c] als Werkzeug dienend; ♪ Instrumental...; **~ation** ♪ (~tɑ'sjɔ̃) *f* Instrumentierung *f*; **~er** ⚖ (~'te) *v/i.* [1a] Urkunden ausfertigen; protokollieren; **~iste** ♪ (~'tist) *m* Musiker *m*.
insu (ɛ̃'sy) **I** *prpt.* *à l'*~ *de* ohne Wissen (*gén.*); **II** *advt.* *à mon* ~ ohne mein Wissen.
insubmersib|ilité (ɛ̃sybmɛrsibili'te) *f* Unversenkbarkeit *f*; **~le** (~'siblə) *adj.* nicht versenkbar.
insubor|dination (ɛ̃sybɔrdinɑ'sjɔ̃) *f* Widersetzlichkeit *f*, Aufsässigkeit *f*; ⚔ Ungehorsam *m*; **~donné** (~dɔ'ne) *adj. u. su.* aufsässig, widerspenstig, widersetzlich; ungehorsam; Widerspenstiger *m*.
insuccès (ɛ̃syk'sɛ) *m* Mißerfolg *m*.
insuffi|sance (ɛ̃syfi'zɑ̃:s) *f* Unzulänglichkeit *f*; Unvollkommenheit *f*; Mangel *m*; **~sant** (~'zɑ̃) *adj.* [7] (*adv.* ~*samment*) ungenügend, unzulänglich; unfähig.
insuffler (ɛ̃sy'fle) *v/t.* [1a] ⊕, *a. phys.* aufblasen; ⚕ einblasen; *fig.* einflößen.
insul|aire (ɛ̃sy'lɛ:r) **I** *adj.* Insel..., insular; **II** *su.* Inselbewohner *m*; **~arité** (~lari'te) *f* insulare Lage *f*.
insuline *phm.* (ɛ̃sy'lin) *f* Insulin *n*.
insul|te (ɛ̃'sylt) *f* Beleidigung *f*, Verhöhnung *f*, Beschimpfung *f*; **~ter** (~'te) [1a] **I** *v/t.* absichtlich beleidigen, beschimpfen; **II** *v/i.* ~ *à q.* j-n verhöhnen; ~ *à qch.* gegen etw. (*acc.*) verstoßen; **~teur** (~'tœ:r) *m* Beleidiger *m*.
insupportable (ɛ̃sypɔr'tablə) *adj.* □ unerträglich, unausstehlich.
insur|gé (ɛ̃syr'ʒe) *adj. u. su.* aufständisch, aufrührerisch; Aufständiger *m*, Aufrührer *m*; **~ger** (~) [1l] *v/rfl.*: s'~ sich erheben (*gegen j-n*); **~montable** (~mɔ̃'tablə) *adj.* unübersteigbar; unüberwindlich; **~rection** (~rɛk'sjɔ̃) *f* Aufstand *m*, Aufruhr *m*, Putsch *m*; **~rectionnel** (~rɛksjɔ'nɛl) *adj.* [7c] aufständisch.
intact (ɛ̃'takt) *adj.* unberührt; unversehrt, unverletzt; intakt; *fig.* unbescholten.
intaille (ɛ̃'tɑ:j) *f* Gemme *f*.
intangib|ilité (ɛ̃tɑ̃ʒibili'te) *f* Unberührbarkeit *f*; Unantastbarkeit *f*; **~le** (~'ʒiblə) *adj.* unberührbar.
intarissable (ɛ̃tari'sablə) *adj.* □ unversiegbar; *fig.* unerschöpflich.
inté|gral (ɛ̃te'gral) *adj.* [5c] □ **1.** vollständig, ganz; unverkürzt; unangetastet; **2.** 𝔄 Integral...; **~grale** 𝔄 (~) *f* Integrale *f*; **~gralité** (~grali'te) *f* Ganzheit *f*, Ganzes *n*, Vollständigkeit *f*; **~grant** (~'grɑ̃) *adj.* [7] wesentlich; **~gration** (~grɑ'sjɔ̃) *f pol.* Integration *f*; ~ *scolaire* Schulintegration *f* (*Aufhebung der Rassenunterschiede an Schulen der USA*); **~grationniste** *pol.* (~grasjɔ'nist) *su.* Anhänger *m* der Integration.
intégrer (ɛ̃te'gre) *v/t.* [1f] einverleiben; 𝔄 integrieren.
intégrité (ɛ̃tegri'te) *f* Vollständigkeit *f*, Ganzheit *f*, Integrität *f*, Unversehrtheit *f*; Rechtschaffenheit *f*, Redlichkeit *f*.
intellect (ɛ̃tɛ'lɛkt) *m* Intellekt *m*, Verstand *m*; Begriffsvermögen *n*; **~ion** *phil.* (~k'sjɔ̃) *f* Erkenntnis *f*; **~ualisme** *phil.* (~ktɥa'lism) *m* Intellektualismus *m*, Vorrang *m* des Verstandes; **~ualité** *phil.* (~ktɥali'te) *f* Verstandesmäßigkeit *f*, Geistigkeit *f*, Begrifflichkeit *f* (*der Anschauung*); **~uel** (~k'tɥɛl) **I** *adj.* [7c] □ intellektuell, geistig; Verstandes...; Geistes...; *faculté f* ~*le* geistige Kraft *f*; **II** Intellektueller *m*, Verstandesmensch *m*.
intelli|gence (ɛ̃tɛli'ʒɑ̃:s) *f* **1.** Ein-

sicht *f*, Verständnis *n*; ~ *des affaires* Geschäftssinn *m*; **2.** Intelligenz *f*, Klugheit *f*, Verstand *m*; *à la portée de toutes les* ~*s* allgemein verständlich; **3.** geistiges Wesen *n*, Geist *m*; **4.** Einvernehmen *n*; être *d'*~ *avec q.* mit j-m unter einer Decke stecken; **~gent** (~'ʒɑ̃) *adj.* [7] (*adv.* ~*gemment*) **1.** denkend; **2.** intelligent, einsichtsvoll, klug, geschickt, bewandert; **~gible** (~'ʒiblə) *adj.* □ **1.** vernehmlich, verständlich; **2.** *phil.* übersinnlich, intelligibel.

intempé|rance (ɛ̃tɑ̃pe'rɑ̃:s) *f* Unmäßigkeit *f*; ~ *de langue* sprachliche Unbeherrschtheit *f*; **~rant** (~'rɑ̃) *adj.* [7] (*adv.* ~*ramment*) unenthaltsam, unmäßig, unbeherrscht, ausschweifend; **~ré** (~'re) *adj.* unbeherrscht; **~rie** (~'ri) *f*: *les* ~*s pl.* die Unbilden *pl.* des Wetters; *à l'épreuve des* ~*s* wetterfest (*Stoff*).

intempes|tif (ɛ̃tɑ̃pɛs'tif) *adj.* [7e] ungelegen; überstürzt; **~tivement** (~tiv'mɑ̃) *adv.* zu unpassender Zeit, ungelegen.

intemporel (ɛ̃tɑ̃pɔ'rɛl) *adj.* [7c] zeitlos.

intenable (ɛ̃tə'nablə) *adj.* unhaltbar.

inten|dance (ɛ̃tɑ̃'dɑ̃:s) *f* Verwaltung *f*; Intendantur *f*; Oberaufsicht *f*; ~ *militaire* Heeresverpflegungsamt *n*; Intendantenstelle *f*; **~dant** (~'dɑ̃) *m* Intendant *m*, (Ober)Aufseher *m*, Verwalter *m*, Direktor *m*; *thé.* ~ *général* Generalintendant *m*; ⚔ Intendant(urrat) *m*.

inten|se (ɛ̃'tɑ̃:s) *adj.* intensiv, angespannt, stark; heftig; ♪, *phys.* laut; lautstark; *peu* ~ lautschwach; **~sif** (~tɑ̃'sif) *adj.* [7e] intensiv; *rendre* ~ verstärken, intensivieren; **~sification** (~sifika'sjɔ̃) *f* Steigegerung *f*; Verstärkung *f*; Zunahme *f*; **~sifier** (~si'fje) *v/t.* [1a] steigern, erhöhen, intensivieren; **~sité** (~si'te) *f* Intensität *f*, Stärke *f*; ⚗ Heftigkeit *f*; Kraft *f*, Nachdruck *m*; ~ *du* (*od.* *de*) *son* (*od.* *du ton*) Lautstärke *f*; ~ *du vent* Windstärke *f*; ⚡ ~ *lumineuse* Leuchtkraft *f*; ~ *du courant* Stromstärke *f*; ~ *en bougies* Kerzenstärke *f*; ~ *de charge* Ladestromstärke *f*.

inten|ter ⚖ (ɛ̃tɑ̃'te) *v/t.* [1a] e-n Prozeß anstrengen; *abs.* ~ *en justice contre q.* gegen j-n gerichtlich vorgehen; **~tion** (~'sjɔ̃) *f* **1.** Absicht *f*, Vorhaben *n*, Zweck *m*; *à cette* ~ zu diesem Zweck; ~ *particulière*, ~ *individuelle* Privatzweck *m*; *telle n'était pas mon* ~ das war nicht meine Absicht; *avoir la meilleure* ~ den besten Willen haben; *il n'est pas dans mes* ~*s de* ... es liegt mir fern zu ...; *à bonne* ~ in guter Absicht; *avec* ~ absichtlich; *sans* ~ unabsichtlich; **2.** *à l'*~ *de q.* zu j-s Besten; *adm.* zu Händen von ... (des ... *usw.*); *à votre* ~ für Sie, in Ihrem Interesse; **~tionné** (~sjɔ'ne) *adj. u. su.* gesinnt; *mal* ~ übelgesinnt; **~tionnel** (~sjɔ'nɛl) *adj.* [7c] □ absichtlich, beabsichtigt.

inter¹ *Sport* (ɛ̃'tɛ:r) *m* Innenstürmer *m*; ~ *gauche* (*droit*) Links-(Rechts-)innenstürmer *m*.

inter² F *télégr.* (~) *m* Fernamt *n*; *a. abr. für* (*réseau m*) *interurbain* Überlandtelegraphennetz *n*.

inter|action (ɛ̃tɛrak'sjɔ̃) *f* Wechselwirkung *f*, -beziehung *f*; **~allié** *pol.*, ⚔ (~a'lje) *m u. adj.* Interalliierter *m*; *ehm.* Mitglied *n* der Entente; interalliiert; **~armes** (~'arm) *adj./inv.*: ⚔ *la polémique* (*la querelle*) ~ die Polemik (der Streit) unter den einzelnen Waffengattungen; **~calaire** (~ka'lɛ:r) *adj.* eingeschaltet; *jour m* ~ Schalttag *m*; **~caler** (~ka'le) *v/t.* [1a] einschalten (*a.* ⚡), einschieben; ⚡ vorschalten; **~cédent** (~se'dɑ̃) *adj.* [7] aussetzend (*Puls*); **~céder** (~se'de) *v/i.* [1f]: ~ *en faveur de q.* ein gutes Wort für j-n einlegen; **~cellulaire** ⚘, *anat.* (~sɛly'lɛ:r) *adj.* zwischen zwei Zellen befindlich; **~cepter** (~sɛp'te) *v/t.* [1a] **1.** ab-, auf-fangen (*Briefe, Nachrichten*), abhören; unterschlagen; **2.** *Verkehr, Verbindung*; abschneiden, versperren; **3.** hemmen, unterbrechen; **~cepteur** ✈, ⚔ (~sɛp'tœ:r) *m* Verfolgungsjagdflugzeug *n*; **~ception** (~sɛp'sjɔ̃) *f* Ab-, Auf-fangen *n*; Abhören *n*; Versperren *n*, Hemmung *f*; Unterbrechung *f*; Unterbindung *f*; **~cesseur** (~sɛ'sœ:r) *m* Vermittler *m*, Fürsprecher *m*; **~cession** (~sɛ'sjɔ̃) *f* Vermittlung *f*, Fürsprache *f*; **~changeabilité** ⊕ (~ʃɑ̃ʒabili'te) *f* Austauschbarkeit *f*; **~changeable** (~ʃɑ̃'ʒablə) *adj.* auswechselbar, miteinander vertauschbar; **~colonial** (~kɔlɔ'njal) *adj.* [5c] interkolonial; auf das gegenseitige Verhältnis der Kolonien bezüglich; **~communal** (~kɔmy'nal) *adj.* [5c] zwischengemeindlich; **~communication**

(~kɔmynikɑ'sjɔ̃) *f* gegenseitige Verbindung *f*; 🚂 Durchgang *m*; **~confessionnel** *rl.* (~kɔ̃fɛsjɔ'nɛl) *adj.* [7c] interkonfessionell; **~continental** (~kɔ̃tinɑ̃'tal) *adj.* [5c] interkontinental; **~costal** *anat.* (~kɔs'tal) *adj.* [5c] Interkostal..., zwischen den Rippen liegend; **~course** ⚖, *bsd.* ⚓ (~'kurs) *f* **1.** Verkehr *m*; **2.** Verkehrsrecht *n*, *das den Schiffen zweier Staaten in gegenseitigem Einvernehmen freien Zugang zu gewissen Häfen gewährt*; **~currence** (~ky'rɑ̃:s) *f* Wechsel *m der Winde*; **~current** ⚕ (~ky'rɑ̃) *adj.* [7] interkurrent, hinzutretend; *fièvre f ~e* Zwischenfieber *n*; **~dépendance** (~depɑ̃'dɑ̃:s) *f* gegenseitige Abhängigkeit *f*; **~dépendant** (~depɑ̃'dɑ̃) *adj.* [7] voneinander abhängig; **~diction** (~dik'sjɔ̃) *f* **1.** Untersagung *f*, Verbot *n*; ✈ *~ de survoler* (B.) Luftsperre *f* (über B.); *~ de commerce* Handelsverbot *n*; *~ d'emploi (de vente)* Beschäftigungs- (Verkaufs)verbot *n*; **2.** einstweilige Amtsenthebung *f*; **3.** ⚖ Entmündigung *f*, Stellung *f* unter Vormundschaft; *~ des droits civiques* Aberkennung *f* der Bürgerrechte; **~dire** (~'di:r) *v/t.* **1.** *~ qch. à q.* j-m etw. untersagen; *fig. cet espoir m'est interdit* diese Hoffnung ist mir versagt; **2.** *~ q. (de ses fonctions)* j-n s-s Amtes entheben; **3.** ⚖ *~ q.* j-n unter Vormundschaft stellen *od.* entmündigen; *rl.* j-n mit dem Interdikte belegen; **4.** *fig.* bestürzt machen, verblüffen; *rester (od. demeurer) interdit* sprachlos sein; *interdit de frayeur* sprachlos vor Schrecken; **~dit** (~'di) **I** *m* **1.** ⚖ Entmündigter *m*; **2.** *rl.* Interdikt *n*, (Kirchen-)Bann *m*; *mettre q. (qch.) en ~* den Kirchenbann über j-n (etw.) verhängen; j-n (etw.) mit dem Interdikt belegen; **3.** *~ de séjour* Aufenthaltsverbot *n*; Ausgewiesener *m*; **II** *adj.* verboten, gesperrt; *fig.* bestürzt, verdutzt, verblüfft, sprachlos; *sens m ~* Einbahnstraße *f*; *stationnement m ~* Parkverbot *n*; *~ de séjour* ausgewiesen.

intéres|sant (ɛ̃terɛ'sɑ̃) *adj.* [7] interessant, wissens-, sehens-wert, anziehend; F *elle est dans une position ~e* sie ist in anderen Umständen; **~sé** (~'se) **I** *adj.* interessiert (*à qch.* an etw. *dat.*), beteiligt; *mv.p.* gewinnsüchtig, profitgierig; **II** *su.* Teilhaber *m*; **~ser** (~) [1b] **I** *v/t.* **1.** interessieren; *vous êtes intéressé à ...* es liegt in Ihrem Interesse, zu .. ; *~ q. dans (od. à) qch.* j-n für etw. (*acc.*) interessieren **2.** angehen, betreffen; **3.** *Lektüre usw.*: packen, begeistern, interessieren, mitreißen, Neugierde erregen; **4.** ⚕ *Wunde*: angreifen, gehen bis...; *la blessure intéresse le poumon* die Wunde greift die Lunge an; **II** *v/rfl.* *s'~ à qch. (à q.)* sich für etw. (für j-n) [*acc.*] interessieren; sich e-r Sache (j-s) annehmen; *s'~ dans qch.* sich an etw. (*dat*). beteiligen; *s'~ pour q.* sich für j-n verwenden.

intérêt (ɛ̃te'rɛ) *m* **1.** Interesse *n*, Nutzen *m*, Belang *m* (*mst.* Belange *pl.*), Vorteil *m*; *l'~ public* das öffentliche Interesse *n*; *~ particulier* Eigennutz *m*; *~ national, ~ de l'Etat* Staatsinteresse *n*, *weitS.* Staatsnotwendigkeit *f*; **2.** Interesse *n*, Beteiligung *f*; Anteil *m*; *avec un vif ~* mit lebhafter Anteilnahme; **3.** Reiz *m*; *manquer d'~* nichts Anziehendes haben; **4.** *mv. p.* Eigennutz *m*; *agir par ~* aus Eigennutz handeln; **5.** *~s pl.* Zinsen *pl.*; *mettre (od. placer) de l'argent à ~s* Geld auf Zinsen geben; *les ~s courent du ...* die Zinsen laufen vom ...; *les ~s à ce jour* Zinsen bis heute; *joindre les ~s au principal* die Zinsen zum Kapital schlagen; *~s arriérés* Zinsrückstände *m/pl.*; *~s créditeurs, ~s créanciers* Aktiv-, Haben-zinsen *pl.*; *~s débiteurs* Debet-, Passiv-zinsen *pl.*; *~s hypothécaires* Hypothekenzinsen *pl.*; *~s moratoires* Verzugszinsen *pl.*; *~ du capital, ~ échelonné* Kapital-, Staffel-zins *m*; *à ~ élevé, produisant des ~s élevés* hochverzinslich.

inter|étatique *adj.*, **~états** *adj./inv.* (~eta'tik, ~'eta) zwischenstaatlich.

interfér|ence *opt., rad.* (ɛ̃tɛrfe'rɑ̃:s) *f* Interferenz *f*, Überlagerung *f*, Durchschlagen *n*; **~er** (~'re) *v/i.* [1f] interferieren; *rad.* durchschlagen.

inter-firmes (ɛ̃tɛr'firm) *adj./inv.*: *comparaison f ~* Vergleichung *f* mehrerer Betriebe (*od.* Firmen).

interfolier (ɛ̃tɛrfɔ'lje) *v/t.* [1a]: durchschießen (*Buch*).

intérieur (ɛ̃te'rjœ:r) **I** *adj.* □ **1.** innere(r, s), innerlich, inwendig; inländisch; Innen...; *commerce m ~* Binnenhandel *m*; *mer f ~e* Binnenmeer *n*; **II** *m* **2.** *das* Innere *n*, innerer Teil *m*; Inland *n*, Binnenland *n*; *ministre m de l'*~ Minister *m* des Innern; **3.** Familienleben *n*, Daheim *n*, Häuslichkeit *f*; **4.** *fig. unser* Inneres *n*, Herz *n*; **5.** *peint.* Zimmerstück *n*, Interieur *n*; ⚠ Innenansicht *f*; *phot.* Innenaufnahme *f*; **6.** *Sport*: Innenstürmer *m*.

intérim (ɛ̃te'rim) *m* Zwischenzeit *f*, Interim *n*; Übergangszeit *f*, einstweilige Vertretung *f*; *assurer l'*~ die Vertretung übernehmen; vertreten; *par* ~ mittlerweile; vorläufig; *gouvernement m par* ~ Interimsregierung *f*; **~aire** (~'mɛ:r) **I** *adj.* □ einstweilig, vorläufig, interimistisch; **II** *su.* vorläufiger Vertreter *m*; **~at** (~'ma) *m* Zwischenzustand *m*, Provisorium *n*.

intérioriser (ɛ̃terjɔri'ze) *v/t.* [1a]: ~ *la vie* das Leben verinnerlichen.

inter|jection (ɛ̃tɛrʒɛk'sjɔ̃) *f* **1.** *gr.* Ausruf *m*, Interjektion *f*; **2.** ⚖ ~ *d'appel* Berufungseinlegung *f*; **~jeter** ⚖ (~ʒə'te) *v/t.* [1c]: ~ *appel* Berufung einlegen.

inter|ligne (ɛ̃tɛr'liɲ) **I** *m* leerer Raum *m* zwischen zwei Zeilen; Zwischenzeile *f*; **II** *f typ.* Durchschuß *m*; **~ligner** (~li'ɲe) *v/t.* [1a] *typ.* durchschießen; **~linéaire** (~line'ɛ:r) *adj.* zwischenzeilig, Interlinear...; **~linguistique** (~lɛ̃gwis'tik) *adj.*: *école f* ~ Welthilfssprachenschule *f*.

interlocu|teur (ɛ̃tɛrlɔky'tœ:r) *su.* [7f] Gesprächs-partner *m*, -teilnehmer *m*; **~tion** (~ky'sjɔ̃) *f* **1.** ✎ Zwiegespräch *n*; **2.** ⚖ Zwischenentscheid *m*; **~toire** ⚖ (~'twa:r) *adj.* prozeßvorbereitend; *arrêt m* ~ Zwischenentscheid *m*.

interlo|pe (~'lɔp) *adj.* **1.** Schmuggel...; *commerce m* ~ Schleich-, Schwarz-handel *m*; **2.** *fig.* fragwürdig, verdächtig, zweideutig; *mv.p. monde m* ~ Unter-, Halbwelt *f*; **~qué** (~lɔ'ke) *adj.* verdutzt, sprachlos (*de qch.* über etw. *acc.*); **~quer** (~) *v/t. u. v/i.* [1a] **1.** ⚖ ein Zwischenurteil erlassen; **2.** *fig.* stutzig machen, verblüffen.

inter|mède (ɛ̃tɛr'mɛd) *m* **1.** *thé.* Zwischenspiel *n*, Gesangseinlage *f*; **2.** *fig.* Intermezzo *n*, Zwischenepisode *f*; **~médiaire** (~me'djɛ:r) **I** *adj.* □ **1.** Zwischen..., Mittel..., dazwischenliegend; vermittelnd; **II** *m* **2.** Vermittlung *f*; *par l'*~ *de* durch Vermittlung von; **3.** Zwischending *n*, Mittelding *n*; **4.** Vermittler *m*; ✝ Zwischenhändler *m*.

intermi|nable (ɛ̃tɛrmi'nablə) *adj.* □ endlos; **~né** (~'ne) *adj.* unbeendigt.

intermi|ssion (ɛ̃tɛrmi'sjɔ̃) *f* Unterbrechung *f*; *sans* ~ ohne Aufhören; **~ttence** (~'tɑ̃:s) *f* Unterbrechung *f*; ⚡, ⚕ Aussetzen *n*; *par* ~(*s*) ab und zu; **~ttent** (~'tɑ̃) *adj.* [7] aussetzend; vorübergehend; periodisch unterbrochen; *fièvre f* ~*e* Wechselfieber *n*; *pouls m* ~ aussetzender Puls *m*; *géol. source f* ~*e* intermittierende Quelle *f*, Hunger-, Karst-quelle *f*.

internat (ɛ̃tɛr'na) *m* **1.** Internat *n*, Schülerheim *n*; **2.** Assistenzarztstelle *f* in Krankenhäusern.

internatio|nal (~nasjɔ'nal) *adj.* [5c] □ international, zwischenstaatlich; *commerce m* ~ Welthandel *m*; *droit m* ~ Völkerrecht *n*; **~nale** *pol.* (~) *f*: *l'*~ die Internationale *f*; die Arbeiter-Internationale *f*; **~nalisation** (~naliza'sjɔ̃) *f* Internationalisierung *f*; **~naliser** (~nali'ze) *v/t.* [1a] internationalisieren; **~nalisme** (~na'lism) *m* Internationalismus *m*; **~naliste** (~na'list) *su.* Internationalist *m*; **~nalité** (~nali'te) *f* Internationalität *f*.

inter|ne (ɛ̃'tɛrn) **I** *adj.* **1.** inner(lich); binnenländisch; *droit m* ~ innerstaatliches Recht *n*; ⚕ *lésion f* ~ innere Verletzung *f*; **II** *m* **2.** Internatsschüler *m*; **3.** Assistenzarzt *m* in Krankenhäusern; **~né** (~'ne) *adj. u. su.* interniert; Internierter *m*; **~nement** (~nə'mɑ̃) *m* Internierung *f*; **~ner** (~'ne) *v/t.* [1a] internieren, inhaftieren; in e-e Heilanstalt bringen.

interparlementaire (~parləmɑ̃'tɛ:r) *adj.* interparlamentarisch.

interpell|ateur (~pɛla'tœ:r) *su.* [7f] Interpellant *m*, Anfragender *m*; **~ation** (~pɛlɑ'sjɔ̃) *f* **1.** ⚖ Interpellation *f*, Aufforderung *f*, sich zu erklären; **2.** *parl.* Interpellation *f*, Anfrage *f*; **~er** (~'le) *v/t.* [1a] *parl.*, ⚖ interpellieren, e-e Anfrage stellen, e-e Erklärung verlangen.

interpénétration (~penetra'sjɔ̃) *f* gegenseitige Durchdringung *f*.

interphone *Auto, téléph.* (~'fɔn) *m* Gegensprechanlage *f*.

interplanétaire (~plane'tɛ:r) *adj.* interplanetarisch, Weltraum...; *ère f* ~ Raumzeitalter *n*; *espace m* ~

Weltraum *m*; *navigation f* ~ Raumschiffahrt *f*. [*adj.*/*inv.* Interpol...]
Interpol (ɛ̃tɛr'pɔl) **I** *f* Interpol *f*; **II**
interpol|ateur *gr.* (ɛ̃tɛrpɔla'tœ:r) *m* Interpolator *m*, Textverfälscher *m*; **~ation** (~la'sjɔ̃) *f* Einschaltung *f*, Interpolation *f* (*a.* ⚕), Textverfälschung *f*; **~er** *gr.* (~'le) *v/t.* [1a] unterschieben, einschalten, interpolieren.
interpos|er (ɛ̃tɛrpo'ze) [1a] **I** *v/t.* dazwischenstellen; *personne f interposée* Mittelsperson *f*; **II** *v/rfl.* s'~ dazwischentreten; *fig.* vermitteln, vermittelnd eingreifen (*in e-m Streit*); **~ition** (~zi'sjɔ̃) *f* Zwischenlage *f*; *fig.* Dazwischentreten *n*, Einschreiten *n*, Vermittlung *f*.
interpré|table (ɛ̃tɛrpre'tablə) *adj.* interpretierbar, deutbar, auslegbar; **~tariat** (~ta'rja) *m* Dolmetscherdienst *m*, -wesen *n*; **~tateur** (~ta'tœ:r) *adj. u. su.* [7f] erläuternd; Erklärer *m*; ♪ Vortragender *m*; **~tatif** (~ta'tif) *adj.* [7e] auslegend, erklärend; **~tation** (~tɑ'sjɔ̃) *f* Verdolmetschung *f*; Interpretation *f*, Auslegung *f*, Erklärung *f*; *thé.*, *cin.* Verkörperung *f*, Darstellung *f*; ♪ Vortrag *m*; ~ *libérale* freie Auslegung *f*.
inter|prète (ɛ̃tɛr'prɛt) *su.* Dolmetscher *m*; *fig.* Vermittler *m*, Fürsprecher *m*; Darsteller *m e-r Rolle*; ~ *juré* vereidigter Dolmetscher *m*; ~ *de conférences* Konferenzdolmetscher *m*; ~ *parlementaire* Verhandlungsdolmetscher *m*; ~*simultané* Simultandolmetscher *m*.
interpréter (ɛ̃tɛrpre'te) *v/t.* [1f] (ver)dolmetschen; interpretieren.
interrègne (ɛ̃tɛr'rɛɲ) *m* Zwischenregierung *f*, Interregnum *n*.
interroga|teur (~rɔga'tœ:r) [7f] **I** *adj.* fragend, prüfend; **II** *m* Fragesteller *m*; Prüfer *m*; **~tif** (~'tif) *adj.* [7e] *gr.* fragend; Frage...; **~tion** (~gɑ'sjɔ̃) *f* Frage *f*; *point m d'*~ Fragezeichen *n*; **~toire** ⚖ (~'twa:r) *m* Verhör *n*; ~ *contradictoire* Kreuzverhör *n*.
interroger (~rɔ'ʒe) [1l] *v/t.* ab-, aus-, be-fragen; verhören; prüfen; *fig.* zu Rate ziehen.
interrompre (~'rɔ̃:prə) [4a] **I** *v/t.* unterbrechen; einstellen; ⚡ ausschalten; **II** *v/rfl.* s'~ sich unterbrechen; aufhören; innehalten.
interrup|teur (~ryp'tœ:r) **I** *adj. u. su.* [7f] unterbrechend, störend; Unterbrecher *m*; Zwischenredner *m*; **II** *m* ⚡ Ausschalter *m*; *elektr.* Klingelknopf *m*; ~ *à levier*, ~ *à gradins* Hebel-, Stufen-schalter *m*; ~ *bipolaire* Doppelschalter *m*; ~ *de prise de terre* (*d'antennes*) Erdungsschalter *m*; ~ *protecteur contre les étincelles* Blitzschutzschalter *m*; **~tion** (~p'sjɔ̃) *f* Unterbrechung *f*; Zwischenruf *m*, Zwischenrede *f*, Querfrage *f*; Störung *f*; ~ *du travail* Arbeitsunterbrechung *f*, Einteilung *f* der Arbeit; Arbeitsruhe *f*; ⚡~ *du courant* Stromunterbrechung *f*.
intersection (~sɛk'sjɔ̃) *f* Schnitt *m*, Durchschneidung *f*; (Straßen-) Kreuzung *f*; *point m d'*~ Kreuzungspunkt *f*.
intersidéral *astr.* (ɛ̃tɛrside'ral) *adj.* [5c]: *l'étendue f* ~*e* der Sternenraum *m*; *l'espace m* ~ der Weltraum *m*; *l'astronautique f* ~*e* die interstellare Raumfahrt *f*.
interstation 🚋 (~stɑ'sjɔ̃) *f* Strecke *f* zwischen zwei Haltestellen.
interstellaire (~stɛ'lɛ:r) *adj.*: *les espaces m/pl.* ~*s* der Weltraum *m*.
inter|stice *bsd. anat.* (ɛ̃tɛr'stis) *m* Abstand *m*; Zwischenraum *m*; *allg.* Zwischenzeit *f*; **~stitiel** *anat.* (~sti'sjɛl) *adj.* [7c] die Zwischengewebe betreffend, interstitiell; **~tropical** *géogr.* (~trɔpi'kal) *adj.* [5c] zwischen den Wendekreisen gelegen; **~urbain** *téléph.* (~yr'bɛ̃) *adj.* [7]: zwischen Städten befindlich, Überland...; *communication f* ~*e* Fernanruf *m*, Ferngespräch *n*; (*service m*) ~ Fernverkehr *m*; *téléph.* Fernamt *n*; (*réseau m*) ~ Überlandtelegraphennetz *n*; **~valle** (~'val) *m* Zwischenraum *m*; *fig.* Abstand *m*; Zwischenzeit *f*; ♪ Intervall *n*, Tonabstand *m*; *par* ~*s* hin und wieder, mitunter, zeitweilig; von Zeit zu Zeit.
inter|venant (ɛ̃tɛrvə'nɑ̃) **I** *adj.* [7] dazwischentretend; **II** *m* **1.** ✝ Intervenient *m*, Ehrenakzeptant *m*, Honorant *m*; **2.** ⚖ Intervenient *m*; Nebenkläger *m*; **~venir** (~və'ni:r) *v/i.* [2h] dazwischentreten, einschreiten; vorstellig werden; *péj.* sich einmischen (*dans* in); ~ *pour q.* (*od. en faveur de q.*) für j-n eintreten; sich für j-n verwenden; **~vention** (~vɑ̃'sjɔ̃) *f* Vermittlung *f*; Intervention *f*, Einschreiten *n*; *péj.* Einmischung *f*; *Börse*: Stützaktion *f*; ⚕ Eingriff *m*; ✝ (*acceptation f par*) ~ Annahme *f* e-s Wechsels aus Ge-

fälligkeit; **~ventionniste** *bsd. pol.*. ⚔ (~sjɔ'nist) *m* Interventionist *m*, Befürworter *m* des Einschreitens.

interver|sion (ɛ̃tɛrvɛr'sjɔ̃) *f* Umkehrung *f*; **~tir** (~'ti:r) *v/t.* [2a] umkehren; ~ *les rôles* die Rollen vertauschen; **~tissement** (~tis'mɑ̃) *m* Umkehren *n*.

interview (ɛ̃tɛr'vju) *f* Interview *n*, Gespräch *n*; **~er¹** (~vju'[v]e) *v/t.* [1a] interviewen, befragen; **~er²** (~vju'vœ:r) *m* Interviewer *m*, Gesprächspartner *m*.

interzonal (ɛ̃tɛrzɔ'nal) *adj.* [5c] interzonal, Zwischenzonen...

intest|able ⚖ (ɛ̃tɛs'tablə) *adj.* unfähig, ein Testament zu errichten *od.* Zeuge zu sein; **~at** ⚖ (~'ta) *adj.* ohne Testament; *décéder* ~ ohne Testament sterben.

intestin (ɛ̃tɛs'tɛ̃) **I** *adj.* [7] inner (-lich); *guerre f* ~e Bürgerkrieg *m*; **II** *m* Darm *m*; *gros* ~ Dickdarm *m*; ~ *grêle* Dünndarm *m*; *les* ~s die Gedärme *pl.*; die Eingeweide *n/pl.*; **~al** (~ti'nal) *adj.* [5c] Darm...

intimation ⚖ (ɛ̃timɑ'sjɔ̃) *f* Vorladung *f*.

inti|me (ɛ̃'tim) **I** *adj.* (*adv. intimement*) intim, innerst, innig, tief; *fig.* vertraut; gemütlich, zwanglos; *conviction f* ~ feste (*od.* innerste) Überzeugung *f*, Zuversicht *f*; *Titel*: *conseiller m* ~ geheimer Rat *m*; **II** *su.* Herzens-, Busen-freund *m*, Intimus *m*; **~mé** ⚖ (~'me) *m* Berufungsbeklagter *m*, Appellat *m*; **~mer** (~) *v/t.* [1a] **1.** amtlich ankündigen; ~ *l'ordre de* ... den Befehl erteilen, zu...; **2.** ⚖ vorladen.

intimi|dable (ɛ̃timi'dablə) *adj.* einzuschüchtern; **~dation** (~dɑ'sjɔ̃) *f* Einschüchterung *f*; **~der** (~'de) *v/t.* [1a] einschüchtern.

intimité (ɛ̃timi'te) *f* Intimität *f*, Vertraulichkeit *f*, Gemütlichkeit *f*, Zwanglosigkeit *f*.

intitu|lé (ɛ̃tity'le) *m* Titel *m* (*e-s Buches od. Kapitels*), Überschrift *f*, Aufschrift *f*; **~ler** (~) *v/t.* [1a] betiteln.

intolé|rabilité (ɛ̃tɔlerabili'te) *f* Unerträglichkeit *f*; **~rable** (~'rablə) *adj.* □ unerträglich; **~rance** (~'rɑ̃:s) *f* Intoleranz *f*, Unduldsamkeit *f*; **~rant** (~'rɑ̃) *adj. u. su.* [7] unduldsam, intolerant; intoleranter Mensch *m*; **~ré** (~'re) *adj.* unerlaubt.

intonation (ɛ̃tɔnɑ'sjɔ̃) *f* **1.** Ton *m*, Betonung *f*; Intonation *f*; **2.** ♪ Tonangeben *n*, Anstimmen *n*.

intoxi|cation (ɛ̃tɔksikɑ'sjɔ̃) *f* (*bsd. pol.* Brunnen-)Vergiftung *f*; **~quer** (~'ke) *v/t.* [1m] vergiften.

intraduisible (ɛ̃tradɥi'ziblə) *adj.* unübersetzbar.

intraitable (ɛ̃trɛ'tablə) *adj.* unnachgiebig; unzugänglich; störrisch.

intramusculaire (ɛ̃tramysky'lɛ:r) *adj.* intramuskular.

intransférable ⚖, ✝ (ɛ̃trɑ̃sfe'rablə) *adj.* unübertragbar.

intransi|geance (ɛ̃trɑ̃zi'ʒɑ̃:s) *f* Unbeugsamkeit *f*, Unversöhnlichkeit *f*, Starrsinn *m*; **~geant** (~'ʒɑ̃) *adj.* [7] unbeugsam, unversöhnlich.

intransitif *gr.* (ɛ̃trɑ̃zi'tif) *adj.* [7e] □ intransitiv.

intrans|missible (ɛ̃trɑ̃smi'siblə) *adj.* unübertragbar; **~portable** (~pɔr'tablə) *adj.* nicht transportfähig.

intraveineux ⚕ (ɛ̃travɛ'nø) *adj.* [7d] intravenös.

intrépi|de (ɛ̃tre'pid) **I** *adj.* □ furchtlos, unerschrocken; kühn; **II** *su.* Unerschrockener *m*; **~dité** (~di'te) *f* Unerschrockenheit *f*, Kühnheit *f*.

intri|gailler F (ɛ̃trigɑ'je) *v/i.* dauernd intrigieren; **~gant** (ɛ̃tri'gɑ̃) *adj u. su.* [7] intrigierend, intrigant, ränke-voll; Intrigant *m*; **~gue** (ɛ̃'trig) *f* **1.** Intrige *f*, Machenschaft *f*; *esprit m d'*~ Ränkesucht *f*; **2.** *thé.* Intrige *f*, Verwickelung *f*; **3.** Liebschaft *f*, Liebeshandel *m*; **~gué** (~'ge) *adj.* neugierig; **~guer** (~) [1m] **I** *v/t.* in Verlegenheit bringen, zu denken geben; beunruhigen, neugierig machen; **II** *v/i.* Ränke schmieden, intrigieren.

intrinsèque (ɛ̃trɛ̃'sɛk) *adj.* □ inner (-lich), wesentlich; eigentlich.

introduc|teur (ɛ̃trɔdyk'tœ:r) *su.* [7f] Einführer *m*; **~tif** (~'tif) *adj.* [7e] einleitend; Einleitungs...; **~tion** (~k'sjɔ̃) *f* **1.** Einführung *f*; **2.** Einleitung *f*, Vorrede *f*; **3.** Anleitung *f*; **4.** ⊕ Zufuhr *f*.

introduire (ɛ̃trɔ'dɥi:r) [4c] **I** *v/t.* hineinführen, hineinbringen; hineinstecken; einführen, einbürgern; ⚖ ~ *une instance en révision* ein Revisionsverfahren einleiten; **II** *v/rfl.* *s'*~ eindringen, sich einschleichen; aufkommen, sich einbürgern.

intromission *phys.* (~mi'sjɔ̃) *f* Eindringen *n*.

introni|sation (~nizɑ'sjɔ̃) *f* feierliche Einsetzung *f e-s Bischofs*; **~ser** (~'ze) *v/t.* [1a] *e-n Bischof feierlich*

einsetzen; *fig.* einführen (*z.B. e-e Mode*); *fig.* s'~ sich einbürgern.
introspection *phil.* (~spɛk'sjɔ̃) *f* Introspektion *f*, Selbstbeobachtung *f*.
introuvable (ɛ̃tru'vablə) *adj.* unauffindbar.
intrus (ɛ̃'try) *adj. u. su.* [7] eingedrungen; Eindringling *m*; ungebetener Gast *m*; **~ion** (~'zjɔ̃) *f* Eindringen *n*.
intui|tif (ɛ̃tɥi'tif) *adj.* [7e] □ intuitiv; Anschauungs...; **~tion** (~'sjɔ̃) *f* **1.** Intuition *f*; **2.** Vorgefühl *n*.
intumescen|ce ⚕ (ɛ̃tymɛ'sɑ̃:s) *f* Anschwellen *n*; **~t** ⚕ (~'sɑ̃) *adj.* [7] anschwellend.
intussusception ⚕ (ɛ̃tysysɛp'sjɔ̃) *f* Ineinanderschieben *n*, Verschiebung *f*, Verschlingung *f*.
inusable (iny'zablə) *adj.* unverwüstlich.
inusité (inyzi'te) *adj.* ungebräuchlich.
inuti|le (iny'til) *adj.* □ unnütz; fruchtlos, vergeblich; **~lement** (~l'mɑ̃) *adv.* vergebens; **~lisable** (~li'zablə) *adj.* unbrauchbar; **~liser** † (~li'ze) *v/t.* [1a] unbrauchbar machen; **~lité** (~li'te) *f* **1.** Nutzlosigkeit *f*, Zwecklosigkeit *f*; **2.** ~**s** *pl.* Überflüssiges *n*.
invagin|ation ⚕ (ɛ̃vaʒina'sjɔ̃) *f* Einstülpung *f*; **~é** ⚕ (~'ne) *adj.* eingestülpt.
invaincu (ɛ̃vɛ̃'ky) *adj.* unbesiegt.
invali|dation ⚖ (ɛ̃validɑ'sjɔ̃) *f* Ungültigkeitserklärung *f*; **~de** (~'lid) **I** *adj.* □ **1.** gebrechlich, arbeitsunfähig; ⚔ dienstuntauglich; **2.** ⚖ ungültig; **II** *su.* Invalide *m*; **~der** ⚖ (~'de) *v/t.* [1a] für ungültig erklären; Testament umstoßen; **~dité** (~di'te) *f* Gebrechlichkeit *f*, Invalidität *f*, Untauglichkeit *f*, Erwerbsunfähigkeit *f*.
invar (ɛ̃'va:r) *m* Invar *n* (*Legierung aus Stahl u. Nickel*).
invaria|bilité (ɛ̃varjabili'te) *f* Unveränderlichkeit *f*; *a.* ⊕ Beständigkeit *f*; **~ble** (~'jablə) *adj.*, *a. gr.* unveränderlich; **~blement** (~blə'mɑ̃) *adv.* stets, immer.
invasion (ɛ̃vɑ'zjɔ̃) *f* ⚔ Invasion *f*, Überfall *m*, Einfall *m*; *fig.* plötzliches Auftreten *n od.* Eindringen *n*; ⚕ plötzliches Auftreten *n e-r Krankheit*, Ausbruch *m*.
invec|tif (ɛ̃vɛk'tif) *adj.* [7e] Schmäh-...; **~tive** (~'ti:v) *f* Schimpfrede *f*, Schmähung *f*; ~**s** *pl.* Schmähreden *f/pl.*, heftige Ausfälle *m/pl.*; **~tiver** (~ti've) *v/i.* [1a]: ~ *contre q.* j-m gegenüber ausfallend werden.
invendable (ɛ̃vɑ̃'dablə) *adj.* unverkäuflich.
inventaire (ɛ̃vɑ̃'tɛ:r) *m* **1.** Inventar *n*; *dresser l'*~ den Bestand aufnehmen, Inventur machen; ⚖ ~ *de la succession* Nachlaßverzeichnis *n*; **2.** † Inventur *f*, Bestandaufnahme *f*; *faire son* ~ Inventur machen.
inven|ter (ɛ̃vɑ̃'te) *v/t.* [1a] erfinden, ersinnen; erdichten; **~teur** (~'tœ:r) *su.* [7f] Erfinder *m*; ⚖ Finder *m*; **~tif** (~'tif) *adj.* [7e] erfinderisch; **~tion** (~'sjɔ̃) *f* Erfindung *f*; Erdichtung *f*; *brevet m d'*~ Erfindungspatent *n*; *office m des brevets d'*~ Patentamt *n*; *fertile en* ~**s** erfinderisch.
inventorier (~tɔ'rje) *v/t.* [1a] inventarisieren.
invérifiable (ɛ̃veri'fjablə) *adj.* nicht festzustellen.
inver|sable (ɛ̃vɛr'sablə) *adj.* nicht umwerfbar; **~se** (~'vɛrs) **I** *adj.* umgekehrt, entgegengesetzt; *en sens* ~ in umgekehrter (*od.* entgegengesetzter) Richtung; **II** *m* umgekehrtes Verhältnis *n*, Gegenteil *n*, Gegensatz *m*; *à l'*~ *de* im Gegensatz zu; **~sement** (~sə'mɑ̃) *adv.* umgekehrt, andererseits; **~ser** (~'se) *v/t.* [1a] **1.** ⚡ umschalten; ~ *la polarité* umpolen; **2.** *opt.* umkehren (*Bild*); **~seur** ⚡ (~'sœ:r) *m* Stromwender *m*; ~ *du courant* Umpoler *m*; **~seur-code** *Auto* (ɛ̃vɛr'sœ:r 'kɔd) *m* [6a] Abblendschalter *m*; **~sible** (~'siblə) *adj.* umkehrbar; ⚡ umschaltbar; **~sion** (~'sjɔ̃) *f* Umkehrung *f*; *gr.* Inversion *f*, umgekehrte Wortfolge *f*; ⚡ Stromwendung *f*; Umschaltung *f*; *dispositif m d'*~ Umschaltvorrichtung *f*; ⚕ ~ *sexuelle* Homosexualität *f*.
invertébré (ɛ̃vɛrte'bre) *adj.* wirbellos. *m/pl.*
invert|i (ɛ̃vɛr'ti) **I** *adj.* umgekehrt, verkehrt; homosexuell; **II** *m* Homosexueller *m*; **~ir** (~'ti:r) *v/t.* [2a] umkehren.
investiga|teur (ɛ̃vɛstiga'tœ:r) *adj. u. su.* [7f] forschend; Forscher *m*; **~tion** (~gɑ'sjɔ̃) *f* (wissenschaftliche) Forschung *f*; ⚖ Ermittlung *f*, Nachforschung *f*.
inves|tir (ɛ̃vɛs'ti:r) [2a] *v/t.* **1.** *féod.* belehnen; *allg.* ~ *q. d'une dignité* j-n mit e-r Würde auszeichnen; *fig.* ~ *q. de sa confiance* j-m sein volles Ver-

trauen schenken; 2. ⚔ einschließen; 3. Gelder investieren, anlegen; **~tissement** (~tis'mɑ̃) *m* Belagerung *f*, Einschließung *f*; *fin.* Investierung *f*, Kapitalsanlage *f*; **~titure** (~ti'ty:r) *f hist.* Investitur *f*, Belehnung *f*, Einsetzung *f*; *pol.* Amtsantritt *m*; *Fr.* Vertrauensvotum *n*.

invété|ré (ɛ̃vete're) *adj.* alt, eingewurzelt; *fig.* eingefleischt, unverbesserlich; *scélérat m* ~ Gewohnheitsverbrecher *m*; **~rer** (~) *v/rfl.* [1f]: *s'~ fig.* einreißen (*v/i.*: *Unsitte*); sich festsetzen (*Leiden*).

invinci|bilité (ɛ̃vɛ̃sibili'te) *f* Unbesiegbarkeit *f*; **~ble** (~'siblə) *adj.* unbesiegbar, unüberwindlich; unwiderlegbar.

inviola|bilité (ɛ̃vjɔlabili'te) *f* Unverletzbarkeit *f*; Unantastbarkeit *f*; Unverbrüchlichkeit *f*; **~ble** (~'lablə) *adj.* □ unverletzlich, unantastbar; unverbrüchlich.

invisi|bilité (ɛ̃vizibili'te) *f* Unsichtbarkeit *f*; **~ble** (~'ziblə) *adj.* □ unsichtbar.

invi|tation (ɛ̃vitɑ'sjɔ̃) *f* Einladung *f*; Aufforderung *f*, Veranlassung *f*; **~te** (ɛ̃'vit) *f* (stille) Ermunterung *f*; **~té** (~'te) *su.* Gast *m*; **~ter** (~) *v/t.* [1a] einladen; auffordern (*à* zu).

invocation (ɛ̃vɔkɑ'sjɔ̃) *f* Anrufung *f*.

involontaire (ɛ̃vɔlɔ̃'tɛ:r) *adj.* □ unbewußt, unfreiwillig, unwillkürlich.

involu|cre ⚘ (ɛ̃vɔ'lykrə) *m* Hülle *f*; **~tion** (~ly'sjɔ̃) *f* Verwicklung *f*, Verwirrung *f*; Einrollung *f*.

invoquer (ɛ̃vɔ'ke) *v/t.* [1m] anrufen; *fig.* ~ *qch.* etw. geltend machen, sich auf etw. (*acc.*) berufen, etw. vorschützen; ~ *un bénéfice* en Anspruch geltend machen; *invoqué* angegeben.

invraisem|blable (ɛ̃vrɛsɑ̃'blablə) *adj.* □ unwahrscheinlich; **~blance** (~'blɑ̃:s) *f* Unwahrscheinlichkeit *f*.

invulnérab|ilité (ɛ̃vylnerabili'te) *f* Unverwundbarkeit *f*; **~le** (~'rablə) *adj.* unverwundbar, unverletzbar.

iod|e ⚗ (jɔd) *m* Jod *n*; **~é** ⚗, **~ique** (jɔ'de, jɔ'dik) *adj.* jodhaltig; Jod...; **~isme** (~'dism) *m* Jodvergiftung *f*; **~oforme** (~dɔ'fɔrm) *m* Jodoform *n*.

ion *phys.* (jɔ̃) *m* Ion *n*.

ionien (jɔ'njɛ̃) *adj.* [7c] ionisch (*Städte, Dialekt, Philosophie*).

ionique (jɔ'nik) *adj.* 1. ⚠ ionisch; 2. *phys.* Ionen...

ionis|ation *phys.* (jɔnizɑ'sjɔ̃) *f* Ionisierung *f*; **~er** *phys.* (~'ze) *v/t.* [1a] ionisieren.

iota (jɔ'ta) *m* Jota *n*; *fig. pas un* ~ nicht ein I-Punkt, überhaupt nichts.

ioul|er (ju'le) *v/i.* [1a] jodeln; **~eur** (~'lœ:r) *m* Jodler *m*.

Irak *géogr.* (i'rak) *m*: **l'~** der Irak *m*; **~ien** (~'kjɛ̃) *su. u.* ♀ *adj.* [7c] Iraker(in *f*) *m*; irakisch.

Iran *géogr.* (i'rɑ̃) *m*: **l'~** der Iran *m*; **~ien** (~ra'njɛ̃) *su. u.* ♀ *adj.* [7c] Iranier(in *f*) *m*; iranisch.

irascib|ilité (irasibili'te) *m* Jähzorn *m*; **~le** (~'siblə) *adj.* jähzornig.

ire † (i:r) *f* Zorn *m*; *noch in*: *faire tomber son* ~ *sur q.* s-n Groll an j-m auslassen.

iridescent (iridɛ'sɑ̃) *adj.* [7] regenbogenfarbig.

iris (i'ris) *m* 1. *anat.* Regenbogenhaut *f*; 2. ⚘ Schwertlilie *f*; 3. *phot.* (*diaphragme m* [*à*]) ~ Irisblende *f*; **~ation** (~zɑ'sjɔ̃) *f* Irisfarbe *f*, Regenbogenfarbe *f*; Schillern *n* in den Regenbogenfarben; **~é** (~'ze) *adj.* regenbogenfarbig; schillernd; *couleur f* ~*e* Regenbogenfarbe *f*; **~er** (~) [1a] I *v/t.* schillern lassen; II *v/rfl.* *s'~* schillern.

irland|ais (irlɑ̃'dɛ) *adj.* [7] *u.* ♀ *su.* irisch; Irländer *m*; ♀**e** (~'lɑ̃:d) *f*: **l'♀** Irland *n*.

iron|ie (irɔ'ni) *f* Ironie *f*, Spott *m*; **~ique** (~'nik) *adj.* □ ironisch; **~iser** (~ni'ze) *v/i.* [1a] e-n ironischen Ton annehmen, ironisch werden; **~iste** (~'nist) *m* Ironiker *m*.

iroquois (irɔ'kwa) I *adj.* [7] *u.* ♀ *su.* irokesisch; F *fig.* seltsam, wunderlich; Irokese *m* (*Indianerstamm*); II *m* F komischer (*od.* dummer) Kerl *m*.

irrachetable (irraʃ'tablə) *adj.* □ nicht rückkaufbar; *fin.* unablöslich, untilgbar.

irracontable (irrakɔ̃'tablə) *adj.* unerzählbar.

irradi|ation (~djɑ'sjɔ̃) *f* Ausstrahlung *f*; *physiol.* Aufnahmefähigkeit *f* von Strahlen; **~er** (~'dje) *v/i.* [1a] ausstrahlen.

irraisonn|able (irrɛzɔ'nablə) *adj.* □ unvernünftig; **~é** (~'ne) *adj.* unüberlegt.

irrassasiable (irrasa'zjablə) *adj.* unersättlich.

irrationnel (~sjɔ'nɛl) *adj.* [7c] □ 1. *phil.* irrational, vernunft-widrig, -los; 2. irrational, unmeßbar.

irréal|isable (irreali'zablə) *adj.* unausführbar, nicht zu verwirklichen; **~iste** (~'list) *adj.* unrealistisch.

irrecevab|ilité (irrəs[ə]vabili'te) *f* Unannehmbarkeit *f*; Unzulässigkeit *f*; **~le** (~'vablə) *adj.* unannehmbar; unzulässig.
irré|conciliable (irrekõsi'ljablə) *adj.* □ unversöhnlich; **~couvrable** (~ku'vrablə) *adj.* nicht beitreibbar, nicht wiederzubekommen; **~cusable** (~ky'zablə) *adj.* □ einwandfrei; **~dentiste** (~dɑ̃'tist) *adj. u. su.* irredentistisch; Irredentist *m*; **~ductible** (~dyk'tiblə) *adj.* nicht zu verringern, *a.* ⚒ *u.* ⚗ unreduzierbar; *chir.* nicht reponierbar, nicht wiedereinrenkbar; *fig.* eigensinnig, unerbittlich, trotzig; unverdrossen.
irréel (irre'ɛl) *adj.* [7c] *a. gr.* irreal, unwirklich; *gr. proposition f conditionnelle* **~le** irrealer Konditionalsatz *m*.
irréfléchi (irrefle'ʃi) *adj.* unüberlegt.
irréflexion (irreflɛk'sjõ) *f* Unüberlegtheit *f*, Unbesonnenheit *f*.
irré|formable ⚖ (~fɔr'mablə) *adj.* unabänderlich; **~fragable** (~fra'gablə) *adj.* □; **~futable** (~fy'tablə) *adj.* unleugbar, unumstößlich, unwiderlegbar; **~futé** (~fy'te) *adj.* unwiderlegt.
irrégu|larité (irregylari'te) *f* Unregelmäßigkeit *f*; Ungleichmäßigkeit *f*; Regelwidrigkeit *f*; **~lier** (~'lje) **I** *adj.* [7b] □ unregelmäßig, ungleich; regelwidrig, unerlaubt (*Sport*); ungehörig; absonderlich; **II** *~s m/pl.* ⚔ irreguläre Truppen *f/pl.*, Freischärler *m/pl.*
irréli|gieux (irreli'ʒjø) *adj.* [7d] □ irreligiös, ungläubig, gottlos; **~gion** (~'ʒjõ) *f* Gottlosigkeit *f*, Unglaube *m*; **~giosité** (~ʒjozi'te) *f* unreligiöse Lebenshaltung *f* (*od.* Einstellung *f*).
irrémédiable (irreme'djablə) *adj.* □ unheilbar; *fig.* nicht wieder gutzumachen(d), unabänderlich, unwiderruflich; *Verlust*: unersetzlich; **~ment** (~blə'mɑ̃) *adv.* unersetzlich.
irrémissible (~mi'siblə) *adj.* □ unverzeihlich; unerläßlich.
irremplaçable (irrɑ̃pla'sablə) *adj.* unersetzbar, unersetzlich.
irréparable (~repa'rablə) *adj.* □ unersetzlich, nicht wieder gutzumachen.
irrépréhensible (irrepreɑ̃'siblə) *adj.* □ untadelhaft.
irréprochable (~prɔ'ʃablə) *adj.* □ tadellos, einwandfrei; ⚖ *témoin m* ~ unbescholtener Zeuge *m*.
irrésistible (~zis'tiblə) *adj.* □ unwiderstehlich.
irrésolu (irrezɔ'ly) *adj.* (*adv.* ~*ment*) **1.** unentschlossen; **2.** ungelöst, zweifelhaft; **~tion** (~ly'sjõ) *f* Unentschlossenheit *f*, Unschlüssigkeit *f*.
irrespectueux (irrɛspɛk'tɥø) *adj.* [7d] acht-, respekt-los.
irrespirable (irrɛspi'rablə) *adj.*: *de l'air* ~ stickige Luft *f*.
irresponsa|bilité (~põsabili'te) *f* Unverantwortlichkeit *f*, Unzurechnungsfähigkeit *f*; **~ble** (~'sablə) *adj.* □ unverantwortlich, unzurechnungsfähig.
irrétractable (irretrak'tablə) *adj.* unwiderruflich.
irrétrécissable (~tresi'sablə) *adj.* nicht eingehend, nicht einlaufend (*Stoff, Wolle*).
irrévé|rence (~reve'rɑ̃:s) *f* Unerbietigkeit *f*; **~rencieux** (~rɑ̃'sjø) *adj.* [7d] *u.* **~rent** (~'rɑ̃) *adj.* [7] (*adv. irrévéremment*) unehrerbietig.
irréversible (irrevɛr'siblə) *adj.* **1.** *phys.*, ⚗ irreversibel, nicht rückgängig zu machen; **2.** *fig.* unabwendbar, unaufhaltbar.
irrévoca|bilité (irrevɔkabili'te) *f* Unwiderruflichkeit *f*; **~ble** (~'kablə) *adj.* □ unwiderruflich.
irri|gable (irri'gablə) *adj.* bewässerbar; **~gateur** (~ga'tœ:r) *m* ⚕ Irrigator *m*, Klistiergerät *n*; ⚘ Gartenspritze *f*; **~gation** (~gɑ'sjõ) *f* **1.** ⚘ Bewässerung *f*; *champs m/pl. d'*~ Rieselfelder *n/pl.*; **2.** ⚕ Bespülung *f*, Einlauf *m*, Klistier *n*; **~guer** (~'ge) *v/t.* [1m] bewässern, berieseln.
irrita|bilité (irritabili'te) *f* Reizbarkeit *f*; **~ble** (~'tablə) *adj.* reizbar, kribbelig F; ⚕ empfindlich.
irritant (~'tɑ̃) **I** *adj.* [7] erregend; *fig.* ärgerlich; **II** *m* Reizmittel *n*.
irri|tation (irritɑ'sjõ) *f a.* ⚕ Reizung *f*; Reiz *m*; Gereiztheit *f*; ⚕ Entzündung *f*; **~ter** (~'te) [1a] **I** *v/t.*: ~ *q.* j-n (auf)reizen, aufregen, erzürnen; *être irrité* böse sein; **II** *v/rfl. s'*~ *de* erzürnt werden über (*acc.*); heftiger werden (*Schmerz*); unruhig werden (*Meer*).
irroration (irrɔrɑ'sjõ) *f* Besprengen *n*.
irruption (irryp'sjõ) *f* (feindlicher) Einfall *m*; Einbruch *m*; ~ *des eaux* Durchbruch *m* des Wassers; *allg. faire* ~ *dans une chambre* in ein Zimmer hineingestürzt kommen.
isard *zo.* (i'za:r) *m* Gemse *f*.

ischi|algie ⚕ (iskjal'ʒi) *f* Ischias *f*, Hüftweh *n*; **~on** *anat.* (~'kjõ) *m* Sitzbein *n*.
islam *rl.* (is'lam) *m* Islam *m*.
Islande *géogr.* (is'lɑ̃:d) *f*: **l'~** Island *n*.
isobare (izɔ'ba:r) *f* Isobare *f*.
isocèle ⚹ (izɔ'sɛl) *adj.* gleichschenklig.
iso|chromatique (~krɔma'tik) *adj.* gleichfarbig; **~chrone, ~chronique** ⏱ (~'krɔn, ~krɔ'nik) *adj.* gleichzeitig; gleich lange dauernd.
iso|lable ⚡ (izɔ'lablə) *adj.* isolierbar; **~lant** (~'lɑ̃) **I** *adj.* [7] isolierend; Elektrizität nicht leitend; ⚡ *matière f* ~e Isolierstoff *m*; *tabouret m* ~ Isolierschemel *m*; **II** *m* Isolierstoff *m*, Isolator *m*, Nichtleiter *m*; ~ *de soutien* Stützisolator *m*; ~ *à cloche* Isolierglocke *f*; ~ *en forme d'œuf* Isolierei *n*; **~lation** (~lɑ'sjõ) *f* **1.** ⚡, *a.* ⊕ Isolierung *f*; △ ~ *acoustique*, ~ *phonique* Schall-schutz *m*, -dämpfung *f*; ~ *thermique* Wärmeschutz *m*; **2.** ⚗ Abscheidung *f*, Absondern *n*; **~lationnisme** *pol.* (~lasjɔ'nism) *m* Isolationismus *m*, Isolationspolitik *f*; **~lationniste** (~lasjɔ'nist) *m u. adj.* Isolationist *m*; isolationistisch.
iso|lé (izɔ'le) **I** *adj.* (*adv. isolément*) abgesondert, freistehend; *fig.* allein, zurückgezogen, einsam; isoliert; **II** ⚔ *m* Versprengter *m*; **~lement** (izɔl'mɑ̃) *m* **1.** *a.* ⚕, ⚡ Isolierung *f*; Absonderung *f*; ~ *acoustique*, ~ *phonique* Schalldämpfung *f*, Schallschutz *m*; ~ *thermique* Wärmeschutz *m*; **2.** Isoliertheit *f*, Alleinsein *n*, Einsamkeit *f*.
iso|ler (izɔ'le) [1a] **I** *v/t.* absondern, isolieren; *fig.* allein lassen; ⚡ isolieren; **II** *v/rfl.* *s'~* sich absondern, sich zurückziehen; verschwinden F; **~loir** (~'lwa:r) *m* **1.** ⚡, *phys.* Isolator *m*; Isolierschemel *m*; **2.** Wahlzelle *f*; **~therme** (~'tɛrm) *adj.* isothermisch; *ligne f* ~ Isotherme *f*; *wagon m* ~ Kühlwagen *m*; **~tope** (~'tɔp) *m* Isotop *n* (*Atomart*).
Israël *géogr.* (isra'ɛl) *m ohne art.* Israel *n*.
Israélien *géogr., pol.* (israe'ljɛ̃) *su. u.* ♀ *adj.* [7c] Israeli *m*; israelisch.
Israélite *hist.* (israe'lit) **I** *m* Israelit *m*; **II** ♀ *hist. adj.* israelitisch.
issu (i'sy) *adj.* abstammend; entsprossen.
issue (~) *f* **1.** Ausgang *m*; Aus-, Ab-fluß *m*; *fig.* Ende *n*; Ergebnis *n*, Erfolg *m*; *advt. à l'~ de* beim Schluß (*gén.*), unmittelbar nach (*dat.*); *voie f* (*rue f*) *sans* ~ Sackgasse *f*; **2.** *fig.* Ausweg *m*; *sans* ~ aussichtslos; **3.** *~s pl.* Abfälle *m/pl.*; *~s de blé* Kleie *f/sg.*
isthm|e (ism) *m* **1.** Landenge *f*, Isthmus *m*; **2.** *anat.* schmalste Stelle einiger Organe; **~ique** *antiq.* (~'mik) *adj.* isthmisch.
italianiser (italjani'ze) *v/t.* [1a] italienisieren.
Italie *géogr.* (ita'li) *f*: **l'~** Italien *n*.
ita|lien (ita'ljɛ̃) *adj. u.* ♀ *su.* [7c] italienisch; Italiener *m*; **~lique** (~'lik) **I** *adj. hist.* italisch; **II** *adj. u. m typ.* Kursiv...; Schräg-, Kursiv-buchstabe *m*; *en ~s* in Kursiv-, Schrägdruck; **~lo-yougoslave** (~lɔjugɔ'sla:v) *adj.* italienisch-jugoslavisch.
item (i'tɛm) *adv.* desgleichen.
itéra|tif (itera'tif) *adj.* [7e] □ wiederholt, nochmalig; *gr.* iterativ; **~tion** (~rɑ'sjõ) *f* Wiederholung *f*.
itinér|aire (itine'rɛ:r) **I** *adj.* **1.** Weg-...; *mesures f/pl.* ~s Wegmaße *n/pl.*; **II** *m* **2.** Reiseplan *m*; Marschroute *f*; 🚃, *tram.*: Fahrweg *m*, Fahrstraße *f*, Fahrordnung *f*; Flugstrecke *f*; *livret m à ~ fixe* Rundreiseheft *n*; **3.** Reisehandbuch *n*; Reisebeschreibung *f*; **~ant** (~'rɑ̃) *adj.* [7] wandernd; *exposition f* ~e Wanderausstellung *f*.
itou P (i'tu) *adv.* auch, gleichfalls.
iule (jyl) *m* **1.** ⚘ Kätzchen *n*; **2.** *ent.* Tausendfuß *m*.
ive(tte) ⚘ (i:v, i'vɛt) *f* Gamander *m*.
ivoi|re (i'vwa:r) *m* Elfenbein *n*; *d'~*, *en* ~ elfenbeinern; *fig.* blendend weiß; **~rerie** (ivwar'ri) *f* ⊕ Elfenbeinindustrie *f*, -arbeit *f*; **~rier** (~'rje) *m* Elfenbein-arbeiter *m*, -händler *m*; **~rin** (~'rɛ̃) *adj.* [7] elfenbeinartig.
ivorine (ivɔ'rin) *f* künstliches Elfenbein *n*.
ivraie ⚘ (i'vrɛ) *f* Lolch *m*; *fig.* Spreu *f*, Unkraut *n*.
ivre ('i:vrə) *adj.* betrunken; *fig.* berauscht, trunken; **~sse** (i'vrɛs) *f* Trunkenheit *f*; Rausch *m*; *fig.* Freudenrausch *m*, Begeisterung *f*.
ivrog|ne *m*, **~nesse** *f* (i'vrɔɲ, ~'ɲɛs) **I** *adj.* trunksüchtig; **II** *su.* Säufer *m*, Trunkenbold *m*; *f*: Säuferin *f*; **~nerie** (~ɲ'ri) *f* Trunksucht *f*.
ixia, *a.* **ixie** ⚘ (ik'sja, ~k'si) *f* Schwertlilie *f*.

J

J, j (ʒi) *m* J, j *n.*

J 3 (ʒi'trwa) *m*: *un J 3* ein Teenager *m* (*Junge od. Mädchen*); Jugendliche(r *m*) *f*; *les J 3* die Teenager *m/pl.*

jabl|e ('ʒɑ:blə) *m* Falz *m*, Kimme *f*, Gargel *f* (*Böttcherei*); **~er** (ʒɑ'ble) *v/t.* [1a] falzen, gargeln; **~oire** (~'blwa:r) *f* Gargelmesser *n.*

jabot (ʒa'bo) *m* **1.** Kropf *m* (*der Vögel*); **2.** Brustkrause *f*; **3.** P Magen *m*; **~age** (~bɔ'ta:ʒ) *m* Geplapper *n*; **~er** (~bɔ'te) *v/i.* [1a] plappern, schwatzen.

jacas|se (ʒa'kas) *f* **1.** P Elster *f*; **2.** ↖ *fig.* Klatschbase *f*; **~ser** (~'se) *v/i.* [1a] schreien (*Elster*); *fig.* plappern, tratschen F; **~serie** (~s'ri) *f* Geplapper *n*, Geschwätz *n.*

jacent ⚖ (ʒa'sɑ̃) *adj.* [7] herrenlos.

jach|ère ⸸ (ʒa'ʃɛ:r) *f* Brache *f*; **~érer** ⸸ (~ʃe're) *v/t.* [1f] Brachland umpflügen.

jacinthe (ʒa'sɛ̃:t) *f* **1.** ❀ Hyazinthe *f*; **2.** *min.* Hyazinth *m* (*Art Rubin*).

jack ⚡ (ʒak) *m* Schaltklinke *f*; ~ *d'interconnexion* Vorschaltklinke *f.*

jacobin (ʒakɔ'bɛ̃) [7] *su. u. adj. Fr. hist.* Jakobiner *m*; *allg.* Fortschrittler *m*; jakobinisch.

jacon|as, ~nat ✝ (ʒakɔ'nɑ, ~'na) *m* Jakonett *m* (*Baumwollstoff*).

jacquard ⊕ (ʒa'ka:r) *m* Jacquardwebstuhl *m*, -gewebe *n.*

jacquerie (ʒa'kri) *f hist. Fr.* Bauernaufstand *m*; *allg.* (örtlich begrenzter) Aufstand *m.*

Jacques (ʒak) *m* Jakob *m*; ♀ P Dummkopf *m*; P *faire le* ~ sich dumm (an)stellen.

jacquet (ʒa'kɛ) *m* **1.** Tricktrack *n* (*Spiel*); **2.** P Eichhörnchen *n.*

jacquot, *a.* **jacot** *orn.* (ʒa'ko) *m* Graupapagei *m.*

jactance (ʒak'tɑ̃:s) *f* Großsprecherei *f*, Angabe *f* F.

jacter P (ʒak'te) *v/t.* [1a] quasseln.

jaculatoire *rl.* (ʒakyla'twa:r) *adj.*: *oraison f* ~ Stoßgebet *n.*

jade *min.* (ʒad) *m* Nephrit *m.*

jadis (ʒa'dis) *adv.* früher, einstmals; *au temps* ~ in früheren Zeiten.

jaguar *zo.* (ʒa'gwa:r) *m* Jaguar *m.*

jail|lir (ʒa'ji:r) *v/i.* [2a] hervorsprudeln, heraus-strömen, -spritzen; *fig.* hervorbrechen; sprühen; *fontaine f jaillissante* Springbrunnen *m*; **~lissement** (~jis'mɑ̃) *m* Sprudeln *n.*

jais *min.* (ʒɛ) *m* Gagat *m*, Pechkohle *f*; ~ *artificiel* Jett *m od. n*; *noir comme du* ~ kohlrabenschwarz.

jale (ʒal) *f* großer Kübel *m.*

jalon (ʒa'lɔ̃) *m* Absteckstange *f*; ⚔ Meßfahne *f*; *fig.* Merkzeichen *n*; **~s** *pl. pour* ... Richtlinien *f/pl.* für ...; **~ner** (~lɔ'ne) *v/t.* [1a] abstecken, ausfluchten; markieren; *fig.* a) ~ *la route* die vorbereitenden Grundlagen (*für ein wissenschaftliches System*) schaffen; b) kennzeichnen, begleiten; *les difficultés qui jalonnent la vie administrative* die Schwierigkeiten, die das Verwaltungsleben kennzeichnen.

jalou|ser (ʒalu'ze) *v/t.* [1a]: *~ q.* j-n beneiden, auf j-n eifersüchtig sein; **~sie** (~'zi) *f* **1.** Eifersucht *f*; **2.** Mißgunst *f*, Neid *m*; *~ de métier* Brotneid *m*; **3.** verstellbare Jalousie *f* am Fenster; **~x** (ʒa'lu) [7d] **I** *adj.* □ **1.** eifersüchtig (*de* auf *acc.*); **2.** mißgünstig; neidisch (*de* auf *acc.*); *~ de son autorité* befehlshaberisch; *il est ~ de sa gloire* er ist sehr auf s-n Ruhm bedacht; **II** Eifersüchtiger *m*; *faire des ~* Neid erregen.

jamais (ʒa'mɛ) **I** *adv.* **1.** je(mals); *plus que ~* mehr denn je; *à (tout) ~, pour ~* für immer, für alle Zeiten; *si vous venez ~ me voir* wenn Sie mich je besuchen sollten; **2.** *mit der Negation*: **ne ... ~** nie(mals); a) *im allg.*: *je ne l'ai ~ vu* ich habe ihn nie gesehen; *vor inf.*: *ne ~ l'empêcher de...* ihn niemals hindern zu...; b) *wenn betont, ist nur folgende Stellung möglich*: *~ je ne l'ai vu* ich habe ihn n i e gesehen; c) *on n'a ~ rien vu de pareil* man hat nie so (et)was gesehen; *ne ... ~ plus* nie mehr; *plus que je n'ai (od. j'ai) ~ espéré* mehr als ich je gehofft habe (*in diesem Vergleichssatz stellt die Negation ein* ne *„explétif", ein pleonastisches od. überflüssiges* ne *dar*; *es kann auch wegbleiben*; *vgl.* craindre; *es erklärt sich aus der Verschmelzung mit dem in e-m Hauptsatz ausgedrückten Gedanken*: *je ne l'ai ~ espéré* ich habe es nie gehofft); **3.** *ell.* (*ohne* ne): nie(mals); *il était toujours content, mais ~ gai* er war immer zufrieden, aber nie lustig; *~ de la vie!* nie im Leben!, i bewahre! F; *~ plus!* nie mehr!; *prov. mieux vaut tard que ~* besser spät als nie; **4.** *ne ~ que ...* immer nur; *la fortune ne s'acquiert ~ que par le travail et l'intelligence* Vermögen erwirbt man immer nur durch Arbeit und Intelligenz; **II** F *m au grand ~* nie und nimmer!

jambage (ʒɑ̃'ba:ʒ) *m* **1.** △ Grundmauer *f*, Sockel *m*; **2.** Tür-, Fenster-pfosten *m*; **3.** Grundstrich *m* der Buchstaben.

jambe (ʒɑ̃:b) *f* **1.** Bein *n*, Unterschenkel *m*; *ch.* Lauf *m*; *~ de bois* Stelzfuß *m*; *courir à toutes ~s, prendre ses ~s à son cou, jouer des ~s* die Beine in die Hand nehmen, Hals über Kopf davonrennen, aus Leibeskräften losrennen; *passer la ~ à q.* j-m ein Bein stellen; *les enfants étaient constamment dans ses ~s* die Kinder kamen ihm (ihr) dauernd in die Quere; s. *a. par-dessous* I; F *par-dessus la ~* im Schlafe, spielend; leichtfertig, oberflächlich; *faire qch. par-dessus la ~* etw. spielend (*bzw.* oberflächlich) machen; *tirer od. traîner la ~* sich nur noch mit Mühe weiterschleppen; *traiter q. par-dessus la ~* j-n von oben herab behandeln; F *ça me fait une belle ~!* das läßt mich kalt!; * *la ~!* das ist ja zum Auswachsen! (*od.* Davonlaufen!); **2.** ⊕ Schenkel *m e-s Zirkels*; **3.** △ Pfeiler *m*, Seitengewände *n*; *~ de force* Strebepfeiler *m*; ⊕ Strebe *f*.

jam|bé F (ʒɑ̃'be) *adj.* ...beinig; F *être bien ~e* hübsche Beine haben; **~bette** (~'bɛt) **1.** Beinchen *n*; **2.** Taschenmesserchen *n*; **3.** △ Drempel *m*, kleine (Dachstuhl-) Strebe *f*; **~bier** *anat.* (ʒɑ̃'bje) **I** *adj.* [7b] Bein...; **II** *m* Beinmuskel *m*; **~bière** (~'bjɛ:r) *f* **1.** (Wickel-) Gamasche *f*; **2.** *Kricket, Hockey, hist.*: Beinschiene *f*; **~bon** (~'bɔ̃) *m* Schinken *m*; *~ saumoné* Lachsschinken *m*; **~bonneau** (~bɔ'no) *m* [5b] Eisbein *n* (*Schwein*); P Mandoline *f*; Gitarre *f*; * Hinterbacken *f/pl.* V; **~bonner** P (~bɔ'ne) *v/t.* [1a] langweilen; auf die Nerven fallen (*dat.*).

jamboree (ʒɑ̃bɔ're) *m* Scout-, Pfadfinder-treffen *n*.

janséniste *rl.* (~se'nist) *adj. u. su.* jansenistisch; Jansenist *m*.

jant|e (ʒɑ̃:t) *f* (Rad-)Felge *f*; **~ille** (ʒɑ̃'tij) *f* Schaufel *f am Wasserrad.*

janvier (ʒɑ̃'vje) *m* Januar *m*.

Japon (ʒa'pɔ̃) *m* **1. le ~** Japan *n*; **2.** ♀ japanisches Porzellan *n*.

japonais (ʒapɔ'nɛ) *adj. u.* ♀ *su.* [7] japanisch; Japaner *m*.

jap|pement (ʒap'mɑ̃) *m* Gekläffe *n*; **~per** (ʒa'pe) *v/i.* [1a] kläffen; **~peur** (~'pœ:r) *su.* [7g] Kläffer *m*.

jaquemart (ʒak'ma:r) *m* Figur *f* e-s Stundenschlägers (*Turmuhr*).

jaquette (ʒa'kɛt) *f* **1.** Cut(away *m*) *m*; **2.** Kostümjacke *f*; **3.** *fig.* Bucheinschlag *m* (*zur Schonung*).

jardin (ʒar'dɛ̃) *m* Garten *m*; *fig.* fruchtbares Land *n*; *~ d'enfants* Kindergarten *m*; Kindertagesstätte *f*; *~ fleuriste* Blumengarten *m*; *~*

fruitier Obstgarten *m*; ~ *maraîcher* (*od. potager*) Gemüsegarten *m*; ~ *ouvrier* Schrebergarten *m*; ♀ *des Plantes* (*od. d'acclimation*) botanischer Garten in Paris, verbunden mit zoologischem Garten; *allg.* ~ *botanique* (*bzw. zoologique*) botanischer (*bzw.* zoologischer) Garten *m*; ~ *d'hiver* Wintergarten *m*; ~*s pl. publics* (*d'une ville*) Stadtanlagen *f/pl.*; *écol.* ~ *scolaire* Schulgarten *m*.

jardin|age (ʒardiˈnaːʒ) *m* **1.** Gartenarbeit *f*; *livre m de* ~ Gartenbuch *n*; **2.** *coll.* Gartengemüse *n*; **3.** Fleck *m in Diamanten*; ~**er** (~ˈne) *v/i.* [1a] e-n Garten pflegen; ~**et** (~ˈnɛ) *m* Gärtchen *n*; ~**eux** (~ˈnø) *adj.* [7d] fleckig (*Edelstein*); ~**ier** (~ˈnje) [7b] **I** *adj.* Garten...; **II** *su.* Gärtner *m*; ~ *fleuriste* Blumengärtner *m*; ~ *maraîcher* Gemüsegärtner *m*; ~ *pépiniériste* Obstbaumzüchter *m*; ~**ière** (~ˈnjɛːr) *f* **1.** Gärtnerin *f*; ~ *d'enfants* Kindergärtnerin *f*; **2.** Blumenständer *m*; **3.** *cuis.* Gemüseplatte *f*; *potage m à la* ~ Gemüsesuppe *f*; *à la* ~ mit Gemüse umlegt; **4.** Gemüsewagen *m*.

jardin-restaurant (ʒarˈdɛ̃rɛstoˈrɑ̃) *m* [6a] Gartenrestaurant *n*.

jardon *vét.* (~ˈdɔ̃) *m* Hasenspat *m*.

jargon (ʒarˈgɔ̃) *m* Kauderwelsch *n*; besondere Klassensprache *f*; Fachsprache *f*; ~**ner** (~gɔˈne) *v/i.* [1a] kauderwelschen, fehlerhaft (*od.* unverständlich) sprechen.

Jarnac (ʒarˈnak) *npr.*: *coup m de* ~ unerwarteter Schlag *m*.

jarre (ʒaːr) *f* großer irdener Krug *m*; ~ *électrique* Leidener Flasche *f*.

jarret (ʒaˈrɛ) *m* Kniekehle *f*; ⊕ Knierohr *n*; ⚠ Winkel *m*; *cuis.* ~ *de veau* Kalbshaxe *f*; F *avoir du* ~ gut zu Fuß sein; ~**elle** (ʒarˈtɛl) *f* Strumpfhalter *m*; ~**ette** (ʒaˈrɛt) *f* Kniestrumpf *m*; ~**ière** (~ˈtjɛːr) *f* Strumpfband *n*; *ordre m de la* ♀ Hosenbandorden *m*.

jars (ʒaːr) *m* Gänserich *m*.

jas|er (ʒɑˈze) *v/i.* [1a] plaudern, schwatzen; klatschen; ~**erie** F (ʒɑzˈri) *f* Geschwätz *n*; ~**eur** F (ʒɑˈzœːr) *adj. u. su.* [7g] geschwätzig; Schwätzer *m*.

jasmin ⚘ (ʒasˈmɛ̃) *m* Jasmin *m*.

jaspe *min.* (ʒasp) *m* Jaspis *m*.

jasper (ʒasˈpe) *v/t.* [1a] marmorieren, sprenkeln (*Buchbinderei*).

jatte (ʒat) *f* Napf *m*, Schale *f*.

jauge (ʒoːʒ) *f* **1.** Eichmaß *n*; ~ *à coulisse* Schublehre *f*; **2.** *Auto*, ✈: ~ *à essence* Brennstoffanzeiger *m*, Kraftstoffmesser *m*; **3.** ⚒ Einschlaggrube *f*; *fumer à vive* ~ recht tief u. reichlich düngen; **4.** ⚓ Rauminhalt *m*, Tonnengehalt *m*; *4698 tonneaux m/pl. de* ~ 4698 britische Registertonnen *f/pl.*; ~**age** (ʒoˈʒaːʒ) *m* **1.** Eichen *n*; Eichgebühr *f*; **2.** ⚓ Tonnengehalt *m*.

jauger (ʒoˈʒe) *v/t.* [1l] **1.** eichen, ausmessen; **2.** ⚓ *ce bateau jauge deux mètres* dieses Schiff hat zwei Meter Tiefgang.

jaumière ⚓ (ʒoˈmjɛːr) *f* Hennegatt *n*.

jaunâtre (ʒoˈnɑːtrə) *adj.* gelblich.

jaun|e (ʒoːn) **I** *adj.* gelb; ~ *de paille* strohgelb; *brûler* ~ (mit) gelb(em Lichte) brennen; *fig. rire* ~ gezwungen lachen; **II** *m* **1.** Gelb *n*, Ocker *m*; ~ *d'œuf* Ei-dotter *n*, -gelb *n*; **2.** Streikbrecher *m*; ~**et** (ʒoˈnɛ) **I** *adj.* [7c] gelblich; **II** *m* Goldstück *n*; ~**ir** (ʒoˈniːr) [2a] **I** *v/t.* gelb färben; **II** *v/i.* gelb werden; ~**isse** (~ˈnis) *f* ⚕ Gelbsucht *f*; *en faire une* ~ sich krank ärgern; ~**issement** (~nisˈmɑ̃) *m* Gelb-werden *n*, -färben *n*.

java (ʒaˈva) *m* Javakaffee *m*.

javart *vét.* (ʒaˈvaːr) *m* Fesselgeschwür *n*.

javeau (ʒaˈvo) *m* Sandbank *f*.

Javel (ʒaˈvɛl) *m*: *eau f de* ~ Bleichlauge *f* (*für Wäsche*).

javeler (ʒaˈvle) *v/t.* (*u. v/i.*) [1c] in Schwaden legen (liegen).

javelle[1] (ʒaˈvɛl) *f* Korn-, Reisig-, Latten-bündel *n*, Schwaden *m*; *mettre en* ~ Korn bündeln, in Schwaden legen.

javelle[2] (~) *f*: = *eau de Javel*.

javellisation (ʒavɛlizɑˈsjɔ̃) *f* Verchlorung *f*.

javelot (ʒaˈvlo) *m* Wurfspieß *m*; *Sport*: Speer *m*; (*lancement m du*) ~ Speer-werfen *n*, -wurf *m*.

jazz ♪ (dʒaz) *m* Jazz *m*; ~**-band** (~ˈbend) *m* Jazz-orchester *n*, -kapelle *f*, Jazzband *f*.

je (ʒə) ich; *bei mehreren Verben mit gleichem Subjekt u. in gleichem Tempus wird das pronominale Subjekt nur beim ersten Verbum ausgedrückt*: ~ *frappai, n'entendis rien et entrai* ich klopfte, hörte nichts und trat ein; *je n'exagère rien et pèse mes mots* ich übertreibe nichts und wäge meine Worte ab; *dagegen bei Tempuswechsel*: ~ *dus m'endormir* *presque aussitôt, et j'étais en train de faire un rêve* ich mußte fast sofort eingeschlafen sein und träumte gerade (*vgl. a. devoir* 3); *völlig alleinstehend nur noch in*: ~, *soussigné, notaire à ..., déclare ...* ich, der unterzeichnete Notar in ..., erkläre ...

jeannette (ʒa'nɛt) *f* kleines Kreuz *n der Bäuerinnen*; (*bsd.* Ärmel-) Plättbrett *n*.

Jeannot (ʒa'no) *m* Hänschen *n*; F ♀ Dummkopf *m*.

jeep ⚔ *Auto* (dʒip) *f* Jeep *m*.

je-m'en-fichisme P, **je-m'en-foutisme** P (ʒmɑ̃fi'ʃism, ~fu'tism) *m/inv.* Gleichgültigkeit *f*, Wurschtigkeit *f* P, Leichtsinn *m*.

je ne sais quoi F (ʒənse'kwa) *m*: *un* ~ ein gewisses Etwas *n*.

jenny ⊕ (ʒɛ'ni) *f* Spinnmaschine *f*.

jérémiade (ʒere'mjad) *f fig.* Klagelied *n*; ~*s pl.* Gejammere *n*.

jerrycan *Auto* (ʒɛri'kɑ̃) *m* (Benzin-) Kanister *m*.

Jérusalem (ʒeryza'lɛm) *f* Jerusalem [*n.*]

jésui|te (ʒe'zɥit) *m* Jesuit *m*; *péj.* Heuchler *m*; **~tique** (~'tik) *adj.* □ jesuitisch; **~tisme** (~'tism) *m* Jesuitismus *m*; *péj.* Heuchelei *f*.

Jésus (ʒe'zy) *m* Jesus *m*; **~-Christ** (ʒezy'kri) Jesus Christus *m*; *compagnie f* (*a. société f*) *de* ~ Jesuitenorden *m*; *l'enfant* ~ Christkind *n*.

jet (ʒɛ) *m* **1.** Wurf *m*, Werfen *n*; ~ *d'un filet* Auswerfen *n* e-s Netzes; *du premier* ~ auf den ersten Wurf; *peint.* ~ *d'une draperie* Faltenwurf *m*; **2.** Strahl *m*; ~ *d'eau* Wasserstrahl *m*; Springbrunnen *m*; ⊕ ~ *de sable* Sandstrahl *m*; **3.** ⊕, *fig.* Guß *m*, Gießen *n*; *d'un seul* ~ aus einem Guß; *litt. premier* ~ Entwurf *m*; *à* ~ *continu* unaufhörlich; **4.** ~ (*à la mer*) Auswerfen *n*; **5.** ~ *de fossé* am Rande e-s Grabens ausgeworfene Erde *f*, Böschung *f*; **6.** ~ (*a. jetée f*) *d'abeilles* junger Bienenschwarm *m*; **7.** ⚘ Schößling *m*, Trieb *m*; *d'un seul* ~ aus e-m Wuchs, ohne Knoten; **8.** ⊕ Gießloch *n*.

jet|age (ʒə'ta:ʒ, ʃta:ʒ) *m* **1.** Werfen *n*; ~ *d'un pont* Schlagen *n* einer Brücke; **2.** *vét.* Schleimabsonderung *f* durch die Nase; **~ée** (ʒə'te, ʃte) *f* Mole *f*, Hafendamm *m*.

jeter (ʒə'te, ʃte) [1c] **I** *v/t.* **1.** werfen, schleudern; ausstrahlen, ausspeien (*Feuer*), aussprühen (*Funken*); weggießen; ~ *bas* abwerfen (*Reiter*); ~ *le froc aux orties fig.* die Kutte ablegen; ~ *une lumière* aufleuchten; ~ *qch. aux pieds* (*à la tête*) *de q.* j-m etw. vor die Füße (an den Kopf) werfen; *fig.* ~ *qch. au nez de q.* j-m etw. unter die Nase reiben; ⚓ ~ *l'ancre* den Anker werfen, vor Anker gehen, ankern; ~ *de l'huile sur le feu* Öl ins Feuer gießen; *prov. il ne faut pas* ~ *le manche après la cognée* man soll die Flinte nicht ins Korn werfen; ~ *la terreur* (*od. l'effroi*) Schrecken verbreiten; **2.** aus-, heraus-, hinauswerfen; von sich geben, ausstoßen; ~ *un cri* einen Schrei ausstoßen; ~ (*un essaim*) schwärmen (*von Bienen*); ~ *des larmes* Tränen vergießen; **3.** weg-, ab-werfen; ~ *ses cartes* aufhören zu spielen; **4.** ⚘ treiben (*Bäume*); ~ *de profondes racines* tiefe Wurzeln schlagen; **5.** richten, wenden; gewaltsam irgendwohin bringen; ~ *q. dans le cachot* j-n ins Gefängnis stecken; ⚓ ~ *son navire à la côte* sein Schiff auf den Strand laufen lassen; **6.** ~ *les fondements d'un édifice* das Fundament zu e-m Gebäude legen; ~ *un pont* e-e Brücke schlagen; **7.** ⊕ ~ *en fonte*, ~ *en moule* gießen; **II** *v/rfl.* *se* ~ sich werfen, sich stürzen; münden (*Fluß*); *se* ~ *à l'eau* ins Wasser springen (*um zu ertrinken*); *se* ~ *dans l'eau* ins Wasser springen (*um zu schwimmen*); *se* ~ *sur* herfallen über (*acc.*); *se* ~ *à la tête de q.* sich j-m aufdrängen, sich an j-n klammern; *se* ~ *la tête contre les murs* verzweifeln; *se* ~ *au cou de q.* j-m um den Hals fallen; *se* ~ *au feu pour q.* für j-n durchs Feuer gehen.

jeton (ʒə'tɔ̃, ʃtɔ̃) *m* Spielmarke *f*; Notgeldstück *n*; Automatenmünze *f*; F *faux comme un* ~ falsch wie ein Fünfziger; P *vieux* ~ klappriger Mensch *m*.

jeu (ʒø) *m* [5b] **1.** Spiel *n*, Spielen *n*; Belustigung *f*; ~ *d'adresse* Geschicklichkeitsspiel *n*; ~ *de construction* Baukasten (*Spielzeug*) *m*; ~*x pl. de gymnastique* Turnspiele *n/pl.*; ~*x pl. en plein air od. d'action* Bewegungs-, *weitS.* Rasen-spiele *n/pl.*; *Fußball*: ~ *de tête* Kopfspiel *n*; ~ *d'équipe* Zusammenspiel *n*; ~ *radiophonique* Hörspiel *n*; ~ *de scène thé.* Gebärdenspiel *n*; ~ *d'enfant* Kinderspiel *n*; ~*x pl. d'esprit*

Denksportaufgabe *f*; ~ *de hasard* Glücksspiel *n*; *fig.* ~ *du hasard* Spiel *n* des Zufalls; ~*x pl. de société* Gesellschaftsspiele *n/pl.*; *c'est vieux* ~ das ist altmodisch; *cela n'est pas de* ~ das gilt nicht, das ist gegen die Spielregel; ~*x pl. olympiques* olympische Spiele *n/pl.*; *passion f du* ~ Spielleidenschaft *f*; *avoir beau* ~ leichtes Spiel haben; *toute sa fortune est en* ~ sein ganzes Vermögen steht auf dem Spiele; *c'est sa vie qui est en* ~ es geht um sein Leben; *être heureux au* ~ Glück im Spiele haben; *jouer bien son* ~ seine Sache gut machen; *tenir* (*od. faire*) *le* ~ *de q.* für j-n spielen; *fig.* j-m beistehen; *tenir* ~ Revanche geben; *se faire un* ~ *de qch.* sein Spiel mit etw. (*dat.*) treiben; *c'est un* ~ *joué* das ist e-e abgekartete Sache *f*; **2.** Scherz *m*, Spaß *m*; *par* ~ aus Spaß, aus Scherz; *cela passe le* ~ das geht über den Spaß hinaus; **3.** Spiel *n* (*Karten, Kegel usw.*); ~ *de dames* Damenspiel *n*; *un* ~ *d'échecs* ein Schachspiel *n*; *montrer son* ~ s-e Karten zeigen (*od.* aufdecken); *cacher son* ~ sich nicht in die Karten sehen lassen; im stillen handeln; **4.** Einsatz *m*; *faites vos* ~*x!* setzen Sie!; *jouer gros* (*petit*) ~ hoch (niedrig) spielen; *fig. vous jouez gros* ~ Sie spielen ein gewagtes Spiel; *mettre en* ~ aufs Spiel setzen; **5.** *maison f de* ~ Spielhaus *n*; **6.** *peint. il y a du* ~ *dans ce tableau* es ist Leben in diesem Bild; **7.** Spielraum *m*; *donner plus de* ~ *à un ressort* e-r Feder mehr Spielraum lassen; **8.** Gang *m e-r Maschine*; *manquer de* ~ zu schwer gehen; *fig. entrer en* ~ in Funktion treten; **9.** Satz *m*, Garnitur *f* (*Schlüssel usw.*); ⚓ ~ *d'avirons* Ruderwerk *n* e-s Bootes.

jeudi (ʒø'di) *m* Donnerstag *m*; ~ *gras* Donnerstag *m* vor Fastnacht; ~ *saint* Gründonnerstag *m*.

jeun (ʒœ̃): *à* ~ *advt.* nüchtern.

jeune (ʒœn) **I** *adj.* **1.** jung; ~*s et vieux* jung und alt; ~ *enfant m* Kleinkind *n*; *des* ~*s gens pl.* Jugendliche *pl.*, junge Leute *pl.*, junge Burschen *m/pl.*; *thé.* ~ *premier m* erster Liebhaber *m*; **2.** jugendlich; *dans mon* ~ *âge* in meiner Jugend; **3.** *fig.* unreif; *trop* ~ zu unreif; **4.** P (zu) klein, kurz, schmal, *c'est un peu* ~ das ist etw. zu klein, zu kurz *usw.*; P *avoir son petit* ~ *homme* e-n Schwips haben; **II** *m* Jugendlicher *m*, junger Mann *m*; *zo.* junges Tier *n*; *N...* ~ X... junior; *Pline le* ~ Plinius der Jüngere; *les* ~*s pl.* der Nachwuchs *m*; *former des* ~*s* Nachwuchs heranbilden.

jeû|ne (ʒø:n) *m* Fasten *n*; *fig.* Enthaltsamkeit *f*; Fastenzeit *f*; Fasttag *m*; ⚕ Hungerkur *f*; *observer un régime de* ~ e-e Hungerkur durchmachen; ~**ner** (ʒø'ne) *v/i.* [1a] fasten.

jeunesse (ʒœ'nɛs) *f* **1.** Jugend (-zeit *f*) *f*, Jugendalter *n*; ~ *d'* (*od. de l'*) *État* Staatsjugend *f*; ~ *scolaire* Schuljugend *f*; ~ *délinquante* jugendliches Verbrechertum *n*; *consécration f de la* ~ Jugendweihe *f*; *ne plus être de première* ~ nicht mehr ganz jung sein; *dès ma* (*sa etc.*) *première* ~ seit meiner (seiner *usw.*) frühsten Jugend; **2.** junge Leute *pl.*, Jugend *f*; *la* ~ *des écoles* die Schuljugend *f*; F *une* ~ ein junges Mädchen *n*, junges Blut *n*; **3.** Jugendlichkeit *f*, Jugendfrische *f*.

jeunet F (ʒœ'nɛ) *adj.* [7c] blutjung.

jeûneur F (ʒø'nœ:r) *su.* [7g] Faster *m*; Hungerkünstler *m*.

jeunot P (ʒœ'no) *m* Bürschchen *n*, junger Kerl *m*.

jiu-jitsu *Sport* (ʒjyʒit'sy) *m* Jiu-Jitsu *n*.

joaill|erie (ʒwɑj'ri) *f* Juwelierkunst *f*, -arbeit *f*, -waren *f/pl.*; ~**ier** (ʒwɑ'je) *su.* [7b] Juwelier *m*.

Job¹ (ʒɔb) *m* Hiob *m*; *pauvre comme* ~ bettelarm.

job² ⚒ P (~) *m* Einfaltspinsel *m*; ⚒ *monter le* ~ *à q.* j-m e-n Bären aufbinden; ~**ard** F (~'ba:r) *adj. u. su.* [7] einfältig, naiv, harmlos, leichtgläubig; naives Gemüt *n*, Einfaltspinsel *m*, Dussel *m*, Dummkopf *m*; ~**arder** F (ʒɔbar'de) *v/t.* [1a]: ~ *q.* j-n zum besten haben, j-n verkohlen F; ~**arderie** (~'dri) *f* Einfalt *f*, Blödheit *f*; ~*s pl.* blödes Gequatsche *n* F.

jociste *Fr.* (ʒɔ'sist) *su.* Mitglied *n* der Katholischen Arbeiterjugend.

jockey *Sport* (ʒɔ'kɛ) *m* Jockei *m*.

jocrisse (ʒɔ'kris) *m* Pantoffelheld *m*; Dummkopf *m*.

joie (ʒwa) *f* innere Freude *f*, Fröhlichkeit *f*; *bondir de* ~ vor Freude springen; ~ *maligne* Schadenfreude *f*; *ne pas se tenir* (*od. ne pas se posséder*) *de* ~ sich vor Freude nicht zu halten wissen.

joignant (ʒwa'ɲɑ̃) *adj.* [7]: ~ *à qch.* dicht neben (*dat.*).

joindre ('ʒwɛ̃:drə) [4b] **I** *v/t.* **1.** aneinander-fügen, -legen, -nähen, -stellen; verbinden, vereinigen; ~ *les mains* die Hände falten; ~ *les deux bouts* mit s-m Gelde *od.* mit s-n Mitteln auskommen *od.* reichen; ~ *en collant* zs.-leimen *od.* -kleben; ~ *en cousant* zs.-nähen; ~ *en liant* zs.-binden; ~ *en plaçant* zs.-stellen; **2.** hinzufügen, -setzen, beilegen; mitschicken; anbiegen, anschließen; ~ *au capital* zum Kapital schlagen; *joignez à cela que* ... hierzu kommt noch, daß ...; **3.** einholen, erreichen (*a. téléph.*), *zu j-m* stoßen, *j-n* treffen; sich vereinigen mit; ~ *l'armée* zum Heer stoßen; **II** *v/i.* **4.** genau anliegen; dicht schließen; *les fenêtres joignent* die Fenster sind dicht *od.* schließen dicht; **III** *v/rfl. se* ~ **5.** sich zs.-fügen; *se* ~ *à q.* sich zu j-m gesellen, sich j-m anschließen; **6.** sich treffen; zs.-stoßen.

joint (ʒwɛ̃) *m* **1.** (Knochen-)Gelenk *n*; *fig. trouver le* ~ das Richtige treffen, die richtige Lösung finden, den Nagel auf den Kopf treffen, e-e Sache richtig anpacken; **2.** ⊕ Gelenk *n*; Fuge *f*, Abdichtung *f*; ~ *articulé*, ~ *à bille*, ~ *sphérique* Kugelgelenk *n*; *Auto*: ~ *de culasse* Zylinderkopfdichtung *f*; ⚠ ~ *de dilatation* Dehnungsfuge *f*; 🚂 ~ *de rail* Schienenstoß *m*; ~ *de tuyaux* Schlauchkupplung *f*; *men.* ~ *à plat-point* Leimfuge *f*; **~e** (ʒwɛ̃:t) *f* Fessel *f* am Pferdefuß; **~é** (ʒwɛ̃'te) *adj.*: *court-*~ (*long-*~) kurz (lang) gefesselt (*Pferd*); **~if** ⚠ (~'tif) *adj.* [7e] fugendicht; **~oyer** ⚠ (~twa'je) *v/t.* [1h] Fugen verstreichen (*od.* verschmieren); **~ure** (~'ty:r) *f* **1.** (Knochen-)Gelenk *n*; **2.** ⚠, ⊕ Fuge *f*.

joli (ʒɔ'li) *adj.* (*adv.* **~ment** *a. iron.* sehr, recht, gehörig) hübsch; nett; niedlich; *une* ~*e somme f* e-e hübsche Summe *f*; *iron. c'est du* ~*!* das ist ja heiter! (*a. schimpfend*); *péj. c'est du* ~ *travail!* das ist total verpfuscht!; **~esse** (jɔ'ljɛs) *f* Niedlichkeit *f*, Anmut *f*: **~et** F (ʒɔ'ljɛ) *adj.* [7c] recht hübsch, ganz nett.

jonc (ʒɔ̃) *m* Binse *f*; ~ *d'Inde* spanisches Rohr *n*; *canne f de* ~ Spazierstock *m*; *droit comme un* ~ kerzengerade; **~er** (ʒɔ̃'se) *v/t.* [1k] mit Rohr beflechten (*Stuhl*).

jon|chaie (ʒɔ̃'ʃɛ) *f* Binsendickicht *n*; **~chée** (~'ʃe) *f* **1.** auf den Weg ausgestreute Blumen *f/pl. od.* Zweige *m/pl.*; **2.** Rahmkäse *m*; **~cher** (~) *v/t.* [1a] mit Blumen *od.* Zweigen bestreuen, bedecken (de mit *dat.*); **~chère** (~'ʃɛ:r) *f* = ~*chaie*; **~chets** (ʒɔ̃'ʃɛ) *m* Stäbchen(spiel *n*) *n/pl.*

jonction (ʒɔ̃k'sjɔ̃) *f* Verbindung *f*; *téléph.* ~ *de câbles* Kabelverbindung *f*; *boîte f de* ~ Anschlußdose *f*; *point m de* ~ 🚂 Knotenpunkt *m*; *allg.* Verbindungsstelle *f*.

jon|gler (ʒɔ̃'gle) *v/i.* [1a] Kunststücke machen, jonglieren; Taschenspielerei treiben; Akrobatenstücke vorführen; **~glerie** (~glə'ri) *f* Gaukelei *f*, Taschenspielerei *f*; **~gleur** (~'glœ:r) *m ehm.* Spielmann *m*; *jetzt*: Gaukler *m*, Taschenspieler *m*, Akrobat *m*; Schwindler *m*.

jonque ⚓ (ʒɔ̃:k) *f* Dschunke *f*.

jonquille ⚘ (ʒɔ̃'kij) *f* gelbe Narzisse *f*.

Jordan|ie *géogr.* (ʒɔrda'ni) *f*: **la** ~ Jordanien *n*; **~ien** (~'njɛ̃) *su. u.* ♀ *adj.* [7c] Jordanier *m*; jordanisch.

jordonner F (ʒɔrdɔ'ne) *v/i.* dauernd herumkommandieren.

jou|able ('ʒwablə) *adj.* spielbar; *thé.* aufführbar; **~ailler** F (ʒwɑ'je) *v/i.* [1a] **1.** niedrig spielen; **2.** ♪ schlecht spielen, klimpern.

jou|e (ʒu) *f* **1.** Backe *f*; Wange *f st.s., poét.*; *avoir les* ~*s d'un beau rouge* schöne, rote Backen haben; ⚔ *coucher od. mettre qch.* (*q.*) *en* ~ auf etw. (j-n) [*acc.*] zielen; *en* ~*!* legt an!; **2.** ⊕ Seite *f*, Seitenwand *f*, Wange *f*; **~ée** ⚠ (ʒwe) *f* Mauerdicke *f*; (Tür-, Fenster-)Wange *f*.

jouer (ʒwe) [1a] **I** *v/t.* **1.** spielen; ~ *une carte* eine Karte ausspielen; ~ *franc jeu* ein offenes Spiel spielen, mit offenen Karten spielen; ~ *va banque* alles auf eine Karte setzen, alles wagen; *Schachspiel*: ~ *un pion* e-n Bauern ziehen; *vgl. par-dessous* 1; ~ *un rôle* e-e Rolle spielen; F *ça ne joue pas* das spielt keine Rolle, das kommt nicht drauf an; **2.** einsetzen; aufs Spiel setzen; ~ *de l'argent* um Geld spielen; ~ *gros* (*petit*) *jeu* hoch (niedrig) spielen; **3.** *fig.* ~ *q.* j-n täuschen, betrügen, zum besten haben, anführen; **4.** ♪ spielen, vortragen; *thé.* aufführen, geben; darstellen; ~ *la comédie fig.* heucheln, sich verstellen, Komödie spielen; **5.** gleichen (*dat.*), aussehen wie;

cette étoffé joue la soie dieser Stoff sieht wie Seide aus; **II** *v/i.* **6.** spielen, scherzen, tändeln; ~ *à cache-cache* Versteck spielen; ~ *au ballon (au football)* Fußball spielen; ~*au billard (aux cartes, aux dés, aux échecs)* Billard (Karten, Würfel, Schach) spielen; ~ *aux quilles* Kegel schieben; ~ *à la bourse* an der Börse spekulieren; F ~ *de son reste*: a) sein letztes Geld wagen; b) *fig.* den letzten Versuch machen, das Äußerste versuchen; ~ *serré* sehr vorsichtig spielen, sich nicht beikommen lassen; ~ *au plus fin* vorsichtig zu Werke gehen; *fig.* ~ *avec le feu* mit dem Feuer spielen; ~ *de la prunelle* liebäugeln; **7.** ~ *de malheur* Pech haben; **8.** ♪ spielen; handhaben; ~ *de l'éventail* sich fächeln; F *fig.* ~ *des coudes* die Ellbogen gebrauchen; ~ *d'un instrument de musique* ein Instrument spielen; ~ *à livre ouvert od. à première vue* vom Blatt spielen; **9.** ⊕ (freien) Spielraum haben; sich hin- u. herbewegen; leicht gehen; *faire* ~ in Bewegung setzen, losgehen lassen; *fig. faire* ~ *toutes sortes de ressorts* alle Hebel in Bewegung setzen; **10.** springen (*Wasserkunst*); in die Luft fliegen (*Mine*); **11.** sich werfen (*Holz*); **12.** *fig.* sich erfüllen, zutreffen; **13.** *la clé jouait dans la serrure sans difficulté* der Schlüssel ließ sich in dem Schloß ohne Schwierigkeit herumdrehen; **14.** F ~ *de la fourchette en conscience* F nach allen Regeln der Kunst essen; ordentlich zulangen; fressen V; **III** *v/rfl.* **se** ~ **15.** gespielt werden; **16.** auf dem Spiele stehen; **17.** se ~ *de q.* mit j-m sein Spiel treiben, j-s Erwartung(en) enttäuschen; *il se joue des lois* er setzt sich über die Gesetze hinweg.

jou|et (ʒwɛ) *m* Spielzeug *n*; *fig.* Spielball *m*; ~ *d'enfants* Kinderspielzeug *n*; *les* ~*s* die Spielsachen *f/pl.*; ~*s pl. en bois* Holzspielwaren *f/pl.*; *être le* ~ *de la fortune (du sort)* dem Schicksal ausgeliefert (*od.* preisgegeben) sein; *être le* ~ *des vents* vom Winde hin- und hergetrieben werden; **~eur** (ʒwœ:r) [7g] **I** *su.* Spieler *m*; ~ *de farces, de (mauvais) tours* Possenreißer *m*, Spaßvogel *m*; **II** *adj.* gern spielend, spielerisch, verspielt.

joufflu (ʒu'fly) *adj.* pausbäckig.

joug (ʒu) *m* Joch *n* (*a. fig.*); *fig.* Druck *m*, Zwang *m*, Knechtschaft *f*; *mettre sous le* ~ unterjochen; *secouer le* ~ das Joch abschütteln.

jou|ir (ʒwi:r) *v/i.* [2a]: ~ *de qch.* sich einer Sache (*gén.*) erfreuen, etw. (*acc.*) genießen; ~ *de la vie* sich seines Lebens freuen; ⚖ ~ *de qch.* die Nutznießung von etw. (*dat.*) haben; **~issance** (ʒwi'sɑ̃:s) *f* **1.** Genuß *m*; ⚖ Nutznießung *f*; ✝ Zinsengenuß *m*; *avoir la pleine* ~ *de ses facultés mentales* im Vollbesitz s-r geistigen Kräfte sein; **2.** Sinnenrausch *m*; Behagen *n*; **~isseur** (ʒwi'sœ:r) *su.* [7g] Genußmensch *m*; *péj.* Genießer *m*; Wollüstling *m*.

joujou (ʒu'ʒu) *m* [5b] Spielzeug *n*; ~*x pl.* Spielsachen *f/pl.*; *faire* ~ spielen.

jour (ʒu:r) *m* **1.** Tag *m*; *avant le* ~ vor Tagesanbruch; *de* ~, *pendant le* ~ am Tage, bei Tage; *il fait* ~ es ist Tag; *au* ~ bei Tageslicht; *grand* ~ heller Tag *m*; *au grand* ~, *en plein* ~ am hellerlichten Tage, mitten am Tage; *au point (à la pointe, au lever) du* ~, *au petit* ~ bei Tagesanbruch, am frühen Morgen; *nuit et* ~ Tag u. Nacht; ~ *ouvrable*, ~ *ouvrier* Werktag *m*; ~ *férié* Feiertag *m*; ~ *de course(s)* Renntag *m*; ~ *funeste*, ~ *de déveine*, F ~ *de guigne* Unglückstag *m*; ~ *de (od. du) paiement* Stich-, Erfüllungs-tag *m*; *d'ici (à) trois* ~*s*, *dans l'espace de trois* ~*s* binnen drei Tagen; ~ *de l'an* Neujahrstag *m*; *tous les deux* ~*s*, *un* ~ *sur deux*, *de deux* ~*s l'un* alle zwei Tage, einen Tag um den anderen; *de tous les* ~*s* Alltags..., für den täglichen Gebrauch; *le langage de tous les* ~*s* die Umgangssprache *f*; *être à* ~ alles bis zum letzten erledigt haben, auf dem laufenden sein; *se mettre à* ~, *mettre ses affaires à* ~ s-e Angelegenheiten in Ordnung bringen; *un de ces* ~*s* bald nächstens; *à un de ces* ~*s!* auf ein (recht) baldiges Wiedersehen!; *au* ~, *le* ~ von e-m Tag zum andern; *vivre au* ~ *le* ~ a) von der Hand in den Mund leben; b) in den Tag hineinleben; *l'autre* ~ neulich; *quel* ~ *sommes-nous?* den wievielten haben wir (heute)?; *du* ~ *où* ... seit dem Tage, an dem ...; *ces* ~*s-ci* vor einigen (in diesen, in den nächsten) Tagen; ⚔ *être de* ~ Dienst haben; *prendre*

~ *avec q.* sich mit j-m verabreden; *de ~ en ~* von Tag zu Tag; *de nos ~s* heutzutage; *du ~ au lendemain* von e-m Tag zum andern, über Nacht; *ordre m du ~* Tagesordnung *f*, ⚔ -befehl *m*; ⚔ *~ J* Tag *m* X; *le goût du ~* der jetzt herrschende Geschmack *m*; *par ~* täglich; *deux fois par ~* zweimal täglich; *un ~, quelque ~* eines Tages; *(de) tout le ~ od. tout le long du ~* den ganzen Tag (über, lang); *un beau ~* e-s schönen Tages; *un ~ ou l'autre* über kurz oder lang; früher oder später; *~ par ~* Tag für Tag; tagaus, tagein; tagtäglich; *~ pour ~* genau auf den Tag; *un an (un mois) ~ pour ~* genau vor; (nach) einem Jahr (Monat) **2.** Empfangstag *m e-r Dame*; **3.** Leben *n*, Lebenstage *m/pl.*; *donner le ~ à qch.* etw. ins Leben rufen; **4.** Tageslicht *n*; *fig.* Licht *n*; *exploitation f à ~* Tagebau *m*; *au ~ de la mine* im Tagebau; *être au (od. devant le) ~ de q.* j-m im Licht stehen; *percer q. à ~ fig.* j-n durchschauen; *voir le ~* das Licht der Welt erblicken; veröffentlicht werden; *être à ~* offen zu Tage liegen; *se faire ~* aufleuchten; *mettre au ~*: a) zutage fördern, ans Licht bringen; b) veröffentlichen; **5.** *peint.* Licht *n*, Beleuchtung *f*; *faux(-) ~* falsches Licht *n*; **6.** Fenster *n*; Öffnung *f*; Spalte *f*, Zwischen-, Spiel-raum *m*; *~ d'en haut* Oberlicht *n*; *oft nur ~s pl.*: ⚠ Oberlichter *n/pl.*; *à ~* mit Öffnungen, durchbrochen; *bas m/pl. à ~* durchbrochene Strümpfe *m/pl.*; *se faire ~ dans le monde* sich in der Welt Geltung verschaffen, sich Bahn brechen; an den Tag kommen; **~dé** P (ʒur'de) *m* Tag *m*.

journaille (ʒur'na:j) *f* Tagesarbeit *f*.

journal (ʒur'nal) *m* [5c] **1.** Zeitung *f*; *~ officiel (de la République française), abr. J.O.* Amtsblatt *n* (der Französischen Republik); *~ à cancans, ~ à scandales* Klatsch-, Skandal-blatt *n*; *~ des jeunes, ~ pour la jeunesse* Jugendzeitung *f*; *~ financier* Börsenblatt *n*; **2.** *rad.* *~ parlé* (Rundfunk-)Nachrichten *f/pl.*; **3.** ✝ Journal *n*; *tenir le ~* das Journal führen; **4.** *~ (intime)* persönliches Tagebuch *n*; ⚓ *~ de bord* Schiffstagebuch *n*, Bordbuch *n*; **~ier** (~'lje) **I** *adj.* [7b] täglich; **II** *su.* Tagelöhner *m*; Hilfsarbeiter *m*; Aushilfe *f*; **~isme** (~'lism) *m* Zeitungswesen *n*, Journalistik *f*, Presse *f*; **~iste** (~'list) *su.* Journalist *m*; **~istique** (~lis'tik) *adj.* journalistisch.

jour|née (ʒur'ne) *f* **1.** Tag *m (Dauer e-s Tages)*; *toute la sainte ~* den lieben langen Tag; *~ de chômage* Feierschicht *f*; *insérer (od. introduire) des ~s de chômage* Feierschichten einlegen; *~ d'offrande(s), ~ des collectes* Opfertag *m*; *~ de l'artisanat* Handwerkstag(ung *f*) *m*; ⚔ *~ de grande bataille, ~ de grande activité sur le front* Großkampftag *m*; **2.** Tagesarbeit *f*, Tagewerk *n*, Tagesmarsch *m*; *faire ~ blanche* blau(en Montag) machen; **3.** Tagelohn *m*; *à la ~* auf Tagelohn; *homme m de ~* Tagelöhner *m*; **4.** historischer (*od.* denkwürdiger) Tag *m*; *hist. la ~ de Valmy* der Tag von Valmy; **~nellement** (~nɛl'mɑ̃) *adv.* Tag für Tag, tagtäglich.

jou|te (ʒut) *f* **1.** *féod.* Turnier *n*, Lanzenbrechen *n* zu Pferde; **2.** *~ des bateliers, ~ nautique* Schifferstechen *n*; **3.** *~ oratoire fig.* Wortgefecht *n*; **~ter** (ʒu'te) *v/i.* [1a] *féod.* Lanzen brechen; ein Schifferstechen veranstalten; *fig.* in Wettkampf treten, streiten; **~teur** (ʒu'tœ:r) *m* Gegner *m*; Kampfnatur *f*; *féod.* Turnierkämpfer *m*, Kämpe *m*.

jouven|ce (ʒu'vɑ̃:s) *f*: *fontaine f de ♀* Jungbrunnen *m*; **~ceau** (~vɑ̃'so) [5b] *m*, **~celle** *f* (~vɑ̃'sɛl) *plais., sonst* † *su.* Jüngling *m*; Jungfrau *f*.

jouxtant (ʒuks'tɑ̃) *prp.* neben; *le petit atelier ~ le hangar* die kleine Werkstatt neben der Flugzeughalle.

jouxter (ʒuks'te) *v/t.* [1a] angrenzen an (*acc.*), an der Seite von ... (*dat.*) liegen, neben ... (*dat.*) liegen, berühren (*acc.*).

jovial F (ʒɔ'vjal) *adj.* (*m/pl. jovials od. joviaux*) derbdrollig, fidel, lustig; jovial, leutselig, freundlich; **~ité** F (~li'te) *f* Lustigkeit *f*, derbe Ausgelassenheit *f*; Jovialität *f*, Leutseligkeit *f*, Freundlichkeit *f*.

joyau (ʒwa'jo) *m* [5b] Juwel *n*.

joyeuseté P (ʒwajøz'te) *f* Witz *m*, Spaß *m*, Ulk *m*, Scherz *m*.

joyeux (ʒwa'jø) *adj.* [7d] □ fröhlich, lustig, fidel; erfreulich; freudig.

j-trois (ʒi'trwa) (s. *a. J 3*) *m* Halbwüchsiger *m*, Jugendlicher *m*.

jubé *rl.* ⚠ (ʒy'be) *m* Empore *f*.

jubi|laire (ʒybi'lɛːr) *adj.* Jubel...; *rl. année f* ~ Jubeljahr *n*; **~lation** F (~lɑ'sjɔ̃) *f* Jubel *m*, Frohlocken *n*; **~lé** (~'le) *m* **1.** *rl.* Jubeljahr *n*; Ablaßjahr *n*; **2.** (*50-jähriges*) (Dienst-)Jubiläum *n*; goldene Hochzeit *f*; **~ler** F (~) *v/i.* [1a] jubeln.

juch|er (ʒy'ʃe) [1a] **I** *v/i. u. v/rfl.* se~ sitzen (*v. Hühnern usw.*); **II** *nur v/i.* P *fig.* sehr hoch wohnen; ~ *au dixième étage* hoch oben im 10. Stock wohnen; **III** *v/t.* sehr hoch stellen (*od.* hängen); **~oir** (~'ʃwaːr) *m* Hühnerstange *f*.

judaï|que (ʒyda'ik) *adj.* □ jüdisch; *fig. péj.* pharisäisch, am Buchstaben klebend; **~ser** (~i'ze) *v/i.* [1a] den jüdischen Religionsgebräuchen folgen; *fig. péj.* etw. pharisäisch auslegen am Buchstaben kleben; **~sme** *rl.* (~'ism) *m* Judentum *n*.

judas (ʒy'dɑ) *m* Verräter *m*; Guckloch *n* (*Tür*).

judelle *orn.* (ʒy'dɛl) *f* Wasserhuhn *n*.

judi|cature (ʒydika'tyːr) *f* Richteramt *n*, -stand *m*; Gericht(sbehörde *f*) *n*; **~ciaire** (~'sjɛːr) *adj.* □ gerichtlich; Rechts...; *affaires f/pl.* **~s** Gerichtswesen *n*; *erreur f* ~ Justizirrtum *m*; *faculté f* ~ Urteilsvermögen *n*; *instruction f* ~ Rechtsbelehrung *f*; *ordre m* ~ Richterstand *m*; *transaction f* ~ Prozeßvergleich *m*; *voie f* ~ Rechtsweg *m*; **~cieux** (~'sjø) *adj.* [7d] vernünftig, klug; urteilsfähig, scharfsinnig.

juge (ʒyːʒ) *m* **1.** Richter *m*; (*par-*) *devant le* ~ vor Gericht; *Fr.*: ~ *consulaire* Handelsrichter *m*; ~ *d'appel* Berufungsrichter *m*; ~ *d'instruction* Untersuchungsrichter *m*; ~ *de paix* Friedensrichter *m*; ~ *pénal*, ~ *répressif* Strafrichter *m*; ~ *suppléant* Ersatzrichter *m*; *Sport*: ~ *du ring* Ringrichter *m*; ~ *à l'arrivée* Zielrichter *m*; ~ *de touche* Linienrichter *m*; **2.** *fig.* Beurteiler *m*, Sachverständiger *m*, Schiedsrichter *m*; *je vous laisse* ~ ich überlasse es Ihnen; *bon* ~ Kenner *m*.

jugé (ʒy'ʒe) *m nur noch in*: *un mal-*~ ein Fehlurteil *n*; *un bien-*~ ein gerechtes Urteil *n*; *au* ~ (*a. au juger*) nach Gutdünken, nach Gefühl; ungefähr; *estimer au* ~ ungefähr abschätzen.

jugeable (ʒy'ʒablə) *adj.* aburteilbar.

jugement (ʒyʒ'mɑ̃) *m* Urteil *n*, richterliche Entscheidung *f*; richterlicher Spruch *m*; ~ (*d'appréciation*) Werturteil *n*; ⚖ ~ *entaché d'erreur*, ~ *erroné* Fehlurteil *n*; ~ *par arbitres* schiedsrichterliches Urteil *n*; ~ *par défaut*, ~ *par contumace* Versäumnisurteil *n*; *prononcer un* ~ ein Urteil fällen; ~ *dernier*, ~ *final*, ~ *universel* jüngstes Gericht *n*.

jugeotte F (ʒy'ʒɔt) *f* Grips *m* F.

juger (ʒy'ʒe) [1l] **I** *v/t.* **1.** richten, aburteilen; ~ *coupable* für schuldig erklären; ~ *à mort* zum Tode verurteilen; *tout* ~ *de la même façon* alles über einen Kamm scheren; **2.** denken, sich vorstellen, halten für, erachten, ermessen; ~ *bon de faire qch.* für richtig halten, etw. zu tun; **3.** glauben, beurteilen; **II** *v/i.* urteilen; der Ansicht sein; ~ *sans parti pris* unbefangen urteilen; ~ *en dernier ressort* in letzter Instanz urteilen; **III** *v/rfl.* se ~ **1.** sich beurteilen; se ~ *capable* sich für fähig halten; **2.** ⚖ zur Entscheidung kommen, vor Gericht kommen (*Rechtssache*).

jugul|aire (ʒygy'lɛːr) **I** *adj.* zur Kehle gehörig; **II** *f* **1.** *anat.* (*veine f*) ~ Halsader *f*; **2.** ⚔ Kinnband *n*, Sturm-band *n*, -riemen *m*; *int.* ~, ~! Dienst ist Dienst!; **~er** *nur noch fig.* (~'le) *v/t.* [1a] ~ *une discussion* e-e Erörterung kurz abbrechen; ~ *une maladie* e-e Krankheit im Keime ersticken; ~ *q.* j-n drangsalieren, j-m hart zusetzen.

juif (ʒɥif) [7e] **I** *su.* Jude *m*; *f*: Jüdin *f*; **II** F *m anat. petit* ~ Musikantenknochen *m*; **III** *adj.* jüdisch.

juillet (ʒy'jɛ) *m* Juli *m*.

juin (ʒɥɛ̃) *m* Juni *m*.

jujube (ʒy'ʒyb) **I** *f* ⚘ Brustbeere *f*; **II** *phm. m* Brustbeerensaft *m*.

juke-box (ʒuk'bɔks) *m/inv.* Geldautomat *m*.

julep *phm.* (ʒy'lɛp) *m* Arzneitrank *m*.

jules * (ʒyl) *m* Kerl *m*, Zuhälter *m*.

julienne (ʒy'ljɛn) *f* **1.** ⚘ Nachtviole *f*; **2.** *cuis.* Gemüsesuppe *f*.

jumeau *m* [5b], **jumelle** *f* (ʒy'mo, ʒy'mɛl) **I** *adj.* Zwillings...; verbunden; *frères m/pl.* **~x** (*sœurs f/pl. jumelles*) Zwillings-brüder *m/pl.* (-schwestern *f/pl.*); *maisons f/pl.* (*od. villas f/pl.*) *jumelles* Doppelhaus *n*; **II** *su.* Zwilling(sbruder *m*, -sschwester *f*); **III jumelles** *f/pl.*

zwei ähnliche, sich entsprechende Stücke *n/pl. an e-r Maschine usw.*; ⊕ Preßwangen *f/pl.*; *jumelles (de campagne)* Feldstecher *m*; *jumelles (de théâtre)* Opernglas *n*.

jumel|age (ʒymˈla:ʒ) *m* **1.** Verbindung *f*, Koppelung *f*; **2.** (*Städte-*) Patenschaft *f*; **~er** (ʒymˈle) *v/t.* [1c] **1.** zwei ähnliche Dinge zusammenfügen, koppeln; **2.** ⊕ durch Wangen verstärken.

jument *zo.* (ʒyˈmɑ̃) *f* Stute *f*; **~eux** ⚕ (~ˈtø) *adj.* [7d] trübe (*Urin*).

jungle (ˈʒɔ̃:glə) *f* Dschungel *m*.

junior (ʒyˈnjɔ:r) *adj. u. m Sport*: junior; Junioren...; Junior *m*.

junker *All.* (ʒuŋˈkœ:r) *m* Junker *m*.

junte *pol.* (ʒɔ̃:t, ʒœ̃:t) *f* Junta *f* (*bsd. Spanien u. Portugal*), Regierungsausschuß *m*; *pej.* ~ *militaire* Militärclique *f*.

jupe (ʒyp) *f* (Frauen-)Rock *m*; ~ *de dessous* Unterrock *m*; **~-bretelle(s)** (~brəˈtɛl) *f* [6b] Trägerrock *m*; **~-culotte** (~kyˈlɔt) *f* [6a] Hosenrock *m*; **~-tunique** *Mode* (~tyˈnik) *f* [6a] Kasackrock *m*.

jupon (ʒyˈpɔ̃) *m* (Frauen-)Unterrock *m*; *fig.* F *courir (od. chasser) le* ~ ein Schürzenjäger sein.

juras|sien (ʒyraˈsjɛ̃) *adj. u.* ♀ *su.* [7c] (Einwohner *m*) aus dem Jura; **~sique** *géol.* (~ˈsik) *adj. u. m* jurakalkhaltig; Jura...; Juraschicht *f*.

jur|é (ʒyˈre) **I** *adj.* ver-, be-eidigt, geschworen; *ennemi m* ~ geschworener Feind *m*, Todfeind *m*; **II** *su.* Geschworener *m*; **~ement** (ʒyrˈmɑ̃) *m* unnütze Beteuerung *f*; Fluch *m*.

jur|er (ʒyˈre) [1a] **I** *v/t.* **1.** schwören, eidlich versichern; eidlich geloben; ~ *un grand serment* e-n heiligen Eid leisten; **II** *v/i.* **2.** (*en*) ~ schwören, (*par son Dieu, par sa foi, sur son honneur, sur l'Evangile* bei Gott, bei s-r Treue, bei s-r Ehre, auf das Evangelium) geloben, versichern, beteuern; **3.** fluchen; ~ *comme un charretier (od. comme un païen)* wie ein Rohrspatz schimpfen (*od.* fluchen); **4.** ~ *avec qch.* gegen etw. (*acc.*) abstechen; nicht mit etw. (*dat.*) zusammenpassen; **~eur** (~ˈrœ:r) *m* Flucher *m*, Lästerer *m*.

juri|diction (ʒyridikˈsjɔ̃) *f* Gerichtsbarkeit *f*; Rechtsprechung *f*, Rechtspflege *f*; Gerichtsbezirk *m*; *lieu m de* ~ Gerichtsstand *m*; ~ *administrative (civile; criminelle od. pénale od. répressive)* Verwaltungs-(Zivil-, Straf-)gerichtsbarkeit *f* (*hierfür auch justice*); ~ *des mineurs* Jugendgerichtsbarkeit *f*; **~dictionnel** (~diksjɔˈnɛl) *adj.* [7c] richterlich, Gerichts...; **~dique** (~ˈdik) *adj.* □ rechtlich, gerichtlich, juristisch; rechtmäßig; *personne f* ~ Rechtsperson *f*, juristische Person *f*; *juridiquement* auf dem Rechtswege; vom Rechtsstandpunkt aus.

juris|consulte ⚖ (ʒyriskɔ̃ˈsylt) *su.* Rechts-gelehrter *m*, -kundiger *m*, -berater *m*; **~prudence** (~pryˈdɑ̃:s) *f* Rechtswissenschaft *f*; Rechtsprechung *f*; **~te** (ʒyˈrist) *m* Jurist *m*; juristischer Schriftsteller *m*.

juron (ʒyˈrɔ̃) *m* (Lieblings-)Fluch *m*.

jury (ʒyˈri) *m* Geschworenen *pl.*; Preisgericht *n*; Jury *f*; ~ *d'examen* Prüfungskommission *f*; ~ *d'expertise* Sachverständigenausschuß *m*.

jus (ʒy) *m* Saft *m*, Brühe *f*; P *bsd.* ⚔ Kaffee *m*; P ⚡ Strom *m*; P *au* ~, *là-dedans!* aufstehen!, fertigmachen!; P *jeter du* ~ Eindruck machen; P *se mettre (tomber) au* ~ ins Wasser springen (fallen).

jusant ⚓ (ʒyˈzɑ̃) *m* Ebbe *f*.

jusqu'aubout|isme (ʒyskobuˈtism) *m* Kampf *m* bis aufs Messer, Kriegstreiberei *f*; **~iste** (~ˈtist) *m* Unentwegter *m*, Radikaler *m*; Kriegstreiber *m*.

jusque (ʒysk) (*poét. jusques*) **I** *prp. jusqu'à* bis; *jusqu'à Paris* bis nach Paris; *du matin jusqu'au soir* von früh bis abend; *jusqu'à demain* bis morgen; *jusqu'à maintenant, jusqu'à présent* bis jetzt; *jusqu'à nous* bis zu uns; *fig.* bis in unsre Zeit hinein; *jusque et y compris* ... bis ... einschließlich; *jusqu'à quand?* wie lange noch?; *jusqu'ici et pas plus loin!* bis hierher und nicht weiter!; *jusqu'à nouvel ordre (od. avis)* bis auf weiteres; *jusque-là* bis dahin; F *j'en ai jusque là* mir stehts bis hierher, ich hab's satt; *jusqu'au bout* (F *jusqu'à la gauche*) bis ans Ende; *jusqu'où ira-t-il?* bis wohin (*od.* wie weit) wird er gehen?; **II** *advt. zum Ausdruck von etwas Ungewöhnlichem*; a) auch, sogar, selbst; *il aime jusqu'à ses ennemis* er liebt sogar seine Feinde; b) *il n'est pas jusqu'à ... qui ne (mit subj.)* ganz zu schweigen von ..., der ...; *il n'est pas jusqu'aux valets qui ne s' en mêlent* ganz zu schweigen von den Dienern, die sich darum kümmern;

il n'est pas jusqu'à M. Leblanc qui ne se sente le besoin de se «dédouaner» ganz zu schweigen von Herrn Leblanc, der sich bemüßigt fühlt, sich reinzuwaschen; **III** *cj. jusqu'à ce que* (ʒysˈkaskə) bis (*leitet Nebensatz ein; wird heute mst. für etw. Gedachtes od. Unwirkliches od. zum Ausdruck e-r Absicht mit dem Konjunktiv gebraucht*); *attendez jusqu'à ce que je vienne* warten Sie, bis ich komme; *jedoch auch schon rein zeitlich verallgemeinert mit dem Konjunktiv*: *qu'est-ce que vous allez faire jusqu'à ce que je revienne?* was werden Sie machen, bis ich zurückkomme?; *soll das rein Zeitliche, Tatsächliche ausgedrückt werden, so wendet man heute jedoch mst. jusqu'au moment où mit dem Indikativ an*: *il gardait ce dépôt jusqu'au moment où je l'ai redemandé* er hob das zur Aufbewahrung gegebene Gepäck solange auf, bis ich es zurückverlangte.

jusquiame ⚘ (ʒysˈkjam) *f* Bilsenkraut *n.*

justaucorps *hist.* (ʒystoˈkɔːr) *m* eng anliegender Männerrock *m*; *auch*: enggearbeitete Damenjacke *f.*

juste (ʒyst) **I** *adj.* □ **1.** gerecht; *rien de plus* ~ das ist nicht mehr als billig; ~ *ciel!* um Himmels willen!; **2.** begründet, berechtigt, gesetzmäßig; genau, richtig; *avoir l'oreille* ~ gut hören; *à* ~ *titre* mit vollem Recht; *c'est* ~ das stimmt; *ma montre est (od. va) juste* meine Uhr geht richtig; **3.** (zu) eng, knapp (*Kleid*); **II** *adv. chanter* ~ richtig singen; *peser* ~ genau wiegen; *deux heures* ~ Punkt zwei (Uhr); *tout* ~*!* ganz recht!; *avoir tout* ~ *de quoi vivre* knapp zu leben haben, knapp auskommen; ~ *à l'heure du déjeuner* gerade zur Essenszeit; *comme de* ~ wie es sich gehört; *frapper* ~ die rechte Stelle treffen; *rencontrer* ~ den Nagel auf den Kopf treffen; *toucher (tomber, deviner)* ~ das Richtige treffen (*od.* erraten); *être chaussé trop* ~ zu enge Schuhe anhaben; **III** *m der* Gerechte *m*; *das* Rechte *n*; *das* Richtige *n*; *au (plus)* ~ ganz genau; eigentlich; *qu'est-ce que c'est au* ~ *qu'un caniche?* was ist eigentlich ein Pudel?; **~ment** (ʒystəˈmɑ̃) *adv.* gerecht; mit Recht; gerade, eben; **~-milieu** (~miˈljø) *m* [6c] Mittelstraße *f*, -weg *m*; *fig.* goldene Mitte *f.*

jus|tesse (ʒysˈtɛs) *f* Richtigkeit *f*; Genauigkeit *f*; Scharfsinn *m*; *rad.* richtige Abstimmung *f*; ⚔ ~ *du tir* Treffsicherheit *f* (*im Schießen*); *la* ~ *du coup d'œil* das richtige Augenmaß *n*; *échapper* (*dat.*) *de* ~ mit knapper Not entkommen; **~tice** (ʒysˈtis) *f* Recht *n*, Gerechtigkeit *f*; Rechtsprechung *f*, Rechtspflege *f*, Justiz *f*; Gerichtsbarkeit *f*; Gerichtshof *m*, Gericht *n*; ~ *de paix* Friedensgericht *n*; ~ *civile (militaire)* bürgerliche (militärische) Gerichtsbarkeit *f* (*hierfür auch juridiction*); ~ *pénale* Strafgerichtsbarkeit *f*; *avoir la* ~ *de son côté* das Recht auf s-r Seite haben; *demander (od. réclamer)* ~ sein Recht verlangen; *appeler (traduire, poursuivre) en* ~ vor Gericht laden; *faire prompte* ~ *de q.* mit j-m kurzen Prozeß machen; *faire* ~ *à q.* j-m gerecht werden; *faire* ~ *de qch.* etw. für falsch erklären; *le criminel s'est fait* ~ der Verbrecher hat sich selbst gerichtet; *se faire* ~ *soi-même* sich selbst Recht verschaffen; *rendre la* ~ Gericht halten; *officier m de la* ~ Gerichtsbeamter *m*; *gens pl. de* ~ untere Gerichtsbeamte *m/pl.*; *et c'est* ~ und das mit Recht; ♀ Justizministerium *n*; Justitia *f*; **~ticiable** (~tiˈsjablə) **I** *adj.*: ~ *de* e-r Gerichtsbarkeit unterworfen; *être* ~ *d'un tribunal* der Zuständigkeit e-s Gerichts unterliegen; *être* ~ *de q.* j-m Rechenschaft schulden; *allg. enfants m/pl.* ~*s d'un sanatorium* Kinder *n/pl.*, die der Pflege e-s Sanatoriums unterstehen; **II** *m* Gerichtsuntertan *m*; **~ticier** (~tiˈsje) **I** *su. u. adj.* [7b] Gerichtsherr *m*; Pfleger *m*, Verfechter *m od.* Freund *m* der Gerechtigkeit; für das Recht eintretend; **II** *v/t.* [1a]: ~ *q.* das Urteil an j-m vollstrecken.

justifi|able (ʒystiˈfjablə) *adj.* □ zu rechtfertigen; **~catif** (~kaˈtif) *adj.* [7e]: *pièces f/pl. justificatives* Belege *m/pl.*, Belegexemplare *n/pl.*, Beweisstücke *n/pl.*; **~cation** (~kaˈsjɔ̃) *f* Rechtfertigung *f*; Nachweis *m*; ⚖ Beweisführung *f*; *typ.* Zeilenlänge *f*, Satzspiegel *m*, Justierung *f*; ~ *de capacité* Befähigungsnachweis *m*; **~er** (~ˈfje) [1a] **I** *v/t. u. v/i.* rechtfertigen, gutheißen, sich einverstanden erklären mit (*dat.*); be-, nach-weisen, belegen; j-n für schuldlos erklären, j-n freisprechen

von ...; ~ *q. d'un crime* j-n von e-m Verbrechen freisprechen; *il a justifié ma confiance* er hat mein Vertrauen gerechtfertigt; ~ *de son identité* sich ausweisen; **II** *v/rfl.*: se ~ *devant q. de qch.* sich wegen etw. (*gén.*) vor j-m (*dat.*) verantworten.
jute (ʒyt) *m* Jute *f.*
juteux (ʒy'tø) **I** *adj.* [7d] saftig; P sehr einträglich; **II** ⚔ * *m* Spieß *m* P, Feldwebel *m.*
juvéni|le (ʒyve'nil) *adj.* □ jugendlich; **~lité** (~li'te) *f* Jugendlichkeit *f.*
juxta|linéaire (ʒykstaline'ɛ:r) *adj.*: *traduction f* ~ dem Texte gegenüberstehende Übersetzung *f*; **~poser** (~po'ze) *v/t.* [1a] gegenüber-, nebeneinander-, neben-setzen, -stellen, -legen; **~position** (~pozi'sjɔ̃) *f* Nebeneinanderstellung *f.*

K

K, k (kɑ) *m* K, k *n*.
Kabyles (ka'bil) *m/pl.* Kabylen *m/pl.*
kaiser *All.* (kai'zɛ:r) *m* Kaiser *m*.
kakatoès *zo.* (kakatɔ'ɛs) *m* Kakadu *m*.
kaki (ka'ki) *m u. adj./inv.*: (*couleur f*) ~ Khakifarbe *f*; khakifarben.
kaléidoscope (kaleidɔs'kɔp) *m* Kaleidoskop *n*.
kali (ka'li) *m* **1.** ⚘ gemeines Salzkraut *n*; **2.** ⚗ Kali *n*.
kangourou *zo.* (kɑ̃gu'ru) *m* Känguruh *n*.
kaolin (kaɔ'lɛ̃) *m* Kaolin *n*, Porzellanerde *f*.
karting *Sport* (kar'tiŋ) *m* Go-Kart *n*.
kasbah (kas'ba) *m* arabisches Eingeborenenviertel *n*.
Katanga *géogr.* (katɑ̃'ga) *m*: *le* ~ Katanga *n*.
katangais (katɑ̃'gɛ) *adj. u* ♀ *su.* katang(es)isch; Katangese *m*.
katiba (kati'ba) *f* Abschnitt *m* (*Nordafrika*).
kayak ⚓ (ka'jak) *m* Kajak *m*, Paddelboot *n*.
kénotron *rad.* (kenɔ'trɔ̃) *m* Gleichrichterröhre *f*.
képhir (ke'fi:r) *m* Kefir *m*.
képi *a.* ⚔ (ke'pi) *m* Käppi *n*.
kéra|tine *physiol.* (kera'tin) *f* Keratin *n*, Hornstoff *m*; **~tite** ⚕ (~'tit) *f* Hornhautentzündung *f*, Keratitis *f*.
kermès *ent.* (kɛr'mɛs) *m* Schildlaus *f*.
kermesse (~) *f* Kirmes *f*.
kérosène (kero'zɛn) *m* Kerosin *n*.
kg. *abr.* = *kilogramme*; *kg/cm²* *phys.* at *n*; *in der Technik*: atü *n*.
khan (kɑ̃) *m* Khan *m*.
kibboutz (ki'buts) *m* Kibbutz *m*.
kidnapp/er (kidna'pe) *v/t.* [1a] entführen, kidnappen; klauen P; **~ing** (~'piŋ) *m* Kindesraub *m*.
kif (kif) *m* haschischartiges Narkotikum *n* (*aus Hanfblättern*).
kif-kif F (kif'kif) *adj./inv.*: *c'est* ~ das ist ganz egal (*od.* völlig gleich).
kiki P (ki'ki) *m* Hals *m*, Gurgel *f*.
kil P (kil) *m* Liter *m*.
kilo(gramme) (kilɔ'gram) *m* (*abr. kg.*; *un kilo*; *deux kilos*) Kilo (-gramm) *n*; (ein [zwei] Kilo); **~métrage** (~me'tra:ʒ) *m* Kilometer-zahl *f*, -messung *f*, Entfernung *f* in km; **~mètre** (~'mɛ:trə) *m* (*abr.* = *km.*) Kilometer *m u. n*; **~mètre-essieu** (~tre'sjø) *m* [5b] Achskilometer *m*; **~mètre-heure** (~'trœ:r) *m* [6b] Stundenkilometer *m u. n*; **~métrer** (~me'tre) *v/t.* [1f] mit Kilometersteinen versehen; **~métreur** (~me'trœ:r) *m* Kilometer-zähler *m*, -messer *m*; **~métrique** (~me'trik) *adj.* □ kilometrisch; Kilometer...; **~watt-heure** (~wa'tœ:r) *m* Kilowattstunde *f*.
kimono (kimɔ'no) *m* Kimono *m*; *manches f/pl.* ~ Kimonoärmel *m/pl.*
kinescope *télév.* (kinɛs'kɔp) *m* Bildröhre *f*.
kinésithérapie (kinezitera'pi) *f* Heilgymnastik *f*.
kiosque (kjɔsk) *m* Kiosk *m*, Zeitungs-, Verkaufs-, Blumen-stand *m*; ⚓ Kommandostand *m*; *~-abri m*

Schutzhäuschen *n* (*für Bus u. Tram*); ~ *à musique* Musikpavillon *m*.
kirsch (kirʃ) *m* Kirsch(wasser *n*) *m*.
klaxon *Auto* (klak'sõ) *m* Hupe *f*; *donner du ~ od. faire marcher le ~* = **~ner** *Auto* (~sɔ'ne) *v/i.* [1a] hupen.
kleptomanie s. *cleptomanie*.
knock-out, *abr.* **k.o.** (nɔk'awt) *adv. u. m* knock-out; Knock-out *m*; *battre* (*od. vaincre*) *q. par ~, mettre q. ~* j-n knock-out schlagen.
knout (knut) *m* Knute *f*.
kolkhose (kɔl'ko:z) *m* Kolchose *f*.
korrigan (kɔri'gɑ̃) *m Art* Zwerg *m* (*bretonische Sage*).
Ko|weït *géogr.* (kɔ'weit) *m a. ohne art.*: (*le*) ~ Kuweit *n*; *à* (*od. au*) ~ in (nach) Kuweit; **♀eïtien, ♀étjen** (~e[i]'tjɛ̃) *adj. u.* ♀ *su.* [7c] kuweitisch; Kuweiti *m*.
krach *fin.* (krak) *m* Börsen-, Bankkrach *m*.
Kremlin (krɛm'lɛ̃) *m*: **le ~** der Kreml *m*.
kremlinologue *pol.* (krɛmlinɔ'lɔg) *m* Kremlspezialist *m*.
kummel (ky'mɛl) *m* Kümmel *m* (*Schnaps*).
kyrielle (kir'jɛl) *f fig.* Litanei *f*; *fig.* Flut *f*, Unmenge *f*; Schwarm *m*; Aufeinanderfolge *f*, endlose Reihe *f*; *une ~ d'injures* e-e Flut *f* von Flüchen.
kyst|e ⚕ (kist) *m* Zyste *f*, Blase *f* (*z.B. Gallenblase*); **~eux** (~s'tø) *adj.* [7d] cystös, blasenartig.

L

L, l (ɛl) **L, l** *n.*

la¹ (la) **I** *art. f* s. **le** I; **II** *pr/p.acc. f* } [s. **le** II.

la² (~) *m* A *n* (*Ton*); ~ *majeur* A-dur; ~ *mineur* A-moll; *donner le la fig.* den Ton angeben.

là (~) **I** *adv.* **1.** da, dort, dahin, dorthin; *qui va là?* wer(ist) da?; *d'ici là* bis dahin (*zeitlich*); *à quelques jours de là* einige Tage später (*od.* darauf); *jusque là* bis dahin (*zeitlich u. örtlich*); *à partir de là od. dès là* von da an; *çà et là* hier und da; hin und her; *là-dedans* darin; da hinein; *là-dessus* darauf; *de là* daher; *par là* da(-durch, -mit); *qu'entendez-vous par là?* was meinen Sie damit?, was wollen Sie damit sagen?; *en rester là* dabei stehenbleiben; *restons-en là* bleiben wir dabei!; *il n'en est pas là* es steht nichtso schlimm um ihn; *cettechose-là* jene Sache *f*; **2.** *dient zur Hervorhebung*: *c'est précisément là ce qui m'inquiète* das ist es ja grade, was mich beunruhigt; **II** *int.* **3.** *là! od. là, là!* schon gut!, immer ruhig Blut! (*tröstend*); Schluß damit, halt!, sachte! (*drohend*); **4.** *là là* so so, es geht (so); mittelmäßig; *oh là là int.* au!; oh (*od.* au) weh! (*Schmerz*); ach, was! (*Verachtung*).

là-bas (la'bɑ) *adv.* dort unten(hin), da draußen, da hinten; F da; *hé ~!* he da!; Achtung!

label ✝ (la'bɛl) *m* Etikett *n.*

labelle (~) *m* **1.** ♀ Lippe *f*; **2.** Mundfühler *m* (*Muschel*).

labeur (la'bœ:r) *m* **1.** schwere *od.* mühsame Arbeit *f*; *terre f en ~* bearbeitetes Land *n*; *rude ~* Strapaze *f*; *a.* ⊕ : *le ~ technique* die technische Arbeit *f*; *a.* ⚒ *un ~ pénible* e-e mühevolle Arbeit *f*; **2.** *typ.* größeres Druckwerk *n.*

labi|al (la'bjal) *adj.* [5c] Lippen...; *gr. son m ~* (*als f*: *une ~e*) Lippenlaut *m*, Labiallaut *m*; **~é** (la'bje) **I** *adj.* lippenförmig; **II** *labiées f/pl.* Lippenblütler *m/pl.*

labile ♀ (la'bil) *adj.* fallend, lose, locker (*Blütenblätter*); *psych. jedoch*: *instable.*

labo F ⚗ (la'bo) *m* Labor *n*; **~rantin** (labɔrɑ̃'tɛ̃) *m* Laborant *m*; **~rantine** (~rɑ̃'tin) *f* Laborantin *f*; **~ratoire** (~ra'twa:r) *m* Laboratorium *n*, Labor *n*; *phot.* Bildstelle *f*, Fotolabor *n*, Dunkelkammer *f*; Werkstatt *f*; ⊕ *~ d'essai* Prüfanstalt *f*; *~ d'analyses* Untersuchungsanstalt *f*; **~rieux** (~bɔ'rjø) *adj.* [7d] □ **1.** arbeitsam; emsig; *la classe laborieuse* der Erwerbsstand *m*, die Arbeiter u. Angestellten *pl.*; die Arbeiterklasse *f*; **2.** mühselig; schwer (*Sache, Stil*); beschwerlich (*Verdauung*).

labour (la'bu:r) *m* Feld-bestellung *f*, -arbeit *f*; *~s pl.* Ackerland *n*; *donner le second ~* zum zweitenmal umpflügen; *cheval m de ~* Ackerpferd *n*; *bêtes f/pl. de ~* Zugvieh *n*; **~able** ⚒ (~bu'rablə) *adj.* bestellbar; *terre f ~* Ackerland *n*; **~age**

(~'ra:ʒ) *m* Pflügen *n*.
labour|er (labu're) [1a] **I** *v/t.* **1.** ⚘ ~ *(un champ)* das Feld bestellen, pflügen; ~ *à la bêche* umgraben; *fig.* ~ *le rivage et la mer* sich für nichts u. wieder nichts abrackern; **2.** *fig.* aufwühlen; durchfurchen; bearbeiten; ⚔ ~ *les rangs de l'ennemi* die feindlichen Reihen lichten (beharken, bestreichen); ~ *sa vie* sich mühselig durchschlagen; **3.** ⚓ ~ *le fond* den Grund aufrühren; schleppen (*Anker*); **II** *v/i.* pflügen; *fig.* sich plagen; **~eur** (~'rœ:r) *m* Bauer *m*; **~euse** ⊕ (~'rø:z) *f* Dampfpflug *m*.
labre *icht.* ('la:brə) *m* Lippfisch *m*.
laburne ⚘ (la'byrn) *m* Goldregen *m*.
labyrin|the (labi'rɛ̃:t) *m* Labyrinth *n*; Irr-gang *m*, -garten *m*; **~thique** (~rɛ̃'tik) *adj.* unentwirrbar.
lac (lak) *m* (Binnen-)See *m*; *le* ~ *de Constance* der Bodensee *m*; ~ *de Genève* Genfer See *m*; ~ *de retenue* Stausee *m*; F *être dans le* ~ in der Klemme sein; F *c'est dans le* ~! das ist aus!, das ist erledigt!
la|çage, ~cement (la'sa:ʒ, las'mɑ̃) *m* Schnüren *n*; **~cé** (la'se) *m* Lampenschnüre *f/pl.*; **~cer** (~) *v/t.* [1k] (ein-, zu-)schnüren; ~ *la voile* das Segel einziehen.
lacé|rable (lase'rablə) *adj.* zerreißbar; **~ration** (~ra'sjɔ̃) *f* Zerreißen *n*, Zerreißung *f*; **~s** *pl.* seelische Erregungen *f/pl.*, Kummer *m/sg.*; **~rer** (~'re) *v/t.* [1f] zerreißen.
laceron ⚘ (las'rɔ̃) *m* Gänsedistel *f*.
lacertien *zo.* (lasɛr'sjɛ̃) *m* Schuppeneidechse *f*.
lacet (la'sɛ) *m* Schnürsenkel *m*; *ch.* Schlinge *f*, Dohne *f*; enge Straßenkurve *f*; *fig.* **~s** *pl.* Netze *n/pl.*; **~s** *d'un chemin* Windungen *f/pl.* e-s Weges.
lâch|age F (la'ʃa:ʒ) *m* Sitzenlassen *n*, treuloses Verlassen *n*; **~e** (la:ʃ) **I** *adj.* □ **1.** locker, lose, schlaff; lose gearbeitet; **2.** feige; kraftlos (*Stil*); flau (*Zeit*); *être* ~ *au travail* lasch bei der Arbeit sein; **3.** niederträchtig, gemein; **II** *m* Feigling *m*; gemeiner Kerl *m*; **~er** (la'ʃe) [1a] **I** *v/t.* **1.** lockern, loser machen, aufschnüren; loslassen, laufen lassen, freilassen; ⚔ ~ *des bombes* Bomben fallen lassen; ~ *la bride* (*od. la main*) *à* die Zügel schießen lassen (*dat.*); *fig.* ~ *la bride à ses passions* seinen Leidenschaften freien Lauf lassen (*od.* frönen); ~ *les chiens après q.* die Hunde auf j-n hetzen; *fig.* ~ *une parole* ein Wort fallen lassen; ~ *une bêtise* e-e Dummheit ungewollt aussprechen; ~ *du lest fig.* nachgeben; F ~ *le mot* einwilligen; ~ *pied* ⚔ zurückweichen; *fig.* nachgeben, einlenken; *ne pas* ~ *pied* standhalten; ~ *prise* loslassen; ⚓ *lâchez tout!* los!; *voilà le grand mot lâché* da liegt der Hase im Pfeffer; **2.** öffnen; Schleuse aufziehen Hahn aufdrehen; **3.** aufgeben; ~ *ses alliés* s-e Verbündeten verlassen; *pol.* ~ *son parti* umfallen, die Partei wechseln; **II** *v/i.* nachlassen (*Spannung*); losgehen (*Gewehr*); (*mit e-r Antwort*) herausplatzen; *Sport*: aufgeben; ⚔ zurückweichen; *allg.* nachgeben; **III** *v/rfl.*: *fig. se* ~ *en propos injurieux contre q.* sich zu beleidigenden Äußerungen gegen j-n hinreißen lassen; *ne pas se* ~ zs.- halten (*Freunde*); ⊕ *se* ~ ausschnappen (*Feder*); **IV** *m* Fliegenlassen *n von Brieftauben*; **~eté** (laʃ'te) *f* Feigheit *f*; Gemeinheit *f*, Niederträchtigkeit *f*; **~eur** F (la'ʃœ:r) *m* Drückeberger *m*.
lacis (la'si) *m* netzförmiges Gewebe *n*.
laconi|que (lakɔ'nik) *adj.* □ lakonisch, kurz u. bündig, knapp, gedrängt (*Stil*); wortkarg, einsilbig (*Person*); **~sme** (~'nism) *m* Lakonismus *m*, gedrängte Kürze *f*; Wortkargheit *f*.
là-contre (la'kɔ̃:trə) *adv.* demgegen-[über.]
lacrymal (lakri'mal) *adj.* [5c] *anat.*: *glande f* ~*e* Tränendrüse *f*.
lacrymogène (lakrimɔ'ʒɛn) *adj.* tränenerregend; *bombe f* ~ Tränengasbombe *f*; *gaz m* ~ Tränengas *n*.
lacs (la) *m* Schlinge *f*; *fig.* Falle *f*; ~ *de soie* Nähseide *f*; *être dans le* ~ in der Klemme sitzen.
lac|taire (lak'tɛ:r) **I** *adj.* Milch...; **II** ⚘ *m* Milchpilz *m*, Lactarius *m*; **~tate** ⚗ (~'tat) *m* milchsaures Salz *n*; **~tation** (~ta'sjɔ̃) *f* Stillen *n*, Säugen *n*; *anat.* Milcherzeugung *f*; **~té** 🕮 (~'te) *adj.* Milch...; *régime m* ~ Milchkur *f*; *ast. voie f* ~*e* Milchstraße *f*; **~tescent** (~tɛ'sɑ̃) *adj.* milchig; milchgebend; **~tifère** (~ti'fɛ:r) *adj. anat.* milchhaltig; Milch...; **~tine** (~'tin) *f* Milchzucker *m*; **~tique** (~'tik) *adj.*: *acide m* ~ Milchsäure *f*; **~tomètre** (~tɔ'mɛ:trə) *m* Milch(güte)messer *m*; **~tose** ⚗ (~'to:z) *f* Milchzucker *m*.

lacune (la'kyn) *f* Lücke *f*; **~eux** (~'nø) *adj.* [7d] lückenhaft.
lacustre (la'kystrə) *adj. zo.*, ⚘ in Landseen lebend *od.* wachsend; cité *f* ~ Pfahldorf *n.*
là|-dedans (lad'dɑ̃) *adv.* darin; da-, dort-hinein; **~-dessous** (la'dsu) *adv.* d(a)runter; **~-dessus** (la'dsy) *adv.* d(a)rauf (*a. zeitlich*); d(a)rüber; *la guerre de 39 est venue par là--dessus* der 2. Weltkrieg brach darüber herein.
ladin (la'dɛ̃) *m das* Ladinische *n*; **~ique** (~di'nik) *adj.* ladinisch.
ladite (la'dit) *adj.*/*f* s. *ledit.*
ladre ('lɑ:drə) **I** *adj.* **1.** *vét.* finnig; **2.** *fig.* äußerst geizig, knauserig, knickerig; **II** *su. fig.* Knicker *m*, Knauser *m*, Geizhammel *m*, **~rie** (lɑdrə'ri) *f* **1.** *vét.* Finnen *f*/*pl.* **2.** F *fig.* übergroße Knauserei *f*, schmutziger Geiz *m*, Knickerigkeit *f.*
lago|pède *orn.* (lagɔ'pɛd) *m* Schneehuhn *n*; **~phtalmie** (~gɔftal'mi) *f* Lagophthalmie *f*, Hasenauge *n.*
lagune (la'gyn) *f* Lagune *f.*
là-haut (la'o) *adv.* dort oben; *fig.* im Himmel.
lai[1] *rl.* (lɛ) **I** *adj.* weltlich; Laien...; *frère m* ~, *sœur f* ~*e* Laien-bruder *m*, -schwester *f*; **II** *rl. m* Laienbruder *m*, Laie *m.*
lai[2] *litt.* (~) *m* Lai *n*; *ehm.* ~ *d'amour* [Liebeslied *n.*]
laïc (la'ik) s. *laïque.*
laiche ⚘ (lɛʃ) *f* Riedgras *n.*
laïci|sation (laisizɑ'sjɔ̃) *f* Verweltlichung *f*; **~ser** (~'ze) *v*/*t.* [1a] verweltlichen; **~té** (~'te) *f* Weltlichkeit *f*; ~ *scolaire* staatlicher konfessionsloser Unterricht *m.*
laid (lɛ) *adj.* [7] □ häßlich; **~eron** (lɛ'drɔ̃) *f od. m* **~eronne** P (~'drɔn) *f* häßliches Frauenzimmer *n*; **~eur** (~'dœ:r) *f* Häßlichkeit *f*; *fig.* Abscheulichkeit *f.*
laie[1] *zo.* (lɛ) *f* Bache *f*, Wildsau *f.*
laie[2] (~) *f* Schneise *f*, Wildbahn *f.*
lain|age (lɛ'na:ʒ) *m* **1.** Wollware *f*; Wollstoff *m*; ~ *chiné* gemusterter Wollstoff *m*; ~ *écossais* Schottenwollstoff *m*; **2.** ⊕ Aufrauhen *n* des Tuches; **3.** Schafsfell *n*, Vließ *n*; **~e** (lɛn) *f* Wolle *f*; Wollstoff *m*; Wollhaar *n*; de ~ wollen; *fil m de* ~ Wollgarn *n*; ~ *de brebis* Schafswolle *f*; ~ *en suint* ungewaschene Wolle *f*; *ouvrier m en* ~ Wollarbeiter *m*; ~ *artificielle* Kunstwolle *f*; ~ *de cellulose*, ~ *cellulaire* Zellwolle *f*; ~ *de rebut* Zackenwolle *f*; ~ *de scorie* Steinwolle *f*; ~ *servant au nettoyage* Putzwolle *f*; ~ *de verre* Glaswolle *f*; ~ *de bois* Holzwolle *f*; *couche f de* ~ *minérale* Mineralwollmatte *f*; *se laisser manger la* ~ *sur le dos* sich des Fell über die Ohren ziehen lassen; **~er** ⊕ (lɛ'ne) *v*/*t.* [1b] Tuch aufrauhen; **~erie** (lɛn'ri) *f* **1.** ~(s) Wollware(n *pl.*) *f*; **2.** Wollwarenhandlung *f*; **~eur** ⊕ (~'nœ:r) *su.* [7g] Wollarbeiter(in *f*) *m*; **~euse** ⊕ (~'nø:z) *f* Rauhmaschine *f*; **~eux** (~'nø) *adj.* [7d] wollig; **~ier** (~'nje) [7b] **I** *su.* ⊕ Wollarbeiter *m*; Wollwarenhändler *m*; **II** *adj.* Woll...
laïque (la'ik) *adj.* weltlich; *école f* ~ weltliche Schule *f.*
lais (lɛ) *m* **1.** *for.* Laß-, Hege-reiß *n*; **2.** *géol.* Uferanwuchs *m.*
laisse[1] (lɛs) *f* **1.** Hundeleine *f*; *mener (od. tenir) en* ~ an der Leine führen; *fig.* am Gängelband führen; **2.** *géol.* flutfreier Strandstreifen *m*; **3.** ~ *de haute mer* Grenzlinie *f* der Flut; **4.** angeschwemmtes Flußufer *n*; **5.** *pl.* ~*s* Losung *f* (*des Wildes*).
laisse[2] *litt.* (~) *f* Laisse *f.*
laisser (lɛ'se) [1b] **I** *v*/*t.* **1.** lassen; liegenlassen, zurücklassen; vergessen; ~ *de côté* beiseitelassen; *c'est à prendre ou à* ~ eins von beiden; *cela me laisse froid* ich mach' mir nicht viel daraus; **2.** verlassen; aufgeben; im Stich lassen; *je vous laisse* ich ziehe mich zurück, ich gehe, ich muß gehen (*bei der Verabschiedung*); **3.** (*in Ruhe*) lassen; ~ *en friche* brachliegen lassen; *laissez-moi tranquille!* lassen Sie mich in Ruhe! **4.** *ne pas* ~ *de ...* nicht unterlassen zu ..., nicht verfehlen zu ...; *cette proposition ne laisse pas d'être vraie* dieser Satz bleibt immerhin wahr; **5.** anvertrauen, übergeben; in Verwahrung geben; überlassen, abtreten; verlieren; *y* ~ *sa raison* den Verstand dabei verlieren; **6.** hinterlassen, vermachen; ~ *des traces* Spuren hinterlassen; **7.** übriglassen; überlassen; ~ *à désirer* zu wünschen übriglassen; *je vous laisse à penser* ich gebe Ihnen zu bedenken; **8.** mit Stillschweigen übergehen; *laissons cela!* lassen wir das!; **9.** zulassen, gestatten; nicht hindern; ~ *faire* geschehen lassen; ~ *entendre* zu verstehen geben, durchblicken lassen; *il laisse aller les choses* er läßt die

Dinge an sich herankommen; *bien faire et ~ dire* tue recht u. scheue niemand!; *laissez que je vous réponde* erlauben Sie, daß ich Ihnen antworte; **II** *v/rfl. se ~ (mit inf.)* sich ... lassen; *se ~ aller* sich gehen lassen; *je me suis laissé dire* ich habe mir sagen lassen; *Sport*: *se ~ gagner de vitesse* sich von j-m überholen lassen; *se ~ faire* alles mit sich machen lassen, sich alles gefallen lassen.

laisser(-)aller (lɛsea'le) *m* Sichgehenlassen *n*, Ungebundenheit *f*; *avoir du ~* sich gehen lassen.

laisser-courre, *auch* **laissé-courre** (~'ku:r) *m* [6c] *ch.* Hetzbahn *f*; Hornsignal *n* zum Loskoppeln.

laisser-faire (~'fɛ:r) *m/inv.* **1.** Geschehenlassen *n*; **2.** ⚚ freie Wirtschaft *f*.

laissez-passer (~pɑ'se) *m* **[6c]** Passier-, Durchlaß-schein *m*.

lait (lɛ) *m* Milch *f*; ⚗ *~ de chaux* Kalkmilch *f*; *café m (soupe f) au ~* Kaffee *m* mit Milch (Milchsuppe *f*); *s'emporter comme une soupe au ~* leicht aufbrausen; *~ de beurre* Buttermilch *f*; *~ en poudre* Milchpulver *n*; *~ caillé* dicke Milch *f*; *~ sec* Trockenmilch *f*; *~ maternité* Säuglings-, Kindermilch *f*; *petit-~* Molke *f*; *cochon m de ~* Spanferkel *n*; *vache f à ~* Milchkuh *f*; △ *~ de ciment* Zementmilch *f*; **~age** (~'ta:ʒ) *m* Milchspeise *f*; **~ance, ~e** (lɛ'tɑ̃:s, lɛt) *f icht.* Milch *f* der Fische; **~é** (lɛ'te) *adj.*: *poisson m ~* Milchner *m*; *poule f ~e* Angsthase *m*; **~erie** (lɛ'tri) *f* **1.** Molkerei *f*; **2.** Milchladen *m*, -geschäft *n*, -wirtschaft *f*; **~eux** (~'tø) *adj.* [7d] milchig; Milch...; milchend; **~ier** (~'tje) [7b] **I** *su.* **1.** Milchhändler *m*; **2.** Hochofenschlacke *f*; △ *ciment m de ~* Schlackenzement *m*; **II** *adj.*: *voiture f laitière* Milchwagen *m*; *vache f laitière* Milchkuh *f*; **~ière** (~'tjɛ:r) *f* **1.** Milchmädchen *n*; **2.** Milchkuh *f*.

laiton (lɛ'tɔ̃) *m* Messing *n*; *~ en feuilles* Messingblech *n*; *~ rouge* Rotguß *m*.

laitue ⚘ (lɛ'ty) *f* grüner Salat *m*, Lattich *m*; Gartensalat *m*; *~ pommée* Kopfsalat *m*; *~ romaine* Sommerendivie *f*.

laïus *écol.* (la'jys) *m* Gefasele *n*, Gerede *n*; **~ser** *écol.* (~jy'se) *v/i.* schwatzen.

lakiste *litt.* (la'kist) *m* Dichter *m* des Lake-Districts (*NW-England*).

lama¹ *rl.* (la'ma) *m* Lama *m*.

lama² *zo.* (la'ma) *m* Lama *n*.

lamaï|sme *rl.* (lama'ism) *m* Lamaismus *m*; **~ste** *rl.* (~ma'ist) *su.* Lamaist *m*.

laman|age ⚓ (lama'na:ʒ) *m* Lotsendienst *m*; **~eur** (~'nœ:r) *m* Lotse *m*.

lamantin *zo.* (lamɑ̃'tɛ̃) *m* Lamantin *m*, Seekuh *f*.

lamaserie *rl.* (lamɑz'ri) *f* Lama-kloster *n*.

lambeau (lɑ̃'bo) *m* [5b] **1.** Fetzen *m*; *en ~x* zerlumpt; **2.** *fig. hist. les ~x d'un empire* die Reste *m/pl.* e-s Reiches.

lambin F (~'bɛ̃) *adj.* [7] *u. su.* langsam, bummelig, *fig.* Bummelant *m*, langweiliger Mensch *m*; **~er** F (~bi'ne) *v/i.* [1a] bummeln, trödeln.

lambourd|age △ (lɑ̃bur'da:ʒ) *m* (Decken-)Holzrahmen *m*; **~e** ⊕ (~'burd) *f* **1.** Stützbalken *m*; **2.** weicher Bruchstein *m*; **3.** ✐ Reis *n* mit Fruchtknospe.

lambrequin (lɑ̃brə'kɛ̃) *m* (Fenstersims-)Behang *m*.

lambrett|a *Auto* (lɑ̃brɛ'ta) *f* Lambretta *f*, Motorroller *m*; **~iste** (~'tist) *su.* Motorrollerfahrer *m*.

lambris (lɑ̃'bri) *m* △ Täfelung *f*, Paneel *n*; ⊕ Gipsverkleidung *f*; *~ bas* Scheuerleiste *f*; **~sage** ⊕ (~bri'sa:ʒ) *m* Täfelung *f*, (Wand-)Paneelierung *f*; Paneel *n*; Verkleidung *f*; **~ser** (~'se) *v/t.* [1a] täfeln, paneelieren; mit Gips verkleiden.

lambru|che, ~sque (lɑ̃'bryʃ, ~'brysk) ⚘ *f* wilder Wein *m*.

lame (lam) *f* **1.** Klinge *f*; *~ à rasoir* Rasierklinge *f*; *~ de scie* Sägeblatt *n*; *fig. bonne ~, fine ~* guter Fechter *m*; **2.** dünnes (Metall- *usw.*) Plättchen *n*; Streifen *m*; △ *~ de ciment* Zementwand *f*; *~s pl. de persiennes* △ bewegliche Sonnenblenden *f/pl.*; *~s pl. à parquet* Stahlspäne *m/pl.*; *~ d'or, d'argent* Flitter-, Rausch-gold *n*, -silber *n*; **3.** Woge *f*, Welle *f*; **~-chargeur** ⚔ (~ʃar'ʒœ:r) *m* [6b] Ladestreifen *m*; **~lle** ⊕, ⚘, *zo.* (la'mɛl) *f* Lamelle *f*, Blättchen *n*, Plättchen *n*; **~llé, ~lleux** [7d] (~mɛ'le, ~mɛ'lø) *adj.* blättrig, geblättert; Blätter...

lamelliforme (lamɛli'fɔrm) *adj.* blättchen-, plättchen-förmig.

lamen|table (lamɑ̃'tablə) *adj.* □ jämmerlich, beklagenswert (*nicht v. Personen*); **~tation** (~tɑ'sjɔ̃) *f*: *oft ~s pl.* Jammergeschrei *n/sg.*, Wehklage

f/sg.; **~ter** (~'te) [1a] **I** *v/i.* brüllen (*v. Krokodil*); **II** *v/rfl.* se ~ jammern, wehklagen.
lamette (la'mɛt) *f* Plättchen *n.*
lamie *zo.* (la'mi) *f* Riesenhai *m.*
lamier ⚘ (la'mje) *m* Taubnessel *f.*
lami|nage ⊕ (lami'na:ʒ) *m* Walzen *n*; **~ner** ⊕ (~'ne) *v/t.* [1a] walzen, strecken; *tôle f laminée* Walzblech *n*; **~nerie** ⊕ (~n'ri) *f* Walzwerk *n*; **~neur** ⊕ (~'nœ:r) *m* Strecker *m in e-m Walzwerk*; **~noir** ⊕ (~'nwa:r) *m* Walz-, Streck-werk *n*, Walzmaschine *f.*
lampadaire (lɑ̃pa'dɛ:r) *m* Straßenlaterne *f*; Laternenmast *m*; (hohe) Stehlampe *f.*
lampant (lɑ̃'pɑ̃) *adj.* [7]: *huile f ~e* Brennöl *n.*
lampas¹ (lɑ̃'pɑ) *m* **1.** P Kehle *f*; **2.** *vét.* Frosch *m* (*bei Pferden*).
lampas² (~) *m* chinesischer Seidenstoff *m.*
lampe (lɑ̃:p) *f* **1.** Lampe *f*; ⚡ Röhre *f*; *~ triode* ⚡ Elektronenröhre *f*; *~ de chevet* Nachttischlampe *f*; *~ de quartz* Quarzlampe *f*; *~ à vapeur de mercure surpressée* Höchstdruckquecksilberdampflampe *f* (*für Dauerbeleuchtung*); *~ témoin* Prüflampe *f*; *~ à arc* Bogenlampe *f*; *~ à incandescence* Glühlampe *f*; *~ à suspension*, *~ suspendue* Ampel *f*, Hängelampe *f*; *~ de mineur*, *~ de sûreté* Gruben-, Sicherheits-lampe *f*; *~ de poche* (*-clignoteur* [6h] *Auto:* Blinker-) Taschenlampe *f*; (*Auto, für Pannen*): *~ à souder* Lötlampe *f*; *verre m à* (*od.* de) *~* Lampenzylinder *m*; **2.** *rad.* Röhre *f*; *~ bigrille*, *~ à double grille* Doppelgitterröhre *f*; *~ d'audition* (*d'émission*) Empfangs (Sende-)röhre *f*; *~ d'amplification*, *~ amplificatrice* Verstärkerröhre *f*; *~ à électrodes* Elektrodenröhre *f*; *~ de puissance*, *~ de sortie*, *~ de départ* Lautsprecherröhre *f*; *~ détectrice*, *~ (d')audion* Detektor-, Audion-röhre *f*; *~ pour redresser (le courant)* Gleichrichterröhre *f*; *~ à faible consommation* Sparröhre *f*; **3.** P Kehle *f*, Gurgel *f*, Schlund *m*; Bauch *m*, Pansen *m*; P *s'en mettre plein la ~* sich vollfressen; **~-arrière** (~a'rjɛ:r) *f* [6b] Schlußlaterne *f*; **~-éclair** *phot.* (~e'klɛ:r) *f* [6b] Blitzlichtlampe *f.*
lam|pée P (lɑ̃'pe) *f* tüchtiger Schluck *m*; **~per** P (~) *v/t.* [1a] gierig trinken, picheln, aussaufen.
lam|pion (lɑ̃'pjɔ̃) *m* **1.** Dochtlämpchen *n*; **2.** Lampion *m*; **~piste** (~'pist) *su.* Lampen-fabrikant *m*, -händler *m*, 🚂 -wärter *m*; F *fig.* kleiner Mann *m* (*untergeordneter Angestellter*); **~pisterie** (~pis'tri) *f* **1.** Lampenfabrikation *f*; **2.** 🚂 Lampenraum *m.*
lamproie *icht.* (lɑ̃'prwa) *f* Neunauge *n.*
lampyre *ent.* (lɑ̃'pi:r) *m* Glühwürmchen *n.*
lançage ⚓ (lɑ̃'sa:ʒ) *m* Stapellauf *m.*
lance (lɑ̃:s) *f* **1.** Lanze *f*; *fer m de ~* Lanzenspitze *f*; *~ d'étendard* Fahnenstange *f*; *fig. rompre une ~ en faveur de q.* für j-n e-e Lanze brechen, für j-n eintreten, sich für j-n einsetzen; **2.** *~ (à eau)* Spritzrohr *n* (*Feuerwehr*); **3.** *hist.* Lanzenreiter *m*; **4.** * Wasser *n*; Regen *m.*
lancé (lɑ̃'se) *adj.* im Schwunge, im Zuge; F blau, angeheitert.
lance|-bombes ⚔ (lɑ̃s'bɔ̃:b) *m* [6c] Bombenabwurfvorrichtung *f*; **~-flammes** ⚔ (~'flɑ:m) *m* [6c] Flammenwerfer *m*; **~-fusées** *a.* ⚔ (~fy'ze) *m* [6c] Raketenwerfer *m.*
lancement (lɑ̃s'mɑ̃) *m* **1.** ⚓ Stapellauf *m*; *Auto*: Antrieb *m*, Anlassen *n*; *ehm.* Ankurbeln *n*; ✈ Start *m*, Anwerfen *n*; Abschuß *m* (*Rakete*); *plate-forme f de ~* Abschußrampe *f* (*für Raketen*); **2.** *Sport*: *~ du javelot* Speerwurf *m*; *~ du marteau* Hammerwurf *m*; *~ du poids* Kugelstoßen *n*; *~ du disque* Diskuswerfen *n*; ⚔ *~ de bombes* Bombenabwurf *m*; **3.** *fig.* Förderung *f* (*e-r Person*); Emporkommen *n*; Veröffentlichung *f.*
lance-mines ⚔ (lɑ̃s'min) *m* [6c] Minenwerfer *m.*
lancéolé ⚘ (lɑ̃seɔ'le) *adj.* lanzettförmig.
lance-pierres (lɑ̃s'pjɛ:r) *m* [6c] Steinschleuder *f* (*aus Gummi für Kinder*).
lancer (lɑ̃'se) [1k] **I** *v/t.* **1.** schleudern, werfen, schmeißen F; (*Strahl*) aussenden; *ch.* jagen, hetzen; ⚔ *~ des bombes* Bomben (ab)werfen; *~ le poids* die Kugel stoßen; *~ la balle od. le ballon* den Ball einwerfen; *~ un pont* e-e Brücke schlagen; *~ des jurons* Flüche ausstoßen; **2.** veröffentlichen; *~ un mandat d'arrêt* e-n Verhaftungsbefehl erlassen; **3.** vorwärtsstoßen; *Auto*, ✈ *~ le moteur* den Motor anlassen *~ le moteur à toute vitesse* (*od. allure*) Vollgas geben; 🚂 *~ un train* e-n Zug abfahren lassen; *~ un navire* ein Schiff vom Stapel lassen; **4.** *fig.* in

Schwung (in Gang, in Mode, auf den Markt) bringen; in die Welt einführen; *l'affaire est bien lancée* die Sache ist gut im Zuge; *~ q.* j-m zum Erfolg verhelfen, j-n lancieren, j-n in Aufnahme bringen; **II** *v/rfl. se ~* sich stürzen (*sur* auf *acc.*); *fig.* sich werfen (*dans* auf *acc.*); *fig.* eintreten; sich wagen (*dans* in *acc.*).

lance-torpille ⚓, ⚔ (lãstɔr'pij) *m* [6c] Torpedokanone *f.*

lan|cette *chir.* (lã'sɛt) *f* Lanzette *f*; **~ceur** (~'sœːr) *su.* [7g] j. der etw. in Gang *od.* in Mode bringt; Förderer *m* (*e-r Person*); *~ d'affaires* Manager *m*; *Sport*: *~ du poids* Kugelstoßer *m*; *~ de marteau, ~ de javelot, ~ de disque* Hammer-, Speer-, Diskus-werfer *m*; *~ de drapeau* Fahnenschwinger *m.*

lanci|nant (lãsi'nã) *adj.* [7]: *douleur f ~e* stechender Schmerz *m*; **~nement** (~sin'mã) *m* Stechen *n.*

landau (lã'do) *m* Kinder-(Puppen-)wagen *m mit Verdeck.*

lande (lãːd) *f* Heide(land *n*) *f.*

Landerneau (lãdɛr'no) *m fr. Ort*; F *fig. il y aura du bruit dans ~* das ist was für die Kleinstadt.

landier *cuis.* (lã'dje) *m* Feuerbock *m.*

langage (lã'gaːʒ) *m* Sprache *f* (*als Verständigungsmittel*); Ausdrucksweise *f*, Sprechfähigkeit *f*; Sondersprache *f*; *~ familier, ~ de tous les jours* Umgangssprache *f*; *~ populaire* Volkssprache *f*; *~ trivial* Vulgärsprache *f*; *~ du barreau* Gerichtssprache *f*; *~ technique, ~ du métier* Fachsprache *f*; *~ militaire* Militärsprache *f*; *~ du geste* Gebärdensprache *f*; *faute f de ~* Sprachfehler *m*; *changer de ~* in e-m andern Ton sprechen, *fig.* e-n anderen Ton anschlagen.

lange (lãːʒ) *m* Windel *f.*

langer (lã'ʒe) *v/t.* [1l]: *~ un nourrisson* e-n Säugling wickeln; *table f à ~* Wickeltisch *m.*

langoureux (lãgu'rø) *adj.* [7d] schmachtend.

langouste *zo.* (lã'gust) *f* Languste *f.*

langue (lãːg) *f* **1.** Zunge *f*; *~ chargée* belegte Zunge *f*; *~ de vipère* böswilliger Mensch *m*; *des mauvaises ~s* Lästerzungen *f/pl.*; *coup m de ~* Verleumdung *f*; *faire claquer sa ~* mit der Zunge schnalzen; *tirer la ~ à q.* j-m die Zunge herausstrecken; *se mordre la ~* sich auf die Zunge beißen; *fig.* etw., das man sagen wollte, unterdrücken; *il ne sait tenir la ~, il a la ~ trop longue* er kann den Mund nicht halten; *ne pas avoir sa ~ dans sa poche* schlagfertig sein; *donner* (*od. jeter*) *sa ~ au chat* e-e Sache aufgeben; auf das Erraten e-s Rätsels verzichten; **2.** Sprache *f* (*e-s Volkes*); Sprech-, Rede-weise *f*; Sondersprache *f* (*vgl. langage*); *gr. ~s pl. agglutinantes* (*flexionnelles*) agglutinierende (flektierende) Sprachen *f/pl.*; *~ maternelle* Muttersprache *f*; *~ mère* Ursprache *f*; *~ courante* (*poétique, littéraire*) Umgangs- (Dichter-, Literatur-)sprache *f*; *~ vivante* (*morte*) lebende (tote) Sprache *f*; *~ étrangère* Fremdsprache *f*; *~ universelle* Weltsprache *f*; *~ verte* Gaunersprache *f*, Verbrechersprache *f*, Rotwelsch *n*; *~ vulgaire* Volkssprache *f*; *~ d'oïl* alte Sprache *f Nordfrankreichs*; *~ d'oc* Provenzalische *n*; **3.** *~ de terre* Landzunge *f*; **4.** *ent.* Saugrüssel *m der Schmetterlinge.*

languette (lã'gɛt) *f* kleine Zunge *f*; Zünglein *n*; *cord.* Lasche *f* (*am Schuh*); ♪ (Ventil-)Klappe *f*; *~ (de robe)* Langette *f.*

lan|gueur (lã'gœːr) *f* **1.** ⚕ Entkräftung *f*, Mattigkeit *f*, Schlaffheit *f*; **2.** *fig.* Abspannung *f*, Niedergeschlagenheit *f*, Gleichgültigkeit *f*; **3.** Liebes-sehnen *n*; Wehmut *f*; **~guir** (~'giːr) *v/i.* [2a] **1.** ⚕ entkräftet (matt) sein *od.* werden; dahinwelken; **2.** erstarrt liegen (*Natur*); **3.** *fig.* dahinschleichen, darniederliegen; stocken (*Unterhaltung*); **4.** (ver)schmachten; *faire ~ q.* j-n lange warten lassen; **5.** *~ de q.* sich nach j-m (*dat.*) sehnen; **~guissant** (~gi'sã) *adj.* [7] entkräftet, siech; matt; *fig.* schmachtend; stockend; ✝ flau, gedrückt; **~guissement** (~gis'mã) *m* (Liebes-)Schmachten *n.*

laniaire (la'njɛːr) *adj. u. f* (*dent f*) *~* Hunds-, Reiß-zahn *m.*

lanier *orn.* (la'nje) *m* Wanderfalke *m.*

lanière (la'njɛːr) *f* Riemen *m.*

lanigère ⚘, *zo.* (lani'ʒɛːr) *adj.* wolletragend; wollig.

lanoline *phm.* (lanɔ'lin) *f* Lanolin *n.*

lanter|ne (lã'tɛrn) *f* **1.** Laterne *f*; *Auto*: Park-, Stand-licht *n*; *~ de signalisation* Verkehrsampel *f*; Signallaterne *f*; *cin., phot. ~ à projections* Projektor *m*, Bildwerfer *m*; *~ magique* Laterna magica *f*,

Zauberlaterne *f*; ~ *sourde* Blendlaterne *f*; ~ *tempête f* [6b] Sturmlaterne *f*; ~ *vénitienne* Lampion *m*; *faire prendre à q. des vessies pour des* ~*s* j-m etw. vormachen, j-m e-n Bären aufbinden; **2.** Laternenpfahl *m*; **3.** *méc.* Getriebe *n*; **4.** *thé.* Gitterloge *f*; **~neau** (~'no) *m* ⚠ durchbrochenes Kuppeltürmchen *n*; ⚠ Oberlicht *n*; **~ner** (~'ne) [1a] **I** *v/i.* bummeln, langsam sein, trödeln; **II** F *v/t.* hinhalten, vertrösten; **~ne-tempête** (~tɛrnətɑ̃'pɛt) *f* [6b] Sturmlaterne *f*; **~nier** (~'nje) *m* **1.** Laternen-macher *m*, -anzünder *m*; **2.** F *fig.* Trödelheini *m* F.

lantiponner P † (lɑ̃tipɔ'ne) [1a] *v/t.* s-e Zeit vertrödeln.

lanturlu (lɑ̃tyr'ly) *m* ausweichende Antwort *f*; *fig.* Korb *m*, Absage *f*.

lanugineux ⚘ (lanyʒi'nø) *adj.* [7d] flaumig.

Laon (lɑ̃) *m fr. Stadt an der Aisne.*

laotien *géogr.* (laɔ'sjɛ̃) *adj.* [7c] laotisch.

lapalissade (lapali'sad) *f*: (*a. vérité f de La Palice*) Binsenwahrheit *f*.

laparotomie ⚕ (laparɔtɔ'mi) *f* Bauchschnitt *m*.

lape * (lap) *m*: *bon à* ~ zu nichts gut.

laper (la'pe) *v/t. u. v/i.* [1a] (auf-)lecken; schlabbern F.

lapereau (la'pro) *m* [5b] junges Kaninchen *n*.

lapi|daire (lapi'dɛ:r) **I** *m* (*auch adj.*: *ouvrier m* ~) Edelsteinschleifer *m*; **II** *adj.*: *style m* ~ Steinschrift *f*; *fig.* kernige Schreibweise *f*, markiger Stil *m*; *réponse f* ~ bündige (knappe, lapidare) Antwort *f*; **~dation** (~dɑ'sjɔ̃) *f* Steinigung *f*; **~der** (~'de) *v/t.* [1a] steinigen; **~dification** (~difika'sjɔ̃) *f* Versteinerung *f*; **~difier** (~di'fje) [1a] *v/t. u. v/rfl.* se ~ versteinern.

lapin *zo.* (la'pɛ̃) *su.* [7] Kaninchen *n*; ~ *de clapier*, ~ *domestique*, ~ *de choux* zahmes Kaninchen *n*; ~ *sauvage*, ~ *de garenne* wildes Kaninchen *n*; *plais.* ~ *de gouttière* Dachhase *m* (*Katze*); *un fameux* ~ ein Pfundskerl *m*, ein famoser Kerl *m*; F *poser un* ~ *à q.* j-n versetzen; **~ière** (~pi'njɛ:r) *f* Kaninchenstall *m*.

lapis(-lazuli) (la'pis lazy'li) *m* Lazurstein *m*.

laps (laps) *m*: ~ *de temps* Zeitraum *m*.

lapsus F (lap'sys) *m* Lapsus *m*, Versehen *n*; ~ *linguae* (lɛ̃'gɥɛ) Lapsus *m* linguae, Sichversprechen *n*; ~ *calami* (kala'mi) Schreibfehler *m*.

laquage (la'ka:ʒ) *m* Lackieren *n*.

laquais (la'kɛ) *m* Lakai *m*.

laque (lak) **I** *f* (*Gummi-*)Lack *m*; ~ *en bâtons* Stangenlack *m*; ~ *en écailles*, ~ *en feuilles*, ~ *en plaques* Schellack *m*; ~ *à ongles* Nagellack *m*; **II** *m* (*a. adj.*: *vernis m* ~) schwarzer (*od.* roter) chinesischer Lackfirnis *m*.

laquer (la'ke) *v/t.* [1a] lackieren.

laqueux (la'kø) *adj.* [7d] lackartig.

larbin P *péj.* (lar'bɛ̃) *m* Diener *m*.

larcin (lar'sɛ̃) *m* **1.** kleiner Diebstahl *m*; **2.** gestohlene Sache *f* (*von geringem Wert*); **3.** Plagiat *n*.

lard (la:r) *m* Speck *m*; *petit* ~, ~ *maigre* magerer (*od.* durchwachsener) Speck *m*; P *faire du* ~ Speck ansetzen, fett werden; **~er** *cuis.* (lar'de) *v/t.* [1a] spicken; *fig.* ~ *de coups d'épée* mit Schwerthieben durchbohren; **~erasse** ⚓ (lardə'ras) *f* dickes Tau *n*; **~oire** (~'dwa:r) *f* Spicknadel *f*; **~on** (~'dɔ̃) *m* **1.** *cuis.* Speckscheibe *f*; **2.** *fig.* Stichelei *f*; **3.** P kleines Kind *n*; Baby *n*; Wonneproppen *m* P; **~onner** (~dɔ'ne) *v/t.* [1a] *cuis.* Speck in Scheiben schneiden; spicken; *fig.* ~ *q.* gegen j-n sticheln.

largable ✈ (lar'gablə) *adj.* ausklinkbar.

large (larʒ) **I** *adj.* □ **1.** breit; weit; geräumig; *un homme m* ~ *d'épaules* ein breitschulteriger Mann *m*; *f/pl.*; **2.** *fig.* groß, bedeutend, beachtlich; *fig. les* ~*s masses* die breiten Massen ausgedehnt; weitreichend; *faire de* ~*s concessions* weitgehende Zugeständnisse machen; *de* ~*s facilités f/pl. de paiement* weitreichende (*od.* beachtliche) Zahlungserleichterungen *f/pl.*; **3.** *fig.* üppig, freigebig; *péj.* weit (*in Verbindung mit conscience*); *homme m* ~ freigebiger Mensch *m*; *avoir la conscience* ~ kein Gewissen haben, gewissenlos (*od.* skrupellos) sein; **4.** *peint.* stark, kühn; *à* ~*s traits* mit kühnen Strichen, in kühner Linienführung; **II** *adv.* **5.** *ne pas en mener* ~ kleinlaut werden; **6.** *peindre* ~ kühn den Pinsel führen; **III** *m* **7.** Breite *f*; *trois mètres de* ~ drei Meter breit (*od.* in der Breite); *advt.*: *au* ~ geräumig; *fig.* bequem; in guten Verhältnissen; *au* ~*!* weg da!, zurück!,

Platz da!; *de long en* ~ auf u. ab; **8.** hohe See *f*; F *fig. gagner* (*od. prendre*) *le* ~ das Weite suchen; ausreißen, auskneifen F; **~ment** (larʒə'mɑ̃) *adv.* weit, geräumig; *fig.* reichlich; **~sse** (~'ʒɛs) *f* Freigebigkeit *f*; Großzügigkeit *f*; ~s *pl.* Geschenke *n/pl.*.

largeur (lar'ʒœ:r) *f* **1.** Breite *f*; Weite *f*; *trois mètres de* ~ drei Meter breit; *fig.* ~ *de cœur* Großherzigkeit *f*; ~ *de vues* Großzügigkeit *f*; **2.** ⚒ Mächtigkeit *f*; **3.** *fig.* ~ (*de vues, d'esprit*) Weitblick *m*.

lar|gue (larg) *adj.* schlaff; *vent m* ~ Seiten- *od.* Neben-wind *m*; **~guer** (~'ge) *v/t.* [1m] ⚓ nachlassen, schießen lassen; ✈, ⚔ ~ *des bombes* Bomben abschießen (*od.* ✈ ausklinken).

larigot (lari'go) *m ehm.* ♪ *Art* Flöte *f*.

larix ♀ (la'riks) *m* Lärche *f*.

larme (larm) *f* (*mst. pl.*) **1.** Träne *f*; *fondre en* ~s in Tränen ausbrechen; *rire aux* (*od. jusqu'aux*) ~s Tränen lachen; *pleurer toutes les* ~s *de son corps* sich die Augen ausweinen; **2.** F Tröpfchen *n*; ♀ Tropfen *m*; **3.** *ch.* ~s *pl. de plomb* Vogelschrot *m*.

larmier (lar'mje) *m* **1.** ▲ Traufdach *n*; Traufbrett *n*; **2.** *anat.* Tränenwinkel *m*; **3.** *zo.* ~s *m/pl.* (*a. larmières f/pl.*) Tränensack *m* der Hirsche; **4.** ~s *m/pl.* Schläfe *f* des Pferdes.

larmoiement ⚕ (larmwa'mɑ̃) *m* Tränen *n* (*d. Augen*).

larmoy|ant (larmwa'jɑ̃) *adj.* [7] in Tränen zerfließend; weinerlich; *comédie f* ~e rührseliges Lustspiel *n*; **~er** (~mwa'je) *v/i.* [1h] bitterlich weinen; plärren, heulen; **~eur** (~'jœ:r) *su.* [7g] Heulender *m*.

larron (lɑ'rɔ̃) *m* **1.** (*f*: **~nesse**) Dieb *m*, Spitzbube *m* F; *prov. l'occasion fait le* ~ Gelegenheit macht Diebe; **2.** *bibl.* Schächer *m*.

larv|aire *ent.* (lar'vɛ:r) *adj.* larvenartig; **~e** (larv) *f ent.* Larve *f*.

laryn|gé ⚕ (larɛ̃'ʒe) *adj.* Kehlkopf...; **~gien** *gr.* (~'ʒjɛ̃) *adj.* [7c]: *voyelle f* ~ne Kehllaut *m*; **~gite** ⚕ (~'ʒit) *f* Kehlkopf-, Hals-entzündung *f*, Laryngitis *f*; **~gologie** ⚕ (~gɔlɔ'ʒi) *f* Kehlkopflehre *f*, Laryngologie *f*; **~gologiste** ⚕ (~gɔlɔ'ʒist) *m* Kehlkopfspezialist *m*, Laryngologe *m*; **~goscope** ⚕ (~gɔs'kɔp) *m* Kehlkopfspiegel *m*, Laryngoskop *n*; **~gotomie** ⚕ (~gɔtɔ'mi) *f* Kehlkopfschnitt *m*; **~x** *anat.* (la'rɛ̃ks) *m* Kehlkopf *m*, Larynx *m*.

las (lɑ) *adj.* [7c] müde; überdrüssig (*gén.*); ~ *de sa profession* berufsmüde; ~ *à mourir* todmüde; *j'en suis* ~ ich habe es satt.

lascar F (las'kɑ:r) *m* Schlauberger *m*, Fuchs *m*, durchtriebener Kerl *m*.

lasci|f (la'sif) *adj.* [7e] wollüstig; unzüchtig; schlüpfrig; **~veté** (~siv'te) *f* Wollust *f*; Unzucht *f*; Schlüpfrigkeit *f*.

las|ser (lɑ'se) [1a] **I** *v/t.* müde machen, erschöpfen; *fig.* langweilen, mit Überdruß erfüllen; **II** *v/rfl. se* ~ sich ermüden; überdrüssig werden (*gén.*); **~situde** (lɑsi'tyd) *f* Müdigkeit *f*; *fig.* Überdruß *m*.

lasso (la'so) *m* Lasso *m od. n*.

latanier ♀ (lata'nje) *m* Fächerpalme *f*.

latent (la'tɑ̃) *adj.* [7] (*adv. latemment* [lata'mɑ̃]) latent; verborgen, *a.* ⚕ nicht wahrnehmbar.

latéral (late'ral) *adj.* [5c] □ seitlich, seitwärts befindlich (*od.* gelegen); Seiten..., Neben...; *rue f* ~e Neben-, Seiten-straße *f*.

latex ♀ (la'tɛks) *m* Milchsaft *m*.

latifolié (latifɔ'lje) *adj.* breitblätterig.

latin (la'tɛ̃) **I** *adj.* [7] **1.** lateinisch; *Quartier m* ~ Studentenviertel *n* in Paris; *nations f/pl.* ~es romanische Völker *n/pl.*; **2.** *antiq.* latinisch; *les populations f/pl.* ~es die Lat(e)iner *m/pl.*; **3.** *église f* ~e römisch-katholische Kirche *f*; **4.** ⚓ *voile f* ~e lateinisches (*dreieckiges*) Segel *n*; **II** *m das* Latein(ische *n*) *n*, *die* lateinische Sprache *f*; *en* ~ auf lateinisch; *bas* ~ Spätlatein *n*, Mittellatein *n*; ~ *de cuisine* Küchenlatein *n*; ~ *d'église* Kirchenlatein *n*; ~ *vulgaire* Vulgärlatein *n*; *être au bout de son* ~ mit s-m Latein (*od.* mit s-r Kunst) am Ende sein; **~isation** (~nizɑ'sjɔ̃) *f* Latinisierung *f*, Romanisierung *f*; **~iser** (~ni'ze) *v/t.* [1a] latinisieren; **~isme** (~'nism) *m* Latinismus *m*; **~iste** (~'nist) *m* Latinist *m*, Kenner *m* der lateinischen Sprache u. Literatur; **~ité** (~ni'te) *f* **1.** Latinität *f*; **2.** *basse* ~ späteres, schlechtes Latein *n*, spät-, mittel-lateinische Epoche *f*.

latitude (lati'tyd) *f* **1.** (geographische) Breite *f*; ~ *sud* südliche Breite *f*; **2.** Himmelsstrich *m*, Breitengrad *m*; **3.** *fig.* Freiheit *f*;

avoir toute ~ völlig freie Hand haben.
latrines (la'trin) *f/pl.* Abort *m.*
latt|age ⊕ (la'ta:ʒ) *m* Belattung *f*; Lattenverschlag *m*; ⚠ Holzlatten *f/pl.*; **~e** (lat) *f* Latte *f*; ⚔ Kürassiersäbel *m*; **~er** (~'te) *v/t.* [1a] belatten; **~is** (la'ti) *m* Lattenwerk *n*; **~is-roseaux** ⚠ (~ro'zo) *m/pl.* Rohrgewebe *n*, Rohrdeckenputz *m.*
laudanum 🕮 (loda'nɔm) *m* Opiumtinktur *f.*
laudatif (loda'tif) *adj.* [7e] lobpreisend.
lauréat (lɔre'a) *m* preisgekrönter Schriftsteller *m*; Preisträger *m*; ~ *du prix Nobel* Nobelpreisträger *m.*
laurelle ⚘ (lɔ'rɛl) *f* Lorbeerrose *f.*
laurier (lɔ'rje) *m* Lorbeer(baum *m*) *m*; ~*s pl. fig.* Lorbeerkranz *m*, Lorbeeren *pl.*, Ruhm *m*; **~-rose** ⚘ (~'ro:z) *m* [6a] Lorbeerrose *f.*
lava|ble (la'vablə) *adj.* waschbar, waschecht; **~bo** (~'bo) *m* Waschbecken *n*, -tisch *m*, -raum *m*, -toilette *f*; **~ge** (~'va:ʒ) *m* **1.** (Ab-, Aus-) Waschen *n*, Reinigen *n*; ⚗ Auslaugung *f*; *phot.* Wässern *n*; ⚕ ~ *d'estomac* Magenspülung *f*; *établissement m de* ~ *chimique* chemische Reinigungsanstalt *f*; *usé* (*od. décoloré*) *par le* ~ verwaschen; **2.** *cuis.* Plurre *f* P, wässeriges Zeug *n.*
lavallière (lava'ljɛ:r) *f* Künstlerkrawatte *f mit großer Schleife.*
lavande ⚘ (la'vɑ̃:d) *f* Lavendel *m.*
lavandière (lavɑ̃'djɛ:r) *f* **1.** *poét.* Waschfrau *f*; **2.** *orn.* Bachstelze *f.*
lavaret *icht.* (lava'rɛ) *m* Meermaräne *f*, Blau-, Sand-felchen *m.*
lavasse (la'vas) *f* Plurre *f* P, wässeriges Zeug *n.*
lave (lɑ:v) *f* Lava *f.*
lave-mains (lav'mɛ̃) *m* [6c] kleines Handwaschbecken *n.*
lavement (lav'mɑ̃) *m* **1.** *rl.* Waschung *f*; ~ *des pieds* Fußwaschung *f*; **2.** ⚕ Klistier *n*, Einlauf *m.*
laver (la've) [1a] **I** *v/t.* **1.** (ab-, aus-) waschen; abspülen; ⚕ auspumpen; *phot.* wässern; ~ *du linge* Wäsche waschen; ~ *par terre* aufwischen, reinemachen F; F *fig.* ~ *son linge sale en famille* e-n Streit unter sich abmachen; ~ *ses mains* sich die Hände waschen; *fig.* ~ *la tête à q.* j-m den Kopf waschen, j-n ausschelten; **2.** *fig.* rächen: **3.** P verscheuern F, verkloppen P; **II** *v/rfl.* *se* ~ sich waschen; *fig. se* ~ *de qch.* sich von etw. (*dat.*) rein waschen; *je m'en lave les mains* ich wasche meine Hände in Unschuld.
la|verie (la'vri) *f* **1.** ⊕ Erz-, Kohlenwaschanlage *f*; **2.** Spül-, Waschküche *f*; **3.** *néol.* Wäscherei *f*; **~vette** (~'vɛt) *f* Waschlappen *m* (*für Geschirr*); * Zunge *f*; *péj.* Waschlappen *m*, Feigling *m*; **~veur** (~'vœ:r) *su.* [7g] Wäscher *m*; *f*: Waschfrau *f*; ~ *de voiture Auto*: Wagenwäscher *m*; *laveuse f de vaisselle* Abwaschfrau *f*; **~veuse** (~'vø:z) *f*: ~ *automatique* Waschmaschine *f.*
lave-voitures *Auto* (lavvwa'ty:r) *m* [6c]: *appareil m de* ~ Wagenwaschgerät *n.*
lavique (la'vik) *adj.* lavaartig.
lavis (la'vi) *m* Tuschen *n*; (*dessin m au*) ~ Tuschzeichnung *f.*
lavoir (la'vwa:r) *m* **1.** Wasch-platz *m*, -haus *n*, -küche *f*; Spül-küche *f*, -becken *n*; **2.** = *laverie* 1.
lavure (la'vy:r) *f* **1.** Spülwasser *n*; **2.** F ~ *ce vaisselle* wässerige Suppe *f.*
lax|atif (laksa'tif) *adj.* [7e] *u. m* abführend; Abführmittel *n*; **~ité** ⚕ (~ksi'te) *f* Schlaffheit *f e-s Gewebes.*
layer (lɛ'je) *v/t.* [1i] *for.* Bäume anlaschen, stehenbleibende Bäume markieren; ~ *un bois* e-n Waldweg *od.* e-e Wildbahn durchhauen.
layes ⚒ (lɛ) *f/pl.* Bergmittel *n*, Streifen *m* im Flöz, Lage *f.*
layetier (lɛj'tje) *m* Kistenmacher *m.*
layette (lɛ'jɛt) *f* Babywäsche *f.*
layon *for.* (lɛ'jɔ̃) *m* Schneise *f.*
lazaret (laza'rɛ) *m* Quarantäneanstalt *f*; Hospitalschiff *n.*
lazulite (lazy'lit) *f* Lasurstein *m.*
lazzi(**s**) (la'[d]zi) *m/pl. inv.* derbe Witzeleien *f/pl.* (*über j-n*).
le (lə) *m*, **la** (la) *f*, *vor vo. u. stummem h*: **l'** (l), *pl.* **les** (le, *thé.*lɛ, *in der Bindung*: lez, *thé.* lɛz) **I** *art.* der, die, das; *pl.* die; *il reçoit le mercredi et le jeudi* mittwochs u. donnerstags hat er Sprechstunde; *Auto*: *ne pas dépasser le 90 à l'heure* e-e Stundengeschwindigkeit von 90 km nicht überschreiten; **II** *pr/p. acc.* ihn, sie, es; *pl.* sie.
lé (le) *m* **1.** *text.* Breite *f*, Bahn *f e-s Stoffes*; **2.** ⚓ Treidelpfad *m.*
leader (li'dœ:r) *m* **1.** *pol.* Parteiführer *m*; **2.** ✈ Flugzeug *n* an der Spitze e-s Verbandes; **3.** *Sport*: Anführer *m*, Bester *m*; **4.** *fig.* Leitartikel *m*; **~ship** *pol.* (lidœr'ʃip) *m*

führende Rolle *f*.

lèche (lɛʃ) *f* **1.** *cuis.* dünne Scheibe *f*; **2.** P Speichelleckerei *f*; *faire de la ~ à q., piquer la ~ de q.* sich bei j-m beliebt machen.

lèche|-bottes P (lɛʃ'bɔt) *m*, **~-cul** P (~'ky) *m* [6c] Speichellecker *m*, Kriecher *m*; **~frite** (~'frit) *f* Tropfpfanne *f*.

léch|er (le'ʃe) *v/t.* [1f] (ab)lecken, belecken; F *fig. litt., peint.* sehr sorgfältig ausarbeiten; leicht bespülen (*v. Wellen*); **~eur** (~'ʃœ:r) *adj. u. su.* [7g] **1.** leckermäulig; Leckermaul *n*; **2.** P *fig.* kriecherisch; Kriecher *m*, Speichellecker *m*; **3.** in s-r Arbeit zu penibler Mensch *m*.

lèche-vitrines F (lɛʃvi'trin) *m/inv.* [6c]: *faire du ~* e-n Schaufensterbummel machen.

lécithine *phm.* (lesi'tin) *f* Lezithin *n*.

leçon (lə'sɔ̃) *f* **1.** (Lehr-)Stunde *f*; *~s pl.* Unterricht *m*; *donner (prendre) des ~s de français* französischen Unterricht geben (nehmen); *~ d'observations, bisher genannt: ~ de choses* experimenteller naturwissenschaftlicher Unterricht *m* (*Unterstufe*); *écol. ~ libre* Frei-, Spring-stunde *f*; **2.** Belehrung *f*, Lehre *f*; *fig.* Warnung *f*, Verweis *m*; *écol.* Lektion *f*, Stück *n*; **3.** Lesart *f*.

lec|teur (lɛk'tœ:r) *su.* [7f] **1.** Leser *m*; Vorleser *m*; *~s pl.* Leserschaft *f*; **2.** Lektor *m* (*Universität, Verlag, thé.*); **3.** ♪ Spieler *m* vom Blatt; **4.** *typ.* Korrektor *m*; **5.** ⊕ Ablesevorrichtung *f*; **6.** Wiedergabe-, Hör-kopf *m* (*Magnetophon*); **~ture** (lɛk'ty:r) *f* **1.** Vorlesen *n*; **2.** Lesen *n*; Lektüre *f*; Lesestoff *m*; *cabinet m de ~* Lesezimmer *n*; Leihbibliothek *f*; *parl. venir à première ~* zur ersten Lesung kommen; **3.** Belesenheit *f*; *avoir beaucoup de ~* sehr belesen sein; **4.** *thé.* Leseprobe *f*.

ledit *m*, **ladite** *f* (lədi, la'dit) *adj.* besagte(r, s), obige(r, s).

lédonien (ledɔ'njɛ̃) *adj. u.* ♀ *su.* [7c] (Einwohner) aus Lons-le-Saunier.

légal (le'gal) *adj.* [5c] □ gesetzlich, gesetzmäßig, rechtlich, gerichtlich; *assassinat m ~* Justizmord *m*; *heure f ~e* Normalzeit *f*; *médecine f ~e* Gerichtsmedizin *f*; *voie f ~e* Rechtsweg *m*.

légali|sation (legaliza'sjɔ̃) *f* Legalisierung *f*, amtliche Beglaubigung *f*; **~ser** (~'ze) *v/t.* [1a] legalisieren, amtlich beglaubigen; **~té** (~'te) *f* Gesetzmäßigkeit *f*, Rechtskräftigkeit *f*, Legalität *f*.

légat *rl.* (le'ga) *m* Legat *m*.

légataire (lega'tɛ:r) *su.* Vermächtnisnehmer *m*, Legatar *m*; *~ universel* Universalerbe *m*.

légation (legɑ'sjɔ̃) *f dipl.* Gesandtschaft *f*; *conseiller m de ~* Legationsrat *m*.

lège ⚓ (lɛ:ʒ) *adj.* zu leicht befrachtet; unbefrachtet.

légen|daire (leʒɑ̃'dɛ:r) **I** *adj.* sagenhaft, legendenhaft, berühmt, (all-)bekannt, sprichwörtlich; **II** *m* Legendenschreiber *m*; Legendensammlung *f*; **~de** (le'ʒɑ̃:d) *f* **1.** Legende *f*, Heiligengeschichte *f*; **2.** *num.* Randschrift *f*; **3.** Erläuterung *f*, Zeichenerklärung *f*.

léger (le'ʒe) **I** *adj.* [7b] □ **1.** leicht *an Gewicht*; **2.** ⚒ leicht (*v. Boden*) **3.** leicht verdaulich; **4.** flink, leicht; *marcher d'un pas ~* flott marschieren; **5.** anmutig, angenehm, ungezwungen; schlank; **6.** gering, unbedeutend, oberflächlich; *blessé ~* Leichtverwundeter *m*; **7.** leicht(sinnig); unbeschwert; oberflächlich; **II** *advt.*: *à la légère* leicht(sinnig), unüberlegt; *vêtu à la légère* leichtgekleidet; *parler à la légère* plaudern, so dahinreden.

légèreté (leʒɛr'te) *f* **1.** Leichtigkeit *f*; **2.** Gewandtheit *f*, Behendigkeit *f*; *~ à la course* Schnelligkeit *f* im Lauf; **3.** Anmut *f*; **4.** Geringfügigkeit *f*; **5.** Unbesonnenheit *f*, Leichtfertigkeit *f*, Leichtsinn *m*, Sorglosigkeit *f*; Wankelmut *m*.

légiférer ⚖ (leʒife're) *v/i.* [1f] Gesetze machen.

légion (le'ʒjɔ̃) *f* **1.** Legion *f*, (Kriegs-)Schar *f*; **2.** ⚔ *Fr. ~ étrangère* Fremdenlegion *f*; ♀ *(d'honneur)* Ehrenlegion *f* (*Orden*); **3.** F *fig.* große Menge *f*, Unzahl *f*; *adjt. les langages secrets sont d'ailleurs ~ (inv.!)* die Geheimsprachen sind übrigens sehr zahlreich; **~naire** (~ʒjɔ'nɛ:r) *m* **1.** ⚔ (Fremden-)Legionär *m*; **2.** Mitglied *n* der Ehrenlegion.

législa|teur (leʒisla'tœ:r) *adj. u. su.* [7f] gesetzgebend; Gesetzgeber *m*; **~tif** (~'tif) *adj.* [7e] □ gesetzgeberisch; *(le corps) ~* (der) gesetzgebend(e Körper *m*); *pouvoir m ~* gesetzgebende Gewalt *f*; **~tion** (~lɑ'sjɔ̃) *f* Gesetzgebung *f*; Gesetze *n/pl.* (*in ihrer Gesamtheit*);

Gesetzeskunde *f*, Rechtswissenschaft *f*; **~ture** (~la'ty:r) *f* gesetzgebende Versammlung *f od.* Körperschaft *f*; Legislaturperiode *f*, Amtsdauer *f e-s Parlaments.*

légiste (le'ʒist) *m* Jurist *m*, Rechts-, Gesetzes-kundiger *m*, -gelehrter *m*.

légiti|maire (leʒiti'mɛ:r) *adj. u. su.* zum Pflichtteile gehörig; Pflichtteilberechtigter *m*; *héritier m ~* Noterbe *m*; *portion f ~* Pflichtteil *m u. n*; **~mation** (~ma'sjɔ̃) *f* Beglaubigung *f*; Legitimierung *f*; Berechtigungsnachweis *m*; Ehelicherklärung *f* e-s Kindes; *carte f de ~* Ausweiskarte *f*; **~me** (~'tim) **I** *adj.* □ **1.** recht-, gesetz-mäßig; ehelich (*Kind*); *~ défense f* Notwehr *f*; **2.** *fig.* billig, gerecht; **II** *f* F *ma ~* meine Frau *f*; **~mer** (~'me) [1a] **I** *v/t.* **1.** gültig machen; für rechtmäßig erklären; (gesetzlich) anerkennen (*Kind*); **2.** rechtfertigen; **II** *v/rfl.* se *~* sich ausweisen; **~miste** *hist.* (~'mist) *su.* Anhänger *m* des Königtums von Gottesgnaden; **~mité** (~mi'te) *f* **1.** Recht-, Gesetzmäßigkeit *f*; **2.** eheliche Geburt *f*.

legs (lɛ, lɛg) *m* Vermächtnis *n*; *~ pieux* milde Stiftung *f*.

léguer (le'ge) *v/t.* [1f] *u.* [1m]: *~ à q.* auf j-n vererben; *fig.* j-m hinterlassen, auf j-n übertragen.

légu|me (le'gym) **I** *m* **1.** Gemüse *n*; *pl. ~s secs* (*od. séchés*) Trockengemüse(sorten *f/pl.*) *n/sg.*; **2.** Schote *f*; **II** *f* **3.** P *grosse ~* höherer Beamter *m*, P hohes Tier *n*; *péj.* Bonze *m*; **~mier** (~'mje) **I** *adj.* [7b] Gemüse...; **II** *m* Gemüseschüssel *f*; **~mineuses** (~mi'nø:z) *f/pl.* Hülsenfrüchte *f/pl.*; **~mineux** (~mi'nø) *adj.* [7d] hülsentragend; Hülsen...; **~miste** (~'mist) *su.* (*a. adj.*: *jardinier m ~*) Gemüsegärtner *m*.

leitmotiv *litt.*, ♪, *allg.* (leitmɔ'tif) *m* Leitmotiv *n*.

Léman (le'mɑ̃) *adj. u. m.*: **le** (**lac**) *~* der Genfer See *m*.

lemming *zo.* (lɛ'mɛ̃) *m* Bergmaus *f*.

lendemain (lɑ̃d'mɛ̃) *m* folgender Tag *m*; *advt. le ~* am folgenden Tag; *le ~ matin* am folgenden Morgen; *du jour au ~* von einem Tag zum andern; über Nacht; *songer au ~* an die Zukunft denken; *remettre au ~* ver-, auf-schieben.

lendit (lɑ̃'di) *m* **1.** *hist.* Messe *f*, Jahrmarkt *m* (*zu Saint-Denis*); **2.** *~ scolaire* Schulsportfest *n*.

lendore (lɑ̃'dɔ:r) *su. fig. péj.* Schlafmütze *f*, Trottel *m*.

léni|fiant (leni'fjɑ̃) *adj.* [7] schmerzlindernd; **~fier** (~'fje) *v/t.* [1a] lindern; **~tif** (~'tif) *adj.* [7e] *u. m* beruhigend(es) *od.* lindernd(es Mittel *n*); *fig.* Trost *m*.

Lénin|e *pol.* (le'nin) *npr. m* Lenin *m*; **2ien** (~'njɛ̃) *adj.* [7c] leninisch; **2isme** *pol.* (~'nism) *m* Leninismus *m*; **2iste** *pol.* (~'nist) *adj. u. su.* leninistisch; Leninist *m*.

lent (lɑ̃) *adj.* [7] □ **1.** langsam; *fig. a.* schwerfällig, träge, schläfrig; *esprit m ~* Schwerfälligkeit *f*; **2.** ⚕ *fièvre f ~e* schleichendes Fieber *n*.

lente *ent.* (lɑ̃:t) *f* Nisse *f*, Lausei *n*.

lenteur (lɑ̃'tœ:r) *f* **1.** Langsamkeit *f*; *fig.* Schwerfälligkeit *f*, Trägheit *f*, Schläfrigkeit *f*; **2.** *~s pl.* Zaudern *n*, Zögern *n*, Verzögerung *f*; *~s administratives* Bürokratie *f* der Verwaltungsbehörden.

lenti|culaire, ~culé (lɑ̃tiky'lɛ:r, ~ky'le) *adj.* linsen-förmig, -artig, Linsen...; *verre m ~* Linsen-, Brillen-glas *n*; **~forme** (~'fɔrm) *adj.* linsenförmig.

lentigo ⚕ (lɛ̃ti'go) *m* Leberfleck *m*.

lentille (lɑ̃'tij) *f* **1.** Linse *f*; **2.** linsenförmiger Körper *m*; *opt.* Linse(nglas *n*) *f*; *~ convexe od. convergente, ~ de convergence, ~ collectrice* Sammellinse *f*; *~ de pendule* Scheibe *f* am Uhrpendel; **3.** ⚕ Leberfleck *m*.

lentisque (lɑ̃'tisk) *m* Mastixbaum *m*.

léonin (leɔ'nɛ̃) *adj.* [7] Löwen...; *part f ~e* Löwenanteil.

léopard *zo.* (leɔ'pa:r) *m* Leopard *m*.

lépidoptérologie (lepidɔpterɔlɔ'ʒi) *f* Schmetterlingskunde *f*.

lépidosirène *icht.* (lepidɔsi'rɛn) *m* Lepidosiren *m*, Schuppenmolch *m*.

lépiote ⚘ (le'pjɔt) *f* Lepiotapilz *m*.

lépisme *ent.* (le'pism) *m* Silberfischchen *n*.

léporid|e *zo.* (lepɔ'rid) *m* Bastardhase *m*; **~és** *zo.* (~'de) *m/pl.* hasenartige Nager *m/pl.*

lèpre ('lɛ:prə) *f* **1.** ⚕ Lepra *f*, Aussatz *m*; **2.** *fig.* Krebs-schaden *m*, -übel *n*, Pest *f*.

lépr|eux (le'prø) *adj. u. su.* [7d] aussätzig, leprakrank; Aussätziger *m*; **~oserie** (leproz'ri) *f* Krankenhaus *n* für Aussätzige.

lepte *ent.* (lɛpt) *m* Kerfmilbe *f*.

lequel (lə'kɛl) *m*, **laquelle** (la'kɛl) *f*,

lesquels *m/pl.*, **lesquelles** (le'kɛl, *thé.* lɛ'kɛl) *f/pl.*, *pr/r.* (*nach Präpositionen in bezug auf Sachen od. allg. zur Geschlechtsunterscheidung*) *und pr/i.* (*Auswahlsfrage*) welcher, welche, welches; *pl.*: welche; der, die, das; *pl.*: die; *auquel de ces messieurs voulez-vous parler?* welchen dieser Herren wollen Sie sprechen?
lérot *zo.* (le'ro) *m* Gartenschläfer *m.*
les (le, lɛ) *art. u. pr/p.* s. *le*; ~ *Racine* ein (*Dichter wie*) Racine; *dans ~ vingt-quatre heures* in 24 Stunden.
lès † (lɛ) *prp.* bei (*in Ortsnamen*).
lèse (lɛ:z) *adj./f* (*nur in bestimmten Zssgn*) beleidigt; **~-majesté** (~maʒɛs'te) *f*: *crime m de ~* Majestätsbeleidigung *f.*
léser (le'ze) *v/t.* [1f] (be)schädigen; beleidigen; beeinträchtigen; verletzen; ~ *q.* j-m schaden.
lési|ne (le'zin) *f* Knauserei *f*; **~ner** (~'ne) *v/i.* [1a] knausern, knickern; **~nerie** (~n'ri) *f* Knauserei *f*, Knickerei *f*; **~neur** (~'nœ:r) *su. u. adj.* [7g] Knauser *m*; knauserig.
lésion (le'zjɔ̃) *f bsd.* ⚖ Schädigung *f*, Übervorteilung *f*, Beschädigung *f*; ⚕ Verletzung *f*; *~s pl. cérébrales* Gehirnschäden *m/pl.*
lesquel(le)s (le'kɛl, lɛ'kɛl) *pr/r.* s. *lequel.*
lessi|vable (lɛsi'vablə) *adj.* waschecht; **~vage** (~'va:ʒ) *m* Auslaugen *n*, Waschen *n*; **~ve** (lɛ'si:v) *f* **1.** Wäsche *f* (*als Tätigkeit*); *faire la ~* (große) Wäsche haben; **2.** schmutzige Wäsche *f*; **3.** Lauge *n*) *f*; ⚗ *~ de soude* (*de potasse*) Soda-(Pottaschen-)lauge *f*; **4.** F großer Verlust *m beim Spiel*; *faire une ~* e-n großen Verlust erleiden; **5.** *fig.* ✝, *adm.* Reinigung *f*, Säuberung *f*; **~ver** (~si've) *v/t.* [1a] auslaugen; waschen, ausspülen; F verscheuern, zu Geld machen; P *être lessivé* ruiniert sein; **~veur** ⊕ (~'vœ:r) *m*: ~ *sphérique* Dreh-, Druck-kocher *m*; **~veuse** ⊕ (~'vø:z) *f* Waschmaschine *f*; Waschkessel *m.*
lest (lɛst) *m* Ballast *m*; *aller en ~* ohne Ladung fahren; *fig. jeter du ~* klein beigeben, nachgeben.
leste (~) *adj.* □ **1.** flink, hurtig; *il a la main ~* er schlägt gleich zu; *avoir la réplique ~* kurz angebunden sein; **2.** gewandt, geschickt; **3.** *fig.* frei, leichtfertig, ungeniert.
lest|er (lɛs'te) *v/t.* [1a] ⚓ ein Schiff mit Ballast beladen; *fig. se ~ l'estomac* sich den Leib vollschlagen; **~eur** (~'tœ:r) *m* **1.** Ballastschiff *n*; **2.** Ballasteinlader *m.*
léthal (le'tal) *adj.* [5c] tödlich; **~ité** ⚕ (~li'te) *f* Sterblichkeit *f*; *établir des tables de ~* Sterblichkeitstabellen aufstellen.
léthar|gie (letar'ʒi) *f* Lethargie *f* (*a. fig.*), Schlafsucht *f*; Schläfrigkeit *f*; Scheintod *m*; **~gique** (~'ʒik) *adj.* schlafsüchtig; *fig.* lethargisch.
letton (lɛ'tɔ̃) **I** *adj.* [7c] lettisch; **II** ♀ *su.* [7e] Lette *m*; **♀ie** *ehm.* (~tɔ'ni) *f*: **la** ~ *géogr.* Lettland *n*; **~ien** (~'njɛ̃) *adj.* [7c] lettisch.
lettre ('lɛtrə) *f* **1.** Buchstabe *m*; ~ *distinctive* Kennbuchstabe *m*; *fig. à la ~, au pied de la ~* buchstäblich, wortgetreu; ~ *initiale* Anfangsbuchstabe *m*; ~ *labiale* Lippenlaut *m*; ~ *majuscule* (*minuscule*) großer (kleiner) Buchstabe *m*; *en toutes ~s* in Buchstaben, ausgeschrieben, in Worten; **2.** *typ.* Letter *f*, Type *f*; **3.** Brief *m*, Schreiben *n*; Urkunde *f*; ~ *d'achat* Kaufbrief *m*; ~ *d'affaires* Geschäftsbrief *m*; ~ *d'amour* Liebesbrief *m*; ~ *d'apprentissage* Lehrbrief *m*, Lehrzeugnis *n*; ~ *d'arrestation* Steckbrief *m*; ~ *pastorale* Hirtenbrief *m*; ~ *d'attestation* Anerkennungsschreiben *n*; ~ *de rappel* Abberufungs-, Erinnerungs-schreiben *n*; ~ *par avion* Luftpostbrief *m*; ✝ ~ *de garantie* Revers *m*, Garantieschreiben *n*; ~ *de gage* Pfandbrief *m*; ~ *de crédit pour voyageurs* Reisekreditbrief *m*; *hist.* ~ *de bourgeoisie* Bürgerbrief *m*; *hist.* ~ *de cachet* geheimer Verhaftungsbefehl *m* (*vor der Französ. Revolution*); ~ *circulaire* Rundschreiben *n*; ~ *de change* Wechsel *m*; ~ *chargée* Wertbrief *m*; ~ *de commerce* Geschäftsbrief *m*; ~ *de créance* Beglaubigungsschreiben *n*; ~ *de demande*, ~ *de sollicitation* Bewerbungsschreiben *n*; ~ *d'envoi* Begleitschreiben *n*; ~ *de faire part* (Heirats-, Geburts-, Todes- *usw.*) Anzeige *f*; *féod.* ~ *d'investiture* Lehnbrief *m*; ~ *de procuration* schriftliche Vollmacht *f*; ~ *de recommandation* Empfehlungsschreiben *n*; ~ *recommandée* Einschreibebrief *m*; ~ *de remboursement* Nachnahmebrief *m*; ~ *de valeur déclarée* Wertbrief *m*; ~ *de voiture* Frachtbrief *m*; Begleitschein *m*; Lieferzettel *m*; ~ *particulière*, ~ *privée* Privatbrief *m*; *par ~* brieflich; *secret*

m des ~s Briefgeheimnis *n*; *lever les ~s* den Briefkasten leeren; *c'est pour moi ~s closes* das ist für mich ein Buch mit sieben Siegeln; **4.** *~s pl.* Schrifttum *n*, Literatur(wissenschaft *f*) *f*; *les (belles-) ~s* die schönen Wissenschaften *f/pl.*; *docteur ès ~s* Doktor der Philosophie; *homme m de ~s (pl.: gens de ~s)* Literat(en *m/pl.*) *m*; *les saintes ~s* die Heilige Schrift *f*; **5.** *hist. ~s pl. patentes* königliche Patentschrift *f*; **6.** *Kupferstecherei*: Unterschrift *f*, Titel *m*.

lettré (lɛ'tre) *adj. u. su.* wissenschaftlich, gebildet; gebildete(r) Mensch *m*; Gebildeter *m*.

leu (lø) *m* F: *marcher à la queue ~ ~* im Gänsemarsch gehen (*od.* laufen).

leucopathie ⚕ (løkɔpa'ti) *f* Albinismus *m*.

leur (lœ:r) **I** *pr/poss.* ihr, ihre (*bei mehreren Besitzern!*); *le ~, la ~* der, die, das ihrige; *les ~s* die ihrigen, ihre Angehörigen; **II** *pr/p. 3e pers. du pl.* (*inv.*) ihnen.

leur|re (lœ:r) *m* künstlicher Köder *m*; *fig.* Köder *m*, Täuschung *f*, Illusion *f*; *devenir un ~* sich umkehren, ins Gegenteil umschlagen; **~rer** (lœ're) [1a] **I** *v/t.* ködern; (an)locken; **II** *se ~ de qch.* sich in der Hoffnung auf etw. wiegen.

levage (lə'va:ʒ) *m* Heben *n*, Aufrichten *n*; *appareil m* (*od.* *engin m*) *de ~* Hebevorrichtung *f*.

levain (lə'vɛ̃) *m* **1.** Sauerteig *m*; Hefe *f*; **2.** *fig.* Keim(zelle *f*) *m*.

levant (lə'vɑ̃) **I** *adj./m* **1.** *soleil m ~* aufgehende (*od.* Morgen-)Sonne *f* (*a. fig.*); **II** *m* **2.** Sonnenaufgang *m*; Osten *m*; **3.** *le* ♀ die Levante *f*; **~in** (~'tɛ̃) *adj. u.* ♀ *su.* [7] levant(in)isch; Levantiner *m*.

levé (lə've) *m* **1.** Aufnahme *f e-s Planes*; *~ topographique du terrain* Geländeaufnahme *f*; **2.** ♪ Vorschlag *m*; Auftakt *m*; **~e** (~) *f* **1.** Aufheben *n*, Hochheben *n*, Ab-, Auf-nehmen *n*; *~ de la température* Fiebermessen *n*; **2.** *fig.* Aufhebung *f e-r Sitzung, e-r Belagerung*; Schluß *m*; Abbrechen *n v. Verhandlungen usw.*; **3.** ⚔ Aushebung *f von Soldaten*, Einziehung *f*; *~ en masse* Massenaufgebot *n*, Generalmobilmachung *f*; **4.** Einsammeln *n der Früchte*; Ernte *f*; **5.** Stich *m* (*Kartenspiel*); **6.** ✉ (Aus-)Leerung *f e-s Briefkastens*; *faire la ~* den Briefkasten leeren; **7.** Erhebung *f der Steuern*; **8.** (aufgeschütteter) Damm *m zur Seite e-s Flusses usw.*; **9.** Hub(höhe *f*) *m des Kolbens usw.*; *~ de (od. des) soupape(s)* Ventilhub *m*; **10.** *~ de l'ancre* Lichten *n* des Ankers; **11.** Aufgehen *n der Saat*.

lève|-auto (lɛvo'to) *m* Wagen-, Autoheber *m*; **~-fenêtre** (~fə'nɛ:trə) *m* Fensterheber *m*; **~-glace** (~'glas) *m* *Auto*: Scheibenheber *m*.

lever (lə've) [1d] **I** *v/t.* **1.** (auf-)heben, in die Höhe heben, aufnehmen, -richten; *~ les épaules* die Achseln zucken; *~ la charpente d'une maison* ein Haus richten; *fig. ~ le pied* durchbrennen, ausreißen; *~ les pieds* die Füße heben; *fig. ~ le voile* den Schleier lüften; *~ son chapeau* den Hut abnehmen; *~ les yeux* die Augen aufschlagen; *~ les yeux sur (od. vers) q.* j-n ansehen, j-m zusehen; **2.** wegnehmen, beseitigen, entfernen; *fig.* abbrechen; *fig.* aufheben (*Strafe*); *~ un doute* e-n Zweifel beseitigen; *~ le camp* das Lager abbrechen, das Feld räumen; abziehen; ⚔ *~ la garde od. la sentinelle* die (Schild-)Wache ablösen; *~ le siège* die Belagerung aufheben; *la séance est levée* die Sitzung ist geschlossen; *~ une punition* e-e Strafe aufheben; **3.** ein-ernten, -sammeln; *Kartenspiel*: *~ les cartes*, *~ le pli* den Stich einziehen; **4.** *Steuern* erheben; **5.** ⚔ (an)werben, ausheben; **6.** ⚓ *~ l'ancre* den Anker lichten; **II** *v/i.* **7.** ✓ keimen, aufgehen; *Teig*: gehen; **III** *v/rfl.* *se ~* **8.** sich erheben, aufstehen; **9.** aufgehen (*Sonne, Stern*); anbrechen (*Tag*); sich aufklären (*Wetter*); **IV** *m* Aufstehen *n*; Aufgang *m der Sonne*; Anbruch *m* (*des Tages*); Aufnehmen *n* (*v. Plänen*); *thé.* Aufziehen *n des Vorhanges*; *~ de rideau* Vorspiel *n*, Einakter *m*; *fig.* Auftakt *m* (*Konferenz*).

lève|-rails ⊕ (lɛv'rɑj) *m* Schienenheber *m*; **~-roue** (~'ru) *m* [6c] Wagenheber *m*, Autowinde *f*.

leveur (lə'vœ:r) *su.* [7g] Aufheber *m*; ⊕ Bogenleger *m*; *typ.* Setzer *m*; ✉ *~ de boîtes* Briefkastenleerer *m*.

léviathan *fig.* (lewja'tɑ̃) *m* Meerungeheuer n.

levier (lə'vje) *m* Hebel *m*, Brechstange *f*; *~ (de pompe)* Pumpenschwengel *m*; *~ de manœuvre*, *Auto*: *~ de changement de vitesse* Schalthebel *m*; *Auto*: Ganghebel *m*; ~ *de réglage* Einstellhebel *m*; ~ *du robinet d'alimentation* Kraftstoffhahn *m*; ~ *des interlignes* Zeilenschalter *m*; (*Schreibmaschine*); *Auto*: ~ *de frein* Bremshebel *m*; ~ *du frein à main* Handbremse *f*; ~ *à main* Handhebel *m*; ~ *de commande* Antriebshebel *m*.

lévig|ation ⚗ (levigɑ'sjɔ̃) *f* feinste Pulverisierung *f* (*durch Schlämmen*); **~er** (~'ʒe) *v/t.* [1l] *zu feinem Pulver* zerreiben, schlämmen.

lévogyre ⚗ (levɔ'ʒi:r) *adj.* linksdrehend.

levraut (lə'vro) *m* Häschen *n*.

lèvre ('lɛ:vrə) *f* **1.** Lippe *f*; Lefze *f* (*bei Tieren*); ~ *supérieure* (*inférieure*) Ober-(Unter-)lippe *f*; *je l'avais sur les lèvres* es lag mir auf der Zunge; **2.** *chir.* ~*s pl.* Wundränder *m/pl.*; **3.** *anat.* Schamlippen *f/pl.*

levret|te (lə'vrɛt) *f* Windhündin *f*; Windspiel *n*; **~ter** (~vrɛ'te) *v/i.* [1a] (Junge) werfen (*Häsin*).

lévrier (levri'e) *m* Windhund *m*.

levron (lə'vrɔ̃) *su.* [7c] junger Windhund *m*, junges Windspiel *n*.

lévulose ⚗ (levy'lo:z) *f* Lävulose *f*.

levure (lə'vy:r) *f* Bierhefe *f*; Hefepilz *m*, Gärungsstoff *m*; *cuis.* ~ *en poudre* Backpulver *n*.

lexicaliser (lɛksikali'ze) *v/t.* [1a] lexikographisch erfassen.

lexicograph|e (~kɔ'graf) *m* Lexikograph *m*, Wörterbuchschreiber *m*; **~ie** (~'fi) *f* Lexikographie *f*; **~ique** (~'fik) *adj.* lexikographisch.

lexicolog|ie (~kɔlɔ'ʒi) *f* Lexikologie *f*, Wort- u. Bedeutungslehre *f*; **~ique** (~'ʒik) *adj.* bedeutungsmäßig; **~ue** (~'lɔg) *m* Lexikologe *m*.

lexique (lɛk'sik) *m* Wortschatz *m* *od.* Vokabular *n* e-s Verfassers *od.* e-r Sprache; Handwörterbuch *n*.

lez † (lɛ) *prp.* = *lès* bei (*Ortsnamen*).

lézard *zo.* (le'za:r) *m* Eidechse *f*; *faire le* ~ sich sonnen, sich aalen; **~e** (~'zard) *f* **1.** Mauerritze *f*, Spalt *m*; **2.** Besatz *m* (*Polsterei*); **3.** ⚔ Unteroffizierstresse *f*; **~er** (~zar'de) [1a] **I** *v/t.* spalten, rissig machen; **II** F *v/i.* faulenzen; **III** *v/rfl.* se ~ rissig werden.

liage (lja:ʒ) *m* Binden *n f*.

liais *min.* (ljɛ) *m* feinkörniger, harter Kalkstein *m*.

liaison (ljɛ'zɔ̃) *f* **1.** Verbindung *f*; *téléph.* Anschluß *m*, Verbindung *f*; ♪ Bindung *f*; *fig.* Band *n*, Zusammenhang *m*; ⚔ *officier m de* ~ Verbindungsoffizier *m*; ~ *transversale* Querverbindung *f*; ~ (*postale*) *aérienne* Luft(post)verbindung *f*; *en* ~ *avec* im Zusammenhang mit (*dat.*); *rester en* ~ *radio avec ...* in Funkverbindung bleiben mit ... (*dat.*); **2.** *gr.* ~ *des mots* (Wort-)Bindung *f*; **3.** ~ *amoureuse* (Liebes-)Verhältnis *n*; ~*s pl.* Bekanntschaften *f/pl.*; **4.** *cuis.* Bindemittel *n* (*Eigelb usw.*); **5.** ⚠ Verband *m*; Bindemittel *n*; **~ner** (~zɔ'ne) *v/t.* [1a] verbandmäßig vermauern; mit Mörtel ausfüllen.

liane ⚘ (ljan) *f* Liane *f*.

liant (ljɑ̃) **I** *adj.* [7] biegsam, geschmeidig; *fig.* umgänglich, freundlich, entgegenkommend; F nett; **II** *m* Biegsamkeit *f*; Geschmeidigkeit *f* (*der Bewegungen*); *fig.* Freundlichkeit *f*; ⚠ Bindemittel *n*.

liard (lja:r) *m* **1.** *hist.* Heller *m*; *litt.* *n'avoir pas un* (*rouge*) ~ bettelarm sein; **2.** ⚘ Schwarzpappel *f*; **~er** F (ljar'de) *v/i.* [1a] knausern; **~eur** F (ljar'dœ:r) *m* Knauser *m*.

lias *géol.* (ljɑ) *m* Lias *m*.

liasse (ljas) *f* **1.** Bindemittel *n*; **2.** Pack *m* *von Papieren*, Aktenstoß *m*, Stoß *m*, Bündel *n*.

Liban (li'bɑ̃) *m*: **le** ~ der Libanon *m*; **~ais** (~ba'nɛ) *su. u.* ♀ *adj.* [7] Libanese *m*, Libanesin *f*; libanesisch.

libation (libɑ'sjɔ̃) *f* *bsd.* ~*s pl.* Zechgelage *n*; *fig. faire d'amples* ~*s* tüchtig trinken (*od.* zechen).

libel|le (li'bɛl) *m* Schmähschrift *f*; ⚖ Schrift *f*; **~lé** (~bɛ'le) *m* Wortlaut *m*, Text *m*, Textabfassung *f*, Fassung *f*; **~ler** (~) *v/t.* [1a] ⚖ *eine Klage* vorschriftsmäßig ausfertigen; *allg.* abfassen; **~liste** *péj.* (~'list) *m* Verfasser *m* von Schmähschriften; **~lule** *ent.* (~'lyl) *f* Wasserjungfer *f*, Libelle *f*.

liber ⚘ (li'bɛ:r) *m* Bast *m*.

libérable (libe'rablə) *adj. a.* ⚔ entlaßbar.

libé|ral (libe'ral) **I** *adj.* [5c] □ liberal (*a. pol.*), großzügig, freigebig; freiheitlich, freimütig; **II** *bsd. pol.* *m* Liberaler *m*; **~ralisme** (~ra'lism) *m* Liberalismus *m*, liberale Grundsätze *m/pl.*; Freisinnigkeit *f*; **~ralité** (~rali'te) *f* Freigebigkeit *f*; (*mst.* ~*s pl.*) Geschenke *n/pl.*; **~rateur** (~ra'tœ:r) *su. u. adj.* [7f] Befreier *m*; befreiend; **~ration** (~rɑ'sjɔ̃) *f* **1.** Befreiung *f*; **2.** ⚖ Frei-, Lossprechung *f*, Entlasung *f*; **3.** ⚔ Entlassung *f* (*nach abgelaufener Dienst-*

zeit); **4.** ✝ Tilgung *f* (*e-r Schuld*); ~ *de titres* Vollbezahlung *f* von ausgegebenen Wertpapieren; **~ratoire** ⚖ (~ra'twa:r) *adj.* befreiend; **~ré** (libe're) **I** *adj.* frei; ~ *du paiement de primes* prämienfrei; **II** *m* ⚔ entlassener Soldat *m*; **III** *su.* Freigelassener *m*, entlassener Sträfling *m*; **~rer** (~) [1f] **I** *v/t.* **1.** ⚖ ~ *q.* (*qch.*) de j-n (etw.) befreien (*od.* entlasten) von (*dat.*); **2.** ⚔ *vom Militärdienst* befreien; entlassen; **3.** ⚗ freimachen; *phys.* abspalten; **II** *v/rfl.* se ~ sich freimachen (de von *dat.*); s-e Schulden tilgen.

Libéria *géogr.* (libe'rja) *m*: **le ~** [Liberia *n*.]

libérien (libe'rjɛ̃) *adj.* [7c] **1.** Bast...; **2.** *adj. u.* ♀ *su.* liberisch; Liberer *m.*

liber|taire (libɛr'tɛ:r) *su. u. adj.* Anarchist *m*; anarchistisch **~té** (~'te) *f* **1.** Freiheit *f*; *attentat m* (*od. atteinte f*) *à la ~* Freiheitsberaubung *f*; ~ *d'action stratégique* Operationsfreiheit *f*; ~ *alimentaire* Nahrungsfreiheit *f*; ~ *d'association pol.* Koalitionsfreiheit *f*; ~ *du commerce* Handelsfreiheit *f*; ~ *de conscience*, ~ *de culte*, ~ *religieuse* Gewissens-, Glaubens-, Religionsfreiheit *f*; ~ *de domicile* Freizügigkeit *f*; ~ *des mers* freie Schiffahrt *f*; ~ *de la presse* Pressefreiheit *f*; *mise f en ~* Freilassung *f*; *passion f de la ~*, *soif f de ~* Freiheitsdrang *m*; ⚖ *privation f de la ~* Freiheitsstrafe *f*; *apôtre m* (*champion m*) *de la ~* Freiheitskämpfer *m*; *advt. en ~* frei, ungehindert; *mettre en ~*, *rendre à la ~* auf freien Fuß setzen; *avoir sa ~ de mouvements* sein eigener Herr sein; **2.** Willensfreiheit *f*; freier Wille *m*; ~ *d'esprit*, ~ *de jugement* Unbefangenheit *f*; **3.** ~ (*de langage*) Kühnheit *f* der Sprache; **4.** Dreistigkeit *f*; **5.** Erlaubnis *f*; *prendre la ~* sich die Freiheit nehmen; **6.** Leichtfertigkeit *f*; Ungezwungenheit *f*; **~ticide** ⚖ (~ti'sid) *adj. u. su.* freiheits-beraubend, -vernichtend; Freiheitsvernichter *m*; **~tin** (~'tɛ̃) [7] **I** *adj.* aus- schweifend, leichtfertig, liederlich; **II** *su.* **1.** ausschweifender Mensch *m*; Wüstling *m*; *f*: leichtes Mädchen *n*; *un petit ~* ein kleiner Wildfang *m*; **2.** *hist.* Freidenker *m* (*17. u. 18. Jh.*); **~tinage** (~ti'na:ʒ) *m* Ausschweifung *f*.

libidineux (libidi'nø) *adj.* [7d] □ schlüpfrig; lüstern, unzüchtig.

libraire (li'brɛ:r) *su.* Buchhändler *m*; **~-éditeur** (~edi'tœ:r) *m* [6a] Verlagsbuchhändler *m*, Verleger *m*.

librairie (librɛ'ri) *f* Buchhandlung *f*; Buchhandel *m*; ~ *de fonds* Verlagsbuchhandlung *f*; ~ *d'occasion* Antiquariat(-sbuchhandlung *f*) *n*.

libration *phys.* (librɑ'sjɔ̃) *f* Schwingung *f des Pendels*; *ast.* Schwankung *f* (*der Achse des Mondes*).

libre ('li:brə) *adj.* □ **1.** frei; ~ *de crainte* furchtlos; ~ *de droits* zollfrei; ~ *de suite* alleinstehend; *avoir l'esprit ~* unbefangen sein; **2.** unabhängig; ledig, ungezwungen, ausgelassen, freimütig; **3.** freiwillig, natürlich; ungehindert; *vous êtes ~* (*od. ~ à vous*) *de sortir ou de rester* es steht Ihnen frei zu gehen oder zu bleiben; *commerce m ~* (= *~ échange m*) Freihandel *m*; ~ *penseur* Freidenker *m*; **4.** *péj.* allzu frei, leichtfertig, ausschweifend.

libre-échang|e (libre'ʃɑ̃:ʒ) *m* Freihandel *m*; **~iste** (~ʃɑ̃'ʒist) *adj. u. m* freihändlerisch; Freihandels...; Freihändler *m*.

libre-service ('li:brə-sɛr'vis)) *m*[6a] Selbstbedienung(srestaurant *n*) *f*.

libret|tiste (librɛt'tist) *m* Operntextdichter *m*; **~to** (~'to) *m* (*pl. auch libretti* [~brɛt'ti]) Operntext *m*.

Libye *géogr.* (li'bi) *f*: **la ~** Libyen *n*.

liby|en (li'bjɛ̃) *adj.* [7c], **~que** (~'bik) *adj.* libysch.

lice[1] (lis) *f* **1.** *hist.* Turnierplatz *m*, Lauf-, Renn-bahn *f*, Kampfplatz *m*; *entrer en ~* in die Schranken treten (*a. fig.*), sich zum Wettkampf stellen; auf dem Plane erscheinen; **2.** Geländer *n*; ⚓ ~ *d'appui* Reling *f*.

lice[2] (~) *f Weberei*: Schaft *m*; Kette *f*; ✝ Litze *f* (*zum Schnüren von Paketen*) = *lisse*.

lice[3] (~) *f* Jagdhündin *f*.

licen|ce (li'sɑ̃:s) *f* **1.** Erlaubnis *f*, Bewilligung *f*, Genehmigung *f*; Konzession *f*, Lizenz *f*, Approbation *f*, Gewerbeschein *m*; (*droit m de*) ~ Schanksteuer *f*; ~ *d'importation* (*d'exportation*) Einfuhr- (Ausfuhr-)erlaubnis *f*; **2.** *univ.* Staatsexamen *n*; ~ *en droit* juristisches Staatsexamen *n*; ~ *ès lettres* philologisches (*od.* philosophisches) Staatsexamen *n*; *prendre sa ~* sein Staatsexamen machen; **3.** allzu große Freiheit *f*; *prendre bien des ~s avec q.* sich j-m gegenüber viel herausnehmen; **4.** *litt.* Verstoß *m* gegen die Regeln; ~ *poétique* dichterische Freiheit *f*; **~cié** (~sɑ̃'sje) *m* Lizenz-träger *m*, -nehmer *m*; *univ.* Referendar *m*; **~ciement** (~sɑ̃si'mɑ̃) *m* Verabschiedung *f*, Entlassung *f*, Abbau *m* (*v. Beamten*); **~cier** (~'sje) *v/t.* [1a] entlassen; abbauen (*Beamte*); ⚓ *Schiffsvolk* abmustern; **~cieux** (~'sjø) *adj.* [7d] □ **1.** allzu frei, ausgelassen; *péj.* unsittlich, zuchtlos, zügellos; **2.** *litt.* gegen die Regeln verstoßend.

lichen (li'kɛn) *m* ⚕ ⚘ Flechte *f*.

licher P (li'ʃe) *v/t. u. v/i.* [1a] saufen.

lici|tation ⚖ (lisitɑ'sjɔ̃) *f* Versteigerung *f*; **~te** (li'sit) *adj.* □ erlaubt, zulässig; **~ter** (lisi'te) *v/t.* [1a] versteigern.

licol (li'kɔl) *m* Halfter *f* (*a. m od. n*).

licorne (li'kɔrn) *f* **1.** Einhorn *n* (*sagenhaftes Tier*); **2.** *zo.* ~ *de mer* Narwal *m*, Einhornfisch *m*.

licou (li'ku) *m* Halfter *f* (*a. m od. n*).

lie (li) *f* Bodenhefe *f*; *fig. la* ~ *du peuple* die Hefe *f* (*od.* der Abschaum *m*) des Volkes.

liège (ljɛ:ʒ) *m* **1.** ⚘ Korkeiche *f*; **2.** ✝ Korkholz *n*; Kork *m*; *bouchon m de* ~ Korkpfropfen *m*.

Liège (~) *f* Lüttich *n*.

liégeois (lje'ʒwa) *adj. u.* ♀ *su.* [7] (Einwohner *m*) aus Lüttich.

liéger (lje'ʒe) *v/t.* [1f] *Fischnetz* bekorken.

liégeux (lje'ʒø) *adj.* [7d] korkartig.

lien (ljɛ̃) *m* **1.** Band *n*; **2.** *fig. bsd.* **~s** *pl.* Bande *n/pl.*; ~*s du sang* Blutsbande *n/pl.*; **3.** ⚕ Binde *f*.

liénite ⚕ (lje'nit) *f* Milzbrand *m*.

lientérie ⚕ (ljɑ̃te'ri) *f* Magenruhr *f*.

lier (lje) [1a] **I** *v/t.* **1.** binden, zusammen-, an-, fest-binden; fesseln; (zu)knüpfen; **2.** verbinden, vereinigen; verpflichten; *fig.* ~ *conversation* e-e Unterhaltung anknüpfen; ~ *partie avec q.* sich mit j-m einlassen; *être fort lié(e) avec* sehr (*od.* eng) befreundet sein mit (*dat.*); **3.** ⚕ verbinden; **4.** *cuis.* ~ *une sauce* e-e Sauce verdicken; **5.** ♪ binden; **II** *v/rfl.* se ~ sich (ver-)binden; in Verbindung stehen; *cuis.* sämig werden (*Sauce*); *peint.* gut zusammenstimmen (*Farben*); *se* ~ *d'amitié avec q.* mit j-m Freundschaft schließen; *se* ~ *à* sich verbinden mit ... (*dat.*).

lierre ⚘ (ljɛ:r) *m* Efeu *m*.

liesse † (ljɛs) *f* Jubel *m*; *heute nur noch gebr. in*: *atmosphère f de* ~ *générale* Atmosphäre *f* allgemeinen Jubels; *une foule en* ~ e-e jubelnde Menge *f*.

lieu (ljø) *m* [5b] **1.** Ort *m*, Stelle *f*, Stätte *f*; Aufenthalt(sort *m*) *m*; *fig.* Herkunft *f*; ~ *d'asile* Zufluchtsort *m*; ~ *de débit* Verkaufsstelle *f*; ~ *de destination* Bestimmungsort *m*; ⚖ ~ *d'infraction* Tatort *m*; ~ *natal* Geburtsort *m*; ~ *de résidence*, ~ *de séjour* Aufenthaltsort *m*; *mémoire f des* **~x** Ortssinn *m*; *mauvais* ~ verrufenes Haus *n*; ⚒ ~ *de travail* Ort *m*; *Auto*: ~ *de stationnement* Parkplatz *m*; *en maints* **~x** vielerorts; ✝ ~ *de paiement* (*od. de règlement*) Zahlungs- (*od.* Erfüllungs-)ort *m*; *avoir* ~ stattfinden, sich ereignen; *se rendre sur les* **~x** sich an Ort u. Stelle begeben; *n'avoir ni feu, ni* ~ obdachlos sein; *un homme de bas* ~ ein Mensch von niederer Herkunft; *en haut* ~ in oberen Kreisen; **2.** **~x** *pl.* (*d'aisances*) Abort *m*, Abtritt *m*; **3.** Stelle *f in e-m Buch*; **4.** *fig.* **~x** *communs* Gemeinplätze *m/pl.*, Phrasen *f/pl.*; **5.** Stelle *f*: *tenir* ~ *de q.* die Stelle j-s vertreten; *tenir* ~ *de qch.* etw. ersetzen; *prp. au* ~ *de* ... anstatt (*gén.*); *cj. au* ~ *que* ... statt (daß) ..., während ...; *en* ~ *et place de q.* in j-s Namen; *en son* ~ an s-r Stelle; *en premier* ~ an erster Stelle, in erster Linie; **6.** Anlaß *m*, Gelegenheit *f*, Ursache *f*; ⚖ *l'obligation de déclaration n'a pas* ~ die Meldepflicht entfällt; *donner* ~ *à des plaintes* Anlaß zu Klagen geben; *avoir tout* ~ *de* ... allen Grund haben zu ...; *il y a* ~ *de* ... es ist Grund vorhanden, zu ...; *s'il y a* ~ nötigenfalls; *en temps et* ~ bei günstiger Gelegenheit.

lieudit *od.* **lieu-dit** (ljø'di) *m* [6a] Ort *m auf dem Lande* mit besonderem Eigennamen.

lieue (~) *f* Meile *f*, (Weg-)Stunde *f*; ~ *kilométrique* Meile *f* von 4 km.

lieu|r (ljœ:r) *su.* [7b] (Garben-)Binder *m*; **~se** ⊕ (ljø:z) *f* Mähbinder *m*.

lieutenance (ljøt'nɑ̃:s) *f* Leutnantsstelle *f*.

lieutenant (ljøt'nɑ̃) *m* **1.** Stellvertreter *m*; **2.** Oberleutnant *m*; *sous-*~ Leutnant *m*; ~ *de vaisseau* Kapitänleutnant *m*; **~-colonel** (~kɔlɔ'nɛl) *m* [6a] Oberstleutnant *m*.

lièvre *zo.* ('ljɛ:vrə) *m* Hase *m*; *c'est là que gît le* ~ da liegt der Hase im

Pfeffer; *fig. il ne faut pas acheter le ~ dans le sac* man darf nicht die Katze im Sack kaufen; *à cœur de ~* ängstlich; *avoir une mémoire (od. une cervelle) de ~* ein Gedächtnis wie ein Sieb haben; *fig. lever un ~* ein heikles Thema anschneiden *fig. courir deux ~s à la fois* zwei Fliegen mit einer Klappe schlagen wollen.

lift (lift) *m* Fahrstuhl *m*; Lift *m*; **~ier** (lif'tje) *m* Fahrstuhlführer *m*, Lift-boy *m*, -junge *m*.

ligament *anat.* (liga'mɑ̃) *m* (Sehnen-)Band *n*; *~s pl. de la glotte* Stimmbänder *n/pl.*; **~eux** (~'tø) *adj.* [7d] bandartig, Band...

ligatur|e (liga'ty:r) *f* **1.** ⚕ Abbindung *f*; **2.** *typ.* Doppelbuchstabe *m* (*z.B.* œ, fl); **3.** ⚓ Sorrung *f*; **~er** (~ty're) *v/t.* [1a] ⚕ abbinden, abschnüren; ⊕ festbinden.

lige *féod.* (li:ʒ) *adj.* lehnspflichtig.

ligna|ge (li'ɲa:ʒ) *m* Abkunft *f*, Geschlecht *n*; **~ger** (~ɲa'ʒe) *m* Blutsverwandter *m*.

lignard (li'ɲa:r) *m* **1.** *journ.* Zeilenschinder *m*; **2.** *ehm.* P ⚔ Liniensoldat *m* (*vor 1914*).

ligne (liɲ) *f* **1.** Linie *f*, Reihe *f*, Strich *m*; *~ de démarcation* Demarkationslinie *f*; *passer la ~* über die Grenze gehen; *tracer une ~* e-e Linie ziehen; *en grandes ~s* in großen Umrissen; *~ équinoxiale* Äquator *m*; *~ visuelle* Sehlinie *f*; *~ de bataille* Schlachtlinie *f*; *troupes f/pl. de ~* Linientruppen *f/pl.*; ⚔ *mettre en ~* einsetzen, zum Einsatz bringen; ⚔ *~ de communication* Nachschubweg *m*; ⚔ *~ d'opération* Aufmarschstraße *f*; ⚔ *~ de tirailleurs* Schützenlinie *f*; *géol. ~ de faille (de dislocation)* Bruch- (Verwerfungs-)linie *f*; ⚓ *~ de chargement* Ladelinie *f*; *~ de flottaison à vide* Leer-ebene *f*, -linie *f*; *navire m de ~* Schlachtschiff *n*; *~ de partage des eaux* Wasserscheide *f*; **2.** *fig.* Richtung *f*, Weg *m*; Rang *m*, Reihe *f*; *~ de conduite* Lebens-regel *f*; Richtschnur *f*; *mettre en ~ de compte* (mit) in Betracht ziehen; *suivre la ~ droite* den graden Weg gehen; *hors ~* unvergleichlich; **3.** Zeile *f*; *à la ~!* neue Zeile! (*beim Diktat*); *la seconde ~ d'en bas* die vorletzte Zeile *f*; **4.** Angel *f*; *pêcher à la ~* angeln; ⚠ *~ à plomb* (Blei-)Lot *n*; **5.** Strecke *f*; ⚡ Leitung *f*; *réseau m de ~s* Verkehrsnetz *n*; *~ d'un chemin de fer* Eisenbahnlinie *f*; *~ aérienne* Luftleitung *f*, oberirdische Leitung *f*; ✈ Flugstrecke *f*; 🚆 *~ de ceinture* Ringbahn *f*; *~ de grande communication* D-Zug-Strecke *f*; 🚆 *~ à voie étroite* Schmalspurgleis *n*; *~ à voie normale* Vollspurbahn *f*; *~ urbaine* Stadtbahn *f*; ✉ *~ postale aérienne* Luftpostlinie *f*; *téléph. ~ téléphonique* Fernsprechleitung *f*; ⚡ *~ à faible (haute) tension* Schwach- (Stark-)stromleitung *f*; **6.** *for.* Schneise *f*; **7.** *tenir à sa ~, surveiller sa ~* auf s-e (ihre) schlanke Linie achten; *garder sa ~* schlank bleiben; *perdre sa ~* dick werden; **8.** *Sport: ~ d'avants* Stürmerreihe *f*; *~ de but* Torlinie *f*; *~ de départ* Startband *n*; *~ d'arrivée* Ziel *n*; *Tennis: ~ de service* Aufschlaglinie *f*; *passer la ~ de départ* das Startband passieren; *franchir la ~ d'arrivée* durch das Ziel gehen.

lignée (li'ɲe) *f* Stamm *m*, Geschlecht *n*, Nachkommenschaft *f*.

lign|er (~) *v/t.* [1a] liniieren; **~eul** (~'ɲœl) *m* Schuhdraht *m*; **~eur** ⚓ (~'ɲœ:r) *m* Großsegelschiff *n*.

lign|eux (li'ɲø) *adj.* [7d] holzartig, holzig; **~ification** (~ɲifika'sjɔ̃) *f* Verholzung *f*; **~ifier** (~ɲi'fje) [1a]: *se ~* sich in Holz verwandeln, zu Holz werden; **~ite** (~'ɲit) *m* Braunkohle *f*.

lignocellulose ⊕ (liɲɔsɛly'lo:z) *f* [Holzzellulose *f*.]

lignosité (liɲozi'te) *f* holzige Beschaffenheit *f*.

ligoter (ligɔ'te) *v/t.* [1a] fesseln.

ligue (lig) *f* **1.** Bund *m*, Bündnis *n*; Liga *f*; *~ hanséatique hist.* Hansa *f*; *♀ des Droits de l'homme* Liga *f* für Menschenrechte; *All. ~ des juristes libres* Bund *m* freiheitlicher Juristen; *~ de la jeunesse* Jugendbund *m*; **2.** *péj.* Clique *f*, Klüngel *m*.

ligu|er (li'ge) *v/t.* [1m] verbinden, vereinigen; **~eur** (~'gœ:r) *su.* [7g] Mitglied *n* e-r Liga.

ligule ♀ (li'gyl) *f* Blatthäutchen *n*.

lilas (li'lɑ) **I** *m* ♀ Flieder *m*; **II** *adj. inv.* lila(blau).

liliacé (lilja'se) *adj.* lilienartig.

lilliputien (lilipy'sjɛ̃) *adj.* [7c] *u. su.* liliputanisch; Miniatur...; Liliputaner(in *f*) *m*.

lima|ce (li'mas) *f* **1.** *zo.* (Nackt-)Schnecke *f*; **2.** ⊕ archimedische Spirale *f*; **3.** * Hemd *n*; **~çon** (~'sɔ̃) *m* **1.** *zo.* Schnecke *f* (mit Haus); **2.** *anat.* Ohrschnecke *f*; **3.**

⚠ *escalier m en* ~ Wendeltreppe *f*.
lim|age ⊕ (li'ma:ʒ) *m* Feilen *n*; **~aille** (li'mɑ:j) *f* Feilspäne *m/pl*.
limande (li'mɑ̃:d) *f* **1.** *icht.* Kliesche *f*, Rotzunge *f* (*Schollenart*); **2.** ⊕ flaches Holzstück *n*, Setzlatte *f*, Richtscheit *n*; **3.** ⚓ geteertes Leinentuch *n* (*zum Schutz des Seils*).
limbe (lɛ̃:b) *m* **1.** ⩘ Gradbogen *m*; **2.** ⚘ Saum *m*; **3.** *ast.* Rand *m der Sonne*; *rl. les ~s* a) der Vorhimmel *m*; b) die Unsicherheit *f*, das Vage *n*; *être encore dans les ~s* noch im Werden sein.
lime¹ (lim) *f* kleine süße Zitrone *f*.
lim|e² (~) *f* Feile *f*; ~ *douce* (*od. sourde*) Schlichtfeile *f*; ~ *grosse* Grobfeile *f*; ~ *mordante* Raspel (-feile *f*) *f*; ~ *épée* Schwertfeile *f*; ~ *à ongles* Nagelfeile *f*; *enlever* (*od. ôter*) *à la* ~ abfeilen; *fig. donner un dernier coup de ~ à qch.* e-r Sache den letzten Schliff geben; **~er** (li'me) *v/t.* [1a] feilen; *fig.* sorgfältig ausarbeiten, ausfeilen; **~eur** (li'mœ:r) *su.* [7g] Feiler *m*; **~euse** ⊕ (~'mø:z) *f* Feilmaschine *f*.
limier (li'mje) *m* Spürhund *m*; *fig.* Detektiv *m*; Spitzel *m*.
limi|naire *litt.* (liminɛ:r) *adj.* einleitend; **~tatif** (~ta'tif) *adj.* [7e] □ einschränkend; **~tation** (~tɑ'sjɔ̃) *f* Einschränkung *f*; ✝ Limitierung *f*; ~ *d'armements* Rüstungsbeschränkung *f*; ~ *des naissances* Geburtenbeschränkung *f*, -regelung *f*; **~te** (li'mit) *f* **1.** Grenze *f* (*nicht staatspolitisch*; *a. fig.*); ~ *naturelle* natürliche Grenze *f*; ~ *de zone* Zonengrenze *f*; ~ *de vitesse* Geschwindigkeitsgrenze *f*; ~ *d'arbres* Waldgrenze *f im Gebirge*; ~ *maxima* Höchstgrenze *f*; ⚓ ~ *de charge* Lade-grenze *f*, -linie *f*; ⊕ ~ *élastique* Streckgrenze *f*; ~ *d'âge* Altersgrenze *f*; *c'est la ~!* das ist ja der Gipfel!; *les ~s de la patience* das Höchstmaß an Geduld; **2.** ✝ *la ~ de(s) prix* die Preisgrenze *f*; *le prix ~* der Höchstpreis *m*; *dépasser la ~* den Höchstpreis überschreiten; **~ter** (limi'te) *v/t.* [1a] **1.** begrenzen; *fig.* beschränken; **2.** *Preis, Zeit* bestimmen; *Börse*: limitieren; *non limité* unlimitiert; *congé m limité* Urlaub *m* auf bestimmte Zeit; **3.** einschränken; **~trophe** (~'trɔf) *adj.* angrenzend (de an *acc.*); *pays m ~* Grenzland *n*.
limnée *zo.* (lim'ne) *f* Schlammschnecke *f*.
limog|eage F ⚔, *pol.* (limɔ'ʒa:ʒ) *m* Kaltstellung *f*, Entlassung *f*; **~er** F, ⚔, *pol.* j-n kaltstellen, absägen F.
limon¹ (li'mɔ̃) *m* Schlamm *m*; *géol.* ~ *calcaire* Löß(boden *m*) *m*.
limon² (~) *m* **1.** ⊕ Deichsel *f*, Gabel *f*; **2.** ⚠ Treppenwange *f*.
limon³ (~) *m* Zitrone *f*.
limona|de (limɔ'nad) *f* Limonade *f*; ~ *gazeuse* Brauselimonade *f*; **~dier** (~'dje) *su.* [7b] **1.** Limonadenverkäufer *m*; **2.** Cafébesitzer *m*.
limoneux (limɔ'nø) *adj.* [7d] schlammig.
limonier¹ (limɔ'nje) *adj./m u. m* (*cheval m*) ~ Gabelpferd *n*.
limonier² ⚘ (~) *m* Zitronenbaum *m*.
limonière (limɔ'njɛ:r) *f* Gabel (-deichsel *f*) *f*.
limousi|n (limu'zɛ̃) *m* Maurer *m*; **~nage** (~zi'na:ʒ) *m* grobes Gemäuer *n*; **~ne** (~'zin) *f* **1.** *Auto*: Limousine *f*; **2.** grobwollener Mantel *m*; **~ner** (~zi'ne) *v/t.* [1a] mit Bruchsteinen mauern.
limoyer *fig., a. pol.* (limwa'je) *v/t.* [1h] kaltstellen.
limpi|de (lɛ̃'pid) *adj.* hell, klar, durchsichtig; **~dité** (~di'te) *f* Klarheit *f*, Durchsichtigkeit *f*.
limule *zo.* (li'myl) *m* Limulus *m*, Molukkenkrebs *m*.
limure ⊕ (li'my:r) *f* **1.** Ausfeilen *n*; **2.** Feilglätte *f*; **3.** Feilspäne *m/pl*.
lin (lɛ̃) *m* ⚘ Flachs *m*; ✝ Leinwand *f*, Linnen *n*.
linaire ⚘ (li'nɛ:r) *f* Leinkraut *n*.
linceul (lɛ̃'sœl) *m* Leichentuch *n*.
lincrusta ⊕ (lɛ̃krys'ta) *m* Linkrusta *f* (*Art Linoleumtapete*).
linéaire (line'ɛ:r) *adj.* **1.** linear, geradlinig; linienförmig; *dessin m ~* Linearzeichnen *n*; *mesures f/pl. ~s* Längenmaße *n/pl.*; **2.** ⩘ *équation f ~* Gleichung *f* ersten Grades.
linéal (line'al) *adj.* [5c] □ ⚖ in gerader (Verwandtschafts-)Linie.
linéament (~a'mɑ̃) *m* **1.** (Gesichts-) Zug *m*; **2.** *~s pl.* erster Entwurf *m*.
linette (li'nɛt) *f* Leinsamen *m*.
linge (lɛ̃:ʒ) *m* **1.** Leinwand *f*, Leinenzeug *n*, Linnen *n*; Badetuch *n*, -laken *n*; Stück *n* Stoff; ~ *damassé* Damastleinwand *f*; ~ *uni* glatte Leinwand *f*; *blanc comme un ~* leichenblaß; **2.** Wäsche *f*, Leibwäsche *f*; ~ *de corps* Unterwäsche *f*; ~ *de lit* Bettwäsche *f*; *gros ~*

grobe Wäsche *f*; *menu* ~, ~ *fin* feine Wäsche *f*; *du* ~ *de rechange* Wäsche *f* zum Wechseln.

ling|er (lɛ̃'ʒe) *su.* [7b] ⊕ Leinwandarbeiter *m*; ✝ Wäschehändler *m*; **~ère** (lɛ̃'ʒɛːr) *f* Wäscheaufseherin *f*; Weißnäherin *f*; Wäscheschrank *m*; **~erie** (lɛ̃ʒ'ri) *f* **1.** Weißwarenhandel *m*; **2.** Wäschegeschäft *n*; **3.** Wäschekammer *f*; **4.** Wäsche *f*.

lingot (lɛ̃'go) *m* Barren *m*, Block *m*, Stange *f*; ungemünztes Gold *n od.* Silber *n*; **~er** (~gɔ'te) *v/t.* [1a] Barren gießen; **~ière** ⊕ (~gɔ'tjɛːr) *f* Gießform *f*.

lingual (lɛ̃'gɥal) *adj.* [5c] Zungen...; **~e** *gr.* (~) *f* Zungenlaut *m*.

lingue * (lɛ̃ːg) *m* Messer *n*.

linguet (lɛ̃'gɛ) *m* **1.** ⚓ Sperrklinke *f*; **2.** *Auto*: Unterbrecherhebel *m*.

linguis|te (lɛ̃'gɥist) *m* Linguist *m*, Sprachforscher *m*; **~tique** (~'tik) **I** *adj.* sprachwissenschaftlich; **II** *f* Sprachforschung *f*.

linguophile (lɛ̃gɥɔ'fil) *adj. u. su.* fremdsprachlich interessiert; Sprachinteressierter *m*.

lini|er (li'nje) *adj.* [7b]: *industrie f linière* Leinenindustrie *f*, Flachsbau *m*, -handel *m*, -spinnerei *f*; **~ère** (~'njɛːr) *f* Flachsfeld *n*.

lini|ment ⚕ (lini'mɑ̃) *m* Einreibemittel *n*; **~tion** ⚕ (~'sjɔ̃) *f* Einreibung *f*.

lin|oléum (linɔle'ɔm) *m* Linoleum *n*; **~olithe** (~nɔ'lit) *adj.*: *lampe f* ~ Soffittenlampe *f*, Röhrenlampe *f*; **~on** ✝ (li'nɔ̃) *m* Linon *m*, feines Leinen *n*.

lin|ot *u.* **~otte** (li'no, li'nɔt) *su.* [7c] *orn.* Hänfling *m*; F *il a une tête de ~otte* er ist ein Faselkopf *m*.

linotyp|e *typ.* (linɔ'tip) *f* Linotype *f*, Zeilensetzmaschine *f*; **~ie** *typ.* (~'pi) *f* Zeilensatz *m*; **~iste** *typ.* (~'pist) *m* Zeilensetzer *m*.

linteau *charp.* (lɛ̃'to) *m* Tür-, Fenster-sturz *m*.

lion *zo.* (ljɔ̃) *su.* [7c] Löwe *m*; ~ *d'Amérique* Puma *m*; *fig. cœur m de* ~ Löwenmut *m*; *fig.* mutiger Mensch *m*; ~ *de la mode* Geck *m*, Modenarr *m*; *~ne f de la mode* Modestar *m*, modische Dame *f*; *fig. la part du* ~ der Löwenanteil *m*; **~ceau** *zo.* (ljɔ̃'so) *m* [5b] junger Löwe *m*.

lipide *biol.* (li'pid) *m* Fettkörper *m*.

lipoïde (lipɔ'id) *adj.* fettartig, fettig.

lipome ⚕ (li'poːm) *m* Fettgeschwulst *f*.

lipp|e *péj.* (lip) *f* dicke Unterlippe *f*; *faire la* ~ schmollen, e-n Flunsch ziehen; **~ée** (li'pe) *f*: *franche* ~ gutes, kostenloses Essen *n*; **~u** F (li'py) *adj.* dicklippig.

liquat|er *métall.* (likwa'te) *v/t.* [1a] seigern; **~ion** (~kwɑ'sjɔ̃) *f* Seigerung *f*, Seigervorgang *m*.

liqué|faction (likefak'sjɔ̃) *f* Flüssigmachen *n*; Verflüssigung *f*; *métall.* Schmelzung *f*; **~fier** (~'fje) [1a] **I** *v/t.* flüssig machen; verflüssigen; *métall.* aus-, ein-schmelzen; **II** *v/rfl.* se ~ schmelzen, flüssig werden.

liquette * (li'kɛt) *f* Hemd *n*.

liqueur (li'kœːr) *f* Likör *m*; ~ *de ménage* selbst gemachter Likör *m*; *~s pl.* Spirituosen *pl.*; *vins m/pl. de* ~ Likör-, Dessert-weine *m/pl.*

liquidambar (likidɑ̃'baːr) *m* **1.** ⚘ Amberbaum *m*; **2.** *phm.* flüssige Ambra *f*.

liqui|dateur (~da'tœːr) *m* Abwickler *m*, Liquidator *m*; **~dation** (~dɑ'sjɔ̃) *f* **1.** ⚖ *u.* ✝ Liquidation *f*, Liquidierung *f*, Glattstellung *f*, Abrechnung *f*, Abwicklung *f*; ~ *de fin d'année* Jahresabschluß *m*; ~ *de quinzaine* Medioabrechnung *f*; ~ *de fin de mois* Ultimoabrechnung *f*; ~ *judiciaire* gerichtliche Liquidation *f*, Konkurs *m*, Zwangsauflösung *f*; *faire la* ~ abwickeln; **2.** ✝ Ausverkauf *m*; ~ *totale* Räumungsverkauf *m*; **3.** *fig.* Klärung *f*; **~de** (li'kid) **I** *adj.* □ flüssig (*a. Geld*); *avoir* ~ in barem Gelde (*od.* flüssig) haben; **II** *m* Flüssigkeit *f*; Getränk *n*; ⚕ flüssige Speise *f*; **III** *gr. f* Liquida *f*, flüssiger Mitlaut *m* (*l, m, n, r*); **~der** (~'de) [1a] **I** *v/t.* ⚖ *u.* ✝ ins reine bringen, abrechnen; liquidieren, glattstellen, ausverkaufen; *fig.* regeln, erledigen; klären; *mv. p.* ~ *q.* j-n liquidieren (*od.* beseitigen *od.* fertigmachen; **II** *v/rfl.* se ~ sich auseinandersetzen; **~dité** (~di'te) *f* flüssiger Zustand *m*; *fin. ~s pl.* flüssige Barmittel *n/pl.*

liquo|reux (likɔ'rø) *adj.* [7d] likörartig; süß (*Wein*); **~riste** (~'rist) *su.* Likör-fabrikant *m*, -händler *m*.

lire[1] (liːr) *v/t. u. v/i.* [4x] (vor-) lesen; ~ *à haute voix* laut lesen; ♪ ~ *la musique* die Noten lesen; vom Blatt spielen; ~ *dans la pensée de q.* j-s Gedanken erraten; ~ *dans les yeux de q.* in j-s Augen lesen; je *vous lis difficilement* ich kann Ihre Schrift schwer lesen; ~ *dans les cartes* in die Karten sehen; *typ.* ~ *des épreuves* Korrektur lesen.

lire[2] (~) *f* Lira (*pl.* Lire) *f*.

lis (lis) *m* Lilie *f*; ~ *orangé od. rouge* Feuerlilie *f*; *teint m de* ~ *et de rose* Gesicht *n* wie Milch u. Blut; ⛉ *fleur f de* ~ Lilie *f* im Wappen der französ. Könige.

Lisbonne (lis'bɔn) *f* Lissabon *n*.

lisé|ré (lize're) *m* Litze *f*, Borte *f*, bandförmige Umrandung *f*; Randschnur *f*; **~rer** (~) *v/t.* [1f] mit Schnur einfassen.

liseron ⚘ (liz'rɔ̃) *m* Winde *f*.

lis|eur (li'zœ:r) *su.* [7g] Leser *m*; Leseratte *f* F; **~euse** (~'zø:z) *f* Lesezeichen *n* (*kleines Messer mit Häkchen*); Leselampe *f*; lederne Buchhülle *f*; Bettjäckchen *n*.

lisi|bilité (lizibili'te) *f* Lesbarkeit *f*; **~ble** (~'ziblə) *adj.* □ leserlich.

lisière (li'zjɛ:r) *f* Saum *m*; Gängelband *n*; *fig.* Grenze *f*, Rand *m*; (Feld-)Rain *m*; **~s** *pl.* Laufgeschirr *n* (*für Kleinkinder*); *fig. tenir en* ~, *mener à la* ~ am Gängelband führen.

lissage *text.* (li'sa:ʒ) *m* Glätten *n*.

lisse[1] (lis) **I** *adj.* eben, glatt; **II** *m* Glätte *f*, Ebenheit *f*.

lisse[2] (~) *f* **1.** Paketschnur *f*, Bindfaden *m*; **2.** ⚓ Planke *f*; ~ *de pavois* Reling *f*; **3.** Blesse *f* (*am Pferdekopf*); **4.** ⊕ Aufzug *m*, Kette *f*.

lissé (li'se) **I** *adj.* glatt; **II** *m text.* Glanz *m* e-s Stoffes; glattes Haar *n*; *cuis.* gesponnener Zucker *m*.

lisser (li'se) *v/t.* [1a] glätten, polieren; satinieren.

lisseur ⊕ (li'sœ:r) *m* Bügeleisen *n* (*Straßenbau*); Glätter *m*, Polierer *m*.

lisseuse ⊕ (li'sœ:z) *f* Wasch- u. Plätt-maschine *f*; Butterformmaschine *f*; ~ *de laine* Wollglättmaschine; ~ *pour machines à papier* Papiermaschinenglättwerk *n*.

lissoir ⊕ (li'swa:r) *m* Glättwerkzeug *n*.

lissure (li'sy:r) *f* Glätte *f*.

liste (list) *f* Liste *f*, Verzeichnis *n*; *téléph.* ~ *des abonnés* Teilnehmerverzeichnis *n*; ~ *des numéros gagnants* Gewinnliste *f*; ~ *des prix courants* Preis-verzeichnis *n*, -liste *f*; ~ *plébiscitaire* Abstimmungsliste *f*; ~ *électorale* (*d'un parti*) Wählerliste *f*; ~ *des salariés* Lohnliste *f*; *Sport*: ~ *des inscriptions*, ~ *des engagements* Nennungs-, Meldungs-liste *f*; ~ *d'urgence* Dringlichkeitsliste *f*.

listeau, *auch* **listel,** *pl. immer*: *listeaux* ⚠ (lis'to, lis'tɛl) *m* (schmale) Leiste *f*.

lit (li) *m* **1.** Bett *n*; Lager(-stätte *f*) *n*; *bois m de* ~ Bettstelle *f*; ~ *conjugal* Ehebett *n*; ~ *de camp* Feldbett *n*; Pritsche *f*; ~ *de dessus* (*de dessous*) Ober-(Unter-)bett *n*; ~ *de douleur* Schmerzenslager *n*; ~ *de mort* Sterbebett *n*; ~ *pliant* Klappbett *n*; ~ *de plume* Federbett *n*; *garder le* ~ das Bett hüten; *se mettre au* ~ zu Bett gehen, *un* ~ *Empire* ein Bett im Empirestil; **2.** *fig.* Ehe *f*; *enfant m du premier* ~ Kind *n* aus erster Ehe; **3.** ~ (*d'un fleuve*) Flußbett *n*; ~ *de la marée* Meeresströmung *f*; ~ *du vent* Windstrich *m*; **4.** *géol.* Lage *f*, Schicht *f*; **5.** ~ (*d'une pierre*) Lagerung *f* (e-s Steines); **6.** *hist.* ~ *de justice* königlicher Richterthron *m*; großer Gerichtstag *m*.

litanie (lita'ni) *f* **1.** *fig. iron.* Litanei *f*, Klagelied *n*; **2.** **~s** *pl. rl.* Litanei *f*.

lit-canapé (likana'pe) *f* [6a] Schlafcouch *f*.

liteau (li'to) *m* [5b] **1.** *men.* Leiste *f*; **2.** *text.* farbiger Streifen *m* (*Tischwäsche*).

litée *ch.* (li'te) *f* Wurf *m*, Lagervoll *n*. [(*Fische in Fässern*).]

liter (li'te) *v/t.* [1a] schichten

literie (li'tri) *f* Bettzeug *n*.

litharge (li'tarʒ) *f* (Blei-)Glätte *f*.

lithogra|phe (litɔ'graf) *m* Steindrucker *m*; **~phie** (~'fi) *f* Steindruck *m*, -zeichnung *f*, Lithographie *f*; lithographische Anstalt *f*; *chromo-*~ Ölfarbendruck *m*.

lithologie (litɔlɔ'ʒi) *f* Steinkunde *f*.

lithozoaires *zo.* (litɔzɔ'ɛ:r) *m/pl.* Korallentiere *n/pl.*

Lithuanie (litɥa'ni) *f* s. *Lituanie*.

litière (li'tjɛ:r) *f* **1.** Streu *f*; *fig. faire* ~ *de qch.* etw. geringschätzen; sich über etw. hinwegsetzen; **2.** Sänfte *f*.

liti|gant ⚖ (liti'gɑ̃) *adj.* [7] streitend; **~ge** (li'ti:ʒ) *m* Rechtsstreit *m*, Prozeß *m*; **~gieux** (~ti'ʒjø) *adj.* [7d] ⚖ strittig, Streit...

litis|consort ⚖ (litiskɔ̃'sɔ:r) *m* Streitgenosse *m*; **~dénonciation** (~denɔ̃sja'sjɔ̃) *f* Streitverkündung *f*; **~pendance** (~pɑ̃'dɑ̃:s) *f* Rechtshängigkeit *f*; **~pendant** (~pɑ̃'dɑ̃)

adj. rechtshängig.
litorne (li'tɔrn) *f* Krammetsvogel *m.*
litote *gr.* (li'tɔt) *f* Litotes *f.*
litre ('li:trə) *m* (*abr. l*) Liter *n od. m.*
litron P (li'trɔ̃) *m* Liter *m* Wein.
litté|raire (lite'rɛ:r) *adj.* □ literarisch, belletristisch, schriftstellerisch; **~ral** (~'ral) *adj.* [5c] □ buchstäblich; wörtlich; **~ralité** (~rali'te) *f* Wörtlichkeit *f*; **~rateur** (~ra'tœ:r) *su.* [7f] Literat *m*; **~rature** (~ra'ty:r) *f* **1.** Literatur *f*, Schrifttum *n*; ~ *de bas étage*, ~ *ordurière* (*od. faisandée*) Schundliteratur *f*; ~ *professionnelle* Fachliteratur *f*; **2.** Schriftstellerei *f*; *il se lance dans la* ~ er legt sich aufs Schriftstellern; **3.** *péj.* leere Worte *n/pl.*
littoral (litɔ'ral) **I** *adj.* [5c] Ufer..., Küsten..., Strand...; **II** *m* Küstenstrich *m.*
Lituan|ie *ehm.* (litɥa'ni) *f*: **la** ~ Litauen *n*; **~ien** (~'njɛ̃) *m u.* ♀ *adj.* [7c] Litauer *m*; litauisch.
liturg|ie (lityr'ʒi) *f rl.* Liturgie *f*; **~ique** (~'ʒik) *adj.* liturgisch.
liure (ljy:r) *f* Wagenseil *n.*
livarot (liva'ro) *m* Käse *m* aus Livarot.
livi|de (li'vid) *adj.* bleifarbig, fahl; leichenblaß; **~dité** (~di'te) *f* fahle Farbe *f*; Blässe *f.*
livr|able (li'vrablə) *adj.* lieferbar; **~aison** (~vrɛ'zɔ̃) *f* **1.** (Ab-)Lieferung *f*; Zustellung *f*; ~ *partielle f* Teillieferung *f*; ☏ ~ *des colis* (*postaux*) Paketzustellung *f*; *timbre m de* ~ Poststempel *m*; *Auto*: *voiture f de* ~ Lieferwagen *m*; *bsd.* ✝: *prendre* ~ *de qch.* etw. in Empfang nehmen; *faire* ~ *de qch.* etw. liefern; **2.** ✝ *Buchhandel*: Heft *n*, Lieferung *f*; *paraître par* ~*s* in Lieferungen erscheinen.
livre¹ ('li:vrə) *m* Buch *n*; ~ *d'heure* Gebetbuch *n*; ~ *de lecture* Lesebuch *n*; ~ *de luxe* Prachtausgabe *f*; ~ *de renseignements* Nachschlagewerk *n*; ~ *de paie* Lohnbuch *n*; ~ *à feuilles mobiles*, ~ *en feuilles* ungebundenes Buch *n*; *pol.* ♀ *blanc* Weißbuch *n*; ~ *d'achats* Einkaufsbuch *n*; ~ *de chevet* Lieblingsbuch *n*; ~ *de compte* Rechnungsbuch *n*; ~ *de contrôle* Kontogegenbuch *n*; *grand* ~, ~ *des comptes courants* Hauptbuch *n*, Journal *n*; ~ *d'effets* Wechselbuch *n*; ~ *d'occasion* antiquarisches Buch *n*; ~ *de ventes* Verkaufsbuch *n*; *porter sur les* ~*s* verbuchen; *tenir les* ~*s* Buch führen; *teneur m de* ~*s* Buchhalter *m*; *tenue f des* ~*s* Buchführung *f*; *à* ~ *ouvert* vom Blatt (*spielen*); aus dem Stegreif (*übersetzen*); ⚓ ~ *de loch* Logbuch *n*; ~ *de bord* Ladungs-, Passagierbuch *n.*
livre² (~) *f* **1.** Pfund *n*; *une* ~ *sterling* ein Pfund Sterling; **2.** F Franc *m.*
livre-cadeau (~ka'do) *m* [6a] Geschenkband *m.*
livrée (li'vre) *f* **1.** Livree *f*, Dienerkleidung *f*; **2.** *ent.* Apfelraupe *f*; **3.** *zo.* Fell *n*; *orn.* Gefieder *n*; **4.** *fig.* äußere Kennzeichen *n/pl.*
livrer (~) [1a] **I** *v/t.* **1.** (ab-, aus-) liefern, übergeben, aushändigen; **2.** preisgeben, überlassen; **3.** liefern; ~ (*seltener*: *une*) *bataille*, ~ *combat* e-e Schlacht liefern; ~ *passage à q.* j-n durchlassen; **II** *v/rfl.* **se** ~ sich hingeben; sich widmen; **se** ~ *à q.* sich j-m anvertrauen; **se** ~ *aux études* Studien treiben.
livresque *péj.* (li'vrɛsk) *adj.* büchern; *fig.* trocken.
livret (li'vrɛ) *m* Büchlein *n*; ~ *de caisse d'épargne* Sparkassenbuch *n*; ~ (*individuel*) *de membre du parti* Parteibuch *n*; ~ *de famille* Familienstammbuch *n*; ~ *d'identité* Postausweisbuch *n*; ⚔ ~ *individuel* Soldbuch *n*; ~ *militaire* Militärpaß *m*; ~ *d'opéra* Operntext *m*; ~ *universitaire* Testatbuch *n*; *Fr.*: Universitätszeugnisbuch *n*; *Fr.* ~ *scolaire* Schulzeugnisbuch *n.*
livr|eur (li'vrœ:r) *adj. su.* [7g] ausliefernd; Warenauslieferer *m*, *garçon m* ~ Laufbursche *m*; **~euse** *Auto* (~'vrø:z) *f* Lieferwagen *m.*
lixiviation ⚗, *géol.* (liksivjɑ'sjɔ̃) *f* Auslaugung *f.*
lo|baire *anat.*, ⚘ (lɔ'bɛ:r) *adj.* lappenartig, Lappen...; **~be** (lɔb) *m* **1.** *anat.*, ⚘ Lappen *m*, Flügel *m de Gehirns, der Lunge usw.*; ~ *de l'oreille* Ohrläppchen *n*; **2.** *Sport*: hoher Ball m; **~bé** *zo. u.* ⚘ (lɔ'be) *adj.* lappig, gelappt.
lobélie (lɔbe'li) *f* Lobelie *f.*
lober *Sport* (lɔ'be) *v/i.* [1a] e-n hohen Ball schießen.
lobul|aire (lɔby'lɛ:r) *adj.* läppchenähnlich; **~e** (lɔ'byl) *m* Läppchen *n.*
local (lɔ'kal) [5c] **I** *adj.* □ örtlich; Orts...; *autorités f/pl.* ~*es* Ortsbehörden *f/pl.*; **II** *m* **1.** Raum *m*,

Räumlichkeit *f*; ~ *accessoire*, ~ *secondaire* Nebenraum *m*; **2.** *les locaux* die Ortsansässigen.

locali|sation (lɔkalizɑ'sjɔ̃) *f* Lokalisierung *f*; **~ser** (~'ze) *v/t.* [1a] lokalisieren; **~té** (~'te) *f* Ortschaft *f*, Ort *m*; Räumlichkeit *f*.

loca|taire (lɔka'tɛ:r) *su.* Mieter *m*; **~tif** (~'tif) **I** *adj.* [7e] Miets...; **II** *gr.* *m* Lokativ *m*; **~tion** (~kɑ'sjɔ̃) *f* **1.** Vermietung *f*, Verpachtung *f*; Mieten *n*; Mietpreis *m*; 🚂, ✈, *Hotel*: Platz- *bzw.* Zimmer-reservierung *f*; ~ *de films* Filmverleih *m*; **2.** *thé.* Vorverkauf *m*; *en* ~ im Vorverkauf; (*bureau m de*) ~ Tages-, Vorverkaufs-kasse *f*.

locatis F *péj.* (lɔka'ti) *m* † schlechte Droschke *f*, schlechter Droschkengaul *m*; ⛏ Mietswohnung *f*.

loch ⚓ (lɔk) *m* Log *n*.

loche (lɔʃ) *f* **1.** *icht.* Schmerle *f*; **2.** P Gartenschnecke *f*.

locher (lɔ'ʃe) *v/i.* [1a] lose sein, klappern, wackeln (*Hufeisen*).

lock-out (lɔ'kawt) *m* Aussperrung *f*, Entlassung *f*; **~er** (lɔkaw'te) *v/t.* [1a] aussperren, entlassen.

loco (lɔ'ko) *f* Lokomotive *f*.

locomo|bile (lɔkɔmɔ'bil) *f* Lokomobile *f*; **~teur** *anat.* (~'tœ:r) *adj.* [7f] Bewegungs...; **~tion** (~mo'sjɔ̃) *f* Fortbewegung *f*; *moyen m de* ~ Verkehrsmittel *n*; **~tive** (~mɔ'ti:v) *f* Lokomotive *f*; ~ *électrique de vitesse* elektrische Schnellzugslokomotive *f*; **~trice** 🚂, *métro* (~mɔ'tris) *f* Triebwagen *m*.

locotracteur (~trak'tœ:r) *m* Klein-, Gruben-, Rangier-lokomotive *f*.

locul|aire ⚘ (lɔky'lɛ:r), **~é** (~'le) *adj.* in kleine Fächer eingeteilt; **~e** ⚘ (lɔ'kyl) *m* kleines Fach *n*; **~eux** ⚘ (~'lø) *adj.* [7d] s. ~*aire*.

locuste (lɔ'kyst) *f* Heuschrecke *f*.

locution (lɔky'sjɔ̃) *f* Redensart *f*.

loden *text.* (lɔ'dɛn) *m* Loden.

loess *géol.* (lœs) *m* Lößboden *m*.

lof ⚓ (lɔf) *m* Wind-, Luv-seite *f*; **~er** ⚓ (lɔ'fe) *v/i.* [1a] anluven, lavieren.

loffitude P (lɔfi'tyd *f* Naivität *f*.

logarithm|e (lɔga'ritm) *m* Logarithmus *m*; **~ique** (~'mik) *adj.* logarithmisch.

loge (lɔ:ʒ) *f* **1.** kleine Hütte *f*, Verschlag *m*; **2.** ~ *de francs-maçons*, ~ *maçonnique* (Freimaurer-)Loge *f*; **3.** Holzfäller-, Förster-, Marktbude *f*; **4.** Zelle *f*, Verschlag *m*; **5.** ~ *de concierge* Pförtnerwohnung *f*; **6.** *thé.* (*a.* Freimaurer-)Loge *f*; ~ *d'acteurs* Umkleideraum *m* für Schauspieler, Garderobe *f*; **7.** △ Außennische *f*; **8.** ⚘ Fach *n*.

logeable (lɔ'ʒablə) *adj.* bewohnbar.

logement (lɔʒ'mɑ̃) *m* **1.** Wohnung *f*; ~ *garni* möblierte Wohnung *f*; ~ *provisoire* Notwohnung *f*; ~ *ouvrier* Arbeiterwohnung *f*; ~ *de service* Dienstwohnung *f*; *avoir la table et le* ~ freie Kost u. Logis haben; *crise f des* ~*s* Wohnungsnot *f*; **2.** ⚔ Quartier *n*; **3.** ⚓ ~ *de l'équipage* Mannschaftsraum *m*.

loger (lɔ'ʒe) [1l] **I** *v/t.* **1.** beherbergen, unterbringen; *logé et nourri* frei Kost u. Logis; *fig.* *être logé à la même enseigne* in e-r ähnlichen Lage sein; **2.** ⚔ einquartieren; **3.** setzen, stellen; hineinbringen; **II** *v/i.* wohnen; ~ *en garni* (*od. en meublé*) möbliert wohnen; ~ *à la belle étoile* unter freiem Himmel schlafen; **III** *v/rfl.* *se* ~ a) sich in e-r Wohnung unterbringen; *a.* ⚔ sich einquartieren; b) *se* ~ *une balle dans la* tête sich eine Kugel in den Kopf jagen; c) steckenbleiben (*Granatsplitter*), ⚕ sich einkapseln.

loge-tout (lɔʒ'tu) *adjt.*: *armoire f* ~ *pour cuisinette* Allzweckschrank *m* für Kleinküchen.

logette (lɔ'ʒɛt) *f* kleine Zelle *f*.

logeur (lɔ'ʒœ:r) *su.* [7g] Zimmervermieter *m*; (Haus-)Wirt *m*; ⚔ Quartiergeber *m*.

logeuse (lɔ'ʒø:z) *f* (Haus-)Wirtin *f*.

loggia △ (lɔd'ʒja) *f* Bogengang *m*.

logicien (lɔʒi'sjɛ̃) *m* *phil.* Logiker *m*.

logique (lɔ'ʒik) **I** *adj.* □ logisch, vernunftgemäß, folgerichtig; **II** *f* *phil.* Logik *f*, Vernunftlehre *f*; *weitS.* gesundes Urteil *n*.

logis (lɔ'ʒi) *m* Wohnung *f*, Unterkunft *f*, Quartier *n*; Haus *n*; *la folle du* ~ die Phantasie.

logistique (lɔʒis'tik) **I** *adj.* zahlenmäßig, rechnerisch; ⚔ Nachschub...; *base f* ~ Versorgungsstützpunkt *m*; **II** *f* **1.** mathematische Logistik *f*; **2.** ⚔ Nachschub- u. Versorgungswesen *n*.

logo|griphe (lɔgɔ'grif) *m* Buchstabenrätsel *n*; **~machie** (~ma'ʃi) *f* Wortklauberei *f*.

loi (lwa) *f* Gesetz *n*; ~ *organique* (*od. fondamentale*) Grundgesetz *n*; ~ *municipale* Städteordnung *f*; ~

maritime Seegesetz *n*; *~-cadre* Rahmengesetz *n*; *~ sur les municipalités* Gemeindeordnung *f*; *~ sur la protection des modèles (déposés)* Musterschutzgesetz *n*; *~ sur la propriété littéraire* Urheberrechtsgesetz *n*; *~ sur les assurances sociales* Sozialversicherungsgesetz *n*; *~ sur les syndicats ouvriers* Gewerkschaftsgesetz *n*; *~ coutumière* Gewohnheitsgesetz *n*; *~ martiale* Ausnahmezustand *m*; *homme m de ~* Rechtsgelehrter *m*; *bibl. docteur m de la ~* Schriftgelehrter *m*; *~ de reprise* Zusatzgesetz *n*; *faire la ~* befehlen, gebieten; *imposer sa ~ à q.* j-n beherrschen; *n'avoir ni foi ni ~* an nichts glauben; *mettre hors la ~* für vogelfrei erklären; *hors la ~* vogelfrei; verpönt.

loi-cadre (~'ka:drə) *f* Rahmengesetz *n*.

loin (lwɛ̃) **I** *adv.* weit, fern; *il y a ~ de ... à ...* es ist von ... nach ...; *fig. y a-t-il donc si ~?* ist denn das so abwegig?; *fig. ~ de là* im Gegenteil; *fig. il n'ira pas ~* das wird er nicht lange machen; *aller trop ~* übertreiben; *de ~ en ~* ab und zu; hier u. dort; *être ~ de compte* sich stark verrechnen; *de ~* von weitem, von weither, aus der Ferne; *au ~* weit weg; **II** *cj.* (*bien*) *~ que* (*mit subj.*) statt daß, geschweige denn daß, weit entfernt, daß; *~ de mit inf.* weit entfernt, zu ...

lointain (lwɛ̃'tɛ̃) **I** *adj.* [7] entfernt, entlegen; **II** *m* Ferne *f*; *peint. les ~s* der Hintergrund *m*.

loir *zo.* (lwa:r) *m* Siebenschläfer *m*; *dormir comme un ~* wie ein Murmeltier (*od.* wie e-e Ratte) schlafen.

loisible (lwa'ziblə) *adj.* □ erlaubt.

loisir (lwa'zi:r) *m* Muße *f*, (freie) Zeit *f*; *~(s pl.)* Arbeitsruhe *f*; *advt. à ~* in Ruhe, mit Muße; *utilisation f des ~s* Freizeitgestaltung *f*.

lolo *enf.* (lo'lo) *m* Milch *f*.

lombago *u.* **lumbago** ⚕ (lɔ̃ba'go) *m* Hexenschuß *m*.

lombaire *anat.* (lɔ̃'bɛ:r) *adj.* Lenden...

lombard (lɔ̃'ba:r) **I** *adj. u.* ♀ *su.* [7] lombardisch; *hist.* langobardisch; Lombarde *m*; *hist.* Langobarde *m*; **II** ✝ *m* Lombard *m*, Lombardgeschäft *n*; Leih-, Pfand-haus *n*; *opérations f/pl. ~* Lombardverkehr *m*; **~iser** (~di'ze) *v/t.* [1a] beleihen.

lombes *anat.* (lɔ̃:b) *m/pl.* Lenden *f/pl.*

lombric *zo.* (lɔ̃'brik) *m* Regenwurm [*m.*]

londonien (lɔ̃dɔ'njɛ̃) *adj. u.* ♀ *su.* [7c] aus London; Londoner *m*.

Londres ('lɔ̃:drə) *f* London *n*.

londrès (lɔ̃'drɛs) *m* Havannazigarre *f*.

long (lɔ̃) **I** *adj.* [7i] □ lang; dünn (*z.B. Soße*); langatmig, langwierig; langsam; *~ de deux mètres* zwei Meter lang; *cela n'est pas ~ à faire* das ist bald getan; *avoir le bras ~* sehr einflußreich sein; *avoir les dents ~ues* hungern; *avoir les doigts ~s* lange Finger machen, klauen P; *avoir la langue ~ue* zuviel reden; *advt. de ~ue main* lange vorher; *de ~ue durée* von langer Dauer; *~ à croître* langsam wachsend; *il est ~ à venir* er läßt lange auf sich warten; *je serais trop ~, si ...* es würde mich zu weit führen, wenn ...; *à la ~ue* mit der Zeit; *tout du ~* den ganzen Weg lang; die ganze Zeit hindurch; (*tout*) *au ~* ausführlich; *de ~ en large* hin u. her, auf u. ab; *à ~ terme* langfristig; *voyage m au ~ cours* Überseereise *f*; *c'est ~* das dauert lange; *en ~ et en large* in allen Richtungen; *fig.* in allen Einzelheiten, ausführlich; (*tout*) *au ~* umständlich, *fig.* groß u. breit F; **II** *adv. en savoir ~* viel wissen; *cette réflexion en disait ~* diese Äußerung besagte viel; *en dire ~ sur qch.* auf etw. schließen lassen; **III** *m* Länge *f*; *tout de son ~* der Länge nach; *un mètre de ~* einen Meter lang; *prpt.*: (*tout*) *le ~ de* längs (*gén.*); (*acc.*) ... hindurch (*zeitlich*).

longanimité (lɔ̃ganimi'te) *f* Lang-[mut *f*.]

long-courrier ⚓, ✈, *Auto* (lɔ̃ku'rje) *m u. adj.* [6g] (*a. adjt. paquebot m ~*) Überseedampfer *m*; *des avions long-courriers* Überseeflugzeuge *n/pl.*; *autocar m ~* Fernreise(omni)bus *m*.

longe[1] (lɔ̃:ʒ) *f* Leine *f*, Halfterriemen *m*; *marcher sur sa ~* sich in seiner eigenen Schlinge fangen.

longe[2] *cuis.* (~) *f* Lendenstück *n*; *~ de chevreuil* Rehziemer *m*; *~ de veau* Kalbsnierenbraten *m*.

longer (lɔ̃'ʒe) *v/t.* [1l] **1.** entlanggehen, -fahren, -fliegen, -reiten, -segeln an (*dat.*); **2.** sich erstrecken längs (*gén.*).

longeron (lɔ̃ʒ'rɔ̃) *m* **1.** *charp.* Längsträger *m*, Längsstrebe *f*; Brücken-

balken *m*; **2.** ✈ Holm *m*; **~-caisse** ⊕ (~'kεs) *m* [6a] Kastenträger *m* (*e-r Verladebrücke*).
longévité (lɔ̃ʒevi'te) *f* hohes Lebensalter *n*, lange Lebensdauer *f*.
longi|caude (lɔ̃ʒi'ko:d) *adj.* langgeschwänzt; **~caule** ⚘ (~'ko:l) *adj.* langstielig; **~folié** ⚘ (~fɔ'lje) *adj.* langblätterig; **~mètre** (~'mε:trə) *m* Längenmaß *n*; **~métrie** (~me'tri) *f* Längenmessung *f*; **~pède** (~'pεd) *adj.* langfüßig; **~penne** (~'pεn) *adj.* langflügelig; **~rostre** (~'rɔstrə) *adj. u. m* langschnäbelig.
longitu|de (lɔ̃ʒi'tyd) *f* geographische *od.* astronomische Länge *f*; **~dinal** (~di'nal) *adj.* [5c] □ der Länge nach.
longrine 🚂 (lɔ̃'grin) *f* Langschwelle *f*, Längsträger *m*.
longtemps (lɔ̃'tɑ̃) *adv.* lange; *il y a ~* vor langer Zeit; *depuis ~* seit langem, (schon) längst; *être ~ à revenir* lange auf s-e Rückkehr warten lassen; *il n'en a pas pour ~* er macht (*od.* lebt) nicht mehr lange.
longue (lɔ̃:g) **I** *adj./f* s. *long* I; **II** *f gr.* lange Silbe *f*, Länge *f*; *advt. à la ~* auf die Dauer, mit der Zeit; allmählich; **~ment** (lɔ̃g'mɑ̃) *adv.* lange; *fig.* weitläufig, lang u. breit; eingehend, ausführlich.
longueur (lɔ̃'gœ:r) *f* **1.** Länge *f* (*a. Sport*); *fig.* lange Dauer *f*; *mesure f de ~* Längenmaß *n*; *Auto*: *~ d'arrêt* Bremsweg *m*; *rad. ~ d'onde* Wellenlänge *f*; *~ focale* Brennweite *f*; *de toute sa ~* der Länge lang; *tirer en ~* in die Länge ziehen; *trainer en ~* (sich) in die Länge ziehen; **2.** *bsd. ~s pl.* Weitschweifigkeit *f*, *fig.* Langsamkeit *f*.
longue-vue (lɔ̃g'vy) *f* [6a] Fernrohr *n*.
looch (lɔk) *m* Hustensaft *m*.
loofa(h) ⚘ (lu'fa) *m* Luffa *f* (*kürbisähnliche Frucht*); Luffaschwamm *m*.
looping ✈ (lu'piŋ) *m* Looping *m*, Überschlag *m*, Schleifenflug *m*.
lopin (lɔ'pε̃) *m* Stückchen *n*.
loqua|ce (lɔ'kwas) *adj.* gesprächig, redselig, schwatzhaft; **~cité** (~si'te) *f* Gesprächigkeit *f*, Redseligkeit *f*, Schwatzhaftigkeit *f*.
loque (lɔk) *f* Lappen *m*, Lumpen *m*, Fetzen *m*; *fig.* F Waschlappen *m*, Schwächling *m*; 🐝 Faulbrut *f* (*Bienenkrankheit*); *en ~s* zerlumpt.
loquet (lɔ'kε) *m* Klinke *f*, (*Tür*-) Drücker *m*; **~eau** (lɔk'to) *m* [5b] Fallklinke *f*, Schnapper *m*; **~er** (~'te) *v/t.* [1c] aufklinken.
loqueteux (lɔk'tø) *adj.* [7d] *u. m* zerlumpt; zerlumpter Mensch *m*.
lord (lɔ:r) *m* Lord *m*; *England*: *Chambre f des ~s* Oberhaus *n*; *~ du sceau privé* Lordsiegelbewahrer *m*; **~-maire** (~'mε:r) *m* Oberbürgermeister *m* (*v. London*).
lordose ⚕ (lɔr'do:z) *f* Rückgratverkrümmung *f*.
lorgn|er (lɔr'ɲe) *v/t.* [1a] **1.** mit der Lorgnette betrachten; **2.** verstohlen betrachten, anblinzeln; F *fig. ~ qch.* ein Auge auf etw. (*acc.*) haben; *abs. ~ vers les filles* den Mädchen nachsehen; **~ette** (~'ɲεt) *f* Lorgnette *f*; Opernglas *n*; kleines Fernglas *n*; **~on** (~'ɲɔ̃) *m* Kneifer *m*, Zwicker *m*.
lori (lɔ'ri) *m* **1.** *orn.* Lori *m*, Pinselzüngler *m* (*Papagei*); **2.** *zo.* Lori *m*, Faulaffe *m*; **3.** s. *lorry*.
loricaire *icht.* (lɔri'kε:r) *m* Panzerwels *m*.
loriot (lɔ'rjo) *m* Goldamsel *f*; Pirol *m*; ⚕ *compère-~* Gerstenkorn *n* am Auge.
lorrain (lɔ'rε̃) *adj. u.* ♀ *su.* [7] lothringisch; Lothringer *m*.
Lorraine (lɔ'rεn) *f*: **la ~** Lothringen *n*.
lorry 🚂 (lɔ'ri) *m* offene Lore *f*.
lors (lɔ:r) **I** *adv.*: *depuis ~*, *dès ~* seitdem; *dès ~ auch*: infolgedessen, daher, folglich; *pour ~* in diesem Fall; **II** *~ de prp.* zur Zeit (des, der ...), anläßlich, bei; **III** *cj. dès ~ que* a) da; b) sobald; *~ même que* ... selbst in dem Augenblick, wo ...; selbst wenn ...
lorsque (*vor cons.*: 'lɔrskə; *vor vo.*: lɔrsk) *cj.* **1.** als (*passé simple*); **2.** jedesmal (*od.* immer), wenn ... (*impf.*); **3.** *zukünftig*: wenn (*fut. simple bzw. fut. antérieur*); **4.** da (nun einmal) (*kausal*).
losange (lɔ'zɑ̃:ʒ) *m* Raute *f*, Rhombus *m*.
lot (lo) *m* **1.** Los *n*; Anteil *m*; *le gros ~* das große Los *n*; der Hauptgewinn *m*; *~ de terrain* Parzelle *f*; Grundstück *n*; Siedlerstelle *f*; *fin. ~ d'actions* Aktienpaket *n*; **2.** *fig.* Los *n*, Schicksal *n*; **3.** ✝ Posten *m* Waren, Quantum *n*, Satz *m*, bestimmte Menge *f*; *fig. être mis dans le ~ de ... als ...* eingruppiert werden; **~erie** (lɔ'tri) *f* Lotterie *f*; Lotto *n*; *fig.* Glückssache *f*, gewagtes Spiel *n*; *~ foraine* Würfel-, Schießbude *f*.

loti (lɔ'ti) *adj.*: *être bien (mal)* ~ es gut (schlecht) haben.
lotier ⚘ (lɔ'tje) *m* Schotenklee *m*.
lotion (lo'sjɔ̃) *f* Abwaschung *f*, Bad *n*; Waschmittel *n*; ~ *après-rasage* Rasierwasser *n*; ~ *capillaire* Haarwasser *n*; **~ner** (~sjɔ'ne) *v/t.* [1a] abwaschen, abspülen.
lot|ir (lɔ'ti:r) *v/t.* [2a] verlosen; parzellieren, aufteilen; ansiedeln; **~issement** (~tis'mɑ̃) *m* Parzellierung *f*; Verlosung *f*; Ansiedlung *f*; Siedlung *f*, Siedlerkolonie *f*; Siedlungsraum *m*; Parzelle *f*; ~*s pl.* Siedlungen *f/pl.*; ~ *en construction* Baugrundstück *n*.
loto (lɔ'to) *m* Lotto(spiel *n*) *n*.
lotte *icht.* (lɔt) *f* Quappe *f*.
lotus ⚘ (lɔ'tys) *m* Lotus *m*.
louable (l'wablə) *adj.* lobenswert.
louage (lwa:ʒ) *m* Miete *f*; Vermietung *f*; *donner à* ~ vermieten; *tenir à* ~ zur Miete haben.
louan|ge (lwɑ̃:ʒ) *f* Lob *n*; Lobpreisung *f*; *chanter les* ~*s de q.* j-n verherrlichen; **~ger** (lwɑ̃'ʒe) *v/t.* [1l] loben, rühmen; *péj.* lobhudeln; **~geur** (~'ʒœ:r) [7g] **I** *adj.* lobend; *péj.* lobhudelnd; **II** *péj. su. péj.* Lobhudler *m*.
louche[1] (luʃ) *adj.* schielend; trübe (*Wein*); *fig.* zweideutig, anrüchig, verdächtig; unklar.
louche[2] (~) *f* Suppenkelle *f*; ⚒ Jauchekelle *f*; ⊕ Spundbohrer *m*; P Hand *f*, Flosse *f* P.
louchébème * (luʃe'bɛ:m) *m* Fleischer *m*.
louchement (luʃ'mɑ̃) *m* Schielen *n*.
loucher (lu'ʃe) *v/i.* [1a] schielen (*vers qch.* nach etw. *dat.*); **~ie** (lu'ʃri) *f* Schielen *n*.
loucherbème * (luʃɛr'bɛ:m) *m* Fleischer *m*.
louchet ⚒ (lu'ʃɛ) *m* schmaler Spaten *m*.
loucheur (lu'ʃœ:r) *su.* [7g] Schieler *m*.
louer[1] (lwe) [1a] **I** *v/t.* **1.** vermieten; verleihen; verpachten; **2.** mieten; sich leihen; pachten; bestellen (*Platzkarte*); **II** *v/rfl.* se ~ vermietet werden; sich verdingen.
louer[2] (~) [1a] **I** *v/t.* loben, preisen (de wegen [*gén.*]); **II** *v/rfl.* **se ~ de** *qch.* (*q.*) mit etw. (j-m) zufrieden sein.
loueur[1] (lwœ:r) *su.* [7g] Vermieter *m*; *cin.* ~ *de films* Filmverleiher *m*.
loueur[2] † *u. péj.* (~) *su.* [7g] Lobhudler *m*.
loufoque P (lu'fɔk) *od.* **louf** P (luf) **I** *adj.* verrückt; **II** *m* verrückter Kerl *m*; **~rie** P (~fɔ'kri) *f* Tick *m*; Blödheit *f*, Unsinn *m*, Quatsch *m*.
lougre ⚓ ('lu:grə) *m* Logger(schiff *n*) *m*.
Louis (lwi) *m* Ludwig (*Vn.*); ~ *d'or* Louisdor *m* (*altes Geldstück*).
loulou[1] (lu'lu) *m* F liebes Kind *n*; Herzchen *n*, Liebling *m*.
loulou[2] (~) *m* Spitz *m* (*Hunderasse*).
loup (lu) *m* **1.** Wolf *m*; *marcher à pas de* ~ heranschleichen; *entre chien et* ~ in der Abenddämmerung; *connu comme le* ~ *blanc* bekannt wie ein bunter Hund; *fig. vieux* ~ alter Fuchs *m fig.*; *froid m de* ~ Hundekälte *f*; ~ *habillé en berger* Wolf im Schafspelz; *avoir une faim de* ~ einen Bärenhunger haben; *tenir le* ~ *par les oreilles* in der Klemme sitzen; **2.** ~ *marin* Seehund *m*; ~ *de mer Art* Barbe *f*; *Art* Barsch *m*; *fig.* alter Seebär *m*; **3.** *jouer au* ~ schwarzer Mann spielen; **4.** Samtmaske *f*; **5.** *tête f de* ~ runde Bürste an langem Stiel; **6.** *fig.* Fehler *m*, Versehen *n*; **~-cervier** (~sɛr'vje) *m* [6a] Luchs *m*; *fig.* Wucherer *m*, Spekulant *m*.
loupe (lup) *f* **1.** Geschwulst *f*; **2.** ⚘ Knorren *m*; **3.** Lupe *f*, Vergrößerungsglas *n*; **4.** *métall.* Frischluppe *f*.
louper (lu'pe) [1a] **I** *v/i.* * † bummeln, sich aalen, faulenzen; **II** *v/t.* **1.** verfehlen, verpassen; **2.** verpfuschen, verhunzen.
loupeur * † (lu'pœ:r) *su.* [7g] Faulpelz *m*.
loup-garou (luga'ru) *m* [6a] Werwolf *m*; F *fig.* Grießgram *m*.
loupiot * (lu'pjo) *m* Bengel *m*, Gör *n*; **~(t)e** (lu'pjɔt) *f* **1.** P (elektrische) Lampe *f*; **2.** * Göre *f*.
lourd (lu:r) *adj.* [7] **1.** schwer, drückend; *fig.* schwül; sauer; *Börse*: flau; *franc* ~ abgewerteter Franc; ⊕ ~ *du nez*, ~ *de l'avant* vorderlastig; *fig.* ~ *de conséquences* folgenschwer; ~ *de conséquences pour l'avenir* zukunftsschwer; ~ *de promesses* aussichtsvoll; F *il fait* ~ es ist drückend (schwül); **2.** plump, schwerfällig; **~aud** (~'do) *su.* [7] plumper Mensch *m*, Trottel *m*; **~erie, ~ise** (~'dri, ~di:z) *f* Ungeschicktheit *f*, Tölpelei *f*.
lourdeur (lur'dœ:r) *f* Schwere *f*; *fig.* Schwerfälligkeit *f*.
lourer ♪ (lu're) *v/t.* [1a] die Töne

binden. [† ⚔ Kompagnieclown *m.*]
loustic F (lu'stik) *m* Spaßmacher *m*
loutr|e ('lu:trə) *f* **1.** Fischotter *m od. f*; ~ *de mer* Seeotter *m od. f*; **2.** Fischotterfell *n*; **~eur, ~ier** (~'trœ:r, ~tri'e) *m* Fischotternjäger *m.*
Louvain *géogr.* (lu'vɛ̃) *m* Löwen *n.*
louva(r)t (lu'va, lu'va:r) *m* junger Wolf *m.*
louve (lu:v) *f* **1.** Wölfin *f*; **2.** ⊕ Steinzange *f*, Kropfeisen *n*, Wolf *m*; **~teau** (luv'to) *m* [5b] junger Wolf *m*; *fig.* junger Pfadfinder *m.*
louvoyer (luvwa'je) *v/i.* [1h] ⚓ lavieren, kreuzen; *allg.* im Zickzack fahren *od.* gehen; *fig.* hin- u. herlavieren, Winkelzüge machen.
Louvre ('lu:vrə) *m*: **le** ~ der Louvre.
lové *fig.* (lɔ've) *adj.*: ~ *sur son malheur* unter s-m Unglück zs.-gebrochen.
lover (~) [1a] **I** *v/t.* **1.** ~ *un câble* ein Tau zusammenlegen; **2.** *plais.* ~ *q.* j-n verstauen (*od.* verpacken); **II** *v/rfl.* *se* ~ sich hinkauern.
loxodrom|ie ✈, ⚓ (lɔksɔdrɔ'mi) *f*, Loxodrome *f*, kursgleiche Linie *f*; **~ique** ✈, ⚓ (~'mik) *adj.* kursgleich.
loy|al (lwa'jal) *adj.* [5c] □ treu, anhänglich, ehrlich, rechtschaffen, vertrauenswürdig, zuverlässig; † reell; ⚖ rechtmäßig; **~alisme** *pol.* (~ja'lism) *m* treue Ergebenheit *f*, Loyalität *f*, Gesinnungstreue *f*; **~aliste** (~ja'list) *adj.* regierungstreu; **~auté** (~jo'te) *f* Redlichkeit *f*, Rechtschaffenheit *f*, Pflichttreue *f*, Anständigkeit *f*, Ehrlichkeit *f.*
loyer (lwa'je) *m* Miete *f*, Mietspreis *m*; ~ *arriéré* rückständige Miete *f*; ~ *d'avant-guerre* Vorkriegs-, Friedens-miete *f*; *donner à* ~ vermieten; *prendre à* ~ mieten.
lubie F (ly'bi) *f* verdrehte (*od.* verrückte) Idee *f*, Marotte *f*, Schrulle *f*; *avoir des* ~*s* launisch sein, *fig.* Grillen fangen; *plein de* ~*s* schrullig, launisch, komisch.
lubricité (lybrisi'te) *f* Lüsternheit *f*, Geilheit *f*, Unzucht *f.*
lubri|fiant ⊕ (lybri'fjɑ̃) *m* Schmiermittel *n*; **~ficateur** (~fika'tœ:r) *m* Schmierapparat *m*, Selbstöler *m*; **~fication** (~fika'sjɔ̃) *f* Schmieren *n*, Einölen *n*; **~fier** ⊕ (~'fje) *v/t.* [1a] einfetten, (ein)schmieren, (ein-)ölen; **~que** (ly'brik) *adj.* unzüchtig.
lucane (ly'kan) *m* Hirschkäfer *m.*
lucarne (ly'karn) *f* Dachluke *f*, Dachfenster *n.*
luci|de (ly'sid) *adj.* □ *fig.* hell, klar; *esprit m* ~ heller Kopf *m*; **~dité** (~di'te) *f* **1.** Klarheit *f*; **2.** klarer Verstand *m*, *fig.* klare Sicht *f*, klarer Blick *m.*
lucifer (lysi'fɛ:r) *m* **1.** Morgenstern *m*; **2.** ♀ Luzifer *m*, Teufel *m.*
lucifuge (~'fy:ʒ) *adj.* lichtscheu.
luciole *ent.* (ly'sjɔl) *f* Leuchtkäferchen *n*, Glühwürmchen *n* F.
lucr|atif (lykra'tif) *adj.* [7e] □ einträglich, vorteilhaft, lukrativ, lohnend, ergiebig; **~e** *péj.* ('lykrə) *m* Profit *m*, Gewinn *m*; Reibach *m* P.
ludique *psych.* (ly'dik) Spiel...
luette *anat.* (lɥɛt) *f* Zäpfchen *n.*
lueur (lɥœ:r) *f* Schein *m*, Schimmer *m*; *artill.* ~ *d'une bouche à feu* Mündungsfeuer *n.*
lug|e (ly:ʒ) *f* Rodelschlitten *m*; *aller en* ~ rodeln; **~er** (ly'ʒe) *v/i.* [1l] rodeln; **~eur** (~'ʒœ:r) *su.* [7g] Rodler *m.*
lugubre (ly'gybrə) *adj.* □ grausig, grauenhaft, schauerlich, unheimlich; völlig niedergeschlagen, *fig.* düster.
lui (lɥi) *pr/p.* **1.** *starktonig* er, ihn; *nach prp.*: sich; *lui-même* (er) selbst; **2.** *schwachtonig gebr.*: ihm, ihr.
lui|re (lɥi:r) *v/i.* [4c] leuchten, glänzen, blinken, schimmern; *faire* ~ *un espoir* e-e Hoffnung aufkommen lassen; **~sant** (~'zɑ̃) **I** *adj.* [7] leuchtend, schimmernd, glänzend; *ver m* ~ Leuchtkäferchen *n*, Glühwürmchen *n*; **II** *m* Glanz *m*; Sonne *m*, Tagesanbruch *m*; * Tag *m*; P Lackschuh *m*; **~sante** * (~zɑ̃:t) *f* Mond *m.*
lumachelle (lyma'ʃɛl) *f* Muschelkalk *m.*
lumbago ⚕ (lɔ̃ba'go) *m* Hexenschuß *m.*
lumberjack (lœmbɛr'ʒak) *m* Lumberjack *m* ('lambɛrʒek).
lumière (ly'mjɛ:r) *f* **1.** Licht *n*; ~ *boréale* Nordlicht *n*; ~ *électrique* elektrisches Licht *n*; ~ *du soleil* Sonnenlicht *n*; ~ (*du jour*) Tageslicht *n*; *devancer la* ~ *du jour* vor Tagesanbruch aufstehen; *commencer à voir la* ~ das Licht der Welt erblicken; *perdre la* ~ a) sterben; b) erblinden; **2.** Kerze *f*; Lampe *f*, Licht *n*; *écrire à la* ~ bei Licht schreiben; ⚔ *camouflage m des* ~*s* Verdunkelung *f* (*der Fenster*); **3.** *fig.* ~ *od.* ~*s pl.* Einsicht *f/sg.*, Erleuchtung *f/sg.*,

(plötzliche) Eingebung *f/sg.*, Aufschluß *m/sg.*; *litt.* Aufklärung *f*; *litt. le siècle m des ~s* das Zeitalter *n* der Aufklärung; *avoir de grandes ~s* kenntnisreich sein; *n'avoir que de faibles lumières sur qch.* von etw. (*dat.*) nur schwache Kenntnisse besitzen; **4.** ⊕ Guck-, Luft-, Licht-loch *n*; ♪ Windloch *n* der Orgel; *artill.* Zündloch *n*. [6b] Blitzlicht *n.*
lumière-éclair (ly'mjɛ:r e'klɛ:r) *f*
lumignon (lymi'ɲɔ̃) *m* brennender Docht *m*, (Licht-)Stumpf *m*.
lumin|aire (lymi'nɛ:r) *m* Beleuchtung *f* (*in e-r Kirche od. e-m Saal*); ✈ Bodenbeleuchtung(sanlage *f*) *f*; **~escence** *phys.* (~nɛ'sɑ̃:s) *f* lichtspendende Kraft *f* (*ohne Erhitzung e-s Körpers*); **~escent** *phys.* (~nɛ'sɑ̃) *adj.* selbststrahlend, strahlenaussendend; **~eux** (~'nø) *adj.* [7d] □ leuchtend; *fig.* lichtvoll; *affiche f lumineuse* Lichtreklame *f*; **~osité** (~nozi'te) *f* strahlende Helligkeit *f*; Glanz *m*; *opt.* Lichtstärke *f*.
lun|aire (ly'nɛ:r) **I** *adj. ast.* Mond...; (halb)mondförmig; *année f ~* Mondjahr *n*; *voyage m ~* Reise *f* auf den Mond; **II** ⚘ *f* Mondviole *f*; **~aison** (lynɛ'zɔ̃) *f* Mondumlaufzeit *f*, Mondwechsel *m*; **~atique** (~na'tik) **I** *adj.* **1.** mondsüchtig; **2.** *fig.* launisch, grillenhaft; **II** *su.* Mondsüchtiger *m*; launischer Mensch *m*.
lunch (lœ:ʃ, lœntʃ) *m* Gabelfrühstück *n*, Lunch *m*; **~er** (lœ'ʃe) *v/i.* [1a] e-n Lunch einnehmen.
lundi (lœ̃'di) *m* Montag *m*; *~ gras* Rosenmontag *m*; *~ saint*, *~ perdu* Montag *m* in der Karwoche; P *faire le ~, fêter la saint ~* (*vgl. saint!*) blau(en Montag) machen.
lune (lyn) *f* **1.** Mond *m*; *clair m de ~* Mondschein *m*; *il fait clair de ~* der Mond scheint; *éclipse f de ~* Mondfinsternis *f*; *face f de pleine ~* Vollmondgesicht *n*; *nouvelle ~* Neumond *m*; *pleine ~* Vollmond *m*; *la ~ est dans son plein* es ist Vollmond; *au déclin de la ~* bei abnehmendem Mond; *demander la ~, vouloir prendre la ~ entre ses dents* Unmögliches verlangen; P *comme la ~* dämlich, doof P; **2.** *poét.* Monat *m*; *~ de miel* Flitterwochen *f/pl.*; **3.** F *~s pl.* Launen *f/pl.*; *avoir ses ~s* Launen haben; *être dans la ~* vor sich herduseln, *fig.* träumen; *être dans une bonne ~* gut aufgelegt sein; **4.** P Hintern *m.*; **5.** *Sport*: Aufschwung *m* mit Kammgriff (*Reck*).
luné (ly'ne) *adj.* **1.** F gelaunt; *être bien (mal) ~* gut (schlecht) gelaunt sein; **2.** ⚘ (halb)mondförmig.
lunetier (lyn'tje) *su.* [7b] Brillenmacher *m*, -schleifer *m*.
lunet|te (ly'nɛt) *f* **1.** *~s pl.* Brille *f/sg.*; *une paire de ~s* e-e Brille *f*; *~s d'automobiliste* Autobrille *f*; *~s à monture de corne* Hornbrille *f*; *~s protectrices* Schutzbrille *f/sg.*; Sonnenbrille *f*; *~s de soleil* Sonnenbrille *f*; *étui m à ~s* Brillenfutteral *n*; *mettre des ~s* (sich) eine Brille aufsetzen; *fig. regarder qch. par le gros bout de la ~* etw. unterschätzen; *fig. voir qch. par l'autre bout de la ~* etw. durch e-e andere Brille sehen; **2.** *~ d'approche*, *~ de* (*od. à*) *longue vue* Fernrohr *n*; *~ d'opéra* Opernglas *n*; *~ périscopique* Winkelfernrohr *n*; *~ à ciseaux* Scherenfernrohr *n*; **3.** ⚠ Lichtloch *n* in Gewölben; **4.** *cuis.* Brustbein *n am Geflügel*; **~terie** (lynɛ'tri) *f* Brillen-fabrikation *f*, -herstellung *f*, -handel *m*; **~tier** (lynɛ'tje) *su.* [7b] *häufiger*: *lunetier*; *s. d.*
lunik *at.* (ly'nik) *m* Mondrakete *f*.
lunu|le (ly'nyl) *f* **1.** Halbmond *m*; ⚹ halbmondförmige Figur *f*; **2.** *ast.* Trabant *m*, Mond *m der Planeten*; **~lé** (~'le) *adj.* halbmondförmig.
lunures (ly'ny:r) *f/pl.* Mondringe *m/pl.* (*Fehler im Holz*).
lupin ⚘ (ly'pɛ̃) *m* Lupine *f*; **~elle** ⚘ (~pi'nɛl) *f* Ackerklee *m*.
lupulin ⚘ (lypy'lɛ̃) *m* Hopfenmehl *n* (*Bierfabrikation*); **~e** ⚘ (~'lin) *f* Hopfen *m*.
lupus ⚕ (ly'pys) *m* Lupus *m*, fressende Flechte *f*.
lurette F (ly'rɛt) *f*: *il y a belle ~* (*de cela*) es ist schon lange her.
luron (ly'rɔ̃) *su.* [7c] fideler Kerl *m*; flotter Bursche *m*; **~ne** (ly'rɔn) *f* kesse Bolle *f*; munteres, resolutes Mädchen *n*.
Lusace *All.* (ly'zas) *f*: **la ~** die Lausitz *f*.
lusin ⚓ (ly'zɛ̃) *m* Hüsing *f*.
luso-indien (lyzɔɛ̃'djɛ̃) *adj.* [7c] portugiesisch-indisch.
lustrage (ly'stra:ʒ) *m* ⊕ Glänzen(dmachen *n*) *n*; *text.* Glätten *n*.
lustr|e ('lystrə) *m* **1.** Glanz *m*; *fig.* glänzendes Aussehen *n*; **2.** Kronleuchter *m*; **~er** (~ly'stre) *v/t.* [1a]

glänzend machen; putzen; glatt bürsten; **~erie** (~strə'ri) *f* Kronleuchterfabrik *f*; **~ine** (~'strin) *f* Glanzseide *f*; appretierter Baumwollstoff *m*.

lut (lyt) *m* Kitt *m*.

lutation (lytɑ'sjɔ̃) *f* Verkittung *f*.

Lutèce † (~'tɛs) *f* Lutetia *f* (*Paris*).

luter (ly'te) *v/t.* [1a] verkitten.

luth ♪ (lyt) *m* Laute *f*; **~erie** (ly'tri) *f* Lautenmacherei *f*; Geigenbau *m*; Instrumentenhandlung *f*.

luthérien (lyte'rjɛ̃) *adj. u. su.* [7c] lutherisch; Lutherianer *m*.

luthier ⊕ (ly'tje) *m* Lautenmacher *m*; Geigenbauer *m*; Instrumentenfabrikant *m*, -händler *m*.

lutin (ly'tɛ̃) **I** *adj.* [7] schelmisch, pfiffig; **II** *m* Heinzelmännchen *n*, Kobold *m*; *fig.* Wildfang *m*; **~er** F (~ti'ne) *v/t.* [1a] necken, herumschäkern (*mit e-r Frau*).

lutrin (ly'trɛ̃) *m* **1.** Gesangspult *n in der Kirche*; **2.** Kirchenchor *m* (*die Sänger*).

lut|te (lyt) *f* Kampf *m*; Ringkampf *m*; Wettstreit ⚔ ~ *anti-sous-marine* U-bootabwehr *f*; *m*; ~ *contre le chômage a.* Arbeitsbeschaffung *f*; ~ *contre le paludisme* (*contre la vermine*) Malaria- (Ungeziefer-)bekämpfung *f*; *Sport*: ~ *finale* Endkampf *m*; *gymn.* ~ *à la corde* Tauziehen *n*; ~ *japonaise* Jiu-Jitsu *n*; ~ *pour l'existence*, ~ *pour la vie* Kampf *m* ums Dasein; ~ *pour le pouvoir* Machtkampf *m*; ~ *des classes* Klassenkampf *m*; *emporter qch. de haute* ~ etw. mit Gewalt durchsetzen; ⚔ ~ *rapprochée* Nahkampf *m*; **~ter** (ly'te) *v/i.* [1a] ringen; kämpfen, streiten; ~ *contre la mort* mit dem Tode ringen; **~teur** (~'tœ:r) *su.* [7g] Ringer *m*, Ringkämpfer *m*; *fig.* Kämpfer *m*.

luxation ⚕ (lyksɑ'sjɔ̃) *f* Verrenkung *f*.

luxe (lyks) *m* Aufwand *m*, Pracht *f*, Luxus *m*; *édition f de* ~ Prachtausgabe *f*; *articles m/pl. de* ~ Galanteriewaren *f/pl.*; F *c'est du* ~ das ist überflüssig.

Luxembourg (lyksɑ̃'bu:r) *m*: **le** ~ Luxemburg *n*; **ﾠeois** (~bur'ʒwa) *adj.* [7] *u.* ﾠ *su.* luxemburgisch; Luxemburger *m*.

luxer (ly'kse) *v/t.* [1a] verrenken.

luxu|eux (ly'ksɥø) *adj.* [7d] □ luxuriös, prachtvoll; verschwenderisch; **~re** (~'ksy:r) *f* Unzucht *f*, Wollust *f*; *rl.* Unkeuschheit *f*; **~riance** (~'rjɑ̃:s) *f* Üppigkeit *f*; **~riant** (~'rjɑ̃) *adj.* [7] üppig, wuchernd; **~rieux** (~'rjø) *adj.* [7d] □ unzüchtig, wollüstig.

luzer|ne ♀ (ly'zɛrn) *f* Luzerne *f*; **~nière** (~'njɛ:r) *f* Luzernenfeld *n*.

luzette *vét.* (ly'zɛt) *f* Wassersucht *f* (*Krankheit der Seidenraupen*).

lycé|e *Fr.* (li'se) *m* (*staatliche*) höhere Schule *f*; **~en** (~se'ɛ̃) *su.* [7c] höherer Schüler *m*.

lychnide ♀ (lik'nid) *f* Lichtnelke *f*.

lycopode (likɔ'pɔd) *m* Bärlapp *m*.

lymphangite ⚕ (lɛ̃fɑ̃'ʒit) *f* Lymphgefäßentzündung *f*, Lymphangitis *f*.

lym|phatique ⚕ (lɛ̃fa'tik) *adj.* lymphatisch, weißblütig; **~phe** (lɛ̃:f) *f* Lymphe *f*, Blutwasser *n*; ♀ Pflanzensaft *m*; ⚕ ~ *d'ensemencement* Stammlymphe *f*; **~phoïde** (~fɔ'id) *adj.* lymphartig.

lynch|age (lɛ̃'ʃa:ʒ) *m* Lynchen *n*; Lynchjustiz *f*; **~er** (~'ʃe) *v/t.* [1a] lynchen.

lynx *zo.* (lɛ̃:ks) *m* Luchs *m*; *il a des yeux de* ~ er hat Augen wie ein Luchs.

lyre (li:r) *f* Lyra *f*, Leier *m*; *fig.* Muse *f*.

lyri|que (li'rik) **I** *adj.* lyrisch; *poésie f* ~ lyrische Dichtung *f*; Lyrik *f* (*als literarhistorischer Gattungsbegriff*); **II** *m* Lyriker *m*, lyrischer Dichter *m*; **~sme** (~'rism) *m* Lyrik *f* (*als persönliche, individuelle Ausdrucksart*), lyrische Note *f*, lyrisches Schaffen *n*; *ce recueil est bien le couronnement de son* ~ diese Sammlung stellt in der Tat die Krönung s-s lyrischen Schaffens dar.

lysimaque ♀ (lizi'mak) *f*: ~ *commune* gelber Weiderich *m*.

lysol ⚗ (li'zɔl) *m* Lysol *n*.

M

M, m (ɛm) *m* M, m *n*.
ma (ma) *f zu mon.*
maboul P (ma'bul) *adj.* verrückt, verdreht, übergeschnappt.
macabre (ma'kɑ:brə) *adj.* schaurig; *peint. danse f* ~ Totentanz *m*; *humour m* ~ Galgenhumor *m*.
macadam (maka'dam) *m* Makadam (-pflaster *n*) *m od. n*; Schotter *m*; **~isage** (~mi'za:ʒ) *m* Schottern *n* (*der Straßen*), Kleinschlagpflasterung *f*; **~iser** (~mi'ze) *v/t.* [1a] makadamisieren, beschottern, mit Kleinschlag pflastern.
macaque *zo.* (ma'kak) *m* Meerkatze *f*; F *figure f de* ~ häßliches Gesicht *n*, Affenfratze *f*.
macaron (maka'rɔ̃) *m* **1.** Makrone *f*; **2.** *Auto*: rundes Etikett *n*.
macaroni (~rɔ'ni) *m/sg.* Makkaroni *m/pl.*
macchabée P (maka'be) *m* Leiche *f*.
Macédoine (mase'dwan) *f* **I la** ~ Mazedonien *n*; **II** ♀ *cuis. f* gemischtes Gemüse *n*; Obstsalat *m*; *fig.* Sammelsurium *n*.
macédonien (masedɔ'njɛ̃) *adj. u.* ♀ *su.* [7c] mazedonisch; Mazedonier *m*.
macé|ration (maserɑ'sjɔ̃) *f* **1.** Einweichung *f*; **2.** *rl.* Kasteiung *f*, Abtöten *n* des Fleisches; **~rer** (~'re) [1f] **I** *v/t.* einweichen, in Essig tunken; *rl.* kasteien; ~ *sa chair* das Fleisch abtöten; **II** *v/rfl.* se ~ *rl.* sich kasteien.
macfarlane (makfar'lan) *m* Pelerinenmantel *m*.
machaon (maka'ɔ̃) *m* Schwalbenschwanz *m* (*Schmetterling*).
mâche ⚘ (mɑ:ʃ) *f* Rapunzel *f*.
mâchecoulis *hist. frt.* (mɑʃku'li) *m* Pecherker *m*; *a. mâchicoulis.*
mâche|fer (mɑʃ'fɛ:r) *m* (*Eisen-*, *Hammer-*)Schlacke *f* (*a. für Wege od. Rennbahnen*); **~lier** *anat.* (mɑʃə'lje) *adj.* [7b] Kinnbacken...; *a. f*: (*dent f*) *mâchelière* Backenzahn *m*; **~ment** (mɑʃ'mɑ̃) *m das* Kauen *n*.
mâcher (mɑ'ʃe) *v/t.* [1a] **1.** (zer-) kauen; F ~ *de haut* ohne Appetit essen; *fig.* ~ *la besogne à q.* j-m die Arbeit vorkauen, j-m etw. mundgerecht (*od.* schmackhaft) machen; ~ *à vide* nichts zu beißen haben; ~ *son frein* s-n Ärger verbeißen; *ne pas* ~ *ses mots* kein Blatt vor den Mund nehmen; **2.** zerfetzen; ⊕ *papier mâché* Papiermaché *n*; *fig. avoir une mine de papier mâché* sehr schlecht aussehen.
machette ⸕ (ma'ʃɛt) *f* breites Messer *m*.
machiav|élique (makjave'lik) *adj.* *pol.* machiavellistisch; *fig.* skrupellos; **~élisme** *pol.* (~ve'lism) *m* skrupellose Politik *f*.
mâchicoulis *hist. frt.* (mɑʃiku'li) *m* s. *mâchecoulis.*
machin F (ma'ʃɛ̃) *m* Dingsda *m u. f* (*Person*); Ding *n*; **~al** (~ʃi'nal) *adj.* [5c] gedankenlos, *fig.* maschinell, schablonenmäßig, mechanisch; **~ateur** (~na'tœ:r) *su.* [7f] Drahtzieher *m*, Anstifter *m*; **~ation**

(~na'sjõ) *f* Anschlag *m*, Anstiftung *f*; ~*s pl.* Machenschaften *f/pl.*

machine (ma'ʃin) *f* Maschine *f*; Lokomotive *f*; Flugzeug *n*; F Fahrrad *n*; ~ *à additionner od. à calculer* Addier- *od.* Rechen-maschine *f*; *typ.* ~ *à composer* Setzmaschine *f*; ~ *à (écrire des) adresses*, ~ *à adresser* Adressiermaschine *f*; ~ *à écrire (portative* Reise-)Schreibmaschine *f*; ~ *à air comprimé* Preßluftmaschine *f*; ~ *à jet de sable* Sandstrahlgebläse *n*; ~ *de performance* Qualitätsmaschine *f*; ~ *de tissage* Textilmaschine *f*; *vél.* ~ *de tourisme* Tourenrad *n*; ~ *à coudre* Nähmaschine *f*; ~ *à draguer* Bagger *m*; ~ *dynamo* Dynamomaschine *f*; ~ *d'extraction* Fördermaschine *f*; ~ *infernale* Höllenmaschine *f*; ~*-outil f* [6a] Werkzeugmaschine *f*; ~*-robot f* [6a] Roboter *m*; ~ *pour tricoter* Strickmaschine *f*; ~ *à vapeur* Dampfmaschine *f*; 🚂 *faire* ~ *en arrière* rückwärts fahren, Gegendampf geben; *fig.* rückwärts steuern.

machi|ner (maʃi'ne) *v/t.* [1a] *fig.* aushecken, anstiften, im Schilde führen, aussinnen; **~nerie** (maʃin'ri) *f* Maschinerie *f*, Maschinenbestand *m*; Verfertigung *f* von Maschinen; Maschinenraum *m*; *thé.* Bühnenwerk *n*; **~nique** (~'nik) *adj.* Maschinen...; **~nisme** (~'nism) *m* Maschinismus *m*; Mechanisierung *f*; *phil.* Maschinentheorie *f*, mechanistische Weltanschauung *f*; **~niste** (~'nist) *m* Straßenbahn-, Omnibus-fahrer *m*; Maschinist *m*; *thé.* Bühnenarbeiter *m*, Bedienungsmann *m*.

mâch|oire (mɑ'ʃwa:r) *f* Kinnlade *f*, Kinnbacken *m*, Kiefer *m*; ⊕ (Brems-, Greif-, Klemm-)Backe *f*; ~ *de frein* Bremsbacke *f*; **~onner** (~ʃɔ'ne) *v/t.* [1a] langsam *od.* mit Mühe kauen; *fig.* undeutlich sprechen, vor sich hermurmeln.

mâchu|re (mɑ'ʃy:r) *f* Druckstelle *f im Tuch, Pelz, Obst*; **~rer** (~ʃy're) *v/t.* [1a] **1.** zu sehr drücken, unansehnlich machen; **2.** schmutzig machen; *typ.* unsauber abziehen.

macis (ma'si) *m* Muskatblüte *f*.

mackintosh † (makin'tɔʃ) *m* Regenmantel *m*.

maçon (ma'sõ) *m* Maurer *m*; *compagnon m* ~ Maurergeselle *m*; *maître m* ~ Maurermeister *m*; **~ner** (~sɔ'ne) *v/t.* [1a] (ver-, zu-)mauern; F *fig.* zurechtpfuschen; **~nerie** (~sɔn'ri) *f* Maurerarbeit *f*, Mauerwerk *n*, Gemäuer *n*; ~ *en moellons* ⚠ Bruchsteinmauerwerk *n*; **~nique** (~sɔ'nik) *adj.* freimaurerisch.

macqu|e (mak) *f* Flachs-, Hanfbreche *f*; **~er** (ma'ke) *v/t.* [1m] Flachs, Hanf brechen.

macramé ⊕ (makra'me) *m* Knüpfarbeit *f* in der Bandwirkerei.

macre ⚘ ('makrə) *f* Wassernuß *f*.

macreuse (ma'krø:z) *f* **1.** *orn.* Trauerente *f*; **2.** *cuis.* mageres Schulterstück *n*.

macro|be, ~bien 🕮 (ma'krɔb, ~'bjɛ̃) *adj.* [7c] langlebig; **~biotique** (~bjɔ'tik) *f* Kunst *f* der Lebensverlängerung; **~céphale** 🕮 (~se'fal) *adj.* großköpfig; **~cinématographie** (~sinematɔgra'fi) *f* Herstellung *f* von Makrofilmen; **~cosme** 🕮 (~'kɔsm) *m* Makrokosmus *m*, Weltall *n*; **~dactyle** (~dak'til) *adj.* langfingerig, -zehig; **~pode** (~'pɔd) *adj.* lang-füßig, -flossig, -stengelig; **~ptère** *ent.* (~ɔp'tɛ:r) *m* Langflügler *m*; **~scélide** *zo.* (~se'lid) *m* Elefantenspitzmaus *f*; **~scopique** (~skɔ'pik) *adj.* mit dem bloßen Auge sichtbar, makroskopisch.

macul|age *typ.* (maky'la:ʒ) *m* Durchschlagen *n* (*des Druckes*); **~ation** *typ.* (~lɑ'sjõ) *f* Beschmutzen *n*; **~ature** *typ.* (~la'ty:r) *f* Makulatur *f*; Fehldruck *m*; ~ *(grise)* Packpapier *n*.

macu|le (ma'kyl) *f* Makel *m*, Fleck *m*; *ast.* Sonnenfleck *m*; **~ler** (~'le) [1a] **I** *v/t.* beflecken, beschmutzen; **II** *v/i.* durchschlagen (*vom Druck*).

Madame (ma'dam) *f*, *abr.* Mme (*pl.*: **Mesdames** [me'dam], *abr.* Mmes) (gnädige) Frau (*Madame ist mit wenigen Ausnahmen kein Appellativ wie dame od. femme od. monsieur, gestattet daher* n i e m a l s *e-n Artikel od. ein Demonstrativpronomen*); **I** *v o l l a u s g e s c h r i e b e n*: **1.** *in der Anrede, vor Verwandtschaftsbezeichnungen und Namen (Titel des Ehemannes od. eigene Titel bleiben im Französischen weg!*; *stets voll ausgeschrieben und meist mit großem Anfangsbuchstaben*: *oui, Madame, vous avez raison* ja, meine Dame (*od.* gnädige Frau), Sie haben recht; *Mesdames, Messieurs* meine Damen und Herren!; *Madame votre* *mère, comment va-t-elle?* wie geht es Ihrer Frau Mutter?; *bonjour, Madame Leduc* guten Tag, Frau Leduc; **2.** *bei der Erwähnung e-r Ehefrau im Gespräch mit deren Ehemann*: *comment va Madame?* wie geht es Ihrer Gattin (*höflich*) [Ihrer Frau (*vertraulich*); Ihrer Frau Gemahlin (*sehr höflich, offiziell*)]?; *kennt man sich näher, setzt man den Familiennamen dazu*: *comment va Madame Blanchon?* (*im Deutschen dürfte es diesen Fragetyp kaum mehr geben*); **3.** *auf Adressen sowie im Brief in der Anrede u. im Schluß*; *Adresse*: *Madame Duval, etc.* — *Briefanrede*: *Madame*, Sehr geehrte, gnädige Frau!; *Briefschluß*: *Veuillez agréer, Madame, l'expression de mes sentiments (les plus) respectueux* Mit dem Ausdruck meiner vorzüglichsten Hochachtung; **II** *Meist abgekürzt im fortlaufenden Text*: *Mme de Staël parcourait à grands pas la chambre* Mme de Staël durchlief das Zimmer mit Riesenschritten.

madécasse † (made'kas) *adj. u.* ♀ *su.* aus Madagaskar; Madegasse *m.*

madéf|action *phm.* (madefak'sjɔ̃) *f* Anfeuchten *n*; **~ier** *phm.* (~'fje) *v/t.* [1a] anfeuchten.

madeleine (mad'lɛn) *f* **1.** *pât.* kleiner Kuchen *m*; **2.** ⚘ früher Apfel *od.* Pfirsich *m*, frühe Traube, Birne *od.* Pflaume *f.*

Mademoiselle (madmwa'zɛl) *f*, *abr.* *Mlle* (*pl.*: **Mesdemoiselles** [medmwa'zɛl]; *abr.* *Mlles*) (gnädiges) Fräulein *n*; *als Anrede u. vor Eigen- u. Verwandtschaftsnamen*; *Mademoiselle ist kein Appellativ wie demoiselle, gestattet daher niemals e-n Artikel od. ein Demonstrativpronomen*; *im übrigen vgl. Madame* I (1, 3) *u.* II.

madère (ma'dɛːr) *m* Madeira(wein *m*) *m.*

madone (ma'dɔn) *f* Marien-, Madonnen-bild *n.*

madras (ma'drɑːs) *m* Madras *m*; (*Stoff*); Kopftuch *n.*

madré (mɑ'dre) **I** *adj.* schlau, gerissen, gerieben; *esprit m* ~ Verschmitztheit *f*; **II** *m* Schlaukopf *m.*

madrépore *zo.* (madre'pɔːr) *m* Schwammkoralle *f.*

madrer *mén.* (ma'dre) *v/t.* [1a] masern.

madrier (madri'e) *m* starke Bohle *f.*

madrigal (madri'gal) *m* [5c] Madrigal *n* (*kleines, galantes Gedicht*).

madrilène (madri'lɛn) *adj. u.* ♀ *su.* aus Madrid; Madrider *m.*

madrure (ma'dryːr) *f* Maserung *f.*

maestro (maɛs'tro) *m* großer Künstler *m*, Meister *m.*

mafflu F (ma'fly) *adj. u. su.* pausbäckig(e Person).

magasin (maga'zɛ̃) *m* **1.** Geschäft *n*, Laden *m*; *grand* ~ Warenhaus *n*; ~ *à quatre sous* Ramschladen *m*; ~ *à succursales multiples* Kettenladen *m*; ~ *d'alimentation* Lebensmittelgeschäft *n*; ~ *à prix unique(s)* Einheitspreisgeschäft *n*; ~ *de comestibles* Feinkosthandlung *f*; Lebensmittelgeschäft *n*; ~ *(d'articles) de sport (d'hiver* Winter-)Sportgeschäft *n*; ~ *pour la vente par acomptes*, ~ *à paiement échelonné od. différé* Abzahlungs-, Ratenzahlungs-, Teilzahlungs-geschäft *n*; ~ *(à) libre service* Selbstbedienungsladen *m*, ~ *d'expédition* Versandlager *n*; ✝, ⊕ ~ *ambulant* fliegendes Lager *n* (*für kurzfristige Lagerung*); ~ *de nouveautés*, ~ *de modes* Mode-(waren)geschäft *n*; *courir les* ~*s* die Läden abklappern; *demoiselle f (fille f) de* ~ Ladenmädchen *n*; *garçon m de* ~ Ladenjunge *m*; **2.** Lager *n*, Magazin *n*, Niederlage *f*; Vorratskammer *f*, Speicher *m*; ~ *frigorifique* Kühl-haus *n*, -raum *m*; ~ *de vente* Verkaufsniederlage *f*; *avoir en* ~ vorrätig (auf Lager) haben; **3.** ⚔, *phot.* Magazin *n e-s Gewehrs od. e-r Kamera*; **~age** (~zi'naːʒ) *m* **1.** Lagerung *f*, Einspeichern *n*; **2.** Lagerzeit *f*; **3.** Lagergeld *n*; **~ier** (~'nje) *m* Lagerverwalter *m.*

magazine (maga'zin) *m* Magazin *n* (*Zeitschrift*); *page f* ~ Unterhaltungsbeilage *f.*

mage (maːʒ) *m* Magier *m*; *fig.* Phantast *m*; *bibl. les (trois)* ~*s* die drei Weisen.

Maghreb *géogr.* (ma'grɛb) *m* : *le* ~ der Maghreb (*NW-Afrika*); ♀**bin** (~'bɛ̃) *adj.* [7] maghrebinisch.

mag|icien (maʒi'sjɛ̃) *su.* [7c] Zauberer *m*; *cin.* Tonmeister *m*; **~ie** (ma'ʒi) *f* Magie *f*, Zauberei *f*; ~ *noire* schwarze Kunst *f*; *fig.* Hexerei *f*; **~ique** (~'ʒik) *adj.* magisch, zauberisch; Zauber...; *fig.* bezaubernd.

magis|ter *péj.* (maʒis'tɛːr) *m*: (*pédant m*) ~ Schulfuchs *m*, Silbenstecher *m*; **~tral** (~'tral) *adj.* [5c] □ **1.** meisterhaft; *peint. touche f* ~*e* meisterhafter Pinselstrich *m*; **2.** ⚕ *médicament m* ~ vom Arzt angefertigte Arznei *f*; **3.** herrisch, schulmeisterlich; **4.** F gehörig, tüchtig; **~trat** (~'trat) *m* Richter *m*, Justiz-, Verwaltungsbeamter *m*; ~ *de carrière* Berufsrichter *m*; ⚖ *les* ~*s pl.* die Behörden *f/pl.*; **~trature** (~tra'ty:r) *f* **1.** Richteramt *n*; **2.** richterliche Würde *f*; ~ *assise* Richterstand *m*; ~ *debout* (*od. du parquet*) Staatsanwaltschaft *f*; **3.** Amtsdauer *f* e-s Richters; **4.** Justizbehörde *f*.

magma *géol.* (mag'ma) *m* Magma *n*.

magnan[1] P (ma'ɲɑ̃) *m* Mittagessen *n*.

magnan[2] *dial. Provence* (~) *m* Seidenraupe *f*.

magna|nerie (maɲan'ri) *f* Seidenraupenzucht *f*; **~nier** (~'nje) *su.* [7b] Seidenraupenzüchter *m*.

magnani|me (maɲa'nim) *adj.* □ großmütig; großzügig; **~mité** (~mi'te) *f* Großmut *f*, großmütige Tat *f*; Großzügigkeit *f*.

magnat (ma'ɲa) *m* Magnat *m*; ~ *de l'industrie* Großindustrieller *m*, Industriemagnat *m*.

magner P *Auto* (ma'ɲe): *se* ~ Gas geben.

magné|sie ⚗ (maɲe'zi) *f* Magnesia *f*, Talkerde *f*; **~site** *min.* (~'zit) *f* Meerschaum *m*; **~sium** ⚗ (~'zjɔm) *m* Magnesium *n*; *phot. lumière f au* ~ Blitzlicht *n*; *photo f au* ~ Blitzlichtaufnahme *f*; **~tique** (~'tik) *adj.* a) magnetisch; b) *fig.* anziehend; **~tisation** (~tizɑ'sjɔ̃) *f* Magnetisierung *f*; **~tiser** (~ti'ze) *v/t.* [1a] magnetisieren; *fig.* Einfluß auf j-n gewinnen; **~tisme** (~'tism) *m* Magnetismus *m*; **~tite** (~'tit) *f* Magnetit *m*, Magneteisenstein *m*.

magnéto *bsd. Auto u.* ✈ (maɲe'to) *f* Zündmagnet *m*, (Magnet-)Zündung *f*; **~-électricité** ⚡ (~tɔelɛktrisi'te) *f* Magnetelektrizität *f*; **~-électrique** ⚡ (~elɛk'trik) *adj.* magnetelektrisch; **~mètre** *phys.* (~'mɛ:trə) *m* Magnetometer *n*; **~moteur** (~mɔ'tœ:r) *adj.* [7f] magnetomotorisch; **~phone** ⚡ (~'fɔn) *m* Tonbandgerät *n*, Magnetophon(gerät *n*) *n*.

magnifi|cat *rl.* (maɲifi'ka) *m* Lobgesang *m* (*auf die Jungfrau Maria*); *fig.* F *arriver à* ~ zu spät kommen; **~cence** (~'sɑ̃:s) *f* **1.** Herrlichkeit *f*, Pracht *f*; **2.** Prunkliebe *f*; **3.** Freigebigkeit *f*; **4.** ~*s pl.* Aufwand *m/sg.*; Gunstbezeigung *f/sg.*; **~que** (~'fik) *adj.* herrlich, prächtig.

magno|lier, ~lia (magnɔ'lje, ~'lja) *m* Magnolie *f*, Biberbaum *m*.

magot[1] (ma'go) *m* **1.** *zo.* Magot *m*, türkischer Affe *m*, Hundsaffe *m*; *être laid comme un* ~ grundhäßlich sein; **2.** ~ *de Chine* groteske Porzellanfigur *f*.

magot[2] F (ma'go) *m* verborgener Schatz *m*, verstecktes Geld *n*.

magyar (ma'gja:r) *adj. u.* ♀ *su.* madjarisch, ungarisch; Madjar *m*.

mahaleb (maa'lɛb) *m* Weichselkirschbaum *m*.

maharajah (maara'ʒa) *m* Maharadscha *m*.

Mahomet *npr.* (maɔ'mɛ) *m* Mohammed *m*.

maho|métan (~me'tɑ̃) *adj. u. su.* [7] mohammedanisch; Mohammedaner *m*; **~métisme** (maɔme'tism) *m* Mohammedanismus *m*.

mai (mɛ) *m* Mai *m*; Maibaum *m*; *fête f du premier* ~ Maifeier *f*.

maie (~) *f* Back-, Fleisch-trog *m*.

mai|gre ('mɛ:grə) **I** *adj.* □ **1.** mager; ~ *comme un clou* spindeldürr; *devenir* ~ abmagern, *fig.* sich abhärmen; *jour m* ~ Fast(en)tag *m*; *repas m* ~ Mahlzeit *f* ohne Fleisch; *faire* ~ fleischlos essen; ~ *repas m* karge Mahlzeit *f*; **2.** ⚒ unergiebig; **3.** *fig.* dünn, schwach; *couleur f* ~ dünne Farbe *f*; **4.** dürr, unbedeutend, dürftig; ~*s raisons f/pl.* leere Gründe *m/pl.*; *style m* ~ dürftiger Stil *m*; ~ *sujet m* unfruchtbares Thema *n*; kleinliche Ursache *f*; ~ *réception f*, ~ *visage m* frostiger Empfang *m*; *dessiner* ~ matt zeichnen; **II** *m rl.* Fastenspeise *f*; *cuis.* Mageres *n*, magere Kost *f*; *zo.* Adlerfisch *m*; *faire* ~ fasten; **~grelet** F (mɛgrə'lɛ) *adj.* [7c] etwas mager; **~greur** (~'grœ:r) *f* Magerkeit *f*; ⚒ Unergiebigkeit *f*; *fig.* Dürftigkeit *f*; **~grichon** (~gri'ʃɔ̃) *adj.* [7c] schmächtig; **~grir** (~'gri:r) [2a] **I** *v/i.* mager werden, abmagern; **II** *v/t.* mager machen, schlanker erscheinen lassen; ⊕ *konisch od. spindelförmig* sich verjüngend gestalten; *Holz* verdünnen.

mail (maj) *m* öffentliche Promenade *f*; (öffentliche) Anlagen *f/pl.*

maille (mɑ:j) *f* **1.** Masche *f*, Schlinge *f*; ~*s à peu serrées* eng-, fein-maschig; **2.** ⊕ Kettenglied *n*; **3.** *hist.* Panzerring *m*; **4.** Flecken *m auf den Flügeln des Rebhuhnes*; **5.** *ehm.* kleine Kupfermünze *f*; *n'avoir ni sou ni* ~ keinen Pfennig besitzen; *fig. avoir ~ à partir ensemble* ein Hühnchen miteinander zu rupfen haben. [silber *n.*]

maillechort ⚗ (maj'ʃɔːr) *m* Neu-

mailler (mɑ'je) [1a] **I** *v/t. Netze* stricken; *fer m maillé* Eisengitter *n*; **II** *v/i.* ♀ Fruchtknoten ansetzen.

maillet (ma'jɛ) *m* Holzhammer *m*, Klöpfel *m*, Schlegel *m*; Stampfe *f*.

mailloche (ma'jɔʃ) **I** *f* schwerer Holzhammer *m*; **II** ⋆ *adj.* groß, stark. [Kettenglied *n.*]

maillon (ma'jõ) *m* kleine Masche *f*;

maillot (ma'jo) *m* **1.** Windeln *f/pl.*, Wickelzeug *n*; *enfant m au ~* Wickelkind *n*; **2.** Trikot *n* (*a. für Tänzerinnen*); *~ de bain* Badeanzug *n*; *Sport*: *~ de championnat* Meisterschaftstrikot *n*; *~ de corps* Badehose *f*.

main (~) *f* **1.** Hand *f*; *avoir* (*porter, tenir*) *à la ~* etw. in der Hand haben (tragen, halten) [*à la ~*: *der Gegenstand ist nur zum Teil von der Hand umschlossen*; *Hauptgedanke*: *der des Habens, Haltens, Gebens usw.*]; *il a son chapeau à la ~* er hat s-n Hut in der Hand; *il prend* (*il tient*) *son verre à deux ~s* er nimmt (er hält) sein Glas mit beiden Händen; *quelques-uns prennent leur courage à deux ~s* einige nehmen ihren ganzen Mut zusammen; *donner à pleines ~s* mit vollen Händen geben; *avoir qch. dans la ~* etw. in der Hand haben [*dans la ~*: *der Gegenstand ist von der Hand völlig oder fast gänzlich umschlossen*; *Hauptgedanke*: *der der Umschließung*]; *le garçon tient une pièce d'argent dans la ~* der Junge hält ein Geldstück in der Hand; *avoir qch. en ~ od. entre les ~s* etw. in der Hand haben (= etw. erhalten haben, über etw. verfügen können) [*Hauptgedanke*: *der des Besitzes*]; *sans avoir la marchandise en ~* ohne die Ware in der Hand zu haben ...; *une fois la marchandise entre vos ~s* wenn die Ware erst einmal in Ihren Händen ist ...; *fig. kann im pl. dans und entre gebraucht werden*; *Hauptgedanke*: *der der Gewalt od. der freien Verfügung*: *le tyran tient dans ses ~s la vie des sujets* das Leben der Untertanen liegt in den Händen des Tyrannen; *il se mit entre les ~s du médecin* er vertraute sich dem Arzte an; *tenir qch. avec la ~* (*od. avec les ~s*) etw. festhalten [*avec la ~ od. avec les ~s deutet e-e Kraftanstrengung an*]; *le patient tenait lui-même sa jambe avec les deux ~s* der Patient hielt selbst sein Bein mit beiden Händen fest; — *avoir les ~s dans une affaire* s-e Hände bei e-r Sache im Spiele haben; *avoir les ~s chaudes, avoir chaud aux ~s* warme Hände haben; *avoir le cœur sur la ~* grundoffen sein; *avoir les ~s crochues* e-n Hang zum Stehlen haben; *avoir la ~ légère* geschickt sein; *avoir la ~ leste* (*od. légère*) gleich zuschlagen; *avoir les ~s liées* die Hände gebunden haben; *fig. avoir les ~s nettes* e-e reine Weste haben, sich nichts vorzuwerfen haben; *j'en mettrais ma ~ au feu* ich lege dafür meine Hand ins Feuer; *mener* (*prendre, tenir*) *q. par la ~* j-n an der Hand führen (an die Hand nehmen, an der Hand halten); *changer de ~* den Besitzer wechseln; *il n'y va pas de ~ morte* er haut tüchtig zu; er geht energisch vor; F *mettre la ~ à la pâte* ordentlich zupacken; *mettre la dernière ~ à* die letzte Hand anlegen an (*acc.*); *saluer de la ~* mit der Hand grüßen; *se faire la ~* (sich) üben; *ce policier lui a mis la ~ au collet* dieser Polizist hat ihn am Kragen gepackt; *de la ~ à la ~* ohne Zwischenhändler; *gym. ~s aux hanches!* stramm gestanden!; *façon ~* handgemacht, handgenäht; *en ~s propres* eigenhändig; *dessiner à ~ levée* aus freier Hand zeichnen; *passer la ~* nachgeben; *saisir à pleine(s) ~(s)* fest anfassen; *à pleines ~s* aus vollen Händen; *tendre la ~* betteln; *tendre la ~ à q.* j-m die Hand reichen; *faire ~ basse sur qch.* über etw. herfallen; etw. stehlen; *avoir la ~ bonne* (*od. heureuse*) e-e glückliche Hand haben; *il est en bonnes ~s* er ist in guten Händen, er ist gut aufgehoben; *de première ~* aus erster Hand; *fig. avoir la haute ~* das Szepter in der Hand haben, den Ton angeben; *donner la haute ~ à q.* j-m die Leitung e-s Unternehmens anvertrauen; *advt. la ~ haute* mit starker Hand, mit erhobenem Zeigefinger; *haut la ~* ohne Schwierigkeit(en), mit Leichtigkeit; *je m'en lave les ~s* ich wasche m-e Hände in Unschuld; *je me lave les ~s* ich wasche mir die Hände; *de longue* ~ seit langer Zeit; *battre des* ~*s* in die Hände klatschen, Beifall klatschen; *faire sa* ~ sich gesund stoßen; *nouvelles f/pl. à la* ~ Tagesneuigkeiten *f/pl.*; *être bien à la* ~ bequem zu handhaben sein; *en venir aux* ~*s* handgemein werden; *à* ~ *droite* (*gauche*) zur rechten (linken) Hand; *manger dans la* ~ *à q.* j-m aus der Hand fressen; *coup m de* ~ Handstreich *m*; (*homme m*) *de* ~ handfest(er Kerl *m*); *de* ~ *de maître* von Meisterhand; *ouvrage m fait à la* ~ handgefertigte Arbeit *f*, Handwerksarbeit *f*; *tomber entre les* ~*s de q.* j-m in die Hände fallen; *en sous-*~ unter der Hand, heimlich; *sous la* ~ zur (*od.* bei der) Hand; **2.** *zo.* Fuß *m* (*Papagei*); Fang *m* (*Raubvogel*); Schere *f* (*Krebs*); **3.** ⚘ Wickelranke *f*; **4.** Handschrift *f*; **5.** *peint. u. litt.* Fertigkeit *f*; **6.** Vorhand *f* (*Kartenspiel*); *avoir la* ~ die Vorhand haben; *faire la* ~ Karten geben; *faire une* ~ einen Stich machen; **7.** ~*-courante*: a) ✝ Kladde *f*; b) (*auch* ~*-coulante*) Handgriff *m* (*e-s Geländers*); **8.** ~ *de papier* Buch *n* Papier (*25 Bogen*); **9.** *petite* ~ Nählehrmädchen *n*; *première-*~ Näherin *f* (*in d. Haute -Couture*).

main-courante (mɛ̃ku'rɑ̃:t) *f* [6a] Handgriff *m* (*am Bus*); Treppengeländer *n*, Geländerstange *f*; s. *main* 7b.

main|-d'œuvre (mɛ̃'dœ:vrə) *f* [6b] **1.** Arbeit *f*; ~ *féminine* Frauenarbeit *f*; ~ *de qualité* Qualitätsarbeit *f*; **2.** Arbeitskräfte *f/pl.*; Arbeiterschaft *f*; **3.** Arbeitslohn *m*; ~**-forte** (~'fɔrt) *f* hilfreiche Hand *f*; *demander* ~ um Hilfe bitten; *donner* (*od. prêter*) ~ Hilfe leisten.

main|levée ⚖ (mɛ̃lə've) *f* Aufhebung *f* e-r gerichtlichen Beschlagnahme; ~ *d'une hypothèque* Löschung *f* e-r Hypothek; ~**mise** ⚖ (~'mi:z) *f* Beschlagnahme *f*; ~**morte** ⚖ (~'mɔrt) *f* unveräußerliches Gut *n*.

maint (mɛ̃) *adj.* [7] mancher, manche, manches; ~*e(s) fois, à* ~*es reprises* so und so oft; *en* ~*e occasion* des öfteren; ~*e guerre f* manch ein Krieg *m*.

maintenant (mɛ̃t'nɑ̃) **I** *adv.* **1.** jetzt, nun, gegenwärtig; **2.** jetzt (= *von da ab*); *in Schilderungen der Vergangenheit nur selten anstelle von dès lors od. depuis ce temps-là usw. gebraucht, um* a) *die Vergangenheit lebendig zu gestalten oder* b) *ein Nachwirken bis auf die Gegenwart zum Ausdruck zu bringen*: a) *quelquefois, il se semblait même étrange, se trouvant* ~ *à deux* er kam sich manchmal sogar komisch vor, als er jetzt zu zweit war; b) ~, *le remède était éprouvé* jetzt war das Heilmittel erprobt; **II** ~ **que** *cj.* jetzt, wo ... (*in der Gegenwart u. Vergangenheit gebr.*).

main|tenir (mɛ̃t'ni:r) [2h] **I** *v/t.* **1.** fest zusammenhalten; **2.** *fig.* (aufrecht)erhalten, beibehalten; **3.** versichern, behaupten; **II** *v/rfl.* *se* ~ sich behaupten, sich (er)halten; ~**tien** (mɛ̃'tjɛ̃) *m* Aufrechterhaltung *f*; Erhaltung *f*; (Körper-)Haltung *f*; Anstand *m*, Benehmen *n*; ~ *en bon état* Instandhaltung *f*; *leçons f/pl. de* ~ Anstandsunterricht *m*; *n'avoir pas de* ~ linkisch sein; *perdre son* ~ aus der Fassung kommen.

maire (mɛ:r) *m* Bürgermeister *m*; Gemeindevorsteher *m*; ~**sse** (mɛ'rɛs) *f* Frau *f* des Bürgermeisters.

mairie (mɛ'ri) *f* **1.** Rathaus *n*, Stadthaus *n*, Bezirksamt *n*, Bürgermeisterei *f*, Gemeindeverwaltung *f*; F Standesamt *n*; **2.** Bürgermeisterschaft *f*, -stelle *f*, -amt *n*.

mais (mɛ) **I** *cj.* aber, allein; sondern (*nach e-m verneinten Satz*); *non seulement,* ~ *encore* (*od.* ~ *aussi*) nicht nur, sondern auch; **II** *adv.* ja, sicherlich; ~ *enfin,* ~ *encore* kurz; ~ *si* (aber) doch (*nach e-r Verneinung*); *je n'en puis* ~ ich kann nichts dafür.

maïs (ma'is) *m* **1.** Mais *m*; **2.** Maismehl *n*.

maison (mɛ'zɔ̃, me'zɔ̃) *f* **1.** Haus *n*; ~ *d'aliénés* Irrenhaus *n*; ~ *d'arrêt* Untersuchungsgefängnis *n*; *la* ♀ *Blanche* das Weiße Haus (*U.S.A.*); ~ *caserne* Mietskaserne *f*; ~ *de campagne* Landhaus *n*; ~ *centrale* Zuchthaus *n*; ~ *de charité* Armenhaus *n*; ~ (*de commerce* Handels-) Haus *n*, Geschäft *n*; ~ *de commission* Kommissionsgeschäft *n*; ~ *communautaire* Gemeinschaftswohnhaus *n*; ~ *de ville*, ~ *commune* Rathaus *n*, Gemeindeamt *n*; ~ *de correction a.* Zwangserziehungsanstalt *f*; ~ *de détention* Gefängnis *n*; ~ *d'expédition* Spedition *f*; ~ *de force* Zuchthaus *n*; ~ ***de garde-voie*** Bahnwärterhäuschen *n*; ~ *garnie* möbliertes Haus *n*; ~ *mortuaire* Trauerhaus *n*; ~ *de rapport* Mietshaus *n*; ~ *de rééducation* (*od. de réforme*) Besserungsanstalt *f*; ~ *religieuse* Kloster *n*; ~ *de santé* Privatklinik *f*; ~ *de campagne scolaire* Schullandheim *n*; ~ *de repos* Erholungsheim *n*; ~*s pl. alignées, a.* ~*s pl. en rangée* Reihenhäuser *n/pl.*; ⚠ ~ *à multiples étages* Hochhaus *n*; ~ *individuelle* Eigenheim *n*; ~ *borgne*, ~ *de passe*, ~ *publique*, ~ *de tolérance*, *petite* ~ Bordell *n*, Absteigequartier *n*; *tenir* ~, *ouvrir sa* ~ *à tout le monde* ein offenes Haus haben; *de bonne* ~ aus gutem Hause; *être de la* ~ zum Hause (zur Familie) gehören; *dame f de la* ~ Dame *f* des Hauses; *maîtresse de la* ~ Hausherrin *f*; *avoir une* ~ *bien montée* ein großes Haus führen; **2.** ✝ ~ *mère* Mutter-, Stamm-haus *n*; ~ *sœur*, ~ *affiliée* Tochterunternehmen *n*; ~ *inscrite au registre du commerce* eingetragene Firma *f*; ~ *d'affrètement* Verfrachtungsgeschäft *n*; ~ *éteinte*, ~ *dissoute* erloschene Firma *f*; ~ *de location de films* Filmverleih *m*; ~ *d'édition* Verlags-anstalt *f*, -geschäft *n*, -buchhandlung *f*; ~ *accordant des facilités de paiement*, ~ *vendant à l'abonnement* Abzahlungs-, Teilzahlungs-, Ratenzahlungs-geschäft *n*; ~ *de transport* Transportgeschäft *n*; ~ *d'expédition* Speditionsgeschäft *n*; **3.** Haushalt *m*; Hauspersonal *n*; Gesinde *n*; *faire* ~ *nette* das gesamte Hauspersonal auf einmal entlassen; *faire la* ~ *neuve* neues Hauspersonal einstellen; ~ *militaire* Leibwache *f*; **4.** ~ *du roi* Hofstaat *m*; ~**née** F (~zɔ'ne) *f die* Hausbewohner *m/pl.*, *die* ganze Familie *f*; ~**nette** (~'nɛt) *f* Kleinhaus *n*, Häuschen *n*.

maistrance (mɛs'trɑ̃:s) *f* Marineuntereoffiziere *m/pl.*

maître ('mɛ:trə) *m* **1.** Herr *m*, Gebieter *m*; Eigentümer *m*; ~ *de forges* Hüttenbesitzer *m*; *le* ~ *de la maison* der Herr des Hauses; ~ *d'œuvre* Bauherr *m*; *ton m de* ~ gebieterischer Ton *m*; *faire le* ~ den Herren spielen; **2.** Lehrer *m*; *fig.* Lehrmeister *m*; ~ *de chapelle* Chorleiter *m* in e-r Kirche; ~ *de conférences* außerordentlicher Professor *m*; Dozent *m*; ~ *d'école* Volksschullehrer *m*; *als Titel vor dem Namen e-r juristischen Amtsperson*: *Me Leblanc, notaire à Genève* Herr Leblanc, Notar in Genf; *Fr. écol.* ~ *d'études*, ~ *d'internat* Studienaufseher *m*; ~ *d'écriture* Schreiblehrer *m*; ~ *ès arts* Magister *m* der freien Künste; ~ *de gymnastique* Turn-lehrer *m*, -wart *m*; ~ *nageur* Schwimmlehrer *m*; ~ *urbain* (~ *rural*) Stadt- (Land-)lehrer *m*; *le temps est un grand* ~ die Zeit ist eine große Lehrmeisterin; **3.** Meister *m*; Vorgesetzter *m*; Vorsteher *m*; *adjt.*: Ober..., Haupt..., ...meister; Erz...; ⚠ *les fondations f/pl. maîtresses* die Hauptfundamente *n/pl.*; *grand* ~ Großmeister *m*; *passer* ~ Meister werden; ~*-artisan* Handwerksmeister *m*; ~ *baigneur* Bademeister *m*; ~ *chanteur* a) Meistersänger *m*; b) Erpresser *m*; *grand* ~ *des cérémonies* Oberzeremonienmeister *m*; ~ *coq* Schiffskoch *m*; ~ *d'hôtel* Oberkellner *m*; ~ *fripon* Erzgauner *m*; **4.** großer Maler *m*, großer Musiker *m*; *de main de* ~ von Meisterhand; **5.** *Fr.* ⚖ ~ *des requêtes* Berichterstatter *m* im franz. Staatsrat.

maître-à-danser ⊕ (mɛtradɑ̃'se) *m* Außen- u. Innentaster *m*, Doppeltaster *m* (*Meßgerät zur Dickenmessung*).

maître-arbre ⊕ (mɛ'trarbrə) *m* [6a] Königswelle *f*.

maître-autel (mɛtro'tɛl) *m* [6a] Haupt-, Hoch-altar *m*.

maître|-compagnon (mɛtrəkɔ̃pa'ɲɔ̃) *m* [6a] Maurergeselle *m*; ~**-maçon** (~ma'sɔ̃) *m* [6a] Maurermeister *m*; ~**-mécanicien** (~mekani'sjɛ̃) *m* [6a] Maschinenmeister *m*; ~**-ouvrier** (mɛtruvri'e) *m* [6a] Polier *m*, Aufseher *m*.

maîtr|esse (mɛ'trɛs) *f* **1.** (*siehe maître* 1-4) Frau *f* vom Hause, Herrin *f*, Gebieterin *f*; Eigentümerin *f*, Besitzerin *f*, Wirtin *f*; (Volksschul-) Lehrerin *f*; Meisterin *f*; Mätresse *f*, Geliebte *f*; ~ *de la maison* Frau *f* des Hauses; **2.** *adjt.*: Ober..., Haupt...; *faculté f* ~ Haupteigenschaft *f*; ~ *galerie* Hauptmineneingang *m*; ~**isable** (~tri'zablə) *adj.* zu beherrschen(d); ~**ise** (~'tri:z) *f* **1.** Herrschaft *f*; ~ *de soi-même* Selbstbeherrschung *f*; ~ *de l'air* (*de la mer*) Luft- (See-)herrschaft *f*; ~ *de l'univers* Weltherrschaft *f*; **2.** Meisterschaft *f*; Meisterrecht *n*; *brevet m de* ~ Meisterbrief *m*;

examen m de ~ Meisterprüfung *f*; *grande* ~ Großmeisterwürde *f* (*bei e-m Orden*); *Auto*: ~ *du volant* Fahrkunst *f*; **3.** Kirchenchorknaben; *m/pl.*; Knabenkirchenchorleitung *f*; **4.** *écol.* ~ *de conférences* Lehrbefähigung *f*; **5.** Handwerksmeisterstand *m*, Meisterhandwerk *n*; ~**iser** (~tri'ze) [1a] **I** *v/t.* beherrschen; ⚔ niederhalten, niederkämpfen; *fig.* lenken, bändigen; **II** *v/rfl.* se ~ sich selbst beherrschen.

majes|té (maʒɛs'te) *f* Majestät *f*; Herrlichkeit *f*; Größe *f*; Stattlichkeit *f*; ~**tueux** (~'tɥø) *adj.* [7d] □ majestätisch, stattlich, würdevoll.

majeur (ma'ʒœːr) *adj.* **1.** größer, höher; wichtig, beträchtlich; *force f* ~*e* höhere Gewalt *f*; *rl. ordres m/pl.* ~*s* höhere Weihen *f/pl.*; *la* ~*e partie* der größere Teil *m*; *en* ~*e partie* größtenteils; ♪ *tierce f* ~*e* große Terz *f*; ♪ *ton m* ~, *mode m* ~ Dur *n*, Durton *m*; **2.** ⚖ großjährig, volljährig, mündig.

majolique (maʒɔ'lik) *f* Majolika *f*.

major (ma'ʒɔːr) *m* **1.** ⚔ Major *m*; *médecin-*~ *de Ire classe* Oberstabsarzt *m*; *médecin-*~ *de 2e classe* Stabsarzt *m*; ~ *général* Generalstabschef *m*, Flottenchef *m*; ~ *de la garnison* Ortskommandant *m*; *état m* ~ *général* Generalstab *m*; **2.** *écol.* Primus *m*, Klassenerster *m*; ~**at** *ehm.* (~'ra) *m* Majorat(sgut *n*) *n*; ~**ataire** *ehm.* (~ra'tɛːr) *m* Majoratsherr *m*; ~**ation** ✝, *fin.* (~rɑ'sjõ) *f* Erhöhung *f*, Aufschlag *m*, Preiserhöhung *f*; ~ (*temporaire*) Teuerungszuschlag *m*; Heraufsetzen *n* (*der Preise*); ~ *du tarif douanier* Zollaufschlag *m*; ~ *syndicale* Verbandsaufschlag *m*; ⚖ ~ *de peine* Strafverschärfung *f*.

major|dome (maʒɔr'dɔm) *m* päpstlicher Haushofmeister *m*; (Haus-) Inspektor *m*; ~**er** (~'re) *v/t.* [1a] im Preis erhöhen, herauf-setzen, -schrauben; ~**ité** (~ri'te) *f* **1.** größere Zahl *f*, Mehrzahl *f*; ~ (*des suffrages*) Stimmenmehrheit *f*, Majorität *f*; *à une* ~ *écrasante* mit e-r überwältigenden Mehrheit; ~ *des deux tiers* (*des trois quarts*) *des votants* Zweidrittel- (Dreiviertel-) mehrheit *f*; *à la simple* ~ *des voix* mit einfacher Stimmenmehrheit *f*; **2.** ⚖ Mündigkeit *f*, Volljährigkeit *f*.

Majorque *géogr.* (ma'ʒɔrk) *f*: **la** ~ Mallorca *n*.

majuscule (maʒys'kyl) *adj. u. f*: (*lettre f*) ~ großer Buchstabe *m*; *prend une* ~ wird groß geschrieben.

maki *zo.* (ma'ki) *m* Maki *m*, Fuchsaffe *m*.

mal (mal) **I** *m* [5c] **1.** *das* Böse *n*, *das* Schlechte *n*; Übel *n*, Leid *n*, Schaden *n*; Verlust *m*; *dire du* ~ *de q.* j-m Schlechtes nachreden; *faire du* ~ *à q.* j-m Böses (*od.* ein Leid) antun (*od.* zufügen); *le* ~ *est que* ... das Schlimme dabei ist, daß ...; *il n'y a pas de* ~ bitte; macht nichts; *prendre qch. en* ~ etw. übelnehmen; *mettre à* ~ *les chars* den Tanks zusetzen, die Tanks kampfunfähig machen; **2.** Schmerz *m*; Leiden *n*, Krankheit *f*; *cela me fait* ~ das tut mir weh; *avoir* ~ *à la tête* Kopfschmerzen haben; ~ (*od. maux pl.*) *de tête* Kopfschmerzen *m/pl.*; *avoir* ~ *au doigt* e-n schlimmen Finger haben; P ~ *caduc*, *haut* ~ Fallsucht *f*, Epilepsie *f*; *avoir* ~ *aux cheveux fig.* e-n Kater haben; ~ (*od. maux pl.*) *de cœur* Übelkeit *f*; *j'ai* ~ *au cœur* mir ist schlecht; ~ (*od. maux pl.*) *de dents* Zahnschmerzen *m/pl.*; *avoir* ~ *aux dents* Zahnschmerzen haben; ~ *de mer* Seekrankheit *f*; ~ *de l'air*, ~ *de descente*, ~ *de montée* Luft-, Flieger-Krankheit *f*; *avoir le* ~ *de l'air* luftkrank sein; ~ *du pays* Heimweh *n*; ~ *Saint-Guy* Veitstanz *m*; **3.** Mühe *f*; *se donner du* ~ sich Mühe geben; **II** *adv.*; *auch adj. in einigen Redewendungen*; *il est très* (*od. fort*) ~ es steht (gesundheitlich) sehr schlecht mit ihm; *elle n'est pas* ~ sie sieht nicht übel aus; *ça n'est pas* ~ das ist nicht übel; *c'est fort* ~ *de votre part* das ist gemein von Ihnen; *être* ~ *disposé envers q.* schlecht auf j-n zu sprechen sein; ~ *fait* mißgestaltet; ~ *prendre qch.* etw. übel aufnehmen; *se trouver* ~ ohnmächtig werden; ~ *à l'aise* unwohl, unbehaglich; *avoir l'esprit* ~ *fait* ein Querkopf sein; ~ *à propos* zur unrechten Zeit, unpassend, ungelegen, ungehörig; *aller de* ~ *en pis* immer schlimmer werden; *tomber de* ~ *en pis* vom Regen in die Traufe kommen; *pas* ~: a) nicht übel; b) nicht wenig, ziemlich viel; *il* (*n'*)*y avait pas* ~ *de monde* es waren ziemlich viel Leute da; c) so leidlich!

malachite *min.* (mala'kit) *f* Malachit *m.*

malacologue 🕮 (malakɔ'lɔg) *m* Weichtierforscher *m.*

mala|de (ma'lad) **I** *adj.* krank; *tomber* ~ krank werden; *ils sont tombés* ~*s à force de travailler* sie haben sich krank gearbeitet; ~ *du corps et de l'esprit* krank an Leib und Seele; *être* ~ *de l'estomac* (*de la poitrine*) magenkrank (brustkrank) sein; ~ *à mourir* sterbenskrank; ⚔ ~ *à la chambre* revierkrank; ⚔ *se faire porter* ~ sich krank melden; **II** *su.* Kranker *m*, Patient *m*; *faire le* ~ sich krank stellen; ⚕ ~ *mental* [5c, 6a] Geisteskranker *m*; **~die** (mala'di) *f* **1.** Krankheit *f*; ~ *de carence* Mangelkrankheit *f*; ~ *des managers* (*od. des cadres dirigeants*) Managerkrankheit *f*; ~ *familiale* (*od. héréditaire*) Erbkrankheit *f*; ~ *mentale* Geisteskrankheit *f*; ~ *du sommeil* Schlafkrankheit *f*; ~ *des tropiques* Tropenkoller *m*; *prendre* (*od. attraper od. gagner*) *une* ~, *être pris d'une* ~ e-e Krankheit bekommen; ~ *du pays* Heimweh *n*; ~ *professionnelle* Berufskrankheit *f*; **2.** Seuche *f*; *fig.* Sucht *f*; ~ *vénérienne* Geschlechtskrankheit *f*; ~ *du jeu* Spielsucht *f*; **~dif** (~'dif) *adj.* [7e] □ kränklich; *fig.* krankhaft.

maladr|esse (mala'drɛs) *f* Ungeschicklichkeit *f*; **~oit** (~'drwa) [7] **I** *adj.* □ linkisch, ungeschickt, unbeholfen; **II** *su.* ungeschickter Mensch *m*, Tölpel *m* (*à qch.* in etw. *dat.*).

malaga (mala'ga) *m* : (*vin m de*) ♀ Malagawein *m.*

malais (ma'lɛ) [7] *adj. u.* ♀ *su.* malaiisch; Malaie *m.*

malaise (ma'lɛ:z) *m* **1.** Unbehagen *n*, Unwohlsein *n*; **2.** *fig.* Unbehaglichkeit *f*, Ungemütlichkeit *f*, Mangel *m*, Not *f*; *être dans le* ~ in schlechten Verhältnissen leben.

malaisé (malɛ'ze) *adj.* (*adv.* ~*ment* [~ze'mɑ̃]) schwer, schwierig, unbequem; unbemittelt.

Malaisie *géogr.* (malɛ'zi) *f*: **la** ~ der Malaiische Archipel.

malan|dre (ma'lɑ̃:drə) *f* **1.** *vét.* Mauke *f der Pferde*; **2.** fauliger Knorren *m im Holz*; **~drin** (~'drɛ̃) *m* Straßenräuber *m*, Bandit *m.*

malappris (mala'pri) *adj. u. su.* [7] *fig.* flegelhaft, unfein; ungehobelt(er Mensch *m*); Grobian *m.*

malaria (mala'rja) *f* Malaria *f*, Sumpffieber *n.*

malariologie ⚕ (malarjɔlɔ'ʒi) *f* Malariaforschung *f.*

malavisé (malavi'ze) *adj. u. su.* unbedacht(er Mensch *m*).

malax|age (mala'ksa:ʒ) *m* Kneten *n*; **~er** (~'kse) *v/t.* [1a] durch Kneten weich machen; **~eur** ⊕ (~'ksœ:r) *m* Knetmaschine *f*; ~ *à béton* Betonmischmaschine *f*; ✓ ~ *à beurre* Butterknetmaschine *f.*

malbâti (malbɑ'ti) *adj.* schlecht gewachsen *od.* gebaut.

malchan|ce (mal'ʃɑ̃:s) *f* Pech *n*, Unglück *n*, Mißgeschick *n*; **~ceux** (~ʃɑ̃'sø) *adj. u. su.* [7d] unglücklich; *fig.* Pechvogel *m*, Unglücksrabe *m.*

malcomplaisant (malkɔ̃plɛ'zɑ̃) *adj.* [7] ungefällig.

maldonne (mal'dɔn) *f* **1.** falsches Geben *n* (*Kartenspiel*); *il y a* ~ es ist (die Karten sind) vergeben; **2.** *fig.* Irrtum *m*, Versehen *n.*

mâle (mɑ:l) **I** *adj. biol.* männlich; *fig.* kraftvoll; ▲ *proportions f/pl.* ~*s* gedrungene Größenverhältnisse *n/pl.*; **II** *m* Männchen *n* (*bei Tieren*); F kräftiger Mann *m*; ⊕ Dorn *m.*

malédiction (maledik'sjɔ̃) **I** *f* Fluch *m*, Verwünschung *f*; Unglück *n*; *la* ~ *est sur moi* ich bin vom Pech verfolgt; **II** ~! *int.* verflucht!, verflixt!, Himmel Kreuz!

maléfi|ce (male'fis) *m* Behexung *f*, Bezauberung *f*, Hexerei *f*; **~cié** (~'sje) *adj.* behext; **~que** (~'fik) *adj. a. astrol.* unheilvoll;

malemort (mal'mɔ:r) *f* tragischer Tod *m.*

malencontre (malɑ̃'kɔ̃:trə) *f* Unglück *n.*

malencontreux (~kɔ̃'trø) *adj. u. su.* [7d] □ unglücklich; Pechvogel *m.*

malendurant (~ɑ̃dy'rɑ̃) *adj.* [7] ungeduldig.

mal-en-point F (~ɑ̃'pwɛ̃) *advt.* übel dran.

malentendu (malɑ̃tɑ̃'dy) *m* Mißverständnis *n*, Irrtum *m.*

malepeste (mal'pɛst) *int.* ~! zum Teufel nochmal! (*Ärger*); Donnerwetter! (*Überraschung*).

mal-être (ma'lɛ:trə) *m* Unbehagen *n.*

malfaçon (~fa'sɔ̃) *f* **1.** Konstruktionsfehler *m*; **2.** Betrug *m*, Geldunterschlagung *f.*

malfai|sance (~fə'zɑ̃:s) *f* Boshaftigkeit *f*; **~sant** (~'zɑ̃) *adj.* [7] **1.** boshaft; **2.** schädlich; **~teur** (~fɛ'tœ:r) *su.* [7f] Übeltäter *m*, Verbrecher *m*, Rohling *m*, Unhold *m.*

malfamé (~fa'me) *adj.* verrufen,

berüchtigt.

malformation (~fɔrmɑ'sjõ) *f* Mißbildung *f*; ~ *congénitale* Geburtsfehler *m*.

malgache (*sehr gebräuchlich!*) (mal'gaʃ) *adj. u.* ♀ *su.* madegassisch; Madegasse *m*; s. *a. madécasse*.

malgracieux (~gra'sjø) *adj.* [7d] □ barsch, abweisend, unhöflich, unfreundlich.

malgré (mal'gre) **I** *prp.* trotz (*gén.*), ungeachtet (*gén.*); *je l'ai fait* ~ *moi* ich habe es ungern getan; ~ *lui* wider seinen Willen, ohne sein Zutun; ~ *cela* trotzdem (*adv.*), dessenungeachtet; ~ *tout* trotz alledem; **II** ~ *que cj.* (*mit subj.*) obgleich, obwohl, wenn ... auch; ~ *que j'en aie* mir zumTrotz.

malhabile (mala'bil) *adj.* □ ungeschickt.

malheur (ma'lœ:r) *m* Unglück *n*; Mißgeschick *n*; *avoir du* ~ Unglück haben; *jouer de* ~ Pech haben; *porter* ~ Unglück bringen; *messager m de* ~ Hiobsbote *m*; *advt. par* ~ zum Unglück, unglücklicherweise; ~ *à lui!* wehe ihm!; **~eusement** (~lœrøz'mɑ̃) *adv.* unglücklicherweise, leider; **~eux** (~'rø) [7d] **I** *adj.* □ **1.** unglücklich, *fig.* verderblich; unheilvoll; ~ *comme les pierres* kreuzunglücklich; **2.** wertlos, schlecht; ärmlich, erbärmlich; **II** *su.* Unglücklicher *m*; *fig.* Bösewicht *m*; ~ *que je suis!* ach, ich Armer!

malhonnête (malɔ'nɛt) *adj.* □ **1.** unredlich, unehrenhaft; unehrlich, unanständig; **2.** unhöflich; flegelhaft; **~té** (~ɔnɛt'te) *f* Unredlichkeit *f*; Unanständigkeit *f*; Unehrlichkeit *f*; Unhöflichkeit *f*, Flegelei *f*.

Mali *géogr.* (ma'li) *m*: **le** ~ Mali *n*.

mali|ce (ma'lis) *f* **1.** Arglist *f*, Bosheit *f*, Tücke *f*; Schadenfreude *f*; Verschlagenheit *f*; *par* ~ aus Bosheit; **2.** Schalkhaftigkeit *f*, Mutwille *m*; Streich *m*; **~cieux** (~'sjø) [7d] **I** *adj.* □ **1.** arglistig, schadenfroh; **2.** schelmisch, schalkhaft; **II** *su.* Schelm *m*, Schalk *m*, Racker *m* F.

malien *géogr.* (ma'ljɛ̃) *adj.* [7c] aus (von) Mali.

malignité (~ɲi'te) *f* Boshaftigkeit *f*, Bösartigkeit *f*, Schadenfreude *f*.

malin *m*, **maligne** *f* (ma'lɛ̃, ~'liɲ) **I** *adj.* □ **1.** boshaft, böse, bösartig (*a.* ⚕); *l'esprit* ~ (*a. m le* ~) der böse Geist *m*, der Böse *m*; *malin plaisir m, joie maligne f* Schadenfreude *f*; **2.** pfiffig, geschickt, ausgekocht F, verschlagen; gerissen *fig.*, schlau; **3.** schelmisch, schalkhaft; **4.** P schwierig; *ce n'est pas (bien) malin* das ist doch ganz einfach; **II** *m* pfiffiger Kerl *m*, Schlaukopf *m*; Schelm *m*, boshafter Mensch *m*; † *rl.* Teufel *m*; *faire le* (*od. son*) ~ prahlen, angeben F; *c'est un* ~ das ist ein ganz schlauer Fuchs.

Malines (~) *f/sg.* Mecheln *n*; ♀ Mechelner Spitzen *f/pl.*

malingre (ma'lɛ̃:grə) *adj.* schwächlich, kränklich, pimpelig F, verpimpelt F.

malintentionné (malɛ̃tɑ̃sjɔ'ne) *adj.* [übelgesonnen.]

malique (ma'lik) *adj.* Apfel...

malitorne (mali'tɔrn) *adj. u. su.* trampelig F, tölpelhaft; Trampel *m* F, Tölpel *m*.

mal-jugé ⚖ (malʒy'ʒe) *m* Fehl-[urteil *n*.]

malle (mal) *f* **1.** Reisekoffer *m*; *~-armoire f*, ~ *porte-habits f* Schrankkoffer *m*; ~ *d'osier* (*od. en osier*) *f* Reisekorb *m*; Rohrkoffer *m*; *~-cabine f* Kabinenkoffer *m*; *faire ses ~s* die Koffer packen; *défaire sa* ~ s-n Koffer auspacken; **2.** *Auto*: Kofferraum *m*; **3.** Postschiff *n*.

malléa|bilité (maleabili'te) *f* Dehnbarkeit *f*; Geschmeidigkeit *f*, Schmiedbarkeit *f*; **~ble** (~'ablə) *adj.* dehnbar; schmiedbar; *fig.* nachgiebig, anpassungsfähig.

malléole *anat.* (male'ɔl) *f* Fußknöchel *m*.

mal|letier (mal'tje) *m* Koffermacher *m*; **~lette** (ma'lɛt) *f* Handkoffer *m*; *~-table f* (Camping-)Koffertisch *m*.

malmener (malmə'ne) *v/t.* [1d] grob behandeln, übel zurichten; *fig.* j-m schwer zusetzen.

malodorant (malɔdɔ'rɑ̃) *adj.* [7] übelriechend.

mal|otru (malɔ'try) *adj. u. su.* flegelhaft; Flegel *m*, Rüpel *m*.

malouin (ma'lwɛ̃) *adj.* [7] *u.* ♀ *su.* (Einwohner *m*) aus St.-Malo.

malpeigné (malpɛ'ɲe) *adj. u. su.* struppig, mit zerzaustem Haar; unsauber; Struwwelpeter *m*, Schmierfink *m*; *f*: Schlampe *f*.

malpropre (mal'prɔprə) **I** *adj.* □ unsauber, schmutzig; unanständig; **II** *su.* Schmutzfink *m*; **~té** (~prə'te) *f* Unsauberkeit *f*, Unanständigkeit *f*.

malsain (mal'sɛ̃) *adj.* [7] ungesund (*a. fig.*); gesundheitsschädlich.

malsé|ance (malse'ɑ̃:s) *f* Unschicklichkeit *f*, Unanständigkeit *f*; **~ant** (~se'ɑ̃) *adj.* [7] unanständig.
malsonnant (~sɔ'nɑ̃) *adj.* [7] übelklingend; anstößig.
malt (malt) *m* Malz *n*; **~age** (~'ta:ʒ) *m* Malzbereitung *f*.
Malte *géogr.* (malt) *f*: **la ~** Malta *n*.
malter (mal'te) *v/t.* [1a] mälzen; **~ie** (mal'tri) *f* Mälzerei *f*.
malthusianisme (maltyzja'nism) *m* Malthusianismus *m* (*bevölkerungspolitische Lehre*); ~ *économique* rückschrittliche Wirtschaftspolitik *f*; *fig.* ~ *linguistique* sprachwissenschaftliche Engherzigkeit *f*.
maltôtier *mv.p.* (malto'tje) *m ehm.* Steuer-einzieher *m*, -beamter *m*; *mv.p.* Bauernschinder *m*, Blutsauger *m* vom Steueramt.
maltraiter (maltrɛ'te) *v/t.* [1a] schlecht behandeln, mißhandeln; *fig.* ~ *une langue* e-e Sprache verhunzen.
malvacée ⚘ (malva'se) *f* malvenartige Pflanze *f*.
malveil|lance (malvɛ'jɑ̃:s) *f* Böswilligkeit *f*; Mißgunst *f*; **~lant** (~'jɑ̃) *adj.* [7] böswillig, übelgesonnen, mißgünstig.
malvenu ⚖ (~və'ny) *adj.* nicht berechtigt.
malver|sation ⚖ (~vɛrsa'sjɔ̃) *f* Veruntreuung *f*, Unterschleif *m*; **~ser** ⚖ (~'se) *v/i.* [1a] veruntreuen.
malvoisie (malvwa'zi) *m* Malvasier (-wein *m*) *m*.
maman (ma'mɑ̃) *f* Mama *f*.
mamel|laire *anat.* (mamɛ'lɛ:r) *adj.* Brust...; **~le** (ma'mɛl) *f* Brust (-warze *f*) *f*; Zitze *f* (*bei Tieren*); *enfant m à la* ~ Säugling *m*; **~on** (mam'lɔ̃) *m* **1.** (Brust-)Warze *f*; **2.** rundlicher Hügel *m*; **3.** ⊕ Zapfen *m*; **~onné** (mamlɔ'ne) *adj.* **1.** warzenförmig; **2.** mit Hügeln bedeckt.
mamelu P (mam'ly) *adj.* mit e-m starken Busen.
m'amie, *a.* **ma mie** (ma'mi) *f* = *mon amie* mein Herzchen *n*, Liebchen *n*.
mamillaire (mamil'lɛ:r) *adj.* warzenförmig.
mammaire *anat.* (mam'mɛ:r) *adj.* Brust...; *glandes f/pl.* ~*s* Brustdrüsen *f/pl.*
mammalogie (mammalɔ'ʒi) *f* Säugetierkunde *f*.
mammifère (mammi'fɛ:r) *m* Säugetier *n*.
mammite ⚕ (mam'mit) *f* Brustdrüsenentzündung *f*.
mammouth *zo.* (ma'mut) *m* Mammut *n*.
mamour F (ma'mu:r) *m*: ~! meine Süße!; *faire des* ~*s à q.* mit j-m schmusen F.
mam'selle, mam'zelle P (mam'zɛl) *f abr. für mademoiselle*.
man *ent.* (mɑ̃) *m* Engerling *m*.
manager (mane'dʒœ:r) *m* Unternehmer *m*; Leiter *m*, Verwalter *m*; *a. Sport, cin.* Manager *m*.
manant (ma'nɑ̃) *m* Bauernlümmel *m*.
Manceau (mɑ̃'so) *m* [5c] Einwohner *m* aus Le Mans.
manche[1] (mɑ̃:ʃ) *f* **1.** Ärmel *m*; *fausse* ~ Überärmel *m*; *en* ~*s de chemise* in Hemdsärmeln; ~*s montées* angesetzte Ärmel *m/pl.*; ~ *à gigot* Puffärmel *m*; ~ *courte* (*od. relevée*) kurzer Ärmel *m*; *retrousser ses* ~*s* die Ärmel hochkrempeln; *fig. être dans la* ~ *de q.* bei j-m e-e gute Nummer haben; *fig.* F *avoir la* ~ *large* ein weites Gewissen haben; *c'est une tout autre paire de* ~*s* das ist etw. ganz anderes; **2.** ⚓ ~ *à eau* Schlauch *m*; **3.** ✈ ~ *à vent*, ~ *à air* Wind-kegel *m*, -rüssel *m*, -sack *m*; ⚓ Lüfterkopf *m*; **4.** Kanal *m*; *la* ♀ der Ärmelkanal; **5.** *Spiel*: Partie *f*; Satz *m*, Runde *f*; *être* ~ *à* ~ gleichstehen.
manche[2] (~) *m* **1.** Griff *m*; Stiel *m*; Heft *n*; ~ *à balai* Besenstiel *m*; ✈ (Steuer-)Knüppel *m*; ⚒ ~ *de charrue* Pflugsterz *m*; s. *cognée*; **2.** ♪ Griffbrett *n*, Hals *m e-r Geige*; **~ron** (mɑ̃'ʃrɔ̃) *m* **1.** Pflugsterz *m*; **2.** kurzer Ärmel *m*.
manch|ette (mɑ̃'ʃɛt) *f* Manschette *f*; Überärmel *m*; Stulpe *f*; *typ.* Randbemerkung *f*; Kopf *m* (*od.* Schlagzeile *f*) *e-r Zeitung*, fettgedruckter Titel *m*; Waschzettel *m e-s Buches*; *journ. sous une grosse* ~ in großer Aufmachung.
manchon (mɑ̃'ʃɔ̃) *m* **1.** Muff *m*; *chien m de* ~ Schoßhündchen *n*; **2.** Hülse *f*, Muffe *f*; Glühstrumpf *m*; ⚡ ~ *isolant* Isolierbuchse *f*; ~ *de caoutchouc* ⊕ Gummimanschette *f*.
manchot (mɑ̃'ʃo) [7] **I** *adj.* einarmig, einhändig; *fig.* ungeschickt, linkisch; **II** *su.* Krüppel *m* mit e i n e m Arm *od.* e i n e r Hand; F *fig.* ungeschickter Mensch *m*; *s'y prendre comme un* ~ etw. ungeschickt anfangen; **III** *m orn.* Pinguin *m*.
mandant ⚖ (mɑ̃'dɑ̃) *m* Mandant *m*.
mandarin (mɑ̃da'rɛ̃) *m* **1.** Mandarin *m*; **2.** einflußreicher Literat *m*, literarische Größe *f*; **3.** *péj.* literarischer Diktator *m*; **4.** Boss *m*;

~at (~ri'na) *m* **1.** Mandarinenkaste *f*; **2.** *péj.* Willkürherrschaft *f*.
mandarine ⚘ (mɑ̃da'rin) *f* Mandarine *f*.
mandat (mɑ̃'da) *m* **1.** Mandat *n*, Vollmacht *f*; Strafbefehl *m*; Befehl *m*; ~ *d'arrêt* Verhaftungsbefehl *m*; *pol. territoire m sous* ~ Mandatsgebiet *n*; **2.** ✝ (Zahlungs-)Anweisung *f*; ~ *de virement* Verrechnungsscheck *m*; ~ *à vue* Sichtanweisung *f*; **3.** ✉ ~ *de poste* Postanweisung *f*; ~ *de recouvrement (postal)* Beitreibungsauftrag *m*; **~aire** (~'tɛ:r) *su.* Bevollmächtigter *m*; Sachwalter *m*; Prokurist *m*; **~-carte** ✉ (mɑ̃da'kart) *m* Zahlkarte *f*; **~ement** (~dat'mɑ̃) *m* Anweisung *f* (*e-r Zahlung*); **~er** (~da'te) *v/t.* [1a] beauftragen, ein Mandat erteilen; ~ *une somme* eine Summe anweisen; **~-poste** ✉ (~da'pɔst) *m* [6b] Postanweisung *f*.
mandchou *géogr.* (mɑ̃'tʃu) *adj.* [7] mandschurisch; **Ꝏrie** (~tʃu'ri) *f*: **la** ~ die Mandschurei.
man|dement *rl.* (mɑ̃d'mɑ̃) *m* Hirtenbrief *m*; **~der** (mɑ̃'de) *v/t.* [1a] **1.** übermitteln, mitteilen; berichten, melden; **2.** ~ *q.* j-n kommen lassen; ⚔ befehlen, ⚖ zitieren.
mandibul|aire (mɑ̃diby'lɛ:r) *adj.* Kinnbacken...; **~e** (~'byl) *f* Kinnbacken *m*, -lade *f*; **~s** *pl.* Kiefer *m*.
mandoline ♪ (mɑ̃dɔ'lin) *f* Mandoline *f*, Laute *f*.
mandragore ✝ (mɑ̃dra'gɔ:r) *f* Mandragora *f*, Alraune *f*.
mandrill *zo.* (mɑ̃'dril) *m* Mandrill *m*.
mandrin (mɑ̃'drɛ̃) *m* ⊕ Bohrfutter *n*, Locheisen *n*; Docke *f*, Dorn *m*; **~s** *pl. de serrage* ⊕ Spannfutter *n*; **~er** ⊕ (~dri'ne) *v/t.* [1a] aus-, auf-dornen.
manducation (mɑ̃dyka'sjɔ̃) *f* **1.** ⚒ *biol.* Kauen *n*; **2.** *rl.* Genuß *m* der Hostie.
manécanterie *égl.* (manekɑ̃'tri) *f* Gemeindesingschule *f*.
manège (ma'nɛ:ʒ) *m* **1.** Reitkunst *f*; Schulreiten *n*; ~ *par haut* hohe Schule *f*; *faire faire du* ~ *à un cheval* ein Pferd dressieren; **2.** Reitbahn *f*; *cheval m de* ~ Schulpferd *n*; **3.** ~ *de chevaux de bois* Karussel *n*; **4.** *fig.* Schliche *m/pl.*, Kniffe *m/pl.*, Treiben *n*; **5.** ⊕ Pferdegöpelwerk *n*.
manégé (mane'ʒe) *adj.* dressiert.
manette ⊕ (ma'nɛt) *f* Handgriff *m*; *rad.* Schaltung *f*; Knopf *m*, Skala(scheibe *f*) *f*; ~ *d'accord* Abstimmgriff *m*; ~ *micrométrique*, ~ *démultiplicatrice*, ~ *démultipliée*, ~ *à démultiplication* Feineinstellskala *f*; *tram.* ⚡ ~ *à plots* Stufenschalter *m*; ~ *d'allumage* Zündhebel *m*.
mangan|ate ⚗ (mɑ̃ga'nat) *m* mangansaures Salz *n*; **~èse** ⚗ (~'nɛ:z) *m* Mangan *n*; **~ésien** ⚗ (~ne'zjɛ̃) *adj.* [7c], **~ésifère** ⚗ (~nezi'fɛ:r) *adj.* manganhaltig; **~eux** ⚗ (~'nø) *adj.* [7d], **~ique** ⚗ (~'nik) *adj.* Mangan...; *oxyde m* ~ Manganoxyd *n*.
mange|able (mɑ̃'ʒablə) *adj.* eßbar; **~aille** (~'ʒɑ:j) *f* Futter *n* (*z.B. für Hühner*); F Fraß *m* (*der Menschen*); **~oire** (~'ʒwa:r) *f* Futtertrog *m*, Freßnapf *m*; F *fig. tenir la* ~ *haute à q.* j-m den Brotkorb höher hängen.
man|ger (mɑ̃'ʒe) [1l] **I** *v/t. u. v/i.* **1.** essen, speisen; fressen (*v. Tieren*); *fig.* aufzehren; verschlingen; durchbringen; ~ *tout ce qu'on gagne* von der Hand in den Mund leben; ~ *par gourmandise* naschen; ~ *un morceau* e-n Happen zu sich nehmen; *~ *le morceau* j-n *od.* etw. (*vor Gericht*) verpfeifen; ~ *de la vache enragée* sich kümmerlich durchschlagen müssen; ~ *des yeux* mit den Augen verschlingen; ~ *la consigne* sich um e-n Befehl nicht kümmern; ~ *la grenouille* das unterschlagene Kassengeld um die Ecke bringen; ~ *son pain blanc le premier* sich keinerlei Gedanken um die Zukunft machen; ~ *sur le pouce* schnell etw. (*od.* e-n Happen) zu sich nehmen; ~ *à plusieurs râteliers* mehrere lohnende Pöstchen zugleich bekleiden; ~ *du bout des dents* am Essen herummäkeln, **2.** ⚗ zerfressen; ⊕ abnutzen; verbrauchen; Wörter verschlucken; **II** *m* Essen *n*; *il en perd le boire et le* ~ er vergißt Essen und Trinken darüber; **~getout** (mɑ̃ʒ'tu) *m* [6c] **1.** grüne Bohne *f*; **2.** Zuckererbse *f*; **3.** ⚒ Verschwender *m*; **~geur** (~'ʒœ:r) *su.* [7g] **1.** Esser *m*; *grand* ~, *gros* ~ starker Esser *m*; ~ *de livres* Bücherwurm *m*; **2.** *fig.* Verschwender *m*; **~geure** (~'ʒy:r) *f* benagte *od.* angefressene Stelle *f*.
manglier ⚘ (mɑ̃gli'e) *m* Wurzelbaum *m*, Mangrove *f*.
mangoustan ⚘ (mɑ̃gu'stɑ̃) *m* Mangostane *f*. [gostanapfel *m*.]
mangouste[1] ⚘ (mɑ̃'gust) *f* Mangostanapfel *m*.
mangouste[2] *zo.* (~) *f* Ichneumon *m od. n*, Manguste *f*.

mangrove ♀ (mɑ̃'gro:v) *f* Mangrove *f*. [baum *m*.]
manguier ♀ (mɑ̃'gje) *m* Mango-
maniab|ilité (manjabili'te) *f* leichte Handhabung *f* (*od.* Bedienung *f*), Handlichkeit *f*, Wendigkeit *f*; **~le** (~'jablə) *adj.* handlich; leicht zu verarbeiten; *fig.* lenksam; gefügig; *a.* ✈ wendig; *peu ~* unhandlich.
maniaque (ma'njak) **I** *adj.* wunderlich, eigenartig; ⚕ von e-r Manie befallen; manisch; *délire m ~* Tobsuchtsanfall *m*; **II** *su. m*: wunderlicher (*od.* komischer) Kauz *m*; *f*: komische Heilige *f*, Verrückte *f*.
manie (ma'ni) *f* Manie *f*, Sucht *f*, üble Gewohnheit *f*, Schrulle *f*, fixe Idee *f*; übertriebene Vorliebe *f*; *fig.* Steckenpferd *n*; ⚕ Tobsucht *f*; *~ des grandeurs* Größenwahn *m*.
man|iement (mani'mɑ̃) *m* **1.** Befühlen *n*; **2.** Handhabung *f*, Behandlung *f*; *litt. le ~ du vers* die Handhabung des Verses; **3.** *fig.* Führung *f*, Verwaltung *f*; Geschäftsführung *f*; **~ier** (ma'nje) [1a] **I** *v/t.* **1.** befühlen, betasten; in die Hand nehmen; **2.** handhaben, führen, gebrauchen; *savoir ~ qch.* (*q.*) mit etw. (*dat.*) (mit j-m) umzugehen wissen; ⚔ *~ les armes* mit den Waffen umgehen; **3.** *fig.* in der Hand (in der Gewalt) haben; bearbeiten, behandeln; leiten; verwalten; *bien ~ une langue étrangère* e-e Fremdsprache beherrschen); **II** *m au ~* beim Anfühlen.
manière (ma'njɛ:r) **I** *f* **1.** Manier *f*, Art *f*, Weise *f*; *~ de vivre* Lebensweise *f*; *~ de voir démodée* überholter Standpunkt *m*; *~ de parler* eigene Ausdrucksweise *f*; *~ d'être* Wesensart *f*; *~ de voir* Einstellung *f*; *~ de concevoir* (*od. d'interpréter*) *le monde* Weltanschauung *f*; *laisser entendre d'une ~ significative fig.* e-n Wink mit dem Zaunpfahl geben; *~ de penser* Denkart *f*; ✝ *~ de travailler* Art u. Weise *f* des Geschäftsverkehrs; *de toute ~* auf jeden Fall; *en aucune ~* auf keine Weise; *en quelque ~* gewissermaßen; *de la même ~* ebenso; **2.** Sorte *f*; **3.** *litt., peint.* Manier *f*, Art u. Weise *f* der Ausführung, Künstelei *f*; **4.** *~s pl.* Benehmen *n*, Sitten *f/pl.*, Manieren *f/pl.*, Getue *n*; *bonnes* (*od. belles*) *~s* feines Benehmen *n*; *pas de ~s!* keine Umstände!; **II** *prp.* **de ~ à** (*mit inf.*) dergestalt, daß ...; **III** *cj.* **de ~ [à ce] que** (*als Tatsache mit ind., als Absicht mit subj.*) derart, daß ...; so daß ...
manié|ré (manje're) *adj.* geziert, affig F, zimperlich (*v. Menschen*); *fig.* geschraubt, gesucht (*Sprechweise*); **~rer** (~) *v/t.* [1f] erkünsteln, zurechtstutzen; *~ son style* gekünstelt schreiben; **~risme** *péj.* (~'rism) *m* Gesuchtheit *f*, Künstelei *f*. [*~ d'argent* Spekulant *m*.]
manieur *mst. mv. p.* (ma'njœ:r) *m*:
manifes|tant (manifɛs'tɑ̃) *su.* [7] Teilnehmer *m* an e-r Kundgebung, Demonstrant *m*; *cortège m de ~s* Demonstrationszug *m*; **~tation** (~tɑ'sjɔ̃) *f* Kundgebung *f*, Demonstration *f*; Veranstaltung *f*; Bekundung *f*; *rl.* Offenbarung *f*; **~te** (~'fɛst) **I** *adj.* □ offenkundig; **II** *m pol.* Manifest *n*, Aufruf *m*; öffentliche Erklärung *f*; **~tement** (~fɛstə'mɑ̃) *adv.* sichtlich, offenkundig; **~ter** (~fɛs'te) [1a] **I** *v/t.* kundtun; an den Tag legen, äußern; **II** *v/i.* demonstrieren; randalieren; **III** *v/rfl. se ~* sich offenbaren, sich zeigen, bekannt werden; sich hervortun, auffallen.
manigan|ce F (mani'gɑ̃:s) *f* Kniff *m*, Intrige *f*, Trick *m*; *~s pl.* Schliche *m/pl.*, Machenschaften *f/pl.*, Tricks *m/pl.*; **~cer** F (~gɑ̃'se) *v/t.* [1k] anzetteln; im Schilde führen; einfädeln.
manille (ma'nij) *f* **1.** Kettenverbindungsstück *n*; Manillespiel *n*; **2.** *m* Manila-zigarre *f*; -strohhut *m*, -hanf *m*.
manioc ♀ (ma'njɔk) *m* Maniok *m*.
manipula|teur (manipyla'tœ:r) **I** *su.* [7f] ⚗ *u. phm.* Laborant *m*; **II** *m téléph.* (Morse-)Taster *m*; **~tion** (~lɑ'sjɔ̃) *f* Handhabung *f*, Behandlung *f*, Bearbeitung *f*; Kunstgriff *m*, Kniff *m*; *télégr.* Tastung *f*; *~s pl. péj.* Kuhhandel *m/sg*.
manipu|le (mani'pyl) *m* **1.** röm. Manipel *m*; **2.** *rl.* Armbinde *f* des Meßpriesters; **~ler** (~'le) *v/t.* [1a] handhaben, (kunstgerecht) behandeln, bearbeiten; *télégr.* tasten; P *péj.* dunkle Geschäfte machen.
manique ⊕ (ma'nik) *f* Handleder *n* (*bsd. der Schuhmacher*); kleiner Griff *m*. [(*für Eßwaren*).]
maniveau (mani'vo) *m* Körbchen *n*
manivelle (~'vɛl) *f* Kurbel *f*, Handgriff *m*; *~ de réglage* (*od. de manœuvre*) Schaltkurbel *f*.
manne (man) *f* (Weiden-)Korb *m*;

Waschkorb *m.*

mannequin (man'kɛ̃) *m* **1.** Gliederpuppe *f*; **2.** *cout.* Mannequin *m*, Vorführdame *f*, Kleiderpuppe *f*; **3.** länglicher Markt- *od.* Obst-korb *m*; **4.** *le ~ de l'année* die Schönheitskönigin des Jahres; **5.** *fig.* willenloser Mensch *m*, *fig.* Waschlappen *m*, *fig.* Pinsel *m*; **~é** (~ki'ne) *adj.* gezwungen, steif; **~er** *peint.* (~) *v/t.* [1a] steif darstellen.

mannette (ma'nɛt) *f kleiner* Korb *m.*

mannite ⚗ (ma'nit) *f* Mannazucker *m.*

manœuvr|abilité *bsd.* ⊕ (manœvrabili'te) *f* leichte Bedienung *f*; *a.* ✈ Manövrierfähigkeit *f*; **~able** (~'vrablə) *adj.* leicht zu bedienen; **~e** (~'nœ:vrə) **I** *f* **1.** Handhabung *f*; Handgriff *m*; **2.** 🚂 Rangieren *n*; **3.** *fig.* Kunstgriff *m*; *~s pl.* Machenschaften *f/pl.*, Schliche *m/pl.*, Ränke m/*pl.*; **4.** ⚔, ⚓, ✈, *fig.* Manöver *n*; *~s pl. navales (aériennes)* Flotten- (Luft-manöver *n/pl*; *~ électorale* Wahlmanöver *n*; **II** *m* Handlanger *m*, Hilfsarbeiter *m*; **~er** (~'vre) [1a] **I** *v/i.* ⚔, ⚓, ✈ manövrieren; *fig.* geschickt zu Werke gehen; seine Maßnahmen treffen; **II** *v/t.* handhaben; ⊕ bedienen; ⚓, ✈ *ein Schiff od. Flugzeug* in Bewegung setzen; 🚂 rangieren; **~ier** (~vri'e) *su. u. adj.* [7b] **1.** ⚔, ⚓ geschickter Manövrierer *m*; ⚔ *faculté f manœuvrière d'une armée* Manövrierfähigkeit *f* e-r Armee; **2.** *journ.* geschickter Polemiker *m.*

manoir (ma'nwa:r) *m* Landsitz *m*, Schloß *n*, Herrensitz *m.*

manomètre ⊕ (manɔ'mɛ:trə) *m* Manometer *n*, Druckmesser *m.*

man|quant (mɑ̃'kɑ̃) **I** *adj.* fehlend; ausbleibend,; ⚔ vermißt; **II** *m* **1.** Fehlender *m*, Ausbleibender *m*; ⚔ Vermißter *m*; **2.** ✝ Fehlbetrag *m*; **3.** ✝ *~s pl.* fehlende Waren *f/pl.*; **~que** (mɑ̃:k) **I** *m* **1.** Fehlen *n*, Mangel *m*, Verknappung *f*; ⊕ Defekt *m*, Fehler *m*; *~ de compréhension* Verständnislosigkeit *f*; *~ de fonds*, *~ de capitaux* Kapitalmangel *m*; *Börse*: *~ d'animation* Lustlosigkeit *f*; *Auto*: *~ de visibilité* unübersichtliche Fahrbahn *f*, fehlende Sicht *f*; *~ de foi* Treubruch *m*; *~ de maturité* Unreife *f*; *~ de parole* Wortbrüchigkeit *f*; *~ de volonté* Willenlosigkeit *f*; **2.** *bill.* *~ (de touche)* Fehlstoß *m*; *Roulette*: Zahl *f* bis 18; **3.** ✝ Manko *n*, Defizit *m*; Fehlbetrag *m*; **4.** P *à la ~* schlecht, fehlerhaft; schäbig, mies; **5.** F *int.* *~ de chance!* Pech!; **II** *prp.* **~ de** aus Mangel an (*dat.*); **~quement** (mɑ̃k'mɑ̃) *m* Mangel *m*, Fehlen *n* (de an); Verstoß *m* (*à* gegen); *~ de parole* Wortbrüchigkeit *f*; *~ de respect* Respektlosigkeit *f.*

manquer (mɑ̃'ke) [1m] **I** *v/t.* **1.** nicht antreffen, verfehlen; versäumen, nicht erwischen; *~ une occasion (le train)* e-e Gelegenheit (den Zug) verpassen; *~ sa vocation* s-n Beruf verfehlen; ⚕ *acte m manqué* Fehlleistung *f*; **II** *v/i.* **2.** nicht vorhanden sein, fehlen; verknappen; abwesend sein; **3.** *~ de* a) Mangel haben an (*dat.*), nicht haben; *nous manquons d'argent* es fehlt uns an Geld; *~ de cœur* herzlos sein; b) *mit inf.* unterlassen, versäumen zu; *je ne manquerai pas de ...* ich werde es nicht versäumen zu ...; *cela ne pouvait ~ d'arriver* das konnte nicht ausbleiben; **4.** *~ à* verfehlen, versäumen, es fehlen lassen an (*dat.*), sich entziehen (*dat.*); *~ à sa parole* sein Wort brechen; *je n'y manquerai pas* ich werde Wort halten; ich werde es bestellen; *~ à q.* barsch (*od.* unhöflich) zu j-m sein; **5.** versagen; *les jambes me manquent* meine Beine versagen; *le pied lui a manqué* er (sie) ist ausgeglitten; *~ sous les pieds* einsinken; *la voix lui manqua* die Stimme versagte ihm; **6.** fehlschlagen, mißglücken, nicht geraten; *coup m manqué* Fehlschlag *m*; *projet m manqué* verunglückter Plan *m*; **7.** e-n Fehler begehen, *abs.* verfehlen; *en quoi a-t-il manqué?* worin hat er gefehlt?, was hat er verschuldet?; **8.** *il a manqué de tomber* er wäre beinahe gefallen; **III** *v/impers. il manque* es fehlt; *il manque cent francs* es fehlen hundert Francs; *il ne manquerait que cela* das fehlte gerade noch.

mansar|de (mɑ̃'sard) *f* Dachkammer *f*; Dachwohnung *f*, Mansarde *f*; Dachfenster *n*; **~dé** (~'de) *adj.* mit Dachstuben (versehen); *logement m ~* Dachwohnung *f.*

mansuétude (mɑ̃sɥe'tyd) *f* Sanftmut *f.*

mante[1] (mɑ̃:t) *f* Damenmantel *m* [(*ohne Ärmel*).]

mante[2] *ent.* (~) *f* Fangheuschrecke *f.*

manteau (mɑ̃'to) *m* [5b] Mantel *m*; *fig.* Deckmantel *m*, Schein *m*, Vorwand *m*; ~ *en poil de chameau* Kamelhaarmantel *m*; *fig. faire circuler un livre défendu sous le* ~ ein verbotenes Buch heimlich zirkulieren lassen; ~ *de cheminée* Kamingesims *n*.

mantelet (mɑ̃'tlɛ) *m* **1.** Mäntelchen *n*, Umhang *m*; ~ *de bain* Bademantel *f* für Kinder; **2.** ⚔ *hist.* Sturmdach *n*; **3.** ⚓ Luke *f*.

mantille (mɑ̃'tij) *f* Mantilla *f*, Schleiertuch *n* (*der Spanierinnen*).

manucure (many'ky:r) **I** *su.* Handpfleger(in *f*) *m*, *f*: Maniküre *f* (*Person*); **II** *f* Maniküre *f*, Handpflege *f*.

manuel (ma'nɥɛl) **I** *adj.* [7c] □ Hand...; *travail m* ~ Handarbeit *f*; **II** *m* **1.** Lehrbuch *n*, Handbuch *n*; **2.** Handarbeiter *m*; *les intellectuels et les* ~*s* die Kopf- u. Handarbeiter *m/pl*.

manufactu|re (manyfak'ty:r) *f* **1.** Fabrik *f*; **2.** Herstellung *f*, (An-)Fertigung *f*, Fabrikation *f*; **~rer** (~ty're) *v/t.* [1a] herstellen, anfertigen; **~rier** (~'rje) [7b] **I** *adj.* □ gewerbetreibend; Fabrik...; **II** *su.* Fabrikant *m*.

manuscrit (manys'kri) **I** *adj.* [7] handschriftlich, handgeschrieben; **II** *m* Manuskript *m*, Handschrift *f*.

manutention (manytɑ̃'sjɔ̃) *f* **1.** Handhabung *f*, (Geschäfts-)Führung *f*, Verwaltung *f*; Warenmagazin *n*; **2.** Verladen *n*, Förderung *f* (*v. Waren*); Förderwesen *n*, Beförderung *f*; *moyen m de* ~ Fördermittel *n*; **3.** ⚔ Kommiß-, Feld-bäckerei *f*; Proviantamt *n*; **~naire** (~sjɔ'nɛ:r) *m* Lagerist *m*; **~ner** (~sjɔ'ne) *v/t.* [1a] verwalten; handhaben; ⊕, † (be-)fördern (*Motoren, Stückgut, Lagerware*); ⚔ Brot für die Soldaten herstellen.

mappemonde (map'mɔ̃:d) *f* Weltkarte *f*.

maquer|eau (ma'kro) *m* **1.** *zo.* Makrele *f*; **2.** P Zuhälter *m*, Kuppler *m*; Bordellwirt *m*; **~elle** P (~'krɛl) *f* Zuhälterin *f*, Kupplerin *f*.

maquette (ma'kɛt) *f* **1.** erste Skizze *f*, Modell *n* (*peint., a.* ⊕); Segelflug-Schiffs-modell *n*; **2.** *typ.* erster Umbruch *m*.

maquignon (maki'ɲɔ̃) *m* Pferdehändler *m*; *mst. péj.* Roßtäuscher *m*; † geschickter Vermittler *m*; **~nage** (~ɲɔ'na:ʒ) *m* Pferdehandel *m*; † Handelei *f*, Kuhhandel *m* F; Schwindel *m*, Betrug *m*; **~ner** (~ɲɔ'ne) *v/t.* [1a] *Pferd* betrügerisch herausputzen; ~ *une affaire* mit unlauteren Mitteln ein Geschäft tätigen.

maquill|age (maki'ja:ʒ) *m* Schminken *n*; Schminke *f*; *fig.* Fälschen *n*; **~er** (~ki'je) *v/t.* [1a] schminken; F (ver)fälschen, tarnen, mit e-r anderen Farbe überstreichen (*z.B. ein gestohlenes Auto*); ⚔ simulieren (*bei e-r ärztlichen Untersuchung*); im Spiel betrügen; **~eur** (maki'jœ:r) *su.* [7g] Schminker *m*; *cin.* Maskenbildner *m*; *fig.* ~ *de l'histoire* Geschichtsfälscher *m*.

maquis (ma'ki) *m* Gebüsch *n*, Buschwald *m*, Dickicht *n*; Maquis *m* (*bedeutete zunächst den Buschwald Korsikas, dann allg. den Wald u. das Gebirge Frankreichs usw. als Zufluchtsstätte*); *pendant l'occupation allemande* (*1940-1944*), *des patriotes français ont pris le* ~ *pour participer à la Résistance* während der deutschen Besatzung haben sich französische Patrioten im Maquis gesammelt, um am Widerstandskampfe teilzunehmen; *allg. prendre le* ~ das Weite (*od.* Unterschlupf) suchen (*um Polizeiverfolgungen zu entgehen*); *Fr. im zweiten Weltkrieg*: sich der Widerstandsbewegung anschließen; *fig. le* ~ *de la procédure* die Verwicklung der Prozeßführung; **~ard** ⚔ (~'za:r) *m* (französischer) Widerstandskämpfer *m* (*1940-1944*).

marabout (mara'bu) *m* **1.** Marabu *m*, Kropfstorch *m*; Marabufeder *f*; Gazeband *n*; **2.** kupferne Kaffeekanne *f* mit weitem Bauch; **3.** Marabut *m* (*mohammedanischer Einsiedler*); kleine Moschee *f*; **4.** ⚔ kleines Rundzelt *n*; **5.** P häßlicher, mißgestalteter Mensch *m*.

maraîcher (marɛ'ʃe) **I** *adj.* [7b] Gemüse...; **II** *m* Gemüsegärtner *m*.

marais (ma'rɛ) *m* **1.** Moor *n*, Morast *m*, Sumpf *m*; ~ *salant* Meersaline *f*; ~ *tourbeux* Torfmoor *n*; **2.** ⚘ Gemüseland *n*.

marasme (ma'rasm) *m* **1.** Auszehrung *f*; Entkräftung *f*; **2.** *fig.* Lebensüberdruß *m*; † Niedergang *m*, Ohnmacht *f*; *on est dans le* ~ man ist völlig fertig; *le commerce est dans le* ~ der Handel liegt völlig danieder.

marasquin † (maras'kɛ̃) *m* Maraschino(likör *m*) *m*.

Marathon (mara'tõ) **I** *m* (*a.* ♀) *Sport*: (*épreuve f od. course f de od. du*) ~ Marathonlauf *m*; **II** *adj./inv.* Dauer... (*Tanz, Debatte*).
marâtre (ma'rɑːtrə) *f* **1.** Stief-, Raben-mutter *f*; **2.** ⊕ Tragring *m*.
maraud|age (maro'daːʒ) *m* Forst- u. Feld-diebstahl *m* Plünderung *f*; **~e** (ma'roːd) *f* **1.** Felddiebstahl *m* (*bsd. von Soldaten*); **2.** *Auto*: unerlaubte, regelwidrige Leerfahrt *f* e-r Taxe (*auf der Suche nach Fahrgästen, statt zu parken*); *être en* ~ sich ausschließlich beim Fahren nach Fahrgästen umsehen (*um sich der Parkpflicht zu entziehen*); **~er** (maro'de) [1a] **I** *v/t.* plündern; **II** *v/i.* marodieren, plündernd umherziehen; **~eur** (~'doeːr) *m* **1.** Plünderer *m*, Felddieb *m*; ⚔ Marodeur *m*; **2.** Taxichauffeur *m*, der sich nicht an die Parkregeln hält.
mar|bre ('marbrə) *m* **1.** Marmor *m*; *fig. être de* ~ gefühllos sein; *cœur m de* ~ Herz *n* aus Stein; **2.** *table f de* ~ Marmortafel *f*; *sculp. statue f de* (*od.* en) ~ Marmor-bild *n*, -statue *f*; *~s m/pl.* Marmorarbeiten *f/pl.*; **~brer** (~'bre) *v/t.* [1a] marmorieren; **~brerie** (~brə'ri) *f* Marmor-schleiferei *f*, -arbeit *f*; **~brier** (~bri'e) **I** *adj.* [7b] Marmor...; **II** *m* Marmor-fabrikant *m*, -händler *m*, -arbeiter *m*; **~brière** (~bri'ɛːr) *f* Marmorbruch *m*; **~brure** (~'bryːr) *f* Marmorierung *f*, Geäder *n*, Marmor|imitation *f*.
marc (maːr) *m* Treber *pl.*; ~ *de café* Kaffee-satz *m*, -grund *m*; ~ *de raisins* Weintrester *pl.*
marcair|e (mar'kɛːr) *m* Senner *m*; **~erie** (~kɛr'ri) *f*, **~ie** (~kɛ'ri) *f* Sennerei *f* (*Vogesen*).
marcassin *zo.* (marka'sɛ̃) *m* Frischling *m* (*junges Wildschwein*).
marchand (mar'ʃɑ̃) [7] **I** *su.* **1.** Händler *m*, Kaufmann *m*; Abnehmer *m*; F ~ *de soupe* Wirt *m* e-r schlechten Pension; Leiter *m* e-s schlechten Internats; *~s pl. forains* Marktleute *pl.*; ~ *ambulant* Hausierer *m*; ~ *des quatre saisons* Obst- u. Gemüse-händler *m*; ~ *en détail* Kleinhändler *m*; ~ *en gros* Großhändler *m*; ~ *interlope* Schwarzhändler *m*, Schieber *m*; F ~ *de carottes* Lügner *m*; *fig. être le mauvais* ~ *d'une chose* nichts als Ärger mit e-r Sache haben; **II** *adj.* **2.** handeltreibend, Handels...; *bâtiment m* ~ Frachtschiff *n*; *esprit m* ~ Handelsgeist *m*; *marine f* ~*e* Handelsmarine *f*; **3.** preiswürdig, leicht verkäuflich; *charbon m* ~ verkaufsfähige Kohle *f*; *qualité f* ~*e* gangbare Qualität *f*; **4.** *prix m* ~ Fabrikpreis *m*; **~age** (~'daːʒ) *m* **1.** Handeln *n*, Feilschen *n*, Kuhhandel *m fig.* P; **2.** Weitervergebung *f* von Akkordarbeit *f* durch Zwischenunternehmer; **~er** (~ʃɑ̃'de) [1a] **I** *v/t.* **1.** ~ *qch.* um etw. (*acc.*) feilschen *od.* handeln; etw. durch Abhandeln ergattern; *obtenir un rabais en marchandant* den Preis abhandeln (*od.* drücken); *fig.* ~ *les consciences* das Gewissen der Menschen käuflich einhandeln; *ne pas* ~ *sa vie* s-e Haut zu Markte tragen; *ne pas* ~ *les éloges* mit dem Lobe nicht zurückhalten; **2.** in Akkord übernehmen *od.* geben; **3.** *ne pas* ~ *q.* j-n nicht schonen; **II** † *v/i.* zögern (*à mit inf.*); ~ *à agir* mit der Tat zögern; *il n'y a pas à* ~ da gibt's kein langes Überlegen; **~eur** (~'dœːr) *su.* [7g] **1.** Feilscher *m*; **2.** Akkordarbeiter *m*; **~ise** (marʃɑ̃'diːz) *f* **1.** Ware *f*; *~s pl. contingentées* zwangsbewirtschaftete Waren *f/pl.*; *échange m des ~s* Warenaustausch *m*; ~ *de premier choix*, ~ *de marque* erstklassige Ware *f*; Qualitäts-, Marken-ware *f*; ~ *à la douzaine* (*à vil prix*) Dutzend- (Schleuder-)ware *f*; ~ *disponible* (*sur place*) Lokoware *f*; **2.** *a.* ⚓ *~s pl. à déverser* Schüttgut *n*; *~s pl. en colis* Stückgut *n*; *~s pl. de refroidement* Kühlgut *n*; ~ *de rebut* Ausschußware *f*; *train m de ~s* Güterzug *m*; *fig. faire valoir sa* ~ s-n Standpunkt ins rechte Licht setzen; **~iser** (~di'ze) *v/t.* [1a] möglichst gut u. preiswert gestalten.
marche[1] (marʃ) *f* **1.** Gang *m* (*a. fig.*); Betrieb *m*; Verlauf *m*, Entwicklung *f*; *fig.* Prozeß *m*; *Sport*, ⚔, ♪ Marsch *m*; Aufmarsch *m*; Fahrt *f*; *ast.* Lauf *m* (*der Gestirne*); *à ~s forcées* in Eilmärschen; ~ *en avant* ⚔ Vormarsch *m*; *Auto*: im Vorwärtsgang *m*; *Auto*: ~ *en arrière* im Rückwärtsgang *m*; *Sport*, ⚔ ~ *avec équipement*, ~ (*sportive*) *avec sac au dos*, ~ *avec chargement* Gepäckmarsch *m*; ~-*manœuvre f* [6b] Manövermarsch *m*; ~ *de performance* Leistungs-

marsch *m*; *dans la* ~ auf dem Marsch; *fermer la* ~ den Zug beschließen; ~ *des affaires* Handelsverkehr *m*; *mettre en* ~ in Gang setzen; *se mettre en* ~ abmarschieren; starten, sich in Gang setzen; *mot.* anspringen; *mise f en* ~ Anlassen *n*, In-Gang-Setzen *n*; ~ *avant* (~ *arrière*) Vorwärts- (Rückwärts)-gang *m od.* -bewegung *f*; *faire* ~ *arrière* rückwärts fahren; ~ *à vide* Leerlauf *m*; 🚂 *tableau m de* ~ *des trains* Fahrplan *m*; **2.** (Treppen-)Stufe *f*; ⚠ ~ *de départ* Blockstufe *f*; ~ *à cornière* Winkelstufe *f*; ~ *en forme de coin* Keilstufe *f*; ~ *triangulaire* Dreieckstufe *f*.

marche[2] *hist.* (~) *f* Mark *f*, Grenzland *n*.

marché (mar'ʃe) *m* **1.** (Wochen-)Markt *m*; Marktplatz *m*; Handelsplatz *m*; ~ *couvert* Markthalle *f*; ~ *aux poissons* Fischmarkt *m*; ~ *hebdomadaire* Wochenmarkt *m*; † ~ *intérieur* (*étranger*) Inlands-(Auslands-)markt *m*; ~ *de produits*, ~ *de denrées* Produktenmarkt *m*; ~ *des prix* (*des capitaux*) Preis-(Kapital-)markt *m*; ~ *des changes* Devisen-markt *m*, -verkehr *m*; ~ *des rentes* Rentenmarkt *m*; *pol.* 2 *commun* Gemeinsamer (europäischer) Markt *m*; ~ *noir* Schwarzmarkt *m*; ~ *du travail* Arbeitsmarkt *m*; F ~ *aux puces* Pariser Markt *m* für Gelegenheitskäufe, Trödelmarkt *m*; *cours m du* ~ Marktpreis *m*; *jour m de* ~ Markttag *m*; **2.** Einkäufe *m/pl.* auf dem Markt; *faire son* ~ einkaufen; **3.** Handel *m*, Kauf *m*, Geschäft *m*; Kaufvertrag *m*; ~ *au comptant* Bargeschäft *n*; ~ *à prime* Prämiengeschäft *n*; ~ *à terme* Termingeschäft *n*; ~ *ferme* Kauf *m* auf feste Rechnung; ~ *à découvert* Differenzgeschäft *n/pl.*; ~ *de rencontre* Gelegenheitskauf *m*; *faire un* ~ e-n Kauf abschließen; *faire un bon* ~ ein gutes Geschäft machen; *rompre un* ~ e-n Vertrag brechen; *fig. faire bon* ~ *de qch.* etw. geringachten (auf die leichte Schulter nehmen); *faire bon* ~ *de sa vie* sein Leben leichtfertig aufs Spiel setzen; *par-dessus le* ~ noch obendrein, außerdem; gratis, umsonst; **4.** *le bon* ~ die Billigkeit *f* (*e-r Ware*); [*à*] *bon* ~ billig; [*à*] *meilleur* ~ billiger; *le meilleur* ~ am billigsten (*ohne à bereits seit Jahrhunderten; heute ist diese präpositionslose Ausdrucksweise am häufigsten gebr.*); *acheter* (*vendre*) [*à*] *bon* ~ billig kaufen (verkaufen); *vie f bon* ~ (*meilleur* ~, *le meilleur* ~) billiges (billigeres, billigstes) Leben *n*; *être* [*à*] *bon* ~ billig sein; *cette marchandise est* [*à*] *meilleur* ~ (*le meilleur* ~) diese Ware ist billiger (am billigsten); *il a acheté du terrain qui est très bon* ~ er hat Land gekauft, das sehr billig ist; *fig. stets mit à*: *en être quitte à bon* ~ mit blauem Auge davongekommen.

marche|-palier (marʃpa'lje) *f* [6a], ~ **palière** (~pa'ljɛ:r) *f* oberste Treppenstufe *f*, Antrittsstufe *f*; ~**pied** (~'pje) *m* **1.** *Auto, Motorrad, tram., Kutsche,* 🚂 Trittbrett *n*; **2.** Stehleiter *f*; **3.** *fig. servir à q. de* ~ *fig.* j-m die Steigbügel halten, j-n lancieren (*od. mv. p.* schieben F).

marcher (mar'ʃe) [1a] (*nur mit avoir!*) **I** *v/i.* **1.** (zu Fuß) gehen, laufen, schreiten; wandern; ⚔ marschieren; *j'ai marché* ich bin gelaufen (gewandert); ich habe marschiert; *ils marchent toute la matinée* sie laufen den ganzen Vormittag; F *ne pas se laisser* ~ *sur les pieds* sich nichts gefallen (*od.* bieten) lassen; sich nicht auf der Nase herumtanzen lassen; *en avant, marche!* vorwärts!, marsch!; ~ *à grands pas* große Schritte machen; ~ *à tâtons* blindlings umhertappen; ~ *sur l'ennemi* auf den Feind losgehen; ~ *sur les pas de q.* in j-s Fußtapfen treten; ~ *sur le pied à q.* j-m auf den Fuß treten; **2.** im Gange sein, gehen (*Maschine*); fahren (*Zug, Wagen*); segeln (*Schiff*); *Auto*: ~ *à reculons* rückwärts fahren; *ma montre ne marche pas* m-e Uhr geht nicht; *faire* ~ in Gang (*od.* in Betrieb) setzen; *faire* ~ *q.* j-n auf die Beine bringen; *fig.* j-n hochnehmen necken; j-n an der Nase herumführen; *rad. faire* ~ *le poste de T.S.F.* das Radio anstellen; **3.** *fig. cette affaire ne marche point* diese Sache kommt nicht von der Stelle, diese Sache hapert; *ça marche* es macht sich, es geht ganz gut; *cela marche mal* es geht schief; **4.** P e-n Dreh mitmachen, auf e-n Schwindel reinfal-

len; **II** *m* Gang *m*, Gehen *n*, Gangart *f*; *Auto*: ~ *arrière* Rückwärtsgang *m*.
marcheur (mar'ʃœ:r) [7g] *su*. Fußgänger *m*; Wanderer *m*; *Sport*: Geher *m*; être *bon* ~ gut zu Fuß sein; F *vieux* ~ alter Schürzenjäger *m*; ⚓ *bon* ~ guter Segler *m*.
marcheuse (mar'ʃø:z) *f* **1.** *thé*. Statistin *f*; **2.** V Fose *f* V.
marcot|tage (markɔ'ta:ʒ) *m* Absenken *n*, Einlegen *n* *e-s Reises*; **~te** (~'kɔt) *f* Ableger *m*, Pfropfreis *n*; **~ter** (~'te) *v/t*. [1a] ein Reis absenken, einlegen.
mardi (mar'di) *m* Dienstag *m*; ~ *gras* Fastnacht *f*.
mare (mɑ:r) *f* Pfütze *f*, Pfuhl *m*, Lache *f*; ~ *de sang* Blutlache *f*.
maréca|ge (mare'ka:ʒ) *m* Moor *n*, Morast *m*, Sumpf *m*; **~geux** (~'ʒø) *adj*. [7d] sumpfig, morastig.
maréchal (mare'ʃal) *m* [5c] **1.** ~ (*ferrant*) (Huf-)Schmied *m*; **2.** ⚔ ~ *de France* Generalfeldmarschall *m* Frankreichs; *bâton m de* ~ Marschallstab *m*; ~ *des logis* Unteroffizier *m* (*Kavallerie u. Artillerie*); ~ *des logis chef* Feldwebel *m*; ~ *fourrier* Quartiermeister *m*; **3.** *hist*. ~ *des écuries* Stallmeister *m*; (*grand*) ~ *du palais* (Ober-)Hofmarschall *m*; **~at** (~'la) *m* Marschallsrang *m*; **~erie** (~l'ri) *f* Hufschmiede(-kunst *f*) *f*.
maréchaussée (mareʃo'se) *f* **1.** *ehm*. Marschallsgericht *n*; **2.** *ehm*. berittene Polizeiwache *f*; **3.** *plais*. Polizeitruppe *f*, Gendarmerie *f*.
marée (ma're) *f* **1.** Gezeiten *f/pl*., Ebbe und Flut *f*; ~ *basse*, ~ *descendante* Ebbe *f*; ~ *haute* hohe Flut *f*; *grande* ~ Springflut *f*; **2.** frische Seefische *m/pl*. **3.** *fig*. Riesenmenge *f*.
marégraphe ⊕ (mare'graf) *m* Flutmesser *m*.
marelle (ma'rɛl) *f*: ~ *à cloche-pied* Hopsespiel *n*.
maré(o)mètre ⊕ (mare[ɔ]'mɛtrə) [*m* Flutmesser *m*.]
maremm|atique (marɛma'tik) *adj*. Sumpf...; *fièvres f/pl*. ~*s* Sumpffieber *n*; **~e** (~'rɛm) *f* Sumpfgebiet *n* in Italien.
marémoteur (maremɔ'tœ:r) **I** *adj*. [7f] die Flutkraft ausnützend; Gezeiten...; **II** *m* Flutmotor *m*.
marène *icht*. (ma'rɛn) *f* Maräne *f*.
marengo ⊕ (marɛ̃'go) **I** *m* Marengo *m* (*Wollstoff*); **II** *adj./inv*. rotbraun.
mareyeur (marɛ'jœ:r) *su*. [7g] Seefischhändler *m*.
margarine (marga'rin) *f* Margarine *f*.
margay *zo*. (mar'gɛ) *m* Tigerkatze *f*.
marge (marʒ) *f* **1.** Rand *m*; *en* ~ am Rande; *annotation f en* ~ Randbemerkung *f*; *faire une croix dans la* ~ ein Kreuz am Rande machen; **2.** *fig*. Spielraum *m*; ~ *de profit*, ~ *bénéficiaire* Gewinn-, Verdienstspanne *f*; ~ *entre les prix de (la) production et ceux de (la) vente* Preisschere *f*.
margelle (mar'ʒɛl) *f* Brunnenrand *m*.
marg|er *typ*. (mar'ʒe) *v/t*. [1l] punktieren; **~eur** *typ*. (~'ʒœ:r) *m* Punktierer *m*, Einleger *m*.
margi|nal (marʒi'nal) *adj*. [5c] am Rande befindlich; *note f* ~*e* Randbemerkung *f*; *fig*. *entreprise f* ~*e* Betrieb *m* an der Grenze des wirtschaftlichen Nutzens; *profession f* ~*e* Nebenberuf *m*; **~ner** (~'ne) *v/t*. [1a] mit Randbemerkungen versehen; (um)rändern.
margot (mar'go) *f* Elster *f*; *fig*. Klatschweib *n*.
margoter (margɔ'te) *v/i*. [1c] rufen (*Wachtel*).
margotin (margɔ'tɛ̃) *m* Bündel *n* Kleinholz *n*.
margouillis F (margu'ji) *m* Matsch *m*, Dreck *m* P; Patsche *f*.
margoulette P (margu'lɛt) *f* Visage *f*; Fresse *f*, Schnauze *f*.
margoulin *péj*. (margu'lɛ̃) *m* kleiner Pinscher *m*, Kleinkrämer *m*.
marguerite (margə'rit) *f* Gänseblümchen *n*; *grande* ~, ~ *des prés* Tausendschönchen *n*, Maßliebchen *n*; *effeuiller la* ~ Blütenblättchen abzupfen; das Blumenorakel fragen.
marguillier *rl*. (margi'je) *m* *cath*. Kirchenvorsteher *m*; *prot*. Küster *m*.
mari (ma'ri) *m* (Ehe-)Mann *m*, Gatte *m*; *prendre q. pour* ~ j-n zum Mann nehmen; ~ *mené par sa femme* Pantoffelheld *m*, Ehekrüppel *m* P; ~ *modèle* Mustergatte *m*; **~able** (ma'rjablə) *adj*. heiratsfähig; *les années* ~*s* die heiratsfähigen Jahre *n/pl*.; **~age** (~'rja:ʒ) *m* **1.** Ehe *f*, Ehestand *m*; **2.** Heirat *f*, Vermählung *f*, Verbindung *f*; Trauung *f*; *acte m de* ~ Trauschein *m*, Heiratsurkunde *f*; *promesse f de* ~ Heiratsversprechen *n*; ~ *de convention* Standesehe *f*; ~ *d'étudiants* Studentenehe *f*; ~ *fictif (od. putatif)* Scheinehe *f*; ~ *d'inclination* Heirat *f* aus Liebe; ~ *de raison* Vernunftsehe *f*; **3.** Hochzeit *f*; **4.** *zo*. Paarung *f*; ⚘ Befruchtung *f*.

marianisme (marja'nism) *m* Marienkultus *m*.

mari|é (ma'rje) *su.* Vermählter *m*, Bräutigam *m* (Braut *f*) am Hochzeitstage; *nouvelle* ~e junge Frau *f*.

Marie-Chantal, *a.* **Marie-Chan'** (mariʃɑ̃'tal, mari'ʃɑ̃) *npr./f* blasierter, dummer Backfisch *m*, Fräulein *n* Naseweis.

marier (ma'rje) [1a] **I** *v/t.* verheiraten, vermählen, trauen; *fig.* anpassen; kombinieren, verbinden, vereinigen; ~ *sa voix au son d'un instrument* s-e Stimme dem Klang e-s Instruments anpassen; **II** *v/rfl.* se ~ heiraten (*v/i.*), e-e Ehe schließen; *fig.* zueinander passen.

marie-salope (marisa'lɔp) *f* [6a] **1.** P Schmutzliese *f*; **2.** ⚓ Schlammboot *n*, Baggerprahm *m* [stifter *m*.]

marieur (ma'rjœ:r) *su.* [7g] Heirats-

marigot (mari'go) *m* versickernder Flußarm *m*, tropische Flußschwinde *f*; überschwemmte Gegend *f*.

marihuana *phm.* (mariɥa'na) *f* Marihuana *n* (*Narkotikum*).

marin (ma'rɛ̃) **I** *adj.* [7] zur See gehörig; See...; *costume m* ~ Matrosenanzug *m*; *avoir le pied* ~ *fig.* nicht aus der Ruhe zu bringen sein; **II** *m* Seemann *m*, Matrose *m*; ~ *d'eau douce* Flußschiffer *m*; *péj.* schlechter Seemann *m*.

marina|de (mari'nad) *f* **1.** *cuis.* Marinade *f*; **2.** *cuis.* Pökelfleisch *n*; **~ge** (~'na:ʒ) *m* Einpökeln *n*.

marine (ma'rin) **I** *f* **1.** Marine *f*; ~ *marchande* Handelsmarine *f*; ~ *de guerre*, ~ *militaire* Kriegsmarine *f*; *artillerie f de* ~ Schiffsartillerie *f*; *aspirant m de* ~ Seekadett *m*; *officier m de* ~ Marineoffizier *m*; **2.** *peint.* Seegemälde *n*; **II** *néol.* *m* Marinesoldat *m*.

mariner (mari'ne) [1a] *v/t.* **I** einpökeln, in Essig legen, marinieren; *mariné*: a) in Essig eingelegt, mariniert; *viande f marinée* sauer eingelegtes Fleisch *n*; b) durch Seewasser verdorben; **II** *v/i.* marinieren; P *faire* ~ *q.* j-n endlos warten lassen. [rikanische Stechmücke *f*.]

maringouin *ent.* (marɛ̃'gwɛ̃) *m* ame-

marini|er (mari'nje) **I** *adj.* See...; *officier m* ~ Seeunteroffizier *m*; **II** *su.* Seemann *m*; Flußschiffer *m*; **~ère** (~'njɛ:r) *f*: *advt.* *à la* ~ nach Matrosenart; *nager à la* ~ auf der Seite schwimmen; *cuis.* *moules f/pl.* *à la* ~ Muscheln *f/pl.* mit Zwiebeltunke. [Draht, gerissen]

mariole P (ma'rjɔl) *adj.* pfiffig, auf

marionnette (marjɔ'nɛt) *f* **1.** Marionette *f*, Glieder-, Draht-puppe *f*; **2.** *théâtre m de* ~s Puppentheater *n*, Kasperletheater *n*; **3.** *fig.* Marionettenfigur *f*, Spielball *m*, leicht zu lenkende Person *f*; **4.** Spule *f*.

marital (mari'tal) *adj.* [5c] □ ehelich; **~ement** (~tal'mɑ̃) *adv.* als Ehemann; wie in der Ehe.

maritime (mari'tim) *adj.* **1.** das Meer betreffend, zur See gehörig; See...; ⚓ *code m* ~ Seemannsordnung *f*; *droit m* ~ See-, Schifffahrts-recht *n*; **2.** am Meere liegend, wohnend *od.* wachsend; *ville f* ~ See-, Küsten-stadt *f*; **3.** Seefahrt treibend; *les puissances f/pl.* ~s die Seemächte *f/pl.*

maritorne F (mari'tɔrn) *f* Schmutzliese, *f*, Schlampe *f*, Trampel *m*.

marivaud|age (marivo'da:ʒ) *m* etw. affektierter, gezierter Stil *m*; **~er** (~'de) *v/i.* [1a] sich galant-affektiert *od.* gespreizt ausdrücken. [ran *m*.]

marjolaine ⚘ (marʒɔ'lɛn) *f* Majo-

mark (mark) *m* Mark *f* (*deutsche Geldeinheit*); ~ *allemand* D-Mark *f*; ~*-or m* [6b] Goldmark *f*; ~ *oriental* Ostmark *f*; ~ *ouest* Westmark *f*; ~ *papier* Papiermark *f*.

marlou * (mar'lu) *m* Zuhälter *m*.

marmaille F (mar'mɑ:j) *f* Kinderschwarm *m*, Gören *pl.*

marmelade (marmə'lad) *f* Marmelade *f*; ~ *de pommes* Apfelmus *n*; *mettre en* ~ zu Mus schlagen.

marmite (mar'mit) *f* **1.** Fleisch-, Koch-topf *m*; * ⚔ Brocken *m*, Granate *f*; ~ *norvégienne* Kochkiste *f*; ~ *électrique* elektrischer Kocher *m* (*od.* Kochtopf) *m*; *phys.* ~ *de Papin* papinischer Topf *m*; *faire bouillir la* ~ für den Unterhalt sorgen; *fig.* *nez m en pied de* ~ Stülpnase *f*; **2.** ⊕ eiserner (*od.* kupferner) Anfeuerungstopf *m*; ⚔ ~ (*de campagne*) Koch-, Feld-kessel *m*; Kochgeschirr *n*; **3.** *géol.* ~ *de géants* Gletschertopf *m*.

marmiteux (marmi'tø) *adj. u. su.* [7d] bejammernswert; armer Schlucker *m*. [junge *m*.]

marmiton F (~'tɔ̃) *m* Küchen-

marmonner (marmɔ'ne) *v/t. u. v/i.* [1a] in den Bart brummen, murmeln, undeutlich sprechen.

marmor|éen (marmɔre'ɛ̃) *adj.* [7c] marmorartig, Marmor...; *fig.* kalt, eisig; **~iser** (~ri'ze) *v/t.* [1a] in Marmor verwandeln.

marmot (mar'mo) F *m* kleiner Junge *m*, Knirps *m*; F *croquer le ~* lange warten müssen; **~te** (~'mɔt) *f* **1.** Murmeltier *n*; *dormir comme une ~* wie ein Murmeltier schlafen; *vgl. loir*; **2.** Kopftuch *n*; **3.** Musterkoffer *m*; **~ter** (~mɔ'te) *v/t.* [1a] (her)murmeln, undeutlich sprechen.

marmouset (~mu'zɛ) *m* **1.** Fratzenbild *n*; **2.** F Knirps *m*; **3.** gußeiserner Feuerbock *m*.

mar|ne (marn) *f* Mergel *m*; **~ner** (~'ne) [1a] **I** *v/t.* mit Mergel düngen; **II** P *v/i.* schuften.

Maroc (ma'rɔk) *m*: **le ~** Marokko *n*; *au ~* in (nach) Marokko.

marocain (marɔ'kɛ̃) *adj. u.* ♀ *su.* [7] marokkanisch; Marokkaner *m*.

marolles (ma'rɔl) *m* scharfer Fettkäse *m*.

maronner F (marɔ'ne) *v/i. u. v/t.* [1a] brummen, murmeln, knurren; F sich ärgern; *faire ~ q.* j-n ärgern, j-n wütend machen; *~ des injures* vor sich hin fluchen.

maroquin (marɔ'kɛ̃) *m* Saffian *m*; F *fig. obtenir le ~* Minister werden; **~age** (~ki'na:ʒ) *m* Saffianzubereitung *f*; **~er** (~ki'ne) *v/t.* [1a] zu Saffian verarbeiten; **~erie** (~n'ri) *f* **1.** Saffian-bereitung *f*, -fabrik *f*; **2.** Saffian-, Leder-ware *f*; **3.** Ledergeschäft *n*; Saffianhandel *m*; **~ier** (~'nje) *m* **1.** Saffiangerber *m*; **2.** Lederwarenhändler *m*.

marotte (ma'rɔt) *f* Narrenzepter *n*; *fig.* Steckenpferd *n*, Hobby *n*, Marotte *f*; fixe Idee *f*, Tick *m*, Flitz *m*; *c'est sa ~, il a ~ pour cette chose* das ist sein Steckenpferd; *chacun a sa ~* jeder hat e-n Tick (*od.* Flitz *od.* e-e fixe Idee).

maroufle[1] * (ma'ruflə) *m* Flegel *m*, Lümmel *m*.

marou|fle[2] (~) *f* Malerleim *m*; **~fler** (~'fle) *v/t.* [1a] ein Gemälde aufleimen.

marquage (mar'ka:ʒ) *m* Kennzeichnung *f*.

marquairerie (markɛr'ri) *f* Sennerei *f*.

marquant (mar'kɑ̃) *adj.* [7] hervorragend, wichtig; maßgebend.

marque (mark) *f* **1.** Zeichen *n*, Kenn-, Erkennungs-, Ab-zeichen *n*, Merkmal *n*, Marke *f*; *~ (de fabrique)* Warenzeichen *n*, Fabrikmarke *f*; Automarke *f*; *~ déposée* eingetragene Schutzmarke *f*; *~ de qualité* Gütezeichen *n*; *~ d'origine* Ursprungszeichen *n*; *~ d'immatriculation* Erkennungszeichen *n*; **2.** Handzeichen *n*; *fig.* Stempel *m*; ✝ Etikett *n*, Preiszettel *m*; **3.** Brandmal *n*; *~ d'infamie* Schandmal *n*; **4.** Spur *f*; Narbe *f*, Mal *n*; *~s de pas dans la neige* Schrittspuren *f/pl.* im Schnee; ⚕ *~ de naissance* Muttermal *n*; **5.** *~ d'honneur* Ehrenzeichen *n*; *fig.* Auszeichnung *f*; *homme m de ~* hervorragender (*od.* bedeutender) Mann *m*; **6.** *~ (à jouer)* Spielmarke *f*; **7.** Anzeichen *n*; *~ de* Beweis *m* für (*acc.*).

marqué (mar'ke) *adj.* bemerkenswert, beachtlich; gestempelt; *moment m ~* festgesetzter Augenblick *m*; *papier m ~* Stempelpapier *n*.

marquer (~) [1m] **I** *v/t.* **1.** (be-)zeichnen; ✝ mit Zeichen (*Preisangabe usw.*) versehen; *~ une place* e-n Platz belegen; *marqué* ge-(be-)zeichnet; eingeschrieben; *marqué à leur nom* mit ihrem Namen versehen; *marqué de petite vérole* blatternarbig; *avoir les traits marqués* scharfe Züge haben; *avec une intention marquée* mit Nachdruck; **2.** *hist.* brandmarken; **3.** markieren, anstreichen; *men.* anreißen; *~ d'une croix* ankreuzen; **4.** stempeln; *du papier marqué* Stempelpapier *n*; **5.** auf-zeichnen, -schreiben, notieren, einschreiben; *~ un adversaire Sport*: e-n Gegner genau markieren; *~ (les points) Sport*: buchen; **6.** (an)zeigen; *fig.* beweisen, ein Zeichen sein für (*acc.*), hindeuten auf (*acc.*); *~ la mesure* den Takt angeben; *~ le pas* auf der Stelle treten; *fig.* keinerlei Fortschritte machen; *le baromètre marque beau fixe* das Barometer zeigt auf beständig; *voilà qui marque de la méchanceté* das zeugt von Gemeinheit; **7.** bestimmen, an-, fest-setzen; *~ un but* ein Ziel setzen; **8.** *esc. ~ un coup* einen Stoß andeuten; **II** *v/i.* sich auszeichnen, sich zeigen; *fig.* Aufsehen machen; hervorragen, hervortreten; *Pferd*: die Kennung haben; F *~ mal* keine gute Figur abgeben; **III** *v/rfl.* *se ~* sich bemerkbar machen.

marque|ter (markə'te) *v/t.* [1c] sprenkeln; mit buntem Holz auslegen (*de* mit [*dat.*]); **~terie** (~kɛ'tri) *f* eingelegte Arbeit *f*, Intarsia *f*;

Mosaik *n*; *scie f à* ~ Laubsäge *f*; **~teur** (~kə'tœ:r) *m* Kunsttischler *m*.
marquette (mar'kɛt) *f* Tafel *f* weißes Wachs.
marqueur (mar'kœ:r) *su.* [7g] **1.** Stempler *m*; **2.** Zähler *m* (*beim Billard*), Anschreiber *m*.
marquis *hist.* (mar'ki) *su.* [7] Marquis *m*.
marquise (mar'ki:z) *f* **1.** *hist.* Marquise *f*; **2.** Markise *f*, Sonnen-, Regen-, Wetter-dach *n*.
marquoir (mar'kwa:r) *m* **1.** Schneiderlineal *n*; **2.** Wäschestempel *m*.
marraine (mɑ'rɛn) *f* Patin *f*.
marrant P (ma'rɑ̃) *adj.* drollig, komisch, ulkig, zum Piepen P.
marre[1] * (mɑ:r) *adv.*: *j'en ai* ~*!* ich hab's satt!, ich hab' die Nase voll!
marre[2] (~) *f* Winzerhacke *f*.
marri (ma'ri) *adj.* betrübt.
marron[1] (mɑ'rɔ̃) **I** *m* **1.** Eßkastanie *f*, Marone *f*; ~ *d'Inde* Roßkastanie *f*; *fig. tirer les* ~*s du feu pour q.* für j-n (*acc.*) die Kastanien aus dem Feuer holen; **2.** P *fig.* a) Backpfeife *f*; b) Visage *f*; **3.** Arbeiter-, Angestellten-Kontrollmarke (*aus Blech*) *f*; **II** *a. adj./inv.* kastanienbraun.
marron[2] (~) *adj., a. su.* [7c] **1.** (*nègre m*) ~ entlaufener Negersklave *m*; **2.** unbefugt; *avocat m* ~ Winkeladvokat *m*; *courtier m* ~ Winkelbörsenspekulant *m*; *rad. écouteur m* ~ Schwarzhörer *m*; *médecin m* ~ Kurpfuscher *m*; **3.** P reingelegt, betrogen; enttäuscht; *se faire faire* ~ *j-n* erwischen; ~ *sur le tas* auf der Stelle geschnappt (*od.* erwischt); **4.** *typ. m* heimlich gedrucktes Buch *n*.
marronner (mɑrɔ'ne) *v/i.* [1a] als geflüchteter Sklave leben; *fig.* schwarz arbeiten; *typ.* heimlich drucken.
marronnier (mɑrɔ'nje) *m* a) Kastanienbaum *m*; b) ⊕ Kontrollbrett *n*.
mars (mars) *m* März *m*.
mar|sault ⚘ *m*, **~seau** ⚘ (mar'so) *m* Palmen-, Sal-weide *f*.
Marseillaise (marsɛ'jɛ:z) *f* Marseillaise *f*.
marshallisé *pol.* (marʃali'ze) *adj.* unter dem Einfluß des Marshallplans stehend.
marsouin (mar'swɛ̃) *m* **1.** *zo.* Tümmler *m*; **2.** F ⚔ Marineinfanterist *m*; **3.** * männliches Glied *n*.
marsupial *zo.* (marsy'pjal) *adj.* [5c]: *ours m* ~ Beutelbär *m*.
marte *zo.* (mart) *f* Marder *m*.
marteau (mar'to) *m* [5b] **1.** Hammer *m*; ⚡ Klöppel *m*; *Sport*: (*lancement m du*) ~ Hammerwerfen *n*; ~ *de porte* Türklopfer *m*; ~ *à air comprimé* Preßlufthammer *m*; ~*-piqueur m* Pickhammer *m*; ~ *batteur* Rammhammer *m*; ~ *d'armes hist.* Streithammer *m*; ~ *de forge* Schmiedehammer *m*; ~ *à river* Niethammer *m*; *donner le dernier coup de* ~ zuschlagen (bei e-r Versteigerung); *passer sous le* ~ unter den Hammer kommen, versteigert werden; **2.** *icht.* Hammerfisch *m*; **3.** * Verrückter *m*; **~-pilon** (~pi'lɔ̃) *m* [6a] Pfahlramme *f*, Dampf-, Fall-hammer *m*; Rammbär *m*; ~ *pneumatique* (*od. atmosphérique*) Preßluft-, Boschhammer *m*.
martel † (mar'tɛl) *m* Hammer *m*; *nur noch in*: *se trouver* (*od.* être) *entre l'enclume et le* ~ zwischen zwei Mühlsteinen sitzen; *avoir* ~ *en tête* Sorgen haben, sich Gedanken machen; *se mettre* ~ *en tête* sich unnütze (*od.* umsonst *od.* grundlos) Sorgen machen; **~age** (martə'la:ʒ) *m* Hämmern *n*, Schlagen *n*; *for.* Anlaschen *n*; **~er** (~tə'le) *v/t.* [1d] hämmern, treiben; *for.* anlaschen; *fig. Verse* erklingen lassen; ⊕ (aus)hämmern, ausschmieden; *fig.* ~ *le sol* den Erdboden festtrampeln; **~et** (~tə'lɛ) *m* Hämmerchen *n*; **~lerie** (~tɛl'ri) *f* Hammerwerk *n*.
martial (mar'sjal) *adj.* [5c] □ kriegerisch; soldatisch; Kriegs...; *loi f* ~*e* Standrecht *n*.
martien *ast.* (mar'sjɛ̃) *adj.* [7c] *u. su.* Mars...; Marsbewohner *m*.
Martin (mar'tɛ̃) *npr./m* Martin *m*; (*fête de la*) *Saint-*~ Martinsfest *n*; *été m de la Saint-*~ Altweibersommer *m*; ~ *l'ours* Meister Petz *m*.
marti|ner ⊕ (marti'ne) *v/t.* [1a] hämmern, schmieden; **~net** (~'nɛ) *m* **1.** ⊕ Hüttenhammer *m*; Hammerwerk *n*; **2.** Klopfpeitsche *f*; **3.** *orn.* Mauerschwalbe *f*, Segler *m*.
martingale (martɛ̃'gal) *f* **1.** Sprungzügel *m* (*Reitkunst*); **2.** ⚔ ~ *de capote* Mantelgurt *m*; *Mode*: *dos m* ~ Rückengürtel *m*; **3.** *Spiel*: höherer Gewinnerfolg *m bei höherem Einsatz*.
Martinique (marti'nik) **I** *géogr. f*: *la* ~ Martinique *n*; **II** ♀ *m* Martinique-Kaffee *m*.

martin-pêcheur (martɛ̃pɛ'ʃœ:r) *m* [6a] Eisvogel *m*.
martre ('martrə) *f* **1.** Marder *m*; ~ *du Canada* Nerz *m*; **2.** Marderfell *n*.
mar|tyr (mar'ti:r) *m*, **~tyre**[1] (~) *f* **I** *su*. Märtyrer *m*, Blutzeuge *m*; *fig*. Dulder *m*; ~ *de la foi* Glaubenszeuge *m*, -held *m*; *être le* ~ *de q*. von j-m viel zu erdulden haben; **II** *adj*. Märtyrer...; **~tyre**[2] (~) *m* Märtyrer-tod *m*, -tum *n*; *fig*. Martyrium *m*, Pein *f*, Qual *f*; **~tyriser** (~tiri'ze) *v/t*. [1a] martern; *fig*. quälen; **~tyrologe** (~tirɔ'lɔʒ) *m* Märtyrerverzeichnis *n*.
marx|isme *pol*. (mar'ksism) *m* Marxismus *m*; **~iste** (~'ksist) *su. u. adj*. Marxist *m*; marxistisch.
mas (mɑ:[s]) *m* südfranzösisches Bauernhaus *n*.
mas|carade (maska'rad) *f* Maskerade *f*, Maskenzug *m*; *fig*. Heuchelei *f*; **~caret** (~ka'rɛ) *m* Springflut *f* (*an Flußmündungen*); **~caron** (~ka'rɔ̃) *m* ⚠ *u. sculp*. Fratzengesicht *n*; **~cotte** F (~'kɔt) *f* Maskottchen *n*, Talisman *m*, Glücksbringer *m*.
masculin (masky'lɛ̃) **I** *adj*. [7] männlich; **II** *m gr*. Maskulinum *n*; **~isation** (~liniza'sjɔ̃) *f* **1.** Vermännlichung *f*; **2.** *gr*. Maskulinisierung *f*, maskuliner Gebrauch *m* (*e-s Wortes*); **~iser** (~ni'ze) *v/t*. [1a] **1.** vermännlichen; **2.** *gr*. als Maskulinum gebrauchen; **~ité** (~ni'te) *f* Männlichkeit *f*.
masochisme *psych*. (mazɔ'ʃism) *m* Masochismus *m*.
masque (mask) **I** *m* **1.** Maske *f*, Larve *f*; Fechtkorb *m*, Drahtmaske *f*; *mettre le* ~ die Maske aufsetzen; *a. fig*. *enlever son* ~ s-e Maske fallen lassen; *fig*. *ôter* (*od. arracher*) *le* ~ *à q*. j-m die Maske vom Gesicht reißen, j-n entlarven; **2.** ⚔ Tarnnetz *n*; Schutzschild *m*; ~ *cuirassé* Panzer(schutz)schild *m*; ⚔, *at*. ~ *antigaz*, ~ *à gaz*, ~ *protecteur contre le* ~ Gasmaske *f*, Atemgerät *n*; *esc*. ~ *pour l'escrime* Fechtmaske *f*; ✈ ~ *à oxygène* Sauerstoffmaske *f*; **3.** *fig*. Schein *m*, Deckmantel *m*; **4.** *sculp*. Gipsabguß *m*; Totenmaske *f*; **II** *f* F (*petite*) ~ Geheimniskrämerin *f*, (kleine) Hexe *f*.
masqué (mas'ke) *adj*. *a. fig*. versteckt (*Absicht*).
masquer (~) [1m] **I** *v/t*. **1.** maskieren, vermummen, verkleiden; *bal m masqué* Maskenball *m*; **2.** *fig*. be-, ver-decken; bemänteln; ⚔ tarnen, unkenntlich machen, verschleiern (*a*. ✝ *Bilanz*); ~ *la vue* die Aussicht versperren; ⚔ *batterie masquée* verdeckte Batterie *f*; ~ *une lumière* abblenden (*Licht*); **II** *v/rfl*. *se* ~ sich vermummen; *fig*. s-e Absichten verbergen (*od*. tarnen).
massa|crant (masa'krɑ̃) *adj*. [7] bärbeißig, unausstehlich; *d'humeur* ~*e* von äußerst schlechter Laune; unausstehlich; **~cre** (~'sakrə) **I** *m* **1.** Blutbad *n*, Gemetzel *n*, Metzelei *f*; *hist*. *le* ~ *de la Saint-Barthélemy* die Pariser Bluthochzeit *f* (*1572*); **2.** *fig*. Pfuscherei *f*, Pfuschwerk *n*, Verhunzung *f*; **II** F *adj*.: *il est* ~ er macht alles kaputt; **~crer** (~'kre) *v/t*. [1a] niedermetzeln, morden; *fig*. verpfuschen, verhunzen; **~creur** (~'krœ:r) *m* Massenmörder *m*; *fig*. Pfuscher *m*.
massage (ma'sa:ʒ) *m* Massage *f*, Massieren *n*; ~ *facial* (*thérapeutique, vibratoire*) Gesichts-, (Heil-, Vibrations-)massage *f*.
massaliote *antiq*. (masa'ljɔt) *adj*. aus Massilia (*Marseille*).
masse[1] (mas) *f* Masse *f*, Menge *f*; ⚡ Erdung *f*; **en** ~ in Massen, in Hülle u. Fülle; ⚔ *levée f en* ~ Generalmobilmachung *f*; *tomber comme une* ~ hinstürzen, zu Boden sinken; *il a de l'argent en* ~ er hat Geld wie Heu; ✝ ~ *active* Aktivmasse *f*; ~ *passive* Passiva *pl*.; ~ *pétrissable* Knetmasse *f*; ~ *des créanciers* Gesamtheit *f* der Gläubiger; *la* ~ (*populaire*) die Volksmasse *f*; *de toute sa* ~ mit voller Wucht; ⊕ *production f en* ~ Massenproduktion *f*, Mengenanfertigung *f*; ⚡ *fil m de* ~ Erdleitung *f*; *mise f à la* ~ Erdung *f*, Körperschluß *m*; ⊕ ~ *mobile*, ~ *centrifuge* Schwungmasse *f*.
masse[2] (~) *f* **1.** an beiden Seiten viereckiger Hammer *m*, Fäustel *m*; ~ *en bois* großer Holzhammer *m*, Schlegel *m*; **2.** Zeremonienstab *m* (*mit goldenem od. silbernem Knopfe*); **3.** *hist*. ⚔ ~ *d'armes* Streitkolben *m*.
massé *bill*. (ma'se) *m* Kopfstoß *m*.
masselotte ⊕ (mas'lɔt) *f* Anguß *m*; Reguliergewicht *n*.
massepain (mas'pɛ̃) *m* Marzipan *n*.
masser[1] (ma'se) *v/t*. [1a] massieren, kneten.
masser[2] (~) [1a] **I** *v/t*. **1.** massenweise anhäufen; **2.** *peint*. grup-

pieren; 3. ⚔ zusammendrängen; **II** P *v/i.* schuften, sich abrackern; **III** *v/rfl.* se ~ sich in geschlossener Kolonne formieren; sich in dichten Haufen zusammenscharen.

masséter *anat.* (mase'tɛːr) *m* Kaumuskel *m*.

massette ⊕ (ma'sɛt) *f* Handschlegel *m*.

masseur (ma'sœːr) *su.* [7g] Masseur *m*.

massic|ateur ⊕ (masika'tœːr) *m*: ~ *de papier* Papierbeschneidemaschine *f*; **~ot** (~'ko) *m* **1.** ⚗ Bleigelb *n*, Massikot *n*; **2.** ⊕ Papierschneidemaschine *f*.

massier (ma'sje) *m* **1.** Stab-, Zepter-träger *m*; **2.** junger Kunstschüler *m*, der die Monatsbeiträge für ein Skulptur- *od.* Maler-atelier einzuziehen hat.

mas|sif (ma'sif) **I** *adj.* [7e] □ **1.** massiv, massig; *or* ~ gediegenes Gold *n*; *voûte f massive* feuerfestes Gewölbe *n*; **2.** *fig.* plump, schwerfällig; **3.** *fig.* umfangreich (*Aufträge*); stark (*Dosis*); **II** *m géol.* Massiv *n*, Gebirgsstock *m*; ⚠ starke Grundmauer *f*; ✎ ~ *de fleurs* Blumenbeet *n*; ~ *d'arbres* Baumgruppe *f*; **~siveté** (masiv'te) *f das* Massive *n*; Massigkeit *f*; *fig.* Derbheit *f*, Plumpheit *f*.

massue (ma'sy) *f* Keule *f*; *coup m de* ~ Keulenschlag *m* (*a. fig.*).

mastic (mas'tik) *m* Fenster-, Glaserkitt *m*; *adjt. une culotte* ~ e-e gelbliche kurze Hose *f*; **~age** (~'kaːʒ) *m* Verkitten *n*.

mastica|teur (~ka'tœːr) *adj. u. m*: (*muscle m*) ~ Kaumuskel *m*; *cuis.* (Fleisch-)Wolf *m*; **~tion** (~kɑ'sjɔ̃) *f* Kauen *n*; **~toire** (~ka'twaːr) *adj. u. m* (*remède m*) ~ Kaumittel *n*.

mastiff (mas'tif) *m* Bulldogge *f*.

mastiquer (masti'ke) *v/t.* [1m] **1.** verkitten; **2.** kauen.

mastodonte (mastɔ'dɔ̃ːt) *m* **1.** *zo.* Mastodon *n*; **2.** *fig.* a) Gigant *m*; b) dicke Person *f*, Dickwanst *m*.

mastoïdite ⚕ (mastɔi'dit) *f* Warzenfortsatzentzündung *f*.

mastroquet P (mastrɔ'kɛ) *m* Schenkwirt *m*, Budiker *m* F.

masturb|ation (~ tyrbɑ'sjɔ̃) *f* Onanie *f*; **~er** (~'be): **se** ~onanieren.

m'as-tu-vu F (maty'vy) *m/inv.* mittelmäßiger, eingebildeter Schauspieler *m*; Wichtigtuer *m*, Angeber *m*.

masure (ma'zyːr) *f* baufälliges Haus *n*.

mat (mat) **I** *adj.* **1.** *inv. Schachspiel*: (schach)matt; **2.** glanzlos, matt (*Farbe*); dumpf (*Ton, Stimme*); **3.** klitschig (*Brot*); **II** *m Schachspiel*: Matt *n*.

mât (mɑ) *m* **1.** ⚓ Mast *m*, Mastbaum *m*; (*Fahnen- usw.*) Stange *f*; *vaisseau m à trois* ~*s* (*auch un trois-mâts*) Dreimaster *m*; ✈ ~ *d'amarrage*, ~ *d'ancrage* Ankermast *m*; ~ *d'arrière* Besanmast *m*; ~ *d'assemblage* hölzerner Mast *m*; ~ *d'avant* Fockmast *m*; ~ *de beaupré* Bugspriet *n*; ~ *de fortune* Notmast *m*; ~ *de hune* Marsstenge *f*; ~ *de pavillon* Flaggenstock *m*; ~ *de perroquet* Bramstenge *f*; ⚠ ~ *précontraint* Spannbetonmast *m*; ~ *en acier* Stahlmast *m*; ~ *creux* Hohlstrebe *f*; ~ *profilé* Profilstrebe *f*; **2.** *gym.* Kletterstange *f*; **3.** 🚂 Signalmast *m*; ✈ ~ *d'atterrissage* Landungsmast *m*.

matador (mata'dɔːr) *m* Matador *m*; F *fig.* maßgebende Persönlichkeit *f*; Hauptmacher *m*, Größe *f*; *Spiel*: Obertrumpf *m*.

matage ⊕ (ma'taːʒ) *m* Stemmnaht *f*, Verstemmen *n*, Abdichtung *f*.

mâtage ⚓ (mɑ'taːʒ) *m* Bemastung *f*.

matamore (~'mɔːr) *m* Renommist *m*, Angeber *m*, Maulheld *m*; *faire le* ~ renommieren, riesig angeben.

match *Sport* (matʃ) *m* (*pl.* **~es** [~]) Wett-spiel *n*, -kampf *n*, Match *m*; ~ *gagné* gewonnenes Spiel *n*; ~ *nul* unentschiedenes Spiel *n*, unentschiedener Kampf *m*; ~ *amical* Freundschaftsspiel *n*; *de championnat* Meisterschaftsspiel *n*; *disputer un* ~ ein Wettspiel (*od.* e-n Wettkampf) austragen; ~ *de sélection*, ~ *décisif* Ausscheidungs-, Entscheidungs-kampf *m*, -spiel *n*; ~ *final* End-, *a.* Entscheidungs-spiel *n*; ~ *de revanche*, ~*-revanche* Vergeltungs- (*od.* Rück-)spiel *n od.* -kampf *m*; ~ *international*, ~ *internations* Länderkampf *m*; ~ *en ligue* Ligaspiel *n*; ~ *interclub* Klubkampf *m*; *Tennis*: ~ *à trois* (*cinq*) *sets* Drei- (Fünf-)satzkampf *m*; ~ *sur courts couverts* Hallenwettspiel *n*.

maté ⚘ (ma'te) *m* Matebaum *m*.

matelas (mat'la) *m* Matratze *f*; ~ *pneumatique*, ~ *d'air* Camping-, Luft-matratze *f*; ~ *à ressorts* Sprungfedermatratze *f*; ~ *fauteuil* Sitzmatratze *f* (*Camping*); ~ *à suspension* Federkernmatratze *f*;

~ser (~la'se) [1a] **I** *v/t.* (aus)polstern; **II** P *v/i.* schlafen, pennen P; **~sier** (~la'sje) *su.* [7b] Matratzenmacher *m*; **~sure** (~la'sy:r) *f* Polster *n*, Füllung *f*, Wattierung *f*.

matelot (mat'lo) *m* ⚓ Matrose *m*, Maat *m*; Matrosenanzug *m* (*für Knaben*); **~age** (~lɔ'ta:ʒ) *m* Matrosenhandwerk *n*, -sold *m*; **~e** (mat'lɔt) *f* **1.** Matrosenfrau *f*; **2.** *cuis.* Fischragout *n*; **3.** Matrosentanz *m*.

mater (ma'te) *v/t.* [1a] **1.** mattieren; **2.** *Schachspiel*: matt setzen; **3.** *fig.* niederzwingen, bändigen, demütigen, erniedrigen, klein kriegen.

mâter ⚓ (mɑ'te) *v/t.* [1a] bemasten; **~eau** (~'tro) *m* [5b] kleiner Mast *m*.

matéria|lisation (materjalizɑ'sjɔ̃) *f* Verkörperung *f*, Verstofflichung *f*; **~liser** (~li'ze) *v/t.* [1a] materialisieren, verkörpern; **~lisme** (~'lism) *m* Materialismus *m*; **~liste** (~'list) **I** *su.* Materialist *m*; **II** *adj.* materialistisch; **~lité** (~li'te) *f* Körperlichkeit *f*, Stofflichkeit *f*, materielles Wesen *n*; *nier la ~ d'un fait* den Tatbestand leugnen.

maté|riau (mate'rjo) *m* [5b] Material *n*, Bau-, Werk-stoff *m*; *~ de construction* Baustoff *m*; **~riaux** (~) *m/pl.* Material(ien *pl.*) *n*; Baustoffe *m/pl.*; *~ bruts* Rohprodukte *n/pl.*, -stoff *m*; **~riel** (~'rjɛl) **I** *adj.* [7c] □ **1.** materiell, (rein) wirtschaftlich; Sach...; *intérêts m/pl. ~s* materielle Interessen *n/pl.*; *dégâts m/pl. ~s* materielle Schäden *m/pl.*; Sachschaden *m*; **2.** *phil.* materiell, stofflich, sinnlich; **3.** *fig. sculp.* wuchtig, schwerfällig; **II** *m das* Wesentliche *n*; ⊕ Material *n*, Werkstoff *m*; Gerätschaften *f/pl.*; *~ de guerre* Heeresbedarf *m*; *~ de camping* Zeltmaterial *n*; *écol. ~ éducatif, ~ d'enseignement* Lehrmittel *n/pl.*; *~ humain* Menschenmaterial *n*; *~ technique* technischer Bedarf *m*; 🚂 *~ roulant* rollendes Material *n*; **~rielle** F (~'rjɛl) *f* (Lebens-)Unterhalt *m*.

mater|nel (matɛr'nɛl) *adj.* [7c] □ mütterlich; *langue f ~le* Muttersprache *f*; *institutrice f d'école ~le* Kindergärtnerin *f*; *parents m/pl. ~s* Verwandte *pl.* mütterlicherseits; **~nelle** (~) *f* Kindergarten *m*; **~nité** (~ni'te) *f* **1.** Mutterschaft *f*; **2.** Kinderklinik *f*.

math(s) F *écol.* (mat) *f/pl. inv.* Mathe(matik *f*) *f* F.

mathémati|cien (matemati'sjɛ̃) *su.* [7c] Mathematiker *m*; **~que** (~'tik) **I** *adj.* □ mathematisch; *mathématiquement adv. fig.* unumstößlich; **II** *f/pl.*: *~s* Mathematik *f*; *~s appliquées* angewandte Mathematik *f*; *étui m de ~s* Reißzeug *n*.

matheux F *écol.* (ma'tø) *su.* [7d] Mathematiker *m*.

mathurin * ⚓ (maty'rɛ̃) *m* Matrose *m*.

matière (ma'tjɛ:r) *f* **1.** Materie *f*, Stoff *m*, Material *n*; *~ brute, ~ première, ~ primitive* Ur-, Rohstoff *m*; *~ collante* Klebemasse *f*; F *~ grise* Grips *m* F; ⚓ *~ en vrac* Schüttgut *n*; *~ plastique* Preßstoff *m*; *~ de base* Grundstoff *m*; *paiement m en ~* Zahlung *f* in Waren; **2.** *fig. das* Sinnliche *n*; *das* Irdische *n*; **3.** ⚕ *~ purulente* Eiter *m*; *~ fécale* Exkremente *n/pl.*; *~ cérébrale* Hirnmasse *f*; **4.** *fig.* Thema *n*, Gegenstand *m*; Gebiet *n*; *écol.* Fach *n*; ⚖ Rechtssache *f*; *table f des ~s* Inhaltsverzeichnis *n*; *entrer en ~* zur Sache kommen; *en pareille ~* in solchen Sachen; *en ~ de fig.* auf dem Gebiete (des, der); *en ~ de conclusion* zum Schluß; ⚖ *en ~ civile* in Zivilsachen; *en ~ de foi* in Glaubenssachen; **5.** Veranlassung *f*, Anlaß *m*.

matin (ma'tɛ̃) **I** *m* Morgen *m*, Vormittag *m*; *écol. classes f/pl. de ~* Vormittagsunterricht *m*; *prière f du ~* Morgengebet *n*; *ce ~* heute morgen, heute früh, heute vormittag; *demain ~* morgen früh (s. II); *le ~, a. au ~* (früh) morgens; *tout au ~* ganz früh; *de bon ~, de grand ~, bisw. au petit ~* sehr früh; *à une heure du ~* um ein Uhr morgens (*od.* früh); *le lendemain ~* am folgenden (*od.* nächsten) Morgen; *un de ces quatre ~s* in allernächster Zeit; *du ~ au soir* von früh bis spät; *fig. ~ (de la vie)* Lebensmorgen *m*; **II** *adv.* früh; *se lever ~* früh aufstehen; *demain ~* morgen früh; *~ et soir* früh und spät, morgens und abends.

mâtin (mɑ'tɛ̃) **I** *m* **1.** Hofhund *m*; **2.** F Rüpel *m*, Kerl *m*; **II** F *adj.* [7] pfiffig, gewitzt, auf Draht; **III** *int. ~!* Donnerwetter! (*staunend*).

matinal (mati'nal) *adj.* [5c] (*pl. a. ~s*) □ **1.** morgendlich; Morgen...; **2.** frühzeitig, früh aufstehend.

mâtiné (mɑti'ne) *adj.* **1.** gekreuzt, Misch... (*Hunderasse*); **2.** *fig.* ~ de vermischt mit.
matinée (mati'ne) *f* **1.** Morgen (-zeit *f*) *m*; Vormittag *m*; *dans la* ~ im Laufe des Vormittags; *faire la grasse* ~ sich ordentlich ausschlafen, in den Tag hineinschlafen; **2.** *thé.* Nachmittags-vorstellung *f*, -konzert *n*; **3.** Morgenrock *m*.
mâtiner (mɑti'ne) *v/t.* [1a] **1.** e-e andersrassige Hündin belegen, e-e Hündin kreuzen; **2.** F anschnauzen.
mati|nes *rl.* (ma'tin) *f/pl.* Frühmette *f*; **~neux** (~'nø) *adj.* [7d] gewohnt, früh aufzustehen; **~nier** (~'nje) *adj.* [7b]: *étoile f matinière* Morgenstern *m*, Venus *f*.
matir *orf.* (ma'ti:r) *v/t.* [2a] matt machen *od.* feilen, mattieren.
matité (mati'te) *f* Mattheit *f* (*Farbe*); *Ton*, ⚕ Dumpfheit *f*.
matoir ⊕ (ma'twa:r) *m* Steinmeißel *m*.
matois (ma'twa) *adj.* [7] *u. su.* listig, durchtrieben, raffiniert; *c'est un fin* ~ er hat es dick(e) hinter den Ohren; **~erie** (~twɑz'ri) *f* Durchtrieben-, Gerissen-heit *f*.
matou (ma'tu) *m* Kater *m*; *fig. un vilain* ~ ein widerlicher Kerl *m*.
matraqu|e (ma'trak) *f* **1.** Keule *f*, Knüppel *m* (*bei den Arabern*); **2.** Gummiknüppel *m*; **~er** (~'ke) *v/t.* [1m] niederknüppeln (*a. fig.*); **~eur** P (~'kœ:r) *m* Grüner *m* P, Polizist *m*.
matras ⚗ (ma'trɑ) *m* Retorte *f*.
matri|arcat (matriar'ka) *m* Mutterrecht *n*; **~cage** ⊕ (~'ka:ʒ) *m* Gesenkschmiedearbeit *f*; **~ce** (~'tris) *f* **1.** *anat.* Gebärmutter *f*; ~ *unguéale* Nagelbett *n*; **2.** ⚖ Matrikel *f*, Stammrolle *f*; **3.** ⊕ Schraubenmutter *f*; Prägestock *m*; Stanzeisen *n*; Eichmaß *n*; *typ.* Matrize *f* **~cer** ⊕ (~'se) *v/t.* [1k] im Gesenk schmieden; **~cide** (~'sid) *m* Muttermord *m*; **~culaire** (~ky'lɛ:r) *adj.* auf die Matrikel bezüglich; *inscription f* ~ Immatrikulation *f*; **~cule** (~'kyl) *f* **1.** Matrikel *f*, Verzeichnis *n*; Stammrolle *f*; **2.** Erkennungsnummer *f*, *bsd.* ⚔ Kennmarke *f*; **~culer** (~ky'le) *v/t.* [1a] in die Stammrolle eintragen; **~monial** (~mɔ'njal) *adj.* [5c] ehelich; Ehe...; *agence f* ~*e* Heiratsbüro *n*; **~monialité** (~mɔnjali'te) *f* Ehestand *m*.
matrone F (ma'trɔn) *f* dickes Weib *n*, Matrone *f*.
maturat|if ⚕ (matyra'tif) *adj.* [7e] eiterziehend; **~ion** (~rɑ'sjɔ̃) *f* Reifen *n*, Reifwerden *n*.
mâture ⚓ (mɑ'ty:r) *f* Mastwerk *n*.
maturité (matyri'te) *f* Reife *f*; *absence f de* ~ Unreife *f* (*a. fig.*); *avec* ~ mit Überlegung, reiflich.
maubèche *orn.* (mo'bɛʃ) *m* Strandläufer *m*.
maudire (mo'di:r) *v/t. prés., imparf., prés. du subj. u. impér. nach* [2a], *das übrige nach* [4m]: ~ *q.* j-n verfluchen, verwünschen.
mau|dissable (modi'sablə) *adj.* fluchwürdig; **~dit** ('di) [7] *adj. u. su.* verflucht; Verfluchter *m*.
maugréer (mogre'e) *v/i.* [1a] fluchen, schimpfen, wettern.
Maure, *a.* **More** (mɔ:r) **I** *su.* **1.** Maure *m*; **2.** Sudanneger *m* mit Araber- *od.* Berber-blut; **II** ♀ *adj./m* maurisch; *f*: *mauresque*; *un guerrier maure* ein maurischer Krieger *m*; *une femme mauresque* e-e maurische Frau *f*.
mauresque (mɔ'rɛsk) **I** *adj.* maurisch (*Stil*); *ferner adj./f zu maure*; **II** *f* ♀ Maurin *f*.
Mauritanie *géogr.* (mɔrita'ni) *f*: **la** ~ Mauritanien *n*.
maurit|anien (mɔrita'njɛ̃), **~ien** (~'sjɛ̃) *adj.* [7c] mauritanisch.
mausolée (mozɔ'le) *m* Mausoleum *n*.
maussade (mo'sad) *adj.* □ verdrießlich, übelgelaunt, unwirsch, unfreundlich (*a. Wetter*), mies F (*a. Wetter*); **~rie** (~'dri) *f* mürrische Stimmung *f*, schlechte Laune *f*, Unfreundlichkeit *f*.
mauvais (mɔ-, mo-'vɛ) [7] **I** *adj.* **1.** schlecht, übel; *il fait* ~ es ist schlechtes Wetter; *la mer était* ~*e* das Meer tobte; **2.** schädlich, ungesund, nachteilig; unbrauchbar; *la* ~*e clef* der falsche Schlüssel; *pas* ~ nicht übel; **3.** ~ *augure* böses Omen *n*; ~ *œil* böser Blick *m*; **4.** (*sittlich*) schlecht, verdorben, liederlich; ~ *enfant* unartiges Kind *n*; ~*e foi f* Unredlichkeit *f*, Untreue *f*; ~ *garçon* schwerer Junge *m* F; ~ *sujet* Taugenichts *m*; Tunichtgut *m*, übler Kerl *m*; ~ *esprit m*, ~*e tête* Dickschädel *m*; **5.** boshaft, bösartig; **II** *adv. sentir* ~ übel riechen; **III** *su.* Böser *m*; **IV** *m das* Böse *n*, *das* Schlechte *n*.
mauve (mo:v) **I 1.** *f* ⚘ Malve *f*; **2.** *m* Malvenfarbe *f*; **II** *adj./inv.*

malvenfarbig.
mau|viette (mo'vjɛt) *f* **1.** fette Lerche *f*; **2.** *fig.* Schwächling *m*; **~vis** *orn.* (mo'vi) *m* Singdrossel *f*.
maux (mo) *pl. von* mal.
maxillaire (maksil'lɛ:r) *adj.* Kinnbacken..., Kiefer...
maxime (mak'sim) *f* Maxime *f*, Grundsatz *m*, Lebensregel *f*.
maximer (~'me) *v/t.* [1a] den Höchstpreis e-r Ware festsetzen.
maxi|mum (~'mɔm) *m u. adj./m u. f* (*neben pl.* ~*s auch pl. u. oft adj. f/sg. auf* **~ma** [~'ma]) **1.** Maximum *n*; Höchst...; *thermomètre m à maxima* Maximumthermometer *n*; ~ *de rendement* Höchstleistung *f*; *vitesse f maxima* Höchstgeschwindigkeit *f*; **2.** ✝ (*a. prix m* ~) Höchstpreis *m*; *taux m* ~ Höchstsatz *m*; **3.** ⅌ größter Wert *m*.
mayonnaise (majɔ'nɛ:z) *f u. adjt. cuis.* (*sauce f* ~) Mayonnaise(n-soße *f*) *f*.
mazagran (maza'grɑ̃) *m* kalter Kaffee *m* mit Schnaps (*im Glase*).
mazette (ma'zɛt) **I** *f* **1.** † Schindmähre *f*; **2.** *fig.* Schlappschwanz *m*; Stümper *m*; **II** *int. c'est* ~! Donnerwetter! (*staunend*), fabelhaft!
mazout (ma'zut) *m* Masut *n*, Heiz-, Roh-öl *n*; *chauffage m à* ~ Ölfeuerung *f*.
me (mə), *vor e-m Vokal u. stummen h*: **m'** (m...) *pr/p. conjoint* mir (*dat.*), mich (*acc.*); *me voici!* da bin ich!
mea-culpa *bsd. rl.* (meakyl'pa) *m* Schuldbekenntnis *n*; *dire* (*od.* faire) *son* ~ s-e Schuld eingestehen.
méan|dre (me'ɑ̃:drə) *m* Krümmung *f e-s Flusses*; *pl.* ~*s* Winkelzüge *m/pl.*, Schleichwege *m/pl.*; ⚠ Wellenlinienverzierungen *f/pl.*; **~drique** (meɑ̃'drik) *adj.* gekrümmt; wellenlinienförmig.
mec * (mɛk) *m* **1.** Typ *m*, Kerl *m* (*mst. etwa Zwanzigjähriger*): *un* ~ *terrible* ein prima Kerl P; *un sale* ~ ein widerlicher Kerl; **2.** Zuhälter *m*.
mécani|cien (mekani'sjɛ̃) *m* Mechaniker *m*; (*ouvrier m*) ~ Maschinen-, Auto-schlosser *m*; Maschinenbauer *m*; Maschinist *m*; Lokomotivführer *m*; ~ (*de réparation à autos*) Autoschlosser *m*; ~ *de la grue* Kranführer *m*; ~ *de précision* Feinmechaniker *m*; ~ *dentiste* Zahntechniker *m*; **~que** (~'nik) **I** *adj.* **1.** mechanisch; maschinell; handwerksmäßig; *arts m/pl.* ~*s* Handwerksarten *f/pl.*; *nettoyage m* ~ maschinelle Reinigung *f*; *travail m* ~ Maschinenarbeit *f*; *presse f* ~ Schnellpresse *f*; **2.** *fig.* rein praktisch; *un esprit* ~ e-e rein praktische Veranlagung *f*; **II** *f* **3.** Mechanik *f*, Bewegungslehre *f*; Maschinen-lehre *f*, -wesen *n*; ~ *de précision* Feinmechanik *f*; *phys.* ~ *ondulatoire* Wellenmechanik *f*; **4.** Mechanismus *m*, Triebwerk *n*, Getriebe *n*; Maschinerie *f*; **5.** *fig.* Trick *m*; Intrigen *f/pl.*; **6.** P Dings(da) *n*; **~sation** (~zɑ'sjɔ̃) *f* Mechanisierung *f*; **~ser** (~'ze) *v/t.* [1a] **1.** mechanisieren; **2.** P ärgern, necken; **~sme** (~'nism) *m* Mechanismus *m* (*a. phil.*), Triebwerk *m*, Getriebe *n*; Bau *m*; Technik *f*, äußerliche Kunstfertigkeit *f*; *fig.* Werdegang *m*; ⊕ ~ *de manœuvre* Schaltwerk *n*.
mécano (meka'no) *m* **1.** F = *mécanicien*; **2.** Stabilbaukasten *m*.
mécanograph|e (mekanɔ'graf) *m* Fachmann *m* für Rechenmaschinen; **~ie** (~'fi) *f* Büromaschinenindustrie *f*; **~ique** (~'fik) *adj.* selbsttätig registrierend; *machine f* ~ Hollerith-, Lochkarten-maschine *f*.
mécanothérapie (mekanɔtera'pi) *f* Heilgymnastik *f*.
mécénat (mese'na) *m* Gönnerschaft *f*.
mécène (me'sɛn) *m* Kunstförderer *m*; Gönner *m*.
méchanceté (meʃɑ̃s'te) *f* **1.** Bösartigkeit *f*, Boshaftigkeit *f*, Schlechtigkeit *f*; **2.** Gemeinheit *f*, übler Streich *m*, boshafte Äußerung *f*.
méch|ant (me'ʃɑ̃) [7] **I** *adj.* (*adv. méchamment*) **1.** *nachgestellt*: böse, boshaft, bösartig, *fig.* bissig; mutwillig, unartig; **2.** *vorangestellt*: a) *auf Sachen u. Tiere bezüglich*: schlecht, erbärmlich, elend; *la lueur d'une* ~*e lampe* das Licht *n* e-r elenden Funzel; ~*e viande f* schlechtes Fleisch *n*; *de* ~*e humeur* übelgelaunt; ~ *livre m* schlechtes Buch *n*; b) *auf Personen bezüglich*: kümmerlich, unbedeutend; ~*avocat* ein kümmerlicher Rechtsanwalt *m*, ein Winkeladvokat *m*; *une* ~*e pianiste* e-e unbedeutende Pianistin *f*; *un* ~ *poète* ein Dichterling *m*; **II** *su.* Böser *m*, Bösewicht *m*.
mèche (mɛʃ) *f* **1.** Docht *m*; Zunder *m*; **2.** ⚔ Lunte *f*; F *fig. être de* ~ *avec q.* mit j-m unter einer Decke stecken;

éventer la ~ e-e Verschwörung (ein Komplott) aufdecken, Lunte riechen, die Gefahr wittern; *il n'y a pas* ~ nichts zu machen, es geht nicht; *vendre la* ~ aus der Schule plaudern, etw. ausplaudern; **3.** ~ *de cheveux* Haarlocke *f*; **4.** ⊕ Bohrer *m*.

mécher ⊕ (me'ʃe) *v/t*. [1f] Weinfässer schwefeln.

méchoui *arab*. (me'ʃwi) *m* Brathammel *m*.

mechta *arab*. (mɛʃ'ta) *f* Nest *n fig*.

mécomp|te (me'kɔ̃:t) *m* Rechenfehler *m*; Irrtum *m*; *fig*. Enttäuschung *f*.

méconium ⚕ (mekɔ'njɔm) *m* Mekonium *n*, Kindspech *n*.

méconnais|sable (mekɔnɛ'sablə) *adj*. unkenntlich, unerkennbar; entstellt; **~sance** (~'sɑ̃:s) *f* Nichtmehrerkennen *n*; Verkennen *n*; Unterschätzen *n*.

méconnaître (mekɔ'nɛ:trə) *v/t*. [4z] nicht (mehr) kennen; nicht kennen wollen, verleugnen; nicht zu schätzen wissen, unterschätzen, verkennen.

méconnu (mekɔ'ny) *adj*. verkannt; unverstanden.

mécontent (mekɔ̃'tɑ̃) [7] **I** *adj*. unzufrieden (*de* mit [*dat*.]), mißvergnügt; ungehalten, ärgerlich, verdrießlich (*de* über [*acc*.]); **II** *su*. Unzufriedener *m*, Mißvergnügter *m*; *bsd. pol*. Meckerer *m*, Nörgler *m*. Miesmacher *m*; **~ement** (~tɑ̃t'mɑ̃) *m* Mißvergnügen *n*, Unzufriedenheit *f*; **~er** (~'te) *v/t*. [1a] unzufrieden machen.

Mecque (mɛk) *f*: **la ~** Mekka *n*.

mécré|ance (mekre'ɑ̃:s) *f* Unglaube *m*, Gottlosigkeit *f*; **~ant** (~kre'ɑ̃) *adj*. [7] *u. su*. ungläubig, gottlos; Ungläubiger *m*, Gottloser *m*.

mecton ⋆ (mɛk'tɔ̃) *m* Junge *m*, Bengel *m* (*12-16 Jahre*).

médail|le (me'dɑ:j) *f* **1.** Gedenk-, Denk-, Schau-münze *f*; (*Preis-, Verdienst-*)Medaille *f*; ~ *de sauvetage* Rettungsmedaille *f*; **2.** *rl*. Ablaßpfennig *m*; **3.** Erkennungsmarke *f* (*von Gepäckträgern usw*.); **4.** △ rundes Basrelief *n*; **~ler** (~dɑ'je) *v/t*. [1a] mit e-r Medaille auszeichnen; **~leur** (~'jœ:r) *m* Medaillenstecher *m*; **~lier** (~'je) *m* Münz-schrank *m*, -sammlung *f*; **~liste** (~'jist) **I** *su*. Münzen-kenner *m*, -sammler *m*; **II** *adj*.: *graveur m* ~ Münzenstecher *m*; **~lon** (~'jɔ̃) *m* **1.** große Medaille *f od*. Gedenkmünze *f*; **2.** △ Rundbild *n*; **3.** Medaillon *n*.

méde|cin (med'sɛ̃) *m* Arzt *m*; ~ *accoucheur* Geburtshelfer *m*; *femme f* ~ Ärztin *f*; ~ *administratif* Kreisarzt *m*; ~ *assistant* Assistenzarzt *m*; ~ *chef* Chefarzt *m*; ~ *consultant* Hausarzt *m*; ~ *de caisse* Kassenarzt *m*; ~ *de la famille*, ~ *habituel* Hausarzt *m*; ~ *légiste* Gerichtsarzt *m*; ~ *scolaire* Schularzt *m*; ~ *ordinaire* Leibarzt *m*; ~ *inspecteur de l'armée* (~ *principal de la marine*) Generalstabsarzt *m*; ~-*major* (*de I*[re] *classe*) Oberstabsarzt *m*; ~ *sportif* Sportarzt *m*; ~ *aide-major* Stabsarzt *m*; **~cine** (med'sin) *f* **1.** Medizin *f*; *docteur m en* ~ Doktor *m* der Medizin; ~ *atomique* Atommedizin *f*; ~ *légale* Gerichtsmedizin *f*; **2.** Arznei *f*, Mittel *n*; Abführmittel *n*; *fig*. *avaler la* ~ in den sauren Apfel beißen; **~ciner** F *péj*. (~dsi'ne) *v/t*. [1a]: ~ *q*. an j-m herumdoktern.

médial *gr*. (me'djal) *adj*. [5c] Mittel...; (*lettre f*) **~e** *f* mittlerer Buchstabe *m*.

médian (me'djɑ̃) *adj*. [7] Mittel..., in der Mitte befindlich; *a.f*: *médiane f* Mittellaut *m*; *consonne f* **~e** Mittelkonsonant *m*; (*ligne f*) **~e** Transversale *f*.

médianoche (medja'nɔʃ) *m* Mitternachtsschmaus *m*.

médiante ♪ (me'djɑ̃:t) *f* Mediante *f*, Mittelton *m*.

médiastin *anat*. (medjas'tɛ̃) *m* Mittelfell(raum *m*) *n*.

médiat (me'dja) *adj*. [7] □ mittelbar; **~eur** (~'tœ:r) *adj*. *u*. *su*. [7f] vermittelnd; Vermittler *m*, Mittelsmann *m*; Schiedsmann *m*; **~ion** (~djɑ'sjɔ̃) *f* Vermittlung *f*.

médical (medi'kal) *adj*. [5c] medizinisch, ärztlich; Heil..., Medizinal...; *corps m* ~ Sanitätskorps *n*.

médica|ment (medika'mɑ̃) *m* Arznei *f*, Heilmittel *n*; **~mentaire** (~mɑ̃'tɛ:r) *adj*. Arzneimittel betreffend, Heilmittel...; **~mentation** (~tɑ̃'sjɔ̃) s. **~tion**; **~menter** *mv. p*. (~mɑ̃'te) *v/t*. [1a]: ~ *q*. an j-m mit Arzneien herumdoktern; **~menteux** (~mɑ̃'tø) *adj*. [7d] heilkräftig, heilsam.

médi|castre (medi'kastrə) *m* Quacksalber *m*, Kurpfuscher *m*; **~cateur** (~ka'tœ:r) *adj*. [7f] heilend, heilkräftig; **~cation** (~kɑ'sjɔ̃) *f* Darreichung *f* der Arzneien; Arzneiwirkung *f*; Heilverfahren *n*; **~cinal** (~si'nal) *adj*. [5c] □ heilkräftig;

Heil...
médico|-pédagogique (medikɔpedagɔ'ʒik) *adj.*: *un institut m* ~ ein medizinisch-pädogogisches Institut *n*; **~-légal** (~le'gal) *adj.* [5c] gerichtsmedizinisch; **~-vétérinaire** (~veteri'nɛ:r) *adj.* tierärztlich.
médiév|al (medje'val) *adj.* [5c] mittelalterlich; **~iste** (~'vist) *su.* Kenner *m* des Mittelalters.
médina (medi'na) *f* Eingeborenenviertel *n* (*Nordafrika*).
médio|cre (me'djɔkrə) *adj.* □ mittelmäßig, ziemlich; **~crité** (~kri'te) *f* **1.** Mittelmäßigkeit *f*; mittelmäßiges Werk *n*; **2.** mäßiger Wohlstand *m*; **3.** Durchschnittstyp *m*.
médi|re (me'di:r) *v/i.* [4m] Böses reden; ~ *de q.* über j-n herziehen, j-m übel nachreden; **~sance** (~'zɑ̃:s) *f* üble Nachrede *f*, Verleumdung *f*; **~sant** (~'zɑ̃) *adj. u. su.* [7] schmähsüchtig; Läster-zunge *f*, -maul *n*.
médi|tatif (medita'tif) *adj.* [7e] nachdenklich, grüblerisch; **~tation** (~tɑ'sjɔ̃) *f* Nachdenken *n* (*de* über [*acc.*]); Betrachtung *f*; *rl.* (stille) Andacht *f*; *~s pl.* Gedanken *m/pl.*; **~ter** (~'te) [1a] **I** *v/t.* ~ *qch.* **1.** über etw. (*acc.*) nachdenken **2.** etw. vorhaben, etw. im Schilde führen; **II** *v/i.* **3.** ~ *sur qch.* über etw. nachdenken; **4.** ~ *de faire qch.* beabsichtigen, etw. zu tun; **5.** *rl.* still beten.
Méditerran|ée (meditɛra'ne) *f*: **la** ~ das Mittelmeer *n*; *une* ♀ ein Binnenmeer *n*; **♀éen** (~ne'ɛ̃) *adj.* [7c] Mittelmeer...
médi|um (me'djɔm) *m* Medium *n* (*bei Spiritisten*); *fig.* Mittelweg *m*; ♪ Mittelstimme *f*; **~us** *anat.* (me'djys) *m* Mittelfinger *m*.
médul|laire *anat.*, ♀ (medyl'lɛ:r) *adj.* Mark enthaltend, markhaltig; **~le** *anat.*, ♀ (me'dyl) *f* Mark *n*; **~leux** ♀ (~'lø) *adj.* [7d] markig.
méduse *zo.* (me'dy:z) *f* Qualle *f*.
médusé F (medy'ze) *adj.* sprachlos, verblüfft, verdutzt, starr, platt F.
méduser F (~) *v/t.* [1a] verblüffen, verdutzen, in Schrecken setzen.
meeting (mi'tiŋ) *m* **1.** *pol.* Versammlung *f*; ~ *monstre m* Massenversammlung *f*; **2.** ✈ ~ *d'aviation* Flugveranstaltung *f*, Wettfliegen *n*.
méfait (me'fɛ) *m* Missetat *f*.
méfi|ance (me'fjɑ̃:s) *f* Mißtrauen *n*; **~ant** (~'fjɑ̃) *adj.* [7] mißtrauisch; **~er** (~'fje) [1a]: **se** ~ mißtrauen, auf der Hut sein; **se** ~ *de q.* j-m mißtrauen; *méfiez-vous!* nehmt euch in acht!
méga|cycle *rad.* (mega'siklə) *m* Megahertz *n*; **~dyne** *phys.* (mega'din) *f* Megadyn *n*.
mégaloblast|ique ⚕ (megalɔblas'tik) *adj.* mit übergroßen roten Blutkörperchen; **~ose** ⚕ (~blas'to:z) *f* Anämie *f* (*Blutleere*) mit übergroßen roten Blutkörperchen.
mégaloman|e (megalɔ'man) *adj.* größenwahnsinnig; **~ie** (~ma'ni) *f* Größenwahn *m*.
mégaphone (mega'fɔn) *m* Lautsprecher *m*, Megaphon *n*; Schalltrichter *m* (*beim Grammophon*).
mégarde (me'gard) *f advt.*: *par* ~ aus Versehen.
mégatonne *at.* (~'tɔn) *f* Megatonne *f*.
mégère (me'ʒɛ:r) *f* Furie *f*, Xanthippe *f*, Megäre *f*.
mé|gie ⊕ (me'ʒi) *f* Weißgerberei *f*; **~gir** (~'ʒi:r) *v/t.* [2a] *u.* **~gisser** (~ʒi'se) *v/t.* [1a] weißgerben; **~gisserie** (~ʒis'ri) *f* Weißgerberei *f*; **~gissier** (~ʒi'sje) *m* Weißgerber *m*.
mégot P (me'go) *m* Zigaretten-, Zigarren-stummel *m*, Kippe *f* P.
méhari *zo.* (mea'ri) *m* (*pl. les méhara*) Renndromedar *n*.
meilleur (mɛ'jœ:r) **I** *adj.* besser; *sup. le* ~ der (*od.* das) beste; *de* **~e** *heure* früher; **II** *su.* Bester *m*.
méjanage *text.* (meʒa'na:ʒ) *m* Einteilung *f* der Wollgüten.
méjuger (meʒy'ʒe) *v/t.* [1l] falsch beurteilen.
mélampyre ♀ (melɑ̃'pi:r) *m* Kuhweizen *m*.
mélanco|lie (melɑ̃kɔ'li) *f* Melancholie *f*, Schwermut *f*; **~lique** (~'lik) *adj.* melancholisch, schwermütig; Melancholiker *m*.
Mélanés|ie (melane'zi) *f* : **la** ~ Melanesien *n*; **♀ien** (~zjɛ̃) *adj.* [7c] melanesisch.
mélan|ge (me'lɑ̃:ʒ) *m* **1.** Mischung *f*, Vermischung *f*, Vermengung *f*; Mischen *n*; *fig.* Beimischung *f*; ~ *de grains* Mischfutter *n* (*für Hühner usw.*); *sans* ~ unvermischt; *fig.* ungetrübt; *café* ~ Milchkaffee *m*; **2.** ~ (*des races*) Kreuzung *f*; **3.** ⊕ Gemisch *n*, Gemenge *n*; ~ *gazeux* Gasgemisch *n*; ~ *d'huile et d'essence* Ölgemisch *n*; ~ *combustible* Explosionsgemisch *n*; ~ *réfrigérant* Kältemischung *f*; *Auto*: ~ *deux temps* Zweitaktmischung *f*; ~ *au benzol* Benzolgemisch *n*; **4.** *~s pl.* vermischte Schriften *f/pl.*; Ver-

mischtes *n* (*in Zeitschriften*); **~ger** (~lɑ̃'ʒe) *v/t.* [1l] vermischen, (ver-)mengen; F ~ *q. avec un autre* j-n mit j-m verwechseln; *société f mélangée* gemischte Gesellschaft *f*; **~geur** ⊕ (~'ʒœːr) *m bét.* Mischmaschine *f*; Mischer *m*, Mischapparat *m*; ~ *de béton à agitation forcée* Zwangsmischer *m*.

mélasse (me'las) *f* Melasse *f*, Zuckersirup *m*; Sirup *m*; P *tomber dans la* ~ in die Klemme geraten.

mêlée (mɛ'le) *f* ⚔ Handgemenge *n*; Schlachtgetümmel *n*; Schlägerei *f*; *Sport*: Gedränge *n*; *fig.* Streit *m*; Wortwechsel *m*.

mêler (~) [1a] **I** *v/t.* **1.** (ver)mischen, (ver)mengen; *Farben* einrühren; in Unordnung bringen; verwirren; ~ *le ciel et la terre* alles durcheinanderbringen; ~ *les cartes* die Karten mischen; ~ *une serrure* ein Schloß verdrehen (*od.* kaputt machen); F *fig. marchandise f mêlée* gemischte Gesellschaft *f*; **2.** verbinden, vereinigen; verwickeln; ~ *l'agréable à l'utile* das Angenehme mit dem Nützlichen verbinden; *fig. ne me mêlez pas dans cette affaire!* lassen Sie mich dabei aus dem Spiele!; **II** *v/rfl.* se ~ sich vermischen; sich verwirren; sich kreuzen (*v.Rassen*); ⚔ aufeinander geraten, handgemein werden; *se ~ à* (*od. dans*) *la foule* sich unters Volk mischen; *se ~ de qch.* sich in etw. (*acc.*) mischen, sich um etw. (*acc.*) kümmern; *je ne m'en mêle pas* ich mische mich nicht ein; *mêlez-vous de vos affaires!* kümmern Sie sich um Ihre eigenen Angelegenheiten!; *mêle-toi de ce qui te regarde* kümmere dich um deine eigenen Angelegenheiten!; *de quoi se mêle-t-il?* was geht ihn das an?; *fig. le diable s'en mêle* da ist der Wurm drin *fig.*

mélèze ⚘ (me'lɛːz) *m* Lärche *f*.

mélianthe ⚘ (me'ljɑ̃ːt) *m* Honigblume *f*.

mélilot ⚘ (meli'lo) *m* Honigklee *m*.

méli-mélo F (melime'lo) *m* [6c] Sammelsurium *n*, Mischmasch *m*; ~ *de gens* Krethi und Plethi *pl.*

mélinite ⚒ ⚔ (~'nit) *f* Melinit *n*.

mélique ⚘ (me'lik) *f* Perlgras *n*.

mélisse ⚘ (me'lis) *f* Pfaffenkraut *n*, Melisse *f*; *eau f de* ~ *phm.* Melissengeist *m*.

melli|fère (mɛlli'fɛːr) *adj.* honigtragend; **~fication** (~fikɑ'sjɔ̃) *f* Honigbereitung *f*; **~fique** (~'fik) *adj.* honigbereitend; **~flue** (~'fly) *adj. fig.* süßlich, aalglatt; *discours m* ~ aalglatte Rede *f*.

mélo (me'lo) **I** *m* Melodrama *n*, Musikschauspiel *n*; *péj.* Rühr-, Schauerstück *n*; **II** *adjt. c'est un peu* ~ das ist ein bißchen aufregend.

mélo|die (melɔ'di) *f* Melodie *f*; *fig.* Wohlklang *m*; ~ *en vogue* Schlager(melodie *f*) *m*; **~dieux** (~'djø) *adj.* [7d] □ melodisch, wohlklingend; **~dique** (~'dik) *adj.* □ melodisch; **~diste** (~'dist) *m* Melodiker *m*; **~drame** (~'dram) *m* Melodrama *n*, Rührstück *n*, Singspiel *n*; Musikschauspiel *n*.

méloé *ent.* (melɔ'e) *m* Ölkäfer *m*.

mélo|mane (melɔ'man) *adj. u. su.* für Musik schwärmend; großer Musikliebhaber *m*; **~manie** (~ma'ni) *f* Musikschwärmerei *f*.

melon (mə'lɔ̃) *m* **1.** ⚘ Melone *f*; **2.** steifer Hut *m*, Melone *f*; **~nière** (~lɔ'njɛːr) *f* Melonenbeet *n*.

mélopée ♪ (melɔ'pe) *f* Rezitativ *n*; Weise *f*; Sprechgesang *m*.

mélusine *text.* (mely'zin) *f Art* langhaariger Filzstoff *m*.

membra|ne (mɑ̃'bran) *f* Membran *f*, Häutchen *n*; ~ *muqueuse* Schleimhaut *f*; ~ *tympanique* Trommelfell *n*; **~neux** (~'nø) *adj.* [7d] *anat.* häutig; ⚘ pergamentartig.

mem|bre ('mɑ̃ːbrə) *m* **1.** Glied *n*; ~*s pl.* Gliedmaßen *pl.*, Glieder *n/pl.*; **2.** ⚓ Schiffsrippe *f*; **3.** *fig.* Mitglied *n*; Teilnehmer *m*; ⚗ Glied *n*; *carte f de* ~ Mitgliedskarte *f*; ~ *du* (*od. d'un*) *congrès* Parteimitglied *n*; *les Etats membres de l'O.T.A.N.* die Mitgliedsstaaten *m/pl.* der Nato; *gr.* ~ *de phrase* Satzglied *n*; **~bré** (mɑ̃'bre) *adj.*: *bien* ~ schön gebaut; **~brette** △ (~'brɛt) *f* Kämpfer-, Bogen-pfeiler *m*; **~bru** (~'bry) *adj.* von starkem Gliederbau; starkgliederig; **~brure** (~'bryːr) *f* **1.** Gliederbau *m*; **2.** ⚓ Rippenwerk *n*.

même (mɛm) **I** *adj. le, la* ~ der-, die-, das-selbe; *eux-mêmes* sie selbst; *c'est la* ~ *chose* das ist dasselbe; *ce jour* ~ heute noch; *ce* ~ *jour où ...* an dem gleichen Tage, wo ...; *en* ~ *temps* zur gleichen Zeit; gleichzeitig; *elle est la bonté* ~ sie ist die Güte selbst; *c'est moi-*~ ich bin es selbst; *par cela* ~

gerade deshalb, eben deshalb; *quand plusieurs verbes ont un* ~ *sujet* wenn mehrere Verben ein- u. dasselbe Subjekt haben; **II** *m le* ~ dasselbe; *cela revient au* ~ das kommt auf (ein- u.) dasselbe raus; *fig. être à* ~ *de* (*inf.*) imstande sein zu, können; *mettre q. à* ~ *de* j-n in den Stand setzen, zu ...; **III** *adv.* (*steht oft nach!*) selbst, sogar; *voire* ~ ja sogar; *aujourd'hui* ~ noch heute; heute noch; *avant* ~ *la conclusion d'un cessez-le-feu* sogar vor Abschluß e-r Waffenruhe; *de* ~ gleichfalls, ebenso; *merci, de* ~ danke gleichfalls!; *tout de* ~ dennoch, nichtsdestoweniger; trotz(alle)dem; *quand* ~ trotzdem; *lors* ~ *que, quand bien* ~ selbst wenn, wenn auch; *de* ~ *que ..., de* ~ *...* ebenso, wie ..., ebenso ...; *pas* ~ nicht einmal (*ohne Verb*); *pas* ~ *le juge* nicht einmal der Richter; *ne ...* ~ *pas* nicht einmal (*mit einem Verb*); *il ne sait* ~ *pas écrire* er kann nicht einmal schreiben; *tirer le vin à* ~ den Wein an Ort u. Stelle (ohne weiteres) abzapfen; *boire à* ~ ohne Glas trinken; *boire à* ~ *la bouteille* (*od. à* ~ *le goulot*) gleich aus der Flasche trinken; *dormir à* ~ *le plancher* direkt auf dem Fußboden schlafen; *manger à* ~ aus der Schüssel essen.

mémé *enf.* (me'me) *f* Mutti *f*, Mammi *f*.

mêmement P (mɛm'mɑ̃) *adj.* sogar; P *j'en ai* ~ *jamais entendu parler* ich habe davon nicht einmal je (*od.* irgendwann) etwas gehört.

mémento (memɛ̃'to) *m* **1.** Erinnerungszeichen *n*; **2.** Notizbuch *n*; **3.** kurzgefaßtes Lehrbuch *n*; Handbuch *n*; **4.** Merkblatt *n*; **5.** 🕮 ~ *bibliographique* Quellennachweis *m*; **6.** *rl.* ~ *des morts* Gebet *n* für die Toten.

mémère F (me'mɛ:r) *f* Muttchen *n*; Mütterchen *n*; Großmütterchen *n*; *péj.* dickes Weib *n*.

mémoire[1] (me'mwa:r) *f* **1.** Gedächtnis *n*; ~ *courte*, F ~ *de lièvre* kurzes (*od.* schlechtes) Gedächtnis *n*; *de* ~ aus dem Gedächtnis, aus dem Kopf; **2.** Erinnerung *f*, Gedenken *n*; *en* ~ *de* zur Erinnerung an (*acc.*); *de* ~ *d'homme* seit Menschengedenken; **3.** Nachruf *m*; *temple de* ~ Ruhmeshalle *f*.

mémoire[2] (~) *m* **1.** Denkschrift *f*; schriftliches Gesuch *n*; Verzeichnis *n*; wissenschaftliche *od.* literarische Abhandlung *f*; Gutachten *n*; **2.** (Kosten-)Rechnung *f*; **3.** ♀ *s pl.* Denkwürdigkeiten *f/pl.*, Memoiren *f/pl.*

mémo|rable (memɔ'rablə) *adj.* □ denk-, merk-würdig; **~randum** (~rɑ̃'dɔm) **1.** *pol.* Memorandum *n*, (diplomatische) Note *f*; **2.** Notizzettel *m*; **3.** ✝ Kommissionsnote *f*, Auftragsschein *m*; **~rial** (~'rjal) [5c] *m* **1.** *pol.* diplomatische Denkschrift *f*; Eingabe *f*; **2.** Kladde *f*, Tagebuch *n* (*bei der Buchführung*); **~rialiste** (~rja'list) *m* Memoirenschreiber *m*.

menable (mə'nablə) *adj.* leitbar, lenksam.

mena|ce (mə'nas) *f* Drohung *f*; ⚔ ~ *aérienne* Luftbedrohung *f*; **~cer** (məna'se) *v/t.* [1k] (be)drohen; ~ *q. de qch.* j-n mit etw. bedrohen; ~ *ruine* einzustürzen drohen.

ménade (me'nad) *f* Furie *f*, hysterisches Frauenzimmer *n*.

ména|ge (me'na:ʒ) *m* Haushalt *m*; Haus-arbeit *f*, -wesen *n*, Wirtschaft *f*; Hausrat *m*; eheliche Gemeinschaft *f*; Ehepaar *n*; Familie *f*; *communauté f de* ~ Hausgemeinschaft *f*; ~ *désagrégé* zerrüttete Ehe *f*; *faux* ~ wilde Ehe *f*; ~ *de garçon* Junggesellenwirtschaft *f*; *femme f de* ~ Reinemachefrau *f*, Haushilfe *f*; *pain m de* ~ selbstgebackenes Brot *n*; *faire le* ~ den Haushalt machen; *faire des* ~*s* Aufwartestellen haben, als Reinemachefrau tätig sein; *faire bon* ~ in glücklicher Ehe leben; gut mit j-m auskommen; *se mettre en* ~ e-n eigenen Haushalt gründen, in den Ehestand treten; *tenir* ~ haushalten; *jeune* ~ junges Ehepaar *n*; ~ *étudiant*, ~ *d'étudiants* Studentenhaushalt *m*; *vivre de* ~ sparsam (*od.* haushälterisch) leben; **~gement** (~naʒ'mɑ̃) *m* Behutsamkeit *f*, Schonung *f*, Vorsicht *f*; *sans* ~ rücksichtslos, schonungslos.

ménager[1] (mena'ʒe) **I** *v/t.* [1l] **1.** sparsam umgehen mit (*dat.*), Zeit gut anwenden; Gesundheit schonen; Gelegenheit wahrnehmen; ~ *ses paroles* wortkarg sein; ~ *une affaire habilement* e-e Angelegenheit geschickt handhaben; ~ *ses expressions* sich vorsichtig ausdrücken; F ~ *la chèvre et le chou* es mit keinem verderben wollen;

2. ~ *q.* j-n schonend (*od.* rücksichtsvoll) behandeln; *il ne le ménagea pas* er nahm auf ihn keinerlei Rücksicht; 3. herbeiführen, zustande bringen, vermitteln, inszenieren; ~ *qch. à q.* j-m etw. verschaffen; ~ *une entrevue* e-e Zusammenkunft vermitteln; 4. richtig verwenden; anbringen, anlegen; ~ *un escalier* e-e Treppe anbringen; **II** *v/rfl.* *se* ~ sich schonen; sich vorsichtig verhalten; *se* ~ *une longue vie* sich ein langes Leben sichern; *se* ~ *selon les circonstances* sich nach den Umständen richten; *se* ~ *une porte de sortie* sich ein Hintertürchen offen lassen.

ménager² (~) **I** *adj.* [7b] haushälterisch, wirtschaftlich; sparsam; *être* ~ *de* sparen an (*dat.*), haushalten; *école f ménagère* Haushaltungsschule *f*; **II** *su.* [7b] Haus-halter *m* (*f*: -hälterin), Wirtschafter *m*; *f*: Hausfrau; *bonne ménagère* gute Hausfrau *f*.

ménagère (mena'ʒɛːr) *f* **1.** Hausfrau *f*; **2.** Besteckkasten *m*.

ménagerie (mena'ʒri) *f* Menagerie *f*, umherziehende Tierschau *f*; *gardien m de* ~ Tierwärter *m*.

mendélisme *biol.* (mɑ̃de'lism) *m* Mendelsche Vererbungslehre.

mendi|ant (mɑ̃'djɑ̃) [7] **I** *adj.* bettelnd; Bettel...; *hist. les ordres* ~*s* die Bettelorden *m/pl.*; **II** *su.* Bettler *m*; *les quatre* ~*s* Studentenfutter *n* (*Feigen, Mandeln, Rosinen und Nüsse*); ~**cité** (~disi'te) *f* **1.** Bettelei *f*; *il est réduit à la* ~ er ist an den Bettelstab gekommen; *vivre de* ~ sich durchbetteln; **2.** *coll.* Bettlertum *n*; ~**er** (mɑ̃'dje) [1a] *v/t. u. v/i.* (er)betteln; ~**got** P (~di'go) *su.* Berufsbettler *m*; *f*: Bettelweib *n*; ~**goter** P (~gɔ'te) *v/i.* [1a] (herum)betteln.

meneau ⚠ (mə'no) *m* Fensterkreuz *n*, Fensterstütze *f*.

ménechme (me'nɛkm) *m* Doppelgänger *m.*

menée (mə'ne) *f* **1.** *mst. pl.* Dreh *m*, *fig.* Kniff *m*; *sourdes* ~*s* geheime Umtriebe *m/pl. od.* Schliche *m/pl.* *mettre fin aux* ~*s de q.* j-m das Handwerk legen; **2.** *ch.* Fährte *f* des flüchtigen Hirsches.

mener (~) [1d] **I** *v/t.* **1.** führen, leiten; *menez* (*mènes*)-*y-moi* (*viel gebr. als menez-m'y, mène-m'y*) führen Sie (führe) mich dorthin!; ~ *boire* zur Tränke führen; ~ *un chien en laisse* e-n Hund an der Leine führen; ~ *dans le monde* in die Gesellschaft einführen; *Sport*: ~ *un train fou* ein tolles Tempo einschlagen (*od.* hinlegen); ~ *une vie retirée* ein zurückgezogenes Leben führen; F *en* ~ *large* ein bequemes Leben (*od.* Dasein) führen; **2.** anführen, befehligen; F ~ *la bande* der Leithammel sein; ~ *le branle* den Reigen führen; **3.** im Wagen irgendwohin bringen, wegschaffen, wegfahren; **4.** lenken; betreiben; ~ *une enquête* e-e Untersuchung anstellen; ~ *à bien* glücklich ausführen, erfolgreich beenden; ~ *à bien un récit* e-e Erzählung zu gutem Ende führen; *il mena l'affaire à bonne fin* er führte die Sache glücklich durch; ~ *grand train* auf großem Fuße leben; **II** *v/i.* führen; *ce qui mène au but* was zweckdienlich ist; ~ *loin* es weit bringen; *Sport*: ~ (*le train*) die Führung übernehmen, führen; *Sport*: *B mène par un but à zéro* B führt 1 : 0 (= eins zu null); ~ *devant q.* vor j-m (*dat.*) führen; *rad.* ~ *à la terre* zur Erde ableiten; *la route mène à la ville voisine* der Weg führt zur benachbarten Stadt.

mén|estrel *hist.* (menɛs'trɛl) *m* Minnesänger *m*; ~**étrier** (mene-tri'e) *m* Dorfmusikant *m*.

meneur (mə'nœːr) *su.* [7g] **1.** Führer *m*, Lenker *m*; ~ *d'ours* Bärenführer *m*; **2.** *fig. péj.* Anstifter *m*, Drahtzieher *m*, Rädelsführer *m*.

menhir (mɛ'niːr) *m* aufgerichteter Druidenstein *m* (*in der Bretagne*).

méningite ⚕ (menɛ̃'ʒit) *f* Hirnhautentzündung *f*, Meningitis *f*; ~ *cérébro-spinale* Genickstarre *f*.

méningocoque ⚕ (menɛ̃gɔ'kɔk) *m* Meningococcus *m*, Hirnhautbakterie *f*.

ménisque (me'nisk) *m* **1.** *opt.* Punktal-(augen)glas *n*; **2.** *anat.* Gelenkmeniskus *m*.

ménopause ⚕ (menɔ'poːz) *f* Klimakterium *n*, Wechseljahre *n/pl.*

menotte (mə'nɔt) *f* **1.** Händchen *n*; *passer les* ~*s à qch. fig.* die Hand auf etw. (*acc.*) legen; **2.** ~*s pl.* Handfesseln *f/pl.*, Handschellen *f/pl.*; *mettre les* ~*s à q. fig.* j-m Steine in den Weg legen.

menson|ge (mɑ̃'sɔ̃ːʒ) *m* **1.** Lüge *f*; *pieux* ~ Notlüge *f*; **2.** *fig.* Irrtum *m*, Täuschung *f*; Trugbild *n*; ~**ger**

(~sõ'ʒe) *adj.* [7b] □ lügenhaft, wahrheitswidrig, trügerisch; *inventions f/pl. mensongères* Hirngespinste *n/pl., fig.* reine Erfindungen *f/pl.*; *histoires f/pl. mensongères* Vorspiegelung *f* falscher Tatsachen.

men|sualité (mɑ̃sɥali'te) *f* monatliche Zahlung *f*, Monatsrate *f*; **~suel** (mɑ̃'sɥɛl) *adj.* [7c] □ monatlich.

mensura|bilité (mɑ̃syrabili'te) *f* Meßbarkeit *f*; **~ble** (~'rablə) *adj.* meßbar; **~teur** (~ra'tœ:r) *adj.* [7f] Meß...; **~tion** (~rɑ'sjõ) *f* (Körper-) Messung *f*; *a.* Maße *n/pl.* (*e-s Bildes*).

mentagre ⚕ (mɑ̃'tɑ:grə) *f* Kinnflechte *f*.

mental (mɑ̃'tal) *adj.* [5c] □ **1.** innerlich, in Gedanken; *oraison f ~e* stilles Gebet *n*; *restriction f ~e* geheimer Vorbehalt *m*; **2.** geistig, Geistes...; *calcul m ~* Kopfrechnen *n*; *état m ~* Geisteszustand *m*; ⚕ *maladie f ~e* Geisteskrankheit *f*; **~ité** (~li'te) *f* Mentalität *f*, Denkart *f*, Einstellung *f*, Gesinnung *f*.

menterie ✎ (mɑ̃'tri) *f* Lüge *f*, Unwahrheit *f*, Schwindel *m*.

menteur (mɑ̃'tœ:r) [7g] **I** *adj.* **1.** lügenhaft, lügnerisch; Lügen...; F *être ~ comme un arracheur de dents* wie gedruckt lügen; **2.** trügerisch, Schein...; **II** *su.* Lügner *m*.

menthe ⚘ (mɑ̃:t) *f* Minze *f*; *~ crépue, ~ frisée* Krauseminze *f*; *~ poivrée* Pfefferminz *m*.

menthol *phm.* (mɑ̃'tɔl) *m* Menthol *n*.

mention (mɑ̃'sjõ) *f* Erwähnung *f*; *écol.* Beurteilung *f (bei e-r Prüfung)*; *~ (honorable)* ehrenvolle Erwähnung *f*; *faire ~ de qch.* etw. erwähnen; *barrer (od. biffer) les ~s inutiles, rayer la ~ inutile* Nichtzutreffendes zu durchstreichen; **~ner** (~sjɔ'ne) *v/t.* [1a] erwähnen; anführen.

mentir (mɑ̃'ti:r) *v/i.* [2b] lügen; *~ comme un arracheur de dents, ~ comme on respire* wie gedruckt lügen *od.* schwindeln; *~ à q.* j-n belügen; *il lui a menti* er hat ihn (sie *f/sg.*) belogen; *il en a menti* er hat gelogen; *celui qui a été pris une fois à ~ n'est plus jamais cru* wer einmal lügt, dem glaubt man nicht, und wenn er auch die Wahrheit spricht; *sans ~* wirklich! (*als Antwort*), ungelogen!; *~ à son passé* s-e Vergangenheit verleugnen.

menton (mɑ̃'tõ) *m* Kinn *n*; *zo.* Unterkiefer *m*; **~net** ⊕ (~tɔ'nɛ) *m* Hebezapfen *m*; Nase *f*; Schließ-, Sperr-haken *m*; Spurkranz *m*; **~nier** (~tɔ'nje) *adj.* [7b] zum Kinn gehörig; Kinn...; **~nière** (~tɔ'njɛ:r) *f* Kinnbinde *f*; ⚔ Kinnband *n*.

mentor (mɑ̃'tɔ:r) *m* Führer *m*, Ratgeber *m*, Mentor *m* (*a. Sport*).

menu (mə'ny) **I** *adj.* **1.** dünn; klein, fein; *~ bétail* Kleinvieh *n*; *~ bois* Reisig *n*; *~e monnaie* Kleingeld *n*; *débiter (od. hacher) ~* klein hacken (*Holz*); *écrire ~* (sehr) klein schreiben; *trotter ~* schnell und in kurzen Schritten gehen, trippeln; **2.** *fig.* gering; *~s frais m/pl.* Nebenausgaben *f/pl.*; *le ~ peuple* die kleinen Leute *pl.*; *argent m pour les ~s plaisirs* Taschengeld *n*; *~s propos* nichtssagendes Gerede *n*; *raconter par le ~* ausführlich erzählen; **II** *m* Speisekarte *f*; *dresser le ~* die Speisekarte zusammenstellen.

menue-paille ⚒ (məny'pɑ:j) *f/sg.* Rüttelstroh *n*.

menuet ♪ (mə'nɥɛ) *m* Menuett *n*.

menui|ser (mənɥi'ze) *v/t.* [1a] **1.** Holz kleinschneiden; **2.** (*auch abs.*) tischlern; **~serie** (~z'ri) *f* Tischlerhandwerk *n*; Tischlerei *f*, Tischlerwerkstatt *f*; Tischlerarbeit *f*; **~sier** (~'zje) *m* Tischler *m*.

ményanthe ⚘ (men'jɑ̃:t) *m* Bitterklee *m*.

méphitique (mefi'tik) *adj.* verpestet (*Luft*); ⚒ *gaz m/pl. ~s* böse Wetter *n/pl.*

méplat (me'pla) *adj.* [7] halbflach; ungleich stark (*Brett*).

méprendre (me'prɑ̃:drə) [4q]: se ~ **1.** sich irren; *ils se ressemblent à s'y ~* sie sehen sich zum Verwechseln ähnlich; **2.** *fig.* sich vergessen.

mépris (me'pri) *m* **1.** Verachtung *f*; **2.** *au ~ de ... prp.* ohne Rücksicht auf (*acc.*); *au ~ de la loi* widerrechtlich; **~able** (mepri'zablə) *adj.* □ verächtlich; **~ant** (~'zɑ̃) *adj.* [7] verachtend, verächtlich.

méprise (me'pri:z) *f* Irrtum *m*, Mißverständnis *n*; Verwechslung *f*; Fehlgriff *m*; *par ~* aus Versehen.

mépriser (mepri'ze) *v/t.* [1a] verachten; mißachten, nicht einhalten; *fig. ein Gesetz* übertreten.

mer (mɛ:r) *f* **1.** Meer *n*, See *f*; *~ Atlantique* Atlantischer Ozean; *~ Baltique* Ostsee *f*; *~ Caspienne*

Kaspisches Meer *n*; ~ *du Nord* Nordsee *f*; ~ *glaciale* Eismeer *n*; ~ *territoriale* Hoheitsgewässer *n*, Küstenmeer *n*; *bain m de* ~ Seebad *n*; *bras m de* ~ Meerenge *f*; *écume f de* ~ Meerschaum *m*; *mal m de* ~ Seekrankheit *f*; *voyage m par* ~ Seereise *f*; *un homme à la* ~! Mann über Bord!; *par forte* (*od.* *grosse*) ~ bei hohem Seegang; *sur terre et sur* ~ zu Wasser und zu Lande; **2.** ⚓ *pleine* ~ offene See; hohe Flut; *basse* ~ letzte Ebbe; *en* (*pleine od. haute*) ~ auf (hoher) See; *Schiff*: *qui peut tenir la* ~, *capable de tenir la* ~ seetüchtig; **3.** *fig. une* ~ *de* ein Meer (*ein Übermaß*) von (*dat.*); *une* ~ *de sable* eine Sandwüste.

mercanti (mɛrkɑ̃'ti) *m* Handelsmann *m*, Marketender *m* (*bsd. im Orient u. in Afrika*); Schieber *m*, Gauner *m*, Kriegsgewinnler *m*; **~le** (~'til) *adj.* □ † kaufmännisch; *verächtlich*: krämerhaft; *esprit m* ~ Krämergeist *m*; *intérêts m/pl.* ~*s* Handelsinteressen *n/pl.*; **~lisme** *hist.* (~ti'lism) *m* Merkantilismus *m*.

merce|naire (mɛrsə'nɛ:r) **I** *adj.* □ **1.** gedungen, erkauft; Lohn...; *troupes f/pl.* ~*s* Söldnertruppen *f/pl.*; **2.** *fig. péj.* feil, käuflich; **II** *m* Lohnarbeiter *m*; ⚔ Söldner *m*; *fig. péj.* käuflicher Mensch *m*.

mercerie (mɛrsə'ri) *f* Kurzwaren *f/pl.*

merceriser *text.* (mɛrsəri'ze) *v/t.* [1a] merzerisieren.

merci[1] (mɛr'si) *f* (*ohne pl.*) Barmherzigkeit *f*; Erbarmen *n*; Gnade *f*; *crier* ~, *demander* ~, *implorer* ~ um Gnade flehen; *sans* ~ erbarmungslos; *à la* ~ *des vents et des flots* Wind und Wellen preisgeben.

merci[2] (mɛr'si) *m* Dank *m*; ~! danke!; *iron.* fällt mir nicht ein!; *grand* ~! recht schönen Dank!; vielen Dank!; ~ *bien!* danke sehr!; *mille* ~*s* tausend Dank!; *dire* ~ Dank sagen, danken; *Dieu* ~! Gott sei Dank!, gottlob!; ~ *de* (*od. neuerdings auch pour*) *qch.* besten Dank für etw. (*acc.*); *vor inf. nur mit de*: ~ *d'être venu me voir* vielen Dank für Ihren (*od.* Deinen) Besuch.

mercier (mɛr'sje) *su.* [7b] Kurzwarenhändler *m*.

mercredi (mɛrkrə'di) *m* Mittwoch *m*; ~ *des cendres* Aschermittwoch *m*.

mercu|re (mɛr'ky:r) *m* Quecksilber *n*; *colonne f de* ~ Quecksilbersäule *f*; *fulminate m de* ~ Knallquecksilber *n*; *sulfure m rouge de* ~ Zinnober *m*; **~reux** (~ky'rø) *adj.* [7d] quecksilberhaltig; **~rial** (~'rjal) *m*, *meist im pl.*: **mercuriaux** (~'rjo) *phm.* Quecksilberpräparate *n/pl.*; **~riale** (~'rjal) *f* **1.** *fig.* Rüffel *m*; *une verte* ~ F e-e gepfefferte Standpauke *f*; **2.** † Marktbericht *m*; **~riel** (~'rjɛl) *adj.* [7c] quecksilberartig.

merd|aillon V (mɛrdɑ'jɔ̃) *m* Dreckfink *m*; **~e** V (mɛrd) *f* Scheiße *f* V; **~eux** V (~'dø) **I** *adj.* [7d] dreckig; **II** V *a. m*: a) (*bâton m*) ~ widerlicher Kerl *m*, Scheißkerl *m* V, Ekel *m*, verschlagenes Aas *n* P; b) sehr eingebildeter Kerl *m*; Laffe *m* P; c) Fatzke *m*; d) Göre *f* (Junge *od.* Mädchen, *wofür dann merdeuse*).

mère (mɛ:r) *f* Mutter *f*; ~ *nourrice* Amme *f*; F *la* ~! he, Mütterchen!; ~ *branche* Hauptast *m*; ~ *abeille f*; Bienenkönigin *f*; ~ *patrie f* Mutterland *n* e-r Kolonie; ~ *perle f* Perlmutt *n*; *eau f* ~ Mutterlauge *f*; *idée f* ~ Hauptgedanke *m*, Leitgedanke *m*; *langue f* ~ Grundsprache *f*; *reine f* ~ Königinmutter *f*; *seconde* ~ Pflegemutter *f*; *sa* ~ *par le sang* s-e blutmäßige Mutter.

mère-grand F, *enf.* (mɛr'grɑ̃) *f* [6b] Großmutter *f*.

mergule *orn.* (mɛr'gyl) *m* gemeiner Krabbentaucher *m*.

méri|dien (meri'djɛ̃) **I** *adj.* [7c] mittägig; Mittags...; **II** *m ast., géogr.* Meridian *m*; ~ **dienne** (~'djɛn) *f* **1.** *ast.* Mittagslinie *f*; **2.** F Mittagsschläfchen *n*; **~dional** (~djɔ'nal) [5c] **I** *adj.* südlich; **II** *su.* Südländer *m*; Südfranzose *m*.

meringue *pât.* (mə'rɛ̃:g) *f*: ~ *à la crême* Sahnebaiser *m od. n.*

mérinos (meri'nɔs) *m* **1.** *zo.* Merino (-schaf *n*) *m*; **2.** Merino(stoff *m*).

merise ⚘ (mə'ri:z) *f* Vogelkirsche *f*.

méri|tant (meri'tɑ̃) *adj.* [7] verdienstvoll (*v. Personen*); **~te** (me'rit) *m* Verdienst *n*; Talent *n*, Tüchtigkeit *f*, Vorzug *m*; *homme m de* ~ verdienstvoller Mann *m*; *se faire un* ~ *de qch.* sich um etw. (*acc.*) verdient machen; **~ter** (~'te) [1a] **I** *v/t.* **1.** (*de* + *inf.*; *que mit subj.*) verdienen (zu *od.* daß ...), wert *od.* würdig sein (*gén.*); verdienen (*acc.*); *v. Taten*: einbringen, verdienen, verschaffen, zur Folge haben; *il l'a bien mérité* a) er hat es verdient;

b) es geschieht ihm recht (*vorwurfsvoll*); **2.** *cela mérite confirmation* das bedarf der Bestätigung; **II** *v/i.* (*bien*) ~ *de qch.* sich um etw. (*acc.*) (sehr) verdient machen; **III** *v/rfl.* *se* ~ *l'un l'autre* einander wert sein; **~toire** (~'twa:r) *adj.* anerkennenswert, lobenswert, verdienstlich.

merlan *icht.* (mɛr'lɑ̃) *m* Merlan *m.*

merle *orn.* (mɛrl) *m* Amsel *f*, Schwarzdrossel *f*; ~ *doré* Goldamsel *f*, Pirol *m*; ~ *d'eau* Bachamsel *f*; *fig.* ~ *blanc* *fig.* weißer Rabe *m* (*sehr seltener Mensch od. Gegenstand*); *fin* ~ *fig.* schlauer Fuchs *m*, geriebener Kerl *m*; *beau* (*od. vilain*) ~ Scheusal *n.*

merlin (mɛr'lɛ̃) *m* Holzbeil *n*; Schlächterhammer *m*; ⚓ dreidrähtiges Seil *n.*

merluche *icht.* (mɛr'lyʃ) *f* Seehecht *m.*

mérou (me'ru) *m* (*pl.* **~s**) **1.** *rl.* Meru *m* (*Weltberg nach der Lehre der Dschainas*); **2.** *icht.* Riesenbarsch *m.*

mérovingien *hist.* (merɔvɛ̃'ʒjɛ̃) *adj. u. m* ♀ [7c] merowingisch; Merowinger *m.*

merrain (mɛ'rɛ̃) *m* **1.** ⊕ Daubenholz *n*; **2.** *ch.* Hirschgeweihstange *f.*

mérule ⚘ (me'ryl) *m* Hausschwamm *m.*

merveil|le (mɛr'vɛj) *f* **1.** Wunder *n*; *les sept* ~*s du monde* die sieben Weltwunder *n/pl.*; *faire* ~*s* Außerordentliches leisten; *à* ~! *int.* (*a. advt.*) ausgezeichnet!; **2.** ~*s pl.* Zuckergebäck *n*; **~leux** (~'jø) [7d] **I** *adj.* wunder-voll, -schön, ausgezeichnet, herrlich; **II** *m das* Wunderbare *n*, *das* Ausgezeichnete *n*, *das* Wunderschöne *n.*

mes (me, *thé.* mɛ) *pl. v. mon, ma.*

mésalliance (meza'ljɑ̃:s) *f* Mißheirat *f.*

mésallier (meza'lje) *v/rfl.*: *se* ~ unter s-m Stande heiraten.

mésan|ge (me'zɑ̃:ʒ) *f* Meise *f*; ~ *charbonnière* Kohlmeise *f*; ~ *à longue queue* Schwanzmeise *f*; **~gette** (~zɑ̃'ʒɛt) *f* Meisenfalle *f.*

mésaventure (mezavɑ̃'ty:r) *f* Mißgeschick *n*, unangenehmer Vorfall *m.*

mes|dames (me'dam) *pl. v. madame*; *Anrede*: ♀ *et Messieurs!* (*auch*: ♀, *Messieurs!*) meine Damen u. Herren!; meine sehr geehrten Herrschaften!; **~demoiselles** (medmwa'zɛl) *pl. v. mademoiselle* (*nur in der Anrede gebr.*).

mésentente (mezɑ̃'tɑ̃:t) *f* Uneinigkeit *f*, Zerwürfnis *n.*

mésestim|e (mezɛs'tim) *f* Mißachtung *f*; **~er** (~'me) *v/t.* [1a] mißachten, geringschätzen.

mésintelligence (mezɛ̃tɛli'ʒɑ̃:s) *f* Unfrieden *m*; *créer de la* ~ (*entre*) entfremden, *fig.* auseinanderbringen.

mésocarpe ⚘ (mezɔ'karp) *m* mittlere Fruchthaut *f.*

mésocéphale *anat.* (~se'fal) *m* Mittelhirn *n.*

méson *at.* (me'zɔ̃) *m* Meson *n.*

mesquin (mɛs'kɛ̃) *adj.* [7] □ kleinlich, knickerig, knauserig; armselig, schäbig; engherzig; **~erie** (~kin'ri) *f* Kleinlichkeit *f*, Knauserigkeit *f*, Engherzigkeit *f*; Knauserei *f*; Armseligkeit *f*, Dürftigkeit *f.*

mess ⚔ (mɛs) *m* [5a] (Unter-) Offiziersmesse *f*; (Unter-)Offizierskasino *n.*

messa|ge (mɛ'sa:ʒ, me'sa:ʒ) *m* **1.** Auftrag *m*, Bestellung *f*; *a.* ⚔, ✈ Nachricht *f*; ~ *radio*(*télégraphique*) *od. radiotéléphonique* Funkspruch *m*, Durchsage *f*; **2.** *pol.* Mitteilung *f*, Information *f*, Botschaft *f*; ~ *radiodiffusé* Rundfunkbotschaft *f*; ~ *de* (*la*) *paix* Friedensbotschaft *f*; **~ger** (~sa'ʒe) *su.* [7b] **1.** Bote *m*; ~ *des dieux* Götterbote *m*, Merkur *m*; **2.** *fig.* Vorbote *m*, Anzeichen *n*; **~gerie** (~saʒ'ri) *f* **1.** Verkehrs- u. Warentransport-gesellschaft *f*; **2.** Paketpost *f*; Güterbeförderung *f.*

messe (mɛs) *f* **1.** *rl.* Messe *f*; **2.** ♪ Musik *f* zu e-m Hochamt; *dire* (*od. célébrer*) *la* ~ die Messe lesen; ~ *basse, petite* ~ stille Messe *f*; *grand-*~, ~ *haute* Hauptmesse *f*, Hochamt *n*; *première* ~ Frühgottesdienst *m*; ~ *de minuit* Weihnachtsmesse *f*; ~ *des morts* Seelenmesse *f*; F *péj.* ~*s basses* Getuschele *f*, Geheimnis-krämerei *f*, -tuerei *f.*

messéance (mɛse'ɑ̃:s, mes...) *f* Unschicklichkeit *f.*

messéant (~se'ɑ̃) *adj.* unschicklich.

messeoir (mɛ'swar, mes...) *v/i.* [3k] sich nicht ziemen; *cela messied à votre âge* das schickt sich nicht für Ihr Alter.

Messer † (mɛ'sɛ:r) *m plais.* Herr *m*; ~ *loup attendait* Herr Wolf wartete (*Fabel*); ~ *Gaster* Herr Magen.

messidor *hist.* (mɛsi'dɔ:r, mes...) *m* Erntemonat *m* (*fr. Revolution*).

Messie *rl.* (mɛ'si, me'si) *m* Messias *m*; *allg. je ne suis pas le* ~ ich bin kein Hellseher.

messieurs (*abr. MM.*) (mɛ'sjø, me'sjø) *pl. v. monsieur*; *ces* ~ diese Herren; *bonjour* (*au revoir*), ~*!* guten Tag (auf Wiedersehen), meine Herren!; *alterner les* ~ *et les dames* bunte Reihe machen; P ~*-dames!* meine Damen und Herren!

messin (mɛ'sɛ̃, me'sɛ̃) *adj.* [7] *u.* ≗ *su.* (Einwohner *m*) aus Metz.

messire † (mɛ'siːr, mes...) *m*: **1.** ~*! int.* gnädiger (*od.* gestrenger) Herr!; **2.** ≗ *frühere Ehrentitulierung vor Eigennamen u. einigen Standesbezeichnungen*; **3.** Ehrenmann *m.*

mestre ⚓ ('mɛstrə) *m* (*a. adj.*: *arbre m de* ~) großer Mast *m.*

mesu|rable (məzy'rablə) *adj.* meßbar; **~rage** (~'raːʒ) *m* (Ab-, Aus-) Messen *n*, Messung *f*; Vermessung *f*; ⚓ Peilung *f*; ~ *acoustique* Schallmessung *f*; *outil m de* ~ Meßzeug *m.*

mesure (mə'zyːr) *f* **1.** Maß *n*, Maßstab *m*; *fig.* Mäßigung *f*; Maßhalten *n*; ~ *de capacité* Raummaß *n*; ~ *de superficie* Flächenmaß *n*; *donner sa* ~ sich erproben, s-e Kräfte messen; zeigen, was man kann *od.* wer man ist; sich bewähren; *prendre la* ~ (ver)messen; *prendre* ~ *d'un costume* das Maß zu e-m Kleide nehmen; *sur* ~ nach Maß; *être en* ~ *de faire qch.* imstande sein, etw. zu tun; *à* ~ (*de* ...) verhältnismäßig, nach Maßgabe; im Verhältnis (zu ... *dat.*); *à* ~ *que* ..., *dans la* ~ *où* ... je nachdem, in dem Maße wie ...; *à* ~ *que l'on a plus d'esprit, les passions sont plus grandes* (*Pascal*) je größer der Geist, um so größer sind die Leidenschaften; *combler la* ~ das Maß vollmachen; *être à la* ~ *d'un sujet* ein Thema meistern können; *ne pas être à la* ~ *de qch.* sich nicht nach etw. messen lassen; *poids et* ~*s* Maße u. Gewichte *pl.*; *fig. avoir deux poids et deux mesures* mit zweierlei Maßen messen, parteiisch sein; *manquer de* ~ maßlos sein, kein Maß kennen; *garder la* ~ Maß halten; *perdre toute* ~ jeden Maßstab verlieren, zu weit gehen; *dans la plus large* ~ *possible* weitestgehend; *dans la* ~ *du possible* im Rahmen des Möglichen; *advt. outre* ~, *sans* ~ übermäßig, über die Maßen, ohne Maß (und Ziel); **2.** Maßregel *f*, Maßnahme *f*; ~ *provisoire* Notmaßnahme *f*; ~ *conservatrice* vorsorgliche Maßnahme *f*; ~ *coercitive* Strafmaßnahme *f*, -mittel *n*; ~ *d'économie*, *parl. a.* ~ *de compression budgétaire* Sparmaßnahme *f*; ~ *de protection* (*antiaérienne* Luft-)Schutzmaßnahme *f*; ~ *de rigueur* strenge Maßregel *f*; *par* ~ *d'hygiène* aus hygienischen Gründen; *prendre ses* ~*s* s-e Maßregeln ergreifen, s-e Anstalten treffen; *rompre les* ~*s de q.* j-s Maßnahmen durchkreuzen; **3.** *esc.* richtiger Abstand *m*; **4.** *mét.* Silbenmaß *n*; **5.** ♪ Takt *m*, Taktmaß *n*; *en* ~ im Takt; *battre la* ~ den Takt angeben, Takt schlagen; *garder la* ~ im Takt bleiben; *observer la* ~ Takt halten; *perdre la* ~ aus dem Takt kommen.

mesuré (məzy're) *adj.* (ab-, an-) gemessen; gemäßigt, maßvoll; knapp, beschränkt (*von Mitteln*).

mesurer (~) [1a] **I** *v/t.* **1.** (ab-, aus-) messen; ⚓ peilen; ~ *le temps* die Zeit abstoppen; *combien mesurez-vous?* wie groß sind Sie?; *il mesure 1 m 70* er ist 1 m 70 groß; ~ *des yeux* nach Augenmaß schätzen; *fig.* herausfordernd ansehen; **2.** *fig.* in Einklang bringen, abwägen, anpassen; mäßigen; **II** *v/rfl. se* ~ *avec q.* sich mit j-m messen.

mesureur (~'rœːr) *m* Messer *m*, Vermesser *m*; Meßgerät *n.*

méta *phm. abr.* (me'ta) *m* Metaldehyd *n.*

métabole *rhét.* (meta'bɔl) *f* Metabole *f*, Kehrsatz *m.*

métabol|ique *biol.* (~bɔ'lik) *adj.* Stoffwechsel...; **~isme** *biol.* (~'lism) *m* Stoffwechsel *m.*

métacarp|e *anat.* (~'karp) *m* Mittelhand *f*; **~ien** (~'pjɛ̃) *adj.* [7c] Mittelhand...

métairie (metɛ'ri) *f* Bauernhof *m*, Meierei *f*; kleineres Pachtgut *n.*

métal (me'tal) *m* [5c] Metall *n*; ~ *anglais* Britanniametall *n*; ~ *blanc*, ~ *d'antifriction* Weißmetall *n*; ~ *brut* Rohmetall *n*; ~ *de fonte* Gußmetall *n*; ~ *léger* Leichtmetall *n*; ~ *natif* gediegenes Metall *n*; ~ *noble*, ~ *précieux* Edelmetall *n*; *plaque f de* ~ Blech *n*; **~lifère** (~li'fɛːr) *adj.* metallhaltig; **~lin** (~'lɛ̃) *adj.* metallisch glänzend; **~lique** (~'lik) *adj.* □ metallisch; *toile f* ~ Drahtgewebe *n*; *valeurs f/pl.* ~*s* Münzwerte *m/pl.*; **~lisage** *m*, **~lisation** *f* (~li'zaːʒ, ~lizɑ'sjɔ̃) Metallisierung *f*; *procédé m de métallisa-*

tion Metallspritzverfahren *n*; **~liser** (~li'ze) *v/t.* [1a] metallisieren; **~lo** F (metal'lo) *m* Metallarbeiter *m*; **~lochimie** (~lɔʃi'mi) *f* Metallchemie *f*; **~lochromie** (~lɔkrɔ'mi) *f* Metallfärbung *f*; **~lographie** (~lɔgra'fi) *f* Metallkunde *f*; **~loïde** (~lɔ'id) *m* Metalloid *n*; **~loplastique** ⊕ (~lɔplas'tik) *adj.* metallplastisch.

métallur|gie (metallyr'ʒi) *f* Hüttenkunde *f*, -wesen *n*, Metallurgie *f*; **~gique** (~'ʒik) *adj.* Hütten...; *industrie f* ~ Hütten-, Metallindustrie *f*; **~giste** (~'ʒist) *m* Hütten-, Metall-arbeiter *m*; Hütteningenieur *m*, -besitzer *m*; Schwerindustrieller *m*.

métamorpho|se (metamɔr'fo:z) *f* Ver-, Um-wandlung *f*, Veränderung *f*, Metamorphose *f*; **~ser** (~fo'ze) [1a] **I** *v/t.* umgestalten, verwandeln; **II** *v/rfl. se* ~ sich verwandeln.

métaphonie *gr.* (~fɔ'ni) *f* Umlaut *m*.

métapho|re *rhét.* (~'fɔ:r) *f* Metapher *f*, bildlicher Ausdruck *m*; *par* ~ bildlich; *sans* ~ unverblümt, ins Gesicht; **~rique** (~fɔ'rik) *adj.* metaphorisch, bildlich, bilderreich.

métaphrase (~'fra:z) *f* Metaphrase *f*, Übertragung *f* (*e-s Gedichts in Prosa*); sinngemäße Wiedergabe *f* (*od.* Übersetzung *f*).

métaphysi|cien *phil.* (~fizi'sjɛ̃) *m* Metaphysiker *m*; **~que** (~'zik) **I** *adj.* □ metaphysisch, übersinnlich; *fig.* zu abstrakt; **II** *f* Metaphysik *f*.

méta|stase ⚕ (~'stɑ:z) *f* Metastase *f*, Überwanderung *f*, Übergang *m e-r Krankheit auf e-n anderen Körperteil*; **~tarse** *anat.* (~'tars) *m* Mittelfuß *m*; **~thèse** *gr.* (~'tɛ:z) Metathese *f*, Buchstaben-versetzung *f*, -umstellung *f* (*z.B. formaticum zu fromage, Forum Julii zu Fréjus*).

métay|age (mete'ja:ʒ) *m* (Halb-) Pacht *f*; **~er** (~'je) *su.* [7b] Pächter *m*.

méteil (me'tɛj) *m* Mengkorn *n*.

métempsycose 📖 (metɑ̃psi'ko:z) *f* Seelenwanderung *f*.

météo F (mete'o) *f* Wetterbericht *m*.

météo|re (mete'ɔ:r) *m* Meteor *m* (*a. fig.*); **~rique** (~ɔ'rik) *adj.* □ Meteor...; **~rographe** (~ɔrɔ'graf) *m* Witterungsanzeiger *m*; **~rologie** (~ɔrɔlɔ'ʒi) *f* Meteorologie *f*, Wetterkunde *f*; **~rologique** (~ɔrɔlɔ'ʒik) *adj.* meteorologisch, Wetter ...; **~rologiste**, **~rologue** (~ɔrɔlɔ'ʒist, ~'lɔg) *m* Meteorologe *m*.

méthane ⚗ (me'tan) *m* Methan(gas *n*) *n*.

métho|de (me'tɔd) *f* **1.** Methode *f*, Verfahren *n*; Ordnung *f*, Plan *m*, System *n*; Lehrart *f*; Lehrbuch *n*; Lehrgang *m*; ~ *d'imposition* Steuerermittlung *f*; *Börse*: ~ *de cotation* Notierungsart *f*; ~ *par échelons* Staffelzinsrechnung *f*; *avec* ~ methodisch; **2.** ♪ Schule *f*; ⚕ (Heil-) Verfahren *n*; **~dique** (~'dik) *adj.* □ methodisch; planmäßig, regelrecht; **~disme** *rl.* (~'dism) *m* Methodismus *m*; **~diste** (~'dist) *adj. u. su. rl.* methodistisch; Methodist *m*; **~dologie** (~dɔlɔ'ʒi) *f* Methodenlehre *f*; **~dologique** (~dɔlɔ'ʒik) *adj.* methodologisch.

méthy|le ⚗ (me'til) *m* Methyl *n*; **~lique** ⚗ (~'lik) *adj.*: *alcool m* ~ Methylalkohol *m*, Holzgeist *m*.

méticu|leux (metiky'lø) *adj.* [7d] peinlich genau, äußerst gewissenhaft, akkurat; *péj.* übertrieben genau, pedantisch, haarspalterisch; **~losité** (~lozi'te) *f* peinliche Genauigkeit *f*, Akkuratesse *f*; *péj.* Haarspalterei *f*.

métier (me'tje) *m* **1.** (einzelnes *od.* spezielles) Handwerk *n*, Gewerbe *n*; Beruf *m*, Erwerbszweig *m*; *il est maçon de son* ~ er ist Maurer von Beruf; ~ *des armes* Kriegshandwerk *n*; F *avoir du* ~ Routine haben; *être du* ~ vom Fach sein; *parler* ~ fachsimpeln; ~*s pl. artisanaux*, ~ *pl. d'artisans* handwerkliche Berufe *m/pl.*; *registre m des* ~*s* Handwerksrolle *f*; *chambre f de* ~*s* Handwerkskammer *f*; *arts et* ~*s m/pl.* Kunsthandwerk *n/sg.*; *corps m de* ~ Innung *f*; *hist.* Gilde *f*, Zunft *f*; *homme m de* ~ (*pl. gens de* ~) gelernter Arbeiter *m*, Handwerker *m*; *homme m* (*pl. gens*) *du* ~ Fachmann *m*; *jalousie f de* ~ Brotneid *m*; **2.** ⊕ ~ (*à tisser*) Webstuhl *m*; ~ *à broder* Stickrahmen *m*.

métis (me'tis) [7c] **I** *adj. biol.* durch Kreuzung entstanden; **II** *su.* Mestize *m*, Mischling *m*, Zwitter *m*.

métissage *biol.* (meti'sa:ʒ) *m* Rassenkreuzung *f*.

métonym|ie *rhét.* (metɔni'mi) *f* Metonymie *f*, Wortvertauschung *f*; **~ique** (~'mik) *adj.* metonymisch.

métope ⚠ (me'tɔp) *f* Metope *f*, Zwischenfeld *n*.

métrage (me'tra:ʒ) *m* **1.** Ab-, Aus-, Ver-messen *n*, Vermessung *f* nach Metern; **2.** Meterzahl *f*; **3.** *cin.* Filmlänge *f*; *court* ~ Kurzfilm *m*; *long* ~ Lang-, Spiel-film *m*; **de** *long* ~ abendfüllend.
mètre ('mɛtrə) *m* **1.** (*abr. m*) Meter *n od. m*; ~ *carré* (*abr.* m²) Quadratmeter *m*; ~ *cube* (m³) Kubikmeter *m*; ~ *pliant* Zollstock *m*; ~ *roulant* Rollbandmaß *n*; ~ *à ruban* Bandmaß *n*; **2.** Versmaß *n*.
métré (me'tre) *m* ⊕ Messung *f*; ⚠ Meßtabelle *f*; Meterzahl *f*.
métreur ⊕ (me'trœ:r) *m* Messungsingenieur *m*.
métricien *mét.* (metri'sjɛ̃) *m* Metriker *m*.
métrique (me'trik) **I** *adj.* **1.** *système m* ~ Dezimalsystem *n*; **2.** metrisch; *accent m* ~ Versakzent *m*; **II** *f* Metrik *f*, Verslehre *f*.
métro (me'tro) *m* U-Bahn *f*, Hochbahn *f*; Stadtbahn *f*.
métro|logie (metrɔlɔ'ʒi) *f* Maß- u. Gewichtskunde *f*; **~logique** (~lɔ'ʒik) *adj.* Maß- u. Gewichts...; **~logiste** (~lɔ'ʒist) *m*, **~logue** (~'lɔg) *m* Maß- u. Gewichts-fachmann *m*.
métromanie (~ma'ni) *f* Reimsucht *f*.
métronome ♪ (~'nɔm) *m* Metronom *n*, Taktmesser *m*.
métropo|le (~'pɔl) **I** *f* **1.** Metropole *f*, Mutterland *n*; Mutterstadt *f*; Mittelpunkt *m*, Hauptstadt *f*; **2.** Erzbischofssitz *m*, erzbischöflicher Sitz *m*; **II** *adj. église f* ~ Hauptkirche *f*, erzbischöfliche Kirche *f*; **~litain** (~li'tɛ̃) **I** *adj.* [7] **1.** hauptstädtisch; mutterstaatlich; *chemin m de fer* ~ = *métro*; **2.** erzbischöflich; **II** *m* **3.** Erzbischof *m*; **4.** U-Bahn *f*; Hochbahn *f*; Stadtbahn *f*; **III** *su.* Nationalfranzose *m* (*im Gegensatz z.B. von Nordafrikanern*); **~lite** *rl.* (~'lit) *m* Metropolit *m*.
métrorragie ⚕ (metrɔra'ʒi) *f* Gebärmuttersenkung *f*.
mets (mɛ) *m* Gericht *n*, Speise *f*, Essen *n*, Gang *m*.
met|table (mɛ'tablə) *adj.* tragbar (*v. Kleidern*); *cet habit n'est plus* ~ dieser Anzug (*od.* [*Männer-*]Rock) ist abgetragen; **~tage** (mɛ'ta:ʒ) *m* Vorkehrungen *f/pl.* (de zu); 📖 Zurichtung *f*; **~teur** (mɛ'tœ:r) *su.* [7g] Zurichter *m*; Metteur *m*; *rad.* ~ *en scène* Aufnahmeleiter *m*; *thé.*, *cin.* Regisseur *m*, Spielleiter *m*; *rad.* ~ *en charge de* (*od. préposé à*) *la sonorisation* Tonregisseur *m*; *typ.* ~ *en pages* Umbrecher *m*.
mettre ('mɛtrə) [4p] **I** *v/t. u. v/i.* **1.** setzen, stellen, (auf)legen; *in e-e Lage od. e-n Zustand* bringen; (hinein)tun; P geben, versetzen, verpassen (*z.B. e-n Schlag*); ~ *fin à qch.* e-r Sache ein Ende machen; ~ *à bonne fin* zu e-m guten Ende bringen; ~ *pied à terre* aussteigen; ~ *une affaire dans un faux jour* e-e Angelegenheit in ein falsches Licht bringen; ~ *à bout* erschöpfen; zum Äußersten treiben; ⚓ ~ *à la côte* auf den Strand laufen lassen; ~ *q. au lycée* j-n auf die höhere Schule schicken; ✝ ~ *au net les comptes* die Rechnungen begleichen; ~ *le feu à une maison* Feuer an ein Haus legen, ein Haus anzünden; ~ *toute la gomme à qch.* e-r Sache den letzten Schliff geben; ~ *au jour* zutage fördern (*Archäologie*); ~ *sa montre à l'heure* s-e Uhr (richtig) stellen; ~ *à nu* bloßlegen; ~ *son cœur à nu* sein Herz bloßlegen (*bei der Beichte*); ~ *tous les œufs dans le même panier* alles auf e-e Karte setzen; ~ *q. au pain et à l'eau* j-n bei Wasser u. Brot einsperren; ~ *q. sur le pavé*, ~ *q. à* (*od. dans*) *la rue* j-n auf die Straße setzen; P ~ *dedans* reinlegen; einsperren; ~ *au point* nachregulieren; *a. rad.*, *phot.* (richtig *bzw.* scharf) einstellen; *fig.* richtig- *od.* klar-stellen; (noch einmal) überarbeiten; ~ *sac au dos* den Tornister umhängen; *Sport*: ~ *les rames* (die Ruder) auslegen; *fig.* ~ *un frein à qch.* etw. stoppen; *Sport*; ~ *à l'eau ein Boot* zu Wasser bringen; ~ *q. à même de faire qch.* in den Stand setzen, etw. zu tun; *fig.* ~ *au pas* gleichschalten; ~ *au concours* e-n Wettbewerb ausschreiben; ~ *en exploitation ein Land* erschließen; ~ *en valeur ein Baugelände* erschließen; ~ *en vente* zum Verkauf bringen; ~ *en œuvre*, ~ *en main* in Angriff nehmen; ⊕ ~ *en train od. en marche od. en activité* in Betrieb setzen; ⚒ ~ *en œuvre* Erze verhütten; ~ *en feu* e-n Hochofen anblasen; *autom.*, ✈ ~ *en marche*, ~ *en mouvement* anspringen lassen; ⚔ ~ *en ligne* einsetzen; *Fußball usw.*: ~ *en jeu* einwerfen; 🚂 *usw.*: ~ *hors de service* ausrangieren; ⚡ ~ *une ligne sous courant od. sous tension* unter Strom

setzen, an- *od.* durch- *od.* einschalten, anschließen; F ~ *en boîte* (*od. en caisse*) j-n hochnehmen, j-n aufziehen; ~ *des lettres à la poste* Briefe aufgeben; Briefe in den Briefkasten stecken; ~ *à prix* abschätzen; ~ *à profit* benutzen, verwerten; ~ *à sec* Teich trocken legen; ~ *à terre rad.*, ⚡ erden; ⚓ an Land setzen; ~ *aux voix* zur Abstimmung bringen; ~ *d'accord* einigen; in Einklang bringen; ~ *en bouteilles* in Flaschen ziehen; *fig.* ~ *un travail en chantier* e-e Arbeit beginnen; ~ *hors de combat* kampfunfähig machen; ⚡ ~ *le contact,* ~ *en circuit* einschalten; ~ *en fermage* verpachten; ~ *en fuite* in die Flucht schlagen; ~ *en mouvement* in Bewegung setzen; ~ *en ordre* in Ordnung bringen; *typ.* ~ *en pages* umbrechen; ~ *en pièces* zertrümmern; ~ *sur pied* (*Truppen usw.*) aufstellen; *fig.* ins Leben rufen, einführen, gründen; *Auto*: ~ *plein gaz* Vollgas geben; *Auto*: ~ *en code* abblenden; ~ *en prison* ins Gefängnis werfen; ~ *en quartiers* vierteilen, zerreißen; ~ *en question* in Zweifel ziehen; ~ *sur table* die Speisen auftragen; ~ *q. sur la voie* j-n auf die Spur bringen; F ~ *q. dehors* j-n rausschmeißen F, j-n entlassen; **2.** *Kleider, Wäsche, Schuhe usw.* anziehen, tragen; *Krawatte* umbinden; *Hut* aufsetzen; ~ *bas son habit* s-n Rock (*od.* sein Jackett) ausziehen; être *bien mis* gut gekleidet sein; **3.** *Geld* anlegen; ~ *une somme* e-n Betrag ausgeben; **4.** übertragen: ~ *au net* ins reine schreiben; ~ *l'adresse sur qch.* etw. adressieren; **5.** einsetzen, opfern; ~ *le tout pour le tout* alles riskieren; **6.** *Zeit* aufwenden, brauchen; ~ *deux heures à (faire) qch.* zwei Stunden zu etw. (*dat.*) brauchen; **7.** ~ *q. au pied du mur fig.* j-n in die Enge treiben, j-n zur Rede stellen, j-m hart zusetzen; ~ *un enfant au monde* ein Kind zur Welt bringen; P ~ *au violon* einlochen P, einsperren; *Auto*: ~ *les gaz* Gas geben; ~ *en marche* in Betrieb (*od.* Gang) setzen; **8.** den Fall setzen, annehmen; *en mettant que* ... (*mit subj.*) gesetzt (den Fall), daß ...; *mettons que* ... (*mit subj.*) angenommen, (daß) ...; **II** *v/rfl.* **se** ~ sich setzen *od.* stellen *od.* legen; se ~ *à* (*mit inf.*) anfangen, zu ...; se ~ *à qch.* sich an etw. (*acc.*) machen; se ~ *à son aise* sich's bequem machen; se ~ *à table* sich an den Tisch setzen; se ~ *au fait de* sich vertraut machen mit (*dat.*); se ~ *du vernis aux ongles* sich die Finger lackieren; se ~ *en chemin* (*od. en route*) sich auf den Weg machen; se ~ *en colère contre q.* auf j-n wütend werden; *rad.* se ~ *à l'écoute* Rundfunk hören; *fig.* se ~ *au diapason de q.* sich in j-n einfühlen; *ch.* se ~ *en arrêt Hund*: vorstehen; *fig.* se ~ *en relief od. en posture* sich in Positur werfen; se ~ *en mouvement* sich in Bewegung setzen; se ~ *en quatre* (*od. en dix*) *pour q.* sich für j-n voll und ganz einsetzen; se ~ *en quatre pour amuser ses hôtes* alles nur Denkbare für die Unterhaltung s-r Gäste tun; ⚕ se ~ *le torse nu* sich den Oberkörper frei machen; se ~ *en quête* sich auf die Suche machen; se ~ *en usage* aufkommen, gebräuchlich werden.

Metz (mɛs) *m* Metz *n.*

meu|blant (mœ'blɑ̃) *adj.* [7] zum Möblieren geeignet; sich gut ausnehmend; ⚖ *meubles* ~*s* Hausrat *m*; ~**ble** ('mœːblə) **I** *adj.* **1.** ⚒ *terre f* ~ leichter, lockerer Boden *m*; **2.** ⚖ *bien m* ~ bewegliches Gut *n*; **II** *m* Möbelstück *n*; ~*s pl.* Mobiliar *n*, Hausrat *m*; ⚖ bewegliches Gut *n*, Mobiliarvermögen *n*; ~*s pl. de rotin od. en jonc* Rohrmöbel *n/pl.*; ~*s métalliques od. en acier* Stahlmöbel *n/pl.*; ~*s transformables* Umbaumöbel *n/pl.*; *être dans ses* ~*s* eigene Möbel (*od.* e-n eigenen Haushalt) haben; *se mettre dans ses* ~*s* sich ein eigenes Heim gründen; ~ *radio combiné* Musiktruhe *f* mit Plattenspieler; ~ *secrétaire* Schreibschrank *m*; ~*s m/pl. en osier* Korbmöbel *n/pl.*; ~ *rembourrés* Polstermöbel *n/pl.*; ~**blé** (~'ble) *m* möblierte Wohnung *f*; möbliertes Zimmer *n*; *habiter en* ~ möbliert wohnen; ~**ble-classeur** (mœbləkla'sœːr) *m* [6a]: ~ (*à rideau*) Akten(roll)schrank *m*; ~**bler** (mœ'ble) [1a] *v/t.* **1.** möblieren; *abs. cette étoffe meuble bien* dieser Stoff macht sich gut zu den Möbeln; **2.** *fig.* bereichern, anfüllen, ausstatten, versehen (*de qch.* mit etw.); **3.** *fig.* ausfüllen; *avoir la tête bien meublée* viel wissen, viel im Kopf haben; ~ *sa mémoire*

sich Kenntnisse aneignen; **~blier** (~bli'e) *m* Möbeltischler *m*.
meugl|ement (mœglə'mɑ̃) *m* Muhen *n*; **~er** (mœ'gle) *v/i.* [1a] muhen.
meulard (mœ'la:r) *m* großer Mühlstein *m*.
meule (mø:l) *f* **1.** Mühlstein *m*; ~ (*à aiguiser*) Schleifstein *m*; **2.** ~ *de fromage* Laib *m* Käse; ~ *de gruyère* ganzer Schweizer Käse *m*; **3.** ⚒ Schober *m*, Miete *f*; **4.** Kohlenmeiler *m*; **~r** (mø'le) *v/t.* [1a] mit dem Schleifstein schleifen; ~ *en creux* hohlschleifen; **~rie** ⊕ (møl'ri) *f* Schleifstein-, Mühlstein-fabrik *f*.
meuleuse *bét.* (mø'lø:z) *f* Schleifaggregat *n*.
meulier (mø'lje) *m* Mühlsteinhauer *m*.
meulière (mø'ljɛ:r) *f* **1.** (*pierre f de*) ~ Mühlstein *m*; **2.** (*carrière f de*) ~ Mühlsteinbruch *m*; **3.** *géol.* Mahlstein *m*.
meulon (mø'lɔ̃) *m* **1.** ⚒ kleiner Heu- *od.* Stroh-haufen *m*; **2.** Salzhaufen *m*.
meun|erie (møn'ri) *f* Müllerei *f*, Müllerhandwerk *n*; Müllerinnung *f*; **~ier** (~'nje) [7b] **I** *adj.* *garçon m* ~ Müllerbursche *m*; **II** *su.* Müller *m*; **III** *m* a) *ent.* Mehlkäfer *m*; b) *icht.* Alant *m*; **~ière** *orn.* (~'njɛ:r) *f* Schwanzmeise *f*.
meurt-de-faim (mœrdə'fɛ̃) *m/inv.* Hungerleider *m*.
meur|tre ('mœrtrə) *m* Mord *m*, Mordtat *f*; ~ *judiciaire* Justizmord *m*; ~ *prémédité* vorsätzlicher Mord *m*; ~ *avec viol* Lustmord *m*; **~trier** (~tri'e) [7b] **I** *adj.* □ mörderisch; Mord...; tödlich; *fig.* verheerend: **II** *su.* Mörder *m*; **~trière** ⚔ (~tri'ɛ:r) *f* Schießscharte *f*; **~trir** (~'tri:r) [2a] **I** *v/t.* (zer)quetschen; wund reiben *od.* schlagen; *avoir les pieds meurtris à force de marcher* sich die Füße wund laufen; ~ *q. de coups* j-n grün und blau schlagen; **II** *v/rfl.* *se* ~ sich quetschen; fleckig werden (*Obst*); **~trissure** (~tri'sy:r) *f* Quetschung *f*; Strieme *f*; blauer Fleck *m*; angestoßene Stelle *f am Obst*.
Meuse (mø:z) *f*: **la** ~ die Maas *f*.
meute (mø:t) *f* *ch.* Meute *f* (*a. fig.*); *fig.* Schwarm *m*.
mévendre (me'vɑ̃:drə) *v/t.* [4a] verschleudern, mit Verlust verkaufen.
mévente (me'vɑ̃:t) *f* Verlustverkauf *m*, Verschleudern *n*; Handelsstockung *f*; schlechter Absatz *m*.
mexicain (mɛksi'kɛ̃) *adj. u.* ♀ *su.* [7] mexikanisch; Mexikaner *m*.
Mexico (mɛksi'ko) *m* Mexiko *n* (*Stadt*).
Mexique (mɛk'sik) *m*: **le** ~ Mexiko *n* (*Land*).
mezzanine ⚠ (mɛdza'nin) *f* Zwischenstock *m*; *a. adj.*: *fenêtre f* ~ Halbgeschoßfenster *n*.
mezzo-tinto (mɛdzɔtɛ̃'to) *m* [6c]: (*estampe f en*) ~ Kupferstich *m* in schwarzer Manier.
mi-...[1] (mi) *advt.* **1.** halb...; *mi-mort* halbtot; *étoffe f ~-soie* halbseidener Stoff *m*; **2.** *à mi-... mit su.* (bis) zur Hälfte, zur Mitte; *à mi-chemin* auf halbem Wege; **3.** *carême und die Monatsnamen, sonst m, werden, mit mi verbunden, f*: *la ~-carême* Mittfasten *n*; *vers la mi-janvier* gegen Mitte Januar.
mi[2] ♪ (~) *m* E *n*; E-Saite *f*.
miam-miam F *enf.* (mjam'mjam): *faire* ~ nam-nam (*od.* pap-pap) machen.
miau|lement (mjol'mɑ̃) *m* Miauen *n*; **~ler** (~'le) *v/i.* [1a] miauen.
mi-bas (mi'bɑ) *m* [6c] Wadenstrumpf *m*.
mic *dial. Bretagne* (mik) *m* Kaffee *m* mit Schnaps.
mica *géol.* (mi'ka) *m* Glimmer *m*; ~ *blanc* Katzensilber *n*; **~cé** (~'se) *adj.* glimmer-artig, -haltig.
mi-carême (mika'rɛ:m) *f* Mittfasten *n*.
micaschiste *min.* (mika'ʃist) *m* Glimmerschiefer *m*.
miche (miʃ) *f* rundes Weißbrot *n*.
miché ★ (mi'ʃe) *m* reicher Galan *m*.
Michel (mi'ʃɛl, *außer in Michel-Ange*) *m* Michael *m*; **~-Ange** (mikɛ'lɑ̃:ʒ) *m* Michelangelo *m*.
micheline 🚂 (miʃ'lin) *f* Triebwagen *m*.
mi-chemin (mi'ʃmɛ̃) *advt.*: *à* ~ auf halbem Wege.
mi-clos (mi'klo) *adj.* [7] halbgeschlossen.
micmac F (mik'mak) *m* Intrige *f*; Trick *m*, Kniff *m*; Dreh *m*; Durcheinander *n*; Schiebung *f*.
micocoulier ⚘ (mikɔku'lje) *m* Zürgelbaum *m*.
mi-corps (mi'kɔ:r) *advt.*: *à* ~ bis an den Gürtel.
mi-côte (mi'ko:t) *advt.*: *à* ~ auf halber Höhe.
micro (mi'kro) *m* Mikrophon *n*.
microb|e (mi'krɔb) *m* Mikrobe *f*, Bakterie *f*, Kleinlebewesen *n*; P Knirps *m*, Steppke *m*, Dreikäsehoch *m*; **~icide** (~bi'sid) *adj.* mikrobentötend; **~ien** (~'bjɛ̃) *adj.* [7c] Mikroben...
microcéphale (mikrɔse'fal) *adj.* kleinköpfig.

microcoque *biol.* (~'kɔk) *m* Mikrokokkus *m*, Kugelbakterie *f*.
microcosme (~'kɔsm) *m* Mikrokosmus *m*, Welt *f* im Kleinen.
microfilm (~'film) *m* Mikrofilm *m*; **~age** (~'ma:ʒ) *m* Aufnahme *f* von Mikrofilmen; **~er** (~'me) *v/t.* [1a] im Kleinstformat (*od.* auf Mikrofilm aufnehmen.
microgénique (~ʒe'nik) *adj.* für das Mikrophon geeignet.
micrograph|ie (~gra'fi) *f* Mikroskopie *f*; **~ique** (~'fik) *adj.* mikroskopisch.
micro|mètre (~'mɛtrə) *m* Mikrometer *n od. m*, Feinmesser *m*, Schraubenlehre *f*; **~métrique** (~me'trik) *adj.* mikrometrisch; **~millimètre** (~mili'mɛtrə) *m* Mikromillimeter *n od. m*.
micron *phys.* (mi'krɔ̃) *m* Mikron *n*.
microphone (mikrɔ'fɔn) *m* Mikrophon *n*, Tonempfänger *m*.
microposte *rad.* (~'pɔst) *m* Kleinstempfänger *m*.
microsco|pe (~'skɔp) *m* Mikroskop *n*, Vergrößerungsglas *n*; *at.* ~ *électronique* Elektronenmikroskop *n*; **~pique** (~'pik) *adj.* mikroskopisch; *fig.* winzig klein.
microsillon (~si'jɔ̃) *m* Langspielplatte *f*.
microzoaires *zo.* (~zɔ'ɛ:r) *m/pl.* Infusorien *pl.*, mikroskopische Aufgußtiere *n/pl*.
midi (mi'di) *m* **1.** Mittag *m*, zwölf Uhr; *à* ~ (*besser als* ce ~) um zwölf Uhr (mittags); *à* ~ *précis, à* ~ *sonnant* Schlag zwölf Uhr; ~ *est sonné* es hat Mittag geschlagen; (*à*) ~ *et demi* (um) halb eins; ~ *et quart* Viertel eins; *en plein* ~ am hellerlichten Tage; *chercher* ~ *à quatorze heures* unnötige Schwierigkeiten machen; Schwierigkeiten suchen, wo keine sind; *fig.* mit Kanonen nach Spatzen jagen; kleinlich sein; *ne pas chercher* ~ *à quatorze heures* nicht drum herum reden; F *c'est* ~ *sonné* nichts da!; nichts zu machen!; **2.** Süden *m*; *du* ~ südlich; *au* ~ *de* südlich von (*dat.*); *vers le* ~ gegen Süden, in südlicher Richtung; **3.** *le* ♀ die Länder *n/pl.* des Südens; *habitant m* (*des pays*) *du* ~ Südländer *m*; *homme m du* ♀ Südfranzose *m*; **4.** Sonnen-, Südseite *f*; *appartement m au* ~ nach der Sonnenseite gelegene Wohnung *f*; **5.** *fig.* mittlere Lebenszeit *f*.
midinette (midi'nɛt) *f* junge Modistin *f* (*in Paris*).
mie¹ (mi) **I** *f* Krume *f*; **II** *adv.* F ⚒ *ne* ... ~ nicht.
mie² F (~) *f*: *ma mie!* meine süße Kleine!
miel (mjɛl) *m* **1.** Honig *m*; ~ *d'abeilles*, ~ *naturel* Bienen-, Blütenhonig *m*; *lune f de* ~ Flitterwochen *f/pl.*; *rayon m* (*od. gâteau m*) *de* ~ Honigscheibe *f*; **2.** *fig.* Süßigkeit *f*; *des paroles de* ~ Schmeichelworte *n/pl.*; **~lé** (mjɛ'le) *adj.* **1.** mit Honig bestrichen; **2.** honiggelb; **3.** *fig.* honigsüß; **~leux** (mjɛ'lø) *adj.* [7d] □ honigartig; *fig.* honigsüß, süßlich, bestechend, scheinheilig.
mien (mjɛ̃) **I** *pr/pss. adj.* [7c] mir gehörig; *ce livre est* ~ dieses Buch ist meins *od.* gehört mir; F *un* ~ *ami* einer meiner Freunde, ein Freund von mir; **II** *pr/pss. su. le* ~, *la* ~*ne* der, die, das Mein(ig)e; *les* ~*s* die Meinigen; *vos affaires sont les* ~*es* Ihre Angelegenheiten sind die meinigen; **III** *m le* ~ das Mein(ig)e *n*, mein Eigentum *n*; *le* ~ *et le tien* das Mein und Dein *n*; *ne confondez pas le tien et le* ~ verwechselt nicht mein und dein.
miette (mjɛt) *f* Krümchen *n*; *les* ~*s de pain* die Brosamen *f/pl.*, die Brotkrümel *m/pl.*; *ne lui en donnez qu'une* ~ geben Sie ihm davon nur ein bißchen!
mieux (mjø) **I** *adv.* **1.** besser; mehr; ~ *que tu ne crois* besser als du glaubst; *aller* ~ sich besser befinden; *je vais de* ~ *en* ~ es geht mir immer besser; *je le sais* ~ *que personne* ich weiß es besser als irgendjemand; *je ne demande pas* ~ nichts, was ich lieber täte; *tant* ~ um so besser; *d'autant* ~ *que* ... um so besser, als ...; *pour* ~ *dire* richtiger gesagt; *elle a chanté on ne peut* ~ sie hat großartig gesungen; *aimer* ~ ... *que de* ... lieber mögen als ...; ~ *encore* ja, noch mehr; *changer en* ~ sich zum Vorteil verändern; *iron. encore* ~! das wäre ja noch schöner!; nun reicht's mir aber!; *v/imp. il vaut* ~ (*auch*: ~ *vaut*) es ist besser; *il vaudrait* ~ *ne pas le faire* man täte es besser nicht; *ce que vous avez de* ~ *à faire, c'est de* ... (*inf.*) Sie können nichts Besseres tun, als ...; *s'attendre à* ~ etwas Besseres erwarten; ~ *que ça* mehr als das; *à qui* ~ ~ um die Wette; **2.** *le* ~ *sup.* am besten; *le* ~ *possible* so gut wie möglich; *voilà ce que j'aime*

le ~ (*od. le plus*) das habe ich am liebsten; *voilà qui va des* ~ das geht ja ausgezeichnet; **II** *m le* ~ das Bessere *n*, das Beste *n*; Besserung *f* im Befinden; *il y a du* ~ es geht etwas besser, es ist Besserung eingetreten; *faire qch. de son* ~ (*od. pour le* ~ *od. au* ~) etwas so gut wie möglich machen; *abs. faire de son* ~ sein Möglichstes tun; *faire pour le* ~ die bestmögliche Lösung suchen; *tout est pour le* ~ alles ist in Ordnung *od.* aufs beste eingerichtet; *nous sommes au* ~ wir verstehen uns sehr gut, wir sind die besten Freunde; *en mettant les choses au* ~ im besten (*od.* im günstigsten) Falle, bestenfalls; *faute de* ~ mangels eines Besseren.

mieux-être (mjø'zɛ:trə) *m* **1.** Besserbefinden *n e-s Kranken*; **2.** höherer Wohlstand *m*.

mièvre ('mjɛ:vrə) *adj.* □ manieriert, affektiert, gesucht, geziert (*Stil, Auftreten*); **~rie, ~té** (mjɛvrə'ri, ~'te) *f* Affektiertheit *f*, Getue *n*.

mi-figue, mi-raisin (mi'fig, ~rɛ'zɛ̃) *advt.* halb im Scherz und halb im Ernst, mit einem süßsauren Gesicht.

mi-flot ⚓ (mi'flo) *advt.*: *à* ~ bei Halbgezeit.

mi-frais (mi'frɛ) *advt.*: *à* ~ für die halben Kosten, für den halben Preis.

mi-fruit (mi'frɥi) *m/inv.* Halbpacht *f*.

mignard (mi'ɲa:r) [7] **I** *adj.* affektiert, geziert; **II** * *su.* Kind *n*, Knirps *m*, Gör *n* P; *f*: Göre *f*; **~er** (~ɲar'de) *v/t.* [1a] verhätscheln, verpimpeln F; *fig.* überkünsteln (*Stil*); **~ise** (~'di:z) *f* **1.** Ziererei *f*, Affektiertheit *f*; **2.** ~*s pl.* Schmeicheleien *f/pl.*, Liebkosungen *f/pl.*; **3.** ⚘ gefüllte Nelke *f*.

mignon (mi'ɲɔ̃) [7c] **I** *adj.* □ allerliebst, niedlich, reizend; *péché m* ~ Lieblingssünde *f*; **II** *su.* Liebling *m*; * *mv.p.* schwuler Bruder *m*.

mignonne (mi'ɲɔn) *f* **1.** Süße *f*, Liebling *m*, Herzchen *n*; **2.** *typ.* Mignon- *od.* Kolonel-schrift *f*; **3.** ⚘ Birnen- *od.* Pflaumen-sorte *f*.

mignonnette (miɲɔ'nɛt) *f* **1.** *text.* feine Spitze *f*; **2.** gestoßener Pfeffer *m*; **3.** *Art* Nelke *f*; **4.** ⚘ kleine, wilde Chicorée *f*; kleine Nelke *f*; **5.** kleiner Liebling *m*, Schnuckchen *n*, Süßchen *n*; **6.** feiner Kies *m*.

mignoter F (miɲɔ'te) *v/t.* [1a] verhätscheln, liebkosen.

migrain|e ⚕ (mi'grɛn) *f* Migräne *f*; **~eux** (~'nø) *adj. u. su.* [7d] an Migräne leidend(er Mensch) *m*.

migra|teur (migra'tœ:r) *adj.* [7f] wandernd; *oiseaux m/pl.* ~*s* Zugvögel *m/pl.*; **~tion** (~grɑ'sjɔ̃) *f* Wanderung *f*; Zug *m* (*der Vögel*); ~ *des peuples* Völkerwanderung *f*; **~toire** (~'twa:r) *adj.* Wander...

mi-ironique (miirɔ'nik) *adj.* halb ironisch.

mi-jambe (mi'ʒɑ̃:b) *advt.*: *jusqu'à* ~ bis an die Waden.

mijaurée *péj.* (miʒo're) *f* Zierpuppe *f* (*v. Frauen*); *faire la* ~ sich zieren, sich haben F.

mijoter (miʒɔ'te) *v/t.* [1a] **1.** *cuis.* langsam kochen *od.* schmoren lassen; **2.** *fig.* von langer Hand vorbereiten, *fig. péj.* aushecken.

mil¹ (mil) *adj./n.c.* tausend; ~ *kommt nur in* ~ huit cent *neben* dix-huit cent *1800 sowie in* ~ neuf cent *neben* dix-neuf cent *1900 als Angabe dieser beiden Jahrhunderte vor; sonst* mille.

mil² ⚘, *dial.* (mil, mij) *m* Hirse *f*.

mil³ *gymn.* (mil) *m* Keule *f*.

mi-laine (mi'lɛn) *m u. adj. inv.* Halbwollenstoff *m*; halbwollen.

milan¹ *orn.* (mi'lɑ̃) *m* Milan *m*.

Milan² (~) *m* (*auch f*) Mailand *n*.

milanais (mila'nɛ) *adj. u.* ♀ *su.* [7] mailändisch; Mailänder *m*.

mildiou ⚘ (mil'dju) *m* Meltau *m*.

miliacé ⚘ (milja'se) *adj.* [7] hirsegrasartig.

miliaire (mi'ljɛ:r) *adj.* hirsekornartig; *fièvre f* (*od. suette f*) ~ Frieselfieber *n*, Schweißfriesel *m*.

mili|ce (mi'lis) *f* Miliz *f*, Bürgerwehr *f*; **~cien** (~'sjɛ̃) *m* Milizsoldat *m*.

milieu (mi'ljø) *m* [5b] **1.** Mitte *f*; *doigt m du* ~ Mittelfinger *m*; *couper par le* ~ mitten durchschneiden; *au* ~ *de* mitten in (*dat. bzw. acc.*), tief hinein in (*acc.*); *au* ~ *de vous* mitten unter euch, in eurer Mitte; *jusqu'au* ~ *de la journée de mardi* bis Mitte Dienstag; **2.** *fig.* Mittelweg *m*; *il n'y a pas de* ~ es gibt keinen anderen Ausweg; **3.** *fig.* Milieu *n*, Umwelt *f*, Wirkungskreis *m*; ~*x cultivés m/pl.* bessere Kreise *m/pl.* ~ *dans les* ~*x diplomatiques* in diplomatischen Kreisen; **4.** * *péj.* Unterwelt *f*; **5.** *phys.* Medium *n*, Mittel *n*; **6.** ⚕, ~ *de culture* Nährboden *m*.

mili|taire (mili'tɛ:r) **I** *adj.* □ militärisch, soldatisch; Militär..., Soldaten...; *les autorités f/pl.* ~*s* die

Militärbehörden *f/pl.*; *port m* ~ Kriegshafen *m*; *préparation f* ~ Wehrsport *m*; *service m* ~ Militärdienst *m*; *attitude f* ~ militärische (*od.* soldatische) Haltung *f*; *à l'heure* ~ pünktlich; **II** *m* **1.** Soldat *m*; *les* ~*s pl.* das Militär *n*; **2.** F Kommiß *m*; *dans le* ~ beim Kommiß; ~**tant** (~'tɑ̃) [7] **I** *adj.* kämpferisch; streitbar; politisch aktiv; *politique f* ~*e* kämpferische Politik *f*; *l'église f* ~*e* die streitbare Kirche *f*; **II** *m* Vorkämpfer *m*; aktiver Politiker *m*; Partei-mitglied *n*, -genosse *m*; *les* ~*s d'un parti* die Vorkämpfer *m/pl.* e-r Partei; ~**tarisation** (~tarizɑ'sjɔ̃) *f* Militarisierung *f*, militärische Ausbildung *f*; ~**tariser** (~tari'ze) *v/t.* [1a] militarisieren, militärisch ausbilden; ~**tarisme** (~ta'rism) *m* Militarismus *m*; ~**tariste** (~ta'rist) **I** *adj.* militaristisch; **II** *m* Militarist *m*; ~**ter** (~'te) *v/i.* [1a] kämpfen, streiten, sich einsetzen (für *acc.*); *cela milite en sa faveur* das spricht für ihn.

mille[1] (mil) (*pl. ohne s!*) **I** *adj./n.c.* tausend; ~ *fois* tausendmal; *de* ~ *façons* (*od. manières*) auf tausenderlei Art; ~ *remerciements* tausend Dank; ~ *et* ~ tausend und aber tausend; *les* ~ *et une nuits* tausendundeine Nacht; **II** Tausend *n*; Tausender *m*; *fig. mettre dans le* ~ ganz großes Glück haben, den richtigen Treffer gemacht haben.

mille[2] (~) *m* (*pl.* ~*s*) Meile *f*; ~ *carré* Quadratmeile *f*; ~ *marin* Seemeile *f*.

mille|(-)feuille (mil'fœj) **I** *f* ⚘ Schafgarbe *f*; **II** *pât. m* Blätterteiggebäck *n*; ~**-fleurs** (~'flœ:r) *f* [6c]: *eau f de* ~ wohlriechendes Wasser *n*.

millénaire (mille'nɛ:r) **I** *adj.* tausendjährig; *nombre m* (*od. chiffre m*) ~ Tausender *m*; **II** *m* a) Jahrtausend *n*; b) Tausendjahrfeier *f*.

mille|-pattes *zo.* (mil'pat) *m* Tausendfüßler *m*; ~**-pertuis** ⚘ (~pɛr'tɥi) *m* [6c] Johanniskraut *n*; ~**-pieds** *zo.* (~'pje) *m* [6c] Tausendfüßler *m*.

millépore *zo.* (mile'pɔ:r) *m* Punktkoralle *f*.

mille-raies *text.* (mil'rɛ) *m* farbiger, enggestreifter Stoff *m*.

millerandage *vit.* (milrɑ̃'da:ʒ) *m* Trauben-krankheit *f*, -fäule *f*.

millésime (mille'zim) *m* Jahrgang *m* (*Wein*; *Banknoten*).

millet ⚘ (mi'jɛ) *m* Hirsegras *n*.

milliaire (mil'jɛ:r) *adj. u. m u. a. pierre f* (*od. borne f*) ~ Meilenstein *m*.

milliard (mil'ja:r) *m* Milliarde *f*; ~**aire** (~jar'dɛ:r) *adj. u. su.* Milliarden...; Milliardär *m*.

milliasse (mil'jas) *f* **1.** F, *a. péj.* Riesenmenge *f*, Gewimmele *n*; **2.** *cuis.* Maismehlkuchen *n*.

milli|ème (mi'ljɛm) **I** *adj./n.o.* (*auch su.*) tausendst-er, -e, -es; **II** *m* Tausendstel *n*; ~**er** (mi'lje) *n* Tausend *n*; *des* ~*s d'hommes* Tausende und aber Tausende von Menschen; *par* ~*s* zu Tausenden; ~**gramme** (milli'gram) *m* Milligramm *n*; ~**litre** (milli'litrə) *m* Milliliter *n*; ~**mètre** (~'mɛtrə) *m* (*abr. mm*) Millimeter *n*.

million (mi'ljɔ̃) *m* Million *f*; ~**naire** (~jɔ'nɛ:r) *adj. u. su.* steinreich; Millionär *m*.

millivolt ⚡ (milli'vɔlt) *m* Millivolt *n*.

milord (mi'lɔ:r) *m* **1.** Mylord *m* (*Anrede*); **2.** P Krösus *m*; **3.** vierrädriges Kabriolett *n* (*Kutsche*).

milouin *orn.* (mi'lwɛ̃) *m* Moor- *od.* Tafel-ente *f*.

mi-marée ⚓ (mima're) *f* Halbgezeit *f*.

mi-mars (mi'mars) *f*: *jusqu'à la* ~ bis Mitte März.

mi|me (mim) *m* **1.** Pantomimenspieler *m*; **2.** Possenspiel *n*; **3.** Mimiker *m*; ~**mer** (mi'me) *v/t.* [1a] durch Gebärden darstellen.

mimétisme (mime'tism) *m biol.* Mimikry *f*, Schutzfärbung *f* von Tieren u. Pflanzen; *allg.* Anpassungsfähigkeit *f*.

mimeuse ⚘ (mi'mø:z) *f* Mimose *f*.

mimeux ⚘ (mi'mø) *adj.* [7d] empfindlich gegen Berührung.

mimi *enf.* (mi'mi) *m* Mimi *f*, (*Katze*); F *faire* ~ *à q.* j-n abküssen.

mimique (mi'mik) **I** *adj.* mimisch; *jeux m/pl.* ~*s* Gebärdenspiele *n/pl.*; **II** *f* Mimik *f*, Gebärdenkunst *f*.

mi-mort (mi'mɔ:r) *adj.* [7] halbtot.

mimosa ⚘ (mimo'za) *m* Mimose *f*.

minable (mi'nablə) *adj.* **1.** durch e-e Mine zerstörbar; **2.** *fig.* schäbig, ärmlich.

minage (mi'na:ʒ) *m* ⚒ Unterminieren *n*.

minaret (mina'rɛ) *m* Minarett *n*.

minaud|er (mino'de) *v/i.* [1a] sich zieren, schöntun; ~**erie** (~'dri) *f* Ziererei *f*; ~**ier** (~'dje) *m* Zieraffe *f*; ~**ière** (~'djɛ:r) *f* Zierpüppchen *n*.

mince (mɛ̃:s) **I** *adj.* □ **1.** dünn; *des lèvres f/pl.* ~*s* schmale Lippen *f/pl.*; **2.** *fig.* winzig, unbedeutend, gering;

mes chances paraissent ~*s* m-e Aussichten erscheinen gering; **II** P *int.* ~ (*alors!*) Donnerwetter!; ~ *de* ... was für ein ...!

mine[1] (min) *f* **1.** Miene *f*, Gesichtsausdruck *m*, Aussehen *n*; *avoir bonne* (*mauvaise*) ~ gut (schlecht) aussehen; F *avoir bonne* ~ sich blamieren; *faire bonne* (*grise*) ~ *à q.* j-n freundlich (unfreundlich *od.* mürrisch) empfangen; *faire la* ~ (*à q.* mit j-m) schmollen; *faire* ~ *de* ... scheinen, zu ...; sich stellen, als ob ...; *homme m de mauvaise* ~ verdächtig aussehender Mensch *m*; *ne pas payer de* ~ nach nichts aussehen, arm aussehen; F ~ *de rien* unauffällig; **2.** F ~*s pl.* Gesichter *n/pl.*, Gebärden *f/pl.*; *faire des* ~*s* sich zieren; **3.** ~*s pl.* Winke *m/pl.*; Zeichen *n/pl.*; *faire des* ~*s à q.* j-m Zeichen machen (*od.* e-n Wink geben).

mine[2] (~) *f* **1.** ⚒ (Erz-, Kohlen-) Grube *f*, Bergwerk *n*, Zeche *f*, Mine *f* (*a.* ⚔); ⚔ ~ *aérienne* Luftmine *f*; ~ *de lignite* Braunkohlenbergwerk *n*; ⚔ ~ *flottante*, ~ *sous-marine*, ~ *à contact*, ~ *mouillée en haute mer* Seemine *f*; *fig.* *éventer la* ~ ein Komplott ans Licht bringen; ⚒ *galerie f de* ~ Stollen *m*; *exploitation f des* ~*s* Bergbau *m*; *inspecteur m des* ~*s* Berginspektor *m*; *École f des* ~*s* Bergakademie *f*; **2.** *fig.* Fundgrube *f*; **3.** ~ (*de plomb*) Bleimine *f*, Reißblei *n*; Graphit *m*; ~ *de rechange*, ~ *de réserve* Ersatzmine *f* (*e-s Drehbleistiftes*); **4.** *fin.* *valeurs f/pl. de* ~*s et métallurgie* Montanwerte *m/pl.*

miner (mi'ne) *v/t.* [1a] ⚔ *u. fig.* (unter)minieren, untergraben; aushöhlen, unterspülen; *bsd. im Passiv*: *pol.* unterwandern; *fig.* ab-, verzehren, aufreiben.

minerai (min'rɛ) *m* Erz *n*; ~ *cru* Roherz *n*; ~ *de fer* Eisenerz *n*; ~ *riche* Edelerz *n*; *riche en* ~ erzreich.

minéral (mine'ral) [5c] **I** *adj.* mineralisch; *règne m* ~ Mineralreich *n*; *ressources f/pl.* ~*es* Bodenschätze *m/pl.*; *eaux f/pl.* ~*es* Mineralwasser *n/pl.*, Gesundbrunnen *m/sg.*; **II** *m* [5c] Mineral *n*, Gestein *n*; ~ *cristallisé* Erzdruse *f*; *collection f de minéraux* Steinsammlung *f*.

minéralis|ateur *géol.* (mineraliza'tœ:r) **I** *adj.* [7f] mineralbildend, vererzend; **II** *m* Vererzungsstoff *m*; **~ation** (~zɑ'sjõ) *f* **1.** Mineralgehalt *m*; **2.** Zufuhr *f* von Mineralsalzen, Vererzung *f*; **~er** (~'ze) [1a] **I** *v/t.* mineralisieren, Mineralsalze zuführen, vererzen; **II** *v/rfl.* *se* ~ fest (*od.* hart) werden.

minéralo|gie (mineralɔ'ʒi) *f* Mineralogie *f*, Gesteinskunde *f*; **~gique** (~'ʒik) *adj.* □ mineralogisch; **~giste** (~'ʒist) *m* Mineraloge *m*.

minerval *antiq.* (minɛr'val) *adj.* [5c] die Göttin Minerva betreffend; *culte m* ~ Minervakult *m*.

minet F (mi'nɛ) *su.* [7c] Kätzchen *n*.

minette (mi'nɛt) *f* **1.** F Kätzchen *n*; **2.** *géol.* Minette *f* (*Erz*).

mineur[1] (mi'nœ:r) **I** *adj.* *cmpr.* geringer, kleiner; *l'Asie* ♀*e* Kleinasien *n*; *frères m/pl.* ~*s* Minoriten *m/pl.*; *les quatre ordres* ~*s* die vier unteren Weihen *f/pl.*; ♪ *sixte f* ~*e* kleine Sexte *f*; *mode m* ~, *ton m* ~ Moll(ton *m*) *n*; **II** *adj. u. su.* ⚖ minderjährig; Minderjähriger *m*.

mineur[2] (~) *m* [7g] ⚒ Bergmann *m*, Grubenarbeiter *m*, Häuer *m*; (*a. adj.*: *ouvrier m* ~) Berg(werks)-arbeiter *m*; ⚔ Minenleger *m*.

miniatu|re (minja'ty:r) *f* Miniatur-, Klein-malerei *f*; Miniaturbild *n*; *poste m de radio* ~ Kleinstrundfunkgerät *n*; *peintre m en* ~ Miniaturmaler *m*; *en* ~ im Kleinen; **~risation** *bsd.* ⊕ (~riza'sjõ) *f* Verkleinerung *f*; **~riste** (~'rist) *adj. u. su.* (*peintre m*) ~ Miniaturmaler *m*.

mini|er ⚒ (mi'nje) *adj.* [7b] auf Bergwerke bezüglich; *richesses minières* Mineralreichtum *m*; *industrie f minière* Montanindustrie *f*; *fin.* *valeurs f/pl. minières* Montanwerte *m/pl.*; **~ère** (~'njɛ:r) *f* **1.** (Erz-) Gang *m* **2.** ⚒ Tagebaubergwerk *n*.

mini|ma (mini'ma) **I** *adj./f*: ⚔ *la ration* ~ die Mindestration *f*; *puissance f* ~ Mindestleistung *f*; **II** *advt.* *appel m à* ~ Berufung *f* der Staatsanwaltschaft wegen zu geringer Bestrafung; **~me** (mi'nim) **I** *adj.* geringfügig, winzig, sehr klein; **II** *pl.*: *les* ~*s* die Jüngsten *m/pl.*; **~miser** (~mi'ze) *v/t.* [1a] bedeutend herabmindern, auf ein Mindestmaß beschränken; bagatellisieren; ~ *l'importance* die Bedeutung schmälern; **~mum** (~'mɔm) **I** *m a.* ⅍ Minimum *n*, geringster Grad *m e-r Größe*; Kleinstwert *m*, Mindestmaß *n*; *das* Niedrigste *n*; ~ (*baro-*

métrique) Tiefdruckgebiet *n*; ~ *de perception* Mindestgebühr *f*; *au* ~ mindestens; ⚖ ~ *de la peine* niedrigstes Strafmaß *n*; ~ *vital* Existenzminimum *n*; **II** *adj.* Mindest...; *la période f* ~ *d'emploi* die Mindestbeschäftigungszeit *f*.

ministère (minis'tɛ:r) *m* **1.** Ministerium *n*; Ministerposten *m*; *weitS.* Regierung *f*, Kabinett *n*; ~ *des Affaires étrangères*, Aussenministerium *n* (*All.* Auswärtiges Amt *n*); ~ *de l'Intérieur* Innenministerium; ~ *de l'Agriculture de l'Air, du Commerce, des Communications, de la Défense nationale, de l'Education nationale*) Landwirtschafts-, (Luftfahrt-, Handels-, Verkehrs-, Verteidigungs-, Unterrichts-)ministerium *n*; ~ *public* Staatsanwaltschaft *f*; **2.** Vermittlung *f*, Dienste *m/pl.*; *offrir son* ~ s-e Vermittlung anbieten; *par le* ~ *de* durch Vermittlung von; **3.** Amt(szeit *f*) *n e-s Ministers*; *rl.* ~ *des autels od.* (*le*) *saint* ~ Altardienst *m*, Priesteramt *n*.

ministériel (ministe'rjɛl) [7c] **I** *adj.* **1.** ministeriell; *décret m* ~ Ministerialerlaß *m*; *responsabilité f* ~*le* Ministerverantwortung *f*; *crise f* ~*le* Kabinettskrise *f*; **2.** ⚖ *officiers* ~*s* Notare *m/pl.*, Gerichtsvollzieher *m/pl. usw.*; **II** *m* Anhänger *m* der Regierung.

ministrable (mini'strablə) **I** *adj.* für e-n Ministerposten geeignet; **II** *m* Kandidat *m* für ein Ministerium.

ministre (mi'nistrə) *m* **1.** Minister *m* (*m in beiden Sprachen auch, wenn es sich um e-e Frau handelt*); *premier* ~ Ministerpräsident *m*, Premierminister *m*; ~ *d'Etat* Staatsminister *m*; ~ *des Affaires étrangères* Außenminister *m*; ~ *du Commerce* Handelsminister *m*; ~ *de l'Education Nationale* Kultusminister *m*; ~ *des Finances* Finanzminister *m*; ~ *de l'Intérieur* Innenminister *m*; ~ *de la Justice* Justizminister *m*; ~ *de carrière* Fachminister *m*; ~ *sans portefeuille* Minister *m* ohne Portefeuille (*od.* ohne Geschäftsbereich); *le Conseil des* ~*s* der Ministerrat *m*; *papier m* ~ Kanzleipapier *n*; **2.** Gesandter *m*; ~ (*plénipotentiaire* bevollmächtigter) Gesandter *m*; **3.** *rl.* Priester *m*, Prediger *m*, Pfarrer *m*, Diener *m*; ~ *des autels* (*de Dieu, de la religion*) Geistlicher *m*; **4.** *fig.* Instrument *n*, Werkzeug *n*.

minium *min.* ('njɔm) *m* Mennige *f*.

minois F (mi'nwa) *m* Gesichtchen *n*; *joli* ~ niedliches Ding *n*. [(*Katze*).]

minon *enf.* (mi'nɔ̃) *m* Mieze *f*

minoratif ⚕ (minɔra'tif) *adj.* [7e] *u. m* leicht abführend(es Mittel *n*).

minoration ⚕ (minɔrɑ'sjɔ̃) *f* leichte Abführung *f*.

minoritaire *pol.* (minɔri'tɛ:r) *adj.* Minderheiten...

minorité (minɔri'te) *f* **1.** Minorität *f*, Minderheit *f*; *problème m des* ~*s pol.* Minderheitenfrage *f*; **2.** ⚖ Minderjährigkeit *f*.

minorite (minɔ'rit) *m rl.* Minorit *m*.

Minorque *géogr.* (mi'nɔrk) *f*: **la** ~ Minorka *n*.

mino|terie (minɔ'tri) *f* Mehlfabrik *f*; † Mehlhandel *m*; **~tier** (~'tje) *m* Mühlenbesitzer *m*; Mehlhändler *m*.

minoye * (mi'nwa) *m* Mitternacht *f*.

minque *dial. Belgien, Le Havre* (mɛ̃:k) *m* Fischmarkt *m*.

minuit (mi'nɥi) *m* Mitternacht *f*; ~ *sonnant* Punkt Mitternacht; *à* ~ um Mitternacht; *à* ~ *et demi* um halb eins nachts.

minuscule (minys'kyl) *adj.* sehr klein, winzig; *a. f*: (*lettre f*) ~*e* kleiner Buchstabe *m*; *les* ~*s* das kleine Alphabet *n*.

minu|te (mi'nyt) *f* **1.** Minute *f*; *d'une* ~ *à l'autre* jeden Augenblick; *à la* ~ sofort, auf der Stelle; *homme m à la* ~ sehr pünktlicher Mensch *m*; *int.* ~! e-n Moment mal!, halt!, immer langsam!; **2.** Konzept *n*; **3.** ⚖ Urschrift *f*; ⚖ *les* ~*s* die Akten *f/pl.*; **~ter** (~'te) *v/t.* [1a] entwerfen, aufsetzen, verfassen; die Dauer (*e-r Arbeit, e-s Rundfunkvortrages usw.*) genau festlegen; **~terie** (~'tri) *f* **1.** *horl.* Minutenzeiger *m*; **2.** automatische Treppenbeleuchtung *f*, Treppenautomat *m*.

minu|tie (miny'si) *f* Bagatelle *f*, Kleinigkeit *f*; peinliche Genauigkeit *f*, Kleinlichkeit *f*; **~tieux** (~'sjø) **I** *adj.* [7d] peinlich genau; kleinlich; **II** *m* Kleinigkeitskrämer *m*.

miocène *géol.* (mjɔ'sɛn) **I** *adj.* miozän; **II** *m* Miozän *n*.

mioche F (mjɔʃ) *su. m*, Knirps *m*, Balg *m od. n*; *f*: Göre *f*.

mi-parti (mipar'ti) *adj.* halb; (zur Hälfte) geteilt; gemischt; **~tion** (~ti'sjɔ̃) *f* Halbierung *f*.

mi-pente (mi'pɑ̃:t) *advt.*: *à* ~ auf halbem Abhange.
mirabelle ⚘ (mira'bɛl) *f* Mirabelle *f.*
mira|cle (mi'rɑ:klə) *m* **1.** Wunder *n*; Wunderwerk *n*; ~ *économique* Wirtschaftswunder *n*; **2.** *thé., hist. litt.* Mirakelspiel *n* (*religiöses Drama*); **~culeux** (~raky'lø) [7d] **I** *adj.* Wunder..., übernatürlich, wundertätig; **II** *m das* Wunderbare *n.*
mirador (mira'dɔ:r) *m* **1.** Aussichtsturm *m*; **2.** ⚔ Wachturm *m.*
mirage (mi'ra:ʒ) *m* Luftspiegelung *f*; Fata Morgana *f*; Prüfen *n* (*v. Eiern*); *fig.* Täuschung *f*, Wahn *m.*
mire (mi:r) *f* **1.** ⚔ Richt-, Visierkorn *n*; *cran m de* ~ Visierkimme *f*; *point m de* ~ Ziel(punkt *m*) *n*; *tél.* ~ *de réglage* Testbild *n*; **2.** ⊕ ⚠ Nivellierlatte *f*, Absteckstange *f* **3.** Hauer *m* (*v. Wildschwein*).
miré *ch.* (mi're) *adj.*: *sanglier m* ~ Keiler *m* mit langen Hauern.
mirement ⚓ (mir'mɑ̃) *m* Kimmung *f.*
mire-œufs ⚡ (mi'rø) *m/inv.* Eierprüfgerät *n.*
mirer (mi're) [1a] **I** *v/t.* **1.** prüfen (*Ei*); genau betrachten; **2.** streben nach (*dat.*), begehren; **II** *v/rfl.* **se** ~ sich spiegeln; sich bewundern.
mirette (mi'rɛt) *f* **1.** ⊕ Gradierholz *n*; **2.** ★ Auge *n.*
mirifique F, *oft iron.* (miri'fik) *adj.* □ bewundernswert, wunderschön, einzig, phantastisch, großartig.
mirliflore F ↖ (~li'flɔ:r) *m* Geck *m.*
mirliton (mirli'tɔ̃) *m* **1.** ♪ Pappflöte *f*; (*Jahrmarkt*); **2.** volkstümlicher Kehrreim *m*; *faire des vers de* ~ Knüttelverse machen; **3.** 🚗 Vorwarnschild *n.*
miro ★ (mi'ro) *adj.* kurzsichtig.
mirobolant F (mirɔbɔ'lɑ̃) *adj.* [7] fabelhaft, ganz groß F, einzigartig.
miroir (mi'rwa:r) *m* **1.** (kleiner) Spiegel *m*; Spiegelfläche *f*; ✈ ~ *d'appontage* Landungsspiegel *m* (*Flugzeugträger*); ~ *ardent* Brennspiegel *m*; ~ *à barbe* Rasierspiegel *m*; ~ *concave* Hohlspiegel *m*; ~ *déformant* Vexierspiegel *m*; ~ *magique* Zauberspiegel *m*; ~ *héliographique* ⚓ Signalisierspiegel *m*; *Auto*: ~ *rétroviseur* Rückblickspiegel *m*; *œufs m/pl. au* ~ Spiegeleier *n/pl.*; **2.** *fig.* Spiegelbild *n*, Abbild *n.*
miroir-de-Vénus ⚘ (mi'rwa:r də ve'nys) *m* Glockenblume *f.*
miroi|té (mirwa'te) *adj.* hell getupft (*v. Pferden*); *carpe f miroitée* Spiegelkarpfen *m*; **~tement** (~t'mɑ̃) *m* Schillern *n*, Spiegelung *f*; **~ter** (~'te) [1a] *v/i.* spiegeln, glänzen, glitzern, schillern; *fig. faire* ~ *qch. aux yeux de q.* j-m etw. vorspiegeln (*od.* vormachen F); **~terie** (~'tri) *f* ⊕ Spiegel-fabrik *f*, ✝ -handel *m*; **~tier** (~'tje) *su.* [7b] Spiegel-fabrikant *m*, -händler *m.*
miron|ton, -taine (mirɔ̃'tɔ̃, mirɔ̃'tɛn) *int.* valle'ri, valle'ra.
miroton (mirɔ'tɔ̃) *m cuis.* Rindragout *n* mit Zwiebeln u. Gewürzen.
misaine ⚓ (mi'zɛn) *f* Focksegel *n*; *mât m de* ~ Fockmast *m.*
misanthro|pe (mizɑ̃'trɔp) *m u. adj.* Menschen-feind *m*, -hasser *m*, Misanthrop *m*; menschen-scheu, -feindlich; **~pie** (~'pi) *f* Menschenhaß *m*, -scheu *f*; **~pique** (~'pik) *adj.* menschenfeindlich, misanthropisch.
miscella|nées (misɛlla'ne) *f/pl.* vermischte Aufsätze *m/pl.*
miscib|ilité (misibili'te) *f* Vermischbarkeit *f*; **~le** (~'siblə) *adj.* (ver)mischbar.
mise (mi:z) *f* **1.** Setzen *n*, Stellen *n*, Versetzen *n in e-n Zustand*; ~ *à l'eau* Stapellauf *m*; Auslegen *n od.* Aussetzen *n* (*e-s Bootes*); *fin.* ~ *en circulation* Inkurssetzung *f*; ~ *en compte* Anrechnung *f*; ~ *au concours* Ausschreibung *f* e-s Wettbewerbs; ⚡ ~ *sous courant*, ~ *sous tension* Unterstromsetzen *n*, An-, Ein-, Durch-schaltung *f*; ⚔ ~ *sur pied d'une armée* Aufstellung *f* e-s Heeres; ~ *à exécution* Vollstreckung *f*; ~ *en exploitation* Erschließung *f e-s Landes*; ⚔ ~ *de feu* Zündung *f*; ⚒ ~ *en feu* Anblasen *n* e-s Hochofens; ~ *en jeu* Einsatz *m*, Aufbietung *f* (*aller Kräfte*); *Sport*: Einwerfen *n des Fußballes*; ~ *à mort* Hinrichtung *f*; ~ *au net* Reinschrift *f*; ~ *au pas fig.* Gleichschaltung *f*; ~ *au point* Einstellen *n des Fernrohrs*; *fig.* Richtigstellung *f*; ⊕ Entwicklung *f*; Nachregulierung *f*, nochmalige Überarbeitung *f*; *phot.* ~ *au point nette* Scharfeinstellung *f*; ~ *à prix* Schätzung *f*, Taxierung *f*; Schätzungspreis *m*; ~ *à la retraite* Versetzung *f* in den Ruhestand; ~ *à sac* Plünderung *f*; *fig.* ⚡ ~ *à la terre* Erdanschluß *m*, Erdung *f*; ~ *au tombeau* Grablegung *f*; ~ *en action* Ausführung *f*, Betätigung *f*; ~ *en*

chantier, ~ *sur cale* Kiellegung *f*; ~ *en disponibilité* Zurverfügungstellung *f*; ~*en état* Versetzung *f* in e-e Lage; ~ *en liberté* Freilassung *f*; ~ *en ligne* Einsatz *m*; ~ *en marche*, ~ *en mouvement* Inbetriebsetzung *f*, Anlassen *n*, Anlauf *m*, Start *m*; *bsd.* ✈ Anwerfen *n*; ~ *en œuvre* Aus-, Durch-führung *f*; ⚒ Verhüttung *f v. Erzen*; *typ.* ~ *en pages* Umbruch *m*; ~ *bas* Werfen *n* (*v. Tieren*); ~ *hors de combat* Knockout *n*; *rad.* ~ *en ondes* Funkbearbeitung *f*, Zs.-stellung *f*; ~ *en place* Durchführung *f*; ~ *en plis* Wasserwelle *f* (*Haarfrisur*); ~ *en pratique* Anwendung *f*; *thé.*, *fig.* ~ *en scène* Inszenierung *f*, *thé.* Regie *f*; ~ *en scène judiciaire* Schauprozeß *m*; ~ *en train* Ingangsetzen *n*; Einarbeiten *n*; *bsd.* ✝, *éc.* Ankurbelung *f*; ~ *en œuvre*, ~ *en main*, ~ *en pratique* Inangriffnahme *f*, Durchführung *f*; ~ *en contact* Zusammenfügung *f*; ~ *en valeur* Auswertung *f*; Erschließung *f* (*v. Baugelände*); ~ *en vente* Verkaufsangebot *n*; ~ *hors la loi* Achterklärung *f*; ~ *hors de marche* Stillegen *n*; ~ *hors de service* Außerbetriebsetzung *f*, Stillegung *f*; **2.** Tracht *f*, Art *f*, sich zu kleiden; *avoir une* ~ *soignée* adrett gekleidet sein; *être de* ~ passend sein, Mode sein; **3.** *Spiel*: Einsatz *m*; ✝ Einlage *f*; *fig.* ~ *à mort* Todeseinsatz *m*; **4.** Gebot *n bei Versteigerungen*; **5.** *fig.* Gangbarkeit *f*; être de ~ sich ziemen, statthaft sein.

mi-septembre (misɛp'tɑ̃:brə) *f*: *vers la* ~ etwa Mitte September.

miser (mi'ze) [1a] **I** *v/t.* einsetzen (*beim Spiel*); **II** *v/i.* ~ *sur soi-même* auf sich selbst bauen.

misérable (mize'rablə) **I** *adj.* □ **1.** sehr unglücklich, elend, miserabel; beklagenswert; **2.** verächtlich; erbärmlich, wertlos; **II** *su.* **3.** Unglücklicher *m*, Hilfsbedürftiger *m*; **4.** Schurke *m*.

misère (mi'zɛ:r) *f* **1.** Elend *n*, Not *f*, Misere *f*, Hilflosigkeit *f*; **2.** Beschwerlichkeit *f*, Pein *f*; *collier m de* ~ *fig.* Plackerei *f*, Hundeleben *n*; beschwerliche Arbeit *f*, Schufterei *f*; *lit m de* ~ Schmerzenslager *n*; *vallée f de* ~ irdisches Jammertal *n*; *faire des* ~*s à q.* j-m Schwierigkeiten machen; *tomber dans la* ~ verarmen; **3.** Kleinigkeit *f*, Lappalie *f*; *se quereller pour une* ~ sich wegen nichts und wieder nichts in den Haaren (*od.* in der Wolle) haben.

miséréré (mizere're) *m* Miserere *n* (*51. Psalm*).

miséreux (mize'rø) *adj. u. su.* [7d] arm, elend; armer Teufel *m*.

miséri|corde (mizeri'kɔrd) *f* Barmherzigkeit *f*, Erbarmen *n*; Begnadigung *f*, Schonung *f*; ~! Herr des Himmels!; *faire* ~ *à q.* sich j-s erbarmen; *préférer* ~ *à justice* Gnade vor Recht ergehen lassen; *rl. œuvres f/pl. de* ~ Liebeswerke *n/pl.*; *sœurs f/pl. de la* ~ barmherzige Schwestern *f/pl.*; *ancre f de* ~ Rettungsanker *m*; **~cordieux** (~kɔr'djø) [7d] **I** *adj.* □: ~ *envers* barmherzig gegen (*acc.*) **II** *su.* Barmherziger *m*.

misogyn|e (mizɔ'ʒin) **I** *adj.* misogynisch, weiberscheu; **II** *m* Weiberfeind *m*, Misogyn *m*; **~ie** (~'ni) *f* Misogynie *f*, Frauenhaß *m*.

mi-soie (mi'swa) *adjt.* halbseiden.

misonéisme (mizɔne'ism) *m* Haß *m* gegen alles Neue.

missel (mi'sɛl) *m rl.* Meßbuch *n*.

missile ⚔ (mi'sil) *m* Fernlenkgeschoß *n*.

mission (mi'sjɔ̃) *f* **1.** Auftrag *m*, Aufgabe *f*; **2.** Sendung *f*; *a. rl.* Mission *f*; *aller en* ~ als Missionar ausgehen; **~naire** (~sjɔ'nɛ:r) *m* Missionar *m*.

missive (mi'si:v) *f* Sendschreiben *n*.

misti(gri) F (mis'ti, ~'gri) *m* Mieze *f*; *Art* Kartenspiel *m*; Kreuzbube *m* (*in diesem Spiel*). [Schinderei *f*.]

mistoufle * (mis'tuflə) *f* Pleite *f*;

mistral (mis'tral) *m* Mistral *m*.

mitaine (mi'tɛn) *f* fingerloser (Arbeits-)Handschuh *m*; *prendre des* ~*s avec q.* j-n mit Glacéhandschuhen anfassen *fig.*

mi|te *ent.* (mit) *f* Motte *f*; ~ *du fromage* Käsemilbe *f*; **~té** (mi'te) *adj.* von Motten angefressen.

mi-temps (mi'tɑ̃) *f* [6c] *Sport*: Halbzeit *f*; *écol. fonctionner à* ~ im Schichtunterricht arbeiten; *allg. travail m à* ~ Halbtagsarbeit *f*.

miteux F (mi'tø) [7d] **I** *adj.* ärmlich, schäbig, lumpig; **II** *m* armer Schlucker *m*.

mithridatis|er (mitridati'ze) *v/t.* [1a] gegen Gifte immunisieren; **~me** (~'tism) *m* Immunität *f* gegen Gifte.

miti|gatif (mitiga'tif) *adj.* [7e] mildernd, lindernd; **~gation** (~ga-

'sjɔ̃) *f* Linderung *f*; *fig.* Milderung *f*; Mäßigung *f*; **~ger** (~'ʒe) *v/t.* [1l] mildern; *morale f mitigée* lockere Moral *f*.

miton (mi'tɔ̃) *m* **1.** Pulswärmer *m*; F *c'est de l'onguent ~-mitaine* dieses Mittel hilft überhaupt (*od.* absolut) nicht; **2.** *enf.* Mieze *f*; **3.** *dial.* großes Brotstück *n*; **~ner** (~tɔ'ne) [1a] **I** *v/i.* **1.** langsam kochen; **II** *v/t.* **2.** ~ *q.* sich bei j-m einschmeicheln; j-n verhätscheln; **3.** ~ *une affaire* e-e Sache geschickt in die Wege leiten; **III** *v/rfl.* *se* ~ **4.** sich das Leben angenehm machen; **5.** insgeheim im Gange sein (*v. Sachen*).

mitoyen (mitwa'jɛ̃) *adj.* [7c] in der Mitte befindlich; Mittel...; Grenz-...; *fossé m* ~ Grenzgraben *m*; *clôture f ~ne* Zwischenzaun *m*; ⚠ *mur m* ~ Brandmauer *f*; **~neté** (~jɛn'te) *f* ⚖ Grenzgemeinschaft *f*, mittlere Lage *f* zwischen zwei Grundstücken; *allg.* Mittellage *f*.

mitrail|lade ⚔ (mitra'jad) *f* Kugelfeuer *n*; **~lage** ⚔ (~'ja:ʒ) *m* Beschießung *f*; **~le** (mi'tra:j) *f* **1.** Alteisen *n*, Schrott *m*; **2.** * Kupfergeld *n*; **~ler** ⚔ (~tra'je) *v/t.* [1a] zusammenschießen, niedermähen, mit MG-Feuer belegen; **~lette** ⚔ (~'jɛt) *f* Maschinenpistole *f*; **~leur** ⚔ (~'jœ:r) *m* MG-Schütze *m*; **~leuse** ⚔ (~'jø:z) *f* Maschinengewehr *n*, MG *n*; ~ *légère* leichtes MG *n*; ~ *lourde* schweres MG *n*.

mitre ('mitrə) *f* **1.** *antiq. rl.* Mitra *f*; *rl.* Bischofsmütze *f*; *fig.* geistliche Macht *f*; **2.** ~ *d'une cheminée* Schornsteinaufsatz *m*.

mitron (mi'trɔ̃) *m* **1.** Bäckergeselle *m*; **2.** ⚠ Kappenziegel *m*.

mi-voix (mi'vwa) *advt.*: *à* ~ halblaut.

mi-volée *Sport* (mivɔ'le) *f* [6d] [*Tennis*: Halbflugball *m*.]

mixage (mik'sa:ʒ) *m cin.* Mischen *n*; *rad.* Geräuschmischen *n*.

mix|te (mikst) *adj.* gemischt; ⚔ kombiniert, zusammengesetzt; *commission f* ~ gemischte Kommission *f*; *mariage m* ~ gemischte Ehe *f*; 🚂 *train m* ~ gemischter Zug *m*; *éducation f* ~ Koedukation *f*; **~tion** *phm.* (miks'tjɔ̃) *f* Mixtur *f*; **~tionner** (~tjɔ'ne) *v/t.* [1a] mixen, zusammenbrauen, (ver)mischen; **~ture** (~'ty:r) *f* **1.** *phm.* Mixtur *f*; **2.** *péj.* Mischung *f*.

mnémonique 🕮 (mnemɔ'nik) **I** *adj.* □ gedächtnismäßig; **II** *f* Gedächtnis-lehre *f*, -kunst *f*.

mnémotech|nie (~tɛk'ni) *f* = ~*nique* **II**; **~nique** (~'nik) **I** *adj.* mnemotechnisch; *moyen m* ~ Gedächtnisstütze *f*; **II** *f* Mnemotechnik *f*, Gedächtniskunst *f*.

mobi|le (mɔ'bil) **I** *adj.* **1.** beweglich, verstellbar, drehbar, fahrbar, lose; *fig.* wandelbar, unstet, unbeständig, sprunghaft; *fêtes f/pl. ~s* bewegliche Feste *n/pl.*; *esprit m* ~ unruhiger Geist *m*; **2.** ⚔ schnell, einsatzbereit; *groupe m* ~ schnelle Abteilung *f*; **II** *m méc.* beweglicher Körper *m*; ⊕ Triebrad *n in Uhren*; *fig.* Motiv *n*, Triebfeder *f*, Antrieb *m*, treibende Kraft *f*; (Beweg-)Grund *m*; **~liaire** (~'ljɛ:r) *adj.* das Mobiliar betreffend, Mobiliar...; *cote f* ~ Hauszinssteuer *f*; **~lier** (~'lje) **I** *adj.* [7b] beweglich; aus beweglichen Gütern bestehend; Mobiliar...; **II** *m* Mobiliar *n*, Hausrat *m*; ⚖ bewegliche Habe *f*; **~lisable** (~li'zablə) *adj.* wehrfähig, mobilisierbar; *non* ~ unabkömmlich; **~lisation** (~liza'sjɔ̃) *f* Mobilmachung *f*; *fig.* Aufbringen *n*, Bereitstellen *n*, Flüssigmachen *n von Kapitalien*; ~ *policière* Polizeiaufgebot *n*; **~liser** (~li'ze) *v/t.* [1a] **1.** ⚖ *u.* ✝: ~ *un capital* ein Kapital flüssig machen; **2.** ⚔, F *fig.* mobilisieren, mobil machen; **~lité** (~li'te) *f* Beweglichkeit *f*; *fig.* Unstetigkeit *f*, Wandelbarkeit *f*, Veränderlichkeit *f*.

mocassin (~ka'sɛ̃) *m* Mokassin *m*.

moche P (mɔʃ) *adj.* häßlich, mau, mies, schlecht; schofel; kitschig.

modal ⚖, *gr.*, *phil.*, ♪ (mɔ'dal) *adj.* [5c] modal; **~ité** (~li'te) *f* Modalität *f*, Eigenschaft *f*, Weise *f*; ♪ Tonart *f*; ⚖ Bestimmung *f*, Abmachung *f*, Modalität *f*, Bedingung *f*.

mode (mɔd) **I** *m* **1.** Art *f* und Weise *f*, Form *f*, Methode *f*; ~ *d'emploi* Gebrauchsanweisung *f*; ✝ ~ *de paiement* Zahlungs-art *f*, -weise *f*; ⊕ ~ *de tissage* Webart *f e-s Stoffes*; ~ *de vie* Lebensweise *f*; **2.** ⚖ bedingende Klausel *f*; **3.** ♪ Tonart *f*; **4.** *gr.* Modus *m*; **II** *f* **5.** Mode *f*, Sitte *f*, Geschmack(s-richtung *f*) *m*; *à la* ~ modern, modisch, beliebt; *à la dernière* (*od. nouvelle*) ~ neumodisch; *il est de* ~ ... die Mode bringt es mit sich ...; *passé de* ~ unmodern, altmodisch; *cuis.* *bœuf m* ~ Schmorbraten *m*; **6.** ~*s pl.* Modewaren *f/pl.*; Putzwaren *f/pl.*; *magasin m de* ~*s* Modegeschäft *n*; Putzwarengeschäft *n*; (*articles m/pl. de*) ~*s* Putz-, Mode-waren *f/pl.*; *marchande f de* ~*s* Putzmacherin *f*.

modelage (mɔd'la:ʒ) *m* Modellieren *n*; Basteln *n*; ⊕ Herstellung *f* von Modellen; *faire du* ~ basteln.

modèle (mɔ'dɛl) *m* **1.** Muster *n*; Schnittmuster *n*; Modell *n*, Typ *m*, Bauart *f*; ~ *d'avion* Flugzeugmodell *n*; ✝ ~ *d'une lettre de change* Wechselformular *n*; ~ *de broderie* Stickmuster *n*; ~ *sportif*, ~ *de sport* Sportmodell *n*; ~ *déposé*, ~ *d'utilité* Gebrauchsmuster *n*; *servir de* ~ als Muster dienen; **2.** *peint.* Modell *n*; *faire le métier de* ~ Modell stehen; **3.** *fig.* Vorbild *n*, Muster *n*; *prendre* ~ *sur q.*, *prendre q. pour* ~ sich j-n zum Vorbild nehmen; *c'est un* ~ (*de vertu*) er ist ein wahrer Ausbund von Tugend; *école f* ~ Musterschule *f*; *élève m* ~ Musterschüler *m*; *bsd. écol. établissement m* ~ Musteranstalt *f*; *Etat m* ~ Musterstaat *m*; *ferme f* ~ Musterwirtschaft *f*.

mode|lé (mɔd'le) **I** *adj.* modelliert; **II** *m* Modellierung *f*, Gestaltung *f*; ~ *du visage* Schnitt *m* des Gesichts, Gesichtsschnitt *m*; ~**ler** (~) [1d] **I** *v/t.* modellieren, formen, gestalten; *fig.* nachbilden; **II** *v/rfl.* *se* ~ *sur q.* sich j-n zum Vorbild nehmen; ~**leur** (~'lœ:r) *m* Modellierer *m*, Former *m*; Modelltischler *m*.

modélisme (mɔde'lism) *m* Modellbau *m*.

modéliste (mɔde'list) *su.*, **modelliste** (~dɛ'list) *su.* Modell-schneider *m*, -zeichner *m*.

modénature ⚠ (mɔdena'ty:r) *f* [Simswerk *n*.]

modéran|tisme *pol.* (mɔderɑ̃'tism) *m* gemäßigte Richtung *f*; ~**tiste** *pol.* (~'tist) *su.* Gemäßigter *m*.

modé|rateur (mɔdera'tœ:r) *su.* **1.** *rl.* Lenker *m* (*Gott*); **2.** Mäßiger *m*, beschwichtigendes Element *n*; **3.** ⊕ Regulator *m*, Reguliervorrichtung *f*; ~**ration** (~rɑ'sjɔ̃) *f* Mäßigung *f*, Abschwächung *f*; Verminderung *f*, Milderung *f*; Gelassenheit *f*, Schonung *f*; *rad.* ~ *de l'accouplement* Auskopplung *f*; ~**rato** ♪ (~ra'to) *adv.* gemäßigt; ~**ré** (~'re) **I** *adj.* (*adv. modérément*) mäßig; bescheiden; *a. pol.* gemäßigt; **II** *su. pol.* Gemäßigter *m*; ~**rer** (~'re) [1f] **I** *v/t.* mäßigen; mildern, herabsetzen, vermindern; *rad.* ~ *la réaction* auskoppeln; **II** *v/rfl.* *se* ~ sich mäßigen, Maß halten, sich bescheiden; nachlassen (*Kälte, Wind usw.*).

modern|e (mɔ'dɛrn) **I** *adj.* □ modern, neu, neuzeitlich, heutig; *les langues* ~*s* die neueren Sprachen *f/pl.*; *grec* ~ neugriechisch; **II** *m*: *le* ~ das Moderne *n*; *écol.* der neusprachliche Zweig *m*; *les* ~*s* die Neueren *m/pl.*; ~**isation** (~nizɑ'sjɔ̃) *f* Modernisierung *f*; ~**iser** (~ni'ze) *v/t.* [1a] modernisieren; ~**isme** (~'nism) *m* Modernismus *m*, moderner Geschmack *m*, moderner Lebensstil *m*; *rl.* Freisinnigkeit *f*; ~**iste** (~'nist) **I** *su.* Modernist *m*, Freund *m* (*od.* Anhänger *m*) des Modernen; **II** *adj.* modern eingestellt; *péj.* neuerungssüchtig; *rl.* freisinnig; ~**ité** (~ni'te) *f* neuzeitlicher Stil *m od.* Geschmack *m*, neuzeitliches Gepräge *n*.

modes|te (mɔ'dɛst) *adj.* □ **1.** bescheiden, anspruchslos; schlicht, einfach (*von Möbeln usw.*); **2.** ehrbar, sittsam; *tenue f* ~ Zurückhaltung *f*, Anstand *m*; ~**tie** (~'ti) *f* Bescheidenheit *f*, Anspruchslosigkeit *f*; Einfachheit *f*; Sittsamkeit *f*.

modicité (mɔdisi'te) *f* Mäßigkeit *f*, mäßige Größe *f*; Beschränktheit *f*, Knappheit *f*, Mittelmäßigkeit *f*.

modi|fiable (mɔdi'fjablə) *adj.* veränderlich, abänderungsfähig; einstellbar; ~**ficateur** (~fika'tœ:r) **I** *adj.* [7f] abändernd, einschränkend, bestimmend; **II** ⊕ *m* Einrück- u. Ausrück-vorrichtung *f*; ~**ficatif** *gr.* (~fika'tif) **I** *adj.* [7e] abändernd; **II** *m* Bestimmungswort *n*; ~**fication** (~fikɑ'sjɔ̃) *f* Ab-, Um-, Veränderung *f*; Neugestaltung *f*, Wandel *m*; Milderung *f*, Einschränkung *f*; Änderung *f* (*am Kleid*); ~ *à la législation* Änderung *f* der Gesetzgebung; *des* ~*s qui vont loin* einschneidende Veränderungen *f/pl.*; ~**fier** (~'fje) *v/t.* [1a] ab-, um-, ver-ändern; mäßigen, mildern; ✝ *Preis* herabsetzen; *gr.* näher bestimmen.

modillon ⚠ (mɔdi'jɔ̃) *m* Sparrenkopf *m*.

modique (mɔ'dik) *adj.* □ mäßig, gering.

modiste (mɔ'dist) *f* (*a. adj.*) Modistin *f*, Putzmacherin *f*.

modu|lation (mɔdylɑ'sjɔ̃) *f* **1.** ♪ Modulation *f*; ⚡, *rad. émetteur m à* ~ *de fréquence* frequenzmodulierter Sender *m*; **2.** Vortragsart *f*, Stimmlage *f*; **3.** △ Stützenabstand *m*; Raster *m*; **~le** △, ⚒ (mɔ'dyl) *m* Modul *m*, Einheitsmaß *n*; Durchmesser *m* (*e-r Medaille*); *bét.* ~ *granulométrique* Körnungsziffer *f*; **~ler** (~'le) *v/t. u. v/i.* [1a] modulieren; ♪ in e-e andere Tonart übergehen lassen; mit wechselndem Tonfall vortragen; die Tonart wechseln.

moel|le (mwal) *f* **1.** (Knochen-) Mark *n*; *fig. das* Beste *n*; ~ *de l'épine*, ~ *épinière* Rückenmark *n*; *os m à* ~ Marksknochen *m*; (*corrompu*) *jusqu'à la* ~ (des os) ganz u. gar, durch u. durch (verdorben); *cela me va jusqu'à la* ~ *des os* das geht mir durch Mark u. Bein; **2.** ♀ Mark *n*, Gewebe *n* der Pflanzenstengel; **~leux** (~'lø) *adj.* [7d] □ **1.** markig; *os m* ~ Marksknochen *m*; **2.** weich; *étoffe f moelleuse* weicher Stoff *m*; **3.** *fig.* kernig u. zart zugleich; *vin* ~ voller u. milder Wein *m*; *voix f moelleuse* volle und zugleich weiche Stimme *f*; **~lon** (~'lɔ̃) *m* △ Bruch-, Bau-, Mauerstein *m*; *~s concassés pl.* Splitt *m*; △ *les murs sont en ~s* die Mauern sind massiv.

mœurs (mœrs) *f/pl.* **1.** Sitten *f/pl.*, Lebenswandel *m*; *certificat m de bonne vie et* ~ polizeiliches Führungszeugnis *n*; **2.** gute Sitten *f/pl.*; *homme m sans* ~ sittenloser Mensch *m*; **3.** Sitten *f/pl.*, Lebensweise *f/sg.*

mofette (mɔ'fɛt) *f* **1.** ⚒ Grubengas *n*; **2.** (*a. mouffette*) Stinktier *n*.

mohair *text.* (mɔ'ɛ:r) *m* Mohair *m*.

moi (mwa) **I** (*starktoniges pr., alleinstehend, im positiven impér., nach prp.*) ich; mich; mir; ~ *non plus* ich auch nicht; *~-même* ich selbst; ~, *je n'en sais rien* ich weiß nichts davon; ~ *qui l'ai vu* ... ich, der ich ihn gesehen habe, ...; *selon* ~ meines Erachtens, meiner Ansicht nach; *il est plus grand que* ~ er ist größer als ich; *il ne connaît que* ~ er kennt nur mich; *à* ~*!* Hilfe!; *de vous à* ~ zwischen uns beiden; *quant à* ~, *pour* ~ was mich betrifft; *ce livre est à* ~ dieses Buch gehört mir; *je ne suis plus à* ~ a) ich bin außer mir; b) ich fühle mich nicht mehr frei; *chez* ~ bei mir (zu Hause); *rendez-le-*~ geben Sie es mir zurück; **II** *m das* Ich *n*; Selbstsucht *f*.

moie (~) *f* Haufen *m* (*Sand, Getreide*).

moignon (mwa'ɲɔ̃) *m* Stumpf *m*; ~ *de jambe* Beinstumpf *m*.

moindre ('mwɛ̃:drə) *adj.* **1.** geringer, kleiner, minder; *chose f de* ~ *importance* Nebensache *f*; *rien de* ~ nichts Geringeres; **2.** *le, la* ~ der, die, das Geringste, Kleinste, Winzigste; *il n'en a pas la* ~ *idée* er hat davon nicht die geringste Ahnung; *les ~s des oiseaux* die winzigsten unter den Vögeln.

moine (mwan) *m* **1.** Mönch *m*; *se faire* ~ Mönch werden; **2.** *fig.* Wärmflasche *f*; **3.** *zo.* Mönchsrobbe *f*; **4.** *typ.* blasse Stelle *f* im Druck.

moineau (mwa'no) *m* [5b] Spatz *m*, Sperling *m*; P *vilain* ~ *fig.* häßlicher Vogel *m* (*als Schimpfwort*); *un joli* ~ *mvp.* ein nettes Früchtchen *n*.

moinillon F (mwani'jɔ̃) *m* Mönchlein *n*.

moins (mwɛ̃) **I** *adv.* **1.** weniger; *de* ~ *en* ~ immer weniger; ~ *de cent personnes* weniger als hundert Personen; *c'est* ~ *que rien* das ist weniger als nichts; *les* ~ *de trois mois* die Kinder unter drei Monaten; *il a deux ans de* ~ *que moi* er ist zwei Jahre jünger als ich; *en* ~ *de rien* im Nu; *il y a mille francs de* ~ es sind tausend Franken zuwenig; *vous ne l'aurez pas à* ~ Sie werden es nicht billiger bekommen; *dix heures* ~ *un quart* (*od.* ~ *le quart*) dreiviertel zehn (*Uhrzeit*); *une heure* ~ *dix* zehn Minuten vor eins; *en* (*od. dans*) ~ *d'une heure* in weniger als einer Stunde; ~ *huit degrés* minus acht Grad; *vingt* ~ *trois font dix-sept* zwanzig minus (*od.* weniger) drei sind siebzehn; **2.** *ne ... pas* ~ andererseits, jedoch, doch; *il n'en est pas* ~ *vrai que* andererseits ist es wahr (*od.* stimmt es), daß; **3.** ~ ..., ~ je weniger ..., um so (*od.* desto) weniger; **4.** *le* ~ *sup.* am wenigsten; *pas le* ~ *du monde* nicht im geringsten; durchaus nicht; *faites le* ~ *de dépenses que vous pourrez* geben Sie so wenig wie möglich aus!; **5.** *prp.*: *à* ~ *de* a) unter (= *unterhalb e-s Preises*); *je ne lui donnerai pas ce livre à* ~ *de cinq mille francs* ich werde ihm dieses Buch nicht unter fünftausend Franken ablassen; b) ohne; wenn ... ausbleibt; *tout est perdu à ~ d'un prompt remède* alles ist verloren, wenn ein schnellwirkendes Heilmittel ausbleibt; **6.** *cjt.*: *à ~ de mit inf., a. noch*: *à ~ que de mit inf.* außer wenn ..., es sei denn, daß ...; *à ~ que ... ne* (*mit subj.*) wofern nicht, außer wenn, ohne daß; **7.** a) *au ~, pour le ~, tout au ~, à tout le ~* (*vor Zahlen u. allg.-einschränkend*) mindestens, wenigstens; zumindest (*nur allg.-einschränkend*); *en prenant au moins 1000 kilos* bei e-r Abnahme von wenigstens 1000 kg; *à tout le ~ usons de ce peu de liberté qui nous reste* genießen wir wenigstens das bißchen Freiheit, das uns bleibt; *vous le lui avez dit, au ~?* Sie haben es ihm doch hoffentlich gesagt?; *au ~, je vous en avertis* jedenfalls warne ich Sie davor; b) *du ~* (*weniger vor Zahlen*; *mst. allg.-einschränkend gebr.*) wenigstens; zumindest; *laisse-moi du moins le plaisir de le voir* laß' mir doch wenigstens die Freude, ihn zu sehen; *je viendrai demain, du moins si je peux* ich werde morgen kommen, vorausgesetzt, daß ich kann; **II** *m arith. un ~* ein Minuszeichen *n*; **~-value** ✝ (~va'ly) *f* [6a] Wertminderung *f*; Minderbetrag *f*, Differenz *f*, Mindereinnahme *f*.

moi|rage *text.* (mwa'ra:ʒ) *m* Moirieren *n*, Wässern *n*; Wasserglanz *m*; **~re** *text.* (mwa:r) *f* Moiré *m od. n*; **~ré** (mwa're) *m* Wasserglanz *m* des Stoffes; Metallglanz *m*; **~rer** (~) *v/t.* [1a] e-n Stoff moirieren, wässern, flammen.

mois (mwa) *m* **1.** Monat *m*; *au ~ de janvier* im (Monat) Januar; (*pendant*) *des ~ entiers* monatelang; *dans l'espace d'un ~* innerhalb e-s Monats, in Monatsfrist; *dix-huit ~* anderthalb Jahre; *six ~* ein halbes Jahr *n*; *par ~, tous les ~* monatlich, monatsweise; ✝ *un ~ de date* ein Monat nach dato; **2.** Monatsgeld *n*.

moise ⚠ (mwa:z) *f* Verbindungsstück *n*, Band(balken *m*) *n*.

Moïse (mɔ'i:z) *m* Moses *m*.

moi|si (mwa'zi) **I** *adj.* schimmlig, stockig, muffig; **II** *m* Schimmel *m*, *das* Verschimmelte *n*; *sentir le ~* nach Schimmel riechen; **~sir** (~'zi:r) [2a] **I** *v/t.* schimmlig machen; **II** *v/i.* F lange bleiben *od.* warten, versauern, alt werden; *écol.* nicht mitkommen, schlapp machen; F *~ quelque part* sich irgendwo zu lange aufhalten; **III** *v/i. u. v/rfl. se ~* schimmlig werden, (ver)schimmeln; **~sissure** (~zi'sy:r) *f* **1.** Schimmel *m*; *~s pl.* Schimmelpilze *m/pl.*; **2.** Verschimmeln *n*; **3.** Stockfleck *m*, *das* Verschimmelte *n*.

moisson (mwa'sõ) *f* (*Getreide-*) Ernte *f*; Erntezeit *f*; *fig.* Ausbeute *f*; **~ner** (~sɔ'ne) *v/t.* [1a] ernten; *fig.* dahinraffen, niedermähen (*im Krieg*); *fig. ~ des lauriers* Lorbeeren ernten; **~neur** (~'nœ:r) *su.* [7g] Mäher *m*, Schnitter *m*; **~neuse** ⊕ (~'nø:z) *f* Mähmaschine *f*; **~neuse-batteuse** ⊕ (~ba'tø:z) *f* Mähdrescher *m*; **~neuse-lieuse** ⊕ (~'ljø:z) Bindemähmaschine *f*.

moi|te (mwat) *adj.* (etwas) feucht, klamm; *~ de sueur* naß vor Schweiß; *les mains ~s* mit feuchten Händen; **~teur** (mwa'tœ:r) *f* leichte Feuchtigkeit *f*.

moitié (mwa'tje) **I** *f* **1.** Hälfte *f*; *être de ~ à qch.* zur Hälfte an etw. (*dat.*) beteiligt sein; *diminuer de ~* sich um die Hälfte verringern; *couper* (*partager*) *qch. par la ~* etw. halbieren; *pour ~* zur Hälfte; *à ~-chemin* auf halbem Wege; *à ~ prix* zu halbem Preise; **2.** F Ehehälfte *f*, bessere Hälfte *f*; **II** *adv. pain m ~ froment, ~ seigle* halb Weizen-, halb Roggen-brot *n*; F *~ chair, ~ poisson* weder Fisch noch Fleisch.

moitir (mwa'ti:r) [2a] **I** *v/t.* anfeuchten; **II** *v/rfl. se ~* feucht werden.

moka (mɔ'ka) *m* Mokka *m* (*Kaffee*).

molaire (mɔ'lɛ:r) *adj. u. f*: (*dent f*) ~ Backenzahn *m*.

molasse (mɔ'las) *f géol.* Molasse-Sandstein *m*; s. *mollasse* III.

môle ⚓ (mo:l) *m* Mole *f*.

molécu|laire (mɔleky'lɛ:r) *adj.* □ Molekular...; **~le** (~'kyl) *f* Molekül *m*, Urteilchen *n*.

molène ⚘ (mɔ'lɛn) *f* Königskerze *f*.

moleskine ✝ (mɔlɛs'kin) *f* Moleskin *m od. n* (*Stoffart*).

moles|tation (mɔlɛstɑ'sjõ) *f* Belästigung *f*, Behelligung *f*, Plackerei *f*; **~ter** (~'te) *v/t.* [1a]: *~ q.* j-m zusetzen, j-m hart (*od.* übel) mitspielen, j-n schikanieren.

moleter ⊕ (mɔl'te) *v/t.* [1c] rändeln; mit dem Reibstein polieren.

molette (mɔ'lɛt) *f* **1.** ~ (*d'éperon*) Spornrädchen *n*; **2.** ⊕ Kraus-, Rändel-rad *n*; Schleifrolle *f*; Rädchen *n* (*am Feuerzeug*); ⚒ Seilscheibe *f*; *typ.* Farbläufer *m*, Reibstein *m*; *cout.* Rädchen *n*, Kopierrad *n*; ⊕ *clé f à* ~ Universalschlüssel *m*; **3.** *vét.* Fußgalle *f*.
moliér|esque *litt.* (mɔlje'rɛsk) *adj.* molièrehaft, im Stile Molières; **~iste** (~'rist) *su.* Molièrekenner *m*.
moll|asse (mɔ'las) **I** *adj.* schlaff, weichlich, energielos; allzu weich, wabbelig; **II** *fig. su.* Waschlappen *m*, schlaffer Mensch *m*; **III** *géol. f* Molassesandstein *m*; **~e** (mɔl) *adj./f u.* **~ement** (mɔl'mɑ̃) *adv.*, *beide v. mou*; **~esse** (mɔ'lɛs) *f* **1.** Weichheit *f*; Weichherzigkeit *f*, Milde *f*; ~ *du corps* Schlaffheit *f* des Körpers; **2.** *fig.* Schwäche *f*, übertriebene Nachsicht *f*; **3.** Energielosigkeit *f*; Trägheit *f*; Verweichlichung *f*.
mollet (mɔ'lɛ) **I** *adj.* [7c] weich, zart; *œuf m* ~ weichgekochtes, abgeschältes Ei *n*; *pain m* ~ kleines Weißbrot *n*; **II** *m* Wade *f*; **~ière** (mɔl'tjɛːr) *f* Leder- *od.* Wickelgamasche *f*; **~on** (mɔl'tɔ̃) *m* Molton *m* (*Flanell*).
molli|fication (mɔlifikɑ'sjɔ̃) *f* Erweichung *f*; **~fier** (~'fje) *v/t.* [1a] erweichen.
moll|ir (mɔ'liːr) *v/i.* [2a] weich werden; *fig.* ermatten, nachlassen; nachgeben; abflauen (*Wind*); **~usque** *zo.* (~'lysk) *m* Weichtier *n*.
molosse (mɔ'lɔs) *m* großer Wachhund *m* (*mst. große Dogge*).
molusson ⚓ (mɔly'sɔ̃) *m* kleine Pinasse *f* (*der engen Kanäle Zentralfrankreichs*).
môme P (moːm) **I** *m* kleines Kind *n*, Gör *n*, Range *f*, kleiner Bengel *m*; **II** *f* Göre *f*; Geliebte *f*.
moment (mɔ'mɑ̃) *m* **1.** Augenblick *m*, Moment *m*, Zeit(punkt *m*) *f*; *dans mes ~s perdus* in m-n Mußestunden; *à partir de ce* ~ von diesem Augenblick an; *par ~s* mitunter; *pour le* ~ zur Zeit, vorläufig; *au* ~ *où* (*bisw. au* ~ *que*) in dem Augenblicke, als (wo) ...; als; wenn; sobald; *du* ~ *que* a) von dem Augenblick an, wo (als) ...; sobald; b) da (nun einmal); *au bon* ~ im rechten Augenblick, gerade recht; *d'un* ~ *à l'autre* jeden Augenblick; *en un* ~ im Nu; *à* (*dans od. en*) *ce* ~ in diesem Augenblick; *à ce* ~ soeben; damals; *au* ~ *de* (*inf. bei gleichem Subjekt*) im Augenblick, als; *sur le* ~ sofort, sogleich; **2.** *méc.* Hebelkraft *f*, ~ *d'inertie* Trägheitsmoment *n*; **~ané** (~ta'ne); *adj.* (*adv. momentanément*) augenblicklich.
momerie (mom'ri) *f* Getue *n*.
momi|e (mɔ'mi) *f* Mumie *f*; *fig.* klapperiger Mensch *m*; Schlafmütze *f*, verkalkter Trottel *m*; **~fication** (~fikɑ'sjɔ̃) *f* Mumifizierung *f*; *fig.* fortschreitende Abmagerung *f*; **~fier** (~'fje) [1a] **I** *v/t.* mumifizieren; **II** *v/rfl.* *se* ~ zur Mumie werden; *fig.* abmagern.
mon *m*, **ma** *f*; *pl.* **mes** (mɔ̃, ma; *pl.* me) *pr/pss. adj.* mein(e *f*) *m*, *n*; *pl.* meine; *mon chat* meine Katze *f*; *ma table* mein Tisch *m*; *mes chats* (*tables*) meine Katzen (Tische).
mona|cal (mɔna'kal) *adj.* [5c] □ mönchisch, klösterlich, Kloster...; **~chisme** (~'kism) *m* Mönchstum *n*.
monar|chie (mɔnar'ʃi) *f* Monarchie *f*; **~chique** (~'ʃik) *adj.* □ monarchisch; **~chisme** (~'ʃism) *m* Monarchismus *m*; **~chiste** (~'ʃist) *su. u. adj.* Monarchist *m*; monarchisch gesinnt; **~que** (mɔ'nark) *m* Monarch *m*.
monas|tère (mɔnas'tɛːr) *m* Kloster *n*; **~tique** (~'tik) *adj.* □ klösterlich, Kloster..., Mönchs...
monceau (mɔ̃'so) *m* [5b] Haufen *m*.
mon|dain (mɔ̃'dɛ̃) [7] **I** *adj.* □ **1.** weltgewandt, gesellig, gesellschaftlich; mondän, vornehm, nach Art der großen Welt, hypermodern; *peu* (*pas*) ~ ungesellig; *caractère m* ~ Geselligkeit *f*; *rapports m/pl.* ~*s* gesellschaftliche Beziehungen *f/pl.*; *tout Paris* ~ die gesamte Pariser Hautevolée *f*; **2.** *rl.* irdisch, weltlich; *esprit m* ~ weltlicher Sinn *m*; **II** *m*: Mann *m* von Welt *f*; Dame *f* von Welt; **~daniser** (~dani'ze) *v/t.* [1a] verweltlichen; **~danité** (~dani'te) *f* Äußerlichkeit *f*; Veräußerlichung *f*; *néol. pl.* ~*s* Veranstaltungen *f/pl.* der obersten Zehntausend.
monde[1] *bibl.* (mɔ̃ːd) *adj.* koscher.
monde[2] (mɔ̃ːd) *m* **1.** Welt *m*, Weltall *n*; *tant que le* ~ *sera* ~ solange die Welt bestehen wird; ~ *physique* (*od. sensible od. visible*) Sinnenwelt *f*; ~ *des idées*, ~ *ideal* Gedankenwelt *f*; **2.** Erde *f*; Welt-, Erd-kugel *f*; *de par le* ~ irgendwo in der Welt; *mettre au* ~ zur Welt bringen; in die Welt setzen; *le* ~ *entier* die

ganze Welt; *courir le* ~ in der Welt herumkommen; *l'autre* ~ das Jenseits *n*; *de ce* ~ irdisch; *être encore de ce* ~ noch leben; *pas le moins du* ~ nicht im geringsten; *pour rien au* ~ um keinen Preis; *c'est un* ~! das ist ja unerhört!; *Le* ♀ *Name der seit 1943 erscheinenden Zeitung, die an die Stelle des „Le Temps" getreten ist*; **3.** Menschengeschlecht *n*; *die* Leute *pl.*, *die* Menschen *pl.*; Gesellschaft *f*; Lebensart *f*; *y avait-il beaucoup de* ~? war es voll?; *il n'y avait pas grand* ~ es waren nicht viel Leute da; *devant le* ~ öffentlich; *avoir du* ~ Besuch haben; *recevoir du* ~ Besuch empfangen; *tout le* ~ jedermann, jeder, alle *pl.*; *avoir l'air de tout le* ~ ein Durchschnittsgesicht haben; *un* ~ *de ...* e-e Unzahl (*od.* Menge) von ...; *avoir du* ~, *savoir bien le* ~ Lebensart haben; *le grand* ~ die obersten Zehntausend; die vornehme Welt *f*; *le petit* ~ die Kinderwelt *f*; *le demi-*~ die Halbwelt *f*; ~ *interlope*, ~ *apache* Unterwelt *f* (*der Verbrecher*), Verbrecherwelt *f*; *habitude f* (*od. usage m*) *du* ~ Weltgewandtheit *f*; *expérience f du* ~ Lebenserfahrung *f*; *femme f du* ~ Weltdame *f*.

monder (mɔ̃'de) *v/t.* [1a] säubern (*Getreide*); schälen.

mondial (mɔ̃'djal) *adj.* [5c] Welt...; welt-weit, -umfassend.

mondi|fication *chir.* (mɔ̃difikɑ'sjɔ̃) *f* Reinigung *f* (*e-r Wunde*); **~fier** *chir.* (~'fje) *v/t.* [1a] reinigen (*Wunde*).

mond(i)ovision (mɔ̃d[j]ɔvi'zjɔ̃) *f* transatlantisches Fernsehen *n*; interkontinentale Fernsehsendung *f*.

monégasque (mɔne'gask) *adj. u.* ♀ *su.* monegassisch; Monegasse *m*.

moné|taire (mɔne'tɛ:r) *adj.* □ Münz...; Währungs..., Geld...; **~tisation** (~tizɑ'sjɔ̃) *f* Münzprägung *f*; **~tiser** (~ti'ze) *v/t.* [1a] zu Münzen prägen.

mongette *dial.* (mɔ̃'ʒɛt) *f* Bohne *f*.

moni|teur (mɔni'tœ:r) *su.* [7f] Ratgeber *m*; ✝ begleitender Anleiter *m* (*e-s Handelsreisenden*); *gym.* Vorturner *m*; (Ski-)Trainer *m*; Sportwart *m*; Fahrschullehrer *m*; ⚒ *écol.* Klassenältester *m*; ~ (*d'éducation physique*) Sportlehrer *m*; ~ *de colonie de vacances* Betreuer *m* in e-m Ferienlager; **~tion** (~ni'sjɔ̃) *f rl.* Warnung *f*, Ermahnung *f*; **~toire** (~'twa:r) **I** *rl. m* Vorladung *f*; **II** *adj. lettre f* ~ Warnbrief *m*; **~tor** (~'tɔ:r) *m* kleines Panzerschiff *n*.

mon|naie (mɔ'nɛ) *f* **1.** Münze *f*; Kleingeld *n*; Landeswährung *f*; Zahlungsmittel *n*, Geldart *f*; (*petite od. menue*) ~ Kleingeld *n*, Wechselgeld *n*; ~ *forte* harte Währung *f*; ~ *fiduciaire od. papier* ~ Papiergeld *n*; ~ *non dépréciée* Edelvaluta *f*; *battre* ~ Münzen prägen; ~ *de compensation*, ~ *de compte* Verrechnungsgeld *n*; ~ *réelle*, ~ *effective* bar; *fausse* ~ Falschgeld *n*; ~ *de fortune*, ~ *de détresse*, ~ *auxiliaire* Notgeld *n*; *fig. être* ~ *courante* zur Tagesordnung gehören; *fig. ces coïncidences sont* ~ *courante* diese Zusammenfälle sind gang u. gäbe; *payer q. de la même* ~, *rendre à q. la* ~ *de sa pièce* j-m mit gleicher Münze heimzahlen; F *payer q. en* ~ *de singe* j-n geldlich versetzen; **2.** *la* ♀ das Münzamt *n*, die Münze *f*, das Münzgebäude *n*; **~nayage** (~nɛ'ja:ʒ) *m* Münzprägung *f*; **~nayer** (~nɛ'je) *v/t.* [1i] (aus)münzen; (*Geld*) schlagen (*od.* prägen); *etw.* zu Geld machen; **~nayeur** (~nɛ'jœ:r) *m* Münzer *m*; *faux* ~ Falschmünzer *m*.

mono|acide ⚗ (~a'sid) *adj.* einsäurig; **~atomique** ⚗ (~atɔ'mik) *adj.* einatomig; **~basique** ⚗ (~bɑ'zik) *adj.* einbasisch; **~bloc** ⊕ (~'blɔk) *adj./inv. u. m* Einblock..., in einem Stück gegossen; Blockgußstück *n*, Zylinderblock *m*; *Auto*: ~ *à cylindres jumelés* Zweizylinderblock *m*; ~ *à quatre cylindres* Vierzylinderblock *m*; **~câble** (~'kɑ:blə) **I** *m* Einseilbahn *f*; **II** *adj.* einseilig; **~carpe** ⚘ (~'karp) *adj.*, **~carpien** ⚘ (~kar'pjɛ̃) *adj.* [7c] einfrüchtig; **~chrome** (~'krɔm) *adj.* einfarbig; **~classe** (~'klɑ:s) *adj.* einklassig.

monocle (mɔ'nɔklə) *m* Monokel *n*, [Einglas *n*.]

mono|coque ✈ (~'kɔk) *adj. u. m* schalenrumpfförmig; Schalenrumpf *m*; **~corde** (~'kɔrd) **I** *adj.* ♪ einsaitig; *fig.* monoton, eintönig; **II** *phys. m* Monochord *n*, Schwingungsmesser *m*; **~culaire** (~ky'lɛ:r) *adj.* einäugig; **~cylindre** ⊕ (~si'lɛ̃:drə) *m* Einzylindermaschine *f*; **~cylindrique** ⊕ (~silɛ̃'drik) *adj.* einzylindrisch; Einzylinder...; **~-étagé** *mot.* (~eta'ʒe) *adj.* einstufig; **~game**

(~'gam) *adj.* monogam; *zo.* gepaart lebend; **~gamie** (~ga'mi) *f* Monogamie *f*, Einehe *f*; **~gramme** (~'gram) *m* Monogramm *n*, Namenszug *m*; **~graphie** (~gra'fi) *f* Monographie *f*; wissenschaftliche Einzelabhandlung *f*; Sonderdruck *m*, Spezialarbeit *f*; **~lampe** *rad.* (~'lɑ̃:p) *adj.* Einröhren...; **~lithe** (~'lit) *adj.* *u. m* monolithisch; *bét.* fugenlos; Monolith *m*; **~lithique** (~'tik) *adj*: = ~*lithe*; *fig. pol.* starr; **~lithisme** (~'tism) *m pol.* Starrheit *f*; **~logue** (~'lɔg) *m* Selbstgespräch *n*; **~loguer** (~lɔ'ge) *v/i.* [1m] ein Selbstgespräch führen; **~mane** ⚕ (~'man) *adj.* monoman, partiell geistesgestört, mit e-r fixen Idee behaftet (*a. su.*); **~manie** (~ma'ni) *f* Monomanie *f*, partielle Geistesgestörtheit *f*, fixe Idee *f*, Schnapsidee *f* P.

monôme (mɔ'no:m) *m* **1.** ⅄ Monom *n*; **2.** Krawall *m* (*v. Studenten*).

mono|métallisme (mɔnɔmetal'lism) *m* einfache Währung *f*; **~moteur** (~mɔ'tœ:r) **I** *adj.* (*a. su.*) [7f] einmotorig; **II** ✈ *m* einmotoriges Flugzeug *n*, Einmotorer *m*; **~pétale** ✿ (~pe'tal) *adj.* einblätterig; **~phasé** ⚡ (~fa'ze) *adj.* einphasig; **~phtongue** *gr.* (~'tɔ̃:g) *f* Monopthong *m*; **~place** ✈ (~'plas) **I** *m* Einsitzer *m*; **II** *adj.* einsitzig; **~plan** ✈ (~'plɑ̃) *m* Eindecker *m*; ~ *à aile surbaissée* Tiefdecker *m*; **~pode** *zo.* (~'pɔd) *adj.* einfüßig; **~pole** (~'pɔl) *m* Monopol *n*, Vorrecht *n* des Alleinverkaufs; Handelsvorrecht *n*; *fig.* ausschließliches Recht *n*; ~ *du tabac* Tabaksmonopol *n*; ~ *de vente* Alleinverkaufsrecht *n*; **~polisation** (~pɔlizɑ'sjɔ̃) *f* Monopolisierung *f*; Verstaatlichung *f*; **~poliser** (~pɔli'ze) *v/t.* [1a] monopolisieren, zum Alleinverkauf bestimmen; *allg.* an sich reißen; **~poliste** *pol.* (~pɔ'list) *adj. u. m* monopolistisch; Monopolherr *m*; **~polistique** (~pɔlis'tik) *adj.* monopolartig; monopolistisch; **~prix** (~'pri) *m* Einheitspreisgeschäft *n*; **~production** (~prɔdyk'sjɔ̃) *f* Alleinherstellung *f*; **~ptère** (~nɔp'tɛ:r) **I** *adj.* einflügelig; **II** ⚠ *m* Rundbau *m* mit einer Säulenreihe; Monopteros *m*; **~rail** 🚋 (~'rɑ:j) **I** *adj.* einschienig; **II** *m* einschieniges Gleis *n*; Einschienenbahn *f*; Hängebahn *f*; **~réacteur** ✈ (~reak'tœ:r) *m* einstrahliges Düsenflugzeug *n*; **~rime** 📖 (~'rim) *adj.* einreimig; **~sperme** ✿ (~'spɛrm) *adj.* einsamig; **~stique** *mét.* (~'stik) **I** *adj.* einzeilig; **II** *m* Monostichon *n*; **~style** ✿ (~'stil) *adj.* eingrifflig; **~syllabe** (~si'lab) *adj. u. m gr.* einsilbig(es Wort *n*), Einsilber *m*; **~syllabique** (~sila'bik) *adj. gr.* einsilbig; **~théisme** (~te'ism) *m* Monotheismus *m*; **~théiste** *rl.* (~te'ist) *adj. u. su.* monotheistisch. Monotheist *m*; **~tone** (~'tɔn) *adj.* *a. fig.* monoton, eintönig; langweilig; **~tonie** (~tɔ'ni) *f a. fig.* Monotonie *f*, Eintönigkeit *f*.

mono|type *typ.* (mɔnɔ'tip) *m* Monotypemaschine *f*, Setz- u. Gießmaschine *f* für Einzelbuchstaben; **~typiste** *typ.* (~ti'pist) *m* Monotypesetzer *m*; **~valent** ⚗ (~va'lɑ̃) *adj.* [7] einwertig.

monseigneur, *abr.* **Mgr** (mɔ̃sɛ'ɲœ:r) *m* (*pl. messeigneurs* [mesɛ'ɲœ:r]) gnädiger *od.* hochwürdigster Herr *m*; Seiner (*od.* Euer) Gnaden, *rl.* Hochwürden; ⊕ *pince f* ~ Brecheisen *n* (*der Diebe*); **~iser** (~ɲœri'ze) *v/t.* [1a] j-n Monseigneur titulieren.

monsieur (mə'sjø, m[p]sjø) *m* (*pl. messieurs* [mɛ'sjø]), *abr.* (*nur im Text, wenn Name folgt*): *sg.* M., *pl.* MM. Herr; *Anrede*: ♀! mein Herr!; *Anrede im Brief*: Monsieur, (*hinter Monsieur stets ein Komma*!), Sehr geehrter Herr!; *Messieurs!* meine Herren!; ce ~ dieser Herr; *un* ~ ein Herr; *ces messieurs* diese Herren; ♀ *votre père* Ihr Herr Vater; ♀ *le comte* der Herr Graf; *als Anrede*: Herr Graf!; ♀ *et cher confrère* sehr geehrter Herr Kollege!; ♀ *et Madame* der Herr und die gnädige Frau; ♀ *y est-il?* ist der Herr zu Hause?; *faire le (gros)* ~ den großen Mann spielen.

monstre ('mɔ̃:strə) **I** *m* **1.** Monstrum *n*, Miß-geburt *f*, -bildung *f*; **2.** Ungetüm *n*; gewaltig großes Tier *n*; *fig.* Unmensch *m*, Ungeheuer *n*, Scheusal *n*; F ~ *sacré* verdammter Kerl *m*; **II** *adj.* kolossal; Riesen...; ⚖ *procès m* ~ Schauprozeß *m*.

monstru|eux (mɔ̃stry'ø) *adj.* [7d] □ mißgestaltet, unförmlich; widernatürlich; scheußlich, entsetzlich; ungeheuer (groß); **~osité** (~ozi'te) *f* **1.** Unförmlichkeit *f*, Mißbildung *f*; **2.** Scheußlichkeit *f*; Untat *f*; **3.** Ungeheuerlichkeit *f*.

mont (mɔ̃) *m* (*nur noch in Eigen-*

namen, in erstarrten Redensarten und st.s., sonst montagne) Berg *m*; *le* ♀*-Blanc* der Montblanc; *le* ~ *Etna* der Ätna *m*; *le* (~) *Palatin* der Palatin (*Rom*); *le* ~ *Sinaï* der Berg Sinai; F *fig. un* ~ *d'or* ein Haufen Gold; *advt.* F *par* ~*s et par vaux* über Berg u. Tal; ✈ *survoler* ~*s et vallées* Berg u. Tal überfliegen; *promettre* ~*s et merveilles* goldene Berge versprechen.

montage (mɔ̃'ta:ʒ) *m* **1.** Steigen *n*, Sichheben *n*; **2.** Hinauf-bringen *n*, -schaffen *n*; Bergfahrt *f*; **3.** ⊕ Montage *f*, Aufstellen *n*, Montieren *n*; Zusammensetzen *n*; Fassen *n* e-s Edelsteins; Fertigbau *m*; Anordnung *f*; ⚡ Schaltplan *m*, Schaltung *f*, Schaltskizze *f*; ~ *en parallèle* (*en série*) Nebeneinander- *od.* Parallel- (Reihen- *od.* Serien-) schaltung *f*; ~ *à plusieurs directions* Wechselschaltung *f*; *rad.* ~ *de* (*simple*) *détection* Audionschaltung *f*; ~ (*en*) *superhétérodyne* Superhetschaltung *f*; *Auto, vél.* ~ *des bandages*, ~ *des pneus* Bereif-en *n*, -ung *f*; *cin.* ~ *cinématographique* Kinomontage *f*; *phot.* ~ *photographique* Photomontage *f*; *cin. salle f* ~ Schneideraum *m*; **4.** *pol.* Propagandatrick *m*, Bluff *m*.

montagn|ard (mɔ̃ta'ɲa:r) [7] **I** *adj.* an (*od.* auf) Gebirgen wohnend; Gebirgs..., Berg...; **II** *su.* Bergbewohner *m*; ~ *d'Ecosse* Bergschotte *m*; ~**e** (mɔ̃'taɲ) *f* Berg *m*; *pl.* ~*s* Gebirge *n*; *hautes* ~*s* Hochgebirge *n/sg.*; *chaîne f de* ~*s* Gebirgskette *f*; *mal m des* ~*s* Bergkrankheit *f*; *bibl. sermon m sur la* ~ Bergpredigt *f*; ~ *de glace* Eisberg *m*; ~*s russes* Rutschbahn *f/sg.*; *fig. envoyer q. à la* ~ j-n in die Wüste schicken, j-n preisgeben; ~**eux** (~'ɲø) *adj.* [7d] bergig, gebirgig.

montain *orn.* (mɔ̃'tɛ̃) *m* Mistfink *m*.

montaison (mɔ̃tɛ'zɔ̃) *f* Aufsteigen *n*, Laichzeit *f der Lachse*.

montant (mɔ̃'tɑ̃) **I** *adj.* [7] **1.** aufsteigend, (hin)aufgehend, stromaufwärts (*od.* bergauf) fahrend; *le chemin va en* ~ der Weg steigt an; ⚔ *garde f* ~*e* aufziehende Wache *f*; *robe f* ~*e* oben geschlossenes Kleid *n*; ⚓ *marée f* ~*e* steigende Flut *f*; **II** *m* **2.** Betrag *m*; ~ *partiel* Teilbetrag *m*; ~ *d'indemnité* Entschädigungssumme *f*; **3.** ⚓ Flutzeit *f*; **4.** Blume *f des Weins*; Prickeln *n des Mostrichs*; **5.** *fig.* Kraft *f*, Würze *f*, eigentlicher Gehalt *m*, *das* Pikante *n* (*e-s Werkes*); **6.** ♀ Haupt-schößling *m od.* -trieb *m der Pflanzen*; **7.** △ Pfosten *m*, Ständer *m*; Leiterbaum *m*; **8.** ⚒ Stütze *f* (*Förderturm*).

mont-de-piété (mɔ̃dpje'te) *m* [6b] Leihamt *n*, Pfandstelle *f*; *mettre* (*od. engager*) *qch. au* ~ etw. versetzen; s. *caisse* 4.

monte (mɔ̃:t) *f* **1.** *vét.* Beschälen *n* (*der Pferde*); **2.** Leitung *f*, Lenkung *f*, Führung *f* (*e-s Jockeys*).

monté (mɔ̃'te) *adj.* beritten; *fig.* wütend, erregt, aufbrausend; ~ *sur un cheval* auf e-m Pferd (sitzend); *fig.* ~ *en qch.* wohlversehen mit (*dat.*); *être* ~ aufgebracht (*od.* wütend) sein; *coup m* ~ abgekartete Sache *f*.

monte-charge ⊕, △ (mɔ̃t'ʃarʒ) *m* [6c] **1.** Lastenaufzug *m*; **2.** 🚂 Vertikalschacht *m*.

monte-châssis △ (mɔ̃tʃɑ'si) *m* Fensterheber *m*.

montée (mɔ̃'te) *f* **1.** Hinauf-fahren *n*, -steigen *n*, -fliegen *n*; *Auto*: Bergfahrt *f*; *a.* ✝ Steigen *n*, Aufschlag *m* (*der Preise*); (*en*) ~ bergauf; *gym.* ~ *par traction des bras* Klimmzug *m*; ✈ ~ *en chandelle* steiler Aufstieg *m*, Steilflug *m*, senkrechtes Hochreißen *n*; *fin.* ~ *des cours* Ansteigen *n* der Kurse; △ ~ *d'un arc* Bogenhöhe *f*; *parcours m* (*od. piste f*) *de* ~ Aufstiegsstrecke *f* (*Ski*); **2.** Steigung *f*; Auffahrt *f*; Aufgang *m*; Rampe *f*; **3.** ⚓ Peilhöhe *f*; **4.** *fig.* ~ *démographique* Bevölkerungsanstieg *m*; *la* ~ *des peuples dans la communauté humaine* der Aufstieg *m* der Völker im Rahmen der menschlichen Gemeinschaft.

monte-en-l'air (mɔ̃tɑ̃'lɛ:r) *m* [6c] Fassadenkletterer *m*.

monte-pentes (mɔ̃t'pɑ̃:t) *m* [6c] Schleppseilbahn *f* (*für Skiläufer*).

monte-plats (mɔ̃tə'pla) *m* Speiseaufzug *m* (*in Hotels*).

monter (mɔ̃'te) [1a] (*mit être, wenn v/i., mit avoir, wenn v/t.*) **I** *v/i.* **1.** steigen; hinauf-gehen, -fahren, -reiten; hochfliegen; *faire* ~ *q.* j-n heraufkommen lassen; ~ *à cheval* (*od. en selle*) aufs Pferd steigen, aufsitzen; reiten; *savoir* ~ *à cheval* (*à bicyclette*) reiten (radfahren) können; ~ *dans une voiture* (*nur* 🚂 *dans un wagon*) sich in e-n Wagen setzen; ~ *en voiture* (*a.* 🚂

en wagon) einsteigen; *fig.* ~ *sur ses ergots* rabiat werden, aus der Rolle fallen; ✈ ~ *en spirales* sich emporschrauben; ~ *en amazone* im Damensitz reiten; *fig.* ~ *sur ses grands chevaux* außer sich vor Wut geraten, auf die Palme gehen F; **2.** sich erheben, steigen; anwachsen (*Fluß*); im Anzuge sein (*Gewitter*); ~ *en graine* in Samen schießen; ~ *à la tête* zu Kopfe steigen (*Wein*); **3.** befördert werden, aufrücken; *écol.* ~ *d'une classe* versetzt werden; ~ *en grade* befördert werden, aufrücken; **4.** ✝ im Preise steigen; *les actions ont monté de 250%* die Aktien sind um 250% gestiegen; *faire* ~ in die Höhe treiben; **5.** ~ *à ...* betragen (*Geld*), sich belaufen auf (*acc.*); **II** *v/t.* (*stets mit avoir*); **6.** ersteigen, besteigen, hinaufgehen auf (*acc.*); ~ *l'escalier* die Treppe hinaufgehen; **7.** hinauf-bringen, -tragen, -ziehen; höher anbringen; *fig.* aufziehen, eröffnen, ins Leben rufen, inszenieren; ~ *du foin au grenier* Heu auf den Boden bringen; ~ *une entreprise* ein Unternehmen aufziehen; ~ *une fabrique* e-e Fabrik eröffnen; ~ *un procès* e-n Prozeß inszenieren; ~ *qch. en épingle* etw. herausstreichen, aufbauschen, aufgreifen; **8.** beritten machen; *bien monté* gut beritten; ✈ ~ *un avion* ein Flugzeug bemannen; **9.** ~ *q. en linge* j-n mit Wäsche versorgen; ~ *sa maison* sein Haus einrichten; **10.** zusammensetzen, aufstellen, (an)montieren; ~ *un bouquet* e-n Strauß binden; ~ *un film* e-n Film montieren (*od.* zusammensetzen); ~ *un lit* ein Bett aufschlagen; ~ *une machine* e-e Maschine aufstellen (*od.* montieren); ~ *une tente* ein Zelt aufschlagen; *Auto*: ~ *les pneus* (*od. les bandages*) bereifen; ~ *une partie* e-e Partie veranstalten; *rad., télév.* ~ *une émission* e-e Sendung zusammenstellen; ~ *une pièce de théâtre* ein Stück inszenieren u. einstudieren; *fig.* ~ *une cabale* e-e Intrige inszenieren; ~ *un complot* e-e Verschwörung anzetteln; **11.** erhöhen, vermehren; ~ *les prix* die Preise erhöhen (*od.* aufschlagen); **12.** ~ *q.* j-n reizen; ~ *la tête à q.* j-m etw. in den Kopf setzen; j-n wütend machen, j-n auf die Palme bringen F; P ~ *le coup* (*od. un bateau*) *à q.* j-m e-n Bären aufbinden F; etw. weismachen; F ~ *une scie à q.* j-n hochnehmen F, j-n verulken; **13.** ♪ höher stimmen; *fig.* ~ *son ton* mit s-n Forderungen in die Höhe gehen *od.* straffere Saiten aufziehen; **14.** ⚡ schalten; ~ *en série* hintereinanderschalten; ~ *en parallèle* parallel *od.* nebeneinander schalten; ~ *un diamant* e-n Diamanten fassen; ~ *une estampe* e-n Kupferstich einrahmen; **15.** ⚔ ~ *une batterie* alle Geschütze e-r Batterie zum Feuer bereitmachen; ~ *la garde* auf Wache ziehen; **III** *v/rfl.* se ~ bestiegen *usw.* werden (*Pferd, Wagen*); aufgerichtet *od.* aufgestellt werden (*Maschine*); sich erheben; ✈ auffliegen; sich reiten lassen; se ~ *en qch.* sich mit etw. (*dat.*) versehen; se ~ *en linge* sich mit Wäsche versorgen; se ~ *à* sich belaufen auf (*acc.*); se ~ aufbrausen, böse (*od.* wütend) werden, sich aufregen; se ~ *la tête* (*od. le coup*) sich falsche Hoffnungen (*od.* sich Illusionen) machen.

monte-ressort ⊕ (mɔ̃trə'sɔːr) *m* [6c] Federspanner *m.*

monteur (mɔ̃'tœːr) *su.* [7g] ⊕ Monteur *m*; Fasser *m e-s Diamanten*; ~ *installateur* Elektromonteur *m*; ~ *de tuyaux* Rohrleger *m.*

monticule (~ti'kyl) *m* Hügel *m.*

montoir (mɔ̃'twaːr) *m* Tritt *m* (*zum Besteigen e-s Pferdes*); *côté m du* ~ linke Seite *f* des Pferdes.

montrable (mɔ̃'trablə) *adj.*: *chose f* ~ Sache *f*, die sich sehen lassen kann.

montre ('mɔ̃ːtrə) *f* **1.** (Taschen-)Uhr *f*; ~ *départ lancé*, ~ *à déclic* Stoppuhr *f* (*Sport*); ~-*bracelet* Armbanduhr *f*; ~ *de contrôle* Kontrolluhr *f*; ~ *à répétition* Repetieruhr *f*; ~ *à réveil* Taschenwecker *m*; *mettre une* ~ *à l'heure* eine Uhr stellen; **2.** Zeigen *n*, Ausstellen *n*; *faire* ~ *de qch.* *fig.* etw. zur Schau tragen, mit etw. prahlen; von etw. zeugen, etw. beweisen; **3.** Schaukästchen *n*; Schaufenster *n*; *être mis en* ~ ausgestellt werden; *uniquement pour la* ~ nur zu Ausstellungszwecken; **4.** Proberitt *m.*

montrer (mɔ̃'tre) [1a] **I** *v/t.* **1.** zeigen; sehen lassen; (hin)reichen, geben; ~ *qch. du doigt* etw. mit dem Finger zeigen; *fig. péj.* ~ *q. au doigt* mit dem Finger auf j-n zeigen; ~ *les dents fig.* die Zähne zeigen;

fig. ~ *les talons* sich drücken, sich verdünnisieren F; *fig.* ~ *patte blanche* offen Farbe bekennen; *fig.* ~ *son béjaune* sich (*durch Unwissenheit*) blamieren; **2.** an den Tag legen; erkennen lassen; beweisen, darlegen; ~ *du courage* Mut beweisen; **3.** unterweisen, lehren, unterrichten; vertraut machen mit (*dat.*); ~ *le maniement de qch. à q.* j-n in der Handhabung e-r Sache unterweisen; *il me montre à dessiner* er lehrt mich zeichnen; **II** *v/rfl.* se ~ sich zeigen, sich erweisen als; *se* ~ *humain* sich menschenfreundlich zeigen; *se* ~ *homme de courage* Mut beweisen.

montreur (mɔ̃'trœ:r) *su.* [7g] Zeigender *m*; ~ *d'ours* Bärenführer *m*.

montueux (mɔ̃'tɥø) *adj.* [7d] bergig, hügelig; uneben, holperig.

monture (mɔ̃'ty:r) *f* **1.** Reittier *n*, (Reit-)Pferd *n*; **2.** Montage *f*, Aufstellen *n*, Zusammensetzen *n e-r Maschine*; Besaitung *f e-s Musikinstruments*; ⚓ Ausrüstung *f e-s Schiffes*; **3.** ⊕ Gestell *n*, Einfassung *f*, Garnitur *f*, Beschlag *m*; Fassung *f e-s Schmuckes*; Brilleneinfassung *f*, -bügel *m*; ⚡ Armierung *f v. Glühlampen*; *phot.* ~ *hélicoïdale* Schneckengangfassung *f*; **4.** ⚔ *petite* ~ kleine Ausrüstung *f*.

monument (mɔny'mɑ̃) *m* **1.** Denkmal *n*; ~ *funéraire* Grabmal *n*; ~ *littéraire* literarisches Denkmal *n*; **2.** Monument *n*, bedeutendes Gebäude *n*; Bau *m*, Kunstwerk *n*; **~al** (~'tal) *adj.* [5c] monumental, großartig; gewaltig; hochbedeutend; *fig.* riesig; *découverte f* **~e** hochbedeutender Fund *m*.

moquable (mɔ'kablə) *adj.* lächerlich, verspottenswert.

moque ⚓ (mɔk) *f* Talje *f*, Stagblock *m*.

moquer (mɔ'ke) [1m]: se ~ **1.** *se* ~ *de q.* (*de qch.*) sich über j-n (über etw.) lustig machen; j-n auslachen; *être moqué, se faire* ~ sich lächerlich machen; *il se fera moquer de lui* er wird sich lächerlich machen; **2.** *se* ~ *de qch.* sich nichts aus etw. (*dat.*) machen; *je m'en moque* ich mache mir nichts daraus; **~ie** (mɔ'kri) *f* **1.** Spott *m*, Spotten *n*; Verhöhnung *f*; Neckerei *f*; **2.** Lächerlichkeit *f*, Unsinn *m*.

moqu|ette (mɔ'kɛt) *f* **1.** *ch.* Lockvogel *m*; **2.** *text.* Mokette *f*; **~eur** (mɔ'kœ:r) [7g] **I** *adj.* spöttisch, spöttelnd; höhnisch; *être* ~ gern spotten; **II** *su.* Spötter *m*; **III** *m* Spottdrossel *f*.

moraillon *serr.* (mɔrɑ'jɔ̃) *m* Schließblech *n*, -band *n*, Krampe *f*.

moraine (mɔ'rɛn) *f* Moräne *f*; ~ *frontale* (*od. terminale*) Endmoräne *f*; ~ *latérale* Seitenmoräne *f*.

moral (mɔ'ral) **I** *adj.* [5c] □ **1.** moralisch, die Sitten betreffend; sittlich (gut); ⚖ *personne f* **~e** juristische Person *f*; **2.** seelisch, ethisch, innerlich, geistig; **II** *m das* Sittliche *n*; innerer Halt *m*, Stimmung *f*, Moral *f*, Geistesverfassung *f*, Haltung *f*; *remonter le* ~ *d'une armée* die Moral e-s Heeres neu beleben; *avoir bon* ~ optimistisch (*od.* zuversichtlich) sein.

morale (~) *f* Moral *f*, Sittenlehre *f*; Strafpredigt *f*; *faire de la* ~ *à q.* j-m Moral predigen.

morali|sateur (mɔraliza'tœ:r) [7f] *adj.* sittlichkeitsfördernd, erbaulich; **~sation** (~zɑ'sjɔ̃) *f* sittliche Hebung *f*.

morali|ser (mɔrali'ze) [1a] **I** *v/i.* moralisieren, Moral predigen, moralische Betrachtungen anstellen; **II** *v/t.* sittlich heben (*od.* fördern); ~ *q.* j-m Moralpredigten halten; j-n ausschelten; **~seur** (~'zœ:r) *m* Moralprediger *m*; **~sme** *phil.* (~'lism) *m* Moralphilosophie *f*; **~ste** (~'list) *su. u. adj.* Moralphilosoph *m*; moralphilosophisch; **~té** (~li'te) *f* **1.** sittliche Betrachtung *f od.* Lehre *f*; **2.** Moral *f*, Nutzanwendung *f e-r Fabel*; **3.** sittlicher Wert *m od.* Inhalt *m e-r Handlung*; **4.** Moral *f*, Sittlichkeit *f*; *certificat m de* ~ Sittenzeugnis *n*; *sans* ~ sittenlos; **5.** *ehm. litt.* geistliches Drama *n*, Moralität *f*.

morasse *typ.* (mɔ'ras) *f* Bürstenabzug *m*.

moratoire (mɔra'twa:r) **I** *adj.* aufschiebend; *lettre f* ~ Stundungsbrief *m*, Zahlungsstundung *f*, Fristverlängerung *f*; *sentence f* ~ aufschiebendes Urteil *n*; ✝ *intérêts m/pl.* **~s** Verzugszinsen *pl.*; **II** *m* Zahlungsaufschub *m*, Moratorium *n*; ~ *des transferts* Transfermoratorium *n*.

moratorium ✝, *pol.* (mɔratɔ'rjɔm) *m* Moratorium *n*.

morbi|de (mɔr'bid) *adj.* □ morbid, krankhaft; Krankheits...; *peint.* weich, zart; *symptômes m/pl.* **~s** Krankheitssymptome *n/pl.*; **~desse** (~'dɛs) *f peint.* Weichheit *f* (*od.*

Zartheit *f*) *des Fleisches*; **~dité** ⚕ (~di'te) *f* krankhafter Zustand *m*; **~fique** ⚕ (~'fik) *adj.* krank machend; *cause f* ~ Ansteckungsstoff *m*; **~lleux** ⚕ (~bi'jø) *adj.* [7d], **~lliforme** ⚕ (~biji'fɔrm) *adj.* [7] masernartig.

morbleu! (mɔr'blø) *int.* Himmeldonnerwetter! (*Ungeduld, Wut*).

morc|eau (mɔr'so) *m* [5b] **1.** (*unzubereitetes*) Stück *n*; Bissen *m*; ~ *de bois* Stück *n* Holz; ~ *d'étoffe* Stoffrest *m*; *pour un* ~ *de pain* für ein Butterbrot; *mettre en* ~*x* in Stücke reißen, kurz u. klein schlagen; *par* ~*x* in Stücken; *fig. casser le* ~ frisch von der Leber weg reden; *manger le* ~ ein Geheimnis ausplaudern; **2.** Teil *m*; Anteil *m*; ~ *de terre* Stück *n* Land, Grundstück *n*; **3.** *fig.* Stelle *f*, Abschnitt *m*; ~*x choisis* ausgewählte Lesestücke *n/pl.*; **4.** ♪ Musikstück *n*; ~ *d'ensemble* mehrstimmiges Musikstück *n*; **~eler** (mɔrsə'le) *v/t.* [1c] zerstückeln; **~ellement** (~sɛl'mɑ̃) *m* Zerstückelung *f*; *fig. le* ~ *des tâches* die Aufteilung *f* der Aufgaben.

mord|ache (~'daʃ) *f* (Spann-, Feil-) Kluppe *f*, Klemm-eisen *n*, -backe *f* (*Schraubstock*); Feuerzange *f*; **~acité** (~dasi'te) *f* Ätzkraft *f*; *fig.* Bissigkeit *f*; **~ançage** *text.* (mɔrdɑ̃'sa:ʒ) *m* Beizen *n*; **~ancer** *text.* (~dɑ̃'se) *v/t.* [1k] beizen, ätzen; **~ant** (~'dɑ̃) **I** *adj.* [7] beißend; ⊕ beizend, fressend, ätzend; *fig.* bissig, scharf, spitz, schneidend (*Worte, Tonart*); ⚔ angriffslustig, schneidig; **II** *m* Beize *f*, Ätzwasser *n*; *fig.* Schärfe *f*, Bissigkeit *f*; ⚔ Schneid *m*; **~icant** (~di'kɑ̃) *adj.* ätzend, beißend; *fig.* scharf; **~ication** (~dikɑ̃'sjɔ̃) *f* Prickeln *n*, Stechen *n*; **~icus** F (~di'kys) *adv.* hartnäckig, steif und fest.

mordiller (mɔrdi'je) *v/t.* [1a] knabbern; *abs.* leicht beißen.

mordoré (mɔrdɔ're) *adj.* goldbraun.

mordre ('mɔrdrə) [4a] **I** *v/t.* **1.** beißen; stechen (*Floh*); *fig.* ~ *la poussière* ins Gras beißen, im Kampfe fallen; *se* ~ *les doigts de qch.* etw. bereuen; **2.** (an)fressen; ⊕ (*faire*) ~ *une planche* eine Platte ätzen; **II** *v/i.* beißen; *fig.* darauf eingehen; *fig.* ~ *à qch.* etw. mit Freude lernen, Geschmack an etw. (*dat.*) finden; *ça ne mord pas* das zieht nicht, das hat gar keine Wirkung (*Angebot*); ~ (*à l'hameçon*) anbeißen; *fig.* ~ *sur* (*od. dans*) *qch.* etw. angreifen; ~ *sur les gens* über die Leute herziehen; *l'ancre mord* der Anker faßt.

mords ⊕ (mɔ:r) *m* (Schraubstock-) Backe *f*.

mordu F (mɔr'dy) **I** *m bsd. Sport*: Unentwegter *m*, Begeisterter *m*, Fanatiker *m*; *les* ~*s de la vitesse* die Geschwindigkeitsfanatiker *m/pl.* (*Autorennen*); **II** *adj. bsd. Sport*: begeistert, besessen (*pour* von).

more *hist.* (mɔ:r) *adj.* maurisch.

moreau (mɔ'ro) [5b] *adj./m* (*f*: *morelle* [mɔ'rɛl]) mohrenfarbig, ganz schwarz; *cheval m* ~ Rappe *m*.

morelle ♣ (mɔ'rɛl) *f* Nachtschatten *m*.

moresque *hist.* (mɔ'rɛsk) *adj.* maurisch.

morfil ⊕ (~'fil) *m* Messergrat *m*.

morfondre (mɔr'fɔ̃:drə) [4a] **I** *v/t.* erstarren lassen; j-m (*vor Kälte*) durch und durch gehen; völlig durchnässen; **II** *v/rfl.* *se* ~ sich erkälten; vergeblich warten; sich fürchterlich langweilen.

morfondu (mɔrfɔ̃'dy) *adj.* durchgefroren (*Mensch*); abgestanden (*Teig*; *Eier bei Seidenraupen*).

Morgane (mɔr'gan) *f*: *palais m de la fée* ~ Fata Morgana *f*.

morgue (mɔrg) *f* **1.** Dünkel *m*, Hochmut *m*, Arroganz *f*; **2.** Leichenschauhaus *n*.

moribond (mɔri'bɔ̃) *adj. u. su.* [7] todkrank; Todkranker *m*.

moricaud (mɔri'ko) *adj. u. su.* [7] schwarzbraun (*Haut*); Mulatte *m*.

morigéner (~ʒe'ne) *v/t.* [1f]: ~ *q.* j-n abkanzeln, j-n j-n ausschimpfen.

morille ♣ (mɔ'rij) *f* Morchel *f*.

morillon (mɔri'jɔ̃) *m* **1.** Reiherente *f*; **2.** ♣ dunkelrote Weintraube *f*; **3.** ♣ kleine Morchel *f*; **4.** roher Smaragd *m*.

morne (mɔrn) **I** *adj.* □ trübsinnig, dumpf, düster; matt (*Farbe*); **II** *m géol.* Hügel *m*, Anhöhe *f*; **III** *hist. f* Lanzenring *f*.

mornifle (mɔr'niflə) *f* **1.** P Maulschelle *f*; **2.*** Geld *n*.

moro|se (mɔ'ro:z) *adj.* mißgestimmt, trübselig, mürrisch; **~sité** (~rozi'te) *f* mürrisches Wesen *n*, Griesgrämigkeit *f*, Trübseligkeit. *f*.

morphi|ne (mɔr'fin) *f* Morphium *n*; **~nisme** (~'nism) *m* Morphiumsucht *f*, -vergiftung *f*; **~nomane** (~nɔ'man) *adj. u. su.* morphiumsüchtig; Morphinist *m*; **~nomanie**

(~nɔma'ni) *f* Morphiumsucht *f*.
morphologie (mɔrfɔlɔ'ʒi) *f* Morphologie *f* (*a. gr.*), *gr.* Formenlehre *f*.
morpion (mɔr'pjɔ̃) *m ent.* Filzlaus *f*; P *fig.* Lausejunge *m*.
Morris (mɔ'ris): *colonne f* ~ Anschlag-, Litfaß-säule *f*.
mors (mɔ:r) *m* **1.** Gebiß *n* am Zaum; *prendre le* ~ *aux dents* scheu werden, durchgehen; *fig.* in Wut (*od.* Harnisch) geraten, aufbrausen; **2.** ⊕ (Schraubstock-)Backe *f*.
morse (mɔrs) *m* **1.** *zo.* Walroß *n*; **2.** Morse-schrift *f*, -apparat *m*; *signaler en* ~ durch Morsezeichen melden.
morsure (mɔr'sy:r) *f* Biß *m*, (Floh-)Stich *m*; Bißwunde *f*; *fig.* Stich *m*.
mort[1] (mɔ:r) *f* Tod *m*; Vernichtung *f*, Untergang *m*; ~*s pl.* Todesfälle *m/pl.*; ~ *apparente* Scheintod *m*; *rl.* ~ *éternelle* ewige Verdammnis *f*; *peine f de* ~ Todesstrafe *f*; F *ce n'est pas la* ~! das ist doch nicht so schlimm!; *s'ennuyer à* (*la*) ~ sich zu Tode langweilen; *lutter contre la* ~ mit dem Tode ringen; *mettre à* ~ umbringen, töten; *mourir de sa belle* ~ e-s natürlichen Todes sterben; *se donner la* ~ sich das Leben nehmen; *à la vie, à la* ~ auf ewig (*Freundschaft*); *combat m à* ~ Kampf *m* auf Leben und Tod; *int.* ~ *de ma vie!* so wahr ich lebe!; *arrêt m* (*od. sentence f*) *de* ~ Todesurteil *n*; *condamner q. à* ~ j-n zum Tode verurteilen; ~ *civile* Verlust *m* der bürgerlichen Ehrenrechte; ~ *volontaire* Freitod *m*; *pour cause de* ~ von Todes wegen; ~ *aux rats* Rattengift *n*; ⚖ ~ *d'homme* Totschlag *m*.
mort[2] (~) [7] **I** *p/p. v. mourir* **1.** gestorben, verstorben; *fig. la conférence est* ~*e* die Konferenz ist gescheitert; **II** *adj.* **2.** tot; **3.** ⚘ *u.* ⚕ abgestorben; ⚕ *chair f* ~*e* wildes Fleisch *n*; *peint. nature f* ~*e* Stillleben *n*; **4.** totenblaß; glanzlos, erloschen, brechend (*Augen*); **5.** matt (*Kugel*); **6.** *eau f* ~*e* stehendes Wasser *n*; *la mer* ♀*e* das Tote Meer *n*; **7.** *fig.* untätig, leblos; **8.** ✝ still, geschäftslos, flau; *a.* ⊕ bewegungslos; *mach. point m* ~ toter Punkt *m*, Leerlauf *m*; **III** *advt.*, *dennoch veränderlich*: *ivre(-)*~ *od.* ~ *ivre* total betrunken, sternhagelbesoffen P; **IV** *su.* Toter *m*; *fig.* Strohmann *m*, Blinder *m* (*im Spiel*); *faire le* ~ sich tot stellen; *fig.* sich drücken; *un* ~ e-e Leiche *f*; *rl. jour m des* ~*s* Allerseelen *n*.
mortais|e (mɔr'tɛ:z) *f* ⊕ Zapfenloch *n*; △ Nut *f*; ~**er** (~tɛ'ze) *v/t.* [1a] ein Zapfenloch einschneiden *od.* stemmen; ~**euse** ⊕ (~'zø:z) *f* Stoß-, Stemm-, Zapfenloch-, Lochmaschine *f*.
mortalité (mɔrtali'te) *f* Sterblichkeit *f*; Todesfälle *m/pl.*; ~ *infantile* Kinder-, Säuglings-sterblichkeit *f*.
mort-bois *ohne pl.* ⊕ (mɔr'bwa) *m* schlechtes Holz *n*, Abholz *n*.
morte-eau ⚓ (mɔr'to) *f* [6a] kleine Fluten *f/pl.*
mortel (mɔr'tɛl) **I** *adj.* [7c] □ **1.** sterblich; irdisch, vergänglich; **2.** tödlich; *coup m* ~ Todesstoß *m*; *ennemi m* ~ Todfeind *m*; *péché m* ~ Todsünde *f*; **3.** *fig.* verhängnisvoll; außerordentlich; übermäßig, F entsetzlich lang(weilig); **II** *su.* Sterblicher *m*.
morte-saison (mɔrtəsɛ'zɔ̃) *f* [6a] Sauregurkenzeit *f fig.* F.
mort-gage (mɔr'ga:ʒ) *m* [6a] Pfand *n*.
mortier (mɔr'tje) *m* **1.** ⊕, ⚔ Mörser *m*; ~ *de tranchée* Grabenmörser *m*; **2.** △ Mörtel *m*; **3.** ⚖ *Art* Barett *n*.
morti|fère (mɔrti'fɛ:r) *adj.* tödlich, todbringend; ~**fiant** (~'fjɑ̃) *adj.* [7] **1.** *fig.* demütigend, kränkend; **2.** *rl.* abtötend; ~**fication** (~fika'sjɔ̃) *f* **1.** ⚕ Absterben *n*, Brandigwerden *n*; **2.** *cuis.* Mürbewerden *n*; **3.** *rl.* Abtötung *f* des Fleisches, Kasteiung *f*; **4.** *fig.* tiefe Kränkung *f*, Demütigung *f*; *fig.* Prüfung *f*; ~**fier** (~'fje) [1a] **I** *v/t.* **1.** *fig.* tief kränken, demütigen; **2.** *cuis.* mürbe machen; **3.** *rl.* abtöten, kasteien; **4.** ⚕ brandig machen; **II** *v/rfl.* *se* ~ brandig werden; *cuis.* mürbe werden; *rl.* sich kasteien; ~**natalité** (~natali'te) *f* Totgeburten-ziffer *f*, -zahl *f*.
mort-né (mɔr'ne) **I** *adj.* totgeboren; **II** *su.* [6g] Totgeburt *f*.
mortuaire (mɔr'tɥɛ:r) **I** *adj.* Begräbnis…, Leichen…; *drap m* ~ Leichentuch *n*; *extrait m* ~ Totenschein *m*; *maison f* ~ Trauerhaus *n*; **II** *f* Statistik *f* der Sterbefälle.
morue (mɔ'ry) *f icht.* Kabeljau *m*; V *fig.* Fose *f* V; *petite* ~ Dorsch *m*; ~ *noire* Schellfisch *m*; ~ *sèche* (*od. séchée*) Stockfisch *m*; ~ *verte* Laberdan *m*; ~ *ronde* Klippfisch *m*;

huile f de foie de ~ Lebertran *m*; *habit m à queue de* ~, F *queue f de* ~ Schwalbenschwanz *m* (*Frack*).

morutier ⚓, *icht.* (~ry'tje) *adj.* [7b] *u. m* Kabeljau...; Kabeljaufischer *m*.

mor|ve (mɔrv) *f* **1.** *vét.* Rotz (-krankheit *f*) *m*, Staupe *f*; **2.** ⚕ Nasenschleim *m*, Rotz *m* V; **~veux** (~'vø) [7g] **I** *adj.* rotzig; *nez m* (F *enfant*) ~ Rotznase *f*; **II** *su.* F Rotznase *f*, Grünschnabel *m*.

mosaïque[1] (mɔza'ik) *adj.* mosaisch.

mosaïque[2] (~) *f* Mosaik *n*; *fig.* buntes Allerlei *n*; △ ~ *de ciment* Terrazzo *m*.

mosaïste (mɔza'ist) *m* (*a. adj.*: *maître m* ~) Mosaikarbeiter *m*.

moscatelle ⚘ (mɔska'tɛl) *f* Bisamkraut *n*.

Moscou (mɔs'ku) *m* Moskau *n*.

moscouade (mɔs'kwad) *f* Rohzucker *m*.

moscoutaire *pol.*, *péj.* (~ku'tɛ:r) *adj. u. su.* moskauhörig; Moskauhöriger *m*, Sowjetanhänger *m*.

moscovite (mɔskɔ'vit) *adj. u.* ♀ *su.* moskauisch, moskowitisch; *allg.* sowjetisch; Moskauer *m*.

Moselle (mɔ'zɛl) *f*: **la** ~ die Mosel *f*.

mosquée (mɔs'ke) *f* Moschee *f*.

mot (mo) *m* **1.** (Einzel-)Wort *n* (*als Vokabel*); Ausdruck *m*; *bon* ~ (*pl. des bons* ~*s*) Witz *m*; ~ *étranger* Fremdwort *n*; ~ *à tout faire* Allerweltswort *n*; *au bas* ~ gelinde gesagt (*od.* ausgedrückt); *parler à* ~*s couverts* durch die Blume sprechen; *ne dire* (*od. ne souffler*) ~ kein Wort sagen; *je n'y entends* ~ ich verstehe kein Wort davon; *manger ses* ~*s* die Worte verschlucken; *traîner ses* ~*s* sehr langsam sprechen; *pas un* ~ *de plus!* kein Wort mehr!; *en un* ~ mit einem Wort; ~ *à* ~ [mɔta'mo], ~ *pour* ~ Wort für Wort; wortgetreu; *fig. je lui écrirai un* ~ ich werde ihm ein paar Zeilen schreiben; **2.** Denk-, Aus-spruch *m*; **3.** *le fin* ~ der wahre Sachverhalt *m*, des Pudels Kern *m* F; **4.** ~ (*de l'énigme*) Lösung *f* (des Rätsels); ~*s pl. carrés* Worträtsel *n*; ~*s pl. croisés* Kreuzworträtsel *n*; **5.** ⚔ ~ *d'ordre* Parole *f*, Losung *f*; *fig.* Stichwort *n*; ~ *de passe* Erkennungs-, Paß-wort *n*; ~ *de ralliement* Feld-, Kriegs-geschrei *n*; **6.** *se donner le* ~ sich verabreden; **7.** *gr.* ~ *composé* zusammengesetztes Wort *n*; ~*s-outils m/pl.* satznotwendige Wortarten *f/pl.* (*Artikel, prp., cj.*); ~ *transfuge* Wort *n*, das in e-e andere Wortklasse übergegangen ist (*z.B. un être aus être; le plaisir aus altem plaisir „gefallen"*, *wofür heute plaire*).

motard (mɔ'ta:r) *m* **1.** *Auto, Motorrad*: Rennfahrer *m*; **2.** Motorradfahrer *m* der Polizei.

motet ♪ (mɔ'tɛ) *m* Motette *f*.

moteur (mɔ'tœ:r) [7f] **I** *adj.* bewegend, treibend; *voiture motrice* Triebwagen *m*; *roue motrice* Triebrad *n*; **II** *su.* Anstifter *m*; *fig.* treibende Kraft *f*; **III** *m* Motor *m*; ~ *à combustion* Verbrennungsmotor *m*; ~ *compensateur* Ausgleichsmotor *m*; ~ *à courant alternatif* (~ *à courant continu*) Wechselstrom-(Gleichstrom-)motor *m*; ~ *à explosion* Explosionsmotor *m*; ~ *électrique* Elektromotor *m*; ~ *à gaz* Gasmotor *m*; ~ *à quatre temps* Viertaktmotor *m*; ~ *moto-bloc* Blockmotor *m*; ~ *à réducteur* gedrosselter Motor *m*; ~ (*propulseur*) Antriebsmotor *m*; ~ *auxiliaire* Hilfsmotor *m*; ~ *radial* Sternmotor *m*; ~ *amovible*, ~ *godille* Außenbordmotor *m*; ~ *incorporé* Einbaumotor *m*; ~ *pilon* stationärer Motor *m*; ~ *poussé* hochtouriger Motor *m*; ~ *monocylindrique* (*à deux cylindres*) Ein-(Zwei-)zylindermotor *m*; ~ *à culbuteurs* obengesteuerter Motor *m*; ~ *éolien* Windkraftmotor *m*; ~ *flottant* schwebend (auf Gummikissen) gelagerter Motor *m*; ~ *à huile lourde*, ~ *triphasé* Schweröl-, Dreiphasen-motor *m*; ~ *à réaction* Düsentriebwerk *n*; ~ *à refroidissement d'air* (*d'eau*) luft- (wasser-)gekühlter Motor *m*; ~ *d'avion*(*s*) Flugzeugmotor *m*; *le* ~ *donne od. part* der Motor springt an.

motif (mɔ'tif) *m* **1.** Anlaß *m*, Beweggrund *m*, Triebfeder *f*, Motiv *n*; *par quel* ~? aus welchem Grunde?; **2.** ♪ Thema *n*, Hauptsatz *m*; **3.** *peint.* Motiv *n*, Gegenstand *m*.

motilité *physiol.* (mɔtili'te) *f* Bewegungsvermögen *n*.

motion (mo'sjɔ̃) *f* Bewegung *f*; *fig.* Antrag *m*; *faire* (*od. déposer*) *une* ~ e-n Antrag stellen; *parl.* ~ *de censure* Mißtrauensantrag *m*; **~naire** (~sjɔ'nɛ:r) *m* Antragsteller *m*.

motivation (mɔtiva'sjɔ̃) *f* **1.** *psych.* Willensbestimmung *f*; **2.** Motivierung *f*; Beweggrund *m*.

motiver (mɔti've) *v/t.* [1a] **1.** begründen, motivieren; **2.** *fig.* verursachen.
moto F (mɔ'to) *f statt motocyclette* Maschine *f* F, Motorrad *n.*
moto|batteuse ⊕ (mɔtɔba'tø:z) *f* Motordresch-er *m*, -maschine *f*; **~caméra** (~kame'ra) *f* Filmaufnahmegerät *n* mit Motorantrieb; **~canot** (~ka'no) *m* Motorboot *n*; **~culteur** (~kyl'tœ:r) *m* Motorpflug *m*, Garten-, Boden-fräse *f*, Motoregge *f*; **~culture** (~kyl'ty:r) *f* mechanisierte Landwirtschaft *f*; **~cycle** (~'siklə) *m* Fahrrad *n* mit Hilfsmotor; **~cyclette** (~si'klɛt) *f* Motorrad *n*; *faire de la ~* Motorrad fahren; **~cyclisme** (~si'klism) *m* Motorradsport *m*; **~cycliste** (~si'klist) *m* Motorradfahrer *m*; **~godille** (~gɔ'dij) *f* Außenbordmotor *m*; **~pompe** (~'pɔ̃:p) Motorpumpe *f.*
motorcade *plais. Auto* (mɔtɔr'kad) *f* Motorkade *f* (*gebildet nach „Kavalkade"*), Geleitzug *m* v. Autos.
motoris|ation (mɔtɔriza'sjɔ̃) *f* Motorisierung *f*; **~er** (~'ze) *v/t.* [1a] motorisieren.
moto side-car (~sajd'ka:r) *f* Motorrad *n* mit Beiwagen.
motrice (mɔ'tris) **I** *adj./f*: *mot. course f ~* Arbeitshub *m*; *force f ~* bewegende Kraft *f*, Triebkraft *f*; **II** *f* Triebwagen *m.*
motricité *physiol.* (mɔtrisi'te) *f* motorische Kraft *f* der Nervenzellen für die Muskelzusammenziehung, Motrizität *f.*
mot-souche (mo'suʃ) *m* [6b] Stich-, Stamm-wort *n.*
mott|e (mɔt) *f* **1.** (Erd-)Scholle *f*, Klumpen *m*; **2.** *~ de beurre* Klumpen *m* Butter; **3.** kleiner Hügel *m*; **~er** (mɔ'te) *v/t.* [1a] mit Erde bewerfen.
motteux *orn.* (mɔ'tø) *m* Weiß-schwanz *m.*
motus! (mɔ'tys) *int.* still davon!
mou (*vor vo.*: **mol**) *m*, **molle** *f* (mu, mɔl) **I** *adj.* □ **1.** weich; **2.** feuchtwarm (*Wetter*); lau (*Wind*); **3.** *fig.* kraftlos, schwach, schlaff, matt; verweichlicht; gleichgültig, lässig; **4.** ⚓ *cordage m mou* schlaffes Tau *n*; *mer f molle* stille See *f*; **II** *le mou* **5.** *pol.* der Gemäßigte *m*; *cuis. mou m de veau* Kalbslunge *f.*
mouchard (mu'ʃa:r) *su.* [7] (Polizei-)Spitzel *m*; Denunziant *m*; *écol.* Petze *f*, Petzer *m*; Kontrollgerät *n*; **~age** (~ʃar'da:ʒ) *m* Spitzeldienst *m*, Schnüffelei *f*, Spionieren *n*; **~er** F (~'de) [1a] *v/t. u. v/i.* (be)spitzeln; ausspionieren; spionieren, schnüffeln; *écol.* petzen.
mouche (muʃ) *f* **1.** Fliege *f*; zweiflügeliges Insekt *n*; *~ à viande* Schmeißfliege *f*; *il prend la ~* er ist leicht eingeschnappt, er wird gleich böse; *être sensible aux ~s* sich über die Fliege an der Wand ärgern; *fine ~ fig.* Fuchs *m*, geriebener Kerl *m*; *faire la ~ du coche* sich vordrängeln, sich wichtig tun; *pattes f/pl. de ~* Geschmiere *n*, Gekritzel *n*; ⚕ *~s f/pl. volantes* Mückensehen *n*; **2.** † Schönheitspflästerchen *n*; **3.** *esc.* Lederknopf *m am Stoßrapier*; **4.** Fliege *f* (*Bartansatz an der Unterlippe*); **5.** schwarzer Punkt *m*, *das* Schwarze *n*, Zentrum *n e-r Zielscheibe*; *faire ~* (richtig) treffen; *fig.* das Richtige treffen; *faire ~ à 100 mètres* auf 100 m sicher zielen; ⚔ *coup m qui fait ~* Volltreffer *m*; Scheibe *f*; **6.** *phm.* spanische Fliege *f*, Zugpflaster *n*; **7.** ⊕ Tüpfelchen *n* (*Muster auf Zeugen*); **8.** ⚓ *~ d'escadre* Aviso *m*, Torpedofahrzeug *n*; *bateau ~* kleiner Personenflußdampfer *m.*
moucher (mu'ʃe) [1a] **I** *v/t.* schnauben, schnäuzen; *~ un enfant* e-m Kinde die Nase putzen; *~* P *fig. ~ q.* j-n zurechtweisen; **II** *se ~* (*dans un mouchoir*) sich die Nase putzen.
moucherolle *orn.* (muʃ'rɔl) *f* Fliegenschnäpper *m.*
moucheron¹ (muʃ'rɔ̃) *m* Mücke *f*; *fig.* kleine(r) Wicht, Steppke *m.*
moucheron² (~) *m* Lichtschnuppe *f.*
mouchet|er (muʃ'te) *v/t.* [1c] **1.** flecken, sprenkeln, tüpfeln; **2.** *esc. eine Florettspitze* mit einem Knopfe versehen; **~is** ⚠ (muʃ'ti) *m* Bewurf *m*; *faire un ~* bewerfen.
mouchette (mu'ʃɛt) *f* ⚠ Kranz-, Rinn-leiste *f*; Rund-, Sims-hobel *m*; *~s pl.* Lichtputzschere *sg.*
moucheture (muʃ'ty:r) *f* **1.** *das* Gesprenkelte; **2.** *zo.* Sprenkelung *f*, bunter Fleck *m* (*des Fells*).
mouch|oir (mu'ʃwa:r) *m* Taschentuch *n*; *~ de tête* Kopftuch *n*; **~ure** (mu'ʃy:r) *f* Nasenschleim *m*; abgeputzte Lichtschnuppe *f.*
moudre ('mu:drə) *v/t.* [4y] mahlen, schroten; zermalmen; *fig. ~ de coups* anständig versohlen; *être moulu* wie gerädert sein.

moue (mu) *f* unzufriedenes Gesicht *n*; schiefes Maul *n*; *faire la ~ à q.* mit j-m böse sein; *abs. faire la ~* ein (ablehnendes) Gesicht machen, maulen.
mouette (mwɛt) *f* Möwe.
moufette ⚒ (mu'fɛt) *f* Grubengas *n*.
mouffette (~) *f* Stinktier *n*, Skunk *m*.
moufle ('muflə) *f* **1.** Fausthandschuh *m*; **2.** ⊕ (*a. m*) Flaschenzug *m*; **3.** ⊕, ⚗ Schmelztiegel *m*, Muffel *f*.
mouflet F, P (mu'flɛ) *su.* [7c] Bengel *m*, Göre *f*.
mouflon *zo.* (mu'flɔ̃) *m* Mufflon *n*.
mouill|age (mu'ja:ʒ) *m* **1.** Anfeuchten *n*; **2.** ⚓ Anker-grund *m*, -platz *m*; *être au ~* vor Anker liegen; **3.** Verdünnen *n* (*v. Milch od. Wein*); **~er** (mu'je) [1a] **I** *v/t.* **1.** naß machen; benetzen, anfeuchten; bespülen; eintauchen; einweichen; *Wein* mit Wasser verdünnen; *mouillé* naß, feucht; *~ une mine* e-e Mine legen; **2.** *gr.* das *ll und gn* mouillieren, erweichen; *son mouillé* weicher, palataler Reibelaut *m*; **3.** ⚓ *~ (l'ancre)* vor Anker gehen, ankern, Anker werfen; **II** *v/rfl.* se *~* sich naß machen; naß werden; *se ~ les pieds* nasse Füße bekommen.
mouillère ⸕ (mu'jɛ:r) *f* nasse Stelle *f* in Feldern *od.* Wiesen.
mouille-timbre (muj'tɛ̃:brə) *m/inv.* [6c] Briefmarkenanfeuchter *m*.
mouill|ette (mu'jɛt) *f* längliche, dünne Brotscheibe *f* zum Eintunken in weichgekochte Eier; **~eur** ⊕ (~'jœ:r) *m* Briefmarkenanfeuchter *m*; ⚓ *~ de câbles* Kabeldampfer *m*; *adjt. bébé m ~* abwaschbare Puppe *f*; **~oir** (~'jwa:r) *m* Wassernäpfchen *n*; **~ure** (~'jy:r) *f* Anfeuchten *n*; Feuchtsein *n*; Stockfleck *m*.
mouise P (mwi:z) *f* Misere *f*, Elend.
moujik (mu'ʒik) *m* Muschik *m*.
moujingue * (mu'ʒɛ̃:g) **I** *m* Bengel *m*, Gör *n*; **II** *f* a) Göre *f*; b) kleine junge Frau *f*.
moulage[1] ⊕ (mu'la:ʒ) *m* Formen *n*, Abguß *m*, Abdruck *m*; *~ par injection* Spritzguß *m*.
moulage[2] (~) *m* Mahlen *n*.
moulant *cout.* (mu'lɑ̃) *adj.* enganliegend.
moule[1] (mul) *m* **1.** Form *f*, Modell *n*; *~ à sable*, *~ à pâtés* Sandform *f für Kinder*; *jeter en ~* in eine Form gießen; F *cela ne se jette pas en ~* das geht nicht so leicht, wie man denkt; **2.** *fig.* Muster *n*, Vorbild *n*.
moule[2] (~) *f* **1.** Miesmuschel *f*; *~ à perles* Perlmuschel *f*; **2.** F *fig.* Waschlappen *m*, Schwächling *m*.
moulé (mu'le) **I** *m* Gedrucktes *n*; **II** *adj.* gut geformt, (an)gegossen; *matière f ~e* Preßstoff *m*, gepreßter Kunststoff *m*; *a. fig. il est comme ~ dans son vêtement* sein Rock sitzt wie angegossen.
mouler (~) [1a] **I** *v/t.* **1.** ⊕ (ab-)formen, (-)gießen, (-)drukken; **2.** *cout.* die Formen des Körpers hervortreten lassen, sich anschmiegen (*dat.*); **3.** *fig. ~ sur* bilden (*od.* formen) nach (*dat.*); **II** *v/rfl.* se *~* sich anschmiegen (*v. Kleidern*); *fig. se ~ sur q.* sich j-n zum Vorbild nehmen.
moulerie ⊕ (mul'ri) *f* Gießerei *f*.
mouleur (~'lœ:r) *m* Gießer *m*.
moulière (~'ljɛ:r) *f* Muschelbank *f*.
moulin (mu'lɛ̃) *m* Mühle *f*; *~ à bras* Handmühle *f*; *~ à café* Kaffeemühle *f*; *~ à eau* Wassermühle *f*; *se battre contre des ~s à vent* gegen Hirngespinste losziehen; **~age** (~li'na:ʒ) *m* ⊕ Zwirnen *n*; **~er** (~'ne) [1a] **I** *v/t.* **1.** Seide zwirnen; **2.** durchbohren, zerfressen (*Holzwürmer*); **II** *v/rfl.* se *~* wurmstichig werden; *mouliné* wurmstichig; **~et** (~'nɛ) *m* **1.** Drehkreuz *n*; **2.** *cuis.* Quirl *m*; *cuis. battre avec un ~* quirlen; **3.** Moulinet *n* (*Tanzfigur*); *faire le ~ mit e-m Spazierstock* ein Rad schlagen; **4.** *hydr.*, *mot.* Geschwindigkeitsmesser *m*; **5.** ⊕ Flügel-, Wind-bremse *f*; **6.** Angelröllchen *n*, Angelrolle *f*, Rolle *f* für die Angelschnur; **7.** Angelschnur *f* (*30—100 m lang*); **~eur** [7g] *od.* **~ier** [7b] ⊕ (~'nœ:r, ~'nje) *su.* **1.** Seidenzwirner *m*; **2.** Müller *m*, Mühlenbesitzer *m*.
moult *nur noch plais.* (mult) *adv.* viel(e); sehr.
moulu (mu'ly) *v. moudre*: *adj.* gemahlen; *or m ~* Muschel-, Malergold *n*; *être ~* wie gerädert sein; völlig erschöpft sein.
moulure (mu'ly:r) *f* ⚠ Gesims *n*; *men.* Zierleiste *f*; Rahmen-, Bilderleiste *f*; ⊕ Profilstück *n*; *~s pl.* Sims-, Schnitz-werk *n*; Fries *m*.
mouquère * ⚔ (mu'kɛ:r) *f* Hure *f*.
mourant (mu'rɑ̃) [7] **I** *adj.* **1.** sterbend; *fig. yeux m/pl. ~s* brechende Augen *n/pl.*; **2.** *fig.* zu Ende gehend; **3.** verwaschen; *bleu ~*

mattblau; **4.** ♪ *en* ~ zum Pianissimo übergehend; **II** *su.* Sterbender *m.*

mourir (mu'ri:r) [2k] **I** *v/i.* **1.** sterben; ~ *de faim* vor Hunger sterben, verhungern; ~ *de soif* verdursten; *fig.* ~ *d'ennui* vor Langerweile umkommen; ~ *de peur* sich zu Tode ängstigen; ~ *martyr* als Märtyrer sterben; ~ *de sa belle mort* eines natürlichen Todes sterben; *advt. à* ~ entsetzlich; **2.** eingehen (*Pflanze*); verblühen (*Blume*); **3.** allmählich zu Ende gehen; erlöschen; ausgehen, sich verlieren; **II** *se* ~ (*nur m prés., imparf. de l'ind. u. inf.*) im Sterben liegen, dahinsterben.

mousquet *ehm.* (mus'kɛ) *m* Muskete *f*; **~aire** *ehm.* (~kə'tɛ:r) *m* Musketier *m*; **~on** ⚔ (~'tɔ̃) *m* Karabiner (-haken *m*) *m.*

mousse[1] (mus) *m* Schiffsjunge *m.*

mousse[2] (~) *f* **1.** ♀ Moos *n*; ~ *aquatique* Wassermoos *n*; ~ *des rennes* Renntierflechte *f*; *fig.* ~ *de nylon* Kräuselkrepp *m*; **2.** Schaum *m*; *extinction f à* ~ Schaumlöschverfahren *n*; **3.** P *ne pas se faire de* ~ sich keine Sorgen machen.

mous|seau [5b], *u.* **~sot** (mu'so) *m* Grützmehl brot *n.*

mousseline (mus'lin) **I** *f* ✝ Musselin *m*, Nesseltuch *n*; Seidengeorgette *f*; **II** *adj.*: *verre m* ~ hauchdünnes Glas.

mousser (mu'se) *v/i.* [1a] **1.** schäumen; *faire* ~ quirlen; *fig. faire q.* ~ j-n herausstreichen, j-n übertrieben loben; *se faire* ~ angeben, übertreiben; **2.** *fig.* wütend werden.

mousseron ♀ (mus'rɔ̃) *m* Maischwamm *m.*

mousseux[1] (mu'sø) **I** *adj.* [7d] schäumend; **II** *m* Schaumwein *m.*

mousseux[2] (~) ♀ moosartig.

moussoir (mu'swa:r) *m* Schaumschläger *m* (*Kücheninstrument*).

mousson (mu'sɔ̃) *f* Monsun *m.*

moussu ♀ (mu'sy) *adj.* bemoost.

moustach|e (mus'taʃ) *f* **1.** Schnurrbart *m*; **2.** Schnurrhaare *n/pl.*; **3.** F *vieille* ~ alter Soldat *m*; **~u** (~ta'ʃy) *adj.* mit e-m großen Schnurrbart.

mousti|quaire (musti'kɛ:r) *f* Moskitonetz *n*; **~que** (~'tik) *m* Moskito *m*; (Stech-)Mücke *f.*

moût (mu) *m* Weinmost *m.*

moutard P (mu'ta:r) *m* Bengel *m.*

moutar|de (mu'tard) *f* **1.** ♀ Senf *m*; **2.** Mostrich *m*, Senf *m*; F *passez-moi la* ~, *je vous passerai le séné* wie du mir, so ich dir; *la* ~ *lui monta au nez* e-e Laus lief ihm über die Leber, ihm schwoll der Kamm; **~delle** (~'dɛl) *f* Meerrettich *m*; **~dier** (~'dje) *m* **1.** Mostrichnäpfchen *n*; **2.** Mostrich-fabrikant *m*, -händler *m*; **3.** *fig.* F *se croire le premier* ~ *du pape* sich für sehr wichtig halten.

mouton (mu'tɔ̃) **I** *m* **1.** Schaf *n*, Hammel *m*, Schöpfs *m*; *fig. revenir à ses* ~*s* wieder zum Thema zurückkehren; **2.** Hammelfleisch *n*; **3.** Schafleder *n*; **4.** *fig.* nachgiebiger Mensch *m*; *doux comme un* ~ lammfromm; F ~ *de Panurge* Massen-, Herden-mensch *m*; **5.** F ~*s pl.* Wellenschaum *m*, schäumende Wellen *f/pl.*; **6.** ~*s pl.* Staubflocken *f/pl.* unter den Möbeln; **7.** ★ Gefangenenspitzel *m*; **8.** ⊕ Pfahlramme *f*, Fallgewicht *n*, Rammbär *m*, -klotz *m*; **9.** ⚠ Glockenstuhl *m*; **II** F *adj.* [7c] schafsmäßig; *figure f* ~*ne* Schafsgesicht *n*; **~nement** (mutɔn'mɑ̃) *m* Wogen *n*; *géol.* Gesteinskräuselung *f*; **~ner** (~tɔ'ne) [1a] **I** *v/t.* **1.** kraus (*od.* wollig) machen; *ciel m moutonné* Himmel *m* voller Schäfchenwolken; *tête f moutonnée* Krauskopf *m*; **2.** ★ ~ *un prisonnier* e-n Gefangenen aushorchen; **II** *v/i.* **3.** sich kräuseln; wogen; **4.** Schäfchenwolken bilden; **~nerie** F (~tɔn'ri) *f* **1.** Dußlichkeit *f*, Dummheit *f*, Blödheit *f*; Einfalt *f*; **2.** Nachahmungssucht *f*; **3.** *litt.* seichtes Schäfergedicht *n*; **~neux** (~tɔ'nø) *adj.* [7d] ⚓ schäumend, wogig, wellig (*Meer*); **~nier** (~tɔ'nje) *adj.* [7b] Schafs...; *fig.* blind folgend; denkfaul; *la race moutonnière* die Schafsrasse *f*; *la multitude est moutonnière* die breite Masse denkt nicht.

mouture (mu'ty:r) *f* **1.** Mahlen *n*; **2.** Mahl-geld *n*, -lohn *m*; *fig. tirer d'un sac deux* ~*s* doppelten Profit haben; **3.** Mengkorn *n.*

mouvant (~'vɑ̃) *adj.* [7] **1.** bewegend, treibend; **2.** beweglich; *tableau m* ~ Bild *n* mit beweglichen Figuren; **3.** locker; *fig.* schlüpfrig; *dune f* ~*e* Wanderdüne *f*; *sable(s)* ~*(s)* Flugsand *m*, Triebsand *m.*

mouvement (muv'mɑ̃) *m* **1.** *a. pol.*, ⊕ Bewegung *f*; Gang *m*, Marsch *m*; ~ *perpétuel* Perpetuum *n* mobile;

se donner du ~ sich Bewegung verschaffen (*od.* machen); (se) *mettre en* ~ (sich) in Bewegung (*od.* in Gang) setzen; ~ *perdu* Leerlauf *m*, toter Gang *m*; ~ *intermittent* Wechselbewegung *f*; ⚕ ~ *nerveux* Zuckung *f*; ~ *réflexe* Reflexbewegung *f*; ⚔ ~ *de troupes* Truppenbewegung *f*; ~ *travailliste*, ~ *ouvrier* Arbeiterbewegung *f*; ~ *syndical* Gewerkschaftsbewegung *f*; ~ *de la jeunesse* Jugendbewegung *f*; ~ *électoral* Wahlbewegung *f*; ⊕, *allg.* ~ *rétrograde* Rückgang *m*; ⚔ ~ *débordant*, ~ *enveloppant* Umgehungsversuch *m*; *gym.* ~ *respiratoire* Atembewegung *f*; ~ *d'ensemble* Gruppen-, Riegen-turnen *n*; *Auto*: ~ *dérapant* Schleuderbewegung *f*; **2.** *fig.* Regung *f*; Unruhe *f*; Abwechselung *f*; Veränderung *f*; (Personal-)Wechsel *m*; *un* ~ *de colère* e-e Anwandlung *f* von Wut; ~ *de la population* die Bevölkerungsbewegung *f* (*Zu- u. Abnahme*); ~ *diplomatique* Diplomatenwechsel *m*; **3.** ✝ Umsatz *m*; *le* ~ *de caisse* der Kassenumsatz *m*; ~ *commercial* Warenumsatz *m*; ~ *du portefeuille* Wechselumsatz *m*; ~ *de(s) chèques* Scheckverkehr *m*; ~ *des prix* Preisbewegung *f*, -schwankung *f*; **4.** *géol.* ~ *de terrain* Unebenheit *f* des Bodens; **5.** Beförderung *f*; ~ *des lettres et colis* Postverkehr *m*; **6.** Antrieb *m*; *de son propre* ~ aus freien Stücken; **7.** Aufregung *f*; Aufruhr *m*; Gärung *f*; ~ *gréviste* Streikbewegung *f*; ~ *latent pol.* Unterströmung *f*, Untergrundbewegung *f*, Geheimbewegung *f*; ~*s pl. xénophobes* ausländerfeindliche Unruhen *f/pl.*; **8.** 🚂 Verkehr *m*, Betrieb *m*; ~ *des voyageurs* Personenverkehr *m*; **9.** *pol.* Fortschritt *m*; *ehm. pol. parti m du* ~ Fortschrittspartei *f*; **10.** ♪ Tempo *n*, Takt(schlag *m*) *m*; **11.** *peint.* Ausdruck *m*, Leben *n*, Frische *f*, Bewegung *f*; *litt.* ~*s pl.* Kraft *f*, Lebendigkeit *f* des Ausdrucks; **12.** ⊕ Antrieb *m*, Getriebe *n*, Räderwerk *n*; **13.** ⚓ ~ *d'un port* Schiffsverkehr *m* e-s Hafens; ~**é** (~mɑ̃'te) *adj.* belebt; abwechselungsreich; wechselvoll; unruhig, dramatisch; *style m* ~ lebhafter Stil *m*; *vie f* ~*e* bewegtes Leben *n*; ~**er** (~) *v/t.* [1a]: ~ *qch.* Abwechselung in etw. (*acc.*) bringen, etw. beleben.

mouver (mu've) *v/t.* [1a] *Erde* auflockern; *Suppe* umrühren.

mouvoir (mu'vwa:r) [3d] **I** *v/t.* bewegen, in Bewegung setzen; *fig.* antreiben, anregen; **II** *v/i. féod.* lehnbar sein; **III** *v/rfl.* se ~ sich bewegen, sich in Bewegung setzen.

moyen (mwa'jɛ̃) **I** *adj.* [7c] **1.** mittlere(r, -s), Mittel...; ~ *haut-allemand* Mittelhochdeutsch *n*; *être d'âge* ~ in den mittleren Jahren sein; ~ *âge m* Mittelalter *n*; *de* ~*ne grandeur* von mittlerer Größe; **2.** □ *fig.* mittelmäßig; durchschnittlich; *le Français* ~ der Durchschnittsfranzose *m*; *advt. en terme* ~ im Durchschnitt, durchschnittlich; **II** *m* **3.** Mittel *n*; *au* ~ *de qch.*, *par le* ~ *de qch.* (*letzterer Ausdruck dient zur Hervorhebung von etwas Außergewöhnlichem*) mit Hilfe von etw., durch etw. (*acc.*), mit etw. (*dat.*), mittels e-r Sache (*gén.*); *trouver* ~ *de* ... ein Mittel finden zu ...; ~ *de coercition* (*d'échange*) Druck-(Tausch-)mittel *n*; ~ *de communication* Verständigungsmittel *n*; ~ *de locomotion*, ~ *de transport* Verkehrs-, Transport-, Beförderungs-mittel *n*; ~ *de salut* Rettungsmittel *n*; **4.** Vermittlung *f*; *par le* ~ *de q.* durch j-s Vermittlung; *obtenir un emploi par le* ~ *de q.* e-e Stelle durch j-n erhalten (*od.* bekommen F); **5.** Möglichkeit *f*, etw. zu tun; *il n'y a pas* ~ *de faire cela* es ist unmöglich, das zu tun; **6.** Ꜹ mittlere Proportionalgröße *f*; Innenglied *n*; **7.** ~*s pl.* Geldmittel *n/pl.*, Mittel *n/pl.*; *avoir des* ~*s* bemittelt (*od.* vermögend) sein; *sans* ~*(s) de subsister*, *sans* ~*(s) de subsistance* erwerbslos; **8.** ~*s pl.* Anlagen *f/pl.*, Talent *n/sg.*; **9.** ⚖ Beweismittel *n*; Begründung *f*; ~ *d'appel* Berufungsgrund *m*; ~ *de droit* Rechtsbehelf *m*; ~ *de nullité* Nichtigkeitsgrund *m*; ~ *de preuve* Beweismittel *n*; **10.** *gr.* Medium *n*.

moyen|âgeux (mwajɛnɑ'ʒø) *adj.* [7d] mittelalterlich; ~**-duc** *orn.* (mwajɛ̃'dyk) *m* [6a] Horneule *f*; ~**nant** (~jɛ'nɑ̃) **I** *prp.* mittels (*gén.*); ~ *quoi* wodurch, womit; **II** ⚒ *cj.* ~ **que** (*mit fut. bzw. cond., od. mit subj.*) vorausgesetzt, daß ...; ~**ne** (mwa'jɛn) *f* Durchschnitt *m*; Durchschnittsgeschwindigkeit *f*; ~ *à l'heure* (mittlere) Stundengeschwindigkeit *f*; Ꜹ ~ *arithmétique*

arithmetisches Mittel *n*; en ~ *advt.* durchschnittlich, im Durchschnitt.
Moyen-Orient *géogr.* (mwajɛ̃nɔ'rjɑ̃) *m* Mittlerer Orient *m*; *dans le* ~ im Mittleren Orient.
moyette ✓ (mwa'jɛt) *f* Miete *f*.
moyeu[1] ⊕ (mwa'jø) *m* [5b] (Rad-)Nabe *f*; Mittelstück *n* e-s Lenkrads.
moyeu[2] (~) *m* [5b] **1.** Eigelb *n*; **2.** eingemachte Pflaume *f*.
muabilité (mɥabili'te) *f* Unbeständigkeit *f*.
muable ('mɥablə) *adj.* unbeständig.
muance (mɥɑ̃:s) *f* Stimmbruch *m*.
mucilag|e (mysi'la:ʒ) *m* ⚘ Pflanzenschleim *m*; *phm.* dicke Gummilösung *f*; **~ineux** (~ʒi'nø) *adj.* [7d] schleim-haltig, -artig, -absondernd.
mucine (my'sin) *f* Schleimstoff *m*.
mucosité (~kozi'te) *f u.* **mucus** (~'kys) *m physiol.* Schleim *m*.
mucroné ⚘ (mykrɔ'ne) *adj.* stechend.
mue (my) *f* **1.** Mauser(zeit *f*) *f*; Mauserkäfig *m*; **2.** Abwerfen *n* des Geweihs; **3.** Häuten *n*; **4.** Stimmbruch *m*; **5.** F Kittchen *n*.
muer (mɥe) [1a] **I** *v/t.* wechseln, verwandeln: *ch.* ~ *sa tête* das Geweih abwerfen; **II** *v/i.* mausern; sich häuten; haaren; im Stimmbruch sein; *sa voix mue* er hat Stimmbruch.
muet (mɥɛ) [7c] **I** *adj.* □ **1.** stumm; *sourd-*~ taubstumm; **2.** still, lautlos, schweigend, sprachlos; *demeurer* (*od. être*) ~ schweigen; **3.** *thé. jeu m* ~ Gebärdenspiel *n*; *personnage m* ~ Statist *m*; *rôle m* ~ stumme Rolle *f*; **4.** (*a. f*): *gr.* (*lettre f*) ~te stummer Buchstabe *m*; (*consonne f*) ~te Muta *f*, Verschlußlaut *m*; **5.** *semaine f* ~te stille Woche *f*, Karwoche *f*; **II** *su.* Stummer *m*.
muette (mɥɛt) *f* Jagdschlößchen *n*.
mufle ('myflə) **I** *m* **1.** Vorderteil *m* der Schnauze *f*; **2.** ⚠ Tier-, *bsd.* Löwen-kopf *m*; **3.** F *fig.* Schnauze *f* V, häßliches Gesicht *n*; *fig.* Flegel *m*, Rabauke *m*, Grobian *m*; **II** *adj.* flegelhaft.
muflerie F (myflə'ri) *f* Flegelei *f*.
muflier ⚘ (myfli'e) *m* Löwenmaul *n*.
muge *icht.* (my:ʒ) *m* Meeräsche *f*.
mu|gir (my'ʒi:r) *v/i.* [2a] muhen, brüllen; laut schreien; tosen, brausen; **~gissement** (~ʒis'mɑ̃) *m* Muhen *n*, Brüllen *n*; Brausen *n*, Getöse *n*; Geheul *n* (*Wind, Sirene*).
muguet (my'gɛ) *m* **1.** ⚘ Maiglöckchen *n*; *petit* ~ Waldmeister *m*; **2.** Mundschwamm *m*, Soor *m*.
mulard *orn.* (my'la:r) *m* Bastardente *f*.
mulasse (my'las) *f* junges Maultier *n*.
mulâtre (my'lɑ:trə) **I** *adj.* mulattisch; **II** *m* Mulatte *m*.
mulâtresse (~lɑ'trɛs) *f* Mulattin *f*.
mule[1] *zo.* (myl) *f* Mauleselin *f*.
mule[2] (~) *f* Hausschuh *m* (*ohne Hinterleder*); ~ *de vacances* Pantolette *f*.
mule|tier (myl'tje) [7b] **I** *adj.* Maultier...; *sentier m* ~ Maultierpfad *m*; **II** *su.* Maultiertreiber *m*; **~ton** (myl'tɔ̃) *su.* [7c] junges Maultier *n*.
mulle *icht.* (myl) *m* Seebarbe *f*.
mulon (my'lɔ̃) *m* Salzhaufen *m* (*in Salzseen*).
mulot (my'lo) *m* Waldmaus *f*.
mulsion (myl'sjɔ̃) *f* Melken *n*.
multi|broche ⊕ (mylti'brɔʃ) *adj.* mehrspindelig; **~caule** ⚘ (~'ko:l) *adj.* vielstengelig; **~cellulaire** (~sely'lɛ:r) *adj.* vielzellig; **~colore** (~kɔ'lɔ:r) *adj.* vielfarbig; **~couche** ⚠ (~'kuʃ) *adj./inv.* mehrschichtig; **~flore** ⚘ (~'flɔ:r) *adj.* vielblütig; **~forme** (~'fɔrm) *adj.* vielgestaltig, formenreich; **~graphe** (~'graf) *m* Vervielfältigungsmaschine *f*; **~graphier** (~gra'fje) *v/t.* [1a] vervielfältigen; **~latéral** (~late'ral) *adj.* [5c] vielseitig; ⚖ mehrseitig; **~lingue** *gr.* (~'lɛ̃:g) *adj.* viel-, mehrsprachig; **~loculaire** ⚘ (~lɔky'lɛ:r) *adj.* vielfächerig; **~millionnaire** (~miljɔ'nɛ:r) *adj. u. su.* viele Millionen besitzend; Multimillionär *m*; **~moteur** (~mɔ'tœ:r) **I** *adj.* [7f] mehrmotorig; **II** ✈ *m* mehrmotoriges Flugzeug *n*; **~place** ✈ (~'plas) **I** *m* Mehrsitzer *m*; **II** *adj./inv.* mehrsitzig; **~plan** ✈ (~'plɑ̃) *m* Mehr-, Viel-decker *m*; **~ple** (myl'tiplə) *adj. u. m* viel-, mehr-fach; multiplizierte Zahl *f*, *das* Vielfache *n*; **~pler** *télégr., rad.* (~ti'ple) *v/t.* [1a] vielfachschalten; **~plex** *télégr.* (~'plɛks) *m* Vielfachumschalter m; **~pliant** *opt.* (~pli'ɑ̃) *adj.* [7] vervielfältigend; **~plicande** ℞ (~pli'kɑ̃:d) *m* Multiplikandus *m*; **~plicateur** (~plika'tœ:r) *m* **1.** ℞ Multiplikator *m*; **2.** *méc.* (Räder-)Übersetzung *f*; **3.** ⚡ Vervielfacher *m*, Steigerungstransformator *m*; **~plication** (~plikɑ'sjɔ̃) *f* **1.** Vervielfältigung *f*; Vermehrung *f*; ℞

Multiplikation *f*; *table f de* ~ Einmaleins *n*; **2.** 🚂 Verdichtung *f der Zugfolge*; **3.** *vél.* Übersetzung *f*; **4.** 🌱 Vermehrung *f*, Fortpflanzung *f*; *la* ~ *des semences* die Saatgutvermehrung *f*; **~plicité** (~plisi'te) *f* Vielheit *f*, Mannigfaltigkeit *f*; **~plier** (~pli'e) *v/t.* [1a] vermehren; ⅄ multiplizieren, vervielfältigen; 🚂 die Zugfolge verdichten; ~ *les signes* dauernd (*od.* wiederholt) Zeichen geben; **~polaire** ⚡ (~pɔ'lɛ:r) *adj.* viel-, mehr-polig.

multitude (mylti'tyd) *f* Menge *f*, große Zahl *f*.

multi|valent (myltiva'lɑ̃) *adj.* [7] vielwertig; **~valve** *zo.* (~'valv) *adj.* vielschalig.

Munich (my'nik) *m* München *n*.

municipal (mynisi'pal) [5c] **I** *adj.* Gemeinde..., Stadt..., Städte...; *autorités f/pl.* ~*es* Magistrat *m*; *conseil m* ~ Stadt-, Gemeinde-rat *m*; *droit m* ~ Stadtrecht *n*; **II** F *m* Pariser Polizist *m*; **~ité** (~li'te) *f* **1.** Stadtbehörden *f/pl.*, Magistrat *m*; **2.** Gemeinde *f*; Gemeinde-rat *m*, -verwaltung *f*.

munificence (mynifi'sɑ̃:s) *f* Freigebigkeit *f*.

munificent (mynifi'sɑ̃) *adj.* [7] sehr freigebig.

munir (my'ni:r) [2a] **I** *v/t.* ausrüsten; ~ *de qch.* mit etw. versehen; ~ *d'un endossement* indossieren, girieren; **II** *v/rfl se* ~ *de* sich ausrüsten mit (*dat.*).

munitionnaire ⚔ (mynisjɔ'nɛ:r) *adj.*: *officier m* ~ Waffen- u. Gerätenoffizier *m*.

munitions (myni'sjɔ̃) *f/pl.* **1.** Munition *f/sg.*; ~ *de premier jet* Handmunition *f/sg.*; ~ *à gaz* Gasmunition *f/sg.*; *ravitaillement m en* ~ Munitionsnachschub *m*; **2.** ~ *de bouche* Proviant *m*, eiserne Ration *f*, Mundvorrat *m*; *pain m de munition* (*hier sg.!*) ⚔ Kommißbrot *n*.

muqu|euse *anat.* (my'kø:z) *f* Schleimhaut *f*; **~eux** (my'kø) *adj.* [7d] schleimig; Schleim...

mur (my:r) *m* Mauer *f*, Wand *f*; ~ *de clôture* Ringmauer *f*; ~ *massif*, ~ *mitoyen*, ~ *réfractaire* Brandmauer *f*; ~ *de revêtement* Futtermauer *f*; *fig.* ~ *de poitrines* Menschenmauer *f*; ✈ *franchir le* ~ *du son* die Schallgrenze durchbrechen; *mettre q. au pied du* ~ j-n in die Enge treiben; *fig. au pied du* ~ unmittelbar an Ort u. Stelle.

mûr (~) *adj.* reif, zeitig; entwickelt, gereift; *fig.* reiflich □; *âge m* ~ Mannesalter *n*; *abscès m* ~ reifes Geschwür *n*; *fig. l'affaire est* ~*e* die Sache ist spruchreif; F *fig. habit m* ~ abgetragener Anzug *m*; *fig. réfléchir* ~*ement à un projet* e-n Plan reiflich überlegen.

mur|age (my'ra:ʒ) *m* Vermauern *n*; **~aille** (~'rɑ:j) *f* (*hohe u. dicke Verteidigungs-*)Mauer *f*; *bsd.* Stadtmauer *f*; ⚓ Bordwand *f*; *la grande* ~ *de la Chine* die chinesische Mauer (*2450 km*); *enfermer q. entre quatre* ~*s* j-n ins Gefängnis stecken.

mural (my'ral) *adj.* [5c] Mauer... Wand...;

mûre ⚘ (my:r) *f* Maulbeere *f*; ~ *de ronce*, ~ *sauvage* Brombeere *f*.

murène *icht.* (my'rɛn) *f* Muräne *f*.

murer (my're) *v/t.* [1a] **1.** vermauern, zumauern; einmauern; **2.** mit Mauern einschließen; **3.** *fig.* verschließen; verbergen.

mûreraie (myr'rɛ) *f* Maulbeerpflanzung *f*.

muret (my'rɛ) *m*, **muretin** (myr'tɛ̃) *m*, **murette** (my'rɛt) *f* kleine, niedrige Mauer *f*.

murex *zo.* (my'rɛks) *m* Stachelschnecke *f*.

mûrier ⚘ (my'rje) *m* Maulbeerbaum *m.*

mûrir (my'ri:r) [2a] **I** *v/i.* reif werden, reifen; **II** *v/t.* zum Reifen bringen, reif werden lassen; *fig.* ausreifen lassen.

murmur|ant (myrmy'rɑ̃) *adj.* [7] rauschend; **~e** (~'my:r) *m* **1.** Murmeln *n*, Plätschern *n*, Säuseln *n*, Rauschen *n*; ~ *d'approbation* Beifallsgemurmel *n*; **2.** ~*s pl.* Murren *n*, Gemurre *n*, Klage *f*; **~er** (~my're) *v/i.* [1a] **1.** plätschern, rieseln; rauschen; murmeln; säuseln (*Wind*); ~ *entre ses dents* in den Bart brummen; **2.** murren.

mûron ⚘ (my'rɔ̃) *m* **1.** Brombeere *f*; **2.** Brombeerstrauch *m*.

musaraigne *zo.* (myza'rɛɲ) *f* Spitzmaus *f*.

musard F (my'za:r) *adj. u. su.* die Zeit vertrödelnd; *fig.* Trödler *m*, Eckensteher *m*; **~er** (~zar'de) *v/i.* [1a] die Zeit vertrödeln; Maulaffen feilhalten; herumschlendern.

musc (mysk *m* **1.** Moschus-, Bisamtier *n*; **2.** ⚘ Moschus *m*.

musca|de (mys'kad) *f* (*auch adj.*: *noix f* ~) **1.** Muskat(nuß *f*) *m*;

2. ~ Taschenspielerkügelchen *n*; *fig.* *et passez ~!* eins, zwei, drei ist's gemacht!; Hokuspokus Fidibus!; **~delle** (~'dɛl) *f* Muskatellerbirne *f*; **~det** (~'dɛ) *m* Muskatwein *m*; **~dier** ♀ (~'dje) *m* Muskatnußbaum *m*; *fleur f de ~* Muskatblüte *f*.

muscardin *zo.* myskar'dɛ̃) *m* Haselmaus *f*.

muscat (mys'ka) *adj./m u. m* Muskat(eller)...; (*raisin m*) ~ Muskatellertraube *f*; (*vin m*) ~ Muskatwein *m*, Muskateller *m*.

mus|cle ('myskla) *m* Muskel *m*; *~ extenseur* Streckmuskel *m*; *~ pédieux* Fußmuskel *m*; **~clé** (mys'kle) *adj.* muskulös; **~culaire** (~ky'lɛ:r) *adj.* Muskel...; *force f ~* Muskelkraft *f*; *rad.* *réveil m ~* Frühgymnastik *f*; **~culature** (~kyla'ty:r) *f* Muskulatur *f*, Muskelsystem *n*; **~culeux** (~ky'lø) *adj.* [7d] muskulös.

muse (my:z) *f* Muse *f*; *fig.* *les ~s* die schönen Wissenschaften *f/pl.*, *bsd.* die Dichtkunst *f/sg.*

museau (my'zo) *m* 1. Schnauze *f*, Maul *n*; 2. P Visage *f*, Fresse *f* P.

musée (my'ze) *m* Museum *n*; *~ océanographique* Museum *n* für Meereskunde.

musel|er (myz'le) *v/t.* [1c]: *~ un chien* e-m Hunde e-n Maulkorb umbinden; *fig.* *~ q.* j-m das Maul stopfen; *~ la presse* der Presse e-n Maulkorb anlegen; **~ière** (myzə'ljɛ:r) *f* Maulkorb *m*.

muser (my'ze) *v/i.* [1a] müßig sein, herumtrödeln, faulenzen.

muserol(l)e (myz'rɔl) *f* Nasenriemen *m* (*v. Pferd*).

musette (my'zɛt) *f* 1. Dudelsack (-tanz *m*) *m*; 2. *aus Leinen*: Futterbeutel *m der Pferde*; *a.* ⚔ Brotbeutel *m*; Werkzeugtasche *f*.

muséum (myze'ɔm) *m* Museum *n* für Naturgeschichte.

museur (my'zœ:r) *su.* [7g] Bummler *m*, Nichtstuer *m*, Faulenzer *m*.

musi|cal (myzi'kal) *adj.* [5c] □ musikalisch (*als adj. nicht von Personen!*); *être doué ~ement* musikalisch sein; **~calité** (~kali'te) *f* tonliche Wiedergabe *f*; Klang *m*; *un pick-up de haute ~* ein Plattenspieler *m* von feinem Klang; **~castre** *péj.* (~'kastrə) *m* schlechter Musikant *m*.

music-hall (myzi'ko:l) *m* [6g] Varieté(theater *n*) *n*.

musicien (myzi'sjɛ̃) [7c] I *adj.* musikalisch (*nur von Personen!*); II *su.* 1. Musiker *m*, Tonkünstler *m*; *~s pl.* Spielleute *pl.*; 2. Komponist *m*, Ton-dichter *m*, -künstler *m*.

musicographe (myzikɔ'graf) *m* Musik-kritiker *m*, -literat *m*.

musicologie (myzikɔlɔ'ʒi) *f* Musikwissenschaft *f*.

musique (my'zik) *f* 1. Musik *f*; Tonkunst *f* (*st.s.*); Noten *f/pl.*; *~ ancienne* alte Musik *f*; *~ de chambre* Kammermusik *f*; *~ de danse* Tanzmusik *f*; *~ fonctionnelle* ⊕ Betriebsmusik *f* zur Förderung des Arbeitstempos; *~ d'instruments à cordes* Streichmusik *f*; *~ d'instruments à cuivre* Blasmusik *f*; *~ de jazz* Jazzmusik *f*, Jazz *m*; *~ légère* Unterhaltungsmusik *f*; *~ d'orchestre* Orchestermusik *f*; *acheter de la ~* Noten kaufen; *~ enregistrée* Schallplattenmusik *f*; (*livre m de*) *~* Noten *f/pl.* (Musikalbum *n*, Musikheft *n*, -buch *n*); *~ vocale* Gesangsnoten *f/pl.*; *notes f/pl. de ~* Noten *f/pl.* (*als einzelne Musikzeichen*); *papier m à ~* Notenpapier *n*; *marchand m de ~* Musikalienhändler *m*; *faire de la ~* musizieren; *mettre en ~* vertonen, komponieren; *en ~* bei Musik; *rad.* *après-midi en ~* Musik *f* zum Nachmittag; *péj.* *~ enragée*, *~ de chiens et de chats* ohrenbetäubende Musik *f*, Katzenmusik *f*, Höllenlärm *m*; F *connaître la ~* im Bilde sein; 2. ♪ Kapelle *f*, Musiker *m/pl.*

musiquette (myzi'kɛt) *f* leichte, wertlose Musik *f*, *péj.* Musike *f*.

musoir ⚓ (my'zwa:r) *m* Molenkopf *m*, Hafendammspitze *f*.

musqu|é (mys'ke) *adj.* nach Moschus riechend; *fig.* geziert, gesucht (*Stil*); **~er** (~) *v/t.* [1m] mit Moschus parfümieren.

musse-pot (mys'po) *advt.*: *à ~* [heimlich.]

mussif ⚗ (my'sif) *adj.* [7e]: *or m ~* Musivgold *n* (*unechtes Gold*).

mussitation ⚕ (mysitɑ'sjɔ̃) *f* Lallen *n*, Gemurmele *n* (*e-s Kranken*).

mustélidés *zo.* (mysteli'de) *m/pl.* Marderarten *f/pl.* [wieselartig.]

mustélin *zo.* (myste'lɛ̃) *adj.* [7]

musulman (myzyl'mɑ̃) *adj. u. su.* [7] muselmanisch; Muselman *m*.

muta|bilité (mytabili'te) *f* Veränderlichkeit *f*; **~ge** ✓ (~'ta:ʒ) *m* Schwefelung *f* des Mosts; **~teur** ⚡ (~'tœ:r) *m* Umrichter *m*; **~tion** (~tɑ'sjɔ̃) *f* Veränderung *f*, Wechsel *m*; *biol.* Mutation *f*; *adm.* (Amts-) Versetzung *f*; *gr.* ~ *consonantique* Lautverschiebung *f*; ~*s politiques pl.* politische Umwälzungen *f/pl.*; **~tionnisme** *biol.* (~tasjɔ'nism) *m* Mutationstheorie *f*.

muter (my'te) *v/t.* [1a] **1.** verändern, wechseln; *adm. être muté* versetzt werden; **2.** *den Most* schwefeln.

muti|lation (mytilɑ'sjõ) *f* Verstümmelung *f*; ~ *volontaire* Selbstverstümmelung *f*; **~lé** (~'le) **I** *adj.* (*grand*) ~ (schwer)kriegsbeschädigt, (schwer)kriegsversehrt; **II** *m* (*grand*) ~ *de guerre* (Schwer-) Kriegsbeschädigter *m*, -versehrter *m*; **~ler** (~) *v/t.* [1a] verstümmeln, entstellen; *a. fig.* ~ *un texte* e-n Text verstümmeln.

mutin (my'tɛ̃) *adj. u. su.* [7] **1.** trotzig, eigensinnig, widerspenstig; Trotzkopf *m*; **2.** aufrührerisch; Aufwiegler *m*; **3.** munter, keck; schnippisch; **~er** (~ti'ne) [1a] **I** *v/t.* aufwiegeln; **II** *v/rfl.* se ~ rebellieren; revoltieren, sich empören; ⚔ meutern; **~erie** (~tin'ri) *f* **1.** Trotz *m*, Widerspenstigkeit *f*; **2.** Meuterei *f*, Aufruhr *m*, Empörung *f*; **3.** Munterkeit *f*.

mutisme (my'tism) *m* ⚕ Stummheit *f*; *fig.* Schweigen *n*.

mutu|alisme (mytɥa'lism) *m* gegenseitige soziale Hilfsbereitschaft *f*; **~aliste** (~'list) **I** *su.* Mitglied *n* e-r Gesellschaft auf Gegenseitigkeit; **II** *adj. caisse f* ~ Kasse *f* auf Gegenseitigkeit; **~alité** (~li'te) *f* Gegenseitigkeit *f*; **~el** (~'tɥɛl) *adj.* [7c] gegenseitig; *assurance f* ~*le* Versicherung *f* auf Gegenseitigkeit; **~elle** (~) *f* Genossenschaft *f*.

mycologie (mikɔlɔ'ʒi) *f* Pilzkunde *f*.

myélencéphale *anat.* (mjelɛ̃se'fal) *m* Zentralnervensystem *n*.

myélite ⚕ (mje'lit) *f* Rückenmarkentzündung *f*.

mygale *ent.* (mi'gal) *f* Krebsspinne *f*.

myocardite ⚕ (mjɔkar'dit) *f* Herzmuskelentzündung *f*, Myokarditis *f*.

myologie *anat.* (mjɔlɔ'ʒi) *f* Muskellehre *f*.

myo|pe (mjɔp) *adj. u. su.* kurzsichtig; Kurzsichtiger *m*; **~pie** (mjɔ'pi) *f* Kurzsichtigkeit *f*.

myosotis 🕮 ⚘ (mjɔzɔ'tis) *m* Vergißmeinnicht *n*.

myriade (mi'rjad) *f* Myriade *f*; *fig.* Riesenmenge *f*.

myrmidon (mirmi'dõ) *m* winziges Männchen *n*; *fig.* Dutzendmensch *m*, (große) Null *f*.

myrrhe (mir) *f* Myrrhe *f*.

myrte (mirt) *m* Myrte *f*; *essence f de* ~ Myrtenöl *n*.

myrtille ⚘ (mir'tij) *f* Heidel-, Blaubeere *f*.

mys|tère (mis'tɛ:r) *m* **1.** Geheimlehre *f*; **2.** Geheimnis *n*; *rl. les saints* ~*s* die Meßopfer *n/pl.*; **3.** *fig.* Geheimniskrämerei *f*; *parler avec* ~ geheimnisvoll sprechen; *voilà tout le* ~ das ist die ganze Hexerei *f*; **4.** *litt.* Mysterium *n*, geistliches Schauspiel im Mittelalter; *le* ~ *de la Passion* das Passionsspiel *n*; **~térieux** (~te'rjø) **I** *adj.* [7d] □ geheimnisvoll; **II** *m das* Geheimnisvolle *n*; **~ticisme** *phil.*, *rl.*, *litt.* (~ti'sism) *m* Mystik *f*, mystische Einstellung *f*; *allg.* Aberglaube *m*; **~ticité** (~tisi'te) *f* **1.** mystisches Wesen *n*; **2.** Hang *m* zur Mystik.

mystifi|cateur (mistifika'tœ:r) *su. u. adj.* [7f] Spaßvogel *m*; *nouvelle f mystificatrice* humoristische Novelle *f*; **~cation** (~kɑ'sjõ) *f* Täuschung *f*, Fopperei *f*, Aufzieherei *f*; *fig.* Schwindel *m*, Betrug *m*; **~er** (~'fje) *v/t.* [1a] täuschen, hochnehmen, hinters Licht führen.

mystique (mis'tik) **I** *adj.* □ geheimnisvoll, mystisch; *fig.* schwärmerisch; **II** *rl. f* Mystik *f* (*als Teil der Theologie*); *allg.* Kult *m*, Mythos *m* (*um e-e Idee od. Person*); **III** *m* Mystiker *m*.

myth|e (mit) *m* Mythus *m*, Göttersage *f*; **~ique** (~'tik) *adj.* mythisch.

mytholo|gie (mitɔlɔ'ʒi) *f* Mythologie *f*, Götterlehre *f*, Sagenkunde *f*; **~gique** (~'ʒik) *adj.* mythologisch; sagenkundlich; **~gisme** (~'ʒism) *m* Mythendeutung *f*; **~giste** (~'ʒist) *m*, *wofür besser*: **~gue** (~'lɔg) *m* Mythologie *m*, Sagenforscher *m*.

mytilacés *zo.* (mitila'se) *m/pl.* Miesmuscheln *f/pl.*

N

N, n (ɛn) *m* N, n *n*.
nabab (na'bab) *m* Nabob *m*; *fig.* steinreicher Mann *m*, Krösus *m*; *les ~s de la finance* die Finanzmagnaten *m/pl.* [*Kahns.*]
nable ⚓ ('nablə) *m* Pfropfloch *n e-s*
nabot *iron.* (na'bo) *su.* [7] *u. adj.* winziger Kerl *m*; Dreikäsehoch *m*; Knirps *m*; *f*: Puppe *f*; winzig klein.
nacarat (naka'ra) *adj./inv.* hellrot.
nacelle (na'sɛl) *f* **1.** Kahn *m*, Nachen *m*; **2.** ✈ Gondel *f*; *~ de ballon* Ballonkorb *m*; *~ de pilotage* Führergondel *f*; **3.** ⊕ Fahrkorb *m*.
nacr|e ('nakrə) *f* Perlmutter(glanz *m*) *f*; **~er** (~) *v/t.* [1a] Perlmutterglanz geben.
nadir *ast.* (na'di:r) *m* Nadir *m*.
naevus ⚕ (nɛ'vys) *m* (*pl. naevi*) Muttermal *n*.
nag|e (na:ʒ) *f* Schwimmen *n*; *à la ~* schwimmend; *la ~ (sur le) dos* das Rückenschwimmen *n*; *~ libre* Freistilschwimmen *n*; *(à la) brasse* Brustschwimmen *n*; *~ (à) relais* Staffelschwimmen *n*; *fig. être (tout) en ~* in Schweiß gebadet sein; *se mettre en ~* in Schweiß geraten; **~ée** (na'ʒe) *f* Schwimmstoß *m*; **~eoire** *zo.* (~'ʒwa:r) *f* **1.** *zo.* Flosse *f*; **2.** Schwimmflosse *f*; **3.** ✈ *~ latérale*, *~ de planement* Gleitflosse *f*; **~eoter** (~ʒɔ'te) *v/i.* [1a] ein bißchen (*od.* etwas) schwimmen (können); **~er** (na'ʒe) [1l] **I** *v/i.* **1.** schwimmen; *~ contre le courant* gegen den Strom schwimmen (*a. fig.*); *~ libre* Freistil schwimmen; *~ entre deux eaux* a) unter Wasser schwimmen; b) *fig.* zwischen zwei Parteien schwanken; es mit keiner Partei verderben wollen; *fig. ~ dans les eaux de q.* auf j-s Seite sein; *fig. ~ dans l'opulence* in Saus und Braus leben; **2.** ⚓ rudern; **3.** F *fig.* ratlos sein, nicht kapieren; **II** *v/t. ~ le crawl* kraulen; **~eur** (~'ʒœ:r) [7g] **I** *adj.* schwimmend; **II** *su.* Schwimmer *m*; *maître m ~* Schwimmlehrer *m*.
naguère (na'gɛ:r) *adv.* neulich.
naïade (na'jad) *f* Nymphe *f*.
naïf (na'if) *adj.* [7e] □ **1.** natürlich, urwüchsig; **2.** kindlich, unbefangen; **3.** *péj.* naiv, kindisch, einfältig.
nain (nɛ̃) [7] **I** *adj.* zwergartig; Zwerg...; *plantes f/pl. ~es* Zwergpflanzen *f/pl.*; **II** *su.* Zwerg *m*.
naissance (nɛ'sɑ̃:s) *f* **1.** Geburt *f*; *acte m (od. extrait m) de ~* Geburtsschein *m*, -urkunde *f*; **2.** Entstehung *f*; **3.** Abkunft *f*, Herkommen *n*; adlige Herkunft *f*; **4.** *fig.* Anfang *m*; Ursprung *m*; *~ du jour* Tagesanbruch *m*; *donner ~* verursachen, ins Leben rufen; den Anlaß geben zu (*dat.*); heraufbeschwören; *prendre ~* entstehen; **5.** Anfangs-, Ausgangs-punkt *m*; *cout. ~ des épaules* Schulteransatz *m*.
naissant (nɛ'sɑ̃) *adj.* [7] entstehend, werdend; anbrechend (*Tag*); aufblühend (*Schönheit*).

naître ('nɛ:trə) *v/i.* [4g] **1.** geboren werden; *né aveugle* blindgeboren; *il est né Français* er ist Franzose von Geburt; *il est né poète* er ist zum Dichter geboren; **2.** abstammen; entspringen; *bien né* mit guten Anlagen, gut geartet; von guter Herkunft; **3.** ⚘ keimen; **4.** *fig.* anbrechen (*Tag*); anfangen, auftauchen; entstehen; entspringen (*Fluß*); *faire* ~ erregen, erzeugen, hervorrufen, anstiften; *cela m'en a fait* ~ *l'idée* das hat mich auf den Gedanken gebracht.

naïveté (naiv'te) *f* Urwüchsigkeit *f*; Natürlichkeit *f*; Unbefangenheit *f*, Harmlosigkeit *f*, Treuherzigkeit *f*; *péj.* Naivität *f*, Einfalt *f*, Gedankenlosigkeit *f*, Weltfremdheit *f*.

naja (na'ʒa) *m* Brillenschlange *f*.

nanan *enf.* (na'nɑ̃) *m etw.* Süßes *n*.

nanisme *anat.* (na'nism) *m* Zwergbildung *f*.

nan|ti F (nɑ̃'ti) *adj. u. m* reich; Reicher *m*, Besitzender *m*, Profiteur *m*; *les* ~*s pl. péj.* die besitzende Klasse *f/sg.*; **~tir** (~'ti:r) *v/t.* [2a] **1.** durch ein Pfand sicherstellen; **2.** *j-n* versorgen (*de* mit *dat.*); **~tissement** (~tis'mɑ̃) *m* Sicherheit *f*, Deckung *f*, Pfand *n*.

napée (na'pe) *f* Waldnymphe *f*.

naphtaline *phm.* (nafta'lin) *f* Naphthalin *n*.

naphte (naft) *m* Naphtha *n*, Erdöl *n*.

Naples ('naplə) *m* Neapel *n*.

Napoléon (napɔle'ɔ̃) *m* Napoleon *m*.

napolitain (napɔli'tɛ̃) *adj.* [7] neapolitanisch.

nappe (nap) *f* Tisch-, Tafel-tuch *n*; ~ *d'eau* große Wasserfläche *f*; breiter Wasserfall *m*; ~ *d'eau (souterraine)* Grundwasser-spiegel *m*, -ader *f*; ~ *de feu* Feuerwolke *f*; **~ron** (na'prɔ̃) *m* Übertischtuch *n*; Tellerdeckchen *n*.

narciss|e ⚘ (nar'sis) *m* Narzisse *f*; **~isme** *litt.* (~'sism) *m* Narzißmus *m*, Verliebtheit *f* in sich selbst.

narco|se ⚕ (nar'ko:z) *f* Narkose *f*; Betäubung *f*; **~tique** (~kɔ'tik) *adj. u. m* ⚕ narkotisch(es Mittel *n*); **~tiser** ⚕ (~ti'ze) *v/t.* [1a] betäuben.

nard ⚘ (na:r) *m* Narde *f*.

nargue (narg) **I** *f* Hohn *m*; *faire* ~ *à q.* j-n verhöhnen; **II** *int.* ~ *des soucis!* hinweg mit den Sorgen!

narguer (nar'ge) *v/t.* [1m] verachten; trotzen (*dat.*).

nar|guilé, ~ghileh (nargi'le) *m* türkische Wasserpfeife *f*.

narine (na'rin) *f* Nasenloch *n* (*v. Menschen u. Tieren*), Nüster *f* (*bsd. v. Pferd*).

narquois (nar'kwa) *adj.* [7] □ [schalkhaft, spöttisch.]

narra|teur (nara'tœ:r) *su.* [7f] Erzähler *m*; **~tif** (~'tif) *adj.* [7e] erzählend; **~tion** (~rɑ'sjɔ̃) *f* **1.** Erzählung *f*; Bericht *m*; Darstellung *f* der Tatsachen; **2.** *écol.* (einfacherer) Aufsatz *m*, Niederschrift *f* (*e-s gestellten Themas*).

narrer (~) *v/t.* [1a] ausführlich erzählen *od.* berichten.

narval *zo.* (nar'val) *m* (*pl.* ~*s*) Nar-[wal *m*.]

nasal (na'zal) *adj.* [5c] □ **1.** *anat.* Nasen...; **2.** *gr.* nasal; **~e** (~) *f gr.* Nasallaut *m*; **~isation** (~lizɑ'sjɔ̃) *f gr.* Nasalierung *f*, nasale Aussprache *f*; **~iser** (~li'ze) *v/t.* [1a] *gr.* nasalieren.

nas|arde (na'zard) *f* Nasenstüber *m*; *fig.* Verweis *m*; **~eau** *zo.* (na'zo) *m* [5b] Nüster *f*.

nasil|lard (nazi'ja:r) *adj. u. su.* [7] näselnd; Näseler *m*; **~lement** (~zij'mɑ̃) *m* Näseln *n*; **~ler** (~zi'je) *v/i. u. v/t.* [1a] näseln; **~leur** (~zi'jœ:r) *su.* [7g] Näseler *m*.

nasique *zo.* (na'zik) *m* Nasenaffe *m*.

nasrani *arab.* (nasra'ni) *m* Christ *m*.

nasse (nas) *f Fischerei*: Reuse *f*; *fig.* Netz *n*, Klemme *f*.

nasturce ⚘ (nas'tyrs) *m* Brunnen-[kresse *f*.]

natal (na'tal) *adj.* [5c] (*pl. a.* ~*s*) Geburts..., Vater...; heimatlich, vaterländisch; *pays m* ~ Vaterland *n*, Heimat *f*; *ville f* ~*e* Geburtsstadt *f*; **~ité** (~li'te) *f* Geburtenziffer *f*.

nata|tion (natɑ'sjɔ̃) *f* Schwimmen *n*, Schwimmsport *m*; **~toire** (~'twa:r) *adj.* Schwimm...

natif (na'tif) [7e] **I** *adj.* **1.** gebürtig, stammend (*de* aus *dat.*); **2.** *fig.* angeboren, ursprünglich; **3.** *min.* gediegen; **II** *su.* Eingeborener *m*.

nation (nɑ'sjɔ̃) *f* **1.** Nation *f*, Volk *n*, Völkerschaft *f*; *Français de* ~ geborener Franzose *m*; *ehm. Société f des Nations* Völkerbund *m*; *heute*: *Nations Unies* Vereinte Nationen *f/pl.*; **2.** *bibl. les* ~*s* die Heiden *m/pl.*

national (nasjɔ'nal) **I** *adj.* [5c] □ national, volkstümlich, National..., Staats..., Volks...; **II** **~e** (~) *f* Hauptverkehrsstraße *f*; **III nationaux** (~'no) *m/pl.* Staatsangehörige *m/pl.*

national|isation (~lizɑ'sjɔ̃) *f* Verstaatlichung *f*; **~iser** (~li'ze) *v/t.* [1a] verstaatlichen; **~isme** (~'lism) *m* Nationalismus *m*; **~iste** (~'list) *adj. u.su.* nationalistisch; Nationalist *m*; **~ité** (~li'te) *f* **1.** Nationalität *f*, Landeszugehörigkeit *f*; Volkstum *n*; Volks-art *f*, -charakter *m*; **2.** Staatsangehörigkeit *f*; *sans* ~ staatenlos.

national|-socialisme *ehm. pol. All.* (nasjɔnalsɔsja'lism) *m* Nationalsozialismus *m*; **~-socialiste** (~'list) *adj. u. su.* (*pl. nationaux-socialistes*) nationalsozialistisch; Nationalsozialist *m*, Nazi *m*.

nativité (nativi'te) *f* **1.** Geburt *f* Christi; **2.** *ast.* Stand *m* der Gestirne bei j-s Geburt, Nativität *f*; *faire la* ~ *de q.* j-m das Horoskop stellen.

natron, natrum 🕮 (na'trõ, ~'trɔm) *m* kohlensaures Natron *n*.

nat|te (nat) *f* Matte *f*, Geflecht *n*; ~ *de cheveux* Zopf *m*; **~ter** (~'te) *v/t.* [1a] mit Matten belegen; Stroh (ein)flechten.

naturali|sation (natyralizɑ'sjõ) *f* **1.** Naturalisierung *f*, Einbürgerung *f*; **2.** ⚘, *zo.* Einführung *f*, Verpflanzung *f*; **~ser** (~'ze) *v/t.* [1a] **1.** naturalisieren, einbürgern; **2.** ⚘, *zo.* einführen, einheimisch machen; ein Tier ausstopfen; e-e Pflanze präparieren; **~sme** *litt., phil.* (~'lism) *m* Naturalismus *m*; **~ste** (~'list) **I** *su.* **1.** Natur-forscher *m*, -wissenschaftler *m*; Tierausstopfer *m*; Pflanzenpräparierer *m*; **2.** *phil.* Naturphilosoph *m*; **3.** *litt.* Naturalist *m*; **II** *adj.* naturalistisch; **~té** (~'te) *f* angeborene *od.* angenommene Staatsangehörigkeit *f*; *droit m de* ~ Heimatsrecht *n*.

nature (na'ty:r) **I** *f* **1.** Natur *f*, Weltall *n*, Schöpfung *f*, Welt *f*; *loi f de la* ~ Naturgesetz *n*; *conforme à la* ~ naturgemäß; *contraire à la* ~, *contre* ~ naturwidrig; ~ *animale* Tierwelt *f*; ~ *végétale* Pflanzenwelt *f*; **2.** Wesen *n*, Eigentümlichkeit *f*; Gemütsart *f*; *allg.* (Eigen-) Art *f*; *être gai de sa* ~ (*od. par* ~) von Natur aus ein heiterer Charakter sein; **3.** ~ (*humaine*) Menschennatur *f*; *forcer la* (*od. sa*) ~ über seine Kräfte gehen, mehr leisten wollen, als man kann; **4.** *rl.* Menschentum *n*; **5.** Naturzustand *m*; *plus grand que* ~ überlebensgroß; **6.** Körperbeschaffenheit *f*, Anlage *f*; Naturtrieb *m*; **7.** Art *f*, Beschaffenheit *f*; ~ *du sol* (*du terrain*) Boden- (Gelände-)beschaffenheit *f*; *de* ~ *à* ... derart, daß ...; *être de* ~ *à* ... so gestaltet sein, daß ...; dazu angetan sein, zu ...; *de diverse* ~ verschiedenartig; **8.** Naturalien *pl.*, Naturerzeugnisse *n/pl.*; *payer en* ~ in Naturalien bezahlen; **9.** *peint. d'après* ~ nach der Natur; ~ *morte* Stilleben *n*; **II** *adj./inv.* natürlich; *bœuf m* ~ Rindfleisch *n* ohne Zutaten; *deux cafés* ~ zwei schwarze Kaffee; *grandeur f* ~ natürliche Größe *f*; F *il est* ~ er ist geradezu.

naturel (naty'rɛl) **I** *adj.* [7c] □ **1.** natürlich; Natur...; *études f/pl.* ~*les* naturwissenschaftliche Studien *n/pl.*; *histoire f* ~*le* Naturgeschichte *f*; *sciences f/pl.* ~*les* Naturwissenschaften *f/pl.*; *avoir de l'esprit* ~ Mutterwitz haben; *il lui est* ~ *de* ... er ist daran gewöhnt, zu ...; **2.** echt; ohne Zutat; *vin m* ~ Naturwein *m* (*ohne Zuckerzusatz*); **3.** angeboren; *don m* ~, *disposition f* ~*le* natürliche Gabe *f* (*od.* Veranlagung *f*); **4.** ungekünstelt, urwüchsig; gerade; **5.** ⚖ *juges m/pl.* ~*s* zuständige Richter *m/pl.*; **6.** *enfant m* ~ uneheliches Kind *n*; **II** *m* **7.** Naturell *n*, Naturanlage *f*, Natur *f*, Wesen *n*, Charakter *m*; **8.** Ungezwungenheit *f*, Unbefangenheit *f*, Gemüt *n*; *manquer de* ~ affektiert sein, sich zieren, sich haben F; **9.** Eingeborener *m*, Inländer *m*; **10. au** ~ *advt.* nach der Natur; *cuis. bœuf m au* ~ Rindfleisch *n* ohne Zutaten; **~lement** (~rɛl'mɑ̃) *adv.* **1.** von Natur aus, s-r Natur nach; **2.** auf natürliche Weise; **3.** einfach, natürlich, selbstverständlich, zwanglos.

natur|isme (naty'rism) *m* **1.** ⚕ Naturheilmethode *f*; **2.** Naturverbundenheit *f*, natürliche Lebensweise *f*; **3.** *phil.* Naturismus *m*; **~iste** (~'rist) **I** *m* **1.** ⚕ Natur-heilarzt *m*, -kundiger *m*; **2.** Naturmensch *m*; **II** *adj.* Naturheil..., naturverbunden; *traitement m* ~ Naturheilverfahren *n*.

naufra|ge (no'fra:ʒ) *m* Schiffbruch *m*; *all.* Untergang *m*; *faire* ~ Schiffbruch leiden; *allg.* zugrundegehen; **~gé** (~fra'ʒe) *adj. u. su.* schiffbrüchig; Schiffbrüchiger *m*; **~geur** (~'ʒœ:r) *su.* [7g] Strandräuber *m*; *fig. pol.* Totengräber *m*.

naulage ⚓ (no'la:ʒ) *m* Mietung *f*, Chartern *n*; Fahr-, Fracht-geld *n*.

nau|séabond (nozea'bõ) *adj.* [7] Übelkeit erregend; ekelhaft; übelriechend; *allg.* abstoßend; **~sée** (no'ze) *f* Übelkeit *f*, Brechgefühl *n*;

fig. Ekel *m*; **~séeux** (~ze'ø) *adj.* [7d] Übelkeit hervorrufend.
nauti|le *zo.* (no'til) *m* Nautilus *m*; **~que** ⚓ (no'tik) *adj.* nautisch; *cartes f/pl. ~s* Seekarten *f/pl.*; *club m ~* Ruderklub *m*; *science f* (*od. art m*) *~* Nautik *f*; *sport m ~* Wassersport *m*; *ski m ~* Wasserski *m*; **~sme** (~'tism) *m* Wassersport *m*.
nautonier *poét.* (notɔ'nje) *su.* [7b] Fährmann *m*.
naval (na'val) *adj.* (*m/pl.* *~s*) Schiffs..., See...; *forces f/pl. ~es* Seestreitkräfte *f/pl.*; *école f ~e* Seemannsschule *f*; *base f ~e* Flottenstützpunkt *m*.
navarin *cuis.* (nava'rɛ̃) *m* Hammelragout *n* mit Rüben u. Kartoffeln.
navet (na'vɛ) *m* **1.** weiße Rübe *f*, Steckrübe *f*; *chou m ~* Kohlrübe *f*; **2.** F kitschiger Film *m*; Schmöker *m* (*Buch*); Kitsch *m* (*Bild*).
navette[1] ⚘ (na'vɛt) *f* Rübsen *m*.
navett|e[2] (~) *f* **1.** Weber-, Nähmaschinen-schiffchen *n*; **2.** 🚃 *usw.* Pendel-zug *m*, -verkehr *m*; *faire la ~* im Pendelverkehr fahren; ✝ Wechselreiterei treiben; **3.** *rl.* Weihrauchgefäß *m*; **~eur** (~'tœ:r) *su.* [7g] Pendler *m*.
navi|culaire (naviky'lɛ:r) *adj.* kahn-, schif(f)-förmig; **~gabilité** (~gabili'te) *f* **1.** Schiffbarkeit *f*; **2.** ⚓ Seetüchtigkeit *f*; **3.** ✈ Flugtüchtigkeit *f*; **~gable** (~'gablə) *adj.* **1.** schiffbar; **2.** ⚓ seetüchtig; **3.** ✈ flugtüchtig; **~gateur** (~ga'tœ:r) *adj.* [7f] *u. m* schiffahrttreibend; Seefahrer *m*; **~gation** (~gɑ'sjɔ̃) *f* **1.** Schiffahrt *f*, Seefahrt *f*; *~ à voile* Segeln *n*, Segelschiffahrt *f*; *~ fluviale* (*od. intérieure*) Flußschiffahrt *f*; ✈, *at. ~ interplanétaire* Weltraumschiffahrt *f*; *~ maritime* Seeschiffahrt *f*; *U-Boot*: *~ en émersion* Fahrt *f* an der Oberfläche; *~ en plongée* Unterwasserfahrt *f*; *~ sous-marine* U-Bootsschiffahrt *f*; **2.** (*art m de la*) *~* Schiffahrtskunde *f*; Steuermannskunst *f*; **3.** ✈ *~ aérienne* Flugverkehr *m*; Luftschiffahrt *f*; **~guer** (~'ge) *v/i.* [1m] **1.** zur See (*od.* in der Luft) fahren; *~ à la voile* segeln; *~ sans visibilité* blindfliegen; **2.** a) ⚓ steuern; b) ✈ orten; fliegen; **3.** *fig. ~ à travers* durchschlendern (*od.* sich durchwinden) durch (*acc.*).
navire (na'vi:r) *m* (See-)Schiff *n*; *~ marchand* Handelsschiff *n*; *at. ~ de l'espace* Raumschiff *n*; *~ de guerre* Kriegsschiff *n*; *~ à passagers* Passagierdampfer *m*; *~ porte-avions* Flugzeug-träger *m*, -mutterschiff *n*; *~ de charge* Frachtschiff *n*; *~ à voiles* Segelschiff *n*; *~ hôpital* Lazarettschiff *n*; *~-citerne m* [6a], *~ pétrolier* Tankschiff *n*; *~ de cabotage* Küstenschiff *n*; *~ de la même classe*, *~ du même type* Schwesterschiff *n*; *~ moteur* Motorschiff *n*; *at. ~ porte-engins* (*od. porte-missiles*) Raketenabschußschiff *n*; *~ à roteurs* Rotorschiff *n*; *~-école m* [6a] Schulschiff *n*; *~-usine m* Fischfabrikschiff *n*.
navr|ance (na'vrɑ̃:s) *f* herzzerreißender Schmerz *m* (*fig.*); **~ant** (~'vrɑ̃) *adj.* [7] *fig.* herzzerreißend; **~é** (~'vre) *adj.*: *je suis ~* es tut mir entsetzlich leid; **~ement** (~vrə'mɑ̃) *m fig.* seelischer Kummer *m*; **~er** (~'vre) *v/t.* [1a] *fig.* großen Schmerz verursachen.
nazi *ehm. pol. All.* (na'zi) **I** *adj.* nazistisch, nationalsozialistisch; **II** *m* Nazi *m*; **~sme** *ehm. pol. All.* (~'zism) *m* Nazitum *n*.
ne (nə) *adv.* (*nie ohne Verb!*) **1.** *ne* (*n'*) *... pas* nicht; *ne pas s'éloigner d'un pas* sich nicht einen Schritt entfernen; *ne ... guère* nicht eben sehr (viel), nicht oft, nicht lange, nicht leicht; *on ne le voit plus guère* er läßt sich kaum noch sehen; *ne ... jamais* nie; *ne ... jamais que* immer nur; *ne ... plus* nicht mehr; *ne ... point* gar nicht; **2.** *ne ... pas de* *mit su.* kein; *n'avoir pas d'argent* kein Geld haben; *ne ... plus de ...* kein ... mehr; *ne ... pas non plus* auch nicht; *je ne sais pas non plus* ich weiß es auch nicht; **3.** *ne ... pas ne pas Bejahung*: *je ne puis pas ne pas croire* ich kann nicht umhin zu glauben; **4.** *ne ... que* nur; erst; *ne ... plus que* (*wird wie einfaches ne ... que konstruiert*) nur noch; *je n'ai que mille francs sur moi* ich habe nur tausend Franken bei mir; *il n'est que quatre heures* es ist erst vier Uhr; *il ne manquerait plus que cela!* das fehlte nur noch!; **5.** *ne ... pas que ...* nicht bloß ..., nicht nur ...; *ne ... pas plus que ...* ebensowenig wie; *il ne fait pas qu'imiter: il crée* er ahmt nicht nur nach, sondern er ist auch schöpferisch; *il n'y a pas que l'argent qui compte* nicht allein das Geld entscheidet; *il ne possède pas plus que moi* er besitzt ebensowenig wie ich;

6. *nicht zu übersetzen*: *je crains qu'il (ne) vienne* ich fürchte, daß er kommt; *empêchez (évitez) que le chien ne s'échappe* verhindern Sie (vermeiden Sie), daß der Hund wegläuft!; *il écrit mieux qu'il ne parle* er schreibt besser als er spricht.

né (ne) *p/p. v. naître* geboren; *bien né(e)* von guter Herkunft; *être ~ coiffé* ein Glückskind sein.

néanmoins (neɑ̃'mwɛ̃) *adv.* dennoch, nichtsdestoweniger.

néant (ne'ɑ̃) *m a. phil. das* Nichts *n*, Nichtigkeit *f*; *adm.* Fehlanzeige *f*; *réduire à ~* restlos vernichten; *mettre à ~* für nichtig erklären; **~isation** *phil.* (~tiza'sjɔ̃) *f* Reduzierung *f* auf ein Nichts; Gehaltlosigkeit *f*; **~ise** (~'ti:z) *f* Unfähigkeit *f*; **~iser** F (~ti'ze) *v/t.* [1a] fertigmachen F.

nébu|leuse (neby'lø:z) *f* Nebelstern *m*; **~leux** (~'lø) *adj.* [7d] **1.** bewölkt, nebelig; **2.** *fig.* finster, dunkel; unklar; **~losité** (~lozi'te) *f* **1.** leichte Trübung *f*, Eintrübung *f*; dünner Nebel *m*; **2.** finsteres Aussehen *n*; **3.** *fig.* Unklarheit *f*.

néces|saire (nesɛ'sɛ:r) **I** *adj.* □ notwendig, nötig, erforderlich; *nécessairement adv.* notwendigerweise, zwangsläufig; **II** *m* **1.** *das* Notwendige *n*, Auskommen *n*; *avoir le ~* sein Auskommen haben; *faire le ~* das Nötigste tun, den Diensteifrigen spielen; **2.** *~ de bureau*, *~ pour écrire* Schreibgerät *n*; *~ à ouvrage*, *~ de couturière* Handarbeits-, Näh-zeug *n*; *~ pour réparation Auto*: Flick-, Reparaturkasten *m*; **3.** ⚕ Besteck *n*; **~sité** (~si'te) *f* **1.** Notwendigkeit *f*; *je me vois dans la ~ de ...* ich sehe mich genötigt, zu ...; *de première ~* unbedingt notwendig, unentbehrlich; *~ nationale*, *~ de l'Etat* Staatsnotwendigkeit *f*; *par ~* notgedrungen; *sans ~* unnötigerweise; *en cas de ~* im Notfalle; *faire de ~ vertu* aus der Not e-e Tugend machen; **2.** Bedürftigkeit *f*, Mangel *m*, Not *f*; *réduit à la dernière ~* zur äußersten Not getrieben; **3.** *~s pl.* Notdurft *f*, Bedürfnisse *n/pl.*; *faire ses ~s* s-e Notdurft verrichten; *chalet m de ~s* Bedürfnisanstalt *f*; **~siter** (~si'te) *v/t.* [1a] erfordern; **~siteux** (~si'tø) [7d] **I** *adj.* notleidend, bedürftig; **II** *su.* Notleidender *m*, Hilfsbedürftiger *m*.

nécrolo|ge (nekrɔ'lɔ:ʒ) *m* **1.** Totenliste *f*, Nekrolog *m*; **2.** Nachruf *m*; **~gie** (~lɔ'ʒi) *f* **1.** *journ.* Todesanzeigen *f/pl.* **2.** Lebensbeschreibung *f* e-s Verstorbenen; **~gique** (~'ʒik) *adj.* Nachruf...; **~gue** (~'lɔg) *m* Nachrufverfasser *m*.

nécroman|cie (nekrɔmɑ̃'si) *f* Toten-, Geister-beschwörung *f*; **~cien** (~'sjɛ̃) *su.* [7c] Toten-, Geisterbeschwörer *m*.

nécrophore *ent.* (~'fɔ:r) *m* Totengräber *m*.

nécro|phage *zo.* (~'fa:ʒ) *adj.* aasfressend; **~pole** (~'pɔl) *f* **1.** Katakomben *f/pl.*; **2.** großer Friedhof *m*.

nécrose (ne'kro:z) *f* ⚕ (Knochen-) Brand *m*; *fig. pol. être gagné par la ~ économique* vom wirtschaftlichen Ruin erfaßt werden.

nec|taire ⚘ (nɛk'tɛ:r) *m* Honiggefäß *n* der Blumen; **~tar** (~'ta:r) *m* ⚘ *myth.* Nektar *m*.

néerlandais (neɛrlɑ̃'dɛ̃) *adj.* [7] niederländisch.

Néerlande (neɛr'lɑ̃:d) *f*: **la ~** die Niederlande *pl.*

nef (nɛf) *f* Kirchenschiff *n*.

néfaste (ne'fast) *adj.* unheilvoll, unselig; *journée f ~* Unglückstag *m*.

nèfle ('nɛflə) *f* Mispel *f*; *des ~s!* ja, Kuchen! F; denkste! F.

néflier ⚘ (nefli'e) *m* Mispelstrauch *m*.

néga|teur (nega'tœ:r) *adj. u. su.* [7f] verneinend; Leugner *m*; **~tif** (~'tif) *adj.* [7e] □ **1.** verneinend, negativ (*a. gr.*); *répondre négativement* verneinen; **2.** *phys.*, *phot.* ⚗, ⚡ negativ; *phot. épreuve f négative* Negativ *n*; **~tion** (~gɑ'sjɔ̃) *f* **1.** Verneinung *f*; **2.** *gr.* Negation *f*; **~tive** (~'ti:v) *f* **1.** *gr.* verneinender Satz *m*, Verneinung *f*; **2.** abschlägige Antwort *f*; *demeurer (persister, s'obstiner) dans la ~*, *soutenir la ~*, *se tenir sur la ~* hartnäckig verweigern.

négli|gé (negli'ʒe) *m* **1.** Morgenrock *m*; Négligé *n*; Hauskleid *n*; **2.** Vernachlässigung *f*: *le ~ du style* der ungepflegte Stil *m*; **~geable** (~'ʒablə) *adj.* unwichtig; weglaßbar; *quantité f ~* nicht (weiter) zu berücksichtigende Größe *f*, unbedeutende Größe *f*; **~gence** (~'ʒɑ̃:s) *f* Nachlässigkeit *f*, Fahrlässigkeit *f*, Sorglosigkeit *f*, Vernachlässigung *f*; Flüchtigkeitsfehler *m*; **~gent** (~'ʒɑ̃) **I** *adj.* (*adv. négligemment* [~ʒa'mɑ̃]) nachlässig, sorglos; liederlich; **II** *su.* Fahr-, Nach-lässiger *m*; **~ger** (~'ʒe) [1l] **I** *v/t.* **1.** vernachlässigen; **2.** unterlassen, versäumen; ⚡ weglassen; **II** *v/i.* ~ *de* ... versäumen zu ...; *ce qu'il néglige de dire* was er verschweigt; **III** *v/rfl. se* ~ sich vernachlässigen.

négo|ce (ne'gɔs) *m* (Groß-)Handel *m*; *oft péj.* Geschäftemacherei *f*; Sache *f*, Affäre *f*; *faire le* ~ Handel treiben; *il a mis son fils dans le* ~ er hat s-n Sohn Kaufmann werden lassen; *péj.*: *un honteux* ~ ein schandhaftes Geschäft *n*; *se livrer à un* ~ *douteux* e-e dunkle Sache vorhaben (*od.* planen); *oft a.* = *commerce*: *il fait* ~ *de tout* er handelt mit allem; *faire* ~ *d'épiceries* mit Gewürzen handeln; **~ciabilité** (~sjabili'te) *f* Verkäuflichkeit *f*, Umsetzbarkeit *f*, Übertragbarkeit *f*, Begebbarkeit *f*; Bankfähigkeit *f*; **~ciable** (~'sjablə) *adj.* verkäuflich, umsetzbar; übertragbar, begebbar; markt-fähig, -gängig; **~ciant** (~'sjɑ̃) *m* Kauf-, Handels-mann *m*; ~ *en gros* Großhändler *m*; **~ciateur** (~sja'tœːr) *su.* [7f] Unterhändler *m*, Vermittler *m*; ~ *de* (*la*) *paix* Friedensunterhändler *m*; *courtier m* ~ Abschlußmakler *m*; **~ciation** (~sjɑ'sjɔ̃) *f* **1.** Unterhandlung *f*, Verhandlung *f*; *entamer des* ~*s* Verhandlungen einleiten; *entrer en* ~*s* in Verhandlungen treten; *être en* ~ *avec* in Unterhandlungen stehen mit (*dat.*); ~*s commerciales* (*tarifaires*) Wirtschafts-(Tarif-)verhandlungen *f/pl.*; **2.** † Begeben *n* e-s Wechsels; **~cier** (~'sje) [1a] **I** *v/i.* **1.** Handel treiben; **II** *v/t.* **2.** *fig.* verhandeln; erörtern; vermitteln; ~ *la paix* über den Frieden verhandeln; ~ *un emprunt* e-e Anleihe vermitteln; **3.** † *Wechsel* begeben.

nègre *m*, **négresse** *f* ('nɛːgrə, ne'grɛs) **I** *su.* Neger *m*, Schwarzer *m*; F *parler petit nègre* ein richtiges Kauderwelsch zusammenreden; *travailler comme un nègre* wie ein Pferd schuften; **II nègre** *adj./m u. adj./f* schwarz, Neger...; *la race* ~ die Negerrasse *f*; *danse f* ~ Negertanz *m*; *musique f* ~ Negermusik *f*; ~*-blanc pol.* widersprechend.

négr|ier *ehm.* (~gri'e) *adj.* [7b] *u. m* Sklaven-schiff *n*, -händler *m*; **~ifier** (~gri'fje) *v/t.* [1a] vernegern; **~illes** (~'grij) *m/pl.* Pygmäen *m/pl.*; **~illon** (~gri'jɔ̃) *m* Negerkind *n*.

nei|ge (nɛːʒ) *f* **1.** Schnee *m*; ~*s pl.* Schneemassen *f/pl.*; *chute f de* ~ Schneefall *m*; *couche f de* ~ Schneedecke *f*, -lage *f*; *limite f des* ~*s* Schneegrenze *f*; *rafale f* (*od. tourbillon m*) *de* ~ Schneegestöber *n*; ⚗, ⊕ *carbonique* Trockeneis *n*, Kohlensäureschnee *m*; *Sport*: ~ *poudreuse* Pulverschnee *m*; ~ *croûteuse od. croûtée* Harschschnee *m*, verharschter Schnee *m*; ~ *collante* Pappschnee *m*; *se battre à coups de boules de* ~ sich schneeballen; *fig. faire boule de* ~ lawinenartig anwachsen; **2.** *cuis. œufs m/pl. à la* ~ Eierschaum *m*; *battre en* ~ zu Schaum schlagen; **~ger** (nɛ'ʒe) *v/i., imp.* [1l] schneien; *il neige à gros flocons* der Schnee fällt in großen Flocken; **~geux** (nɛ'ʒø) *adj.* [7d] (= *neigé* [nɛ'ʒe]) beschneit, schneebedeckt.

ne ... jamais que (nə ... ʒa'mɛ kə) *adv.* immer nur (s. *unter jamais* 4).

nenni †, *dial.* (na'ni) *adv.* nein.

nénuphar ⚘ (neny'faːr) *m* Seerose *f*.

néo|-calédonien *géogr.* (neɔkaledɔ'njɛ̃) *adj.* [7c] neu-kaledonisch; **~-celtique** *ling.* (~sɛl'tik) *adj.* neukeltisch; **~colonialisme** *pol. pej.* (~kɔlɔnjɑ'lism) *m* Neukolonialismus *m*; **~dyme** (~'dim) *m* Neodym *n* (*seltenes Erdmetall*); **~formation** (~fɔrmɑ'sjɔ̃) *f* Neubildung *f*; **~grammairien** (~gramɛ'rjɛ̃) *m* Junggrammatiker *m*; **~-grec** *m*, **~-grecque** *f* (~'grɛk) *adj.* neugriechisch; **~-hébridais** *géogr.* (~ebri'dɛ) *adj.* [7] neuhebridisch; **~-latin** (~la'tɛ̃) *adj.* [7] neulateinisch; **~-lithique** (~li'tik) *adj.* neolithisch; *période f* ~ jüngere Steinzeit *f*; **~logisme** *gr.* (~lɔ'ʒism) *m* Neologismus *m*, Neubildung *f*; **~n** (ne'ɔ̃) *m* Neon *n* (*Edelgas*); **~-nazi** *pol.* (na'zi) *adj.* neonazistisch; **~païen** (~pa'jɛ̃) *adj.* [7c] *u. su.* neuheidnisch; Neuheide *m*; **~phyte** (~'fit) *su.* **1.** Anfänger *m*; **2.** *rl.* Neubekehrter *m*; **~plasme** ⚕ (~'plasm) *m* Neoplasma *n*; **~plastie** *chir.* (~plas'ti) *f* Neubildung *f*, Ersetzung *f*; **~-platonicien** *phil.* (~platɔni'sjɛ̃) *adj.* [7c] neuplatonisch; **~-réalisme** (~rea'lism) *m/inv.* neue Sachlichkeit *f*; Neurealismus *m*; **~-réaliste** (~rea'list) *adj. u. su.* neusachlich, neurealistisch; Anhänger *m* der neuen Sachlichkeit, Neurealist *m*; **~-zélandais** (~zelɑ̃'dɛ) *adj.* [7] *u.* ♀ *su.* neuseeländisch; Neuseeländer *m*.

népalais *géogr.* (nepa'lɛ) *adj.* [7] aus Nepal.
ne ... pas que (nə ... pa kə) *adv.* nicht nur; s. *unter pas*[2] 7; *ne ... pas que ..., mais aussi ...* nicht nur ..., sondern auch ...
néphr|algie ⚕ (nefral'ʒi) *f* Nierenleiden *n*; **~étique** (~fre'tik) **I** *adj.* Nieren...; **II** *su.* Nierenkranker *m*; **III** *m* Nierenmittel *n*; **~ite** (ne'frit) *m* ⚕ Nierenentzündung *f.*
ne ... plus que (nə ... ply kə) *adv.* nur noch; *vgl. ne* 4.
népotisme (nepɔ'tism) *m* Vettern- *od.* Günstlings-wirtschaft *f.*
neptu|nien (nɛpty'njɛ̃) *adj.* [7c] *géol.* durch Wasser entstanden, neptunisch; **~nisme** *géol.* (~'nism) *m* Neptunismus *m.*
ne ... que (nə ... kə) *adv.* nur; erst; *je n'ai que mille francs sur moi* ich habe nur tausend Franken bei mir; *je ne crois que ce que je vois* ich glaube nur, was ich sehe; *ce n'est qu'à dix heures du soir qu'il arrivera* erst um zehn Uhr abends wird er ankommen.
néréide (nere'id) *f* **1.** *myth.* Seenymphe *f*; **2.** *zo.* Borstenwurm *m.*
nerf (nɛ:r [*im sg. u. pl.*]) *m* **1.** Nerv *m*; *~ optique* Sehnerv *m*; *~ auditif* Gehörnerv *m*; *~ dentaire* Zahnnerv *m*; *~ vital* Lebensfaden *m*; *avoir ses ~s* gereizt sein; *donner (od. porter) sur les ~s* nervös machen; *~s de bronze* Nerven *m/pl.* aus Stahl; **2.** Sehne *f*; *~ de bœuf* (nɛr də 'bø!) Ochsenziemer *m*; **3.** *fig.* Energie *f*, Seele *f*, Haupttriebfeder *f*; **4.** △ Rippe *f*; **5.** *a.* (nɛrf): *avoir du ~* kräftig sein, Kraft haben.
nérite *zo.* (ne'rit) *f* Schwimmschnecke *f.*
néroli (nerɔ'li) *m* Orangenblütenöl *n.*
nerprun ♀ (nɛr'prœ̃) *m* Kreuzdorn *m.*
nerv|al (nɛr'val) *adj.* [5c] die Nerven betreffend, Nerven...; **~ation** (~vɑ'sjɔ̃) *f* Nervengerüst *n e-s Blattes od. e-s Insektenflügels*; **~er** (~'ve) *v/t.* [1a] ⊕ mit Sehnen überziehen; rippen; *nervé* nervig, gerippt; **~eux** (~'vø) *adj.* [7d] **1.** die Nerven betreffend; *choc m ~* Nervenschock *m*; *système m ~* Nervensystem *n*; **2.** ⚕ nervös; *rendre ~* nervös machen; **~i** (nɛr'vi) *m* (*pl.* *~s*) Rowdy *m* in Marseille; **~in** ⚕ (~'vɛ̃) *adj.* [7] *u. m* nervenstärkend(es Mittel *n*); **~osisme** ⚕ (~vo'zism) *m* Nervenleiden *n*, -schwäche *f*; **~osité** (~vozi'te) *f* Nervosität *f*; **~ure** (~'vy:r) *f* **1.** ♀ *u. zo.* Nervengewebe *n*; Holzmaserung *f*; **2.** *~s pl.* (Blatt-, Gewölbe-)Rippen *f/pl.*; *voûte f à ~* Gurtgewölbe *n*; **3.** ✈ Rippe *f*; **4.** Bund *m*, Gebund *n* (*Buchbinderei*); **~uré** ⊕ (~vy're) *adj.* gerippt.
nescafé *cuis.* (nɛska'fe) *m* Nescafé *m.*
net (nɛt) **I** *adj.* [7c] □ (s. II) **1.** sauber, rein(lich); *faire place ~te* alles ausräumen; *voix f nette* reine Stimme *f*; **2.** flecken-, makel-los; glatt; lauter; unvermischt; *conscience f ~te* reines Gewissen *n*; **3.** klar, deutlich, verständlich; *rad.* klangrein; *réponse f ~te* klare Antwort *f*; **4.** *faire maison ~te* sein gesamtes Hauspersonal entlassen; **5.** ✝ unverkürzt, netto; frei von; *poids m ~* Nettogewicht *n*; *prix m ~* Nettopreis *m*, äußerster Preis *m*; *~ d'impôts* steuerfrei; *~ de tous frais* spesenfrei; *produit m ~* Netto-, Rein-ertrag *m*; **6.** △ *pierre f ~te* viereckig behauener (Bau-)Stein *m*; **II** *adv.* **7.** plötzlich, mit einem Mal, auf einmal; *s'arrêter ~* plötzlich stehenbleiben; **8.** (*a. ~tement*) geradeheraus, unumwunden; *déclarer (od. dire tout) ~* glattheraus sagen, schlankweg erklären; *refuser ~* rundweg abschlagen; *trancher ~* kurz u. bündig entscheiden; **III** *m*: *mettre au ~* ins Reine schreiben; *mise f au ~* Reinschrift *f* (*als Handlung*); *copie f au ~* Reinschrift *f* (*als Beleg*).
netteté (nɛt'te) *f* Reinheit *f*, Reinlichkeit *f*; Unbescholtenheit *f*; *fig.* Klarheit *f*, Deutlichkeit *f.*
net|toiement (nɛtwa'mɑ̃) *m* Reinigen *n*; **~toyage** (~twa'ja:ʒ) *m* Säubern *n*; Reinigung *f*; *~ mécanique* maschinelle Reinigung *f*; *~ à sec* Trockenreinigung *f*; *~ par le vide* Staubsaugen *n*; **~toyer** (~twa'je) *v/t.* [1h] **1.** reinigen, sauber machen, säubern, putzen; **2.** kehren; *fig.* ausräumen; *~ par le vide, ~ avec un aspirateur* Teppiche absaugen; **3.** leeren (*une bouteille* e-e Flasche); F ausplündern; P erledigen, fertig machen.
neuf[1] (nœf; *in der Bindung vor ans, heures, hommes, autres und mehr u. mehr vor enfants*: nœv) **I** *adj./n.c.* neun; *il a ~ ans* (nœ'vɑ̃) er ist neun Jahre alt; *chapitre ~* neuntes

Kapitel *n*, Kapitel *n* neun; *le* ~ *janvier* am (*od.* den) neunten Januar; *Charles* ~ (*IX*) Karl der Neunte (IX.); **II** *m die* Neun.

neuf² (nœf) **I** *adj.* [7e] **1.** (fabrik-) neu, ungebraucht; *tout* ~, *battant* ~, *flambant* ~ (*bsd. v. der Kleidung*) funkelnagelneu; **2.** *fig.* unbewandert; natürlich, echt; **3.** noch nicht dagewesen; Original...; **II** *m das* Neue *n*; *quoi de* ~? (et)was Neues?; *à* ~ *advt.* neu; *refaire à* ~ umarbeiten, -bauen; *remettre à* ~ wieder (wie) neu machen; *habiller* (*tout*) *de* ~ neu kleiden; *vêtu de* ~ neu eingekleidet.

neurasthé|nie ⚕ (nœraste'ni) *f* Nervenschwäche *f*, Neurasthenie *f*; **~nique** (~'nik) **I** *adj.* nervenschwach; **II** *su.* Neurastheniker *m*.

neurine ⚕ (nœ'rin) *f* Nervensubstanz *f*.

neuro|logie (nœrɔlɔ'ʒi) *f* Neurologie *f*; **~logiste** (~lɔ'ʒist) *m*, **~logue** (~'lɔg) *m* Nervenarzt *m*; **~ne** ⚕ (~'rɔn) *m* Neuron *n*, Nervenzelle *f*; **~toxine** (~tɔk'sin) *f* Nervengift *n*; **~trophique** (~trɔ'fik) *adj.* nervenstärkend.

neutra|lement *gr.* (nøtral'mɑ̃) *adv.* als Neutrum; intransitiv; **~lisant** ⚗ (~li'zɑ̃) *m* neutralisierender Stoff *m*; **~lisation** (~lizɑ'sjɔ̃) *f a. pol.* Neutralisierung *f*; Unschädlichmachung *f*; **~liser** (~li'ze) *v/t.* [1a] **1.** *pol.* für neutral erklären, neutralisieren; **2.** ⚗ neutralisieren, sättigen; **3.** *fig.* unwirksam machen; aufheben; **~liste** *pol.* (~'list) *adj.* neutralistisch, bündnisfrei, blockfrei; **~lité** (~li'te) *f* **1.** Neutralität *f*, Parteilosigkeit *f*; *garder od. observer la* ~ neutral bleiben; **2.** ⚗ neutrales Verhalten.

neutre ('nø:trə) **I** *adj.* **1.** neutral, parteilos; **2.** *gr.* neutral, sächlich; *verbe m* ~ intransitives Verb *n*; **3.** ⚘ *u. zo.* geschlechtslos; **4.** ⚗ *sel m* ~ neutrales Salz *n*; **5.** *verre m* ~ Rauchglas *n*; **6.** ⚡ *conducteur m* (*od. fil m*) ~ Nulleiter *m*; **II** *m gr.* Neutrum *n*; *pol. les* ~*s pl.* die neutralen Mächte *f/pl.* (*in e-m Kriege*).

neutron ⚗ (nø'trɔ̃) *m* Neutron *n*.

neuv|aine *rl.* (nœ'vɛn) *f* neuntägige Andacht *f*; **~ième** (~'vjɛm) *adj./n.o.* neunte(r, s); neuntel.

névé (ne've) *m* Firn *m*.

neveu (nə'vø) *m* [5b] **1.** Neffe *m*; **2.** *nos* (*arrière-*) ~*x* unsere Nachkommen *pl.*

névral|gie (nevral'ʒi) *f* Neuralgie *f*, Nervenschmerz *m*; ~*s pl.* Nervenleiden *n/pl.*; **~gique** ⚕ (~'ʒik) *adj.* neuralgisch; *fig. point m* ~ neuralgischer (*od.* wunder) Punkt *m*; *fig.* Pferdefuß *m*; Achillesferse *f*; *pol.* Unruheherd *m*.

névr|ite ⚕ (ne'vrit) *f* Nervenentzündung *f*; **~ologie** ⚕ (~vrɔlɔ'ʒi) *f* Nervenlehre *f*; **~opathe** ⚕ (~vrɔ'pat) *su. u. adj.* Nervenleidender *m*; nervenkrank.

névroptère *ent.* (nevrɔp'tɛ:r) *adj.* netzflügelig..

névro|se ⚕ (ne'vro:z) *f* Neurose *f*, Nervenkrankheit *f*; **~sé** (~vro'ze) *adj.* neurotisch, überreizt, nervenkrank; **~tomie** *chir.* (~tɔ'mi) *f* Neurotomie *f*, Nervendurchschneidung *f*.

new-yorkais (nujɔr'kɛ) *adj.* [7] *u.* [♀ *m* New Yorker (*m*).]

nez (ne) *m* **1.** Nase *f*; *fig.* Gesicht *n*; ~ *camus*, ~ *camard*, ~ *plat*, ~ *épaté* Stumpfnase *f*; ~ *aquilin*, ~ *crochu*, ~ *en bec d'aigle* Adler-, Hakennase *f*; ~ *fleuri* Schnapsnase *f*; ~ *retroussé* Stups-, Stülp-nase *f*; *parler du* ~ durch die Nase sprechen, näseln; *porter le* ~ *au vent* die Nase hoch tragen, hochnäsig sein; *avoir un pied de* ~ mit langem Gesicht abziehen (*nach e-m Mißerfolg*); *avoir le* ~ *fin* (*dur*) e-e gute (schlechte) Nase haben (*v. Hunden*); *avoir du* ~, *avoir le* ~ *creux* e-n feinen Riecher haben; *mettre* (*od. fourrer*) *son* ~ *partout* überall s-e Nase reinstecken; überall herumschnüffeln; *le tram m'est passé devant le* ~ die Straßenbahn ist mir vor der Nase weggefahren; *fermer la porte au* ~ *de q.* j-m die Tür vor der Nase zumachen; *faire un* ~ ein langes Gesicht machen; *mettre le* ~ *dehors* kurz mal Luft schnappen; *mettre le* ~ *dessus* das Richtige treffen; *cela nous pend au* ~ das blüht uns noch, das steht uns noch bevor; *se laisser mener par le* ~ sich an der Nase herumführen lassen; P *se piquer le* ~ einen heben, sich einen anzwitschern P, sich besaufen P; *ce n'est pas pour ton* ~ das ist nicht für dich; *tirer les vers du* ~ *à q.* j-n zum Reden bringen; F *à vue de* ~ nach Augenmaß; *se manger le* ~ sich heftig streiten, sich schwer in der Wolle haben P; *donner sur le* ~ *à q. fig.*

j-m eins drauf geben; *piquer du* ~ die Nase rümpfen; *avoir le* ~ *sale fig.* blau (= betrunken) sein; **2.** Vorgebirge *n*; Kap *n*; **3.** ⚓ ~ *de bateau* Schiffsschnabel *m*.

ni (ni) *cj.*: *sans crainte ni faiblesse* ohne Furcht u. ohne Schwäche; *ni ... ni ...* weder ... noch ...; *ni plus, ni moins* nicht mehr und nicht weniger; *il ne boit ni ne mange* er ißt und trinkt nicht; *ni l'un ni l'autre* keiner von beiden, weder der eine, noch der andere; *je n'ai ni pommes ni poires* ich habe weder Äpfel noch Birnen.

niable ('njablə) *adj.* leugbar, was sich leugnen läßt.

niais (njɛ) **I** *adj.* [7] □ dumm; unerfahren; albern, kindisch; **II** *su.* einfältiger Mensch *m*, Trottel *m*; **~er** (njɛ'ze) *v/i.* [1b] s-e Zeit vertrödeln; **~erie** (~z'ri) *f* Dummheit *f*, kindisches Wesen *n*, Albernheit *f*.

nicaise† (ni'kɛːz) *m* Dussel *m*, Stoffel *m*.

Nicaragua *géogr.* (nikara'gwa) *m*: **le** ~ Nicaragua *n*; **~yens** (~gwa'jɛ̃) *m/pl.* Einwohner *m/pl.* aus Nicaragua.

Nice (nis) *f* Nizza *n*.

niche[1] (niʃ) *f* **1.** ⚠ Nische *f*; **2.** ~ (*à chien*) Hundehütte *f*; **3.** F *fig.* Nest *n*.

niche[2] F (~) *f* Streich *m*, Schabernack *m*.

nich|ée (ni'ʃe) *f* Nestvoll *n*, Brut *f*; **~er** (~) [1a] **I** *v/i.* nisten; hausen; **II** F *v/t.* unterbringen; *la mère nicha le bébé entre ses bras* die Mutter nahm das Baby zärtlich in ihre Arme; **~et** (~'ʃɛ) *m* 'Nest|ei *n*; **~oir** (~'ʃwaːr) *m* Vogelkasten *m*; Legekorb *m* (*für Hühner usw.*).

nichrome ⊕ (ni'krɔm) *m* Chromnickelstahl *m*.

nickel *min.* (ni'kɛl) *m* Nickel *m*; **~age** ⊕ (ni'klaːʒ) *m* Vernickelung *f* (*als Handlung*); **~é** ⊕ (ni'kle) *adj.* vernickelt; **~er** (~) *v/t.* [1a] vernickeln.

nickélifère (nikeli'fɛːr) *adj.* nickelhaltig.

nickelure ⊕ (ni'klyːr) *f* Vernickelungs-kunst *f*, -arbeit *f*.

niçois (ni'swa) *adj.* [7] *u.* ♀ *su.* (Einwohner *m*) aus Nizza.

nicodème F (nikɔ'dɛm) *m* dummer Bengel *m*, Dummkopf *m*.

nicotin|e (nikɔ'tin) *f* Nikotin *n*; **~isme** (~'nism) *m* Nikotinvergiftung *f*.

nictitant (nikti'tɑ̃) *adj.* [7] *a. path.* blinzelnd; *zo. paupière f* ~*e* Nickhaut *f* (*der Nachtvögel*).

nid (ni) *m* **1.** Nest *n*; *fig. bon* ~ warmes Nest *n*; *Mode*: ~*s m/pl. d'abeilles* Waffel-, Waben-muster *n*; ~ *de rocher* Felsennest *n*; *Auto*: ~ *de poule* Schlagloch *n* (*auf der Chaussée usw.*); **2.** Brut *f*; **3.** ⚔ ~ *de mitrailleuses* MG-Nest; **~ification** (nidifikɑ'sjɔ̃) *f* Nestbau *m*; **~ifier** (~di'fje) *v/i.* [1a] nisten.

nièce (njɛs) *f* Nichte *f*.

nielle[1] ⸙ (njɛl) *f* (Getreide-)Brand *m*.

nielle[2] ⊕ (~) *m* schwarzer Schmelz *m*, Niello *n*.

nielle[3] ⚘ (~) *f* (Korn-)Rade *f*.

nieller[1] (njɛ'le) [1a] **I** *v/t.* Getreide brandig machen; **II** *v/rfl.* se ~ brandig werden.

nieller[2] ⊕ (~) *v/t.* [1a] mit schwarzem Schmelz auslegen, niellieren.

niellure[1] ⸙ (njɛ'lyːr) *f* Brand *m* des Getreides.

niellure[2] ⊕ (~) *f* Schwarzschmelzen *n*, Schwärzung *f*, Niellierung *f*.

nième F (njɛm) *adj.* zigster.

nier (nje) [1a] *v/t. u. v/i.* in Abrede stellen, leugnen, abstreiten, verneinen.

nigaud F (ni'go) [7] **I** *adj.* □ albern, einfältig; **II** *su.* Pinsel *m*, Einfaltspinsel *m*, Dummkopf *m*; *f*: alberne Gans *f*; **~er** (~'de) *v/i.* [1a] Dummheiten machen; sich albern benehmen; **~erie** (~'dri) *f* Albernheit *f*, Schildbürgerstreich *m*.

nigelle ⚘ (ni'ʒɛl) *f* Schwarzkümmel *m*.

Niger (ni'ʒɛːr) *m*: *le* ~ der Niger *m*.

Nigeria (niʒɛ'rja) *f*: **la** ~ Nigeria *n*.

nihilis|me (nii'lism) *m* Nihilismus *m*; **~te** (~'list) *adj. u. su.* nihilistisch; Nihilist *m*; Revolutionär *m*.

nilgaut *zo.* (nil'go) *m Art* Antilope *f*.

nille ⊕ (nij) *f* drehbarer Handgriff *m* e-r Kurbel.

nimbe (nɛ̃ːb) *m* Heiligenschein *m*.

nimber (nɛ̃'be) *v/t.* [1a] mit e-m Heiligenschein umgeben.

n'importe quel (nɛ̃'pɔrt 'kɛl) *adjt./m* jeder beliebige.

nipp|ée F (ni'pe) *adj./f*: *bien* ~ schick aufgemacht; **~er** F (~) *v/t.* [1a] an-, be-kleiden.

nippes F (nip) *f/pl.* abgetragene Kleidungsstücke *n/pl.*, Klamotten *f/pl.* P.

nippon (ni'pɔ̃) *adj.* [7] (*f*: ~e) japanisch.

nippo-soviétique (nipɔsɔvje'tik) *adj.* japanisch-sowjetisch.

nique F (nik) *f*: *faire la* ~ *à q.* j-m die kalte Schulter zeigen.

niquedouille (nik'duj) **I** ⚒ *m* Dussel *m*; **II** *f* dumme Ziege *f*.
nitescent (nitɛ'sɑ̃) *adj.* [7] glänzend, [weiß.]
nitouche F (ni'tuʃ) *f*: *sainte* ~ Scheinheilige *f*; *auch adjt.* F: *un petit air sainte* ~ *auch*: nach außen ganz harmlos.
nitr|ate ⚗ (ni'trat) *m* Nitrat *n*, salpetersaures Salz *n*; ~ *d'argent* Höllenstein *m*; ~ *de potasse* Kalisalpeter *m*; **~e** ⚗ ('nitrə) *m* Salpeter *m*; **~eux** ⚗ (ni'trø) *adj.* [7d] salpeterhaltig; **~ification** ⚗ (~trifikɑ'sjɔ̃) *f* Salpeterbildung *f*; **~ifier** (~tri'fje) [1a]: *se* ~ sich mit Salpeter bedecken; **~ique** ⚗ (~'trik) *adj.* Salpeter...; *acide m* ~ Salpetersäure *f*.
nitro|benzène ⚗ (nitrɔbɛ̃'zɛn) *m*, **~benzine** ⚗ (~bɛ̃'zin) *f* Nitrobenzol *n*, Mirbanöl *n*; **~gène** ⚗ (~'ʒɛn) *m* Stickstoff *m*; **~glycérine** ⚗ (~glise'rin) *f* Nitroglyzerin *n*.
nivéal ⚘ (nive'al) *adj.* [5c] im Schnee wachsend; im Winter blühend.
niveau (ni'vo) *m* [5c] **1.** ⊕ Grundwaage *f*; ~ *à plomb* Richtwaage *f*; ~ *d'eau*, ~ *à bulle d'air* Wasserwaage *f*; ~ *de maçon* Lotwaage *f*; **2.** waagerechte Fläche *f*; Sohle *f*; *fig.* Niveau *n*, Stufe *f*, Stand *m*; ⊕ ~ *de contrôle* Prüflibelle *f*; *Auto*: ~ *de l'huile* Ölstand *m*; (*indicateur m du*) ~ *d'eau* Wasserstandsmesser *m*; ~ *moyen de la mer* Normalnull *n*; ✝ *bas* ~ *des prix* Gedrücktheit *f*, Tiefstand *m*; ✝ ~ *de production* Produktionsstand *m*; ~ *maximum des prix* Höchststand *m*; ~ *d'eau* Wasserspiegel *m*; *advt.* de ~ waagerecht, horizontal; 🚂 *passage m à* ~ Bahnübergang *m*; *être au* ~ *de ...*, *être de* ~ *avec ...* in gleicher Ebene liegen mit (*dat.*); *fig.* auf gleicher Höhe stehen mit (*dat.*), j-m die Waage halten; *cela dépasse mon* ~ *fig.* das geht über meinen Horizont; *pourparlers m/pl. au* ~ *le plus élevé pol.* Verhandlungen *f/pl.* auf höchster Ebene; ~ *de vie* Lebensstandard *m*.
nive|ler (ni'vle) *v/t.* [1c] **1.** nivellieren, mit der Wasserwaage abmessen; **2.** einebnen, nivellieren; planieren; *fig.* nivellieren, gleichmachen; ausgleichen; über e-n Kamm scheren; **~leur** (~'vlœːr) *m* [7g] **1.** Vermesser *m*, Feldmesser *m*; **2.** ⊕ Planierbagger *m*; **3.** *fig. bsd. pol.* Gleichmacher *m*; **~llement** (~vɛl'mɑ̃) *m* **1.** *arp.* Abmessen *n* mit der Wasserwaage; Landvermessung *f*; **2.** Einebnen *n*, Nivellierungsarbeiten *f/pl.*; Abtragen *n*; **3.** *fig.* Nivellierung *f*, *bsd. pol.* Gleichmacherei *f*.
nivéole ⚘ (nive'ɔl) *f* großes Schnee-[glöckchen *n*.]
nivôse *hist.* (ni'voːz) *m* Schneemonat *m* (*fr. Rev.*).
nixe *myth.* (niks) *f* Nixe *f*, Wassernymphe *f* (*germanische Mythologie*).
nobiliaire (nɔbi'ljɛːr) **I** *adj.* zum Adel gehörig, adelsmäßig; *caste f* ~ Adelskaste *f*; *orgueil m* ~ Adelsstolz *m*; *particule f* ~ Adelsprädikat *n*; **II** *m* Adelsbuch *n*.
nobliomanie *péj.* (nɔbliɔma'ni) *f* Adels-sucht *f*, -manie *f*, -fimmel *m*.
nob|le ('nɔblə) **I** *adj.* □ **1.** adlig; **2.** *fig.* edel, edelmütig, rühmlich, würdevoll; *style m* ~ erhabener Stil *m*; **3.** *thé. père m* ~ Heldenvater *m*; **4.** *min.*, ⚒ reich (*an Erzen*); **II** *su.* Adliger *m*, Edelmann *m* (*f*: Edel-dame *f*, -fräulein *n*); **III** *m das* Edle *n*; **~esse** (~'blɛs) *f* **1.** Adel *m*; ~ *campagnarde*, ~ *paysanne*, ~ *terrienne* Landadel *m*; ~ *d'épée* Schwertadel *m*; ~ *de naissance*, ~ *d'extraction* Geburts-, uralter Adel *m*; ~ *par lettres*, ~ *par anoblissement* Briefadel *m*; ~ *de finance* Finanzadel *m*, erkaufter Adel *m*; *petite* ~ niederer Adel *m*; ~ *de robe*, ~ *d'office* Amtsadel *m*; *conférer un titre de* ~ *à q.* j-n adeln; *lettres f/pl. de* ~ Adelsbrief *m*; **2.** Adlige *pl.*; *ehm.* Edelleute *pl.*; *hist.* Ritterschaft *f*; ~ *de cour* Hofadel *m*; **3.** *fig. das* Edle *n*, Erhabenheit *f*; ~ *d'âme* Hochherzigkeit *f*.
noce (nɔs) **1.** *oft im pl.* **~s** Hochzeitsfeier *f*; *célébrer les* **~s** Hochzeit feiern; *en premières* **~s** in erster Ehe; **~s** *d'argent* (*d'or*, *de diamant*) silberne (goldene, diamantene) Hochzeit *f*; ~ *de village* Bauernhochzeit *f*; *garçon m de* (*la*) ~ Brautführer *m*; *être de* ~ auf Hochzeitsreise sein; **2.** (*gens pl. de la*) ~ Hochzeitsgesellschaft *f*, Hochzeitsgäste *m/pl.*; **3.** F Gelage *n*, Prasserei *f*; Ausschweifungen *f/pl.*; F *faire la* ~ flott leben, prassen, schwofen P, sich amüsieren.
noc|er F (nɔ'se) *v/i.* [1k] schwelgen, prassen, flott leben; schwofen P; **~eur** F (~'sœːr) *su.* [7g] lustiger Bruder *m*; Zecher *m*, Lebemann *m*.
nocher *poét.* (nɔ'ʃe) *m* Fährmann *m*.

nocif (nɔ'sif) *adj.* [7e] schädlich; **~vité** (~sivi'te) *f* Schädlichkeit *f*.
noctambu|le (nɔktɑ̃'byl) **I** *adj.* nachtwandelnd; **II** *su.* Nachtwandler *m*, Nachtschwärmer *m*; **~lisme** (~'lism) *m* Nachtwandeln *n*.
nocti|flore ⚘ (nɔkti'flɔ:r) *adj.* des Nachts blühend; **~luque** *zo.* (~'lyk) *f* Leuchttierchen *n*.
noctuelle *ent.* (nɔk'tɥɛl) *f* Nachtfalter *m*.
nocturne (nɔk'tyrn) **I** *adj.* nächtlich; Nacht...; **II** *m* **1.** ♪ Notturno *n*; **2.** *rl.* Nachtmesse *f*.
nod|al *phys.* (nɔ'dal) *adj.* [7c] Schwingungsknoten...; **~osité** ⚘ *u.* ⚕ (nɔdozi'te) *f* knotige Beschaffenheit *f*; Verhärtung *f*; Knötchen *n*, **~ulaire** (~dy'lɛ:r) *adj.* [7] knotig; **~ule** (~'dyl) *m* Knötchen *n*; **~uleux** (~dy'lø) *adj.* [7d] knotig; **~us** ⚕ (~'dys) *m* Knoten *m*.
Noël (nɔ'ɛl) *m* **1.** ~ *od. ell. la* ~ (*für la fête de* ~) Weihnacht(en) *f*, Weihnachtsfest *n*; *à* ~ zu Weihnachten; *arbre m de* ~ Weihnachtsbaum *m*; *Bonhomme* ~ *od. Père* ~ Weihnachtsmann *m*; *la veille f de* ~ Heiligabend (*m*); **2.** ♀ *od. cantique m de* ~ Weihnachtslied *n*.
nœud (nø) *m* **1.** Knoten *m*; *faire* (*défaire*) *un* ~ einen Knoten machen (aufmachen); **2.** ~ *coulant* Schleife *f* (*e-r Krawatte*); **3.** *fig.* Band *n der Ehe usw.*; *les* ~*s les plus sacrés* die heiligsten Bande; **4.** *fig.* Knoten *m*, Schwierigkeit *f*; *trancher le* ~ *gordien* den gordischen Knoten durchhauen; *voilà le* ~ hier ist die Schwierigkeit, hier liegt der Hase im Pfeffer; **5.** *thé.* Verwicklung *f*; **6.** *anat.* Gelenk *n*, Knöchel *m*; ~ *de la gorge* Kehlkopf *m*, Adamsapfel *m*; **7.** ⚘ Knoten *m*, Anschwellung *f* des Stengels; Knorren *m*, Knast *m im Holze*; *sans* ~ astfrei; **8.** ⚓ Knoten *m*; *le vaisseau file vingt* ~*s à l'heure* das Schiff läuft zwanzig Knoten in der Stunde; **9.** ~ *de communication* Verkehrsknotenpunkt *m*; **10.** *phys.* Schwingungsknoten *m*.
noguet (nɔ'gɛ) *m* flacher Korb *m*.
noir (nwa:r) **I** *adj.* **1.** schwarz; braun und blau (geschlagen); *bêtes* ~*es* Schwarzwild *n*; *beurre* ~ braune Butter *f*; F *œil au beurre* ~ blutunterlaufenes Auge *n*; *blé* ~ Buchweizen *m*; *cheval* ~ Rappe *m*; *marché m* ~ schwarzer Markt *m*; Schwarzhandel *m*; *pain* ~ Schwarzbrot *n*; *travail m* ~ Schwarzarbeit *f*; **2.** dunkel, finster; *fig.* traurig, düster; bitter *fig.*, pessimistisch; *avoir des idées* ~*es* Trübsal blasen; *les années* ~*es* die bitteren Jahre *n/pl.*; *roman m* (*film m*) ~ Roman *m* (Film *m*) mit pessimistischer Tendenz; P *fig.* *trou m* ~ Reinfall *m*; *nuit* ~*e* stockfinstere Nacht; F *il fait* ~ *comme dans un four* es ist stockfinster; (*bei affektivem Gebrauch bisw. vorangestellt*): ~ *chagrin* düsteres Leid *n*; *misère* ~*e* tiefstes Elend *n*; *œil* ~ finster blickendes Auge *n*; **3.** schmutzig; **4.** *fig.* ruchlos, abscheulich; unheilvoll; *une ingratitude* ~*e* ein schnöder Undank *m*; *rendre q. bien* ~ j-n anschwärzen; *c'est le point* ~ das ist das Bedenkliche dabei; **5.** *science* ~*e* schwarze Kunst *f*, Magie *f*; **6.** ⋆ *fig.* total blau; **II** *su.* **7.** Schwarze(r) *m*, Neger *m*; **III** *m* **8.** Schwarz *n*; ~ *de jais* Kohlschwarz *n*; *des cheveux* ~ *de jais* kohlschwarze Haare *n/pl.*; **9.** Schwärze *f*, schwarze Farbe *f*, Trauer(farbe *f*) *f*; *passer du blanc au noir* von einem Extrem ins andere kippen; *teindre en* ~ schwarz färben; ~ *animal*, ~ *d'os* Knochenkohle *f*; ~ *de fumée*, ~ *à noircir* Kienruß *m*; ~ *d'impression* Druckerschwärze *f*; *en* ~, *vêtu de* ~ schwarz gekleidet; *s'habiller de* ~, *porter le* ~, *se mettre en* ~, *prendre le* ~ Trauerkleidung *f* anlegen; sich schwarz kleiden; **10.** *das* Schwarze *n*; Zentrum *n*; *mettre dans le* ~ auf Anhieb das Richtige treffen; sofort Glück haben; **11.** *fig.* Betrübnis *f*; *voir tout en* ~ schwarz sehen; F *broyer du* ~ Grillen fangen, schwarz sehen; **12.** F schwarzer Kaffee *m*; **~âtre** (nwa'rɑ:trə) *adj.* schwärzlich; **~aud** F (~'ro) [7] **I** *adj.* schwarzbraun; **II** *su.* Schwarzkopf *m*.
noir|ceur (nwar'sœ:r) *f* **1.** Schwärze *f*; **2.** schwarzer Fleck *m*; **3.** *fig.* düstere Stimmung *f*; **4.** *fig.* Gemeinheit *f*, Hinterlist *f*, heimtückischer Streich *m*; Anschwärzung *f*, Verleumdung *f*; **~cir** (~'si:r) [2a] **I** *v/t.* **1.** schwarz machen, schwärzen, schwarzfärben, schwarz anstreichen; F *iron.* ~ *du papier* schriftstellern; **2.** *fig.* verdüstern, mit schwarzen Gedanken erfüllen; **3.** *fig.* anschwärzen, verleumden;

II *v/i.* schwarz werden; **III** *v/rfl.* se ~ trübe (dunkel) werden (*Wetter, Himmel*); **~cissement** (~sis'mɑ̃) *m* Schwärzen *n*, Schwarzmachen *n*; Schwarzwerden *n*; **~cissure** (~si-'sy:r) *f* schwarzer Fleck *m*.

noire (nwa:r) *f* ♪ Viertelnote *f*.

noise (nwa:z) *f nur gebr. in: chercher ~ à q.* mit j-m Streit anfangen.

noise|tier (nwaz'tje) *m* Hasel(nuß)-strauch *m*; **~tte** (nwa'zɛt) *f* Haselnuß *f*; ⚒ *~s f/pl.* Nußkohle *f*; *auch adj.: couleur f ~* nußbraun.

noix (nwa) *f* **1.** Walnuß *f*; Nuß *f*; *huile f de ~ du Brésil* Paranußöl *n*; *~ de coco* Kokosnuß *f*; *~ de galle* Gallapfel *m*; *~ muscade* Muskatnuß *f*; **2.** *~ de veau* Kalbsdrüse *f*, *cuis.* Kalbsnuß *f*.

nolis ⚓ (nɔ'li) *m* Charterung *f*; Fracht *f*; **~ement** ⚓ (nɔliz'mɑ̃) *m* Befrachtung *f*; **~er** ⚓ (nɔli'ze) *v/t.* [1a] chartern.

nom (nɔ̃) *m* **1.** Name(n) *m*; Benennung *f*; Titel *m*; Beiname *m*; *~ de baptême (petit ~)* Vor-, Ruf-, Tauf-name *m*; *~ de demoiselle* Mädchenname *m*; *~ de guerre, ~ d'emprunt, ~ de plume* Pseudonym *m*, Schriftsteller- *od.* angenommener Name *m*; *faux ~* Deckname *m* (*v. Verbrechern*); *~ propre* Eigenname *m*; ✝ *~ social* Firmenname *m e-r Gesellschaftsfirma*; *~ supposé* falscher Name *m*; *au ~ de q.* in j-s Namen, im Auftrage j-s; *porter le ~ de ... ...* heißen; *prêter (od. donner) son ~ à qch.* s-n Namen zu et. (*dat.*) hergeben; *changer de ~* e-n andern Namen annehmen, *von e-r Frau*: sich verheiraten; *appeler les choses par leur ~* die Dinge beim rechten Namen nennen; *de ~* nur dem Namen nach; *je le connais de ~* ich kenne ihn (nur) dem Namen nach; *du ~* mit Namen, namens; *le ~ de Grand* der Beiname „der Große"; *petit ~ (d'amitié)* Kosename *m*; *sans ~ fig.* unerhört, grenzenlos; **2.** ⚖ Rechtstitel *m*, Berechtigung *f*; *avoir en ~* auf s-n Namen im Grundbuch zu stehen haben; **3.** *gr.* Nomen *n*, Nennwort *n*, Substantiv *n*; *~ de nombre* Zahlwort *n*; **4.** *Logik*: *~ abstrait* Abstraktum *n*; *~ appelatif, ~ commun* Gattungsname *m*; *~ collectif* Sammelwort *n*; *~ concret* Konkretum *n*; *~ conventionnel* Kennwort *n*; **5.** Ruf *m*, Ruhm *m*; **6.** Geschlecht *n*, Familie *f*; **7.** P *int. ~ de Dieu, ~ de ~!, ~ d'un petit bonhomme!, ~ d'une pipe!, (sacré) ~ d'un chien!, ~ d'un tonnerre!* Himmel Kreuz!, verflucht nochmal! (*od.* noch eins!), zum Donnerwetter!

noma|de (nɔ'mad) **I** *adj.* nomadenhaft; **II** *su.* Nomade *m*; **~diser** (~di-'ze) *v/i.* [1a] nomadisieren **~disme** (~'dism) *m* Nomadenleben; *n*.

no man's land *pol.* (nomanz'lɑ̃:d) *m/inv.* Niemandsland *n*.

nombre ('nɔ̃:brə) *m* **1.** Zahl *f*; *sans ~* unzählig, zahllos; *~ abstrait* unbenannte Zahl *f*; *~ cardinal* Grund-, Kardinal-zahl *f*; *~ concret* benannte Zahl *f*; *~ contrôleur* Kontrollnummer *f*; *~ entier* ganze Zahl *f*; *~ fractionnaire* Bruchzahl *f*; *~ mixte* gemischte Zahl *f*; *~ pair (impair)* gerade (ungerade) Zahl *f*; *~ premier* Primzahl *f*; **2.** *gr.* Numerus *m*; *s'accorder en genre et en ~* in Geschlecht und Zahl übereinstimmen; **3.** *rhét. ~ (oratoire)* rednerischer Wohlklang *m*; Regelmäßigkeit *f*; **4.** beträchtliche Menge *f* (*od.* Zahl *f*), Anzahl *f*; *~ d'historiens* viele Geschichtsschreiber *m*; *~ de fois* sehr oft; *il était du ~* er war mit dabei; *il n'est pas du ~ de ses amis* er gehört nicht zu s-n Freunden; *le grand ~* der große Haufe; *en grand ~* zahlreich, in Massen; *en ~ suffisant* beschlußfähig (*bei Versammlungen*); *~ de tours Auto*: Tourenzahl *f*; *~ des illettrés* Analphabetentum *n*; **5.** *bibl. Les ⁀s* viertes Buch Moses, Numeri *pl.*; **6.** *céder au ~* der Überzahl weichen; **~-indice** (~brɛ̃'dis) *m* [6a] Index-, Richt-zahl *f*.

nom|brer (nɔ̃'bre) *v/t.* [1a] zählen; **~breux** (~'brø) *adj.* [7d] □ zahl-, kinder-reich.

nombril *anat.* (nɔ̃'bri) *m* Nabel *m*.

nomenclature (nɔmɑ̃kla'ty:r) *f* Nomenklatur *f*, Namensregister *n*; Wörterverzeichnis *n*, Verzeichnis *n* sämtlicher Fachausdrücke; Benennung *f*; *~ des rues* Straßenverzeichnis *n*.

nomi|nal (nɔmi'nal) *adj.* [5c] □ namentlich; *appel m ~* Namensaufruf *m*; *scrutin m ~* namentliche Abstimmung *f*; *valeur f ~e* Nennwert *m*; **~nalement** (~nal'mɑ̃) *adv.* (nur) dem Namen nach; **~nalisme**

phil. (~na'lism) *m* Nominalismus *m*; **~naliste** *phil.* (~na'list) **I** *adj.* nominalistisch; **II** *m* Nominalist *m*; **~natif** (~na'tif) **I** *adj.* [7e] □ namentlich; *état m* ~ Namenregister *n*; **II** *m gr.* Nominativ *m*, erster Fall *m*; **~nation** (~nɑ'sjɔ̃) *f* Ernennung(-surkunde *f*) *f*, Ruf *m*, Bestallung *f*.
nommé (nɔ'me) *adj.* ge-, be-nannt; *un* ~ ... ein gewisser ...; *le ci-dessus* ~, *le sus*~ der Obenerwähnte *m*; *au cours* ~ zu verzeichnetem Kurs; *à point* ~ zur rechten Zeit; **~ment** (~'mɑ̃) *adv.* namentlich, besonders.
nommer (nɔ'me) [1a] **I** *v/t.* **1.** *mst*: den Namen angeben; angeben, anzeigen; **2.** nennen (*besser jedoch*: *appeler*); **3.** ernennen; ~ *q. à un emploi* j-n zu e-m Amt ernennen; *besser jedoch*: *élire*; **II** *v/rfl.* se ~ heißen; *besser jedoch*: *s'appeler*.
non (nɔ̃) *adv.* nein; *je ne dis pas* ~ ich sage nicht nein; das will ich nicht in Abrede stellen; ~ *pas!* durchaus nicht!; ~ *certes od.* ~ *vraiment* wirklich nicht; *oh, que* ~! o nein!; ~, *que je sache* nicht, daß ich wüßte; *je gage que* ~ ich wette auf das Gegenteil; *il a dit* ~ er hat nein gesagt, er hat abgelehnt; ~ *loin* nicht weit; *jour m non férié* Werktag *m*; ~ *plus* auch nicht; (*ni*) *lui* ~ *plus* er auch nicht; ~ *que* nicht als ob (*mit subj.*); ~ *seulement, mais aussi* (*od. mais encore*) nicht nur, sondern auch; *répondre que* ~ mit nein antworten; *bei zwei gegensätzlichen Begriffen*: *je parle du passé et* ~ (*od.* ~ *pas*) *du présent* ich spreche von der Vergangenheit, und nicht von der Gegenwart.
non-acceptation (nɔ̃naksɛptɑ'sjɔ̃) *f* Nichtannahme *f*.
non-accomplissement (nɔ̃nakɔ̃plis'mɑ̃) *m* Nichterfüllung *f*.
non-activité (nɔ̃naktivi'te) *f* augenblickliche Untätigkeit *f od.* Beschäftigungslosigkeit *f* (*e-s Beamten od. Angestellten*); *être en* ~ ohne Stellung sein; *mettre en* ~ j-n zur Verfügung (*od.* auf Wartegeld) stellen; *colonel m en* ~ Oberst *m* z.D.
nonagé|naire (nɔnaʒe'nɛ:r) **I** *adj.* neunzigjährig; **II** *su.* Neunzigjähriger *m*; **~sime** *ast.* (~'zim) *adj. u. m*: ~ (*degré*) neunzigster Grad *m*.
non-agression *pol.* (nɔ̃nagrɛ'sjɔ̃) *f* Nichtangriff *m*.
nonante *dial.* (nɔ'nɑ̃:t) *adj.*/*n.c.* neunzig.
non-armé (nɔ̃nar'me) *adj.* unbewaffnet.
non-carrossable (nɔ̃karɔ'sablə) *adj.* [unbefahrbar.]
non-belligérance (nɔ̃bɛliʒe'rɑ̃:s) *f* Nichtteilnahme *f* an e-m Kriege.
nonce (nɔ̃:s) *m* Nuntius *m*.
noncha|lamment (nɔ̃ʃala'mɑ̃) *adv.* lässig; **~lance** (~'lɑ̃:s) *f* Unbekümmertheit *f*, Sorglosigkeit *f*, Lässigkeit *f*, Saumseligkeit *f*; Nonchalance *f*, Gleichgültigkeit *f*, Sichgehenlassen *n*; **~lant** (~'lɑ̃) *adj. u. su.* [7] lässig, nonchalant, unbekümmert, sorglos, gemächlich, saumselig, gleichgültig(er Mensch *m*); sich gehen lassend.
nonciature (nɔ̃sja'ty:r) *f* Nuntiatur *f*, päpstliche Gesandtschaft *f*.
non|-combattant (nɔ̃kɔ̃ba'tɑ̃) *m* Nichtkämpfer *m*; **~-comparance** ⚖ (~kɔ̃pa'rɑ̃:s) *f*, **~-comparution** ⚖ (~kɔ̃pary'sjɔ̃) *f* Nichterscheinen *n*; **~-conducteur** ⚡ (~kɔ̃dyk'tœ:r) *m* (*a. adj.*) Nichtleiter *m*; nicht leitend; **~-conformisme** *allg.* (~kɔ̃fɔr'mism) *m* Nichtanpassung *f*; **~-conformiste** (~kɔ̃fɔr'mist) **I** *m England*: Dissident *m*; **II** *adj. allg.* unüblich, ungewöhnlich; **~-conformité** (~kɔ̃fɔrmi'te) *f* Nichtübereinstimmung *f*; **~-déductibilité** (~dedyktibili'te) *f* Nichtabzugsfähigkeit *f*; **~-disponibilité** (~dispɔnibili'te) *f* Unabkömmlichkeit *f*.
non|-éclaté ⚔ (nɔ̃nekla'te) *m* Blindgänger *m*; **~-engagé** *pol.* (~nɑ̃ga'ʒe) *adj.* block-, bündnisfrei, nicht blockgebunden; **~-être** *phil.* (nɔ̃'nɛ:trə) *m* Nichtsein *n*; **~-évalué** (~neva'lɥe) *adj.* unbewertet; **~-exécution** (~nɛgzeky'sjɔ̃) *f* Nichtausführung *f*; Nichterfüllung *f*; **~-existence** (~nɛgzis'tɑ̃:s) *f* Nichtvorhandensein *n*; **~-fondé** ⚖ (nɔ̃fɔ̃'de) *adj.* unbegründet; **~-fongible** ⚖ (~fɔ̃'ʒiblə) *adj.* unvertretbar; **~-fumeur** (~fy'mœ:r) *su.* [7g] Nichtraucher *m*; **~-immixtion** *bsd. pol.* (nɔ̃nimiks'tjɔ̃) *f*, **~-intervention** (~nɛ̃tɛrvɑ̃'sjɔ̃) *f* Nichteinmischung *f*; **~-initié** (nɔ̃nini'sje) *m* Laie *m*, Nichtfachmann *m*; **~-jouissance** (nɔ̃ʒwi'sɑ̃:s) *f* Entbehrung *f* der Nutznießung.
non-lieu ⚖ (nɔ̃'ljø) *m/inv.* Niederschlagung *f* e-s Prozesses, Freispruch *m*; *ordonnance f de* ~ Befehl *m* zur Einstellung des Verfahrens.
non-métal (nɔ̃me'tal) *m* [5c] Nicht-

metall *n.* [schwimmer *m.*]
non-nageur (~na'ʒœ:r) *m* Nicht-
nonnain F *rl.* (nɔ'nɛ̃) *f* Nonne *f.*
nonne F *rl.*, *ent.* (nɔn) *f* Nonne *f*; **~tte** (~'nɛt) *f* **1.** junge Nonne *f*; **2.** kleiner Pfefferkuchen *m*; **3.** *orn.* Aschmeise *f.* [Nichtbefolgung *f.*]
non-observation (nɔ̃nɔpsɛrvɑ'sjɔ̃) *f*
nonobstant (nɔnɔps'tɑ̃) *prp.* trotz (*gén.*), ungeachtet (*gén.*); *nur noch* ⚖: ce ~ *od.* ~ ce dessen ungeachtet; nichtsdestoweniger.
non-officiel (nɔ̃nɔfi'sjɛl) *adj.* [7c] nichtamtlich. [Knirps *m*, Süße *m.*]
nonomme *enf.* (nɔ'nɔm) *m* Balg *n*,
non-ouvré (nɔ̃nu'vre) *adj.* roh, unbearbeitet.
non-paiement (nɔ̃pɛj'mɑ̃) *m* Nicht(be)zahlung *f*; Nichteinlösung *f.*
non-pair (nɔ̃'pɛ:r) *adj.* unpaar, ungerade.
nonpareil (nɔ̃pa'rɛj) *adj.* [7c] unvergleichlich, einzig; **~le** (~) *f typ.* Nonpareilleschrift *f.*
non-précontraint *bét.* (nɔ̃prekɔ̃'trɛ̃) *adj.* [7] nicht vorgespannt.
non-recevoir ⚖ (nɔ̃rəs'vwa:r) *m*: *fin f de* ~ abschlägige Antwort *f.*
non|-réussite (nɔ̃rey'sit) *f* Mißerfolg *m*, Mißlingen *n*; **~-salarié** (~sala'rje) *m* selbständiger Erwerbstätiger *m*; **~-sens** (nɔ̃'sɑ̃:s) *m* [6c] Unsinn *m*, Sinnlosigkeit *f*; **~-signature** (~siɲa'ty:r) *f* Nichtunterzeichnung *f*; **~-succès** (~syk'sɛ) *m* Mißerfolg *m*, Mißglücken *n.*
nonuple (nɔ'nyplə) *adj.* neunfach.
non|-usage (nɔ̃ny'za:ʒ) *m* Nichtgebrauch *m*; **~-valeur** (nɔ̃va'lœ:r) *f* Wertlosigkeit *f*, Ertraglosigkeit *f*; ✝ Ausfall *m*, ausfallender Posten *m*, verlorene Forderung *f*; ⚔ *une* ~ ein dienstuntauglicher Soldat *m*; *allg.* ein unbrauchbarer Mensch *m.*
nop|age *text.* (nɔ'pa:ʒ) *m* Auszupfen *n*; **~e** *text.* (nɔp) *f* Noppe *f*, Flocke *f*, Knoten *m*; **~er** *text.* (nɔ'pe) *v/t.* [1a] noppen.
nord (nɔ:r) **I** *m* (*abr.* N.) Norden *m*, Nord *m*; *du* ~ nördlich; *du* ~ *au sud* von Norden nach Süden; *vent m du* ~ Nordwind *m*; *faire le* ~ nordwärts steuern; *le* ♀ der Norden, die nördlichen Länder *n/pl. od.* Völker *n/pl.*; *fig. perdre le* ~ den klaren Kopf (*od.* die Ruhe) verlieren; nicht mehr wissen, was man tut; **II** *adj./inv.* nördlich, Nord...; *pôle m* ~ Nordpol *m.*
nord-est (nɔrd'ɛst) **I** *m* (*abr.* N.E.) Nordost(en *m*) *m*; Nordostwind *m*; **II** *adj.* nordöstlich.
nordique (nɔr'dik) **I** *adj.* nordisch; **II** *m* Nordländer *m.* [Denken *n.*]
nordisme (nɔr'dism) *m* nordisches
nord-nord|-est (nɔrnɔrd'ɛst) **I** *m* Nordnordost(en *m*) *m*; Nordnordostwind *m*; **II** *adj.* nordnordöstlich; **~-ouest** (~nɔr[d]'wɛst) **I** *m* Nordnordwesten *m*; Nordnordwestwind *m*; **II** *adj.* nordnordwestlich.
nord-ouest (nɔr[d]'wɛst) **I** *m* Nordwest(en *m*, -wind *m*) **II** *adj.* nordwestlich.
noria ⊕ (nɔ'rja) *f* Wasserhebe-, Eimer-, Paternoster-werk *n.*
normal (nɔr'mal) *adj.* [5c] □ **1.** normal, regelmäßig, regelrecht; *voie f* ~*e* Vollspurbahn *f*; **2.** als Muster dienend; Muster...; *Fr. Ecole* ♀*e* Lehrerseminar *n*; *Ecole* ♀*e supérieure* Hochschule *f* zur Heranbildung französischer Studienräte u. Professoren; **~e** *géom.* (~) *f* Normale *f*; **~ien** (~'ljɛ̃) *su.* [7c] **1.** Seminarist *m* der *Ecole* ♀ *primaire*; **2.** Student *m* der *Ecole* ♀*e supérieure*; **~isation** (~lizɑ'sjɔ̃) *f* ⊕ Normung *f*; *allg.* Normalisierung *f*; **~iser** (~li'ze) *v/t.* [1a] ⊕ normen; *allg.* normalisieren.
normand (nɔr'mɑ̃) *adj. u.* ♀ *su.* [7] normannisch; Normanne *m*; *fig.* pfiffig, schlau, gerissen; *répondre en*~ e-e unbestimmte, zweideutige Antwort geben.
Normandie (nɔrmɑ̃'di) *f*: **la** ~ die Normandie *f.*
normannisme *ling.* (nɔrma'nism) *m* normannische Redensart *f.*
normatif (nɔrma'tif) *adj.* [7e] normativ, maßgebend.
norme (nɔrm) *f* Regel *f*, Vorschrift *f*; Richtschnur *f.*
norois (nɔ'rwa) *adj.* **1.** nordwestlich; **2.** altnordisch.
noroît ⚓ (~) *m* Nordwestwind *m.*
Norvège (nɔr'vɛ:ʒ) *f*: **la** ~ Norwegen *n.*
norvégien (nɔrve'ʒjɛ̃) **I** *adj.* [7c] norwegisch; **II** *m* ♀ Norweger *m.*
norvégienne (nɔrve'ʒjɛn) *f Art* Ruderboot *n.*
noso|graphie (nɔzɔgra'fi) *f* Krankheitsbeschreibung *f*; **~graphique** (~gra'fik) *adj.* Krankheits...; **~logie** (~lɔ'ʒi) *f* Krankheitslehre *f.*
nostal|gie (nɔstal'ʒi) *f* Heimweh *n*; Sehnsucht *f*; **~gique** (~'ʒik) *adj.* Heimweh...; sehnsüchtig.

nota (nɔ'ta) **I** *advt.* (*a.* ~ *bene*) wohlgemerkt; **II** *m* [5a] Randbemerkung *f.*

nota|bilité (nɔtabili'te) *f* **1.** Ansehen *n*, Bedeutung *f*; **2.** hervorragende Persönlichkeit *f*; **~ble** (~'tablə) **I** *adj.* □ angesehen, hervorragend; merkwürdig; **II** *m* angesehene Person *f*; ~*s pl.* Spitzen *f/pl.* der Gesellschaft, Honoratioren *pl.*, Notabeln *pl.*, *die* obersten Zehntausend *pl.*

notage * ☦ (*nɔ'ta:ʒ*) *m* Vornotierung *f* bestellter, aber nicht sofort lieferbarer Modeartikel.

notair|e (nɔ'tɛ:r) *m* Notar *m*; **~esse** (~tɛ'rɛs) *f* Frau *f* e-s Notars.

notamment (nɔta'mɑ̃) *adv.* namentlich, insbesondere, besonders.

notari|al (nɔta'rjal) *adj.* [5c] notariell; **~at** (~'rja) *m* Notariat *n*, Amt *n* e-s Notars; **~é** (~'rje) *adj.* von e-m Notar ausgefertigt.

notation (nɔtɑ'sjɔ̃) *f* Notierung *f*, Bezeichnung *f*; ~*s pl.* Bemerkungen *f/pl.*; ~ *musicale* Notenschrift *f*; ⚗ ~ *chimique* chemische Formel *f*; *fin.* ~ *de cours* Kursnotierung *f.*

note (nɔt) *f* **1.** (Merk-)Zeichen *n*; Anmerkung *f*; Note *f*, Vermerk *m*; Fußnote *f*; ~ *marginale* Randbemerkung *f*; *prendre* ~ *de qch.* sich etw. merken, von etw. (*dat.*) Notiz nehmen, etw. vormerken, ☦ etw. buchen; *prendre des* ~*s* sich notieren, (sich) Notizen machen; (*livre m de*) ~*s pl.* Notizbuch *n*; **2.** gedrängter Auszug *m*, Notiz *f*; ☦ ~ *des changes* Kurszettel *m*; **3.** *dipl.* Note *f*, diplomatisches Schreiben *n*; *échange m de* ~*s* Notenwechsel *m*; ~ *d'envoi* Mantelnote *f*; **4.** *écol.*, *adm.* Nummer *f*, Prädikat *n*, Note *f*, Zensur *f*; *la* ~ *d'ensemble* das Gesamtprädikat *n*; *Fr.* ~*s pl. hebdomadaires* Wochenzensur *f*; ~*s pl. signalétiques* Qualifikation *f* e-s Beamten; **5.** *fig. fausse* ~ Mißklang *m*, Mißgriff *m*; *changer de* ~ e-n anderen Ton anschlagen, andere Saiten aufziehen; *ne pas être dans la* ~ *fig.* aus dem Rahmen fallen; *ne savoir qu'une* ~ immer von derselben Sache reden; *la* ~ *générale d'un discours* der Grundton *m* (*od.* der allgemeine Tenor *m*) e-r Rede; ~ *infamante*, ~ *d'infamie* Schande *f*, Schandfleck *m*; **6.** ♪ Note *f*, Tonzeichen *n*; *tête f* (*queue f*) *d'une* ~ Noten-kopf *m* (-schwanz *m*); ~*s pl. d'agrément* Vorschlag *m*; ~ *fondamentale* Grundton *m*; *chanter sur la* ~ nach Noten singen; **7.** ☦ Rechnung *f*; *faire une* ~ *d'apothicaire* e-e gepfefferte Rechnung aufstellen; ~ *de débit* Debetnote *f*, Lastschrift *f*; **8.** *peint. fig.* eigene Note *f*, Ton *m*, besonders hervortretende Stelle *f*; *pol.* Atmosphäre *f.*

noter (nɔ'te) *v/t.* [1a] **1.** notieren, aufzeichnen, vormerken, ☦ buchen; *écol.* mit e-r Note versehen, zensieren, prädizieren; *livres notés* Bücher *n/pl.* mit Anmerkungen; *bien* (*mal*) *noté* gut angeschrieben (*écol.* beurteilt); **2.** ♪ in Noten setzen.

noti|ce (nɔ'tis) *f* **1.** Notiz *f*, kurzer Bericht *m*; **2.** kurze (Lebens-)Beschreibung *f*; **3.** ⊕ ~ *d'entretien* Betriebsanleitung *f*; **~fication** (~tifikɑ'sjɔ̃) *f* amtliche Mitteilung *f*, Bekanntgabe *f*; **~fier** *adm.*, ⚖ (~ti'fje) *v/t.* [1a] amtlich mitteilen, bekanntgeben, zustellen.

notion (no'sjɔ̃) *f* (Er-)Kenntnis *f*, Vorstellung *f*; Begriff *m*; *premières* ~*s* Anfangsgründe *m/pl.*; ~ *fondamentale* Grundbegriff *m*; ~*s générales* allgemeine Begriffe *m/pl.*

no|toire (nɔ'twa:r) *adj.* □ offenkundig, notorisch; berüchtigt; **~toriété** (~tɔrje'te) *f* Offenkundigkeit *f*; *de* ~ *publique* offenkundig; ⚖ *acte m de* ~ Zeugenurkunde *f.*

notre (nɔtr[ə], *vor Konsonanten oft* nɔt), *pl.*: **nos** (no, *vor Vokalen* noz...) *pr./pss. adj.* unser(e); *a. bei e-r Schilderung e-r Person, z.B. e-s Schriftstellers*: *notre homme* (*nämlich Restif de la Bretonne*) *occupe une grande place* unser Romanschriftsteller nimmt e-n bedeutenden Platz ein.

nôtre ('no:trə) **I** *pr/pss.* **1.** *su. le, la* ~ der (das), die Unsrige; *les* ~*s* die Unsrigen; *il n'est pas des* ~*s* er gehört nicht zu uns; **2.** *adj. ohne art.* (*prädikativ nach être, faire, rendre, vouloir, devenir, regarder comme*); *la victoire est* ~ der Sieg ist unser; *ces effets sont* ~*s* diese Sachen gehören uns; **II** *m le* ~ unsere eigenen Gedanken *m/pl.*; *nous avons mis du* ~ *dans le récit* wir haben unsere eigenen Gedanken in die Erzählung gebracht; **III** ~*s f/pl.*; *nous avons* (*bien*) *fait des* ~*s* wir haben tolle Streiche gemacht.

Notre|-Dame (nɔtrə'dam) *f* **1.** Unsere Liebe Frau *f*, die heilige Jungfrau Maria; **2.** [6c] Muttergottesbild *n*; **3.** *église f*~ Marien-, Liebfrauen-kirche *f*; **4.** (*fête f de*) ~ Marien-fest *n*, -tag *m*; **~-Seigneur** (~sɛ'ɲœ:r) *m*: ~ (*Jésus-Christ*) Unser Herr (Jesus Christus).

notule (nɔ'tyl) *f* kurze Anmerkung *f*.

nouage (nwa:ʒ) *m text*. Knüpfen *n*.

nouba (nu'ba) *f* **1.** ⚔ algerische Musikkapelle *f*; **2.** F lärmendes Saufgelage *n*, Prasserei *f*.

noue (nu) *f* **1.** ⚠ Dachkehle *f*; Kehlrinne *f*; **2.** ⚒ Marschboden *m*.

noué (nwe) **I** *adj*. **1.** ⚘ befruchtet; **2.** ⚕ a) rachitisch, mit der englischen Krankheit behaftet; b) ~ *de goutte* voller Gichtknoten; **II** *cout*. *m* gebundene Verarbeitung *f* (*Mode*).

nou|ement (nu'mɑ̃) *m* Knüpfen *n*; **~er** (nwe) [1a] **I** *v/t*. **1.** binden, (zusammen)knüpfen; e-n Knoten machen; fesseln; ein-knüpfen, -wickeln; **2.** *fig*. ~ *des relations* Verbindungen anknüpfen; **3.** *thé*. *pièce bien nouée* gut aufgebautes Stück *n*; **II** *v/rfl*. se ~ **4.** Blüten *od*. Früchte ansetzen; **5.** ⚕ die englische Krankheit bekommen, rachitisch werden; Gichtknoten ansetzen; **~et** *phm*. (nwɛ) *m* Kräutersäckchen *n*; **~eux** (nwø) *adj*. [7d] knorrig, knotig; *bâton m* ~ Knotenstock *m*.

nougat (nu'ga) *m* Nougat *m*, Nuß-, Mandel-konfekt *n*.

nouil|le (nuj) *f* **1.** P feige Memme *f*; charakterloser Mensch *m*; Schlappschwanz *m*; **2.** ⚠ *style m «nouille» de 1900* Nudelstil *m* von 1900; **~les** (~) *f/pl*. Nudeln *f/pl*.; **~lettes** (nu'jɛt) *f/pl*. dünne Nudeln *f/pl*.

noulet ⚠ (nu'lɛ) *m* Kehlrinne *f*.

nounou *enf*. (nu'nu) *f* Amme *f*.

nourrain (nu'rɛ̃) *m* Fischbrut *f*.

nourric|e (nu'ris) *f* **1.** Amme *f*; *conte m de* ~ Ammenmärchen *n*; *mère f* ~ selbststillende Mutter *f*; *mettre* (*od*. *placer*) *un enfant en* ~ ein Kind in Pflege geben; **2.** *fig*. Erhalterin *f*, Ernährerin *f*; Kornkammer *f*; **3.** *Auto*, ✈, *mach*. Reservetank *m*; ⊕ Betriebsbehälter *m*; ~ *d'essence* Benzintank *m*; **~erie** (nuris'ri) *f* **1.** Kinderkrippe *f*; **2.** ⚒ Viehmästerei *f*; **3.** Seidenraupenzucht *f*; **~ier** (nuri'sje) *adj*. [7c] ernährend; Pflege...; *parents m/pl*. ~*s* Pflegeeltern *pl*..

nourrir (nu'ri:r) [2a] **I** *v/t*. **1.** (er-)nähren; säugen, stillen; verpflegen, beköstigen; füttern; *bien nourri* wohlgenährt; *être nourri* freie Kost haben; *être logé et nourri* freie Kost und Logis (= Wohnung) haben; volle Pension haben; **2.** *fig*. *style m nourri* kraftvoller Stil *m*; ~ *un dessein* sich mit e-m Gedanken tragen; ~ *l'espoir de* ... die Hoffnung hegen, zu ...; **3.** erziehen; bilden; großziehen; züchten; *être nourri des bons auteurs* an guten Schriftstellern gebildet sein; ~ *les enfants dans l'amour du devoir* die Kinder zur Pflichterfüllung erziehen; **4.** ⚒ wachsen (*od*. gedeihen) lassen (*v*. *Boden*); **5.** *applaudissements m/pl*. *nourris* lauter, anhaltender Beifall *m*; *fusillade nourrie* anhaltendes Gewehrfeuer *n*; **II** *v/i*. nähren, nahrhaft sein; *cela ne nourrit pas* das ist nicht nahrhaft; **III** *v/rfl*. se ~ sich (er)nähren; se ~ *bien* gedeihen.

nourris|sage (nuri'sa:ʒ) *m* **1.** ⚒ Viehzucht *f*; **2.** Ernährung *f* (*e-s Kleinkindes*); **~sant** (~'sɑ̃) *adj*. [7] nahrhaft; **~seur** (~'sœ:r) *m* (Vieh-)Züchter *m*; **~son** (~'sɔ̃) *m* Säugling *m*.

nourriture (nuri'ty:r) *f* **1.** Ernährung *f*; Aufzucht *f*; Stillen *n e-s Kindes*; **2.** Nahrung *f*, Nahrungsmittel *n*, Kost *f*, *a*. ⚔ Verpflegung *f*; Futter *n* (*der Tiere*); *prendre de la* ~ Nahrung zu sich nehmen; **3.** *fig*. geistige Nahrung *f*.

nous (nu, *vor vo*. nuz...) *pr/p*. **1.** wir; *c'est* ~ wir sind es; ~ *étions dix* wir waren zehn; ~ (*autres*) *Allemands* wir Deutschen; *qui de* ~?, *od*. *qui d'entre* ~? wer von uns?; ~ *kann sowohl als Pluralis Majestatis als auch als Ausdruck der Bescheidenheit, z.B. im Vorwort e-s Buches, gebraucht werden*; **2.** *acc*. *od*. *dat*.: uns.

nouure (nwy:r) *f* **1.** ⚕ Rachitis *f*; **2.** ⚘ Ansetzen *n der Früchte*.

nouveau (nu'vo) *adj*./*m* [5b], *vor Vokal od. stummem h*: **nouvel** (~'vɛl); *adj*./*f*: **nouvelle** (nu'vɛl) **I** *adj*. ☐ **1.** *vorangestellt drückt es die Zusätzlichkeit od. die sich wiederholende Reihenfolge aus*: neu, zweite(r, s), andere(r, s), weitere(r, s); *un nouveau chagrin nous attendait* ein neuer Ärger erwartete uns; *un nouvel Attila* ein zweiter Attila; *une nouvelle perte* ein weiterer Verlust *m*; *un nouvel habit* ein anderer Anzug *m*; *un nouveau docteur* ein frischgebackener Doktor *m*; *un nouvel élève* ein neuer Schüler *m*; *le nouvel an, la nouvelle année* das neue Jahr *n*; *nouvelle lune f* Neumond *m*; *un nouvel et fâcheux événement* ein weiteres, ärgerliches Vorkommnis (s. 2c!); *jusqu'à nouvel ordre* bis auf weiteres; **2.** a) *mst. nachgestellt, wenn es bedeutet*: neu, neuartig, neu erschienen (zum ersten Mal vorgekommen), noch nie dagewesen; *un mot nouveau* ein neues Wort *n*; e-e Neubildung *f*; *mœurs f/pl. nouvelles* neue Sitten *f/pl.*; *une vie nouvelle* ein neues Leben *n*; *homme nouveau* verdienstvoller Mann *m* aus eigener Kraft; *vin nouveau* neuer Wein *m*, Heuriger *m*; b) *in feststehenden Ausdrücken vorgestellt*: *le* ♀ *Monde* die Neue Welt *f* (*Amerika*); *le* ♀ *Testament* das Neue Testament *n*; *une nouvelle robe f* ein neues Kleid *n*; *les nouveaux mariés* die Neuvermählten *pl.*; *les nouveaux venus* die Neuankömmlinge *pl.*; *une nouvelle riche* e-e Neureiche *f*; *un nouveau riche* ein Neureicher *m*; c) *vor* „et" *muß es nouveau, nicht nouvel, heißen*: *cela est nouveau et très utile* das ist neu und sehr nützlich; *jedoch in* 1. *abus.*: *un nouvel et fâcheux événement* ein weiteres, ärgerliches Vorkommnis *n*; s. *dort*; **3.** *être nouveau en qch.* unerfahren (*od.* ein Neuling) auf e-m Gebiete sein; **II** *m le nouveau*: **4.** das Neue *n*; *du nouveau* etwas Neues; *voilà du nouveau!* das ist ja höchst seltsam!; *qu'y a-t-il de nouveau? od. quoi de nouveau?* (*in beiden Fällen ist auch neuf möglich*) was gibt's Neues?; *rien de nouveau* nichts Neues; **5.** F *der* Neuling *m*; *der* Neue *m* F; **III** *advt.*: *à nouveau* in völlig neuer Bearbeitung (*od.* Art *od.* Form); *de nouveau drückt die bloße Wiederholung aus*: erneut, nochmals; ✝ *report m* (*od. solde m*) *à nouveau* Übertrag *m* auf neue Rechnung.

nouveau-né (nuvo'ne) *adj. u. su.* neugeboren; Neugeborener *m*.

nouveau-riche (nuvo'riʃ) *adj. u. su.* [6a] neureich; Neureicher *m*.

nouveauté (nuvo'te) *f* **1.** Neuheit *f*, etwas Neues *n*, Ungewöhnlichkeit *f*; Neuerung *f*; ✝ neuer Modeartikel *m*; *haute* ~ letzte (Mode-)Neuheit *f*, *das* Neuste *n*; **2.** *thé.* neues Stück *n*.

nouvel|le (nu'vɛl) *f* **1.** Nachricht *f*, Meldung *f*, Neuigkeit *f*; ~ *officielle* (*officieuse*) amtliche (halbamtliche) Nachricht *f*; *fausse* ~ falsche Nachricht *f*, (Zeitungs-)Ente *f*; ~ *authentique* verbürgte Nachricht *f*; *dernières* ~*s* neuste (letzte) Nachrichten *f/pl.*; ~*s radiodiffusées* Rundfunknachrichten *f/pl.*; ~ (*de presse*) Zeitungsnotiz *f*; ~ *sportive* Sportnachricht *f*; ~ *alarmante* Alarmnachricht *f*, beunruhigende (*od.* bestürzende) Nachricht *f*; *j'ai de ses* ~*s* ich habe von ihm Nachricht; ich habe erfahren, wie es ihm geht; *donner de ses* ~*s* von sich hören lassen; *bisw. iron. vous m'en direz des* ~*s* Sie werden sehen, daß ich recht habe; Sie werden davon begeistert sein; ich glaube bestimmt, er (sie, es) wird Ihnen schmecken; *vous aurez de mes* ~*s!* Sie sollen (*od.* werden) von mir hören! (*drohend*); F *venir aux* ~*s* redeselig werden; ~*s f/pl. à la main* witzig-pikante, kleinere Erzählungen, Anekdoten, Tagesneuigkeiten *pl.* (*ursprünglich handgeschrieben öffentlich verbreitet, heute in der Presse*); ~ *colorée* gefärbte Nachricht *f*; ~ *fraîche* neue Nachricht *f*; ~ *tendancieuse* Zweck-, Tendenzmeldung *f*; ~*s pl. du jour* Tagesneuigkeiten *f/pl.*; **2.** *litt.* Novelle *f*, Erzählung *f*.

Nouvelle-Delhi (nu'vɛl dɛ'li) *f*: **la** ~ Neu-Delhi *n*.

nouvellement (nuvɛl'mɑ̃) *adv.* vor kurzem, unlängst, kürzlich.

Nouvelle-Zélande *géogr.* (nu'vɛlze'lɑ̃:d) *f*: **la** ~ Neuseeland *n*.

nouvelliste (nuvɛ'list) *su.* Novellenschreiber *m*, Novellist *m*.

nova|le ✓ (nɔ'val) *f* Neuland *n*; **~teur** (~va'tœ:r) *adj. u. su.* [7f] Neuerungs..., neuerungssüchtig; Bahnbrecher *m*, Wegbereiter *m*; **~tion** (~vɑ'sjɔ̃) *f* Novation *f*, Umwandlung *f*, Urkundenersetzung *f*.

novelle ⚖ (nɔ'vɛl) *f* (Gesetzes-) Novelle *f*.

novembre (~'vɑ̃:brə) *m* November *m*.

novi|ce (nɔ'vis) **I** *su. rl.* Novize *m u. f*; *fig.* Neuling *m*, Anfänger *m*, Laie *m*; **II** ⚓ *m* Leichtmatrose *m*; **III** *adj.* unerfahren, laienhaft; *n'être pas* ~ erfahren (gerieben F) sein; **~ciat** (~'sja) *m* **1.** *rl.* Noviziat *n*; Probezeit *f*; **2.** Novizenhaus *n*; **3.** *allg.* Ausbildung(szeit *f*) *f*.

novocaïne *phm.* (nɔvɔka'in) *f* Novokain *n.*
noyade (nwa'jad) *f* Ertränken *n*; Massenertränkung *f*; *mort f par* ~ Tod *m* durch Ertrinken.
noyau (nwa'jo) *m* [5b] **1.** Kern *m*, Stein *m*; *phys.* ~ *atomique* Atomkern *m*; *biol.* ~ *cellulaire* Zellkern *m*; **2.** *fig.* Kernpunkt *m*; Mittelpunkt *m*; **3.** ⚔ Hauptmacht *f*, Kern *m des Heeres*; **~tage** *pol.* (~'ta:ʒ) *m* Zellenbildung *f*; Grundstock *m* (*e-r Partei od. Bewegung*), parteibegründende Elemente *n/pl.*; **~ter** *pol.* (~'te) *v/t.* [1a] unterwandern.
noyé (nwa'je) *su.* Ertrunkener *m.*
noyer[1] (~) *m* Nußbaum *m.*
noyer[2] (~) [1h] **I** *v/t.* **1.** ersäufen, ertränken; unter Wasser setzen; *fig.* ersticken, untergehen (*od.* verschwinden) lassen; **2.** *fig. des yeux noyés de larmes* tränenbenetzte Augen *n/pl.*; **II** *v/rfl.* se ~ a) ertrinken; ersticken; (*aller*) *se* ~ sich ins Wasser stürzen; b) *fig.* zuviel trinken; die Fassung verlieren; sich zugrunderichten; *se* ~ *dans un verre d'eau* (*od. dans une goutte d'eau*) aus e-r Mücke e-n Elefanten machen, ein Umstandskandidat sein.
nu (ny) **I** *adj.* (*mit Bindestrich vor dem su. unveränderlich!*, *wie z.B. nu-tête, aber tête nue*; *adv.*: *nûment und nuement*) **1.** nackt, bloß, entblößt, unbekleidet; blank; ~ *comme la main*, ~ *comme un ver* splitternackt; *nu-pieds*, (*les*) *pieds* ~*s* barfuß; *nu-tête*, (*la*) *tête* ~*e* ohne Hut, ohne Kopfbedeckung; barhäuptig ♣; *à l'œil* ~ mit bloßem Auge; ⚖ ~*e propriété* Nackteigentum *n* (*ohne Nutznießbrauch*); **2.** *fig. bisw.* ~ *de qch.* nicht versehen mit (*dat.*), ohne (*acc.*); **3.** *fig.* kahl; unbedeckt; schmucklos; *u. zo.* nackt; ohne Behaarung; blattlos (*Baum*); baumlos (*Landstrich*); **4.** *fig.* offen, rein, unverfälscht, ungeschminkt; *la vérité toute* ~*e* die nackte (*od.* die pure F) Wahrheit *f*; **II** *m* ~ *das* Nackte *n*, nackte Stelle *f*; Kahlheit *f*; nackte Teile *m/pl.*; *peint.* Aktstudie *f*; *rl. les* ~*s pl.* die Armen *pl.*; **III** *advt. à* ~ nackt; bloß; offen; unvermischt; *monter un cheval à* ~ ein Pferd ohne Sattel reiten; *mettre à* ~ bloßlegen; *fig.* aufdecken; offen darlegen; *se montrer à* ~ sich ganz offen zeigen, sich entpuppen.
nua|ge (nɥa:ʒ) *m* **1.** Wolke *f*; *ciel m sans* ~*s* wolkenloser Himmel *m*; ~ *de fumée* Rauchwolke *f*; ~ *de poussière* Staubwolke *f*; ~ *lourd* Bodennebel *m*; *fig. bonheur m sans* ~ ungetrübtes Glück; **2.** *fig.* ~ *de doute* Anflug *m* von Zweifel; ~ *de crainte* plötzliche Furcht *f*; **3.** *fig.* ~*s pl.* nebelhafte Gedanken *m/pl.*, Träumereien *f/pl.*; *être dans les* ~*s* träumen, nicht bei der Sache sein; *se perdre dans les* ~*s* in höheren Regionen schweben, sich in den Wolken verlieren; **~geux** (~'ʒø) *adj.* [7d] wolkig, bewölkt; *fig.* nebelhaft, unklar; trübe (*Edelsteine*).
nuan|ce (nɥɑ̃:s) *f* **1.** Nuance *f* (*a. fig.*), (Farben-)Abstufung *f*, Abtönung *f*, Schattierung *f*; **2.** *fig.* feiner Unterschied *m*, Feinheit *f*, Nuance *f*; **~cer** (nɥɑ̃'se) *v/t.* [1k] nuancieren, abstufen, schattieren.
Nubie (ny'bi) *f*: *la* ~ Nubien *n.*
nubi|le (ny'bil) *adj.* heiratsfähig (*v. Mädchen*); **~lité** (~li'te) *f* Heiratsfähigkeit *f* der Mädchen.
nucléaire ⚗, *phys.*, ⚔ (nykle'ɛ:r) *adj.* Kern..., Atom...; *engins m/pl.* ~*s* Atomwaffen *f/pl.*; *énergie f* ~ Atomenergie *f*; *essais m/pl.* ~*s* Kernwaffenversuche *m/pl.*; *recherche f* ~ Kernforschung *f*; *physique f* ~ Kernphysik *f*; *centrale thermique* ~ Atomkraftwerk *n*; *chimie f* ~ Kernchemie *f*; *la supériorité* ~ die atomare Überlegenheit; *ogive f* ~ atomarer Sprengkopf *m.*
nuclé|icien (nyklei'sjɛ̃) *m*, **~oniste** (~kleɔ'nist) *m* Kernphysiker *m.*
nud|isme (ny'dism) *m* Nacktkultur *f*; **~iste** (~'dist) *m* **1.** Anhänger *m* der Nacktkultur; **2.** *peint.* Akt-maler *m*, -zeichner *m.*
nudité (nydi'te) *f* **1.** Nacktheit *f*; Kahlheit *f*; Blöße *f*; **2.** *peint.* (*mst.* ~*s pl.*) nackte Figur(en *f/pl.*) *f*; **3.** *fig.* Schlichtheit *f*, Ungekünsteltheit *f*, schlichte Einfachheit *f*; *la* ~ *d'un discours* die Schlichtheit e-r Rede; *la* ~ *du style* die stilistische Schlichtheit *f* (*od.* Natürlichkeit *f*).
nu|e *mst. fig.* (ny) *f* [*mst. pl.*] Wolke *f*; *fig. élever* (*od. porter*) *aux* ~*s* verhimmeln, vergöttern; *se perdre dans les* ~*s* sich verlieren, sein Thema aus den Augen verlieren; *il en sauta aux* ~*s* das brachte ihn außer sich; *tomber des* ~*s* wie aus allen Wolken gefallen sein; **~ée** (nɥe) *f* **1.** Wetterwolke *f*; *fig.* Gefahr *f*, Sturm *m*; **2.** *fig.* Schwarm *m*, Un-

menge *f*, Heer *n*; ~ *de sauterelles* Heuschreckenschwarm *m*; **3.** *fig.* ~*s pl.* Nebelgebilde *n/sg.*, Wolken *f/pl.*
nuer (~) *v/t. u. v/i.* [1a] die Farben abstufen, abschattieren (*Stickerei*).
nui|re (nɥi:r) [4c] **I** *v/i.*: ~ *à q.* (*à qch.*) j-m (e-r Sache) schaden, schädlich sein; **II** *v/imp. il nuit de ...* es schadet, zu ...; **~sette** (~'zɛt) *f* (*Damen-*)Nachthemd *n*; **~sibilité** (~zibili'te) *f* Schädlichkeit *f*; **~sible** (~'ziblə) **I** *adj.* □ schädlich; **II** *m/pl.* ~*s* Schädlinge *m/pl.*
nuit (nɥi) *f* **1.** Nacht *f*; ~ *close*, ~ *fermée*, ~ *noire* stockfinstere Nacht *f*; *bonnet m de* ~ Nachtmütze *f*; *chemise f de* ~ Nachthemd *n*; *bien* (*od. fort*) *avant dans la* ~ bis spät in die Nacht hinein; *passer la* ~ übernachten; die ganze Nacht aufbleiben; *être de* ~ Nachtschicht haben; *de* ~ nachts, bei Nacht; *ne pas dormir de la* ~, *passer une* ~ *blanche, ne pas fermer l'œil de la* ~ die ganze Nacht kein Auge zumachen; *il fait* ~ es ist Nacht; *la* ~ *tombe, il se fait* ~ es wird dunkel (*od.* Nacht); *poét. l'astre m des* ~*s* der Mond *m*; **2.** *fig.* Finsternis *f*; *la* ~ *des temps* die graue Vorzeit *f*; **~amment** (~ta'mɑ̃) *adv.* bei Nacht, nachts.
nul (nyl) [7c] **I** *pr./ind.* **1.** *als adj.*: a) kein(e); *en* ~*le façon* keineswegs; auf keinerlei Weise; ~*le part advt.* nirgends; nirgendswohin; b) irgendein (*nach sans*); *sans* ~ *empêchement* ohne irgendwelche Behinderung; **2.** *als su.* (*nur in literarischem Stil statt des üblichen personne*) kein(e, -er, keins); niemand; **II** *adj.* □ (null u.) nichtig; ungültig; gehaltlos, unbedeutend; *Sport*: unentschieden; *écol. être* ~ *en ...* in e-m Schulfach nichts können (*od.* leisten); *son crédit est* ~ er hat (so gut wie) gar keinen Kredit; *l'effet du remède fut* ~ das Mittel hat nicht im geringsten geholfen (*od.* gewirkt); *rendre* ~ rückgängig machen; ~ *et non avenu* null und nichtig; *Sport*: *faire match* ~ ein unentschiedenes Spiel liefern; **~lement** (nyl'mɑ̃) *adv.* gar nicht, überhaupt nicht keinesfalls, keineswegs.
nulli|fication ⚖ (nylifikɑ'sjɔ̃) *f* Ungültigkeitserklärung *f od.* Aufhebung *f e-s Gesetzes*; **~fier** ⚖ (~'fje) *v/t.* [1a] für ungültig erklären, aufheben.
nullité (nyli'te) *f* **1.** ⚖ Ungültigkeit *f*, Nichtigkeit *f*; **2.** *fig.* Bedeutungslosigkeit *f*; gänzliche Unfähigkeit *f*; **3.** *fig.* ganz unbrauchbarer Mensch, *e-e* Null *f*; **4.** *typ.* Nullstrich *m.*
nûment (ny'mɑ̃) *adv. fig.* unverblümt, unverhohlen; unmittelbar.
numé|raire (nyme'rɛ:r) **I** *adj.* Zahl..., Zähl..., Zahlungs..., Münz-...; **II** *m* † gemünztes *od.* bares Geld *n*; Bargeld *n*; *en* ~ in bar; ~ *fictif* Papiergeld *n*; **~ral** (~'ral) *adj.* [5c] e-e Zahl bezeichnend; Zahl(en)...; (*adjectif m*) ~ Zahlwort *n*; **~rateur** (~ra'tœ:r) *m* Zähler *m e-s Bruches*; **~ration** (~rɑ'sjɔ̃) *f* **1.** Numerierung *f*; **2.** Ꭿ Zählen *n*, Zahlenschreiben *n*; **3.** † Auszahlung *f*; **~rique** (~'rik) *adj.* numerisch, mit Ziffern; Zahlen...; **~riquement** (~rik'mɑ̃) *adv.* der Zahl nach.
numéro (nyme'ro) *m* (*abr.* n°, N°) **1.** Nummer *f*; Hausnummer *f*; Heft *n e-r Zeitschrift*; ~ *de téléphone*, ~ *d'appel* Telefonnummer *f*; *téléph. faire un faux* ~ falsch wählen; ~ *de loterie* Lotterielos *n*; ~ *d'ordre*, ~ *de série*, ~ *d'enregistrement* laufende Nummer *f*, Ordnungsnummer *f*; ~ *du dossier* Aktenzeichen *n*, Geschäftsnummer *f*; ~ *matricule* Erkennungsnummer *f*; *Auto*: ~ *d'immatriculation* Auto-, Zulassungs-nummer *f*; *fig. entendre le* ~ den Rummel verstehen; *c'est un* ~*!* das ist 'ne Marke!, das ist ein ulkiger (*od.* geriebener) Kerl!; *l'ennemi* ~ *un* der Feind Nummer eins, der Hauptfeind *m*; **2.** † (Preis-, Waren-)Zeichen *n*; F *d'un bon* ~ vorzüglich; F ~ *un!* sehr gut!; **3.** *journ.* ~ *d'une annonce* Chiffrenummer *f*; ~ *spécial* Sondernummer *f* (*e-r Zeitung*); **4.** *Zirkus usw.*: Nummer *f* (*des Programms*).
numéro|tage (nymerɔ'ta:ʒ) *m* Numerierung *f*, Bezifferung *f*; **~ter** (~rɔ'te) *v/t.* [1a] numerieren; **~teur** (~'tœ:r) *m* Kontrollstempel *m mit beweglichen Zahlen.*
numisma|te (nymis'mat) *m* Münzkenner *m*; **~tique** (~'tik) **I** *adj.* Münzen...; **II** *f* Münzkunde *f.*
nu-pieds (ny'pje) *advt.* barfuß (*a. pieds nus*).
nuptial (nyp'sjal) *adj.* [5c] hochzeitlich; Braut...; Hochzeits...; *bé-*

nédiction f ~e Trauung *f*; **~ité** (~li'te) *f* Eheschließungsziffer *f*.
nuque (nyk) *f* Genick *n*, Nacken *m*.
Nuremberg (nyrɑ̃'bɛ:r) *m* Nürnberg *n*.
nurse (nœrs) *f* **1.** Kindermädchen *n*; **2.** Krankenschwester *f*.
nurserie (nœrsə'ri) *f*: ~ *clandestine* geheimer Kinderhort *m* (*für entführte Kinder*).
nutation (nytɑ'sjɔ̃) *f* **1.** Wackeln *n* des Kopfes; **2.** Nutation *f*, Schwanken *n* (*der Erdachse*); **3.** ♀ Nutation *f*, Neigen *n* der Pflanzen nach der Sonne. [ohne Kopfbedeckung.]
nu-tête (ny'tɛ:t) (*s. nu* 1) *adj.* [6c]
nutri|ment (nytri'mɑ̃) *m* Nährstoff *m*; **~tif** (~'tif) *adj.* [7e] nahrhaft; **~tion** (~tri'sjɔ̃) *f* Ernährung *f*; **~tionniste** (~sjɔ'nist) *su.* Nahrungs-, Ernährungs-wissenschaftler *m*.
nyctalope (nikta'lɔp) *adj.* tagblind.
nylon *text.*, ⚕ (ni'lɔ̃) *m* Nylon *n*; *bas m de* ~ Nylonstrumpf *m*; *crin m de* ~ Nylonroßhaar *n*.
nym|phe (nɛ̃:f) *f* **1.** Nymphe *f*; *poét.* schönes Mädchen *n*; **2.** *ent.* Puppe *f*; **~phéa** ♀ (nɛ̃fe'a) *m* Seerose *f*; **~phète** F (nɛ̃'fɛt) *f* Teenagerin *f*; **~phomane** ⚕ (~fɔ'man) *adj.* mannstoll; **~phomanie** ⚕ (~fɔma'ni) *f* Mannstollheit *f*.

O

O, o (o) *m* O, o *n*.
ô (o) *int.* ~! o!, ach! (*Bewunderung, Erstaunen, Freude, Leid, Anflehung*).
oasien (ɔa'zjɛ̃) [7c] **I** *adj.* **1.** Oasen...; **2.** ⚔ der OAS angehörig; **II** *su.* Oasenbewohner *m*.
oasis (ɔa'zis) *f* Oase *f*.
obédienc|e *bsd. rl.* (ɔbe'djɑ̃:s) *f* **1.** geistlicher Gehorsam *m*, Unterwerfung *f*, Obedienz *f*; **2.** Urlaub *m e-s Klostergeistlichen*; **3.** Klosteramt *n*; **4.** *pol.* parteiliche Hörigkeit *f*; **5.** *lettres f/pl. d'*~ klösterlicher Unterrichtserlaubnisschein *m*; **~ier** *rl.* (~dɑ̃'sje) *m* Pfründenverwalter *m* (*Mönch*).
obé|ir (ɔbe'i:r) *v/i.* [2a] **1.** ~ *à q.* j-m gehorchen; *refuser d'*~ den Gehorsam verweigern; *se faire* ~ sich Gehorsam verschaffen; *être obéi* (*obéir ist das einzige v/i., das ein persönliches Passiv wie im Englischen bildet!*) Gehorsam finden; *je suis obéi* man gehorcht mir; **2.** *fig.* nachgeben, weichen, sich fügen; *Spiel*: bedienen; ~ *à la force* der Gewalt weichen; **~issance** (ɔbei'sɑ̃:s) *f* **1.** Gehorsam *m*; *manquer d'*~ es an Gehorsam fehlen lassen; **2.** *fig.* Herrschaft *f*, Botmäßigkeit *f*; **~issant** (~i'sɑ̃) *adj.* [7] gehorsam; folgsam.
obélisque (ɔbe'lisk) *m* Obelisk *m*.
obérer (ɔbe're) *v/t.* [1f] mit Schulden belasten.
obèse (ɔ'bɛ:z) *adj. u. su.* zu dick; an Fettsucht Leidender *m*.
obésité (ɔbezi'te) *f* Fettsucht *f*.
obier ⚘ (ɔ'bje) *m* Schneeball *m*.
obit *rl.* (ɔ'bit) *m* Seelenmesse *f*.
objec|ter (ɔbʒɛk'te) *v/t.* [1a] **1.** einwenden, entgegnen, beanstanden, einwerfen; *il n'y a rien à* ~ *à cela* dagegen läßt sich nichts einwenden; **2.** tadelnd vorwerfen; **~teur** (~'tœ:r) *m*: ~ *de conscience* Militärdienstverweigerer *m*; **~tif** (~'tif) **I** *adj.* [7e] objektiv, sachlich, sachgemäß; **II** *m* Objektiv (-glas *n*) *n*; *phot.* Objektiv *n*; ⚔ Zielpunkt *m*; *allg.* Vorhaben *n*; ⚔ ~ *de marche* Marschziel *n*; **~tion** (~k'sjɔ̃) *f* Einwand *m*, Einwurf *m*, Beanstandung *f*.
object|ionnable (ɔbʒɛksjɔ'nablə) *adj.* zu beanstanden, zur Beanstandung Anlaß gebend; **~ivation** (~ʒɛktiva'sjɔ̃) Objektivierung *f*; **~iver** (~ti've) *v/t.* [1a] objektiv *od.* rein sachlich betrachten; **~ivisme** (~ti'vism) *m* Objektivismus *m*; **~ivité** (~tivi'te) *f* Objektivität *f*, Sachlichkeit *f*.
objet (ɔb'ʒɛ) *m* **1.** Gegenstand *m*, Objekt *n*, Ding *n*; ~ *d'échange* Tauschobjekt *n*; ⚖ ~ *faisant partie de la succession* Nachlaßgegenstand *m*; ~*s trouvés* Fundsachen *f/pl.*; **2.** ✝ Artikel *m*; Ware *f*; Gut *n*; ~ *d'usage* (*courant*) Gebrauchsgegenstand *m*, -artikel *m*; ~ *manufacturé* Fertigware *f*; **3.** *fig.* Ziel *n*, Zweck *m*, Bestreben *n*; ♀:... Betrifft... (*Briefkopf*); *avoir pour* ~ den Zweck verfolgen; *sans* ~ zwecklos; *l'*~ *de la présente est*

de ... (*inf.*), *la présente a pour* ~ *de ...* (*inf.*) (der) Zweck dieses Schreibens ist, ... zu ...

objurgat|ion (ɔbʒyrgɑ'sjɔ̃) *f* Tadel *m*, schwerer Vorwurf *m*, Verweis *m*; inständige Bitte *f*, Beschwörung *f*; **~oire** *rhét.* (~ga'twa:r) *adj.* tadelnd.

oblat *rl.* (ɔ'bla) *su.* [7] Laienbruder *m*.

oblation *rl.* (ɔblɑ'sjɔ̃) *f* Darbringung *f*, Opfer *n*.

obliga|taire (ɔbliga'tɛ:r) *su.* Inhaber *m* von Schuldverschreibungen; **~tion** (~gɑ'sjɔ̃) *f* **1.** Verpflichtung *f*, Pflicht *f*, Verbindlichkeit *f*; Zwang *m*; *d'*~ vorgeschrieben, notwendig, unumgänglich; ~ *de service de guerre* Kriegsdienstpflicht *f*; ~ *de désarmement* Abrüstungsverpflichtung *f*; ~ *d'assurer* Versicherungszwang *m*; ~ *scolaire* Schul-pflicht *f*, -zwang *m*; ~ *postscolaire* Fortbildungszwang *m nach der Zeit der Schulpflicht*; **2.** Erkenntlichkeit *f*, Dank *m*; *avoir de grandes ~s à q.* j-m sehr verbunden sein, j-m großen Dank schulden; **3.** ⚖ Verbindlichkeit *f*; Obligation *f*, Schuldverschreibung *f*, Schuldschein *m*; Revers *m*; ~ *foncière* Pfandbrief *m*; *~s pl. de préférence* Prioritätsobligationen *f/pl.*; ~ *de la succession* Nachlaßverbindlichkeit *f*; *faire honneur à ses ~s* s-e Schulden bezahlen; **~toire** (~ga'twa:r) *adj.* obligatorisch, vorgeschrieben; verbindlich; zwangsläufig; *enseignement m* (*od. instruction f*) ~ Schulzwang *m*; *service m militaire* ~ allgemeine Wehrpflicht *f*; *déclarer* (*od. rendre*) ~ für verbindlich erklären.

obli|gé (ɔbli'ʒe) **I** *su.* Schuldner *m*; ⚖ *principal* ~ Hauptschuldner *m*; *fig. je suis votre ~(e)* ich bin Ihnen zu Dank verpflichtet; **II** *adj.* verbunden, verpflichtet; notwendig; *je vous en suis très* (*od. bien*) ~ ich bin Ihnen dafür sehr dankbar *od.* verbunden; **~geamment** (~ʒa'mɑ̃) *adv.* in verbindlicher Weise, zuvorkommend, höflich; **~geance** (~'ʒɑ̃:s) *f* Gefälligkeit *f*, Freundlichkeit *f*, Zuvorkommenheit *f*; *d'une extrême* ~ überaus gefällig (*od.* freundlich); *ayez l'~ de* (*mit inf.*) seien Sie bitte so freundlich, ... zu ...; **~geant** (~'ʒɑ̃) *adj.* [7] gefällig, zuvor-, entgegen-kommend, verbindlich, freundlich; **~ger** (~'ʒe) [1l] *v/t.* **1.** verpflichten; *cela ne m'oblige pas* das ist für mich nicht verbindlich; *bien obligé!* danke vielmals!, danke verbindlichst!; **2.** mit Schulden belasten; verpfänden; **3.** ~ *q. de qch.* j-m mit etw. e-n Gefallen tun; *obligez-moi de ...* tun Sie mir den Gefallen, ... zu ...; *pour vous* ~ um Ihnen entgegenzukommen; **4.** nötigen, zwingen (*à od. de mit inf.* zu ...) *im Passiv steht nach être obligé*; a) *die Präposition à, wenn es sich um e-e echte Handlung handelt u. somit die Bedeutung „gezwungen werden" vorliegt, die oft noch durch ein par + su. verdeutlicht wird*: *il a été obligé par ses chefs à faire ce voyage* er ist von s-n Vorgesetzten zu dieser Reise gezwungen worden (*Frage: wozu?*;) b) *die Präposition de, wenn es sich um e-n rein subjektsbezogenen Zustand handelt, ein folgendes par + su. also ausgeschlossen ist und die aktive Bedeutung „müssen" vorliegt*: *je serai obligé de vous punir* ich werde euch bestrafen müssen; *rein subjektsbezogen ist auch e-e Redewendung wie: je me vois obligé(e) de vous dire que ...* ich sehe mich genötigt, Ihnen zu sagen, daß ... (*ebenso être contraint, être forcé à bzw. de*).

oblique (ɔ'blik) *adj.* □ **1.** schief, schräg; **~ment** *adv.* in schräger Richtung; **2.** *fig.* versteckt, zweideutig; unredlich; *fig.* krumm, scheel; *voies f/pl. ~s* Schleichwege *m/pl.*, *fig.* krumme Wege *m/pl.*; *moyens m/pl. ~s* unredliche Mittel *n/pl.*; *jeter des regards ~s sur q.* j-n scheel ansehen: **3.** *gr.* indirekt; abhängig; **4.** ~ *à droite!* halb rechts!

obliqu|er (ɔbli'ke) *v/i.* [1m] *bsd.* ⚔ seitwärts abschwenken; **~ité** (~ki'te) *f* ⚒ schräge Richtung *f*, Neigung *f*; *ast.* Schiefe *f* (*der Ekliptik*); *fig.* Falschheit *f*.

obli|térateur (ɔblitera'tœ:r) *m* Entwertungsstempel *m*, Briefstempelmaschine *f*; **~tération** (~rɑ'sjɔ̃) *f* **1.** Verwischung *f*; **2.** ✉ ~ *des timbres* Entwertung *f* der Briefmarken *usw.*; **3.** ⚕ Gefäßverstopfung *f*; **~térer** (~te're) [1f] **I** *v/t.* **1.** verwischen; in Vergessenheit bringen; **2.** ✉ *usw.* entwerten, abstempeln; **3.** ⚕ verstopfen.

oblong (ɔb'lɔ̃) *adj.* [7i] länglich.

obnubil|ation (ɔbnybilɑ'sjɔ̃) *f* **1.** Verfinsterung *f* (*bsd. durch*

Wolken); *fig.* ~ *de l'esprit* geistige Umnachtung *f*; **2.** ⚕ Verdunkelung *f* des Sehvermögens; **~er** (~'le) *v/t.* [1a] verfinstern; *psych.* umnebeln; *obnubilé fig.* umnachtet; benebelt, ganz benommen; *fig. être obnubilé par le théâtre* vom Theater gepackt (*od.* erfaßt) sein.

obole (ɔ'bɔl) *f* Obolus *m*, Scherflein *n*.

obombrer (ɔbɔ̃'bre) *v/t.* [1a] beschatten.

obrept|ice ⚖ (ɔbrɛp'tis) *adj* □ erschlichen; **~ion** ⚖ (~rɛp'sjɔ̃) *f* Erschleichung *f*.

obs|cène (ɔp'sɛn) *adj.* obszön, zotig, unanständig; schweinisch F; **~cénité** (ɔpseni'te) *f* Obszönität *f*, Unanständigkeit *f*, Zote *f*.

obscur (ɔps'ky:r) **I** *adj.* (*adv. obscurément*) **1.** dunkel, finster; *il fait* ~ es ist trübe (*od.* dunkel *od.* finster); **2.** *fig.* dunkel, undeutlich; kaum bemerkbar; unbekannt, obskur; ruhmlos; niedrig, obskur (*Herkunft*); **II** *m* Dunkel *n*, Dunkelheit *f*; **~ant** (~ky'rɑ̃) *adj.* [7] verdunkelnd, verfinsternd; **~antisme** (~rɑ̃'tism) *m* Obskurantismus *m*, Dunkel *n* des Aberglaubens; *allg.* Verdummung *f*; *périodes f/pl. d'*~ dunkle Zeiten *f/pl.*; *guerre f à l'*~ Kulturkampf *m*; **~antiste** (~rɑ̃'tist) *su.* Obskurant *m*, Dunkelmann *m*; **~ation** *ast.* (~rɑ'sjɔ̃) *f* Verfinsterung *f*.

obscur|cir (ɔpskyr'si:r) [2a] *v/t.* **1.** verdunkeln (*nicht* ⚔!), dunkel machen, verfinstern; **2.** verschleiern; unverständlich machen; trüben; **~cissement** (~sis'mɑ̃) *m* Verdunkelung *f* (*nicht* ⚔!), Verfinsterung *f*; *fig.* Trübung *f*.

obscurité (ɔpskyri'te) *f* **1.** Dunkelheit *f*, Finsternis *f*; *fig.* Unklarheit *f*; *a. fig. aller dans l'*~ im Dunkeln tappen; **2.** *fig.* Unscheinbarkeit *f*, niedrige Herkunft *f*, Unbekanntheit *f*; *né dans l'*~ von niedriger Herkunft; *vivre dans l'*~ in aller Zurückgezogenheit leben.

obsécration (ɔpsekrɑ'sjɔ̃) *f* flehentliche Bitte *f*, Beschwörung *f*.

obséder (ɔpse'de) *v/t.* [1f]: ~ *q.* j-n belästigen, j-n plagen, quälen, heimsuchen, *fig.* j-n verfolgen, umlagern; j-m nicht aus dem Sinn kommen; *être obsédé de ...* besessen (*fig.* verfolgt) sein von (*dat.*).

obsèques (ɔp'sɛk) *f/pl.* Leichenbegängnis *n*; ~ *nationales* Staatsbegräbnis *n*.

obséqui|eux (ɔpse'kjø) *adj.* [7d] □ übertrieben ehrerbietig *od.* höflich, unterwürfig, kriecherisch; **~osité** (~kjozi'te) *f* Unterwürfigkeit *f*, kriecherische Höflichkeit *f*, kriecherisches Wesen *n*.

obser|vable (ɔpsɛr'vablə) *adj.* bemerkbar, wahrnehmbar; **~vance** (~'vɑ̃:s) *f* **1.** Beachtung *f*, Befolgung *f* (*bsd. e-r Ordensregel*); *d'étroite* ~, *de stricte* ~ strenggläubig; **2.** Satzung *f*, Ordensregel *f*; **3.** Ordensbrüderschaft *f*; **~vantin** *rl.* (~vɑ̃'tɛ̃) *m* Franziskanermönch *m*; **~vateur** (~va'tœ:r) [7f] **I** *adj.* **1.** beobachtend; *esprit m* ~ Forschergeist *m*; **II** *su.* **2.** *a.* ⚔ Beobachter *m*; *il est fidèle* ~ *de sa parole* **er hält getreu sein Wort; 3.** Kundschafter *m*; Forscher *m*; **~vation** (~vɑ'sjɔ̃) *f* **1.** Beobachtung *f*, aufmerksame Betrachtung *f*, Wahrnehmung *f*; *être en* ~ auf der Lauer sein; unter Aufsicht stehen; **2.** ~ *des lois* Befolgung *f* der Gesetze; **3.** Forschung *f*, Untersuchung *f*; *avoir l'esprit d'*~ Beobachtungsgabe haben; **4.** (*bsd.* ~*s pl.*) Anmerkung(en *pl.*) *f zu e-m Schriftsteller*; ⚕ Krankheitsbild *n*; **~vatoire** (~va'twa:r) *m* Observatorium *n*, Sternwarte *f*; ✈ Wetterwarte *f*; ⚓ Seewarte *f*; ⚔ Beobachtungsstand *m*.

observer (ɔpsɛr've) [1a] **I** *v/t.* **1.** aufmerksam betrachten *od.* beobachten; **2.** befolgen, beachten; ~ *sa parole* sein Wort halten; ~ *le silence* Stillschweigen wahren; **3.** belauern; **4.** (be)merken; *je dois faire* ~ *que ...* ich muß darauf aufmerksam machen, daß ...; **II** *v/rfl. s'*~ **5.** auf sich achten, sich in acht nehmen, sich vorsehen (*z.B. in der Gesellschaft*); **6.** *a.* ⚔ sich gegenseitig beobachten.

obsession (ɔpsɛ'sjɔ̃) *f* **1.** Belästigung *f*, Zudringlichkeit *f*; **2.** Geplagtheit *f*; Plage *f*; **3.** quälender Gedanke *m*, Heimsuchung *f*; Mahnbild *n*; ⚕ Zwangsvorstellung *f*, Besessenheit *f*.

obsid|iane *min.* (ɔpsi'djan) *f*, **~ienne** *min.* (~'djɛn) *f* Obsidian *m*, isländischer Glasachat *m*; **~ional** (~djɔ'nal) *adj.* [5c] Besatzungs...; ⚕ *fièvre f* ~*e* Besatzungsfieber *n*.

obsolète (ɔpsɔ'lɛt) *adj.* veraltet (*von einem Ausdruck*).

obstacle (ɔp'staklə) *m* **1.** Hindernis *n*, Hemmnis *n*; *fig.* Anstoß *m*; *mettre ~ à qch.* etw. verhindern; *sauter les ~s* Hindernisse nehmen (*Pferderennen*); *Sport*: *course f d'~s* Hindernisrennen *n*; *piste f à ~s* Hindernisbahn *f*; *~ à la circulation* Verkehrshindernis *n*; ⚔ *réseau m d'~s* Hindernisfelder *n/pl.*; **2.** *phys.* Gegenwirkung *f*.

obstétri|cal (ɔpstetri'kal) *adj.* [5c] geburtshilflich; **~que** (~'trik) *f* Geburtshilfe *f*.

obstination (ɔpstinɑ'sjɔ̃) *f* Eigensinn *m*, Halsstarrigkeit *f*, Sturheit *f* F.

obstiné (ɔpsti'ne) **I** *adj.* eigensinnig; stur F; hartnäckig; *un rhume m ~* e-e hartnäckige Erkältung *f*; *être ~ à ...* durchaus wollen; **II** *su.* Starr-, Dick-, Sturkopf *m* F; **~ment** (~ne'mɑ̃) *adv.* hartnäckig, steif u. fest, stur F; *s'en tenir ~ à la première opinion* steif u. fest bei der ersten Meinung bleiben.

obstiner (~) [1a]: **s'~** halsstarrig werden; *fig.* sich verhärten (*Herz*); *s'~ à (a. dans, en) qch. od. à (mit inf.)* hartnäckig auf etw. (*dat.*) bestehen; *il s'obstine à le faire* er setzt es sich in den Kopf, es zu tun; *son rhume s'obstine* s-e Erkältung will nicht weggehen.

obs|tructif ⚕ (ɔpstryk'tif) *adj.* [7e] verstopfend; **~truction** (~k'sjɔ̃) *f* ⚕ Verstopfung *f*; *parl.* absichtliche Verhinderung *f e-r Beschlußfassung*, Verschleppung *f*, Obstruktion *f*; **~tructionnisme** *pol.* (~ksjɔ'nism) *m* Obstruktions-, Verschleppungs-politik *f*, -taktik *f*; **~tructionniste** *pol.* (~ksjɔ'nist) **I** *adj.* Obstruktions..., Verschleppungs...; **II** *m* Verschleppungs-, Obstruktions-politiker *m*; **~truer** (ɔpstry'e) *v/t.* [1a] blockieren; verstopfen.

obtempérer (ɔptɑ̃pe're) *v/i.* [1f] Folge leisten, gehorchen, parieren.

obten|ir (ɔptə'ni:r) *v/t.* [2h] **1.** (*durch Bemühungen*) erlangen, erreichen, erwerben, erhalten; durchsetzen, bewerkstelligen, be-, er-wirken; *~ de (mit inf.)* die Erlaubnis erhalten zu ...; *sans avoir rien obtenu* unverrichteter Dinge; *prov. rien ne s'obtient sans efforts* ohne Fleiß kein Preis; *~ une nouvelle aide économique* e-e neue Wirtschaftshilfe erhalten; **2.** *~ un arrêt* ein Urteil erwirken; **~teur** (ɔptɑ̃'tœ:r) *m* [7f] Empfänger *m*, Erlanger *m*; **~tion** (~tɑ̃'sjɔ̃) *f* Erlangung *f*.

obtien ✝ (ɔp'tjɛ̃) *m* Beschaffung *f*.

obtur|ant ⚕ (ɔpty'rɑ̃) *adj.* verschließend; **~ateur** (~ra'tœ:r) **I** *adj.* [7f] verschließend; **II** *m* ⊕ Verschlußvorrichtung *f*; Dichtungsring *m*; ⛏ Schließscheibe *f*; *chir.* Obturator *m*, künstlicher Gaumen *m*, Platte *f*; *phot.* Verschluß *m*; ⚔ *artill.* Verschlußstück *n*; *~ instantané* Momentverschluß *m*; **~ation** (~rɑ'sjɔ̃) *f* Verschließung *f*; ⊕ Dichtung *f*; *phot.* Überblendung *f*; ⚕ Zahnfüllung *f*, Zahnplombe *f*; *phot. ~ de plaque od. ~ à rideau* Schlitzverschluß *m*; **~er** (~'re) *v/t.* [1a] verstopfen; verschließen; ⚕ Zahn füllen, plombieren.

obtus (ɔp'ty) *adj.* [7] □ ⩓ stumpf; *fig.* schwerfällig; **~angle** ⩓ (ɔpty'zɑ̃:glə) *adj.* stumpfwinklig; **~ion** (~ty'zjɔ̃) *f* Abstumpfung *f*, Stumpfheit *f* der Sinne.

obus (ɔ'by) *m* **1.** ⚔ Granate *f*; *~ à balles* Schrapnell *n*; *~ de rupture* Panzergranate *f*; *~ incendiaire* Brandbombe *f*; *~ non éclaté* Blindgänger *m*; *trou m d'~* Granattrichter *m*; *~ percutant*, *~ à percussion* Aufschlaggranate *f*; *~ explosif* Sprengbombe *f*; *~ brisant* Brisanzgranate *f*; *~ à gaz (à croix verte)* Gas(Grünkreuz)granate *f*; **2.** ⛏ Gasflasche *f*; **~ier** ⚔ (ɔby'zje) *m* Haubitze *f*, Mörser *m*.

obvenir ⚖ (ɔbvə'ni:r) *v/i.* [2h] an den Staat fallen.

obvers *num.* (~'vɛ:r) *m* Kopfseite *f*.

obvier (ɔb'vje) *v/t.* [1a] vorbeugen, entgegentreten (*dat.*).

occasion (ɔkɑ'zjɔ̃) *f* **1.** Gelegenheit *f*; ✝ Gelegenheitskauf *m*; *manquer (saisir) l'~* die Gelegenheit verpassen (wahrnehmen *od.* ergreifen); *profiter de l'~* die Gelegenheit benutzen; *à l'~ de* aus Anlaß (*gén.*); *d'~* aus zweiter Hand; antiquarisch; *un livre d'~* ein antiquarisches Buch; ✝ *journées f/pl. d'~s* billige Tage *m/pl.*; *meubles m/pl. d'~* alte Möbel *n/pl.*; *la première ~ venue* bei der ersten besten Gelegenheit; *par ~* zufällig(erweise); *prov. l'~ fait le larron* Gelegenheit macht Diebe; **2.** Anlaß *m*; *une ~ de dispute* e-e Veranlassung *f* zum Streit; **3.** Umstand *m*; *selon l'~* je nach den Umständen, je nach der Lage; **~nel**

(~zjɔ'nɛl) *adj.* [7c] gelegentlich; ⚘ zufällig; *phil.* veranlassend; **~ner** (~zjɔ'ne) *v/t.* [1a] verursachen, zur Folge haben.

occident (ɔksi'dɑ̃) *m* Westen *m*; *à l'~ de* westlich von (*dat.*); **~al** (~'tal) **I** *adj.* [5c] westlich; abendländisch; **II** **♀aux** *pol.* (~'to) *m/pl. les ♀aux* die Westmächte *f/pl.*

occipital *anat.* (ɔksipi'tal) *adj.* [5c] Hinterkopf... [kopf *m.*

occiput 🕮 (ɔksi'pyt) *m* Hinter-

occlus|if (ɔkly'zif) *adj.* [7e] okklusiv, abschließend; **~ion** (~'zjɔ̃) *f* Verschließung *f*; *~ intestinale* Darmverschluß *m*; **~ive** *gr.* (~'ziːv) *f* Verschlußlaut *m* (*z.B. k, p, t*).

occul|tation *ast.* (ɔkylta'sjɔ̃) *f* Verfinsterung *f*; **~te** (ɔ'kylt) *adj.* □ okkult, geheim, verborgen; **~tisme** (~'tism) *m* Okkultismus *m*, Geheimlehre *f*, *die* geheimen Wissenschaften *f/pl.*; **~tiste** (~'tist) *su.* Okkultist *m.*

occu|pant (ɔky'pɑ̃) **I** *adj.* [7] besitzend; ⚔ besetzend; ⚖ *avoué m ~* bestellter (*od.* beauftragter) Sachwalter *m*; ⚔ *forces f/pl. ~es* Besatzungsmächte *f/pl.*; **II** *m* **1.** *premier ~* erster Besitznehmer *m*; **2.** ✈, *Auto*: Insasse *m*; *Auto*: Mitfahrer *m*; **3.** Bewohner *m* (*e-s Hauses*); **4.** ⚔ Besatzungsmacht *f*; **~pation** (~pɑ'sjɔ̃) *f* **1.** Besetzung *f*, Besitzergreifung *f*; ⚔ Besetzthalten *n*; *frais m/pl. d'~* Besatzungs-, *euphemistisch*: Stationierungs-kosten *pl.*; ⚔ *troupes f/pl. d'~* Besatzungstruppen *f/pl.*; **2.** Beschäftigung *f*; *~ saisonnière* Saison-gewerbe *n*, -beschäftigung *f*; *~ accessoire* Neben-tätigkeit *f*, -amt *n*; *sans ~* arbeitslos; **~per** (~'pe) [1a] **I** *v/t.* **1.** in Besitz nehmen; ⚔ besetzen; besetzt halten; **2.** einnehmen, ausfüllen (*Platz*); **3.** bewohnen; innehaben; *~ un poste* e-e Stellung bekleiden; **4.** beschäftigen, verwenden; *cela m'occupe beaucoup* das beschäftigt mich sehr; **II** *v/i.* ⚖ *~ pour q.* für j-n als Anwalt auftreten, j-n vor Gericht vertreten; **III** *v/rfl. s'~* sich beschäftigen, arbeiten; *être occupé à qch.* gerade bei etw. (*dat.*) (beschäftigt) sein; *s'~ à* daran arbeiten, zu ...; *s'~ de qch.* sich mit etw. (*dat.*) befassen, etw. treiben, an etw. (*dat.*) arbeiten; *s'~ de q.* an j-n denken, sich mit j-m abgeben.

occur|rence (ɔky'rɑ̃ːs) *f* Vorfall *m*; Zufall *m*; Fall *m*; Lage *f*; *dans l'~* vorkommendenfalls; *par ~* zufällig; **~rent** (~'rɑ̃) *adj.* [7] vorkommend.

océan (ɔse'ɑ̃) *m* **1.** Ozean *m*; Meer *n*. See *f*, Weltmeer *n*; *l'~ Atlantique* (*abs. l'♀*) der Atlantische Ozean *m*; *l'~ Pacifique* der Stille Ozean *m*; **2.** *fig.* Riesenmenge *f*; *~ de lumière* Lichtmeer *n.*

océa|nien (ɔsea'njɛ̃) *adj.* [7c] zu Ozeanien gehörig; **~nique** (~'nik) *adj.* ozeanisch; Tiefsee..., Weltmeer...; **~nographie** (~nɔgra'fi) *f* Ozeanographie *f*, Tiefsee-, Meeresforschung *f*, -kunde *f*; **~nographique** (~nɔgra'fik) *adj.*: *musée m ~* Museum *n* für Meereskunde.

ocelle *ent.* (ɔ'sɛl) *m* Auge *n* auf Pfauenfedern.

ocelot *zo.* (ɔs'lo) *m* Ozelot *m*, Tigerkatze *f.* [herrschaft *f.*

ochlocratie (ɔklɔkra'si) *f* Pöbel-

ocration *bét.* (ɔkrɑ'sjɔ̃) *f* Okratierung *f* (*Schutz gegen Säuren*).

ocr|e *min.* ('ɔkrə) *f* Ocker *m*; **~er** (ɔ'kre) *v/t.* [1a] mit Ocker färben; **~eux** (ɔ'krø) *adj.* [7d] ockerfarbig.

octaèdre (ɔkta'ɛːdrə) *adj. u. m* achtflächig; Oktaeder *n*, Achtflächner *m.*

octante *dial.* (~'tɑ̃ːt) *adj/n.c.* achtzig.

octave ♪ (ɔk'taːv) *f* Oktave *f.*

octobre (ɔk'tɔbrə) *m* Oktober *m.*

octo|génaire (ɔktɔʒe'nɛːr) *adj. u. su.* achtzigjährig; Achtzigjähriger *m*; **~gonal** ⩚ (~gɔ'nal) *adj.* [5c] achteckig; **~gone** ⩚ (~'gɔn) *m* Achteck *n*; **~syllabe** *métr.* (~si'lab) *adj.*, **~syllabique** *métr.* (~sila'bik) *adj.* achtsilbig.

oc|troi (ɔk'trwa) *m* **1.** Bewilligung *f*; Erteilung *f*, Verleihung *f* (*e-s Privilegs*); **2.** *ehm.* Stadtzoll *m*, Akzise *f*; *droits m/pl. d'~* Torgeld *n*; **~troyer** (~trwa'je) [1h] **I** *v/t.* bewilligen, verleihen, gewähren; **II** *v/rfl. s'~ qch.* sich etw. gönnen.

octuple (ɔk'typlə) *adj.* achtfach.

ocu|laire (ɔky'lɛːr) **I** *adj.* □ (*als Adverb nicht gebr.!*) Augen...; *témoin m ~* Augenzeuge *m*; *troubles m/pl. ~s* Sehstörungen *f/pl.*; **II** *m opt.* Augenglas *n*; **~liste** (~'list) *su.* Augenarzt *m.*

ode *litt.* (ɔd) *f* Ode *f.*

odeur (ɔ'dœːr) *f* **1.** Geruch *m*, Duft *m*; *bonne ~* Wohlgeruch *m*; *mauvaise ~* Gestank *m*; **2.** *fig.* Ruf *m*, Eindruck *m*; *ne pas avoir* (*od. supporter*) *q. en ~ de sainteté* j-n nicht riechen (*od.* leiden *od.* ausstehen) können; **3.** *~s pl.* Wohlgerüche *m/pl.*, Parfümerien *f/pl.*

odieux (ɔ'djø) *adj.* [7d] □ gehässig; verhaßt; widerwärtig.

odo|mètre ⊕ (ɔdɔ'mɛtrə) *m* Wegmesser *m*; **~métrie** (~me'tri) *f* Wegmessung *f.*

odon|talgie ⚕ (ɔdɔ̃tal'ʒi) *f* Zahnschmerz *m*; **~talgique** ⚕ (~tal'ʒik) *adj. u. m* Zahnschmerz(-mittel *n*)...; **~tologie** (~tɔlɔ'ʒi) *f* Zahnlehre *f*; **~tomètre** (~tɔ'mɛːtrə) *m* Zahnzähler *m* (*Philatelie*).

odor|ant (ɔdɔ'rɑ̃) *adj.* [7] (wohl-)riechend; **~at** (~'ra) *m* Geruch(s-sinn *m*) *m*; **~iférant** (~rife'rɑ̃) *adj.* [7] wohlriechend.

oedème ⚕ (e'dɛm) *m* Ödem *n.*

œil (œj) *m* **I** (*pl.* **yeux** (jø)) **1.** Augen (*auch im Käse, Brot, auf der Suppe*); *~ sur la soupe* Fettauge *n*; *globe m de l'~* Augapfel *m*; *~ de verre* Glasauge *n*; ⚡ *~ électronique* Elektronenauge *n*; *typ. ~ du caractère* Schriftbild *n*; *avoir des yeux d'aigle* Augen haben wie ein Luchs; *ayez l'~!* passen Sie (ja) auf!; seien Sie auf der Hut!; *faire de l'~ à q., faire les yeux doux à q., faire de l'~* j-m schöne Augen machen; *voir d'un bon ~ que ...* es gern sehen, daß ...; *mettre sous les yeux* unterbreiten, vorlegen, zeigen; *ouvrir les yeux et les oreilles* Mund u. Nase aufsperren (*Erstaunen*); *cela saute aux yeux*, das ist sonnenklar; *tenir* (*od. avoir*) *q. à l'~, avoir l'~ sur q.* auf j-n (*acc.*) ein Auge haben; auf j-n (*acc.*) achtgeben, j-n überwachen; F *entre quatre-z-yeux* unter vier Augen; *à l'~ nu* mit bloßem Auge; *à mes yeux* in m-n Augen, m-r Ansicht nach; *fermer les yeux sur* etw. über'sehen, bei etw. (*dat.*) ein Auge zudrücken; *n'avoir pas froid aux yeux* Haare auf den Zähnen haben, keine Angst haben; *jeter les yeux sur ...* sein besonderes Auge werfen auf ... (*acc.*); *pour les beaux yeux de q.* j-m zuliebe; *sous les yeux de ...* vor den Augen (*gén.*); *jeter un coup d'~ sur qch.* e-n kurzen Blick auf etw. (*acc.*) werfen; F *taper dans l'~* in die Augen fallen, sehr gefallen; P *se rincer l'~* sich heimlich an dem Anblick weiden, den stillen Genießer spielen; *voir du même ~* derselben Ansicht sein; *ne pas avoir les yeux dans sa poche* sich nicht ein X für ein U machen lassen, sich nichts vormachen lassen, klar sehen; keß sein; *coup m d'~* Blick *m*; *advt. à l'~* umsonst, für nichts u. wieder nichts, gratis, kostenlos; *à vue d'~* zusehends; *en un clin d'~* im Nu; **2.** ⚘ Knospe *f*; **3.** *~ à facettes* Netz-, Facetten-auge *n* (*bei gewissen Tieren*); **II** (*pl. œils*) *fig.* **4.** Auge *n*, Loch *n*, Öse *f*, Öhr *n*; *~ de roue* Nabenloch *n*; **5.** *min. ~s pl. de loup* Krötensteine *m/pl.*

œil-de|-bœuf ⚠ (œjdə'bœf) *m* [6b] (*pl. œils...*) rundes (Dach-)Fenster *n*, Bullauge *n*; **~-chat** *min.* (~'ʃa) *m* [6b] (*pl. œils...*) Katzenauge *n* (*Art Quarz*); **~-perdrix** (œjdəpɛr'dri) *m* [6b] (*pl. œils...*) Hühnerauge *n.*

œill|ade (œ'jad) *f* zärtlicher *od.* verstohlener Blick *m*; *lancer des ~s* zärtliche Blicke zuwerfen; **~ère** (œ'jɛːr) **I** *adj. dent f ~* (*auch ~ f*) Eck-, Augen-zahn *m*; **II** *f* Augenbadschälchen *n*; Scheuklappe *f* (*a. fig.*); *avoir des ~s* immer nur eine Seite sehen wollen, voreingenommen sein; **~et** (œ'jɛ) *m* **1.** Schnürloch *n*, Schuh|öse *f*; **2.** ⚘ Nelke *f*; **~eterie** (œjɛ'tri) *f* Nelkenbeet *n*; **~eton** (œj'tɔ̃) *m* **1.** ⚘ Ableger *m*, Schößling *m*; **2.** *opt.* Blendung *f* (*am Okular e-s Fernrohrs*); *phot.* Visier *n*; **3.** ✈ *~ de visée* Fliegervisier *n*; **4.** *anat.* Augenmuschel *f*; **~ette** (œ'jɛt) *f* **1.** ⚘ Gartenmohn *m*; **2.** Mohnöl *n.*

œno|logie 🕮 (enɔlɔ'ʒi) *f* Weinbereitungslehre *f*; **~logue** (~'lɔg) *m* Weinfachmann *m.*

œsophage 🕮 (ezɔ'faːʒ) *m* Speiseröhre *f.*

œstre 🕮 ('ɛstrə) *m* Pferdebremse *f* (*Insekt*).

œuf (*sg.*: œf; *pl.* ø) *m* **1.** Ei *n*; Hühner|ei *n*; *blanc m* (*jaune m*) *d'~* Eiweiß *n* (Eidotter *n*); *cuis. ~s pl. brouillés* Rührei *n*; *~ dur* hartes Ei *n*; *~ à la coque* weiches Ei *n*; *~s à la neige* zu Schaum geschlagene Eier *n/pl.*, Hoppelpoppel *n*; *~s sur le plat, ~s (au) miroir* Setz-, Spiegel-eier *n/pl.*; *~s pochés* verlorene Eier *n/pl.*; *~ à thé* Tee-Ei *n*; *~s rouges, ~s de Pâques* Ostereier *n/pl.*; F *mettre tous ses ~s dans le même panier* alles auf e-e Karte setzen; *détruire* (*od. écraser*) *dans l'~* im Keime ersticken; **2.** *~s de poisson* Fischeier *n/pl.*, Rogen *m/sg.*; *~s de fourmis* Ameiseneier *n/pl.*

œuvé *icht.* (œ've) *adj.* Rogen habend.

œuvre[1] ('œ:vrə) *f* **1.** Werk *n*; ~ *pie* Liebes-werk *n*, -gabe *f*, Spende *f*, milde Stiftung *f*; ~ *de jeunesse* Jugendwerk *n e-s Dichters*; ~ *de salut* Rettungswerk *n*; ~ *d'édification*, ~ *constructive* Aufbauwerk *n*; ~ *de reconstruction* Wiederaufbauwerk *n*; ~ *de mauvais goût*, ~ *de basse qualité* Kitsch *m*; *All. ehm. pol.* ~ *de secours hivernal*, ~ *de(s) secours d'hiver* Winterhilfswerk *n*; Winterhilfe *f* F; *une* ~ *de longue haleine* e-e Arbeit *f* auf lange Sicht; *rl. l'*~ *de la création* das Schöpfungswerk *n*; *faire* ~ *de trahison* Verrat üben; *ne faire* ~ *de ses dix doigts* keinen Handschlag tun; *faire* ~ *d'homme de goût* sich als ein Mensch mit Geschmack erweisen; *main f-d'œuvre* a) Arbeitskräfte *f/pl.*; b) Arbeitslohn *m*; *se mettre à l'*~ an die Arbeit gehen, handeln; *mettre tout en* ~ alles aufbieten, alle Hebel in Bewegung setzen; *mettre qch. en* ~ etw. in Angriff nehmen; etw. verwenden; **2.** ~*s pl. complètes* sämtliche (~*s choisies* ausgewählte) Werke *n/pl.*; **3.** *for. bois m d'*~ Nutzholz *n*; **4.** ⊕ Edelsteinfassung *f*; *mettre un diamant en* ~ einen Diamanten fassen; *pierre f hors d'*~ ungefaßter Stein *m*; **5.** *hist. maître m des basses* ~*s* Leiter *m* der Straßenreinigung; *hist. maître m des hautes* ~*s* Scharfrichter *m*.

œuvre[2] (~) *m* **1.** *peint.*, ♪ Gesamtwerk *n* (*e-s Graveurs, Zeichners, Malers od. Komponisten*): (tout) *l'*~ *de Chopin*, *de Rembrandt* das Gesamtwerk Chopins, Rembrandts (*aber f bei Schriftstellern*: *toute l'*~ *de Giraudoux* das Gesamtwerk Giraudoux'; *vgl.* œuvre[1]); **2.** ♪ Opus *n*; **3.** ⚠ Bau *m*; *gros* ~ Unterbau *m*, Fundament *n*, Rohbau *m*; *à pied d'*~ unmittelbar am Bauplatz (*od.* an der Einsatzstelle); *dans* ~ innerhalb des Gebäudes; *hors d'*~ außerhalb des Gebäudes; *reprendre en sous-*~ frisch untermauern; **4.** *le grand* ~ der Stein der Weisen.

œuvrer *st.s.* (œ'vre) *v/i.* [1a]: ~ *à qch.* an etw. (*dat.*) arbeiten, etw. bearbeiten (*bedeutendere Arbeit*); ~ *pour qch.* auf etw. hinarbeiten.

offen|se (ɔ'fɑ̃:s) *f* **1.** Beleidigung *f*; *faire une* ~ *à q.* j-m e-e Beleidigung zufügen, j-n beleidigen; *tenir qch. à* ~ etw. als Beleidigung ansehen; **2.** *rl.* Schuld *f*, Sünde *f*; **~ser** (ɔfɑ̃'se) [1a] **I** *v/t.* **1.** beleidigen; ~ *Dieu* sündigen; sich an Gott versündigen; *sans vous* ~ nichts für ungut; **2.** verletzen; *fig.* verstoßen gegen (*acc.*); ~ *la bienséance* gegen die guten Sitten verstoßen; **II** *v/rfl.* *s'*~ *de qch.* etw. übelnehmen, an etw. (*dat.*) Anstoß nehmen; **~seur** (~'sœ:r) *m* Beleidiger *m*; **~sif** (~'sif) *adj.* [7e] □ angreifend, Angriffs...; *armes f/pl. offensives* Angriffswaffen *f/pl.*; *retour m* ~ Gegenstoß *m*; *guerre f offensive* Angriffskrieg *m*; *alliance f offensive et défensive* Schutz- u. Trutz-bündnis *n*; **~sive** ⚔ (~'si:v) *f* Offensive *f*, Angriff *m*; ~ *de diversion* Entlastungsoffensive *f*; *prendre l'*~ zum Angriff übergehen; *mouvement m d'*~ Angriffsbewegung *f*.

offertoire *rl.* (ɔfɛr'twa:r) *m* Offertorium *n*.

offi|ce (ɔ'fis) **I** *m* **1.** (Berufs-) Pflicht *f*, Schuldigkeit *f*, Obliegenheit *f*, Funktion *f*, Verrichtung *f*; *faire l'*~ *de q.* j-s Stelle vertreten; *faire* ~ *de qch.* als etw. dienen; **2.** Büro *n*, Dienststelle *f*, Amt *n*, Geschäftslokal *n*; ~ *des brevets* Patentamt *n*; ~ *des changes* Devisenbewirtschaftungsstelle *f*; ~ *de paix* Friedensrichteramt *n*; ~ *de placement* Arbeitsvermittlungsstelle *f*; Arbeitsnachweis *m*; ~ *météorologique* Wetterdienststelle *f*; ~ *de voyages* Reisebüro *n*; ~ *central* Zentralamt *n*; *univ.* ~ *universitaire*, ~ *d'études universitaires* Hochschulamt *n*; ~ *de consultation* (*od. d'orientation*) *professionnelle* Berufsberatungsstelle *f*; ~ *de la jeunesse*, ~ *d'assistance à la jeunesse* (*od. aux mineurs*) Jugendamt *n*; ~ *d'assistance sociale od. publique* Fürsorgeanstalt *f*; ~ *d'hygiène*, ~ *de santé* Gesundheitsamt *n*; ~ *de* (*od. du*) *travail*, ~ *de la main-d'œuvre* Arbeitsamt *n*; ~ *d'inspection* Prüfungsstelle *f*; ~ *d'arpentage*, ~ *du cadastre* Vermessungs-, Kataster-amt *n*; ~ de *T.S.F.* Funkamt *n*; ~ *de tourisme* Verkehrsamt *n*, -büro *n*; ~ *de la foire* Messeamt *n*; ~ *de liquidation* Abwicklungsstelle *f*; ~ *d'exploitation*, ~ *d'utilisation* Verwertungsstelle *f*; ~ *des passeports* Paßstelle *f*; ~ des *chèques postaux* Scheckamt *n*; *All.* ♀ *Fédéral de Statistique* Statistisches Bundesamt *n*; ~ *de publicité* Anzeigenbüro *n*; **3.** Dienst *m*, Gefälligkeit *f*; *bons* ~*s pl.* Dienstleistung *f/sg.*, Freundlichkeiten *f/pl.*, Entgegenkommen *n/sg.*, Hilfe *f/sg.*; **4.** Amt *n* (*als Tätigkeit*); *exercer un* ~ ein Amt bekleiden; *d'*~ *advt.* von Amts wegen; **5.** *rl.* ~ (*divin*) Gottesdienst *m*, Meßamt *n*; *l'*~ *des morts* Totenmesse *f*; *dire l'*~ Messe halten; *livre m d'*~ Gebet-, Meßbuch *n*; **II** *f* Anrichtezimmer *n*; *bisw.* Bedientenraum *m*; ~**cial** *rl.* (~'sjal) *m* [5c] Offizial *m*, geistlicher Richter *m*; ~**cialiser** (~sjali'ze) *v/t.* [1a] *bsd. pol.* offiziell anerkennen; ~**ciant** (~'sjɑ̃) *adj.* [7] *u. m rl.* Messe haltend(er Priester *m*).

officiel (ɔfi'sjɛl) *adj.* [7c] amtlich; *journal* ~ Amtsblatt *n*; *candidat m* ~ Regierungskandidat *m*; *de source* ~*le* von amtlicher Seite, aus amtlicher Quelle; *non* ~ inoffiziell; ~**lement** (~sjɛl'mɑ̃) *adv.* von Amts wegen.

officier¹ (ɔfi'sje) *m* **1.** ⚔ Offizier *m*; ~ *adjoint* Adjutant *m*; ⚡ ~ *d'antenne*, ~ *radio*, ~ *de T.S.F.* Funkoffizier *m*; ~ *aérostier*, ~ *aviateur* Fliegeroffizier *m*; ~ *de carrière* Berufsoffizier *m*; ~ *en disponibilité* zur Verfügung gestellter Offizier *m*; ~ *de marine* Marine-, See-offizier *m*; ~ *supérieur* Stabsoffizier *m*; *aspirant*-~ Offiziersanwärter *m*; ~ *d'approvisionnement* Verpflegungsoffizier *m*; ~ *de campement* Quartiermacher *m*; ~ *des renseignements* (*de liaison*) Nachrichten-(Verbindungs-)offizier *m*; *passer* ~ (zum) Offizier (befördert) werden; **2.** ⚖ Beamter *m*; ~ *d'administration* höherer Militärbeamter *m*; ~ *de l'état civil* Standesbeamter *m*; ~ *de justice* Gerichtsbeamter *m*; ~ *ministériel*, ~ *public* Urkundsbeamter *m*, Urkundsperson *f*; amtlich bestallter Notar *m*; ~ *municipal* städtischer Beamter *m*; ~ *de paix* Friedensrichter *m*; ~ *payeur* Zahlmeister *m*; **3.** *als Ehrentitel*: *Fr.* ~ *de la Légion d'honneur*; ~ *d'Académie* (*Auszeichnung für verdiente Schullehrkräfte*); ~ *de l'Instruction publique* (*nächsthöhere Auszeichnung*).

officier² (~) *v/i.* [1a] **1.** *rl.* Gottesdienst halten, Messe lesen; **2.** *néol.* s-s Amtes walten, arbeiten.

officière (ɔfi'sjɛ:r) *f* **1.** Offizierin *f* der Heilsarmee; **2.** *rl.* diensthabende Klosterschwester *f*.

officieux (ɔfi'sjø) *adj.* [7d] □ **1.** dienstfertig, gefällig; **2.** *pol.* offiziös, halbamtlich; ⚖ *défenseur m* ~ Offizialverteidiger *m*; Verteidiger *m* vor e-m Kriegsgericht.

offici|nal (ɔfisi'nal) *adj.* [5c] □ arzneilich, Arznei..., Heil...; *plante f* ~*e* Heilpflanze *f*; ~**ne** (~'sin) *f* Laboratorium *n* e-r Apotheke; *fig.* Werk-, Geburts-stätte *f*; *péj.* Brutstätte *f*; *All.* ~ *de change* Wechselstube *f* (*für Ostgeld*).

offran|de (ɔ'frɑ̃:d) *f bsd. rl.* Spende *f*, Opfer *n*, Weihgeschenk *n*; Opferung *f*; *faire une* ~ ein Opfer bringen; *déposer une* ~ eine Spende abgeben; ~**t** (ɔ'frɑ̃) *m* Bieter *m*; *le plus* ~ der Meistbietende *m*.

offre ('ɔfrə) *f* Angebot *n*, Offerte *f*; *allg.* ~ *obligeante* freundliches Anerbieten *n*; ~ *d'emploi* Stellenangebot *n*; ~ *de médiation* Vermittlungsvorschlag *m*; ~ *exceptionnelle*, ~ *d'occasion* Ausnahmeangebot *n*; *l'*~ *la plus élevée* das Höchstangebot *n*; ~ *en baisse* Unterbietung *f*; *faire une* ~ ein Angebot machen; *Börse*: *l'*~ *est restreinte* das Angebot ist schwaeh.

offrir (ɔ'fri:r) [2f] **I** *v/t.* **1.** (an-) bieten; ✝ offerieren; ~ *ses services* s-e Dienste anbieten; ~ *qch. meilleur marché*, ~ *qch. à un prix inférieur* e-n Preis für etw. (*acc.*) unterbieten; *que puis-je vous* ~ womit kann ich Ihnen dienen?; **2.** *rl.* darbringen, opfern; ~ *en sacrifice* zum Opfer bringen; **3.** *fig.* zeigen; ~ *à la vue* vor Augen führen; zeigen; ~ *de grandes difficultés* große Schwierigkeiten aufweisen; **II** *v/rfl.* *s'*~ **4.** *s'*~ *qch.* sich etw. leisten (*od.* gönnen); **5.** (*mit à u. inf.*) sich anbieten, sich erbieten; **6.** *fig.* sich darbieten, sich zeigen; **7.** (an)geboten werden.

offus|cation (ɔfyska'sjɔ̃) *f* Verdunklung *f* der Sonne; ~**quer** (ɔfys'ke) [1m] **I** *v/t.* **1.** verdunkeln; **2.** blenden; *le soleil offusque* die Sonne blendet; **3.** *fig.* ärgern, unangenehm berühren, verdrießen; mißfallen; **II** *v/rfl.* *s'*~ *de ...* ungehalten werden über ... (*acc.*).

ogival ⌂ (ɔʒi'val) *adj.* [5c] spitzbogig, Spitzbogen...; ⌂ *style m* ~ *primitif* Frühgotik *f*.

ogive (ɔ'ʒiːv) *f* **1.** (*arc m en*) ~ Spitzbogen *m*; **2.** *at.* Raketen-, Geschoß-spitze *f*.
ogre *m*, **ogresse** *f* ('ɔgrə, ɔ'gres) **1.** Menschenfresser *m*, Kinderfresser *m* im Märchen; **2.** F *fig.* starker Esser *m*; F *manger comme un* ~ fressen wie ein Wolf; **3.** *allg.* gemeiner, grausamer Mensch *m*.
oh (o) *int.* **1.** oh!, ach!, *enf.* ei! (*Bewunderung*); *oh! que c'est beau!* ach, ist das schön!; **2.** ach!, oh! (*Überraschung, Freude, Ungeduld*); *oh! quelle surprise!* oh, was für eine Überraschung!; *oh!, que vous m'avez fait peur!* ach (oh), wie haben Sie mich erschrocken!; *oh ça!* nanu!; *oh là là!* meine Güte!; hoho!; **3.** ach!, oh weh! (*Schmerz, Furcht*); *oh! que je souffre!* ach, tut das weh!; *seelisch*: ach, wie leide ich!; **4.** was?!; wie?! (*Verwunderung, Empörung*); *oh! tu viens!* was, du kommst?!; *oh! pas possible! od. oh! c'est quand même un peu fort!* das ist ja reichlich stark!, das schlägt dem Faß den Boden aus!; **5.** *oh que si!* doch!, doch! (*Verstärkung*).
ohé! F (ɔ'e) *int.* hallo!, he!; *~! les autres* hallo, hört mal!
ohmmètre ⚡ (ɔm'mɛːtrə) *m* Widerstandsmesser *m*, Ohmmeter *m od. n.*
oie (wa) *f* **1.** Gans *f*; *graisse f d'~* Gänseschmalz *n*; *poitrine f d'~* Gänsebrust *f*; *~ rôtie* Gänsebraten *m*; **2.** *fig.* dumme Gans *f*; F *~ blanche* Backfisch *m*.
oignon (ɔ'ɲɔ̃) *m* **1.** ⚘ Zwiebel *f*; *pelure f d'~* Zwiebelschale *f*; *fig. en rang d'~s* nebeneinander, in einer Reihe; F *aux petits ~s!* großartig!, fabelhaft!, ausgezeichnet!, tadellos!, tipptopp!; *vin m pelure d'~* Bleichert *m* (*hellroter Wein*); **2.** ⚕ Knochengeschwulst *f* am Fuß; **3.** F dicke, altmodische Taschenuhr *f*, alte Bolle *f od.* Zwiebel *f od.* Kartoffel *f* F; **~ade** *cuis.* (ɔɲɔ'nad) *f* Zwiebelgericht *n*; **~ière** ✓ (~'njɛːr) *f* Zwiebelbeet *n*.
oïl *gr.* (ɔ'il) *adv.*: *la langue d'~* die alte Sprache Nordfrankreichs.
oindre ('wɛ̃ːdrə) *v/t.* [4b] (mit Öl) bestreichen, einfetten, einsalben; ⊕ ölen, mit Fett bestreichen, schmieren; *rl.* salben.
oing (wɛ̃): *vieux* ~ (Wagen-) Schmiere *f*.
oint *rl.* (~) *m* Gesalbter *m*.
oiseau (wa'zo) *m* [5b] **1.** Vogel *m*; *~x de basse-cour* Geflügel *n*; *~ chanteur* Singvogel *m*; *~ migrateur*, *~ voyageur*, *~ de passage* Zugvogel *m*; *~ de proie* Raubvogel *m*; *~ de paradis* Paradiesvogel *m*; *~-mouche m* [6a] Kolibri *m*; *poét. ~ de Junon* Pfau *m*; *poét. ~ de Jupiter* Adler *m*; *poét. ~ de Minerve* Eule *f*; *poét. ~ de Vénus* Taube *f*; *fig. ~ de mauvais augure* Unglücksvogel *m*; *fig. un vilain ~* ein häßlicher Vogel *m*, ein gemeiner Kerl *m*; *avoir une cervelle d'~* nichts als Stroh im Kopf haben; *être comme l'~ sur la branche* nicht wissen, was aus einem wird; keine sichere Stellung haben; *advt. à vol d'~* in der Luftlinie; *vue f à vol d'~* Luftaufnahme *f*, Ansicht *f* aus der Vogel-schau *f*, -perspektive *f*; **2.** ⚠ Ziegel-, Mörtel-trage *f*, Hucke *f*, Tuppe *f*; **~-mouche** *orn.* (~'muʃ) *m* [6a] Kolibri *m*.
oise|ler (waz'le) [1c] **I** *v/t.* zur Beize abrichten; **II** *v/i.* Vogelfallen stellen; **~let** (waz'lɛ) *m* Vöglein *n*; **~leur** (~'lœːr) *m* Vogelfänger *m*; **~lier** (wazə'lje) *m* Vogelhändler *m*.
oisellerie (wazɛl'ri) *f* **1.** Vogelfang *m*; **2.** Vogel-handlung *f*, -zucht *f*.
ois|eux (wa'zø) *adj.* [7d] □ unnütz, überflüssig; *un commentaire m ~* ein überflüssiger Kommentar *m*; *vie f oiseuse* sinnloses Leben *n*; **~if** (wa'zif) [7e] **I** *adj.* □ **1.** müßig, untätig (*v. Personen*); *modern aber auch*: *mener une vie oisive* ein müßiges Leben führen; *une vieillesse oisive* ein geruhsames Alter *n*; **2.** tot (*Kapital*); *laisser son argent ~* sein Geld nicht arbeiten lassen; **II** *su.* Müßiggänger *m*.
oisillon (wazi'jɔ̃) *m* Vöglein *n*.
oisiveté (waziv'te) *f* Müßiggang *m*; Nichtstun *n*, Untätigkeit *f*.
oison (wa'zɔ̃) *m* Gänschen *n*; *fig.* Dummkopf *m*.
okapi *zo.* (ɔka'pi) *m* Okapi *m*.
oléagineux (ɔleaʒi'nø) *adj.* [7d] ölhaltig, ölig.
oléandre ⚘ (ɔle'ɑ̃ːdrə) *m* Oleander *m*.
oléiculture (ɔleikyl'tyːr) *f* Ölbaumzucht *f*.
oléoduc ⊕ (ɔleɔ'dyk) *m* Ölleitung *f*, Pipeline *f*.
oléodynamique ⊕ (ɔleɔdina'mik) *adj.*: *commandes f/pl. ~s* öldynamische Antriebe *m/pl.*
oléo-pneumatique ⊕, *méc.* (ɔleɔpnøma'tik) *adj.*: *accumulateur m ~* ölpneumatischer Akku *m*.
olfac|tif 👃 (ɔlfak'tif) *adj.* [7e] Ge-

ruchs...; **~tion** (~fak'sjɔ̃) *f* Riechen *n*.
olifant (ɔli'fɑ̃) *m* Hifthorn *n*; ≗ Olifant *m* (*Rolands Horn im Rolandsepos*).
oligar|chie (ɔligar'ʃi) *f* Oligarchie *f*, Herrschaft *f* weniger; **~chique** (~'ʃik) *adj.* oligarchisch.
oligo-élément ⚗ (ɔligoele'mɑ̃) *m* [6g] Oligoelement *n*.
oli|vacé (ɔliva'se) *adj.* olivenfarbig; **~vaison** ✓ (~vɛ'zɔ̃) *f* Olivenernte *f*; **~vâtre** (~'vɑ:trə) *adj.* oliven-grün, -farbig.
oliv|e (ɔ'li:v) **I** *f* Olive *f*; *huile f d'*~ Olivenöl *n*; **II** *adj. inv.* olivenfarbig; *vert* ~ olivengrün; **~erie** (~'vri) *f* Ölmühle *f*, Olivenölfabrik *f*; **~ette** (~'vɛt) *f* Ölbaumpflanzung *f*; **~ier** (~'vje) *m* **1.** ⚘ Ölbaum *m*; **2.** Ölzweig *m*.
olla-podrida (ɔjapɔdri'da) *f* [6c] *fig.* Menschengewimmel *n*; Mischmasch *m*.
olograph ⚖ (ɔlɔ'graf) *adj.* eigenhändig geschrieben.
olym|piade *antiq.* (ɔlɛ̃'pjad) *f* Olympiade *f* der Griechen; **~pien** (~'pjɛ̃) *adj.* olympisch; *fig.* majestätisch; **~pique** (~'pik) *adj.*: *Jeux m/pl.* ≗*s* Olympische Spiele *n/pl*.
ombel|le ⚘ (ɔ̃'bɛl) *f* Dolde *f*; **~lifère** ⚘ (~li'fɛ:r) *f* Doldenblütler *m*.
ombilic *anat.* (ɔ̃bi'lik) *m* Nabel *m*.
omble *icht.* ('ɔ̃:blə) *m* Saibling *m*.
ombra|ge (ɔ̃'bra:ʒ) *m* schattiges Laubwerk *n*, schattige Stelle *f*, Schatten *m*; *fig.* Argwohn *m*, Mißtrauen *n*; *prendre* ~ Argwohn (*od.* Verdacht) schöpfen; *porter* ~ *à q.* bei j-m Eifersucht (*od.* Argwohn) erregen; **~gé** (~bra'ʒe) *adj.* schattig; **~ger** (~) *v/t.* [1l] **1.** beschatten; **2.** verfinstern; **3.** verdecken; † *fig.* in den Schatten stellen; **~geux** (~'ʒø) *adj.* [7d] □ mißtrauisch; übelnehmerisch; scheu (*v. Pferden*).
ombre ('ɔ̃:brə) **I** *f* **1.** Schatten *m*; Schattenbild *n*; *faire de l'*~ Schatten werfen; *plante f d'*~ Schattenpflanze *f*; *advt. à l'*~ *de* im Schatten (*gén.*); *fig.* unter dem Schutze (*gén.*); *sous* ~ *de ...* unter dem Vorwand; **2.** *st.s.* Dunkel *n*, Nacht *f*, Finsternis *f*; *fig.* Geheimnis *n*; **3.** Zurückgezogenheit *f*; *fig.* F *mettre q. à l'*~ j-n einlochen, auf Nummer Sicher bringen, ins Gefängnis stecken; **4.** abgeschiedene Seele *f*; *myth.* Bewohner *m* der Unterwelt; **5.** *fig.* leiseste Spur *f*, Schimmer *m*; *pas l'*~ *de bon sens* keine Spur gesunden Menschenverstandes; **6.** *thé.* ~*s pl. chinoises* Schattenspiel *n*; **7.** ~ *absolue* Kernschatten *m*; ~ *portée* Schlagschatten *m*; **8.** *min.*, *peint.* (*terre f d'*)~ Umbra(erde *f*) *n*; **II** *m icht.* Äsche *f*.
ombrelle (ɔ̃'brɛl) *f* kleiner Sonnenschirm *m*.
ombr|er (ɔ̃'bre) *v/t.* [1a] schattieren; **~eux** (~'brø) *adj.* [7d] □ schattig; beschattet.
ombrine *icht.* (ɔ̃'brin) *f* Umbrine *f*.
omelette (ɔm'lɛt) *f* Omelett *n*, Eierkuchen *m*; ~ *aux pommes de terre* Kartoffelpuffer *m*; ~ *roulée* Plinse *f*; ~ *soufflée* Eierauflauf *m*.
omettre (ɔ'mɛtrə) *v/t.* [4p] aus-, weg-lassen, unterlassen; übergehen, übersehen, vergessen (*de mit inf.*).
omission (ɔmi'sjɔ̃) *f* Auslassung *f*, Unterlassung *f*, Versäumnis *f od. n*; Lücke *f*; *sauf erreur ou* ~ Irrtum oder Versehen vorbehalten.
omni|bus (ɔmni'bys) *m* [5a] **1.** 🚂 (*train m*) ~ Personenzug *m*; **2.** *ehm.* Pferdeomnibus *m*; **~colore** (~kɔ'lɔ:r) *adj.* in allen Farben; **~directionnel** ⊕ (~dirɛksjɔ'nɛl) *adj.* [7c] nach allen Richtungen; ✈ *balise f* ~*le* Leuchtfeuer *n* nach allen Richtungen; **~potence** (~pɔ'tɑ̃:s) *f* Machtvollkommenheit *f*; Allmacht *f*; **~potent** (~pɔ'tɑ̃) *adj.* [7] allmächtig; **~présence** (~pre'zɑ̃:s) *f* Allgegenwart *f*; **~présent** (~pre'zɑ̃) *adj.* [7] allgegenwärtig; **~science** (~'sjɑ̃:s) *f* Allwissenheit *f*; **~scient** (~'sjɑ̃) *adj.* [7] allwissend; **~sports** (~'spɔ:r) *adj./inv.* Volkssport ...; **~vore** (~'vɔ:r) *adj.* alles fressend.
omoplate *anat.* (ɔmɔ'plat) *f* Schulterblatt *n*.
omphalocèle ⚕ (ɔ̃falɔ'sɛl) *f* Nabelbruch *m*.
on (ɔ̃) *pr. indéfini* man; **a)** ~ *ist mst. m/sg.*: *on était resté bons camarades* man hielt gute Kameradschaft,; *jedoch auch f/sg. oder* F *auch pl.*: *on devient patiente, quand on est maman* man wird geduldig, wenn man Mutter ist; *est-on prêtes, mesdemoiselles?* ist man so weit, meine jungen Damen?; *on ne s'était jamais séparés* man hatte sich niemals getrennt; **b)** F, P: ~ *wird anstelle von «nous» gebraucht*: *après la cérémonie, on a été boire un verre* nach der Feier sind wir ein Glas trinken gegangen; **c)** ~ *muß*

als Subjekt wiederholt werden: *on l'interpella, on le fit monter et on le retint par force* man forderte ihn auf, ließ ihn einsteigen und hielt ihn gewaltsam zurück; **d)** *nach et, ou, où, que, si und bisw. nach lorsque* *kann in der mehr literarischen Sprache l'on statt on gebraucht werden*: *si l'on savait* wenn man wüßte.

onagre (ɔ'nagrə) *m* **1.** *zo.* wilder Esel *m*; **2.** *antiq.* Wurfmaschine *f.*

onanisme (ɔna'nism) *m* Onanie *f.*

onc, *a.* **on(c)ques** † (ɔ̃:k) *adv.* je (-mals); *ne* ... nie(-mals).

once[1] (ɔ̃:s) *f* † Unze *f* (*Gewicht*); F *fig.* ganz geringe Menge *f*, *fig.* Spur *f*; *une ~ de vanité* ein leichter Anstrich *m* von Eitelkeit.

once[2] *zo.* (~) *f* Schneeleopard *m.*

oncial (ɔ̃'sjal) **I** *adj.* [5c]: *lettre f ~e* (*a. f*: **~e**) Unzialbuchstabe *m*; **II ~e** *f* Unzialschrift *f.*

oncle ('ɔ̃:klə) *m* Onkel *m.*

onct|ion (ɔ̃k'sjɔ̃) *f* Ölung *f*, Einreibung *f* mit Öl, Einsalben *n*; *fig.* Linderung *f*; *rl.* Ölung *f*, Salbung *f*; *l'extrême ~* die letzte Ölung *f*; *plein d'~* salbungsvoll; **~ueux** (ɔ̃k'tɥø) *adj.* □ fettig, ölig; *fig.* salbungsvoll; **~uosité** (~tɥozi'te) *f* Fettigkeitsgrad *m.*

ond|e (ɔ̃:d) *f* **1.** Welle *f*, Woge *f*; **2.** *poét.* Flut *f*; *l'~ amère* das Meer *n*; *l'~ noire* der Styx *m*; **3.** *phys., rad.* (Licht-, Luft-, Ton-) Welle *f*, Schwingung *f*; *phys. ~ condensée* (*dilatée*) Wellenberg *m* (Wellental *n*); *longueur f d'~s* Wellenlänge *f*; *~ courte* Kurzwelle *f*; *~ longue* Langwelle *f*; *~ moyenne* Mittelwelle *f*; *~ ultra-courte* Ultrakurzwelle *f* (UKW); *à ~s courtes* (*longues*) kurz-(lang-)wellig; *~s f/pl. superposées* überlagernde Wellen *f/pl.*; *mettre en ~s* für den Rundfunk bearbeiten; **~é** (ɔ̃'de) *adj.* wellen-, wogen-förmig; *text.* geflammt (*Stoffmuster*); **~ée** (~) *f* Regenguß *m*, Platzregen *m*; *pleuvoir par ~s* gußweise regnen, gießen; **~emètre** ⚡, *rad.* (ɔ̃d'mɛtrə) *m* Wellenmesser *m*, Wellenlängen-, Frequenz-messer *m*; **~er** *text.* (ɔ̃'de) *v/t.* [1a] flammen; **~din** (ɔ̃'dɛ̃) *m*, **~ine** (~'din) *f* Wassergeist *m*; Flußnixe *f*, Nixe *f*, Wassergöttin *f.*

on-dit (ɔ̃'di) *m/inv.* Gerede *n*, Gerücht *n*, Geschwätz *n.*

ond|oiement (ɔ̃dwa'mɑ̃) *m* Wellenbewegung *f*; *rl.* Nottaufe *f*; **~oyant** (~dwa'jɑ̃) *adj.* [7] wallend, wogend; wellenförmig; *fig.* unstet, unbeständig; **~oyer** (~dwa'je) [1h] **I** *v/i.* wallen, wogen; flattern (*a. fig.*); **II** *v/t.* nottaufen.

ondu|lant (ɔ̃dy'lɑ̃) *adj.* wogend; **~lateur** ⚡ (~la'tœ:r) *m* Wechselrichter *m*; **~lation** (~lɑ'sjɔ̃) *f* **1.** Wellenbewegung *f*, Wellenlinie *f*; *~s pl. du terrain* wellenförmige Erhebung *f* des Bodens; *~ des cheveux* Kräuseln *n* (*od.* Welligmachen *n*) der Haare; (~) *permanente f* Dauerwelle *f* (*Haarfrisur*); **2.** *phys.* Schwingungswelle *f*; **~latoire** (~la'twa:r) *adj. phys.* wellenförmig; *mécanique f ~* Wellenmechanik *f*; **~lé** (~'le) *adj.* wellig, gewellt; *tôle f ~e* Wellblech *n*; **~ler** (~) [1a] **I** *v/i.* sich wellenförmig bewegen, sich wellen; hin- u. her wogen (*Kornfeld*); **II** *v/t.* ~ *les cheveux* die Haare ondulieren; **~leux** (~'lø) *adj.* [7d[wellig, wellenförmig.

onéreux (ɔne'rø) *adj.* [7d] □ beschwerlich, lästig; zu teuer, kostspielig; *à titre ~* kostenpflichtig.

ongl|e ('ɔ̃:glə) *m* **1.** Nagel *m an Händen u. Füßen*; *faire ses ~s, se faire les ~s* sich die Nägel beschneiden; *couper* (*od. rogner*) *les ~s à q. fig.* j-m den Korb höher hängen, j-m die Flügel beschneiden; *avoir bec et ~s* Haare auf den Zähnen haben; *Français jusqu'au bout des ~s* Stockfranzose *m*; ⚒ *savoir une chose sur l'~* etw. sehr gut können; **2.** Kralle *f*, Klaue *f*; Huf *m*; **~é** (ɔ̃'gle) *adj.* mit Krallen versehen; **~ée** (~) *f* Erstarren *n* der Fingerspitzen; **~et** (ɔ̃'glɛ) *m* **1.** ⚒ Winkel *m* von 45 Grad; ⊕ Keil *m*, keilförmiger Ausschnitt *m* aus e-m Rotationskörper; *~ cylindrique* (*conique*) Zylinder-(Kegel-) keil *m*; **2.** *men., charp.* Gehrung *f*; *boîte f à ~s* Gehrungslade *f*; **3.** Falz *m* (*Buchbinderei*); **4.** Einkerbung *f an e-r Taschenmesserklinge*; **5.** Reiter *m* (*Kartothek*); **~ier** (ɔ̃gli'e) *m* Manikürenecessaire *n*; *~s pl.* Nagelschere *f.*

onguent (ɔ̃'gɑ̃) *m* Salbe *f.*

onguicule *zo.* (ɔ̃gɥi'kyl) *m* kleine(r) Kralle *f* (Nagel *m*).

ongulés *zo.* (ɔ̃gy'le) *m/pl.* Huftiere [*n/pl.*]

onirique (ɔni'rik) *adj.* traumhaft.

oniro|mancie (ɔnirɔmɑ̃'si) *f* Traumdeutung *f*; **~mancien** (~-

mɑ̃'sjɛ̃) *m* [7] Traumdeuter *m*.
onomato|logie (ɔnɔmatɔlɔ'ʒi) *f* Namensforschung *f*; **~pée** *gr.* (~'pe) *f* **1.** Onomatopoie *f*, Lautmalerei *f*; **2.** Onomatopoetikon *n*, Schallwort *n*; **~péique** *gr.* (~pe'ik) *adj.* onomatopoetisch, tonnachahmend.
onques s. *onc.* [aus Ontario.]
ontarien *géogr.* (ɔ̃ta'rjɛ̃) *adj.* [7c]
ontologie *phil.* (ɔ̃tɔlɔ'ʒi) *f* Ontologie *f*, Lehre *f* vom Sein.
onusien *pol.* (ɔny'zjɛ̃) *adj.* [7c] Uno...
onyx *min.* (ɔ'niks) *m* Onyx *m*.
onze (ɔ̃:z; *vor ~ wird nie gebunden noch apostrophiert!*) *a/n.c.* elf; *vers les ~ heures* gegen 11 Uhr; *chapitre ~* elftes Kapitel *n*; *Louis ~* (XI) Ludwig der Elfte (XI.); *le ~ janvier* der 11. (*od.* am 11.) Januar; *le train de ~ heures* der 11-Uhr-Zug; *Sport*: *le ~* die Elf *f* (*Fußballmannschaft*).
onzième (ɔ̃'zjɛm) **I** *adj./n.o.* (*vor ~ wird nie gebunden noch apostrophiert!*) elfter, elfte, elftes; elftel; *la ~ leçon* die 11. Unterrichtsstunde *f*; *être le ~* der elfte sein; *dans sa ~ année* in seinem (ihrem) elften Lebensjahr; *au ~ jour* am elften Tage; **II** *su.* Elfte(r, s); **III** *m* Elftel *n*; *six ~s* sechs Elftel *n/pl.*; **~ment** (ɔ̃zjɛm'mɑ̃) *adv.* elftens.
opacité (ɔpasi'te) *f* Undurchsichtigkeit *f*; ⚕ *~ de la cornée* Hornhauttrübung *f*.
opale (ɔ'pal) *f* Opal *m* (*Edelstein*).
opalescence (ɔpalɛ'sɑ̃:s) *f* Opaleszenz *f*, Schillern *n* wie Opal.
opalin (ɔpa'lɛ̃) *adj.* [7] milchweiß.
opaline (ɔpa'lin) *f* Milchglas *n*.
opaliser (ɔpali'ze) *v/t.* [1a] opalisieren, opalartig schimmern machen. [lichtundurchlässig, dunkel.]
opaque (ɔ'pak) *adj.* undurchsichtig,
opéra (ɔpe'ra) *m* **1.** ♪ *thé.* Oper *f*; *~-bouffe* parodistische Operette *f*; *grand ~* große Oper *f*; *~-comique* komische Oper *f*; *rad. ~ radiodiffusé* Opernübertragung *f*; **2.** *l'*~ das Opernhaus *f*, die Oper *f*.
opéra|ble (ɔpe'rablə) *adj.* operierbar; **~nt** (~'rɑ̃) *adj.* [7] wirksam; **~teur** (~ra'tœ:r) *su.* [7f] **1.** ⊕, ⚡ Bedienungsmann *m*; *téléph.* Fernsprechbeamter *m*; *cin.* Kameramann *m*, Filmvorführer *m*, Operateur *m*; ⚡ *~ radio*, *~ de T. S. F.* Funker *m*; **2.** ⚕ Chirurg *m*; **~tion** (~rɑ'sjɔ̃) *f* **1.** Wirken *n*, Wirkung *f*; Verrichtung *f*; Unternehmen *n*, Maßnahme *f*, Geschäft *n*; Verfahren *n*, Vorgehen *n* (*contre* gegen *acc.*); *~ de sauvetage* Rettungsaktion *f*; *bsd.* ⊕ *les ~s* die Arbeiten *f/pl.*; *~s de logement* Wohnungsbau *m*; *~ à la bourse* Börsenspekulation *f*; *~ administrative* Amtshandlung *f*; *~ de banque* Bankgeschäft *n*; *~ de crédit*, *~ de spéculation*, *~ de report* Kredit-, Spekulations-, Report-geschäft *n*; *~ d'émission(s)* Emissionsgeschäft *n*; *~s pl. de banque* Bankgeschäfte *n/pl.*; *~ par chèques* Scheckverkehr *m*; *~s pl. bancaires* Bankverkehr *m/sg.*; **2.** ⚕ Operation *f*, Eingriff *m*; *subir une ~* sich e-r Operation unterziehen; **3.** ⚔ Operation *f*, Unternehmen *n*, Gefechtshandlung *f*, Bewegung *f*; **4.** ⊕ Arbeitsgang *m*, Verfahren *n*; ⚗ *~ chimique* Prozeß *m*; **5.** Ꭿ Rechenart *f*; **~tionnel** ⊕, ⚔ (~rasjɔ'nɛl) *adj.* [7c] einsatzfähig; ⚔ im Einsatz befindlich; **~toire** ⚕ (~ra'twa:r) *adj.* Operations..., operativ.
opercule 🕮 (ɔpɛr'kyl) *m* Deckel *m*; ⚘ Kapseldeckel *m*; *icht.* Kiemendeckel *m*.
opér|é ⚕ (ɔpe're) **I** *adj.* operiert; **II** *m* Operierter *m*; **~er** (~) [1f] **I** *v/t.* **1.** bewirken, hervorbringen, ausführen, machen; *~ des affaires de banque* Bankgeschäfte ausführen; *~ des miracles* Wunder tun; ⚔ *~ sa jonction avec q.* sich mit j-m vereinigen; **2.** ⚕ operieren; **II** *v/i.* s-e Wirkung tun, anschlagen, fruchten, wirken; ⚔, Ꭿ operieren; verfahren, vorgehen, handeln (*contre* gegen *acc.*); *allg.* sich zu schaffen machen; ⚗, *phm.* experimentieren, laborieren; *~ sur q.* (*sur qch.*) s-e Wirkung auf j-n (auf etw.) ausüben; ⚕ *ce remède opère* dieses Mittel schlägt an.
opérette ɔpe'rɛt) *f* Operette *f*.
ophidiens *zo.* (ɔfi'djɛ̃) *m/pl.* Schlangenarten *f/pl.*
ophio|glosse ⚘ (ɔfjɔ'glɔs) *m* Natterzunge *f*; **~lâtrie** (~lɑ'tri) *f* Schlangenkult *m*; **~logie** 🕮 (~lɔ'ʒi) *f* Schlangenkunde *f*. [stein *m*.]
ophite *min.* (ɔ'fit) *m* Schlangen-
ophtal|mie ⚕ (ɔftal'mi) *f* Augenentzündung *f*; **~mique** ⚕ (~'mik) *adj.* die Augen betreffend, Augen...; **~mologie** ⚕ (~mɔlɔ'ʒi) *f* Augenheilkunde *f*, Ophthalmologie *f*; **~mologiste** ⚕ (~mɔlɔ'ʒist) *m*, **~mologue** ⚕ (~mɔ'lɔg) *m* Augenarzt *m*; **~moscope** ⚕ (~mɔ'skɔp) *m*

Augenspiegel *m*; **~moscopie** ⚕ (~mɔskɔ'pi) *f* Augenuntersuchung *f*, Ophthalmoskopie *f*.

opi|acé *phm.* (ɔpja'se) *adj.* opiumhaltig; **~at** *phm.* (~'pja) *m* Opiat *n*.

opil|ation ⚕ (ɔpila'sjɔ̃) *f* Verstopfung *f*; **~er** ⚕ (~'le) *v/t.* [1a] verstopfen.

opimes (ɔ'pim) *adj. f/pl.*: *dépouilles f/pl.* ~ reiche (*od.* fette) Beute *f*.

opi|nant (ɔpi'nɑ̃) *m* Abstimmender *m*; **~ner** (~'ne) *v/i.* [1a] seine Meinung sagen; stimmen; F ~ *du bonnet* zu allem ja und amen sagen.

opiniâ|tre (ɔpi'njɑ:trə) **I** *adj.* (*adv. opiniâtrement*) hartnäckig, eigensinnig; halsstarrig; ausdauernd; *combat m* ~ verbissener Kampf *m*; **II** *su.* Starrkopf *m*; **~trer** (~njɑ'tre) [1a]: *s'*~ *à qch.* hartnäckig auf etw. (*dat.*) bestehen; **~treté** (~njɑtrə'te) *f* Hartnäckigkeit *f*, Eigensinn *m*, Halsstarrigkeit *f*; Beharrlichkeit *f*.

opinion (ɔpi'njɔ̃) *f* Meinung *f*, Ansicht *f*, Dafürhalten *n*; *a. phil.* Auffassung *f*; *l'*~ (*publique*) die öffentliche Meinung *f*; *ils n'ont pas d'*~ *par eux-mêmes* sie haben keine eigene Meinung; *il est de mon* ~ *que* ... ich bin der Ansicht, daß ...; *se faire une* ~ sich eine Meinung bilden.

opio|mane ⚕ (ɔpjɔ'man) *adj. u. su.* opiumsüchtig; Opiumraucher *m*; **~manie** ⚕ (~ma'ni) *f* Opiumsucht *f*.

opium *phm.* (ɔ'pjɔm) *m* Opium *n*.

opossum *zo.* (ɔpɔ'sɔm) *m* Beutelratte *f*, Opossum *n*.

opothérapie ⚕ (ɔpɔtera'pi) *f* Hormontherapie *f*, Gewebssaftbehandlung *f*.

opportun (ɔpɔr'tœ̃) *adj.* [7] (*adv.* **~ément** [~tyne'mɑ̃]) angebracht, geeignet, zweckmäßig; **~isme** (~ty'nism) *m* Opportunismus *m*, Nützlichkeitstheorie *f*; **~iste** (~ty'nist) *su. u. adj.* Opportunist *m*; opportunistisch; **~ité** (~tyni'te) *f* Zweckmäßigkeit *f*; günstige Gelegenheit *f*.

oppo|sable (ɔpo'zablə) *adj.* gegenüberstellbar; **~sant** (~'zɑ̃) [7] **I** *adj.* gegnerisch, widersprechend; **II** *su.* Gegner *m*; *les* ~*s* die Gegenpartei *f*; **~sé** (~'ze) **I** *m* Gegenteil *n*; Gegensatz *m*; *à l'*~ *de* im Gegensatz zu (*dat.*); **II** *adj.* entgegengesetzt; gegenüberliegend; ⚘ gegenständig; ⚹ *angles m/pl.* ~*s* Scheitelwinkel *m/pl.*; **~ser** (~'ze) [1a] **I** *v/t.* gegenüber-setzen, -stellen, -hängen; entgegenstellen; *fig.* einwenden; ~ *q. à q.* j-n mit j-m vergleichen; **II** *v/rfl.* *s'*~ sich widersetzen; **~site** (~'zit) *m* Gegenteil *m*; **~sition** (~zi'sjɔ̃) *f* **1.** Widerspruch *m*, Einwand *m*, Einspruch *m*; **2.** Gegensatz *m*; ~ *de sentiments* Meinungsverschiedenheit *f*; *par* ~ *à*, *en* ~ *avec* im Gegensatz zu (*dat.*); **3.** Gegenpartei *f*, Gegnerschaft *f*, Opposition *f*; **4.** Gegenüberstellung *f*.

oppres|ser (ɔprɛ'se) *v/t.* [1b] bedrücken, schwer lasten auf; *être oppressé* schwer atmen, keine Luft haben; *fig. j'en suis oppressé* es liegt mir schwer auf dem Herzen; **~seur** (~'sœ:r) *m* Unterdrücker *m*.

oppres|sif (ɔprɛ'sif) *adj.* [7e] □ be-, unter-drückend; *mesures f/pl. oppressives* Zwangsmaßnahmen *f/pl.*; **~sion** (~'sjɔ̃) *f* **1.** Beklemmung *f*; **2.** *fig.* Unterdrückung *f*, Unterjochung *f*, Druck *m*.

opprimer (ɔpri'me) *v/t.* [1a] unterdrücken.

opprobre (ɔ'prɔbrə) *m* Schande *f*, Schandfleck *m*.

optatif (ɔpta'tif) *adj.* [7e] □ einen Wunsch ausdrückend.

opter (ɔp'te) *v/i.* [1a] optieren, eine Wahl treffen, sich entscheiden.

opticien (ɔpti'sjɛ̃) *m* Optiker *m*.

opti|me F (ɔpti'me) *adv.* sehr gut; **~misme** (~'mism) *m* Optimismus *m*; **~miste** (~'mist) *adj. u. su.* (*adv. de façon* ~, *avec optimisme*) optimistisch; Optimist *m*; **~mum** (~'mɔm) *m u. adj.* Günstigste *n*, Beste *n*; Optimum *n*; *température f* ~ (*od. optima*) günstigste Temperatur *f* (*pl. températures f/pl. optima* [*od. optimum*]).

option (ɔp'sjɔ̃) *f* Wahl *f*, Option *f*, Optierung *f*; ⚖ Vorkaufsrecht *n*; *faire son* ~ s-e Wahl treffen.

optique (ɔp'tik) **I** *adj.* □ **1.** optisch; *nerf m* ~ Sehnerv *m*; **II** *f* **2.** *phys.* Optik *f*, Lichtlehre *f*; **3.** Perspektive *f*; *illusion f d'*~ optische Täuschung *f*; **4.** *fig.* Standpunkt *m*, Ansicht *f*, Warte *f*.

opu|lence (ɔpy'lɑ̃:s) *f* großer Reichtum *m*, Überfluß *m*; **~lent** (~'lɑ̃) *adj.* [7] sehr reich; üppig; **~lemment** (~la'mɑ̃) *adv.* im Überfluß.

opuscule (ɔpys'kyl) *m* Büchlein *n*, kleine Schrift *f*.

or[1] (ɔ:r) *m* Gold *n*; *fig.* Reichtum *m*; *pièce f d'*~ Goldstück *n*; ~ *blanc*

Weißgold *n*; ~-*métal m/inv*. Metallgold *n*; ~ *fulminant* Knallgold *n*; ~ *natif*, ~ *vierge* gediegenes Gold *n*; *fig. c'est parler d'*~ das ist sehr weise gesprochen; alles schön und gut (, aber ...); *le jaune d'*~ das Goldgelb *n*.

or[2] (~) **I** *cj.* nun (aber); also, folglich; **II** F ~ *çà! int.* also!, nun denn!, wohlan!.

oracle (ɔ'raklə) *m* Orakel *n*; Weissagung *f*, Götterspruch *m*; *l'*~ *de Delphes* das delphische Orakel *n*.

ora|ge (ɔ'ra:ʒ) *m* Gewitter *n*, Gewittersturm *m*; *fig.* Unglück *n*, Sturm *m*, Verwirrung *f*, Schicksalsschlag *m*; **~geux** (~ra'ʒø) *adj.* [7d] gewitterschwül, stürmisch; bewegt; *fig. discussion f orageuse* heftiger Wortwechsel *m*.

oraison (ɔrɛ'zɔ̃) *f nur noch z.B. erhalten als*: **1.** Grabrede *f*; *les* ~*s funèbres de Bossuet* die Leichenreden *f/pl.* Bossuets; **2.** *gr. ehm. les parties f/pl. d'*~ die Redeteile; *les* ~*s de Cicéron* Ciceros Reden *f/pl.*; **3.** Gebet *n*; ~ *dominicale* Vaterunser *n*; ~ *mentale* stilles Gebet *n*; *st.s. faire* ~ beten.

oral (ɔ'ral) *adj.* [5c] mündlich.

oralo-nasal *gr.* (ɔralɔna'zal) *adj.* [5c]: Mundnasen....

oran|ge (ɔ'rɑ̃:ʒ) **I** *f* Apfelsine *f*, Orange *f*; ~ *amère* bittere Pomeranze *f*; *fleur f d'*~ Orangenblütenessenz *f*; **II** *m l'*~ das Orangegelb *n*; **III** *adj./inv.* orangegelb; **~gé** (~rɑ̃'ʒe) *adj. u. m* orangefarben, rötlich-gelb; Orangegelb *n*; **~geade** (~'ʒad) *f* Orangensaft *m*, Orangeade *f*; **~geat** (~'ʒa) *m* Orangenkonfitüre *f*; **~ger** (~'ʒe) **I** *m* Apfelsinenbaum *m*; *fleur f d'*~ Orangenblütenessenz *f*; **II** *su.* [7b] (*auch adj.*: *fruitier m* ~) Apfelsinenhändler *m*; **III** *v/t.* [1g] orange färben; **~gerie** (~'ʒri) *f* Orangerie *f*, Gewächshaus *n* für Orangen.

orang-outang *zo.* (ɔ'rɑ̃ u'tɑ̃) *m* [6a] Orang-Utan *m*, Menschenaffe *m*.

ora|teur (ɔra'tœ:r) *m* Redner *m*, Sprecher *m*; *pol.* Wortführer *m*; *femme f* ~ Rednerin *f*; ~ *de la chaire* Kanzelredner *m*; **~toire** (~'twa:r) **I** *adj.* □ rednerisch, oratorisch; *art m* ~ Redekunst *f*; **II** *rl. m* Betzimmer *n*, Kapelle *f*, Oratorium *n*; **~torio** ♪ (~tɔ'rjo) *m* Oratorium *n*.

orbe[1] *ast.* (ɔrb) *m* Planetenbahn *f*, Himmelskreis *m*; *fig.* Umkreis *m*.

orbe[2] (~) *adj.*: *coup m* ~ Prellschuß *m*; *mur m* ~ blinde Mauer *f*.

orbiculaire (~biky'lɛ:r) *adj.* □ kreisförmig.

orbit|al *at.* (ɔrbi'tal) *adj.* [5c]: *vol m* ~ Raumflug *m*; **~e** (~'bit) *f* **1.** *ast.* ~ *des planètes* Planetenbahn *f*; ~ *terrestre* Erdbahn *f*; **2.** *anat.* Augenhöhle *f*; **3.** *fig.* Bannkreis *m*.

orbiter ✈ (ɔrbi'te) *v/i.* [1a]: ~ *autour de l'épave* über dem Wrack kreisen (*od.* s-e Kreise ziehen).

orches|tration ♪ (ɔrkɛstra'sjɔ̃) *f* musikalische Besetzung *f*, Instrumentierung *f*; **~tre** (ɔr'kɛstrə) *m* **1.** Orchester *n*; (Musik-)Kapelle *f*; *chef m d'*~ Kapellmeister *m*; ~ *de famille* Hausorchester *n*; ~ *d'instruments à cordes* Streichorchester *n*; **2.** instrumentaler Teil *m* e-r Partitur; **3.** *thé.* Parkett *n*; **~tré** (~'tre) *adj.*: *une presse bien* ~*e* e-e gut geleitete Presse *f*; *bien* ~ gut einstudiert; **~trer** (~) *v/t.* [1a] instrumentieren, für Orchester einrichten, begleiten; *fig.* inszenieren; ~ *une agitation* Unruhen anstiften.

orchidée ⚘ (ɔrki'de) *f* Orchidee *f*.

ordinaire (ɔrdi'nɛ:r) **I** *adj.* □ **1.** üblich, alltäglich, einfach, mittelmäßig (*aber nicht*: „ordinär" *im Sinne von* „*gemein*", „*zotig*„; *dafür sagt man grossier, vulgaire, trivial*); *vin m* ~ Tischwein *m*; ⚚ *prix m* ~ Ladenpreis *m*; ⚔ *pas m* ~ gewöhnliches Marschtempo *n*; **2.** ⚖ ordentlich, von Amts wegen, ständig; *juge m* ~ ordentlicher Richter *m*; *tribunal m* ~ ordentliches Gericht *n*; **3.** *fin. action f* ~ Stammaktie *f*; **II** *m* **4.** *das* Übliche *n*; *advt.*: *à l'*~, *d'*~ *od. pour l'*~ meistenteils, (für) gewöhnlich, sonst, im allgemeinen; **5.** (*bon*) ~ Hausmanns-, Alltags-Kost *f*; **6.** ⚔ Mannschaftsverpflegung *f*.

ordi|nal (ɔrdi'nal) *adj.* [5c]: *nombre m* ~ Ordnungszahl *f*; **~nand** *rl.* (~'nɑ̃) *m* vor der Weihe stehender Geistlicher *m*; **~nant** *rl.* (~) *m* Weihbischof *m*; **~nateur** (~na'tœ:r) *m* Computer *m*; **~nation** *rl.* (~na'sjɔ̃) *f* Priesterweihe *f*.

ordon|nance (ɔrdɔ'nɑ̃:s) *f* **1.** Planung *f*, Anordnung *f*; *l'*~ *d'un édifice* die Planung *f* e-s Gebäudes; *l'*~ *d'un discours* die Anordnung *f* e-r Rede **2.** Verordnung *f*; Erlaß *m*, Verfügung *f*, Beschluß *m*, Polizeiverordnung *f*, Kabinettsbeschluß *m*; ~ *de mesure provisoire* ⚖ einstweilige Verfügung *f*; ~ *ministérielle* Ministerialerlaß *m*; ~ *de paiement* Zahlungsbefehl *m*; ~ *du transport aérien* Luftverkehrsbestimmung *f*; ~ *de détresse* Notverordnung *f*; ~*s f/pl. concernant les mines* Bergrecht *n*; ~*s f/pl. de marine* Seerecht *n*; *d'*~ vorschriftsmäßig; **3.** Rezept *n*, ärztliche Vorschrift *f* (*od.* Anweisung *f*); **4.** ⚖ ~ *de paiement* Zahlungsbefehl *m*; **5.** ⚔ Ordonnanz *f*, Offiziersbursche *m*; Meldereiter *m*; *officier m d'*~ Adjutant *m*; **~nancement** *fin.* (~nɑ̃s'mɑ̃) *m* **1.** Zahlungsanweisung *f*; **2.** ⊕ Kontrolle *f* über die Durchführung e-s Auftrags (*vom ersten Tage der Herstellung bis zur Lieferung an den Kunden*); **3.** ✝ Verkaufs|trick *m*; **~nancer** (~nɑ̃'se) *v/t.* [1k] zur Bezahlung anweisen; **~nateur** (~na'tœ:r) [7f] **I** *adj.* anordnend; ✝ anweisend; **II** *su.* Anordner *m*; ✝ (Zahlungs-)Anweiser *m*; **~née** ⩚ (~'ne) *f* Ordinate *f*; **~ner** (~) [1a] **I** *v/t.* **1.** (an)ordnen, einrichten; veranstalten; **2.** befehlen, vorschreiben; **3.** ⚕ verordnen, verschreiben; **4.** *rl.* ordinieren; *être ordonné prêtre* die Priesterweihe erhalten; **II** *v/i.* ~ *de qch.* über etw. (*acc.*) verfügen.

ordre ('ɔrdrə) *m* **1.** Ordnung *f*, Anordnung *f*; geordneter Zustand *m*; Reihenfolge *f*; *fig.* Gebiet *n*; *être en* ~, *être dans l'*~ in Ordnung sein; *Sport*: ~ *de départ* Startordnung *f*; *rad.* ~ *des auditions* (*des émissions*) Hör-(Sende-)folge *f*; ⚔ ~ *de marche* Marsch-ordnung *f*, -folge *f*; *en* ~ *de marche* marschbereit; *Auto*: ~ *d'allumage* Zündfolge *f*; *de tout premier* ~ ersten Ranges; *mettre en* ~ in Ordnung bringen; *à l'*~! Ruhe!; *rappel m à l'*~ Ordnungsruf *m*; ~ *chronologique* zeitliche Reihenfolge *f*; ~ *de succession* Erbfolge *f*; ~ *du jour* Tagesordnung *f*; *mot m d'*~ Stichwort *n*; *suivant l'*~ der Reihe nach; *passer à l'*~ *du jour* zur Tagesordnung übergehen; *problème m à l'*~ *du jour* aktuelle Frage *f*, Tagesfrage *f*; *dans l'*~ *de la médecine et de la culture* auf dem Gebiet der Medizin u. der Kultur; **2.** (*sozialer*) Stand *m*; *le quatrième* ~ der vierte Stand *m*, der Arbeiterstand *m*; *hist. les trois* ~*s* die drei Stände *m/pl.*; *hist. l'*~ *équestre* der Ritterstand *m*; **3.** geistlicher *od.* weltlicher Orden *m*, Ordensgesellschaft *f*; ~ *religieux* Mönchsorden *m*; *hist.* ~ *de chevalerie* Ritterorden *m*; **4.** Ordenszeichen *n*; Orden *m*; **5.** *rl.* ~*s pl.* Priesterweihe *f*; *conférer les* ~*s* die Weihen erteilen; *recevoir les* ~*s* die Weihen empfangen; **6.** Befehl *m*, Auftrag *m*; ✝ *u.* ⚔ Order *f*; ⚔ ~ *d'appel* Gestellungsbefehl *m*; ⚔ ~ *d'opérations* Operationsbefehl *m*; ~ *de marcher*, ~ *de (mise en) marche* Marschbefehl *m*; ✝ ~ *de livrer* Liefer(ungs)auftrag *m*; ~ *d'assurance* Versicherungsauftrag *m*; *Börse*: ~ *d'achat* Kaufauftrag *m*; *faire passer à l'*~ die Order girieren lassen; *je suis à vos* ~*s* ich stehe zu Ihren Diensten; *jusqu'à nouvel* ~ bis auf weiteres; *par* ~ auf Befehl; *par* ~ *de ...* im Auftrage ... (*gén.*); **7.** ✝ Indossament *n e-s Wechsels*; ~ *de recouvrement postal* Postauftrag *m*; *payable à l'*~ *de ...* zahlbar an ...; *billet m à* ~ eigener Wechsel *m*; **8.** ⩓ (Säulen-)Ordnung *f*; **9.** ⚔ ~ *de bataille* Schlachtordnung *f*; *mot m d'*~ Losung *f*, Parole *f*; ~ *du jour* Tagesbefehl *m*.

ordu|re (ɔr'dy:r) *f* Unrat *m*, Dreck *m* P; *fig.* Zote *f*, Schweinerei *f* (*Worte od. Handlungen*); *seau m* (*od. boîte f*) *à* ~*s* Müll-eimer (-Kasten *m*) *m*; **~rier** (~dy'rje) *adj.* [7b] *fig.* schmutzig, zotig, schweinisch.

orée (ɔ're) *f* Waldrand *m*; *fig.* Beginn *m*, Antritt *m* (*e-r Laufbahn*).

oreillard (ɔrɛ'ja:r) **I** *adj.* [7] langohrig; **II** *zo.* Ohrenfledermaus *f*.

oreille (ɔ'rɛj) *f* **1.** Ohr *n*, *ch.* Löffel *m des Hasen*; *weitS.*: Gehör *n*; *bout m de l'*~ Ohrläppchen *n*; *pavillon m de l'*~ Ohrmuschel *f*; *avoir de l'*~, *avoir l'*~ *fine* (*od. juste od. bonne*) musikalisches *od.* ein gutes Gehör haben; *avoir mal aux* ~*s* Ohrenschmerzen haben; *avoir l'*~ *dure* schwerhörig sein; *avoir l'*~ *de q.* bei j-m Gehör finden; *baisser les* ~*s* die Ohren hängen (*od.* den Mut sinken) lassen; *dormir sur les* (*od. ses*) *deux* ~*s* tief schlafen; *dresser* (*od. tendre*) *l'*~ die Ohren spitzen; *échauffer les* ~*s à q.* j-n in Wut (auf die Palme P) bringen; F *fendre l'*~ *à q.* j-n (aus e-r Stellung) an die Luft setzen, j-n entlassen; *mettre la puce à l'*~ *de q.* j-m e-n Floh ins Ohr setzen, j-m den Kopf (*od.* die Hölle) heiß machen; *écorcher les ~s fig.* die Ohren betäuben (*Lärm*); *il n'entend pas bien de cette ~* er hört nicht gut auf diesem Ohr; *fig. il n'entend pas de cette ~-là* er will davon nichts wissen; *je suis tout ~* ich bin ganz Ohr; *faire la sourde ~ à qch.* so tun, als habe man etw. nicht gehört; etw. absichtlich überhören; P *ses ~s doivent vous avoir corné* (*od. tinté*) Ihre Ohren müssen ja geklungen haben; *montrer* (*od. laisser passer*) *le bout de l'~* sich verraten; *fig.* sich entpuppen; F *prêter l'~ à qch.* e-r Sache Gehör schenken; *recevoir sur les ~s* eins übers Ohr bekommen; *souffler qch. à l'~ de q.* j-m etw. ins Ohr flüstern; *tirer l'~ à q., tirer q. par l'~* j-m die Ohren lang ziehen; *se faire tirer l'~* sich lange nötigen lassen; F *fig. par-dessus les ~s* bis über die Ohren; **2.** ⊕, ⚡ Öse *f*, Tragöse *f*, Klammer *f*; ⊕ Glockenzapfen *m*, Krone *f*, Griff *m*, Henkel *m e-s Gefäßes*; Lasche *f des Schuhs*; **~-de-souris** ⚘ (ɔrɛjdəsu'ri) *f* [6b] Vergißmeinnicht *n*; **~-d'ours** ⚘ (ɔrɛj'durs) *f* [6b] Aurikel *f*.

oreil|ler (ɔrɛ'je) *m* Kopfkissen *n*; *prendre conseil de son ~* e-e Sache erst mal beschlafen; *plais. se battre avec son ~* nur schwer früh morgens aus den Federn kommen; **~lette** (~'jɛt) *f* **1.** Ohrenschützer *m*; **2.** *anat.* *~ du cœur* Herzvorhof *m*, Herzkammer *f*; **~lons** ⚕ (ɔrɛ'jõ) *m/pl.* Ziegenpeter *m*, Mumps *m*.

ores (ɔ:r) *adv.*: *d'~ et déjà* von jetzt an.

orfèv|re (ɔr'fɛ:vrə) *m* Gold- (*od.* Silber-)arbeiter *m*, -schmied *m*; -warenhändler *m*; **~rerie** (~fɛvrə'ri) *f* **1.** Gold- (*od.* Silber-)schmiedekunst *f*; **2.** Gold- (*od.* Silber-)waren *f/pl.*

orfraie *orn.* (ɔr'frɛ) *f* Seeadler *m*.

orga|ne (ɔr'gan) *m* **1.** Organ *n*; ⊕ Teil *m*; *~ de l'ouïe* Gehörorgan *n*; Ohr *n*; *~ vocal* Stimmorgan *n*; *~s de l'auto* Autoteile *m/pl.*; *~s de commande* Antriebsteile *m/pl.*; **2.** Organ *n*, Stimme *f*; **3.** *fig.* Vermittler *m*; Blatt *n* (*Zeitung*); *adm.* Stelle *f*, Organ *n*; *pol.* Wortführer *m*; Sprachrohr *n*; *pol.* Funktion *f*; *~ gouvernemental* regierungsfreundliches Blatt *n*; *~ de compensation* Abrechnungsstelle *f*; *les ~s diplomatiques* die diplomatischen Funktionen *f/pl.*; *par l'~ de q.* durch j-s Vermittlung; **~neau** ⚓ (~ga'no) *m* [5b] dicker, großer Eisenring *m*; **~nique** (~'nik) *adj.* □ organisch (gegliedert); ineinander greifend; *loi f ~* Grundgesetz *n*; ⚕ *échanges m/pl. ~s* Stoffwechsel *m*.

organisa|ble (ɔrgani'zablə) *adj.* organisierbar; **~teur** (~'tœ:r) *adj. u. su.* [7f] organisatorisch, gestaltend, (an)ordnend; Organisator *m*, Gestalter *m*, Veranstalter *m*, Anordner *m*; **~tion** (~zɑ'sjõ) *f* **1.** Organisation *f*, Verband *m*, Gliederung *f*, Einrichtung *f*, Bau *m*, Bildung *f* (*a. fig.*), Organisierung *f*, Gestaltung *f*, Veranstaltung *f*, Wesen *n*; ⚔ Anlage *f*, Stellung *f*, Ausbau *m*; *~ centrale* Spitzenorganisation *f*; *~ professionnelle* Berufsverband *m*; ⚔ *~ défensive* Verteidigungsanlage *f*, -ausbau *m*; *~s pl. ennemies* feindliche Stellungen *f/pl.*; ⚔ *~ du terrain* Verstärkung *f* des Geländes; *Sport*: *~ d'un concours* Konkurrenzausschreibung *f*; *~ paramilitaire* Wehrverband *m*; *~ obligatoire* Organisationszwang *m*; *~ ♀ Européenne de Coopération Économique* (*OECE*) Europäischer Wirtschaftsrat *m*; **2.** Aufbau *m*, Verfassung *f e-s Staates*; *~ militaire, ~ de la défense militaire* Wehrverfassung *f*; **3.** Organisationstalent *n*.

organi|ser (ɔrgani'ze) [1a] **I** *v/t.* organisieren, einrichten, begründen, ins Leben rufen, gestalten, veranstalten; **II** *v/rfl.* *s'~* sich einrichten, zustandekommen; **~sme** (~'nism) *m* Organismus *m*; ⚖, *adm.* Stelle *f*; *~ arbitral* Schiedsstelle *f*; *~ compétent* zuständige Stelle *f*; *~ de contrôle* Spitzenorganisation *f*.

organiste (ɔrga'nist) *su.* Organist *m*.

orgasme ⚕ (ɔr'gasm) *m* Orgasmus *m*.

orge (ɔrʒ) **I** *f* Gerste *f*; *~ broyée* Gerstenflocken *f/pl.*; *~ hâtive* Frühgerste *f*; F *faire ses ~s* sein Schäfchen ins Trockene bringen, auf seine Kosten kommen; *tisane f d'~* Gerstentrank *m*; *~ gruée, gruau m d'~* Gerstengrütze *f*; *farine f d'~* Gerstenmehl *n*; **II** *nur noch m in*: *~ mondé* Gerstengraupen *f/pl.*; *~ perlé* Perlgraupen *f/pl.*

orgeat (ɔr'ʒa) *m* Mandelmilch *f*.

orgelet ⚕ (~ʒɔ'lɛ) *m* Gerstenkorn *n*.
orgie (ɔr'ʒi) *f* Orgie *f*, (Sauf-) Gelage *n*, Prasserei *f*.
orgue (ɔrg) *m* (*im pl. f*!) Orgel *f*; ~ *de Barbarie* Leierkasten *m*, Drehorgel *f*; *tuyau m d'*~ Orgelpfeife *f*; *joueur m d'*~ Orgelspieler *m*; ♪ *point m d'*~ Fermate *f*; *fig. ronfler comme un* ~ stark schnarchen.
orgueil (ɔr'gœj) *m* Hochmut *m*; Stolz *m*; Überheblichkeit *f*, Dünkel *m*; ~ *de la naissance* Ahnenstolz *m*; **~leux** (~gœ'jø) *adj.* [7d] hochmütig, stolz, überheblich.
oribus (ɔri'bys) *m* Harzkerze *f*.
orient (ɔ'rjɑ̃) *m* **1.** Osten *m*; **2.** ♀ Orient *m*; *l'Extrême* ♀ der Ferne Osten *m*; *le Proche* ♀ der Nahe Osten *m*; **3.** *perle f d'un bel* ~ Perle *f* von schönem Glanz; **~able** (~'tablə) *adj. bsd.* ⊕ einstellbar, lenkbar, steuerbar, schwenkbar, drehbar; **~al** (~'tal) **I** *adj.* [5c] östlich; orientalisch; *l'Afrique* ~*e* Ostafrika *n*; *fig. style m* ~ bilderreicher Stil *m*; **II Orientaux** (ɔrjɑ̃'to) *m/pl.* Orientalen *m/pl.*; **~aliste** (~ta'list) *su.* Orientalist *m*; **~ation** (~tɑ'sjɔ̃) *f* **1.** Orientierung *f*, Zurechtfinden *n*; *pol.* Richtung *f*; ✈ Ortung *f*, Orts-, Richtungs-bestimmung *f*; *a. pol. l'*~ *nouvelle* der neue Kurs *m*; **2.** ⚓ Stellen *n* der Segel nach dem Winde; **3.** *écol.* (Unterrichts-) Zweig *m*; **4.** ~ *professionnelle* Berufsberatung *f*; **~er** (~'te) [1a] **I** *v/t.* **1.** nach den Himmelsgegenden richten; ⚔ ~ *une attaque* e-n Angriff ansetzen; *rad. cadre m orienté* Richt(strahl)antenne *f*; *fig.* ~ *qch.* e-r Sache (*dat.*) eine bestimmte Richtung geben; *fig.* ~ *un enfant* ein Kind leiten (*od.* beraten); **2.** ⚓ ~ *un vaisseau* alle Segel nach einem Kurse stellen; **II** *v/rfl.* s'~ sich orientieren, sich zurechtfinden; ✈ orten; **~eur** (~'tœ:r) *su.* [7g] Berufsberater *m*.
orifice ⊕ (ɔri'fis) *m* Öffnung *f*; Loch *n*; ~ *d'allumage* Feuerloch *n*; ~ *de graissage* Schmier-öffnung *f*, -loch *n*.
oriflamme *hist.* (ɔri'flɑ:m) *f* Lilienbanner *n*.
origan ⚘ (ɔri'gɑ̃) *m* Majoran *m*.
origi|naire (ɔriʒi'nɛ:r) *adj.* □ ursprünglich; angeboren; ~ *de* ... gebürtig (*od.* stammend) aus ... (*dat.*); **~nairement** (~nɛr'mɑ̃) *adv.* von Hause aus; anfangs, zu Anfang; dem Ursprung nach; **~nal** (~'nal) **I** *adj.* [5c] □ **1.** ursprünglich, original, Original..., echt; *adm.*, ⚖ urschriftlich; *texte m* ~ Urtext *m*; **2.** eigentümlich, originell; sonderbar; **II** *m* **3.** Original *n* (*a. peint.*), Urtext *m*, Urkunde *f*; *adm.*, ⚖ Urschrift *f*; ✝ Originalmuster *n*; **4.** *fig.* wunderlicher Kauz *m*, Type *f* P, Original *n*; **~nalité** (~nali'te) *f* Originalität *f*, Ursprünglichkeit *f*; Eigentümlichkeit *f*, Wunderlichkeit *f*.
origi|ne (ɔri'ʒin) *f* **1.** Ursprung *m*, Anfang *m*; *être à l'*~ *de qch.* etw. (*z.B. Krankheit*) verursachen; *tirer son* ~ *de* ... s-n Ursprung herleiten von (*dat.*); entstehen aus (*dat.*); *dans l'*~ zu Beginn, anfangs; *dès l'*~ von Anfang an; **2.** Abstammung *f*, Herkunft *f*; *Français m d'*~ gebürtiger Franzose *m*; ✝ *certificat m d'*~ Ursprungs-, Herkunftsnachweis *m*; **~nel** (~'nɛl) *adj.* □ angeboren, ursprünglich; *inégalité f* ~*le* naturbedingte Ungleichheit *f*; *grâce f* ~*le rl.* natürliche Gnade *f*; *race f* ~*le* ursprüngliche Rasse *f*; *rl. péché m* ~ Erbsünde *f*; *vice m* ~ Grundübel *n*.
orignal *zo.* (ɔri'ɲal) *m* (*pl.* ~*s*) kanadisches Elentier *n*.
orillon (ɔri'jɔ̃) *m* **1.** ⊕ Griff *m*, Henkel *m*; **2.** *frt.* Vorsprung *m*.
orin ⚓ (ɔ'rɛ̃) *m* Bojen-, Ankertau *n*.
oripeau (ɔri'po) *m* [5b] *fig.* Blendwerk *n*; ~*x pl.* alte, geschmacklose Kleidung *f*, Tinnef *m* P.
orle (ɔrl) *m* ⩓ Rand *m*; *géol.* Kraterrand *m*.
orléanais (ɔrlea'nɛ) *adj.* [7] *u.* ♀ *su.* (Einwohner *m*) aus Orléans.
orm|aie (ɔr'mɛ) *f* Ulmenwäldchen *n*; **~e** (ɔrm) *m* Rüster *f*, Ulme *f*; *iron. attendez-moi sous l'*~ der (die) kann lange warten!; **~eau** (ɔr'mo) *m* [5b] junge Ulme *f*; **~ille** (ɔr'mij) *f* kleine Ulme *f*; Ulmenschonung *f*.
orne|maniste (ɔrnəma'nist) *m* Dekorationsmaler *m*; Stukkateur *m*; **~ment** (~'mɑ̃) *m* **1.** Ornament *n*, Verzierung *f*; *fig.* Zierde *f*; **2.** ~*s pl. rl.* Priesterornat *n*; **~mental** (~mɑ̃'tal) *adj.* [5c] ornamental; *art m* ~ Ornamentik *f*; **~mentation** (~mɑ̃tɑ'sjɔ̃) *f* **1.** Verzieren *n*; **2.** ⩓ Ornamentik *f*, Verzierungskunst *f*; **~menter** (~mɑ̃'te) *v/t.* [1a] verzieren.
orner (ɔr'ne) [1a] **I** *v/t.* verzieren, (aus-)schmücken (*z.B. Haus, Fassade, Wohnung, Hut*); *fig.* zieren,

auszeichnen; ~ *sa pensée* s-e Gedanken einkleiden; **II** *nur fig. v/rfl.* *s'*~ *de* sich schmücken mit (*dat.*); *la campagne s'ornait de verdure* die Natur schmückte sich mit frischem Grün.

ornière (ɔr'njɛ:r) *f* Wagenspur *f*; *fig.* ~ (*de la routine*) Schlendrian *m*; *fig. sortir de l'*~ aus dem Gleis kommen; neue Wege einschlagen; *tirer la carriole de l'*~ die Karre aus dem Dreck ziehen.

ornithologie (ɔrnitɔlɔ'ʒi) *f* Ornithologie *f*, Vogelkunde *f*.

ornithorynque *zo.* (ɔrnitɔ'rɛ̃:k) *m* Schnabeltier *n*.

orobanche ⚘ (ɔrɔ'bɑ̃:ʃ) *f* Sommerwurz *f*.

oro|génèse (~ʒe'nɛ:z) *f* Gebirgsbildung *f*; **~graphie** (~gra'fi) *f* Gebirgsbeschreibung *f*; **~hydrographie** (~idrɔgra'fi) *f* Gebirgs- u. Gewässerbeschreibung *f*.

oronge ⚘ (ɔ'rɔ̃:ʒ) *f* Eierpilz *m*; ~ *vraie* Kaiserschwamm *m*; *fausse* ~ Fliegenpilz *m*.

orpaill|age (ɔrpɑ'ja:ʒ) *m* Goldwaschen *n*; **~eur** (~pɑ'jœ:r) *m* Goldwäscher *m*.

orphelin (ɔrfə'lɛ̃) [7] **I** *adj.* verwaist; ~ *de père* vaterlos; **II** *su.* Waisenkind *n*; ~ *de père et de mère* Vollwaise *f*; ~ *de père* (*bzw. de mère*) Halbwaise *f*; ~ *de guerre* Kriegswaise *f*; ⁂*s* Waisenhaus *n*; **~age** (~li'na:ʒ) *m* Verwaisung *f*; **~at** (~li'na) *m* Waisenhaus *n*.

orphéon (ɔrfe'ɔ̃) *m* Gesangverein *m*, Liedertafel *f*; *concours m d'*~*s* Sängerfest *n*; **~iste** (~feɔ'nist) *m* Mitglied *n* e-s Gesangvereins.

orphie *icht.* (ɔr'fi) *f* Hornfisch *m*.

orpiment *min.* (ɔrpi'mɑ̃) *m* Auripigment *n*, Rauschgelb *n*.

orpin ⚘ (ɔr'pɛ̃) *m* fette Henne *f*.

orque *icht.* (ɔrk) *f* Butzkopf *m*.

ort ✝ (ɔ:r) *adv.* brutto.

orteil (ɔr'tɛj) *m* Zehe *f*.

ortho|chromatique *phot.* (ɔrtɔkrɔma'tik) *adj.* farbenempfindlich; **~doxe** (~'dɔks) **I** *adj* □ *rl.* orthodox; *allg.* strenggläubig; allgemein anerkannt; traditionsgebunden; *pol.* linientreu; **II** *su.* Orthodoxer *m*; **~doxie** (~dɔ'ksi) *f* Strenggläubigkeit *f*; Traditionsgebundenheit *f*.

ortho|graphe (~'graf) *f* Orthographie *f*, Rechtschreibung *f*; ~ *phonétique* Lautschrift *f*; **~graphie** (~gra'fi) *f* **1.** ⚠ Aufriß **2.** ⚒ senkrechter Durchschnitt *m*; **~graphier** (~gra fje) *v/t.* [1a] richtig schreiben; **~graphique** (~gra'fik) *adj.* □ **1.** orthographisch; **2.** ⚒ Aufriß...

ortho|pédie ⚕ (~pe'di) *f* Orthopädie *f*; **~pédique** ⚕ (~pe'dik) *adj.* orthopädisch; **~pédiste** ⚕ (~pe'dist) *adj. u. m*: (*médecin m*) ~ Orthopäde *m*; **~phone** ✈ (~'fɔn) *m* Richtungshörer *m*.

ortie (ɔr'ti) *f* **1.** ⚘ Brennessel *f*; **2.** *zo.* ~ *de mer* Qualle *f*.

ortier (ɔr'tje) *v/t.* [1a] **1.** ⚕ mit Brennesseln behandeln **2.** *allg.* prickeln.

ortolan *orn.* (ɔrtɔ'lɑ̃) *m* Fettammer *f*.

orvale ⚘ (ɔr'val) *f* Scharlachkraut *n*.

orvet *zo.* (ɔr'vɛ) *m* Blindschleiche *f*.

orviétan (ɔrvje'tɑ̃) *m* Allheilmittel *n*; *marchand m d'*~ Quacksalber *m*.

oryctologie 🕮 (ɔriktɔlɔ'ʒi) *f* Fossilienkunde *f*.

os (*sg.* ɔs; *pl.* ɔs, o *od.* o:s) *m* Knochen *m*; *pl. a.*: Gebeine *n/pl.*; *moelle f des* ~ Knochenmark *n*; ~ *à moelle* Marksknochen *m*; ~ *de seiche* weißes Fischbein *n*; *manger* (*od. ronger*) *q. jusqu'aux* ~ j-n bis aufs Mark aussaugen; *percé* (*od. trempé*) *jusqu'aux* ~ pudelnaß; *ne pas faire de vieux* ~ nicht alt werden.

oscar (ɔs'ka:r) *m* **1.** *cin.* hohe Filmauszeichnung *f* (*Hollywood*); **2.** *allg.* Auszeichung *f*, Preis *m durch e-e Jury*.

oscil|lant (ɔsi'lɑ̃) *adj.* [7] oszillierend, schwingend, pendelnd; **~lateur** *phys.*, ⚡ (~la'tœ:r) *m* Schwingungserzeuger *m*, Oszillator *m*, Wechselrichter *m*; **~lation** (~lɑ'sjɔ̃) *f* Schwingung *f*; *fig.* Schwankung *f*; **~latoire** (~la'twa:r) *adj.* schwingend; **~ler** (~'le) *v/i.* [1a] schwingen, *bsd. fig.* schwanken; **~loscope** *Radar* (~lɔ'skɔp) *m* Leuchtschirm *m*.

osé (o'ze) *adj.* gewagt, kühn; dreist, keck.

oseille ⚘ (o'zɛj) *f* Sauerampfer *m*; * Geld *n*, Zaster *m* P.

oser (o'ze) *v/t.* [1a] (*mit inf. ohne prp.*) wagen, den Mut haben, sich sich erdreisten (zu); *je n'ose* (*pas*) *entrer* ich wage nicht einzutreten.

oseraie (oz'rɛ) *f* Weidengebüsch *n*.

oseur (o'zœ:r) *su.* [7g] Wagehals *m*.

osier (o'zje) *m* **1.** ⚘ Korbweide *f*; **2.** Weiden-rute *f*, -geflecht *n*.

osmazôme *cuis.* (ɔsma'zo:m) *f* Fleischextrakt *m*.

oss|ature (ɔsa'ty:r) *f* Knochen-bau *m*, -gerüst *n*, Gerippe *n*; *a. fig.*

⊕, ⚠ ~ *métallique*, ~ *en fer* Stahlgerüst *n*, -gerippe *n*; **~elet** (ɔs'lɛ) *m* Knöchelchen *n*; **~ements** (ɔs'mɑ̃) *m/pl.* (Toten-)Gebeine *n/pl.*; **~eux** (ɔ'sø) *adj.* [7d] □ knochig; *système m* ~ Knochensystem *n*.

ossifi|cation (ɔsifikɑ'sjɔ̃) *f* Knochenbildung *f*; Verknöcherung *f*; **~er** (~'fje) *v/t.* [1a] verknöchern lassen; *fig. l'avarice ossifie le cœur* Geiz verschließt die Herzen.

ossu (ɔ'sy) *adj.* (stark)knochig; **~aire** (ɔ'sɥɛ:r) *m* **1.** Knochenhaufen *m*; **2.** Beinhaus *n*.

osté|algie ⚕ (ɔsteal'ʒi) *f* Knochenschmerz *m*; **~ite** ⚕ (ɔste'it) *f* Knochenentzündung *f*.

osten|sible (ɔstɑ̃'siblə) *adj.* □ **1.** vorzeigbar; **2.** sichtbar, offensichtlich; **~sion** (~'sjɔ̃) *f rl.* Ausstellung *f* von Reliquien; **~soir** (~'swa:r) *m rl.* Monstranz *f*; **~tation** (~tɑ'sjɔ̃) *f* Großtuerei *f*, Prahlerei *f*; *faire* ~ *de qch.* sich mit etw. (*dat.*) großtun, mit etw. protzen; **~tatoire** (~ta'twa:r) *adj.* prahlerisch, großtuerisch, angeberisch, protzig.

ostéo|colle (ɔsteɔ'kɔl) *f* Knochenleim *m*; **~logie** 🕮 (~lɔ'ʒi) *f* Knochenlehre *f*; **~malacie** ⚕ (~mala'si) *f* Knochenerweichung *f*; **~myélite** ⚕ (~mje'lit) *f* Knochenmarkentzündung *f*; **~plastie** ⚕ (~pla'sti) *f* Knochenbildung *f*; **~psathyrose** ⚕ (~psati'ro:z) *f* Knochenbrüchigkeit *f*.

ostracé 🕮 (ɔstra'se) **I** *adj.* muschelartig; **II ~es** (~) *f/pl.* Schal-, Muscheltiere *n/pl.*

ostracisme (~'sism) *m* Verfemung *f*; *frapper d'*~ verbannen.

ostréi|cole (ɔstrei'kɔl) *adj.* Austern-...; **~culteur** (~kyl'tœ:r) *m* Austernzüchter *m*; **~culture** (~kyl'ty:r) *f* Austernzucht *f*.

ostrogot(h) (ɔstrɔ'go) [7] **I** *adj. hist.* ostgotisch; *fig.* wild, barbarisch; **II** *su.* **1.** *hist.* ♀ Ostgote *m*; **2.** *fig.* Barbar *m*, Grobian *m*.

otage (ɔ'ta:ʒ) *m* Geisel *f od. m*; Bürge *m*; *fig.* Unterpfand *n*; *en* ~ als Geisel.

otalgie ⚕ (ɔtal'ʒi) *f* Ohrenschmerz *m*.

otarie *zo.* (ɔta'ri) *f* Ohrenrobbe *f*; ~ *à la crinière* Seelöwe *m*.

ôter (o'te) [1a] *v/t.* **1.** weg-räumen, -bringen, -schaffen, -legen, -setzen, -stellen, beseitigen, entfernen; ~ *le couvert od. la nappe* den Tisch abdecken (*od.* abräumen); *ôtez-vous de là!* gehen Sie weg!, scheren Sie sich weg! P; **2.** *Kleider usw.* ablegen, abnehmen, ausziehen; ~ *ses chaussures* sich die Schuhe ausziehen; **3.** ~ *qch. à q.* j-m etw. (weg)nehmen; j-n um etw. (*acc.*) bringen; ~ *sa confiance à q.* j-m sein Vertrauen entziehen; *cela m'a ôté l'appétit* das hat mir den Appetit genommen; **4.** *Fieber usw.* beseitigen, vertreiben; **5.** *arith.* abziehen, subtrahieren; **6.** ~ *la charge* entladen; **7.** ⊕ entfernen, abmontieren; ~ *au ciseau* abstemmen, abmeißeln.

otite ⚕ (ɔ'tit) *f* Ohrenentzündung *f*; ~ *moyenne* Mittelohrentzündung *f*.

oto-rhino-laryngologiste ⚕ (ɔtɔrinɔlarɛ̃gɔlɔ'ʒist) *m* Hals-, Nasen-, Ohren-spezialist *m*, -arzt *m*.

otorrhée ⚕ (ɔtɔ're) *f* Ohrenfluß *m*.

otoscope ⚕ (ɔtɔ'skɔp) *m* Ohrenspiegel *m*, Otoskop *n*.

ottoman *hist.* (ɔtɔ'mɑ̃) *adj.* [7] osmanisch; **~e** (~'man) *f* breites, niedriges Sofa *n*.

ou (u) *cj.* (*oft auch ou bien*) oder; *ou ... ou ...* entweder ... oder ...

où (~) *adv.* wo; worin; wohin; *où va-t-il?* wohin geht er?; *la ville où il habite* die Stadt, in der er wohnt; *c'est où j'en voulais venir* darauf wollte ich hinaus; *où en est l'affaire?* wie steht die Sache?; *d'où êtes-vous?* woher sind Sie?; *par où est-il passé?* wo ist er durchgekommen?; *auch zeitlich bezogen*: *dans le moment où ...* in dem Augenblick, wo ...; *dans* (*od. en*) *un temps où ...* zu einer Zeit, wo ...; *le jour où ...* an dem Tage, wo ...

oua, oua, oua (wa wa 'wa) *int.* wau, wau, wau! (*Hundegebell*).

ouaille *rl.* (wɑ:j) *f fig.* Schäflein *n*.

ouais! (wɛ) *int.* Donnerwetter!; nun sieh' mal einer an! (*Überraschung, Erstaunen*).

ouat|e (wat) *f* (*mst. la* ~, *aber auch*: *l'*~) Watte *f*; *fig. élever dans de l'*~ verpimpeln, verziehen; **~er** (~'te) *v/t* [1a] wattieren, mit Watte füttern; *fig.* dämpfen (*Ton*); *fig.* verwöhnen.

oubli (u'bli) *m* **1.** Vergessen *n*; ~ *de soi* Selbstlosigkeit *f*; Selbstaufgabe *f*, Selbstpreisgabe *f*; *par* ~ aus Vergeßlichkeit (*od.* aus Versehen); **2.** Vergessenheit *f*; *tomber dans l'*~ in Vergessenheit geraten.

oublier (ubli'e) [1a] (*mit de + inf.*) **I** *v/t.* **1.** vergessen; verlernen; **2.** auslassen, übersehen; **3.** außer

acht lassen, vernachlässigen; ~ *son devoir* seine Pflicht versäumen; **4.** liegen (*od.* stehen) lassen; **II** *v/rfl.* aus dem Gedächtnis schwinden; sich gehen lassen; F sich selbst ganz vergessen; *enf.* sich in die Hosen machen; *s'~ jusqu'à insulter* (*od. au point d'insulter*) *son père* sich so weit gehen lassen, daß man seinen Vater schwer kränkt; *iron. il ne s'oublie pas!* er sieht schon zu, daß er nicht zu kurz kommt!
oubli|ettes *ehm.* (~bli'ɛt) *f/pl.* Verließ *n*; **~eux** (~bli'ø) *adj.* [7d] vergeßlich.
oued (wɛd) *m* (*pl.* ~*s od. ouadi*) Fluß(tal *n*) *m in Nordafrika*, Wadi *n*.
ouest (wɛst) *m* (*abr. O.*) Westen *m*; *à l'~ de ...* westlich von ...; *vers l'~* westwärts; *le vent m d'~* der Westwind *m*; *pol. la conférence Est-*2 die Ost-West Konferenz *f*; *Berlin-*2 Westberlin *n*; *les Allemands de l'*2 die Westdeutschen *m/pl.*; *~-allemand* westdeutsch.
ouf! (uf) *int.* **1.** o weh!; weh(e) mir! (uns!); auweh!; o Jammer! (*Schmerz, Ermüdung*); **2.** Gott sei Dank!; gottlob! (*Aufatmen nach e-m Schmerz, nach e-r Ermüdung*).
oui (wi) **I** *adv.* ja; *~, monsieur, ~, madame* ja; *dire* (*que*) ~ „ja" sagen; *~ certes* ja gewiß; *mais ~* (mɛ'wi) allerdings; *que ~!* 'ja doch!, aber 'ja! (*starke Bejahung als Antwort*); **II** *m le ~* das Ja(wort) *n*; *fig. dire le grand ~, prononcer le ~ définitif* sich verheiraten, heiraten (*v/i.*).
ouï (wi) *p/p. v. ouïr.*
ouiche! F (wiʃ) *int.* **ach was!**, Unsinn!; *ah! ~!* **ach** Quatsch!, ja Kuchen! [sagen *n*.]
ouï-dire (wi'di:r) *m* [6c] Hören-
ouïe (wi) *f* **1.** Gehör(sinn *m*) *n*; *~ dure* Schwerhörigkeit *f*; *avoir l'~ fine* (*od. bonne*) ein feines Gehör haben; **2.** *icht.* ~*s pl.* Kiemen *f/pl.*; **3.** ♪, ⚠ Schalloch *n*. [auf-füllen.]
ouiller (u'je) *v/t.* [1a] Wein nach-,
ouïr (wi:r) *v/t.* (*nur noch im inf., part. u. in den zusammengesetzten Zeiten*) **1.** hören; *j'ai ouï dire* ich habe sagen hören; *~ q. en confession* j-s Beichte hören; **2.** ⚖ verhören; *ouï les témoins* nach Vernehmung der Zeugen; *~ les experts* die Sachverständigen hören.
ouistiti *zo.* (wisti'ti) *m* (*mst. le ~, aber auch l'~*) Pinseläffchen *n*.
oukase (u'ka:z) *m* Ukas *m*, unwiderruflicher Befehl *m*. [Wirbelsturm *m*.]
ouragan (ura'gɑ̃) *m* Orkan *m*,
Oural *géogr.* (u'ral) *m*: *l'~* der Ural *m*, das Uralgebirge *n*.
ouralien *géogr.* (ura'ljɛ̃) *adj.* [7c] uralisch. [*m*.]
ouraque *anat.* (u'rak) *m* Harngang
ourd|ir (ur'di:r) *v/t.* [2a] **1.** *text.* (an)zetteln; *Stroh* flechten; **2.** *fig.* anzetteln; *~ une trame, ~ un complot* e-e Verschwörung anzetteln; **~isseur** (~di'sœ:r) *m text.* Anzettler *m*; ⊕ Zettelmaschine *f*; *fig.* Anstifter *m*.
ourl|er (ur'le) *v/t.* [1a] (be)säumen; **~et** (~'lɛ) *m* Saum *m*; ⊕ Rundkante *f*; *~ à jour* Hohlsaum *m*
ours (urs) **I** *su.* Bär *m*; *~ blanc, ~ polaire* Eisbär *m*; *~ brun* Braunbär *m*; *~ marin* Seebär *m*; *compère l'~* Meister Petz *m*; *enf. ~ en peluche* Teddybär *m* (*Spielzeug*); *velu comme un ~* sehr behaart; **~e** *f* Bärin *f*; *ast. la grande* 2*e* der Große Bär *m*, Wagen *m*; * *avoir ses ~* ihre Periode (ihre Tage) haben; **II** *m* F *fig.* bärbeißiger Mensch *m*; *~ mal léché* Grobian *m*; **~in** (ur'sɛ̃) *m* **1.** Bärenfell *n*; **2.** *zo.* Seeigel *m*; **~on** (~'sɔ̃) *m* junger Bär *m*; ✝ Teddyplüsch *m*.
oust(**e**)! P (ust) *int.* raus!, raus (*od.* weg) hier!; hau' ab!; los!; schnell!
outarde *orn.* (u'tard) *f* Trappe *f*.
outil (u'ti) *m* Werkzeug *n*; * männliches Glied *n*; ~*s pl.* Handwerkszeug *n*; ⚔ *~s de pionnier* Schanzzeug *n*; *~s de labourage* Ackergerät *n*; **~lage** (uti'ja:ʒ) *m* **1.** gesamtes Werkzeug *n*, Ausrüstung *f*, Gerät *n*, Handwerkszeug *n*; **2.** *l'~ national* das gesamte Straßen-, Kanal- u. Eisenbahnstraßen-netz *n* sowie die Häfen *m/pl.* e-r Nation; **3.** *fig. ~ intellectuel* intellektueller Nachwuchs *m*; **~ler** (uti'je) *v/t.* [1a] mit Werkzeugen ausrüsten; F *fig. être bien outillé pour qch.* für etw. (*acc.*) wie geschaffen sein; **~lerie** (utij'ri) *f* Werkzeug-fabrik *f*, -handel *m*; **~leur** (uti'jœ:r) *m* Werkzeugschlosser *m*.
outra|ge (u'tra:ʒ) *m* Beleidigung *f*, Schimpf *f*, Schmach *f*; *fig.* ~*s pl. du temps* Zahn *m/sg.* der Zeit; **~geant** (utra'ʒɑ̃) *adj.* [7] beleidigend; *parole f ~e* Schimpfwort *n*; **~ger** (~'ʒe) *v/t.* [1l] beleidigen, kränken; *fig.* mit Füßen treten, verletzen; *~ le bon sens* dem gesunden Menschenverstande hohnsprechen;

~geusement (~ʒøz'mɑ̃) *adv. fig.* äußerst, furchtbar, zuviel, übertrieben, maßlos.

outran|ce (u'trɑ̃:s) *f* **1.** Übertreibung *f*, Überspanntheit *f*; Maßlosigkeit *f*; **2.** *à ~ advt.* (aufs) äußerst(e); ⚔ auf Leben und Tod; **~cier** (~trɑ̃'sje) [7b] **I** *adj.* übertrieben, maßlos; **II** *su.* Hitzkopf *m.*

outre[1] ('utrə) *f* Schlauch *m* (*Tierfell*); *~ à vin* Weinschlauch *m.*

outre[2] (~) **I** *prp.* jenseits (*gén.*), über (*dat. bzw. acc.*); neben (*dat.*), außer (*dat.*; = *darüber hinaus*); *~ mesure* über die Maßen; **II** *adv.* weiter; *passer ~ à qch.* sich über etw. (*acc.*) hinwegsetzen, etw. nicht berücksichtigen; *en ~* außerdem, ferner, überdies, darüber hinaus; *percé d'~ en ~* völlig durchbohrt *od.* durchschossen; **III** *cj. ~ que* abgesehen davon, daß ...

outré (u'tre) *adj.* **1.** entrüstet, aufgebracht, außer sich, empört; *~ de colère* zornerfüllt; vor Wut kochend; **2.** übertrieben; überspannt.

outrecui|dance (utrəkɥi'dɑ̃:s) *f* Übermut *m*, Vermessenheit *f*, Anmaßung *f*; **~dant** (~'dɑ̃) *adj.* [7] übermütig, dünkelhaft, vermessen.

outre|-Manche (utrə'mɑ̃:ʃ) *adv.* jenseits des (Ärmel-)Kanals; **~mer**[1] (~'mɛ:r) *m* Ultramarin *n*; **~-mer**[2] (~) *adv.* jenseits des Meeres; *d'~* überseeisch, Übersee...; **~(-)monts** (~'mɔ̃) *adv.* jenseits der Berge; **~passer** (~pa'se) [1a] **I** *v/t.* über-ragen, -schreiten; *~ son droit* sein Recht überschreiten; **II** *ch. v/i.* über die Fährte hinweglaufen (*v. Hunden*).

outrer (u'tre) *v/t.* [1a] **1.** übertreiben, zu weit (*od.* auf die Spitze) treiben; **2.** empören.

outre|-Rhin (utrə'rɛ̃): *adv. aller ~* auf das rechte Rheinufer (hinüber-)gehen; *d'~* überrheinisch; **~-rideau** *pol.* (~ri'do) *adjt.*: *une puissance f d'~* e-e Macht *f* hinter dem eisernen Vorhang.

outrigger ⚓ (awtri'gœ:r) *m* Auslegerboot *n.*.

outsider *Sport, fig.* (awtsaj'dœ:r) *m* Außenseiter *m* (*a. fig.*).

ouver|tement (uvɛrtə'mɑ̃) *adv.* offen, unverhohlen; **~ture** (~'ty:r) *f* **1.** Öffnung *f*, Loch *n*; Spalt *m*; *~s pl.* Türen *f/pl.* und Fenster *n/pl.*; ✈ *~ de soute* Bombenschacht *m*; *phot. objectif m à grande ~* lichtstarkes Objektiv *n*; *fig. je ne vois aucune ~* ich sehe keinen Ausweg; **2.** ⚠, ⊕ Weite *f*; Tür *f*; Fenster(weite *f*) *n*; *~ d'une voûte* Spannweite *f*; **3.** Öffnen *n*, Aufmachen *n*; Eröffnung *f*; **4.** Anfang *m*; *discours m d'~* Eröffnungsrede *f*; **5.** ♪ Ouvertüre *f*; Anfangsstück *n*; **6.** Vorschlag *m*, Antrag *m*; *~s f/pl. de paix* Friedensvorschläge *m/pl.*

ouvra|ble (u'vrablə) *adj.* **1.** verarbeitbar; **2.** *jour m ~* Wochentag *m*, Arbeits-, Werk-tag *m*; **~ge** (~'vra:ʒ) *m* **1.** Arbeit *f*; ⚒ Abbau *m*, Aushieb *m*, Verhau *m*, Verhieb *m*; *allg. ~ manuel* Handarbeit *f* (*Ggs.*: *Kopfarbeit*); *~ gâché, méchant ~* Pfuscharbeit *f*; ⚠ *gros ~s pl.* Rohbau *m*; *menus ~s pl.* kleinere Arbeiten *f/pl.*, Ausbau *m/sg.*; *sculp. ~ relevé* erhabene Arbeit *f*; *se mettre à l'~* sich an die Arbeit machen; 🚂 *~ d'art* Brücke *f*, Tunnel *m*, Viadukt *m*; **2.** Schrift *f*, (geschriebenes) Werk *n*; **3.** *~ à l'aiguille* Nadel-, Hand-arbeit *f*; *boîte f à ~* Nähkasten *m*; *table f à ~* Nähtisch *m*; **4.** ⚔ *frt.* Bunker *m*, (vorgeschobenes) Schanzwerk *n*; *~ de campagne* Feldschanze *f*; *~ à cornes* Hornwerk *n*; *~ détaché* Außenwerk *n*; *~s défensifs souterrains* unterirdische Verteidigungsanlagen *f/pl.*; *~ non revêtu* Erdschanze *f*; **~ger** (~'ʒe) *v/t.* [1l] verzieren; *fig.* (mühsam) ausarbeiten, sorgfältig überarbeiten.

ouvrant (u'vrɑ̃) **I** *adj.* ⚖ *à audience ~e* zu Beginn der Sitzung; *à jour ~* bei Tages beginn; *Auto: toit m ~* Schiebedach *n*; **II** *m* beweglicher Seitenflügel *m e-s Gemäldes.*

ouvreau ⊕ (u'vro) *m* [5b] Ofenloch *m* (*e-s Glas- od. Werk-ofens*).

ouvre|-boîte (uvrə'bwat) *m* [6g] Büchsenöffner *m*; **~-bouche** ⚕ (~'buʃ) *m* [6g] Mundöffner *m* (*Zahnarzt*); **~-gants** (~'gɑ̃) *m* [6c] Handschuhweiter *m*; **~-lettres** (~'lɛtrə) *m* [6c] Brieföffner *m.*

ouvrer (u'vre) *v/t.* [1a] **1.** *text.* blümen; be-, ver-arbeiten; veredeln; *du linge ouvré* geblümtes Tischzeug *n*; **2.** † arbeiten.

ouvr|eur (u'vrœ:r) *su.* [7g] Öffner *m*; *thé., cin.* Platzanweiser *m*; Logenschließer *m*; **~euse** *cin.* (~'vrø:z) *f* Platzanweiserin *f.*

ouvrier (uvri'e) [7b] **I** *su.* **1.** (Fabrik-)Arbeiter *m*; Handwerker *m*; Arbeitnehmer *m*; *~ agricole* Landarbeiter *m*; ~ *de l'industrie* Industriearbeiter *m*; ~ *métallurgiste* Metallarbeiter *m*; ~ *mineur* Hauer *m*, Bergarbeiter *m*; ~ *intellectuel* (*manuel*) Kopf-(Hand-)arbeiter *m*; *simple* ~ ungelernter Arbeiter *m*; ~ *spécialisé*, ~ *qualifié*, ~ *spécialiste* gelernter Arbeiter *m*; Facharbeiter *m*; *les*; ~*s pl*. die Arbeitskräfte *f/pl*.; ~ *du port* Hafenarbeiter *m*; ~ *à façon* Heimarbeiter *m*; ~ *aux pièces* Akkord-, Stück-arbeiter *m*; ~ *en bâtiment* Bauhandwerker *m*; **2.** *fig*. Schöpfer *m*, Urheber *m*; *fig*. Triebkraft *f*; **II** *adj*. Arbeiter..., arbeitend; *maître m* ~ Werkführer *m*; *classe f ouvrière* Arbeiterklasse *f*; *jour m* ~ Werktag *m*; *abeille f ouvrière* Arbeitsbiene *f*.

ouvrir (u'vri:r) [2f] **I** *v/t*. **1.** öffnen, auf-machen, -drehen-, spannen; -reißen, -schlagen; -ziehen; -stoßen; -schlitzen, -stechen; -beißen; *ouvert* geöffnet, offen; ⚡ ~ *le circuit* den Stromkreis öffnen; ausschalten; *Auto*: ~ *les gaz à fond* Vollgas geben; ~ *l'appétit* den Appetit anregen; ~ *une bête* ein Stück Wild ausweiden; ~ *un pays à l'exploitation* ein Land erschließen; ~ *le champ en labourant* das Feld umpflügen; ~ *en grand la radio* das Radio ganz laut aufdrehen; *il a l'esprit ouvert* er ist geistig aufgeschlossen; *tenir boutique ouverte* e-n offenen Laden haben; *advt.*: *à bras ouverts* mit offenen Armen; *à cœur ouvert* offenherzig; *chanter* (*jouer*) *à livre ouvert* vom Blatt singen (spielen); **2.** ⊕ e-e Öffnung machen (anlegen, anbringen in [*dat*. *u*. *acc*.]); △ ~ *au burin* aufmeißeln; **3.** *fig*. anfangen, beginnen; *la séance est ouverte* die Sitzung ist eröffnet; ~ *un avis* e-e neue Ansicht vortragen; ⚔ ~ *le feu* das Feuer eröffnen; *faire guerre ouverte* e-n offenen Krieg führen; **4.** † *compte m ouvert* laufende Rechnung *f*; **5.** *gr*. e *ouvert* offenes e (è, ê [ɛ]); **II** *v/i*. **6.** aufgemacht werden, sich öffnen; *la porte ouvre sur* ... die Tür führt auf ... (*acc*.) *bzw*. in ... (*acc*.); *abs*. ~ *à q*. j-m aufmachen; **III** *v/rfl*. s'~ sich öffnen, aufgehen, aufspringen; gähnen (*Abgrund*); sich teilen; s'~ *à q*. sich j-m eröffnen *od*. anvertrauen.

ovaire (ɔ'vɛ:r) *m anat*. Eierstock *m*; ⚘ Fruchtknoten *m*.

ova|laire (ɔva'lɛ:r) *adj*. ⚕ eiförmig; **~le** (ɔ'val) **I** *adj*. oval, eirund, länglichrund; **II** *géom*. *m* Oval *n*; **~liser** (~li'ze) [1a] **I** *v/t*. oval machen; **II** *v/rfl*. s'~ oval werden.

ovariotomie *chir*. (ɔvarjɔtɔ'mi) *f* Ovariotomie *f*, operative Entfernung *f* des Eierstocks.

ovation (ɔvɑ'sjɔ̃) *f* Ovation *f*, feierliche Ehrenbezeigung *f*; **~ner** (ɔvasjɔ'ne) *v/t*. [1a]: ~ *q*. j-m zujubeln.

ove △ (ɔ:v) *m* eirunde Verzierung *f*.

ové (ɔ've) *adj*. eiförmig.

ovicule △ (ɔvi'kyl) *m* kleine Wulst *f*, kleiner eirunder Zierat *m*.

ovi|fère (ɔvi'fɛ:r) *adj*. eiertragend; **~forme** (~'fɔrm) *adj*. eiförmig.

ovin (ɔ'vɛ̃) *adj*. Schafs...

ovipare 🕮 (ɔvi'pa:r) *adj*. *u*. *m zo*. eierlegend(es Tier *n*).

ovoïde (ɔvɔ'id) *adj*. [5c] eiförmig.

ovovivipare *zo*. (ɔvɔvivi'pa:r) *adj*. die Eier im Innern des Körpers ausbrütend.

ovule *biol*. (ɔ'vyl) *m zo*. Eizelle *f*, Samenknospe *f*.

oxy|dable ⚗ (ɔksi'dablə) *adj*. oxydierbar; **~dant** ⚗ (~'dɑ̃) *adj*. [7] oxydierend; **~dation** ⚗ (~dɑ'sjɔ̃) *f* Oxydierung *f*; Rosten *n*; **~de** ⚗ (ɔ'ksid) *m* Oxyd *n*; **~dé** ⚗ (~'de) *adj*. zerfressen, oxydiert; **~der** ⚗ (~) [1a] **I** *v/t*. oxydieren; **II** *v/rfl*. s'~ oxydieren, anlaufen, rosten; **~génable** ⚗ (~ʒe'nablə) *adj*. oxydierbar; **~génateur** ⚗ (~ʒena'tœ:r) *m* Sauerstofferzeuger *m*; **~génation** ⚗ (~ʒenɑ'sjɔ̃) *f* Oxydierung *f*; **~gène** ⚗ (~'ʒɛn) *m* Sauerstoff *m*; **~géné** ⚗ (~ʒe'ne) *adj*. sauerstoffhaltig; *eau f* ~*e* Wasserstoffsuperoxyd *n*; *blond* ~ wasserstoffblond; *non* ~ ohne Sauerstoff; **~géner** ⚗ (~) [1f] **I** *v/t*. oxydieren; *Haare* blond färben; **II** *v/rfl*. s'~ Sauerstoff aufnehmen; **~mètre** (~'mɛtrə) *m* Säuremesser *m*; **~ure** *zo*. (ɔk'sjy:r) *f* Madenwurm *m*.

oyant (wa'jɑ̃) *p/pr*. *u*. *m*, *nur in*: ⚖ ~ *compte* (~*s pl*. *compte*) derjenige, dem man Rechenschaft ablegt.

ozo|ne ⚗ (ɔ'zɔn) *m* Ozon *n*; **~né** (~'ne); **~nifère** (~ni'fɛ:r) *u*. **~nisé** (~ni'ze) *adj*. ozonhaltig; **~nisation** ⚗ (~nizɑ'sjɔ̃) *f* Umwandlung *f* in Ozon; **~niser** ⚗ (~ni'ze) *v/t*. [1a] ozonisieren; **~niseur** ⊕ (~ni'zœ:r) *m* Ozonisierungsapparat *m*; **~nométrie** ⚗ (~nɔme'tri) *f* Ozonmessung *f*.

P

P, p (pe) *m* P, p *n*.
paca|ge ↗ (pa'ka:ʒ) *m* (Vieh-)Weide *f*; *droit m de* ~ Weiderecht *n* ~ *alpestre* Alm *f*; **~ger** (~ka'ʒe) *v/i.* [1l] weiden.
pacha (pa'ʃa) *m* Pascha *m*.
pachyderme *zo.* (~ʃi- *od.* ~ki'dɛrm) *m* Dickhäuter *m*.
paci|ficateur (pasifika'tœ:r) *adj. u. su.* [7f] Frieden stiftend; Friedenstifter *m*; **~fication** (~fikɑ'sjõ) *f* Friedensstiftung *f*, Befriedung *f*, Wiederherstellung der Ruhe; **~fier** (~'fje) *v/t.* [1a] befrieden, beruhigen; ~ *un pays* ein Land befrieden; **~fique** (~'fik) *adj.* □ **1.** friedliebend; **2.** friedlich; *l'océan m* 2 *od. le* 2 der Stille Ozean *m*; **~fisme** (~'fism) *m* Pazifismus *m*; **~fiste** (~'fist) *m u. adj.* Pazifist *m*; pazifistisch.
pacotille ⚓ (pakɔ'tij) *f* **1.** ✗ Beilast *f*, Freigepäck *n e-s Seemanns*; **2.** † Ausschußware *f*; Schund *m*.
pacqsif * (pak'sif) *m* Paket *n*.
pact|e (pakt) *m* Pakt *m*, Abkommen *n*, Vertrag *m*; ~ *d'assistance (mutuelle)* Beistandspakt *m*; ~ *d'amitié* Freundschaftspakt *m*; ~ *de non-agression (de non-immixtion)* Nichtangriffs-(Nichteinmischungs-)pakt *m*; ⚖ ~ *de famille* Erbvertrag *m*; **~iser** (~ti'ze) *v/i.* [1a] e-n Vertrag machen *od.* abschließen (*avec* mit *dat.*), paktieren; sich abfinden.
Pactole (pak'tɔl) *m* Mammon *m*, goldenes Kalb *n*; *fig.* 2 Quell *m des Reichtums*.
paddock (pa'dɔk) *m* **1.** Pferdekoppel *f*; **2.** * Bett *n*, Falle *f* P, Klappe *f* P.
paed(i)omètre (ped[j]ɔ'mɛtrə) *m* Meßstange *f* zur Messung der Körpergröße von Kindern.
paedologie 📖 (pedɔlɔ'ʒi) *f* Pädologie *f*, Lehre *f* über die Kindheitsjahre.
paf! (paf) **I** *int.* paff! (*Schuß*); plumps!, plautz! (*Fall*); **II** P *adj./inv.* blau, besoffen.
pagaie ⚓ (pa'gɛ) *f* Paddel *n*.
pag|aïe, ~aille, aye F (pa'gaj) *f* Wirrwarr *m*, Durcheinander *n*, Trubel *m*, Unruhe *f*, Verwirrung *f*.
paganis|er (pagani'ze) [1a] **I** *v/t.* heidnisch machen; **II** *v/i.* heidnisch denken *od.* handeln; **~me** (~'nism) *m* Heidentum *n*.
pagay|age ⚓ (pagɛ'ja:ʒ) *m* Bootsdienst *m*; *Sport*: Paddelsport *m*; **~er** (~gɛ'je) *v/i.* [1i] paddeln; **~eur** (~'jœ:r) [7g] Paddler *m*.
page[1] (pa:ʒ) *m hist.* Page *m*, Edelknabe *m*; *heute noch in*: *effronté comme un* ~ unverschämt frech; *il est hors de* ~ (*od. sorti de* ~) er ist den Kinderschuhen entwachsen.
page[2] (~) *f* (*Schrift-, Druck-*)Seite *f*; *à chaque* ~ auf jeder Seite; *à la* ~ *6 bzw. en* ~ *6 od. nur* ~ *6* auf Seite 6; *voir* ~ *6* siehe Seite 6; *suite* ~ *6* Fortsetzung Seite 6; *je répète ici ce que j'ai dit plus haut* ~ *seize* ich wiederhole hier, was ich weiter oben auf Seite sechzehn gesagt habe; ~ *blanche* unbeschriebene Seite *f*, weißes Blatt *n*

(*Papier*); ~ *magazine* Unterhaltungsbeilage *f*; ~ *spécimen* Probeseite; *fig.* *être à la* ~ mit der Zeit mitgehen, im Bilde sein, auf dem laufenden (*od.* auf der Höhe) sein; P gerissen sein; *gens m/pl. à la* ~ Leute *pl.*, die auf der Höhe sind.

pageot * (pa'ʒo) *m* Bett *n*, Falle *f* P.

pagin|ation (paʒina'sjɔ̃) *f* Paginierung *f*, Seitenbezeichnung *f*; **~er** (~'ne) *v/t.* [1a] paginieren, mit Seitenzahlen versehen.

pagne (paɲ) *m* (Lenden-)Schurz *m*.

paie (pɛ) *f* **1.** Löhnung *f*, Lohn *m*; Sold *m*; ~ *à la pièce* Akkordlohn *m*; **2.** Lohn-, ⚔ Sold-zahlung *f*; *jour m de* ~ Löhnungstag *m*; *haute* ~ Zulage *f*; *livre m de* ~ Soldbuch *m*; *être à la haute* ~ in hohem Solde stehen; **3.** F *bonne* (*mauvaise*) ~ guter (schlechter) Zahler *m*.

paiement (pɛ'mɑ̃) *m* Zahlung *f*; Bezahlung *f*; ~ *anticipé* Vorauszahlung *f*; ~ *comptant* Barzahlung *f*; ~ *forfaitaire* Pauschalzahlung *f*; ~ *par accomptes*, ~ *à compte*, ~ *échelonné*, ~ *partiel* Raten-, Teilzahlung *f*; ~ *mensuel* monatliche Monatsrate *f*; ~ *du* (*od.* *pour*) *solde* Restzahlung *f*; *trafic m des* ~*s* Zahlungsverkehr *m*; ~ *supplémentaire* (*od.* ~ *ultérieur*) Nachzahlung *f*; *faire un* ~ eine Zahlung leisten; *prendre en* ~ in Zahlung nehmen.

païen (pa'jɛ̃) [7c] **I** *adj.* heidnisch; *fig.* gottlos; **II** *su.* Heide *m*.

paillage ⸙ (pa'ja:ʒ) *m* Bedecken *n* mit Stroh.

paillard (pa'ja:r) [7] **I** *adj.* unzüchtig, geil, schweinisch P; **II** *su.* Wollüstling *m*, Wüstling *m*, Schwein *n* P; *f*: Hure *f*, Fose *f* V; **~ise** (~'di:z) *f* Hurerei *f*, Unzucht *f*.

paillas|se (pa'jas) **I** *f* Strohsack *m*; **II** ⸙ *m* Hanswurst *m*; *fig. pol.* Politiker *m*, der sein Mäntelchen nach dem Winde dreht; **~ser** P (~'se) *v/i.* [1a] schlafen, pennen P; **~son** (~'sɔ̃) *m* a) Fußabtreter *m* (*aus Stroh od. Binsen*); ⸙ Strohmatte *f* (*für Mistbeete, Spalierobst usw.*); b) *péj.* Kriecher *m*.

paille (pɑ:j) *f* **1.** Stroh *n*; *une botte de* ~ ein Bund *n* Stroh; *chapeau m de* ~ Strohhut *m*; *feu m de* ~ *fig.* Strohfeuer *n*; schnell dahinschwindende Begeisterung *f*; *grande* ~ Langstroh *n*; ~ *comprimée* Preßstroh *n*; ~ *hachée* Häcksel *m od. n*; *homme de* ~ a) Fatzke *m*, Waschlappen *m*, Pflaume *f*; b) *fig.* Strohmann *m*; ~ *tressée* Strohmatte *f*; *coucher sur la* ~ *fig.* ganz auf den Hund gekommen sein, im äußersten Elend leben; *mettre q. sur la* ~ j-n an den Bettelstab bringen; **2.** *brin m de* ~ Strohhalm *m*; *tirer à la courte* ~ mit Hälmchen losen; **3.** *vin m de* ~ Strohwein *m* (*aus getrockneten Trauben*); **4.** *couleur f* (*de*) ~ Strohfarbe *f*, -gelb *n*; strohfarben; **5.** ⊕ Fleck *m in Diamanten*; ⊕ Schweißfehler *m*, brüchige Stelle *f*; ~ *de fer* Eisen-, Stahl-, Feil-späne *m/pl.*

paillé (pa'je) **I** *adj.* **1.** strohfarben; **2.** ⊕ brüchig, zerbrechlich; **II** *m* strohiger Stallmist *m* (*eines Tages*).

pailler[1] (~) *v/t.* [1a] **1.** mit Stroh bedecken; **2.** *Stühle* aus Stroh flechten.

pail|ler[2] (~) *m* Stroh-hof *m*, -schuppen *m*, -miete *f*; *fig.* *être sur son* ~ bei sich zu Hause sein eigener Herr sein; **~let** (~'jɛ) **I** *adj. u. m*: (*vin m*) ~ Bleichert *m* (*hellroter Wein*); **II** ⚓ *m* (Schutz-)Matte *f*.

paillet|er (paj'te) *v/t.* [1c] mit Flitter besetzen; **~eur** (~'tœ:r) *m* Goldwäscher *m*, -gräber *m*; **~te** (pa'jɛt) *f* **1.** Flitter *m*; **2.** Goldkörnchen *n*; ~ *d'or* Goldblättchen *n*; **3.** fehlerhafte Stelle *f e-s Diamanten*; **4.** ⊕ schuppenförmiges Blech *n*; ~ *de fer* Eisensplitter *m*; ~ *en métal* Blattmetall *n*, Metallfolie *f*; **5.** ⚘ Spreublättchen *n*.

paill|eur (pa'jœ:r) *su.* [7g] **1.** Strohhändler *m*; **2.** Strohstuhlflechter *m*; **~eux** (~'jø) *adj.* [7d] **1.** brüchig, spröde, bröckelig, zerbrechlich; **2.** ⸙ *fumier m* ~ strohiger Dung *m*; **~is** (~'ji) *m* Streu *f auf Gartenbeeten*; **~on** (~'jɔ̃) *m* **1.** Flaschenhülse *f* aus Stroh, Stroh-hülse *f*, -verpackung *f*; **2.** ~ *de cuivre argenté* (*od.* *plaqué*) plattierte Kupferfolie *f*, unechte Silberfolie *f* (*Juwelierarbeit*); **~ot** (~'jo) *m* kleiner Strohsack *m*; **~ote** (~'jɔt) *f* Strohhütte *f*.

pain (pɛ̃) *m* **1.** Brot *n*; ~ *bis*, ~ *noir* Schwarzbrot *n*, Vollkornbrot *n*; ~ *noir de Westphalie* Pumpernickel *m*; ~ *blanc* Weißbrot *n*; ~ *brioché* Butterstolle *f*; ~ *complet* Schrotbrot *n*; ~ *d'épice* Pfeffer-, Leb-kuchen *m*; ~ *frais*, ~ *tendre* frisches Brot *n*; ~ *de ménage* gewöhnliches Brot *n*; ~ *long* Kaviarbrot *n*, französisches Weißbrot *n*; ~ *mollet* Milchbrot *n*; ~ *de munition* Kommißbrot *n*; *petit* ~ Brötchen *n*,

Semmel *f*; *petit ~ au lait* Milchbrötchen *n*; *~ rassis* alt(backen)es Brot *n*; *fig. il est bon comme le ~* er hat das Herz auf dem rechten Fleck; *mettre q. au ~ et à l'eau* j-n auf Wasser u. Brot setzen; **2.** *fig.* Nahrung *f*, Unterhalt *m*, Verdienst *m*; *demander son ~* von Almosen leben; *gagner son ~* s-n Lebensunterhalt verdienen; *cela se vendra comme du ~* das wird wie warme Semmeln gehen (*od.* reißenden Absatz finden); **3.** *pâte f de ~* Brotteig *m*; **4.** *ehm. ~ à cacheter* Oblate *f* (*zum Versiegeln v. Briefen*); **5.** Klumpen *m*, Masse *f*, Stück (-chen *n*) *n*; *~ de beurre* Klumpen *m* Butter; *~ de bougie* Wachsstock *m*; *~ d'olives* Ölkuchen *m*; *~ de savon* Stück *n* Seife; *~ de sucre* Zuckerhut *m*; *cuis. ~ de veau* falscher Hase *m*; *métall. ~ d'acier* Stahlluppe *f*; *~ de liquation* Frischstück *n*; **6.** ✐ *arbre m à ~* Brotbaum *m*; *~ de pourceau* Saubrot *n*; *~ de singe* Affenbrot *n*; **7.** * Faustschlag *m*; Ohrfeige *f*.

pair (pɛ:r) **I 1.** *adj.*: *nombre m ~* gerade Zahl; **II** *m* **2.** (*mst. pl.*) *der* Gleiche *m*, Ebenbürtige *m*; *être jugé par ses ~s* von seinesgleichen beurteilt werden; *hors (de) ~* unvergleichlich; **3.** ✝ Pari *n*, Parität *f*, gleicher Wert *m*; *~ de change* Wechselparität *f*; *être au ~* auf Pari (*od.* auf dem Nennwert) stehen; *fig.* aufgearbeitet (*od.* aufgeholt haben; *il est au ~ dans une maison* er hat e-e Stelle für freie Kost u. Logis; **4.** *advt. de ~* auf gleichem Fuße; *aller de ~ avec q.* gleichen Schritt mit j-m halten; *fig.* mit j-m auf gleicher Stufe stehen; *fig. marcher de ~* Hand in Hand arbeiten; **III** *m* (*f*: *~esse* [pɛ'rɛs]) *hist. Fr.* Pair *m*; Paladin *m*; *England*: Peer *m*; *la chambre f des ~s* das englische Oberhaus *n*.

paire (~) *f* **1.** Paar *n von Tieren*; *~ de bœufs* Ochsengespann *n*; *~ de chevaux* Pferdegespann *n*; *une ~ de pigeons* ein Taubenpaar *n*; **2.** Paar *n von gleichartigen Sachen*; *une ~ de souliers* ein Paar Schuhe; *les deux font la ~* die beiden gehören zusammen; *une ~ de lunettes* eine Brille; *une ~ de ciseaux* eine Schere.

pairesse (pɛ'rɛs) *f* Frau *f* e-s Pairs (*hist. Fr.*) *od.* Peers.

paisible (pɛ'ziblə) *adj.* □ **1.** friedlich, friedfertig; *fig.* fromm (*Tiere*); **2.** ruhig, still; **3.** ⚖ ungestört im Besitz, unangefochten.

paisson † (pɛ'sõ) *f* Viehfutter *n*, Viehweide *f*; *ch.* Äsung *f*.

paître ('pɛ:trə) [4z] *v.dft.* **I** *v/i.* weiden; F *envoyer q. ~* j-n zum Teufel jagen, **II** *v/t. nur noch poét. od. st.s.* **1.** auf die Weide führen, weiden; **2.** füttern; **III** *v/rfl.* ⚒ *se ~* sich nähren (*Raubvogel*; *dafür häufiger*: *se repaître*); *fig. se ~ d'espérances* Hoffnungen hegen, sich vertrösten (*häufiger*: *se repaître d'espérances*).

paix (pɛ) **I** *f* **1.** Friede(n) *m*; *traité m de ~* Friedensvertrag *m*; *en temps de ~* in Friedenszeiten; *~ blanche* Friede *m* ohne Sieg; *~ d'entente* (*de renonciation*) Verständigungs- (Verzicht-)friede *m*; *~ fourrée, ~ plâtrée* Scheinfriede *m*; *~ séparée* Sonderfriede *m*; *faire la ~* Frieden schließen; **2.** *fig.* Eintracht *f*; Ruhe *f*, Frieden *m*; Stille *f*, Schweigen *n*; *fig. ne donner ni ~ ni trêve à q.* j-m weder Ruhe noch Rast gönnen,; *laisser q. en ~* j-n in Ruhe lassen; P *fiche-moi* (*od.* V *fous-moi*) *la ~!* laß' mich in Ruhe!; *laisser les morts en ~* die Toten ruhen lassen; **3.** Seelenruhe *f*, himmlische Seligkeit *f*; *Dieu lui fasse ~!* Gott hab' ihn selig!; **II** *int.* (*la*) *~!* Ruhe!

Pakistan *géogr.* (pakis'tɑ̃) *m*: **le ~** Pakistan *n*; **~ais** (~ta'nɛ) *su. u.* ♀ *adj.* [7] Pakistaner *m*; pakistanisch.

pal (pal) *m* (*pl. ~s od. paux*) Pfahl *m*; *supplice m du ~* Pfählen *n* (*Folterungsart*).

pala|bre (pa'lɑ:brə) *f* **1.** *mst. pl.* Verhandlung *f* mit e-m Negerhäuptling; **2.** *péj.* langweiliges Gerede *n*, Gefasele *n*; **~brer** (~lɑ'bre) *v/i.* [1a] faseln, palabern, quatschen.

palace *néol.* (pa'las) *m* modernes Luxushotel *n*; Luxusbau *m*.

paladin (pala'dɛ̃) *m féod.* Paladin *m*; ⚒ F *fig.* Gentleman *m*.

palafitte ⚠ (pala'fit) *m* Pfahlbau *m*.

palais[1] (pa'lɛ) *m* **1.** Palast *m*, Prachtbau *m*; Schloß *n*; *féod.* Pfalz *f*; *~ du gouvernement* Regierungsgebäude *n*; **2.** ⚖ *~ de justice* Justizpalais *n*, Gerichts-hof *m*, -gebäude *n*; *gens m/pl. de ~* Gerichtspersonen *f/pl.*; *jour m de ~* Gerichtstag *m*; *en style de ~* in der Gerichtssprache; **3.** *modern*: (Ausstellungs-) Halle *f*.

palais[2] (~) *m* Gaumen *m*; *~ artificiel*

Gaumenplatte *f*; *avoir le ~ fin* ein Feinschmecker sein.

palan (pa'lɑ̃) *m* ⊕ Flaschenzug *m*; ⚓ Talje *f*, Takel *n*, Schiffswinde *f*; ⊕ *~ roulant* Laufkatze *f*; **~che** (pa'lɑ̃:ʃ) *f* Tragejoch *n* (*für Wasserträger*); **~çons** (palɑ̃'sɔ̃) *m/pl.* Schalwandung *f*, -holz *n*; **~guer, ~quer** ⚓ (~lɑ̃'ge, ~lɑ̃'ke) *v/t.* [1m] aufhissen, auftaljen; **~que** ⚔ (pa'lɑ̃:k) *f* Pfahlwerk *n*; **~quin** (~lɑ̃'kɛ̃) *m* **1.** Palankin *m*, Sänfte *f* (*Orient*); **2.** ⚓ *~ de ris* Reeftalje *f*.

palatal *gr.* (pala'tal) *adj.* [5c] palatal, Gaumen...; *consonne f ~e* (*a.* *~e f*) palataler Konsonant *m*.

palatin[1] *géogr.* (pala'tɛ̃) **I** *adj.* [7] pfälzisch; **II** *m le* (*mont*) ♀ der Palatin *m*.

palatin[2] *anat.* (~) *adj.* [7] Gaumen...; *voûte f ~e* der harte Gaumen *m*.

Palati|nat *géogr.* (palati'na) *m*: *le ~* die Pfalz *f*; ♀**ne** (~'tin) *f* (*Damen-*)Pelzkragen *m*.

pale[1] *rl.* (pal) *f* Kelchdeckel *m*.

pale[2] (~) *f* **1.** ✈ *~ d'hélice* Luftschraubenblatt *n*, Propeller-blatt *n*, -flügel *m*; **2.** ⚓ *~ d'aviron, ~ de rame* Ruder-, Riemen-blatt *n*; **3.** ⊕ Schutzbrett *n*, (Zieh-)Schütze *f* e-s Wasserkanals; **4.** ⊕ spitz zulaufende (Palisaden-)Bohle *f*.

pâle (pɑ:l) *adj.* **1.** blaß, bleich; fahl; ⚕ *~s couleurs f/pl.* Bleichsucht *f/sg.*; **2.** *fig.* matt, kraftlos; **3.*** ⚔ krank.

paléacé ♀ (palea'se) *adj.* spreutragend.

palée ⚠ (pa'le) *f* Pfahlwerk *n*; Bohlenwand *f*; *~ de pont* Brückenjoch *n*.

pale|frenier (palfrə'nje) *m* Stallknecht *m*; **~froi** *féod.* (~'frwa) *m* Paradepferd *n*, Zelter *m*.

paléo|cène *géol.* (paleɔ'sɛn) *m* Paläozän *n*; **~graphe** 🕮 (~'graf) *m* Paläograph *m*; **~graphie** 🕮 (~gra'fi) *f* Paläographie *f*; **~graphique** 🕮 (~gra'fik) *adj.* paläographisch; **~lithique** 🕮 (~li'tik) *adj. u. m* paläolithisch; Paläolithikum *n*; **~logue** (~'lɔg) *m* Altphilologe *m*.

paléontolo|gie 🕮 (paleɔ̃tɔlɔ'ʒi) *f* Paläontologie *f*, Petrefakten-, Versteinerungs-kunde *f*; **~gique** 🕮 (~'ʒik) *adj.* paläoontologisch; **~gue** 🕮 (~'lɔg) *m* Paläoontologe *m*.

paleron (pal'rɔ̃) *m* Vorderbug *m*, Schulterblatt *n bei Tieren*.

Palestine *ehm. géogr.* (palɛs'tin) *f*: *la ~* Palästina *n*.

palet (pa'lɛ) *m* Wurfscheibe *f*.

paletot (pal'to) *m* **1.** kürzerer, sportlicher Herrenmantel *m*, Überzieher *m*; dreiviertellanger Damenmantel *m*; **2.** Berufsjacke *f*; **3.** Jägerjacket *n*.

palett|e (pa'lɛt) *f* **1.** Ballschläger *m*; **2.** *peint.* Palette *f*; **3.** ⊕ Schaufel *f* *am Wasserrad*; *arbre m à ~s* Schaufelrad *n*; ⊕ *transporteur m à ~s* Tragbandförderer *m*, Förderband *n*; **4.** ✈ *~ d'hélice* Propellerflügel *m*; **5.** ⚓ *~ d'aviron, ~ de rame* Ruderblatt *n*; **6.** 🚂 *~ de commandement* Befehlsstab *m*; **7.** ⊕ *~ d'arrimage* Stevedore-Palette *f* (*od.* -Palett *n*), Stapelplatte *f*; *courroie f à ~s* Holzgurt *m*; **8.** *cuis.* Schulterblatt *n* (*Fleisch*); **9.** ⚠ Kelle *f*; **~isé** ⊕ (~ti'ze) *adj.* palettisiert, mit Stapelplatten belegt; **~iser** ⊕ (~) *v/t.* [1a] auf Paletten zuführen.

palétuvier ♀ (palety'vje) *m* Mangel-, Wurzel-baum *m*.

pâleur (pɑ'lœ:r) *f* Blässe *f*.

pali|er (pa'lje) *m* **1.** ⚠ Treppenabsatz *m*; Treppenflur *m*; **2.** 🚂, ⚠ Planum *n*, horizontale Strecke *f* *e-r Eisenbahnlinie od. Straße*; **3.** ⚒ *~ d'exploitation* Abzugshängebank *f*; **4.** ⊕ (Zapfen-)Lager *n*; *~ à billes* Kugellager *m*; *~ graisseur* Schmierlager *n*; *~ à rouleaux* Rollenlager *n*; **5.** ✈ Horizontalflug *m*; **6.** *fig.* Etappe *f* (*e-s Fortschritts*); *~ d'âge* Altersstufe *f*; **~ère** ⚠ (~'ljɛ:r) *f* oberste Treppenstufe *f*, Antrittsstufe *f*.

palifi|cation ⚠ (palifikɑ'sjɔ̃) *f* Verpfählung *f*; **~er** ⚠ (~'fje) *v/t.* [1a] verpfählen.

palimpseste 🕮 (palɛ̃'psɛst) *m* Palimpsest *m od. n.*

palinodie *péj.* (palinɔ'di) *f* Widerruf *m*, Behauptung *f* des glatten Gegenteils; *chanter la ~* sich selbst widersprechen.

pâlir (pɑ'li:r) [2a] **I** blaß *od.* bleich werden; *fig.* verblassen, verschwinden; *fig. ~ sur ses livres* über s-n Büchern hocken, *écol.* büffeln; **II** *v/t.* blaß *od.* bleich machen.

palis (pa'li) *m* (Zaun-)Pfahl *m*; Staketenzaun *m*; **~sade** (~'sad) *f* **1.** ⚔ Palisade *f*, Pfahlwerk *n*; **2.** Pfahl-, Holz-zaun *m*; **3.** ⚠ Bauzaun *m*, Bretterzaun *m*, Pfahlwand *f*; **4.** ✓ lebende Hecke *f*; **~sader** (~sa'de) *v/t.* [1a] **1.** ⚔ mit Palisaden umgeben; **2.** einzäunen; **~sage**

(~'sa:ʒ) *m* Anpfählen *n*, Einspalieren *n*; Spalierwand *f*; **~ser** (~'se) *v/t.* [1a] anpfählen, anspalieren.

palladium (pala'djɔm) *m* **1.** *myth.* Schutzbild *n*; **2.** ⚗ Palladium *n.*

palli|atif (palja'tif) *adj.* [7e] *u. m* □ lindernd(es), nur scheinbar heilend(es Mittel *n*); *fig.* nur oberflächlich wirksam(e Maßregel *f*), Notbehelf *m*; **~ation** (~ljɑ'sjɔ̃) *f* Bemäntelung *f*, Beschönigung *f*, Verschleierung *f*; ⚕ vorübergehende Linderung *f*; ✝ ~ *d'un bilan* Bilanzverschleierung *f*; **~er** (pa'lje) *v/t.* [1a] ⚕ oberflächlich heilen; *fig.* bemänteln, beschönigen, verschleiern; ~ *un inconvénient* e-n Mißstand beschönigen.

palmaire *anat.* (pal'mɛ:r) *adj.* [Hand...]

palmarès (palma'rɛs) *m école.* Liste der prämiierten Schüler; *Sport:* Siegerliste *f.*

palme (palm) *f* **1.** Palmenzweig *m*; *huile f de* ~ Palmenöl *n*; *vin m de* ~ Palmenwein *m*; **2.** Sieg(espalme *f*) *m*; *remporter la* ~ den Sieg davontragen; **3.** ~ *de caoutchouc* Schwimmflosse *f*; Gummiflosse *f* (*e-s Tauchergeräts*).

palmé (pal'me) *adj.* **1.** handförmig; **2.** *zo.* mit e-r Schwimmhaut versehen; F *avoir les pattes* ~*es* nichts tun wollen; **3.** F mit akademischen Palmenzweigen ausgezeichnet.

palmer[1] ⊕ (pal'mɛ:r) *m* Dickenmesser *m*, Mikrometer *n.*

palmer[2] ⊕ (~'me) *v/t.* [1a] Nadelköpfe flachschlagen.

palm|eraie (palmə'rɛ) *f* Palmenhain *m*; **~ette** (~'mɛt) *f* **1.** Palmette *f*, palmartige Verzierung *f*; **2.** ⚘ symmetrische Spalierform *f* der Obstbäume; **~ier** (~'mje) *m* Palme *f*, Palm(en)baum *m*; ~ *dattier* Dattelpalme *f*; ~*-éventail* Fächerpalme *f.*

palmipède 🕮 (~mi'pɛd) **I** *m* Schwimmvogel *m*; **II** *adj.* plattfüßig u. mit e-r Schwimmhaut an den Füßen versehen.

palmi|ste ⚘ (~'mist) *m* Zwergpalme *f*; **~te** (~'mit) *m* Palmenmark *n.*

palmure *orn.* (~'my:r) *f* Schwimm-[haut *f.*]

palombe *orn.* (pa'lɔ̃:b) *f* Ringeltaube *f.*

palonnier (palɔ'nje) *m* **1.** Ortscheit *n* am Wagen; **2.** ✈, ⊕ Schalt-, Fuß-hebel *m*; *u. Auto:* ~ *de frein* Bremsausgleich *m.*

pâlot (pɑ'lo) *adj.* [7c] bläßlich.

palourde (pa'lurd) *f eßbare* Seemuschel *f.*

palpable (pal'pablə) *adj.* □ greifbar; fühlbar; *fig.* handgreiflich; sonnenklar.

palpe *ent.* (palp) *f od. m* Fühler *m*, Taster *m*; *icht.* Bartfaser *f.*

palpébral *anat.* (palpe'bral) *adj.* [5c] Augenlid...

palper (pal'pe) *v/t.* [1a] betasten, befühlen; befingern F; *fig.* F *Geld* einstreichen (*od.* einkassieren).

palpeur ⊕ (pal'pœ:r) *m* Taster *m.*

palpi|tant (palpi'tɑ̃) *adj.* [7] zukkend (*Herz*); *fig.* spannend, pakkend; **~tation** (~tɑ'sjɔ̃) *f* (krampfhaftes) Zucken *n*; ~*s pl. du cœur* Herzklopfen *n*; **~ter** (~'te) *v/i.* [1a] (krampfhaft) zucken; klopfen, schlagen, pochen (*Herz*); wogen (*Busen*).

palplanche ⊕ (pal'plɑ̃:ʃ) *f* Spund-[bohle *f.*]

paltoquet F (paltɔ'kɛ) *m* primitiver Kerl *m*, Flegel *m*; Tagedieb *m.*

palu|déen (palyde'ɛ̃) *adj.* [7c] Sumpf...; ⚕ *fièvre f* ~*ne* Malaria *f*, Sumpffieber *n*; **~dicole** (~di'kɔl) *adj.* sumpfbewohnend; **~dier** (~'dje) *m* Seesalinenarbeiter *m*; **~dification** (~difikɑ'sjɔ̃) *f* Versumpfung *f*; **~disme** (~'dism) *m* Malaria *f*, Sumpffieber *n*; **~stre** (~'lystrə) *adj.* Sumpf..., Moor...

pâm|er (pɑ'me) [1a] *v/i. u.* **se** ~ ohnmächtig werden; *se* ~ *de rire*, F ~ *de rire* platzen vor Lachen, sich totlachen; *faire* ~ *d'aise* freudig überraschen, entzücken; **~oison** (~mwa'zɔ̃) *f* Ohnmacht *f.*

pampa (pɑ̃'pa) *f* Pampa *f.*

pamphl|et (pɑ̃'flɛ) *m* Pamphlet *n*, Schmähschrift *f*; **~étaire** (~fle'tɛ:r) *m* Pamphletist *m.*

pamplemousse ⚘ (pɑ̃plə'mus) *f* Pampelmuse *f*, Grapefruit *f.*

pampre ⚘ ('pɑ̃:prə) *m* Weinranke *f.*

pan[1] (pɑ̃) *m* **1.** Bahn *f od.* Streifen *m e-s Stoffes*, Stoffbahn *f*; Rockschoß *m*; **2.** ⚠ Mauerfläche *f*; (Mauer-)Stück *n*; ~ *de comble* Dachfläche *f*; ~ *de verre* ⚠ Fensterfläche *f*; ~ *coupé* abgestumpfte Ecke *f*; **3.** ~ *de roche* Felswand *f.*

pan![2] (~) *int.* puff!; plautz!, bums!

panacée (pana'se) *f* Allheilmittel *n.*

panach|age *pol.* (~'ʃa:ʒ) *m* Zs.-setzung *f* von Kandidaten verschiedener Listen; **~e** (~'naʃ) *m* **1.** Helm-, Feder-busch *m*; *fig.* Eigenstolz *m*, persönliche Würde *f*, Haltung *f*, Schneid *m*; äußerlicher Glanz *m*; ~ *de fumée* Rauch-wolke *f*, -säule *f*; *fig. faire* ~ *Auto*: sich überschlagen, umkippen; *Ski*: hinschlagen; **2.** ⚠ Gewölbezwickel *m*; **~é** (~'ʃe) *adj.* buntgestreift; gefleckt; F *fig.* gemischt; **~er** (~) *v/t.* [1a] **1.** mit e-m Federbusch verzieren; **2.** bunt(streifig) machen; **3.** *pol.* Wahlliste bunt zs.-setzen; **~ure** (~'ʃy:r) *f* Farbenmischung *f*.

panade (pa'nad) *f* Brotsuppe *f*; *fig.* P Klemme *f*; P Schlappschwanz *m*.

panallemand *pol.* (panal'mɑ̃) *adj.* [7] gesamtdeutsch; *comité m (commission f)* ~(e) gesamtdeutscher Ausschuß *m*.

Panam|a (pana'ma) *m* **1.** *géogr.* **le** ~ Panama *n*; **2.** ♀ Panamastrohhut *m*; **~éen** (~me'ɛ̃), **~ien** (~'mjɛ̃) *su. u.* ♀ *adj.* [7c] Panameser *m*; panamesisch, aus Panama.

pan|américanisme *pol.* (panamerika'nism) *m* Panamerikanismus *m*; **~arabisme** *pol.* (~ara'bism) *m* Panarabismus *m*.

panard P (~'na:r) *m* Fuß *m*.

panaris ⚕ (pana'ri) *m* Nagelgeschwür *n*.

pancarte (pɑ̃'kart) *f* **1.** Anschlagzettel *m*; **2.** Transparent *n*.

panchromatique (pɑ̃krɔma'tik) *adj.* alle Farben aufweisend, farbig.

panclastite ⚗ (pɑ̃klas'tit) *f* Sprengpulver *n*.

pancréas *anat.* (pɑ̃nkre'as) *m* Bauchspeicheldrüse *f*.

pandémonium (~demɔ'njɔm) *m* Stätte *f* des Lasters.

pandore F (~'dɔ:r) *m* Schupo *m*.

pandour (pɑ̃'du:r) *m* Rohling *m*.

pané *cuis.* (pa'ne) *adj.* paniert.

panégyri|que (paneʒi'rik) *m* feierliche Lobrede *f*; *péj.* Lobhudelei *f*; **~ste** (~'rist) *m* Lobredner *m*; *péj.* Lobhudler *m*.

paner *cuis.* (pa'ne) *v/t.* [1a] panieren.

pane|rée (pan're) *f* Korbvoll *m*; **~terie** (pan'tri, panɛ'tri) *f* **1.** Brotkammer *f*; **2.** *hist.* Hofbäckerei *f*; **~tier** (pan'tje) *m* Brotverwalter *m*; **~tière** (~'tjɛ:r) *f* Brot-sack *m*; -tasche *f*, -kasten *m*, -schrank *m*; **~ton** (pan'tɔ̃) *m* Teigkörbchen *n* für ein Brot.

Paneurope (panœ'rɔp) *f*: *la* ~ Paneuropa *n*.

pangermani|que *ehm.* (pɑ̃ʒerma'nik) *adj.*, **~ste** *ehm.* (~'nist) *adj.* (*a.su.*) all-, groß-deutsch.

pangolin *zo.* (pɑ̃gɔ'lɛ̃) *m* Schuppentier *n*.

panic ♣ (pa'nik) *m* Hirse *f*.

panicaut ♣ (pani'ko) *m* Männertreu *f*.

panicule ♣ (pani'kyl) *f* Rispe *f*.

panier (pa'nje) *m* **1.** Korb *m*; Korbvoll *m*; ~ *à anse* Henkelkorb *m*; *faire danser l'anse du* ~ in die eigene Tasche wirtschaften; ~ *à bouteilles* Flaschenkorb *m*; 🚂 ~ *de groupage* Gepäckkorb *m*; ~ *métallique* Drahtkorb *m*; *fig.* ~ *à salade* Polizeiauto *n* für Gefangene, grüne Minna *f* P; F *les dessus du* ~ das Beste *n*; *c'est un* ~ *percé* das ist ein Erzverschwender *m*; *sot comme un* ~ stock-, sau-dumm P; *mettre tous les œufs dans le même* ~ alles auf eine Karte setzen; *rad. antenne f en* ~ Korbantenne *f*; **2.** *ehm.* Reifrock *m der Damen*.

panifi|able (pani'fjablə) *adj.* zur Brotbereitung geeignet; **~cation** (~fika'sjɔ̃) *f* Brotbereitung *f*; **~er** (~'fje) *v/t.* [1a] zu Brot backen.

panique (pa'nik) *adj. u. f*: (*terreur f*) ~ Panik *f*, panischer Schrecken *m*.

panislamisme *pol.*, *rl.* (panisla'mism) *m* Panislamismus *m*.

panne¹ (pan) *f* **1.** *Auto*, *vél.*, ✈, *mot.*, ⚡ Panne *f*, Störung *f*; Versager *m*; ~ *de moteur* Motorenschaden *m*; *moteur m en* ~ ausgefallener Motor *m*; *être en* ~ *Auto*: Panne haben; *mot.* ausfallen, versagen; *Boot* leck werden; ⚡ ~ *d'électricité* elektrische Störung *f*; *rester en* ~ *Auto*: wegen e-r Panne unterwegs liegen bleiben; *tomber en* ~ *d'essence* kein Benzin mehr haben; **2.** *thé.* armselige Rolle *f*; Steckenbleiben *n*; **3.** ⚓ *en* ~ beigedreht liegend; *mettre en* ~ beidrehen, beilegen; **4.** ~ *de nuages* Wolkendecke *f*, Wolkenbank *f*.

panne² (~) *f charp.* Dachlatte *f*, Pfette *f*, Dachbalken *m*.

panne³ (~) *f* (Bauch-)Fett *n der Schweine*.

panne⁴ (~) *f* Felbel *m*, Pelzsam(me)t *m*.

panné P (pa'ne) *adj.* pleite, ruiniert, erledigt.

panneau (pa'no) *m* [5b] **1.** ⚠ Füllung *f*; ~ *de porte* Türfüllung *f*; **2.** *ch.* Netz *n* für Hasen; *donner dans le* ~ in das Garn gehen; *fig.* sich anführen lassen, auf den Leim reinfliegen; **3.** *peint.* Holzplatte *f zum Bemalen*; **4.** ⊕ Fläche *f*; Platte *f*; Schild *n*; ⚠ Fachwerkfeld *n*; Fach *n*, Feld *n*, Paneel *n*; ✈ Fach *n*, Feld *n*; ⚠ ~ *acoustique* Akustikplatte *f*; ✈ ~ *du ballon*

Ballonbahn *f*; ⚔ ~ *de cible* Zielscheibenfeld *n*; ~ *de circulation* Verkehrsschild *n*; ⚠ ~ *comprimé* Preßholzplatte *f*; ✈ ~ *de déchirure* Reißbahn *f*; ⊕, ⚡ ~ *de distribution* Schalt-tafel *f*, -feld *n*; ✈ ~ *d'identification* (Flieger-)Sichtzeichen *n*, Flieger-, Erkennungs-, Signaltuch *n*; ⊕ ~ *de revêtement* Verkleidungsblech *n*; ✈ ~ *de repère* Landezeichen *n*; ~ *de signalisation* Verkehrsschild *n*; ✈ (Flieger-) Sichtzeichen *n*, Signaltuch *n*; **~tage** ⚠)~ta:ʒ) *m* Wandplattenverkleidung *f*; **~ter** *ch.* (~'te) *v/t.* [1a] Garne (*od.* Netze) aufstellen.

pannel|é ⊕ (pan'le) *adj.* getäfelt, in Füllungen eingeteilt; **~er** (~) *v/t.* [1a] *charp.* abfachen, paneelieren (*besser: lambrisser*); besäumen.

panneton (pan'tɔ̃) *m* Schlüsselbart *m*; **~nage** ⚠ (~tɔ'na:ʒ) *m* Dachziegelbefestigung *f* (*von unten*).

panonceau (panɔ̃'so) *m* [5b] Schild *n e-s Notars od. a. e-s Geschäfts.*

panoplie (panɔ'pli) *f* **1.** *féod.* vollständige Ritterrüstung *f*; **2.** Waffensammlung *f* (*an der Wand*); **3.** Karton *m* mit Spiel- *od.* Werkzeug.

panoptique (panɔp'tik) *m u. adj.*: (*bâtiment m*) ~ übersichtlicher Bau *m*.

panoram|a (panɔra'ma) *m* Panorama *n*, Rundblick *m*; Landschaftsgemälde *n*; Übersicht *f*; *phot.* ~ *en couleurs* Farbaufnahme *f*; ~ *des Alpes* Achterbahn *f*; **~ique** (~'mik) *adj.* Aussichts..., Rundblick...

pan|osse ⋆ (pa'nɔs) *f*, **~ouillard** ⋆ (~nu'ja:r) *m* **~nouille** ⋆ (~'nuj) *f* Waschlappen *m fig.*, feige Memme *f*.

pansage (pɑ̃'sa:ʒ) *m* Wartung *f der Pferde.*

panse (pɑ̃:s) *f* **1.** *péj.* Wanst *m*, Pansen *m*, Fett-, Schmer-bauch *m*; **2.** *zo.* Pansen *m der Wiederkäuer*; **3.** Bauch *m e-r Flasche*; **4.** Rundstrich *m von Buchstaben*; **5.** ⊕ Glocken-kranz *m*, -ring *m*.

pans|ement ⚕ (pɑ̃s'mɑ̃) *m* Verbinden *n e-r Wunde*; Verband *m*; ~ *d'urgence*, ~ *provisoire*, ~ *de fortune* Notverband *m*; **~er** (pɑ̃'se) *v/t.* [1a] **1.** Wunden verbinden; **2.** striegeln (*Pferd*).

panslavisme (pɑ̃sla'vism) *m* Panslavismus *m.*

pansu (pɑ̃'sy) *adj. u. su.* dickbäuchig; Dickwanst *m*.

pantalon (pɑ̃ta'lɔ̃) *m* (lange) Hose *f* ~ *corsaire* Dreiviertelhose *f*; ~ *à l'écuyère* (Damen-)Reithose *f*; *ceinture f* (*fond m*) *de* ~ Hosen-bund *n* (-boden *m*); **~nade** (~lɔ'nad) *f* Posse *f*; faule Ausrede *f*; *les* ~*s de la politique* die Spiegelfechtereien *f/pl.* der Politik.

pante ⋆ (pɑ̃:t) *m* (Spieß-)Bürger *m*; dummer Kerl *m.*

pantel|ant (pɑ̃'tlɑ̃) *adj.* [7] keuchend; zuckend; **~er** (~'tle) *v/i.* [1c] keuchen, schnaufen; zucken (*Herz*).

pantenne ⚓ (pɑ̃'tɛn) *advt.*: *en* ~ in Unordnung.

panthéis|me (pɑ̃te'ism) *m* Pantheismus *m*; **~te** (~'ist) *adj. u. m* pantheistisch; Pantheist *m*.

panthéon (pɑ̃te'ɔ̃) *m antiq.* Pantheon *n*; *fig.* Ruhmeshalle *f*.

panthère (pɑ̃'tɛ:r) *f zo.* Panther *m*; F Olle *f* P, Ehefrau *f*.

pantière (pɑ̃'tjɛ:r) *f ch.* Schlange *f*, Vogelnetz *n*; Jagdtasche *f*.

pantin (pɑ̃'tɛ̃) *m* Hampelmann *m* (*a. fig.*); wetterwendischer Mensch *m*, Chamäleon *n*.

pantographe (pɑ̃tɔ'graf) *m* Pantograph *m*, Storchschnabel *m* (*Gerät zum Nachzeichnen*).

pantois (pɑ̃'twa) *adj.* [7] *fig.* verdutzt, verblüfft, sprachlos, platt, paff; *rester* ~ sprachlos sein.

pantomètre ⚒ (pɑ̃tɔ'mɛtrə) *m* Pantometer *n*, Winkel-, Längen- u. Höhen-messer *m*.

pantomime (pɑ̃tɔ'mim) **I** *m* Gebärdenspieler *m*; **II** *f* Gebärden-, Mienen-sprache *f*; *thé.* Pantomime *f*, Gebärden(schau)spiel *n*; **III** *adj.* pantomimisch.

pantouflard F (pɑ̃tu'fla:r) **I** *m* Stubenhocker *m*; Spießbürger *m*; **II** *adj.* [7] spießig, spießbürgerisch.

pantou|fle (pɑ̃'tuflə) *f* Hausschuh *m*; F *et cætera* ~ *deutsch* F: et caetera p.p.; *raisonner comme une* ~ albernes Zeug reden; *il est sous la* ~ er steht unter dem Pantoffel; **~fler** F (~'fle) *v/i.* [1a] dummes Zeug reden, spinnen F, dauernd Fragen stellen; **~flerie** (~flə'ri) *f* Pantoffelmacherei *f*; F *fig.* dummes Geschwätz *n*; **~flier** (~fli'e) *m* Pantoffel-macher *m*, -händler *m*.

paon (pɑ̃) *su.* [7c] **1.** Pfau *m*; *fig. faire le* ~ sich brüsten; F; *fig. se parer des plumes du* ~ sich mit fremden Federn schmücken; **2.** ~ *de nuit* Nachtpfauenauge *n*; **~ne** (pan) *f* Pfauhenne *f*; **~neau** (pa'no) *m* [5b] junger Pfau *m*; **~ner** (pa'ne) *v/i.* [1a] radschlagen; *fig.* sich brüsten.

papa (pa'pa) *m* Papa *m*; F *à la* ~

ganz gemütlich.

pa|pable (pa'pablə) *adj.* zur Papstwürde wahlfähig; **~pakha** (papa'ka) *f* kaukasische Pelzmütze *f*; **~pal** (~'pal) *adj.* [5c] päpstlich; **~palin** (~pa'lɛ̃) *m u. adj.* [7] Soldat *m od.* Anhänger *m* des Papstes; *péj.* papsthörig; **~pas** *rl.* (pa'pas) *m* Pope *m*; **~pauté** (~po'te) *f* Papstwürde *f*, -tum *n*.

papavéracées ⚘ (~vera'se) *f/pl.* [Mohnpflanzen *f/pl.*).]

pape (pap) *m* Papst *m*.

papegai (pap'gɛ) *m* hölzerner Vogel *m* (*als Zielscheibe*).

papelard (pap'la:r) [7] *adj. u. m* scheinheilig; Scheinheiliger *m*; * Zeitung *f*; **~ise** (~lar'di:z) *f* Scheinheiligkeit *f*.

paperas|se *péj.* (pa'pras) *f* beschriebenes Stück *n* Papier, Wisch *m*; **~ser** (~'se) *v/i.* [1a] **1.** in alten Papieren herumkramen; **2.** Papier verschmieren, e-n Papierkrieg führen; **~serie** (~s'ri) *f* **1.** alter Papierkram *m*; **2.** Papierkrieg *m*, Geschreibsel *n*; **~sier** (~'sje) *su. u. adj.* [7b] Sammler *m* wertlosen Papierkrams; Federfuchser *m*; *péj.* Aktensortierer *m*; papierverschmierend, schreibwütig.

papesse (pa'pɛs) *f* Päpstin *f* (*in der* [*Legende*).]

pape|terie papɛ'tri, pap'tri) *f* **1.** Papierfabrik *f*; **2.** Papier- u. Schreibwaren-handlung *f*; **3.** Schreibwaren *f* /*pl.*; **4.** Schachtel *f* mit Schreibutensilien *pl.*; **~tier** (pap[ɛ]'tje) [7b] **I** *adj.* Papier...; *industrie papetière* Papierindustrie; *f*; **II** *su.* Papierfabrikant *m*; Papier- u. Schreibwaren-händler *m*.

papier (pa'pje) *m* **1.** Papier *n*; ~ *bible* Dünndruckpapier *n*; ~ *blanc* unbeschriebenes Papier *n*; ~ *brouillard*, ~ *buvard* Löschpapier *n*; ~ *brouillon*, ~ *bulle*, ~ *écolier* Konzeptpapier *n*; ~ *à calquer*, ~ *calque* Pauspapier *n*; ~ *carbone* Kohlepapier *n*; ~ *à lettres* Briefpapier *n*; ~ *pelure*, ~ *transparent* (*pour doubles*) Durchschlagpapier *n*; ~ *pelure* (*pour lettres avion*) Übersee-, Flugpost-papier *n*; dünnstes Briefpapier *n*; ~ *couché* Kunstdruckpapier *n*; ~ *crêpe* Kreppapier *n*; ~ *à la cuve* Büttenpapier *n*; ~ *à dessin* (*od. à dessiner*) Zeichenpapier *n*; ~ *à écrire* Schreibpapier *n*; ~ *d'emballage* Packpapier *n*; ~ *parchemin*(é), ~ *à beurre* Butterbrotpapier *n*; ~ *huilé* Ölpapier *n*; ~ *hygiénique* Toilettenpapier *n*; ~ (*à lettres*) *de deuil* Briefpapier *n* mit Trauerrand; ~ *timbré* Stempelpapier *n*; ~ (*à*) *musique* Notenpapier *n*; ~ *mâché*, *pâte f de* ~ Papiermasse *f*; ⚗ ~ *réactif* Reagenzpapier *n*; ~ *réglé* liniiertes Papier *n*; ~ *de soie* Seidenpapier *n*; ~ *de tournesol* Lackmuspapier *n*; ~ *verré*, ~ *de verre* Sandpapier *n*; ~ *sans bois*, ~ *sans cellulose*, ~ *exempt de pâte mécanique* holzfreies Papier *n*; **2.** ~ *peint*, ~ *de tenture*, ~ *de tapisserie* Tapete(n *f/pl.*) *f/sg.*; **3.** ✆ ~*s d'affaires* Geschäftspapiere *n/pl.*; **4.** ~*s pl.* (*d'identité*) (Ausweis-) Papiere *n/pl.*; ~*s de bord* a) Schiffspapiere *n/pl.*; b) *Auto*: Wagenpapiere *n/pl.*; ~*s pl. douane* Zollpapiere *n/pl.*; ⚓ ~*s d'embarquement* Verladepapiere *n/pl.*; **5.** † Anweisung *f*, Schuldschein *n*, Wechsel *m*; **6.** ~*s* Staatspapiere *n/pl.*; **7.** ~*s pl. officiels* Akten *f/pl.*, Urkunden *f/pl.*; **8.** *allg.* ~*s pl.* Schriftstücke *n/pl.*; Zettel *m/pl.*; Briefschaften *f/pl.*; **9.** (Zeitungs-) Artikel *m*; ~ *de physionomie* Stimmungsbericht *m*; ~ *de circonstance* gelegentlicher Beitrag *m*; **10.** Zeitungsgewerbe *n*.

papier|-calque (papje'kalk) *m* [6a] Pauspapier *n*; **~-émeri** (~em'ri) *m* [6b] Schmirgelpapier *n*; **~-monnaie** (~mɔ'nɛ) *m* [6b] Papiergeld *n*; **~-tenture** (~tɑ̃'ty:r) *m/inv.* Tapete(n *f/pl.*) *f/sg.*; **~-valeur** (~va'lœ:r) *m* [6b] Wertpapier *n*.

papilionacé es *ent.* (papiljɔna'se) *f/pl.* Schmetterlingsblütler *m/pl.*

papil|laire ⚕ (papil'lɛ:r) *adj.* warzenförmig; **~le** (pa'pij) *f anat.* kleine Hautwarze *f*; ⚘ Weichwarze *f*.

papillon (papi'jɔ̃) *m* **1.** Schmetterling *m*, Falter *m*; **2.** *fig.* Flattergeist *m*; **3.** F *fig.* ~*s pl. noirs fig.* Grillen *f/pl.*, düstere Gedanken *m/pl.*; **4.** kleine geographische Karte *f* in der Ecke e-r größeren; **5.** *Auto*, ⚒ Drosselventil *n*, Gashebel *m*; Gasbrenner *m*; **6.** Klebezettel *m*; **7.** *Sport*: Schmetterlingsschwimmen *n*, -stil *m*; **8.** *nœud m* ~ *fig.* Fliege *f*; kurzer, quergebundener Schlips *m*; **~ner** F (~jɔ'ne) *v/i.* [1a] *fig.* umherflattern; **~neur** *Sport* (~'nœ:r) *su.* [7g] Schmetterlingsschwimmer *m*.

papillo|tage (papijɔ'ta:ʒ) *m* **1.** Umherschweifen *n* des Blickes; **2.**

Flimmern *n* vor den Augen; **3.** *litt. fig.* Bombast *m*; *le ~ du style* der bombastische Stil *m*; **4.** Aufwickeln *n* der Haare; **~te** (~'jɔt) *f* **1.** Lockenwickler *m*, (Haar-)Wickel *m*; *faire ses ~s* sein Haar wickeln; *avoir les yeux en ~s* verschlafene Augen haben; **2.** eingewickelter Bonbon *m*; **3.** *côtelettes f/pl. en ~s* in Butter- *od.* Ölpapier auf dem Rost gebratene Koteletts *n/pl.*; **~ter** (~jɔ'te) [1a] **I** *v/t.* **1.** *~ les cheveux* die Haare (auf-)wickeln; **2.** *cuis. Kotelett* in Butter- *od.* Ölpapier einwickeln; **II** *v/i.* **3.** flimmern (*Augen*); **4.** *peint.* das Auge blenden; **5.** *litt.* durch bombastische Effekthascherei auf die Nerven fallen.

Papin ⊕ (pa'pɛ̃) *n/pr.*: *digesteur m* (*od. marmite f*) *de ~* Papinscher Topf *m*.

papis|me (pa'pism) *m* Papsttum *n*; **~te** *péj.* (~'pist) *m* Päpstling *m*, Römling *m*, Papst-, Rom-höriger *m*.

papo|tages F (papɔ'ta:ʒ) *m/pl.* Geschwätz *n*; **~ter** F (~'te) *v/i.* [1a] faseln, quasseln, salbadern.

Papou (pa'pu) *m* (*pl.* ~s) Papua (-neger *m*) *m*; **~asie** *géogr.* (papwa'zi) *f*: **la ~** Neuguinea *n* (*amtlich*: *la Nouvelle Guinée*).

paprica *cuis.* (papri'ka) *m* Pa-[prika *m*.]

papule ⚕ (pa'pyl) *f* Hitzblatter *f*.

papy|rologie 📖 (papirɔlɔ'ʒi) *f* Papyruskunde *f*; **~rus** (~'rys) *m* Papyrus-, staude *f*, handschrift *f*.

paquage ⊕ (pa'ka:ʒ) *m* Eintonnen *n* der Salzfische.

pâque (pɑ:k) *f* Passah(fest *n*) *n*.

paquebot (pak'bo) *m* Passagier-, Post-, Paket-dampfer *m*; *~ aérien* großes Transportflugzeug *n*; *plais. ~ roulant* Straßenkreuzer *m*.

paquer (pa'ke) *v/t.* [1a] *Fische* eintonnen.

pâquerette ⚘ (pɑ'krɛt) *f* Gänseblümchen *n*.

Pâques (pɑ:k) **I** *m/sg.* Ostern *n od. f/pl.*; *à ~* zu Ostern; *semaine f avant ~* Osterwoche *f*; *veille f de ~* Ostersonnabend *m*; *lundi m de ~* Ostertag *m*; *à ~ prochain* nächste Ostern *pl.*; *œuf m de ~* Osterei *n*; *à ~ ou à la Trinité* nie und nimmer, am Nimmermehrstag; *man beachte den sg.* (*!*) *auch im Satz*: *~ est tard cette année* in diesem Jahr liegt Ostern spät; *la fête* (*od. les fêtes*) *de ~* das Osterfest *n*; **II** *f/pl.* (*in Verbindung mit e-m Attribut u. in der Bedeutung „Kommunion"*): *~ closes* Weißer Sonntag *m*; *~ fleuries* Palmsonntag *m*; *faire ses ~* zur österlichen Kommunion gehen, s-e Osterandacht halten.

paquet (pa'kɛ) *m* **1.** Paket *n*; Bündel *n*; *~ de tabac* Paket *n* Tabak; F *fig. donner son ~ à q.* j-m schonungslos die Wahrheit sagen, j-m heimleuchten F; *faire son ~ od. ses ~s* sein Bündel schnüren; *fig.* sterben; F *donner dans un ~* reinfallen; F *risquer son ~* alles aufs Spiel setzen; **2.** Überseepost *f*; **3.** *monter à bord du ~* an Bord des Postschiffs gehen; **4.** F *fig.* Dickwanst *m*, geschmacklos gekleidete Person *f*; unmögliche Person *f*; **5.** *~ de mer* Sturzwelle *f*; **6.** P Rüffel *m*, Zigarre *f* F.

paque|tage (pak'ta:ʒ) *m* **1.** Packen *n*; **2.** ⚔ Gepäck *n*; *~ d'assaut* Sturmgepäck *n*; **~ter** (pak'te) *v/t.* [1c] einpacken, in Paketform bringen; **~teur** (~k'tœ:r) *su.* [7g] (*a. adj.*: *ouvrier m ~, ouvrière f paqueteuse*) (Ein-)Packer(in *f*) *m*; **~tier** *typ.* (pak'tje) *su.* [7b] Stücksetzer *m*.

paqueur (pa'kœ:r) *su.* [7h] Heringspacker *m*.

pâquis *ch.* (pɑ'ki) *m* Äsungsplatz *m*.

par[1] (pa:r) *prp.* durch: **1.** *Ort*: *passer ~ Berlin*, durch Berlin kommen *od.* fahren, über Berlin reisen; *~ la porte* (*la fenêtre*) zur Tür (zum Fenster) hinaus (*od.* herein); *~ terre et ~ mer* zu Wasser u. zu Lande; *cela se fait ~ toute la terre* das macht man auf der ganzen Erde; *~ monts et ~ vaux* über Berg u. Tal; *jeter ~ la fenêtre* zum Fenster hinauswerfen; *sortir ~ le jardin* durch den Garten hinausgehen; *tomber ~ terre* auf die Erde (*der Länge nach*) fallen; *aber*: *tomber à terre* auf die Erde herunterfallen; *~ trente degrés de latitude* unter dem 30. Breitengrade; *prendre ~ la main* bei der Hand fassen; *prendre les choses ~ leur bon côté* die Dinge von der guten Seite sehen; **2.** *Zeit*: *~ un beau clair de lune* bei schönem Mondschein; *~ un froid matin de janvier* an e-m kalten Januarmorgen; *~ temps hivernal* bei winterlicher Witterung; *~ la suite* später; *~ temps froid* bei kühler Witterung; **3.** *Grund u. Folge*: *~ bonheur* zum

Glück, glücklicherweise; ~ *conséquent* infolgedessen, somit, daher, demzufolge; *agir* ~ *peur* aus Furcht handeln; ~ *crainte de punition* aus Furcht vor Strafe; ~ *curiosité* aus Neugierde; ~ *droit et* ~ *raison* mit Fug u. Recht; ~ *exemple* zum Beispiel; ~ *quoi* wodurch; ~ *amitié* aus Freundschaft; ~ *expérience* aus Erfahrung; ~ *orgueil* aus Stolz; ~ *pure vanité* aus reiner Eitelkeit; **4.** *beim Passiv*: *vaincu* ~ *César* von Cäsar besiegt; *le Cid* ~ *Corneille* „Der Cid „ von Corneille (*mit* ~ *also die bloße Titelangabe ohne Verb*; *dagegen*: *le Cid est de Corneille*); **5.** *Mittel*: *arriver* (*partir*) ~ (*le*) *bateau* (~ *chemin de fer*; ~ *le train*) mit dem Schiff (mit der Bahn; mit dem Zuge) ankommen (abfahren); ~ *le messager* durch Boten; ~ *exprès* durch Eilboten; ~ *la poste* mit der Post; ~ *avion* durch Luftpost (*amtlich*: mit Luftpost); ~ *la route* mit dem Wagen (*Auto, Rad usw.*); *venir* ~ *auto* im Auto kommen; *voter qch.* ~ *25 voix contre 19* mit 25 gegen 19 Stimmen für etw. (*acc.*) stimmen; *l'avarie s'explique* ~ *un violent tamponnement* die Beschädigung erklärt sich durch e-n heftigen Zusammenstoß; **6.** *Ordnung, Verteilung*: ~ *an* jährlich; ~ *heure* stündlich, jede Stunde; ~ *jour* täglich, pro Tag; ~ *moments* zuweilen, bisweilen; *jour* ~ *jour* Tag für Tag, tagtäglich, e-n Tag nach dem anderen; *point* ~ *point* Punkt für Punkt; *quatre heures* ~ *nuit* vier Stunden jede Nacht; ~ *deux fois* zweimal; *couper* ~ *morceaux* in Stücke zerschneiden; ~ *tête* pro Kopf; ~ *centaines* zu Hunderten; ~ *douzaines* dutzendweise; ~ *tas* haufenweise; *à raison de 50 francs* ~ *quinzaine* im Verhältnis von 50 Francs zu etwa 15; **7.** *Beteuerung*: ~ *ma barbe!* wahrhaftig!, wirklich!, meiner Treu!, ganz bestimmt!; ~ Dieu! bei Gott!, in Gottes Namen!; **8.** *commencer, débuter* (*finir, terminer*) ~ (*mit inf.*) damit anfangen (enden) *etw. zu tun*; *tu finiras* ~ *triompher* du wirst schließlich triumphieren; **9.** *in Verbindung mit* ~ *advt.*: ~ *en haut* (~ *en bas*) nach oben (unten) zu; oben (unten) durch; ~*-ci*, ~*-là* hier und da; hin und wieder; ~*-dessous* unter ... her; ~*-dessus* über ... her; *fig.* darüber hinaus; ~ *ici* hierher; hierdurch; hierüber; hier entlang; *il sort* ~ *ici* er kommt hier heraus; ~ *là* da hindurch, dahin(-auf, -ab); *fig.* dadurch, aus diesem Grunde; *qu'entendez-vous* ~ *là?* was meinen Sie damit?; F ~ *trop* allzu(-sehr,-viel); *c'est vraiment* ~ *trop fort!* das ist ja wirklich der Gipfel!; *ce serait* ~ *trop plaisant* das wäre ja zu ulkig; *tu es* ~ *trop romanesque ce soir* heute abend bist du zu romantisch; *expédier* ~ *trop sa toilette* allzu schnelle Toilette machen, sich allzu oberflächlich waschen; *passer* ~ *devant une maison* vor e-m Hause vorbei-gehen *od.* -fahren.

par[2] (~) [*entstanden aus la part f*] *prp.*: de ~ a) auf Befehl, im Namen j-s, namens (*gén.*); *de* ~ *la loi* im Namen des Gesetzes, von Rechts wegen; *de* ~ *le roi* im Namen des Königs; b) *de* ~ *le monde* irgendwo in der Welt; c) *de* ~ *leurs qualités* dank *od.* wegen ihrer Eigenschaften.

para * ✈ (pa'ra) *m* = ~*chutiste*.

parabo|le (para'bɔl) *f* **1.** Gleichnis *n*; **2.** ⩕ Parabel *f*; **~lique** (~'lik) *adj.* □ in Gleichnissen, parabolisch; ⩕ parabelförmig; **~loïde** ⩕ (~lɔ'id) *m* Paraboloid *n*.

paracentèse *chir.* (parasɛ̃'tɛːz) *f* Einstich *m*, Punktion *f*.

parachèvement (paraʃɛv'mɑ̃) *m* Fertigstellung *f*, Vollendung *f*.

parachever (paraʃ've) *v/t.* [1d] ganz vollenden.

parachu|tage ✈ (paraʃy'taːʒ) *m* Fallschirmabwurf *m*; *être ravitaillé(s) par* ~*s* aus der Luft versorgt werden; **~te** (~'ʃyt) *m* ✈ Fallschirm *m*; Fangvorrichtung *f* (*Seilbahn, Aufzug*); **~ter** (~ʃy'te) *v/t.* [1a] mit dem Fallschirm herablassen (*bzw.* absetzen *od.* abwerfen); *troupes f/pl. parachutées* Fallschirmtruppen *f/pl.*; **~tiste** ✈ (~'tist) *su.* Fallschirmspringer *m*.

para-commando ⚔ (~kɔmɑ̃'do) *m* [6g] Fallschirmkommando *n*.

para|de (pa'rad) *f* **1.** *fig.* Zurschautragen *n*, *fig.* Parade *f*, *fig.* Staat *n*, Gepränge *n*, Prunk *m*; *faire* ~ *de* prahlen mit (*dat.*), pochen auf (*acc.*); stolz sein auf (*acc.*); zur Schau stellen; *pol. la* ~ *de la propagande était en place depuis une semaine* die Propagandamaschine war seit einer Woche in Betrieb; **2.** ⚔ (Wacht-)Parade *f*; **3.** *fig.* Possenspiel *n* (*vor e-r Jahrmarktstheaterbude*); **4.** *esc.* Parieren *n*; **5.** *man.* Anhalten *n*; **~der** (~'de) *v/i.* [1a] **1.** paradieren, Parade machen, feierlich vorbeiziehen; vorbeireiten; *faire ~ un cheval* ein Pferd zur Schau (vor-)reiten; **2.** ⚓ auf und ab kreuzen.

paradigme *gr.* (para'digm) *m* Paradigma *n*, Musterwort *n*.

paradis (para'di) *m* **1.** Paradies *n*; *~ terrestre* irdisches Paradies *n*, Schlaraffenland *n*; *gagner le ~* in den Himmel kommen; **2.** *fig.* Paradies *n*, bezaubernde Gegend *f*; *la Côte d'Azur est un vrai ~* die Côte d'Azur ist ein wahres Paradies; **3.** *thé.* oberste Galerie *f*, Olymp *m*; **4.** *orn.* *oiseau m de ~* Paradiesvogel *m*; **~iaque** (~'zjak) *adj.* paradiesisch; **~ier** *orn.* (~'zje) *m* Paradiesvogel *m*.

parados ⚔ (para'do) *m* Rückendeckung *f*.

parado|xal (paradɔk'sal) **I** *adj.* [5c] □ paradox, seltsam, verstiegen; **II** *m das* Paradoxe *n*; **~xe** (~'dɔks) *m* Paradox(on *n*) *n*; ungewöhnliche Behauptung *f*, Verstiegenheit *f*.

para|fe, *mst.* **~phe** (pa'raf) *m* Paraphe *f*, Schnörkel *m* der Unterschrift; **~fer**, *mst.* **~pher** (~'fe) *v/t.* [1a] paraphieren, mit seinem Namenszuge versehen.

paraffine ⚗ (para'fin) *f* Paraffin *n*.

parafoudre (~'fu:drə) *m* Blitzableiter *m*, -schutz *m*, -sicherung *f*.

parage¹ (pa'ra:ʒ) *m nur noch in*: *de haut ~* von vornehmer Herkunft.

parage² (~) *m* Seestrich *m*, Küstenstrecke *f*; *~s pl.* Gewässer *n/pl.*; *fig.* *~s pl.* Gegend *f*; Umgebung *f*.

paragraphe (~'graf) *m* Absatz *m*, Paragraph *m* (⚖ *jedoch*: *article!*), Abschnitt *m*; Paragraphenzeichen *n*.

paragrêle ✓ (~'grɛ:l) **I** *m* Hagelableiter *m*; *emploi m de (canons) ~s* Wetterschießen *n*; **II** *adj.* *fusée f ~* Hagel(ableitungs)rakete *f*.

Paraguay (para'gɛ) *m*: **le ~** Paraguay *n*; **~en** (~gɛ'ɛ̃) [7c] *su.* *u.* ♀ *adj.* Paraguayaner *m*; paraguayanisch.

paraison (parɛ'zɔ̃) *f* **1.** Glasmasse *f*, Schmelzfluß *m*; **2.** Glas-blasen *n*, -macherkunst *f*, -macherei *f*.

paraître (pa'rɛ:trə) [4z] (*im Ggs. zu apparaître drückt ~ etw. ganz Normales, Übliches aus*; mit *avoir!*) **I** *v/i.* **1.** erscheinen (*a. Bücher*), sichtbar werden, zum Vorschein kommen, sich zeigen; *le jour paraît* der Tag bricht an; *faire ~* herausgeben, veröffentlichen (*Buch*); zeigen, vorführen; *vient de ~* soeben erschienen!, Neuerscheinung! (*Buchreklame*); *laisser qch. ~* sich etw. anmerken lassen; **2.** hervortreten, Aufsehen machen; *aimer ~* sich gern hervortun; **3.** scheinen, den Anschein haben; *il ne paraît pas son âge* er sieht jünger aus als er ist; *elle paraît (être) malade* sie scheint krank zu sein; **II** *v/imp.* *il paraît que ...* (*mit ind.!*) es scheint, daß ...; *il y paraît* das sieht man; *sans qu'il y paraisse* unmerklich; *il paraît que vous avez raison* Sie scheinen recht zu haben; *aber mit subj., wenn verneint* (*hierfür besser*: *il ne semble pas*): *il ne paraît pas que vous ayez raison* Sie scheinen unrecht zu haben.

parallèle (paral'lɛl) **I** *adj.* □ **1.** parallel, gleichlaufend (*à mit dat.*); *barres f/pl. ~s* Barren *m* (*Turngerät*); **II** *f* **2.** 𝒜 Parallele *f*, Parallellinie *f*; **3.** ⚔ Laufgraben *m*; **III** *m* *ast.* Parallelkreis *m*, Breitenkreis *m*; *fig.* Parallele *f*, Gegenüberstellung *f*; *établir un ~, faire le ~, mettre en ~* miteinander vergleichen.

parallél|épipède 𝒜 (~llelepi'pɛd) *m* Parallelepiped *n*, Quader *m*, Langwürfel *m*, Rautenflach *n*; **~isme** (~lle'lism) *m* Parallelität *f* (*a. fig.*), Gleichlauf *m*; *fig.* Wechselbeziehung *f*, Übereinstimmung *f*; *Auto*: Spur *f*; **~ogramme** 𝒜 (~lɔ'gram) *m* Parallelogramm *n*.

paralogisme 🕮 (~lɔ'ʒism) *m* Fehlschluß *m*.

paraly|sant (~li'zɑ̃) *adj.* [7] ⚕ lähmend (*a. fig.*); **~ser** (~'ze) *v/t.* [1a] ⚕ lähmen (*a. fig.*); *fig.* lahm legen; **~sie** (~'zi) *f* ⚕ Lähmung *f* (*a. fig.*), ⚕ Paralyse *f*; ⚕ *~ cardiaque, du cœur* Herzlähmung *f*; *~ infantile* Kinderlähmung *f*; **~tique** (~li'tik) *adj. u. su.* paralytisch, gelähmt; Paralytiker, Gelähmter *m*; *bibl.* Gichtbrüchiger *m*.

para|médical (~medi'kal) *adj.* [5c] vormedizinisch; **~militaire** (~mili'tɛ:r) *adj.* vormilitärisch.

parangon (parɑ̃'gɔ̃) *m* **1.** Vorbild *n*, Muster *m*, Typ *m*, Prachtexemplar *n*; **2.** *mettre en* ~ vergleichen; **3.** fleckenloser Diamant *m*; **~nage** *typ.* (~gɔ'na:ʒ) *m* Abgleichen *n*; **~ner** *typ.* (~'ne) *v/t.* [1a] abgleichen, justieren.

para|noïa ⚕ (~nɔ'ja) *f* Paranoia *f*, Geistesgestörtheit *f*; **~noïaque** (~nɔ'jak) *adj.* geistesgestört.

paranymphe *univ.* (para'nɛ̃:f) *m* Lobrede *f*.

parapet (~'pɛ) *m* Brustwehr *f*, Brüstung *f*, Geländer *n*.

paraphra|se (~'frɑ:z) *f* Umschreibung *f*, Paraphrase *f*; Erläuterung *f*; **~ser** (~frɑ'ze) *v/t.* [1a] *fig.* umschreiben, umschreibend erläutern, paraphrasieren; *fig.* ausschmücken; **~seur** (~'zœ:r) *su.* [7g] umständlicher Deuter *m*, Schwätzer *m*; **~ste** (~'frast) *m* Kommentator *m*.

paraplégie ⚕ (paraple'ʒi) *f* Querlähmung *f*.

parapluie (~'plyi) *m* Regenschirm *m*.

paras * ✈ (~'ra) *m/pl. abr.* für *parachutistes* Fallschirmspringer *m/pl.*

parasélène *phys.* (~se'lɛn) *f* Nebenmond *m*.

parasi|tage *rad.*, ⊕ (~zi'ta:ʒ) *m* Rundfunkstörung *f*; ~ *statique causé par les roues Auto*: statische Störung *f* durch die Räder; **~taire** (~'tɛ:r) *adj.* parasitisch, schmarotzend, unnützlich; **~te** (~'zit) **I** *m* **1.** ♀ Parasit *m*, Schmarotzer *m* (*a. fig.*); **2.** *rad.* **~s** Nebengeräusche *n/pl.*, Störungen *f/pl.*; **II** *adj.* ♀ parasitisch; *litt.*, *peint.*, *rad.* überflüssig, störend; *rad. bruit m* ~ Nebengeräusch *n*; **~tisme** (~'tism) *m* Schmarotzerleben *n*, Parasitentum *n* (*a. fig.*).

para|sol (~'sɔl) *m* Sonnenschirm *m*; *Auto*: Blendschutzscheibe *f*, Sonnenblende *f*; ~ *de jardin* Gartenschirm *m*; *en* ~ schirmförmig; *fleur f en* ~ Doldenblume *f*; **~soleil** *phot.* (~sɔ'lɛj) *m* Blende *f*; ~ *pour vues contre-jour* Gegenlichtblende *f*; **~solerie** (~sɔl'ri) *f* Schirmfabrik *f*, -handel *m*; **~ solette** (~sɔ'lɛt) *f* kleiner Sonnenschirm *m*; **~thyroïde** *anat.* (~tirɔ'id) *adj.*: *glandes f/pl.* **~s** Nebenschilddrüsen *f/pl.*; **~tonnerre** (~tɔ'nɛ:r) *m* Blitzableiter *m*; **~typhus** (~ti'fys) *m* Paratyphus *m*; **~vent** (~'vɑ̃) *m* Wand-, Bettschirm *m*, spanische Wand *f*.

parbleu! (par'blø) *int.* aber klar!.

parc ⚕ (park) *m* **1.** Park *m*, öffentliche Anlage *f*; ~ *d'attractions*, ~-*exposition* Vergnügungspark *m*; ~ *d'enfants* (Kinder-)Spielplatz *m*; ~ *national* Naturschutzpark *m*; **2.** Hürde *f*, Pferch *m*, Gehege *n*; ~ *à* (*od.* de) *bébé* Laufgitter *n* (*für Kleinkinder*); ~ *à chevaux* Pferdekoppel *f*; *à huîtres* Austernpark *m*; **3.** 🚂, ⚔ *u. Auto*: Parkplatz *m*; *a.* ⚔ *u.* ⊕ Fuhrpark *m*; ~ *d'artillerie* Geschützpark *m*; *Auto*: ~ *autos* Parkplatz *m*; ~ *machines* Maschinenpark *m*, Maschinerie *f*; ~ *de siège* Belagerungspark *m*; ~ *d'aviation* Flug(zeug)park *m*; **~age** (~'ka:ʒ) *m* **1.** *néol. Auto, vél. etc.* a) Parken *n*; b) parkende Wagen *m/pl.*; c) ~(*autorisé*) Parkplatz *m*; **2.** Einpferchen *n der Schafe*, Einsetzen *der Austern*.

parcel|laire (parsɛ'lɛ:r) *adj. u. m* Parzellen...; (*cadastre*) ~ *m* Grundsteuerregister *n*; **~le** (par'sɛl) *f* Parzelle *f*, Stück(chen *n*) *n*; **~lement** (~sɛl'mɑ̃) *m* Parzellierung *f*; Aufteilung *f* in Parzellen; **~ler** (~sɛ'le) *v/t.* [1a] parzellieren, aufteilen.

parce que ('pars[ə]kə) *cj.* (*mit ind.*) weil (~ *erklärt etw. Neues, Unbekanntes, steht daher selten am Anfang des Satzes*).

parchem|in (parʃə'mɛ̃) *m* **1.** Pergament *n*; *visage m de* ~ ausgemergeltes Gesicht *n*; **2.** **~s** *pl.* Adelsbriefe *m/pl.*, Adelsurkunden *f/pl.*; **~iné** (~mi'ne) *adj.* pergamentartig; *fig.* eingeschrumpft, ausgemergelt (*Gesicht*); **~iner** (~) *v/t.* [1a] pergamentartig machen.

par-ci (par'si) *adv.*: ~, *par-là* hier und da; hin und wieder, bisweilen.

parcimo|nie (parsimɔ'ni) *f* Knickerigkeit *f*, Knauserigkeit *f*; **~nieux** (~'njø) *adj.* [7d] □ knickerig.

parcomètre *néol.* ⊕., *Auto* (parkɔ'mɛ:trə) *m* Parkzeitkontrollgerät *n*.

par|courir (parku'ri:r) *v/t.* [2l] (*nur mit avoir!*) **1.** durch-gehen, -laufen, -reisen, -fahren; *j'ai parcouru toute la ville* ich bin durch die ganze Stadt gelaufen *usw.*; ~ *le monde* die Welt befahren; *a.* ✈, ⚓ ~ *une distance* e-e Strecke zurücklegen; **2.** ~ (*des yeux*) (flüchtig) 'durchlesen, *fig.* über'fliegen, schnell mal über'blicken, 'durchgehen, prüfen; **~cours** (~'ku:r) *m* **1.** *Sport*: Renn-, Fahr-)Strecke *f* (*a.* ✈); Fahrt *f*, Lauf *m*; Entfernung *f*; Fahrdauer *f*; ✈ Flugweg *m*; 🚂 Eisenbahnstrecke *f*; ⚓ Befahrung *f*;

✈ ~ *d'atterrissage* Rollbahn *f*; ~ *d'autobus* Buslinie *f*; *train m à grand* ~ Fernschnellzug *m*; *service de grand* ~ Fernverkehr *m*; *voie f de* ~ Fahrtlinie *f*; **2.** ⚖ *droit m de* ~ Triftrecht *n*.

par-delà (pardə'la) *prp.* **1.** jenseits (*gén.*); über (*dat.*); ~ *les montagnes* jenseits der Berge, über den Bergen; **2.** *fig.* außer (= darüber hinaus).

par-dessous (pardə'su) **I** *prp.* unter (*dat. bzw. acc.*); *jouer q.* ~ *la jambe* mit j-m herumspringen, wie man will; *traiter qch.* ~ *la jambe* etw. auf die leichte Schulter (*od.* Achsel) nehmen; **II** *adv.* (von) unten; *passez* ~ gehen Sie unten durch.

pardessus (pardə'sy) *m* Überzieher [*m.*]

par|-dessus (~) **I** *prp.* über (*dat. bzw. acc.*); *il sauta* ~ *le mur* er sprang über die Mauer; *s'élever* ~ *qch.* über etw. (*acc.*) hinausragen; ~ *tout* vor allem, über alles; F *en avoir* ~ *la tête* es satt haben, die Nase voll haben; ~ *le marché* da'zu; *fig.* obendrein, außerdem; *ceci est* ~ *le marché* das gibt's (gratis) dazu; *il est méchant* ~ *le marché* er ist obendrein noch bösartig (*od.* gemein); **II** *adv.* (von) oben; darüber, darauf; **~-devant** (~də'vɑ̃) *prp.* vor (*dat.*); *passer* ~ *une maison* an e-m Hause vorbei-gehen, -fahren; ~ *notaire* vor dem Notar.

par|di!, ~dieu!, ~dienne! F (par'di, ~'djø, ~'djɛn) *int.* bei Gott!, wirklich!, wahrhaftig!; *je le sais pardieu bien* ich weiß es wirklich ganz genau.

pardon (par'dɔ̃) *m* **1.** Vergebung *f*, Verzeihung *f*; *demander* ~ *à q.* j-n um Verzeihung bitten; *mille* ~*s!* bitte tausend mal (*od.* vielmals) um Verzeihung!; ~? wie bitte?; **2.** Gnade *f*; Begnadigung *f*; **3.** *rl.* ~*s pl.* Ablaß *m/sg.*; **4.** *in der Bretagne*: Wallfahrt *f*; **~nable** (~dɔ'nablə) *adj.* entschuldbar; zu verzeihen.

pardonner (pardɔ'ne) [1a] **I** *v/t.* **1.** ~ *qch.* etw. verzeihen; *être pardonné* Verzeihung finden; ~ *qch. à q.* j-m etw. verzeihen *od.* vergeben; *vous êtes tout pardonné!* gar keine Ursache!; *ne point* ~ *qch.* etw. mit aller Strenge beurteilen; *pardonnez-moi!* verzeihen Sie (mir)!; **2.** gönnen; *on lui pardonne sa fortune* man gönnt ihm sein Vermögen; **II** *v/i.* ~ *à q.* j-m verzeihen; j-n begnadigen; j-n verschonen; *la mort ne pardonne à personne* der Tod verschont niemanden; **III** *abs.* nicht mit sich spaßen lassen (*Krankheit*).

paré (pa're) *adj.* gewappnet, gut vorbereitet; *être constamment* ~ ständig in Bereitschaft sein.

pare|-balles (par'bal) *m* [6c] Kugelfang *m*; **~-boue** (~'bu) *m* [6c] Kotflügel *m*; Kotblech *n*; **~-brise** *Auto* (~bri:z) *m* [6c] Windschutzscheibe *f*; **~-chocs** *Auto usw.* (~'ʃɔk) *m* [6c] Stoßstange *f*; **~-éclats** (pare'kla) *m* [6c] Splitterfänger *m*; **~-étincelles** (paretɛ̃'sɛl) *m* [6c] Funkenfänger *m*.

parégorique ⚕ (paregɔ'rik) *adj.* schmerzstillend, beruhigend.

pareil (pa'rɛj) [7c] **I** *adj.* □ **1.** gleich, ähnlich; *sans* ~, *à nul autre* ~ ohnegleichen; *rien de* ~ nichts dergleichen; *rendre la* ~*le* zu Gegendiensten bereit sein; *pej.* mit gleicher Münze heimzahlen, Gleiches mit Gleichem vergelten; *je suis prêt à vous rendre la* ~*le* ich stehe Ihnen zu Gegendiensten gern zur Verfügung; **2.** derartig, solch; *mérite m sans* ~ unübertroffenes Verdienst *n*; *dans des circonstances* ~*les* unter solchen Umständen; **II** *su.* Gleicher *m*, Entsprechender *m*; *mon* ~ meinesgleichen; *il n'a pas son* ~ *pour* ... niemand versteht es so gut wie er, zu ...; **III** *adv.*: ~*lement* auf dieselbe Weise, ebenso; ebenfalls, gleichfalls; *als Antwort*: *à vous* ~*!* danke, gleichfalls!

parelle ⚘ (pa'rɛl) *f* Sauerampfer *m*.

parement (par'mɑ̃) *m* **1.** Schmuck *m*, Zierat *m*; Besatz *m* (*am Kleid*); ~ *d'autel* Altarbekleidung *f*; **2.** ⚔ (Ärmel-)Aufschlag *m*; **3.** △ Vorderfläche *f*, Verblendung *f*; Randstein *m e-s Pflasters*, Bordstein *m*; △ ~ *en béton* Sichtbeton *m*; **~er** (~'te) *v/t.* [1a] **1.** △ verblenden; verputzen; **2.** *Mode*: besetzen (*z. B. e-n Mantel*).

parent (pa'rɑ̃) [7] **I** *su.* **1.** ~*s m/pl.* Eltern *pl.*; Angehörige *pl.*, Verwandte *pl.*; **2.** Verwandter *m*; *il est mon* ~, *nous sommes* ~*s*, *c'est un* ~ *à moi* er ist mit mir verwandt, er ist mein Verwandter; **II** *adj.* verwandt; *langues f/pl.* ~*es* verwandte Sprachen *f/pl.*; **~age** (~'ta:ʒ) *m* (Band *n* der) Verwandtschaft *f*; **~é** (~'te) *f* Verwandtschaft *f*, sämtliche Verwandten *pl.*; *liens m/pl. de ~* Verwandtschaftsbande *n/pl.*; *degré m de ~* Verwandtschaftsgrad *m.*

parenthèse (parɑ̃'tɛ:z) *f* **1.** (runde) Klammer *f*; *entre ~s* in Klammern; **2.** eingeschalteter Satz *m*; Zwischenbemerkung *f*, Abschweifung *f*; Parenthese *f*; *par ~, entre ~s* beiläufig, nebenbei (gesagt).

pare-pierres 🚂 (par'pjɛ:r) *m* [6c] Schienenräumer *m.*

pare-poussière ⊕ (~pu'sjɛ:r) *m* [6c] Staubschutz *m.*

parer[1] (pa're) *v/t.* [1a] **1.** schmücken, zieren (*de* mit *dat.*); ⚠ verkleiden, verblenden; *bal m paré* Galaball *m*; **2.** *cuis.* zurechtmachen, zurichten, zubereiten; *~ des poires* Birnen schälen; **3.** ⚓ *~ un cordage* ein Tau klarlegen.

parer[2] (~) [1a] **I** *v/t.* parieren, abwehren, auffangen; ⚓ ausweichen, vermeiden; *~ un cap* (um) ein Vorgebirge (her)umsegeln; *~ q. (qch.) de (od. contre) qch.* j-n (etw.) vor etw. (*dat.*) schützen; **II** *v/i. ~ à qch.* etw. abwenden; e-r Sache (*dat.*) vorbeugen.

parer[3] (~) [1a] **I** *v/t. Pferd* anhalten; **II** *v/i.* stehenbleiben (*Pferd*).

parère ⚖ (pa'rɛ:r) *m* schriftliches Gutachten *n.*

pare-soleil *Auto* (parsɔ'lɛj) *m* [6g] Blendschutzscheibe *f.*

pares|se (pa'rɛs) *f* Faulheit *f*; Schlaffheit *f*; Langsamkeit *f*, Trägheit *f*, Faulenzerei *f*; *bsd. écol.* Faulpelzerei *f*; **~ser** (~rɛ'se) *v/i.* [1b] faulenzen, bummeln, sich gehen lassen; träge dahinfließen (*Fluß*); **~seux** (~'sø) [7d] **I** *adj.* □ **1.** faul, arbeitsscheu; **2.** schlaff, träge, untätig; **II** *su.* Faulenzer *m*; *bsd. écol.* Faultier *n*; **III** *m zo.* Faultier *n.*

pareur ⊕ (pa'rœ:r) *su.* [7g] Zurichter *m*, Fertigmacher *m.*

pare-vapeur ⚠ (parva'pœ:r) *m* [6c] Abdichtung *f* gegen Feuchtigkeit.

pare-vent ✈ (par'vɑ̃) *m* [6c] *gitterartige* Luftdruckschutzvorrichtung *f* (*vor den Startbahnen für Düsenjäger*).

par|faire (par'fɛ:r) *v/t.* [4n] vollenden, ausarbeiten; *e-n Betrag* ergänzen, decken; *~ une somme* Geld zuschießen; **~fait** (~'fɛ) **I** *adj.* [7] □ **1.** vollkommen, vollendet, vortrefflich; perfekt; fehlerfrei, einwandfrei; *bois m ~* Kernholz *n*; *~ scélérat* hundertprozentiger Verbrecher *m*; Erzschuft *m*; *une cuisinière ~e* e-e perfekte Köchin *f*; *garçon m ~* Goldjunge *m* F, prima Kerl *m* F; *un vin ~* ein ausgezeichneter Wein *m*; *c'est ~!* das ist ja großartig! (*od.* prima! F); **2.** gänzlich; *le vide ~* die absolute Leere *f*; **3.** vollstimmig; **II** *m das* Vollkommene *n*; *cuis.* Gefrorenes *n*, Eiskrem *m*; *gr.* Perfekt *n*; **~faitement** (~fɛt'mɑ̃) *adv.* vollkommen; *als Antwort*: ganz recht!, richtig!, stimmt!, aber natürlich!, selbstverständlich!

parfi|lage ⊕ (parfi'la:ʒ) *m* **1.** Auszupfen *n*; **2.** ausgezupfte Fäden *m/pl.*; *~ de laine* Zupfwolle *f*; **~ler** (~'le) *v/t.* [1a] auszupfen; **~lure** (~'ly:r) *f* ausgezupfte Fäden *m/pl.*, Zupfseide *f.*

parfois (par'fwa) *adv.* manchmal, mitunter, ab u. zu.

parfondre ⊕ (~'fɔ̃:drə) *v/t.* [4a] verschmelzen.

parfum (par'fœ̃) *m* Wohlgeruch *m*, Duft *m*, Aroma *n*; Parfüm *n*, wohlriechende Flüssigkeit *f*; **~é** (~fy'me) *adj.* duftend, wohlriechend; parfümiert; **~er** (~) *v/t.* [1a] parfümieren, e-n schönen (*od.* angenehmen) Geruch verleihen; **~erie** (~fym'ri) *f* Parfümerie(geschäft *n*) *f*; Herstellung *f* v. Parfümeriewaren; **~eur** (~'mœ:r) *su.* [7g] Parfümeriefabrikant *m*, -händler *m.*

par(h)élie *ast.* (pare'li) *m* Nebensonne *f.*

pari (pa'ri) *m* Wette *f*; *~ mutuel, ~ aux courses* Totalisator *m*; Rennwette *f* (*Pferderennen*); *faire un ~, tenir un ~* eine Wette annehmen (*od.* eingehen); *gagner (perdre) un ~* e-e Wette gewinnen (verlieren).

pariade (pa'rjad) *f ch.* **1.** Paarzeit *f*; **2.** Vogelpaar *n.*

parier (pa'rje) *v/t.* [1a] wetten; *que pariez-vous?* was gilt die Wette?; *je le parie* ich wette (*als Antwort*); *je parie cent contre un* ich wette hundert gegen eins.

pariétaire ⚘ (parje'tɛ:r) *f* Mauerkraut *n.*

pariétal (parje'tal) *adj.* [5c] **1.** Wand...; **2.** *anat. os m ~* Scheitelbein *n.*

parieur (pa'rjœ:r) *su.* [7g] Wetter *m.*

Paris (pa'ri) *m* Paris *n*; *~ ne s'est pas fait en un jour fig.* Rom ist nicht an einem Tage erbaut worden; gut Ding will Weile haben; *~ vaut bien une messe* Paris ist bestimmt e-e Messe wert! (*Henri IV*).

pari|sianiser (parizjani'ze) *v/t.* [1a] nach Pariser Art einrichten; **~sianisme** (~zja'nism) *m* Pariser Redensart *f od.* Sitte *f*; **~sien** (~'zjɛ̃) *adj. u.* ♀ *su.* [7c] pariserisch; Pariser *m*.

parisylla|be, ~bique *gr.* (parisi'lab, ~'bik) *adj.* gleichsilbig.

paritaire (pari'tɛ:r) *adj.* paritätisch, gleichberechtigt, gleichgestellt.

parité (pari'te) *f* Gleichheit *f*; ~ *de l'or* = **~-or** *fin.* (~'ɔ:r) *f* [6c] Goldparität *f*, Goldpunkt *m*.

parjure[1] (par'ʒy:r) *adj. u. su.* meineidig; eidbrüchig; Eidbrecher *m*.

parjure[2] (~) *m* Meineid *m*, Eidbruch *m*.

parjurer (parʒy're) [1a]: *se* ~ e-n Meineid schwören.

parkéris|ation ⊕ (parkeriza'sjɔ̃) *f* Parkern *n* (*Rostschutzverfahren*); **~er** (~keri'ze) *v/t.* [1a] parkern, parkerisieren.

parking *abzulehnender néol.* (par'kiŋ) *m Auto*: a) Parken *n*; b) Parkplatz *m*; *besser*: *parcage od. stationnement*.

par-là (par'la) *adv.* dahin, da (hin-) durch; *par-ci*, ~ hier u. da; hin u. wieder, dann u. wann.

parlant (par'lɑ̃) *adj.* [7] redend; *fig.* ausdrucksvoll (*Blick*); sprechend ähnlich (*Bild*); *cin. film m* ~ Sprechfilm *m*; *rad. horloge f* ~*e* Zeitansage *f*.

parlement (parlə'mɑ̃) *m* Parlament *n*; *contraire aux usages du* ~ unparlamentarisch; **~aire** (~'tɛ:r) **I** *adj.* □ parlamentarisch; **II** *m* Parlamentarier *m*, Mitglied *n* des Parlaments; Parlamentär *m*, Unterhändler *m*; **~arisme** (~ta'rism) *m* Parlamentarismus *m*; **~er** (~'te) *v/i.* [1a] verhandeln (*avec q. sur qch.* mit j-m über etw. *acc.*).

parler (par'le) [1a] **I** *v/i.* **1.** sprechen, reden; *voilà* (*ce qui s'appelle*) ~! das ist ein Wort!; das läßt sich hören!; *sans* ~ *de ...* ganz abgesehen von (*dat.*); ~ *bas* leise sprechen (*aber*: ~ *bassement* sich in gemeiner *od.* niederträchtiger Weise ausdrücken); ~ *haut* (*od. fort*) laut sprechen (*aber*: ~ *hautement* anmaßend *od.* hochmütig reden); ~ *correctement* (*incorrectement*) richtig (falsch) sprechen; ~ *clairement od. distinctement* (*indistinctement*) deutlich (undeutlich) sprechen (*a. fig.*); ~ *net* deutlich werden, deutlich s-e Meinung sagen; ~ *bien* (*mal*) gut (schlecht) sprechen; ~ *couramment* fließend sprechen; ~ *bien* (*mal*) *de q.* gut (schlecht) über j-n sprechen; *pour* ~ *net* rund heraus; *à* ~ *franchement* offen gestanden; *à proprement* ~ eigentlich; *généralement parlant* allgemein gesprochen; ~ *à q.* (*od. avec q.*) mit j-m sprechen; j-n sprechen; *je lui en ai parlé, j'en ai parlé avec lui* ich habe mit ihm darüber gesprochen; *fig. trouver à* (*od. avec*) *qui* ~ *iron.* an die richtige Adresse kommen, auf Granit stoßen, an den Richtigen kommen; *tu en parles à ton aise, tu parles comme un livre* du hast gut reden; *tu parles!* und wie!; *parlez-moi de ça!* das ist (*od.* wäre) aber schön!; ~ *d'homme à homme* von Mensch zu Mensch sprechen; ~ *à bâtons rompus* alles durcheinander reden; F *il vaudrait autant* ~ *à un sourd* das hieße tauben Ohren predigen; ~ *de qch.* über etw. (*acc.*) sprechen; ~ *de politique* (*de chiffons*) über Politik (über Kleider) sprechen; ~ *du nez* durch die Nase sprechen; *il fera* ~ *de lui* man wird von ihm sprechen hören; ~ *d'abondance* völlig frei (aus dem Stegreif) sprechen; *c'est beaucoup* ~ *pour ne rien dire* viel Gerede und nichts dahinter; viel Lärm um nichts; ~ *d'or* goldene Worte reden; ~ *au hasard*, ~ *en l'air*, ~ *à tort et à travers* ins Blaue hinein reden, alles durcheinander faseln; ~ *pour q.* j-n vor Gericht verteidigen, (*a.*: ~ *en faveur de q.*) sich für j-n verwenden; *parlez d'une canicule!* na, das ist ja 'ne Hitze!; **2.** plaudern; **3.** *fig.* eine Sprache haben; *les murailles parlent* die Wände haben Ohren; **4.** *Spiel*: melden, ansagen, bieten; **5.** *ch.* anschlagen; **II** *v/t.* reden, sprechen; ~ *français* (*allemand, anglais, russe*) französisch (deutsch, englisch, russisch) sprechen; ~ *affaires* (*politique, chiffons, peinture, mode, argent*) über Geschäfte (Politik, Kleider, Malerei, Mode, Geld) sprechen; ~ *littérature* (*pétrole*) über Literatur (über Erdöl) sprechen; ~ *une langue* e-e Sprache sprechen; ~ *français comme une vache espagnole* französisch radebrechen; F *fig.* ~ *hébreu* unverständlich sprechen *od.* sich unklar ausdrücken; ~ *métier* (*od. service* *od. travail*) fachsimpeln; *rad. journal m parlé* Rundfunknachrichten *f/pl.*; **III** *m* Sprechen *n*; Redeweise *f*; Sprache *f*; Mundart *f*; *les ~s allemands et romans* die deutschen und romanischen Mundarten *f/pl.*; ⚖ *~ sommaire* summarisches Verfahren *n*, Verfahren *n* vor dem Einzelrichter; *avoir le ~ bref* sich kurz ausdrücken; *avoir le ~ lourd* (*doux*) schwerfällig (mit sanfter Stimme) sprechen; *avoir son franc ~* frisch von der Leber weg reden.

parl|eresse *rad. néol.* (parlə'rɛs) *f* (*statt der gebräuchlichen Mißbildung speakerine französischerseits vorgeschlagen*) Ansagerin *f*; s. *parleuse*; **~eur** (~'lœ:r) **I** *su.* [7g] Schwätzer *m*; *beau ~* Schönredner *m*; **II** *m* **1.** *télégr.* Klopfer *m*, Klopfapparat *m*; **2.** *rad. haut ~* Lautsprecher *m*; **~euse** *rad. néol.* (~'lø:z) *f* (*statt speakerine französischerseits vorgeschlagen*) Ansagerin *f*; s. *parleresse*; **~oir** (~'lwa:r) *m* Sprech-, Empfangs-zimmer *n*; *écol. ~ de maîtres* Lehrerzimmer *n*; **~ote** F (~'lɔt) *f* **1.** Geschwätz *n*, Gefasel *n*; **2.** Raum *m* am Gericht, in dem sich die Notare u. Rechtsanwälte untereinander besprechen können.

parmesan (parmə'zɑ̃) *m* Parmesankäse *m*.

parmi (par'mi) *prp.* (mitten) unter (*dat. u. acc.*); *~ nous* bei uns zulande; *~ mes livres* zwischen meinen Büchern.

paro|die (parɔ'di) *f* Parodie *f*, Spottnachdichtung *f*; **~dier** (~'dje) *v/t.* [1a] parodieren, spöttisch nachbilden *od.* nachahmen; **~dique** (~'dik) *adj.* parodistisch; **~diste** (~'dist) *m* Parodiendichter *m*.

paroi (pa'rwa) *f* (Scheide-, Seiten-) Wand *f*; *~ rocheuse* Felswand *f*; *~ d'une vallée géol.* Talwand *f*; *anat. ~ ventriculaire* Bauchwand *f*; ⊕ *~ intérieure* Innenwand(ung *f*) *f*; *~ de cheminée* Schornsteinwange *f*; *~ de cylindre* Zylinderwand(ung *f*) *f*; *~ d'un tuyau* Rohrwandung *f*; **~-lattis** (~la'ti) *f* [6b] Gitterwand *f*.

paroir ⚠ (pa'rwa:r) *m* Schabeisen *n*.

parois|se (pa'rwas) *f* **1.** Pfarrgemeinde *f*; **2.** Pfarrkirche *f*; **3.** P Freundeskreis *m*; *péj.* Herkunft *f*; **~sial** (~'sjal) *adj.* [5c] zur Pfarrgemeinde gehörig; **~sien** (~'sjɛ̃) **I** *su.* [7c] Pfarrkind *n*; *fig. drôle m de ~* komischer Kauz *m*; **II** *m* Gebet-, Meß-buch *n*.

parole (pa'rɔl) *f* **1.** Wort *n* (*pl.*: Worte); Rede *f*; *adresser la ~ à q.* j-n ansprechen, sich an j-n wenden; *couper la ~ à q.* j-m ins Wort fallen; *je demande la ~* ich bitte ums Wort (*od.* um Gehör); *prendre* (*porter*) *la ~* das Wort ergreifen (führen); *il n'est jamais à court de ~s* er ist nie um Ausdrücke verlegen; **2.** Ausspruch *m*, (Denk-)Spruch *m*; *~s magiques* Zauberspruch *m/sg.*; *rl. la ~ écrite* die heilige Schrift *f*; *~s sacramentales rl.* Einsetzungsworte *n/pl.*; **3.** Sprechweise *f*, *fig.* Sprache *f*; *avoir la ~ difficile* schwer sprechen; *avoir la ~ à la main* die Sprache meistern (*od.* in s-r Gewalt haben); *avoir la ~ haute* das große Wort führen; *perdre la ~* die Sprache verlieren (*a. fig.*); **4.** *amour m* (*od. plaisir m*) *de la ~* Redefertigkeit *f*, Beredsamkeit *f*; **5.** Vorschlag *m*; Anerbieten *n*; *porter une ~ de paix* e-n Friedensvorschlag machen; **6.** Versprechen *n*, Zusage *f*; *n'avoir qu'une ~ od. tenir* (*sa*) *~* (sein) Wort halten; *croire q. sur ~* j-m aufs Wort glauben; *donner sa ~* sein Wort (*od.* Versprechen) geben; *manquer à sa ~, fausser ~ à q.* sein Wort brechen (*od.* nicht halten); *ma ~!, ~ d'honneur!* auf Ehrenwort!; *prisonnier m sur ~* Gefangener *m* auf Ehrenwort; **7.** *~s pl.* Stichelreden *f/pl.*; *il y a eu quelques ~s entre ...* es kam zu einem Wortwechsel zwischen (*dat.*); **8.** *~s pl.* Text *m*; **9.** *Kartenspiel*: *passe ~* ich passe.

paroti|de *anat.* (parɔ'tid) *f* Ohrspeicheldrüse *f*; **~dite** ⚕ (~'dit) *f* Ziegenpeter *m*, Mumps *m*.

paroxysme (parɔ'ksism) *m* **1.** ⚕ höchster Grad *m* e-r Krankheit *od.* Sucht; **2.** *fig.* äußerster Grad *m*, Höhepunkt *m*.

parpaillot (parpa'jo) *m* **1.** *ehm. iron.* Hugenotte *m*; **2.** F Ungläubiger *m*.

parpaing ⚠ (par'pɛ̃) *m* Tragstein *m*, Voll-, Durch-binder *m*, Streckstein *m*; Betonstein *m*.

parquer (par'ke) [1m] **I** *v/t.* **1.** einpferchen; *~ des huîtres* Austernzucht betreiben; **2.** ⚔, 🚗, ✈, *Auto*: Wagen zu e-m Park zs.-fahren, parken (*a. abs.*); *~ des avions* Flugzeuge abstellen; *~ une voiture Auto*: e-n Wagen parken; **II** *v/i.* zs.-gepfercht sein; *Auto*: parken.

parquet (par'kɛ) *m* **1.** *men.* Parkett *n*, Parkettfußboden *m*; **2.** ⚖ Parkett *n*, Parkettraum *m* (*für die Anwälte im Gerichtssaal*); Staatsanwaltschaft *f*; Gerichtspersonal *n*; *petit* ~ Schnellgericht *n* (*in Paris*); *tenir le* ~ im Parkett Sitzung halten; **3.** ✝ Börsenraum *m für Wechselmakler*; **~age** *men.* (~kə'ta:ʒ) *m* Täfelung *f*; **~er** *men.* (~kə'te) *v/t.* [1c] parkettieren; täfeln; **~erie** *men.* (~kɛ'tri) *f* Parkettierung *f*, Täfelung *f*; **~eur** (~kə'tœ:r) *m* Parkettleger *m*.

parqueur (par'kœ:r) *su.* [7g] **1.** Tierparkwärter *m*; **2.** Austernzüchter *m*.

parrain (pɑ'rɛ̃) *m* Taufzeuge *m*, Pate *m*; **~age** (~rɛ'na:ʒ) *m* Patenschaft *f*; *Fr. pol., éc. s'associer au ~ d'un arrondissement* die Patenschaft e-s städtischen Verwaltungsbezirks übernehmen; **~er** (~'ne) *v/t.* [1a] *a. fig.* aus der Taufe heben, Pate stehen *bei* (*dat.*); *weitS.* befürworten, fördern.

parricide[1] (pari'sid) **I** *su.* Vater-, Mutter-, Verwandten-, Königsmörder *m*; **II** *adj.* vater-, muttermörderisch; *fig.* verrucht.

parricide[2] (~) *m* Vater-, Mutter-, Verwandten-, Königs-mord *m*; blutige Freveltat *f*.

parsemer *fig.* (parsə'me) *v/t.* [1d] übersäen, bestreuen (*de* mit *dat.*).

part[1] (pa:r) *m* Leibesfrucht *f*, neugeborenes Kind *n*; *confusion f* (*od. substitution f*) *de* ~ Kindesvertauschung *f*; *supposition f de* ~ Kindesunterschiebung *f*.

part[2] (~) *f* **1.** Anteil *m*; *~ d'héritage* Erbanteil *m*; *~ sociale* Gesellschaftsanteil *m*, -einlage *f*; *~ au capital* Kapitalanteil *m*; *~ minière, ~ de mine* Bergwerksanteil *m*, Kux *m*; *~ de bénéfice* Gewinnanteil *m*; *avoir ~ à qch., entrer en ~ à qch.* an etw. (*dat.*) beteiligt sein; F *avoir ~ au gâteau* etw. von dem Reibach F *~ à deux* halbpart, genau zu zweien aufgeteilt; *faire la ~ de* (*od. à*) *q.* j-m s-n Anteil bestimmen; *faire la ~ de qch.* etw. berücksichtigen, in Betracht ziehen, e-r Sache (*dat.*) Rechnung tragen; *pour une large ~* in bedeutendem Maße; **2.** Beteiligung *f*, Teilnahme *f*; *avoir ~ à qch.* bei etw. (*dat.*) beteiligt *od.* mitschuldig sein; *prendre ~ à qch.* sich an etw. (*dat.*) beteiligen; *fig.* an etw. (*dat.*) Anteil nehmen; **3.** Mitteilung *f*; *faire ~ de qch. à q.* j-m etw. mitteilen; *billet m* (*od. lettre f*) *de* (*auch bloß*: *un*) *faire ~* schriftliche (Familien-) Anzeige *f*; **4.** Richtung *f*, Seite *f*; *autre ~* anderswo(hin); *nulle ~* nirgends(wohin); *quelque ~* irgendwo(hin); *quelque ~ qu'il aille* wohin er auch gehen mag; *en bonne* (*mauvaise*) *~* in gutem (schlechtem *od.* üblem) Sinne; *prendre qch. en mauvaise ~* etw. übelnehmen; *de la ~ de q.* von j-m (her); von seiten j-s, im Auftrage j-s; *de ma ~* meinerseits; *saluez vos parents de ma ~* grüßen Sie Ihre Eltern von mir; *savoir de bonne ~* aus guter Quelle wissen; *d'une ~ ..., d'autre ~ ...* einerseits ..., andererseits ...; *d'autre ~* andererseits, wiederum; *de ~ et d'autre* beiderseits, gegenseitig, von (nach, auf) beiden Seiten; *de toute(s) ~(s)* von (*od.* nach) allen Seiten; *percé de ~ en ~* völlig durchbohrt od. durchschossen; *pour ma ~* was mich betrifft; *à ~* beiseite, abgesondert; eigenartig; ✝ *compte m à ~* Sonderkonto *n*; *tirage m à ~* Sonderdruck *m*; *faire bande à ~* sich absondern; *homme m* (*od. caractère m*) *à ~* Sonderling *m*; *à ~ als prp.*: *à ~ cela* (*od. ceci*) davon abgesehen, sonst, darüber hinaus; *à ~ soi* innerlich, bei sich; *mis* (*mst. inv.*) *à ~* abgesehen von, außer.

parta|ge (par'ta:ʒ) *m* **1.** Verteilung *f*; Teilen *n*, Aufteilung *f*; *~ du monde* Aufteilung *f* der Welt; *~ (en deux)* Spaltung *f*; *venir à ~, entrer en ~* zur Teilung kommen; **2.** ⚖ ~ (*d'une succession*) Erb-vergleich *m*, -teilung *f*; *action f de ~* Erbteilungsklage *f*; **3.** ⚖ Anteil *m*, Erbteil *n*; *échoir en ~ à q.* j-m zuteil werden, j-m anheimfallen; **4.** Teilnahme *f* (*de* an *dat.*); Mitbesitz *m* (von *dat.*); **5.** *fig.* Ablenkung *f der Gefühle*: *sans ~* ungeteilt, ausschließlich; **6.** *~ de voix* Stimmengleichheit *f*; **7.** *ligne f de ~ des eaux* Wasserscheide *f*; 🚂 *point m de ~* höchster Punk *m e-r Bahnstrecke*; **~geable** (~ta'ʒablə) *adj.* teilbar; **~geant** (~'ʒɑ̃) *m* Teilhaber *m*.

parta|ger (parta'ʒe) [1l] **I** *v/t.* **1.** in mehrere Teile teilen, zerlegen, ab-, ein-teilen; *~ en deux* in zwei Hälften teilen, halbieren; **2.** (ver-) teilen, austeilen (*à* unter *acc.*); ~ *q.*

j-n bedenken; *mal partagé par la nature* von der Natur stiefmütterlich behandelt; F *~ le gâteau* den Reibach F (den unberechtigten Gewinn) teilen; **3.** *fig.* mitempfinden, teilnehmen an (*dat.*), teilen (*Freude*; *Gefahren*); **4.** *fig.* in Parteien (zer)spalten, scheiden; *opinions f/pl. partagées* geteilte Ansichten *f/pl.*, abweichende Meinungen *f/pl.*; **II** *v/i.* **5.** teilen; *~ en frères* brüderlich teilen; **6.** beteiligt sein, teilhaben (*dans* an *dat.*); *~ dans une succession* an e-r Erbschaft Anteil haben **III** *v/rfl.* **se ~ 7.** sich teilen, zerfallen (*en* in *acc.*); **8.** *se ~ qch.* etw. unter sich teilen; *se ~ dans les frais* sich die Kosten teilen; **~geur** *péj.* (~'ʒœːr) *su. u. adj.* [7g]; **~geux** *péj.* (~'ʒø) *adj.* [7d] *u. su. iron.* für die Kommune eingenommen; Vertreter *m* der Kommune; F *pas ~* egoistisch, sehr auf sich bedacht.

partance ⚓ (par'tɑ̃ːs) *f* Abfahrt *f*; *coup m de ~* Abfahrtssignal *n*; *être en ~ pour ...* zur Abfahrt nach ... bereit sein, nach ... segelfertig sein.

partant (par'tɑ̃) **I** *adv.* mithin, folglich; **II** *su.* Abreisen der *m*; *Sport*: Starter *m*, Teilnehmer *m*.

partenaire (partə'nɛːr) *su.* Partner *m*, Mitspieler *m*; ✝ (Vertrags-) Partner *m*, (Geschäfts-)Teilhaber *m*.

parterre (par'tɛːr) *m* **1.** ⚘ Garten-, Blumen-beet *n*; **2.** *thé.* Parkett *n*; *fig.* Zuschauer *m/pl.*

parthénogénèse *biol.* (partenɔʒe'nɛːz) *f* Parthenogenese *f*.

parti (par'ti) *m* **1.** Partei *f*; *esprit m de ~* Parteigeist *m*; *~ socialiste* sozialistische Partei *f*; *prendre le ~ de q.* sich zu j-s Partei schlagen; *prendre ~ pour (contre) q.* für (gegen) j-n Partei ergreifen; *se ranger du ~ de q.* sich j-s Partei anschließen; *avoir un ~ nombreux* e-n großen Anhang haben; **2.** Entschluß *m*; *prendre un ~* e-n Entschluß fassen; *~ pris* vorgefaßte Meinung *f*, Vorurteil *n*; *juger sans ~ pris* unbefangen urteilen; *on ne savait quel ~ prendre* da war guter Rat teuer; *en prendre son ~, prendre son ~ de qch.* sich mit etw. (*dat.*) abfinden, sich dareinfügen, nichts gegen etw. (*acc.*) einzuwenden haben; **3.** Behandlung *f*; *faire un mauvais ~ à q.* j-m übel mitspielen; **4.** Vorteil *m*, Nutzen *m*; *tirer ~ de qch.* aus etw. (*dat.*) Nutzen ziehen; **5.** ⚒ Beruf *m*; **6.** (Heirats-) Partie *f*; **7.** ⚔ Streifkorps *n*, Trupp *m*.

partial (par'sjal) *adj.* [5c] ☐ parteiisch, einseitig; **~ité** (~li'te) *f* Parteilichkeit *f*; *pour motif de ~* wegen Befangenheit.

partici|pant (partisi'pɑ̃) [7] **I** *adj.* teilnehmend (*à* an *dat.*); **II** *su.* a) Teilhaber *m*, Beteiligter *m*; b) Teilnehmer *m an e-r Versammlung usw.*; **~pation** (~pɑ'sjɔ̃) *f* Teilnahme *f*, Mitwirkung *f*, Beteiligung *f* (*a. Sport*); ✝ Partnerschaft *f*; Quote *f*; *sans ma ~* ohne mein Zutun; *~ électorale* Wahlbeteiligung *f*; ✝ *~ aux bénéfices* Gewinnbeteiligung *f*; **~pe** (~'sip) *m gr.* Partizip(ium *n*) *n*; **~per** (~'pe) *v/i.* [1a] **1.** teilnehmen, mitwirken (*à* an *dat.*); *faire ~ q. à qch* j-n bei etw. (*dat.*) beteiligen; **2.** *fig.* *~ de* a) *biol.* etw. von den Eigenschaften haben, verwandt sein mit; b) etw. an sich haben; grenzen an (*acc.*); *~ de la folie* an Tollheit grenzen; **~pial** *gr.* (~'pjal) *adj.* [5c]: *construction f ~e* Partizipialkonstruktion *f*.

particulari|sation (partikylarizɑ'sjɔ̃) *f* **1.** ausführliche Erzählung *f*; **2.** Ausführlichkeit *f*; **~ser** (~'ze) *v/t.* [1a] **1.** ausführlich erzählen, schildern, beschreiben; spezifizieren; auf e-n Einzelfall anwenden; **2.** ⚖ *~ une affaire* e-e Rechtssache gesondert verfolgen; **~sme** (~'rism) *m* Partikularismus *m* (*a. théol.*), Lokalpatriotismus *m*, Kleinstaaterei *f*; **~ste** (~'rist) *m u. adj.* Partikularist *m*; partikularistisch; **~té** (~ri'te) *f* Eigenheit *f*, Sonderbarkeit *f*, Besonderheit *f*; Einzelheit *f*, besonderer Umstand *m*.

particu|le (parti'kyl) *f* **1.** *a. at.* Teilchen *n*; *ast.* *~s aurorales* Teilchen *n/pl.* der Corona; *phys.* *~ élémentaire* Elementarteilchen *n*; **2.** *gr.* Partikel *f*, unveränderlicher Redeteil *m*; *~ finale* Nachsilbe *f*; *~ préfixe* Vorsilbe *f*; **3.** *~ nobiliaire* Adelsprädikat *n*; *avoir la ~* von Adel sein, adelig sein; **~lier** (~'lje) **I** *adj.* [7b] ☐ **1.** besonder, sonderlich, eigentlich; *intérêt m ~* Sonderinteresse *n*; **2.** privat; *chemin m ~* Privatweg *m*; **3.** umständlich, genau, einzeln; **4.** abgesondert, geheim; *audience f particulière* Geheimaudienz *f*; **5.** bemerkenswert, erwähnenswert; *rien de* ~ nichts Besonderes; **6.** merkwürdig, seltsam, komisch, eigenartig; *c'est un homme* ~ das ist ein eigenartiger Mensch (*od.* ein komischer Heiliger *od.* Kauz F); **II** *m* **7.** *das* Besondere *n*; **8.** Privatleben *n*; *dans le* ~ im engeren Umgange; **9.** Privatmann *m*; *péj.* Individuum *n* F, irgend jemand; **10.** *advt. en* ~ besonders, einzeln; unter vier Augen; *prendre q. en* ~ j-n beiseite nehmen; *drohend*: *nous nous verrons en* ~ wir werden uns sprechen!

partie (par'ti) *f* **1.** Teil *m*, Bestandteil *m*; ~ *du monde* Erd-, Welt-teil *m*; ~ *avant* (~ *arrière*) Vorder-(Hinter-)teil *m*; ~ *essentielle* Kernstück *n*; *faire* ~ *de qch.* zu etw. (*dat.*) gehören; Mitglied von etw. (*dat.*) sein; *advt.*: *en* ~ teilweise; *en* ~ ..., *en* ~ ... teils ..., teils ...; *en grande* ~ großenteils; *pour la plus grande* ~, *en majeure* ~ größtenteils; *par* ~*s* stückweise; *bei* ~ *als Subjekt kann das Verb im Plural stehen*: *une* ~ *des élèves avaient déjà quitté l'école* ein Teil der Schüler hatte die Schule bereits verlassen; **2.** ~ *du corps* Körperteil *m*; ~ *buccale* Mundpartie *f*; ~*s f/pl. molles* Weichteile *m/pl.*; **3.** (Vergnügungs-)Partie *f*; ~ *de campagne* Ausflug *m*, Wanderung *f*; *être d'une* ~ e-e Partie mitmachen; ~ *d'alpinisme* Hochtour *f*; *allg. fig. être de la* ~ etw. mitmachen, bei etw. (*dat.*) dabeisein, an etw. (*dat.*) teilnehmen; **4.** Branche *f*; *cela n'est pas de ma* ~ das gehört nicht zu meiner Branche; **5.** ☤ (Waren-)Posten *m*, Menge *f*, Partie *f*; *tenue f des livres en* ~ *simple* (*double*) einfache (doppelte) Buchführung *f*; **6.** ⚖, ⚔ Partei *f*; ~ *adverse* Gegenpartei *f*; ~ *civile* Nebenkläger *m* in e-m Strafprozeß; *se porter* ~ *civile* auf Entschädigung klagen; ~ *publique* Staatsanwalt(schaft *f*) *m*; *se porter* ~, *se rendre* ~ sich zum Kläger aufwerfen; *allg. prendre q. à* ~ auf j-n losgehen (feindlich), j-n angreifen; ~*s pl. contractantes* Kontrahenten *m/pl.*, vertragschließende Parteien *f/pl.*; ~*s belligérantes* kriegführende Mächte *f/pl.*; **7.** ♪ Partie *f*, Stimme *f*; *à quatre* ~*s* für vier Stimmen, vierstimmig; ~ *récitante* Hauptstimme *f*; *chanter en* ~ mehrstimmig singen; ~ *de piano* Klavierauszug *m*; ~ *d'orchestre* Orchesterstimme *f*; **8.** ♪ Gesangrolle *f*; ~ *de ténor* Tenorpartie *f*; *fig. tenir bien sa* ~ s-e Rolle gut spielen; **9.** *Spiel u. Sport*: Partie *f*, Runde *f*; *une* ~ *d'échecs* e-e Partie Schach; *Schachspiel*: ~ *simultanée* Simultanspiel *n*; *faites-vous la* ~? spielen Sie mit?; *coup m de* ~ Stich *m*, Wurf *m usw.*, der die Partie entscheidet; ~ *nulle* unentschieden; unentschiedenes Spiel *n*; *la* ~ *n'est pas égale fig.* die Partie ist ungleich, er ist s-m Gegner nicht gewachsen; *abandonner* (*od. quitter*) *la* ~ das Spiel aufgeben; *avoir* ~ *gagnée* gewonnenes Spiel haben; *c'est* ~ *remise* die Sache ist nur aufgeschoben; **10.** ~*s pl.* Geschlechtsteile *m/pl.*

partiel (par'sjɛl) *adj.* **[7c]** □ **teil**weise vorhanden *od.* stattfindend, Teil..., partiell; ~**lement** (~sjɛl'mɑ̃) *adv.* zum Teil.

partir (par'ti:r) [2b] (*nur mit* être!) *v/i.* **1.** abreisen (*pour* nach *dat.*); weggehen; *bsd.* 🚂, *Auto*, ✈ *u.* ⚓ abfahren, abgehen; abfliegen, aufsteigen; absegeln; abmarschieren, aufbrechen, ausrücken; *Sport*, ✈: starten; *mot.* anspringen; ~ (*en auto*) wegfahren; ~ *en voyage* verreisen; ~ *du pied gauche* mit dem linken Fuß antreten (*od.* zuerst losgehen) (*beim Marschieren*); *il est parti pour la France* (*pour Paris*) er ist nach Frankreich (nach Paris) abgefahren (abgeflogen); ~ *en vacances* e-e Ferienreise machen; ~ *pour la guerre*, ~ *en guerre* in den Krieg ziehen; *mot. faire* ~ *un moteur* e-n Motor anlassen; **2.** entspringen, weg-laufen, -fliegen; *fig. le mot est parti* das Wort ist gefallen; **3.** ausgehen, entspringen, (her-)kommen (*de* aus *bzw.* von *dat.*); *advt. à* ~ *d'aujourd'hui* von heute an, ab heute; *à* ~ *de là* von da an gerechnet; **4.** auffahren; davonstürmen; herausfahren; ~ *d'un* (*grand*) *éclat de rire* in lautes Gelächter ausbrechen; **5.** losgehen (*Gewehr*); abfliegen (*Kugel*); *faire* ~ *le coup* abdrücken, abfeuern; **6.** *faire* ~ (*besser*: *frotter*) *une allumette* ein Streichholz anzünden; **7.** F *être un peu parti* e-n Schwips haben.

partisan (parti'zɑ̃) *m* (*f*: ~e, F ~te) Anhänger *m*, Partei-gänger *m*, -mitglied *n*; ⚔ Partisane(nkämpfer *m*) *m*; *j'en suis* ~ ich bin dafür;

~isme (~za'nism) *m* Parteiwesen *n*.
parti|tif *gr.* (parti'tif) *adj.* [7e] Teilungs...; **~tion** (~ti'sjõ) *f* **1.** ▨ Teilung *f*; *abus.* ~ *d'un territoire* Gebietsteilung *f*; **2.** ♪ Partitur *f*; **3.** *cin.* ~ *musicale* unterlegte Musik *f*, musikalische Untermalung *f*.
partout (par'tu) *adv.* überall, allerorts; nach allen Seiten, überallhin; *de* ~ von überall her; ~ *ailleurs* sonst überall; *toujours et* ~ durchweg.
par trop F (par'tro) *adv.* (all)zu.
partur|iente ⚕ (partu'rjɑ̃:t) *f* gebärende Frau *f*; **~ition** ⚕ (~ri'sjõ) *f* Gebären *n*.
parure (pa'ry:r) *f* **1.** Schmuck *m*, Geschmeide *n*; Kopfschmuck *m*; **2.** Damengarnitur *f*; **3.** ⊕ ~*s pl.* Lederabfälle *m/pl.* [(*e-s Buchs*).]
parution (pary'sjõ) *f* Erscheinen *n*
parve|nir (parvə'ni:r) *v/i.* [2h] **1.** ~ *à qch.* zu etw. (*dat.*) gelangen *od.* kommen, etw. erreichen; *votre lettre m'est parvenue* Ihr Brief hat mich erreicht; ~ *à un grand âge* ein hohes Alter erreichen; ~ *à mit inf.* es dahin bringen, daß man ...; *je parviens à* ...es gelingt mir, zu ...; *faire* ~ *qch. à q.* j-m etw. zuschicken; **2.** sich hocharbeiten, emporkommen; **~nu** (parvə'ny) *su.* Emporkömmling *m*.
parvis (par'vi) *m* Vor-hof *m*, -platz *m e-r Kirche*; *poét.* ~ *pl.* Hallen *f/pl.*
pas[1] (pa) *m* **1.** Schritt; Tanzschritt *m*; ~ *seul* Einzeltanz *m*; ~ *de deux* Tanz *m* zu zweien; ~ *accéléré*, ~ *redoublé* Geschwindschritt *m*; ~ *cadencé* Gleichschritt *m*; ~ *de charge* Sturmschritt *m*; ~ *de course*, ~ (*de*) *gymnastique* Laufschritt *m*; ~ *à* ~ Schritt für Schritt, schrittweise; *à grands* ~ mit großen Schritten; *au petit* ~ ohne sich zu übereilen; *à* ~ *lents* langsamen Schrittes; *à* ~ *de loup*, *à* ~ *feutrés* ganz leise; *aller au* ~ Schritt *m* gehen; *être au* ~ *avec l'époque* mit der Zeit mitgehen (*od.* Schritt halten); *aller* (*un*) *bon* ~ gut marschieren; *fig. aller à* ~ *de géant dans qch.* riesige Fortschritte in etw. (*dat.*) machen; *porter ses* ~ *à* ... sich nach ... begeben; *il n'y a qu'un* ~ *d'ici là* F es ist nur ein Katzensprung *m*; *à deux* ~, *à quatre* ~ in nächster Nähe; *de ce* ~ *advt.* auf der Stelle *f*, augenblicklich, sofort; *faire les cent* ~ auf und ab gehen; *faire un faux* ~ e-n Fehltritt *m* begehen, straucheln (*a. fig.*); *faire un* ~ *de clerc* e-n Bock schießen, e-n Schnitzer machen; *retourner sur ses* ~ wieder umkehren; **2.** Tritt *m*; *au* ~*!* langsam fahren!, Tritt halten!, Tritt gefaßt!; *changer le* ~ Tritt wechseln; *marquer le* ~ auf der Stelle treten; *fig.* keine Fortschritte machen; *perdre le* ~ aus dem Tritt kommen; *raccourcir le* ~ kurz treten; **3.** Fußspur *f*; **4.** Durchgang *m*; *mauvais* ~ schwer zu passierende Stelle *m*; *fig.* Klemme *f*; **5.** Engpaß *m*; Meerenge *f*; ~ *de Calais* Straße *f* von Calais; **6.** Schwelle *f*; Stufe *f*; *franchir le* ~ sich *endlich* entschließen; **7.** *fig.* Vortritt *m*, Vorzug *m*; *avoir* (*od. prendre*) *le* ~ *sur q.* (*sur qch.*) den Vorrang vor j-m (vor etw.) haben; *disputer le* ~ *à q.* j-m den Vorrang streitig machen; **8.** ~ (*et démarches*) *pl. fig.* Schritte *m/pl.* (*die man in e-r Angelegenheit unternimmt*), Gänge *pl.*, Bemühungen *f/pl.*; **9.** *salle f des* ~ *perdus*: a) große Halle, die als Vorzimmer zu den verschiedenen Gerichtslokalen dient; b) Bahnhofshalle *f*; **10.** ♪ Tanzstück *n*; *ouvrir le* ~ *fig.* den Tanz eröffnen; **11.** *mettre au* ~ *Reitkunst*: Schritt *m* parieren; *fig.* zur Vernunft *f* bringen; *pol.* gleichschalten; **12.** *gym.* ~ *de géant* Rundlauf *m*; **13.** ⊕ Gewinde *n*; ~ *de rayure* Drall *m*; ~ *de vis* Schraubengang *m*; ~ *de l'engrenage* Zahnteilung *f*.
pas[2] (pa) *adv.* nicht; kein(e, er, s); **I a)** *allein, ohne Verb*: **1.** *pourquoi pas?* warum nicht?; *pas un seul* kein einziger; *pas du tout* überhaupt nicht, gar nicht; *pas trop vite* nicht zu schnell!; *pas beaucoup* nicht viel; *pas grand-chose* nichts Besonderes; *pas trop* nicht zuviel; *pas trop haut!* nicht zu laut! (*bzw.* hoch!); *pas deux mots* nicht zwei Worte (*bzw.* Wörter); **2.** *mit nachfolgendem, partitivem* de (*Teil e-r Menge*): *pas d'argent* kein Geld; *pas de fleurs* keine Blumen; **3.** *elliptisch* (*das Verb auslassend*) F *pas vrai?* nicht wahr?; *pas moi bzw. moi pas* ich nicht; *pas de quoi!* keine Ursache!; macht nichts!; bitte! (*als Antwort auf e-e Entschuldigung*); *statt non*: *nous étions tous fatigués, lui pas* wir waren alle ermüdet, er nicht; *zur*

Verstärkung von non: *je crains votre silence et non pas vos injures* ich fürchte Ihr Schweigen, nicht Ihre Kränkungen; **b)** P *u. enf. mit Verb*: **4.** *je sais pas* ich weiß es nicht; *j'irai pas* ich werde nicht gehen; *dites pas non!* sagen Sie nicht nein!; *y a pas plus simple* es gibt nichts Einfacheres; **II** *ne ... pas mit Verb*: **5.** *il n'arrive pas* er kommt nicht; *je ne l'ai pas vu du tout* ich habe ihn gar nicht gesehen; *pas un ne bougea* nicht einer rührte sich; *il prétend ne m'avoir pas vu* er behauptet, mich nicht gesehen zu haben; **6.** *mit nachfolgendem, partitivem* de (*Teil e-r Menge*): *il n'a pas d'argent sur lui* er hat kein Geld bei sich; *je ne vois pas d'enfants* ich sehe keine Kinder; *il n'a pas trouvé de pommes mûres* er hat keine reifen Äpfel gefunden; *il n'y a pas de mal* keine Ursache!; macht nichts! (*als Antwort auf e-e Entschuldigung*); *nous ne devons pas perdre de temps* wir dürfen keine Zeit verlieren; *je ne veux pas de vos marchandises* ich will von Ihren Waren nichts; *on n'a pas voulu de moi* man hat nichts von mir gewollt; **7.** *ne ... pas que* nicht nur, nicht bloß; *il ne s'agit pas que de mon frère* es handelt sich nicht bloß um meinen Bruder; *je n'ai pas écouté que lui* ich habe nicht nur ihn angehört; *l'enseignement secondaire ne mène pas qu'au bachot* der höhere Schulunterricht führt nicht bloß zum Abiturium; **8.** *das partitive* de *fällt u.a. weg* a) *bei Ausdrücken, die auch im positiven Infinitiv keinen Teilungsartikel haben*: *je n'ai pas faim (soif)* ich habe keinen Hunger (Durst); *il n'a pas peur* er hat keine Angst; *je n'y ai pas droit* ich habe darauf keinen Anspruch; *il ne perdit pas courage* er verlor nicht den Mut; *cette somme ne porte pas intérêts* dieser Betrag bringt keine Zinsen (*od.* verzinst sich nicht); *il n'y pas moyen de le faire* es gibt kein Mittel, es zu machen; b) *wenn der ganze Satz verneint ist*: *nous n'avons pas du pain tous les jours* nicht alle Tage haben wir Brot; c) *vor Zahlen*: *je n'ai pas un bijou* ich habe nicht ein (einziges) Schmuckstück; **III** *non ~!* nein, durchaus nicht! **IV** *ne ~ non plus* auch nicht, auch kein; *moi, je n'ai pas d'argent non plus* ich habe auch kein Geld.

pascal (pas'kal) *adj.* (*pl. a.* [5c]) österlich; Oster...

pas-d'âne (pɑ'dɑ:n) *m* [6c] Huflattich *m.*

pas plus que ... ne (*ohne daraufolgendes pas*) (pɑ'plykənə) *cj.* (*nach vorangehendem, verneintem Satz*) ebenso wenig, wie; *un tel système ne simplifie pas la marche des affaires, pas plus qu'il n'incite aux décisions rapides* ein solches System vereinfacht nicht den Geschäftsgang, ebenso wenig, wie es zu schnellen Entscheidungen anregt.

pasquinade (paski'nad) *f* Pasquill *n*, Schmähschrift *f*; *fig.* Spott *m.*

passable (pa'sablə) *adj.* □ erträglich, leidlich; *un élève ~* ein mittelmäßiger Schüler *m*; **~ment** (~blə'mɑ̃) *adv.* einigermaßen.

passade (pa'sad) *f* **1.** flüchtige Durchreise *f*, kurzer Abstecher *m*; **2.** vorübergehende Neigung *f*; Liebelei *f*, Eintagsliebe *f*, flüchtige Liebschaft *f*; **3.** Untertauchen *n e-s Mitschwimmers unter e-n anderen* (*als Spiel*); **4.** *man.* Passade *f.*

passage (pa'sa:ʒ) *m* **1.** Durch-gang *m*, -fahrt *f*, -reise *f*, -marsch *m*, -zug *m*; Überquerung *f*; *écol. ~ (dans la classe supérieure)* Versetzung *f*; *écol. examen m de ~* Versetzungsprüfung *f*; *~ interdit* Durchgang verboten; *~ de la frontière* Grenzübertritt *m*; *être de ~* sich nur kurz (*od.* vorübergehend) aufhalten; *court ~* kurzer Abstecher *m*; *oiseau m de ~* Zugvogel *m*; *ch. ~ des bécasses* Schnepfenstrich *m*; **2.** Vorbei-, Vorübergehen *n*, -reiten *n*, -fahren *n*, fliegen *n*; *~ en trombe* Vorbeifahrt *f* in rasendem Tempo; *saisir qch. au ~* etw. im Fluge erhaschen; **3.** Übergang *m*, Durchgang *m*, Passage *f*, Durchlaßstelle *f*, Weg *m*, Straße *f*, *fig.* Bahn *f*, Paß *m*; *~ à niveau* Bahnübergang *m*; *~ clouté* mit Nägeln bezeichnete Übergangsstelle für Fußgänger; Fußgängerüberweg *m*; *~ souterrain, ~ inférieur, ~ en dessous* (Eisenbahn-)Unterführung *f*; *~ supérieur* (Eisenbahn-)Überführung *f*; *se frayer* (*od. s'ouvrir*) *un ~* sich Bahn brechen; **4.** *text.* Läufer *m* (*schmaler Teppich*); **5.** Überfahrt *f*; *bateau m de ~*

Fähre *f*; **6.** Fährgeld *n*; Brückengeld *n*; **7.** *fig.* Übergang *m*, Wechsel *m*; **8.** *fig.* kurzer Aufenthalt *m*; *pendant son ~ au ministère* in der kurzen Zeit, wo er dem Ministerium angehörte; *la vie n'est qu'un ~* das Leben ist nur e-e Durchgangsstation; **9.** Stelle *f in e-m Buch*; ♫ Passage *f*; Verzierung *f* durch Läufe; **10.** geheimer Aus- *od.* Nebengang *m*; glasbedeckte Passage *f*; kurzer Korridor *m*; Zugang *m*; **11.** F *~ à tabac* Durchprügeln *n*, Vertobacken *n* P; **~-piétons** (~pje'tɔ̃) *m* [6b] Fußgängerüberweg *m*.

passager (pasa'ʒe) [7b] **I** *adj.* □ **1.** vorübergehend, durch-reisend, -ziehend; Zug...; **2.** vergänglich, von kurzer Dauer; *fig.* flüchtig; *beauté f passagère* vergängliche Schönheit *f*; **II** *su.* Fahrgast *m*, Reisender *m*; Mitfahrer *m*; ⚓ Passagier *m*, (See-) Reisender *m*; ✈ Flug-, Fahrgast *m*, Insasse *m*; *~ clandestin* blinder Passagier *m*; ⚓ *~ de pont* Deckpassagier *m*; ⚓ *~ de première classe* Kajütenpassagier *m*.

passagèrement (pasaʒɛr'mɑ̃) *adv.* zeitweilig, vorübergehend; *~ nuageux* zeitweilig bewölkt.

pass|ant (pa'sɑ̃) [7] **I** *adj.*: *rue f très ~e* sehr belebte Straße *f*, verkehrsreiche Straße *f*; **II** *su.* Passant *m*, Vorübergehender *m*; **III** *m* Schlaufe *f*; *~ en cuir* Lederschlaufe *f*; **~ation** (~sɑ'sjɔ̃) *f* Ausfertigung *f e-s Vertrages*; Ausstellung *f e-r Bescheinigung*, Erteilung *f e-s Auftrages*; Übertragung *f* (*von Befugnissen*); *~ d'un contract* Beurkundung *f* e-s Vertrages; *~ de commande* Auftragserteilung *f*; *~ des pouvoirs* Übertragung *f* der Dienstbefugnisse (*auf e-n anderen*); **~avant** (~a'vɑ̃) *m* **1.** Laufplanken *f/pl.*, Gangbord *n*; **2.** Passier-, Durchlaß-, Durchgangs-, Transit-, Zoll(frei)-schein *m*.

passe[1] (pɑ:s) *f* **1.** Zug *m*, Wegziehen *n der Vögel*; *esc.* Ausfall *m*; *ch. ~ des bécasses* Schnepfenstrich *m*; *maison f de ~* Bordell *n*; **2.** *Sport*: (Ball-)Abgabe *f*; Vorlage *f*, Zuspiel *n*; *Spiel*: Zahl *f* über 18 beim Roulette; *faire une ~ Sport*: den Ball zuspielen (*od.* abgeben); **3.** *~s magnétiques* Betasten *n* e-s Magnetiseurs; **4.** *en ~ de* im Begriffe (*od.* auf dem besten Wege) zu ...; *être en ~ de ...* gute Aussichten haben, zu ...; *être dans une mauvaise ~* in e-r üblen Lage sein, in der Klemme sein F; **5.** ⚓ enges Fahrwasser *n*; Durchgangsstelle *f*; **6.** *mot m de ~* Losungs-, Erkennungs-wort *n*, Parole *f*; **7.** Freifahrtschein *m*; **8.** Damenhutschirm *m* (*z.B. bei Sportmützchen*); **9.** *typ.* (*main f de*) *~* Zuschußexemplare *n/pl.*; **10.** † Aufgeld *n*, Zuschlag *m* (*zur Abrundung e-s Betrages*); Zuschuß *m* (*von Waren*); **11.** * Beischlaf *m*.

passe[2] (~) *m* Dietrich *m*, Nachschlüssel *m*; = *~-partout*.

passe![3] (~) *int.* meinetwegen!

passé (pɑ'se) **I** *m das* Vergangene *n*; *a. gr.* Vergangenheit *f*; *gr. au ~*, *nur zeitlich*: *dans le ~* in der Vergangenheit; **II** *adj.* vergangen, vorig; (da)hin, vorbei, aus, zu Ende; überreif (*Früchte*); *l'année ~e* im vergangenen Jahre; *il est neuf heures ~es* es ist bald 10 (Uhr), die Uhr geht auf 10; **III** *prp.* (*inv.!*) *~ 20 heures* nach 20 Uhr; *~ cette époque* nach Ablauf dieser Zeit; *~ la frontière* hinter der Grenze.

passe|-bouillon (pɑsbu'jɔ̃) *m cuis.* Durchschlagsieb *n*; **~-carreau** (~ka'ro) *m* [6g] Plättbrett *n*; **~-debout** (~də'bu) *m* [5c] Transitschein *m*; **~-droit** (~'drwa) *m* [6g] Schiebung *f*, ungerechte Bevorzugung *f*, ungerechte Zurück-, Hintan-setzung *f*; *subir un ~* e-e Zurücksetzung erleiden.

passée (pɑ'se) *f* **1.** Durch-, Vorüber-ziehen *n*; **2.** *ch.* Spur *f*, Fährte *f*; Streichen *n* (*der Schnepfen*); **3.** ⚒ Flözstreifen *m*.

passefiler (pɑsfi'le) *v/t.* [1a] Strümpfe stopfen.

passe-lacet (~la'sɛ) *m* [6g] Schnür(senkel)nadel *f*.

passement (pɑs'mɑ̃) *m* Borte *f*, Tresse *f*; Besatz *m*; **~er** (~'te) *v/t.* [1a] besetzen, verbrämen; **~erie** (~'tri) *f* Posamentierwaren *f/pl.*

passe|-montagne (pɑsmɔ̃'taɲ) *m* [6g] Auto-, Flieger-kappe *f*; Pelzmütze *f* mit Ohrenklappen; **~-parole** ⚔ (~pa'rɔl) *m* [6c] Laufbefehl *m*; **~-partout** (~par'tu) *m* [6c] **1.** Dietrich *m*, Nachschlüssel *m*; **2.** ⊕ Schrotsäge *f*; **3.** aufklappbarer Bilderrahmen *m*; **~-passe** (~'pɑ:s) *m* [6c]: *tour m de ~*

Taschenspieler(kunst)stück *n*; *joueur m de ~* Taschenspieler *m*.

passepoil (~'pwal) *m* Litze *f*, Streifen *m*, Borte *f*, ⚔ Biese *f*.

passeport (pɑs'pɔːr) *m* **1.** (Reise-) Paß *m*; Laufpaß *m*; *retirer le ~* den Paß abfordern (*od.* abverlangen); **2.** *fig.* Machtmittel *n*: *l'or est un ~ universel* Gold öffnet jede Tür.

passe-purée *cuis.* (pɑspy're) *m* [6c] Durchschlagsieb *n*.

passer (pɑ'se) [1a] (*mit être, wenn der Zustand, — mit avoir, wenn die Handlung hervorgehoben werden soll*) **I** *v/i.* **1.** *~ à …* von e-m Ort nach dem anderen gehen, fahren, fliegen, reisen, reiten, schwimmen; vorbei-, vorüber-gehen *usw.*; *fig.* 'übergehen; *~ par …* durch-gehen, -kommen, -ziehen; vorbeifließen; *~ par une ville* durch e-e Stadt kommen; *~ par de rudes épreuves* viel (im Leben) durchmachen; *il faut en ~ par là* man muß sich das gefallen (*od.* bieten) lassen; *~ à l'ordre du jour* zur Tagesordnung übergehen; *~ chez q.* bei j-m vorsprechen; j-n im Vorbeigehen besuchen; *écol. ~ dans une classe supérieure* versetzt werden; *~ dans l'usage fig.* sich einbürgern; *~ de l'autre côté* auf die andere Seite gehen; *~ debout* (*zollfrei*) durchgehen; *~ devant* vorangehen; *fig.* den Vorrang haben; *~ devant qch.* vorbeigehen an (*dat.*); *~ par la porte* zur Tür hinausgehen; *bzw.* hereinkommen; *il a passé par ici* er ist hier vorbeigekommen; *le tram m'est passé devant le nez* die Straßenbahn (die Bahn F) ist mir vor der Nase weggefahren; *~ par-dessus* (*od. sur*) *qch.* sich über etw. (*acc.*) hinwegsetzen, etw. außerachtlassen, etw. beiseitelassen, etw. übergehen; über etw. (*acc.*) hinwegsehen; überwinden (*Schwierigkeit*); überschlagen (*Buchstelle*); *l'auto lui a passé sur le corps* das Auto hat ihn überfahren; *fig. ~ pour qch.* für etw. (*acc.*) gehalten werden; als etw. gelten *od.* angesehen werden; *~ pour riche* als reich gelten; *laisser ~* durchlassen; *fig. laisser ~ qch. à q.* bei j-m etw. durchgehen lassen; *passons!* lassen wir das!; *en passant advt.* auf der Durchreise; im Vorübergehen; auf der Durchfahrt; *fig.* gelegentlich, beiläufig, nebenbei; F *y ~* es über sich ergehen lassen, es dulden; *il faut en ~ par là* das ist unvermeidbar; F *~ à l'as* ausbleiben; *fig.* draufgehen; **2.** durch e-e Prüfung durchkommen; *écol.* versetzt werden; *il ne passa pas à l'examen* er fiel durch; **3.** werden; *~ maître* Meister werden; **4.** gelten, im Umlauf sein; *cette monnaie ne passe plus* diese Münze ist nicht mehr im Umlauf; **5.** ⚖ 'durchgehen, angenommen werden; *une loi passe* ein Gesetz geht durch; **6.** *thé.*, *cin.* gespielt werden; *thé.* über die Bretter gehen; *cin.* laufen; **7.** überliefert werden, gelangen; *faire ~* überliefern; *~ à la postérité* auf die Nachwelt kommen, der Nachwelt überliefert werden; **8.** vergehen, verstreichen (*Zeit*); *l'année passée* voriges Jahr *n*; *le temps a passé bien vite* die Zeit ist schnell vergangen; *ça passera! od. ça va ~!* das geht vorüber!; *ce temps est passé* diese Zeit ist vorbei; *il était huit heures passées* es war nach acht Uhr; **9.** vorstehen, vorgucken F; *sa jupe passe sous son manteau* ihr Rock guckt unter ihrem Mantel hervor; **10.** vergehen, verderben; verblühen, verwelken; verschießen (*Farbe*); verschwinden, aufhören; verscheiden, sterben; *~ de mode* aus der Mode kommen; *je t'en ferai ~ l'envie* ich werde dir die Lust dazu noch austreiben; *le malade a passé* der Kranke ist gestorben; **11.** passen, kein Spiel ansagen; **II** *v/imp.* gelten, 'durchgehen; *il passe pour certain que …* es gilt als gewiß, daß …; *passe!* meinetwegen!; *passe encore* (*pour cela*) das lasse ich mir noch gefallen; *passe pour cette fois* dieses Mal mag es noch so hingehen; **III** *v/t.* **12.** *Fluß, Straße* überqueren, überschreiten; an (*dat.*) vorbeigehen; *~ la frontière* die Grenze überschreiten; *~ un pont* über e-e Brücke gehen; *passez votre chemin!* geht eures Wegs!; **13.** 'übersetzen, hinüber-, herüber-(F)-fahren; **14.** anbringen, in Umlauf setzen; **15.** übergeben; zureichen, herüberreichen; *pol. ~ la main* abtreten, sich zurückziehen; *~ un plat* ein Gericht herum (*od.* herüber-) reichen; *Sport: ~ la balle* (*od. le ballon*) *à q.* j-m den Ball zuspielen;

✝ ~ *une lettre de change* e-n Wechsel übertragen *od.* indossieren; **16.** ~ *au fil de l'épée* über die Klinge springen lassen; ~ *par les armes* erschießen; F ~ *q. à tabac* j-n versohlen, j-n grün u. blau schlagen; **17.** 'durch-stecken, -stoßen; 'durchseihen, 'durchlaufen lassen; ~ *au crible* 'durchsieben; *fig.* genaustens untersuchen, *fig.* nach allen Seiten hin beleuchten; **18.** übertreffen, überragen, übersteigen; überschreiten; *elle passait toutes ses compagnes en beauté* sie übertraf all' ihre Gefährtinnen an Schönheit; *il ne passera pas la journée* er wird den Tag nicht überleben; *il vous passe de toute la* tête er ist um einen ganzen Kopf größer als Sie; *la dépense passe la recette* die Ausgabe übersteigt die Einnahme; **19.** ~ *q.* j-n überholen, j-n hinter sich lassen; *Sport*: ~ *la défense* den Gegner überspielen; **20.** anziehen, anlegen; ~ *son habit* den Rock anziehen; ~ *l'habit à q.* j-m den Rock anziehen (helfen); **21.** hingleiten lassen, hinstellen; ~ *au feu* dem Feuer aussetzen; ~ *la main sur ses cheveux* mit der Hand über die Haare fahren; ~ *une bague au doigt* e-n *Ring* an den Finger stecken; ~ *un couteau sur la meule* ein Messer schleifen; **22.** verbringen, verleben (*s-e Zeit*); ~ *l'été à la campagne* den Sommer auf dem Lande zubringen; ~ *le temps à jouer* die Zeit mit Spielen zubringen; **23.** zubereiten, zurichten; **24.** ⚔ ~ *une revue* e-e Parade abhalten; ~ *en revue Truppen* mustern; *fig.* kontrollieren, prüfen; **25.** ~ *un examen* e-e Prüfung bestehen, geprüft werden; **26.** ✝, *adm.* ~ *un contrat* e-n Vertrag aufsetzen; ~ *un marché* e-n Handel abschließen; ~ *qch. à un prix très modéré* etw. zu sehr mäßigem Preise ansetzen; **27.** zugeben, zugestehen; *il ne faut rien* ~ *aux enfants* man darf den Kindern nichts zugestehen; **28.** verzeihen; ~ *qch. à q.* e-m etw. zugute halten; **29.** ~ *qch.* (F *à l'as*) aus-, weglassen, über-schlagen, -'gehen; über'lesen; über'sehen; ~ *qch. sous silence* etw. mit Stillschweigen über'gehen; **30.** *fig.* befriedigen; ~ *son envie* s-e Lust befriedigen; **31.** ✝ buchen; ~ *qch. en compte* etw. in Rechnung stellen *od.* bringen; **IV** *v/rfl.* se ~ **32.** se ~ *soi-même* sich selbst übertreffen; **33.** verfließen, vorübergehen, verstreichen (*Zeit*), zu Ende gehen; **34.** vergehen; verblühen; verschießen (*Farbe*); **35.** sich ereignen, stattfinden; *thé.* spielen; verlaufen; *la chose s'est bien passée* die Sache ist gut abgelaufen; *que s'est-il passé?* was ist los *od.* vorgefallen?; **36.** se ~ *de qch.* etw. (freiwillig) entbehren; verzichten, sich e-r Sache (*gén.*) enthalten; *je ne peux m'en* ~ ich kann das nicht entbehren; **37.** sich leisten, sich gönnen.

passerage ⚘ (pɑs'ra:ʒ) *f* Kresse *f.*

passereau (pɑs'ro) *m* [5b] Spatz *m.*

passe|relle (pɑs'rɛl) *f* **1.** Steg *m*, schmale Brücke *f*; *fig. écol. classe f* ~ Übergangsklasse *f*; **2.** ⚓ (Kommando-)Brücke *f*; **3.** ✈ Laufgang *m*; Laufbrücke *f* (*Luftschiff*); **~resse** ⚓ (~'rɛs) *f* Bindseil *n.*

passe|-rose ⚘ (pɑs'ro:z) *f* Herbst-, Stock-rose *f*; **~-temps** (~'tɑ̃) *m* [6c] Zeitvertreib *m*; *par* ~ zum Zeitvertreib; **~-thé** (~'te) *m* [6c] Teesieb *n.*

passette (pɑ'sɛt) *f* kleines Sieb *n.*

passeur (pɑ'sœ:r) *su.* [7g] Fährmann *m*; heimlicher Grenzführer *m.*

passe|-velours ⚘ (pɑsvə'lu:r) *m* [6c] Hahnenkamm *m*; **~-volant** (~vɔ'lɑ̃) *m* **1.** *hist.* ⚔, ⚓ Krümpersoldat *m*, -matrose *m* (*wurde nur bei Paraden eingestellt, um die Mannschaft größer erscheinen zu lassen*); **2.** ⚓ blinder Passagier *m*; **3.** Eindringling *m*, Nassauer *m.*

passi|bilité (pasibili'te) *f* Empfindungsfähigkeit *f*; **~ble** (~'siblə) *adj.* **1.** empfindungsfähig; **2.** ⚖ ~ *d'une peine* straffällig, strafbar; être ~ *d'une amende* e-e Geldstrafe entrichten müssen.

passif (pa'sif) **I** *adj.* [7e] □ leidend, passiv; untätig; *défense f passive* Luftschutz *m*; *obéissance f passive* blinder Gehorsam *m*; Kadavergehorsam *m*; *résistance f passive* passiver Widerstand *m*; *gr. voix f passive* Passiv *n*; **II** *m* **1.** *gr.* Passiv *n*; **2.** ✝ Passiva *pl.*, Passivmasse *f*, Schulden *f/pl.*, Verbindlichkeiten *f/pl.*; ~ *des comptes de virement* Giroverbindlichkeiten *f/pl.*

passiflore ⚘ (pasi'flɔ:r) *f* Passionsblume *f.*

passion (pa'sjɔ̃) *f* **1.** Leidenschaft *f*, Passion *f*; Liebe *f*; Gegenstand *m* der Liebe; Hang *m*, Sucht *f*, glühender Wunsch *m*; ~ *du jeu* Spielwut *f*; ~ *des voyages* Reiselust *f*; **2.** *rhét.* Glut *f*, Wärme *f*; (*u. peint.*) Ausdruck *m* der Leidenschaft; **3.** *rl.* Leiden *n* Christi; Passion *f*; *semaine f de la* ♀ Karwoche *f*; **4.** Passionspredigt *f*; Leidensgeschichte *f*; **~né** (~sjɔ'ne) **I** *adj.* (*adv. passionnément*) leidenschaftlich; **II** *su. fig.* begeisterter Liebhaber *m*; *un* ~ *de musique* ein begeisterter Musikliebhaber *m*; **~nel** *psych.* (~sjɔ'nɛl) *adj.* [7c]: *crime m* ~ Totschlag *m* im Affekt; *mouvement m* ~ Affekt *m*; **~ner** (~sjɔ'ne) [1a] **I** *v/t.* **1.** ~ *q.* j-n in Leidenschaft versetzen, j-n begeistern; **2.** ~ *qch.* etw. leidenschaftlich vortragen; ~ *un débat* bei e-m Wortwechsel jede Objektivität verlieren; **II** *v/rfl. se* ~ leidenschaftlich werden; *se* ~ *pour* sich begeistern für (*acc.*), schwärmen für (*acc.*), sich sterblich verlieben in (*acc.*), vernarrt werden in (*acc.*); **~nette** F (~sjɔ'nɛt) *f* Liebelei *f*.

passivité (pasivi'te) *f* Passivität *f*, leidender Zustand *m*; Untätigkeit *f*, Energielosigkeit *f*, Sichgehenlassen *n*.

pastel[1] (pas'tɛl) *m* Waid *m*; Waidfarbe *f*.

pastel[2] (~) *m* **1.** Farbstift *m*; *peinture f au* ~ Pastellmalerei *f*; **2.** Pastellgemälde *n*; **~liste** (~'list) *su.* Pastellmaler *m*.

pastèque ⚘ (pas'tɛk) *f* Wassermelone *f*.

pasteur (pas'tœ:r) *m* Hirt *m*; *peuple m de* ~*s* Hirtenvolk *n*; *fig.* ~ (*des âmes*) Pfarrer *m* (*bsd. prot.*).

pasteur|ien (pastœ'rjɛ̃) *adj.* [7c] nach Pasteur; **~isateur** (~riza'tœ:r) *m* Entkeimungsapparat *m*; **~isation** (~riza'sjɔ̃) *f* Pasteurisierung *f*, Entkeimung *f*; **~iser** (~ri'ze) *v/t.* [1a] pasteurisieren, entkeimen.

pasti|chage *peint., litt.* (pasti'ʃa:ʒ) *m* plagiatartige Nachahmung *f*; **~che** (~'tiʃ) *m* Nachbildung *f*, Nachahmung *f*; **~cher** (~ʃe) *v/t.* [1a] nachbilden, nachahmen.

pastille (pas'tij) *f* **1.** Zuckerplätzchen *n*; *phm.* Tablette *f*, Pastille *f*, Pille *f*, Kügelchen *n*; **2.** ⚔ ~ *fusante*, ~ *fulminante* Zünderkopf *m*; ~ *d'oxygène* Sauerstoffpatrone *f*.

pasto|ral (pastɔ'ral) **I** *adj.* [5c] □ **1.** das Hirten- (*od.* Land-)leben schildernd; Hirten...; *poésies f/pl.* ~*es* Schäfergedichte *n/pl.*; **2.** *rl.* pastoral; *lettre f* ~*e* Hirtenbrief *m*; **II** *m/inv.* bukolische Dichtungsart *f*; **~rale** (~) *f* Hirtengedicht *n*; Hirtenlied *n*, *a. Art* Tanz *m*; Schäferspiel *n*; **~rat** (~'ra) *m* Seelsorgeamt *n*.

pastorien (pastɔ'rjɛ̃) *m* Bazillenforscher *m des Pasteur-Instituts.*

pastou|reau (pastu'ro) *m* [5b] Hirtenknabe *m*; **~relle** (~'rɛl) *f* **1.** *a. poét.* Hirtenmädchen *n*; **2.** vierte Figur des franz. Kontertanzes; **3.** *litt.* Pastourelle *f*.

pat (pat) *adj./m*: patt (*Schach*).

patach|e (pa'taʃ) *f* unbequeme Droschke *f*; F schlechter Wagen *m*, Rumpelkasten *m*; **~on** (~'ʃɔ̃) *m* Droschken-, Land-kutscher *m*; *fig.* F *vie f de* ~ liederliches Leben *n*.

patafioler P (patafjɔ'le) *v/t.* [1a]: *que le bon Dieu* (*od. le diable*) *te patafiole!* hol' dich der Teufel!

patapouf F (~'puf) **I** *m* **1.** Lärm *m*, Krach *m*, Plauzen *n*; **2.** Fettwanst *m*, grober Kerl *m*, *fig.* Klotz *m*, Grobian *m*; **II** *int.* ~*!* plums!, plauz!

pataquès *gr.* (pata'kɛs) *m* Bindungsschnitzer *m*.

patarafe P (pata'raf) *f* Gekritzel *n*, Geschmiere *n*.

patard (pa'ta:r) *m* † Heller *m*; *noch in*: P *n'avoir plus un* ~ nicht einen Pfennig mehr haben.

patate F ⚘ (pa'tat) *f* Kartoffel *f*.

patati-patata F (pata'ti, ~'ta) *int.* papperlapapp!, pipapo!; F *et patati et patata* und so weiter.

patatras! (pata'tras) *int.* krach! bums!.

pataud (pa'to) [7] **I** *adj.* grob, plump, täppisch; **II** *m* junger Hund *m*; **III** ↖ *fig. su.* Grobian *m*, grober Kerl *m*, Bauernlümmel *m*.

patauger (pato'ʒe) *v/i.* [1l] im Schlamm herumwaten, pantschen; *fig.* F sich beim Reden *od.* beim Übersetzen verhaspeln.

pâte (pa:t) *f* **1.** Teig *m*; ~*s pl. alimentaires* Teigwaren *f/pl.*; ~ *feuilletée* Blätterteig *m*; F *mettre la main à la* ~ mit Hand anlegen, ordentlich mit zupacken (*od.* anpacken); ~*s pl. d'Italie* italienische Nudeln *f/pl.*; *fig. bonne* ~ *d'homme* eine gute, ehrliche Haut *f*; **2.** *phm.* teigartige Masse *f*, Paste *f*; ⊕ ~ *à papier* Papierbrei *m*, Pulp *m*; ~ *pectorale* Brustbonbon *m*; *colle f de* ~ Kleister *m*; ~ *de bois* Zellstoff *m*;

Holz-schliff *m*, -masse *f*; ~ *à modeler* Knetmasse *f*; ~ *dentifrice* Zahnpaste *f*, Zahnkrem *m*; *peint.* *en pleine* ~ dick aufgetragen; **3.** F *fig.* Konstitution *f*, Veranlagung *f*.

pâté (pɑ'te) *m* **1.** Pastete *f*; ~ *de foie gras* Gänseleberpastete *f*; ~ *de viande* Fleischpastete *f*; **2.** *fig.* (Tinten-)Klecks *m*; **3.** ~ *de maisons* Häuser-block *m*, -komplex *m*.

pâtée (~) *f* **1.** Stopfnudeln *f/pl.* (*zum Mästen*); **2.** (Mäst-)Futter *n*; *a.*: ~ *des chiens* (*des chats*) Hunde-(Katzen-)futter *n*; **3.** *péj.* F Brei *m*, Fraß *m*; **4.** P Tracht *f* Prügel.

patelin[1] F (pa'tlɛ̃) *m* Nest *n fig.*, F; Heimatsort *m*; Kaff *n péj.* P.

patelin[2] (~) *m u. adj.* [7] Speichellecker *m*, Kriecher *m*, Duckmäuser *m*; kriecherisch, duckmäuserisch; **~age** (patli'na:ʒ) *m* Speichelleckerei *f*, Duckmäuserei *f*, Kriecherei *f*, Leisetreterei *f*; **~er** (~'ne) [1a] **I** *v/t.* **1.** † beschwatzen, einseifen, einwickeln; **2.** ~ *qch.* etw. listig einfädeln; **II** *v/i.* nach dem Munde reden, schmeicheln.

patelle (pa'tɛl) *f* **1.** ⚘ Schüsselchen *n*; **2.** *zo.* Schüsselschnecke *f*.

patène *rl.* (pa'tɛn) *f* Hostienteller *m*.

patenôtre (pat'no:trə) *f* **1.** Vaterunser *n*; *allg.* Gebet *n*; **2.** P ~*s pl.* Rosenkranz *m*; *péj.* mechanisches Gebet *n*; *diseur m de* ~*s* Scheinheiliger *m*; **3.** Becherwerk *n*; *ascenseur m* ~ Paternoster(aufzug *m*) *m*.

patent (pa'tɑ̃) *adj.* [7] offen(-bar, -kundig, -sichtlich); *exemple m* ~ einleuchtendes Beispiel *n*; *ehm. Fr.* *lettres f/pl.* **~es** offene Urkunde *f*, Bestallungsurkunde *f*, (Offiziers-) Patent *n*.

paten|te (pa'tɑ̃:t) *f* **1.** Gewerbesteuer *f*; **2.** ✝ Genehmigungsbescheid *m zur Ausübung e-s Handels od. Gewerbes*, Gewerbeschein *m*; Warendeklaration *f*; **3.** ⚖ Bestallungsurkunde *f*, Patent *n*; ~ *principale*, ~ *générale* Vollkonzession *f*; **4.** ⚕ ~ *de santé* Gesundheitspaß *m*; **~ter** (~tɑ̃'te) *v/t.* [1a] der Gewerbesteuer unterwerfen.

pater *rl.* (pɑ'tɛ:r) *m/inv.* **1.** Vaterunser *n*; *savoir qch. comme son* ~ etw. wie am Schnürchen hersagen können; **2.** *iron.* Pfaffe *m*.

pâter (pɑ'te) [1a] **I** *v/t.* ⊕ kleistern; **II** *v/i.* teigig sein (*Früchte*).

patère (pa'tɛ:r) *f* Kleider-, Gardinen-haken *m*.

pater|nalisme *péj.* (patɛrna'lism) *m* koloniale *od.* soziale Bevormundung(spolitik *f*) *f* zwecks Ausbeutung; **~naliste** (~na'list) *adj.* traditionsgebunden, altväterlich, patriarchalisch; **~ne** (~'tɛrn) *adj.* väterlich, gutmütig; **~nel** (~'nɛl) *adj.* [7c] □ von der Seite des Vaters, väterlich, Vater...; *maison f* ~*le* Vaterhaus *n*; **~nité** (~ni'te) *f* Vaterschaft *f*; ~ *naturelle* uneheliche Vaterschaft *f*.

pâteux (pɑ'tø) *adj.* [7d] teigig, pappig; matschig; schmierig; zu dickflüssig; *langue f pâteuse* belegte Zunge *f*; *fig.* undeutliche Sprechweise *f*.

pathétique (pate'tik) **I** *adj.* □ pathetisch, schwungvoll, nachdrücklich, rührend; **II** *m das* Pathetische *n*, *das* Erhabene *n*.

patho|gène (patɔ'ʒɛn) *adj.* pathogen, krankheitserregend; *microbe m* (*od. germe m od. agent m*) ~ Krankheitskeim *m*; **~génie** (~ʒe'ni) *f* Pathogenese *f*, Entstehung *f* u. Entwicklung *f* e-r Krankheit; **~géniste** (~ʒe'nist) *m* Pathologe *m*; **~logie** (~lɔ'ʒi) *f* Pathologie *f*, Krankheitslehre *f*; **~logique** (~lɔ'ʒik) *adj.* □ pathologisch; **~logiste** (~lɔ'ʒist) *m* Pathologe *m*.

pathos (pa'tɔs) *m* Pathos *n*; leidenschaftliche Ausdrucksweise *f*; *péj.* Schwulst *m*.

patibulaire (patiby'lɛ:r) *adj.* Galgen...; *fourches f/pl.* ~*s* Galgen *m*.

patiemment (pasja'mɑ̃) *adv.* geduldig.

patience[1] (pa'sjɑ̃:s) *f* **1.** Geduld *f*; Langmut *f*; Beharrlichkeit *f*; *perdre* ~ die Geduld verlieren; *prendre* ~ sich in Geduld fassen; sich gedulden; **2.** *faire une* ~ Patience legen (*Karten*); **3.** *ehm.* ⚔ Knopfgabel *f zum Knöpfeputzen*.

patience[2] ⚘ (~) *f* Gemüseampfer *m*.

patient (pa'sjɑ̃) **I** *adj.* [7] **1.** geduldig, langmütig; **2.** ausdauernd; **3.** *phil.* leidend, passiv; **II** *su. der* Geduldige *m*; *phil.* leidender Teil *m*; ⚖ armer Sünder *m*; ⚕ Patient *m*; **~er** (~sjɑ̃'te) *v/i.* [1a] Geduld haben, sich gedulden.

patin (pa'tɛ̃) *m* **1.** Schlittschuh *m*; ~ *à roulettes* Rollschuh *m*; *ehm.* *fauteuil m à* ~*s* Stuhlschlitten *m*; **2.** ⊕ Gleitschuh *m*; ~ *de frein* Bremsklotz *m*; **3.** △ Unterlage *f* der Treppenstufen, Treppensohle *f*;

Träger-, Balken-rost *m*; **4.** ⋆ *pl.* Streit *m*; Partei *f*; Knutscher *m/pl.*, Schmatzer *m/pl.*; **~age** (~ti'na:ʒ) *m* Schlittschuhlaufen *n*; ⊕ Schleudern *n* (*von Rädern*); ~ *artistique* Kunsteislauf *m*; ~ (*en*) *couple* Paarlaufen *n* auf dem Eise; ~ *à roulettes* Rollschuhlaufen *n*.

patine (pa'tin) *f* Patina *f*; Edelrost *m*; *Möbel*: alte Politurschicht *f*.

patiner[1] (pati'ne) *v/i.* [1a] **1.** Schlittschuh laufen; ~ *à roulettes* Rollschuh laufen; **2.** *von Rädern*: rutschen, schleudern, sich auf der Stelle drehen; *Auto*: *l'embrayage patine* die Kupplung faßt nicht.

patiner[2] (~) *v/t.* [1a] patinieren, mit e-r dunklen Schicht überziehen.

patin|ette (pati'nɛt) *f* Roller *f* (*für Kinder*); **~eur** (~'nœ:r) *su.* [7g] Schlittschuhläufer *m*; ~ *à roulettes* Rollschuhläufer *m*; **~oire** (~'nwa:r) *f* Eisbahn *f*; Freiluftbahn *f*.

pâtir (pɑ'ti:r) *v/i.* [2a] leiden, Schaden nehmen; büßen, dahinsiechen; *la tenue de route en pâtit Auto*: das Kurshalten leidet darunter; *les bons pâtissent souvent pour les mauvais* die Guten haben oft für die Schlechten zu büßen; **~a**(s) F (pɑti'rɑ) *m* Sündenbock *m*.

pâtis (pɑ'ti) *m* Viehweide *f*.

pâtis|ser (pɑti'se) [1a] **I** *v/t.* kneten; **II** *v/i.* Kuchen backen; **~serie** (~tis'ri) *f* **1.** Feingebäck *n*; **2.** Konditorei *f*; **~sier** (~ti'sje) *su.* [7b] Konditor *m*; **~soire** (~'swa:r) *f* Backtisch *m*.

patoche F (pa'tɔʃ) *f* große Hand *f*, Flosse *f* P.

patois (pa'twa) *m* Mundart *f*, Dialekt *m*; *iron.* Kauderwelsch *n*; ~ *bas-allemand das* Plattdeutsche *n*; **~ant** (~'zɑ̃) *adj.* mundartlich.

pâton (pɑ'tɔ̃) *m* **1.** Stopfnudel *f* zum Mästen; **2.** *pât.* Teigwurst *f*.

patouil|lard F (patu'ja:r) *m* schwerfälliges Schiff *n*; **~le** F (~'tuj) *f* dicker Schlamm *m*; **~ler** (~'je) [1a] **I** *v/i.* im Schlamm pantschen; **II** *v/t.* P begrapschen; **~let** (~'jɛ) *m* ⚒ Drehsieb *n*; *métall.* Erztrog *m*; ~ *de séparation* Läutertrommel *f*; **~leur** *métall.* (~'jœ:r) *m* Erzscheidemaschine *f*; **~leux** (~'jø) *adj.* [7d] **1.** schlammig; **2.** *mer patouilleuse* hohl gehende See *f*.

patraque F (pa'trak) **I** *f* **1.** † abgenutzte Maschine *f*; *bsd.* schlecht gehende Uhr *f*, *péj.* Knarre *f*; *Auto*: Mühle *f*; **2.** F gebrechliche Person *f*; **II** *adj.*: *je suis* ~ ich fühle mich ganz kaputt, ich bin fertig.

pâtre ('pɑ:trə) *m* Hirt *m*; ~ *des Alpes* Senne *m*.

patriar|cal (patriar'kal) *adj.* [5c] patriarchalisch; *fig.* ehrwürdig; **~cat** (~'ka) *m* Patriarchat *n*; **~che** (~tri'arʃ) *m* Patriarch *m*, Erzvater *m*; *fig.* ehrwürdiger Greis *m*.

patrie (pa'tri) *f* **1.** Vaterland *n*; *mère f* ~ Mutter-, Stamm-land *n e-r Kolonie*; **2.** Geburtsort *m*; **3.** *fig.* ⚘, *peint. usw.* Heimat *f*; Wiege *f*.

patri|moine (patri'mwan) *m* (elterliches) Erbteil *n*; Vermögen *n* (*e-s Vereins*); ⚖ ~ *social* Gesellschaftsvermögen *n*; **~monial** (~mɔ'njal) *adj.* [5c] Erb...

patrio|tard F (patriɔ'ta:r) *su. u. adj.* [7] Hurrapatriot *m*; hurrapatriotisch; **~te** (~'ɔt) *adj. u. su.* patriotisch; Patriot *m*; **~tique** (~'tik) *adj.* patriotisch; **~tisme**)~'tism) *m* Patriotismus *m*, Vaterlandsliebe *f*; ~ *de clocher* Lokalpatriotismus *m*, Kirchturmspolitik *f*.

patron (pa'trɔ̃) **I** *m* **1.** Beschützer *m*, Schutzherr *m*; Sachwalter *m*; **2.** *rl.* Kirchenpatron *m*; **3.** ⚓ Kapitän *m*; **4.** ⊕ Form *f*, Modell *n*, Muster *n*; Schnittmuster *n*; Schablone *f*; **5.** *fig.* Vorbild *n*; *prendre* ~ *sur q.* sich j-n zum Vorbild nehmen; **II** *su.* [7c] **6.** Gönner *m*, Patron *m*; **7.** *rl.* Schutzheiliger *m*; **8.** Herr *m*, (Handwerks)Meister *m*, Arbeitgeber *m*, Betriebsleiter *m*, Prinzipal *m*; Wirt *m* (*e-s Restaurants od. Hotels*); Hausherr *m*; ~ *boulanger* Bäckermeister *m*; ~ *charpentier* Zimmermeister *m*; ~ *ferblantier* Klempnermeister *m*; **~age** (~trɔ'na:ʒ) *m* **1.** Schutz *m*, Schutzherrschaft *f*; *fig.* Patronat *n*, Gönnerschaft *f*; **2.** ⚖ Schutzaufsicht *f*, Fürsorge *f*; **3.** Wohltätigkeits-gesellschaft *f*, -verein *m*; ~ *scolaire* Jugendheim *n*; **~al** (~'nal) *adj.* [5c] **1.** Arbeitgeber...; *responsabilité f* ~*e* Arbeitgeber-, Unternehmer-haftpflicht *f*; **2.** Schutzheiligen...; *fête f* ~*e* Kirchweihfest *n*; **~at** (~'na) *m* Arbeitgeberschaft *f*, Unternehmertum *n*.

patronne (pa'trɔn) *f* **1.** Schutzheilige *f*, Patronin *f*; **2.** Dame *f* des Hauses, Hausherrin *f*; Wirtin *f* (*e-s Restaurants od. Hotels*).

patronner[1] (patrɔ'ne) *v/t.* [1a] **1.** beschützen; **2.** in die Gesellschaft einführen.

patronner[2] (~) [1a] **I** *v/t.* nach e-m Muster durchzeichnen; **II** *v/i. peint.* schablonieren.

patronnesse (patrɔ'nɛs) *f u. adj.*: (*dame f*) ~ Vorstands-, Ehrendame *f*, Festordnerin *f*.

patronym|e (patrɔ'nim) *m antiq.* Patronymikon *m*, Geschlechtsname *m*; **~ique** (~'mik) *adj.* a) *antiq.* patronymisch; *nom m* ~ Geschlechtsname *m*; b) *heute*: Familien...; *nom m* ~ Familienname *m*.

patrouillage P (patru'ja:ʒ) *m* Manscherei *f*, Gemansche *n*, Sauerei *f*.

patrouil|le (pa'truj) *f* Streifwache *f*, Runde *f*, Patrouille *f*; ~ *de chasse* Jagdstreife *f*; ~ *de police* Polizeistreife *f*; **~s** *pl. automobiles de gendarmes* motorisierte Verkehrspolizeistreifen; *in Berlin*: „weiße Mäuse" *f/pl.*; ~ *d'expédition* Schleichpatrouille *f*; ~ *de liaison* Verbindungspatrouille *f*; **~ler** (~tru'je) [1a] **I** *v/t.* **1.** P vermanschen, besudeln; **II** *v/i.* **2.** P im Schmutz herumpantschen; **3.** ⚔ patrouillieren, auf Streife gehen; **~leur** (~'jœ:r) *m* **1.** ⚓ Wachboot *n*; **2.** ⚔ Patrouillengänger *m*; **~lis** P (~'ji) *m* Morast *m*, Pfütze *f*, Dreckloch *n*.

patte (pat) *f* **1.** *zo.* Pfote *f*, Fuß *m*, Klaue *f*; Tatze *f*, Pranke *f*; Bein *n*; ~ *de devant* (*de derrière*) Vorder- (Hinter-)pfote *f*, -fuß *m*; *faire* ~ *de velours* sich lammfromm stellen; F *fig.* **~s** *f/pl. de lapin* Backenbart *m*; **~s** *f/pl. d'oreille* Ohrenschützer *m/pl.*; *fig.* **~s** *f/pl. de mouche* Gekritzel *n*; **2.** F *allg.* **~s** *pl.* Füße *m/pl.*; *à longues* **~s** langbeinig; *fig. coup m de* ~ Stichelei *f*; **3.** F Hand *f*; *marcher à quatre* **~s** auf allen vieren kriechen, krabbeln; *fig. graisser la* ~ *à q.* j-n schmieren, bestechen; F *bas les* **~s**! Pfoten weg!; *fig. montrer* ~ *blanche* offen Farbe bekennen, sich gebührend ausweisen, sich als zuverlässig zeigen; **4.** ⚔ ~ *d'épaule* Schulterklappe *f*; *Schneiderei*: Patte *f*, Aufschlag *m*; **5.** ⊕ Lasche *f*; ~ *de fer* eiserne Klammer *f*, Krampe *f*; **6.** Fuß *m e-s Glases*; **7.** ⚓ Ankerschaufel *f*.

patte|-d'oie (pat'dwa) *f* [6b] **1.** Knotenpunkt *m*, Straßenkreuzung *f*; **2.** F Runzeln *f/pl.*, Krähenfüße *m/pl. in den Augenwinkeln*; **~-fiche** (~'fiʃ) *f* [6a] Mauerhaken *m*; *serr.* Bankeisen *n*.

pattu *zo.* (pa'ty) *adj.* rauh-, dick-[füßig.]

pâtu|rage (pɑty'ra:ʒ) *m* **1.** Weideplatz *m*, Weide *f*; ~ *m modèle* Musterweide *f*; **2.** Weidenutzung *f*; **~re** (~'ty:r) *f* **1.** (Vieh-) Futter *n*; **2.** F Nahrungsmittel *n*; *fig.* Nahrung *f*, Stoff *m*; **3.** Weiden *n*; Weide (-platz *m*) *f*; *vaine* ~ Gemeindeweide *f*, -anger *m*; **~rer** (~ty're) [1a] **I** *v/i.* weiden; **II** *v/t.* abweiden, abfressen, abgrasen.

paturin ♀ (paty'rɛ̃) *m* Rispengras *n*.

paturon *vét.* (paty'rɔ̃) *m* Fessel *f*.

Paul (pɔl) *m* Paul *m*.

paum|e (po:m) *f* **1.** flache Hand *f*, Handfläche *f*; **2.** *jeu m de* ~ *Art* Schlagballspiel *n*; **~elle** (po'mɛl) *f* ⊕ Hakenband *n*; **~er** (~'me) [1a] **I** *v/t.* **1.** * e-e kleben; schnappen, erwischen; klauen; **2.** P (*Ball*) schlagen; verlieren; verlegen; **II** P *v/rfl. se* ~ **3.** sich verhaspeln (*im Text*); sich verlieren (*in d. Stadt*).

paupérisme (pope'rism) *m* Massenverarmung *f*.

paupière (po'pjɛ:r) *f* Augenlid *n*; *ne pas fermer la* ~ kein Auge zutun.

paupiette *cuis.* (po'pjɛt) *f* Roulade *f*.

paus|e (po:z) *f* Pause *f* (*nicht écol.!*); Rast *f*; *la* ~ *café* die Kaffeepause *f*; *faire la* (*od. une*) ~ e-e Pause machen; rasten; **~er** (po'ze) *v/i.* [1a] pausieren.

pauvre ('po:vrə) **I** *adj.* □ **1.** arm, ärmlich; schlecht gestellt; *air m* ~ ärmliches Aussehen *n*; *les classes* **~s** die armen Schichten *f/pl.*; *langue f* ~ (wort)arme Sprache *f*; *sujet m* ~, *matière f* ~ *fig.* dürftiger Inhalt *m*; ~ *en capital* kapitalarm; ~ *en ozone* ozonarm; ⚒ ~ *en minerai* gehaltlos; ~ *comme un rat d'église* arm wie e-e Kirchenmaus; **2.** beklagenswert; ~ *diable* armer Teufel *m*; F *un* ~ *sire, un* ~ *hère* ein armer Schlucker *m*; *le* ~ *petit* der arme Kleine *m*; *le* ~ *chou fig.* das arme Ding; **3.** jämmerlich, dürftig, kümmerlich; ~ *écrivain* kümmerlicher (= schlechter) Schriftsteller *m* (*aber*: *écrivain m* ~ unbemittelter Schriftsteller *m*); **4.** *im Affekt*: *une* ~ *fois* ein einziges Mal; *il ne m'a pas dit un* ~ *mot* er hat zu mir kein Sterbenswörtchen *od.* kein einziges Wort gesagt; **5.** ~ *de fig.* arm an, ohne; ~ *d'esprit* arm an Geist; *rl.* geistig arm; **II** *m* Armer *m*; Bettler *m*; *riches et* **~s** arm u. reich.

pau|vrement (povrə'mɑ̃) *adv.* ärmlich; kümmerlich, dürftig; **~vresse** (~'vrɛs) *f* Bettlerin *f*; **~vret** (~'vrɛ) *su.* [7c] armer Kerl *m*; *pauvrette f* armes Ding *n*; **~vreté** (~vrə'te) *f* Armut *f*; Dürftigkeit *f*; Armseligkeit *f*; *fig.* *~s* Plattheiten *f/pl.*, Banalitäten *f/pl.*; *prov.* *~ n'est pas vice* Armut schändet nicht.

pavage (pa'va:ʒ) *m* **1.** Pflasterung *f*; **2.** Pflaster *n*, Straßendecke *f*.

pava|ne (pa'van) *f* Pavane *f* (*spanischer Tanz*); **~ner** (~'ne) [1a]: *se ~* umherstolzieren, sich brüsten *fig.* angeben F.

pavé (pa've) *m* **1.** Pflasterstein *m*; **2.** Pflaster *n*; *a. fig.* Straße *f*; *fig. mettre q. sur le ~* j-n auf die Straße werfen; *battre le ~* herumbummeln; *batteur m de ~* Straßenbummler m; *être sur le ~* auf der Straße liegen, ohne Arbeit sein, obdachlos sein; *tenir le haut du ~* zu den oberen Zehntausend gehören; e-e große Rolle spielen; **3.** *~ de mosaïque* Mosaikfußboden *m*; **4.** *pât.* *~ (de pain d'épice)* Pflasterstein *m*, Pfefferkuchen *m*.

pavement (pav'mɑ̃) *m* **1.** Pflasterung *f*; **2.** Pflasterungsmaterial *n*.

paver (pa've) *v/t.* [1a] pflastern.

paveur (~'vœ:r) *m* Steinsetzer *m*.

pavillon (pavi'jɔ̃) *m* **1.** *ehm.* ⚔ (Lager-)Zelt *n*; **2.** (Bett-)Himmel *m*; **3.** *rl.* Vorhang *m* (*vor dem Sakramenthäuschen*); **4.** △ Vor-, Anbau *m*, Pavillon *m*; Einfamilien-, Garten-, Lusthaus *n*; Flachbau *m*; überdeckte Terrasse *f*; Jagdschlößchen *n*; *~ hospitalier* Gästeheim *n*; **5.** ⊕ weite Öffnung *f*; ♪ Schallöffnung *f*; Schalltrichter *m*; *~ de l'oreille* Ohrmuschel *f*; *rad.* *~ d'un haut-parleur* Lautsprechertrichter *m*; *~ de récepteur téléph.* Hörermuschel *f*; **6.** *Auto:* Verdeck *n*; **7.** ⚔ Standarte *f*, Fahne *f*; ⚓ Flagge *f*; *abaisser od. amener le ~* die Flagge streichen; *hisser le ~, faire ~* die Flagge hissen; *fig. baisser ~* klein beigeben, nachgeben, sich geschlagen fühlen; *~ blanc* Friedensfahne *f*.

pavois (pa'vwa) *m* **1.** *ehm.* großer Schild *m*; *fig. élever* (*od. hisser*) *sur le ~* zu hohen Ehren *od.* auf den Schild erheben; **2.** ⚓ (Schiffs-)Behänge *n*; Flaggenschmuck *m*; **3.** ⚓ Schanzkleid *n*; *lisse f de ~* Reling *f*.

pavoi|sement (pavwaz'mɑ̃) *m* Beflaggen *n*; ⚓ Bewimpeln *n*; **~ser** (~'ze) *v/t.* [1a] beflaggen.

pavot ⚘ (pa'vo) *m* Mohn *m*; *~ rouge*, *~ sauvage* Klatschmohn *m*; *gâteau m à la graine de ~* Mohnkuchen *m*.

pay|able (pɛ'jablə) *adj.* zahlbar, fällig; ✝ *~ à vue* bei Sicht zahlbar; **~ant** (~'jɑ̃) **I** *adj.* [7] **1.** zahlend; **2.** gebührenpflichtig; *école f ~e* Schule *f* mit Schulgeld; **3.** *s'affirmer ~* sich bezahlt machen, sich rentieren; *être ~* sich lohnen, sich sehr bewähren; **II** *m* Zahler *m*; ✝ Bezogener *m*; **~e** (pɛ) *f* (*neuere Schreibung: paie f*) Lohn *m*, Löhnung *f*; ⚔ Sold *m*; F Zahler; *m* P *y a une ~* es ist schon lange; s. *paie*; **~ement** (pɛj'mɑ̃) *m* (*neuere Schreibung: paiement*) Zahlung *f*; s. *paiement*.

payer (pɛ'je) [1i] **I** *v/t.* **1.** bezahlen; zahlen, auszahlen, entrichten; *~ d'avance* vorausbezahlen; *~ à compte* anzahlen, a conto zahlen; *n'avoir pas de quoi ~* nicht bezahlen können; *~ les pots cassés*, *~ les violons* die Zeche bezahlen; F *~ q. en monnaie de singe* j-n (*e-n Gläubiger*) auslachen *od.* zum besten halten; **2.** befriedigen; *~ de belles paroles*, *~ de mots* mit (schönen) Redensarten abspeisen; **3.** belohnen, entschädigen; *~ q. de retour* j-s Freundschaft *od.* Zuneigung erwidern; **4.** *fig.* büßen; *il me le paiera* das soll er mir büßen; **II** *v/i.* **5.** sich bezahlt machen; **6.** *~ pour q.* j-n freihalten; **7.** *~ pour q.* (*qch.*) für j-n (für etw.) büßen; *fig.* *~ de sa personne* sich voll u. ganz einsetzen, s-n Mann stehen, Hand anlegen; *~ d'audace* (*d'obéissance*) Kühnheit (Gehorsam) an den Tag legen (*od.* beweisen); *~ de mine* gut aussehen, Eindruck machen; **III** *v/rfl.* *se ~* **8.** bezahlt werden; *cela ne se peut ~* das ist unbezahlbar; *cela se paie* das rächt sich; **9.** sich bezahlt machen; sich schadlos halten; *se ~ de qch.* sich mit etw. (*dat.*) zufrieden geben; **10.** *se ~ qch.* sich etw. leisten; *se ~ le luxe de + inf.* sich den Luxus gestatten, ... zu ...; *se ~ un voyage* sich e-e Reise leisten (*od.* gönnen); **11.** F *se ~ la tête de q.* j-n auslachen, j-n reinlegen; **12.** F *s'en ~* ausgelassen sein.

payeur (pɛ'jœ:r) *su.* [7g] Zahler *m*; ⚔ *officier m ~* Zahlmeister *m*.

pays (pe'i) **I** *m* **1.** Land *n*, Landstrich *m*, Gegend *f*; *bas ~* Tiefland *n*; *~ civilisé* (*industriel*) Kultur-(Industrie-)land *n*; *~ sous-développé* unterentwickeltes Land *n*; *~ de Co-*

cagne Schlaraffenland *n*; ~ *étrange* Ausland *n*; *haut* ~ Oberland *n*; ~ *de montagne* Gebirgsgegend *f*; ~ *plat* Flachland *n*; ~ *de provenance* Ursprungsland *n*; *vider le* ~ das Land räumen; *voir du* ~ viel reisen; **2.** Heimat *f*; *mal m du* ~ Heimweh *n*; *vin m de* (*od. du*) ~ Landwein *m*; **3.** Volk *n*, öffentliche Meinung *f*; *le* ~ *jugera* die öffentliche Meinung wird darüber entscheiden; **II** *su.* [7] F Landsmann *m*, Landsmännin *f*; *tiens, voilà mon* ~ (*ma payse*) da ist doch ein Landsmann (e-e Landsmännin) von mir!

paysa|ge (pei'za:ʒ) *m* Landschaft *f*; **~giste** (~za'ʒist) *su.* **1.** Landschaftsmaler *m*; **2.** Gartenarchitekt *m*.

paysan (pei'zɑ̃) **I** *m* **1.** Bauer *m* (*f*: Bäuerin), Land-mann *m* (*f*: -frau); **2.** *fig.* ungeschliffener Kerl *m*, *péj.* Bauer(ntyp *m*) *m*; **II** *adj.* bäuerisch; Bauern...; *avoir l'air* ~ bäuerisch aussehen; **~nat** (~za'na) *m* Bauernstand *m*; **~nerie** (~zan'ri) *f* **1.** Bauernstand *m*; **2.** *litt.* Dorfgeschichte *f*; *thé.* Bauernstück *n*.

Pays-Bas (pei'bɑ) *m/pl.*: **les** ~ die Niederlande *n/pl.*

payse F (pe'i:z) *f* Landsmännin *f*.

péa|ge (pe'a:ʒ) *m* Autobahngebühr *f*, Autostraßenbenutzungsgebühr *f*; Chaussee-, Wege-, Brücken-geld *n*; ⚓ Anlegegebühren *f/pl.*; **~ger** (pea'ʒe) [7b] *su.* Zolleinnehmer *m*.

peau (po) *f* [5b] **1.** Haut *f*; *changer de* ~ sich häuten; *fig. faire* ~ *neuve* ein anderer Mensch werden, ein neues Leben anfangen; F *fig. la* ~ *lui démange* ihm juckt das Fell (*nach Schlägen*); *vendre bien cher sa* ~ sein Leben teuer verkaufen, sich tapfer s-r Haut wehren; *donner* (*od. vendre*) *sa* ~ s-e Haut zu Markte tragen, sich opfern, für etw. herhalten (*od.* geradestehen) müssen; *avoir la* ~ *dure* ein dickes Fell haben; *saisir q. par la* ~ *du cou* j-n am Schlafittchen nehmen (*od.* packen); *n'avoir que la* ~ *sur les os* nichts als Haut u. Knochen sein, völlig abgemagert sein; **2.** abgezogenes Fell *n*, Leder *n*, Balg *m*; ~ *de chamois* Fenster(leder)lappen *m*; ⊕ *cuirs et* ~*x* Häute u. Felle *pl.*; F ~ *d'âne* Diplom *n*, Zeugnis *n*; ~ *de caisse* ♪ Trommelfell *n*; **3.** ♀ Schale *f*, Hülse *f der Früchte*; ~ *de banane* Bananenschale *f*; **4.** Haut *f* auf der Milch; **5.** P *la* ~!, *od.*: ~ *de balle!* *od.* V: ~ *de zébie* rutsch' mir den Buckel (*häufiger*: Puckel) runter! F; nein!, (du kriegst) gar nichts!; s. *tringle*; P *pour la* ~ für nichts u. wieder nichts; P *en* ~ *de lapin* naiv, einfältig; P ~ *de vache* Schuft *m*, Lump *m*.

peau-rouge (po'ru:ʒ) *m* [6a] Indianer *m*, Rothaut *f*; *a. adjt.*: *tribu f* ~ Indianerstamm *m*.

peaus|serie ✝ (pos'ri) *f* **1.** Lederhandel *m*; **2.** Lederwaren *f/pl.*; **~sier** (po'sje) *m* **1.** ⊕ Lederbereiter *m*; **2.** ✝ Lederhändler *m*.

pec (pɛk) *adj./m*: *hareng m* ~ Salzhering *m*.

pécari *zo.* (peka'ri) *m* Pekari *n*.

pecca|ble (pɛ'kablə) *adj.* sündig; **~dille** (~'dij) *f* leichte Sünde *f*, kleiner Fehler *m*.

peccavi (pɛka'vi) *m* Sündenbekenntnis *n*.

pechblende *min.* (pɛʃ'blɛ̃:d) *f* Pechblende *f*.

pêche[1] (pɛʃ) *f* Pfirsich *m*.

pêche[2] (~) *f* **1.** Fischerei *f*, Fischfang *m*, Fischen *n*; *grande* ~ *od.* ~ *hauturière* (*od. côtière*) Hochsee- (Küsten-)fischerei *f*; ~ *aux huîtres* Austernfang *m*; ~ *à la ligne*, ~ *à l'hameçon* Angeln *n*; **2.** ⚖ *droit m de la* ~ Fischereigerechtigkeit *f*; **3.** Fang *m an Fischen*.

péché (pe'ʃe) *m* Sünde *f*; ~ *mignon* Lieblingssünde *f*; ~ *mortel* Todsünde *f*; ~ *d'omission* Unterlassungssünde *f*; ~ *original* Erbsünde *f*; F *pour ses* ~*s* zur Strafe seiner Sünden.

pécher (pe'ʃe) *v/i.* [1f] **1.** sündigen; ~ *contre* verstoßen gegen (*acc.*); **2.** Fehler haben; kranken (*par* an *dat.*); ~ *par trop de précaution* allzu vorsichtig sein.

pêcher[1] (pɛ'ʃe) *m* **1.** ♀ Pfirsichbaum *m*; **2.** *fleur f de* ~ Pfirsichblüte *f*; *a. adj.* pfirsichblütenfarbig.

pêcher[2] (~) *v/t.* [1a] **1.** fischen (*a. abs.*); ~ *à la ligne* angeln; *fig.* ~ *en eau trouble* im trüben fischen; **2.** ~ *un étang* einen Teich ausfischen; **3.** *iron. fig.* auf-fangen, -gabeln; entdecken; *où a-t-il pêché cela?* wo hat er das her?.

pécheresse (peʃ'rɛs) *f* Sünderin *f*.

pêcherie (pɛʃ'ri) *f* Angelstelle *f*.

pécheur (pe'ʃœ:r) *su. u. adj.* [7h] sündig; Sünder *m*.

pêcheur (pɛ'ʃœ:r) [7g] **I** *su.* Fischer *m*; **II** *m martin-*~ [6a] Eisvogel *m*; **III** *adj.* Fischer...

pécore (pe'kɔ:r) **I** F *f fig.* dumme Gans *f*; **II** ★ *m* Bauer *m*.
pectoral (pɛktɔ'ral) **I** *adj.* [5c] **1.** zur Brust gehörig; Brust...; **2.** *phm.* für die Brust heilsam, hustenstillend; *pastille f* ~*e* Hustenbonbon *m*; *sirop m* ~ Hustensaft *m*; *tisane f* ~*e* Brusttee *m*; **II** *m* **3.** *anat.* Brustmuskel *m*; **4.** ⚕ Brustmittel *n*.
péculat (peky'la) *m* Kassendiebstahl *m*; Unterschlagung *f*; ~**eur** (~'tœ:r) *m* Kassendieb *m*.
pécule (pe'kyl) *m* Ersparnisse *n/pl.*, Spargroschen *m/pl.*; Erspartes *n*.
pécuni|aire (peky'njɛ:r) *adj.* ☐ pekuniär, geldlich, Geld... .
pédago|gie (pedagɔ'ʒi) *f* Pädagogik *f*, Erziehungs-kunst *f*, -lehre *f*; ~ *thérapeutique* Heilpädagogik *f*; ~**gique** (~'ʒik) *adj.* ☐ pädagogisch, erzieherisch; *doctrine f* ~ Erziehungslehre *f*; ~**gue** (~'gɔg) *m* **1.** Pädagoge *m*, Erzieher *m*; Schulmann *m*; *auch adjt.*: *ton m* ~ schulmeisterlicher Ton *m*; **2.** *péj.* Schulmeister *m*; *faire le* ~ den Schulmeister herauskehren.
péda|lage *vél.* (peda'la:ʒ) *m* Radfahren *n*; ~**le** (~'dal) *f* **1.** *Auto, vél.*, ♪, ⊕ Pedal *n*; ⊕ Tritt(brett *n*) *m*; *Auto*: ~ *d'accélérateur* Gaspedal *n*, -hebel *m*; ~ *d'embrayage* (*od. de débrayage*) Kupplungspedal *n*; ~ *de frein* Brems-pedal *n*, -hebel *m*; ~ *de mise en marche*, ~ *de démarrage* (Fuß-)Anlasser *m*; **2.** *fig.*: *les fervents m/pl. de la* ~ die begeisterten Anhänger *m/pl.* des Radsports; ~**ler** (~'le) *v/i.* [1a] (*mit avoir!*) radfahren; radeln; Pedale treten (*Orgel usw.*); ~**leur** F (~'lœ:r) *su.* [7g] Radler *m*, Radfahrer *m*; ~**lier** (~'lje) *m* **1.** ♪ Pedalklaviatur *f*; **2.** *vél.* Tret- *od.* Kurbel-lager *n*; ~**lo** F (~'lo) *m* Tretboot *n*, Boot *n od.* Fähre *f* mit Tretantrieb (*od.* mit Tretrad); Wassertretrad *n*.
pédant (pe'dɑ̃) [7] **I** *su.* Pedant *m*, Schulfuchs *m*, Kleinigkeitskrämer *m*; **II** *adj.* pedantisch, kleinlich; *un ton* ~ (*od.* ~*esque*) ein schulmeisterlicher Ton *m*; ~**erie** (~dɑ̃'tri) *f* Schulfuchserei *f*, Pedanterie *f*, Kleinigkeitskrämerei *f*; ~**esque** (~'tɛsk) *adj.* ☐ *Tonart, Stil* (*nicht von Personen!*): pedantisch, schulmeisterlich, steif; *langage m* ~ geschraubte Sprechweise *f*; ~**isme** (~'tism) *m* Pedantismus *m*, Kleinigkeitskrämerei *f*.
pédard F (pe'da:r) *m* schlechter (rücksichtsloser) Radfahrer *m*.
pédérast|e (pede'rast) *adj. u. m* homosexuell; Homosexueller *m*; ~**ie** (~'ti) *f* Päderastie *f*.
pédes|tre (pe'dɛstrə) *adj.* ☐ zu Fuß, Fuß...; *fig.* schleppend, langsam; *statue f* ~ Fußstandbild *n*; *promenade f* ~ kleinerer Ausflug *m* zu Fuß; *excursion f* ~ Wanderung *f*; *fig. une traduction* ~ e-e langsame Übersetzung *f*; ~**trement** (~trə'mɑ̃) *adv.* zu Fuß.
pédiatr|e ⚕ (pe'djatrə) *m* Kinderarzt *m*; ~**ie** ⚕ (~'tri) *f* Kinderheilkunde *f*; ~ *sociale* soziale Kinderpflege *f*; *service m de* ~ Kinderklinik *f*.
pédicu|laire (pediky'lɛ:r) **I** *adj.* ⚕ *maladie f* ~ Läusekrankheit *f*; **II** ⚘ *f* Läusekraut *n*; ~**le** (~'kyl) *m anat. u.* ⚘ Stiel *m*; ⚠ Schaft *m*; ~**lé** (~'le) *adj.* gestielt.
pédicure (~'ky:r) *su.* Fußarzt *m*.
pédieux (pe'djø) *adj.* 7[d] Fuß...
pedigree (pedi'gri *od.* ~'gre) *m* Stammbaum *m* (*für Hunde u. Pferde*).
pédi|luve (pedi'ly:v) *m* Fußbad *n*; ~**mane** *zo.* (~'man) *m u. adj.* Handfüßer *m*.
pédolog|ie (pedɔlɔ'ʒi) *f* **1.** *géol.* Bodenkunde *f*; **2.** Wissenschaft *f* vom Kinde; ~**ique** *géol.* (~'ʒik) *adj.* bodenkundlich.
pédoncule ⚘ (pedɔ̃'kyl) *m* (*Blumen-*)Stiel.
pédoscope ⊕ (pedɔs'kɔp) *m* Fußdurchleuchtungsapparat *m*.
pedzouille ★ (pɛd'zuj) *f* Bauerntölpel *m*, Klotz *m*.
pégamoïde (pegamɔ'id) *m* Kunstleder *n*.
pégase *icht.* (pe'gɑ:z) *m* Drachenfisch *m*, Meerdrache *m*.
pègre[1] ★ ('pɛgrə) *f* Unterwelt *f*.
pègre[2] ★ (~) *m* Spitzbube *m*.
peignage ⊕ (pɛ'ɲa:ʒ) *m* Kämmen *n*, Krempeln *n*; Hecheln *n*.
peign|e (pɛɲ) *m* **1.** Kamm *m*; ~ *fin* Staubkamm *m*; ~ *de poche* Taschenkamm *m*; *donner un coup de* ~ sich schnell mal die Haare durchkämmen; *il est sale comme un* ~ er ist ein entsetzlicher Schmutzfink *m*; **2.** ⊕ Hechel *f*; **3.** ⚡ Sauger *m*; **4.** *zo.* Kammmuschel *f*; ~**é** (pɛ'ɲe) *m* **1.** *text.* Kammwolle *f*; **2.** *un mal* ~ ein Struwwelpeter *m*; ~**ée** (~) *f* **1.** ein Kamm *m* voll Wolle; **2.** Strich *m* mit

dem Kamm; **3.** F *fig.* Tracht *f* Prügel.

peign|er (pɛ'ɲe) [1a] **I** *v/t.* **1.** kämmen; **2.** ⊕ krempeln; hecheln; **3.** *fig.* ~ *son style* s-n Stil ausfeilen; **II** *v/rfl.* *se* ~ sich kämmen; F sich gegenseitig rumschlagen (*od.* verprügeln); **~eur** (pɛ'ɲœ:r) *su.* [7g] (Woll-)Kämmer *m*, (Flachs-Hanf-) Hechler *m*; **~euse** (~'ɲø:z) *f* Wollkämmaschine *f*; **~oir** (~'ɲwa:r) *m* **1.** Frisier-, Bade-mantel *m*; **2.** Haus-, Morgen-rock *m der Damen*; **~ures** (~'ɲy:r) *f/pl.* ausgekämmtes Haar *n*.

peille ⊕ (pɛj) *f* Stück *n* Lumpen (*zur Papierfabrikation*).

peinard * (pɛ'na:r) *adj.* [7] nicht aus der Ruhe zu bringen, urgemütlich.

peindre ('pɛ̃:drə) *v/t.* [4b] **1.** malen, abbilden, darstellen; ~ *à l'huile* in Öl malen; **2.** ~ *un mur* e-e Mauer anstreichen; ~ *en noir* (*en blanc*) schwarz (weiß) anstreichen; ~ *au pistolet* Farbe spritzen; F ~ *le visage* sich schminken; *péj.* sich anmalen; **3.** *fig.* beschreiben, schildern, darstellen, *fig.* dick aufdecken, wiedergeben; ~ *en beau* beschönigen; ~ *bien* (*mal*) gut (schlecht) beschreiben; ~ *la société humaine* die menschliche Gesellschaft darstellen; *cette action le peint bien* diese Tat kennzeichnet (*od.* charakterisiert) ihn.

peine (pɛ:n) *f* **1.** ⚖ Strafe *f*; *a. rl.* Züchtigung *f*; ~ *afflictive* (*od. corporelle*) körperliche Züchtigung *f*; ~ *antécédente* Vorstrafe *f*; ~ *capitale*, ~ *de mort* Todesstrafe *f*; ~ *correctionnelle* Strafe *f* für ein Vergehen; ~ *criminelle* Strafe *f* für ein Verbrechen; ~ *disciplinaire* Ordnungsstrafe *f*; ~ *de liberté* Freiheitsstrafe *f*; *âme f en* ~ im Fegefeuer schmachtende Seele *f*, Verdammte(r *m*) *f*; *sous* ~ *d'amende* bei Geldstrafe; **2.** Leid *n*, seelischer Schmerz *m*, Kummer *m*; *avoir de la* ~ Kummer haben; *conter ses* ~*s à q.* j-m sein Leid klagen; *faire de la* ~ *à q.* j-n kränken *od.* betrüben, j-m Kummer bereiten; *cela fait* ~ *à voir* es tut einem weh, wenn man so etw. sieht; *cet homme me fait* ~ dieser Mann tut mir sehr leid; **3.** Sorge *f*; Not *f*; Unruhe *f*, Verlegenheit *f*; *être en* ~ (*au sujet*) *de q.* (*de qch.*) über j-n (über etw. *acc.*) in Sorge sein; *être dans la* ~ in Not sein; *se mettre en* ~ sich beunruhigen; sich um etw. (*acc.*) bemühen; **4.** Mühe *f*, Arbeit *f*; ~*s pl.* Mühseligkeiten *f/pl.*; Schwierigkeit *f*, Hindernis *n*; *homme m de* ~ Arbeitsmann *m*, Mann *m* für die schweren Arbeiten; Schwerarbeiter *m*; Handlanger *m*; *il a de la* ~ *à marcher* ihm fällt das Gehen schwer; *en être pour sa* ~ umsonst (*od.* erfolglos) gearbeitet haben; *cela n'en* (*od. ne*) *vaut pas la* ~, *ce n'est pas la* ~ das lohnt sich nicht, das ist nicht der Mühe wert, das lohnt nicht erst; *il ne plaint pas sa* ~ er läßt sich die Mühe nicht verdrießen, er scheut nicht die Mühe; *prenez la* ~ *de vous asseoir* nehmen Sie freundlichst Platz!; *donner de la* ~ Mühe machen; *donnez-vous la* ~ *d'entrer!* bemühen Sie sich herein!; **5.** *advt.* *à* ~ kaum; eben erst; fast gar nicht; *à* ~ *la voiture fut* (*-elle*) *arrivée, que* ... kaum war der Wagen angekommen, als ...; *à* ~ *trouverait-on un de ces fruits qui ne fût pas piqué de vers* man dürfte kaum e-e dieser Früchte finden, die nicht angestochen wäre; (*c'est*) *à* ~ *qu'il* (*auch*: *s'il*) *est sorti* er ist eben erst hinausgegangen; *à* ~ ..., *que* ... kaum ..., als ...; *à grand-*~ mit knapper Not; *avec* ~ ungern, mit Mühe, mühsam; **6.** Widerstreben *n*; *j'ai* ~ *à* ... es widerstrebt mir, zu ...

peiné (pɛ'ne) *adj.* [7] betrübt.

peiner (~) [1b] **I** *v/t.* ~ *q.* j-m Mühe (*od.* Kummer) machen; **II** *v/i.* ~ *à faire qch.* etw. ungern *od.* mit größter Anstrengung tun; **III** *v/rfl.* *se* ~ sich abmühen, sich überanstrengen; **IV** *v/imp.* *il me peine de* ... es widerstrebt mir, zu ...

pein|tre ('pɛ̃:trə) *m* **1.** Maler *m*; ~ *sur verre* Glasmaler *m*; *a. adj.*: *femme f* ~ Malerin *f*; *Mme. Y., peintre de talent* Frau Y., e-e talentierte Malerin *f*; **2.** ⚠ Maler *m*; ~ *en bâtiments* Weißer *m*, Anstreicher *m*, Tüncher *m*; ~ *décorateur* Dekorations-, Zimmer-maler *m*; **3.** *fig.* Schilderer *m*, Darsteller *m*; **~tresse** *plais.* (pɛ̃'trɛs) *f* Malerin *f*.

peintu|rage (pɛ̃ty'ra:ʒ) *m* Anstreichen *n*; Färbung *f*, Anstrich *m*; **~re** (~'ty:r) *f* **1.** Malerei *f*, Malerkunst *f*; ~ *à l'huile* Ölmalerei *f*; ~ *sur verre* Glasmalerei *f*; ~ *murale* Wandmalerei *f*; **2.** Gemälde *n*, Bild *n*; ♀ *à l'huile* Ölgemälde *n*; **3.** Farbe *f*; Anstrich(masse *f*) *m*; ~ *à l'huile* Ölanstrich *m*; ~ *à la*

colle Leimfarbe *f*; ~ *fraîche!* frisch gestrichen!; **4.** *fig.* Schilderung *f*, Darstellung *f*; Beschreibung *f*; **~rer** (~ty're) *v/t.* [1a] anstreichen.
peinturlur|age (pɛ̃tyrly'ra:ʒ) *m*, **~e** (~'ly:r) *f péj.* geschmackloses Anstreichen *n* in grellen Farben; Kleckserei *f*; schlechtes Bild *n*; **~er** *mst. péj.* (~ly're) *v/t. u. v/i.* [1a] (be-)pinseln, (be-)schmieren; anmalen (*Neger*); **~eur** *péj.* (~ly'rœ:r) *m* Anstreicher *m*.
péjo|ratif (peʒɔra'tif) *adj.* [7e] verschlechternd, pejorativ, herabsetzend; **~ration** (~rɑ'sjɔ̃) *f* Verschlechterung *f*, -schlimmerung *f*.
pékin[1] * ⚔ (pe'kɛ̃) *m* Zivilist *m*.
Pékin[2] (~) *m* **1.** Peking *n*; **2.** ♀ Pekingseide *f*.
pékinois *zo.* (peki'nwa) *m* Pekinese [*m* (*Hunderasse*).
pelage[1] (pe'la:ʒ) *m* Fell *n*.
pelage[2] (~) *m* **1.** Enthaaren *n* der Häute; **2.** Schälen *n* (*Kartoffeln usw.*).
pélagique (pela'ʒik) *adj.* Meeres...
pelard (pə'la:r) *adj. m*: (*bois m*) ~ der Lohe wegen geschältes Holz *n*.
pélargonium ⚘ (pelargo'njɔm) *m* Pelargonie *f*.
pelattage (pəla'ta:ʒ) *m* Enthaaren *n* [der Häute.
pelé (pəle) **I** *adj.* kahl; abgeschält, enthäutet; *fig.* öde; **II** *su.* F Glatzkopf *m*; (armseliger) Mensch *m*; P Landstraße *f*; P ~*s m/pl.* P Gören *pl.* (*Kinder*); *péj.* F Galgenstricks *m/pl.*
pèle-fruits (pɛl'frɥi) *m* [6c] Obst- [messer *n*.
pêle-mêle (pɛl'mɛl) **I** *adv.* bunt durcheinander; **II** *m* Durcheinander *n*, Wirrwarr *m*.
peler[1] (pə'le) [1d] **I** *v/t.* ~ *des peaux* Felle enthaaren; **II** *v/rfl. se* ~ das Haar verlieren, haaren.
peler[2] (~) [1d] **I** *v/t.* (ab)schälen; (ab)pellen; **II** ⚕, *zo. u.* ⚘ *v/i.* sich häuten; **III** *v/rfl. se* ~ sich schälen lassen.
pèlerin (pɛl'rɛ̃) **I** *su.* [7] **1.** Pilger *m*; **2.** F Wanderer *m*, Reisender *m*; **II** *m* **1.** *orn.* Wanderfalke *m*; **2.** *icht.* Riesenhai *m*; **~age** (~ri'na:ʒ) *m* **1.** Wallfahrt *f*; *aller en* ~ e-e Wallfahrt machen; **2.** Wallfahrtsort *m*.
pèlerine (pɛl'rin) *f* Pelerine *f*, Umhang *m*.
pèleriner F (pɛlri'ne) *v/i.* [1a] [pilgern.
pélican (peli'kɑ̃) *m* **1.** *orn.* Pelikan *m*; **2.** ⊕ Schließklammer *f*.
pelisse (p[ə]lis) *f* Pelz-rock *m*, -mantel *m* (*a. für Damen*).
pellagre ⚕ (pɛl'lagrə) *f* Pellagra *f*.
pelle (pɛl) *f* Schaufel *f*, Schippe *f*; ⊕ ~ *à force à moteur* Kraftschaufel *m*; ~ (*à mâchoires*) *mécanique* Schaufel-, Löffel-bagger *m*; ~ *aux balayures*, ~ *à poussière* Müllschippe *f*; ~ *à braise*, ~ *à charbon* Kohlenschaufel *f*; ~ *de chargement* Schaufellader *m*; F *fig. ramasser une* ~ hinfallen; *fig.* durchfallen; Pech haben; *cuis.* ~ *à gâteaux* Tortenheber *m*; **~-bêche** (~'bɛʃ) *f* [6a] kurzer Spaten *m*.
pelle|tage (pɛl'ta:ʒ) *m* Umschaufeln *n*; **~tée** (pɛl'te) *f* **1.** e-e Schaufel voll; **2.** Spatenstich *m*; **~ter** (~) *v/t.* [1c] (um)schaufeln.
pelleterie (pɛl[ɛ]'tri) *f* **1.** Kürschnerei *f*; **2.** Pelzhandel *m*; **3.** Pelzware *f*.
pelle|teur (pɛl'tœ:r) *m* **1.** Schipper *m*; Baggerführer *m*; **2.** ⊕ *m*, **~teuse** (~'tø:z) *f*: ~ (*mécanique*) Schaufellader *m*.
pelletier (pɛl'tje) *su.* [7b] Kürsch- [ner *m*, Pelzhändler *m*.
pellicu|lage *phot.* (pɛlliky'la:ʒ) *m* Abkratzen *n* der Filmschicht; **~laire** (~'lɛ:r) *adj.* häutig; **~le** (~'kyl) *f* **1.** Häutchen *n*; ~*s pl.* Haarschuppen *f/pl.*, Schuppen *f/pl.*; **2.** *phot.* Film *m*; *cin.* ~ (*de film*) Filmstreifen *m*; ~ *en bobine* Rollfilm *m*; ~ *étroite* Schmalfilm *m*; ~ *polie* Blankfilm *m*; ~ *inversible* Umkehrfilm *m*; ~ *rigide* Filmpack *m*.
pellucide (pɛlly'sid) *adj.* durch- [sichtig.
pelotage (pəlɔ'ta:ʒ) *m* **1.** Knäuelwickeln *n*; ✝ Knäuelwolle *f*; **2.** P Schmeichelei *f*; Knutscherei *f* P.
pelo|tari (pəlɔta'ri) *m* Kenner *m* (Spieler *m*) der *pelote basque*; *vgl.* **~te** 4; **~te** (pə'lɔt) *f* **1.** Knäuel *n*; **2.** Nähkissen *n*; ~ *d'épingles* Nadelkissen *n*; **3.** Ball *m*, Klumpen *m*; ~ *de neige* Schneeball *m*; **4.** baskisches Ballspiel *n*; **5.** F *avoir fait sa* ~ sich ein Vermögen zs.-gespart haben; F *avoir les nerfs en* ~ nur noch ein Nervenbündel sein; *mettre les nerfs de q. en* ~ j-n sehr aufregen; **~ter** (~'te) [1a] **I** *v/t.* **1.** zu einem Knäuel wickeln; **2.** P ~ *q.* j-m schmeicheln, j-n umgarnen; j-n begrapschen, j-n abknutschen P; *iron.* ~ *un adversaire* en Gegner einwikkeln *od.* maßnehmen; **II** *v/i. Tennis usw.*: mit dem Ball nur spielen; **~teur** (~'tœ:r) [7g] **I** P *adj.* zudringlich; **II** *m* **1.** *text.* Knäuelwickler *m*; **2.** P Schmeichler *m*, Kriecher *m*, Schmuser *m* F; **~ton** (~'tɔ̃) *m*

1. Knäuel *n*; F *se mettre en* ~ sich zusammenkauern; 2. *fig.* Häuflein *n*, Rotte *f*, Schar *f*, Zug *m*, Gruppe *f*; *par* ~*s* in Rotten; 3. *Sport*: Mannschaft *f*; *vél.* Rennfahrergruppe *f*; ~ *de tête* Spitzenmannschaft *f*; **~tonnage** (~tɔ'na:ʒ) *m* Aufwickeln *n*; **~tonner** (~tɔ'ne) [1a] **I** *v/t.* auf ein Knäuel wickeln; **II** *v/rfl.* se ~ auf ein Knäuel gewickelt werden; sich zs.-kauern, -ziehen, -rollen, sich ducken, sich kuscheln.

pelous|ard F (pəlu'za:r) *m* Zaungast *m*; Stammgast *m* bei Wettrennen; **~e** (pə'lu:z) *f* 1. Rasen (-anlage *f*, -platz *m*) *m*; *f/pl.* Grünanlagen *f/pl.*; ~ *de repos* Liegewiese *f*; 2. *Sport*: Rennbahn *f*.

pelu (pə'ly) *adj.* behaart, haarig.

pelu|che (pə'lyʃ) *f* Plüsch *m*; ~ *de coton* Baumwollplüsch *m*; ~ *de laine* Wollplüsch *m*; **~ché** (~'ʃe) *adj.* samtartig, wollig; faserig, schäbig (*v. Stoffen*); **~cher** (~) *v/i. u. v/rfl.* se ~ faserig werden (*Stoff*); **~eux** (~'ʃø) *adj.* [7d] faserig, wollig.

pelure (pə'ly:r) *f* 1. Haut *f*, Schale *f* *e-r Frucht*; ~ *d'orange* Apfelsinenschale *f*; 2. *papier m* ~ (*pour doubles*) Durchschlagpapier *n*; *papier m* ~ (*pour lettres avion*) Übersee-, Flugpost-papier *n*; dünnstes Briefpapier *n*; 3. P Kluft *f* P, Anzug *m*.

pelvien *anat.* (pɛl'vjɛ̃) *adj.* [7c] Becken...

pénal (pe'nal) *adj.* [5c] Straf...; *code m* ~ Strafgesetzbuch *n*; *droit m* ~ Strafrecht *n*; **~isation** (~liza'sjɔ̃) *f* *Sport*: Strafe *f*, Strafpunkt *m*; *zone f* (*od. surface f*) *de* ~ Strafraum *m*; **~iser** (~li'ze) *v/t.* [1a] *Sport*: mit e-m Strafpunkt belegen; *allg.* (be)strafen; **~ité** (~li'te) *f* 1. ⚖ Strafsystem *n*; 2. ⚖ Strafbarkeit *f*; 3. ⚖ ~*s pl.* Strafbestimmungen *f/pl.*; 4. *Sport*: *sans* ~ ohne Strafpunkt.

penalty *Sport* (penal'ti) *m* Strafstoß *m*.

pénates F (pe'nat) *m/pl. fig.* trautes Heim *n*; *regagner ses* ~ wieder in sein trautes Heim zurückkehren.

penaud (pə'no) *adj.* [7] verlegen, verdutzt, beschämt; *mine f* ~*e* verdutztes Gesicht *n*; *s'en aller* (*rester*) ~ wie ein begossener Pudel abziehen (aussehen).

penchant (pɑ̃'ʃɑ̃) **I** *adj.* [7] 1. abschüssig, schief; 2. *fig.* wankend, verfallend; 3. *fig.* ~ *à* geneigt zu (*dat.*); **II** *m* 4. Abhang *m*; Senkung *f*; Rand *m*; 5. *fig.* Neige *f* (*des Lebens*); 6. *fig.* ~ (*à od. pour od. vers*) Hang *m*, Neigung *f* (zu *dat.*).

pencher (pɑ̃'ʃe) [1a] **I** *v/t.* 1. abschüssig machen; 2. niederbeugen, schief halten; ~ *la tête* den Kopf neigen; **II** *v/i.* 3. sich neigen, überhängen, schief stehen; *la tour penchée de Pise* der schiefe Turm zu Pisa; 4. *fig.* ~ *à* (*od. vers*) *sa ruine* s-m Untergang entgegengehen; 5. *fig.* ~ *pour q.* (*à od. vers qch.*) zu j-m (zu etw.) Neigung haben; ~ *à* (*mit inf.*) geneigt sein, etw. zu tun; ~ *vers un parti* zu e-r Partei hin neigen; **III** *v/rfl.* se ~ sich beugen; *se* ~ *par la fenêtre* sich aus dem Fenster lehnen; *se* ~ *sur une question* sich e-r Frage zuwenden; *abs.* se ~ *dessus* sich mit etw. (*dat.*) befassen.

pend|able (pɑ̃'dablə) *adj.* hängenswert; *cas m* ~ Kapitalverbrechen *n*; **~age** (~'da:ʒ) *m* ⚒ Gefälle *n*, Neigung *f*, Einfallen *n*; *géol.* Fallinie *f*; **~aison** (~dɛ'zɔ̃) *f* Erhängung *f*; **~ant** (~'dɑ̃) **I** *adj.* [7] 1. (herab)hängend; 2. *fig.* bevorstehend, drohend; 3. ⚖ anhängig, schwebend; **II** *m* 4. ~ *de ceinturon* Degengehänge *n*; ~*s pl. d'oreilles* Ohrgehänge *n*; 5. *fig.* Pendant *n*, Gegenstück *n*; *faire* ~ *de* als Gegenstück zu (*dat.*); *n'avoir pas son* ~ nicht seinesgleichen haben; **III** *prp.* während (*gén.*); **IV** ~ **que** *cj.* *rein zeitlich*: während (s. *tandis que*); **~ard** (~'da:r) *su.* [7] Galgenstrick *m*; **~eloque** (~'dlɔk) *f* 1. Leuchtergehänge *n*; 2. Ohrgehänge *n*; **~entif** (~dɑ̃'tif) *m* 1. ⚠ Hängebogen *m*; 2. Anhänger *m* (*Schmuck*); **~erie** (pɑ̃'dri) *f* Kleiderablage *f*, Garderobe *f*.

pendil|ler (pɑ̃di'je) *v/i.* [1a] baumeln; **~lon** (~'jɔ̃) *m* *horl.* Unruhe *f*.

pendoir (~'dwa:r) *m* Fleischhaken *m*.

pendre ('pɑ̃:drə) [4a] **I** *v/t.* 1. (auf-, an-, ein-)hängen; *fig.* *avoir la langue bien pendue* nicht auf den Mund gefallen sein, ein tüchtiges Mundwerk haben; 2. henken, hängen; *dire pis* (*od. pire*) *que* ~ *de q.* kein gutes Haar an j-m lassen; **II** *v/i.* 3. (herab)hängen; schweben, noch nicht entschieden sein (*Prozeß*); **III** *v/rfl.* se ~ 4. sich hängen (*à* an *acc.*); *fig.* *se* ~ *aux jupes de q.* sich an j-n hängen (*od.* klammern); 5. sich er-, auf-hängen; *qu'il aille se faire* ~*!* zum Henker mit ihm!

pendu (pɑ̃'dy) *m* Gehenkter *m* (*nicht fig.!*).

pendul|aire (pɑ̃dy'lɛːr) *adj.* pendelartig; **~e** (~'dyl) **I** *m* Pendel *m od. n*; **II** *f* Pendel-, Stutz-, Wand-, Zimmer-uhr *f*; ~ *de cheminée* Stutzuhr *f*; ~ *à coucou* Kuckucksuhr *f*; ~ *de pointage* Kontroll- *od.* Steckuhr *f*; **~ette** (~'lɛt) *f* kleine Pendel- *od.* Stand-uhr *f*; kleine Stutzuhr *f*.

pêne ⊕ (pɛn) *m* Riegel *m am Schloß*.

pénétr|abilité (penetrabili'te) *f* Durchdringlichkeit *f*; **~able** (~'trablə) *adj.* durchdringlich; *fig.* erforschbar; **~ant** (~'trɑ̃) *adj.* [7] durchdringend (*a. Blick*); eindringend; scharf (*Wind*); schneidend (*Kälte*); scharfsinnig (*Kopf*); pene'trant (*Geruch*); **~ation** (~tra'sjɔ̃) *f* **1.** Durchdringen *n*; Eindringen *n*, Hereinströmen *n*; *force f de* ~ Durchschlagskraft *f*; *pol.* ~ *pacifique* friedliche Durchdringung *f*; **2.** *fig.* ~ *d'esprit* Scharfsinn *m*, Scharfblick *m*, Geistesschärfe *f*.

pénétrer (pene'tre) [1f] **I** *v/t.* **1.** durchdringen; (tief) eindringen (in *acc.*); **2.** *fig.* durchschauen, ergründen; **3.** ~ *le cœur de q.* j-n tief rühren, j-n ergreifen; **4.** ~ *de qch.* mit etw. (*dat.*) ganz erfüllen; *pénétré de* durchdrungen von (*dat.*); **II** *v/i.* (*mit avoir!*) ~ *dans qch.* in etw. (*acc.*) eindringen; etw. erforschen; *phm. en pénétrant jusqu'au plus profond des pores* mit Tiefenwirkung; **III** *v/rfl.*: a) *se* ~ *de qch.* sich etw. zu Herzen nehmen, etw. beherzigen; *pénétrez-vous de ceci!* lassen Sie sich das gesagt sein!; b) *se* ~ *dans* ⚒ sich einfressen; ⚔ vordringen.

pénible (pe'niblə) *adj.* □ **1.** mühsam, beschwerlich, mühselig; *style m* ~ geschraubter Stil *m*; *travail m* ~ saure (*od.* schwere) Arbeit *f*; Mühsal *f*; **2.** *fig.* peinlich, unerfreulich.

péniche (pe'niʃ) *f* **1.** ⚓ Pinasse *f*; **2.** ⚓ Lastkahn *m*, Zille *f*; **3.** * *fig.* Treter *m*, Oderkahn *m* (= *großer Schuh*).

pénicillé ♀, *zo.* (penisil'le) *adj.* pinselförmig.

pénicilline (~'lin) *f* Penizillin *n*.

péninsu|laire (penɛ̃sy'lɛːr) *adj.* Halbinsel...; **~le** (~'syl) *f* Halbinsel *f*.

péniten|ce (peni'tɑ̃ːs) *f* **1.** *rl.* Buße *f*; *faire* ~ Buße tun; **2.** Strafe *f*; *en* ~ zur Strafe; *mettre en* ~ bestrafen; **~cerie** (~tɑ̃s'ri) *f* päpstliches Sondergericht *n* **~cier** (~tɑ̃'sje) *m* **1.** *rl.* (*auch adj.*: *prêtre m* ~) Bußpriester *m*; **2.** (*auch adj.*: *établissement m* ~) Gefängnis *n*, Strafanstalt *f*.

pénitent (peni'tɑ̃) [7] *rl.* **I** *adj.* bußfertig; **II** *su.* bußfertiger Sünder *m*; Beichtkind *n*; Büßer *m*, Büßermönch *m*; **~iaire** (~'sjɛːr) *adj.*: *colonie f* ~ Strafkolonie *f*; *établissement m* ~ Gefängnisanstalt *f*; **~iaux** (~'sjo) *adj. m/pl.*: *Psaumes* ~ Bußpsalmen *m/pl.*; **~iel** (~'sjɛl) *adj.* [7] *u. m* Buß...; Bußrituale *n*.

penn|age (pɛ'naːʒ) *m* Gefieder *n*; **~e** (pɛn) *f* Schwung- (*od.* Schwanz-) feder *f*; *Weberei*: Garnende *n*; **~é** (~'ne) *adj.* gefiedert; **~iforme** (pɛni'fɔrm) *adj.* federförmig.

pennon (pɛ'nɔ̃) *m* **1.** *féod.* Panier *n*, Banner *n*; **2.** Wappenschild m.

pénombre (pe'nɔ̃ːbrə) *f* Halbschatten *m*; *fig.* Verborgenheit *f*.

penon ⚓ (pə'nɔ̃) *m* Verklicker *m*.

pen|sable (pɑ̃'sablə) *adj.* denkbar; **~sant** (~'sɑ̃) *adj.* [7] **1.** denkend; **2.** *bien* ~ fromm, religiös; **~e-bête** F (pɑ̃s'bɛt) *m/inv.* Einkaufs-, Notizzettel *m*, Gedächtnisstütze *f*; **~sée** (~'se) *f* **1.** Gedanke *m*; **2.** Denkvermögen *n*; Denken *n*; **3.** Geist *m*, Sinn *m*; **4.** Meinung *f*; Absicht *f*, Vorhaben *n*; **5.** ~*s pl.* Träumereien *f/pl.*, Gedanken *m/pl.*; *perdu dans ses* ~*s* in s-e Gedanken versunken; **6.** ~*s pl.* Erinnerungen *f/pl.*; *recevez mes meilleures* ~*s* nehmen Sie meine besten Erinnerungen entgegen; **7.** ♀ Stiefmütterchen *n*.

pens|er (pɑ̃'se) [1a] **I** *v/i.* **1.** ~ *à q.* (*à qch.*) an j-n (an etw.) denken; *je pense à lui* (*à elle*) ich denke an ihn (an sie); *sans y* ~ ohne daran zu denken, unabsichtlich; *penses-y!* denke daran!; *faire* ~ *q. à qch.* j-n an etw. erinnern; ~ *à faire qch.* (*bisw. a. nur*: ~ *faire qch.*) daran denken, etw. zu tun; *je pensais à aller vous voir* ich dachte daran, Sie zu besuchen; *pense à le faire* denke daran, es zu tun; **2.** nachdenken, denken, überlegen, *fig.* sich vorstellen, urteilen, der Ansicht sein, (*subjektiv*) glauben; *ne parlez pas sans* ~ sprechen Sie nicht, ohne nachzudenken (*od.* ohne zu überlegen); *faculté f de* ~ Denkvermögen *n*; ~ *noblement* (*avec élévation*) eine vornehme Gesinnung haben; ~ *petitement* kleinlich denken; ~ *juste* richtig denken;

~ *mal de q.* Schlechtes von j-m denken; *qui pense peu* denkfaul; *pensez-vous?* glauben Sie wirklich?; ist das Ihr Ernst?; *penses-tu!, pensez-vous!* ach was!; wo denkst du (*bzw.* denken Sie) hin?!; das kommt gar nicht in Frage!; *je pense, donc je suis* ich denke, also bin ich (*Descartes*); *je pense que oui* (... *que non*) ich denke (= ich glaube) ja (nein); **3.** *mit reinem inf.*: beabsichtigen, sich mit dem Gedanken tragen, vorhaben, gedenken; *je pense aller la voir cet été* ich beabsichtige sie in diesem Sommer zu besuchen; **4.** *penser dient als Umschreibung der deutschen Adverbien* „beinahe", „fast" (*auch bei Tieren u. unbelebtem Subjekt*): *j'ai pensé mourir* (*tomber*) ich wäre beinahe gestorben (gefallen); *ce chien pensa se noyer* dieser Hund wäre beinahe ertrunken; *cette imprudence pensa lui coûter la vie* diese Unvorsichtigkeit hätte ihm beinahe das Leben gekostet; *la pierre pensa l'écraser* der Stein hätte ihn beinahe zerschmettert; *la maison a pensé brûler* das Haus wäre beinahe abgebrannt; **II** *v/t.* **5.** *etw.* denken; *von j-m etw.* halten; *etw.* ausdenken; *etw.* meinen *od.* glauben; *que pensez-vous de lui?* was denken Sie (*od.* halten Sie) von ihm?; *j'ai pensé une chose différente* ich habe etw. ganz anderes ausgedacht; *qu'en pensez-vous?* was meinen Sie dazu?; *qui aurait pensé cela!* wer hätte das gedacht (*od.* geglaubt)?!; *je ne l'aurais jamais pensé* ich hätte es nie gedacht (*od.* geglaubt)!; *que pensera-t-on de moi?* was wird man von mir denken?; *à ce que je pense* meiner Ansicht (*od.* Meinung) nach; **~eur** (~'sœ:r) *adj. u. su.* [7g] denkend; Denker *m*; **~if** (~'sif) *adj.* [7e] □ nachdenklich, gedankenvoll.

pension (pɑ̃'sjɔ̃) *f* **1.** ~ (*de retraite*) Pension *f*, Ruhegehalt *n*; ~ *viagère* Leibrente *f*; ~ *alimentaire* Unterhaltsrente *f*; *titulaire d'une* ~ Pensionsempfänger *m*; **2.** Pensionspreis *m* (*z.B. für Kost u. Logis*); **3.** Pension *f*, Fremdenheim *n*; être *en* ~ *chez q.* bei j-m in Pension sein; ~ *gratuite* Freitisch *m* (*für Studenten*); *se mettre en* ~ in Pension gehen; **4.** *écol.* Erziehungsheim *n*, Internat *n*, Pensionat *n*; **~naire** (~sjɔ'nɛ:r) *su.* **1.** Pensionär *m*, Ruhegehaltsempfänger *m*; **2.** Pensionsgast *m*; **3.** *écol.* Internatsschüler *m*; **~nat** *écol.* (~'na) *m* Pensionat *n*, Internat *n*, Schüler(innen)heim *n*; **~né** (~'ne) *su.* [7] Pensionär *m*, Ruhegehaltsempfänger *m*; **~ner** (~) *v/t.* [1a] pensionieren, in den Ruhestand versetzen. [arbeit *f*.]

pensum *écol.* (pɛ̃'sɔm) *m* Strafarbeit *f*.

penta|èdre ⩓ (pɛ̃ta'ɛ:drə) *m* Pentaeder *n Fünfflächner*); **~gonal** (~gɔ'nal) *adj.* [5c] fünf-eckig, -flächig; **~gone** (~'gɔn) *m* Fünfeck *n*; *pol. le* ♀ das Pentagon *n*, das Kriegsministerium *n* der USA; **~mètre** (~'mɛtrə) *adj. u. m* (*vers m*) ~ Pentameter *m*, fünffüßiger Vers *m*.

pentane ⚗ (pɛ̃'tan) *m* Pentan *n*.

penta|syllabe *mét.* (pɛ̃tasi'lab) *adj.* fünfsilbig; **~thlon** *Sport* (~'tlɔ̃) *m* Fünfkampf *m*.

pente (pɑ̃:t) *f* **1.** Abhang *m*, Abdachung *f*, Böschung *f*, Neigung(sfläche *f*) *f*; *aller en* ~ abschüssig sein; sich neigen; ~ *du toit* Dachschräge *f*; **2.** *fig.* Hang *m*, Neigung *f*; *suivre la* ~ *du vice* dem Laster fröhnen.

Pentecôte (pɑ̃t'ko:t) *f* Pfingsten *n/sg. od. f/pl.*; Pfingstfest *n*.

pentode *rad.*, ⚡ (pɛ̃'tɔd) *f* Pentode *f*.

penture ⊕ (pɑ̃'ty:r) *f* Türband *n*, Haspe *f*, Angel *f*; ~ *de fenêtre* Fensterband *n*.

pénultième (penyl'tjɛm) **I** *adj.* vorletzt; **II** *f gr.* vorletzte Silbe *f*.

pénurie (peny'ri) *f* **1.** Knappheit *f*, Not *f*, Verknappung *f*, großer Mangel *m*; ~ *d'argent*, ~ *de capitaux*, ~ *de charbons*, ~ *de devises* Geld-, Kapital-, Kohlen-, Devisen-not *f od.* -knappheit *f*; ~ *de logements* Wohnungsnot *f*; 🚂 ~ *de matériel roulant* Wagenmangel *m*; ~ *d'ouvriers* Mangel *m* an Arbeitskräften; ~ *de place* Raummangel *m*; **2.** Elend *n*, Not *f*, Armut *f*; *vivre dans une grande* ~ in großem Elend leben; *fig.* ~ *de langage* Mangel *m* an sprachlicher Ausdrucksfähigkeit.

pépée (pe'pe) *f* **1.** *enf.* Püppchen *n* **2.** * Fose *f* V, Nutte *f* V.

pépère F *enf.* (pe'pɛ:r) *m* **I** Pappi *m*; Opa *m*; **II** *adj.* ruhig, gemütlich, behäbig.

pépie (pe'pi) *f vét.* Pips *m*; F *avoir la* ~ e-e trockene Kehle haben.

pép|iement *orn.* (pepi'mɑ̃) *m* Piepsen *n*; **~ier** (pe'pje) *v/i.* [1a] piep(s)en.

pépin (pe'pɛ̃) *m* **1.** (Obst-)Kern *m*; **2.** F Musspritze *f* (*Regenschirm*); **3.** P große Sympathie *f*; *avoir un ~ pour q.* in j-n verknallt sein; **4.** F *fig.* Haken *m*, Schwierigkeit *f*; *il y a un ~* die Sache klappt nicht, die Sache hat ihre Tücken (Mucken).

pépinière (pepi'njɛːr) *f* Baumschule *f*; *fig.* Bildungsstätte *f*; *fig.* Fundgrube *f*.

pépiniériste (~nje'rist) *m* Baumzüchter *m*, -gärtner *m*.

pépite *min.* (pe'pit) *f* Klumpen *m* [(*bsd. Gold*).]

pépon (pe'pɔ̃) *m* Kürbis *m*.

pepsine *phm.* (pɛp'sin) *f* Pepsinwein *m*.

péquenot * (pek'no) *m* Bauern-[lümmel *m*, Flegel *m*.]

péquin (pe'kɛ̃) = *pékin*[1].

per|çage (pɛr'saːʒ) *m* Bohren *n*, Lochen *n*; **~cale** *text.* (~'kal) *f* Perkal *m* (*weißer Baumwollstoff*); **~caline** *text.* (~ka'lin) *f Art* Futterstoff *m*; **~çant** (~'sɑ̃) **I** *adj.* [7] **1.** bohrend; **2.** *fig.* durchdringend, scharf, durchbohrend (*Blick*); gellend, schrill (*Stimme*); schneidend (*Kälte*); scharfsinnig (*Geist*); *yeux m/pl. ~s* stechende Augen *n/pl.*; **II** *m fig.* Schneid *m*.

perce (pɛrs) *f* **1.** ⊕ Bohrer *m*; **2.** *mettre en ~* Faß anstechen; **3.** ♪ Loch *n e-r Flöte*; **~-bois** (pɛrsə'bwa) *m* [6c] Holz-wurm *m*, -käfer *m*; **~-carte** (~'kart) *m* [6g] Stecknadel *f* mit Fähnchen (*auf Landkarten*).

percée (pɛr'se) *f* **1.** Bohrung *f*, Loch *n*; Durchgang *m*; Einbruchsstelle *f*, Durchbruch *m*; **2.** *for.* Lichten *n*, Durchhau *m*, Waldweg *m*; Durchsicht *f z.B. durch die Bäume*; **3.** *~s pl.* Fenster-, Türöffnungen *f/pl.*

perce-lettre (pɛrsə'lɛtrə) *m* [6c] [Brieflocher *m*.]

percement (pɛrsə'mɑ̃) *m* **1.** Durchbohren *n*, -stechen *n*; **2.** Durchbruch *m*, -stich *m*; **3.** ⚒ Treiben *n*.

perce|-neige ⚘ (~'nɛːʒ) *m* [6c] Schneeglöckchen *n*; **~-oreille** (pɛrsɔ'rɛj) *m* [6c] Ohrwurm *m*; **~-papier** (~səpa'pje) *m* [6c] Papierlocher *m*; **~-pierre** ⚘ (~sə'pjɛːr) *f* **1.** Steinbruch *m*; **2.** Meerfenchel *m*.

percep|teur (pɛrsɛp'tœːr) **I** *m* Steuer-beamter *m*, -einnehmer *m*, Vollstreckungsbeamter *m*; **II** *adj. anat.* wahrnehmend; **~tibilité** (~tibili'te) *f* Wahrnehmbarkeit *f*, Sichtbarkeit *f*; **~tible** (~'tiblə) *adj.* □ wahrnenmbar, sichtbar; *~ à l'oreille* hörbar; *~ au goût* schmeckbar; *~ à l'odorat* riechbar; **~tif** *phil.* (~'tif) *adj.* [7e] Wahrnehmungs...; **~tion** (~p'sjɔ̃) *f* **1.** Erhebung *f*; (Steuer-)Einnahme *f*; (*bureau m de*) *~* Steueramt *n*; **2.** Wahrnehmung *f*; *~ sensorielle* Sinneswahrnehmung *f*; **~tivité** (~tivi'te) *f* Wahrnehmungsfähigkeit *f*.

percer (pɛr'se) [1k] **I** *v/t.* **1.** durchstechen, durchbohren, durch'brechen, durchlöchern; durchschießen; *~ qch. d'un coup de dent* etw. 'durchbeißen; *fig. un panier percé* ein Verschwender *m*; **2.** anbohren; an-zapfen, -stechen; **3.** *~ qch.* durch etw. (*acc.*) hindurchdringen; *percé jusqu'aux os* pudelnaß, bis auf die Haut naß (durchnäßt); **4.** *fig. ~ q. à jour* j-n durch'schauen; **5.** ⚒ durch'schlagen; Stollen treiben; **6.** ⚓ *~ un navire* Stückpforten in e-m Schiffe machen; **II** *v/i.* (*mit avoir!*) **7.** aufgehen, hervorkommen; aus-, 'durch-brechen; *l'abcès a percé* das Geschwür ist aufgegangen; **8.** 'durch-gehen, -dringen, -kommen, eindringen; *cette encre perce* diese Tinte schlägt durch; **9.** *fig. ~ dans qch.* etw. durch'schauen; **10.** *fig.* an den Tag kommen, bekannt werden; **11.** *fig.* sich Bahn brechen; sich Geltung verschaffen.

per|cerette (pɛrsə'rɛt) *f* Zwickbohrer *m*; **~ceur** (~'sœːr) *m* (*a. adj.*: *ouvrier m*) *~* (Loch-)Bohrer *m*; **~ceuse** ⊕ (~'søːz) *f* Bohrmaschine *f*; *~ radiale* Radial-, Auslegerbohrmaschine *f*.

percevable (pɛrsə'vablə) *adj.* **1.** erhebbar; **2.** wahrnehmbar.

percevoir (pɛrsə'vwaːr) *v/t.* [3a] **1.** Einkünfte einnehmen, Steuern erheben; **2.** wahrnehmen.

perche[1] (pɛrʃ) *f* **1.** Stange *f*; F *fig. une grande ~ fig.* e-e lange Latte *f*, ein baumlanger Kerl *m*; *fig. tendre la ~ à q.* j-m aus der Klemme helfen; **2.** Angelrute *f*; *Sport*: *~ (à sauter)* Sprungstab *m*; *saut m à la ~* Stabhochsprung *m*; **3.** ⚠ Rüststange *f*; **4.** ⚡ *~ (de trolley)* Stromabnehmer *m* (*der Straßenbahn od. des Triebwagens*).

perche[2] *icht.* (~) *f* Barsch *m*.

perché (pɛr'ʃe) **I** *m ch.*: *tirer au ~* vom Baum herunterschießen; **II** *adj.* **1.** *être ~* auf e-r Stange sitzen (*Vögel*); *allg. ~ sur son cheval* hoch zu Roß; *haut* ~ hochgelegen (*Ort*); **2.** *Sport*: hängengeblieben (*Fußball*).

percher (~) [1a] **I** *v/i. u. v/rfl. se* ~ sich setzen, sitzen (*Vögel*); **II** F *v/i. fig.* hausen; *où perche-t-il?* wo haust er?; **III** F *v/t. fig.* hochstellen; ~ *un vase sur une armoire* e-e Vase auf e-n Schrank stellen.

perch|ette (pɛr'ʃɛt) *f* kleine Stange *f*; **~eur** (~'ʃœːr) *adj. u. su.* [7g] gewöhnlich auf Zweigen sitzend (*Vögel*); (*oiseaux*) ~*s m/pl.* Baumvögel *m/pl.*; **~is** (~'ʃi) *n* Stangenzaun *m*; **~oir** (~'ʃwaːr) *m* **1.** Sitzstange *f* im Vogelbauer; **2.** Hühnerstange *f*; **3.** F *fig.* Mansardenloch *n.*

percillé (pɛrsi'je) *adj.*: *papier m* ~ durchlöchertes (*od.* perforiertes) Papier *n.*

perclus (pɛr'kly) *adj.* [7] (glieder-)lahm; **~ion** (~kly'zjɔ̃) *f* Lähmung *f.*

percnoptère *orn.* (pɛrknɔp'tɛːr) *m* Aasgeier *m.*

perçoir ⊕ (pɛr'swaːr) *m* Bohrer *m*; Ahle *f.*

percolateur (pɛrkɔla'tœːr) *m* Kaffeefiltriermaschine *f.*

percu|ssion (pɛrky'sjɔ̃) *f* **1.** Klopfen *n*; Schlag *m*, Stoß *m*; ⚔ Aufschlag *m*; ♪ *instrument m de* ~ Schlaginstrument *n*; *arme f à* ~ Perkussionsgewehr *n*; **2.** ⚕ Perkutieren *n*, Beklopfen *n*; **~tant** ⚔ (~'tɑ̃) *m* Aufschlaggranate *f*; **~ter** (~'te) [1a] **I** *v/t.* **1.** (be)klopfen; **2.** ⚕ perkutieren, beklopfen; **II** *v/i.* ⚔ ~ *au sol* aufschlagen; ✈ ~ *sur* ... aufschlagen auf ... (*acc.*); ~ *contre un poteau de béton* gegen e-n Betonpfeiler stoßen; *fusée f percutante* Aufschlagszünder *m*; **~teur** ⚔ (~'tœːr) *m* Zündnadel *f*, Schlagbolzen *m.*

perd|able (pɛr'dablə) *adj.* verlierbar; **~ant** (~'dɑ̃) *adj. u. su.* [7] verlierend; Verlierender *m*; *numéro* ~, *billet m* ~ *fig.* Niete *f*; ⚓ *le* ~ (*de l'eau*) *m* die Ebbe *f*; **~ition** (~di'sjɔ̃) *f* **1.** Verderben *n*, Untergang *m*; *navire m en* ~ Schiff *n* in Not; **2.** *rl.* Verdammnis *f.*

perdre ('pɛrdrə) [4a] **I** *v/t.* **1.** verlieren; verscherzen, einbüßen; ~ *le chemin* vom Wege abkommen; ~ *connaissance* in Ohnmacht fallen; ~ *contenance* (F ~ *le nord*, ~ *pied*) die Fassung (*od.* die Geistesgegenwart) verlieren; *y* ~ *son latin fig.* mit s-m Latein (*od.* mit s-r Kunst) zu Ende sein; ~ *courage* den Mut verlieren; *fig. dans mes moments perdus* in m-n Mußestunden; ~ *son* (*od. tout*) *caractère fig.* verflachen, oberflächlich werden; *vous y perdez vos pas* das ist verlorene Zeit, das ist Zeitvergeudung; ~ *q. de vue* j-n aus den Augen verlieren; *quartier perdu* entlegenes Stadtviertel *n*; **2.** irreführen, vom Wege abbringen; **3.** entsagen (*dat.*), aufgeben; **4.** zugrunderichten, ruinieren; *rl.* zur Verdammnis führen; ~ *q.* j-n ins Verderben stürzen, j-n zu Fall bringen; ~ *q. dans l'esprit d'un autre* j-n bei e-m anderen anschwärzen; **II** *v/i.* **5.** verlieren; ~ *sur une marchandise* an e-r Ware verlieren; *la mer perd* die Ebbe tritt ein; **6.** an Wert (*od.* Ansehen) verlieren, sich verschlechtern; **III** *v/rfl. se* ~ **7.** verloren gehen, abhanden kommen; abkommen; aussterben; verschwinden; **8.** sich verirren; verschwimmen (*Farben*); *bill.* sich verlaufen; **9.** *fig.* sich verlieren, *fig.* ganz irre werden; *se* ~ *en conjectures* sich in Vermutungen verlieren; **10.** sich zugrunde richten; **11.** ⚓ untergehen.

per|dreau (pɛr'dro) *m* [5b] junges Rebhuhn *n*; **~drix** (~'dri) *f* Rebhuhn *n*; *blanche* Schneehuhn *n*; ~ *grise* Feldhuhn *n*; ~ *rouge* Rothuhn *n*; *compagnie f de* ~ Hühnerkette *f*, -gesperre *n*; ⚕ *œil m -de-*~ Hühnerauge *n.*

perdu (pɛr'dy) *adj.* verloren; ausgestorben; unnütz (*Mühe*); nicht mehr zu retten (*Kranker*); weit entfernt; weit vorgeschoben (*Posten*); *unsichtbar*: *reprise f* ~*e* Kunststopfen *n*; *à corps* ~ mit Wucht, blindlings drauflos; *coups m/pl.* ~*s* Schläge aufs geratewohl; *crier* (*courir*) *comme un* ~ wie ein Verrückter schreien (umherlaufen); ~ *dans ses réflexions* in Gedanken versunken.

père (pɛːr) *m* **1.** Vater *m*; *son* ~ *et sa mère* s-e Eltern *pl.*; ~ *adoptif* Pflegevater *m*; F *petit* ~ Väterchen *n*; *prov. tel* ~, *tel fils* der Apfel fällt nicht weit vom Stamm; wie der Herr, so's Gescherr; **2.** Stamm-, Ur-vater *m*; *notre premier* ~ Adam *m*; **3.** *fig.* Begründer *m*, Urheber *m*, Schöpfer *m*, Stifter *m*; Wohltäter *m*; **4.** *rl.* (*abr.* P., *pl.* P.P.) Pater *m* (*pl.* Patres), Klosterbruder *m*; ~ *spirituel*, ~ *directeur* Beichtvater *m*; *les* ♀*s de l'Eglise* die Kirchenväter *m/pl.*; **5.** F *fig.* Alter *m*.

pérégrin|ation F (peregrinɑ'sjɔ̃) *f* (*mst. nur noch im pl.*) **1.** Fahrt *f*, Reise *f* (*in ferne Gegenden*); *les* ~*s des explorateurs* die Reisen *f/pl.* der Forscher; **2.** *in bezug auf Vögel*: *les* ~*s des hirondelles* das Ziehen *n* der Schwalben; ~**er** *nur noch plais.* (~gri'ne) *v/i.* [1a] im Geiste ins Ausland reisen.

péremp|tion ⚖ (perɑ̃p'sjɔ̃) *f* Ungültigwerden *n*, Verjährung *f*; *il y a* ~ die Klage ist verfallen; ~**toire** (~rɑ̃p'twa:r) *adj.* □ **1.** unumstößlich, stichhaltig, kategorisch, entscheidend; *fig. péj.* starr; schneidend, herrisch; *d'une façon* ~ überzeugend; *péj. ton* ~ herrischer Ton *m*; **2.** ⚖ umstoßend, ungültig machend, verjährend, rechtsverwirkend, peremptorisch; ~**toirement** (~rɑ̃ptwar'mɑ̃) *adv.* klipp u. klar, ein für allemal, eindeutig.

péren|ne (pe'rɛn) *adj.* ganzjährig, das Jahr überdauernd, perennierend (*v. Pflanzen*); *allg.* nicht versiegend; dauerhaft; ~**niser** (~ni'ze) *v/t.* [1a] *fig.* verewigen; ~**nité** (~ni'te) *f* lange Dauer *f*; Fortbestand *m*.

péréqua|ter *fin.* (perekwa'te) *v/t.* [1a] *Beamtengehälter usw.* ea. anpassen; ~**tion** *fin.* (~kwɑ'sjɔ̃) *f* Steuer- (Gehälter-, Tarif-, Gewinn-) ausgleich *m*; ~ *des charges* (*de guerre*) Lastenausgleich *m*.

perfec|tibiliser (pɛrfɛktibili'ze) *v/t.* [1a] vervollkommnungsfähig machen *od.* gestalten; ~**tibilité** (~tibili'te) *f* Vervollkommnungsfähigkeit *f*; ~**tible** (~'tiblə) *adj.* vervollkommnungsfähig; ~**tion** (~fɛk'sjɔ̃) *f* **1.** Vollkommenheit *f*; *à la* ~ meisterhaft, ausgezeichnet, tadellos; **2.** Vollendung *f*; ~**tionnement** (~sjɔn'mɑ̃) *m* Vervollkommnung *f*; Fortbildung *f*; *école f de* ~ Fortbildungsschule *f*; ~**tionner** (~sjɔ'ne) [1a] **I** *v/t.* vervollkommnen, aus-, fort-bilden; verbessern, aus-, über-arbeiten; **II** *v/rfl.* *se* ~ sich vervollkommnen, sich weiterbilden; ~**tionneur** (~sjɔ'nœ:r) **I** *m* a) *rad.* ~ *de sons* Klangveredler *m*; b) ⊕ Vervollkommner *m*; **II** *adj.* [7g] vervollkommnend.

perfide (pɛr'fid) **I** *adj.* □ treulos, falsch, hinterlistig, heimtückisch; **II** *su.* Verräter *m*, Treuloser *m*.

perfidie (pɛrfi'di) *f* Treulosigkeit *f*, Heimtücke *f*, Verräterei *f*.

perfo|rage (pɛrfɔ'ra:ʒ) *m* s. *perforation*; ~**rateur** (~ra'tœ:r) **I** *adj.* [7f] (durch)bohrend, durchlochend; Bohr...; **II** *su.* ⊕ Bohrer *m*, Bohrmaschine *f*; Locher *m*; Perforiervorrichtung *f*; ~**ration** (~rɑ'sjɔ̃) *f* Durchbohren *n*, Durchlochen *n*, Perforierung *f*; ~**ratrice** ⊕ (~ra'tris) *f* (Gesteins-)Bohrmaschine *f*; ~ *à air comprimé* Preßluftbohrer *m*; ~**rer** (~'re) *v/t.* [1a] durchbohren, (durch)lochen; ~**reuse** ⊕ (~'rø:z) *f* Bohr-, Loch-maschine *f*.

performance *Sport*, ⊕, ✈, *Auto* (pɛrfɔr'mɑ̃:s) *f* Leistung *f*; Rekord *m*; ~ *d'endurance* Dauerleistung *f*; *meilleure* ~ Bestleistung *f*; *les* ~*s techniques* die technischen Leistungen *f/pl.*; *battre la* ~ *mondiale* den Weltrekord schlagen.

pergola (pɛrgɔ'la) *f* Pergola *f*.

périanthe (per'jɑ̃:t) *m* Blütenhülle *f*.

péricar|de *anat.* (peri'kard) *m* Herzbeutel *m*; ~**dite** ⚕ (~'dit) *f* Herzbeutelentzündung *f*.

péricarpe ♀ (peri'karp) *m* Fruchthülle *f*, Samengehäuse *n*.

périchondre *anat.* (~'kɔ̃:drə) *m* Knorpelhaut *f*.

péricliter (~kli'te) *v/i.* [1a] in Gefahr (*od.* gefährdet) sein; zusammenbrechen, s-m Untergang entgegengehen; *laisser* ~ gefährden.

péricrâne (~'krɑ:n) *m* Schädelhaut *f*.

péridot *min.* (~'do) *m* Chrysolith *m*.

péridrome △ (~'drɔm) *m* Säulengang *m*.

périgée *ast.* (~'ʒe) *m* Perigäum *n*, Erdnähe *f*.

périgueux *min.* (~'gø) *m* Braunstein *m*.

périhélie *ast.* (perie'li) *m* Perihelium *n*, Sonnennähe *f*.

péril *bsd. litt.* (pe'ril) *m* Gefahr *f*; *au* ~ *de ma vie* bei Gefährdung m-s Lebens; *à ses risques et* ~*s* auf s-e Kosten u. Gefahr; *mettre en* ~ gefährden; ~ *en mer* Seenot *f*; *il y a* ~ *en la demeure* es ist Gefahr im Verzuge; ~**leux** (peri'jø) *adj.* [7d] □ gefährlich; *saut m* ~ Hochsprung *m* mit Überschlag, Salto *m*.

périm|é (peri'me) *adj.* ⚖ verfallen, ungültig, verjährt; *allg.* veraltet; ~**er** (~) *v/i.* [1a] verfallen, ablaufen, verjähren.

périmètre ⩘ (~'mɛ:trə) *m* Umkreis

m; *le ~ urbain, le ~ d'une ville* der Stadtkreis *m*.
périnée *anat.* (peri'ne) *f* Damm *m*, Perineum *n*; ⚕ *hernie f du ~* Dammbruch *m*.
pério|de (pe'rjɔd) *f* **1.** Periode *f*, Zeit *f*, Zeitabschnitt *m*; ⚔ *~ d'instruction pour les réservistes* Reserveübung *f*; *géol. ~ glaciaire* Eiszeit *f*; **2.** ⚕ Stadium *n e-r Krankheit*; *~ d'invasion d'une maladie* Krankheitsbeginn *m*; *la ~ de déclin d'une maladie* das Abflauen *n* e-r Krankheit; **3.** *ast.* Umlauf(s-zeit *f*) *m*; **4.** *rhét.* Periode *f*, Satzgefüge *n*; **5.** *phys.* Schwingungsdauer *f*, Periode *f*; **6.** △ *~ de construction* Bauabschnitt *m*; **~dicité** (~disi'te) *f* regelmäßige Wiederkehr *f*; Kreislauf *m*; **~dique** (~'dik) **I** *adj.* □ **1.** periodisch; ⚕ *fièvre f ~* Wechselfieber *n*; *rhét. style m ~* ausgeglichener Stil *m*; ⅍ *fraction f ~* periodischer Bruch *m*; **2.** *ast.* kreis-, um-laufend; **II** *m* Zeitschrift *f*; *~ professionnel* Fachzeitschrift *f*; *~ pour la jeunesse* Jugendzeitschrift *f*.
périos|te *anat.* (per'jɔst) *m* Knochenhaut *f*; **~tite** ⚕ (~'tit) *f* Knochenhautentzündung *f*; **~tose** ⚕ (~'to:z) *f* Knochenhaut-geschwulst *f*, -wucherung *f*.
péripatét|icienne *plais.* (peripateti'sjɛn) *f* Prostituierte *f*; **~isme** *phil.* (~'tism) *m* aristotelische Philosophie *f*.
péripétie (peripe'si) *f* Schicksalswendung *f*; plötzlicher Umschwung *m*, unerwartetes Ereignis *n*; *thé., litt.* entscheidende Wendung *f*; *les ~s pl.* die Schicksalsschläge *m/pl*.
périphé|rie (perife'ri) *f* **1.** Peripherie *f*, Umkreis *m*, Umfang *m*; **2.** Außen-, Ober-fläche *f*; **~rique** (~'rik) *adj.* Umkreis...; Oberflächen...
périphra|se *gr.* (peri'frɑ:z) *f* Umschreibung *f*; *user de ~s* = **~ser** (~frɑ'ze) *v/t.* [1a] umschreiben; **~stique** (~fras'tik) *adj.* umschreibend.
périple (pe'riplə) *m* Umsegelung *f*; Rundreise *f*; (Rad-)Tour *f*.
périr (pe'ri:r) *v/i.* [2a] (*mit avoir*) sterben, ums Leben kommen, zugrundegehen, (*a.* ⚓) untergehen, kentern; *fig.* verfallen; aussterben (*Pflanzen, Tiere*); *~ de faim* verhungern; *faire ~ q.* j-n umbringen; *fig. ~ d'ennui* sich zu Tode langweilen; *~ par négligence* verkommen, verwahrlosen.
périsco|pe (peri'skɔp) *m* Periskop *n*, Sehrohr *n*; **~pique** (~'pik) *adj.* periskopisch.
périsperme ⚘ (~'spɛrm) *m* Keimhülle *f*.
périss|able (peri'sablə) *adj.* vergänglich; leicht verderblich (*Waren*); **~oire** (~'swa:r) *f* Paddelboot *n*.
péristaltique *anat.* (peristal'tik) *adj.* peristaltisch; wurmförmig.
péristyle △ (peri'stil) *m* Säulenreihe *f*; Säulengang *m*, Peristyl *n*.
péri|toine (peri'twan) *m* Bauchfell *n*; **~tonite** ⚕ (~tɔ'nit) *f* Bauchfellentzündung *f*; **~typhlite** ⚕ (~ti'flit) *f* Entzündung *f* der Gewebe um den Blinddarm; **~urbain** (~yr'bɛ̃) *adj.* [7] rings um die Stadt gelegen.
per|le (pɛrl) *f* **1.** Perle *f*; *~ artificielle, ~ fausse, ~ de culture* unechte Perle *f*, Glasperle *f*; *~ montée* eingefaßte Perle *f*; *nacre f* (*od. mère f*) *de ~(s)* Perlmutter *f*; **2.** (Tau-)Tropfen *m*; *faire la ~* perlen, Blasen bilden; **3.** △ *~s pl.* Perlstab *m*; **4.** *typ.* Perl(schrift *f*) *f*; **5.** *fig. ~s f/pl.* Stilblüten *f/pl.*; *~s f/pl. scolaires* Stilblüten *f/pl.* aus der Schule; **6.** *fig.* Krone *f aller Frauen*; F tüchtiges Dienstmädchen *n od.* gute (Haus-)Frau *f*; **7.** F amüsanter Druckfehler *m od.* Sprachschnitzer *m*; **~lé** (pɛr'le) *adj.* **1.** mit Perlen besetzt; **2.** *fig.* sorgfältig *od.* sauber genäht *od.* ausgeführt; *une phrase ~e* ein vollendet schöner Satz *m*; ♪ *jeu m ~* abgerundetes, leicht dahinperlendes Spiel *n*; *c'est ~* das perlt nur so, der Vortrag ist vollendet schön; **3.** perl-artig, -farbig; **4.** *fig. grève f ~e* Bummelstreik *m*; **~ler** (~) [1a] **I** *v/t.* **1.** *~ de l'orge* Perlgraupen machen; **2.** *fig.* mit Sorgfalt u. Genauigkeit ausarbeiten; **3.** ♪ sauber vortagen; **II** *v/i.* perlen (*von Tropfen, Tränen, Sekt*); **~lier** (~'lje) **I** *zo. adj.* [7b] Perlen erzeugend *od.* enthaltend; **II** *m* Perlenhändler *m*.
perlglycérine ⚗ (pɛrlglise'rin) *f* Perlglyzerin *n*.
perlimpinpin F (pɛrlɛ̃pɛ̃'pɛ̃) *m*: *poudre f de ~* wertlose Arznei *f*.
perlot * (pɛr'lo) *m* Tabak *m*.
perma|nence (pɛrma'nɑ̃:s) *f* **1.** Fortdauer *f*, Dauerzustand *m*, Permanenz *f*; *ouvert en ~* durchgehend geöffnet; **2.** *service m de ~*

Bereitschaftsdienst **m**; *assurer la* ~ Bereitschaftsdienst haben (*Arzt, Apotheke*); **~nent** (~'nɑ̃) [7] **I** *adj.* ständig, dauernd; unkündbar (*Stellung*); (*du cadre*) ~ planmäßig; *armée* ~ *~e* stehendes Heer *n*; **II** *m* Gewerkschafts-, Partei-funktionär **m**; **~nente** (~'nɑ̃:t) *f* Dauerwelle *f* (*Haarfrisur*).

permanganate ⚗ (pɛrmɑ̃ga'nat) **m** übermangansaures Salz *n*.

perme * ⚔ (pɛrm) *f* Urlaub **m**.

perméa|bilité (pɛrmeabili'te) *f* Durchlässigkeit *f*; **~ble** (~'ablə) *adj.* durchlässig, undicht.

permettre (pɛr'mɛtrə) [4p] **I** *v/t.* **1.** erlauben, gestatten, vergönnen; **2.** dulden, geschehen lassen; **II** *v/rfl.* *se* ~ sich erlauben, wagen, sich die Freiheit nehmen.

permis (pɛr'mi) *m* Erlaubnisschein **m**; † ~ *de sortie*, ~ *d'exportation* Ausfuhrbewilligung *f*; ⚓ ~ *de débarquement* Löscherlaubnis *f*; ~ *de chasse* Jagdschein **m**; ~ *de circulation* Passierschein **m**; *Auto*: Zulassungsschein **m** (*z.B. in Notzeiten*); ~ *de conduire* Führerschein **m**; ~ *de construire* Bauerlaubnis *f*; ~ *de pêche* Anglerkarte *f*; ~ *de séjour* Aufenthaltserlaubnis *f*; ~ *de travail* Arbeitserlaubnis *f*; **~sion** (~mi'sjɔ̃) *f* **1.** Erlaubnis *f* (*a. als Bescheinigung*), Genehmigung *f*; ~ *de quitter le pays* Ausreiseerlaubnis *f*; *avec votre* ~ wenn Sie nichts dagegen haben; mit Verlaub; **2.** Urlaub **m**; *en* ~ beurlaubt; ~ *de détente* Erholungsurlaub **m**; **~sionnaire** (~misjɔ'nɛ:r) *su.* Urlauber **m**.

permu|table (pɛrmy'tablə) *adj.* vertauschbar; versetzbar (*in e-r Behörde*); **~tant** (~'tɑ̃) *m* Stellentauscher **m**, zum Dienststellentausch bereiter Kollege **m**; **~tation** (~tɑ'sjɔ̃) *f* **1.** (Amts-)Versetzung *f*; Dienststellentausch **m**; **2.** ⚹ Permutation *f*, Umsetzung *f*, Versetzung *f*; **3.** ⚡ Umschalten *n*, Umschaltung *f*; **4.** *télégr.* Linienwechsel **m**; **~tatrice** ⚡ (~ta'tris) *f* Umschalter **m**, Kommutatorgleichrichter **m**; **~ter** (~'te) *v/t.* [1a] **1.** sein Amt tauschen; ~ *avec q.* mit j-m tauschen; **2.** ⚹ umstellen, umsetzen; **3.** ⚡ umschalten.

pernicieux (pɛrni'sjø) *adj.* [7d] □ schädlich; ⚕ bösartig, perniziös.

péroné *anat.* (perɔ'ne) **m** Wadenbein *n*.

péronnelle F (~'nɛl) *f* Schnatterliese *f*, dumme Gans *f*; Waschweib *n*.

péro|raison *rhét.* (perɔrɛ'zɔ̃) *f* Schlußwort *n e-r Rede*; **~rer** (~'re) *v/i.* [1a] breit u. hochtrabend reden; Reden schwingen; **~reur** *péj.* (~'rœ:r) *su.* [7g] hochtrabender Schwätzer **m**, Salbaderer **m**.

Pérou *géogr.* (pe'ru) **m**: a) **le** ~ Peru *n*; b) *fig.* *gagner le* ~ ein großes Vermögen erwerben.

perpendicu|laire (pɛrpɑ̃diky'lɛ:r) **I** *adj.* □ senkrecht (*à* auf *dat. bzw. acc.*); **II** ⚹ *f* Senkrechte *f*; **~larité** (~lari'te) *f* senkrechte Richtung *f*.

perpétr|ation ⚖ (pɛrpetrɑ'sjɔ̃) *f* Verübung *f*; **~er** ⚖ (~'tre) *v/t.* [1f] begehen *od.* verüben.

perpétu|ation (pɛrpetɥɑ'sjɔ̃) *f* **1.** Fortpflanzung *f*; **2.** Fortbestehen *n*; **~el** (~'tɥɛl) *adj.* [7c] □ **1.** fortwährend, ewig; **2.** lebenslänglich; ständig; **~er** (~'tɥe) *v/t.* [1a] fortpflanzen, verewigen; **~ité** (~tɥi'te) *f* Fortdauer *f*, Unaufhörlichkeit *f*; *advt.* *à* ~ auf ewig; ⚖ lebenslänglich.

perplex|e (pɛr'plɛks) *adj.* **1.** perplex, verlegen, ratlos, bestürzt; **2.** verwickelt, schwierig (*v. e-r Lage*); **~ité** (~plɛksi'te) *f* Bestürzung *f*, Ratlosigkeit *f*; Unschlüssigkeit *f*; Bedrängnis *f*, Verwirrung *f*.

perquisition ⚖ (pɛrkizi'sjɔ̃) *f* (gerichtliche) Unter-, Durch-suchung *f*; Nachforschung *f*; ~ *à domicile* Haussuchung *f*; *mandat m de* ~ Haussuchungsbefehl **m**; **~ner** ⚖ (~sjɔ'ne) *v/t.* [1a] gerichtlich untersuchen, durchsuchen.

per|ré ⚠ (pɛ're) *m* Steinpackung *f*; **~rier** ⊕ (pɛ'rje) *m* Stein-, Schieferbrecher **m**; **~rière** (~'rjɛ:r) *f* **1.** ⊕ Schieferbruch **m**; **2.** *féod.* Wurfmaschine *f*; **~ron** ⚠ (pɛ'rɔ̃) **m** Freitreppe *f*.

per|roquet (pɛrɔ'kɛ) *m* **1.** Papagei **m**; **2.** ⚓ *mât m de* ~ Bramstenge *f*; *voile f de* ~ Vorbramsegel *n*; **~ruche** (~'ryʃ) *f* **1.** Papageienweibchen *n*; **2.** ~ *ondulée* Wellensittich **m**; **3.** *fig.* Klatschweib *n*; **4.** ⚓ Kreuzbramsegel *n*.

perru|que (pɛ'ryk) *f* Perücke *f*; * ⊕ bezahlte Privatarbeit *f*; F *fig.* *tête f à* ~, *vieille* ~ altmodischer Mensch **m**; **~quier** (~ry'kje) *su.* [7b] Perückenmacher **m**.

pers (pɛ:r) *adj.* [7] blaugrün (*Augen*).

persan (pɛr'sɑ̃) *adj.* *u.* ♀ *su.* [7]

(neu)persisch; Perser *m.*

perse (pɛrs) **I** *antiq. adj. u.* ♀ *su.* (alt)persisch; Perser *m*; **II** *la* ♀ Persien *n* (*amtliche Bezeichnung: l'Iran*); **III** *text. f* bemalte Leinwand *f.*

persécu|ter (pɛrseky'te) *v/t.* [1a] grausam verfolgen; *fig.* belästigen; **~teur** (~'tœ:r) [7f] **I** *adj.* verfolgungssüchtig; **II** *su.* Verfolger *m*; *fig.* Plagegeist *m*; **~tion** (~ky'sjɔ̃) *f* grausame Verfolgung *f*; *fig.* Belästigung *f*

persévé|rance (pɛrseve'rɑ̃:s) *f* Ausdauer *f*, Beharrlichkeit *f*; **~rant** (~'rɑ̃) *adj.* [7] (*adv. persévéramment*) ausdauernd, beharrlich, anhaltend; **~rer** (~'re) *v/i.* [1f] aushalten, beharren, standhaft bleiben.

persicaire ⚘ (pɛrsi'kɛ:r) *m* Flöhkraut *n.*

persicot (pɛrsi'ko) *m* Pfirsichkernlikör *m.*

persienne (pɛr'sjɛn) *f* Jalousie *f*, Rolladen *m.*

persi|flage (pɛrsi'fla:ʒ) *m* Spöttelei *f*, Verhöhnung *f*, versteckte Ironie *f*; **~fler** (~'fle) [1a] **I** *v/t.* verspotten, verhöhnen; F verulken; **II** *v/i.* spötteln; **~fleur** (~'flœ:r) *su.* [7g] Spötter *m.*

persil ⚘ (pɛr'si) *m* Petersilie *f*; **~lade** *cuis.* (~si'jad) *f* kalte Rindfleischschnitten *f/pl.* mit Petersilie in Essig u. Öl; **~lé** (~'je) *adj.*: *fromage m* ~ Gorgonzola *m* (*Schimmelkäse*); *viande f* ~*e* mit Fett durchwachsenes Fleisch *n.*

persique *antiq.* (pɛr'sik) *adj.* persisch.

persis|tance (pɛrsis'tɑ̃:s) *f* Beständigkeit *f*, Beharrlichkeit *f*, Unerschütterlichkeit *f*; Dauer *f*; Fortbestehen *n*; **~tant** (~'tɑ̃) *adj.* [7] beharrlich; dauerhaft, bleibend; *feuillage m* ~ bleibendes Blattwerk *n*; ⚕ *fièvre f* ~*e* anhaltendes Fieber *n*; **~ter** (~'te) *v/i.* [1a] (fort)dauern; ~ *dans* bestehen auf (*dat.*), verharren bei (*dat.*); ~ *à nier* fortgesetzt leugnen.

personna|ge (pɛrsɔ'na:ʒ) *m* **1.** *st.s.* hervorragende Person *f*, Persönlichkeit *f*; *trancher du* ~ den Vornehmen spielen; **2.** *péj.* Kerl *m*, Wicht *m*; **3.** *litt.*, *thé.* Person *f*, Rolle *f*; Figur *f*; **~lisme** *litt.* (~'lism) *m* Persönlichkeitswert *m*; **~lité** (~li'te) *f* **1.** (*im Ggs. zu personnage gehört das Wort personnalité der Umgangssprache an!*) Persönlichkeit *f*, Prominenz *f*; **2.** Wesen *n*; Charakter *m* (*a. v. Tieren*); ⚖ *posséder la* ~ *civile* (*od. juridique od. morale*) die Eigenschaft e-r juristischen Person besitzen; **3.** Eigenliebe *f*; **4.** ~*s pl.* Anzüglichkeiten *f/pl.*

person|ne (pɛr'sɔn) **I** *f* **1.** Person *f*; ⚖ a) ~ *morale*, ~ *juridique* Rechtsperson *f*; b) ~ *morale privée* private Vereinigung *f*; ~ *physique* natürliche Person *f*; c) ~ *morale publique*, ~ *morale de droit public* öffentliche Körperschaft *f*; être ~ *à* (*mit inf.*) imstande sein zu ... (*wofür besser*: *être homme à* ...), Manns genug sein, um zu ...; **2.** *grande* ~ Erwachsener *m*; **3.** *jeune* ~ Mädchen *n*; **4.** *ma* ~ ich; *mon humble* ~, *ma modeste* ~ m-e Wenigkeit *f*; *on s'est assuré de sa* ~ man hat sich seiner versichert; *payer de sa* ~ für etw. einstehen; sich für etw. einsetzen; *la prévenance en* ~ die Zuvorkommenheit selbst; **II** *pr. indéfini/sg.* **5.** (*nur in Sätzen negativen Inhalts, also auch in rhetorischen Fragen, die die Antwort „nein" voraussetzen, sowie nach Komparativen, wo das nur hypothetisch-positive „irgendjemand" bei Umdrehung des Satzes auch wieder negativ zu „niemand" wird*; *vgl. aucun*; *rien*) (irgend-)jemand; *je doute que* ~ *y réussisse* ich zweifle, daß jemand dabei Erfolg hat; *sans avoir vu* ~ ohne jemand gesehen zu haben; *connaissez-vous* ~ *de plus laid?* kennen Sie j-n, der häßlicher ist?; ~ *a-t-il jamais parlé comme vous?* hat jemals jemand wie Sie gesprochen?; *vous le savez mieux que* ~ Sie wissen es besser als irgend jemand; Sie wissen es am besten; *il travaille plus que* ~ er arbeitet mehr als irgend jemand; **6.** *ne* ... ~ niemand; ~ *n'est parfait* niemand ist vollkommen; ~ *n'en sait rien* das weiß niemand; *je ne connais* ~ ich kenne niemand; *je n'ai vu* ~ ich habe niemanden gesehen; *je ne ferai de reproche à* ~ ich werde niemanden e-n Vorwurf machen; *qui reste-t-il? oder qui reste ?* — ~*!* wer bleibt übrig? — niemand!; s. *qui* II; ~ *d'autre*, *litt.* ~ *autre* niemand anders; **~nel** (~'nɛl) **I** *adj.* [7c] □ **1.** persönlich; *contribution f* ~*le* Kopfsteuer *f*; **2.** selbstsüchtig; **II** *m* **3.** Personal *n*, Beamte *m/pl.*,

Belegschaft *f*; *chef m de la section du* ~ Personalchef *m*; ~ *enseignant* Lehrkörper *m*; ~ *stable*, ~ *primitif* Stammpersonal *n*; ✈ ~ *volant*, ~ *navigant* fliegendes Personal *n*; ~ *rampant* Bodenpersonal *n*; *entrée f réservée au* ~ Unbefugten ist der Eintritt verboten; **4.** *das* Persönliche *n*; **~nification** (~nifika'sjõ) *f* Verkörperung *f*; Versinnbildlichung *f*; **~nifier** (~ni'fje) *v/t.* [1a] verkörpern; personifizieren.

perspec|tif (pɛrspɛk'tif) *adj.* [7e] perspektivisch; **~tive** (~'ti:v) *f* **1.** Perspektive *f*; ~ *à vol d'oiseau* Vogelperspektive *f*, Vogelschau *f*; **2.** *fig.* Aussicht *f*; *fig.* ~ *réjouissante* Lichtblick *m*; ~(*s pl.*) *de récolte* Ernteaussicht(en *pl.*) *f*; *avoir qch. en* ~ etw. in Aussicht haben; *être en* ~ bevorstehen.

perspi|cace (pɛrspi'kas) *adj.* scharfsinnig, klarsehend; **~cacité** (~kasi'te) *f* Scharfblick *m*, Weitblick *m*, Klarsicht *f*; **~cuité** (~kɥi'te) *f* Deutlichkeit *f*, Anschaulichkeit *f*.

perspirable *physiol.* (pɛrspi'rablə) *adj.* durchlässig.

perspiration (pɛrspira'sjõ) *f* Ausdünstung *f*.

persua|der (pɛrsɥa'de) *v/t.* [1a] **1.** ~ *q.* j-n überreden (*de* + *inf.*); ~ *q. de qch.* j-n von etw. (*dat.*) überzeugen; *don m de* ~ Überzeugungskraft *f*; **2.** ~ *qch. à q.* j-m etw. einreden; **~sif** (~'zif) *adj.* [7e] überzeugend; **~sion** (~sɥa'zjõ) *f* Überzeugungskraft *f*; Überredung *f*; Überzeugung *f*.

perte (pɛrt) *f* **1.** Verlust *m*, *bsd.* ✝ Ausfall *m*; Schaden *m*, Nachteil *m*, Einbuße *f*; ~ *de temps* Zeit-verlust *m*, -versäumnis *f*; ~ *de capitaux* Kapitalschwund *m*; ~ *comptable* buchmäßiger Verlust *m*, Buchungsverlust *m*; ~ *de forces* Kräfteverlust *m*; ~ *d'intérêts* Zinsenausfall *m*; ~ *de loyer* Mietausfall *m*; ~ *nette* Rein-, Netto-verlust *m*; ~ *de production* Produktionsausfall *m*; ~ *de profit* Verdienstausfall *m*; ~ *de poids* Gewichtsverlust *m*; ~ *de substance* Substanzverlust *m*; ~ *sèche* glatter Verlust *m*; *advt. à* ~ mit Verlust; *courir à* ~ *d'haleine* bis zur völligen Erschöpfung rennen; *à* ~ *d'ouïe* außer Hörweite; *à* ~ *de vue* unabsehbar, soweit das Auge reicht; außerhalb des Gesichtskreises; *fig. raisonnement m à* ~ *de vue* Gerede *n* (*od.* Gefasele *n*) bis ins Endlose, unnützes Geschwätz *n*; *en pure* ~ ganz umsonst, ohne jeden Nutzen; **2.** Untergang *m*, Verderben *n*, Verfall *m*; ~ *de l'âme* ewige Verdammnis *f*; *courir à sa* ~ in sein Verderben rennen; *jurer la* ~ *de q.* j-m den Tod schwören; **3.** ⚕ ~ *de sang* Blutverlust *m*, Blutsturz *m*; **4.** ⚡ ~ *à la terre* Erdschluß *m*; Erdkontakt *m*; **5.** *la* ~ *d'un fleuve* der unterirdische Flußlauf *m*, das Verschwinden *n* des Flusses.

pertérébrant ⚕ (pɛrtere'brɑ̃) *adj.* [7] bohrend, stechend.

perti|nemment (~na'mɑ̃) *adv.* **1.** zutreffend; **2.** bestimmt; *je le sais* ~ ich weiß es bestimmt (*od.* ganz genau); **~nence** (~'nɑ̃:s) *f das* Passende *n od.* Treffende *n*; ⚖ Erheblichkeit *f*; ~ *des preuves* Zutreffen *n* der Beweise; ~ *d'une allégation* Erheblichkeit *f* e-r Behauptung; *sans* ~ unerheblich, belanglos, irrelevant; *une remarque* ~*e* e-e treffende Bemerkung *f*; **~nent** (~'nɑ̃) *adj.* **1.** passend, treffend; zweckdienlich, zur Sache gehörig; wesentlich; **2.** ⚖ zutreffend, rechtserheblich.

pertuis *géogr.* (pɛr'tɥi) *m* Engpaß *m*; Meer-, Strom-enge *f*.

perturb|ateur (pɛrtyrba'tœ:r) *adj. u. su.* [7f] (ruhe)störend; Störenfried *m*; **~ation** (~ba'sjõ) *f* **1.** Störung *f*; 🚂 Betriebsstörung *f*; *rad.* Störung(sgeräusch *n*) *f*; *rad.* ~ *de réception* Empfangsstörung *f*; ⊕ ~ *d'exploitation* Betriebsstörung *f*; ~ ~ *atmosphérique* atmosphärische Störung *f*, Luftstörung *f*; **2.** *fig.* Umwälzung *f*; *ast.* Abweichung *f*; **~er** *a.* ⊕ (~'be) *v/t.* [1a] stören.

péruvien *géogr.* (pery'vjɛ̃) *adj. u.* ♀ *su.* [7c] peruanisch; Peruaner *m*.

pervenche ⚘ (pɛr'vɑ̃:ʃ) *f* Immergrün *n*.

pervers (pɛr'vɛ:r) *adj.* [7] □ entartet, widernatürlich, pervers; boshaft, gemein; **~ion** (~vɛr'sjõ) *f* Entartung *f*; ⚕ Perversion *f*; **~ité** (~si'te) *f* Perversität *f*; Gemeinheit *f*, Ruchlosigkeit *f*.

pervert|ir (pɛrvɛr'ti:r) *v/t.* [2a] **1.** verführen, sittlich verderben; **2.** die Ordnung der Dinge umkehren; *den Sinn e-s Satzes od. Textes* verdrehen (*od.* entstellen); **~issement** (~tis'mɑ̃) *m* Verführung *f*; sittliche Verdorbenheit *f*, sittlicher Verfall *m*.

pes|ade *man.* (pə'zad) *f* Bäumen *n* (*des Pferdes*); **~age** (~'za:ʒ) *m* Abwiegen *n*; Wiegeplatz *m für Jockeis*; **~ant** (pə'zɑ̃) **I** *adj.* [7] (*adv. pesamment*) **1.** schwer (*v. Gewicht*); *avoir la main ~e* e-e schwere Hand haben; derb schlagen; **2.** (voll-)wichtig; **3.** *fig.* langsam, schwerfällig, plump; unbehilflich; *style m ~* schwerfälliger Stil *m*; **4.** beschwerlich, drückend; langweilig; **II** *m* Gewicht *n*; **~anteur** (~zɑ̃'tœ:r) *f* **1.** Gewicht *n*, Schwere *f*; *fig.* Schwerfälligkeit *f*; **2.** Schwerkraft *f*; **3.** ⚕ Beschwerden *f/pl.*, Druck *m*; *~ d'estomac* Magenbeschwerden *f/pl.*

pèse * (pɛ:z) *m* Geld *n*, Pinkepinke *f* P, Zaster *m* P, Moneten *f/pl.*

pèse|-acide (pɛza'sid) *m* [6g] Säureprüfer *m*, -waage *f*; **~-bébé** (~be'be) *m* [6g] Babywaage *f*; **~-bière** (~'bjɛ:r) *m* [6g] Bierwaage *f*.

pesée (pə'ze) *f* **1.** Wiegen *n*; **2.** *das* Gewogene *n*; Waagschalevoll *f*; **3.** ⊕ Druck *m*, Druck-, Zieh-kraft *f*; Heben *n* (*mit e-m Hebel*); *faire ~ sur qch.* etw. heben.

pèse|-lait (pɛz'lɛ) *m* [6c] Milchwaage *f*; **~-lettre** (~'lɛtrə) *m* [6g] Briefwaage *f*.

pes|er (pə'ze) [1d] **I** *v/t.* **1.** wiegen; *fig.* prüfen, erwägen, über-, durchdenken; *~ ses paroles* s-e Worte abwägen; *fig. pol. ~ le poids* den nötigen Einfluß haben; **II** *v/i.* **2.** wiegen; aufwiegen; vollwichtig sein (*Geld*); **3.** (nieder)drücken lassen, schwer liegen; *fig.* e-n Druck auf etw. (*acc.*) ausüben; *~ sur l'économie nationale* auf der nationalen Wirtschaft lasten; *~ à q.* j-m schwer fallen; *cela pèse sur l'estomac* das drückt auf den Magen; *cela me pèse sur la conscience* das belastet mein Gewissen; *~ sur un levier* auf e-n Hebel drücken; **4.** *~ sur qch.* länger bei etw. (*dat.*) verharren, etw. hervorheben; ♪ *~ sur une note* e-e Note aushalten; **~ette** (pə'zɛt) *f* Münzwaage *f*; **~eur** (pə'zœ:r) *su.* [7g] Waagemeister *m*; **~on** (pə'zɔ̃) *m*: *~ à contre-poids* Schnellwaage *f*; *~ à ressort* Federwaage *f*.

pèse-urine ⚕ (pɛzy'rin) *m* [6c] Harnwaage *f*.

pessimis|me (pɛsi'mism) *m* Pessimismus *m*; **~te** (~'mist) *adj. u. su.* pessimistisch; Pessimist *m*.

peste (pɛst) *f* **1.** Pest *f*, Seuche *f*; *vét. ~ bovine* Rinderpest *f*; *atteint de la ~* pestkrank; ⚕ *~ bubonique* Beulenpest *f*; *~! int.* verflucht nochmal!, Donnerwetter!; **2.** *fig.* äußerst gefährlicher Mensch *m*; F Schlingel *m*; Göre *f*.

pester (pɛs'te) *v/i.* [1a]: *~ contre q.* auf j-n fluchen, schimpfen; auf (gegen, über) j-n wettern.

pesti|fère (pɛsti'fɛ:r) *adj.* verpestend; **~féré** (~fe're) **I** *adj.* verpestet; **II** *su.* Pestkranker *m*; **~lent** (~'lɑ̃) *adj.* [7] pestartig; verpestend; **~lentiel** (~lɑ̃'sjɛl) *adj.* [7c] verpestet; ⚕ ansteckend.

pet (pɛ) *m* P Furz *m* P, Pup *m* P; F *cuis.* Pfannkuchen *m*; * *~!* Vorsicht!; * *faire le ~* Schmiere stehen P; P *lâcher un ~* e-n fahren lassen P; *il y a du ~* es stinkt!; Vorsicht!

pétainiste *Fr. ehm. pol.* (petɛ'nist) *adj. u. su.* Pétain ...; Anhänger *m* Pétains.

pétale ⚘ (pe'tal) *m* Blütenblatt *n*.

pé|tarade (peta'rad) *f* Knall *m*, Geknalle *n*; *a. Motorrad*: Geknattere *n*, Knattern *n*, Rattern *n* **~tarader** *Motorrad usw.* (~tara'de) *v/i.* [1a] rattern, knattern; **~taradeur** (~tara'dœ:r) *m* Knatterer *m*, Krachmacher *m*; **~tard** (~'ta:r) *m* **1.** ⚔ Pulverladung *f*, Knallkapsel *f*; Kanonenschlag *m*, Spreng-, Alarmschuß *m*; * Revolver *n*; *~ avertisseur* Knallsignal *n*; **2.** Knallbonbon *m*, Schwärmer *m*, Frosch *m*; **3.** *fig.* sensationelle Nachricht *f*; **4.** F Skandal *m*, Radau *m*, Krakeelerei *f*; **5.** V Arsch *m* V; **~tarder** (~tar'de) *v/t.* [1a] sprengen; F Krach machen.

Pétaud F (pe'to) *m*: *cour f du roi ~* (= *pétaudière*) Tollhaus *n*; Haus *n*, in dem jeder kommandieren möchte; *fig.* tolle Wirtschaft *f*.

pétaudière F (peto'djɛ:r) *f fig.* Zirkus *m*, Radauklub *m*, Tohuwabohu *n*, tolle Wirtschaft *f* (*v. e-r Versammlung, v. e-m Haus*).

pété P (pe'te) *adj.*: *c'est ~* das ist kaputt.

pet-en-l'air F (pɛtɑ̃'lɛ:r) *m* kurzer Hausrock *m*, Hausjacke *f*.

péter (pe'te) *v/i.* [1f] **1.** P sich unanständig aufführen, furzen P, pupen P; **2.** (*mit avoir!*) F knallen, knistern, prasseln; zerplatzen, zerspringen; kaputt gehen.

pète-sec F (pɛt'sɛk) *m/inv.* Befehlstyp *m*, Herrenmensch *m*.
péteur F (pe'tœːr) *m* Puper *m* P.
pétil|lant (peti'jɑ̃) *adj.* [7] knisternd, prasselnd; schäumend, perlend; *fig.* feurig, lebhaft, übersprudelnd; **~lement** (~tij'mɑ̃) *m* Knistern *n*; Geknatter *n*; Schäumen *n* (*Wein*); Funkeln *n*; *fig.* Sprudeln *n*; **~ler** (~'je) *v/i.* [1a] **1.** knistern, sprudeln, prasseln, knattern; **2.** schäumen, funkeln, perlen; blitzen; *fig.* ~ *d'esprit* von Witz sprühen; **3.** kochen, wallen (*Blut*); *fig.* ~ *d'impatience* vor Ungeduld brennen.
pétiole ⚘ (pe'tjɔl) *m* Blattstiel *m*.
petiot F (pə'tjo) *adj. u. su.* [7] klein; Knirps *m*.
petit (p[ə]'ti) **I** *adj.* [7] **1.** klein; F lieb; *il se fait* ~ er duckt sich; F *chercher la ~e bête* kleinlich diskutieren; **2.** *fig.* gering, unbedeutend; schwach; *~e santé f* schwankende Gesundheit *f*; *petit vin* geringer Landwein *m*; *écol. les ~es classes* die unteren Klassen *f/pl.*; *les ~es gens* die kleinen Leute *pl.*; **3.** gemein, unedel; kleinlich; **4.** *au* ~ *jour* bei Tagesanbruch; **II** *m* **5.** *das* Kleine *n*; *les infiniment ~s* die mikroskopischen Wesen *n/pl.*; *advt. en* ~ im kleinen, im verjüngten Maßstabe; **6.** *das* Junge *n* (*von Tieren*); *les ~s pl. ent.* die Brut *f*; **III** *adv.* ~ *à* ~ allmählich, nach und nach.
petit-blanc (p[ə]ti'blɑ̃) *m* [6a] geringer Weißwein *m*.
petit-chou *cuis.* (p[ə]ti'ʃu) *m* [6a]: ~ (*à la crême*) Windbeutel *m* (mit Schlagsahne).
petit-déjeuner F (p[ə]tideʒø'ne) *v/i.* [1a] : ~ *à qch.* etw. zum Frühstück essen.
petite-bière (p[ə]tit'bjɛːr) *f* [6a] Dünnbier *n*; *fig. ce n'est pas de la* ~ das ist nicht von Pappe F.
petite-fille (p[ə]tit'fij) *f* [6a] Enkelin *f*.
petite-main (~'mɛ̃) *f* [6a] Näherin *f*.
petitement (p[ə]tit'mɑ̃) *adv.* **1.** in sehr geringer Menge; sehr wenig; *ne buvez d'alcool que* ~ trinken Sie nur ganz wenig Alkohol; **2.** ärmlich, kärglich; *vivre* ~ in ärmlichen Verhältnissen leben; **3.** *fig.* kleinlich, gemein, ruchlos, niederträchtig; *se venger* ~ sich auf gemeine Art rächen.
petite-nièce (p[ə]tit'njɛs) *f* [6a] Großnichte *f*.
petitesse (p[ə]ti'tɛs) *f* **1.** Kleinheit *f*, kleiner Wuchs *m*; *typ.* ~ (*du caractère*) kleiner Druck *m*; **2.** *fig.* Geringfügigkeit *f*, Unerheblichkeit *f*; Kärglichkeit *f*; Gemeinheit *f*, Niedrigkeit *f*; Kleinlichkeit *f*; Beschränktheit *f*.
petitet P (p[ə]ti'tɛ): *perdre le* ~ den Kopf verlieren.
petit-fils (p[ə]ti'fis) *m* [6b] Enkel *m*.
petit-gris (p[ə]ti'gri) *m* [6b] **1.** *zo.* graues Eichhörnchen *n*; **2.** Feh *n*, Grauwerk *n* (*Pelz*).
pétition (peti'sjɔ̃) *f* Gesuch *n*, Eingabe *f*, Antrag *m*, Bittschrift *f*; **~naire** (~sjɔ'nɛːr) *su.* Bittsteller *m*; **~ner** (~'ne) *v/i.* [1a] ein Gesuch (*bzw.* Gesuche) einreichen.
petit|-lait (p[ə]ti'lɛ) *m* [6a] Molke *f*; **~-maître, ~e-maîtresse** (p[ə]ti'mɛːtrə, p[ə]titmɛ'trɛs) *su.* [6a] Angeber *m*, Geck *m*, Fratz *m*, Fatzke *f*; *f*: Angeberin *f*, junge Schöne *f*, Modepuppe *f*, Zierpüppchen *n*; **~-neveu** (p[ə]tinə'vø) *m* [6a] Großneffe *m*; **♀-Poucet** (~pu'sɛ) *m* Däumling *m* (*Märchen*).
petit-salé (~sa'le) *m* [6a] Pökelfleisch *n*.
pétoch|ard* (petɔ'ʃaːr) *m* Angsthase *m*; **~e*** (~'tɔʃ) *f* Angst *f*.
petits-enfants (p[ə]tizɑ̃'fɑ̃) *m/pl.* Enkel(kinder *n/pl.*) *pl.*
peton F (p[ə]'tɔ̃) *m* Füßchen *n*.
pétré (pe'tre) *adj.* steinig.
pétrel *orn.* (pe'trɛl) *m* Sturmvogel *m*.
pétri|fication (petrifikɑ'sjɔ̃) *f* Versteinerung *f*, Petrefakt *n*; **~fier** (~'fje) *v/t.* [1a] versteinern; *fig.* sprachlos machen.
pétr|in (pe'trɛ̃) *m* Backtrog *m*; F *fig.* Klemme *f*, Patsche *f*; *être dans le* ~ in der Patsche sitzen, in der Tinte stecken; **~ir** (~'triːr) *v/t.* [2a] **I** kneten; *pétri d'orgueil* voller Dünkel; **II** *fig.* bilden, schaffen; **~issable** (~tri'sablə) *adj.* knetbar; **~isseuse** ⊕ (~tri'søːz) *f* Knetmaschine *f*.
pétro|chimie (petrɔʃi'mi) *f besser* : *~lo-chimie*; *s. d.*; **~graphie** (~gra'fi) *f* Gesteinskunde *f*; **~graphique** (~gra'fik) *adj.*: *qualité f* ~ *de la roche* Gesteinseigenschaft *f*.
pétro|le (pe'trɔl) *m* **1.** *allg.* Petroleum *n*, Erdöl *n*; **2.** *speziell*: *essence f* (*de* ~) Benzin *n*; ~ (*lampant*) (Leucht-)Petroleum *n*, Leuchtöl *n*; ~ *combustible* Heizöl *n*; **~ler** (~'le) *v/t.* [1a] mit Petroleum tränken (*od.* anzünden); **~lerie** (petrɔl'ri) *f* Raffinerie *f*, Ölfabrik *f*; **~lette** F (~'lɛt) *f* Kleinauto *n*; kleines Motorboot *n*;

Leichtmotorrad *n;* **~leur** (~'lœ:r) *su.* [7g] Brandstifter *m;* **~lier** (~'lje) **I** *adj.* [7b] Petroleum...; *société f pétrolière* Ölgesellschaft *f;* **II** ⚓ *m* Tanker *m;* **~lifère** (~li'fɛ:r) *adj.* erdölhaltig; **~lo-chimie** (~lɔʃi'mi) *f* Erdölchemie *f.*

pétu|lance (pety'lɑ̃:s) *f* Ausgelassenheit *f,* Mutwille *m,* Ungestüm *n;* **~lant** (~'lɑ̃) *adj.* [7] (*adv. pétulamment*) ausgelassen, munter, mutwillig, ungestüm.

pétunia ⚘ (pety'nja) *m* Petunie *f.*

peu (pø) **I** *adv.* **1.** wenig; ~ *de chose* wenig, eine Kleinigkeit; *de* ~ *d'importance* von geringer Bedeutung, belanglos; *il y a* ~ *de temps* vor kurzem, unlängst; **2.** *un* ~ ein bißchen, etwas, ein wenig; *un* ~ *moins* etwas weniger; *écoutez un* ~! hören Sie mal!; **3.** *advt.* ~ *à* ~ nach und nach, allmählich; *dans* (*od. en*) ~ *de temps, sous* ~ in kurzem, in Kürze, demnächst, nächstens; *depuis* ~ seit kurzem; ~ *après* bald darauf; *quelque* ~ einigermaßen, etwas; *à* ~ *près, à* ~ *de chose près* beinahe; **II** *m* (*ohne pl.*) *le* ~ das Wenige *n,* die Wenigkeit *f,* die Unzulänglichkeit *f; le* ~ *de liberté* das bißchen Freiheit *f;* **III** *cj. pour* (*od. si*) ~ *que* (*mit subj.*) wenn nur im geringsten, wenn auch noch so wenig, sofern nur irgend; *si* ~ *que cela ait à voir avec la chose* wenn es auch noch so wenig mit der Sache zu tun hat.

peuchère! F (pø'ʃɛ:r) *int.* o weh!

peuh! (pø) *int.* bah!, pah! (*Verachtung, Gleichgültigkeit*).

peuplade (pœ'plad) *f* Völkerstamm *m.*

peuple ('pœplə) *m* **1.** Volk *n;* Bevölkerung *f;* ~ *primitif* Naturvolk *n;* ~ *à l'étroit* Volk *n* ohne Raum; **2.** Volksmenge *f,* Volk *n,* großer Haufe *m,* Leute *pl.; le bas* (*od. le menu*) ~ das untere Volk *n;* der Pöbel *m;* **~ment** (pœplə'mɑ̃) *m* **1.** Bevölkern *n;* **2.** Besetzen *n mit Fischbrut;* **3.** *for.* Bepflanzen *n.*

peupler (pœ'ple) *v/t.* [1a] **1.** bevölkern; **2.** *mit Wild od. Fischbrut* besetzen; **3.** *for.* bepflanzen; **4.** *fig.* in großer Menge bewohnen.

peuplier (pœp'lie) *m* Pappel *f;* ~ *blanc* Silberpappel *f.*

peur (pœ:r) *f* **1.** Furcht *f,* Angst *f;* Schreck(en *m*) *m;* ~ *bleue* Höllenangst *f; en être quitte pour la* ~ mit dem Schrecken davon kommen; ~ *de la mort* Furcht vor dem Tode; *laid à faire* ~ furchtbar häßlich; *faire* ~ *à q.* j-m Furcht einjagen, j-m angst u. bange machen; *prendre* ~ in Angst geraten; *de* ~ *des voleurs* aus Furcht vor den Dieben; *j'ai* ~ *qu'il ne vienne* ich fürchte, daß er kommt; *j'ai* ~ *qu'il ne vienne pas* ich fürchte, daß er nicht kommt (*vgl. craindre*); *de* ~ *que ne cj.* (*mit subj.*) aus Furcht, daß; damit nicht; **2.** Unruhe *f,* Besorgnis *f,* Befürchtung *f; j'ai* ~ *pour lui* ich bin seinetwegen in Sorge; *j'en ai bien* ~ ich befürchte es sehr.

peureux (pœ'rø) *adj.* □ *u. su.* [7d] ängstlich, feige; Feigling *m.*

peut-être (pø'tɛ:trə) *adv.* (*wenn* ~ *e-n Satz beginnt, dann entweder mit Inversion od. dial. mit que anschließen;* ~ *le voisin ne le sait-il pas od. dial.* ~ *que le voisin ne le sait pas* vielleicht weiß es der Nachbar nicht; ~ *que oui* vielleicht ja; ~ *ferai-je ce que vous désirez* vielleicht werde ich das machen was Sie wünschen.

phacochère *zo.* (fakɔ'ʃɛ:r) *m* Warzenschwein *n.*

phaéton (fae'tɔ̃) *m* **1.** F Kutscher *m;* **2.** offener viersitziger Pferdewagen *m;* **3.** *orn.* Spitzschwanz *m* (*Seevogel*).

phagocyte *biol.* (fagɔ'sit) *m* Phagozyte *f,* Freßzelle *f.*

phalan|ge (fa'lɑ̃:ʒ) *f* **1.** *antiq.* Phalanx *f; poét. fig.* Schar *f;* **2.** *anat.* Fingerglied *n;* Zehenglied *n;* **~gette** *anat.* (~lɑ̃'ʒɛt) *f* äußerstes Finger- *bzw.* Zehen-glied *n;* ☆ Finger *m;* **~gine** *anat.* (~'ʒin) *f* mittleres Finger- *bzw.* Zehen-glied *n.*

phalène (fa'lɛn) *f* (*bisw. a. m*) Nachtfalter *m,* Spanner *m.*

phantasme (fɑ̃'tasm) *m* Trugbild *n.*

phare (fa:r) *m* **1.** Leuchtturm *m;* ~ *à éclats,* ~ *à éclipses* Leuchtturm *m* mit Blinkfeuer; ~ *flottant* Leuchtschiff *n;* **2.** *Auto:* Scheinwerfer *m;* ~*-code m* [6b] Abblendlicht *n;* ~ *mobile* Sucher-, Kurvenlampe *f; Auto: mettre* (*les* ~*s*) *en code* abblenden; **3.** *fig.* Leuchte *f,* Leitstern *m,* Führer *m;* **~-chercheur** *Auto,* ⚔ (farʃɛr'ʃœ:r) *m* [6a] Suchscheinwerfer *m,* Sucher *m;* **~-code** *Auto* (~'kɔd) *m* [6b] Abblendlicht *n;* **~-perce-brouillard** (~pɛrsəbru'ja:r) *m* Nebellampe *f.*

phari|saïque (fariza'ik) *adj.* pharisäisch; *fig.* heuchlerisch; **~saïsme**

(~za'ism) *m* **1.** *rl.* pharisäische Lehre *f*; **2.** *fig.* Pharisäertum *n*, Scheinheiligkeit *f*, Heuchelei *f*; **~sien** (~'zjɛ̃) *m* Pharisäer *m*; *fig.* Heuchler *m*, Scheinheiliger *m*.

pharma|ceutique (farmasø'tik) **I** *adj.* pharmazeutisch; Apotheker...; **II** *f* Pharmazeutik *f*, s. ~*cie*; **~cie** (~'si) *f* **1.** Arzneimittelkunde *f*; **2.** Apothekerberuf *m*; **3.** Apotheke *f*; ~ *familiale* Hausapotheke *f*; **~cien** (~'sjɛ̃) *su.* (*a. adj.*) [7c] Pharmazeut *m*, Apotheker *m*; *étudiant m* ~ Student *m* der Pharmazeutik; **~cologie** (~kɔlɔ'ʒi) *f* Arzneikunde *f*, Heilmittellehre *f*, Pharmakologie *f*; **~copée** (~kɔ'pe) *f* Arzneibuch *n*.

pharyng|ite ⚕ (farɛ̃'ʒit) *f* Rachenentzündung *f*; **~oscope** (~gɔs'kɔp) *m* Kehlkopfspiegel *m*, Pharyngoskop *n*; **~oscopie** (~gɔskɔ'pi) *f* Pharyngoskopie *f*, Untersuchung *f* mit dem Kehlkopfspiegel.

pharynx *anat.* (fa'rɛ̃:ks) *m* Kehlkopf *m*, Rachen *m*.

phase (fɑ:z) *f* Phase *f*, Wandlung *f*, Entwicklungsstufe *f*; Stadium *n*, Abschnitt *m in der Geschichte usw.*; ⊕ ~ *de travail*, ~ *d'élaboration* Arbeitsgang *m*; ⚡ *à deux* ~*s* zweiphasig; ~*s pl. de la lune* Mondwechsel *m*; *fig. dans ses premières* ~*s* anfänglich.

phaséole 🕮 (faze'ɔl) *f* Bohne *f*.

phébus F (fe'bys) *m* Schwulst *m*, Bombast *m*.

phéniqu|e ⚗ (fe'nik) *adj.*: *acide m* ~ Karbolsäure *f*; **~er** ⚗ (~'ke) *v/t.* [1a] mit Karbolsäure tränken.

phénix (fe'niks) *m a. fig.* Phönix *m*; *fig.* Wundertier *n*.

phénol ⚗ (fe'nɔl) *m* Phenol *n*, Karbolsäure *f*.

phéno|ménal (fenɔme'nal) *adj.* [5c] □ phänomenal; Erscheinungs...; *fig.* wunderbar; **~mène** (~'mɛn) *m* **1.** Phänomen *n*; (Natur-)Erscheinung *f*; **2.** *fig.* Phänomen *n*, Kanone *f* F; Sonderling *m*; drolliger Kerl *m*.

philanthro|pe (filɑ̃'trɔp) *m* Menschenfreund *m*, Philanthrop *m*; **~pie** (~'pi) *f* Menschen-freundlichkeit *f*, -liebe *f*, Philanthropie *f*; **~pique** (~'pik) *adj.* philanthropisch.

philaté|lie (filate'li) *f* Philatelie *f*, Briefmarkenkunde *f*; **~lique** (~'lik) *adj.*: *album m* ~ Briefmarkenalbum *n*; **~lisme** (~'lism) *m* s. ~*lie*; **~liste** (~'list) *su.* Briefmarkensammler *m*.

philharmon|ie (filarmɔ'ni) *f* Musikliebe *f*, -begeisterung *f*; **~ique** (~'nik) *adj.* musikliebend; *société f* ~ Philharmonie *f*, Musikverein *m*.

philippi|ne F (fili'pin) *f* Vielliebchen *n*; *faire* ~ *avec q.* mit j-m Vielliebchen essen; **~que** (~'pik) *f* geharnischte Rede *f*, Philippika *f*.

philistin (filis'tɛ̃) **I** *m* Spießbürger *m*, Philister *m*; **II** *adj.* [7] spießbürgerlich, philisterhaft; **~isme** (~ti'nism) *m* Spießbürgertum *n*.

philolo|gie (filɔlɔ'ʒi) *f* Philologie *f*, Sprach-wissenschaft *f*, -forschung *f*; ~ *anglaise* Anglistik *f*; ~ *germanique* Germanistik *f*; ~ *romane* Romanistik *f*; ~ *slave* Slawistik *f*; ~ *comparée* vergleichende Sprachforschung *f*, Sprachvergleichung *f*; **~gique** (~'ʒik) *adj.* philologisch, sprachwissenschaftlich; **~gue** (~'lɔg) *m* Philologe *f*, Sprach-wissenschaftler *m*, -forscher *m*.

philoso|phailler *péj.* F (filɔzɔfɑ'je) *v/i.* herumphilosophieren, philosöpheln; **~phal** (~'fal) *adj.*: *pierre f* ~*e* Stein *m* der Weisen; **~phe** (~'zɔf) *su.* **1.** Philosoph *m*, Denker *m*; **2.** *hist. 18. Jh.*: Freidenker *m*; **3.** *Fr.* Oberprimaner *m e-s franz. Gymnasiums*; **~pher** (~'fe) *v/i.* [1a] philosophieren, nachdenken, grübeln; **~phie** (~'fi) *f* **1.** Philosophie *f*, Welt-, Lebens-anschauung *f*, -weisheit *f*; **2.** *fig.* Gelassenheit *f*, Gleichmut *m*; **3.** *Fr. écol.* oberste Klasse *f der franz. Gymnasien*, Oberprima *f*; *faire sa* ~ in der Oberprima sein; **~phique** (~'fik) *adj.* □ philosophisch; **~phisme** *péj.* (~'fism) *m* Philosophiererei *f*.

philotechnique 🕮 (filɔtɛk'nik) *adj.* die Künste u. Wissenschaften liebend.

philtre ('filtrə) *m* Zauber-, Liebestrank *m*.

philuménique (filyme'nik) *adj.* Streichholzschachtel ...

phlébite ⚕ (fle'bit) *f* Venenentzündung *f*.

phlébotomie *chir.* (flebɔtɔ'mi) *f* Aderlaß *m*.

phlegmon ⚕ (flɛg'mɔ̃) *m* Zellgewebsentzündung *f*.

phlox ⚘ (flɔks) *m* Phlox *f*, Flammenblume *f*.

phlyctène ⚕ (flik'tɛn) *f* Bläschen *n*.

phobie ⚕ (fɔ'bi) *f* Angst *f*, Phobie *f*; ~*s pl.* Angstzustände *m/pl.*

phonat|eur (fɔna'tœ:r) *adj.* [7f]: *appareil m* ~ Stimmapparat *m*; **~ion** (~nɑ'sjɔ̃) *f* Stimmbildung *f*.

phone *Auto, phys.* (fɔn) *m* Phon *n*.

phonème *gr.* (fɔ'nɛm) *m* Phonem *n*,

Lauterscheinung *f*, Laut *m*.
phonét|icien *gr.* (fɔneti'sjɛ̃) *m* Phonetiker *m*; **~ique** *gr.* (~'tik) **I** *adj.* phonetisch, lautlich, Laut...; *transcription f* ~ Lautschrift *f*; **II** *gr. f* Phonetik *f*, Lautlehre *f*; **~isme** *gr.* (~'tism) *m* Lautumschreibung *f*.
phonévision (fɔnevi'zjɔ̃) *f* Bildtelephonie *f*.
phoniatrie ⚕ (fɔnja'tri) *f* Sprech- u. Stimmtherapie *f*.
phonie *néol.* (fɔ'ni) *f* Sprechfunk *m*.
phonique (fɔ'nik) **I** *adj.* phonisch, Schall...; Laut...; **II** *f* Schallehre *f*.
phono (fɔ'no) *m* Grammophon *n*; **~capteur** (~kap'tœ:r) *m* Schalldose *f*; **~-cinématographe** (fɔnɔsinematɔ'graf) *m* Tonfilmkamera *f*.
phono|génique (fɔnɔʒe'nik) *adj.* für das Grammophon geeignet; **~gramme** (~'gram) *m* a) Phonogramm *n*, Tonaufzeichnung *f*; b) *gr.* Phonogramm *n*, Lautzeichen *n*; **~graphe** (~'graf) *m* Grammophon *n*, Plattenspieler *m*; ~ *portatif* Koffergrammophon *n*; **~graphique** (~gra'fik) *adj.* Tonaufnahme...; **~logie** *gr.* (~lɔ'ʒi) *f* Phonologie *f*, Lautbildungslehre *f*; **~mètre** *phys.* (~'mɛtrə) *m* Schallmesser *m*; **~métrie** *phys.* (~me'tri) *f* Schallmessung *f*.
phoque *zo.* (fɔk) *m* Robbe *f*, Seehund *m*.
phosgène ⚗ (fɔs'ʒɛn) *m*: (*gaz m*) ~ Phosgen *n*.
phosphate ⚗ (fɔs'fat) *m* Phosphat *n*.
phospho|re ⚗ (fɔs'fɔ:r) *m* Phosphor *m*; **~rescence** (~fɔrɛ'sɑ̃:s) *f* Phosphoreszieren *n*; **~rescent** (~rɛ'sɑ̃) *adj.* [7] phosphoreszierend; *cadran m* ~ Leuchtzifferblatt *n*; **~reux** (~'rø) [7d], **~rique** (~'rik) *adj.* phosphorhaltig; Phosphor...; **~risation** ⚗ (~riza'sjɔ̃) *f* Verwandlung *f* in phosphorsaures Salz; **~riser** ⚗ (~ri'ze) *v/t.* [1a] mit Phosphor verbinden; **~risme** ⚕ (~'rism) *m* Phosphorvergiftung *f*; **~rite** (fɔsfɔ'rit) *f* phosphorsaurer Kalk *m*.
photo (fɔ'to) *f abr. für photographie*: Aufnahme *f*, Lichtbild *n*, Photographie *f*, Photo *n*; *prendre quelques* ~*s* ein paar Aufnahmen machen.
photo|chimie *phot.* (fɔtɔʃi'mi) *f* Photochemie *f*; **~chromie** (~krɔ'mi) *f* farbiges Lichtbild *n*; **~collographie** (~kɔlɔgra'fi) *f* s. ~*typie*; **~copie** (~kɔ'pi) *f* Photokopie *f*, Anfertigung *f* von Lichtbildabzügen; Lichtbildabzug *m*; **~-électrique** (~elɛk'trik) *adj.* photo-, foto-, lichtelektrisch; *cellule f* ~ Photozelle *f*; **~-flash** (~'flaʃ) *f* Blitzlicht(aufnahme *f*) *n*; **~gène** (~'ʒɛn) *adj.* lichterzeugend; **~génique** (~ʒe'nik) *adj.* photogen, photographisch gut reproduzierbar (*od.* geeignet, dankbar); **~gramme** *phot.* (~'gram) *m* Abzug *m*, Positiv *n*; **~graphe** (~'graf) *m* Foto-, Photograf *m*; **~graphie** (~gra'fi) *f* Foto-, Photographie *f*; Aufnahme *f*, Lichtbild *n*; ~ *de petit format* Kleinaufnahme *f*; ~ *de poses* Aktfoto *n*; ~ *en couleurs* Farbenphotographie *f*; ~ *prise de près* Nahaufnahme *f*; ~ *par les rayons X* Röntgenaufnahme *f*; ~ *panoramique* Rundaufnahme *f*; *faire de la* ~ photographieren (*abs.*); ~ *instatanée* Momentaufnahme *f*; ~ *aérienne*, ~ *par avion* Luftbild *n*, Fliegeraufnahme *f*; **~graphier** (~gra'fje) *v/t.* [1a] foto-, photographieren, aufnehmen, knipsen F; *fig.* ganz genau beschreiben *od.* schildern; **~graphique** (~gra'fik) *adj.* □ foto-, photographisch; **~graveur** (~gra'vœ:r) *m* Photograveur *m*, Lichtdrucker *m*; **~gravure** (~gra'vy:r) *f* (*Kupfer- usw.*) Lichtdruck *m*; **~lithographie** (~litɔgra'fi) *f* Photolithographie *f*, Übertragung *f* der Lichtbilder auf Steindruckplatten; **~logie** (~lɔ'ʒi) *f* Lichtlehre *f*; **~mètre** (~'mɛtrə) *m* Belichtungsmesser *m*; **~montage** (~mɔ̃'ta:ʒ) *f* Photomontage *f*; **~phobe** (~'fɔb) *adj.* lichtscheu; **~phone** (~'fɔn) *m* Photophon *n*; **~stoppeur** (~stɔ'pœ:r) *m* fliegender Photograph *m*; **~télégramme** (~tele'gram) *m* Bildtelegramm *n*; **~télégraphie** (~telegra'fi) *f* Bildtelegraphie *f*; **~télégraphique** (~telegra'fik) *adj.* bildtelegraphisch; **~téléphonie** (~telefɔ'ni) *f* Lichttelephonie *f*; **~thèque** (~'tɛk) *f* Lichtbildersammlung *f*; **~thérapie** ⚕ (~tera'pi) *f* Phototherapie *f*, Lichtheilverfahren *n*; **~thérapique** ⚕ (~tera'pik) *adj.* lichtheilkundlich; *appliquer un traitement* ~ mit der Höhensonne bestrahlen; **~type** (~'tip) *m* Lichtdruckklischee *n*; **~typie** (~ti'pi) *f* Phototypie *f*, Lichtdruck(bild *n*) *m*; **~typographie** (~tipɔgra'fi) *f* Lichtdruckverfahren *n*, Phototypographie *f*.
phrase (frɑ:z) *f* **1.** Satz *m*, Redewendung *f*; *sans* ~ ohne weiteres, unbedingt; ~*s usuelles f/pl.* allge-

meine Redewendungen *f/pl.*; **2.** **~s** *pl.* leere Redensarten *f/pl.*, Phrasen *f/pl.*; *faiseur m de ~s* Phrasendrechsler *m*; **3.** ♪ Tonsatz *m*.

phra|séologie (frazeɔlɔ'ʒi) *f* **1.** Phraseologie *f*, Phrasenschatz *m*, Sammlung *f* von Sätzen u. Redewendungen; **2.** Ausdrucksweise *f*; **3.** leere Phrasen *f/pl.*, *péj.* Phrasenhaftigkeit *f*; **~séologique** (~zeɔlɔ'ʒik) *adj.* phraseologisch; *accent m ~* Satzakzent *m*; **~ser** (fra'ze) *v/t.* [1a] **1.** *péj.* Phrasen dreschen; **2.** *gr.* (♪) kurze Sätze (♪ Tonsätze) bilden; **~seur** (fra'zœ:r) *su.* [7g] Phrasendrescher *m*, Schwätzer *m*.

phrénique *anat.* (fre'nik) *adj.* Zwerchfell...

phrénolo|gie 🕮 (frenɔlɔ'ʒi) *f* Schädellehre *f*; **~gique** (~'ʒik) *adj.* phrenologisch; **~giste, ~gue** (~'ʒist, ~'lɔg) *m* Phrenologe *m*.

phrygien (fri'ʒjɛ̃) *adj.* [7c] phrygisch; *hist. bonnet m ~* Jakobinermütze *f*.

phti|sie ⚕ (fti'zi) *f* (Lungen-) Schwindsucht *f*; **~siologie** (~zjɔlɔ'ʒi) *f* Lungenheilkunde *f*; **~siologue** (~zjɔ'lɔg) *m* Lungenarzt *m*; **~sique** (~'zik) *adj. u. su.* schwindsüchtig; Schwindsüchtiger *m*.

phylloxér|a (filɔkse'ra) *m* Reblaus *f*; **~é** (~'re) *adj.* von der Reblaus befallen.

physicien (fizi'sjɛ̃) *su.* [7c] Physiker *m*; *~ atomiste* Atomphysiker *m*.

physiognomo|nie (fizjɔgnɔmɔ'ni) *f* Physiognomik *f*; **~nique** (~'nik) *adj.* physiognomisch; **~niste** (~'nist) *su.* Physiognomiker *m*.

physio|graphe (fizjɔ'graf) *m* Naturbeschreiber *m*; **~graphie** (~gra'fi) *f* Naturbeschreibung *f*; **~graphique** (~gra'fik) *adj.* naturbeschreibend; **~logie** (~lɔ'ʒi) *f* Physiologie *f*, Lehre *f* von den Lebenserscheinungen; **~logique** (~lɔ'ʒik) *adj.* physiologisch; **~logiste** (~lɔ'ʒist) *m* Physiologe *m*; **~nomie** (~nɔ'mi) *f* Gesichtsausdruck *m*; *fig.* besonderes *od.* eigenes Gepräge *n*; *thé. jeux m/pl. de ~* Mimik *f*; **~nomiste** (~nɔ'mist) *m* Gesichtskenner *m*; **~thérapie** ⚕ (~tera'pi) *f* Naturheilmethode *f*.

physique (fi'zik) **I** *adj.* □ **1.** physisch; zur Natur gehörig; **2.** körperlich; *exercices m/pl. ~s* Leibesübungen *f/pl.*; **3.** *phil.* sinnlich; **4.** physikalisch; **II** *f* **5.** Physik *f*; *~ atomique, ~ nucléaire* Atom-, Kernphysik *f*; **III** *m* Körperbeschaffenheit *f*, Körperbau *m*, Gestalt *f*, *das* Äußere *n*; *au ~* körperlich, äußerlich.

phytothérap|eute (fitɔtera'pøt) *m* Pflanzentherapeut *m*; **~ie** ⚕ (~'pi) *f* Pflanzenheilkunde *f*, Behandlung *f* durch pflanzliche Mittel.

piaf P (pjaf) *m* Spatz *m*.

piaff|ade *f*, **~e** *f*, **~ement** *m* (pja'fad, pjaf, pjaf'mɑ̃) Stampfen *n des Pferdes*; **~er** (~'fe) *v/i.* [1a] stampfen (*Pferd*); **~eur** (~'fœ:r) *adj.* [7g]: *cheval m ~* stampfendes Pferd *n*.

piaill|ard (pja'ja:r) *adj. u. su.* [7] kreischend, plärrend; Schreihals *m*; **~ement** *m*, **~erie** *f* (pjaj'mɑ̃, ~'ri) Kreischen *n*; Geplärre *n*; **~er** (pja'je) *v/i.* [1a] kreischen; plärren, schreien; **~eur** (pja'jœ:r) *su.* [7g] Schreihals *m*.

pian ⚕ (pjɑ̃) *m* Pian *m* (*tropische endemische Hautkrankheit*).

pia|nissimo ♪ (pjanisi'mo) *adv.* pianissimo, ganz leise; **~niste** (~'nist) *su.* Klavierspieler *m*, Pianist *m*; **~no** (pja'no) **I** *adv.* piano, leise; **II** *m* Klavier *n*; *~ à queue* Flügel *m*; *~ demi-queue* Stutzflügel *m*; *~ mécanique* Drehorgel *f*; *jouer du ~* Klavier spielen; **~noter** *péj.* (~nɔ'te) *v/i.* [1a] (auf dem Klavier) herumklimpern; **~noteur** *péj.* (~nɔ'tœ:r) *su.* [7g] Klimperer *m*.

piau|le * (pjo:l) *f* Bude *f* P, Zimmer *n*; **~lement** (pjol'mɑ̃) *m* Piepen *n* (*Küken*); Geplärre *n*; **~ler** (pjo'le) *v/i.* [1a] piepen; F plärren, wimmern, weinen, quarren, quaken; **~lis** F (~'li) *m* Gepiepe *n*.

pic[1] (pik) *m* **1.** ⊕ Hacke *f*, Picke *f*; *~ pneumatique* Preßluftbohrer *m* *~ à pointe* Spitzhacke *f*; **2.** Bergspitze *f*; *advt. à ~* senkrecht, steil; F *arriver à ~* gerade zur rechten Zeit ankommen; ✈ *chute f à ~* Absturz *m*; Abschuß *m*; ⚓ *couler à ~* in den Grund bohren.

pic[2] *orn.* (~) *m* Specht *m*.

pic, pic (pik 'pik) *int.* pick!, pick!

picador (pika'dɔ:r) *m* berittener Stierfechter *m*.

picaillons P (pika'jɔ̃) *m/pl.*: *avoir des ~s* Moneten haben.

picaresque *litt.* (pika'rɛsk) *adj.*: *roman m ~* Schelmenroman *m*.

piccolo (pikɔ'lo) *m* **1.** ♪ Piccoloflöte *f*; **2.** schlechter Wein *m*.

pichenette F (piʃ'nɛt) *f* (leichte) Ohrfeige *f*, Klaps *m*.

pichet (pi'ʃɛ) *m* Kanne *f*, Krug *m* [*für Wein.*]

Pic de la Mirandole (pik də la mirɑ̃'dɔl) *npr.* Pico della Mirandola; *fig. je ne suis pas un* ~ ich bin nicht allwissend.
pickles *cuis.* ('pikl̩ə) *m/pl.* Mixed-pickles *pl.*, Essigfrüchte *f/pl.*
pickpocket (pikpɔ'kɛ[t]) *m* Taschendieb *m*; *garde aux* ~*s!* vor Taschendieben wird gewarnt!
pick-up (pik'œp) *m* Tonabnehmer *m*.
picol|er * (pikɔ'le) *v/i.* [1a] saufen P; ~**eur** * (~'lœ:r) *m* Säufer *m* P.
pico|rée (pikɔ're) *f* **1.** Beute *f*; F kleiner Diebstahl *m*; **2.** Honigsammeln *n*; ~**rer** (~) [1a] **I** *v/i.* sich e-s Plagiats schuldig machen; s-e Nahrung suchen, picken (*Vogel*); F wenig essen; im Essen herumstippen; Honig sammeln (*Bienen*); **II** *v/t.* aufpicken; anknabbern.
picot (pi'ko) *m* **1.** (Holz-)Splitter *m*; **2.** *Spitzenfabrik*: Zäckchen *n*; **3.** ⊕ Spitzhammer *m* (*e-s Steinbrechers*); **4.** ⊕ Stacheldrahtspitze *f*; **5.** *Art* Fischnetz *n*; ~**age** (pikɔ'ta:ʒ) *m* Anpicken *n der Früchte*; ~**ement** (pikɔt'mɑ̃) *m* Prickeln *n*; ~**er** (pikɔ'te) *v/t.* [1a] **1.** prickeln, stechen, kitzeln, reizen (*Augen*); **2.** (an-)picken (*von Vögeln*); **3.** *fig.* auf j-m herumhacken, mit j-m herumsticheln; j-n necken; ~**erie** (pikɔ'tri) *f* Stichelei *f*; Neckerei *f*; ~**in** (pikɔ'tɛ̃) *m* Metze *f* Hafer (*Maß*); P Schlag *m* (*Essen*), Futter *n*; ~**ure** (~'ty:r) *f* angepickte Stelle *f*, Fleck *m*.
picride ⚘ (pi'krid) *f* Bitterkraut *n*.
picrique (pi'krik) *adj.*: *acide m* ~ Pikrinsäure *f*.
pictural (pikty'ral) *adj.* [5c] Bilder..., Maler...; für Bilder.
pic-vert *orn.* (pi'vɛ:r) *m* s. *pivert*.
pie[1] (pi) **I** *f* Elster *f*; **II** *adj./inv. u. su.* (*cheval m*) ~ Schecke *f*.
pie[2] (~) *adj.*: *œuvre f* ~ milde Stiftung *f*, frommes Werk *n*.
pièce (pjɛs) **I** *f* **1.** (*mst. sonderlich zubereitetes od. hergestelltes*) Stück *n*; ~*s pl. détachées* Einzelteile *m/pl.*; ~*s pl. de rechange* Ersatzteile *m/pl.*; ~ *d'eau* Teich *m* Wasserbassin n; *travailler à la* ~ *od. aux* ~*s* im Akkord arbeiten; *fig.* ~ *essentielle* Kernstück *n*; *cuis.* ~ *de résistance* großes Fleischstück *n* (*beim Essen*); *ouvrier m à la* ~ Akkordarbeiter *m*; *bét.* ~ *brute en béton* Beton-Rohling *m*; *advt.* ~ *à* ~ Stück für Stück; *tout d'une* ~ aus einem Stück; steif, unbiegsam; in einem fort, ununterbrochen; *dormir tout d'une* ~ ununterbrochen (*od.* hintereinander) schlafen; *mettre en* ~*s* zer-schlagen, -brechen; *tailler* (*od. mettre*) *en* ~*s fig.* fertig machen, vernichten, zerschmettern; *reconstruire une phrase de toutes* ~*s* e-n Satz völlig umformen (*od.* umbauen); **2.** Flicken *m*, Fleck *m*; **3.** Stückfaß *n*; **4.** ~ *de bétail* Stück *n* Rindvieh; **5.** Zimmer *n*; *appartement m de huit* ~*s* Achtzimmerwohnung *f*; ~ *d'honneur* Prunkgemach *n*; **6.** Geldstück *n*; *donner la* ~ *à q.* j-m ein Trinkgeld geben; **7.** Aktenstück *n*, Urkunde *f*; ~ *à l'appui*, ~ *justificative* Beleg *m*; ~ *à conviction* Beweisstück *n*; ~ *de caisse* Kassenbeleg *m*; ~ *d'identité* Personalausweis *m*; **8.** *litt.* Werk *n*; ~ (*de théâtre*) Theaterstück *n*; *thé.* ~ *de circonstance* Zeitstück *n*; *rad.* ~ *radiodiffusée* Hör-, Sende-spiel *n*; **9.** Streich *m*; *faire* ~ *à q.* j-m e-n Streich spielen; **10.** ⚔ ~ (*de canon*) Geschütz *n*; ~ *à tir courbe* Steilfeuergeschütz *n*; *frt.* ~*s détachées* Außenwerke *n/pl.*; **11.** *Spiel*: Bauer *m*; Figur *f*; Stein *m*; **12.** F Kerl *m*; **II** *advt.* **13.** † stückweise, pro Stück; *on vendit 100 francs* ~ *les livres* man verkaufte die Bücher für 100 Franken pro Exemplar.
pied (pje) *m* **1.** Fuß *m*; *ch.* Lauf *m*; ~ *de devant* (*de derrière*) Vorder-(Hinter-)fuß *m*; *bête f à quatre* ~*s* vierfüßiges Tier *n*; *coup m de* ~ Fußtritt *m*; *gens pl. de* ~ Fußvolk *n*, Fußsoldaten *m/pl.*; ~ *à voûtes affaissées* Senkfuß *m*; ~ *plat* Plattfuß *m*; *à* ~ *sec* trockenen Fußes; *aller du même* ~ gleichen Schritt halten; F *aller de son* ~ *léger* (*od. gaillard*) auf Schusters Rappen reiten; *avoir* ~ auf Grund stoßen (*im Wasser*); ✗ *être sur* ~ wieder auf dem Posten sein; wieder auf den Beinen sein F; *faire* ~ *de grue* umsonst warten; *faire un* ~ *de nez à q.* j-m e-e lange Nase machen; *il y a* ~ man hat Grund (im Wasser); *lâcher* ~ davonlaufen; fliehen; *fig.* nachgeben; *au* ~ *levé* völlig unvorbereitet, im Sprunge; mir nichts, dir nichts; ganz einfach; *mettre* ~ *à* (pjeta...) *terre* absteigen, aussteigen; *mettre une organisation sur* ~ e-e Organisation ins Leben rufen; ⚔ ~ *à terre!* Abgesessen!; *prendre* ~ *sur qch.*

auf etw. (*dat.*) fußen; *à ~* zu Fuß; *~ à ~* (pjeta...) Schritt für Schritt, allmählich; vorsichtig; *se jeter aux ~s de q.* sich j-m zu Füßen werfen; *fig. au ~ levé* aus dem Stegreif *od.* Handgelenk, ohne jede Vorbereitung; *prendre q. au ~ levé* j-n auf der Stelle beim Wort nehmen, *fig.* j-n stellen, j-m keine Zeit zur Überlegung lassen; *ne pas savoir sur quel ~ danser* nicht ein noch aus wissen, sich keinen Rat mehr wissen; F *ne pas se donner de coups de ~* sich selbst beweihräuchern P, sich ins rechte Licht setzen; P *ça te fera les ~s!* das geschieht dir recht!; *de ~ en* (pjetã...) *cap* vom Scheitel bis zur Sohle; von unten bis oben; **2.** *~ noir* [6a] *m* Europäer *m*, *bsd.* Franzose *m in Algerien*; **3.** Fährte *f*, (Fuß-)Spur *f*; **4.** ⚘ Halm *m*, Stengel *m*, Blumenstock *m*; *acheter sur ~* auf dem Halme (*od.* vor der Ernte) kaufen (*Weizen od. Weintrauben*); **5.** unterster Teil *m* von etwas; *~ du lit* Fußende *n* des Bettes; *~ de lampe* Lampenständer *m*; **6.** † Fuß *m* (*Längenmaß*); **7.** *fig.* Maß *n*, Verhältnis *n*; *au ~ de la lettre* buchstäblich, dem Buchstaben nach; *sur le ~ de ...* nach Maßgabe von (*dat.*), je nach... (*dat.*); *réduire au petit ~* verkleinern, beschränken; *cette maison est montée sur un grand ~* man lebt auf großem Fuße in diesem Hause; *sur quel ~ sont-ils ensemble?* wie stehen sie miteinander?, wie verstehen sie sich?; **8.** *mét.*: (Vers-)Fuß *m*; *vers m de six ~s* sechsfüßiger Vers *m* (*griechischer od. lateinischer Hexameter*); *in der franz. Metrik oft abus. für „syllabe"* = Silbe *f*; **9.** *géom. ~ d'une perpendiculaire* Fußpunkt *m* e-r Senkrechten; **10.** *phot.* Stativ *n*; **11.** ⊕ *~ à coulisse* Schublehre *f*.

pied-à-terre (pjeta'tɛːr) *m* [6c] vorübergehende Unterkunft *f* (*od.* Bleibe *f*); *mettre ~* einkehren, absteigen, Quartier machen; **~-d'alouette** ⚘ (pjeda'lwɛt) *m* [6b] Rittersporn *m*; **~-de-biche** [pjed'biʃ) *m* [6b] *Art* Brechstange *f*; **~-de-lion** ⚘ (pjedə'ljɔ̃) *m* [6b] Edelweiß *n*; **~-de-poule** (pjed'pul) *m* **1.** ⚘ kriechender Hahnenfuß *m*; **2.** *text.* Hahnentritt *m* (*Stoffart*).

piédestal (pjedɛs'tal) *m* [5c] △ Sockel *m*, Säulenfuß *m*, Postament *n*; *fig. se faire un ~ de qch.* etw. als Sprungbrett benutzen *fig.*

pied-de-veau ⚘ (pjed'vo) *m* [6b] Aron *m*.

piédouche △ (pje'duʃ) *m* kleiner Sockel *m* (*für Büsten*).

pied-droit *m*, **piédroit** △ (pje'drwa) *m* Nebenpfeiler *m*; Pfeiler *m*, Brüstung *f*.

piège (pjɛːʒ) *m* Falle *f*; Schlinge *f*; ⚔ *~ à sous-marin(s)* U-Bootfalle *f*; *dresser* (*od. tendre*) *un ~ à q.* j-m e-e Falle stellen; *tomber* (*od. donner*) *dans le ~* in die Falle gehen.

piéger (pje'ʒe) [1g] **I** *v/t.* in e-e (Auto-) Falle locken; ⚔ *~ une mine* e-e Mine tarnen; **II** *abs.* Fallen stellen.

pie-grièche, *a.* **pigrièche** (pigri'ɛʃ) *f* [6a] **1.** *orn.* Würger *m*; **2.** F zänkisches Weib *n*, Xanthippe *f*.

pie-mère *anat.* (pi'mɛːr) *f* weiche Hirnhaut *f*.

piéride *ent.* (pje'rid) *f* Weißling *m*; *~ brassicaire* Kohlweißling *m*.

pierraille (pjɛ'rɑːj) *f* grober Kies *m*; Steinschlag *m*.

Pierre[1] (pjɛːr) *m* Peter *m*; *~ l'Ebouriffé* Struw(w)elpeter *m*; *~ et Paul* Hinz u. Kunz.

pierre[2] (~) *f* **1.** Stein *m*; *~ à aiguiser* Schleif-, Wetz-stein *m*; *~ angulaire* Eckstein *m*; *~ concassées f/pl.* Schotter *m/sg.*, Steinschlag *m/pl.*; △ *~ chaux-grès f* Kalksandstein *m*; *~ de meule*, *~ (de) meulière* Mühlstein *m*; *~ miliaire* Meilenstein *m*; *~ de taille* Quaderstein *m*; *~ tumulaire* (*od. tombale*) Grabstein *m*; *phm. ~ à cautère* Ätzstein *m*; *~ infernale* Höllenstein *m*; *~ atmosphérique* Meteorstein *m*; *~ de bordure* Bordschwellenstein *m*; *~ à briquet* Feuerstein *m* (*für ein Feuerzeug*); *~ à feu*, *~ à fusil* Feuerstein *m* (*allg.*); *~ calcaire* Kalkstein *m*; *~ de Chypre* Asbest *m*; *~ d'évêque* Amethyst *m*; *~ à plâtre* Gips *m*; *~ pesante* Schwerspat *m*; *~ ponce* Bimsstein *m*; △ *~ reconstituée* Betonwerkstein *m*; *~ de touche* Prüfstein *m*; *fig. ~ fondamentale* Grundstein *m*; *fig. ~ de scandale*, *~ d'achoppement* Stein *m* des Anstoßes; *se battre à coups de ~* mit Steinen aufeinander werfen; *faire d'une ~ deux coups* zwei Fliegen mit einer Klappe schlagen; *poser la première ~* den Grundstein legen; *fig. marquer un jour d'une ~ blanche* e-n Tag auf dem

Kalender rot anstreichen; *fig. c'est une ~ dans mon jardin* das ist ein Hieb auf mich; *jeter la ~ à q. fig.* den Stein auf j-n (*acc.*) werfen, die Schuld auf j-n laden; **2.** ~ *précieuse* Edelstein *m*; ~ *fausse* unechter Edelstein *m*; **3.** *jeter la ~ à q.* über j-n herziehen; **4.** ⚕ ~ (*de la vessie*) Blasenstein *m*; *avoir la ~* Gallen- *od.* Nieren-steine haben; *tailler* (*od. opérer*) *q. de la ~* j-m den Stein wegoperieren (*od.* herausschneiden).

pier|rée (pjɛ're) *f* Sickerkanal *m*; **~reries** (pjɛ'ri) *f/pl.* Edelsteine *m/pl.*, Juwelen *n/pl.*, Geschmeide *n*; **~rette** (pjɛ'rɛt) *f* **1.** F Spatzenweibchen *n*; **2.** Frau *f* des Pierrot; **~reux** (~'rø) *adj.* [7d] steinig; ⚕ blasensteinartig; **~rier** ⚔ (pjɛ'rje) *m* Mörser *m*; **~rot** (pjɛ'ro) *m* **1.** ♀ Peterchen *n*; **2.** ♀ Pierrot *m*, Hanswurst *m*; **3.** F Dummkopf *m*, Trottel *m*; **4.** F *orn.* Spatz *m*.

piétaille *péj.* ⚔ (pje'tɑ:j) *f* Fußvolk *n*, Infanterie *f*.

piété (pje'te) *f* **1.** Frömmigkeit *f*; Gottesfurcht *f*; *livre m de ~* Andachtsbuch *n*; **2.** Liebe *f* u. Ehrerbietung *f*; ~ *filiale* kindliche Liebe *f*; **3.** *mont-de-~* Leihhaus *n*.

piéter (pje'te) [1f] **I** *v/i.* **1.** *Spiel*: Fuß halten (*beim Kegeln*); **2.** *ch.* laufen (*v. Vögeln*); **II** *v/t.* **3.** zum Widerstande aufhetzen; **4.** grundieren (*Färberei*); **5.** kurz schneiden (*Rasen*); **6.** *text.* krempeln; **III** *v/rfl.* *se ~* Widerstand leisten.

piéti|nement (pjetin'mɑ̃) *m* Trippeln *n*; Getrappel *n*; Hufschlag *m*; **~ner** (~ti'ne) *v/i. u. v/t.* [1a] mit den Füßen stampfen *od.* strampeln; ~ (*sur place*) nicht von der Stelle kommen; sich vor Ungeduld aufregen.

piéton (pje'tɔ̃) *su.* Fußgänger *m*.

piètre ('pjɛ:trə) *adj.* □ armselig, elend, gering; *trop de gâchis pour un si ~ résultat* zuviel Dreck für so ein kümmerliches Ergebnis; *avoir* (*od. tenir*) *en bien ~ estime* sehr gering einschätzen; *avoir une ~ idée de qch.* etw. geringschätzen.

pieu (pjø) *m* [5b] **1.** Pfahl *m*; ~*x pl. de garde* Eisbrecher *m/sg. vor e-r Brücke*; **2.** P *fig.* Falle *f* (*Bett*), Klappe *f* P; *se mettre au ~* = **~ter** P (~'te) *v/rfl.* *se ~* [1a] in die Falle (= *ins Bett*) gehen.

pieuvre ('pjœ:vrə) *f* **1.** *zo.* Polyp *m*, achtarmiger Tintenfisch *m*, Krake *m*; *ville f ~* Moloch *m* von Großstadt; **2.** F raffgierige Person *f*.

pieux (pjø) *adj.* [7d] □ **1.** fromm, gottesfürchtig; *affecter des dehors ~* fromm tun; **2.** ehrfurchtsvoll; kindlich.

piézomètre ⊕ (pjezɔ'mɛ:trə) *m* Piëzometer *n*.

pif[1] P (pif) *m* Zinken *m* P (*Nase*).

pif[2] (~) *int.*: ~ *paf!* piff paff!

piffr|e P ('pifrə) *m* (*f*: *pifresse*) Dickwanst *m*, Fresser *m*; **~er** P (pi'fre) [1a]: *se ~* sich vollfressen P.

pifomètre P *plais.* (pifɔ'mɛ:trə): *juger au ~* über den Daumen peilen.

pige (pi:ʒ) *f* **1.** *journ., typ.* Arbeitspensum *n*; Stundenlohn *m*; Zeilenhonorar *n*; **2.** P *faire la ~ à q.* es besser verstehen als j.; j-n übertreffen; **3.** ★ Jahr *n*; Kittchen *n*.

pigeon (pi'ʒɔ̃) *m* **1.** Taube *f*; ~ *mâle* Tauber *m*; *tir m aux ~s* Taubenschießen *n*; ~ *boulant* Kropftaube *f*; ~ *à capuchon* Schleiertaube *f*; ~ *casqué* Helmtaube *f*; ~ *fuyard*, ~ *de fuite* Feldflüchter *m*; ~ *messager* (*od. voyageur*) Brieftaube *f*; *service m des dépêches par ~s voyageurs* Brieftaubenpost *f*; ~ *mondain* Feldtaube *f*; ~ *ramier*, ~ *à collier* Ringeltaube *f*; ~ *de volière* Schlagtaube *f*; ~ *artificiel* Wurf-, Ton-taube *f*; **2.** F *fig.* Schafskopf *m*, Kamel *n*; *plumer un ~ fig.* j-n ausziehen, j-n ausnutzen, j-n schröpfen; **~ne** (pi'ʒɔn) *f* weibliche Taube *f*; **~ner** P (~'ne) *v/t.* [1a] bemogeln, betrügen; **~nier** (~'nje) *m* Taubenschlag *m*; F Dachwohnung *f*.

piger P (pi'ʒe) *v/t.* [1l] **1.** kriegen, erwischen; ~ *un rhume* sich einen Schnupfen holen; ~ *un voleur* e-n Dieb fassen *se faire ~* sich erwischen lassen; **2.** kapieren, begreifen; **3.** ansehen, bewundern.

pigment (pig'mɑ̃) *m* Pigment *n*.

pigne ⚘ (piɲ) *f* Tannenzapfen *m*.

pignocher F (piɲɔ'ʃe) [1a] **I** *v/t. u. abs.* ohne Appetit essen; im Essen herumstochern; **II** *v/i.* peinlich genau malen; **III** P *v/rfl.* *se ~* sich raufen, sich in der Wolle haben.

pignon[1] (pi'ɲɔ̃) *m* ⚠ (Mauer-)Giebel *m*; *fig. avoir ~ sur rue* sein eigenes Haus haben; begütert sein.

pignon[2] ⊕ (~) *m* Getrieberad *n*.

pignon[3] ⚘ (~) *m* Piniennuß *f*.

pignoratif ⚖ (piɲɔra'tif) *adj.* [7e]: *contrat m ~* Pfandvertrag *m*.

pignouf F (pi'ɲuf) *m* Flegel *m*.
pigrièche (pigri'ɛʃ) s. *pie-grièche*.
pilage (pila:ʒ) *m* Zerstampfen *n*; Auspressen *n* (*bsd. der Äpfel*).
pilaire *anat.* (pi'lɛ:r) *adj.*: *système m* ~ Haarsystem *n*.
pilastre ⚠ (pi'lastrə) *m* viereckiger (Wand-)Pfeiler *m*, Pilaster *m*; *en* ~ pfeilerförmig.
pile[1] (pil) **I** *f* **1.** Haufen *n*, Stoß *m*; *une* ~ *de bois* ein Stapel Holz; *en* ~ übereinandergeschichtet; **2.** ⚠ Brückenpfeiler *m*; **3.** ⚡ Element *n*; Sammelbatterie *f*, Sammlerbatterie *f*, Akkumulator *m*; ~ *atomique* Uranbrenner *m*; ~ *galvanique, voltaïque*, ~ *de Volta* galvanische Säule *f*; Akkumulator *m*; ~ *de tension(-) plaque* Anodenbatterie *f*; ~ *de tension-grille* Gitterbatterie *f*; ~ *sèche* Trockenelement *n*; *rad. radio à* ~ Detektorapparat *m*; *at.* ~ *électrique atomique*, ~ *de recherche atomique* Reaktor *m*, Atommeiler *m*, Uranbrenner *m*; ~ *à eau* Wasserreaktor *m*; **II** *adv.* *s'arrêter* ~ auf der Stelle stehen bleiben.
pile[2] (~) *f* **1.** ⊕ Reibstein *m*; **2.** F derbe Tracht *f* Prügel; ⚔ Schlappe *f*; *flanquer une* ~ *à q.* j-n vertrimmen P.
pile[3] (~) *f* Rückseite *f e-r Münze*, Schriftseite *f*; *fig.* *jouer à* ~ *ou face* Kopf *od.* Schrift raten; alles auf eine einzige Karte setzen; ~ *ou face* entweder das eine oder das andere.
piler (pi'le) *v/t.* [1a] (zer)stampfen, zerstoßen, zermalmen; F besiegen.
pileux (pi'lø) *adj.* [7d] haarig.
pilier (pi'lje) *m* **1.** ⚠ (Stütz-)Pfeiler *m*, Stütze *f* (*a. fig.*); ~ *butant* Strebepfeiler *m*; *fig.* *un* ~ *du romantisme* ein Verfechter der Romantik; **2.** F *fig.* Stammgast *m*; ~ *d'église* fleißiger Kirchgänger *m*; ~ *d'estaminet*, ~ *de cabaret*, ~ *de bistrot* Saufbruder *m*.
piliforme (pili'fɔrm) *adj.* haarförmig.
pill|age (pi'ja:ʒ) *m* **1.** Plündern *n*, Plünderung *f*; *livrer* (*od. mettre*) *au* ~ der Plünderung preisgeben; **2.** *fig.* literarischer Diebstahl *m*, Plagiat *n*; **~ard** (~'ja:r) [7] **I** *adj.* räuberisch; **II** *su.* Plünderer *m*; *litt.* Plagiator *m*; **~er** (pi'je) *v/t.* [1a] **1.** (aus)plündern, brandschatzen; ~ *q.* j-n berauben; **2.** *litt.* aus fremden Büchern abschreiben; **3.** *ch.* anfallen (*von Hunden*); *pille!* faß!; **~erie** F (pij'ri) *f* Dieberei *f*; Erpressung *f*; **~eur** (pi'jœ:r) *su.* [7g] Plünderer *m*; *litt.* Abschreiber *m*, Plagiator *m*.
pilon ⊕ (pi'lɔ̃) *m* Stampfe *f*; Stößel *m*, Reibe-, Mörser-keule *f*; Handramme *f*; *cuis.* Geflügelkeule *f*; F Holzbein *n*; *Bettler *m*; *mettre un livre au* ~ ein Buch einstampfen lassen; **~ner** (~lɔ'ne) *v/t.* [1a] (ein-, fest-) stampfen, stoßen; ⚔ beharken, mit schwerem Artilleriefeuer belegen; *(er)betteln.
pilori (pilɔ'ri) *m* *hist.* Pranger *m*, Schandpfahl *m*; *fig.* *clouer q. au* ~ j-n an den Pranger stellen; **~er** *a. hist.* (pilɔ'rje) *v/t.* [1a] an den Pranger stellen, anprangern.
pilot (pi'lo) *m* **1.** ⚠ großer Pfahl *m*; **2.** Salzhaufen *m*; **3.** Lumpen *m/pl.* *für Papierfabrikation*.
pilotage[1] ⚠ (pilɔ'ta:ʒ) *m* Pfahlwerk *n*; Einrammen *n*.
pilo|tage[2] (~) *m* ⚓ Steuermannskunst *f*; Lotsendienst *m*; ✈ (Flugzeug-)Führung *f*; *a. Auto*: Steuerung *f*; ~ *sans visibilité* Blindflug *m*; **~te** (pi'lɔt) *m* **1.** a) Lotse *m*, Steuermann *m*; b) Pilot *m*, Flugzeugführer *m*; ~ *de combat* Kampfflieger *m*; ~ *d'essai(s)* Einflieger *m*, Abnahmeflieger *m*; ~ *de tourisme* Touristenflieger *m*; c) *Auto*: Kraftfahrer *m*, Chauffeur *m*; ~ *de course* Rennfahrer *m*; d) *allg.* Führer *m*; **2.** *icht.* Lotsenfisch *m*; **~taillon** *péj.* (~ta'jɔ̃) *m* schlechter, ungeschickter Pilot *m*, Häschen *n*.
piloter[1] ⚠ (pilɔ'te) *v/t.* [1a] Pfähle einrammen in (*acc.*).
piloter[2] (~) *v/t.* [1a] ⚓ lotsen; *Schiff, Flugzeug od. Auto* steuern; *allg.* ~ *q. dans la ville* j-n in der Stadt herumführen.
pilotin ⚓ (pilɔ'tɛ̃) *m* Offiziersanwärter *m* der Handelsmarine.
pilotis ⚠ (pilɔ'ti) *m* **1.** Grundpfahl *m*; **2.** Pfahlwerk *n*.
pilu|laire (pily'lɛ:r) *adj.* pillenförmig; Pillen...; **~le** (pi'lyl) *f* Pille *f*; **~s** *pl. amaigrissantes* Abmagerungstabletten *f/pl.*; *fig.* *avaler la* ~ in den sauren Apfel beißen; *dorer la* ~ *fig.* j-m etw. schmackhaft machen *od.* die Pille versüßen.
pimbêche F (pɛ̃'bɛʃ) *f* hochnäsige Frau *f*; *faire la* ~ schnippisch sein.
piment (pi'mɑ̃) *m* **1.** spanischer Pfeffer *m*; ~ *des Anglais*, ~ *de la Jamaïque* Nelkenpfeffer *m*, englisches Gewürz *n*; **2.** *fig.* Würze *f*;

donner du ~ à l'existence das Leben würzen; **~er** (~'te) *v/t.* [1a] pfeffern; *fig.* würzig gestalten, würzen.

pim|pant (pɛ̃'pɑ̃) *adj.* forsch, schick; adrett; *faire le ~* den feinen Mann spielen; **~pante** (~'pɑ̃:t) *adj./f* fesch, schick, piekfein; *toilette f ~e* schicke Kleidung *f* (*od.* Toilette *f*); **~pesouée** (~pə'zwe) *f* affektierte Frau *f*.

pimprenelle ⚘ (pɛ̃prə'nɛl) *f* Wiesenknopf *m*; Pimpinelle *f*.

pin ⚘ (pɛ̃) *m* Fichte *f*, Kiefer *f*; *~ alpestre* Zwergkiefer *f*; *~ sylvestre* Rotfichte *f*; *~ pignon, ~ parasol* Pinie *f*; *~ nain* Latschen *m*; *pomme f de ~* Kienapfel *m*; *a.* Tannzapfen *m*.

pinacle (pi'naklə) *m* **1.** ⚠ Zinne *f*; **2.** F *fig.* Gipfel *m*; *porter q. au ~* j-n ganz besonders herausstreichen.

pinacothèque (pinakɔ'tɛk) *f* Pinakothek *f*, Gemäldegalerie *f*.

pinailler F (pina'je) *v/i.* Haarspalterei treiben.

pinard * *bsd.* ⚔ (pi'na:r) *m* Wein *m*; **~ier** P (~nar'dje) *m* einflußreicher Weinhändler *m*.

pinasse ⚓ (pi'nas) *f* Pinasse *f*.

pinçage (pɛ̃'sa:ʒ) *m* Abkneifen *n*; *hort.* Entfernen *n*, Stutzen *n*.

pinçard *man.* (pɛ̃'sa:r) *m u. adj.*: (*cheval m*) ~ Spitzengänger *m*.

pince (pɛ̃:s) *f* **1.** Kneifen *n*, Zwicken *n*; *n'avoir pas de ~* nicht gut greifen *od.* fassen (*von e-m Instrument*); F *avoir bonne ~, la ~ forte* e-n guten (festen) Griff haben, gut (fest) zupacken können; *mesurer ~ à ~* zu knapp messen; *fig. craindre la ~* fürchten, ertappt (*od.* geschnappt) zu werden; **2.** Zange *f*; Feuerzange *f*; Pinzette *f*; Klemme *f*, Klammer *f*; *~ coupante, ~ à couper* Kneifzange *f*; *~ à linge* Wäscheklammer *f*; *~ à percer* Lochzange *f*; *~ de dentiste* Zahnzange *f*; *~ plate* Flachzange *f*; *~ à chaîne, ~ à tuyau, ~ à écrous* Ketten-, Rohr-, Mutterzange *f*; *~ à cheveux* Haarklammer *f*; *~ isolante* Isolierklemme *f*; **3.** *~s pl.* (*d'écrevisse*) (Krebs-)Scheren *f/pl.*; *auch fig.* Zangen *f/pl.*; **4.** *vél.* *~-pantalons* Hosenklammer *f*; **5.** *~s pl.* Schneidezähne *m/pl.* (*der Grasfresser*); **6.** *zo.* Spitze *f des Hufes*; **7.** ⊕ *~-monseigneur* Brechstange *f*; **8.** *Schneiderei*: spitz zulaufende Falte *f*; **9.** * Hand *f*, Flosse *f* P, Patsche *f*; F *enf.*; *à ~s* zu Fuß.

pincé (pɛ̃'se) *adj. fig.* gezwungen, geschraubt, gespreizt; *fig.* kühl, leblos, trocken; hochmütig.

pinceau (pɛ̃'so) *m* **1.** (Haar-)Pinsel *m*; *coup m de ~* Pinselstrich *m*; **2.** Malweise *f*, Farbgebung *f*, Tönung *f*; **3.** P a) Fuß *m*; b) Besen *m*.

pincée (pɛ̃'se) *f* Fingerspitzevoll *f*; *~ de tabac* Prise *f* Tabak.

pincelier (pɛ̃sə'lje) *m* Pinseltrog *m*.

pince|-étoffe (pɛ̃se'tɔf) *m* [6c] Stoffdrücker *m an der Nähmaschine*; **~-fil** (~'fil) *m* [6c] Fadenklemme(r *m*) *f*; **~-maille** F (~'mɑ:j) *m* [6d] Pfennigfuchser *m*, Knauser *m*, Knicker *m*; **~ment** (pɛ̃s'mɑ̃) *m* Abkneifen *n*; *hort.* Abbrechen *n*, Entfernen *n*, Stutzen *n*, Herunterschneiden *n*; **~-monseigneur** ⊕ (~mɔ̃sɛ'ɲœ:r) *m* [6a] Brecheisen *n*; **~-nez** (~'ne) *m* [6c] Kneifer *m*, Klemmer *m*, Zwicker *m*; **~-pantalons** (~pɑ̃ta'lɔ̃) *m* [6a] Hosenklammer *f*.

pincer (pɛ̃'se) [1k] **I** *v/t.* **1.** kneifen, zwicken; **2.** abknipsen, abkneifen; *hort.* beschneiden; **3.** mit der Zange fassen; **4.** einschnüren, drücken (*v. Kleidern*); **5.** F auf frischer Tat erwischen; **6.** Schmerz verursachen (*dat.*); **7.** ♪ pizzicato spielen; die Saiten zupfen; **II** *v/i.* **8.** stark (*od.* scharf) sein, beißen (*vom Mostrich*; *von der Kälte*); **9.** *~ de la guitare* Gitarre spielen; **10.** P *en ~ pour ...* verknallt sein in ...; scharf sein auf ...; (*acc.*); *auch*: *en ~ pour la boisson* sehr gern einen hinter die Binde gießen.

pince-sans-rire F (pɛ̃ssɑ̃'ri:r) *m/inv.* heimlicher Pfiffikus *m*, Schlaumeier *m*, Mensch *m* mit trocknem Humor.

pincettes (pɛ̃'sɛt) *f/pl.* **1.** Feuerzange *f*; **2.** *chir.* Pinzette *f*; F *pas à prendre avec des ~* sehr schlecht gelaunt; sehr schmutzig.

pinchard (pɛ̃'ʃa:r) *adj.*: *voix f ~e* kreischende (*od.* gellende) Stimme *f*.

pinçon (pɛ̃'sɔ̃) *m* blauer Fleck *m* (*auf der Haut*). [*Stoff*).]

pinçure (pɛ̃'sy:r) *f* Kniff *m* (*im*

pinéal *anat.* (pine'al) *adj.* [5c]: *glande f ~e* Zirbeldrüse *f*.

pinède (pi'nɛd) *f* Kiefernwald *m*.

pingouin *orn.* (pɛ̃'gwɛ̃) *m* Pinguin *m*.

ping-pong (piŋ'pɔŋ) *m* Tischtennis *n*.

pingre F ('pɛ̃:grə) **I** *adj.* knickerig, knauserig; **II** *su.* Knauser *m*; **~rie** (pɛ̃grə'ri) *f* Knauserei *f*.

pinier ⚘ (pi'nje) *m* Pinie *f*.

pinière (pi'njɛ:r) *f* Kiefernpflanzung *f.*
pinine (pi'nin) *f* Fichtenharz *n.*
pinique (pi'nik) *adj.*: *acide m* ~ Fichten-, Pinin-säure *f.*
pinnipèdes *zo.* (pini'pɛd) *m/pl.* Flossenfüßler *m/pl.*
pinnule (pi'nyl) *f* **1.** *opt.* Diopter *n,* Sehspalte *f;* **2.** ⚘ Seitenblatt *n.*
pinot ⚘ (pi'no) *m Burgunder Weinrebenart f.*
pinson (pɛ̃'sɔ̃) *m* Fink *m;* ~ *commun* Buchfink *m;* **~nière** (~sɔ'njɛ:r) *f* Kohlmeise *f.*
pintade (pɛ̃'tad) *f* Perlhuhn *n.*
pint|e (pɛ̃:t) *f* Schoppen *m;* P *se faire une* ~ *de bon sang* sich köstlich amüsieren; **~er** P (pɛ̃'te) *v/i.* [1a] sich besaufen, saufen.
pioch|age (pjɔ'ʃa:ʒ) *m* Hacken *n; écol.* Büffelei *f,* Paukerei *f;* Schufterei *f;* **~e** (pjɔʃ) *f* Kreuzhacke *f,* Karst *m;* **~er** (pjɔ'ʃe) [1a] **I** *v/t.* um-, auf-hacken; *écol.* ~ *la chimie* Chemie pauken; **II** *v/i.* hacken; schuften; *écol.* büffeln, ochsen; *Dominospiel*: kaufen müssen; **III** P *v/rfl.* se ~ sich prügeln; **~eur** (~'ʃœ:r) *su.* [7g] Hacker *m; fig.* Arbeitstier *n; écol.* Büffler *m;* **~euse** ⊕ (~'ʃø:z) *f*: ~ *scarificatrice* Straßenaufreißmaschine *f;* **~on** (~'ʃɔ̃) *m* kleine Hacke *f; charp.* Bandaxt *f.*
piolet (pjɔ'lɛ) *m* Eispickel *m.*
pion (pjɔ̃) *m* **1.** *Schachspiel*: Bauer *m; Damespiel*: Stein *m; damer le* ~ *à q.* j-n ausstechen, j-m den Rang ablaufen; **2.** F *écol. Fr. péj.* Studienaufseher *m; péj.* Einpauker *m.*
pioncer P (pjɔ̃'se) *v/i.* [1k] pennen P.
pionnier (pjɔ'nje) *m* **1.** ⚔ Pionier *m;* **2.** *fig.* Pionier *m,* Bahnbrecher *m,* Wegbereiter *m;* erster Ansiedler *m.*
piotte P *dial. in Belgien* ⚔ (pjɔt) *m* Muschkote *m,* Landser *m,* Soldat *m.*
pioupiou P ⚔ (pju'pju) *m* Landser *m.*
pipe (pip) *f* (Tabaks-)Pfeife *f; fumer la* ~ Pfeife rauchen; P *fig. casser sa* ~ abnibbeln, auf dem letzten Loch pfeifen; *nom d'une* ~! verflixt! (*harmloser Fluch*).
pip|eau (pi'po) *m* [5b] ♪ Rohrpfeife *f,* Hirtenflöte *f,* Schalmei *f; ch.* Lockpfeife *f;* Leimrute *f;* F *fig.* **~x** *pl.* kleine Tricks *m/pl.;* **~ée** (pi'pe) *f* Vogelfang *m* mit der Lockpfeife; *fig.* Betrug *m,* Schwindel *m.*
pipelet F (pi'plɛ) *su.* [7c] Zerberus *m* (*Portier*); *f:* Klatschweib *n.*
pipe-line (pajp'lajn) *m* Ölleitung *f.*
piper (pi'pe) [1a] **I** *v/i.* **1.** P Pfeife rauchen; F *ne pas* ~, *ne* ~ *mot* nicht piep sagen; **II** *v/t.* **2.** mit der Lockpfeife fangen; P klauen; P erwischen; **3.** F *fig. Würfel, Karten* fälschen.
piperie (pi'pri) *f* Betrug *m* beim [*Kartenspiel usw.*]
pip|ette (pi'pɛt) *f* Pipette *f;* ★ Zigarette *f;* **~eur** (~'pœ:r) *su.* [7g] Vogelsteller *m* mit Lockpfeife; *fig.* Falschspieler *m,* Betrüger *m.*
pipi P *enf.* (pi'pi) *m*: *faire* ~ Pipi machen.
piquage (pi'ka:ʒ) *m* **1.** ✈ Sturzflug *m;* **2.** *cord.* Steppen *n;* **3.** ⚠ Rauhen *n der Steine.*
piquant (pi'kɑ̃) **I** *adj.* [7] **1.** stachelig; **2.** *fig.* prickelnd, pikant; scharf (*Wind*); schneidend (*Kälte*); verletzend, anzüglich; *paroles f/pl.* **~es** Sticheleien *f/pl.;* **3.** *fig.* geistreich; *fig.* reizend, bezaubernd; *beauté f* **~e** auffallende Schönheit *f;* **II** *m* **4.** Stachel *m;* **5.** *fig. das* Pikante *n, der* Witz *m, die* Würze *f.*
pique (pik) **I** *f* **1.** Pike *f,* Spieß *m;* **2.** F *fig.* kleiner Krach *m,* kleine Reiberei *f;* **3.** *fig. à la* ~ *du jour* in aller Frühe; *être à cent* **~s** *au-dessus de q.* j-m turmhoch überlegen sein; *être à cent* **~s** *au-dessous de q.* j-m meilenweit (*od.* bei weitem) unterlegen sein; **II** *m Kartenspiel*: Pik *n.*
piqué (pi'ke) **I** *m* **1.** Steppstich *m;* **2.** ✝ Pikee *m* (*Stoff*); **3.** (Halb-)Verrückter *m;* **4.** ✈ (*vol m en*) ~ Sturzflug *m;* **II** *adj.* wurmstichig; *cuis.* sauer; stichig (*Wein*); ♪ kurz abgestoßen, stakkato; *fig.* pikiert, beleidigt; F ein bißchen verrückt.
pique|-assiette F (pika'sjɛt) *m* [6c] Schmarotzer *m,* Nassauer *m, fig.* Tellerlecker *m,* Parasit *m;* **~-feu** (~'fø) *m* [6c] Feuerhaken *m,* Schüreisen *n;* **~-nique** (~'nik) *m* Picknick *n;* **~-niquer** (~ni'ke) *v/i.* [1a] ein Picknick machen; **~-notes** (~'nɔt) *m* [6c] Zettelhaken *m.*
piquer (pi'ke) [1m] **I** *v/t.* **1.** stechen, pieken F, anbohren; beißen (*Schlange*); anpicken (*Vogel*); anfressen (*Würmer*); P klauen, stibitzen (= stehlen); ★ erdolchen; F *être piqué fig.* e-n Stich haben, nicht ganz normal sein; **2.** durchlöchern, punktieren; vorstechen; **3.** steppen, durchnähen; **4.** (*auf der Zunge*) beißen, prickeln, den Gaumen kitzeln; **5.** ~ *les tables,* ~ *l'assiette* herumschmarotzen; **6.** an-

spornen; reizen, verletzen, erzürnen, ärgern; ~ *la curiosité* Neugierde erwecken; **7.** ~ *des deux* (*wörtlich*: ~ *un cheval des deux éperons*) beide Sporen geben; *fig.* sich sehr beeilen; ~ *une tête* e-n Kopfsprung machen; **8.** ~ *un dessin* ein Muster 'durchstechen; **9.** ~ *une pierre* e-n Stein anrauhen; **10.** *cuis.* spicken, gewürzig machen; **11.** F ~ *une crise de fureur* von e-m Wutanfall plötzlich erfaßt werden; F ~ *un phare*, ~ *son* (*od.* *un*) *fard*, ~ *un soleil* erröten, rot werden; ~ *un chien* (*od.* *un somme od.* P *un roupillon*) (ein)schlafen, ein Schläfchen machen; ~ *une tête* e-n Kopfsprung machen; **12.** F *phot.* ~ *le sujet* die Person aufs Korn nehmen; **II** *v/i.* **13.** übel schmecken, angegangen sein, e-n Stich haben; im Munde prickeln; im Munde beißen (*Zwiebel*); *l'ortie pique* die Brennessel brennt; **14.** ✈ heruntergehen, e-n Sturzflug machen; * ✈ ~ *vers* ... Kurs nehmen auf ...; herunterkommen; *allg.* ~ *sur* ... losgehen auf ... (j-n *od.* etw. *acc.*); ~ *en plein sur* ... herabstoßen (*od.* niederprallen) auf (*acc.*); ~ *du nez en chute* abstürzen, abschmieren; **III** *v/rfl.* se ~ **15.** sich stechen; se ~ *le doigt* (*od.* *au doigt*) sich in den Finger stechen; **16.** einen Stich bekommen, sauer werden; (stock-)fleckig werden; **17.** *fig.* se ~ *de qch.* a) sich durch etw. (*acc.*) beleidigt (*od.* gekränkt) fühlen; gereizt werden; b) sich mit etw. (*dat.*) rühmen, mit etw. (*dat.*) angeben, etw. sein wollen; se ~ *d'honneur* s-e Ehre darein setzen; **18.** *fig.* P se ~ *le nez* sich besaufen.

piquet (pi'kɛ) *m* **1.** (Absteck-)Pfahl *m*; *raide comme un* ~ steif wie ein Stock; *écol.* *mettre au* ~ in die Ecke stellen; **2.** (*Zelt-*)Pflock *m*, *fig.* Hering *m*; *lever le* ~ das Zelt abbrechen; *planter le* ~ das Zelt aufschlagen; **3.** *bsd.* 🚂 ~ *d'arrêt* Markierpfahl *m*; **4.** ⚔ Feldwache *f*; kleine Abteilung *f*; diensthabende Abteilung *f* der Polizei, Bereitschaft(spolizei *f*) *f*; *être de* ~ sich in Bereitschaft befinden; ~ *de grève* Streikposten *m*; ~ *d'incendie* Brandwache *f*; **5.** Pikett(spiel *n*) *n*; *jouer au* ~ Pikett spielen; **~er** (pik'te) *v/t.* [1c] **1.** ⊕ *mit Pfählen* abstecken; **2.** punktieren; *piqueté de blanc* weiß getüpfelt; **~te** (pi'kɛt) *f* schlechter Wein *m*.

piqueur (pi'kœːr) *m* **1.** *ch.* Pikör *m*, Jagdreiter *m*, Treiber *m*; **2.** *man.* Be-, Vor-reiter *m*; **3.** *cuis.* Bratenspicker *m*; **4.** Bauaufseher *m*; ⊕ Vorarbeiter *m*, Aufseher *m*; 🚂 Bahn-, Werk-meister *m*; **5.** ⚒ Kohlenhauer *m*; **6.** ⊕ Aufhack-, Steinhack-maschine *f*; **7.** Steppmaschine *f*; **8.** F ~ *d'assiettes*, ~ *de tables* Nassauer *m*, Tellerlecker *m*, Schmarotzer *m*.

piqûre (pi'kyːr) *f* **1.** Stich *m*; ~ *de ver*, ~ *de mite*, ~ *de moustique*, ~ *d'épingle* Wurmstich *m*, Mottenloch *n*, Mücken-, Nadelstich *m*; ~ *de serpent* Schlangenbiß *m*; **2.** Stockfleck *m*; **3.** ⚕ Spritze *f*, Einspritzung *f*; **4.** ⊕ Steppstich *m*.

pira|te (pi'rat) *m* Pirat *m*, Seeräuber *m*; **~ter** (~'te) *v/i.* [1a] Seeräuberei treiben; stehlen, plagiieren; **~terie** (~ra'tri) *f* Seeräuberei *f*; *fig.* Erpressung *f*; Plagiat *n*.

pire (piːr) **I** *adj.* **1.** (*cmpr.*, *fast nur noch in feststehenden Redensarten, sonst statt dessen plus mauvais*) schlimmer; *il n'y a* ~ *eau que l'eau qui dort* stille Wasser sind tief; *allg.* *il est* ~ *que son frère* er ist schlimmer als sein Bruder; **2.** *als sup.*: *le* ~, *la* ~ der (die *od.* das) schlimmste *od.* schlechteste (*od.* *bisw.* ärgste); *de deux maux il faut éviter le* ~ von zwei Übeln muß man das kleinere wählen; **II** *m le* ~ das Schlechteste *n*, das Schlimmste *n*, das Ärgste *n*; *au* ~ schlimmstenfalls, im schlimmsten Falle; *si les choses en viennent au* ~ *od.* *en mettant les choses au* ~ wenn alle Stricke reißen, im äußersten Falle.

piriforme (piri'fɔrm) *adj.* birnenförmig.

pirogue ⚓ (pi'rɔg) *f* **1.** Kanu *n*; **2.** Einbaum *m*.

pirouet|te (pi'rwɛt) *f* **1.** Drehrädchen *n*; **2.** *Tanzkunst*: Pirouette *f*; **3.** *fig.* ~*s pl.* Ausflüchte *f/pl.*; plötzliche Meinungs- *od.* Gesinnungs-änderung *f*; schlechte Witze *m/pl.*; **~ter** (~rwɛ'te) *v/t.* [1a] sich im Kreise herumdrehen; pirouettieren; *fig.* schnell s-n Standpunkt ändern, Ausflüchte machen.

pis[1] (pi) **I** *adv.* (*cmpr.* *zu mal*) schlimmer, übler, ärger; *de mal en* ~, *de* ~ *en* ~ immer schlimmer; *tomber de mal en* ~ aus dem Regen in die Traufe kommen; *au* ~ *aller* schlimmstenfalls, im schlimmsten

Falle; *qui* ~ est was noch schlimmer ist, was das Schlimmste ist; **II** *m le* ~ das Schlimmste *n*; *le* ~ *du* ~ das Allerschlimmste *n*.

pis[2] (~) *m* Euter *n*.

pis-aller (piza'le) *m* [6c] Notbehelf *m*.

piscicole (pisi'kɔl) *adj.* Fischzucht...

piscicul|teur (~kyl'tœ:r) *m* Fischzüchter *m*; **~ture** (~'ty:r) *f* (künstliche) Fischzucht *f*.

pisci|forme (~'fɔrm) *adj.* fischförmig; **~ne** (pi'sin) *f* Badeanstalt *f*; Schwimmbassin *n*, Schwimmbad *n*; **~vore** *zo.* (~'vɔ:r) *m* Fischfresser *m*.

pisé ⚠ (pi'ze) *m* Stampfbau *m*.

piser ⚠ (~) *v/t.* [1a] mit Stampferde bauen.

pissat P (pi'sa) *m*, **pisse** P (pis) *f* (Tier-)Harn *m*; V Pisse *f* V.

pissenlit (pisɑ̃'li) *m* **1.** F Bettnässer *m* (*v. Kind*); **2.** ⚘ Löwenzahn *m*; P *manger les ~s par la racine* gestorben sein, die Radies|chen von unten begucken P.

piss|er (pi'se) *v/i.* [1a] pinkeln F, pissen V; **~eux** F (pi'sø) *adj.* [7d] schmutzig; **~euse** P (~'sø:z) *f* kleines Mädchen *n*; **~oter** P (~sɔ'te) *v/i.* [1a] oft u. wenig pissen V; **~otière** F (~sɔ'tjɛ:r) *f* Pißbude *f* V.

pistache ⚘ (pis'taʃ) *f* Pistazie *f*.

pistard *vél.* (pis'ta:r) *m* Bahnfahrer *m* (*Radsport*).

piste (pist) *f* **1.** Fährte *f*, Spur *f*, Trampel-weg *m*, -pfad *m*; **2.** *Sport*: (Kampf-)Bahn *f*, Strecke *f*; Rennbahn *f*; ~ *bétonnée*, ~ *cimentée* Zementbahn *f* (*für Radrennen*); ~ *cendrée* Aschenbahn *f*; ~ *routière* Straßenrennstrecke *f*; ~ *de sable* Sandbahn *f*; ~ *de danse* Tanzfläche *f*; ~ *à obstacles* Hindernisbahn *f*; **3.** ✈ ~ *de départ*, ~ *d'atterrissage*, ~ *d'envol*, ~ *bétonnée* Startbahn *f*, Start-, Roll-feld *n*; **4.** Rodelbahn *f*; **5.** *vél.* ~ *cyclable*, ~ *pour les cyclistes* Radfahrweg *m*; **6.** *cin.* ~ *sonore* Tonkanal *m*, Tonspur *f*, Tonstreifen *m*.

pister F (pis'te) *v/t.* [1a]: ~ *q.* j-m auflauern, auf j-n lauern; *Gäste* für ein Hotel werben.

pisteur (pis'tœ:r) *m* Kundensucher *m für e-e Bank*; (*Hotel-*) Gästewerber *m*; (*Polizei-*) Spitzel *m*.

pistil ⚘ (pis'til) *m* Stempel *m*.

pistolet (pistɔ'lɛ) *m* **1.** ⚔ Pistole *f*; ~ *d'arçon* Sattelpistole *f*; ~ *automatique* Selbstlader *m*; ~ *lance-fusées* Leuchtpistole *f*; ~ *d'ordonnance* Dienstpistole *f*; ~ *de poche* Taschenpistole *f*; *se battre au* ~ ein Pistolenduell *mit j-m* haben; **2.** ⊕ ~ *électrique*, ~ *de vernissage* automatischer Farbspritzer *m*, Zerstäuber-, Farbspritz-pistole *f*; ⊕ ~ *pour imprégnations métalliques* Metallisierungspistole *f*; **3.** ~ *à dessin* Kurvenlinial *n*; **4.** ⚕ F Harnglas *n*; **5.** P *un drôle de* ~ *fig.* ein komischer Kauz *m*; **6.** *in Belgien*: Brötchen *n*; **~-mitrailleur** (~mitrɑ'jœ:r) *m* [6a] Maschinenpistole *f*.

piston (pis'tɔ̃) *m* **1.** ⊕ Kolben *m*, Stempel *m*; Zündkegel *m*; *course f de* ~ Kolbenhub *m*; *fusil m à* ~ Perkussionsgewehr *n*; **2.** ♪ Klapphorn *n*; Klapphornbläser *m*; **3.** F Beziehungen *f/pl.*, Bezugsschein *m* B *plais.*; **~nage** F (~tɔ'na:ʒ) *m* Protektion *f*; **~ner** F (~tɔ'ne) *v/t.* [1a] **1.** protegieren, empfehlen; **2.** löchern, auf die Nerven fallen (*v. Kindern*).

pitaine * ⚔ (pi'tɛn) *m* Hauptmann *m*.

pitance (pi'tɑ̃:s) *f* Portion *f* Essen, Portion *f*; tägliche Nahrung *f*; *maigre* ~ magere Kost *f*, Fraß *m* P; *faire maigre* ~ kümmerlich leben.

pitaud (pi'to) *su.* [7] Bauernlümmel *m*; *f*: Landpomeranze *f*.

piteux (pi'tø) [7d] **I** *adj.* □ erbärmlich, jämmerlich; **II** *su. faire le* ~ sich jämmerlich anstellen.

pithécanthrope *zo.* (pitekɑ̃'trɔp) *m* Affenmensch *m*, Pithecanthropus *m*.

pitié (pi'tje) *f* Erbarmen *n*, Mitleid *n*; *digne de* ~ bedauernswert, bemitleidenswert; *par* ~ aus Mitleid; *ce serait grand-*~ es wäre jammerschade; *il me fait* ~ er tut mir leid; *cela fait* ~ *à voir* es ist ein Jammer mit anzusehen; (*chanter*) *à faire* ~ jämmerlich (singen); *prendre q. en* ~ j-n bemitleiden; *regarder q. en* ~ auf j-n verächtlich herabsehen; j-n verachten; *quelle* ~! ist das widerlich!

piton (pi'tɔ̃) *m* **1.** ⊕ Ringschraube *f*; **2.** P Zinken *m* P; **3.** *géol.* Bergspitze *f*.

pitoyable (pitwa'jablə) *adj.* □ **1.** jammervoll, bedauernswert, kläglich; **2.** miserabel, elend, sehr schlecht.

pitre ('pitrə) *m* Hanswurst *m*; *faire le* ~ albern sein; **~rie** (~trə'ri) *f* Posse *f*, Hanswurstiade *f*; *allg. péj.* ~*s pl.* Albernheiten *f/pl.*

pittoresque (pitɔ'rɛsk) **I** *adj.* □

malerisch, pittoresk; **II** *le* ~ *m* das Pittoreske *n* (*od.* Malerische); *fig.* *peindre qch. avec* ~ etw. in bunten Farben darstellen.

pitui|taire *anat.* (pitɥi'tɛ:r) **I** *adj.* Schleim...; *membrane f* ~ Schleimhaut *f*; **II** *f* Riechschleimhaut *f*; **~te** (pi'tɥit) *f* **1.** (*Nasen-, Magen-*) Schleim *m*; **2.** ⚕ Verschleimung *f*; schleimiges Erbrechen *n*; **~teux** ⚕ (~'tø) *adj. u. su.* [7d] Schleim...; Brustkranker *m*.

piu (pjy) *int.* piep! (*Vögel, Küken*).

pivert *orn.* (pi'vɛ:r) *m* Grünspecht *m*.

pivoine (pi'vwan) *f* **1.** ⚘ Pfingstrose *f*, **2.** *orn.* Dompfaff *m*.

pivot (pi'vo) *m* **1.** ⊕ Angel *f*, Spindel *f*, Zapfen *m*, Welle *f*; **2.** *fig.* Dreh-, Angel-punkt *m*; Haupt-stütze *f*, -person *f*; *il est le* ~ *d'une entreprise* er ist die Seele s-e Unternehmens; **3.** ⚕ *dent f à* ~ Stiftzahn *m*; **4.** ⚘ vertikale Pfahlwurzel *f*; **~able** (~vɔ'tablə) *adj.*, **~ant** (~'tɑ̃) *adj.* [7] ⊕ Schwenk..., drehbar; *Auto*: ausschwenkbar; ⚘ *racine f ~ante* perpendikulare, netzartige (Normal-)Wurzel *f*; **~er** (~'te) *v/i.* [1a] **1.** sich um s-e Angel drehen; *fig.* ~ *sur qch.* sich um etw. drehen; **2.** ⚘ e-e Pfahlwurzel treiben.

plac|age (pla'ka:ʒ) *m* **1.** ⊕ eingelegte Arbeit *f*, Furnierarbeit *f*, Bekleidung *f* mit Platten; ~ *en marbre* Marmorplatten-belag *m*, -bekleidung *f*; **2.** *fig. péj.* geistiges Flickwerk *n*; zusammengestümperte Arbeit *f*; **~ard** (~'ka:r) *m* **1.** Plakat *n*, Anschlag(zettel *m*) *m*; **2.** eingebauter Wandschrank *m*; **3.** *mén.* Verkleidung *f*, Feld *n* über e-r Tür; **4.** ⊕ *typ.* Fahnenabzug *m*; **5.** *journ.* mittlere Anzeige *f*; **6.** F dicke Schicht *f*; **7.** *Knast *m*, Karzer *m*; **8.** *péj. fig.* vierschrötiger Kerl *m*; **~arder** (~kar'de) *v/t.* [1a] **1.** öffentlich anschlagen; **2.** *men.* ein Feld über e-r Tür machen; **3.** *typ.* in Fahnen abziehen; **4.** *fig.* schriftlich verhöhnen, anprangern.

place (plas) *f* **1.** Platz *m*, Ort *m*, freier Raum *m*; *sur* ~ am hiesigen (*od.* dortigen) Ort; an Ort u. Stelle; *faire la* ~ die Kunden in e-r Stadt besuchen; Stadtreisender sein; ⚓ ~ *de transbordement* Umschlageplatz *m*; ✝ ~ *de paiement* Zahlungsort *m*; *par ~s* stellenweise; **2.** ~ (*publique*) öffentlicher Platz *m*, (Markt-)Platz *m*, Markt *m*; ~ *de sport* Sportplatz *m*; ~ *marchande* Handelsplatz *m*; *ehm.* *voiture f de* ~ Droschke *f*; ~ *d'armes* Paradeplatz *m*; **3.** Stelle *f*, Raum *m*; Stellung *f*; *à la* ~ *de* an Stelle von; ~ *debout* Stehplatz *m*; ~ *de devant* Rücksitz *m in der Kutsche od. im Eisenbahnwagen*; ~ *de fond* Vordersitz *m in der Kutsche*; *céder la* ~ *à q.* j-m den Platz räumen; *faites* ~ *!* (macht) Platz!; *se faire une* ~ sich Platz machen; *prendre* ~ Platz nehmen, sich setzen; *prendre de la* ~ Platz einnehmen; *tenir sa* ~ s-n Rang behaupten; *écol. avoir une bonne* ~ *à l'école* zu den Besten der Klasse gehören; *se tenir à sa* ~ nicht gedrängt sein; *demeurer en* ~ sich nicht vom Flecke rühren; *remettre qch. en* ~ etw. wieder an Ort u. Stelle tun (*od.* legen); *mettre en* ~ aufstellen; *fig. tenir une grande* ~ ein bedeutender Mann sein; *fig. se mettre à la* ~ *de q.* sich in j-s Lage versetzen (*od.* hineindenken); *sur* ~ auf der Stelle, sofort; *en* ~*!, à vos* ~*s!* auf die Plätze!; ⚔ *en* ~*, repos!* rührt euch!; **4.** Amt *n*, Dienst *m*, Stelle *f*; ~ *lucrative* einträglicher Posten *m*; ~ *vacante* freie Stelle *f*; *être sans* ~ stellungslos sein; *des hommes en* ~ Männer in Amt u. Würden; **5.** ✝ Börsenplatz *m*, Börse *f*; *jour m de* ~ Börsentag *m*; ~ *de change* Wechselplatz *m*; **6.** Stadt *f*; ~ *forte* (*od. fortifiée*) Festung *f*; ~ *de guerre* befestigte Stadt *f*.

placement (plas'mɑ̃) *m* **1.** (Auf-)Stellen *n*; Verstauen *n*; **2.** ✝ Anlegen *n von Geld*, Unterbringung *f*, Geld-, Kapitals-anlage *f*, Investierung *f*; angelegtes Geld *n*; (Waren-)Vertrieb *m*; *être d'un* ~ *facile* guten Absatz finden; ~ *à intérêts* zinsbringende Kapitalsanlage *f*; **3.** Anstellung *f*, Arbeitsvermittlung *f*; *bureau m de* ~ Arbeitsamt *n*; Stellenvermittlungsbüro *n*.

placenta ⚕ (plasɛ̃'ta) *m* Mutterkuchen *m*.

placer[1] (pla'se) [1k] **I** *v/t.* **1.** (hin-)legen, -stellen, -setzen; verstauen (*Gepäck*); ~ *q.* j-m e-n Platz anweisen; *bien placé* schön gelegen; *fig.* gut angebracht, schicklich; *avoir le cœur bien placé* das Herz auf dem rechten Fleck haben; ~ *sa confiance en q.* sein Vertrauen auf j-n setzen; **2.** anstellen, unterbringen, versorgen; **3.** *Geld* anlegen; Waren absetzen; *fin.* ~ *en bourse* auf der Börse anlegen; **II** *v/rfl.* se ~ **4.** Platz nehmen, sich setzen, sich stellen; *Sport*: se ~ *en troisième position* den dritten Platz belegen; **5.** in den Dienst treten; **6.** ✝ se ~ *bien* guten Absatz finden.

placer[2] *géol.* (pla'sɛ:r) ⚒ (*Fluß-*) Goldlager *n.*

placet (pla'sɛ) *m* Gesuch *n*, Eingabe *f*, Bittschrift *f*; ⚖ zur Terminbestimmung eingereichte Klageabschrift *f.*

placeur (pla'sœ:r) *su.* [7g] **1.** Verkäufer *m*, Handelsvertreter *m*, Hausierer *m*; Unterbringer *m*; **2.** *thé.* Platzanweiser *m*; **3.** Stellenvermittler *m.*

placid|e (pla'sid) *adj.* □ still, gelassen, ruhig, friedlich, selbstbeherrscht, sanft; **~ité** (~di'te) *f* Ruhe *f*, Gelassenheit *f*, Sanftmut *f.*

placier (pla'sje) *su.* [7b] **1.** Platzanweiser *m* (*auf dem Markt*); **2.** Handelsvertreter *m*, Stadtreisender *m*; **3.** Leiter *m* e-s Arbeits-amts *od.* -vermittlungsbüros.

plaf|ond (pla'fɔ̃) *m* **1.** ⚠ (Zimmer-) Decke *f*; ~ *vitré* Oberlicht *n*; **2.** Deckengemälde *n*; **3.** ✈ Maximalsteighöhe *f*; *Auto*: Höchstgeschwindigkeit *f*; **4.** ✝ Höchst-betrag *m*, -grenze *f*; **5.** P Birne *f* (= *Kopf*); **~onnage** ⚠ (~fɔ'na:ʒ) *m* Deckenarbeit *f*, Verschalung *f od.* Vergipsen *n* der Decke; **~onnement** *a.* ⚖ (~fɔn'mɑ̃) *m* Höchstbegrenzung *f*; **~onner** (~fɔ'ne) [1a] **I** *v/t.* **1.** ⚠ e-e Decke verschalen, vergipsen; *peint.* Deckenfiguren entsprechend verkürzen; **2.** ✈ äußerst hoch fliegen; **II** *v/i.* **3.** ~ *aux environs de* ... s-r Höchstgrenze bei ... erreichen; **4.** *fig.* keine Fortschritte mehr machen; **~onneur** ⚠ (~fɔ'nœ:r) *m* Vergipser *m*, Verschaler *m*; **~onnier** (~fɔ'nje) *m*: ~ (*électrique*) Decken-beleuchtung *f*, -lampe *f.*

plage (pla:ʒ) *f* **1.** flaches Gestade *n*, Küste *f*, Strand *m*; **2.** Seebad *n*; **3.** *fig. poét.* Gegend *f*; **4.** Fläche *f*; ⚓ ~ *arrière* Achterdeck *n*; ⚡ ~ *lumineuse d'un écran* Schirmbildfläche *f*; ✈ ~ *de départ* Rollbahn *f*, Startfläche *f.*

plagi|aire (plaʒ'jɛ:r) *adj. u. m*: (*auteur m*) ~ Plagiator *m*, *péj.* Abschreiber *m*; **~at** (~'ja) *m* Plagiat *n*, literarischer Diebstahl *m*; **~er** (~'je) *v/t.* [1a] *péj.* abschreiben.

plaid (plɛ) *m* **1.** Plaid *m od. n*; große, karierte, wollene Reisedecke *f*; **2.** schottischer, karierter Überwurfmantel *m.*

plaid|able ⚖ (plɛ'dablə) *adj.* verfechtbar; *jour m* ~ Gerichtstag *m*; **~ant** (~'dɑ̃) *adj.* [7] prozessierend, prozeßführend, streitend; **~er** ⚖ (~'de) [1b] **I** *v/i.* **1.** e-n Prozeß führen, prozessieren, plädieren, j-s Sache vor Gericht vertreten; *fig.* ~ *que* behaupten daß ...; *fig.* ~ *pour* sprechen für (*acc.*), weisen auf (*acc.*); ~ *contre q.* gegen j-n gerichtlich vorgehen; ~ *coupable* sich schuldig bekennen; ~ *au fond* zur Sache verhandeln; ~ *innocent* s-e Unschuld behaupten; ~ *en séparation* auf Scheidung klagen; **II** *v/t.* **2.** ~ *une cause* e-e Sache (*vor Gericht*) verteidigen (*od.* vertreten *od.* verfechten), e-n Prozeß führen; ~ *les circonstances atténuantes* milderne Umstände geltend machen; ~ *un moyen* ein Beweismittel vorbringen; ~ *son alibi* sein Alibi nachweisen (*od.* beibringen; **III** *v/rfl.* se ~ **3.** mit-ea. prozessieren; **4.** vor Gericht entschieden werden; **~eur** (~'dœ:r) *su.* [7g] **1.** Prozeßführender *m*; **2.** prozeßsüchtiger Mensch *m*; **~oirie** (~dwa'ri) *f* **1.** Prozessieren *n*; **2.** Verteidigungsrede *f*; **~oyer** (~dwa'je) *m* Plädoyer *n*, Verteidigungs-rede *f*, -schrift *f.*

plaie (plɛ) *f* **1.** Wunde *f* (*durch äußere od. innere Ursache, bsd. chir.*), wunde Stelle *f*; *fig.* wunder Punkt *m*; Plage *f* (*a. v. e-r Person*); Schaden *m*; ~ *contuse* Quetschwunde *f*; ~ *au front* Stirnwunde *f*; **2.** Riß *m der Baumrinde*; **3.** *fig.* Plage *f.*

plaignant ⚖ (plɛ'ɲɑ̃) *adj. u. su.* [7] klagend; Kläger *m*; ~ *en second* Nebenkläger *m.*

plain (plɛ̃) [7] **I** *adj.* eben, glatt, flach; *de ~-pied* in gleicher Ebene; *en ~e campagne* auf dem flachen Felde; **II** *m* Kalkbrühe *f* (*Gerberei*); **~-chant** ♪ (~'ʃɑ̃) *m* [6a] Gregorianischer Kirchengesang *m.*

plaindre ('plɛ̃:drə) [4b] **I** *v/t.* beklagen, bedauern; *ne pas ~ une dépense* e-e Ausgabe nicht scheuen; *il ne plaint pas sa peine* er scheut keine Mühe; **II** *v/rfl.* **se ~** klagen (*a.* ⚖), jammern; sich beschweren; sich beklagen.

plaine (plɛ:n) *f* Ebene *f*.

plain-pied (plɛ̃'pje) *m* [6c] **1.** Wohnung *f* aus mehreren Zimmern in einer Flucht; **2.** Bodenhöhe *f*; *adv.* **de ~** in gleicher Höhe, auf gleicher Ebene, zu ebener Erde, ebenerdig; *fig.* geradezu, mit Leichtigkeit; *la demeure donne de ~ sur la rue* die Wohnung liegt auf ebener Erde zur Straße zu.

plain|te (plɛ̃:t) *f* Klage *f* (*a.* ⚖); Wehklage *f*; Beschwerde *f*; *pousser des ~s* Wehklagen erheben; *livre m de ~s* Beschwerdebuch *n*; *déposer une ~* e-e Klage einreichen; ⚖ *~ en divorce* Klage *f* auf Ehescheidung; ⚖ *porter ~ contre inconnu* gegen Unbekannt klagen; *renvoyer des fins de la ~* freisprechen; **~tif** (plɛ̃'tif) *adj.* [7e] ☐ klagend.

plaire (plɛ:r) [4aa] **I** *v/i.* gefallen, angenehm sein; **II** *v/imp.* belieben; *comme il vous plaira* nach Ihrem Belieben; *s'il vous plaît* bitte; gefälligst; wenn ich bitten darf; *plaît-il?* wie beliebt?; *plût à Dieu (que cela fût)!* wollte es Gott (, daß dem so wäre)!; *à Dieu ne plaise!* das verhüte Gott!; **III** *v/rfl.* **se ~** *à qch.* Gefallen finden an etw. (*dat.*), Gefallen finden an (*dat.*), etw. gern haben *od.* tun; **se ~** *à faire qch.* etw. gern (*od.* mit Vorliebe) tun; **se ~** *dans un lieu* sich gern an e-m Orte aufhalten; gut gedeihen (*v. Pflanzen*); *je me plais ici* hier gefällt's mir.

plaisamment (plɛza'mɑ̃) *adv.* **1.** angenehm, scherzend, drollig; **2.** zum Spaß.

plaisan|ce (~'zɑ̃:s) *f* † Lust *f*, Vergnügen *n*; *heute nur noch in Zssgn mit* **de**: *château m de ~* Lustschloß *n*; *lieu m de ~* ländlicher Erholungsort *m*; **~cier** F (~zɑ̃'sje) *m* Vergnügungsreisender *m*.

plaisant (plɛ'zɑ̃) **I** *adj.* [7] (*adv. plaisamment*) **1.** angenehm; **2.** drollig, humoristisch; **3.** *vor su.*: lächerlich, seltsam; **II** *m* **4.** Spaßmacher *m*; *mauvais ~* übler Witzbold *m*; **5.** *das* Lustige *n*, *das* Drollige *n*; **~er** (~zɑ̃'te) [1a] **I** *v/i.* scherzen, spaßen, Scherz treiben; *il ne plaisante pas là-dessus* darin versteht er keinen Spaß; **II** *v/t.* ~ *q.* j-n aufziehen, j-n zum besten haben; **~erie** (~zɑ̃'tri) *f* **1.** Spaß *m*, Scherz *m*; *~ à part!* Spaß beiseite!; *cela passe la ~* das geht über den Spaß hinaus; *par manière de ~* zum (*od.* aus) Spaß; *mauvaise ~* übler Scherz *m*; Schabernack *m*; **2.** Spott *m*; **~in** *péj.* (~'tɛ̃) *m* herumwitzelnder Mensch *m*.

plaisir (plɛ'zi:r) *m* **1.** Vergnügen *n*, Freude *f*, Gefallen *m*, *poét.* Wonne *f*; *~ des yeux* Augenweide *f*; *à ~* nach Herzenslust; grundlos; *fait à ~* aus der Luft gegriffen; *par ~* aus (*od.* zum) Spaß; zum Versuch; *pour vous faire ~* um Ihnen entgegenzukommen; *cela fait ~ à voir* das ist e-e wahre Freude mit anzusehen; *prendre du ~ à q.* an j-m Gefallen finden; *prendre ~ à qch.* an etw. (*dat.*) Spaß haben; *avec ~* sehr gern, mit Vergnügen; *pour mon ~* zu m-m Vergnügen; *fig. bon ~* Willkür *f*; *régime m du bon ~* Willkürherrschaft *f*; *argent m pour les menus ~* Taschengeld *n/sg.*; **2.** *~ (des sens)* (Sinnen-) Lust *f*; *~s pl. de la table* Tafelfreuden *f/pl.*; **3.** *~s pl.* Belustigungen *f/pl.*; *aimer les ~s* vergnügungssüchtig sein; **4.** Unterhaltung *f*, Belustigung *f*, Zerstreuung *f*; 🚂 *train m de ~* Vergnügungszug *m*; **5.** Belieben *n*, Wille *m*, Genehmigung *f*; *car tel est notre bon ~* denn solches ist unser gnädigster Wille (*Formel in königlichen Erlassen*); **6.** Gefallen *m*; **7.** gerollter Oblatenkuchen *m*.

plan[1] (plɑ̃) **I** *adj.* [7] eben, flach; **II** *m* Ebene *f*, Fläche *f*; ✈ Flosse *f*, Fläche *f*; *thé. premier ~* Vordergrund *m*; *deuxième ~* Mitte *f* des Bühnenbildes; *troisième ~* Hintergrund *m*; *en premier (second) ~ auf Bildern:* vorn (hinten); *fig. sur le ~ industriel (commercial)* auf dem Gebiete der Industrie (des Handels); ✈ *~ horizontal* Höhen-, Stabilisierungsflosse *f*; *sur le ~ de la foi* auf dem Gebiete des Glaubens; *sur le ~ profane* auf weltlichem Gebiete; *sur le ~ confort* hinsichtlich des Komforts.

plan[2] (~) *m* **1.** Grundriß *m*, (Lage-) Plan *m*, Karte *f*; *écol. ~ de la classe* Klassenspiegel *m* (*Sitzordnung*); ⊕

~ *omnibus* Gesamtzeichnung *f*; ⚡ ~ *de montage* Schaltplan *m*; ⚔ *artill.* ~ *directeur* Meßplan *m*; ~ *en relief* Aufriß *m*; *tracer* (*od. dresser*) *un* ~ e-n Plan entwerfen; **2.** *fig.* Entwurf *m*, Plan *m*; ~ *d'ensemble* Gesamtplan *m*; ~ *de répartition*, ~ *de partage*, ~ *de distribution* Verteilungsplan *m*; ~ *de l'outillage national* Arbeitsbeschaffungsplan *m*; ✝ ~ *d'amortissement* Tilgungsplan *m*; *pol.* ~ *quinquennal* Fünfjahresplan *m*; ~ *de construction* Bauplan *m*; ~ *constructif* Aufbauplan *m*; P *tirer un* ~ e-n Plan schmieden; **3.** *laisser en* ~ *un travail important* e-e wichtige Arbeit liegen lassen; *laisser q. en* ~ j-n im Stiche lassen, versetzen; *rester en* ~ unentschieden bleiben; **4.** *cin.*, *phot. un gros* ~ e-e Großaufnahme *f*; *phot.* ~ *moyen*, ~ *général* halbnahe, totale Aufnahme *f*.

planage ⊕ (pla'na:ʒ) *m* Planierung *f*, Glätten *n*.

planche (plɑ̃:ʃ) *f* **1.** Brett *n*, Bohle *f*, Planke *f*, Diele *f*; ~ *à dessin* Zeichenbrett *n*; ~ *à repasser* Plättbrett *n*; ~ *de bord Auto*: Armaturenbrett *n*; ~ *de guidage* Leitplanke *f* (*Autostraße*); ~ *du tablier* Schaltbrett *n*, -tafel *f*; *faire la* ~ *Schwimmkunst*: auf dem Rücken schwimmen, sich treiben lassen; *avoir du pain sur la* ~ gut versehen (*od.* verproviantiert) sein, aus dem vollen schöpfen; **2.** *thé.* ~*s pl.* Bühne *f/sg.*; *monter sur les* ~*s* Schauspieler werden; **3.** ⚘ längeres (Gemüse-) Beet *n*; **4.** ~ *de l'étrier* Sohle *f* des Steigbügels; **5.** Metall-, Holz-platte *f*; (Kupfer-, Stahl-)Stich *m*, Holzschnitt *m*; **6.** ⚓ Laufplanke *f*; ⚓ *faire prendre la* ~ Matrosen entlassen; *fig.* ~ *de salut* letzte Rettung *f*.

planchéi|age ⊕ (plɑ̃ʃe'ja:ʒ) *m* Ausdielung *f*, Schalung *f*; **~er** ⊕ (~'je) *v/t.* [1a] dielen, mit Dielen belegen; **~eur** (~'jœ:r) *m* Dieler *m*.

plancher (plɑ̃'ʃe) *m* **1.** Balkenlage *f* zwischen den Stockwerken; **2.** Fußboden *m*, Diele *f*; **3.** (Zimmer-) Decke *f*; △ ~ *en éléments préfabriqués* Fertigteildecke *f*; **4.** ⚓ F ~ *des vaches* festes Land *n*; *habitué m du* ~ *des vaches* Landratte *fig.*

planchette (plɑ̃'ʃɛt) *f* Brettchen *n*; Meßtisch *m*; ⚔ *artill.* ~ *de batterie*, ~ *de tir* Batterieplan *m*; *dessin m de* ~ Meßtischblatt *n*; ⚡ ~ *à bornes* Klemmenbrett *n*; ~ *de raccordement* Klemm(en)leiste *f*; *phot.* ~ *de base* Laufboden *m*; ~ *à la monnaie* Zahlbrett *n*.

plançon ⚘ (plɑ̃'sɔ̃) *m* Setzling *m*, [Steckling *m*.]

plancton *biol.* (plɑ̃k'tɔ̃) *m* Plankton *n*.

plane[1] ⊕ (plan) *f* Schnitzmesser *n*.

plane[2] ⚘ (~) *m* Spitzahorn *m*.

planée ✈ (pla'ne) *f* Gleitflug *m*.

planement (plan'mɑ̃) *m* Schweben *n*.

planer[1] ⊕ (pla'ne) *v/t.* [1a] ebnen, planieren, schlichten, glatt machen.

planer[2] (~) *v/i.* [1a] (*in der Luft*) schweben; ✈ *vol m plané* Gleit-, Segel-flug *m*; *fig.* ~ *sur qch.* über etw. (*acc.*) erhaben sein.

plan|étaire (plane'tɛ:r) **I** *adj.* Planeten...; **II** *m* Planetarium *n*; **~ète** (~'nɛt) *f* Planet *m*.

planeur (pla'nœ:r) *m* **1.** Planierer *m*, Plattenschleifer *m*; **2.** ✈ Segelflugzeug *n*, Lastensegler *m*.

planeuse ⊕ (pla'nø:z) *f* Planiermaschine *f*.

plani|fication *pol.*, *éc.* (planifika'sjɔ̃) *f* Planung *f*; *comité m de* ~ Planungsausschuß *m*; **~fier** ✝ (~'fje) *v/t.* [1a] planmäßig lenken; *économie f planifiée* gelenkte Wirtschaft *f*; **~mètre** ⚠ (~'mɛtrə) *m* Planimeter *n*; **~métrie** ⚠ (~me'tri) *f* Planimetrie *f*; **~sme** *éc.* (~'nism) *m* Planwirtschaft *f*; **~sphère** 🕮 (~'sfɛ:r) *f* Erdkarte *f*.

planking *Sport* (plɑ̃'kiŋ) *m*: *faire du* ~ wellenreiten.

plan-masse △ (plɑ̃'mas) *m* [6a] [Lageplan *m*.]

planning ⊕ (pla'niŋ) *m* Planung *f*.

planque * (plɑ̃:k) *f* Versteck *n*, Unterschlupf *m*; Druckposten *m*.

planquer * (plɑ̃'ke) [1m] **I** *v/t.* verstecken; **II** *v/rfl.* se ~ a) sich drücken; b) e-e gute Anstellung finden, gut unterkommen.

plant (plɑ̃) *m* **1.** ⚘ Pflänzling *m*, Setzling *m*; **2.** ~*s pl.* Pflanzschule *f*, Schonung *f*; **~age** (~'ta:ʒ) *m* Pflanzen *n*; **~ain** ⚘ (~'tɛ̃) *m* Wegerich *m*.

plantaire ⚕ (plɑ̃'tɛ:r) *adj.*: *réflexes m/pl.* ~*s* Fußsohlenreflexe *m/pl.*

plantation (plɑ̃tɑ'sjɔ̃) *f* **1.** Pflanzen *n*, Anpflanzung *f*; *a. thé.* Aufstellen *n* (*der Bühnendekoration*); **2.** Anlage *f*; Baumpartie *f*; *jeune* ~ Schonung *f*; **3.** Pflanzung *f*, Plantage *f*.

plante[1] (plɑ̃:t) *f* **1.** Pflanze *f*, Ge-

wächs *n*; Kraut *n*; ~ *aquatique*, ~ *marine*, ~ *vénéneuse* Wasser-, See-, Gift-pflanze *f*; ~ *économique* Nutzpflanze *f*; ~ *d'intérieur* Zimmerpflanze *f*; *jardin m des ~s* botanischer Garten *m*; **2.** junge Rebe *f*.
plante[2] (~) *f*: ~ *du pied* Fußsohle *f*.
planter (plɑ̃'te) [1a] *v/t*. **1.** (an-) pflanzen; *fig*. ~ *ses choux* sich (aufs Land) zurückziehen; **2.** bepflanzen; **3.** in die Erde setzen *od.* stellen *od.* stecken *od.* schlagen; **4.** hinsetzen, hinstellen, aufstellen; ~ *là q.* j-n im Stiche lassen, j-n sitzen lassen; ~ *là qch.* etw. aufgeben *od.* an den Nagel hängen; **5.** ~ *sur la tête* aufstülpen (*Mütze, Hut*).
plan|teur (plɑ̃'tœ:r) *m* Pflanzer *m*; Plantagenbesitzer *m*; **~teuse** ⊕ (~'tø:z) *f* Kartoffelpflanzmaschine *f*.
plantigrade *zo.* (plɑ̃ti'grad) *m u. adj.*: (*animal m*) ~ Sohlengänger *m*.
plantoir ↗ (plɑ̃'twa:r) *m* Pflanz-, Steck-holz *n*.
planton ⚔ (plɑ̃'tɔ̃) *m* Ordonnanz *f*, Meldereiter *m*.
plantule ↗ (plɑ̃'tyl) *f* Keim *m*.
plantureux (~ty'rø) *adj.* [7d] □ reichlich, üppig; fruchtbar; F drall; F stattlich; reichhaltig (*Essen*); *style m* ~ gehaltvoller Stil *m*.
planure ⊕ (pla'ny:r) *f* Späne *m/pl*.
plaqu|e (plak) *f* **1.** Platte *f*; Täfelchen *n*; *phot.* (Trocken-)Platte *f*; Platte *f*, Fleck *m*; ⚡ Anode *f*; Elektrode *f*; △ ~ *isolante* Isolier-, Leichtbau-platte *f*; *allg.* ~ *lumineuse* Leuchtplatte *f*; ~ *de blindage* (*od. de cuirassement*) Panzerplatte *f*; ~ (*en*) *ébonite* Hartgummiplatte *f*; △ ~ *de liège* Korksteinplatte *f*; ⊕ ~ *de serrage* Klemmplatte *f*; ~ *en fibres de bois* Holzfaserplatte *f*; △ ~ *ondulée* Wellplatte *f*; **2.** ↗ Ackerstreifen *m*; **3.** Stern *m e-s Ordens*; **4.** metallenes Schild *n*; Türschild *n*; Plakette *f*; *Auto*: ~ *du constructeur* Typen-, Marken-schild *n*; ~ *d'identité* Erkennungsmarke *f*; *Auto*: ~ *d'immatriculation* Nummernschild *n*; ~ *d'amiante* Asbestplatte *f*; ~ *commémorative* Gedenktafel *f*; ~ *de signalisation*, ~ *indicatrice* Verkehrsschild *n*; **5.** 🚂 ~ *tournante* Drehscheibe *f*; **6.** *Waffenfabrikation*: Stichblatt *n*; **~é** (pla'ke) *m* plattierte Arbeit *f*, Plattierung *f*; ~ *d'or* Talmigold *n*; **~er** (~) *v/t.* [1m] **1.** belegen, bekleiden; überziehen; *men.* furnieren; *les cheveux plaqués* mit angeklatschten Haaren; **2.** ♪ ~ *des accords* Akkorde anschlagen; *fig.* ~ *qch. au nez de q.* j-m etw. ins Gesicht sagen; **3.** P, *a. Sport*: ~ *q.* j-n im Stich lassen; j-n kaltstellen; j-n versetzen, sitzen lassen; **~ette** (~'kɛt) *f* **1.** kleine Platte *f*; Plakette *f*; ⚕ ~ *sanguine* Blutplättchen *n*; **2.** Bändchen *n*, Broschüre *f*; **~eur** (~'kœ:r) *m* Furnierer *m*, Plattierer *m*.
plasma ⚕ (plas'ma) *m*: ~ *sanguin* Blutplasma *n*.
plasti|c ⛏ (plas'tik) *m* Sprenggelatine *f*; **~cien** (~'sjɛ̃) *m* Formgeber *m*; **~cité** (~si'te) *f* Formbarkeit *f*, Plastizität *f*, Bildsamkeit *f*; *fig.* Gefühl *n* für Gegenständlichkeit; **~feutre** ⊕ (~'fø:trə) *m* Bodenbelag *m* aus Plastik; **~fié** ⊕ (~'fje) *adj.*: *tissu m* ~ Plastikgewebe *n*; **~quage** (~'ka:ʒ) *m* Plastikattentat *n*; **~que** (~'tik) **I** *adj.* **1.** bildsam, plastisch; ⊕ *matière f* ~ = ~ II; **2.** *physiol.* stoffbildend; **3.** plastisch, körperlich gestaltend; *art m* ~ Plastik *f*, Modellierkunst *f*; *arts m/pl.* ~*s* bildende Künste *f/pl.*; **II** *m* Plastik-, Preß-, Kunst-, Werkstoff *m*, Kunstharz *m*; **III** *f sculp.* Plastik *f*; **~queur** (~'kœ:r) *m* Plastik-Attentäter *m*.
plastron (plas'trɔ̃) *m* **1.** † ⚔ Brustharnisch *m*; **2.** *esc.* Schutz-, Brustleder *n*; ⊕ Schurzfell *n*; ⚔ markierter Feind *m*; *fig.* Schutz *m*; *fig.* Zielscheibe *f des Spottes*; **3.** Hemdeinsatz *m*, Vorhemd *n*; **~ner** (~trɔ'ne) *v/i.* [1a] sich brüsten.
plat (pla) **I** *adj.* [7] □ **1.** eben, flach, platt; *avoir la bourse ~e* wenig Geld haben; *pied m* ~ Senkfuß *m*; *fig. être à* ~ kaputt sein, ab sein, abgespannt sein; ⚡ leer sein (*Batterie*); *Auto*: auf Latschen stehen, Plattfuß haben; *auch rein* ⚕: *être* (*od. se trouver*) *à* ~ e-n Nervenknacks haben, vollkommen fertig sein; *thé. tomber à* ~ gänzlich durchfallen; *fig. se mettre à* ~ *ventre fig.* kriechen, katzbuckeln; *advt. tomber tout* ~ der Länge nach hinfallen; **2.** *calme m* ~ Windstille *f*; *fig.* vollständige Geschäftsstille *f od.* Flaute *f*; **3.** fade (*Wein*); *fig.* geistlos, seicht, fade, platt (*Stil*); ausdruckslos; *fig.* unterwürfig; *fig. esprit m* ~ Flachstirn *f*; **II** *m* **4.** Fläche *f*; flacher Teil *m*, flache Seite *f*; *le* ~ *de la main* die flache Hand *f*, die Handfläche *f*; *le* ~

d'épée die flache Klinge *f*; **5.** *fig. péj. das* Abgeschmackte *n*, *das* Fade; **6.** Schüssel *f*; Gericht *n*; ~ *aux œufs* Eiergericht *n*; *œufs m/pl. sur le* ~ Spiegeleier *n/pl.*; ~ *unique* Eintopf(essen *n*) *m*; ~ *à barbe* Barbierbecken *n*; F *mettre les pieds dans le* ~ ins Fettnäpfchen treten; F *donner un* ~ *de son métier* e-e Probe s-r Kunst geben; **7.** Schale *f*; ~ *de balance* Wiegeschale *f*; **8.** P *faire du* ~ *à q.* j-m den Hof machen; j-m schmeicheln; j-m um den Bart schmieren.

platane ⚘ (pla'tan) *m* Platane *f*.

plat-bord ⚓ (pla'bɔ:r) *m* [6a] Dollbord *n*.

plateau (pla'to) *m* **1.** Tablett *n*; Tischplatte *f*; Präsentier-teller *m*; -brett *n*; **2.** Wiegeschale *f*; **3.** Plateau *n*, Hochebene *f*; **4.** (Plan-) Scheibe *f*; ~ *électrique* Elektrisierscheibe *f*; *dial. in Belgien*: 🚂 ~ *tournant* Drehscheibe *f*; **5.** *thé.* Bühne *f*; **6.** *télév.* Aufnahme-, Sende-raum *m*, Fernstudio *n*; **7.** ⊕ Stapelbrett *n*; **8.** *négresse f à* ~*x* Negerin *f* mit Tellerlippen.

plate-bande (plat'bɑ̃:d) *f* [6a] **1.** ↗ schmales Gartenbeet *n*; F *fig. marcher sur les* ~*s de q.* j-m ins Gehege kommen; **2.** Einfassung *f*, Streifen *m*; **3.** △ Band *n*, Bortensims *m*. [**2.** △ Grundmauer *f*.]

platée (pla'te) *f* **1.** Schüsselvoll *f*;

plate-forme (plat'fɔrm) *f* [6a] **1.** Söller *m*, Zinne *f*; **2.** Plattform *f e-s Omnibusses usw.*; ~ (*d'une locomotive*) Führerstand *m*; *Straßenbahn*: ~ *avant* (*derrière*) vordere (hintere) Plattform *f*; ⊕ ~ *de chargement* Ladebühne *f*; **3.** (Garten-) Terrasse *f*; **4.** 🚂 offener Güterwagen *m*, Plattformwagen *m*; **5.** ~ (*électorale*) Wahlprogramm *n*; **6.** ⊕ ~ *roulante* laufendes Band *n*; **7.** ⚔ ~ *de tir* Schießbühne *f*; **8.** ⚔ Geschützbettung *f*; **9.** △ a) Baufläche *f* für das Grundmauerwerk; b) Terrassendach *n*.

platelage (plat'la:ʒ) *m* Bohlen-, Brücken-belag *m*. [rung *f*.]

platinage (plati'na:ʒ) *m* Platinie-

platine[1] (pla'tin) *f* **1.** (Gewehr-) Schloß *n*; ~ *à rouet* Radschloß *n*; ~ *à silex* Steinschloß *n*; **2.** ⊕ *serr.* Schlüssel-, Schloß-blech *n* an der Tür; **3.** Mundwerk *n*.

platin|e[2] (~) *m* Platin *n*; ~**er** (~'ne) *v/t.* [1a] platinieren; *Haare* blondieren; ~**otypie** *phot.* (~nɔti'pi) *f* Platindruck *m*.

platitude (plati'tyd) *f* **1.** Schalheit *f* (*Wein*); **2.** *fig.* Plattheit *f*, Seichtheit *f*, Gedankenarmut *f*; Binsenwahrheit *f*, Geschmacklosigkeit *f*, geistige Verflachung *f*; ~*s pl.* Mangel *m* an Selbstbewußtsein, Kriecherei *f*, Katzbuckelei *f*, Speichelleckerei *f*, Muckertum *n*; *tomber dans la* ~ geistig verflachen.

platoni|cien *phil.* (platɔni'sjɛ̃) *adj. u. su.* [7c] platonisch; Platoniker *m*; ~**que** (~'nik) *adj. fig.* platonisch, ideal; *vœu m* (*tout*) ~ frommer Wunsch *m*; ~**sme** *phil.* (~'nism) *m* Platonismus *m*, platonische Lehre *f*; *fig.* platonische Liebe *f*.

plâtr|age (plɑ'tra:ʒ) *m* **1.** △ Gipsarbeit *f*; Vergipsen *n*; **2.** ↗ Düngen *n* (*des Weins*) mit Gips; **3.** *fig.* Pfuscherei *f*; ~**as** (~'trɑ) *m* (*a. im pl.*) Gipsschutt *m*.

plâtr|e ('plɑ:trə) *m* **1.** Gips *m*; ~ *de plafond* Deckenputz *m*; *plafond m de* ~ Gipsdecke *f*; ~ *cru* ungebrannter Gips *m*; ~ *gâché* Gipsbrei *m*; ~ *noyé* ganz dünn angerührter Gips *m*; *battre* (*od. rosser*) *q. comme* ~ j-n windelweich schlagen; **2.** Gips-abguß *m*, -figur *f*; *tirer un* ~ *sur q.* e-e Gipsmaske von j-s Gesicht abnehmen; **3.** ~*s pl.* Gipsarbeit *f*; ~**é** (plɑ'tre) *adj.* **1.** ⚕ im Gipsverband; **2.** *fig.* erheuchelt, Schein...; *paix f* ~*e* Scheinfriede *m*; ~**er** (~) *v/t.* [1a] **1.** vergipsen; *fig.* hin-, zusammen-pfuschen; **2.** ↗ (*Wein*) mit Gips düngen; **3.** *fig.* bemänteln; ~**erie** (~trə'ri) *f* **1.** Gipsfigur *f*; **2.** Gipsbrennerei *f*; **3.** Gipshandlung *f*; ~**eux** (~'trø) *adj.* [7d] gipsartig; ~**ier** (~tri'e) *m* **1.** Gipser *m*, Gipsarbeiter *m*; △ Putzer *m*; **2.** Gips-brenner *m*, -händler *m*; ~**oir** △ (~'trwa:r) *m* Gipskelle *f*.

plausible (plo'ziblə) *adj.* □ annehmbar, plausibel, triftig.

plèbe (plɛb) *f* Plebs *m od. f*, Pöbel *m*.

plébéien (plebe'jɛ̃) *su.* [7c] einfacher Mann *m* aus dem Volke.

plébiscit|aire (plebisi'tɛ:r) *adj.*: *vote m* ~ Volksabstimmung *f*; ~**e** (~'sit) *m* Volksentscheid *m*; Volksabstimmung *f*; ~**er** (~'te) *v/t.* [1a]: ~ *qch.* über etw. (*acc.*) durch e-e Volksabstimmung entscheiden.

plein (plɛ̃) **I** *adj.* [7] □ **1.** voll, angefüllt; ~*e* trächtig; *bandage m* ~ Vollgummireifen *m*; *caractère m* ~ fette Schrift *f*; *être* ~ betrunken sein; ~ *comme un œuf* voll bis oben hin, gestopft voll; *verser* ~ vollgießen; *à* ~ *bord* bis an den Rand gefüllt; *à* ~*es mains* mit vollen Händen, reichlich; *crier à* ~*e gorge* aus vollem Halse schreien; *men. porte f* ~*e* massive Tür *f*; P *s'en mettre* ~ *la lampe* sich den Bauch vollschlagen; **2.** *fig.* ~ *de qch.* reichlich mit etw. (*dat.*) versehen, durchdrungen von etw. (*dat.*); ~ *de soi* von sich eingenommen; *il est* ~ *d'expédients* er weiß sich immer zu helfen; *être* ~ *de bonnes intentions* die besten Absichten haben; *bibl.* ~ *de jours* hochbetagt; **3.** beleibt, fett; *avoir le visage* ~ vollwangig sein, ein volles Gesicht haben; **4.** vollständig, reichlich; *en* ~ *rapport* in voller Ertragsfähigkeit; *huit jours* ~*s* volle acht Tage; ~ *emploi* Vollbeschäftigung *f*; ~(*s*) *pouvoir*(*s*) (unbeschränkte) Vollmacht *f*; *de* ~ *droit* mit vollem Recht; *de son* ~ *gré* aus freiem Antrieb; *en* ~*e marche* in vollem Marsch; *en* ~ *repos* in aller Ruhe; *faire travailler le moteur à* ~ den Motor voll beanspruchen; **5.** inhaltreich, gehaltvoll; *vie f* ~ ausgefülltes Leben *n*; **6.** *en* ~ *mit su.* mitten in (*dat.*); *en* ~ *air*, *en* ~*e campagne* (*od. nature*) unter freiem Himmel, im Freien; *en* ~ *été* im Hochsommer; *en* ~ *hiver* mitten im Winter; *en* ~ *jour* (*od. midi*) am hellerlichten Tage; *mettre en* ~ *jour* offen darlegen; *en* ~*e rue* auf offener Straße; **7.** ⚓ ~*e mer* offene See *f*; größte Höhe *f* der Flut; **8.** *avoir de l'argent* ~ *ses poches* die Taschen voller Geld haben; (*tout*) *en* ~ völlig, vollständig; ⚓ *s'aborder en* ~ sich Bug gegen Bug rammen; **II** *m* **9.** *phys.* voller Raum *m*; **10.** (*roue f avec*) ~ (Rad *n* mit) Vollgummireifen *m*; **11.** ausgefüllter Raum *m*, Fülle *f*, Vollständigkeit *f*; *fig.* Höhepunkt *m*; *faire son* ~ *de qch.* sich mit etw. (*dat.*) eindecken (*od.* genügend versehen); *Auto*: *faire le* ~ *avec de l'huile* Öl nachfüllen; *Auto u.* ✈ *faire son* ~ *od. faire le* ~ tanken; ~ *d'un mur* massives Mauerwerk *n*; *le trop* ~ das Übermaß *n*; *la lune est dans son* ~ es ist Vollmond; ⚓, ✈ *avoir son* ~ voll befrachtet sein; *fig.* sternhagel betrunken sein; *fig. la fête bat son* ~ das Fest ist auf s-m Höhepunkt angelangt; **12.** Grundstrich *m* (*Schrift*); **13.** ~ (*d'un bois*) Mitte *f* e-s Gehölzes; **14.** *mettre dans le* ~ ins Schwarze treffen; *un* ~ *dans le but* ein Volltreffer *m*; **15.** ⚓ hohe Flut *f*; *au* ~ bei hoher Flut; **III** *adv.* F *tout* ~ viel(e); *il a tout* ~ *d'envieux* er hat viele Neider.

plein(-)air (plɛ'nɛːr) *m* [6a] Freilicht-malerei *f*, -gemälde *n*; ~**iste** (plɛnɛ'rist) *su.* Freilichtmaler *m*

pleinement (plɛn'mɑ̃) *adv.* völlig.

plénier (ple'nje) *adj.* [7b] Plenar..., allgemein, vollkommen; *assemblée f plénière* Vollversammlung *f*; *séance f plénière* Plenarsitzung *f*; *rl. indulgence f plénière* vollkommener Ablaß *m*.

plénipotentiaire (plenipɔtɑ̃'sjɛːr) *adj. u. m*: (*ministre m*) ~ bevollmächtigt(er Gesandter *m*), Bevollmächtigter *m*.

plénitude (pleni'tyd) *f* **1.** Fülle *f*, Überfülle *f*, Überfluß *m*; ~ *de vie* Lebensfülle *f*; *avoir recouvré la* ~ *de sa santé* vollkommen wiederhergeslelt sein; **2.** *bibl.* ~ *des temps* Erfüllung *f* der Zeit; **3.** ⚕ ~ (*d'humeurs*) Vollsaftigkeit *f*.

pléonas|me *rhét., gr.* (pleɔ'nasm) *m* Pleonasmus *m*, Wortüberfluß *m*; ~**tique** (~'tik) *adj.* pleonastisch.

plétho|re (ple'tɔːr) *f* **1.** ⚕ Vollblütigkeit *f*; ⚘ Vollsaftigkeit *f*; **2.** *fig.* Riesenmenge *f*, Masse *f*, Überfülle *f*, Überfluß *m*; ~ *de papier-monnaie* Riesenmenge *f* Papiergeld; *y avoir* ~ *de ...* im Überfluß vorhanden sein; ~**rique** (~tɔ'rik) *adj. u. su.* ⚕ vollblütig; ⚘ vollsaftig; *fig.* im Überfluß, überreichlich; ⚡ überlastet; *abus.* zahlreich; ⚕ Vollblütiger *m*.

pleural ⚕ (plœ'ral) *adj.* [5c] Brust-, Rippen-fell...; ~**gie** ⚕ (~'ʒi) *f* Seitenschmerz *m*, Pleuralgie *f*.

pleurard (plœ'raːr) **I** *adj.*: *ton* ~ weinerlicher Ton *m*; **II** *su.* weinerlicher Mensch *m*.

pleure|-misère (plœrmi'zɛːr) *su.* [6c] Person *f*, die dauernd Not u. Elend vortäuscht; Mitleidssucher *m*; ~**-pain** (~'pɛ̃) *su.* [6c] dauernd klagender Geizkragen *m*.

pleurer (plœ're) [1a] **I** *v/i.* **1.** weinen; ~ *de joie* vor Freude weinen; ~ *à chaudes larmes* bittere Tränen vergießen, bitterlich weinen; ~ *sur q.* um j-n trauern; **2.** tränen, triefen (*Augen*); **II** *v/t.* beweinen; lebhaft bedaurn; F *il pleure le pain qu'il mange* er gönnt sich das liebe Brot nicht; **~ie** F (plœr'ri) *f* Weinerei *f*, Heulerei *f*.

pleurésie ⚕ (plœre'zi) *f* Rippenfell-, Brustfell-entzündung *f*.

pleur|eur (plœ'rœ:r) [7g] *adj.* weinerlich; ⚘ *saule m* ~ Trauerweide *f*; **~euse** (~'rø:z) *f* Klageweib *n*; **~eux** (~'rø) *adj.* [7d] verweint; *géol. roche f pleureuse* Tropfstein *m*.

pleurnich|er (plœr'ʃe) *v/i.* [1a] flennen; weinerlich tun; **~erie** (~ʃ'ri) *f* Geflenne *n*.

pleuronecte *icht.* (plœrɔ'nɛkt) *m* Scholle *f*.

pleurs (plœ:r) *m/pl.* (*pleur m/sg. mst. poét. od. plais.*) Tränen *f/pl.*; *essuyer les ~ de q.* j-n trösten; *être tout en ~, être noyé de ~* ganz in Tränen sein; *fondre en ~* in Tränen zerfließen.

pleutre ('plø:trə) *m* Feigling *m*, Lumpenkerl *m*, Schlappschwanz *m* F; *tas m de ~s* Lumpenpack *n*; **~rie** (~trə'ri) *f*: *commettre une ~* feige handeln, sich drücken, kneifen F.

pleuviner F (plœvi'ne) *v/i.* [1a] nieseln, fein regnen.

pleuvoir (plœ'vwa:r) [3e] *v/i. u. v/imp.* **1.** regnen; *il pleut à verse* (*od. à torrents od. à seaux od. des hallebardes*) es gießt in Strömen; **2.** *fig.* ~ *sur* massenweise herabfallen auf (*acc.*), überschüttet werden; *les honneurs pleuvent sur lui* er wird mit Ehrungen überschüttet.

plèvre *anat.* ('plɛ:vrə) *f* Brust-, Rippen-fell *n*.

plexiglas(s) ⊕ (plɛksi'glas) *m* Plexiglas *n*.

pleyon ⚒ (plɛ'jɔ̃) *m* Bindereis *n*.

pli (pli) *m* **1.** Falte *f*; ~ *de pantalon* Hosenfalte *f*; *faire des ~s* Falten werfen; *égaliser* (*od. refaire*) *les ~s* die Falten glatt streichen; *ne pas faire un* (*petit*) ~ glatt sitzen; *faire un ~ à qch.* etw. kniffen; *fig. cela ne fait pas un ~* das macht gar keine Schwierigkeit; ~ *de terrain* Bodenfalte *f*, -senkung *f*; **2.** (Brief-)Umschlag *m*; Brief *m*; *sous ce ~* in der Anlage, beiliegend; ~ *cacheté* versiegelter Brief *m*; **3.** *fig.* Wendung *f*; Gewohnheit *f*; *il a pris son ~* er wird nun nicht mehr anders; er bleibt so, wie er ist; *le ~ est pris* daran läßt sich nichts mehr ändern; *prendre un faux ~* sich falsch an etw. gewöhnen, *fig.* e-n falschen Weg gehen (*od.* einschlagen); **4.** Runzel *f*; **5.** *Kartenspiel*: Stich *m*; **6.** *anat.* Biegestelle *f*; **7.** ⊕ Falz *m*; ⚠ einspringender Winkel *m e-r Mauer*; **~able** (pli'ablə) *adj.* biegsam; *fig.* lenksam, leitbar; **~age** ⊕ (pli'a:ʒ) *m* Biegen *n*, Falten *n*; Falzen *n*; Zusammenlegen *n*; **~ant** (~'ɑ̃) *adj.* [7] *u. m* biegsam, geschmeidig; *fig.* lenksam; *canot m ~* Faltboot *n*; *phot. appareil m* (*photographique*) ~ Klappkamera *f*; *fauteuil m ~* Klappsessel *m*; *chaise f ~e* Klappstuhl *m*; *table f ~e* Klapptisch *m*; *le ~* das Klappstühlchen *n*.

plie *icht.* (pli) *f* Scholle *f*.

plier (pli'e) [1a] **I** *v/t.* **1.** (zusammen)falten, in Falten legen, zusammenlegen; ein-, zusammenpacken; ~ *bagage* sein Bündel schnüren; **2.** biegen, beugen, krümmen; ~ *la loi aux circonstances* das Recht den Umständen nach beugen; **3.** *fig.* beugen, bezwingen, gewöhnen; ~ *q. au joug* j-n an das Joch gewöhnen; ~ *q. à* (*mit inf.*) j-n bewegen, zu ...; **4.** ⊕ ~ *des feuilles* Bogen falzen; **II** *v/i.* **5.** sich biegen, sich krümmen; *fig.* ~ *sous le poids des années* unter der Last der Jahre zusammenbrechen; **6.** ⚔ (zurück)weichen, wanken; *fig.* nachgeben; **III** *v/rfl.* *se ~* sich biegen *od.* gebogen werden, sich krümmen; *fig. se ~ à* sich fügen in (*acc.*), sich anpassen (*dat.*); *péj.* das Mäntelchen nach dem Winde drehen.

pli|eur (pli'œ:r) *su.* [7g] Zusammenleger *m*; Falzer *m*; ⊕ Faltennäher *m an der Nähmaschine*; **~euse** ⊕ (pli'ø:z) *f* Faltmaschine *f*.

plinthe ⚠ (plɛ̃:t) *f* Säulenplatte *f*; Leiste *f*, Scheuerleiste *f*.

plioir ⊕ (pli'wa:r) *m* **1.** Falzbein *n*; Papiermesser *n*; **2.** Stück *n* Holz *zum Aufwickeln e-r Angelleine.*

pliss|age (pli'sa:ʒ) *m* Falten *n*; **~é** (pli'se) *m* Plissée *n*; **~ement** *géol.* (plis'mɑ̃) *m* Falte *f*, Faltung *f*; **~er** (~'se) [1a] **I** *v/t.* falten, fälteln, in Falten legen; kniffen; ~ *le front* die Stirn runzeln; ~ *une robe* ein Kleid plissieren; **II** *v/i.* Falten werfen.

plissure (pli'sy:r) *f* Falten *n u. f/pl.*; Gefaltetes *n*.

pliure ⊕ (pli'y:r) *f* Falzung *f*.

plomb (plɔ̃) *m* **1.** Blei *n*; ⚡ Sicherung *f*; *de* ~ bleiern; *mine f de* ~ Graphit(stift *m*) *m*, Reißblei *n*; *sommeil m de* ~ sehr tiefer Schlaf *m*; *balle f de* ~ Bleikugel *f*; *menu* ~, ~ *de chasse* (Flinten-)Schrot *n*; *fig. il a du* ~ *dans l'aile* er ist übel dran *od.* ganz runtergekommen; *avoir un cul de* ~ Sitzefleisch haben; *mettre du* ~ *dans la tête à qch.* j-n zur Vernunft bringen; **2.** *les* ~*s de Venise* die Bleidächer *n/pl.* Venedigs; **3.** Bleigewicht *n* an der Uhr; **4.** ✝ Plombe *f*, Bleisiegel *n*; ~ *de douane* Zollplombe *f*; **5.** (*fil m à*) ~ (Blei-Lot *n*; ⚓ ~ (*de sonde*) Senkblei *n*; ~ *à niveau* Bleiwaage *f*; *à* ~ senk-, lot-recht; gerade herunter; **6.** ⚡ ~ (*fusible*) Schmelzsicherung *f*; *rad.* Röhrensicherung *f*; **~age** (~'ba:ʒ) *m* **1.** Plombieren *n*; Bleisiegel *n*; **2.** ⚕ (Zahn-)Plombe *f*, Zahnfüllung *f*; **3.** ⚒ Stampfen *n*, Walzen *n*; **~agine** (~ba'ʒin) *f* Graphit *m*; ~ *impure* Ofenschwärze *f*; **~é** (plɔ̃'be) *adj.* plombiert; bleifarbig; P ⚕ syphilitisch; *fig. sous un soleil* ~ unter e-r stechenden Sonne; **~er** (~) *v/t.* [1a] **1.** mit Blei belegen *od.* ausfüllen; *Zahn* plombieren; **2.** ✝ Bleisiegel anlegen (*dat.*), plombieren; **3.** ⚒ die Erde feststampfen, walzen; **4.** △ abloten.

plomb|erie (plɔ̃'bri) *f* **1.** Bleiarbeit *f*; **2.** ⊕ Bleihütte *f*; **3.** Installationsgeschäft *n*; **~eur** (~'bœ:r) *m* Plombierer *m*; **~ier** (~'bje) **I** *adj.* [7b] **1.** bleihaltig; **2.** Blei...; **II** *m* **3.** a) Klempner *m*, Installateur *m*, Rohrleger *m*; b) Bleiarbeiter *m*, Bleigießer *m*; **4.** ✝ Bleihändler *m*; **~ifère** (~bi'fɛ:r) *adj.*, **~ique** (~'bik) bleihaltig; **~oir** ⚕ (~'bwa:r) *m* Plombierkolben *m* (*Zahnheilkunde*).

plon|ge F (plɔ̃:ʒ) *f* (*Geschirr-*)Abwaschen *n*; **~geant** (~'ʒɑ̃) *adj.* [7] von oben nach unten zu gesenkt; ⚔ *feu m* ~ abwärts gerichtetes Feuer *n*; *vue f* ~*e* Aussicht *f* von oben her; ✈ Fliegersicht *f*; *avoir une vue* ~*e sur qch.* auf etw. (*acc.*) herabblicken; **~gée** (~'ʒe) *f* **1.** Untertauchen *n*; *en* ~ unter Wasser; **2.** ⚔ ~ (*de parapet*) Abdachung *f* *e-r Brustwehr*; **3.** steiler Abfall *m*; **4.** *phot.* (Bild-)Aufnahme *f* von oben; **~geoir** *Sport* (plɔ̃'ʒwa:r) *m* Sprungturm *m*; **~geon** (~'ʒɔ̃) *m* a) Untertauchen *n*, Kopfsprung *m*; ~ *du tremplin*, ~ *de haut vol* Kunst-, Turm-springen *n*, -sprung *m*; ~ *de départ* Startsprung *m*; ~ *carpé* Hechtsprung *m*; *faire le* ~ (unter-)tauchen; sich ducken F; in Not geraten; etw. riskieren; *fig.* nachgeben; ausreißen; *piquer un* ~ (*vom Turm*) ins Wasser springen; b) *orn.* Taucher *m*.

plon|ger (plɔ̃'ʒe) [1l] **I** *v/t.* **1.** (ein-, unter-)tauchen; **2.** ~ *dans* stecken, stoßen, bohren, stürzen in (*acc.*); *être plongé dans ses pensées* tief in s-n Gedanken versunken sein; **II** *v/i.* **3.** (unter)tauchen; untergehen; *fig.* verschwinden; mit dem Kopf nach unten aus dem Fallschirm abspringen; **4.** sich senken; *fig. la vue plonge dans une vallée* der Blick schweift über ein Tal; *aller en plongeant* von oben nach unten gehen; **5.** ⚒ (ein)fallen; **III** *v/rfl.* *se* ~ *dans qch.* sich e-r Sache hingeben; **IV** *m* Tauchen *n*; **~geur** (~'ʒœ:r) *m* **1.** Taucher *m*; *cloche f à* ~ Taucherglocke *f*; **2.** Teller-, Geschirr-wäscher *m*; **3.** ~*s pl.* (*a. adj.*: *oiseaux* ~*s*) Tauchervögel *m/pl.*

plot ⚡ (plo) *m* Klemme *f*.

plouf! (pluf) *int.* plauz!, plumps!; *faire* ~ Krach (*od.* Radau) machen.

plouk P (pluk) *m* Bauernlümmel *m*.

ploutocratie (plutɔkra'si) *f* Plutokratie *f*, Geldadel *m*.

ploy|able (plwa'jablə) *adj.* biegsam; **~ant** (~'jɑ̃) *adj.* [7] biegsam, nachgiebig; **~er** (~'je) [1h] **I** *v/t.* **1.** zusammenfalten, zusammenlegen; **2.** biegen, beugen; **3.** *fig.* zum Nachgeben zwingen; **II** *v/i.* sich biegen; *fig.* nachgeben; sich beugen; ~ *sous le faix* unter der Last nachgeben; **III** *v/rfl. fig. se* ~ *à qch.* sich in etw. (*acc.*) fügen.

pluie (plɥi) *f* Regen *m*; *eaux f/pl. de* ~ Regenwasser *n*; ~ *battante* (*od. torrentielle*) Platzregen *m*, strömender Regen *m*; ~ *fine* Sprühregen *m*; ~ *partielle* Strichregen *m*; *le temps est à la* ~ es sieht nach Regen aus; *se mettre à couvert de la* ~ sich bei Regen unterstellen; *craint la* ~! vor Nässe zu schützen!; *fig. faire la* ~ *et le beau temps* ein entscheidendes Wort mitzureden haben, maßgebend sein.

plum|age (ply'ma:ʒ) *m* Gefieder *n*; **~ail** (~'mɑj) *m* [5c] Hutfeder *f*; Federbusch *m*; **~ard** P (~'na:r) *m* Bett *n*, Falle *f* F, Klappe *f* F.

plumass|eau (plyma'so) *m* [5b] **1.** Federbesen *m*; **2.** Fiederung *f am*

Pfeil; **~erie** (~mas'ri) *f* Schmuckfedern *f/pl.*

plume (plym) *f* **1.** Feder *f*; *~ d'autruche, ~ d'oie, ~ de paon* Straußen-, Gänse-, Pfauen-feder *f*; *~ d'eider* Daunenfeder *f*; *léger comme une ~* federleicht; *se parer des ~s du paon* sich mit fremden Federn schmükken; **2.** Federn *f/pl.*; *lit m de ~* Federbett *n*; *menue ~* Flaum *m*; **3.** Schmuck-, Straußen-feder *f*; **4.** (Schreib-)Feder *f*; *~ à boule* Kugelspitzfeder *f*; *~ d'acier* Stahlfeder *f*; *dessin m à la ~* Federzeichnung *f*; *d'un trait de ~* mit einem Federstrich; *au courant de la ~* ohne lange zu überlegen, aus dem Stegreif; frei weg; *tenir la ~* die Feder führen; **5.** *fig.* Handschrift *f*; **6.** *fig.* Schreibart *f*, Schriftstellerei *f*; *homme m de ~* Schriftsteller *m*; *iron. chevalier m de la ~* Schreiberling *m*; *nom m de ~* angenommener Schriftstellername *m*.

plum|eau (ply'mo) *m* [5b] Staubwedel *m*, Federwisch *m*; **~ée** (~'me) *f* **1.** Rupfen *n*; *faire la ~* die Daunen ausrupfen; **2.** Federmenge *f e-s gerupften Vogels*; **3.** *une ~ d'encre* eine Federvoll Tinte *f*; **~er** (~) *v/t.* [1a] e-n Vogel rupfen; *fig.* rupfen, ausbeuten; *fig. se faire ~* sich ausbeuten lassen; **~et** (~'mɛ) *m* **1.** Hutfeder *f*; **2.** ⚔ Federbusch *m*; **3.** P ⚒ Schwips *m*; *avoir son ~* e-n Schwips haben; **~etis** (plym'ti) *m* Federstickerei *f*; **~eur** (~'mœ:r) *su.* [7g] Geflügelrupfer *m*; **~ier** (~'mje) *m* Federkasten *m*; Schreibetui *n*; **~itif** (~mi'tif) *m* **1.** ⚖ Konzept *n*, Protokoll *n*; *tenir le ~* das Protokoll führen; **2.** F Federfuchser *m*; **~on** (~'mɔ̃) *m* Federdeckbett *n*; **~ule** (~'myl) *f* **1.** *orn.* Flaumfeder *f*; **2.** ♀ Blattkeim *m*.

plupart (ply'pa:r) *f*: *la ~* die meisten *pl.*, der größte Teil *m*, die Mehrzahl *f*; *pour la ~, la ~ du temps* meistens, größtenteils; *Verb stets im pl.*: *la ~ des hommes croient ...* die meisten Menschen glauben ...

plurali|ser *gr.* (plyrali'ze) **I** *v/t.* pluralisieren; **II** *v/rfl. se ~* pluralisiert werden; **~té** (~'te) *f* **1.** Mehrheit *f*; *décider à la ~ des voix* mit Stimmenmehrheit beschließen; **2.** Vielheit *f*; *phys. ~ des mondes* Vielheit *f* der Welten.

pluriel *gr.* (ply'rjɛl) *m* [7c] Plural *m*; *mettre au ~* in den Plural setzen.

plurilatéral *pol.* (plyrilate'ral) *adj.* [5c] mehrseitig.

plus (ply, *am Ende e-s Satzgliedes a.* plys, *in der Bindung* plyz...) **I** *adv.* **1.** mehr; *il est ~ âgé de deux ans* er ist zwei Jahre älter; *~ que tu ne penses* mehr als du denkst; *rien de ~ juste* das ist nicht mehr als recht und billig; *~ tôt* eher, früher; *il n'a ~ d'argent* er hat kein Geld mehr; *~ de larmes!* keine Tränen mehr!; *je n'y pensais ~* ich dachte nicht mehr daran; *on ne peut ~* im höchsten Maße (*od.* Grade); äußerst; *mille ans et ~* tausend Jahre und länger; **2.** *le ~ grand* der größte; *abs. le ~* am meisten; *le ~ tôt sera le mieux* je eher, desto besser; *au ~ tôt* frühstens; so bald wie möglich; **3.** *je n'en peux ~* ich kann nicht mehr, ich halte es nicht mehr aus; *ne ... ~ que ...* nur noch; **4.** *vor einer Zahl*: a) **plus de ...** mehr als; *il a ~ de vingt ans* er ist über zwanzig Jahre alt; b) **plus que ...** a) *bei verbalem Vergleich*: *six hommes travaillent ~ que quatre* sechs Menschen arbeiten mehr als vier; b) *in der Verneinung, auch vor Zahlen*: *je n'ai plus que cent francs* ich habe nur noch hundert Franken; *vgl. a. plus que als Stichwort hinter -pétition!*; **5.** *abs.* ferner; *il y a ~ od. qui ~ est od. bien ~* obendrein; überdies; ja noch mehr; *advt. de ~* außerdem, zudem, noch dazu; *rien de ~* weiter nichts; *raison de ~ pour ...* das ist ein Grund mehr, um ...; *que voulez-vous de ~?* was wollen Sie mehr?; **6.** *en ~* noch dazu; *en ~ de ...* zusätzlich zu ..., abgesehen von ...; *sans ~* ohne etwas hinzuzufügen; und weiter nichts; *sans ~ de délai* ohne weiteren Aufschub; **7.** *tant et ~* viel, reichlich; *d'autant ~* um so mehr; **8.** *~ ..., ~ ...* je mehr ..., desto mehr ...; *~ je la connais, ~ je l'aime* je mehr ich sie kennen lerne, um so mehr liebe ich sie; **9.** *non ~* auch nicht; *(ni) moi non ~* ich auch nicht; *eux non ~* sie auch nicht; *ni ~ ni moins* nicht mehr und nicht weniger; **10.** *de ~ en ~* immer mehr; *de ~ en ~ fort* immer stärker; **II** *m le ~* das Mehr, das Meiste, das Höchste *n*; *advt. tout au ~* höchstens, im höchsten Falle; *c'est tout au ~ si ...* kaum (daß) ...; **III** *des ~ advt.* äußerst; überaus; *il était des*

~ *satisfait de sa femme* er war mit s-r Frau äußerst zufrieden; *j'écrirais des ~ mal* ich würde äußerst schlecht schreiben; *il s'en est des ~ heureusement tiré* er hat sich glänzend aus der Affäre gezogen; *une question des ~ délicate* e-e überaus heikle Frage; *il est des ~ loyal* er ist äußerst zuverlässig.

plusieurs (ply'zjœ:r) **I** *adj. inv.* mehrere, verschiedene; manche; ~ *fois* mehrmals, öfters; *à ~ reprises* zu wiederholten Malen; **II** *pr.ind.*: ~ *pensent que* ... mehrere denken (*od.* sind der Ansicht), daß ...

plus-offrant ✝ (plyzɔ'frɑ̃) *m* Meistbietender *m.*

plus-pétition ⚖ (plyspeti'sjɔ̃) *f* übertriebene Forderung *f.*

plus que (ply kə ...) *adv. am Satzanfang*: *Plus que douze jours jusqu'à Noël!* Nur noch zwölf Tage bis Weihnachten! (*ell. für*: *il n'y a plus que douze jours* ...; *vgl.* ne 4b).

plus-que-parfait *gr.* (plyskəpar'fɛ) *m* Plusquamperfekt *n.*

plus-value (plyva'ly) *f* **1.** Mehrbetrag *m*; Mehrwert *m*; **2.** Wertzuwachs *m.*

plutôt (ply'to) **I** *adv.* eher, lieber; vielmehr; *voyez ~!* sehen Sie nur!; **II** *cj.* **ne ... pas ~** (*richtiger*: *plus tôt*) **que** kaum ... als; *je ne lui avais pas plutôt pris son mal qu'il m'abandonnait sans un mot d'adieu* kaum hatte ich ihm sein Leiden abgenommen, als er mich ohne ein Abschiedswort für immer meinem Schicksal überließ.

pluvi|al (ply'vjal) [5c] *adj.* Regen...; *eau f ~e* Regenwasser *n*; **~er** *orn.* (~'vje) *m* Regenpfeifer *m*; **~eux** (~'vjø) *adj.* [7] regnerisch; **~omètre** *phys.* (~vjɔ'mɛtrə) *m* Regenmesser *m*; **~ométrie** (~vjɔme'tri) *f* Regenmessung *f*; **~o-orageux** (~vjɔɔra'ʒø) *adj.* [7d]: *perturbation f pluvio-orageuse* Wetterstörung *f* mit Gewitterregen; **~ose** *hist. Fr.* (~'vjo:z) *m* Regenmonat *m* (*fr. Rev.*).

pneu (pnø) **1.** *Auto usw.* (Gummi-)Reifen *m*; *~s pl.* Bereifung *f*; *~ à plat* Plattfuß *m* (*Auto*); *~ ballon* Ballonreifen *m*; *~ antidérapant* Gleitschutzreifen *m*; *~ de rechange* Ersatzreifen *m*; *~ crevé* Reifenschaden *m*, -defekt *m*; *~ à haute* (*basse*) *pression* Hoch- (Nieder-)druckreifen *m*; *monter des ~s*, *munir de ~s* bereifen; *à ~s jumelés* doppeltbereift; **2.** F Rohrpostbrief *m.*

pneumatique (pnøma'tik) **I** *adj.* **1.** *phys.* Luft...; ✉ *carte f ~* Rohrpostkarte *f*; *nur phys.*: *machine f ~* Luftpumpe *f*; ✉ *poste f ~* Rohrpost *f*; *bandage m ~ Auto usw.* (Gummi-)Reifen *m*; **II** *m* **2.** a) *Auto usw.* (Gummi-)Reifen *m*; *~ confort* Ballonreifen *m*; *les ~s pl.* die Bereifung *f*; b) Rohrpostbrief *m*; **III** *f* **3.** Mechanik *f* der Gase.

pneumo|coque ⚕ (pnømɔ'kɔk) *m* Pneumococcus *m* (*~s pl.* Pneumokokken); **~nie** ⚕ (~'ni) *f* Lungenentzündung *f*; **~nique** (~'nik) *adj. u. su.* lungenkrank (Mensch *m*).

pneu-rail 🚇 (pnø'rɑj) *m* [6b] Betonfahrbahn *f* für Gummiräder (*z. T. bei der Pariser U-Bahn*).

pochade (pɔ'ʃad) *f peint.* flüchtige Skizze *f*; *litt.* flüchtig geschriebenes Werk *n*, hingeworfene Arbeit *f.*

pochard P (pɔ'ʃa:r) *adj. u. su.* [7] besoffen P; Säufer *m* P; **~er** P (~ʃar'de) *v/rfl.*: se ~ sich vollsaufen P.

poch|e (pɔʃ) *f* **1.** Tasche *f*; *~ appliquée* aufgesezte Tasche *f auf Mänteln usw.*; *argent m de ~* Taschengeld *n*; *dictionnaire m de ~* Taschenwörterbuch *n*; *~ poitrine* Brusttasche *f*; *~-revolver* Gesäßtasche *f*; F *faire les ~s de q.* j-s Taschen (*als Taschendieb*) leeren; *n'avoir pas sa langue dans sa ~* nicht aufs Maul gefallen sein; **2.** *~ de blé* (Korn-)Sack *m*; **3.** fehlerhafte Falte *f an e-m Kleid usw.*; **4.** großer Vorlegelöffel *m*; **5.** *ch. u. Fischerei*: Sacknetz *n*; **6.** ⚕ Eitersack *m*; **7.** *orn.* Kropf *m*; **8.** *at.* ~ *radio-active* Strahlungsnetz *n*; **9.** ✈ *~ d'air* Luft-loch *n*, -tasche *f*; **~é** (pɔ'ʃe) *adj.* blutunterlaufen; *s'en tirer avec un œil ~* mit e-m blauen Auge davonkommen; **10.** ⚔ *~s pl. rebelles* Nester *n/pl.* von Aufständischen; **~ée** (pɔ'ʃe) *f* Taschevoll *f*; **~e-poitrine** (pɔʃpwa'trin) *f* [6b] (aufgesetzte) Brusttasche *f an Uniformen*; **~er** (pɔ'ʃe) [1a] *v/t.* **1.** *cuis.* verlorene Eier kochen; **2.** *fig.* ~ *l'œil à q.* j-m die Augen blau schlagen; **3.** *fig.* e-e Skizze leicht hinwerfen; **~etée** (pɔʃ'te) *f* = ~ée; P Dummkopf *m*; *en avoir une ~* ein großer Dummkopf (*od.* total betrunken) sein.

pochette (pɔ'ʃɛt) *f* **1.** Täschchen *n*; **2.** *ch.* kleines Jagdnetz *n*; **3.** seidenes Taschentuch *n*; **4.** *~ de compas* Reißzeugkasten *m*; **5.** ♪ kleine Geige *f des Tanzmeisters.*

pochoir (pɔ'ʃwa:r) *m* Schablone *f zum Malen v. Buchstaben usw.*

pochon (pɔ'ʃɔ̃) *m* **1.** Suppenkelle *f*; **2.** P Faustschlag *m* ins Auge; **3.** Tintenklecks *m.*

podagre ⚕ (pɔ'dagrə) **I** *adj. u. su.* gichtig, an Gicht leidend; Gichtkranker *m*; **II** *f* (Fuß-)Gicht *f.*

podium △ (pɔ'djɔm) *m* Sockel *m.*

podologie 🕮 (pɔdɔlɔ'ʒi) *f* Podologie *f*, Lehre *f* vom Fuß.

podomètre ⊕ (pɔdɔ'mɛtrə) *m* Schrittzähler *m.*

poêle[1] (pwa:l) *m* Bahr-, Leichentuch *n*; *tenir les cordons du* ~ neben dem Leichenwagen schreiten.

poêle[2] (~) *m* Ofen *m*; ~ *de faïence* Kachelofen *m*; ~ *à feu continu* Dauerbrandofen *m.*

poêl|e[3] (~) *f* (Brat-)Pfanne *f*; **~ée** (pwa'le) *f* e-e Pfanne voll.

poêlier (pwa'lje) *m* Ofen-setzer *m*, -fabrikant *m*; Pfannenschmied *m.*

poêlon (pwa'lɔ̃) *m* Kasserolle *f*; Schmelzlöffel *m*; ~ *à colle* Kleister-, Leim-topf *m.*

poème (pɔ'ɛm) *m* (längeres) Gedicht *n*; ~ *épique* Epos *n.*

poésie (pɔe'zi) *f* Poesie *f*, Dichtkunst *f*; Dichtung *f*; kleineres Gedicht *n*; ~ *du terroir* Heimatdichtung *f*; *recueil m de* ~ Gedichtsammlung *f.*

poète (pɔ'ɛt) *m* Dichter *m*; ~ *campagnard* Bauerndichter *m*; ~ *du terroir* Heimatdichter *m*; *femme f* ~ Dichterin *f.*

poét|esse (pɔe'tɛs) *f* Dichterin *f*; **~ique** (~'tik) **I** *adj.* □ poetisch, dichterisch; **II** *f* Poetik *f*; **~iser** (~ti'ze) **I** *v/t.* [1a] dichterisch ausschmücken; **II** *v/i.* dichten.

pognon * (pɔ'ɲɔ̃) *m* Moneten *pl.*, Zaster *m* P, Geld *n.*

poids (pwa) *m* **1.** Schwere *f*, Gewicht *n*; ~ *brut* (*net*) Brutto-(Netto-)gewicht *n*; ~ *mort* Eigengewicht *n*; ~ *minimum* Minimal-, Mindest-gewicht *n*; ~ *maximum* Maximal-, Höchst-gewicht *n*; ~ *de chargement* Ladegewicht *n*; *a.* ✈ ~ *à vide* Leergewicht *n*; ~ *abattu* Schlachtgewicht *n*; ~ *vivant*, ~ *vif* Lebendgewicht *n*; ✈ ~ *de décollage* Startgewicht *n*; ~ *spécifique* spezifisches Gewicht *n*; *monnaie f de* ~ vollwichtige Münze *f*; **2.** Gewicht *n* zum Abwiegen; ~ *et mesures pl.* Masse *n/pl. u.* Gewichte *n/pl.*; *faire bon* ~ gutes Gewicht geben; *fig.* großzügig sein; *faire le* ~ das Gleichgewicht wiederherstellen; **3.** ~ *public* Ratswaage *f*; **4.** ✝ ~ *utile* Nutzlast *f*; **5.** *Sport*: ~ *coq* Bantamgewicht *n*; ~ *mouche* Fliegengewicht *n*; ~ *plume* Federgewicht *n*; ~ *léger* Leichtgewicht *n*; ~ *mi-moyen* Weltergewicht *n*; ~ *moyen* Mittelgewicht *n*; ~ (*mi-*)*lourd* (Halb-)Schwergewicht *n*; (*lancement m du*) ~ Kugelstoßen *n*; **6.** *fig.* Beschwerde *f*, Last *f*; **7.** *fig.* Bedeutung *f*, Wichtigkeit *f*; *article m de* ~ inhaltsreicher Artikel *m*; *homme m de* ~ Mann *m* von Gewicht (und Bedeutung); *motif m de* ~ schwerwiegender Grund *m*; *de peu de* ~ unerheblich; **8.** *Auto*: ~ *lourd* Last(kraft)wagen *m*, Lkw *m.*

poignant (pwa'ɲɑ̃) *adj.* [7] stechend (*Schmerz*); *fig.* herzzerreißend, ergreifend, packend.

poignard (pwa'ɲa:r) *m* **1.** Dolch *m*; *coup de* ~ Dolchstich *m*; **2.** *cout.* Zwickel *m*; **~er** (~ɲar'de) *v/t.* [1a] erdolchen, erstechen; *fig.* treffen, schwer verletzen.

poign|e F (pwaɲ) *f* Kraft *f*, Energie *f*, Schneid *m*; *avoir une bonne* ~, *avoir de la* ~ Kraft (in den Händen) haben; *un homme à* ~ ein Mann, der durchgreift; *un gouvernement à* ~ e-e Regierung, die durchgreift, e-e starke Regierung *f*; **~ée** (~'ɲe) *f* **1.** Handvoll *f*; Bündel *n*; *une* ~ *d'argent* e-e Handvoll Geld; *à* ~, *à pleines* ~*s* mit vollen Händen, reichlich, in großen Mengen; **2.** *fig.* kleine Anzahl *f*; ~ *de gens*, ~ *de monde* e-e Handvoll Leute; **3.** ~ *de main* Händedruck *m*; **4.** Griff *m*; Heft *n*; (Schwert-)Knauf *m*; *vél. usw.* Handgriff *m*; ⊕ ~ *de manœuvre* Verschlußgriff *m*; ~ *de support* Haltegriff *m*, -riemen *m* (*in der Straßenbahn usw.*); **~et** (~'ɲɛ) *m* **1.** Hand-gelenk *n*, -wurzel *f*; *avoir du* ~ e-e kräftige Hand haben; **2.** Manschette *f.*

poil (pwal) *m* **1.** Haar *n*, Fell *n* (*von Tieren*); *chien m à long* ~ langhaariger Hund *m*; *perdre son* ~ haaren; *monter un cheval à* ~ auf ein ungesatteltes Pferd steigen; F *fig. reprendre du* ~ *de la bête* sich wieder hochrappeln, wieder gesund werden, wieder auf der Höhe sein;

pol. sich wieder erheben, wieder auferstehen; **2.** Haar *n an verschiedenen Körperteilen*; Barthaar *n*; *l'homme a des cheveux sur la tête, mais du poil au visage (deutsch unübersetzbar!)*; ~ *follet* Flaumbart *m*; P *à* ~ nackt; P *à* ~*!* nieder!; F *c'est au* ~*!* das ist ja prima!; *fig. avoir du* ~ Haare auf den Zähnen haben; *un homme à* ~ ein festentschlossener (*od.* resoluter) Mensch *m*; F *fig. un brave m à trois* ~*s* ein alter Draufgänger *m*; P *être de mauvais* ~ schlecht aufgelegt sein, schlechte Laune haben; P *avoir un* ~ *dans la main* faulenzen; **3.** Farbe *f des Pferdes*; **4.** ⚘ Haar *n*.

poilu (pwa'ly) **I** *adj.* haarig, behaart; **II** *m Fr.* ⚔ Soldat *m* (*1914—18*).

poinçon ⊕ (pwɛ̃'sɔ̃) *m* Pfriem *m*; (Grab-)Stichel *m*; Stecheisen *n*; (Stein-)Meißel *m*; (Münz-, Medaillen-)Stempel *m*; **~nage** (~sɔ'naːʒ) *m* Eichen *n*, Stempeln *n*; **~ner** (~sɔ'ne) *v/t.* [1a] **1.** stempeln; eichen; stanzen; **2.** 🚂 *Fahrkarte* lochen, knipsen; **~neuse** ⊕ (~'nøːz) *f* Stanzmaschine *f*, Lochstanze *f*.

poindre ('pwɛ̃ːdrə) [4b] **I** *v/t.* stechen; **II** *v/i.* anbrechen, aufgehen; *fig.* zum Vorschein kommen; *le jour commence à* ~ es wird Tag.

poing (pwɛ̃) *m* Faust *f*; *serrer* (*od. fermer*) *le* ~ die Faust ballen; *montrer le* ~ *à q.* j-m mit der Faust drohen.

point (~) **I** *m* **1.** Punkt *m*; bestimmte Stelle *f*; ~*-virgule* Semikolon *n*; *deux* ~*s* Doppelpunkt *m*; ~ *d'interrogation* Fragezeichen *n*; ~ *d'exclamation* Ausrufungszeichen *n*; *un* ~*, c'est tout!* und damit Punktum!; ~ *de vue* Aussicht *f*; Aussichtspunkt *m*; *fig.* Gesichtspunkt *m*; *du* (*od. au*) ~ *de vue de la politique internationale* vom Standpunkt der internationalen Politik; *d'un* ~ *de vue élevé* von hoher Warte aus; *du* (*od. au*) ~ *du vue financier od. monétaire* in geldlicher Hinsicht; ✝ ~ *chaud* [6a] Hauptanziehungspunkt *m*; ~ *par* ~ Punkt für Punkt, jeden Punkt; *mot.* ~ *d'allumage* Zündpunkt *m*; ✈ ~ *d'altitude*, ~ *fixe* Festpunkt *m*; ~ *d'appui* Stützpunkt *m* (*a. fig.*); ~ *de départ* Ausgangspunkt *m* (*a. fig.*); ✈ Abflugstelle *f*; Startplatz *m*; ⚔ ~ *de mire* Zielpunkt *m*; ✈ ~*de repère* Richt-, Anhalts-punkt *m* (*a. fig.*); Merkmal *n*; Meßpunkt *m*; ⚔ ~ *de pointage* Richtpunkt *m*; *mettre au* ~ *opt.* einstellen; *Auto*: einfahren; *allg.* klarstellen, klären; *la question est au* ~ die Frage ist geklärt; *être au* ~ fertig (*od.* klar) sein; ~ *d'eau* Wasserstelle *f*; ⚔ ~ *de base navale* Flottenstützpunkt *m*; ~ *de rassemblement des blessés* (*légers*) (Leicht-)Verwundetensammelstelle *f*; ~ *de(s) chute(s)* Bombeneinschlag *m*; *phys.* ~ *d'inflammation* Entflammungspunkt *m*; *Auto*: ~ *mort* (*de la boîte de vitesse*) Leerlauf *m*; ⚔ ~ *d'éclatement* Sprengpunkt *m e-r Granate usw.*; ~ *de jonction*, ~ *de raccordement* Verbindungsstelle *f*; *phys.* ~ *d'ébullition* Siedepunkt *m*; *phys.* ~ *de fusion* Schmelzpunkt *m*; **2.** ⚕ Stich *m*, stechender Schmerz *m*; ~ *de côté* Seitenstechen *n*; **3.** Stich *m mit der Nähnadel*; ~ *arrière* Steppstich *m*; ~*s pl. de chaînette* Kettenstiche *m/pl.*; ~ *de crochet* Häkelstich *m*; ~ *de maille* Maschenstich *m*; **4.** Stickerei *f*, Spitzenarbeit *f*; ~ *employé* Stickmuster *n*; ~ *d'esprit* künstliche Spitzenarbeit *f* auf Tüll; ~ *de plume* Art Stickerei *f* mit schrägen Stichen; genähte Spitze *f*; **5.** bestimmter Ort *m od.* Punkt *m* (*a.* ✈); ✈ ~ *de survol de la frontière* Grenzüberflugstelle *f*; **6.** ⚓ Besteck *n* (*Schiffsort nach Längen- u. Breitengrad*); ⚓ *faire le* ~ das Besteck machen (*od.* nehmen); *fig. faire le* ~ *de la situation* die Lage überprüfen, sich über die Lage klar werden, die Lage klären; **7.** *écol.* Note *f*; *marquer un bon* ~ e-n guten Punkt anschreiben; *mauvais* ~ schlechter Punkt *m*; *Sport*: Strafpunkt *m*; **8.** *fig.* Frage *f*, Gegenstand *m*, (schwieriger) Punkt *m*; *de* ~ *en* ~, ~ *par* ~ Punkt für Punkt; *de tout* ~, *en tout* ~ in jeder Hinsicht, vollkommen; ~ *d'honneur* Ehrenpunkt *m*, Ehrgefühl *n*; **9.** Hauptsache *f*; **10.** Lage *f*, Zustand *m*; *être mal en* ~ gesundheitlich nicht auf der Höhe sein; *être bon en* ~ gesundheitlich in Ordnung sein; **11.** Grad *m*; *advt. au dernier* ~, *au plus haut* ~ im höchsten Grade, überaus; (*jusqu'*) *à quel* ~ ...? inwieweit?; *au* ~ *que* ... in e-m solchen Maße, daß ...; *faire parfaitement au* ~ auf den höchsten

Stand bringen; *au ~ où en sont les choses* bei dem gegenwärtigen Stand der Dinge; **12.** Augenblick *m*, (Zeit-)Punkt *m*; *sur le ~ que ..., au ~ où ...* in dem Augenblick, als *od.* wo ...; *être sur le ~ de ...* im Begriff sein, zu ...; *advt. à ~ (nommé)* gerade zur rechten Zeit, gerade richtig F; **13.** Sichtbarwerden *n*, Anbruch *m*; *~ du jour* Tagesanbruch *m*; **14.** *Spiel u. Sport*: *~s pl.* Augen *n/pl. e-r Karte od. auf Würfeln*; *Sport*: *battre aux ~s* an Punktzahl übertreffen; **II** *adv.* de *nég.* **15.** *ne ... ~ (bsd. in der Schrift- und Bauernsprache gebr.)* gar (*od.* überhaupt) nicht; *(ne ...) ~ de ...* gar (*od.* überhaupt) kein ...; **16.** *~ du tout* gar nicht.

point|age (pwɛ̃'taːʒ) *m* **1.** Punktieren *n*; ⊕ *travaux m/pl. de ~* Bohrarbeiten *f/pl.*; **2.** ⚔ Richten *n e-s Geschützes*; *matériel m de ~* Richtgerät *n*; *vis f de ~* Richtschraube *f*; **3.** *pol.* Stimmenzählung *f*; **4.** *Sport*: Wertung *f*; **~al** *charp.* (~'tal) *m* [5c] Stützbalken *m*.

pointe (pwɛ̃ːt) *f* **1.** Spitze *f*; Stachel *m*; *advt. en ~* spitz (zulaufend); *tailler en ~* an-, zu-spitzen; *~ du pied* Fuß-, Zehen-spitze *f*; *sur la ~ des pieds* auf Zehenspitzen; *~s pl. d'asperges* Spargelköpfe *m/pl.*; *Sport*: *(chaussures f/pl. à) ~s pl.* Spikes *pl.*, Rennschuhe *m/pl.*; *à la ~ de l'épée* mit dem Degen in der Hand, mit Gewalt; **2.** *~ de terre* Landzunge *f*; *~ d'une montagne* Bergspitze *f*; **3.** Zwickel *m*, Keil *m*, spitz zulaufendes Stück *n* Stoff; *~ d'un fichu* Zipfel *m* e-s Halstuchs; **4.** Schärfe *f*, Würze *f*, Prickeln *n*; *fig.* Stichelei *f*; *fig.* Spitze *f*, spitze Worte *n/pl.*, anzüglicher Scherz *m*, *fig.* Pflaume *f* P; Witz *m*, Pointe *f*; *fig.* Anflug *m*, Prise *f*, ganz geringe Menge *f*; *fig. une petite ~ de jalousie* ein Anflug *m* von Eifersucht; F *~ de vin* Schwips *m*; *~ d'esprit* witziger Gedanke *m*; Wortspiel *n*; *~ de raillerie* spöttischer Ton *m*; *avec une ~ d'humour* mit e-m bißchen Humor; **5.** Anbruch *m*, Beginn *m*; *à la ~ du jour* bei Tagesanbruch; **6.** ⊕ Nagel *m*, (Nagel-)Stift *m*; Zwecke *f*; Spitzmeißel *m*; *~ plafonneur* Rohrstift *m*; *~ de moulure* Formerstift *m*; *Auto*: *~ de bougie* Kerzenstift *m*; *~ de Paris* Drahtstift *m*; *~ à graver* Radiernadel *f*; **7.** *fig. pousser une ~* e-n Abstecher (= *kurzen Ausflug*) machen; **8.** ⚓ Vorderteil *m* (*od.* Nase *f*) *e-s Schiffes*; **~au** (~'to) *m* **1.** ⊕ Körner *m*, Bohrmeißel *m*; **2.** *Auto*: Benzinspindel *f*; *~ du carburateur* Schwimmernadel *f*; **~ment** ⚔ (pwɛ̃t'mɑ̃) *m* Richten *n e-s Geschützes*.

pointer[1] (pwɛ̃'te) [1a] **I** *v/t.* **1.** ⊕ ♪ *peint.* punktieren, **2.** notieren, kontrollieren; abhaken, kennzeichnen; *Sport*: werten; *pol.* zählen (*Stimmen*); **3.** *Nadeln, Ohren* spitzen; *bisw. ~ un crayon (meist: tailler un...)* e-n Bleistift anspitzen; **4.** ⚔ *ein Geschütz* richten; **II** *v/i.* **5.** punktieren; **6.** ⚘ keimen (*Pflanze*); anbrechen (*Tag*); *fig.* sich herausbilden; **7.** emporragen (*Turm, Kirchturm*); in die Höhe fliegen (*Vogel*); **8.** stempeln gehen (*Arbeitsloser*); **9.** ⚔ *~ sur* vorstoßen gegen.

pointer[2] *ch.* (pwɛ̃'tɛːr) *m* Vorstehhund *m*.

pointeur (pwɛ̃'tœːr) *m* **1.** ⚔ Richtschütze *m*, -kanonier *m*; **2.** ⚓ *chef m ~ d'un tube lance-torpille* Rohrmeister *m*; **3.** *typ.* Punktierer *m*.

pointeuse ⊕ (pwɛ̃'tøːz) *f* Lehrenbohrmaschine *f*.

pointil|lage (pwɛ̃ti'jaːʒ) *m* Punktieren *n*; **~lé** (~'je) **I** *adj.* punktiert; getüpfelt; **II** *m* Punktierung *f*, punktierte Arbeit *f*; **~ler** (~) [1a] **I** *v/t.* punktieren; **II** *v/i. fig.* ein Kleinigkeitskrämer sein; **~leux** (~'jø) *adj.* [7d] **1.** spitzfindig; rechthaberisch; sehr leicht reizbar; **2.** empfindlich, anspruchsvoll; **~lisme** *peint.* (~'jism) *m* Pünktchenmalerei *f*.

pointu (pwɛ̃'ty) **I** *adj.* **1.** spitz; *nez m ~* Spitznase *f*; **2.** *fig.* kleinlich, spitzfindig; empfindlich, reizbar; **3.** scharf, schrill (*Stimme*); **II** *m* Hitzkopf *m*, Querkopf *m*; empfindlicher Mensch *m*; **~re** (~'tyːr) *f* (*Schuh-, Handschuh-, Hut-*)Nummer *f*.

point-virgule *gr.* (pwɛ̃vir'gyl) *m* Semikolon *n*.

poire (pwaːr) *f* **1.** Birne *f*; *~ de garde, ~ d'hiver* Winterbirne *f*; *fig. entre la ~ et le fromage* beim Nachtisch; *garder une ~ pour la soif* e-n Notgroschen zurücklegen; **2.** *~ à poudre* Pulverhorn *n*; *ehm. Auto*: *~ de trompe* Hupenball *m*; ⚕ *~ en caoutchouc* Gummispritze *f*; **3.** P Kopf *m*, Birne *f* P, Nüschel *m* P; Dussel *m*; *fig.* P *être ~* gutmütig dumm sein; *faire sa ~* angeben.

poiré (pwa're) *m* Birnenmost *m*.

poireau (pwa'ro), *auch* **porreau** (pɔ'ro) *m* [5b] ♀ Porree *m*, Lauch *m*; F *faire le* ~ lange u. ungeduldig warten (müssen), sehnlich warten.
poireauter P (pwaro'te) *v/i.* [1a] lange warten.
poirée (pwa're) *f* Mangold *m*.
poirer * (~) *v/t.* [1a] erwischen, schnappen.
poirier (pwa'rje) *m* Birnbaum *m*; *gym. faire le* ~ *fourchu* Kopfstand machen.
pois (pwɑ) *m* Erbse *f*; *fleur f des* ~ Erbsenblüte *f*; ~ *chiche* Kichererbse *f*; ~ *pl. en cosse* Schotenerbsen *f/pl.*; ~ *pl. gourmands* Zuckererbsen *f/pl.*; ~ *verts, petits* ~ Schoten *f/pl.*, grüne Erbsen *f/pl.*; ~ *cassés* halbe Erbsen *f/pl.*; F *fig. c'est la fleur des* ~ das ist der größte Geck (*od.* Angeber).
poison (pwa'zɔ̃) *m* Gift *n*.
poissard (pwa'saːr) *adj.* [7d] pöbelhaft, vulgär. [weib *n*.]
poissarde (~'sard) *f* Markt-, Fisch-
poisse (pwas) **I** * *m* Zuhälter *m*; Strolch *m*; **II** P *f* Unglück *n*, Pech *n fig.*, Mist *m* P; *avoir la* ~ Pech haben.
pois|ser (pwa'se) *v/t.* [1a] **1.** (aus-, ver-)pichen; *fil m poissé* Pechdraht *m*; **2.** *fig.* beschmieren; **3.** a) P klauen, stemmen, klemmen; b) * erwischen, schnappen; **~seux** (~'sø) *adj.* [7d] klebrig, schmierig.
poisson (pwa'sɔ̃) *m* Fisch *m*; ~ *de mer* Seefisch *m*; ~ *d'eau douce*, ~ *de rivière* Flußfisch *m*; ~ *blanc* Weißfisch *m*; ~ *doré*, ~ *rouge* Goldfisch *m*; *fig.* ~ *d'avril* Aprilscherz *m*; *faire un* ~ *d'avril à q.* j-n in den April schicken; **~-chat** *icht.* (~'ʃa) *m* [6a] Wels *m*; **~naille** (~sɔ'nɑːj) *f* kleine Fische *m/pl.*; **~nerie** (~sɔn'ri) *f* Fisch-geschäft *n*;-markt *m*; **~neux** (~'nø) *adj.* [7d] fischreich; **~nier** (~'nje) *su.* [7b] Fischhändler *m*.
poitrail (pwa'traj) *m* **1.** Pferdebrust *f*; Brust *f* (*v. einigen Tieren*); **2.** Brustriemen *m*; Vordergeschirr *n*; **3.** *charp.* Träger *m*.
poitri|naire ⚕ (pwatri'nɛːr) *adj. u. su.* schwindsüchtig; Schwindsüchtiger *m*; **~ne** (~'trin) *f* **1.** Brust *f*; Busen *m*; ~ *de veau* Kalbsbrust *f*; **2.** Lunge *f*; *fluxion f de* ~ Lungenentzündung *f*; *rhume m de* ~ Husten *m*; **3.** *fig.* Stimme *f*.
poivr|ade (pwa'vrad) *f* Pfefferbrühe *f*; **~e** ('pwaːvrə) *m* Pfeffer *m*; *fig.* Schärfe *f*; Unanständigkeit *f*; * Schnaps *m*; Gift *n*; Geschlechtskrankheit *f*; *grain m de* ~ Pfefferkorn *n*; ~ *long* spanischer Pfeffer *m*; *fig. cher comme* ~ horrende teuer, sündeteuer; ~ *et sel* schwarz und weiß gesprenkelt, grau meliert; **~er** (pwa'vre) *v/t.* [1a] **1.** pfeffern; **2.** *fig.* ~ *q.* j-n neppen F, j-n übers Ohr hauen; j-n mit der Syphilis anstecken; *poivré* gepfeffert, übermäßig teuer; **~ier** (~vri'e) *m* **1.** ♀ Pfefferstrauch *m*; **2.** Pfefferbüchse *f*; **~ière** (~vri'ɛːr) *f* **1.** ⚘ Pfefferfeld *n*; **2.** Pfeffer-, Gewürz-büchse *f*; **3.** *frt.* steinernes Schilderhaus *n*; *tour f en* ~ runder Spitzturm *m*.
poivron ♀ (pwa'vrɔ̃) *m* Paprikaschote *f*.
poivrot P (pwa'vro) *m* Säufer *m*.
poix (pwɑ) *f* Pech *n*; **~-résine** *f* Pechharz *n*; ~ *minérale* Erdharz *n*; ~ *navale* Schiffspech *n*.
poker (pɔ'kɛːr) *m* Pokerspiel *n*.
polaire (pɔ'lɛːr) *adj.* Polar...; *cercle m* ~ Polarkreis *m*; *mer f* ~ Eis-, Polar-meer *n*; *a. f*: (*étoile f*) ~ Polarstern *m*; *a. fig.* Leitstern *m*.
polari|mètre (pɔlari'mɛːtrə) *m* Polarimeter *n*; **~sant** [7], **~sateur** [7f] (~'zɑ̃, ~za'tœːr) *adj.* polarisierend; **~sation** (~zɑ'sjɔ̃) *f* Polarisation *f*; *télégr.*, *téléph.* ~ *de grille* Gittervorspannung *f*; **~ser** (~'ze) *v/t.* [1a] polarisieren; * *écol.*, *allg. être polarisé geistig* total mit Beschlag belegt sein; **~té** (~ri'te) *f* Polarität *f*.
polder *géol.* (pɔl'dɛːr) *m* Polder *m* (*eingedeichtes Marschland*).
pôle (poːl) *m* **1.** Pol *m*, Angel-, Drehpunkt *m*; ~ *arctique*, ~ *nord* Nordpol *m*; ~ *antarctique*, ~ *sud*, ~ *austral* Südpol *m*; ⚡ ~ *positif* (*négatif*) Plus-(Minus-)pol *m*; **2.** *fig.* **~s** *pl.* Gegensätze *m/pl.*
polémi|que (pɔle'mik) **I** *adj.* polemisch; Streit...; *écrit m* ~ Streitschrift *f*; **II** *f* Polemik *f*; **~ser** (~'ze) *v/i.* [1a] polemisieren **~ste** (~'mist) *m* Polemiker *m*.
polémologie (pɔlemɔlɔ'ʒi) *f* Geschichte *f* der Ursächlichkeit des Krieges.
poli (pɔ'li) **I** *adj.* **1.** glatt poliert, blank; **2.** *fig.* gesittet, gebildet; **3.** höflich; mit feinen Manieren; **II** *m* Glätte *f*, Politur *f*; Poliermittel *n*, -grund *m*.
police[1] (pɔ'lis) *f* **1.** Polizei *f*; Polizeiverwaltung *f*; *agent m de* ~ Polizist *m*, Schutzmann *m*; *règle-*

ment m (od. ordonnance f) de ~ Polizeiverordnung *f*; ~ *des constructions* Baupolizei *f*; **2.** (*tribunal m de*) ~ Polizeigericht *n*; ~ *correctionnelle* Zuchtpolizeigericht *n*; ~ *des rues* Verkehrspolizei *f*; ~ *des étrangers* Fremdenpolizei *f*; ~ *de surveillance des routes* Straßenpolizei *f*; ~ *de sûreté* Sicherheitspolizei *f*; **3.** Ordnung *f*, Regelung *f*; **4.** ⚔ *bonnet m de* ~ Wachtstuben-, Feld-mütze *f*; *salle f de* ~ Arrestzimmer *n*.

police[2] (~) *f* Police *f*, Versicherungsschein *m*; ⚓ ~ *de chargement* Konossement *n*, Seefrachtbrief *m*; ~ *d'abonnement*, ~ *à forfait*, ~ *flottante* Pauschalpolice *f*.

policé (pɔli'se) *adj.* gebildet; gesittet, zivilisiert; *une société* ~*e* e-e gebildete Gesellschaft *f*.

policer (pɔli'se) *v/t.* [1k] zivilisieren.

police-secours (pɔ'lissə'ku:r) *f* [6b] Überfallkommando *n der Polizei*; *avertir la* ~ das Überfallkommando benachrichtigen.

polichinelle (pɔliʃi'nɛl) *m* Hanswurst *m*; Possenreißer *m*; *faire le* ~ den Hanswurst spielen; *secret m de* ~ offenes Geheimnis *n*.

policier (pɔli'sje) *adj.* [7b] *u. m* Polizei...; Polizist *m*; *chien m* ~ Polizeihund *m*; *film m* ~ Kriminalfilm *m*; *roman m* ~ Kriminalroman *m*; ~ **populaire** Volkspolizist *m*.

policlinique (pɔlikli'nik) *f* Poli[klinik *f*.

polio ⚕ (pɔ'ljo) *f* spinale Kinderlähmung *f*.

polir (pɔ'li:r) *v/t.* [2a] **1.** glätten, glänzend machen, polieren; **2.** *fig.* abschleifen, ausbilden, verfeinern; höflicher machen; **3.** (aus)feilen, den letzten Schliff geben (*dat.*).

polis|sable (pɔli'sablə) *adj.* polierbar, glättbar; ~**sage** (~'sa:ʒ) *m* Polieren *n*, Schleifen *n*; ~**seur** (~'sœ:r) *su.* [7g] Polierer *m*; ~ *de glaces* (Spiegel[glas]-)Schleifer *m*; ~**seuse** ⊕ (~'sø:z) *f* Schleifmaschine *f*; ~**soir** ⊕ (~'swa:r) *m* Polier-stahl *m*, -bank *f*; ~ *à ongles* Fingernagelfeile *f*; ~**soire** (~) *f* Glättbürste *f*.

polisson (pɔli'sɔ̃) *su. u. adj.* [7c] **1.** Straßen-, Gassen-junge *m*; Schlingel *m*, Bengel *m*; ungezogen, gassenjungenartig; **2.** Zotenreißer *m*, Schelm *m*, Racker *m*; zotenhaft, schelmisch; **3.** Wüstling *m*, Lebemann *m*; *f*: liederliches Frauenzimmer *n*; ausschweifend; ~**ner** (~sɔ'ne) *v/i.* [1a] sich wie ein Straßenjunge benehmen, Zoten reißen; ~**nerie** (~sɔn'ri) *f* Jungenstreich *m*; Unanständigkeit *f*, Schweinerei *f* P, Zote *f*; unanständiges Benehmen *n*.

politesse (pɔli'tɛs) *f* Höflichkeit *f*, Lebensart *f*, Schliff *m*, gute Umgangsformen *f/pl.*; ~*s pl.* Höflichkeitsbezeigungen *f/pl.*; *manquer de* ~ keine Lebensart haben; s. *brûler*.

politi|cien *péj.* (pɔliti'sjɛ̃) *su.* [7c] politischer Stümper *m* (*od.* Laie *m*); ~**co-économique** (~kɔekɔnɔ'mik) *adj.* handels-, wirtschafts-politisch; ~**que** (~'tik) **I** *adj.* □ **1.** politisch, staatsmännisch; Staats...; *maxime f* ~ Staatsgrundsatz *m*; **2.** staatskundig; *fig.* weltklug, geschickt, vorsichtig; *économie f* ~ Nationalökonomie *f*, Volkswirtschaft *f*; *habileté f* ~ Weltklugheit *f*; **II** *m* **3.** Staatsmann *m*, Politiker *m*; *fig.* Schlaukopf *m*; **III** *f* **4.** Politik *f*, Staats-kunst *f*, -wissenschaft *f*, -lehre *f*; ~ *réaliste*, ~ *des réalités* Realpolitik *f*; ~ *culturelle*, ~ *économique*, ~ *commerciale*, ~ *communale*, ~ *fiscale*, ~ *tarifaire* Kultur-, Wirtschafts-, Handels-, Kommunal-, Steuer-, Tarif-politik *f*; ~ *annexion(n)iste* Annexionspolitik *f*; ~ *mondiale* Weltpolitik *f*; ~ *des prix* Preis-politik *f*, -gestaltung *f*; ~ *de(s) crédit(s)* Kreditpolitik *f*, -wirtschaft *f*; ~ *d'exécution*, ~ *d'accomplissement* Erfüllungspolitik *f*; ~ *de sanction*, ~ *d'intérêts*, ~ *de parti(s)*, ~ *de force*, ~ *d'alliance*, ~ *de rapprochement*, ~ *d'entente* Sanktions-, Interessen-, Partei-, Macht-, Bündnis-, Annäherungs-, Verständigungs-politik *f*; *fig.* ~ *d'autruche*, ~ *de la tête sous l'aile* Vogelstraußpolitik *f*; *par* ~ aus politischen Gründen; *parler* ~ von Politik sprechen; **5.** *fig.* Weltklugheit *f*, Geschicklichkeit *f*; ~**quer** (~'ke) *v/i.* [1m] politisieren; ~**queur** (~'kœ:r) *m* Politisierer *m*, Stammtischpolitiker *m*.

polka (pɔl'ka) *f* Polka *f* (*Tanz*).

pollen ⚘ (pɔ'lɛn) *m* Pollen *m*.

pollu|er (pɔ'lɥe) *v/t.* [1a] entweihen, schänden, besudeln; beflecken; verunreinigen; ~**tion** (pɔly'sjɔ̃) *f* **1.** Entweihung *f*, Schändung *f*; **2.** *allg.* Verunreinigung *f*; *la* ~ *de l'air* die Verpestung *f* der Luft; **3.** Pollution *f*, Samenerguß *m*.

polochon P, ⚔ (pɔlɔ'ʃɔ̃) *m* Keil-, Kopf-kissen *n*.
Pologne (pɔ'lɔɲ) *f*: **la** ~ Polen *n*.
polonais (pɔlɔ'nɛ) *adj. u.* ♀ *su.* [7] polnisch; Pole *m* (*f*: Polin);
polpeur ⚒ (pɔl'pœːr) *adj. u. m* zerkleinernd; Zerkleinerungsvorrichtung *f*.
poltron (pɔl'trɔ̃) *adj.* □ *u. su.* [7c] feige; Feigling *m*, Hasenfuß *m*; **~nerie** (~trɔn'ri) *f* **1.** Feigheit *f*, Verzagtheit *f*; **2.** feiger Streich *m*.
poly|andrie (pɔliɑ̃'dri) *f* Vielmännerei *f*, Polyandrie *f*; **~archie** (~ar'ʃi) *f* Polyarchie *f*, Vielherrschaft *f*; **~chrome** (~'krɔm) *adj.* mehr-, vielfarbig; **~clinique** (~kli'nik) *f* Klinik *f* für verschiedene Krankheiten; **~copiage** (~kɔ'pjaːʒ) *m* Vervielfältigung *f*; **~copie** (~kɔ'pi) *f* Vervielfältigungsverfahren *n*; **~copié** (~'pje) *adj./m u. m*: (*cours m*) ~ vervielfältigtes Kolleg *n*, Skriptum *n*; **~copier** (~) *v/t.* [1a] vervielfältigen, Blaupausen herstellen; **~èdre** ⚲ (~'ɛːdrə) *adj. u. m* vielflächig; Polyeder *n*, Vielflächner *m*; **~game** (~'gam) *adj.* polygam, Vielweiberei betreibend; **~gamie** (~ga'mi) *f* Polygamie *f*, Vielweiberei *f*; **~glotte** (~'glɔt) *adj. u. su.* vielsprachig; Polyglott *m*, Sprachenkenner *m*; **~glottisme** (~'tism) *m* Kenntnis *f* vieler Fremdsprachen; **~gonal** ⚲ (~gɔ'nal) *adj.* [5c] vieleckig, -seitig; **~gone** (~'gɔn) **I** *adj.* ⚲ vieleckig; polygonal; **II** *m* ⚲ Polygon *n*, Vieleck *n*; ⚔ Schieß-(übungs)platz *m*; **~graphe** (~'graf) *m* Vielschreiber *m*; **~gyne** ⚘ (~'ʒin) *adj.* polygynisch; *n*; **~nôme** ⚲ (~'noːm) *m* vielgliedrige Größe *f*.
polype *zo.*, ⚕ (pɔ'lip) *m* Polyp *m*.
polypétale ⚘ (pɔlipe'tal) *adj.* vielblättrig.
polypeux ⚕ (pɔli'pø) *adj.* [7d] [polypenartig.]
polyphasé ⚡ (~fa'ze) *adj.* mehrphasig; *courant m* ~ Mehrphasenstrom *m*.
polypho|nie ♪ (~fɔ'ni) *f* Vielstimmigkeit *f*, Vieltönigkeit *f*; **~nique** (~'nik) *adj.* vielstimmig.
polysyllab|e *gr.* (~si'lab) **I** *m* mehrsilbiges Wort *n*; **II** *adj.* mehrsilbig; **~ique** *gr.* (~'bik) *adj.* mehrsilbig.
polytechni|cien (~tɛkni'sjɛ̃) *m* Fachschulingenieur *m*; *écol.* Schüler *m* e-s Technikums; **~que** (~'nik) *adj. u. f*: polytechnisch; (*école f*) ~ Technikum *n*, technische Fachschule *f*.
polythéisme (~te'ism) *m* Poly-[theismus *m*.]
polythéiste (~te'ist) **I** *adj.* polytheistisch; **II** *m* Polytheist *m*.
polyurie ⚕ (pɔliy'ri) *f* Polyurie *f*.
poly|valence (~va'lɑ̃ːs) *f* **1.** *gr.* mehrfache Bedeutung *f e-s Wortes*; **2.** ⊕ mehrfache (*od.* vielseitige) Verwendung *f* (*od.* Verwendungsmöglichkeit *f*) *e-r Maschine*, Mehrzweckprinzip *n*; **~valent** (~va'lɑ̃) *adj.* [7] vielwertig; *a. phm.* vielfältig verwendbar; *fin.* mit mehreren Steuerkontrollen beauftragt.
pomerol (pɔm'rɔl) *m* Pomerolwein *m*.
pomiculteur (pɔmikyl'tœːr) *m.* [Obst(baum)züchter *m*.]
pomma|de (pɔ'mad) *f* Pomade *f*, Salbe *f*; ~ *pour la peau* Hautsalbe *f*; ~ *pour les cheveux* Haarsalbe *f*; ~ *à moustache* Bartpomade *f*; ~ *à l'oxyde de zinc* Zinksalbe *f*; ~ *pour les lèvres* Lippenpomade *f*; *fig. passer de la* ~ *à q.* j-m um den Bart schmieren, j-m schmeicheln; **~der** (~'de) *v/t.* [1a] mit Pomade (*od.* Salbe) einfetten; **~din** F (~'dɛ̃) *m* Geck *m*; Friseurgehilfe *m*.
pommard (pɔ'maːr) *m* Burgunderwein *m*.
pomme (pɔm) *f* **1.** Apfel *m*; ~ *à cidre* Mostapfel *m*; ~ *sauvage* Holzapfel *m*; ~ *cuite* Bratapfel *m*; *fig.* ~ *de discorde* Zankapfel *m*; **2.** *anat.* ~ *d'Adam* Adamsapfel *m*; Schildknorpel *m* des Kehlkopfes; **3.** ⚘ ~ *de chou* Kohlkopf *m*; ~ *de pin* Tannenzapfen *m*; **4.** ~ *de terre* Kartoffel *f*; ~ *de terre précoce* Frühkartoffel *f*; ~ *de terre tardive* Winterkartoffel *f*; *~s frites* Pommes frites *pl.*, *Art* Bratkartoffeln *f/pl.*; *~s pl.* (*de terre*) *paille* Strohkartoffeln *f/pl.*; *~s sautées* in Butter geschwenkte Kartoffeln *f/pl.*; *~s en robe de chambre* Pellkartoffeln *f/pl.*; *purée f de ~s* Stampf-, Quetsch-kartoffeln *f/pl.*, Kartoffelpürée *f*; **5.** Knopf *m am Stock*; ~ *d'arrosoir* Gießkannenbrause *f*, Tülle *f*; **6.** P Kopf *m*, Gesicht *n*; *ma* ~ ich; *ta* ~ du; *sa* ~ er (sie); P *tomber dans les ~s* ohnmächtig werden; P *aux ~s* piekfein, bestens, ausgezeichnet.
pommé (pɔ'me) *adj.* **1.** rund; *chou m* ~ Kopfkohl *m*; *laitue f ~e* Kopfsalat *m*; **2.** F vollendet, Erz...; *sottise f ~e* Erzdummheit *f*.
pommeau (pɔ'mo) *m* [5b] **1.** Degenknauf *m*; **2.** Sattelknopf *m*.

pommelé (pɔm'le) *adj.* mit Schäfchenwolken bedeckt; *cheval m blanc* ~ Apfelschimmel *m*.
pommelle ⊕ (pɔ'mɛl) *f* Seihblech *n vor e-r Röhre*.
pommer (pɔ'me) *v/i.* [1a] Köpfe ansetzen (*von Kohlarten*).
pommette (pɔ'mɛt) *f* **1.** Knöpfchen *n*; **2.** Backenknochen *m*.
pommier (pɔ'mje) *m* Apfelbaum *m*.
pomologie (pɔmɔlɔ'ʒi) *f* Obstkunde *f*.
pompe[1] (pɔ̃:p) *f* **1.** feierlicher Aufzug *m*, Festzug *m*; ~ *funèbre* feierliches Leichenbegängnis *n*; ~*s pl. funèbres* Beerdigungsinstitut *n*; *voiture f des* ~*s funèbres* Leichenwagen *m*; **2.** Prunk *m*, Pomp *m*.
pompe[2] (~) *f* **1.** Pumpe *f*; ~ *aspirante* Saugpumpe *f*; ~ *foulante* Druckpumpe *f*; ~ *à air* Luftpumpe *f*; *Auto*: ~ *à essence* Zapf-, Tankstelle *f*; ~ *à feu*, ~ *à incendie* Feuerspritze *f*; *vél.* ~ *à bicyclette*, ~ *à pneu*, ~ *pneumatique* Luftpumpe *f*; ~ *à piston*, ~ *à diaphragme*, ~ *de graissage* Kolben-, Membran-, Ölpumpe *f*; ⚒ ~ *d'épuisement* Abbaupumpe *f*; ⊕ ~ *à barillet* Faßpumpe *f*; ~ *à engrenages* Zahnradpumpe *f*; *donner un coup de* ~ aufpumpen; **2.** ♪ Ansatzstück *n e-r Posaune usw*; **3.** Vogelnäpfchen *n*; **4.** P Schuh *m*; **5.** ★ *écol.* Büffeln *n*; **6.** ★ *à toutes* ~*s* wie ein geölter Blitz; *Sport*: *coup m de* ~ Erschöpfung *f*.
pomp|er (~) [1a] **I** *v/t.* **1.** (aus-)pumpen, an sich saugen; **2.** (ein-)ziehen; **3.** *fig.* aufsaugen, an sich ziehen; **4.** P ~ *de l'argent* Geld pumpen (= *sich leihen*); **5.** P tanken, saufen; **6.** P ausfragen; **II** *v/i.* **7.** saufen P; **8.** *écol.* büffeln; ★ ~ *sur un autre* von j-m abschreiben; ~**ette** F (~'pɛt) *adj.* beschwipst.
pompeux (pɔ̃'pø) *adj.* [7d] □ pomphaft; *fig.* hochtrabend (*Stil*).
pompier (pɔ̃'pje) **I** *m* **1.** Feuerwehrmann *m*; P Säufer *m*; ~*s pl.* Feuerwehr *f*; **2.** Pumpen-, Spritzenmacher *m*; **II** *adj.* [7b] kitschig, abgedroschen; hochtrabend.
pompiérisme *péj.* (pɔ̃pje'rism) *m* pseudoklassischer Stil *m*, Kitsch *m*.
pompiste (pɔ̃'pist) *su.* Tankwart *m*.
pompon (pɔ̃'pɔ̃) *m* Quaste *f*, Zierat *m*; ⚔ Kokarde *f*; P Kopf *m*; F *fig. à lui le* ~*!* ihm kommt keiner gleich!; F *avoir le* ~ alle anderen übertreffen; P *avoir son* ~ blau sein F; ~**ner** (~pɔ'ne) *v/t.* [1a] (*a. affektiert*) (aus)schmücken (*a. Stil*).
ponçage (pɔ̃'sa:ʒ) *m* **1.** Durchpausen *n*; **2.** ⊕ Schleifen *n*.
Ponce[1] (pɔ̃:s) *npr.* Pontius *m*; *renvoyer de* ~ *à Pilate* von Pontius zu Pilatus schicken.
ponce[2] (~) *f* **1.** (*a. adj.*: *pierre f* ~) Bimsstein *m*; **2.** Pause *f zum Durchzeichnen*.
ponceau[1] (pɔ̃'so) *m* [5b] **1.** ⚘ Klatsch-rose *f*, -mohn *m*; **2.** Hochrot *n* (*a. adj. inv.*).
ponceau[2] (~) *m* [5b] kleine Brücke *f*; Abzugsgraben *m*.
poncer (pɔ̃'se) *v/t.* [1k] **1.** (durch-)pausen; **2.** (ab)schleifen.
ponceuse ⊕ (pɔ̃'sø:z) *f* Bandschleifmaschine *f*.
ponceux (pɔ̃'sø) *adj.* [7d] bimssteinartig.
poncif (pɔ̃'sif) *m* **1.** Schablone *f*; Schablonenzeichnung *f*; Linienblatt *n* zum Pausen; Pause *f*; **2.** *fig. péj.* Phrase *f*; wertlose Schrift *f od.* Malerei *f*, Abklatsch *m*.
ponction ⚕ (pɔ̃k'sjɔ̃) *f* Punktur *f*, Einstich *m*; ~**ner** (~ksjɔ'ne) *v/t.* [1a] e-n Einstich machen, punktieren.
ponctualité (pɔ̃ktɥali'te) *f* Pünktlichkeit *f*.
ponctuation (pɔ̃ktɥɑ'sjɔ̃) *f* **1.** *gr.* Zeichensetzung *f*, Interpunktion *f*; **2.** ♪ Bezeichnen *n* der Pausen; **3.** ⚘ Punktierung *f*.
ponctuel (pɔ̃k'tɥɛl) *adj.* [7c] □ pünktlich; *pas* ~ unpünktlich.
ponctuer (pɔ̃k'tɥe) *v/t.* [1a] **1.** punktieren; tüpfeln; **2.** *gr.* interpunktieren; **3.** ♪ die Pausen bezeichnen.
pondaison *orn.* (pɔ̃dɛ'zɔ̃) *f* Legezeit *f*.
pondé|rabilité *phys.* (pɔ̃derabili'te) *f* Wiegbarkeit *f*; ~**rable** *phys.* (~'rablə) *adj.* wiegbar; ~**ral** (~'ral) *adj.* [5c] Gewichts...; ~**rateur** (~ra'tœ:r) *adj.* [7f] das Gleichgewicht erhaltend; ~**ration** (~rɑ'sjɔ̃) *f* **1.** *phys.* Gleichgewicht(slehre *f*) *n*, Statik *f*; **2.** Abwägen *n*; *fig.* Kaltblütigkeit *f*; innere Ausgeglichenheit *f*, Beherrschtheit *f*; ~**ré** (~'re) *adj.* ausgeglichen, beherrscht; gesetzt, ernst; ~**rer** (~) *v/t.* [1f] **1.** abwägen, ins richtige Gleichgewicht bringen; **2.** *fig.* beruhigen, mäßigen, dämpfen.
pond|euse (pɔ̃'dø:z) *adj./f u. f* (*poule f*) ~ Legehenne *f*; ~**oir**

(~'dwa:r) *m* (Lege-)Korb *m od.* Nest *n* der Hühner; **~re** ('pɔ̃:drə) *v/t. u. v/i.* [4a] (Eier) legen; *œuf m frais pondu* frisch gelegtes Ei.

ponette *zo.* (pɔ'nɛt) *f* Ponystute *f.*

poney *zo.* (pɔ'nɛ) *m* Pony *n.*

pongé *text.* (pɔ̃'ʒe) *m* Pongée *f* (*zartes Rohseidengewebe*).

pont (pɔ̃) *m* **1.** Brücke *f*; ✈ *~ aérien* Luftbrücke *f*; ✈ *~ d'atterrissage* Landungsbrücke *f*; ✈ *~ d'envol* Startdeck *n* (*e-s Flugzeugträgers*); *~ à bascule* Brückenwaage *f*; *~ de bateaux* Schiffs-, Ponton-brücke *f*; ⊕ *~ à câble* Drahtseilförderer *m*; *~ levis* Zugbrücke *f*; *~ roulant* Roll-, Schiebebrücke *f*; ⊕ Lauf-, Brücken-kran *m*, Krananlage *f*; *~ suspendu* Hänge-, Ketten-brücke *f*; *~ tournant* Drehbrücke *f*; 🚂 Drehscheibe *f*; *~ transbordeur* Schwebefähre *f*; *~ à trappe* Klappbrücke *f*; *a. tête f de ~* Brückenkopf *m*; *~s et chaussées* Brücken- u. Wegebau *m*; *Fr.* Straßenbauverwaltung *f*; *Auto*: *~ de graissage* Hebebühne *f* zum Abschmieren; **2.** *~ (de pantalon)* Hosen-latz *m*, -klappe *f*; **3.** ⚓ Deck *n*; *premier ~* Unterdeck *n*; *~ supérieur* Oberdeck *n*; *faux ~* Zwischendeck *n*; *vaisseau m à trois ~s* Dreidecker *m*; **4.** *géogr.* *~ de terre* Landbrücke *f*; **5.** *Auto*: Achse *f*; *~ avant* Vorderachse *f*; *~ arrière* Hinterachse *f*; *~ arrière à cardans transversaux* Schwingachse *f*; **6.** *fig.* F *~ aux ânes* Eselsbrücke *f*; *faire le ~* an e-m zwischen zwei Feiertagen liegenden Arbeitstag nicht arbeiten; *couper dans le ~* F reinfallen, sich etw. vormachen lassen; *faire un ~ d'or à q.* j-m goldene Brücken bauen.

ponte¹ (pɔ̃:t) *m* Gegenspieler *m* (*Roulette*); F *fig.* Bonze *m*, hohes Tier *n*, Prominenter *m.*

ponte² (~) *f* **1.** Eierlegen *n*; Legezeit *f*; **2.** Eierzahl *f.*

ponter¹ ⚓ (pɔ̃'te) *v/t.* [1a] *Schiff* mit e-m Deck versehen.

ponter² (~) *v/i.* [1a] gegen den Bankier spielen (*Roulette usw.*).

pontet (pɔ̃'tɛ) *m* **1.** Abzugsbügel *m* am Gewehr; **2.** Stegbrücke *f.*

pontier (pɔ̃'tje) *m* Brücken-, Kranwärter *m.*

ponti|fe (pɔ̃'tif) *m* **1.** Hohepriester *m*; **2.** Kirchenfürst *m*; Prälat *m*; **3.** F *fig., oft iron.* Koryphäe *f* (*berühmter Professor od. Arzt usw.*), Tonangeber *m*; großes Tier *n*, Kanone *f*; Literaturpapst *m*; **~fical** (~fi'kal) *adj.* [5c] □ (hohe-, ober-)priesterlich, bischöflich; *ornements m/pl. pontificaux* Pontifikalien *pl.*; **~ficat** (~fi'ka) *m* **1.** Hohe-, Ober-priestertum *n*; **2.** Pontifikat *n*, päpstliche Würde *f*; **~fier** (~'fje) *v/i.* [1a] **1.** das Hochamt halten; **2.** F sich steif u. feierlich benehmen, blasiert auftreten, ganz groß angeben F.

pont-levis (pɔ̃'lvi) *m* [6b] Zugbrücke *f.*

Pontoise (pɔ̃'twa:z): *avoir l'air de ~ od. revenir de ~* wie aus allen Wolken gefallen sein.

ponton (pɔ̃'tɔ̃) *m* **1.** Pontonbrücke *f*, Schiffsbrücke *f*; Brücken-kahn *m*, -schiff *n*; *~ à curer* Baggerschiff *n*; **2.** *hist.* Gefangenenschiff *n*; **3.** altes aufgelegtes Schiff *n*; **~age** (~tɔ'na:ʒ) *m* Brückengeld *n*; Fährgeld *n*; **~nier** (~tɔ'nje) *m* Pontonpionier *m.*

pool ✝, *pol.*, ⚔ (pul) *m* Pool *m* (*wirtschaftliche usw.*) Interessensgemeinschaft *f*; *le ~ des armements* der Rüstungspool *m*; *le ~ charbon-acier* Europäische Wirtschaftsgemeinschaft für Kohle und Stahl (E.G.K.S.), Montanunion *f.*

pope *rl.* (pɔp) *m* Pope *m.*

popeline *text.* (pɔ'plin) *f* Popelin(e *f*) *m*; *chemise f ~* Popelinhemd *n.*

popote F (pɔ'pɔt) **I** *f* Suppe *f*; Küche *f*; ⚔ Offiziers-kasino *n*, -messe *f*; *faire la ~ (commune)*, *faire ~ ensemble avec q.* mit j-m gemeinsam kochen; **II** F *adj.* alltäglich, bürgerlich.

popula|ce (pɔpy'las) *f* Pöbel *m*, Plebs *f*; **~cier** (~'sje) *adj.* [7b] pöbelhaft, Pöbel...

populage ⚘ (pɔpy'la:ʒ) *m* Dotterblume *f.*

populaire (pɔpy'lɛ:r) **I** *adj.* □ **1.** volksmäßig, volkstümlich; Volks-...; *chanson f ~* Volkslied *n*; *faveur f ~* Volksgunst *f*; *la Chine ~* Volkschina *n*; *gouvernement m ~* Volksregierung *f*; **2.** gemeinverständlich, populär; **3.** gemein, niedrig, pöbelhaft; *langage m ~* Volkssprache *f*; **4.** beim Volke beliebt, populär; volksverbunden; *se rendre ~* sich beim Volke beliebt machen; **5.** herablassend, leutselig; **II** *m le ~* das niedere Volk *n.*

populari|sation (pɔpylariza'sjɔ̃) *f* Popularisierung *f*, allgemein verständliche Darlegung *f* (*od.* Abhandlung *f*); **~ser** (~'ze) [1a] **I** *v/t.* **1.** gemeinverständlich machen; **2.**

populär machen, beim Volke einführen; **II** *v/rfl.* se ~ zum Gemeingut des Volkes werden; sich populär (*od.* allgemein beliebt) machen; **~té** (~'te) *f* **1.** Beliebtheit *f* beim Volke, Popularität *f*, Volksverbundenheit *f*; **2.** Leutseligkeit *f*, Herablassung *f*.

popu|lation (pɔpyla'sjɔ̃) *f* **1.** Bevölkerung *f*, Einwohnerzahl *f*; *excès m de* ~ Überbevölkerung *f*; *recensement m de la* ~ Volkszählung *f*; **2.** ~ *scolaire* Schülerzahl *f*; **~lationniste** (~lasiɔ'nist) *adj.* bevölkerungspolitisch, **~leux** (~'lø) *adj.* [7d] stark bevölkert; **~liste** (~'list) *adj.* **1.** *pol.* volksparteilich; **2.** *litt.* volkstümlich; *roman m* ~ Volksroman *m*; **~lo** F (pɔpy'lo) *m* niederes Volk *n*.

porc (pɔ:r) *m* **1.** Schwein *n*; Schweinefleisch *f*; *soies f/pl. de* ~ Schweineborsten; **2.** *fig.* Schwein *n*, Vielfraß *n*; **3.** *métall.* Schlacke *f*.

porcelaine (pɔrsə'lɛ:n) *f* **1.** Porzellan(geschirr *n*) *n*; ~ *de Saxe* Meißner Porzellan *n*; ~ *tendre* (*dure*) Weich- (Hart-)porzellan *n*; **2.** *zo.* Porzellanschnecke *f*.

porcelainier (pɔrsəlɛ'nje) **I** *adj.* [7b] Porzellan...; *industrie f porcelainière* Porzellanindustrie *f*; **II** *m* Porzellan-arbeiter *m*, -fabrikant *m*.

porcelet (pɔrsə'lɛ) *m* Ferkel *n*.

porc-épic (pɔrke'pik) *m* [6a] Stachelschwein *n*.

porchaison *ch.* (pɔrʃɛ'zɔ̃) *f* Feistzeit *f* der Wildschweine.

porche (pɔrʃ) *m* Portalvorbau *m*.

porcher (pɔr'ʃe) *su.* [7b] Schweinehirt *m*; **~ie** (pɔrʃə'ri) *f* Schweinestall *m*.

porcin (pɔr'sɛ̃) *adj.* [7] Schweine...

por|e (pɔ:r) *m* Pore *f*; **~eux** (pɔ'rø) *adj.* [7d] porös, löcherig.

porion ⚒ (pɔ'rjɔ̃) *m* (Fahr-)Steiger *m*; *chef m* ~ Obersteiger *m*.

pornograph|ie (pɔrnɔgra'fi) *f* Schundliteratur *f*, Pornographie *f*; **~ique** (~'fik) *adj.* pornographisch.

porosité (pɔrozi'te) *f* Porosität *f*.

porphy|re (pɔr'fi:r) *m* Porphyr *m*; **~riser** (~firi'ze) *v/t.* [1a] fein zerreiben.

porreau ⚘ (pɔ'ro) *m* Porree *m*; *a.* [*poireau*.]

port¹ (pɔ:r) *m* **1.** Hafen *m*; Hafenstadt *f*; ~ *d'attache* Heimatshafen *m*; ~ *de destination*, ~ *d'embarquement*, ~ *de transbordement*, ~ *de débarquement* Bestimmungs-, Verschiffungs-, Umschlag-, Löschhafen *m*; ~ *de charbonnage* Bunkerstation *f*; ~ *intérieur* Binnenhafen *m*; ~ *aérien* Lufthafen *m*; ~ *franc* Freihafen *m*; ~ *militaire*, ~ *de guerre* Kriegshafen *m*; ~ *pétrolier* Ölhafen *m*; ~ *de relâche* (*od. de refuge*) Nothafen *m*; ~ *de salut* Sicherheitshafen *m*; *fig.* Zufluchtsort *m*; *prendre* ~ in den Hafen einlaufen; *arriver à bon* ~ wohlbehalten ankommen; **2.** *fig. faire naufrage au* ~ im letzten Augenblick versagen (*od.* scheitern).

port² (~) *m* **1.** Tragen *n*; ~ *d'armes* Waffentragen *n*; (*permis m de*) ~ *d'armes* Waffenschein *m*; **2.** *bsd.* ⚓ Last *f*, Fracht *f*, (Tonnen-)Gehalt *m*; **3.** Fracht *f*, Fuhrlohn *m*; ~ *permis* Freifracht *f auf e-m Schiff*; **4.** ✉ Porto *n*; *en* ~ *dû* portopflichtig, unfrankiert; ~ *payé*, *franc de* ~ frankiert, frei; *lettre f officielle en* ~ *dû* portopflichtige Dienstsache *f*; **5.** Körperhaltung *f*; **6.** ⚘ Wuchs *m* (*e-s Baumes*); **7.** ♪ ~ *de voix* Schleifen *n* e-s Tones, Tragen *n* der Stimme.

porta|bilité (pɔrtabili'te) *f* Tragbarkeit *f*; **~ble** (pɔr'tablə) *adj.* tragbar; *dette f* ~ Bringschuld *f*; **~ge** (~'ta:ʒ) *m* Tragen *n*, Wegschaffen *n*; Trägerdienst *m*; Beförderung *f*.

portail ⚠ (pɔr'taj) (*pl.* ~*s*) *m* Portal *n*.

port|ance ✈ (pɔr'tɑ̃:s) *f* Auftrieb *m*; **~ant** (~'tɑ̃) **I** *adj.* [7] **1.** tragend; **2.** *à bout* ~ aus nächster Nähe (*schießen*); **3.** *bien* ~ wohlauf, gesund; **II** *m* **4.** Griff *m* (*am Koffer*); **5.** *thé.* Kulissenstütze *f*; **6.** *phys.* Anker *m am Magneten*; **~atif** (~ta'tif) *adj.* [7e] **1.** tragbar, leicht zu tragen; *arme f portative* Handwaffe *f*; *édition f portative* Taschenausgabe *f* (*Buch*); **2.** *force f portative* Trag-fähigkeit *f*, -kraft *f*.

porte (pɔrt) **I** *f* **1.** Tür *f*, Tor *n*, Einfahrt *f*, Pforte *f*; ~ *à deux battants* Flügeltür *f*; ~ *à claire-voie* Gittertür *f*; ~ *cochère* Torweg *m*; ~ *de communication* Verbindungstür *f*; ~ *de dégagement* Hintertür *f*; *fausse* ~ blinde Tür *f*; geheime Tür *f*; ~ *à jour* Gittertür *f*; ~ *perdue* Tapetentür *f*; ~ *roulante*, ~ *coulissante*, ~ *à glissière* Schiebetür *f*; ~ *tournante* Drehtür *f*; ~ *vitrée* (*od.* ~*-fenêtre*) Glastür *f*; *pousser la* ~ *au nez de q.* j-m die Tür vor der Nase zuschlagen; *à la* ~*!* raus (mit ihm)!; *on frappe à la* ~ es klopft (an der Tür); *mettre* (*od. flanquer*) *q. à la* ~ j-n rauswerfen, j-n vor die Tür setzen; *mettre la clef sous la* ~ ausziehen, ohne die Miete zu zahlen; *advt.*: *à* ~ *close* hinter verschlossenen Türen; **2.** *fig. refuser la* ~ *à q.* j-m keinen Zutritt gewähren; *trouver* ~ *close* niemanden zu Hause antreffen; **3.** *géol.* ~ *de glacier* Gletschertor *n*; **4.** *ehm. la* 2, *la Sublime-*2 die (Hohe) Pforte *f*; **II** *adjt.*: *anat. veine f* ~ Pfortader *f*; **III** *ma. pol.*, *Polizei*: *faire du* ~ *à* ~ von Haus zu Haus gehen.

porté (pɔr'te) *adj.*: ~ *à qch.* zu etw. (*dat.*) neigend.

porte|-à-faux ⚠ (pɔrta'fo) *m* Überhang *m*; ⚠ *en* ~ frei austragend; *des marches en* ~ freitragende Stufen; **~-affiches** (pɔrta'fiʃ) *m* [6c] schwarzes Brett *n*, Anschlagetafel *f*; **~-aiguille** *chir.* (~ɛ'gɥij) *m* [6a] Nadelfutteral *n*; **~-aiguilles** (~) *m* [6c] Nadelbehälter *m*, -brief *m*, -buch *n*; **~-allumettes** (~aly'mɛt) *m* [6c] Streichholzschachtel-ständer *m*, -behälter *m*; **~-amarre** ⚓ (~a'ma:r) *m* [6c] (Rettungs-)Rakete *f*; **~-antenne** (~ɑ̃'tɛn) *m* [6c] Antennenmast *m*; **~-assiette** (~a'sjɛt) *m* Teller-ring *m*, -untersatz *m*; **~-avions** ⚓ (~a'vjɔ̃) *m* [6c] Flugzeugträger *m*; **~-bagages** (portəba'ga:ʒ) *m* [6c] a) *Auto*: Gepäckbrücke *f*, -halter *m*; b) *vél.* Gepäckträger *m*, -ständer *m*; **~balle** ('bal) *m* Hausierer *m*; **~bannière** (~ba'njɛ:r) *m* [6c] Bannerträger *m*; **~-bobine** (~bɔ'bin) *m* [6c] Spuler *m an der Nähmaschine*; **~-bonheur** (~bɔ'nœ:r) *m* [6c] Glücks-bringer *m*, -pfennig *m*, -medaille *f*; **~-bouteille** (~bu'tɛj) *m* [6c] Flaschenuntersatz *m* (*Bierfilz*); **~-bouteilles** (~) *m* [6c] Flaschenständer *m*; **~-cartes** (~'kart) *m* [6c] Kartentasche *f*; **~-chaise** (~'ʃɛ:z) *m* [6c] Sänftenträger *m*; **~-chapeaux** (~ʃa'po) *m* [6c] Hutständer *m*; **~-cigare** (~si'ga:r) *m* [6c] Zigarrenspitze *f*; **~-cigares** (~) *m* [6c] Zigarrentasche *f*; **~-cigarette** (~siga'rɛt) *m* [6c] Zigarettenspitze *f*; **~-cigarettes** (~) *m* [6c] Zigarettenetui *n*; **~-clefs** (~'kle) *m* [6c] **1.** Gefängniswärter *m*; **2.** Schlüsselring *m*; **3.** ♪ Tastenbrett *n*; **~-copie** (~kɔ'pi) *m* [6c] Manuskripthalter *m an der Schreibmaschine*; **~-couteau** (~ku'to) *m* [6c] Messerbänkchen *n*; **~-crayon** (~krɛ'jɔ̃) *m* [6c] Bleistifthalter *m*; **~-disques** (~'disk) *m* [6c] Plattenteller *m* (*Grammophon, Plattenspieler*); **~-drapeau** (~dra'po) *m* [6c] Fähnrich *m*, Fahnenträger *m*.

portée (pɔr'te) *f* **1.** Schußweite *f*; Wurfweite *f*; Bereich *m*; *rad.* Reichweite *f*; *Golf*: Flugstrecke *f*; *pièce f à grande* ~ weittragendes Geschütz *n*; ~ *du feu* Feuer-, Schuß-bereich *m*; *à* ~ *de la voix* in Rufweite; **2.** *fig.* (Leistungs-)Fähigkeit *f*, Vermögen *n*, Fassungskraft *f*; *être à la* ~ *de tous* allgemein verständlich; *mettre qch. à la* ~ *de q.* j-m etw. verständlich (*od.* plausibel) machen; *cela passe ma* ~, *cela est hors de ma* ~ das ist mir zu hoch, das geht über meinen Horizont; *fig. être à la* ~ *de q.* sich etw. leisten können; *être à* ~ (*hors de* ~) *de faire qch.* (nicht) imstande sein, etw. zu tun; **3.** *fig.* Tragweite *f*, Bedeutung *f*; **4.** *zo.* Wurf *m*, Zahl *m* der Jungen *e-s Tieres*; (Dauer *f* der) Tracht *f*; **5.** ♪ Notenlinien *f/pl.*; **6.** ⚠ Spannweite *f*, Bogenöffnung *f*, -weite *f*; ⊕ Ausladung *f e-s Krans*; **7.** ⚓ ~ *en lourd* Lade-, Trag-fähigkeit *f*.

porte|-enseigne (pɔrtɑ̃'sɛɲ) *m* [6c] Fähnrich *m*; **~-épée** (~e'pe) *m* [6c] Degengehänge *n*; **~-étendard** (~etɑ̃'da:r) *m* [6c] Standartenträger *m*.

portefaix (pɔrtə'fɛ) *m* Lasten-, Koffer-, Gepäck-träger *m*.

porte-fenêtre ⚠ (~fə'nɛ:trə) *f* Fensterwand *f*; Balkon-, Glastür *f*.

portefeuille (~'fœj) *m* **1.** Brieftasche *f*; **2.** Mappe *f*; **3.** *pol.* Portefeuillen; **4.** † Wechselbestand *m*; Wertpapiere *n/pl.*; **5.** F Falle *f* F (*Bett*).

porte|-flambeau (~flɑ̃'bo) *m* [6c] Fackelträger *m*; **~-fleurs** (~'flœ:r) *m* [6c] Blumenständer *m*; **~-foret** ⊕ (~fɔ'rɛ) *m* [6g] Handbohrmaschine *f*; **~-habits** (~a'bi) *m* [6c] Kleiderbügel *m*; Kleiderständer *m*; **~-haillons** (~ɑ'jɔ̃) *m* [6c] zerlumpter Mensch *m*; **~-hélicoptères** ⚓ (~elicɔpt'ɛ:r) *m* Hubschrauberträger *m*; **~-jarretelles** (~ʒar'tɛl) *m* [6c] Hüfthalter *m*; **~-journaux** (~ʒur'no) *m* [6c] Zeitungshalter *m*; **~-liqueurs** (~li'kœ:r) *m* [6c] Likörgestell *n*; **~-malheur** (~ma'lœ:r) *m* [6c] *fig.* Unglücksvogel *m*.

portemanteau (~mɑ̃'to) *m* **1.** Kleiderständer *m*, Garderoben-ständer *m*, -haken *m*; **2.** Reisebeutel *m*.

portement *rl.* (~'mɑ̃) *m*: ~ *de croix* Kreuztragung *f* Christi.

porte|-mine(s) (pɔrtə'min) *m* Drehbleistift *m*; *le* ~ *à quatre couleurs* der Vierfarbenbleistift *m*; **~-missiles** ⚓ (~mi'sil): *navire m* ~ Raketenabschußschiff *n*; **~monnaie** (~mɔ'nɛ) *m* [6c] Portemonnaie *n*, Geldbörse *f*; **~-montre** (~'mɔ̃:trə) *m* [6c] (Taschen-)Uhrenetui *n*; **~-mousqueton** ⚔ (~muskə'tɔ̃) *m* [6c] Karabinerhaken *m*; **~-musique** (~my'zik) *m* [6c] Noten-mappe *f*, -tasche *f*; **~-nouvelles** (~nu'vɛl) *m* Neuigkeitskrämer *m*; **~-paquet** (~pa'kɛ) *m* [6c] Paketknebel *m*; **~-parapluies** (~para'plɥi] *m* [6c] Schirmständer *m*; **~-parole** (~pa'rɔl) *m* [6c] Wortführer *m*; Fürsprecher *m*; **~-plume** (~plym) *m* [6c] Federhalter *m*; ~ *(à) réservoir* Füllfederhalter *m* (*üblich jedoch*: *stylo m*); **~-pneu** *Auto* (~'pnø) *m* [6c] Reifenhalter *m*.

porter (pɔr'te) [1a] **I** *v/t.* **1.** tragen; ~ *en haut (en bas)* hinauf- (herunter-)tragen; ~ *bateau* schiffbar sein (*von e-m Fluß*); *fig.* ~ *aux nues* verhimmeln, vergöttern, in den Himmel heben; **2.** *fig.* (hervor-) bringen; verursachen, nach sich ziehen; ~ *bonheur (malheur)* Glück *n* (Unglück *n*) bringen; ~ *intérêt* Zinsen *f* tragen; **3.** ~ *(sur soi od. avec soi)* bei sich (*dat.*) haben, mit sich (*dat.*) führen; anhaben; ⚔ *portez arme!* Gewehr *n* über! *cela est toujours bien porté* das ist noch immer Mode; ~ *le deuil de q.* um j-n trauern; ~ *la robe* ein richterliches Amt bekleiden; ~ *la soutane* Geistlicher sein; **4.** bringen, hinschaffen; gelangen lassen (*à* an *acc.*); ~ *à la connaissance de q.* zu j-s Kenntnis bringen; *fig.* ~ *la guerre dans un pays* ein Land mit Krieg überziehen; ~ *la vie* beleben; **5.** haben; besitzen; *il porte sa recommandation sur sa figure* sein Äußeres ist ansprechend; **6.** führen, lenken, richten; halten; ~ *la main à qc.* (die) Hand an etw. (*acc.*) legen, etw. anfassen; ~ *la main à l'épée* zum Degen greifen; ~ *la main sur q.* Hand an j-n legen, sich an j-m vergreifen; ~ *ses pas quelque part* sich irgendwohin begeben; ~ *le pied en dedans* die Füße nach innen setzen; ~ *préjudice à q.* j-m schaden; *fig.* ~ *ses vues bien haut* s-e Pläne sehr weit spannen; ~ *les yeux sur qc.* s-e Augen auf etw. (*acc.*) richten; ~ *le nez au vent* hochnäsig (*od.* eingebildet) sein, den Kopf hoch tragen; ~ *haut qch.* etw. hoch anschlagen; etw. zu hoher Vollendung bringen; **7.** bekunden, zeigen, hegen; ~ *amitié à q.* für j-n Freundschaft hegen; ~ *attention à qch.* auf etw. (*acc.*) achten (*od.* achtgeben); **8.** reizen, bewegen, antreiben; verleiten (*à* zu *dat.*); *ce qui me porte à croire* was mich glauben läßt; *être porté d'amitié pour q.* für j-n Freundschaft hegen; ~ *atteinte à qch.* e-r Sache (*dat.*) Eintrag (*od.* Abbruch) tun; **9.** *fig.* ertragen, aushalten; **10.** von sich geben, aussprechen; erklären, lauten, besagen; ~ *un arrêt* ein Urteil fällen; ~ *condamnation* auf schuldig lauten; ~ *un jugement de (od. sur) qch.* s-e Meinung über etw. (*acc.*) sagen; ~ *la parole* das Wort führen; ~ *plainte contre q.* gegen j-n Klage erheben, j-n verklagen; ~ *un toast* ~ *à q.* e-n Toast auf j-n ausbringen; ~ *témoignage* Zeugnis ablegen; *l'arrêt (la réponse) porte que ...* das Urteil (die Antwort) lautet dahin, daß ...; **11.** *fig.* einschreiben, eintragen (*sur une liste* in e-e Liste); ~ *absent* als fehlend eintragen; ~ *candidat* als Kandidat aufstellen; *se faire* ~ *malade* sich krank melden; † ~ *à (od. en) compte* in Rechnung setzen; ~ *en recette (en dépense)* als Einnahme (als Ausgabe) verbuchen; *être porté disparu* als vermißt registriert werden; **II** *v/i.* **12.** tragen; trächtig sein; **13.** liegen, ruhen, gestützt sein (*sur* auf *dat.*); *fig.* ~ *sur qch.* auf etw. beruhen; **14.** tragen, reichen (*à* bis); (*Gewehr, Bemerkung*): ~ *(juste)* treffen; *fig.* den Nagel auf den Kopf treffen, das Richtige treffen; *fig. il n'y a pas un mot qui ne porte* jedes Wort sitzt; ~ *à faux* a) ⚠ nicht lotrecht stehen; *en porte à faux* überhängend; b) *fig.* schlecht begründet sein, abwegig sein, nicht stichhaltig sein; *sa vue porte loin* sein Auge reicht weit; *fig. il n'y a pas un mot qui ne porte* kein Wort verfehlt den Eindruck; ~ *sur q. (qch.)* j-n (etw.)

betreffen, sich auf j-n (etw.) beziehen; ~ *sur qch.* auf etw. (*acc.*) abzielen; **15.** anschlagen; *sa tête a porté contre une pierre* er ist mit dem Kopf gegen e-n Stein gefallen; **16.** *le vin porte à la tête* der Wein steigt ihm (*od.* ihr) zu Kopf; ~ *sur les nerfs* auf die Nerven fallen; **17.** ⚓ segeln, steuern; ~ *au nord* nach Norden steuern; **III** *v/rfl.* *se* ~ **18.** getragen werden; **19.** sich wohin begeben, sich auf etw. hin richten *od.* bewegen; *fig. se* ~ *sur q.* sich j-m zuwenden; *se* ~ *en avant* (*en arrière*) vorwärtsrücken (sich zurückziehen); *le sang se porta à la tête* das Blut strömte nach dem Kopfe; *fig. le choix se porta sur ...* die Wahl fiel auf ...; **20.** *se* ~ *à qch.* sich zu etw. (*dat.*) entschließen; zu etw. (*dat.*) neigen; *se* ~ *à faire qch.* sich zu etw. hinreißen lassen; **21.** sich befinden, sich fühlen; *portez-vous bien!* bleiben Sie gesund!; *se* ~ *bien* (*mal*) gesund (krank) sein; **22.** auftreten (als), sich ausgeben (für); *se* ~ *candidat* als Wahlkandidat auftreten; *se* ~ *garant* Bürge sein; **IV** *m*: *ces gants sont d'un bon* ~ diese Handschuhe tragen sich gut.

porte-rame ⚓ (pɔrtə'ram) *m* [6c] Rudergabel *f*.

portereau ⚠ (pɔrtə'ro) *m* [5b] **1.** Schutzwehr *n*; **2.** *charp.* Trageholz *n* (*zum Tranport von Bauholzstücken*).

porte|-respect ⚔ (~rɛs'pɛ) *m* [6c] Verteidigungswaffe *f*; **~-savon** *m* [6c] Seifenbehälter *m*; **~-savonnette** (~savɔ'nɛt) *m* [6c] Seifennapf *m*; **~-scie** (~'si) *m* [6c] Sägebock *m*; **~-serviettes** (~sɛr'vjɛt) *m* [6c] Handtuchhalter *m*.

porteur (pɔr'tœ:r) **I** *m* **1.** Träger *m*; 🚂 Gepäckträger *m*; *chaise f à* ~(*s*) Sänfte *f*; ~ *d'eau* Wasserträger *m*; ⚕ ~ *de bacillus* Bazillenträger *m*; ~ *de germes* Keimträger *m*; **2.** Überbringer *m*; ~ *de lait* Milchbringer *m*; **3.** Inhaber *m*; ~ *d'une lettre de change* Wechselinhaber *m*; ~ *légitime* rechtmäßiger Inhaber *m*; *au* ~ auf den Inhaber (*od.* Vorzeiger) ausgestellt; *effets m/pl. au* ~ Inhaberpapiere *n/pl.*; ~ *de procuration* Prokurist *m*; **4.** Sattelpferd *n*; **5.** ⚠, *Wasserbaukunst*: Straßenträger *m*, Brückenbaum *m*; **6.** *biol.* Keimträger *m*; **II** *adj.* [7g]: *les murs* ~*s* die tragenden Mauern *f/pl.*

porte|-veine F (pɔrtə'vɛ:n) *m* [6c] Glücksbringer *m*; **~-verge** (~'vɛrʒ) *m* [6c] Stabträger *m*; **~-vêtements** (~vɛt'mɑ̃) *m* [6c] Kleiderbügel *m*; **~-voix** (~'vwa) *m* [6c] Sprachrohr *n*.

portfolio (pɔrtəfɔ'ljo) *m*: ~ *pour billets* Fahrscheintasche *f*.

portier (pɔr'tje) *su.* [7b] Pförtner *m*.

portière (pɔr'tjɛ:r) *f* **1.** Pförtnerin *f*; **2.** *Auto, Kutsche,* 🚂 Wagentür *f*; **3.** (Tür-)Vorhang *m*.

portillon (pɔrti'jɔ̃) *m* Türchen *n*; 🚂 Sperre *f* (*am Fahrkartenhäuschen*).

portion (pɔr'sjɔ̃) *f* **1.** Teil *m*, Anteil *m*; **2.** Portion *f*; *advt. par* ~*s*, *à la* ~ portionenweise; *fig.* ~ *congrue* dürftiges Einkommen *n*.

portique (pɔr'tik) *m* **1.** Portikus *m*, Säulenhalle *f*, Säulengang *m*; **2.** *phil. le* ♀ die Stoa *f*; Stoizismus *m*; **3.** *gym.* Turngerüst *n*.

porto (pɔr'to) *m* Portwein *m*.

Porto-Ricain (pɔrtɔri'kɛ̃) *f* **I** *su.* Portorikaner *m*; **II** ♀ *adj.* portorikanisch.

portrait (pɔr'trɛ) *m* **1.** Porträt *n*, Brustbild *n*; Bild(nis *n*) *n*; ~ *en pied* Bild *n* in ganzer Figur; **2.** *fig.* Ebenbild *n*; *c'est tout le* ~ *de son père* er (sie) ist ganz der Vater; **3.** *fig.* Schilderung *f*; *litt.* Charakterbild *n*; **4.** V Fresse *f* V; **~-charge** (~'ʃarʒ) *m* [6a] Zerrbild *n*; **~iste** (~'tist) *m* Porträtmaler *m*: **~-robot** ⚖ *journ.* (~rɔ'bo) *m* [6b] Täterzeichnung *f*, Fahndungsskizze *f*; **~urer** (~ty're) *v/t.* [1a] ein Porträt malen.

Port-Royal *hist. Fr.* (pɔrrwa'jal) *npr. Name e-r bei Chevreuse, südw. von Versailles, im Jahre 1204 gegründeten Abtei, die im 17. Jh. zum Sammelpunkt der Jansenisten wurde u. im Jahre 1710 von Ludwig XIV. zerstört wurde.*

portugais (pɔrty'gɛ) *adj. u.* ♀ *su.* [7] portugiesisch; Portugiese *m*.

Portugal (pɔrty'gal) *m*: *le* ~ Portugal *n*; *au* (*od.* *en*) ~ in *od.* nach Portugal.

posage *a.* ⊕ (po'za:ʒ) *m* Aufstellen *n*.

pose (po:z) *f* **1.** Setzen *n*, Legung *f*; ~ *d'un câble* Kabellegung *f*; ⚡ ~ *de ligne*, ~ *des fils* Leitungsverlegung *f*; ⚠ ~ *de marches* Stufenverlegung *f*; ~ *de la première pierre* Grundsteinlegung *f*; 🚂 ~ *de voie* Schienen-, Gleis-legung *f*; **2.** Anbringen *n*, Ankleben *n*; **3.** Haltung *f*; Stellung *f*, Pose *f*;

4. *peint.* Modellsitzen *n* (*Malerei*); **5.** F *fig.* gekünsteltes Wesen *n*, Ziererei *f*, Pose *f*; **6.** *phot.* Zeitaufnahme *f*; Belichtung *f*.

posé (po'ze) *adj.* (*adv.* **~ment** [poze'mɑ̃]) bedächtig, gesetzt.

posemètre (poz'mɛ:trə) *m phot.* Belichtungsmesser *m*; ⚡ Spannungsmesser *m*.

poser (po'ze) [1a] **I** *v/t.* **1.** (hin-)setzen, (hin)legen, (hin)stellen; ankleben; **2.** ~ *une question à q.* e-e Frage an j-n richten; **3.** ~ *sa candidature* s-e Kandidatur aufstellen; **4.** ablegen, niederlegen; **5.** *fig.* *e-n Satz* aufstellen; voraussetzen; ~ *le cas* den Fall setzen; **6.** *fig.* ~ *q.* die Aufmerksamkeit auf j-n lenken, berühmt machen; *bien posé* angesehen, einflußreich; **7.** ⚠ ~ *la première pierre* den Grundstein legen; **II** *v/i.* **8.** ~ *sur qch.* auf etw. (*dat.*) liegen, ruhen *od.* sitzen; **9.** Modell sitzen *od.* stehen; sich photographieren lassen; *fig.* sich e-e gekünstelte Haltung geben; *cin.* ~ *pour le cinéma* beim Film mitwirken; **10.** *phot.* belichten; **III** *v/rfl.* *se* ~ **11.** sich setzen, sich stellen; ✈ niedergehen, landen; *se* ~ *lentement* langsam landen; *se* ~ *sur l'eau* wassern; **12.** *fig.* e-e wichtige Miene annehmen; *se* ~ *en* auftreten als, sich aufspielen als; *se* ~ *en exemple* sich als Muster hinstellen; **13.** *fig.* *un problème se pose* e-e Frage ergibt sich (taucht auf).

poseur (po'zœ:r) **I** *m* ⊕ Setzer *m*, Steller *m*, Aufsteller *m*; Schienenleger *m*; Steinsetzer *m*; (Plakat-)Ankleber *m*; ⚡ ~ *de ligne* Leitungsleger *m*; ~ *de plastic* Plastikattentäter *m*; **II** *su. u. adj.* [7g] F *fig.* Angeber *m*, Effekthascher *m*; affektiert, angeberisch.

positif (pozi'tif) **I** *adj.* [7e] □ **1.** positiv, ausdrücklich, bestimmt, gewiß, sicher; **2.** wirklich, tatsächlich; **3.** nüchtern (*v. Charakter*); *esprit* ~ Verstandesmensch *m*; **4.** vorgeschrieben; *religion f positive* geoffenbarte Religion *f*; *droit m* ~ festgelegtes (*od.* gegebenes) Recht *n*; **5.** positiv, bejahend; *phys.* *électricité f positive* positive Elektrizität *f*; *gr.* *phrase f positive* positiver (*od.* bejahender) Satz *m*; **II** *m* **6.** *das* Positive *n*, *das* Tatsächliche *n*; **7.** *gr.* Positiv *m* (*erster Steigerungsgrad*); **8.** *phot.* Positiv *n*; ~ *sur verre* Diapositiv *n*.

position (pozi'sjɔ̃) *f* **1.** Lage *f*; Stellung *f*; *prendre* ~ sich aufstellen; ~ *de la question* Stellung *f* der Vertrauensfrage im Parlament; ⚔ ~ *de batterie* Batteriestellung *f*; ⚔ ~ *de tir* Feuerstellung *f*; ⚔ ~ *verrouillée*, ~-*verrou* Riegelstellung *f*; ⚔ ~ *de longue durée* Dauerstellung *f*; **2.** (Körper-)Haltung *f*; **3.** *fig.* Stellung *f* (= *Anstellung, Posten*), Position *f*; (gute *od.* schlechte) Lage *f*, (Vermögens-)Verhältnisse *n/pl.*; ~ *sociale* gesellschaftliche Lebensstellung *f*; ✝ ~ *de place* Börsenlage *f*; **4.** *fig.* Standpunkt *m*, Einstellung *f*; **5.** Voraussetzung *f*; *de fausse* ~ von e-r falschen Voraussetzung ausgehend; **6.** *en* ~*!* still gestanden!; **~nement** (~sjɔn'mɑ̃) *m* Einstellung *f*.

positiv|isme *phil.* (poziti'vism) *m* Positivismus *m*; **~iste** (~'vist) *m u. adj.* Positivist *m*; positivistisch.

possé|dé (pɔse'de) *su.* Besessener *m*; **~der** (~) [1g] **I** *v/t.* **1.** besitzen; innehaben; enthalten; **2.** völlig bewandert sein in (*dat.*), beherrschen *fig.*; ~ *une langue* (*son sujet*) e-e Sprache (sein Thema) beherrschen; **3.** *rl.* *le démon le possède* er ist vom Teufel besessen; **II** *v/rfl.* *se* ~ Herr über sich sein, sich beherrschen.

posses|seur (pɔsɛ'sœ:r) *m* Besitzer *m*, Inhaber *m*; **~sif** *gr.* (~'sif) *adj./m u. m* besitzanzeigend(es Fürwort *n*); possessiv; Possessivpronomen *n*; **~sion** (~'sjɔ̃) *f* **1.** Besitz *m*, Besitzung *f*; ⚖ Besitzen *n*, Besitzungsrecht *n*; ~ *exclusive* Alleinbesitz *m*; *entrer en* ~ *de qch.* in den Besitz von etw. gelangen; *être en* ~ *de qch.* etw. besitzen; **2.** ~ *de soi* Selbstbeherrschung *f*; **3.** *rl.* Besessensein *n* vom Teufel.

possi|bilité (pɔsibili'te) *f* Möglichkeit *f*; ~ *d'infection*, ~ *de contagion* Ansteckungsmöglichkeit *f*; ✝ ~ *d'écoulement*, ~ *de placement*, ~ *de vente* Absatzmöglichkeit *f*; **~ble** (~'siblə) **I** *adj.* □ möglich, angängig; *heureux au* ~ über alle Maßen glücklich; *le plus vite* ~ so schnell wie möglich, möglichst schnell; *le plus souvent* ~ möglichst oft; **II** *m das* Mögliche *n*; *je ferai tout mon* ~ ich werde mein möglichstes tun.

postal (pɔs'tal) *adj.* [5c] □ Post...; *bureau m ~ ambulant* Bahnpostamt *n*; *carte f ~e* Postkarte *f*; *carte ~e illustrée* Ansichtskarte *f*; *colis m ~* Postpaket *n*; *convention f ~e* Postvertrag *m*; *union f ~e universelle* Weltpostverein *m*.

post-combustion ✈ (pɔstkõbys'tjõ) *f* Nachverbrennung *f*.

postdater (pɔstda'te) *v/t.* [1a] vordatieren.

poste[1] (pɔst) *f* **1.** Post *f*; Postverwaltung *f*; Post(amt *n*) *f*, Postanstalt *f*; *administration f générale des ~s* Oberpostdirektion *f*; (*bureau m* de) *~* Postamt *n*; *~ aérienne* Luftpost *f*; *~* (*aux lettres*) (Brief-) Post *f*; *~ en gare* Bahnpost *f*; *~ militaire* Feldpost *f*; *~ par pigeons* Brieftaubenpost *f*; *~ pneumatique* Rohrpost *f*; *~ restante* postlagernd; *~ restante bureau central* hauptpostlagernd; *envoyer par la ~* mit der Post schicken; *mettre une lettre à la ~* e-n Brief aufgeben (*od.* zur Post bringen); **2.** *courir la ~ fig.* sich sehr beeilen.

poste[2] (~) *m* **1.** Posten *m*, Standort *m*, Stand *m*; (Dienst-)Stelle *f*, Amt *n*, Belegschaft *f*; Wachtposten *m*, -haus *n*, -stube *m*, -mannschaft *f*; *~ d'appel automatique* Notanruf *m*, Alarmsäule *f*; *~ avancé, avant-~* Vorposten *m*; *~ d'écoute* Abhör-, Horchposten *m*; *~ m frontière* Grenzposten *m*; ✈ *~ arrière, ~ de poupe, ~ de queue* Heckkanzel *f*; ✈ *~ avant* Bugkanzel *f*; ⊕, *tram. usw. ~ de commande* Fahrerstand *m*; ⚔ *~ de commandement* Befehls-, Gefechts-stand *m*; *Auto*: *~ de dépannage* Abschleppdienst *m*, Autounfallstation *f*; Autohilfsdienst *m*; *~ distributeur en essence* Tankstelle *f*; *~ d'eau* Wasserleitung *f*; *~ d'incendie* Feuermelder *m*; *~ météorologique* Wetterdienststelle *f*; ✈ *~ de pilotage, ~ de pilote* (Flugzeug-)Führer-stand *m*, -raum *m*, -sitz *m*; *~ de police* Polizeirevier *n*, -wache *f*; *~ de police en gare* Bahnhofswache *f*; *~ de pompiers* Feuerwehr *f*; *~ de repérage* Meßstelle *f*; *~ de secours abri* Sanitätsstand *m*; *~ de secours alpestre, ~ de montagne* Bergnotdienst *m*; *prendre ~* festen Fuß fassen; *être toujours à son ~* immer auf s-m Posten stehen, stets s-e Pflicht erfüllen; **2.** Anstellung *f*, Stellung *f*, Posten *m*; *occuper un bon ~* e-e gute Stellung bekleiden; *~ lucratif* einträglicher Posten *m*; *~ d'honneur* Ehrenamt *n*; **3.** *rad., téléph. ~* (*de T. S. F. od. de radio*) Radio- *od.* Rundfunk-gerät *n*, -apparat *m*, -empfänger *m*, -anlage *f*, -sender *m*, -station *f*; *~* (*émetteur*) *à antenne dirigée* Sender *m* mit Richtstrahler; *~ d'avion* Flugzeugfunkstelle *f*; *~ directeur central* Leitfunkstelle *f*; *~ émetteur m, ~ d'émission* (*à grandes distances*) (Großrundfunk-)Sender *m*, Sendestelle *f*; *~* (*émetteur*) *gênant* Störsender *m*; *~ à galène* Detektorapparat *m*; *~ optophonique* Lichtsprechzelle *f*; *~ perturbateur* Störsender *m*; *~ radio*(*télégraphique*) Funkstelle *f*; *~ de radio-émission* Funksendestelle *f ~ de radio-réception* Funkempfangsstelle *f*; *~ radiogoniométrique* Peilsendestelle *f*; *~ récepteur, ~ de réception* (*radiophonique*) (Rundfunk-) Empfänger *m* (*Gerät*), Empfangs-gerät *n*, -station *f*; *~ téléphonique de taxis* Autoruf *m*; *bsd.* ⚔, *téléph. ~* (*téléphonique*) *intermédiaire* Fernsprechvermittlungsstelle *f*; *~ de télévision* Fernseh-empfänger *m*, -gerät *n*; *~ de T.S.F. portatif* Kofferradio *n*; *un ~* (*de T.S.F.*) *est à l'écoute* ein Rundfunkgerät ist auf Empfang eingestellt; *rad. ~ transistor* Taschenempfänger *m*; **4.** ⚒ Schicht *f*; *~ non effectué* Fehlschicht *f*.

poste-frontière (~tɔfrõ'tjɛ:r) *m* [6b] [Grenzposten *m*.]

poster (pɔs'te) *v/t.* [1a] **1.** auf-, anstellen, postieren; **2.** 🙰 *~ une lettre* (*un télégramme*) e-n Brief (ein Telegramm) aufgeben.

postéri|eur (pɔste'rjœ:r) **I** *adj.* □ **1.** hintere(r, s), hinten befindlich; **2.** später, jünger (*à qch.* als etw.); **II** F *m* Gesäß *n*; **~ori** (~rjɔ'ri) *adv.*: *a ~* aus Tatsachen folgend; hinterher; **~orité** (~rjɔri'te) *f*; *~ de date* späteres Datum *n*; **~té** (~ri'te) *f* **1.** Nachkommenschaft *f*; **2.** Nachwelt *f*.

poste-valise (pɔstəva'li:z) *m* [6a]: *~* (*de T.S.F.*) Kofferradio *n*.

posthume (pɔs'tym) *adj.* **1.** nachgeboren; **2.** postum; **3.** nach j-s Tode eintretend.

posti|che (pɔs'tiʃ) **I** *adj.* **1.** später hinzugefügt; **2.** künstlich, unecht, falsch; **3.** *fig.* F unpassend, simuliert;

II *m* a) Perücke *f*; b) F ✝ Attrappe *f*; **~cheur** (~'ʃœːr) *m* Perückenmacher *m*; P Straßenhändler *m*.

pos|tier (pɔs'tje) *su.* [7b] Postbeamter *m*; **~tillon** (~ti'jɔ̃) *m* **1.** *hist.* Postillion *m*; **2.** ~ (de carosse) Vorreiter *m*; **3.** F Spucke *f* (*beim Sprechen*); envoyer des ~s = **~tillonner** F (~tijɔ'ne) *v/i.* [1a] e-e feuchte Aussprache haben.

post-opératoire ⚕ (pɔstɔpera'twaːr) *adj.* nach e-r Operation.

postposi|tif *gr.* (pɔstpozi'tif) *adj.* [7e] nachstehend; **~tion** *gr.* (~'sjɔ̃) *f* Nachsetzen *n*; Postposition *f*.

post|scolaire (pɔstskɔ'lɛːr) *adj.* nach der Schulzeit, Fortbildungsschul...; *enseignement m* ~ Fortbildungswesen *n*; **~-scriptum**, *abr.* **P.-S.** (~skrip'tɔm) *m* [6c] Postscriptum *n*, Zu-, Nach-satz *m*.

postu|lant (pɔsty'lɑ̃) *su.* [7] *a. rl.* Bewerber *m*; **~lat** (~'la) *m phil.* Forderung *f*, Postulat *n* (*a. géom.*); **~lation** ⚖ (~lɑ'sjɔ̃) *f* Prozeßführung *f*; **~ler** (~ty'le) [1a] **I** *v/t.* **1.** ~ *qch.* sich eifrig um etw. (*acc.*) bewerben; **2.** verlangen, fordern; **II** *v/i.* als Anwalt auftreten.

posture (pɔs'tyːr) *f* Haltung *f*, Positur *f*, Stellung *f*; Lage *f*, Verhältnisse *n/pl.*

pot (po) *m* **1.** Topf *m*, Kochtopf *m*; Kanne *f*; Krug *m*; ~ *de terre* irdener Topf *m*; ~ *à eau* (pɔta'o, *a. im pl.*) [6b] Wasser-topf *m*, -kanne *f*; ~ *de chambre* Nacht-topf *m*, -geschirr *n*; ~ *à fleurs* (poa'flœːr, *a. im pl.*) [6b] Blumentopf *m*; ~ *de fleurs* Topf *m* mit Blumen; ~ *à lait* (poa'lɛ, *a. im pl.*) [6b] Milchtopf *m*; ~ *au lait* (pɔto'lɛ, *a. im pl.*) [6b] Milch-topf *m*, -kanne *f*; *petit* ~ *à lait* Milchkännchen *n*; *manger à la fortune du* ~ essen, was auf den Tisch kommt; ~ *de lait* Topf *m* Milch; *Auto*: ~ *d'échappement* Auspufftopf *m*; *géol.* ~ *de glacier* Gletschertopf *m*; ~ *au noir* (pɔto'nwaːr) *fig.* heikle Lage *f*; *gare le* ~ *au noir!* aufgepaßt! (*Suchspiel*); F *donner dans le* ~ *au noir* reinfallen; *découvrir le* ~ *aux roses* hinter das Geheimnis (die Schliche) kommen; den Nagel auf den Kopf treffen; *être sourd comme un* ~ stocktaub sein; F *tourner autour du* ~ wie die Katze um den heißen Brei gehen; *payer les* ~*s cassés* für den Schaden aufkommen, blechen P; **2.** ~ *pourri* ♪ Potpourri *n*; *fig.* Mischmasch *m*, Allerlei *n*.

pota|bilité (pɔtabili'te) *f* Trinkbarkeit *f*; **~ble** (~'tablə) *adj.* trinkbar; *fig.* erträglich, leidlich (*a. Personen*); *eau f* ~ Trinkwasser *n*.

potache F *écol.* (pɔ'taʃ) *m* Pennäler [*m.*]

pota|ge (pɔ'taːʒ) *m* Suppe *f*; ~ *au gras* Fleischsuppe *f*; ~ *aux herbes* Kräutersuppe *f*; ~ *au lait* Milchsuppe *f*; ~ *en tablette* Suppenwürfel *m*; ~ *maigre* Wassersuppe *f*; ~ (*à la*) *purée* Erbsensuppe *f*; ~ *au vermicelle* Nudelsuppe *f*; F *pour tout* ~ alles in allem (*in einschränkendem Sinne*); **~ger** (~ta'ʒe) **I** *adj.* [7b] Küchen..., Suppen...; **II** *m* **1.** Gemüsegarten *m*; **2.** Küchenherd *m*.

potard F (pɔ'taːr) *m* Pillendreher *m* F, Apotheker *m*.

potas|se (pɔ'tas) *f* **1.** Pottasche *f*; **2.** ⚗ Kaliumoxyd *n*, Kali *n*; **3.** ~ *à la chaux*, ~ *caustique* Ätzkalk *m*; **~ser** F *écol.* *v/t. u. v/i.* pauken, büffeln, ochsen; ~ *le latin* Latein pauken; **~sique** ⚗ (~ta'sik) *adj.* pottaschehaltig; **~sium** ⚗ (~'sjɔm) *m* Kalium *n*.

pot|-au-feu (pɔto'fø) [6c] **I** *m* **1.** Fleisch-, Suppen-topf *m*; **2.** Suppenfleisch *n*, gekochtes Rindfleisch *n* mit der Fleischbrühe; **3.** F Spieß(bürg)er *m*; Haushalt *m*; Kleinkram *m*; **II** F *adjt.* häuslich (*Frau*); hausbacken; simpel, spießbürgerlich; *esprit m* ~ Spießerigkeit *f*, Einfalt *f*; *d'allure* ~ hausbacken, simpel; **~-bouille** P (po'buj) *f* [6c] Hausmannskost *f*; **~-de-vin** (pod'vɛ̃) *m* [6b] Draufgeld *n nach Abschluß beim Kauf*; *weitS.* Bestechungsgelder *n/pl.*, Schmiergelder *n/pl.*

pote[1] P (pɔt) *m* Kumpan *m*, Kumpel *m*, Kamerad *m*.

pote[2] F (~) *adj./f*: *main f* ~ dicke [Hand *f*.]

poteau (pɔ'to) *m* [5b] Pfahl *m*, Pfosten *m*; Mast *m*; ⚠ Stütze *f*; *Sport*: Tor-latte *f*, -pfosten *m*; ~ *cornier* Eckpfosten *m*; ~ *frontière* Grenzpfahl *m*; ~ *indicateur* Wegweiser *m*; ~ *télégraphique* Telegraphenstange *f*; ~ *de torture(s)* Marterpfahl *m*.

potée (pɔ'te) *f* **1.** Topfvoll *m*; **2.** F *fig.* ~ *d'enfants* Haufen *m* Kinder; **3.** *métall.* Gieß-, Form-erde *f*; ~ *d'étain* Zinnasche *f*.

potelé (pɔ'tle) *adj.* rundlich, drall, [F quabbelig.]

potelet (pɔ'tlɛ) *m* kleiner Pfahl *m*.

potence (pɔ'tɑ̃ːs) *f* **1.** Galgen *m*;

F *gibier m de* ~ Galgenstrick *m*; **2.** ⊕ Arm *m e-s Beleuchtungskörpers*; Träger *m*; Tragsäule *f*; ⚓ Ausleger *m*, Ladebaum *m*; **3.** ⚔ Haken(stellung *f*) *m*; *en* ~ im rechten Winkel; **4.** Meßstock *m*; **5.** ⚠ Kniestütze *f unter e-m Balken*; **6.** ⊕ Kranvorsatz *m*.

potentat (pɔtɑ̃'ta) *m* Machthaber *m*; F Wichtigtuer *m*.

potenti|alité *phil.* (pɔtɑ̃sjali'te) *f* Möglichkeit *f*; **~el** (~'sjɛl) **I** *adj.* [7c] **1.** *chir.* auf mittelbarem Wege wirkend; **2.** *phil.*, *phys.* potentiell, in der Möglichkeit vorhanden; *phys. énergie f* **~le** potentielle Energie *f*; **3.** *gr. particule f* **~le** bedingende Konjunktion *f*; **II** *m* ⚡ Potential *n*, Spannung *f*; *allg.* Leistungsfähigkeit *f*; ⚔ ~ *de guerre* Kriegspotential *n*.

potentille ⚘ (pɔtɑ̃'tij) *f* Fingerkraut *n*.

potentiomètre ⚡ (pɔtɑ̃sjɔ'mɛtrə) *m* Spannungsteiler *m*.

poterie (pɔ'tri) *f* **1.** Töpferware *f*, irdenes Geschirr *n*; ~ *d'étain* Zinngeschirr *n*; **2.** Töpferei *f*.

poterne *frt.* (pɔ'tɛrn) *f* Ausfalltor *n*.

potiche (pɔ'tiʃ) *f* chinesisches (*od.* japanisches) Porzellangefäß *n*.

potier (pɔ'tje) *m* **1.** Töpfer *m*; **2.** ~ *d'étain* Zinngießer *m*.

potin (pɔ'tɛ̃) *m* **1.** F Lärm *m*, Skandal *m*; *a. pl.* **~s** Klatsch *m*, Tratsch *m*, (Weiber-)Geschwätz *n*; **2.** ⊕ Tombak *m*; **~er** F (pɔti'ne) *v/i.* [1a] klatschen, tratschen; **~ier** F (~'nje) *adj. u. su.* [7b] klatschhaft; Klatschmaul *n*; **~ière** F (~'njɛ:r) *f* Klatsch-verein *m*, -gesellschaft *f*.

potion (po'sjɔ̃) *f* Arznei-, Heiltrank *m*, Mixtur *f*.

potiron ⚘ (pɔti'rɔ̃) *m* (Riesen-)Kürbis *m*.

potron|-ja(c)quet (pɔ'trɔ̃ ʒa'kɛ), **~-minet** (~mi'nɛ): *se lever dès* ~ in aller Herrgott's Frühe aufstehen.

pou (pu) *m* [5b] Laus *f*; *gagner* (*od. prendre*) *des* **~x** Läuse bekommen; F *chercher des* **~x** *à q.* sich mit j-m krachen wollen, Streit mit j-m suchen.

pouacre F ('pwakrə) *adj. u. m* geizig; Dreckschwein *n*.

pouah! (pwa) *int.* puh!; pfui!

poubelle (pu'bɛl) *f* Müll-eimer *m*, -kasten *m*; ~ *à pédale cuis.* Tretmülleimer *m*.

pou|ce (pus) *m* **1.** Daumen *m*; *jouer du* ~ Geld herausrücken; *s'en mordre les* **~s** etw. bereuen; *manger sur le* ~ schnell im Stehen etw. essen; *se tourner les* **~s** die Hände in den Schoß legen; *mettre les* **~s** klein beigeben, nachgeben; *donner le coup de* ~ *à qch.* e-r Sache den letzten Schliff geben; **2.** Zoll *m* (*Maß*); *dix* **~s** zehn Zoll; **~cet** (~'sɛ) *m* ⊕ Hebedaumen *m*; *le Petit* ♀ Däumling *m* des Märchens; **~cettes** (~'sɛt) *f/pl.* Daumenschrauben *f/pl.* (*zur Folterung*); **~cier** (~'sje) *m* **1.** Däumling *m zum Schutze e-s Fingers*; **2.** (*Tür-*)Drücker *m*.

pouding *cuis.* (pu'diŋ) *m* Pudding *m*.

poudingue *min.* (pu'dɛ̃:g) *m* Puddingstein *m*.

poudre ('pu:drə) *f* **1.** Staub *m*; Streusand *m*; ~ *d'or* Goldsand *m*; *fig. jeter de la* ~ *aux yeux* Sand in die Augen streuen; **2.** Puder *m*; ~ *de riz* Reispuder *m*; *mettre de la* ~ sich pudern; **3.** Pulver *n*; ~ *de plomb* Vogeldunst *m*; *café m en* ~ gemahlener Kaffee *m*; *sucre m en* ~ Puderzucker *m*, gestoßener Zucker *m*; *tabac m en* ~ Schnupftabak *m*; *phm.* ~ *pectorale* Brustpulver *n*; ~ *vermifuge* Wurmpulver *n*; *réduire en* ~ zerreiben, zermalmen; *en* ~ gemahlen (*Kaffee*); **4.** ~ (*à canon* Schieß-)Pulver *n*; ~ *sans fumée* rauchloses Pulver *n*; ~ *fulminante* Knallpulver *n*; ~ *de mine* Sprengpulver *n*; ⚓ *soute f aux* **~s** Pulverkammer *f*; *tirer à* ~ blind schießen; *fig. tirer sa* ~ *aux moineaux* mit Kanonen nach Spatzen schießen, sich umsonst bemühen; *il est comme la* ~ er gerät gleich in Rage; *fig. mettre le feu aux* **~s** die Bombe zum Platzen bringen; *fig. le feu prend aux* **~s** die Bombe platzt.

poudré (pu'dre) *adj.* bestäubt; gepudert.

poudrederizé (pudrədəri'ze) *adj.* mit Reispuder bestreut.

poudr|er (pu'dre) [1a] **I** *v/t.* bestäuben, pudern; **II** *v/i. ch.* Staub aufwerfen; **~erie** (~drə'ri) *f* Pulverfabrik *f*; **~ette** (pu'drɛt) *f* getrockener natürlicher Dünger *m*; **~euse** ⊕ (~'drø:z) *f*: ~ *d'insecticides* Insektenpulverspritze *f*; **~eux** (~'drø) *adj.* [7d] bestäubt, staubig, grau; **~ier** *ehm.* (~dri'e) *m* Streusandbüchse *f*; **~ière** (~dri'ɛ:r) *f* **1.** Pulvermagazin *n*; **2.** *ehm.* Pulverhorn *n*; **3.** Puderdose *f*; **~in** (~'drɛ̃) *m* Staubregen *m*; **~oiement** (~drwa'mɑ̃) *m* Bedeckung *f* mit Staub, Staubdecke *f*; **~oyer** (~drwa'je) [1h]

I *v/t.* mit Staub bedecken; **II** *v/i.* stauben.
pouf[1] (puf) *int.* plumps!
pouf[2] (~) *adj. inv.* zerbröckelnd.
pouf[3] (~) *m* **1.** gepolsterter Hocker *m*; **2.** F marktschreierische Reklame *f.*
pouffer (pu'fe) *v/i.* [1a]: ~ *de rire* laut auflachen.
pouff|iace, -iasse V (pu'fjas) *f* Hure *f*, Schickse *f* V.
pouillard (pu'ja:r) *m* junges Rebhuhn *n*; kleiner Fasan *m.*
pouiller (pu'je) *v/t.* [1a] **1.** lausen; **2.** ausschimpfen, -schelten, *fig.* *j-m* den Kopf waschen.
pouil|lerie P (puj'ri) *f* **1.** äußerste Armut *f*; **2.** Geiz *m*, Knickerigkeit *f*; **3.** Dreckstall *m*; **~les** F (puj) *f/pl.*: *chanter* ~ *à q.* j-n ausschimpfen, j-m den Kopf waschen P; **~leux** (pu'jø) [7d] **I** *adj.* **1.** verlaust; **2.** F knickerig; **3.** unfruchtbar (*Gegend*); **II** *su.* Verlauster *m*; *fig.* armer Schlucker *m*; Geizhals *m*; **~lot** *orn.* (pu'jo) *m* Laubsänger *m.*
poujad|isme *Fr. pol.* (puʒa'dism) *m* Bewegung des *sozialen Steuerreformers* Pierre Poujade (*seit 1953*); **~iste** *Fr. pol.* (~'dist) *m u. adj.* Poujadist *m*; poujadistisch.
poulail|le (pu'lɑ:j) *f* Geflügel *n*; **~ler** (pulɑ'je) *m* **1.** Hühnerstall *m*; **2.** Geflügelhändler *m*; **3.** F *thé.* Galerie *f*, Olymp *m*; **~lerie** (~lɑj'ri) *f* Hühnermarkt *m.*
poulain (pu'lɛ̃) *m* **1.** Füllen *n*, Fohlen *n*; **2.** ~ *de déchargement* Abladungsbrücke *f*, Schrotleiter *f*; **3.** *fig.* F *bsd. Sport*: Favorit *m.*
poulaine (pu'lɛn) *f* **1.** ⚓ Galion(sdeck *n*) *n*; * Mannschafts-toilette *f*, -W.C.; **2.** *ehm. souliers m/pl. à la* ~ Schnabelschuhe *m/pl.*
poularde (pu'lard) *f* Masthühnchen *n.*
poule[1] (pul) *f* **1.** *orn.* Henne *f*, Huhn *n*; ~ *de bruyère* Auerhuhn *n*; ~ *d'eau* Wasserhuhn *n*; ~ *d'élevage* Zuchthenne *f*; ~ *d'Inde* Truthenne *f*; *chair f de* ~ Gänsehaut *f*; F *fig. cœur m de* ~, ~ *laitée*, ~ *mouillée* Hasenfuß *m*, Feigling *m*, Angsthase *m*, feige Memme *f*; **2.** *Sport*: Spiel *n*, Runde *f*; Einsatz *m*, Wettspielprämie *f*; *bill. faire une* ~, *jouer à la* ~ um e-n Satz spielen; *esc.* ~ *à l'épée* Fechtturnier *n*; **3.** F Liebchen *n*, Täubchen *n*, Frauchen *n*; *mv.p.* Hure *f* V.
poule[2] *néol.* (~) *m* Pool *m*, Wagenpark *m.*
poulet (pu'lɛ) *m* **1.** *orn. u. cuis.* Hühnchen *n*; ~ *rôti* Brathuhn *n*, Backhähnchen *n*; **2.** F *mon (petit)* ~*!* mein Herzchen!; **3.** *fig.* Liebesbrief *m*; **4.** * Polizist *m*; **~te** (~'lɛt) *f* **1.** junge Henne *f*, Hühnchen *n*; **2.** F *fig.* junges Mädchen *n*, junge Frau *f*; *ma* ~*!* mein Täubchen!
pouliche (pu'liʃ) *f* Stutenfüllen *n.*
poulie ⊕ (pu'li) *f* (Block-)Rolle *f*, Riemenscheibe *f*; ⚓ Block *m*; ⚡ ~ *en ébonite* Hartgummirolle *f*; ⚓ ~ *mouflée* Flaschenzug *m*, Talje *f*; ~ *de renvoi* Antriebsscheibe *f*; *rad.* ~ *en porcelaine* Isolierrolle *f.*
pouli|ner (puli'ne) *v/i.* [1a] fohlen; **~nière** (~'njɛ:r) *adj. u. f*: (*jument f*) ~ Zuchtstute *f.*
poulot F (pu'lo) *su.* [7c] Süßerchen *n*, Schnurzchen *n.*
poulpe *zo.* (pulp) *m* Tintenfisch *m.*
pouls (pu) *m* Puls *m*; *tâter* (*od. prendre*) *le* ~ *à q.* j-m den Puls fühlen; *fig. tâter le* ~ *à q. fig.* j-m auf den Zahn fühlen.
poult *text.* (pult) *m* starker, glanzloser Seidenrips *m.*
poumon (pu'mɔ̃) *m* Lunge *f*; *aile f du* ~ Lungenflügel *m*; *malade du* ~ lungenkrank; *à pleins* ~*s* aus vollem Halse.
poupard (pu'pa:r) **I** *su.* [7] Wickelkind *n*; *plais.* F *fig.* (*gros*) ~ wohlgenährte, pausbäckige Person *f*; **II** *adj.* pausbäckig.
poupart (~) *m* gemeiner Taschenkrebs *m.*
poupe ⚓ (pup) *f* Heck *n*; *avoir le vent en* ~ den Wind im Rücken haben; *fig.* Glück haben.
poup|ée (pu'pe) *f* **1.** Puppe *f*; ~ *en caoutchouc* Gummipuppe *f*; ~*s régionales* Figuren *f/pl.* in Trachten; *jouer à la* ~ mit Puppen spielen; **2.** *fig.* Zierpuppe *f*; *vieille* ~ alter Geck *m*; **3.** *fig.* Puppe *f* (*für Kleider- u. Hutmodelle*); **4.** ⊕ Docke *f*, Dockenspindel *f*, Spindelstock *m*; ⚓ Dockenstock *m*; **~in** (pu'pɛ̃) *adj. u. su.* [7] pausbäckig, frisch; *faire le* ~ den Freundlichen spielen; **~on** F (pu'pɔ̃) *su.* [7c] Säugling *m*; wohlaussehendes Kind *n*, Pausbäckchen *n*; F *ma* ~*ne!* mein Herzchen *n*!; **~onnière** (~pɔ'njɛ:r) *f* **1.** Säuglingsheim *n*; **2.** Laufgitter *n* (*für Kleinkinder*).
poupoule F (pu'pul) *f Kosewort*: Herzchen *n.*
pour (pur) **I** *prp.* **1.** für (*acc.*); *être* ~ *beaucoup dans qch.* großen Anteil an etw. (*dat.*) haben *od.* viel zu etw. (*dat.*) beigetragen haben; ~ *lui* für ihn; ~ *ton bien* zu deinem Besten; ~ *traduction conforme* für

die Richtigkeit der Übersetzung; **2.** nach (*dat.*); *partir* ~ *l'Amérique* nach Amerika abreisen; **3.** wegen (*gén.*), um (*gén.*) willen; ~ *l'amour de Dieu* umsonst, unentgeltlich, gratis; ~ *cause de santé* aus Gesundheitsrücksichten; *ne vous tourmentez pas* ~ *si peu* regen Sie sich wegen e-r solchen Kleinigkeit nicht auf!; *sourir* ~ *la forme* der Form halber lächeln; ~ *cette raison* deshalb; **4.** zugunsten (*gén.*); (aus Zuneigung) für; *être* ~ *q.* (*qch.*) für j-n (für etw.) sein; *parler* ~ *et contre* dafür und dagegen sprechen; **5.** in bezug auf (*acc.*), gegen (*acc.*); mit Rücksicht auf (*acc.*); was ... betrifft; *avoir du respect* (*de l'aversion*) ~ *q.* Achtung vor j-m (Abneigung gegen j-n) haben; *bon* ~ gut (*od.* wirksam) gegen; ~ *cela*, ~ *ce qui est de cela* was das betrifft; ~ (*ce qui est de*) *moi* ich für meinen Teil; *c'est* ~ *toi!* das ist für dich!, das gilt dir!; **6.** anstatt (*gén.*), als; *connu* ~ bekannt als; *se le tenir* ~ *dit* es sich gesagt sein lassen; *passer* ~ *qch.* für etw. gehalten werden; F ~ *de bon?* im Ernst?; ~ *rire* aus Spaß; *avoir* ~ *habitude* zur Gewohnheit haben; ~ *toute réponse* statt aller Antwort; *il n'y est* ~ *rien* er ist ganz unschuldig daran; **7.** *Zeit*: für, auf (*acc.*), während (*gén.*); *ce sera* ~ *demain* es ist bis auf morgen verlegt; *il est ici* ~ *cinq jours* er ist auf (*od.* für) fünf Tage hier; ~ *de longs siècles* während langer Jahrhunderte; ~ *le moment* für den Augenblick; ~ (*bien*) *longtemps* auf (sehr) lange Zeit; ~ *jamais*, ~ *toujours* für immer; ~ *la vie* auf Lebenszeit; ~ *la dernière fois* zum letztenmal; **II** *cj.* **8.** ~ *que mit subj.* damit, auf daß; ~ *mit inf.* (*bei einem Subjekt*) um zu; ~ *ne vous rien déguiser* um Ihnen nichts zu verhehlen; *il est trop fier* ~ *vous prier* er ist zu stolz, Sie zu bitten; **9.** ~ *en être digne, il l'est* wenn jemand dessen würdig ist, so ist er es; **10.** ~ ... *que* wie ... auch immer; ~ *sage qu'il soit* so weise er auch sein mag; **11.** ~ *mit inf.* weil; *il a été puni* ~ *l'avoir fait* er ist bestraft worden, weil er es getan hat; **12.** ~ *mit inf. bei folgender nég.*: obgleich; ~ *être riche, il n'en est pas moins malheureux* obwohl er reich ist, ist er doch nicht weniger unglücklich; **13.** ~ *autant que* (*je sais*) soviel (ich weiß); **III** *m le* ~ *et le contre* das Für und Wider *n.*

pour autant que (puro'tɑ̃kə) *cj.* (*mit ind. od. subj.*) soweit; sofern; *pour autant qu'il est* (*od. soit*) *libre* soweit er frei ist; *pour autant que je le sache, ils étaient* ... soweit ich weiß, waren sie ...

pourboire (pur'bwa:r) *m* Trinkgeld *n.*

pourceau F (pur'so) *m* [5b] Schwein *n*; *fig.* Ferkel *n*; F *un vrai* ~ ein Vielfraß *m*; *fig.* ~ *d'Epicure* Lustmolch *m* F.

pour-cent (pur'sɑ̃) *m* Prozent *n*, Zinsfuß *m*; ~ *de mortalité* Sterblichkeitsziffer *f*; ~ *en* (*od. d'*)*alcool* Alkohol-, Spiritus-gehalt *m.*

pourcentage (pursɑ̃'ta:ʒ) *m* Prozentsatz *m.*

pour ce qui est de ... (purski'ɛ də): was ... betrifft (*als Satzanfang*).

pourchasser (~ʃa'se) *v/t.* [1a] *fig.* Jagd machen auf, unerbittlich verfolgen.

pourcompte † (pur'kɔ̃:t) *m* Übernahme *f* e-s Auftrags zum Verkauf minderwertiger Waren.

pourfen|deur (purfɑ̃'dœ:r) *m iron.* ~ *de géants* Eisenfresser *m*; *fig.* ⚒ Großmaul *n*; **~dre** (~'fɑ̃:drə) *v/t.* [4a] mit e-m Säbelhieb durchhauen.

pourlécher (~le'ʃe) [1f] **I** *v/t.* (be-, ab-)lecken; **II** *v/rfl.* *se* ~ sich die Lippen lecken.

pourparler (purpar'le) *m* Besprechung *f*, Vorbesprechung *f*, Rücksprache *f*, Unterhandlung *f*; *être* (*entrer*) *en* ~*s* in Unterhandlung(en) stehen (treten); *ouvrir des* ~*s* Unterhandlungen einleiten.

pour peu que (pur 'pø kə) *cj.* (*mit subj.*) wenn auch nur ein bißchen, wann immer auch nur.

pour que ('pur kə) *cj.* (*mit subj.*; *bei verschiedenem Subjekt im HS u. NS*) damit.

pourquoi (pur'kwa) **I** *cj.* warum, weshalb; *voilà* ~ deshalb, daher; **II** *m/inv.* Grund *m*, Ursache *f*, Warum *n*; *ses* ~ *ne finissent pas* seine Fragen nehmen kein Ende.

pourr|i (pu'ri) **I** *adj.* verdorben, verfault; faul (*Frucht*); **II** *m das* Faule *n*, Moder *m*; *sentir le* ~ faul(ig) riechen; *odeur f de* ~ Modergeruch *m*; **~ir** (pu'ri:r) [2a] **I** *v/t.* in Fäulnis bringen; *fig.* verderben; **II** *v/i.* (ver)faulen, verrotten, verwesen; F *fig.* verkommen, verkümmern, verderben; ~ *en prison* lange Zeit im Gefängnis sitzen; *cœur pourri* niedrige Seele *f*; *pot pourri* s. *pot* 2; *temps m pourri* feuchtes, ungesundes Wetter *n* (*od.* Klima *n*); **~issable** (~ri'sablə) *adj.* verfaulbar, verrottbar, verwesbar; **~issage** (~ri'sa:ʒ) *m* ⊕ Faulenlassen *n*, Mazerieren *n*; *text.* Einweichen *n*; **~issant** (~ri'sɑ̃) *adj.* (ver)faulend; **~issement** (~ris'mɑ̃) *m* Verfaulen *n*; **~issoir** (~ri'swa:r) *m* Verwesungsgrube *f*; **~iture** (~ri'ty:r) *f* **1.** Fäulnis *f*, Moder *m*; Verwesung *f*; *tomber en* ~ in Verwesung übergehen; ✐ ~ *du couvain* Faulbrut *f* (*Bienenzucht*); **2.** *das* Verfaulte *n*.

poursui|te (pur'sɥit) *f* **1.** Verfolgung *f*; **2.** *fig.* Bemühung *f*; Bewerbung *f*; **3.** ⚖ Betreibung *f* (*e-s Prozesses*), Strafverfolgung *f*, (gerichtliche) Klage *f*; **~vable** (~sɥi'vablə) *adj.* beitreibbar, verfolgbar; **~vant** (~'vɑ̃) *su.* [7] Bewerber *m*; Verfolger *m*; ⚖ Kläger *m*; **~vre** (~'sɥi:vrə) [4h] **I** *v/t.* **1.** verfolgen; **2.** *fig.* quälen, heimsuchen; **3.** *fig.* sich bewerben um; **4.** gerichtlich verfolgen *od.* belangen; **5.** fortsetzen; fortfahren; ~ *des études* Studien treiben; **II** *v/rfl.* se ~ *fig.* durchgeführt (*od.* fortgesetzt) werden.

pourtant (pur'tɑ̃) *adv.* dennoch, jedoch, indes.

pourtour (pur'tu:r) *m* Umfang *m*, Umkreis *m*; Rundgang *m*; ⚠ Randfläche *f*, Rand *m* (*e-s Raums*); ✈ *le* ~ *de la terre* der Flug *m* um die Erde; **~ner** (~tur'ne) *v/t.* [1a] rings umschließen (*od.* umgeben).

pour une fois que (pur'yn 'fwa kə) *cj.* (*mit ind.*) wenn erst einmal.

pourvoi ⚖ (pur'vwa) *m* Berufung *f*; Einspruch *m*; Rechtsmittel *n*; ~ *en cassation* Kassationsgesuch *n*, Nichtigkeitsbeschwerde *f*; ~ *en grâce* Gnadengesuch *n*.

pourvoir (pur'vwa:r) [3b] (*fut. regelmäßig!*) **I** *v/i.* **1.** ~ *à qch.* für etw. (*acc.*) (vor)sorgen; abhelfen; *j'y pourvoirai* dafür werde ich sorgen; ~ *au désordre* die Unordnung beseitigen **2.** ~ *à q.* für j-n sorgen; **3.** ~ *à un emploi* ein Amt bekleiden; **II** *v/t.* **4.** ~ *ses enfants* s-e Kinder versorgen; ~ *q. de qch.* mit etw. (*dat.*) versehen *od.* ausrüsten; *être bien pourvu* gut gestellt sein; **III** *v/rfl.* **5.** se ~ *de* sich versehen mit (*dat.*); **6.** *se* ~ *en justice* bei Gericht einkommen; *se* ~ *en grâce* ein Gnadengesuch einreichen.

pourvoyeur (purvwa'jœ:r) *su.* [7g] Lieferant *m*, Versorger *m*; ⚔ Kanonier *m*; *péj.* Kuppler *m*.

pourvu (pur'vy): ~ *que cj.* (*mit subj.*) vorausgesetzt, daß ..., sofern; *a. als HS*: wenn doch ... nur ...!

pousse (pus) *f* **1.** ✐ Schößling *m*, Trieb *m*; **2.** Hervorkommen *n* der Zähne, Zahnen *n*; **3.** Trübewerden *n des Weins*; **4.** ⚕ Wiederausbrechen *n e-s Hautausschlages*; *vét.* Herzschlächtigkeit *f*.

poussé (pu'se) *adj. fig.* hochentwickelt; hochgradig; *un examen très* ~ e-e sehr scharfe Prüfung.

pousse-café (puska'fe) *m/inv.* kleines Glas Schnaps *m* (*nach d. Kaffee*).

poussée (~) *f* **1.** Stoßen *n*; Stoß *m*; *fig.* Wachstum *n*; beschleunigtes Arbeitstempo *n*; *phys.* Auftrieb *m*; *donner une* ~ heftig stoßen; ⚔ ~ *principale* Schwergewicht *n* des Angriffs, Hauptstoß *m*; **2.** ⚠ Druck *m*; **3.** ⚕ *Art* Hautausschlag *m*; ~ *de fièvre* Fieberanfall *m*; **4.** F ~ *de travail* Menge *f* eiliger Arbeit.

pousse-pousse (pus'pus) *m* [6c] **1.** Rikscha *f* (*zweirädriger Wagen*); **2.** kleiner, dreirädriger Lieferhandwagen *m*; **3.** Kinderwagen *m*.

pousser (pu'se) [1a] **I** *v/t.* **1.** stoßen; wegstoßen; wegschieben; zurücktreiben; vorwärtstreiben; ~ *la porte* die Tür auf- *od.* zu-stoßen; *Auto*: ~ (*le moteur*) *à fond* Vollgas geben; F ~ *les cailloux* bei der Infanterie dienen; ~ *les choses au noir* die Dinge zu schwarz malen; **2.** lebhaft ausstoßen *od.* ausdrücken; ~ *des cris* ein Geschrei erheben; **3.** hervorbringen; ~ *des boutons* Knospen treiben *od.* ansetzen; **4.** verlängern, ausdehnen; *fig.* eifrig betreiben; ~ *sa chance od. sa fortune* sich vorwärtshelfen; sein Glück versuchen; ~ *son travail* s-e Arbeit eifrig fortsetzen; **5.** *fig.* antreiben, vorwärtsbringen, vorantreiben; fördern, beschleunigen, forthelfen (*dat.*); ~ *un élève* e-n Schüler fördern; ~ *une pointe vers* ... e-n Abstecher nach ... machen; ~ *à bout la patience j-s* Geduld erschöpfen; ~ *les enchères* die Preise in die Höhe treiben; **6.** entwickeln, sorgfältig ausarbeiten, Nachdruck legen auf (*acc.*); **7.** ~ *q. de qch.* j-n mit etw.

heimsuchen, j-m mit etw. zusetzen; ~ *de nourriture* überfüttern; **II** *v/i.* **8.** stoßen; ~ *à la guerre* zum Kriege treiben (*od.* hetzen); F *fig.* ~ *à la roue* mitschieben helfen; **9.** ~ *à* vordringen bis; ~ *à q.* auf j-n losgehen; **10.** ⚘ aufgehen, treiben; sprießen, ausschlagen; wachsen (*Bart*); 'durchbrechen (*Zahn*); **11.** ~ *au noir* dunkeln; **12.** ⚠ drücken, e-n Druck ausüben; **13.** ⚓ ~ *au large* in See stechen, sich entfernen; **III** *v/rfl.* se ~ **14.** gestoßen *usw.* werden; se ~ *dans le monde* vorwärtskommen, s-e Sache machen; **15.** F se ~ *du col* sich überall vordrängeln, sich dicke tun, angeben.

poussette (pu'sɛt) *f* **1.** Schubwagen *m*, -karren *m*; **2.** *Schweiz*: Kinderwagen *m*; *Fr.* ~ *de poupée* offener Kinderwagen *m*; **3.** Betrügerei *f beim Spiel.*

pouss|ier (pu'sje) *m* Kohlenstaub *m*, staubiger Abfall *m*; *métall.* Gestübe *n*; ~ *de coke* Koksgrus *m*; **~ière** (~'sjɛːr) *f* **1.** Staub *m*; *il fait de la* ~ es ist staubig; *fig. réduire en* ~ vernichten; *mordre la* ~ *fig.* ins Gras beißen müssen; *at.* ~ *radio-active* Atomstaub *m*; **2.** *poét.* Erde *f*; *fig. das* Nichts *n*; Elend *n*; **3.** ⚘ ~ *fécondante* Blütenstaub *m*; **~iéreux** (~sje'rø) *adj.* [7d] staubig.

poussif (pu'sif) **I** *adj.* [7e] **1.** *vét.* herzschlächtig, dämpfig; *être* ~ keuchen (*Pferd*); **2.** F (*von Menschen*) engbrüstig; **II** *m* F *gros* ~ dicker Schnaufer *m*.

poussin (pu'sɛ̃) *m* Kücken *n*; **~ière** (~si'njɛːr) *f* Kükenkäfig *m*.

poussoir (pu'swaːr) *m* Drücker *m od.* Knopf *m am* ⚡ *Schalter, an Uhren usw.*; Ventilstößel *m*; ~ *de soupape* Ventilbolzen *m*; *Auto*: *les* ~*s de soupapes* das Stößelspiel *n*; ~ *de verrouillage* Sperrknopf *m*.

poutr|age (pu'traːʒ) *m*, **~aison** (~trɛ'zɔ̃) *f* Gebälk *n*, Balkenwerk *n*; **~e** ('puːtrə) *f* Balken *m*, Träger *m*; ~ *en treillis* (*en acier*) Gitter-(Stahl-)träger *m*; ~ *du pont* Brückenträger *m*; **~elle** (pu'trɛl) *f* kleiner Balken *m od.* Träger *m*; Verlade-Traverse *f*.

pouvoir (pu'vwaːr) [3f] **I** *v/t. u. v/i.* **1.** können, vermögen (= *die Kraft od. die natürliche Fähigkeit besitzen*; *dagegen* „*können*" = „*gelernt haben*" s. *savoir*); *je ne peux plus rien pour vous* ich kann Ihnen nicht mehr helfen; *je ne peux pas le faire od. je ne puis le faire* ich kann es nicht machen; *je n'en puis mais* ich kann nichts dafür; *sauve qui peut* rette sich, wer kann; *cela ne peut se faire* das läßt sich nicht machen; *ell. il est on ne peut plus aimable* er ist außerordentlich liebenswürdig; **2.** dürfen; *puis-je vous demander?* darf ich Sie fragen?; **3.** *cela peut être* das ist möglich, das kann sein; *cet espoir pourrait bien se réaliser* diese Hoffnung dürfte wohl in Erfüllung gehen; **4.** *zum Ausdruck e-s Wunsches*: *puissé-je ...!* könnte ich doch ...!; *puisse-t-il arriver bientôt!* möge er doch bald ankommen!; **II** *v/rfl.* se ~ **5.** möglich sein; *cela se peut* das kann wohl sein; *v/imp. il se peut que* (*mit subj.*) es ist wohl möglich, daß; *se pourrait-il?* wäre es möglich?, wirklich?; **III** *m* **6.** Können *n*, Fähigkeit *f*, Vermögen *n*; Gewalt *f*; Kraft *f*, Macht *f*; *de tout mon* ~ aus allen meinen Kräften; *il tomba au* ~ *de l'ennemi* er fiel in die Hände des Feindes; ✝ ~ *d'achat* Kaufkraft *f*; *phys.* ~ *calorique* Heizkraft *f*; ~ *expansif* Ausdehnungsvermögen *n*; **7.** Herrschaft *f*, Macht *f*, Regierung *f*; Einfluß *m* (*sur* auf *acc.*); *goût m du* ~ Herrschbegierde *f*, Machthunger *m*; *parvenir au* ~ an die Macht kommen; *être au* ~ an der Macht sein; am Ruder sein; **8.** (schriftliche) Ermächtigung *f*, Befugnis *f*, Vollmacht *f*; *plein(s)* ~*(s)* Bevollmächtigung *f*, Blankovollmacht *f*; *pol.* Ermächtigung *f*; ⚖ Vertretungsvollmacht *f*; ~ *par-devant notaire* notarielle Vollmacht *f*; *donner plein* ~ unbeschränkte Vollmacht erteilen (*od.* geben); *fondé m de* ~ Bevollmächtigter *m*; Prokurist *m*; **9.** ⚖ rechtliche Befähigung *f*; ~ *d'ester en justice* Prozeßvollmacht *f*.

Poznan *géogr.* (pɔz'nɑ̃) *npr.* Posen *n*.

pragma|tique (pragma'tik) *adj.* □ pragmatisch; auf Tatsachen beruhend; **~tisme** *phil.* (~'tism) *m* Pragmatismus *m*, Lehre *f* vom ursächlichen Zusammenhang, praktische Anwendbarkeit *f*.

Prague *géogr.* (prag) *f* Prag *n*.

prairi|al *hist. Fr.* (prɛ'rjal) *m* Wiesenmonat *m* (*fr. Rev.*); **~e** (~'ri) *f* Wiese *f*, Wiesenland *n*, Prärie *f*; ~ *irriguée* Rieselfeld *n*.

pralin ⚘ (pra'lɛ̃) *m* Düngererde *f*.
prali|ne (pra'lin) *f* Praline *f*, gebrannte Mandel *f*; **~ner** (~'ne) *v/t*. [1a] **1.** in Zucker bräunen; **2.** ⚘ Stecklinge beim Pflanzen mit Düngererde umgeben.
prame ⚓ (pram) *f* Prahm *m*.
prati|cabilité (pratikabili'te) *f* Durchführbarkeit *f*; **~cable** (~'kablə) *adj*. **1.** ausführbar, durchführbar; **2.** (be)fahrbar, passierbar (*Weg*); **3.** *fig*. umgänglich; **4.** *thé*. *porte f* ~ wirkliche Tür *f*; **~cien** (~'sjɛ̃) *su*. [7c] **1.** ⚖ Rechtsanwalt *m*; Gehilfe *m od*. Zeuge *m e-s Gerichtsvollziehers*; **2.** ⚕ praktischer Arzt *m*; **3.** Praktiker *m*.
praticulture (pratikyl'ty:r) *f* Wiesenbau *m*.
pratiquant (prati'kɑ̃) *adj*. [7] **1.** *rl*. streng kirchlich; **2.** *allg*. ausübend; *médecin m* ~ praktischer Arzt *m*.
pratique (pra'tik) **I** *adj*. **1.** □ praktisch, ausübend; *géométrie f* ~ angewandte Geometrie *f*; **2.** zweckmäßig, zweckdienlich, zweckentsprechend; **3.** erfahren, praktisch; **II** *f* **4.** Praxis *f*, Anwendung *f*; Ausführung *f*; *mettre en* ~ anwenden; **5.** Gebrauch *m*, Verfahren *n*; **6.** Erfahrung *f*, Übung *f*, Routine *f*, Fertigkeit *f*; ~ *du théâtre* Bühnenkenntnis *f*; **7.** *rl*. ~*s f/pl. religieuses* Kultübungen *f/pl*.; **8.** ~*s pl*. Kniffe *m/pl*., Schliche *m/pl*., Umtriebe *m/pl*., Ränke *m/pl*., Praktiken *f/pl*.; **9.** ☤ Kundschaft *f*; Kunde *m*; ⚕, ⚖ Praxis *f*; *vgl*. 12; **10.** ⚖ Verfahren *n*; Akten *pl*. *e-s Notars*; *terme m de* ~ Ausdruck *m* der Gerichtssprache; **11.** Umgang *m*; **12.** *allg*. *une mauvaise* ~ *allg*. ein übler Kunde *m* (*od*. *iron*. *fig*. Bruder *m*), ein Tunichtgut *m*; *vgl*. 9.
pratiquement (pratik'mɑ̃) *adv*. praktisch; in der Praxis.
pratiquer (prati'ke) [1m] **I** *v/t*. **1.** ausüben, praktisch betreiben, praktizieren; ~ *les sports* Sport treiben; ~ *une opération* eine Operation vornehmen; *abs*. *il pratique* er praktiziert, er ist (ein) praktischer Arzt; ~ *partout des sympathies* überall Anklang finden; ~ *la justice* Gerechtigkeit üben; **2.** 'umgehen mit (*dat*.); ~ *des gens instruits* mit gebildeten Menschen verkehren; ~ *un lieu* einen Ort besuchen; **3.** bearbeiten, anstiften; **4.** anlegen, besorgen, veranstalten, einrichten; ~ *un chemin* e-n Weg anlegen; **5.** *abs*. (*a*. ~ *la religion*) oft zur Kirche gehen; die Religionsgebräuche beobachten; **II** *v/rfl*. *se* ~ geschehen, üblich sein; sich ausführen lassen; *cela ne se pratique point* das ist gar nicht üblich.
pré (pre) *m* Wiese *f*, Anger *m*; *fig*. *aller sur le* ~ sich duellieren.
préach|at ☤ (prea'ʃa) *m* Vorausbezahlung *f*; **~eter** ☤ (preaʃ'te) *v/t*. [1d] vorausbezahlen.
préalable (prea'lablə) **I** *adj*. □ vorrangig; *condition f* ~ Vorbedingung *f*; *question f* ~ Vorfrage *f*; *au* ~, **~ment** *adv*. vorher, zuvor; **II** *m* ~ *à qch*. Vorbedingung *f* für etw. (*acc*.).
préambule (preɑ̃'byl) *m* ⚖ (*pl*. ~*s a*. *fig*. F) Präambel *f*, Einleitung *f*; *sans* ~ ohne lange Vorrede.
préau (pre'o) *m* [5b] Hof *m* (*Kloster*, *Gefängnis*); Schulhof *m*, Pausenplatz *m*; Spielplatz *m*, Spielhalle *f*.
préavis (prea'vi) *m* vorheriges Gutachten *n*, vorherige Benachrichtigung *f*; *téléph*. Voranmeldung *f*; *renvoi m sans* ~ fristlose Entlassung *f*.
prébende (pre'bɑ̃:d) *f rl*. Pfründe *f* (*a*. *fig*. *péj*.); *péj*. fetter Posten *m* F.
précaire (pre'kɛ:r) *adj*. □ **1.** unsicher, ungewiß, heikel, prekär; *santé f* ~ zarte Gesundheit *f*; **2.** ⚖ widerruflich.
précarité (prekari'te) *f* Unsicherheit *f*; ⚖ Widerruflichkeit *f*.
précaution (preko'sjɔ̃) *f* Vorsicht *f*; *par* ~ aus Vorsicht; *prendre ses* ~*s* Vorsichtsmaßregeln treffen; **~ner** (~sjɔ'ne) [1a] **I** *v/t*. ~ *q*. *contre qch*. j-n vor etw. (*dat*.) warnen; **II** *v/rfl*. *se* ~ *contre qch*. sich vor etw. (*dat*.) vorsehen *od*. in acht nehmen; **~neux** (~'nø) *adj*. [7d] vorsorglich; behutsam.
précé|dent (prese'dɑ̃) **I** *adj*. [7] (unmittelbar) vorhergehend, vorig, früher; *précédemment adv*. vorher, zuvor; **II** *m* Präzedenzfall *m*, früherer Fall *m*; *créer* (*od*. *établir*) *un* ~ e-n Präzedenzfall schaffen; *sans* ~ noch nie dagewesen; **~der** (~'de) [1f] **I** *v/t*. **1.** ~ *q*. vor j-m hergehen, -fahren *od*. -reiten, j-m vorangehen; **2.** *fig*. ~ *q*. vor j-m den Vorrang haben; j-n übertreffen; **3.** vorausgehen (*dat*.); **II** *v/i*. **4.** ~ *en dignité* den höchsten Rang haben; **5.** vorhergehen.
préceinte ⚓ (pre'sɛ̃:t) *f* Außenplanke *f*.
précep|te (pre'sept) *m* Lehre *f*,

Vorschrift *f*, Regel *f*, Satzung *f*, Weisung *f*, Gebot *n*; **~teur** (presɛp'tœ:r) *su.* [7f] Hauslehrer *m*, Erzieher *m*, Hofmeister *m*; **~toral** (~tɔ'ral) *adj.* [5c] schulmeisterlich; **~torat** (~tɔ'ral) *m* Hauslehrerstelle *f*.

précession *ast.* (presɛ'sjõ) *f* Vorrücken *n*.

prêch|e (prɛʃ) *m* **1.** *prot.* Predigt *m*; **2.** *prot.* Bethaus *n*; **3.** *prot.* Glaube *m*; **~er** (prɛ'ʃe) [1a] **I** *v/t.* **1.** predigen; *fig.* ~ *l'économie* Sparsamkeit *f* predigen; **~ la bonne parole à q.** auf j-n mit freundlichen Worten einreden; **2.** ermahnen; **3.** preisen, rühmen; **II** *v/i.* predigen; ~ *d'exemple* mit gutem Beispiele vorangehen; *fig.* ~ *dans le désert* in den Wind reden, Prediger in der Wüste sein, tauben Ohren predigen; **~eur** (~'ʃœ:r) **I** *m* (*a. adj. frère* ~) Dominikaner *m*; **II** *su.* [7g] F Moralprediger *m*; Nörgler *m*.

prêchi-prêcha P (prɛ'ʃi, prɛ'ʃa) *m* dummes Geschwätz *n*.

préci|euse (pre'sjø:z) *f hist.* Preziöse; *les* ~*s* (Zirkel *m v.*) geistreiche(n) Frauen *in Paris z.Zt. Molières*; *faire la* ~ sich zieren; **~eux** (~'sjø) **I** *adj.* [7d] **1.** kostbar, wertvoll; ~ *à* wertvoll für (*acc.*); *métaux m/pl.* ~ edle Metalle *n/pl.*; *pierre précieuse* Edelstein *m*; **2.** affektiert, gesucht, geschraubt, geziert; **II** *m das* Gesuchte *n*, gekünsteltes Wesen *n*; feiner, geistreicher Mann *m*; Stutzer *m*, Geck *m*; *faire le* ~ den feinen Mann spielen; **~osité** (~sjozi'te) *f* Ziererei *f*; Geschraubtheit *f* (*des Stils*); geziertes Wesen *n* der *précieuses*.

précipi|ce (presi'pis) *m* Abgrund *m*; **~tabilité** ⚗ (~tabili'te) *f* Fällbarkeit *f*; **~table** ⚗ (~'tablə) *adj.* fällbar, abscheidbar; **~tamment** (~pita'mã) *adv.* Hals über Kopf, überstürzt; **~tant** ⚗ (~pi'tã) *m* Niederschlag-, Fällungsmittel *n*; **~tation** (~pitɑ'sjõ) *f* **1.** Hast *f*, Übereilung *f*, Überstürzung *f*; **2.** ⚗ Niederschlagung *f*, Fällung *f*; **3.** ~ *atmosphérique* Niederschlag *m* (*Regen od. Schnee*); ~*s f/pl.* Niederschläge *m/pl.*; **~té** (~pi'te) ⚗ *m* Niederschlag *m*; **~tée** (~) *f*: *à la* ~ Hals über Kopf; **~ter** (~) [1a] **I** *v/t.* **1.** (hinab-, herab-)stürzen, (-)schleudern; *fig.* ~ *q. dans l'infortune* j-n ins Unglück stürzen; **2.** beschleunigen; übereilen, überstürzen; ~ *qch.* etw. übers Knie brechen, etw. überstürzen; *avoir un débit précipité* überhastet sprechen; **3.** (*auch v/i.*) niederschlagen, ausfällen; **II** *v/rfl.* **4.** sich (hinab)stürzen; reißend schnell dahineilen (*a. fig. v. der Zeit*), rasen; **5.** se ~ *sur q.* sich auf j-n stürzen; se ~ *au-devant de q.* j-m entgegeneilen; **6.** *fig.* sich übereilen; sich überstürzen; **7.** ⚗ sich niederschlagen.

préciput ⚖ (pesi'py) *m* Vorzugsanteil *n*, Vorrecht *n*; *par* ~ im (*od.* zum) voraus; **~aire** ⚖ (~py'tɛ:r) *adj.*: *legs m* ~ Vorausvermächtnis *n*.

précis (pre'si) **I** *adj.* [7] **1.** bestimmt, genau; *à dix heures* ~*es* Punkt zehn Uhr; **2.** deutlich, klar, scharf umrissen, knapp (*Stil*); ausdrücklich; *net et* ~ klar und bündig; **II** *m* kurzgefaßter Inhalt *m*; gedrängte Darstellung *f*; Abriß *m*; **~ément** (~ze'mã) *adv.* **1.** genau, bestimmt; **2.** (*als Antwort*) ganz recht!, sehr richtig!; **3.** ~ *parce que* eben weil; **~er** (~'ze) **I** *v/t.* [1a] präzisieren, näher bestimmen, genau angeben; **II** *v/i.* sich deutlich ausdrücken; **III** *v/rfl.* se ~ deutlich (*od.* klar) werden, sich klar herausstellen; **~ion** (~'zjõ) *f* **1.** Bestimmtheit *f*, Deutlichkeit *f*, Genauigkeit *f*; *montre f de* ~ Präzisions(taschen)-uhr *f*; **2.** Knappheit *f des Stils*.

précité (presi'te) *adj.* oben erwähnt.

préclassique *gr., litt.* (prekla'sik) *adj.* vorklassisch.

préco|ce (pre'kɔs) *adj.* □ **1.** frühreif, -zeitig; *fruits m/pl.* ~*s* Frühobst *n*; **2.** vorzeitig; früh entwickelt; *fig.* frühreif; **~cité** (~si'te) *f* Frühreife *f*.

précompt|e ✝ (pre'kõ:t) *m* im voraus gemachter Abzug *m* **~er** (~kõ'te) *v/t.* [1a] im voraus an- *od.* abrechnen (*sur* auf *acc. od.* von *dat.*).

précon|cassage ⊕ (prekõka'sa:ʒ) *m* Vorzerkleinerung *f*, Vorbrechen *n*; **~cevoir** (~s[ə]'vwa:r) *v/t.* [3a] ohne Prüfung beurteilen, sich e-e vorgefaßte Meinung von etw. bilden; **~çu** (~'sy) *adj.*: *opinion f* (*od. idée f*) ~*e* vorgefaßte Meinung *f*.

préconis|ation (prekɔniza'sjõ) *f* Befürwortung *f*, Empfehlung *f*, Anregung *f*; Propagierung *f*; **~er** (~'ze) *v/t.* [1a] **1.** *rl.* präkonisieren; **2.** anpreisen, anregen, propagieren, befürworten, empfehlen.

précontraction *bét.* (prekõtrak'sjõ) *f* Anspannung *f*.
précontraint *bét.* (~kõ'trɛ̃) *adj.* vorgespannt; *béton m* ~ Spannbeton *m*; **~e** *bét.* (~'trɛ̃:t) *f* a) Vorspannen *n*; Anspannung *f*; b) Spannbeton *m*.
précurseur (prekyr'sœ:r) **I** *m* Vorläufer *m*, -bote *m* (*a. fig.*); **II** *adj.*/*m*: *sans aucun signe* ~ ohne irgendein vorheriges (An-) Zeichen.
prédé|céder ⚖ (predese'de) *v/i.* [1f] vorher sterben; **~cès** ⚖ (~'sɛ) *m* vorheriges Ableben *n*; **~cesseur** (~sɛ'sœ:r) *m* Vorgänger *m*.
prédesti|nation (predɛstinɑ'sjõ) *f* Vorherbestimmung *f*; *rl.* Prädestination *f*; **~ner** (~'ne) *v/t.* [1a] prädestinieren (*à* zu *dat.*).
prédétermin|ation *rl.* (predetɛrminɑ'sjõ) *f* Vorherbestimmung *f*; **~er** *mst. rl.* (~mi'ne) *v/t.* [1a] vorherbestimmen.
prédi|cant (predi'kɑ̃) *m prot.* Prediger *m*; **~cat** *gr.* (~'ka) *m* Prädikat *n*; **~cateur** (~ka'tœ:r) *su.* [7f] Kanzelredner *m*; **~cation** *rl.* (~kɑ'sjõ) **1.** Predigen *n*; **2.** Predigt *f*.
prédiction (predik'sjõ) *f* Voraussage *f*, Vorhersage *f*; Weissagung *f*, Prophezeiung *f*; ~ *du temps*, ~ *météorologique* Wettervorhersage *f*.
prédigérer (prediʒe're) *v/t.* [1f] (*a. fig.*) vorkauen.
prédilection (predilɛk'sjõ) *f* Vorliebe *f*; ... *de* ~ Lieblings...; *plat m* (*od. mets m*) *de* ~ Leibgericht *n*.
prédire (pre'di:r) [4m] (*aber*: *vous prédisez*) *v/t.* vor'her-, wahr-, weissagen, prophezeien.
prédispo|ser (predispo'ze) *v/t.* [1a] empfänglich machen (*à* für *acc.*), vorbereiten (*à* zu *dat.*); **~sition** (~zi'sjõ) *f* Empfänglichkeit *f*.
prédomi|nance (predɔmi'nɑ̃:s) *f* Überwiegen *n*; Vorherrschaft *f*; **~nant** (~'nɑ̃) *adj.* [7] über'wiegend, vorherrschend; **~ner** (~'ne) *v/i.* [1a] vorherrschen, über'wiegen.
préémi|nence (preemi'nɑ̃:s) *f* Vorrang *m*; Überlegenheit *f*; **~nent** (~'nɑ̃) *adj.* [7] hervorragend, *fig.* überragend.
préemption ⚖ (preɑ̃p'sjõ) *f* Vorkauf *m*.
pré|établir (preetab'li:r) *v/t.* [2a] vorher festsetzen; vorherbestimmen; **~excellence** (preɛksɛ'lɑ̃:s) *f* unbedingte Überlegenheit *f*; **~existant** *phil.* (~ɛgzis'tɑ̃) *adj.* präexistierend; **~existence** *phil.* (~ɛgzis'tɑ̃:s) *f* Präexistenz *f*, Vorleben *n*; **~exister** *phil.* (~ɛgzis'te) *v/i.* [1a] präexistieren.
préfabri|cation (prefabrikɑ'sjõ) *f* vorherige Anfertigung *f*; **~qué** (~'ke) *adj.* vorgefertigt, Fertig...; **~quer** (~) *v/t.* [1a] im voraus herstellen (*od.* anfertigen).
préfa|ce (pre'fas) *f* **1.** Vorwort *n*, Einleitung *f*; **2.** *rl.* Eingang *m* der Messe; **~cer** (~'se) *v/t.* [1k] das Vorwort schreiben zu (*dat.*); **~cier** (~'sje) *m* Vorwortschreiber *m*.
préfec|toral (prefɛktɔ'ral) *adj.* [5c] Präfektur...; **~ture** (~'ty:r) *f* Präfektur *f*; Präfektenstelle *f*; Amtsdauer *f* e-s Präfekten; Präfekturgebäude *n*.
préfé|rable (prefe'rablə) *adj.* □ vorzuziehen; *il est* ~ es ist besser ...; **~rence** (~'rɑ̃:s) *f* **1.** Vorzug *m*; *donner* (*od. accorder*) *la* ~ *à q.* j-m den Vorzug geben; ~ *pour* Vorliebe für (*acc.*); *advt. de* ~ eher, lieber, am liebsten, vorzugsweise, mit Vorliebe; **2.** ~*s pl.* Auszeichnungen *f/pl.*; **3.** ⚖ Priorität *f*; **4.** *Kartenspiel*: Vorzugs-farbe *f*, -karte *f*.
préférer (prefe're) *v/t.* [1f] (*bei gleichem Subjekt mit inf. ohne prép.*) vorziehen, bevorzugen; *ami m préféré* Lieblingsfreund *m*.
préfet (pre'fɛ) *m* **1.** Präfekt *m*; ~ *de police* Polizeipräfekt *m*; ~ *maritime* Marinepräfekt *m*; **2.** *école. rl. Fr.* ~ *des études* Studienaufseher *m*.
préfète (~'fɛt) *f* Präfektengattin *f*.
préfigurer (prefigy're) *v/t.* [1a] andeuten.
préfinir ⚖ (prefi'ni:r) *v/t.* [2a] anberaumen.
préfix ⚖ (pre'fiks) *adj.* anberaumt.
préfix|e *gr.* (~) *adj. u. m* vorgesetzt; Präfix *n*, Vorsilbe *f*; **~er** (~fik'se) *v/t.* [1a] **1.** anberaumen, festsetzen; **2.** *gr.* präfixieren; **~ion** ⚖ (~fik'sjõ) *f* Anberaumung *f*.
pré-gazon (pregɑ'zõ) *m* [6a] gepflegte Wiese *f*, Rasenplatz *m*.
prégouvernement *pol.* (preguvɛrnə'mɑ̃) *m*: ~ *mondial* überstaatliche Weltregierung *f*.
préhellénique (preɛle'nik) *adj.* vorgriechisch.
préhen|seur (preɑ̃'sœ:r) *adj. zo.* zum Greifen bestimmt, Greif...; **~sible** (~'siblə) *adj.* greifbar; **~sile** (~'sil) *adj. zo.* fähig zu (er)greifen; **~sion** *zo.* (~'sjõ) *f* Greifen *n*.
préhis|toire (preis'twa:r) *f* Vor-, Ur-geschichte *f*; **~torique** (~tɔ'rik) *adj.* vor-, ur-geschichtlich.

préjudi|ce (preʒy'dis) *m* Nachteil *m*, Schaden *m*; *au* ~ *de q.* zu j-s Schaden; *sans* ~ *de mes droits* unbeschadet meiner Rechte; **~ciable** (~'sjablə) *adj.* nachteilig, schädlich (*à* für *acc.*); **~ciaux** (~'sjo) *adj./m pl.*: *frais m/pl.* ~ Gerichtskostenvorschuß *m*; **~ciel** (~'sjɛl) *adj.* [7c] vorläufig; *question f* ~*le* Vorfrage *f*; **~cier** (~'sje) *v/i.* [1a]: ~ *à q.* (*à qch.*) j-m (e-r Sache) schaden.

préju|gé (preʒy'ʒe) *m* **1.** Vorurteil *n*; *absence f de* ~*s* Vorurteilslosigkeit *f*; **2.** Vermutung *f*; Anzeichen *n*; **3.** ⚖ früheres Urteil *n*, Präzedenzfall *m*; **~ger** (~) *v/t.* [1l] **1.** vorläufig entscheiden, e-n Vorbescheid erlassen; **2.** mutmaßen, vermuten; *fig. sans rien* ~ unmaßgeblich.

prélart (pre'la:r) *m* Wagenplane *f*; Persenning *f*.

prélasser (prela'se) *v/rfl.* [1a]: *se* ~ sich brüsten, sich in die Brust werfen; sich's bequem machen.

prélat *cath.* (pre'la) *m* Prälat *m*.

prèle ⚘ (prɛl) *f* Schachtelhalm *m*.

prélegs ⚖ (pre'lɛ) *m* Vorausvermächtnis *n*.

pré|lèvement (prelɛv'mɑ̃) *m* **1.** Vorwegnahme *f*; **2.** Entnahme *f*, *a.* Probe *f* (*das Entnommene*); **3.** ⚕ Abstrich *m*; *opérer un* ~ e-n Abstrich vornehmen; **4.** *fin.* Abheben *n* (*v. Geld*); Ausscheiden *n* (*v. Reserven*); **~lever** (prel[ə]'ve) *v/t.* [1d] **1.** zum voraus erheben, vorwegnehmen; **2.** *fin.* abheben (*Geld*); ausscheiden (*Reserven*).

préliminaire (prelimi'nɛ:r) **I** *adj.* Vor...; einleitend, vorbereitend; *connaissances f/pl.* ~*s* Vorkenntnisse *pl.*; *discours m* ~ Vorrede *f*; **II** ~*s m/pl.* (*de paix* Friedens-)Vorverhandlungen *f/pl.*

prélu|de (pre'lyd) *m* ♪ Vorspiel *n*, Vorgesang *m*, Präludium *n*; *fig.* Einleitung *f*; *fig.* Vorbote *m*; **~der** (~ly'de) *v/i.* [1a] ♪ präludieren, ein einleitendes Vorspiel geben; ~ *à qch.* ein Vorspiel zu etw. (*dat.*) geben; *allg.* auf etw. (*acc.*) vorbereiten.

prématu|ré (prematy're) *adj.* **1.** frühreif, früh(zeitig); ⚕ *accouchement m* ~ Frühgeburt *f*; *sagesse f* ~*e* Altklugheit *f*; **2.** *fig.* verfrüht; *mort f* ~*e* vorzeitiger Tod *m*; **3.** *fig.* voreilig; *démarche f* ~*e* übereilter Schritt *m*; **~rément** (~re'mɑ̃) *adv.* verfrüht; **~rité** (~ri'te) *f* Frühreife *f*; *fig.* Voreiligkeit *f*.

prémédi|tation (premeditɑ'sjɔ̃) *f* Vorsätzlichkeit *f*; *avec* ~ vorsätzlich; **~ter** (~'te) *v/t.* [1a] vorher bedenken *od.* überlegen.

prémices (pre'mis) *f/pl.* **1.** ⚘ erste Früchte *f/pl.* **2.** *fig.* Erstlingsversuche *m/pl.*, Anfänge *m/pl.*

premier (prə'mje) [7b] **I** *adj. u. adj./n.o.* a) *vorgestellt*: **1.** erster, erste, erstens; *au* ~ im ersten Stock, e-e Treppe hoch; *au* ~ *jour* an e-m der nächsten Tage; dieser Tage; *en* ~ *lieu*, *en première ligne* zuerst, zunächst, in erster Linie; *le* ~ *âge* die Kinderjahre *n/pl.*; *matière f première* Rohstoff *m*; **2.** *le* ~ (*la première*) zuerst; *le* ~ *venu* (*la première venue*) der (die) zuerst Angekommene; der (die, das) erste beste; **3.** vorzüglich, höchst, oberst; **4.** erster; Ober...; *capitaine m en* ~ Hauptmann *m* erster Klasse; **5.** früher, vorig; b) *nachgestellt*: **6.** anfänglich, ursprünglich, Ur..., Grund..., Roh...; *la gêne première* die anfängliche Bedrängnis *f*; *matières f/pl. premières* Roh-, Urstoffe *m/pl.*; *sens m* ~ Grundbedeutung *f*; *nombres* ~*s* Primzahlen; **II** *su.* Erster *m*, Vorderster *m*; *pol.* Ministerpräsident *m*; *écol.* Primus *m*; ✝ Abteilungschef *m*; *les* ~*s*, *les seconds* diese ..., jene ...; die einen ..., die anderen ...; *thé. jeune* ~ erster Liebhaber *m*.

première (prə'mjɛ:r) *f* **1.** s. *premier* II; **2.** erste Rangloge *f*; 🚃 erste Wagenklasse *f*; **3.** *thé.* Premiere *f*, Erst-, Ur-aufführung *f*; *Sport*: Erstleistung *f*; **4.** *Fr. écol.* Prima *f*, 12. *bzw.* 13. Klasse *f*; **5.** *Auto*: erster Gang *m*; **6.** *thé. jeune* ~ erste Liebhaberin *f*; **~ment** (~mjɛr'mɑ̃) *adv.* erstens.

premier-né (prəmje'ne) *adj. u. m* [6a] erstgeboren; Erstgeborener *m*.

premier-Paris (~pa'ri) *m* [6a] Leitartikel *m e-r Pariser Zeitung.*

prémilitaire (premili'tɛ:r) *adj.* vormilitärisch.

prémisses (pre'mis) *f/pl.* Voraussetzungen *f/pl.*, Prämissen *f/pl.* (*Logik*); Vorbedingung *f*.

prémolaire *anat.* (premɔ'lɛ:r) *f* vorderer Backenzahn *m*.

prémonit|ion (premɔni'sjɔ̃) *f* warnendes Vorgefühl *n*; **~oire** ⚕ (~'twa:r) *adj.* dem Ausbruch e-r Krankheit vorhergehend.

prémunir (premy'ni:r) *v/t.* [2a]: ~ *q.* (*u. se* ~) *contre qch.* j-n (sich) im voraus vor etw. (*dat.*) sichern.
prenable (prə'nablə) *adj.* **1.** einnehmbar; **2.** bestechlich; **3.** genießbar (*Getränk*); **4.** beizukommen, verwundbar.
prenant (prə'nɑ̃) *adj.* [7] **1.** *zo. queue f* ~*e* Wickel-, Ringel-schwanz *m*; **2.** ✝ *partie f* ~*e* Abnehmer *m*; **3.** *fig.* packend, ergreifend; *manières f/pl.* ~*es* sympathisches Wesen *n*; **4.** F *fig.* zeitraubend; anstrengend.
prénatal *biol.* (prena'tal) *adj.* (*m/pl.* ~*s*!) vorgeburtlich; *soins m/pl.* ~*s* Schwangerschaftsfürsorge *f.*
prendre ('prɑ̃:drə) [4q) **I** *v/t.* **1.** nehmen; greifen, ergreifen, fassen; *Zeit* beanspruchen, dauern; ~ *q. au corps* j-n verhaften (s. *a.* 4.); ~ *entre ses bras* in die Arme nehmen; ~ *le pouls à q.* j-s Puls fühlen; *combien de temps cela prendra-t-il?* wie lange wird das dauern (*od.* beanspruchen)?; **2.** *fig.* sich bemächtigen (*gén.*), sich aneignen; sich verschaffen; wählen; sich entscheiden für (*acc.*); ~ *son temps* sich Zeit nehmen (*od.* lassen); ~ *son billet* s-e Fahrkarte lösen; ~ *corps* Gestalt annehmen, sich verwirklichen; ~ *courage* Mut fassen; ~ *son élan* e-n Anlauf nehmen; ~ *une forteresse* e-e Festung einnehmen *od.* erobern; ~ *la fuite* die Flucht ergreifen; Reißaus nehmen; ✈ ~ *son vol*, ~ *son essor* abfliegen; *rad.* ~ *Paris* Paris einschalten (*od.* anstellen); *Fr.* ~ *le maquis* sich der Widerstandsbewegung anschließen (*1940 bis 1944*); ~ *des mesures* Maßnahmen ergreifen, Maßregeln treffen; ~ *un titre* sich e-n Titel beilegen; ~ *la parole* das Wort ergreifen; ~ *une résolution* e-n Entschluß fassen; *mes souliers prennent l'eau* meine Schuhe sind nicht wasserdicht; ~ *faveur* aufkommen, modern werden; ~ *feu* in Brand geraten, Feuer fangen (*a. fig.*); ~ *froid* sich erkälten; ~ *de la peine à* ... sich Mühe geben, zu ...; sich anstrengen (*od.* sich bemühen), zu ...; ~ *la peine de* ... sich die Mühe machen, zu ...; geruhen, zu ...; die Freundlichkeit haben, zu ...; *prenez la peine* ~ *d'entrer!* treten Sie bitte näher!; ~ *congé de q.* von j-m Abschied nehmen, sich von j-m verabschieden; ~ *un congé* Urlaub nehmen; ~ *parti pour q.* (*pour qch.*) für j-n Partei ergreifen; für j-n (für etw.) eintreten (*od.* einstehen); ~ *un parti* e-n Entschluß fassen, sich entschließen; ~ *pied* festen Fuß fassen; ~ *plaisir à qch.* sein Vergnügen an etw. (*dat.*) finden; ~ *racine* Wurzel fassen; ~ *soin de qch.* für etw. (*acc.*) sorgen; ~ *qch. à cœur* sich etw. zu Herzen nehmen; ~ *q. en amitié* j-n liebgewinnen; ~ *qch. en considération* etw. in Erwägung ziehen; **3.** ~ *pour q. od. pour qch.* fälschlich für j-n *od.* für etw. (*acc.*) halten, mit j-m *od.* mit etw. (*dat.*) verwechseln; ~ *qch. pour argent comptant* etw. für bare Münze ansehen (*od.* nehmen); ~ *q. pour dupe* j-n betrügen, j-n zum besten haben; **4.** fangen (*au piège, à la main* in der Falle, mit der Hand); verhaften, gefangennehmen; *fig.* fesseln; ~ *q. par son faible* j-n bei s-r schwachen Seite kriegen; **5.** ertappen, überraschen; angreifen; ~ *q. en faute* j-n bei e-m Vergehen ertappen (*od.* erwischen); **6.** mitnehmen; *le train prend des voyageurs* der Zug nimmt Reisende auf; **7.** wegnehmen, entwenden, stehlen; entlehnen (*aus Büchern*); *où prenez-vous cela?, où avez-vous pris cela?* wo haben Sie denn das her?; **8.** zu sich nehmen, essen, trinken, genießen; gebrauchen; ~ *l'air* Luft schnappen; ~ *des airs* sich aufspielen; sich haben; angeben; ~ *les eaux* e-e Brunnenkur machen; ~ *du café*, ~ *le café* Kaffee trinken; ~ *un repas* e-e Mahlzeit einnehmen; ~ *du repos* (sich) ausruhen; **9.** anlegen, anziehen; *Hut* aufsetzen, *Tuch* umhängen, umnehmen; **10.** *Weg* einschlagen; *Richtung* nehmen, *abs.* gehen; *abs.* ~ *à droite* sich nach rechts wenden; *prenez par ici* gehen (*od.* fahren) Sie hier (ent)lang; ~ *à travers champs* querfeldein gehen; ~ *les devants* vorausgehen; *fig.* zuvorkommen; *fig.* ~ *la bonne voie* sich zum Guten wenden; **11.** benutzen, fahren mit (*dat.*); ~ *l'autobus* den Bus nehmen; ~ *le chemin de fer* mit der Eisenbahn fahren; **12.** sich zuziehen, bekommen; ~ *de l'importance* an Bedeutung gewinnen; ~ *une maladie* sich e-e Krankheit zuziehen, krank werden; ~ *une passion* von e-r Leidenschaft er-

griffen werden; **13.** sich bezahlen lassen; abnehmen, abkaufen; **14.** empfangen, annehmen; ~ *livraison de* in Empfang nehmen; **15.** ~ *q.*: a) j-n bei sich anstellen; in ein Verhältnis zu j-m treten: ~ *femme* (sich ver-)heiraten; b) (*aller*) ~ *q.* j-n abholen; *j'irai vous* ~ ich werde Sie abholen; c) j-n bei sich aufnehmen; **16.** abziehen, entziehen; ~ *sur sa nourriture* sich vom Munde absparen; ~ *sur son sommeil* den Schlaf verkürzen; **17.** übernehmen; ~ *des engagements* Verpflichtungen eingehen; ~ *intérêt à q.* (*à qch.*) sich für j-n (für etw.) interessieren; **18.** auffassen, aufnehmen; ~ *mal* übelnehmen; ~ *qch. en aversion* e-e Abneigung gegen etw. (*acc.*) empfinden (*od.* haben), etw. innerlich ablehnen; ~ *les choses au pied de la lettre* die Dinge wörtlich nehmen; **19.** verfechten, sich zu eigen machen; **20.** ⚓ ~ *le large* in See stechen; F *fig.* sich aus dem Staube machen; *pris par les glaces* von Eisschollen eingeschlossen; ~ *port*, ~ *terre* landen; **II** *v/i.* **21.** Erfolg haben, Anklang finden, sich durchsetzen; **22.** ~ *à cœur de* (*mit inf.*) (ernstlich) (ver)suchen, zu ...; **23.** haften, festsitzen; binden (*Mörtel*); **24.** sich entzünden, zu brennen anfangen; Feuer fangen; *le bois prend* das Holz fängt an zu brennen; **25.** gerinnen; zufrieren; *la rivière a pris* ... der Fluß ist zugefroren; **26.** ⚘ gedeihen; **27.** ~ *à q.* j-n befallen (*von Krankheiten*); j-n plötzlich überkommen; *qu'est-ce qui lui prend?* was ist denn plötzlich mit ihm los?, was hat er denn plötzlich?; **III** *v/imp.* **28.** *bien lui prend que* (*mit subj.*) es ist sein Glück, daß ...; *il lui en prendra mal de* ... es wird ihm schlecht bekommen, wenn ...; **IV** *v/rfl.* se ~ **29.** angefaßt werden; *fig.* sich anfassen; *se* ~ *aux cheveux* sich in die Haare geraten; F *fig.* sich zanken; *se* ~ *d'amitié avec q.* sich mit j-m anfreunden; *se* ~ *de querelle avec q.* mit j-m Streit anfangen; **30.** gefangen werden; *fig.* gefesselt werden, in den Bann gezogen werden; **31.** se ~ *à* (*mit inf.*) anfangen, zu ...; *elle se prit à rire* sie fing an zu lachen; *s'y* ~ *fig.* sich bei etw. (*dat.*) anstellen, vorgehen, verfahren, es anstellen; **32.** se (*od.* s'en) ~ *à q.* j-n provozieren, j-n angreifen, sich mit j-m einlassen; *il ne faut pas se* ~ *à plus fort que soi* man soll sich nicht mit j-m einlassen, der stärker als man selber ist; *s'en* ~ *à q. de qch.* j-m die Schuld für etw. (*acc.*) in die Schuhe schieben; *s'en* ~ *à qch.* e-r Sache entgegentreten (*od.* die Stirn bieten); **33.** empfangen werden; **34.** gerinnen; gefrieren; *vgl.* 25; **35.** verstanden (*od.* aufgefaßt) werden; gebraucht werden; **36.** se ~ *pour* ... sich für (*acc.*) halten; **V** *m*: *au fait et au* ~ im entscheidenden Augenblick, nach reiflicher Überlegung; zu guter Letzt.

prénegociateur (prenegɔsja'tœ:r) *m* Vorverhandler *m*.

preneur (prə'nœ:r) *su.* [7g] **1.** Nehmer *m*; **2.** † Abnehmer *m*; Wechselnehmer *m*, Remittent *m*; ~ *d'assurance* Versicherungsnehmer *m*; **3.** Mieter *m*, Pächter *m*; **4.** Fänger *m*; ~ *d'huîtres* Austernfischer *m*; *le* ~ *de rats* der Rattenfänger *m*; (*auch adj.*: *vaisseau m* ~) Kaperschiff *n*; **5.** ⊕ Greifer *m*; **6.** *rad.* ~ *de son* Tonmixer *m*.

prénom (pre'nɔ̃) *m* Vorname *m*; **~mer** (prenɔ'me) [1a] *v/t.* **1.** e-n Vornamen geben; **2.** vorher nennen.

prénot|ation (prenɔta'sjɔ̃) *f* Vormerkung *f*; **~er** (prenɔ'te) *v/t.* [1a] vormerken.

prénotion (preno'sjɔ̃) *f* **1.** Vorkenntnisse *f/pl.*; **2.** *phil.* angeborene Idee *f*.

prénuptial (prenyp'sjal) *adj.* [5c] vorehelich.

préoccu|pation (preɔkypɑ'sjɔ̃) *f* **1.** Haupt-beschäftigung *f*, -sorge *f*, -aufgabe *f*, geistige Inanspruchnahme *f*, Vertiefung *f*, Hauptinteresse *n*; **2.** Verlegenheit *f*; Unruhe *f*, Besorgnis *f*, Sorge *f*; **~per** (~'pe) [1a] **I** *v/t.* **1.** stark beschäftigen; **2.** beunruhigen, mit Besorgnis erfüllen; **II** *v/rfl.* se ~ *de* sich intensiv befassen mit (*dat.*); sich Sorgen machen um (*acc.*).

préopi|nant ⚒ (preɔpi'nɑ̃) *su.* [7] Vorredner *m*; **~ner** ⚒ (~'ne) *v/i.* [1a] s-e Meinung vorher sagen.

prépaiement (prepɛ'mɑ̃) *m* Vorausbezahlung *f*.

prépara|ble (prepa'rablə) *adj.* leicht vorzubereiten; **~teur** (~'tœ:r) *m* Zubereiter *m*; Gehilfe *m*; **~tifs** (~'tif) *m/pl.* (*in beiden Sprachen nur im pl.!*) *rein materielle, allgemeine* Vorbereitungen *f/pl.*, Vorkehrungen *f/pl.*, *fig.* Anstalten *f/pl.* (*mit allem Drum und Dran*); ~ *d'un repas* Essensvorbereitungen *f/pl.*; ~ *de voyage* Reisevorbereitungen *f/pl.*; **~tion** (~ra'sjɔ̃) *f* a) *als spezielle vorbereitende Handlung*: **1.** *geistiges oder leistungsmäßiges* Sichvorbereiten *n*, (besondere) Vorarbeit *f*, Vorbereiten *n*, Vorbereitung *f*, Einleitung *f*, Vor-, Aus-bildung *f*; *Sport*: Training *n*; *parler sans* ~ unvorbereitet sprechen; ~ *à un examen* Vorbereitung *f* zu e-r Prüfung; ~ *militaire* militärische Ausbildung *f*; *rl.* ~ *à la messe* innere Sammlung *f* vor der Messe; **2.** ⊕, *cuis.*, ⚗ *materielle* (Auf-, Zu-) Bereitung *f*; ⚗ Präparieren *n*, Herstellung *f*; ~ *de peaux* Präparieren *n* von Fellen; ~ *de béton* Betonherstellung *f*; ~ *de mets* Zubereitung *f* von Gerichten; b) *als Ergebnis der Handlung*: ⚗, *phm.* Präparat *n*; ~ *alimentaire* Nährpräparat *n*; ~ *anatomique* anatomisches Präparat *n*; ~ *cosmétique* kosmetisches Präparat *n*; ~ *pharmaceutique* pharmazeutisches Präparat *n*; **~toire** (~'twa:r) *adj.* vorbereitend; *école f* ~ Vorschule *f*.

préparer (prepa're) [1a] **I** *v/t.* **1.** vorbereiten; ~ *un examen* sich auf e-e Prüfung vorbereiten; **2.** (zu)bereiten, zurichten; einrichten; *anat.*, ⚗ präparieren; **II** *v/rfl.* **3.** se ~ *à* sich vorbereiten auf (*acc.*), sich rüsten zu (*dat.*); sich gefaßt machen auf (*acc.*); **4.** *fig.* im Anzuge sein; **III** *v/imp. il se prépare qch.* es kriselt, es ist etw. im Anzuge.

prépondé|rance (prepɔ̃de'rɑ̃:s) *f* Übergewicht *n*; überragender Einfluß *m*; *pol.* Vorherrschaft *f*, Vormachtstellung *f*; **~rant** (~'rɑ̃) *adj.* [7] überwiegend, entscheidend.

prépo|sé (prepo'ze) *m* Vorsteher *m*; Briefträger *m*; **~ser** (~) *v/t.* [1a]: ~ *q. à qch.* j-n mit der Leitung (*od.* Beaufsichtigung) e-r Sache beauftragen; **~sition** *gr.* (~zi'sjɔ̃) *f* Präposition *f*; **~sitionnel** *gr.* (~zisjɔ'nɛl) *adj.* [7c] präpositional.

prépoten|ce (prepɔ'tɑ̃:s) *f* Vorherrschaft *f*; **~t** (~'tɑ̃) *adj.* [7] vorherrschend.

pré-printemps (preprɛ̃'tɑ̃) *m inv.* Vorfrühling *m.*

prépuce *anat.* (pre'pys) *m* Vorhaut *f*.

préréfrigération (~refriʒera'sjɔ̃) *f* Vorkühlung *f*.

prérogative (prerɔga'ti:v) *f* Vorrecht *n.*

préromantisme *litt.* (~rɔmɑ̃'tism) *m* Frühromantik *f*; *für Deutschland*: Sturm und Drang *m*.

près (prɛ) **I** *adv.* **1.** nahe; *tout* ~ ganz in der Nähe; *ici* ~ dicht nebenan, dicht dabei; **2.** *à peu (de chose)* ~ bis auf weniges, beinah(e); *à beaucoup* ~ bei weitem nicht, nicht im entferntesten; weit gefehlt; *à cela* ~ dies ausgenommen; abgesehen davon; *à ces deux exceptions* ~ von diesen beiden Ausnahmen abgesehen; *à cela* ~ *que* ... ausgenommen, daß ...; nur, daß ...; **3.** de ~ in (*od.* aus) der Nähe; nahe; *fig.* genau; sorgfältig; *regarder de* ~ in der Nähe besehen; *ne pas y regarder de si* ~ es nicht so genau nehmen; *suivre q. de* ~ j-m auf dem Fuße folgen; *examiner de tout* ~ genauestens überprüfen (*od.* untersuchen); *surveiller de* ~ scharf bewachen; *couper de* ~ Haare ganz kurz schneiden; *raser de* ~ glatt rasieren; **4.** *au plus* ~ *fig.* auf dem kürzesten Wege; **II** *prp.* **5.** ~ de (nahe) bei (*dat.*), neben (*dat. u. acc.*); ~ *de l'église* in der Nähe der Kirche (*man vermeide zu sagen*: *près l'église*; *vgl.* 7); ~ *de la ville* in der Nähe der Stadt; ~ *d'ici* hier in der Nähe; **6.** ~ de *vor Zahlwörtern*: beinahe, fast, etwa, ungefähr; *il me doit* ~ *de dix mille francs* er schuldet mir etwa (*od.* an) zehntausend Franken; ~ *de deux heures* a) beinahe zwei Stunden; b) fast zwei Uhr; **7.** *archaisch ohne* de *erhalten*: a) = *auprès de* (*bsd. in der Diplomatensprache*): *ministre près la cour de* ... Gesandter am Hofe von ...; *notre ambassadeur près le Saint-Siège* unser Botschafter am Heiligen Stuhl; *près le tribunal* beim Gericht; b) *vor einigen Ortsnamen u. Gebäuden*: *Neuilly près Paris*; *être logé près le Palais-Royal* beim P. R. wohnen; *ehm. il demeure près la porte Saint-Antoine* er wohnt in der Nähe der Porte St.-A.; *man vermeide zu sagen*: *près l'église*; s. 5.

présa|ge (pre'za:ʒ) *m* **1.** Vorzeichen *n*, Vorbedeutung *f*; *tirer un bon* ~ *de qch.* etw. als gutes Vorzeichen nehmen; **2.** Vermutung *f*, Ahnung *f*; **~ger** (~za'ʒe) *v/t.* [1l] **1.** ankündigen; **2.** ahnen, mutmaßen.

pré-salé (presa'le) *m* [6a] Schaf *n*,

das auf einer Meeresstrandwiese geweidet hat.

presbyte ⚕ (prɛs'bit) *adj. u. su.* weitsichtig; Weitsichtiger *m.*

presby|téral *rl.* (prɛsbite'ral) *adj.* [5c] priesterlich; Kirchen...; **~tère** (~'tɛ:r) *m* Pfarrhaus *n.*

presbytie ⚕ (prɛsbi'si) *f* Weitsichtigkeit *f.*

prescien|ce (prɛs'sjɑ̃:s) *f* Vorherwissen *n*; **~t** (~'sjɑ̃) *adj.* vorherwissend.

pré-scolaire (preskɔ'lɛ:r) *adj.* Vorschul....

prescrip|tibilité ⚖ (prɛskriptibili'te) *f* Verjährbarkeit *f*; **~tible** (~'tiblə) *adj.* verjährbar; **~tion** (~'sjɔ̃) *f* **1.** Verordnung *f*, Vorschrift *f*; ⚕ ~ (*médicale*) Rezept *n*; ⊕ ~*s f/pl. de vérification* Prüfvorschriften *f/pl.*; **2.** ⚖ Verjährung *f.*

prescrire (prɛs'kri:r) [4f] **I** *v/t.* **1.** vorschreiben; verordnen; verschreiben; **2.** ⚖ durch Verjährung erwerben, ersitzen; verjähren lassen; **II** *v/rfl. se* ~ verjähren.

préséance (prese'ɑ̃:s) *f* Vorrang *m*; *dispute f de* ~ Präzedenzstreit *m.*

présence (pre'zɑ̃:s) *f* Gegenwart *f*, Anwesenheit *f*, Vorhandensein *n*; Auftreten *n*; ~ *d'esprit* Geistesgegenwart *f*; *advt.*: *être en* ~ einander (*kampfbereit*) gegenüberstehen; *en (la)* ~ *de Dieu* im Angesicht Gottes; *en* ~ *de ces difficultés* angesichts dieser Schwierigkeiten.

présent[1] (pre'zɑ̃) **I** *adj.* □ **1.** anwesend, gegenwärtig, zugegen; *a.* ⚔ ~! hier!; *lui* ~ in s-r Gegenwart; **2.** vorliegend; *le* ~ *acte* vorliegende Urkunde *f*; *votre* ~*e* (*lettre*) Ihr gegenwärtiges (Schreiben); *le* ~ *porteur* Überbringer dieses; **3.** *avoir la mémoire* ~*e* ein gutes Gedächtnis haben; **II** *m das* Gegenwärtige *n*, Gegenwart *f*; *gr.* Präsens *n*; *les* ~*s* die Anwesenden *m/pl.*; *advt. à* ~ jetzt, gegenwärtig; *dès à* ~ von jetzt ab (*od.* an); *jusqu'à* ~ bis jetzt; *pour le* ~ bis jetzt.

présent[2] (~) *m* Geschenk *n*; *faire* ~ *de qch. à q.* j-m etw. schenken.

présenta|ble (prezɑ̃'tablə) *adj.* empfehlenswert; gut aussehend, repräsentabel; **~teur** (~'tœ:r) *m* **1.** *a. rad.* Conférencier *m*, Ansager *m* (*v. künstlerischen Darbietungen*); **2.** † Vorzeiger *m e-s Wechsels*; **~tion** (~tɑ'sjɔ̃) *f* **1.** Einreichung *f*, Überreichung *f*, Vorweisen *n*, Eingabe *f*; † *billet m payable à* ~ Sichtwechsel *m*; † *en retard de* ~ bereits verfallen; **2.** Vorschlag *m* (*für ein Amt*); Vorschlagsrecht *n*; **3.** Vorstellung *f* (*Fremden gegenüber*), Sichvorstellen *n*, Einführung *f*; ✈ (Ziel-)Anflug *m*; *thé.* Inszenierung *f*; **4.** Packung *f v. Schokolade, Zigaretten usw.*, Aufmachung *f*; äußere Erscheinung *f* (*Mensch*).

présentement (prezɑ̃t'mɑ̃) *adv.* jetzt, zur Zeit.

présenter (prezɑ̃'te) [1a] **I** *v/t.* **1.** überreichen, vorlegen; vorweisen; (an-, dar-)bieten; ~ *la main à q.* j-m die Hand reichen; ~ *le bras à une dame* einer Dame den Arm (an)bieten; † ~ *à l'acceptation* zum Akzept vorzeigen; ~ *une lettre de change* e-n Wechsel zur Zahlung vorzeigen; ~ *un projet de loi* e-n Gesetzesentwurf vorlegen *od.* einbringen; *fig. cela présente des difficultés* das weist Schwierigkeiten auf, das bietet Schwierigkeiten; **2.** vorstellen, einführen (in e-e Gesellschaft); ~ *un enfant au baptême* ein Kind über die Taufe halten; **3.** zeigen; sehen lassen; ~ *le dos à q.* j-m den Rücken kehren; **4.** vorschlagen (*für ein Amt*); **5.** auseinandersetzen, darlegen; ~ *ses idées* seine Gedanken darlegen; **II** *v/i.* **6.** sich benehmen; *il présente bien auch*: er stellt etwas dar; **III** *v/rfl. se* ~ **7.** sich zeigen; erscheinen; ⚔ *u. Behörde*: sich stellen; sich vorstellen; auftreten; *se* ~ *pour une place* sich zum Antritt e-r Stellung melden; *fig. l'affaire se présente bien (mal)* die Sache läßt sich gut (schlecht) an; **8.** eintreten, sich ereignen, vorkommen; 🎭 auftreten; **IV.** *v/imp.* **9.** *il se présente beaucoup d'occasions* es bietet sich oft Gelegenheit.

présérie ⊕ (prese'ri) *f* erste Serie *f.*

préser|vateur (prezɛrva'tœ:r) *adj.* [7f] schützend (*de* gegen *acc. od.* vor *dat.*); **~vatif** (~va'tif) **I** *adj.* [7e] schützend; ~ *contre la pourriture* fäulnisverhütend; **II** *m* ⚕ Präservativ *n*; **~vation** (~vɑ'sjɔ̃) *f* Bewahrung *f*, Schutz *m.*

préserver (prezɛr've) *v/t.* [1a]: ~ *q. de qch.* j-n vor etw. (*dat.*) bewahren *od.* schützen.

prési|dence (prezi'dɑ̃:s) *f* **1.** Präsidium *n*, Vorsitz *m*; **2.** Präsidentenschaft *f*; **~dent** (~'dɑ̃) *su.* [7] Vorsitzender *m*; Präsident *m*; ~ *d'âge* Alterspräsident *m*; **~dente** (~'dɑ̃:t)

Präsidentin *f*; **~dentiel** (~dã'sjɛl) *adj.* [7c] den Präsidenten betreffend; Präsidenten...; **~der** (~'de) [1a] **I** *v/t.* ~ *une assemblée* in e-r Versammlung den Vorsitz führen; **II** *v/i.* ~ *à qch.* etw. leiten; *fig.* überwiegen; vorherrschen, den Ausschlag geben.

présomp|tif (prezɔ̃p'tif) *adj.* [7e] □ mutmaßlich; **~tion** (~p'sjɔ̃) *f* **1.** Mutmaßung *f* (*a.* ⚖), Vermutung *f*; **2.** Dünkel *m*, Anmaßung *f*, Überheblichkeit *f*, Spleen *m*; *être d'une grande* ~ sehr eingebildet sein; **~tueux** (~p'tɥø) *adj.* [7d] □ anmaßend, überheblich.

presque ('prɛsk[ə]) *adv.* fast, beinahe; ~ *rien* fast nichts.

presque totalité (prɛskə tɔtali'te) *f*: *la* ~ *de ses œuvres est perdue* fast alle seine Werke sind verloren.

presqu'île (prɛs'kil) *f* Halbinsel *f*.

pressage ⊕ (prɛ'sa:ʒ) *m* (Aus-) Pressen *n*, Druck *m*.

pressant (prɛ'sɑ̃) *adj.* [7] **1.** zudringlich; hartnäckig; **2.** inständig; **3.** eilig, dringend; *adresser un* ~ *appel à q.* e-n dringenden Appell an j-n richten.

presse (prɛs) *f* **1.** ⊕ Presse *f*; ~ *à vin* (Wein-)Kelter *f*; ~ *à copier* Kopierpresse *f*; ~ *de carton* Deckelpresse *f*; ~ *à emboutir* Stanze *f*, Stanz-, Kümpel-presse *f*; *bét.* ~ *à filière* Strangfertiger *m*; ~ *à écrous à froid* Kaltmutternpresse *f*; ~ *pour emboutissage* Ziehpresse *f*; ~ *à emboutir à manivelle* Kurbelziehpresse *f*; ~ *à encrocher* Nutstanzpresse *f*; ~ *pour estampage* Präge-, Schmiede-presse *f*; ~ *à excentrique*, ~ *mécanique* Exzenterpresse *f*; ~ *à friction* Friktionsspindelpresse *f*; ~ *à genouillère* Kniehebel-Prägepresse *f*; ~ *hydraulique* hydraulische Presse *f*; ~ *à refouler* Stauchpresse *f*; ~ *revolver* Revolverpresse *f*; **2.** *typ.* (Drucker-) Presse *f*; ~ *(à la) mécanique* Schnellpresse *f*; *être sous* ~ unter der Presse sein, gedruckt werden; *mettre sous* ~ drucken; **3.** *journ.* Presse *f*; *la* ~ *périodique* (*od. quotidienne*) die Tagespresse *f*; ~ *professionnelle*, ~ *corporative* Fachpresse *f*; *liberté f de la* ~ Pressefreiheit *f*; ~ *à scandale* Skandalpresse *f*; ~ *à sensation* Sensationspresse *f*; ~ *de combat* Hetzpresse *f*; **4.** *fig.* F Bedrängnis *f*: *être en* (*od. dans la*) ~ in der Klemme sein; **5.** Gedränge *n*, Andrang *m*; Eile *f*.

presse|-bouton ⊕ (prɛsbu'tɔ̃) *m* [6g] Knopfmaschine *f*; *fig. un repos* ~ ein ganz fester Schlaf *m*; **~-citron(s)** (~si'trɔ̃) *m* [6c] Zitronenpresse *f*; **~-étoffe** (~e'tɔf) *m* [6c] Stoffdrücker *m der Nähmaschine*; **~-étoupe** *mach.* (~e'tup) *m* Stopfbuchse *f*; **~-fruits** (~'frɥi) *m* [6c] Fruchtpresse *f*.

pressen|timent (prɛsɑ̃ti'mɑ̃) *m* Vorgefühl *n*, Ahnung *f*; **~tir** (~'ti:r) [2b] *v/t.* **1.** vorherempfinden, ahnen; **2.** j-n ausfragen, aushorchen, j-m auf den Zahn fühlen F, sondieren, vorfühlen; *être pressenti par q. pour collaborer à* ... im voraus auf e-e Mitarbeit an ... (*dat.*) von j-m angesprochen werden.

presse|-papier (prɛspa'pje) *m* [6c] Briefbeschwerer *m*; **~-purée** (~py're) *m* [6c] Gemüse-, Kartoffelquetsche *f*.

presser (prɛ'se) [1b] **I** *v/t.* **1.** drücken, pressen; ⚡ ~ *sur le bouton électrique* anknipsen; ~ *dans ses bras* in seine Arme schließen; **2.** ausdrücken, auspressen; keltern; **3.** zusammendrängen, -rücken; ~ *son écriture* eng(er) schreiben; *fig.* ~ *son style* sich kurz fassen; *pressé* dicht, gedrängt; *fig.* kurz und bündig; **4.** (be)drängen, in die Enge treiben; ~ *q. de questions* j-n mit Fragen bestürmen; *fig. pressé de la soif* vom Durst geplagt; **5.** ~ *q.* j-n zur Eile antreiben, j-n antreiben; ~ *qch.* etw. beschleunigen, fördern; ~ *le pas* schneller gehen; *être pressé* es eilig haben; *lettre f pressée* eiliger Brief *m*; *aller au plus pressé* das Dringendste zuerst erledigen; **II** *v/i.* drängen, eilen; dringende Hilfe erfordern (*Gefahr*, *Krankheit*); *l'affaire presse* die Sache eilt; **III** *v/rfl.* *se* ~ sich drängen; sich beeilen; *allons, presse-toi!* los, beeile dich!

pressier *journ.* (prɛ'sje) *m* Drucker [*m.*]

press|ion (prɛ'sjɔ̃) *f* **1.** Druck *m*; ⊕ Kesseldruck *m*; *basse* ~ Niederdruck *m e-r Dampfmaschine*; *Wetterkunde*: Tief(druck *m*) *n*; *Auto*: ~ *de l'* (*od. d'*)*huile* Öldruck *m*; ~ *atmosphérique* Luftdruck *m*; ~ *artérielle*, ~ *sanguine* Blutdruck *m*; ⚡ *contact m de* ~ Druckkontakt *m*; *fig. basse* ~ *démographique* geringe Bevölkerungsdichte *f*; **2.** *fig.* Druck *m* (= *Zwang*); ~ *économique* wirtschaftlicher Druck *m*; ~ *fiscale* Steuerdruck *m*; **~oir** (~-'swa:r) *m* **1.** Kelter *f*; Presse *f*; **2.** Kelterhaus *n*.

pressur|age (prɛsy'ra:ʒ) *m* Auspressen *n*, Keltern *n*; **~er** (~'re) *v/t.* [1a] auspressen, keltern; *fig.* aussaugen; **~eur** (~'rœ:r) *m* Kelterer *m*; *fig.* Erpresser *m*; **~iser** ✈ (~ri'ze) *v/t.* [1a] mit Überdruck zum Überfliegen luftdünner Räume versehen; *cabine f pressurisée* Überdruckkabine *f*.

prestance (prɛs'tɑ̃:s) *f* stattliches Aussehen *n*.

prestant ♪ (prɛs'tɑ̃) *m* Hauptpfeifenwerk *n*, Prinzipal *n e-r Orgel*.

prestation (prɛstɑ'sjɔ̃) *f* Leistung *f*; Abgabe *f*, Ablieferung *f*; Geldbeihilfe *f*; Zahlungsleistung *f*; *~s pl. médicales* ärztliche Leistungen *f/pl.*; *~s de naissance* Geburtshilfen *f/pl.*; *~s en espèces et en nature* Bar- und Sachleistungen *f/pl.* (*bsd. pol.* Sachlieferungen *f/pl.*); ~ *accessoire* Nebenleistung *f*; ~ *de serment* Eidesleistung *f*, Eidablegung *f*; *verser une* ~ eine Einzahlung leisten.

prest|e (prɛst) **I** *adj.* □ behende, flink, geschickt; **II** *int.* ~! los, flink!; **~esse** (~'tɛs) *f* Behendigkeit *f* Fixigkeit *f*, Geschicklichkeit *f*.

presti|digitateur (prɛstidiʒita'tœ:r) *m* Taschenspieler *m*; **~digitation** (~tɑ'sjɔ̃) *f* Taschenspielerkunst *f*.

presti|ge (prɛs'ti:ʒ) *m* **1.** Prestige *n*, Ansehen *n*; ~ *maritime* Seegeltung *f*; **2.** *fig.* Reiz *m*, Zauber *m*; Nimbus *m*; **~gieux** (~ti'ʒjø) *adj.* [7d] zauberhaft, bestechend, hervorragend, berühmt; *d'une éloquence prestigieuse* von e-r bezaubernden Beredsamkeit.

présu|mable (prezy'mablə) *adj.* mutmaßlich, vermutlich; **~mer** (~'me) [1a] **I** *v/t.* vermuten, mutmaßen; *être présumé vrai* für wahr gehalten werden; ~ *q. innocent* j-n für unschuldig ansehen (*od.* halten); **II** *v/i.* annehmen, glauben, *il est à ~ que ...* es ist anzunehmen, daß ...; ~ *trop de qch.* zuviel von e-r Sache (*dat.*) halten; *trop ~ de ses forces* seine Kräfte überschätzen.

présupposer (~sypo'ze) *v/t.* [1a] voraussetzen; erfordern.

présure (pre'zy:r) *f* (Kälber-)Lab *n*.

prêt¹ (prɛ) *adj.* [7] bereit, fertig; ~ *à* (prɛta...): a) bereit zu, geneigt zu; b) nahe daran zu, auf dem Punkte zu; ~ *à partir* reisefertig; ~ *à tirer* schußfertig; ~ *à combattre* gefechtsbereit; ~ *à marcher*, ~ *à se mettre en marche* marsch-bereit, -fertig; ~ *à entrer en ligne od. en lice* einsatzbereit; ⊕ ~ *à fonctionner*, ~ *à marcher* betriebsfertig; ~ *à servir*, ~ *à l'usage* gebrauchsfertig; *Auto*: ~ *à démarrer* startbereit.

prêt² (~) *m* **1.** Ausleihen *n*; *maison f de* ~ Leihhaus *n*; *valeur f de* ~ Beleihungswert *m*; *à titre de* ~ leihweise; als Darlehen; **2.** Darlehen *n*; ~ *gratuit* (*à intérêt*) unverzinsliches (verzinsliches) Darlehen *n*; ~ *au mariage* Ehestandsdarlehen *n*; ~ *conditionnel* Verleih *m* gegen Revers; ~ *sur gage* (*od. sur nantissement*) Lombardgeschäft *n*; **3.** ~ *à la grosse* (*aventure*) ⚓ Bodmereivertrag *m*; ~ *à la petite semaine* Wucherdarlehen *n*; **4.** ⚔ Sold *m*.

pretantaine, *auch* **pretentaine** F (prətɑ̃'tɛn) *f*: *courir la* ~ herumbummeln; in der Weltgeschichte herumgondeln (*bsd. als Galan*).

prêt-à-porter (prɛtapɔr'te) *m* [6b] Kleid *n* (*od.* Kostüm *n*) von der Stange.

prêté (prɛ'te) *adj.* **1.** geliehen; *c'est un ~ pour un rendu* Wurscht wider Wurscht; **2.** untergeschoben (*Meinung*; *Sinn*).

prétendance (pretɑ̃'dɑ̃:s) *f* Rechtsansprüche *m/pl.*

prétendant (pretɑ̃'dɑ̃) *su.* [7] Prätendent *m*, Thronbewerber *m*; Heiratskandidat *m*, Freier *m*.

préten|dre (pre'tɑ̃:drə) [4a] **I** (*mit dem reinen inf.*) **1.** beanspruchen, fordern, verlangen; *abs.* ~ *trop* (*haut*) zu hohe Ansprüche erheben; **2.** beabsichtigen, die Absicht haben, wollen; **3.** behaupten, versichern; *il prétend m'avoir vu* er will mich gesehen haben; **4.** (*bei verschiedenem Subjekt mit que u. subj.*) sich anmaßen, verlangen, sich herausnehmen; ~ *que q. fasse qch.* j-m etw. zumuten; **II** *v/i.* ~ *à* Anspruch erheben auf (*acc.*); streben (*od.* trachten) nach (*dat.*); **III** *v/rfl.* se ~ *médecin* sich als Arzt ausgeben; **~du** (pretɑ̃'dy) **I** *adj.* angeblich, sogenannt; **II** F *su.* Bräutigam *m* (*f*: Braut); *~s pl.* Brautpaar *n*.

prête-nom (prɛt'nɔ̃) *m* Strohmann *m*; vorgeschobene Person *f*.

préten|tieux (pretɑ̃'sjø) *adj.* [7d] **1.** anmaßend, anspruchsvoll, eingebildet; **2.** geziert, gesucht (*Stil*); **~tion** (~tɑ̃'sjɔ̃) *f* Anspruch *m*, Forderung *f*; Anmaßung *f*; Dünkel *m*, Angeberei *f*; F *homme m à* ~*s* anmaßender Mensch *m*; *sans* ~*s* anspruchslos.

prêter (prɛ'te) [1a] **I** *v/t.* **1.** leihen, verleihen, ausleihen; *fig.* (her-) geben, liefern; ~ *à intérêt* auf Zinsen leihen; ~ *sur gage* gegen Pfand ausleihen; ~ *à usure* gegen Wucherzinsen leihen; *fig.* ~ *aide* (*od. assistance*) *à q.* j-m Hilfe (*od.* Beistand) leisten; ~ *attention* (*od. l'oreille*) *à q.* j-m aufmerksam zuhören; *abs.* ~ *l'oreille* lauschen; ~ *la main* behilflich sein; ~ *serment* e-n Eid leisten, schwören; **2.** ⚔ ~ *le flanc* seine Flanke entblößen; F *fig.* sich eine Blöße geben; **3.** *fig.* zuschreiben, unterstellen; **II** *v/i.* nachgeben, sich dehnen; sich eignen; ~ *à qch.* Stoff (*od.* Anlaß) zu etw. (*dat.*) geben; *fig.* sich zu etw. eignen; ~ *au ridicule* sich lächerlich machen; **III** *v/rfl.* *se* ~ geliehen werden; *se* ~ *à* mit etw. (*dat.*) mitmachen; sich hergeben zu (*dat.*).

prétér|it *gr.* (prete'rit) *m* Präteritum *n*; ~**ition** ⚖, *rhét.* (~ri'sjɔ̃) *f fig.* Übergehung *f*; Auslassung *f*.

prétérito-présent *gr.* (preteritɔpre'zɑ̃) *m* Präteritopräsens *n*.

prétermission *rhét.* (pretɛrmi'sjɔ̃) *f* Übergehung *f*, Auslassung *f*.

prêteur (prɛ'tœ:r) *su.* Verleiher *m*.

prétex|te (pre'tɛkst) *m* Vorwand *m*; *prendre* ~ *de qch.* etw. zum Vorwand nehmen; *cj. sous* ~ *de* (*mit inf.*) *od. que* (*mit subj.*) unter dem Vorwand ...; *sur ce* ~ auf diesen Vorwand hin; ~**ter** (~tɛks'te) *v/i.* [1a] vortäuschen, vorgeben.

prétoire (pre'twa:r) *m* ⚖ Gerichtssaal *m*.

prétonique *gr.* (pretɔ'nik) *adj.* vortonig.

prêtre ('prɛ:trə) *m* Priester *m*, Geistlicher *m*; *Fr.* ~ *ouvrier* Arbeiterpfarrer *m*; ~**sse** (prɛ'trɛs) *f* Priesterin *f*.

prêtrise *nur cath.* (prɛ'tri:z) *f* Priester-weihe *f*, -stand *m*, -tum *n*.

préurbain ⚠ (preyr'bɛ̃) *adj.* [7]: *noyau m* ~ Siedlungskern *m* (*der Stadtbildung vorausgehend*).

preuve (prœ:v) *f* **1.** Beweis *m*; ~ *testimoniale*, ~ *par témoins* Zeugenbeweis *m*; *jusqu'à* ~ *du contraire* bis das Gegenteil erwiesen ist; *faire la* ~ *de qch.* etw. beweisen; *fig. faire ses* ~*s* sich bewähren (*v. Personen u. Sachen*); *fig. faire* ~ *de courage* Mut beweisen (*od.* an den Tag legen); **2.** Beleg *m*; Beweisstück *n*, *fig.* Unterlage *f*; ⚖ ~ *documentaire*, ~ *littérale* Urkundenbeweis *m*; **3.** Zeichen *n*, Zeugnis *n*; ~ *d'amitié* Freundschaftsbeweis *m*; **4.** *arith.* Probe *f*.

preux *hist.* (prø) *adj. u. su.* [7d] tapfer; Held *m*.

prévaloir (preva'lwa:r) [3h] **I** *v/i.* überlegen sein, vorwiegen; ~ *sur od. contre* den Sieg davontragen über (*acc.*), mehr gelten als; *l'avis général continue à* ~ die allgemeine Ansicht setzt sich immer mehr durch; **II** *v/rfl.* *se* ~ *de qch.* sich etw. zunutze machen; für sich geltend machen; pochen auf (*acc.*).

prévari|cateur (prevarika'tœ:r) *adj. u. su.* [7f] pflichtvergessen, untreu; Pflichtvergessener *m*; ~**cation** (~ka'sjɔ̃) *f* Amtsvergehen *n*, Dienstuntreue *f*, Pflichtverletzung *f*; Unterschlagung *f*; ~**quer** (~'ke) *v/i.* [1m] amts- (*od.* pflicht-)widrig handeln; Unterschlagungen machen.

prévenan|ce (prev'nɑ̃:s) *f* Zuvorkommenheit *f*, Entgegenkommen *n*; ~**t** (~'nɑ̃) *adj.* [7] zuvorkommend, entgegenkommend; einnehmend, angenehm, freundlich.

prévenir (prev'ni:r) *v/t.* [2h] **1.** ~ *q.* j-m zuvorkommen, früher kommen als j.; **2.** ~ *qch.* e-r Sache (*dat.*) im voraus entgegentreten, vorbeugen, zuvorkommen, vorgreifen; etw. vereiteln; **3.** † voreinnehmen (*en faveur de* für *acc.*, *contre* gegen *acc.*); *être prévenu* eingenommen sein; vorgefaßte Meinungen haben; **4.** ~ *q. de qch.* j-n (zuvor) von etw. (*dat.*) benachrichtigen *od.* unterrichten; ⚖ *être prévenu d'un délit* e-s Vergehens beschuldigt sein; *als su.*: *le prévenu* (*la prévenue*) der (die) Angeklagte; *banc m des prévenus* Anklagebank *f*.

préven|tif (prevɑ̃'tif) *adj.* [7e] □ **1.** vorbeugend, *a.* ⚕ präventiv, prophylaktisch; *guerre f préventive* Präventivkrieg *m*; *mesures f/pl. préventives* Vorsichtsmaßregeln *f/pl.*; *vaccination f préventive* Schutzimpfung *f*; **2.** ⚖ *détention f préventive* Untersuchungshaft *f*; ~**tion** (~vɑ̃'sjɔ̃) *f* **1.** ⚖ Vorgreifen *n*; Beschuldigung *f*, Anklage(zu)stand *m*; Untersuchungshaft *f*; **2.** Verhütung *f*, Vorbeugung *f*; ~ *des accidents* Unfallverhütung *f*; ~ *du feu*

Feuerschutz *m*; **3.** Voreingenommenheit *f*, Vorurteil *n*; *sans* ~ vorurteilsfrei, unbefangen; **~torium** (~tɔ'rjɔm) *m Art* Sanatorium *n* für präventive Behandlung; Erholungsheim *n*.

prévenu (prev'ny) *su.* s. *prévenir* 4.

prévision (previ'zjɔ̃) *f* **1.** Vorhersehung *f*, Voraussehen *n*; **2.** Vermutung *f*; ~ *météorologique*, ~ *du temps* Wetteraussichten *f/pl.*; **3.** Voranschlag *m*; *parl.* ~(*s pl.*) *budgétaire(s)* Haushaltsvorschlag *m*.

prévoir (pre'vwa:r) *v/t.* [3b] **1.** voraus-, vorher-sehen; **2.** Vorsichtsmaßregeln treffen.

prévôt (pre'vo) *m* **1.** *hist.* Vogt *m*; Profoß *m*; **2.** ⚔ oberster Feldrichter *m*; **3.** *rl.* ~ *du chapitre* Dompropst *m*; **~é** ⚔ (~'te) *f* Feldgendarmerie *f*.

prévoy|ance (prevwa'jɑ̃:s) *f* **1.** Voraussicht *f*; **2.** Vorsorge *f*; Fürsorge *f*; ~ *maternelle*, ~ *enfantine* Mutter-, Kinder-fürsorge *f*; ~ *sociale* soziale Fürsorge *f*; **~ant** (~'jɑ̃) *adj.* [7] **1.** voraussehend; **2.** vor-, für-sorglich; vorausblickend.

priapée *fig.* (pria'pe) *f* obszöne Dichtung *f od.* Malerei *f*.

priapisme ⚕ (pria'pism) *m* Priapismus *m*; anhaltende, krankhafte Erektion *f*.

prie-Dieu (pri'djø) *m* [6c] Betstuhl *m*.

prier (pri'e) [1a] **I** *v/t. mst. mit persönlichem Objekt*: **1.** bitten, ersuchen; ~ *q. de faire qch.* j-n bitten, etw. zu tun; ~ *q. de qch.* j-n um etw. bitten; **2.** einladen; ~ *q. à déjeuner* j-n zu Tisch einladen; **3.** beten; ~ *Dieu* (zu Gott) beten; **II** *v/i. nur mit sächlichem Objekt*: *nur noch in den rein neutralen Genitiven en, dont, de rien*: *je vous en prie* a) ich bitte Sie darum; b) bitte sehr!, gern geschehen!, macht (gar) nichts!.

prière (pri'ɛ:r) *f* **1.** Gebet *n*; *livre m de* ~*s* Gebetbuch *n*; *être en* ~ beten; *faire sa* ~ *od. ses* ~*s* sein Gebet verrichten; **2.** Bitte *f*, Gesuch *n*; *j'ai une* ~ *à vous adresser* ich habe e-e Bitte an Sie.

prieur *rl.* (pri'œ:r) *su.* Prior *m* (*f*: Priorin, Oberin); **~é** (priœ're) *m* **1.** Priorei *f*; **2.** Priorwürde *f*.

primage (pri'ma:ʒ) *m* **1.** ⚓ Primgeld *n*, Frachtanteil *m* des Kapitäns; **2.** *phys.* Wassergehalt *m* im Dampf.

primaire (pri'mɛ:r) *adj.* Elementar...; Anfangs..., Ur...; primär; F ungebildet; *école f* ~ (*supérieure*) Volks- (Mittel-) Schule *f*; *élections f/pl.* ~*s* Urwahlen *f/pl.*; *Fr. écol. inspecteur m* ~ *etwa*: Bezirksschulrat *m*.

primat *rl.* (pri'ma) *m* Primas *m*.

primauté (primo'te) *f* **1.** Vorrang *m*; *allg.* Primat *n*, Vorrecht *n*; **2.** *rl.* Obergewalt *f des Papstes*; **3.** *Spiel*: Vorhand *f*.

prime[1] (prim) *adj.* erster; *nur noch erhalten in*: *dans sa* ~ *jeunesse* in s-r frühsten Jugend; *de* ~ *abord* von vornherein; *de* ~ *face* auf den ersten Blick; *de* ~ *saut* auf den ersten Ansatz, gleich; instinktiv.

prime[2] (~) *f* Prämie *f*; Gratifikation *f*; Beihilfe *f*, Zuschuß *m*, Gebühr *f* (*Versicherung*); Zugabe(artikel *m*) *f in Läden*; ~*s pl. de naissance* Geburtsbeihilfen *f/pl.*; ⚠ ~ *à la construction* Baukostenzuschuß *m*; ~ *d'allaitement* Stillgeld *n* für selbststillende Mütter; † ~ *d'* (*od. à l'*)*exportation* Ausfuhrprämie *f*; *Versicherung*: (*taux m de* [*la*]) ~ Prämiensatz *m*; ~ *à livrer* Vorprämie *f*; ~ *du risque* (*de décès*) Risikoprämie *f*; ~ *échue* fällige Prämie *f*; *sans* ~(*s pl.*), *non assujetti au paiement d'une* ~ (*od. de* ~*s pl.*) prämienfrei.

primer[1] (pri'me) [1a] **I** *v/i.* den Vorrang haben, an der Spitze (*od.* an erster Stelle) stehen (*z.B. in der Produktion*); führend sein; die erste Rolle spielen; *fig.* ~ *sur q.* (*qch.*) j-n (etw.) übertreffen; **II** *v/t.* überholen, übertreffen; ~ *q.* j-n übertreffen, j-n ausstechen F.

primer[2] (~) *v/t.* [1a] prämiieren, e-n Preis zuerkennen (*dat.*), belohnen.

prime-sautier (primso'tje) *adj.* [7b] der ersten Eingebung folgend; urwüchsig; *tempérament m* ~ Urwüchsigkeit *f*.

primeur (pri'mœ:r) *f* **1.** erste Zeit *f* der Reife; *fig.* Neuheit *f*, Vorgenuß *m*; *avoir la* ~ *de qch.* etw. zuerst genießen, zuerst in den Genuß von etw. kommen; **2.** ~*s pl.* erstes Gemüse *n*; Früh-gemüse *n*, -obst *n*; Erstlinge *m/pl.* (*a. fig.*); **~iste** (~mœ'rist) *m* Frühgemüse-, Frühobst-gärtner *m*.

primevère ⚘ (prim'vɛ:r) *f* Primel *f*.

primitif (primi'tif) **I** *adj.* [7e] □ ursprünglich, erst, uranfänglich, einfach, primitiv; *couleurs f/pl. primitives* Grundfarben *f/pl.*; *état m* ~ Urzustand *m*; *gr. forme f primitive* Stamm-, Grundform *f*; *mot m* ~ Stammwort *n*; *langue f primitive* Ursprache *f*; *terrain m* ~ älteste Bodenschicht *f*; **II** *m/pl. peint.*: *les* ~*s* die Primitiven *pl.*, die den Meistern der Renaissance vorangehenden Künstler *m/pl.*

primo (pri'mo) *adv.* erstens; **~géniture** (primɔʒeni'ty:r) *f* Erstgeburt *f*.

primordial (primɔr'djal) *adj.* [5c] □ ursprünglich, uranfänglich; *abus.* sehr wichtig, wesentlich, von der größten Bedeutung.

prince (prɛ̃:s) *m* **1.** Fürst *m*; Prinz *m*; Herrscher *m*; ~ *héritier*, ~ *royal*, ~ *impérial* Kronprinz *m*; ~ *du sang* Prinz *m* von Geblüt; ~ *consort* Prinzgemahl *m*; ~ *de l'Eglise* Kirchenfürst *m*; ~*-évêque m* [6a] Fürstbischof *m*; *être bon* ~ gutmütig sein; *vivre en* ~ fürstlich leben; ein fürstliches Dasein führen; **2.** *le* ~ *des poètes* (*des auteurs*) der größte Dichter (Schriftsteller); *hist.* ~ *des sots*, ~ *des fous* Oberhaupt *n* der Narrengesellschaft.

princeps (prɛ̃'sɛps) *adj. inv.*: *édition* [*f* ~ Erstausgabe *f*.]

prince-régent (prɛ̃sre'ʒɑ̃) *m* [6a] Prinzregent *m*.

princ|esse (prɛ̃'sɛs) **I** *f* **1.** Fürstin *f*; Prinzessin *f*; *faire la* ~ vornehm tun, angeben; **2.** P *aux frais de la* ~ auf Staatskosten; auf Kosten des Chefs; **II** *adj./f*: *haricots m/pl.* ~*s* Prinzeß-, Perl-bohnen *f/pl.*; **~ier** (~'sje) *adj.* [7b] □ fürstlich.

princi|pal (prɛ̃si'pal) **I** *adj.* [5c] □ **1.** wesentlich, hauptsächlich, vornehmst, Haupt...; *idée f* ~*e* Grund-, Leit-gedanke *m*; *gr. proposition f* ~*e* Hauptsatz *m*; *principalement adv.* hauptsächlich, vorzüglich, vornehmlich; in der Hauptsache; **II** *m* **2.** Haupt-sache *f*, -punkt *m*; *das* Wesentliche *n*, *die* Kernfrage *f*, *das* Wichtigste *n*, *das* Entscheidende *n*; **3.** ✝ Kapital *n*; **4.** *Fr. écol.* Direktor *m* e-r städtischen Oberschule, e-s Collège; **5.** *les principaux pl.* die maßgebenden Persönlichkeiten *f/pl.*, die Prominenz *f*, die Honoratioren *m/pl.*; **~palat** *Fr. écol.* (~pa'la) *m* Amt *n* des Direktors e-r städtischen Oberschule; Direktorenstelle *f*.

princi|pat (prɛ̃si'pa) *m* Fürstenwürde *f*; **~pauté** (~po'te) *f* **1.** Fürstentum *n*; **2.** Fürstenstand *m*.

principe (prɛ̃'sip) *m* **1.** Ursprung *m*, Grundursache *f*; *dès le* ~ von Anfang an; *dans le* ~ im Anfang; **2.** *phys.* Bestandteil *m*; Grund-, Ur-stoff *m*; **3.** *phys.* Prinzip *n*, (natürlicher) Grund *m*; **4.** ~*s pl.* Grundbegriffe *m/pl.*, Anfangsgründe *m/pl.*; **5.** Prinzip *n*, Grundsatz *m*; Richtlinie *f*; ~ *autoritaire*, ~ *totalitaire* Autoritäts-, Totalitätsprinzip *n*; ⚖ ~ *d'action d'office* Offizialprinzip *n*; *question f de* ~ Prinzipienfrage *f*; *homme m à* ~*s* charakterfester Mensch *m*; *par* ~ aus Prinzip, *en* ~ im Prinzip, prinzipiell, theoretisch, grundsätzlich.

prin|tanier (prɛ̃ta'nje) *adj.* [7b] Frühlings...; *potage m* ~ Suppe *f* mit frischen Gemüsen; **~temps** (~'tɑ̃) *m* Frühling *m*, Frühjahr *n*; *au* ~ im Frühling.

priorit|aire (priɔri'tɛ:r) *adj.*: *route f* ~ Vorfahrtsstraße *f*; **~é** (~'te) *f* **1.** Priorität *f*, Vorrang *m*; *donner la* ~ *à q.* j-m den Vorrang geben (*od.* überlassen); **2.** *Auto usw.*: Vorfahrt *f*; *avoir la* ~ *sur q.* Vorfahrt vor j-m haben.

pris (pri) [7] *p.p. von prendre*; F *c'est toujours ça de pris* was man hat, hat man; *je suis pris* ich habe schon etw. vor.

prise (pri:z) *f*; **1.** Ergreifen *n*, Nehmen *n*; Griff *m* (*beim Klettern*); ~ *d'armes* Parade *f* (*mit Waffen*); ~ *de possession* Besitzergreifung *f*; ~ *du pouvoir* Machtergreifung *f*, Machtübernahme *f*; ~ *de sténo*(*gramme*) Stenogrammaufnahme *f*; ~ *de contact*, ~ *de position*, ~ *de parti* Fühlung-, Stellung-, Partei-nahme *f*; ~ *en charge* Kostenübernahme *f*; **2.** Einnahme *f*, Eroberung *f*; Gefangennahme *f*; Wegnahme *f*; **3.** Fang *m*, Beute *f*; ⚓ erbeutetes Schiff *n*, Prise *f*; *déclarer de bonne* ~ als gute Prise erklären; *lâcher* ~ die Beute fahren lassen; *fig.* nachgeben; loslassen; *donner* ~ *sur soi* sich e-e Blöße geben; **4.** *fig.* Faßbarkeit *f*, Greifbarkeit *f*; Eindruck *m*; *avoir* ~ *sur q.* j-m etw. anhaben können; j-n beeindrucken; *donner* ~ *à* Anlaß geben zu ..., sich aussetzen (*dat.*); *être en* ~ in Gefahr sein, genommen zu werden; **5.** ⚖ ~ *en procès-verbal* *d'une déclaration* Protokollierung *f* e-r Erklärung; **6.** Streit *m*, Zank *m*; *avoir une ~ de bec violente avec q.* mit j-m e-n heftigen Wortwechsel haben; *~s pl.* Handgemenge *n*, Tätlichkeiten *f/pl.*; *mettre deux pays aux ~s* zwei Länder miteinander in Konflikt bringen; *se trouver aux ~s avec une difficulté* vor e-r Schwierigkeit stehen, mit e-r Schwierigkeit kämpfen; **7.** Gerinnen *n*; Gefrieren *n*; **8.** ⚖ *~ de corps* Verhaftung *f*; **9.** kleine Menge *f*; *~ (de tabac)* Prise *f* (*Schnupftabak*); **10.** *phot.* Aufnahme *f*; **11.** ⚡ *~ de courant* Steck-dose *f*, -kontakt *m*; ⚡ *~ de courant bipolaire* Doppelstecker *m*; *rad. ~ de terre* Erden *n*; **12.** *cin. ~ de son* Tonaufnahme *f*; *~ de vues* Filmaufnahme *f*; **13.** ⚠ Abbindung *f* (*beim Zement*); *des matériaux m/pl. faisant ~* abbindende Baustoffe *m/pl.*; **14.** *Auto*: *~ directe* letzter (*od.* großer) Gang *m*; **15.** ⚕ *~ de sang* Blutprobe *f*; **16.** ⊕ *~ d'eau* Hydrant *m*, Wasserzapfstelle *f*; *~ d'air* Luftzufuhr *f*.

prisée ⚖ (pri'ze) *f* Schätzung *f*, Taxierung *f*, Veranschlagung *f*.

priser[1] (~) *v/t.* [1a] taxieren, abschätzen, veranschlagen; *fig.* preisen, würdigen.

priser[2] (~) *v/t.* [1a] schnupfen [(*Tabak*)]

priseur[1] ⚖ (pri'zœ:r) *su.* [7g]: (*expert m*) *~* Taxator *m*.

priseur[2] (~) *su.* [7g] (Tabaks-) Schnupfer *m*.

prism|atique (prisma'tik) *adj.* prismatisch; **~e** (prism) *m* Prisma *n*; **~é** *min.* (~'me) *adj.* prismenförmig.

prison (pri'zɔ̃) *f* **1.** Gefängnis *n*, Kerker *m*; *mettre* (*od. jeter*) *en ~* ins Gefängnis werfen; **2.** Haft *f*, Gefangenschaft *f*; *~ de quartier* Kasernenarrest *m*, Kasten *m* F; **~nier** (~zɔ'nje) *adj.* [7b] *u. su.* gefangen; Häftling *m*; Gefangener *m*; *~ de guerre* Kriegsgefangener *m*; kriegsgefangen; *~ d'État* Staatsgefangener *m*; *faire q. ~* j-n gefangennehmen; *se constituer ~* sich als Gefangener stellen.

priva|tif (priva'tif) *adj.* [7e] entziehend; ⚖ ausschließend; *gr.* verneinend, privativ; **~tion** (~va'sjɔ̃) *f* **1.** Entziehung *f*, Verlust *m*; **2.** Mangel *m*, Entbehrung *f*; **3.** Fehlen *n*; **4.** *phil.* Aufhebung *f*; **5.** ⚖ *~ des droits civiques* Aberkennung *f* der bürgerlichen Ehrenrechte.

pri|vauté (privo'te) *f* (große) Vertraulichkeit *f*; **~vé** (~'ve) **I** *adj.* **1.** privat; außeramtlich; **2.** † zahm (*v. Tieren*); **II** *m* Privatleben *n*.

priver (pri've) [1a] **I** *v/t. ~ q. de qch.* j-n e-r Sache (*gén.*) berauben, j-m etw. entziehen (*od.* wegnehmen *od.* vorenthalten); *~ du plaisir* um das Vergnügen bringen; F *nous étions privés de Lyon* wir hatten Lyon hinter uns; **II** *v/rfl. se ~ de qch.* auf etw. (auf e-n Genuß) verzichten, sich etw. versagen, sich etw. verkneifen F; *se ~ de vin* auf den Wein verzichten.

privi|lège (privi'lɛ:ʒ) *m* Vor-, Sonderrecht *n*, Privileg *n*; **~légier** (~le'ʒje) *v/t.* [1a] bevorzugen; *j-m* ein Vorrecht einräumen.

prix (pri) *m* **1.** Preis *m*, Wert *m*; *de* (*grand*) *~* (sehr) wertvoll; *objets m/pl. de ~* Wertsachen *f/pl.*; F *~ d'ami* Vorzugspreis *m*; *à bon ~* billig; *bas ~, vil ~* Schleuderpreis *m*; *~ courant* Marktpreis *m*; *prix -courant m* Preisliste *f*; *dernier ~* äußerster Preis *m*; *~ doux* (*exorbitant*) mäßiger (übermäßiger *od.* horrender F) Preis *m*; *~ fixe* fester Preis *m*; *~ fort* Bruttopreis *m*; *~ net* Nettopreis *m*; *~ coûtant* Einkaufspreis *m*; *~ unique, ~ usuraire* Einheits-, Wucher-preis *m*; *~ normal* (*fixé par une autorité*) Richtpreis *m*; *~ forfaitaire* vereinbarter Preis *m*, Pauschalpreis *m*; *~ exceptionnel, ~ d'occasion* Ausnahmepreis *m*; *~ publicitaire* Werbe-, Reklame-preis *m*; *~ minimum, ~ maximum* Mindest-, Höchst-preis *m*; *~ local* ortsübliches Tagegeld *n*; *~ du jour* Tagespreis *m*; *~ de gros* (*de détail*) Groß- (Klein-)handelspreis *m*; *~ de rachat* Rückkaufspreis *m*; *~ d'amateur* Liebhaberpreis *m*; *~ d'objectif* erstrebenswerter Preis *m*; *~ d'ordre* Verrechnungspreis *m*; *~ d'achat* Einkaufs-, Kauf-preis *m*, -geld *n*; *~ pour revendeurs* Preis *m* für Wiederverkäufer, Händlerpreis *m*; *~ (fait) sur place* Lokopreis *m*; *convenir d'un ~* e-n Preis vereinbaren; *les ~ s'entendent départ usine* die Preise verstehen sich ab Fabrik; *hors de ~* übermäßig teuer; *à moitié ~* zum halben Preis; *~ de revient* Gestehungs-, Selbstkosten-preis *m*; *~ de vente* Verkaufs-, Laden-preis *m*; *mise f à ~* Schätzung *f*, Taxe *f*;

Preisangabe *f*; *valoir son* ~ preiswert sein; *à tout* ~ in jeder Preislage; *fig.* um jeden Preis, auf jeden Fall; *fig. à aucun* ~ um keinen Preis; *au* ~ *de fig.* im Vergleich mit; *la fortune n'est rien au* ~ *de la santé* Gesundheit ist das höchste Gut; **2.** *fig.* (sittlicher) Wert *m*; Verdienst *n*; Vortrefflichkeit *f*; **3.** *fig.* Lohn *m*, Strafe *f*; **4.** Prämie *f*; *bsd. Fr. écol. distribution f des* ~ Preisverteilung *f*; *Sport*: ~ *de consolation* Trostpreis *m*.

pro *Sport* (pro) *m* Kanone *f*; Profi-Sprinter *m usw.*

pro-allemand (proal'mɑ̃) *adj.* [7] deutschfreundlich.

proba|bilisme *phil.* (prɔbabi'lism) *m* Wahrscheinlichkeitslehre *f*; **~biliste** *phil.* (~bi'list) *su.* Anhänger *m* der Wahrscheinlichkeitslehre; **~bilité** (~bili'te) *f* Wahrscheinlichkeit *f*; **~ble** (~'bablə) *adj.* □ wahrscheinlich.

probant *bsd.* ⚖ (prɔ'bɑ̃) *adj.* [7] beweiskräftig.

probation *rl.* (prɔbɑ'sjɔ̃) *f* Probezeit *f* vor dem Noviziat.

pro|be (prɔb) *adj.* rechtschaffen, redlich; **~bité** (~bi'te) *f* Rechtschaffenheit *f*, Redlichkeit *f*.

problématique (prɔblema'tik) *adj.* □ **1.** fraglich, problematisch; **2.** zweifelhaft, ungewiß, in der Schwebe; **3.** zweideutig.

problème (prɔ'blɛm) *m* **1.** Problem *n*, schwierige Frage *f*, Streitfrage *f*, *fig.* Rätsel *n*; ~ *de l'heure*, ~ *actuel* Zeitproblem *n*, aktuelle Frage *f*; ~ *atomique* Atomproblem *n*; ~ *du logement*, ~ *du chômage*, ~ *de la race*, ~ *de la réunification* Wohnungs-, Arbeitslosen-, Rassen-, Wiedervereinigungs-frage *f*; ~ *du désarmement* Abrüstungsfrage *f*; *résoudre* (*od. solutionner*) *un* ~ ein Problem (*od.* e-e Frage) lösen; s. *question*; **2.** ⅍ Aufgabe *f*.

procédé (prɔse'de) *m* **1.** Verfahren *n*; ~*s pl.* Benehmen *n*, Lebensart *f*; **2.** ⚗, ⅍, ⚖, *phm.* Verfahrensart *f*, Prozeß *m*, Verfahren *n*; ~ *d'arbitrage* Schiedsgerichtsverfahren *n*; ~ *d'expertise* Sachverständigenverfahren *n*; ⊕ ~ *de protection* Schutzverfahren *n*; ~ *de finissage* Veredelungsverfahren *n*; ~ *héliographique* Lichtpausverfahren *n*.

procé|der (~) *v/i.* [1f] **1.** ~ *à qch.* zu etw. (*dat.*) schreiten, etw. vornehmen; **2.** fortschreiten; **3.** verfahren; ~ *franchement* offen vorgehen; **4.** ⚖ ~ *contre q.* gerichtlich gegen j-n einschreiten; **5.** ~ *de* herrühren von, entspringen aus; **~dure** ⚖ (~'dy:r) *f* **1.** Prozeßverfahren *n*, Rechtsgang *m*; ~ (*judiciaire* gerichtliches) Verfahren *n*; ~ *sommaire* Schnellverfahren *n*; ~ *pénale* (*civile*) Straf- (Zivil-)gerichtsbarkeit *f*, -prozeß *m*; **2.** Prozeßakten *pl.*; **~durier** ⚖ (~dy'rje) [7b] *adj. u. su.* prozeßkundig, -süchtig; Prozeßkundiger *m*; Querulant *m*.

procès (prɔ'sɛ) *m* **1.** ⚖ Prozeß *m*, Rechtsstreit *m*; *intenter un* ~ *à q* e-n Prozeß gegen j-n anstrengen, e-e Klage gegen j-n anhängig machen; **2.** Prozeßakten *f/pl.*; **3.** *anat.* Fortsatz *m*.

processif (prɔsɛ'sif) *adj.* [7e] prozeßsüchtig.

procession (prɔsɛ'sjɔ̃) *f* Prozession *f*, feierlicher Umzug *m*; Festzug *m*, Umzug *m*; **~naire** *ent.* (~sjɔ'nɛ:r) *adj. u. f* (*chenille f*) ~ Prozessions-, Wander-raupe *f*; **~nal** (~'nal) *m* [5b] Prozessionsliederbuch *n*; **~nel** (~'nɛl) *adj.* [7e] □ prozessionsmäßig; **~nellement** (~nɛl'mɑ̃) *adv.* in feierlichem Aufzuge.

processus (prɔsɛ'sys) *m* **1.** *fig.* (Entwicklungs-)Prozeß *m*, Verfahren *n*; **2.** *anat.* Fortsatz *m*.

procès-verbal ⚖, *Sitzung* (prɔ'sɛvɛr'bal) *m* [5b] Protokoll *n*; *dresser* (*un*) ~ ein Protokoll aufnehmen; ~ *de séance* Sitzungsprotokoll *n*; ~ *de constatation* Tatbestandsaufnahme *f*.

prochain (prɔ'ʃɛ̃) [7] **I** *adj.* (*kann bisw. die Stellung wechseln*) **1.** *örtlich*: nahe (gelegen), in der Nähe befindlich; *Reihenfolge*: nächste(r, s); *au* ~ *village* im nächsten Dorf; *le village* ~ das nächste Dorf *n*; *l'eau vient des montagnes* ~*es* das Wasser kommt von den nahen Bergen; **2.** *zeitlich*: nahe(r, s); nächstfolgende(r, s); nächste(r, s); *l'an* ~, *l'année* ~*e* (im) nächsten Jahr; *l'hiver* ~ (im) nächsten Winter; *le mois* ~ (im) nächsten Monat; *la semaine* ~*e* nächste Woche, in der nächsten Woche; *lundi* (*mardi*) ~ (am) nächsten Montag (Dienstag); *à la* ~*e occasion* bei der nächsten Gelegenheit; *paix f* ~*e* nahe bevorstehender Frieden; *sa fin* ~*e* sein nahes Ende; *dans un avenir* ~, *dans* *un ~ avenir* in naher Zukunft; *le ~ volume* der nächste Band; *dans ma ~e lettre* in meinem nächsten Brief; **II** *su. der, die, das* Nächste (Nächstfolgende); *rl. amour m du ~* Nächstenliebe *f.*

proche (prɔʃ) **I** *adj.* **1.** *örtlich*: nahe; *la ville la plus ~* die von den Städten im Umkreis (am) nächste(n gelegene) Stadt *f*; *le* ♀ *Orient* der Nahe Osten *m*; **2.** *zeitlich*: nahe (*bevorstehend od. zurückliegend*) **3.** *un ~ parent* ein naher Verwandter *m*; *une langue est très ~ d'une autre* e-e Sprache ist sehr nahe mit e-r anderen verwandt; **II** *m*: *nos ~s pl.* unsere Verwandten *pl.*; **III** *adv.* in der Nähe, nahe; *de ~ en ~* von Ort zu Ort; *fig.* allmählich, schrittweise, von Stufe zu Stufe, immer mehr, immer weiter (um sich greifend); **IV** *prp. ~ de*, *bsd.* F *~ qch.* nahe bei (*dat.*); *~ (de) l'église* nahe bei der Kirche.

procla|mateur (prɔklama'tœ:r) *m* [7f] Verkünder *m*; **~mation** (~ma'sjɔ̃) *f* Verkündigung *f*; Ausrufung *f*; (feierliche) Bekanntmachung *f*; *~ des bans (de mariage)* öffentliches Aufgebot *n*; *~ au peuple* Aufruf *m* an das Volk; **~mer** (~'me) [1a] **I** *v/t.* proklamieren, ausrufen, feierlich bekanntgeben; *fig. ~ qch.* etw. verkündigen, *iron.* etw. ausposaunen; *il fut proclamé roi* er wurde zum König ausgerufen; *~ l'état de siège* den Belagerungszustand verkünden; **II** *v/rfl. se ~* sich aufwerfen zum ..., sich ausgeben als ...

proclitique *gr.* (prɔkli'tik) *adj. u. m* proklitisch; Proklitikon.

proclivité (prɔklivi'te) *f* Neigung *f* nach vorn.

procréat|eur (prɔkrea'tœ:r) *adj.* [7f] zeugend; **~ion** *physiol.* (~krea'sjɔ̃) *f* Zeugung *f.*

procréer (prɔkre'e) *v/t.* [1a] zeugen.

procuration (prɔkyra'sjɔ̃) *f* Vollmacht *f*; ✝ Prokura *f*; ⚖ Prozeßvollmacht *f*; *~ en blanc* Blankovollmacht *f*; *par ~* per Prokura, im Auftrage, in Stellvertretung; **~trice** (~'tris) *f* Bevollmächtigte *f.*

procur|er (prɔky're) *v/t.* [1a] **1.** verschaffen; besorgen; **2.** verursachen, nach sich ziehen; verschaffen, bringen, gewähren (*Freuden, Vorteile*); **~eur** (~'rœ:r) *m* **1.** Bevollmächtiger *m*; *~ général* Generalstaatsanwalt *m*; *~ de la République* (Ober-)Staatsanwalt *m*; **2.** *rl.* Verwalter *m e-s Klosters*; **~euse** (~'rø:z) *f péj.* Kupplerin *f.*

prodigalité (prɔdigali'te) *f* Verschwendung(ssucht *f*); *~s pl.* großer Kostenaufwand *m*, Freigebigkeit *f.*

prodi|ge (prɔ'di:ʒ) *m* Wunder *n*, Wunderding *n*; Wundergeschöpf *n*; *aller jusqu'au ~, tenir du ~* ans Wunderbare grenzen; *~ de beauté* wahre Schönheit *f*; *iron.* Meerwunder *n*; *als adj.*: *enfant m ~* Wunderkind *n*; **~gieusement** (~ʒjøz'mɑ̃) *adv.* riesig, kolossal; **~gieux** (~'ʒjø) *adj.* [7d] □ **1.** wunderbar, außerordentlich; erstaunlich; **2.** gewaltig, riesig, ungeheuer (groß); **~giosité** (~ʒjozi'te) *f* Wunderbarkeit *f.*

prodi|gue (prɔ'dig) *adj.* □ *u. su.* **1.** verschwenderisch; Verschwender *m*; *bibl. l'enfant m ~* der verlorene Sohn *m*; **2.** *~ de qch.* freigebig mit etw. (*dat.*); **~guer** (~'ge) *v/t.* [1m] **1.** verschwenden, vergeuden; reichlich spenden; zuteil werden lassen; **2.** *fig.* nicht schonen, freigebig sein mit (*dat.*); *~ les compliments à q.* j-m gegenüber voll des Lobes sein.

prodrome (prɔ'drɔm) *m* **1.** ⚕ Vorbote *m*; *fig.* Vorläufer *m*; **2.** † Einleitung *f.*

produc|teur (prɔdyk'tœ:r) *adj. u. su.* [7f] produzierend, hervorbringend; Produzent *m*, Erzeuger *m*, Hersteller *m*; *cin.* Filmproduzent *m*; ⚒ Züchter *m*; **~tible** (~k'tiblə) *adj.* erzeugbar; **~tif** (~k'tif) *adj.* [7e] **1.** *~ de qch.* etw. hervorbringend; **2.** produktiv, ergiebig, einträglich; gewinn-, zinsen-bringend; **~tion** (~k'sjɔ̃) *f* **1.** Produktion *f*, Erzeugung *f*, Herstellung *f*; ⊕ Ausstoß *m*; *~ en grand* Massenerzeugung *f*, -fertigung *f*; *~ en série(s), ~ de série* Fließarbeit *f*, Serien-herstellung *f*, -fabrikation *f*, -erzeugung *f*, -produktion *f*; *~ journalière* Tagesleistung *f*; **2.** Erzeugung *f*, Produkt *n*, ⚒ *~s pl. auch*: Erträge *m/pl.*; **3.** ⚖ Beibringung *f*; *~ de comptes* Rechnungsvorlegung *f*; *~ de preuves* Beibringung *f* von Beweisen; **~tivité** (~ktivi'te) *f* Rentabilität *f*, Produktivität *f*, Leistungsfähigkeit *f*, Ergiebigkeit *f*, Ertragsfähigkeit *f*; Fruchtbarkeit *f*; schöpferische Kraft *f.*

produire (prɔ'dɥi:r) [4c] **I** *v/t.* **1.** vor-führen, -legen, -zeigen; ~ *des preuves (des titres)* Beweise (Urkunden) beibringen; ~ *des témoins* Zeugen stellen; **2.** produzieren, erzeugen, hervorbringen, liefern; *von Schriftstellern*: schreiben, verfassen; *cet arbre commence à* ~ dieser Baum fängt an zu tragen; **3.** einbringen, abwerfen; Zinsen tragen; **4.** verursachen, veranlassen; **II** *v/rfl.* se ~ sich sehen lassen; sich zeigen; entstehen; geschehen; sich ereignen.

produit (prɔ'dɥi) *m* Ertrag *m*; Erzeugnis *n*, Produkt *n*; ~ *fabriqué* Fabrikat *n*; ~ *fini* Fertigfabrikat *n*; **~s** *pl. finis* Fertigwaren *f/pl.*; ~ *mi-fini*, ~ *semi-* (*od. demi-*)*ouvré* Halb(fertig)fabrikat *n*; ~ *primitif* Urprodukt *n*; ~ *protectif pour plantes* Pflanzenschutzmittel *n*; ~ *sidérurgique* Hüttenerzeugnis *n*; ~ *tinctorial* Farbstofferzeugnis *n*; ~ *alimentaire* Nahrungsmittel *n*; ~*s pl. fumés* Räucherwaren *f/pl.*; ~*s pl. de laiterie* Milch-, Molkerei-produkte *n/pl.*; ~ *du capital* Kapitalertrag *m*; ~ *net* Reinertrag *m*; ~*s m/pl. pharmaceutiques* Heilmittel *n/pl.*

proémi|nence(prɔemi'nɑ̃:s)*f* **1.** Hervorragen *n*; **2.** hervorragender Teil *m*, Vorsprung *m*; Anhöhe *f*; **~nent** (~'nɑ̃) *adj.* [7] hervorragend (*nicht fig.!*), vorspringend.

prof * *écol.* (prɔf) *su.* Lehrer(-in *f*) *m*.

profana|teur (prɔfana'tœ:r) *adj. u. su.* [7f] entweihend; Entweiher *m*; Tempelschänder *m*; **~tion** (~nɑ'sjɔ̃) *f* Entweihung *f* (*a. fig.*); Profanierung *f*; Mißbrauch *m*.

profa|ne (prɔ'fan) **I** *adj.* □ **1.** profan, weltlich; **2.** ungeweiht; **3.** entweihend, ruchlos; **II** *m* **4.** *das* Profane *n od.* Weltliche *n*; **5.** Laie *m* (*a. fig.*), Uneingeweihter *m*; Nichtkenner *m*, Außenstehender *m*; **~ner** (~'ne) *v/t.* [1a] entweihen.

proférer (prɔfe're) *v/t.* [1g] (her-)vorbringen, aussprechen.

profès *m*, **professe** *f* (prɔ'fɛ, prɔ'fɛs) *su. rl.* Eingeweihter *m*; *allg.* Fachmann *m*, Kenner *m*.

profes|ser (prɔfɛ'se) *v/t.* [1b] **1.** öffentlich bekennen; **2.** öffentlich lehren; **3.** ~ *un art* eine Kunst ausüben; **~seur** (~'sœ:r) *m* **1.** *écol. allg.* (Ober-)Studienrat *m*, -rätin *f*; *Ausbildungsweg*: a) *All.* ~ *de collège* (*bzw. de lycée*) *licencié et stagiaire*, *Fr. etwa*: ~ *adjoint* Studienreferendar *m*; b) *All.* ~ *de collège* (*bzw. de lycée*) *certifié non-titulaire*, *Fr. etwa*: ~ *certifié non-titulaire* Studienassessor *m*; c) *All.* ~ *de collège* (*bzw. de lycée*) *titulaire*, *Fr.* ~ *certifié* Studien-rat *m*, -rätin *f*; ~ *principal* Klassenlehrer *m*, Ordinarius *m*; *charge f de* ~ *principal d'une classe* Ordinariat *n*; ~ *de langues vivantes* Neuphilologe *m*; Lehrer *m* für neuere Sprachen; ~ *d'histoire* Geschichts-lehrer *m*, -professor *m* (*vgl.* 2); *chaire f de* ~ Studienratsstelle *f*; *conseil m des* ~*s* Lehrerkollegium *n*; *Mlle Lenoir est un bon* ~ Fräulein Lenoir ist e-e gute Lehrerin; **2.** (Universitäts-)Professor(in *f*) *m*; ~ *honoraire* Honorarprofessor(in *f*) *m*; *Fr.*, *All.* ~ *chargé de cours* Privatdozent *m*; ~ *sans chaire* außerordentlicher Professor *m*; *Fr.* (~) *agrégé m* a) außerordentlicher Professor *m* (*an der juristischen, medizinischen od. pharmakologischen Fakultät*); b) *Fr. écol. ein franz Studienrat mit höherem Gehalt, der die Staatsprüfung der agrégation bestanden hat*; ~ *de faculté* (*od.* ~ *universitaire*) *titulaire* ordentlicher (Universitäts-)Professor *m*; *chaire f de* ~ Professur *f*, Lehrstuhl *m* (*vgl.* 1); ~ *à la faculté de médecine* Professor *m* der Medizin; **3.** *allg.* Lehrer *m*; ~ *de chant* Gesangslehrer(in *f*) *m*; ~ *de piano* Klavierlehrer(in *f*) *m*; ~ *de natation* Schwimmlehrer(in *f*) *m*; ~ *libre* Privatlehrer *m*; *Auto*: ~ *d'une auto-école* Fahrlehrer *m*; **~sion** (~'sjɔ̃) *f* **1.** Beruf *m*; ~ *accessoire* Nebenberuf *m*; ~ *encombrée* überfüllter Beruf *m*; ... *de* ~ ... von Beruf; **2.** Bekenntnis *n*; feierliche Erklärung *f*; *pol.* ~ *de foi* Wahlprogramm *n*; **3.** *rl.* Ablegung *f* der Ordensgelübde; **~sionnel** (~sjɔ'nɛl) [7c] **I** *adj.* berufs-, gewerbs-mäßig; Berufs...; *école f* ~*le* Fachschule *f*; Gewerbe-, Handwerker-schule *f*; *enseignement m* ~ Fachschulunterricht *m*; *secret m* ~ Berufsgeheimnis *n*; **II** *su.* Fachmann *m*; Berufssportler *m*, Profi *m*; *vél.* ~ *du cyclisme* Berufsradrennfahrer *m*; *mot.* (*coureur m*) ~ Berufsrennfahrer *m*; *allg. Sport*: (*joueur m*) ~ Berufsspieler *m*; **~soral** (~sɔ'ral) *adj.* [5c] □ Professor(en)...; lehrhaft, pedantisch; **~sorat** (~sɔ'ra) *m* höheres Lehramt *n*; Studienratsstelle *f*; ~ *universitaire* (Universitäts-)Professur *f*.

profil (prɔ'fil) *m* Profil *n*, Seitenansicht *f*; Durch-, Quer-schnitt *m*; *de* ~ von der Seite, im Profil; **~age** (~'la:ʒ) *m* Profilierung *f*; *Auto*: ~ *aérodynamique* Stromlinienform *f*; **~é** (~'le) *m* Profileisen *n*; ~ *en acier* Stahlprofil *n*; ~*s pl. lumineux* Beleuchtungssystem *n*; **~er** (~'le) *v/t.* [1a] im Profil *od.* im Querschnitt darstellen; ⊕ profilieren.

profit (prɔ'fi) *m* **1.** Gewinn *m*, Profit *m*; ⊕ Ausbeute *f*; *compte m de* ~*s et pertes* Gewinn- u. Verlustkonto *n*; ~ *illicite* Wuchergewinn *m*; ~ *au jeu* Spielgewinn *m*; **2.** Nutzen *m*, Vorteil *m*; *au* ~ *des pauvres* zum Besten der Armen; *faire* ~ *de qch.*, *mettre qch. à* ~ sich etw. zunutze machen; *avec* ~ vorteilhaft; *chercher* (*od. trouver*) *son petit* ~ *à qch.* von (bei, an) etw. profitieren; **~able** (~'tablə) *adj.* □ nützlich, vorteilhaft, einträglich; **~ant** (~'tɑ̃) *adj.* [7] **1.** vorteilhaft, dauerhaft (*Stoff*); **2.** gewinn-, profit-gierig.

profi|ter (~fi'te) *v/i.* [1a] **1.** a) gewinnen; b) *imp.* nützen; **2.** ~ *de qch.* etw. ausnutzen, aus etw. (*dat.*) Nutzen ziehen; **3.** ~ *à q.* j-m zustatten kommen; **~teur** (~'tœ:r) [7g] **I** *adj.* Nutzen ziehend, profitierend; **II** *m* Nutznießer *m*, Profitmacher *m*, -jäger *m*; ~ *de guerre* Kriegsgewinnler *m*; ~ *d'inflation* Inflationsgewinnler *m*.

profond (prɔ'fɔ̃) **I** *adj.* [7] (*adv. profondément*) tief; *fig.* gründlich; *ignorance f* ~*e* krasse Unwissenheit *f*; *nuit f* ~*e* stockfinstere Nacht *f*; *saluer profondément* mit e-r tiefen Verbeugung grüßen; *profondément ému* tief erschüttert; **II** *m die* Tiefe *f*; *du plus* ~ *de mon âme* aus tiefster Seele; **~eur** (~'dœ:r) *f* **1.** Tiefe *f*; *géom.* Höhe *f*; *avoir dix mètres de* ~ zehn Meter tief sein; *phot.* ~ *de netteté* Schärfentiefe *f*; **2.** *fig.* Gründlichkeit *f*.

profus (prɔ'fy) *adj.* [7] verschwenderisch; ⚕ stark; **~ion** (~fy'zjɔ̃) *f* Verschwendung *f*; Überangebot *n* (*an Waren*); *à* ~ im Überfluß.

progéniture (prɔʒeni'ty:r) *f* Nachkommenschaft *f*, Kinder *n/pl.*

prognathisme ⚕ (prɔgna'tism) *m* Vorstehen *n* der Kiefer.

progno|se ⚕ (prɔg'no:z) *f* Vorausbestimmung *f* (*bsd. e-r Krankheit*); **~stique** ⚕ (~gnɔs'tik) *adj.* eine Krankheit anzeigend.

programmat|eur *électr.* (prɔgrama'tœ:r) *m*; Programmierer *m*; **~ion** (~ma'sjɔ̃) *f* Programmgestaltung *f*.

programm|e (prɔ'gram) *m* Programm *n*; Festordnung *f*; Theaterzettel *m*, *thé.* Programm *n*; Planung *f*, Plan *m*; ~ *des études* Lehrplan *m*; Studienplan *m* (*Universität*); *écol.* ~ *d'enseignement* Lehrplan *m* (*Schule*); ~ *budgétaire* Haushaltsplan *m*; ~ *radiophonique*, ~ (*des émissions*) *de T.S.F.* Rundfunkprogramm *n*; ~ *de parti*, ~ *de travail* Partei-, Arbeits-programm *n*; **~er** *électr.* (~'me) *vft.* programmieren.

progrès (prɔ'grɛ) *m* **1.** Fortschreiten *n*; Zunehmen *n*; Steigen *n*; *faire de rapides* ~ schnell um sich greifen; **2.** Fortschritt *m*, Erfolg *m*.

progress|er (prɔgrɛ'se) *v/i.* [1b] Fortschritte machen; weiter-, vorwärts-kommen; um sich greifen; wachsen, gedeihen; *Börse*: anziehen (*v/i.*); ⚔ ~ *à la bêche et à la pioche* sich vorarbeiten; **~if** (~'sif) *adj.* [7e] □ vor-rückend, -schreitend; *fig.* fortschreitend; **~ion** (~'sjɔ̃) *f* Vorgehen *n*, Fortschreiten *n*; *fin.* Staffelung *f* (*v. Steuersätzen*); *fig.* Zunehmen *n*, Stufenfolge *f*; **~isme** *pol.* (~'sism) *m* Fortschrittlichkeit *f*; **~iste** (~'sist) *adj. u. m pol.* fortschrittlich; Fortschrittler *m*; **~ivité** (~sivi'te) *f* Steigerungsfähigkeit *f*.

prohi|ber (prɔi'be) *v/t.* [1a] verbieten, untersagen *f*; *ch. usw. temps m prohibé* Schonzeit *f*; **~bitif** (~bi'tif) *adj.* [7e] □ ✝ Sperr..., Schutz...; *prix m/pl.* ~*s* Wucherpreise *m/pl.*; **~bition** (~bi'sjɔ̃) *f* Verbot *n*; ✝ Ein- (*a.* Aus-)fuhrverbot *n*; ~ (*d'alcool*) Alkoholverbot *n*; **~bitionnisme** (~bisjɔ'nism) *m* Prohibitionssystem *n*; **~bitionniste** (~bisjɔ'nist) *m u. adj.* Anhänger *m* des Prohibitivsystems; Prohibitiv..., schutzzollmäßig.

proie (prwa) *f* **1.** Raub *m*; *oiseau m de* ~ Raubvogel *m*; **2.** (Kriegs-) Beute *f*; *fig. être en* ~ *à qch.* e-r Sache (*dat.*) schutzlos *od.* wehrlos ausgesetzt sein.

projec|teur *Auto*, ⚔, ⊕ (prɔʒɛk'tœ:r) *m* Scheinwerfer *m*; *bét.* Spritzmaschine *f*; **~tif** (~'tif) *adj.* [7e] werfend; Wurf...; **~tile** (~'til) *adj. u. m* Wurf...; ⚔ Geschoß *n*; ~ *à croix bleue* (*jaune*) Blau-(Gelb-)

kreuz(geschoß *n*) *n*; ~ *à enveloppe métallique* Mantelgeschoß *n*; ~ *fumigène* Nebel-, Rauch-geschoß *n*; ~ *traceur* Leuchtspurgeschoß *n*; ~ *perforant*, ~ *perce-cuirasse* Panzergeschoß *n*; **~tion** (~ʒɛk'sjɔ̃) *f* **1.** (Weg-)Schleudern *n*, Werfen *n*, Wurf *m*; **2.** Projektion *f*; ⚠ ~ *horizontale* Grundriß *m*; ~ *lumineuse* (Wand-)Lichtbild *n*; *appareil m à* ~ Projektionsapparat *m*.

projet (prɔ'ʒɛ) *m* Plan *m*, Entwurf *m*, Projekt *n*; ~ *de loi* Gesetzesentwurf *m*; ~ *de contrat*, ~ *de convention* Vertragsentwurf *m*; *pol.* ~ *de pleins pouvoirs* Ermächtigungsgesetzentwurf *m*; *homme m à* ~*s* Plänemacher *m*, Pläneschmieder *m*.

projeter (prɔʒə'te, prɔʃ'te) *v/t.* [1c] **1.** (vorwärts) schleudern *od.* werfen; herausschleudern; ~ *des étincelles* Funken sprühen; ~ *son ombre* Schatten werfen; ~ *des racines* Wurzeln treiben; **2.** projizieren; **3.** sich etw. vornehmen, entwerfen, planen.

prolepse ⚕, *rhét.* (prɔ'lɛps) *f* Prolepsis *f*, Vorwegnahme *f*.

proleptique (prɔlɛp'tik) *adj.* proleptisch (*a. gr.*), vorwegnehmend; vorausbeantwortend; ⚕ vorgreifend (*bei Wechselfieber*).

prolé|taire (prɔle'tɛ:r) **I** *m* Proletarier *m*; *péj.* Prolet *m*; ~*s de tous les pays, unissez-vous* Proletarier aller Länder, vereinigt euch!; **II** *adj.* proletarisch; **~tariat** (~ta'rja) *m* Proletariat *n*; **~tarien** (~ta'rjɛ̃) *adj.* proletarisch; *la classe* ~*ne* die Klasse der Proletarier.

proli|fère (prɔli'fɛ:r) *adj.* ⚘ sprießend; **~fération** (~fera'sjɔ̃) *f* **1.** *biol.* ~ (*cellulaire*) Vermehrung *f* (*durch Zellteilung*); **2.** ⚕ Wucherung *f*; **3.** *ling.* Ausbreitung *f*, Weiterbildung *f*; **4.** *allg. fig.* schnelle Zunahme *f*; **~férer** (~fe're) *v/i.* [1l] sich vermehren; **~fique** (~'fik) *adj. biol.* sich stark vermehrend; kinderreich.

prolix|e (prɔ'liks) *adj.* weitschweifig; **~ité** (~ksi'te) *f* Weitschweifigkeit *f*.

prolo P (prɔ'lo) *m* Prolet *m*.

prologue (prɔ'lɔg) *m thé.* Prolog *m*; *a. fig.* Vorspiel *n*.

prolon|gation (prɔlɔ̃gɑ'sjɔ̃) *f zeitliche* Verlängerung *f*; Aufschub *m*; ♪ Aushalten *n einer Note*; ~ *de congé* Urlaubsverlängerung *f*; ✝ ~ *d'une lettre de change* Wechselverlängerung *f*; **~ge** (prɔ'lɔ̃:ʒ) *f* **1.** 🚂 langes Seil *n für Güterwagenfracht*; **2.** ⚓ Schleppseil *n*; **~geable** (~'ʒablə) *adj.* verlängerbar; **~gement** (prɔlɔ̃ʒ'mɑ̃) *m* Verlängerung *f*; ~ *de montagnes* Gebirgsausläufer *m*; **~ger** (~'ʒe) *v/t.* [1l] verlängern, in die Länge ziehen; hinausschieben.

promenade (prɔm'nad) *f* **1.** Spaziergang *m*; ~ *en bateau* Wasserfahrt *f*; ~ *à cheval* (*en voiture*) Spazier-ritt *m* (-fahrt *f*); *grande* ~ *à pied* (Fuß-)Wanderung *f*; **2.** Spazier-platz *m*, -weg *m*, Anlagen *f/pl*.

promen|er (prɔm'ne) [1d] **I** *v/t.* **1.** herum-, umher-führen, -fahren, spazierenführen; ~ *ses regards* umherblicken, s-e Augen schweifen lassen; **2.** F *fig.* hinhalten, an der Nase herumführen, abwimmeln F; **II** *v/rfl.* se ~ (*auch*: *aller se promener*) spazieren-gehen, -fahren, -reiten; se ~ *à cheval* spazierenreiten; se ~ *en voiture* spazierenfahren; F *envoyer q.* ~ j-n zum Teufel jagen **~eur** (~'nœ:r) *su.* [7g] Spaziergänger *m*; **~oir** (prɔm'nwa:r) *m* Wandelgang *m*, -halle *f*; *thé.* Stehplatz *m*.

promesse (prɔ'mɛs) *f* **1.** Versprechen *n*, Zusage *f* (*remplir sa* ~, *s'acquitter de sa* ~ sein Versprechen erfüllen; *manquer à sa* ~ sein Versprechen nicht halten; **2.** ✝ (Schuld-)Verschreibung *f*; ~ *simple* eigener Wechsel *m*.

prometteur (prɔmɛ'tœ:r) **I** *adj.* [7g] vielversprechend; **II** *su.* Person *f*, die leichtsinnig Versprechungen macht.

promettre (~'mɛtrə) [4p] **I** *v/t.* **1.** versprechen, zusagen; versichern; *terre f promise* gelobtes Land *n*; ~ *monts et merveilles* goldene Berge versprechen; **2.** ankündigen, prophezeien; *abs.* Hoffnung(en) erwecken; ✓ *abs.* gut stehen; F *a. iron. cela promet!* das wird was Schönes geben!; **II** *v/rfl.* **3.** se (*dat.*) ~: erwarten, hoffen; **4.** sich *selbst* Versprechungen machen auf (*acc.*); **5.** sich vornehmen, beabsichtigen; **6.** se (*acc.*) ~ sich verloben.

promis (prɔ'mi) [7] **I** ~ *au succès* erfolgversprechend; **II** *su.* Verlobter *m*.

promiscuité (prɔmiskɥi'te) *f* buntes Durcheinander *n*; *mv.p.* unpassende Vermischung *f* der Geschlechter.

promission *bibl.* (prɔmi'sjɔ̃) *f* Verheißung *f*.

promontoire (prɔmɔ̃'twa:r) *m* Vorgebirge *n*.

promo|teur (prɔmɔ'tœːr) [7f] **I** *su.* **1.** *péj.* Anstifter *m*; **2.** Förderer *m*; Vorkämpfer *m*, Initiator *m*; **II** *adj.* anstiftend; **~tion** (~mo'sjɔ̃) *f* **1.** Beförderung *f*; Ordensverleihung *f*; *écol.* Versetzung *f*; versetzter *od.* beförderter Jahrgang *m*; **2.** *fig.* Förderung *f*; ~ *culturelle* kulturelle Förderung *f*; ~ *sociale* sozialer Aufstieg *m*; ~ *-vente* Verkaufssteigerung *f*.

promouvoir (~mu'vwaːr) (*nur im inf. u. in zs.-gesetzten Zeiten*) *v/t.* [3d] **1.** ernennen, befördern; *il a été promu aux ordres sacrés* er hat die Weihen erhalten; **2.** *etw.* fördern.

prompt (prɔ̃) *adj.* [7] □ prompt, schnell, baldig, rasch, unverzüglich; bereit; plötzlich; leicht reizbar, aufbrausend; schnell vergänglich; *dans l'attente d'une ~e réponse* in Erwartung e-r prompten (*od.* unverzüglichen) Antwort; *une ~e guérison* e-e baldige Heilung *f*; ~ *à se décider* kurz entschlossen; ~ *à rendre service* gefällig, hilfsbereit; *avoir la main ~e* eine lose Hand haben, gleich zuschlagen; *être ~ à la riposte, avoir la repartie ~e* schlagfertig sein; ~ *comme l'éclair* blitzschnell; *avoir l'esprit ~* e-e schnelle (*od.* leichte) Auffassungsgabe besitzen (*od.* haben); *il a l'humeur ~e, il est d'humeur ~e* er braust leicht auf; *nos joies sont ~es* unsere Freuden sind von kurzer Dauer; **~itude** (~ti'tyd) *f* **1.** Geschwindigkeit *f*, Schnelligkeit *f*, Promptheit *f*; Bereitschaft *f*; **2.** schnelle (*od.* leichte) Auffassungsgabe *f*; **3.** Jähzorn *m*.

promu (prɔ'my) **I** *p.p. v. promouvoir*; *être ~* befördert werden, aufrücken, avancieren; **II** *su.* Beförderter *m*.

promul|gation (prɔmylgɑ'sjɔ̃) *f* (*öffentliche od. feierliche*) Bekanntmachung *f*, Erlaß *m*; **~guer** (~'ge) *v/t.* [1m] (*öffentlich od. feierlich*) bekanntmachen, ⚖ erlassen (*Gesetz*).

prôn|e (proːn) *m* **1.** *cath.* Predigt *f*; **2.** F *fig.* Strafpredigt *f*; **~er** (pro'ne) *v/t.* [1a] predigen; *fig.* anpreisen; wärmstens befürworten; übermäßig rühmen; herausstreichen F; **~eur** F (~'nœːr) *su.* [7g] langweiliger Moralprediger *m*; Meckerer *m* F.

pronom *gr.* (prɔ'nɔ̃) *m* Pronomen *n*, Fürwort *n*; ~ *démonstratif* Demonstrativpronomen *n*; ~ *indéfini* unbestimmtes Fürwort *n*; ~ *interrogatif* Fragefürwort *n*, ~ *personnel (possessif)* Personal-(Possessiv)pronomen *n*; *n*; ~ *réfléchi* (*aufs Subjekt*) rückbezügliches Fürwort *n*, Reflexivpronomen *n*; ~ *relatif* bezügliches Fürwort *n*, Relativpronomen *n*; **~inal** *gr.* (~mi'nal) *adj.* fürwörtlich, pronominal; *verbe m ~* reflexives (*od.* rückbezügliches) Verb *n*.

pronon|çable (prɔnɔ̃'sablə) *adj.* aussprechbar; **~cé** (~'se) **I** *m* ⚖ (Urteils-)Spruch *m*; Verkünden *n*; **II** *adj.* stark ausgeprägt *od.* hervortretend; *fig.* ausgesprochen, entschieden, unverkennbar; *un goût ~* a) e-e ausgesprochene Neigung *f*; b) ein scharfer Geschmack *m*.

pronon|cer (~) [1k] **I** *v/t.* **1.** aussprechen; anordnen; **2.** ~ *un arrêt* ein Urteil fällen *od.* verkünden; ~ *une peine* e-e Strafe verhängen, auf e-e Strafe erkennen; **3.** vortragen, hersagen; ~ *un discours* e-e Rede halten; **4.** ~ *ses voeux* s-e Gelübde ablegen; **5.** *peint.* kräftig ausdrücken; **II** *v/i.* **6.** ⚖, *allg.* entscheiden; **III** *v/rfl.* se ~ **7.** ausgesprochen werden; **8.** sich erklären, s-e Meinung äußern; **~ciation** (~sjɑ'sjɔ̃) *f* **1.** Aussprache *f*, Aussprechen *n*; *gr.* ~ *figurée* Aussprachebezeichnung *f*, Lautschrift *f*, phonetische Umschrift *f*; **2.** ⚖ Verkündigung *f*, Verlesen *n*; **3.** Halten *n e-r Rede* Vortragsart *f*.

pronos|tic (prɔnɔs'tik) *m* **1.** Vorhersagung *f*, Voraussage *f*; Anzeichen *n*; *Sport*: Tip *m*; **2.** ⚕ Prognose *f*; **~tiquer** (~ti'ke) *v/t.* [1m] vorhersagen; schließen lassen auf (*acc.*).

pronostiqueur (prɔnɔsti'kœːr) *su.* [7g] Voraussager *m*; (*Toto*) Tipper *m*; *pol.*, *Sport* j., der Voraussagen macht.

pronunciamiento (prɔnɔ̃sjamjɛ̃'to) *m* Militärputsch *m*.

propagan|de (prɔpa'gɑ̃ːd) *f* **1.** Propaganda *f*; Reklame *f*, Werbung *f*; Werbetätigkeit *f*; Verbreitung *f*; *tract m de ~* Propangada-schrift *f*, -zettel *m*, Flugblatt *n*; ~ *cinématographique*, ~ *par le film* Filmreklame *f*; ~ *de l'action* Propaganda *f* der Tat; ~ *mensongère* Lügenpropaganda *f*; *faire de la ~* Propaganda machen, (Anhänger *od.* Käufer) werben; **2.** *rl.* Bekehrungsgesellschaft *f*; **~disme** (~'dism) *m* **1.** *bsd. pol.* Hetze *f*, Agitation *f*; **2.** Bekehrungseifer *m*; **3.** Propagandawesen *n*, Werbelehre *f*; **~diste** (~'dist) *adj. u. su.* propagan-

distisch; Propagandist *m*, Werber *m*; *pol. péj.* Agitator *m*, Hetzer *m*.
propa|gateur (prɔpaga'tœ:r) [7f] **I** *adj.* fortpflanzend; **II** *su.* Verbreiter *m e-r neuen Lehre*; ⚕ ~ *de typhus* Typhusübertrager *m*; **~gation** (~gɑ'sjɔ̃) *f* Fortpflanzung *f* des Geschlechts; *fig.* Aus-, Verbreitung *f*, Propagierung *f*; Umsichgreifen *n*; *phys.*, ⚡ Ausstrahlen *n*; **~ger** (~'ʒe) *v/t.* [1l] fortpflanzen; *fig.* aus-, ver-breiten, propagieren.
propane ⚗ (prɔ'pan) *m* Propan (-gas *n*) *n*, Kohlenwasserstoffgas *n*.
propédeutique *Fr.* (prɔpedø'tik) *f* Vorbereitungskurs für die Licence; Schlußexamen *n* dieses Kurses.
propension (prɔpɑ̃'sjɔ̃) *f fig.* Hang *m*, Neigung *f*, Trieb *m*; *avoir la ~ à qch.* Neigung zu etw. haben.
prophète *m*, **prophétesse** *f* (prɔ'fɛt, ~fe'tɛs) Prophet *m*, Seher *m*.
prophé|tie (prɔfe'si) *f* Prophezeiung *f*; **~tique** (~'tik) *adj.* □ prophetisch; **~tiser** (~ti'ze) *v/t.* [1a] prophezeien, weissagen.
prophyl|actique ⚕ (prɔfilak'tik) **I** *adj.* prophylaktisch, vorbeugend; **II** *m a. phot. usw.* Vorbeugungsmittel *n*; **~axie** ⚕ (~lak'si) *f* Prophylaxie *f*, Vorbeugung *f*, Seuchenbekämpfung *f*.
propice (prɔ'pis) *adj.* gnädig, günstig; vorteilhaft.
propitia|teur (prɔpisja'tœ:r) *su.* [7f] Versöhner *m*; **~tion** (~sjɑ'sjɔ̃) *f* Versöhnung *f*; *sacrifice m de ~* Sühnopfer *n*; **~toire** (~'twa:r) *adj.* versöhnend; Sühn...
proportion (prɔpɔr'sjɔ̃) *f* **1.** Verhältnis *n*, Maßgabe *f*, Proportion *f*, Ebenmaß *n*; *être en ~ avec qch.* im richtigen Verhältnis zu etw. (*dat.*) stehen; *toute ~ gardée* im Verhältnis; *advt. à ~ de, en ~ de od. avec* im Verhältnis zu (*dat.*), nach Maßgabe (*gén.*); *à ~ que* (*ind.*) in dem Maße wie, je nachdem; **2.** *~s pl.* Dimensionen *f/pl.*, Ausmaß *n*; *les bonnes ~s* das Ebenmaß *n*; *prendre des ~s menaçantes* ein drohendes Ausmaß annehmen; **~naliste** *pol.* (~sjɔna'list) *su.* Anhänger *m* der Verhältniswahl; **~nalité** (~nali'te) *f* Verhältnismäßigkeit *f*; **~nel** (~'nɛl) *adj.* [7c] □ proportional, verhältnismäßig; 𝔄 *moyenne f ~le* mittlere Proportionale *f*; *pol. représentation f ~le* Verhältniswahl(system *n*) *f*; **~nellement** (~nɛl'mɑ̃) *adv.* verhältnismäßig; *~ à* im Verhältnis zu (*dat.*); **~ner** (~'ne) *v/t.* [1a] *~ qch. à* etw. e-r Sache anpassen, etw. in ein richtiges Verhältnis setzen zu (*dat.*), bemessen; *bien proportionné* wohlgestaltet; ebenmäßig; ausgeglichen.
propos (prɔ'po) *m* **1.** Entschluß *m*; Vorsatz *m*, Vorhaben *n*; *faire le ferme ~ de ...* fest entschlossen sein, zu ...; **2.** Gespräch(sthema *n*) *n*; Äußerung *f*; *~ pl. injurieux* Schmähreden *f/pl.*; *~ malveillants* üble Nachreden *f/pl.*; *~ de table* Tischgespräch *n*; **3.** *advt. à ~* zu passender Gelegenheit, angemessen, zur rechten Zeit; *auch m*: *l'à-~* der passende Augenblick *m*; *auch*: die Gelegenheitsdichtung *f*, das Gelegenheitsstück *n*; *à ~ de qch.* betreffs, hinsichtlich, über; *parler à ~* zur rechten Zeit sprechen; *il arrive à ~* er kommt gerade wie gerufen; *mal à ~, hors de ~* zu ungelegener Zeit; unpassend, unerwünscht, ohne Anlaß; zweckwidrig; *juger à ~ de* für ratsam halten zu ...; *à tout ~* bei jeder passenden Gelegenheit; *à quel ~?, à ~ de quoi?* aus welcher Veranlassung?; *à ~* übrigens; dabei fällt mir ein; nebenbei gesagt; **~able** (~po'zablə) *adj.* vorschlagbar; **~ant** (~'zɑ̃) *m* Antragsteller *m*.
propo|ser (prɔpo'ze) [1a] **I** *v/t.* vorschlagen, beantragen; vorbringen; vorlegen; *~ des énigmes* Rätsel aufgeben; *~ une loi* ein Gesetz beantragen; *~ q. pour exemple* j-n als Muster hinstellen; **II** *v/rfl. se ~* sich anbieten, sich zur Verfügung stellen, als Kandidat auftreten, sich zu e-r Stelle melden; *se* (*dat.*) *~ qch.* sich etw. vornehmen; *se ~ un but* sich ein Ziel setzen; **~sition** (~zi'sjɔ̃) *f* **1.** Vorschlag *m*, Antrag *m*; *~ de scrutin* Wahlvorschlag *m*; *parl. ~ additionnelle* Zusatzantrag *m*; **2.** Aufgabe *f*; Aufwerfung *f* e-r Frage; **3.** Satz *m*, Behauptung *f*, Lehre *f*, Meinung *f*; *avancer (soutenir) une ~* e-n Satz aufstellen (verteidigen); **4.** *gr.* Satz *m*; *~ subordonnée* Nebensatz *m*; *~ principale* Hauptsatz *m*; **5.** 𝔄 Lehrsatz *m*.
propre ('prɔprə) **I** *adj.* **1.** eigen; *remettre qch. en main ~* etw. zu eigenen Händen übergeben; *gr. nom m ~* Eigenname *m*; *ce sont ses*

~s termes das sind s-e eigenen Worte; *de mes ~s yeux* mit eigenen Augen; **2.** □ eigentlich, wahr, wirklich; *le sens ~* der eigentliche Sinn *m* e-s Wortes; *la fable ~ment dite* die eigentliche Fabel *f*; *à ~ment parler* eigentlich; genau gesagt; streng genommen; **3.** genau der-(die-, das-)selbe; *le ~ jour que ...* gerade an dem Tage, als ...; **4.** eigentümlich; **5.** *~ à qch.* zu etw. (*dat.*) geeignet *od.* tauglich; *~ à rien* zu nichts zu gebrauchen; **6.** *le mot m ~, l'expression f ~, le terme m ~* das passende Wort *n*, der angemessene (*od.* passende) Ausdruck *m*; **7.** □ sauber; *avoir les mains ~s* saubere Hände haben; **8.** *iron. nous voilà ~s!* da haben wir die Bescherung!; na, das wird ja heiter!; *vgl.* 12; **II** *m* **9.** *das* Eigentümliche *n*, *die* Eigentümlichkeit *f*; *le ~ d'un mot* der eigentliche Sinn *m* e-s Wortes; **10.** Eigentum *n*; *avoir qch. en ~* etw. als Eigentum besitzen; **11.** *fig. de son ~* aus sich heraus, aus sich selbst heraus; **12.** *iron. c'est quelque chose de ~ que vous m'offrez là!* da haben Sie mir ja was Schönes angedreht!; *c'est du ~!*, *od. en voilà du ~!* das ist ja e-e Wirtschaft!; das ist e-e Pleite!; da haben Sie sich aber was geleistet!; meine Herr'n!; *vgl.* 8.

propre-à-rien (prɔprа'rjɛ̃) *m* [6b] Taugenichts *m*.

propret (prɔprɛ) *adj.* [7c] sauber; **~é** (prɔprə'te) *f* Sauberkeit *f*.

proprié|taire (prɔprie'tɛ:r) *su.* Eigentümer *m*, Besitzer *m*; Hausbesitzer *m*, -wirt *m*; *grand ~ foncier* Großgrundbesitzer *m*; **~té** (~'te) *f* **1.** Eigentümlichkeit *f*, Eigenschaft *f*; **2.** Richtigkeit *f e-s Wortes*; *la ~ des termes* die richtige Wahl des Ausdrucks; **3.** Eigentum *n*; Besitztum *n*, Besitzung *f*, Gut *n*; *~ foncière (mobilière)* Grund-(Mobiliar-)besitz *m*; *~ paysanne héréditaire* Erbhof *m*; *petite ~ (rurale* ländlicher) Kleinbesitz *m*; *grande ~ rurale od. foncière* Latifundienbesitz *m*; *~ nationale de l'Etat* Staatseigentum *n*; *~ fiduciaire* treuhänderisches Eigentum *n*; *~ industrielle* gewerbliches Eigentum *n*; *~ intellectuelle* geistiges Eigentum *n*.

proprio P (prɔpri'o) *m* Hauswirt *m*.

propul|ser ⊕ (prɔpyl'se) *v/t.* [1a] antreiben; **~seur** (~'sœ:r) *adj./m u. m* vorwärtstreibend; Propeller *m*, Luftschraube *f*; *~ à hélice* Schiffsschraube *f*; **~sif** (~'sif) *adj.* [7e] vorwärtstreibend; **~sion** ⊕ (~'sjɔ̃) *f* Antrieb *m*, Stoß *m*; *force f de ~* Stoßkraft *f*; ⊕ *~ (à quatre roues* Vierrad-)Antrieb *m*; *~ par (la force du) recul* Rückstoßantrieb *m*.; *~ par réaction* Düsenantrieb.

prorata (prɔra'ta) *m* [5a] Anteil *m*; *au ~ de* im Verhältnis zu (*dat.*); zum Satz von (*dat.*).

proro|gation (prɔrɔgɑ'sjɔ̃) *f* **1.** Aufschub *m*, Frist *f*; Verlängerung *f*; Stundung *f*; **2.** Vertagung *f*; **~ger** (~'ʒe) *v/t.* [1l]) aufschieben; verlängern; ✝ stunden; vertagen.

pros *Sport* (pro) *m/pl.* s. *pro.*

prosa|ïque (prɔza'ik) *adj.* □ prosaisch; *fig.* poesielos, nüchtern; **~ïsme** (~za'ism) *m* Poesielosigkeit *f*; *fig.* Alltäglichkeit *f*; **~teur** (~'tœ:r) *m* Prosaiker *m*, Prosaschriftsteller *m*.

pros|cription (prɔskrip'sjɔ̃) *f* Ächtung *f*, Verbannung *f*; *fig.* Abschaffung *f*; **~crire** (~'skri:r) *v/t.* [4f] ächten; verbannen; ausschließen; abschaffen, verpönen; **~crit** (~'skri) *m* Geächteter *m*, Verbannter *m*, Flüchtling *m*.

prose (pro:z) *f* Prosa *f*.

prosély|te (prɔze'lit) *su.* Neubekehrter *m*; *allg.* begeisterter Anhänger *m*; **~tisme** (~'tism) *m* Bekehrungseifer *m*.

prosodie *gr.* (prɔzɔ'di) *f* Silbenmessung(slehre *f*) *f*, Prosodie *f*.

prospect|er (prɔspɛk'te) *v/t.* [1a] □ ⚒ schürfen, nach Erzen graben; *allg.* erfassen, auswerten; absuchen (*nach Funden*); *at. die Atmosphäre* erforschen; ✝ werben; **~eur** ⚒ (~'tœ:r) *m* Erz-, Goldsucher *m*, -schürfer *m*; ✝ Kundenwerber *m*; **~us** (~'tys) *m* Prospekt *m*, Reklamezettel *m*; *~ spécimen m* [6g] Textprobe *f*, Probetext *m*.

prospère (prɔs'pɛ:r) *adj.* □ **1.** gedeihlich, erfolgreich, glücklich, gesegnet; **2.** *st.s., poét.* günstig.

prospér|er (prɔspe're) *v/i.* [1f] **1.** Glück haben, vorwärtskommen; **2.** glücken, guten Erfolg haben; *fig.* blühen, e-n großen Aufschwung nehmen (*Handel, Industrie usw.*); *tout lui a prospéré* alles ist ihm geglückt; *faire ~ fig.* zur Blüte bringen; **~ité** (~ri'te) *f* wirtschaftlicher Auf-

schwung *m*, Wohlstand *m*, Glück *n*, Gedeihen *n*; ~ *illusoire* Scheinblüte *f*. [Vorsteherdrüse *f*.]
prostate *anat.* (prɔs'tat) *f* Prostata *f*,
prostern|ation *f*, **~ement** *m* (prɔstɛrnɑ'sjɔ̃, ~nə'mɑ̃) Fußfall *m*; *fig.* Selbstdemütigung *f*; **~er** (~'ne) [1a] *v/rfl.* se ~ sich (anbetend, flehend) niederwerfen.
prostitu|ée (prɔsti'tɥe) *f* Prostituierte *f*, Hure *f*, Straßendirne *f*, Fose *f* V; **~er** (~) *v/t.* [1a] der Unzucht preisgeben; *fig.* schänden, entehren, entweihen; **~tion** (~ty'sjɔ̃) *f* Prostitution *f*, gewerbsmäßige Unzucht *f*; *fig.* Schändung *f*.
pros|tration ⚕ (prɔstrɑ'sjɔ̃) *f* völlige Erschöpfung *f*, Kollaps *m*; **~tré** ⚕ (prɔs'tre) *adj.* entkräftet.
protagoniste (prɔtagɔ'nist) *su.* **1.** *thé.* Hauptdarsteller *m*, Träger *m* *e-r Rolle*, erster Schauspieler *m*; **2.** Bahnbrecher *m*, Vorkämpfer *m*, Verkünder *m*.
prote *typ.* (prɔt) *m* Schriftsetzer *m*.
protec|teur (prɔtɛk'tœːr) [7f] **I** *adj.* **1.** (be)schützend; *droit m* ~ Schutzzoll *m*; *système m* ~, *régime m* ~ Schutzzollsystem *n*; **2.** gönnerhaft; *air m* ~ Gönnermiene *f*; **II** *su.* Beschützer *m*, Gönner *m*; Patron *m*, Förderer *m*, Schirmherr *m*; **~tion** (~tɛk'sjɔ̃) *f* **1.** Schutz *m*, Obhut *f*; ~ *de la nature* Naturschutz *m*; ~ *de la maternité*, ~ *de la jeunesse*, ~ *de l'enfance* Mutter-, Jugend-, Kinderschutz *m*; ~ *des animaux* Tierschutz *m*; ~ *de(s) locataire(s)* Mieterschutz *m*; *pol.* ~ *des minorités* Minderheitenschutz *m*; † ~ *des modèles d'objets d'usage (courant)* Gebrauchsmusterschutz *m*; ~ *du tarif douanier* Zollschutz *m*; *bsd.* ⚔ ~ *contre les gaz* Gasschutz *m*; ~ *antiaérienne*, ~ *(contre les attaques) aérienne(s)* Luftschutz *m*; **2.** Beistand *m*, Stütze *f*, Gönnerschaft *f*, Protektion *f*; *avoir de puissantes* ~*s* mächtige Gönner haben; **3.** Begünstigung *f*, Förderung *f*; *système m de* ~ Schutzzollsystem *n*; **~tionnisme** (~tɛksjɔ'nism) *m* Schutzzollsystem *n*; Protektionssystem *n*; *allg.* Schutz *m*; ~ *professionnel* Berufsschutz *m*; **~tionniste** (~tɛksjɔ'nist) *adj. u. m* protektionistisch; Anhänger *m* des Schutzzollsystems; **~torat** (~tɛktɔ'ra) *m* Protektorat *n*, Schutzherrschaft *f*.
protée (prɔ'te) *m* **1.** wetterwendischer Mensch *m*; **2.** *zo.* Olm *m*.
protégé (prɔte'ʒe) *su.* Schützling *m*, Protégé *m*, Begünstigter *m*.
protège|-col (prɔtɛʒ'kɔl) *m* [6c] Kragenschoner *m*; **~-coude** (~'kud) *m* [6c] *Hockey*: Ellenbogenschützer *m des Torwarts*; **~-genou** (~ʒə'nu) *m* [6c] Knieschützer *m*; **~-mine** (~'min) *m* [6c] *u.* **~-pointe(s)** (~'pwɛ̃ːt) *m* [6c] Bleistifthülse *f*; **~-oreille** (~ɔ'rɛj) *m* [6c] Ohrenschützer *m*.
protéger (prɔte'ʒe) *v/t.* [1g] **1.** (be-)schützen; ⊕, ⚡ sichern; **2.** begünstigen; ~ *les arts* die Künste fördern; ~ *q.* j-n protegieren; **3.** † ~ *une lettre de change* e-n Wechsel einlösen.
protège-radiateur *Auto* (prɔtɛʒradja'tœːr) *m* Kühlerverkleidung *f*.
protéiforme (prɔtei'fɔrm) *adj.* vielgestaltig.
proté|ine *biol.* (prɔte'in) *f* Eiweiß *n*, Protein *n*; **~ique** *biol.* (~te'ik) *adj.* Eiweiß..., proteinhaltig.
protestant (prɔtɛs'tɑ̃) *adj. u. su.* [7] protestantisch; Protestant *m*; **~isme** (~'tism) *m* Protestantismus *m*.
protesta|taire (prɔtɛsta'tɛːr) *su.* politischer Gegner *m*; *allg.* Widerspruchsgeist *m*; **~tion** (~tɑ'sjɔ̃) *f* **1.** feierliche Versicherung *f*; **2.** Protest *m*, Einspruch *m*.
protester (prɔtɛs'te) [1a] **I** *v/i.* **1.** protestieren, Protest erheben; ~ *contre qch.* gegen etw. (*acc.*) protestieren, sich gegen etw. (*acc.*) auflehnen; **2.** ~ *de qch.* etw. feierlich beteuern; ~ *de son innocence* s-e Unschuld beteuern; **II** *v/t.* **3.** † ~ *une lettre de change od. un billet* e-n Wechsel protestieren; **4.** feierlich versichern.
protêt † (prɔ'tɛ) *m* Wechselprotest *m*; ~ *faute d'acceptation (de paiement)* Protest *m* mangels Annahme (Zahlung); ~ *notarié* Notariatsprotest *m*.
proth|èse (prɔ'tɛːz) *f* ⚕ Prothese *f*, Gliedersatz *m*; ⚕ *appareil m de* ~ *auditive* Hörgerät *n*; ~ *dentaire* Zahnersatz *m*; ~ *supérieure* Gaumenplatte *f*; **~étique** (~te'tik) *adj.* ⚕ künstlich, Ersatz...; *appareil m* ~ künstliches Glied *n*, Prothese *f*.
protoco|laire (prɔtɔkɔ'lɛːr) *adj.* protokollarisch, Protokoll...; amtlich eingetragen; **~le** (~'kɔl) *m* **1.** *pol.* Protokoll *n* e-r *diplomatischen* Konferenz; ~ *additionnel* Zusatzprotokoll

n; **2.** Hofsitte *f*, diplomatische Etikette *f*; *allg.* Etikette *f*.
proton *at.* (prɔ'tɔ̃) *m* Proton *n*.
protonique *gr.* (prɔtɔ'nik) *adj.* vortonig.
protoplasme *biol.* (~'plasm) *m* Protoplasma *n*, Zellstoff *m*.
prototy|pe (prɔtɔ'tip) *m* Prototyp *m*, Ur-, Vor-bild *n*; *fig.* Muster *n*, Ideal *n*; **~pique** (~'pik) *adj.* vorbildlich.
protozoaires *biol.* (~zɔ'ɛ:r) *m/pl.* Urtierchen *n*, Protozoen *n/pl.*, Einzeller *m/pl.*
protubé|rance (prɔtybe'rɑ̃:s) *f anat.* Auswuchs *m*, Vorsprung *m*, Höcker *m*; *géol.* Protuberanz *f in der Sonne*; **~rant** (~'rɑ̃) *adj.* [7] hervorstehend.
protuteur ⚖ (prɔty'tœ:r) *su.* [7f] an Stelle e-s Vormunds Handelnder *m*.
prou (pru) *adv.*: F *peu ou* ~ mehr oder weniger; (*ni*) *peu ni* ~ gar nicht.
proue ⚓ (pru) *f* Bug *m*, (Schiffs-)Vorderteil *n*.
prouesse (pru'ɛs) *f* Heldentat *f*.
prouv|able (pru'vablə) *adj.* beweisbar; **~er** (~'ve) *v/t.* [1a] beweisen.
prove|nance (prɔv'nɑ̃:s) *f* **1.** Herkunft *f*, Ursprung *m*; **2.** † **~s** *pl.* importierte Waren *f/pl.*; **~nant** (~'nɑ̃) *adj.* [7] herstammend.
provençal (prɔvɑ̃'sal) *adj. u.* ♀ *su.* [5c] provenzalisch; Provenzale *m*.
Provence (prɔ'vɑ̃:s) *f*: **la ~** die Provence *f*.
provende (prɔ'vɑ̃:d) *f* **1.** Häcksel *m* mit Korn; **2.** P Proviant *m*.
provenir (prɔv'ni:r) *v/i.* [2h] herkommen, herrühren, stammen.
proverb|e (prɔ'vɛrb) *m* **1.** Sprichwort *n*; **2.** *thé.* kleines, *ein Sprichwort entwickelndes* Theaterstück *n*; **~ial** (~'bjal) *adj.* [5c] sprichwörtlich; **~ialiser** (~bjali'ze) *v/t.* [1a] sprichwörtlich machen.
providen|ce (prɔvi'dɑ̃:s) *f* Vorsehung *f*; *fig.* Schutzengel *m*; *coup m de la* ♀ Fügung *f* Gottes; **~tiel** (~dɑ̃'sjɛl) *adj.* [7c] □ von der Vorsehung bestimmt.
provigner (prɔvi'ɲe) *v/t.* [1a] *Reben* absenken.
provin (prɔ'vɛ̃) *m* Absenker *m e-s Weinstocks*.
provin|ce (prɔ'vɛ̃:s) *f* Provinz *f*; *aller en* ~ in die Provinz gehen; *air f de* ~ kleinstädtisches Wesen *n*; *gens pl. de* ~ Kleinstädter *m/pl.*; **~ce-frontière** (~frɔ̃'tjɛ:r) *f* [6b] Grenzprovinz *f*; **~cial** (prɔvɛ̃'sjal) [5c] **I** *adj.* □ provinziell, landschaftlich; Provinzial...; kleinstädtisch; **II** *su.* Provinzbewohner *m*; Kleinstädter *m*; **III** *m rl.* (Ordens-)Provinzial *m*; **~cialisme** (~sja'lism) *m* mundartlicher Ausdruck *m*; kleinstädtisches Wesen *n*.
proviseur *Fr.* (prɔvi'zœ:r) *m* (Studien-)Direktor *m e-s „lycée"*.
provi|sion (prɔvi'zjɔ̃) *f* **1.** Vorrat *m*; **~s** *pl. de bouche* Mundvorrat *m*, Proviant *m*; *avoir en* ~ vorrätig (*od.* auf Lager) haben; *faire* ~ *de qch.* sich mit etw. (*dat.*) versehen; *faire ses* **~s** seine Einkäufe besorgen; **2.** † Deckung *f e-r* (*Wechsel-*)*Schuld*; Provision *f*, Vermitt(e)lungsgebühr *f*; **3.** *advt. par* ~ vorläufig; *fig.* vorsichtshalber; **~soire** (~'zwa:r) **I** *adj.* □ vorläufig; einstweilig; **II** *m* Provisorium *n*, vorläufiger Zustand *m*; Notbehelf *m*; ⚖ vorläufiges Urteil *n*; einstweilige Verfügung *f*; **~sorat** (~zɔ'ra) *m* **1.** (Studien-)Direktorenstelle *f*; **2.** Dauer *f* des Direktorats.
provo|cant (prɔvɔ'kɑ̃) [7] *u.* **~cateur** (~ka'tœ:r) [7f] *adj. u. su.* herausfordernd, hetzerisch, aufwiegelnd; Herausforderer *m*; Hetzredner *m*; *agent m* ~ Spitzel *m*; **~cation** (~ka'sjɔ̃) *f* **1.** Herausforderung *f*; **2.** Reizung *f* (*a.* ⚕); **~quer** (~'ke) *v/t.* [1m] **1.** herausfordern; reizen; **2.** ~ *qch.* etw. bewirken, etw. hervorrufen.
proxénète (prɔkse'nɛt) *su.* Kuppler *m*.
proximité (prɔksimi'te) *f* **1.** Nähe *f*; **2.** nahe Verwandtschaft *f*.
prude (pryd) *adj.* prüde; affektiert; zimperlich.
prud|emment (pryda'mɑ̃) *adv.* mit Vorsicht; klüglich, wohlweislich; **~ence** (~'dɑ̃:s) *f* Vorsicht *f*, Umsicht *f*, Überlegtheit *f*, (Lebens-)Klugheit *f*; **~ent** (~'dɑ̃) [7] *adj.* (lebens)klug, vorsichtig.
pruderie (pry'dri) *f* Prüderie *f*.
prud'homme (pry'dɔm) *m* Sachverständige(r) *m*, Schiedsrichter *m*; *conseil m des* **~s** Arbeitsgericht *n*.
pruine (pry'in) *f* Reif *m od.* Beschlag *m auf Früchten*.
pru|ne (pryn) *f* **1.** Pflaume *f*; (~) *reine-Claude* Reineclaude *f*, süße Pflaume *f*; F *pour des* **~s** umsonst; P *avoir sa* ~ besoffen sein; **2.** F *fig.* ⚔ Kugel *f*, blaue Bohne *f* F; **~neau** (pry'no) *m* [5b] Backpflaume *f*; **~nelée** (pryn'le) *f*

Pflaumenmus *n*; **~nelle** (pry'nɛl) *f* **1.** ⚘ Schlehe *f*; **2.** *anat.* Pupille *f*; **~nier** ⚘ (pry'nje) *m* Pflaumenbaum *m*.

pruri|go ⚕ (pryri'go) *m* Juckausschlag *m*; **~t** ⚕ (~'ri[t]) *m* starker Juckreiz *m*.

prussiate ⚗ (pry'sjat) *m* Zyanid *n*.

Prusse (prys) *f*: **la** ~ *ehm.* Preußen *n*; *bleu m de* ~ Preußischblau *n*; F *travailler pour le roi de* ~ umsonst arbeiten.

prussien (pry'sjɛ̃) *adj. u.* ♀ *su.* [7c] preußisch; Preuße *m*.

prussique ⚗ (pry'sik) *adj.*: *acide m* ~ Blausäure *f*.

psalm|ique (psal'mik) *adj.* Psalm(-en)...; **~iste** (~'mist) *m* Psalmendichter *m*; **~odie** (~mɔ'di) *f fig. eintöniges* Absingen *n* der Psalmen; Geleier *n*; **~odier** (~mɔ dje) *v/i. u. v/t.* [1a] psalmodieren; *fig.* runterleiern.

psau|me (pso:m) *m* Psalm *m*; **~tier** (pso'tje) *m* **1.** Psalter *m*, Psalmbuch *n*; **2.** großer Rosenkranz *m*; **3.** *zo.* Blättermagen *m*.

pschitt! (pʃit) *int.* pischt!, zisch!.

pseudo|bienfaiteur (psødɔbjɛ̃fɛ'tœ:r) *m* [6g] *péj.* Scheinbeglücker *m*; **~-civilisation** (~siviliza'sjɔ̃) *f* [6g] Scheinkultur *f*.

pseudonym|e (psødɔ'nim) *adj. u. m* pseudonym; Deckname *m*, Pseudonym *n*; **~ie** (~'mi) *f* Pseudonymität *f*.

ps(it)t! (psit, pst) *int.* (p)st!

psittac|idés (psitasi'de) *m/pl.* Papageien-, Sittich-familie *f*; **~isme** (~'sism) *m* inhaltloses Geplappere *n*; **~ose** *vét.* (~'ko:z) *f* Papageienkrankheit *f*.

psoque *ent.* (psɔk) *f* Klopfkäfer *m od.* Totenuhr *f*.

psora, psore ⚕ (psɔ'ra, psɔ:r) *f* [Krätze *f*.]

psychana|lyste (psikana'list) *m* Psychoanalytiker *m*; **~lyse** (~'li:z) *f* Psychoanalyse *f*; **~lyser** (~li'ze) *v/t.* [1c] psychoanalysieren; **~lytique** (~li'tik) *adj.* psychoanalytisch.

psyché (psi'ʃe) *f* großer Drehspiegel *m*.

psychiatr|e (psi'kja:trə) *m* Psychiater *m*; **~ie** (~kja'tri) *f* Psychiatrie *f*; **~ique** (~'trik) *adj.* psychiatrisch.

psycholo|gie (psikɔlɔ'ʒi) *f* Psychologie *f*; ~ *des peuples* (*des foules*) Völker-(Massen-)psychologie *f*; **~gique** (~'ʒik) *adj.* **I** psychologisch; *fig. moment m* (*od. instant m*) ~ günstiger (*od.* entscheidender) Augenblick *m*; **II** ⚕ *m* psychisch Erkrankter *m*; **~gue,** *a.* **~logiste** (~'lɔg, ~lɔ'ʒist) *m* Psychologe *m*.

psycho|moteur ⚕ (~ mɔ'tœ:r) *adj.* [6g] psychomotorisch; **~-pédagogue** (peda'gɔg) *m* Psychopädagoge *m*.

psychose ⚕ (psi'ko:z) *f* Psychose *f*, seelische Störung *f*.

psycho|somatique ⚕ (psikɔsɔma'tik) **I** *adj.* psychosomatisch; *médecine f* ~ = **II** *f* Psychosomatik *f*; **~technicien** (~tɛkni'sjɛ̃) *m* Psychotechniker *m*, praktischer Psychologe *m*, Berufsberatungspsychologe *m*; **~technique** (~tɛk'nik) **I** *f* Psychotechnik *f*, Eignungskunde *f*; **II** *adj.* psychotechnisch; **~thérapie** ⚕ (~tera'pi) *f* Psychotherapie *f*.

puant (pɥɑ̃) *adj.* [7] (*adv. puamment*) stinkend; *fig.* unverschämt; F widerlich, unerträglich blasiert; **~eur** (~'tœ:r) *f* Gestank *m*.

pu|bère (py'bɛ:r) *adj.* heiratsfähig; mannbar; **~berté** (~bɛr'te) *f* heiratsfähiges Alter *n*; Mannbarkeit *f*.

pubesc|ence ⚘ (pybɛ'sɑ̃:s) *f* Flaumhaarigkeit *f*; **~ent** ⚘ (~'sɑ̃) *adj.* flaumhaarig.

public (py'blik) **I** *adj.* [7i] □ **1.** öffentlich, allgemein, Staats..., Gemein...; *le bien m* (*od. le salut m*) ~ das öffentliche Wohl *n*, das Gemeinwohl *n*; *la chose publique* das Gemeinwesen *n*, der Staat *m*; *droit m* ~ Staatsrecht *n*; *effets m/pl.* ~*s* Börsen- (*od.* Staats-)papiere *n/pl.*; *ministère m* ~ Staatsanwaltschaft *f*; *opinion f publique* öffentliche Meinung *f*; *partie f publique* Staatsanwalt *m*; **2.** offenkundig; *rendre* ~ allgemein bekanntmachen, bekanntgeben; **3.** öffentlich, vor aller Augen, in aller Munde; **II** *m* Publikum *n*, Öffentlichkeit *f*; Leute *pl.*; *advt.* en ~ öffentlich.

publica|teur (pyblika'tœ:r) *su.* [7f] Veröffentlicher *m*, Herausgeber *m e-s Buches*; **~tion** (~ka'sjɔ̃) *f* **1.** Bekanntmachung *f*; ~ *des bans de mariage* Aufgebot *n*; **2.** Verlagserscheinung *f*, Publikation *f*.

publici|ste (pybli'sist) *m* **1.** Publizist *m*, politischer Schriftsteller *m*, Literat *m*; **2.** Staatsrechtskundiger *m*; **~taire** (~'tɛ:r) **I** *adj.* die Reklame *od.* Werbung betreffend; Reklame..., Werbe...; **II** *m* Reklame-, Werbe-fachmann *m*; **~té** (~'te) *f* **1.** Offenkundigkeit *f*, Öffentlichkeit *f*, öffentliche Verbreitung *f*; **2.** Reklame-, Werbewesen *n*, Werbung *f*, Reklame *f*, Propaganda *f bsd. für Waren*; ~ *murale* Wandreklame *f*; ~ *lumineuse* Lichtreklame *f*, Reklamebeleuchtung *f*; ~ *radiophonique*, *a.* ~ *parlée* Rundfunkreklame *f*; ~ *aérienne* Himmelsschrift *f* (*mit Hilfe e-s Flugzeuges*); *office m de* ~ Anzeigenannahme *f*; *faire de la* ~ werben, Reklame machen (*pour od. en faveur de* für *acc.*).

publier (pybli'e) *v/t.* [1a] **1.** bekanntmachen, veröffentlichen, ankündigen, verkündigen; **2.** (*Buch*) herausgeben, herausbringen, veröffentlichen, verlegen.

puce (pys) *f* Floh *m*; *avoir la* ~ *à l'oreille* a) *ehm.* verliebt sein; b) *heute*: unruhig (*od.* ganz aufgeregt) sein.

pucelle (py'sɛl) *f* Jungfrau *f*; *la* ♀ *d'Orléans* die Jungfrau von Orléans.

puceron (pys'rɔ̃) *m* Blattlaus *f*.

puddl|age ⊕ (pyd'la:ʒ) *m* Puddeln *n*, Frischen *n des Eisens*; **~er** ⊕ (pyd'le) *v/t.* [1a] *Eisen* puddeln; **~eur** (~'lœ:r) *m* Puddler *m*.

pudeur (py'dœ:r) *f* **1.** Scham (-haftigkeit *f*) *f*, Verschämtheit *f*, Züchtigkeit *f*; *sans* ~ schamlos; **2.** Zurückhaltung *f*, Zartgefühl *n*, Bescheidenheit *f*.

pudi|bond (pydi'bɔ̃) *adj.* [7] prüde; **~bonderie** (~bɔ̃'dri) *f* Prüderie *f*, falsche Scham *f*; **~cité** (~si'te) *f* Keuschheit *f*; **~que** (~'dik) *adj.* □ keusch, sittsam, züchtig.

puer (pɥe) [1a] **I** *v/i.* stinken; ~ *au nez* anekeln, widerlich sein; **II** *v/t.* ~ *qch.* nach etw. (*dat.*) riechen *od.* stinken.

puéril (pɥe'ril) *adj.* **1.** Kindes...; *âge m* ~ Kindes- (*od.* Knaben-) alter *n*; **2.** □ kindisch; pueril; **~ité** (~li'te) *f* **1.** kindisches Wesen *n*, Puerilität *f*; **2.** Kinderei *f*, kindischer Streich *m*.

puerpéral ⚕ (pɥerpe'ral) *adj.* [5c] Kindbett...

puff (puf) *m* marktschreierische Reklame *f*; **~isme** (py'fism) *m* Schwindlertum *n*; Humbug *m*; **~iste** (py'fist) *adj. u. m* marktschreierisch; Schwindler *m*.

pugil|at (pyʒi'la) *m* Faustkampf *m*; **~iste** (~'list) *m* Faustkämpfer *m*.

puîné (pɥi'ne) *adj. u. su.* zweitgeboren, jünger; Nachgeborener *m*.

puis (pɥi) *adv.* dann, darauf; *et* ~ und dann; außer dem; *et* ~? und dann?, na und?

puisard (pɥi'za:r) *m* Senkgrube *f*; Überlaufbehälter *m*.

puisatier (pɥiza'tje) *m* Brunnenbauer *m*.

puis|ement (pɥiz'mɑ̃) *m* Schöpfen *n*; **~er** (~'ze) [1a] *v/t. u. v/i.*: ~ *à od. dans* schöpfen aus (*dat.*); *fig.* entlehnen; **~ette** (~'zɛt) *f* = *puisoir*; **~eur** (~'zœ:r) *m* Schöpfer *m*; **~oir** (~'zwa:r) *m* Schöpf-, Gießkelle *f*, -löffel *m*, -gefäß *n usw.*; *bât.* ~ *à mortier* Mörtelschöpfer *m*.

puisque ('pɥisk[ə]) *cj.* da ja, weil doch, da nun einmal (*drückt bekannten Grund aus*); *oft ohne Nachsatz*: doch; *Comment!* ~ *tu me l'as rapportée!* Wieso denn?! Du hast sie mir doch zurückgebracht (*z.B. la rivière de diamants* die Diamantenkette).

puiss|amment (pɥisa'mɑ̃) *adv.* gewaltig; nachdrücklich; **~ance** (~'sɑ̃:s) *f* **1.** Macht *f*, Gewalt *f*; **2.** (Ober-)Herrschaft *f*; **3.** Macht *f*, Staat *m*; *les grandes* ~*s* die Großmächte *f/pl.*; ~ *aérienne*, ~ *continentale*, ~ *maritime*, ~ *mondiale* Luft-, Land-, See-, Welt-macht *f*; **4.** Können *n*, Vermögen *n*; *il n'est pas en ma* ~ es liegt nicht in meiner Macht; **5.** Wirksamkeit *f e-s Heilmittels*; **6.** *méc.*, ⚔, *phys.*, ⚡, *mot.*, ⚡, ✈ Kraft *f*, Stärke *f*; ⊕ Fähigkeit *f*; ~ *motrice* bewegende Kraft *f*; ⚔ ~ *de combat*, ~ *de choc* Schlag-, Stoß-kraft *f*; ~ *de perforation d'un projectile* Durchschlagkraft *f* e-s Geschosses; *phys.* ~ *d'induction* Induktionsvermögen *n*; *rad.* ~ *du son*, ~ *du ton* Laut-, Klangstärke *f*; ~ *de sélection* Selektivität *f*; ~ *ascensionnelle* Steigfähigkeit *f*; *Auto*: ~ *du moteur* Motorleistung *f*; ~ *de freinage*, ~ *des freins* Brems-fähigkeit *f*, -leistung *f*, -stärke *f*; ~ *en bougies* Kerzenstärke *f*; ~ *d'achat* Kaufkraft *f*; ~ *de cheval* Pferdekraft *f*; ~ *d'écoute* Hörstärke *f*; ~ *lumineuse* Lichtstärke *f*; **7.** 🌱 Tragfähigkeit *f des Bodens*; ~ *productrice* Leistungsfähigkeit *f*; **8.** ⚒ ~ *d'une couche* Mächtigkeit *f* e-s Lagers; **9.** *phys.* Vergrößerungsgrad *m e-s optischen Instruments*; **10.** A Potenz *f*.

puissant (pɥi'sɑ̃) **I** *adj.* [7] **1.** mächtig, gewaltig; **2.** zahlreich u. stark; **3.** kräftig; **4.** dick und reich; **5.** stark (wirkend); *un* ~ *remède* ein sehr wirksames Mittel *n*;

6. ♪ lautstark; *peu* ~ lautschwach; **7.** ⊕, *Auto*: leistungsfähig; **II** *m*: *les* ~*s pl. du jour* die Bonzen, die gerade oben sind; die Großen (*od.* Mächtigen) des Tages.

puits (pɥi) *m* **1.** Brunnen *m*; ~ *artésien* artesischer Brunnen *m*; **2.** ⚒ ~ (*de mine od. de carrière*) Schacht *m*; ~ *d'aérage* Luftschacht *m*, Wetterführung *f*; ~ *d'épuisement* Abbauschacht *m*; **3.** ⚔ *frt.* Wolfsgrube *f*; ~ *d'éclatement* Bomben-, Granattrichter *m*.

pull (pul) *m*, **pull-over** (pul[o'vœ:r]) *m* [6g] Pulli *m*, Pullover *m*; ~ *et gilet m* Twinset *n*.

pulluler (pyly'le) *v/i.* [1a] sich schnell vermehren, wuchern; wimmeln.

pulmo|naire (pylmɔ'nɛ:r) **I** *adj.* Lungen...; ⚕ *phtisie f* ~ Lungenschwindsucht *f*; **II** *f* ⚘ Lungenkraut *n*.

pulpation *phm.* (pylpɑ'sjɔ̃) *f* Verwandlung *f* in Brei.

pulp|e (pylp) *f* **1.** ⚘ Fleisch *n* von Früchten; **2.** *anat.* ~ *cérébrale* Hirnmark *n*; **3.** Rückstand *m von ausgepreßten Früchten*, Ausgepreßtes *n*; **4.** *phm.* Brei *m*; ~**er** (~'pe) *v/t.* [1a] zu Brei (*od.* Mus) quetschen; ~**eux** (~'pø) *adj.* [7d] ⚘ *u. anat.* fleischig, breiig.

pulsa|teur (pylsa'tœ:r) **I** *adj.* [7f] klopfend; **II** ⊕ *m* Pulsator *m*, Schwingungsvorrichtung *f*; Schleuder *f e-r elektrischen Waschmaschine*; ~**tif** (~'tif) *adj.* [7e] klopfend; ~**tion** (~sɑ'sjɔ̃) *f* Pulsschlag *m*; *phys.* Schwingung *f*; ⊕ Kolbenhub *m*; ~**toire** (~'twa:r) *adj. a.* ⚕ pulsierend; *fig.* klopfend.

pultacé (pylta'se) *adj.* breiartig.

pulvérin (pylve'rɛ̃) *m* **1.** *ehm.* ⚔ Zündpulver *n*; feines Schießpulver *n*; **2.** Staubregen *m e-s Wasserfalls.*

pulvéri|sateur (pylveriza'tœ:r) *m* Zerstäuber *m*, Sprüh-, Spritzdüse *f*; ⊕ automatisches Spritzgerät *n für Maler*; ~**sation** (~zɑ'sjɔ̃) *f* Pulverisieren *n*; Zerstäuben *n*; ~ *par pistolet* Spritzverfahren *n*; ~**ser** (~'ze) [1a] **I** *v/t.* **1.** pulverisieren, zerstäuben, zu Pulver reiben, stoßen *od.* mahlen; **2.** *fig.* restlos schlagen; zunichte machen; **II** *v/rfl.* *se* ~ in Staub zerfallen.

pulvéru|lence (~ry'lɑ̃:s) *f* Pulverförmigkeit *f*, Staubigkeit *f*; ~**lent** (~ry'lɑ̃) *adj.* [7] **1.** staubig, mit Staub bedeckt; **2.** zerreibbar, mürbe; **3.** pulverförmig.

puma (py'ma) *m zo.* Puma *m*.

pumi(ci)te (py'mit, ~mi'sit) *m* Bimsstein *m*.

punais (py'nɛ) *adj.* [7] *u. m* stinkend (*bsd. aus der Nase*); Stinknase *f*.

punaise (py'nɛ:z) *f* **1.** Wanze *f*; **2.** Reißnagel *m*.

punch (pɔ̃:ʃ) *m* Punsch.

punique (py'nik) *adj.* punisch.

puni|r (py'ni:r) *v/t.* [2a] (be)strafen (*de* für *acc.*); ~ *de mort* mit dem Tode bestrafen; ~**ssable** (pyni'sabl̥ə) *adj.* □ strafbar, sträflich; ~**tif** (~'tif) *adj.* [7e] Straf...; *expédition f* ~*tive* Strafexpedition *f*; ~**tion** (~'sjɔ̃) *f* Bestrafung *f*; Strafe *f*; ~ *corporelle* körperliche Züchtigung *f*; *en* ~ *de* zur Strafe für (*acc.*).

pupillaire (pypi'lɛ:r) *adj.* **1.** ⚖ Mündel...; **2.** *anat.* Pupillen...

pupillarité ⚖ (pypilari'te) *f* Minderjährigkeit *f*.

pupille[1] (py'pil) *su.* Mündel *m od. n*; Zögling *m*; *a. adj.* unmündig.

pupille[2] *anat.* (~) *f* Pupille *f*.

pupitre (py'pitrə) *m* (Schreib-)Pult *n*.

pur (py:r) *adj.* □ **1.** rein, unvermischt; echt; ♪, *rad.* klangrein; *boire du vin* ~ Wein ohne Wasser trinken; *de l'or m* ~ lauteres Gold *n*; *en* ~*e perte* ganz umsonst; **2.** *la* ~*e vérité* die lautere Wahrheit; *adj. u. m inv.*: (*cheval m*) ~ *sang* Vollblut (-pferd *n*) *n*; F *fig.* ~ *sang inv.* rein, echt; **3.** hell, ungetrübt; *ciel m* ~ unbewölkter Himmel *m*; *lumière f* ~*e* klares Licht *n*; **4.** unbefleckt, makellos; **5.** bloß, einfach, offenbar; *par* ~*e malice* aus purer Bosheit; **6.** ⚖ unbedingt; *purement et simplement* schlechthin; lediglich; **7.** *état m de* ~*e nature* Natur-, Urzustand *m*; *rl.* Zustand *m* vor dem Sündenfalle.

purée (py're) *f* **1.** Brei *m*; ~ *de pommes (de terre)* Quetschkartoffeln *pl.*; **2.** P Geldverlegenheit *f*, Klemme *f* F, Not *f*.

pureté (pyr'te) *f* Reinheit *f*; *fig.* Lauterkeit *f*; Keuschheit *f*; *rad.* ~ (*de la réception od. de l'audition*) Klangreinheit *f*.

purga|tif (pyrga'tif) **I** *adj.* [7e] reinigend; ⚕ abführend; **II** *m* ⚕ Abführmittel *n*; ~**tion** (~gɑ'sjɔ̃) *f* **1.** Reinigung *f*, Läuterung *f*; **2.** ⚕ Abführen *n*; Abführmittel *n*;

~toire (~gatwa:r) *m* Fegefeuer *n*.
purge (pyrʒ) *f* **1.** ⊕ Ablauf *m*; *robinet m (tuyau m) de ~* Ablaufhahn *m* (-rohr *n*); **2.** (Hypotheken-) Löschung *f*; **3.** ⚕ Abführmittel *n*; **4.** *pol.* Säuberungsaktion *f*.
purg|eoir ⊕ (pyr'ʒwa:r) *m* Filterbecken *n*; Reinigungsbehälter *m*; **~er** (~'ʒe) [1l] **I** *v/t.* **1.** reinigen, säubern, läutern; **2.** rechtfertigen, entschuldigen; **3.** ⚕ *~ q.* j-m ein Abführmittel geben; **4.** ⚖ *~ les hypothèques* die Hypotheken löschen; **II** *v/rfl.* **se ~ 5.** sich reinigen; **6.** *se ~ de* sich rechtfertigen wegen (*gén.*); **7.** ⚕ ein Abführmittel nehmen.
purifi|cation *rl.* ⊕ (pyrifika'sjɔ̃) *f* Reinigung *f*; **~catoire** *rl.* (~ka'twa:r) *m* Kelchtuch *n*; **~er** (pyri'fje) *v/t.* [1a] reinigen, säubern; *fig.* läutern; veredeln.
puriforme ⚕ (~'fɔrm) *adj.* eiterartig.
purin ⚒ (py'rɛ̃) *m* (Mist-)Jauche *f*.
puris|me *gr.* (py'rism) *m* Purismus *m*; **~te** *gr.* (py'rist) **I** *adj.* puristisch, sprachreinigend; **II** *su.* Purist *m*.
puri|tain (pyri'tɛ̃) *adj. u. su* [7] *rl.* puritanisch; Puritaner *m*; *fig.* Tugendheld *m*; **~tanisme** (~ta'nism) *m* Lehre *f* der Puritaner; *fig.* Sittenstrenge *f*.
purpurin (pyrpy'rɛ̃) *adj.* [7] purpurfarben.
puru|lence ⚕ (pyry'lɑ̃:s) *f* Eiterung *f*; **~lent** ⚕ (~'lɑ̃) *adj.* [7] eit(e)rig.
pus ⚕ (py) *m* Eiter *m*.
pusillani|me (pyzila'nim) *adj.* kleinmütig, verzagt; **~mité** (~nimi'te) *f* Kleinmut *m*, Verzagtheit *f*.
pustule ⚕ (pys'tyl) *f* Pustel *f*.
putain P (py'tɛ̃) *f* Hure *f*, Fose *f* V.
putatif ⚖ (pyta'tif) *adj.* [7e] vermeintlich, Putativ...
pute P (pyt) *f* Fose *f* V.
putois *zo.* (py'twa) *m* Iltis(fell *n*) *m*.
putré|faction (pytrefak'sjɔ̃) *f* Fäulnis *f*; Verwesung *f*; **~fier** (~'fje) [1a] **I** *v/t.* Fäulnis verursachen; **II** *v/rfl.* *se ~* faulen, verwesen.
putres|cent (pytrɛ'sɑ̃) *adj.* [7] zu faulen anfangend; **~cible** (~'siblə) *adj.* verweslich.
putri|de (py'trid) *adj.* faulig, moderig; **~dité** (~di'te) *f* Fäulnis *f*.
putsch *pol.* (putʃ) *m* Putsch *m*; **~iste** *pol.* (~'tʃist) *m* Putschist *m*.
puy (pɥi) *m Auvergne*: Berg *m*.
puzzle ('pœzlə) *m* **1.** Puzzlespiel *n*, Geduldspiel *n*; *fig. un ~ historique* ein historisches Rätsel *n*; **2.** *zo. les différentes pièces connues de ce ~* die verschiedenen bekannten Stücke dieser seltsamen Art.
pycnomètre ⚗ (piknɔ'mɛ:trə) *m* Pyknometer *m od. n*, Dichtigkeitsmesser *m*.
pygargue *orn.* (pi'garg) *m* Seeadler *m*.
Pygmée (pig'me) *m* **1.** Pygmäe *m*; **2.** ♀ *fig.* Zwerg *m*, Wicht *m*.
pyjama (piʒa'ma) *m* Pyjama *m*, Schlafanzug *m*; *~ de plage* Strandanzug *m*.
pylône (pi'lo:n) *m* ⚠ Pylon *m*; Licht-, Leitungs-, Antennen-, Sende-mast *m*, Mast *m*; Kranbaum *m*; Funk-, Verkehrs-turm *m*.
pyrami|dal (pirami'dal) *adj.* [5c] pyramidenförmig; F *fig.* riesig; *bêtise f ~e* riesige Dummheit *f*; **~de** (~'mid) *f* Pyramide *f*; **~der** (~'de) *v/i.* [1a] e-e Pyramide bilden, spitz zulaufen; *pyramidé* pyramidenförmig; **~don** *phm.* (~'dɔ̃) *m* Pyramidon *n*.
Pyrénées (pire'ne) *f/pl.*: **les ~** die Pyrenäen *pl*.
pyrétique ⚕ (pire'tik) *adj.* fieberhaft.
pyrique *phys.* (pi'rik) *adj.* Feuer...
pyri|te *min.* (pi'rit) *f* (Schwefel-) Kies *m*; **~teux** *min.* (~'tø) *adj.* [7d] schwefelkiesig; *cuivre m ~* Kupferkies *m*.
pyro|gravure (pirɔgra'vy:r) *f*: *~* Brandmalerei *f*; **~lâtre** (~'lɑ:trə) *m* Feueranbeter *m*; **~lâtrie** (~lɑ'tri) *f* Feueranbetung *f*.
pyroligneux ⚗ (pirɔli'ɲø) *adj.* [7d]: *acide m ~* Holzessig *m*.
pyrosis ⚕ (piro'zis) *m* Sodbrennen *n*.
pyrotech|nicien (pirɔtɛkni'sjɛ̃) *m* Feuerwerker *m*; **~nie** (~tɛk'ni) *f* Feuerwerkerei *f*; **~nique** (~tɛk'nik) *adj.* Feuerwerks..., pyrotechnisch.
pyroxyle ⚗ (pirɔk'sil) *m* Schießbaumwolle *f*.
pyrrho|nien (pirɔ'njɛ̃) *adj. u. su.* skeptisch; Zweifler *m*, Skeptiker *m*; **~nisme** (~'nism) *m* Skepsis *f*.
python *zo.* (pi'tɔ̃) *m* Tigerschlange *f*.
pythonisse (pitɔ'nis) *f* Wahrsagerin *f*.

Q

Q, q (ky) *m* Q, q *n.*

quadragénaire (kwadraʒe'nɛ:r) *adj. u. su.* vierzigjährig(er Mann *m*).

quadragési|mal (~ʒezi'mal) *adj.* [5c] Fastenzeit ...; **~me** *rl.* (~'zim) *f* Fastenzeit *f*; (*le dimanche de*) *la* ~ Fastensonntag *m*.

quadrangulaire (kwadrɑ̃gy'lɛ:r) [*adj.* viereckig.]

quadrant (kwa'drɑ̃) *m* Quadrant *m*, Viertelkreis *m*.

quadra|t *ast.* (kwa'dra) *adj.*: *opposition f* ~*e* Längenunterschied *m* von 90°; **~teur** 𝔄 (~'tœ:r) *m* Aufsucher *m* der Quadratur des Kreises; **~tique** (~'tik) *adj.* quadratisch; **~ture** ✝ (~'ty:r) *f* Quadratur *f*, *ast.* Geviert *n*.

quadri|cycle *Auto* (kwadri'siklə) *adj.* vierräderig; **~ennal** *adj.* ⚒ (~ɛ'nal) *adj.* [5c] vierjährig; **~flore** ✿ (~'flɔ:r) *adj.* vierblütig; **~folié** (~fɔ'lje) *adj.* vierblätterig.

quadrige (kwa'dri:ʒ) *m* Quadriga *f*.

quadrilatère (~la'tɛ:r) **I** *adj.* vierseitig; **II** *m* Viereck *n*.

quadril|lage (kadri'ja:ʒ) *m* Quadrierung *f*; Karierung *f*; *fig.* (Propaganda-) Netz *n*: ⚔ Säuberung *f* des Geländes; ⊕ ~ *métallique* Drahtgitter *n*; **~le** (ka'drij) *f* Quadrille *f*; **~lé** (~dri'je) *adj.* quadriert; kariert, gewürfelt.

quadri|loculaire ✿ (kwadrilɔky'lɛ:r) *adj.* vierfächerig; **~nôme** 𝔄 (~'no:m) *m* Quadrinom *n*, viergliederige Größe *f*; **~moteur** (~mɔ'tœ:r) [7f] **I** *adj.* viermotorig; **II** ✈ *m* viermotoriges Flugzeug *n*; **~parti** *pol.* (~par'ti) *adj./m*: *le statut m* ~ das Viermächtestatut *n*; **~partisme** *pol.* (~par'tism) *m* Politik *f* des Viermächtestatus; **~partite** *pol.* (~par'tit) *adj.* Viermächte...; **~réacteur** (~reak'tœ:r) *m* viermotoriges Düsenflugzeug *n*; **~syllabique** (~sila'bik) *adj.* viersilbig; **~valence** ⚗ (~va'lɑ̃:s) *f* Vierwertigkeit *f*; **~valent** ⚗ (~va'lɑ̃) *adj.* [7] vierwertig.

quadru|mane *zo.* (kwadry'man) *adj. u. su.* vierhändig; Vierhänder *m*; **~pède** (~'pɛd) *adj. u. su.* vierfüßig; Vierfüßler *m*.

quadrupl|e (kwa'dryplə) **I** *adj.* □ vierfach; ♪ ~ *croche f* Vierundsechzigstelnote *f*; **II** *m das* Vierfache *n*; **~é(e)s** (~dry'ple) *m* (*f*) *pl.* Vierlinge *pl.* **~er** (~) [1a] **I** *v/t.* vervierfachen; **II** *v/i.* um das Vierfache zunehmen.

quai (ke, kɛ) *m* **1.** Kai *m*, Fluß-, Hafen-damm *m*, Uferstraße *f*; **2.** 🚆 Bahnsteig *m*.

quaker *m*, **~esse** *f* (kwe'kœ:r, ~'krɛs) Quäker *m*, Quäkerin *f*; **~isme** (~'krism) *m* Quäkertum *n*.

qualifi|able (kali'fjablə) *adj.* qualifizierbar, bestimmbar, benennbar; **~cateur** *rl. cath.* (~ka'tœ:r) *m* kirchlicher Untersuchungsrichter *m*; **~catif** *gr.* (~ka'tif) **I** *adj.* [7e] e-e Eigenschaft bezeichnend; **II** *m* adjektivisches Begriffswort *n*; **~cation** (~kɑ'sjɔ̃) *f* Bestimmung *f*,

Benennung *f*, Bezeichnung *f*, Qualifizierung *f*; Titulierung *f*; Eignung *f*, Qualifikation *f*; Befähigung *f* (*à* zu *dat.*); **~er** (~'fje) [1a] **I** *v/t.* bestimmen, (be)nennen, erklären, näher bezeichnen (*de* als), betiteln; qualifizieren; *qualifié* bezeichnet, benannt; befähigt; *personne f qualifiée* namhafte Persönlichkeit *f*; ⚖ *crime m qualifié* schweres Verbrechen *n*; *cheval m qualifié* allen Rennvorschriften genügendes Pferd *n*; *ouvrier m qualifié* Fach-, Spezial-arbeiter *m*; ⚖ *vol m qualifié* schwerer Diebstahl *m*; *Sport*: *qualifié* kampffähig; **II** *v/rfl.* se ~ sich bezeichnen, sich ausgeben(de als); bezeichnet (*od.* genannt) werden; *Sport*: se ~ *pour la finale* sich für den Endkampf (*od.* für das Endspiel) qualifizieren; *se* ~ (de) *docteur*, *se* ~ *de marquis* sich Doktor, sich Marquis nennen.

quali|tatif (kalita'tif) *adj.* [7e] qualitativ, die Eigenschaft betreffend (*od.* ausdrückend); **~té** (~'te) *f* **1.** Eigenschaft *f*, Beschaffenheit *f*, Qualität *f*; *en* ~ *de* ... als ...; in meiner, deiner *usw.* Eigenschaft als ...; **2.** gute Eigenschaft *f*, Qualität *f*, Güte *f*, Wert *m*; *de première* ~ erstklassig; **3.** *ehm.* vornehmer Stand *m*; *homme m de* ~ Standesperson *f*; **4.** Titel *m*, Eigenschaft *f*; **5.** Rechtstitel *m*, Berechtigung *f*; *avoir* ~ *pour faire qch.* berechtigt sein etw. zu tun.

quand (kɑ̃, *vor Vokalen* kɑ̃t) **I** *adv.* wann?; *depuis* ~? seit wann?; *jusqu'à* ~?, bis wann?, wie lange (noch)?; *à* ~?, *pour?* ~ auf welche Zeit?, für wie lange?; *de* ~ *date cet usage?* seit wann ist dies üblich?; **II** *cj.* **1.** wenn, als; ~ *j'y pense* wenn ich daran denke; ~ *Dieu créa le monde* als Gott die Welt (er)schuf; **2.** ~ (*même*), ~ *bien même* wenn auch, selbst wenn; ~ *je le voudrais, je ne le pourrais pas* selbst wenn ich es wollte, könnte ich es nicht tun; **III** *adv.* ~ *même* dennoch, trotz allem; *je le ferai* ~ *même* ich werde es trotzdem (*od.* doch) tun.

quant (kɑ̃): ~ **à** ... (kɑ̃'ta ...) *prpt.* was ... betrifft; ~ *à lui* was ihn betrifft, er seinerseits; *être* (*od. rester od. se tenir*) *sur son* ~ *à soi* sehr zugeknöpft sein, eingebildet sein, den feinen Mann spielen.

quantième (kɑ̃'tjɛm) *m*: *le* ~ der Soundsovielte; *le* ~ *du mois* der jeweilige Monatstag *m*; *l'indication f du* ~ *du mois* die Angabe *f* des jeweiligen Monatstages.

quanti|tatif (kɑ̃tita'tif) *adj.* [7e] quantitativ, e-e Menge bezeichnend; **~té** (~'te) *f* **1.** Menge *f*, Quantität *f*; ~ *de personnes sont venues* sehr viele Personen sind gekommen; *folgt aber auf quantité de ein su. im sg., so steht das Verb auch im sg.*: ~ *de monde se prélassait sur la pelouse* sehr viele (e-e Menge) Menschen aalten sich auf der Wiese; **2.** ♪ Zeitmaß *n*; *gr.* Quantität *f* der Silben, Silbenmaß *n*; **3.** ⩘ Größe *f*.

quantum (kwɑ̃'tɔm) *m* **1.** Betrag *m*, Summe *f*; beschlußfähige Anzahl *f v. Personen in e-r Sitzung*; *phys.* Quant *n*; **2.** ⚖ ~ *de la peine* Strafmaß *n*; **3** 🕮 *théorie f des quanta* Quantentheorie *f*.

quaran|taine (karɑ̃'tɛn) *f* **1.** (etwa) vierzig; **2.** *la* ~ die Vierziger *m/pl.*; *elle a passé la* ~ sie ist über vierzig, sie ist in den Vierzigern; **3.** ⚓ Quarantäne *f*, Gesundheitsprobe *f*; *faire* ~ Quarantäne halten; *fig. mettre* (*od. tenir*) *q. en* ~ j-n von der Umwelt ausschließen; **4.** *rl.* vierzigtägige Fastenzeit *f*; **~te** (ka'rɑ̃:t) **I** *adj./n.c.* vierzig; *les* ~ *heures f/pl.* die Vierzigstundenwoche *f*; ~ *et unième* Einundvierzigster *m*; *page f* ~ Seite vierzig; **II** *m/inv.* Vierzig *f*; *les* ♀ *pl.* die 40 Mitglieder *n/pl.* der Französischen Akademie; **~tenaire** (~rɑ̃tə'nɛ:r) **I** *adj.* **1.** vierzigjährig; **2.** Quarantäne...; **II** *m* Quarantäne-ort *m*, -stelle *f*; **~tième** (~'tjɛm) **I** *adj./n.o.* vierzigste(r, s); vierzigstel; **II** *su.* Vierzigste(r, s); **III** *m* Vierzigstel *n*.

quarderonner ⚠ (kardərɔ'ne) *v/t.* [1a] an den Kanten abrunden.

quart (ka:r) *m* **1.** vierter Teil *m*; Viertel *n*; ~ *d'heure* Viertelstunde *f*; ~ *d'heure de grâce* akademisches Viertel *n*; *les trois* ~*s du temps* die meiste Zeit *f*; *le* ~ *d'heure de Rabelais* der Augenblick, wo man die Zeche bezahlen muß; *allg.* unangenehmer Augenblick *m*; ~ *de soupir* Sechzehntelpause *f*; *il est le* ~ es ist Viertel; *midi et* ~ Viertel eins; Viertel nach zwölf; *une heure et* ~ Viertel zwei; ein Viertel nach eins; *deux heures moins le* (*seltener*: *un*) ~ drei Viertel zwei (Uhr); **2.** ⚓ Quartier *n*, Wache *f*; Wachmannschaft *f*; *officier m de ~* Wachtoffizier *m*; *faire le ~, être de ~ avec q.* mit j-m auf Wache sein; **3.** ⚔ Feldbecher *m*; F Glas *n* Bier (¼ *Liter*); **4.** Viertelpfund *n*; *un ~ de beurre* ein Viertelpfund Butter; **5.** * Polizeirevier *n*.

quart|aine (kar'tɛn) *adj./f.*: *fièvre f ~ jeden vierten Tag auftretendes* Fieber *n*; **~anier** *ch.* (ta'nje) *m* vierjähriges Wildschwein *n*; **~aut** (kar'to) *m* Vierteltonne *f*, Tönnchen *n* (*zwischen 57 u. 137 l*).

quarte (kart) *f* **1.** Quart *n* (*altes Maß*); **2.** ♪ *u. esc.* Quart(e) *f*; **~ron** (kar'trõ) *m* **1.** 25 Stück *pl.* (*Eier*); **2.** *fig. péj.* Grüppchen *n*, kleiner Haufen *m*; **3.** Mischling *m*.

quartier (kar'tje) *m* **1.** Viertel *n*; Teil *m*, Stück *n*; *~ de veau* Kalbsviertel *n*; *~ de lard* Speckseite *f*; *bois m de ~* Scheitholz *n*; *~s pl. de pierre* große Steinblöcke *m/pl.*; Bruchsteine *m/pl.*; *mettre en ~s* vierteilen; **2.** (Mond-)Viertel *n*; **3.** Quartal(zahlung *f*) *n*; **4.** (Stadt-)Viertel *n*, Stadtteil *m*; *~s pl.* Gegend *f*, Nachbarschaft *f*; *le* ♀ *Latin* Universitätsviertel (*in Paris*); **5.** Wohnsitz *m*; Quartier *n*; *mettre en ~* einquartieren; **6.** *écol.* Arbeitssaal *m der Schüler*; **7.** *prouver seize ~s (de noblesse)* sechzehn Ahnen nachweisen; **8.** Gnade *f*; *demander ~* um Gnade bitten; *faire ~* das Leben schenken; **9.** ⚔ Kaserne *f*; Standquartier *n*; *~ d'assemblée* Sammelplatz *m*; *~ d'hiver* Winterquartier *n*; *~ général* Hauptquartier *n*; *grand ~ général* Generalstab *m*; oberste Heeresleitung *f*; *prendre ses ~s* sich einquartieren; **10.** Oberleder *n*.

quartier|-maître ⚓ (kartje'mɛtrə) *m* [6a] Maat *m*.

quarto (kwar'to) *adv.* viertens.

quartz *min.* (kwarts) *m* Quarz *m*; **~eux** (~'tsø) *adj.* [7d] quarz(halt)ig; Quarz...

quasi (ka'zi) *adv.* fast; gleichsam, gewissermaßen; Schein...; **~-délit** ⚖ (~de'li) *m* [6g] unvorsätzliches Vergehen *n*; **~ment** F (~'mɑ̃) *adv.* beinahe; gleichsam; **~-totalité** *f*: *la ~* fast die Gesamtheit *f*.

quaternaire (kwatɛr'nɛ:r) *adj.* durch vier teilbar; ⚘ zu je vieren vorhanden; *géol.* Quartär...

quaterne (kwa'tɛrn) *m* Quaterne *f*, Vierzahl *f* (*Lotterie*).

quator|ze (ka'tɔrz) *adj./n.c.* vierzehn; *Louis ~ (XIV)* Ludwig der Vierzehnte (XIV.); **~zième** (~'zjɛm) *adj./n.o.* vierzehnter.

quatrain (ka'trɛ̃) *m* vierzeiliges Gedicht *n*.

quatre ('katrə) *adj./n.c. inv.* **1.** vier; *le ~ ans Sport*: der Vierjährige (*Pferd*); ♪ *(jouer) à ~ mains* vierhändig (spielen); *à ~ pattes* auf allen vieren; *tomber les ~ fers en l'air* alle vier(e) von sich strecken; *se tenir à ~* sich sehr beherrschen; *se mettre en ~ pour q.* für j-n durchs Feuer gehen; *fig.* sich die Beine für j-n ausreißen; **2.** *(l')un de ces ~ matins* an e-m der nächsten Tage, nächstens, bald; *à ~ pas d'ici* drei Schritt von hier, ganz in der Nähe; **3.** *Henri ~ (IV)* Heinrich der Vierte (IV.).

Quatre-Cantons (katrəkɑ̃'tõ) *m/pl.*: *Lac m des ~* Vierwaldstätter See *m*.

quatre|-mendiants (katrəmɑ̃'djɑ̃) *m/pl.* Studentenfutter *n* (*Rosinen, Mandeln, Nüsse*); **~-pans** ⊕ (~'pɑ̃) *m* [6c] Vierkantkopf *m*; **~-saisons** (~sɛ'zõ)) **I** *f* [6c] *Art* Erdbeere *f*; **II** *f/pl.* Obst und Gemüse *n der Straßenhändler*; *marchand m des ~* herumziehender Obst- u. Gemüsehändler *m*; **~-temps** (katrə'tɑ̃) *m/pl. rl.* Quatember *m/pl.*

quatre-vingt (katrə'vɛ̃) *adj./n.c.* achtzig; *~s unmittelbar vor e-m su. oder wenn ein su. zu ergänzen ist*: *~s ans* achtzig Jahre; *nous étions ~s (hommes)* wir waren unser 80 (Mann); *~s millions (milliards)* 80 Millionen (Milliarden); *aber*: *~ mille* (*mille gilt nicht als su., sondern als Zahlwort!*) achtzigtausend; *~-dix* neunzig; *~-onze, ~-douze, ~-treize* zwei-, ein-, drei-undneunzig.

quatre-vingtième (~vɛ̃'tjɛm) *adj./n.o.* achtzigste(r, s).

quatrième (katri'ɛm) **I** *adj./n.o.* vierte(r, s); **II** *su.* Vierte(r, s); **III** *m* vierter Stock *m*; **IV** *f écol.* vierte Klasse *f*; **~ment** (katriɛm'mɑ̃) *adv.* viertens.

quatuor ♪ (kwa'tɥɔ:r) *m* Quartett *n*; *~ à cordes* Streichquartett *n*.

quayage ⚓ (kɛ'ja:ʒ) *m* Kai-gebühr *f*, -geld *n*.

que¹ (kə), *vor vo. u. stummem h*: **qu'**[k] **I** *pr/r.* **1.** *acc.* welchen *od.* den, welche *od.* die, welches *od.* das; *pl.* welche *od.* die; **2.** *ce que* (*acc.*) (*das*) was (*acc.*); *je sais ce qu'il veut* ich weiß, was er will; *à ce que je crois* wie ich glaube; *à ce qu'on dit* nach dem, was man sagt; **3.** *als Prädikatsnominativ bei* être: *malheureux que je suis!* ich Unglücklicher!; *fou que tu es!* du Dummkopf!; **4.** *noch als nom. erhalten*: *je ne sais pas ce que c'est* ich weiß nicht, was das ist; *voilà ce que c'est* das ist es (eben); *qu'est-ce que c'est (que cela)?* was ist das?; *vaille que vaille* auf gut Glück; es komme, wie es wolle; *coûte que coûte* um jeden Preis; koste es, was es wolle!; *advienne que pourra* komme, was da kommen mag!; **II** *pr/int.* **5.** *acc.* was?; *que fait-il?* was macht er?; *qu'en pensez-vous?* was halten Sie davon?; *je ne sais que faire* (*a. moderner*: *quoi faire*) ich weiß nicht, was ich machen soll; *je ne sais qu'y faire* ich weiß nicht, was da zu machen ist; *que faire?* (*a. moderner*: *quoi faire?*) was soll man machen?; *qu'est-ce que j'entends?* was höre ich?; **6.** was? a) *als Prädikatsnominativ vor e-r Form von* être *und* devenir: *qu'est-ce que c'est que cela? od. qu'est-ce que c'est? od. qu'est-ce? od. qu'est-cela?* was ist das?; *que suis-je?* was bin ich? (*vgl.* 6b); *que deviendrai-je?* was soll aus mir werden?; b) *als logisches Subjekt*: *qu'est-il arrivé? od. que s'est-il passé?* was ist passiert?; *que vous est-il arrivé?* was ist Ihnen zugestoßen?; *qu'est-ce que la mort? od. qu'est-ce que c'est que la mort?* was ist der Tod?; *qu'est-ce que je suis?* was bin ich? (*vgl.* 6a).

que[2] (kə), *vor vo. u. stummem h:* **qu'** [k] **I** *cj.* **1.** daß; *je crois qu'il fera beau* ich glaube, daß schönes Wetter sein wird (*od.* daß es schön werden wird); *Wunsch mit subj.*: *je voudrais qu'il vînt* ich wollte, er käme; *peut-être qu'il s'est trompé* vielleicht hat er sich geirrt; *est-ce que votre mère est malade?* ist Ihre Mutter krank?; *est-ce que vous viendrez?* werden Sie kommen?; *où est-ce que vous allez?* wohin gehen Sie?, wo gehen Sie hin?; *Erstaunen mit subj.*: *qu'il se soit oublié à ce point!* daß er sich so vergessen konnte!; wie konnte er sich so vergessen!; *Befehl mit subj.*: *qu'on écoute!* man höre (zu)!; *que la lumière soit!* es werde Licht!; *Vermutung mit subj.*: *qu'il le fasse ou non* er mag es tun oder nicht; **2.** *que vertritt verschiedene Nebensätze*: *le jour qu'il partit* an dem Tage, an welchem er abreiste; *de la façon que j'ai vécu* so, wie ich gelebt habe; **3.** *stellvertretend für andere cj. im zweiten u. folgenden Satzglied*; *puisque vous le dites et que nous le croyons* da Sie es sagen und wir es glauben; *s'il venait et qu'il voulût nous voir* wenn er käme und uns sehen wollte; **4.** *bei Vergleichen*: als, wie; *plus grand que moi* größer als ich; *il est de deux ans plus âgé que moi* er ist zwei Jahre älter als ich; *il n'est pas si* (*od. aussi*) *âgé que moi* er ist nicht so alt wie ich; *c'est autre chose qu'il ne (le) croit* es ist anders, als er glaubt; *tel que je suis* so wie ich bin; *tant bien que mal* so gut es geht; **5.** es sei denn; *d'où lui vient cette force que de Dieu?* von wem sonst hat er diese Kraft als von Gott?; **6. ne ... que** nur; erst; *ne ... plus que* nur noch; *ne ... que trop* nur allzu (sehr); *il n'y a que trop longtemps que je le supporte* ich habe ihn nur allzu lange geduldet; *si ce n'est que cela* wenn das alles ist; *je ne veux que le voir* ich will ihn bloß mal sehen; *je ne crois que ce que je vois* ich glaube nur, was ich sehe; **7. non** (*pas*) **...que** *mit subj.* nicht als ob; **8. mais que ...** (**ou que ...**) *mit subj.* (*darauf folgt der HS im ind. mit* et *am Anfang*) aber wenn (*bloße Annahme*); *mais que l'un ou l'autre de ces partis l'emporte aux urnes une seule fois, ou qu'il parvienne à s'emparer du pouvoir en dehors des élections, et le pendule politique s'immobilise comme si le mécanisme était brisé* sollte aber die eine oder die andere dieser Parteien an den Wahlurnen ein einziges Mal den Sieg davontragen (*od.* erringen), oder sollte es ihr gelingen, außerhalb der Wahlen die Macht an sich zu reißen, dann bleibt das politische Pendel stehen, als wäre das Getriebe entzwei; *les volets étaient baissés de ce côté, mais qu'un de ses hommes se fût trouvé là par hasard, et nous étions tous pour la corvée pénitentiaire de N.* die Fensterläden waren auf dieser Seite zu, aber wenn einer seiner Männer zufällig dagewesen wäre, wären wir alle für den Strafdienst von N. reif gewesen; **9.** *litt.* **que si ...** wenn aber; *que si ce loup t'atteint,* *casse-lui la mâchoire* wenn dich aber dieser Wolf zu packen kriegt, dann zerschlage ihm den Kiefer!; **10.** *abs.* F **que si!** doch! (*als Antwort auf e-e verneinte Frage*: sicher!; *vous ne ferez donc pas cela? — Oh que si!* Sie werden das also nicht machen? — Aber doch!; aber natürlich!; na sicher!; na klar! F; **11.** *zur Hervorhebung mst. mit* c'est ...: *c'est une chose sérieuse que la mort* es ist e-e ernste Sache um das Sterben; der Tod ist etwas Ernstes; *quelle faute que cette démarche!* was für ein Fehler, e-n solchen Schritt zu tun!; **12.** *oh que non (pas)!* o nein!; *il a dit que non (que oui)* er hat nein (ja) gesagt; **13.** F *si j'étais que de vous* (wenn ich) an Ihrer Stelle (wäre) ...; **II** *adv.* **14.** warum?; was?; *que me parlez-vous de cet homme?* warum (*od.* was) sprechen Sie mir von diesem Mann?; **15.** *Ausruf*: **que de ...** wieviel; *que de fois!* wie oft; *que de monde!* wieviel Menschen! (*od.* Leute!); ~ *d'énergie perdue!* wieviel vergeudete Energie!; **16.** *Ausruf*: *que* wie sehr!; *que la vie est belle!* ist das Leben schön!; wie schön ist das Leben!; *qu'il écrit bien!* wie gut schreibt er!; (*od. a.* comme *vgl. dort* 5).

quel (kɛl) *adj.* [7c] **1.** welcher, welche, welches; was für ein(e); ~ *âge a-t-il?* wie alt ist er?; ~*le heure est-il?* wie spät (*od.* wieviel Uhr) ist es?; *par* ~*s moyens* wodurch?, mit welchen Mitteln?; **2.** *tel* ~ so wie er ist, ohne jede Änderung (*od.* Hinzufügung), unverändert; in s-m jetzigen Zustand; *nous acceptons votre plan tel* ~ wir nehmen Ihren Plan an, wie er ist; *je vous rends vos livres tels quels* ich gebe Ihnen Ihre Bücher in ihrem jetzigen Zustand zurück; *prendre la chose telle quelle* die Sache nehmen, wie sie ist; *m/pl.*; **3.** *Ausruf*: welch ein(e); ~ *homme!* was für ein Mann!; **4.** ~ *que* (*mit subj.*) welcher (welche, welches) auch immer; ~*le que soit son influence* welchen Einfluß er auch immer haben mag.

quelconque (kɛl'kɔ̃:k[ə]) *adj.* **1.** *mst. nachgestellt*: irgendein(e); *une ligne* ~ irgendeine Linie *f* (*od.* Zeile *f*); *a. im pl.*: *pour toutes les constructions* ~*s* für jederlei Bauten; *kommt noch ein adj. hinzu, dann stellt* ~ *vor*: *un* ~ *violon japonais* irgendeine japanische Geige *f*; F *vorgestellt*: *un* ~ *pauvre diable m* irgendein armer Schlucker *m*; *il a été attaqué par de* ~*s voyous* er ist von einigen Rowdys überfallen worden; **2.** *vorgestellt od. prädikativ péj.*: x-beliebig, unbedeutend; *un* ~ *agent de publicité* irgendein unbedeutender Reklamemann *m*.

quelque (kɛlk[ə]) **I** *adj.* **1.** irgendein(e); *pl.*: paar; ~ *chose f* (irgend) etwas; ~ *jour* e-s (schönen) Tages; ~ *part* irgendwo(hin); ~ *peu* etwas, ein bißchen; ~ *personne* (irgend) jemand; *il y a* ~ *temps* vor einiger Zeit; *les* ~*s objets qu'il avait* die paar Gegenstände, die er besaß; *tous les* ~*s pas, il s'arrêtait* alle paar Schritte machte er halt (*od.* blieb er stehen); ~ *part* irgendwo(hin); **2.** ~ ... *que* (*mit subj.*) welcher (welche, welches) auch immer; was für (*od.* wie) ... auch immer; ~*s richesses qu'il ait* welche Reichtümer er auch haben möge; **II** *advt.* (*also inv.!*): **3.** etwa, ungefähr; *voilà* ~ *trente ans* vor etwa dreißig Jahren; **4.** ~ ... (*adj.*) *que* (*mit subj.*) wie sehr auch; ~ *riches qu'ils soient* wie reich sie auch sein mögen.

quelque chose (kɛlkə'ʃo:z, F kɛlk'ʃo:z) **I.** *m* etwas; ~ *de bon* etwas Gutes; ~ *m'a été dit* mir ist etwas gesagt worden; *savez-vous* ~ *de nouveau?* wissen Sie etwas Neues?; *un certain* ~ ein gewisses Etwas; **II** *f* was auch immer; ~ *qu'il ait dite* was er auch immer gesagt hat.

quelquefois (kɛlkə'fwa, F kɛlk'fwa) *adv.* manchmal, mitunter.

quelques fois (kɛlkə'fwa) *adv.* mehrere Male, mehrmals.

quelqu'un (kɛl'kœ̃) *pr. su.* [7] **1.** (irgend-)einer, (-)eine, (-)eins; *m/pl. quelques-uns*, *f/pl. quelques-unes* (~kə'zœ̃, ~'zyn) einige, manche; **2.** *abs.* (*ohne f*) jemand; ~ *(d')étranger* jemand Fremdes; ~ *d'autre* jemand anders, irgendein anderer; ce ~ dieser Bewußte *m*; *être* ~ e-e bedeutende Persönlichkeit sein (*od.* darstellen).

quéman|dage (kemɑ̃'da:ʒ) *m* Bettelei *f*; ~**der** (~'de) [1a] **I** *v/i.* aufdringlich betteln; **II** *v/t.* ~ *un emploi* um e-e Stellung betteln;

~deur (~'dœ:r) *su.* [7g] lästiger Bettler *m*.
qu'en-dira-t-on (kɑ̃dira'tɔ̃) *m* [6c]: *le* ~ das Gerede *n* der Leute; *se moquer du* ~ auf das Gerede der Leute pfeifen; *écouter les* ~ auf das Gerede der Leute hören.
quenelle *cuis.* (kə'nɛl) *f* Fleisch-, Fisch-klößchen *n*.
quenotte F *enf.* (kə'nɔt) *f* Zähnchen *n*, Beißerchen *n*.
quenouille (k[ə]'nuj) *f* **1.** (Spinn-) Rocken *m*, Kunkel *f*; **2.** ⚒ Spindelbaum *m* (*v. Obstbäumen*).
querel|le (kə'rɛl) *f* Streit *m*, Zank *m*; ~ *de mots* Streit *m* um Wore; *épouser* (*od. embrasser*) *la* ~ *de q.* bei e-m Streite für j-n Partei ergreifen; **~ler** (kərɛ'le) [1a] **I** *v/t.* ~ *q.* j-n ausschimpfen, j-n anfahren F, j-m Vorwürfe machen; **II** *v/rfl.* *se* ~ sich zanken, sich streiten; **~leur** (~'lœ:r) [7g] **I** *adj.* zänkisch, streitsüchtig; **II** *su.* Zänker *m*, Stänker *m* F; *f*: Xanthippe *f*.
quérir (ke'rir) *v/t. nur im inf. gebr.*: *aller* ~, *venir* ~ (ab)holen; *envoyer* ~ abholen lassen; *j'allai* ~ *quelques bougies* ich holte ein paar Kerzen.
qu'est-ce que ('kɛskə) *pr/int. acc.* was?; ~ *vous voyez sur la table?* was sehen Sie auf dem Tisch?
qu'est-ce qui ('kɛski) *pr/int. nom.* was?; ~ *se trouve sur la table?* was befindet sich auf dem Tisch?; (*vgl. aber auch* que[1] II, 6).
questeur (kwɛs'tœ:r) *m antiq.* Quästor *m*; *parl.* Schatzmeister *m*.
question (kɛs'tjɔ̃) *f* **1.** Frage *f*; Problem *n*; *adresser* (*od. faire*) *une* ~ *à q.* j-m e-e Frage stellen; *poser une* ~ e-e Frage stellen (*od.* aufwerfen); *être* (*mettre*) *en* ~ zur Diskussion stehen (stellen); *il est* ~ *de* es ist die Rede von, es handelt sich um; man plant; *a. pol.* ~ *de confiance* Vertrauensfrage *f*; *qu'il n'en soit plus* ~! kein Wort mehr davon!; *iron. la belle* ~! *od. quelle* ~! so e-e Frage!; *mettre en* ~ in Frage stellen, bezweifeln; *fig.* gefährden; *rappeler q. à la* ~ j-n zur Sache rufen; *venir en* ~ fraglich werden; *pol. la* ~ *du Proche Orient* die Nahostfrage *f*; ~ *sociale* soziale Frage *f*, soziales Problem *n*; *la chose en* ~ die bewußte Sache *f*; **2.** *fig.* Folter *f*; *appliquer* (*od. mettre*) *q. à la* ~ j-n auf die Foltespannen; **~naire** (~tjɔ'nɛ:r) *m* Fragebogen *m*; **~ner** (~'ne) *v/t.* [1a] ausfragen, befragen; **~neur** (~'nœ:r) *su. u. adj.* [7g] Ausfrager *m*; fragesüchtig; **~-type** (kɛstjɔ̃'tip) *f* [6a] Standardfrage *f*.
questure (kwɛs'ty:r) *f a. antiq.* Quästur *f*.
quêt|e (kɛ:t) *f* **1.** (Auf-)Suchen *n*, Nachforschen *n*; *se mettre en* ~ zu suchen anfangen; *ch.* aufspüren; **2.** (öffentliche) Sammlung *f*, Kollekte *f*; *faire la* ~ e-e Sammlung veranstalten; **~er** (kɛ'te) *v/t. u. v/i.* [1a] **1.** (Almosen, Spenden) sammeln; *fig.* ~ *des éloges* Lob erhaschen; **2.** *ch.* auf-, nach-spüren, haschen (nach *dat.*); **~eur** (kɛ'tœ:r) [7g] *su. u. adj.* (öffentlicher) Sammler *m*; Almosensammler *m*; *frère m* ~ Bettelmönch *m*; *dame f quêteuse* Spenden-, Almosen-sammlerin *f*; *chien m* ~ Spürhund *m*.
quetsche ⚘ (kwɛtʃ) *f* Zwetsche *f*.
queue (kø) *f* **1.** Schwanz *m*; *a. ast.* Schweif *m*; Sterz *m* (*Vogel*); *fig.* Ende *n* (*Stoff*); *ch.* Rute *f*; ~ *de cheval* Pferdeschwanz *m* (*Frisur*); *remuer la* ~ mit dem Schwanz wedeln; *fig.* F *habit m en* ~ *de morue* Frack *m*; *la* ~ *entre les jambes* mit eingezogenem Schwanz, wie ein begossener Pudel; ♪ *piano m à* ~ Flügel *m*; *fig. finir en* ~ *de poisson* im Sande verlaufen; *n'avoir ni* ~ *ni tête* weder Hand noch Fuß haben; *Auto*: *il lui a fait une* ~ *de poisson* er hat ihn geschnitten (*od.* abgeklemmt); **2.** *ehm.* (Haar-, Perücken-) Zopf *m* der Männer **3.** (*Blumen-*, *Blatt-*, *Obst-*, *Pfannen-*)Stiel *m*; ~ *de casserole* Topf-, Pfannenstiel *m*; ~ *de cerise* Kirschstiel *m*; **4.** Schleppe *f*; **5.** Billardstock *m*; *faire fausse* ~ e-n Fehlstoß tun; **6.** *fig.* Ende *n*; ~ *de maladie* Nachwehen *pl.* e-r Krankheit; ~ *de colonne* Nachhut *f*, Nachtrab *m*; *à la* ~, *en* ~ hinten, am Ende; *prov. dans la* ~ *le venin*, *od.*: *à la* ~ *gît le venin* das dicke Ende kommt nach (*od.* kommt noch); *faire la* ~ Schlange stehen, sich anstellen; *marcher à la* ~ *leu-leu* im Gänsemarsch laufen; **7.** *cuis.* ~ *de mouton* Schwanzstück *n* e-s Hammels; **8.** ⚒ Wetzstein *m*; *a. queux*.
queue-d'aronde *men.*, *charp.* (køda'rɔ̃:d) *f* Schwalbenschwanz(verzapfung *f*) *m*, Zinke *f*.
queue-de|-morue (kødmɔ'ry) *f* **1.** flacher Malerpinsel *m*; **2.** F Frack

m; **~-rat** (kød'ra) *f* [6b] **1.** aufgerollter Wachsstock *m*; **2.** ⊕ Rattenschwanz *m*, Rundfeile *f*.

queuter *bill.* (kø'te) *v/i.* [1a] zwei Bälle anstoßen.

queux[1] † (kø) *m nur noch in*: *maître m ~* Koch *m* (*im Hotel*).

queux[2] (~) *f* Wetzstein *m*.

qui (ki) **I** *pr/r.* **1.** welcher, welche, welches; der, die, das; *pl.*: welche, die; *celui qui* derjenige, welcher; *celle qui* diejenige welche; *ceux* (*f/pl. celles*) *qui* diejenigen, welche; *ce qui* das, was; *rien qui* nichts, was; *il n'y a personne qui le sache* es gibt niemanden, der es weiß; *c'est toi qui l'as fait* du hast es gemacht; **2.** *ell.* derjenige, welcher; *qui m'aime me suive!* wer mich lieb hat, der folge mir!; *iron. il trouvera à qui parler* er wird schon merken, mit wem er zu tun hat (*drohend*); *qui mieux mieux* um die Wette; **3.** *qui que ce soit* wer es auch sein mag; **4.** *ell. pr/r. n* was; *qui pis* est was noch schlimmer ist; was das Schlimmste ist; *qui plus* est was noch mehr bedeutet; was noch mehr sagen will; *voilà qui est beau* das ist schön; *voilà qui me plaît* das gefällt mir; *voilà qui tient du merveilleux* das grenzt ja an ein Wunder; **II** *pr/int. qui?* wer? *bisw. noch litt.*: was?; *acc.*: wen?; *qui* (*od. qui est-ce qui*) *vous l'a dit?* wer hat es Ihnen gesagt?; *qui cherchez-vous? od. qui est-ce que vous cherchez?* wen suchen Sie?; *écol. qui avez-vous comme professeur de français?* bei wem habt ihr Französisch?; *qui est là?* wer ist da?; *mißtrauisch*: *qui va là?*, ⚔ *qui vive?* wer da?; *téléph. qui est à l'appareil?* wer ist am Apparat?; *nom. als logisches Subjekt bei unpersönlichem v/i.*: *qui reste-t-il? oder nom. als grammatisches Subjekt*: *qui reste?* wer bleibt übrig?; *être kann darauf im pl. stehen*: *qui sont ces jeunes gens?* wer sind diese jungen Leute?; *litt.*: *qui t'amène à cette heure?* was führt dich zu dieser Stunde her?; **III** *pr/ind. qui ..., qui ...* die einen ..., die andern ...; *qui d'un côté, qui de l'autre* die einen auf dieser Seite, die andern auf jener.

quia F (kɥi'ja) *advt.*: *être à ~* nichts mehr zu antworten wissen; *être réduit à ~* vor e-m Nichts stehen, völlig zugrunde gerichtet sein; *mettre q. à ~* j-m den Mund stopfen.

quiconque (ki'kɔ̃:k[ə]) *pr. ind. m/sg.* (*kann auch als f/sg. od. abs. gebraucht werden*) wer auch immer, jeder (andere); wer es auch sei; *je réclamais mon droit à la vie aussi bien que ~* ich erhob wie jeder andere Anspruch auf mein Lebensrecht; *la France n'a pas à rougir devant ~* Frankreich braucht vor niemandem zu erröten.

qui|dam F *plais.* (ki'dam) *m*, **~dane** (~'dan) *f*: *un ~* ein gewisser, jemand.

qui est-ce que (ki'ɛskə) *pr/int. acc.* wen?; *~ tu entends par là?* wen meinst du damit?

qui est-ce qui (kiɛs'ki) *pr/int. nom.* wer?; *~ te l'a dit?* wer hat es dir gesagt?

quiétude (kje'tyd, kɥie'tyd) *f* Seelen-, Gemüts-ruhe *f*.

quignon (ki'ɲɔ̃) *m* Brotkanten *m*.

quille[1] (kij) *f* **1.** Kegel *m*; *jouer aux ~s* Kegel schieben; *abattre des ~s* Kegel umwerfen; *dresser des ~s* Kegel aufsetzen; *faire les neuf ~s* alle Neun schieben; *prendre* (*od. trousser*) *son sac et ses ~s* sein Bündel schnüren, mit Sack u. Pack abziehen; *donner à q. son sac et ses ~s* j-m den Laufpaß geben, j-n entlassen; *être reçu comme un chien dans un jeu de ~s* sehr kühl empfangen werden; **2.** P ⚔ Ende *n* des Heeresdienstes, Entlassung *f*; **3.** P *les ~s pl.* die Stelzen *f/pl.* P, die Beine *n/pl.*, die Hachsen *f/pl.* P.

quille[2] (~) *f* **1.** (Schiffs-)Kiel *m*; **2.** *charp.* Holm *m*, Brückenjochträger *m*; **3.** Zwickel *m*.

quiller (ki'je) *v/i.* [1a] **1.** anwerfen (*Kegelspiel*); **2.** die Kegel wieder aufsetzen.

quillier (ki'je) *m* **1.** Kegelkreuz *n*; **2.** die aufgestellten Kegel *pl.*

quinaire (kɥi'nɛ:r) *adj.* durch fünf teilbar.

quinaud (ki'no) *adj.* verdutzt; *rester* [~ sprachlos sein.]

quincaill|e (kɛ̃'kɑ:j) *f* Eisen- u. Messinggerät *n* (*für den Hausgebrauch*); **~erie** (~kɑj'ri) *f* Eisenwaren(-handlung *f*, -handel *m*) *f/pl.*; **~ier** (~kɑ'je) *m* Eisenwarenhändler *m*.

quinconce (kɛ̃'kɔ̃:s) *m Gestalt der* Fünf *f* (*Würfel*); Schachbrettform *f*; Kreuzpflanzung *f*; *en ~* schachbrettförmig, im Zickzack.

quine (kin) *m* Fünfereinsatz *m*, Fünftreffer *m* (*Lotterie*); Pasch *m* zweier Fünfen; *Spiel*: Fünfer (-wurf *m*) *m*; *fig.* *avoir un ~ à la loterie* großes Glück (*od.* großes Schwein F) haben.
quiné (ki'ne) *adj.* fünfzählig.
quinine (ki'nin) *f* Chinin *n.*
quinquagénaire (kwɛ̃kwaʒe'nɛːr) *adj. u. su.* fünfzigjährig; Fünfzigjähriger *m.*
quinquen|nal (kwɛ̃kwe'nal) *adj.* [5c] fünfjährlich, Fünfjahres...; *pol.* *plan m ~* Fünfjahresplan *m*; **~nalité** (~nali'te) *f* fünfjährige Amtsdauer *f.*
quinquet (kɛ̃'kɛ) *m* **1.** Öllampe *f*; **2.** P *~s pl.* Augen *n/pl.*
quinquina (kɛ̃ki'na) *m* **1.** China-, Fieber-rinde *f*; **2.** ⚘ Chinabaum *m.*
quint (kɛ̃) *adj.* [7] *nur gbr. in*: *Charles-*♀ Karl V. *u.* *Sixte-*♀ Sixtus V.
quintal (kɛ̃'tal) *m* [5c] Zentner *m*; *~ métrique* Doppelzentner *m.*
quintane (kɛ̃'tan) *adj./f*: ⚕ *fièvre f ~* fünftägiges Fieber *n.*
quinte (kɛ̃ːt) *f* **1.** ♪, *esc.* Quinte *f*; *Kartenspiel*: *~ majeure* hohe Quinte *f*; *fig.* *avoir ~ et quatorze* alle Trümpfe in der Hand haben; **2.** *~ de toux* heftiger Hustenanfall *m*; **3.** *fig.* Grille *f*, Schrulle *f*, Laune *f*, plötzliche Verstimmung *f.*
quintefeuille ⚘ (kɛ̃t'fœj) *f* Fingerkraut *n.*
quintessen|ce (kɛ̃te'sɑ̃ːs) *f* Quintessenz *f*; Kern *m*; *fig.* *das* Beste *n*, Hauptsache *f*; **~cier** (~sɑ̃'sje) *v/t.* [1a] *fig.* verfeinern.
quintette ♪ (kɛ̃'tɛt) *m* Quintett *n.*
quinteux (kɛ̃'tø) *adj.* [7d] mürrisch, launisch, wunderlich; ⚕ in heftigen Anfällen auftretend.
quinto (kwɛ̃'to) (*abr.* 5°) *adv.* fünftens.
quintupl|e (kɛ̃'typlə) *adj. u. m* fünffach; *das* Fünffache *n*; **~é(e)s** (~'ple) *m* (*f*) *pl.* Fünflinge *pl.*; **~er** (~) *v/t.* (*u. v/i.*) [1a] (sich) verfünffachen.
quinzaine (kɛ̃'zɛn) *f* **1.** (etwa) vierzehn Tage *m/pl.*; *chronique f de la ~* Bericht *m* über (die letzten) vierzehn Tage; **2.** (etwa) fünfzehn; Mandel *f.*
quinz|e (kɛ̃ːz) *adj./n.c.* fünfzehn; *~ jours* vierzehn Tage *m/pl.*; *Louis ~ (XV)* Ludwig XV.; **~ième** (kɛ̃'zjɛm) *adj./n.o.* fünfzehnter.
quiproquo (kiprɔ'ko) *m* Verwechselung *f*; *fig.* Irrtum *m.*
quittan|ce (ki'tɑ̃ːs) *f* Quittung *f*; *dont ~* worüber ich quittiere; *donner ~* = **~cer** (~tɑ̃'se) *v/t.* [1k] quittieren.
quitte (kit) **I** *adj.* **1.** quitt, nichts mehr schuldig (*envers q.* j-m gegenüber); *nous voilà ~s* wir sind quitt; wir schulden uns nichts mehr; *~ de dettes* schuldenfrei; *en être ~ à bon marché* billig bei wegkommen; *jouer ~ ou double* sein Letztes aufs Spiel setzen, alles auf eine Karte setzen; **2.** los, frei; *je l'en tiens ~* ich erlasse ihm die Sache; *vous en voilà ~!* nun haben Sie's hinter sich!; **II** *adv.* **3.** *~ à mit inf.* a) auf die Gefahr hin, daß ...; selbst wenn ...; *~ à s'en repentir* auf die Gefahr, es zu bereuen; *nous les dépasserons, ~ à nous essoufler* wir werden sie überholen selbst wenn wir dabei auch den Atem verlieren; b) wenn nur, sofern nur, nur um...; *~ à munir les boîtes d'une couche intermédiaire* wenn man nur die Kartons mit e-r wasserdichten Zwischenschicht versieht; **4.** *nous sommes ~ à ~* wir sind quitt; wir schulden uns nichts mehr.
quitter (ki'te) [1a] **I** *v/t.* **1.** verlassen; sich trennen von (*dat.*), im Stich lassen; *~ le monde* ins Kloster gehen; *~ ce (bas-)monde, ~ la vie* das Zeitliche segnen; *~* prise loslassen; *~ le service* aus dem Dienste treten (*od.* ausscheiden); *écol.* *~ l'école* von der Schule abgehen, *mst. nur*: *abs.* abgehen; *rad.*, *téléph.* *ne quittez pas* (*l'écoute!*) bleiben Sie am Apparat!; *ne pas ~ des yeux* nicht aus den Augen lassen; *fig.* *~ le droit chemin* vom geraden Weg abkommen; **2.** ablegen; ausziehen (*Kleidungsstück*); *~ le deuil* die Trauer ablegen; *~ sa peau* sich häuten (*von Schlangen*); *fig.* den alten Adam ausziehen; *cet arbre quitte ses feuilles* dieser Baum verliert s-e Blätter (*od.* wirft ... ab); **3.** überlassen, abtreten; *~ la place à q.* j-m Platz machen, j-m das Feld räumen; **4.** aufgeben; *~ une fonction* ein Amt niederlegen; **II** *v/i.* vom Spiele abtreten; sich zurückziehen; wegziehen (*Mieter*); gehen, kündigen (*Hausmädchen*); sich lösen (*Anker*); **III** *v/rfl.* *se ~* sich trennen; Abschied nehmen; *rl.* *se ~ soi-même* sich selbstaufgeben, alles Gott anheimstellen.

quitus *fin.* (ki'tys) *m* Schluß- (*od.* General-)quittung *f.*

qui-va-là (kiva'la) *int.* wer da?

qui-vive (ki'vi:v) **I** *int.* ⚔ wer da?; **II** *m être sur le* ~ auf der Hut sein.

quoi (kwa) **I** *pr/r.* (*stets nach prp. bzw.* P *nach comme*; *nur auf Sachen bezüglich*) **1.** was; *voilà de* ~ *il parle* davon spricht er; *ce sont des choses à* ~ *il faut faire attention* das sind Dinge, auf die man achten muß; *ce à* ~ *je pense* woran ich denke; *après* ~ worauf; *sans* ~ sonst, andernfalls; *en* ~ worin; (*dites-moi*) *en* ~ *puis-je vous servir?* womit kann ich Ihnen dienen?; P *comme* ~ wie wenn, als wenn; **2.** de ~ wovon; die (nötigen) Mittel *n/pl.*, um zu ...; *je n'ai pas de* ~ *payer la facture* ich habe kein Geld, um die Rechnung zu bezahlen; *il n'a pas de* ~ *vivre* er hat nicht genug, um zu leben; *ell. il a de* ~ er hat sein Auskommen, er hat genug zum Leben; *donnez-moi de* ~ *écrire* geben Sie mir etwas zum Schreiben!; *abs.* (*il n'y a*) *pas de* ~*!* keine Ursache!; bitte sehr!; nichts zu danken!; gern geschehen! (*als Antwort auf e-n Dank*); macht nichts!, keine Ursache! (*als Antwort auf e-e Entschuldigung*); **3.** *litt. heute oft statt des gén. od. dat. von lequel, im sg. od. pl.*: *une familiarité à* ~ *il n'a pas pris garde* e-e Vertraulichkeit, die er nicht beachtet hat; *les espérances à* ~ *l'on se cramponne* die Hoffnungen, an die man sich klammert; **II** *pr/ind.* ~ *que* (*mit subj.*) was auch (immer); ~ *que vous fassiez* was ihr auch tun möget; ~ *qu'il en soit* wie dem auch sei; **III** *pr/int.* was?; F wie?; *de* ~ *parlez-vous?* wovon sprechen Sie?; *de* ~ *l'accuse-t-on?* wessen klagt man ihn an?; *à* ~ *sert de ...?* wozu nützt es, zu ...?; *à* ~ *bon?* wozu (ist das gut)?; *par* ~ *commencer?* womit soll angefangen werden?; ~ *faire?* was soll man (*od.* ich *od.* was sollen wir) tun?; *je ne sais* ~ *faire* ich weiß nicht, was ich machen soll (*die beiden letzten Beispiele gelten heute als klangvoller, als wenn sie mit* que *gebildet wären*; *vgl.* que[1] II,5); **IV** *int.* was!; ~ *donc!* was denn!

quoique ('kwak[ə]) *cj. mit subj.* obwohl, obgleich, wenn auch.

quolibet (kɔli'bɛ) *m* Stichelei *f*, Anzüglichkeit *f*; Kalauer *m*; *lancer des* ~*s contre q.* über j-n herziehen, j-n verhohnepipeln F.

quorum (kɔ'rɔm) *m* beschlußfähige Anzahl *f*, Beschlußfähigkeit *f.*

quote-part *fin.*, † (kɔt'pa:r) *f* [6a] Anteil *m*, Beitrag *m*, Quote *f.*

quotidien (kɔti'djɛ̃) **I** *adj.* [7c] □ täglich; **II** *m* Tageszeitung *f.*

quotient *arith.* (kɔ'sjɑ̃) *m* Quotient *m.*

quotité (kɔti'te) *f* Anteil *m*; Betrag *m.*

R

R, r (ɛr) *m* R, r *n.* [wirbel *m.*}
ra ♪ (ra) *m* [6a] kurzer Trommel-}
rabâ|chage F (rabɑ'ʃa:ʒ) *m* **~-chement** F (~ʃ'mɑ̃) *m* unnützes Wiederholen *n*, *fig.* Wiederkäuen *n*; Gequatsche *n*; **~cher** F (~bɑ'ʃe) *v/t. u. v/i.* [1a] immer dasselbe sagen, *fig.* wiederkäuen; salbadern; **~cherie** (~'ʃri) *f* s. *~chage*; **~cheur** (~'ʃœ:r) *su.* [7g] langweiliger Schwätzer *m.*
rabais (ra'bɛ) *m* Abzug *m*, Rabatt *m*, Preisermäßigung *f*; *hydr.* Sinken *n*; ⚖ *adjudication f au ~* Zuschlag *m* an den Mindestfordernden; *faire un ~* etwas vom Preis ablassen; **~sement** (~bɛs'mɑ̃) *m* Niedrigermachen *n*; (Preis-, Wert-)Herabsetzung *f*; Preissenkung *f*; **~ser** (~bɛ'se) [1b] **I** *v/t.* **1.** niedriger hängen *od.* legen *od.* setzen *od.* stellen; *~ son vol* niedriger fliegen; *~ ses prétentions* s-e Ansprüche zurückschrauben; **2.** *~ sa voix* leiser sprechen; **3.** *den Preis* herab-, herunter-setzen; senken; *fig. ~ le mérite de q.* j-s Verdienst schmälern; **II** *v/rfl. se ~ fig.* sich erniedrigen.
raban ⚓ (ra'bɑ̃) *m* Bindsel *n.*
rabane (ra'ban) *f* Raphiabastgewebe *n*; *sac m en ~* Basthandtasche *f.*
rabat (ra'ba) *m* **1.** mit Spitzen besetzter Kragen *m*, Überschlag *m*; Beffchen *n der Richter*, *Geistlichen usw.*; *poche f de ~* mit Umschlägen garnierte Tasche *f*; **2.** ✝ Nachlaß *m*, Abzug *m*; **3.** *Ballspiel*: Rückpralldach *n* (s. *paume*); **4.** (*chasse f au*) *~* Treib-, Klapper-jagd *f.*
rabat-(l')eau ⊕ (raba'to, ~'lo) *m/inv.* (Wasser-)Abweisblech. *n*
rabat-joie (raba'ʒwa) **I** *m* Freudenstörung *f*; **II** *su.* [6c] Spielverderber *m*, Störenfried *m.*
rabat|table (raba'tablə) *adj.* herunterklappbar; **~tage** (~'ta:ʒ), *auch* **~tement** (~bat'mɑ̃) *m* **1.** ✝ Abschlag *m*, Abzug *m*, Rabatt *m*; **2.** *ch.* Treiben *n*; **3.** ⸕ Stutzen *n*, Zurückschneiden *n* (*v. Bäumen*); **~teur** (~'tœ:r) *m* **1.** *ch.* Treiber *m*; **2.** ⚒ Hauer *m*; **3.** ⊕ Kapper *m* (*Nähmaschine*).
rabattre (ra'batrə) [4a] **I** *v/t.* **1.** nieder-schlagen, -drücken, herunterlassen, niedriger machen; *tric.* abketten; **2.** glattmachen, -streichen, eben machen; *~ au fer* ausbügeln; **3.** *fig.* erniedrigen, demütigen; **4.** abziehen *vom Preis*, *Lohn*; ab-, nach-lassen; *il n'y a rien à ~* dabei bleibt es (*preislich*); **5.** *ch.* treiben; **6.** ⸕ *~ un arbre* e-n Baum stutzen; **II** *v/i.* **7.** *~ de qch.* etw. vermindern, etw. mäßigen; **8.** plötzlich abbiegen; *~ sur q.* sich an j-n wenden; *~ à main droite* sich nach rechts schlagen; **III** *v/rfl. se ~* **9.** niedergeschlagen *usw.* werden; sich senken (*Rauch*); **10.** e-n andern Weg einschlagen, plötzlich umschwenken; **11.** *se ~ sur qch.* sich auf etw. (*acc.*) beschränken; **12.** *se ~ sur q.* (*qch.*) sich an j-m (etw.) schadlos halten; **13.** *se ~ sur la*

politique plötzlich auf die Politik zu sprechen kommen.
rabattu (raba'ty) *adj.* **1.** *chapeau m* ~ Hut *m* mit herabhängender Krempe; *col m* ~ Umlegekragen *m*; liegender (*Mantel*)Kragen *m*; **2.** ⚘ *rameaux m/pl.* ~*s* herunterhängende Äste *m/pl.*; **3.** ⊕ *couture f* ~*e* Kappnaht *f*.
rabbin (ra'bɛ̃) *m* Rabbiner *m*.
rabdoman|cie (rabdɔmɑ̃'si) *f* (Wünschel-)Rutengängerei *f*; **~cien** (~'sjɛ̃) *su.* [7c] (Wünschel-)Rutengänger *m*.
Rabelais (ra'blɛ) *npr.*: F *le quart d'heure de* ~ der unangenehme Augenblick *m* (des Bezahlens).
rabêtir (rabɛ'tiːr) [2a] *v/t. u. v/i.* verdummen.
rabibocher F (rabibɔ'ʃe) *v/t.* [1a] ausflicken; *fig.* versöhnen.
rabiole ⚘ (ra'bjɔl) *f* *Art* Kohlrübe *f*.
rabiot P (ra'bjo) *m* **1.** *a.* * ⚔ Nachschlag *m*, Essenszugabe *f*; Überschuß *m*; **2.** *faire du* (*od. le*) ~ a) P Überstunden machen; b) ⚔ nachdienen; **~er** P (rabjɔ'te) *v/i.* zusätzlich profitieren; klauen; ⚔ sich Lebensmittel aneignen.
rabique (ra'bik) *adj.* [7c] Hunde-tollwuts...
râble[1] *cuis.* ('rɑːblə) *m* **1.** Rücken *m des Hasen*; **2.** *anat.* F Kreuz *n*.
râble[2] ⊕ (~) *m* Ofenhaken *m*.
râblé (rɑ'ble) *adj.* **1.** mit breitem Hinterstück (*vom Hasen*); **2.** stämmig, vierschrötig, untersetzt.
râbler ⊕ (~) *v/t.* [1a] mit dem Schürhaken schüren.
rabonnir (rabɔ'niːr) [2a] **I** *v/t.* verbessern, besser werden lassen; **II** *v/i.* besser werden.
rabot ⊕ (ra'bo) *m* **1.** Hobel *m*; **2.** ⩓ Mörtelschippe *f*; **~age** (rabɔ'taːʒ) *m* Hobeln *n*; **~er** (~'te) [1a] *v/t.* **1.** ⊕ (be-, ab-)hobeln; **2.** *fig.* ausfeilen, verbessern; ~ *son style* s-n Stil ausfeilen; **~eur** (~'tœːr) *m* Hobler *m* (*Arbeiter*); **~euse** (~'tøːz) *f* Hobelmaschine *f*; **~eux** (~'tø) *adj.* [7d] knorrig, knotig; holperig; *fig.* rauh, hart; **~ure** (~'tyːr) *f* (Hobel-)Späne *m/pl.*
rabou|gri (rabu'gri) *adj.* verkümmert; verkrüppelt; klapperig (*Greis*); *bois m* ~ Knieholz *n*; **~grir** (~'griːr) [2a] **I** *v/i.* verkrüppeln *od.* verkümmern (*Bäume*); **II** *v/t.* im Wachstum hemmen; **III** *v/rfl.* *se* ~ zusammenschrumpfen (*mit dem Alter*); verkümmern, verkommen (*Geist*); **~grissement** (~gris'mɑ̃) *m* Verkümmerung *f*.
rabouillère *ch.* (rabu'jɛːr) *f* Kaninchenbau *m*.
rabou|ter [1a] *u.* **~tir** [2a] (rabu'te, ~'tiːr) *v/t.* aneinander-stückeln, -nähen, an-stückeln, -nähen, anfügen; **~tissage** (~ti'saːʒ) *m* Aneinanderfügen *n*, Anstückeln *n*.
rabrouer (rabru'e) *v/t.* [1a] anschnauzen, heftig runterputzen F.
racaille (ra'kɑːj) *f* Pack *n*, Gesindel *n*, Mob *m*.
raccommo|dage (rakɔmɔ'daːʒ) *m* Ausbesserung *f*, Flicken *n*; **~dement** (~d'mɑ̃) *m* Aussöhnung *f*; **~der** (~'de) *v/t.* [1a] **1.** ausbessern, flicken, wieder in Ordnung bringen (*a. fig.*); stopfen (*Strumpf*); ~ *un ouvrage* ein Werk umarbeiten *od.* verbessern; **2.** *fig.* aussöhnen; **~deur** (~'dœːr) *su.* [7g] Ausbesserer *m*, Flicker *m* usw.
raccord (ra'kɔːr) *m* ⊕ Ausgleichung *f*; Anfügen *n*; Nippel *m*, Rohrverbindungsstück *n*; ⩓, *allg.* Zusammenfügung *f*; ⚡ Anschluß *m*, Verbindung *f*; *fig.* Übergang *m*; *peint.* geschickte Ausbesserung *f*; *thé.* kurze Verständigungsprobe *f*; **~ement** (~də'mɑ̃) *m* **1.** Verbindung *f*, Vereinigung *f*; ⚡ Verbindungsstelle *f*; **2.** *a.* ⚡ Anschluß *m* an das Fernsprechnetz; ~ (*téléphonique*) *principal* Hauptanschluß *m*; ~ (*téléphonique*) *secondaire* (*od. auxiliaire*) Nebenanschluß *m*; ~ *au secteur* Netzanschluß *m*; ~ *téléphonique interurbain* Fernanschluß *m*; **3.** 🚂 *voie f de* ~ Zweig-, Verbindungs-bahn *f*; **4.** *fig.* Zweig *m*; **~er** (~'de) *v/t.* [1a] **1.** verbinden; zusammenpassen; ⚡, *téléph.* anschließen; **2.** *fig.* zusammenschmelzen; **3.** *peint.* geschickt ausbessern; **4.** ♪ wieder stimmen.
raccour|ci (rakur'si) *m* Abkürzung *f*, Verkürzung *f*; *fig.* Abriß *m*; kürzerer Weg *m*, Querweg *m*; *advt.* *en* ~ in verjüngtem Maßstabe; im kleinen; *fig.* in kurzer Form, knapp, im Auszug; **~cir** (~'siːr) [2a] **I** *v/t.* **1.** verkürzen, abkürzen; verschneiden (*Bäume*); kürzer schneiden (*Haare*); ~ *une jupe* e-n Rock kürzer machen (*od.* kürzen); ⚔ ~ *le tir* das Feuer zurückverlegen; ~ *le pas* kurz treten; **2.** P (um) e-n Kopf kürzer machen, köpfen; **II** *v/i.* **3.** kürzer werden; **4.** eingehen, einlaufen (*Stoff*); **5.** e-n kürzeren Weg einschlagen; **III** *v/rfl.* *se* ~ **6.** kürzer

werden; einlaufen (*Stoff*); **7.** sich klein machen, sich ducken (*von Ringern, Boxern usw.*); **~cissement** (~sis'mɑ̃) *m* Verkürzung *f*; Einlaufen *n* (*Stoff*).

raccoutumer (rakuty'me) *v/rfl.*: se ~ *à qch.* sich wieder an etw. gewöhnen; wieder heimisch werden.

raccroc (ra'kro) *m Spiel* (*bsd. bill.*): *coup m de* ~ Glücksstoß *m*; Glückswurf *m* (*a. fig.*); *par* ~ ganz zufällig.

raccroch|er (rakrɔ'ʃe) [1a] **I** *v/t.* **1.** wieder an- (*od.* auf-)hängen; *téléph.* den Hörer wieder auflegen; **2.** ~ *q.* sich j-m aufdrängen, j-m gegenüber zudringlich werden; sich j-m anbiedern; **II** *v/i. Spiel*: e-n Glücks-stoß *od.* -wurf machen; **III** *v/rfl.* se ~ sich an etw. klammern *od.* halten; **~eur** (~'ʃœ:r) **I** *m* j., der viel Glück im Spiele hat; **II** *adj.* [7g] aufdringlich, unliebsam; **~euse** (~'ʃø:z) *f* Hure *f*.

race (ras) *f* **1.** Rasse *f*; Geschlecht *n*, Stamm *m*; ~ *humaine*, ~ *d'hommes* Menschengeschlecht *n*; ~ *primitive* Urstamm *m*; *de* ~ *pure* reinrassig; rasserein; **2.** Abstammung *f*; Nachkommenschaft *f*; **3.** Brut *f*.

racé (ra'se) *adj.* **1.** *zo.* reinrassig; **2.** *fig.* von vornehmer Abstammung.

racer *Sport* (rɛ'sɛ:r) *m* Rennpferd *n*, -boot *n*, -wagen *m* (*Auto*).

rachalander ✝ (raʃalɑ̃'de) *v/t.* [1a] wieder mit Kunden versehen.

rachat (ra'ʃa) *m* **1.** Wieder-, Rückkauf *m*, Einlösung *f*, Tilgung *f*, Abstandsgeld *n*; ~ *des rentes* Rentenablösung *f*; *certificat m de* ~ Einlösungsschein *m*; **2.** *rl.* Loskauf *m*, Erlösung *f*.

rache|table (raʃ'tablə) *adj.* wiederkäuflich, tilgbar, einlösbar; **~ter** (raʃ'te) [1d] **I** *v/t.* **1.** zurückkaufen; **2.** von neuem kaufen; **3.** *Renten* ablösen, tilgen; *rl.* erlösen; **4.** *fig.* abbüßen, wiedergutmachen, aufwiegen, Ersatz bieten für (*acc.*); **5.** △ ausgleichen; verbinden; **II** *v/rfl.* se ~ abgekauft werden; sich loskaufen; ⚖ sich bewähren; **~teur** (~'tœ:r) *m* Rückkäufer *m*.

rachi|dien *anat.* (raʃi'djɛ̃) *adj.* [7c] Rückgrats...; **~s** *anat.* (ra'ʃis) *m* Rückgrat *n*, Wirbelsäule *f*; **~tique** ⚕ (~'tik) *adj. u. su.* rachitisch, Rachitiker *m*; **~tisme** ⚕ (~'tism) *m* Rachitis *f*, englische Krankheit *f*.

racial (ra'sjal) *adj.* [5c] rassisch.

racinage (rasi'na:ʒ) *m* **1.** eßbare Wurzeln *f/pl.*; **2.** *peint.* Nußbraun *n*; **3.** ⊕ *Buchbinderei*: *Art* Marmorierung *f*, Wurzelmuster *n*.

racine (ra'sin) *f* **1.** Wurzel *f*; ~*s pl. aériennes* Luftwurzeln *f/pl.*; ~*s pl. pivotantes* (*tuberculeuses*) Pfahl- (Knollen-)wurzeln *f/pl.*; *prendre* ~ Wurzeln schlagen; anwachsen; *fig.* einreißen, aufkommen (*Unsitte*); *fig.* sich (irgendwo) festsetzen, sich längere Zeit aufhalten; *jeter de profondes* ~*s* tiefe Wurzeln schlagen; **2.** *fig.* Grund *m*; *aller à la* ~ bis auf den Grund gehen; **3.** Fuß *m e-s Berges*; **4.** *gr.* Stammwort *n*, Wurzel *f*; **5.** & Wurzel *f*.

raciner (rasi'ne) [1a] **I** *v/i.* **1.** Wurzeln schlagen; **II** *v/t.* **2.** nußbraun färben; **3.** ⊕ *Buchbinderei*: holzähnlich marmorieren.

racing-club *Sport* (resiŋ'klœb) *m* Läuferklub *m*.

racis|me (ra'sism) *m* Rassen-lehre *f*, -haß *m*, -verfolgung *f*, -politik *f*, -bewußtsein *n*; **~te** *pol.* (~'sist) *adj. u. su.* rassenpolitisch; Rassenpolitiker *m*.

racket (ra'kɛ) *m* Erpressung *f*; **~ter** (~'tɛ:r) *m* Erpresser *m*.

racl|e (rɑ:klə) *f* Kratz-, Schabeeisen *n*; **~ée** P (rɑ'kle) *f* Tracht *f* Prügel; **~ements** (~klə'mɑ̃) *m/pl.*: ~ *de chaussures* Füßescharren *n/sg.*; **~er** (~'kle) [1a] **I** *v/t.* **1.** abkratzen, abschaben; *ce vin racle le gosier* dieser Wein kratzt im Halse; **2.** ~ *une mesure de grain* ein Maß Getreide abstreichen; **3.** F ✓ harken; ~ *le sol* den Boden leicht behacken (*od.* auflockern); **II** *v/i.* ~ *du violon* auf der Geige herumkratzen; **III** *v/rfl.* se ~ *le gosier* sich räuspern; **~erie** F (~klə'ri) *f* Kratzerei *f* (*bsd. auf Saiteninstrumenten*); **~ette** (~'klɛt) *f* Kratz-, Schabe-eisen *n*, Abstreichmesser *n*; Spachtel *n*; **~eur** (~'klœ:r) **I** ⊕ *m* Kratzer *m*; **II** *su.* [7g] *fig. mv.p.* Fiedler *m*; **~oir** ⊕ (~'klwa:r) *m* Schabeeisen *n*, Abstreichmesser *n*; **~oire** (~) *f* Spachtel *n*; ⚕ Zungenschaber *m*; Bandhobel *m*; Abstreichholz *n* (*für ein Getreidemaß*); **~ure** (~'kly:r) *f* Abschabsel *n*.

raco|lage (rakɔ'la:ʒ) *m* **1.** ⚔ Anwerben *n*, Pressen *n*; **2.** ✝ Kundenfang *m*; **~ler** (~'le) *v/t.* [1a] **1.** zum Militär pressen; **2.** werben; anwerben; keilen F; **~leur** (~'lœ:r) *m* Werber *m*; **~leuse** (~'lø:z) *f*

Hure *f* V.

racont|able (rakɔ̃'tablə) *adj.* erzählbar; **~age** (~'ta:ʒ) *m*, **~ars** (~'ta:r) *m/pl.* Gerede *n*, Geschwätz *n*; **~er** (~'te) *v/t.* [1a]: ~ *qch.* (*nur mit dem acc.!*) etw. erzählen; *en* ~ lang und breit erzählen; *en* ~ *de belles* nette Geschichten erzählen; **~eur** (~'tœ:r) *su.* [7g] Erzähler *m*.

racorn|ir (rakɔr'ni:r) [2a] **I** *v/t.* zu Hornmasse verhärten; hart u. zähe machen; *fig. d'esprit racorni* verknöchert, verkalkt; **II** *v rfl.* se ~ hart u. zähe werden; zusammenschrumpfen, verknöchern, verkalken; **~issement** (~nis'mɑ̃) *m* hornartige Verhärtung *f*; Einschrumpfen *n*; *fig. le* ~ *de la pensée* die geistige Verkalkung *f*.

racquitter (raki'te) [1a] **I** *v/t.* ~ *q.* j-n entschädigen; **II** *v rfl.* se ~ das Verlorene wiedergewinnen, sich schadlos halten; sich rächen.

radar *phys.*, ✈ *usw.* (ra'da:r) *m* Radar(gerät *n*) *m*; *antenne f de* ~ Radarantenne *f*; ⚔ *déchiffreur m de* ~ Radarentzifferer *m*; *installations f/pl. de* ~ Radaranlagen *f/pl.*; *Auto*: ~ *routier* Radargerät *n* der Polizei *zur Überwachung der Geschwindigkeitsgrenze*; ✈ ~*s m/pl. de surveillance et d'atterrissage* Sicherungs- u. Landungsradaranlagen *f/pl.*; **~iste** ✈ (~'rist) *m* Radarmann *m*.

rade ⚓ (rad) *f* Reede *f*.

radeau (ra'do) *m* [5b] Floß *n*; ~ *de caoutchouc* Schlauchboot *n*.

rader¹ ⚓ (ra'de) *v/t.* [1a] ein Schiff auf die Reede bringen.

rader² ✝ (~) *v/t.* [1a] *ein Maß* glattstreichen.

radi|able (ra'djablə) *adj.* ausstreichbar; **~aire** (~'djɛ:r) *zo.* **I** *adj.* strahlenförmig; **II** *m zo.* Strahltier *n*; **~al** (~'djal) [5c] ⬚ **I** *adj.* gestrahlt, strahlig; **II** *anat. adj. u. m* Armspeichen(-Muskel *m*); **~ance** (~'djɑ̃:s) *f* Strahlen *n*; **~ant** (~'djɑ̃) *adj.* [7] strahlend, Strahlen...; ⚘ strahlenförmig; **~ateur** (~dja'tœ:r) **I** [7f] *adj.* Strahlen aussendend; **II** *m* Heiz-körper *m* (*Zentralheizung*), -röhre *f*, -sonne *f*; *Auto*: Kühler *m*; ~ (*en*) *coupe-vent* Spitzkühler *m*; ~ *à gaz* Gasofen *m*; ⚡ ~ *électrique* elektrischer Ofen *m*.

radiation¹ (radjɑ'sjɔ̃) *f*, Ausstrahlung *f*; ~*s pl.* Strahlen *m/pl.*

radiation² (~) *f* **1.** Aus-, Durchstreichen *n*; Streichung *f aus e-r Rechnung od. Liste*; **2.** ⚖ Löschung *f*.

radicaille *péj.* (radi'kɑ:j) *f* radikale Partei *f*.

radical (radi'kal) **I** *adj.* [5c] **1.** ⚘ wurzelständig; Wurzel...; **2.** *fig.* Grund...; *vice m* ~ Grundfehler *m*; **3.** *fig.* gründlich, radikal; *guérison f* ~*e* gänzliche Heilung *f*; **4.** ⩓ *signe m* ~ Wurzelzeichen *n* (√); **5.** *bsd. pol.* radikal, extrem; **II** *m* **6.** ⚗ Grundstoff *m*; **7.** *gr.* Wurzel *f* (*e-s Wortes*), Wortstamm *m*; **III** *su. pol.* Radikalist *m*; **~iser** (~li'ze) *v/t.* [1a] radikalisieren; **~isme** *pol.* (~'lism) *m* Radikalismus *m*.

radicelle ⚘ (radi'sɛl) *f* Wurzelfaser *f*.

radié (ra'dje) *adj.* strahlig.

radiée ⚘ (~) *f* Strahlenblume *f*.

radier¹ ⊕, *hydr.*, ⩓, 🚂 (~) *m* Fundament(platte *f*) *n*, Schutzdecke *f*, Sohle *f*, Bettung *f*, Bett *n*, Schleusenboden *m*; Mauerschutz *m*; ~ *en béton* Stahlbetondecke *f*.

radier² (~) *v/i.* [1a] strahlen.

radier³ (~) *v/t.* [1a] ausstreichen; ⚖ *Hypothek* löschen.

radiesthé|sie (radjɛste'zi) *f* Strahlenfühligkeit *f*, Radiästhesie *f*, Wünschelrutenforschung *f*; **~siste** (~'zist) *m* Wünschelrutengänger *m*.

radieux (ra'djø) *adj.* [7d] strahlend (*a. fig. z.B. de joie* vor Freude); Strahlen...; glänzend.

radifère (radi'fɛ:r) *adj.* radiumhaltig.

radin P (ra'dɛ̃) **I** *adj.* knickerig P, geizig; **II** P *m* Geizkragen *m*, Geizhals *m*, **~er** ★ (~di'ne) *v/i.* [1a] gehen, (an)kommen.

radio (ra'djo) **I** *f* (*abr.* für *radiodiffusion u. radiophonie*) Rundfunk *m*, Radio *n*, Rundfunkwesen *n*; Rundfunksendung *f*; ~ *scolaire* Schulfunk(-übertragung *f*) *m*; *écouter la* ~ Rundfunk hören; **II** *m* **1.** (*abr. für radiotélégraphiste*) Funker *m*; ✈ ~ *volant* Bordfunker *m*; **2.** (*appareil m de*) ~ Rundfunkgerät *n*; ~ *portatif* Kofferradio (-apparat *m*) *n*; **3.** (*abr.* für ~*télégramme*) Funkspruch *m*.

radio|-actif *at.* (radjoak'tif) *adj.* [7e] radioaktiv, Kernstrahlen aussendend; **~-astronomie** (~astronɔ'mi) *f* Radioastronomie *f*; **~balisage** (~bali'za:ʒ) *m* Funkpeilung *f*; **~compas** (~kɔ̃'pɑ) *m* [6c] Funkkompaß *m*; **~concert** (~kɔ̃'sɛ:r) *m* Funkkonzert *n*; **~conducteur** ⚡ (~kɔ̃dyk-

'tœːr) *m* Fritter *m*; **~conduction** (~kõdyk'sjõ) *f* drahtlose Telegraphie *f*; **~diffuser** (~dify'ze) *v/t.* [1a] (durch Rundfunk) übertragen, verbreiten, bekanntgeben; funken; **~diffusion** (~dify'zjõ) *f* Rundfunkübertragung *f*; **~-électricité** (~elɛktrisi'te) *f* Strahlungselektrizität *f*; Hochfrequenztechnik *f*; drahtlose Fernmeldetechnik *f*; **~distribution** (~distriby'sjõ) *f* Drahtfunk *m*; **~-électrique** (~elɛk'trik) *adj.* drahtlos; radioelektrisch; **~-émetteur** (~emɛ'tœːr) *m* Rundfunksender *m*; **~génique** (~ʒe'nik) *adj.* für den Rundfunk geeignet; **~goniométrie** (~gɔnjɔme'tri) *f* drahtlose Peilung *f*; **~goniométrique** (~me'trik) *adj.* Peil...; **~gramme** (~'gram) *m* Funkspruch *m*; **~graphie** ⚕ (~gra'fi) *f* Röntgen-aufnahme *f*, -photographie *f*, -bild *n*; **~graphier** ⚕ (~gra'fje) *v/t.* [1a] röntgen, durchleuchten; Röntgenaufnahmen machen; **~guidage** (~gi'daːʒ) *m* Radiopeilung *f*, Funknavigation *f*, Peilschneise *f*; **~guidé** ⚔ (~gi'de) *adj.*: *projectiles m/pl.* ~*s* ferngelenkte Geschosse *n/pl.*; **~-journal** (~ʒur'nal) *m* [5c] **1.** (*gesprochene*) Rundfunknachrichten *f/pl.*; **2.** Rundfunkzeitung *f*; **~logie** *phys. u.* ⚕ (~lɔ'ʒi) *f* Röntgenlehre *f*, Strahlen-lehre *f*, -forschung *f*; Radiowissenschaft *f*, Rundfunklehre *f*; *at. laboratoire m de* ~ Strahlenschutzlabor(atorium *n*) *n*; **~logiste, ~logue** (~lɔ'ʒist, (~'lɔg) *m* Röntgenologe *m*; Strahlenforscher *m*, -therapeut *m*; **~message** (~mɛ'saːʒ) *m* Funkspruch *m*; **~mètre** (~'mɛtrə) *m* Strahlungsmesser *m*; **~phare** (~'faːr) *m* Funkturm *m* (*für Schiffe od. Flugzeuge*); **~phone** *phys.* (~'fɔn) *m* Radiophon *n*, Radiofernsprecher *m*; **~phonie** (~fɔ'ni) *f* Rundfunk *m*; **~phonique** (~fɔ'nik) *adj.* Funk..., Radio...; Funksprech...; *jeu m* ~, *pièce f* ~ Hörspiel *n*; **~phono** (~fɔ'no) *m* Rundfunkempfänger *m* mit Plattenspieler; **~photographie** (~fɔtɔgra'fi) *f* Funkbild *n*; **~programme** (~prɔ'gram) *m* Runkfunkprogramm *n*; **~réception** (~resɛp'sjõ) *f* Rundfunkempfang *m*; **~reportage** (~rəpɔr'taːʒ) *m* Rundfunkberichterstattung *f*, Funkreportage *f*; **~scopie** ⚕ (~skɔ'pi) *f* Durchleuchtung *f*; **~signalisation** ✈, ⚓ (~siɲaliza'sjõ) *f* Funknavigation *f*; **~sondage** ✈ (~sõ'daːʒ) *m* Radarhöhenmessung *f*; **~-taxi** (~tak'si) *m* [6g] Funktaxi *n*; **~technique** (~tɛk'nik) **I** *adj.* radio-, funk-technisch; **II** *f* Rundfunk-, Radio-technik *f*; **~télégramme** (~tele'gram) *m* Funkspruch *m*; **~télégraphie** (~telegra'fi) *f* drahtlose Telegraphie *f*; Funken *n*; **~télégraphique** (~gra'fik) *adj.* funktelegraphisch; **~télégraphiste** (~'fist) *m* Funker *m*; **~téléphonie** (~telefɔ'ni) *f* drahtlose Telephonie *f*; **~téléphonique** (~'nik) *adj.* funktelephonisch; **~télescope** *ast.* (~telɛs'kɔp) *m* Radioteleskop *n*; **~-théâtre** *rad.* (~te'ɑːtrə) *m* Hör-, Sende-spiel *n*; **~thérapie** ⚕ (~tera'pi) *f* Bestrahlung *f*, Radiotherapie *f*, Heilbehandlung *f* mit Röntgenstrahlen.

radis ⚘ (ra'di) *m* Rettich *m*; (*petit*) ~ Radieschen *n*; F *n'avoir pas un* ~ keinen Pfennig haben.

radium ⚗ (ra'djɔm) *m* Radium *n*.

radius *anat.*, *zo.* (ra'djys) *m* (Arm-) Speiche *f*, Spindel *f*.

radome ✈ (ra'dɔm) *m* (*abr. für dôme m radar*) Radarschutzhaube *f*.

rado|tage (radɔ'taːʒ) *m* albernes Geschwätz *n*, Geschwafele *n* F, Faselei *f*; **~ter** (~'te) *v/i.* [1a] unsinniges Zeug zusammenreden, schwafeln, faseln; **~terie** F (~'tri) *f* Gefasele *n*, Geschwafele *n* F, albernes Geschwätz *n*; **~teur** (~'tœːr) *su.* [7g] alberner Schwätzer *m*.

radoub ⚓ (ra'du[b]) *m* Ausbesserung *f e-s Schiffes*; *bassin m de* ~ Trockendock *n*; **~er** (~du'be) *v/t.* [1a] ⚓, F *a. allg.* ausbessern.

radou|cir (radu'siːr) [2a] **I** *v/t.* **1.** sanfter machen, mildern; **2.** *fig.* ~ *q.* j-n besänftigen *od.* beschwichtigen; **II** *v/rfl.* se ~ sich mildern, gelinder werden, sich besänftigen, wieder gut werden; **~cissement** (~sis'mɑ̃) *m* Milderung *f*; Nachlassen *n*; *fig.* Besänftigung *f*, Beschwichtigung *f*.

rafa|le (ra'fal) *f* **1.** (kurzer) Windstoß *m*; ⚓ Bö *f*; ~*s pl.* Schnee-, Regen-gestöber *n*; **2.** ⚔ Feuerwelle *f*; *tir m par* ~*s* aussetzendes Trommelfeuer *n*; ~ *de mitrailleuses* M.-G.-Salve *f* (*od.* Garbe *f*); **3.** *fig.* Schicksalsschlag *m*; **~lé** (~'le) *adj.* (*a. m*) **1.** ⚓ vom Sturm beschädigt; **2.** *fig.* herunterge-

kommen(er Mensch *m*).
rafferm|ir (rafer'mi:r) *v/t.* [2a] wieder befestigen; *fig.* wieder kräftigen; ~ *le courage* neuen Mut einflößen; **~issement** (~mis'mɑ̃) *m* Befestigung *f*; Stärkung *f*.
raffin|ade (rafi'nad) *f* Raffinade *f*, gereinigter Zucker *m*; **~age** (~'na:ʒ) *m* Läuterung *f*, Verfeinerung *f*; Raffinieren *n*; **~é** (~'ne) **I** *adj.* geläutert, gereinigt; *fig.* fein, schlau, durchtrieben; *avoir reçu une éducation ~e* e-e gute Kinderstube haben; **II** *m* geistig anspruchsvoller Mensch *m*; **~ement** (~n'mɑ̃) *m* Verfeinerung *f*; *fig.* Spitzfindigkeit *f*; *sans ~* ungekünstelt; **~er** (~'ne) [1a] **I** *v/t.* feiner machen, läutern; ⊕ raffinieren, veredeln; *fig.* verfeinern; **II** *v/i.* ~ *sur qch.* auf e-m Gebiet Fortschritte machen; über etw. (*acc.*) nachdenken, etw. ausklügeln; ~ *sur les sentiments* die Gefühle veredeln; **~erie** (~n'ri) *f* **1.** Raffinerie *f*; Zuckersiederei *f*; **2.** Raffinieren *n*; **~eur** (~'nœ:r) *su.* [7g] Zuckersieder *m*.
raffol|ement (rafɔl'mɑ̃) *m* Vernarrtsein *n*, Schwärmen *n*; **~er** F (~'le) *v/i.* [1a] ~ *de q.* (*de qch.*) für j-n (für etw.) schwärmen, sich für j-n (für etw.) begeistern können.
raffut F (ra'fy) *m* Höllenlärm *m*, Klamauk *m* P, Krach *m*, Radau *m*; *faire du ~* randalieren.
raffûter (rafy'te) *v/t.* [1a] schleifen, schärfen.
rafiot F (ra'fjo) *m* Ruderboot *n* (*mit Segel*); alter Kahn *m*.
rafistol|age F (rafistɔ'la:ʒ) *m* Ausbesserung *f*, Flicken *n*, Flickerei *f*; Flickwerk *n*; **~er** F (~'le) *v/t.* [1a] ausbessern, flicken.
rafle[1] ('rɑ:flə) *f* **1.** Ausplünderung *f*; Razzia *f*, Massenverhaftung *f*, Entführung *f*; **2.** Pasch *m beim Würfeln*; *faire ~* paschen; **3.** *ch.* doppelmaschiges Netz *n*.
rafle[2] (~) *f* Wein(trauben)-, Johannisbeertrauben-, Maiskolben-kamm *m*, -stiel *m*.
rafler (rɑ'fle) [1a] **I** *v/t.* F weg- (*od.* an sich) raffen; schnell wegbringen; *fig.* ~ *les marchandises* sämtliche Waren aufkaufen; **II** *v/i.* paschen (*beim Würfeln*).
rafraîch|ir (rafrɛ'ʃi:r) [2a] **I** *v/t.* **1.** erfrischen, abkühlen; *fig.* ~ *la mémoire à q.* j-m etw. in Erinnerung bringen; **2.** a) *peint.* restaurieren (*v. Bildern*); b) *se faire ~ les cheveux* (*la barbe*) sich (*dat.*) die Haare (den Bart) etwas (be)schneiden lassen; **II** *v/i.* **3.** kühl werden; *on a mis le vin à ~* man ließ den Wein kühlen; **III** *v/rfl. se ~* **4.** frischer (*od.* kühler) werden; sich abkühlen; **5.** auffrischen, stärker werden (*vom Winde*); **6.** sich erholen; sich erfrischen; s-n Durst löschen; *fig. se ~ la tête* sich beruhigen; **~issant** (~ʃi'sɑ̃) *adj.* [7] *u. m* erfrischend; Erfrischungsmittel *n*; **~issement** (~ʃis'mɑ̃) *m* **1.** Abkühlung *f*; **2.** *peint.* Restaurierung *f*, Auffrischung *f*; **3.** Erfrischung *f* (*a. als Getränk*); Erholung *f*; Erquickung *f*; **4.** *~s pl.* Erfrischungen *f/pl.*, erfrischende Getränke *n/pl.*; *prendre des ~s* s-n Durst löschen; **~isseur** (~ʃi'sœ:r) *m* Kühl-gefäß *n*, -kessel *m*, -schiff *n*; **~issoir** (~ʃi'swa:r) *m* = *rafraîchisseur*.
ragaillardir (ragajar'di:r) *v/t.* [2a] (*a. abs.*) aufmuntern, beleben, aufheitern, aufmöbeln F.
rag|e (ra:ʒ) *f* **1.** Tollwut *f*; **2.** *fig.* **W**ut *f*; rasender Schmerz *m*; *accès m de ~* Wutanfall *m*; *~ noire* unglaubliche Wut *f*; *écumer de ~* vor Wut schäumen; *avoir une ~ de dents* rasende Zahnschmerzen haben; **3.** *fig.* Sucht *f*; *avoir la ~ de* erpicht sein auf (*acc.*); *avoir la ~ du jeu* e-e wahre Spielwut haben; **~er** F (ra'ʒe) *v/i.* [1l] wüten, wütend sein, toben; **~eur** F (ra'ʒœ:r) *adj. u. su.* [7g] jähzornig; tobend, stürmisch (*Wind*); Hitzkopf *m*.
raglan (ra'glɑ̃) *m* Raglanmantel *m*.
ragondin (ragɔ̃'dɛ̃) *m* Nutria(fell *n*) *f*.
ragot (ra'go) **I** *adj. u. su.* [7c] **1.** ⚒ F untersetzt(e Person *f*); **II** *m* **2.** untersetztes Pferd *n*; **3.** *ch.* zweijähriger Keiler *m*; **4.** kurzer, dicker Knüppel *m*; **5.** F *~s pl.* Klatsch *m*.
ragoter F (ragɔ'te) *v/i.* [1a] klatschen, tratschen; keifern.
ragoût (ra'gu) *m* **1.** *cuis.* Ragout *n*; **2.** F *fig.* Reiz *m*; *le ~ de la nouveauté* der Reiz *m* des Neuen; **3.** P Sorge *f*; **~ant** (~'tɑ̃) *adj.* [7] appetitlich, lecker; F *fig.* ansprechend, angenehm; **~er** (~ˌte) *v/t.* [1a] (*a. abs.*) Appetit machen (*q.* j-m); F *fig.* anregen.
ragré|er (ragre'e) *v/t.* [1a] **1.** überarbeiten, die letzte Hand an *e-e Arbeit* legen, fertigmachen; wiederherstellen (*a. fig.*); ~ *une maison*

ein Haus putzen; **2.** ⚒ *Ast* glatt absägen; **3.** ⚓ wieder auftakeln; **~(e)ment** (~'mɑ̃) *m* Überarbeiten *n*; ⚓ Wiederauftakeln *n*.
raguer ⚓ (ra'ge) [1m] *v/t.*, *v/i.* (*u. v/rfl.* se ~ sich) (durch-)scheuern.
rai (rɛ) *m* **1.** (Rad-)Speiche *f*; **2.** ~ *de lumière* Lichtstrahl *m*.
raid (rɛd) *m* **1.** ⚔ Streife *f*, Vorstoß *m*, Streifzug *m*; Überfall *m*; ✈ Luftangriff *m*; **2.** ✈, *a. Sport*: *grand* ~, ~ *de distance* Fernflug *m*; ~ *d'escadre* Geschwaderflug *m*; ~ *postal* Postflug *m*; ~ *transatlantique* Ozeanflug *m*; **3.** *Sport*: Dauer-lauf *m*, -ritt *m*, -fahrt *f*.
raid|e (~) **I** *adj.* **1.** steif, straff, unbiegsam; *fig.* ungelenk; * ⚔ krank; ~ *de froid* starr vor Kälte; *attitude f* ~ steife Haltung *f*; **2.** *fig.* unbeugsam, starrsinnig, halsstarrig; se *tenir* ~ nicht nachgeben; *ton m* ~ schroffer Ton *m*; **3.** steil (*Felsen*); **4.** reißend (*Fluß*); **5.** P *fig.* toll, unglaublich; *c'est un peu* ~ das geht ja wirklich ein bißchen zu weit!; **6.** F völlig abgebrannt, pleite, blank; **II** *adv.* plötzlich; jäh, sehr schnell; *Auto*: *conduire* ~ ordentlich Gas geben, ein anständiges Tempo draufhaben; *tomber* ~ *mort* auf der Stelle tot sein; **III** * *m* Tausendfrankenschein *m*; * Schnaps *m*; **~eur** (~'dœ:r) *f* **1.** Steifheit *f*; **2.** *fig.* Unbeugsamkeit *f*, Schroffheit *f*; **3.** Steilheit *f*; **4.** Schnelligkeit *f*; **~ir** (~'di:r) [2a] **I** *v/t.* steif (*od.* straff) machen; **II** *v/i. u. v/rfl.* se ~ steif werden; *fig.* se ~ *contre* Widerstand leisten, Trotz bieten (*dat.*), entgegentreten (*dat.*); **~issement** (~dis'mɑ̃) *m* Steifwerden *n*; *pol.* Versteifung *f* (*a.* ⚠) (*sur qch.* in der Frage des..., der...); Straffung *f*; ~ *de la volonté* Willensfestigung *f*.
raie[1] (rɛ) *f* **1.** Strich *m*; Streifen *m*; Strieme *f*, Striemen *m*; Schramme *f* (*auf Möbeln*); **2.** Scheitel *m im Haar*; **3.** Furche *f*.
raie[2] *icht.* (~) *f* Rochen *m*.
raifort ⚘ (rɛ-, re'fɔ:r) *m* Meerrettich *m*; P Rettich *m*.
rail (rɑj) *m* (Eisenbahn-)Schiene *f*; *les* ~*s pl.* das Gleis *n*; ⚡ ~ *de contact*, ~ *à courant électrique* 🚂 *etc.* Stromschiene *f*; ~ *mobile* Weichenschiene *f*; *les spécialistes m/pl. du* ~ die Spezialisten *m/pl.* des Bahnverkehrs.
raill|er (rɑ'je) [1a] **I** *v/t.* verspotten; **II** *v/i.* herumwitzeln, Spaß machen, scherzen; *je ne raille point* es ist mein voller Ernst; **III** *v/rfl.* se ~ *de q.* (*de qch.*) sich über j-n (etw.) lustig machen; **~erie** (rɑj'ri) *f* Scherz *m*, Spaß *m*, Spöttelei *f*; *entendre* ~ Spaß verstehen; *cela passe la* ~ das geht über den Spaß; ~ *à part* Spaß beiseite; se *livrer à des* ~*s* herumwitzeln; **~eur** (~'jœ:r) *adj.* □ *u. su.* [7g] scherzhaft; spöttisch; Spaßvogel *m*; Spötter *m*.
rainer ⊕ (rɛ'ne) *v/t.* [1b] ausnuten.
rainette *zo.* (rɛ'nɛt) *f* Laubfrosch *m*.
rainure (rɛ'ny:r) *f*, Nute *f*, Rille *f*.
raiponce ⚘ (rɛ'pɔ̃:s) *f* Rapunzel *n*.
raire (rɛ:r) *v/i.* [4s] röhren, schreien (*Hirsch*).
rais (rɛ) *m heute mst.*: *rai*.
raisin (rɛ'zɛ̃) *m/sg.* (Wein-)Trauben *f/pl.*, Wein *m*; *du* ~ *blanc* (*noir*) weiße (blaue) Weintrauben *f/pl.*; *grain m de* ~ Weintraube *f*; ~ *sec* Rosine *f*; ~*s pl. de caisse* Rosinen *f/pl.*; ~*s de Corinthe* Korinthen *f/pl.*; **~é** (rɛzi'ne) *m* Weintraubenkonfitüre *f*.
raison (rɛ'zɔ̃) *f* **1.** Verstand *m*, Vernunft *f*; *âge m de* ~ vernünftiges Alter *n*; *contraire à la* ~ vernunftswidrig; *avoir toute sa* ~ s-n vollen Verstand haben; *perdre la* ~ den Verstand verlieren; **2.** Vernünftigkeit *f*, Verständigkeit *f*; *mariage m de* ~ Verstandesehe *f*; *entendre* ~, se *mettre à la* ~ Vernunft annehmen; sich in das Unabänderliche fügen; *mettre q. à la* ~ j-n zur Vernunft bringen; *parler* ~ (*à q.* mit j-m) verständig reden; **3.** Recht *n*, Billigkeit *f*; *avoir* ~ recht haben; *donner* ~ *à q.* j-m recht geben; *comme de* ~ wie es recht u. billig ist; *à tort ou à* ~ mit Recht oder Unrecht; *à bonne* ~ mit Fug u. Recht; *plus que de* ~ mehr als recht u. billig; mehr als zuträglich, über Gebühr; *à plus forte* ~ mit um so größerem Rechte, um so mehr; ~ *de plus pour* ... um so mehr muß man ...; *à juste* ~, *avec* ~ mit Recht; **4.** Rechenschaft *f*; Erklärung *f*; *demander* ~ *de qch. à q.* j-n wegen e-r Sache zur Rechenschaft ziehen (*od.* zur Rede stellen); *faire* ~ *de qch.* Rechenschaft über etw. (*acc.*) ablegen; erklären; **5.** Genugtuung *f für e-e Beleidigung*; *avoir* ~ *de q.* über j-n

siegen, mit j-m fertig werden; *demander* ~ *de qch. à q.* von j-m für etw. (*acc.*) Genugtuung fordern; *tirer* ~ *de q.* sich von j-m Genugtuung verschaffen; *se faire* ~ *à soi-même* sich selbst Genugtuung verschaffen; *faire* ~ nachkommen (*beim Trinken*); *rendre* ~ *à q.* sich mit j-m duellieren; **6.** Grund *m*, Ursache *f*, Beweggrund *m*, Anlaß *m*, Rücksicht *f*; *en avoir* ~ sich etw. erklären können; ~ *suffisante* hinreichender Grund *m*; *en* ~ *de* wegen (*gén.*); mit Rücksicht auf (*acc.*); *ne serait-ce qu'en* ~ *de* ... schon allein wegen (*gén.*) ...; *avoir de bonnes* ~*s* s-e guten Gründe haben; *pour des* ~*s de commodité* aus Bequemlichkeitsgründen, der Einfachheit halber; *pour* ~*s de santé* aus Gesundheitsrücksichten; **7.** ✝ ~ *sociale* (*od. de commerce*) (Handels-)Firma *f*, Firmen-name *m*, -bezeichnung *f*; **8.** ⚖ ~*s pl.* Ansprüche *m/pl.*; **9.** F ~*s pl.* Zänkereien *f/pl.*; *avoir des* ~*s avec q.* sich mit j-m zanken; **10.** ⩓ Verhältnis *n*; *fin.*, ✝ *à* ~ *de cinq pour cent* zu fünf Prozent; *il sera payé à* ~ *du travail qu'il aura effectué* er wird für die Arbeit bezahlt werden, die er geleistet hat; *en* ~ *de* im Verhältnis zu; nach Maßgabe (*gén.*).

raison|nable (rɛzɔ'nablə) *adj.* □ **1.** vernünftig; vernunftbegabt; **2.** ausreichend, genügend; **3.** angemessen, mäßig (*Preis, Einkommen*); **4.** anständig, artig; **~nement** (~zɔn'mɑ̃) *m* **1.** Beurteilung *f*, Urteilen *n*; **2.** Urteilskraft *f*; **3.** Vernunftsschluß *m*, Schlußfolgerung *f*; **4.** Einrede *f*, Räsonnieren *n*; *point de* ~*!* keine Widerrede!; **~ner** (~'ne) [1a] **I** *v/i.* **1.** urteilen, denken; schließen; e-e Schlußfolgerung ziehen; ~ *juste* (*faux*) richtig (falsch) urteilen; **2.** Einwände machen; (herum)nörgeln; **II** *v/t.* **3.** durchdenken, überlegen; ~ *politique* politisieren, sich über Politik unterhalten; **4.** ~ *q.* j-m gut zureden; **5.** (= *arraisonner*) *Schiff* anhalten; **~neur** (~'nœ:r) *su. u. adj.* [7g] **1.** Verstandesmensch *m*; Schlüsse ziehend; **2.** Rechthaber *m*; klugschwatzend, rechthaberisch.

rajeu|nir (raʒœ'ni:r) [2a] **I** *v/t.* verjüngen, (wieder) jung machen; ~ *les arbres* die Bäume verjüngen (*od.* beschneiden); **II** *v/i.* wieder jung werden, sich verjüngen; **III** *v/rfl. se* ~ sich jünger machen; **~nissement** (~nis'mɑ̃) *m* Verjüngung *f*; *fig.* Modernisierung *f* (*e-s Textes, e-s Wörterbuchs, e-s Kostüms*); ⸙ Beschneiden *n*, Verjüngen *n* (*der Bäume*).

rajouter (raʒu'te) *v/t.* [1a] (wieder) hinzufügen; anstückeln, anflicken.

rajus|tage ⊕, **~tement** (raʒys'ta:ʒ, ~tə'mɑ̃) *m* **1.** Ausbesserung *f*, Instandsetzung *f*, Wiederherrichtung *f*; **2.** *fig.* Aussöhnung *f*; Aus-, An-gleichung *f* (*z.B. der Löhne an die Lebenshaltungskosten*), Lohnaufbesserung *f*; **~ter** (~'te) *v/t.* [1a] **1.** wieder in Ordnung bringen, zurechtmachen, ausbessern, wiederherrichten; **2.** *fig.* an-, aus-gleichen, aussöhnen.

râlant P (rɑ'lɑ̃) *adj.*: *c'est* ~ das ist ärgerlich.

râle[1] *orn.* (rɑ:l) *m* Ralle *f*.

râle[2] (~) *m*, **~ment** (rɑl'mɑ̃) *m* Röcheln *n*.

ralen|ti (ralɑ̃'ti) *m* (*prise f de vue au*) ~ Zeitlupenaufnahme *f*; *Auto*: *mettre* (*le moteur*) *au* ~ abdrosseln; *tourner au* ~ langsamer fahren; *Auto*: *manœuvrer au* ~ den langsamen Gang einschalten; *le travail ne marche qu'au* ~ die Arbeit geht nur sehr langsam vorwärts; **~tir** (~'ti:r) [2a] **I** *v/t.* langsamer machen; *fig.* nachlassen; **II** *v/i.* langsamer fahren *od.* werden; *fig.* nachlassen; **III** *v/rfl. se* ~ langsamer werden; nachlassen, erschlaffen; ermatten; abflauen, stocken; einschlafen (*Beziehungen*); **~tissement** (~tis'mɑ̃) *m* Langsamerwerden *n*; Nachlassen *n*; Verlangsamen *n*; Abnahme *f* (*der Geschwindigkeit*); Stocken *n* (*der Geschäfte*); **~tisseur** (~ti'sœ:r) *m* Zeitlupe *f*.

râler (rɑ'le) *v/i.* [1a] **1.** röcheln; **2.** P lange feilschen u. alles bekritteln (*ohne zu kaufen*), querulieren, herum-schimpfen, -meckern, brummeln, miesmachen; **3.** *zo.* schreien, brüllen (*Rehkalb, Tiger*).

ralli|é (ra'lje) *m* ausgesöhnter Gegner *m*; **~ement** (rali'mɑ̃) *m* Sammeln *n*; *mot m de* ~ Losungswort *n*; *point m de* ~ Sammelplatz *m*; **~er** (~'lje) [1a] **I** *v/t.* wieder (ver)sammeln; *Truppen, Schiffe* wieder zusammenziehen; *fig.* die Einigkeit herstellen unter (*dat.*); ⚓ ~ *un port* wieder zu e-m Hafen

zurückkehren; **II** *v/rfl.* se ~ a) ⚔, ⚓ sich wieder sammeln; b) *fig.* se ~ *à une opinion* sich e-r Meinung anschließen; c) *fig. allg.* se ~ *à qch.* sich zu etw. bereit erklären.
rallonge (ra'lɔ̃:ʒ) *f* Ansatz *m*, Verlängerung(sstück *n*) *f*; Ausziehplatte *f e-s Tisches*; ⚒ Stange *f*; *table f à* ~*s* Ausziehtisch *m*; ~**ment** (~lɔ̃ʒ'mɑ̃) *m* Verlängerung *f*.
rallonger (ralɔ̃'ʒe) *v/t.* [1l] verlängern, anstückeln.
rallumer (raly'me) *v/t.* [1a] wieder anzünden; *fig.* wieder entfachen.
rallye (ra'li) *m bsd. Auto*: Sternfahrt *f*; ✈ ~ *aérien* Sternflug *m*; ~ *cycliste* Radsternfahrt *f*.
rama|ge (ra'ma:ʒ) *m* **1.** Ranken *f/pl.*, Blumen *f/pl. usw. auf Stoffen usw.*; *étoffe f à* ~*s* gemusterter (*od.* geblümter) Stoff *m*; **2.** Gesang *m der Vögel*, Zwitschern *n*, Gezwitscher *n*; F *fig.* Singsang *m*, Geplapper *n* (*der Kinder*); ~**ger** (~ma'ʒe) *v/i.* [1l] zwitschern.
ramaigrir (ramɛ'gri:r) [2a] *v/t. u. v/i.* wieder mager machen *od.* werden.
ramas (ra'mɑ) *m* **1.** Auflesen *n*, Aufsammeln *n*; **2.** Haufen *m*, Menge *f*; *mv.p.* Sammelsurium *n*, Plunder *m*; ~**sage** (rama'sa:ʒ) *m a.* ⚔ Sammeln *n*; Ein-, Auf-sammeln *n*; *centre m de* ~ Sammelstelle *f*.
ramasse (ra'mas) *f* Bergschlitten *m*.
ramassé (rama'se) *adj.* [7] **1.** zusammengerafft, kunterbunt durcheinander; **2.** untersetzt, stämmig; ~ *sur soi-même* zusammengekauert, -gerollt; **3.** ♀ dicht stehend; **4.** *fig. style m* ~ bündiger (*od.* knapper, gedrängter) Stil *m*.
ramasse|-couverts (ramasku'vɛ:r) *m* [6c] Messerkorb *m*; ~**-miettes** (~'mjɛt) *m* [6c] Tisch-besen *m* (u. -schaufel *f*).
ramass|er (rama'se) [1a] **I** *v/t.* **1.** zusammen-tragen, -raffen; (ein-) sammeln; **2.** von der Erde aufheben, auflesen; P ~ *une bûche* (*od. une pelle*) hinfallen; **3.** zusammenziehen; *fig.* zusammenfassen; **4.** P ~ *q.* j-n abkanzeln, runtermachen; j-n zur Rede stellen, j-n anschnauzen F; *être ramassé* e-n Rüffel bekommen; *se faire* ~ sich abkanzeln (*od.* anschnauzen F) lassen; **II** *v/rfl.* se ~ **5.** sich versammeln; sich zusammenziehen; sich zusammenballen; **6.** sich aufraffen; wieder aufstehen; ~**eur** (~'sœ:r) *su.* [7g] Aufleser *m*; Sammler *m*; ~ *de mégots* (Zigarren- *usw.*) Stummel-sucher *m*; ~ *de ferrailles* Alteisen-, Schrott-händler *m*; ~**euse-presse** ⊕ (~'sø:z'prɛs) *f* [6a] kombinierte Auflese- u. Preßmaschine *f* (*z.B. für Stroh od. Heu*); ~**is** (~'si) *m* **1.** Plunder *m*; Sammelsurium *n*; **2.** Clique *f*, (zusammengewürfelter) Haufen *m*.
rambarde ⚓ (rɑ̃'bard) *f* Geländer *n*.
rame[1] (ram) *f* **1.** ⚓ Ruder *n*; *avoir la* ~ in Führung liegen; *faire force de* ~*s* mit aller Macht rudern; *être* (*od. tirer*) *à la* ~ schuften wie ein Pferd; **2.** *bateau m à* ~*s* Ruderboot *n*; **3.** ✓ Bohnenstange *f*.
rame[2] *tram.*, *U-Bahn* (~) *f* Zug *m*, Wagen-gruppe *f*, -reihe *f*; ~ *réversible* umkehrbarer Vorortzug *m*; ~*s pl. motrices rapides* Schnelltriebzüge *m/pl.*
rame[3] ✝ (~) *f* Ries *n* (500 *Bogen*).
ramé (ra'me) *adj.* ✓: *pois m/pl.* ~*s* gestengelte Erbsen *f/pl.*; *ch. cerf m* ~ junger Hirsch *m*, der Geweih aufsetzt.
ram|eau (ra'mo) *m* [5b] **1.** Zweig *m*; *fig.* Ab-, Ver-zweigung *f*; Nebengebiet *n*; *dimanche m des* 2*x* Palmsonntag *m*; ~ *d'olivier* Ölzweig *m*; *fig.* Friedenspalme *f*; **2.** Gebirgsausläufer *m*; ⚒ Ader *f*; ~**ée** (~'me) *f* abgeschlagenes Laubwerk *n*; Laubdach *n*.
ramenable (ram'nablə) *adj.* zurückbringbar.
ramend|able (ramɑ̃'dablə) *adj.* verbesserlich, verbesserungsfähig; ~**er** (~'de) [1a] *v/t.* **1.** Netze *usw.* ausbessern; **2.** ✓ zum zweiten Mal düngen; **3.** ⊕ zum zweiten Mal färben; Vergoldetes neu vergolden.
ramener (ram'ne) **I** *v/t.* [1d] **1.** wieder her-, mit-bringen; (wieder) zurückbringen *od.* zurückführen; wieder mitnehmen; ⚔ zurückwerfen; ~ *une dame chez elle* e-e Dame nach Hause begleiten; ~ *à la surface* ⚓ wieder an die Oberfläche bringen; ~ *à la vie* wiederbeleben; ~ *un châle sur ses épaules* e-n Schal auf s-n Schultern zurechtlegen; **2.** wiederherstellen (*Kranken*; *Frieden*); wiedereinführen (*Mode*); **3.** *fig.* ~ *q. à q.* j-n mit j-m versöhnen; ~ *q. à qch.* j-n zu etw. zurückbringen; **II** *v/rfl.* se ~ *à* hinauslaufen auf (*acc.*).
ramequin (ram'kɛ̃) *m Art* Käsekuchen *m*.

ramer[1] (ra'me) *v/t.* [1a] ✓ stengeln, *mit Stangen* stützen.
ramer[2] (~) *v/i.* [1a] rudern; F *fig.* sich abplagen (müssen).
ramette *typ.* (ra'mɛt) *f* Rahmen *m.*
rameur (ra'mœ:r) *su.* [7g] Ruderer *m.*
rameuter ⊕ (ramø'te) *v/t.* [1a] zusammen (*od.* an einer Stelle) auffahren lassen (*z.B. Planierraupen*).
rameux (ra'mø) *adj.* [7d] vielästig; verzweigt.
ramie ♀ (ra'mi) *f* Chinagras *n.*
ramier *orn.* (ra'mje) *m* Ringeltaube *f.*
rami|fication (ramifika'sjõ) *f* Verästelung *f*, Verzweigung *f*; **~fier** (~'fje) *v/rfl.* [1a]: *se* ~ sich verzweigen, sich verästeln; **~lle** (ra'mij) *f* **1.** kleiner Zweig *m*; **2.** ~*s pl.* Reisig(holz *n*) *n.*
Raminagrobis *litt.* (raminagrɔ'bi) *m* Kater Murr *m.*
ramoindrir (ramwɛ̃'dri:r) *v/t.* [2a] wieder verringern.
ramoll|i (ramɔ'li) **I** *adj. fig.* verkalkt; stumpfsinnig; ⚕ schwachsinnig; **II** *m* verkalkter Mensch *m*; P Schlappschwanz *m*; **~ir** (~'li:r) [2a] **I** *v/t.* erweichen, weich(er) machen; *fig.* verweichlichen, erschlaffen; **II** *v/rfl. se* ~ weich werden; *fig.* verkalken, schlaff (*od.* schwach) werden, erschlaffen; **~issant** (~li'sɑ̃) *adj.* [7] *u. m* aufweichend; Aufweichungsmittel *n*; **~issement** (~lis'mɑ̃) *m* Er-, Aufweichung *f*; *fig.* Verkalkung *f*; ~ *cérébral* Gehirnerweichung *f.*
ramon|age (ramɔ'na:ʒ) *m* **1.** Schornsteinfegen *n*; **2.** Schornsteinfegegeld *n*; **~er** (~'ne) *v/t.* [1a] den Schornstein fegen; **~eur** (~'nœ:r) *m* Schornsteinfeger *m.*
rampant (rɑ̃'pɑ̃) **I** *adj.* **1.** kriechend; *fig.* kriecherisch; **2.** abschüssig, geneigt; **II** *m* Schrägdach *n*; **III** ★ ✈ ~*s pl.* Bodenpersonal *n.*
rampe (rɑ̃:p) *f* **1.** Treppengeländer *n*; *Auto*: ~ *de protection* Leitplanke *f*; **2.** Rampe *f*, Auffahrt *f*; 🚂 ~ *découverte* Laderampe *f*; ~ *de fortune* behelfsmäßige Rampe *f*, Notrampe *f*; ✈ ~ *flottante* Schlepp-, Landungs-segel *n*; ✈ ~ *de lancement de fusées balistiques* Raketenabschußrampe *f*, Raketenbasis *f*; **3.** Abhang *m*, Steigung *f*; **4.** *thé.* Lampenreihe *f vor der Bühne.*
ramper (rɑ̃'pe) *v/i.* [1a] **1.** kriechen (*a.fig.*); sich hinschlängeln (*Pflanze*); **2.** *fig.* sich erniedrigen, sich demütigen, kriechen; ~ *dans la misère* in größtem Elend dahinvegetieren; **3.** *fig.* ohne jeden Schwung sein (*Stil*).
ramponneau (rɑ̃pɔ'no) *m* [5b] Stehaufmännchen *n*; F Schubs *m.*
ramure (ra'my:r) *f* Astwerk *n*; *ch.* Geweih *n.*
rancard ★ (rɑ̃'ka:r) *m* Nachricht *f*; Erkundigung *f*; *aller aux* ~*s* sich erkundigen; **~er** ★ (~kar'de) *v/t.* [1a] benachrichtigen.
rancart (rɑ̃'ka:r) *m* **1.** F *mettre au* ~ beiseite werfen; wegwerfen; *fig. être mis au* ~ aufs tote Gleis geschoben sein; **2.** P Verabredung *f*, Rendezvous *n*; *avoir* ~ ein Rendezvous haben.
rance (rɑ̃:s) *adj.* ranzig, verdorben.
ranch|e (rɑ̃:ʃ) *f* Leitersprosse *f*; **~er** (rɑ̃'ʃe) *m* Stangenleiter *f*; **~et** (~'ʃɛ) *m* Wagenrunge *f.*
ranc|ir (rɑ̃'si:r) *v/i.* [2a] ranzig werden; **~issure** (~si'sy:r) *f* ranziger Geschmack *m.*
rancœur (rɑ̃'kœ:r) *f* Verstimmung *f*, Groll *m*; *il en garde une* ~ er kann es nicht verwinden.
rançon (rɑ̃'sõ) *f* Lösegeld *n*; **~nement** (~sɔn'mɑ̃) *m* Brandschatzung *f*; *fig.* Prellerei *f*, Nepp *m* F; **~ner** (~'ne) *v/t.* [1a] (ein) Lösegeld auferlegen (*dat.*); brandschatzen; *fig.* überteuern, prellen, neppen.
rancu|ne (rɑ̃'kyn) *f* Groll *m*; Rachsucht *f*; F *sans* ~ nichts für ungut!; **~nier** (~'nje) *adj.* [7b] grollend, nachtragend, rachsüchtig.
randonnée (rɑ̃dɔ'ne) *f* **1.** F langer Marsch *m* (Ritt *m*, Flug *m*); *Auto, vél.* Ausflug *m*; Fahrt *f*; Radtour *f*; **2.** *ch.* Kreisen *n* (*Wild*).
rang (rɑ̃) *m* **1.** Reihe *f* (*a. beim Stricken*); Ordnung *f*; *se mettre en* ~ sich anstellen; **2.** ⚔ Glied *n*; *sur deux* ~*s* in zwei Gliedern; *appeler dans les* ~*s* einberufen; *rompre les* ~*s* wegtreten; *serrer les* ~*s* die Glieder schließen; *officier m sorti des* ~*s* Offizier *m*, der von der Pike auf gedient hat; **3.** Platz *m*, Stelle *f*; *par* ~ *de taille* nach der Größe geordnet; **4.** Rangstufe *f*, Rang *m*; Stand *m*, Stellung *f*; *tenir son* ~ standesgemäß leben, sein Ansehen bewahren; **5.** ⊕ ~ *de pierres* Steinschicht *f e-r Mauer.*
ran|gé (rɑ̃'ʒe) *adj.* ordentlich; *fig.* solide; **~gée** (~) *f* Reihe *f*; **~gement** (~ʒ'mɑ̃) *m* Ordnen *n*, Umstellen *n*, Einordnung *f.*

ranger (rɑ̃'ʒe) [1l] **I** *v/t.* **1.** ordnungsgemäß aufstellen (*a.* ⚔); *Auto*: s-n Wagen parken; *où faut-il ~ cela?* wohin gehört das?; **2.** in Ordnung bringen, ordnen; wegräumen, wegpacken; *~ une chambre* ein Zimmer aufräumen; **3.** einreihen, rechnen (*parmi les ... od. dans les ... od. au nombre des ...* unter die [*acc.*] ...); **4.** *fig.* *~ q. de son parti* j-n auf s-e Seite bringen; **5.** *~ q. à la raison* j-n zur Vernunft bringen; *~ q.* j-n bändigen; j-n zu e-m ordentlichen Menschen machen; *~ sous sa domination* unter s-e Herrschaft bringen; **6.** ⚓ *~ la côte* an der Küste entlangfahren; **II** *v/rfl.* *se ~* **7.** sich in e-e Reihe stellen; *se ~ à l'avis de q.* j-m recht geben; **8.** beiseite treten, aus dem Wege gehen; **9.** sich häuslich einrichten; **10.** F ein ordentlicher Mensch werden.

ranidés *zo.* (rani'de) *m/pl.* ungeschwänzte Lurche *m/pl.*

ranimer (rani'me) *v/t.* [1a] wiederbeleben; aufmuntern, erfrischen; *Feuer* wieder anfachen; *Farbe* auffrischen; *il (elle) n'a pu être ranimé(e)* Wiederbelebungsversuche waren vergeblich.

ranz (rɑ̃:z, rɑ̃:s) *m*: *~ des vaches* [Kuhreigen *m.*]

rapac|e (ra'pas) **I** *adj.* räuberisch, raubgierig, Raub...; habgierig; **II** *m* Raubvogel *m*; **~ité** (~si'te) *f* Raubgier *f*; *fig.* Habsucht *f*.

râpage ⊕ (rɑ'pa:ʒ) *m* Abraspeln *n*; Mahlen *n* (*Tabak*).

rapatelle (rapa'tɛl) *f* Roßhaarzeug *n*.

rapa|trié (rapatri'e) *m* Rückwanderer *m*; **~triement** (~tri'mɑ̃) *m* Rückbeheimatung *f*; **~trier** (~tri'e) *v/t.* [1a] rückbeheimaten.

rapatronnage *for.* (rapatrɔ'na:ʒ) *m* Aneinanderbringen *n* e-s gefällten Baumstammes an s-n Stumpf, um festzustellen, ob Stamm u. Stumpf zum selben Baum gehören (*im Falle des Anzweifelns der Nutzholzstammlänge*: *Schnitt höchstens 15 cm über Wurzelhals*); s. *receper*.

râp|e (rɑ:p) *f* **1.** Reibeisen *n*; **2.** grobe Feile *f*, Raspel *f*; **3.** Weintraubenkamm *m*; **~é** (rɑ'pe) **I** *adj.* abgetragen, schäbig (*v. Kleidungsstücken*); **II** *m* a) Nachwein *m*; b) Schnupftabak *m*; **~er** (~) *v/t.* [1a] **1.** (ab)reiben; *Tabak* mahlen; **2.** ⊕ (ab)raspeln.

rapetass|age (rapta'sa:ʒ) *m* Flickerei *f*; **~er** (~'se) *v/t.* [1a] (aus)flikken; *fig.* zusammenstoppeln; **~eur** (~'sœ:r) *su.* [7g] Flicker *m*; *fig.* Zusammenstoppeler *m*.

rapetiss|ement (raptis'mɑ̃) *m* Verkleinerung *f*; Herabsetzung *f*; **~er** (~'se) [1a] **I** *v/t.* verkleinern; *fig.* herabsetzen; **II** *v/i.* kleiner (*od.* kürzer) werden, abnehmen.

râpeur ⊕ (rɑ'pœ:r) *su.* [7g] Raspler *m*.

rapeux (ra'pø) *adj.* [7d] rauh [(*Zunge*; *Stoff*).]

raphia (ra'fja) *m* Raphia *f*, Raphiabast *m*; *sac m de ~* Basthandtasche *f*.

rapid|e (ra'pid) **I** *adj.* □ **1.** schnell; reißend (*Fluß*); *lecture f ~* flüchtiges (*od.* kursorisches) Durchlesen *n*, *fig.* Überfliegen *n* (*e-s Textes*); **2.** schnell vorübergehend; **3.** *bét.* schnell bindend; **4.** lebhaft (*Stil*); **5.** steil, abschüssig; **II** *m* **6.** Stromschnelle *f*; **7.** 🚂 Eil-, Schnell-zug *m*; **~ité** (~di'te) *f* Schnelligkeit *f*; Steilheit *f*, Abschüssigkeit *f*; *fig.* Lebhaftigkeit *f* (*Stil*); *~ de la marche* Marschgeschwindigkeit *f*; *~ (de la transmission) du son (de la lumière)* Schall- (Licht-)geschwindigkeit *f*.

rapiéçage (rapje'sa:ʒ) *m*, **rapiècement** (rapjɛs'mɑ̃) *m* Flickarbeit *f*.

rapié|cer (rapje'se) *v/t.* [1f] *u.* [1k] ausbessern; **~cetage** (~pjes'ta:ʒ) *m* Ausbesserung *f*, Flickarbeit *f*; **~ceter** (~pjes'te) *v/t.* [1d] zusammenstückeln, flicken.

rapière (ra'pjɛ:r) *f* Rapier *n*.

rapin (ra'pɛ̃) *m* Malerlehrling *m*; *fig.* junger *od.* armseliger Maler *m*, Farbenkleckser *m*.

rapin|e (ra'pin) *f* **1.** Raub *m*, Plünderung *f*, Erpressung *f*; **2.** Beute *f*; **~er** (~'ne) *v/t. u. v/i.* [1a] rauben, unterschlagen, erpressen.

raplatir (rapla'ti:r) *v/t.* [2a] wieder flach machen; wieder einebnen.

rapointir (rapwɛ̃'ti:r) *v/t.* [2a] wieder spitz machen.

rappareiller (raparɛ'je) *v/t.* [1a] mit ähnlichen *od.* gleichartigen Gegenständen wieder ergänzen.

rapparier (rapa'rje) *v/t.* [1a] ein Paar (*z.B. Handschuhe*) wieder vollständig machen.

rappel (ra'pɛl) *m* **1.** Zurückrufen *n*; *pol.* Abberufung *f*; **2.** Erinnerung *f*, Mahnung *f*; *lettre f de ~* Mahnbrief *m*; *~ de paiement* Mahnung *f* zur Zahlung; *parl.* *~ à l'ordre* Ordnungsruf *m*; *~ au règlement* Ruf(en *n*) *m* zur Geschäftsordnung;

3. (geschuldete) Nachzahlung *f*; Nachzahlungsforderung *f*; **4.** *thé.* Herausrufen *n*; **5.** ⚔ Signal *n* zum Sammeln; **6.** *Bergsport*: Sichern *n* mit dem Seil; *faire un* ~ sich am Seil herunterlassen, sich sichern.

rappeler (ra'ple) [1c] **I** *v/t.* **1.** noch einmal rufen; **2.** zurückrufen; abberufen, zurückberufen; ~ *q. à lui -même* j-n wieder zur Besinnung bringen; ~ *un ambassadeur* e-n Botschafter abberufen; **3.** *thé.* ~ *un acteur* e-n Schauspieler (*beim Applaus*) herausrufen; **4.** ~ *q. à son devoir* j-n an s-e Pflicht mahnen; **5.** ~ *qch. à q.* j-m etw. ins Gedächtnis zurückrufen, j-n an etw. (*acc.*) erinnern; **II** *v/i.* ⚔ „das Ganze sammeln" blasen *od.* trommeln; **III** *v/rfl.*: se (*dat.*) ~ *qch.* sich an etw. (*acc.*) erinnern; se (*acc.*) ~ *au souvenir de q.* sich bei j-m in Erinnerung bringen; F *je m'en* (*st.s. je me le*) *rappelle* ich erinnere mich daran.

rappliquer (rapli'ke) [1m] **I** *v/t.* wieder anbringen; **II** *v/i.* * zurück-, an-kommen, hereinschneien P, sich einstellen; *les obus rappliquaient* es hagelte Bomben.

rapport (ra'pɔ:r) *m* **1.** Wiederbringen *n*, Zurückerstatten *n*; **2.** ⚕ *bsd.* ~*s pl.* Aufstoßen *n aus dem Magen*; **3.** Ertrag *m*; *être en* (*plein*) ~ einträglich sein, Gewinn abwerfen; ~ *d'une taxe* Steueraufkommen *n*, -ertrag *m*; ~ *locatif* Mietertrag *m*; *terres f/pl. de* ~ angefahrene (*od.* aufgeschüttete) Erde *f*; **4.** ⊕ Einsetzen *n*; *ouvrage m de pièces de* ~ Mosaikarbeit *f*; **5.** Bericht *m*, Gutachten *n*, Bericht(erstattung *f*) *m*; ⚔ Meldung *f*; ~ *introductif* Einführungsbericht *m*; ~ *officiel* Amtsbericht *m*, amtlicher Bericht *m*; ~ *préliminaire* Vorbericht *m*; ~ *confidentiel* vertraulicher Bericht *m*; ~ *de gestion*, ~ *sur l'exploitation* Geschäftsbericht *m*; ~ *spécial* Sonderbericht *m*; ~ *de conjoncture* Konjunkturbericht *m*; ~ *du caissier*, ~ *sur la situation financière* Kassenbericht *m*; ~ *d'expert* Sachverständigen-bericht *m*, -gutachten *n*; ~ *médico-légal* gerichtsärztliches Gutachten *n*; **6.** Angeberei *f*; **7.** Übereinstimmung *f*, Ähnlichkeit *f*; *n'être pas en* ~ *avec* ... nicht entsprechen (*dat.*), nicht passen zu (*dat.*); **8.** Beziehung *f*, Zusammenhang *m*; *avoir* ~ *à* betreffen (*acc.*); *en* ~ *avec* im Zusammenhang mit, zusammenhängend mit; *par* ~ *à* ... mit Rücksicht auf (*acc.*), hinsichtlich (*gén.*); im Vergleich zu (*dat.*); *sous ce* ~ in dieser Beziehung; **9.** Verhältnis *n*, Verkehr *m*; ~*s pl. de commerce* Handelsbeziehungen *f/pl.*; ~*s pl. sexuels* Geschlechtsverkehr *m*; *entrer en* ~ *avec q.* mit j-m in Berührung kommen; **10.** ⚤ Verwandtschaft *f*.

rapport|able (rapɔr'tablə) *adj.*: ~ *à qch.* auf etw. zurückführbar; ⊕ *pièce f* ~ Einsatzstück *n*; ~**er** (~'te) [1a] **I** *v/t.* **1.** wieder-, zurückbringen; mitbringen; *fig.* ~ *de la honte* Schande davontragen; **2.** ~ *une somme* e-n Betrag zurückerstatten; **3.** ansetzen; anstückeln; ~ *un étage* e-e Etage aufstocken; ~ *des terres* Erde anfahren *od.* aufschütten; **4.** einbringen, *fig.* abwerfen; **5.** berichten; begutachten; anführen; **6.** hinterbringen, ausplaudern; **7.** ~ *qch. à qch.* etw. auf etw. (*acc.*) beziehen, etw. e-r Sache zuschreiben (*od.* auf etw. [*acc.*] zurückführen); **8.** ⚖ ~ *une loi* ein Gesetz aufheben (*od.* widerrufen); **II** *v/rfl.* se ~ **9.** zueinander passen; **10.** sich ähnlich sein; übereinstimmen; **11.** *se* ~ *à qch.* sich auf etw. (*acc.*) beziehen (*a. gr.*); **12.** *se* ~ *à* sich berufen auf (*acc.*).

rapporteur (rapɔr'tœ:r) **I** *su.* [7g] **1.** Berichterstatter *m*; **2.** Hinterbringer *m*; **II** *m* ⚒ Winkelmesser *m*.

rapprendre (ra'prɑ̃:drə) *v/t.* [4q] von neuem lernen.

rapprêter (raprɛ'te) *v/t.* [1a] wieder zurichten.

rapprivoiser (raprivwa'ze) *v/t.* [1a] wieder zahm machen.

rapproch|ement (raprɔʃ'mɑ̃) *m* **1.** Zusammenrücken *n*; Vereinigung *f*; **2.** *a. pol.* Annäherung *f*, Versöhnung *f*, *pol.* Verständigung *f*; **3.** *fig.* Gegenüberstellung *f*, Vergleich *m*; ~**er** (~'ʃe) *v/t.* [1a] **1.** (wieder) nähern, näherbringen; heranrücken (*Möbel*); ~ *les distances* die Entfernungen verkürzen; *fig.* den Rangunterschied aufheben; **2.** *fig.* versöhnen, vereinen, einander näherbringen; **3.** *fig.* gegenüberstellen, vergleichen; (*de* mit).

rapt (rapt) *m* (Menschen-)Raub *m*.

râpure ⊕ (rɑ'py:r) *f* Raspelspäne *m/pl.*; ~ *de corne* Hornspäne *m/pl.*; *cuis.* ~ *de pain* abgeriebene Brotrinde *f*.

raquette (ra'kɛt) *f* **1.** Tennisschläger *m*; **2.** Schneereifen *m*, *Art* Schneeschuh *m*.

rare (ra:r) **I** *adj.* □ **1.** selten; *se faire* ~ sich selten machen; **2.** hervorragend, ungewöhnlich; **3.** dünn gesät; spärlich; *phys.* dünn (*Luft*); knapp (*Geld*); **4.** langsam, schwach (*Puls, Atem*); **5.** *gaz m* ~ Edelgas *n*; **II** *m das* Seltene *n*.

raré|faction (rarefak'sjɔ̃) *f* Seltenwerden *n*; Verknappung *f*; *phys.* Verdünnung *f*; **~fier** (~'fje) [1a] **I** *v/t. phys.* verdünnen; *fig.* selten machen; **II** *v/rfl. se* ~ dünner werden; *fig.* selten (knapp) werden.

rarescib|ilité ⚗ (rarɛsibili'te) *f* Verdünnbarkeit *f*; **~le** (~'siblə) *adj.* verdünnbar.

rareté (rar'te) *f* **1.** Seltenheit *f*, Rarität *f*; Mangel *m*, Knappheit *f*; **2.** Dünne *f* (*der Luft*); **3.** Langsamkeit *f* (*Puls, Atem*).

ras (rɑ) **I** *adj.* [7] **1.** ganz *od.* kurz abgeschoren; kahl; **2.** kurzhaarig; **3.** unbehaart, glatt; **4.** eben, flach; *~e campagne f* flaches Land *n*; *en ~e campagne* auf freiem Feld; **5.** gestrichen voll; *mesurer à ~ bord* bis an den Rand füllen; **6.** *table f ~e* leere Metallplatte *f* (*ohne jede Eingravierung*); *fig.* völlig unbeschriebenes Blatt *n* (*Person*); *faire table ~e de qch.* etw. restlos beseitigen, mit etw. völlig aufräumen **7.** *bâtiment m* ~ flach(gehend)es Fahrzeug *n*; **II** *m verser du vin à ~ de bord* ein Glas bis an den Rand mit Wein füllen; *advt. au* ~ de auf gleicher Höhe mit, unmittelbar an; *au ~ de l'eau* fast auf gleicher Höhe mit dem Wasserspiegel.

ras|ade (rɑ'zad) *f* bis an den Rand gefülltes Glas *n*; *boire force ~s* zechen; saufen P; *verser ~ à q.* j-m sein Glas bis an den Rand vollschenken; **~age** (~'za:ʒ) *m* Rasieren *n*; **~ance** (~'zɑ̃:s) *f* Rasanz *f*; **~ant** (~'zɑ̃) *adj.* [7] **1.** ⚔ *frt.* bestreichend; *rendre les fortifications plus ~es* die Festungswerke weniger über den Erdboden erheben; **2.** *vol m* ~ a) ✈ Tiefflug *m*; b) den Boden streifender Flug *m e-s Vogels*; **3.** F *fig.* furchtbar langweilig; **~ement** (rɑz'mɑ̃) *m* ⚔ *frt.* Schleifung *f*.

rase-mottes ✈ (rɑz'mɔt) *m* [6c] Tiefflug *m*; *en* ~ im Tiefflug.

ras|er (rɑ'ze) *v/t.* [1a] **1.** ~ *la barbe* den Bart scheren; **2.** rasieren; *rasé de frais* frisch rasiert; *mal rasé* schlecht rasiert; *non rasé* unrasiert; **3.** *fig.* ~ *q.* j-n langweilen *od.* belästigen; **4.** dem Erdboden gleichmachen; ⊕ einebnen; ⚔ schleifen; entmasten; **5.** streifen, fast berühren; ⚔ bestreichen; ~ *la côte* dicht an der Küste entlangfahren *od.* flach über die Küste hinwegfliegen; **~eur** (~'zœ:r) *m* [7g] Rasierer *m*; *fig.* F langweiliger Kerl *m*; **~euse** (~'zø:z) *f* langweilige Frau *f*; **~oir** (~'zwa:r) *m* **1.** Rasier-messer *n*, -apparat *m*; *cuir m à* ~ Streichleder *n*; *lame f de* ~ Rasierklinge *f*; **2.** *fig.* F langweilige Person *f od.* Sache *f*; *quel coup de ~!* ist das ein langweiliger Kerl!

rassa|sié (rasa'zje) *adj.* satt; *mv.p.* überdrüssig; **~siement** (~zi'mɑ̃) *m* **1.** Sättigung *f*; **2.** *fig.* Übersättigung *f*; Überdruß *m*; **~sier** (~'zje) *v/t.* [1a] **1.** sättigen, satt machen; **2.** übersättigen; *être rassasié de qch.* e-r Sache (*gén.*) überdrüssig sein, etw. satt haben.

rassemblement (rasɑ̃blə'mɑ̃) *m* **1.** Zs.-bringen *n*, Sammeln *n*; *lieu m de* ~ Sammelplatz *m*; **2.** Auflauf *m*, Zs.-rottung *f*; ~ *de protestation* Protestversammlung *f*; **3.** *pol.* Sammlungsbewegung *f*.

rassembler (~'ble) *v/t.* [1a] **1.** (wieder ver)sammeln, zs.-bringen; *fig.* ~ *ses forces* sich aufraffen, s-e Kräfte zs.-nehmen; ~ *des troupes* Truppen zs.-ziehen; **2.** ⊕ wieder zs.-fügen *od.* -setzen.

rasseoir (ra'swa:r) [3k] **I** *v/t.* **1.** wieder hinsetzen *od.* hinstellen; **2.** *fig.* beruhigen, besänftigen; ~ *ses esprits* wieder zu sich kommen; **II** *v/rfl. se* ~ sich wieder hinsetzen; *fig.* wieder ruhig werden, sich beruhigen; sich setzen (*Flüssigkeit*).

rasséréner (rasere'ne) [1f] **I** *v/t.* wieder aufheitern; *fig.* beruhigen; **II** *v/rfl. se* ~ wieder heiter werden, sich aufklären (*Wetter*); *fig.* sich wieder beruhigen.

rassir F (ra'si:r) *v/i.* [2a] altbacken werden (*Brot*).

rassis (ra'si) *adj.* [7] **1.** *fig.* gesetzt (*v. e-r Person*); **2.** altbacken (*Brot*).

rassor|timent ✝ (rasɔrti'mɑ̃) *m* neue Auswahl *f*; **~tir** ✝ (~'ti:r) **I** *v/t.* [2a] das Lager vervollständigen; **II** *v/rfl. se* ~ sich beruhigen.

rassoter (rasɔ'te) *v/t.* [1a] betören; *être rassoté (de)* vernarrt sein (in *acc.*).

rassur|ant (rasy'rɑ̃) *adj.* beruhigend; **~er** (~'re) [1a] **I** *v/t.* **1.** wieder befestigen; **2.** *fig.* ~ *q.* j-m wieder Mut einflößen, j-n beruhigen; **II** *v/rfl.* se ~ sich beruhigen.

rasta F (ras'ta) *m*, **~quouère** F (~'kwɛːr) *m* internationaler Hochstapler *m*.

rat (ra) **I** *m* **1.** Ratte *f*; *bisw.* Maus *f*; ~ *des champs* Feldmaus *f*; ~ *noir* Hausratte *f*; ~ *d'eau* Wasserratte *f*; ~ *de ballet* junge Ballettänzerin *f*; ~ *de bibliothèque* Leseratte *f*, Bücherwurm *m*; ~ *de cave* Kellerratte *f*; *fig.* Wachsstock *m*; *fig.* Steuerbeamter *m*; ~ *d'église* a) *plais.* Mesner *m*; b) *fig.* Kriecher *m*, Duckmäuser *m*; ~ *d'hôtel* Hoteldieb *m*; ~ *musqué* Bisamratte *f*; *mort f aux* ~*s* Rattengift *n*; *nid m à* ~*s* Rattennest *n*; *fig.* schmutzige Wohnung *f*, Dreckstall *m* P, **2.** *fig.* Laune *f*, Grille *f*, Einfall *m*; *avoir des* ~*s* (*dans la* tête) Flausen *pl.* im Kopf haben; **3.** *fig* Geizhals *m*; **II** *adj.* knickerig, geizig.

rata P (ra'ta) *m* mieser Fraß *m* P.

ratafia (rata'fja) *m Art* Likör *m*.

ratage (ra'taːʒ) *m* Mißerfolg *m*, Pleite *f* P.

rataplan (rata'plɑ̃) *m* Trommelwirbel *m*.

ratatin|é (ratati'ne) *adj.* zusammengeschrumpft, welk; runzelig, verhutzelt; **~er** (~) [1a] **I** *v/t.* runzeln, in Falten ziehen; **II** *v/rfl.* se ~ zs.-schrumpfen, runzelig werden.

ratatouille P (~'tuj) *f* **1.** Fraß *m* P; Plurre *f*; wenig appetitliches Ragout *n*; **2.** *provenzalisches Gericht n.*

rate (rat) *f* Milz *f*; F *décharger sa* ~ s-m Ärger Luft machen; *dilater od. épanouir la* ~ *à q.* j-n zum Lachen bringen; P *ne pas se fouler la* ~ sich kein Bein ausreißen.

raté (ra'te) **I** *adj.* **1.** mißlungen, verfehlt, schief gegangen F; *coup m* ~ Versager *m*, Fehlschlag *m*; *vie f* ~*e* verkrachte Existenz *f*; **II** *m* **2.** ⚔ Ladehemmung *f*, Blindgänger *m*; *Auto*: Fehlzündung *f*, Aussetzen *n des Motors*; *allg.* Versager *m*, Panne *f*, Mißerfolg *m*, Pleite *f* P; ~ *dans le pot d'échappement* Knall *m* im Auspuff; *sans* ~*s* nicht versagend, ohne Versager; *faire* (*od. avoir*) des ~*s allg.* versagen; Pech haben; *Motor*: aussetzen; **3.** *fig.* Versager *m* (*Person*).

rât|eau (rɑ'to) *m* [5b] Harke *f*, Rechen *m*; **~eler** (rɑt'le) *v/t.* [1c] harken; **~elier** (~tə'lje) *m* **1.** Raufe *f*; F *manger à plusieurs* ~*s* (*od. à plus d'un* ~) mehrere lohnende Pöstchen zugleich bekleiden; ✝ ~ *de magasin* Lagerregal *n*; F *fig. mettre le* ~ *bien haut à q.* j-m den Brotkorb hoch hängen; **2.** Gewehrständer *m*; **3.** F Gebiß *n*; *bsd.* künstliches Gebiß *n*.

rater (ra'te) [1a] **I** *v/i.* versagen, nicht losgehen (*Schußwaffe*); *fig.* fehlschlagen, mißlingen; **II** *v/t.* verfehlen (*Ball*; *Text usw.*); ~ *le train* den Zug verpassen; ~ *l'occasion* die Gelegenheit versäumen (*od.* verpassen); *écol.* ~ *un examen* (in der Prüfung) durchfallen; F *fig.* ~ *une place* e-e Stellung nicht bekommen; F *je ne le raterai pas* ich werde ihn schon kriegen.

ratibois|é F (ratibwa'ze) *adj.* [7] *fig.* völlig abgebrannt, ohne e-n Pfennig; **~er** F (~) *v/t.* [1a] stibitzen, klauen; *fig.* j-n ruinieren.

ratier (ra'tje) *m u. adj.*: (chien *m*) ~ Rattenfänger *m* (*Hund*).

ratière (ra'tjɛːr) *f* Rattenfalle *f*.

ratifi|cation (ratifikɑ'sjɔ̃) *f* Bestätigung(surkunde *f*) *f*; *pol.* Ratifizierung *f*; **~er** (~'fje) *v/t.* [1a] bestätigen; *pol.* ratifizieren.

ratiner ⊕ (rati'ne) *v/t.* [1a] *Tuche* ratinieren, kräuseln.

ratiocin|ation *péj.* (rasjɔsinɑ'sjɔ̃) *f*: *bsd.* ~*s pl.* Spintisiererei *f*; Tüftelei *f*; **~er** (~si'ne) *v/i.* [1a]: ~ *sur qch.* über etw. spintisieren, an etw. (*dat.*) herumdeuten (*od.* herumtüfteln).

ration (rɑ'sjɔ̃) *f* Ration *f*, zugeteilte Menge *f*.

rationa|lisation (rasjɔnalizɑ'sjɔ̃) *f* Rationalisierung *f*; **~liser** (~'ze) *v/t.* [1a] **1.** ✝ rationalisieren, wirtschaftlicher gestalten, vereinfachen; **2.** *phil.* (nur) der Vernunft unterordnen; **~lisme** *phil., litt.* (~'lism) *m* Rationalismus *m*; **~liste** (~'list) **I** *adj. phil.* rationalistisch, vernunftsgemäß; **II** *su. phil., litt.* Rationalist *m*; **~lité** (~li'te) *f phil.* Vernunftsgemäßheit *f*; ⩚ Berechenbarkeit *f*.

ration|naire (rasjɔ'nɛːr) *su.* Rationenempfänger *m*; **~nel** (~'nɛl) *adj.* [7c] □ **1.** rational, vernunftsgemäß; **2.** rationell, zweckmäßig; **3.** ausrechenbar; **4.** vernünftig; **~nement** (~n'mɑ̃) *m* Rationierung *f*, Zwangsbewirtschaftung *f*; ~ *alimentaire* Lebensmittelzuteilung *f*;

Kartensystem *n*; ~ *des logements* Wohnungszwangswirtschaft *f*; **~ner** (~'ne) *v/t.* [1a] **1.** zwangsbewirtschaften, rationieren; **2.** ~ *q.* j-n auf Rationen setzen.

ratis|sage ⚔ (rati'sa:ʒ) *m* Durchkämmung *f*; ~ *policier* Polizeirazzia *f*; **~ser** (~'se) *v/t.* [1a] abschaben (*Rüben*; *Leder*); ⸙ glattharken; ⚔ durchkämmen; P klauen; **~soire** (~'swa:r) *f* Kratzeisen *n*; **~sure** (~'sy:r) *f* Abschabsel *n*.

raton *zo.* (ra'tɔ̃) *m* **1.** kleine Ratte *f*; **2.** ~ *laveur* Waschbär *m*; **3.** * Araber *m*; **~nade** * ⚔ (~tɔ'nad) *f* Razzia *f* gegen Algerier.

rattach|ement (rataʃ'mɑ̃) *m* Verbindung *f*; *a. pol.* Anschluß *m*; *bsd. pol.* Rückgliederung *f*, Rückführung *f*; **~er** (~'ʃe) [1a] **I** *v/t.* wieder anbinden, verknüpfen; anschließen; *bsd. pol.* rückgliedern, rückführen; **II** *v/rfl.* se ~ *à q.* (*à qch.*) *fig.* sich an j-n (an etw.) anschließen; an etw. anknüpfen (*v/i.*), mit etw. zusammenhängen; *se ~ à une race* zu e-r Rasse gehören.

rattaquer (rata'ke) *v/t.* [1a] wieder angreifen.

ratteindre (ra'tɛ̃:drə) *v/t.* [4b] wieder fangen; einholen.

rattraper (ratra'pe) [1a] **I** *v/t.* wieder fangen; wiedergewinnen; erwischen F; anführen, auf den Leim führen; *écol.* ~ *les leçons manquées* Versäumtes nachholen; ~ *le temps perdu* verlorene Zeit wieder einholen; **II** *v/rfl.* se ~ F das Verlorene wiedergewinnen, sich wiederfinden; *écol.* e-n Ausgleich auf dem Zeugnis haben; se ~ *sur qch.* sich an etw. (*dat.*) schadlos halten.

ratu|re (ra'ty:r) *f* Streichung *f*; **~rer** (~ty're) *v/t.* [1a] aus-, durchstreichen; ausradieren; *Felle* (ab-) schaben.

rauque (ro:k) *adj.* heiser, rauh.

rava|ge (ra'va:ʒ) *m* Verheerung *f*, Verwüstung *f*; *fig. les ~s du temps* der Zahn *m* der Zeit; **~gement** (~vaʒ'mɑ̃) *m* Verheerung *f*, Verwüstung *f*; **~ger** (~'ʒe) *v/t.* [1l] verheeren, verwüsten, zugrunde richten; **~geur** (~'ʒœ:r) *m* Verwüster *m*, Verheerer *m*; *~s pl. de l'agriculture* ⚘ Schädlinge *m/pl.*

raval|ement (raval'mɑ̃) *m* **1.** △, *men.* Vertiefung *f* **2.** △ (Ver-)Putzen *n*, Putz *m*, Berappung *f*; Bewurf *m*; ~ *des façades* Außenputz *m*; **3.** *fig.* Herab-setzung *f*, -würdigung *f*; **~er** (~'le) [1a] **I** *v/t.* **1.** herunterziehen; **2.** *fig.* herab-würdigen, -setzen; **3.** runterschlucken; **4.** ⸙ *Bäume* stutzen; *Boden* ebnen; **5.** △ bewerfen, putzen; **II** *v/rfl.* se ~ sich demütigen, sich erniedrigen; **~eur** △ (~'lœ:r) *m* Putzer *m*.

ravaud|age (ravo'da:ʒ) *m* **1.** Ausbessern *n*, Flicken *n*, Stopfen *n*; **2.** *fig.* F Pfuscharbeit *f*; **3.** *fig.* F Gesalme *n*, **~er** (~'de) [1a] **I** *v/t.* **1.** ausbessern, flicken, stopfen; **2.** *fig.* zusammenflicken; **3.** F ~ *q.* j-n ab-, runter-kanzeln, j-n runterputzen; **4.** ~ *des sornettes* faseln; albernes Zeug reden, salbadern; **II** *v/i.* **5.** im Zimmer *od.* im Hause herumkramen; **6.** dummes Zeug reden; **~erie** (~'dri) *f* = *ravaudage*; **~eur** (~'dœ:r) *su.* [7g] **1.** Flicker *m*; **2.** alberner Schwätzer *m*.

rave ⚘ (ra:v) *f* Kohlrabi(knolle *f*) *m*; (*petite*) ~ Radies|chen *n*.

ravelin ⚔ (rav'lɛ̃) *m frt.* halber Mond *m*.

ravenelle ⚘ (rav'nɛl) *f* Goldlack *m*.

ravier (ra'vje) *m* längliche Schüssel *f für Beigerichte*, Kompotteller *m*.

ravière ⸙ (ra'vjɛ:r) *f* Rübenfeld *n*.

ravigote *cuis.* (ravi'gɔt) *f* pikante Kräutersoße *f*.

ravigoter F (ravigɔ'te) *v/t.* [1a] wieder zu Kräften bringen.

ravi|lir (ravi'li:r) [2a] **I** *v/t.* schmälern, herabsetzen, herabwürdigen; **II** *v/rfl.* se ~ sich erniedrigen; **~lissement** (~lis'mɑ̃) *m* Erniedrigung *f*, Herabwürdigung *f*.

ravin (ra'vɛ̃) *m* kleine Schlucht *f*, Talschlucht *f*; Hohlweg *m*; **~e** (ra'vin) *f* **1.** Gieß-, Sturz-bach *m*; **2.** Schlucht *f*; **~ement** (~vin'mɑ̃) *m géol.* Auswaschung *f*; Schluchtenbildung *f*; **~er** (~'ne) *v/t.* [1a] durch Sturzbäche aushöhlen; *fig.* verheeren; **~eux** (~'nø) *adj.* [7d] schluchtenreich.

ravioli *cuis.* (ravjɔ'li) *m/pl.* gefüllte Teigklößchen *n/pl.*

ravir (ra'vi:r) *v/t.* [2a] **1.** rauben, entführen; entreißen; **2.** *fig.* hinreißen, entzücken, bezaubern; *advt. à* ~ zum Entzücken.

raviser (ravi'ze) [1a]: se ~ andern Sinnes werden, sich eines Bessern (*od.* anders) besinnen.

raviss|ant (ravi'sɑ̃) *adj.* [7] **1.** reißend (*v. Tieren*); **2.** *fig.* hinreißend, entzückend; **~ement** (~vis'mɑ̃) *m*

1. Entführung *f*; 2. *fig.* Entzücken *n*, Verzückung *f*; ~**eur** (~'sœ:r) I *su. u. adj.* [7g] Räuber *m*; räuberisch; II *m* Entführer *m*; ~**euse** (~'sø:z) *f* Kinderräuberin *f*.

ravitaill|ement (ravitɑj'mɑ̃) *m* Verpflegung *f*, Verproviantierung *f*, Lebensmittelversorgung *f*; ⚔ Verpflegungsempfang *m*; Nachschub *m*; ~ *en munitions* Munitionsnachschub *m*; *Auto*, ✈ ~ *en essence* Tanken *n*, Versorgung *f* mit Treibsstoff; ~**er** (~'je) *v/t.* [1a] neu verproviantieren *od.* versorgen; ~**eur** (~'jœ:r) *m* Lagerverwalter *m*; ✈ Tankflugzeug *n*; Mutterschiff *n*; ~ *de sous-marins* U-Bootsmutterschiff *n*.

raviv|ement (raviv'mɑ̃) *m* Wiederbelebung *f*; Wiedererweckung *f*; Auffrischen *n* (*v. Gemälden*); ~**er** (~'ve) [1a] I *v/t.* (neu) beleben; wiedererwecken (*Gefühle*); *Feuer* anfachen; *Gemälde* auffrischen; II *v/rfl.* se ~ lebhafter werden; *fig.* wieder neu aufleben.

ravoir (ra'vwa:r) *v/t.* (*gebr. nur im inf.*) wiederhaben, wiederbekommen.

ray|age (rɛ'ja:ʒ) *m* 1. Linienziehen *n*; 2. Züge *m/pl.* im Lauf e-r Schußwaffe; ~**er** (rɛ'je) *v/t.* [1i] 1. ritzen; ~ *du papier* Papier liniieren; 2. mit Streifen versehen, riefeln; ~ *un fusil* Züge in ein Gewehr machen; *rayé* gestreift; *âne m rayé* Zebra *n*; *rayé de noir* schwarz gestreift; 3. (aus-, durch-)streichen; ~ *la mention inutile* Nichtzutreffendes zu durchstreichen; *vgl. biffer*; ~**ère** △ (~'jɛ:r) *f* Lichtloch *n*.

rayon[1] (rɛ'jɔ̃) *m* 1. (Licht-)Strahl *m*; ~*s pl.* X Röntgenstrahlen *m/pl*; *at.* ~*s alpha* Alphastrahlen *m/pl.* *traiter aux* ~*s X* mit Röntgenstrahlen behandeln; *appareil m à* ~*s X* Röntgengerät *n*; ~*s pl. ultraviolets* ultraviolette Strahlen *m/pl.*, Höhensonne *f*; ~*s pl. cosmiques*, ~*s de Millikan* kosmische Strahlen *m/pl.*; *fig.* ~ *de joie* (~ *d'espérance*) Freuden-(Hoffnungs-)strahl *m*; 2. ⚭ Halbmesser *m*, Radius *m*; ~ *d'action* Aktionsradius *m* (*bsd.* ⚔, ✈); *fig.* Arbeitsbereich *m*, Wirkungs-kreis *m*, -feld *n*, -bereich *m*; ~ *de défense*, ~ *de forteresse* Festungsrayon *m*; Vorfeld *n* e-r Festung; 3. *vél. usw.* (Rad-) Speiche *f*.

rayon[2] ⚒ (~) *m* Furche *f*, Rille *f*.

rayon[3] (~) *m* 1. ~ *de miel* Honigwabe *f*, -scheibe *f*; 2. Querbrett *n in Schränken od. Regalen*, Fach *n*; 3. ✝ Abteilung *f in e-m Geschäft*; 4. *adm.* Bezirk *m*; sowjetrussischer Verwaltungsbezirk *m*, Rayon *m*; ~ *douanier* Zollbezirk *m*.

rayonn|age (rɛjɔ'na:ʒ) *m* (*Bücher-, Waren-*)Regal *n*; ~**ant** (~'nɑ̃) *adj.* [7] strahlend, leuchtend; *fig.* glänzend; ~ (*de joie*) freudestrahlend; ~**e** (rɛ'jɔn) *f* Kunstseide *f*; ~**é** (~'ne) I *adj.* strahlenförmig; II ~*s m/pl.* Strahlentiere *n/pl.*; ~**ement** (~n'mɑ̃) *m* Strahlenwerfen *n*, Ausstrahlung *f*; *fig. le* ~ *de ses œuvres* die Verbreitung *f* s-r Werke; *manifestation f artistique de grand* ~ künstlerische Veranstaltung *f* großen Ausmaßes (*od.* Stils).

rayonner[1] (rɛjɔ'ne) [1a] I *v/i.* 1. strahlen, Strahlen aussenden; *fig.* ~ (*de joie* vor Freude) strahlen; 2. *phys.* ausgestrahlt werden; II *v/t.* 3. ausstrahlen; 4. mit Regalen *od.* Fächern versehen.

rayonner[2] ⚒ (~) *v/i.* [1a] Furchen (*od.* Rillen) ziehen.

rayure (rɛ'jy:r) *f* 1. Streifen *m*, *das* Gestreifte *n*; 2. Zug *m e-r Feuerwaffe*, Gewehrlauf *m*; *flancs m/pl. d'une* ~ Drall *m*; 3. Ausstreichen *n*, Streichung *f*; 4. ⊕ Ritzen *n*.

raz (rɑ) *m*: ~ *de marée* Springflut *f*; *fig. canaliser le* ~ *de marée* die Wogen glätten, die erregten Gemüter beschwichtigen.

razeteur (rɑz'tœ:r) *m* Kokardenabreißer *m bei den provenzalischen Stierkämpfen*.

razzia (ra'zja) *f* Raubzug *m*; Razzia *f*, Polizeistreife *f*.

razzier (ra'zje) [1a] I *v/i.* e-e Razzia machen (*od.* veranstalten); II *v/t.* mit e-r Razzia heimsuchen.

ré ♪ (re) *m* D(-Note *f*) *n*.

réa ⊕ (re'a) *m* Seilzugrolle *f*.

réabon|nement (reabɔn'mɑ̃) *m* Abonnementserneuerung *f*; ~**ner** (~'ne): *se* ~ *à* ein Abonnement erneuern auf (*acc.*).

réac|teur (reak'tœ:r) I *adj.* [7f] Reaktions...; II *m* a) *at.* Reaktor *m*, Atomkraftwerk *n*; ~ *nucléaire* Atommeiler *m*, Uranbrenner *m*; ~ *de puissance* Leistungsreaktor *m*; b) ✈ Düse(nantrieb *m*) *f*; Düsenflugzeug, -jäger *m*; ~**tif** (~'tif) *adj.* [7e] *u. m* rückwirkend; ⚗ reagierend(es Mittel *n*), Reagenz *n*; ~**tion** (~ak'sjɔ̃) *f a.* ⚗ *pol.* Reaktion *f*;

Rückwirkung *f*; *rad. couplage m de* ~ Rückkopplung *f*; ~ *double* Doppelkoppelung *f*; *faire agir la* ~ (rück-) koppeln; *at., phys.*, ⚗, *psych.* ~ *en chaîne* Kettenreaktion *f*; *avion m à* ~ Düsenflugzeug *n*; *bombardier m à* ~ Düsenbomber *m*; *chasseur m à* ~ Düsenjäger(flugzeug *n*) *m*; **~tionnaire** (~ksjɔ'nɛ:r) *adj. u. su.* rückschrittlich, reaktionär; Reaktionär *m*; **~tiver** (~kti've) *v/t.* [1a] wieder in Tätigkeit setzen.

réadapt|ation (readaptɑ'sjɔ̃) *f* therapeutische Wiedereingewöhnung *f*; neues Einleben *n*; ⊕ Umstellung *f* (*e-s Betriebs*); **~er** (~'te) *v/t.* [1a] wieder anpassen; wieder eingewöhnen; ⊕ *Betrieb* umstellen.

réadmettre (read'mɛtrə) *v/t.* [4p] wieder zulassen.

réadmission (readmi'sjɔ̃) *f* Wiederzulassung *f*.

réaffirmer (reafir'me) *v/t.* [1a] wiederbeteuern, erneut bekräftigen.

réagir (rea'ʒi:r) *v/i.* [2a] *a.* ⚗ reagieren; rückwirken; *phys.* zurück-, gegeneinander-wirken.

réaimanter *phys.* (reɛmɑ̃'te) *v/t.* [1a] neu magnetisieren.

réajourn|ement ⚖ (reaʒurnə'mɑ̃) *m* zweite Vorladung *f*; **~er** ⚖ (~'ne) *v/t.* zum zweiten Male vorladen.

réajus|tement (reaʒystə'mɑ̃) *m* Anpassung *f*, Angleichung *f*; **~ter** (~'te) *v/t.* [1a] wieder in Ordnung bringen, anpassen; ⊕ wieder richtig einstellen.

réali|sable (reali'zablə) *adj.* **1.** realisierbar, ausführbar; **2.** ✝ in Geld umsetzbar; **~sateur** (~za'tœ:r) **I** *m* Filmregisseur *m*; *auch*: Realpolitiker *m*; tatkräftiger Mensch *m*; *biol.* Keimträger *m*; **II** *adj.* [7f] tatkräftig; **~sation** (~zɑ'sjɔ̃) *f* **1.** Realisierung *f*; Verwirklichung *f*; **2.** ✝ Flüssigmachung *f von Kapital*; **3.** *cin.* Verfilmung *f*; **~ser** (~'ze) [1a] **I** *v/t.* **1.** realisieren, verwirklichen; ausführen (*a.* ⚠, ⊕); *Sport*: schaffen, erreichen; *cin.* verfilmen, aufnehmen; ⊕ herstellen, fabrizieren; **2.** ✝ zu Geld machen; ~ *un bénéfice* e-n Gewinn erzielen; **3.** begreifen, einsehen; *phil.* als wirklich ansehen; **II** *v/rfl.* se ~ in Erfüllung gehen, sich verwirklichen, zustande kommen; sich ausleben.

réal|isme (rea'lism) *m* Wirklichkeitssinn *m*; *a. litt.* Realismus *m*; krasse Wirklichkeit *f*; **~iste** (~'list) *su. u. adj.* Realist *m*; realistisch; **~ité** (~li'te) *f* Wirklichkeit *f*, Tatsächlichkeit *f*, Realität *f*, Tatsache *f*; Wesenheit *f*.

réanne|xer *pol.* (reanɛk'se) *v/t.* [1a] wieder angliedern; **~xion** *pol.* (~'ksjɔ̃) *f* Wiederangliederung *f*.

réappar|aître (reapa'rɛ:trə) *v/i.* [4z] wieder erscheinen; **~ition** (~ri'sjɔ̃) *f* Wiedererscheinen *n*; Wiederaufkommen *n*, -treten *n*.

réappel (rea'pɛl) *m* **1.** ⚔ zweiter Appell *m*; **2.** ⚖ zweite Berufung *f*; **~er** (~'ple) [1c] **I** *v/t.* zum zweitenmal (auf)rufen; **II** *v/i.* ⚖ zum zweitenmal Berufung einlegen.

réappos|er (reapo'ze) *v/t.* [1a] wiederanlegen; **~ition** (~zi'sjɔ̃) *f* Wiederanlegung *f*.

réapprovisionnement (reaprɔvizjɔn'mɑ̃) *m* Wiederverproviantierung *f*; ~ *en munitions* Munitionsersatz *m*.

réarabiser (rearabi'ze) *v/rfl.*: se ~ sich wieder arabisieren.

réargent|er (rearʒɑ̃'te) *v/t.* [1a] neu versilbern; **~ure** (~'ty:r) *f* Neuversilberung *f*.

réar|mement (rearmə'mɑ̃) *m* Wiederaufrüstung *f*; ~ *aérien*, ~ *maritime* Luft-, See-aufrüstung *f*; **~mer** (~'me) *v/t. u. v/rfl.* se ~ [1a] wiederaufrüsten.

réassign|ation (reasiɲɑ'sjɔ̃) *f* **1.** ✝ neue Anweisung *f*; **2.** ⚖ nochmalige Vorladung *f*; **~er** (~'ɲe) *v/t.* [1a] **1.** ✝ neu anweisen; **2.** ⚖ nochmals vorladen.

réassortir (reasɔr'ti:r) *v/t.* [2a] das Lager auffüllen.

réassur|ance (reasy'rɑ̃:s) *f* Rückversicherung *f*; **~er** (~'re) *v/t.* [1a] rückversichern; **~eur** (~'rœ:r) *m* Rückversicherer *m*.

rebaisser (rəbɛ'se) *v/t.* [1a] wieder herunterlassen.

rebander (rəbɑ̃'de) *v/t.* [1a] **1.** wieder spannen; *Auto, vél.* neu bereifen; **2.** wieder verbinden.

rebaptis|ant *rl.* (rəbati'zɑ̃) *m* Wiedertäufer *m*; **~ation** (~zɑ'sjɔ̃) *f* Umbenennung *f e-r Straße*; **~er** (~'ze) *v/t.* [1a] *rl.* wiedertaufen; *allg.* umbenennen (*Straße*).

rébarbatif (rebarba'tif) *adj.* [7e] barsch, abstoßend, rauh, mürrisch, unfreundlich.

rebâtir (rəbɑ'ti:r) *v/t.* [2a] wieder aufbauen.

rebattre (rə'batrə) *v/t.* [4a] **1.** wieder klopfen *od.* schlagen; *Matratzen* aufklopfen; ~ *du fer* Eisen umschmieden; ~ *une faux* e-e Sense schärfen; ~ *les cartes* die Karten noch einmal mischen; **2.** von neuem beschießen; **3.** *fig.* fortwährend wiederholen; *expressions f/pl. rebattues* abgedroschene Redensarten *f/pl.*; **4.** wieder durchlaufen; *chemin m rebattu* viel betretener Weg *m*; **5.** ~ *une note* e-e Note immer wieder anschlagen.

rebel|le (rə'bɛl) **I** *adj.* aufständisch, aufsässig (*à q.* gegen j-n *acc.*), aufrührerisch, *fig.* gegen etw. (*acc.*) eingestellt unvereinbar mit etw. (*dat.*), für etw. (*acc.*) ungeeignet; ⚕ hartnäckig; **II** *su.* Rebell *m*, Aufständischer *m*, **~ler** (~'le) [1a]: *se* ~ rebellieren, sich auflehnen.

rébellion (rebɛ'ljɔ̃) *f* Aufstand *m*, Aufruhr *m*.

rebiffer P (rəbi'fe) *v/rfl.*: [1a]: *se* ~ sich sträuben; bocken (*v. Kindern*).

rebois|ement (rəbwaz'mɑ̃) *m* Wiederaufforstung *f*; **~er** (~'ze) *v/t.* [1a] wiederaufforsten.

rebond (rə'bɔ̃) *m* Abprall *m*; Rücksprung *m*; Sprung *m* (*e-s Sturzbaches*); **~i** (~'di) *adj.* dick und rund; prall; **~ir** (~'di:r) *v/i.* [2a] wieder aufspringen; abprallen; *fig.* wieder auflodern; wieder von sich hören machen; **~issement** (~dis'mɑ̃) *m* Rückprall *m*, Aufspringen *n*; *fig.* Wiederauflodern *n*.

rebord (rə'bɔ:r) *m* erhöhter Rand *m*, Einfassung *f*; Randleiste *f*; Umschlag *m* (*Kleid*); Kragen *m am Mantel*; (Hut-)Krempe *f*; ⚠ Vorsprung *m*; Sims *m*; ~ *du lit* Bettkante *f*; **~er** (~bɔr'de) *v/t.* [1a] neu einfassen.

rebotter (rəbɔ'te) *v/rfl.* [1a]: *se* ~ (sich) die Stiefel wieder anziehen.

reboucher (rəbu'ʃe) *v/t.* [1a] wieder zustopfen *od.* verkorken; *fig.* F ~ *des trous* Schulden bezahlen.

rebouillir (rəbu'ji:r) *v/i.* [2e] wieder kochen; wieder gären (*Wein*).

rebourgeonner (rəburʒɔ'ne) *v/i.* [1a] wieder ausschlagen.

rebours (rə'bu:r) **I** *m* Gegenstrich *m des Tuches usw.*; *fig.* Gegenteil *n*; *advt. à* ~ gegen den Strich, verkehrt; *lire à* ~ von hinten lesen; *marcher à* ~ rückwärts gehen; *prendre tout à* ~ alles verkehrt anfangen; *un esprit m à* ~ ein Querkopf *m*; *als prp.*: *au* (*od. à*) ~ *de* ... im Gegensatz zu (*dat.*), ... (*dat.*) zuwider; *au* (*od. à*) ~ *du bon sens* entgegen dem gesunden Menschenverstand; **II** *adj.* [7] störrig (*Charakter*); knorrig, verwachsen (*Holz*).

rebout|ement (rəbut'mɑ̃) *m* Wiedereinrenkung *f*; **~er** (~'te) *v/t.* [1a] *Glieder* wieder einrenken; **~eur** *m* [7g], **~eux** ⚕ *su.* [7d] (~'tœ:r, ~'tø) Laienoperateur *m*; Heilpraktiker *m*.

reboutonner (rəbutɔ'ne) *v/t.* [1a] wieder zuknöpfen.

rebraser ⊕ (rəbrɑ'ze) *v/t.* [1a] wieder anlöten.

rebrocher (rəbrɔ'ʃe) *v/t.* [1a] wieder heften.

rebroder (rəbrɔ'de) *v/t.* [1a] über- sticken.

rebrouiller (rəbru'je) [1a] **I** *v/t.* wieder durcheinanderbringen; **II** *v/rfl.* *se* ~ sich wieder verun-einigen.

rebrousse-courant (rə'brus ku'rɑ̃): *advt.* aller *à* ~ in entgegengesetzter Richtung.

rebroussement (rəbrus'mɑ̃) *m* Rückwärtsbürsten *n*; ⅍ *point m de* ~ Wiederkehr *f e-r Kurve*.

rebrousse-poil (rəbrus'pwal) *advt.*: *à* ~ gegen den Strich; F *fig.* verkehrt.

rebrousser (rəbru'se) [1a] **I** *v/t.* gegen den Strich bürsten; *fig.* ~ *chemin* (plötzlich) umkehren (*od.* umdrehen); **II** *v/i.* (plötzlich) umkehren; ⊕ nicht durchdringen (*Schneide*); nicht fassen (*Werkzeug*).

rebuffade (rəby'fad) *f* Abweisung *f*, *fig.* Abfuhr *f* F; *essuyer des* ~*s* e-e scharfe Abfuhr erhalten.

rébus (re'bys) *m* Bilderrätsel *n*.

rebut (rə'by) *m* Ausschuß(ware *f*) *m*; ✉ *au* ~ unbestellbar; **~ant** (~'tɑ̃) *adj.* [7] abschreckend, abstoßend; **~er** (~'te) [1a] **I** *v/t.* **1.** barsch abweisen; abschrecken; entmutigen; ~ *q.* j-n von sich stoßen; **2.** ✝ beiseite werfen, wegwerfen; **II** *v/i.* abstoßend sein; **III** *v/rfl.* *se* ~ sich abschrecken lassen, den Mut verlieren; *se* ~ *de qch.* e-r Sache überdrüssig werden, etw. satt haben F; *ne se* ~ *de rien* keine Mühe scheuen.

recacher (rəka'ʃe) *v/t.* [1a] wieder verstecken.

recacheter (rəkaʃ'te) *v/t.* [1c] wieder versiegeln.

récalcitr|ant (rekalsi'trɑ̃) *adj. u. su.* [7] widerspenstig, bockbeinig, störrig; ⊕ tückisch; Widerspenstiger *m*; **~er** (~'tre) *v/i.* [1a] *fig.* widerspenstig (*od.* bockig) sein.

recaler (rəka'le) *v/t.* [1a] **1.** *Möbel* wieder geradestellen; **2.** *écol.* F durchfallen lassen; être *recalé* (*od.* se *faire* ~) *à un examen* in e-r Prüfung durchfallen; **3.** finanziell wieder auf die Beine bringen; **4.** ⊕ glatthobeln; *guillaume m à* ~ Schlichthobel *m.*

recalibrage (~li'bra:ʒ) *m* Flußregelung *f.*

recaoutchouture *Auto* (rəkautʃu'ty:r) *f* Neubereifung *f.*

récapitu|lation (rekapityla'sjɔ̃) *f* zusammenfassende Wiederholung *f*; **~ler** (~'le) *v/t.* [1a] kurz zusammenfassen, kurz wiederholen.

recapuchonner (rəkapyʃɔ'ne) *v/t.* [1a]: ~ *son stylo* s-n Füller wieder zumachen. [*Wolle* aufkrempeln.]

recarder *text.* (rəkar'de) *v/t.* [1a]

recarreler ⚠ (rəkar'le) *v/t.* [1c] neu mit Steinplatten (*od.* Fliesen) belegen. [zerbrechen.]

recasser (rəka'se) *v/t.* [1a] wieder

recauser (rəko'ze) *v/i.* [1a]: ~ *de qch.* nochmals etw. besprechen.

recéder (rəse'de) *v/t.* [1f] wieder abtreten; weiterverkaufen.

recel ⚖ (rə'sɛl) *m u.* **recèlement** (rəsɛl'mɑ̃) *m* Hehlerei *f.* [gung *f.*]

recélé ⚖ (rəse'le) *m* Unterschla-

receler (rəs'le) *v/t.* [1d] *od.* **recéler** (rəse'le) *v/t.* [1f] verbergen; ⚖ verheimlichen, unterschlagen; *fig.* bergen, enthalten. [Hehler *m.*]

receleur ⚖ (rəs'lœ:r) *su.* [7g]

récemment (resa'mɑ̃) *adv.* kürzlich, vor kurzem, unlängst.

recen|sement (rəsɑ̃s'mɑ̃) *m* **1.** (Volks-)Zählung *f*; ~ *des suffrages* Zählung *f* der abgegebenen Stimmen; ~ *du bétail* Viehzählung *f*; ~ *de la circulation* Verkehrszählung *f*; ~ *industriel* Gewerbezählung *f*; **2.** ✝, ⊕, *adm.* Bestandszählung *f*, Warenprüfung *f*, Besichtigung *f*; **~ser** (~'se) *v/t.* [1a] **1.** Bevölkerung zählen; **2.** ✝, ⊕ besichtigen, nachprüfen; **~sion** (~'sjɔ̃) *f* kritische Textausgabe *f.* [neu(lich).]

récent (re'sɑ̃) *adj.* [7] kürzlich,

recepée, recépée *for.* (rəs'pe, rəse'pe) *f* abgeholzter Schlag *m* im Walde.

receper [1d], **recéper** [1f] *for.* (rəs'pe,) (rəse'pe) *v/t.* unten abschneiden; *s. rapatronnage.*

récépissé ✝ (resepi'se) *m* Empfangs- *od.* Posteinlieferungs-schein *m*; Hinterlegungsschein *m*; Gepäckaufbewahrungsschein *m.*

récep|tacle (resɛp'taklə) *m* **1.** Sammel-platz *m*, -stelle *f*; *péj.* Unterschlupf *m*; **2.** *géogr.* Auffangbecken *n*; **3.** ⚘ Fruchtboden *m*; ~ *des cryptogames* Keimboden *m*; **~teur** ⊕ (~'tœ:r) *m* **1.** *téléph.* Hörer *m*; **2.** *rad.* Empfangsgerät *n*, Empfänger *m*; ~ *de T.S.F.* Funkempfangsgerät *n*; Funkempfangsstation *f*; *rad.* ~ *d'ondes courtes* Kurzwellenempfänger (*poste m*) ~ *à dix lampes* Zehnröhrenempfänger *m*; ~ *de radio* Rundfunkempfänger *m*; ~ *de télévision* Fernsehempfänger *m*; **3.** ⊕ Auffangbehälter *m e-s Müllschluckers*; **~tif** ⚡, ⚕, *fig.* (~'tif) *adj.* [7e] empfänglich, aufnahmefähig; **~tion** (~'sjɔ̃) *f* **1.** Aufnahme *f*; Empfang *m* (*a. rad. usw.*); ☎ ~ *des colis* (*postaux*) Paketannahme *f*; *rad.* ~ *pure* klarer Empfang *m*; *rad.* ~ *à grande distance* Fernempfang *m*; ~ *hétérodyne* Überlagerungsempfang *m*; ☎ ~ *des télégrammes téléphonés* Telegrammaufnahme *f*; *rad. circuit m de* ~ Empfangskreis *m*; *lampe f de* ~ Empfangsröhre *f*; *faire une bonne* ~ *à q.* j-n gut empfangen; *jour m de* ~ Empfangstag *m*; **2.** Einführung *f*; *discours m de* ~ Antrittsrede *f*; **3.** *thé.* Annahme *f e-s Stückes*; **4.** Abnahme *f e-r Ware, e-s Baues*; **~tionnaire** (resɛpsjɔ'nɛ:r) *m* Empfänger *m* (*Person*); ~ *de marchandises* Warenempfänger *m*; **~tionnée** (~sjɔ'ne) *adj./f Auto*: zugelassen; **~tivité** (~tivi'te) *f* Aufnahmefähigkeit *f*, Empfänglichkeit *f*; **~trice** *rad.* (~'tris) *f*: (*lampe f*) ~ Empfangsröhre *f.* [weichen *n.*]

récession (resɛ'sjɔ̃) *f* Zurück-

recette (rə'sɛt) *f* **1.** Einnahme *f*, Ertrag *m*; (Geld-)Erhebung *f*; ⚒ Hängebank *f*; ~ *brute* Roheinnahme *f*; ~ *particulière*, ~ *extraordinaire* Sondereinnahme *f*; ~ *effective* Isteinnahme *f*; ~*s pl. accessoires* Neben-einkünfte *pl.*, -verdienst *m*; *garçon m de* ~*s* Kassenbote *m*; *les locaux m/pl. de la* ♀ *principale des Postes à Paris* die Räume *m/pl.* der Hauptannahmestelle der Pariser Post; **2.** Steuerkasse *f*, -amt *n*; ~ *municipale* Stadtkasse *f*; **3.** *cuis.* (Koch-) Rezept *n*; **4.** *phm. allg.* Rezept *n*; ~ *de famille* Hausmittel *n.*

rece|vabilité ⚖ (rəsvabili'te) *f* Zulässigkeit *f* (*e-r Klage*); **~vable** (rəs'vablə) *adj.* annehmbar; ⚖

statthaft, zulässig; *non* ~ unzulässig; **~veur** (~'vœ:r) *su.* [7g] **1.** *fin.* Einnehmer *m*; Kassierer *m*; *tram. usw.* Schaffner *m*; **2.** ✉ Vorsteher *m e-s Postamts.*

recevoir (rəs'vwa:r) *v/t.* [3a] **1.** erhalten, bekommen, empfangen, kriegen F; entgegennehmen, in Empfang nehmen; *Ferngespräch, Telegramm* abnehmen; *rad.* empfangen; *Sport*: auffangen (*Ball*); **2.** annehmen; **3.** (in sich) aufnehmen; *räumlich*: aufnehmen, fassen; **4.** *fig.* ernten, erleiden, durchmachen, erfahren; ~ *une offense* beleidigt werden; ~ *des éloges* Lob ernten; ~ *des blâmes* getadelt werden; ~ *des pertes* Verluste erleiden; **5.** genehmigen; *bien* ~ *qch.* etw. billigen, gutheißen; *il est reçu que* es steht fest, daß ...; **6.** als wahr (*od.* bindend) anerkennen; **7.** *Besuch* annehmen; *Gesellschaft* empfangen (*auch abs.*); **8.** zulassen; ~ *q. en grâce* j-n zu Gnaden annehmen; **9.** (*feierlich*) aufnehmen; einführen (*in ein Amt*); *être reçu docteur* die Doktorwürde erhalten; *il a été reçu* er hat s-e Prüfung bestanden; **10.** ⚔ ~ *la bataille* die vom Gegner angebotene Schlacht annehmen; **11.** *Waren, Bauten* abnehmen.

réchampir *peint.* (reʃã'pi:r) *v/t.* [2a] mit Farben hervorheben.

rechange (rə'ʃã:ʒ) *m* **1.** Umwechseln *n*; *de* ~ Reserve..., Ersatz...; *linge m de* ~ Wäsche *f* zum Wechseln; *pièces f/pl. de* ~ Ersatzteile *m/pl.*; **2.** ⚕ Rückwechsel *m.*

rechanger (rəʃã'ʒe) *v/t.* [1l] noch einmal (*od.* wieder) wechseln.

rechanter (rəʃã'te) *v/t.* [1a] **1.** noch einmal singen; **2.** F zum Überdruß wiederholen.

rechap|age *Auto*, ✈, 🚗 (rəʃa'pa:ʒ) *m* Aufvulkanisierung *f*; **~er** ⊕ (~'pe) *v/t.* [1a] aufvulkanisieren, runderneuern.

réchapper (reʃa'pe) *v/i.* [1a] (*mit avoir*) davonkommen, glücklich überstehen; ~ *d'un danger* e-e Gefahr glücklich überstehen.

rechar|ge (rə'ʃarʒ) *f* **1.** neuer Angriff *m*; **2.** ⚡ Wiederladung *f*; **~ger** (~'ʒe) *v/t.* [1l] **1.** wieder auf- *od.* be-laden; **2.** *Gewehr u.* ⚡ wieder laden; *phot.* ~ *les chassis* neue Platten einlegen; **3.** von neuem angreifen; *fig.* aufs neue mit Bitten bestürmen; **4.** *Wege* neu beschütten.

rechasser (rəʃa'se) *v/t.* [1a] wieder weg- (*od.* zurück-)jagen.

réchaud (re'ʃo) *m* (Gas- *od.* elektrischer) Kocher *m*; Wärmplatte *f*; ~ (*à*) *pétrole* Petroleumkocher *m*; ~ *à gaz* Gaskocher *m*; ~ *à alcool* Spirituskocher *m.*

réchauf|fage (reʃo'fa:ʒ) *m* Vor-, Auf-wärmen *n*; **~fé** (~'fe) *m* Wiederaufgewärmtes *n*; *fig.* aufgewärmter Kohl F *m*, alte Geschichte *f*; **~fement** (~f'mã) *m* Wiedererwärmung *f*; **~fer** (~'fe) [1a] **I** *v/t.* (wieder) erwärmen; *fig.* erneut anfeuern; **II** *v/rfl.* **se** ~ wieder warm werden; *fig.* sich erwärmen, eintreten, sich begeistern (*pour* für *acc.*); **~feur** ⊕ (~'fœ:r) *m* Vorwärmer *m*, Anwärmvorrichtung *f*; **~foir** ⊕ (~'fwa:r) *m* Teller-, Schüssel-wärmer *m.*

rechausser (rəʃo'se) *v/t.* [1a] **1.** ~ *q.* j-m wieder Schuhe anziehen; **2.** △ ~ *un mur* ein neues Fundament unter e-e Mauer legen; **3.** ✂ ~ *une plante* frische Erde um e-e Pflanze anhäufen.

rêche (rɛʃ) *adj.* rauh, spröde (*Haut*); herb (*Geschmack*); *fig.* störrig, widerspenstig, ungefügig, bockig.

recher|che (rə'ʃɛrʃ) *f* **1.** Erforschung *f*; (Nach-)Forschung *f*; Nachspüren *n*; *être à la* ~ *de qch.* (*de q.*) etw. (j-n) suchen; *se livrer à la* ~ sich der Forschung widmen; **2.** ⚖ gerichtliche Untersuchung *f*; ~*s pl.* Nachforschungen *f/pl.*, Ermittlungen *f/pl.*; **3.** *fig.* Trachten *n*, Streben *n*, Verlangen *n* (de nach *dat.*); **4.** feiner Geschmack *m* (*Kleidung*); *das* Gesuchte *n*, Geziertheit *f*; *vêtu avec* ~ geschmackvoll gekleidet; *sans* ~ ungekünstelt; **~ché** (~'ʃe) *m u. adj.* **1.** *das* Erkünstelte *n*; affektiert, geziert, gesucht, spitzfindig; **2.** viel begehrt; gesucht, beliebt; **3.** ausgesucht, fein; sorgfältig gearbeitet; **~cher** (~) *v/t.* [1a] **1.** noch einmal suchen; **2.** sorgfältig nachsuchen, nachforschen, ⚖ fahnden nach (*dat.*); **3.** trachten nach (*dat.*), sich bemühen um (*acc.*); ~ *une fille* (*en mariage*) um die Hand e-s Mädchens anhalten; **4.** *Kunst*: sorgfältig ausarbeiten; **~cheur** (~'ʃœ:r) *su.* [7g] Untersucher *m*; Forscher *m.*

rechign|é (rəʃi'ɲe) *adj. u. su.* griesgrämig(er), mürrisch(er Mensch *m*); **~ement** (~ɲə'mã) *m* mür-

risches Wesen *n*; **~er** (~'ɲe) *v/i.* [1a] **1.** mürrisch sein *od.* aussehen; **2.** nicht recht wachsen (*Pflanzen*).
rechut|e (rə'ʃyt) *f* ⚕, ⚖ *usw.* Rückfall *m*; **~er** (~'te) *v/i.* [1a] e-n Rückfall bekommen; ⚖ rückfällig werden.
réci|dif ⚖ (resi'dif) *adj.* [7e] rückfällig; **~dive** ⚕, ⚖ (~'di:v) *f* Rückfall *m*; ⚖ *en cas de* ~ im Wiederholungsfalle; **~diver** (~di've) *v/i.* [1a] **1.** wieder auftreten (*Krankheit*); **2.** ⚖ rückfällig werden; **3.** *allg.* e-n Fall wieder aufgreifen; **~diviste** ⚖ (~di'vist) *su.* rückfälliger Verbrecher *m*, Vorbestrafter *m*, Gewohnheitsverbrecher *m*.
récif ⚓ (re'sif) *m* Riff *n*, Klippe *f*.
récipiendaire (resipjɑ̃'dɛ:r) *m* **1.** ✝ Empfänger *m* (*von Wirtschaftshilfen*); Empfängerstaat *m*; **2.** Kandidat *m* (*für e-e Akademie*).
récipient (resi'pjɑ̃) *m* Behälter *m*.
récipro|cité (resiprɔsi'te) *f* Gegenseitigkeit *f*, Wechselbeziehung *f*; **~que** (~'prɔk) *adj.* □ gegen-, wechsel-, beider-seitig; *appliquer la* ~ ebenso verfahren; **~quement** (~prɔk'mɑ̃) *adv.* wechselseitig; umgekehrt.
récit (re'si) *m* **1.** Erzählung *f*; Bericht *m*; **2.** ♪ Solopartie *f*; Hauptstimme *f*; **~al** (~'tal) *m* (*pl.* ~s) **1.** ♪ Solovortrag *m*, Vortrag *m auf e-m Instrument*; ~ *de chant* Liederabend *m*; ~ *de piano* (*de violon*) Klavier- (Violin-)konzert *n*; ~ *à deux guitares* Konzert *n* für zwei Guitarren; **2.** *allg.* Vortrag *m* (*a. von Versen, Gedichten usw.*); **~ant** (~'tɑ̃) **I** *adj.* [7] als Solo vortragend; *partie f* ~*e* Solo-, Haupt-stimme *f*; **II** *m* **1.** ♪ Solosänger *m*; **2.** *thé., rad.* der die verbindenden Worte spricht, Rollenkommentator *m*; **~ateur** (~ta'tœ:r) *su.* [7f] Vortragskünstler *m*; **~atif** (~ta'tif) *m* Rezitativ *n*, Sprechgesang *m*; **~ation** (~tɑ'sjɔ̃) *f* Darbietung *f*, Aufsagen *n*, Vortrag *m*, Deklamation *f*, Rezitieren *n*; **~er** (~'te) *v/t.* [1a] **1.** aufsagen, rezitieren, vortragen, erzählen; *écol. faire* ~ *sa leçon à q.* j-n abhören, abfragen; **2.** ♪ ein Solo vortragen.
récla|mable (rekla'mablə) *adj.* beanstandbar; **~mant** [7] (~'mɑ̃) *su.* Beschwerdeführer *m*, Reklamierender *m*; **~mation** (~mɑ'sjɔ̃) *f* Beschwerde *f* Einspruch *m*, Reklamation *f* Beanstandung *f*; Anspruch *m*, Zurückforderung *f*; **~me** (re'klam) *f* Reklame *f*, Werbung *f*, Propaganda *f*; Reklameartikel *m*; ~ *murale*, ~ *lumineuse* Wand-, Licht-reklame *f*; ~ (*lumineuse*) *mobile* Wanderschrift *f*; ~ *aérienne* Luftreklame *f*; Himmelsschrift *f*; ~ *par le cinéma*, ~ *à l'étalage* Film-, Schaufensterreklame *f*.
réclamer (rekla'me) [1a] **I** *v/t.* **1.** fordern, beanspruchen; **2.** dringend bitten um etw. (*acc.*); ~ *l'indulgence* um Nachsicht bitten; **II** *v/i.* Einspruch erheben; **III** *v/rfl.* *se* ~ sich berufen (*de* auf *acc.*).
reclass|ement (rəklɑs'mɑ̃) *m* neue Einteilung *f*; Wiedereingliederung *f* in den Arbeitsprozeß; **~er** (~'se) *v/t.* [1a] neu einteilen; *se* ~ in ein normales Leben wieder einfinden.
réclinaison *ast.* (reklinɛ'zɔ̃) *f* Neigung *f* gegen den Horizont.
reclouer (rəklu'e) *v/t.* [1a] wieder annageln.
reclu|re (rə'kly:r) *v/t.* [4l] einsperren; **~s** (rə'kly) *adj. u. su.* [7] abgeschieden; einsiedlerisch, Einsiedler *m*, Klausner *m*.
reclusion *od.* **réclusion** (rə-, rekly'zjɔ̃) *f* **1.** Abgeschiedenheit *f*, Einsiedlerleben *n*, Zurückgezogenheit *f*; **2.** ⚖ Strafhaft *f*, Zuchthaus (-strafe *f*) *n*; **~naire** (~zjɔ'nɛ:r) *su.* Zuchthäusler *m*, Sträfling *m*.
recogner (rəkɔ'ɲe) *v/t.* [1a] wieder hineinschlagen.
récognit|if (rekɔgni'tif) *adj.* [7c] anerkennend; **~ion** (~'sjɔ̃) *f* **1.** ⚖ Anerkennung *f*; **2.** *a. phil.* (Wieder-) Erkennen *n*.
recoiffer (rəkwa'fe) *v/t.* [1a] wieder frisieren.
recoin (rə'kwɛ̃) *m* Schlupfwinkel *m*; *fouiller tous les coins et* ~*s* alle Winkel u. Ecken durchsuchen; *fig. les* ~*s du cœur* die geheimsten Winkel *m/pl.* des Herzens.
récol|ement (rekɔl'mɑ̃) *m* Bestandsaufnahme *f*; Überprüfung *f e-r Liste, e-s Inventars*; Verlesung *f e-s Protokolls od. e-r Zeugenaussage*; **~er** (~'le) *v/t.* [1a] ein Inventar nachprüfen; ⚖ e-m Zeugen s-e Aussage noch einmal vorlesen.
récollection *rl.* (rekɔlɛk'sjɔ̃) *f* innere Andacht *f od.* Sammlung *f*.
recoller (rəkɔ'le) *v/t.* [1a] wieder zusammenkleben.
recolliger *bsd. rl.* (rəkɔli'ʒe) *v/rfl.* [1l]: *se* ~ sich innerlich sammeln.
recolor|ation (rəkɔlɔrɑ'sjɔ̃) *f* Auffärbung *f*; **~er** (~'re) *v/t.* [1a] auffärben (*a. text.*).

récolt|e (re'kɔlt) *f* Ernte *f* (*nicht Kornernte*; s. *moisson*); *fig.* Sammlung *f*; Forschungsergebnis *n*; Ertrag *m*, Gewinn *m*, Nutzen *m*; *vendre la ~ sur pied* die Ernte auf dem Halm (*od.* vor dem Ab|ernten) verkaufen; **~er** (~'te) *v/t.* [1a] ernten; *a. fig. ~ la haine* Haß ernten.

recomman|dable (rəkɔmɑ̃'dablə) *adj.* □ empfehlenswert; achtbar; **~dataire** (~da'tɛ:r) *m Wechsel*: Notadressat *m*, Ehrenzahler *m*; **~dation** (~dɑ'sjɔ̃) *f* **1.** Empfehlung *f*; *lettre f de ~* Empfehlungsschreiben *n*; **2.** *rl.* Fürbitte *f*; **3.** ✉ Einschreiben *n e-s Briefes usw.*; *droit m de ~* Einschreibgebühr *f*; **4.** dringender Rat *m*, Ermahnung *f*; **~der** (~'de) *v/t.* [1a] **1.** empfehlen; **2.** einschreiben lassen; *lettre f recommandée* Einschreib(e)brief *m*; Einschreiben *n*; **3.** *~ qch. à q.* j-m etw. empfehlen *od.* einschärfen *od.* raten; **~deur** (~'dœ:r) *m* Fürsprecher *m*.

recommen|cement (rəkɔmɑ̃s'mɑ̃) *m* Wiederbeginn *m*; **~cer** (~'se) *v/t. u. v/i.* [1k] wieder (*od.* von vorn) anfangen; *ne plus ~ es* nie wieder tun.

récompen|se (rekɔ̃'pɑ̃:s) *f* **1.** Belohnung *f*, Lohn *m*; Vergeltung *f od.* Strafe *f*; **2.** Entschädigung *f*, Ersatz *m*; *advt. en ~* dafür; **~ser** (~'se) *v/t.* [1a] belohnen; vergelten; entschädigen (*de qch.* für etw.).

recompo|ser (rəkɔ̃po'ze) *v/t.* [1a] wieder zusammensetzen; *typ.* neu setzen; **~sition** (~zi'sjɔ̃) *f* Wiederzusammensetzung *f*; *typ.* Neusatz *m*.

recompter (rəkɔ̃'te) *v/t.* [1a] nachzählen; überrechnen.

réconcili|able (rekɔ̃si'ljablə) *adj.* versöhnbar; **~ateur** (~lja'tœ:r) *su. u. adj.* [7f] Versöhner *m*; versöhnend; **~ation** (~ljɑ'sjɔ̃) *f* Versöhnung *f*, (Wieder-)Aussöhnung *f*; *rl.* Wiedereinweihung *f*; **~atoire** (~lja'twa:r) *adj.* Versöhnungs...; **~er** (~'lje) [1a] **I** *v/t.* versöhnen, wieder aussöhnen; *fig.* in Einklang bringen; *rl.* wieder (*od.* neu) einweihen; **II** *v/rfl. se ~* sich wieder versöhnen.

reconduction (rəkɔ̃dyk'sjɔ̃) *f* Erneuerung *f* e-s Miet- *od.* Pachtvertrages; Fortsetzung *f* (*e-r Politik*); Beibehaltung *f* (*Preis*).

recondui|re (rəkɔ̃'dɥi:r) *v/t.* [4c] **1.** zurück-, heim-begleiten; *~ q.* j-n hinausbegleiten; **2.** *iron. ~ q.* j-m heimleuchten, j-n rausschmeißen; **3.** fortsetzen, verlängern; **~te** (~'dɥit) *f* Zurückbegleitung *f*, Geleit *n*; *iron.* Abfuhr *f*.

reconfectionner (rəkɔ̃fɛksjɔ'ne) *v/t.* [1a] wieder gebrauchsfertig machen.

réconfort (rekɔ̃'fɔ:r) *m* Trost *m*; Hilfe *f*; **~ant** (~'tɑ̃) *adj.* [7] *u. m* stärkend; Stärkungsmittel *n*; **~er** (~'te) [1a] **I** *v/t.* **1.** stärken; laben; **2.** trösten; **II** *v/rfl. se ~* sich trösten; wieder zu Kräften kommen.

reconnaiss|able (rəkɔnɛ'sablə) *adj.* erkennbar (*à qch.* an etw.), kenntlich, wiederzuerkennen(d); **~ance** (~'sɑ̃:s) *f* **1.** (Wieder-)Erkennung *f*; Anerkennung *f*; *~ de dette* a) ⚖ Schuldanerkennung *f*; b) ✝ Schuldbrief *m*, Schuldschein *m*, Schuldverschreibung *f*; **2.** Besichtigung *f*, (lokale) Untersuchung *f*; ⚔ Erkundung *f*, Aufklärung *f*, Patrouille *f*; *~ rapprochée* Nahaufklärung *f*; *~ éloignée*, *~ à longue od. à grande distance* Fernaufklärung *f*; *~ aérienne* Luftaufklärung *f*; *~ photographique* Lichtbilderkundung *f*; *~ offensive*, (*combat m de*) *~* Erkundungsvorstoß *m*; ✈ *vol m de ~* Aufklärungsflug *m*; *avion m de ~* Aufklärungsflugzeug *n*; *~ du terrain* Geländeerkundung *f*; *~ armée* bewaffnete Aufklärung *f*; *allg. aller en ~* (*od. faire la ~ des lieux*) die Örtlichkeiten besichtigen; **3.** Empfangsschein *m*; *~ de la banque* Depositenschein *m*; *~ du mont-de-piété* Pfandschein *m*; **4.** Belohnung *f*; **5.** Anerkennung *f*; **6.** Geständnis *n*; **7.** Dankbarkeit *f*, Erkenntlichkeit *f*; *par ~* aus Dankbarkeit; **~ant** (~'sɑ̃) *adj.* [7] dankbar, erkenntlich (*de* für *acc.*).

reconnaître (rəkɔ'nɛ:trə) [4z] **I** *v/t.* **1.** wiedererkennen; erkennen; *~ q. à qch.* j-n an etw. erkennen; **2.** feststellen; **3.** besichtigen, (e-e Gegend) untersuchen; ⚔ aufklären, erkunden; **4.** anerkennen; *~ pour* anerkennen als; **5.** bekennen, (ein- *od.* zu-) gestehen; *je reconnais avoir reçu ...* ich bescheinige hiermit, ... erhalten zu haben; **6.** *Dank*: erkenntlich sein für (*acc.*), belohnen; **II** *v/rfl. se ~* **7.** sich wiedererkennen; **8.** erkannt werden; **9.** sich zurechtfinden, sich auskennen; **10.** wieder zur Besinnung kommen; **11.** *fig.* in sich gehen; *se ~ coupable* sich schuldig bekennen.

reconquérir (rəkɔ̃ke'ri:r) *v/t.* [2l] zurückerobern; *fig.* wiedererlangen.
reconquête (~'kɛt) *f* Zurückeroberung *f*; *fig.* Wiedererlangung *f*.
reconsidérer (rəkɔ̃side're) *v/t.* [1f] nochmals in Erwägung ziehen; *pol.* ~ *sa position* s-e Stellung erneut überprüfen.
reconsolid|ation (rəkɔ̃sɔlidɑ'sjɔ̃) *f* Wiederbefestigung *f*; **~er** (~'de) *v/t.* [1a] wieder befestigen.
reconstitu|ant (rəkɔ̃sti'tɥɑ̃) *adj.* [7] *u. m* wiederherstellend, stärkend; Nähr-, Kräftigungs-mittel *n*; **~er** (~'tɥe) *v/t.* [1a] wiederherstellen; **~tion** (~ty'sjɔ̃) *f* Wiederherstellung *f*, Wiederaufbau *m* (*z.B. der Wirtschaft*); Ergänzung *f* (*e-s Textes*); ⚖ ~ *d'un crime* Nachbildung *f* e-s Verbrechens.
reconstr|uction (rəkɔ̃stryk'sjɔ̃) *f* Wiederaufbau *m*; **~uire** (~s'trɥi:r) *v/t.* [4c] wiederaufbauen.
reconvention ⚖ (rəkɔ̃vɑ̃'sjɔ̃) *f* Gegenklage *f*; **~nel** (~sjɔ'nɛl) *adj.* [7c]: *action f* ~*le* Gegenklage *f*.
reconver|sion (rəkɔ̃vɛr'sjɔ̃) *f* **1.** ✝ Rückumwandlung *f*; *éc.* Umwandlung *f*, Neuorganisation *f*; **2.** *rl.* Wiederbekehrung *f*; **~tir** (~'ti:r) *v/t.* [2a] **1.** ✝ rückumwandeln, wieder umsetzen; **2.** *rl.* wieder bekehren.
recopier (rəkɔ'pje) *v/t.* [1a] wieder abschreiben; ins Reine schreiben.
recoquiller (rəkɔki'je) *v/t.* [1a] (*u.* se ~ sich) schneckenartig zs.-rollen, (sich) krümmen.
record (rə'kɔ:r) *m Sport*: Rekord *m*, Höchstleistung *f*, Spitzen-, Bestleistung *f*; ~ *d'endurance*, ~ *de vitesse* Dauer-, Schnelligkeitsrekord *m*; ~ *de fond*, ~ *de demi-fond* Lang-, Mittelstrecken-rekord *m*; ~ *de vitesse sur faible parcours* Kurzstreckenrekord *m*; ~ *de course* Rekordlauf *m*; *établir* (*od. réaliser*) *un* ~ e-n Rekord aufstellen; *améliorer* (*od. abaisser*) *le* ~ den Rekord verbessern (drücken); ✈ ~ *d'altitude* Höhenrekord *m*; *détenir un* ~ e-n Rekord innehaben; **~man** *Sport* (rəkɔrd'man) *m*: ~ *du monde* Weltrekordmann *m*.
recorriger (rəkɔri'ʒe) *v/t.* [1l] erneut verbessern.
recoucher (rəku'ʃe) *v/t.* [1a] (se ~ sich) wieder ins Bett legen.
recoudre (rə'kudrə) *v/t.* [4d] wieder zs.-nähen *od. fig.* -bringen.
recoup|e (rə'kup) *f* **1.** Abfälle *m/pl.*; Stoffreste *m/pl.*; **2.** Kleienmehl *n*; **3.** ↗ Grummet *n*; **4.** Verschnitt *m* (*Wein*); **~ement** (~p'mɑ̃) *m* **1.** ⚠ Mauerabsatz *m*; **2.** *rad.* ~ *par appareil radiogoniométrique* Anpeilung *f*; **3.** *fig.* Überprüfung *f*, Bestätigung *f*; **~er** (~'pe) [1a] **I** *v/t.* **1.** wieder (be)schneiden; **2.** *fig.* bestätigen, überprüfen; **3.** *Wein* verschneiden; **II** *v/i. Kartenspiel*: noch einmal abheben.
recouponner (rəkupɔ'ne) *v/t.* [1a] Zinsscheine erneuern.
recourb|ement (rəkurbə'mɑ̃) *m* Krummbiegen *n*; Krümmung *f*; **~er** (~'be) *v/t.* [1a] wieder krümmen; krumm-, um-biegen; **~ure** (~'by:r) *f* Krümmung *f*.
recourir (rəku'ri:r) *v/i.* [2i] **1.** wieder laufen; **2.** seine Zuflucht nehmen; ~ *aux armes* zu den Waffen greifen; ⚖ ~ *en cassation* die Nichtigkeitsbeschwerde einreichen.
recours (rə'ku:r) *m* **1.** Zuflucht *f*; *avoir* ~ *à q.* zu j-m s-e Zuflucht nehmen; **2.** ⚖ Rechtsmittel *n*, Beschwerde *f*, Ersatzanspruch *m*; ~ *en grâce* Begnadigungsgesuch *n*; ~ *en revision* Revisionsanspruch *m*.
recouvrable (rəku'vrablə) *adj.* eintreibbar.
recouvrement¹ (rəkuvrə'mɑ̃) *m* **1.** Wiedererlangung *f*; **2.** Eintreibung *f von Steuern od. Außenständen*; *faire des* ~*s* geschuldete Beträge eintreiben; **3.** ✉ *mandat m de* ~ *postal* Postauftrag *m*; **4.** ~*s pl.* Rückstände *m/pl.*
recouvrement² (~) *m bsd.* ⚠ Neudecken *n*; *géol.* Verwerfung *f*.
recouvrer (rəku'vre) *v/t.* [1a] **1.** wieder-erlangen, -bekommen; ~ *la santé* wieder gesund werden; **2.** *Steuern, Außenstände* eintreiben.
recouvrir (rəku'vri:r) *v/t.* [2f] wieder (be)decken; zudecken; *fig.* bemänteln, beschönigen; überziehen (*mit Stoff*); übermalen (*mit Farbe*); überwachsen.
recracher (rəkra'ʃe) *v/t.* [1a] wieder ausspucken.
recréance (rəkre'ɑ̃:s) *f* ⚖ vorläufige Nutznießung *f*; *pol. lettres f/pl. de* ~ Abberufungsschreiben *n an e-n Gesandten.*
récré|atif (rekrea'tif) *adj.* [7e] erheiternd, ergötzlich; **~ation** (~ɑ'sjɔ̃) *f* **1.** Erholung *f*, Entspannung *f*; **2.** *écol.* Pause *f*; **~er** (rekre'e) [1a] **I** *v/t.* neu beleben, entspannen, amüsieren, belustigen, ergötzen, er-

heitern; **II** *v/rfl.* se ~ sich erholen.
recréer (rəkre'e) *v/t.* [1a] neu schaffen, wiederherstellen, zu neuem Leben erwecken.
récrément *physiol.* (rekre'mɑ̃) *m* im Körper verbleibende Absonderung *f*.
recrépir (rəkre'pi:r) *v/t.* [2a] **1.** ⚠ neu mit Kalk *od.* Mörtel bewerfen, neu putzen; **2.** F *fig.* stark schminken; **3.** *fig.* zurechtfrisieren (*e-e Nachricht*).
recreuser (rəkrø'ze) *v/t.* [1a] wieder tiefer ausgraben *od.* bohren; *fig.* aufs neue erforschen.
récrier (rekri'e) *v/rfl.* [1a]: se ~ laut ausschreien (*vor Verwunderung od. aus Protest*); se ~ *d'admiration* in laute Bewunderung ausbrechen; se ~ *contre* sich laut beklagen über (*acc.*), laut und vernehmbar protestieren gegen (*acc.*).
récrimin|ation (rekriminɑ'sjɔ̃) *f* Gegen-beschuldigung *f*, -klage *f*; ~*s pl.* Vorwürfe *m/pl.*; **~atoire** (~na'twa:r) *adj.*: *plainte f* ~ Gegenklage *f*; **~er** (~'ne) *v/i.* [1a] Gegenbeschuldigungen vorbringen.
récrire (re'kri:r) [4f] **I** *v/t.* von neuem schreiben, umschreiben, umarbeiten; **II** *v/i.* zurückschreiben.
recroiser (rəkrwa'ze) *v/t.* [1a] wieder kreuzen.
recroître (rə'krwɑ:trə) *v/i.* [4w] nachwachsen; wieder zunehmen (*a. vom Mond*); wieder anschwellen (*Fluß*).
recroquevill|é (rəkrɔkvi'je) *adj.* zusammengeschrumpft, eingefallen, krumm; **~er** (~) *v/rfl.* [1a]: se ~ zusammenschrumpfen (*durch Hitze*); *fig.* sich kauern, sich zusammenrollen, sich verkriechen.
recru (rə'kry) *adj.* hundemüde, zum Umfallen müde.
recrû (~) *m* Nachwuchs *m* (*Holz*).
recrudes|cence (rəkrydɛ'sɑ̃:s) *f* Zunahme *f*, Verschärfung *f* (*z.B. der Kälte*), Wiederausbruch *m* (*e-r Krankheit*; *v. Attentaten*); **~cent** (~'sɑ̃) *adj.* [7] sich wieder verschlimmernd, wieder ausbrechend, zunehmend, sich verschärfend.
recrue (rə'kry) *f* **1.** neues Mitglied *n*, neuer Mitarbeiter *m*; **2.** ⚔ Rekrut *m*; **3.** *for.* Nachwuchs *m*.
recrut|ement (rəkryt'mɑ̃) *m* ⚔ Rekrutierung *f*, Aushebung *f*; *fig.* Nachwuchs *m*; ⚔ ~ *forcé* Zwangsaushebung *f*; **~er** (~'te) *v/t.* [1a] Truppen ausheben *od. a. allg.* anwerben; **~eur** (~'tœ:r) *su. u. adj.* [7g] ⚔ Anwerber *m* (*a. allg.*).
recta F (rɛk'ta) *adv.*: *payer* ~ *à l'échéance* bei Fälligkeit alles pünktlich bezahlen.
rectal (rɛk'tal) *adj.* [5c] rektal, Mastdarm...
rectan|gle ⅍ (rɛk'tɑ̃:glə) *adj. u. m* rechtwinklig; Rechteck *n*; **~gulaire** (rɛktɑ̃gy'lɛ:r) *adj.* rechteckig.
recteur (rɛk'tœ:r) **I** *m* a) *Fr.* (*ehm. Universitäts-*, *heute*: *Akademie-*) Rektor *m*; b) *dial. rl.* Pfarrer *m*; **II** *adj.* [7f] leitend; *auch f/pl.*: (*pennes f/pl.*) *rectrices* Steuerfedern *f/pl. am Schwanz e-s Vogels.*
rectifi|able (rɛkti'fjablə) *adj.* zu berichtigen, korrigierbar; ⅍ in e-e gerade Linie zu verwandeln; **~cateur** (~ka'tœ:r) **1.** *su.* (*a. adj.*) [7f] Berichtiger *m*; berichtigend; **2.** ⊕ *m* Reiniger *m* (*Apparat*); **~catif** (~ka'tif) **I** *adj.* [7e] berichtigend, richtigstellend; **II** *m* Berichtigung *f*, Richtigstellung *f*; **~cation** (~kɑ'sjɔ̃) *f* **1.** Geradelegung *f od.* Begradigung *f e-s Weges*; **2.** *fig.* Berichtigung *f*; **3.** ⅍ ~ *d'une courbe* Abwicklung *f* e-r Kurve; **4.** ⚗ Rektifikation *f*; Läuterung *f*; **~er** (~'fje) *v/t.* [1a] **1.** *e-n Weg* begradigen, gerademachen; **2.** *fig.* berichtigen, verbessern, klarstellen; **3.** ⅍ ~ *une courbe* e-e krumme Linie abwickeln; **4.** ⚗ läutern, rektifizieren.
recti|ligne (rɛkti'liɲ) *adj.* □ geradlinig; **~te** ⚕ (~'tit) *f* Mastdarmentzündung *f*; **~tude** (~ti'tyd) *f* Geradheit *f*; *fig.* Redlichkeit *f*.
recto (rɛk'to) *m* Vorderseite *f e-r Seite.*
rector|al (rɛktɔ'ral) *adj.* [5c] Rektoren...; **~at** (~'ra) *m* Rektorat *n*.
rectrice (rɛk'tris) *f* Steuerfeder *f der Vögel*; s. recteur II.
rectum *anat.* (rɛk'tɔm) *m* Mastdarm *m*.
reçu (rə'sy) **I** *p.p. v. recevoir*; *fig.* üblich, althergebracht; **II** *m* **1.** Empfang *m*, Entgegennahme *f*; **2.** Empfangs-, Hinterlegungs-, Einlieferungs-schein *m*; Quittung *f*.
recueil (rə'kœj) *m* Sammlung *f*; **~lement** (~kœj'mɑ̃) *m* innere Sammlung *f od.* Andacht *f*, Selbstbesinnung *f*; **~lir** (~'ji:r) [2c] **I** *v/t.* **1.** einsammeln, ernten; **2.** ~ *une succession* eine Erbschaft antreten; **3.** sammeln; zusammensuchen; *Regenwasser* auffangen; ~ *des renseignements* Erkundigungen ein-

ziehen; **4.** ~ *q. chez soi* j-n bei sich aufnehmen; **II** *v/rfl.* se ~ *fig.* sich sammeln.

recuire (rə'kɥi:r) *v/t.* [4c] **1.** noch einmal kochen *od.* backen; **2.** wieder weichglühen; Ziegelsteine noch einmal brennen.

recuit (rə'kɥi) **I** *m* Ausglühen *n*, Strecken *n*; **II** *adj.* ⚠ *brique f* ~**e** Hartbrandstein *m*.

recul (rə'kyl) *m* **1.** Zurücktreten *n*, Zurückweichen *n* (*vor dem Feind*); Rücklauf *m*, Rückstoß *m* (*Kanone*); **2.** *fig.* Rückgang *m der Kurse*; ⚕ être en ~ zurückgehen (*Krankheit*); ~**ade** (~'lad) *f* Zurück-laufen *n*, -fahren *n*, -weichen *n*, Rückzug *m*; ~**é** (~'le) *adj.* entlegen, entfernt; aufgeschoben (*Zahlung*); *fig.* geistig zurückgeblieben; ~**ée** (~) *f* Spielraum *m*; ~**ement** (~l'mã) *m* Zurück-laufen *n*, -weichen *n*; *fig.* Rückverlegung *f* (*der Grenzen*).

recul|er (rəky'le) [1a] **I** *v/t.* **1.** zurückschieben, -setzen, -stellen, -ziehen; **2.** weiter hinausrücken; die Grenzen erweitern; **3.** vom Ziele entfernen, zurückbringen; **4.** aufschieben, verzögern; **II** *v/i.* **5.** rückwärts gehen *od.* fahren *od.* treten *usw.*; **6.** stoßen (*Gewehr*); **7.** (zurück) weichen; *faire* ~ *les ennemis* die Feinde zurücktreiben; **8.** *fig.* entsagen, nachgeben; **9.** *fig.* zurückgehen; **10.** zögern, nachgeben; ~ *devant qch.* vor e-r Sache zurückschrecken; *il ne recule devant rien* a) er scheut keine Arbeit; b) er schrickt vor nichts zurück; ~**ons** (~'lɔ̃) *adv.*: *à* ~ rückwärts, rücklings.

récupéra|teur (rekypera'tœ:r) *m* **1.** ⊕ Wärmespeicher *m*; Wind|erhitzer *m*; **2.** Altmaterialsammler *m*; ~**tion** (~ra'sjɔ̃) *f* Wiedererlangung *f*; ⊕ Rückgewinnung *f*; ~ *de déchets* Altmaterialerfassung *f*.

récupérer (rekype're) [1f] **I** *v/t.* wiedererlangen; zurückgewinnen; ⊕ erstellen; **II** *v/i. bsd. Sport*: sich wieder erholen; **III** *v/rfl.*: se ~ *de ses pertes* sich schadlos halten.

récurer (reky're) *v/t.* [1a] (ab-) scheuern, reinigen.

récurrent ⚕, ⚘ (reky'rã) *adj.* [7] rückläufig.

récursoire ⚖ (rekyr'swa:r) *adj.* e-n Ersatzanspruch eröffnend.

récusa|ble (reky'zablə) *adj.* **1.** zurückweisbar; **2.** bestreitbar; ~**tion** ⚖ (~za'sjɔ̃) *f* Ablehnung *f*.

recyclage (rəsi'kla:ʒ) *m* fachliche Umschulung *f*.

rédac|teur (redak'tœ:r) *su.* [7f] Redakteur *m*, Verfasser *m*, Schriftleiter *m e-r Zeitung*; ~**tion** (~k'sjɔ̃) *f* **1.** (*Zeitungs-*)Redaktion *f*; Schriftleitung *f*; **2.** Abfassung *f*, Ausarbeitung *f*, Anfertigung *f* (*e-s Schriftstücks*); **3.** *écol.*, *journ.* Aufsatz *m*.

redan (*a.* **redent**) (rə'dã) *m* **1.** ⚔ *frt.* Zahnung *f*; **2.** ⚠ (Mauer-)Vorsprung *m*; **3.** ⚒ Stufe *f*.

reddition (rɛdi'sjɔ̃) *f* Zurückgabe *f*; ⚔ Übergabe *f*, Kapitulation *f*; ~ *de compte* Rechnungsablegung *f*.

redécouvrir (rədeku'vri:r) *v/t.* [2f] neu (*od.* wieder-)entdecken.

redemander (rədmã'de) *v/t.* [1a] noch einmal erbitten; zurückfordern; *thé.* herausrufen.

rédemp|teur *rl.* (redãp'tœ:r) *m u. adj.* [7f] Erlöser *m*; erlösend; ~**tion** (~ã'psjɔ̃) *f* **1.** *rl.* Erlösung *f*; **2.** ⚖ Loskauf *m*; **3.** *fin.* ~ *d'une rente* Rentenablösung *f*.

redescendre (rəde'sã:drə) [4a] **I** *v/i.* wieder herunterkommen; wieder fallen (*vom Barometer*); **II** *v/t.* wieder herunternehmen; tiefer hängen (*Bild*); ~ *une montagne* e-n Berg wieder hinabsteigen.

redev|able (rədə'vablə) *adj.*: *être* ~ *de* ... (noch) ... schuldig sein *od.* schulden; *fig.* ~ *de* ... (zu Dank) verpflichtet für (*acc.*); ~**ance** (~'vã:s) *f* **1.** Entgelt *n*, Gegenleistung *f*; Grundzins *m*; *regelmäßig wiederkehrende* Abgabe *f*; Lizenzgebühr *f*; **2.** Platzmiete *f*, (*Camping*) Standgeld *n*; **3.** ⚒ ~ *des mines* Grubensteuer *f*; ~**ancier** (~vã'sje) *su.* [7b] Zinspflichtiger *m*.

redevenir (rədəv'ni:r) *v/i.* [2h] wieder werden.

redevoir (rədə'vwa:r) *v/t.* [3a] noch schuldig bleiben, noch schulden.

rédhibit|ion ⚖ (redibi'sjɔ̃) *f* (Klage *f* auf) Rückgängigmachung *f* e-s Kaufes; ~**oire** (~'twa:r) *adj.* wandlungsfähig; *action f* ~ Wandlungsklage *f*.

rédiger (redi'ʒe) *v/t.* [1l] abfassen, aufsetzen, ausarbeiten; *journ.* redigieren.

rédimer (redi'me) *v/t.* [1a] loskaufen; freimachen.

redingote (rədɛ̃'gɔt) *f* **1.** Gehrock *m*; **2.** Straßen-, Glocken-mantel *m* (*für Damen*).

redire (rə'di:r) [4m] **I** *v/t.* noch einmal sagen; erzählen; ausplaudern; **II** *v/i.*: *trouver à* ~ *à tout* über alles meckern.

redistri|buer (rədistri'bɥe) *v/t.* [1a] neu verteilen; **~bution** (~by'sjõ) *f* Neuverteilung *f*, Neuaufteilung *f*.

redit (rə'di) *m* Gerede *n*, Geschwätz *n*.

redite (rə'dit) *f* unnötige Wieder-|holung *f*.|

redond|ance (rədõ'dɑ̃:s) *f* Wortschwall *m*: **~ant** (~'dɑ̃) *adj.* [7] überschwenglich, schwülstig, weitschweifig (*Stil*); **~er** (~'de) *v/i.* [1a] überflüssig sein; reichlich vorhanden sein.

redonner (rədɔ'ne) [1a] **I** *v/t.* **1.** wieder-, zurück-geben; *mst. fig. in Verbindung mit abstrakten Begriffen*: ~ *une belle apparence* ein schönes Aussehen wiedergeben; ~ *un peu de courage à q.* j-m wieder etw. Mut geben; ~ *de l'espérance* Hoffnung wiedergeben; **2.** *thé.* wieder spielen; **3.** übermitteln; **4.** an den Tag bringen; **5.** *Schläge* erwidern; **6.** *ch.* wieder aufscheuchen; **II** *v/i.* **7.** a) ~ *dans qch. fig.* wieder in etw. (*acc.*) verfallen; b) *abs.* ⚔ erneut zum Angriff übergehen; c) wieder anfangen (*v/i.*); *la pluie redonne de plus belle* es fängt wieder stärker an zu regnen; **III** *v/rfl.* **8.** se ~ *à* sich erneut ... (*dat.*) widmen; **9.** sich (gegenseitig) zurückgeben.

redorer (rədɔ're) *v/t.* [1a] wieder vergolden; *fig.* wieder stärken.

redormir (rədɔr'mi:r) *v/i.* [2b] wieder schlafen.

redou|blement (rədublə'mɑ̃) *m* Verdoppelung *f*, Zuwachs *m*; **~bler** (~'ble) [1a] **I** *v/t.* **1.** verdoppeln; **2.** vermehren; verstärken; **3.** *écol.* ~ *la classe* sitzenbleiben, nicht versetzt werden; **4.** *Rock* wieder füttern; **II** *v/i.* sich verdoppeln; zunehmen, stärker werden; ~ *d'efforts* die Anstrengungen verdoppeln.

redoutable (rədu'tablə) *adj.* furchtbar, fürchterlich.

redoute (rə'dut) *f* **1.** *frt.* Redoute *f*, geschlossene Schanze *f*; **2.** Ball-, Konzert-saal *m*; (Ball-)Fest *n*; ~ *costumée* Kostüm-ball *m*, -fest *n*.

redouter (rədu'te) *v/t.* [1a] sehr fürchten; *se faire* ~ große Furcht (*od.* Angst) einflößen.

redress|able (rədrɛ'sablə) *adj.* wieder geradezurichten; *fig.* besserungsfähig; **~ement** (~s'mɑ̃) *m* **1.** Geraderichten *n*; *fig.* Berichtigung *f*; Wiedergutmachen *n*; ⚡ *u. rad.* Gleichrichtung *f*; *bsd. éc. fig.* (Wieder-)Ankurbelung *f*, Wiederbelebung *f der Wirtschaft*, Aufschwung *m*; Wiederanziehen *n der Kurse*; Sanierung *f*; **2.** (*erziehungsmäßige*) Besserung *f*, Zurechtweisung *f*; *maison f de* ~ Erziehungsanstalt *f*; *centre m de* ~ *Art* Jugendhof *m*; **3.** *pol.* Kurswechsel *m*.

redress|er (rədrɛ'se) [1b] **I** *v/t.* **1.** geraderichten, wieder aufrichten; **2.** *fig.* berichtigen; bereinigen; *Mißbräuche* abstellen, beheben; ~ *les torts* Unrecht wiedergutmachen; **3.** ~ *q.* j-n zurechtweisen; **4.** ⚡, *rad.* gleichrichten; ⊕ die Maschine abfangen; **5.** *fig.* ankurbeln, sanieren (*Wirtschaft*); **II** *v/rfl.* se ~ sich wieder aufrichten; wieder hochschlagen (*Klappsitz*); *fig.* sich in die Brust werfen; **~eur** (~'sœ:r) *m* **1.** ~ *de torts* Weltverbesserer *m*; **2.** ⚡ ~ *de courant* Gleichrichter *m*, Ausgleicher *m*; ~ *à lampes pour charge d'accumulateurs*, ~ *de charge d'accumulateurs* Akkumulatoren-, Lade-gleichrichter *m*.

redû *fin.* (rə'dy) *m* Rest *m* e-r Schuld, Rückstand *m*.

réduc|teur (redyk'tœ:r) **I** *adj.* [7f] **1.** (*bsd.* ⚗) reduzierend; reduzierbar; **II** *m* **2.** *chir.* Einrenker *m* (*Apparat*); **3.** ⚗ Reduktionsmittel *n*; **4.** *phot.* Abschwächer *m*, Verzögerer *m*; **5.** Zellenschalter *m*; **~tibilité** (~tibili'te) *f* Reduzierbarkeit *f*; **~tible** (~'tiblə) *adj.* **1.** verkleinerungsfähig, reduzierbar; *fraction f* ~ Bruch *m*, der sich kürzen läßt; **2.** ~ *à* zurückführbar auf (*acc.*); **3.** *chir.* einrenkbar; **4.** ⚗ reduzierbar, auflösbar; **~tion** (~k'sjõ) *f* **1.** Zurückführung *f der Gleichungen*; Kürzung *f e-s Bruches*; ~ *de plusieurs fractions au même dénominateur* Gleichnamigmachen *n* mehrerer Brüche; **2.** Umrechnung *f v. Maßen od. Gewichten*; **3.** *chir.* Wiedereinrenkung *f*; ~ *d'une fracture* Wiedereinrenkung *f* e-s Knochenbruchs; **4.** ~ *à l'impossible*, ~ *à l'absurde* Beweis *m* der Unmöglichkeit *od.* Abwegigkeit; **5.** *peint.* Verjüngung *f*, Verkleinerung *f*; **6.** Verminderung *f*, Herabsetzung *f*; Konvertierung *f*; Einschränkung *f v. Ausgaben*; *Preise usw.*: Senkung *f*, Kürzung *f*, Ermäßigung *f*, Abbau *m*; ~ *des salaires*, ~ *des traitements* Lohn-, Gehalts-abbau *m*; ~ *des naissances* Geburtenrückgang *m*; ~ *de la rétribution scolaire* Schul-

geldermäßigung *f*; ~ *du personnel*, ~ *du nombre des fonctionnaires* Personal-, Beamten-abbau *m*; ~ *du capital* Kapital-herabsetzung *f*, -verminderung *f*; ~ *du taux d'escompte* Diskontsenkung *f*; **7.** ⚔ Unterwerfung *f*.
réduire (re'dɥi:r) [4c] **I** *v/t.* **1.** zurückführen (*à* auf *acc.*); umrechnen; ~ *à néant* zunichte machen; **2.** *chir.* wieder einrenken; **3.** ⚗ reduzieren; einkochen; **4.** *peint.* verjüngen; **5.** ~ *en qch.* in etw. (*acc.*) verwandeln; ~ *en cendres* einäschern; ~ *en poudre* pulverisieren; *fig.* gänzlich zerstören; **6.** ~ *en pratique* praktisch anwenden; ~ *à l'effet od. en effet* ausführen, verwirklichen; **7.** vermindern, herabsetzen, senken, kürzen, abbauen; beschränken; *prix m réduit* ermäßigter Preis *m*; **8.** ~ *q. à la mendicité* j-n an den Bettelstab bringen; ~ *être bien réduit* sehr heruntergekommen sein; **9.** nötigen, zwingen; ~ *q. à la raison* j-n zur Vernunft bringen; **10.** bändigen; unterwerfen; *e-e Festung* zur Übergabe zwingen; **II** *v/rfl.* se ~ **11.** sich zurückführen lassen; **12.** sich beschränken; es bei etw. (*dat.*) bewenden lassen; **13.** se ~ *en qch.* sich in etw. (*acc.*) verwandeln; **14.** sich vermindern; *phm.* einkochen; *a. fig.* se ~ *à rien* sich in nichts auflösen, *fig.* gleich null sein.
réduit (re'dɥi) *m* **1.** verborgenes Plätzchen *n*; *fig.* Versteck *n*; **2.** elende, kleine Wohnung *f*, Loch *n*; **3.** Winkel *m*, Loch *n* (*z.B. im Gefängnis*); **4.** *frt.* Zufluchtsort *m*, Kernwerk *n*; ~ *à munitions* Munitionslagerraum *m*.
réduplicatif (redyplika'tif) *adj.* [7e] verdoppelnd, wiederholend.
réduve *ent.* (re'dy:v) *f* Kotwanze *f*.
réécrire (ree'kri:r) *v/t.*, *abs.* [4f] zurückschreiben.
réédifi|cation (reedifika'sjɔ̃) *f* Wiederaufbau *m*; **~er** (~'fje) *v/t.* [1a] wiederaufbauen.
réédi|ter (reedi'te) *v/t.* [1a] *Werk* neu herausgeben, neu auflegen; *fig.* wieder auftischen; **~tion** (~'sjɔ̃) *f* Neuauflage *f*, Neudruck *m*.
réédu|cation (reedyka'sjɔ̃) *f fig.* Umschulung *f*, Umerziehung *f*; Heilgymnastik *f*; **~quer** (~'ke) *v/t.* [1m]: ~ *q.* j-n umschulen, umerziehen; ⚕ j-n durch Heilgymnastik behandeln.
réel (re'ɛl) **I** *adj.* [7c] □ **1.** wirklich, real, tatsächlich; **2.** ⚖ dinglich; bar; **II** *m das* Reale *n od.* Wirkliche *n*, *die* Wirklichkeit *f*.
réélection (reelɛk'sjɔ̃) *f* Wieder-[wahl *f*.]
rééli|gibilité (reeliʒibili'te) *f* Wiederwählbarkeit *f*; **~gible** (~'ʒiblə) *adj.* wiederwählbar.
réélire (ree'li:r) *v/t.* [4x] wieder-[wählen.]
réellement (reɛl'mɑ̃) *adv.* tatsächlich, wirklich, in der Tat.
réembarquement ⚓ (reɑ̃barkə'mɑ̃) *m* Wieder-einschiffung *f*, -verschiffung *f*.
réemption ⚖ (reɑ̃'psjɔ̃) *f* Rück-[kaufsrecht *n*.]
réempl|oi (reɑ̃'plwa) *m* **1.** Wiederanstellung *f*; **2.** Wiederverwendung *f*; **~oyer** (~plwa'je) *v/t.* [1h] **1.** wiederanstellen; **2.** wiederverwenden.
réengag|ement (reɑ̃gaʒ'mɑ̃) *m* Wiedereinstellung *f*; ⚔ Wiederverpflichtung *f*, Verpflichtung *f* zu e-r längeren Dienstzeit *als der gesetzlichen*; Wiederverpfändung *f*; s. *rengagement*; **~er** (~'ʒe) *v/t.* [1l] wiedereinstellen; wieder in Dienst nehmen; wiederverpfänden; s. *rengager*.
réensemenc|ement (reɑ̃smɑ̃s'mɑ̃) *m* Wiederbesäung *f*; **~er** (~'se) *v/t.* [1k] wiederbesäen.
réentreprendre (reɑ̃trə'prɑ̃:drə) *v/t.* [4q] wieder unternehmen.
réescompt|e *fin.* (reɛs'kɔ̃:t) *m* Rediskontierung *f*; Rediskonto *n*; **~er** *fin.* (~kɔ̃'te) *v/t.* [1a] zurückdiskontieren.
réévalu|ation *fin.* (reevalɥa'sjɔ̃) *f* Neueinschätzung *f*, Wertberichtigung *f*; **~er** (~'lɥe) *v/t.* [1a] neu einschätzen.
réexpéd|ier (reɛkspe'dje) *v/t.* [1a] weiterbefördern, nachsenden; **~ition** (~di'sjɔ̃) *f* Nachsendung *f*, Weiterbeförderung *f*.
réexport|ation (reɛkspɔrta'sjɔ̃) *f* Wiederausfuhr *f*; **~er** (~'te) *v/t.* [1a] wieder ausführen.
refaire (rə'fɛ:r) [4n] **I** *v/t.* **1.** noch einmal machen, umarbeiten; wieder anfangen; *e-e Strecke* wieder zurücklegen; ~ *à neuf* neu machen; *Auto*, ✈ ~ *le plein d'essence* wieder tanken; **2.** wieder zurechtmachen, ausbessern; **3.** wieder zu Kräften bringen; **4.** P übers Ohr hauen, beschummeln; **II** *v/i. Kartenspiel*: noch einmal geben; **III** *v/rfl.* se ~ wieder zu Kräften kommen; sich

wieder hochrappeln F, sich erholen; sich ändern; *beim Spiel*: Verlorenes zurückgewinnen.

refait P (rə'fɛ) *adj.* beschummelt, übers Ohr gehauen, betrogen.

refaucher (rəfo'ʃe) *v/t.* [1a] wieder mähen.

réfec|tion (refɛk'sjɔ̃) *f* **1.** Wiederherstellung *f*; Umarbeitung *f*; Erholung *f*; **2.** *ehm.* Mahlzeit *f* in Klöstern; **~toire** (~'twa:r) *m* Speise-raum *m*, -saal *m*.

refend ⊕, ⚠ (rə'fɑ̃) *m*: *mur m de ~* Trenn-mauer *f*, -wand *f*; *pierre f de ~* Eckstein *m*.

refendre (rə'fɑ̃:drə) *v/t.* [4a] (wieder) spalten; *Holz* der Länge nach spalten *od.* durchsägen.

refente (rə'fɑ̃:t) *f* Spalten *n*; Durchsägen *n*.

référé (refe're) *m* einstweilige Verfügung *f*, Beantragung *f* e-r einstweiligen (*od.* vorläufigen) Entscheidung (*od.* Verfügung); *solliciter un ~, appeler* (*od. plaider*) *en ~* e-e einstweilige Verfügung beantragen; *prononcer en ~, introduire une instance en ~* e-e einstweilige Verfügung erlassen.

référence (refe'rɑ̃:s) *f* **1.** Beziehung *f*, Bezugnahme *f*, Beleg *m*, Belegstelle *f*; *fig. immeuble m de ~* Musterbau *m*; **2.** ✝ Referenz *f*, Auskunftgeber; *ouvrage m de ~* Nachschlagewerk *n*; *m*; **3.** *~s pl.* Empfehlungen *f/pl.*; **4.** ✝ Musterkarte *f*, -buch *n*.

référen|daire (referɑ̃'dɛ:r) *m* **1.** ⚖ *usw.* Referent *m*; *~ pour l'éducation auprès de ...* Kulturreferent *m* bei ... (*dat.*); *auch adj. Fr.*: *Conseiller m ~ à la cour des Comptes* Vortragender Rat *m* beim Rechnungshof; **2.** *Fr. ehm. grand ~* Großsiegelbewahrer *m*; **~dum** (~rɛ̃'dɔm) *m* Volksentscheid *m* (*über ein Gesetz*); *a.* ✝ öffentliche Meinungsbefragung *f*.

référer (refe're) [1f] **I** *v/t.* **1.** *~ qch. à qch.* etw. auf etw. (*acc.*) beziehen; **2.** *~ qch. à q.* j-m etw. übertragen; **II** *v/i.* Bericht erstatten; **III** *v/rfl.*: se (*od.* s'en) *~ à q.* (*à qch.*) sich auf j-n (auf etw.) beziehen *od.* berufen.

refermer (rəfɛr'me) *v/t.* [1a] wieder (zu)schließen; se *~ sur soi-même* sich abkapseln.

refeuilleter (rəfœj'te) *v/t.* [1c] wieder durchblättern.

refiler * (rəfi'le) *v/t.* [1a]: *~ qch. à q.* j-m etw. andrehen.

réflé|chir (refle'ʃi:r) [2a] **I** *v/t.* zurück-strahlen, -werfen; widerspiegeln, reflektieren (*a. fig.*); **II** *v/i.* überlegen, nachdenken (*sur*, auch *à* über *acc.*); *à y ~ de près* bei näherer Überlegung; *j'y réfléchirai, je vais ~ là-dessus* ich werde darüber nachdenken; *réfléchi* überlegt, besonnen, bedächtig; *gr.* reflexiv, rückbezüglich; **~chissement** (~ʃis'mɑ̃) *m* Zurückstrahlung *f*; Widerspiegelung *f*; Widerhall *m*.

réflect|eur (reflɛk'tœ:r) *m u. adj.* Lichtspiegel *m*, Reflektor *m*; *Auto, vél.* Scheinwerfer *m*, Rückstrahler *m*, Katzenauge *n*; reflektierend, zurückstrahlend; **~ibilité** *phys.* (~tibili'te) *f* Zurückstrahlbarkeit *f*; **~if** *phil.* (~'tif) *adj.* [7e] reflektiv.

reflet (rə'flɛ) *m* Widerschein *m*, Reflex *m*; *fig.* Abbild *n*.

refléter (rəfle'te) [1f] **I** *v/t.* Licht zurückwerfen, widerspiegeln, reflektieren; **II** *v/i. u. v/rfl.*: (se) *~ sur qch.* e-n Widerschein auf etw. (*acc.*) werfen, sich widerspiegeln.

refleurir (rəflœ'ri:r) *v/i.* [2a] wieder aufblühen.

réflex|e (re'flɛks) **I** *adj. phys.* zurückgestrahlt; *physiol.* unwillkürlich; **II** ⚕, *psych. m* Reflex *m*; **~ibilité** *phys.* (~ksibili'te) *f* Reflektibilität *f*, Zurückstrahlbarkeit *f*; **~ible** *phys.* (~'ksiblə) *adj.* zurückstrahlbar; **~ion** (~k'sjɔ̃) *f* **1.** Zurückstrahlung *f*, Widerschein *m*; Widerhall *m*; **2.** Nachdenken *n*, Überlegung *f*; *faire ~ sur* (*od. à*) *qch.* sich etw. überlegen; *toute ~ faite od. après mûre ~* nach reiflicher Überlegung; *sans ~* unüberlegt; *une heure f de ~* e-e Stunde *f* Bedenkzeit; **3.** Äußerung *f*, Betrachtung *f*, Bemerkung *f*.

refluer (rə'flye) *v/i.* [1a] zurückfließen.

refon|dre (rə'fɔ̃:drə) *v/t.* [4a] **1.** ⊕ umgießen, umschmelzen; **2.** *fig.* umändern; umarbeiten; **~te** (~'fɔ̃:t) *f* ⊕ Umguß *m*, Umschmelzung *f*; *fig.* Überarbeitung *f*, Umarbeitung *f*; Umgestaltung *f*, Umänderung *f*, Umprägung *f*.

réformable (refɔr'mablə) *adj.* **1.** reformierbar, umformbar, verbesserungsfähig; **2.** ⚔ auszumustern.

réforma|teur (refɔrma'tœ:r) [7f] **I** *adj.* verbessernd; **II** *su.* Reformator *m*; **~tion** (~ma'sjɔ̃) *f* **1.** Umgestaltung *f*; Verbesserung *f*; **2.** *rl.*

♀ Reformation *f* (*auch 16. Jh.*: *Luther, wofür mst. réforme* 2).
réforme (re'fɔrm) *f* **1.** Reform *f*; Um-, Neu-gestaltung *f*, Verbesserung *f*; ~ *des abus* Abstellung *f* der Mißbräuche; ~ *électorale* (*agraire*) Wahl- (Agrar-)reform *f*; ~ *pénale*, ~ *scolaire* Strafrechts-, Schul-reform *f*; **2.** *rl. la* ♀ die Reformation *f* (*Luther usw.*), die reformierte (protestantische) Kirche *f*, der Protestantismus *m*; *époque f de la* ♀ Reformationszeit *f*; **3.** Änderung *f der Lebensweise*; **4.** ⚔ Entlassung *f od.* Verminderung *f der Truppen*; Setzung *f* auf Wartegeld *od.* Entlassung *f* ohne Ruhegehalt *von Beamten u. Offizieren*; *congé m de* ~ Entlassung *f* wegen Dienstuntauglichkeit; *cheval m de* ~ ausgemustertes Pferd *n*.
réformé (refɔr'me) *su.* **1.** *rl.* Reformierter *m*; **2.** ⚔ für dienstuntauglich Erklärter *m*.
reformer (rəfɔr'me) [1a] **I** *v/t.* neu bilden; **II** *v/rfl.* *se* ~ sich neu formieren.
réformer (refɔr'me) *v/t.* [1a] **1.** verbessern; ⚖ ~ *un arrêt* ein Urteil abändern; **2.** Mißbräuche abschaffen *od.* abstellen; **3.** ⚔ ~ *des troupes* Truppen entlassen; ~ *des chevaux* Pferde ausmustern.
refoul|ement (rəful'mɑ̃) *m psych.* Verdrängung *f*; *allg. a.* Zurückdrängen *n*, -werfen *n*; *hydr.* ~ *des eaux* Stauung *f* des Wassers; **~er** (~'le) *v/t.* [1a] **1.** zurückdrängen; *a. psych.* verdrängen; *fig.* ~ *ses larmes* die Tränen an sich halten; ~ *à l'écart* abdrängen, e-n Angriff abwehren; 🚂 ~ *les trains* die Züge zurückschieben; **2.** *hydr.* ~ *les eaux* das Wasser stauen.
réfrac|taire (refrak'tɛ:r) **I** *adj.* **1.** aufsässig, widerspenstig (*à* gegen *acc.*); s-n Versprechungen untreu; **2.** *conscrit m* ~ Fahnenflüchtiger *m*; **3.** ⊕ feuerfest; *mur m* ~ Brandmauer *f*; **II** *su. pol.* Gegner *m*; Widerspenstiger *m*; ~ *au service armé* Kriegsdienstverweigerer *m*; **~tif** (~k'tif) *adj.* [7e] strahlen-, licht-, schall-brechend; **~tion** *phys.* (~k'sjɔ̃) *f* Strahlen-, Licht-, Farben-, Ton-, Schall-brechung *f*.
refrain (rə'frɛ̃) *m* Kehrreim *m*; ~ *populaire* Schlager *m*, Gassenhauer *m*; *c'est toujours le même* ~ das ist immer die alte Leier.
réfrangible *phys.* (refrɑ̃'ʒiblə) *adj.* brechbar (*z.B. Lichtstrahlen*).
refrènement (rəfrɛn'mɑ̃) *m* Zügeln *n*, Bändigen *n*, Inschachhalten *n*, *fig.* Eindämmen *n*.
refréner (rəfre'ne) *v/t.* [1f] zügeln, im Zaume halten, bändigen, in Schach halten, e-r Sache Einhalt tun; *fig. etw.* eindämmen.
réfrigé|rant (refriʒe'rɑ̃) **I** *adj.* [7] kühlend; *appareil m* ~ Kühlapparat *m*; *chambre f* ~*e* Gefrierraum *m*; **II** *m* ⚕ Kühlmittel *n*; ⚗, ⊕ Kühlgefäß *n*; **~rateur** ⚡ (~ra'tœ:r) *m* Kühlschrank *m*; **~ratif** (~ra'tif) **I** *adj.* [7e] erfrischend; Erfrischungs...; ⊕ *vaisseau m* ~ Kühlfaß *n*; **II** *m* Kühlmittel *n*; **~ration** *phys.* (~rɑ'sjɔ̃) *f* Abkühlung *f*; **~rer** *phys.* (~'re) *v/t.* [1f] abkühlen.
réfringent *phys.* (refrɛ̃'ʒɑ̃) *adj.* [7] licht-, strahlen-brechend.
refrire (rə'fri:r) *v/t.* [4m] wieder aufbraten.
refroid|ir (rəfrwa'di:r) [2a] **I** *v/t.* abkühlen; *fig.* dämpfen; **II** *v/i.* sich abkühlen, kalt (*od.* kühler) werden; *fig.* erkalten; **~issement** (~dis'mɑ̃) *m* Abkühlung *f*; *fig.* Erkaltung *f*; *Auto*: Kühlung *f*; ~ *à* (*od. par*) *l'eau* wassergekühlt; *prendre un* ~ sich erkälten; **~isseur** ⊕ (~di'sœ:r) *m*: ~ *préalable* Vorkühler *m*.
refuge (rə'fy:ʒ) *m* **1.** Zuflucht(sort *m*) *f*; (Schutz-)Hütte *f* (*im Gebirge*); *fig.* Hort *m*; (*maison f de*) ~ Fürsorgeheim *n*; **2.** Verkehrsinsel *f* **3.** *fig.* Ausrede *f*.
réfu|gié (refy'ʒje) **I** *adj.* geflüchtet; **II** *su.* Flüchtling *m*; Vertriebener *m*; **~gier** (~) *v/rfl.* [1a]: *se* ~ (sich) flüchten, s-e Zuflucht nehmen (*auprès de q.* bei j-m).
refuite (rə'fɥit) *f ch.* Wechsel *m e-s gejagten Tieres*.
refus (rə'fy) *m* abschlägige Antwort *f*, Weigerung *f*; *essuyer un* ~ abschlägig beschieden (*od.* abgewiesen) werden; e-n Korb (F *fig.*) bekommen (*od.* kriegen F); *ce n'est pas de* ~ das kann man nicht ablehnen.
refuser (rəfy'ze) [1a] **I** *v/t.* **1.** ausschlagen, nicht annehmen, ablehnen, zurückweisen; ~ *q.* j-m e-n Korb geben; **2.** verweigern; versagen; ~ *net* rundweg abschlagen; ~ *obéissance* den Gehorsam verweigern; *auf Briefen*: *refusé* Annahme verweigert; *être refusé* im

Examen durchfallen; *ne ~ aucun travail* keine Arbeit scheuen; ⚔ *~ la bataille* die Schlacht nicht annehmen; **II** *v/i.* **3.** *abs.* nein sagen, ablehnen; **4.** ⊕ versagen, nicht mehr gehen, nicht mehr funktionieren (*Werkzeug, Apparat*); **III** *v/rfl.* **5.** *se ~ qch.* sich etw. versagen; **6.** *se ~ à (faire) qch.* sich weigern (etw. zu tun), etw. nicht zulassen, sich gegen etw. (*acc.*) sträuben; *je m'y refuse* das ist mir nicht recht.

réfu|table (refy'tablə) *adj.* widerlegbar; **~tation** (~tɑ'sjɔ̃) *f* Widerlegung *f*; **~ter** (~'te) *v/t.* [1a] widerlegen.

regagner (rəga'ɲe) *v/t.* [1a] **1.** wieder-gewinnen, -erlangen; *~ le dessus* die Oberhand gewinnen; *~ du terrain* wieder vordringen, wieder Boden gewinnen; *fig.* Fortschritte machen; ⚔ *~ son unité* wieder zu s-m Verband stoßen; **2.** wieder erreichen; *~ ses foyers* wieder in die Heimat zurückkehren.

regain (rə'gɛ̃) *m* **1.** Grummet *n*; Nachmahd *f*; **2.** *fig.* Wiederaufleben *n*; *~ d'activité* Neubelebung *f* (*der Industrie*).

régal (re'gal) *m* (*pl.* ~*s*) **1.** Festessen *n*; **2.** *fig.* besonderes Vergnügen *n*, Wonne *f*; **3.** F Kaffee *m* mit Rum; **~ade** (~'lad) *f*: *boire à la ~* gleich aus der Flasche trinken.

régalage (rega'la:ʒ) *m* Eb(e)nen *n*.

régale (re'gal) **I** *adj./f* ⚗: *eau f ~* Königswasser *n*; **II** *hist.* ⚖ *f* Hoheitsrecht *n*.

régalement (regal'mɑ̃) *m* = *régalage*.

régaler[1] (rega'le) *v/t.* [1a] ebnen, planieren.

régaler[2] (~) [1a] **I** *v/t.* bewirten; *~ q. de qch.* j-n mit etw. bewirten, j-m etw. spendieren; *fig.* j-n mit etw. erfreuen; *iron. fig. ~ q. de coups* j-n mit e-r Tracht Prügel bedienen; **II** *v/rfl.*: *se ~ de qch.* sich etw. schmecken lassen, etw. mit Genuß essen *od.* trinken.

régalien *hist.* (rega'ljɛ̃) *adj.* [7c] hoheitlich; *droit m ~* Hoheitsrecht *n*.

regard (rə'ga:r) *m* **1.** Blick *m*; *fig.* *~s pl.* Beachtung *f*; *promener ses ~s autour de soi* s-e Blicke umherschweifen lassen; **2.** *mettre en ~ l'un de l'autre* miteinander vergleichen, einander gegenüberstellen; *texte m avec traduction en ~* Text *m* mit gegenüberstehender Übersetzung; **3.** *exercer le droit de ~ sur un plan* das Aufsichtsrecht auf e-m Gebiet *fig* ausüben (*Staat*); **4.** ⚠ Lichtloch *n*; Einsteigeloch *n*; **~ant** F (~'dɑ̃) *adj.* [7] kleinlich.

regarder (rəgar'de) [1a] **I** *v/t.* **1.** anblicken, ansehen, betrachten; *~ qch. de près* etw. in der Nähe betrachten; sich etw. genau ansehen; *elle le regarde manger* sie sieht ihm beim Essen zu; *fig. ~ q. de travers* j-n schief ansehen; **2.** erwägen, berücksichtigen; *sans ~ les personnes* ohne Ansehen der Person; *tout bien regardé et considéré* nach reiflicher Überlegung; **3.** angehen, betreffen; *ça me regarde!* das ist m e i n e Sache!; **II** *v/i.* blicken, schauen; *~ par la fenêtre* aus dem Fenster sehen; *~ à qch.* auf etw. (*acc.*) sehen (*od.* achten); *y ~ à deux fois* sich etw. zweimal überlegen; *y ~ de près* mit dem Gelde knappsen F; *~ à deux francs* mit jedem Pfennig rechnen; *sans y ~*, *od. sans ~ à la dépense* aus dem vollen wirtschaften.

regarnir (rəgar'ni:r) *v/t.* [2a] wiederversehen, wiederbesetzen; ⊕ erneuern.

régate ⚓ (re'gat) *f* (*oft pl.* ~*s*) Regatta *f*.

regazonner (rəgazɔ'ne) *v/t.* [1a] wieder mit Rasen belegen.

regel (rə'ʒɛl) *m* neuer Frost *m*; **~er** (rəʒ'le) *v/i.* [1d] wieder (zu-)frieren.

régence (re'ʒɑ̃:s) *f* Regentschaft *f*.

régénér|ateur (reʒenera'tœ:r) *adj. u. su.* [7f] neu belebend; Wiederhersteller *m*; ⊕ Wärme-speicher *m*, -akkumulator *m*, Regenerator *m*; **~ation** (~rɑ'sjɔ̃) *f* Wiederherstellung *f*; *fig.* moralische Wiedergeburt *f*; *a.* ⊕ Regenerierung *f*; ⊕ Wiedergewinnung *f*; ⚕ Auffrischung *f*; **~er** (~'re) *v/t.* [1f] wieder-erzeugen, -hervorbringen; *fig.* (bessernd) umbilden; *a.* ⊕ regenerieren; ⊕ auffrischen, wiedergewinnen, aus Altmaterial neu gewinnen; ⚡ *~ un accu* e-n Akku aufladen; ⚕ *~ le bain* das Bad ergänzen; *rl. régénéré* wiedergeboren.

régent (re'ʒɑ̃) [7] **I** *adj.* (vormundschaftlich) regierend; *prince m ~* Prinzregent *m*; **II** *su.* [7] Regent *m*; **~er** (~'te) *v/t.* [1a] bevormunden.

régicide (reʒi'sid) *m* Königsmord *m*; Königsmörder *m*.

régie (re'ʒi) *f* **1.** Regie *f*, Verwaltung *f* (*bsd. v. indirekten Staatseinkünften*); Erhebung *f* der

Steuern; Pacht *f*; *mauvaise* ~ **Miß**wirtschaft *f*; ~ *des tabacs* Tabaksregie *f*, -verwaltung *f*; *mise f en* ~ Verstaatlichung *f*; *travaux m/pl. en* ~ vom Staate ausgeführte öffentliche Arbeiten *f/pl.*; **2.** *thé.*, *rad.*, *cin.* Spielleitung *f*, Regie *f*.

regimber (rəʒɛ̃'be) *v/i.* [1a] hinten ausschlagen; *fig.* sich sträuben.

régime (re'ʒim) *m* **1.** *pol.* Regime *n*, Regierung *f*, Regierungs-form *f*, -system *n*; *hist.* ~ *féodal* Lehnswesen *n*; *Fr. hist. Ancien* ♀ Altes Regime *n* (*vor 1789*); ~ *soviétique*, ~ *des Soviets* Sowjetregime *n*; *Fr.*: *le* ~ *gaulliste* das Regime *n* unter de Gaulle; **2.** Verfahren *n*, Einrichtung *f*, Ordnung *f*; Verwaltung *f*; (*fin.* Versicherungs-)System *n*, Wirtschaft *f*; Betriebszustand *m*; ~ *d'un fleuve* Wasserstandsverhältnisse *n/pl.* e-s Flusses; ~ *des boissons* Alkoholmonopol *n*; ⊕ ~ *élevé* hohe Touren-(Dreh-)zahl *f*; ⊕ ~ *de commande* Antriebsart *f*; ⊕ ~ *de vitesse* Geschwindigkeitsstufe *f*; ⚡ ~ *de charge* Ladestärke *f*; ~ *colonial* Kolonial-verwaltung *f*, -system *n*; ~ *industriel*, ~ *douanier* Gewerbe-, Zoll-wesen *n*; *pol.*, *éc.* ~ *douanier protectionniste* Schutzzollsystem *n*; ~ *des passeports* Paßwesen *n*; ~ *des eaux* Wasserwirtschaft *f*; ☨ ~ *des crédits* Kreditwirtschaft *f*; ~ *des paiements* Zahlungsverkehr *m*; ~ *de rationnement* Rationierungssystm *n*; *pol. iron.* ~ *des assiettes au beurre* Futterkrippensystem *n*; *instaurer le* ~ *sec* (durch Alkoholverbot) trockenlegen; ~ *de communauté* eheliche Gütergemeinschaft *f*; ~ *des écoles* Schulwesen *n*; ~*s pl. matrimoniaux* Güterrecht *n*; ~ *pénitentiaire* Gefängniswesen *n*; **3.** Lebensweise *f*; ⚕ Diät *f*; *être au* ~, *suivre un* ~ Diät halten (müssen); ~ *carné*, ~ *lacté* Fleisch-, Milch-kur *f*; ~ *végétarien* Pflanzenkost *f*; **4.** *gr.* Ergänzung *f* *zum Verb* (*od. Zeitwort*), Objekt *n*; ~ *direct* näheres Objekt *n*, Akkusativ *m*; ~ *indirect* entfernteres Objekt *n* (*Dativ od. Genetiv*); **5.** ⚘ (*Blüten-*, *Frucht-*)Kolben *m*; (*Bananen-*, *Dattel-*)Büschel *m*.

régiment (reʒi'mɑ̃) *m* Regiment *n*; *fig.* Riesenmenge *f*; ~ *de garde* Wachregiment *n*; ~ *d'aviation* Fliegerregiment *n*; ~ *de marche* Feldregiment *n*; *ils sont là un* ~ sie sind da in Massen; **~aire** (~'tɛ:r) *adj.* Regiments...

reginglette *ch.* (rəʒɛ̃'glɛt) *f* kleine Vogelfalle *f*.

région (re'ʒjɔ̃) *f* **1.** Gebiet *n*, Region *f*, Erd-, Land-strich *m*, Gegend *f*; Zone *f*; ~ *du ciel* Himmelsgegend *f*; ~ *limitrophe*, ~*-frontière* Grenzgebiet *n*; ~ *éprouvée* Notstandsgebiet *n*; **2.** *fig.*, *anat. usw.* Gegend *f*, Gebiet *n*, Bereich *m*; ~ *économique* Wirtschafts-bezirk *m*, -bereich *m*, -sparte *f*, -zweig *m*; ~ *inguinale* Leistengegend *f*; **3.** *fig.* Grad *m*; Stufe *f*; Schicht *f*; *les* ~*s officielles* die Regierungskreise *m/pl.*

régional (reʒjɔ'nal) [5c] **I** *adj.* regional, Bezirks...; 🚂 *trains m/pl. régionaux* Nahverkehrszüge *m/pl.*; **II** *m* a) große Provinzzeitung *f*; b) ☏ regionales Telefonnetz *n*; *weitS.* Telephonvermittlung *f*; **~isme** *litt.*, *pol.* (~'lism) *m* Regionalismus *m*; **~liste** *litt.*, *pol.* (~'list) *adj. u. m* regionalistisch; Regionalist *m*.

régir (re'ʒi:r) *v/t.* [2a] regieren (*a. gr.*); leiten; lenken; verwalten.

régisseur (reʒi'sœ:r) *m* Verwalter *m*; ✔ Gutsverwalter *m*; *thé.*, *cin.* Regisseur *m*, Spielleiter *m*.

registre (rə'ʒistrə) *m* **1.** Register *n*, Eintragebuch *n*; Verzeichnis *n*; *les* ~*s de l'état civil* die Standesamtsregister *n/pl.*; ~ *du commerce* Handelsregister *n*; ~ *pénal* Strafregister *n*; *inscrit au* ~ *du commerce* handelsgerichtlich eingetragen; ~ *des entrées et sorties* Waren-ein- u. -ausgangsbuch *n*; *faire* (*od. tenir*) ~ *de qch.* über etw. (*acc.*) Buch führen; *fig. tenir* ~ *de tout* sich alles merken; **2.** ♪ Stimmlage *f*; Register *n e-r Orgel*; **3.** ⊕ Schließklappe *f*.

régla|ble (re'glablə) *adj.* regulierbar, verstellbar, einstellbar; **~ge** (~'gla:ʒ) *m* **1.** Liniierung *f* des Papiers; **2.** ⊕ Regulierung *f*; *artill.* Einschießen *n*; **3.** *rad.* Einstellung *f*, Abstimmung *f*.

règle ('rɛglə) *f* **1.** Lineal *n*; **2.** Regel *f*, Vorschrift *f*; Richtschnur *f*; Gesetz *n*; Gebrauch *m*; Ordnung *f*; Regelmäßigkeit *f*; *cela est dans les* ~*s* das ist in der Ordnung; *en* (*bonne*) ~ in Ordnung, vorschriftsmäßig, regelrecht, in aller Form; *en* ~ *générale* überhaupt; *mettre en* ~ in Ordnung bringen, ordnen; *il est de* ~ *que ...* es ist Sitte, daß ...; *se* *faire une* ~ *de* ... es sich zur Regel machen, ... zu ...; *sans* ~*s* regellos; **3.** Vorbild *n*, Muster *n*; **4.** *rl.* Ordensregel *f*; **5.** ~ *à calcul* Rechenschieber *m*; ~ *à curseur(s)* Schiebestange *f*; **6.** *arith.* Grundrechnungsart *f*; **7.** ⚕ ~*s pl.* Menstruation *f*, Periode *f*, Regel *f*; *avoir ses* ~*s* ihre Periode haben.

règlement (rɛglə'mɑ̃) *m* **1.** Festsetzung *f*, Bestimmung *f*, Regelung *f*; Abwickelung *f*; *fig.* Bereinigung *f e-r Angelegenheit*; ⊕ Normung *f*; ✝ ~ *de compte* Abrechnung *f*, Bezahlung *f* e-r Rechnung; ✝ ~ *des comptes* Abrechnungsverkehr *m*; ~ *douanier* Zollregelung *f*; **2.** ⚖ Satzung *f*, Statut *n*, Verordnung *f*, Verfügung *f*; ~ *postal* Posthandbuch *n*; ~ *de (la) circulation* Verkehrs-, Fahr-vorschrift *f*; **3.** *pol.* Geschäftsordnung *f*. [□ vorschriftsmäßig.]

réglementaire (regləmɑ̃'tɛ:r) *adj.*

réglementation (~mɑ̃tɑ'sjɔ̃) *f* gesetzliche Regelung *f*; (Zwangs-) Bewirtschaftung *f*; ~ *du travail* gesetzliche Arbeitsregelung *f*; ~ *de la circulation* Verkehrsregelung *f*; ~ *applicable aux devises* Devisenordnung *f*; ~ *des devises*, ~ *des changes* Devisenbewirtschaftung *f*.

réglementer (regləmɑ̃'te) *v/t.* [1a]: ~ *qch.* Verordnungen über etw. erlassen, etw. gesetzlich erfassen (*od.* regeln, ordnen).

régler (re'gle) [1f] **I** *v/t.* **1.** liniieren; **2.** regeln; ordnen; einrichten; festsetzen; *fig.* e-e Angelegenheit bereinigen; normen; *rad.* ein-, nachstellen, abstimmen; ~ *à son maximum de puissance* auf volle Lautstärke einstellen; ⚔ ~ *le tir* einschießen; *réglé* geregelt, geordnet; regelrecht; ordentlich; ~ *un compte* e-e Rechnung begleichen *od.* bezahlen; ~ *sa dépense sur son revenu fig.* sich nach der Decke strecken; ~ *un différend* e-n Streit schlichten; **3.** ✝ abschließen; ins reine bringen; **4.** ⊕ ein-, richtig-, nach-stellen; *Auto:* nachsehen; **II** *v/rfl.* se ~ **5.** sich regeln; geregelt werden; **6.** se ~ *sur* sich richten nach ... (*dat.*).

réglet (re'glɛ) *m* ⚠ *Art* Zierleiste *f*; ⊕ Winkelhaken *m* (*des Tischlers*); ~**te** (re'glɛt) *f* Kantel *m zum Liniieren*; *typ.* Span *m*; ⚡ ~ *de boutons* Tastenstreifen *m*.

régleur (re'glœ:r) *m* Linienzieher *m*; ⚔ Richtkanonier *m*; *rad.* ~ *de puissance* Lautstärkeregler *m*.

réglisse (re'glis) *f* Süßholz *n*, Lakritzenwurzel *f*; Lakritze *f*.

réglure (re'gly:r) *f* Liniierung *f*.

règne (rɛɲ) *m* **1.** Regierung(szeit *f*) *f*; **2.** Herrschaft *f*, Macht *f*; **3.** ~ *animal* (*végétal*, *minéral*) Tier-(Pflanzen-, Mineral-)reich *n*.

régner (re'ɲe) *v/i.* [1f] **1.** herrschen, regieren (*a. fig.*); ~ *sur soi* sich selbst beherrschen; **2.** vorherrschen; *l'Angleterre régnait sur les mers* England hatte die Vorherrschaft zur See inne; **3.** wehen (*Wind*); **4.** vorhanden sein; dauern; **5.** beliebt (*od.* in Mode) sein; **6.** sich erstrecken.

régnicole ⚖ (rɛɲi'kɔl) *su. u. adj.* (*habitant m*) ~ Inländer *m*; im Lande geboren.

regon|flement (rəgɔ̃flə'mɑ̃) *m* Wiederfüllung *f* (*e-s Ballons*); *vél.* Aufpumpen *n* (*e-s Reifens*); Anschwellen *n* (*e-s Flusses*); ~**fler** (~'fle) [1a] **I** *v/t. Ballon* wieder füllen; *vél.* aufpumpen (*Reifen*); **II** *v/i.* wieder steigen (*Wasser*).

regor|gement (rəgɔrʒə'mɑ̃) *m* Aus-, Über-laufen *n v. Flüssigkeiten*; ~**ger** (~'ʒe) [1l] **I** *v/i.* **1.** aus-, über-laufen, über die Ufer treten; **2.** *fig.* ~ *de qch.* mit etw. (*dat.*) überfüllt sein, an etw. (*dat.*) Überfluß haben; ~ (*de santé* vor Gesundheit) strotzen; **II** *v/t.* ⚕ er-, ausbrechen; *fig.* wieder herausrücken, zurückgeben.

regrat|ter (rəgra'te) [1a] **I** *v/t.* **1.** wieder kratzen; *fig.* wieder auffrischen; (*Geld*) einheimsen, ergaunern, erschachern; ~ *les syllabes* ein Silbenstecher (*od.* Wortklauber) sein; **2.** ⚠ *ein Gebäude* abputzen; **3.** ~ *qch. sur qch.* etw. von etw. abhandeln; **II** *v/i.* **4.** kleine Profite machen; herumhandeln, feilschen.

régresser (regrɛ'se) *v/i.* [1a] a) *biol.* (*in der Art od. Spezies*) zurückschlagen; b) *allg.* (*an Zahl*) zurückgehen, abnehmen.

régressif (regrɛ'sif) *adj.* [7e] □ rückläufig; *anat. transformation f régressive* Rückbildung *f*.

régression (regrɛ'sjɔ̃) *f* Rück-gang *m*, -schritt *m*; ~ *du chômage* Rückgang *m* der Arbeitslosigkeit; ~ *de la natalité* Geburtenrückgang *m*.

regret (rə'grɛ) *m* **1.** seelischer Schmerz *m*; **2.** ~*s pl.* Klagen *f/pl.*, Jammer *m/sg.*; **3.** Bedauern *n*; Reue *f*; *avoir* ~ *de* (*mit inf.*) bedauern, bereuen; *à mon grand* ~ zu meinem großen Bedauern; *à* ~ schweren Herzens; *j'en suis aux* ~*s* es tut mir sehr leid; **4.** Sehnsucht *f*; ~ *de la patrie* Heimweh *n*; *laisser bien des* ~*s* schmerzlich vermißt werden.

regret|table (rəgrɛ'tablə) *adj.* □ bedauernswert, bedauerlich; ~**ter** (~'te) *v/t.* [1a] **1.** bedauern; vermissen; sich sehnen nach (*dat.*); **2.** beklagen; bereuen; *il est à* ~ *que* (*subj.*) es ist schade, daß (*ind.*).

regrèvement *fin.* (rəgrɛv'mɑ̃) *m* Steuererhöhung *f*.

regroup|ement (rəgrup'mɑ̃) *m* Umgruppierung *f*; Umstellung *f e-s Betriebes*; Umschichtung *f der Bevölkerung, des Kapitals*; ~**er** (~'pe) *v/t.* [1a] umgruppieren; umstellen (*Betrieb*); umschichten (*Kapitalien usw.*).

régulari|sation (regylarizɑ'sjɔ̃) *f* Regulierung *f*; ⚓ Schiffbarmachung *f* (*e-s Flusses*); F nachträgliche Eheschließung *f*; ~**ser** (~ri'ze) *v/t.* [1a] regulieren, in Ordnung bringen; ~**té** (~'te) *f* **1.** Regelmäßigkeit *f*; *advt. avec* ~ regelmäßig; **2.** Genauigkeit *f*, Pünktlichkeit *f*.

régula|teur (regyla'tœ:r) **I** *m* ⊕ Regler *m*; Regulator *m*; *Auto*: ~ *d'air* Luftklappe *f*; ⊕ ~ *de pression* Druckregler *m*; **II** *adj.* [7f] regelnd, bestimmend; ~**tion** (~lɑ'sjɔ̃) *f* Regulierung *f*.

régule ⊕ (re'gyl) *m* Lagermetall *n*.

régulier (regy'lje) **I** *adj.* [7b] □ **1.** regelmäßig, regelrecht; ⚔ *troupes f/pl. régulières* reguläre Truppen *f/pl.*; **2.** ordentlich, geordnet, geregelt; **3.** genau, pünktlich; **4.** *rl.* der Ordensregel gemäß; *clergé m* ~ Ordensgeistlichkeit *f*; **II** *m* a) Ordensgeistlicher *m*; b) ⚔ Soldat *m* vom stehenden Heer.

régulièrement (regyljɛr'mɑ̃) *adv.* regelmäßig; ordentlich; genau.

régurgit|ation (regyrʒitɑ'sjɔ̃) *f* Wiederheraufbringen *n* des Futters (*beim Wiederkäuen*); ⚕ Aufstoßen *n*; ~**er** ⚕ (~'te) *v/t.* [1a] wieder hinterschlucken.

réhabili|tation (reabilitɑ'sjɔ̃) *f* ⚖ Wiedereinsetzung *f* in frühere Rechte; *fig.* Rehabilitierung *f*, Ehrenrettung *f*; ~**ter** (~'te) *v/t.* [1a] ⚖ wieder in frühere Rechte einsetzen; *fig.* rehabilitieren.

réhabituer (reabi'tɥe) *v/t.* [1a]: ~ *à qch.* wieder an etw. (*acc.*) gewöhnen.

rehauss|ement (rəos'mɑ̃) *m* Erhöhung *f*; Steigerung *f*; ~**er** (~'se) *v/t.* [1a] **1.** erhöhen, höher machen; **2.** *fig.* vermehren, steigern; hervorheben, unterstreichen; **3.** △ weiter erhöhen, aufstocken; ~ *de* verzieren mit (*dat.*).

reillère (rɛ'jɛ:r) *f* Gerinne *n*, Wasserzufluß *m* (*bei e-r Mühle*).

réimpor|tation (reɛ̃pɔrtɑ'sjɔ̃) *f* Wiedereinfuhr *f*; ~**ter** (~'te) *v/t.* [1a] wieder einführen.

réimposer (reɛ̃po'ze) *v/t.* [1a] neu besteuern.

réim|pression (reɛ̃prɛ'sjɔ̃) *f* Neudruck *m*; ~**primer** (~pri'me) *v/t.* [1a]: (*faire*) ~ wieder abdrucken (lassen).

Reims (rɛ̃:s) *m franz. Stadt.*

rein (rɛ̃) *m* **1.** Niere *f*; **2.** ~*s pl.* Lenden *f/pl.*, Kreuz *n*; *mal m aux* ~*s* Kreuzschmerzen *m/pl.*; *fig. avoir les* ~*s forts* wohlhabend (*od.* einflußreich) sein; **3.** △ ~*s pl. de voûte* Gewölbezwickel *m*.

réincarcér|ation (reɛ̃karserɑ'sjɔ̃) *f* Wiedereinkerkerung *f*; ~**er** (~'re) *v/t.* [1f] wieder einkerkern.

réincarnation *phil.* (reɛ̃karnɑ'sjɔ̃) *f* Seelenwanderung *f*.

réincorporer (reɛ̃kɔrpɔ're) *v/t.* [1a] neu *od.* wiedereinverleiben.

reine (rɛn) *f* **1.** Königin *f*; ~ *mère* Königinmutter *f*; ~ *douairière* Königinwitwe *f*; **2.** ⚘ ~ *des bois* Waldmeister *m*; ~*-des-prés* Geißbart *m*; **3.** *plais. petite* ~ Fahrrad *n*, Stahlroß *n plais.*, Drahtesel *m plais.*

reinette (rɛ'nɛt) *f* Renette *f* (*Apfelsorte*), Königsapfel *m*; ~ *jaune* Goldrenette *f*.

réin|stallation (reɛ̃stalɑ'sjɔ̃) *f* Wiedereinrichtung *f*; Wiedereinsetzung *f* (*v. Personen*); ~**staller** *u.* ~**stituer** (~sta'le, ~sti'tɥe) *v/t.* [1a] wieder einsetzen.

réintégr|able (reɛ̃te'grablə) *adj.* wiedereinsetzbar; ~**ation** (~grɑ'sjɔ̃) Wiedereinsetzung *f*; Wiedereinstellung *f*; *bsd. pol.* Rück-führung *f*, -gliederung *f*; ~**er** (~'gre) *v/t.* [1f] **1.** ⚖ wiedereinsetzen; *allg.* j-n wiedereinstellen; ~ *en prison* ins Gefängnis zurückführen; ~ *le do-*

micile conjugal wieder zu s-r Frau (zu ihrem Mann) zurückkehren; **2.** ⚔ wieder integrieren; **3.** *pol.* rückführen, rückgliedern.

réintro|duction (reɛ̃trɔdyk'sjɔ̃) *f* Wieder-einführung *f*; -herstellung *f*; **~duire** (~'dɥi:r) *v/t.* [4c] wieder einführen.

réinventer (reɛ̃vɑ̃'te) *v/t.* [1a] erneut (*od.* wieder) erfinden.

réitér|atif (reitera'tif) *adj.* [7e] wiederholend, nochmalig; **~ation** (~ra'sjɔ̃) *f* Wiederholung *f*; **~er** (~'re) *v/t.* [1f] (*a. abs.*) wiederholen, erneuern.

reître ('rɛ:trə) *m fig.* Haudegen *m*; *vieux* ~ alter Fuchs *m*, verschlagener Kerl *m*.

rejaillir (rəʒa'ji:r) *v/i.* [2a] ab-, zurück-prallen; zurückstrahlen; (heraus)spritzen; *fig.* ~ *sur q.* auf j-n zurückfallen.

rejet (rə'ʒɛ) *m* **1.** Auswerfen *n*; **2.** *fig.* Verwerfung *f*, Ablehnung *f* (*e-s Vertragsentwurfs usw.*); ⚔ Abweisung *f* (*e-s Angriffs*); Ausstoßung *f*; **3.** *métr.* Übertragung *f* auf e-n anderen Vers; **4.** ⚘ Schößling *m*, neuer Trieb *m*; **~able** (rəʒ-'tablə) *adj.* verwerflich; **~er** (rəʒ-'te) *v/t.* [1c] **1.** wieder (zu)werfen; *fig.* ~ *la faute sur q.* auf j-n die Schuld abwälzen; **2.** *a.* ⚔ zurückwerfen; *gr.* ~ *le verbe* das Verb zurück-setzen, -stellen; *fig. cela nous rejette loin de notre sujet* das bringt uns weit von unserm Thema ab; **3.** ablehnen; verwerfen; zurückweisen; ausmustern; **4.** ⚘ ~ *des branches* neue Zweige treiben; **5.** *métr.* übertragen (auf e-n anderen Vers); **~on** (rəʒ'tɔ̃) *m* **1.** Schößling *m*, Nachtrieb *m*; **2.** *fig.* Nachkömmling *m*, Sprößling *m*; **~teau** ⚠ (~'to) *m* Wasser-, Tropf-nase *f*.

rejoindre (rə'ʒwɛ̃:drə) *v/t.* [4b] **1.** wieder vereinigen; *partir pour* ~ *q.* j-m nachreisen; **2.** wieder einholen *od.* treffen; wieder zu j-m kommen; 'auch hinkommen.

réjou|i (re'ʒwi) **I** *adj.* vergnügt, lustig, heiter; **II** *m*: *gros* ~ lustiger Bruder *m*; *f*: *grosse* ~*e* lustige Frau *f*; **~ir** (re'ʒwi:r) [2a] **I** *v/t.* **1.** erfreuen, erheitern; **2.** belustigen; **II** *v/rfl.* se ~ **3.** sich freuen (*de* über *acc.*); *se* ~ *aux dépens de q.* sich über j-n lustigmachen; **4.** sich belustigen; **~issance** (~ʒwi'sɑ̃:s) *f* **1.** Vergnügung *f*, Belustigung *f*, Fröhlichkeit *f*; ~*s pl.* Freudenfeste *n/pl.*; *cris m/pl. de* ~ Freudengeschrei *n*; **2.** *Schlächterei*: (Knochen-)Beilage *f*; **~issant** (~ʒwi'sɑ̃) *adj.* [7] erfreulich, erheiternd.

rejuger ⚖ (rəʒy'ʒe) *v/t.* [1l] erneut richten (über *acc.*).

relâche (rə'lɑ:ʃ) **I** *m* **1.** Unterbrechung *f*, Nachlassen *n*; *sans* ~ unaufhörlich, unablässig; **2.** Erholung *f*, Rast *f*, Ruhe *f*; *prendre un peu de* ~ sich ein wenig erholen; **3.** *thé.* spielfreier Tag *m*; *le théâtre fait* ~, (*aujourd'hui il y a*) ~ (heute) keine Vorstellung!; geschlossen!; **II** *f* **4.** ⚓ Zwischenhafen *m*; Aufenthalt *m* in e-m Zwischenhafen; **~ment** (~lɑʃ'mɑ̃) *m* **1.** Abspannung *f*, Erschlaffung *f*; **2.** Nachlassen *n der Kälte*; **3.** Lockerung *f* (*der Sitten*), Verfall *m*; **4.** Entspannung *f*, Erholung *f*.

relâcher (rəlɑ'ʃe) [1a] **I** *v/t.* **1.** abspannen, erschlaffen, lockern; außer acht lassen; **2.** ablassen; **3.** (wieder) freilassen, laufenlassen; **II** *v/i.* ⚓ Rast machen, in e-n Zwischenhafen einlaufen; **III** *v/rfl.* se ~ *a. écol.* nachlassen.

relais[1] (rə'lɛ) *m* Vorspann *m*, Wechselpferde *n/pl.*; Umspannort *m*; ⚡ Relais *n*, Übertrager *m*; ⊕ Schrittschaltwerk *n*; Apparat *m* zur Lautverstärkung; *rad.* Übertragung *f*; *Sport*: Staffel *f*, Stafette *f*; *course f de* (*od.* *à*) ~ Staffel-, Stafettenlauf *m*.

relais[2] (~) *m* Bank *f* (*in e-m Fluß*), trockenes Land *n* (*Ebbe*); neugewonnenes Land *n*.

relance (rə'lɑ̃:s) *f* neuer (Spiel-) Einsatz *m* (*beim Pokerspiel*); neuer Aufschwung *m*, *fig.* Wiederankurbelung *f*, -belebung *f* (*der Wirtschaft*); ⚓ *port m de* ~ Zwischenhafen *m*.

relancer (rəlɑ̃'se) *v/t.* [1k] **1.** wieder schleudern, zurückschleudern; *fig.* wieder ankurbeln; **2.** *ch.* wiederauftreiben; **3.** F *fig.* ~ *q.* j-m dauernd auf dem Halse sitzen; **4.** *beim Spiel* überbieten.

relaps *rl.* (rə'laps) *adj. u. su.* rückfällig(er Ketzer *m*), Rückfälliger *m*.

rélargir (relar'ʒi:r) *v/t.* [2a] (noch) breiter (*od.* weiter) machen.

rélargissement (relarʒis'mɑ̃) *m* Verbreitern *n*, Ausweiten *n*.

relat|er (rəla'te) *v/t.* [1a] ausführlich berichten *od.* erzählen; **~eur** (~'tœ:r) *m* Berichterstatter *m*.

rela|tif (rəla'tif) *adj.* [7e] □ **1.** bezüglich (*à qch.* auf etw. *acc.*), betreffend, einschlägig; **2.** relativ, verhältnismäßig, bedingt; **3.** *gr.* *pronom m* ~ Relativpronomen *n*, bezügliches Fürwort *n*; **4.** *adv.*: *relativement à* betreffs (*gén.*); im Verhältnis zu (*dat.*); **~tion** (~lɑ'sjɔ̃) *f* **1.** Beziehung *f*; **2.** Verbindung *f*, Verhältnis *n*, Verkehr *m*; *avoir* ~ (*od. être en* ~) *avec q.* mit j-m verkehren; *entrer en* ~ *d'affaires avec q.* mit j-m in Geschäftsverbindung treten; **3.** Erzählung *f*, Bericht *m*, Mitteilung *f*; ~ *de voyage* Reisebeschreibung *f*; **~tivité** (~tivi'te) *f* Relativität *f*, Bedingtheit *f*; *phil.* Relativismus *m*.

relaver (rəla've) *v/t.* [1a] nachwaschen.

relax|ation (rəlaksɑ'sjɔ̃) *f* **1.** ⚖ Freilassung *f*; **2.** ⚕ Entspannung *f*; **3.** Auslösung *f* (*Bombe*); **~er** (~'kse) [1a] **I** *v/t.* **1.** ⚖ freilassen; **2.** ⚕ entspannen; **II** F *v/rfl. se* ~ sich entspannen.

relayer (rəlɛ'je) [1i] **I** *v/t.* **1.** *j-n bei e-r Tätigkeit* ablösen; **2.** *rad.* anschließen; **II** *v/i.* die Pferde wechseln; **III** *v/rfl.* **se** ~ sich (*bei e-r Arbeit*) ablösen, miteinander abwechseln.

relayeur *Sport* (rəlɛ'jœ:r) *su.* [7g] [Staffelläufer *m*.]

relégation (rəlegɑ'sjɔ̃) *f* Verbannung *f*; Verweisung *f*.

reléguer (rəle'ge) *v/t.* [1f] *u.* [1m] verweisen, verbannen; *fig.* beseitigen, entfernen, abschaffen; ⚖ zu lebenslänglicher Sicherungsverwahrung verurteilen.

relent (rə'lɑ̃) *m* muffiger Geruch *m*; unangenehmer Nachgeschmack *m*.

relevable (rəl'vablə) *adj.* aufklappbar.

relevage (rəl'va:ʒ) *m* **1.** Leeren *n der Briefkästen*; **2.** *travaux m/pl. de* ~ Hebungs-, Bergungs-arbeiten *f/pl.*

relevailles (rəl'vɑ:j) *f/pl.* erster Kirchgang *m* e-r Wöchnerin.

relève (rə'lɛ:v) *f* **1.** ⚔ Ablösung *f*; **2.** *avion m de* ~ Flugzeug *n* zur Ablösung.

relevé (rəl've) **I** *m* **1.** Aufheben *n*; **2.** † (Rechnungs-)Auszug *m*; ⚡ Ablesen *n* (e-s *Zählers*); **3.** Liste *f*, Verzeichnis *n*; Aufstellung *f*; *faire le* ~ *de qch.* etw. ver-, auf-zeichnen; **4.** *cuis.* erster Gang *m* nach der Suppe; **II** *adj.* vornehm; edel; erhaben; gehoben (*Stil*); *cuis.* pikant.

relèvement (rəlɛv'mɑ̃) *m* **1.** Wiederaufrichtung *f*; ⚓ Wiederflottmachen *n*; *fig.* Wiederaufbau *m*, (Er-)Hebung *f*, Förderung *f*, Aufschwung *m*; ~ *économique* Wirtschaftsaufschwung *m*; *le* ~ *du niveau de vie* die soziale Besserstellung *f*; *fig.* ~ *du peuple* sittliche Hebung *f* des Volkes; **2.** ⚕ Genesung *f*; **3.** † Auszug *m*; Verzeichnis *n*, Aufstellung *f*; **4.** ✈, ⚓ Peilung *f*; *prendre le* ~ peilen; **5.** ~ *des traitements* Gehaltsaufbesserung *f*.

relever (rəl've) [1d] **I** *v/t.* **1.** wieder auf-heben *od.* -nehmen; *le col relevé* mit hochgeschlagenem Kragen; ~ *une robe* ein Kleid aufschürzen; *fig.* ~ *le gant* den Fehdehandschuh aufnehmen, die Herausforderung annehmen; **2.** wiederherstellen; **3.** höher machen, erhöhen; *fig.* ~ *le style* dem Stil mehr Schwung verleihen; **4.** in die Höhe richten; **5.** *den Briefkasten* leeren; **6.** *fig.* ehren, zu Ansehen bringen; **7.** (*nur mit folgendem acc.*; *vgl. souligner*) hervorheben, betonen, hinweisen auf (*acc.*); lobend erwähnen; **8.** tadeln, rügen; bemängeln; **9.** ⚔ eine Wache ablösen; **10.** *cuis.* e-m Gericht e-n schärferen Geschmack geben; *fig.* pikanter machen; **11.** ~ *q. de qch.* j-n von e-r Verbindlichkeit entbinden; ~ *q. d'une fonction* j-n e-s Amtes entbinden; **12.** ⛏ bestimmen; **13.** ⚓ *wieder* flottmachen; peilen; **14.** *téléph.* beseitigen (*Störung*); **II** *v/i.* **15.** ~ *de q.* zu j-s Ressort gehören, von j-m abhängen; **16.** ⚕ (*nach e-r Krankheit*) wieder hochkommen, sich hochrappeln F; **III.** *v/rfl.* *fig.* se ~ sich erholen; *fig.* se ~ *d'une perte* sich von e-m Verluste erholn.

releveur (rəl'vœ:r) *m* **1.** *anat.* Hebemuskel *m*; Lidhalter *m*; **2.** ⚓ Hebeschiff *n*; **3.** ↗ Garbenheber *m*.

reliage (rə'lja:ʒ) *m* Faßbinden *n*.

relief (rə'ljɛf) *m* **1.** Relief *n*, erhabene Arbeit *f*; ~*s pl. fortement accusés*, ~*s très sensibles* scharf hervortretende Umrisse *m/pl.*; **2.** ⚓ (⚔) Höhe *f über dem Wasser* (*über der Erde*); Bodenerhebung; **3.** *fig.* Hervortreten *n durch den Gegensatz*; *donner du* ~ *à qch.* etw. mehr hervortreten lassen; *mettre qch. en* ~ etw. hervorheben; **4.** *fig.* Glanz *m*, Ruhm *m*, Ansehen *n*; *se donner du* ~ sich hervortun; **5.** ~*s pl.* Tafel-,

Essen-reste *m/pl.* (*auf dem Tisch*); **6.** ~s *pl.* Überbleibsel *n/pl. e-s Vermögens*; **7.** *féod.* Lehensgebühr *f.*

relier (rə'lje) *v/t.* [1a] **1.** wieder zusammenbinden; miteinander verbinden; ⊕, ⚡ ~ *à* anschließen an (*acc.*); ⚡ (an)schalten an (*acc.*); ⚘ *zwei Punkte* verbinden; **2.** *Buch* (ein)binden; *Faß* binden.

relieur (rə'ljœ:r) *su.* [7g] Buchbinder *m*; *atelier m de* ~ Buchbinderei *f.*

religi|eusement (rəliʒjøz'mɑ̃) *adv.* andächtig, mit Andacht, fromm; gewissenhaft; **~eux** (~'ʒjø) [7d] **I** *adj.* □ religiös; fromm, gottesfürchtig; gewissenhaft; *rl.* ordensgeistlich; Kloster...; *habit m* ~ Ordenskleid *n*; **II** *su. rl.* Klosterbruder *m*; Mönch *m* (*f*: Nonne); **~on** (~'ʒjɔ̃) *f* **1.** Religion *f*; *la* ~ *réformée, dafür im 16. u. 17. Jh. nur*: *la* ~ die protestantische Kirche *f*, der Protestantismus *m*; **2.** Glaube *m*; Frömmigkeit *f*; **3.** *fig.* Gewissenssache *f*; *se faire une* ~ *d'une chose* e-e Sache sehr ernst nehmen; **4.** *rl.* (geistlicher) Orden *m*; *entrer en* ~ ins Kloster gehen, Mönch (bzw. Nonne) werden; *en* ~ ... mit seinem (ihrem) Klosternamen ...; **~onnaire** *hist.* [*16. Jh.*] (~ʒjɔ'nɛ:r) *su.* Protestant (-in *f*) *m*; **~osité** (~ʒjozi'te) *f* fromme Gesinnung *f.*

reliquaire (rəli'kɛ:r) *m* Reliquienkästchen *n*, Heiligenschrein *m.*

reliquat (~'ka) *m* **1.** ⚖ *u.* ✝ Rest *m*; Rückstand *m*; Saldo *n*; ~ *d'avoir* Restguthaben *n*; **2.** Überbleibsel *n*; ⚕ Nachwehen *f/pl. e-r Krankheit*; **~aire** (~ka'tɛ:r) *su.* rückständiger Schuldner *m.*

relique (rə'lik) *f* **1.** *rl.* Reliquie *f*; **2.** *poét.* ~s *pl.* Überreste *m/pl.*

relire (rə'li:r) *v/t.* [4x] noch einmal überlesen, nachlesen.

reliure (rə'ljy:r) *f* **1.** Einband *m*; ~ *en cuir* (~ *en toile*) Leder-(Leinen-)band *m*; ~ *en veau* Franzband *m*; ~ *en demi-toile* (~ *en demi-veau*) Halbleinen-(Halbfranz-)band *m*; **2.** Einbinden *n e-s Buches*; Kunst *f* des Buchbindens.

relocation (rəlɔkɑ'sjɔ̃) *f* Wiedervermietung *f.*

relouage (rə'lwa:ʒ) *m* Laichzeit *f* [*der Heringe*].

relouer (rə'lwe) *v/t.* [1a] wieder (ver)mieten.

réluctance *phys.* (relyk'tɑ̃:s) *f* magnetischer Widerstand *m.*

reluctant (rəlyk'tɑ̃) *adj.* [7] sich sträubend, widerstrebend.

relui|re (rə'lɥi:r) *v/i.* [4c] glänzen, schimmern; *fig.* hervorleuchten; **~sant** (~'zɑ̃) *adj.* [7] glänzend, schimmernd, leuchtend; blitzblank.

reluit ⋆ (rə'lɥi) *m* Tag *m*; Auge *n.*

reluquer F (rəly'ke) *v/t.* [1m] **1.** anblinzeln, neugierig (*od.* gierig) anblicken; **2.** *fig. péj.* neidisch schielen auf (*acc.*).

remâcher (rəmɑ'ʃe) *v/t.* [1a] wiederkäuen (*a. fig.*); F hin u. her überlegen.

rémanen|ce (rema'nɑ̃:s) *f* Remanenz *f* (*a. psych.*) remanenter Magnetismus *m*; **~t** (~'nɑ̃) *adj.* [7] remanent.

rema|niement (rəmani'mɑ̃) *m* Umänderung *f*, Überarbeitung *f*, Umarbeitung *f*, Neugestaltung *f*, Umbildung *f*; ~ *parcellaire* Flurbereinigung *f*; ~ *social* soziale Umschichtung *f*; ~ *ministériel* Umbildung *f* e-s Ministeriums; *typ.* ~ *sur épreuves* Umbruch *m*; **~nier** (~'nje) *v/t.* [1a] **1.** wieder in die Hand nehmen; **2.** *fig.* ab-, umändern, neugestalten, um-, überarbeiten; **3.** ⊕ ausbessern; ⚠ ~ *une toiture* ein Dach neu decken; *typ.* ~ *sur épreuves* umbrechen.

remariage (rəma'rja:ʒ) *m* Wiederverheiratung *f.*

remarier (rəma'rje) [1a] *v/t.* (*und se* ~ sich) wieder verheiraten.

remar|quable (rəmar'kablə) *adj.* □ merkwürdig, bemerkenswert, bedeutend, hervorragend, beachtlich, außerordentlich, vorzüglich, ausgezeichnet; *im Satz eingeschoben*: *chose f* ~ merkwürdigerweise; **~que** (~'mark) *f* Anmerkung *f*, Bemerkung *f.*

remarquer (rəmar'ke) *v/t.* [1m] **1.** *Wäsche usw.* von neuem zeichnen; **2.** (an-, be-)merken, wahrnehmen, be(ob)achten; *faire* ~ *qch. à q.* j-n auf etw. (*acc.*) aufmerksam machen; *on remarqua que* ... man fand es auffällig (*od.* es fiel auf), daß ...; **3.** unterscheiden, auszeichnen; *se faire* ~ auffallen, sich bemerkbar machen.

remballer (rɑ̃ba'le) *v/t.* [1a] wieder einpacken; F ~ *q.* j-n zum Teufel jagen, j-n abblitzen lassen.

rembarquer (rɑ̃bar'ke) [1m] **I** *v/t. u. v/i.* (sich) wieder einschiffen; **II** *v/rfl.* se ~ sich wieder einschiffen;

wieder in See stechen; *fig.* se ~ *dans une affaire* sich auf etw. (*acc.*) wieder einlassen.

rembarrer F (rɑ̃ba're) *v/t.* [1a]: ~ *q.* j-n scharf zurechtweisen, j-m eins drauf geben F.

rembellir (rɑ̃bɛ'li:r) *v/t.* [2a] wieder verschönern.

rem|blai (rɑ̃'blɛ) *m* (Erd-)Aufschüttung *f*; 🚂 Bahndamm *m*; Böschungsterrasse *f*; **~blaver** ⚘ (~bla've) *v/t.* [1a] zum zweiten Mal besäen; **~blayage** ⊕ (~blɛ'ja:ʒ) *m* Erdaufschüttung *f*; **~blayer** (~blɛ'je) *v/t.* [1i] mit Erde aufschütten; ausfüllen.

rembobinage *phot.* (rɑ̃bɔbi'na:ʒ) *m* Rückspulung *f*.

remboî|tement *chir.* (rɑ̃bwat'mɑ̃) *m* Wiedereinrenken *n*; **~ter** *chir.* (~'te) *v/t.* [1a] wieder einrenken.

rembour|rage, ~rement (rɑ̃bu'ra:ʒ, ~r'mɑ̃) *m* Ausstopfung *f*, Polsterung *f*; Dichtung *f*; **~rer** (~'re) *v/t.* [1a] ausstopfen, (aus-)polstern; abdichten; *fig.* vollpfropfen; **~rure** (~'ry:r) *f* Polsterhaar *n*, -füllung *f*.

rembours|abilité (rɑ̃bursabili'te) *f* Rückzahlbarkeit *f*, Erstattungsfähigkeit *f*; **~able** (~'sablə)*dj.* rückzahlbar; **~ement** (~sə'mɑ̃) *m* Rückzahlung *f*, Rückvergütung *f*, Erstattung *f*; 📯 Nachnahme *f*; Ausgleichung *f*; ~ *des droits* Zollvergütung *f*; *contre* ~ unter Nachnahme; **~er** (~'se) [1a] **I** *v/t.* zurückzahlen, zurückerstatten, rückvergüten; ✝ decken; *lettre f de change non remboursée* nicht eingelöster Wechsel *m*; **II** *v/rfl.* se ~ *de qch.* sich für etw. (*acc.*) bezahlt machen.

rembrun|ir (rɑ̃bry'ni:r) [2a] **I** *v/t.* bräunen, dunkler machen; *fig.* verdüstern; *air m rembruni* finstere Miene *f*; **II** *v/rfl.* se ~ dunkler werden, nachdunkeln (*Gemälde*); *fig.* sich verfinstern; sich bewölken; **~issement** (~nis'mɑ̃) *m* Bräunen *n*; dunkler (Farb-)Ton *m*.

remède (rə'mɛd) *m* **1.** Heil-, Arzenei-mittel *n*; ~ *de bonne femme* Hausmittel *n*; ~ *abortif* Abtreibungsmittel *n*; ~ *contre les cors,* ~ *contre les œils-de-perdrix* Hühneraugenmittel *n*; **2.** *fig.* Hilfs-, Rettungs-mittel *n*; *le meilleur* ~ *à qch.* das beste Heilmittel gegen etw. (*acc.*); *porter* ~ *à qch.* e-r Sache (*dat.*) abhelfen; *il y a* ~ *à cela* dem kann abgeholfen werden.

remédi|able (rəme'djablə) *adj.* heilbar; wiedergutzumachen; zu beheben; **~er** (~'dje) *v/i.* [1a]: ~ *à qch.* etw. heilen, e-r Sache (*dat.*) abhelfen, etw. beheben.

remêler (rəmɛ'le) *v/t.* [1a] wieder mischen.

remembrement (rəmɑ̃brə'mɑ̃) *m* Rückgliederung *f*, Flurbereinigung *f*, Umlegung *f* (*v. Grundstücken*); *le* ~ *des terres* die Flurbereinigung *f*; *le* ~ *des industries-clefs* die Wiedervereinigung *f* der Schlüsselindustrien.

remémor|atif (rəmemɔra'tif) *adj.* [7e] erinnernd; Gedenk...; *fête f remémorative* Gedenkfeier *f*; **~ation** (~rɑ'sjɔ̃) *f* Erinnerung *f*; **~er** (~'re) *v/t.* [1a] wieder ins Gedächtnis rufen.

remenée ⚠ (rəm'ne) *f* Fenster-, Tür-bogen *m*.

remerciement (rəmɛrsi'mɑ̃) *m* Dank(sagung *f*) *m*; *mille* ~*s* tausend Dank (dafür); *mes* ~*s empressés* danke bestens (*od.* vielmals); *lettre f de* ~ Dankschreiben *n*.

remercier (rəmɛr'sje) *v/t.* [1a] **1.** ~ *q. de qch.* (*neuerdings auch*: *pour qch.*) j-m für etw. (*acc.*) danken, sich bei j-m für etw. bedanken; **2.** dankend ablehnen; **3.** (in Ehren) entlassen.

rémér|é ⚖ (reme're) *m* Wiederkaufsrecht *n*; **~er** ⚖ (~) *v/t.* [1f] wieder ankaufen.

remesurer (rəməzy're) *v/t.* [1a] nachmessen.

remett|ant *m*, **~eur** (rəmɛ'tɑ̃, ~'tœ:r) *m* Übersender *m*, Remittent *m*.

remettre (rə'mɛtrə) [4p] **I** *v/t.* **1.** wieder hin-stellen, -setzen, -legen, -tun; wieder hineinstecken; ~ *q. en selle* j-n wieder in den Sattel heben; ~ *son habit* s-n Rock wieder anziehen; ~ *son chapeau* s-n Hut wieder aufsetzen; ~ *q. dans le bon chemin fig.* j-n wieder auf den richtigen Weg bringen; ~ *qch. à q. devant* (*od. sous*) *les yeux* j-m etw. wieder vor Augen stellen; **2.** von neuem setzen *od.* stellen; ~ *q. dans ses droits* j-n wieder in s-e Rechte einsetzen; ~ *en crédit* wieder zu Ansehen bringen; ~ *qch. en honneur* e-r Sache ihren Ehrenplatz wieder einräumen; ~ *q. à sa place* j-n zurechtweisen; ~ *en question* wieder in Frage stellen; ~ *en vigueur* wieder in Kraft setzen; ~ *sur pied* wieder auf die Beine bringen; *fig.* ~ *sur le tapis* wieder zur Sprache (*od.*

aufs Tapet) bringen; **3.** wiedererkennen; *vous ne me remettez pas?* Sie erkennen mich nicht wieder?; **4.** *chir.* wieder einrenken; **5.** übergeben, einhändigen, aus-, verabfolgen; überweisen (*Geld*; *etw. zur Entscheidung*); ~ *en main propre* eigenhändig abgeben; ~ *facture de od. à* Rechnung *f* ausstellen über (*acc.*); **6.** ausliefern; überantworten; **7.** sich *e-r Sache* (*gén.*) begeben; ~ *une charge* ein Amt niederlegen; **8.** anvertrauen, übergeben; überlassen; anheimstellen; ~ *à q. le soin de faire qch.* es j-m überlassen (*od.* anheimstellen), etw. zu tun; **9.** aufschieben; verschieben; *thé.* absagen; ⚔ abblasen (*Angriff*); *Schachspiel*: ~ *une partie* e-e Partie als unentschieden aufgeben; *remis* unentschieden (*Schachpartie*); **10.** *fig.* ~ *à neuf* wiederherstellen, überholen; **11.** *die Gesundheit* wiederherstellen; **12.** ~ *l'esprit de* (*od. à*) *q.*, ~ *q.* j-n beruhigen; *je n'en suis pas encore remis* ich habe mich noch nicht von meinem Schrecken erholt; **13.** erlassen; verzeihen; **14.** (*se*) ~ (*bien*) *avec q.* (sich) mit j-m versöhnen; **II** *v/rfl.* *se* ~ **15.** sich wieder legen *od.* setzen *od.* stellen; *se* ~ *en marche* sich wieder in Marsch setzen, wieder weitergehen; *se* ~ *en route* wieder aufbrechen; **16.** sich wiedererkennen; **17.** verschoben werden; **18.** erlassen werden (*Strafe*); verziehen werden (*Vergehen, Fehler*) **19.** *se* ~ *au travail* die Arbeit wieder aufnehmen; **20.** *je m'en remets à vos bons soins, je m'en remets à vous* ich verlasse mich auf Sie; ich stelle es Ihnen anheim; *se* ~ *entre les mains de q.* sich j-m anvertrauen; **21.** *se* ~ *sur qch.* auf etw. (*acc.*) zurückkommen; **22.** *se* ~ *d'une maladie* sich von e-r Krankheit wieder erholen; *abs.* *se* ~ sich wieder fassen, sich beruhigen (*nach e-m Schreck*); **23.** *le temps se remet* (*au beau*) es wird wieder schönes Wetter.

remeubler (rəmœ'ble) *v/t.* [1a] wieder mit Möbeln ausstatten.

rémige (re'mi:ʒ) *orn. adj.*: *plumes f/pl.* ~*s* Schwungfedern *f/pl.*

réminiscence (remini'sɑ̃:s) *f* (Wieder-)Erinnerung *f*; Nachklang *m*; Anklang *m*.

remis (rə'mi) *p/p. von remettre*: wieder hingestellt; eingerenkt; abgeliefert; wieder erholt, genesen; wieder zur Besinnung gekommen; erlassen, verziehen; aufgeschoben; ~ *d'aplomb* wieder auf den Beinen, völlig wiederhergestellt; ✉ *non* ~ *à son adresse* unbestellt.

remisage (rəmi'za:ʒ) *m* Stellen *n e-s Wagens* unter e-n Schuppen.

remis|e (rə'mi:z) *f* **1.** ~ (*à neuf*) Wieder-herstellung *f*, -instandsetzung *f*, Überholung *f*; **2.** Überreichung *f*, Übergabe *f*, Zustellung *f*; Auslieferung *f*; **3.** ✝ Geldsendung *f*, Geldforderung *f*; Geldhinterlegung *f*, Deckung *f*; Rimesse *f*; Gewinnanteil *m*; Provision *f*; Wechselgebühr *f*; ~ *de commission* Provisionsabgabe *f*; **4.** ✝ Preisermäßigung *f*, Nachlaß *m*, Rabatt *m*, Abzug *m*; ~ *au commerce* Rabatt *m* für Wiederverkäufer; ~ *spéciale*, ~ *extraordinaire* Sonderrabatt *m*; **5.** Erlaß *m e-r Strafe, e-r Schuld*; ~ *de peine* (*conditionnelle* bedingter) Straferlaß *m*; **6.** Aufschub *m*; Verzögerung *f*; ~ *de la course* Verlegung *f* des Rennens; **7.** (Wagen-)Remise *f*, (-)Schuppen *m*; 🚂 ~ *à machines* Lokomotivschuppen *m*; **8.** Garage *f*; *voiture f de grande* ~ Luxusleihwagen *m* **9.** *ch.* Stand *m*; Schlupfwinkel *m*, Unterschlupf *m*; ~**er** (~mi'ze) [1a] **I** *v/t.* **1.** unterstellen (*Wagen*); ~ *l'uniforme* die Uniform an den Nagel hängen; **2.** P ~ *q.* j-m s-n Standpunkt klarmachen, j-n abblitzen lassen; einlochen; **II** *v/rfl.* *se* ~ *ch.* sich setzen (*v. Rebhühnern*); *fig.* sich ducken; ~**ier** (~mi'zje) *m* Börsenvermittler *m*.

rémis|sible (remi'siblə) *adj.* verzeihbar; ~**sion** (~'sjɔ̃) *f* **1.** Nachsicht *f*, Barmherzigkeit *f*; *sans* ~ unbarmherzig; **2.** *rl.* Vergebung *f* der Sünden; ⚖ ~ *de la peine* Straferlaß *m*; **3.** ⚕ Nachlassen *n* (*vom Fieber usw.*); ~**sionnaire** ⚖ (~sjɔ'nɛ:r) *m* Begnadigter *m*.

rémit|tence ⚕ (remi'tɑ̃:s) *f* Nachlassen *n*; ~**tent** ⚕ (~'tɑ̃) *adj.* [7] nachlassend.

remmailler (rɑ̃mɑ'je) *v/t.* [1a] Maschen wiederaufnehmen.

remmailloter (rɑ̃majɔ'te) *v/t.* [1a] wieder in (frische) Windeln legen; wieder wickeln.

remmancher (rɑ̃mɑ̃'ʃe) *v/t.* [1a] neu bestielen.

remmener (rɑ̃m'ne) *v/t.* [1d] wieder wegführen *od.* mitnehmen.

remodeler (rəmɔ'dle) *v/t.* [1d] neu modellieren.

remont 🚂 (rə'mɔ̃) *m* Steigerung *f*, Neigung *f*, Gefälle *n*.

remon|tage (rəmɔ̃'ta:ʒ) *m* **1.** ⚓ Stromaufwärtsfahren *n*, ⚓ *u.* 🚂 Bergfahrt *f*; **2.** Aufziehen *n*, Aufzug *m e-r Uhr*; **3.** ⊕ Wiederaufbau *m*, Wiederzusammensetzen *n*; **~tant** (~'tɑ̃) **I** ⚘ *adj.* [7] remontierend, mehrmals im Jahre blühend; **II** *m* a) *phm.* Stärkungsmittel *n* (*Getränk*); b) ⚓ Flut *f*; **~te** (rə'mɔ̃:t) *f* **1.** ⚓ Stromaufwärtsfahren *n*; Stromaufwärtsschwimmen *n* (*v. Fischen*); **2.** ⚔ Remonte *f*, Pferde-aushebung *f*, -musterung *f*; Ersatzpferde *n/pl.*

remontée (rəmɔ̃'te) *f* **1.** Wiederaufsteigen *n* (*z.B. von Vögeln*); **2.** P Nachmittag *m*.

remonter (~) [1a] **I** *v/i.* **1.** wieder hinauf-gehen, -steigen, -fahren; *~ à bord* sich wieder einschiffen, wieder an Bord gehen; *~ à cheval* wieder aufsitzen; F *fig. ~ sur l'eau* wieder hochkommen, sich wieder hochrappeln F; **2.** aufwärts-gehen, -steigen; stromaufwärts fahren; *~ (contre) le courant* gegen den Strom schwimmen; **3.** wieder steigen (*auch: Barometer*); *fig.* sich wieder finden, wieder hochkommen; *ses actions remontent* s-e Aktien sind (F *fig.* sein Ansehen ist) wieder im Steigen; *~ haut* weit zurückreichen; *~ plus haut* weiter ausholen; **4.** *fig. ~ à* aus *e-r früheren Zeit* herstammen; sich hinauf erstrecken bis; zurückgreifen *od.* -gehen auf (*acc.*); **5.** ♪ höher singen *od.* spielen; **6.** 𝄞 zurück-treten, -schlagen; ⚘ remontieren, mehrmals im Jahre blühen; **7.** ⚓ *~ au vent* dicht beim Winde lavieren; *le vent remonte* der Wind springt nach Nord(en) um; **II** *v/t.* **8.** (wieder) hinauffahren *od.* -steigen; *thé. ~ la scène* nach dem Hintergrunde der Bühne gehen; ⚓ *~ (la côte)* auf die Küste zusteuern; **9.** wieder hinauf-bringen, -holen, -tragen, -ziehen; **10.** wieder einrichten; mit dem Nötigen ausrüsten; *~ de* wieder versehen mit (*dat.*); *~ des bottes* Stiefel neu besohlen; *~ son écurie* neue Pferde kaufen; *~ une parure* e-n Schmuck neu fassen; *thé. ~ une pièce* ein Stück neu in Szene setzen; *~ un violon* e-e Geige neu besaiten; **11.** auf e-e frühere Zeit verlegen; **12.** ⊕ *e-e Maschine* wieder zusammensetzen; wieder einbauen; **13.** *Uhr* (wieder) aufziehen; **14.** *fig.* ermuntern, neu beleben, kräftigen; F *~ la tête à q.* j-m den Kopf zurechtsetzen; **III** *v/rfl.* se *~* **15.** sich wieder mit dem Nötigen versehen; ⚔ sich wieder beritten machen; **16.** *fig.* wieder zu Kräften kommen; **17.** *fig.* se *~ la* tête sich wieder ereifern.

remontoir (rəmɔ̃'twa:r) *m* Aufzug (-feder *f*) *m*; Stellrad *n an Uhren.*

remontr|ance (rəmɔ̃'trɑ̃:s) *f* Ermahnung *f*, Warnung *f*, Vorstellung *f*; **~er** (~'tre) [1a] **I** *v/t.* **1.** wieder zeigen; **2.** *j-m sein Unrecht* vorhalten; *~ à q. que ...* (*ind.*) j-m vorhalten, daß ...; **II** *v/i.* **3.** Vorstellungen machen; warnen; *en ~ à q. sur qch.* j-n über etw. (*acc.*) belehren; **4.** *en ~ à q.* klüger sein wollen als j.; *en ~ à la police* sich umsonst gegenseitig befehden.

rémora (remɔ'ra) *m* **1.** *icht.* Schildfisch *m*; **2.** *fig.* Hindernis *n*.

remordre (rə'mɔrdrə) [4a] **I** *v/t.* **1.** wieder beißen; **2.** *fig. ~ q.* j-m Gewissensbisse machen; **II** *v/i.* wieder (an)beißen; F wieder anpacken, wieder anfangen.

remords (rə'mɔ:r) *m* Gewissens-[biß *m*.]

remor|quage *Auto*, ⚓ (rəmɔr'ka:ʒ) *m* Schleppdienst *m*, Schleppen *n*; **~que** (rə'mɔrk) *f* **1.** Schlepptau *n*; *prendre à la ~* ⚓ ins Schlepptau nehmen; *Auto*: abschleppen; *fig. se mettre à la ~ de q.* sich von j-m ins Schlepptau nehmen lassen; **2.** *Auto, tram.* Anhänger *m*; **~quer** (rəmɔr'ke) *v/t.* [1m] ⚓ schleppen; *Auto* abschleppen; **~queur** (~'kœ:r) **I** *adj.* [7g] *u.* *m*: ⚓ (*bateau m*)~ Schleppkahn *m*; **II** *m* ⚓ Schlepper *m* (*Seemann od. Schiff*); ⊕ Schleppfahrzeug *n*; Traktor *m*; **~queuse** 🚂 (~'kø:z) *f* Vorspannlokomotive *f*.

remoudre (rə'mudrə) *v/t.* [4y] noch [einmal mahlen.]

rémoudre (re'mudrə) *v/t.* [4y] nach-, ab-schleifen.

remouiller (rəmu'je) *v/t.* wieder naß machen; *cuis.* wieder einweichen.

rémoulade (remu'lad) *f cuis.* Remoulade *f* (*Tunke*).

remoulage (rəmu'la:ʒ) *m* Grützen-[kleie *f*.]

rémouleur (remu'lœ:r) *m* Scherenschleifer *m*.

remous (rə'mu) *m* **1.** ⚓ Kielwasserströmung *f*, Sog *m*; **2.** ⚓

(Wasser-)Strudel *m*, Wirbel *m*; Gegenströmung *f*; **3.** *fig.* les ~ *pl.* die Erschütterungen *f/pl.*, der Sog *m*, die Umwälzungen *f/pl.*; das Hin u. Her *n*.

rempaill|er (rɑ̃pɑ'je) *v/t.* [1a] wieder mit Stroh beflechten; wieder ausstopfen (*Vögel*); **~eur** (~'jœ:r) *su.* [7g] Strohflechter *m*.

rempaqueter (rɑ̃pak'te) *v/t.* [1c] wieder einpacken.

remparer (rɑ̃pa're) [1a] **I** *v/t.* (durch e-n Wall) schützen; **II** *v/rfl.* se ~ sich verschanzen; sich von neuem bemächtigen.

rempart (rɑ̃'pa:r) *m* **1.** (Festungs-)Wall *m*; **2.** Wall(promenade *f*) *m*; **3.** *fig.* Bollwerk *n*, Schutz *m*.

rempiéter (rɑ̃pje'te) *v/t.* [1f] **1.** den unteren Teil *e-r Mauer* ausbessern; **2.** *Strümpfe* anstricken.

rempiler * ⚔ (~pi'le) *v/i.* [1a] freiwillig länger dienen.

rempla|çant (rɑ̃pla'sɑ̃) *su.* [7] Stellvertreter *m*; *ehm.* ⚔ Ersatzmann *m*; *Sport*: Ersatzspieler *m*; **~cement** (~s'mɑ̃) *m* **1.** Ersetzung *f*; en ~ zum Ersatz; **2.** Stellvertretung *f*; **~cer** (~'se) *v/t.* [1k] **1.** ersetzen; **2.** ~ *q.* j-m *in e-m Amt* nachfolgen; als Stellvertreter für j-n eintreten.

remplage ⚠ (rɑ̃'pla:ʒ) *m* Füllmauerwerk *n*.

rempli ⊕ (rɑ̃'pli) *m* Einschlag *m*, Falte *f an Kleidern*; **~er** (rɑ̃pli'e) *v/t.* [1a] *Näherei*: einschlagen.

remplir (rɑ̃'pli:r) *v/t.* [2a] **1.** wieder (an)füllen; vollmachen (*de* mit *dat.*); *rempli* voll; *il est tout rempli de lui-même* er ist ganz von sich eingenommen; *une vie remplie* ein tatenreiches Leben *n*; *théâtre m rempli* gut besetztes Theater *n*; *style m rempli* gedrängter (*od.* bündiger) Stil *m*; **2.** *fig.* ausfüllen; vertreten; ~ *une fonction* ein Amt (e-e Funktion) ausüben; ~ *une place fig.* e-e Stelle (*od.* ein Amt) bekleiden; *son office* sein Amt versehen; **3.** ergänzen, vollzählig machen; **4.** verwirklichen, ausführen, erfüllen; ~ *tous ses engagements* allen seinen Verbindlichkeiten nachkommen; ~ *sa promesse* sein Versprechen erfüllen; **5.** ⚖ ~ *q. de ses frais* j-m die Kosten vergüten; **6.** *abs.* sättigen, stopfen (*v/i.*; *von Speisen*).

rempliss|age (rɑ̃pli'sa:ʒ) *m* **1.** Ausfüllen *n*; Nachfüllen *n*; **2.** *fig.* Füllsel *n*, Füllwerk *n*, Lückenbüßer *m*; *peint. figures f/pl. de* ~ Nebenfiguren *f/pl.*; *thé.* ~*s pl.* Nebenrollen *f/pl.*; **3.** ⊕, ⚠ Füllung *f*, Ausfüllung *f*, Füllsteine *m/pl.*; *pièces f/pl. de* ~ Füllstücke *n/pl.*; *matière f de* ~ Füllstoff *m*; **4.** Ausbesserung *f v. Spitzen mit der Nadel*; **~euse** (~'sø:z) *f* **1.** Spitzenausbesserin *f*; **2.** ⊕ Füllmaschine *f*.

rem|ploi (rɑ̃'plwa) *m* ⚖ Wiederverwendung *f*; † Wiederanlegung *f von Geld*; **~ployer** (~plwa'je) *v/t.* [1h] wieder anwenden; † wieder anlegen (*Geld*).

remplumer (rɑ̃ply'me) *v/rfl.* [1a]: se ~ wieder Federn bekommen; F *fig.* sich wieder hochrappeln.

rempocher (rɑ̃pɔ'ʃe) *v/t.* [1a] wieder (in die Tasche) einstecken.

rempoissonn|ement (rɑ̃pwasɔn'mɑ̃) *m* Wiederbesetzen *n* mit Fischbrut; **~er** (~'ne) *v/t.* [1a] wieder mit Fischbrut besetzen.

remporter (rɑ̃pɔr'te) *v/t.* [1a] (wieder) wegtragen; wieder mitnehmen; *fig.* ~ *un avantage* e-n Vorteil erringen; ~ *le prix* den Preis gewinnen; ~ *la victoire* den Sieg davontragen.

rempot|age ✓ (rɑ̃pɔ'ta:ʒ) *m* Umtopfen *n*; **~er** ✓ (~'te) *v/t.* [1a] Pflanzen umtopfen.

remprunter (rɑ̃prœ̃'te) *v/t.* [1a] wieder borgen, sich erneut leihen.

remu|age (rə'mɥa:ʒ) *m* Umschaufeln *n* (*des Korns*); Umfüllen *n* (*des Weins*); **~ant** (~'mɥɑ̃) *adj.* [7] **1.** unruhig; zappelig; **2.** *fig.* rege, rührig; **3.** aufregend.

remue-ménage (rəmyme'na:ʒ) *m* [6c] **1.** Hin- und Herschieben *n v. Möbeln usw.*; **2.** Drunter und Drüber *n*, Durcheinander *n*, Wirrwarr *m*, Unordnung *f*, Krawall *m*.

remuement, *a.* **remûment** (rəmy'mɑ̃) *m* **1.** Hin- und Herbewegen *n*; Wegrücken *n* (*v. Möbeln*); Umrühren *n* (*der Soße*); Wenden *n* (*des Heus*); **2.** Umgraben *n*; ~ *des terres* Wegschaffen *n* der Erde; **3.** *fig.* Aufregung *f*, Unruhe *f*.

remuer (rə'mɥe) [1a] **I** *v/t.* **1.** bewegen; (weg)rücken; (um)rühren, (um)schütten; umschaufeln (*Korn*); ✓ (auf)lockern; umgraben; wenden (*Heu*); ~ *la queue* mit dem Schwanz wedeln; *ne pouvoir* ~ *ni pied ni patte* sich überhaupt nicht rühren können; ~ *ciel et terre* alle Hebel in Bewegung setzen, alles aufbieten; ~ *l'ar-*

gent à la pelle Geld wie Heu haben; **2.** *fig.* innerlich aufrütteln, stark erregen, ergreifen, packen, erschüttern; aufwiegeln; **II** *v/i.* **3.** sich rühren, sich regen, sich bewegen; zappeln, strampeln; **4.** aufbegehren, aufwieglerisch (*od.* unruhig) werden; sich empören; **5.** wackeln (*Zahn*); **III** *v/rfl.* se ~ *fig.* sich Mühe geben, sich rühren *od.* regen; *allons, qu'on se remue!* los!, beeilt euch!

remugle (rə'myglə) *m* muffiger Geruch *m*; *sentir le* ~ muffig riechen.

rémuné|rateur (remynera'tœ:r) [7f] **I** *su.* Belohner *m*; Vergelter *m*; **II** *adj.* vergeltend; lohnend; **~ration** (~rɑ'sjɔ̃) *f* Entschädigung *f*, Belohnung *f*, Bezahlung *f*, Vergütung *f*, Entgelt *n*, Entlohnung *f* (*ohne Entlassung*); ~ *courante* ortsübliches Tagegeld *n*; ~ *en nature* Naturalbezüge *m/pl.*; **~ratoire** (~ra'twa:r) *adj.* zur Belohnung dienend; *contrat m* ~ Lohnvertrag *m*; **~rer** (~'re) *v/t.* [1f] bezahlen, be-, entlohnen; vergüten.

renâcler (rənɑ'kle) *v/i.* [1a] schnauben; P schnüffeln; F *fig.* ~ *à* (*od. devant*) *qch.* sich gegen etw. sträuben.

renaissance (rənɛ'sɑ̃:s) *f* Wiedergeburt *f*; *fig., litt., peint. la* ♀ die Renaissance *f*; *style m* (*pilastre m*) ♀ Renaissance-stil *m* (-pfeiler *m*).

renaître (rə'nɛ:trə) *v/i.* [4g] wiedergeboren werden; wieder aufblühen (*Pflanze*); wieder erscheinen *od.* anbrechen (*Tag*); ~ *à la vie* wieder aufleben, genesen; *faire* ~ wieder ins Leben rufen; *fig.* wieder erwecken.

rénal 🕮 (re'nal) *adj.* [5c] Nieren...

renard (rə'na:r) *m* **1.** Fuchs *m* (*a. fig. u. hydr.*); ~ *argenté* Silberfuchs *m*; *au* ~! angeführt!; **2.** Fuchsfell *n*; **3.** Riß *m* (*im Wasserrohr*); **4.** P Nichtorganisierte(r) *m*; Streikbrecher *m*; Lohndrücker *m*; **5.** ⊕ Trag-, ⚓ Kenterhaken *m*; **6.** * Verräter *m*.

renar|de (rə'nard) *f* Füchsin *f*, Fähe *f*; **~deau** (rənar'do) *m* [5b] junger Fuchs *m*; **~der** (~'de) *v/i.* [1a] **1.** schlaue Streiche machen; **2.** P ⚕ brechen *v/i.*; **3.** * verraten; **~dier** (~'dje) *m* Fuchsfänger *m*; **~dière** (~'djɛ:r) *f* Fuchsbau *m*.

renaud|er P (rəno'de) *v/i.* [1a] meckern; **~eur** P (~'dœ:r) *m* Meckerer *m*.

rencaisser (rɑ̃kɛ'se) *v/t.* [1b] **1.** *fin.* wieder einkassieren; **2.** ✒ in einen anderen Kasten setzen.

rencard (rɑ̃'ka:r) *m* s. *rancard.*

rencart P (~) *m* s. *rancart.*

renchaîner (rɑ̃ʃɛ'ne) *v/t.* [1a] wieder an die Kette legen.

renché|ri F (rɑ̃ʃe'ri) **I** *adj.* hochnäsig, blasiert; **II** *su. faire le* ~ *od. la* ~*e* sich aufspielen; **~rir** (~'ri:r) [2a] **I** *v/t.* verteuern; **II** *v/i.* teurer werden; *fig.* ~ *sur q.* j-n überbieten; ~ *sur qch.* etw. übertreffen; **~rissement** (~ris'mɑ̃) *m* Verteuerung *f*, Preissteigerung *f*; *fig.* Überbietung *f*; **~risseur** (~ri'sœ:r) *su.* [4g] Preistreiber *m*, Überbiet(end)er *m*.

rencogner F (rɑ̃kɔ'ɲe) [1a] **I** *v/t.* in eine Ecke (*od.* in die Enge) treiben; *fig.* ~ *ses larmes* s-e Tränen unterdrücken; **II** *v/rfl.* se ~ zu **Hause hocken; sich verstecken.**

rencon|tre (rɑ̃'kɔ̃:trə) *f* **1.** Begegnung *f*, Zusammentreffen *n*; *pol.* ~ *au sommet* Gipfeltreffen *n*; *aller à la* ~ *de q.* j-m entgegengehen; *faire* ~ *de q.* mit j-m zusammentreffen; ~ *de jeunes gens* Jugendtreffen *n*; *Sport*: ~ *finale* End-, Entscheidungs-spiel *n*; ~ *en ligue*, ~ *en divisions d'honneur* Ligaspiel *n*; **2.** 🚂 Zusammenstoß *m* zweier Züge; **3.** Schlägerei *f*; ⚔ Gefecht *n*, Treffen *n*; **4.** Gelegenheit *f*; *de* ~ gelegentlich; *par* ~ zufälligerweise; **~trer** (~'tre) [1a] **I** *v/t.* ~ *q.* j-n treffen, j-m begegnen; j-n unerwartet finden; ~ *des difficultés* auf Schwierigkeiten stoßen; ~ *le vrai* den wahren Sinn erraten; **II** *v/i.* treffen; einen guten Einfall haben; *il a bien* (*mal*) *rencontré* er hat es gut (übel) getroffen; ~ *juste* den Nagel auf den Kopf treffen; **III** *v/rfl.* se ~ sich treffen; *fig.* denselben Gedanken haben; se ~ (*violemment*) zusammenstoßen; *cela se rencontre bien* das trifft sich gut; *cela ne se rencontre guère* das gibt es kaum noch.

rendant ⚖ (rɑ̃'dɑ̃) *m*: ~ *compte* Rechnungsleger *m*.

rendement (rɑ̃d'mɑ̃) *m* **1.** Ertrag *m*; Ergiebigkeit *f*; Rentabilität *f*, Einträglichkeit *f*, Leistungsfähigkeit *f*, Wirkungsgrad *m*; (Nutz-)Leistung *f* *e-r Maschine*; ~ *en* Ausbeute *f* an (*dat.*); ~ (*d'une taxe* Steuer-)Aufkommen *n*; ~ *supplémentaire*, ~ *optimum*, ~ *accessoire* Mehr-, Spitzen-, Neben-leistung *f*; ~ *minimum* Minimalertrag *m*; ~ *théorique* Soll *n*;

donner un ~ (*suffisant*) sich rentieren; *maximum m de* ~ Höchstleistung *f*; ~ *dynamique* Kraftleistung *f*; **2.** *rad.* Reichweite *f*.

rendetter (rɑ̃dɛ'te) *v/rfl.* [1a]: se ~ neue Schulden machen.

rendez-vous (rɑ̃de'vu) *m* [6c] **1.** *jede beliebige* Verabredung *f*; *j'ai un* ~ *avec mon dentiste* ich bin bei meinem Zahnarzt angemeldet; *donner un* ~ *à q.* sich mit j-m verabreden; **2.** Rendezvous *n*, Stelldichein *n*; **3.** Treffpunkt *m*; **4.** ⚔ Sammel-platz *m*, -punkt *m*.

rendormir (rɑ̃dɔr'mi:r) [2b] **I** *v/t.* wieder einschläfern; **II** *v/rfl.* se ~ wieder einschlafen.

rendosser (rɑ̃dɔ'se) *v/t.* [1a] **1.** ein Kleid (*od.* e-n Rock) wieder anziehen; **2.** *fin.* reindossieren.

rendoubler (rɑ̃du'ble) *v/t.* [1a] *einen Saum zum Kürzen* einschlagen.

rendre ('rɑ̃:drə) [4a] **I** *v/t.* **1.** wiedergeben, zurückgeben; zurückerstatten; *pouvez-vous me* ~ *sur mille francs?* können Sie mir auf tausend Francs herausgeben?; **2.** abgeben, abliefern, zustellen; ~ *de l'ouvrage* bestellte Arbeit abliefern; **3.** hinliefern, hinschaffen; **4.** ~ *qch. à q.* etw. auf j-n übertragen; **5.** gewähren; erweisen; ~ *compte* Rechnung ablegen; Bericht erstatten (*de* über *acc.*); ~ *ses devoirs à q.* j-m s-e Aufwartung machen; ~ *les derniers devoirs à q.* j-m die letzte Ehre erweisen; ~ *grâce* Dank sagen; ~ *hommage* huldigen; ~ *honneur* Ehre erweisen; ~ *justice à q.* j-m gegenüber Gerechtigkeit widerfahren lassen; ~ *raison* Genugtuung geben; ~ *service* e-n Dienst erweisen; ~ *témoignage* Zeugnis ablegen; ~ *visite à q.* j-n besuchen; ~ *sa visite à q.* j-m e-n Gegenbesuch machen; **6.** *fig.* vergelten, erwidern; ~ *la pareille* Gleiches mit Gleichem vergelten; ~ *la monnaie de sa pièce à q.* j-m etw. mit gleicher Münze heimzahlen; ~ *le mal pour le bien* Gutes mit Bösem vergelten; **7.** *mit adj. od. su.*: machen; ~ *q. heureux* j-n glücklich machen; ~ *maître* zum Herrn machen; ~ *tranchant* schärfen; ~ *uniforme* vereinheitlichen; ~ *un chemin praticable* e-n Weg fahrbar machen; **8.** ✝ einbringen, abwerfen; **9.** von sich geben; verbreiten; aushauchen; *cette plaie rend beaucoup* diese Wunde eitert sehr; ~ *gorge* sich übergeben, brechen; *fig.* (*unredlich Erworbenes*) wieder herausrücken müssen; ~ *l'âme*, ~ *le dernier soupir*, ~ *l'esprit*, ~ *la vie* den Geist aufgeben; **10.** abtreten, übergeben; ~ *les armes* die Waffen strecken; **11.** ausdrücken, darstellen; übersetzen; ~ *le sens d'un passage* den Sinn e-r Stelle wiedergeben; ~ *sa pensée* s-n Gedanken wiedergeben; **12.** wiederholen, wiedererzählen; **13.** aussprechen, verkünden; ~ *un arrêt*, ~ *une sentence* ein Urteil sprechen *od.* fällen; ~ *des oracles* Orakel verkünden; **II** *v/i.* **14.** wirken (*a. phot.*); einträglich sein, sich lohnen, sich rentieren; ✔ ~ *bien* gut tragen; *phot. ne* ~ *jamais bien* nie gut aussehen; **15.** *man. le cheval rend* (*à la main*) das Pferd gehorcht dem Zügel; **III** *v/rfl.* se ~ **16.** sich *wohin* begeben; *irgendwohin* reisen, fahren, fliegen; se ~ *chez q.* zu j-m gehen; se ~ *à son travail* an s-e Arbeit gehen; **17.** sich ... machen; werden; se ~ *malade* sich e-e Krankheit zuziehen; se ~ *responsable* Verantwortung auf sich laden; se ~ *utile* sich nützlich machen; **18.** nachgeben, zustimmen, beipflichten (*dat.*); anerkennen (*acc.*); se ~ *au désir de q.* dem Wunsche j-s nachkommen (*od.* entsprechen); se ~ *à une invitation* e-r Einladung Folge leisten; se ~ *aux raisons de q.* j-s Gründe annehmen; **19.** ⚔ sich *dem Feind* ergeben; se ~ *prisonnier* sich gefangen geben; F *je me rends* ich erkläre mich für besiegt; **20.** nicht mehr (weiter)können; **21.** zurückgegeben werden; vergolten werden; übersetzt werden; ⚖ gefällt werden; **22.** se ~ *à qch.* sich e-r Sache (*dat.*) wieder hingeben.

rendu (rɑ̃'dy) **I** *m* **1.** ✝ *dem Kaufmann* zurückgeschickte Ware *f*; **2.** *peint.*, *phot. das in e-r Zeichnung usw.* Wiedergegebene *od.* Hervorgehobene *n*; Wiedergabe *f*; Darstellung *f*; **3.** *fig.* Vergeltung *f*; **II** *adj.* [7] **4.** ganz kaputt, wie zerschlagen, erschöpft, ermattet, schachmatt F; **5.** angekommen; **6.** ✝ ~ *à bord* frei an Bord; ~ *à domicile* frei Wohnung.

renduire (rɑ̃'dɥi:r) *v/t.* [4c] (wieder) überstreichen, übertünchen.

rendur|cir (rɑ̃dyr'si:r) *v/t.* [2a] härter machen, verhärten; **~cisse-**

ment (~sis'mɑ̃) *m* Härten *n*; Verhärtung *f*.

rêne (rɛn) *f* **1.** Zügel *m*; *abandonner les ~s* die Zügel schießen lassen; **2.** *fig. les ~s pl. du gouvernement* die Zügel *m/pl.* der Regierung.

renégat *rl.*, *pol.* (rəne'ga) *adj. u. su.* [7] abtrünnig, Abtrünniger *m*.

rêner (rɛ'ne) *v/t.* [1a] (auf)zäumen.

rénette (re'nɛt) *f* Wirk-, Loch-, Streich-eisen *n*.

renettoyer (rənɛtwa'je) *v/t.* [1h] wieder reinigen (*od.* säubern).

renfaîter ⚠ (rɑ̃fɛ'te) *v/t.* [1a] den First ausbessern.

renfer|mé (rɑ̃fɛr'me) **I** *m das* Dumpfige *n*; *odeur f de ~* dumpfiger Geruch *m*; *sentir le ~* muffig riechen; **II** *adj.* [7] eingeschlossen; (wieder) eingesperrt; mit einbegriffen; *fig.* verschlossen (*Charakter*); **~mer** (~) [1a] **I** *v/t.* **1.** (wieder) verschließen *od.* einschließen; einsperren; **2.** *fig.* verschließen (*im Herzen*); in sich schließen; enthalten; **3.** *fig.* beschränken (*dans od. en* auf *acc.*); **II** *v/rfl. se ~* **4.** sich einschließen; *se ~ dans un silence profond* sich in tiefes Schweigen hüllen; **5.** *fig. se ~ dans qch.* sein eigenstes Ich in etw. (*acc.*) hineinlegen; *se ~ en soi-même* sich innerlich sammeln; **6.** sich beschränken.

renfiler (rɑ̃fi'le) *v/t.* [1a] wieder einfädeln.

renflammer (rɑ̃flɑ'me) *v/t.* [1a] wieder entflammen.

renfl|ement (rɑ̃flə'mɑ̃) *m* **1.** Anschwellung *f*; **2.** ⚠ Ausbauchung *f e-r Säule*; **~er** (rɑ̃'fle) [1a] **I** *v/t.* anschwellen machen, ausbauchen; *renflé* ausgebaucht; **II** *v/i.* (auf-)quellen (*Gemüse*); aufgehen (*Teig*).

renflouer (rɑ̃flu'e) [1a] **I** *v/t.* ⚓ (wieder) flottmachen; heben; *fig.* ✝ wieder hochbringen (*Geschäft*); wieder stärken (*Ansehen*, *Ruf*); **II** *v/rfl.* ✝ *se ~* sich wieder sanieren; *fig.* wieder auf die Beine kommen, sich wieder hochrappeln.

renfon|cement (rɑ̃fɔ̃s'mɑ̃) *m* **1.** Vertiefung *f*; **2.** ⚠ *~ d'une façade* Rücksprung *m* e-r Fassade; **3.** Faustschlag *m* (*bsd. auf e-n Hut*); **~cer** (~'se) *v/t.* [1k] wieder (*od.* tiefer) hineinstoßen; *~ son chapeau sur les oreilles* sich den Hut tief über die Ohren stülpen; *typ. ~ une ligne* e-e Zeile einrücken.

renfor|çateur *phot.* (rɑ̃fɔrsa'tœ:r) *m* Verstärker *m*; **~cement** (~fɔrsə'mɑ̃) *m* Verstärken *n*, Verstärkung *f* (*a.* ⚔, ⚒ *u. phot.*); ⚠ Versteifung *f*; **~cer** (~'se) [1k] **I** *v/t.* verstärken, stärker machen; ⚠ versteifen; **II** *v/rfl. se ~* stärker werden.

renformir ⚠ (~fɔr'mi:r) *v/t.* [2a] *Mauer* ausbessern und putzen.

renformoir (rɑ̃fɔr'mwa:r) *m* Handschuhausweiter *m*.

renfort (rɑ̃'fɔ:r) *m* **1.** *a.* ⚔ Verstärkung *f*; ⚠ Futtermauer *f*, Verkleidung *f*; *~s pl.* Truppenverstärkungen *f/pl.*, Truppennachschub *m*; *cheval m de ~* Vorspannpferd *n*; **2.** F *fig.* Vermehrung *f*; Hilfe *f*; *à grand ~ de protections* durch viele Unterstützungen; **3.** *cord.* Riester *m*.

renfrogn|é (rɑ̃frɔ'ɲe) *adj.* griesgrämig, mürrisch; **~ement** (~ɲə'mɑ̃) *m* Stirnrunzeln *n*, Gesichtverziehen *n*; **~er** (~'ɲe) [1a] **I** *v/t.* *~ q.* j-n mürrisch stimmen; **II** *v/rfl. se ~* die Stirn runzeln, ein saures Gesicht machen.

renga|gé ⚔ (rɑ̃ga'ʒe) *m* Weiterdienender *m*; **~gement** (~ʒ'mɑ̃) *m* Weiterdienen *n*; Wieder-verpflichtung *f*, -einstellung *f*.

rengager (rɑ̃ga'ʒe) [1l] **I** *v/t.* **1.** wieder verpfänden *od.* versetzen; **2.** *~ le combat* das Gefecht erneuern; **3.** wieder verpflichten *od.* einstellen; *~ q. dans une aventure* j-n erneut in ein Abenteuer verwickeln; **II** *v/rfl. se ~* **4.** sich erneut verpflichten; *a.* ⚔ weiterdienen, sich wieder anwerben lassen; *se ~ dans qch.* sich wieder auf etw. einlassen; **5.** von neuem anfangen.

rengaine F (rɑ̃'gɛn) *f* abgedroschenes Zeug *n*; nichtssagende Redensart *f*; ♪ alter Schlager *m*.

rengainer (rɑ̃gɛ'ne) *v/t.* [1b]: *~ (son épée)* das Schwert wieder in die Scheide stecken; *fig.* für sich behalten, herunterschlucken.

rengorg|ement (rɑ̃gɔrʒə'mɑ̃) *m* Aufgeblasenheit *f*, Angabe *f*, F Blasiertheit *f*; **~er** (~'ʒe) *v/rfl.* [1l]: *se ~* sich brüsten, protzen, angeben F (*abs.*); *rengorgé* blasiert.

rengraisser (rɑ̃grɛ'se) [1b] **I** *v/t.* wieder fett machen; **II** *v/i. u. se ~* wieder (dick und) fett werden.

rengrener (rɑ̃grə'ne) *v/t.* [1d] **1.** ⚒ nochmals (Korn in den Mühltrichter) aufschütten; **2.** ⊕ in ein zweites Rad eingreifen lassen.

reniable (rə'njablə) *adj.* leugbar.

reniement, renîment (rəni'mɑ̃) *m*

Verleugnung *f*.

renier (rə'nje) *v/t.* [1a] **1.** verleugnen; **2.** untreu (*od.* abtrünnig) werden (*dat.*); aufgeben; ~ (*sa foi* s-m Glauben) abschwören.

renieur (rə'njœːr) *m* Gotteslästerer *m.*

renifl|e * (rə'niflə) *f* Polente *f* P, Polizei *f*; **~ement** (~flə'mɑ̃) *m* Geschniefe *n*, Prusten *n*; **~er** (~'fle) [1a] **I** *v/i.* **1.** schniefen, schnauben, prusten; die Nase hochziehen; * ~ *une affaire* e-e Sache aufspüren; **2.** F *fig.* ~ *sur* Widerwillen empfinden gegen (*acc.*); **II** *v/t.* ~ *du tabac* Tabak schnupfen; **~erie** P (~flə'ri) *f* Schnüffelei *f*; **~eur** (~'flœːr) *su.* F Schnüffler *m*; * Polizist *m.*

réniforme (reni'fɔrm) *adj.* nierenförmig.

réni|tence ⚕ (reni'tɑ̃ːs) *f* Gespanntheit *f e-s Geschwürs*; **~tent** ⚕ (~'tɑ̃) *adj.* (e-m Druck) widerstehend, Gegendruck leistend.

reniveler (rəni'vle) *v/t.* [1c] wieder einebnen.

renne *zo.* (rɛn) *m* Renntier *n.*

renoircir (rənwar'siːr) *v/t.* [2a] wieder schwarz machen.

renom (rə'nɔ̃) *m* (*stärker als réputation, etwas schwächer als renommée; in gutem Sinne stets ohne Zusatz von bon, excellent usw.*) großer Name *m*, weiter (*od.* guter) Ruf *m*, Berühmtheit *f*; *un savant de* ~ ein Gelehrter *m* von Ruf.

renom|mée (rənɔ'me) *f* **1.** (*noch stärker als renom*) weiter Ruf *m* in der Öffentlichkeit, Renommée *n*, großer Name *m*, Berühmtheit *f*; **2.** Leumund *m*; **~mer** (~) *v/t.* [1a] **1.** wieder ernennen; **2.** rühmen, preisen; *renommé* berühmt (*pour, par* wegen *gén.*).

renon|ce (rə'nɔ̃ːs) *f Kartenspiel*: Fehlfarbe *f*; *jouer de* ~ nicht bedienen; **~cement** (~nɔ̃s'mɑ̃) *m* Entsagung *f*; ~ *de* (*od. à*) *soi-même* Selbst-entsagung *f*, -verleugnung *f*; **~cer** (~'se) [1k] **I** *v/i.* **1.** ~ *à qch.* auf etw. (*acc.*) verzichten, von etw. (*dat.*) absehen, sich lossagen von etw. (*dat.*); etw. abschwören; ~ *à une entreprise* ein Unternehmen aufgeben; **2.** *Kartenspiel*: nicht bedienen, nicht bekennen; **II** *v/t.* nicht anerkennen, verleugnen; **~ciateur** (~sja'tœːr) *su.* [7f] Verzichtleistender *m*; **~ciation** (~sjɑ'sjɔ̃) *f* Entsagung *f*, Verzicht(leistung *f*) *m*; Selbstverleugnung *f.*

renoncule ⚘ (rənɔ̃'kyl) Ranunkel *f.*

renouée ⚘ (rə'nwe) *f* Knöterich *m.*

renouement, *a.* **renoûment** (rənu'mɑ̃) *m* Wiederanknüpfung *f*, Erneuerung *f.*

renouer (rə'nwe) *v/t.* [1a] wieder binden, wieder (an- *od.* zu-) knüpfen; *fig.* wieder anknüpfen, erneuern.

renouveau (rənu'vo) *m* [5b] **1.** *poét.* neuer Lenz *m*; **2.** *fig.* Rückkehr *f*; *un* ~ *de confiance* e-e Rückkehr *f* des Vertrauens; **3.** *fig.* Erneuerung *f*, Umschwung *m*; Neu(auf)bau *m*; *un* ~ *des idées* e-e Erneuerung *f* der Gedankengänge.

renouvel|able (rənu'vlablə) *adj.* erneuerungsbedürftig, zu wiederholen (*z.B. e-e Ernennung*); **~er** (~'vle) [1a] **I** *v/t.* **1.** erneuern, auffrischen; **2.** umbilden, neugestalten; verjüngen; **3.** neu kräftigen, wieder aufbringen; **4.** ~ *qch. à q.* j-m etw. ins Gedächtnis zurückrufen; **5.** von neuem anfangen; **II** *v/rfl.* se ~ sich erneuern; sich wandeln, wechseln (*die Natur im Frühling*); sich wiederholen; stets wiederkommen; **~lement** (~vɛl'mɑ̃) *m* **1.** Erneuerung *f*; ~ *de l'année* Jahreswechsel *m*; **2.** *rl.* Wiedergeburt *f*; **3.** Verstärkung *f*, Zuwachs *m*; **4.** Wiederholung *f.*

rénov|ateur (renɔva'tœːr) [7f] **I** *adj.* erneuernd; **II** *su.* Erneuerer *m*; **~ation** (~vɑ'sjɔ̃) *f* Erneuerung *f*; Umschwung *m*; Besserung *f*; *rl.* Erneuerung *f* der Klostergelübde; **~er** (~'ve) *v/t.* [1a] wieder in Mode bringen, auffrischen.

renseign|ement (rɑ̃sɛɲ'mɑ̃) *m allgemeine* Auskunft *f*; Erkundigung *f*; ✝ Referenz *f*; ~ *juridique* Rechtsauskunft *f*; *prendre des* ~*s auprès d'une personne compétente* bei e-r zuständigen Person Erkundigungen einziehen; *fournir* (*od. donner*) *des* ~*s à q. sur qch.* j-m über etwas (*acc.*) Auskunft erteilen; *pour plus de* ~*s, voyez* ... Näheres wollen Sie aus ... (*dat.*) ersehen; *bureau m de* ~*s* Auskunftsbüro *n*; Auskunftei *f*; ⚔ *service m de* ~*s* (militärischer) Nachrichtendienst *m*; **~er** (~'ɲe) [1a] **I** *v/t.* ~ *q. sur qch.* j-m über etw. (*acc.*) Auskunft geben, j-n aufklären (*od.* unterrichten) über etw. (*acc.*); **II** *v/rfl.* *se* ~ sich erkundigen; *se* ~ *sur q. auprès de q.* sich bei j-m über j-n erkundigen.

rensemencer ↗ (rɑ̃smɑ̃'se) *v/t.* [1k] wieder besäen.
rentable (rɑ̃'tablə) *adj.* rentabel.
rente (rɑ̃:t) *f* **1.** Rente *f*; *bêtes f/pl. de* ~ Nutzvieh *n*; **2.** jährliches Einkommen *n*, Zins *m*; ~ *foncière* Grundzins *m*; Grund-, Bodenrente *f*; ~ *perpétuelle* unkündbare Rente *f*; ~ (*de*) *vieillesse* Altersrente *f*; ~ *viagère od. à fonds perdu* Leibrente *f*; *titre m de* ~ Rentenbrief *m*; **3.** unkündbare Staatsanleihe *f*, Staatsschuld *f*; ~ *consolidée* fundierte Staatsschuld *f*.
renter (rɑ̃'te) *v/t.* [1a] **1.** mit Einkünften (*od.* Renten) ausstatten; *bien renté* wohlbegütert; **2.** anstricken (*Strumpf*).
rentier (rɑ̃'tje) *su.* [7b] Rentner *m*, Privatier *m*; *petit* ~ Kleinrentner *m*.
rentoil|age *peint.* (rɑ̃twa'la:ʒ) *m* Aufkleben *n* auf neue Leinwand; **~er** *peint.* (~'le) *v/t.* [1a] auf neue Leinwand ziehen (*Bild*).
rentortiller (rɑ̃tɔrti'je) *v/t.* [1a] wieder einwickeln; F *fig.* wieder verwirren, j-n wieder umgarnen.
rentrage (rɑ̃'tra:ʒ) *m* **1.** *le* ~ *du bois* das Einfahren *n* des Holzes; **2.** *typ.* Zeileneinrücken *n*; Gegendruck *m*.
rentraîner (rɑ̃trɛ'ne) *v/t.* [1a] wieder mit sich fortreißen.
rentraire *cout.* (rɑ̃'trɛ:r) *v/t.* [4s] fein stopfen.
rentraiture *cout.* (rɑ̃trɛ'ty:r) *f* Stepp-, Stopf-, Stoß-naht *f*.
rentrant (rɑ̃'trɑ̃) **I** *adj.* [7] **1.** zurückspringend, zurückweichend; einklapp-, einzieh-bar; **II** *m* **2.** ⚠ Nische *f*, Mauervertiefung *f*; **3.** *für e-n anderen* einspringender Spieler *m*.
rentray|age *cout.* (rɑ̃trɛ'ja:ʒ) *m* überwendliche Naht *f*; Stoßnaht *f*; **~er** (~'je) *v/t.* [1i] überwendlich nähen; **~eur** (~'jœ:r) *su.* [7g] Kunstnäher *m*.
rentrée (rɑ̃'tre) *f* **1.** Wiedereintritt *m*; Rückkehr *f*; **2.** ↗ Einfahren *n*, Einbringen *n* der Feldfrüchte; **3.** ~ *des classes* Wiederbeginn *m* der Schule, Schulbeginn *m*; **4.** *thé.* Wiederauftreten *n*; **5.** † Eingang *m der Briefe, Gelder usw.*; Einkassierung *f*; *sauf* (*od. sous réserve de*) ~ vorbehaltlich Eingang; ~ *de créances* Eingang *m* von Außenständen.
rentrer (~) [1a] **I** *v/i.* **1.** (~ *drückt bsd. die Rückkehr ins Haus aus!*; *sonst: retourner*; *s. d.*) wieder eintreten, wieder hineingehen (*od.* hereinkommen); zurückkehren; zurückkommen, wiederkommen; ~ (*chez soi*) wieder nach Hause kommen (*od.* gehen); heimkehren; *aber auch:* ~ *à Moscou* (*en France*) nach Moskau (nach Frankreich) zurückkehren; ~ *de vacances* vom Urlaub zurückkehren; ~ *dans le devoir* zur Pflicht zurückkehren; ~ *dans ses droits* wieder zu s-m Recht gelangen; ~ *en fonction*(*s*) sein Amt wieder antreten; ~ *en soi-même* in sich gehen, erst einmal ruhig überlegen; **2.** wieder zusammentreten, wieder in Verhandlungen treten; **3.** sich ineinander fügen; **4.** ~ *dans qch.* in etw. (*dat.*) mit einbegriffen (*od.* enthalten) sein; ~ *dans un domaine* in ein Gebiet fallen; ~ *dans la catégorie de ...* unter den Begriff ... fallen; **5.** *abs.* a) wieder anfangen (*Schule, Gerichtssitzungen usw.*); *les classes rentrent le 2 octobre* die Schule fängt am 2. Oktober wieder an; b) *thé.* wieder auftreten; **6.** † eingehen *od.* einlaufen (*von Geldern*); **7.** ⚕ zurück-treten, -schlagen (*vom Ausschlag usw.*); **8.** *avoir les yeux rentrés* tiefliegende Augen haben; **9.** ♪ ein-fallen, -setzen; **10.** *Spiel*: kaufen; *il m'est rentré beau jeu* ich habe gute Karten gekauft; **11.** ⚔ zurückweichen; **12.** ⚠ zurückspringen, einspringen; **13.** *text.* einlaufen **II** *v/t.* **14.** ↗ einfahren, unter Dach u. Fach bringen; **15.** ~ *ses larmes* die Tränen unterdrücken; **16.** ~ *les griffes* (*le ventre, les jambes*) die Krallen (den Bauch, die Beine) einziehen; **17.** *typ.* einrücken; **18.** ~ *sa voiture au garage* s-n Wagen wieder in die Garage fahren.
renvenimer (rɑ̃v[ə]ni'me) *v/t.* [1a] **1.** wieder vergiften; **2.** *fig.* wieder verschlimmern; *se* ~ wieder schlimmer werden.
renverguer ⚓ (rɑ̃vɛr'ge) *v/t.* [1m] Segel wieder anschlagen.
renvers|able (rɑ̃vɛr'sablə) *adj.* (um-)stürzbar; **~ant** F (~'sɑ̃) *adj.* [7] : *c'est* ~! das ist ja unglaublich!
renverse (rɑ̃'vɛrs) *f*: *à la* ~ *advt.* rücklings; *tomber à la* ~ auf den Rücken fallen; **~ment** (~sə'mɑ̃) *m* **1.** Umkehren *n*, Umkehrung *f* (*a.* 𝄞), Umstoßen *n*; ⚡ ~ (*du courant*) Umschaltung *f*; ~ (*de polarité*) Umpolung *f*; ✈ ~ (*inversé*) hochgezogene Kehrtkurve *f* (*in Rücken-*

lage); **2.** Umsturz *m*, Vernichtung *f*; **3.** Unordnung *f*, Verwirrung *f*, Zerrüttung *f*.

renverser (rɑ̃vɛrse) [1a] **I** *v/t.* **1.** umkehren, umstülpen; *le monde renversé* die verkehrte Welt *f*; ~ (*le courant, la polarité*) umschalten, umpolen; *fig. avoir la figure renversée* ein verstörtes Gesicht machen; *pol.*, ⚔ ~ *la marmite* das Signal zum Aufstand geben; ~ *les rôles* die Rollen vertauschen; **2.** umsetzen, umstellen; 🚂 ~ *la marche* die Steuerung umstellen; ~ *la vapeur* Gegendampf geben; 𝔄 ~ *une raison* ein Verhältnis umkehren; **3.** in Unordnung bringen; **4.** umwerfen, umstoßen, niederreißen; umschütten; vergießen; ~ *qch. sur soi* sich mit etw. begießen; ~ *q.* j-n überfahren; **5.** *fig.* umstürzen, vernichten; ~ *q.* j-n stürzen; **6.** F verblüffen; **II** *v/i.* umfallen, umstürzen, umkippen; **III** *v/rfl.* se ~ sich zurücklehnen; zu Boden stürzen, umstürzen, umkippen, umfallen; ausgeschüttet (vergossen) werden.

renverseur ⚡ (rɑ̃vɛr'sœːr) *m*: ~ *de courant* Um-, Wechsel-schalter *m*, Stromwender *m*.

renvi (rɑ̃'vi) *m* Mehreinsatz *m* (*Spiel*).

renvider *text.* (rɑ̃vi'de) *v/t.* [1a] aufspulen.

renvoi (rɑ̃'vwa) *m* **1.** Zurücksendung *f*; *fig.* Erwiderung *f*; Zurückschlagen *n e-s Balles*; Zurückstrahlen *n des Lichts*; **2.** ⚕ Aufstoßen *n*, **3.** Ablehnung *f*, Zurück-stellung *f*, -weisung *f*; Beschlagnahme *f e-r Zeitung*; Absetzung *f*; Entlassung *f*; *écol.* Verweis *m* (*v. d. Schule*); Verabschiedung *f von Truppen*; ~ *en masse* Massenaussperrung *f* (*v. Arbeitern*); **4.** ~ (*dans les bureaux*) Verweisung *f* (an die Ausschüsse); ⚖ ~ *devant les juges compétents* Verweisung *f* an die zuständigen Richter; ⚖ *sans* ~ ohne Einrede der Verweisung an ein anderes Gericht; **5.** Verschiebung *f*, Vertagung *f*; **6.** Hinweis *m*; **7.** hinweisendes Zeichen *n*; **8.** ⚠ ~ *d'eau* Wasserschenkel *m*.

renvoyer (rɑ̃vwa'je) *v/t.* [1p] **1.** wieder *od.* zurück-schicken; **2.** abweisen, nicht annehmen; **3.** zurück-strahlen, -werfen; ~ **4.** *fig.* ~ *à qch.* auf etw. (*acc.*) hinweisen; **5.** ablehnen, zurückstellen; entlassen, wegschicken, verabschieden; *écol.* von der Schule verweisen; ~ *en masse* Arbeiter aussperren; **6.** verschieben, vertagen; vertrösten (*acc.*); **7.** ⚖ ~ *devant les assises* vor das Schwurgericht verweisen.

réoccup|ation (reɔkypɑ'sjɔ̃) *f* Wiederbesetzung *f*; **~er** (~'pe) *v/t.* [1a] wiederbesetzen.

réorganis|ateur (reɔrganiza'tœːr) [7f] **I** *adj.* neugestaltend, **II** *su.* Neugestalter *m*; **~ation** (~za'sjɔ̃) *f* Neugestaltung *f*, Wiedereinrichtung *f*, Neuregelung *f*; ⚔ ~ *des armements* Umrüstung *f*; ~ *des terres de l'exploitation* Flurbereinigung *f*, (Güter-)Zusammenlegung *f*, Kommassierung *f*; **~er** (~'ze) *v/t.* [1a] wiedereinrichten, neugestalten, neuregeln; *fin.*, ✝ sanieren; ⚔ ~ *les armements* umrüsten.

réouverture (reuvɛr'tyːr) *f* Wiedereröffnung *f*; *écol.* ~ *des classes* Wiederbeginn *m* des Unterrichts.

repaire (rə'pɛːr) *m* Zufluchtsort *m*, Schlupfwinkel *m*; Lager *n*; Höhle *f wilder Tiere*; *fig.* Räubernest *n*.

repairer *ch.* (rəpɛ're) *v/i.* [1a] im Lager sein.

répaissir *cuis.* (repɛ'siːr) *v/t.* [2a] noch mehr verdicken.

repaître (rə'pɛːtrə) [4z] **I** *v/i.* fressen (*v. Tieren*); *repu* satt; **II** *v/t. fig.* nähren, weiden, hinhalten; ~ *ses yeux d'un spectacle* s-e Augen an e-m Schauspiel erfreuen; ~ *q. de vaines espérances* j-n mit leeren Hoffnungen abspeisen; **III** *v/rfl.*: *se* ~ *de fig.* schwelgen in (*dat.*), sich berauschen an (*dat.*), Gefallen finden an (*dat.*), sich weiden an (*dat.*).

repâlir (rəpɑ'liːr) *v/i.* [2a] wieder blaß werden.

répandre (re'pɑ̃ːdrə) [4a] **I** *v/t.* **1.** vergießen, ausgießen, ausstreuen; *fig.* ~ *son âme* sein Herz ausschütten; ~ *des larmes* Tränen vergießen; **2.** ausbreiten; austeilen; in Umlauf setzen; ~ *une nouvelle* e-e Nachricht verbreiten **II** *v/rfl.* se ~ **3.** vergossen werden; **4.** sich ausbreiten, sich verbreiten; *se* ~ *à flots sur les champs* die Äcker überfluten (*Fluß*); *se* ~ *dans le monde* gesellschaftliche Beziehungen pflegen, allgemein bekannt werden; *homme m fort répandu* überall bekannter Mann *m*; **5.** *se ~ en invectives* sich in Schmähungen ergehen.

repapilloter (rəpapijɔ'te) *v/t.* [1a] **1.** wieder mit Haarwickeln versehen; **2.** F wieder versöhnen.

repaquetage (rəpak'ta:ʒ) *m* Wiedereinpackung *f.*

réparable (repa'rablə) *adj.* reparierbar, wieder instandsetzbar, ersetzbar; *fig.* wiedergutzumachen.

reparaître (rəpa'rɛ:trə) *v/i.* [4z] wiedererscheinen, plötzlich auftauchen (*v. Personen*); sich wieder einstellen (*Schmerzen*); wieder aufkommen (*Brauch, Gewohnheit*).

répar|ateur (repara'tœ:r) *adj. u. su.* [7f] ersetzend, wiederherstellend; ⚕ heilsam, wohltuend, stärkend; Wiederhersteller *m*, Instandsetzer *m*; Versöhner *m*; **~ation** (~ra'sjɔ̃) *f* **1.** Reparatur *f*, Ausbesserung *f*, Instandsetzung *f*, Wiederherstellung *f*; **2.** *fig.* Wiedergutmachung *f*, Genugtuung *f*; Sühne *f*; Abbitte *f*; *~ de dommages* Entschädigung *f*; ⚖ *~s pl. civiles* Schadenersatz *m*; **3.** *rl.* Buße *f*; **~er** (~'re) *v/t.* [1a] **1.** reparieren, instandsetzen, ausbessern; wiederherstellen; **2.** *fig.* ersetzen; Fehler wiedergutmachen; *~ le dommage* den Schaden ersetzen; *~ ses forces* wieder zu Kräften kommen; *~ le temps perdu* die verlorene Zeit wieder aufholen.

reparer (rəpa're) [1a] *v/t.* (*u. se ~* sich) wieder schmücken.

reparler (rəpar'le) *v/i.* [1a]: *~ de qch. fig.* auf etw. zurückkommen, erneut über etw. (*acc.*) sprechen.

repartager (rəparta'ʒe) *v/t.* [1l] wiederverteilen.

repartie (rəpar'ti) *f* schnelle, treffende Entgegnung *f od.* Erwiderung *f*; *promptitude f* (*od. vivacité f*) *de ~* Schlagfertigkeit *f*; *qui a la prompte ~* schlagfertig.

repartir[1] (rəpar'ti:r) [2b] *v/t. u. v/i.* schnell entgegnen *od.* erwidern, schlagfertig antworten.

repartir[2] (~) *v/i.* wieder abfahren, wieder abreisen; *mot.* wieder anlaufen; *~ de zéro fig.* von ganz unten wieder anfangen, sich von ganz unten wieder hocharbeiten.

répar|tir (repar'ti:r) *v/t.* [2a] verteilen; ✝ zuteilen (*Aktien od. Anteilscheine*); **~tissable** (~ti'sablə) *adj.* verteilbar; **~titeur** (~ti'tœ:r) *m* Verteiler *m*; **~tition** (~ti'sjɔ̃) *f* Verteilung *f*; ✝ Zuteilung *f* (*v. Aktien usw.*); *~ des bénéfices* Gewinnbeteiligung *f*; *~ des dividendes* Dividendenverteilung *f*; *~ de l'impôt* Steuerveranlagung *f*; *~ des poids* Gewichtsverteilung *f.*

repas (rə'pɑ) *m* **1.** Mahlzeit *f*; *faire ses quatre ~* s-e vier Mahlzeiten einhalten; **2.** Festessen *n*; *~ d'adieu(x)* Abschiedsessen *n*; *~ de noces* Hochzeits-essen *n*, -mahl *n*; *~ prié* Essen *n* auf Grund e-r besonderen Einladung; *distribution f des ~* Essenausgabe *f.*

repassage (rəpa'sa:ʒ) *m* **1.** Rücküberfahrt *f*; Rückflug *m* (*Zugvögel*); **2.** Bügeln *n*, Plätten *n*; **3.** ⚒ Harken *n* (*e-s Weges*); **4.** ⊕ Abziehen *n*, Schleifen *n.*

repasse (rə'pɑ:s) *f* grobes Mehl *n.*

repasser (rəpɑ'se) [1a] **I** *v/i.* **1.** wieder vorbei-gehen, -fahren, -kommen, -reisen, -reiten; wieder vorsprechen; (wieder) zurückgehen, -kommen, -reisen; **II** *v/t.* **2.** wieder über ... (*acc.*) (zurück-)gehen *od.* (-)kommen; *~ la rivière* wieder über den Fluß setzen; **3.** plätten, aufbügeln; **4.** *e-n Weg* harken; **5.** ⊕ wieder bearbeiten; *~ des couteaux* Messer schleifen; **6.** *fig.* noch einmal durchlesen, repetieren; *écol. ~ sa leçon* s-e Aufgabe noch einmal durchgehen (*od.* wiederholen); *~ un compte* e-e Rechnung nachprüfen; *~ qch. dans son esprit* etw. überdenken.

repass|erie (rəpɑs'ri) *f* Plätt-, Bügel-anstalt *f*; **~eur** (~'sœ:r) *m* Polierer *m*, (Fein-)Schleifer *m*; ⊕ Schleifapparat *m*; **~euse** (~'sø:z) *f* Plätterin *f*, Büglerin *f.*

repav|age (rəpa'va:ʒ) *m* Neupflasterung *f*; **~er** (~'ve) *v/t.* [1a] wieder (*od.* neu) pflastern.

repayer (rəpɛ'je) *v/t.* [1i] noch einmal bezahlen.

repêch|age (rəpɛ'ʃa:ʒ) *m bsd. Sport* Ergänzungs-, *écol. Fr.* Wiederholungs-prüfung *f*; **~er** (~'ʃe) *v/t.* [1a] wieder herausfischen, wieder aus dem Wasser ziehen; *~ q. dans l'embarras* j-m aus der Verlegenheit helfen.

repeigner (rəpɛ'ɲe) *v/t.* [1a] wieder [(auf)kämmen.]

repeindre (rə'pɛ̃:drə) [4b] **I** *v/t.* übermalen; *fig.* ausmalen; **II** *v/rfl.* *se ~ fig.* sich vor Augen halten.

repenser (rəpɑ̃'se) *v/t.* [1a] noch

einmal überdenken.
repent|ance (rəpɑ̃'tɑ̃:s) *f* Buße *f*, Reue *f*; **~ant** (~'tɑ̃) *adj.* [7] bußfertig, reumütig; **~i** (~'ti) *su.* Büßer *m*; *Filles ~es od. Repenties f/pl.* Heim *n* für verwahrloste Mädchen; **~ir** (~'ti:r) **I** *v/rfl.* [2b] **1.** *se ~ de qch.* etw. bereuen; *faire ~ q. de qch.* j-m Veranlassung geben, etw. zu bereuen; **II** *m* **2.** (*a. pl. ~s*) Reue *f*; **3.** *typ.* Autorkorrektur *f*; **4.** *peint.* Abänderungsspur *f*.
repérable *bsd.* ⚔ (rəpe'rablə) *adj.* kenntlich, erkennbar.
repérage (rəpe'ra:ʒ) *m* Markieren *n*; Aufstellung *f* von Merkzeichen; ⚔ Peilung *f*, Ortung *f*, Entdeckung *f*, Auffindung *f*, Ermittlung *f*.
repercer (rəpɛr'se) *v/t.* [1k] wieder durchbohren.
réper|cussif (repɛrky'sif) *adj.* [7e] *u. m* zurücktreibend(es Mittel *n*); **~cussion** (~ky'sjɔ̃) *f* ⚕ Zurücktreibung *f*; *phys.* Zurückprallen *n*; *fig.* Rückschlag *m*, Rückwirkung *f*; **~cuter** (~ky'te) [1a] **I** *v/t.* ⚕ zurücktreiben; *phys.* zurückwerfen; *être répercuté* zurückprallen; **II** *v/rfl.* *se ~* zurücktreten; *phys.* zurückprallen, zurückschallen; *fig.* *se ~ sur* sich auswirken auf (*acc.*).
reperdre (rə'pɛrdrə) *v/t.* [4a] wieder verlieren.
rep|ère (rə'pɛ:r) *m*: (*point m de*) ~ Kennstrich *m*, (Merk-)Zeichen *n*; *fig.* Anhaltspunkt *m*; **~érer** (~pe're) *v/t.* [1f] **1.** markieren, kennzeichnen; **2.** *mit Hilfe v. Merkzeichen* auffinden *od.* bestimmen, ermitteln, sein Augenmerk richten auf (*acc.*), sichten; ⚔, *allg.* ausfindig machen, entdecken.
répertoire (repɛr'twa:r) *m* **1.** (Sach-)Register *n*, Verzeichnis *n*; **2.** *thé.* Repertoire *n*.
repeser (rəpə'ze) *v/t.* [1d] nachwiegen; *fig.* von neuem erwägen.
répét|ailler F (repetɑ'je) *v/t.* [1a] bis zum Überdruß wiederholen; **~er** (~'te) *v/t.* [1f] wiederholen; *écol.* *faire ~ sa leçon à un élève* e-n Schüler etw. abfragen; *thé.* *~ un rôle* e-e Rolle einstudieren; **~eur** *téléph.* (~'tœ:r) *m* Verstärker *m*; **~iteur** (~ti'tœ:r) **I** *su.* [7f] **1.** Repetitor *m*, Einpauker *m* F; **2.** † *écol.* (*a. adj.*: *maître m ~*) Schularbeitenaufseher *m*; **II** *m* **3.** Signalschiff *n*; **4.** *téléph.* Übertrager *m*, Translator *m*; *~ de communication* Überbrückungsschaltung *f*; *~ lumineux* Nebellichtsignal *n*; **~ition** (~ti'sjɔ̃) *f* **1.** Wiederholung *f*; *fusil m à ~*, *montre f à ~* Repetier-gewehr *n*, -uhr *f*; **2.** *écol.* Nachhilfestunde *f*; **3.** *thé.* Probe *f*; *~ en costume(s)* Kostümprobe *f*; *~ générale* Generalprobe *f*; *mettre une pièce en ~* ein Stück einstudieren.
repétrir (rəpe'tri:r) *v/t.* [2a] *fig.* umbilden, umformen.
repeupl|ement (rəpœplə'mɑ̃) *m* Wiederbevölkerung *f*; Wiederbesetzung *f e-s Teiches* mit Fischen; *for.* Wiederbepflanzung *f*, Wiederaufforstung *f*; **~er** (~'ple) *v/t.* [1a] wieder-bevölkern, -besetzen (*Teich*), -bepflanzen, -aufforsten.
repiger P (rəpi'ʒe) *v/t.* [1l]: *~ q.* j-n wieder erwischen.
repincer (rəpɛ̃'se) *v/t.* [1k] wieder kneifen; F *~ q.* a) j-n wieder ertappen; b) *fig.* j-m etw. heimzahlen.
repiqu|age (rəpi'ka:ʒ) *m* **1.** ⊕ Ausbesserung *f* des Pflasters; **2.** 🌱 Umpflanzen *n* **~er** (~'ke) [1m] **I** *v/t.* **1.** wieder stechen; **2.** *Straßenpflaster* ausbessern; **3.** 🌱 umpflanzen, Pflanzen versetzen; **II** P *v/i.* *~ à qch.* etw. wieder versuchen.
répit (re'pi) *m* Frist *f*, Aufschub *m*; Ruhe *f*, *fig.* Atempause *f*; *sans ~* unaufhörlich, unentwegt.
replacer (rəpla'se) [1k] **I** *v/t.* wieder hinstellen *od.* hinsetzen *od.* anbringen; *Beamte* wieder anstellen; **II** *v/rfl.* *se ~* sich wieder hinstellen; e-e andere Stellung annehmen (*Hausangestellte*); ⚕ wieder in die frühere Lage zurückkehren (*Glied*).
replanir (rəpla'ni:r) *v/t.* [2a] fein abhobeln.
replan|tation *f*, **~tement** *m* (rəplɑ̃tɑ'sjɔ̃, ~t'mɑ̃) Wieder(be)pflanzung *f*; **~ter** (~'te) *v/t.* [1a] **1.** 'umpflanzen, versetzen; **2.** aufs neue bepflanzen.
replâtr|age (rəplɑ'tra:ʒ) *m* **1.** ⊕ Übergipsen *n*; **2.** F *fig.* Flickwerk *n*; Bemäntelung *f*; scheinbare Versöhnung *f*; **~er** (~'tre) *v/t.* [1a] übergipsen; F *fig.* oberflächlich ausbessern; bemänteln, vertuschen.
replet (rə'plɛ) *adj.* [7b] beleibt, dick.
réplé|tif (reple'tif) *adj.* [7e] das Körpergewicht steigernd; **~tion** (~ple'sjɔ̃) *f* **1.** Vollblütigkeit *f*; Wohlbeleibtheit *f*, Korpulenz *f*,

Vollsein *n*; **2.** Überladung *f* des Magens mit Speisen.

repli (rə'pli) *m* **1.** Doppelfalte *f*, Umschlag *m*; **2.** Krümmung *f*, Windung *f*; *un ~ de terrain* e-e Boden-, Gelände-falte *f*; **3.** ⚔ planmäßiger Rückzug *m*; *position f de ~* Auffangstellung *f*; **4.** *fig.* *~s pl. du cœur* verborgene Winkel *m/pl.* des Herzens; **~able** (~pli'ablə) *adj.* zusammenklappbar; **~ement** (~'mɑ̃) *m* **1.** Zs.-faltung *f*; **2.** ⚔ planmäßiges Sichabsetzen *n*, geordneter Rückzug *m*; **~er** (rəpli'e) [1a] **I** *v/t.* **1.** wieder zusammenlegen; falzen; zusammenklappen; einziehen (*Flügel*); **2.** umbiegen, krümmen; **3.** ⚔ *~ un pont* e-e Brücke abbrechen; **4.** ⚔ zurückziehen; **5.** abbauen; **II** *se ~* sich falten; sich krümmen, sich drehen; ⚔ sich (planmäßig) absetzen, sich zurückziehen; *fig.* *se ~ sur soi-même* sich in sich selbst zurückziehen; *il est replié sur lui-même* er ist verstockt) er lebt ganz zurückgezogen.

répliqu|e (re'plik) *f* **1.** ⚖ Gegenantwort *f*; **2.** Widerrede *f*; *être sans ~* unwiderleglich sein; **3.** *thé.* Stichwort *n*; **4.** ♪ Wiederholung *f*; *peint.* Kopie *f*; **~er** *a.* ⚖ (repli'ke) *v/t. u. v/i.* [1m] erwidern, entgegnen.

replonger (rəplɔ̃'ʒe) [1l] **I** *v/t.* wieder untertauchen; *fig.* wieder stürzen (*dans* in *acc.*); **II** *v/rfl.* *se ~ dans qch.* sich in etw. wieder vertiefen.

repoissonnement (rəpwasɔn'mɑ̃) *m* Wiederbevölkerung *f* mit Fischen.

repolir (rəpɔ'li:r) *v/t.* [2a] neu polieren; *fig.* überarbeiten.

repomper (rə'pɔ̃:pe) *v/t.* [1a] wieder einpumpen.

répondant (repɔ̃'dɑ̃) *m* **1.** Verteidiger *m e-r These* (*bei e-r öffentlichen Prüfung*); **2.** *rl.* Respondent *m*; **3.** Bürge *m*, Gewährsmann *m*, Verantwortliche(r) *m*.

répondre (re'pɔ̃:drə) [4a] **I** *v/i.* **1.** antworten, erwidern (*à* auf *acc.*); **2.** widersprechen; **3.** *~ à qch.* zu etw. (*dat.*) passen; e-r Sache (*dat.*) entsprechen; mit etw. (*dat.*) übereinstimmen; *tout répond à nos vœux* alles geht nach Wunsch; **4.** *~ de* bürgen für, einstehen, haften; etw. verantworten; *j'en réponds* dafür stehe ich; *je ne vous réponds de rien* ich stehe (Ihnen) für nichts; **5.** *fig.* *~ à l'appel de q.* j-s Aufforderung Folge leisten; **6.** *téléph.*: *~ à l'appel* sich melden; **II** *v/t.* **7.** *fig.* *~ une injure* e-e Beleidigung beantworten; **8.** *rl.* nachsingen; ♪ nachspielen.

répons *rl.* (re'pɔ̃) *m* Responsorium *n*, Antwortsgesang *m im Gottesdienst.*

réponse (re'pɔ̃:s) *f* **1.** Antwort *f*, Beantwortung *f*; Bescheid *m*; F *~ de Normand* zweideutige Antwort; *en ~ à votre lettre* in Beantwortung Ihres Schreibens; *~ payée* Rückantwort bezahlt; *il n'y a pas de ~* es bedarf keiner Antwort; *un mot de ~* e-e kurze Antwort; *avoir ~ à tout* nie um e-e Antwort verlegen sein; **2.** Widerlegung *f*; **3.** ♪ Wiederholung *f*; **4.** ✝ *~ des primes* Prämienerklärung *f*.

repopulation (rəpɔpyla'sjɔ̃) *f* Wiederbevölkerung *f* (*e-s Flusses*).

report (rə'pɔ:r) *m* ✝ Übertrag *m auf e-e andere Seite*; Übertragen *n*; Kurszuschlag *m*; Prolongationsgebühr *f*; **~age** (rəpɔr'ta:ʒ) *m* Berichterstattung *f*, Reportage *f*; *rad.* Hörbericht *m*; *~ photographique* Bildbericht *m*; *~ préliminaire* Vorschaubericht *m* (*in Zeitschrift*).

reporter[1] (~'te) *v/t.* **1.** [1a] wieder hin- (*od.* zurück-)bringen *od.* -tragen; *fig.* (*zeitlich*) auf-, verschieben; **2.** ✝, *fig.* übertragen; *~ tout son espoir sur q.* s-e ganze Hoffnung auf j-n setzen.

reporter[2] (rəpɔr'tɛ:r) *m* Berichterstatter *m*, Reporter *m*; **~-photographe** (~fɔtɔ'graf) *m* [6a] Bildberichterstatter *m*.

repos (rə'po) *m* **1.** Ruhe *f*, Erholung *f*, Rast *f*, Ausruhen *n*; *prendre quelque ~* (sich) ein wenig ausruhen; ⚔ *~!* rührt euch!; **2.** Schlaf *m*, *st.s.* *champ m du ~* Friedhof *m*; **3.** Beruhigung *f*; *le repos public* die öffentliche Ruhe *od.* Ordnung; *mettre sa conscience en ~* sein Gewissen beschwichtigen; ✝ *valeur f de bon ~* vollkommen sicheres Papier; *de tout ~* mündelsicher; **4.** Unbeweglichkeit *f*, Untätigkeit *f*; ⚕ Stillstehen *n des Pulses*; **5.** *mét.*, ♪ Einschnitt *m*; Pause *f in Versen*; **6.** Absatz *m e-r Treppe*; **~ée** (rəpo'ze) *f ch.* Lager *n*.

repose-pied (rəpoz'pje) *m* [6d] Fuß-raste *f*, -stütze *f* (*im Auto, des Zahnarztstuhls*).

repos|er (rəpo'ze) [1a] **I** *v/t.*

1. wieder hinlegen *od.* hinstellen; ⚔ *reposez arme!* Gewehr ab!; 2. in Ruhe versetzen, ausruhen lassen, entspannen; *advt. à tête reposée* mit Überlegung; 3. Ruhe geben (*dat.*); II *v/i.* 4. schlafen; ruhen; *reposé* ruhig, kaltblütig; 5. *fig.* weilen; 6. ~ *sur qch.* auf etw. (*dat.*) gegründet sein; auf etw. (*dat.*) beruhen; 7. ↗ brachliegen; 8. sich setzen (*Flüssigkeit*); *vin m reposé* abgelagerter Wein *m*; III se ~ 9. (sich) ausruhen, sich erholen; 10. *se ~ sur qch.* sich auf etw. (*acc.*) gründen *od.* stützen; 11. se ~ *sur* sich verlassen auf; **~oir** *rl.* (~'zwa:r) *m* Ruhealtar *m.*

repourvoir (rəpur'vwa:r) *v/i.* [3b]: ~ *à une chaire* e-n Lehrstuhl wieder besetzen (*Universität*).

repouss|ant (rəpu'sɑ̃) *adj.* [7] abstoßend, abschreckend; **~ement** (rəpus'mɑ̃) *m* Zurückstoßen *n*, Rückstoß *m*; **~er** (rəpu'se) [1a] I *v/t.* 1. wieder stoßen; 2. zurückstoßen *od.* -treiben *od.* -schlagen; ~ *une attaque* einen Angriff abweisen; 3. *fig.* zurückweisen, verwerfen, ablehnen, abschlagen (*Bitte*); abwehren; abstoßen, abschrecken; 4. ⚘ *neue Schößlinge* zum Treiben bringen; 5. ⊕ treiben, ziselieren; II *v/i.* 6. zurückstoßen; stoßen (*Gewehr*); 7. ⚘ wieder ausschlagen (*od.* treiben); **~oir** (~'swa:r) *m* 1. ⊕ Durchschlaghammer *m*; Treibeisen *n*; Bolzen *m*; *sculp.* Steinmeißel *m*; 2. *chir.* Zahnzange *f*; 3. *fig. peint.* Kontrast *m*; F *allg.* (gegensätzliches) Vorbild *n.*

répréhen|sible (repreɑ̃'siblə) *adj.* □ tadelnswert, verwerflich; **~sion** (~'sjɔ̃) *f* Tadel *m*, Verweis *m.*

reprendre (rə'prɑ̃:drə) [4q] I *v/t.* 1. wieder (ab-, auf-, ein-, weg-, zurück-)nehmen, wiederbekommen; ~ *un chemin* e-n Weg wieder einschlagen; ~ *conscience* wieder zu Bewußtsein kommen; ~ *courage* wieder Mut fassen; ~ *le dessus* die Oberhand wieder gewinnen; ~ *ses esprits* wieder zu sich kommen, sich wieder fassen; ~ *ses forces* wieder zu Kräften kommen; ~ *haleine* wieder Atem schöpfen; ~ *son influence* s-n Einfluß wiedergewinnen; ~ *une maille* e-e Masche aufnehmen; *Auto*: ~ *sa voiture* s-n Wagen aus der Garage herausfahren; ✈ ~ *son vol* weiterfliegen, *rad.* ~ *Paris* Paris wieder einschalten; 2. wieder ergreifen, wieder einfangen; wieder befallen (*Krankheit*); *on ne m'y reprendra plus* das soll mir nicht wieder passieren; 3. widerrufen; 4. wieder anfangen, von neuem betreiben; ~ *ses affaires* s-e Geschäfte wieder aufnehmen; ~ *la parole* wieder das Wort ergreifen; *il reprit son récit* er erzählte weiter; 5. ausbessern; flicken, stopfen; 6. zurechtweisen; tadeln; *trouver à ~ à tout* an allem etwas auszusetzen haben; II *v/i.* 7. erwidern, versetzen; 8. wieder anwachsen *od.* anwurzeln; wieder zuheilen; 9. sich erholen; 10. wieder anfangen; *le froid a repris* es ist wieder kalt geworden; *le commerce reprend* der Handel hebt sich wieder; 11. wieder zufrieren; 12. ~ *sur qch.* wieder auf etw. (*acc.*) zurückkommen; III se ~ 13. *etw. Gesagtes* wieder zurücknehmen; sein Wort zurücknehmen; 14. *fig.* wieder die Fassung gewinnen; wieder zur Besinnung kommen; 15. wieder zuheilen (*Wunde*); 16. se ~ *à rire* wieder zu lachen anfangen; 17. *fig.* se (*laisser*) ~ *au piège* wieder in die Falle gehen.

représailles (rəpre'zɑ:j) *f/pl.* Vergeltungs-, Gegen-maßnahmen *f/pl.*, Repressalien *f/pl.*

représent|able (rəprezɑ̃'tablə) *adj.* darstellbar; **~ant** (~'tɑ̃) I *adj.* [7] 1. stellvertretend; II *m* 2. Vertreter *m*, Stellvertreter *m*; ~ *légal* Rechtsvertreter *m*; ~ *du peuple* Volksvertreter *m*; 3. ✝ Handlungsreisender *m*; ~ *exclusif* Alleinvertreter *m*; **~atif** (~ta'tif) *adj.* [7e] □ 1. vorstellend; vertretend; *gouvernement* ~ parlamentarische Regierung *f*; 2. ~ *d'une époque* charakteristisch für e-e Epoche; **~ation** (~tɑ'sjɔ̃) *f* 1. Vorlegung *f*, Vorzeigung *f*; 2. Darstellung *f*, Abbildung *f*; Schilderung *f*; 3. Vertretung *f*; ~ *exclusive* Alleinvertretung *f*; ~ *nationale* Volksvertretung *f*; ~ *professionnelle* Berufsvertretung *f*; 4. Vorstellung *f*, Anschauung *f*; 5. *thé., cin., rad.* Aufführung *f*; Veranstaltung *f*; ~ *cinématographique* Kinovorstellung *f*; ~ *radiodiffusée* Hörspiel *n*; ~ *de music-hall* Varietévorstellung *f*; 6. würdevolles Auftreten *n*; *frais m/pl. de* ~ Aufwandsentschädigung *f*; 7. stattliches Äußere *n*; 8. *fig.*

Vorhaltung *f*; *faire des* ~*s à q.* j-m Vorhaltungen machen; ~**ativité** *pol.* (~tativi'te) *f* Recht *n* auf diplomatische Anerkennung; *reconnaissance f de* ~ *d'un Etat* diplomatische Anerkennung e-s Staats; ~**er** (~'te) [1a] **I** *v/t.* **1.** wieder vorstellen; **2.** vor-zeigen, -legen, vorführen; **3.** abbilden; schildern; **4.** *thé.*, *cin.*, *rad.* aufführen, darstellen; **5.** j-n vertreten; **II** *v/i.* **6.** repräsentieren, würdevoll vertreten; **7.** ein großes Haus führen; **III** *v/rfl.* se ~ *fig.* wieder vorkommen (*Vorfall*); sich wieder einfinden (*Person*); sich etw. vorstellen *od.* vergegenwärtigen *od.* veranschaulichen.

répress|if (reprɛ'sif) *adj.* [7e] beschränkend, einschränkend; ⚖ *juge m* ~ Strafrichter *m*; *loi f répressive* Strafgesetz *n*; *mesures f/pl. répressives* Strafmaßnahmen *f/pl.*; ~**ion** (~'sjɔ̃) *f* Unterdrückung *f*; Niederwerfung *f*; Bestrafung *f*.

réprim|able (repri'mablə) *adj.* ungehörig, strafbar; ~**ande** (~'mɑ̃:d) *f* Verweis *m*, Strafpredigt *f*; ~**ander** (~mɑ̃'de) *v/t.* [1a] ~ *q.* (*à cause*) *de qch.* j-n wegen etw. tadeln, j-m wegen etw. e-n Verweis erteilen, j-n ausschimpfen; ~**er** (~'me) [1a] *v/t.* **1.** ~ *qch.* e-r Sache (*dat.*) Einhalt tun; **2.** *Tränen*, *Lächeln* unterdrücken; *Leidenschaften* im Zaume halten; **3.** ~ *une révolte* e-n Aufstand unterdrücken.

repris (rə'pri) *m*: ~ *de justice* Vorbestrafter *m*. [Stopfen *n*.]

reprisage (rəpri'za:ʒ) *m* Flicken *n*,

reprise (rə'pri:z) *f* **1.** Wiedernehmen *n*; Wieder-ein, -ab-nahme *f*; Wiederergreifung *f e-s Flüchtlings*; **2.** ✝ Wiederbelebung *f der Geschäfte*; Steigen *n*, Wiederanziehen *n gefallener Kurse*; ~ *économique* Ankurbelung *f* der Wirtschaft; **3.** Wiederaufnahme *f*, Wiederholung *f*; *thé.* Wiederaufführung *f*; *à diverses* (*à plusieurs*, *à maintes*) ~*s* zu verschiedenen (zu wiederholten) Malen, recht häufig; *à trois* ~*s* dreimal hintereinander; ~ *du froid* Wiederbeginn *m* der Kälte; **4.** ♪ zu wiederholender Vers *m od.* Teil *m* e-r Arie; Wiederholungszeichen *n*; **5.** *Sport*: Runde *f*; *esc.* Doppelnachstoß *m*; **6.** Stopfen *n*, Ausbessern *n*; ~ *perdue* Kunststopferei *f*; **7.** ⚠ Ausbesserung *f*; ~ *en sous-œuvre* neues Untermauern *n*; **8.** *allg.* Ausbesserung *f*, Überholung *f* (*v. Möbeln*). [(ab)schätzen.]

repriser¹ (rəpri'ze) *v/t.* [1a] wieder

repris|er² (~) *v/t.* [1a] ausbessern, stopfen; ~**euse** (~'zø:z) *f* Stopffrau *f*; ⊕ Stopfmaschine *f*.

réproba|teur (reprɔba'tœ:r) *adj.* [7f] mißbilligend, tadelnd; ~**tion** (~bɑ'sjɔ̃) *f* **1.** *rl.* Verwerfung *f*; Verdammnis *f*; **2.** Mißbilligung *f*.

reproch|able (rəprɔ'ʃablə) *adj.* tadelnswert, sträflich; verwerflich; ~**e** (rə'prɔʃ) *m* **1.** Vorwurf *m*, Tadel *m*; *exempt de tout* ~ einwandfrei; **2.** ~*s pl.* ⚖ Einwendungen *f/pl.*; ~**er** (~'ʃe) *v/t.* [1a] **1.** ~ *qch. à q.* j-n wegen etw. tadeln, j-m etw. vorwerfen; **2.** ⚖ ~ *des témoins* Zeugen verwerfen; **3.** mißgönnen.

reproduc|teur (rəprɔdyk'tœ:r) **I** *adj.* [7f] fortpflanzend; wiedergebend; vervielfältigend; Vervielfältigungs-..., Kopier...; **II** *m* männliches Zuchttier *n*; ~**tibilité** (~tibili'te) *f* Wiedererzeugbarkeit *f*; Fortpflanzungsfähigkeit *f*; ~**tible** (~'tiblə) *adj.* fortpflanzungsfähig, wieder erzeugbar; ~**tif** (~'tif) *adj.* [7e] *éc.* wiedererzeugend; *zo.*, ⚘ fortpflanzungsfähig; *psych.* reproduktiv, (lediglich) wieder von sich gebend; ~**tion** (~k'sjɔ̃) *f* **1.** Wiedererzeugung *f*, Wiederherstellung *f*; Wiedergabe *f* (*z.B. e-s Kunstwerks*); **2.** Fortpflanzung *f*; Wiederwachsen *n*; **3.** Wiederabdruck *m*, Neudruck *m*, Abbildung *f* (*Photographie*), Nachdruck *m*; ~ *photographique phot.* Aufnahme *f*; ⚖ *droit m de* ~ Nachdrucksrecht *n*; **4.** Vervielfältigung *f*; ~**tivité** (~tivi'te) *f* Reproduktionsfähigkeit *f*.

reproduire (rəprɔ'dɥi:r) [4c] **I** *v/t.* **1.** wieder hervorbingen, wiedererzeugen; **2.** wieder vorzeigen, wieder vorführen; **3.** ab-, nachdrucken; nachahmen; reproduzieren; *phot.* aufnehmen; **4.** vervielfältigen; **II** *v/rfl.* se ~ **5.** sich fortpflanzen; wieder wachsen; **6.** sich wieder zeigen; sich wiederholen; **7.** abdrucken lassen, nachahmen lassen *usw.*

réprouv|able (repru'vablə) *adj.* verwerflich, tadelnswert; ~**é** (~'ve) *m* Verdammter *m*; Verstoßener *m*; ~**er** (~) *v/t.* [1a] mißbilligen.

reprouver (rəpru've) *v/t.* [1a] noch einmal beweisen.

reps (rɛps) *m* Rips *m*.
rep|tation (rɛptɑ'sjɔ̃) *f das* Kriechen *n*; **~tile** (~'til) **I** *adj.* kriechend; **II** *m* Reptil *n*, Kriechtier *n*; *fig.* Kriecher *m*; **~tilien** (~ti'ljɛ̃) *adj.* [7c] reptilartig.
repu (rə'py) **I** *adj.* übersatt, gesättigt, vollgestopft; vollgefressen V; überdrüssig; *fig. poète m ~ de chimères* Dichter *m* voller Hirngespinste; **II** *m* Gesättigter *m*; *fig. les ~s pl.* die Satten *m/pl.* der Erde.
républi|cain (repybli'kɛ̃) [7] **I** *adj.* □ republikanisch; **II** *su.* Republikaner *m*; **~caniser** (~kani'ze) *v/t.* [1a] republikanisieren; **~canisme** (~ka'nism) *m* republikanische Gesinnung *f* (*od.* Haltung *f*); **~que** (~'blik) *f* Republik *f*; Freistaat *m*; Volksstaat *m*; *la ⁓ Fédérale Allemande* die Bundesrepublik Deutschland (*abr.* B.R.D.); *~ des magistrats* Obrigkeitsstaat *m*.
répudi|ation (repydjɑ'sjɔ̃) *f* Verstoßen *n*, Verstoßung *f* (*e-r Frau*); ⚖ Ablehnung *f*, Ausschlagen *n*; **~er** (~'dje) *v/t.* [1a] von sich stoßen, verschmähen, verstoßen; ⚖ ablehnen (*Erbschaft*).
repue (rə'py) *f* Essen *n*, Mahlzeit *f*.
répugn|ance (repy'ɲɑ̃:s) *f* Widerwille *m*, Ekel *m*, Abscheu *m*; *phil.* Widerspruch *m*; *avoir une ~ pour qch.* sich vor etw. ekeln, e-n Abscheu vor etw. haben; **~ant** (~'ɲɑ̃) *adj.* [7] **1.** widerlich, ekelhaft; **2.** entgegengesetzt.
répugner (repy'ɲe) *v/i.* [1a] **1.** *~ à qch.* gegen etw. (*acc.*) sein, e-r Sache widerstreben, zuwiderlaufen, widersprechen; **2.** *~ à* abgeneigt sein gegen (*acc.*); j-m zuwider sein; *je répugne à...* (*od. il me répugne de ...*) es widerstrebt mir, zu ...
repulluler (rəpyly'le) *v/i.* [1a] wieder wuchern.
répul|sif (repyl'sif) *adj.* [7e] *phys., allg.* abstoßend; **~sion** (~'sjɔ̃) *f* Ab-, Zurück-stoßung *f*; *fig.* heftige Abneigung *f*, Widerwille *m*; *éprouver de la ~ pour q.* Abscheu vor j-m haben.
repurger (rəpyr'ʒe) *v/t.* [1l] nochmals reinigen; ⚕ erneut abführen.
réput|ation (repytɑ'sjɔ̃) *f* (*allgemeiner Ausdruck*; *gehobener ist renom u. renommée*) **1.** *a.* ✝ Ruf *m*, Ansehen *n*, ✝ Renommee *n*; *avoir une bonne* (*mauvaise*) *~* in gutem (schlechtem) Rufe stehen; *ne connaître q. que de ~* j-n nur vom Hörensagen kennen; *perdu de ~* verrufen; **2.** guter Ruf *m*; **~er** (~'te) *v/t.* [1a] halten für (*acc.*); *il est réputé fort riche* er gilt für sehr reich; *être réputé faire partie de qch.* als Bestandteil von etw. gelten; *vin m réputé* berühmter Wein *m*.
requé|rant (rəke'rɑ̃) *adj. u. su.* [7] ersuchend; Antragsteller *m*; **~rir** (~'ri:r) *v/t.* [21] **1.** ersuchen; auffordern; **2.** fordern; ⚔ requirieren, beitreiben; dienstverpflichten.
requête (rə'kɛt) *f* ⚖ Ersuchen *n*; Bittschrift *f*, Gesuch *n*; *agissant à la ~ de ...* im Auftrage von ...; *~ en cassation* Gesuch *n* um Aufhebung e-s richterlichen Urteils; *présenter une ~* ein Gesuch einreichen.
requiem (rekɥi'ɛm) *m* [5a] *rl.* Requiem *n*; ♪ Totenmesse *f*.
requin (rə'kɛ̃) *m* Hai(fisch *m*) *m*.
requinquer F (rəkɛ̃'ke) [1m] **I** *v/t.* ausstaffieren; **II** *v/rfl. se ~* wieder zu Kräften (*od.* auf die Beine) kommen; *iron.* sich aufdonnern.
requis (rə'ki) [7] **I** *adj.* erforderlich; **II** *m* Dienstverpflichteter *m*.
réquisi|tion (rekizi'sjɔ̃) *f* **1.** Ersuchen *n*, Ansuchen *n*; ⚖ Antrag *m*; ⚖ *agir à la ~ de ...* im Auftrage von ... handeln; **2.** Requisition *f*, Beitreibung *f*; Dienstverpflichtung *f*; *mettre en ~* einfordern; **3.** *~ de troupes* Aufgebot *n* an Truppen; **~tionner** (~sjɔ'ne) [1a] **I** *v/t.* ⚔ requirieren, beschlagnahmen, einfordern, beitreiben; **II** *v/i.* ⚖ Anträge stellen; **~toire** ⚖ (~'twa:r) *m* Strafantrag *m* des Staatsanwalts; Anklagerede *f*.
re-romanisation *ling.* (rərɔmanizɑ'sjɔ̃) *f* erneute Romanisierung *f*.
rescapé (rɛska'pe) *su.* Überlebender *m*, Geretteter *m*.
resceller (rəsɛ'le) *v/t.* [1a] wieder (ver)siegeln.
rescind|ant (rɛsɛ̃'dɑ̃) **I** *adj.* ⚖ aufhebend; **II** *m* Nichtigkeitsantrag *m*; **~ement** ⚖ (~d'mɑ̃) *m* Aufhebung *f*, Ungültigkeitserklärung *f*; **~er** ⚖ (~'de) *v/t.* [1a] aufheben, kassieren.
rescision (rɛsi'zjɔ̃) *f* **1.** ⚖ Aufhebung *f*; **2.** *chir.* Wegschneiden *n*.
rescisoire ⚖ (rɛsi'zwa:r) *adj.* umstoßend.
rescousse (rɛs'kus) *f*: *venir à la ~* zu Hilfe kommen.
rescription (rɛskrip'sjɔ̃) *f* Anweisung *f zur Erhebung e-s Betrages*.

rescrit (rɛs'kri) *m* Antwortschreiben *n* (*römischer Kaiser*); päpstliche Bulle *f*; Erlaß *m*, Verordnung *f*.

réseau (re'zo) *m* [5b] **1.** Netz *n* (*a.* ⚡, *téléph.*, *rad.*, 🚂 *usw.*); ~ *de chemins de fer*, ~ *ferré* Eisenbahnnetz *n*; ~ *fluvial* Flußnetz *n*; ~ *routier* Straßen-, Wege-netz *n*; ~ *de communications* Verkehrsnetz *n*; ~ *en fil de fer* Drahtgewebe *n*; ~ *urbain*, ~ *métropolitain* Stadtbahnnetz *n*; ~ *postal aérien* Luftpostnetz *n*; ⚔ ~ *de fils entrelacés* Drahthindernis *n*; *Auto*: ~ *des autoroutes* Autobahnnetz *n*; ⚡ ~ *de relais* Relaisnetz *n*; *téléph.* ~ *urbain* Ortsnetz *n*; ⚡ ~ *à haute* (*basse*) *tension* Hoch-(Nieder-)spannungsnetz *n*; **2.** *anat.*, ⚘ netzartiges Geflecht *n*; **3.** ⚠ Maßwerk *n* an gotischen Bauten.

résection *chir.* (resɛk'sjɔ̃) *f* Herausschneiden *n*, Abnehmen *n z.B. e-s Knochenstücks*.

réséda ⚘ (reze'da) *m* Reseda *f*.

resemer ⚒ (rəs[ə]'me) *v/t.* [1d] wieder säen.

réséquer *chir.* (rese'ke) *v/t.* [1f] *u.* [1m] ab-, heraus-schneiden.

réservation (rezɛrvɑ'sjɔ̃) *f* **1.** Vorbehalt *m*; **2.** ~ *des chambres* Zimmerreservierung *f*.

réserv|e (re'zɛrv) *f* **1.** Vorbehalt *m*; *à la* ~ *de* mit Ausnahme (*gén.*); bis auf (*acc.*); *als cj.*: *à la* ~ *que* (*mit ind.*) ausgenommen, daß ...; *sans* ~ rückhaltlos; *faire ses* ~*s* sich verwahren; *sous* ~ *de* vorbehaltlich (*gén.*); *sous toutes* ~*s* unter allem Vorbehalte; ohne jede Gewähr; **2.** Vorrat *m*; Ersatz *m*; Re-serve *f*; ✝ Notenreserve *f bei e-r Bank*; *fin.* ~*s pl.* Rücklagen *f/pl.*; ~ *de puissance* Kraftreserve *f*; ✝ ~ *nette* Nettoreserve *f*; ~ *métallique* Metallvorrat *m*; ~ *mathématique* Deckungskapital *n*; ~*s pl. mathématiques*, ~*s pl. de primes* Prämienreserve *f/sg.*; ~ *d'or*, ~ *de dividendes* Gold-, Dividenden-reserve *f*; *avoir en* ~ vorrätig haben; *mettre en* ~ beiseite legen; ⊕ *pièce f de* ~ Ersatzstück *n*; **3.** ⊕ Tank *m*; *Auto*: ~ *à* (*od. d'*)*huile* Öl-behälter *m*, -tank *m*; **4.** ⚔ Ersatz-mannschaft *f*, -truppen *f/pl.*; (*corps m de*) ~ Reservekorps *n*; ~*s pl. instruites* ausgebildete Reserven *f/pl.*; **5.** Zurückhaltung *f*; *user de* ~ *avec q.* gegen j-n zurückhaltend sein; **6.** *for.* (*bois m de*) ~ Schonung *f*; **7.** ~ *indienne* Indianerreservat *n* (*USA*); **8.** ⚖ ~ *légale* Pflichtteil *m*; *réduire q. à ses* ~*s* j-n auf den Altenteil setzen.

réser|vé (rezɛr've) *adj.* **1.** zurückhaltend, reserviert; **2.** ~ *à* vorgesehen für (*acc.*), bestimmt zu (*dat.*); **3.** *thé.* belegt, besetzt; **~ver** (~) *v/t.* [1a] **1.** vorbehalten, zurückbehalten; **2.** aufsparen, zurücklegen.

réser|viste ⚔ (~'vist) *m* Reservist *m*; Ersatzmann *m*; **~voir** (~'vwa:r) *m* Behälter *m*, *bsd.* Wasserbehälter *m*; ~ *à essence* Benzintank *m*; ⊕ ~ *à fond basculant* Kippbodenbehälter *m*; 🚂 ~ *de vapeur* Dampfraum *m*; ~ *d'air* Luftbehälter *m*.

rési|dant (rezi'dɑ̃) *adj.* [7] wohnhaft; *Fr. membre m* ~ ordentliches Akademiemitglied *n*; **~dence** (~'dɑ̃:s) *f* **1.** Aufenthalt(sort *m*) *m*; Wohnsitz *m*; Amtssitz *m*; **2.** Residenz *f*; **~dent** (~'dɑ̃) *su.* [7] **1.** (*auch als adj.*: *ministre m* ~) Ministerresident *m* (*Gesandter dritten Ranges*), Geschäftsträger *m*; **2.** Gouverneur *m*, Statthalter *m*; **3.** Ansässiger *m im Ausland*; **~dentiel** (~dɑ̃'sjɛl) *adj.* [7c]: *immeuble m* ~ Wohnhaus *n*; **~der** (~'de) *v/i.* [1a] **1.** sich aufhalten; wohnen; **2.** *fig.* stecken, enthalten sein; **~du** (~'dy) *m* Rückstand *m*, Bodensatz *m*; *allg.* ~*s pl. de ménage* Küchenabfälle *m/pl.*; **~duaire** ⚗ (~'dɥɛ:r) *adj.*, **~duel** ⚗ (~'dɥɛl) *adj.* [7c] rückständig, zurückbleibend, remanent.

résign|able (rezi'ɲablə) *adj.* abtretbar; **~ant** (~'ɲɑ̃) *m* Verzichtleistender *m*; **~ation** (~ɲɑ'sjɔ̃) *f* **1.** ⚖ Abtretung *f*, Verzicht (-leistung *f*) *m*; **2.** *fig.* Resignation *f*, Ergebung *f*; Gelassenheit *f*; **3.** Niederlegung *f e-s Amtes*.

résigner (rezi'ɲe) [1a] **I** *v/t.* **1.** ~ *qch.* etw. abtreten, auf etw. (*acc.*) verzichten; **2.** ~ *une fonction* ein Amt niederlegen; **3.** *fig.* ~ *son âme à Dieu* seine Seele Gott befehlen; **II** *v/rfl.* *se* ~ sich ergeben, sich fügen (*à* in *acc.*); *abs.* resignieren.

résili|able ⚖ (rezi'ljablə) *adj.* kündbar; **~ation** (~ljɑ'sjɔ̃) *f* gerichtliche Aufhebung *f*, Rückgängigmachung *f*; ~ *préalable fin.* vorherige Kündigung *f*; **~er** (~'lje) *v/t.* [1a] kündigen, gerichtlich auflösen *od.* aufheben, rückgängig machen.

résille (re'zij) *f* Haarnetz *n*; ⚠ Bleifassung *f* (*Glas u. Mosaik*).

rési|nage (rezi'na:ʒ) *m* Harzgewinnung *f*; **~ne** (re'zin) *f* Harz *n*; ~ *blanche* Schellharz *n*; ~ *synthétique* Kunstharz *n*; **~neux** (~'nø) *adj.* [7d] □ harzig; Harz...; **~nifère** (~ni'fɛ:r) *adj.* harzhaltig.

résipiscence (rezipi'sɑ̃:s) *f* Reue *f*; *venir à* ~ Reue zeigen.

résist|ance (rezis'tɑ̃:s) *f* **1.** Widerstand(s-fähigkeit *f*, -kraft *f*) *m*, Ausdauer *f*; Haltbarkeit *f*; ⊕ Festigkeit *f*; ⚠ Tragfähigkeit *f*; ~ *aux intempéries* Wetterbeständigkeit *f*; ~ *aux pressions* Druckbeanspruchung *f*; ~ *à la rupture* Bruchfestigkeit *f*; *phys.* ~ *de l'air* Luftwiderstand *m*; ⚡ ~ *du fil od. de la ligne* Leitungswiderstand *m*; ~ *de fuite* Verlustwiderstand *m*; *rad.* ~ (*branchée dans le circuit*) *de la grille* Gitterwiderstand *m*; **2.** *Fr. pol. la* ♀ die französische Widerstandsbewegung *f* (*1940—1944*); **~ant** (~'tɑ̃) **I** *adj.* [7] **1.** widerstehend; **2.** haltbar (*Stoff*); resistent; feuerfest; wasserdicht; ~ *à la chaleur* hitzebeständig; **3.** ausdauernd, widerstandsfähig; **II** *m pol.* Widerstandskämpfer *m*.

résister (rezis'te) *v/i.* [1a] **1.** widerstehen, Widerstand leisten; **2.** *fig.* ~ *à qch.* a) sich sträuben (gegen etw. *acc.*), sich auflehnen (gegen etw. *acc.*); b) etw. aushalten.

résistivité (rezistivi'te) *f* spezifischer (Leitungs-)Widerstand *m*.

résolu (rezɔ'ly) **I** *p/p. v. résoudre*; **II** *adj.* fest entschlossen, mutig, resolut; **~ment** (~'mɑ̃) *adv.* fest entschlossen, kühn; **~tion** (~ly'sjɔ̃) *f* **1.** Entschluß *m*, Beschluß *m*, Entschlossenheit *f*; *bsd. pol.* Resolution *f*; *allg.* Zielstrebigkeit *f*; *prendre une* ~ e-n Entschluß fassen; *adopter une* ~ e-e Entschließung annehmen; **2.** Entscheidung *f od.* Lösung *f e-r Frage*; ⚹ Lösung *f e-r Aufgabe*; **3.** ⚗ Auflösung *f*, Zergehen *n*; **4.** ⚕ Zerteilung *f e-r Geschwulst*; **5.** ⚖ Aufhebung *f von Verträgen usw.*; **~toire** ⚖ (~'twa:r) *adj.* aufhebend.

résolvant (rezɔl'vɑ̃) *adj.* [7] *u. m* auflösend(es Mittel *n*).

réson|ance (rezɔ'nɑ̃:s) *f* **1.** Nach-, Wider-hall *m*, Resonanz *f*, Mitklingen *n*; *boîte f* (*od. caisse f*) *de* ~ Schalldose *f*; **2.** ♪ Resonanzboden *m*; **~nant** (~'nɑ̃) *adj.* [7] **1.** widerhallend; **2.** volltönend, (stark) klingend; **~nateur** (~na'tœ:r) **I** *adj.* [7f] Widerhall (*od.* e-e Resonanz) bewirkend; **II** *phys. m* Schallfänger *m*; **~nement** (~zɔn'mɑ̃) *m* Rückklang *m*; Resonanz *f*; **~ner** (rezɔ'ne) *v/i.* [1a] widerhallen; *fig.* erschallen, ertönen.

resonner (rəsɔ'ne) *v/i.* [1a] wieder klingeln.

résor|ber (rezɔr'be) *v/t.* [1a] wieder aufsaugen; *fig.* (wieder in den Dienst) übernehmen (*Beamte*); **~ption** (~p'sjɔ̃) *f* Wiederaufsaugen *n*.

résoudre (re'zudrə) [4bb] **I** *v/t.* **1.** (auf-)lösen (*a.* ⚹ *u.* ⚗); **2.** ⚕ erweichen; ~ *une tumeur* eine Geschwulst beseitigen; **3.** ⚖ aufheben; **4.** *e-e Frage* entscheiden; **5.** ~ *qch.* etw. beschließen; *être résolu à* [*od. seltener* de] (*mit inf.*) entschlossen sein, zu ...; **6.** ~ *q. à qch.* j-n zu etw. bestimmen; **II** *se* ~ **7.** sich auflösen; **8.** *se* ~ *à* (*ehm. a.* de) *faire qch.* sich entschließen, etw. zu tun; *se* ~ *à qch.* sich zu etw. (*dat.*) entschließen; **9.** *se* ~ *sur* sich entscheiden über (*acc.*).

résou|s *adj./m*, **~te** *adj./f* (re'zu, re'zut) (*Nebenform des p/p. v. résoudre*) *phys.* (auf)gelöst.

respect (rɛs'pɛ) *m* Ehrfurcht *f*; Ehrerbietung *f*; Achtung *f*; *manquer de* ~ *à q.* sich j-m gegenüber respektlos benehmen; *assurer q. de son* ~ j-n seiner Hochachtung versichern; *rendre* (*od. présenter*) *ses* ~*s à q.* j-m seine Aufwartung machen; *présentez-lui mes* ~*s* empfehlen Sie mich ihm; *sauf votre* ~ offen gesagt; *sans* ~ *de qch.* ohne Rücksicht auf etw. (*acc.*).

respec|tabilité (rɛspɛktabili'te) *f* Achtbarkeit *f*; **~table** (~'tablə) *adj.* □ achtbar; ✝ reell; **~ter** (~'te) *v/t.* [1a] **1.** achten; *se faire* ~ sich Achtung verschaffen; **2.** Rücksicht nehmen auf (*acc.*); (ver-)schonen; bestehen lassen; wahren; **~tif** (~'tif) *adj.* [7e] □ jeweilig, entsprechend; beider-, gegen-, wechsel-seitig; einschlägig; *respectivement adv.* gegenseitig; beziehungsweise; **~tueux** (~'tɥø) *adj.* [7d] □ respektvoll.

respir|able (rɛspi'rablə) *adj.* atembar; **~ateur** ⚕ (~ra'tœ:r) *a/m u. m*: (*appareil*) ~ Atmungsapparat *m*; **~ation** (~rɑ'sjɔ̃) *f* Atmen *n*, Atmung *f*; **~atoire** (~ra'twa:r) *adj.* Atmungs...; *appareil m* ~ Atmungsapparat *m*; *casque m* ~ Rauchhelm *m*, -maske *f*; **~er** (~'re) [1a]

I *v/i.* **1.** (auf)atmen, Atem holen; noch am Leben sein; **2.** *fig.* sich offenbaren; **3.** *fig.* ~ *après qch.* nach etw. (*dat.*) trachten, sich nach etw. (*dat.*) sehnen; **II** *v/t.* **4.** ein-, aus-atmen; **5.** *fig.* andeuten, ankündigen; trachten nach (*dat.*).

resplend|ir (rɛsplɑ̃'di:r) *v/i.* [2a] leuchten, glänzen, strahlen (*a. fig.*), blinken, funkeln; **~issement** (~dis'mɑ̃) *m* Glanz *m* (*a. fig.*), Funkeln *n.*

responsa|bilité (rɛspɔ̃sabili'te) *f* Verantwortlichkeit *f*; Pflichtenkreis *m*; ⚖ ~ (*civile* zivilrechtliche) Haftbarkeit *f* (*od.* Haftpflicht *f*); *prendre la* ~ *de qch.* für etw. (*acc.*) einstehen; **~ble** (~'sablə) *adj.* verantwortlich, haftbar (*de* für *acc.*).

resquil|le P (rɛs'kij) *f* Schwarzhören *n*; -sehen *f*, -fahrt *f*; Nassauerei *f*; **~ler** P (~ki'je) *v/i.* [1a] schwarz-hören (*rad.*), -sehen; unrechtmäßig ergattern, organisieren *fig.*; nassauern; **~leur** P (~ki'jœ:r) *m* Schwarz-fahrer *m*, -hörer *m*; Zaungast *m*; Nassauer *m*, Schnorrer *m*, Zechpreller *m.*

ressac ⚓ (rə'sak) *m* Brandung *f.*

ressaisir (rəsɛ'zi:r) [2a] **I** *v/t.* **1.** wieder ergreifen; **2.** ⚖ wieder mit Beschlag belegen; **II** *v/rfl.* *se* ~ sich wieder bemächtigen (*de qch.* e-r Sache); *fig.* wieder zu sich kommen (*a. pol.*), sich wieder finden, sich ermannen.

ressass|é (rəsa'se) *adj. fig.* abgedroschen; *un sujet* ~ ein abgedroschenes Thema *n*; **~er** (~) *v/t.* [1a] **1.** *Mehl* wieder durchbeuteln; **2.** F *fig.* noch einmal durchgehen, bis zum Überdruß wiederholen.

ressaut (rə'so) *m* **1.** Δ Vorsprung *m*; *faire* ~ vorspringen; **2.** Unebenheit *f*; **3.** *fig.* Gedankensprung *m*; **~er** (~'te) [1a] *v/i.* **1.** wieder (zurück)springen; **2.** Δ vorspringen, hervorragen.

ressembl|ance (rəsɑ̃'blɑ̃:s) *f* Ähnlichkeit *f*; **~ant** (~'blɑ̃) *adj.* [7] ähnlich; **~er** (~'ble) [1a] **I** *v/i.* ähnlich sein, gleichen; *fig. cela ne ressemble à rien* das sieht nach nichts aus; **II** *v/rfl.* *se* ~ sich ähnlich sehen *od.* gleichen.

ressemel|age (rəsəm'la:ʒ) *m* Schuhbesohlung *f*; **~er** (~'le) *v/t.* [1c] Schuhe wieder (*od.* neu) besohlen.

ressemer (rəs[ə]'me) **I** *v/t.* [1d] wieder säen; **II** *v/rfl.* *se* ~ wieder gesät werden; sich von selbst aussäen.

ressent|iment (rəsɑ̃ti'mɑ̃) *m* Gefühl *n* der Verbitterung, Groll *m*, Rachegefühl *n*; **~ir** (~'ti:r) [2b] **I** *v/t.* **1.** (lebhaft) empfinden *od.* fühlen; mitempfinden; **2.** erkennen, merken; **II** *v/rfl.* *se* ~ *de qch.* die Nachwirkungen (*od.* Folgen) von etw. (*dat.*) verspüren nachträglich noch zu leiden haben an etw. (*dat.*).

resserre (rə'sɛ:r) *f* Aufbewahrungs-, Rumpel-kammer *f*, Verschlag *m.*

resserr|ement (rəsɛr'mɑ̃) *m* **1.** enge Zusammenziehung *f*, Verengerung *f*; Beklemmung *f*; **2.** *fig.* Festigung *f*; *bsd. pol. le* ~ *de la coopération* die Festigung *f* der wirtschaftlichen Zusammenarbeit; ~ *du contrôle sur les forces militaires* Verschärfung *f* der Kontrolle über die Streitkräfte; **3.** *fig.* ~ *de l'argent* Zurückhalten *n* des Geldes, Geldverknappung *f*; **4.** ⚕ Verstopfung *f*; **~er** (~'re) [1b] **I** *v/t.* **1.** (wieder) einschließen; **2.** wieder festbinden; *fig.* enger knüpfen; **3.** verengern; **4.** ⚕ verstopfen; **5.** zs.-ziehen; *fig.* einengen, beschränken; *resserré* eng zs.-gedrängt; *fig.* geizig; **II** *v/rfl.* *se* ~ sich zs.-ziehen; ⚕ sich verstopfen; F *fig.* sich einschränken; sich beschränken (*dans* auf *acc.*); sich konzentrieren (*auf e-e Tätigkeit*).

resservir (rəsɛr'vi:r) [2b] **I** *v/i.* nochmals gebraucht werden; **II** *v/t.* nochmals einschenken; *fig.* ~ *un bon mot entendu* e-n gehörten Witz an den Mann bringen.

ressort¹ (rə'sɔ:r) *m* **1.** Feder-, Spann-kraft *f*; **2.** ⊕ (Trieb-)Feder *f*; ~ *à boudin* (~ *à volute*) Sprung- (Spiral-)feder *f*; ~ *de matelas*, ~ *de soupape*, ~ *de fermeture* Matratzen-, Ventil-, Schließ-feder *f*; *rad.* ~ *de tête* Kopfhörerbügel *m*; **3.** *fig.* Spannkraft *f*, Schwung *m*; Mittel *n*; *être sans* ~ ganz kaputt (*od.* völlig schlapp) sein; *faire jouer tous les* ~*s fig.* alle Hebel in Bewegung setzen; **4.** *fig. le* ~ der springende Punkt *m.*

ressort² (~) *m* **1.** ⚖ Gerichtsbezirk *m*; Zuständigkeitsbereich *m*; *être du* ~ *de* ... zuständig sein für ... (*acc.*); **2.** *fig.* Fach *n*, Bereich *n*, Gebiet *n*; ~ *d'activité* Aufgabenkreis *m*; *cela n'est pas de mon* ~ damit habe ich nichts zu tun.

ressortir¹ (rəsɔr'ti:r) *v/i.* [2b] **1.** wieder (hin)ausgehen; **2.** *fig.* hervorspringen, -treten; *faire* ~ hervorheben; **3.** *v/imp. il ressort* *de cela* daraus geht hervor.

ressor|tir² (~) *v/i.* [2a] hinsichtlich der Zuständigkeit gehören (*à* zu *dat.*); ~ *au tribunal de* ... zur Zuständigkeit des Gerichts in ... gehören; **~tissant** (~ti'sɑ̃) **I** *adj.* [7]: ~ *à* ... der ... Gerichtsbarkeit unterstehend; **II** *bsd.* ⚖ *su.* Angehöriger *m*; *les ~s des parties contractantes* die Angehörigen *m/pl.* der vertragschließenden Parteien; ~ *d'un Etat* Staatsangehöriger *m*.

ressource (rə'surs) *f* **1.** Hilfe *f*, Hilfs-mittel *n*, -quelle *f*; **2.** Geldmittel *n/pl.*; *être sans* ~ mittellos sein; *c'est un homme de* ~ er weiß sich zu helfen; **3.** *~s f/pl.* Reichtum *m*, Reserven *f/pl.* (*e-s Landes*); *~s f/pl. du pays* Bodenschätze *m/pl.*

ressouvenir (rəsuv'ni:r) **I** *m* (Wieder-)Erinnerung *f*; Nachwehen *f/pl. e-r Krankheit*; **II** *v/i.* [2h]: *se ~ de qch.* sich an etw. (*acc.*) wieder erinnern, sich e-r Sache (*gén.*) entsinnen; **III** *v/imp. il me ressouvient de qch.* ich erinnere mich wieder an etw. (*acc.*).

ressuer (rə'sɥe) [1a] **I** *v/i.* wieder schwitzen; **II** *v/t.* ⚒ (*auch faire*) ~ ausseigern, ausschmelzen; ⚗ abtreiben, läutern.

ressusci|table (resysi'tablə) *adj.* wiederbelebungsfähig; **~té** (~'te) *su.* vom Tode Wiederauferweckter *m*; **~ter** (~) [1a] **I** *v/t.* wieder auf(er)wecken; *fig.* wiedererwecken, neu beleben, anregen, erneuern; **II** *v/i.* (*mit être, wenn der Zustand, mit avoir, wenn die Handlung ausgedrückt werden soll*) wieder lebendig werden, wieder auferstehen (*a. fig.*).

ressuyer (resɥi'je) *v/t.* [1h] wieder (ab- *od.* aus-)trocknen.

restant (rɛs'tɑ̃) **I** *adj.* [7] **1.** übrigbleibend; **2.** ✉ *poste f ~e* postlagernd; **II** *m* Rest *m*, Rückstand *m*; ✝ ~ *en caisse* Kassenbestand *m*.

restau|rant (rɛsto'rɑ̃) **I** *adj.* [7] **1.** kräftigend; **II** *m* **2.** Restaurant *n*, Lokal *n*, Gasthaus *n*, Gaststätte *f*; **3.** Stärkungs-, Kräftigungs-mittel *n*; **~rateur** (~ra'tœ:r) **I** *m* Gastwirt *m*, **II** *su.* [7f] Wiederhersteller *m*, Neubegründer *m*; **~ration** (~rɑ'sjɔ̃) *f* Wiederherstellung *f*; Wiedereinführung *f*; Wiedereinsetzung *f* auf den Thron; *style m de la* ♀ Biedermeierstil *m*; **~rer** (~'re) [1a] **I** *v/t.* **1.** △, *peint.* wiederherstellen, restaurieren; **2.** gesundheitlich, körperlich wiederherstellen, stärken, erquicken; **3.** wieder auf den Thron setzen; **II** *v/rfl. se* ~ sich stärken, sich kräftigen.

reste (rɛst) *m* **1.** Rest *m*, Überbleibsel *n*, *das* Übrige *n*; Rückstand *m*; *du* ~ (*od. au* ~) übrigens; *de* ~ mehr als genug, nur zu sehr (*od.* zuviel), nur allzu gut, mehr als nötig; *ainsi du* ~ und so fort; ~ *d'un tirage* Restauflage *f* (*Buch usw.*); *sans* ~ restlos; *avoir de l'argent de* ~ Geld übrig haben; *être en* ~ im Rückstand sein (*avec q.* bei j-m); *jouer (de) son* ~ sein letztes Geld aufs Spiel setzen; *fig.* den letzten Versuch machen, das Äußerste versuchen; *ne pas demander son* ~ sich sang- u. klanglos aus dem Staube machen; **2.** *abs.* *~s pl.* sterbliche Hülle *f/sg.*

rester (rɛs'te) *v/i.* [1a] (*mit être*) **1.** (da-, zurück-)bleiben, verweilen; verharren; ~ *assis* (*couché*) sitzen-(liegen-) bleiben; ~ *debout* stehenbleiben; **2.** übrigbleiben, übrig sein; *v/imp. il (me) reste mille francs à payer* es bleiben (mir) noch tausend Francs zu zahlen; *reste à savoir si* ... es fragt sich nur noch, ob ...; **3.** *en ~ à qch.* es bei etw. (*dat.*) bewenden lassen; bei etw. stehen bleiben; *il n'en restera pas là* er wird es nicht dabei (bewenden) lassen; *écol. usw. où en sommes-nous restés?* sind wir stehen geblieben?

restitu|able (rɛsti'tɥablə) *adj.* **1.** ersetzbar, zu ersetzen; **2.** ⚖ wieder einsetzbar; **~er** (~'tɥe) *v/t.* [1a] **1.** wieder herstellen; **2.** ersetzen, (wieder- *od.* zurück-)erstatten; **3.** *phot.* auswerten; **~tion** (~ty'sjɔ̃) *f* **1.** Wiederherstellung *f*; **2.** ⚖ ~ *en entier* Wiedereinsetzung *f* in den vorigen Stand; **3.** Wieder- (*od.* Zurück-)erstattung *f*, Herausgabe *f*; **4.** *phot.* (photographische) Auswertung *f*; *appareil m de* ~ Wiedergabegerät *n*, Einzelbildsammler *m*.

restoroute *Auto* (rɛsto'rut) *m* Imbißhalle *f an e-r Autostraße*.

restreindre (rɛs'trɛ̃:drə) [4b] **I** *v/t.* **1.** zusammenziehen; ⚕ verstopfen; **2.** ~ (*à qch.* auf etw. *acc.*) be- *od.* ein-schränken; *restreint* eng, knapp; *au sens restreint* im engeren Sinne; **II** *v/rfl. se* ~ **3.** sich zusammenziehen; *fig.* sich verengern; **4.** sich einschränken; *se ~ à qch.* sich auf etw. (*acc.*) beschränken.

restric|tif (rɛstrik'tif) *adj.* [7] einschränkend; **~tion** (~strik'sjɔ̃) *f* Beschränkung *f*; ~ *mentale* stillschweigender Vorbehalt *m*; *sans* ~ ohne Einschränkung, unbedingt; *sous* ~ unter (*od.* mit) Vorbehalt; † ~ *d'* (*od. à l'*)*exportation* Ausfuhrbeschränkung *f*; ~ *d'importation* Einfuhrbeschränkung *f*; ~ *au commerce* Handelsbeschränkung *f*; ~ *de production* Produktionsbeschränkung *f*; ~ *du nombre des fonctionnaires* Beamtenabbau *m*.

restringent (rɛstrɛ̃'ʒɑ̃) *adj.* [7] (*auch m*) zusammenziehend(es Mittel *n*). [*f*; Runde *f* (*Trunk*).]

resucée P (rəsy'se) *f* Wiederholung

résult|ante (rezyl'tɑ̃:t) *f* Resultante *f*; **~at** (~'ta) *m* Ergebnis *n*; ~ *final* (*od. définitif*) Endergebnis *n*; ~ *provisoire* Zwischenergebnis *n*; ~*s m/pl. sportifs* Sportergebnisse *n/pl.*; *sans* ~ ergebnislos; *fécond en* ~*s* ergebnisreich; **~er** (~'te) *v/i.* [1a] sich ergeben, resultieren; *qu'en résulte-il?* was folgt daraus?

résu|mé (rezy'me) *m* Zusammenfassung *f*, Übersicht *f*; Abriß *m*; *en* ~ im großen u. ganzen; kurz; **~mer** (~) [1a] **I** *v/t.* kurz zusammenfassen; **II** *v/rfl.* se ~ sich kurz fassen.

résurrection (rezyrɛk'sjɔ̃) *f* **1.** Auferstehung *f*; **2.** plötzliche Genesung *f*; **3.** *fig.* Wiederaufleben *n*.

retable ⚠ (rə'tablə) *m* Altarblatt *n*.

rétabl|ir (reta'bli:r) [2a] **I** *v/t.* **1.** wieder einrichten; wieder einsetzen; **2.** wiederherstellen, wieder instand setzen, wieder in Gang bringen; **3.** ~ (*la santé de*) *q.* j-n wieder gesund machen; **II** *v/rfl.* se ~ wiederhergestellt werden; ⚕ wieder gesund werden, genesen; **~issement** (~blis'mɑ̃) *m* Wiederherstellung *f*; Besserung *f*, Genesung *f*; Wiedereinsetzung *f*; *gymn.* Aufschwung *m*; *fig.* Gesundung *f*; † ~ *financier* Sanierung *f* der Finanzen; ~ *économique* Gesundung *f* der Wirtschaft; ⚕ *prompt* ~*!* baldige (*od.* gute) Besserung!

retail|le ⊕ (rə'tɑ:j) *f* Abschnitzel *n*; **~ler** (rətɑ'je) *v/t.* [1a] beschneiden; ~ *une lime* e-e Feile aufhauen.

rétam|age ⊕ (reta'ma:ʒ) *m* (Wieder-)Verzinnung *f*; **~é** P (~'me) *adj.* sternhagelbesoffen; völlig am Ende *od.* erschöpft; **~er** ⊕ (~'me) *v/t.* [1a] wieder verzinnen; P total besoffen machen; **~eur** ⊕ (~'mœ:r) *m* Kesselflicker *m*.

retape P (rə'tap) *f*: *faire la* ~ a) auf den Strich (*od.* auf die Straße) gehen; b) Kunden fangen.

retaper (rəta'pe) **I** *v/t.* **1.** wieder in Ordnung bringen, reparieren, wieder zurechtmachen, neu machen; wieder auffrischen; umarbeiten; *Hut* aufbügeln; **2.** ⚕ ~ *q.* j-n wieder hochbringen (*a. allg.*); *allg.* j-m neuen Mut zusprechen; **3.** *écol.* ~ *q.* j-n durchfallen lassen; **4.** * ~ *q.* j-n erneut anpumpen; **II** *v/rfl.* se ~ ⚕ sich wieder hochrappeln.

retard (rə'ta:r) *m* **1.** Verspätung *f*; *en* ~ verspätet; ✈, ⚓ überfällig; † rückständig; *sans* ~ ohne Verzug, ohne Verspätung; *être en* ~ zu spät kommen; *se mettre en* ~ *pour q.* sich wegen j-s aufhalten; *ma montre est en* ~ *de cinq minutes sur l'horloge de la gare* meine Uhr geht nach der Bahnhofsuhr (um) 5 Minuten nach; † *intérêts m/pl. de* ~ Verzugszinsen *m/pl.*; † ~ *de paiement* Zahlungsverzug *m*; ~ *de (la) livraison* Lieferungsverzögerung *f*; **2.** ♪ Aufhebung *f*; **3.** ⊕ Verzögerung *f*; Zurückbleiben *n*; Retardierwerk *n* e-r Uhr; *Auto*: ~ *à l'allumage* Spätzündung *f*; **~ataire** (~da'tɛ:r) **I** *adj.* verspätet; rückständig; **II** *su.* Zuspätkommer *m*; Nachzügler *m*; rückständiger Steuerzahler *m*; **~ateur** (~da'tœ:r) *adj.* [7f] *phys.* aufhaltend; **~ement** (~də'mɑ̃) *m* Aufschub *m*, Verzug *m*, Verzögerung *f*; *phot.* Vorlaufswerk *n*, Verschluß *m*; ⚔ *à* ~ mit Zeitzündung; **~er** (~'de) [1a] **I** *v/t.* **1.** aufschieben; **2.** aufhalten; **3.** *Uhr* zurückstellen; langsamer gehen lassen; **II** *v/i.* **4.** zu spät kommen; **5.** es verschieben, zu ...; **6.** nachgehen (*Uhr*).

retâter (rətɑ'te) [1a] **I** *v/t.* **1.** wieder betasten; **2.** *fig.* ~ *q.* j-m wieder auf den Zahn fühlen; **II** *v/i.* ~ *à* (*od.* de) *qch.* wieder von etw. (*dat.*) kosten.

reteindre (rə'tɛ̃:drə) *v/t.* [4b] wieder färben.

retenable (rət'nablə) *adj.* leicht zu behalten.

retendre (rə'tɑ̃:drə) *v/t.* [4a] wieder (be)spannen.

rétendre (re'tɑ̃:drə) *v/t.* [4a] wieder ausbreiten.

retenir (rət'ni:r) [2h] **I** *v/t.* **1.** zurückbekommen (*Geld*); **2.** zurück-, ein-behalten, nicht herausgeben; Schüler nachsitzen lassen; **3.** *fig.* für sich behalten, im Gedächtnis behalten, sich merken; **4.** ⚖ ~ *une cause* sich e-e Rechtssache vorbehalten, sich für e-e Sache für zuständig erklären; **5.** abziehen (*von e-m Betrage*); **6.** bestellen, belegen; **7.** auf-, zurückhalten; ~ *un cri* e-n Schrei unterdrücken; ~ *son haleine* den Atem anhalten; ~ *sa langue* s-e Zunge im Zaume halten; **8.** festhalten, am Fallen hindern; ~ *l'attention de q.* in j-s Blickfeld rücken; **9.** belegen, reservieren (*Platz*); **II** *v/rfl.* se ~ **10.** *se ~ à qch.* sich an etw. (*dat.*) (fest)-halten; **11.** plötzlich stehenbleiben; sich zurückhalten; **12.** *fig.* sich zs.-nehmen, sich beherrschen, sich mäßigen; *se ~ de crier* s-n Schmerz verbeißen; *je ne puis me ~ de ...* ich kann nicht umhin, zu ... [versuchen.]

retenter (rətɑ̃'te) *v/t.* [1a] wieder

réten|teur *méc.* (retɑ̃'tœ:r) *adj.* [7f], **~tif** *méc.* (~'tif) *adj.* [7e] zurückhaltend, hemmend; **~tion** (~'sjɔ̃) *f* **1.** Zurückbehalten *n*, Behalten *n* (*im Gedächtnis*); ⚖ *droit m de* ~ Zurückbehaltungsrecht *n*; **2.** ⚖ Vorbehaltung *f* der Entscheidung; **3.** ⚕ Harnzwang *m*.

retent|ir (rətɑ̃'ti:r) *v/i.* [2a] widerhallen; ertönen; dröhnen; *fig. faire ~ partout les louanges de q.* j-s Lob überall verkünden; **~issant** (~ti'sɑ̃) *adj.* [7] widerhallend; schallend; Aufsehen erregend; *mots m/pl.* ~*s* hochtönende Worte *n/pl.*; **~issement** (~tis'mɑ̃) *m* Widerhall *m*, Dröhnen *n*; großes Aufsehen *n*.

rete|nu (rət'ny) **I** *p/p. v. retenir u. adj.* zurückhaltend; **II** *m*: *faire le ~* den Zurückhaltenden spielen; **~nue** (~) *f* **1.** Abzug *m vom Gehalt*; **2.** *école.* Arrest *m*, Nachsitzen *n*; *être en ~* nachsitzen; *mettre en ~* nachsitzen lassen; **3.** *fig.* Zurückhaltung *f*, Bescheidenheit *f*; **4.** Zurückhalten *n*; ~ *d'eau* Stausee *m*; **5.** *Auto*: Rückprall *m*.

réticence (reti'sɑ̃:s) *f* Verschweigung *f*, absichtliche Übergehung *f*.

réticent (reti'sɑ̃) *adj.* [7] *fig.* kühl, zurückhaltend.

réticu|le (reti'kyl) *m* **1.** Handtasche *f* (*für Damen*); **2.** *opt.* Fadenkreuz *n*; **~laire** (~'lɛ:r) *adj.*, **~lé** (~'le) *adj.* netz-förmig, -artig.

rétif (re'tif) *adj.* [7e] störrisch, widerspenstig; ~ *au travail* arbeitsscheu.

réti|forme (reti'fɔrm) *adj.* netzförmig; **~ne** (re'tin) *f* Netzhaut *f* des Auges, Retina *f*; **~nite** (~'nit) *f* **1.** ⚕ Netzhautentzündung *f*; **2.** *min.* Pechstein *m*.

reti|ré (rəti're) *adj.* abgelegen, einsam; zurückgezogen; *vivre ~, mener une vie ~e* zurückgezogen leben; **~rer** (~) [1a] **I** *v/t.* **1.** zurück-, hervor-, heraus-ziehen; ~ *sa casquette* s-e Mütze ziehen; ~ *une clef* e-n Schlüssel abziehen; ~ *qch. de la circulation* etw. aus dem Verkehr ziehen; **2.** entziehen, wegnehmen; ~ *un enfant du collège* ein Kind aus der Oberschule nehmen; ~ *q. à qch.* j-n v. etw. befreien *fig.*; **3.** ~ *q.* (*chez soi*) j-n bei sich aufnehmen, j-n bei sich in Sicherheit bringen; **4.** beziehen, einnehmen; *fig.* gewinnen; ~ *des avantages de qch.* Vorteile aus etw. ziehen; ~ *un profit de qch.* e-n Nutzen aus etw. (*dat.*) ziehen; ~ *l'impression que...* den Eindruck gewinnen daß... *fig.* ~ *de la gloire* Ruhm ernten; **5.** *typ.* wieder abdrucken (*od.* abziehen); **6.** *fig.* zurücknehmen; ein Pfand einlösen; *Sport*: aufgeben; s-e Meldung zurückziehen; ~ *une loi* (*une motion*) e-e Gesetzesvorlage (e-n Antrag) zurückziehen; **II** *v/i.* **7.** von neuem ziehen; ~ *au sort* noch einmal losen; **8.** ⚔ erneut (*od.* wieder) schießen; **III** *v/rfl.* se ~ **9.** sich zurückziehen, zurücktreten, weggehen, nach Hause gehen; **10.** *se ~ de q.* mit j-m brechen, sich von j-m abwenden; *se ~ devant q.* j-m das Feld räumen, j-m den Vorrang lassen; **11.** sich zur Ruhe setzen, abtreten; **12.** einlaufen (*Stoff*), zusammenschrumpfen. [keit *f*.]

rétivité (retivi'te) *f* Widerspenstig-

retombée (rətɔ̃'be) *f* **1.** △ Anfänger *m*; **2.** Behang *m* (*v. Vorhängen*); **3.** *at.* ~*s pl. nucléaires* radioaktive(r) Niederschläge *m/pl.* (Ausfall *m od.* (Aschenregen *m*).

retomber (~) *v/i.* [1a] **1.** wieder fallen; **2.** (wieder) zurückfallen; *fig.* zurücksinken; **3.** *fig.* wieder über etw. (*acc.*) herfallen; wieder auf etw. (*acc.*) geraten; **4.** *fig.* ~ *sur q.* auf j-n fallen; *faire ~ la faute sur q.* die Schuld auf j-n wälzen.

retor|doir (rətɔr'dwa:r) *m* Zwirnmaschine *f*; **~dre** (~'tɔrdrə) *v/t.* [4a] noch einmal drehen; zwirnen.

rétorquer (retɔr'ke) [1m] **I** *v/t. Gründe usw.* umkehren, zurückweisen; **II** *v/i.* erwidern.

retors (rə'tɔ:r) *adj.* [7] **1.** gedreht; *fil m* ~ Zwirn *m*; **2.** *fig.* geschraubt, gewunden, gedrechselt (*Stil*); **3.** *fig.* schlau, durchtrieben, gerissen; *a. m* Schlauberger *m*, geriebener Kerl *m*, Fuchs *m fig.*

rétorsif (retɔr'sif) *adj.* [7e] zurückweisend.

rétorsion (retɔr'sjɔ̃) *f rhét.* Zurückweisung *f*; *pol.* Erwiderung *f*; *mesures f/pl. de* ~ Gegen-, Vergeltungs-maßnahmen *f/pl.*

retou|che (rə'tuʃ) *f phot. usw.* Retusche *f*, Überarbeitung *f*, Nachbesserung *f*; **~cher** (~'ʃe) *v/t. u. v/i.* [1a] **1.** ~ (*à*) *qch.* etw. wieder berühren; **2.** verbessern, überarbeiten, überholen, retuschieren, nachbessern; **~cheuse** (~'ʃø:z) *f Mode*: Änderin *f*.

retour (rə'tu:r) *m* **1.** *tours m/pl. et* ~*s m/pl.* Krümmungen *f/pl. u.* Windungen *f/pl.*; **2.** Rück-kehr *f*, -fahrt *f*, -reise *f*; ✈ *vol m de* ~ Rückflug *m*; *de* ~ *de ...*, *od. nur*: ~ *de ...* zurückgekehrt aus ...; *ell. de* ~ *chez moi ...* bei meiner Rückkehr nach Hause ...; *l'aller et le* ~ *m* die Hin- und Rück-reise *f*; *par* ~ *du courrier* postwendend; ~ *de courant* Stromrückgang *m*; ⊕ *mouvement m en* ~ Rückwärtsbewegung *f*; **3.** ✝ a) Zurücksendung *f*; (*frais m/pl. od. fret m de*) ~, *port m de* ~ Rückfracht *f*, -porto *n*; b) Ausgleichsbetrag *m*; **4.** Wiederholung *f*, Wiederkehr *f*; ~ *de conscience* Gewissensbiß *m*; **5.** ~ *vers qch.* Rückblick *m* auf etw. (*acc.*), Zurückersehnen *n* (*gén.*); Gedanke *m* an etw. (*acc.*); **6.** Wechsel *m des Glücks*; ~ *de l'opinion* Umkehr *f* der öffentlichen Meinung; *sans* ~ unwiederbringlich, auf immer; **7.** *être sur le* ~ altern; **8.** *en* ~ dafür, dagegen; *payer q. de* ~ j-m e-n Gegendienst erweisen; j-m mit Gegenliebe antworten; *abs. payer de* ~ Gleiches mit Gleichem vergelten; *présent m offert en* ~ *d'un autre* Gegengabe *f*; ~ *offensif* Gegenstoß *m*; **9.** ⚖ *droit m de* ~ Heimfallsrecht *n*; **10.** *phys.* Widerhall *m*, Rückprall *m*; **11.** ⚠ Vorsprung *m*; **12.** *fig.* Gegenstück *n*, Parallele *f*.

retourne (rə'turn) *f* Zeitungsartikel *m*, der auf e-r der nächsten Seiten fortgesetzt wird; *Kartenspiel*: Trumpf *m*.

retournement (rəturnə'mɑ̃) *m*: (Um-)Wenden *n*; Rückentwicklung *f*; *Sport*: ~ (*inversé*) hochgezogene Rollenkehre *f*.

retourner (rətur'ne) [1a] **I** *v/t.* (*mit avoir!*) **1.** umkehren, (um)wenden; *Karte* umschlagen; umgraben; umpflügen; umrühren; *fig.* ~ *le sens* den Sinn verdrehen; **2.** zurückweisen (*Argument*); zurückschicken; **3.** *fig.* ~ *q.* j-n umstimmen, j-n herumkriegen F; **4.** wieder vorbringen (*e-e Frage*); **II** *v/i.* (*mit être!*) **5.** zurück-kehren, -fliegen, -fahren, -reisen; umkehren; ~ *à* wieder gehen (*od.* fahren *od.* reisen *od.* fliegen) nach (*dat.*); ~ *sur ses pas* (auf demselben Wege wieder) umkehren; s. *rentrer* I, 1; **6.** ~ *à qch.* etw. wieder anfangen; **7.** ~ *sur qch.* auf etw. (*acc.*) zurückkommen; **8.** ⚖ heimfallen; **9.** *Kartenspiel*: Trumpf machen *od.* sein; **III** F *v/imp. voilà donc de quoi il retourne* darum also dreht (*od.* handelt) es sich; *de quoi retourne-t-il?* worum dreht es sich?; was ist los?; **IV** *v/rfl. se* ~ sich 'umdrehen; F sich anpassen; *fig.* sich umsehen, Atem schöpfen, sich verpusten F; *s'en* ~ wieder zurückkehren, wieder umkehren; *il sait se* ~ er weiß sich zu helfen (*od.* sich zu drehen u. zu wenden); *se* ~ *contre q.* sich gegen j-n wenden, sich gegen j-n erheben.

retracer (rətra'se) *v/t.* [1k] noch einmal zeichnen; *fig.* erzählen, schildern, erneut vor Augen führen; vergegenwärtigen.

rétrac|table (retrak'tablə) *adj.* widerruflich; ⊕ einziehbar; **~tation** (~tɑ'sjɔ̃) *f* Widerruf *m*, Zurücknahme *f*; **~ter** (~'te) [1a] **I** *v/t.* ein-, zurück-ziehen; verkürzen; *fig.* widerrufen; **II** *v/rfl. se* ~ sich zusammenziehen (*Muskel*); **~tile** *zo.* (~'til) *adj.* zurück-, ein-ziehbar; **~tion** (~trak'sjɔ̃) *f* ⚕ Zusammenziehung *f*, Verkürzung *f*; ⚖ Widerruf *m*.

retraduction (rətradyk'sjɔ̃) *f* Rückübersetzung *f*.

retraduire (rətra'dɥi:r) *v/t.* [4c] **1.** nochmals übersetzen; **2.** rückübersetzen.

retraire (rə'trɛ:r) *v/t.* [4s] zurückkaufen, wieder an sich bringen.

retrait (rə'trɛ) **I** *adj.* [7] **1.** zs.-gezogen, verkürzt; verschrumpft; ✓ notreif; *typ. en* ~ eingerückt (*Zeile*); **II** *m* **2.** Zusammenziehen *n*, Eingehen *n*; **3.** Zurückziehung *f*; Zurücknahme *f*; Einziehen *n von Münzen*; ~*s pl. fin.* Abhebungen *f/pl.*; 🚂 ~ *des billets* Abnahme *f* der Fahrkarten; ⚔ ~ *du front* Zurücknahme *f* (*od.* Rückverlegung *f*) der Front; *adm.* ~ *d'emploi* Amtsenthebung *f*; **4.** ⚖ (Wieder-)Einlösung *f*; **5.** Zurückweichen *n* des Meeres; **6.** *bét.* Schwindmaß *n*, Schwinden *n* (*von Zement u. Beton bei trockener Luft*); *tendance f au* ~ Schwindneigung *f*.

retraite (rə'trɛt) *f* **1.** Sichzurückziehen *n*; *faire* ~ nach Hause gehen; **2.** ⚔ Rückzug *m*; *couper la* ~ *à l'ennemi* dem Feind den Rückzug abschneiden; *donner le signal de la* ~ zum Rückzug blasen, den Angriff abblasen; **3.** ⚔ Zapfenstreich *m*; ~ *aux flambeaux* Fackelzug *m*; **4.** Zurücktreten *n des Meeres*; **5.** *esc.* Ausweichen *n*; **6.** *fig.* Sichzurückziehen *n*; Zurückgezogenheit *f*, Abgeschiedenheit *f*, Einsamkeit *f*; **7.** Ruhesitz *m*; Zufluchtsort *m*; Schlupfwinkel *m*, Versteck *n*; **8.** Pensionierung *f* (*v. Beamten*); Entlassung *f* mit Gnaden- (*od.* Ruhe-)gehalt; ~ *forcée* Zwangspensionierung *f*; *mettre q. à la* ~ j-n verabschieden, j-n aus dem Dienst entlassen; *mise f à la* ~ Pensionierung *f*; Zurruhesetzung *f*; (*pension f de*) ~ Ruhegehalt *n*; *caisse f des* ~*s* Pensions-, Ruhegehalts-kasse *f*; *caisse f de* ~ *pour les ouvriers* Arbeiterversicherungskasse *f*; *en* ~ außer Dienst (*abr.*: a. D.); **9.** *phys.* Zusammenziehen *n durch Hitze*; **10.** ⚠ Rücksprung *m e-s Gebäudeteils*; *partie f en* ~ zurückspringender Teil *m*; **11.** ✝ Rückwechsel *m*, Ritratte *f*.

retrai|té (rətrɛ'te) *adj. u. su.* pensioniert, in den Ruhestand versetzt; Ruhegehaltsempfänger *m*, Pensionierter *m*; ~**ter** (~) [1a] *v/t.* **1.** wieder behandeln; **2.** in den Ruhestand versetzen, pensionieren; ⚔ verabschieden.

retranch|ement (rətrɑ̃ʃ'mɑ̃) *m* **1.** Einschränkung *f* (*v. Ausgaben*); **2.** Abschaffung *f*; Streichung *f*; **3.** ⚔ Verschanzung *f*, Schützengraben *m*; ~**er** (~'ʃe) [1a] **I** *v/t.* **1.** ab-, weg-schneiden; ✝ *von e-m Betrag* abziehen; **2.** abschaffen, abstellen, beseitigen, ausmerzen; *Ausgaben usw.* streichen; **3.** ausstoßen, ausschließen; **4.** ⚔ verschanzen, befestigen; **II** *v/rfl.* se ~ sich in s-n Ausgaben einschränken; ⚔ sich verschanzen, sich eingraben; *fig. se* ~ *derrière q.* sich hinter j-m verschanzen; *se* ~ *dans le silence* sich in Schweigen hüllen.

retransmettre *rad.* (rətrɑ̃s'mɛtrə) *v/t.* [4p] (rück-)übertragen.

retransmission (rətrɑ̃smi'sjɔ̃) *f* (Magnetophon-)Wiedergabe *f*; *rad.* (Rück-)Übertragung *f*; Wiederholung *f e-r Sendung*.

rétréc|ir (retre'si:r) [2a] **I** *v/t.* verenge(r)n, schmaler machen; *fig.* beschränken, einengen; **II** *v/i. u.* **III** *v/rfl.* se ~ einlaufen, enger werden; ~**issement** (~sis'mɑ̃) *m* Verengern *n*, Vereng(er)ung *f*; Einlaufen *n v. Stoffen*; *fig.* Beschränkung *f*; Beengtheit *f*.

rétreindre ⊕ (re'trɛ̃:drə) *v/t.* [4b] aushämmern; reduzieren.

retremper (rətrɑ̃'pe) [1a] **I** *v/t.* wieder eintauchen; ⊕ Stahl wieder härten; *fig.* mit neuer Tatkraft ausrüsten; **II** *v/rfl.* se ~ *fig.* neue Kraft schöpfen.

rétribu|er (retri'bɥe) *v/t.* [1a] entlohnen, bezahlen, besolden; ~**tion** (~by'sjɔ̃) *f* Lohn *m*, Besoldung *f*, Bezahlung *f*; Honorar *n*; ~ *scolaire* Schulgeld *n*.

rétroac|tif (retrɔak'tif) *adj.* [7e] □ rückwirkend; ~**tion** (~ak'sjɔ̃) *f* Rückwirkung *f*; ~**tivité** (~aktivi'te) *f* rückwirkende Kraft *f*.

rétro|céder ⚖ (retrɔse'de) *v/t.* [1f] wieder abtreten; ~**cession** (~sɛ'sjɔ̃) *f* **1.** ⚖ Wiederabtretung *f*; **2.** ⚕ Zurücktreten *n*, Verschwinden *n*, Aufhören *n*; **3.** *phys.* Rückwärtsgehen *n*.

rétrogra|dation (~grada'sjɔ̃) *f* **1.** ⚔ Degradierung *f*; **2.** *ast.* Rücklauf *m*; ~**de** (~'grad) **I** *adj.* rückgängig; rückläufig; *fig.* rückschrittlich; *marche f* ~ Rückmarsch *m*; *fig. politique f* ~ rückschrittliche Politik *f*; *bill. effet m* ~ Zurückzieher *m*; **II** *su.* Rückschrittler *m*; ~**der** (~'de) [1a] **I** *v/i.* rückwärts gehen; rückläufig sein; *ast.* zurücklaufen; *fig.* rückschrittlich sein, Rückschritte

machen; **II** *v/t. Auto*: ~ *ses vitesses* s-e Geschwindigkeit verringern.
rétro|gression (~grɛ'sjɔ̃) *f* Rückschritt *m*; **~pédalage** *vél.* (~peda'la:ʒ) *m*: *frein m à* ~ Rücktrittsbremse *f*; **~pédaler** *vél.* (~peda'le) *v/i.* [1a] die Rücktrittbremse benutzen.
rétrospectif (~spɛk'tif) *adj.* [7e] □ zurückblickend; *coup m d'œil* ~ Rückblick *m*.
retrouss|er (rətru'se) [1a] **I** *v/t.* aufkrempeln (*Hemdsärmel*); umschlagen (*Rockärmel, Hosen*); aufschürzen, hochnehmen (*Frauenrock*); hochkämmen (*Haar*); Schnurrbart nach oben kämmen; *nez m retroussé* Stülpnase *f*; **II** *v/rfl.* se ~ ihren Rock hochnehmen; **~is** (~'si) *m* **1.** aufgestülpte Hutkrempe *f*; **2.** umgeschlagener Rockschoß *m*, Umschlag *m* (*an e-m Kleidungsstück*); **3.** *bottes f/pl. à* ~ Stulpenstiefel *m/pl.*
retrouver (rətru've) [1a] **I** *v/t.* **1.** wieder-, auf-finden (*durch Anstrengung*), -gewinnen; **2.** *aller* ~ *q.* j-n wieder aufsuchen; **II** *v/rfl.* se ~ sich wieder einfinden; sich zurechtfinden, sich auskennen.
rétro|version (retrɔvɛr'sjɔ̃) *f* **1.** Rückübersetzung *f*; **2.** ⚕ Retroversion *f*, Rückwärtsbeugung *f* der Gebärmutter; **~viseur** (~vi'sœ:r) *m*: (*a. miroir m*) ~ Rück(blick)spiegel *m* (*am Auto*); Spion *m fig.* (*am Fenster*).
rets (rɛ) *m* (*Jagd-, Fischer-*)Netz *n*; *se laisser prendre dans les* ~ *de q.* sich von j-m umgarnen lassen.
réun|ification *pol.* (reynifika'sjɔ̃) *f* Wiedervereinigung *f* (*e-s geteilten Gebiets*); **~ifier** *pol.* (~ni'fje) *v/t.* [1a] wiedervereinigen; **~ion** (~'njɔ̃) *f* **1.** (Wieder-)Vereinigung *f*; Verbindung *f*; **2.** Einverleibung *f*; **3.** Zs.-kommen *n*, -fließen *n*, -stellung *f*, -ziehung *f*; ⚕ Verheilen *n*; *écol.* ~ *de parents d'élèves* Elternabend *m*; **4.** Versammlung *f*, Veranstaltung *f*, Gesellschaft *f*; Verein *m droit m de* ~ Vereinsrecht *n*; **~ir** (~'ni:r) [2a] **I** *v/t.* **1.** wieder vereinigen *od.* zs.-bringen; sammeln, zs.-stellen; verbinden; *fig.* aussöhnen; **2.** einverleiben, verschmelzen; **3.** ~ *toutes les conditions* alle Bedingungen erfüllen; ~ *toutes ses forces* alle s-e Kräfte zs.-nehmen; ~ *toutes les voix* alle Stimmen auf sich vereinigen; **II** *v/rfl.* se ~ sich versammeln, zs.-kommen; sich vereinigen; zs.-gestellt werden; zs.-fließen (*Flüsse*); ⚕ verheilen.
réussir (rey'si:r) [2a] (*mit avoir!*) **I** *v/i.* **1.** Erfolg (*od.* Glück) haben; glücken, gelingen, nach Wunsch gehen; seinen Zweck erreichen; *thé.* Beifall finden; *réussi* gelungen; ~ *à qch.* bei etw. (*dat.*) Glück haben; ~ *dans son dessein* s-e Absicht erreichen; *j'ai réussi à le faire* es ist mir gelungen, es zu tun; *il ne réussira jamais* er wird es nie zu etw. bringen; *il ne réussit à rien* nichts will ihm glücken; *j'ai mal réussi* ich habe Pech gehabt; es ist mir nicht gelungen; *l'affaire a réussi* das Geschäft ist geglückt; **2.** ⚘ gedeihen; **II** *v/t.* glücklich zustandebringen, erfolgreich durchführen, schaffen; ~ *son amour* in s-r Liebe Erfolg haben.
réussite (rey'sit) *f* **1.** Erfolg *m*, Gelingen *n*; **2.** guter *od.* schlechter Ausgang *m*; *mauvaise* ~ *d'une affaire* schlechter Ausgang *m* e-r Angelegenheit; *non-*~ Mißerfolg *m*.
revacciner ⚕ (rəvaksi'ne) *v/t.* [1a] wieder impfen.
reva|lider ⚖ (rəvali'de) *v/t.* [1a] wieder gültig machen; **~loir** (~'lwa:r) *v/t.* [1a] **1.** heimzahlen (*als Rache*); **2.** sich erkenntlich zeigen, sich revanchieren (*qch.* für etw.).
revaloris|ation (rəvalɔriza'sjɔ̃) *f* Aufwertung *f*; Erhöhung *f*; *pol.* erneute Unterstreichung *f* (*od.* Betonung *f*) der Bedeutung *e-s Landes*; ~ *des hypothèques* Hypothekenaufwertung *f*; **~er** (~'ze) *v/t.* [1a] aufwerten; *fig.* wieder zu Geltung bringen; *pol.* ~ *un pays* ein Land wieder zur Geltung bringen.
revanch|ard *pol.* (rəvɑ̃'ʃa:r) *m u. adj.* Revanchist *m*; revanchistisch; **~e** (rə'vɑ̃:ʃ) *f* Vergeltung *f*, Rache *f*, Genugtuung *f*, Erwiderung *f*; *Spiel*: Gegenpartie *f*; *prendre sa* ~ *sur q. de qch.* sich an j-m für etw. rächen, (*od. positiv*: sich j-m für etw. erkenntlich zeigen); *j'aurai ma* ~ ich werde mich erkenntlich zeigen; *advt.* en ~ als Ersatz; andererseits, dagegen; **~er** † (~vɑ̃'ʃe) [1a] **I** *v/t.* verteidigen, beistehen (*dat.*) *od.* Hilfeleisten; (*dat.*); **II** *v/rfl.* se ~ *de qch.* **1.** sich rächen für (*acc.*); **2.** sich erkenntlich zeigen für (*acc.*).
rêvass|er (rɛva'se) *v/i.* [1a] vor sich

hin träumen; *fig.* ~ *à* träumerisch denken an (*acc.*); **~erie** F (~vas'ri) *f* Träumerei *f*; Hirngespinst *n*; **~eur** F (~'sœ:r) *su.* [7g] Spinner *m* F *fig.*

rêve (rɛ:v) *m* **1.** Traum *m*; *en* ~ im Traum; *faire un* ~ träumen; **2.** *fig.* Trugbild *n*, Hirngespinst *n*.

revêche (rə'vɛʃ) *adj.* sauer, herb (*Geschmack*); rauh (*Stoff*); *fig.* barsch, unfreundlich, störrisch (*envers q.* j-m gegenüber); ⊕ spröde.

réveil (re'vej) *m* **1.** Aufwachen *n*, Erwachen *n*; *à mon* ~ bei m-m Erwachen; **2.** Wecker(uhr *f*) *m*; *mettre le* ~ *à cinq heures* den Wecker auf fünf stellen; **3.** ⚔ (Trommelwirbel *m* zum) Wecken *n*.

réveille-matin (revɛjma'tɛ̃) *m* **1.** † (*mst. nur réveil*) Wecker(uhr *f*) *m*; **2.** *fig.* Lärm *m od.* Krach *m* am Morgen; **3.** ⚘ *Art* Wolfsmilch *f*.

réveill|er (revɛ'je) [1a] **I** *v/t.* **1.** (auf)wecken; *fig.* aufmuntern, reizen; **2.** erneuern, wiedererwecken; wieder hervorrufen; anregen (*Appetit*); wieder erregen *od.* wachrufen; **II** *v/rfl.* se ~ **3.** erwachen, aufwachen; *se* ~ *en sursaut* plötzlich aus dem Schlafe fahren; **4.** wieder anfangen (*Schmerz*); **~on** (~'jɔ̃) *m* **1.** Nachtschmaus *m*, *bsd.* Weihnachts- *od.* Silvester-schmaus *m*; **2.** *rl.* (Neujahrs-)Frühmesse *f*; **~onner** (~jɔ'ne) *v/i.* [1a] den Weihnachts- *od.* Silvester-schmaus einnehmen.

révél|ateur (revela'tœ:r) **I** *su. u. adj.* [7f] Enthüller *m*, Denunziant *m*; aufdeckend, zur Entdeckung (*od.* auf die Spur) führend; **II** *m phot.* Entwickler *m*; **~ation** (~la'sjɔ̃) *f* Enthüllung *f*; *rl.* Offenbarung *f*; **~er** (~'le) [1f] **I** *v/t.* enthüllen, aufdecken, offenbaren; *phot.* entwickeln; ~ *ses complices* s-e Mitschuldigen angeben; ~ *un secret* ein Geheimnis verraten; *la religion révélée* die geoffenbarte Religion; **II** *v/rfl.* se ~ (*acc.*) sich zeigen, sich offenbaren; *fig.* sich entpuppen, zu Tage treten; sich erweisen.

revenant (rəv'nɑ̃) **I** *adj.* [7] einnehmend, angenehm, gewinnend, gefällig; **II** *m* Gespenst *n*; **~-bon** † (~'bɔ̃) *m* [6a] Nebengewinn *m*; Kassenüberschuß *m*.

revendeur (rəvɑ̃'dœ:r) *su.* [7g] Wiederverkäufer *m*, Zwischenhändler *m*.

revendi|catif (~ka'tif) *adj.* [7c] fordernd; *journée f revendicative* Streiktag *m* wegen Lohnforderungen; **~cation** ⚖ (~ka'sjɔ̃) *f* **1.** Zurückforderung *f e-r Sache*; **2.** Forderung *f e-s Rechts*; Anspruch *m*; **~quer** ⚖ (~'ke) *v/t.* [1m] *als sein Eigentum* in Anspruch nehmen *od.* (zurück)fordern, beanspruchen; ~ *la responsabilité de qch.* die Verantwortlichkeit für etw. (*acc.*) übernehmen.

revendre (rə'vɑ̃:drə) *v/t.* [4a] wiederverkaufen, wieder verkaufen; *il en a à* ~ er hat davon im Überfluß; *en* ~ *à q.* j-n einwickeln (*od.* verkaufen); *il vous en revendrait* er könnte Sie übers Ohr hauen.

revenez-y (rəvne'zi) *m*: *cela a un goût de* ~ das schmeckt nach mehr; *celui-là, je l'attends au* ~*!* der soll mir nur wiederkommen!

revenir (rəv'ni:r) *v/i.* [2h] **1.** wieder-, zurück-kommen, noch einmal kommen; *Auto*: ~ (*en seconde od. en première vitesse*) zurückschalten; ~ *à soi* wieder zu sich kommen; **2.** wieder wachsen; **3.** wiedererscheinen, wiederkehren; ~ *sur ses pas* (wieder) umkehren; *les forces lui sont revenues* er ist wieder zu Kräften gekommen; *v/imp. il m'est revenu que ...* es ist mir zu Ohren gekommen, daß ...; **4.** ~ *à l'esprit*, ~ *en mémoire* wieder einfallen (*Gedanke*); *ce nom ne me revient pas* dieser Name fällt mir nicht wieder ein; **5.** spuken *abs. il y revient* dort spukt's; **6.** aufstoßen (*v. Speisen*); **7.** ~ *à qch.* auf etw. (*acc.*) zurückkommen; *cela revient à dire ...* das heißt mit anderen Worten; *j'en reviens toujours à dire que ...* ich bleibe dabei, daß ...; **8.** sich erholen (*de von dat.*); *il revient à vue d'œil* es geht ihm zusehends besser; ~ (*à soi*) wieder zur Besinnung kommen, sich beruhigen; ~ *d'un étonnement* sich von e-m Erstaunen erholen; *abs. je n'en reviens pas* ich komme nicht darüber hinweg, ich kann es nicht fassen; **9.** sich befreien, loskommen; ~ *de ses erreurs* s-e Irrtümer aufgeben ~ *sur ce qu'on avait dit* sein Wort zurücknehmen, *j'en suis revenu* ich habe mich anders besonnen; ~ *sur sa décision* sich anders besinnen; **10.** *cuis. faire* ~ anbraten; **11.** einbringen, abwerfen (*an Gewinn*); zustehen, zukommen, gebühren (*Rechtsanspruch*); *ce lui* *revient de droit* das steht ihm rechtmäßig zu; *a. v/imp.* F *il me revient dix francs* ich bekomme zehn Francs zurück; **12.** zu stehen kommen; *cela me revient à dix mille francs* das kostet mich zehntausend Francs; *cela me revient cher* das kommt mir teuer zu stehen; **13.** *cela revient au même* das kommt auf's selbe heraus; **14.** F gefallen.

revente (rə'vɑ̃:t) *f* Wiederkauf *m.*

reve|nu (rəv'ny) *m* Einkommen *n,* Einkünfte *f/pl.*; *~s pl. casuels* Nebeneinkünfte *f/pl.*; *~s pl. fonciers* Einkünfte *f/pl.* aus Grundeigentum; *~ imposable, ~ taxable* versteuerbares Einkommen *n*; *~ du capital* Kapitalertrag *m*; *~(s pl.) ne provenant pas du travail* arbeitsloses Einkommen *n*; *~s pl. en excédent* Mehreinkommen *n/sg.*; *à ~ fixe* festverzinslich; **~nue** (~) *f* **1.** Nachwuchs *m (vom Holz)*; **2.** *ch.* Austreten *n des Wildes a. d. Wald.*

rêver (rɛ've) [1a] *v/i. u. v/t.* **1.** (*fig.* er-) träumen; *~ le pouvoir* die Macht erträumen; **2.** ⚕ *im Fieber* phantasieren; F faseln; **3.** *~ à qch.* an etw. (*acc.*) denken, über etw. (*acc.*) nachdenken; *~ de qch.* etw. sehnlichst herbeiwünschen; sich mit Wehmut an etw. (*acc.*) erinnern.

réver|bération *phys.* (reverbera'sjɔ̃) *f* Zurückstrahlung *f*; **~bère** (~'bɛ:r) *m* **1.** Reflektor *m an e-r Lampe*; **2.** Straßenlaterne *f*; **~bérer** *phys.* (~be're) *v/t.* [1f] reflektieren, Licht zurückwerfen; Wärme zurückstrahlen.

reverd|ir (rəvɛr'di:r) [2a] **I** *v/t.* wieder grün streichen; wieder grün werden lassen; **II** *v/i.* wieder grünen (*od.* grün *od. fig.* jung werden; **~issement** (~dis'mɑ̃) *m* Wiedergrünen *n*; *fig.* neuer Glanz *m.*

révéremment (revera'mɑ̃) *adv.* ehrerbietig, mit Ehrerbietung.

révéren|ce (reve'rɑ̃:s) *f* **1.** Ehrerbietung *f*; *Votre* ♀ Euer Ehrwürden; **2.** Verbeugung *f*; Knicks *m*; *faire la ~* sich verbeugen, sich verneigen (*à q.* vor j-m *dat.*); **~ciel** (~rɑ̃'sjɛl) *adj.* [7c] ehrfurchtsvoll; *crainte f ~le* kindliche Ehrfurcht *f*; **~cieux** (~'sjø) *adj.* [7d] □ kriecherisch, dienernd, übertrieben höflich; ehrerbietig; **~d** (~'rɑ̃) *adj. u. su.* [7] hoch-, ehr-würdig; **~dissime** (~di'sim) *adj.* hochwürdig(st).

révérer (reve're) *v/t.* [1f] verehren.

rêverie (rɛv'ri) *f* Träumerei *f*; *fig.* Phantasterei *f.*

revers (rə'vɛ:r) *m* **1.** Rück-, Kehrseite *f*; *prov. toute médaille a son ~* jedes Ding hat zwei Seiten (*od.* s-e Kehrseite); **2.** (*coup m de*) *~* *Tennis*: Rückhand (schlag *m*) *f*; **3.** *das* Umgekehrte *n*; **4.** Auf-, Um-schlag *m an Kleidungsstücken*; Stulpe *f*; *bottes f/pl. à ~* Stulpenstiefel *m/pl.*; **5.** *fig. ~ (de fortune)* Unglücksfall *m,* Schicksalsschlag *m,* Rückschlag *m*; **6.** ⚔ *à ~* von hinten, im Rücken; *prendre à ~* von der Flanke u. im Rücken angreifen.

réversal ⚖ (revɛr'sal) *adj.* [5c] e-e Gegenerklärung enthaltend.

reverseau ⚠ (rəvɛr'so) *m* [5b] Fensterblech *n.*

reversement¹ *fin.* (rəvɛrsə'mɑ̃) *m* Rückzahlung *f.*

reversement² ⚓ (~) *m* **1.** Umladen *n*; **2.** Umkehr *f der Flut.*

reverser (rəvɛr'se) *v/t.* [1a] **1.** wieder einschenken; **2.** wieder aus- (*od.* zurück-)gießen; **3.** † übertragen; *fin. ~ un trop-perçu* e-n zuviel erhobenen Steuerbetrag wieder auszahlen; **4.** ⚓ *Güter* umladen.

réver|sibilité (revɛrsibili'te) *f* ⚖ Heimfallsrecht *n*; ⊕ Umsteuerbarkeit *f*; ⊕ Umkehrbarkeit *f*; **~sible** (~'siblə) *adj.* ⚖ rück-, heim-fällig; ⊕ auf beiden Seiten verwendbar, umsteuerbar, auswechselbar; *Mode*: doppelseitig zu tragen, wendbar; **~sion** (~'sjɔ̃) *f* ⚖ Heim-, Rück-fall *m.*

revê|tement ⚠ (rəvɛt'mɑ̃) *m* Ver-, Be-kleidung *f,* Schicht *f*; Strebemauer *f*; *~ en béton* Betonverkleidung *f*; *~ en bois* Holz-verkleidung *f,* -täfelung *f*; **~tir** (~'ti:r) *v/t.* [2g] **1.** *~ q. d'un habit* j-m e-n Anzug anziehen; *~ un habit* e-n Anzug anziehen; **2.** *fig. ~ la figure de q.* die Gestalt (*od.* den Charakter) j-s annehmen; *~ une importance particulière* e-e besondere Bedeutung haben; **3.** *être revêtu d'une charge* ein Amt bekleiden; **4.** ⚠ verkleiden, überziehen; *~ de planches* mit Brettern verschlagen.

rêveur (rɛ'vœ:r) *adj. u. su.* [7g] **1.** träumerisch, grübelnd; Träumer *m*; **2.** *fig.* zerstreut, verträumt.

revient † (rə'vjɛ̃) *m*: *prix m de ~* Gestehungs-, Herstellungs-, Selbstkostenpreis *m.*

revif (rə'vif) *m* **1.** *allg.* Wiederaufleben *n*; **2.** ⚓ Wiederansteigen *n der Flut.*
revigor|ant ⚕ (rəvigɔ'rɑ̃) *adj.* [7] kräftigend; **~er** ⚕ (~'re) *v/t.* [1a] wiederbeleben, kräftigen.
revir|ement (rəvir'mɑ̃) *m* **1.** *fig.* Umschwung *m*, Wendung *f*; **2.** ⚓, *Auto*: Wenden *n*; Rückkehr *f*; **3.** ✝ ~ *de fonds* Übertragung *f* e-r Schuld; **~er** (~'re) *v/i.* [1a]: a) ⚓, *Auto*: wieder wenden, wieder e-e Kurve fahren; b) F *fig.* umsatteln, den Beruf wechseln; (s)einen Entschluß (*od.* seine Ansicht) ändern.
revisable *od.* **révisable** (rə-, revi'zablə) *adj.* revisionsfähig; der Durchsicht unterworfen.
reviser *od.* **réviser** (rə-, revi'ze) *v/t.* [1a] durchsehen, von neuem prüfen, revidieren; ⚖ nochmals untersuchen.
reviseur *od.* **réviseur** (rə-, revi'zœ:r) *m* Revisor *m*, Nachseher *m*; *typ.* Korrektor *m*; ~ *de comptes* Nachrechner *m*.
revision *od.* **révision** (rə-, revi'zjɔ̃) *f* **1.** Revision *f*, Durchsicht *f*; Nachprüfung *f*; ~ *de comptes* Nachrechnung *f*; ⊕ *faire une* ~ (*complète* gründlich) überholen; **2.** ⚖ nochmalige Durchsicht *f* der Akten; Wiederaufnahmeverfahren *n*, Revision *f*; **3.** *typ.* letzte Korrektur *f*, Revision *f*; **4.** ⚔ Nachmusterung *f*; **5.** *pol.* Grenz-, Verfassungsänderung *f*.
revisionniste *od.* **révisionniste** *pol.* (rə-, revizjɔ'nist) *adj. u. su.* revisionistisch; Revisionist *m*, Verfechter *m* des Gedankens der Änderung e-r Grenze *od.* Verfassung.
revitalisation *éc.* (rəvitaliza'sjɔ̃) *f wirtschaftliche* Wiederbelebung *f*.
revivi|fiant (rəvivi'fjɑ̃) *adj.* [7] *u. m* belebend; Belebungsmittel *n*; **~fication** (~fika'sjɔ̃) *f* Wiederbelebung *f*; **~fier** (~'fje) *v/t.* [1a] wiederbeleben; ⊕ frischen.
reviviscence *biol.* (rəvivi'sɑ̃:s) *f* Wiederaufleben *n*.
revivre (rə'vi:vrə) [4e] **I** *v/i.* **1.** wieder lebendig werden; *faire* ~ wieder lebendig werden lassen, wieder geltend machen; *fig.* ~ *dans ses enfants* in s-n Kindern fortleben; **2.** *fig.* sich erneuern, wieder hochkommen; **II** *v/t.* ~ *sa vie* sein Leben noch einmal (durch)leben.
révoca|bilité (revɔkabili'te) *f* Absetzbarkeit *f e-s Beamten*; **~ble** (~'kablə) *adj.* widerruflich; absetzbar; **~tion** (~kɑ'sjɔ̃) *f* **1.** Abberufung *f*; Absetzung *f*; **2.** Widerruf *m*; Aufkündigung *f*; Aufhebung *f*; **~toire** (~ka'twa:r) *adj.* widerrufend.
revoici *u.* **revoilà** (rəvwa'si, ~'la) *advt.*: *me revoici* (*revoilà*) hier (da) bin ich wieder; *le revoilà malade* da ist er wieder krank.
revoir (rə'vwa:r) [3b] **I** *v/t.* **1.** wiedersehen; **2.** (*aller*) ~ *q.* wieder zu j-m gehen; **3.** noch einmal prüfen *od.* durchsehen, revidieren; **II** *m* Wiedersehen *n*; *au* ~! auf Wiedersehen!
revoler (rəvɔ'le) *v/i.* [1a] (*mit avoir!*) zurück-fliegen, -eilen.
revolin ⚓ (rəvɔ'lɛ̃) *m* Rückwind[*m*.]
révolt|ant (revɔl'tɑ̃) *adj.* [7] empörend; **~e** (~'vɔlt) *f* Empörung *f*, Aufruhr *m*, Putsch *m*; **~é** (~'te) *adj. u. m* aufständisch; Aufrührer *m*, Putschist *m*; **~er** (~) [1a] **I** *v/t.* aufwiegeln, aufputschen; *fig.* empören; **II** *v/rfl. se* ~ revoltieren, sich empören, meutern, sich auflehnen, e-n Putsch machen..
révolu (revɔ'ly) *adj.* **1.** abgelaufen, verstrichen; *quatre ans* ~*s* vier volle Jahre; *être* ~ vorbei sein; **2.** vollendet (*Umlauf e-s Gestirns*).
révoluté ⚘ (revɔly'te) *adj.* nach außen umgerollt.
révolution (revɔly'sjɔ̃) *f* **1.** Umlauf *m der Planeten*; Umlaufszeit *f*; ⊕, ♈ Umdrehung *f*; ~ *des saisons* Wechsel *m* der Jahreszeiten; **2.** *fig.* Revolution *f*, Umsturz *m*, Staatsumwälzung *f*; Umschwung *m*, Umwälzung *f*; *universelle* Weltrevolution *f*; ~ *de palais* Palastrevolution *f*; **~naire** (~sjɔ'nɛ:r) **I** *adj.* aufrührerisch, umstürzlerisch; *parti m* ~ Revolutionspartei *f*; **II** *su.* Revolutionär *m*, Umstürzler *m*; *All. litt. les* ~*s en littérature* die Dichter *m/pl.* der Sturm- u. Drangzeit *f*; **~ner** (~'ne) [1a] *v/t.* in Aufruhr stürzler *m*; *All. litt. les* ~*s en* bringen, *fig.* gewaltig aufregen, bestürzen; *fig.* umgestalten, umwälzen.
revolver (rəvɔl'vɛ:r) *m* Revolver *m*; ~ *d'ordonnance* Dienstrevolver *m*; ~ *à chargement automatique* Selbstladepistole *f*.
revomir ⚕ (rəvɔ'mi:r) *v/t.* [2a] wieder ausbrechen.

révoquer (revɔ'ke) *v/t.* [1m] **1.** ab-, zurück-berufen, absetzen; **2.** widerrufen; ~ *en doute* an-, be-zweifeln.

revu|e (rə'vy) *f* **1.** Durch-, Untersuchung *f*, genaue Durchsicht *f*; *faire la ~ de qch., passer qch. en ~* etw. prüfen, etw. genau durchsuchen; **2.** ⚔ Heerschau *f*, Parade *f*; *allg.* Besichtigung *f*; ~ *navale* Flottenparade *f*; *passer les troupes en ~* die Truppen mustern, die Parade abnehmen; ~ *d'appel* Kontrollversammlung *f*; ~ *de(s) modes* Modenschau *f*; **3.** Zeitschrift *f*, Rundschau *f*, Revue *f*; ~ *de T.S.F.* Rundfunkzeitung *f*; Wochenbericht *m*; ~ *du marché* Marktbericht *m*; **4.** *thé.* Revue *f*, Ausstattungsstück *n*, Bühnenschau *f*; **5.** F *nous sommes gens de ~* wir sehen uns wieder; **~iste** *thé.* (rəvy'ist) *m* Verfasser *m* e-r Revue.

révuls|é ⚕ (revyl'se) *adj.*: *avoir les yeux ~s* die Augen verdrehen; **~er** ⚕ (~) *v/t.* [1a] ableiten; **~if** ⚕ (~'sif) *adj.* [7e] *u. m* heftig ableitend(es Mittel *n*).

rez (re) *prp.*: *couper un arbre (à) ~ de terre* e-n Baum dicht über der Erde absägen; *adjt. sortie f à ~* Ausgang *m* zu ebener Erde; **~-de-chaussée** (retʃo'se) *m* [6c] Parterre (-wohnung *f*) *n*, Erdgeschoß(wohnung *f*) *n*; ~ *surélevé* Hochparterre *n*.

rhabill|age ⊕, ♎ (rabi'ja:ʒ) *m* Flickarbeit *f*; Ausbessern *n*, Flicken *n*; **~er** (~'je) *v/t.* [1a] **1.** wieder ankleiden; neu (ein)kleiden; F *allez vous ~!* scheren Sie sich zum Teufel!; **2.** ⊕, ♎ flicken, ausbessern; **3.** *fig.* wieder auffrischen, erneuern; **~eur** ⊕, ♎ (~'jœ:r) *su.* [7g] Ausbesserer *m*.

rhabituer (rabi'tɥe) *v/t.* [1a] wieder gewöhnen, umgewöhnen.

rhaïta (rai'ta) *f arab.* Bauernflöte *f*.

rhapsodie ♪ (rapsɔ'di) *f* Rhapsodie *f*.

rhénan (re'nɑ̃) *adj. u.* ♀ *su.* [7] rhein(länd)isch; Rheinländer *m*.

Rhénanie *géogr.* (rena'ni) *f*: *la ~* das Rheinland *n*.

rhéostat ⚡ (reɔ'sta) *m* Rheostat *m*, Widerstand *m*, Stromsteller *m*; *rad.* ~ *constant* konstanter Widerstand *m*; ~ *de chauffage* Heizwiderstand *m*; ~ *à curseur* Gleit-, Schiebe-, Regulier-widerstand *m*; ~ *à grille* Gitterwiderstand *m*; ~ *à plots* Stufenschalter *m* (*der Straßenbahn*).

rhéteur (re'tœ:r) *m* **1.** *antiq.* Lehrer *m* der Beredsamkeit; **2.** *péj.* Phrasendrescher *m*.

rhétique *géogr.* (re'tik) *adj.*: *les Alpes f/pl. ~s* die Rätischen Alpen *pl.*

rhétori|cien (retɔri'sjɛ̃) **I** *su.* [7c] Rhetoriker *m*; **II** *m Fr. ehm. écol.* Unterprimaner *m*; **~que** ~'rik) *f* **1.** Rhetorik *f*, Redekunst *f*; **2.** *péj.* Redefluß *m*, Wortgeklingel *n*; **3.** *Fr. ehm. écol.* Unterprima *f*; *faire sa ~* in (der) Unterprima sitzen.

Rhin (rɛ̃) *m*: *le ~* der Rhein *m*.

rhinite ⚕ (ri'nit) *f* Nasenschleimhautentzündung *f*.

rhino|céros *zo.* (rinɔse'rɔs) *m* Rhinozeros *n*, Nashorn *n*; **~logie** ⚕ (~lɔ'ʒi) *f* Rhinologie *f*, Nasenheilkunde *f*; **~plastie** *chir.* (~plas'ti) *f* Nasenplastik *f*.

rhizome ⚘ (ri'zo:m) *m* Wurzelstock *m*.

rhizophage *zo.* (rizɔ'fa:ʒ) *adj.* wurzelnfressend.

rhodanien (rɔda'njɛ̃) *adj.* [7c] [Rhône...]

Rhodes *géogr.* (rɔd) *f* Rhodos *n*.

rhododendron ⚘ (rɔdɔdɛ̃'drɔ̃) *m* Rhododendron *n*, Alpenrose *f*.

rhomb|e (rɔ̃:b) **I** *m* **1.** ⩕ Rhombus *m*, Raute *f*; **2.** *icht.* Klippfisch *m*; **II** *adj.* rautenförmig; **~oïdal** (rɔ̃bɔi'dal) *adj.* [5c] rautenförmig; **~oïde** (~bɔ'id) **I** *m* ⩕ Rhomboid *n*, längliche Raute *f*; **II** *adj.* rautenförmig.

Rhône (ro:n) *m*: **le ~** die Rhône *f*.

rhubarbe ⚘ (ry'barb) *f* (!) Rhabarber *m*.

rhum (rɔm) *m* Rum *m*.

rhumatis|ant ⚕ (rymati'zɑ̃) *adj.* [7] an Rheumatismus leidend; **~mal** ⚕ (~tis'mal) *adj.* [5c] □ rheumatisch; **~me** ⚕ (~'tism) *m* Rheumatismus *m*; ~ *articulaire (od. noueux)* Gelenkrheumatismus *m*.

rhumatologie ⚕ (rymatɔlɔ'ʒi) *f* Lehre *f* von den rheumatischen Krankheiten u. deren Heilung.

rhumb ⚓ (rɔ̃:b) *m* Kompaßstrich *m*.

rhume ⚕ (rym) *m* Katarrh *m*; ~ *de cerveau* Schnupfen *m*; ~ *des foins* Heuschnupfen *m*; ~ *de poitrine* Bronchialkatarrh *m*.

ri (ri) s. *rire*; **~ant** (rjɑ̃) *adj.* [7] lachend, fröhlich, heiter; *Land*: anmutig, sonnig; lieblich.

ribambelle F (ribɑ̃'bɛl) *f* lange Reihe *f*, Haufen *m*; Schwarm *m*.

ribler ⊕ (ri'ble) *v/t.* [1a] rillen, schärfen (*Mühlsteine*).

riblette *cuis.* (ri'blɛt) *f* dünne, geröstete *od.* geschmorte Scheibe *f*

Fleisch.

ribordage ⚓ (ribɔr'da:ʒ) *m* Beschädigung *f* durch Aneinanderrammen.

ribo|t(t)e P (ri'bɔt) *f* Sauferei *f* F; ⚓ Tanzveranstaltung *f an Bord e-s Schiffes*; être en ~ besoffen sein; *faire ~, se mettre en ~* sich besaufen; **~ter** P (~'te) *v/i.* [1a] sich besaufen; **~teur** P (~'tœ:r) *su.* [7g] Säufer *m* P.

ribouis * (ri'bwi) *m* Latschen *m*, Treter *m* (*bsd. im pl.*) (*alter Schuh*).

riboul|dingue P (ribul'dɛ̃:g) *f* Prasserei *f*, Sauferei *f* P, Gelage *n*; **~dinguer** P (~dɛ̃'ge) *v/i.* [1m] prassen, saufen P; sich (her)umtreiben.

ribouler * (ribu'le) *v/t.* [1a]: ~ *des calots* (*od. des yeux*) mit den Augen rollen.

rica|nement (rikan'mɑ̃) *m* Hohngelächter *n*; Grinsen *n*; **~ner** (~'ne) *v/i.* [1a] grinsen; höhnisch lachen; **~neur** (~'nœ:r) *su. u. adj.* [7g] Grinser *m*; grinsend.

ric-à-rac F (rika'rak) *od.* **ric-à-ric** F (rika'rik) *advt.* peinlich genau; *payer ~* auf Heller u. Pfennig bezahlen.

richard F *u. péj.* (ri'ʃa:r) *m* reicher Kerl *m*, Krösus *m* F.

riche (riʃ) **I** *adj.* □ **1.** reich (*en qch.* an etw. *dat.*); ⚒ gehaltreich; ~ *à millions* steinreich; † ~ *en capitaux* kapitalreich; *Auto*: *trop ~* übersättigt (*vom Gasgemisch*); **2.** ergiebig; fruchtbar; üppig; *rime f ~* volltönender Reim *m*; *richement adv.* reichlich; **3.** *fig. a. sculp.* kostbar; reich geschmückt; *litt.* wertvoll (*Thema, Vergleich*); **4.** P ausgezeichnet; *une ~ idée* e-e glänzende Idee *f*; **II** *su.* Reicher *m*.

richesse (ri'ʃɛs) *f* **1.** Reichtum *m*; *fig.* Überfluß *m*; Fülle *f*; *~s pl.* Schätze *m/pl.*, Reichtümer *m/pl.*; † ~ *en capitaux* Kapitalreichtum *m*; *~s pl. naturelles*, *~s pl. du sol* Natur-, Boden-schätze *m/pl.*; **2.** Ergiebigkeit *f*, Fruchtbarkeit *f*; Reichhaltigkeit *f*; **3.** *fig.* Kostbarkeit *f*, Pracht *f*, reiche Ausschmückung *f*.

richissime F(riʃi'sim) *adj.* steinreich.

ricin (ri'sɛ̃) *m* Rizinus *m*, Wunderbaum *m*; *huile f de ~* Rizinusöl *n*.

ricoch|er (rikɔ'ʃe) *v/i.* [1a] aufschlagend abprallen; aufprallen; *fig. ~ sur q.* j-n indirekt treffen; **~et** (~'ʃɛ) *m* **1.** Abprall *m e-s Steins auf dem Wasser*; **2.** ⚔ Prall-, Prellschuß *m*, Querschläger *m*; Abpraller *m* (*Artillerie*); **3.** *fig.* Kettenreaktion *f*, Rückwirkung *f*; *advt. par ~* auf Umwegen.

rictus (rik'tys) *m* Grinsen *n*.

ride (rid) *f* Runzel *f*, Falte *f*.

rideau (ri'do) *m* [5b] **1.** Vorhang *m*, Gardine *f*; *poét.* Schleier *m*; *classeur m à ~* Rollschrank *m*; **2.** *thé.* (Theater-)Vorhang *m*; *thé., pol.* ~ *de fer* eiserner Vorhang *m*; *pol.* ~ *de bambou* Bambusvorhang *m* (*zwischen Hongkong u. China*); *thé.* ~ *d'incendie* Feuervorhang *m*; ~ *de manœuvre* Zwischenvorhang *m*; *baisser le ~* den Vorhang herunterlassen; *lever le ~* den Vorhang aufziehen; **3.** Geländewelle *f*, kleine Anhöhe *f*; Böschung *f*, Schutzwall *m*; ⚔ ~ *de tirailleurs* Schützenschleier *m*; ⚔ ~ *de feu* Feuervorhang *m*; ⚔ ~ *de troupes* dünne Truppenlinie *f*.

ridelle (ri'dɛl) *f* (Wagen-)Leiter *f*.

rider (ri'de) *v/t.* [1a] **1.** runzeln, in Falten ziehen (*auch abs.*); *poét.* kräuseln; *ridé* runzlig, durchfurcht; gekräuselt; *Obst*: eingeschrumpft, welk; **2.** ⚓ *ein Tau* spannen.

ridicu|le (ridi'kyl) **I** *adj.* □ lächerlich; **II** *m das* Lächerliche *n*, Lächerlichkeit *f*; *se couvrir de ~, tomber dans le ~* sich lächerlich machen; *tourner en ~* ins Lächerliche ziehen; **~liser** (~li'ze) *v/t.* [1a] lächerlich machen; **~lité** (~li'te) *f* Lächerlichkeit *f*.

rien (rjɛ̃) **I** *pr. indéfini* **1.** nichts; ~ *du tout* gar nichts; ~ *de plus* nichts weiter; *il n'a dit plus ~* er hat nichts mehr gesagt; *il n'a ~ dit* er hat nichts gesagt; ~ *ne l'égale* nichts kommt ihm gleich; *il n'en est ~* dem ist nicht so; *cela ne fait ~* das macht nichts; *ce n'était moins que ~* das war überhaupt nichts; *n'être pour ~ dans qch.* mit etw. (*dat.*) nichts zu tun haben; *cela ne sert à* (*od. de*) *rien* das ist völlig zwecklos, das hilft gar nichts; ~ *d'autre*, ~ *autre chose*, *seltener*: ~ *autre* nichts anderes; ~ *de nouveau*, ~ *de neuf* nichts Neues; *je n'y puis rien* ich kann nichts dazu tun; *cela n'a ~ à voir ici* das hat damit nichts zu tun; *pour ~* spottbillig; umsonst, unentgeltlich; *de ~* macht nichts!, keine Ursache!; *je ne le ferais pour ~ au monde* ich würde es auf keinen Fall tun; P *n'avoir ~ à se mettre sous la* *dent* Kohldampf schieben müssen, nichts zu essen haben; **2.** *ohne ne*: etwas (*nur in Sätzen und Redewendungen mit negativem Inhalt*); *y a-t-il ~ de plus beau?* gibt es etwas Schöneres?; *sans ~ dire* ohne etwas zu sagen; *impossible de ~ apprendre* unmöglich, etwas zu erfahren; **3.** *~ moins que* nichts weniger als, durchaus nicht; *elle n'est ~ moins qu'aimable* sie ist keineswegs liebenswürdig; *~ de moins que* nichts Geringeres als; **4.** *advt. ~ que ...* nur; *~ qu'en entrant* schon beim Eintreten; *~ qu'à le voir* wenn man ihn nur sieht; *~ que cela?* ist das alles?; nur das?; **II** *m* **5.** Nichts *n*; *pour ~ au monde* um keinen Preis; *compter pour ~* gar nicht zählen, keinerlei Bedeutung haben; *gens m/pl. de ~* ganz einfache (*od.* arme) Leute; *un ~ du tout* ein Taugenichts *m*; **6.** Kleinigkeit *f*; *un ~* eine Lappalie *f*; *diseur m de ~s* leerer Schwätzer *m*; *s'amuser à des ~s* die Zeit mit nichtigen Dingen verbringen; *en un ~, en moins de ~* im Nu.

rieur (rjœ:r) [7g] **I** *adj.* lachend, schäkernd; *colombe f rieuse* Lachtaube *f*; **II** *su.* Lacher *m*; Schäker *m*; Spötter *m*.

Rif *géogr.* (rif) *m*: *le ~* das Rif (*Gebirge in Marokko*); **~ain** (~'fɛ̃) **I** *m* Rif-kabyle *m*, -bewohner *m*; **II** *rifain adj.* Rif...

riflard[1] (ri'fla:r) *m* ⊕ Schrothobel *m*; Riffelfeile *f*; Glättspatel *m*; Langwolle *f*.

riflard[2] F (~) *m* altmodischer großer Regenschirm *m*, Musspritze *f* F.

rifler ⊕ (ri'fle) *v/t.* [1a] mit der Riffelfeile bearbeiten, glatt raspeln.

rifloir ⊕ (ri'flwa:r) *m* Riffelfeile *f*.

rigi|de (ri'ʒid) *adj.* □ **1.** steif, starr; fest; straff (*Haltung*); **2.** *fig.* streng; sehr genau; strenggläubig; unbeugsam, aufrecht; **~dité** (~di'te) *f* Starrheit *f*, Steifheit *f*; Straffheit *f*; *fig.* unbeugsame Strenge *f*; *rl. ~ de croyance* Strenggläubigkeit *f*.

rigodon ♪ (rigɔ'dɔ̃) *m* **1.** provenzalischer Tanz *m*; **2.** ⚔ Volltreffer *m*; *faire ~* ins Zentrum *n* treffen.

rigolade P (rigɔ'lad) *f* Scherz *m*, Ulk *m*, Jux *m*.

rigol|age ⸗ (rigɔ'la:ʒ) *m* Ableiten *n des Wassers* durch Rinnen; Furchenziehen *n*; **~e** (ri'gɔl) *f* (Abfluß-) Rinne *f*, (-)Graben *m*; Wasserlauf *m*.

rigoler[1] ⸗ (rigɔ'le) *v/t.* [1a] mit Rinnen *usw.* durchziehen.

rigol|er[2] P (~) *v/i.* [1a] F Witze reißen, sich totlachen, herumalbern; **~eur** P (rigɔ'lœ:r) *su. u. adj.* [7g] Spaßvogel *m*; drollig.

rigoleuse ⸗ (~'lø:z) *f* Rigolpflug *m*.

rigollot *phm.* (rigɔ'lo) *m* Zugpflaster *m*.

rigolo *m*, **~te** *f* (rigɔ'lo, ~'lɔt) **I** P *adj. u. su.* drollig, zum Piepen P, zum Kugeln P; lustiger Bruder *m*; **II** * *m* Revolver *m*; Brecheisen *n*; Nachschlüssel *m*.

rigoris|me (rigɔ'rism) *m* Sitten- (*od.* Glaubens-)strenge *f*; **~te** (~'rist) **I** *m* strenger Sittenrichter *m*; **II** *adj.* allzu streng; sittenstreng.

rigoureux (rigu'rø) *adj. u. su.* [7d] □ **1.** unerbittlich streng; **2.** hart; rauh; *froid ~* schneidende Kälte *f*; **3.** peinlich genau, streng.

rigueur (ri'gœ:r) *f* **1.** *unbeugsame* Strenge *f*, Härte *f*; *tenir ~ à q. de qch.* j-m etw. übelnehmen; *user de ~ envers q.* streng gegen j-n verfahren; **2.** Schärfe *f*, Rauheit *f*; **3.** strenge Befolgung *f*, genaues Beobachten *n*; *délai m* (*od. terme m*) *de ~* äußerster Termin *m*; *arrêts m/pl. de ~* strenger Stubenarrest *m*; *de ~* unerläßlich, unbedingt erforderlich, obligatorisch; *à la ~* allenfalls, im äußersten Falle, zur Not; streng genommen.

rill|ettes (ri'jɛt) *f/pl. in Schmalz gebratenes* Schweinehackfleisch *n*; **~ons** (~'jɔ̃) *m/pl.* Grieben *f/pl.*

rimail|le F *péj.* (ri'mɑ:j) *f* Knittelverse *m/pl.*, Reimerei *f*; **~ler** F *péj.* (~mɑ'je) *v/i.* [1a] Reime schmieden, schlechte Verse machen; **~leur** F *péj.* (~mɑ'jœ:r) *m* Dichterling *m*.

rime (rim) *f* **1.** Reim *m*; **2.** *~s pl.* Verse *m/pl.*; *mettre qch. en ~s* etw. in Verse kleiden; **3.** *fig. cela n'a ni ~ ni raison* das ist glatter Unsinn; *sans ~ ni raison* ohne Sinn u. Verstand, vollkommen unbegründet.

rim|er (ri'me) [1a] **I** *v/i.* **1.** Verse machen, dichten; **2.** (sich) reimen; *cela ne rime à rien* das ist völlig zwecklos (*od.* sinnlos); *cela rime comme hallebarde et miséricorde* das paßt wie die Faust aufs Auge; **II** *v/t.* reimen, in Verse bringen; **~eur** *bsd. péj.* (~'mœ:r) *m* Versemacher *m*, Dichterling *m*.

rinçage (rɛ̃'sa:ʒ) *m* Ausspülen *n*.

rinceau *sculp.*, *peint.* (rɛ̃'so) *m* [5b]

Laubwerk *n*.

rince|-bouche (rɛ̃s'buʃ) *m* [6c] Mundspülglas *n*; **~-bouteilles** (~bu'tɛj) *m* [6c] Flaschenspülmaschine *f*; **~-doigts** (~'dwa) *m* [6c] Spülnapf *m* (*zum Fingerspülen*).

rinc|ée F (rɛ̃'se) *f* **1.** Regenguß *m*; **2.** *fig.* Tracht *f* Prügel; **~ement** (rɛ̃s'mɑ̃) *m* Ausspülen *n*; **~er** (~'se) *v/t.* [1k] **1.** (aus-, ab-)spülen; **2.** P ~ *q.* j-n zum Trinken veranlassen; *se ~ l'œil* s-e Augen weiden; **~ette** F (~'sɛt) *f* Schluck *m* Schnaps nach dem Kaffee; **~eur** (~'sœ:r) *su.* [7g] Flaschenspüler *m*; **~euse** (~'sø:z) *f* Spülmaschine *f*.

rinç|oir (rɛ̃'swa:r) *m* Spülgefäß *n*; **~ure** F (~'sy:r) *f* **1.** Spülwasser *n*; **2.** *fig.* sehr verdünnter Wein *m*.

ring *Sport* (riŋ) *m* (Box-)Ring *m*.

ringard ⊕ (rɛ̃'ga:r) *m* Schüreisen *n*.

rioter F (rjɔ'te) *v/i.* [1a] kichern.

rioteur F (rjɔ'tœ:r) *su.* [7d] Kicherer *m*.

ripail|le F (ri'pɑ:j) *f* Schlemmerei *f*; *faire ~* schmausen, schlemmen; **~ler** F (~pɑ'je) *v/i.* [1a] schlemmen; **~leur** F (~pɑ'jœ:r) *su.* [7g] Schlemmer *m*.

rip|aton P (ripa'tɔ̃) *m* Fuß *m*, Flosse *f* P; **~e** ⊕ (rip) *f* Schabeisen *n*, Kratze *f*; **~er** (ri'pe) [1a] **I** *v/t.* a) ⚠, *sculp.* abschaben, abkratzen; b) ~ *un fardeau* e-e Last rutschen lassen; **II** *v/i.* gleiten, rutschen (*von Tauen*).

ripolin (ripɔ'lɛ̃) *m* Schleiflack *m*.

ripopée F (ripɔ'pe) *f* Gemisch *n* v. Weinneigen; *péj.* Mischmasch *m*.

ripost|e (ri'pɔst) *f* **1.** schlagfertige Antwort *f*, Entgegnung *f*; *fig.* Gegenhieb *m*; *être prompt à la ~* keine Antwort schuldig bleiben; **2.** *esc.* Gegenstoß *m*, Nachhieb *m*; **~er** (~'te) *v/i.* [1a] **1.** entgegnen, erwidern, schlagfertig antworten; **2.** *esc.* parieren und nachstoßen.

riquiqui F (riki'ki) **I** *m* **1.** winziges, drolliges Männchen *n*; **2.** Schnäps|chen *n*; **II** *adj.* klein, armselig; hungrig.

rire (ri:r) [4r] **I** *v/i.* **1.** lachen (*de* über *acc.*); ~ *aux éclats, éclater de ~* laut auflachen; ~ *comme un fou*, ~ *comme un bossu*, ~ *à gorge déployée*, *mourir de ~* sich totlachen, in ein schallendes Gelächter ausbrechen; ~ *de bon cœur* aus vollem Herzen lachen; ~ *tout son soûl* sich auslachen; ~ *à en être malade* sich kranklachen; ~ *sous cape* kichern; ~ *du bout des dents*, ~ *du bout des lèvres*, ~ *à contrecœur*, ~ *jaune* gezwungen lachen; ~ *aux dépens de q.* sich über j-n lustig machen; *prêter à ~* Anlaß zum Lachen geben; *tout rit à nos désirs* alles geht nach Wunsch; **2.** spaßen; F *vous voulez ~!* das ist doch nicht Ihr Ernst!; *pour ~* zum Spaß; **II** *v/rfl.* *se ~ de* sich lustig machen über, über j-n lachen; **III** *m* Lachen *n*, Gelächter *n*; *fou ~* unbändiges Gelächter *n*.

ris¹ (~) *m* *cuis.*: ~ *de veau* Kalbsmilch *f*.

ris² ⚓ (~) *m* Reff(band *n*) *n*, Segelring *m*.

risée (ri'ze) *f* **1.** schallendes Gelächter *n*; **2.** Hohngelächter *n*, Gespött *n*; **3.** ⚓ starke Bö *f*.

risette F (ri'zɛt) *f* **1.** kindliches Lächeln *n*; *faire ~ à q.* j-m freundlich zulächeln; **2.** leichter Wellengang *m*.

risi|bilité (rizibili'te) *f* Lächerlichkeit *f*; **~ble** (~'ziblə) *adj.* □ spaßig, ulkig.

risqu|able (ris'kablə) *adj.* gefährlich, gewagt, mißlich; **~e** (risk) *m* Risiko *n*, Gefahr *f*, Wagnis *n*; *au ~ de ...* auf die Gefahr hin zu ...; *courir le ~ de* (*inf.*) Gefahr laufen zu ...; *j'en prends tous les ~s* ich stehe für alle Folgen grade (*od.* ein); ✝ *à ses ~s et périls* auf seine Gefahr u. Kosten; ~ *de casse* (*pendant le transport*) Bruchrisiko *n*; **~er** (ris'ke) *v/t.* [1m] **1.** aufs Spiel setzen, riskieren, wagen; F *fig.* ~ *le paquet* es darauf ankommen lassen; **2.** ~ *de od. que* Gefahr laufen, zu *od.* daß ...; **3.** *zum Ausdruck e-r Möglichkeit*: *vous risquez d'obtenir une indemnité* Sie könnten vielleicht e-e Entschädigung erhalten.

risque-tout (risk'tu) *adj./inv. u. m* [6c] wagehalsig; Wagehals *m*.

rissol|e (ri'sɔl) *f* *Art* Fleischpastete *f*; **~er** (~'le) [1a] **I** *v/t.* **1.** Fleisch braun braten; **2.** bräunen; **II** *v/rfl.* *cuis.* *se ~* braun werden; **~ette** (~'lɛt) *f* geröstete Brotschnitte *f* *mit gehacktem Fleisch*.

ristour|ne ✝ (ris'turn) *f* Ristorno *n*, Rückbuchung *f*; **~ner** ✝ (~'ne) *v/t.* [1a] rückbuchen, rückvergüten, stornieren.

rite *rl.* (rit) *m* Ritus *m*.

ritournelle (ritur'nɛl) *f* **1.** ♪ Ritornell *n*; **2.** F *fig.* *die* alte Leier *f*.

rituel (ri'tɥɛl) *rl.* **I** *adj./m* rituell; **II** *m* Kirchenhandbuch *n*; Ritual *n*.
rivage (ri'va:ʒ) *m* Ufer *n* (*bsd. e-s Meeres od. Sees*), Gestade *n*, Strand *m*, Küste *f*.
rival (ri'val) *adj. u. su.* [5c] rivalisierend, wetteifernd; Rivale *m*, Nebenbuhler *m*; *fig.* ✝ *sans* ~ unübertroffen; **~iser** (~li'ze) *v/i.* [1a]: ~ *avec q. de qch.* mit j-m um etw. (*acc.*) wetteifern; **~ité** (~li'te) *f* Rivalität *f*, Nebenbuhlerschaft *f*, Wettstreit *m*.
rive (ri:v) *f* **1.** Ufer *n* (*bsd. e-s Flusses*); Saum *m e-s Waldes*; **2.** ⚓ Leinpfad *m*.
river (ri've) *v/t.* [1a] **1.** *e-n Nagel* vernieten; **2.** festmachen; verbinden; **3.** *fig.* F ~ *son clou à q.* j-m gehörig s-e Meinung sagen.
riverain (riv'rɛ̃) **I** *adj.* [7] Ufer...; *propriété f* ~*e* angrenzendes Eigentum *n*; *propriétaires m/pl.* ~*s* Grenznachbarn *m/pl.*; **II** *su.* Küsten-, Ufer-bewohner *m*; Grenznachbar *m*, Anwohner *m*.
rivet ⊕ (ri'vɛ) *m* Niete *f*.
riveur ⊕ (ri'vœ:r) *m* Vernieter *m*.
rivière (ri'vjɛ:r) *f* **1.** (Neben-)Fluß *m*; **2.** ~ *de diamants* Diamantenhalsband *n*; **3.** *la* ♀ die Riviera *f*.
rivoir ⊕ (ri'vwa:r) *m* Niet-hammer *m*, -maschine *f*.
rivure ⊕ (ri'vy:r) *f* Nietung *f*, Nietnaht *f*.
rixe (riks) *f* **1.** Schlägerei *f*, Prügelei *f*, Rauferei *f*; **2.** Zank *m*, Gefluche *n*, heftiger Wortwechsel *m*.
riz (ri) *m* Reis(pflanze *f*) *m*; ~ *au lait* Milchreis *m*; *fleur f de* ~ feinstes Reismehl *n*; *potage n au* ~ Reissuppe *f*; *poule f au* ~ in Reis gekochtes Huhn; * ⚔ *plais. riz-pain-sel m/inv.* Verpflegungsoffizier *m*; **~erie** (riz'ri) *f* Reis(waren)fabrik *f*; **~icole** (rizi'kɔl) *adj.* reisbauend; **~iculture** (rizikul'ty:r) *f* Reisanbau *m*; **~ière** (ri'zjɛ:r) *f* Reisfeld *n*.
rob (rɔb) *m eingekochter od. eingeweckter* (Frucht-)Saft.
robe (~) *f* **1.** (Damen-)Kleid *n*; ~ *bain-de-soleil* Strandkleid *n*; ~ *de chambre* Schlafrock *m*, Hauskleid *n*; ~ *de cocktail* (*de dîner, du soir*) Cocktail- (Dinner-, Abend-)kleid *n*; ~ *chemisier*, ~ *d'intérieur*, ~ *de mariée*, ~ *d'après-midi* Hemdblusen-, Haus-, Hochzeits-, Nachmittagskleid *n*; ~ *en dentelle* Spitzenkleid *n*; *pommes f/pl. de terre en* ~ *de chambre* Pellkartoffeln *f/pl.*; ~*-manteau f* [6a] Mantelkleid *n*; ~*-tunique f* [6a] Kasackkleid *n*; **2.** ~ *à traîne* (Damen-)Rock *m* mit Schleppe; **3.** ⚖ Robe *f*, Talar *m*; *fig.* Advokaten-, Richter-stand *m*; *prendre la* ~ Advokat werden; *gens m/pl. de* ~ Gerichtspersonen *f/pl.*; *homme m de* ~ Jurist *m*, Richter *m*; **4.** Hülse *f*, Schale *f*; Haut *f*; Deckblatt *n e-r Zigarre*; **5.** Balg *m*, Fell *n*; **6.** Farbe *f der Pferde*.
robin *péj.* (~) *m* Rechtsverdreher *m*.
robinet (rɔbi'nɛ) *m* **1.** ⊕ Hahn *m an e-m Faß usw.*; ~ *à eau* (~ *à gaz*) Wasser-, (Gas-)hahn *m*; ~ *d'essai*, ~ *de niveau* Wasserstandshahn *m*; ~ *d'essence* Benzinhahn *m*; ~ *de compression* Kompressionshahn *m*; *tourner le robinet* den Hahn aufdrehen; **2.** F *fig.* ~ *d'eau tiède* leerer Schwätzer *m*; **3.** *écol. un problème de* ~ e-e schwierige Aufgabe *f*.
robinier ♀ (rɔbi'nje) *m* unechte Akazie *f*.
robot (rɔ'bo) *m* **1.** ⊕ Roboter *m*; Greifwerkzeug *n*; **2.** ⚖ mutmaßlicher Verbrecher *m*; *portrait-*~, *silhouette* ~ Fahndungsskizze *f*, Täterzeichnung *f*.
robust|e (rɔ'byst) *a.* stark, stämmig, kräftig, robust; *fig. avoir une foi* ~ steif und fest glauben; **~esse** (rɔbys'tɛs) *f* Derbheit *f*, Kraft *f*, kernige Gesundheit *f*.
roc (rɔk) *m* Felsgestein *n*, Fels *m*, Felsen *m*.
rocail|le (rɔ'ka:j) **I** *f* **1.** Haufen *m* kleiner Steine; **2.** Grotten-, Muschelwerk *n*; **II** *adj.*: *genre m* ~ Muschelstil (*bsd. unter Louis XV.*); **~leux** (rɔka'jø) *adj.* [7d] steinig; *fig.* holperig (*z.B. Stil*).
rocambol|e (rɔkɑ̃'bɔl) *f* **1.** ♀ Rockenbolle *f*; **2.** ↖ *péj.* Krempel *m*; **~esque** F *adj.* extravagant, abnorm.
roche (rɔʃ) *f* Felsgestein *n*, Fels *m*, Felsen *m*, Stein *m*; ⚓ Klippe *f*; *il y a anguille sous* ~ da steckt etw. dahinter; ~*s primitives* Urgestein *n*; ~*s pl. sans minerai*, ~*s stériles* ⚒ totes Gestein *n*; *eau f de* ~ Felsenquell *m*; F *de vieille* ~ vom alten Schrot u. Korn; *cristal m de* ~ Bergkristall *m*; *adjt. homme cœur de* ~ gefühlloser Mensch *m*.
rocher[1] (rɔ'ʃe) *m hoher, spitzer* Felsen *m*, Felswand *f*; ⚓ steile Klippe *f*; *anat.* Felsenbein *n*; *un* (*cœur de*) ~ ein Herz *n* von Stein.
rocher[2] (~) [1a] **I** *v/t.* ⊕ vor dem

Löten mit Borax bestreuen; **II** *v/i.* moussieren (*Bier*).
rochet[1] *rl.* (rɔ'ʃɛ) *m* Chorhemd *n.*
rochet[2] ⊕ (~) *m* **1.** kurze dicke Spule *f*; **2.** *roue f à* ~ Sperrad *n.*
rocheux (rɔ'ʃø) *adj.* [7d] felsig.
rocking-chair (rɔkiŋ'tʃɛ:r) *m* [6d] Schaukelstuhl *m.*
rococo (rɔkɔ'ko) **I** *adj./inv.* **1.** Rokoko...; **2.** *fig.* altmodisch; **II** *m* Rokoko *n*; *fig.* altmodische Art *f.*
rocou ♆ (rɔ'ku) *m* Orelan *m*, Ruku *m*, Uruku *m* (*orangegelber Farbstoff*); **~er** (rɔ'kwe) *v/t.* [1a] mit Orlean färben; **~yer** ⚘ (~ku'je) *m* Orleanbaum *m.*
rodage *Auto* (rɔ'da:ʒ) *m* Einfahren *n* (*e-s neuen Wagens*).
roder ⊕ (rɔ'de) *v/t.* [1a] schleifen; ~ *à l'émeri* abschmirgeln; ~ *un moteur* e-n Motor sich einlaufen lassen; ~ *une auto* ein Auto einfahren.
rôd|er (ro'de) *v/i.* [1a] umherstreifen; ~ *autour d'une maison* ein Haus umschleichen; **~eur** (~'dœ:r) [7g] **I** *adj.* herumstreichend; **II** *su.* Herumstreicher *m*; ~ *de barrière* Strolch *m*, Rowdy *m*; ~ *de nuit* Nachtschwärmer *m.*
rodomont (rɔdɔ'mɔ̃) **I** *m* Aufschneider *m*, Kraftmeier *m*, Prahler *m*; **II** *adj.* großmäulig, aufschneiderisch, prahlerisch; **~ade** (~'tad) *f* Aufschneiderei *f*, Großtuerei *f*, Prahlerei *f*; *se livrer à des ~s fig.* sich großtun, protzen.
rœntgenthérapie ⚕ (rœntgɛntera'pi) *f* Röntgentherapie *f.*
roga|tion (rɔgɑ'sjɔ̃) *f* **1.** *antiq.* Gesetzesvorschlag *m*; **2.** *rl.* ♀*s f/pl.* öffentliches Bittgebet *n*; *semaine f des* ♀*s* (*auch les* ♀*s*) Bittwoche *f/sg.*; **~toire** ⚖ (~'twa:r) *adj.* ersuchend; *commission f* ~ Rechtshilfeersuchen *n.*
rogaton (rɔga'tɔ̃) *m* **1.** Schund *m*, Dreck *m*; **2.** *~s m/pl.* (Speise-) Reste *m/pl.*, *das* Aufgewärmte *n.*
rognage ⊕ (rɔ'ɲa:ʒ) *m* (Bücher-, Kanten-)Beschneiden *n.*
rogne (rɔɲ) *f* ⚕ Räude *f*; F *fig. la ~ et la grogne* die Stinkwut *f*; *être en ~* e-e Stinkwut haben; *chercher des ~s à q.* mit j-m Streit anfangen.
rog|ner (rɔ'ɲe) *v/t.* [1a] beschneiden, stutzen; F *fig.* schmälern, einschränken; kürzen (*Lohn, Gehalt*); **~neuse** ⊕ (~'ɲø:z) *f* (Buch-)Beschneidemaschine *f.*
rogneux ⚕ (rɔ'ɲø) *adj.* [7d] räudig, krätzig.
rognon (rɔ'ɲɔ̃) *m* Niere *f* der Schlachttiere; *géol.* Erzniere *f*; **~ner** P (~ɲɔ'ne) *v/i.* [1a] brummeln, murmeln.
rognure (rɔ'ɲy:r) *f*: *~s pl.* Abfälle *m/pl.*, Schrot *m*, Späne *m/pl.*; *~s pl. de papier* Papierschnipsel *m/pl.*; *fig. ~s pl.* Gedankensplitter *m/pl.*
rogomme P (rɔ'gɔm) *m* Schnaps *m*; *voix f de ~* (heisere) Säuferstimme *f*, Bierbaß *m.*
rogue[1] (rɔg) *adj.* □ hochmütig, schroff, unwirsch.
rogue[2] (~) *f* Fischrogen *m.*
roi (rwa) *m* König *m*; *de par le ~* im Namen des Königs; *travailler pour le ~ de Prusse* für nichts u. wieder nichts arbeiten; *un morceau de ~* ein herrlicher Bissen *m*; *le jour des ~s* Dreikönigstag *m.*
roide (rwad) *adj.* **1.** starr, steif; **2.** = *raide* steil.
roitelet (rwat'lɛ) *m* **1.** *orn.* Zaunkönig *m*; **2.** Schattenkönig *m.*
rôlage (ro'la:ʒ) *m* Rollen *n des Tabaks.*
rôle (ro:l) *m* **1.** (Papier-)Rolle *f*; **2.** Liste *f*, Register *n*; Steuerrolle *f*; *fig. à tour de ~* der Reihe nach; **3.** *thé.*, *fig.* Rolle *f*; *a. fig. jouer un ~* e-e Rolle spielen; **4.** *Tabaks- usw.* Rolle *f.*
rôler (ro'le) *v/t.* [1a] rollen.
rôlet (ro'lɛ) *m* kleine Rolle *f*; *il est au bout de son ~ fig.* er weiß nicht mehr weiter; *ce n'est pas dans mon ~* das ist nicht meine Sache, damit habe ich nichts zu tun.
romain (rɔ'mɛ̃) **I** *adj.* [7] □ **1.** römisch; *balance f ~e* Schnellwaage *f*; *caractères m/pl. ~s* lateinische Buchstaben *m/pl.*; **2.** *fig. rl.* römisch-katholisch; **II** ♀ *su.* [7] Römer *m*; *fig. travail m de* ♀ Sisyphos-, Riesenarbeit *f*; **III** *m typ.* Antiqua *f.*
romaine[1] ⚘ (rɔ'mɛn) *f* römischer Salat *m.*
romaine[2] (~) *f* Schnellwaage *f* mit Laufgewicht.
romaïque (rɔma'ik) *adj.* neugriechisch.
roman[1] (rɔ'mɑ̃) **I** *adj.* [7] *ling.*, ⚠ romanisch; **II** *m* Romanisches *n.*
roman[2] (~) *m* **1.** Roman *m*; ~ *d'anticipation* Zukunftsroman *m*; ~ *d'aventure* Abenteuerroman *m*; ~ *de mœurs* Sittenroman *m*; ~ *policier* Kriminalroman *m*; *mauvais ~*, ~ *de quatre sous* Schundroman *m*; ~ *à clé* Schlüsselroman *m*; *~-fleuve m* (*pl. ~s-fleuves*) Romanzyklus *m*; ~ *de chevalerie* Ritterroman *m*; ~ *pastoral*

Schäferroman *m*; ~ *comique* (*od. burlesque*) komisch-satirischer Roman *m*, Schelmenroman *m*; ~ *bourgeois* bürgerlicher Roman *m*; ~ *domestique* Familienroman *m*; ~ *d'analyse*, ~ *psychologique* (*philosophique*) psychologischer (philosophischer) Roman *m*; ~ *historique* historischer Roman *m*; ~ *de voyage* Reiseroman *m*; ~ *rustique*, ~ *paysan* Bauernroman *m*; **2.** *fig.* abenteuerliche Erzählung *f*; *cela tient du* ~ das klingt ja wie ein Roman.

romance ♪ (rɔ'mɑ̃:s) *f* Romanze *f*; ♪ ~ *sans paroles* Lied *n* ohne Worte.

romancer (rɔmɑ̃'se) [1k] **I** *v/t.* e-e Lebensbeschreibung in Romanform bringen; **II** *v/i.* phantasieren, spintisieren F.

romanche *ling.* (rɔ'mɑ̃:ʃ) *adj.* räto-romanisch.

romancier (rɔmɑ̃'sje) [7b] **I** *adj.* romanhaft; **II** *su.* Romanschriftsteller *m*.

romancière (rɔmɑ̃'sjɛ:r) *f* Romanschriftstellerin *f*.

romand (rɔ'mɑ̃) (*nur von der Schweiz!*) *adj.* [7] romanisch; *la Suisse* ≗*e* die französische Schweiz *f*.

romanesque (rɔma'nɛsk) **I** *adj.* **1.** *litt.* romanhaft; **2.** *fig.* schwärmerisch; phantastisch, überspannt; **II** *m das* Romanhafte *n*.

romani (rɔma'ni) *m*, **romanichel** (~ni'ʃɛl) *m* herumziehender Zigeuner *m*; *allg.* Vagabund *m*.

romanis|ation *ling.* (rɔmanizɑ'sjɔ̃) *f* Romanisierung *f*; **~er** (~'ze) [1a] **I** *v/t.* romanisieren; **II** *v/i. rl.* sich an die Dogmen der katholischen Kirche halten.

romanisme *rl.* (rɔma'nism) *m* **1.** römisch-katholische Kirche *f* (*in England*); **2.** römisch-katholische Lehre *f*.

romaniste (rɔma'nist) *m* **1.** *ling.* Romanist *m*, Kenner *m* der romanischen Sprachen; **2.** *rl.* Anhänger *m* des Papstes, Römling *m*.

roman|tique (rɔmɑ̃'tik) **I** *adj.* □ **1.** romantisch; *fig.* dichterisch angehaucht, schwärmerisch; **II** *m* **2.** *das* Romantische *n*; **3.** Romantiker *m*, romantischer Schriftsteller *m*; **~tisme** (~'tism) *m* Romantik *f*, romantische Schule *f*.

romarin ⚘ (rɔma'rɛ̃) *m* Rosmarin *m*.

rombière P (rɔ̃'bjɛ:r) *f* alte Schachtel *f*, alte Schateke *f*, alte Schrulle *f*.

Rome (rɔm) *f* Rom *n*.

rompement (rɔ̃p'mɑ̃) *m*: ~ *de tête* Kopfzerbrechen *n*.

rompre ('rɔ̃:prə) [4a] **I** *v/t.* **1.** in Stücke brechen, zerbrechen, entzweibrechen; ab-, auf-, durchbrechen; *pât.* kneten; *fig.* ~ *le silence* das Schweigen brechen; ~ *le caractère de q.* j-n gefügig machen; *à bâtons rompus* zusammenhanglos, von jedem etwas; ~ *bras et jambes à q.* j-m alle Knochen zerschlagen; ~ *ses chaînes od. ses fers* s-e Fesseln sprengen; ~ *le cou à q.* j-m den Hals brechen; *fig.* j-n zugrunderichten; *fig.* ~ *la glace* den ersten Schritt tun; *fig.* ~ *une lance pour q.* e-e Lanze für j-n einlegen; *j'ai les membres rompus* die Glieder sind mir wie zerschlagen; ~ *les ponts* die Brücken abbrechen; *applaudir à tout* ~ tosenden Beifall zollen; *un bruit à tout* ~ ein ohrenbetäubender Lärm *m*, ein Höllenlärm *m*; **2.** *fig.* *être* (*tout*) *rompu de fatigue* wie zerschlagen sein; ganz kaputt sein F; **3.** abbrechen, aufgeben; ~ *toute relation avec q.* jeden Verkehr mit j-m abbrechen; **4.** nicht (inne)halten, verletzen; **5.** hindern, stören, vereiteln; hemmen, aufhalten; ~ *les desseins* (*les mesures*) *de q.* j-s Absichten (Maßregeln) vereiteln (*od.* durchkreuzen); ~ *un enchantement* e-n Zauber lösen; ~ *un mariage* e-e Heirat rückgängig machen; ~ *le vent* die Gewalt des Windes brechen; ~ *un coup* die Wirkung e-s Stoßes hemmen; **6.** abrichten, gewöhnen; ~ *q. aux affaires* j-n fürs Geschäftsleben tauglich machen; j-n aufs Geschäftsleben vorbereiten; ~ *un cheval* ein Pferd abrichten; *fig. rompu à qch.* mit etw. (*dat.*) vertraut, in etw. (*dat.*) erfahren *od.* bewandert; ~ *q. à la fatigue* j-n abhärten; **7.** *fig.* ~ *les chiens* ein peinliches (*od.* unangenehmes) Gespräch kurz abbrechen; ~ *les oreilles à q.* j-m die Ohren vollschreien; **8.** ⚔ ~ *un bataillon* ein Bataillon sprengen; ~ *le camp* das Lager abbrechen; ~ *le pas* ohne Tritt marschieren; ~ *les rangs* wegtreten; **II** *v/i.* **9.** brechen; zerreißen; zerspringen; **10.** ~ *avec q.* mit j-m brechen; **11.** ⚔ *rompez!* weggetreten!; **12.** *esc.* zurückweichen; **III** *v/rfl.* *se* ~ **13.** zerbrechen, zerreißen; abreißen; *phys.* sich brechen (*von Lichtstrahlen, Wellen usw.*); **14.** *se* ~ *le cou* sich den Hals brechen; **15.** *se ~ à qch.* sich an etw. (*acc.*) gewöhnen.

rompu (rɔ̃'py) **I** ⊕ *m* Kröpfung *f*; **II** *adj.* ~ *à* vertraut mit (*dat.*).

romsteck *cuis.* (rɔm'stɛk) *m* Rumpsteak *n*, Lendenstück *n*.

ronce (rɔ̃:s) *f* **1.** Brombeer- u. Himbeer-strauch *m*; **2.** ~ *artificielle* Stacheldraht *m*; **3.** *fig.* ~*s pl.* Dornen *m/pl.*, Hindernisse *n/pl.*; **~raie** (rɔ̃s'rɛ) *f* Brombeerhecke *f*.

ronceux (rɔ̃'sø) *adj.* [7d] knorrig, knotig (*Holz*).

ronchon (rɔ̃'ʃɔ̃) *su.*: *une vieille* ~ *fig.* ein alter Drachen *m*, e-e alte Meckertante *f*; **~ner** (~ʃɔ'ne) *v/i.* [1a] *fig.* meckern, nörgeln, brummeln; **~neur** (~ʃɔ'ne) *su.* [7g] Meckerer *m*; *f*: Meckertante *f*.

rond (rɔ̃) **I** *adj.* [7] □ **1.** rund; *chevalier m de la Table* ~*e* Ritter *m* der Tafelrunde; **2.** *fig. compte m* ~ runde Rechnung *f*; *somme f* ~*e* runde Summe *f*; *voix f* ~*e* volle u. gleichmäßige Stimme *f*; **3.** F *fig. homme* ~ *et franc, homme tout* ~ offener Mann *m*; ✝ ~ *en affaires* entgegenkommend, kulant; **4.** *fig. bourse f* ~*e* volle Börse *f*; **5.** P besoffen, total blau P; **II** *advt.*: *un moteur tourne* ~ ein Motor läuft gut; *ça tourne* ~ das geht ganz glatt; das klappt; **III** *m das* Runde *n*; Rundung *f*, Kreis *m*; Ring *m*; ~ *de cuir* (rundes) Leder-, Sitzkissen *n*; ~ *de serviette* Serviettenring *m*; F *il n'a pas un* ~ *dans sa poche* er hat keinen Pfennig in der Tasche; *être assis en* ~ im Kreise (in der Runde) sitzen.

rondache (rɔ̃'daʃ) *f ehm.* ⚔ Rundschild *m*; ⚘ *u. zo. en* ~ schildförmig.

rond-de-cuir (rɔ̃də'kɥi:r) *m* [6b] **1.** Sitzkissen *n*; **2.** *péj.* Bürokrat *m*, Pedant *m*, Spießer *m*.

ronde (rɔ̃:d) *f* **1.** Runde *f*, Rundgang *m*, Rundtanz *m*; ~ *d'agents* Polizeistreife *f*; *faire la* ~ die Runde machen; *fig.* von Hand zu Hand gehen; *questionner (od. interroger) à la* ~ e-e Umfrage vornehmen; *Sport*: ~ *éliminatoire* Ausscheidungsrunde *f*; *advt. à la* ~ ringsherum, im Umkreis, weit u. breit, der Reihe nach; **2.** ♪ ganze Note *f*; ~ *(de table)* Rundgesang *m*; **3.** Rundschrift *f*.

rondeau (rɔ̃'do) *m* [5b] **1.** Ringelgedicht *n*; **2.** ♪ Rondo *n*.

ronde-bosse *sculp.* (rɔ̃d'bɔs) *f* [6a] hocherhabene Arbeit *f*.

rondelet (rɔ̃'dlɛ) *adj.* [7c] **1.** rundlich; wohlbeleibt; *fig.* ziemlich voll (*Portemonnaie*) *od.* groß (*Vermögen*); *une somme* ~*te* ein nettes Sümmchen *n*; **2.** ✝ *soies f/pl.* ~*tes* Flockseide *f*; **~te** (~'dlɛt) *f ehm.* Segelleinwand *f*; ✝ grobe Seide *f*; ⚘ Erd|efeu *m*.

rond|elle (rɔ̃'dɛl) *f* **1.** ⊕ Unterlegscheibe *f*, Dichtungsring *m*, runde Scheibe *f*, Lochscheibe *f*; Zwischenlegscheibe *f*; ~ *(en caoutchouc)* Gummi-scheibe *f*, -ring *m*; **2.** ⊕ Hohlmeißel *m*; **3.** ~*s pl. multicolores* farbige runde Papierstückchen *n/pl.*; **4.** *ehm.* Rundschild *m*; **~ement** (rɔ̃d'mɑ̃) *adv.* **1.** schnurstracks, draufzu, leicht beschwingt, schnell; *marcher* ~ draufzu gehen; **2.** eifrig; *mener une affaire* ~ e-e Angelegenheit eifrig betreiben; **3.** ohne Bedenken, ohne Umschweife; *il y va* ~ er macht sich bedenkenlos heran; ohne Zögern packt er die Sache an; **~eur** (~'dœ:r) *f* **1.** (Ab-)Rundgang *f*; Umkreis *m*; Behäbigkeit *f*, Körperfülle *f*; *fig.* Abrundung *f* (*des Stils*); ~*s f/pl.* F weibliche Rundungen *f/pl.*; **2.** *fig.* Freimütigkeit *f*, Offenheit *f*, Ungezwungenheit *f*; **~in** (~'dɛ̃) *m* **1.** Knüppel *m*; **2.** Knüppelholz *n*; **3.** ⊕ Walze *f*; **~ir** P (~'di:r) *v/i.* [2a] sich besaufen.

rond-point (rɔ̃'pwɛ̃) *m* [6a] Rundell *n*, runder Platz *m*, Stern *m*.

ronéo F *typ.* (rɔne'o) *f* Rotationsmaschine *f*; **~typer** *typ.* (~ti'pe) *v/t.* [1a] vervielfältigen.

ronfl|ant (rɔ̃'flɑ̃) *adj.* [7] schnarchend; schnarrend; *fig.* hochtrabend; **~ement** (~flə'mɑ̃) *m* Schnarchen *n*; *fig.* Brummen *n*; Dröhnen *n*; Gerattere *n*; **~er** (~'fle) *v/i.* [1a] **1.** schnarchen; schnauben (*Pferd*); **2.** *fig.* brummen; dröhnen; rattern; schnarren; **~eur** (~'flœ:r) *su. u. adj.* [7g] Schnarcher *m*; schnarchend; *fig.* hochtrabend.

rongé (rɔ̃'ʒe) *adj.*: ~ *(par la vie)* verlebt; ~ *par la rouille* verrostet.

ronger (~) [1l] **I** *v/t.* **1.** (ab-)nagen, benagen, zernagen; *fig.* ~ *son frein* s-n Ärger (*od.* s-e Wut) herunterschlucken; ~ *ses ongles* an den Nägeln kauen; **2.** anfressen, aushöhlen; ätzen; *tout rongé de vers* ganz von Würmern zerfressen; **3.** *fig.*

beunruhigen; *rongé de remords* von Gewissensbissen gequält; **II** *v/rfl.* se ~ *de chagrin* sich abgrämen; sich innerlich aufzehren; *à se ~ les sangs* bis zum Überdruß; se ~ *un passage* sich durch e-e Textstelle durchfressen.

rongeur (rɔ̃'ʒœːr) **I** *adj.* [7g] nagend; **II** *m zo.* Nagetier *n.*

ronron (rɔ̃'rɔ̃) *m* Schnurren *n* (*od.* Spinnen *n*) *der Katze*; *weitS.* anhaltendes dumpfes Geräusch *n*; *fig.* ~ *lyrique* Singsang *m*; *faire ~ od.* **~ner** (~rɔ'ne) *v/i.* [1a] schnurren (*Katze*); dröhnen, wummern (*Motor*).

roquefort (rɔk'fɔːr) *m* Roquefort-käse *m.*

roquentin (rɔkɑ̃'tɛ̃) *m* alter Geck *m.*

roquer (rɔ'ke) *v/i.* [1m] *Schach*: rochieren.

roquet (rɔ'kɛ) *m* **I** *zo.* Mopsbastard *m*, Kläffer *m*, kleiner Köter *m*; **II** (*auch* **~in** [~k'tɛ̃] *m*) kleine Spule *f.*

roquette[1] ⚔, ✈ (rɔ'kɛt) *f* Rakete(ngeschoß *n*) *f*; ~ *de soute* im Flugzeugraum abschußbereite Rakete *f*; ~ *sous voilure* Rakete *f* unter dem Verspann.

roquette[2] ⚘ (~) *f* Senfkohl *m.*

rorqual *icht.* (rɔr'kwal) (*pl.* ~*s*) *m* Finn-fisch *m*, -wal *m*; s. *baleinoptère.*

rosa|ce △ (ro'zas) *f* Rosette *f*; **~cé** ⚘ (~'se) *adj. u.* **~es** *f/pl.* rosenartig(e Pflanzen *f/pl.*); **~ge** ⚘ (~'zaːʒ) *m* Rhododendron *n*, Alpenrose *f.*

rosaire *rl.* (ro'zɛːr) *m* Rosenkranz *m*; *dire* (*od. réciter*) *son* ~ s-n Rosenkranz abbeten.

ros|at (ro'za) *adj./inv.* Rosen...; *huile f* ~ Rosenöl *n*; **~âtre** (~'zɑːtrə) *adj.* rosenfarbig.

rosbif (rɔs'bif) *m* Roastbeef *n.*

rose (roːz) *f* **I** *f* **1.** ⚘ Rose *f*; ~ *à cent feuilles* Zentifolie *f*; ~ *de mai*, ~ *pompon* Dijonröschen *n*; ~ *de tous les mois*, ~ *de Bengale* Monatsrose *f*; ~*-mousse* Moosrose *f*; ~ *de Gueldre* gefüllter Schneeball *m*; ~ *trémière* Herbst-, Stock-rose *f*; *découvrir le pot aux* ~*s* hinter die Schliche kommen; *prov. point de* ~*s sans épines* keine Rosen ohne Dornen; *voir tout couleur de* ~ alles in rosigem Licht sehen; *poét. les* ~*s de la jeunesse* die Frische *sg.* der Jugend; *lèvres f/pl. de* ~ rosige Lippen *f/pl.*; *avoir un teint de lis et de* ~*s* wie Milch u. Blut aussehen; **2.** Rosette *f*; **3.** ♪ ~ *de guitare* Schalloch *n*; **4.** △ (Fenster-) Rose *f*; **5.** ⚓ ~ *du compas* Windrose *f*; **II** *m u. adj.* Rosenrot *n*; rosafarben, rötlich; *une robe* ~ ein rosa Kleid *n*; *aux joues* ~*s* rotwangig, rotbäckig; *fig. voir tout en* ~ alles in rosigen Farben sehen.

rosé (ro'ze) *adj.* rosafarben, blaßrot; *vin m* ~ Bleicher(t) *m.*

roseau (ro'zo) *m* [5b] Schilf(rohr *n*) *n*; *fig.* schwankendes Rohr *n.*

rosée (ro'ze) *f* Tau *m.*

roséine (roze'in) *f* Anilinrot *n.*

roselière (rozə'ljɛːr) *f* Schilfgürtel *m.*

roséole (roze'ɔl) *f* Röteln *pl.*

roser (ro'ze) *v/t.* [1a] rosenrot färben; **~aie** (roz'rɛ) *f* Rosengarten *m*, -hecke *f.*

rosette (ro'zɛt) *f* **1.** rosenförmige Verzierung *f*, Rosette *f*; Ordensschleife *f*; **2.** (*cuivre m de*) ~ Fein-, Rosetten-kupfer *n*; **3.** *horl.* Stellscheibe *f* (*in Taschenuhren*); **4.** rote Kreide *f.*

rosi|er ⚘ (ro'zje) *m* Rosen-stock *m*, -strauch *m*; ~ *nain* Zwergrose *f*; *haie f de* ~*s* Rosenhecke *f*; *massif m* (*od. buisson m*) *de* ~*s* Rosenbusch *m*; ~ *en buisson* Buschrose *f*; ~ *en tige* Hochstammrose *f*; **~ère** (ro'zjɛːr) *f* sittsames, unschuldiges Mädchen *n*; **~ériste** (~zje'rist) *m* Rosenzüchter *m*, Rosenliebhaber *m.*

rosir (ro'ziːr) *v/i.* [2a] erröten.

ross|ard (rɔ'saːr) *m* Schindmähre *f*; F Nichtstuer *m*, Taugenichts *m*; **~e** (rɔs) **I** *f* **1.** F *péj.* (Schind-) Mähre *f*, Klepper *m*, Gaul *m*; **2.** *fig.* gemeiner Mensch *m*, Leuteschinder *m*; **II** * *adj.* frech, gemein, schamlos, zynisch; **~ée** F (rɔ'se) *f* derbe Tracht *f* Prügel, Senge *f*, Keile *f*; **~er** F (~) *v/t.* [1a] durchprügeln, verhauen; **~erie** F (rɔs'ri) *f* **1.** dummer *od.* übler Streich *m*; Flegelei *f*; **2.** Flegelhaftigkeit *f*, Dreistigkeit *f.*

rossignol (rɔsi'ɲɔl) *m* **1.** Nachtigall *f*; **2.** ✝ Ladenhüter *m*; **3.** *iron.* ~ *d'Arcadie* Esel *m*; **4.** F ⊕ Dietrich *m*; **~er** F (~ɲɔ'le) *v/i.* [1a] wie e-e Nachtigall singen.

rossinante *péj.* (rɔsi'nɑ̃ːt) *f* (Schind-)Mähre *f*, Klepper *m.*

rossolis ⚘ (rɔsɔ'li) *m* Sonnentau *m.*

rostral *antiq.* (rɔs'tral) *adj.* [5c] schnabelförmig.

rostre ('rɔstrə) *m* **1.** ⚘ Schnabel *m*; *zo.* Rüssel *m*; **2.** ~*s pl.* Schiffs-

schnabel(verzierung *f*) *m*; **3.** *antiq.* ~*s pl.* Rostra *n/pl.*
rot P (ro) *m* Rülpser *m*, Aufstoßen *n*.
rôt (~) *m* Braten *m am Spieß*.
rota|teur (rɔta'tœ:r) **I** *adj.* [7f] drehend; Dreh...; **II** *zo.* ~*s m/pl.* Rädertierchen *n/pl.* **~tif** (~'tif) *adj.* [7e]: *typ. machine f rotative* Rotationsmaschine *f*; **~tion** (~tɑ'sjɔ̃) *f* **1.** Umdrehung *f*, Achsendrehung *f*; **2.** ⚒ ~ (*des cultures*) Wechselwirtschaft *f*; **3.** ~ *des vêtements* Kleiderwechsel *m*; **~toire** (~'twa:r) *adj.* rotierend.
rote *rl.* (rɔt) *f* Rota *f* (*päpstlicher Gerichtshof in Rom*).
roter P (rɔ'te) *v/i.* [1a] rülpsen; **en** ~ ganz verblüfft dastehen.
rôti (ro'ti) *m* Braten *m*; **~e** (~) *f* geröstete Brotschnitte *f*, Toast *m*.
rotin (rɔ'tɛ̃) *m* Rotang *m*, Flechtrohr *n*; *meuble m* **en** ~ Korbmöbelstück *n*; *siège m* **en** ~ Korbsessel *m*.
rôtir (ro'ti:r) [2a] **I** *v/t. u. v/i.* braten, rösten; **II** *v/rfl. se* ~ *au soleil* sich von der Sonne bräunen lassen.
rôtiss|age (roti'sa:ʒ) *m* Braten *n*, Rösten *n*; **~erie** (~tis'ri) *f* Gastwirtschaft *f*, Garküche *f*; **~eur** (~'sœ:r) *su.* [7g] Gar-koch *m* (*f*: -köchin *f*); **~oire** (~'swa:r) *f* Bratpfanne *f*; Röstgerät *n*.
roto F *typ. f* (rɔ'to) Rotationsmaschine *f*.
roton|de (rɔ'tɔ̃:d) *f* Rotunde *f*; ⚠ Rundgebäude *n*; Schirmdach *n in Gärten*; 🚂 ~ *à locomotives* Lokomotivschuppen *m*; **~dité** (~tɔ̃di'te) *f* Rundheit *f*; F Korpulenz *f*.
roto-percutante ⊕ (rɔtɔpɛrky'tɑ̃:t) *f* rotierender Stoßbohrer *m*.
rotor ⚡, ✈ (rɔ'tɔ:r) *m* Rotor *m* (*a. e-s Hubschraubers*), Anker *m der Dynamomaschine*.
rotul|e (rɔ'tyl) *f* **1.** Kniescheibe *f*; *Sport*: *sur les* ~*s* erschöpft, k.o.; **2.** ⊕ Kugelgelenk *n*; **~ien** ⚕ (~'ljɛ̃) *adj.* [7c]: *réflexes m/pl.* ~*s* Kniereflexe *m/pl.*
rotur|e (rɔ'ty:r) *f* bürgerlicher Mittelstand *m*; *la* ~ die Bürgerlichen *m/pl.*; *péj.* das Bürgerpack *n*, die Nichtadeligen *m/pl.*; **~ier** (~'rje) *adj.* □ *u. su.* [7b] bürgerlich; unadlig; Nichtadliger *m*, Bürgerlicher *m*.
rouage (rwa:ʒ) *m* Räderwerk *n*, [Getriebe *n*.]
rouan (rwɑ̃) *adj. u. su.* [7c]: (*cheval m*) ~ rotgrau(er Schimmel *m*).
rouan|ne ⊕ (rwan) *f* Hohl-, Spiralbohrer *m*; Reißer *m*, Ritzeisen *n*; **~ner** ⊕ (rwa'ne) *v/t.* [1a] mit dem Reißer kennzeichnen.
roublard F (ru'bla:r) *adj. u. su.* [7] durchtrieben(er Kerl *m*); **~ise** F (~'di:z) *f* Gerissenheit *f*.
rouble ('rublə) *m* Rubel *m*.
roucoul|ement (rukul'mɑ̃) *m* Girren *n* (*Tauben*); **~er** (~'le) [1a] **I** *v/i.* girren, (*Tauben*); *fig.* schmachten; **II** *v/t.* schmachtend vortragen.
roue (ru) *f* **1.** Rad *n*; ~ *propulsive*, ~ *de commande* Antriebsrad *n*; ~ *ailée*, ~ *solaire* Flügel-, Sonnenrad *n*; ⊕ *u. vél.* ~ *directrice*, ~ *de direction* Lenkrad *n*; ~ *avant* Vorderrad *n*; ~ *arrière* Hinterrad *n*; ~ *de réserve*, ~ *de secours*, ~ *de rechange* Ersatz-, Reserve-rad *n*; ~ *pleine*, ~ *en tôle* (*d'acier*) Scheiben-, Teller-, Voll-rad *n*; ~ *à rayons en tôle* (*d'acier*) Stahlspeichenrad *n*; ✈ ~ *d'atterrissage* Laufrad *n*; ~ *à dents*, ~ *dentée* Zahnrad *n*; ~ *folle* Sicherheits-, Zwischen-rad *n*, loses Rad *n*; ⚓ ~ *du gouvernail* Steuerrad *n*; ~ *hydraulique* Wasserrad *n*; ~ *libre* Freilauf *m*; ~ *à aubes od. à palettes* Schaufel-, Ruder-rad *n*; ~ *volante* Schwungrad *n*; *Auto*: *frein m sur les quatre* ~*s* Vierradbremse *f*; *faire la* ~ a) radschlagen (*vom Pfau*); b) *fig.* sich brüsten, sich großtun; **2.** ~ *de fortune* Glücksrad *n*; **3.** *ehm.* Rädern *n* (*Todesstrafe*).
roué (rwe) **I** *su. fig.* gewissenloser Mensch *m*; **II** *adj.* **1.** locker, frivol; durchtrieben, gerissen, verschmitzt; **2.** völlig erschöpft.
rouelle (rwɛl) *f* **1.** kleines Rad *n*; Rädchen *n*; **2.** *cuis.* Kalbskeule *f*; *Zitronen- usw.* Scheibe *f*; ~ *de saucisson* Wurstscheibe *f*.
rouenn|ais (rwa'nɛ) *adj.* [7] aus Rouen; **~erie** ✝ (rwan'ri) *f* buntes Baumwollzeug *n* (*zuerst aus Rouen*).
rouer (rwe) *v/t.* [1a] a) *ehm.* rädern; b) ~ *q. de coups* j-n windelweich schlagen.
rouerie (ru'ri) *f* Trick *m*, Gaunerei *f*; Gerissenheit *f*, Verschlagenheit *f*.
rouet (rwɛ) *m* **1.** ~ (*à filer*) Spinnrad *n*; **2.** Brunnenkasten *m*; **3.** ⊕ Scheibe *f*, Spulrad *n*; Rolle *f*.
rouf ⚓ (ruf) *m* Koje *f*.
rouge (ru:ʒ) **I** *adj.* **1.** rot; feuerrot (*Haare*); ~ *cuivre* kupferrot; ~ *sang* blutrot; ~ *tirant sur le blanc* blaß-

rötlich; *chapeau m* ~ *weitS.* Kardinalshut *m*; *fig. voir* ~ außer sich vor Wut sein; **2.** rotglühend; **II** *m* **3.** Rot *n*, Röte *f*; rote Schminke *f*; *mettre du* ~ sich schminken, Rot auflegen; **4.** *pol.* Roter *m*; **~âtre** (~'ʒɑ:-trə) *adj.* rötlich; **~aud** F(~'ʒo) *adj. u. su.* [7] (Person *f*) mit rotem Gesicht; **~-gorge** *orn.* (ruʒ'gɔrʒ) *m* [6a] Rotkehlchen *n*.

rougeoiement (ruʒwa'mɑ̃) *m*: ~ *du couchant* Abendrot *n*.

rougeole ⚕ (ru'ʒɔl) *f* Masern *pl.*

rougeoyer (ruʒwa'je) *v/i.* [1h] aufglühen, erglimmen.

rouge-queue *orn.* (ruʒ'kø) *m* [6a] Rotschwänzchen *n*.

roug|et (ru'ʒɛ) **I** *adj.* [7c] rötlich; **II** *m icht.* Rötling *m*; Seebarbe *f*; **~eur** (~'ʒœ:r) *f* **1.** rote Farbe *f*, Röte *f*; ~ *du couchant* Abendrot *n*; **2.** Erröten *n*; **3.** ⚕ rote Hautflecken *m/pl.*; ~*s pl.* Hitzblattern *f/pl.*; **~ir** (~'ʒi:r) [2a] **I** *v/t.* rot färben, rot (an)streichen, röten; **II** *v/i.* rot werden; *fig.* erröten (*de* über *acc.*); ~ *de qch.* sich e-r Sache (*gén.*) schämen.

rougissant (ruʒi'sɑ̃) *adj.*: ~ *de qch.* vor etw. (*dat.*) errötend.

roui ⊕ (rwi) *m* Rösten *n des Flachses*; *fig. sentir le* ~ angebrannt schmecken.

rouil|le (ruj) *f* **1.** (Eisen-)Rost *m*; *tache f de* ~ Rostfleck *m*; *taché de* ~ rostfleckig; *sans* ~ rostfrei; **2.** ⚘ Brand *m*; **~ler** (ru'je) [1a] **I** *v/t.* **1.** rostig machen; *rouillé* rostig, rostfarben; ⚘ brandig; **2.** *fig* ungelenkig machen; verkümmern lassen; **II** *v/rfl. se* ~ (ver)rosten, rostig werden; ⚘ brandig werden; *fig.* verkümmern; alt werden; **~leuse** ⊕ (~'jø:z) *f* Kohlenschneider *m*; **~leux** (ru'jø) *adj.* [7d] rostfarbig; **~lure** (ru'jy:r) *f* Rost(-fleck *m*) *m*.

rou|ir ('rwi:r) *v/t. u. v/i.* [2a] Flachs rösten; **~issage** (rwi'sa:ʒ) *m* Rösten *n* des Flachses.

roul|able (ru'lablə) *adj.* aufrollbar; sich aufrollend; **~ade** (~'lad) **1.** *cuis.* Roulade *f*, gerollte Fleischschnitte *f*; **2.** ~*s pl.* Koloratur *f*, Lauf *m*, Triller *m*; **~age** (~'la:ʒ) *m* **1.** Wegrollen *n*; Beförderung *f* per Achse; **2.** Frachtfuhrwesen *n*; Fuhrlohn *m*, Fracht *f*; (*maison f de*) ~ Speditionsgeschäft *n*; *par le* ~ per Achse; **3.** ⚒ (Einebenen *n* des Ackers durch) Walzen *n*; **4.** ⚓ Schlingern *n*; **~ant** (~'lɑ̃) **I** *adj.* [7] **1.** (leicht) laufend *od.* rollend; in Gang (*od.* im Verkehr) befindlich; *escalier m* ~ Rolltreppe *f*; *fauteuil m* ~ Rollstuhl *m*; 🚂 *matériel m* ~ rollendes Material *n*; *tapis m* ~ Förderband *n*; **2.** P *c'est* ~*!* das ist ja zum Piepen!; **3.** ✝ *fonds m/pl.* ~*s* Betriebsfond *m/sg.*; **II** ✶ *m* Transportarbeiter *m*.

rouleau (ru'lo) *m* [5b] **1.** Rolle *f*; ~ *sécheur* Löscher *m* (*für Bürozwecke*); ~ *de papier* Papierrolle *f*; *fig. être au bout de son* ~ am Ende s-r Kunst (*od.* Kraft) sein; **2.** ⊕ *u.* ⚒ Walze *f*; ~ *compresseur* Dampfwalze *f*; ⊕, ⚠ ~*-compri-meur du sol* Bodenverdichter *m*; ~*-plombeur* Walze *f* zum Asphaltieren; **3.** ~ *de calandre* Roll-, Mangel-holz *n*; ⚕ ~ *de massage* Punktroller *m*; **4.** *pât.* Nudelholz *n*.

roulée F (ru'le) *f* Tracht *f* Prügel.

roulement (rul'mɑ̃) *m* **1.** Rollen *n*; ~ *d'yeux* Augenrollen *n*; **2.** ♪ Lauf *m*; (Trommel-)Wirbel *m*; **3.** *fig.* Personenwechsel *m in Ämtern*; Schichtwechsel *m* (*in der Arbeit*); Innenorganisation *f e-s Warenhauses*; *travail m par* ~ Schichtarbeit *f*; *écol. système m de* ~ (*dans l'enseignement*) Schichtunterricht *m*; **4.** ✝ (Geld-)Umlauf *m*, Umsatz *m*; *fonds m de* ~ Betriebskapital *n*; **5.** ⊕ ~ *à vide* Leerlauf *m*; ~ *à billes* Kugellager *n*; ~ *à rouleaux* Rollenlager *n*; *Auto usw.*: *état m de* ~ Verkehrstauglichkeit *f*.

rouler (ru'le) [1a] **I** *v/t.* **1.** (weg-)rollen, weg-treiben, -wälzen; F ~ *sa bosse* viel herumkommen (*od.* reisen); ~ *les épaules* mit den Achseln zucken; *fig.* ~ *de grands projets dans sa tête* große Pläne im Kopfe wälzen; ~ *doucement sa vie* ein gemächliches Leben führen; ~ *les r* das R rollen; **2.** auf-, zusammenrollen; aufwickeln; ~ *une cigarette* sich e-e Zigarette drehen; *jambon m roulé* Rollschinken *m*; **3.** walzen; ⚒ ~ *un champ* ein Feld einwalzen; **4.** ✶ *fig.* betrügen, übertölpeln; ausplündern; für dumm verkaufen; im Spiel besiegen; **II** *v/i.* **5.** (weg-)rollen, sich vorwärtswälzen; sich bewegen; *Auto*: (Auto) fahren; ✈ trudeln; *vél.* fahren, sich einfahren; zum Start anrollen; zur Landung ausrollen; *Auto*: ~ *à vide* leerlaufen; ~ *à toute allure* mit vollen Touren fahren; ~ *à tombeau ouvert* in rasendem Tempo fahren; *il fait beau ~ ici* hier fährt es sich gut; F *ça roule?* geht's gut?; **6.** rollen (*Donner*); **7.** *fig.* herumwandern; sich herumtreiben; **8.** *fig.* ~ *sur q.* (*sur qch.*) j-n (etw.) betreffen, sich um j-n (um etw.) drehen; *tout roule là-dessus* darum dreht sich alles; **9.** *fig.* sich durchhelfen, sich durchschlagen; **10.** *fig.* ~ *entre* schwanken zwischen (*dat.*); **11.** F ~ *avec q.* mit j-m in e-m Dienst (ab)wechseln; **12.** ⚓ schlingern; **13.** *fig. ne pas ~ en rond* aus der Reihe tanzen; ~ *sur l'or* im Geld schwimmen; **III** *v/rfl. se* ~ **14.** (auf-)gerollt werden; **15.** sich (herum-)wälzen; sich totlachen.

roul|ette (ru'lɛt) *f* **1.** Rollrädchen *n*, Rolle *f*; Rädchen *n des Zahnbohrers*; *patins m/pl. à* ~*s* Rollschuhe *f*; F *fig. cela va comme sur des* ~*s* es geht glatt (*od.* reibungslos) vonstatten; **2.** Roll-, Operationsstuhl *m*; Fahrsessel *m*; *fauteuil m à* ~*s* Rollstuhl *m*; **3.** Roulette *n* (*Glücksspiel*); *jouer à la* ~ Roulette spielen; **~eur** (~'lœ:r) **I** *adj. u. su.* [7g] **1.** (*ouvrier m*) ~ Gelegenheitsarbeiter *m*; **2.** Herumtreiber *m*, Stromer *m*, Vagabund *m*; **3.** *ent.* Blattwickler *m* (*Raupe*); **4.** ⚒ Fördermann *m*; *Ziegelbrennerei*: Erdkarrer *m*; **5.** ⚓ (stark) schlingerndes Schiff *n*; **~euse** P (~'lø:z) *f* Straßendirne *f*, Herumtreiberin *f*; **~ier** (~'lje) **I** *adj.* [7b] Fuhr..., Speditions...; **II** † *m* Rollkutscher *m*, Fuhrmann *m*; **~ière** (~'ljɛ:r) *f* Fuhrmannskittel *m*.

roulis ⚓ (ru'li) *m* Schlingern *n*.

rouloir ⊕ (ru'lwa:r) *m* Aufwickelapparat *m*; Wickelwalze *f*.

roulon (ru'lɔ̃) *m* Sprosse *f* (*e-r Raufe od. e-r Wagenleiter*).

roulot|tage (rulɔ'ta:ʒ) *m* Diebstahl *m* v. Frachtgut; **~te** (ru'lɔt) *f a. Auto*: Wohnwagen *m*; **~tier** (~lɔ'tje) *m* Lieferwagenplünderer *m*, Frachtendieb *m*.

roulure (ru'ly:r) *f* **1.** Ein-, Zusammenrollen *n*; **2.** *for.* Klüftigkeit *f* (*der Bäume*); **3.** P gemeines Weibsstück *n*; Prostituierte *f*.

roumain (ru'mɛ̃) *adj. u.* ♀ *su.* [7] rumänisch; Rumäne *m*.

roumanche (ru'mɑ̃:ʃ) *adj. f*: *langue f* ~ Rätoromanisch *n*.

Roumanie (~ma'ni) *f*: **la** ~ Rumänien *n*.

roumi (ru'mi) *m* (*bisw.* ♀): *un* ~ ein Christ *m* (*bei den Arabern*).

round *Sport* (rawnd) *m* Runde *f*.

roup|ie (ru'pi) *f* **1.** Rupie *f* (*indische Münze*); **2.** P *il a la ~ au nez* ihm läuft die Nase; **~ieux** P (~'pjø) *adj., auch su.* [7d] triefnasig; Triefnase *f*.

roupill|er P (rupi'je) *v/i.* [1a] (halb) schlafen, dösen; **~eur** P (~'jœ:r) *su.* [7g] Schläfer *m*, Schlafmütze *f fig.* F; Troddel *m*; **~on** P (~'jɔ̃) *m* Schläfchen *n*, Nickerchen *n*.

rouquin F (ru'kɛ̃) *adj. u. su.* [7] rothaarig(e Person *f*); Rotkopf *m*; * *m*: Rotwein *m*.

rouspé|tance P (ruspe'tɑ̃:s) *f* Aufmucken *n*, Gemeckere *n*, Geschimpfe *n*; Widerspenstigkeit *f*; **~ter** P (~'te) *v/i.* [1f] aufmucken, meckern, schimpfen; **~teur** P (~'tœ:r) *m* Meckerer *m*, Querulant *m*.

roussaille (ru'sɑ:j) *f* kleine Weißfische *m/pl.*

roussard (ru'sa:r) *m* rötlicher Sandstein *m*.

roussâtre (ru'sɑ:trə) *adj.* rötlich.

rousse * (rus) *f* Polente *f* P.

rouss|eau F (ru'so) *m* [5b] Rotkopf *m*; **~er** * (~'se) *v/i.* [1a] mekkern, nörgeln; **~ette** (~'sɛt) *f* **1.** *icht.* Hunds-, Katzen-hai *m*; **2.** *orn.* Goldammer *f*; **~eur** (~'sœ:r) *f* Röte *f* (*bsd. des Haares*); ~*s pl. od. taches f/pl. de* ~ Sommersprossen *f/pl.*

roussi (ru'si) *m* **1** Brandgeruch *m*; *sentir le ~ a. fig.* nach Ketzerei riechen; **2.** Juchtenleder *n*.

roussin[1] (ru'sɛ̃) *m* Hengst *m*; F *fig.* ~ *d'Arcadie* Esel *m*.

roussin[2] * (~) *m* Spitzel *m*, Polizeispion *m*.

roussir (ru'si:r) *v/t.* [2a] **1.** rotgelb machen; **2.** versengen; *cuis.* (Mehl) einbrennen.

route (rut) *f* **1.** (Fahr-, Land-) Straße *f*, Chaussee *f*, Weg *m*; ~ *cyclable* Radfahrweg *m*; ~ *militaire*, ~ *stratégique* Heerstraße *f*; ~ *de grand débit* Ausfallstraße *f*; *Auto*: *souhaiter bonne* ~ gute Fahrt wünschen; *sur la* ~ auf der Chaussee; *Fr.* ~ *nationale* große Durchgangsstraße *f*, Straße *f* erster Ordnung, Hauptverkehrsader *f*; *Sport*: ~ *de course* Rennstrecke *f*; ⚔ ~ *d'approche* Anmarsch-, Aufmarsch-straße *f*; ~ *en lacets* Schlängelweg *m*; **2.** Weg *m od.* Richtung *f nach e-m Ort*; ~ *de terre* Landweg *m*; ~ *de* (*od. par*) *mer* Seeweg *m*; *en* ~ unterwegs; *en* ~ *pour la chapelle* auf dem Wege zur Kapelle; *en cours de* ~

während der Fahrt; *faire fausse* ~ vom richtigen Wege abkommen, sich verlaufen, sich verfahren; *fig.* auf Abwege geraten, auf dem Holzwege sein; *se mettre en* ~ sich auf den Weg machen; **3.** Bahn *f e-s Gestirns*; Lauf *m e-s Flusses*; **4.** Forst-, Wald-weg *m*; **5.** ⚔ Marsch *m*; *feuille f de* ~ Marschroute *f*; Urlaubszettel *m*; 🚂 *en* ~! fertig!; abfahren!; **6.** ⚓, ✈ Fahrt *f*, Kurs *m*; *faire* ~ *vers le nord* Kurs in Richtung Norden nehmen; *modifier sa* ~ s-n Kurs ändern.

routier (ru'tje) **I** *m* **1.** *fig. vieux* ~ alter Praktikus *m*; **2.** *Auto*: Fernfahrer *m*, Lastkraftfahrer *m*; *vél.* Straßen-, Langstrecken-fahrer *m*; **3.** Segelhandbuch *n*; **II** *adj.* [7b]: *carte f routière* Wege-, Straßen-, Verkehrs-, Auto-karte *f*.

routière (ru'tjɛ:r) *f* **1.** *vél.* Tourenrad *n*; **2.** *Auto*: Reisewagen *m*; **3.** ∨ Straßendirne *f*.

routin|e (ru'tin) *f* **1.** Routine *f*, Fertigkeit *f*, Geläufigkeit *f*; **2.** übliche Art u. Weise *f*, Routine *f*, Schablone *f*; **~ier** (~'nje) [7b] **I** *adj.* □ schablonenhaft, gewohnheitsgemäß, routinenmäßig; **II** *su.* Gewohnheitsmensch *m*, Routinier *m*; *vieux* ~ alter Praktikus *m*.

rouverin *métall.* (ruv'rɛ̃) *adj.* [7] rot-, warm-brüchig.

rouvieux (ru'vjø) *adj./m u. m* räudig; Räude *f* (*v. Pferd od. Hund*).

rouvraie (ru'vrɛ) *f* Eichenwäldchen *n*.

rouvre ⚘ ('ru:vrə) *m* Steineiche *f*.

rouvrir (ru'vri:r) *v/t.* [2f] wieder (er)öffnen, wieder aufmachen.

roux *m*, **rousse** *f* (ru, rus) **I** *adj.* **1.** rot(gelb), fuchsrot; rothaarig; *ch. bêtes rousses* Rotwild *n*; **2.** *fig.* ⚘ *vents m/pl. roux, roux vents m/pl.* rauhe, trockne, schädliche Aprilwinde *m/pl.*; *lune rousse f* unfreundliche Aprilzeit *f*; *fig.* kritische Ehezeit *f*; **II** *su.* rothaarige Person *f*; **III** *m* (Fuchs-) Rot *n*; *cuis.* Mehlschwitze *f*.

royal (rwa'jal) *adj.* [5c] □ königlich; *prince m* ~ Kronprinz *m*; *zo. caniche m* ~ Königspudel *m*; *tigre m* ~ Königstiger *m*; *fig. c'est* ~ das ist wunderbar; *s'amuser* ~*ement* sich diebisch freuen; **~e** (~) *f* Spitzbart *m*; **~iste** (~'list) *adj. u. su.* königstreu; Royalist *m*.

royau|me (rwa'jo:m) *m* **1.** Königreich *n*; **2.** *fig.* Reich *n*; *le* ~ *des cieux rl.* das Himmelreich *n*; **~té** (~jo'te) *f* Königswürde *f*, Königtum *n*; *fig.* beherrschender Einfluß *m*.

ru (ry) *m* (Berieselungs-)Graben *m*; Bächlein *n*.

ruade (rɥad) *f* **1.** Ausschlagen *n* (*Pferd*); *fig. lancer des* ~*s* über die Stränge schlagen; **2.** *fig.* Grobheit *f*.

ruban (ry'bɑ̃) *m* **1.** Band *n*; ~ *de fixage* Klebestreifen *m*; ~ *isolant* Isolierband *n*; ~ *magnétique* Magnetophonband *n*; ~ *de machine à écrire* Farbband *n*; ~ *transporteur* ⊕ Transport-, Förder-band *n*; ~ *sans fin* laufendes Band *n*; **2.** Ordensband *n*; ~ *rouge* Band *n* der Ehrenlegion; **3.** * Trottoir *n*; Straße *f*; **~é** (~ba'ne) *adj.* bandartig; bebändert; Band...; **~er** (~) *v/t.* [1a] mit Bändern besetzen; (be)bändern; **~erie** (~n'ri) *f* **1.** Bandwirkerei *f*; **2.** ✝ Bandhandel *m*; **~ier** (~'nje) [7b] *su.* ⊕ Bandweber *m*, ✝ -händler *m*.

rubé|faction ⚕ (rybefak'sjɔ̃) *f* Rötung *f* der Haut; **~fier** ⚕ (~'fje) [1a] **I** *v/t.* die Haut röten, reizen; **II** *v/rfl.* *se* ~ rot werden.

rubescent (rybɛ'sɑ̃) *adj.* [7] rötlich.

rubican (rybi'kɑ̃) *adj./m* stichelhaarig (*Pferd*).

rubi|cond (~'kɔ̃) *adj.* [7] hochrot, kupferfarben; **~gineux** (~ʒi'nø) *adj.* [7d] rostig; rostfarben.

rubis (ry'bi) *m* Rubin *m*; *fig. payer* ~ *sur l'ongle* bis auf Heller u. Pfennig bezahlen.

rubrique (ry'brik) *f* **1.** *min.* Rotstein *m*; **2.** Rubrik *f*, Abteilung *f*, Titel *m*; ~ *sportive* Sportteil *m* (*e-r Zeitung*); ~ *de publicité*, ~ *des annonces* Anzeigenteil *m*; s. *a.* vie; *être rangé sous quatre* ~*s* in vier Kategorien eingeteilt werden; **3.** *fig. il sait toutes sortes de* ~*s* er kennt allerlei Tricks; **4.** ~*s pl. rl.* Gebets- u. Meßbuch-regeln *f/pl.*; **5.** Ortsangabe *f*, Verlagsort *m* (*e-s Buches*).

ruche (ryʃ) *f* **1.** Bienen-korb *m*, -stock *m*; **2.** ⚓ ~ *d'un bateau* Schiffsgerippe *n*; **3.** *Mode*: Rüsche *f*.

rucher[1] (ry'ʃe) *v/t.* [1a] mit Rüschen einfassen; kraus falten.

rucher[2] (~) *m* Bienen-haus *n*, -stand *m*.

rude (ryd) *adj.* □ **1.** rauh; **2.** holperig, uneben; **3.** herb; **4.** *fig.* beschwerlich, mühsam; *fig.* angreifend; *passer par de ~s épreuves* Schweres durchmachen; *~ tâche f* schwere Aufgabe *f*; **5.** *fig.* unangenehm, schroff, abstoßend (*à q.* gegen j-n); **6.** *fig.* heftig, ungestüm; **7.** trübe, unangenehm, schwer zu ertragen, rauh (*vom Wetter*); *fig. ~ coup m* harter Schlag *m*; **8.** forsch, grob(-schlächtig), rücksichtslos; **9.** *griech. gr. esprit m ~* Spiritus asper *m*; **~ment** (ryd'mɑ̃) *adv.* **1.** derb, rücksichtslos; *il y va ~* er geht rücksichtslos draufzu; **2.** F sehr, riesig P.

rudent|er ⚓ (rydɑ̃'te) *v/t.* [1a] verstäben; **~ure** ⚓ (~'ty:r) *f* Verstäbung *f*.

rudesse (ry'dɛs) *f* Rauheit *f*, Unebenheit *f*; Schroffheit *f*, Herbheit *f*; *fig.* Schärfe *f*, Strenge *f*, Härte *f*, Heftigkeit *f*; forsches (*od.* rücksichtsloses) Auftreten *n*.

rudiment (rydi'mɑ̃) *m* **1.** *~s pl.* Anfangsgründe *m/pl.*; *renvoyer q. aux ~s* j-n wieder in die Lehre schicken; **2.** Elementarlehrbuch *n*; **3.** *zo.*, ⚘ Ansatz *m*, Andeutung *f e-s Organs*; **~aire** (~'tɛ:r) *adj.* **1.** rudimentär, Elementar..., Grund-...; **2.** *zo.*, ⚘ unausgebildet.

rudoiement (rydwa'mɑ̃) *m* grobe Behandlung *f*.

rudoyer (rydwa'je) *v/t.* [1h] anschnauzen, grob behandeln.

rue[1] (ry) *f* Straße *f*; *~ adjacente* Nebenstraße *f*; *~ animée*, *~ passante* Hauptverkehrsstraße *f*, verkehrsreiche Straße *f*; *~ latérale* Seitenstraße *f*; ⚔ *combat m de ~s* Straßenkampf *m*; *barrer une ~* e-e Straße sperren; *indicateur m des ~s* Straßenverzeichnis *n*; *~ écartée* entlegene Straße *f*; *~ de traverse* Querstraße *f*; *~ (à) sens unique* Einbahnstraße *f*; *en pleine ~* auf offener Straße; *dans la ~* auf der Straße; *il sort dans la ~* er geht auf die Straße; *fig. cela court les ~s* das ist stadtbekannt; *vieux comme les ~s* uralt.

rue[2] ⚘ (~) *f* Raute *f*.

ruée (rɥe) *f* **1.** Ansturm *m e-r großen Menge*; Herfallen *n* auf (*acc.*); Andrang *m*, Zustrom *m*; *~ vers l'or* Goldrausch *m*; **2.** ↗ Strohkomposthaufen *m*.

ruelle (rɥɛl) *f* **1.** Gasse *f*, Gäßchen *n*; **2.** *~ (du lit)* Raum *m* zwischen Bett und Wand.

ruer (rɥe) [1a] **I** *v/i.* nach hinten ausschlagen; *fig* sich sträuben; *fig.* F schlagen; *~ à tort et à travers* blind drauflosschlagen; **II** *v/rfl.* *se ~ sur* herfallen über (*acc.*), sich stürzen auf (*acc.*).

rufian (ry'fjɑ̃) *m* **1.** Hurenjäger *m*, Wüstling *m*; **2.** Kuppler *m*.

rugine *chir.* (ry'ʒin) *f* Knochenfeile *f*.

rug|ir (ry'ʒi:r) *v/i.* [2a] brüllen (*v. Löwen*); *fig.* heulen (*Wind*); *fig. ~ de fureur* vor Wut toben; **~issement** (~ʒis'mɑ̃) *m* Brüllen *n*, Gebrüll *n*; Tosen *n* (*Meer*); Heulen *n* (*Wind*); Wutgeschrei *n*.

rug|osité (rygozi'te) *f* Unebenheit *f*, Rauheit *f* (*e-r Oberfläche*); **~ueux** (ry'gø) *adj.* [7d] uneben, rauh.

ruin|e (rɥin) *f* **1.** Einsturz *m*, Verfall *m*; *menacer ~* einzustürzen drohen; *tomber en ~* verfallen; **2.** Ruine *f*; **3.** *fig.* Ruin *m*, Elend *n*, Verarmung *f*, Verlust *m* des Vermögens; Verderben *n*, Untergang *m*; Zerstörung *f*, Vernichtung *f*, Zerrüttung *f*, Zertrümmerung *f*, Verfall *m*; **~er** (~'ne) *v/t.* [1a] **1.** niederreißen, zerstören; verwüsten, zerrütten; **2.** *fig.* ruinieren, zugrunderichten, zunichte machen (*Hoffnungen*); **~eux** (~'nø) *adj.* [7d] *fig.* höchst kostspielig.

ruisseau (rɥi'so) *m* [5b] **1.** Bach *m*; *des ~x de sang* Ströme *m/pl.* von Blut; **2.** Rinnstein *m*, Gosse *f*.

ruissel|er (rɥis'le) *v/i.* [1c] rieseln, rinnen; *~ de* triefen von (*dat.*); **~et** (~'lɛ) *m* Bächlein *n*; **~lement** (rɥisɛl'mɑ̃) *m* **1.** Rieseln *n*, Rauschen *n vom Wasser usw.*; **2.** *~ de pierreries* Edelsteingefunkel *n*.

rumb ⚓ (rɔ̃:b) *m* Kompaß-, Windstrich *m*.

rumeur (ry'mœ:r) *f* **1.** Lärm *m*, dumpfes Getöse *n*; **2.** Stimmengewirr *n*; Murren *n*; allgemeine Unruhe *f*; **3.** Gerücht *n*; *la ~ publique* die Stimme *f* des Volkes, das Stadtgespräch *n*.

rumex ⚘ (ry'mɛks) *m* Ampfer *m*.

rumin|ant (rymi'nɑ̃) **I** *adj.* [7] wiederkäuend; **II** *~s m/pl.* Wiederkäuer *m/pl.*; **~er** (~'ne) [1a] *v/t. u. v/i. zo.* wiederkäuen; *fig.* hin und her überlegen; über etw. brüten; *~ (des pensées)* spintisieren, grübeln.

run|e (ryn) *f* Rune *f*; **~ique** (~'nik) *adj.* Runen ...

ruolz (rɥɔls) *m* Neusilber *n*.

rupestre (ry'pɛstrə) *adj.* Felsen...

rupin P (ry'pɛ̃) *adj. u. su.* [7] pikfein(er), reich(er Kerl *m*); (*f*: pikfeine Dame *f*); schick; **~er** * *écol.* (~pi'ne) *v/i.* (*im Examen*) glänzen.
ruptile (ryp'til) *adj.* aufreißend, aufspringend.
rupture (ryp'ty:r) *f* **1.** Bruch *m*; Aufbrechen *n e-r Tür*, Aufsprengen *n*; ⚕ ~ *d'une veine*, ~ *d'une artère* Aderbruch *m*; ~ *d'une digue* Dammbruch *m*; ⚔ ~ *du front* Durchbruch *m* (an der Front); ~ *d'attelage* Loskuppelung *f* des Pferdegeschirrs; *géol.* ~ *des glaces*, ~ *d'un glacier* Gletscherabbruch *m*; ⚡ ~ *du courant* Stromunterbrechung *f*; ⊕ ~ *d'une conduite de gaz* Gasrohrbruch *m*; ⊕ *résistant à la* ~ bruchfest; **2.** Riß *m*; **3.** *fig.* Auflösung *f e-r Versammlung*; Abbruch *m e-r Verhandlung*; Rückgängigmachen *n e-r Verlobung*; ~ *des fiançailles* Entlobung *f*; ~ *de la paix* Friedensbruch *m*; ⚕ ~ *d'équilibre* Gleichgewichtsstörung *f*; ~ *des pourparlers* Abbruch *m* der Verhandlungen; *pol.* ~ *des relations diplomatiques* Abbruch *m* der diplomatischen Verhandlungen; ~ *d'une amitié* Bruch *m* e-r Freundschaft; *fig.* ~ *passagère* vorübergehende Entzweiung *f*; ~ *du tarif* Tarifbruch *m*; ~ *avec un parti* Bruch *m* mit e-r Partei, Parteiaustritt *m*.
rural (ry'ral) *adj.* [5c] □ ländlich; Land..., Acker...; *facteur m* ~ Landbriefträger *m*; *exploitation f* ~*e* Bauerngut *n*; *propriété f* ~*e* Länderei *f*; *production f* ~*e* Agrarproduktion *f*; *vie f* ~*e* Landleben *n*.
rus|e (ry:z) *f* List *f*, Arglist *f*, Hinterlist *f*, Verschlagenheit *f*; Kunstgriff *m*, Trick *m*, Kniff *m*; *percer à jour les* ~*s de q.* hinter j-s Schliche kommen; ~ *de guerre* Kriegslist *f*; *user de* ~ List anwenden; **~é** (ry'ze) *adj. u. su.* (arg-, hinter-)listig, schlau, gerieben F; Schlaukopf *m*, Fuchs *m* F.
ruser (ry'ze) *v/i.* [1a] List gebrauchen.
russe (rys) **I** *adj.* [7] russisch; *montagnes f/pl.* ~*s* Rutschbahn *f*; **II** ♀ *su.* Russe *m* (*f*: Russin *f*); ♀ *blanc* Weißrusse *m*.
Russie (ry'si) *f*: **la** ~ Rußland *n*.
russ|ification (rysifikɑ'sjɔ̃) *f* Russifizierung *f*; **~ifier** (~si'fje) *v/t.* [1a] russifizieren; **~ophile** (~sɔ'fil) *adj. u. su.* russenfreundlich; Russenfreund *m*; **~ophobe** (~sɔ'fɔb) *adj. u. su.* russenfeindlich; Russenfeind *m*.
rustaud (rys'to) *adj. u. su.* [7] flegelhaft, bäurisch, ungeschliffen; *fig.* Flegel *m*, Bauernlümmel *m*; **~erie** (~to'dri) *f* Flegelhaftigkeit *f*.
rusti|cité (rystisi'te) *f* bäurisches Wesen *n*, bäurische Art *f od.* Grobheit *f*; **~que** (~'tik) *adj.* □ **1.** ländlich; Land..., Feld...; *travaux m/pl.* ~*s* Feldarbeiten *f/pl.*; **2.** ♀ *u. zo.* widerstandsfähig; **3.** *fig.* kunstlos; ungepflegt, verwildert; *banc m* ~ Gartenbank *f*; *style m* ~ Bauernstil *m*; **4.** *fig.* bäurisch, grob; **~quer** (~'ke) *v/t.* [1m] Bausteine grob behauen *od.* bewerfen.
rustre ('rystrə) **I** *adj.* flegelhaft; **II** *m* Grobian *m*, (Bauern-)Lümmel *m*.
rut *ch.* (ryt) *m* Brunst *f*; *en* ~ brünstig.
rutacées ♀ (ryta'se) *f/pl.* Rautengewächse *n/pl.*
ruthène (ry'tɛn) *adj. u.* ♀ *su.* ruthenisch, kleinrussisch; Ruthene *m*.
rutil|ant (ryti'lɑ̃) *adj.* [7] gelbrötlich; hochrot; *fig.* bombastisch; **~er** (~'le) *v/i.* [1a] hell glänzen.
rythm|e (ritm) *m* **1.** Rhythmus *m*; Tempo *n*; Takt *m*; **2.** ~*s pl.* Verse *m/pl.*, Gesänge *m/pl.*; **~é** (~'me) *adj.* rhythmisch geordnet, taktmäßig; **~er** (~) *v/t.* [1a] Rhythmus geben; skandieren; **~que** (~'mik) **I** *adj.* rhythmisch, taktmäßig; **II** *f* Rhythmik *f*.

S

S, s (ɛs) *m* S, s *n*.
sa (sa) *f zu son*[3].
sabbat (sa'ba) *m* Sabbat *m*; F *fig.* Höllenspektakel *m*; *faire un beau ~* e-n Riesentaspektakel machen.
sabine ♀ (sa'bin) *f* Wacholderstrauch *m*.
sabir (sa'bi:r) *m* **1.** romanische Mischsprache *f* (lingua franca) der Levante u. Nordafrikas; **2.** *allg.* Mischsprache *f*, Kauderwelsch *n*.
sable[1] ('sɑ:blə) *m* **1.** Sand *m*; *métall. ~ à mouler* Formsand *m*; *~ de mer* Seesand *m*; *~ mouvant* Flug-, Trieb-sand *m*; *banc m de ~* Sandbank *f*; *désert m de ~* Sandwüste *f*; *bâti à chaux et à ~* a) unverwüstlich (*v. Sachen*); b) von unverwüstlicher Gesundheit, kerngesund; *fig. bâtir sur le ~* auf Sand bauen; **2.** ⚕ Nieren-, Blasen-gries *m*.
sable[2] *zo.* (~) *m* Zobel *m*.
sabl|er (sɑ'ble) *v/t.* [1a] **1.** mit Sand bestreuen, besanden; △ sandeln; *métall.* in Sand gießen; **2.** ein Glas Wein hintergießen; **~eur** (~'blœ:r) *m* **1.** ⊕ Sandformenmacher *m*; **2.** F tüchtiger Zecher *m*; **~euse** ⊕ (~'blø:z) *f* Sandstrahlgebläse *n*; **~eux** (~'blø) *adj.* [7d] sandhaltig, sandig; Sand...; **~ier** (~bli'e) *m* **1.** Sanduhr *f*; **2.** *ehm.* (Streu-)Sandbüchse *f*.
sablière[1] (sɑbli'ɛ:r) *f* Sand-, Kies-grube *f*.
sablière[2] (~) *f* 🚂 Sandstreuvorrichtung *f*; △ Rahmholz *n*, Bodenschwelle *f*; ⚓ Bohle *f*, Planke *f*.
sablon (sɑ'blɔ̃) *m* feiner Sand *m*, Streusand *m*; **~ner** (~blɔ'ne) *v/t.* [1a] mit Sand reinigen *od.* scheuern; **~neux** (~blɔ'nø) *adj.* [7d] sandig.
sablonnière (sɑblɔ'njɛ:r) *f* Sandgrube *f*.
sabord ⚓ (sa'bɔ:r) *m* Stückpforte *f*; **~age** (~bɔr'da:ʒ) *m* ⚓ Anbohren *n*, Versenken *n*; *fig. bsd. pol.* Torpedierung *f* (*e-r Konferenz*); **~er** (~bɔr'de) *v/t.* (*ein Schiff*) anbohren, versenken; *allg.* vergeuden, mutwillig vernichten.
sabot (sa'bo) *m* **1.** Holzschuh *m*; *dormir comme un ~* wie ein Murmeltier schlafen; F *avoir du foin dans ses ~s* ein reicher Bauer sein; **2.** Huf *m*; **3.** Hemmschuh *m*; **4.** Kreisel *m* (*Kinderspielzeug*); **5.** etwas Schlechtes *n*; Klimperkasten *m f*; Fiedel schlechtes Schiff *n od.* Werkzeug *n usw.*; **6.** ♀ *~ de Vénus* Frauenschuh *m*.
sabo|tage (sabɔ'ta:ʒ) *m* **1.** *pol., écc.* Sabotage *f*, Störungsversuch *m*, politische Quertreiberei *f*; **2.** Pfuscharbeit *f*; **3.** 🚂 Einblatten *n* der Eisenbahnschwellen; **4.** Holzschuhmacherei *f*; **~ter** (~bɔ'te) [1a] **I** *v/i.* **1.** mit s-n Holzschuhen klappern; **II** *v/t.* **2.** sabotieren, vereiteln; absichtlich beschädigen; **3.** verpfuschen; **4.** ⊕ einblatten, anschuhen, dechseln; **~teur** (~'tœ:r) *su.* [7b] Saboteur *m*, böswilliger Beschädiger *m* (*v. Betriebsmitteln*); Pfuscher *m*; **~tier** (~'tje) *su.* [7b] Holzschuhmacher *m*; **~tière** (~'tjɛ:r) *f* Holz-

schuhtanz *m*, Schuhplattler *m*.
sabouler F (sabu'le) *v/t.* [1a] anschnauzen.
sabre ('sɑ:brə) *m* Säbel *m*; *traîneur m de* ~ Säbelrassler *m*; *duel m au* ~ Säbelduell *n*; **~-baïonnette** (~bɑjɔ'nɛt) *m* [6a] Seitengewehr *n*.
sabr|er (sɑ'bre) *v/t.* [1a] niedersäbeln, -hauen; F *fig.* schnell hinhauen, verpfuschen; kurzerhand durchstreichen; scharf kritisieren; **~eur** (~'brœ:r) *m* **1.** Haudegen *m*; Draufgänger *m*; **2.** F Pfuscher *m*.
saburr|al ⚕ (saby'ral) *adj.* [5c]: *langue f* ~*e* belegte Zunge *f*; **~e** ⚕ (sab'y:r) *f* Belag *m* auf der Zunge.
sac[1] (sak) *m* **1.** Sack *m*; Beutel *m*; ~ (*de papier*) Tüte *f*; Papiersack *m*; *toile f à* ~*s* Sackleinwand *f*; ~ *de couchage* Schlafsack *m*; ~ *de voyage* Reisetasche *f*; *Golfsport*: ~ *à cannes (de golf)* Stockträger *m*; ~ *(à main)* (Damen-)Handtasche *f*; Badebeutel *m*, -tasche *f*; ~ *à ouvrage* Handarbeits-, Strick-beutel *m*; ~ *à poussière* ⊕ Staubbeutel *m* (*e-s Staubsaugers*); ~ *à provisions* Einholetasche *f*; ~ *flottant* Schlauchsack *m* für Pontons; ~ *à vêtements (antimite)* Kleiderhülle *f* (zum Einmotten); *mettre q. dans le* ~ j-n reinlegen; *prendre la main dans le* ~ auf frischer Tat ertappen; *voir le fond du* ~ die Sache durchschauen; *l'affaire est dans le* ~ die Sache klappt; P *avoir le* ~ Geld wie Heu haben; *vider son* ~ sich offen aussprechen; *donner à q. son* ~ *et ses quilles* j-n kurzerhand entlassen, j-n auf die Straße setzen; *prendre son* ~ *et ses quilles* mit Sack u. Pack losziehen; das Weite suchen; türmen F; *homme m de* ~ *et de corde* Erzgauner *m*, Taugenichts *m*; **2.** Tornister *n*; ⚔ Affe *m*; ⚓ Seesack *m*; ~ *d'écolier* Schulranzen *m*; ~ *de montagne*, ~ *de touriste*, ~ *tyrolien* Rucksack *m*; **3.** *hist. rl.* Bußkleid *n*; **4.** *anat.* ~ *lacrymal* Tränensack *m*; **5.** P Pansen *m*, Bauch *m*; *emplir son* ~ P sich vollfressen P; ~ *à vin* Säufer *m*.
sac[2] (~) *m* Plünderung *f*; *mettre à* ~ der Plünderung preisgeben.
sacca|de (sa'kad) *f* **1.** Ruck *m*; *advt. par* ~*s* stoß-, ruck-weise; **2.** F *fig.* Anranzer *m* F, derber Verweis *m*; **~der** (~'de) *v/t.* [1a] mit dem Zügel e-n Ruck geben; *fig.* stoßweise bewegen; *mouvements m/pl. saccadés* heftige Stöße *m/pl.*; *style m saccadé* abgehackter Stil *m*; **~ge** (~'ka:ʒ) *m* wüstes Durcheinander *n*; Verunzierung *f*; Verunstaltung *f*; **~gement** (~kaʒ'mɑ̃) *m* Plünderung *f*; **~ger** (~ka'ʒe) *v/t.* [1l] (aus)plündern; *fig.* durcheinanderbringen; **~geur** (~ka'ʒœ:r) *su.* [7g] Plünderer *m*.
saccha|reux ⚗ (saka'rø) *adj.* [7d] zuckerig; Zucker...; **~rifère** (~ri'fɛ:r) *adj.* zuckerhaltig; **~rification** ⚗ (~rifikɑ'sjɔ̃) *f* Zuckerbildung *f*; **~rifier** (~ri'fje) *v/t.* [1a] in Zucker verwandeln; **~rimètre** (~ri'mɛtrə) *m* Zuckermeßgerät *n*; **~rin** (~'rɛ̃) *adj.* [7[Zucker...; zuckerhaltig; *principe m* ~ Zuckerstoff *m*; **~rine** (~'rin) *f* Sacharin *n*.
sacerdo|ce (sasɛr'dɔs) *m* Priesteramt *n*, -stand *m*; **~tal** (~'tal) *adj.* [5c] priesterlich; Priester...
sachée (sa'ʃe) *f* Sackvoll *m*.
sachet (sa'ʃɛ) *m* **1.** Säckchen *n*; ⚓, 🐟 ~ *m antirequins* chemisches Haifischabschreckungsmittel *n*; **2.** ~ *de parfums* Riechkissen *n*; ~ *à poudre* Puderdose *f*; **3.** ✝ ~ *de paie* Lohntüte *f*; **4.** ⚕ Mullsäckchen *n*; ~ *à glace* kleiner Eisbeutel *m*.
sacoche (sa'kɔʃ) *f* **1.** *vél.* Werkzeugtasche *f*; Satteltasche *f*; ~ *de motocycliste* Motorradtasche *f*; **2.** Geldbeutel *m*; **3.** Schulranzen *m*.
sacome ⚠ (sa'ko:m) *m* hervorstehendes Simswerk *n*.
sacramentel [7c] (sakramɑ̃'tɛl) *adj.* □ sakramental, feierlich; *fig.* entscheidend.
sacre[1] ('sakrə) *m* Salbung *f* (*e-s Königs*); Weihe *f* (*e-s Bischofs*).
sacre[2] *orn.* (~) *m* Würgefalke *m*.
sacré (sa'kre) **I** *adj.* **1.** geweiht, geheiligt; heilig; *histoire f* ~*e* Religionsgeschichte *f*; *les livres m/pl.* ~*s* die Heilige Schrift *f*; *ordres m/pl.* ~*s* höhere Weihen *f/pl.*; *rl. vases m/pl.* ~*s* Meßgefäße *n/pl.*; **2.** ehrwürdig; **3.** gesalbt, gekrönt; geweiht; unantastbar; **4.** F *fig.* (*vor su.*) verflucht, verdammt; ~ *nom (de nom)!* verflucht (*od.* verflixt) nochmal!; **II** *m das* Heilige *n*.
sacre|bleu, ~dié, ~dieu F (sakrə'blø, ~'dje, ~'djø) *int.* Himmel Kreuz!; verflucht nochmal!
sacr|ement *rl.* (sakrə'mɑ̃) *m* Sakrament *n*; *le Saint* ♀ das Heilige Abendmahl *n*; **~er** (~'kre) [1a] **I** *v/t.* zum König salben, zum Bischof weihen; **II** *v/i.* fluchen, wettern.

sacrifi|cateur *antiq.* (~krifika'tœ:r) *su.* [7f] Opferpriester *m*; *grand* ~ Hohepriester *m*; **~ce** (~'fis) *m* **1.** *rl.* Opfer *n*, Opferung *f*; *cath. saint* ~ Meßopfer *n*; ~ *expiatoire* Sühnopfer *n*; ~ *humain* Menschenopfer *n*; *faire* (*od. offrir*) *un* ~ ein Opfer darbringen; **2.** *fig.* Opfer *n* (*das man bringt*; *vgl. dagegen victime* 2); Aufopferung *f*; *faire le* ~ *de qch.* ein Opfer darbringen; **~er** (~'fje) [1a] **I** *v/t.* **1.** opfern; **2.** *fig.* ~ *q.* j-n (hin)opfern; ~ *qch.* etw. aufopfern; ~ *qch. à q.* j-m etw. zum Opfer bringen; **3.** *fig.* hingeben; widmen; **4.** *fig.* preisgeben; **5.** ~ *la marchandise* die Ware verschleudern; *marchandise f sacrifiée* Schleuderware *f*; **II** *v/rfl.* se ~ sich (auf)opfern; sich hingeben; **III** *v/i.* huldigen, sich hingeben; frönen, erliegen, nachgeben; sich richten nach (*dat.*); ~ *à sa passion* s-r Leidenschaft erliegen; ~ *à la mode* sich ganz nach der Mode richten.

sacrilège (sakri'lɛ:ʒ) **I** *adj.* □ *u. m* gottlos, frevelhaft; Gotteslästerer *m*; Kirchenschänder *m*; **II** *m* Kirchenschändung *f*, Freveltat *f*.

sacripant (~'pɑ̃) *m* Taugenichts *m*; Schurke *m*, Schuft *m*.

sacristain *rl.* (sakris'tɛ̃) *m* Kirchendiener *m*, Küster *m*, Mesner *m*.

sacristi! (sakris'ti) *int.* verflixt!

sacristie *rl.* (~) *f* Sakristei *f*.

sacristine *rl.* (~s'tin) *f* Mesnerin *f*.

sacro-saint (sakrɔ'sɛ̃) *adj.* [7] sakrosankt, hochheilig.

sacrum *anat.* (sa'krɔm) *m* Kreuzbein *n*.

sadi|que (sa'dik) *adj. u. su.* sadistisch; Sadist(in *f*) *m*; *crime m* ~ Lustmord *m*; **~sme** (~'dism) *m* Sadismus *m*.

safran (sa'frɑ̃) **I** *m* **1.** ⚘ Safran *m*, Krokus *m*; **2.** ⚓ Ruderblatt *n*; **II** *adj./inv.* *des étoffes f/pl.* ~ safranfarbene Stoffe *m/pl.*; **~er** (~fra'ne) *v/t.* [1a] mit Safran färben.

saga|ce (sa'gas) *adj.* scharfsinnig; **~cité** (~si'te) *f* Scharfsinn *f*.

sage (sa:ʒ) **I** *adj.* □ **1.** weise; klug, besonnen, vernünftig; einsichtsvoll; **2.** gelassen, mäßig; *le plus* ~ *cède* der Klügere gibt nach; **3.** artig, folgsam; sittsam; fromm (*Pferd*); **II** *m* Weiser *m*; **~-femme** (~'fam) *f* [6a] Hebamme *f*.

sagesse (sa'ʒɛs) *f* **1.** Weisheit *f*; Klugheit *f*, Besonnenheit *f*; Vorsicht; *fig.* Vernunft *f*; *Sport*: Geschicklichkeit *f*; *fausse* ~ Pseudogelehrsamkeit *f*; ~ *mondaine*, ~ *pratique* Lebensklugheit *f*; ~ *scolaire* Schulweisheit *f*; ~ *du siècle* Weltklugheit *f*, -erfahrung *f*; *la* ~ *a prévalu* die Vernunft hat gesiegt; **2.** Mäßigung *f*, Gelassenheit *f*; **3.** Artigkeit *f*; Sittsamkeit *f*, Folgsamkeit *f*; Keuschheit *f*; *prix m de* ~ Preis *m* für gutes Betragen; **4.** *bibl.* tiefe Gelehrsamkeit *f*; (*le livre m de*) *la* ♀ die Weisheit *f* Salomonis.

sagittaire (saʒi'tɛ:r) **I** *m* **1.** *antiq.* Bogenschütze *m*; **2.** *ast.* Schütze *m* (*Sternbild*); **II** *f* ⚘ Pfeilkraut *n*.

sagou (sa'gu) *m* Sago *m*.

sagouin (sa'gwɛ̃) **I** *m* Springaffe *m*; **II** *su.* [7] *fig.* (*vilain*) ~ Schmutzfink *m*, Dreckschwein *n* P.

sagoutier (sagu'tje) *m* Sagobaum *m*.

Sahara *géogr.* (saa'ra) *m*: *le* ~ die Sahara *f*.

saharien *géogr.* (saa'rjɛ̃) *adj.* [7c] der Sahara, Sahara...

sai|e F ⊕ (~) *f* Kratzbürste *f*; **~etter** (sɛjɛ'te) *v/t.* [1a] mit der Kratzbürste putzen.

saign|ant (sɛ'ɲɑ̃) *adj.* [7] blutend; *viande f* ~*e* nicht ganz durchgebratenes Fleisch *n*; **~ée** (~'ɲe) *f* **1.** Aderlaß *m*; **2.** entzogenes Blut *n*; **3.** Abzugsgraben *m*; **4.** *fig. faire des* ~*s à sa bourse* tief in den Geldbeutel greifen; **~ement** (sɛɲ'mɑ̃) *m* Bluten *n*; ~ *de nez* Nasenbluten *n*; **~er** (sɛ'ɲe) [1b] **I** *v/t.* **1.** ~ *q.* j-m Blut abnehmen; **2.** *fig.* j-m Geld abnehmen, j-n schröpfen; ~ *q. à blanc* j-n restlos ausbeuten (*od.* aussaugen); **3.** (ab)schlachten, abstechen (*Schwein*); * *fig.* ~ *q.* j-n umbringen, abmurksen, kaltmachen; **4.** ~ *la viande* das Fleisch brühen; **5.** Graben ablassen; Fluß ableiten; **II** *v/i.* bluten; ~ *du nez* aus der Nase bluten; **~eur** (sɛ'ɲœ:r) *m* Schweineschlächter *m*; **~eux** (sɛ'ɲø) *adj.* [7d] blutig.

saill|ant (sa'jɑ̃) **I** *adj.* [7] **1.** vorspringend; △ *partie f* ~*e* Vorbau *m*; **2.** *fig.* (geistig) hervorragend, auffallend; *le point* ~ der springende Punkt *m*; **II** *m* **3.** ⚔ *frt.* ausspringender Winkel *m*; **4.** *das* Hervorragende *n*; **~ie** (~'ji) **1.** *f* Hervorspringen *n*, stoßweises Hervorsprudeln *n*; *par* ~*s* ruckweise, in Sprüngen; **2.** *fig.* Ausfall *m*, schwere Beleidigung *f od.* Kränkung *f*; **3.** ~*s pl. fig.* Aufbrausen *n/sg.*, Launen *f/pl.*; **4.** *fig.* Geistesblitz *m*, Einfall *m*; **5.** 🕮, *bsd.* ⚘ Hervorragung *f*; Höcker *m*; **6.** ⚠ Vorsprung *m*; ~ *du toit* Dachüberstand *m*; **7.** *peint.* Plastik *f*; Tiefenwirkung *f*; **8.** *zo.* Beschälen *n*; **~ir** (~'ji:r) [2a] **I** *v/i.* stoßweise hervorsprudeln; hervor-ragen, -springen; **II** *v/t. zo.* bespringen, belegen.

sain (sɛ̃) *adj.* [7] □ gesund (*a. fig.*) (*bei Personen nur attributiv, nicht prädikativ gebr.*; *also*: er ist gesund ~ *il est en bonne santé*); *homme m* ~ gesunder Mensch *m*; ~ *de corps et d'esprit* gesund an Leib und Seele; ~ *et sauf* wohlbehalten; gesund u. munter; ✝ unbeschädigt, unverdorben; *prov. esprit* ~ *m dans un corps* ~ ein gesunder Geist in e-m gesunden Körper; *jugement m* ~ gesundes Urteil *n*.

sainbois ⚘ (sɛ̃'bwa) *m* Seidelbast *m*.

saindoux (sɛ̃'du) *m* Schweineschmalz *n*, -fett *n*.

sainfoin ⚘ (sɛ̃'fwɛ̃) *m* Esparsette *f*, Süßklee *m*.

saint (sɛ̃) [7] **I** *adj.* □ **1.** heilig; **2.** gottselig; fromm; **3.** gottgeweiht; *la* ~*e cène* das heilige Abendmahl *n*; *l'Ecriture f* ~*e*, *les* ~*es Ecritures*, *les* ~*es lettres*, *les* ~*s livres* die Heilige Schrift *f*, die Bibel *f*; *histoire f* ~*e* biblische Geschichte *f*; *semaine f* ~*e* Karwoche *f*, stille Woche *f*; *le* ♀*-Siège* der Heilige Stuhl *m* (*Papst*); *jeudi* ~ Gründonnerstag *m*; *vendredi* ~ Karfreitag *m*; *la Terre* ~*e* das gelobte Land *n*; *enterré en terre* ~*e* an geweihter Stätte begraben; F *fig. toute la* ~*e journée* den lieben langen Tag; **4.** verehrungswürdig; **5.** *beachte*: *die nach Heiligen benannten Festtage sind weiblich* (*f*), *da la fête zu ergänzen ist*: *la Saint-Jean* der Johannistag *m*; **II** *su.* Heiliger *m*; frommer Mensch *m*; *tout est* ~ *pour les* ~*s* dem Reinen ist alles rein; *fig. les trois* ~*s de la glace* die drei Eisheiligen; *il ne savait plus à quel* ~ *se vouer* er wußte sich keinen Rat mehr; er wußte nicht mehr ein noch aus; *prov. mieux vaut s'adresser à Dieu qu'à ses* ~*s* man muß sich immer gleich an die richtige Stelle wenden; *faire le* ~ den Frommen spielen, fromm tun; *pauvre* ~ armer Schlucker *m*; **III** *m le* ~ *des* ~*s* das Allerheiligste *n*.

saint-cyrien (sɛ̃si'rjɛ̃) *m* [6g] Schüler *m* der Militärakademie von Saint-Cyr.

Saint-Empire *hist.* (sɛ̃tɑ̃'pi:r) *m*: *le* ~ (*romain germanique*) das Heilige Römische Reich Deutscher Nation.

sainte-nitouche F (sɛ̃tni'tuʃ) **I** *f* Scheinheilige *f*; *faire la* ~ unschuldig tun; **II** *adjt.*: *un petit air* ~ wie die Unschuld vom Lande.

sainteté (sɛ̃t'te) *f* **1.** Heiligkeit *f*; F *fig. qui n'est pas en odeur de* ~ anrüchig, nicht gut angeschrieben; **2.** *Sa* ♀ Seine Heiligkeit (*Papst*).

saint-frusquin P (sɛ̃frys'kɛ̃) *m* Habseligkeiten *f/pl*.

Saint-Glinglin P (sɛ̃glɛ̃'glɛ̃) *f*: *à la* ~ am Jüngsten Tag, nie und nimmer; *remettre qch. à la* ~ etw. auf den Jüngsten Tag verschieben.

saint Jean Bouche d'or P (sɛ̃ʒɑ̃buʃ'dɔ:r) *m etwa*: der größte Schönredner *m od.* Schmeichler *m*.

Saint-Just F (sɛ̃'ʒyst) *m*: *la langue requiert ses* ~ die Sprache verlangt ihr Recht.

Saint|-Office *rl.* (sɛ̃tɔ'fis) *m* (ohne *pl.*) Inquisition(sgericht *n*) *f*; **~Père** (~'pɛ:r): der heilige Vater *m*, der Papst *m*; **~Siège** (~'sjɛ:ʒ) *m* Heiliger Stuhl *m*; päpstliche Kurie *f*.

sai|si (sɛ'zi) *m* Gepfändeter *m*; **~sie** ⚖ (~) *f* Pfändung *f*; *a. journ.* Beschlagnahme *f*; ~ *des devises* Devisenerfassung *f*; **~sie-vente** (~'vɑ̃:t) *f* öffentliche Zwangsversteigerung *f*; **~sine** (~'zin) *f* **1.** ⚖ Besitzrecht *n* eines Erben, Besitzergreifung *f*; **2.** ⚓ Seising *n* (*Tau*).

saisir (sɛ'zi:r) [2a] **1.** ergreifen, (er-)fassen, packen; kapern; ~ *q. au collet* (*par les cheveux*) j-n am Kragen (bei den Haaren) packen; ~ *le ballon de volée* e-n Freifang machen, den Ball im Sprunge fangen (*Fußball*); ~ *un avantage* e-n Vorteil wahrnehmen; ~ *l'occasion* die Gelegenheit ergreifen; *être saisi de la fièvre* vom Fieber befallen sein; **2.** *fig.* rühren, ergreifen; *être saisi* tief erschüttert sein; **3.** *fig.* begreifen, verstehen, (auf)fassen; *mal* ~ mißverstehen; *pas bien* ~ nicht richtig auffassen; **4.** ⚖ beschlagnahmen; **5.** ⚖ ~ *q. de qch.* j-n in Besitz von etw. setzen; **6.** *parl.* ~ *une commission d'un projet de loi* e-m Ausschuß e-n Gesetzesentwurf vorlegen; ⚖ *le tribunal est saisi de l'affaire* die Sache ist bei Gericht anhängig gemacht; **7.** *cuis.* ~ *au feu* anbraten, bräunen; ~ *au four* backen; *saisi* angebraten.

saisiss|abilité ⚖ (sɛzisabili'te) *f* Pfändbarkeit *f*; **~able** ⚖ (~'sablə) *adj.* pfändbar; **~ant** (~'sɑ̃) [7] **I** *adj.* ergreifend; anschaulich; auffallend (*Ähnlichkeit*); empfindlich, durchdringend (*Kälte*); ⚖ auspfändend; **II** *su.* ⚖ Auspfänder *m*; **~ement** (~s'mɑ̃) *m* **1.** Ergreifen *n*, Festnehmen *n*; **2.** Zusammenfahren *n* *vor Kälte*; plötzlicher Schrecken *m*, Schauder *m*; **3.** *fig.* Ergriffenheit *f*.

saison (sɛ'zɔ̃) *f* **1.** Jahreszeit *f*; *bsd.* ✝ Saison *f*; *arrière-~* Herbst *m*; *nouvelle* ~ Frühling *m*; *morte* ~ stille Zeit *f*, Geschäftsruhe *f*, Sauregurkenzeit *f* F; *marchand m des quatre ~s* Obst- u. Gemüsehändler *m*; **2.** richtiger Augenblick *m*, günstiger Umstand *m*; *en temps et* ~ zur rechten Zeit; *hors de* ~ unzeitgemäß, unpassend; *être de* ~ angebracht sein; passen; **3.** *fig.* Lebensalter *n*; Zeitraum *m*; *la première* ~ *de la vie* die Jugend *f*; **4.** ✝ Saison *f*; **5.** Brunnen- *od.* Kur-zeit *f*; Kur *f*; *haute* ~ Hochsaison *f*; ~ *(principale) du tourisme* (Haupt-)Reisezeit *f*; *la* ~ *bat son plein* die Saison ist auf ihrem Höhepunkt; **~ner** (~zɔ'ne) *v/i.* [1a] reichlich Früchte tragen; **~nier** (~zɔ'nje) *adj.* [7b] saison-bedingt, -gemäß, der Jahreszeit angemessen; *travailleur m* ~ Saisonarbeiter *m*.

salac|e *bsd. zo.* (sa'las) *adj.* geil (*bsd. v. Tieren*); **~ité** (~si'te) *f* Geilheit *f* (*bsd. v. Tieren*).

sala|de (~'lad) *f* **1.** Salat *m*; ~ *de laitue* (Kopf-)Salat *m* (*zubereitet*); ~ *russe etwa*: italienischer Salat *m*; F *fatiguer la* ~ den Salat gut mischen; *retourner* (*od. faire od. assaisonner od. accomoder*) *la* ~ den Salat zubereiten; **2.** P *fig.* Durcheinander *n*, Mischmasch *m*; * *~s pl.* Gefasele *n*; **3.** P Prügelei *f*; **4.** *panier m à* ~ P grüne Minna *f*, Zellenwagen *m*; **~dier** (~'dje) *m* **1.** Salatschüssel *f*; größere Schüssel *f*; **2.** Salatkorb *m*.

salage (sa'la:ʒ) *m* Reifungsprozeß *m* *bei der Käsefabrikation.*

salaire (sa'lɛ:r) *m* (Arbeits-)Lohn *m*; ~ *de base* Grundlohn *m*; ~ *maximum*, ~ *maximal* Höchst-, Spitzen-lohn *m*; ~ *minimum* Mindestlohn *m*; ~ *mensuel* Monatslohn *m*; ~ *tarifaire* Tariflohn *m*.

salaison (salɛ'zɔ̃) *f* **1.** Einsalzen *n*; **2.** (*bsd. ~s pl.*) Pökelfleisch *n*; eingesalzene Fische *m/pl.*; Gesalzenes *n*.

salamalec (salama'lɛk) *m* **1.** salem aleikum (*arabischer Gruß*: Friede über dich!); **2.** tiefe Verbeugung *f*.

salamandre (sala'mɑ̃:drə) *f* **1.** *zo.* Salamander *m*; **2.** *Art* Dauerbrandofen *m*.

salami *cuis.* (sala'mi) *m* Salami[(-wurst *f*) *f*.]

salangane *orn.* (salɑ̃'gan) *f* Salangane *f*, ostindische Schwalbe *f*; *bsd. China*: eßbares Schwalbennest *n*.

salant (sa'lɑ̃) *adj./m*: *lac m* ~ Salzsee *m*; *marais m* ~ Salzteich *m*.

salari|al (sala'rjal) *adj.* [5c] Gehalts...; **~at** (~'rja) *m* Stellung *f* e-s Lohnempfängers; Arbeitnehmerschaft *f*; **~é** (~'rje) *su.* Arbeitnehmer *m*, Besoldeter *m*; Lohnempfänger *m*; **~er** (~) *v/t.* [1a] besolden.

salaud P (sa'lo) *adj. u. su.* [7] **1.** schmutzig; Schmutz-fink *m* (*f*: -liese *f*); **2.** gemein(er Kerl *m*), Mistvieh *n* P.

salbande ⚒ (sal'bɑ̃:d) *f* Salband *n*,[Saum *m*.]

sale (sal) **I** *adj.* □ **1.** schmutzig (*a. fig.*), dreckig P, unsauber; **2.** *fig.* widerlich, gemein (*Mensch*); ~ *type* gemeiner Kerl *m*; **3.** zotig (*Sitten*); unflätig, gemein (*Worte*); **II** *m* Mistvieh *m*, Dreckfink *m*.

salé (sa'le) **I** *adj.* **1.** gesalzen; salzig; **2.** *fig.* beißend; scharf; schlüpfrig; gepfeffert; *c'est un peu* ~ *de prix* das ist etwas überteuert; **II** *m* a) Schweinepökelfleisch *n*; *petit* ~ frisch gesalzenes Schweinefleisch *n*; b) * Kind *n*, Balg *n*, Gör *n*.

saler (~) *v/t.* [1a] **1.** salzen; einpökeln; *viande f salée* Pökelfleisch *n*; **2.** F *fig.* heftige Vorwürfe machen; *etw.* zu teuer bezahlen lassen.

saleté (sal'te) *f* Schmutz *m*, Dreck *m* P, Unrat *m*; *fig.* Schlüpfrigkeit *f*, Zote *f*; *fig.* Gemeinheit *f*, Niederträchtigkeit *f*.

salicaire ⚘ (sali'kɛ:r) *f* Weide-[rich *m*.]

salicoque *zo.* (sali'kɔk) *f* Krabbe *f*.

saliculture (salikyl'ty:r) *f* Salzgewinnung *f*.

salicy|late (~si'lat) *m* Salizylsäure *f*; **~lique** (~'lik) *adj.*: Salizyl...

salière (sa'ljɛ:r) *f* Salz-faß *n*, -büchse *f*; F Salznäpfchen *n* (*bei mageren Personen*).

salifi|able (sali'fjablə) *adj.* salzbildend; **~cation** (~fika'sjɔ̃) *f* Salzbildung *f*; **~er** (~'fje) *v/t.* [1a] in Salz verwandeln.

saligaud P (sali'go) *su.* [7] Schweinekerl *m*, Schmutzfink *m*.

salin (sa'lɛ̃) **I** *adj.* [7] **1.** salzig, salzhaltig; salzartig; **2.** ⚘ auf salzigem Boden wachsend; **3.** körnig (*Marmor*); **II** *m* a) Salzsumpf *m*; b) rohe Pottasche *f*.

salin|e (sa'lin) *f* Saline *f*, Salz(berg)werk *n*, Salzsiederei *f*; Salzquelle *f*; **~ier** (~'nje) *m* Salzfabrikant *m*, -händler *m*; **~ité** (~ni'te) *f* Salzgehalt *m*.

sal|ir (sa'li:r) [2a] **I** *v/t.* beschmutzen, besudeln; *fig.* besudeln, beflecken; **II** *v/rfl.* *se* ~ schmutzig (dreckig F) werden; *fig.* sich selbst beschmutzen, s-m Rufe schaden; **~issant** (~li'sɑ̃) *adj.* [7] **1.** (be-) schmutzend; *fig.* entehrend; **2.** leicht schmutzend; **~isson** F (~li'sɔ̃) *f* Schmutzliese *f*.

sali|vaire (sali'vɛ:r) [5c] *adj.* Speichel...; *glande f* ~ Speicheldrüse *f*; **~vation** ⚕ (~vɑ'sjɔ̃) *f* Speichelfluß *m*; **~ve** (sa'li:v) *f* Speichel *m*, Spucke *f* F; **~ver** (~li've) *v/i.* [1a] viel Speichel auswerfen; **~veux** (~'vø) *adj.* [7d] speichelartig.

salle (sal) *f* Saal *m*; (größeres) Zimmer *n*; ~ *d'armes* Gewehr-, Waffen-saal *m*; Rüstkammer *m*; Fechtboden *m*; ~ *d'attente* Wartesaal *m*, -raum *m*; ~ *d'audience* Audienzzimmer *n*; Gerichtssaal *m*; ~ *commune* Gemeinschaftsraum *m*; ~ *de conférences* a) *écol.* Lehrerzimmer *n*; b) Zuhörerraum *m*; Vortragssaal *m*; ~ *de bal* Tanzlokal *n*; ~ *d'école* Klassenraum *m*; *écol.* ~ *des fêtes* Aula *f*; ~ *à manger* Eßzimmer *n*, Speisesaal *m*; ~ *des pas perdus* Vorhalle *f* (*e-s Bahnhofs*); ⚔ ~ *de police* Arrestlokal *n*; ~ *de séjour* Wohnzimmer *n*, -raum *m*; ~ *de spectacle* Schauspielhaus *n*; Theatersaal *m*, Vorführ-, Zuschauer-raum *m*; *la* ~ *était comble* das Haus war knackend voll; *thé.* der Saal war ausverkauft; ~ *de parade* Prunksaal *m*; ~ *d'épreuve de moteurs* Motorprüfraum *m*; ~ *d'exposition* Ausstellungsraum *m*; *écol.* ~ *de dessin* Zeichen-raum *m*, -saal *m*; ✝ ~ *d'échantillons* Musterzimmer *n*; ~ *d'emballage* Packraum *m*; *chir.* ~ *d'opérations* Operations-saal *m*, -raum *m*.

salmigondis (salmigɔ̃'di) *m* **1.** *fig.* Sammelsurium *n*, Mischmasch *m*; **2.** *cuis.* Mischgericht *n* von allerlei Fleischresten.

salmis *cuis.* (sal'mi) *m* Mischgericht *n* von gebratenem Wild.

saloir (sa'lwa:r) *m* **1.** Salzkasten *n*; Pökelfaß *n*; **2.** Kellergewölbe *n* für Käsebereitung.

salon (sa'lɔ̃) *m* **1.** Salon *m*, Empfangs-, Gesellschafts-zimmer *n*, -raum *m*; ~ *de thé* Teeraum *m*; **2.** *fig.* ~*s pl.* vornehme Welt *f*, feine Gesellschaft *f*; **3.** Gemälde-, Kunst-ausstellung *f*; **4.** ~ *de l'automobile* Automobilausstellung *f*; ~ *de la T.S.F.* Funkausstellung *f*; ~ *de l'aviation* (*od.* *de l'aéronautique*) Flugzeugausstellung *f*; **5.** ⚓ Kajüte *f*; **~nier** (~lɔ'nje) *m* Kunstkritiker *m*.

salop|e P (sa'lɔp) **I** *adj.* □ schlampig, dreckig F, schmutzig; **II** *f* P Schlampe *f*, liederliches Frauenzimmer *n*; **~erie** P (salɔ'pri) *f* Dreck *m* F; Pfuscharbeit *f*; **~ette** (~'pɛt) *f* **1.** Monteuranzug *m*; **2.** Kinderschürze *f*; **3.** knöchellange, enganliegende Damenhose *f*.

salpêtr|age (salpɛ'tra:ʒ) *m* Salpeterbildung *f*; **~e** (~'pɛtrə) *m* Salpeter *m*; **~er** (~pɛ'tre) *v/t.* [1a] mit Salpeter überziehen *od.* bestreuen; **~erie** (~trə'ri) *f* Salpetersiederei *f*, -hütte *f*; **~eux** (~'trø) *adj.* [7d] salpetrig, salpeterhaltig; **~ière** (~tri'ɛ:r) *f* **1.** Salpetergrube *f*; **2.** ♀ Hospiz *n* für alte Frauen u. Geisteskranke in Paris.

salpêtri|sation (~trizɑ'sjɔ̃) *f* **1.** Bestreuen *n* mit Salpeter; **2.** ⚗ Umwandlung *f* in Salpeter; **~ser** (~tri'ze) *v/t.* [1a] in Salpeter verwandeln.

salpingite ⚕ (salpɛ̃'ʒit) *f* Eileiterentzündung *f*.

salsifis ⚘ (salsi'fi) *m* **1.** Bocksbart *m*; **2.** Schwarzwurzel *f*.

saltimbanque (saltɛ̃'bɑ̃:k) *m* **1.** Gaukler *m*; **2.** *fig.* Hanswurst *m*; **3.** *fig.* unsicherer Kantonist *m*.

salubr|e (sa'lybrə) *adj.* □ gesundheitsfördernd, gesund, heilsam; **~ité** (~bri'te) *f* Heilsamkeit *f*; ~ *publique* öffentliche Gesundheitspflege *f*.

saluer (sa'lɥe) [1a] *v/t.* *u.* *v/i.* **1.** grüßen; ~ *du bout du chapeau* nur halb grüßen; ~ *sa mémoire etwa*: ihn (sie) im Gedenken an ihn (an sie) grüßen, sich vor ihm (vor ihr) verneigen (*zu e-m Toten*); **2.** begrüßen, bewillkommnen; *aller* ~ *q.*

j-n begrüßen gehen; j-m s-e Aufwartung machen; 3. ⚔ u. ⚓ salutieren; ⚓ ~ *du canon* Salut schießen; ~ *du pavillon* die Flagge zum Gruß senken.

salure (sa'ly:r) *f* Salzigkeit *f*; *degré m de* ~ Salzgehalt *m*.

salut (sa'ly) *m* 1. Wohlfahrt *n*, Wohl *n*; ~ *public* öffentliches Wohl *n*, Staatswohl *n*, Volkswohlfahrt *f*; 2. Heil *n*, Rettung *f*; *armée f du* ~ Heilsarmee *f*; 3. Seelenheil *n*, (ewige) Seligkeit *f*; 4. Gruß *m*; ⚔ Salut *m*; ⚓ ~ (*au canon*) Ehrenschießen *n*; *profond* ~ tiefe Verbeugung *f*; *rendre le* ~ *à q.* j-s Gruß erwidern; *int.* ~! Tag! F; 5. *rl.* Abendgottesdienst *m*; **~aire** (~'tɛ:r) *adj.* □ heilsam, ersprießlich; **~ation** (~tɑ'sjɔ̃) *f* Begrüßung *f*, Gruß *m*; Empfehlung *f*; *Briefschluß*: *avec mes* ~*s empressées* mit besten Grüßen; **~iste** (~'tist) *m* Mitglied *n* der Heilsarmee.

salva|ge *ehm.* (sal'va:ʒ) *m* ⚓: *droit m de* ~ Bergegeld *n*; **~rsan** ⚕ (~var'sɑ̃) *m* Salvarsan *n* (*Heilmittel gegen Rückfallfieber u. Syphilis*); **~teur** (~va'tœ:r) *adj. u. su.* [7f] Rettungs...; segenbringend; Retter *m*; **~tion** *rl.* (~vɑ'sjɔ̃) *f* Seligmachung *f*; **~trice** (~va'tris) *f* Retterin *f*.

salve (salv) *f* ⚔ Salve *f*; Reihenfeuer *n*; *fig.* ~ *d'applaudissements* tosender Beifall *m*, Beifallssturm *m*.

samaritain (samari'tɛ̃) *adj. u.* ♀ *su.* [7] samaritisch; *bibl. le bon* ♀ der barmherzige Samariter *m*.

samaritanisme (samarita'nism) *m* Samaritertum *n*.

samedi (sam'di) *m* Sonnabend *m*; *süd- u. westdeutsch*: Samstag *m*; ~ *saint* Sonnabend *m* vor Ostern.

samovar (samɔ'va:r) *m* Teemaschine *f*, Samowar *m*.

sana P (sa'na) *m*, **~torium** (~tɔ'rjɔm) *m* (*pl.* ~*s*) Sanatorium *n*.

sancir ⚓ (sɑ̃'si:r) *v/i.* [2a] bugwärts untergehen, versinken.

sancti|fiant (sɑ̃kti'fjɑ̃) *adj.* [7] heiligend; **~ficateur** (~fika'tœ:r) *adj. u. su.* [7f] heiligend; Heilige Geist *m*; **~fication** (~fikɑ'sjɔ̃) *f* Heiligung *f*; Heilighaltung *f* (*des Sonntags*); **~fier** (~'fje) *v/t.* [1a] 1. heiligen; 2. heilighalten.

sanction (sɑ̃k'sjɔ̃) *f* 1. ⚖ Erteilung *f* der Gesetzeskraft, Bestätigung *f*, Vollziehung *f*, Sanktionierung *f*; 2. *allg.* Genehmigung *f*; 3. *hist. rl.* Sanktion *f* (*1438*); Vollziehung *f*; 4. a) ⚖ Straf-bestimmung *f*, -maßnahme *f*; Vergeltungsmaßnahme *f*; ~*s f/pl. pénales* Straffolgen *f/pl.*; b) *bsd. pol.* Sanktion *f*, Gegen-, Vergeltungsmaßnahme *f*; **~ner** (~sjɔ'ne) *v/t.* [1a]: ~ *qch.* e-r Sache (*dat.*) Gesetzeskraft geben; etw. billigen *od.* gutheißen; genehmigen; *une formation professionnelle dûment sanctionnée* e-e abgeschlossene Berufsausbildung *f*; *pol.* ~ *un pays* ein Land mit Sanktionen belegen.

sanctuaire (sɑ̃k'tɥɛ:r) *m* 1. *das* Allerheiligste *n*; 2. Hochaltarstätte *f*; 3. *fig.* Kirche *f*; 4. *fig.* geweihte Stätte *f*.

sanctus *rl.* (sɑ̃k'tys) *m* Sanktus *n*.

sandal|e (sɑ̃'dal) *f* Sandale *f*; Turnschuh *m*; *esc.* Fechtschuh *m*; ~ *de bain* Badeschuh *m*; ~ *de plage* Strandschuh *m*; **~ette** (~'lɛt) *f* Sandalette *f*; **~ier** (~da'lje) *m* [7b] Sandalenmacher *m*.

sandre *icht.* ('sɑ̃:drə) *f* Zander *m*.

sandwich (sɑ̃'dwitʃ) *m* [5a] Sandwich *m*, belegtes Brötchen *n* (*od.* Butterbrot *n*); ~ *au jambon* Schinkenbrötchen *n*; *homme-*~ *m* [6b] Plakatträger *m*; F *fig. en* ~ *entre* eingeklemmt zwischen; *être pris en* ~ in der Klemme sitzen.

sang (sɑ̃) *m* 1. Blut *n*; *fig.* Gemüt *n*; Leben *n*; ~ *veineux* Venenblut *n*; *couleur f de* ~ blutrot; ⚕ *coup m de* ~ Blutsturz *m*; *défaut m de* ~ Blutarmut *f*; *flux m de* ~ Blutfluß *m*; *perte f de* ~ Blutverlust *m*; *stagnation f du* ~ Blutstockung *f*; *transfusion f du* ~ Blutübertragung *f*; *allumer* (*od. échauffer*) *le* ~ aufregen; *suer* ~ *et eau* Blut und Wasser schwitzen; *être altéré de* ~ blutdürstig sein; *avoir le* ~ *chaud* hitzig sein, leicht aufbrausen; *avoir horreur du* ~ kein Blut sehen können; *être tout en* ~ in s-m Blute schwimmen; *il a du* ~ er hat Ehrgefühl; er weiß, was er will; *se faire du bon* ~ guter Dinge sein, ein zufriedenes Leben führen; *se faire du mauvais* ~ sich Sorgen machen; mißgestimmt sein; 2. Abkunft *f*; Geschlecht *n*; Familie *f*; Verwandtschaft *f*; *droit m du* ~ Geburtsrecht *n*; *prince m du* ~ Prinz *m* von Geblüt; *cela est dans le* ~ das liegt im Blut; 3. Menschenschlag *m*; ~ *mêlé* Mischblut *n*;

4. *pur-~ m* [6c], *cheval m pur ~* Vollblutpferd *n*; *Français m pur ~* Stockfranzose *m*.

sang-froid (sɑ̃'frwa) *m* (*ohne pl.*) Kaltblütigkeit *f*; Gelassenheit *f*; Ruhe *f*; *conserver* (*od. garder*) *son ~* kaltblütig bleiben, sich nicht aus der Ruhe bringen lassen; *faire perdre son ~ à q.* j-n aus der Ruhe bringen; *advt.* de (*od. avec*) ~ kaltblütig, gelassen; *écouter de ~* gelassen (*od.* ruhig) anhören.

sanglant (sɑ̃'glɑ̃) *adj.* [7] **1.** blutig; **2.** *fig.* beleidigend, bitter; *affront m ~* empfindliche Beleidigung *f*.

sangl|e ('sɑ̃:glə) *f* Gurt *m*; Tragriemen *m*; *~ de selle* Sattelgurt *m*; *lit m de ~* Gurtbett *n*; **~er** (sɑ̃'gle) **I** *v/t.* [1a] **1.** gürten; schnüren; **2.** *cuis.* mit Eis um'legen; **3.** *~ un coup de fouet à q.* j-m e-n derben Peitschenhieb versetzen; *~ q.* j-n auspeitschen; **II** *fig. v/rfl.* *se ~ dans son uniforme* sich in s-e Uniform zwängen.

sanglier (sɑ̃gli'e) *m* Wildschwein *n*; *~ femelle* Bache *f*; *jeune ~* Frischling *m*; *~ (mâle)* Eber *m*, Keiler *m*.

sanglot (sɑ̃'glo) *m* Schluchzen *n*; *pousser des ~s u.* **~er** (~glɔ'te) *v/i.* [1a] schluchzen.

sang-mêlé (sɑ̃mɛ'le) *m/inv.* Mischblut *n*; *population f de ~* Mischvolk *n*.

sangsue (sɑ̃'sy) *f* **1.** Blutegel *m*; *ehm.* ⚕ *appliquer* (*od. poser*) *des ~s* Blutegel aussetzen; **2.** *fig.* Blutsauger *m*, Ausbeuter *m*.

sanguifi|cation (sɑ̃gifikɑ'sjɔ̃) *f* Blutbildung *f*; **~er** (~'fje) *v/t.* [1a] in Blut verwandeln.

sanguin (sɑ̃'gɛ̃) *adj.* [7] **1.** Blut...; *examen m ~* Blutprobe *f*; *transfusion f ~e* Blutübertragung *f*; *vaisseaux m/pl. ~s* Blutgefäße *n/pl.*; **2.** blutreich; vollblütig; *fig.* sanguinisch, hitzig; *auch m*: Sanguiniker *m*; **3.** blutfarben; **~aire** (~gi'nɛ:r) **I** *adj.* blut-gierig, -dürstig; *zo.* reißend; *fig.* grausam, mörderisch; **II** ⚘ *f* Blut-kraut *n*, -wurz *f*; **III** *~s m/pl. zo.* reißende Tiere *n/pl.*; **~e** (sɑ̃'gin) *f* **1.** Blutapfelsine *f*; **2.** *min.* Blutstein *m*; *~ à crayon* Rötel *m*; **3.** *peint.* Rötelzeichnung *f*; **~olent** (~ginɔ'lɑ̃) *adj.* [7] mit Blut vermischt; *crachat(s) m(pl.) ~(s)* Blutspucken *n*.

sani|e ⚕ (sa'ni) *f* wässeriger Eiter *m*; **~eux** ⚕ (~'njø) *adj.* [7d] eiterig.

sanitaire (sani'tɛ:r) **I** *adj.* die Gesundheitspflege betreffend, Gesundheits..., Sanitäts...; *commission f ~* Gesundheitsamt *n*; **II** ⚔ *m* Sanitäter *m*.

sans (sɑ̃) **I** *prp.* **1.** ohne (*acc.*); *~ fortune* ohne Vermögen; *~ beauté ni grâce* (*od. ~ beauté et grâce*) ohne Schönheit u. Anmut; *~ cesse* unaufhörlich; *~ difficulté* ohne Schwierigkeit, ohne weiteres; *~ (aucun) doute* ohne (irgendeinen) Zweifel, zweifellos; *~ façon*, *~ gêne* ohne Umstände; *~ faute* unfehlbar, sicherlich; tadellos; *~ pareil* ohnegleichen; *~ pitié*, *~ quartier* erbarmungslos; *~ plus* und nicht mehr; *~ scrupules* ohne Bedenken, bedenkenlos; **2.** *mit folgendem inf. bei einem einzigen Subjekt*: ohne; *il s'en alla ~ rien dire* er ging weg, ohne etwas zu sagen; *êtes-vous ~ savoir que ...* wißt ihr denn nicht, daß ...; *~ cela*, *~ quoi* sonst, andernfalls; **II** *cj. ~ que mit subj. bei mehrfachem Subjekt*: ohne daß; *il est parti ~ que nous l'ayons revu* er ist abgereist, ohne daß wir ihn noch einmal gesehen haben (*od.* hätten).

sans|-abri (sɑ̃za'bri) *m/inv.* Obdach-, Heimat-loser *m*; **~-cœur** (sɑ̃'kœ:r) *m* [6c] **1.** Feigling *m*, Memme *f*; **2.** Rohling *m*, Unmensch *m*.

sanscrit *ling.* (sɑ̃s'kri) *m* Sanskrit *n*; **~iste** (~'tist) *su.* Sanskritgelehrter *m*.

sans|-culotte *hist. Fr.* (sɑ̃ky'lɔt) *m* extremer Republikaner *m* (*franz. Revolution*); **~-culottisme** *pol.* (~lɔ'tism) *m* Proletarier-tum *n*, -gesinnung *f*; Pöbelherrschaft *f*; *hist.* extremes Republikanertum *n*; **~-façon** (~fa'sɔ̃) *m u.* **~-gêne** (~'ʒɛn) **I** *m* [6c] Ungeniertheit *f*, Gemütlichkeit *f*, Sichgehenlassen *n*; **II** *adj./inv.* ungeniert; **~-fil** ⚡ (~'fil) **I** *m* Funkspruch *m*, Funktelegramm *n*; **II** *f* drahtlose Telegraphie *f*; *par ~* drahtlos; *la ~ = la T.S.F.* (*siehe dort*); **~-filiste** (~fi'list) *m* Funker *m*; Rundfunk-hörer *m*, -amateur *m*; Radiobastler *m*; **~-grade** (~'grad) *m* [6c] gemeiner Soldat *m*; **~-logis** (~lɔ'ʒi) **I** *m* Wohnungsloser *m*; **II** *adj./inv.* wohnungslos.

sansonnet *orn.* (sɑ̃sɔ'nɛ) *m* Star *m*.

sans|-patrie (sɑ̃pa'tri) *su.* [6c] Heimatloser *m*; **~-souci** (~su'si) *m* **1.** sorgloser Mensch *m*; **2.** Sorglosigkeit *f*; **~-travail** (~tra'vaj) *m* [6c] Arbeitsloser *m*.

santal (sɑ̃'tal) *m* Sandelholz *n*.

santé (sɑ̃'te) *f* **1.** Gesundheit *f*; *figure f de* ~ gesundes Aussehen *n*; *une meilleure* ~*!* gute Besseung!; *maison f de* ~ Nervenheilanstalt *f*; Privatklinik *f*; *officier m de* ~ Sanitätsoffizier *m*; *service m de* ~ Sanitätsdienst *m*; ärztliches Personal *n*; ⚓ *patente f de* ~ Gesundheitspaß *m*; **2.** Gesundheitszustand *m*; *bulletin m de* ~ Krankenbericht *m*; *être en bonne* ~ gesund sein; **3.** *à votre* ~*!* auf Ihr Wohl!, prosit!

santoline ⚘ (sɑ̃tɔ'lin) *f* Zypressen-, Heiligen-kraut *n*.

sanve ⚘ (sɑ̃:v) *f* Ackersenf *m*.

Saône (so:n) *f*: *la* ~ die Saône *f*.

saoul, ~er s. *soûl, soûler*.

sapajou (sapa'ʒu) *m zo.* Wickelschwanzaffe *m*; F *fig.* Affengesicht *n*.

sape¹ ⚒ (sap) *f* große Sichel *f*.

sap|e² ⚔ (sap) *f frt.* **1.** (*a.* **~ement** [sap'mɑ̃] *m*) Sappieren *n*; *fig.* Unterspülen *n e-r Küste*; Untergraben *n*; **2.** Laufgraben *m*; **3.** *fig.* Wühlarbeit *f*; **~er** (sa'pe) *v/t.* [1a] ⚔ *frt.* sappieren; untergraben; *fig.* untergraben, unterminieren.

saperlipopette! (sapɛrlipɔ'pɛt) *int.* verdammt!, verflixt!

sapeur ⚔ (sa'pœ:r) *m* [6a] Pionier *m*; **~-aérostier** (~pœraerɔs'tje) *m* [6a] Soldat *m* vom Bodenpersonal; **~-mineur** (~mi'nœ:r) *m* Minengräber *m*; **~-pompier** (~pɔ̃'pje) *m* [6a] Feuerwehrmann *m*.

saphir (sa'fi:r) *m u. adj./inv.* Saphir *m*; saphirblau; **~in** (~fi'rɛ̃) *adj.* [7] saphirblau; **~ine** *min.* (~'rin) *f Art* Chalzedon *m*.

sapid|e (sa'pid) *adj.* schmackhaft; **~ité** (~di'te) *f* Schmackhaftigkeit *f*.

sapin (sa'pɛ̃) *m* **1.** Tanne *f*; ~ *argenté* (*od. blanc*) Silber-, Edeltanne *f*; *droit comme un* ~ kerzengerade; **2.** Tannenholz *n*; * Sarg *m*; * *cela sent le* ~ der wird nicht mehr lange machen; das ist ein Todeskandidat; **~e** (sa'pin) *f* Tannenbalken *m*; Baukran *m*; **~ette** (~'nɛt) *f* amerikanische Fichte *f*; **~ière** (~'njɛ:r) *f* Tannenwald *m*.

sapon|aire ⚘ (sapɔ'nɛ:r) *f* Seifenkraut *n*; **~ification** (~nifikɑ'sjɔ̃) *f* Verseifung *f*; **~ifier** (~ni'fje) *v/t.* [1a] verseifen.

saporifique (sapɔri'fik) *adj.* Geschmack erzeugend.

sappé * (sa'pe) *adj.*: *être bien* ~ in Schale sein, adrett angezogen sein.

sapristi! (sapris'ti) *int.* Himmel Kreuz!, verflucht (noch eins)!

sarabande (sara'bɑ̃:d) *f* Sarabande *f*.

sarbacane (sarba'kan) *f* Blas-, Pust-rohr *n*.

sarcas|me (sar'kasm) *m* Sarkasmus *m*, beißender Spott *m*; **~tique** (~'tik) *adj.* sarkastisch, spöttisch, höhnisch.

sarcelle *orn.* (sar'sɛl) *f* Knäkente *f*.

sarcl|age (sar'kla:ʒ) *m* Jäten *n*; **~er** (~'kle) *v/t.* [1a] (aus)jäten; **~oir** (~'klwa:r) *m* Jäthacke *f*; **~ure** (~'kly:r) *f* ausgejätetes Unkraut *n*.

sarco|colle *phm.* (sarkɔ'kɔl) *f* Fischleim *m*; **~logie** *anat.* (~lɔ'ʒi) *f* Muskelgewebslehre *f*; **~me** (~'ko:m) *m* Sarkom *n*, Fleischgewächs *n*, Wucherung *f*; **~phage** (sarkɔ'fa:ʒ) Sarkophag *m*, Prachtsarg *m*; **~pte** ⚕ (sar'kɔpt) *f* Krätzmilbe *f*.

Sardaigne (sar'dɛɲ) *f*: *la* ~ Sardinien *n*.

sarde (sard) *adj.* sardisch.

sardin|e *icht.* (sar'din) *f* **1.** Sardine *f*; **~s** *f/pl. à l'huile* Ölsardinen *f/pl.*; ~ *en sel* Sardelle *f*; ~ *de dérive* große Sardine *f*; **2. ~s** *pl.* F Tressen *f/pl.* der Unteroffiziere an den Ärmeln; **~erie** (sardin'ri) *f* Ölsardinenfabrik *f*; **~ier** (~'nje) **I** *su.* [7b] Sardinenfischer *m*; Sardellenzubereiter *m*; **II** *m* Boot *n od.* Netz *n* zum Sardinenfang.

sardoine *min.* (sar'dwan) *f* Sardonyx *m*.

sardonique (sardɔ'nik) *adj.*: *rire m* ~ höhnisches Lachen *n*.

sari (sa'ri) *m* Sari *m* (*e-r Inderin*).

sarigue *zo.* (sa'rig) *m* Beutelratte *f*.

sarment (sar'mɑ̃) *m* **1.** *zo.* Weinranke *f*, Rebe *f*; **2.** Rebholz *n*; **~eux** (~'tø) *adj.* [7d] rebentreibend.

sarra|sin (sara'zɛ̃) **I** *hist. adj. u.* ♀ *su.* [7] sarazenisch; Sarazene *m*; **II** *m* Buchweizen *m*; **~sine** *ehm. frt.* (~'zin) *f* Fallgatter *n*.

sarrau (sa'ro) *m* [5b] (*Bauern-, Fuhrmanns- od. Kinder-*)Kittel *m*.

Sarre (sa:r) *f* Saar *f*; (*territoire m de la*) ~ Saargebiet *n*.

Sarrebruck *géogr.* (sar'bryk) *m* Saarbrücken *n*.

sarrois (sa'rwa) *adj. u.* ♀ *su.* [7] saarländisch; Saarländer *m*.

sarrette (sa'rɛt) *f* (Färber-)Scharte *f*.

sarriette ⚘ (sa'rjɛt) *f* Pfefferkraut *n*.

sas¹ (sɑ) *m* Haarsieb *n*; *passer au* ~ durchsieben.

sas² (~) *m* **1.** ⊕ Schleusenkammer *f*; **2.** ⛏ Gasschleuse *f*; **3.** ⚓ Luftschleuse *f*.

sasse ⚓ (sas) *f* Wasserschaufel *f*, Schöpfkelle *f*; **~ment** (~'mɑ̃) *m* Durchsieben *n*.

sasser[1] (sa'se) *v/t.* [1a] sieben; *fig.* ~ *et ressasser* genau untersuchen.

sasser[2] (~) *v/t.* [1a] durchschleusen.

sata|né F (sata'ne) *adj.* verteufelt; verflucht; **~nique** (~'nik) *adj.* satanisch, teuflisch.

satelliser *pol.* (satɛli'ze) *v/t.* [1a] zu (e-m) Satelliten degradieren.

satellite (satɛ'lit) **I** *m* **1.** Trabant *m*; *fig.* Scherge *m*; **2.** *ast., pol.* Satellit *m*; **II** *adj.* *État m* ~ Satellitenstaat *m*.

satiété (sasje'te) *f* Übersättigung *f*; *(jusqu') à* ~ bis zum Überdruß; *manger (boire) jusqu'à* ~ sich satt essen (trinken).

satin (sa'tɛ̃) *m* (Seiden-)Atlas *m*, Satin *m*; **~ade** ⚘ (sati'nad) *f* Halbatlas *m*; **~age** (~'na:ʒ) *m* Glätten *n*, Satinieren *n*; Kalandern *n*; **~é** (~'ne) **I** *m* (Atlas-)Glanz *m*; **II** *adj.* [7] atlasweich, seidig, sehr zart; **~er** (~) *v/t.* [1a] atlasartig glätten; satinieren; kalandern; **~ette** ✝ (~'nɛt) *f* baumwollener Satin *m*; **~eur** ⊕ (~'nœ:r) *su.* [7g] Glätter *m*; **~euse** ⊕ (~'nø:z) *f* Satinier-maschine *f*, -walzwerk *n*, Glättpresse *f*.

sati|re (sa'ti:r) *f* Satire *f*, Spottschrift *f*, -gedicht *n*; **~rique** (~'rik) *adj.* satirisch; *a. m*: *(poète m)* ~ Satiriker *m*; **~riser** (~ri'ze) [1a] *v/t. u. v/i.* (ver)spotten.

satis|faction (satisfak'sjɔ̃) *f* Zufriedenheit *f*, Befriedigung *f*, Genugtuung *f*; Behagen *n*, Wohlgefallen *n*; *à la* ~ *générale* zur allgemeinen Zufriedenheit; *exprimer sa* ~ *de ce que* ... *(mit subj.)* s-r Zufriedenheit darüber Ausdruck verleihen, daß ...; **~faire** (~'fɛ:r) [4n] **I** *v/t.* befriedigen, zufriedenstellen, Genugtuung geben; **II** *v/i.* genügen; Genüge tun, gerecht werden, entsprechen; ~ *à son devoir* seine Pflicht erfüllen; ~ *à ses engagements* seinen Verpflichtungen nachkommen; ~ *à un paiement* e-e Zahlung leisten; ~ *à ses passions* s-n Leidenschaften frönen; **~faisant** (~fə'zɑ̃) *adj.* [7] befriedigend; genügend; erfreulich; zufriedenstellend; **~fait** (~'fɛ) *adj.* [7] zufrieden; zufriedengestellt; **~fecit** *a. écol.* (~fe'sit) *m* lobendes Zeugnis *n*.

satur|able ⚗ (saty'rablə) *adj.* sättigungsfähig; **~ation** (~rɑ'sjɔ̃) *f* **1.** Sättigung *f*; **2.** *fig.* Überfüllung *f* *(z. B. e-s Krankenhauses)*; **~er** (~'re) *v/t.* [1a] sättigen; *fig.* übersättigen.

saturnidae *ent.* (satyrni'de) *f/pl.* Saturniden *pl.*, Spinner *m/pl.*

saturn|in (satyr'nɛ̃) *adj.* [7] **1.** ⚗ bleifarben; **2.** ⚕ Blei...; *colique f* ~*e* Bleikolik *f*; **~isme** ⚕ (~'nism) *m* Bleivergiftung *f*.

satyre (sa'ti:r) **I** *m* Satyr *m*, Waldteufel *m*, Faun *m*, Bocksfuß *m*; *fig.* Lüstling *m*; **II** *f thé.* Satyrspiel *n*.

sauce (so:s) *f* **1.** *cuis.* Soße *f*, Tunke *f* P; ~ *à la ravigote* pikante Soße *f*; **2.** P Regenguß *m*; **3.** P Benzin *n*; *donner (od. mettre) toute la* ~ Vollgas geben; **4.** *peint.* weicher schwarzer Bleistift *m* für Wischzeichnungen; **5.** *fig. on ne sait à quelle* ~ *le mettre* man weiß nicht, was man mit ihm anfangen kann; *on le met à toutes les* ~*s* er ist zu allem zu gebrauchen; **6.** ⊕ ~ *du tabac* Tabakbeize *f*.

sauc|ée P (so'se) *f* Regenguß *m*; *fig.* derber Verweis *m*; **~er** (~) [1k] **I** *v/t.* **1.** eintunken; bespritzen; F durchnässen; **2.** ⊕ ~ *le tabac* den Tabak beizen; **3.** F abkanzeln; **II** *v/rfl. se* ~ untertauchen *(Vögel)*; **~ière** (~'sjɛ:r) *f* Soßennapf *m*.

sauciss|e (so'sis) *f* **1.** Bratwurst *f*; *petite* ~ *fumée* Knackwurst *f*; ~ *à griller* Bratwurst *f*; **2.** ✈ Fesselballon *m*; **~on** (~'sɔ̃) *m* **1.** Wurst *f*; ~ *à l'ail* Knoblauchwurst *f*; *tranche f (od. rondelle f) de* ~ Wurstscheibe *f*; **2.** * ✈ Fesselballon *m*; **~on-jambon** (~ʒɑ̃'bɔ̃) *m* [6a] Schinkenwurst *f*; **~onner** F (~sɔ'ne) *v/i.* [1a] als Tourist auf der Landstraße sein Picknick verzehren; **~onneur** F (~sɔ'nœ:r) *su.* [7g] *(rücksichtsloser)* Touristenpicknicker *m*.

sauf (so:f) **I** *adj.* [7e] unbeschädigt, wohlbehalten, heil; *avoir (od. s'en tirer) la vie sauve* mit dem Leben davonkommen; **II** *prp.* **1.** mit Ausnahme von, bis auf, außer, ausgenommen, vorbehaltlich; ~ *avis contraire*, ~ *imprévu* wenn nichts dazwischenkommt; ~ *meilleur avis* nach meiner unmaßgeblichen Ansicht; ~ *erreur* Irrtum vorbehalten; **2.** ~ *à mit inf. bei einem einzigen Subjekt*: unter dem Vorbehalt, daß ...; **III** *cj.* ~ **que** *mit ind. bei mehrfachem Subjekt*: abgesehen davon, daß ...; nur daß ...; außer daß ...; **~-conduit** (sofkɔ̃'dɥi) *m* **1.** Geleit-

brief *m*, Schutzbrief *m*; **2.** sicheres Geleit *n*, Schutzgeleit *n*.
sauge ⚘ (so:ʒ) *f* Salbei *f*.
saugrenu (sogrə'ny) *adj.* ungereimt, abgeschmackt, lächerlich, albern, toll, verrückt.
saul|aie (so'lɛ) *f* Weidengehölz *n*; **~e** ⚘ (so:l) *m* Weide *f*; ~ *pleureur* Trauerweide *f*.
saumâtre (so'mɑ:trə) *adj.* (halb-)salzig; P eklig, widerlich; P *fig.* gepfeffert (*Rechnung*); *eau f* ~ Brackwasser *n*.
saumon (so'mɔ̃) **I** *m* **1.** *icht.* Lachs *m*, Salm *m*; **2.** ⊕ Block *m*, Masse *f*, Gußzapfen *m*; ~ *d'étain* Zinnblock *m*; **II** *adj./inv.* lachsfarben; **~é** (~mɔ'ne) *adj.* lachsartig; *truite f* ~e Lachsforelle *f*; **~eau** (~mɔ'no) *m* [5b] junger Salm *m*, Sälmling *m*; **~eux** (~'nø) *adj.* [7d] lachsreich.
saumur|e (so'my:r) *f* (Salz-)Lake *f*; ⊕ Mutterlauge *f*; **~er** (~my're) *v/t.* [1a] in Salzwasser legen, pökeln.
sauna (saw'na) *mst. f* (*bisw. m*) Sauna *f*.
saun|age (so'na:ʒ) *m*, **~aison** (~nɛ'zɔ̃) *f* Salzfabrikation *f*; Salzhandel *m*; **~er** (so'ne) *v/i.* [1a] **1.** Salz hervorbringen; **2.** ⊕ Salz sieden; **~erie** (son'ri) *f* Salzsiederei *f*; **~ier** (~'nje) *m* Salzsieder *m*, Salinenarbeiter *m*; Salzhändler *m*; **~ière** (~'njɛ:r) *f* **1.** Salzkiste *f*; **2.** *ch.* Lecke *f* für Rotwild.
saupiquet *cuis.* (sopi'kɛ) *m* scharf gewürzte Soße *f*.
saupoudrer (sopu'dre) *v/t.* [1a] mit Salz bestreuen, salzen; F *fig.* ~ *de qch.* Rede *usw.* mit etw. würzen.
saur (sɔ:r) *adj./m*: *cuis. hareng m* ~ Bückling *m*.
saure (sɔ:r) *adj.* gelbbraun (*v. Pferden*).
saurer (so're) *v/t.* [1a] Heringe räuchern.
sauret (so'rɛ) **I** *adj./m* = *saur*; **II** V *Zuhälter m*.
saurien *zo.* (so'rjɛ̃) *m* Saurier *m*; ~*s m/pl.* Eidechsen *f/pl*.
sauriss|age (sori'sa:ʒ) *m* (Einsalzen *n* u.) Räuchern *n* der Heringe; **~erie** (~ris'ri) *f* Heringsräucherei *f*.
saussaie (so'sɛ) *f* Weidengebüsch *n*.
saut (so) *m* **1.** Sprung *m*; *advt. par* ~*s* sprungweise, springend; ~ *en l'air allg.* Luftsprung *m*; Luftfahrt *f* (*Schi*); ~ *entre les bras* Hocke *f*; ~ *en chandelle* Überschlag *m*; ~ *au cheval d'arçon* Sprung *m* am Pferd; ~ *costal* Flanke *f*; ~ *de départ* Absprung *m*; ~ *de face* Weitsprunghocke *f*; ~ *de face écarté* Hochsprunggrätsche *f*; ~ *latéral en ciseaux* Schere *f*, Scherensprung *m*; ~ *latéral dorsal* Kehre *f*; ~ *latéral facial* Wende *f*; ~ *de haies* Hürdensprung *m*; ~ *roulé* Rollsprung *m*; ~ *de singe* Handwelle *f*; ~ *nul, faux* ~ Fehlsprung *m*; *piste f de triple* ~ Dreisprunganlage *f*; *fosse f de* ~ Sprunggrube *f*; ~ *en hauteur* Hochsprung *m*; ~ *en longueur* Weitsprung *m*; ~ *en profondeur* Tiefsprung *m*; ~ *à la perche* Stabsprung *m*; ~ *à la perche en largeur (hauteur)* Stabweitsprung *m* (Stabhochsprung *m*); ~ *périlleux* Salto mortale *m*; ~ *à jambes écartées* Grätschsprung *m*; ~ *avec élan* Sprung *m* mit Anlauf; ~ *sans élan*, ~ *à pieds joints* Sprung *m* aus dem Stand; *triple* ~ Dreisprung *m*; ~ *en ski* Schisprung *m*; ~ *d'obstacle(s)* Hindernissprung *m*; ~ *de chasse* Jagdspringen *n*; ✈ ~ *en parachute* Fallschirmsprung *m*; F *au* ~ *du lit* beim Aufstehen; *fig.*: *faire le* ~ den Sprung wagen, sich endlich entschließen; sich zugrunde richten; straucheln; *bsd.* sich verführen lassen (*Mädchen, Frau*); *faire faire le* ~ *à q.* j-n um s-e Stellung bringen; *faire un grand* ~ e-n großen Sprung (im Leben) machen; *faire un* ~ *chez q.* auf e-n Sprung bei j-m mit vorbeikommen; F *faire le grand* ~ sterben; **2.** Fall *m*, Sturz *m*; **3.** (Wasser-)Fall *m*; **4.** ♪ Übergang *m*; **5.** ⚒ Verwerfung *f*; **6.** ⚔ *frt.* ~ *de loup* a) *frt.* Wolfsgrube *f*; b) ⚘ breiter Graben *m* um e-n Park.
saut-de-lit (sod'li) *m* [6b] leichtes Morgenkleid *n*.
saute (sot) *f* ⚓ Umspringen *n* des Windes; ✝ ~ *de cours* Kurssprung *m*; *fig.* ~ *d'humeur* plötzlicher Stimmungswechsel *m*.
sautée (so'te) *f* Sprunglänge *f*.
saute-en-barque (sotɑ̃'bark) *m* kurze (Schiffer-)Jacke *f*.
sautelle ⚘ (so'tɛl) *f* Rebenableger *m*, Wurzelrebe *f*, Setzrebe *f*.
saute-mouton *gym.* (sotmu'tɔ̃) *m* Bockspringen *n*.
sauter (so'te) [1a] (*mit avoir!*) **I** *v/i.* **1.** springen; hüpfen; ~ *à la perche* mit dem Stab springen; ~ *en selle* sich in den Sattel schwingen; ~ *de joie* vor Freude in die Höhe springen; *cela le fait* ~ *aux nues* (*od. au*

plancher) das bringt ihn in Wut; ~ *sur une mine* auf e-e Mine laufen; *cela saute aux yeux* das liegt (klar) vor Augen; F *et que ça saute!* dalli!; **2.** a) in die Luft fliegen, gesprengt werden, platzen; *faire ~ la banque* die Spielbank sprengen; *faire ~ une mine* e-e Mine explodieren lassen; *faire ~ un pont* e-e Brücke sprengen; *faire ~ une porte* eine Tür aufbrechen; *fig. faire ~ q.* j-n um s-e Stellung bringen; *faire ~ un tripot* e-n Spielklub ausheben (*od.* hochgehen lassen); *se faire ~ la cervelle* sich e-e Kugel durch den Kopf jagen; b) ⚡ durchbrennen; **3.** ~ *sur* sich stürzen auf (*acc.*); **4.** sich hinaufschwingen, über e-e Zwischenstufe hinüberspringen; **5.** ~ *d'un sujet à l'autre* von e-m Thema zum anderen springen; **6.** plötzlich umschlagen (*Wind*); **7.** *cuis.* (*faire*) ~ in Butter braten; *pommes f/pl. de terre sautées* Bratkartoffeln *f/pl.*; **II** *v/t.* ~ *qch.* über etw. (*acc.*) wegspringen; *fig.* etw. überspringen, auslassen, übersehen.

sauterau ♪ (so'tro) *m* [5c] (Klavier-)Hämmerchen *n*.

sauterelle *ent.* (so'trɛl) *f* Heuschrecke *f*, Grille *f*.

sauterie (so'tri) *f* kleines Tänzchen *n*, zwangsloser Tanzabend *m*.

saute-ruisseau ⚖, ✗ (sotrɥi'so) *m* [6c] Laufbursche *m*, Bürojunge *f*.

saut|eur (so'tœ:r) **I** *su.* [7g] **1.** Springer *m*; Seiltänzer *m*; **2.** F *fig.* unzuverlässiger Mensch *m*, Luftikus *m*; **II** *adj.* Spring...; **~euse** (~'tø:z) *f* a) Seiltänzerin *f*; b) Hopser *m* (*Tanz*); c) *cuis.* Schmorpfanne *f*; d) leichtes Mädchen *n*; **~iller** (~ti'je) *v/i.* [1a] hüpfen, tänzeln; *fig.* Sprünge machen; **~oir** (~'twa:r) *m* **1.** liegendes (*od.* Andreas-)Kreuz *n*; *en* ~ kreuzweise; **2.** *Sport*: Sprungschanze *f*; **3.** lange Halskette *f*.

sauva|ge (so'va:ʒ) **I** *adj.* □ **1.** wild; **2.** ungesittet; **3.** scheu, ungesellig; **4.** unbewohnt; **II** *su.* Wilder *m*; *fig.* scheuer Mensch *m*; **~geon** (~va'ʒõ) **I** *m* ✂ Wildling *m*; **II** *sa.* [7c] *fig.* Wildfang *m*, Naturkind *n*; menschenscheuer Mensch *m*; Eigenbrötler *m*; **~gerie** (~ʒ'ri) *f* **1.** Wildheit *f*; **2.** Roheit *f*, empörende Handlung *f*; **3.** F *fig.* Menschenscheu *f*, Ungeselligkeit *f*; **~gesse** (~'ʒɛs) *f* Wilde *f*; *fig.* völlig ungebildete Frau *f*; **~gin** (~'ʒɛ̃) *adj.* [7] *u. m*: *goût m* ~ Wasservogelgeschmack *m*; **~gine** (~'ʒin) *f* **1.** *coll.* Wasservögel *m/pl.*; **2.** Geruch *m* der Wasservögel; **3.** Wildbalg *m*, Fell *n* wilder Tiere.

sauvegard|e (sov'gard) *f* **1.** Schutz-, Leib-wache *f*, Bedeckung *f*; **2.** Schutz-, Geleit-brief *m*; **3.** Schutz *m*, Gewährleistung *f*; Wahrung *f v. Rechten usw.*; *fig.* Schirm *m*; *fig.* Schutzwehr *f*; ⚖ *clause f de* ~ Schutzklausel *f*; **~er** (~'de) *v/t.* [1a] schützen, bewahren; Rechte gewährleisten; wahren; ~ *toutes les chances* alle Chancen wahrnehmen.

sauve-qui-peut (sovki'pø) *m* Panik *f*; ⚔ zügellose Flucht *f*, ungeordneter Rückzug *m*.

sauver (so've) [1a] **I** *v/t.* **1.** (er-)retten; ~ *q. du naufrage* j-n aus dem Schiffbruch retten; ~ *q. qui se noie* e-n Ertrinkenden retten; ~ *q. de la mort* j-n vom Tode erretten; ~ *la vie à q.* j-m das Leben retten; *fig.* ~ *les apparences* (*od. les dehors od. la face*) den Schein wahren; **2.** *rl.* erlösen, selig machen; **3.** in Sicherheit bringen, ⚓ bergen; **4.** entschuldigen, rechtfertigen; verbergen; bemänteln; **5.** ♪ ~ *une dissonance* e-e Dissonanz auflösen; **II** *v/rfl. se* ~ **6.** sich retten; flüchten; F sich auf den Weg machen; *se ~ à toutes jambes* wegrennen, sich schleunigst davonmachen; **7.** *se ~ sur qch.* sich an e-r Sache schadlos halten.

sauve|tage (sov'ta:ʒ) *m* Rettung *f*; ⚓ Bergen *n*; *bouée f* (*ceinture f*) *de* ~ Rettungs-boje *f* (-gürtel *m*); ⚓ *droit m de* ~ Bergegeld *n*; **~teur** (sov'tœ:r) *m* Retter *m*; *auch adj.*: *bateau m* ~ Rettungsboot *n*; **~tte** (so'vɛt): *à la ~ adv.* a) heimlich, illegal; *vente f à la* ~ Schwarzmarktverkauf *m* auf offener Straße; b) auf e-n (*od.* dem) Sprung; *cuisine f à la* ~ Gemeinschaftsküche *f*.

sauveur (so'vœ:r) **I** *m* **1.** Retter *m*, Erretter *n*, Erlöser *m*; ⚓ Berger *m*; **2.** *rl. le* ♀ der Heiland *m*; **II** *adj.* rettend.

savane *géogr.* (sa'van) *f* Savanne *f*.

savant (sa'vɑ̃) [7] **I** *adj.* (*adv. savamment*) **1.** gelehrt; **2.** kunstvoll, geschickt; **3.** sehr bewandert; gut unterrichtet in etw.; **4.** abgerichtet (*Tier*); **5.** lehrreich; **II** *su.* Gelehrter *m*; *at.* ~ *atomiste* Kern-, Atomwissenschaftler *m*.

savate (sa'vat) *f* **1.** abgetragener Schuh *m*, Treter *m* P, Latschen *m* P; F *traîner la* ~ in dürftigen Verhältnissen leben; **2.** *Sport* Beinstoßen *n*; **3.** *péj.* Tolpatsch *m*; **4.** F *péj.* Heini *m*, Niete *f*.

savet|age (sav'ta:ʒ) *m* a) Flicken *n* von Schuhen; b) Pfuscharbeit *f*; **~er** F (~v'te) *v/t.* [1c] verpfuschen; **~ier** (~v'tje) *su.* [7b] Schuhflicker *m*; F *fig.* Pfuscher *m*.

saveur (sa'vœ:r) *f* Geschmack *m*; *fig.* Reiz *m*; *sans* ~ fade.

Savoie (sa'vwa) *f*: *la* ~ Savoyen *n*.

savoir (sa'vwa:r) [3g] **I** *v/t.* **1.** wissen; *faire* ~ *à q.* j-m mitteilen; *je n'en sais rien* ich weiß nichts davon; *j'en sais quelque chose* ich weiß ein Liedchen davon zu singen F; *ne* ~ *rien de rien* keine Ahnung von etw. (*dat.*) haben; *ne* ~ *que faire* sich keinen Rat wissen; *cela se sait* das ist bekannt; *un je ne sais qui* ein gewisser Jemand, ein Irgendjemand; *un je ne sais quoi* ein gewisses Etwas; (*à*) ~ nämlich (*bei Aufzählungen*); *c'est à* ~ das ist noch die Frage; *comme l'on sait* bekanntlich; *reste à* ~ es bleibt noch die Frage offen; *qui sait si Jean n'est pas venu* vielleicht ist Jean gar nicht gekommen; **2.** Kenntnisse besitzen; **3.** *je ne sache pas que ... (mit subj.)* ich wüßte nicht, daß ...; *autant que je sache, à ce que je sais* soviel ich weiß; *pas que je sache* nicht, daß ich wüßte; **4.** können (= gelernt haben; *vgl. dagegen pouvoir*); verstehen; kennen; ~ *le latin* Latein können; *il sait plusieurs langues* er kann mehrere Sprachen; ~ *par cœur* auswendig können; ~ *conduire* Auto fahren können; ~ *danser* tanzen können; *il sait vivre* er hat Lebensart; *il sait son monde* er kennt seine Leute; ~ *son devoir* s-e Pflicht kennen; ~ *bien le monde* sich zu benehmen wissen; *l'homme que vous savez* Sie wissen ja, wen ich meine; **5.** *bsd. im cond. ohne pas, wenn verneint*: *il ne saurait s'agir d'une grammaire* es kann (*od.* dürfte) sich nicht um e-e Grammatik handeln; *ils ne sauraient s'en contenter* sie dürften sich nicht damit zufrieden geben; *je ne saurais vous le dire* ich kann es Ihnen (leider) nicht sagen; *il ne saurait se passer de lui* er kann ohne ihn nicht fertig werden; **6.** erfahren; *ell.* (*il*) *reste à* ~ es fragt sich nur noch; **II** *m* Gelehrsamkeit *f*; *un homme m de grand* ~ ein Mensch *m* von großem Wissen.

savoir|-faire (~'fɛ:r) *m* (*ohne pl.*) Geschicklichkeit *f*, Gewandtheit *f*; *avoir du* ~ tüchtig (*od.* gewandt) sein; **~-vivre** (~'vi:vrə) *m* (*ohne pl.*) Lebensart *f*, (korrekte) Umgangsformen *f/pl.*; *traité m de* ~ Buch *n* über korrektes Benehmen, Knigge *m*.

savon (sa'vɔ̃) *m* **1.** Seife *f*; *pain m de* ~ Stück *n* (*od.* Riegel *m*) Seife; ~ *au goudron* Teerseife *f*; ~ *de lessive* Waschseife *f*; ~ *en paillettes* Seifenflocken *f/pl.*; *bulle f de* ~ Seifenblase *f*; *donner un coup de* ~ *à* einseifen; **2.** F *fig.* Rüffel *m*, Anschnauzer *m* F; *on lui a donné un* ~ *fig.* man hat ihm den Kopf gewaschen; **~nage** (~vɔ'na:ʒ) *m* Reinigen *n*, Waschen *n*; (kleine) Wäsche *f*; **~ner** (~vɔ'ne) *v/t.* [1a] **1.** mit Seife waschen, einseifen; *gant m à* ~ Seifenlappen *m*; **2.** F *fig.* ~ *q.* j-m den Kopf waschen, j-n anschnauzen; **~nerie** (~vɔn'ri) *f* Seifensiederei *f*; **~nette** (~vɔ'nɛt) *f* **1.** Toilettenseife *f*; **2.** (*montre f à*) ~ Taschenuhr *f* mit Sprungdeckel; **~neux** (~vɔ'nø) *adj.* [7d] seifig; Seifen...; **~nier** (~'nje) *m u. adj.* [7b] Seifensieder *m*; Seifen....

savour|er (savu're) *v/t.* [1a] in vollen Zügen genießen; sich gut schmecken lassen; **~et** *cuis.* (~'rɛ) *m* krauser Knochen *m*; Marksknochen *m*; **~eux** (~'rø) *adj.* [7d] schmackhaft, wohlschmeckend, bekömmlich; saftig; *fig.* köstlich.

savoyard (savwa'ja:r) **I** *adj.* [7] savoyisch; **II** ♀ *su.* [7] Savoyer *m*.

saxatile (saksa'til) *adj. u. su.* (*plante f*) ~ auf Felsen wachsend(e Pflanze *f*); *zo.* (*animal m*) ~ unter Steinen lebend(es Tier *n*).

Saxe (saks) **I** *f*: *la* ~ Sachsen *n*; **II** ♀ *m* Meißener Porzellan *n*.

saxifrage ⚘ (saksi'fra:ʒ) *f* Steinbrech *m*.

saxo *abr.* (sak'so) *m* Saxophonist *m*.

saxon (sak'sɔ̃) *adj. u.* ♀ *su.* [7c] sächsisch; Sachse *m*.

saxophone (saksɔ'fɔn) *m* Saxophon *n*.

saynète *thé.* (sɛ'nɛt) *f* Einakter *m*, kurzes Lustspiel *n*.

sbire (zbi:r) *m* Häscher *m*, Scherge *m*.

scabi|euse ⚘ (ska'bjø:z) *f* Grindkraut *n*, Skabiose *f*; **~eux** (~'bjø) *adj.* [7d] krätzartig.

scabreux (ska'brø) *adj.* [7d] gefährlich, gewagt; heikel, schlüpfrig, bedenklich, kitzelig, anrüchig.
scaferlati (skafɛrla'ti) *m* Knaster *m* F (*halbfein geschnittener Tabak*).
scala (ska'la) *f* Stufenfolge *f*.
scalène ⩘ (ska'lɛn) *adj.* ungleichseitig.
scalpe (skalp) *m* Skalp *m*, Kopfhaut *f*.
scalpel *chir.* (skal'pɛl) *m* Skalpell *n*, Seziermesser *n*.
scalp|ement (~pə'mɑ̃) *m* Skalpieren *n*; **~er** (~'pe) *v/t.* [1a] skalpieren.
scandal|e (skɑ̃'dal) *m* Skandal *m*, Schande *f*, Ärgernis *n*; Entrüstung *f*; *feuille f à* ~ Revolverblatt *n*, Sensationsblatt *n* (*Zeitung*); *sujet m de* ~ Stein *m* des Anstoßes; **~eux** (~'lø) *adj.* [7d] □ skandalös, empörend; anstößig; **~iser** (~li'ze) [1a] **I** *v/t.* ~ *q.* j-n entrüsten *od.* empören; **II** *v/rfl.* *se* ~ *de qch.* an etw. (*dat.*) Anstoß nehmen.
scander (skɑ̃'de) *v/t.* [1a] *mét.* skandieren; hervorheben; ~ *ses paroles* langsam und mit besonderer Betonung sprechen.
scandinave (skɑ̃di'na:v) *adj. u.* ♀ *su.* skandinavisch; Skandinavier *m*.
Scandinavie *géogr.* (skɑ̃dina'vi) *f*: **la** ~ Skandinavien *n*.
scansion *mét.* (skɑ̃'sjɔ̃) *f* Skandieren *n*.
scaphandr|e (ska'fɑ̃:drə) *m* **1.** Schwimm-weste *f*, -gürtel *m*; **2.** Taucheranzug *m*; **3.** *at.* ~ *atomique* Atomschutzanzug *m*; **~ier** (~fɑ̃dri'e) *m* Taucher *m*.
scaphoïde *anat.* (skafɔ'id) *adj.* kahnförmig.
scapulaire (skapy'lɛ:r) **I** *anat. adj.* Schulter...; **II** *rl.* *m* Skapulier *n*.
scarabée *ent.* (skara'be) *m* Mistkäfer *m*; ~ *doré* Goldkäfer *m*.
scarifi|cateur (skarifika'tœ:r) *m* **1.** *chir.* Schröpfeisen *n*; **2.** ⚒ Reißpflug *f*; **~cation** *chir.* (~ka'sjɔ̃) *f* Schröpfen *n*; *appareil m de* ~ Schröpfgerät *n*; **~er** (~'fje) *v/t.* [1a] **1.** *chir.* schröpfen; **2.** ⚒ mit Reißpflug eggen; **3.** ⊕ aufreißen.
scarlatine ⚕ (skarla'tin) *f* Scharlach(fieber *n*) *m*.
scarole ⚘ (ska'rɔl) *f* Eskariol *m*; [*a.* P *escarole*.]
scatolog|ie *a. litt.* (skatɔlɔ'ʒi) *f* obszöner Scherz *m*, Zote *f*; Zotendichtung *f*, Pornographie *f*; **~ique** *a. litt.* (~'ʒik) *adj.* zotig, obszön; pornographisch.
scatophage *ent.* (skatɔ'fa:ʒ) *m* Kotfliege *f*.
sceau (so) *m* [5b] **1.** Siegel *n*; *mettre son* ~ sein Siegel aufdrücken); *fig. sous le* ~ *du secret* unter dem Siegel der Verschwiegenheit; ~ *de l'Etat*, *abs. les* ~*x* das Staatssiegel *n*; *Fr. garde m des* ~*x* Justizminister *m*; **2.** *les* ~*x* Amt *n* des Siegelbewahrers; **3.** Siegelung *f* mit dem Staatssiegel; **4.** *fig.* Merkmal *n*.
scélérat (sele'ra) **I** *adj.* ruchlos, verrucht; schändlich; **II** *su.* Verbrecher *m*, Halunke *m*; F *plais. petit* ~ Racker *m*, Schelm *m*; *petite* ~*e f* Früchtchen *n* F; **~esse** (~'tɛs) *f* Ruchlosigkeit *f*; Niederträchtigkeit *f*; *plais.* Streich *m*.
scell|é (sɛ'le) *m* gerichtliches Siegel *n*; *apposer* (*od. mettre*) *les* ~*s sur qch.* etw. amtlich versiegeln; **~ement** (sɛl'mɑ̃) *m* ⚠ Verkittung *f*, Verschmierung *f*, Einmauern *n*; ⊕ Verschließen *n*; ~ *en plâtre* Vergipsen *n*; **~er** (~'le) *v/t.* [1a] **1.** gerichtlich besiegeln, bestätigen, bekräftigen; **2.** luftdicht verschließen; **3.** a) ⚠ ~ *qch. dans un mur* etw. einmauern; mit Gips *od.* Mörtel befestigen; b) ⚠ ~ *les jointures* die Fugen verschmieren; c) ⊕ Glasscheiben verbleien; **4.** *fig.* fest begründen; festigen (*de qch.* durch *od.* mit etw. *acc.*).
scénario (sena'rjo) *m thé.* **1.** Entwurf *m od. a.* Text *m* e-s (Theater-) Stückes; **2.** *cin.* Drehbuch *m*; *bâtir un* ~ ein Drehbuch schaffen (*od.* zusammenbauen).
scénariste *cin.* (sena'rist) *m* Drehbuchautor *m*.
scène (sɛn) *f* **1.** *thé.* Bühne *f*; ~ *à plateau tournant* Drehbühne *f*; ~ *en plein air* Freilichtbühne *f*; *mise f en* ~ Inszenierung *f*; **2.** *allg.* dramatische Kunst *f*; Theater *n*; ~ *comique* Komödie *f*; ~ *lyrique* Oper *f*; ~ *tragique* Tragödie *f*; **3.** *thé.* Ort *m* der Handlung, Schauplatz *m*; *la* ~ *est à* ... das Stück spielt in ... (*dat.*); **4.** *thé.* Dekoration *f*; **5.** ⚖ Tatort *m*; **6.** *allg.* Szene *f*, Auftritt *m*; *fig. donner une* ~ *au public* zum öffentlichen Gesprächsstoff werden; **7.** *fig.* Ereignis *n*; **8.** *fig.* Szene *f*, heftige Vorwürfe *m/pl.*; *faire une* ~ *à q.* j-m eine Szene machen.
scénique (se'nik) *adj. thé.* szenisch, bühnen-technisch, -mäßig.
scéno|graphe *thé.* (senɔ'graf) *m* Bühnenmaler *m*; **~graphie** *thé.* (~gra'fi) *f* Bühnenmalerei *f*.
scepti|cisme (sɛpti'sism) *m* Skeptik *f*, Skepsis *f*; *phil.* Skeptizis-

mus *m*; **~que** (~'tik) *adj.* □ *u. m* skeptisch; zweifelnd; Skeptiker *m*.
sceptre ('sɛptrə) *m* Zepter *n*, Herrscher-stab *m*, *fig.* -gewalt *f*.
schah (ʃa) *m* Schah *m* (*v. Persien*).
scheidage ⚒ (ʃɛ'da:ʒ) *m* Scheidearbeit *f*, Scheidung *f*.
schéma (ʃe'ma) *m*, **schème** (ʃɛm) *m* Schema *n*, Plan *m*, Abriß *m*, Entwurf *m*; ⚡ *schéma m de montage* Schalt-plan *m*, -skizze *f*.
schéma|tique (ʃema'tik) *adj.* □ schematisch; **~tiser** (~ti'ze) *v/t*. [1a] schematisch darstellen; **~tisme** (~'tism) *m* Schematismus *m*.
schérontia *ent.* (skerɔ̃'sja) *m* Totenkopfschmetterling *m*.
schismatiser *rl.* (ʃismati'ze) [1a] **I** *v/i.* ein Schisma bilden; **II** *v/t.* von der allgemeinen Kirche abtrünnig machen.
schisme (ʃism) *m* **1.** *rl.* Kirchenspaltung *f*, Schisma *n*; **2.** Spaltung *f* der Meinungen.
schist|e *min.* (ʃist) *m* Schiefer *m*; ~ *argileux* Tonschiefer *m*; △ ~ *expansif* Blähschiefer *m*; **~eux** (~'tø) *adj.* [7d] schieferartig; Schiefer...; **~ocarpe** ⚘ (~tɔ'karp) *adj.* spaltfrüchtig.
schizomycète ⚘ (skizɔmi'sɛt) *m* Spaltpilz *m*.
schizo|phrène *psych.* (skizɔ'frɛn) *adj. u. m* schizophren, geistesgestört; Schizophren *m*, Geistesgestörter *m*; **~phrénie** *psych.* (~fre'ni) *f* Schizophrenie *f*.
schlague *ehm.* ⚔ (ʃlag) *f* Stockschläge *m/pl.*, Prügel *pl.*
schlammage ⚒ (ʃla'ma:ʒ) *m* Ein-, Zu-schlammung *f*; △ Auffüllung *f e-s Weges, e-r Straße* mit Sand u. Wasser, Einschlämmen *n*; **~s** ⚒ (~) *m/pl.* Kohlenschlamm *m*.
schlinguer * (ʃlɛ̃'ge) *v/i.* [1m] stinken.
schlitt|e *for.* (ʃlit) *f* Holztransportschlitten *m*; **~er** *for.* (~'te) *v/t.* [1a] auf e-m Schlitten transportieren; **~eur** *for.* (~'tœ:r) *m* Holzschlitter *m*.
schnaps F (ʃnaps) *m* Schnaps *m*.
schnauzer *zo.* (ʃnaw'tsɛ:r) *m* Schnauzer *m* (*Hunderasse*).
schnick P (ʃnik) *m* Fusel *m*.
schnorchel ⚓ (ʃnɔr'kɛl) *m* Schnorchel *m*.
schooner ⚓ (sku'nɛ:r) *m* Schoner *m*, Zweimaster *m*.
sci|able ('sjablə) *adj.* sägbar; **~age** (sja:ʒ) *m* Sägen *n*; **~ant** F (sjɑ̃) *adj.* [7] langweilig; unausstehlich.
sciatique ⚕ (sja'tik) *adj. u. f anat.* Hüft...; Ischias *f*.

scie (si) *f* **1.** Säge *f*; ~ *à chantourner* (*od. à découper*) Laubsäge *f*; ~ *circulaire*, ~ *ronde* Kreissäge *f*; ~ *à corde* Spannsäge *f*; ~ *à guichet* Stichsäge *f*; ~ *à ruban* Bandsäge *f*; ~ *à main* Handsäge *f*; *chir.* ~ *à os* Knochensäge *f*; ~ *à manche* Fuchsschwanz(säge) *f*) *m*; *en dents de* ~ sägeförmig; **2.** F *fig.* Schlagermelodie *f*, -musik *f*; (alte) Leier *f*; langweilige Sache *f od.* Person *f*; abgedroschenes Zeug *n*; (dauernd wiederholte) Fopperei *f*; Ulk *m*; *une* ~ *de café-concert* ein langweiliges Kabarett *n*; *monter une* ~ *à q.* j-n hochnehmen, aufziehen; **3.** *icht.* Sägefisch *m*.
sciemment (sja'mɑ̃) *adv.* wissentlich, absichtlich, bewußt.
science (sjɑ̃:s) *f* **1.** Wissenschaft *f*; *les* **~s** *exactes* die mathematischen (*od.* exakten) Wissenschaften *f/pl.*; ~*s naturelles* Naturwissenschaften *f/pl.*; ~ *de l'esprit* Geisteswissenschaft *f*; ~ *sociale* Gesellschaftswissenschaft *f*; ~*s pl. commerciales* Betriebslehre *f/sg.*; ~*s pl. économiques et commerciales* Wirtschaftswissenschaft *f/sg.*; ~ *du langage* Sprachwissenschaft *f*; ~ *des langues romanes* Romanistik *f*; ~ *du journalisme* Zeitungswissenschaft *f*; ~ *de l'enfant* Jugendkunde *f*; ~ *de l'hérédité* Vererbungslehre *f*; **2.** Wissen *n*, Gelehrsamkeit *f*.
sciène *zo.* (sjɛn) *f* Adlerfisch *m*.
scientifique (sjɑ̃ti'fik) *adj.* □ *u. m* wissenschaftlich; Wissenschaftler *m*.
scient|isme (sjɑ̃'tism) *m* positivistische Wissenschaft *f*; **~iste** (~'tist) *m* Vertreter *m* (*od.* Anhänger *m*) der positivistischen Wissenschaft.
scier (sje) [1a] **I** *v/t.* **1.** (zer)sägen; **2.** F ~ *le dos à q.* j-n langweilen; **II** ⚓ *v/i.* rückwärts rudern.
scierie (si'ri) *f* **1.** Sägewerk *n*; ~ *à vapeur* Dampfsägewerk *n*; **2.** ⊕ ~ *mécanique* Sägemaschine *f*.
scieur (sjœ:r) *m* Säger *m*; ~ *de long* Brettschneider *m*.
scieuse ⊕ (sjø:z) *f* Sägemaschine *f*.
scille ⚘ (sil) *f* Meerzwiebel *f*.
scind|ement (sɛ̃d'mɑ̃) *m* Teilung *f*; **~er** (~'de) *v/t.* [1a] zerteilen, trennen.
scintill|ation *f*, **~ement** *m* (sɛ̃tija-'sjɔ̃, ~tij'mɑ̃) Funkeln *n*, Schimmern *n* der Sterne; **~er** (~ti'je) *v/i.* [1a] wie Sterne funkeln, schimmern; **~ométrie** *météor.* (~lɔme'tri)

f Flimmermessung *f*.

sciograph|e △ (sjɔ'graf) *m* Durchschnittsrißzeichner *m*; **~ie** (~'fi) **1.** △ Durchschnittsriß *m* (*e-s Hauses*); **2.** Zeitermittlung *f* durch Sonnen- *od.* Mondschatten.

scion ↙ (sjɔ̃) *m* Schößling *m*; Reis *n*; dünnes Ende *n* e-r Angelrute.

scirpe ⚘ (sirp) *m* Binse *f*.

sciss|ile (si'sil) *adj.* spaltbar; **~ion** (~'sjɔ̃) *f* Spaltung *f* (*a. pol.*); *faire (une)* ~ sich absondern; **~ionnaire** *bsd. pol.* (~sjɔ'nɛːr) *m* Spalter *m*, Abtrünniger *m*; **~ipare** *biol.* (~si'paːr) *adj.* sich durch Teilung vermehrend; **~iparité** *biol.* (~sipari'te) *f* Vermehrung *f* durch Teilung (*Protozoen*); **~ure** *anat.* (~'syːr) *f* Spalte *f*, Furche *f*.

sciure (sjyːr) *f* Sägespäne *m/pl.*

scléros|e ⚕ (skle'roːz) *f* Sklerose *f*, Verkalkung *f*; **~é** ⚕ (~ro'ze) *adj.* verkalkt.

sclérotique (sklerɔ'tik) **I** *adj.* ⚕ verhärtend, sklerotisch; **II** *f anat.* harte Augapfelhaut *f*, Sklerotika *f*.

scobine ⊕ (skɔ'bin) *f* Raspel *f*.

scolaire (skɔ'lɛːr) **I** *adj.* Schul...; schulisch; *année f* ~ Schuljahr *n*; *colonie f* ~ Ferienkolonie *f*; *établissement m* ~ Unterrichtsanstalt *f*; *obligation f* ~ Schulpflicht *f*; *règlement m* ~ Schulordnung *f*; *rétribution f* ~ Schulgeld *n*; **II** *néol. su.* Schüler *m*; **III** △ *m* Schulbau (-arbeit *f*) *m*.

scolaris|ation (skɔlarizɑ'sjɔ̃) *f* Einschulung *f*; Schulbesuch *m*; **~er** *écol.* (~'ze) *v/t.* [1a] einschulen.

scolarité (skɔlari'te) *f* (gesamte) Schulzeit *f*; akademische Fachausbildung *f*.

scolastique *phil.* (skɔlas'tik) **I** *adj.* □ scholastisch; **II** *m* Scholastiker *m*; **III** *f* Scholastik *f*.

scoliose ⚕ (skɔ'ljoːz) *f* Skoliosis *f*, seitliche Rückgratsverkrümmung *f*.

scoliotique ⚕ (skɔljɔ'tik) *su.* an seitlicher Rückgratsverkrümmung Leidender *m*.

scolopendre (skɔlɔ'pɑ̃ːdrə) *f* **1.** ⚘ Zungenfarn *m*, Hirschzunge *f*; **2.** *zo.* Tausendfüßler *m*.

scombre *icht.* ('skɔ̃ːbrə) *m* Makrele *f*.

scons(e) (skɔ̃ːs) *m* Skunkspelz *m*.

scooter *Auto* (sku'tœːr) *m* Motorroller *m*; *se promener à* ~ auf (*od.* mit) dem Motorroller spazieren fahren.

scootériste (skute'rist) *su.* Motorrollerfahrer *m*.

scope *abr.* (skɔp) *m* = *oscillo*~ Leuchtschirm *m* (*Radar*).

scorbut ⚕ (skɔr'byt) *m* Skorbut *m*, Mundfäule *f*; **~ique** ⚕ (~'tik) *adj.* skorbutkrank (*a. su.*).

score *Sport* (skɔːr) *m* Punktzahl *f*, Ergebnis *n*; ~ *définitif* Endergebnis *n*.

scori|e (skɔ'ri) *f* (*mst. hochwertige*) Stahlschlacke *f*; *fig.* Schlacke *f*; *allg.* ~ *de coke* Koksschlacke *f*; ~ *volcanique* vulkanische Schlacke *f*; **~fication** (~rifikɑ'sjɔ̃) *f* Schlackenbildung *f*, Verschlackung *f*; **~fier** (~ri'fje) [1a] *v/t. u. v/rfl. se* ~ verschlacken.

scorpion *ent.*, *ast.* (skɔr'pjɔ̃) *m* Skorpion *m*.

scorsonère ⚘ (skɔrsɔ'nɛːr) *f* Schwarzwurzel *f*.

scoubidou * (skubi'du) *m* Dingsda *n*.

scout (skut) *m* Pfadfinder *m*; **~isme** (~'tism) *m* Pfadfinderbewegung *f*.

scraper ⊕ (skrɛ'pœːr) *m* Löffelräumer *m*, Schrapper *m*, Schürfkübelbagger *m*.

scribe (skrib) *m* **1.** (Ab-)Schreiber *mst. péj.* Schreiberling *m*; **2.** *rl.* Schriftgelehrter *m*.

scribouillard F *péj.* (~bu'jaːr) *m* Schreiberling *m*.

script (skript) **I** *m* Bilderzeichen *n*; ⚚ Interimsschein *m*; **II** *f* = **~-girl** (~'gœrl) *f* Scriptgirl *n*, Filmateliersekretärin *f*.

scripteur (skrip'tœːr) *m* Schreiber *m* (*Graphologie*).

scrofulaire ⚘ (skrɔfy'lɛːr) *f* Braunwurz *f*.

scrofule ⚕ (skrɔ'fyl) *f* Skrofulose *f*; ~*s f/pl.* Skrofeln *f/pl.*; **~eux** (~'lø) *adj.* [7d] *u. su.* skrofulös; Drüsenkranker *m*.

scrotocèle ⚕ (skrɔtɔ'sɛl) *m* Hodenbruch *m*.

scrotum *anat.* (skrɔ'tɔm) *m* Hodensack *m*.

scrupul|e (skry'pyl) *m* **1.** Skrupel *m*, Gewissensbiß *m*; Bedenken *n*; *se faire* ~ *de* (*inf.*) Bedenken tragen zu ...; **2.** Gewissenhaftigkeit *f*; peinliche Genauigkeit *f*; **~eux** (~'lø) *adj.* [7d] gewissenhaft, sorgfältig; peinlich genau.

scrut|ateur (skryta'tœːr) [7f] **I** *adj.* forschend; **II** *su.* Forscher *m*; Wahl-kommissar *m*, -leiter *m*, -vorsteher *m*, -prüfer *m*, Stimmensammler *m*; **~er** (~'te) *v/t.* [1a] (er-, aus-)forschen, gründlich untersuchen; **~in** (~'tɛ̃) *m*: ~ (*secret*) geheime Abstimmung *f* (*od.* Wahl *f*); *dépouiller le* ~ die Stimmzettel zählen; *voter au* ~ *secret* in geheimer Wahl abstimmen; (*premier*) *tour m de* ~ (erster) Wahlgang *m*; ~ *de liste* Listenwahl *f*; ~ *de ballotage* Stichwahl *f*; **~iner** (~ti'ne) *v/i.* [1a] abstimmen.

scull ⚓ *Sport* (skul) *m* Skuller *m*.

sculpt|er (skyl'te) *v/t.* [1a] ausschnitzen, in Holz (*od.* Stein) (aus-)hauen; skulptieren; *boiserie f sculptée* mit Schnitzwerk verzierte Holzbekleidung *f*; **~eur** (~'tœ:r) *m* Bildhauer *m*; ~ *en bois* Bildschnitzer *m*, Holzschnitzer *m*; **~ural** (~ty'ral) *adj.* [7] Bildhauer..., Schnitz...; *fig.* erhaben, bildschön; **~ure** (~'ty:r) *f* **1.** Bildhauerkunst *f*; **2.** Bildhauerarbeit *f*, Plastik *f*.

scutellaire ⚘ (skytɛ'lɛ:r) *f* Helmkraut *n*.

scutiforme (skyti'fɔrm) *adj.* schildförmig.

se, *vor Vokal u. stummen h*: **s'** (sə, s) *pr/p.* sich; einander.

séance (se'ɑ̃:s) *f* **1.** Sitzung *f*; *salle f des* ~*s* Sitzungssaal *m*; ~ *de clôture* Schlußsitzung *f*; ~ *d'ouverture* Eröffnungssitzung *f*; ~ *du conseil des ministres* Kabinettssitzung *f* (*unter Vorsitz des Staatspräsidenten*); ~ *plénière* Plenar-, Voll-sitzung *f*; ⚕ ~ *de rayons* Bestrahlung *f* (*als ärztliche Verordnung*); *peint.* ~ *de pose* Modellsitzen *n*; *la* ~ *est ouverte* (*levée*) die Sitzung ist eröffnet (geschlossen); *se réunir en* ~ *extraordinaire* zu e-r Sondersitzung zusammenkommen; **2.** *a. cin.* Vorstellung *f*, Darbietung *f*, Veranstaltung *f*; **3.** *advt.* ~ *tenante* auf der Stelle, sofort.

séant (se'ɑ̃) **I** *adj.* [7] **1.** tagend; **2.** *fig.* anständig, schicklich; **II** *m* Gesäß *n*; *se mettre* (*od. se dresser*) *sur son* ~ sich aufrichten.

seau (so) *m* [5b] Eimer *m*; ~ *à ordures* Mülleimer *m*; ~ *à charbons* Kohleneimer *m*; ~ *à glace*, ~ *à frapper* Weinkühler *m*, Eiskübel *m*; *il pleut à* ~*x* es regnet in Strömen.

sébile (se'bil) *f* Holz-napf *m*, -schale *f* (*der Bettler*); Sammelbüchse *f*.

sec *m*, **sèche** *f* (sɛk, sɛʃ) **I** *adj.* □ **1.** trocken; ausgetrocknet; wasserlos, wasserarm; **2.** getrocknet, gedörrt; *raisin m sec* Rosine *f*; **3.** hager; **4.** ohne weitere Zutat; *vin m sec* herber Wein *m*; **5.** *fig.* anmutslos, dürr; **6.** *fig.* kalt, lieblos, gefühllos; schroff, barsch, scharf, unverblümt; *parler sec* unfreundlich sprechen; *boire sec* den Wein ohne Wasser (*od.* unverdünnt) trinken; **7.** *fig.* trocken; *style m sec* trockener Stil *m*; *un merci tout sec* ein bloßes „Danke", und nichts weiter; *fig. fruit m sec écol.* nicht mitgekommener *od.* durchgefallener Schüler *m*; *allg.* verfehlte Existenz *f*, Pleitegeier *m*; **II** *m le sec* **8.** das Trockene *n*, Trockenheit *f*; F *fig. être à sec* auf dem Trockenen sitzen, keinen Pfennig mehr haben; *fig. se mettre à sec* sein ganzes Geld ausgeben; **9.** *mettre un cheval au sec* ein Pferd auf Trockenfutter setzen.

séc|ante ⩘ (se'kɑ̃:t) *f* Sekante *f*; **~ateur** ⚒ (~ka'tœ:r) *m* Baum-, Hecken-schere *f*.

sécession *pol.* (sesɛ'sjɔ̃) *f* Trennung *f*, Abfall *m*; *guerre f de* ♀ Sezessionskrieg *m*; **~niste** *pol.* (~sjɔ'nist) **I** *su.* Sezessionist *m*, Abtrünniger *m*; **II** *adj.* abtrünnig.

séchage (se'ʃa:ʒ) *m* Trocknen *n*.

sèche[1] *icht.* (sɛʃ) *f* Tintenfisch *m*.

sèche[2] P (~) *f* Zigarette *f*, Stäbchen *n* P.

sécher (se'ʃe) [1f] **I** *v/t.* (ab-, aus-)trocknen; P liegen lassen; P nicht besuchen; *écol.* schwänzen; P aussaufen; **II** *v/i.* **1.** trocken werden (*au soleil* in der Sonne); *faire* ~ trocknen; **2.** vertrocknen; F versauern; auf dem Trockenen sitzen; *fig.* vor Langeweile (*od.* vor Ungeduld) vergehen; **3.** *fig.* sich verzehren, sich innerlich aufreiben (*de dépit* vor Ärger); **4.** *écol.* keine Antwort wissen; ~ *à l'examen* gänzlich versagen; durchfallen.

séch|eresse (sɛʃ'rɛs) *f* **1.** Trockenheit *f*, Dürre *f*; **2.** *fig.* Anmutslosigkeit *f*; ~ *d'esprit* Geistesarmut *f*; **3.** Härte *f*; *fig.* Barschheit *f*, Gefühllosigkeit *f*, **~erie** (sɛʃ'ri) *f* Trockenanlage *f*, **~eur** ⊕ (se'ʃœ:r) *m* Trokkenvorrichtung *f*, Trockne *m*; **~euse** ⊕ (~'ʃø:z) *f* Trockenmaschine *f*; **~oir** (~'ʃwa:r) *m* **1** Trockenbrett *n*; Handtuchhalter *m*; *phot.* Trockenständer *m*; ⚡ ~ *électrique* Haartrockner *m*, Fön *m*; **2.** Trocken-platz *m*, -anlage *f*, -raum *m*; Bleiche *f*; ⚒ Darre *f*.

second (zgɔ̃, sə'gɔ̃) **I** *adj. u. adj./n.o.* [7] □ zweiter, zweite, zweites; ~*e classe* Sekunda *f*; ~*e clé* Nachschlüssel *m*; *en* ~ *lieu* an zweiter Stelle, zweitens; *se marier en* ~*es noces* sich zum zweitenmal verheiraten; *les* ~*s rôles* die Nebenrollen *f/pl.*; **II** *m* **1.** ⚓ Maat *m*, Deck(unter-)offizier *m*; **2.** *Duell*: Sekundant *m*, Beistand *m*; **3.** zweiter Stock *m*; *loger au* ~ im zweiten Stock wohnen, **4.** *advt.* *en* ~ an zweiter Stelle; *il n'est qu'en* ~ er hat noch j-n über sich; *capitaine m en* ~ Hauptmann *m* zweiter Klasse.

secondaire (~'dɛ:r) **I** *adj.* □ sekundär, in zweiter Linie stehend, zweiten Ranges, nebensächlich; *géol.* Spezial... Neben...; *enseignement m* ~ höherer (Schul-) Unterricht *m*; *école f* ~ höhere Schule *f*; *personnage m* ~ Nebenperson *f*; *gr. proposition f* ~ Nebensatz *m*; ♪ *partie f* ~ begleitende Stimme *f*; **II** ⚡ *m* Sekundärspule *f*.

seconde (zgɔ̃:d, sə'gɔ̃:d) *f* **1.** Sekunde *f*; **2.** 🚃 Fahrkarte *f* zweiter Klasse; **3.** ⚕ ~ *de change* Sekundawechsel *m*; **4.** *typ.* zweite Korrektur *f*; **5.** *écol.* Sekunda *f*; **6.** ♪ a) Sekunde *f*; b) Nebenton *m*.

secondement (zgɔ̃-, səgɔ̃d'mɑ̃) *adv.* zweitens.

seconder (~'de) *v/t.* [1a] **1.** ~ *q.* j-m beistehen *od.* helfen; **2.** begünstigen, zu Hilfe kommen.

secouer (sə'kwe) *v/t.* [1a] **1.** rütteln, schütteln; ~ *(les cendres de) sa pipe* s-e Pfeife ausklopfen; **2.** abschütteln, abstreifen; *fig.* ~ *le joug (ses chaînes)* das Joch (s-e Ketten) abwerfen; **3.** F *fig.* ~ *q.* j-n ausschelten, abkanzeln, anschnauzen F, anbrüllen; F ~ *les puces à q.* j-n tüchtig verprügeln; **4.** ⚕ *fig.* ~ *q.* j-n angreifen, schwächen, mitnehmen (*v. e-r Krankheit*); erschüttern (*seelisch*).

secoueur ⊕ (sə'kwœ:r) *m*: ~ *à moteur* Motorrüttler *m*.

secour|able (səku'rablə) *adj.* hilfreich, hilfsbereit; **~ir** (~'ri:r) *v/t.* [2i]: ~ *q.* j-m helfen, j-m zur Hilfe kommen, j-m beistehen; ~ *q. d'argent* j-n mit Geld unterstützen; **~isme** (~'rism) *m* erste Hilfeleistung *f*; Kenntnis *f* auf dem Gebiet der ersten Hilfe; **~iste** (~'rist) *su.* (Laien-)Helfer(in *f*) *m*, Sanitätsgehilfe *m*, Rotkreuzhelfer *m*.

secours (s[ə]'ku:r) *m* **1.** Hilfe *f*, Beistand *m*; Unterstützung *f*, Fürsorge *f*; ~ *de chômage*, ~ *aux chômeurs* Arbeitslosenfürsorge *f*; ~ *de crise* Krisen-unterstützung *f*, -fürsorge *f*; ~ *aux sinistrés* Unfallhilfe *f*; *poste m de* ~ Rettungsstelle *f*, Unfallstation *f*; ⚔ Truppenverbandplatz *m*; *sortie f de* ~ Notausgang *m*; *il est venu à mon* ~ er ist mir zu Hilfe gekommen; *(ac)courir (od. voler) au* ~ *de q.* j-m zu Hilfe eilen; *prêter* ~, *donner (du)* ~ *à q.* j-m Hilfe leisten; *demander (od. implorer) le* ~ *de q.* j-n um Hilfe bitten (*od.* anflehen); *au* ~*!* Hilfe!; *(société f de)* ~ *mutuels* Verein *m* zu gegenseitiger Unterstützung; **2.** *pl.* Hilfeleistungen *f/pl.*; ⚔ Hilfstruppen *f/pl.*, Entsatz *m*; ⚕ *premiers* ~ erste Hilfe *f*.

secousse (s[ə]'kus) *f* Erschütterung *f*, Ruck *m*, Stoß *m*; ~ *tellurique* Erdstoß *m*; ⚕ ~ *nerveuse* Nervenschock *m*; *advt. par* ~*s* stoß-, ruck-weise.

secret (sə'krɛ) **I** *adj.* [7b] □ **1.** geheim, verborgen; *fin. fonds m* ~ Geheimfonds *m*; *police f secrète* Geheimpolizei *f*; **2.** verschwiegen; heimlich; **II** *m* **3.** Geheimnis *n*; ~ *des correspondances*, ~ *des lettres* Briefgeheimnis *n*; ~ *des communications téléphoniques* Fernsprech-, geheimnis *n*; ~ *de la fabrication* Fabrikationsgeheimnis *n*; ~ *de polichinelle* öffentliches Geheimnis *n*; *c'est un* ~ *de polichinelle* das pfeifen ja die Spatzen vom Dach; ~ *professionnel* Amts-, Berufs-, Betriebs-geheimnis *n*; *il est du* ~ *od. dans le* ~ er ist in das Geheimnis eingeweiht; *je n'ai pas de* ~ *pour lui* ich habe vor ihm kein Geheimnis; *mettre q. au* ~ j-n hinter Schloß und Riegel bringen; *mettre q. dans le* ~ j-n in ein Geheimnis einweihen; *en* ~ im geheimen, insgeheim, heimlich; **4.** geheimes Mittel *n*; ~ *(d'art od. de métier)* Kunstgriff *m*; *le* ~ *de plaire* die Kunst zu gefallen; **5.** Verschwiegenheit *f*; **6.** verborgener Ort *m*, Verborgenheit *f*; **7.** ⚖ Einzelhaft *f*.

secrét|aire (səkre'tɛ:r) *m* **1.** Sekretär *m*, Schriftführer *m*, Schreiber *m*; ~ *d'Etat* Staatssekretär *m*; ~ *particulier (od. privé)* Privatsekretär *m*, Geheimschreiber *m*; **2.** Briefsteller *m*; **3.** Schreibschrank *m*, Sekretär *m*; **~airerie** *adm.* (~tɛr'ri) *f* Kanzlei *f*; **~ariat** (~ta'rja) *m* Sekretariat *n*, Büro *n*, Geschäftsstelle *f*.

secrètement (səkrɛt'mɑ̃) *adv.* im geheimen, heimlich, im stillen.
sécré|ter *physiol.* (sekre'te) *v/t.* [1f] absondern, ausscheiden; **~teur** (~'tœ:r) *adj.* [7g] *od.* [7f] absondernd; **~tion** *physiol.* (~kre'sjɔ̃) *f* Ausscheidung *f*, Sekret *n*, Absonderung *f*; **~toire** (~twa:r) *adj.* Absonderungs...
sectaire (sɛk'tɛ:r) **I** *m* Sektierer *m*; **II** *adj.* in verschiedene Gruppen aufgeteilt.
sectarisme (~ta'rism) *m* Sektenwesen *n.*
secte (sɛkt) *f* Sekte *f.*
sec|teur (sɛk'tœ:r) *m* **1.** ⩫ Sektor *m*, Kreis-, Kugel-ausschnitt *m*; **2.** *adm.* Sektor *m*, Bezirk *m*; ⚔ Sektor *m*, Frontabschnitt *m*; **3.** *fig.* Zweig *m*; ~ *professionnel* Berufszweig *m*; **4.** ⚡ Lichtleitung *f*, öffentliches Netz *n*; *rad. fonctionnant sur* ~ mit Netzanschluß; **5.** *for.* ~ *forestier* Forstrevier *n*; **~tion** (sɛk'sjɔ̃) *f* **1.** Durchschneidung *f*, Schnitt *m*; *point m de* ~ Schnittpunkt *m*; ~ *transversale* Querschnitt *m*; **2.** Abschnitt *m*; *tram.*, *Bus*: Teilstrecke *f*; ~ *de (od. du) terrain* Geländeabschnitt *m*; **3.** Abteilung *f*; *Sport*, *gym.* Riege *f*; ⚔ Trupp *m*; Zug *m*; ⚕ ~ *d'émission(s)* Emissionsabteilung *f*; ~ *financière*, ~ *juridique* Finanz-, Rechts-abteilung *f*; ~ *radiotélégraphique*, ~ *des radiotélégraphistes* Funkerabteilung *f*; ~ *de repérage (lumineux od. aux lueurs* Licht-)Meßtrupp *m*; ~ *de repérage au (od. par le) son* Schallmeßtrupp *m*; ~ *topographique* Vermessungstrupp *m*; *chef m de* ~ ⚔ Zugführer *m*; 🚂 Stationsvorsteher *m*; **~tionner** (~ksjɔ'ne) [1a] **I** *v/t.* in verschiedene Abschnitte teilen; **II** *v/rfl. se* ~ *en deux* in zwei Hälften zerteilt werden.
séculaire (seky'lɛ:r) *adj.* **1.** □ alle hundert Jahre eintretend; **2.** hundertjährig; uralt; **3.** ein Jahrhundert abschließend.
séculari|sation *rl.* (sekylarizɑ'sjɔ̃) *f* Verweltlichung *f*; **~ser** *rl.* (~ri'ze) *v/t.* [1a] verweltlichen; *rl.* verstaatlichen; **~té** *rl.* (~ri'te) *f* weltlicher Stand *m*, weltliche Gerichtsbarkeit *f.*
séculier *rl.* (seky'lje) **I** *adj.* [7b] säkular, weltlich; *bras m* ~ weltliche Macht *f*; **II** *su.* Laie *m.*
secundo, *geschr.* 2° (səgɔ̃'do, zgɔ̃'do) *adv.* zweitens.
securit ⊕, *Auto* (səky'rit) *m* Sekurit *n*, splitterfreies Glas *n.*
sécurité (sekyri'te) *f* Sicherheit *f*; Sorglosigkeit *f*; ⚖ *d'une* ~ *absolue* mündelsicher.
séda|tif ⚕ (seda'tif) *adj.* [7e] schmerzstillend, beruhigend; *auch m*: schmerzstillendes Mittel *n*, Sedativ *n*; **~tion** (~dɑ'sjɔ̃) *f* Schmerzlinderung *f.*
sédentaire (sedɑ̃'tɛ:r) *adj.* **1.** viel sitzend; *occupation f* ~ sitzende Tätigkeit *f*; *vie f* ~sitzende Lebensweise *f*; **2.** wenig ausgehend, häuslich; **3.** seßhaft (*Volk*).
sédentar|isé (sedɑ̃tari'ze) *adj.* seßhaft geworden (*Volk*); **~ité** (~ri'te) *f* sitzende Lebensweise *f.*
sédiment (sedi'mɑ̃) *m a.* ⚗ Bodensatz *m*, Niederschlag *m*; Sediment *n*; *géol.* Ablagerung *f*; **~aire** (~mɑ̃'tɛ:r) *adj.* Flöz..., Ablagerungs...; Niederschlags...; **~ation** ⚕ (~tɑ'sjɔ̃) *f* Blutsenkung *f.*
sédi|tieux (sedi'sjø) **I** *adj.* [7d] □ aufrührerisch, aufständisch; **II** *m* Aufwiegler *m*, Aufrührer *m*, Aufständischer *m*; **~tion** (~'sjɔ̃) *f* Aufruhr *m*, Aufstand *m.*
séduc|teur (sedyk'tœ:r) [7f] **I** *adj.* verführerisch; **II** *su.* Verführer *m*; **~tion** (~dyk'sjɔ̃) *f* Verführung *f*; *fig.* Zauber *m*, Liebreiz *m.*
sédui|re (se'dɥi:r) *v/t.* [4c] **1.** verführen, verlocken, verleiten; ~ *des témoins* Zeugen bestechen; **2.** *fig.* hinreißen, bezaubern, faszinieren; **~sant** (~dɥi'zɑ̃) *adj.* [7] verführerisch, verlockend, bezaubernd.
segment ⩫ (sɛg'mɑ̃) *m* Segment *n*, (Kreis-)Abschnitt *m*; *Auto*: ~ *de piston* Kolbenring *m*; ~ *de frein* Bremsbacke *f*; ~ *d'étanchéité* Dichtungsring *m.*
segment|aire (sɛgmɑ̃'tɛ:r) *adj.* mehrschnittig; **~er** (~'te) *adj.* [1a] in Abschnitte teilen.
ségrég|ation (segregɑ'sjɔ̃) *f* Absonderung *f*; ~ *raciale* Rassentrennung *f*; **~ationiste** (~sjɔ'nist) *m* Vertreter *m* der Rassenternnung; **~er** (~'ʒe) *v/t.* [1l] absondern.
seiche (sɛʃ) **1.** *icht.* Tintenfisch *m*; **2.** *géogr.* Veränderung *f* des Wasserspiegels von Seen bei Regengüssen.
séide *péj.* (se'id) *m* fanatischer u. rücksichtsloser Anhänger *m* (*od.* Nacheiferer *m od.* Helfershelfer *m*).
seigle ('sɛglə) *m* Roggen *m*; ~ *ergoté* Mutterkorn *n.*
seigneur (sɛ'ɲœ:r) *m* **1.** *hist.* (Lehns-,

Landes-, Guts-)Herr *m*; ~ *féodal* Burg-, Lehns-herr *m*; *le Grand* ≈ der Sultan *m*; **2.** *ehm.* vornehmer (*od.* adliger) Herr *m*; *z.T. noch heute*: Großgrundbesitzer *m*; *grand* ~ *ehm.* Standesherr *m*; *heute péj.* Junker *m*; *faire le* ~, *jouer au grand* ~ den großen Mann markieren (*od.* spielen); *vivre en* (*grand*) ~ in großem Stile leben; **3.** *le* ≈ der Herr, Gott *m*; **~ial** (~ɲœ'rjal) *adj.* [5c] herrschaftlich; *féod.* erb-, lehns-herrlich; *condition f* ~*e* Herrenstand *m*, Junkertum *n* (*oft péj.*); *domaine m* ~ Freiherrnsitz *m*; *château m* ~ Edelhof *m*; *terre f* ~*e* Rittergut *n*; **~ie** *ehm.* (~ɲœ'ri) *f* **1.** Lehns-, Gutsherrlichkeit *f*; **2.** herrschaftliches Gut *n*, *m*, Herrschaft *f*; **3.** *Fr. ehm.*, *England*: *Votre* ≈ Euere Herrlichkeit *f*.

seille (sɛj) *f*, **~au** (~'jo) *m* [5b], **~on** (sɛ'jɔ̃) *m* (Holz-)Eimer *m*.

sein (sɛ̃) *m* **1.** (weibliche) Brust *f*; Busen *m*; **2.** Schoß *m*, Mutterleib *m*; ~ *de l'Eglise* Schoß *m* der Kirche; **3.** *fig. das* Innere *n*, Mitte *f*; *vivre au* ~ *de sa famille* im Kreise seiner Familie leben; **4.** *fig.* Herz *n*; *presser q. sur son* ~ j-n an sein Herz drücken.

seine ⊕ (sɛn) *f* Schleppnetz *n*.

seing (sɛ̃) *m* Unterschrift *f*; *blanc* ~ Blankovollmacht *f*; ⚖ *sous-*~ *privé* Privatabmachung *f*.

séisme (se'ism) *m* Erdbeben *n*; *fig.* Erschütterung *f*; *les* ~*s pl. politiques extérieurs* die außenpolitischen Erschütterungen *f/pl.*

seiz|aine (se'zɛn) *f* **1.** *une* ~ *de* etwa sechzehn; **2.** sechzehn Tage *m/pl.*; **3.** ⊕ *dünne* Packschnur *f*; **~e** (sɛːz) **I** *adj./n* sechzehn; **II** *m* Sechzehn *f*; **~ième** (sɛ'zjɛm) **I** *adj./n.o.* sechzehnter; sechzehntel; **II** *su.* Sechzehnter *m*; **III** *m* Sechzehntel *n*.

séjour (se'ʒuːr) *m* **1.** (Kur-, Erholungs-)Aufenthalt *m*, Verweilen *n*; *permis m de* ~ Aufenthaltserlaubnis *f* (*als Karte*); ~ *de convalescence* Erholungsaufenthalt *m*; ~ *dans une station balnéaire* Kuraufenthalt *m*; *taxe f de* ~ Kurtaxe *f*; *faire un* ~ *à la campagne* e-n Erholungsaufenthalt auf dem Lande nehmen; **2.** Aufenthaltsort *m*, Wohnsitz *m*; **~nant** (~ʒur'nɑ̃) *su.* [7] Feriengast *m*; **~ner** (seʒur'ne) *v/i.* [1a] sich aufhalten, verweilen; Rast machen; *fig.* stehen (*Gewässer*).

sel (sɛl) *m* **1.** (Koch-)Salz *n*; ~ *fossile*, ~ *gemme* Steinsalz *n*; ~ *marin* Seesalz *n*; **2.** *fig.* (*auch*: ~ *attique*) *fig.* Würze *f*, feiner Witz *m*; *du gros* ~ ein derber Witz *m*; *cela est de bon* ~ (*du gros* ~) das ist ein feiner (gemeiner) Witz *m*; *anecdote f au gros* ~ gepfefferte Anekdote *f*; **3.** ~*s pl.* : ~ *sels volatils* Riechsalz *n*; **4.** ⚗ ~ *ammoniac* Salmiak *m*; ~ *d'engrais*, ~ *de déblai*, ~ *nutritif* Dünge-, Abraum-, Nähr-salz *n*; ~ *excitateur* Erregersalz *n*; ~ *à base métallique* (*à base de cuivre*) Metall-, Kupfer-salz *n*.

select F (sə'lɛkt) *adj. m u. f* auserlesen, fein vornehm.

sélec|tif *rad.* (selɛk'tif) *adj.* [7e] selektiv, trennscharf; **~tion** (~lɛk'sjɔ̃) *f* **1.** Auswahl *f*; Auslese *f*; ~ *naturelle* natürliche Auslese *f* (*bzw.* Zuchtwahl *f*); **2.** *rad.* (*puissance f de*) ~ Selektivität *f*, Trennschärfe *f*; **~tionner** (~lɛksjɔ'ne) *v/t.* [1a] e-e Auslese treffen, auswählen; **~tivité** *rad.* (~lɛktivi'te) *f* Selektivität *f*.

sélé|nique ⚗ (sele'nik) *adj.* Selen...; **~nite** ⚗ (~'nit) *m* Selenit *n*.

sélénium ⚗ (~'njɔm) *m* Selen *n*.

sélénographie 📖 (~nɔgra'fi) *f* Mondbeschreibung *f*.

self *rad.* (sɛlf) *f* Spule *f*; (*bobine f de*) ~ Radiospule *f*; Selbst-induktionsspule *f*; ~ *en nid d'abeille(s)* Honigwabenspule *f*; ~ (*en*) *fond de panier* Korbspule *f*; ~ *d'accord*, ~ *de réaction* Abstimm-, Rückkoppelungs-spule *f*; ~ *primaire*, ~ *secondaire* Primär-, Sekundärspule *f*.

selle (sɛl) *f* **1.** (*a. Fahrrad-, Motorrad-*) Sattel *m*; ~ *supplémentaire* Soziussitz *m* (*Motorrad*); *cheval m de* ~ Reitpferd *n*; ~ *qui porte* passender Sattel *m*; *en* ~! auf den Sattel!; **2.** ~*s f/pl.* Stuhlgang *m*; *avoir des* ~*s abondantes* guten Stuhlgang haben; **3.** *cuis.* ~ *de mouton* Hammelrücken *m*; ~ *de chevreuil* Rehziemer *m*; **4.** ⊕ Schneidebank *f* des Böttchers; **5.** P *s'asseoir entre deux* ~*s*, *le derrière par terre fig.* sich zwischen zwei Stühle setzen; *avoir le cul entre deux* ~*s*, *être* (*od. se trouver od. demeurer*) *entre deux* ~*s*, *le cul à terre fig.* zwischen zwei Stühlen sitzen.

seller[1] (sɛ'le) **I** *v/t.* [1a] satteln; **II** *v/rfl.* *se* ~ gesattelt werden.

seller² (~) [1a] *v/i. od. v/rfl.* **se ~** hart werden (*Lehmboden*).
sellerie (sɛl'ri) *f* **1.** Sattlerei *f*; Sattlerhandwerk *n*; **2.** Sattelzeug *n*; **3.** Sattlerarbeit *f*; **4.** Sattel-, Geschirr-, Schirr-kammer *f*.
sellette (sɛ'lɛt) *f* **1.** Schemel *m*; Hocker *m*; niedriger Sessel *m*; **2.** (Arme-)Sünderstühlchen *n*; *fig. tenir* (*od. mettre*) *q. sur la ~* j-n scharf ausfragen; **3.** ~(*de décrotteur*) Kasten *m* des Schuhputzers; **4.** *a. sculp.* Sockel *m*; **5.** ⚠ Dachschemel *m* (*des Dachdeckers*).
sellier (sɛ'lje) *m* Sattler *m*.
selon (s[ə]'lɔ̃) **I** *prp.* gemäß (*dat.*); nach (*dat.*), zufolge (*dat.*); *~ lui* s-r Meinung nach; *l'Evangile ~ saint Mathieu* das Evangelium Sankt Matthäi; **II** *adv.* *c'est ~* das kommt darauf an; **III** *cj.* *~ que* je nachdem, so wie.
Seltz (sɛlts) *n/pr.*: *eau f de ~* Selterwasser *n*.
semable (s[ə]'mablə) *adj.* säbar.
semailles (s[ə]'mɑ:j) *f/pl.* **1.** Saat *f*, Säen *n*; *faire les ~* die Saat bestellen; **2.** Aussaat *f*, Saatkorn *n*; **3.** Saatzeit *f*.
semain|e (s[ə]'mɛn) *f* **1.** Woche *f*; *fin f de ~* Wochenende *n*; *jour de (la) ~* Wochentag *m*; *thé. programme m de la ~* Wochenprogramm *n*; ✝ *~ de blanc* weiße Woche *f*; *~ sainte* Stille Woche *f*, Karwoche *f*; *~ de Pâques, ~ de la Pentecôte* Oster-, Pfingst-woche *f*; *~ sportive, ~ automobile* Sport-, Automobil-woche *f*; *~ de propagande* Werbewoche *f*; *~ théâtrale, ~ de théâtre* Theaterwoche *f*; *~ de travail réduite* Kurzwoche *f*, Woche *f* mit Feierschichten; *~ de quarante heures* Vierzigstundenwoche *f*; **2.** Wochendienst *m*; être de ~ in dieser Woche Dienst haben; **3.** Wochenarbeit *f*; **4.** Wochentaschengeld *n*, -lohn *m*; **~ier** (~mɛ'nje) **1.** *su.* [7b] Wochendiensthabender *m*; jemand, der e-e Woche Dienst hat; **2.** Päckchen *n Rasierklingen* für eine Woche.
sémantique *ling.* (semɑ̃'tik) **I** *f* Bedeutungslehre *f*; **II** *adj.* bedeutungsmäßig.
sémaphor|e (sema'fɔ:r) *m* Signalstation *f*, -stelle *f*, -mast *m*, -stange *f*; 🚂 Ein-, Ausfahrts-signal *n*; **~ique** (~fɔ'rik) *adj.* semaphorisch, mit dem Signalmast.
sembl|able (sɑ̃'blablə) **I** *adj.* ähnlich, gleich; solch, derartig; *il ne s'est jamais rien vu de ~* so etwas ist noch nicht dagewesen; *qui n'a pas son ~* unvergleichlich; *semblablement adv.* auf ähnliche Weise; gleichfalls; **II** *m* Nächster *m*, Mitmensch *m*; *son ~* seinesgleichen; **~ant** (~'blɑ̃) *m* Schein *m*, Anschein *m*; *avoir un ~ de parenté avec ...* verwandt zu sein scheinen mit ... (*dat.*); *faux ~* falscher Schein *m*; *faire ~ de* (*inf.*) *od. bei wechselndem Subjekt que* (*mit ind.*) so tun als ob ..., sich stellen als ob...; *il fait ~* er tut nur so; *ne faire ~ de rien* sich nichts anmerken lassen.
sembler (sɑ̃'ble) *v/i.* [1a] **1.** scheinen, den Anschein haben; **2.** *v/imp.* (*à ce qu'*)*il semble* (wie) es scheint, anscheinend; *si bon vous semble* wenn es Ihnen beliebt, wenn Sie es für richtig halten; *que vous en semble?* was halten Sie davon?
semelle (s[ə]'mɛl) *f* **1.** (Schuh-)Sohle *f*; *~ intérieure, seconde ~, ~ de dedans* Brandsohle *f*; *~ de feutre, ~ de liège* Filz-, Kork-sohle *f*; *~ hygiénique, fausse ~* Einlegesohle *f*; *souliers m/pl. à double ~* doppelsohlige Schuhe *m/pl.*; *~ de redressement, ~ orthopédique* Plattfuß-, Senkfuß-einlage *f*; *~ en caoutchouc* Gummisohle *f*; *mettre des ~s à ...* besohlen; *fig. reculer d'une ~* e-n Schritt zurückweichen; *battre la ~* mit den Füßen trampeln, um warm zu werden; zu Fuß gehen; **2.** ⊕ Schwelle *f*, Unterfläche *f*; **3.** *Auto*: *~ (de frein)* Bremsbelag *m*; *~ d'embrayage, ~ en asbeste* Kuppelungs-, Asbest-belag *m*.
semence (s[ə]'mɑ̃:s) *f* **1.** Samen *m*, Samenkorn *n*; *blé m de ~* Saatgut *n*; **2.** *fig.* Keim *m*, Ursache *f*; **3.** ✝ Blauzwecken *f/pl.*, Sorte kleiner Nägel *m/pl.*; *~ de diamants* Diamantsplitter *m/pl.*
semer (s[ə]'me) *v/t.* [1d] **1.** (aus-)säen; besäen (*de* mit *dat.*); **2.** *fig.* ausstreuen, verbreiten; *~ de l'argent* Geld überallhin verteilen; *~ l'argent* mit dem Geld aasen; *~ de faux bruits* falsche Gerüchte verbreiten; **3.** P *~ q.* sich j-n vom Halse schaffen, j-n abblitzen lassen; *~ ses poursuivants* s-e Verfolger hinter sich lassen (*od.* abhängen).
semestr|e (s[ə]'mɛstrə) *m* Semester *n*, Halbjahr *n*; (*congé m de*) *~* halbjähriger Urlaub *m*; *toucher son ~*

sein halbjähriges Gehalt beziehen; **~iel** (~stri'ɛl) *adj.* [7c] halbjährlich, alle 6 Monate; halbjährig, von 6 Monaten.
semeur (s[ə]'mœ:r) *su.* [7g] Sämann *m*; *fig.* Ausstreuer *m*, Verbreiter *m*.
semeuse (s[ə]'mø:z) *f* Sämaschine *f*.
semi|-circulaire (s[ə]misirky'lɛ:r) *adj.* halbkreisförmig; **~-finale** (~fi'nal) *f* (*pl.* ~s) *Sport*: Vorschlußrunde *f*; **~-fluide** (~fly'id) *adj.* halbflüssig.
sémillan|ce (semi'jɑ̃:s) *f* Lebhaftigkeit *f*, Temperament *n*; **~t** (~'jɑ̃) *adj.* [7] äußerst lebhaft; aufgeweckt.
semi|-mendicité (s[ə]mimɑ̃disi'te) *f* halbe Bettelei *f*; **~-mensuel** (~mɑ̃'sɥɛl) *adj.* halbmonatlich.
séminaire (semi'nɛ:r) *m* **1.** (*bsd.* Priester-)Seminar *n*; **2.** Seminarkursus *m*.
séminal (semi'nal) *adj.* [5c] Samen...
séminariste (semina'rist) *su.* Seminarist *m*.
semi-officiel (s[ə]miɔfi'sjɛl) *adj.* [7c] halbamtlich, offiziös.
sémiologie (semjɔlɔ'ʒi) *f* **1.** *ling.* Zeichensprachenkunde *f*; **2.** Semiologie *f*, Semiotik *f*, Symptomatologie *f*.
semi|-produit (s[ə]miprɔ'dɥi) *m* Halbfabrikat *n*; **~-remorque** *Auto* (~rə'mɔrk) *f* Sattelschleppanhänger *m*; **~-rigide** (~ri'ʒid) *adj.* halbstarr.
semis (s[ə]'mi) *m* **1.** Säen *n*; Aufziehen *n* von Pflanzen aus dem Samen; **2.** Samenbeet *n* (*v. Blumen od. Stauden*).
sémite (se'mit) **I** *adj.* semitisch; **II** *su.* Semit *m*.
sémitique (semi'tik) *adj.* semitisch.
sémitisme (semi'tism) *m* Judentum *n*.
semi-voyelle *ling.* (s[ə]mivwa'jɛl) *f* Halbvokal *m*.
semoir (s[ə]'mwa:r) *m* **1.** Sätuch *n*; **2.** Sämaschine *f*; ~ *en lignes* Drill-, Reihen-sämaschine *f*; ~ *à engrais* Düngerstreumaschine *f*.
semonce (s[ə]'mɔ̃:s) *f* **1.** Zurechtweisung *f*, Verweis *m*, Rüffel *m* F, Anranzer *m*; **2.** ⚓ Aufforderung *f* zum Hissen der Flagge.
semoule (s[ə]'mul) *f* Grieß *m*; *potage m à la* ~, F *une* ~ Fleischbrühe *f* mit Grieß.
sempiternel (sɑ̃pitɛr'nɛl) *adj.* [7c] □ ewig.
sénat *antiq.*, *pol.* (se'na) *m* **1.** Senat *m*; hoher Rat *m*; **2.** Senatsgebäude *n*; **3.** ⚖ Abteilung *f* e-s oberen Gerichtshofs; **~eur** (~'tœ:r) *m* Senator *m*; Ratsherr *m*; *elle allait son train de* ~ sie schritt würdevoll einher; **~orial** (~tɔ'rjal) *adj.* [5c] Senats..., senatorisch.
séné (se'ne) *m* **1.** ⚘ Sennesstrauch *m*; **2.** (*feuilles f/pl.* de) ~ Sennesblätter *n/pl.*
sénéchal *féod.* (sene'ʃal) *m* [5c] Seneschall *m*; Haushofmeister *m*.
séneçon ⚘ (sen'sɔ̃) *m* Kreuzkraut *n*; ~ *géant* (*od. commun*) gemeines Kreuzkraut *n*.
Sénégal *géogr.* (sene'gal) *m*: **le** ~ der Senegal *m*; **≗ais** (~'lɛ) *adj. u.* ≗ *su.* [7] senegalesisch; Senegalese *m*.
sénescence ⚕ (senɛ'sɑ̃:s) *f* Altern *n*.
senestre ⛉ (sə'nɛstrə) *f* linke Hand *f*.
sénevé (sen've) *m* **1.** ⚘ Senf *m*; **2.** Senfsamen *m*.
sénil|e (se'nil) *adj.* senil, altersschwach, greisenhaft; Alters...; *gangrène f* ~ kalter Brand *m*; **~ité** (~li'te) *f* Senilität *f*, Altersschwäche *f*.
senior *Sport* (sə'njɔ:r) *m* Senior *m*.
sens (sɑ̃:s; *in* ~ *dessus dessous u.* ~ *devant derrière* [sɑ̃]; *vgl.* 6) *m* **1.** Sinn *m*; ~ *artistique* Kunstsinn *m*; ~ *auditif* Gehörsinn *m*; ~ *économique* Sparsinn *m*; ~ *gustatif* Geschmackssinn *m*; ~ *interne* Gefühl *n*; ~ *moral* Gewissen *n*; ♪ ~ *de la mesure* ♪ Taktgefühl *n*; ~ *de l'odorat* Geruchssinn *m*; ~ *du toucher* Gefühlssinn *m*; ~ *visuel* Gesichtssinn *n*; *reprendre ses* ~ wieder zu sich kommen; **2.** ~ *pl.* Sinnlichkeit *f*; **3.** Verstand *m*, Vernunft *f*; *bon* ~ *od.* ~ *commun* gesunder Menschenverstand *m*, Klugheit *f*, Verständigkeit *f*, *fig.* Taktgefühl *n*; *être dans son bon* ~ bei Sinnen sein; *de* ~ *rassis* gesetzt, ruhig und besonnen; F *cela n'a pas le* ~ *commun!* das ist ja Unsinn!; **4.** Meinung *f*; *donner dans le* ~ *de q.* mit j-m einer Meinung sein; **5.** Bedeutung *f*; *à double* ~ doppelsinnig; ~ *figuré* bildliche Bedeutung *f*; ~ *général* allgemeiner Sinn *m*; *au* ~ *large du mot* in weiterem Sinne; ~ *propre* eigentlicher Sinn *m*; *en ce* ~ *que* in dem Sinne, daß; insofern, als; **6.** Richtung *f*; Seite *f*; *de tous les* ~ nach allen Richtungen (hin), *fig.* auf alle mögliche Art; ~ *interdit*, ~ *unique* Einbahnstraße *f*; (*circulation f à*) ~ *giratoire* Kreisverkehr *m*; *advt.* ~ (sɑ̃) *dessus dessous* verkehrt,

verdreht, umgekehrt; das Unterste zu oberst; ~ *devant derrière* verkehrt.

sensass * (sɑ̃'sas) *adj./inv.* phantastisch, toll.

sensation (sɑ̃sɑ'sjɔ̃) *f* **1.** Empfinden *n*, (sinnliche) Empfindung *f*, Eindruck *m*; ~ *de bien-être* Wohlbehagen *n*; *éprouver une* ~ *de faim* ein Hungergefühl haben; **2.** *fig.* Sensation *f*, Aufsehen *n*; *faire* ~ Aufsehen erregen; **~nel** (~sasjɔ'nɛl) *adj.* [7c] sensationell, aufsehenerregend.

sensé (sɑ̃'se) *adj.* vernünftig, verständig.

sensibili|sateur *phot.* (sɑ̃sibiliza'tœ:r) **I** *adj.* lichtempfindlich machend; **II** *m* Mittel *n* zum Lichtempfindlichmachen; **~sation** *phot.* (~zɑ'sjɔ̃) *f* Lichtempfindlichmachen *n*; **~ser** (~'ze) *v/t.* [1a] reizen, schüren; in Wallung bringen; *physiol.* empfindlich machen; *phot.* das Papier lichtempfindlich machen; *rad.* feiner einstellen; **~té** (~'te) *f* **1.** Empfindungsvermögen *n*; **2.** Empfindlichkeit *f* (*a. phot. u. phys.*), Reizbarkeit *f*; *phot.* ~ *à la lumière* Lichtempfindlichkeit *f*; **3.** Mitgefühl *n*, Empfindsamkeit *f*.

sensible (sɑ̃'siblə) *adj.* **1.** □ sinnlich wahrnehmbar, merklich; ~ *à la vue* sichtbar; *preuve f* ~ handgreiflicher Beweis *m*; *sensiblement adv.* merklich; **2.** fühlbar, empfindlich; **3.** empfindungsfähig; **4.** für Eindrücke empfänglich; reizbar; ~ *à l'amitié* für Freundschaft empfänglich; **5.** *phys. très* ~ hochempfindlich; *phot.* ~ *à la lumière* lichtempfindlich; **~rie** F (~blə'ri) *f* Gefühlsduselei *f*, falsche Sentimentalität *f*.

sensi|tif (sɑ̃si'tif) *adj.* [7e] empfindsam; *faculté f sensitive* Empfindungsvermögen *n*; **~tive** ♀ (~'ti:v) *f* Mimose *f*, Sinnpflanze *f*; **~tivité** (~tivi'te) *f* Empfindungsvermögen *n*; **~tométrie** *phot.* (~tɔme'tri) *f* Sensitometrie *f*, Feststellung *f* der Empfindlichkeitsnorm photographischer Papiere.

sensori|el *psych.* (sɑ̃sɔ'rjɛl) *adj.* [7c] sensorisch, sensoriell, auf die Sinne bezüglich; **~um** *psych.* (~sɔ'rjɔm) *m* (*ohne pl.*) Sensorium *n*, sensorisches Gehirnzentrum *n*.

sensuali|ser (sɑ̃sɥali'ze) *v/t.* [1a] den Sinnen zuschreiben; **~sme** (~'lism) *m* **1.** *phil.* Sensualismus *m*; **2.** Hang *m* zu sinnlichen Genüssen; **~ste** *phil.* (~'list) *adj. u. su.* sensualistisch; Sensualist *m*; **~té** (~'te) *f* Sinnlichkeit *f*, Sinnen-lust *f*, -reiz *m*; **~s** *pl.* sinnliche Genüsse *m/pl.*

sensuel (sɑ̃'sɥɛl) *adj.* [7c] □ *u. m* sinnlich(er Mensch *m*); wollüstig.

sente (sɑ̃:t) *f* kleiner Pfad *m*; Schneise *f*.

senten|ce (sɑ̃'tɑ̃:s) *f* **1.** Aus-, Lehrspruch *m*, geflügeltes Wort *n*, Sentenz *f*; **2.** ⚖ Rechtsspruch *m*, Urteil *n*; ~ *de mort* Todesurteil *n*; ~ *arbitrale* Schiedsspruch *m*; ~ *entachée d'erreur*, ~ *erronée* Fehlspruch *m*, -urteil *n*; **3.** *allg.* Entscheidung *f*; **~cieux** (~tɑ̃'sjø) *adj.* [7d] sentenzenhaft, spruch-reich, -artig; *fig.* geziert; schulmeisterlich.

senteur (sɑ̃'tœ:r) *f* Wohlgeruch *m*; *boîte f de* ~ Riechdose *f*; *sachet m de* ~ Riechkissen *n*; ♀ *pois m de* ~ wohlriechende Wicke *f* (*Lathyrus*).

sentier (sɑ̃'tje) *m* Pfad *m*, Fußweg *m*; ~ *à mulet* Saumpfad *m*.

sentiment (sɑ̃ti'mɑ̃) *m* **1.** Gefühl *n*; Empfindung *f*; Empfindungsvermögen *n*; Bewußtsein *n*; ~ *de (la) communauté*, ~ *de (la) solidarité* Gemeinschafts-geist *m*, -gefühl *n*; ~ *d'infériorité* Minderwertigkeitsgefühl *n*; ~ *du style* Stilgefühl *n*; *avoir le* ~ *des convenances* Anstandsgefühl haben; ~ *d'honneur* Ehrgefühl *n*; *perdre le* ~ die Besinnung verlieren; **2.** Meinung *f*, Ansicht *f*; *à mon* ~ nach meiner Überzeugung, meiner Ansicht nach; *quel est votre* ~ *là-dessus?* was halten Sie davon?; **~s** *m/pl. généraux* Gesinnung *f*; ~ *de sa valeur personnelle* Selbstbewußtsein *n*.

sentimental (sɑ̃timɑ̃'tal) *adj.* [5c] □ sentimental, empfindsam; *déception f* ~*e* seelische Enttäuschung *f*; **~isme** *litt.* (~'lism) *m* sentimentale Dichtung *f*, Sentimentalität *f*; **~ité** (~li'te) *f* Sentimentalität *f*, Empfindsamkeit *f*; *péj.* Rührseligkeit *f*, Gefühlsduselei *f*.

sentine (sɑ̃'tin) *f* ⚓ unterster Schiffsraum *m*; Pumpen-sumpf *m*, -sod *m*, Sodraum *m*; *fig. la* ~ *de tous les vices* die schlimmste Lasterhöhle *f*.

sentinelle ⚔ (sɑ̃ti'nɛl) *f* Wachposten *m*, Schildwache *f*; *être en* ~ Posten stehen.

sentir (sɑ̃'ti:r) [2b] **I** *v/t.* **1.** fühlen, empfinden; **2.** wahrnehmen, merken, einsehen; *faire* ~ *qch. à q.*

j-m etw. zu verstehen geben; *vous sentez bien que* ... Sie können verstehen, daß ...; **3.** vorhersehen, ahnen; **4.** riechen; *fig. ne pouvoir* ~ *q.* j-n nicht ausstehen (*od.* nicht riechen F) können; ~ *qch.* nach etw. (*dat.*) riechen *od.* schmecken; e-n Nachgeschmack haben; *ici, cela sent le gaz* hier riecht es nach Gas; *cela sent le brûlé* das riecht angebrannt; *fig. cela sent la cuisine de la sorcière fig.* das riecht faul; das wird nicht gut enden; *la prononciation des Méridionaux sent toujours le terroir* die Aussprache der Südfranzosen verrät stets deren Heimat (*od.* ist unverkennbar); * ~ *le sapin* ein Todeskandidat sein; *ce vin sent le fût* (fy) dieser Wein schmeckt nach dem Faß; *ce cidre sent le pourri* dieser Apfelwein hat e-n fauligen Geschmack; **II** *v/i.* **5.** ~ (*bon, mauvais, fort* gut, schlecht, stark) riechen; **6.** übel riechen; **III** *v/rfl.* *se* ~: *se* ~ (*heureux*) sich (glücklich) fühlen; *se* ~ *des forces* Kräfte in sich fühlen; *se* ~ *de l'appétit* Appetit bekommen *se* ~ *de faim* Hunger bekommen, hungrig werden; *ne pas se* ~ *de joie* sich vor Freude nicht zu lassen wissen.

seoir (swa:r) *v/i.* [3k] (*nur in der 3. Pers. sg. u. pl. und p/pr. u. p/p.*) **1.** † sitzen; **2.** *fig.* sitzen, stehen, passen, kleiden; **3.** *fig.* sich ziemen, sich gehören (*à q.* für j-n).

séoudite *géogr.* (seu'dit) *adj.* saudiarabisch; *l'Arabie f* ♀ Saudiarabien *n.*

sépale ⚘ (se'pal) *m* Kelchblatt *n.*

sépara|ble (sepa'rablə) *adj.* (zer-) trennbar; **~teur** (~'tœ:r) **I** *adj.* [7f] trennend; *opt. pouvoir m* ~ Trennschärfe *f*; **II** ⊕, ⚗, ⚡ Abscheider *m*; Sichter *m*; *bét.* ~ *de graisse* Fettabscheider *m*; *phys.* ~ *magnétique* Magnetscheider *m*, Elektroscheider *m*; ~ *de poussières* Staubabscheider *m*; **~tif** (~'tif) *adj.* [7e] Trennung bewirkend *od.* anzeigend; *mur m* ~ Trennwand *f*; Grenzmauer *f*; **~tion** (~rɑ'sjɔ̃) *f* **1.** Trennung *f*, Absonderung *f*, Abzäunung *f*; **2.** Mißhelligkeit *f*; **3.** Scheide(wand *f*) *f*; Verschlag *m*; **4.** ⚖ ~ *de corps* Scheidung *f* von Tisch u. Bett, Ehescheidung *f*; ~ *de biens* Gütertrennung *f*; **~tisme** *pol.* (~'tism) *m* Separatismus *m*; **~tiste** *pol.* (~'tist) *adj. u. su.* separatistisch; Separatist *m.*

séparément (separe'mɑ̃) *adv.* getrennt, einzeln, jeder für sich.

séparer (sepa're) [1a] **I** *v/t.* **1.** trennen, absondern, ablösen; auseinanderbringen; *fig.* entzweien; ~ *de corps* Ehegatten scheiden; ~ *de biens* die eheliche Gütergemeinschaft aufheben; **2.** absondern, scheiden; *éc.* Reserven ausscheiden; **3.** *fig.* unterscheiden, trennen; **4.** teilen, abteilen; **II** *v/rfl.* *se* ~ sich trennen, sich absondern; *se* ~ *de q.* sich von j-m lossagen, von j-m abschwenken; *le fleuve se sépare en deux bras* der Fluß teilt sich in zwei Arme; *être au point où les chemins se séparent* am Scheidewege stehen; *fig.* vor e-r Entscheidung stehen.

sépia (se'pja) *f* **1.** Tintenfischschwarz *n*, Sepiatusche *f*; **2.** Sepiazeichnung *f*.

sept (1. *alleinstehend oder vor e-m nicht zugehörigen Wort und vor Vokalen*: sɛt; 2. sɛ) *adj./n.c.* sieben.

septante *dial.* (sɛp'tɑ̃:t) *adj./n.c.* siebzig (*Belgien, Südfrankreich, franz. Schweiz*).

septembre (sɛp'tɑ̃:brə) *m* September *m.*

septembrisades *hist.* (sɛptɑ̃bri'zad) *f/pl.* Septembermorde *m/pl.* (*1792*).

septénaire (sɛpte'nɛ:r) **I** *adj.* sieben enthaltend; *nombre m* ~ Siebenzahl *f*; **II** *m* a) Jahrsiebent *n*; Zeitraum *m* von sieben Jahren *od.* Tagen; *le premier* ~ die ersten sieben Tage *m/pl.*; b) *mét.* Septenar *m.*

septennal (sɛptɛ'nal) *adj.* [5c] siebenjährig; Siebenjahres. .; **~ité** (~nali'te) *f* siebenjährige Dauer *f.*

septennat *Fr. hist.* (sɛptɛ'na) *m* Septennat *n* (*siebenjährige Regierungsdauer: 1873—1876*).

septentrion *poét.* (sɛptɑ̃tri'ɔ̃) *m* Norden *m*; **~al** (~triɔ'nal) *adj.* [5c] nördlich.

septicémi|e ⚕ (sɛptise'mi) *f* Blutvergiftung *f*; **~que** (~'mik) *adj.* von e-r Blutvergiftung herrührend.

septième (sɛ'tjɛm) **I** *adj./n.o.* siebente(r, s); *septièmement adv.* siebentens; *fig. être au* ~ *ciel* im siebenten Himmel sein, überglücklich sein; **II** *su.* Siebente(r, s); **III** *m* a) Siebentel *n*; b) siebenter Monat *m* (*der Schwangerschaft*); **IV** *f* a) *Fr. écol.* siebente Klasse *f*; b) ♪ Septime *f.*

septimo, *geschr.* 7° (sɛpti'mo) *adv.* siebentens.
septique ⚕ (sɛp'tik) *adj.* septisch, zerfressend, Fäulnis erregend; *fosse f* ~ Klärgrube *f.*
septuagénaire (sɛptɥaʒe'nɛ:r) *adj. u. su.* siebzigjährig; Siebzigjähriger *m.*
septuor ♪ (sɛp'tɥɔ:r) *m* Septett *n*; siebenstimmiges Musikstück *n.*
septuple (sɛp'typlə) *adj.* siebenfach.
septupler (sɛpty'ple) [1a] **I** *v/t.* versiebenfachen; **II** *v/i.* sich versiebenfachen.
sépul|cral (sepyl'kral) *adj.* [5c] Grab..., Toten...; *fig. voix f* ~**e** Grabesstimme *f*; *figure f* ~**e** Leichengesicht *n*; *chapelle f* ~**e** Leichen-, Toten-kapelle *f*; *d'un froid* ~ schaurig kalt; ~**cre** (~'pylkrə) *m* Grab *n*, Grabstätte *f*; *le saint* ~ das Heilige Grab *n*; *fig.* ~ *blanchi* (Tugend-)Heuchler *m*, Scheinheiliger *m*; ~**ture** (~'ty:r) *f* **1.** Bestattung *f*, Beerdigung *f*, Begräbnis *n*; **2.** Grab-stätte *f*, -gewölbe *n.*
séquelle (se'kɛl) *f* **1.** *péj.* Sippschaft *f*, Clique *f*, Klüngel *m*; **2.** Folge (-erscheinung *f*) *f e-r Krankheit usw.*; **3.** *mv.p.* endlose Reihe *f.*
séquence *Kartenspiel, rl., cin.* (se'kɑ̃:s) *f* Sequenz *f*, Folge *f.*
séquestr|ation (sekɛstra'sjɔ̃) *f* **1.** ⚖ Beschlagnahmung *f*; Zwangsverwaltung *f*; **2.** Freiheitsberaubung *f*, Einsperrung *f*; ~**e** (se'kɛstrə) **I** *m* **1.** Beschlagnahmung *f*; Zwangsverwaltung *f*; **2.** (Privat-)Haft *f*, Arrest *m*; **3.** Zwangsverwalter *m*, Sequestrator *m*; **II** *adj. tribunal m* ~ Gericht *n*, das e-e Beschlagnahmung vornimmt; ~**er** (~'tre) [1a] **I** *v/t.* ⚖ etw. mit Beschlag belegen; ~ *q.* j-n widerrechtlich einsperren; **II** *v/rfl.* *se* ~ sich völlig absondern (*od.* zurückziehen).
sequoia ⚘ (seko'ja) *m* Mammutbaum *m*, Sequoia *f*, Wellingtonia *f.*
sérac (se'rak) *m* Firnblock *m*
sérail (se'raj) *m* **1.** Serail *n*, Palast *m* des Sultans; **2.** Harem *m.*
séran ⊕ (se'rɑ̃) *m* Flachshechel (-maschine *f*) *f*; ~**cer** ⊕ (~rɑ̃'se) *v/t.* [1k] hecheln.
séra|phin *rl.* (sera'fɛ̃) *m* Seraph *m*; ~**phique** (~'fik) *adj.* engelhaft.
serbe (sɛrb) *adj. u.* ♀ *su.* serbisch; Serbe *m.*
Serbie *ehm.* (sɛr'bi) *f*: *la* ~ Serbien *n.*
serchoir * ⊕ (sɛr'ʃwa:r) *m* Schraubenzwinge *f.*
serein¹ (s[ə]'rɛ̃) *adj.* [7] heiter, wolkenlos (*Himmel*); *fig.* heiter, fröhlich, froh, ruhig, zufrieden, ausgeglichen.
serein² (~) *m* Abendtau *m.*
sérénade ♪ (sere'nad) *f* Serenade *f*, Abendständchen *n*, Nachtmusik *f*; F *plais.* Katzenmusik *f*; P Anschnauzer *m*, Rüffel *m*, *avoir une* ~ *fig.* e-e Zigarre verpaßt kriegen.
sérénissime (sereni'sim) *adj.*: *Votre Altesse* ♀ Euer Durchlaucht.
sérénité (sereni'te) *f* **1.** Heiterkeit *f*, Unbewölktheit *f* (*des Himmels*); Klarheit *f* (*der Luft*); **2.** *fig.* Heiterkeit *f*, Ruhe *f*, Ausgeglichenheit *f.*
séreux ⚕ (se'rø) *adj.* [7d] wässerig, serös (*bsd. vom Blut*).
serf *féod.* (sɛrf) *adj. u. su.* [7e] leibeigen; Leibeigener *m.*
serfou|ette ⚒ (sɛr'fwɛt) *f* (Jät-)Hacke *f*; ~**ir** ⚒ (~'fwi:r) *v/t.* [2a] behacken.
serge *text.* (sɛrʒ) *f* Serge *f.*
sergé *text.* (sɛr'ʒe) **I** *adj.* sergeähnlich; **II** *m* Köper *m.*
sergent (sɛr'ʒɑ̃) *m* **1.** ⚔ Unteroffizier *m*; ~ *fourrier* Quartiermacher *m*; **2.** ~ *de ville* (*in Paris auch gardien de la paix*) Schutzmann *m*, Polizist *m*; **3.** *ehm.* Gerichtsdiener *m*; **4.** *ent.* Goldlaufkäfer *m*; **5.** Klemm-, Balk-, Bandhaken *m.*
sergent|-chef ⚔ (~'ʃɛf) *m* [6a] Stabsunteroffizier *m*; ~**-major** (~ma'ʒɔ:r) *m* [6a] Schreibstubenunteroffizier *m.*
sergette *text.* (sɛr'ʒɛt) *f* leichter, dünner Sergettewollstoff *m.*
sergot P (sɛr'go) *m* Grüner *m* P, Schupo *m*, Polizist *m.*
séricicole (serisi'kɔl) *adj.* Seidenzucht..., Seidenbau...
sériciccul|teur (~kyl'tœ:r) *m* Seidenzüchter *m*; ~**ture** (~'ty:r) *f* Seidenzucht *f*, -bau *m.*
sér|ie (se'ri) *f* **1.** Reihe(nfolge *f*) *f*, Serie *f*; Satz *m v. Schüsseln usw.*; *bsd.* ⊕ *en* ~ serienmäßig; *allg. hors* ~ außerplanmäßig, außergewöhnlich; *installation f* (*couplage m*, *montage m*) *en* ~ Serienschaltung *f*; *fabrication f en* ~ Serien-fabrikation *f*, -herstellung *f*; ~ *d'essais* Versuchsreihe *f*; **2.** Abteilung *f*, Klasse *f*; **3.** ~**s** *f/pl.* Fortsetzungen *f/pl.* (*von Veröffentlichungen*); ~**ier** (se'rje) *v/t.* [1a] in Reihen aufstellen, aneinanderreihen.

sérieusement (serjøz'mɑ̃) *adv.* ernsthaft; wirklich, tatsächlich.

sérieux (se'rjø) **I** *adj.* [7d] □ **1.** ernst (-haft, -lich); **2.** aufrichtig, wahrhaft; **3.** nachdrücklich, wichtig; **4.** bedenklich, gefährlich (*Krankheit*); **5.** ⚖ wirklich **II** *m* Ernst *m*, Ernsthaftigkeit *f*, ernstes Wesen *n*; *thé.* ernste Rollen *f/pl.*; *prendre qch. au* ~ etw. ernst nehmen; *le* ~ *farouche* der tierische Ernst.

serin (s[ə]'rɛ̃) *m* **1.** *orn.* Kanarienvogel *m*; Zeisig *m*; **2.** *fig.* Dummkopf *m*, blöder Kerl *m*; **~age** *écol.* (s[ə]ri'na:ʒ) *m* Paukerei *f*, Einpauken *n*; **~er** (s[ə]ri'ne) *v/t.* [1a] **1.** ~ *un air à un oiseau* e-m Vogel ein Lied vorpfeifen; **2.** *écol.* ~ *qch. à q.* j-m etw. einpauken; **~ette** (~'nɛt) *f* **1.** Vogelorgel *f*; **2.** F *fig.* ausdrucksloser Sänger *m*.

seringa(t) ⚘ (s[ə]rɛ̃'ga) *m* Pfeifenstrauch *m*; ~ *odorant* wilder Jasmin *m*.

serin|gue (s[ə]'rɛ̃:g) *f* ⚕ *u.* ⚒: kleine Spritze *f*; ~ *à lavement* Klistierspritze *f*; **~guer** (~rɛ̃'ge) *v/t.* [1m] ⚕ ein-, ⚒ be-spritzen; ~ *une plaie* e-e Wunde ausspritzen.

serment (sɛr'mɑ̃) *m* Schwur *m*, Eid *m*, Eidschwur *m*; *féod.* ~ *d'allégeance* Lehnseid *m*; ~ *de fidélité* (*d'obéissance*) Eid *m* der Treue (des Gehorsams); ~ *professionnel* Diensteid *m*; ~ *d'entrée en charge* Amtseid *m*; *affirmer* (*od. déclarer*) *sous* ~ (*od. sous la foi du* ~) eidlich versichern (*od.* erklären); *faire* (*od. prêter*) ~, *prononcer un* ~ schwören, e-n Eid leisten; *faire prêter* ~ *à q.* j-n vereidigen, j-m den Eid abnehmen; *trahir* (*od. fausser od. violer*) *un* ~ e-n Eid brechen; *sous* (*od. avec*) ~ unter Eid, eidlich.

sermon (sɛr'mɔ̃) *m* **1.** Predigt *f*, Kanzelrede *f*; *rl.* ♀ *sur la Montagne* Bergpredigt *f*; **2.** *fig.* Moralpredigt *f*, Standpauke *f*; **~naire** (~mɔ'nɛ:r) **I** *m* **1.** Predigtbuch *n*; **2.** *litt.* Verfasser *m* von Kanzelreden; **II** *adj.* Predigt...; **~ner** (~'ne) *v/t.* [1a] **1.** ~ *q.* j-m e-e Strafpredigt halten, j-n abkanzeln; **2.** F predigen; **~neur** (~'nœ:r) *adj. u. su.* [7g] strafend, nörgelnd; Moralprediger *m*, Nörgler *m*; Kritikaster *m*.

séroréaction ⚕ (serɔreak'sjɔ̃) *f* Blutserumprobe *f*.

séro|sité (serozi'te) *f* wässerige Feuchtigkeit *f* (*des Blutes*), Lymphe *f*; **~thérapie** ⚕ (~tera'pi) *f* Serumtherapie *f*, Behandlung *f* mit Heilserum.

serpe (sɛrp) *f* Gartenmesser *n*, Hippe *f*.

serpent (sɛr'pɑ̃) *m* **1.** Schlange *f*; ~ *aveugle* Blindschleiche *f*; ~ *à lunettes* Brillenschlange *f*; ~ *à sonnettes* Klapperschlange *f*; *langue f de* ~ *fig.* giftige Zunge *f*; niederträchtige Person *f*; **2.** ~ *aquatique od. de mer* Seeschlange *f*.

serpent|aire (sɛrpɑ̃'tɛ:r) **I** *orn. m* Stelzengeier *m*, Sekretär *m*; **II** *f* Schlangenkraut *n*, Drachenwurz *f*; **~e** ✝ (~'pɑ̃:t) *f*: (*papier m*) ~ Schlangenpapier *n*; **~eau** (~'to) *m* [5b] **1.** junge Schlange *f*; **2.** *Feuerwerk*: Schwärmer *m*; **~er** (~'te) *v/i.* [1a] sich schlängeln; *aller en serpentant* Schlangenwindungen machen (*z.B. Weg*); **~eur** ⊕ (~'tœ:r) *m* Umwalzer *m*; **~in** (~'tɛ̃) **I** *adj.* [7] **1.** schlangenartig; Schlangen...; *fig.* giftig; **2.** gewunden; *route f* **~e** Serpentine (nweg *m*) *f*; **3.** *phm.* gegen Schlangenbiß wirksam; **II** *m* **4.** ⊕ Schlangenrohr *n*; ~ *réfrigérateur* Kühlschlange *f*; ~ *réchauffeur* Heizschlange *f*; **5.** Papierschlange *f*; **~ine** (~'tin) *f* **1.** *min.* Schlangenstein *m*; **2.** ⚘ Schlangenkraut *n*, Drachenwurz *f*.

serpette (sɛr'pɛt) *f* kleines Garten-, Winzer-messer *n*.

serpigineux ⚕ (sɛrpiʒi'nø) *adj.* [7d] weiterfressend (*Hautkrankheit*).

serpillière (sɛrpi'jɛ:r) *f* **1.** Packleinwand *f*; **2.** Scheuerlappen *m*, Aufwischlappen *m*; **3.** Schürze *f* aus grober Leinwand.

serpolet ⚘ (sɛrpɔ'lɛ) *m* Feldthymian *m*, Quendel *m*.

serrage ⊕ (sɛ'ra:ʒ) *m* Drücken *n*, Pressen *n*, Spannen *n*, Klemmen *n*; ⚠ Einspannen *n*.

serre[1] (sɛ:r) *f* Gewächshaus *n*; ~ *chaude* Treibhaus *n*.

serre[2] (~) *f* **1.** (Zusammen-)Pressen *n*; Keltern *n*; **2.** Klaue *f*, Kralle *f der Raubvögel*.

serre|-bijoux (sɛrbi'ʒu) *m* [6c] Schmuckkästchen *n*; **~-bouchon** (~bu'ʃɔ̃) *m* Patentverschluß *m* (*für Bierflaschen usw.*); **~-bras** *chir.* (~'bra) *m* [6c] Armbinde *f*; **~-file** (~'fil) *m* [6g] ⚔ Schlußreihe *f*; schließender (Unter-)Offizier *m*; *a. fig.* Hintermann *m*; ⚓ letztes Schiff *n e-r Reihe*; **~-fils** ⚡ (~'fil) *m* [6c] Klemme *f*; **~-frein(s)** 🚂 (~'frɛ̃) *m* [6c] Bremser *m*; **~-joint(s)** ⊕

(~'ʒwɛ̃) *m* [6c] Tischlerzwinge *f*; **~-livres** (~'li:vrə) *m* [6c] Bücherstütze *f*.

serrement (sɛr'mɑ̃) *m* Druck *m*; ~ *de mains* Händedruck *m*; *fig.* Gram *m*, Kummer *m*; ~ *de cœur* Herzbeklemmung *f*.

serre-papiers (sɛrpa'pje) *m* [6c] **1.** Aktenklammer *f*; **2.** Akten-gestell *n*, -ständer *m*; **3.** Briefbeschwerer *m*.

serrer (sɛ're) [1b] **I** *v/t.* **1.** ~ (*sous clef*) verschließen, verwahren; **2.** drücken, pressen, (ein)klemmen; ~ *q. dans ses bras*, ~ *q. contre son cœur* j-n in s-e Arme schließen, j-n ans Herz drücken; ~ *la main à q.* j-m die Hand drücken; ~ *les dents* die Zähne zusammenbeißen; ~ *les lèvres* die Lippen zusammenkneifen; *ces souliers serrent les pieds* diese Schuhe drücken; ~ *les éperons* beide Sporen einsetzen; **3.** straff(er) anziehen, zusammenschnüren; fester schnallen; *cela serre le cœur* das schnürt einem das Herz zusammen; ~ *le frein* bremsen; ~ *un nœud* einen Knoten fester anziehen; ~ *q. de près* j-n hart bedrängen, in die Enge treiben; ~ *un texte de près* sich eng an e-n Text halten, e-n Text wörtlich übersetzen; ~ *une ville* e-e Stadt eng einschließen; *être serrés comme des harengs* wie Heringe zusammengepfercht sein; F *être serré* knickerig (*od.* geizig) sein; *tenir q. serré* j-n knapp halten; *advt.*: *mentir serré* wie gedruckt lügen; **4.** zusammendrängen, dichter zusammenfügen; ~ *son écriture* enger schreiben; *fig.* ~ *son style* sich kurz fassen; *logique serrée* straffes Denken *n*; ⚔ ~ *les files* die Glieder (auf-) schließen; *serrez* (*les rangs*)! aufgeschlossen!; **5.** ~ (*la vis*) ein-, an-, zu-schrauben; fest anziehen; **6.** ~ *les voiles* die Segel festmachen; **II** *v/i. Auto*: ~ *bien de ce côté* sich möglichst nach dieser Seite einordnen; **III** *v/rfl.* se ~ **7.** sich drängen; zusammenrücken; sich aneinanderkauern; **8.** *le cœur se serre* man bekommt Herzbeklemmungen.

serre-tête (sɛr'tɛt) *m* [6c] **1.** *Sport*: Sturzhelm *m*; **2.** *téléph.* Kopfhörerbügel *m*; **3.** a) Stirnband *n*; b) modisches Kopftuch *n*.

serru|re (sɛ'ry:r) *f* (Tür-) Schloß *n*; ~ *à combinaison*, ~ *secrète* Kombinations-, Buchstaben-schloß *n*; ~ *à demi-tour*, ~ *à houssette*, ~ *de sûreté*, ~ *à mortaise*, ~ *à ressort* Schnappschloß *n*; *brouiller une* ~ ein Schloß verdrehen; **~rerie** (sɛryr'ri) *f* **1.** Schlosserei *f*, Schlosserhandwerk *n*; *atelier m de* ~ Schlosserwerkstatt *f*; **2.** Schlosserarbeit *f*; **~rier** (sɛryr'rje) *m* Schlosser *m*.

sert|e ⊕ (sɛrt) *f* Fassen *n*, Fassung *f e-s Edelsteins*; **~ir** ⊕ (~'ti:r) *v/t.* [2a] einfassen; **~issage** (~ti'sa:ʒ) *m* Einfassen *n e-s Edelsteins*; **~isseur** (~ti'sœ:r) *m* (Edelstein-)Fasser *m*; **~issure** (~ti'sy:r) *f* Fassung *f e-s Edelsteins*.

sérum (se'rɔm) *m* Serum *n*, Lymphe *f*, Blutwasser *n*; ~ *antidiphtérique* Diphterie-Serum *n*; ~ *antitétanique* Tetanus-Serum *n*; ~ *antitoxique* Heilserum *n*; ~ *du lait* Molke *f*, Milchserum *n*.

servage (sɛr'va:ʒ) *m hist.* Leibeigenschaft *f*, Hörigkeit *f*; *allg.* Knechtschaft *f*.

serval *zo.* (sɛr'val) *m* (*pl.* ~*s*) Pardel-, Busch-, Tiger-katze *f*.

servant (sɛr'vɑ̃) **I** *adj./m* dienend; *rl. frère m* ~ Laienbruder *m*; **II** *m* **1.** *rl.* ~ de messe Ministrant *m*; **2.** a) *Tennis*: Aufgebender *m*; b) *Kricket*: Einschenker *m*; **3.** ⚔ Bedienungsmann *m* (*e-s Geschützes*); ~*s pl.* ⚔ Bedienungsmannschaft *f*; ✈ Bodenpersonal *n*; **~e** (~'vɑ̃:t) *f* **1.** Dienstmädchen *n*, Hausgehilfin *f*; **2.** Anrichte *f*, Serviertisch *m*; **3.** ⊕ Stütze *f*; ~ *d'un timon* Deichselstütze *f*.

serveur (sɛr'vœ:r) *m* **1.** *Sport*: Balljunge *m*; **2.** Servierer *m* (*bei Tisch*); Kellner *m* (*im Zug*).

serveuse (sɛr'vœ:z) *f* **1.** Kellnerin *f*, Serviererin *f*, Bedienung *f* (*in e-m Café usw.*); **2.** Kaffeekanne *f*.

servia|bilité (sɛrvjabili'te) *f* Hilfsbereitschaft *f*, Gefälligkeit *f*, Zuvorkommenheit *f*; **~ble** (~'vjablə) *adj.* hilfsbereit, gefällig, zuvorkommend, entgegenkommend.

service (sɛr'vis) *m* **1.** Dienst *m*, Bedienung *f*, Aufwartung *f*; Bedienungsgeld *n*; Dienerschaft *f*; ~ *compris* Trinkgeld mit einbegriffen; ~ *des écuries* Stalldienst *m*; *escalier m de* ~ Treppe *f* für das Dienstpersonal; ~ *de l'Etat* Staatsdienst *m*; ~ *militaire* Wehrpflicht *f*; ~ *actif* Dienstpflicht *f* im stehenden Heer; ~ *militaire obligatoire* allgemeine

Wehrpflicht *f*; de ~ diensthabend; **2.** ~*s pl.* dem Staat geleistete Dienstzeit *f*; **3.** Dienst(leistung *f*) *f*, Gefälligkeit *f*, Gefallen *m*, Unterstützung *f*; ⊕ ~ *utile* Lebensdauer *f*; *écol.* ~ *médical scolaire* schulärztliche Betreuung *f*; ~ *médical de nuit* Nachtdienst *m*; ~ *auxiliaire*, ~ *de secours* Hilfsdienst *m*; ~ *du travail volontaire (obligatoire)* freiwilliger Arbeitsdienst *m* (Arbeitsdienstpflicht *f*); ✝ ~ *rapide* Eil- *od.* Schnell-dienst *m der Warenhäuser*; ~ *de la clientèle* Kundendienst *m*; ~ *(postal) aérien* Luftpostdienst *m*; ~ *de balisage et de signalisation (pour l'aviation)* Flugsicherungsdienst *m*; *téléph.* ~ *automatique* Selbstanschluß *m*; *Auto*: ~ *de raccordement* Zubringerdienst *m*; ~ *de dépannage* Auto-(hilfs)dienst *m*; ~ *du public* Abfertigung *f (am Schalter)*; ~ *de prêt(s) de livres* Buchverleih *m*; ~ *de (la) surveillance* Überwachungsdienst *m*; ~ *de santé*, ~ *d'hygiène*, ~ *d'ordre* Sanitäts-, Gesundheits-, Ordnungs-dienst *m*; ~ *(de l'enlèvement) des ordures*, *weitS.* ~ *de la voirie (municipale* städtische) Müllabfuhr *f*; ~ *des dettes*, ~ *des intérêts*, ~ *des transferts* Schulden-, Zinsen-, Transfer-dienst *m*; ~ *des sentinelles* Postendienst *m*; *apte au* ~ *(militaire)* wehrdiensttauglich; *apte au* ~ *armé* kriegsverwendungsfähig; *rendre un* ~ *à q.* j-m e-n Gefallen tun; *aimer (à) rendre* ~ gern gefällig sein; *j'ai un* ~ *à vous demander* ich habe e-e Bitte an Sie; *je suis à votre* ~ ich stehe Ihnen zu Diensten; *qu'y a-t-il pour votre* ~? womit kann ich Ihnen dienen?; *à votre* ~! bitte sehr! (*als Antwort auf e-e Bitte*); **4.** Verwaltung *f*, Dienststelle *f*, Abteilung *f*, Amt *n*; Dienstzweig *m*; *chef m de* ~ Abteilungsleiter *m*; ~*s publics* Verwaltungszweige *m/pl.*; ~ *de l'emploi* Arbeits-amt *n*, -behörde *f*; *le* ~ *de l'intendance* das Intendanturwesen *n*; ~ *des transports (par chemins de fer* Eisenbahn-)Verkehrswesen *n*; ~ *des prix* Preisstelle *f*; *oft pl.*: ~*s m/pl. de télévision* Fernsehabteilung *f*; *at.* ~ *de contrôle de la radioactivité* Strahlungsschutz *m*; ~ *météorologique* Wetterdienst(stelle *f*) *m*; ~ *de liquidation* Abwicklungsstelle *f*; ~ *d'hygiène* Gesundheitsamt *n*; ~ *de publicité* Werbeabteilung *f*; ~ *des achats* Einkaufsabteilung *f*; ~ *de comptabilité* Rechnungsstelle *f*; ~ *des titres (et coupons)* Effektenabteilung *f*; ~ *des valeurs minières* Kuxenabteilung *f*; ~ *des renseignements* Nachrichtenwesen *n*; ~ *des transports* Transportwesen *n*; ~ *de santé* Gesundheitsfürsorge *f*; ~ *postal* Postbetrieb *m*; ~ *d'orientation professionnelle* Berufsberatungsstelle *f*; ~ *vicinal* Straßenbauamt *n*; **5.** ~ *aérien* Luftverkehr *m*; ~ *aérien nocturne* Nacht-Luftverkehr *m*; ~ *de grand parcours* Fernverkehr *m*; ~ *de(s) chèques (postaux* Post-)Scheckverkehr *m*; ~ *des comptes-courants* Kontokorrentverkehr *m*; ~ *de T.S.F.* Funkverkehr *m*; ~ *de navettes* Pendelverkehr *m*; *téléph.* ~ *urbain* Ortsverkehr *m*; ~ *interurbain* Fernverkehr *m*; ~ *de(s) navires* Schiffsverkehr *m*; ~ *des autobus postaux* Kraftpostverkehr *m*; ~ *des véhicules automobiles* Autoverkehr *m*; **6.** *rl.* Verehrung *f* der Gottheit; ~ *divin* Gottesdienst *m*; **7.** Brauchbarkeit *f*; *être de bon* ~ gute Dienste tun; **8.** ~ *(de table)* Tafelservice *n*, Tischgeschirr *n*; Gedeck *n*; ~ *à thé (à café)* Tee-(Kaffee-)geschirr *n*; ~ *de fumeurs* Rauchservice *n*; **9.** *cuis.* Gang *m (von Gerichten)*; **10.** ⚓ *pont m de* ~ Laufbrücke *f*; **11.** *Tennis*: Aufschlag *m*; *avoir un* ~ *raide* hart spielen.

serviette (sɛrˈvjɛt) *f* **1.** Serviette *f*, Mundtuch *n*; **2.** Handtuch *n*; ~ *(éponge)* Badelaken *n*; ~ *à frictions*, ~ *éponge à frotter* Frottierhandtuch *n*; **3.** ⚕ ~ *hygiénique* Damenbinde *f*; **4.** Aktentasche *f*, Mappe *f*.

servi|le (sɛrˈvil) *adj.* □ **1.** sklavisch, unfrei; dienerhaft; *traduire servilement* allzu wörtlich übersetzen; **2.** *fig.* kriecherisch, unterwürfig; *adulation f* ~ *fig. péj.* Speichelleckerei *f*; **~lisme** (~ˈlism) *m* = ~*lité* 1.; **~lité** (~liˈte) *f* **1.** Kriechertum *n*, Untertanengeist *m*, Unterwürfigkeit *f*; **2.** *litt.* allzu große Wörtlichkeit *f (e-r Übersetzung usw.)*.

servir (sɛrˈviːr) [2b] **I** *v/t.* **1.** ~ *q.* j-m dienen; **2.** ~ *q.* bei j-m dienen, in j-s Dienst(en) stehen, j-n bedienen; ~ *un malade* e-n Kranken pflegen; ~ *une pièce de canon* ein Geschütz bedienen; ~ *le public* das Publikum an e-m Schalter *usw.* abfertigen; **3.** ~ *q.* j-m Dienste erweisen, sich j-m gefällig zeigen; ~ *q. de sa bourse* j-m aushelfen (*geldlich*); *si ma mémoire me sert bien* wenn mich mein Gedächtnis nicht im Stich läßt (*od.* ... mich nicht täuscht); **4.** servieren, auftragen; *une table bien servie* ein gut gedeckter Tisch *m*; ~ *à boire à q.* j-m einschenken; *le dîner est servi od. madame est servie (monsieur est servi)* das Essen steht auf dem Tisch; *fig. thé.* ~ *la soupe* s-n Mitspieler herausheben; **5.** ~ *une maison* die Lieferungen für ein Haus besorgen; für ein Haus arbeiten (*v. Handwerkern*); **6.** ~ *une rente* eine Rente auszahlen; **7.** * a) töten, kaltmachen; b) erwischen; c) verpfeifen; **II** *v/i.* **8.** dienen; *prêt à* ~ dienstwillig; **9.** ⚔ dienen, Soldat sein, Kriegsdienst tun; ~ *sur mer* (~ *dans l'infanterie*) zur See (bei der Infanterie) dienen; **10.** brauchbar sein, nützen; **11.** ~ *à qch.* zu etw. (*dat.*) nützen *od.* dienen; *à quoi sert-il?* was hat das für e-n Zweck?; *cela ne sert à* (*od.* de [*vgl.* 12]) *rien* das hilft gar nichts, das ist vollkommen zwecklos; **12.** ~ *de qch.* als etw. dienen, die Stelle von etw. (*dat.*) vertreten; *de quoi sert-il?* wozu ist das zu gebrauchen?; ~ *de prétexte* zum Vorwand dienen; *prov. rien ne sert de courir, il faut partir à point* rennen ist zwecklos (*od.* sinnlos), man muß rechtzeitig losgehen; **13.** *Tennis*: geben, aufschlagen; **III** *v/rfl.* se ~ **14.** sich bedienen; *servez-vous!* bedienen Sie sich!, langen Sie zu!; **15.** se ~ *de qch.* etw. benutzen, etw. gebrauchen; **16.** se ~ *chez q.* bei j-m einkaufen, bei j-m Kunde sein.

servi|teur (sɛrvi'tœ:r) *m* Diener *m*; *fidèle* ~ treuer Diener *m*; ~ *de l'État* Staatsdiener *m*; **~tude** (~'tyd) *f* **1.** Knechtschaft *f*, Sklaverei *f*; **2.** Abhängigkeit *f*, Zwang *m*; ~ *des passions* moralischer Druck *m* der Leidenschaften; **3.** ⚖ Servitut *n*, Dienstbarkeit *f*; ~ *foncière* Grunddienstbarkeit *f*; **4.** a) ✈ Bedienungsvorrichtungen *f/pl.*; b) ⊕ Vorrichtungen *f/pl.*; c) ⊕ Arbeitsgänge *m/pl. e-r Maschine.*

servo|-commande ⊕ (sɛrvɔkɔ'mɑ̃:d) *f* Servoantrieb *m*; **~-contrôle** ⊕ (~kɔ̃'tro:l) *m*: ~ *automatique* automatische Servokontrolle *f*; **~-frein** ⊕ (~'frɛ̃) *m* [6g] Servobremse *f*, Ausgleichbremse *f*, servohydraulische Bremse *f*; ~ *à dépression* Unterdruck-, Saugluftbremse *f*; **~-mécanisme** ⊕ (~meka'nism) *m* Servo-mechanismus *m*, -mechanik *f*, **~-moteur** ⊕ (~mɔ'tœ:r) *m* Servo-, Stell-motor *m*.

ses (se, *thé.* sɛ) *pl. v. son, sa.*

SES (ɛse'ɛs) *m abr. für service m électrique et de signalisation* Stellwerk *n* (*U-Bahn usw.*).

sessile ⚘ (sɛ'sil) *adj.* ungestielt.

session (sɛ'sjɔ̃) *f* **1.** Sitzungsperiode *f*; **2.** Sitzung *f*; ~ *du conseil des ministres* Kabinettssitzung *f*.

set *Sport* (sɛt) *m* **1.** Satz *m* (*Tennis*); **2.** *cin.* Aufnahmeraum *m*.

séteux (se'tø) *adj.* [7d] borstig.

sétiforme (seti'fɔrm) *adj.* borstenförmig.

séton (se'tɔ̃) *m* **1.** *chir.* Eiterband *n* (*zur Erregung e-r Entzündung*); **2.** Ableitungsgeschwür *n*; Fontanelle *f* (*künstliches Hautgeschwür*); **3.** *blessure f en* ~ kanalförmige Wunde *f* (*unter der Haut, durch e-e blanke Waffe od. ein Geschoß hervorgerufen, ohne e-n Muskel zu verletzen*).

seuil (sœj) *m* **1.** (Tür-)Schwelle *f*; **2.** *fig. le* ~ *de la vie* der Anfang *m* des Lebens; **3.** *géol.* Landstufe *f*; **4.** ⚓ unterseeische Schwelle *f*.

seul (sœl) *adj.* □ **1.** allein; **2.** einzig, alleinig; *lui* ~ *peut vous aider* er allein kann Ihnen helfen; ~ *à* ~ jeder einzelne, unter vier Augen; **3.** *la* ~*e pensée* der bloße Gedanke *m*, schon der Gedanke *m*; *cette* ~*e raison me suffit* dieser Grund allein genügt mir; *par sa* ~*e présence* durch s-e (ihre) bloße Anwesenheit; *auch f*: ~*e* (*lettre f de change*) Eigenwechsel *m*, Solawechsel *m*; **~ement** (sœl'mɑ̃) *adv.* nur, allein, bloß, weiter nichts; wenigstens; erst; *non* ~, *mais encore* (*od. mais aussi*) nicht nur, sondern auch; *pas* ~ nicht einmal; *demain* ~ erst morgen; *il est arrivé* ~ *ce soir* er ist erst heute abend angekommen; ~ *elle ne vous écrit pas* nur sie schreibt Ihnen nicht; *elle ne vous écrit pas* ~ (*man vermeide die umgekehrte Stellung*: ~ *pas!*) sie schreibt Ihnen nicht einmal; ~ *un kilo* (*od. un kilo* ~) nur ein Kilo *n*; **~et** F (sœ'lɛ) *adj.* ganz allein,

mutterseelenallein.
sève (sɛ:v) *f* **1.** Saft *m in Pflanzen*; **2.** *fig.* Kraft *f*, Geist *m*, Schwung *m*, Frische *f*; Feuer *n des Weins.*
sévère (se'vɛ:r) *adj.* □ **1.** streng, scharf, nachsichtslos; **2.** rauh (*Sitten*); düster, ernst (*Blick, Aussehen*); **3.** strenglinig, nüchtern, schmucklos (*Architektur*).
sévérité (severi'te) *f* **1.** Strenge *f*, Härte *f*; Schärfe *f*; **2.** Ernsthaftigkeit *f* (*Sitten; Blick*); **3.** ⚠ strenge Regelmäßigkeit *f*.
sévices ⚖ *u. allg.* (se'vis) *m/pl.* Mißhandlungen *f/pl.*
sévir (se'vi:r) *v/i.* [2a] **1.** ~ *contre q.* streng gegen j-n verfahren; **2.** wüten, verheerend auftreten, grassieren (*Krankheiten*).
sevr|age (sə'vra:ʒ) *m* **1.** Entwöhnen *n e-s Kindes*; **2.** ✓ Ablösen *n e-s Ablegers*; **~er** (sə'vre) *v/t.* [1d] **1.** *Kind* entwöhnen; *Tier* absetzen; ✓ *Ableger* ablösen; **2.** *fig.* ~ *q. de qch.* j-n e-r Sache (*gén.*) berauben, j-m etw. entziehen.
sèvres ✝ ('sɛ:vrə) *m* Sevresporzellan [*n.*]
sexagénaire (sɛgza-, sɛksaʒe'nɛ:r) *adj. u. su.* sechzigjährig; Sechzigjähriger *m*.
sexe (sɛks) *m* Geschlecht *n*; *des deux ~s* beiderlei Geschlechts; *le beau ~* das zarte Geschlecht *n*; *le troisième ~* die Homsexuellen *pl.*
sexennal (sɛksɛ'nal) *adj.* [5c] sechsjährlich, -jährig.
sexolog|ie ⚕ (sɛksɔlɔ'ʒi) *f* Sexualwissenschaft *f*; **~ue** ⚕ (~'lɔg) *m* Sexualwissenschaftler *m*.
sextant ⚓ (sɛks'tɑ̃) *m* Sextant *m*.
sexto, *geschr.* 6° (sɛks'to) *adv.* sechstens.
sextuor ♪ (sɛks'tɥɔ:r) *m* Sextett *n*.
sextupl|e (~'typlə) *adj.* sechsfach; **~er** (~'ple) *v/t.* [1a] versechsfachen.
sexualité (sɛksɥali'te) *f* Sexualität *f*.
sexuel (sɛk'sɥɛl) *adj.* [7c] sexuell.
seyant (sɛ'jɑ̃) *adj.* [7] passend, gut sitzend.
shampooing (ʃɑ̃'pwɛ̃) *m* Kopf-, Haar-waschen *n*, Shampoonieren *n*.
sherpa (ʃɛr'pa) *m* tibetanischer (Wege-)Führer *m*.
shimmy *Auto* (ʃi'mi) *m* Rad[verkleidung *f*.]
shooter *Sport* (ʃu'te) *v/t.* [1a] den Ball schießen (*Fußball usw.*).
short (ʃɔrt) *m* **1.** Shorts *pl.*, sehr kurze Hosen *f/pl.* (*Camping; Sport*); **2.** *cin.* Kurzfilm *m*.
shot *Sport* (ʃɔt) *m* Schuß *m*.
shunt ⚡ (ʃœ̃:t) *m*, **~age** ⚡ (ʃœ̃'ta:ʒ) *m* Nebenschluß *m e-s Stromes*; **~er** ⚡ (ʃœ̃'te) *v/t.* [1a] nebenschließen.
si[1] (si) **I** *cj.* (*s' nur vor il, ils*) **1.** wenn, falls, wofern; **a)** *realer* (*erfüllbarer*) *Bedingungssatz nie mit fut. im Nebensatz*: je viendrai, s'il fait beau ich werde kommen, wenn schönes Wetter ist; **b)** *irrealer* (*unerfüllbarer*) *Bedingungssatz*: 1. *der Gegenwart, stets im ind. impf.* (*im cond. I steht nur der Hauptsatz!*): si je le savais, je l'informerais wenn ich es wüßte, würde ich ihn informieren; F si j'étais deux wenn ich noch j-n hätte; 2. *der Vergangenheit, mst. im ind. des Plusquamperfekts* (*im cond. II steht nur der Hauptsatz!*): si je l'avais su, je l'aurais informé wenn ich es gewußt hätte, hätte ich ihn informiert; 3. *in der literarischen Sprache kann der irreale Bedingungssatz der Vergangenheit auch lauten*: si je l'eusse su, je l'eusse informé (*d. h. im NS und HS der Konjunktiv des Plusquamperfekts*), *oder*: si je l'avais su, je l'eusse informé, *oder*: si je l'eusse su, je l'aurais informé wenn ich es gewußt hätte, hätte ich ihn benachrichtigt; 4. *beim irrealen Bedingungssatz der Vergangenheit steht bisw. der HS im ind. impf., um etwas als ganz sicher auszudrücken*: s'il n'était pas venu, je le faisais appeler wenn er nicht gekommen wäre, dann hätte ich ihn bestimmt rufen lassen; 5. *bisw. wird der irreale Bedingungssatz ohne si durch einfache Nebenordnung* (juxtaposition) *gebildet*; le danger serait dix fois plus grand, (que) je l'affronterais encore wäre die Gefahr auch zehnmal größer, so würde ich ihr immer noch entgegentreten; **c)** *man beachte die Konstruktion bei e-r Aufeinanderfolge von Bedingungssätzen*: si l'ennemi nous attaquait et qu'il fût vaincu wenn der Feind uns angriffe, und wenn er besiegt würde; **d)** *si ce n'est que*… es sei (*od.* wäre) denn, daß …; *comme si* als wenn, als ob; *si tant est que* … wenn es wahr ist, daß …; *c'est à peine si* … kaum daß …; **2.** *si même* (*mit subj.*) wenn auch, obgleich; **3.** ob; *informe-toi s'il est venu* erkundige dich, ob er gekommen ist; *je vais voir si je ne la retrouverai pas* ich werde sehen, ob ich sie nicht wiederfinde; **II** *m inv.* le si das

Wenn, die Bedenklichkeit *f*, die Bedingung *f*; *le si et le mais* das Wenn und Aber; *il n'y a ni si ni mais qui tienne* da gibt es gar keine Widerrede.

si² (si) *adv.* **1.** so; *ne parlez pas si haut* sprechen Sie nicht so laut; **2.** *si + adj. + que mit subj. einräumend od. konzessiv wie si¹, 2.: si paradoxal que cela paraisse* so widersinnig dies auch erscheinen möge; **3.** *in negativen Vergleichungen*: (eben)so; *il n'est pas si (od. aussi) riche que vous* er ist nicht so reich wie Sie; **4.** doch!, ja! (*nach e-r negativen Frage*); *mais si!* aber ja!; *si vraiment!* o ja!, doch!; *si fait!* doch, jawohl! [*bémol* B *n*.]

si³ ♪ (si) *m* H *n*; *si dièse* His *n*; *si*

sial|agogue ⚕ (sjala'gɔg) *adj. u. m* speichelerzeugend(es Mittel *n*); **~isme** ⚕ (~'lism) *m* Speichelfluß *m*.

Siam *ehm. géogr.* (sjam) *m*: **le ~** Siam *n* (*1939—1945 u. seit 1949 la Thaïlande genannt*).

siamois (sja'mwa) [7] **I** *adj. ehm.* siamesisch; *les frères ~* die Siamesischen Zwillinge *m/pl.*; *fig.* unzertrennliche Freunde *m/pl.*; **II** *ehm.* ♀ *su.* Siamese *m*.

Sibérie (sibe'ri) *f*: **la ~** Sibirien *n*.

sibérien (sibe'rjɛ̃) *adj.* [7c] sibirisch.

sibilant ⚕ (sibi'lɑ̃) *adj.* [7] pfeifend.

sibilation ⚕ (sibila'sjɔ̃) *f* Pfeifen *n*.

sibyll|e (si'bil) *f* **1.** *antiq.* Sibylle *f*; **2.** *allg.* Wahrsagerin *f*; **~in** (~'lɛ̃) *adj.* [7] rätselhaft, sibyllisch.

sicaire (si'kɛ:r) *m* gedungener Mörder *m*.

sic|catif (sika'tif) **I** *adj.* [7e] trocknend; **II** *m* Trockenmittel *n*; **~cité** (siksi'te) *f* Trockenheit *f*.

Sicile (si'sil) *f*: **la ~** Sizilien *n*.

sicilien (sisi'ljɛ̃) *adj.* [7c] sizilianisch.

side-car (sajd'ka:r) *m* Beiwagen *m e-s Motorrads*.

sidéral *ast.* (side'ral) *adj.* [5c] Stern(en)..., siderisch.

sidéré F (side're) *adj.* verblüfft, verdutzt, sprachlos, baff, bestürzt.

sidérite *min.* (side'rit) *f* Eisenspat *m*.

sidér|ométallurgie (siderɔmetalyr'ʒi) *f* Eisenhüttenkunde *f*; **~ose** *min.* (~'ro:z) *f* Spateisenstein *m*, Sphärosiderit *n*; **~otechnicien** (~ɔtɛkni'sjɛ̃) *m* Eisenhütteningenieur *m*; **~urgie** (~ryr'ʒi) *f* Eisenhüttenkunde *f*; Eisen- u. Stahlindustrie *f*; **~urgique** (~ryr'ʒik) *adj.* eisen-herstellend, -verarbeitend, Eisen..., Eisenhütten...; *groupement m ~* Stahlwerk *n*.

sidi *arab.* (si'di) *m* Herr *m*; *péj.* Nordafrikaner *m*, der in Frankreich lebt.

siècle ('sjɛklə) *m* **1.** Jahrhundert *n*; *Fr. le grand ~* das Jahrhundert *n* Ludwigs XIV.; *~ des lumières, ~ philosophique* Aufklärungszeitalter *n*; *au vingtième ~, au XXᵉ ~* im 20. Jahrhundert; **2.** lange (*od.* ewige F) Zeit *f*; *il y a un ~ qu'on ne vous a vu* man hat Sie seit e-r Ewigkeit nicht mehr gesehen; **3.** *les ~s (futurs)* die Zukunft *f*, die Nachwelt *f*; **4.** Welt-, Zeit-alter *n*; **5.** Welt *f*, weltliches Leben *n*; *mal m du ~ litt.* Weltschmerz *m*; *allg.* Zeitkrankheit *f*.

siège (sjɛ:ʒ) *m* **1.** Sessel *m*, Stuhl *m*; *~ à bras* Armstuhl *m*; *~ en osier* Korb-sessel *m*, -stuhl *m*; *~ de jardin* Gartenstuhl *m*; *~ pliant* Klappstuhl *m*; **2.** Sitz *m*; *~ du cocher* Kutschersitz *m*, -bock *m*; *~ éjectable* Schleudersitz *m*; *~ de W.C.* Klosettsitz *m*; *~ coulissant, ~ à glissière* Rollsitz *m* (*im Ruderboot*); *~ escamotable* (*od. rabattable*) Klappsitz *m*; **3.** Aufenthaltsort *m*; Sitz *m e-r Regierung, Firma, Krankheit usw.*; ✝ *~ d'exploitation, ~ principal* Hauptsitz *m*; **4.** ⚖, ✝ *~ administratif* Dienstsitz *m*; *~ officiel* Amtssitz *m*; *~ social* Gesellschaftssitz *m*; **5.** *rl.* *~ (épiscopal)* bischöflicher Stuhl *m*; *le Saint* ♀, *le ~ apostolique* der päpstliche Stuhl *m*; **6.** *bain m de ~* Sitzbad *n*; **7.** ⚔ Belagerung *f*; *état m de ~* Belagerungszustand *m*; *lever le ~* die Belagerung aufheben; **~-arrière** *Auto* (~a'rjɛ:r) *m* [6b] Rücksitz *m*; Soziussitz *m* (*Motorrad*); **~-avant** *Auto* (~a'vɑ̃) *m* [6b] (*pl. ~s-avant*) Vordersitz *m*.

siéger (sje'ʒe) *v/i.* [1g] **1.** tagen, Sitzung halten; **2.** ⚖ Mitglied *od.* Vorsitzender sein; **3.** s-n Sitz haben; *fig. c'est là que siège le mal* da sitzt das Übel; **4.** *rl.* auf dem päpstlichen Throne sitzen; den bischöflichen Stuhl innehaben.

sien (sjɛ̃) **I** *pr/poss. su. le ~, la ~ne* der, die, das Seinige *od.* Ihrige; *le livre est le ~* das Buch ist sein; *c'est le ~ propre* das ist sein (ihr) eigenes; *un ~ ami* einer seiner (ihrer) Freunde; *ell. en voilà des ~nes* das sieht ihm (ihr) ähnlich; *faire des ~nes* Unfug treiben, dumme Streiche machen; **II** *m*: *le ~*

das Seinige, das Ihrige, sein (ihr) Eigentum *n*; *y mettre du* ~ das Seinige tun; Geld herausrücken müssen, dabei zusetzen; Zugeständnisse machen; hinzudichten; *les* ~*s* seine (ihre) Angehörigen *pl.*
siest|e (sjɛst) *f* Mittagsruhe *f*; *faire la* ~ Mittagsruhe halten.
sieur (sjœ:r) *m* **1.** ⚖ (*vor e-m Namen*) Herr *m*; **2.** F *péj. le* ~ *un tel, un* ~ *N.* ein Herr X.
siffl|able (si'flablə) *adj.* auspfeifenswert; **~ant** (~'flɑ̃) *adj.* [7] zischend; **~ante** *gr.* (~'flɑ̃:t) *f* Zischlaut *m*; **~ement** (~flə'mɑ̃) *m* **1.** Pfeifen *n*; ~*s pl.* Gepfeife *f*, Gezische *n*; **2.** Zischen *n e-r Schlange*; **3.** Sausen *n des Windes.*
siffl|er (si'fle) [1a] **I** *v/i.* **1.** pfeifen; F *fig. il n'a qu'à* ~ alles tanzt nach s-r Pfeife; **2.** zischen; **3.** brausen, sausen; schwirren; **4.** ⚕ keuchen; **II** *v/t.* **5.** herbeipfeifen; **6.** auspfeifen, auszischen; **7.** P ~ *un verre de vin* ein Glas Wein hinter die Binde gießen; ~ *un coup* einen zwitschern; **~et** (~'flɛ) *m* **1.** Pfeife *f*; *coup m de* ~ Pfiff *m*; ~ *à roulette* Trillerpfeife *f*; ~ *de détresse* Notsignal *n*; *Sport*: *donner le coup de* ~ *de la mi-temps* abpfeifen; **2.** *thé.* Auspfeifen *n*, Auszischen *n*; *essuyer des* ~*s* ausgepfiffen werden; **3.** P Gurgel *f*; Maul *n*; Zunge *f*; *couper le* ~ *à q.* j-m die Kehle durchschneiden; *fig.* j-m das Maul stopfen; *cela lui coupe le* ~ ihm geht die Puste aus; *serrer le* ~ *à q.* j-m die die Kehle zuschnüren; F *avoir le* ~ *bien coupé* schwatzhaft sein; *se rincer le* ~ sich e-n hinter die Binde gießen; **4.** *en* ~ schräg; *charp. joint (en)* ~ schräger Verband *m*; **~eur** (~'flœ:r) [7g] **I** *adj.* pfeifend; keuchend; **II** *su.* Pfeifer *m*; Auszischer *m*; **~otement** (~flɔt'mɑ̃) *m* Vorsichhinpfeifen *n*; **~oter** (~flɔ'te) *v/i. u. v/t.* [1a] durch die Zähne pfeifen; vor sich hinpfeifen.
sifilet *orn.* (sifi'lɛ) *m* Strahlenparadiesvogel *m*.
sigil|laire (siʒi'lɛ:r) *adj.* Siegel...; **~lateur** (~la'tœ:r) *m* Untersiegler *m*; **~lation** (~lɑ'sjɔ̃) *f* Untersieglung *f*; **~lé** (~'le) *adj.* besiegelt, untersiegelt; **~lographie** (~lɔgra'fi) *f* Siegelkunde *f*.
sigle ('siglə) *m Stenographie, Paläographie*: Sigel *n*, Kürzel *n*.
signal (si'ɲal) *m* [5c] Zeichen *n*, Signal *n*; ~ *d'alarme* Notbremse *f*; ~ *avertisseur* 🚂 Warn-, Vor-signal *n*; ~ *de détresse* SOS-Ruf *m*, Notsignal *n*; ~ *horaire* Zeitzeichen *n* (*Radio*); ~ *lumineux*, ~ *optique* Lichtsignal *n*; Blinkzeichen *n*; 🚂 ~ *de départ* Abfahrts-signal *n*, -zeichen *n*; *rad.* ~ *acoustique*, *a.* ~ *d'appel* Pausenzeichen *n*; ⚔ Hörzeichen *n*; ~ *par projecteur*, ~ *à intermittence* Blinkzeichen *n*; *Sport*: *donner le* ~ *de la mi-temps* abpfeifen; *fig. donner le* ~ *du combat* das Signal zum Kampf geben.
signa|lé (siɲa'le) *adj.* ausgezeichnet, wesentlich, ganz besonderer; **~lement** (siɲal'mɑ̃) *m* Personenbeschreibung *f*; Steckbrief *m*; **~ler** (~'le) [1a] **I** *v/t.* **1.** melden; **2.** ~ *qch.* (*od. q.*) auf etw. (auf j-n) aufmerksam machen *od.* hinweisen, etw. (*od.* j-n) zeigen; etw. besonders hervorheben; **3.** ~ *q.* j-n der Gestalt nach kurz beschreiben; **II** *v/rfl. se* ~ sich auszeichnen, sich hervortun; **~létique** (~le'tik) *adj.* **1.** beschreibend; *fiche f* ~ Personalienbogen *m*; **2.** markierend; *numéro m* ~ Merknummer *f*; **~leur** *a.* ⚔ (~'lœ:r) *m* Signalgeber *m*, Winker *m*; ~ *par T.S.F.* Funker *m*; **~lisation** (~liza'sjɔ̃) *f* Meldedienst *m*; Fahrbahnmarkierung *f*; Signalisierung *f*; ~ *d'espacement U-Bahn*: Streckenbeleuchtung *f*; ~ *routière* Verkehrsstraßen- u. Wegebeleuchtung *f*; *tour(elle f) f de* ~ Verkehrsturm *m*; ~ *par T.S.F.* Funken *n*.
signat|aire (siɲa'tɛ:r) *su.* Unterzeichner *m*; *les gouvernements* ~*s* die unterzeichneten Regierungen *f/pl.*; **~ure** (~'ty:r) *f* **1.** Unterschreiben *n*, Unterzeichnung *f*; **2.** Unterschrift *f*.
sign|e (siɲ) *m* **1.** Zeichen *n*; ~ *graphique* Schriftzeichen *n*; *arith.* ~ *de multiplication* Malzeichen *n*; ~ *de l'addition* Pluszeichen *n*; ~ *de la soustraction* Minuszeichen *n*; **2.** Kennzeichen *n*, Merkmal *n*; *ne pas donner* ~ *de vie* kein Lebenszeichen von sich geben; *fig.* nichts von sich hören lassen; **3.** Anzeichen *n*, Symptom *n*; *a.* ~ *avant-coureur m* [6a] Vorzeichen *n*, Vorbote *m*; **4.** Wink *m*, Andeutung *f*; *faire* ~ *à q.* (*des yeux*) j-m (mit den Augen) ein Zeichen geben; *faire* ~ *à q. qu'il est*

toqué j-m e-n Vogel zeigen; s. *tempe*; ~ *de tête* Nicken *n*; *sur un* ~ auf ein (gegebenes) Zeichen; *en* ~ *d'amitié* zum Zeichen der Freundschaft; **5.** (Mutter-)Mal *n*; **~er** (~'ɲe) [1a] **I** *v/t.* unterschreiben, -zeichnen; **II** *v/i.* ~ *à qch.* etw. unterschreiben, unterzeichnen; **III** *v/rfl.* se ~ sich bekreuzigen.

signet (si'ɲɛ) *m* Lese-, Buchzeichen *n*.

signifi|ant (siɲi'fjɑ̃) *adj.* [7] bedeutungsvoll, bedeutsam; **~catif** (~fika'tif) *adj.* [7e] bedeutsam; bezeichnend; *sourire m* ~ vielsagendes Lächeln *n*; **~cation** (~kɑ'sjɔ̃) *f* **1.** Bedeutung *f*, Sinn *m*; **2.** ⚖ Mitteilung *f*, Zustellung *f*, Anzeige *f*; **~er** (~'fje) *v/t.* [1a] **1.** bedeuten; **2.** *gr.* e-e Bedeutung haben; **3.** ~ *qch. à q.* j-m etw. ausdrücklich zu verstehen geben; **4.** ⚖ mitteilen, zustellen, anzeigen.

silen|ce (si'lɑ̃:s) *m* **1.** Schweigen *n*, Stillschweigen *n*; ~*! od. faites* ~*!* (haltet) Ruhe!; still!; *faire faire* ~ Schweigen gebieten; *faire le* ~ *sur*, *garder le* ~ *sur*, *observer le* ~ *sur* sich ausschweigen über (*acc.*); *passer qch. sous* ~ etw. stillschweigend übergehen; *rompre le* ~ das Schweigen brechen; **2.** Verschwiegenheit *f*; **3.** Ruhe *f*, Stille *f*; Geräuschlosigkeit *f*; *Auto*: ~ *de marche* Laufruhe *f*; **4.** ♪ Pause *f*; **~cieux** (~'sjø) **I** *adj.* [7d] □ **1.** schweigend; *demeurer* ~ (still) schweigen; **2.** schweigsam, verschwiegen, wortkarg; **3.** *fig.*, *a.* ⊕ geräuschlos; still; **II** *m Auto*: Schalldämpfer *m*, geschlossene Auspuffklappe *f*.

silène ♀ (si'lɛn) *m* Leimkraut *n*, Klatschnelke *f*.

Silésie (sile'zi) *f*: *la* ~ Schlesien *n*; *la Haute-*~ Oberschlesien *n*; *la Basse-*~ Niederschlesien *n*.

silésien (sile'zjɛ̃) *adj. u.* ♀ *su.* [7c] schlesisch; Schlesier *m*.

silésienne *text.* (~'zjɛn) *f Art* Halbseide *f* (*Futter-*, *Regenschirmseide f*).

silex (si'lɛks) *m* Kiesel(stein *m*) *m*.

silhouet|te (si'lwɛt) *f* Silhouette *f*, Schattenbild *n*; Figur *f*, Gestalt *f*; ⚔ Zielpuppe *f*; **~ter** (silwɛ'te) *v/t.* [1c] im Schattenriß (in e-r Silhouette) darstellen.

sili|cate ⚗ (sili'kat) *m* Silikat *n*, kieselsaures Salz *n*; **~ce** ⚗ (~'lis) *f* reine Kieselerde *f*; **~ceux** (~'sø) *adj.* [7d] kieselartig; **~cium** ⚗ (~'sjɔm) *m* Silizium *n*; **~ciure** ⚗ (~'sjy:r) *f* Kieselverbindung *f*.

sili|culeux ♀ (siliky'lø) *adj.* [7d] schötchentragend; **~que** ♀ (si'lik) *f* Schote *f*; **~queux** ♀ (~'kø) *adj.* [7d] schotentragend.

sill|age (si'ja:ʒ) *m* **1.** ⚓ Kielwasser *n*; **2.** ⚓ zurückgelegte Strecke *f*; **3.** ⚒ anschließende Ader *f*; **4.** *fig. marcher dans le* ~ *de q.* in j-s Fußstapfen treten, dem Beispiele j-s folgen; *pol. diriger un État dans le* ~ *d'un autre* e-n Staat im Fahrwasser e-s anderen lenken; **~er** (si'je) *v/i.* [1a] die Wogen durchschneiden *od.* durchfurchen; **~et** ♪ (si'jɛ) *m* Geigensteg *m*.

sillomètre ⚓ (sijɔ'mɛtrə) *m* Geschwindigkeitsmesser *m*, Log *n*.

sillon (si'jɔ̃) *m* **1.** Furche *f*, Rille *f*; Streifen *m*; *tracer un* ~ e-e Furche ziehen; *fig. faire son* ~ immer den alten Trott gehen; **2.** *fig. poét.* ~*s pl.* Gefilde *n/pl.*; **3.** ~*s pl.* Runzeln *f/pl.*; **4.** ~ *de lumière* Lichtstrahl *m*; **~ner** (~jɔ'ne) *v/t.* [1a] (durch-)furchen; *silonné de rides* runzlig; gefurcht, durchfurcht.

silo (si'lo) *m* Silo *m*, Getreidespeicher *m*; Einsäuerungsbehälter *m*; 🌱 Miete *f*; *Auto*: ~ *m à automobiles* Turmgarage *f*, Autosilo *m*, übereinandergebaute Garagen *f/pl.* mit Speziallastenfahrstuhlbedienung; 🌱 ~ *de fermentation pour fourrages* Gärfutterbehälter *m*; ~ *surbaissé* Tiefsilo *m*; ~ *suspendu* Hangsilo *m*; ~ *surélevé* Hochsilo *n*; ~ *en plein air* Freisilo *n*; ~ *d'emmagasinage* Lagersilo *m*.

silphe *ent.* (silf) *m* Aaskäfer *m*.

silure *icht.* (si'ly:r) *m* Wels *m*.

simagrées F (sima'gre) *f/pl.* Getue *n*, Gehabe *n*, Fisimatenten *pl.* F; *faire des* ~ Umstände (*od.* Fisimatenten F) machen, sich (so) haben.

simarre (si'ma:r) *f* **1.** Talar *m* (*v. Justizbeamten u. gewissen Professoren*); **2.** *ehm.* Schleppkleid *n*.

simbleau △ (sɛ̃'blo) *m* [5b] Zirkelschnur *f*.

sim|ien (si'mjɛ̃) *adj.* [7c] Affen...; Fratzen...; **~iesque** *zo.* (~'mjɛsk) *adj.* affenartig.

simil|aire (simi'lɛ:r) *adj.* gleichartig; **~arité** (~lari'te) *f* Gleichartigkeit *f*.

simili ✝ (simi'li) *m* Nachahmung *f*; *bijoux m/pl. en* ~ nachgemachte *od.*

unechte Schmucksachen *f/pl.*; *in Zssgn*: ...ähnlich, Kunst...; *en* ~ unecht; **~cuir** (~'kɥi:r) *m* Kunstleder *n*; **~gravure** (~gra'vy:r) *f* Autotypie *f*, Halbtonätzung *f*; **~tude** (~'tyd) *f bsd.* Ähnlichkeit *f*; Gleichartigkeit *f*; *rhét.* Gleichnis *n*.

similor ⊕ (simi'lɔ:r) *m* Similor *n*, Scheingold *n*, Mannheimer Gold *n*, Prinzmetall *n* (*goldähnliche Kupferlegierung*); *en* ~ unecht.

simoniaque *rl.* (simɔ'njak) **I** *adj.* simonistisch; **II** *m* Pfründenkäufer *m*; Ablaßverkäufer *m*.

simonie *rl.* (simɔ'ni) *f* Simonie *f*, Amtserschleichung *f*, Handel *m* mit geistlichen Ämtern.

simoun (si'mun) *m* Samum *m*.

simple ('sɛ̃:plə) **I** *adj.* □ **1.** einfach; nicht zusammengesetzt; ⚗ *corps m* ~ Element *n*; **2.** leicht, klar, einfach; *rien de plus* ~ nichts (ist) einfacher als das; *gr. construction f* ~ klare (*od.* gewöhnliche) Konstruktion *f*; **3.** natürlich; ungekünstelt; schlicht, schmucklos; *être* ~ *dans sa manière de vivre* einfach leben; **4.** harmlos, arglos, aufrichtig; *bibl.* einfältig; **5.** *péj.* naiv, einfältig, simpel, dumm, albern; leichtgläubig, ahnungslos; **II** *m* **6.** *das* Einfache *n*; *das* Schlichte *n*; **7.** Einzelspiel *n* (*Tennis*); (*partie f de*) ~ *dames* Dameneinzel(spiel *n*) *n*; (*partie f de*) ~ *messieurs* Herreneinzel(spiel *n*) *n*; **8.** einfacher Mensch *m*; *péj.* Einfaltspinsel *m*; **9.** ⚘ ~*s pl.* Heilkräuter *n/pl*.

simpl|et (sɛ̃'plɛ) *adj.* [7c] **1.** allzu einfach; **2.** leichtgläubig; **~icité** (~plisi'te) *f* **1.** Einfachheit *f*; Schlichtheit *f*, Schmucklosigkeit *f*, Prunklosigkeit *f*; **2.** Unbefangenheit *f*, Einfalt *f*; **3.** Einfältigkeit *f*.

simpli|fiable *a.* ⅍ (sɛ̃pli'fjablə) *adj.* zu vereinfachen; ⅍ kürzbar; **~fication** (~fika'sjɔ̃) *f* Vereinfachung *f*; ⅍ Kürzung *f e-s Bruches*; **~fier** (~'fje) *v/t.* [1a] vereinfachen; ⅍ Brüche kürzen; **~sme** (~'plism) *m* Einseitigkeit *f*; **~ste** (~'plist) *adj.* oberflächlich, einseitig, naiv.

simul|acre (simy'lakrə) *m* **1.** Götter-, Götzen-bild *n*; **2.** Schatten-, Trugbild *n*; **3.** Schein *m*, Scheinbild *n*, Scheinhandlung *f*; *faire un* ~ *de combat* ein Scheingefecht führen; **~ateur** (~la'tœ:r) *adj. u. su.* [7f] simulierend, vortäuschend, sich verstellend; Simulant *m*, Heuchler *m*; **~ation** (~la'sjɔ̃) *f* Verstellung *f*, Heuchelei *f*, Simulieren *n* F; **~er** (~'le) *v/t.* [1a] vorgeben, vortäuschen, erheucheln.

simultané (simylta'ne) *adj.* (*adv.* ~*ment*) gleichzeitig; **~ité** (~tanei'te) *f* Gleichzeitigkeit *f*.

sinanthrope 🕮 (sinɑ̃'trɔp) *m* Sinanthropus *m*, Pekingmensch *m*.

sinapis ⚘ (sina'pis) *m* (Acker-)Senf *m*; **~er** ⚕ (~pi'ze) *v/t.* [1a] mit Senfpflaster belegen; **~me** (~'pism) *m* Senfpflaster *n*.

sincère (sɛ̃'sɛ:r) *adj.* □ aufrichtig, offen(herzig); lauter, unverfälscht.

sincérité (sɛ̃seri'te) *f* Aufrichtigkeit *f*, Wahrheitsliebe *f*, Offenherzigkeit *f*; Lauterkeit *f*, Echtheit *f*.

sinciput *anat.* (sɛ̃si'pyt) *m* Vorder[haupt *n*.]

sindon (sɛ̃'dɔ̃) *m* **1.** *chir.* Scharpiebausch *m*; **2.** *rl.* Grabtuch *n* Christi.

sinécure (sine'ky:r) *f nur fig.* fette Pfründe *f*, Sinekure *f*, Futterkrippe *f* F, ruhiger Posten *m*.

singe (sɛ̃:ʒ) *m* **1.** Affe *m*; ~ *hurleur* Brüllaffe *m*; *payer* (*q.*) *en monnaie de* ~ den Gläubiger zum besten halten (*od.* mit leeren Versprechungen vertrösten); *des propos à faire rougir un* ~ Worte, die sogar e-n Abgebrühten erröten lassen; **2.** *fig.* Nachäffer *m*; **3.** F Affengesicht *n*; häßlicher Kerl *m*; *le* ~ der Alte *m* (*in der Sprechart von Dienstpersonal*); **4.** *Zeichenkunst*: Storchschnabel *m*, Pantograph *m* (*Gerät zum Durchzeichnen*); **5.** P ⚔ Büchsenfleisch *n*, Rindfleischkonserve *f*, eiserne Ration *f*; **6.** ⊕ Kreuzhaspel *f*.

singer (sɛ̃'ʒe) *v/t.* [1l] nachäffen.

sing|erie (sɛ̃ʒ'ri) *f* **1.** Affenstreich *m*; **2.** Nachäffung *f*; **3.** Affenhaus *n*; **4.** *fig.* heuchlerische Gebärde *f*; ~*s pl.* Possen *f/pl.*; Mätzchen *n/pl.*; **~eur** (~'ʒœ:r) *adj. u. su.* [7g] nachäffend; Nachäffer *m*.

singulari|ser (sɛ̃gylari'ze) *v/t.* [1a] zum Sonderling machen **~té** (~ri'te) *f* **1.** Sonderbarkeit *f*, Eigentümlichkeit *f*; *pour la* ~ *du fait* der Seltsamkeit wegen; **2.** sonderbares Benehmen *n*, Eigenheit *f*.

singulier (sɛ̃gy'lje) **I** *adj.* [7b] □ **1.** einzig; *combat m* ~ Zweikampf *m*; **2.** sonderbar, seltsam, eigenartig, eigentümlich; **II** *m* **3.** *gr.* Einzahl *f*, Singular *m*; **4.** *das* Sonderbare *n*.

singulièrement (sɛ̃gyljɛr'mɑ̃) *adv.* **1.** außerordentlich, äußerst, sehr;

2. besonders, im besonderen, speziell; 3. eigenartig, komisch, seltsam.
sinis|tre (si'nistrə) **I** *adj.* **1.** unheilverkündend; *présage m* ~ schlimme Vorbedeutung *f*; **2.** unglücklich, unheilvoll; **3.** verderblich; **4.** grauenerregend, erschreckend, unheimlich; F *traiter q. de* ~ *imbécile* j-n e-n ganz großen Quatschkopf (*od.* Dussel) nennen; **II** *m* Unglück(sfall *m*) *n*; (Brand-, See-, Kriegs-)Schaden *m*; *estimation f du* ~ Schadenabschätzung *f*; **~tré** (~'tre) *su.* Verunglückter *m*, Beschädigter *m*; ~ *mobilier de guerre* Ausgebombter *m*.
sino-indien (sinɔɛ̃'djɛ̃) *adj.* [7c] chinesisch-indisch.
sinolo|gie (sinɔlɔ'ʒi) *f* Wissenschaft *f* des Chinesischen; **~gue** (~'lɔg) *m* Kenner *m* der chinesischen Sprache u. Kultur.
sinon (si'nɔ̃) *cj.* **1.** wenn nicht, sonst; andernfalls; **2.** außer; ~ *que* außer daß ...; **3.** ~..., *au* (*od. du*) *moins* wenn nicht ..., so doch wenigstens.
sinu|er (si'nɥe) *v/i.* [1a] sich schlängeln; **~eux** (~'nɥø) *adj.* [7d] sich schlängelnd, gewunden; **~osité** (~nɥozi'te) *f* Gewundenheit *f*, Krümmung *f*.
sinus (si'nys) *m* **1.** *anat.* Höhle *f*; ~ *frontal* Stirnhöhle *f*; ~ *maxillaire* Kieferhöhle *f*; **2.** ⚘ Bucht *f*; **3.** ⚘ Sinus *m*.
sinusite ⚕ (siny'zit) *f* Kiefer- *od.* Stirnhöhlen-entzündung *f od.* -vereiterung *f*.
sionis|me (sjɔ'nism) *m* Zionismus *m*; **~te** (~'nist) *adj. u. su.* zionistisch; Zionist *m*.
siph|oïde (sifɔ'id) *adj.* hebeartig; **~on** (si'fɔ̃) *m* **1.** *phys.* (Saug-)Heber *m*; Saugröhre *f*; **2.** Flasche *f* Selterwasser (mit Abflußhahn); Siphon *m*; **3.** ⚓ Wasserhose *f*; **4.** ⊕ Geruchsverschluß *m*, Kniestück *n e-s Abflußrohrs*; **~onner** (~fɔ'ne) *v/t.* [1a] mit e-m Saugheber umfüllen.
sire (si:r) *m* **1.** ♀! Majestät!; Allergnädigster Herr!; **2.** F *pauvre* (*od. triste*) ~ armer Kerl *m*.
sirène (si'rɛn) *f* **1.** *myth.* Sirene *f*; *fig.* Verführerin *f*; **2.** ~ *d'alarme* Alarm-, Heul-sirene *f*; ~ *à vapeur* Dampfpfeife *f*, Nebelhorn *n*.
sirex *ent.* (si'rɛks) *m* Holzwespe *f*.
sirocco (sirɔ'ko) *m* Schirokko *m*.
sir|op (si'ro) *m* Sirup *m*; *des* ~*s pl.* alkoholfreie Getränke *n/pl.*; **~oper** *cuis.* (~rɔ'pe) *v/t.* [1a] mit Zuckerguß bestreichen; **~oter** F (sirɔ'te) *v/t. u. v/i.* [1a] (aus)nippen, (aus-)schlürfen; **~upeux** (~ry'pø) *adj.* [7d] sirupartig.
sis (si) [7] *p/p. von seoir*: liegend, gelegen.
sis|mique (sis'mik) *adj.* seismisch, Erdbeben...; **~mographe** (~mɔ'graf) *m* Seismograph *m*, Erdbebenmeßgerät *n*; **~mologie** (~mɔlɔ'ʒi) *f* Erdbebenkunde *f*, Seismologie *f*.
site (sit) *m* Lage *f*, Landschaft *f*; Gegend *f*; (kunst)geschichtlich wertvolle (*od.* beachtliche) Anlage *f*; Wohnlage *f*; ⚔ *angle m de* ~ Deckungswinkel *m*; *ligne f de* ~ Schußwinkel *m*; ~ *de lancement* Abschußbasis *f*; *allg.* ~ *protégé* Naturschutzgebiet *n*.
sitophage (sitɔ'fa:ʒ) *adj.* Getreide (fr)essend.
sitôt (si'to) **I** *adv.*: de ~ so bald, so schnell; **II** *cj.* (*vor Partizipien*) sobald; ~ **que** sobald (als) (*Nebensätze einleitend*).
sittelle *orn.* (si'tɛl) *f* Kleiber *m*; ~ *bleue* Blauspecht *m*.
situation (sitɥɑ'sjɔ̃) *f* **1.** Lage *f*; *l'homme de la* ~ der rechte Mann dafür; ~ *économique* Wirtschaftslage *f*; ~ *juridique* Rechtslage *f*; **2.** *örtlich u. gesellschaftlich*: Stellung *f*; ~ *stable* Dauerstellung *f*; ~ *permanente* Lebensstellung *f*; ~ *prépondérante* Vormachtstellung *f*; **3.** Vermögensverhältnisse *n/pl.*; **4.** Stimmung *f*; **5.** Zustand *m*, Verhältnisse *n/pl.*; **6.** Konjunkturbericht *m e-s Bankhauses*.
situer (si'tɥe) [1a] **I** *v/t.* hin-setzen, -stellen; *situé* gelegen, befindlich; être *situé* liegen; **II** *v/rfl.*: se ~ (*zeitlich*) fallen.
six (*Aussprache wie bei dix*: sis, siz..., si) **I** *adj./n.c.* **1.** sechs; ~ [si] *cents* sechshundert; ~ [si] *cent* ~ [sis] sechshundertsechs; *le* ~ [sis *od.* si] *novembre* am (*od.* den) 6. November; **2.** *mesure f à* ~*-quatre* [sis...] Sechsvierteltakt *m*; *mesure f à* ~*-huit* [siz...] Sechsachteltakt *m*; **II** *m* **3.** Sechs *f*; **4.** *le* ~ *du mois* der Sechste *m* des Monats; **5.** *les* ♀ *du Marché commun* die sechs Mitgliedsstaaten *m/pl.* des gemeinsamen Marktes; **~ain** (si'zɛ̃) *m mét.* Sechszeiler *m*; **~ième** (~'zjɛm) **I** *adj./n.o.* sechste(r, s); sechstel; **II** *su.* Sechste(r, s); **III** *m* **1.** Sech-

stel *n*; **2.** sechster Tag *m e-s Zeitabschnitts.*
sixièmement (sizjɛ'mɑ̃) *adv.* sechstens (= *sexto; mst. geschr.* 6°).
six-quatre-deux P (sikatrə'dø) *advt.*: *à la* ~ liederlich, nachlässig.
sixte ♪ (sikst) *f* Sexte *f.*
sizerin *orn.* (siz'rɛ̃) *m* Leinfink *m.*
skating (ske'tiŋ) *m* Rollschuhlaufen *n*; Rollschuhbahn *f.*
ski (ski) *m* Schi(sport *m*) *m*; ~ *nautique* Wasserski *m*; *faire du* ~ = **~er** (skje) *v/i.* [1a] Schi laufen; **~eur** (skjœ:r) *su.* [7g] Skiläufer *m.*
skiff ⚓ (skif) *m* Skuller *m*, Skullboot *n*; ~ (*à un rameur*) Einer *m.*
skip ⚒ (skip) eiserner Eimer *m.*
slack (slak) *m* Damenhose *f.*
slalom *Sport* (sla'lɔm) *m* Torlauf *m*, Schlangenfahrt *f*, Slalom *m od. n* (*Schi*); ~ *géant* Riesentorlauf *m.*
slav|e (sla:v) *adj. u.* ♀ *su.* slawisch; Slawe *m*; **~iser** (slavi'ze) *v/t.* [1a] slawisieren; **~isme** (~'vism) *m* Slawentum *n*; **~on** (~'vɔ̃) *adj.* [7c] alt-, kirchen-slawisch; **~ophile** (~vɔ'fil) *adj.* slawenfreundlich.
sleeping 🚃 (sli'piŋ) *m* Schlafwagenabteil *n*; **~-car** 🚃 (~'ka:r) *m* [6g] Schlafwagen *m.*
slip *text.* (slip) *m* Slip *m*; **~pé** (~'pe) *adj.*: *forme f bien* ~*e* im (Elastik-) Bund gut sitzende Form *f* (*kurze Hosen*).
slogan (slɔ'gɑ̃) *m* Schlagwort *n.*
sloop ⚓ (slup) *m* Schaluppe *f.*
slovaque (slɔ'vak) *adj. u.* ♀ *su.* slowakisch; Slowake *m.*
Slovaquie *géogr.* (slɔva'ki) *f*: *la* ~ die Slowakei *f.*
slovène (slɔ'vɛn) *adj. u.* ♀ *su.* slowenisch; Slowene *m.*
smala(h) F (sma'la) *f* zahlreiche Familie *f*, Sippschaft *f* P.
smash *Sport* (smaʃ) *m* Schmetterball *m*, -schlag *m.*
smilax ⚘ (smi'laks) *m* Stechwinde *f.*
smill|e ⊕ (smij) *f* doppelte Spitzhaue *f*; **~er** (smi'je) *v/t.* [1a] mit der Zweispitze behauen.
smoking *text.* (smo'kiŋ) *m* Smoking *m.*
snack-bar (snek'ba:r) *m* [6g] Imbißstube *f.*
snob (snɔb) **I** *m* Snob *m*; **II** *adj.* snobistisch, geckenhaft; **~inette** F (~bin'ɛt) *f* snobistische junge Frau *f*; **~isme** (~'bism) *m* Snobismus *m.*
sobr|e ('sɔbrə) *adj.* □ **1.** mäßig im Essen u. Trinken, nüchtern; enthaltsam, einfach, genügsam; **2.** *fig.* zurückhaltend; *être* ~ *de paroles, parler* ~*ment* vorsichtig sprechen, wortkarg sein; **3.** *fig. Kunstwerk*: schlicht, einfach, nüchtern; **~iété** (~brie'te) *f* Mäßigkeit *f*, Nüchternheit *f*, Enthaltsamkeit *f*, Genügsamkeit *f*; *fig.* Besonnenheit *f*, Zurückhaltung *f*; Knappheit *f* des Ausdrucks; *Kunstwerk*: Schlichtheit *f*, Einfachheit *f*, Nüchternheit *f.*
sobriquet (sɔbri'kɛ) *m* Spitzname *m.*
soc ⚒ (sɔk) *m* Pflugschar *f.*
sociabili|ser (sɔsjabili'ze) *v/t.* [1a] gesellig machen; **~té** (~'te) *f* Gemeinschafts-sinn *m*, -gefühl *n*, Hang *m* zur Geselligkeit.
sociable (sɔ'sjablə) *adj.* □ gesellig, umgänglich; *peu* ~ menschenscheu.
social (sɔ'sjal) *adj.* [5c] **1.** sozial, gesellschaftlich; *science f* ~*e* Gesellschaftswissenschaft *f*; *logements m/pl. à caractère* ~ sozialer Wohnungsbau *m*; **2.** ✝ e-r Handelsgesellschaft (an)gehörig; Gesellschafts...; *raison f* ~*e* Firma *f*, Firmenbezeichnung *f*; **~isation** (~lizɑ'sjɔ̃) *f* Sozialisierung *f*; Vergesellschaftung *f*, Verstaatlichung *f*; **~iser** (~li'ze) *v/t.* [1a] sozialisieren; vergesellschaften, verstaatlichen; **~isme** *pol.* (~'lism) *m* Sozialismus *m*; **~iste** (~'list) *adj. u. su.* sozialistisch; Sozialist *m*; Sozialdemokrat *m* (= *social-démocrate*).
sociétaire (sɔsje'tɛ:r) **I** *su.* **1.** Mitglied *n* e-r Gesellschaft; Vereinsmitglied *n*; **2.** ✝ Gesellschafter *m*, Aktieninhaber *m*; **II** *adj.* zu e-r Gesellschaft gehörend.
sociétariat (sɔsjeta'rja) *m* Mitgliedschaft *f* (*e-r Gesellschaft*).
société (sɔsje'te) *f* **1.** Gesellschaft *f*, Gemeinschaft *f*, Gemeinsamkeit *f*; *ehm.* ♀ *des Nations* Völkerbund *m*; ~ *civile* bürgerliche Gesellschaft *f*; *la* (*haute*) ~ die höheren Schichten *f/pl.* der Gesellschaft; *être reçu dans la* ~ in der besseren Gesellschaft Zutritt haben; *jeux m/pl. de* ~ Gesellschaftsspiele *n/pl.*; **2.** Umgang *m*, Verkehr *m*; **3.** Geselligkeit *f*; *des talents m/pl. de* ~ gesellschaftliche Talente *n/pl.*; **4.** Verein *m*; ~ *de bienfaisance* Wohltätigkeitsverein *m*; ~ *de gymnastique* Turnverein *m*; ~ *de canotage* Ruderverein *m*; ~ *hippique* Reiterverein *m*; ♀ *Universelle du Théâtre* Welttheaterbund *m*; *la* ♀ *od. la* ~ *de Jésus* der Jesuitenorden *m*; ~

protectrice des animaux Tierschutzverein *m*; ~ *sportive* Sportverein *m*; ~ *de tir* Schützenverein *m*; **5.** ✝ (Handels-)Gesellschaft *f*; Konsortium *n*; ~ *anonyme* (*od. par actions*) Aktiengesellschaft *f*; ~ (*enregistrée*) *à responsabilité limitée* (eingetragene) Gesellschaft *f* mit beschränkter Haftung (G.m.b.H.); ~ *en nom collectif* offene Handelsgesellschaft *f*; ~ *coopérative* (eingetragene) Genossenschaft *f*; ~ *coopérative de consommation* Konsumverein *m*; ~ *de crédit ouvrier* Kreditgesellschaft *f* für Arbeiter; ~ *d'épargne pour prêts de construction* Bausparkasse *f*; ~ *fiduciaire* Treuhandgesellschaft *f*; ~ *financière* Emissionsbank *f*, Finanzierungsgesellschaft *f*; ~ *immobilière* Immobilien-, Grundstücks-gesellschaft *f*; ~ *d'utilité publique* gemeinnützige Gesellschaft *f*; ~ *de T.S.F.* Rundfunkgesellschaft *f*; ~ (*de distribution*) *d'électricité* Elektrizitätsgesellschaft *f*; ~ *de lotissement* Siedlungsgesellschaft *f*; ~ *mère* Muttergesellschaft *f*; ♀ *Nationale des Chemins de fer Français* (*abr. S.N.C.F.*) Staatliche Französische Eisenbahngesellschaft *f*; **6.** *îles f/pl. de la* ♀ Gesellschaftsinseln *f/pl.*

socio-culturel *psych.* (sɔsjɔkylty'rɛl) *adj.* [7c] sozial-kulturell.

sociolog|ie (sɔsjɔlɔ'ʒi) *f* Soziologie *f*, Gesellschafts-lehre *f*, -wissenschaft *f*; **~ique** (~'ʒik) *adj.* soziologisch; **~gue** (~'lɔg) *m* Soziologe *m*.

socio-professionnel *psych.* (sɔsjɔprɔfɛsjɔ'nɛl) *adj.* [7c]: *milieux m/pl. ~s différents* verschiedene sozialberufliche Kreise *m/pl.*

sociothérapie ⚕ (sɔsjɔtera'pi) *f* Soziotherapie *f*, Behandlung *f* durch Wiedereingewöhnung in die menschliche Gesellschaft.

socle ('sɔklə) *m* Sockel *m*, Unterbau *m*; *rad.* ~ *de lampe* Lampen-, Röhren-sockel *m*; ~ *de self* Spulensockel *m*.

socque (sɔk) *m* **1.** Überschuh *m* (*aus Holz*); **2.** *antiq.* Sokkus *m*; *fig.* Komödie *f*.

socquette (sɔ'kɛt) *f* Söckchen *n*.

soda (sɔ'da) *m* Sodawasser *n* (*mst. mit Fruchtsaft*).

sodalité (sɔdali'te) *f* Tischgemeinschaft *f*.

sodé ⚗ (sɔ'de) *adj.*, **sodique** ⚗ (sɔ'dik) *adj.* natronhaltig.

sodium ⚗ (sɔ'djɔm) *m* Natrium *n*.

sœur (sœːr) *f* **1.** Schwester *f*; ⚖ ~ *consanguine* Halbschwester *f* von väterlicher Seite; ~ *germaine* leibliche Schwester *f*; ~ *de lait* Milchschwester *f*; *poét. les neuf ~s* die Musen *f/pl.*; **2.** *rl.* (Ordens-)Schwester *f*, Nonne *f*; ~ *de charité* barmherzige Schwester *f*.

sœurette F (sœ'rɛt) *f* Schwesterchen *n*.

sofa (sɔ'fa) *m* Sofa *n*.

soffite *thé.*, △ (sɔ'fit) *m* Soffitte *f*, Decken-, Dach-untersicht *f*; ~ *à rainures* gerillte Dachuntersicht *f*.

soi (swa) *pr/p.* sich; *amour m de* ~ Eigenliebe *f*; *être* ~ sich selbst gleichbleiben; *être hors de* ~ außer sich vor Wut sein; *cela va de* ~ das versteht sich von selbst; *être chez* ~ zu Hause sein; *le chez* ~ das Daheim *n*; *en* ~ an (und für) sich; *le* ~ das eigene Selbst *n*.

soi-disant (swadi'zɑ̃) **I** *adj./inv.* sogenannt, angeblich; ~ *ami* Scheinfreund *m*; **II** *adv.* sozusagen; angeblich.

soie (swa) *f* **1.** Seide *f*; ~ *écrue*, ~ *grège* Rohseide *f*; ~ *à coudre* Nähseide *f*; ~ *artificielle* Kunstseide *f*; ~ *lavable* Waschseide *f*; ~ *filée* Seidengarn *n*; *~s pl. folles* Flockseide *f*; ~ *à piquer* Steppseide *f*; ~ *plate* ungezwirnte Seide *f*; ~ *torse* Drehseide *f*; *ver m à* ~ Seidenraupe *f*; **2.** Spinngewebsfaden *m*; **3.** *fig. ~s pl.* langes weiches Haar *n mancher Hunde*; **4.** ♀ *u. zo.* Borste *f*, steifes Haar *n*; ~ *de porc* Schweinsborste *f*; *~s pl.* Saugeborsten *f/pl.*; **5.** ⊕ Heftzapfen *m*.

soierie (swa'ri) *f* **1.** Seidenbereitung *f*; **2.** Seiden-weberei *f*, -fabrik *f*; **3.** ⊕ Seidenstoff *m*; *~s pl.* Seidenwaren *f/pl.*

soif (swaf) *f* **1.** Durst *m*; *avoir* (*grand-*) ~ (sehr) durstig sein; *apaiser* (*od. calmer od. étancher*) *sa* ~ den Durst stillen; *fig. être sur sa* ~ unbefriedigt sein; **2.** *fig.* Begierde *f*, Gier *f*, Sucht *f*; ~ *de conquête(s)* Eroberungssucht *f*, Landhunger *m*; ~ *de vengeance* Rachsucht *f*; **~fard** P (~'faːr) *m* Säufer *m*.

soign|é (swa'ɲe) *adj.* gepflegt (*Kind*); sorgfältig (ausgearbeitet); F tüchtig, gehörig, anständig; *rhume m* ~ toller Schnupfen *m* F; *une raclée* (*od. rossée*) *~e* e-e gehörige Tracht *f* Prügel; **~er** (~) [1a] **I** *v/t.* **1.** Sorge tragen für (*acc.*), pflegen, sorgfältig behandeln, Kind warten, Kranke betreuen *od.* pflegen, ärztlich behandeln; **2.** sorgfältig zubereiten, ausarbeiten; **II** *v/rfl.* se ~ sich pflegen; *fig.* sich schonen; **~eur** *Sport* (~'ɲœ:r) *m* Betreuer *m*; **~eux** (~'ɲø) *adj.* [7d] □ **1.** sorgfältig; **2.** ~ *de qch.* besorgt um etw. (*acc.*).

soin (swɛ̃) *m* **1.** Sorgfalt *f*, Sorge *f*; *avec* ~ sorgfältig; *avoir* (*od. prendre*) ~ *de qch.* für etw. (*acc.*) Sorge tragen, sich um etw. (*acc.*) kümmern; achtgeben, vorsichtig behandeln; *prendre* ~ *de faire qch.* bestrebt sein, etw. zu tun; **2.** *~s pl.* Besorgung *f*, Erledigung *f*; *les ~s du ménage* die Wirtschaftsarbeiten *f/pl.*; *aux ~s de* zu Händen von ... (*abr.* z.H.), per Adresse von ... (*abr.* p. Adr.) (*auf Briefen usw.*); **3.** *~s pl.* Dienste *m/pl.*, die man j-m erweist, Pflege *f*, Bemühungen *f/pl.*, Betreuung *f*; *~s de beauté* Schönheitspflege *f*; *premiers ~s* erste Hilfe *f* (*bei Unglücksfällen*); *~s dentaires*, ~ *des dents* Zahnpflege *f*; *~s corporels* Körperpflege *f*; *donner des ~s à un malade* einen Kranken pflegen (*od.* betreuen *od.* ärztlich behandeln); *rendre des ~s à q.* j-m Aufmerksamkeiten erweisen; **4.** † Sorge *f*, Unruhe *f*.

soir (swa:r) *m* Abend *m*; *le* ~ abends; ce (hier) ~ heute (gestern) abend; *à ce ~!* bis heute abend!; *lundi* ~ Montag abend; *tous les lundis* ~ jeden Montagabend; *le six* [sis] *au* ~ am sechsten abends; *à neuf heures du* ~ um 9 Uhr abends; *vers* (*od. sur*) *le* ~ gegen Abend; *fig. pol. le grand* ~ der Umschwung *m*, die Stunde *f* der Umwälzung; *fig.* ~ *de la vie* Lebensabend *m*.

soirée (swa're) *f* **1.** Abendzeit *f*, Abend *m* (*als zeitlicher Verlauf*); **2.** Abendgesellschaft *f*; Gesellschaftsabend *m*; ~ *de gala* Festabend *m*; **3.** *thé.* Abendvorstellung *f*.

soit I *int.* ~! (swat) meinetwegen!; *ainsi soit-il!* ('swatil) so sei es!; Amen!; **II** *cj.* (swa) **1.** ~ ... ~ *od.* ~ ... *ou* entweder ... oder; ~ (swa) *que* (*mit subj.*) sei es, daß ...; **2.** angenommen; **III** *tant* ~ (swa) *peu advt.* so wenig es auch sei.

soixant|aine (swasɑ̃'tɛn) *f* **1.** Schock *n*, (an) sechzig Stück; **2.** *approcher la* ~ hoch in den Fünfzigern sein; *avoir la* ~ sechzig Jahre alt sein; **~e** (~'sɑ̃:t) *adj./n.c.* sechzig; **~e-dix** (~sɑ̃t'dis) *adj./n.c.* siebzig; *en* ~ im Kriege 1870/71; **~e et onze** (~sɑ̃te'ɔ̃:z) *adj./n.c.* einundsiebzig; **~ième** (~'tjɛm) **I** *adj./n.o.* sechzigste(r, s); **II** *su.* Sechzigste(r, s); **III** *m* Sechzigstel *n*.

sol¹ (sɔl) *m* (Erd-)Boden *m*, Erde *f*, Grund (und Boden) *m*; ⚒ (Acker-)Boden *m*; *fig.* heimatlicher Boden *m*, Heimat *f*; *ast.* ~ *lunaire* Mondterritorium *n*.

sol² ♪ (~) *m* G *n*.

solaire (sɔ'lɛ:r) *adj.* **1.** Sonnen...; **2.** ⚘ (nur) bei Tage (auf)blühend.

sola|nacées ⚘ (sɔlana'se) *f/pl.*, **~nées** ⚘ (~'ne) *f/pl.* Nachtschattengewächse *n/pl.*; **~num** ⚘ (~'nɔm) *m* Nachtschatten *m*; ~ *tubéreux* Kartoffel(pflanze *f*) *f*; **~risation** *phot.* (~rizɑ'sjɔ̃) *f* Solarisation *f*; **~riser** *phot.* (~ri'ze) *v/t.* [1a] solarisieren; **~rium** (~la'rjɔm) *m* (*pl.* ~*s*) Sonnenterrasse *f*, -kurplatz *m*.

solbatu *vét.* (sɔlba'ty) *adj.* an der Fleischsohle verletzt (*Pferd*).

soldat (sɔl'da) *m* Soldat *m*; (*simple*) ~ (gemeiner) Soldat *m*; ~ *défricheur* Wehrbauer *m* (*Kolonie*); ~ *de carrière* Berufssoldat *m*; ~ *du front* Frontsoldat *m*; *~s pl. a.* Mannschaften *f/pl.*; *~s pl. de plomb* Bleisoldaten *m/pl.*; **~esque** (~'tɛsk) **I** *adj.* soldatisch; **II** *f* Soldateska *f*.

solde¹ (sɔld) *f* Sold *m*, ⚔ Löhnung *f*; *demi-~* Wartegeld *n*.

solde² (~) *m* **1.** Saldo *m*, Bilanz *f*; Schlußsumme *f*; ~ *reporté* (*od.* ~ *de nouveau*) Saldovortrag *m*; ~ *à transporter* Vortrag *m* auf neue Rechnung; ~ *à compte nouveau* Saldoübertragung *f*; *reporter le* ~ *à compte nouveau* den Saldo auf neue Rechnung übertragen; ~ *créditeur* Überschuß *m*, Aktiv-, Kredit-saldo *m*; ~ *débiteur* Debetsaldo *m*, Passivsaldo *m*, Unterbilanz *f*, Defizit *n*; ~ *excédent* Gewinnsaldo *m*; ~ *de caisse*, ~ *de compte* Kassenbilanz *f*; **2.** Restbetrag *m* e-r zu bezahlenden Summe, überschießender Betrag *m*, Spitzenbetrag *m*; ~ (*de paiement*) Restsumme *f*, Restbetrag *m*; ~ *d'avoir* Restguthaben *n*; (*paiement m de*) ~ Restzahlung *f*; ~ *du prix d'achat* Restkaufgeld *n*; *pour* ~ *de votre facture* zum Ausgleich Ihrer Rechnung; *régler le* ~ *d'une facture* (den Betrag) eine(r) Rechnung vollständig begleichen; *adresser un* ~ e-n (Rechnungs-)Betrag überweisen; **3.** *~s pl.* (Inventur-)Ausverkauf *m*; **4.** *~s pl.* (*de marchandises*) Restbestände *m/pl.*, alte Ladenbestände *m/pl.*; *le solde d'un tirage* die Restauflage *f* (*e-s Buches*).

solder[1] (sɔl'de) *v/t.* [1a] in Sold haben.

sold|er[2] (~) *v/t.* [1a] **1.** begleichen, (das Ganze) bezahlen; saldieren; **2.** ausverkaufen; **~eur** (~'dœːr) *su.* [7g] Aufkäufer *m* zurückgesetzter Waren.

sole[1] ⚒ (sɔl) *f* Schlag *m* e-s Feldes.

sole[2] (~) *f* **1.** Sohle *f* (*e-s Tieres*); **2.** ⊕ Feuerplatte *f e-s Herdes*; (Lager-)Schwelle *f*, Gespannplatte *f*; ⚒ (Grund-)Sohle *f*.

sole[3] *icht.* (~) *f* Seezunge *f*.

solécisme *gr.* (sole'sism) *m* Sprachschnitzer *m*, Sprachfehler *m*, Verstoß *m* gegen den Satzbau.

soleil (sɔ'lɛj) *m* **1.** Sonne *f* (*auch im Feuerwerk*); a) *~ des hauteurs*, *~ en altitude* Höhensonne *f*; b) ⚕ *~ artificiel* Höhensonne *f* (*als Heilbehandlung*); *le ~ se lève (se couche)* die Sonne geht auf (geht unter); *il fait (od. il y a) du ~* die Sonne scheint; *il fait déjà grand ~* es ist schon heller Tag; *sous un ~ écrasant* in glühender Sonne; *mettre au ~* in der Sonne lüften; *bain m de ~* Sonnenbad *n*; *coup m de ~* Sonnenstich *m*; *prendre le ~ sur le port* sich am Hafen sonnen; **2.** *Sport*: *faire le grand ~ à la barre fixe* am Reck die Riesenwelle schlagen; **3.** *poét.* Tag *m*; **4.** ⚘ (*grand*) *~* Sonnenblume *f*; **5.** *rl.* Monstranz *f*.

solen *biol.* (sɔ'lɛn) *m* Scheidemuschel *f*.

solen|nel (sɔla'nɛl) *adj.* [7c] □ **1.** feierlich; **2.** pomphaft, stattlich; **~nisation** (~laniza'sjɔ̃) *f* Erinnerungsfeier *f*; feierliche Würdigung *f*; **~niser** (~lani'ze) *v/t.* [1a] feiern, feierlich begehen; verherrlichen; **~nité** (~lani'te) *f* **1** Feierlichkeit *f*. Festlichkeit *f*; *avec ~* feierlich, festlich; **2.** ⚖ Förmlichkeiten *f/pl.*

solfatare (sɔlfa'taːr) *f* Schwefelgrube *f*.

solfège ♪ (sɔl'fɛːʒ) *m* Solfeggien *pl.*, Noten-Abc *n*; Gesangschule *f* (*Buchtitel*).

solfier ♪ (sɔl'fje) *v/t.* [1a] mit Benennung der Noten singen.

soli|daire (sɔli'dɛːr) *adj.* □ solidarisch, wechselseitig haftend; gegenseitig *od.* mitverpflichtet *od.* mitverantwortlich; *~ de q.* mit j-m solidarisch; *fig. ~ de qch.* von etw. abhängig, mit etw. eng verflochten; **~dariser** (~dari'ze) [1a] **I** *v/t.* **1.** verpflichten; solidarisch machen; **2.** ⩓ versteifen; **II** *v/rfl. se ~ avec q.* sich mit j-m solidarisch erklären; **~arité** (~dari'te) *f* **1.** gegenseitige Verpflichtung *f*; Gesamthaftung *f*; **2.** Gemeinschaftssinn *m*; **3.** Solidarität *f*, Zusammengehörigkeit *f*; Zusammenhang *m*.

solide (sɔ'lid) **I** *adj.* **1.** fest, dicht; **2.** haltbar, dauerhaft; **3.** *fig.* wirklich, tatsächlich, echt, gediegen, gründlich; stichhaltig (*Gründe*); **4.** stark, stämmig, kräftig, rüstig; drall (*Mädchen, Frau*); **5.** zuverlässig; *être ~* kredit- *od.* zahlungsfähig sein; **II** *m* fester Körper *m*; fester Grund *m*; *fig. das* Echte *n*, *das* Wahre *n*.

solidi|fication (sɔlidifika'sjɔ̃) *f* Erstarrung *f*, Verdichtung *f*; Verfestigung *f*; **~fié** ⚗, *bét.* (~'fje) *adj.* erstarrt; **~fier** (~) [1a] **I** *v/t.* fest (*od.* starr) machen, verdichten; **II** *v/rfl. se ~* erstarren, sich verdichten; **~té** (~'te) *f* **1.** Dichtigkeit *f*, Festigkeit *f*; **2.** Dauerhaftigkeit *f*, Haltbarkeit *f*; Stärke *f*; **3.** *fig.* Gründlichkeit *f*, Zuverlässigkeit *f*; Stichhaltigkeit *f*; **4.** ✝ Kredit- *od.* Zahlungs-fähigkeit *f*.

soliloqu|e (sɔli'lɔk) *m* Selbstgespräch *n*; **~er** (~'ke) *v/i.* [1m] mit sich selbst reden.

solin ⩓ (sɔ'lɛ̃) *m* **1.** Zwischenraum *m* der Balkenenden; **2.** Firstziegelfütterung *f*.

solipède 🕮 (sɔli'pɛd) *adj. u. su.* [einhufig; Einhufer *m*.]

soliste ♪ (sɔ'list) **I** *su.* Solist *m*; **II** *adj. instrument m ~* Soloinstrument *n*.

soli|taire (sɔli'tɛːr) **I** *adj.* □ **1.** einsam, alleinstehend, die Einsamkeit liebend; *vie f ~* Einsiedlerleben *n*; **2.** abgelegen, weltabgeschieden, unbewohnt; **3.** ⚘ einzeln; **4.** ⚕ *ver m ~* Bandwurm *m*; **II** *su.* Einsiedler *m*; **III** *m* Solitär *m* (*einzeln gefaßter Brillant*); *ch.* alter Keiler *m*, Einzelgänger *m*; **~tude** (~'tyd) *f* **1.** Einsamkeit *f*, Zurückgezogenheit *f*; **2.** einsamer Ort *m*, Einöde *f*.

soli|vage ⩓ (sɔli'vaːʒ) *m* Balkenberechnung *f*; **~ve** ⩓ (sɔ'liːv) *f* Balken *m*, Deckenbalken *m*; **~veau** (~li'vo) *m* [5b] **1.** ⩓ kleiner Balken *m*; **2.** *fig.* *c'est un ~* er ist eine völlige Null.

sollici|tation (sɔlisitɑ'sjɔ̃) *f* **1.** dringende(s) Bitte(n *n*) *f*, Ersuchen *n*, Gesuch *n*, Bewerbung *f*; ~ *d'emploi* Stellungsgesuch *n*, Bewerbungsschreiben *n*; **2.** ✝ Bemühung *f*, Anstrengung *f*; **~ter** (~'te) *v/t.* [1a] **1.** ~ *qch. auprès de q.* j-n um etw. dringend bitten; j-n um etw. ersuchen; sich bei j-m um etw. bewerben; ~ *la main de quelqu'une* um die Hand j-s werben; **2.** erflehen; **3.** ~ *qch.* etw. betreiben; ~ *une affaire auprès de q.* e-e Sache bei j-m betreiben, sich für e-e Angelegenheit bei j-m einsetzen; **4.** *fig.* ~ *q. à* (*od.* de) *faire qch.* j-n dazu bringen (*od.* veranlassen), etw. zu tun; ~ *à la révolte* zum Aufruhr hetzen (*od.* aufwiegeln); **5.** *phys. la pesanteur sollicite les corps à tomber* die Schwere bringt die Körper zu Fall; **6.** ⚕ ~ *la transpiration* die Transpiration fördern (*od.* anreizen); **7.** *fig.* ~ *l'attention* die Aufmerksamkeit auf sich lenken; **8.** *fig.* ~ *un texte* (*le sens*) e-n Text (den Sinn) verdrehen; **~teur** (~'tœ:r) *su.* [7g] Bittsteller *m*, Bewerber *m*; Fürsprecher *m*; **~tude** (~'tyd) *f* **1.** Sorgfalt *f*, Fürsorge *f*; *avec* ~ angelegentlich; **2.** Besorgnis *f*, Sorge *f*.

solo ♪ (sɔ'lo) *m* (*pl.* ~*s od. soli* [sɔ'li]) **1.** Solo *n*, Einzel-gesang *m*, -spiel *n*; Solostück *n*; Einzelstimme *f*; **2.** Solo-sänger *m*, -spieler *m*.

solsti|ce (sɔl'stis) *m* Sonnenwende *f*; **~cial** (~'sjal) *adj.* [5c] Sonnenwende...

solu|bilisation ⚗ (sɔlybilizɑ'sjɔ̃) *f* Lösbarmachen *n*; **~bilité** (~bili'te) *f* (Auf-)Lösbarkeit *f*, Löslichkeit *f*; **~ble** (~'lyblə) *adj.* (auf)lösbar, löslich; ~ *dans l'eau* wasserlöslich; **~tion** (~'sjɔ̃) *f* **1.** ⚗ (Auf-)Lösung *f*; *das* Aufgelöste *n*; **2.** *fig.* Lösung *f*; ~ *d'un problème* Lösung *f* e-s Problems (e-r Aufgabe); ~ *de transition* Übergangslösung *f*; **3.** *fig.* Trennung *f*, Zerteilung *f*; ~ *de continuité* Riß *m*, Lücke *f*, Unterbrechung *f*.

solutionner (sɔlysjɔ'ne) *v/t.* [1a] [lösen.]

solva|bilité (sɔlvabili'te) *f* Zahlungsfähigkeit *f*, Kreditwürdigkeit *f*, Kaufkraft *f*, Solvenz *f*; **~ble** (~'vablə) *adj.* zahlungsfähig, kreditwürdig, solvent, kaufkräftig.

solvant ⚗ (sɔl'vɑ̃) *m* Lösemittel *n*.

Somal|ie *géogr.* (sɔma'li) *f*: **la** ~ Somaliland *n*; **~ien** (~'ljɛ̃) *su. u.* ♀ *adj.* Somalese *m*; somalesisch.

somatique ⚕ (sɔma'tik) *adj.*: *affection f* ~ körperliches Leiden *n*.

somatologie 🕮 (sɔmatɔlɔ'ʒi) *f* Lehre *f* vom menschlichen Körper.

sombre ('sɔ̃:brə) *adj.* □ **1.** dunkel, düster, trübe; *poét. les rivages m/pl.* ~*s, les royaumes m/pl.* ~*s* das Reich *n* der Schatten; **2.** *fig.* düster, besorgnis- erregend, dunkel; **3.** schwermütig, trübsinnig.

sombrer (sɔ̃'bre) *v/i.* [1a] untergehen, sinken; *fig.* scheitern, zugrunde gehen.

sombrero (sɔ̃bre'ro) *m* Sombrero *m*, breitrandiger Hut *m*.

sombreur (sɔ̃'brœ:r) *f* Dunkelheit *f*, Düsterheit *f*.

sommaire (sɔ'mɛ:r) **I** *adj.* □ die Hauptsachen zusammenfassend, kurz(gefaßt), gedrängt, *a.* ⚖ summarisch; **II** *m* Hauptinhalt *m*; kurze Übersicht *f*; Inhaltsverzeichnis *n*; *donner un* ~ *de qch.* etw. zusammenfassen.

sommairement (sɔmɛr'mɑ̃) *adv.* summarisch, kurz zusammengefaßt; *vêtu* ~ notdürftig bekleidet.

sommation (sɔmɑ'sjɔ̃) *f* **1.** gerichtliche Aufforderung *f*, Mahnung *f*; ~ *de payer* Zahlungsaufforderung *f*; ~ *par huissier* Zahlungsbefehl *m*; **2.** ⚖ Vorladung *f*.

somme[1] (sɔm) *m* Schlaf *m*; *petit* ~ Schläfchen *n*; *dormir d'un bon* ~ fest schlafen.

somme[2] (~) *f* Last *f e-s Lasttiers*; *bête f de* ~ Lasttier *n*; *fig.* Arbeitstier *n* (*v. Menschen*).

somme[3] (~) *f* Betrag *m*, Summe *f*; *fig.* Menge *f*; ~ *de dédommagement* Entschädigungs-, Abstands-summe *f für Wohnungen usw.*; ~ *à forfait*, ~ *forfaitaire*, ~ *globale* Pauschal-, Abfindungs-summe *f*; ~ *restante*, ~ *assurée* Rest-, Versicherungsbetrag *m*; ~ *totale* Gesamtbetrag *m*; *advt. en* ~ mit einem Worte, kurz.

sommeil (sɔ'mɛj) *m* **1.** Schlaf *m*; *avoir le* ~ *bruyant* schnarchen; *dormir d'un profond* ~ fest schlafen; ⚕ *maladie f de* ~ Schlafkrankheit *f*; *zo.* ~ *hivernal* Winterschlaf *m*; *fig.* **2.** Schläfrigkeit *f*, Müdigkeit *f*; *avoir (grand)* ~ (sehr) müde sein; *il tombe de* ~ er fällt um vor Müdigkeit; **~ler** (~mɛ'je) *v/i.* [1a] **1.** leicht schlafen, schlummern; **2.** *fig.* ruhen, untätig sein.

sommel|ier (sɔmə'lje) *su.* [7b] Wirtschafter *m*, Beschließer *m*, Kellermeister *m*; **~lerie** (~mɛl'ri) *f* **1.** Beschließer-, Haushaltungs-, Kellermeister-amt *n*; **2.** Wäsche- und Geschirr-kammer *f*; **3.** Weinkellerei *f*.

sommer¹ (sɔ'me) *v/t.* [1a] summieren.

sommer² (~) *v/t.* [1a] *gerichtlich* auffordern; vorladen; mahnen; ⚔ ~ *une place* e-e Festung zur Übergabe auffordern.

sommet (sɔ'mɛ) *m* **1.** Gipfel *m*, Spitze *f*; *alp.* *déboucher au* ~ den Gipfel erreichen; *pol.* *conférence f au* ~ (*in Überschriften bisw. dafür kurz nur*: ~) Gipfelkonferenz *f*; **2.** Scheitel *m*, Ecke *f*; *ast.* Kulminierpunkt *m*; *angles m/pl. opposés au* ~ Scheitelwinkel *m/pl.*; **3.** 🚂 ~ *du rail* Schienenoberkante *f*.

sommier¹ (sɔ'mje) *m* **1.** ✝ Hauptbuch *n*. **2.** ⚖ Strafregister *n*.

sommier² (~) *m* **1.** ~ (*de crin*) Roßhaarmatratze *f*; ~ *élastique* Sprungfedermatratze *f*; **2.** △ Tragebalken *m*; (Glocken-)Welle *f*; *Böttcherei*: Schlußreif *m*.

sommital *bsd. alp.* (~mi'tal) *adj.* [5c] höchst; ... der Bergspitze; *névé m* ~ Gletscherschnee *m* der Bergspitze.

sommité (sɔmi'te) *f* **1.** Gipfel *m*, Spitze *f*; **2.** *fig.* Größe *f*, hervorragende Persönlichkeit *f*; Kapazität *f* (*bsd.* ⚕); **3.** ⚘ äußerste Spitze *f*.

somnambu|le (sɔmnɑ̃'byl) *adj. u. su.* nachtwandelnd, mondsüchtig; Mondsüchtiger *m*, Nachtwandler *m*; Hellseher *m*; **~lisme** (~'lism) *m* Mondsüchtigkeit *f*, Nachtwandeln *n*, Hellseherei *f*, Wahrsagerei *f*.

somnifère ⚕ (sɔmni'fɛ:r) *adj. u. m* einschläfernd, Schlaf...; Schlafmittel *n*.

somno|lence (sɔmnɔ'lɑ̃:s) *f* **1.** Schlaftrunkenheit *f*, Schläfrigkeit *f*; **2.** ⚕ Schlafsucht *f*; *fig.* Schlaffheit *f*; **~lent** (~'lɑ̃) *adj.* [7] **1.** schläfrig, **2.** ⚕ schlafsüchtig; *fig.* schlaff; **~ler** (~'le) *v/i.* [1a] schlummern, vor sich hindösen F.

somptu|aire (sɔ̃p'tɥɛ:r) *adj.* den Aufwand betreffend; Luxus...; *loi f* ~ Aufwands-, Luxus-gesetz *n*; **~eux** (~'tɥø) *adj.* [7d] □ großartig, prächtig, prunkvoll, grandios; prunkliebend; **~osité** (~tɥozi'te) *f* Pracht *f*, Aufwand *m*, Luxus *m*.

son¹ (sɔ̃) *m* **1.** Kleie *f*; **2.** F *taches f/pl. de* ~ Sommersprossen *f/pl.*

son² (~) *m* Laut *m*, Klang *m*, Schall *m*, Ton *m*; *au* ~ *des cloches* unter Glockengeläut; ~ *des trompettes* Trompetenschall *m*.

son³ (sɔ̃) *m*, **sa** (sa) *f*; *pl.* **ses** (se, *thé.* sɛ) *pr/poss. adj. nur bei* e i n e m *Besitzer od.* e i n e r *Besitzerin anwendbar*: sein(e), ihr(e).

sonar ⚓ (sɔ'na:r) *m* U-Boot-Suchgerät *n* durch Schall.

sona|te ♪ (sɔ'nat) *f* Sonate *f*; **~tine** ♪ (~'tin) *f* Sonatine *f*, leichte Sonate *f*.

sondage (sɔ̃'da:ʒ) *m* **1.** Erdbohrung *f*; *tour f de* ~ Bohrturm *m*; **2.** Peilen *n*; ~ *sonore* Echolotung *f bei Tiefseemessungen*; **3.** *fig.* Stichprobe *f*; ~ *d'opinions* Rundfrage *f*, Meinungsforschung *f*; *pratiquer* (*od. faire*) *des* ~*s* Stichproben machen.

son|de (sɔ̃:d) *f* **1.** Lot *n*, (Senk-)Blei *n*; *jeter la* ~ peilen; **2.** Sonde *f*; **3.** Such-, Visitier-eisen *n* des Zollbeamten; **4.** ⚒ Erdbohrer *m*; **~der** (sɔ̃'de) [1a] **I** *v/t.* **1.** ⚓ peilen, loten; **2.** mit der Sonde (*od.* mit dem Sucheisen) untersuchen, sondieren; **3.** *fig.* ausforschen, ergründen; ~ *q.* j-n aushorchen; ~ *les reins et le cœur de q.* j-n auf Herz und Nieren ausfragen; ~ *le terrain fig.* Lage peilen; **II** *v/rfl.* se ~ in sich gehen, sich besinnen; **~deur** (~'dœ:r) **I** *su.* [7g] Erforscher *m*, Untersucher *m*; **II** *m* a) Bohrarbeiter *m*; b) Sondiergerät *n*; **~deuse** ⊕ (~'dø:z) *f* Bohrmaschine *f*.

songe (sɔ̃:ʒ) *m* Traum *m*; *fig.* Illusion *f*; *faire un* ~ e-n Traum haben; *en* ~ im Traum; *sortir d'un* ~ aus e-m Traum erwachen; **~-creux** (~'krø) *m* [6c] Phantast *m*, Schwärmer *m*, Grübler *m*; **~-malice** F (~ma'lis) *m* [6c] Schelm *m*.

songer (sɔ̃'ʒe) *v/i.* [1l] **1.** träumen; **2.** nachdenken; ~ *creux* grübeln, spinnen F; **3.** *fig.* überlegen; ~ *à qch.* an etw. (*acc.*) denken, über etw. (*acc.*) nachdenken; *vous n'y songez pas!*; *y songez-vous!*; *à quoi songez-vous!* *iron.* haben Sie 'ne Ahnung!; was Sie nicht sagen!; so meinen Sie!; aber wo denken Sie hin!; **4.** ~ *à qch.* auf etw. (*acc.*) bedacht sein, etw. beabsichtigen; ~ *à faire qch.* etw. zu tun beabsichtigen; *sans* ~ *à mal* ohne sich dabei etw. Böses zu denken; **~ie** (sɔ̃ʒ'ri) *f* Träumerei *f*, Grübelei *f*.

songeur (sɔ̃'ʒœ:r) *adj. u. su.* [7g] träumerisch, nachdenklich; Träumer *m*.

sonique (sɔ'nik) *adj.* Schall...; *vitesse f* ~ Schallgeschwindigkeit *f*.

sonnaille (sɔ'nɑ:j) *f* Kuhglocke *f*.

sonnailler[1] (sɔnɑ'je) *m* Leittier *n*, Leithammel *m usw.*

sonnailler[2] F (~) *v/i.* [1a] dauernd bimmeln.

sonnant (sɔ'nɑ̃) *adj.* [7] klingend, schallend; *en espèces* ~*es* in klingender Münze; *à l'heure* ~*e* mit dem Glockenschlag; *à une heure* ~*e* Punkt eins; *à midi* ~ Punkt zwölf.

sonner (sɔ'ne) [1a] **I** *v/i.* **1.** klinge(l)n, tönen, (er)schallen; ~ *creux* hohl klingen; *ça sonne creux* das ist leeres Gerede; **2.** ~ *à la porte de q.* an j-s Tür klingeln; **3.** schlagen (*Uhr*); geläutet werden; *midi est sonné* (*deux heures sont sonnées*) es hat zwölf (zwei) [Uhr] geschlagen; *voilà midi qui sonne* es schlägt gerade zwölf; *le dîner est sonné* es hat zum Essen geläutet; *avoir cinquante ans bien sonnés* volle fünfzig Jahre alt sein; **4.** *gr.* lauten, gehört werden; *faire* ~ *une lettre* e-n Buchstaben deutlich hören lassen; ~ *bien* wohlklingend sein; **5.** ~ *de la trompette* Trompete blasen; ⚔ ~ *la charge* zum Angriff blasen; **6.** ♪ *cette note sonne* diese Note harmoniert; ~ *sur la basse* mit dem Baß harmonieren; **II** *v/t.* **7.** läuten, klingeln; ~ *l'alerte d'incendie* Feueralarm geben; *hist.* ~ *le tocsin* die Sturmglocke läuten; ~ *la sonnette* klingeln; ~ *ses gens* s-e Leute herbeiklingeln; ~ *la femme de chambre* dem Zimmermädchen läuten; ~ *le déjeuner* (*le dîner*) zum Mittagessen läuten; ~ *la messe* zur Messe läuten; *fig. il est temps de* ~ *la retraite* es ist Zeit, aufzubrechen; **8.** ♪ ~ *une note* eine Note anschlagen; **9.** P ~ *les cloches à q.* j-n anschnauzen; ~ *q.* j-n anschnauzen; *Sport:* j-n zu Boden schlagen; *allg.* j-n mit dem Kopf an die Wand schlagen, j-n umlegen.

sonnerie (sɔn'ri) *f* **1.** Läuten *n*, Klingeln *n*; **2.** Schlagwerk *n e-r Uhr*; *la grosse* ~ das Glockenwerk *e-r Kirche*; ⚡ ~ *électrique* Klingelanlage *f*, Klingel *f*; **3.** ⚔ Horn-, Trompeten-signal *n*.

sonnet *litt.* (sɔ'nɛ) *m* Sonett *n*.

sonnette (sɔ'nɛt) *f* **1.** Klingel *f*, (Hand-, Tisch-, Wohnungs-)Glocke *f*, Schelle *f*; ~ *à main* Tischklingel *f*; ~ *d'alarme* Alarmglocke *f*; Notsignal *n*; ~ *électrique* elektrische Klingel *f*; *tirer les* ~*s* von Haus zu Haus ziehen; die Häuser abklappern; **2.** *zo. serpent m à* ~*s* Klapperschlange *f*; **3.** ⊕ Ramme *f*.

sonneur (sɔ'nœ:r) *m* Glöckner *m*; ♪ ~ *de cor* Hornbläser *m*, Hornist *m*.

sono|mètre *phys.* (sɔnɔ'mɛtrə) *m* Schall-, Ton-messer *m*; **~métrie** *phys.* (~me'tri) *f* Schall-, Tonmessung *f*.

sono|re (sɔ'nɔ:r) *adj.* **1.** tönend, klingend; *cin. film m* ~ Tonfilm *m*; *onde f* ~ Schallwelle *f*; *reproduction f* ~ Tonwiedergabe *f*; **2.** wohlklingend, klang-reich, -voll; *fig. des mots* ~*s* hochtönende Worte *n/pl.*; **3.** widerhallend; **4.** *gr.* stimmhaft; **~risation** *cin.* (~rizɑ'sjɔ̃) *f* Ton-untermalung *f*, -wiedergabe *f*; ~ *d'un film* Umwandlung *f* in e-n Tonfilm; **~riser** *cin.* (~ri'ze) *v/t.* [1a] tonlich untermalen; *gr.* stimmhaft aussprechen; ~ *un film* in e-n Tonfilm umwandeln; **~rité** (~ri'te) *f* Wohlklang *m*, Klang-fülle *f*, -farbe *f*.

sophisme (sɔ'fism) *m phil.* Sophismus *m*, Trugschluß *m*; *fig.* Spitzfindigkeit *f*.

sophiste (sɔ'fist) *adj. u. m* sophistisch; Sophist *m*; spitzfindig.

sophisti|cation (sɔfistikɑ'sjɔ̃) *f* Verfälschung *f*; verfälschte Ware *f*; **~que** (~s'tik) **I** *adj.* □ *phil.* sophistisch (*a. allg.*); *allg.* verfänglich, spitzfindig; **II** *phil. f* Sophistik *f*; **~qué** (~'ke) *adj.* verfälscht; geziert, gewollt, gesucht; *néol. cin.* zu stark geschminkt; **~quer** (~) [1m] **I** *v/i.* Trugschlüsse machen; Spitzfindigkeiten vorbringen; **II** *v/t.* *Waren* verfälschen; **~queur** (~'kœ:r) *su.* [7g] spitzfindiger Mensch *m*, *allg.* Sophist *m*; Fälscher *m*.

sopo|ratif *phm.* (sɔpɔra'tif) **I** *adj.* einschläfernd; **II** *m* Schlaf-mittel *n*, -trunk *m*; **~reux** (~'rø) *adj.* [7d] Schlafsucht verursachend; **~rifique** (~ri'fik) **I** *adj.* a) *phm.* schlaffördernd, einschläfernd; b) *fig.* langweilig; **II** *phm. m* Schlafmittel *n*.

soprano ♪ (sɔpra'no) *m* (*pl.* ~*s u. soprani* [~'ni]) **1.** Sopran *m*, Oberstimme *f*; **2.** Sopransänger *m*.

sorbe ⚘ (sɔrb) *f* Spierlingsfrucht *f*; ~ *sauvage* Vogelbeere *f*; Eberesche *f*.
sorbet (sɔr'bɛ) *m* Sorbett *n*, Scherbett *n* (*Kühltrank*).
sorbetière (sɔrbə'tjɛ:r) *f* Eistopf *m* (*für Sorbett*).
sorbier ⚘ (sɔr'bje) *m* Eberesche *f*.
sor|cellerie (sɔrsɛl'ri) *f* Hexenkunst *f*, Hexerei *f*, Zauberei *f*; **~cier** (~'sje) *su.* [7b] **1.** Zauberer *m*, Hexenmeister *m* (*f*: Hexe *f*); **2.** F *fig.* (*auch adj.*) sehr geschickt(er Mensch *m*), Tausendkünstler *m*.
sordi|de (sɔr'did) *adj.* schmutzig, schmierig, dreckig P; *fig.* geizig, schäbig, knickerig; **~dité** (~di'te) *f* Schmutzigkeit *f*, Schmierigkeit *f*; *fig.* Schäbigkeit *f*, Knickerigkeit *f*.
sorgho ⚘ (sɔr'go) *m* Sorghum *n*, Moorhirse *m*.
sorite *phil.* (sɔ'rit) *m* Kettenschluß *m* [(*Logik*).]
sornettes F (sɔr'nɛt) *f/pl.* Gefasele *n*, albernes Gerede *n*; *conter des* ~ *à q.* j-m etw. vorschwindeln.
sort (sɔ:r) *n* **1.** Schicksal *n*, Verhängnis *n*; **2.** (Lebens-)Los *n*, Geschick *n*; **3.** Los *n* (*Wahl*); Entscheidung *f* durch den Zufall; *tirer au* ~ losen um (*acc.*); *fig.* ~ *des armes* Waffenglück *n*; *le* ~ *ne lui fut pas favorable* das Glück war ihm nicht hold; *le* ~ *en est jeté* der Würfel ist gefallen; **4.** Zauber(spruch *m*) *m*; *jeter un* ~ *sur* (*od. à*) *q.* behexen, verwünschen; j-s Leben entscheidend beeinflussen.
sortable (sɔr'tablə) *adj.* □ anständig, passend, annehmbar.
sorte (sɔrt) **I** *f* **1.** Art *f*, Gattung *f*, Sorte *f*; *toutes* ~*s* allerlei, allerhand; *aber vor su./sg.*: *toute* ~ *de bonheur* jede Art von Glück; **2.** Art und Weise *f*; *advt. de la* ~, *de cette* ~ auf diese Weise, so, derartig; *de la bonne* ~ ordentlich, gebührend; *en quelque* ~ gewissermaßen; **II** *cj.* **de** ~ **que, en** ~ **que** so daß; *faire en* ~ *de mit inf. od. que* ... es so einrichten, daß ...
sortie (sɔr'ti) *f* **1.** Herausgehen *n*, Aus-gehen *n*, -reiten *n*, -fahren *n usw.*; ⚓ Aussegeln *n*; ✈ Abflug *m*, Start *m*; ~ *d'essai* Probefahrt *f*; *écol. privation f de (la)* ~ Arrest *m*, Nach-bleiben *n*, -sitzen *n*; **2.** Ausgang *m*, Ausgangstür *f*; ~ *privée* Privatausfahrt *f*; ~ *de secours* Notausgang *m*; **3.** Austritt *m*; *écol.* Verlassen *n*; *bisw.* Ende *n*, Schluß *m*; ~ *de l'église* Kirchenaustritt *m*; *à la* ~ *du collège* beim Verlassen der höheren Schule; *examen m de* ~ Abgangsprüfung *f*; *à la* ~ *de l'hiver* zu Ende des Winters; *écol. depuis la* ~ *du lycée* seit dem Verlassen der (höheren) Schule; ~ *du lycée* Schulschluß *m* (*e-s Schultages*); **4.** *thé.* Abtreten *n* von der Bühne; **5.** † Ausfuhr *f von Waren*; ~ *d'or* Goldausfuhr *f*; ~ *de devises* Devisenausfuhr *f*; *acquit m de* ~ (Waren-) Ausgangsschein *m*; **6.** ⚔ Einsatz *m*, Ausbruch *m*; F *fig.* heftiger Vorwurf *m*, Ausfall *m*, Wutausbruch *m*; **7.** ⚕ Herauskommen *n*, Durchbrechen *n*; ~ *des dents* Zahnen *n*; **8.** ~ *de bal* Abendmantel *m* (*nach e-m Ball*); ~ *de bain* Bademantel *m*.
sortilège (sɔrti'lɛ:ʒ) *m* Hexerei *f*.
sortir[1] (sɔr'ti:r) [2b] **I** *v/i.* **1.** heraus- (*od.* hinaus-)gehen, heraustreten; ausgehen; ~ *à cheval* ausreiten; *il ne sort jamais* er kommt nie aus dem Hause; *j'ai à* ~ ich habe e-e Besorgung zu machen; *laisser* ~ hinauslassen; ⚓ ~ *du port* auslaufen; ✈ ~ *du hangar* aus der Flugzeughalle herausrollen; aushallen; ⚔ ~ *en essaim* ausschwärmen; ⚔ ~ *tout à coup* hervorbrechen; ~ *des rails* entgleisen; ⚔ ~ *de son rang* aus dem Glied treten; *sortez devant mes yeux!* verschwindet!; *il est sorti de page* (*od. de l'enfance*) er ist den Kinderschuhen entwachsen; ~ *de la mémoire* (j-m gedächtnismäßig) entfallen; *cela m'est sorti* das ist mir entfallen; ~ *de la mesure* aus dem Takt kommen; *ne pas en* ~ es nicht schaffen, nicht damit fertigwerden; **2.** *thé.* abtreten; **3.** heraus-kommen, -fließen, -strömen; **4.** reliefartig hervortreten; *fig.* hervorstechen; **5.** (her)kommen; *je sors de chez lui* ich komme gerade von ihm; ~ *de maladie* die Krankheit hinter sich haben; ~ *de prison* aus dem Gefängnis entlassen sein; *cela ne me sort pas de la tête* das will mir nicht aus dem Kopf (gehen); ~ *du rang* von der Pike auf gedient haben; **6.** abgehen, abweichen; ~ *de son caractère*, ~ *des gonds* sich nicht mehr beherrschen können, wütend werden; ~ *de son rôle* aus der Rolle fallen; *il ne sort pas de là* er bleibt dabei, er bleibt bei s-r Ansicht; ~ *du ton* falsch singen;

fig. aus dem Konzept kommen; **7.** loskommen, sich freimachen; ~ *d'affaire, d'embarras* sich aus der Verlegenheit ziehen; **8.** zum Vorschein kommen, hervorkommen; keimen, sprossen; ⚘ durchbrechen; **9.** abstammen, herrühren; ~ *de bon lieu* aus gutem Hause sein; ~ *de haut lieu* von vornehmer Herkunft sein; **II** *v/t.* heraus-bringen, -führen, -ziehen, -schaffen, -tragen, -nehmen; *Sport*: (*e-n Rekord*) herausholen, für sich verbuchen; ~ *q.* j-n schlagen (*Tennis*); F ~ *q.* j-n an die Luft setzen, j-n rausschmeißen P; ~ *qch.* etw. Neues herausbringen, etw. Neues auf den Markt bringen; ~ *un journal de sa poche* aus s-r Tasche eine Zeitung ziehen; ~ *q. d'inquiétude* j-n von s-r Unruhe befreien; *gym. sortez la poitrine!* Brust raus!; F *tu nous la sors bonne!* du willst uns wohl was weismachen!; **III** F *v/rfl.*: *s'en* ~ sich aus der Affäre ziehen, aus der Klemme herauskommen, davon loskommen; **IV** *m*: *au* ~ *de ...* beim Herausgehen aus (*dat.*); *au* ~ *du lit* beim Aufstehen; *au* ~ *de l'hiver* am Ende des Winters; *au* ~ *de table* nach Aufhebung der Tafel.

sortir[2] ⚖ (~) *v/t.* [2a] erlangen; *cette sentence sortira son plein et entier effet* dieses Urteil soll Rechtskraft erhalten.

SOS ⚓, ✈ (ɛso'ɛs) *m* SOS-Ruf *m* (*Hilferuf*).

sosie (sɔ'zi) *m* Doppelgänger *m*.

sot (so, *vor Vokalen* sɔt) [7c] **I** *adj.* □ **1.** albern, einfältig, dumm, töricht; **2.** verlegen, betreten; **3.** ärgerlich, lästig; *fig.* dumm, blöde; **II** *su.* Dummkopf *m*, Narr *m* (*f*: Närrin *f*, dumme Gans *f*); ~ *en trois lettres* Rindvieh *n*, Esel *m*.

sotie *litt.* (sɔ'ti) *f* Narrenspiel *n*.

sot-l'y-laisse *cuis.* (soli'lɛs) *m* [6c] Bürzelstück *n* (*vom Geflügel*).

sottis|e (sɔ'ti:z) *f* **1.** Albernheit *f*, Dummheit *f*, Torheit *f*; *dire des* ~*s à q.* j-n beschimpfen (*od.* verletzen); **2.** dummer Streich *m*; Flegelei *f*, Unfug *m*; ~**ier** (~ti'zje) *m* Sammlung *f* von Torheiten.

sou (su) *m* Sou *m* (*5 Centimes*); *être sans le* ~, *n'avoir pas le* ~ keinen Pfennig haben; *être près de ses* ~*s* äußerst sparsam leben, auf den Pfennig achten; *propre comme un* ~ blitzsauber; *question f de gros* ~ Geldfrage *f*; *payer* ~ *à* (*od. par*) ~ Pfennig für Pfennig abzahlen.

soubassement (subɑs'mɑ̃) *m* Grundmauer *f*, Sockel *m*, Unterbau *m*; Rauchfänger *m am Kamin*; Fußkranz *m am Bett*; *fig.* Untermauerung *f*, Begründung *f*.

soubresaut (subrə'so) *m* **1.** *unvermuteter* Sprung *m e-s Pferdes*; plötzlicher Ruck *m od.* Stoß *m e-s Wagens*; **2.** *fig.* ⚘ Zs.-zucken *n*, Schock *m*; F plötzliche Gemütserschütterung *f*; *pl.* ~*s de l'humeur* plötzlicher Stimmungswechsel *m*.

soubrette (su'brɛt) *f* Kammerzofe *f*, -mädchen *n*; *thé.* Soubrette *f*.

souche (suʃ) *f* **1.** (Baum-)Stumpf *m*, Stubben *m*; *dormir comme une* ~ wie ein Murmeltier schlafen; **2.** F *fig.* Dummkopf *m*, Klotz *m*; **3.** *fig.* Stamm *m e-r Familie*; Ahnherr *m*; *faire* ~ Stammvater eines (neuen) Geschlechtes sein, e-n Stamm begründen; *Français de* (*vieille*) ~ Stockfranzose *m*; **4.** Talon *m*, Stammblatt *n*; ~ *de contrôle* Kontrollabschnitt *m e-r Eintrittskarte*; *carnet m à* ~ Kartenheft *n* mit Kontrollabschnitten; **5.** △ Schornsteinmündung *f*.

souchet ⚘ (su'ʃɛ) *m* Zypergras *n*.

souci[1] ⚘ (su'si) *m* Ringelblume *f*; ~ *d'eau* Butter-, Kuh-, Dotterblume *f*; F *jaune comme* (*un*) ~ quittegelb.

souci[2] (~) *m* Sorge *f*, Besorgnis *f*, Bekümmernis *f*; *se faire du* ~ (*od. des* ~*s*), *prendre du* ~, F *être en* ~ *de qch.* sich um etw. (*acc.*) Sorgen machen; *sans* ~ sorgenfrei; *avoir des* ~*s* Sorgen haben; *prendre* ~ *de qch.* sich um etw. (*acc.*) kümmern; ~**er** (su'sje) [1a] **I** *v/rfl.* *se* ~ sich kümmern, sich Gedanken machen (*de* um *acc.*); *ne se* ~ *de rien* in den Tag hinein leben; *je ne m'en soucie guère* das kümmert mich wenig; *fig. je ne me soucie pas de ...* es paßt mir nicht (*od.* ich habe keine Lust) zu ...; **II** *v/t.* beunruhigen, kümmern, Sorgen bereiten; ~**eux** (su'sjø) *adj.* [7d] bekümmert, besorgt; bemüht; ~ *de* (*inf.*) in dem Bestreben (*od.* Bemühen) zu ...

soucoupe (su'kup) *f* Untertasse *f*; *at.*, ✈ ~ *volante* fliegende Untertasse *f*.

souda|ble ⊕ (su'dablə) *adj.* lötbar, schweißbar; ~**ge** (~'da:ʒ) *m* Löten *n*, Schweißen *n*.

soudain (su'dɛ̃) *adj. u. adv.* [7] □ plötzlich; *mourir* ~ plötzlich sterben; **~ement** (~dɛn'mɑ̃) *adv.* plötzlich; **~eté** (~dɛn'te) *f* Plötzlichkeit *f*; Schlagartigkeit *f*.

Soudan (su'dɑ̃) *m*: **le** ~ der Sudan *m*; **~ais** (~da'nɛ) [7] **I** ♀ *adj.* sudanesisch; **II** ~ *su.* Sudanese *m*; ♀**isation** *pol.* (~daniza'sjɔ̃) *f* Sudanisierung *f*.

soudard ⚔ *péj.* (su'da:r) *m*: *vieux* ~ alter Haudegen *m*.

soude (sud) *f* **1.** ⚘ Salzkraut *n*; **2.** ⚗ (*carbonate m de*) ~ Soda *n*, kohlensaures Natron *n*; ~ *caustique* Ätzsoda *n*; *sel m de* ~ Lötasche *f*.

souder (su'de) [1a] **I** *v/t.* **1.** ⊕ löten, anlöten, (an)schweißen; *fer m à* ~ Lötkolben *m*; **2.** *fig.* fest verbinden, zusammenschweißen; **II** *v/rfl.* *se* ~ ⚘, ⚕ zusammenwachsen.

soudeur (su'dœ:r) *m* Schweißer *m*; ~ *à l'arc* Elektroschweißer *m*; ~ *à l'autogène* Autogenschweißer *m*.

soudeuse ⊕ (su'dø:z) *f*: ~ *par résistance* Widerstandsschweißmaschine *f*; ~ *à châssis* Rahmenschweißmaschine *f*; ~ *au galet* Nahtschweißmaschine *f*; ~ *au point* (*à points multiples*) Punkt-(Vielpunkt-)schweißmaschine *f*.

soudière ⊕ (su'djɛ:r) *f* Sodafabrik *f*.

soudoir ⊕ (su'dwa:r) *m* Lötkolben *m*.

soudoyer (sudwa'je) *v/t.* [1a] (im Solde) haben; dingen; bestechen; ~ *q.* j-m Schmiergeld zahlen.

soudure (su'dy:r) *f* **1.** ⊕ Lötmittel *n*; **2.** Schweißen *n*, Löten *n*; **3.** Schweiß-, Löt-stelle *f*; **4.** ⚘, ⚕ Zusammenwachsen *n*; *fig.* feste Verbindung *f*; **5.** ⚒ *faire la* ~ den Übergang der vorigen Kornernte zur diesjährigen sichern.

soue *dial.* (su) *f* Schweinestall *m*.

soufflage (su'fla:ʒ) *m* Glasblasen *n*; *écol.* Vorsagen *n*.

souffl|e ('suflə) *m* **1.** Hauch *m*, Blasen *n*; ~ *de vent* Windhauch *m*; **2.** Atem(zug *m*) *m*; *retenir le* ~ den Atem anhalten; *être à bout de* ~ außer Atem sein; *jusqu'à son dernier* ~ bis zu s-m letzten Atemzuge; *reprendre son* ~ sich verpusten, sich verschnaufen; **3.** Säuseln *n*, Wehen *n*; *il ne fait pas un* ~ *de vent* es weht kein Lüftchen; **4.** *fig.* Eingebung *f*; Schwung *m*; **~é** (su'fle) **I** *m cuis.* Eierauflauf *m*; **II** P *adj.* verblüfft, sprachlos; **~ement** (~flə'mɑ̃) *m* **1.** Blasen *n*; **2.** ⚖ ~ *d'exploit* Unterschlagung *f* e-r Vorladung (*vgl. souffler* 12).

souffler (su'fle) [1a] **I** *v/i.* **1.** blasen, keuchen, schnaufen; fauchen (*Katze*); pusten (*a. beim Damespiel*); ~ *contre les vitres* die Scheiben anhauchen; **2.** wehen, brausen (*Wind*); **3.** *fig.* atmen, leben; **4.** schwer Atem holen, schnaufen; F *ne soufflez pas!* nicht gemuckst!; **5.** wieder zu Atem kommen; *laisser* ~ *un cheval* ein Pferd sich verschnaufen lassen; **6.** den Blasebalg treten; **II** *v/t.* **7.** (weg)blasen, (weg)pusten; *Kerze* ausblasen, auspusten; **8.** mit Luft füllen, aufblasen; *cuis. beignet soufflé* Apfelauflauf *m*; *omelette soufflée* Eierauflauf *m*; **9.** ~ (*sur*) *le feu* das Feuer anfachen; *fig.* ~ *la discorde* Zwietracht schüren; **10.** ~ *q.* (*qch. à q.*) j-m etw. zuflüstern; *thé.* soufflieren; *écol.* vorsagen; *ne* (*pas*) ~ *mot* keinen Ton sagen; *fig.* ~ *qch. à q.* j-m etw. (e-n Gedanken *usw.*) eingeben; **11.** *fig.* ~ *le chaud et le froid* wetterwendisch sein; **12.** wegschnappen; unterschlagen ~ *un traité de commerce à q.* j-m e-n Handelsvertrag wegschnappen; ⚖ ~ *un exploit* die Abschrift e-r gerichtlichen Vorladung nicht zustellen (*od.* unterschlagen)

souffl|erie (suflə'ri) *f* Blase-balg *m*, -werk *n*; ⊕ Gebläse *n*; **~et** (~'flɛ) *m* **1.** a) (*mehr geschriebenes als gesprochenes Wort*; *häufiger ist*: *gifle f*, P *taloche f*) Ohrfeige *f*, Maulschelle *f*; b) Kränkung *f*; **2.** Klappverdeck *n e-s Wagens*; **3.** *phot.* Balg *m e-r Klappkamera*; **4.** *cout.* Zwickel *m*; **~eter** (~flə'te) *v/t.* [1c] ohrfeigen; e-n Schlag ins Gesicht versetzen (*dat.*); beschimpfen; **~eur** (~'flœ:r) **I** *su.* [7g] **1.** F Keucher *m*; *auch adj.*: *cheval m* ~ Schnaufer *m*; **2.** *écol.* Vorsager *m*; *thé.* Souffleur *m* (*f*: Souffleuse *f*); *trou m du* ~ Souffleurkasten *m*; **II** *m* ~ (*de verre*) Glasbläser *m*; ~ (*d'orgues*) Orgeltreter *m*; **~ure** ⊕ (~'fly:r) *f* (Guß-)Blase *f*.

souffr|ance (su'frɑ̃:s) *f* **1.** Leiden *n*, Kummer *m*, Schmerz *m*; **2.** ⚖ Vergünstigung *f*, Duldung *f*; **3.** ✝ Aufschub *m*, Unterbrechung *f der Geschäfte*; *en* ~ unerledigt; ungedeckt (*Wechsel*); unbestellbar (*Brief*); ✉, ⚓ überfällig (*hierfür jedoch häufiger*: *en retard*); *article m en* ~ ausgesetzter

Posten *m*; *colis m en* ~ unbestellbares Frachtstück *n*; *jour m de* ~ (Schon-) Fristtag *m*; *lettre f de change en* ~ notleidender Wechsel *m*; *les affaires sont en* ~ die Geschäfte sind flau; *laisser en* ~ unerledigt lassen; *rester en* ~ unerledigt liegenbleiben (*Arbeit*); **~ant** (~'frɑ̃) [7] **I** *adj.* leidend, kränklich; *fig.* geduldig; **II** *su.* Leidender *m*.

souffre-douleur (sufrədu'lœːr) *m* [6c] geplagte Person *f*; *fig.* Sündenbock *m*, Prügelknabe *m*; *von weiblichen Personen*: Aschenbrödel *n*.

souffreteux (sufrə'tø) *adj.* [7d] **1.** leidend, kränklich; verpimpelt; **2.** notleidend, bedürftig.

souffrir (su'friːr) [2f] **I** *v/t.* **1.** (er-) leiden, (er)dulden; ertragen; ~ *des douleurs* Schmerzen aushalten; ~ *la faim* den Hunger ertragen; *a. fig.* (*vgl. unter* 2); **2.** zulassen; *fig.* leiden, vertragen; *il ne souffre pas de rival* er läßt niemanden neben sich aufkommen; *il ne souffre pas de reproches* er verträgt keinen Vorwurf; *ne pouvoir* ~ *q.* j-n nicht ausstehen (*od.* leiden) können; **3.** gestatten, erlauben; *souffrez que je vous dise* erlauben Sie mir, Ihnen zu sagen; **II** *v/i.* **4.** leiden; ~ *de la jambe* am Bein Schmerzen haben; *folgt auf* ~ *im Sinne von „körperliche Schmerzen haben" ein inf., so steht vor diesem à*: *je souffre à marcher* ich habe beim Laufen Schmerzen; *folgt auf* ~ *im Sinne von „Kummer haben" (vgl. unter* 6) *ein inf., so steht vor diesem* **de**: *je souffre de vous voir dans cette situation* es geht mir nahe, Sie in dieser Lage zu sehen; **5.** Schaden leiden; ~ *de qch.* unter etw. (*dat.*) zu leiden haben; **6.** Kummer haben (s. *a.* 4).

soufrage ⊕ (su'fraːʒ) *m* Schwefeln *n*, Ausräuchern *n* durch Schwefel.

soufr|e ('sufrə) *m* Schwefel *m*; ~ *en fleurs, fleurs f/pl. de* ~ Schwefelblüte *f*; *jaune (de)* ~ schwefelgelb; **~é** (su'fre) *adj.* schwefelhaltig; **~er** (~) *v/t.* [1a] mit Schwefel ausräuchern; aus-, ein-schwefeln; **~ière** (sufri'ɛːr) *f* Schwefelgrube *f*.

souhait (swɛ) *m* (*Herzens-*)Wunsch *m*, Verlangen *n*; *advt. à* ~ nach Wunsch; *à vos* **~s**! (zur) Gesundheit! (*beim Niesen*); **~able** (swɛ'tablə) *adj.* wünschenswert; **~er** (swɛ'te) *v/t.* [1b] **1.** (sehnlich) wünschen; ~ *qch. à q.* j-m etw. wünschen; ~ *le bonjour à q.* j-m e-n guten Tag wünschen; ~ *la bienvenue à q.* j-n willkommen heißen; ~ *la bonne année* ein frohes, neues Jahr wünschen; *je souhaite de faire qch.* ich wünsche sehr (*od.* ich verlange danach), etw. zu tun; *a. ohne* **de**, *bsd. vor pouvoir*: *il souhaite pouvoir venir* er möchte furchtbar gern kommen; **2.** ~ *q.* sich nach j-m sehnen, j-n herbeisehnen; **3.** F *iron. je vous en souhaite!* darauf können Sie lange warten!

souillard (su'jaːr) *m* **1.** ⊕ Strebe *f*, Strebebalken *m*; **2.** Wasserloch *n in e-m Brunnenstein*; **~e** (su'jard) *f* Spülkammer *f*; Laugenbottich *m* (*in Seifensiedereien*).

souill|e (suj) *f* Suhle *f*, Kotlache *f der Wildschweine*; **~er** (su'je) *v/t.* [1a] beschmutzen, besudeln; *souillé de sang* blutbefleckt; *fig.* ~ *son honneur* seine Ehre beflecken; **~on** (su'jɔ̃) *su.* **1.** Schmutzfink *m*; *une* ~ e-e Schmutzliese *f*; **2.** ~ (*de cuisine*) Spülmagd *f*; **~onner** *v/t.* [1a] beschmutzen; besudeln; **~ure** (su'jyːr) *f* Schmutzfleck *m*; *fig.* Schandfleck *m*.

souk (suk) *m* arabischer Markt *m*.

soûl (su) *adj.* [7] **1.** besoffen; *être* ~ *comme une grive* (*comme une barrique, comme une bourrique, comme la bourrique du diable, comme un Polonais*) sternhagel besoffen sein, total blau sein; **2.** *manger tout son* ~ sich ordentlich satt essen; *en avoir tout son* ~ alles haben, was das Herz begehrt.

soulag|ement (sulaʒ'mɑ̃) *m* **1.** Erleichterung *f*, Linderung *f*; *donner* (*od. apporter*) *du* ~ Erleichterung (*od.* Linderung) verschaffen; *ce m'est un* ~ das beruhigt mich; **2.** Unterstützung *f* der Armen; **~er** (~'ʒe) [1l] **I** *v/t.* **1.** erleichtern, Erleichterung verschaffen (*dat.*); ~ *la douleur* den Schmerz mildern; **2.** *j-m* beistehen, *j-m* helfen; **3.** ⚠ ~ *une poutre* e-n Balken entlasten *od.* stützen; **II** *v/rfl.* *se* ~ **4.** sich (seelische) Erleichterung verschaffen; **5.** F s-e Notdurft verrichten.

soûl|ard P (su'laːr), **~aud** P (su'lo) *su. u. adj.* [7] Säufer *m*; dem Suff ergeben; **~er** P (~'le) **I** *v/t.* [1a] **1.** übersättigen; **2.** besoffen machen; **3.** *fig.* voll auskosten (*Gefühle des Zorns od. der Rache*); ~ *ses yeux de* *qch.* s-e Augen an etw. weiden; **4.** völlig erschöpfen (*od.* zu Tode langweilen); **II** *v/rfl.* se ~ sich besaufen; *fig.* se ~ de sich berauschen an (*dat.*), sich hingeben (*dat.*); **~erie** P (sul'ri) *f* Sauferei *f*.

soulèvement (sulɛv'mɑ̃) *m* **1.** Steigen *n*; *fig.* ~ *des passions* Sturm *m* der Leidenschaften; **2.** Steigen *n der Fluten*; *géol.* unterirdische Umwälzung *f* durch vulkanische Tätigkeit, Hebung *f* der Erdkruste; Bodenerhebung *f*; **3.** ~ *de cœur*, ~ *d'estomac* Brechreiz *m*, Übelkeit *f*; **4.** *fig.* Aufstand *m*, Empörung *f*, Aufruhr *m*; **5.** ⊕ Anhub *m*, Anheben *n*; Aufwirbelung *f*; ~ *d'oscillations* Erregung *f* von Schwingungen.

soulever (sul've) [1d] **I** *v/t.* **1.** auf-, empor-heben, in die Höhe heben, aufrichten; ~ *les paupières* die Augen halb aufschlagen; **2.** aufwirbeln; in Wallung bringen; ~ *les flots* die Wogen aufwühlen; **3.** ~ *un peuple* ein Volk aufwiegeln; **4.** *fig.* an-, er-regen; verursachen, bewirken; ~ *les haines* Haß erregen; ~ *une question* e-e Frage aufwerfen: **5.** ~ *le cœur* Übelkeit verursachen; **6.** *gym.* ~ *un poids* ein Gewicht stemmen; **7.** ★ klauen, stemmen; **II** *v/rfl.* se ~ **8.** sich aufrichten; **9.** aufgewühlt werden; *la mer se soulève* das Meer geht hoch; **10.** *fig.* sich auflehnen, sich empören.

soulier (su'lje) *m* (Halb-)Schuh *m*; ~ *plat* absatzloser Schuh *m*; ~*s m/pl. de gymnastique* (*de tennis*) Turn-(Tennis-)schuhe *m/pl.*; ~*s m/pl. de feutre* Filzschuhe *m/pl.*; ~ *à brides* Spangenschuh *m*; ~ *à clous* Nagelschuh *m*; ~ *en daim* Wildlederschuh *m*; ~ *bas* Halbschuh *m*; ~ *verni* Lackschuh *m*; *mettre ses* ~*s* sich die Schuhe anziehen; *fig.* F *être dans ses petits* ~*s* in großer Verlegenheit sein.

soulign|ement (suliɲə'mɑ̃) *m* Unterstreichen *n*; *fig.* Hervorheben *n*; **~er** (~'ɲe) *v/t.* [1a] (*mit folgendem acc. oder mit* que; *vgl.* *relever* 7) unterstreichen; *fig.* hervorheben, betonen.

soulograph|e P (sulɔ'graf) *m* Säufer *m*; **~ie** P (~'fi) *f* Sauferei *f*; **~ier** P (~'fje) *v/t.* [1a] besoffen machen.

soulte ⚖ (sult) Ausgleichszahlung *f*.

soumettre (su'mɛtrə) *v/t.* [4p] **1.** unterwerfen; ~ *des rebelles* Aufständische niederzwingen; *fig.* ~ *ses passions* Herr über seine Leidenschaften werden; **2.** *fig.* unterordnen; **3.** *fig.* vorlegen, unterbreiten; ~ *au calcul* berechnen; ~ *à l'examen* e-r Prüfung unterziehen; **4.** ~ *q. à qch.* j-n etw. erleiden lassen.

soumis (su'mi) *adj.* [7] gehorsam, fügsam; unterwürfig; unterworfen: ~ *aux droits* verzollbar, zollpflichtig; ~ *aux impôts* steuerpflichtig; ~ *au service militaire* wehrdienstpflichtig; *fille f* ~*e* unter Aufsicht der Sittenpolizei stehendes Mädchen *n*.

soumission (sumi'sjɔ̃) *f* **1.** Unterwerfung *f*; *faire sa* ~ sich unterwerfen, ⚔ sich ergeben; **2.** Unterwürfigkeit *f*, Ergebenheit *f*, Gehorsam *m*; **3.** (*mst.* ~*s pl.*) Ehrerbietung *f/sg.*; **4.** *adm.* Ausschreibung *f od.* Übernahme *f* von Arbeiten; Angebot *n* (*auf öffentliche Ausschreibung*), Lieferungsangebot *n*; Submission *f*; **~naire** (~sjɔ'nɛːr) *su.* Submittent *m*, Bewerber *m* um ausgeschriebene Arbeiten *od.* Lieferungen; **~ner** (~sjɔ'ne) *v/t.* [1a] e-e schriftliche Annahmeerklärung über e-e Submission abgeben; an der Vergebung e-r ausgeschriebenen öffentlichen Arbeit teilnehmen; ein Lieferungsangebot machen auf (*acc.*); ~ *une fourniture* e-e Lieferung übernehmen.

soupape (su'pap) *f* Ventil *n*, Klappe *f*, Stöpsel *m*; ~ *de sûreté* Sicherheitsventil *n*; ~ *de réglage* Regulierventil *n*; ~ *d'échappement* Auspuff-, Überdruck-, Auslaß-ventil *n*; *Auto*: Auspuffklappe *f*; ~ *à volet* Tellerventil *n*; *Auto u. vél.* ~ *de chambre à air* Schlauchventil *n*.

soupçon (sup'sɔ̃) *m* **1.** Verdacht *m*, Argwohn *m*; *concevoir des* ~*s* Verdacht schöpfen; **2.** Mutmaßung *f*, Vermutung *f*; **3.** F *fig. un* ~ ein ganz klein bißchen; *un* ~ *de fièvre* ein leichter Anfall von Fieber; *un* ~ *de moustache* ein sich schwach andeutender Schnurrbart *m*; **~nable** (~sɔ'nablə) *adj.* verdächtig; **~ner** (~sɔ'ne) *v/t.* [1a] **1.** in Verdacht haben, verdächtigen (*de vol* des Diebstahls); **2.** vermuten, ahnen; **~neux** (~sɔ'nø) *adj.* [7d] □ argwöhnisch, mißtrauisch.

soupe (sup) *f* Suppe *f*; Fleischbrühe *f* mit Brot; P Essen *n*; P Abendbrot *n*; ~ *aux choux* Kohlsuppe *f*; ~ *au lait* Milchsuppe *f*;

F *s'emporter* (*od. monter*) *comme une ~ au lait* leicht aufbrausen, schnell wütend werden; *tailler* (*le pain dans*) *la ~* Brot in die Suppe schneiden; *tremper la ~* die Bouillonsuppe anrichten; *trempé comme une ~* pudelnaß; *tremper une ~ à q.* j-n durchprügeln; *Fr. ~s f/pl. populaires* Volksküche *f/sg.*

soupente (su'pɑ̃:t) *f* **1.** ⚠ Hängeboden *m*; **2.** Hänge-, Trag-riemen *m* (*für Zugpferde*).

souper (su'pe) **I** *v/i.* a) zur Nacht essen (*nach e-m Theaterbesuch usw.*); b) Abendbrot essen; c) P *avoir soupé de q. od. de qch.* von j-m *od.* von e-r Sache die Nase voll haben; **II** *m* a) Nachtessen *n* (*nach e-m Theaterbesuch usw.*; b) Abendbrot *n.*

soupeser (supə'ze) *v/t.* [1d] mit der Hand (ab)wiegen; *fig.* abwägen.

soupeur (su'pœ:r) *su.* [7g] Nacht-, Abend-esser *m.*

soupière (su'pjɛ:r) *f* Suppenschüssel *f.*

soupir (su'pi:r) *m* **1.** Seufzer *m*; *pousser des ~s* Seufzer ausstoßen; *rendre le dernier ~* sterben, s-n Geist aufgeben; **2.** *poét. ~s pl.* Sehnsucht *f*, Schmachten *n*; **3.** ♪ (Zeichen *n* der) Viertelpause *f*; *demi-~* Achtelpause *f*; *quart m de ~* Sechzehntelpause *f.*

soupirail ⚠ (supi'raj) *m* [5c] (*pl. soupiraux*) Kellerfenster *n*, Kellerloch *n*; Kellerlichtschacht *m.*

soupir|ant (supi'rɑ̃) *m* F schmachtender Liebhaber *m*; **~er** (~'re) *v/i.* [1a] **1.** seufzen; **2.** sich sehnen; *~ pour q.* in j-n verliebt (*od.* verknallt) sein; *~ après qch.* sich nach etw. (*dat.*) sehnen.

soupl|e ('suplə) *adj.* □ **1.** biegsam, weich (*Stoff*); gelenkig, geschmeidig, behende, schmiegsam; **2.** *fig.* gefügig, anpassungsfähig, gewandt, wendig, lenksam; **~esse** (~'plɛs) *f* **1.** Biegsamkeit *f*, Geschmeidigkeit *f*, Gelenkigkeit *f*, Wendigkeit *f* (*a.* ✈, *Auto*), Behendigkeit *f*; **2.** *fig.* Nachgiebigkeit *f*, Fügsamkeit *f*, Gefügigkeit *f*, Anpassungsfähigkeit *f*, Gewandtheit *f.*

souquenille (suk'nij) *f* langer grober Kittel *m*; abgetragener (*Herren-*) Rock *m.*

souquer ⚓ (su'ke) **I** [1m] *v/t.* anholen; **II** *v/i.* *~ aux* (*od. sur les*) *avirons* sich in die Riemen legen; *fig.* schuften.

sourc|e (surs) *f* **1.** Quelle *f*; *~ thermale* Heilquelle *f*; ⚡ *~ de courant*, *~ d'électricité* Stromquelle *f*; *prendre sa ~* entspringen; *tout coule de ~* alles geht wie am Schnürchen; *son style coule de ~* sein Stil hat Schwung; **2.** *fig.* Ursprung *m*, Ursache *f*; *remonter à la ~* bis auf den Ursprung zurückgehen; *de bonne ~* aus sicherer Quelle; *~ lumineuse* Lichtquelle *f*; *~ d'erreurs* Fehlerquelle *f*; *~ de périls* Gefahrenquelle *f*; *la ~ de tous les maux* das Grundübel *n*, die Wurzel *f* allen Übels; **~ier** (sur'sje) *su.* [7b] Rutengänger *m.*

sourcil (sur'si) *m* Augenbraue *f*; *froncer les ~s* die Stirn runzeln; **~ler** (~si'je) *v/i.* [1a] die Augenbrauen hochziehen; die Stirn runzeln; *sans ~* ohne e-e Miene zu verziehen; *ne pas ~* keine Miene verziehen; **~leux** (~'jø) *adj.* [7d] □ **1.** streng; **2.** hochmütig, stolz; kummervoll, sorgendurchfurcht (*Stirn*).

sourd (su:r) [7] **I** *adj.* □ **1.** taub; *~ comme un pot* stocktaub; *être ~ d'une oreille* auf e-m Ohr taub sein; *faire la ~e oreille à qch.* etw. überhören; **2.** *fig.* unempfindlich; unerbittlich; **3.** *fig.* dumpf, gedämpft; stimmlos; tonlos; *d'une voix ~e* mit belegter Stimme; **4.** stumpf, matt (*Farbe*); **5.** *fig.* geheim, heimlich; Schleich...; *lanterne f ~e* Blendlaterne *f*; *maladie f ~e* schleichende Krankheit *f*; *de ~es menées* geheime Schliche *m/pl.*; Machenschaften *f/pl.*; **II** *su.* Tauber *m*; F *fig. crier comme un ~* wie ein Besessener schreien; **~aud** (sur'do) *adj. u. su.* [7] schwerhörig(e Person *f*).

sourdine (sur'din) *f* **1.** ♪ Dämpfer *m*; *en ~*, *à la ~* heimlich, ganz leise; *fig. mettre une ~ à ses prétentions* in s-n Ansprüchen bescheidener werden; **2.** Sperrfeder *f* (*Repetieruhr*).

sourd|-muet (sur'mɥɛ) *m*, **~e-muette** (surd'mɥɛt) *f adj. u. su.* [6a] taubstumm; Taubstummer *m.*

sourdre ('surdrə) *v/i.* [4a] (*nur noch st.s., und zwar im inf. u. in der 3. Person prés.sg./pl.*) (hervor-)quellen; *fig.* entstehen; sich zusammenziehen (*Unwetter*).

souri|ceau (suri'so) *m* [5b] Mäuschen *n*; **~cière** (~'sjɛ:r) *f* **1.** Mausefalle *f*; *tendre une ~* e-e Mausefalle aufstellen; **2.** F *fig.* Falle *f*, Schlinge *f*; **3.** (*von der Polizei geduldete*) Verbrecherkneipe *f*; **~quois** F (~'kwa) *adj.* [7] Mäuse...; *le peuple ~* die Mäuse *f/pl.*

sourire (su'ri:r) [4r] **I** *v/i.* **1.** lächeln (*de* über *acc.*); **2.** *~ à q.* j-m zulächeln; *fig.* j-m gewogen sein; *~ de nouveau à l'existence* sich wieder s-s Daseins freuen; **II** *m* Lächeln *n.*

souris (su'ri) **I** *f* **1.** Maus *f*; *~ commune* Hausmaus *f*; *~ des champs* Feldmaus *f*; *on entendrait trotter une ~* es war mäuschenstill; *il se cacherait dans un trou de ~* er hat e-e Heidenangst; *éveillé comme une potée de ~* quicklebendig; **2.** *fig. ~ d'hôtel* Hoteldieb(in *f*) *m*; **II** *adj./inv. gris ~* mausgrau.

sournois (sur'nwa) *adj. u. su.* [7] verschlossen, heimtückisch, hinterlistig; Duckmäuser *m*, Schleicher *m*, Kriecher *m*; **~ement** (~nwaz'mɑ̃) *adv.* heimlich; **~erie** (~z'ri) *f* Verstecktheit *f*, Duckmäuserei *f*, Kriechertum *n*; Hinterhältigkeit *f*, heimtückischer Streich *m*.

sous (su, *vor e-m Vokal* suz) *prp.* unter (*dat. bzw. acc.*), unterhalb (*gén.*); **a**) *örtlich*: *~ terre* unter der Erde; ✝ *~ bande* unter Streif- (*od.* Kreuz-)band; *~ clef* unter Verschluß; *mettre ~ enveloppe* in e-n Umschlag tun; *mettre ~ scellé* gerichtlich verschließen; *~ presse* im Druck, unter der Presse; *~ mes yeux* vor m-n Augen; *prendre q. ~ sa protection* j-n in s-n Schutz nehmen; *passer qch. ~ silence* etw. verschweigen; **b**) *zeitlich*: *~ l'Empire* während des Kaiserreichs; *~ quinze jours od. ~ quinzaine* binnen (*od.* innerhalb von) vierzehn Tagen; *~ peu (de temps)* binnen kurzem; **c**) *Strafbestimmung*: *~ peine d'amende* bei Geldstrafe; **d**) *Art u. Weise*: *~ condition* bedingungsweise; *~ l'espèce de ...* in Gestalt von ...; *~ une forme agréable* auf angenehme Weise; *~ prétexte que ...* unter dem Vorwand, daß ...; *~ ce rapport* in dieser Hinsicht; *~ serment* eidlich; **e**) *Abhängigkeit*: *il a cent hommes ~ ses ordres* er hat 100 Mann unter s-m Befehl.

sous|affermer (suzafɛr'me) *v/t.* [1a] in Unterpacht geben *od.* nehmen; **~-agent** (suza'ʒɑ̃) *m* [6g] Unteragent *m*; **~-aide** (su'zɛd) *m* [6g] **1.** Untergehilfe *m*; **2.** ⚔ *~ (major)* Unter-, Assistenz-arzt *m*; **~-alimentation** (suzalimɑ̃tɑ'sjɔ̃) *f* [6c] Unterernährung *f*; **~-alimenté** (~zalimɑ̃'te) *adj.* unterernährt; **~-amendement** (suzamɑ̃d'mɑ̃) *m* [6g] Zusatz *m zu e-m Antrag*; **~-bail** (su'baj) *m* [5c] Unter-pacht *f*, -miete *f*; **~-bande** *chir.* (su'bɑ̃:d) *f* [6g] Unterbinde *f*; **~-barbe** (su'barb) *f* Kinnriemen *m an der Halfter*; **~-bois** (su'bwa) *m* [6c] Unterholz *n*; **~-chef** (su'ʃɛf) *m* [6g] stellvertretender Vorsteher *m*; Unterführer *m*; *~ de bureau* zweiter Bürovorsteher *m*; *~ de musique* zweiter Kapellmeister *m*; **~-commission** (sukɔmi'sjɔ̃) *f* [6g], **~-comité** (~kɔmi'te) *m* [6g] Unterausschuß *m*; **~-conscient** *psych.* (sukɔ̃'sjɑ̃) *m* [6c] Unterbewußtsein *n*; **~-couche** (su'kuʃ) *f* Unterschicht *f*.

souscrip|teur (suskrip'tœ:r) *m* Unterzeichner *m*; Abonnent *m*; *Börse*: Zeichner *m*; **~tion** (~p'sjɔ̃) *f* Unterzeichnung *f*; *~ d'actions* Aktienzeichnung *f*; *certificat m de ~* Bezugsschein *m* (*für Aktien*); *droit m* (*od. privilège m*) *de ~* Bezugsrecht *n* (*auf Aktien*).

souscrire (sus'kri:r) [4f] **I** *v/t.* unterschreiben, unterzeichnen; beipflichten (*dat.*); gutheißen; **II** *v/i.* **1.** *fin. ~ pour un montant de ...* e-n Betrag von ... zeichnen; *~ pour cent mille francs* 100 000 Franken zeichnen; *~ pour (od. à) un emprunt* e-e Anleihe zeichnen; *~ (à) des actions* Aktien zeichnen; **2.** *~ à qch.* in etw. (*acc.*) einwilligen, etw. gutheißen.

sous|-cutané ⚕ (sukyta'ne) *adj.* subkutan; *injection f ~e* Einspritzung *f* unter die Haut; **~-délégué** (~dele'ge) *su.* Subdelegierter *m*, Unterabgeordneter *m*; **~-développé** *bsd. éc.* (~devlɔ'pe) *adj.* unterentwickelt; *pays m/pl. ~s* Entwicklungsländer *n/pl.*; **~-diacre** *rl.* (~'djakrə) *m* [6g] Subdiakonus *m*; **~-directeur** (~dirɛk'tœ:r) *su.* [7f] stellvertretender Direktor *m*; **~dominante** ♪ (~dɔmi'nɑ̃:t) *f* Quarte *f*; **~-entendre** (suzɑ̃'tɑ̃:drə) *v/t.* [4a] mit darunter verstehen, stillschweigend mit begreifen; *le verbe est sous-entendu* das Verb ist zu ergänzen; **~-entendu** (suzɑ̃tɑ̃'dy) *m* [6g] Hintergedanke *m*, heimlicher Vorbehalt *m*, Anspielung *f*; **~-entente** (suzɑ̃'tɑ̃:t) *f* [6g] Hintergedanke *m*;

~-entrepreneur ⊕ (suzɑ̃trəprə'nœ:r) *m* Zwischenunternehmer *m*; **~-estimation** (suzɛstimɑ'sjɔ̃) *f* [6g] Unterschätzung *f*; **~-estimer** (suzɛsti'me) *v/t.* [1a] unterschätzen; **~-évaluer** (suzeva'lɥe) *v/t.* [1a] unterschätzen, unterbewerten; **~-exposer** *phot.* (suzɛkspo'ze) *v/t.* [1a] unterbelichten; **~-exposition** *phot.* (~ɛkspozi'sjɔ̃) *f* Unterbelichtung *f*; **~-faît(ag)e** (sufɛ'ta:ʒ, ~'fɛt) *m* [6g] Giebelspitze *f*; **~-ferme** (~'fɛrm) *f* Unterpacht *f*; **~-fermier** (~fɛr'mje) *m* Unterpächter *m*; **~-fifre** F (~'fifrə) *m* Untergeordneter *m*; **~-genre** (~'ʒɑ̃:rə) *m* Untergattung *f*; **~-gorge** (~'gɔrʒ) *f* [6g] Kinnriemen *m am Zügel*; **~-groupement** (~grup'mɑ̃) *m* [6g] Untergruppe *f*; **~-homme** (su'zɔm) *m* [6g] Untermensch *m*; **~-ingénieur** (suzɛ̃ʒe'njœ:r) *m* [6g] Unteringenieur *m*; **~-jacent** (suʒa'sɑ̃) *adj.* [7] darunterliegend; *fig.* im geheimen schlummernd; **~-jupe** (su'ʒyp) *f* [6g] Unterkleid *n*; **~-lieutenant** (suljøt'nɑ̃) *m* [6g] Leutnant *m*; **~-locataire** (sulɔka'tɛ:r) *su.* Untermieter *m*; **~-locateur** (~lɔka'tœ:r) *m* [6f] Untervermieter *m*; **~-location** (~lɔkɑ'sjɔ̃) *f* Untermiete *f*; Weitervermietung *f*; **~-louer** (su'lwe) *v/t.* [1a] **1.** ab-, unter-vermieten; **2.** (*Zimmer*) in Untermiete nehmen, sich einmieten; **~-main** (su'mɛ̃) *m* [6c] (Schreib-)Unterlage *f*; Schreibmappe *f*; **~-maître** *m*, **~-maîtresse** *f* (~'mɛtrə, ~mɛ'trɛs) Hilfslehrer(in *f*) *m*; **~-marin** (suma'rɛ̃) **I** *adj.* [7] unterseeisch; U-Boot...; **II** *m* U-Boot *n*, Unterseeboot *n*; ~ *atomique* Atom-U-Boot *n*; **~-multiple** (~myl'tiplə) *adj. u. m* in e-r größeren Zahl aufgehend(e Zahl *f*); **~-œuvre** ⩓ (su'zœ:vrə) *m* [6c] Untermauern *n*; *prendre en* ~ untermauern; **~-off** F (su'zɔf) *m*, **~-officier** (suzɔfi'sje) *m* Unteroffizier *m*; ⚓ ~ *de marine* Deckoffizier *m*; **~-ordre** (su'zɔrdrə) *m* [6c] Untergebener *m*, Untergeordneter *m*; *advt. en* ~ in untergeordneter Stellung, an zweiter Stelle; **~-pied** (su'pje) *m* Sprungriemen *m*, Hosensteg *m*; **~-préfet** (~pre'fɛ) *m* Unterpräfekt *m in Frankreich* (*etwa Landrat*); **~-production** (~prɔdyk'sjɔ̃) *f* Unterproduktion *f*; **~-produit** (~prɔ'dɥi) *m* [6g] Nebenprodukt *n*; **~-quartier** ⚔ (~kar'tje) *m* Kompanieabschnitt *m*; **~-rives** ⩓ (~'ri:v) *f/pl.*: *les* ~ *des toitures* die Dachuntersicht *f*; **~-secrétaire** (sus[ə]kre'tɛ:r) *m* Untersekretär *m*; ~ *d'Etat* Unterstaatssekretär *m*; **~-seing** ⚖ (~'sɛ̃) *m*: ~ *privé* Privatabmachung *f*, nichtnotarielle Akte *f*.

soussign|é (susi'ɲe) *adj. u. su.* unter-schrieben, -zeichnet; Unterzeichneter *m*; **~er** (~) *v/t.* [1a] unter-schreiben, -zeichnen.

sous|-sol (su'sɔl) *m* **1.** ⚒ Untergrund *m*; **2.** ⩓ Keller-raum *m*, -wohnung *f*, Untergeschoß *n*, Souterrain *n*; **~-station** ⚡ (~stɑ'sjɔ̃) *f*: ~ *électrique* Nebenstelle *f* e-s Elektrizitätswerks; **~-tangente** ⩘ (~tɑ̃'ʒɑ̃:t) *f* Subtangente *f*; **~-tendante** ⩘ (~tɑ̃'dɑ̃:t) *f* Untersehne *f*; **~-titre** (~'titrə) *m* Untertitel *m* (*e-s Buchs*).

soustrac|tif (sustrak'tif) *adj.*: *nombre m* ~ die abzuziehende Zahl *f*; **~tion** (~trak'sjɔ̃) *f* **1.** ⚖ Unterschlagung *f*; **2.** ⩘ Subtraktion *f*, Abziehen *n*; *faire la* ~ abziehen.

soustraire (sus'trɛ:r) *v/t.* [4s] **1.** ⚖ unterschlagen; **2.** ~ *qch. à q.* j-m etw. entziehen; etw. vor j-m in Sicherheit bringen; ~ *q. au danger* j-n vor der Gefahr bewahren; **3.** ⩘ subtrahieren, abziehen.

sous|-traitance ✝ (sutrɛ'tɑ̃:s) *f* Lieferung *f* als Unterlieferant bei Ausschreibungen *od.* Submissionsaufträgen; **~-traitant** ✝ (~trɛ'tɑ̃) *m* Nebenlieferant *m*, Nebensubmittent *m* für Arbeiten durch Ausschreibung; **~-ventrière** (~vɑ̃tri'ɛ:r) *f* Bauchgurt *m e-s Pferdes*; **~-verge** (~'vɛrʒ) *m* [6c] Handpferd *n*; **~-vêtements** (~vɛt'mɑ̃) *m/pl.* Unterbekleidung *f*.

souta|che (su'taʃ) *f* Litzenbesatz *m*; **~cher** (~ta'ʃe) *v/t.* [1a] mit Litzen besetzen.

souta|ne *rl.* (su'tan) *f* **1.** langer Priesterrock *m*; *prendre la* ~ in den geistlichen Stand treten; **2.** *fig.* Priesterstand *m*; **~nelle** *rl.* (~'nɛl) *f* kurzer Priesterrock *m*.

soute[1] (sut) *f* ⚓ Bunker *m*; ✈ Lade-, *Auto*: Koffer-raum *m*; ✈ ~ *à bagages* Gepäckraum *m*; ✈ *ouverture f de* ~ Bombenschacht *m*; ⚓ ~ *à charbon* Kohlenbunker *m*.

soute[2] (~) *f* = *soulte*.

soutenable (sut'nablə) *adj.* **1.** haltbar, vertretbar (*Ansicht*); **2.** *fig.* erträglich.

souten|ance (sut'nɑ̃:s) *f* **1.** Verteidigung *f* e-r Doktorarbeit; **2.** ⚖ Alimentengelder *n/pl.*; **~ant** (~'nɑ̃) *m* Verfechter *m e-r These od. Doktorarbeit.*

soutènement (sutɛn'mɑ̃) *m* **1.** ⚠ (Wider-)Halt *m*, Stütze *f*, Ausbau *m*; *mur m de ~* Stützmauer *f*; **2.** ⚖ *u.* ✝ Rechnungsbeleg *m.*

souteneur *mv.p.* (sut'nœ:r) *su.* [7g] Zuhälter *m.*

soutenir (sut'ni:r) [2h] **I** *v/t.* **1.** (unter)stützen; halten; tragen; *fig. ~ une gageure* e-e Wette eingehen *od.* halten, wetten; **2.** aushalten, ertragen, vertragen; *~ l'examen* die Probe bestehen; *ne pas ~ la risée* keinen Spaß verstehen; *~ une attaque* e-m Angriff standhalten; *~ les concurrences internationales* mit der internationalen Konkurrenz Schritt halten; **3.** *a. fig.* aufrechthalten, stärken, beistehen (*dat.*), unterstützen, Kraft geben (*dat.*); am Fallen hindern; *fig. ~ la conversation* die Unterhaltung fördern; *~ le cœur, ~ le courage* den Mut stählen; **4.** in gleicher Würde (*od.* Güte) erhalten; *~ son caractère* s-m Charakter treu bleiben; *~ sa réputation* s-n guten Ruf bewahren; *thé. caractère bien soutenu* gut durchgeführte Charakterrolle *f*; **5.** *~ une dépense* eine Ausgabe bestreiten; *~ une famille* e-e Familie ernähren; **6.** stärken, Kraft geben; **7.** verteidigen, verfechten, vertreten; *~ le pour et le contre* für und wider eine Sache sprechen; *~ une thèse* e-e Doktorarbeit verteidigen; **8.** ♪ *~ une cadence* e-n Triller aushalten; *la basse soutient le dessus* der Baß unterstützt den Diskant; **II** *v/rfl.* *se ~* **9.** sich aufrecht halten, aufrecht stehen; *se ~ en l'air (sur l'eau)* sich schwebend (schwimmend) halten; **10.** sich halten, sich behaupten, von Bestand sein; **11.** sich ertragen lassen; **12.** sich gegenseitig unterstützen.

soutenu (sut'ny) *adj. fig.* anhaltend; ausdauernd; ununterbrochen; *Börse:* fest; gehoben (*Stil*); gespannt (*Aufmerksamkeit*).

souterrain (sutɛ'rɛ̃) **I** *adj.* [7] □ unterirdisch; *fig.* heimlich; *constructions f/pl. ~es* Tiefbau *m*; *voies f/pl. ~es* Schleichwege *m/pl.*; **II** *m* unterirdisches Gewölbe *n*; unterirdischer Gang *m*, Schacht *m*; 🚂 unterirdischer Durchgang *m*, Tunnel *m*; ⚔ Kasematte *f.*

soutien (su'tjɛ̃) *m* Stütze *f*, Haltepunkt *m*, Stützpfeiler *m*; **~-gorge** (~'gɔrʒ) *m* [6e] Büstenhalter *m.*

soutier ⚓ (su'tje) *m* Kohlentrimmer *m.*

soutir|age (suti'ra:ʒ) *m* Um-, Abfüllen *n* (*von Wein usw.*); **~er** (~ti're) *v/t.* [1a] ⊕ ab-, um-füllen; *fig. ~ qch. à q.* j-m etw. entlocken.

souvenez-vous-de-moi F (suvnevud'mwa) *m* [6c] Vergißmeinnicht *n.*

souvenir (suv'ni:r) [2h] **I** *v/rfl. se ~ u.* **II** *v/imp.* **1.** *se ~ de qch.* (*de q.*) sich an etw. (an j-n) erinnern; sich e-r Sache (j-s) *gén.* entsinnen; *je m'en souviens* ich erinnere mich daran; *il m'en souvient encore* es ist mir noch in Erinnerung; ich erinnere mich noch daran; *vous souvient-il que ...?* erinnern Sie sich daran, daß ...?; *s'il m'en souvient bien* wenn ich mich recht entsinne; *fig. je m'en souviendrai!* a) das werde ich mir merken!; ich werde es ihm heimzahlen! (*drohend*); b) ich werde es dir danken!; *il s'en souviendra!* er soll noch daran denken! (*drohend*); **2.** *ohne pr./r. nach faire*: *faire ~ q. de qch.* j-n an etw. erinnern; **III** *m* **3.** Erinnerung *f*, Gedenken *n*; *en ~ de ...* zur Erinnerung an (*acc.*); *garder le ~ de q.* die Erinnerung an j-n (*acc.*) bewahren (*od.* wachhalten); *échapper au ~* in Vergessenheit geraten; *veuillez me rappeler à son ~* wollen Sie mich bitte ihr gegenüber in Erinnerung bringen; **4.** Andenken *n* (*Gegenstand*), Gedenkstück *n*; **5.** *mes ~s* meine Lebenserinnerungen *f/pl.*

souvent (su'vɑ̃) *adv.* oft(mals); *le plus ~* meistens; *peu ~* herzlich (*od.* höchst) selten.

souverain (su'vrɛ̃) [7] **I** *adj.* □ **1.** höchst, oberst, unübertrefflich; *le ~ bien* das höchste Gut *n*; *remède m ~* unfehlbares Heilmittel *n*; *~ mépris m* tiefste Verachtung *f*; *avec un humour ~* mit überlegenem Humor; *avec une grâce ~e* mit e-r unvergleichlichen Anmut; *le ~ pontife* der Papst *m*; *souverainement* im höchsten Grade, zuhöchst, äußerst, vollkommen; **2.** *pol.* souverän, unumschränkt; *maître m ~* unumschränkter Herr; *autorité f ~e* Herrschergewalt *f*; *décision f ~* Machtspruch *m*; **II** *su.* Souverän *m*, Herrscher *m*, Staatsoberhaupt *n*;

Machthaber *m*, Gebieter *m*, Regent *m*, regierender Fürst *m*, Monarch *m*; **III** *m* Sovereign *m* (*Goldmünze*); **~eté** (suvrɛn'te) *f* **1.** höchste Gewalt *f*, Oberherrschaft *f*; Staatshoheit *f*, Souveränität *f*; unabhängige Staatsgewalt *f*; ~ *militaire* Wehrhoheit *f*; ~ *fiscale* Steuerhoheit *f*; ~ *nationale* Selbstbestimmungsrecht *n*; *droits m/pl. de* ~ Hoheitsrechte *n/pl.*; **2.** Herrschaftsgebiet *n* e-s Souveräns.

soviet *pol.* (sɔ'vjɛ) *m* Sowjet *m*, Ratsausschuß *m*; *les* ~*s pl.* die Sowjets *pl.*, die Sowjetunion *f*.

sovié|tard *péj.* (sɔvje'ta:r) *m* Sowjetanhänger *m*; **~tique** (~'tik) **I** *adj.* sowjetisch, Sowjet...; *Union f des républiques socialistes* ~*s* (*abr.* *U.R.S.S.*) Union *f* der Sozialistischen Sowjetrepubliken (*abr.* U.d.S.S.R.); **II** *su.* Sowjetbürger *m*; *les* ~*s* die Sowjets *pl.*; **~tisme** *pol.* (~'tism) *m* Sowjetsystem *n*; **~to-allemand** (~tɔal'mɑ̃) *adj.* [7] sowjetisch-deutsch; **~to-iranien** (~tɔira'njɛ̃) *adj.* [7c] sowjetisch-iranisch.

soya (so'ja) *m* Sojabohne *f*.

soy|ère (swa'jɛ:r) *adj./f*: *industrie f* ~ Seidenindustrie *f*; **~eux** (swa'jø) **I** *adj.* [7d] seiden-artig, -weich, ⚘ -haarig; *fig.* freundlich, einschmeichelnd; **II** *m* Seidenfabrikant *m*.

spaci|eux (spa'sjø) *adj.* [7d] □ geräumig, weit; **~osité** (~sjozi'te) *f* Geräumigkeit *f*.

spadassin (spada'sɛ̃) *m* Raufbold *m*, Schläger *m*, gedungener Mörder *m*.

spadice ⚘ (spa'dis) *m* Kolben *m*.

spahi *ehm.* ⚔ (spa'i) *m* Spahi *m*.

spalt *min.* (spalt) *m* Flußspat *m*.

spalter △ (spal'tɛ:r) *m* Flachpinsel *m* für Holzmaserung; Kleisterpinsel *m*.

sparadrap (spara'dra) *m* Heftpflaster *n*.

spartakiste *All. ehm. pol.* (sparta'kist) *adj. u. su.* spartakistisch; Spartakist *m*.

spar|te ⚘ (spart) *m* spanisches Pfriemengras *n*, Spartgras *n*; **~téine** ⚗ (~te'in) *f* Sparteïn *n*; **~terie** (spar'tri) *f* **1.** Mattenfabrik(ation *f*) *f*; **2.** Flechtwerk *n* aus Spartgras.

spartiate *antiq.* (spar'sjat) *adj. u. su.* spartanisch; Spartaner *m*.

spasm|e ⚕ (spasm) *m* Krampf *m*, Spasmus *m*; **~odique** ⚕ (~mɔ'dik) *adj.* krampfartig; Krampf...

spath *min.* (spat) *m* Spat *m*; ~ *calcaire* Kalkspat *m*; ~ *fluor*, ~ *fusible* Flußspat *m*; **~e** ⚘ (~) *f* Blumenscheide *f*; **~ique** *min.* (~'tik) *adj.* spathaltig, Spat...

spatial (spa'sjal) *adj.* [5c] räumlich, Raum...; *at. capsule f* ~*e* Raumkapsel *f*; *at. charge f* ~*e* Raumladung *f*; *recherches f/pl.* ~*es* Weltenraumforschung *f*; *représentation f* ~*e* Geländebild *n*; **~ité** (~li'te) *f* Raumhaftigkeit *f*.

spatio-temporel (spasjɔtɑ̃pɔ'rɛl) *adj.* [7c] raumzeitlich.

spatu|le (spa'tyl) *f* **1.** ⊕ Spachtel *m od. f*; **2.** *orn.* Löffelreiher *m*; **3.** *Ski*: Spatel *m*; **~lé** (~'le) *adj.* schaufel-, spatel-förmig.

speaker *rad.* (spi'kœ:r, *bisw.* ~'kɛ:r) *m* Ansager *m*; *femme f* ~ = **~ine** *rad.* (spi'krin) *f* Ansagerin *f*.

spécial (spe'sjal) *adj.* [5c] **1.** besonder, speziell; Fach...; *connaissances f/pl.* ~*es* Fachkenntnisse *f/pl.*; *envoyé m* ~ Sonderberichterstatter *m*; **2.** **~e** (~) *f* Sonderausgabe *f*; **~ement** (~l'mɑ̃) *adv.* besonders, insbesondere, speziell; **~es** *Fr. écol.* (~) *f/pl.* Klasse *f* für höhere Mathematik; **~isation** (~lizɑ'sjɔ̃) *f* Spezialisierung *f*; **~isé** (~li'ze) *adj.* spezialisiert; einschlägig; Fach...; *études f/pl.* ~*es* Fachstudien *f/pl.*; **~iser** (~li'ze) [1a] **I** *v/t.* spezialisieren, einzeln angeben; **II** *v/rfl. se* ~ sich spezialisieren, sich e-m besonderen Fache widmen; **~iste** (~'list) *su.* Spezialist *m*; Fachgelehrter *m*; Fachmann *m*; Facharzt *m*; **~ité** (~li'te) *f* **1.** Besonderheit *f*; Spezialität *f*; **2.** Spezialfach *n*; Fachwissenschaft *f*; ⚚ ausschließliche(r) Herstellung *f* (Handel *m*); besonderer Geschäftszweig *m*; **3.** ⚚ Markenartikel *m*.

spécieux (spe'sjø) **I** *adj.* [7d] □ scheinbar wahr *od.* gerecht; *donner à une affaire un tour* ~ e-r Sache den Anstrich der Wahrheit geben; **II** *m das* Scheinbare *n*.

spécifi|catif (spesifika'tif) *adj.* [7e] näher bezeichnend, spezifizierend; **~cation** (~kɑ'sjɔ̃) *f* besondere Bezeichnung *f*, Spezifizierung *f*; **~cité** (~si'te) *f* **1.** ⚕ besondere Eigenschaft *f e-r Krankheit*; **2.** ⚘, *zo.* Zugehörigkeit *f*; **~er** (~'fje) *v/t.* [1a] spezifizieren, im einzelnen angeben; besonders bezeichnen; **~que** (~'fik) **I** *adj.* □ eigenartig-spezifisch; *phys. chaleur f* ~ spezifische Wärme *f*; *poids m* ~ spezifisches Gewicht *n*; *résistance f* ~ spezifischer Widerstand *m*; **II** *m* ⚕ spezielles Heilmittel *n*.

spécimen (spesi'mɛn) *m* Probe *f*, Probe-blatt *n*, -nummer *f*, -stück *n*, Muster *n*; ~ *d'écriture* Schriftprobe *f*.

spéciosité (spesjozi'te) *f* scheinbare Richtigkeit *f*.

specta|cle (spɛk'taklə) *m* Anblick *m*; *thé. usw.* Schauspiel *n*, Vorstellung *f*; *se donner en* ~ sich zur Schau stellen; sich der öffentlichen Kritik aussetzen; *servir de* ~ ein Spott der Leute sein; ~ *de music-hall* Varietévorstellung *f*; *aller au* ~ ins Theater gehen; *courir les* ~*s* ein eifriger Theaterbesucher sein; *pièce f à grand* ~ Ausstattungsstück *n*; *salle f de* ~ Theatersaal *m*; Schauspielhaus *n*; ~*s pl. forains* (Jahrmarkts-)Schaubuden *f/pl.*, Rummelplatz *m*; **~culaire** (~ky'lɛ:r) *adj.* auffällig, deutlich; verblüffend, anziehend, interessant; sehenswürdig; beachtlich, eindrucksvoll; marktschreierisch; (rein) äußerlich; **~teur** (~'tœ:r) *su.* [7f] *thé., cin. usw.* Zuschauer *m*; *allg.* Betrachter *m*, Beobachter *m*.

spectr|al (spɛk'tral) *adj.* [5c] **1.** gespensterhaft; *visions f/pl.* ~*es* Gespenstererscheinungen *f/pl.*; **2.** *phys. u.* ⚗ Spektral...; *analyse f* ~*e* Spektralanalyse *f*; **~e** ('spɛktrə) *m* **1.** Gespenst *n*; *fig.* Schreckbild *n*; **2.** *opt.* Farbenspektrum *n*; ~ *(solaire)* (Sonnen-)Spektrum *n*; *analyse f du* ~ Spektralanalyse *f*.

spectroscop|e *phys.* (spɛktrɔ'skɔp) *m* Spektroskop *n*; **~ie** *phys.* (~'pi) *f* Spektroskopie *f*.

spéculaire (speky'lɛ:r) **I** *adj.* Spiegel...; *min. pierre f* ~ Glimmer *m*; **II** ⚘ *f* Glockenblume *f*.

spécula|teur (spekyla'tœ:r) *adj. u. su.* [7f] spekulierend; Spekulant *m*; **~tif** (~'tif) **I** *adj.* [7e] □ **1.** beobachtend, forschend; **2.** *phil.* spekulativ, übersinnlich; **3.** *allg.* theoretisch; **4.** ✝ spekulativ, auf Spekulation bezüglich; *papiers m/pl.* ~*s* Spekulationspapiere *n/pl.*; **II** *m* Grübler *m*; Theoretiker *m*; **~tion** (~la'sjɔ̃) *f* **1.** *bsd. phil.* (theoretische) Überlegung *f*, Spekulation *f*, Nachsinnen *n*, Denken *n*; **2.** ✝ Spekulation *f*; ~ *sur la vie chère* Lebensmittelwucher *m*.

spéculer (speky'le) *v/i.* [1a] **1.** grübeln; **2.** theoretische Forschungen anstellen; **3.** ✝ spekulieren; ~ *sur les fonds publics* mit Staatspapieren spekulieren; ~ *à la hausse (à la baisse)* auf das Steigen (Fallen) der Kurse spekulieren; *péj.* ~ *malhonnêtement* schieben, unsaubere Spekulationsgeschäfte betreiben.

spéculum *chir.* (speky'lɔm) *m* (*pl.* ~*s*) Spiegel *m*.

speech F (spitʃ) *m* (*pl.* ~*es*) kurze Rede *f*.

spéléolog|ie (speleɔlɔ'ʒi) *f* Höhlenkunde *f*; **~ique** (~'ʒik) *adj.* höhlenkundlich, Höhlen...; **~ue** (~'lɔg) *m* Höhlenforscher *m*.

spergule ⚘ (spɛr'gyl) *f* Spergel *m*.

sperma|céti 🕮 (spɛrmase'ti) *m* Walrat *m od. n*; **~torrhée** ⚕ (~tɔ'rе) *f* Samenfluß *m*; **~tozoïde** *biol.* (~tɔzɔ'id) *m* Samentierchen *n*.

sperme (spɛrm) *m* **1.** *physiol.* männlicher Samen *m*, Sperma *n*; **2.** ~ *de baleine* Walrat *m od. n*.

sphacèle ⚕ (sfa'sɛl) *m* kalter Brand *m*.

sphère (sfɛ:r) *f* **1.** Sphäre *f*, Kugel *f*; (*auch*: ~ *céleste*) scheinbare Himmelskugel *f*; **2.** Kreisbahn *n der Planeten*; **3.** ~ *d'action*, ~ *d'activité* Wirkungskreis *m*; **4.** *fig.* Bereich *m*, Gebiet *n*, Geschäfts-, Denk-, Wirkungs-kreis *m*; Umfang *m der Macht, der Kenntnisse usw.*; *pol.* ~ *d'influence* Interessensphäre *f*; ~*s f/pl. de la société* Schichten *f/pl.* der Gesellschaft.

sphéri|cité (sferisi'te) *f* Kugelform *f*; **~que** (~'rik) *adj.* □ sphärisch; kugelig, kugelförmig, kugelrund.

sphéroïd|al (sferɔi'dal) *adj.* [5c] kugelähnlich; **~e** (sferɔ'id) *m* Sphäroid *n*.

sphéromètre (sferɔ'mɛtrə) *m* Kugelmesser *m*.

sphex *ent.* (sfɛks) *m* Sandwespe *f*.

sphincter *anat.* (sfɛ̃k'tɛ:r) *m* Schließmuskel *f*.

sphinx (sfɛ̃:ks) *m* **1.** *myth.* Sphinx *f*; **2.** *ent.* Schwärmer *m*, Abendfalter *m*; **3.** *fig.* rätselhafter Mensch *m*.

sphygmographe ⚕ (sfigmɔ'graf) *m* Pulsmesser *m*.

spica *chir.* (spi'ka) *m* Kornährenbinde *f*.

spici|fère ⚘ (spisi'fɛ:r) *adj.* ährentragend; **~forme** (~'fɔrm) *adj.* ährenförmig; **~lège** (~'lɛ:ʒ) *m* **1.** Sammlung *f* von Theaterstücken, Urkunden, Geschichten *usw.*; **2.** Auslese *f* von Gedanken, Beobachtungen, Charakteristiken.

spider *Auto* (spi'dɛ:r) *m* Rück-, Notsitz *m*.

spin *at.* (spin) *m*: ~ *(fractionnaire)*

(Kern-)Spin *m od.* Drall *m.*
spinal *anat.* (spi'nal) *adj.* [5c] spinal, Rückgrat...; *méningite f cérébro-~e* Genickstarre *f.*
spinelle *min.* (spi'nɛl) *m* Spinell *m.*
spiracule *anat.* (spira'kyl) *m* Atemloch *n.*
spiral (spi'ral) **I** *adj.* [5c] □ spiralförmig; Spiral...; *ressort m ~* Spiralfeder *f;* **II** *horl. m* [5c] Spiralfeder *f;* **~e** (~) *f* Spirale *f,* Spiral-, Schnecken-linie *f; advt. en ~* spiralförmig.
spirant (spi'rɑ̃) *adj.* hauchend.
spirante *gr.* (spi'rɑ̃:t) *f* Spirans *f,* Reibe-, Frikativ-laut *m.*
spire (spi:r) *f* **1.** (Spiral-, Schrauben-) Windung *f;* **2.** Gewinde *n der Schnecken;* **3.** *rad.* *~s pl.* Wickelung *f.*
spirée ⚘ (spi're) *f* Spiräe *f.*
spiriforme (spiri'fɔrm) *adj.* spiralförmig.
spirille *biol.* (spi'rij) *m* Spirillum *n,* Schraubenbakterie *f.*
spiri|te (spi'rit) *adj. u. su.* spiritistisch; Spiritist *m;* **~tisme** (~'tism) *m* Spiritismus *m,* Geisterlehre *f.*
spiritual|isation (spiritɥaliza'sjɔ̃) *f* Vergeistigung *f;* **~iser** (~i'ze) [1a] **I** *v/t.* vergeistigen; **II** *v/rfl.* se ~ vergeistigt werden; sich vergeistigen; **~isme** *phil.* (~'lism) *m* Spiritualismus *m;* **~iste** *phil.* (~'list) *adj. u. su.* spiritualistisch; Spiritualist *m.*
spirituel (spiri'tɥɛl) **I** *adj.* [7c] □ **1.** geistig, unkörperlich, übersinnlich; **2.** geistlich; kirchlich; Andachts...; *directeur m ~* Beichtvater *m; livres m/pl. ~s* religiöse Bücher *n/pl.; le pouvoir m ~* die Kirche *f,* der Papst *m;* **3.** sinnbildlich, figürlich; *sens m ~* bildliche Bedeutung *f;* **4.** geistreich, sinnreich, witzig; **II** *m das* Geistliche *n,* Seelsorge *f; die* geistliche Macht *f, das* Kirchenwesen *n.*
spiritu|eux (spiri'tɥø) **I** *adj.* [7d] alkohol- *od.* weingeist-haltig; **II** *m/pl.* Spirituosen *pl.,* geistige Getränke *n/pl.;* **~osité** (~tɥozi'te) *f* Alkoholgehalt *m.*
spiroïde (spirɔ'id) *adj.* spiralförmig.
spiromètre ⚕ (spirɔ'mɛtrə) *m* Atmungsmesser *m.*
splanchnique *anat.* (splɑ̃k'nik) *adj.* Eingeweide...
spleen ⚕, *psych.* (splin) *m* Lebensüberdruß *m,* Schwermut *f.*
splend|eur (splɑ̃'dœ:r) *f* (Licht-, Strahlen-)Glanz *m; fig.* Herrlichkeit *f,* Pracht *f;* **~ide** (~'did) *adj.* □ glänzend, wundervoll, herrlich.
splén|étique ⚕ (splene'tik) *adj. u. su.* milzsüchtig; Milzsüchtiger *m,* Hypochonder *m;* **~ique** 🕮 (~'nik) *adj.* Milz...; **~ite** ⚕ (~'nit) *f* Milzentzündung *f.*
spoli|ateur (spɔlja'tœ:r) *adj. u. su* [7f] räuberisch; Raub...; Räuber *m;* **~atif** (~lja'tif) *adj.* [7e] beraubend; ⚕ *saignée f spoliative* Aderlaß *m;* **~ation** (~ljɑ'sjɔ̃) *f* Beraubung *f,* Plünderung *f;* **~er** (~'lje) *v/t.* [1a] berauben.
spond|aïque *métr.* (spɔ̃da'ik) *adj.* spondeisch; **~ée** *métr.* (~'de) *m* Spondeus *m.*
spongi|aires *biol.* (spɔ̃'ʒjɛ:r) *m/pl.* meerschwammartige Gewächse *n/pl. od.* Tiere *n/pl.;* **~eux** (~'ʒjø) *adj.* [7d] schwammig; **~osité** (~ʒjozi'te) *f* Schwammigkeit *f;* **~te** *min.* (spɔ̃'ʒit) *f* Schwammstein *m.*
spontané (spɔ̃ta'ne) *adj.* spontan, freiwillig, aus eigenem Antrieb handelnd, ursprünglich; plötzlich; wild wachsend; *génération f ~e* Urzeugung *f;* **~ité** (~nei'te) *f* Selbstbestimmung *f,* Spontaneität *f,* Unbefangenheit *f,* Ursprünglichkeit *f;* **~ment** (~ne'mɑ̃) *adv.* spontan, von selbst, aus freiem Antrieb.
sporadique (spɔra'dik) *adj.* □ sporadisch, vereinzelt (auftretend).
spore ⚘ (spɔ:r) *f* Spore *f;* *~s f/pl. migratoires* Schwärmsporen *f/pl.*
sport (~) **I** *m* Sport *m; ~ nautique* Wassersport *m; ~ équestre, ~ féminin, ~ populaire* Reit-, Frauen-, Volks-sport *m; ~ militaire, ~ de défense* Wehrsport *m; faire du ~* Sport treiben; *pratiquer les ~s d'hiver* Wintersport treiben; *~ modéré* Leichtathletik *f; société f de ~* Sportverein *m; ~ motocycliste* Motorradsport *m;* **II** *adj./inv.* Sport...; *des vestes ~* Sportjacken *f/pl.;* **~if** (~'tif) **I** *adj.* [7e] auf den Sport bezüglich, Sport...; sportlich; *journal m ~* Sportzeitung *f; homme m ~ (femme f sportive)* = **II** *su.* Sportsmann *m;* Sportler(in *f*) *m;* **~ivité** (~tivi'te) *f* Sportsgeist *m.*
sportsman (spɔrts'man) *m* (*pl. sportsmen* [~'mɛn]) Sportsmann *m.*
spot *télév.* (spɔt) *m* Abtastfleck *m,* Punkt *m.*
spoutnik *at.* (sput'nik) *m* Sputnik *m,* künstlicher Satellit *m* der U.d.S.S.R.

sprat *zo.* (sprat) *m* Sprotte *f*; **~s** *fumés* Kieler Sprotten *f/pl.*
sprint *Sport* (sprint) *m* Sprint *m*, Wettlauf *m* (*über kurze Strecken*); Kurzstreckenfahrt *f*; **~er**[1] (~'tœ:r) *su.* Kurzstrecken-läufer *m*, -fahrer *m*; **~er**[2] (sprin'te) *v/i.* [1a] sprinten.
sprit (sprit) *m* Sprit *m*, Schnaps *m*.
spumeux (spy'mø) *adj.* [7d] schaumig; schaumbedeckt.
sputation ⚕ (spytɑ'sjɔ̃) *f* Speien *n*.
squale 📖 (skwal) *m* Haifisch *m*.
squam|e 📖 (skwam) *f* Schuppe *f*; **~eux** (~'mø) *adj.* [7d] schuppig.
square (skwa:r) *m* **1.** öffentliche Anlage *f*, Grünplatz *m*; **2.** *néol.* breite, nicht durchfahrbare Straße *f* mit Gärten.
squatter (skwa'tɛ:r) *m* **1.** Ansiedler *m* ohne Rechtstitel in noch ungerodeten Gegenden (*USA*); **2.** F Person *f*, die ohne Genehmigung in e-r leerstehenden Wohnung haust; **3.** Großschafzüchter *m* (*Australien*); **~iser** F (skwatɛri'ze) *v/t.* [1a] e-e leerstehende Wohnung mit Gewalt besetzen.
squelett|e (skə'lɛt) *m* Skelett *n*, Gerippe *n*, Knochengerüst *n* (*a. fig.* magere Person *f*); **~ique** (~'tik) *adj.* skeletthaft, wie ein Skelett.
stabili|sateur (stabiliza'tœ:r) *m* ✈ Seitensteuer *n*, Höhen-, Leitflosse *f*; ⊕ Stabilisator *m*, Kippsicherung *f*; **~sation** (~zɑ'sjɔ̃) *f* Stabilisierung *f*; Festmachen *n*; **~sé** (~'ze) *adj.* wertbeständig; **~ser** (~) *v/t.* [1a] festmachen; fest begründen; ✝ die Währung stabilisieren; *fig.* festsetzen, näher bestimmen, festlegen; **~sme** (~'lism) *m* Festhalten *n* am Hergebrachten; **~té** (~li'te) *f* **1.** Haltbarkeit *f*, Dauerhaftigkeit *f*, Festigkeit *f*; **2.** *a. fig.* Stabilität *f*; *vgl.* 4; **3.** *fig.* Beständigkeit *f*; Festhalten *n an etw.*; **4.** Wertbeständigkeit *f*; **5.** ✈ ~ *dynamique* dynamische Stabilität *f*; ~ *longitudinale* Längsstabilität *f*, Kippsicherheit *f*; ~ *de route* Richtungs-, Kurs-stabilität *f*.
stable ('stablə) *adj.* □ **1.** fest, dauerhaft; **2.** *fig.* beständig, gleichbleibend (*auch v. Wetter*); stetig; **3.** stabil, standfest; ✈ kippsicher; **4.** wertbeständig.
stabulation ↗ (stabylɑ'sjɔ̃) *f*: ~ *libre* Offenstallhaltung *f*.
stade (stad) *m* **1.** *gym.* Stadion *n*, Sportplatz *m*, Kampfbahn *f*, Rennbahn *f*; ~ *de glace* Eisstadion *n*; ~ *nautique* Schwimmstadion *n*; **2.** *fig.* Stadium *n*, Abschnitt *m*.
stad|ia ⚔ (sta'dja) *m*, **~iomètre** ⚔ (~djɔ'mɛtrə) *m* Entfernungsmesser *m* (*für Luftziele*), Flakmeßgerät *n*.
staff ⚠ (staf) *m* Stuck *m*.
stag|e (sta:ʒ) *m* Probezeit *f*; ⚔ Probedienstleistung *f*; Referendarzeit *f*; Ausbildungs-, Ferienkursus *m*, Lehrgang *m*; ~ *culturel* Studienaufenthalt *m während der Ferien*; Teilnehmergruppe *f* an e-m Ferienstudienaufenthalt; *faire un* ~ *allg.* e-n Lehrgang mitmachen; ⚔ abkommandiert sein; **~iaire** (sta'ʒjɛ:r) **I** *adj.* sich für s-n Beruf vorbereitend; ⚔ zur Probedienstleistung abkommandiert; *allg.* im Vorbereitungsdienst; **II** *su.* Referendar(in *f*) *m* (*als Jurist od. Lehrer*); *a.* ⚕ Praktikant(in *f*) *m*; Teilnehmer *m* an e-m Studienaufenthalt *während der Ferien*; *commercial* (*bzw. industriel*) Handels- (*bzw.* Industrie-)volontär *m*.
stag|nant (stag'nɑ̃) *adj.* [7] stagnierend, (still)stehend; ✝ flau; stokkend; **~nation** (~nɑ'sjɔ̃) *f* Stagnieren *n*; ✝ Flauheit *f*; Stockung *f*.
stakhanov|isme *éc.* (stakanɔ'vism) *m* Stachanow-, Hennecke-system *n*; **~iste** *éc.* (~'vist) *m* Stachanow-, Hennecke-arbeiter *m*.
stalacti|forme (stalakti'fɔrm) *adj.* tropfsteinartig; **~te** (~'tit) *f* Stalaktit *m*; ~ *de glace* Eiszapfen *m*.
stalagmit|e 📖 (stalag'mit) *f* aufsteigender Tropfstein *m*, Stalagmit *m*; **~ique** 📖 (~'tik) *adj.* tropfsteinartig.
stalin|ien *pol.* (stali'njɛ̃) **I** *adj.* [7c] stalinistisch; **II** *su.* Stalinist *m*; **~isme** *pol.* (~'nism) Stalinismus *m*.
stalle (stal) *f* **1.** Chorstuhl *m*; **2.** *thé.* Sperrsitz *m*; ~ *d'orchestre* Parkettplatz *m*, Orchestersessel *m*; **3.** (Pferde-)Box *f*, Pferde-stand *m*.
stamin|aire ⚘ (stami'nɛ:r) *adj.*, **~al** ⚘ (~'nal) *adj.* [5c] Staubfäden...; **~é** ⚘ (~'ne) *adj.* mit Staubfäden versehen.
stance *métr.* (stɑ̃:s) *f* Stanze *f*.
stand (stɑ̃:d) *m* **1.** Verkaufs- *od.* Ausstellungs-stand *m*; **2.** Tribüne *f* (*Sportplatz*); **3.** Schießstand *m*.
standard (stɑ̃'da:r) **I** *m* **1.** ✝, ⊕ Norm *f*, Typ *m*, Standard *m*, Muster *n*; **2.** *cin.* fertige Kopie *f*; **3.** *fig.* Niveau *n*, Standard *m*; ~ *de*

vie Lebens-niveau *n*, -standard *m*; **4.** *téléph.* Klappen-, Fernsprechschrank *m*; **5.** Telephonzentrale *f in e-m Hotel, in e-m Verwaltungsgebäude usw.*; **II** *adj./inv.* genormt, Norm..., Standard...; **~isation** (~dizɑ'sjɔ̃) *f* Normung *f*, Standardisierung *f*, Typisierung *f*; Vereinheitlichung *f*; **~iser** (~di'ze) *v/t.* [1a] normen, standardisieren, typisieren; vereinheitlichen; **~iste** (~'dist) *su.* Telephonist(in *f*) *m* in e-r Telephonzentrale (*vgl.* 5).

standing (stɑ̃'diŋ) *m* guter Ruf *m*, Ansehen *n* (*bsd. cin.*), Geltung *f*; Rang *m*, Stand *m*; Ausstattung *f*, Komfort *m* (*Wohnung*).

stannifère ⚗ (stani'fɛ:r) *adj.* zinnhaltig.

staphisaigre ⚘ (stafi'zɛgrə) *f* Läusekraut *n*.

staphylier ⚘ (stafi'lje) *m* Pimpernuß *f*.

staphylin (stafi'lɛ̃) **I** *ent. m* Traubenkäfer *m*; **II** *anat. adj. u. m* (*muscle m*) ~ Zäpfchenmuskel *m*.

stapleur ⊕ (sta'plœ:r) *adj.* [7g]: *chariot m ~ pour long bois* Langholzstapler *m* (*Spezialstapelwagen*).

star *cin.* (sta:r) *f* (Film-)Star *m*, Filmstern *m*; **~lette** *cin.* (star'lɛt) *f* junger Filmstar *m*; Filmstar *m* zweiten Ranges.

starter[1] (star'te) *v/i.* [1a] starten.

starter[2] (star'tɛ:r) *m* **1.** *Sport*: Starter *m*; **2.** *Auto*: Anlasser *m*, Starter *m*, Luftklappe *f*.

starting-block *Sport* (startiŋ'blɔk) *m* [6g] Startblock *m*.

stase ⚕ (stɑ:z) *f* Stockung *f von Säften*.

staticien (stati'sjɛ̃) *m* Statiker *m*.

station (stɑ'sjɔ̃) *f* **1.** Haltung *f*; ~(s) *assise*(s) sitzende Haltung *f* (*od.* Tätigkeit *f*); ~ *debout*, ~ *verticale* aufrechte Haltung *f*; **2.** Stillstehen *n*, Rast *f*, kurzer Aufenthalt *m*; **3.** Aufenthaltsort *m*; 🚂, *tram*, *U-Bahn*, *Bus*: Station *f*; Haltestelle *f*; Station *f* (*in e-m Krankenhaus*); ⚒ ~ *d'essai* Versuchsanstalt *f*; *faire* ~ ausruhen, einkehren; ~ *de correspondance* Umsteige-, Übergangsbahnhof *m*; ~ *de l'espace* Weltraumstation *f*; ~ *de jonction* Verbindungsstation *f*; *chef m de* ~ Stationsvorsteher *m*; **4.** ~ *d'altitude* Höhenluftkurort *m*; ~ *balnéaire od. thermale* Bade-, Kur-ort *m*; ~ *estivale* Sommerkurort *m*; ~ *hivernale* Winterkurort *m*; ~ *de sports d'hiver* Wintersportplatz *m*; ~ *climatique*, ~ *de cure d'air* Luftkurort *m*; **5.** *rl.* ~s Leidensstationen *f/pl.* Christi bei der Kreuztragung; **6.** ⚒ Standort *m e-r Pflanze*; **7.** ⚡ ~ *à grande puissance* Großkraftwerk *n*; *rad.* Großsender *m*; ~ *centrale* elektrische Zentrale *f*; ~ *de charge* Ladestation *f*; ⚡ ~ *de commande* Schaltwerk *n*; ~ *d'essence* Tankstelle *f*; ~ *hydro-électrique* Wasserkraftwerk *n*; ~ *hydraulique*, ~ *de pompage* Pumpwerk *n*, -station *f*; *rad.* ~ *d'émission(s)*, ~ *émettrice*, ~ *de T.S.F.* Rundfunk-, Sende-station *f*, Sendestelle *f*; ~ *d'accumulation par pompage* Pumpspeicherwerk *n*; ~ *d'épuration des eaux* Kläranlage *f*; **8.** ⚓ ~ *navale* Flottenstation *f*; ~ *maritime* Marinestation *f*; ~ **et halte** *Auto* (~e'alt) *f* [6a] Rasthaus *n* mit Tankstelle; **~-frontière** (~frɔ̃'tjɛ:r) *f* [6b] Grenzstation *f*; **~-halte-repos** (~altrə'po) *f* [6a] Verpflegungsbahnhof *m*; **~-hôtel** (~o'tɛl) *f* [6a] Motel *n*.

station|naire (stasjɔ'nɛ:r) **I** *adj.* □ stillstehend, unbeweglich; gleichbleibend; *demeurer* ~ auf demselben Punkte stehenbleiben; nicht weiterkommen; **II** *m* ⚓ Hafen-, Wachtschiff *n*; **~nement** (~sjɔn'mɑ̃) *m* Stehenbleiben *n*, Halten *n*; *Auto*: Parken *n*; ~ *autorisé* Parken gestattet, bewachter Parkplatz *m*; ~ *défendu* (*od. interdit*) Parken verboten; (*parc m de*) ~ Park-platz *m*, -stelle *f*; *Auto*: *feu m de* ~ Standlicht *n*; *au* ~ beim Halten; *en* ~ parkend; **~ner** (~sjɔ'ne) *v/i.* [1a] (kurz) anhalten, stehenbleiben; *Auto*: parken, halten, warten; *défense de ~!* Parken verboten!

station-service *Auto* (stɑ'sjɔ̃sɛr'vis) *f* [6b] Tankstelle *f*.

statique (sta'tik) **I** *adj.* statisch, auf das Gleichgewicht bezüglich; **II** *f* Statik *f*, Gleichgewichtslehre *f*.

statisti|cien (statisti'sjɛ̃) *su.* [7c] Statistiker *m*; **~que** (~'tik) **I** *adj.* statistisch (*a. phys.* = vom Zufall abhängig); *phys. mécanique f* ~ statistische Mechanik *f*; **II** *f* Statistik *f*.

stator ⚡ (sta'tɔ:r) *m* Stator *m*, Ständer *m*.

statoréacteur ✈ (statɔreak'tœ:r) *m* Strahltriebwerk *n*.

statuaire[1] (sta'tɥɛ:r) **I** *adj.* Statuen..., Bildsäulen..., Bildhauer...; **II** *m* Bildhauer *m*; **III** *f* Bildhauerkunst *f*, -arbeit *f*; Bildhauerei *f*.

statuaire² (~) *adj.* satzungs-, statuten-gemäß.

statue (sta'ty) *f* **1.** Statue *f*, Bildsäule *f*, Standbild *n*; ~ *sacrée* Heiligenbild *n*; **2.** *fig.* kühle *od.* energielose Person *f*.

statuer (sta'tɥe) *v/t.* [1a] bestimmen, festsetzen, anordnen, statuieren; ~ *au fond* in der Sache selbst entscheiden, materiell entscheiden; ~ *sur* Beschluß fassen über (*acc.*).

statuette (sta'tɥɛt) *f* Statuette *f*, kleines Standbild *n*.

statufier F (staty'fje) *v/t.* [1a]: ~ *q.* j-m ein Standbild errichten.

statu quo *bsd. pol.* (staty'kwo) *m/inv.* Status quo *m*, bisheriger Zustand *m*; *rester dans le* ~ wie bisher (*od.* unverändert) bleiben.

stature (sta'ty:r) *f* Statur *f*, Körperbau *m*, Wuchs *m*.

statut (sta'ty) *m* **1.** Statut *n*; Satzung *f*; Grundgesetz *n*; ⚖ Verordnung *f*; ~ *déposé* hinterlegte Satzung *f*; *contraire aux* ~*s* satzungswidrig; ~*s pl. personnels* (*réels*) Rechtsstand *m/sg.* der Personen (der Güter); **2.** Lebensstandard *m*; **~aire** (~'tɛ:r) *adj.* □ satzungsgemäß.

stayer *Sport* (ste'jœ:r) *m* Dauer-, Radrenn-fahrer *m*, Steher *m*.

steamer (sti'mœ:r) *m* Dampfer *m*.

stéarin|e (stea'rin) *f* Stearin *n*, Talgfett *n*; **~er** (~'ne) *v/t.* [1a] mit Stearin tränken; **~erie** (~rin'ri) *f* Stearinfabrik *f*.

stéarique ⚗ (stea'rik) *adj.*: *acide m* ~ Stearinsäure *f*.

stéatite *min.* (stea'tit) *f* Steatit *m*.

stéatome ⚕ (stea'tɔm) *m* Steatom *n*, Talggeschwulst *f*.

stéatose ⚕ (stea'to:z) *f* Steatosis *f*, fettige Degeneration *f*.

steeple-chase *Sport* (stiplə'tʃɛ:z) *m* Hindernisrennen *n*.

stégnose ⚕ (steg'no:z) *f* Zusammenziehen *n*.

stèle (stɛl) *f* kleine Säule *f*; Gedenkstein *m*, Grabdenkmal *n*.

stellaire (stɛ'lɛ:r) **I** *adj. ast. u.* ⚘ Stern(en)...; sternförmig; **II** *f* ⚘ Sternkraut *n*.

stellion *zo.* (stɛ'ljɔ̃) *m* Sterneidechse *f*.

stellionat ⚖ (stɛljɔ'na) *m* Grundstücks- *od.* Hypotheken-schwindel *m*; **~aire** ⚖ (~'tɛ:r) *m* (Grundstücks-)Schwindler *m*.

stemmate *ent.* (stɛ'mat) *m* Nebenauge *n*.

stencil ⊕ (stɑ̃'sil) *m* Schablone *f für Adressiermaschinen*; Matrize *f*.

sténo(-dactylo) (ste'no *od.* stenɔdakti'lo) *f* Stenotypistin *f*.

sténodactylographie (stenɔdaktilɔgra'fi) *f* Stenographie *f* u. Maschineschreiben *n*.

sténograph|e (stenɔ'graf) *su.* Stenograph *m*; **~ie** (~'fi) *f* Stenographie *f*, Kurzschrift *f*; **~ier** (~'fje) *v/t.* [1a] stenographieren; **~ique** (~'fik) *adj.* □ stenographisch.

sténo|type (stenɔ'tip) *m* Stenographiermaschine *f*; **~typer** (~ti'pe) *v/t.* [1a] mit der Maschine stenographieren; **~typie** (~ti'pi) *f* Maschinenstenographie *f*; **~typiste** (~ti'pist) *su.* Maschinenstenograph *m*.

stentor (stɑ̃'tɔ:r) *m*: *voix f de* ~ Stentorstimme *f*, sehr laute Stimme *f*.

steppe (stɛp) *f* Steppe *f*.

steppeur (stɛ'pœ:r) *m* Rennpferd *n*, Traber *m*.

stercor|aire (stɛrkɔ'rɛ:r) **I** *adj.* Mist..., misthaltig; im Mist gedeihend; **II** *m orn.* Raubmöwe *f*; *ent.* Mistkäfer *m*; **~al** (~'ral) *adj.* [5c] Kot..., Mist...

stère (stɛ:r) *m* Fest-, Kubik-meter *m*, Ster *m* (*Holzmaß*); *bois m de* ~ Klafterholz *n*.

stéréo|chimie (stereɔʃi'mi) *f* Stereochemie *f*; **~chromie** (~krɔ'mi) *f* Stereochromie *f*; **~graphie** (~gra'fi) *f* Stereographie *f*, perspektivische Darstellung *f*.

stéréomé|trie *géom.* (stereɔme'tri) *f* Stereometrie *f*, Raumlehre *f*; **~trique** (~'trik) *adj.* stereometrisch.

stéréophonie *cin.* (~fɔ'ni) *f* Raumton *m*.

stéréoscop|e (stereɔ'skɔp) *m* Stereoskop *n*, Betrachtungsgerät *n*; **~ique** (~'pik) *adj.* □ stereoskopisch.

stéréoty|page (stereɔti'pa:ʒ) *m* Stereotyp-, Platten-druck *m*; **~pe** (~'tip) **I** *adj.* **1.** *fig.* stereotyp, in fester Form, unabänderlich; **2.** *typ.* mit (Schrift-)Platten hergestellt (*od.* gedruckt), Stereotyp...; **II** *m* Stereotyp(-platte *f od.* -druck *m*) *n*; **~per** (~ti'pe) *v/t.* [1a] *typ.* stereotypieren; *fig.* e-e unabänderliche Form geben; der Entwicklung entziehen; *stéréotypé* sich immer gleichbleibend; *phrase f stéréotypée* stehende *od.* abgedroschene Redensart *f*; **~peur** *typ.* (~'pœ:r) *m* Stereotypendrucker *m*; **~pie** (~'pi) *f typ.* Stereotypie *f*, Druckplattenguß *m*.

stérer (ste're) *v/t.* [1f] Holz nach Festmetern messen.

stéri|le (ste'ril) *adj.* □ **1.** unfruchtbar (*en* an *dat.*); keimfrei, sterilisiert; *année f* ~ Jahr *n* der Mißernte; *siècle m* ~ *en grands hommes* an großen Männern armes Jahrhundert *n*; **2.** *fig.* nutzlos, ergebnislos, vergeblich, unfruchtbar; **3.** ⚒ taub (*Gestein*); **~lisation** (~lizɑ'sjɔ̃) *f* Unfruchtbarmachen *n*; ⚕ Sterilisierung *f*, Entkeimung *f*, Keimfreimachen *n*; **~liser** (~li'ze) *v/t.* [1a] unfruchtbar machen; ⚕ sterilisieren, keimfrei machen; **~lité** (~li'te) *f* Unfruchtbarkeit *f*; *fig.* Unergiebigkeit *f*; Mangel *m*, Leere *f*; ⚒ Taubheit *f* (*des Gesteins*); ~ *de pensées* Gedankenarmut *f*.

sterlet *icht.* (stɛr'lɛ) *m* Sterlet *m*, Zwergstör *n*.

sternum 🕮 (stɛr'nɔm) *m* Brustbein *n*.

sternuta|tif *phm.* (stɛrnyta'tif) *adj.* [7e] Niesen erregend, Nies...; **~tion** (~tɑ'sjɔ̃) *f* Niesen *n*; **~toire** (~ta'twa:r) **I** *adj.* zum Niesen reizend; Nies...; *poudre f* ~ Niespulver *n*; **II** *m* Niespulver *n*.

stétho|mètre ⚕ (stetɔ'mɛ:trə) *m* Brustmesser *m*; **~métrie** ⚕ (~me'tri) *f* Brustmessung *f*; **~scope** ⚕ (~s'kɔp) *m* Hörrohr *n*; **~scopique** ⚕ (~skɔ'pik) *adj.* stethoskopisch.

stick (stik) *m* **1.** Spazier-, Reitstöckchen *n*; *Sport*: Eishockeyschläger *m*; **2.** *un* ~ *de savon à raser* e-e Stange *f* Rasierseife; **3.** ✈ *un* ~ *de parachutistes* e-e Gruppe *f* von Fallschirmspringern.

stigma|te (stig'mat) *m* **1.** Narbe *f*, Haut-mal *n*, -zeichen *n*; Brandmal *n*; **2.** *péj.* Schand-fleck *m*, -mal *n*; **3.** *rl.* ~*s pl. du Christ* Wundmale *n/pl.* Christi; **4.** *ent.* Stigma *n*, äußere Atemöffnung *f*; **5.** ⚘ Stigma *n*, Narbe *f* des Fruchtknotens; **~tique** (~'tik) *adj.* Wundmale zeigend, ⚘ Narben...; **~tisation** (~tizɑ'sjɔ̃) *f bsd. fig.* Brandmarkung *f*; **~tiser** (~ti'ze) *v/t.* [1a] *bsd. fig.* brandmarken, geißeln.

still *cin.* (stil) *m* Filmphoto *n*.

stillation (stilɑ'sjɔ̃) *f* Tröpfeln *n*, Träufeln *n*, Sickern *n*.

stilligoutte *phm.* (stili'gut) *m u. adj./inv.* Tropfenzähler *m*, Tropfglas *n*.

stimu|lant (stimy'lɑ̃) *adj.* [7] *u. m* anreizend; *fig.* anregend; Reizmittel *n* (*a. fig.*), Anregungs-, Aufpeitschungs-mittel *n*; *fig.* Ansporn *m*, Anregung *f*; **~lation** (~lɑ'sjɔ̃) *f* Reizung *f*, Anregung *f* (*a. fig.*); **~ler** (~'le) *v/t.* [1a] ⚕ reizen, anregen; *fig.* anspornen; **~lus** (~'lys) *m* ⚕ (*u. fig.*) Reiz *m*; *fig.* Antrieb *m*.

stipe ⚘ (stip) *m* Strunk *m*, Stiel *m*.

stipelle ⚘ (sti'pɛl) *f* Nebenblättchen *n*.

stipend|iaire (stipɑ̃'djɛ:r) *adj. u. m* um Sold dienend, Söldner..., Sold-...; *bsd.* ⚔ Söldner *m*; **~ié** (~'dje) **I** *su.* Söldling *m*; *bsd.* ⚔ Söldner *m*; **II** *adj.* gedungen; **~ier** *péj.* (~) *v/t.* [1a] im Solde haben; dingen.

stipu|lant (stipy'lɑ̃) *adj.* [7] stipulierend; *les parties* ~*es* die Kontrahenten *m/pl.*; **~lation** (~lɑ'sjɔ̃) *f* Stipulation *f*, vertragliche Abmachung *f*, Vereinbarung *f*, Bedingung *f*, Bestimmung *f*, *bsd.* ✝ Absprache *f*.

stipule ⚘ (sti'pyl) *f* Nebenblatt *n*, Blattansatz *m*.

stipuler *a.* ⚖ (stipy'le) *v/t.* [1a] vertragsmäßig festsetzen, vereinbaren.

stock (stɔk) *m* Vorrat *m*, Lagerbestand *m*, Warenvorrat *m*; ~ *sur le carreau* Haldenvorrat *m*; ~ *de munitions* Munitions-vorrat *m*, -bestand *m*; ~ *restant* Restlager *n*; *avoir en* ~ vorrätig haben.

stockage ✝, ⊕ (stɔ'ka:ʒ) *m* Aufstapelung *f*, Einlagerung *f*, Auslagern *n*; *emplacement m de* ~ Lagerplatz *m*.

stock-car *Auto* (~'ka:r) *m* [6g] (Hindernisrennen *n* mit e-m) Testwagen *m*.

stock|er (stɔ'ke) *v/t.* [1a] auf Lager nehmen *od.* haben, aufspeichern (*a. fig.*); lagern, aufstapeln; **~eur** (stɔ'kœ:r) *m* Lagerarbeiter *m*; ⊕ Stapelgerät *n*.

stockfisch ✝ (stɔk'fiʃ) *m* Stockfisch *m*; jede Art von geräuchertem u. getrocknetem Fisch *m*.

stockiste (stɔ'kist) *m* Warenlagerbesitzer *m*; Lagervertreter *m*.

stoff ✝ (stɔf) *m* leichter Wollstoff *m*.

stoï|cien *phil.* (stɔi'sjɛ̃) *adj. u. su.* [7c] stoisch; Stoiker *m*; *fig.* standhaft(e Person *f*); **~cisme** (~'sism) *m* Stoizismus *m*; *fig.* Gleichmut *m*; **~que** *allg.* (stɔ'ik) *adj.* □ stoisch, gleichmütig, standhaft.

stolon ⚘ (stɔ'lɔ̃) *m* Ausläufer *m*.

stoma|cal ⚕ (stɔma'kal) *adj.* [5c] Magen...; **~chique** ⚕ (~'ʃik) *adj. u. m* magenstärkend(es Mittel *n*); (*élixir m*) ~ Magentropfen *m/pl.*

stomate ⚘ (stɔ'mat) *m* Pore *f*.

stomatique ⚕ (stɔma'tik) *adj.* den Mund betreffend, Mund...

stomatite ⚕ (~'tit) *f* Mundentzündung *f*; ~ *ulcéreuse* Mundfäule *f*.
stomato|logie ⚕ (~tɔlɔ'ʒi) *f* Lehre *f* von den Mundkrankheiten; **~scope** ⚕ (~'skɔp) *m* Mundspiegel *m*.
stop (stɔp) **I** *int.* ~! stopp!, halt!; *aller en* ~, *faire du* ~ per Anhalter fahren; **II** *m* Stopp-, Brems-licht *n* (*am Auto*). [halten *n*.}
stoppage¹ ⊕ (stɔ'pa:ʒ) *m* An-}
stoppage² (~) *m* (Kunst-)Stopfen *n*.
stopper¹ (stɔ'pe) [1a] **I** *v/t.* ⊕, *Sport*: anhalten; ⊕, *mach.* abstellen, absperren; **II** *v/i.* *Auto*: halten, stoppen.
stopper² (~) *v/t.* [1a] kunstvoll stopfen, ausbessern.
stoppeur (stɔ'pœ:r) *su. u. adj.* [7g] (*ouvrière f stoppeuse*) Kunststopfer(in *f*) *m*. [(*Heilsalbe*).}
storax *phm.* (stɔ'raks) *m* Styrax *m*}
store (stɔ:r) *m* (Fenster-)Rollvorhang *m*, Markise *f*, Rouleau *n*.
strabique ⚕ (stra'bik) *adj.* schielend. [*n*.}
strabisme ⚕ (stra'bism) *m* Schielen}
stradivarius ♪ (stradiva'rjys) *m* Stradivariusgeige *f*.
stramoine ⚘ (stra'mwan) *f* Stechapfel *m*; Tollkraut *n*.
strangul|ateur (strɑ̃gyla'tœ:r) *m* Erwürger *m*; **~ation** (~la'sjɔ̃) *f* Erwürgung *f*, Erdrosselung *f*.
strangurie ⚕ (strɑ̃gy'ri) *f* Harnzwang *m*.
strapontin (strapɔ̃'tɛ̃) *m a. Auto, thé., cin.*: Klappsitz *m*. [burg *n*.}
Strasbourg (straz'bu:r) *m* Straß-}
strasbourgeois (strazbur'ʒwa) *adj.* [7] *u.* ♀ *su.* straßburgisch; Straßburger *m*. [scher Glanz *m*.}
strass (stras) *m* Straß *m*; *fig.* fal-}
strasse (~) Flockseide *f*.
stratagème (strata'ʒɛm) *m* (Kriegs-)List *f*; *allg.* List *f*, Trick *m*, Dreh *m*.
strate *géol.* (strat) *f* Schicht *f*.
stra|tège (stra'tɛ:ʒ) *m* Stratege *m*, Heerführer *m*; **~tégie** (~te'ʒi) *f* Strategie *f*, Kriegführung *f*, Feldherrnkunst *f*; **~tégique** (~te'ʒik) *adj.* □ strategisch; kriegswichtig; *fig. point m* ~ Verkehrsknotenpunkt *m*; **~tégiste** (~te'ʒist) *m* Stratege *m*; Kriegsschriftsteller *m*.
strati|fication (stratifika'sjɔ̃) *f géol.* Schichtenbildung *f*; **~fié** (~'fje) *m Art* Wachstuchdecke *f*, **~fier** (~) *v/t.* [1a] schichtenförmig lagern, schichten; *montagnes f/pl. stratifiées* Flözgebirge *n*; **~forme** (~ti'fɔrm) *adj.* schichtförmig, flözartig; **~graphie** (~gra'fi) *f* Beschreibung *f* der Erdschichten; **~graphique** (~gra'fik) *adj.* erdschichtenkundlich.
strato|sphère (stratɔ'sfɛ:r) *f* Stratosphäre *f*; **~sphérique** (~sfe'rik) *adj.* stratosphärisch. [Schicht-wolke *f*.}
stratus (stra'tys) *m* Stratus-,}
strepto|coccique ⚕ (strɛptɔkɔk'sik) *adj.*: *infection f* ~ Streptokokkeninfektion *f*; **~coque** ⚕ (~'kɔk) *m* Streptokokkus *m*, Eitererreger *m*.
strict (strikt) *adj.* □ **1.** streng, genau; *le ~ nécessaire* das Allernotwendigste *n*; **2.** pünktlich, genau, akkurat; *~ement parlant* genau gesagt (*od.* genommen).
strid|ent (stri'dɑ̃) *adj.* [7] gellend, kreischend, schrill; quiekend; **~ulant** *ent.* (~dy'lɑ̃) *adj.* zirpend; **~ulation** (~dyla'sjɔ̃) *f* Zirpen *n*; **~uleux** (~dy'lø) *adj.*: *bruits m/pl.* ~ pfeifende Geräusche *n/pl.* (*z. B. der Atmungsorgane*).
stri|e (stri) *f* Streifen *m*, Riefe *f*, Rille *f*; Riß *m*, Striemen *m*; *géol.* Gletscherschliff *m*; **~é** (stri'e) *adj.* [7] gestreift, mit Streifen versehen; *fig.* durchfurcht (*de* von); **~er** (~) *v/t.* [1a] ritzen, Risse machen; *fig.* ~ *le ciel* den Himmel durchfurchen; **~oscopie** *phot.* (~ɔskɔ'pi) *f* Schlierenaufnahme *f*. [felung *f*, Rille *f*.}
striure (stri'y:r) *f* Streifen *m*, Rie-}
strippeur ⊕ (stri'pœ:r) *adj.* [7g]: *dispositif m* ~ Abschiebevorrichtung *f*. [Hopfen-)Zapfen *m*.}
strobile ⚘ (strɔ'bil) *m* (Tannen-,}
stroborama *cin.* (strɔbɔra'ma) *m* Kamera *f* mit sehr kurzer Aufnahmezeit, Ultrablitzkamera *f*.
strophantine *phm.* (strɔfɑ̃'tin) *f* Strophantin *n*.
strophe (strɔf) *f* Strophe *f*.
stross ⚒ (strɔs) *m* Strosse *f*, Sohle *f*.
structur|al (strykty'ral) *adj.* [5c] strukturmäßig, Bau...; **~e** (~'ty:r) *f* Struktur *f*, Gefüge *n*, Bau(art *f*) *m*; Anordnung *f*, Aufbau *m*.
strych|nine *phm.*, ☠ (strik'nin) *f* Strychnin *n*; **~nos** (~'nɔs) *m* Brechnuß(baum *m*) *f*.
stryge *myth.* (stri:ʒ) *f* Vampir *m*.
stuc (styk) *m* (Gips-)Stuck *m*; **~ateur** (~ka'tœ:r) *m* Stukkateur *m*.
studi|eux (sty'djø) *adj.* [7d] □ lernbegierig, fleißig (studierend); eifrig; **~o** (sty'djo) *m* Studio *n*; (Künstler-)Arbeits-, Einzel-zimmer *n*; Ein-

zimmerwohnung *f*; *rad.* Senderaum *m*; kombinierter Wohnraum *m*, modernes Wohnzimmer *n*; ~ (*de film*) (Film-)Atelier *n*.

stupé|faction (stypefak'sjɔ̃) *f* **1.** höchstes Erstaunen *n*, Bestürzung *f*, Verblüffung *f*; **2.** ⚕ Betäubung *f*; **~fait** (~'fɛ) *adj.* [7] höchst erstaunt, bestürzt, verblüfft; **~fiant** (~'fjɑ̃) *adj.* [7] *u. m* **1.** betäubend(es Mittel *n*); Rauschgift *n*, **2.** *fig.* verblüffend; **~fier** (~'fje) *v/t.* [1a] **1.** in Erstaunen setzen, verblüffen; **2.** ⚕ betäuben.

stup|eur (sty'pœːr) *f* **1.** ⚕ Betäubung *f*; **2.** *fig.* Bestürzung *f*, Verblüffung *f*; **~ide** (~'pid) **I** *adj.* □ dumm, blöde, stupide, stumpfsinnig; sinnlos; **II** *su.* Dummkopf *m*; **~idité** (~pidi'te) *f* Dummheit *f*, Stumpfsinn *m*; Sinnlosigkeit *f*.

stupre ('stypɾə) *m* Schändung *f*.

stuquer △ (sty'ke) *v/t.* [1a] stukkieren.

stylé (sti'le) *adj.* **1.** geübt, gewandt, geschult; **2.** ⚘ griffeltragend.

style (stil) *m* **1.** *antiq.* (Schreib-)Griffel *m*; **2.** Stil *m*, Schreibart *f*; ~ *de chancellerie* Kanzleistil *m*; ~ *du palais* Gerichtsstil *m*; ~ *épistolaire* Briefstil *m*; **3.** *bildende Künste*, △, ♪: Stil *m*, Manier *f*; **4.** Zeitrechnung *f* (*nach dem Julianischen Kalender*); **5.** ⚘ Griffel *m*; **6.** Zeiger *m e-r Sonnenuhr*; **7.** ~ *de vie* Lebensstil *m*; **8.** F *fig.* Tonart *f*; *changer de* ~ e-n anderen Ton an- schlagen.

styler (sti'le) *v/t.* [1a] anlernen, schulen, abrichten, sich heranziehen.

stylet (sti'lɛ) *m* **1.** Stilett *n* (*kleiner Dolch*); **2.** *chir.* Sonde *f*.

styli|ser (stili'ze) *v/t.* [1a] stilisieren; **~sme** *péj.* (~'lism) *m* stilistische Manieriertheit *f*; **~ste** (~'list) *m* Stilist *m*, Künstler *m* des Ausdrucks; Mode-zeichner *m*, -schneider *m*; *Sport*: *maître m* ~ Stilmeister *m*; **~stique** (~lis'tik) *f* Stilistik *f*, Stillehre *f*; **~te** *hist. rl.* (sti'lit) *m* Säulenheiliger *m*.

stylo (sti'lo) *m* Füller *m*, Füllfederhalter *m*; **~bate** △ (stilɔ'bat) *m* Plinthe *f*, Säulenstuhl *m*; ~ *à bille* = **~-bille** (stilo'bij) *m* [6b] (*pl.* **~s-***bille*) Kugelschreiber *m*; **~graphique** (~lɔgra'fik) *adj.*: *encre f* ~ Füllertinte *f*; **~mine** (~lɔ'min) *m* Drehbleistift *m*.

styloïde (stilɔ'id) *adj.* griffelförmig.

styptique ⚕ (stip'tik) *adj. u. m* zusammenziehend(es) *od.* blutstillend(es Mittel *n*).

styrax *phm.* (sti'raks) *m* Styrax *m* (*Heilsalbe*).

su (sy) **I** *p/p. von savoir*; **II** *m au* ~ *de* mit Wissen von; *au vu et au* ~ *de tout le monde* vor aller Augen.

sua|ge (sɥaːʒ) *m* **1.** Schwitzen *n des Holzes*; **2.** ⚓ Einfetten *n e-s Schiffes*; **~ger** (sɥa'ʒe) *v/t.* [1l] *ein Schiff* mit Fett bestreichen.

suaire (sɥɛːr) *m* **1.** Leichentuch *n*; **2.** *rl.* Schweißtuch *n*.

suant (sɥɑ̃) *adj.* schweißig (*Hand*); schwitzend (*Haar*).

suav|e (sɥaːv) *adj.* □ lieblich, anmutig, einschmeichelnd, zart (*Musik*); zart (*Parfüm*); **~ité** (sɥavi'te) *f* Lieblichkeit *f*; Zartheit *f*.

subalpin (sybal'pɛ̃) *adj.* [7] subalpin, am Fuße der Alpen gelegen.

subalter|ne (sybal'tɛrn) **I** *adj.* subaltern, untergeordnet; *fig.* nebensächlich; **II** *m* subalterner Beamter *m*, Unter-geordneter *m*, -beamter *m*; **~niser** (~ni'ze) *v/t.* [1a] unterordnen; **~nité** (~ni'te) *f* untergeordnete Stellung *f*.

subcon|science (sypkɔ̃'sjɑ̃ːs) *f* Unterbewußtsein *n*; **~scient** (~'sjɑ̃) **I** *m* Unterbewußtsein *n*; **II** *adj.* [7] unterbewußt.

subdélégué (sybdele'ge) *m* Subdelegierter *m*, Unterabgeordneter *m*.

subdivi|ser (sybdivi'ze) *v/t.* [1a] unterteilen; **~sion** (~'zjɔ̃) *f* Unterteilung *f*, Abschnitt *m*; *Fr.* ⚔ Departementswehrkreis *m*.

subéreux (sybe'rø) *adj.* [7d] korkartig.

subir (sy'biːr) *v/t.* [2a] erleiden, erdulden, aushalten, über sich ergehen lassen; erfahren, durchmachen; ~ *une épreuve* e-e Probe bestehen; ~ *un examen* e-e Prüfung machen; ~ *l'influence de q.* unter j-s Einfluß stehen; ~ *un interrogatoire* verhört werden; *faire* ~ *un interrogatoire à q.* j-n verhören; ~ *sa destinée* sich s-m Schicksal unterwerfen; ~ *une peine* eine Strafe verbüßen; ~ *la question* auf die Folter gespannt werden; *le livre a subi des remaniements* das Buch ist umgearbeitet worden.

subit (sy'bi) *adj.* [7d] □ plötzlich.

subito F (sybi'to) *adv.* plötzlich.

subjacent (sybʒa'sɑ̃) *adj.* [7] darunterliegend.

subjec|tif (sybʒɛk'tif) *adj.* [7e] □ subjektiv; unsachlich; **~tivité** (~tivi'te) *f* Subjektivität *f*; Unsachlichkeit *f*.

subjonctif *gr.* (sybʒɔ̃k'tif) **I** *adj.* [7e] konjunktivisch; **II** *m* Konjunktiv *m*.

subjonctivite *ling.* (sybʒɔ̃kti'vit) *f* Mißbrauch *m* des Konjunktivs.

subjug|ation (sybʒyga'sjɔ̃) *f* Unterwerfung *f*; **~uer** (~'ge) *v/t.* [1m] unterwerfen, unterjochen; bändigen; *fig.* bezwingen.

sublim|able (sybli'mablə) *adj.* sublimierbar; **~ation** (~ma'sjɔ̃) *f* Sublimation *f*.

sublime (sy'blim) **I** *adj.* □ **1.** erhaben; *hist. la* ♀ *Porte* die Hohe Pforte *f*; **2.** F *a. iron.* phantastisch, großartig; **II** *das* Erhabene *n*.

sublim|é (sybli'me) *adj. u. m* sublimiert; Sublimat *n*; ~ *corrosif* ätzendes Quecksilbersublimat *n*; **~er** (~) *v/t.* [1a] sublimieren; *fig.* vergeistigen, verklären, in höhere Sphären rücken, läutern.

sublimité (syblimi'te) *f* Erhabenheit *f*.

sublunaire (sybly'nɛ:r) *adj.* unter dem Mond befindlich; zwischen Erde und Mond, sublunar; *plais. le monde m* ~ unsere Erde *f*.

submer|ger (sybmɛr'ʒe) [1l] *v/t.* **1.** unter Wasser setzen, überschwemmen, überfluten; **2.** untertauchen, versenken; überhäufen, überschütten; *être submergé de besogne* vor Arbeit nicht aus noch ein wissen; **3.** ⚔ überwältigen; überrollen; **~sibilité** (~sibili'te) *f* Tauchfähigkeit *f e-s U-Boots*; **~sible** (~'siblə) **I** *adj.* überschwemmbar, untertauchbar; ⚘ untertauchend, unter Wasser lebend (*Pflanze*); tauchfähig (*U-Boot*); **II** *m* U-Boot *n*, Unterseeboot *n*; **~sion** (~mɛr'sjɔ̃) **1.** völlige Überschwemmung *f*; **2.** Versenken *n*, Versenkung *f*, Ertränken *n*; *mort f par* ~ Tod *m* durch Ertrinken.

subodorer (sybɔdɔ're) *v/t.* [1a] wittern; *fig.* ahnen, vermuten.

subor|dination (sybɔrdina'sjɔ̃) *f* **1.** Unterordnung *f* (*a. gr.*); ⚔ Dienstgehorsam *m*; **2.** Abhängigkeit *f*; **~donné** (~dɔ'ne) *su.* Untergeordneter *m*, Untergebener *m*; **~donnée** *gr.* (~) *f* Nebensatz *m*; **~donner** (~) *v/t.* [1a] unterordnen; ~ *qch. à qch.* etw. von e-r Sache abhängig machen *od.* e-r Sache unterordnen; *proposition* ~*e* Nebensatz *m*.

suborn|ation *bsd.* ⚖ (sybɔrna'sjɔ̃) *f* Verführung *f*; Bestechung *f* (*bsd. von Zeugen*); **~er** (~'ne) *v/t.* [1a] verführen; ~ *des témoins* Zeugen zu e-r falschen Aussage anstiften; **~eur** (~'nœ:r) *adj. u. su.* [7g] verführend; Anstifter *m*.

subrécargue ⚓ (sybre'karg) *m* Schiffsfrachtbevollmächtigter *m*, Frachtaufseher *m*, Superkargo *m*.

subrep|tice (sybrɛp'tis) *adj.* □ **1.** ⚖ erschlichen; **2.** verstohlen, heimlich; **~tion** (~rɛp'sjɔ̃) *f* Erschleichung *f*.

subro|gateur (sybrɔga'tœ:r) **I** *m* **1.** ⚖ zweiter Referent *m od.* Berichterstatter *m*; **2.** ⚖ Abtreter *m* e-r Forderung; **II** *adj.* [7f] an die Stelle e-s anderen setzend; *acte m* ~ Forderungs-abtretung *f*, -übertragung *f*; **~gation** ⚖ (~ga'sjɔ̃) *f* Subrogation *f*, gerichtliche Einsetzung *f* in die Rechte e-s anderen; **~ger** ⚖ (~'ʒe) *v/t.* [1l] in die Rechte e-s anderen einsetzen; **~gé-tuteur** ⚖ (~ʒety'tœ:r) *m* [6a] gerichtlich ernannter Gegenvormund *m*.

subséquemment (sypseka'mɑ̃) *adv.* **1.** darauf; **2.** infolgedessen.

subséquent (sypse'kɑ̃) *adj.* [7] (nach)folgend.

subsi|de (syp'sid) *m* **1.** Zuschuß *m*, Beisteuer *f*, Subvention *f*, Unterstützung *f*; **2.** ~*s pl.* Hilfsgelder *n/pl.*; **~dence** *géol.* (~'dɑ̃:s) *f* Senkung *f*; **~diaire** (~'djɛ:r) *adj.* □ unterstützend, zusätzlich, bekräftigend, Hilfs...; an zweiter Stelle eintretend; **~diairement** (~djɛr'mɑ̃) *adv.* zusätzlich, nachträglich, an zweiter Stelle, notfalls; **~diarité** *a. phil.* (~djari'te) *f* sekundäre Bedeutung *f*, Nebenrolle *f*.

subsis|tance (sypsis'tɑ̃:s) *f* **1.** Lebensunterhalt *m*, Auskommen *n*; *assumer sa* ~ für s-n Lebensunterhalt selbst aufkommen; **2.** (*bsd.* ~*s pl.*) Verpflegung *f*, Proviant *m*, Lebensmittel *n/pl.* e-s Heeres, Verpflegungswesen *n*; Proviantamt *n*; *commis m aux* ~*s* Intendanturbeamter *m*; **~tant** (~'tɑ̃) **I** *adj.* [7] sich erhaltend, weiter bestehend; **II** *m* Soldat *m* in Verpflegung; **~ter** (~'te) *v/i.* [1a] **1.** bestehen, vorhanden sein; **2.** in Kraft bleiben, Bestand haben; **3.** s-n Unterhalt haben, sich ernähren; ⚔ *faire* ~ verpflegen.

substan|ce (syp'stɑ̃:s) *f* **1.** Substanz *f* (*a. phil.*), Stoff *m*, Materie *f*;

~ nutritive (*od. alimentaire*) Nährstoff *m*; *~ édulcorante* Süßstoff *m*; **2.** *fig. das* Wesentliche *n*, wesentlicher Inhalt *m*, Inbegriff *m*, Hauptinhalt *m*, Kernpunkt *m*, tragender Gedanke *m*, Gehalt *m*; *advt.* en ~ im wesentlichen, **~tialiser** *phil.* (~sjali'ze) *v/t.* [1a] als Substanz (*od.* Materie) betrachten; **~tialisme** *phil.* (~sja'lism) *m* Substantialismus *m*, Lehre *f* von der Seele als e-e Substanz, als ein dinghaftes Wesen; **~tialiste** *phil.* (~sja'list) *m* Substantialist *m*, Anhänger *m* der Lehre des Substantialismus; **~tialité** *phil.* (~sjali'te) *f* Wesentlichkeit *f*, Substanzsein *n*; **~tiel** (~'sjɛl) *adj.* [7c] □ **1.** *phil.* substantiell; **2.** nahrhaft, kräftig *fig.* wesentlich, inhaltsreich; **~tif** (~'tif) **I** *adj.* [7e] □ substantivisch; **II** *m gr.* Hauptwort *n*; **~tiver** *gr.* (~ti've) *v/t.* [1a] substantivieren, substantivisch gebrauchen.

substi|tuant (sypsti'tɥɑ̃) *m* Ersatzmann *m*; **~tué** (~'tɥe) *m*: (*héritier m*) ~, *~ fidéicommissaire* Nacherbe *m*; **~tuer** (~) [1a] **I** *v/t.* **1.** *~ qch. à qch.* etw. durch etw. ersetzen; **2.** ⚖ zum Nacherben einsetzen; **II** *v/rfl. se ~ à q.* sich an j-s Stelle setzen; **~tut** (~'ty) *m* **1.** Stellvertreter *m*; **2.** ⚖ Staatsanwaltsvertreter *m*; **3.** ⊕ Surrogat *n*; **~tution** (~ty'sjɔ̃) *f* Ersetzen *n*, Vertauschung *f*, Stellvertretung *f*; Einsetzung *f* e-s Nacherben; ⚖ Einsetzung *f*; *ling. ~ de consonnes* Lautverschiebung *f*.

substrat (syp'stra) *m*, **~um** (~'tɔm) *m* Substrat *n*, Unterschicht *f*.

substruc|tion △ (sypstryk'sjɔ̃) *f* Grundbau *m*; Tiefbau *m*; Unterbau *m*; **~ture** (~'ty:r) *f* Unterbau *m*.

subterfuge (sypter'fy:ʒ) *m* Ausflucht *f*, Ausrede *f*; *~s pl.* Winkelzüge *m/pl.*, Schliche *m/pl.*

subtil (syp'til) *adj.* □ **1.** dünn, fein, zart; **2.** ⚗ leicht eindringend; *fig. vue f ~e* durchdringender Blick *m*; **3.** *fig.* gewandt; scharfsinnig; subtil; spitzfindig; listig, schlau, durchtrieben; **~isation** ⚗, ⚗ (~liza'sjɔ̃) *f* Verdünnung *f*; ⚗ Läuterung *f*; **~iser** (~li'ze) [1a] **I** *v/t.* **1.** verfeinern, flüchtiger machen; ⚗ läutern; **2.** P mausen, klauen, abluchsen, unterschlagen, organisieren F; **3.** P übers Ohr hauen, betrügen; **II** *v/i.* spintisieren, grübeln; **III** *v/rfl.* se ~ verdünnt (*od.* verfeinert) werden; P verschwinden; **~iseur** (~li'zœ:r) *m* Spintisierer *m*, Grübler *m*; **~ité** (~li'te) *f* **1.** Dünne *f*, Feinheit *f*; **2.** schnelles Eindringen *n*; *fig.* Schärfe *f*; Gewandtheit *f*; **3.** *fig.* Scharfsinn *m*; Spitzfindigkeit *f*, Subtilität *f*; Durchtriebenheit *f*.

subulé ⚘ (syby'le) *adj.* pfriemenförmig.

suburbain (sybyr'bɛ̃) *adj. u. su.* [7] vorstädtisch, Vorstadt...; Vorort...; Vorstädter *m*.

subvenir (sybvə'ni:r) *v/i.* [2a]: *~ à qch.* etw. auf sich nehmen, für etw. aufkommen, etw. bestreiten.

subvention (sybvɑ̃'sjɔ̃) *f* geldliche Unterstützung *f*, Beihilfe *f*, Zuschuß *m*, Subvention(ierung *f*) *f*; **~nel** (~sjɔ'nɛl) *adj.* [7c] als Unterstützung dienend, Unterstützungs-...; **~ner** (~'ne) *v/t.* [1a] geldlich unterstützen, subventionieren.

subver|sif (sybvɛr'sif) *adj.* [7e] umstürzlerisch, staatszersetzend; Umsturz...; **~sion** *pol.* (~'sjɔ̃) *f* Unterwanderung *f*, Zersetzungstätigkeit *f*.

suc (syk) *m* Saft *m*; *fig. das* Beste *n*, *der* Kern *m*, *das* Wesen *n e-r Sache*; *physiol. ~ gastrique* Magensaft *m*.

succédané *phm.*, *Kaffee usw.* (syksedа'ne) *adj. u. m* als Ersatz dienend; Ersatz *m*, Surrogat *n*.

succéder (sykse'de) [1f] (*mit avoir!*) **I** *v/i.* **1.** *~ à q.* auf j-n folgen; j-s Stelle einnehmen; *~ au trône* j-m auf dem Throne folgen; **2.** *~ à q.* j-n beerben; **II** *v/rfl.* se (*dat.*) ~ aufeinanderfolgen; *mit p/p. inv.*: *les pluies se sont succédé sans interruption* die Regenfälle folgten ununterbrochen aufeinander.

succès (syk'sɛ) *m* Erfolg *m* (*außer in mauvais ~ „Mißerfolg" nur in positivem Sinne!*); Glück *n*, Gelingen *n*; *thé.* Beifall *m*; *avoir du ~* Erfolg haben; *thé.* Beifall finden; F *avoir des ~* Anklang bei den Frauen (*od.* Mädchen) finden; *avoir grand ~* großen Anklang (*od.* e-n starken Beifall) finden; *~ d'estime* nur mäßige Anerkennung *f* (*e-s Werkes*); *~ d'hilarité* Heiterkeitserfolg *m*; *~ fou* stürmischer Beifall *m*; *poète à ~* erfolgreicher Dichter *m*; *film m à ~* Filmschlager *m*.

success|eur (syksɛ'sœ:r) *m* † Nachfolger *m*; Thronfolger *m*; *~ juridique* Rechtsnachfolger *m*; **~ibilité** ⚖ (~sibili'te) *f* Erbberechtigung *f*; **~ible** ⚖ (~'siblə) *adj.* erbberechtigt;

erbfähig; **~if** (~'sif) *adj.* [7e] auf- (*od.* nach-)einanderfolgend, ununterbrochen; ⚖ *droit m* ~ Erbfolgerecht *n*; **~ion** (~'sjɔ̃) *f* **1.** Aufeinanderfolge *f*, ununterbrochene Reihenfolge *f*; **2.** Nach-, Erbfolge *f*; *droit m de* ~ Erbfolgerecht *n*; *droits m/pl. à une* ~ Erbberechtigung *f*; *désistement m de la* ~ Erbverzicht *m*; *recueillir une* ~ e-e Erbschaft antreten; *se transmettre à q. par voie de* ~ sich auf j-n vererben; *cas m de* ~ Erbfall *m*; *dévolution f d'une* ~ Anfall *m* e-r Erbschaft; *ouvrir la* ~ den Nachlaß eröffnen; *impôt m sur les* ~*s* Erbschaftssteuer *f*; *répudiation d'une* ~, *renonciation f à une* ~ Erbschaftsausschlagung *f*; **3.** Nachlaß *m*, Erbschaft *f*; Nachlaßsache *f*; **~ivement** (~siv'mɑ̃) *adv.* hinter-, nach-einander; **~oral** (~sɔ'ral) *adj.* [5c] Erbfolge...; Erb...; *droit m* ~ Erbrecht *n*; *le passif m* ~ die Nachlaßverbindlichkeiten *f/pl.*; *indignité f* ~*e* Erbunwürdigkeit *f*; *incapacité f* ~*e* Erbunfähigkeit *f*; *taxe f* ~*e* Erbschaftssteuer *f*; *pacte m* ~ Erbvertrag *m*.

succin *min.* (syk'sɛ̃) *m* Bernstein *m*.

succinct (~) *adj.* [7] □ **1.** knapp, bündig, kurzgefaßt, gedrängt, kurz; **2.** F *repas m* ~ einfache Mahlzeit *f*; **~ement** (~sɛ̃t'mɑ̃) *adv.* zusammenfassend, in knapper Form.

succinique (syksi'nik) *adj.*: ⚗ *acide m* ~ Bernsteinsäure *f*.

succion (syk'sjɔ̃) *f* (Aus-, Ein-) Saugen *n*.

succomber (sykɔ̃'be) *v/i.* [1a] (*mit avoir!*) **1.** liegen, unterliegen, zs.-brechen; ~ *à la tâche* der Aufgabe nicht gewachsen sein; **2.** *fig.* fallen (*belagerte Stadt*); sterben, umkommen.

succube (sy'kyb) *m Art weiblicher* (*böser*) Geist *m*, Nachtmahr *m*.

succu|lence (syky'lɑ̃:s) *f* Saftigkeit *f*; **~lent** (~'lɑ̃) *adj.* [7] saftig, saftreich; schmackhaft, bekömmlich, süß; nahrhaft, kräftig.

succursale (sykyr'sal) *f* Filiale *f*, Zweiggeschäft *n*, Zweigniederlassung *f*, Zweiganstalt *f* (*Bank*); (*église f*) ~ Filialkirche *f*.

succussion ⚕ (syky'sjɔ̃) *f* Schütteln *n* (*des Kranken zwecks Diagnose*).

suc|er (sy'se) *v/t.* [1k] **1.** (ein-, aus-) saugen; ~ *son pouce* am Daumen lutschen; **2.** P ~ *un verre* ein Glas aussüffeln; **3.** *fig.* ~ *q.* j-n aussaugen (*od.* schröpfen *od.* ausbeuten); **~ette** (~'sɛt) *f* **1.** Schnuller *m*, Nuckel *m* (*für Babys*); **2.** Lutschstange *f*; **~eur** (~'sœ:r) *su.* [7g] *a. ent.* Sauger *m*; *fig.* Aussauger *m*; *fig.* Schmarotzer *m*; ~*s pl.* Saugefische *m/pl.*

suç|oir (sy'swa:r) *m* **1.** *ent.* Saugrüssel *m*; **2.** Saugwarze *f*; **~on** (~'sɔ̃) *m* **1.** Saug-, Kuß-stelle *f*, -fleck *m* (*auf der Haut*); **2.** P Kuß *m*; **3.** ⊕ Saugkasten *m*; **~oter** F (~sɔ'te) *v/t.* [1a] lutschen.

sucra|ge (sy'kra:ʒ) *m* Zuckern *n*; **~se** (~'krɑ:z) *f Art* Trauben- *od.* Stärke-zucker *m*, Invertzucker *m*; **~te** (sy'krat) *m* Zuckerstoff *m*.

sucre ('sykrə) *m* Zucker *m*; ~ *de betteraves* Rübenzucker *m*; ~ *brut* Rohzucker *m*; ~ *candi* Zuckerkand *m*; ~ *de canne* Rohrzucker *m*; ~ *inverti* Invertzucker *m*; ~ *d'orge* Malzzucker *m*; ~ *en morceaux* Würfelzucker *m*; ~ *en pain* Hutzucker *m*; ~ *en poudre* Puderzucker *m*; ~ *raffiné* Feinzucker *m*, Raffinade *f*; ~ *de réglisse* Süßholzzucker *m*; ~ *semoule* Stampfzucker *m*; *pain m de* ~ Zuckerhut *m*; *fig.* F *casser du* ~ *sur le dos de q.* j-n herunter- *od.* schlecht-machen; *c'est le* ~ *sur les poires* das schlägt dem Faß den Boden aus.

sucrée F (sy'kre) *f* Zierpüppchen *n*; *faire la* ~ sich zieren, sich haben F.

sucrer (~) *v/t.* [1a] (über)zuckern; ~ *q.* j-n schmieren, bestechen; *sucré* gezuckert; zuckersüß; Zucker...; *fig.* süßlich; **~ie** (sykrə'ri) *f* **1.** Zuckersiederei *f*; **2.** ~*s pl.* Konfekt *n*, Süßigkeiten *f/pl.*; Zuckerwerk *n* (*am Weihnachtsbaum*).

sucrier (sykri'e) **I** *adj.* [7b] Zucker...; **II** *m* **1.** Zuckerdose *f*; **2.** Zuckerfabrikant *m*.

sucrin ♀ (sy'krɛ̃) *m* Zuckermelone *f*.

sud (syd) **I** *m* (*abr.* S) Süden *m*; *au* ~ *de* südlich von; ⚓ *faire le* ~ nach Süden steuern; **II** *adj./inv.* südlich; Süd...

sud|-africain (sydafri'kɛ̃) *adj. u.* ♀ *su.* [7] südafrikanisch; Südafrikaner *m*; **~-américain** (~ameri'kɛ̃) *adj. u.* ♀ [7] südamerikanisch; Südamerikaner *m*.

suda|tion ⚕ (sydɑ'sjɔ̃) *f* Schwitzen *n*; **~toire** (~da'twa:r) **I** *adj.* Schweiß...; **II** *m antiq.* Schwitzstube *f*; *heute*: Sauna *f*.

sud-est (sy'dɛst) **I** *m* (*abr.* S.-E.) Südosten *m*; Südostwind *m*; **II** *adj.* südöstlich.

sudiste *hist.* (syˈdist) *m u. adj.* Südstaatler *m*; südstaatlich (*U.S.A.*).
sudoral *anat.* (sydɔˈral) *adj.* [5c]: *appareil m* ~ Schweißapparat *m*.
sudori|fique ⚕ (sydɔriˈfik) *adj. u. m* schweißtreibend(es Mittel *n*); **~pare** *anat.* (~ˈpaːr) *adj.* schweißerzeugend.
sud-ouest (syˈdwɛst) **I** *m* (*abr.* S.-O.) Südwesten *m*; Südwestwind *m*; **II** *adj.* südwestlich.
sud-vietnamien (sydvjɛtnaˈmjɛ̃) *adj.* [7c] südvietnamesisch.
Suède (sɥɛd) *f*: **la** ~ Schweden *n*.
suédois (sɥeˈdwa) *adj. u.* ♀ *su.* [7] schwedisch; Schwede *m*.
suée (sɥe) *f* **1.** Schwitzen *n*; **2.** P *fig.* Angstschweiß *m*; Rüffel *m*; *donner* (*od. faire prendre*) *une rude* ~ *à q.* j-m anständig s-e Meinung geigen.
suer (~) [1a] **I** *v/i.* **1.** schwitzen; ~ *de tout le corps* am ganzen Körper schwitzen; ~ *sur un travail* über e-r Arbeit schwitzen; P *faire* ~ *q.* j-n sehr ärgern; *fig.* F mit j-m Schlitten fahren; F *ça me fait* ~ das hängt mir zum Halse raus; **2.** *fig.* es sich sauer werden lassen; **3.** sich beschlagen (*Fenster*); **II** *v/t.* ausschwitzen; ~ *l'orgueil* vor Hochmut triefen; ~ *la peur* e-e Heidenangst haben; F ~ *sang et eau* Blut u. Wasser schwitzen.
suerie (syˈri) *f* Schwitzen *n*; Schwitzhaus *n* (*Tabakherstellung*).
suette ⚕ (sɥɛt) *f* Schweißfieber *n*.
sueur (sɥœːr) *f* Schweiß *m*; *baigné de* ~ in Schweiß gebadet; *être tout en* ~ vor Schweiß triefen; *à la* ~ *de son front* im Schweiße s-s Angesichts.
Suez (sɥɛz) *m* Suez *m*; *Canal m de* ~ Suezkanal *m*.
suffire (syˈfiːr) [4o] (*p/p. suffi, ohne f*) **1.** *v/i.* genügen, ausreichen; *cela (me) suffit*, F *(il) suffit* das genügt, genug davon; *cela te suffise!* das laß' dir gesagt sein!; **2.** ~ *à qch.* e-r Sache gewachsen sein; *il suffit seul à ce travail* er kann diese Arbeit ganz allein besorgen; *je peux à peine* ~ *à la dépense* ich kann die Kosten kaum erschwingen; **3.** *v/imp. il suffit* es genügt.
suffi|samment (syfizaˈmɑ̃) *adv.* genug, hinreichend; **~sance** (~ˈzɑ̃ːs) *f* **1.** hinreichende Menge *f*; *avoir* ~ *de pain* genug Brot haben; *advt. à* ~, *en* ~ zur Genüge, genug, vollauf; **2.** Selbstgefälligkeit *f*, Spleen *m*, Aufgeblasenheit *f*, Wichtigtuerei *f*; ~ *d'esprit* geistiger Hochmut *m*; **~sant** (~ˈzɑ̃) [7a] **1.** genügend, ausreichend, hinlänglich; **2.** selbstgefällig, eingebildet.
suffix|ation *gr.* (syfiksɑˈsjɔ̃) *f* Suffixbildung *f*; **~e** *gr.* (syˈfiks) *m* Suffix *n*.
suffo|cant (syfɔˈkɑ̃) *adj.* [7] erstickend; stickig; *toux f* ~*e* Keuchhusten *m*; **~cation** (~kɑˈsjɔ̃) *f* Atemnot *f*; *fig.* Beklemmung *f*; **~quer** (~ˈke) [1m] *v/t. u. v/i.* ersticken; *fig.* ~ *de colère* vor Wut platzen; *être suffoqué devant qch.* angesichts e-r Tatsache sprachlos sein.
suffragant (syfraˈgɑ̃) *m* (*u. adj./m*) *rl.* **1.** *cath.* (*évêque m*) ~ Suffraganbischof *m*; **2.** *prot.* Vikar *m*.
suffra|ge (syˈfraːʒ) *m* **1.** (Wahl-) Stimme *f*; *droit m de* ~ Stimmrecht *n*; ~ *féminin* Frauenstimmrecht *n*; ~ *plural*, ~ *majoritaire* Mehrheitswahl *f*; ~ *universel* allgemeines Wahlrecht *n*; **2.** Zustimmung *f*, Beifall *m*; *briguer les* ~*s de la foule* um die Gunst der breiten Masse buhlen; **3.** *rl. cath.* ~*s pl.* (*de l'Eglise* öffentliche) Fürbitte *f/sg.*; **~gette** (~ˈʒɛt) *f* Frauenrechtlerin *f*.
suffusion ⚕ (syfyˈzjɔ̃) *f* Bluterguß *m*.
suggérer (sygʒeˈre) *v/t.* [1f] **1.** ~ *qch. à q.* j-m etw. nahelegen (*od.* einsuggerieren); ~ *qch.* etw. anregen; **2.** ⚖ erschleichen.
sugges|tif (sygʒɛsˈtif) *adj.* [7e] die Phantasie anregend, vielsagend, ansprechend, anschaulich, suggestiv; **~tion** (~ʒɛsˈtjɔ̃) *f* Vorschlag *m*, Anregung *f*, Empfehlung *f*, Antrag *m*, Eingebung *f*; Verleitung *f*; ⚖ Erschleichung *f*; hypnotische Einflüsterung *f*, Suggestion *f*; ~ *d'amendement* Abänderungsantrag *m*; ~ *grégaire*, ~ *des masses* Massensuggestion *f*; **~tionner** (~ʒɛstjɔˈne) *v/t.* [1a] beeinflussen, suggerieren, anregen, eingeben.
sugill|ation ⚕ (syʒilɑˈsjɔ̃) *f* leichter Bluterguß *m*; **~er** ⚕ (~ˈle) *v/t.* [1a] blaue Flecke machen.
suici|de (sɥiˈsid) *m* Selbstmord *m*; **~dé** (~ˈde) *su.* Selbstmörder *m*; **~der** (~) [1a] *v/rfl.*: *se* ~ sich das Leben nehmen, Selbstmord begehen (*od.* verüben).
suie (sɥi) *f* Ruß *m*; ~ *de pin* Kienruß *m*.
suif (sɥif) *m* Talg *m*; ⚓ Schmer *n*; P *fig.* Rüffel *m*, Zigarre *f* F; *passer un* ~ *à q.* j-m e-e Zigarre verpassen, j-n abkanzeln; P *boule f de* ~ Fettkloß *m*; **~fer** (~ˈfe) *v/t.* [1a] mit

Talg einschmieren; **~feux** (~'fø) *adj.* [7d] talgig.

suint (sɥɛ̃) *m* Wollfett *n*; **~er** (sɥɛ̃'te) *v/i.* [1a] **1.** (aus-, durch-)sickern; **2.** undicht sein (*Faß*), leck sein; *les murs suintent* die Wände beschlagen; **3.** *chir.* nässen.

Suisse (sɥis) **I** *f* **la ~** die Schweiz *f*; **II** *m u.* ♀ *adj.* Schweizer *m*; schweizerisch; F *faire* ♀ für sich allein trinken; **III** ♀ *m* **1.** die Schweizer Mundart *f*; **2.** Kirchendiener *m*; **3.** *petit* ♀ kleiner weißer Käse *m*; **~sse** (~'sɛs) *f* Schweizerin *f*.

suite (sɥit) *f* **1.** Folge *f*; *les ~s de la guerre* die Kriegsfolgen *f/pl.*; *craindre les ~s de qch.* die Folgen e-r Sache fürchten; *par ~ de* infolge (*gén.*), wegen (*gén.*); *par* (*od.* en) *~ de cela* infolgedessen; *en ~ de quoi* demzufolge; *fig. donner ~ à une demande* e-r Bitte stattgeben, e-e Bitte erfüllen; *donner ~ à qch.* etw. erledigen; **2.** *zeitlich*: Aufeinanderfolge *f*, Reihenfolge *f*, Reihe *f*, *fig.* Kette *f*, Verlauf *m*, Folgezeit *f*; *~ de succès* Kette *f* von Erfolgen; *une longue ~ d'aïeux* e-e lange Ahnenreihe *f*; *la ~ des temps* der Lauf *m* der Zeit; *dans la ~ des siècles* im Laufe der Jahrhunderte; *~ arithmétique* arithmetische Reihe *f*; *sous ~ de frais* Kostenrechnung folgt; *par la ~, dans la ~* in der Folge, später; *tout de ~* sofort, (so)gleich, auf der Stelle; *de ~* a) hintereinander, ununterbrochen; b) *abus.* gleich, sofort (*korrekt*: *tout de ~*); *prpt. ~ à qch.* im Anschluß an etw., nach etw.; **3.** Gefolge *n*; *marcher à la ~ de q.* hinter j-m gehen (*od.* laufen); **4.** Zusammenhang *m*, Folgerichtigkeit *f*, Konsequenz *f*; *propos m/pl. sans ~* zusammenhangloses Gerede *n/sg.*; *avoir l'esprit de ~* (*od.* F *de la ~ dans les idées*) logisch denken (können); *esprit m de ~* logisches Denken *n*; Beharrlichkeit *f*, Unverdrossenheit *f*, Stetigkeit *f*, Festigkeit *f*, Geradlinigkeit *f*; F Dickschädel *m*; F Starrsinn *m*; *il n'y a point de ~ dans sa conduite* sein Betragen bleibt sich nicht gleich; *faire ~ à une lettre* sich auf e-n Brief beziehen; **5.** ⚖, ✝ Verfolgung *f e-s Prozesses*; Übernahme *f* e-s durchzuführenden Geschäfts; *prendre la ~ d'une affaire* ein Geschäft weiterbetreiben; *allg. être à la ~ d'une affaire* eine Sache eifrig verfolgen; **6.** Fortsetzung *f* (*e-s Romans*); *allg. prendre la ~ de qch.* etw. fortsetzen; **7.** ♪ Suite *f*.

suivant (sɥi'vɑ̃) [7] **I** *adj.* folgend, nachfolgend, nachstehend; **II** *su.* Begleiter *m*; Anhänger *m*, Jünger *m*; *~s pl.* Gefolge *n/sg.*; **III** *prp.* gemäß (*dat.*), nach (*dat.*); laut (*dat.*), entsprechend (*dat.*); längs (*gén.*), entlang; **IV ~ que** *cf.* je nachdem ...; **~e** (~'vɑ̃:t) *f* Dienerin *f*; *thé.* Kammerzofe *f*, Soubrette *f*.

suivi (sɥi'vi) **I** *p.p. von suivre*; **II** *adj.* anhaltend; ununterbrochen; regelmäßig; folgerichtig; zusammenhängend; beliebt; ✝ vorrätig, stets auf Lager; *fig. ce théâtre est très ~* dieses Theater hat starken Zulauf; *médicalement bien ~* ärztlich gut betreut.

suivre ('sɥi:vrə) [4h] **I** *v/t.* **1.** *~ q.* j-m folgen; *~ q. de près* (*de loin*) dicht hinter j-m hergehen (j-m von weitem folgen); *fig. ~ q. de l'œil* j-m nachschauen; **2.** begleiten; *~ q. en* (*od. par la*) *pensée* j-n in Gedanken begleiten; **3.** *~ qch.* auf etw. (*acc.*) folgen; **4.** (*a. e-n Verbrecher*) verfolgen; **5.** genau beobachten; im Auge behalten; *~ la mode* die Mode mitmachen; **6.** *fig.* fortsetzen, weiter ausführen; **7.** sich anschließen (*dat.*); sich widmen (*dat.*); angehören (*dat.*); *~ une doctrine* e-r Lehre angehören; **8.** regelmäßig besuchen: *~ un cours* e-n Lehrgang mitmachen; **9.** ✝ führen (*Waren*); herstellen; **II** *v/i. u. v/imp.* **10.** folgen; *écol. un élève ne peut pas ~ en classe* ein Schüler kommt nicht mit; *auf Briefen*: (*prière de*) *faire ~* (bitte) nachsenden!; *à ~* Fortsetzung folgt; **11.** *~ de qch.* aus etw. *dat.* folgen; *il suit de là* daraus folgt.

sujet (sy'ʒɛ) [7c] **I** *adj.* **1.** *~ à* unterworfen, untergeben, untergeordnet (*dat.*); verpflichtet zu etw. (*dat.*); *~ à la douane* zollpflichtig; *~ au service militaire* wehrdienstpflichtig; **2.** *~ à* ausgesetzt; *c'est ~ à caution* das ist unsicher, es bedarf der Bestätigung; *c'est ~ à plusieurs interprétations* das läßt sich mehrfach auslegen; **3.** *~ à* verfallen (*dat.*), neigend zu (*dat.*); ausgesetzt (*dat.*); gewöhnt an (*acc.*), ergeben (*dat.*); *être ~ à la boisson* dem Trunke ergeben sein; **II** *m* **4.** Untertan *m*, Staatsangehöriger *m*; **5.** Person *f*,

Mensch *m*, Individuum *n*; *pauvre* ~ armer Schlucker *m*; *bon* ~ guter Schüler *m* (Soldat *m*); brauchbarer Mensch *m*; *mauvais* ~ Taugenichts *m*; *thé. jouer les premiers* ~*s* die ersten Rollen spielen; **6.** ⚕ Patient *m*; Versuchs-person *f*, -tier *n*; Leiche *f* (*Anatomie*); **7.** Unterlage *f* (*Veredeln*); **8.** *gr.* Subjekt *n*, Satzgegenstand *m*; **9.** Thema *n*, Stoff *m*, Gegenstand *m od.* Vorwurf *m e-s Gemäldes, e-r Dichtung usw.*; **10.** Gelegenheit *f*, Ursache *f*; Veranlassung *f*, (Beweg-)Grund *m*; *donner* ~ *de* ... Anlaß geben zu ...; *à ce* ~ in dieser Beziehung; *au* ~ *de* ... was ... betrifft, wegen (*gén.*), hinsichtlich (*gén.*), im Hinblick auf (*acc.*); **11.** ♪ Hauptsatz *m*, Thema *n*.

sujétion (syʒeˈsjɔ̃) *f* **1.** Untertänigkeit *f*; **2.** Last *f*, Bürde *f*, lästiger Zwang *m*, Unbequemlichkeit *f*, Gebundenheit *f*, Abhängigkeit *f*; *entraîner des* ~*s multiples* viele Schwierigkeiten mit sich bringen.

sulfa|mide *phm.* (sylfaˈmid) *m* Sulfonamid *n*; **~tage** (~ˈtaːʒ) *m* Bespritzen *n* (*der Weinreben*); **~te** ⚗ (~ˈfat) *m* Vitriol *n*; ~ *de cuivre* Kupfervitriol *n*; **~ter** (~ˈte) *v/t.* [1a] mit Vitriol bespritzen.

sulf|hydrate ⚗ (sylfiˈdrat) *m* Sulfhydrat *n*; **~ite** ⚗ (~ˈfit) *m* Sulfit *n*, schwefelsaures Salz *n*; **~oiodure** ⚗ (~fɔjɔˈdyːr) *f* Jodschwefelverbindung *f*.

sulfur|ation ⚗ (sylfyrɑˈsjɔ̃) *f* (Be-, Aus-)Schwefeln *n*; **~e** ⚗ (~ˈfyːr) *f* Schwefelverbindung *f*; ~ *de sodium* Schwefelnatrium *n*; ~ *de phosphore* Schwefelphosphor *m*; **~er** ⚗ (~ˈre) *v/t.* [1a] mit Schwefel verbinden; (aus)schwefeln; **~eux** ⚗ (~ˈrø) *adj.* [7d] schweflig, schwefelhaltig; *acide m* ~ schweflige Säure *f*; **~ique** ⚗ (~ˈrik) *adj.*: *acide m* ~ Schwefelsäure *f*; *éther m* ~ Schwefeläther *m*; **~iser** ⚗ (~ˈrize) *v/t.* [1a] mit Schwefelsäure behandeln; *papier m* ~*isé* Butterbrotpapier *n*.

sultan (sylˈtɑ̃) *m* **1.** Sultan *m*; **2.** Duftkissen *m*; **~at** (~taˈna) *m* Sultanat *n*.

sumac ⚘ (syˈmak) *m* Sumach *m*, Essigbaum *m*.

summum (sɔˈmɔm) *m* höchster Grad *m*.

sunlight *cin.* (sœnˈlajt) *m* Bogenlampe *f e-s Filmateliers*, Aufnahmescheinwerfer *m*.

superbe (syˈpɛrb) **I** *adj.* **1.** wundervoll, herrlich, großartig, bezaubernd, prachtvoll; **2.** hochmütig, stolz; **II** *m* Hochmütiger *m*; **III** *f* Hochmut *m*.

supercherie (sypɛrʃəˈri) *f* Schwindel *m*, Betrug *m*; Hintergehung *f*, Hinterlist *f*.

supère ⚘ (syˈpɛːr) *adj.* oberhalb befindlich.

superfétat|ion (sypɛrfetɑˈsjɔ̃) *f* überflüssige Sache *f od.* Wiederholung *f*; **~oire** (~taˈtwaːr) *adj.* überflüssig.

superfici|alité (~fisjaliˈte) *f* Oberflächlichkeit *f*; **~e** (~fiˈsi) *f* **1.** Oberfläche *f*, Fläche *f*; Flächeninhalt *m*; *mesure f de* ~ Flächenmaß *n*; **2.** *fig. das* Äußere *n*, Schein *m*; **~el** (~fiˈsjɛl) *adj.* [7c] □ *a. fig.* oberflächlich; *fig.* seicht, flach.

superfin (~ˈfɛ̃) *adj.* [7] hochfein.

superflu (~ˈfly) **I** *adj.* überflüssig, entbehrlich; vergeblich, unnütz; gegenstandslos; **II** *m* Überfluß *m*; *das* Überflüssige *n*; **~ité** (~flɥiˈte) *f* Überflüssigkeit *f*; Überfluß *m*.

superfusée (~fyˈze) *f* Superrakete *f*.

superhétérodyne *rad.* (sypɛreterɔˈdin) *adj. u. f* superheterodyn; Superhet *m*.

supéri|eur (sypeˈrjœːr) **I** *adj.* höher (gelegen), ober; *fig.* höherstehend, tüchtig, hervorragend, meisterhaft, ausgezeichnet (*Person, Qualität*); vorzüglich; *Fr. écol. première f* ~*e* Oberprima *f*; *classes f/pl.* ~*es* Oberstufe *f*, Oberklassen *f/pl.*; *école f* ~*e* Oberschule *f*; *officier m* ~ höherer Offizier *m*; *être* ~ *à q.* j-m überlegen sein; j-n übertreffen; *être* ~ *aux événements* den Ereignissen gewachsen sein, über die Dinge erhaben sein; ~ *en nombre* an Zahl überlegen; **II** *su.* Vorgesetzter *m*, Vorsteher *m*; **III** *m rl.* Superior *m* in Klöstern, Abt *m*; **~orité** (~jɔriˈte) *f* **1.** Überlegenheit *f*, Übergewicht *n*; Vorzug *m*; Erhabenheit *f*; ausgezeichnete Qualität *f*; **2.** ⚔ ~ *des forces* Vormachtstellung *f*; **3.** *rl.* Würde *f* e-s Superiors.

superlatif (sypɛrlaˈtif) *gr.* **I** *adj.* [7e] □ superlativisch; **II** *m* Superlativ *m*.

supermarché (~marˈʃe) *m* Selbstbedienungsgeschäft *n*.

super-palace (~paˈlas) *m* hypermodernes Luxushotel *n*.

superphosphate ⚗ (~fɔsˈfat) *m* Superphosphat *n* (*Düngemittel*).

superpos|able (~poˈzablə) *adj.* übereinanderlegbar; *fig.* übereinstim-

mend (*Flächen*); **~er** (~'ze) *v/t.* [1a] übereinanderlegen; überlagern; **~ition** (~zi'sjɔ̃) *f* Übereinandersetzung *f*, -legung *f*, Überlagerung *f*.
superproduction *cin.* (~prɔdyk'sjɔ̃) *f* Groß-, Monumental-film *m*.
supersanction (~sɑ̃k'sjɔ̃) *f* zusätzliche Strafe *f*.
supersaturation ⚗ (~satyrɑ'sjɔ̃) *f* Übersättigung *f*.
supersensible *phil.* (~sɑ̃'siblə) *adj.* übersinnlich. [Überschall...]
supersonique *phys.* (~sɔ'nik) *adj.*
supersti|tieux (~sti'sjø) *adj.* [7d] *adj.* □ abergläubisch; *fig.* pedantisch, übertrieben gewissenhaft; **~tion** (~'sjɔ̃) *f* Aberglaube *m*; *fig.* Pedanterie *f*, übertriebene Gewissenhaftigkeit *f*.
superstructure (~stryk'ty:r) *f* ⊕ Hoch-, Ober-, Auf-bau *m*; ⚓, ✈ ~*s* *f/pl.* Deckenaufbauten *m/pl.*
superviser *néol.* (sypɛrvi'ze) *v/t.* [1a] beaufsichtigen, überwachen.
supin *gr.* (sy'pɛ̃) *m* Supinum *n*.
supination *gym.* (sypinɑ'sjɔ̃) *f* Rückenlage *f*.
supplanter (syplɑ̃'te) *v/t.* [1a] verdrängen; ausstechen (*e-n Rivalen*).
supplé|ance (syple'ɑ̃:s) *f* Stellvertretung *f*; **~ant** (~ple'ɑ̃) *adj. u. su.* [7] stellvertretend; Stellvertreter *m*; *écol.* Vertreter *m e-r Lehrkraft*; **~er** (~ple'e) [1a] **I** *v/t.* **1.** ergänzen, ersetzen; *gr.* hinzudenken; **2.** ~ *q.* j-n vertreten; **II** *v/i.* ~ *à qch.* Ersatz bieten für etw. (*acc.*); **~ment** (~ple'mɑ̃) *m* **1.** Ergänzung *f*; Beilage *f*; Nachtrag *m*; **2.** Zulage *f*, Zuschuß *m*; ~ *de vie chère*, ~ *de prix* Teuerungszuschlag *m*; **3.** Nachzahlung *f*; 🚂 Zuschlag(skarte *f*) *m*; 🚂 *prendre un* ~ e-e Fahrkarte nachlösen; **~mentaire** (~mɑ̃'tɛ:r) *adj.* □ ergänzend, zusätzlich; *angle m* ~ Ergänzungswinkel *m*; *écol. corrigé m* ~ Nachverbesserung *f*; *heure f* ~ Überstunde *f*; *juré m* ~ Ersatzgeschworener *m*; *revenus m/pl.* ~*s* Nebeneinnahmen *f/pl.*; *somme f* ~ Zuschlag *m*; *versement m* ~ Nachzahlung *f*; ♪ *lignes f/pl.* ~*s* Hilfslinien *f/pl.*; **~tif** (~ple'tif) *adj.* [7e] Ergänzungs...
suppli|ant (sypli'ɑ̃) **I** *adj.* [7] demütig bittend; **II** *su.* Flehender *m*; **~cation** (~kɑ'sjɔ̃) *f* inständige, demütige Bitte *f*, Flehen *n*.
suppli|ce (sy'plis) *m* **1.** Todesstrafe *f*, Hinrichtung *f*, Folter *f*; ~*s m/pl. éternels* Höllenpein *f*; *mettre q.* ~ *au* j-n foltern; **2.** *fig.* Marter *f*, (Seelen-)Qual *f*; *être au* ~ in e-r sehr heiklen Lage sein; **~cier** (~pli'sje) *v/t.* [1a] hinrichten; *fig.* martern, quälen.
suppli|er (sypli'e) *v/t.* [1a] anflehen, inständig (*od.* demütig) bitten; **~que** (~'plik) *f* Bittschrift *f*.
support (sy'pɔ:r) *m* **1.** Stütze *f*, Unterlage *f*; ⊕ Träger *m*; Untergestell *n*; *vél.*, *Motorrad*: ~ *réversible* (*Fahrrad-*, *Motorrad-*)Ständer *m*; ~ *de pied*, ~ *pour le pied* Fußstütze *f*, -raste *f*; ~ *pour pieds plats* (Plattfuß-)Einlage *f*; *rad.* ~ *de self(s)*, ~ *pour bobine(s)* Spulenhalter *m*; ⚕ ~ *articulé*, ~ *à rotule* Gelenkstütze *f*; ⊕ ~ *de grue* Kranträger *m*; **2.** *fig.* Stütze *f*, Beistand *m*; **3.** ⚘ Wurzelstock *m*; **~able** (~'tablə) *adj.* □ erträglich, leidlich; **~-chaussettes** (~ʃo'sɛt) *m* [6c] Sockenhalter *m*; **~er**[1] (~pɔr'te) *v/t.* [1a] **1.** tragen, (unter)stützen; ~ *les frais d'un procès* die Prozeßkosten tragen; **2.** *fig.* (v)ertragen, aushalten, verkraften F; *fig.* leiden; **3.** fest sein gegen (*acc.*); ~ *le feu* feuerfest sein; **~er**[2] *Sport* (~pɔr'tɛ:r, ~'tœ:r) *m* Freund *m*, Anhänger *m*; Sporthelfer *m*.
suppo|sable (sypo'zablə) *adj.* annehmbar; voraussetzbar; **~sé** (po'ze) **I** *p/p. u. adj.* angeblich; **II** *als prp.* ~ *cette chose od. cette chose supposée* dies vorausgesetzt; **III** ~ **que** ... *cj.* (*mit subj.*) vorausgesetzt (*od.* angenommen), daß ...; **~ser** (~'ze) *v/t.* [1a] **1.** annehmen, den Fall setzen, vermuten; *en supposant que* ... (*mit subj.*) angenommen, daß ...; **2.** voraussetzen; **3.** vorgeben (*bsd.* ⚖), unterschieben; *sous un nom supposé* unter falschem Namen; *enfant supposé* untergeschobenes Kind *n*; **~sition** (~pozi'sjɔ̃) *f* **1.** Annahme *f*, Voraussetzung *f*; **2.** Vermutung *f*; **3.** Erdichtung *f*, Unterschiebung *f*, falsche Angabe *f*; **~sitoire** ⚕ (~zi'twa:r) *m* Zäpfchen *n*.
suppôt (sy'po) *m fig.* Helfershelfer *m*, Handlanger *m*.
suppress|if (syprɛ'sif) *adj.* [7e] unterdrückend, abschaffend; **~ion** (~'sjɔ̃) *f* **1.** Unterdrückung *f*; Abschaffung *f*; Verbot *n*; ⚕ ~ *du tabac* Tabakentziehung *f*, Rauchverbot *n*;

🚂 ~ *de trains* Einstellung *f* von Zügen; ~ *d'un ordre religieux* Aufhebung *f* e-s geistlichen Ordens; **2.** Auslassung *f*, Streichung *f*; Verschweigung *f*; **3.** *physiol.* Aussetzen *n* der Absonderung von Körpersäften; **4.** ~ *du personnel* Personal-, Beamten-abbau *m*; **5.** *gr.* ~ *d'une voyelle* Ausstoßung *f* e-s Vokals.

supprim|able (sypri'mablə) *adj.* zu unterdrücken; auslaßbar, streichbar, unwesentlich, entbehrlich, geringfügig; **~er** (~'me) [1a] **I** *v/t.* **1.** unterdrücken, streichen; verschwinden lassen, beseitigen, kaltmachen (= töten); ⚕ *on lui a supprimé le tabac* man hat ihm das Rauchen verboten; ~ *un journal* e-e Zeitung verbieten; **2.** auslassen, übergehen; **3.** abschaffen, aufheben; rückgängig machen; **4.** ~ *du personnel* Personal abbauen; **II** F *v/rfl. se* ~ sich das Leben nehmen.

suppur|ant (sypy'rɑ̃) *adj.* [7] eiterig; **~atif** ⚕ (~ra'tif) *adj.* [7e] *u. m* Eiterung fördernd(es Mittel *n*); **~ation** (~rɑ'sjɔ̃) *f* Eiterung *f*; **~er** (~'re) *v/i.* [1a] eitern.

supput|ation (sypytɑ'sjɔ̃) *f* Berechnung *f*, (Rechnungs-)Überschlag *m*; **~er** (~'te) *v/t.* [1a] berechnen, auskalkulieren, überschlagen.

supra|sensible *phil.* (syprasɑ̃'siblə) *adj.* übersinnlich; **~terrestre** (~tɛ'rɛstrə) *adj.* überirdisch.

suprématie (syprema'si) *f* Oberhoheit *f*, -herrschaft *f*, Vorherrschaft *f*, Vormachtstellung *f*; *fig.* Überlegenheit *f*; ~ *maritime* Seeherrschaft *f*; ~ *aérienne*, ~ *dans les airs* Luftherrschaft *f*.

suprême (sy'prɛm) *adj.* □ **1.** höchst; Hoch..., Ober...; *l'Etre* ~ das höchste Wesen *n* (*Gott*); **2.** äußerst, letzt; *fig.* unübertrefflich, vollkommen; *les honneurs m/pl.* ~*s* die letzte Ehre *f/sg.*; *heure f* ~ Todesstunde *f*; *volontés f/pl.* ~*s* letzter Wille *m/sg.*

sur[1] (syr) *prp.* auf, über, an (*a. fig.*; *dat.* [*wo?*]; *acc.* [*wohin?*]); von (*in distributivem Sinne*); nach ... hin, auf ... hin, gemäß, wegen; hinsichtlich, gegenüber; *apparaître sur le marché* auf dem Markt erscheinen; ~ *le trottoir* auf dem Bürgersteig; ~ *la chaussée* auf dem Fahrdamm; ~ *le chemin*, ~ *la route* auf dem (*od.* am) Wege; *coup* ~ *coup* Schlag auf Schlag; *foncer droit* ~ *q.* auf j-n drauflosgehen; *jeter de l'huile* ~ *le feu* Öl ins Feuer gießen; *porter les regards* ~ *q.* die Blicke auf j-n richten; *régner* ~ *un peuple* über ein Volk herrschen; *tourner* ~ *la droite* sich nach rechts wenden; *tourner* ~ *son axe* sich um s-e Achse drehen; *reposer* ~ beruhen auf; *revenir* ~ *ses pas* umkehren; *la fenêtre donne* ~ *le jardin* das Fenster geht auf den Garten hinaus; *fermer la porte* ~ *soi* die Tür hinter sich zumachen; ~ *terre* auf Erden; ~ *terre et* ~ *mer* zu Wasser und zu Lande; ~ *le bord de la mer* am Meeresstrand; (*situé*) ~ *le Rhône* an der Rhone (gelegen); *Châlons-sur-Marne* Chalons *n* an der Marne; *quatre* ~ *dix* 4 von (= unter) 10; *le quatrième* ~ *vingt* (*élèves*) der vierte in der Rangordnung unter 20 (Schülern); *régler* ~ *une somme ses bus et ses livres* von e-m Betrag s-e Busfahrten, u. s-e Bücher bestreiten; ~ *la frontière* an der Grenze; ~ *les lieux* an Ort und Stelle; *tirer* ~ *une ficelle* an e-m Faden ziehen; *impôt m* ~ *le tabac* Tabaksteuer *f*; *avoir de l'argent* ~ *soi* Geld bei sich haben; *il a un grand avantage* ~ *vous* er hat Ihnen gegenüber e-n großen Vorteil; *un jour* ~ *deux* jeden zweiten Tag; ~ *le soir* gegen Abend; *copier* ~ *q.* von j-m abschreiben; *juger* ~ *les apparences* nach dem Äußeren urteilen; ~ *mon conseil* auf m-n Rat; *se régler* ~ *qch.* (*q.*) sich nach etw. (j-m) richten; *retenir* ~ *les gages* vom Lohne abziehen; ~ *mon honneur!* auf Ehre!; *croire q.* ~ *parole* j-m aufs Wort glauben; P *advt.* ~ *ce* daraufhin; ~ *la demande de ...* auf Bitten von ...; ~ *ordre du médecin* auf ärztliche Weisung; ~ *l'initiative de ...* auf Veranlassung von ...; *prendre exemple* ~ *q.* sich an j-m ein Beispiel nehmen; *ce verbe se conjugue* ~ *finir* dieses Verb wird nach *finir* konjugiert; *le verbe fonder est formé* ~ *fond* das Verb *fonder* ist nach *fond* gebildet (*od.* von *fond* abgeleitet); *se modeler* ~ geformt werden nach; *un entretien porte* ~ *un problème* e-e Unterhaltung bezieht sich auf e-e Frage; *rendre q. indifférent* ~ *qch.* j-n e-r Sache gegenüber gleichgültig machen;

blasé ~ qch. gegen etw. (*acc.*) abgestumpft; *continuer à voler ~ les trois autres moteurs* mit den drei übrigen Motoren weiterfliegen; *effectuer des mesures ~ les avions* Messungen an den Flugzeugen vornehmen; ⚕ *une intervention ~ le cerveau* ein Eingriff *m* am Gehirn; *fraude f ~ les vins* Weinverfälschung *f*; *économiser ~* sparen an; *compter ~ q.* sich auf j-n verlassen, mit j-m rechnen; ⚔ *faire des cartons ~ les plafonds* Löcher in die Decken schießen; *jouer ~ les mots* mit den Worten spielen; *on lui fit des reproches ~ sa conduite* man machte ihm wegen s-s Verhaltens Vorwürfe; *travailler ~ la virologie* an der (*od.* auf dem Gebiete der) Virusforschung arbeiten.

sur² (sy:r) *adj.* sauer, herb.

sûr (sy:r) **I** *adj.* □ **1.** sicher, gefahrlos; *mettre en lieu ~* in Sicherheit bringen; **2.** zuverlässig; untrüglich; *il a le coup d'œil ~* er hat e-n sicheren Blick; *main f ~e* feste Hand *f*; *le temps n'est pas ~* das Wetter ist unsicher; **3.** mit Bestimmtheit wissend; *j'en suis ~* ich weiß es genau; *être ~ de q.* sich auf j-n verlassen können; *soyez ~ de mon zèle* seien Sie m-s Eifers versichert; **4.** zweifellos (wahr); *advt. bien ~, à coup ~, pour ~* ganz sicher, ganz bestimmt, ohne jeden Zweifel, zweifellos; **II** *m*: *le plus ~* das Sicherste *n*; *aller au plus ~* den sichersten Weg gehen.

surabond|ance (syrabõ'dã:s) *f* Überfülle *f* (*de* an); *fig.* Überschwang *m*; *~ de paroles* Wortschwall *m*; *~ de population* Übervölkerung *f*; **~ant** (~'dã) **I** *adj.* [7] **1.** überreichlich, überschwenglich; **2.** mehr als nötig, über-flüssig, -zählig; **II** *m* Überschuß *m der Ernte*; **~er** (~'de) *v/i.* [1a] in großem Überflusse dasein; *~ de qch.* (*od. en qch.*) im Überfluß (*od.* in Hülle und Fülle) vorhanden sein.

suractivité (syraktivi'te) *f*: *~ des nerfs* Überreizung *f* (*od.* Überbeanspruchung *f*) der Nerven.

suraigu (syrɛ'gy) *adj.* [7a] ♪ sehr (*od.* zu) hoch; ⚕ äußerst akut.

surajouter (syraʒu'te) *v/t.* [1a] ferner hinzufügen.

sural *anat.* (sy'ral) *adj.* [5c] Waden...

suraliment|ation (syralimãtɑ'sjõ) *f* zusätzliche, kräftige Ernährung *f*; *péj.* Überernährung *f*, Überfütterung *f*; **~er** (~'te) *v/t.* [1a] kräftige Nahrung geben; *péj.* überfüttern.

surann|ation ⚖ (syranɑ'sjõ) *f* Verjährung *f*; **~er** ⚖ (~'ne) *v/i.* [1a] verjähren; *suranné* verjährt; veraltet, altmodisch.

suraplite ⚗ (syra'plit) *m* Grünkreuzgas *n*, Perstoff *m*.

sur-arbitre (~ar'bitrə) *m* Oberschiedsrichter *m*.

surard (sy'ra:r) [7] *adj. u. m*: (*vinaigre m*) *~* Holunderblütenessig *m*.

surbaissé *Auto* (syrbɛ'se) *adj.* stark geneigt, abgeflacht (*Verdeck*); *a.* ⚠ niedrig; *la partie f ~e* der tieferliegende Teil *m*; *silo m ~* Tiefsilo *n*.

surbaissement ⚠ (~bɛs'mã) *m* Drückung *f* (*e-s Bogens*).

surbaisser ⚠ (~bɛ'se) *v/t.* [1b] *ein Gewölbe* flach konstruieren.

surbande *chir.* (syr'bã:d) *f* Überbinde*f*.

surboum * (syr'bum) *f* Party *f*, Schwof *m* P.

surcapitalisation (syrkapitalizɑ'sjõ) *f* Überkapitalisierung *f*.

surchar|ge (syr'ʃarʒ) *f* **1.** Mehrbelastung *f* (*a. fig.*); neu hinzukommende Last *f*; Überlast(ung *f*) *f*; Übergewicht *n*; *fig.* Vermehrung *f* der Leiden; *pour ~* obendrein; **2.** Überfülle *f*; **3.** herübergeschriebenes Wort *n*; *typ.* Auf-, Überdruck *m* (*bsd. auf Briefmarken*); **4.** *Wettrennen*; Mehrgewicht *n*; **~ger** (~'ʒe) [1l] **I** *v/t.* **1.** über-laden, -lasten; *~ de fioritures, ~ d'ornements* verschnörkeln; **2.** auf-, über-drucken; *~ un mot* ein Wort überschreiben; **II** *v/rfl.* *se ~* sich eine zu große Last aufladen; *se ~ (de besogne)* sich übernehmen, sich überarbeiten; *se ~ d'aliments* sich den Magen überladen.

surchauff|age (syrʃo'fa:ʒ) *m*, **~e** (~'ʃof) *f* Überhitzung *f*; **~er** (~) [1a] **I** *v/t.* überheizen; überhitzen; **II** *v/rfl.* *se ~* zu warm (*od.* zu heiß) werden; **~eur** ⊕ (~'fœ:r) *m* Dampfüberhitzer *m*.

surchoix ✝ (syr'ʃwa) *m* Auslese *f*, feinste Sorte *f*, erste Wahl *f*.

surclasser (syrkla'se) *v/t.* [1a] in e-e höhere Klasse (*od.* Rangordnung) einstufen; übertrumpfen, überbieten; ✝ übertreffen (*v. Waren*).

surcomposé (syrkõpo'ze) *adj.* **1.** ⚗ mehrfach zusammengesetzt; **2.** *gr. abus.* mit doppeltem Hilfsverb (*z.B. quand il l'a eu terminé* als er es beendet hatte).

surcom|pression ⊕ (syrkõprɛ'sjõ) *f* Überdruck *m*; **~primé** ⊕ (~pri'me) *adj.* überkomprimiert.

surcopier *phot.* (~kɔ'pje) *v/t.* [1a] überkopieren.

surcostal *anat.* (~kɔs'tal) *adj.* [5c] auf den Rippen gelegen.

surcouper (syrku'pe) *v/t. u. v/i.* [1a] *Kartenspiel:* übertrumpfen.

surcreusement *géol.* (syrkrøz'mɑ̃) *m* glaziale Erosion *f* auf bereits vorhandenen, in freier Luft entstandenen Bach- *od.* Sturzbach-tälern, Überaushöhlung *f.*

surcroît (syr'krwa) *m* Zuwachs *m*, Vermehrung *f*; *advt. pour ~ de bonheur* zu allem Glück; *par un ~ de malheur* um das Unglück voll zu machen; *~ de dépenses* Mehraufwand *m*; *~ de travail* Arbeitsüberlastung *f*; *par* (*od.* de) *~* dazu, außerdem, obendrein; **~re** *chir.* (~'krwɑ:trə) *v/i.* [4w] wuchern.

surdent (~'dɑ̃) *f* Überzahn *m.*

surdi-mutité (syrdimyti'te) *f* Taubstummheit *f.*

[Schwerhörigkeit *f.*}

surdité ⚕ (syrdi'te) *f* Taubheit *f*,

surdos *man.* (syr'do) *m* Kreuzgurt *m.*

sureau ⚘ (sy'ro) *m* [5b] Holunder *m.*

surécartement 🚂 (syrekartə'mɑ̃) *m* Breitspur *f.*

surélévation (syreleva'sjõ) *f* übermäßige Erhöhung *f*; Überbau *m.*

surélever (syrel've) *v/t.* [1d] übermäßig erhöhen; den Preis hochtreiben; *~ une maison d'un étage* ein Haus aufstocken.

surelle ⚘ (sy'rɛl) *f* Sauerampfer *m.*

suren|chère (syrɑ̃'ʃɛ:r) *f* ✝ höheres Gebot *n*; Überbietung *f* (*a. fig.*); *faire une ~ sur q.* j-n überbieten; *fig. ~ électorale* Wahlköder *m*; *~ verbale* Wortschwall *m*; **~chérir** (~ʃe'ri:r) *v/i.* [2a] höher bieten; *j-n* überbieten; **~chérissement** (~ʃeris'mɑ̃) *m* höheres Gebot *n*; weitere Preissteigerung *f*; **~chérisseur** (~ʃeri'sœ:r) *adj. u. su.* [7g] überbietend; Überbieter *m.*

surentraîn|ement *Sport* (syrɑ̃trɛn'mɑ̃) *m* Übertrainierung *f*; **~er** *Sport* (~'ne) *v/t.* [1b] übertrainieren.

suréroga|tion (syrerɔga'sjõ) *f* Übergebühr *f*; Zusatzleistung *f*; *par ~* zum Überfluß, (noch) obendrein; **~toire** (~'twa:r) *adj.* □ übergebührlich, zusätzlich (*Leistung, Zahlung*), freiwillig (*od.* zusätzlich) übernommen (*Arbeit*).

surestarie ⚓ (syrɛsta'ri) *f* Extraliegetage *m/pl.*; Sonderliegegeld *n.*

surestim|ation (syrɛstimɑ'sjõ) *f* Über-schätzung *f*, -bewertung *f*; **~er** (~'me) *v/t.* [1a] über-schätzen, -bewerten.

suret (sy'rɛ) *adj.* [7c] säuerlich.

sûreté (syr'te) *f* **1.** Sicherheit *f*; *mettre en ~* in Sicherheit bringen; *soupape f de ~* Sicherheitsventil *n*; **2.** Bürgschaft *f*; **3.** ♀ Sicherheits-, Kriminal-polizei *f.*

surévalu|ation (syrevalɥa'sjõ) *f* Überbewertung *f*, Überschätzung *f*; **~er** *a. fin.* (~'lɥe) *v/t.* [1a] zu hoch bewerten, überschätzen.

surexcédent ⊕ (syrɛkse'dɑ̃) *m* Zugabe *f*; Überhang *m.*

surexcit|able (syrɛksi'tablə) *adj.* überreizbar; **~ation** (~tɑ'sjõ) *f* Überreizung *f*, Spannung *f*; **~er** (~'te) *v/t.* [1a] überreizen.

surexpos|er *phot.* (~ɛkspo'ze) *v/t.* [1a] überbelichten; **~ition** *phot.* (~zi'sjõ) *f* Überbelichtung *f.*

surfaçage ⊕ (~fa'sa:ʒ) *m* Oberflächenbearbeitung *f.*

surface (syr'fas) *f* **1.** Oberfläche *f*; *~ plane* ebene Fläche *f*; *~ de charge* (*-ment*) Ladefläche *f e-s Wagens*; ⚒ *~ cultivée* angebaute Fläche *f*, Anbaufläche *f*; ✈ *~ sustentatrice* Tragfläche *f*; *Fußball*: *~ de pénalisation*, *~ de réparation* Strafraum *m*; ⚖ *~ convexe d'un cône* Mantel *m* e-s Kegels; *la ~ de l'eau* der Wasserspiegel *m*; *faire ~* an die Oberfläche kommen; auftauchen (*a. von Menschen*); *faire de nouveau ~* wieder aufkreuzen; **2.** *fig.* Außenseite *f*, Schein *m*, *fig.* Schale *f*; *avoir de la ~* nach etw. aussehen F; **3.** *fig.* Gewähr *f*, *a.* ✝ Kredit *m*, Anlagen *f/pl.*, Format *n* (*e-s Menschen*).

surfacer ⊕ (syrfa'se) *v/t.* [1k] die Ober-, Stirn-fläche bearbeiten.

surfaire (syr'fɛ:r) *v/t.* [4n] zuviel verlangen, überteuern; *fig.* überschätzen.

surfaix (syr'fɛ) *m* Obergurt *m am Pferdegeschirr.*

surfiler *text.* (~fi'le) *v/t.* [1a] feiner drehen, nachzwirnen.

[fein.}

surfin *bsd.* ✝ (syr'fɛ̃) *adj.* [7] hoch-

surfs (syrf) *m/pl. Art* Wasserwürmer *m/pl.* (*Nahrung der Heringe*).

surfusion *phys.* (syrfy'zjõ) *f* Unterkühlung *f*, Überschmelzung *f.*

surgelé (syrʒə'le) *adj.* tiefgekühlt

surgeon ⚘ (syr'ʒɔ̃) *m* Ableger *m*.

sur|gir (syr'ʒi:r) *v/i.* [2a] **1.** hervorgehen, auftauchen; hervorquellen; *faire* ~ ins Leben rufen, anstiften, hervorrufen; **2.** *plötzlich* ankommen, eintreffen, sich einfinden, sich einstellen; aufkreuzen *plais.*; *il surgit toujours à point nommé* im entscheidenden Augenblick ist er immer zur Stelle; ~ *à toute allure Auto* plötzlich angebraust kommen; ~ *au port* landen; *fig.* am Ziele s-r Wünsche angelangt sein; **~gissement** (~ʒis'mɑ̃) *m* plötzliches Auftauchen *n od.* Erscheinen *n*.

surgreff|age (syrgrɛ'fa:ʒ) *m* doppelte Veredelung *f*; **~er** (~'fe) *v/t.* [1a] doppelt veredeln.

surhauss|ement (syros'mɑ̃) *m* Überhöhung *f*; übermäßige Erhöhung *f e-s Preises*; **~er** (~'se) *v/t.* [1a]; **1.** erhöhen; zuspitzen: **2.** übermäßig verteuern.

sur|homme (sy'rɔm) *m* Übermensch *m*; **~humain** (syry'mɛ̃) *adj.* [7] übermenschlich.

suriane ⚘ (sy'rjan) *f* Surianastrauch *m*.

suricate *zo.* (syri'kat) *m* Scharrtier *n*, Surikate *f*.

surimpos|er (syrɛ̃po'ze) *v/t.* [1a] übermäßig besteuern; **~ition** (~zi'sjɔ̃) *f* Überbesteuerung *f*.

surimpression *cin., télév., phot.* (syrɛ̃prɛ'sjɔ̃) *f* zwei- *od.* mehrfache Aufnahme *f* auf demselben Film; Doppelbelichtung *f*; **~ner** *phot.* (~sjɔ'ne) *v/t. u. v/i.* [1a] zwei od. mehrere Aufnahmen auf demselben Film machen; doppelt belichten.

surin (sy'rɛ̃) *m* **1.** noch ungepfropfter Apfelbaum *m*; **2.** * Dolch *m*, Messer *n*; **~er** * (syri'ne) *v/t.* [1a] erstechen, kaltmachen, **~eur** * (~'nœ:r) *m* Messerheld *m*.

surintend|ance (syrɛ̃tɑ̃'dɑ̃:s) *f* Oberaufsicht *f*; *rl. prot.* Superintendantur *f*; **~ant** (~'dɑ̃) *m* Oberaufseher *m*; *prot.* Superintendant *m*; ~ *de la cour* Oberhofmeister *m*, Hofmarschall *m*; **~ante** (~'dɑ̃:t) *f* **1.** Oberaufseherin *f*; **2.** Fürsorgerin *f*; **3.** Oberhofmeisterin *f*.

surir (sy'ri:r) *v/i.* [2a] sauer werden.

surirritation (syriritɑ'sjɔ̃) *f* Überreiztheit *f*.

sur|jaler ⚓ (syrʒa'le), **~jauler** (~ʒo'le) *v/t.* [1a] verwickeln (*Anker*).

surjet (syr'ʒɛ) *m* überwendliche Naht *f*; **~er** (~ʒə'te) *v/t.* [1c] überwendlich nähen.

surlangue *vét.* (syr'lɑ̃:g) *f* Zungenbrand *m* (*des Rindviehs*).

sur-le-champ (syrlə'ʃɑ̃) *adv.* auf der Stelle, sofort.

surlendemain (syrlɑ̃d'mɛ̃) *m* übernächster Tag *m*.

surlonge *cuis.* (syr'lɔ̃:ʒ) *f* Lendenstück *n*.

surlouer (~'lwe) *v/t.* [1a] mit Überpreis vermieten.

surmen|age (syrmə'na:ʒ) *m* Überarbeitung *f*, -anstrengung *f*, -bürdung *f*; **~er** (~'ne) *v/t.* [1d] über-anstrengen, -fordern, -bürden.

surmont|able (syrmɔ̃'tablə) *adj.* übersteigbar; überwindlich; **~er** (~'te) [1a] **I** *v/t.* **1.** über-steigen, -ragen; *surmonté de qch.* mit etw. (*dat.*) gekrönt *od.* versehen; *abs. l'huile surmonte dans l'eau* das Öl steigt im Wasser hoch; **2.** *fig.* meistern, fertig werden (mit *dat.*), überstehen, überwinden, übertreffen (*en* an *dat.*); **II** *v/i.* sich nicht unterkriegen lassen; **III** *v/rfl.* *se* ~ a) sich selbst übertreffen; b) sich beherrschen, sich überwinden.

surmoul|age (syrmu'la:ʒ) *m*, **~e** (~'mul) *m* Abguß *m* von e-r Kopie; **~er** (~'le) *v/t.* [1a] von e-m Abguß abformen.

surmoût (syr'mu) *m* Most *m* (*gegorener Traubensaft*).

surmulet *icht.* (syrmy'lɛ) *m* Streifenbarbe *f*.

surmulot *zo.* (syrmy'lo) *m* Wanderratte *f*.

surnager (syrna'ʒe) *v/i.* [1l] **1.** oben (-auf) schwimmen; **2.** *fig.* sich durchsetzen, bestehen bleiben, fortbestehen; übrigbleiben.

surnaturel (syrnaty'rɛl) **I** *adj.* [7c] □ übernatürlich; **II** *m le* ~ das Übernatürliche *n*; *la croyance au* ~ der Wunderglaube *m*.

sur|nom (syr'nɔ̃) *m* Beiname *m*; **~nombre** (~'nɔ̃:brə) *m* Überzahl *f*; *en* ~ überzählig; **~nommer** (~nɔ'me) *v/t.* [1a] e-n Beinamen geben; **~numéraire** (~nyme'rɛ:r) *adj. u. m* überzählig; Beamtenanwärter *m*.

suroffre (sy'rɔfrə) *f* vorteilhafteres Angebot *n*.

suroît (sy'rwa) *m* **1.** ⚓ Südwestwind *m*; **2.** Südwester *m* (*Seemannshut*).

suros *vét.* (sy'ro) *m* Überbein *n*, Stollbeule *f* (*Pferd*).

suroxyd|ation (syrɔksidɑ'sjɔ̃) *f* Überoxydierung *f*; **~e** (~'ksid) *m* Hyperoxyd *n*; **~er** (~'de) *v/t.* [1a] überoxydieren.

suroxygénation (syrɔksiʒenɑ'sjɔ̃) *f* Überoxydierung *f*.

surpasser (syrpɑ'se) *v/t.* [1a] **1.** hinausragen über (*acc.*), höher sein als ...; ~ *q. de toute la tête* um einen ganzen Kopf größer sein als jemand; **2.** *fig.* ~ *q. en qch.* j-n an (*od.* in) etw. übertreffen; **3.** übersteigen; *cela me surpasse* das geht über m-n Verstand; **4.** F in Erstaunen setzen.

surpat' ⋆ (syr'pat) *f* Party *f*, Schwof *m* P.

surpay|e (syr'pɛj) *f* **1.** Überbezahlung *f*, zuviel bezahlter Betrag *m*; **2.** besondere Vergütung *f*, Sonderzulage *f*; **~er** (~pɛ'je) *v/t.* [1i] zu hoch bezahlen.

surpeup|lé (syrpœ'ple) *adj.* überbevölkert; überfüllt (*z.B. Krankenhaus*); **~ement** (~plə'mɑ̃) *m* Überbevölkerung *f*; Überfüllung *f*.

surplis *rl.* (syr'pli) *m* Chorhemd *n*.

surplomb Δ (syr'plɔ̃) *m* Überhängen *n*, Ausladung *f*; *en* ~ schräg überhängend, nicht lotrecht; schief, schräg; **~er** (~plɔ̃'be) [1a] (*bsd.* Δ) **I** *v/i.* überhängen, aus dem Lot heraustreten; weit ausladen; **II** *v/t.* überdachen, überragen.

surplus (syr'ply) *m* Überschuß *m*, Rest *m*; Mehr *n*, Mehrbetrag *m*; ~ *de poids* Übergewicht *n*; *au* ~, *pour le* ~ übrigens; ~ *de revenus* (*de rendement*) Mehreinkommen *n* (Mehrertrag *m*).

surpoids (~'pwa) *m* Übergewicht *n*, Überfracht *f*.

surpousse ⚘ (~'pus) *f* Nachtrieb *m*.

surpren|ant (~prə'nɑ̃) *adj.* [7] überraschend, seltsam; *rien de* ~ (*à ce*) *que* ... kein Wunder, daß ...; *quoi de* ~, *si* ... was Wunder, wenn ...; soll man sich da noch wundern, wenn ...; **~dre** (~'prɑ̃:drə) [4g] **I** *v/t.* **1.** überraschen, überrumpeln; ertappen; **2.** betrügen, täuschen, irreführen, überlisten, hintergehen; erschleichen; ~ *la bonne foi de q.* j-n hintergehen; **3.** in Erstaunen setzen; bestürzt machen; **II** *v/rfl. se* ~ plötzlich an sich (*od.* an s-r eigenen Person) merken; *il se surprit à pleurer* plötzlich merkte er, daß s-e Augen feucht wurden.

surpression ⊕ (~prɛ'sjɔ̃) *f* Überdruck *m*.

surprime (~'prim) *f* Zuschlagsprämie *f* (*z.B. Lebensversicherung*).

surpris (syr'pri) *p/p. u. adj.* [7] überrascht, erstaunt.

surprise (syr'pri:z) *f* **1.** Überraschung *f*, Überrumpelung *f*, Überlistung *f*; *fig.* Verwunderung *f*, Bestürzung *f*; *boîte f à* ~ Vexierschachtel *f*; *aller de* ~ *en* ~ aus dem Staunen nicht herauskommen; *prendre par* ~ überrumpeln; *excursion f* ~ Fahrt *f* ins Blaue; *facteur m* ~ Überraschungsmoment *n*; **2.** *téléph.* Abhören *n*; **3.** ✝ Attrappe *f*; **4.** ⚔ Überfall *m*, Handstreich *m*; *par* ~ überfallartig; **5.** unerwartetes Geschenk *n od.* Vergnügen *n*; **~-partie** (~par'ti) *f* [6a] private Tanzveranstaltung *f od.* Party *f* F.

surproduction (~prɔdyk'sjɔ̃) *f* Überproduktion *f*.

sur|raffiné *métall.* (~rafi'ne) *adj.* über-gar, -fein; **~réalisme** *litt.* (~rea'lism) *m* Surrealismus *m*; **~réaliste** *litt.* (~rea'list) *adj. u. su.* surrealistisch; Surrealist *m*.

surrénal *anat.* (syre'nal) *adj.* [5c] über den Nieren befindlich; *capsules f/pl.* (*od. glandes f/ql.*) **~es** Nebennieren *f/pl.*

surrogat (syrɔ'ga) *m* Surrogat *n*, Ersatz *m*.

sursalaire (~sa'lɛ:r) *m* (Gehalts-)Zulage *f*; ~ *familial* Kinderzulage *f*, Familienbeihilfe *f*.

sursatur|ation ⚗ (~satyrɑ'sjɔ̃) *f* Übersättigung *f*; **~er** ⚗ (~'re) *v/t.* [1a] übersättigen.

sursaut (syr'so) *m* plötzliches Aufspringen *n od.* Auffahren *n*; Zucken *n*; *avoir un* ~ zucken; *se dresser en* ~ plötzlich aufspringen; *il eut un* ~ *de colère* er hatte e-n Wutanfall; *s'éveiller en* ~ aus dem Schlafe auffahren; **~er** (~'te) *v/i.* [1a] auffahren, aufspringen.

surséance ⚖ (syrse'ɑ̃:s) *f* Aufschub *m*, Frist *f*.

sursem|é *vét.* (syrsə'me) *adj.* auf der Zunge finnig; **~er** (~) *v/t.* [1d] nachsäen, nochmals besäen.

sur|seoir ⚖ (syr'swa:r) [3k] *v/t.* ~ *qch. u. v/i.* ~ *à qch.* etw. aufschieben, etw. aussetzen; **~sis** (syr'si) *m* **1.** ⚖ Strafaufschub *m* mit Bewährungsfrist; ~ *conditionnel* bedingter Strafaufschub *m*; *avec application de la loi de* ~ unter Strafaufschub; **2.** ⚔ Zurückstellung *f*, Gestellungsaufschub *m*; *demande f de* ~ Reklamierung *f*; *faire mettre en* ~ reklamieren; *l'homme en* ~ *d'appel* Unabkömmlicher *m*, Zurückgestellter *m*, Reklamierter *m*.

sursitaire (~si'tɛ:r) *m* **1.** ⚔ Zurückgestellter *m*, Unabkömmlicher *m*,

Reklamierter *m*; **2.** ⚖ Begünstigter *m* e-s Strafaufschubs.

sur|taux (~'to) *m* zu hohe Steuereinschätzung *f*; **~taxe** (~'taks) *f* **1.** Nachsteuer *f*, zu hohe Steuer *f*; Nebengebühren *f/pl.*; **2.** ✉ Strafporto *n*, Nachgebühr *f*; **3.** Teuerungszuschlag *m*; ~ *punitive* Strafzuschlag *m*; ~ *de l'impôt sur le revenu* Einkommensteuerzuschlag *m*; **~taxer** (~ta'kse) *v/t.* [1a] zu hoch veranlagen (*od.* taxieren); ✉ mit Strafporto belegen.

surtemps (~'tɑ̃) *m* Überstunden *f/pl.*

surten|dre ⚡ (~'tɑ̃:drə) *v/t.* [4a] überspannen; **~sion** ⚡ (~tɑ'sjɔ̃) *f* Überspannung *f*.

surtout[1] (~'tu) *m* **1.** Kittel *m*, Übermantel *m*; **2.** ~ (*de table*) Tafelaufsatz *m*; **3.** korbartiger Gepäckkarren *m*; **4.** *Art* Strohtrichter *m* über Bienenkörben.

surtout[2] (syr'tu) *adv.* besonders, vor allem, vor allen Dingen.

surveill|ance (syrvɛ'jɑ̃:s) *f* Aufsicht *f*, Beaufsichtigung *f*; ~ *des prix* Preisüberwachung *f*; *autorité f de* ~ Aufsichtsbehörde *f*; **~ant** (~'jɑ̃) [7] **I** *adj.* wachsam; überwachend, beaufsichtigend; **II** *su.* Aufseher *m*; **~e** (~'vɛ:j) *f* der vorgestrige Tag *m*; **~er** (~vɛ'je) *v/t.* [1a] überwachen, beaufsichtigen.

surven|ance (syrvə'nɑ̃:s) *f* zufällige Ankunft *f*; ⚖ *unvorhergesehenes* Dazukommen *n* (*od.* Erscheinen *n*); **~ant** (~'nɑ̃) *adj.* [7] *u. su.* unvermutet hinzukommend(er Gast *m*).

survendre (~'vɑ̃:drə) *v/t.* [4a] zu teuer verkaufen.

survenir (~və'ni:r) *v/i.* [2h] (unvermutet) eintreten *od.* erfolgen; zustoßen; sich ereignen, eintreten, vorkommen; ~ *à toute allure* plötzlich angebraust kommen.

survente[1] (~'vɑ̃:t) *f* Überteuerung *f*, Preisüberschreitung *f*.

survente[2] ⚓ (~) *f* aufkommender Sturm *m*.

survenue (~və'ny) *f* unvermutetes Eintreffen *n*.

survêtement (~vɛt'mɑ̃) *m*: ~ *de sport* Trainingsanzug *m*; **~s** *m/pl.* Ober(be)-, Schutz-kleidung *f*.

survider (~vi'de) *v/t.* [1a] abgießen, abschütten.

sur|vie (syr'vi) *f* Überleben *n*; **~vivance** (~vi'vɑ̃:s) *f* **1.** Fortleben *n*, Überleben *n*; *fig.* Fortbestehen *n*; **2.** ⚖ Nachfolge *f*, Erbschaft *f*; *droit m par* ~ Anwartschaft *f* (*z.B. auf ein Amt nach dem Tode des Inhabers*); **3.** *phil.* Leben *n* nach dem Tode; **~vivancier** (~vivɑ̃'sje) *m* Anwärter *m*; **~vivant** (~vi'vɑ̃) *adj. u. su.* [7] überlebend; Überlebender *m*; **~vivre** (~'vi:vrə) [4e] **I** *v/i.*: ~ *à q.* j-n überleben; ~ *à sa maladie* s-e Krankheit überstehen; ~ *à son honneur* (*à sa fortune*) den Verlust s-r Ehre (s-s Vermögens) ertragen **II** *v/rfl.* *se* ~ *dans ses enfants* in s-n Kindern fortleben.

survol (syr'vɔl) *m* **1.** ✈ Überfliegen *n*; **2.** *fig.* ~ *de qch.* kurzer Überblick über etw. (*acc.*); **~er** ✈ (~'le) *v/t.* [1a] überfliegen.

survolt|age (syrvɔl'ta:ʒ) *m* **1.** ⚡ Überspannung *f*; **2.** ⚙ zu große Anspannung *f*, Überbelastung *f*; **~er** ⚡ (~'te) *v/t.* [1a] hinauftransformieren; *fig.*, *bsd. pol.* auf Hochtouren bringen; **~eur** ⚡ (~'tœ:r) *m* Booster-, Zusatz-maschine *f*, Druckdynamo *m*, Spannungserhöher *m*.

sus (sy[s]) **I** *adv.* **1.** *en* ~ noch dazu, zusätzlich; *demande f en* ~ Nachforderung *f*; *en* ~ *de* außer, zusätzlich zu (*dat.*); *50 frs., port en* ~ *50* Franken, zusätzlich Porto; **2.** *courir* ~ *à q.* auf j-n losgehen; **II** *int.* ~ (*donc*)! los!, dalli!

suscepti|bilité (sysɛptibili'te) *f* Empfänglichkeit *f*, Empfindlichkeit *f*, Erregbarkeit *f*, Reizbarkeit *f*; *être d'une grande* ~ sehr empfindlich sein, leicht eingeschnappt sein F; **~ble** (~'tiblə) *adj.* **1.** ~ *de qch.* für etw. (*acc.*) empfänglich (*od.* geeignet); ~ *d'améliorations* verbesserungsfähig; ~ *d'interprétations différentes* verschieden zu deuten; ~ *de contraction* zusammenziehbar; **2.** empfindlich, reizbar; **3.** ⊕ ~ *aux chocs* stoßempfindlich.

susception (sysɛp'sjɔ̃) *f* **1.** *physiol.* Aufnahme *f*; **2.** *rl.* Entgegennahme *f* der Priesterweihe.

susciter (sysi'te) *v/t.* [1a] **1.** hervorrufen; veranlassen; erregen; erwecken; entstehen lassen, hervorbringen; **2.** *fig.* anstiften (*Streit*).

suscription (syskrip'sjɔ̃) *f* Aufschrift *f auf Briefen.*

sus|dit (sys'di) *adj.* [7] obengenannt; **~-dominante** ♪ (sysdɔmi'nɑ̃:t) *f* Oberdominante *f*; **~-énoncé** (syzenɔ̃'se) *adj.*, **~-indiqué** (syzɛ̃di'ke) *adj.* oben angegeben; **~mentionné** (sysmɑ̃sjɔ'ne) *adj.* obenerwähnt; **~nommé** (sysnɔ'me) *adj. u. su.*

obengenannt; *der* (*die*, *das*) Obengenannte.
suspect (sys'pɛ *od.* sys'pɛkt; *m/pl.* sys'pɛ, *bei Bindung* sys'pɛ:z; *f*: sys'pɛkt) **I** *adj.* [7] verdächtig; *il était ~ de trahison* man verdächtigte ihn des Verrats; **II** *m* Verdächtigter *m*; **~er** (~pɛk'te) *v/t.* [1a] a) verdächtigen; b) *~ qch.* etw. in Verdacht haben (*od.* ahnen).
suspendeur *vél.* (syspɑ̃'dœ:r) *m* Hängegestell *n für Fahrräder.*
suspendre (sys'pɑ̃:drə) [4a] **I** *v/t.* **1.** (auf)hängen; *pont m suspendu* Hängebrücke *f*; *suspendu* frei (*od.* in Federn) hängend, schwebend; *fig. être suspendu* in der Schwebe sein, schweben; hängen; *Auto*: *cette voiture est bien suspendue* dieser Wagen hat e-e gute Federung; **2.** aufschieben; aussetzen; unterbrechen, einstellen; *~ les hostilités* (*ses paiements*) die Feindseligkeiten (s-e Zahlungen) einstellen; ⚖ *~ la procédure* das Verfahren einstellen; *~ son jugement* mit s-m Urteil zurückhalten; *thé. abonnement m suspendu* außer Abonnement; **3.** *~ q. de ses fonctions* j-n zeitweilig des Amtes entheben; j-n suspendieren; *~ un journal* e-e Zeitung zeitweilig verbieten; **II** *v/rfl. se ~ par les mains à une barre fixe* e-n Klimmzug am Reck machen; *se ~ à qch.* (*à q.*) sich an etw. (an j-n) klammern.
suspens (sys'pɑ̃) *adj./m* **1.** † *rl.* suspendiert; **2.** *advt. en ~* in der Schwebe, unentschieden; *rester en ~* in der Schwebe bleiben; **~if** (syspɑ̃'sif) *adj.* [7e] aufschiebend; *points m/pl.* **~s** Gedankenpunkte *m/pl.* (...); **~ion** (~'sjɔ̃) *f* **1.** Hängen *n*, Aufhängen *n*; être en ~ schweben; **2.** Aufschub *m*; Einstellung *f*, Stillstand *m*, Stillegung *f*; Unterbrechung *f*; Vertagung *f* (*e-r Sitzung usw.*); *~ d'avancement* Beförderungssperre *f* (*für Beamte*); *~ (de paiement)* Zahlungseinstellung *f*; **3.** einstweilige Amtsenthebung *f*, Suspendierung *f*; *Sport*: zeitweiliger Ausschluß *m*; **4.** *fig.* Spannung *f*, Schweben *n*; **5.** *points m/pl. de ~* Gedankenpunkte *m/pl.* (...); **6.** Hängewerk *n*, Gehänge *n*; (*lampe f à*) ~ Hängelampe *f*, Ampel *f*; **7.** *Auto*: *~ en trois* (*quatre*) *points* Drei- (Vier-)punkteaufhängung *f*; *~ indépendante* Schwingachse *f*; **8.** ⚙ Suspension *f*, Aufschwemmung *f*; **~oir** ⚕ (~'swa:r) *m* Suspensorium *n*, Trageverband *m*; **~oires** ⊕ (~) *f/pl.* Hängewerk *n*.
suspentes ✈ (sys'pɑ̃:t) *f/pl.* Seilwerk *n*, Fangleinen *f/pl.*
suspicion (syspi'sjɔ̃) *f* Verdacht *m*, Argwohn *m*; *tenir q. en ~* j-n im Verdacht haben.
susseyer (sysɛ'je) *v/i.* [1i] lispeln.
sustenta|teur (systɑ̃ta'tœ:r) **I** *adj.* [7f] tragend, Trag...; *fig.* erhaltend, ernährend; **II** *m* ✈ Tragfläche *f*; *fig.* Ernährer *m*; **~tion** (~tɑ'sjɔ̃) *f* Unterhalt *m*, Ernährung *f*; Aufrechterhaltung *f*; ✈ Gleichgewichtserhaltung *f*, Auftrieb *m*; Schwimmkraft *f*.
sustenter (systɑ̃'te) *v/t.* [1a] unterhalten, ernähren.
susurr|ation (sysyrɑ'sjɔ̃) *f*, **~ement** (~r'mɑ̃) *m* Murmeln *n*, Rascheln *n der Blätter*; Flüstern *n*; **~er** (~'re) *v/t. u. v/i.* [1a] flüstern, säuseln, murmeln, rascheln.
sut|ile (sy'til) *adj.* zusammengenäht; **~ure** (~'ty:r) *f chir., anat.*, ⚘ Naht *f*; *chir.* Nähen *n*; *fig.* Zusammenfügung *f*; Zusammenheften *n*; *litt.* Flickstelle *f*; Flickworte *n/pl.*
suzerain *féod.* (syz'rɛ̃) *adj.* [7] *u. m* lehnsherrlich; (*seigneur m*) ~, (*dame f*) ~e Lehnsherr(in *f*) *m*; **~eté** *féod.* (syzrɛn'te) *f* Lehnsherrlichkeit *f*, Oberherrschaft *f*.
svastika (zvasti'ka) *m* Hakenkreuz *n*.
svelte (zvɛlt) *adj.* schlank.
sveltesse (zvɛl'tɛs) *f* Schlankheit *f*, schlanke Linie *f* (*der Damen*).
s.v.p. *abr. für s'il vous plaît* bitte.
swaheli *ling.* (swaɛ'li) *m* Suaheli *n*.
sweater (swe'tɛ:r) *m* Sweater *m*; dicke, wollene Strickjacke *f*.
swing (swiŋ) *m* **1.** Swing *m* (*Jazz*); **2.** Schwinger *m* (*Boxsport*); *placer* (*od. porter*) *un ~* e-n Schwinger landen.
sybari|te (siba'rit) *m u. adj.* verweichlichter Wollüstling *m*; wollüstig, verweichlicht, schwelgerisch; **~tique** (~'tik) = ~te *adj.*; **~tisme** (~'tism) *m* Genußsucht *f*, Schwelgerei *f*; Wollust *f*.
sycomore ⚘ (sikɔ'mɔ:r) *m* Maulbeerfeigenbaum *m*, Sykomore *f*; *faux ~* Bergahorn *m*.
sycophante (sikɔ'fɑ̃:t) *m* Denunziant *m*.
sycose ⚕ (si'ko:z) *f* Bartflechte *f*.
syénite *min.* (sje'nit) *f* Syenit *m*.
sylla|baire (sila'bɛ:r) *m* Fibel *f*, Abc-Buch *n*; **~be** (~lab) *f* Silbe *f*; *par ~s* silbenweise; *regratter les*

~*s* ein Wortklauber sein; **~bique** (~'bik) *adj.* □ aus Silben bestehend; *écriture f* ~ = **~bisme** (~'bism) *m* Silbenschrift *f*.

syllepse *gr.* (si'lɛps) *f* Syllepsis *f*, Nichtübereinstimmung *f* des Prädikats *in bezug auf Genus u. Numerus* (*z.B. il est six heures* es ist sechs Uhr).

syllog|isme *phil.* (silɔ'ʒism) *m* Syllogismus *m*, logischer Schluß *m*, Vernunftsschluß *m*; **~istique** (~ʒis'tik) *adj.* syllogistisch.

sylphe *m*, **sylphide** *f* (silf, sil'fid) Elfe *f*, Luftgeist *m*.

syl|vain (sil'vɛ̃) **I** *adj.* [7] in Wäldern lebend; Wald..., Holz...; **II** *m* ♀ Waldgott *m*, Waldgeist *m*; **~vatique** (~va'tik) *u.* **~vestre** (~'vɛstrə) *adj.* **1.** waldig; **2.** ⚘ in Wäldern wachsend; Wald...

Sylvestre (sil'vɛstrə) *npr.* Sylvester *m*; *nuit f de la Saint-~* Sylvesternacht *f*.

sylvi|cole (silvi'kɔl) *adj.* **1.** in Wäldern lebend; **2.** forstwissenschaftlich; **~culteur** (~kyl'tœ:r) *m* Forstwirtschaftler *m*; **~culture** (~kyl'ty:r) *f* Forstwirtschaft *f*, Forstwissenschaft *f*; Waldkultur *f*.

sylvinite ⚒ (silvi'nit) *f* Kainit *m*.

symbiose (sɛ̃'bjo:z) *f* Symbiose *f*, Zusammenleben *n*; *pol.* Nebeneinanderleben *n*.

symbo|le (sɛ̃'bɔl) *m* Symbol *n*, Sinnbild *n*; ⚒ Abkürzung *f*, Zeichen *n*, Wappenbild *n*; *rl.* (*meist* ♀) Glaubensbekenntnis *n*; *être le ~ de* versinnbildlichen; **~lique** (~'lik) **I** *adj.* symbolisch, sinnbildlich; **II** *rl.* *f* Symbolik *f*; **~lisation** (~liza'sjɔ̃) *f* Verkörperung *f*, Symbolisierung *f*, sinnbildliche Darstellung *f*; **~liser** (~li'ze) *v/t.* [1a] verkörpern, symbolisieren, sinnbildlich darstellen; **~lisme** *litt.* (~'lism) *m* Symbolismus *m*; **~liste** *litt.* (~'list) *adj. u. m* symbolistisch; Symbolist *m*.

symé|trie (sime'tri) *f* Symmetrie *f*, Ebenmäßigkeit *f*, harmonische Ausgeglichenheit *f*; **~trique** (~'trik) *adj.* □ symmetrisch, ausgeglichen, ebenmäßig, gleichmäßig.

sympa P (sɛ̃'pa) *adj./inv.* = *sympathique* sympathisch *usw.*; **~thie** (~'ti) *f* Sympathie *f*; ⚕ analoger Vorgang *m*; Mitleidenschaft *f*; ~ (*pour q.*) Sympathie *f* (zu j-m), Hinneigung *f* (zu j-m); Seelenverwandtschaft *f* (*avec q.* mit j-m); Mitgefühl *n*; Beileid *n*; Teilnahme *f*; *manifestations f/pl. de ~* Beileidskundgebungen *f/pl.*; **~thique** (~'tik) **I** *adj.* □ **1.** sympathisch, angenehm, gleichgesinnt, mitfühlend; **2.** sympathetisch; **II** *anat.* *m*: *grand ~* Sympathicus *m*, sympathetisches Nervensystem *n*; **~thisant** *pol.* (~ti'zɑ̃) *m* Anhänger *m*, Mitläufer *m*, Schrittmacher *m*; **~thiser** (~ti'ze) *v/i.* [1a]: *~ avec q.* mit j-m sympathisieren, mitfühlen, gleichgestimmt sein.

sympho|nie ♪ (sɛ̃fɔ'ni) *f* Symphonie *f*; **~nique** ♪ (~'nik) *adj.* symphonisch; **~niste** ♪ (~'nist) *m* Symphoniker *m*, Orchestermusiker *m*.

symphyse ⚕ (sɛ̃'fi:z) *f* Symphyse *f*, Knochenverbindung *f*, Fuge *f*.

sympt|omatique (sɛ̃ptɔma'tik) *adj.* symptomatisch; **~omatologie** ⚕ (~tɔlɔ'ʒi) *f* Lehre *f* von den Symptomen; **~ôme** (~'to:m) *m* **1.** Symptom *n*; Anzeichen *n*; *~ d'intoxication* Vergiftungserscheinung *f*; **2.** *fig.* Vorbote *m*, Anzeichen *n*; *~ réjouissant fig.* Lichtblick *m*.

synagogue (sina'gɔg) *f* Synagoge *f*.

synallagmatique ⚖ (sinalagma'tik) *adj.* wechselseitig bindend.

synarchie *pol.* (sinar'ʃi) *f* Synarchie *f*, Machtkonzentration *f*.

synarthrose *anat.* (sinar'tro:z) *f* Synarthrose *f*, Knochenfuge *f*.

synchro-cyclotron *at.* (sɛ̃krɔsiklɔ'trɔ̃) *m* Synchro-Zyklotron *n*.

synchro|ne (sɛ̃'krɔn) *adj.* synchronistisch, gleichzeitig; *phys.* von gleicher Dauer; *moteur m ~* Synchronmotor *m*; **~nique** (~'nik) *adj.* synchronistisch, gleichzeitig.

synchroni|sateur *phot.* (sɛ̃krɔniza'tœ:r) *m* Synchronisator *m*; **~sation** (~zɑ'sjɔ̃) *f* *cin.* Synchronisierung *f*; *fig.* Gleichschaltung *f*; **~ser** (~'ze) *v/t.* [1a] synchronisieren, als gleichzeitig hinstellen; 🕮 (zeitlich) einordnen; *fig.* gleichschalten; **~sme** (~'nism) *m* Gleichzeitigkeit *f*; ⊕ Gleichtakt *m*.

synchrotron *at.* (~'trɔ̃) *m* Synchrotron *n*, Teilchenbeschleuniger *m*.

synco|pe (sɛ̃'kɔp) *f* **1.** ⚕ 'Synkope *f*, Ohnmacht *f*; **2.** *gr.* 'Synkope *f*, Vokalausstoß *m* im Wortinnern, Verkürzung *f*; **3.** ♪ Syn'kope *f*; **~pé** F (~'pe) *adj.* perplex, völlig sprachlos; **~per** (~) *v/t.* [1a] *gr.*, ♪ synkopieren; F schockieren.

synderme (~'dɛrm) *m* Kunstleder *n*.

syndic (sɛ̃'dik) *m* Syndikus *m*;

französ. Schweiz: Bürgermeister *m*; ~ *de faillite* Konkursverwalter *m*; **~al** (~'kal) *adj.* [5c] gewerkschaftlich, Gewerkschafts..., syndikalistisch; *chambre f ~e des avocats* Anwaltskammer *f*; **~alisme** (~ka'lism) *m* Gewerkschafts-bewegung *f*, -wesen *n*; **~aliste** (~ka'list) *su. u. adj.* Gewerkschaftler *m*; gewerkschaftlich; *mouvement m* ~ Gewerkschaftsbewegung *f*.

syndicat (sɛ̃di'ka) *m* Gewerkschaft *f*; Syndikat *n*, (Berufs-)Verband *m*; ✝ Konsortium *n*; ~ *ouvrier* Arbeitergewerkschaft *f*; ~ *des employés* Angestelltengewerkschaft *f*; Beamtenbund *m*; ~ *des médecins* Ärztekammer *f*; ~ *houiller* Kohlensyndikat *n*; ~ *professionnel* Berufsgenossenschaft *f*; ~ *d'initiative* Verkehrs-verein *m*, -zentrum *n*; **~aire** (~'tɛːr) *su. u. adj.* = *syndicaliste*.

syndi|qué (sɛ̃di'ke) *adj. u. m* gewerkschaftlich organisiert; Gewerkschaftler *m*; **~quer** (~) [1m] **I** *v/t.* gewerkschaftlich organisieren; **II** *v/rfl.* *se* ~ sich gewerkschaftlich organisieren.

synecdoque *rhét.*, *gr.* (sinɛk'dɔk) *f* Synekdoche *f* (*Wortvertauschung*).

synod|al (sinɔ'dal) *adj.* [5c] □ synodalisch; Synoden...; *être assemblé ~ement* als Synode versammelt sein; **~e** (si'nɔd) *m* Synode *f*, Kirchentag *m*; ~ *confessionnel* Bekenntnissynode *f*; **~ique** (~'dik) *adj.* zu e-r Synode gehörig; *ast.* synodisch.

synony|me *gr.* (sinɔ'nim) **I** *adj.* leichbedeutend, sinnverwandt; **II** *m* sinnverwandtes Wort *n*; **~mie** *gr.* (~'mi) *f* Sinnverwandtschaft *f*; **~mique** *gr.* (~'mik) **I** *adj.* sinnverwandt; **II** *f* Synonymik *f*.

synopsis (sinɔp'sis) **I** *f*, *bisw. m* Überblick *m*, Zusammenfassung *f*; **II** *cin.* Filmübersicht *f*, Exposé *n*.

synoptique (sinɔp'tik) **I** *adj.* synoptisch, übersichtlich; *tableau m* ~ zusammenfassende Übersicht *f*; **II** *rl.* **~s** *m/pl.* Synoptiker *m/pl.*

synostose *anat.* (sinɔs'toːz) *f* Synostose *f*, Knochenverwachsung *f*.

synov|ial *anat.* (sinɔ'vjal) *adj.* [5c] Gelenk...; **~ie** ⚕ (~'vi) *f* Gelenkschleim *m*; **~ite** ⚕ (~'vit) *f* Gelenkentzündung *f*.

syntax|e *gr.* (sɛ̃'taks) *f* Syntax *f*, Satzlehre *f*; **~ique** *gr.* (~'ksik) *adj.* syntaktisch.

syn|thèse (sɛ̃'tɛːz) *f* Synthese *f*; Zusammen-setzung *f*, -fassung *f*, -fügung *f*; ⚗ Aufbau *m*; **~thétique** (~te'tik) *adj.* □ synthetisch; zusammen-setzend, -fassend; **~thétiser** (~teti'ze) *v/t.* [1a] zusammenfassen, einbegreifen; ⊕ synthetisch herstellen.

synton|ie *rad.* (sɛ̃tɔ'ni) *f* Abstimmung *f*; **~ique** (~'nik) *adj.* abgestimmt; *précision f* ~ Abstimmschärfe *f*; **~isateur** *rad.* (~niza'tœːr) *m* Abstimmknopf *m*; **~isation** *rad.* (~nizɑ'sjɔ̃) *f* Abstimmung *f*; *onde f de* ~ Abstimmwelle *f*; *bobine f de* ~ Abstimmspule *f*; **~iser** *rad.* (~ni'ze) *v/t.* [1a] abstimmen.

syphilis ⚕ (sifi'lis) *f* Syphilis *f*.

syphilitique ⚕ (sifili'tik) *adj.* syphilitisch.

syriaque (si'rjak) *adj. u. m* alt-[syrisch.]

Syrie (si'ri) *f*: **la** ~ Syrien *n*.

syrien (si'rjɛ̃) *adj.* [7c] syrisch.

syrinx (si'rɛ̃ːks) **I** ♪ *f* Panflöte *f*; **II** *orn. m* Syrinx *f* (*Stimmorgan*).

systématique (sistema'tik) *adj.* □ **1.** systematisch; **2.** *fig.* grundsätzlich.

systématiser (sistemati'ze) *v/t.* [1a] *u. v/i.* [1a] zu e-m System vereinigen, wissenschaftlich ordnen.

système (sis'tɛm) *m* **1.** System *n*; 🕮, *phil.* Lehrgebäude *n*; ⊕ Anlage *f*, Bauart *f*; ⚡ ~ *de montage* Schaltplan *m*, -skizze *f*; ✝ ~ *tarifaire* Tarifsystem *n*; ~ *prohibitif* (gänzliche) Handelsbeschränkung *f*; ~ *monétaire à base métallique* Metallwährung *f*; ~ *de paiement par acompte(s)*, ~ *de paiements échelonnés* Raten-, Teilzahlungs-, Abzahlungs-system *n*; *hist.* ~ *continental* Kontinentalsperre *f*; ⚕ ~ *nerveux* Nervensystem *n*; P *taper sur le* ~ *de q.* j-m auf die Nerven fallen; *gr.* ~ *phonétique* Lautsystem *n*; *a.* ✈ ~ *d'aération* Belüftungsanlage *f*; ~ *d'avertissement* Warnanlage *f*; ✈ ~ *flottant* Schwimmwerk *n*; ~ *souple* ✈ unstarres System *n*; **2.** *géol.* Formation *f*; **3.** *pol.* Regierungssystem *n*; **4.** *opt.* ~ *progressif souple* grüne Welle *f*; **5.** Verfahren *n*; Kniff *m*; *écol.* ~ *de roulement* Schichtunterricht *m*; *se faire un* ~ *de qch.* hartnäckig an etw. (*dat.*) festhalten; F *le* ~ *D* (= *débrouillard*) die Kunst, sich aus der Affäre zu ziehen, Durchtriebenheit *f*; die *nötigen* Beziehungen *f/pl.*

systyle △ (sis'til) *adj.* dicht aneinanderstehend (*Säule*).

T

T, t (te) *m* **1.** T, t *n*; **2.** Reißschiene *f*; **3.** ⊕ *fer m en* ~ T-Eisen *n*.

t' (t) *pr. vor vo. u. h muet* **1.** = *te* dir; dich; **2.** P = *tu* du; *t'as vu ça, toi?* du hast das gesehen?

ta (ta) *f zu ton*³.

tabac (ta'ba) **I** *m* **1.** Tabak *m*; ~ *fabriqué* Tabakfabrikat *n*; ~ *à chiquer*, ~ *à fumer*, ~ *à priser* Kau-, Rauch-, Schnupf-tabak *m*; *gros* ~ grober Tabak *m*, Knaster *m* F; *bureau m* (*od. débit m*) *de* ~, P *nur*: ~ Tabaksladen *m*; *priser du* ~ Tabak schnupfen; **2.** *les* ~*s* die Tabaks-regie *f*, -verwaltung *f*; **3.** F *fig. c'est un peu fort de* ~ das ist ja ein bißchen happig, das ist ja toll; *c'est le même* das ist völlig egal; *il y aura du* ~ das wird nicht so einfach gehen; *être dans le* ~ in der Klemme sitzen; *passer q. à* ~ j-n verhauen; *passage m à* ~ Durchprügeln *n*; *pot m à* ~ dicke Nudel *f* (*Person*); *coup m de* ~ heftiger Windstoß *m* (*od.* Regenguß *m*); ⚔, *fig. allg.* heftiger Angriff *m*; *fig.* schwerer Schlag *m*, Backpfeife *f* F; **II** *adjt.* tabakbraun.

taba|gie (taba'ʒi) *f* **1.** *ehm.* Tabaksstube *f*; *jetzt*: *péj.* verrauchtes Zimmer *n* (*od.* Lokal *n*); **2.** *hist.* Tabakskollegium *n*; **~gisme** ⚕ (~'ʒism) *m* Nikotinvergiftung *f*.

tabatière (taba'tjɛ:r) *f* **1.** Tabaksdose *f*; **2.** △ (*fenêtre f à*) ~ Dachluke *f*.

tabel|laire (tabɛ'lɛ:r) *adj.* Tafel...; tabellarisch; **~lion** (~'ljɔ̃) *m* **1.** *ehm.* Gerichtsschreiber *m*; **2.** *plais.* Landnotar *m*, Winkeladvokat *m*.

tabernacle (tabɛr'naklə) *m* **1.** *fête f des* 2*s* Laubhüttenfest *n* der Juden; *abs. le* 2 Stiftshütte *f* der Juden; **2.** Tabernakel *n*.

tabes ⚕ (ta'bɛs) *m*, **~cence** ⚕ (~'sɑ̃:s) *f* Rückenmarkschwindsucht *f*.

tabétique ⚕ (tabe'tik) *adj.* schwindsüchtig.

tabi(s) *text.* (ta'bi) *m* Seidenmoiré *n*.

tabiser *text.* (tabi'ze) *v/t.* [1a] *Zeug* wässern *od.* flammen.

tablature (tabla'ty:r) *f* **1.** ♪ Tabulatur *f*; **2.** *fig.* Rummel *m*; *entendre la* ~ ganz gerissen sein; *donner de la* ~ *à q.* j-m viel zu schaffen machen.

table ('tablə) *f* **1.** Tisch *m*; ~ *à abattants* Klapptisch *m*; ~ *à langer* Wickeltisch *m* (*für Babys*); ~ *en fer à cheval* Tisch *m* in Hufeisenform; ~ *gigogne* Beistelltisch *m* (*Serie ineinanderschiebbarer Einzeltischchen*); ~ *de nuit*, ~ *de chevet* Nachttisch *m*; ~ *pliante* Klapptisch *m*; ~ *à coulisses*, ~ *à rallonges* Ausziehtisch *m*; ~ *à roulettes* Rolltisch *m*; ~ *à thé roulante* Teewagen *m*; *les* ~*s frappantes* das Tischklopfen *n* (*Spiritismus*); *les* ~*s tournantes* das Tischrücken *n* (*Spiritismus*); **2.** (Speise-)Tisch *m*, Tafel *f*; *la petite* ~ der Kindertisch *m*; ~ *recherchée* gewählter, feiner Tisch *m*; ~ *d'hôte* gemeinsames Essen *n* in e-r Gaststätte; *être à* ~ bei Tische sein; *se mettre à* ~ sich zu Tisch setzen;

mettre (*od. dresser*) *la* ~den Tisch decken; *bénir la* ~ das Tischgebet sprechen; *faire* ~ *rase de toutes opinions préconçues* mit allen vorgefaßten Meinungen aufräumen; **3.** Mahlzeit *f*, Kost *f*, Ernährung *f*; *avoir la* ~ *et le logement* freie Kost u. Logis haben; **4.** *fig.* Tischgesellschaft *f*; ♀ *ronde* Tafelrunde *f* des Königs Artus; **5.** *rl. la sainte* ~ der Altar *m*, Tisch *m* des Herrn; das heilige Abendmahl *n*; **6.** Tabelle *f*, Register *n*, Verzeichnis *n*; ~ *généalogique* Stammtafel *f*; ~ *des intérêts* Zinstabelle *f*; ~ *des logarithmes* Logarithmentafel *f*; ~ *des matières* Inhaltsverzeichnis *n*; Sachregister *n*; ~ *de multiplication od. de Pythagore* Einmaleins *n*; *phot.* ~ *de pose* Belichtungstabelle *f*; ~ *à calculer* Rechentafel *f*; **7.** ♪ ~ (*d'harmonie*) Resonanzboden *m*; **8.** Tafel *f*, Platte *f*; ~ *à dessiner* Reißbrett *n*; ♀ *de la Loi* Gesetzestafeln *f/pl.* bei den Juden; **9.** 🚂 ~ *du roulement* Schienenoberkante *f*.

tableau (ta'blo) *m* [5b] **1.** Gemälde *n*, Bild *n*; **2.** *fig.* Schilderung *f*; **3.** ~! (*als int.*) man denke sich das Gesicht!; **4.** ~ (*noir bzw. vert*) (Wand-, Schul-)Tafel *f*; **5.** schwarzes Brett *n für Anzeigen*; ~ *d'affiches* Anschlagbrett *n*; ~ *d'avis* Warnungstafel *f*; ~ *de distribution* Schalttafel *f*; *Auto*, ✈ ~ *de bord* Schalttafel *f*, Armaturen-, Instrumenten-brett *n*; *téléph.* ~ *à volets* Klappenschrank *m*; ⊕ ~ *lumineux* Leuchtwarte *f*; ~ *de publicité* Reklametafel *f*; **6.** Liste *f*; ~ *d'avancement* Beförderungsvorschlagsliste *f*; ~ *d'honneur* Ehrenliste *f*; **7.** Tabelle *f*; ~ *synoptique* (*od. récapitulatif*) Übersicht(stabelle *f*) *f*; ~ *nosographique* Krankheitsbild *n*; ~ *de service* Dienstplan *m*; 🚂 Fahrplan *m*; ~ *de roulement* Turnus *m*; ~**tin** (~'tɛ̃) *m* kleines Bild *n*.

table|-bureau (tabləby'ro) *f* [6a] Arbeitstisch *m*; ~**-coiffeuse** (~kwa'føːz) *f* [6a] Frisiertisch *m*; ~**-indicateur** (~ɛ̃dika'tœːr) *m* [6a] Nummernanzeiger *m*, Fallnummer *f*.

tabl|ée (ta'ble) *f* Tischgesellschaft *f*; ~**er** (~) *v/t.* [1a]: ~ *sur* rechnen mit (*dat.*); ~ *au plus bas* sehr niedrig anrechnen; ~**etier** (~blə'tje) *su.* [7b] Kunst-drechsler *m*, -tischler *m*; ~**ette** (~'blɛt) *f* **1.** Bücherbrett *n*; Kaminsims *m*, -brett *n*; ~ *de bibliothèque* Fach *n* e-s Bücherschranks; **2.** ~ *de chocolat* Schokoladentafel *f*; ~ *de bouillon* Fleischbrühtäfelchen *n*; **3.** *phm.* Tablette *f*; **4.** *ehm.* ~*s pl.* Wachstafeln *f/pl.*, Schreibtäfelchen *n/pl.*; *noch gebr. in*: *mettez cela sur vos* ~*s!* merken Sie sich das genau!; *rayez cela de vos* ~*s!* schlagen Sie sich das aus dem Kopf!; *Sport*: *être officiellement consigné sur les* ~*s du 100-mètres* offfziell in den 100-m-Registern verzeichnet werden; ~**etterie** (~blɛ'tri) *f* Kunsttischlerei *f*; Kunsttischlerarbeit *f*, Täfelung *f*.

tablier (tabli'e) *m* **1.** Schürze *f*; ~ *à bavette* Latzschürze *f*; F *fig. rendre son* ~ sein Amt niederlegen; **2.** Spritzleder *n e-r Kutsche* (*od. e-s Autos*); **3.** *Auto*: Armaturenbrett *n*, Schalttafel *f*; **4.** Brückenbelag *m*, Fahrbahn *f e-r Brücke*; **5.** Aufzugsklappe *f e-r Zugbrücke*; ~ *métallique* Oberbau *m* (*e-r Stahlbrücke*); **6.** Schieber *m e-s Ofenrohrs*.

tabor ⚔ (ta'bɔːr) *m* marokkanisches Infanteriebataillon *n*.

tabou (ta'bu) **I** *m* Tabu *n*, Heiligsprechung *f*; **II** *adj.* unantastbar, hochheilig.

tabouret (tabu'rɛ) *m* Fußbank *f*, Schemel *m*; *phys.* ~ *électrique* Isolierschemel *m*.

tabourin (~'rɛ̃) *m* Rauchfangkappe *f*.

tabulaire (taby'lɛːr) *adj.* Tabellen...

tac[1] (tak) *m* (Schaf-)Räude *f*.

tac[2] (~) *m* **1.** kurzer Schlag *m*; *int.* ~! tack!; **2.** *esc.* Degenklirren *n*; *fig.* ~ *au* ~ schlagfertig; *riposter du* ~ *au* ~ schlagfertig sein.

tacet ♪ (ta'sɛt) *m* Pausieren *n*.

tachant (ta'ʃɑ̃) *adj.* [7] **1.** abfärbend; **2.** leicht Flecke bekommend, empfindlich.

tache (taʃ) *f* **1.** Fleck *m*; ~ *d'encre* (Tinten-)Klecks *m*; *fig.* ~ *à l'honneur* Schandfleck *m*; ~ *de graisse* Fettfleck *m*; *mv.p. faire* ~ *fig.* nicht hingehören, abstechen von (*dat.*), auffallen; **2.** ~ *de naissance* Muttermal *n*; ~*s f/pl. de rousseur* Sommersprossen *f/pl.*; **3.** *ast.* ~*s solaires* Sonnenflecke *m/pl.*

tâche (tɑʃ) *f* aufgegebene Arbeit *f*, Aufgabe *f*; *travailler à la* ~ in Akkord arbeiten; *travail m à la* ~ Akkordarbeit *f*; *il s'est donné à* ~ er hat sich zur Aufgabe gestellt.

tacher (ta'ʃe) [1a] **I** *v/t.* beflecken, besudeln; **II** *v/rfl.* se ~ fleckig werden, Flecke bekommen.

tâcher (tɑ'ʃe) *v/i.* [1a] **1.** ~ *de* sich bemühen zu ..., trachten zu ...; **2.** ~ *à* danach streben zu ...; darauf ausgehen zu ..., die Absicht haben zu ...; versuchen zu ...

tâcheron ⊕ (tɑʃ'rɔ̃) *m* Akkordarbeiter *m.*

tacheter (taʃ'te) *v/t.* [1d] fleckig machen, sprenkeln.

tachycardie ⚕ (takikar'di) *f* Tachykardie *f*, starkes Herzklopfen *n.*

tachygraph|ie (~gra'fi) *f* Stenographie *f*; **~ique** (~'fik) *adj.* stenographisch.

tachymètre *Auto*, ✈ *usw.* (taki'mɛtrə) *m* Tachometer *m*, Geschwindigkeitsmesser *m.*

taci|te (ta'sit) *adj.* □ stillschweigend; **~turne** (~'tyrn) *adj.* schweigsam; **~turnité** (~tyrni'te) *f* Schweigsamkeit *f*, Verschlossenheit *f.*

tacot F (ta'ko) *m Auto* (Klapper-)Kasten *m*, Karre *f*; 🚂 Bimmelbahn *f.*

tact (takt) *m* Tastsinn *m*; *fig.* Takt *m*, Anstandsgefühl *n*, Taktgefühl *n*; *homme m de* ~ taktvoller Mensch *m*; *sans* ~ taktlos.

tac-tac (tak'tak) *m* Ticktack *n.*

tacticien ⚔ (takti'sjɛ̃) *m* Taktiker *m.*

tactile (tak'til) *adj.* □ fühlbar; Tast...; *sensations f/pl.* **~s** Tastempfindungen *f/pl.*

tactique (~'tik) **I** *f* Taktik *f* (*a. fig.*); Kriegsführung *f*; **II** *adj.* taktisch.

tadorne *orn.* (ta'dɔrn) *m* Brandente *f.*

taf P (taf) *m* Angst *f*; *avoir le* ~ *de qch.* vor etw. (*dat.*) Angst haben.

taffetas (taf'tɑ) *m* **1.** *text.* Taft *m*; **2.** *phm.* ~ *d'Angleterre*, ~ *gommé* englisches Pflaster *n*, Heftpflaster *n.*

tafia ✝ (ta'fja) *m* Rum *m.*

Tage *géogr.* (ta:ʒ) *m*: *le* ~ der Tejo *m.*

Tahit|i *géogr.* (tai'ti) *m* : **le** ~ Tahiti *n*; **~ien** *géogr.* (~'sjɛ̃) *su. u.* ♀ *adj.* Bewohner *m* Tahitis, Tahitaner *m*; tahitisch.

taie (tɛ) *f* **1.** Kopfkissenbezug *m*; **2.** ⚕ weißer Hornhautfleck *m.*

taillable *hist.* (ta'jablə) *adj.* steuerpflichtig, zinsbar.

tailla|de (ta'jad) *f* Schnitt *m*, Einschnitt *m*, Schmarre *f*, Schmiß *m*; **~der** (~'de) *v/t.* [1a] einschneiden; aufschlitzen; *avoir le visage tailladé* Schmisse im Gesicht haben.

taillan|derie (tajɑ̃'dri) *f* Grobschmiede-handwerk *n*, -ware *f*; **~dier** (~'dje) *m* Grobschmied *m*; ~ *en œuvres blanches* Weißschmied *m.*

taillant (ta'jɑ̃) *m* Schärfe *f*, Schneide *f.*

taille (tɑ:j) *f* **1.** Beschneiden *n*, Schnitt *m*; ~ *à la garçonne* Herrenschnitt *m*; ~ *des cheveux* Haarschneiden *n*; **2.** ⊕ Zuschneiden *n*; Behauen *n*; *pierres f/pl. de* ~ Quadersteine *m/pl.*; **3.** Schliff *m*, Schleifen *n von Edelsteinen*; **4.** Schärfe *f*; *coup m de* ~ Hieb *m*; **5.** *ehm.* Kerbholz *n*; **6.** *hist.* Steuer *f*; Auflage *f*; *hist. mettre à la* ~ besteuern; **7.** (Körper-)Wuchs *m*; Figur *f*, Taille *f*, Größe *f*; Länge *f*; *tour m de* ~ Taillenweite *f*; *de grande* ~, *de haute* ~ groß gewachsen, von hohem Wuchs; *cette erreur est de* ~! dieser Irrtum hat sich gewaschen!; *avoir une belle* ~ e-e schöne Figur haben; *par rang de* ~ der Größe nach; *ne pas avoir la* ~ das Maß nicht haben; *fig. être de* ~ *à faire qch.* zu etw. (*dat.*) fähig sein, stark genug sein, um etw. (*acc.*) zu tun; *se sentir de* ~ *à faire qch.* sich stark genug fühlen, etw. zu tun; **8.** ~ *douce* Kupferstich *m*; ~ *dure* Stahlstich *m*; ~ *de bois* Holzschnitt *m*; **9.** *for.* (Holz-)Schlag *m*; **10.** ⚒ Stoß *m* (*Seitenwand e-s Grubenbaus*); **11.** *Kartenspiel*: Abziehen *n der Karte*; **~-crayon** (~krɛ'jɔ̃) *m* [6g] Bleistiftanspitzer *m*; **~-douce** (~'dus) *f* [6a] Kupferstich *m.*

taill|er (tɑ'je) [1a] **I** *v/t.* **1.** (be-, ein-, zer-, zu-)schneiden; ~ *un arbre* e-n Baum beschneiden; ~ *les cheveux* die Haare schneiden; ~ *le crayon* den Bleistift anspitzen; ~ *une étoffe* e-n Stoff zuschneiden; ~ *une pierre* e-n Stein behauen; ~ *la soupe* Brot in die Suppe schneiden; ~ *en pointe* anspitzen; *homme m bien taillé* gut gewachsener (*od.* stattlicher) Mensch *m*; *il est taillé pour cela* er ist dazu der rechte Mann; *fig.* F ~ *une bavette* ein bißchen plaudern; **2.** *hist.* besteuern (*vgl. taille 6*); **3.** ~ *un diamant* e-n Diamanten schleifen; ~ *des limes* Feilen hauen; **II** *v/i. Kartenspiel*: abziehen, Bank halten; **III** *v/rfl. fig. se* ~ *une place* e-e Stellung erringen; **~erie** (tɑj'ri) *f* Diamantenschneidekunst *f*, -schleiferei *f*; **~eur** (~'jœ:r) *m* **1.** Schneider *m*; Damenkostüm *n*, Jackenkleid *n*, Tailleur *m*; ~ *pour messieurs* Herrenschneider *m*; ~ *pour dames* Damenschneider *m*; (*costume m*) ~ Schneiderkostüm *n*; *garçon m* ~ Schneiderlehrling *m*; *maître m* ~ Schneidermeister *m*; ~ *travaillant sur mesure* Maßschneider *m*; *faire le métier de* ~ schneidern; **2.** ~ *de diamants* Diamantenschleifer *m*; ~ *de limes* Feilenhauer *m*; ~ *de pierres* Steinmetz *m*; **3.** *Kartenspiel*: Bankhalter *m*; **~euse** (~'jø:z) *f* Zuschneiderin *f*.

taill|is (tɑ'ji) *m* Unterholz *n*, Jungholz *n*, Buschholz *n*; **~oir** (~'jwa:r) *m* **1.** *cuis.* (Fleisch-)Hack-, Wiegebrett *n*; **2.** △ (Kapitäl-)Deckplatte *f*.

tain (tɛ̃) *m* Stanniol *n*, Folie *f*.

taire (tɛ:r) [4aa] **I** *v/t.* verschweigen, geheimhalten, verhehlen; **II** *v/rfl.* *se* ~ (still)schweigen, ruhig bleiben; verstummen; *taisez-vous!* halten Sie den Mund!; *faire* ~ zum Schweigen bringen, beruhigen; *se* ~ *de* (*od.* *sur*) *qch.* über etw. (*acc.*) schweigen, etw. für sich behalten.

Taïti *géogr.* (tai'ti) *m*: **le** ~ Tahiti *n*.

talc *min.* (talk) *m* Talk *m*; ~ *en poudre* Talkum *n*.

talent (ta'lɑ̃) *m* **1.** *antiq.* Talent *n* (*Gewicht u. Münze*); **2.** Talent *n*, Anlage *f*, Fähigkeit *f*, Gabe *f*, Begabung *f*; *homme m de* ~ talentvoller (*od.* talentierter) Mensch *m*; **~ueux** (~'tɥø) *adj.* [7d] talentiert.

taler (ta'le) *v/t.* [1a] *Früchte* zerquetschen, zerdrücken.

talion (ta'ljɔ̃) *m* Wiedervergeltung *f*.

talisman (talis'mɑ̃) *m* Talisman *m*.

tall|e ↗ (tal) *f* Wurzelschößling *m*; **~er** (~'le) *v/i.* [1a] (Wurzel-)Schößlinge treiben.

tallipot ⚘ (tali'po) *m* Fächerpalme *f*.

talmouse (tal'mu:z) *f* Blätterteig *m* mit Käse; P Ohrfeige *f*.

talmudique (talmy'dik) *adj.* talmudisch.

taloche¹ (ta'lɔʃ) *f* *Mauerei*: Reibebrett *n*, Reibscheit *n*.

taloch|e² P (~) *f* Ohrfeige *f*; **~er** P (~'ʃe) *v/t.* [1a] j-n ohrfeigen.

talon (ta'lɔ̃) *m* **1.** a) Ferse *f* (*beim Menschen*); b) Pferdehuf *m*; *tourner* (*od.* *montrer*) *les* ~*s* Reißaus nehmen; *être aux* ~*s* (*od.* *sur les* ~*s*) *de q.* j-m auf den Fersen sitzen (*od.* folgen); F *avoir l'esprit aux* ~*s* s-e Gedanken nicht beisammen haben; F *avoir l'estomac aux* ~*s od.* *sentir son estomac dans les* ~*s* e-n Riesenhunger haben; **2.** (Schuh-)Absatz *m*, Hacken *m*; ~ *en caoutchouc* Gummiabsatz *m*; *ehm.* ~*-rouge* Höfling *m*; *a.* ⚔ (*faire*) *claquer les*~*s* die Hacken zusammenschlagen; **3.** Sporn *m*; *serrer les* ~*s* die Sporen geben; **4.** unteres Ende *n*; hinteres Ende *n* des Kiels; △ Kehl-stoß *m*, -leiste *f*; ~ *du fusil* Hinterkolben *m*; ⚓ ~ *du mât* Fuß *m* des Mastes; *Auto, vél.* ~ *de pneu* Reifenwulst *m*; **5.** ✝, ⚘: ~ (*de souche*) Abschnitt(sstreifen *m*) *m*; **6.** *Kartenspiel*: Stamm *m* *od.* Stock *m* (*Karten*); **~ner** (~lɔ'ne) [1a] **I** *v/t.* **1.** die Sporen geben (*dat.*); *fig.* anspornen, antreiben; **2.** auf den Fersen sein (*dat.*); *a.* *Sport*: bedrängen, hart verfolgen; ⚔ scharf nachdrängen; **II** *v/i.* **3.** ⚓ auf Grund stoßen; ~ *sur un récif* auf ein Riff auflaufen; **4.** ✈ aufprallen; **~neur** *Sport* (~lɔ'nœ:r) *m* *Rugby*: Spieler *m*; **~nière** (~'njɛ:r) *f* **1.** Fersenleder *n*; **2.** Hosenstoßband *n*.

talqu|er (tal'ke) *v/t.* [1m] mit Talk einreiben; **~eux** (~'kø) *adj.* [7d] talkartig.

talus (ta'ly) *m* Böschung *f*; *en* ~ schräg, abschüssig.

talut|age (taly'ta:ʒ) *m* Abdachen *n*, Abschrägen *n*; *frt.* Böschen *n*; Dossierung *f*; **~er** (~'te) *v/t.* [1a] (ab)böschen, abschrägen; dossieren.

tamanoir *zo.* (tama'nwa:r) *m* Ameisenbär *m*.

tamarin¹ ⚘ (tama'rɛ̃) *m* Tamarindenbaum *m*, -frucht *f*.

tamarin² *zo.* (~) *m* kleiner Seidenaffe *m*.

tamarinier (tamari'nje) *m* Tamarindenbaum *m*.

tamaris ⚘ (tama'ris) *m* Tamariske *f*.

tambour (tɑ̃'bu:r) *m* **1.** Trommel *f*; ~ *de basque* Tamburin *n*, kleine Schellentrommel *f*; *battre le* ~ die Trommel schlagen, trommeln; ~ *battant* bei Trommelschlag, mit Sang u. Klang; *fig.* auf der Stelle; ohne viel Federlesen; *mener les enfants* ~ *battant* mit den Kindern streng verfahren; *partir sans* ~ *ni trompette* sang- u. klanglos abziehen, sich verdrücken F *plais.*; **2.** Trommler *m*; **3.** ~ (*à broder*) Stickrahmen *m*; **4.** ~ (*de porte*) Windfangwand *f*; **5.** ⊕ Trommel *f*, Walze *f*, Welle *f*; Riemenscheibe *f*; ~ *à câble* Kabeltrommel *f*; ~ *de café* Kaffeetrommel *f*; *Auto*: ~ *de frein* Bremstrommel *f*; ~ *d'étirage* Ziehtrommel *f*; **6.** ⚓ ~ (*des aubes*) Radkasten *m* e-s Dampfers; **7.** △ Windfang *m* (*am Hauseingang*); **8.** *anat.* Gehörtrommel *f*.

tambourin (tɑ̃bu'rɛ̃) *m* **1.** Tamburin *n*; **2.** Tamburinspiel(er *m*) *n*;

~age (~ri'na:ʒ) *m* Trommeln *n*, Getrommel *n*; **~aire** (~ri'nɛ:r) *m* Tamburinspieler *m*; **~er** (~'ne) **I** *v/t.* trommeln (*mit den Fingern*); **II** *v/t.* e-n verlorenen Gegenstand austrommeln; *fig.* ausposaunen; ~ *q.* j-m keine Ruhe lassen.

tamias *zo.* (ta'mja) *m* Backen-, Erdhörnchen *n* (*Art Eichhörnchen*).

tamis (ta'mi) *m* Sieb *n*; *passer au ~* durchsieben; **~age** (~'za:ʒ) *m* (Durch-)Sieben *n*, Siebung *f*; *bét.* Siebsatz *m*; ✝ Sortieren *n*.

Tamise (ta'mi:z) *f*: *la ~* die Themse *f*.

tamis|er (tami'ze) *v/t.* [1a] (durch-) sieben, -sichten; *fig.* dämpfen, mildern, abschwächen (*das Licht*); *fig. il a tamisé la France pendant 30 ans* er hat Frankreich 30 Jahre lang kreuz u. quer durchstreift; **~eur** (~'zœ:r) *m* Siebmaschine *f*.

tampon (tɑ̃'pɔ̃) *m* **1.** Pfropfen *m*, Spund *m*; Stöpsel *m*; *Gasmaske*: Einsatz *m*; *typ.* Rolle *f*; **2.** *chir.* Scharpiebausch *m*; **3.** 🚂 Puffer *m*; *fig. adjt. Etat m ~* Pufferstaat *m*; **4.** *charp.* Dübel *m*; **5.** P *coup m de ~* Faustschlag *m*; *allg.* Schlag *m* ins Kontor; *les ~s* die Fäuste *f/pl.*; **6.** ⊕ *~ atmosphérique, ~ d'air* Luftpolster *n*; **~nement** (~pɔn'mɑ̃) *m* **1.** Zupfropfen *n*, Verstopfen *n*; **2.** 🚂, *Auto usw.*: Zusammenstoß *m*, Zusammenprall *m*; **~ner** (~pɔ'ne) [1a] **I** *v/t.* **1.** zustopfen; *chir. Blut* stillen *od.* abtupfen; (ab)stempeln; **2.** 🚂, *Auto usw.*: *~ qch.* mit etw. (*dat.*) zs.-stoßen, -prallen; **II** *v/rfl.* *se ~* zs.-stoßen, aufeinanderfahren; **~noir** ⊕ (~'nwa:r) *m* Maurerbohrer *m*.

tam-tam (tam'tam) *m* Negergetrommele *n*; F *fig. faire du ~* viel Tamtam (*od.* viel Wesens) um etw. (*acc.*) machen.

tan (tɑ̃) *m* (Gerber-)Lohe *f*; *fosse f à ~* Lohgrube *f*.

tanaisie ⚘ (tanɛ'zi) *f* Rainfarn *m*.

tancer (tɑ̃'se) *v/t.* [1k] ausschelten; *~ q. d'importance* (*od. vertement*) j-n gehörig anfahren (*od.* anschnauzen P).

tanche *icht.* (tɑ̃:ʃ) *f* Schleie *f*.

tandem (tɑ̃'dɛm) *m* **1.** *vél.* Tandemfahrrad *n*; **2.** Tandemkutsche *f*.

tandis que, *vor Vokalen*: **tandis qu'** (tɑ̃'di[s]k[ə]) *cj.* während (*zeitlich u. gegensätzlich gebraucht*).

tangage ⚓ (tɑ̃'ga:ʒ) *m* Stampfen *n*.

tangence (tɑ̃'ʒɑ̃:s) *f* Berührung *f*.

tangent (tɑ̃'ʒɑ̃) *adj.* [7] ⩕ berührend; F *être ~* gleich kriegen (*od.* bekommen); ⩕ *plan m ~* Berührungsebene *f*; **~e** (tɑ̃'ʒɑ̃:t) *f* ⩕ Tangente *f*; Pedell *m* e-r Fakultät (Universität); * *écol.* Aufsicht *f* bei Prüfungen; *fig. s'échapper par la ~, filer par la ~, prendre* (*od. tirer*) *la ~* sich aus der Affäre ziehen, abhauen.

Tanger (tɑ̃'ʒe) *m* Tanger *n*.

tangib|ilité (tɑ̃ʒibili'te) *f* Fühlbarkeit *f*; **~le** (~'ʒiblə) *adj.* fühlbar, greifbar; *des résultats ~s* greifbare Ergebnisse *n/pl.*

tango (tɑ̃'go) *m* Tango *m* (*Tanz*).

tangue (tɑ̃:g) *f* Meer-sand *m*, -schlamm *m*.

tanguer (tɑ̃'ge) *v/i.* [1m] ⚓ stampfen; ✈, 🚂 *usw.* schaukeln.

tanguière (tɑ̃'gjɛ:r) *f* Stelle *f*, wo man den Meerschlamm sammelt.

tanière (ta'njɛ:r) *f* **1.** Höhle *f der wilden Tiere*; **2.** *fig.* Loch *n*.

tanin ⚗ (ta'nɛ̃) *m* Gerbstoff *m*.

tank (tɑ̃:k) *m* (*Öl-, Wasser-,* ⚔) Tank *m*, ⚔ Panzer *m*; *~ monoplace* Einmanntank *m*; *~ amphibie* Schwimmtank *m*; *~ rampant* Kriechtank *m*.

tannage (ta'na:ʒ) *m* Gerben *n*.

tannant (ta'nɑ̃) *adj.* [7] Gerbstoff enthaltend; P *fig.* unerträglich.

tannate ⚗ (ta'nat) *m* gerbsaures Salz *n*.

tanne ⚕ (tan) *f* Mitesser *m*.

tann|é (ta'ne) *adj.* lohfarbig; *fig.* sonnengebräunt, braungebrannt; **~er** (~) *v/t.* [1a] **1.** ⊕ gerben, mit Lohe beizen; **2.** P *fig. ~ q.* j-n belästigen, j-m auf die Nerven fallen; j-n langweilen; **~erie** (tan'ri) *f* Gerberei *f*; **~eur** (~'nœ:r) *m* Gerber *m*; **~in** (~'nɛ̃) *m* Gerbsäure *f*, Gerbstoff *m*; **~iser** (~ni'ze) *v/t.* [1a] Gerberlohe zusetzen.

tan(d)-sad, **tansad** (tɑ̃'sad) *m* *Motorroller, Moped, Motorrad*: Soziussitz *m*.

tant (tɑ̃) **I** *adv.* **1.** so(viel); so sehr; solange; *~ d'autres* soviele andere; *~ de fois* so oft; *je l'aime ~* ich liebe ihn so sehr; *~ et plus* mehr als nötig; **2.** so(undso)viel; *au chapitre ~ et ~* im soundsovielten Kapitel; **3.** *en ~ que* (in der Eigenschaft) als; *en ~ que savant* als Gelehrter; **4.** *~ ... que* teils, teils; sowohl ..., als auch; *~ au point de vue du vocabulaire que du style* sowohl hinsichtlich des Vokabulars als auch des Stils; *~ bien que mal* so gut es (eben) geht; *si ~ est que ...* vorausgesetzt, daß ..., wenn überhaupt ...; *faire* ~ *que* es so weit treiben, daß ...; (*un*) ~ *soit peu* ein ganz klein bißchen; ... *et à* ♀ *faire que de choisir* ... ... und wenn man schon einmal die Wahl hat; F ~ *que ça* soviel; ~ *mieux* um so besser; ~ *pis* um so schlimmer; **II** *m* **5.** *un* ~ *soit peu* ein ganz klein bißchen; **III** *cj.* ~ **que 6.** solange, soweit; **7.** ~ *s'en faut que* (*mit subj.*) weit entfernt, daß; ~ *s'en faut* es fehlt viel (daran); bei weitem nicht; **8.** *en* ~ *que* insofern als; in dem Maße, wie.

Tantale *myth.* (tɑ̃ˈtal) *m* Tantalus *m*; *supplice m de* ~ Tantalusqualen *f/pl.*

tantale ⚗ (~) *m* Tantalmetall *n.*

tantaliser F (~liˈze) *v/t.* [1a] wie e-n Tantalus quälen.

tante (tɑ̃:t) *f* Tante *f*; P *ma* ~ das Leihhaus *n.*

tantet (tɑ̃ˈtɛ) *m*: *un* ~ ein ganz klein bißchen.

tantième (tɑ̃ˈtjɛm) *m* Tantieme *f*, Gewinnanteil *m.*

tantinet (tɑ̃tiˈnɛ) *m*: *un* ~ ein bißchen; *un* ~ *ridicule* ein lächerliches Etwas *n.*

tantôt (tɑ̃ˈto) **I** *adv.* **1.** sogleich, bald; *à* ~ bis nachher; **2.** (so)eben, vorhin; **3.** ~ ..., ~ ... bald ..., bald ...; **II** P *m* Nachmittag *m.*

taon *ent.* (tɑ̃) *m* (Vieh-)Bremse *f.*

tapa|ge (taˈpa:ʒ) *m* Krach *m*, Radau *m*, Spektakel *m*; F Geldpumperei *f*; *faire du* ~ Krach machen; **~ger** F (~paˈʒe) *v/i.* [1l] Krach machen, toben; **~geur** (~ˈʒœ:r) [7g] **I** *su.* Lärm-, Radaumacher *m*; **II** *adj.* lärmend, laut; *fig.* auffällig (*Toilette*); schreiend (*Farbe*).

tapant F (taˈpɑ̃) *mst. advt.*: *à six heures* ~, *aber auch adj.*: *à six heures* ~*es* Punkt sechs (Uhr).

tape[1] (tap) *f* Klaps *m*, Schlag *m* mit der Hand; F Reinfall *m.*

tape[2] (~) *f* Spund *m*, Zapfen *m.*

tapé (taˈpe) *adj.* **1.** gedörrt; (*Obst*); **2.** F *fig.* ausgedörrt, ausgemergelt; **3.** F gelungen, geglückt, famos; prima F; *réponse f* ~*e* schlagfertige Antwort *f*; **4.** P verrückt.

tape-à-l'œil (tapaˈlœj) **I** *adj./inv.* kitschig; **II** *m/inv.* Kitsch *m.*

tape-cul, tapecul, tapecu (tapˈky) *m* **1.** Wippe *f*; *jouer à* ~ wippen; **2.** F schlechter Wagen *m*, Klapperkasten *m*; **3.** Kapuzinertasche *f*; **4.** ⚓ Treibsegel *n.*

tapée F (taˈpe) *f* Haufen *m*, Menge *f.*

taper (taˈpe) [1a] **I** *v/t.* **1.** F klapsen, e-n Schlag mit der Hand geben (*dat.*); ~ *un texte à la machine* e-n Text (ab)tippen; **2.** F ~ *q. de qch.* von j-m etw. pumpen (= borgen); **3.** F *Sport*: schaffen, erreichen; **II** *v/i.* **4.** klopfen, schlagen; ~ *sur q.* a) j-n verhauen; b) über j-n herziehen; ~ *du pied* mit dem Fuße stampfen; ~ *dans le tas* blindlings drauflosschlagen; ~ *à la porte* an die Tür klopfen; *péj.* ~ *du piano* klimpern; ~ *sur le ventre à q.* mit j-m sehr familiär tun; sich j-m anbiedern; P *ça tape dur ici* hier ist dicke Luft; ~ *sur les nerfs* (*od. sur le système*) *à q.* j-m auf die Nerven fallen; ~ *sur les vivres* sich über die Lebensmittel hermachen; P ~ *dans l'œil de q.* j-m gefallen; **5.** P zu Kopfe steigen (*vom Wein*); **III** *v/rfl.* **6.** P *se* ~ *de qch.* bei etw. (dat.) leer ausgehen, etw. vermissen; **7.** P *se* ~ *qch.* sich etw. leisten.

tapette (taˈpɛt) *f* **1.** F kleiner Klaps *m*; **2.** P Zunge *f*; *avoir une bonne* (*od. fière*) ~ mit dem Munde immer vorne weg sein, nicht auf den Mund gefallen sein **3.** ⊕, ⚠ Klopfholz *n*; (Teppich-)Ausklopfer *m* (*Instrument*); **4.** V Päderast *m.*

tapeur F (taˈpœ:r) *m* [7g] **1.** Pumpgenie *n*; **2.** ♪ *péj.* Klimperer *m.*

tapin F ⚔ (taˈpɛ̃) *m* Trommler *m.*

tapinois (tapiˈnwa) *advt.*: *en* ~ heimlich, verstohlen, unbemerkt.

tapioca (tapjɔˈka) *m* **1.** Sago *m*, Tapioka *f*; **2.** *cuis.* Sagosuppe *f.*

tapir (taˈpi:r) **I** [2a]: *se* ~ sich (nieder-)ducken *od.* (-)hocken; sich verkriechen; **II** *zo. m* Tapir *m.*

tapis (taˈpi) *m* **1.** (Tisch-)Decke *f*; ~ *de selle* Satteldecke *f*, Schabracke *f*; ~ *de table* Tischdecke *f*; ~ *vert* Spieltisch *m* (*Monte Carlo*); *fig.* grüner Tisch *m*, Verhandlungstisch *m*; *mettre une affaire sur le* ~ e-e Sache aufs Tapet bringen; *amuser le* ~ die Gesellschaft unterhalten; *tenir q. sur le* ~ sich über j-n unterhalten; *être sur le* ~, *occuper le* ~ den Gegenstand der Unterhaltung bilden; **2.** Teppich *m*; *Boxen*: (Ring-)Matte *f*; ~ *de passage* Läufer *m*; ~ *d'escalier* Treppenläufer *m*; ~ *d'Orient*, ~ *de Perse* Orient-, Perser-teppich *m*; ~ *pour passage*, ~ *en caoutchouc* Lauf-, Gummi-teppich *m*; ~ *chauffant* Heizteppich *m*; *Boxen*: *envoyer q. au* ~ j-n auf die Matte legen; ~ *vert*, ~ *de gazon* Rasenteppich *m*;

3. ⊕ ~ *roulant* Fließband *n*; Rollbahn *f*; Rolltreppe *f*; **~-franc** (~'frɑ̃) *m* [6g] Kaschemme *f*, Verbrecherkneipe *f*.

tapis|ser (tapi'se) *v/t.* [1a] **1.** tapezieren; behängen; *fig.* ~ *qch. de qch.* etw. mit etw. (*dat.*) (aus)schmücken *od.* bedecken; **2.** * entdecken; **~serie** (~pis'ri) *f* **1.** gewirkte Tapete *f*, Wandteppich *m*; Gobelin *m*; Tapete *f*; ~ *de siège* Möbelbezugsstoff *m*; **2.** *fig. faire* ~ (beim Tanz) nicht aufgefordert werden, ein Mauerblümchen sein; **~sier** (~'sje) *su.* [7b] **1.** Tapetenmacher *m*, -händler *m*; **2.** ~-*décorateur m* Tapezierer *m*, Dekorateur *m*; **3.** Teppich-, Möbelhändler *m*; Polsterer *m*; **~sière** (~'sjɛ:r) *f* **1.** offener Möbelwagen *m*; **2.** *ehm.* Kremser *m*; **3.** *ehm.* Teppichwirkerin *f*.

tapon F (ta'pɔ̃) *m* zs.-geknüllter Pack(en) *m* Wäsche, Bündel *n*; **~ner** ✎ (~pɔ'ne) *v/t.* [1a] das Haar in Locken legen.

tapoter (tapɔ'te) *v/t.* [1a] sanft klopfen, klapsen; P tätscheln; *péj.* ~ *du piano* klimpern.

tapotis (tapɔ'ti) *m* Klappern *n der Schreibmaschine.*

taque ⊕ (tak) *f* Gußplatte *f*.

taquer *typ.* (ta'ke) *v/t.* [1a] die Form klopfen.

taquet (ta'kɛ) *m* **1.** ⊕ Pflock *m*; 🚂 ~ Sperrklotz *m*; **2.** ⚓ Tafelhaken *m*; Klampe *f*; **3.** * Faustschlag *m*.

taquin (ta'kɛ̃) *adj. u. su.* [7] neckend; streit-, zank-süchtig; Plage-, Quälgeist *m*, Rechthaber *m*.

taquiner (taki'ne) [1a] *v/i. u. v/t.* necken, hänseln, zu ärgern suchen; **~ie** (~kin'ri) *f* Neckerei *f*, Hänselei *f*, Stichelei *f*.

taquoir *typ.* (ta'kwa:r) *m* Unterlage *f*, Fütterung *f*.

tarabiscot *men.* (tarabis'ko) *m* Leistenhobel *m*; **~é** F *fig.* (~kɔ'te) *adj.* überladen (*Stil*); überkandidelt; **~er** (~kɔ'te) *v/t.* [1a] **1.** *men.* mit dem Leistenhobel bearbeiten; **2.** *fig.* überladen (*Stil*).

tarabuster F (tarabys'te) *v/t.* [1a] schikanieren, drangsalieren.

tarage ⊕ (ta'ra:ʒ) *m* Bestimmung *f* des Nettogewichts.

tarare[1] ⸙ (ta'ra:r) *m* Getreidereinigungsmaschine *f*, Windfege *f*.

tarare[2] F (~) *int.* papperlapapp!

tarasque *ehm.* (ta'rask) *f* Riesendrachenfigur *f*.

taraud ⊕ (ta'ro) *m* Schrauben-, Gewinde-bohrer *m*; **~er** (~'de) *v/t.* [1a] **1.** Schrauben, Innengewinde *od.* Muttern schneiden *od.* bohren; schraubenförmig ausbohren; **2.** P rasend machen; **3.** * anständig versohlen (*od.* verprügeln); **~euse** (~'dø:z) *f* Gewindebohrmaschine *f*.

tard (ta:r) *adv.* spät; *il se fait* ~ es wird spät; *au plus* ~ spätestens; ~ *dans la nuit* mitten in der Nacht, bei Nacht und Nebel; *trop* ~ *d'un jour* (um) einen Tag zu spät; **~er** (tar'de) [1a] **I** *v/i.* zögern, säumen, zaudern; *que tardons-nous?* worauf warten wir noch?; **II** *v/imp. il me* (*lui*) *tarde de* (*mit inf.*), *que* (*mit subj.*) es verlangt mich (ihn), zu ...; ich sehne mich (er sehnt sich) danach, zu ...; *il lui tardait qu'elle arrive* er sehnte sich danach, daß sie kam; **~if** (~'dif) *adj.* [7e] □ **1.** spät kommend *od.* eintretend *od.* reifend; verspätet; zögernd; *fruits m/pl.* ~*s* Spätobst *n*; **2.** langsam, träge; sich spät entwickelnd; *péd. enfant m* ~ Spätentwickler *m*.

tardi|flore ⚘ (tardi'flɔ:r) *adj.* spätblühend; **~grade** (~'grad) **I** *zo. adj.* langsam gehend; F rückständig; **II** *zo.* ~*s m/pl.* Faultiere *n/pl.*; **III** *su. fig.* Nachzügler *m*; **~llon** (~di'jɔ̃) *m* **1.** *zo.* Spätling *m*; **2.** Nachkömmling *m* (*Kind*); **~vement** (~div'mɑ̃) *adv.* verspätet; **~veté** (~div'te) *f* Spätreifen *n*; Langsamkeit *f*, Trägheit *f*, Spätentwicklung *f*.

tare (ta:r) *f* **1.** Tara *f*, Abgang *m*; Verpackungsgewicht *n*; *Wagen*: Eigengewicht *n*; **2.** *fig.* Bürde *f*, Plage *f*, Last *f*; **3.** *fig.* Makel *m*, Schandfleck *m*, Fehler *m*.

taré (ta're) *adj.* ⚕ fehler-, schadhaft; *fig.* erblich belastet, verkommen, verrufen, anrüchig, verdorben.

tarentelle (tarɑ̃'tɛl) *f* Tarantella *f* (*ital. Volkstanz*).

tarentule *ent.* (tarɑ̃'tyl) *f* Tarantel *f*; *être piqué de la* ~ wie von der Tarantel gestochen sein, äußerst erregt (*od.* gereizt) sein.

tarer (ta're) *v/t.* [1a] **1.** verderben, beschädigen; *fig.* ~ *la réputation de q.* dem Rufe j-s schaden; **2.** tarieren, das Nettogewicht bestimmen.

taret *zo.* (ta'rɛ) *m* Bohrwurm *m*.

targette (tar'ʒɛt) *f* **1.** Fenster-, Schubriegel *m*; **2.** P Schuh *m*.

targuer (tar'ge) [1m]: *se* ~ *de qch.*

sich e-r Sache (*gén.*) rühmen, auf etw. (*acc.*) pochen, sich mit etw. (*dat.*) großtun. [reg) Tuarik(...) *m.*

targui (tar'gi) *adj. u.* 2 *m* (*pl. toua-*

tarière ⊕ (ta'rjɛ:r) *f* großer Bohrer *m*, Hohl-, Stangen-, Erd-bohrer *m.*

tarif (ta'rif) *m* Tarif *m*, Satz *m*, Preisverzeichnis *n*; ~ *douanier*, ~ *des droits de douane* Zolltarif *m*; ~ *conventionnel* Vertragstarif *m*; ~ *différentiel* Stufen-, Staffel-, Differential-tarif *m*; ~ *minimum*, ~ *maximum* Mindest-, Höchst-tarif *m*; ~ *exceptionnel*, ~ *spécial* Ausnahme-, Sonder-tarif *m*; ~ *mobile* Staffeltarif *m*; ~ *postal* Posttarif *m*; ~ *uniforme*, ~ *unifié* Einheits-tarif *m*, -zoll *m*; ~ *de transit*, ~ *d'exportation*, ~ *d'importation* Transit-, Ausfuhr-, Einfuhr-tarif *m*; ~ (*de douane*) *préférentiel od. de préférence* Vorzugs-, Vergünstigungs-zoll *m*; ~ *forfaitaire*, ~ *à forfait* Pauschalgebührensatz *m*; ~ *de(s) taxis* Taxentarif *m*; ~ *des honoraires* Gebührenordnung *f*; ~ *réduit* Portoermäßigung *f*; ~ *par mot* Wortgebühr *f*; ~ *échelonné* Staffeltarif *m*; *billet m à* ~ *réduit* verbilligte Fahrkarte *f*; ~ *de faveur*, ~ *exceptionnel*, ~ *préférentiel* Vorzugszoll *m*; *majoration f* (*od. augmentation f*) *du* ~ Tariferhöhung *f*; *établir un* ~ e-n Tarif aufstellen; **~aire** (~'fɛ:r) *adj.* tariflich, Tarif...; *politique f* ~ Tarifpolitik *f*; **~er** (~'fe) *v/t.* [1a] e-n Tarif (Zoll) festsetzen für (*acc.*), tarifieren; besteuern; **~ication** (~fika'sjõ) *f* Tarif-gestaltung *f*, -festsetzung *f*, Festsetzung *f* e-s Zolles *od.* e-r Steuer; Beitragsbemessung *f*; Preisverzeichnis *n.*

tarin (ta'rɛ̃) *m* **1.** *orn.* Zeisig *m*; **2.** * Nase *f*, Zinken *m* P.

tar|ir (ta'ri:r) [2a] **I** *v/t.* trockenlegen, (aus)trocknen (lassen); *fig.* erschöpfen; **II** *v/i.* austrocknen, versiegen (*Quelle*, *Fluß*); *fig.* aufhören; *l'entretien tarit* die Unterhaltung stockt; **~issable** (~ri'sablə) *adj.* versiegbar; **~issement** (~ris'mã) *m* Austrocknen *n*, Versiegen *n.*

tarlatane ✝ (tarla'tan) *m* Tarlatan *m* (*Baumwollgaze*).

tarmacadam ⚠ (tarmaka'dã) *m* Pechschotter *m.*

tarot (ta'ro) *m*: *jeu m de* ~*s* Tarockspiel *n.* [den Augenbrauen.]

taroupe (ta'rup) *f* Haar *n* zwischen

tarsalgie ⚕ (tarsal'ʒi) *f* Senkfuß *m.*

tarse ⚕ (tars) *m* Fußwurzel *f.*

tartan (tar'tã) *m* Schotten-, Plaidstoff *m*; Kleid *n* (*od.* Schal *m*) aus diesem großkarierten Stoff.

tartane ⚓ (tar'tan) *f* Tartane *f* (*Fischersegelboot im Mittelmeer*).

tartare (tar'ta:r) *adj. u.* 2 *su.* tartarisch; Tartar *m.*

tartarin F (tarta'rɛ̃) *m* Maulheld *m*, Prahlhans *m*; **~ade** F (~ri'nad) *f* Aufschneiderei *f*, Prahlerei *f.*

tart|e (tart) *f* Torte *f*, Obstkuchen *m*; ~ *de cerises* Kirschkuchen *m*; ~ *à la crême* Sahnenkuchen *m*; ~ *au fromage* Käsekuchen *m*; ~ *à la noix*, ~ *à la frangipane* Nuß-, Mandel-torte *f*; **~elette** (~tə'lɛt) *f* Törtchen *n*, Tortelett *n*; **~ine** (~'in) *f* **1.** bestrichene Brotschnitte *f*, Butterbrot *n*, Stulle *f*; ~ *de beurre* Butter-stulle *f*, -brot *n*; **2.** *fig.* langweiliges Geschwätz *n*, Salbaderei *f*, langweiliger Zeitungsartikel *m*; **3.** P Fuß *m*; Schuh *m.*

tartr|e ⚗ ('tartrə) *m* Wein-, Zahn-, Kessel-stein *m*; **~ifuge** (~tri'fy:ʒ) *m* Reinigungsmittel *n für Dampfkessel*; **~ique** ⚗ (~'trik) *adj.*: *acide m* ~ Weinsteinsäure *f.*

tartuf|e (tar'tyf) *m* Scheinheiliger *m*, Heuchler *m*; **~erie** (~ty'fri) *f* Heuchelei *f*, Spiegelfechterei *f*; **~ier** (~'fje) *v/t.* [1a] durch Heuchelei verführen.

tas (tɑ) *m* **1.** Haufen *m*, Stapel *m*; *en* ~, *par* ~ haufenweise; im Überfluß; ~ *de bois* Holzstapel *m*; *prendre sur le* ~ auf frischer Tat ertappen; *grève f sur le* ~ Sitzstreik *m*; **2.** *fig.* Menge *f*, Masse *f*; *un* ~ *de gens* e-e Menge Menschen; **3.** ⚠ unfertiger Bau *m.*

tasse (tɑ:s) *f* **1.** Tasse *f*; ~ *à bec* (*od. à goulot*) Schnabeltasse *f* (*für Kranke*); **2.** * *Fr.* Pißbude *f* V.

tasseau (tɑ'so) *m* [5b] **1.** ⚠ (hervorragender) Kragstein *m*, Knagge *f*, Tragstein *m*; Konsole *f*; **2.** *men.* Dachleiste *f*; ~ *d'arêtier* (*od. de faîtage*) Firstleiste *f*; **3.** ⊕ Handamboß *m.*

tass|ement (tɑs'mã) *m* **1.** Zusammen-drücken *n*, -pressen *n*; 🚂 ~ *de longrines* Zusammensetzen *n* von Langschwellen; **2.** ⚠ Senkung *f*, Sackung *f* (*e-r Mauer*); *Börsenkurse*: Senkung *f*, Rückgang *m*; **~er** (tɑ'se) [1a] **I** *v/t.* in Haufen setzen, (auf)häufen, aufschichten; zusammendrücken; zs.-pferchen

(*Menschen*); festtreten; ~ *avec une hie* feststampfen; **II** ⚘ *v/i.* wachsen, dichter werden, sich ausbreiten; **III** *v/rfl.* se ~ sich senken, einsacken (*v/i.*), sich setzen (*Mauer*); *Börsenkurse*: zurückgehen; *Menschen*: sich zs.-drängen; F *fig.* sich geben, zur Ruhe kommen, sich klären (*nur von Sachen!*).

tata *enf.* (ta'ta) *int.* ~! Tantchen!

tâte|-au-pot F (tɑto'po), **~-poule** F (tɑt'pul) *m* [6c] Topfgucker *m*.

tâter (tɑ'te) [1a] **I** *v/t.* **1.** anfassen, anfühlen, befühlen, betasten; prüfen, auf die Probe stellen; ~ *le terrain* sondieren; ~ *le pouls à q.* a) j-m den Puls fühlen; b) *fig.* j-m auf den Zahn fühlen; **II** *v/i.* **2.** tasten; **3.** ~ *de qch. od. à qch.* etw. kosten, etw. versuchen; ~ *à un mets* (*od. d'un mets*) ein Gericht kosten; **III** *v/rfl.* se ~ sich selbst ängstlich fragen, mit sich selbst zu Rate gehen.

tâte-vin (tɑt'vɛ̃) *m* [6c] Stechheber *m*, Weinpipette *f*, Weinzieher *m*.

tati *enf.* (ta'ti) *int.* ~! Tantchen!

tatillon F (tati'jɔ̃) *su. u. adj.* Kleinigkeitskrämer *m*; peinlich genau, pedantisch, kleinlich; pinselig F; **~nage** F (~jɔ'na:ʒ) *m* Kleinigkeitskrämerei *f*; **~ner** (~jɔ'ne) *v/i.* [1a] sich mit lauter Kleinigkeiten abgeben.

tâton|nement (tɑtɔn'mɑ̃) *m* (Herum-)Tappen *n*, Betasten *n*; **~s** *pl.* (wissenschaftliche) Versuche *m/pl.*; **~ner** (~tɔ'ne) *v/i.* [1a] (herum) tappen; *fig.* zögernd (unsicher) zu Werke gehen; **~neur** (~'nœ:r) *su. u. adj.* [7g] *fig.* Herumtapper *m*; Zauderer *m*; tastend, unsicher.

tâtons (tɑ'tɔ̃): **à** ~ *advt.* tastend, tappend; *fig.* aufs Geratewohl.

tatou *zo.* (ta'tu) *m* Gürteltier *n*.

tatou|age (ta'twa:ʒ) *m* Tätowieren *n*; **~é** (ta'twe) *m* schwerer Junge *m* (*Verbrecher*); **~er** (~) *v/t.* [1a] tätowieren; **~eur** (~'twœ:r) *m u. adj./m* Tätowierer *m*; tätowierend.

tatouille P (ta'tuj) *f* Senge *f*, Keile *f*, Tracht *f* Prügel, Dresche *f*.

taud ⚓ (to) *m*, **~e** ⚓ (to:d) *f* geteerte Plane *f*.

taudis (to'di) *m* Elendswohnung *f*, (Dreck-)Loch *n*, Stall *m*; *les* ~ die Elends-viertel *n/pl.*, -quartiere *n/pl.*

taule ★ (to:l) *f* Karzer *m*, Loch *n* (*Gefängnis*); Arbeitsstelle *f*; Haus *n*; *faire de la* ~ sitzen (*im Karzer*).

taupe (top) *f* Maulwurf *m*; ★ *écol.* Vorbereitungsschule *f* für die Technische Hochschule in Paris.

taupé (to'pe) *m* Velours *m* (*für Damenhüte*).

taupegrillon *zo.* (topgri'jɔ̃) *m* [6a] Maulwurfsgrille *f*.

taup|ier (to'pje) *m* Maulwurfsfänger *m*; **~ière** (~'pjɛ:r) *f* Maulwurfsfalle *f*; **~in** (~'pɛ̃) *m ent.* Schnellkäfer *m*; *Fr. fig.* F Schüler *m*, der sich für die Ecole polytechnique vorbereitet; **~inière**, *a.* **~inée** (~pi'njɛ:r, ~pi'ne) *f* **1.** Maulwurfshügel *m*; **2.** *fig.* kleiner Hügel *m*; **3.** kleines, niedrigeres Landhäuschen *n*.

taur|e *zo.* (tɔ:r) *f* Färse *f* (*junge Kuh*); **~eau** (tɔ'ro) *m* [5b] Stier *m* (*a. ast.*), Bulle *m*; *le* ~ *du village* (*od. de la commune*) der Gemeindebulle *m*; ~ *reproducteur* Zuchtbulle *m*; *cou m de* ~ Stiernacken *m*; *course f de* ~*x* Stierkampf *m*; *fig. prendre le* ~ *par les cornes* den Stier bei den Hörnern packen; **~illon** (tɔri'jɔ̃) *m* junger Stier *m*; **~omachie** (torɔma'ʃi) *f* Stierkampf *m*.

tautochron|e (totɔ'krɔn) *adj.* gleich lange dauernd, isochron; **~isme** (~'nism) *m* gleich lange Dauer *f*, Isochronismus *m*.

tauto|gramme *litt.* (~'gram) *m* Tautogramm *n*, Gedicht *n* mit demselben Anfangsbuchstaben in allen Zeilen; **~logie** (~lɔ'ʒi) *f* Tautologie *f* (*überflüssige Wiederholung*).

taux (to) *m* **1.** Taxe *f*, Steuersatz *m*; behördlich festgesetzter Preis *m*; **2.** Zinsfuß *m*; *au* ~ *de la loi* zu gesetzmäßigen Zinsen; ~ *hors banque* Privatdiskontsatz *m*; *à* ~ *d'intérêt fixe* festverzinslich; *augmenter* (*[ra]baisser*) *le* ~ *d'escompte* den Diskont herauf- (herab-)setzen; **3.** Kurs *m* der Börsenpapiere; **4.** *allg.* Prozentsatz *m*, Verhältnis *n*; ~ *de mortalité* Sterblichkeitsziffer *f*; ~ *de compression* Verdichtungsverhältnis *n*; Kompressions-grad *m*, -dichte *f*.

tavaillon ⚠ (tava'jɔ̃) *m* Holzschindel *f*.

tavel|age (tav'la:ʒ) *m* Fleckigwerden *n des Obstes*; **~er** (~v'le) *v/t.* [1c] tüpfeln, sprenkeln; **~ure** (~v'ly:r) *f* Sprenkelung *f*, Flecken *m/pl.*

tavern|e (ta'vɛrn) *f* Restaurant *n*, Weinstuben *f/pl.*; **~ier** (~'nje) *m* Schankwirt *m*.

taxa|ble (tak'sablə) *adj.* be-, versteuerbar; **~teur** (~'tœ:r) *m u. adj./m* Taxator *m*, Abschätzer *m*; abschätzend; **~tion** (~ksɑ'sjɔ̃) *f* Taxierung *f*, Schätzung *f*.

taxe (taks) *f* **1.** Taxe *f*; Taxpreis *m*; *a. téléph.* Gebühr *f*; 🚂 Tarifsatz *m*; ~ *du pain* behördlich festgesetzter Brotpreis *m*; ~ *fixe* Grundgebühr *f*; *Sport*: ~ *d'inscription*, ~ *d'engagement* Nenngeld *n*; ~ *de protestation* Einspruchsgebühr *f*; ~ *de licence* Lizenzgebühr *f*; ~ *d'emmagasinage* Lager-, Speicher-geld *n*; ~ *douanière* Zollsatz *m*; ~ *de frappage*, ~ *de monnayage* Prägungsgebühr *f*; ~ *de T.S.F.*, ~ *de télévision*, ~ *de livraison* Rundfunk-, Fernseh-, Zustellungs-gebühr *f*; ~ *téléphonique*, ~ *postale* Fernsprech-, Post-gebühr *f*; ~ *par mot* Wortgebühr *f*; *soumis à la* ~ gebührenpflichtig; **2.** Steuer *f*; Steuerbetrag *m*; ~ *sur les revenus* Einkommensteuer *f*; ~ *sur le chiffre d'affaires* Umsatzsteuer *f*; ~ *vicinale* Wegesteuer *f*; ~ *due* Steuerschuld *f*; ~ *civique* Bürgersteuer *f*; ~ *de luxe*, ~ *de plus-value*, ~ *sur la valeur ajoutée* Luxus-, Wertzuwachs-steuer *f*; ~ (*de douane*) *préférentielle od. de préférence* Vorzugs-, Vergünstigungs-zoll *m*; ~ *sur* (*od. pour*) *les célibataires* Ledigensteuer *f*; ~ *sur les charbons*, *sur les bénéfices*, *sur les loyers* Kohlen-, Gewinn-, Hauszins-steuer *f*; **3.** ⚕ Kostenrechnung *f*.

taxer (tak'se) *v/t.* [1a] **1.** (ab-) schätzen, werten, taxieren; **2.** ~ *q. de qch.* j-n e-r Sache (*gén.*) beschuldigen *od.* verdächtigen; **3.** besteuern.

taxi (tak'si) *f abr. für voiture à taximètre* Taxe *f*, Taxi *n*; **~mètre** (~'mɛtrə) *m* Taxameter *m*, Fahrpreisanzeiger *m*; **~né** ♀ (taksi'ne) *adj.* eibenartig; **~phone** (~'fɔn) *m* Fernsprechautomat *m*, Münzfernsprecher *m*.

taxus ♀ (tak'sys) *m* Eibe *f*, Taxus *m*.

tchécoslovaque (tʃekɔslɔ'vak) *adj. u.* ♀ *su.* tschechoslowakisch; Tschechoslowake *m*.

Tchécoslovaquie *géogr.* (~'ki) *f*: *la* ~ die Tschechoslowakei *f*.

tchéco-soviétique (~sɔvje'tik) *adj.* tschechisch-sowjetisch.

tchèque (tʃɛk) *adj. u.* ♀ *su.* tschechisch; Tscheche *m*.

tcherkesse (tʃɛr'kɛs) *adj. u.* ♀ *su.* tscherkessisch; Tscherkesse *m*.

te (tə) *pr/p. conjoint* dir (*dat.*), dich (*acc.*).

té ⊕ (te) *m* T-Stück *n*; Reißschiene *f*; Winkelkreuz *n*; *fer m en* ~ T-Eisen *n*.

techni|cien (tɛkni'sjɛ̃) *m* Techniker *m*; Fachmann *m*; ~*s pl. de la publicité* Werbefachleute *pl.*; **~cité** (~si'te) *f* technisches Verfahren *n*; technischer Charakter *m*; **~que** (~'nik) **I** *adj.* □ technisch, kunst- (*od.* handwerks-)mäßig; kunstgerecht; *terme m* ~ technischer Ausdruck *m*, Fachausdruck *m*; ~*ment parlé* praktisch gesprochen; **II** *f* Technik *f*, Verfahren *n*; ~ *radiophonique* (Rund-)Funk-, Radiotechnik *f*; ~ *du meuble* Möbeltechnik *f*; **III** *écol. m*: *le* ~ der technische Zweig *m*.

technolo|gie (tɛknɔlɔ'ʒi) *f* Technologie *f*, Gewerbekunde *f*; Technik *f*; Sammlung *f* (u. Erklärung *f*) technischer Ausdrücke; **~gique** (~'ʒik) *adj.* technologisch, gewerbekundlich; *les progrès* ~*s* die technischen Fortschritte *m/pl.*; **~gue** (~'lɔg) *adj. u. m*: (*écrivain m*) ~ Technologe *m*, Schriftsteller *m* über Gewerbekunde.

teck (tɛk) *m* Tiek-baum *m*, -holz *n*.

tectonique 🕮 (tɛktɔ'nik) **I** *f* Tektonik *f*, Lehre *f* vom Bau der Erdkruste; **II** *adj.* tektonisch.

tectrice (tɛk'tris) *adj./f orn.*: (*plume f*) ~ Deckfeder *f*.

Te Deum (tede'ɔm) *m* [6c] Lobgesang *m*.

tégénaire *ent.* (teʒe'nɛ:r) *f* Hausspinne *f*.

tégument (tegy'mɑ̃) *m* **1.** *anat.* Haut *f*, Decke *f*, Hülle *f*; **2.** ♀ Samenhaut *f*.

teign|e (tɛɲ) *f* **1.** ⚕ (Kopf-)Grind *m*, Schorf *m*; **2.** *vét.* Räude *f*; Aussatz *m*; **3.** Motte *f*; ~ *des pelleteries* Pelzmotte *f*; ~ *des draps* Kleidermotte *f*; ~ *de livres* Bücherwurm *m*; **4.** F *fig.* Giftkröte *f*, Ekelpadde *f*; **~eux** (~'ɲø) *adj.* [7d] grindig, schorfig; *vét.* räudig; *fig.* schäbig.

teill|age *text.* (tɛ'ja:ʒ) *m* Schwingen *n*; **~e** *text.* (tɛj) *f* Hanfbast *m*; **~er** *text.* (tɛ'je) *v/t.* [1a] brechen; **~eur** *text.* (~'jœ:r) *m* Flachspocher *m*; **~euse** ⊕ (~'jø:z) *f* Flachsbrechmaschine *f*.

teindre ('tɛ̃:drə) *v/t.* [4b] färben; ~ *en rouge* rot färben; ~ *le bois* Holz beizen; se ~ *les cheveux* sich die Haare färben lassen.

teint (tɛ̃) *m* **1.** Färben *n*; gefärbter Stoff *m*; *bon* ~, *grand* ~ echte (*petit* ~ unechte) Färbung *f*; echt gefärbter Stoff *m*; *adjt.* farbecht; waschecht (*a. fig.*); *fig. un socialiste bon* ~ ein waschechter Sozialist *m*; **2.** Teint *m*, Gesichts-, Haut-farbe *f*.

teint|e (tɛ̃:t) *f* Farbton *m*, Färbung *f*, Nuance *f*, Farbenschattierung *f*; *fig. une* ~ *de qch.* ein (leichter) Anflug *m* (*od.* Anstrich *m*) von etw.; **~té** (tɛ̃'te) *adj.* gefärbt, getönt; **~er** (~) *v/t.* [1a] gleichmäßig färben; einförmig anstreichen; **~ure** (~'ty:r) *f* **1.** flüssige Farbe *f*; Farbstoff *m*; ~ *pour les cheveux* Haarfärbemittel *n*; **2.** Färben *n*; **3.** *phm.* Tinktur *f*; ~ *d'iode* Jodtinktur *f*; **4.** *fig.* oberflächliche Kenntnis *f*, Anflug *m*; ~ *de science* Halbwissen *n*; **~urerie** (tɛ̃tyr'ri) *f* Färberei *f*; **~urier** (~'rje) *su.* [7b] Färber *m*.

tel (tɛl) [7c] **I** *adj.* □ **1.** solcher, solche, solches; solch ein(e); derartig, so groß; ähnlich, dergleich; wie (*Vergleich*); so zum Beispiel; *un* ~ *homme* ein solcher Mann, solch ein Mann; *de ~les gens* solche Leute *pl.*; ~ *fut son langage* so war seine Rede, so sprach er; *~le est la force de l'habitude* so groß ist die Macht der Gewohnheit; *je n'ai jamais rien vu de* ~ ich habe nie etwas Ähnliches (*od.* so etwas) gesehen; *il se précipita dans la rue,* ~ *un furieux tourbillon* er stürzte sich wie ein furchtbarer Wirbelwind auf die Straße; **2.** **~(le) que** so beschaffen wie; *un homme* ~ *que lui* ein Mann wie er; *pour un homme* ~ *que lui* für e-n Menschen wie ihn; **3.** **~(le) ... que** (*mit ind.*) so groß (*od.* so bedeutend), daß; *~le est la force des préjugés que ...* so groß ist die Macht der Vorurteile, daß ...; *de ~le sorte que* dergestalt, daß ...; **4.** ~ *que* wie auch immer ... (*mit subj.*); *~s que pussent être leurs sentiments à mon égard ...* wie auch ihre Einstellung zu mir sein mochte ...; **5.** ~ ..., ~ ... wie ..., so ...; ~ *il était,* ~ *il est encore* so wie er war, so ist er noch; ~ *maître,* ~ *serviteur* wie der Herr, so's Gescherr; **6.** **~(le) quel(le)** in s-m (ihrem) augenblicklichen (*od.* jetzigen) Zustand; so, wie er ist (wie sie war); unverändert, unverkürzt (*Text*); *elle est entrée dans l'église telle quelle* sie betrat die Kirche so, wie sie (angezogen) war; *prendre la chose telle quelle* die Sache so nehmen, wie sie ist; **II** *pr. indéfini, adj. u. a. su.* **7.** mancher, manche, manches; ~ *de mes confrères* mancher (*od.* manch einer) meiner Kollegen; **8.** der und der, die und die; *monsieur un* ~, *madame une ~le* Herr, Frau Soundso; *un* ~ ein gewisser Soundso.

télamon ⚠ (tela'mɔ̃) *m* Gebälkträger *m*.

télautographe (telotɔ'graf) *m* s. *téléautographe*.

télé *abr.* (téle) *f* Fernsehen *n*; s. *~vision*.

télé|accord *phot.* (telea'kɔ:r) *m* Teleaufsatz *m*, -ansatz *m*; **~-accueil** *téléph.* (~a'kœj) *m* Telefon-Seelsorge *f*; **~autographe** (~otɔ'graf) *m* Fernschreiber *m*; *allg.* Bildsender *m*; **~avertisseur** (~avɛrti'sœ:r) *m* Fernmelder *m*; **~caméra** (~kame'ra) *f* Fernsehkamera *f*; **~cinéma** (~sine'ma) *m* Fernsehkino *n*; **~commande** ⊕ (~kɔ'mɑ̃:d) *f* Fernantrieb *m*, -bedienung *f*, -betätigung *f*, -lenkung *f*, -steuerung *f*; **~commandé** (~kɔmɑ̃'de) *adj.* ferngelenkt, -gesteuert; **~communications** (~kɔmynikɑ'sjɔ̃) *f/pl.* Fernmeldewesen *n*; **~diffusion** (~dify'zjɔ̃) *f* Drahtfunk *m*; **~dynamie** (~dina'mi) *f* Kraftübertragung *f*; **~dynamique** (~dina'mik) *adj.*: *câble m* ~ Kraftübertragungskabel *n*; **~enregistrateur** (~ɑ̃rəʒistra'tœ:r) *m* Fernschreiber *m* (*Meßtechnik*); **~-enseignement** *écol.* (~ɑ̃sɛɲ'mɑ̃) *m* Fernunterricht *m*; **~férique** (~fe'rik) *m* Drahtseilbahn *f*; **~gramme** (~'gram) *m* Telegramm *n*; Depesche *f*, Drahtnachricht *f*; ~ *de condoléance,* ~ *de félicitations* Beileids-, Glückwunsch-telegramm *n*; **~graphe** (~'graf) *m* Telegraph *m*; ~ *Morse* Morseapparat *m*; *bureau m du* ~ Telegraphenamt *n*; *les ~s* das Telegraphenwesen *n*; **~graphie** (~gra'fi) *f* Telegraphie *f*; ~ *sans fil* (*abr.*: *T.S.F.*) drahtlose Telegraphie *f*, Funkentelegraphie *f*; *appareil m de* ~ *optique* Blinkapparat *m*; **~graphier** (~gra'fje) *v/t.* (*a. v/i.*) [1a] telegraphieren, drahten; **~graphique** (~gra'fik) *adj.* □ telegraphisch, drahtlich, Draht...; *poteau m* ~ Telegraphenstange *f*; **~graphiste** (~gra'fist) *su.* Telegraphist *m*, Telegraphenbeamter *m*; Telegrammbote *m*; **~guidage** *phys.* (~gi'da:ʒ) *m* Fernlenkung *f*; **~guidé** *phys.* (~gi'de) *adj.*: *fusée f ~e* ferngelenkte Rakete *f*; **~imprimeur** *télégr.* (~ɛ̃pri'mœ:r) *m* Fernschreiber *m*; **~interrupteur** (~ɛ̃tɛryp'tœ:r) *m* Fernausschalter *m*; **~mark** *Skisport* (~'mark) *m* Telemark *m*; **~mécanique** (~meka'nik) *f* Fernsteuerung *f*; **~mesure** *at.* (~mə'zy:r) *f* Fernmessung *f*; **~mètre** (~'mɛtrə) *m* Entfernungsmesser *m*; **~-objectif** *phot.* (~ɔbʒɛk'tif) *m* Fernlinse *f*, Teleobjektiv *n*; **~ologie** *phil.* (~ɔlɔ'ʒi) *f* Teleologie *f*, Zwecklehre *f*; **~ologique** *phil.* (~ɔlɔ'ʒik) *adj.* teleologisch; **~pathie** (~pa'ti) *f* Telepathie *f*; Fernwirkung *f*; **~pathique** (~pa'tik) *adj.* telepathisch; **~phone** (~'fɔn) *m* Tele-fon *n*, -phon *n*, Fernsprecher *m*; Fernruf *m*; ~ *privé*, ~ *d'appartement* Haustelefon *n*; ~ *automatique*, ~ *mural* Selbstanschluß-, Wand-apparat *m*; ~ *public* öffentliche Fernsprechstelle *f*; *par* ~ telefonisch; *avez-vous le* ~? haben Sie Telefon?; *appeler q. au* ~ j-n anrufen; **~phoner** (~fɔ'ne) [1a] **I** *v/i.*: ~ *à q.* mit j-m telefonieren, j-n anrufen; **II** *v/t.* telephonisch durchsagen; **~phonie** (~fɔ'ni) *f* Telefonie *f*, Fernsprechwesen *n*; 🚂 ~ *radio-train* Zugfunk *m*; ~ *sans fil* (*abr.*: *T.S.F.*) drahtlose Telefonie *f*, (Rund-)Funk *m*; Radio *n*; **~phonique** (~fɔ'nik) *adj.* telefonisch; *fil m* ~ Telefondraht *m*; *taxe f* ~ Telefon-, Fernsprechgebühr *f*; **~phoniste** (~fɔ'nist) *adj. u. su.*: (*employé m*) ~ Fernsprechbeamter *m*, Telefonist *m*; *une dame* ~ e-e Telephonistin *f*; **~photo** *phot.* (~fɔ'to) *f*: Bildfunk *m*; *appareil m de* ~ Fernaufnahmegerät *n*; **~photographie** (~fɔtɔgra'fi) *f* Bildfunk (-übertragung *f*) *m*; **~photographique** (~fɔtɔgra'fik) *adj.* fernfotografisch; **~-programme** (~prɔ'gram) *m* Fernsehprogramm *n*; **~radiesthésie** *phys.* (~radjɛste'zi) *f* Fernstrahlenforschung *f*; **~reportage** (~rəpɔrta:ʒ) *m* Fernsehbericht *m*.

télescop|age 🚂, *Auto* (telɛskɔ'pa:ʒ) *m* Zs.-stoß *m*; **~e** (~'skɔp) *m* Teleskop *n*, Fernrohr *n*; **~er** (~'pe- [1a] **I** *v/rfl.* *se* ~ sich ineinanderschieben; 🚂, *Auto*: mit e-m Zug *od.* Auto zs.-stoßen; aufea. auffahren; **II** *v/t.* zs.-, eindrücken (*beim Zs.-stoß*); *la locomotive télescopa les wagons* die Lokomotive drückte die Bahnwagen zusammen; **~ique** (~'pik) *adj.* teleskopisch; ausziehbar.

télé|scripteur ⊕ (teleskrip'tœ:r) *m* Fernschreibgerät *n*, Fernschreiber *m*; **~siège** (~'sjɛ:ʒ) *m* Skilift *m* (*mit Sitz*), Sesselbahn *f*; **~siéger** (~sje'ʒe) *v/t.* [1g]: ~ *qch.* im Liftsessel über etw. (*acc.*) hinwegschweben; **~ski** (~'ski) *m* Skilift *m* (*mit Gurten*); **~spectateur** (~spɛkta'tœ:r) *su.* [7f] Fernsehteilnehmer *m*, Fernseher *m*; **~technique** (~tɛk'nik) *f* Fernmeldetechnik *f*; **~type** ⊕ (~'tip) *m* Fernschreibgerät *n*, Fernschreiber *m*; **~viser** (~vi'ze) *v/t.* [1a] durch Fernsehen übertragen; **~viseur** (~vi'zœ:r) *m* Fernsehgerät *n*; ~ *scolaire* Schulfernsehgerät *n*; **~vision** (~vi'zjɔ̃) *f* Fernsehen *n*; *appareil m* (*od. poste m*) *de* ~ Fernsehgerät *n*; *émission f de* ~ Fernsehübertragung *f*; ~ *en couleurs* Farbfernsehen *n*; ~ *éducative* Schulbildfunk *m*; **~voliste** (~vɔ'list) *adj.*: *centre m* ~ Segelflugplatz *m*.

télex 📞 (te'lɛks) *m* ⊕ Fernschreiber *m*; Telex(verkehr *m*) *m*, Teilnehmerfernschreibverkehr *m*; **~iste** (~'ksist) *f* Fernschreiberin *f*.

tellement (tɛl'mɑ̃) *adv.* **1.** derartig, derart(ig), dergestalt, so; *ils sont* ~ *avares* sie sind so geizig; **2.** F soviel; ~ *d'années* soviele Jahre; *j'ai* ~ *de choses à dire* ich habe soviel zu sagen; ~ *de soucis* soviele Sorgen; *bsd.*, *wenn verneint od. fragend*: *cela n'a pas* ~ *d'importance* das hat nicht soviel auf sich; *y avait-il* ~ *de monde au spectacle?* waren denn so viele im Theater?; **3.** sehr; viel; *y a-t-il* ~ *loin?* ist es sehr weit?; *avoir* ~ *envie de faire qch.* sehr gern etw. tun wollen; große Lust haben, etw. zu tun; *pas* ~ nicht überwältigend, nicht besonders; **4.** F ~ *quellement* schlecht und recht, einigermaßen, halbwegs; *il s'acquitte de son devoir* ~ *quellement* er tut s-e Pflicht schlecht und recht.

tellière (tɛ'ljɛ:r) *m* Papierformat *n* [44 × 34 cm.]

telline *zo.* (tɛ'lin) *f* Platt-, Sonnenmuschel *f*.

tellur|e ⚗ (tɛ'ly:r) *m* Tellur *n*; **~ien** 🕮 (~ly'rjɛ̃) *adj.* [7c] Erd...; **~ique** 🕮 (~ly'rik) *adj.* tellurisch, Erd...; Tellur...; *secousse f* ~ Erdstoß *m*.

témér|aire (teme'rɛ:r) *adj.* □ **1.** (toll)kühn, waghalsig, verwegen, vermessen; frech; *Charles le* ♀ Karl der Kühne; **2.** *fig.* voreilig, leichtfertig (*Urteil*); **~ité** (~ri'te) *f*

1. Tollkühnheit *f*, Waghalsigkeit *f*, Verwegenheit *f*; 2. (*a.* ~*s pl.*) verwegene Tat(en *f/pl.*) *f*; *od.* Rede(n *f/pl.*) *f*.

témoign|age (temwa'ɲa:ʒ) *m* 1. Zeugenaussage *f*, Zeugnis *n*; *être entendu en* ~ als Zeuge vernommen werden; *porter od. rendre* ~ Zeugnis ablegen; 2. Beweis *m*, Zeichen *n*; ~ *de sympathie* Beileidskundgebung *f*; **~er** (~'ɲe) [1a] I *v/t.* 1. bezeugen; 2. zeigen, äußern; erweisen; II *v/i.* ~ (*en justice* vor Gericht) *de qch.* von etw. (*dat.*) Zeugnis ablegen; *allg.* beweisen, an den Tag legen.

témoin (te'mwɛ̃) *m* 1. Zeuge *m* (*f*: Zeugin *f*); ~ *à charge* Belastungszeuge *m*; ~ *à décharge* Entlastungszeuge *m*; ~ *auriculaire* (*oculaire*) Ohren-(Augen-)zeuge *m*; ~ *du* (*od. de la*) *marié(e)* Trauzeuge *m*; ~ *ses blessures* davon zeugen s-e Wunden; ~ *principal* Haupt-, Kronzeuge *m*; *prendre à* ~ zum Zeugen nehmen; 2. ~ *d'un duel* Kampfzeuge *m* e-s Duells, Sekundant *m*; 3. *fig.* Beweis *m*, Zeichen *n*; Erdkegel *m* (*den man zur Mengenbestimmung bei Schachtarbeiten stehen läßt*); *Sport*: Staffelholz *n*; 4. *biol.* Versuchs-tier *n*, -pflanze *f*; 5. ~*s pl.* Markierungen *f/pl.* (*an e-r rissigen Mauer*); Kennzeichen *n/pl.* (*auf dem Felde zur Messung usw.*).

tempe *anat.* (tɑ̃:p) *f* Schläfe *f*; *se frapper la* ~ [*od. le front*] (*pour montrer que q. est fou* [*od. toqué od. tapé*]) j-m Vogel (*od.* Piep) zeigen.

tempérament (tɑ̃pera'mɑ̃) *m* 1. körperliche Veranlagung *f*, Natur *f*; *un* ~ *robuste* e-e starke Natur *f*; *il est d'un* ~ *délicat* er ist anfällig (*od.* schwächlich); 2. Temperament *n*, Gemütsstimmung *f*, Charakter *m*, Talent *n*, Veranlagung *f*; *avoir du* heißblütig (*od.* sinnlich) sein (*aber*: Temperament haben = *être plein de vie*); *il a le* ~ *oratoire* er besitzt e-e natürliche Rednergabe; 3. *fig.* Ausgleich *m*, Maß *n*, richtiges Verhältnis *n*, Mäßigung *f*, Ausweg *m*; *chercher* (*prendre*) *un* ~ e-n Ausweg suchen (beschreiten); 4. *achat m* (*vente f*) *à* ~ Raten-kauf *m* (-verkauf *m*); *acheter* (*vendre*) *à* ~ auf Raten (*od.* Teilzahlung) kaufen (*od.* verkaufen); *crédit m à* ~ Teilzahlungs kredit *m*; *paiement m à* ~ Ratenzahlung *f*.

tempéran|ce (tɑ̃pe'rɑ̃:s) *f* Mäßigung *f*, Enthaltsamkeit *f*; **~t** (~'rɑ̃) *adj.* [7] *u. m* mäßig, enthaltsam; ⚕ abkühlend; niederschlagend(es) *od.* besänftigend(es Mittel *n*).

tempér|ature (tɑ̃pera'ty:r) *f* Witterung *f*, Wärmegrad *m*, Temperatur *f*; *avoir de la* ~ Fieber (*od.* Temperatur) haben; **~é** (~'re) *adj.* 1. gemäßigt (*Klima*; *géogr. Zone*); ausgeglichen (*Charakter*); *rhét. style m* ~ etw. (*od.* leicht) gehobener Stil *m*; 2. ♪ temperiert; **~er** (~) *v/t.* [1f] mildern, lindern, mäßigen; ⚕ niederschlagen; *air m tempéré* mäßig warme Luft *f*; *zone f tempérée* gemäßigte Zone *f*.

tempêt|e (tɑ̃'pɛt) *f* 1. Sturm *m*, Unwetter *n*; ~ *de neige* Schneetreiben *n*, -gestöber *n*; ~ *de sable* Sandsturm *m*; 2. *fig.* Sturm *m*; *une* ~ *de malédictions* e-e Flut *f* von Verwünschungen, ein Hagel *m* von Flüchen; *les* ~*s de la Révolution* die Wirren *pl.* der Revolutionszeit; **~er** F (~pɛ'te) *v/i.* [1a]: ~ *contre q.* gegen j-n (*acc.*) wettern, über j-n toben.

tempétueux (tɑ̃pe'tɥø) *adj.* [7d] stürmisch.

templ|e ('tɑ̃:plə) *m* 1. Tempel *m*; 2. protestantische Kirche *f* (*als Gebäude*); **~ier** *hist.* (tɑ̃pli'e) *m* Templer *m*, Tempel-herr *m*, -ritter *m*; *ordre m des* ♀*s* Templerorden *m*.

tempo ♪ (tɛm'po) *m* Tempo *n*.

temporaire (tɑ̃pɔ'rɛ:r) *adj.* □ zeitweilig, vorübergehend; ✝ *majoration f* ~ (*de prix*) Teuerungszuschlag *m*; *main-d'œuvre f* ~ Saisonarbeit *f*.

temporal *anat.* (tɑ̃pɔ'ral) *adj.* [5c] Schläfen...; *os m* ~ Schläfenbein *n*.

tempor|el (~'rɛl) I *adj.* [7c] □ 1. vergänglich, zeitlich; 2. weltlich, irdisch; *pouvoir m* ~ weltliche Macht *f* (*des Papstes*); II *m* 3. weltliches Einkommen *n der Geistlichen*; 4. weltliche Macht *f* (*der Herrscher*).

temporisa|teur (~riza'tœ:r) *adj.* [7f] *u. m* hinhaltend, zögernd, zaudernd, abwartend; Zögerer *m*; **~tion** (~za'sjɔ̃) *f* Abwarten *n*, Zögern *n*.

temporis|er (~ri'ze) *v/i.* [1a] (ab-)warten, zögern, zaudern; **~eur** (~'zœ:r) *su.* [7g] Zögerer *m*; *a. adj.* abwartend; *bsd. hist.* *Fabius le* ♀ Fabius Cunctator *m*.

temps (tɑ̃) *m* 1. Zeit *f*; Zeitabschnitt *m*, Zeitalter *n*; ~ *d'attente* Warte-, Karenz-zeit *f*; *phot.* ~ *de pose* Belichtungszeit *f*; ~ *de service* (*mili-*

taire) Militärzeit *f*; ~ *de la réflexion* Bedenkzeit *f*; *Sport*: ~ *de l'entraînement* Trainingszeit *f*; ~ *du parcours Sport*: Laufzeit *f*, Rennzeit *f*, gestoppte Zeit *f*; ✈ Flugzeit *f*; ~ *du* (*od. de*) *record* Rekordzeit *f*; *la consommation f des* ~ das Ende *n* der Welt; *espace m de* ~ Zeitraum *m*; *pour passer le* ~ zum Zeitvertreib; *perdre du* ~ (*od. le* ~) Zeit verlieren; *tuer le* ~ die Zeit totschlagen; *à* ~ beizeiten, rechtzeitig, zur rechten Zeit; auf (bestimmte) Zeit; *à quelque* ~ *de là* etwas später; *au* ~ (*oft auch*: *du* ~) *de Louis XIV* zur Zeit Ludwigs XIV.; *de mon* ~ zu meiner Zeit; *dans le* ~, *au* ~ *jadis* a) einstmals, ehemals, vor Zeiten früher; b) zur Zeit; früher; *de* ~ *en* ~, *de* ~ *à autre* von Zeit zu Zeit, dann und wann, zuweilen; *de* (*od. en*) *tout* ~ zu allen Zeiten, seit jeher, schon immer; *en même* ~ gleichzeitig, zugleich; *en* ~ *utile* (*od. opportun*) rechtzeitig, zur rechten (*od.* gegebenen) Zeit; *entre* ~ inzwischen, zwischendurch; *il est* ~ *que cela finisse* es ist Zeit, daß das aufhört; *il était grand* ~ *d'instruire le grand public* es war höchste Zeit, die breite Öffentlichkeit zu unterrichten; **2.** *le* ~ *de* (*mit inf.*) kaum; bloß mal schnell; *le* ~ *de me vêtir, et je vous suis* ich will mich bloß mal schnell anziehen; dann stehe ich Ihnen zur Verfügung; *le* ~ *de me retourner, il n'était plus là* kaum drehte ich mich um, da war er schon nicht mehr da; **3.** Termin *m*; *avoir fait son* ~ sein Amt nicht mehr ausüben können; e-e Strafe abgebüßt haben; sein Leben genossen haben; nicht mehr können wie früher; veraltet sein; *cet habit a fait son temps* dieser Anzug hat ausgedient; **4.** Zeitpunkt *m*; Jahreszeit *f*; *cath. les Quatre-*2 *m/pl.* Quatember *m/sg.*; **5.** Muße *f*; *avoir le* ~ Zeit haben; *je n'ai pas le* ~ ich habe keine Zeit; *je n'ai pas le* ~ *de vous parler* ich habe keine Zeit, mit Ihnen zu sprechen; *aber*: *je n'ai pas de* ~ *à perdre* ich habe keine Zeit zu verlieren, es ist höchste Zeit für mich; *il n'y a pas de* ~ *à perdre, oder nur*: *il n'est que* ~ es ist höchste Zeit; *cela demande du* ~ das erfordert Zeit; *gagner du* ~ Zeit gewinnen; *prendre son* ~ sich Zeit lassen; *se donner du bon* ~ sich gute Tage machen; **6.** Wetter *n*; ~ *brumeux*, ~ *de brouillard* Nebelwetter *n*; ~ *de demoiselle* unbestimmtes Wetter *n*; ~ *de pluie* Regenwetter *n*; *il fait beau* ~ *od. le* ~ *est beau* es ist schönes Wetter; *il fait mauvais* ~ *od. le* ~ *est mauvais* es ist schlechtes Wetter; *quel* ~ *fait-il? od. quel est le* ~? wie ist das Wetter?; was für Wetter haben wir?; **7.** Tempo *n*, Zeitmaß *n*, Takt *m*; Arbeitsgang *m*; *la cuisson en deux* ~ das Braten in zwei Arbeitsgängen; *mesure f à quatre* ~ Viervierteltakt *m*; (*à*) *deux* (*quatre*) ~ *pl.* Zwei-(Vier-)takt *m/sg.*; ~ *d'explosion* Explosionstakt *m*; **8.** *gr.* Tempus *n*, Zeit(stufe *f*) *f*.

tenable (t[ə]'nablə) *adj. bsd. mit nég.* **1.** *bsd.* ⚔ zu halten; ⚔ *ce poste n'est plus* ~ dieser Posten ist nicht mehr zu halten; **2.** bewohnbar; *fig.* erträglich.

tenace (t[ə]'nas) *adj.* zähe, kleberig; ⚘ anklebend; *fig.* ausdauernd, hartnäckig, zähe; eigensinnig, aufdringlich (*Bettler*); zuverlässig, sicher (*Gedächtnis*); unumstößlich, fest verwurzelt (*od.* verankert) (*Vorurteil*).

ténacité (tenasi'te) *f* Zähigkeit *f*, Klebrigkeit *f*; *fig.* Ausdauer *f*, Beharrlichkeit *f*, Festigkeit *f*, Hartnäckigkeit *f*, Starrsinn *m*; Treue *f*, Zuverlässigkeit *f*, Sicherheit *f* (*Gedächtnis*); Aufdringlichkeit *f* (*Bettler*); Unumstößlichkeit *f* (*Urteil*).

tenaille (t[ə]'nɑ:j) *f*: ⚔ *offensive f en* ~ Umklammerung *f*, Zangenbewegung *f*.

tenailler (t[ə]nɑ'je) *v/t.* [1a] *fig.* quälen, peinigen, martern.

tenailles (t[ə]'nɑ:j) *f/pl.* Kneifzange *f*; *fig. biol.* Klauen *f/pl.*

tenan|ce ⚖ *féod.* (t[ə]'nɑ̃:s) *f* Pachtung *f*, Pachtgut *n*; **~cier** (t[ə]nɑ̃'sje) *su.* [7b] **1.** ⚖ *féod.* Lehensbauer *m*; **2.** ⛏ Pächter *m*, Gutsverwalter *m*; **3.** ~ *d'un bureau de placement* Stellenvermittler *m*; **4.** *mst. péj.* Hotelinhaber *m*; Inhaber *m* e-s Spielhauses.

tenant (t[ə]'nɑ̃) **I** *adj.* [7] **1.** haltend; *séance f* ~*e* gleich noch in derselben Sitzung; *fig.* auf der Stelle, sofort, unverzüglich; **II** *m* **2.** *Sport*: ~ *du titre* Titel-halter *m*, -träger *m*, -verteidiger *m*; **3.** *ehm.* Kämpe *m* (*Turnier*); **4.** *fig.* Verfechter *m*; ~ *d'une doctrine* Vertreter *m* e-r Doktrin; **5.** *les* ~*s et les aboutissants*

a) die anstoßenden Grundstücke *n/pl.*; b) *fig.* die Nebenumstände *m/pl.*; *propriété f d'un seul* ~ zusammenhängender Grundbesitz; **6.** *advt. tout d'un* ~ *od. d'un seul* ~ alles in einem Stück; ununterbrochen, ohne Unterbrechung.

tendable (tɑ̃'dablə) *adj.* dehnbar.

tendanc|e (tɑ̃'dɑ̃:s) *f* Tendenz *f*, Streben *n*, Hang *m*, Neigung *f*; *Börse*: Stimmung *f*; ~ *des cours* Kursgestaltung *f*; *fig.* ~*s pl. virtuelles* schlummernde Fähigkeiten *f/pl.*; **~ieux** (~dɑ̃'sjø) *adj.* [7d] tendenziös.

tendant (tɑ̃'dɑ̃) *adj.* [7]: ~ *à* (*od. vers*) *qch.* auf etw. (*acc.*) gerichtet (*od.* hinauslaufend *od.* hinzielend); etw. bezweckend.

tendelet ⚓ (tɑ̃'dlɛ) *m* Zeltdach *n* (*für Schlauchboote*); Bootszelt *n.*

tender 🚂 (tɑ̃'dɛ:r) *m* Tender *m.*

tend|erie *ch.* (tɑ̃'dri) *f* Schlingenlegen *n*, Netzstellen *n*; **~eur** (~'dœ:r) *m* **1.** *ch.* ~ (*de lacs, de pièges*) Netz-, Fallen-steller *m*; **2.** Schuhspanner *m*; Riemenspanner *m*; ⊕ Spannmaschine *f*; Fadenspanner *m der Nähmaschine*; ⊕ Spannschraube *f*; *vél.* Kettenspanner *m*; ~ *pour pantalons* Hosenspanner *m*; ~ *pour rayons* Speichenspanner *m.*

tendineux *anat.* (tɑ̃di'nø) *adj.* [7d] sehnig.

tendoir ⊕ (tɑ̃'dwa:r) *m* Wäschetrockner *m*; Spannholz *n.*

tendon *anat.* (tɑ̃'dɔ̃) *m* Sehne *f.*

tendre[1] ('tɑ̃:drə) [4a] **I** *v/t.* **1.** spannen; Fallen stellen, Schlingen legen; ~ *un lit* (~ *un pavillon*) ein Bett (ein Zelt) aufschlagen; **2.** Tapete ankleben; ~ *de papier peint* (*od. des tentures*) tapezieren; ~ *de deuil* (*od. de noir*) schwarz behängen; **3.** ausstrecken, (dar-)reichen, hinhalten; ~ *la main à q.* j-m die Hand reichen; *fig.* j-m Hilfestellung leisten; ~ *la perche à q.* j-m aus der Klemme (*od.* aus der Patsche) helfen; ~ *la main* betteln; **II** *v/i.* **4.** ~ *à qch.* auf etw. (*acc.*) hinsteuern, abzielen, nach etw. (*dat.*) streben; *le malade tend à sa fin* der Kranke ist s-m Ende nahe (*od.* geht s-m Ende entgegen); **5.** zu etw. dienen, führen *od.* beitragen; *l'ivrognerie tend à démoraliser l'homme* die Trunksucht führt zur Demoralisierung des Menschen; *la maladie tend à la mort* die Krankheit führt zum Tode; *tout cela ne tend à rien* all das führt zu nichts.

tendre[2] (~) **I** *adj.* □ **1.** zart, weich (*a. Speise*), mürbe; frisch (*Brot*); **2.** *fig.* zart (*a. vom Lebensalter*); zärtlich, liebevoll; zartfühlend; *un* ~ *intérêt* eine herzliche Anteilnahme *f*; **3.** *fig.* empfindlich, reizbar; *avoir les yeux* ~*s* schwache Augen haben; **4.** ♪ stimmungsvoll; **II** † *m* Liebe *f*; Neigung *f*, Schwäche *f*; *noch gebr. in*: *avoir du* ~ *pour* e-e Zuneigung zu ... (e-e Vorliebe für ...) empfinden; **~sse** (tɑ̃'drɛs) *f* **1.** Zärtlichkeit *f*, zärtliche Liebe *f*; **2.** ~*s pl.* Liebkosungen *f/pl.*; **~té** (~drə'te) *f* Weichheit *f*, Mürbheit *f* (*vom Fleisch, Gemüse usw.*).

tendron (tɑ̃'drɔ̃) *m* **1.** Knospe *f*; **2.** F *fig.* Backfisch *m* (*junges Mädchen*); **3.** *cuis.* (Kalbs- *usw.*) Brustknorpel *m.*

tendu (tɑ̃'dy) *adj.* (an)gespannt; *situation f* ~*e* gespannte Lage *f*; *nerfs m/pl.* ~*s* gereizte Nerven *m/pl.*; *style m* ~ verkrampfter Stil *m.*

tén|èbres (te'nɛbrə) *f/pl.* **1.** Finsternis *f/sg.*; **2.** *bibl.* Hölle *f*; **~ébreux** (tene'brø) *adj.* [7d] □ **1.** dunkel, finster, düster; *prison f ténébreuse* dunkles Gefängnis *n*; *sapins m/pl.* ~ dunkle Tannen *f/pl.*; **2.** *fig.* undurchsichtig (*Plan*); unklar, dunkel (*Stil*); **~ébrion** *ent.* (tenebri'ɔ̃) *m* Mehlkäfer *m.*

ténesme ⚕ (te'nɛsm) *m* Stuhl- *od.* Harn-zwang *m.*

teneur[1] (t[ə]'nœ:r) *su.* [7g]: ~ *de livres* Buchhalter *m.*

teneur[2] (~) *f* wörtlicher Inhalt *m*, 'Tenor *m* (*bsd.* ⚖); ⚖ *dans sa forme et* ~ nach Form und Inhalt; ⚗ ~ *en soufre* Schwefelgehalt *m.*

ténia 🕮 (te'nja) *m* Bandwurm *m.*

tenir (t[ə]'ni:r) [2h] **I** *v/t.* **1.** halten, festhalten; ~ *à la main* in der Hand halten; ~ *qch.* etw. in der Hand haben; ~ *qch. au feu* etw. ans Feuer halten; *fig.* ~ *q. de court*, ~ *la bride haute à q.* j-n kurz halten; *fig.* ~ *q. en bride* j-n im Zaume (*od.* an der Kandare) halten; *fig.* ~ *sous sa puissance* in s-r Gewalt haben; ~ *en respect* in Schach halten; ~ *qch. sous les verrous* etw. unter Schloß und Riegel halten; *nous le tenons!* wir haben ihn!; *tiens!*; *tenez!* hier!, da nimm!; nehmt!, nehmen Sie!; *tiens!* (*tiens!*) so?; nanu?; sieh mal einer an! (*Erstaunen*); na!

(*Überraschung*); *tiens, vous voilà!* na, da sind Sie ja!; *tenez od. tiens* a) offen gesagt; hören Sie mal zu; b) sehen Sie mal; *tenez, le voilà qui vient* sehen Sie mal, da kommt er doch!; *tiens, je ne m'attendais pas à cela* wirklich, darauf war ich nicht gefaßt; **2.** innehaben, besitzen, einnehmen; besetzt halten; ~ *une maison* (~ *tout le premier étage*) ein Haus (den ganzen ersten Stock) bewohnen; ~ *la droite* (*le milieu*) sich rechts (in der Mitte) halten; ~ *beaucoup de place* viel Platz einnehmen; ~ *lieu de q.* die Stelle j-s vertreten; ~ *lieu de qch.* etw. ersetzen; ~ *la chambre* (*le lit*) das Zimmer (das Bett) hüten; ~ *son rang* seinen Rang behaupten; ⚔ ~ *la campagne* im Felde stehen; F ~ (*le coup*) *fig.* durchhalten, sich nicht unterkriegen lassen; ⚓ ~ *le large* das offene Meer befahren; **3.** ~ *qch. de bonne main od. source* etw. aus guter Quelle wissen; **4.** *il y a longtemps que la fièvre le tient* er hat schon lange das Fieber; *qu'est-ce qui le tient?* was ist mit ihm los?; was hat er?, was fehlt ihm?; **5.** *être tenu à qch.* (*od. de faire qch.*) zu etw. (*dat.*) gehalten (*od.* verpflichtet) sein; **6.** ~ *séance* Sitzung abhalten; ~ *conseil* eine Ratssitzung abhalten; sich beraten; **7.** aufbewahren; **8.** fassen, enthalten; *autant que la main peut en* ~ eine Handvoll; **9.** zurückhalten; aufhalten; ~ *sa langue* seine Zunge im Zaume halten; **10.** *für etw.* halten *od.* ansehen; ~ *qch. pour vrai* etw. für wahr halten; *tenez-le vous pour dit* lassen Sie es sich gesagt sein; *tenez pour certain que ...* seien Sie versichert, daß ...; *je le tiens pour un honnête homme* ich halte ihn für einen ehrlichen Mann; ~ *qch. à honneur* (*à injure, à offense*) etw. als e-e Ehre (als Beleidigung) ansehen; **11.** erfüllen; ~ *ses engagements* s-n Verpflichtungen nachkommen; ~ *sa promesse* sein Versprechen halten *od.* einlösen; **12.** verwalten, führen; *nous ne tenons pas cet article* diesen Artikel führen wir nicht; ~ *boutique* einen Laden haben; ~ *des chambres garnies* möblierte Zimmer zu vermieten haben; ~ *compte* anrechnen; ~ *compte de* Rechnung führen über (*acc.*); *tenez compte!* bedenken Sie nur!; *il ne tient compte de rien* ihm ist alles gleich; *hôtel tenu par ...* Gasthof (im Besitze) von (*dat.*); ✝ ~ *les livres* die Bücher (*od.* Buch) führen; *maison bien tenue* gut instand gehaltenes Haus; ~ *registre de qch.* über etw. (*acc.*) Buch führen; *fig.* ~ *registre de tout* sich alles merken; **13.** ~ *compagnie à q.* j-m Gesellschaft leisten; ~ *table ouverte* ein offenes Haus haben, gastfrei (*od.* gastfreundschaftlich) sein; **14.** *fig.* ~ *tête à q.* j-m die Stirn bieten, es mit j-m aufnehmen; *fig.* ~ *bien sa partie* seine Sache gut machen; **15.** *Spiel*: ~ *les cartes Karten* mischen *od.* geben; **II** *v/i.* **16.** haften, festsitzen, befestigt sein, halten; *ce clou tient bien* dieser Nagel sitzt fest; *ne* ~ *à rien* keinen festen Bestand (*od.* Untergrund) haben; **17.** ~ *à* großen Wert legen auf; *j'y tiens beaucoup* es liegt mir viel daran, ich lege großen Wert darauf; *il tient à son opinion* er hält an s-r Meinung fest; **18.** ~ *à qch.* an etw. (*dat.*) liegen, von etw. (*dat.*) herrühren *od.* abhängen; *à quoi tient-il que nous ne partions?* woran liegt es, daß wir nicht aufbrechen?; *il ne tient qu'à vous de ...* es kommt nur auf Sie an, daß ...; *qu'à cela ne tienne* darauf soll es mir nicht ankommen, daran soll's nicht liegen, das soll kein Hindernis sein; meinetwegen; **19.** ~ *de qch.* an etw. (*acc.*) grenzen; *cela tient du miracle* (*od. du prodige od. du merveilleux*) das grenzt an Wunder; **20.** ~ *de q.* j-m ähnlich sein; *elle tient beaucoup de sa mère* sie ähnelt sehr ihrer Mutter, sie hat viel von ihrer Mutter; *avoir de qui* ~ erblich belastet sein; *il a* (*ils ont*) *de qui* ~ er ist (sie sind) erblich belastet; **21.** ~ *pour q.* es mit j-m halten, auf j-s Seite sein; *je tiens pour ...* ich lobe mir ...; F *en* ~ *pour* eingenommen sein für; verknallt sein in (*acc.*); **22.** ~ *contre q.* j-m Widerstand leisten; sich halten; standhalten; ~ *contre les prières* den Bitten widerstehen; *je n'y tiens plus* ich kann es nicht mehr aushalten; *on n'y peut pas* ~, *c'est à n'y plus* ~ das ist ja nicht mehr zum Aushalten!; ~ *bon*, ~ *ferme* standhalten; ~ *debout* sich halten; sich durchsetzen; *il tenait à peine sur ses jambes* er hielt sich kaum auf s-n Beinen; **23.** bestehen; sich halten; *notre marché tient* es bleibt bei unserer geschäftlichen Vereinbarung (*od.* Absprache); *le temps ne tiendra pas* das Wetter wird sich nicht halten; **24.** dauern, von Bestand sein, (aus)halten; *une couleur qui tient* e-e haltbare Farbe *f*; *ça ne tiendra pas* das wird nicht lange dauern; **25.** Platz finden, hineingehen; *cela ne tient pas dans ma poche* das geht nicht mehr in m-e Tasche hinein; **26.** tagen; *les tribunaux tiennent toute l'année* die Gerichte tagen das ganze Jahr über; **27.** lauten (*Antwort*; *vgl. la teneur*); *la réponse tient en un seul mot* die Antwort lautet (*od.* ist) mit einem Wort ...; **III** *v/rfl.* se ~ **28.** sich halten; *rire à s'en ~ les côtes* sich vor Lachen den Bauch halten; sich biegen vor Lachen; *tenez-vous bien!* halten Sie die Ohren steif!, lassen Sie sich nicht klein- (*od.* runter-) kriegen! F; *Boxen*: *se ~ enlacés* (sich) umklammern; **29.** *s'en ~ à qch.* es bei etw. (*dat.*) (bewenden) lassen; *s'en ~ là* es dabei bewenden lassen; *je sais à quoi m'en ~* ich weiß, woran ich bin; *nous savons à quoi nous en ~ sur son compte* wir wissen, was wir von ihm zu halten haben; **30.** sich zurückhalten; *il ne se tient pas de joie* er ist vor Freude außer sich; *se ~ de rire* sich das Lachen verkneifen; **31.** (stehen)bleiben; sich aufhalten, verweilen; in e-r Lage verharren; *tenez-vous près de moi* bleiben Sie in m-r Nähe!; *se ~ droit* e-e aufrechte Haltung haben, sich gerade halten; *se ~ à l'écart* beiseite stehen, sich entfernt halten; *se ~ sur ses gardes* sich vorsehen; *se ~ à quatre* an sich halten; *il ne sait comment se ~* er hat keine (Körper-)Haltung; **32.** *se ~ (heureux)* sich (glücklich) schätzen; **33.** *tenez-vous cela pour dit* lassen Sie sich das gesagt sein; *je me le tiens pour dit* das soll mir e-e Warnung sein; *fig. se ~ pour battu fig.* sich geschlagen geben.

tennis (tɛ'nis) *m* Tennis *n*; Tennissport *m*, -spiel *n*; *~ de table* Tischtennis *n*; *~ couvert* Hallentennis *n*; *court m de ~* Tennisplatz *m*; *blouse f de ~* Tennisbluse *f*; *maillot m de ~* Tennishemd *n*; *pantalon m (culotte f) ~* lange (kurze) Tennishosen *f*; *jupe f de ~* Tennisrock *m*; *jouer au ~* Tennis spielen.

tenon ⊕ (t[ə]'nɔ̃) *m* Zapfen *m*, Pinne *f*, Stift *m*.

ténor ♪ (te'nɔːr) *m* Te'nor *m*; Tenorstimme *f*, -sänger *m*; *~ à l'ut de poitrine* Heldentenor *m*.

téno|site ⚕ (tenɔ'zit) *f*, **~synovite** ⚕ (~sinɔ'vit) *f* Sehnenscheidenentzündung *f*.

tens|eur *anat.* (tɑ̃'sœːr) *adj./m u. m* spannend; Spanner *m* (*Muskel*); **~if** ⚕ (~'sif) *adj.* [7e] spannend; **~iomètre** ⚕ (~sjɔ'mɛtrə) *m* Blutdruckmesser *m*; **~ion** (~'sjɔ̃) *f* Spannung *f*; Ausdehnung *f*, Spannkraft *f*; ⚕ *~ artérielle* Blutdruck *m*; ✝ *~ d'argent*, *~ des capitaux* Geld-, Kapital-anspannung *f*; ⚡ *basse (haute) ~* Nieder- (Hoch-)spannung *f*; *rad. ~ primaire*, *~ secondaire* Primär-, Sekundär-spannung *f*; *~ de (la) grille* Gittervorspannung *f*; ⚡ *mesure f de la ~* Spannungsmessung *f*; *fig. ~ diplomatique* diplomatische Spannung *f*; *~ d'esprit* geistige Anspannung *f*.

tension-grille *rad.* (tɑ̃'sjɔ̃'grij) *f* [6b] Gittervorspannung *f*.

tentacu|laire *zo.* (tɑ̃taky'lɛːr) *adj.* Fühlfaden...; *fig.* sich polypenartig ausdehnend; *les industries ~s* die sich weithin ausdehnenden Industriezweige *m/pl.*; **~le** *zo.* (~'kyl) *m* Fühl-faden *m*, -organ *n*, Fühler *m* der Insekten *usw.*, Fangarm *m*; **~lé** *zo.* (~'le) *adj.* mit Fühlfäden versehen.

tent|ant (tɑ̃'tɑ̃) *adj.* [7] verlockend, verführerisch; **~ateur** (~ta'tœːr) *adj. u. su.* [7f] in Versuchung führend, verlockend; Verführer *m*, Versucher *m*; **~ation** (~ta'sjɔ̃) *f* Versuchung *f*, Verlockung *f*; **~ative** (~ta'tiːv) *f* **1.** Versuch *m*; *~ d'assassinat* Mordversuch *m*; *~ de (conquérir un) record* Rekordversuch *m*; *~ d'extorsion*, *~ d'espionnage* Erpressungs-, Spionage-versuch *m*; **2.** *~s pl.* Bemühungen *f/pl.*

tente (tɑ̃ːt) *f* Zelt *n*; *dresser (od. planter) une ~* ein Zelt aufschlagen; *lever (od. plier) une ~* ein Zelt abbrechen; *logement m sous ~* Unterbringung *f* in Zelten; *toile f de ~* Zeltbahn *f*; *~ de campeur* Campingzelt *n*.

tente-abri (tɑ̃ta'bri) *f* [6a] kleines (Schutz-)Zelt *n*.

tente abri-auto (~o'to) *f* [6b] Autoschutzzelt *n für Camping*.

tenter[1] (tɑ̃'te) *v/t.* [1a] **1.** versuchen, probieren, auf die Probe stellen, wagen; *~ fortune*, *~ sa chance* sein

Glück versuchen; **2.** verlocken, in Versuchung führen; *être tenté de ...* große Lust haben (*od.* in Versuchung kommen) zu ...
tenter² (tɑ̃'te) *v/t.* [1a] mit e-m Zelt bedecken.
tenthrède *ent.* (tɑ̃'trɛd) *f* Blattwespe *f.*
tentiste (tɑ̃'tist) *su.* Zelturlauber *m.*
tenture (tɑ̃'ty:r) *f* **1.** Tapetenbehang *m*, Tapetenstoff *m*, Tapete *f*; *poser des ~s* tapezieren; **2.** Trauerbehang *m.*
ténu (te'ny) *adj.* sehr dünn, fein, zart; *fig.* subtil, knifflich.
tenue (t[ə]'ny) *f* **1.** Haltung *f*, Pflege *f*, Führung *f*; *~ d'une maison* Instandhaltung *f* e-s Hauses; *~ de route* a) Beschaffenheit *f* der Straße; b) *Auto*: Straßenlage *f*; Kurshalten *n*; Fahreigenschaft *f* des Wagens; ✝ *~ des livres* Buchhaltung *f*; *~ en partie double* doppelte Buchführung *f*; **2.** Abhaltung *f e-r Sitzung*; **3.** (Körper-)Haltung *f*; Anstand *m*, anständiges Benehmen *n*; *n'avoir point de ~*, *manquer de ~* keine Haltung (*a. fig.*) haben; keine feste Meinung haben; **4.** Bestand *m*, Dauer *f*; *le temps n'a point de ~* das Wetter ist sehr veränderlich; **5.** Anzug *m*, äußere Aufmachung *f*; Uniform *f*; *petite ~*, *~ de ville*, *~ de soirée*, *~ de service* Straßen-, Abend-, Dienst-anzug *m*; *en grande ~*, *en ~ de cérémonie*, *en ~ de gala* im großen Abendanzug, in Gala F, ⚔ in Galauniform; ⚔ *en ~ de campagne* feldmarschmäßig; *en petite ~* in Dienstuniform; **6.** Aushalten *n e-s Tons*; **7.** ⚓ *fond m de mauvaise ~* schlechter Ankergrund *m*; **8.** *advt. tout d'une ~*, *d'une seule ~* zs.-hängend (*Grundstück*); hintereinander, ohne Unterbrechung (*zeitlich*).
ténuité (tenɥi'te) *f* Dünnheit *f*, Feinheit *f*, Zartheit *f*; *fig.* Belanglosigkeit *f*, Bedeutungslosigkeit *f.*
tenure *féod.* (t[ə]'ny:r) *f* **1.** Lehnbarkeit *f*; **2.** Lehen *n.*
ter (tɛ:r) *adv.* **1.** dreimal; **2.** *bei Hausnummern*: ... c; *numéro 4 ~* (Haus-)Nummer 4c.
tératolog|ie 📖 (teratɔlɔ'ʒi) *f* Lehre *f* von den Mißgeburten; **~ique** (~'ʒik) *adj.*: *phénomène m ~* Mißgeburtserscheinung *f.*
tercer = terser ⚒ (tɛr'se) *v/t.* [1k] den Weinberg zum drittenmal behacken.
tercet *métr.* (tɛr'sɛ) *m* Terzine *f.*
térébenthine (terebɑ̃'tin) *f* Terpentin *m.*
térébinthe ⚘ (~'bɛ̃:t) *m* Terebinthe *f*, Terpentinbaum *m.*
térébrant (tere'brɑ̃) *adj.* bohrend.
térébr|ation *for.* (terebrɑ'sjɔ̃) *f* Anbohren *n* e-s Baumes zur Harzgewinnung; **~er** *for.* (~'bre) *v/t.* [1f] anbohren.
tergivers|ateur (tɛrʒivɛrsa'tœ:r) [7f] **I** *adj.* Ausflüchte suchend; zögernd; **II** *su.* Angsthase *m*, Schlappschwanz *m* F; Zögerer *m*; **~ation** (~sɑ'sjɔ̃) *f* Ausrede *f*, Ausflucht *f*, Winkelzug *m*; **~er** (~'se) *v/i.* [1a] sich herausreden, e-n Rückzieher machen, Ausflüchte suchen, Winkelzüge machen.
terme (tɛrm) *m* **1.** *antiq.* ♀ Hermensäule *f*, Herme *f*; **2.** Grenze *f*; Mal *n* beim Spiel; Ende *n*; *mettre un ~ à qch.* e-r Sache (*dat.*) ein Ende machen, etw. beenden; *il est un ~ à tout* alles hat ein Ende; **3.** a) ✝ (Zahlungs-)Termin *m*, Frist *f*, Ziel *n*; *demander ~* Aufschub verlangen; *au ~ d'échéance* beim Verfall; *à ~* auf Zeit; *à court ~* kurzfristig, kurz befristet; *à long ~* langfristig, lang befristet; *opération f à ~* Termingeschäft *n*; *~ de paie* Lohntag *m*; *~ de rigueur* äußerster Termin *m*; *par ~s* ratenweise; b) *au ~ de son marathon* im Augenblick s-s Marathonlaufs; **4.** vierteljährige Mietzeit *f*, Quartal *n*, (fällige) Miete *f*; *moment m du ~* Umzugszeit *f*; *devoir deux ~s* die halbjährige Miete schulden; **5.** Ausdruck *m*, Wort *n*; *dans l'acception la plus littérale du ~* im ureigentlichen Sinne des Wortes; *en ~s de commerce* in kaufmännischer Sprache, in der Handelssprache; *~ figuré* bildlicher Ausdruck *m*; *en ~s exprès* ausdrücklich; *en d'autres ~s* mit andern Worten; *en ces propres ~s* mit eben diesen Worten; *en ~s propres* mit treffenden Worten; *~ technique* Fachausdruck *m*; *aux ~s de ...* dem Wortlaut des (der) ... nach, laut (*dat.*); *aux ~s du contrat* laut Vertrag; *ne pas ménager ses ~s* recht derbe Ausdrücke gebrauchen; *~ de comparaison* Vergleichspunkt *m*; *en ~ moyen* im Durchschnitt; **6.** *~s pl.* (menschliches) Verhältnis *n*; *nous sommes en très bons ~s* wir kommen

sehr gut miteinander aus; *en quels ~s êtes-vous avec lui?* wie stehen Sie sich mit ihm?; **7.** *Logik*: Begriff *m*; ⚗ Glied *n* e-r Gleichung; *~s extrêmes* äußere Glieder *n/pl.*

termin|aison (tɛrminɛ'zɔ̃) *f* **1.** Ende *n*; *~ d'une maladie* Ende *n* e-r Krankheit; *anat. ~ nerveuse* Nervenende *n*; **2.** *gr.* Endung *f*; **~al** (~'nal) *adj.* [5c] ⚘ gipfelständig; Gipfel...; End...; **~ateur** (~na'tœːr) *adj.* [7f] *bsd.* ⚗ begrenzend; **~er** (~'ne) [1a] **I** *v/t.* **1.** begrenzen; *être terminé par qch.* in etw. (*acc.*) auslaufen; mit etw. (*dat.*) endigen; *terminé en pointe* spitz zulaufend; **2.** beendigen, vollenden; ein Ziel setzen (*dat.*); *~ une affaire* e-e Sache zum Abschluß bringen; **II** *v/rfl.* *se ~* zu Ende gehen, ein Ende nehmen, enden; *se ~ paisiblement* friedlich ablaufen; *se ~ en pointe* in e-e Spitze auslaufen; *gr. se ~ en ...* endigen auf (*acc.*); *se ~ par une voyelle* auf e-n Vokal ausgehen.

terminolo|gie (tɛrminɔlɔ'ʒi) *f* Fachsprache *f*, Terminologie *f*; **~gique** (~'ʒik) *adj.* sich auf (die) Fachsprache beziehend.

terminus (tɛrmi'nys) *m* 🚃, *Straßenbahn, Bus*: Endstation *f*.

termit|e *ent.* (tɛr'mit) *m* Termite *f*; **~ière** (~'tjɛːr) *f* Termitenhügel *m*.

ternaire (tɛr'nɛːr) *adj.* aus drei (Einheiten) bestehend; dreizählig; *géol.*, ⚗ ternär, dreistoffig; ♪ *mesure f ~* Dreitakt *m*.

terne[1] (tɛrn) *adj.* matt, trübe, glanzlos; blind (*Spiegel*); leblos (*Geist*).

terne[2] (~) *m* Dreitreffer *m*, Terne *f* (*Lotterie*); Dreierpasch *m* (*beim Würfeln*); *fig.* der reinste Zufall *m*.

tern|ir (tɛr'niːr) [2a] **I** *v/t.* **1.** matt *od.* trübe machen, den Glanz nehmen (*dat.*); *terni* trübe, angelaufen, blind; **2.** *fig.* beeinträchtigen (*Ruf*); **II** *v/rfl.* *se ~* matt *od.* trübe werden; beschlagen; seinen Glanz verlieren; *fig.* sich verdunkeln; **~issure** (~ni'syːr) *f* Glanzlosigkeit *f*, Mattheit *f*, Trübung *f*; *fig.* Beeinträchtigung *f*.

terrage (tɛ'raːʒ) *m* **1.** ⚒ Behäufeln *n* mit Erde; **2.** ⊕ Bleichen *n* (*v. Zucker*); **3.** *féod.* Fruchtzins *m*.

terrain (tɛ'rɛ̃) *m* **1.** Gelände *n*, Revier *n*, Land *n*, Gebiet *n*; *Sport*: Spielfeld *n*; *~ de golf* Golfplatz *m*; *ch. ~ de chasse* Jagdrevier *n*; ⚔ *~ de guerre* Kriegsgebiet *n*; *~ en arrière* Hinterland *n*; *~ vague* Niemandsland *n an e-r Grenze od.* ⚔ *zwischen gegnerischen Stellungen*; *~ intermédiaire* Zwischenfeld *n*; ✈ *~ d'aviation*, *~ de départ*, *~ d'envol* Start-, Flug-feld *n*; *~ d'atterrissage auxiliaire* Zwischenlandeplatz *m*; *~ pour (od. à) bâtir* Baugelände *n*, -platz *m*, -grund *m*; *Auto*: *faire du tout ~* über offenes Gelände fahren; *~ de manœuvres* ⚔ Übungsplatz *m*; *fig. être sur son ~* in s-m Element sein, gut Bescheid wissen; *disputer le ~* das Feld streitig machen; *gagner du ~* Boden gewinnen, vorwärtskommen; *fig. sonder le ~ fig.* s-e Fühler ausstrecken; auf den Busch klopfen F; **2.** *esc.* Paukboden *m*; *ehm.* Kampfplatz *m* (*Duell*); *aller sur le ~* auf die Mensur gehen, sich schlagen (*Studenten*); *ehm.* sich zum Kampfplatz begeben, sich duellieren; **3.** (Erd-)Boden *m*, Erdreich *n*; Gebirgsart *f*; *~ houiller* Steinkohlenformation *f*; *~ primitif* Urgebirge *n*; *~s sédimentaires* Flözgebirge *n*.

terraqué *géol.* (tɛra'ke) *adj.* aus Erde u. Wasser bestehend; *nur noch in*: *notre globe ~* unsere Erdkugel *f*.

terrass|e (tɛ'ras) *f* Terrasse *f*; ⚠ Flachdach *m*; Erdwall *m*; *travaux m/pl. de ~* Erdarbeiten *f/pl.*; *en ~s* terrassenförmig; **~ement** (~ras'mɑ̃) *m* **1.** Erdarbeiten *f/pl.*; 🚃 Dammaufschütten *n*; *travail m de ~* Ausschachtungsarbeit *f*; **2.** Damm *m*; 🚃 Bahnkörper *m*, Unterbau *m*; **~er** (~'se) *v/t.* [1a] **1.** mit Erde beschütten; **2.** zu Boden schlagen; *fig.* niederwerfen, -schmettern; **~ier** (~'sje) *m* **1.** Straßenbaumeister *m*; **2.** Erdarbeiter *m*; Eisenbahnarbeiter *m*; ⚔ Schipper *m*.

terrazzo ⚠ (tɛrad'zo) *m* Terrazzo *m*.

terre (tɛːr) *f* **1.** Erde *f*, Erdboden *m*; *~ verte* Grünstreifen *m* (*Autobahn*); *jeter q. par ~* j-n zu Boden werfen; *mettre qch. par ~* etw. auf die Erde legen, etw. hinlegen; ⚓, ✈ *prendre ~* landen (*v/i.*; *vgl.* 9); *sous ~* unterirdisch; *sur ~* auf der Erde; *perdre ~* den Boden verlieren, keinen Grund mehr unter den Füßen haben; *fig. revenir sur ~* wieder zu sich kommen; *aller ventre à ~* in gestrecktem Lauf (im Galopp) dahinreiten; *raser la ~* nahe dem Erdboden fliegen; *Boxsport*: *aller à ~* zu

Boden gehen; *rad. u.* ⚡ *relier à la (prise de)* ~, *conduire (od. mener) à la* ~ ableiten; *fig.* ~ *à* ~ erdverbunden; ⚡ *conducteur m de* ~ Erdleitung *f* ~ *à* ~ *adjt.*: alltäglich; zu gering (*achten*); *être en* ~ begraben sein; *être inhumé en* ~ *sainte* an geweihter Stelle begraben sein; **2.** Acker *m*; Feld *n*, Land *n*; ~ *arable (od. labourable)* Anbaufläche *f*, Acker-land *n*, -boden *m*, Kulturland *n*; ~ *à bail* Pacht-grundstück *n*, -land *n*; ~ *de bon rapport* ergiebiger Boden *m*; ~ *franche*, ~ *végétale* Gartenerde *f*; ~ *en friche od.* ~ *en jachère* Brachland *n*; *pomme f de* ~ Kartoffel *f*; **3.** (Land-)Gut *n*, Besitzung *f*; *vivre sur ses* ~*s* auf s-n Gütern leben; **4.** Erdstrecke *f*, Gebiet *n*; ~ *natale* Heimat *f*; ⚔ *en* ~ *ennemie* auf feindlichem Boden; *les* ~*s de France* Frankreichs Gaue *m/pl.*; *la* ♀ *sainte* das Heilige Land; *la* ♀ *promise* das Gelobte Land *n*; **5.** Erdkugel *f*; **6.** Welt *f*, alle Menschen *m/pl.*; **7.** *das* Irdische *n*, *die* irdischen Güter *n/pl.*; **8.** Erde *f als Stoff*; Ton *m*; *de* ~ irden, tönern; *poterie f de* ~ Tonware *f*; *de couleur de* ~ erdfarben; ~ *cuite* Terrakotta *f*; ~ *grasse* lehmige Erde *f*; *charbon m de* ~ Steinkohle *f*; **9.** ⚓ Land *n*, Küste *f*, Meeresufer *n*; ~ *ferme* Festland *n*; *sur (od. par)* ~ *et sur (od. par) mer* zu Wasser und zu Lande; *à* ~ an Land; an das Land; *armée f de* ~ Landheer *n*; *côtoyer la* ~ an der Küste entlangfahren; ⚓ *descendre à* ~ landen (*v/i.*; *vgl.* **1**).

terre à terre (tɛra'tɛ:r) *m/sg.* Einerlei *n das* Alltägliche *n*, Plattheit *f*.

terreau (tɛ'ro) *m* Garten-, Blumen-, Humus-erde *f*; **~ter** (~'te) *v/t.* [1a] mit Humuserde bestreuen.

Terre de Feu *géogr.* (tɛrdə'fø) *f* Feuerland *n*.

terre-neuvas (tɛrnœ'vɑ) *m/inv.* Neufundland-fahrer *m*, -fischer *m*.

Terre-Neuve *géogr.* (tɛr'nœ:v) **I** *f*: Neufundland-fahrer *m*, -fischer *m*. *la* ~ Neufundland *n*; **II** ♀-♀ *zo. m* [6c] Neufundländer *m* (*Hund*).

terre|-neuvien (~nœ'vjɛ̃) *m*, **~-neuvier** (~nœ'vje) *m* s. ~*-neuvas*.

terre-plein (tɛr'plɛ̃) *m* △ gemauerter Erdwall *m*, Hinterfüllung *f*; 🚂 Bahnkörper *m*; ⚔ *frt.* ~ *(du rempart)* Wallgang *m*.

terrer (tɛ're) [1b] **I** *v/t.* behäufeln, mit frischer Erde bewerfen; **II** *v/i.* sich in die Erde einwühlen (*v. Tieren*); ⚔ sich einbuddeln; *allg.* sein eigenes Grab schaufeln; **III** *v/rfl.* *se* ~ sich in die Erde einwühlen (*v. Tieren*); ⚔ sich einbuddeln; *allg.* sich verkriechen; F hausen.

terrestre (tɛ'rɛstrə) *adj.* □ **1** zur Erde gehörig; Erd...; *globe m* ~ Erdkugel *f*; **2.** erdig, erdartig; **3.** irdisch, weltlich; **4.** ♀ an der Erde kriechend.

terreur (tɛ'rœ:r) *f* **1.** Schrecken *m*, Angst *f*; *porter la* ~ *partout* alles in Schrecken setzen; *il était devenu une véritable* ~ *du milieu* er war zu e-m wahren Schrecken s-r Umgebung geworden; **2.** *Fr. hist. la* ♀ die Schreckensherrschaft *f* (*1793 bis 1794*); *la* ♀ *blanche* die weiße Schreckensherrschaft *f* (*napoleonfeindliche Reaktion von 1815*).

terreux (tɛ'rø) *adj.* [7d] **1.** erdig; Erd...; mit Erde beschmutzt; **2.** erdfahl, erdfarben.

terri ⚒ (tɛ'ri) *m* Schutthalde *f*.

terrible (tɛ'riblə) *adj.* □ **1.** furchtbar, fürchterlich, schrecklich; **2.** F hübsch, charmant, nett.

terrien (tɛ'rjɛ̃) [7c] *adj. u. su.* Land...; Erdbewohner *m*, Landratte *f* F; *(grand) propriétaire m* ~ (Groß-)Grundbesitzer *m*; *aristocratie f (od. noblesse f)* ~*ne* Junkertum *n*, Landadel *m*; *les* ♀*s* die Erdbewohner *m/pl.*

terrier (tɛ'rje) **1.** *zo.* Terrier *m* (*Hunderasse*); ~ *à poil ras (dur)* Glatt-(Rauh-)haarterrier *m*; **2.** *zo.* Bau *m*; F *fig. se retirer dans son* ~ sich in sein Loch zurückziehen.

terrifier (tɛri'fje) *v/t.* [1a] in Schrecken setzen; einschüchtern.

terril ⚒ (tɛ'ril) *m* Schutthalde *f*.

terrine (tɛ'rin) *f* **1.** Terrine *f*, tiefe Schüssel *f*; **2.** *cuis.* Schüsselgericht *n*; *bsd.* ~ *de foie gras* Gänseleberpastete *f*; **3.** *hort.* Samenschale *f*.

terrir (tɛ'ri:r) *v/i.* [2a] ans Land gehen (*Schildkröte*).

terri|toire (tɛri'twa:r) *m* (Staats-, Stadt-)Gebiet *n*; *pol.* ~ *de (od. assujetti à un) plébiscite* Abstimmungsgebiet *n*; ~ *sous mandat(s)* Mandatsgebiet *n*; **~torial** (~tɔ'rjal) [5c] **I** *adj.* territorial, Land...; *puissance f* ~**e** Landmacht *f*; **II** *m* Landsturmmann *m*; **III** ~*e f* ⚔ Landsturm *m*; **~torialité** (~tɔrjali'te) *f*

Zugehörigkeit *f* zu e-m Staatsgebiet.

terroir (tɛ'rwa:r) *m* (Acker-)Boden *m*, Scholle *f*, Erdreich *n*, heimatlicher Boden *m*, Heimat *f*; *Fußball:* (*match de*) ~ Nachbarschaftsspiel *n*; *sentir le* ~ s-e Herkunft nicht verleugnen können (*a.v. Wein*); F *fig. il sent le* ~ man merkt ihm s-e Heimat (*od.* s-n Ursprung) an; *litt. poète m du* ~ Heimatdichter *m*; *population f du* ~ bodenständige Bevölkerung *f*.

terror|iser (tɛrɔri'ze) *v/t.* [1a] terrorisieren, durch ein Terrorregime in Schach halten; Furcht (*od.* Schrecken) einjagen; **~isme** (~'rism) *m* Terror *m*, Schreckensherrschaft *f*; **~iste** (~'rist) *m u. adj.* Terrorist *m*; terroristisch.

terser s. *tercer*.

tertiaire 🕮 (tɛr'sjɛ:r) *adj.* drittrangig; *géol.* tertiär.

tertio, *geschr.* 3° (tɛr'sjo) *adv.* drittens.

tertre ('tɛrtrə) *m* Erdhügel *m*, Anhöhe *f*.

tes (te, *the.* tɛ) *pl. von ton, ta*.

téséfiste (tese'fist) *m* Funker *m*.

tessel|le (tɛ'sɛl) *f* Marmorfliese *f*, viereckige Marmorplatte *f zum Belegen des Fußbodens*; **~lé** (~'le) *adj.* schachbrettförmig, gewürfelt.

tessiture ♪ (tɛsi'ty:r) *f* Ton-, Stimm-lage *f*.

tesson (tɛ'sɔ̃) *m* Scherbe *f*.

test (tɛst) *m* **1.** Test(prüfung *f*) *m*; ~ *d'aptitude* Eignungsprüfung *f*; *rater un* ~ e-n Test verfehlen; **2.** *zo.* Schale *f*, Gehäuse *n*; **~abilité** *psych.* (~tabili'te) *f* Testbarkeit *f*.

testacé (tɛsta'se) **I** *adj.* hartschalig; **II** ~*s m/pl.* Schaltiere *n/pl*.

tes|tament (~ta'mɑ̃) *m* Testament *n*, letzter Wille *m*; *faire son* ~ sein Testament machen; *donner* (*od. laisser*) *par* ~ testamentarisch vermachen; *rl. Ancien* (*Nouveau*) ♀ Altes (Neues) Testament *n*; **~tamentaire** (~'tɛ:r) *adj.* Testaments...; *exécuteur m* ~ Testamentsvollstrecker *m*; *prendre des dispositions* ~*s de qch.* letztwillig über etw. (*acc.*) verfügen; **~tateur** (~ta'tœ:r) *m* [7f] Erblasser *m*; **~ter** (tɛs'te) *v/i.* [1a] sein Testament machen.

testicul|aire *anat.* (tɛstiky'lɛ:r) *adj.* Hoden...; **~e** *anat.* (~'kyl) *m* Hode *f*.

testimonial (tɛstimɔ'njal) *adj.* [5c] als Beweis dienend; *preuve f* ~*e* Zeugenbeweis *m*.

testostérone *physiol.* (tɛstɔste'rɔn) *f* Testosteron *n*, männliches Hormon *n*.

têt (tɛ) *m* Probiergefäß *n*, feuerfeste Schale *f*, Kapelle *f*.

tétan|ique (teta'nik) *adj.* Starrkrampf...; Tetanus...; **~os** ⚕ (~'nɔs) *m* Starrkrampf *m*.

têtard (tɛ'ta:r) *m* **1.** *zo.* Kaulquappe *f*; **2.** ⚘ *saule m* ~ Kopfweide *f*.

tête (tɛ:t) *f* **1.** Kopf *m* (*a. fig.*), Haupt *n*, Schädel *m*; *devant m* (*derrière m*) *de la* ~ Vorder- (Hinter-)kopf *m*; *le haut de la* ~ der Scheitel *m*; ~ *de mort* Totenkopf *m*; ~ *chauve*, ~ *pelée* Kahlkopf *m*; *avoir mal à la* ~ Kopfschmerzen haben; *mal m de* ~ Kopfschmerz(en *m/pl.*) *m*; *il paya de sa* ~ er büßte mit dem Leben; *la* ~ *la première* Hals über Kopf, kopfüber; *piquer une* ~ e-n Kopfsprung ins Wasser machen; ~ *à* ~ unter vier Augen; ⚔ ~ *à droite!* (*à gauche!*) (die) Augen rechts! (links!); *calculer de* ~ im Kopf rechnen; ~ *baissée* blindlings; *Sport*: (*longueur f d'une*) ~ Nasenlänge *f*; *prendre la* ~ sich an die Spitze werfen; *se porter en* ~ überholen; *conserver la* ~ vorn (*od.* an der Spitze) bleiben; **2.** *fig.* Verstand *m*, Geist *m*; Entschlossenheit *f*; *homme m de* ~ kluger *od.* entschlossener Mann *m*; ~ *à l'envers* Querkopf *m*; *bonne* ~ klarer Kopf *m*, scharfsinniger Denker *m*; *forte* ~ a) rechthaberischer Mensch *m*, Dickschädel *m*; b) Rädelsführer *m*, Aufwiegler *m*; *mauvaise* ~ Trotzkopf *m*, Querulant *m*, Unruhestifter *m*; ~ *folle* überspannter Mensch *m*; *avoir la* ~ *chaude* ein Hitzkopf sein; ~ *de linotte* Strohkopf *m*; *avoir la* ~ *fêlée* nicht alle Tassen im Schrank haben F, nicht ganz richtig im Kopfe sein; *garder la* ~ *haute*, *conserver toute sa* ~ den Kopf oben behalten; *perdre la* ~ kopflos werden, den Kopf verlieren; *fig. avoir la* ~ *dure* schwer von Begriff sein, schwer begreifen; *la* ~ *m'en tourne* ich weiß nicht, wo mir der Kopf steht; ~ *carrée* Dickkopf *m*; *n'en faire qu'à sa* ~ eigenwillig handeln; *ne savoir où donner de la* ~ alle Hände voll zu tun haben; *il n'a pas sa* ~ *à lui* er ist nicht ganz bei Troste; *monter la* ~ *à q.* j-n aufhetzen (*od.* aufregen), j-m etw. in den Kopf setzen; *tourner la* ~

à q. j-m den Kopf verdrehen; *avoir une ~ de mule* e-n Bock haben *fig.*, halsstarrig sein; *j'en ai par-dessus la ~* ich hab's satt, ich bin ganz kaputt (*od* fertig); *avoir la ~ près du bonnet* leicht aufbrausen; *avoir deux ~s dans un bonnet* ein Herz u. eine Seele sein; *servir de ~ de Turc à q.* j-s Prügelknabe sein; *coup m de ~* Verzweiflungsakt *m*; unüberlegte Handlung *f*; *avoir de la ~* das Zeug zu etw. (*dat.*) haben; **3.** F Miene *f*, Gesichtsausdruck *m*; *faire la ~* ein Gesicht (e-n Flunsch F) ziehen, schmollen; *faire la ~ à q.* j-n schief ansehen; *faire sa ~* sich wichtig tun, angeben F; *~ à gifles* Backpfeifengesicht *n*; **4.** Person *f*, Individuum *n*; Stück *n* Vieh *usw.*; *troupeau m de cent ~s* Herde *f* von hundert Stück Vieh; **5.** *~ à la garçonne* Herrenschnitt *m*; *~ de page* Pagenkopf *m* (*als Haartracht*); **6.** Kopf-, Bild-seite *f* e-r Münze; **7.** *fig.* oberster Teil *m*; ♀ Gipfel *m*, Krone *f*; Wipfel *m* (*Baum*); Berggipfel *m*; *~ de chou* Kohlkopf *m*; **8.** Anfang *m*, Eingang *m*, Spitze *f*; *~ de lettre* Briefkopf *m*; 🚂 *~ de station* Kopfstation *f*; *~ de pont* Brückenkopf *m*; ⚔ *établir une ~ de pont* e-n Brückenkopf herstellen (*od.* bilden); *avoir la ~* der erste sein; *à la ~ de …* an der Spitze von (*dat.*); *se mettre à la ~* sich an die Spitze stellen; *fig. faire* (*od. tenir*) *~ à q.* j-m die Stirn bieten, j-m gegenüber Front machen, es mit j-m aufnehmen; *faire ~ à l'orage* dem Sturme trotzen; **9.** *ch.* (Hirsch-)Geweih *n*; *~ couronnée* Krone *f* (*Gehörn*); **10.** ⊕ Spitze *f*, Vorderseite *f*; *~ du marteau* Stirn *f* des Hammers; *~ de bielle* Pleuelkopf *m*; *~ de fraisage* Fräskopf *m*; **11.** ⚔ Spitze *f e-r Heeresabteilung*.

tête-à-queue *Auto* (tɛta'kø) *m*: *faire un ~* sich um s-e eigene Achse drehen.

tête-à-tête (tɛta'tɛt) *m* [6c] **1.** Zwiegespräch *n*; *en ~* unter vier Augen; *être en ~* traulich beisammen sein; **2.** kleines Sofa *n* für 2 Personen; **3.** Tee- *od.* Kaffee-service *n* für zwei Personen.

têteau ♀ (tɛ'to) *m* Astende *n*.

tête-bêche (tɛt'bɛʃ) *advt.*: *coucher ~* zu zweit Kopf bei Fuß liegen.

têtebleu (tɛt'blø) *int.* Himmel Kreuz!, verflucht nochmal!

tête|-plate (tɛt'plat) *f* [6a] Flachkopf *m* (*Klammer*); **~-ronde** (~'rɔ̃:d) *f* [6a] Rundkopf *m* (*Klammer*).

téter (te'te) [1f] *v/t. u. v/i.* saugen; *donner à ~ à un enfant* e-m Kind die Brust geben, ein Kind stillen.

téterelle ⚕ (te'trɛl) *f* Milchpumpe *f*.

têtière (tɛ'tjɛ:r) *f* **1.** Babymützchen *n*; **2.** Kopfstück *n* (*Zaum*); **3.** ⚓ Oberliek *n*; **4.** Sesselschoner *m*.

tétin *anat.* (te'tɛ̃) *m* Brustwarze *f*.

tétine (te'tin) *f* **1.** *zo.* Zitze *f*, Euter *n*; **2.** Schnuller *m*, Nuckel *m*.

téton F (te'tɔ̃) *m* weibliche Brust *f*.

tétra|èdre ⩓ (tetra'ɛ:drə) *adj. u. m* Tetraeder *n*, vierflächig(e Figur *f*); **~gone** (~'gɔn) *m* **1.** ⩓ Viereck *n*; **2.** neuseeländischer Spinat *m*; **~mètre** *métr.* (~'mɛtrə) *m* Tetrameter *m* (*Vierdoppeljambenvers*).

tétras (te'trɑ) *m* Waldhuhn *n*; *grand ~* Auerhahn *m*; *petit ~* Birkhahn *m*.

tétrasylla|be, ~bique (tetrasi'lab, [~'bik) *adj.* viersilbig.

tétravalent ⚗ (tetrava'lɑ̃) *adj.* [7] vierwertig.

tétrodon *zo.* (tetrɔ'dɔ̃) *m* Tetrodon *m*, Mondfisch *m*.

tette *zo.* (tɛt) *f* Zitze *f*, Euter *n*.

têtu (tɛ'ty) **I** *adj.* dickköpfig; **II** *m* **1.** Dickkopf *m*; **2.** ⊕ Brechhammer *m*.

teuf-teuf *enf.* (tœf'tœf) *m* Töfftöff *f* (= *Eisenbahn*).

teutoma|ne (tøtɔ'man) *m* Deutschtümler *m*; **~nie** (~'ni) *f* Deutschtümelei *f*; *afficher sa ~* deutschtümeln.

Teuton *hist.* (tø'tɔ̃) *m* Teutone *m*.

teutonique (~tɔ'nik) *adj.* altdeutsch; *hist. l'ordre m ~* der Deutsche Ritterorden *m*.

texte (tɛkst) *m* Text *m*; Bibelstelle *f*; *fig.* Gegenstand *m*, Thema *n*.

tex|tile (tɛks'til) **I** *adj.* spinnbar; Spinn…, Textil…; *industrie f ~* Textilindustrie *f*; **II ~s** *m/pl.* Spinnstoffe *m/pl.*, Textilwaren *f/pl.*

textu|aire (tɛks'tɥɛ:r) **I** *adj.* den Text betreffend, textlich, Text…; **II** *m* Textausgabe *f*; **~el** (~'tɥɛl) *adj.* [7c] ☐ textgemäß, wörtlich.

texture (tɛks'ty:r) *f* Gewebe *n*; Material *n*; *fig.* Gefüge *n*, Bau *m*; *litt.* Anordnung *f*; *la ~ de la peau* das Hautgewebe *n*; *la ~ d'un drame* die Anordnung *f* e-s Dramas; ⊕ *~s f/pl. de base* Grundstoffe *m/pl.*

thaï *géogr.* (ta'i) *adj.* [7] thailändisch.

Thaïland|ais *géogr.* (tailɑ̃'dɛ) **I** *su* Thailänder(in *f*) *m*; **II** ♀ *adj.* thai-

ländisch; **~e** *géogr.* (~'lɑ̃:d) *f*: **la ~** Thailand *n.* [geschwemmt.]
thalassique *géol.* (tala'sik) *adj.* auf-
thalasso|mètre (~sɔ'mɛtrə) *m* Tiefenmesser *m*; **~phytes** ⚘ (~'fit) *m/pl.* Meergewächse *n/pl.*; **~thérapie** ⚕ (~tera'pi) *f* Meeresheilkunde *f.*
thalweg *géol.* (tal'vɛg) *m* Talweg *m.*
thapsia ⚕ (tap'sja) *m* *Art* Zugpflaster *n.*
thaumatur|ge (toma'tyrʒ) *adj. u. su.* wundertätig; Wundertäter *m*; **~gie** (~'ʒi) *f* Wundertätigkeit *f*; **~gique** (~'ʒik) *adj.* wundertätig.
thé (te) *m* **1.** Teestrauch *m*, Teestaude *f*; **2.** Tee *m*; *salon m de ~* Teestube *f*; *~ de menthe* Pfefferminztee *m*; *~ de valériane* Baldriantee *m*; *prendre (od. boire) du ~* Tee trinken; *~ dansant* Tanztee *m.*
théâtral (teɑ'tral) *adj.* [5c] □ dramatisch, bühnenmäßig, Theater...; *fig.* theatralisch, affektiert, geziert.
théâtre (te'ɑ:trə) *m* **1.** Theater *n*, Schauspielhaus *n*; *~ en plein air* Freilicht-bühne *f*, -theater *n*; *~ de marionnettes* Puppentheater *n*; **2.** Bühne *f*; *coup m de ~* a) Bühneneffekt *m*; b) *fig.* unerwarteter Umschwung *m*; Knalleffekt *m*; *se destiner au ~* sich der Bühne widmen; *quitter le ~, renoncer au ~* der Bühne entsagen; **3.** *~ (grec)* dramatische Literatur *f* (der Griechen); *le ~ de Corneille* die dramatischen Werke von C.; **4.** *fig.* Schauplatz *m*; Wirkungskreis *m*; *~ de la guerre, ~ des opérations militaires* Kriegsschauplatz *m*; *~ du crime* Tatort *m.*
théâtreuse F (teɑ'trø:z) *f* schlechte Schauspielerin *f.*
thé|ier (te'je) *m* Teebaum *m*; **~ière** (~'jɛ:r) *f* Teekanne *f*; *~ à réchaud* Teemaschine *f*; **~ine** ⚗ (te'in) *f* Teestoff *m*, Tein *n.*
thé|isme *phil.*, *rl.* (te'ism) *m* Theismus *m*; **~iste** *phil.*, *rl.* (te'ist) *m u. adj.* Theist *m*; theistisch.
thématique *gr.*, ♪ (tema'tik) **I** *adj.* thematisch; **II** *f* *néol.* Thematik *f.*
thème (tɛm) *m* **1.** Thema *n*, Gegenstand *m*, Motiv *n*, Beweissatz *m*; **2.** Stoff *m*, Vorwurf *m*, Plan *m* *zu e-m Roman*; **3.** *écol.* 'Hin|übersetzung *f*, Übersetzung *f* *in e-e fremde Sprache*; **4.** ⚔ *~ tactique* Kampfaufgabe *f.*
thénar *anat.* (te'na:r) *m* Daumenballen *m.*
théocratie (teɔkra'si) *f* Theokratie *f*, Gottes-, Priester-herrschaft *f.*
théodolite ⊕ (~dɔ'lit) *m* Theodolit *m*, Höhenmesser *m.*
théolo|gie (~lɔ'ʒi) *f* Theologie *f*, Religionswissenschaft *f*, Glaubenslehre *f*; *étudier ~, faire sa ~* Theologie studieren; **~gien** (~'ʒjɛ̃) *su.* [7c] Theologe *m*; Student *m* der Theologie; **~gique** (~'ʒik) *adj.* theologisch.
théor|ème & (teɔ'rɛm) *m* Lehrsatz *m*; **~étique** (~re'tik) *adj.* rein gedanklich; **~icien** (~ri'sjɛ̃) *su.* [7c] Theoretiker *m*; **~ie** (~'ri) *f* **1.** Theorie *f*, Lehrgebäude *n*; *~ de l'hérédité* Vererbungslehre *f*; *phil. ~ de la relativité* Relativitätstheorie *f*; *~ de la connaissance (des choses)* Erkenntnistheorie *f*; ⚗ *~ des grandeurs* Mengentheorie *f*; **2.** ⚔ Instruktionsstunde *f*, Unterricht *f*; Dienstvorschrift *f*; **3.** *fig.* Zug *m*, lange Reihe *f*, Schlange *f*; **~ique** (~'rik) *adj.* □ theoretisch.
théosoph|e *rl.* (teɔ'zɔf) *m* Theosoph *m*; **~ie** *rl.* (~'fi) *f* Theosophie *f.*
thèque ⚘ (tɛk) *f* Sporenzelle *f.*
thérapeut|e ⚕ (tera'pøt) *m* Therapeut *m*, Heilkundler *m*; **~ique** ⚕ (~'tik) **I** *adj.* therapeutisch, Heil...; *agent m ~* Heilmittel *n*; **II** *f* Therapeutik *f*, Heilkunde *f*; **~iste** ⚕ (~'tist) *su.* Heilpraktiker *m.*
thérapie ⚕ (tera'pi) *f* Therapie *f.*
therm|al (tɛr'mal) *adj.* [5c] Warmbad...; *eaux f/pl. ~es* warme Quellen *f/pl.*; **~alisme** (~ma'lism) *m* Kurbetrieb *m*, Badekurwesen *n*; **~es** (tɛrm) *m/pl.* **1.** warme Bäder *n/pl.*, Kurbadehaus *n*; **2.** *antiq.* Thermen *pl.* der Römer.
thermidor *hist. Fr.* (tɛrmi'dɔ:r) *m* Thermidor *m* (*20. Juli — 18. Aug.*)
thermie *phys.* (tɛr'mi) *f* 1000 Kilogrammkalorien *f/pl.*, 1000 kcal.
thermique *phys.*, ⚡ (tɛr'mik) *adj.* thermisch, Wärme...; *centrale f ~* Wärmekraftwerk *n*; *énergie f ~* Wärmeenergie *f.*
thermo|baromètre (tɛrmɔbarɔ'mɛtrə) *m* Kochthermometer *n*; Thermobarometer *n*; **~cautère** ⚕ (~ko'tɛ:r) *m* Glühapparat *m*, Thermokauter *m*; **~chimie** (~ʃi'mi) *f* Thermochemie *f*; **~dynamicien** (~dinami'sjɛ̃) *m* Thermodynamiker *m*; **~dynamique** ⊕ (~dina'mik) *f* Thermodynamik *f*, Wärmekraftlehre *f*; **~-électricité** *phys.*

(~elɛktrisi'te) *f* Wärmeelektrizität *f*; **~-électrique** (~elɛk'trik) *adj.* thermo-, wärme-elektrisch; **~gène** (~'ʒɛn) *adj. u. m* wärmeerzeugend; Wärmeerzeuger *m*; **~logie** (~lɔ'ʒi) *f* Wärmelehre *f*; **~magnétique** *phys.* (~maɲe'tik) *adj.* thermo-, wärmemagnetisch; **~magnétisme** *phys.* (~ɲe'tism) *m* Thermo-, Wärme-magnetismus *m*; **~mètre** (~'mɛ:trə) *m* Thermometer *n*, Wärmemesser *m*; ~ *fronde* Schleuderthermometer *n*; ~ *médical* Fieberthermometer *n*; ~ *radiateur* Thermostat *m*; ~ *Celsius*, ~ *centigrade* Celsiusthermometer *n*; *le ~ est à cinq degrés au-dessous* das Thermometer ist fünf Grad unter Null; **~métrie** *phys.* (~me'tri) *f* Wärmemessung *f*; **~métrique** *phys.* (~me'trik) *adj.* thermometrisch, wärmemessend, durch ein Thermometer; **~plaste** (~'plast) *m* Thermoplaste *f*, nicht härtbarer Kunststoff *m*; **~plastique** (~plas'tik) *adj.* thermoplastisch; **~plongeur** (~plɔ̃'ʒœ:r) *m* Tauchsieder *m*.

thermos (tɛr'mɔs) *f* Thermosflasche *f*.

thermo|scope *phys.* (tɛrmɔ'skɔp) *m* Thermoskop *n*, Wärmezeiger *m*; **~siphon** (~si'fɔ̃) *m* Warmwasserheizung *f*; **~stat** ⊕, *Auto*, ✈ (~'sta) *m* Thermostat *m*, Temperatur-, Kühlwasser-regler *m*.

thésauris|ation (tezorizɑ'sjɔ̃) *f* Anhäufen *n* (*od.* Hortung *f*) von Geld; ~ (*de pièces*) *d'or* Goldhamsterei *f*; **~er** (~'ze) [1a] **I** *v/t.*: ~ *des pièces d'or*, ~ *de l'or* Gold horten; **II** *v/i.* Schätze sammeln (*od.* horten *od.* hamstern); **~eur** (~'zœ:r) [7g] **I** *adj.* geldgierig; **II** *su.* Geldhorter *m*.

thèse (tɛ:z) *f* **1.** These *f*, Leitsatz *m*, Behauptung *f*, Streitsatz *m*; *soutenir une ~* e-e These verfechten; *cela change la ~* das ändert die Fragestellung; *changer de ~* das Thema wechseln; s-e Meinung ändern; *roman m à ~* Tendenzroman *m*; *pièce f à ~* Tendenzstück *n*; **2.** Dissertation *f*, Doktorarbeit *f*.

théurgie *hist. phil.* (teyr'ʒi) *f* Theurgie *f*, Geisterbeschwörung *f*.

thibaude ✝ (ti'bo:d) *f* Teppichunterlage *f*.

Thibet (ti'bɛ) s. *Tibet usw.*

thlaspi ⚘ (tlas'pi) *m* Täschelkraut *n*.

thon *icht.* (tɔ̃) *m* Thunfisch *m*; **~aire** (tɔ'nɛ:r) *m* Thunfischnetz *n*; **~ier** (tɔ'nje) *m* Thunfischer *m*; Thunfischboot *n*.

thor|acique 🕮 (tɔra'sik) *adj.* Brust(kasten)...; *cage f ~* Brustkasten *m*; **~acentèse** *chir.* (~asɑ̃'tɛ:z) *f* Brusthöhlenstich *m*; **~ax** (tɔ'raks) *m* Brustkasten *m*, Thorax *m*; Bruststück *n der Insekten*; ~ *en saillie* ⚕ Hühnerbrust *f*.

thorite (tɔ'rit) *f* kieselsaure Tonerde *f*.

Thrace *géogr.* (tras) **I** *f*: *la ~* Thrakien *n*; **II** *m* Thraker *m*, Thrazier *m*; **III** ♀ *adj.* thrakisch.

thran ✝ (trɑ̃) *m* Tran *m*.

thrombose ⚕ (trɔ̃'bo:z) *f* Thrombose *f*.

thune * (tyn) *f* altes silbernes Fünffrankenstück *n*.

thuriféraire (tyrife'rɛ:r) *m* **1.** *rl.* Rauchfaßträger *m*; **2.** *fig.* Beweihräucherer *m*, Speichellecker *m*.

thuya ⚘ (ty'ja) *m* Thuja *f*, Lebensbaum *m*.

thym ⚘ (tɛ̃) *m* Thymian *m*.

thymus *anat.* (ti'mys) *m* Brust-, Thymus-drüse *f*.

thyroïd|e 🕮 (tirɔ'id) *f u. adj.* Schilddrüse *f*; Schild...; **~ien** 🕮 (~'djɛ̃) *adj.* [7c] *anat. in Zssgn*: Schilddrüsen...; **~ite** ⚕ (~'dit) *f* Schilddrüsenentzündung *f*.

tiare (tja:r) *f* Tiara *f*; *porter la ~* Papst sein.

Tibet *géogr.* (ti'bɛ) *m*: **le ~** Tibet *n*.

tibétain *géogr.* (tibe'tɛ̃) [7] **I** *adj.* tibetanisch; **II** ♀ *su.* Tibetaner *m*.

tibia *anat.* (ti'bja) *m* Schienbein *n*; **~l** *anat.* (~'bjal) *adj.* [5c] Schienbein...

tic (tik) *m* **1.** ⚕ Gesichtszucken *n*; ~ *nerveux*, *a. nur pl.* *~s* Nervenzucken *n*; ~ *douloureux* Gesichtsschmerz *m*; **2.** *fig.* Unart *f*, schlechte (*od.* komische) Angewohnheit *f*.

ticage (ti'ka:ʒ) *m* Unart *f*, Eigenheit *f*, schlechte Angewohnheit *f* (*v. Pferden u. Hornvieh*).

ticket (ti'kɛ) *m* Fahr-, Eintrittskarte *f*; Lebensmittel(karten)abschnitt *m*; Platzkarte *f* (*a. für Pariser Bus*); *bsd.* 🚂 ~ *de quai* Bahnsteigkarte *f*; ~ *de vestiaire* Garderobenmarke *f*.

tic-tac (tik'tak) *m/inv.* **1.** Ticken *n* (*e-r Uhr od. des Herzens*); **2.** Klippklapp *n*, Geklapper *n* (*e-r Mühle*).

tiède (tjɛd) *adj.* lauwarm; milde; *fig.* flau, lässig, schwachgläubig.

tiéd|eur (tje'dœ:r) *f* laue Wärme *f* (*od.* Temperatur *f*), Milde *f* (*des Klimas*); *fig.* Lauheit *f*, Lässigkeit *f*, Flauheit *f*; **~ir** (~'di:r) *v/i.* [2a]

lau(warm) werden; *fig.* erschlaffen, nachlassen, erkalten.

tien (tjɛ̃) *pr/pss.* **I** *su.*: *le ~ (la ~ne)* der (die) Deinige; *les tiens* die Deinigen; *fig. tu as fait trop des tiennes* du hast es zu bunt getrieben; *le ~* das Deinige, dein Eigentum *n*; *le ~ et le mien* Mein und Dein; **II** *prädikativ in Beziehung zu etwas vorher Genanntem*: dein; dir gehörend; *elle est ~ne* sie gehört dir.

tier|ce (tjɛrs) **I** *adj./f* s. *tiers* 1; **II** *f* **1.** Terz *f*; *~ majeure* große Terz *f*; **2.** *Kartenspiel*: Terz *f*; **3.** *esc.* Terz *f*; **4.** *typ.* Revision *f* (*letzte Korrektur*); **5.** * Bande *f*, Clique *f*; **~cer** (~'se) *v/t.* [1k] **1.** den Preis um ein Drittel erhöhen *od.* senken; **2.** dreibrachen, zum dritten Mal behacken *od.* pflügen.

tiers (tjɛ:r) **I** *adj.* (*f: tierce* [tjɛrs]) dritter, dritte, drittes; *fig.* außenstehend; *être en ~* der dritte im Bunde sein; *~ arbitre* Oberschiedsrichter *m*; *hist. le* 2 *Etat* der dritte Stand; *le ~ monde pol., éc.* die „Dritte (*blockfreie*) Welt"; *fièvre f tierce* dreitägiges Wechselfieber *n*; *déposer qch. en main tierce* etw. e-r dritten Person zur Verwahrung geben; *tierce-expertise f* Obergutachten *n*; *~ opposant m* dritter Einsprucherhebender *m*; *tierce-opposition f* Einspruch *m* durch e-n Dritten; *entre les pays du Marché commun et les pays ~* zwischen den Ländern des Gemeinsamen Marktes und den Nichtmitgliedserländern; F *médire du ~ et du quart* an jedem etw. auszusetzen haben; **II** *m* **1.** Dritter *m*, dritter Mann *m*; **2.** dritter Teil *m*, Drittel *n*.

tiers-point (tjɛr'pwɛ̃) *m* **1.** *arc m en ~* Spitzbogen *m*; **2.** Dreikantfeile *f*.

tif(fe)s * (tif) *m/pl.* Haar(e *n/pl.*) *n*.

tifosi *Sport* (tifɔ'zi) *adj./pl. u. m/pl.* rasende, verrückte (Menschen *m/pl.*).

tige (ti:ʒ) *f* **1.** Stengel *m*, Stiel *m*; Stamm *m*; (*arbre m à*) *haute ~* hochstämmiger (Obst-)Baum *m*; *arbre m fruitier basse ~* kurzstämmiger Obstbaum *m*; *for. basses ~s pl.* Unterholz *n*; *~ de chou* Kohlstrunk *m*; **2.** *fig.* Stammvater *m*; *sortir d'une ~ illustre* von vornehmer Abstammung sein; **3.** Federkiel *m*; **4.** Schaft *m* (*Säule, Stiefel*); Dorn *m* (*Schlüssel*); ⊕ Stange *f*, Hebel *m*, Stift *m*, Bolzen *m*, Spindel *f*; Beinling *m* (*Strumpf*); *~s pl.* Gestänge *n*; *~ de commande* Spulenhebel *m*; *~ de piston* Kolbenstange *f*; *~ du paratonnerre* Blitzableiterstange *f*; *~s pl. en aluminium* Leichtmetallbolzen *m/pl.*

tigette (ti'ʒɛt) *f* Schnecken-, Blumen-stengel *m* (*des korinthischen Kapitäls*).

tigre *m*, **~sse** *f* ('tigrə, ti'grɛs) **1.** Tiger *m*; *fig. un (vrai) ~* ein Wüterich *m*; **2.** F *tigresse f fig.* Drachen *m* F, Xanthippe *f*, Megäre *f*, eifersüchtige Frau *f*.

tigre-chat *zo.* (tigrə'ʃa) *m* [6a] [Ozelot *m*.]

tigrer (ti'gre) *v/t.* [1a] tigerartig färben; *tigré* getigert.

tilde (tild) *m* Tilde *f* (~).

tille¹ (tij) *f* Lindenbast *m*.

tille² ⊕ (~) *f* Hammerbeil *n*.

tille³ (~) *f* Stauraum *m*; Verschlag *m*.

tiller ⊕ (ti'je) *v/t.* [1a] *Flachs od. Hanf* pochen.

tilleul (ti'jœl) *m* **1.** Linde *f*; **2.** Lindenblüte *f*; *infusion f de ~* Lindenblütentee *m*.

timba|le (tɛ̃'bal) *f* **1.** ♪ (Kessel-)Pauke *f*; **2.** Trinkbecher *m*; F *décrocher la ~* den Vogel abschießen; **3.** *cuis.* Becherpastete *f*; **~lier** (~'lje) *m* Paukenschläger *m*.

timbrage (tɛ̃'bra:ʒ) *m* (Ab-)Stempeln *n*, Abstempelung *f*.

timbre ('tɛ̃:brə) *m* **1.** Hammerglocke *f*; *~ à trilles* Trillerglocke *f*; F *fig. avoir le ~ fêlé* nicht ganz richtig im Kopfe sein; e-n Vogel) haben F; **2.** ♪ Klang *m*; **3.** Stempel *m e-r Behörde*; *~ en caoutchouc* Gummistempel *m*; *~ de la maison*, *~ à firme* Firmenstempel *m*; *~ de change* Wechselstempel *m*; *~ fixe* eingestempelte Marke *f*, Stempelmarke *f*; *assujetti (od. soumis) au ~* stempelpflichtig; (*impôt m du*) *~* Stempelsteuer *f*; **4.** Stempelamt *n*; **5.** Poststempel *m*; *~ au départ* Aufgabestempel *m*; **6.** *~ (poste)* Briefmarke *f*, Postwertzeichen *n*; **7.** *~ de quittance* Quittungsmarke *f*; *~ (poste) de bienfaisance* Wohlfahrts(brief)marke *f*; *~ fiscal* Steuer-, Stempel-marke *f*.

timbré (tɛ̃'bre) *adj.* **1.** *bien ~* klangvoll, volltönend, klar; **2.** (ab)gestempelt, mit dem Stempel versehen, Stempel...; *papier m ~* Stempelpapier *n*; *envoyer du papier*

~ *à q.* j-n vor Gericht laden; **3.** F *fig.* übergeschnappt, verrückt.
timbre|-escompte (tɛ̃brɛs'kɔ̃:t) *m* [6b] Rabattmarke *f*; **~-poste** (~brə'pɔst) *m* [6b] Briefmarke *f*; **~-prime** (~'prim) *m* [6b] Rabattmarke *f*; **~-quittance** (~ki'tɑ̃:s) *f* [6a] Quittungsmarke *f*.
timbr|er (tɛ̃'bre) *v/t.* [1a] **1.** (ab-)stempeln; *machine f à* ~ Briefstempelmaschine *f*; **2.** ⚖ rubrizieren; **~eur** (~'brœ:r) *su.* [7g] Stempler *m*.
timid|e (ti'mid) *adj.* □ *u. su.* furchtsam, ängstlich, schüchtern; *être* ~ sich genieren; **~ité** (~di'te) *f* Furchtsamkeit *f*, Schüchternheit *f*, Zaghaftigkeit *f*, Ängstlichkeit *f*.
timocratie 🕮 (timɔkra'si) *f* Timokratie *f*, Herrschaft *f* der Besitzenden.
timon (ti'mɔ̃) *m* **1.** Deichsel *f*; **2.** ⚓ Ruderpinne *f*; Steuerruder *n*; *fig.* Staatsruder *n*.
timonerie (timɔn'ri) *f* Steuerapparatur *f*; Ruder-wache *f*, -haus *n*; Steuermanns-kajüte *f*, -stand *m*; *Auto*: Armaturenbrett *n*, Schalttafel *f*; *mot.* ~ *des freins* Bremsanordnung *f*, -gestänge *n*.
timonier (timɔ'nje) *m* **1.** Stangen-, Deichsel-pferd *n*; **2.** ⚓ Untersteuermann *m*.
timoré (timɔ're) *adj.* **I** *adj.* eingeschüchtert, zaghaft, ängstlich, allzu gewissenhaft; **II** *m* (*esprit m*) ~ *péj.* Leisetreter *m*.
tin (tɛ̃) *m* Faßlager *n*; ⚓ Stapelblock *m*.
tinctorial (tɛ̃ktɔ'rjal) *adj.* [5c] Färbe...; *matières f/pl.* **~es** Farbstoffe *m/pl.*
tine (tin) *f* Kübel *m*; **~tte** (ti'nɛt) *f* Aborteimer *m*.
tintamar|re F (tɛ̃ta'ma:r) *m* Heidenlärm *m*, Riesenkrach *m*, Gepolter *n*, Getöse *n*; **~rer** (~ma're) *v/i.* [1a] toben, lärmen, Krach machen.
tint|ement (tɛ̃t'mɑ̃) *m* **1.** Klingen *n*; Gebimmel *n*; Anschlagen *n e-r Glocke*; ~ *funèbre* Totengeläut *n*; *le* ~ *des verres* das Klirren *n* der Gläser; **2.** ~ *d'oreilles* Ohrensausen *n*; **~er** (~'te) [1a] **I** *v/t.* **1.** ~ *la cloche* die Glocke anschlagen; **2.** ~ *la messe* zur Messe läuten; **II** *v/i.* klingen; (*Glocke*) anschlagen; (*Ohren*) sausen.
tintin! (tɛ̃'tɛ̃) *int.* klingklang!; P *faire* ~ *de qch.* auf etw. pfeifen (*fig.*).
tintinnabuler (tɛ̃tinaby'le) *v/i.* [1a] klingeln, bimmeln.
tintouin F (tɛ̃'twɛ̃) *m* Kopfzerbrechen *n*, Sorge *f*; *après bien du* ~ nach vielem Wenn und Aber; *donner du* ~ *à q.* j-m Kopfzerbrechen machen, j-m zu schaffen machen, j-n in Verlegenheit bringen.
tipule *ent.* (ti'pyl) *f* Schnake *f*, Bachmücke *f*.
tique *ent.* (tik) *f* Zecke *f*.
tir (ti:r) *m* **1.** ~ (*à la cible*) (Scheiben-)Schießen *n*; Beschuß *m*; ~ *de barrage* Sperrfeuer *n*; ~ *sportif* Schießsport *m*; ~ *à petit calibre*, ~ *à l'arc* Kleinkaliber-, Bogen-schießen *n*; ~ *à revers* Rückenfeuer *n*; ~ *de surprise* Feuerüberfall *m*; ~ *de surprise à obus toxiques* Gasüberfall *m*; ~ *d'obus à gaz* Gasschießen *n*; ~ *de représailles* Vergeltungsfeuer *n*; ~ *d'anéantissement*, ~ *de contre-préparation* Vernichtungsfeuer *n*; ~ *en série(s)* Reihenschießen *n*; ~ *plongeant* hoher Bogenschuß *m*, Bohrschuß *m*, Steilfeuer *n*; ~ *à ricochet* Prallschußschießen *n*; *exercice m de* ~ Schießübung *f*; *être habile au* ~ ein guter Schütze sein; **2.** (*ligne f de*) ~ *Sport*: Schuß(-linie *f*) *m*; **3.** (*champ m de*) ~ Schießstand *m*.
tirade (ti'rad) *f* **1.** längere Stelle *f* e-s Theaterstückes; **2.** *péj.* Tirade *f*, Wortschwall *m*; **3.** ♪ Lauf *m*.
tirage (ti'ra:ʒ) *m* **1.** Ziehen *n*; ⚓ Treideln *n*; **2.** ⚓ Leinpfad *m*, Treidelweg *m*; **3.** ~ *au sort* Losen *n*; *sorti au* ~ ausgelost; ⚔ ~ *au sort* Aushebung *f* durch das Los; ~ *d'une loterie* Ziehung *f* e-r Lotterie; **4.** ⊕ Strecken *n der Metalle*; **5.** *typ.* Abdrucken *n*, Abziehen *n*; Abdruck *m*; Auflage *f*; Vorrat *m*; *phot.* Kopieren *n*; **6.** Zug *m e-s Kamins*; *ne pas avoir de* ~ nicht ziehen; **7.** *phot.* Abziehen *n*; *maison f de* ~ Filmkopieranstalt *f*; **8.** *fig.* Schwierigkeiten *f/pl.*
tiraill|ement (tirɑj'mɑ̃) *m* **1.** Hin- und Her-ziehen *n*; ~ (*d'entrailles*) Bauchgrimmen *n*; ~ *d'estomac* Magenkrämpfe *m/pl.*; *j'ai des* ~*s dans la main* ich habe Reißen in der Hand; **2.** *fig.* ~*s m/pl.* Reibereien *f/pl.*, Schwierigkeiten *f/pl.*; **~er** (~'je) [1a] **I** *v/t.* hin- und herziehen; zerren; quälen; **II** *v/i.* immer wieder ein paar Schüsse abgeben; **~erie** (~rɑj'ri) *f* Schießerei *f*, Geschieße *n*, Geplänkel *n*; **~eur** ⚔ (~'jœ:r) *m* Schütze *m*.

tirant (ti'rɑ̃) *m* (Zug-)Schnur *f e-r Geldbörse*; (Stiefel-)Strippe *f*; Lasche *f*, Öse *f*; △ Bindebalken *n*, Zugeisen *n*; ⚒ Stiel *m*; ⚓ ~ *d'eau* Tiefgang *m*; ~ *d'air* lichte Höhe *f* e-r Brücke.

tirass|e *ch.* (ti'ras) *f* Streichgarn *n*.

tire (tiːr) *f* Ziehen *n*, Zug *m*; *tout d'une* ~ in einem Zuge; *vol m à la* ~ Taschendiebstahl *m*; *voleur m à la* ~ Taschendieb *m*.

tiré (ti're) **I** *m* **1.** Jagd(-gebiet *n*) *f*; Wild *n*; **2.** † *bei Wechseln*: Bezogener *m*, Trassat *m*; **II** *adj.* verhärmt, angegriffen, ausgemergelt.

tire|-au-flanc *a.* ⚔ (tiro'flɑ̃) *m* [6c] Drückeberger *m*; **~-botte** (~'bɔt) *m* [6g] **1.** Stiefelknecht *m*; **2.** Stiefelanzieher *m*, -haken *m*; **~-bouchon** (~bu'ʃɔ̃) *m* [6g] **1.** Korkenzieher *m*; *advt.* en ~ schraubenförmig, spiralförmig, geringelt; **2.** *fig.* Korkenzieherlocke *f*; **3.** F *en être au* ~ sich vor Lachen kringeln; **~-bouton** (~bu'tɔ̃) *m* [6g] Schuhknöpfer *m*; **~-braise** (~'brɛːz) *m* [6c] Schüreisen *n*; **~-d'aile** (~'dɛl) *m* [6c] schneller Flügelschlag *m*; *voler à* ~ sehr schnell fliegen; **~-fond** ⊕ (~'fɔ̃) *m* [6g] Schienenschraube *f*; Schraubenbolzen *m*; Lampenhaken *m*; **~-jus** V (~'ʒy) *m* [6c] Rotzlappen *m* V, Taschentuch *n*; **~-ligne** (~'liɲ) *m* [6g] Reißfeder *f*; **~lire**[1] (~'liːr) *f* Sparbüchse *f*; **~-lire**[2] (~) *m* [6c] Trillern *n* der Lerche; **~-lirer** (~li're) *v/i.* [1a] trillern (*Lerche*); **~-l'œil** F (~'lœj) *m* [6c] stark ins Auge fallender Gegenstand *m*; Blickfang *m*; **~-nerf** ⚕ (~'nɛːr) *m* [6c] Nervnadel *f des Zahnarztes*; **~-pied** ⊕ (~'pje) *m* [6g] Knieriemen *m*; **~-point** (~'pwɛ̃) *m* [6g] Ahle *f*, Pfriem *m*.

tirer (ti're) [1a] **I** *v/t.* **1.** ziehen; *fig.* bekommen, erlangen; † beziehen; ~ *en bas* runterziehen; ~ *en haut* hochziehen; ~ *son chapeau à q.* den Hut vor j-m ziehen; *la concierge tire le cordon* die Portiersfrau öffnet die Haustür (mit der Zugschnur); ~ *q. le bras* j-n am Arm ziehen; ~ *parti de* Vorteil ziehen aus (*dat.*), ausnutzen; ~ *avantage* (*od. profit*) *d'une chose* sich etw. (*acc.*) zunutze machen; etw. ausnützen; ~ *des larmes à q.* j-n zu Tränen rühren; ~ *l'épée du fourreau* das Schwert aus der Scheide ziehen; ~ *une ligne* e-e Linie ziehen; ~ *le diable par la queue* ständig in Geldverlegenheit sein; sich kümmerlich durchschlagen; *fig.* ~ *les marrons du feu* für andere die Kastanien aus dem Feuer holen; *fig.* ~ *son épingle du jeu* die Finger davon lassen, nichts mehr damit zu tun haben wollen; ~ *les vaches* (die Kühe) melken; ~ *q. du sommeil* j-n aus dem Schlafe wecken; ~ *les cartes à q.* j-m die Karten legen; ~ *l'horoscope à q.* j-m das Horoskop stellen; *fig.* F ~ *les vers du nez à q.* j-n ausfragen; *fig.* ~ *pied ou aile de qch.* irgendeinen Vorteil aus e-r Sache (*dat.*) herausschlagen; F ~ *sa révérence à q. iron.* s-e Siebensachen packen, losziehen; *fig.* ~ *la couverture de son côté* alles für sich beanspruchen; *fig.* ~ *q. à la remorque* j-n dauernd antreiben; *fig.* ~ *qch. de son cru* auf etw. (*z.B. auf e-n Gedanken*) von sich aus kommen; *fig.* ~ *d'un sac deux moutures fig.* zwei Fliegen mit einer Klappe schlagen; *fig.* ~ *les ficelles* die Fäden in s-r Hand haben; *fig.* ~ *une épine du pied à q.* j-m e-e Unannehmlichkeit aus dem Wege räumen; ~ *un mauvais numéro* e-e Niete ziehen; ~ *q. d'affaire* j-m unter die Arme greiefn; j-n durchbringen; ~ *q. d'embarras* j-n aus der Verlegenheit helfen; F ~ *ses chausses* (*od. ses grègues*) sich aus dem Staube machen, türmen; ~ *un bateau* ein Schiff treideln; ~ *les cheveux à q.* j-m an den Haaren ziepen; *fig. tiré par les cheveux* an den Haaren herbeigezogen; ~ *la porte sur soi* die Tür hinter sich zumachen; ~ *les rideaux* die Vorhänge auf- *od.* zu-ziehen; ~ *les bas* (*les bottes*) *à q.* j-m die Strümpfe (die Stiefel) ausziehen; ~ *l'eau* Wasser ziehen (*Schuhe, Leder*); ~ *de l'eau* Wasser schöpfen; ~ *la langue à q.* j-m die Zunge herausstecken ~ *du vin au clair* Wein abziehen; *fig.* ~ *une affaire au clair* eine Sache klären ~ *de q. la vérité* von j-m die Wahrheit herausbekommen; *on ne saurait* ~ *un mot de lui, on ne peut rien* ~ *de lui* man kann nichts aus ihm herausbekommen; ~ *son origine de ...* s-n Ursprung ab- *od.* her-leiten von (*dat.*), stammen von ...; ~ *vengeance de qch.* [*de q.*] sich rächen für etw. (*acc.*) [an j-m *dat.*]; ~ *sa source des Alpes* in den Alpen entspringen

(*Fluß*); ~ *raison* (*od. satisfaction*) *d'une injure* sich Genugtuung für e-e Beleidigung verschaffen; ~ *des marchandises d'un pays* Waren aus e-m Land beziehen; ~ *de l'argent de q.* von j-m Geld bekommen; F ~ *les vers du nez à q.* j-n ausfragen; **2.** dehnen, recken, strecken; weiter schnallen; ~ *une corde* ein Seil straffziehen; *fig.* ~ *la courroie fig.* den Riemen enger schnallen, mit dem Pfennig rechnen, sich einschränken; ~ *sa coupe* kraulen (*Schwimmsport*); **3.** durch Destillieren ausziehen, auspressen; **4.** *litt.* von etw. (*dat.*) hernehmen, schöpfen, entlehnen; ~ *un passage de Molière* e-e Stelle aus Molière zitieren **5.** ~ *une conclusion* e-n Schluß ziehen; ~ *une conséquence* folgern; **6.** (auf-)zeichnen, entwerfen; ~ *des plans* Pläne entwerfen; **7.** (*als Objekt nur Ausdrücke wie coup, moineau, poudre!*) (ab)schießen, verschießen, abfeuern; *fig.* ~ *sa poudre aux moineaux* mit Kanonen nach Spatzen schießen; viel Lärm um nichts machen; ~ *un feu d'artifice* ein Feuerwerk abbrennen; **8.** ~ (*une lettre de change*) *sur q.* e-n Wechsel auf j-n ausstellen; **9.** *typ.* drucken; ~ *une épreuve* e-n Korrekturbogen abziehen; *bon à* ~ druckreif; **10.** a) *phot.* ~ *des épreuves* Abzüge machen; P ~ *un portrait* photographieren; *se faire* ~ *en pied* sich in ganzer Figur photographieren lassen; b) *cin.* ~ *un film* e-n Film herausbringen; **11.** ⚓ *ce vaisseau tire huit mètres d'eau* dieses Schiff hat e-n Tiefgang von acht Metern; **12.** F absitzen; F machen, hinter sich bringen; ~ *ses trois ans* s-e drei Jahre (Dienst) machen; ~ *sa prison* (im Gefängnis) sitzen; brummen; **II** *v/i.* **13.** ziehen (*Pferd, Ofen, Zigarre*); ~ *avec force sur sa pipe* kräftig an s-r (Tabaks-)Pfeife ziehen; **14.** ~ *à conséquence* von Bedeutung sein, etw. auf sich haben, Folgen nach sich ziehen; **15.** ~ (*au sort od. à la courte paille*) losen; **16.** schießen, feuern, Feuer geben; ~ *sur q.* (*sur qch.*) auf j-n (auf etw.) schießen; ~ *de l'arc* mit dem Bogen schießen; ~ *à bout portant* aus nächster Nähe schießen; ~ *à la cible* nach der Scheibe schießen; ~ *à balle* scharf schießen; ~ *à blanc* blind schießen; **17.** losgehen (*Feuerwaffen*); abgeschossen werden; **18.** ~ *sur le rouge* ins Rote spielen; rötlich schimmern; F ~ *sur q.* j-m ähnlich sein, nach j-m arten; **19.** *esc.* ~ (*des armes*) fechten; **20.** *typ. ce journal mensuel tire à 400 000 exemplaires* diese Monatszeitung hat e-e Auflage von 400 000 Exemplaren; **21.** ziehen (*v/i.*), sich wenden, gehen (*Menschen; Vögel; allg.*); ~ *sur la droite* sich nach rechts wenden; ~ *à sa fin* zur Neige gehen; s-m Ende nahe sein; ~ *de son côté* s-n eigenen Weg gehen; ~ *au flanc* (*od. au large od. au renard od. au cul*) sich (ver)drücken, sich aus dem Staube machen; **22.** ~ *en longueur* sich in die Länge ziehen (*Prozeß*); **23.** *fig.* ~ *sur la même corde fig.* am selben Stricke ziehen; dasselbe wollen (*od.* meinen); **III** *v/rfl.* se ~ sich (heraus)ziehen; *ces enfants se tirent par les cheveux* diese Kinder ziehen sich an den Haaren; *se* ~ *d'affaire* sich aus der Verlegenheit ziehen; *s'en bien* ~ gut überstehen (*od.* wegkommen); *s'en* ~ *mal* schlecht überstehen (*od.* wegkommen); *tâchez de vous en* ~ sehen Sie zu, wie Sie damit fertig werden; *s'en* ~ *avec de belles paroles* sich schön herausreden, schöne Ausreden erfinden; *s'en* ~ *élégamment* sich elegant aus der Affäre ziehen; *s'en* ~ *avec l'argent* mit dem Gelde auskommen; *s'en* ~ *avec q.* mit j-m gut auskommen; F *se* ~ (*des pieds*) sich drücken; sich wegscheren; *tire-toi d'ici!* mach', daß du wegkommst!

tire|-racine ⊕ (tirra'sin) *m* [6g] Wurzelauszieher *m*; **~-sou** (~'su) *m* [6g] **1.** Geldschlucker *m*, Geschäftemacher *m*, Wucherer *m*, Pfennigfuchser *m*; **2.** P Neppspiel *n*.

tiret (ti'rɛ) *gr. m* **1.** Bindestrich *m*; **2.** Trennungszeichen *n*; **3.** Gedankenstrich *m*.

tire-tête ⚕ (tir'tɛt) *m* [6g] Kopfstrecker *m*.

tirette (ti'rɛt) *f* **1.** (Gardinen-)Schnur *f*; **2.** Handschuhlederriemen *m*; **3.** Leistenleder *n*; **4.** Auszieh-brett *n*, -platte *f* (*Möbel*); **5.** *Auto*: Zugknopf *m*.

tireur (ti'rœ:r) **I** *su.* [7g] **1.** Schütze *m*, Jäger *m*; **2.** † Trassant *m*, Wechselaussteller *m*; **3.** P ~-*au-flanc*, ~-*au-cul* Drückeberger *m*; **4.** ~ *de cartes* Kartenleger *m*, Wahrsager *m*; ~ *d'horoscope* Sterndeuter *m*; **II** *m* ⊕ Drahtzieher *m*.

tiroir (ti'rwa:r) *m* **1.** Schub-fach *n*, -lade *f*; **2.** ⊕ Schieber *m* an der Dampfmaschine; **3.** 🚂 Ausziehgleis *n*, Stichgleis *n*, Verschiebekopf *m*; ~ *incliné* Abdrückgleis *n*.

tisane (ti'zan) *f* Arzneitrank *m*, (Kranken-)Tee *m*, Aufguß *m* *v. Heilkräutern*; **~rie** (~zan'ri) *f* Arzneitrankzubereitungsstelle *f e-s Krankenhauses*.

tison (ti'zõ) *m* **1.** halbverbranntes Stück *n* Holz; **2.** (chemisches) Sturmstreichholz *n* (*windfest*); **3.** *fig.* ~ *de discorde* Zankapfel *m*; Unruhestifter *m*.

tisonné (tizɔ'ne) *adj.* schwarz-gefleckt (*Pferd*).

tisonn|er (~) *v/i.* [1a] im Feuer herumstochern; **~ier** (~zɔ'nje) *m* Schürhaken *m*.

tiss|age (ti'sa:ʒ) *m* **1.** Weben *n*; **2.** Gewebe *n*; **3.** Weberei *f*; **~er** (ti'se) *v/t.* [1a] weben, wirken; spinnen (*Insekten*); **~erand** (tis'rɑ̃) *su.* [7] (Leine-)Weber *m*; **~eranderie** (~rɑ̃'dri) *f* **1.** (Leinen-, Seiden-) Weberei *f*; **2.** Weberhandwerk *n*; **3.** Webwarenhandel *m*; **~erin** *orn.* (tis'rɛ̃) *m* Webervogel *m*; **~eur** (ti'sœ:r) *su.* [7g] Weber(in *f*) *m*; **~u** (ti'sy) **I** *adj.* [7] gewebt, gewirkt, eingewebt; *fig.* ausgedacht, ausgeheckt; **II** *m* **1.** Gewebe *n*; Stoff *m*; *anat.* ~ *cellulaire* Zellengewebe *n*; ~ *cartilagineux* Knorpelgewebe *n*; ~ *caoutchouté* Gummistoff *m*; ~ *conjonctif* Bindegewebe *n*; ~ *épidermique* Hautgewebe *n*; *text.* ~ *fibreux* Fasergewebe *n*; ⊕ ~ *métallique* Drahtgeflecht *n*; ~ *de laine* Wollstoff *m*; ~ *de roseaux* Rohrgewebe *f*; *fig.* ~ *de mensonges* Lügengewebe *n*; **2.** *fig.* Anordnung *f*, Gefüge *n*; **~ulaire** ⚕ (~sy'lɛ:r) *adj.* Gewebe...; **~ure** (~'sy:r) *f* Webart *f*; **~uterie** (~sy'tri) *f* Band-, Borten-wirkerei *f*; **~utier** (~sy'tje) *m* Band-, Bortenweber *m*.

titan *myth.* (ti'tɑ̃) *m* Titan *m*.

titane ⚗ (ti'tan) *m* Titan *n*.

titan|esque (tita'nɛsk) *adj.* titanisch, titanenhaft; **~ifère** ⚗ (~ni'fɛ:r) *adj.* titanhaltig; **~ique** (~'nik) *adj.* **1.** titanisch; **2.** ⚗ titanhaltig, Titan...

titi P, *oft* ♀ (ti'ti) *m* Pariser Straßenjunge *m*.

titill|ant (titi'jɑ̃) *adj.* [7] kitzelnd, prickelnd; **~ation** (~jɑ'sjõ) *f* Kitzeln *n*, Prickeln *n*; **~er** (~'je) *v/t.* [1a] kitzeln, prickeln.

titis|me *pol.* (ti'tism) *m* Titoismus *m* (*jugoslawischer Nationalkommunismus*); **~te** *pol.* (ti'tist) *adj. u. m* titoistisch; Titoist *m*.

titrage ⚗ (ti'tra:ʒ) *m* Bestimmung *f* des Feingehalts, Meßanalyse *f*, Titrierung *f*.

titre ('titrə) *m* **1.** Titel *m* (*a. Buchtitel*); Überschrift *f*; Titelblatt *n*; *donner* (*od. conférer*) *un* ~ *à q.* j-m e-n geben verleihen; **2.** Ernennung *f*, Bestallung *f*; *en* ~ *définitif* fest angestellt; **3.** Urkunde *f*, Beweisstück *n*; Berechtigungsschein *m*; Diplom *n*; Patent *n*; **4.** ✝ Wertpapier *n*, Stück *n*; ~ *au porteur* auf den Inhaber lautendes Wertpapier *n*; ~ *minier* Kux *m*; ~ *à ordre* Orderpapier *n*; ~ *de rente* Rentenbrief *m*; ~ *d'emprunt de guerre* Kriegsschuldverschreibung *f*; **5.** Rechtsgrund *m*, Anrecht *n*, Anspruch *m*; Eigenschaft *f*; Art und Weise *f*; *fig.* Charakter *m*; Hinsicht *f*; *à* ~ *d'héritier* in der Eigenschaft e-s Erben, als Erbe; *à* ~ *de don* (*de grâce, de prêt*) als Geschenk (als Gnade, als Darlehen); *à* ~ *expérimental* (*od. d'essai*) versuchsweise; *à* ~ *gratuit* (*od. gracieux*) unentgeltlich; *à* ~ *provisoire* vorläufig; *à* ~ *révocable* auf Widerruf; *vous en avez payé la moitié à* ~ *d'acompte* Sie haben die Hälfte davon abbezahlt; *à* ~ *d'office* von Amts wegen; *à juste* ~ mit (vollem) Recht; *à quel* ~? mit welchem Recht?, in welcher Eigenschaft?; *à* ~ *bénévole* ehrenamtlich; *à* ~ *privé* privatim; *à* ~ *de remplacement* vertretungsweise; *à* ~ *exceptionnel* ausnahmsweise; *à* ~ *de renseignement* (*od. d'information*) zur Kenntnisnahme; *à* ~ *expérimental* versuchsweise; *en* ~ ordentlich, wirklich (*Professor*); eigentlich, berufsmäßig, zugelassen; fest angestellt; *à plus d'un* ~ in mehrfacher Hinsicht.

titrer (ti'tre) *v/t.* [1a] **1.** ~ *q.* j-m e-n Titel u. die damit verbundenen Vorrechte verleihen; *personne titrée* Standesperson *f*; **2.** *a. abs. gebr. journ.* e-n Artikel betiteln, e-m Artikel die Überschrift geben; ~ *gros sur qch.* etw. in Schlagzeilen (*od.* in großer Aufmachung) bringen; **3.** ⚗ titrieren; *titré à* ... mit

soundso viel Feingehalt.
titub|ant (tity'bɑ̃) *adj.* taumelnd, wackelig, schwankend; **~ation** (~bɑ'sjɔ̃) *f* Schwanken *n*, Taumeln *n*; **~er** (~'be) *v/i.* [1a] taumeln, wanken.
titulaire (tity'lɛ:r) **I** *adj.* **1.** den Titel e-s Amtes führend, ordentlich, Titular...; **2.** planmäßig (*od.* fest) angestellt (*v. Beamten*); im Besitze e-s Amtes befindlich; *professeur ~* ordentlicher Professor; **II** *m* **3.** *Sport*: Titel-halter *m*, -verteidiger *m*; *~ du* (*od. de*) *prix* Preisträger *m*; **4.** ✝ *~ d'un compte* Kontoinhaber *m*; *~ d'un compte de chèques postaux* Postscheckinhaber *m*; **5.** Inhaber *m* (*e-s Amtes, e-s Dokuments*); *~ d'un permis de conduire* Inhaber *m* e-s Führerscheins; *le ~ d'une fonction* der Inhaber *m* e-s Amtes; *~ d'un brevet* Patentinhaber *m*; *~ d'une pension* Pensionsempfänger *m*.
titularis|ation (~lariza'sjɔ̃) *f* Beamtierung *f*; feste (*od.* endgültige) Anstellung *f* (*od.* Eingruppierung *f*); **~é** (~ri'ze) *adj.* beamtiert; hauptamtlich; fest angestellt; **~er** (~) *v/t.* [1a] beamtieren; fest anstellen (*od.* eingruppieren).
Titus (ti'tys) *npr.* Titus *m*; *cheveux m/pl. à la ~* Tituskopf *m*.
tiu-tiu *orn.* (tjy'tjy) F: *faire ~* „jüb jüb" singen (*Fink*).
toast (tost) *m* **1.** Toast *m*, Trinkspruch *m*; *porter un ~ à la santé de q.* j-n hochleben lassen; **2.** Toast *m*, geröstete Weißbrotschnitte *f*; **~er** (~'te) *v/i.* [1a] e-n Toast ausbringen.
toboggan (tɔbɔ'gɑ̃) *m* **1.** Rodelschlitten *m*; *aller en ~* rodeln; **2.** Rutschbahn *f*; **3.** ⊕ Rutsche *f*; Förderband *n*.
toc (tɔk) **I** *int.* poch!; tapp!; **II** *m* **1.** *téléph.* Knackgeräusch *n*; **2.** gedämpftes Schlagwerk *n* e-r Repetieruhr; **3.** *bijoux m/pl. en ~* unechter Schmuck *m*; *du ~* Kitsch *m*; Schund *m*; **4.** ⊕ Mitnehmer *m*; **5.** *à ~ de voiles* mit vollen Segeln; **III** * *adj./inv.* häßlich; bekloppt, doof; gefährlich, rachsüchtig.
tocard (tɔ'ka:r) **I** * *adj.* häßlich; mies, schlecht, alt; **II** *m* P mittelmäßiges Rennpferd *n*, Außenseiter *m*; * Schuft *m*, gemeiner Kerl *m*.
tocsin (tɔk'sɛ̃) *m* Sturmläuten *n*; Sturm-, Alarm-glocke *f*.
tohu-bohu (tɔybɔ'y) *m/inv.* Tohuwabohu *m*, Durcheinander *n*.
toi (twa) *pr/p. starktonig* **1.** *statt te als acc. im bejahenden impér.*: dich; *assieds-~* setze dich (hin)!; **2.** *nach prp.*: *à ~* dir; *c'est à ~* es gehört dir; *je compte sur ~* ich rechne mit dir; **3.** *alleinstehend*: du; *est-ce ~?* bist du es?; *~ et moi* du und ich.
toilage (twa'la:ʒ) *m* Spitzenmuster *n*.
toile (twal) *f* **1.** ✝ Leinwand *n*, Leinen *n*, Linnen *n*; *draps m/pl. de ~* Leinentücher *n/pl.*; *~ cirée* Wachsleinwand *f*; *~ de coton* Kattun *m*; *~ d'emballage* Packleinwand *f*; *~ gommée* Steifleinen *n*; *grosse ~* (*à sacs*) Sackleinwand *f*; *~ de protection contre les embruns* Spritzwasserschild *m*; **2.** Gewebe *n*, Geflecht *n*; Bespannung *f*; ⊕ *~ métallique* Drahtgeflecht *n*; *~ d'araignée* Spinngewebe *n*; **3.** *peint.* (Öl-)Bild *n*, Gemälde *n*; **4.** *thé.* (Bühnen-)Vorhang *m*; *baisser* (*lever*) *la ~* den Vorhang herunterlassen (aufziehen); **5.** *~s pl.* ⚓ Segelwerk *n*; **~rie** (~l'ri) *f*; **1.** Leinen-, Weiß-waren *f/pl.*; **2.** Leinen- u. Baumwollen-warenhandel *m*.
toilette (twa'lɛt) *f* **1.** Frisiertischtuch *n*; **2.** Frisier-, Toiletten-, Waschtisch *m*, Frisiertoilette *f*; *savon m de ~* Toilettenseife *f*; **3.** Kleidung *f*, Toilette *f*, Aufmachung *f*; *bsd.* Damenkleid *n*; Ankleiden *n*; *~ de bal* (*de ville*) Ball-(Straßen-)kleid *n*; *~ d'été* Sommerkleid *n*; *en grande ~* in Gala, in vollem Staate; *gant m de ~* Waschlappen *m*; *faire grande ~* Staat machen, in Gala erscheinen; *faire sa ~* Toilette machen, sich anziehen; *cabinet m de ~* Ankleide-, Waschraum *m*; *fig. faire la ~ d'un jardin* e-n Garten aufräumen u. sauber machen; **4.** Einschlagetuch *n* (*bsd. für Schneider zum Abliefern*); **5.** Fetthaut *f* (*um gewisse Fleischstücke*); **6.** *cabinet m de ~ od. nur: ~s pl.* Toilette *f*, WC *n*.
toiletter (twalɛ'te) *v/t.* [1a] putzen, reinigen, säubern (*bsd. e-n Hund*; *a.* ⊕).
toilier (twa'lje) [7b] **I** *su. u. adj.* **1.** (*marchand m*) *~* Leinwandhändler *m*; **2.** (*ouvrier m*) *~* Lein(e)weber *m*; **II** *adj.* Leinen...
tois|e (twa:z) *f* **1.** *ehm.* Klafter *f*; **2.** *fig.* Maßstab *m*; *mesurer les autres à sa ~* andere nach sich selbst beurteilen; **3.** Meß-gerät *n*, -stock *m*

(*zum Messen der Körperlänge*); **~er** (twa'ze) *v/t.* [1a] abschätzen, abmessen; ⚔ ~ *des recrues* Rekruten messen; *fig.* ~ *q.* j-n von oben herab (herausfordernd) ansehen; j-n von oben bis unten mustern.

toison (twa'zɔ̃) *f* **1.** Schaffell *n* mit der Wolle; Schur *f*; ~ *d'or* goldenes Vlies *n*; **2.** F (Haar-)Tolle *f*.

toit (twa) *m* **1.** Dach *n*; ~ *de chaume* Strohdach *n*; ~ *d'ardoises* Schieferdach *n*; *Auto*: ~ *ouvrant* aufklappbares Verdeck *n*, Sonnendach *n*; ~ *roulant* Rolldach *n*; △ ~ *en dos d'âne* Satteldach *n*; ~ *en zinc* Blechdach *n*; *fuir par les ~s* über die Dächer fliehen; *fig. crier qch. sur les ~s* etw. an die große Glocke hängen, etw. ausposaunen; **2.** *fig.* Haus *n*, Wohnung *f*; ~ *hospitalier* gastliches Haus *n*; ~ *paternel* Vaterhaus *n*; **~ure** (~'ty:r) *f* Bedachung *f*, Dach *n*; ~ *à plan unique* Pultdach *n*.

tokharien *ling.* (tɔka'rjɛ̃) *adj. u. m* tocharisch; *le* ~ das Tocharische *n*.

tôle (to:l) *f* (Eisen-, Schwarz-)Blech *n*; ~ *fine*, ~ *grossière*, ~ *ondulée* Fein-, Grob-, Well-blech *n*; ~*s f/pl. d'ajustage* Ausgleichbleche *n/pl.*; ~ *de cuivre* Kupferblech *n*; ~ *de laiton* Messingblech *n*.

tolér|able (tɔle'rablə) *adj.* □ erträglich; **~ance** (~'rɑ̃:s) *f* Toleranz *f*, Duldsamkeit *f*, Duldung *f*, Nachsicht *f*; **~ant** (~'rɑ̃) *adj.* [7] duldsam, tolerant, nachsichtig; **~er** (~'re) *v/t.* [1f] nachsichtig dulden, zulassen, ertragen. [-ware *f*.]

tôlerie (tol'ri) *f* Blech-walzwerk *n*,

tolet ⚓ (tɔ'lɛ) *m* (Ruder-)Dolle *f*.

toletière ⚓ (tɔl'tjɛ:r) *f* Ruderklampe *f*.

tôlier (to'lje) *m* Blechschmied *m*.

tolite ⚗ (tɔ'lit) *m* Tolit *n* (*Sprengstoff*).

tollé (tɔ'le) *m* Zetergeschrei *n*; *un* ~ *de protestations* ein Sturm der Entrüstung.

toluène ⚗ (tɔ'lɥɛn) *m* Toluol *n*.

tomahawk *ehm.* (tɔma'ɔk) *m* Streitaxt *f* der Indianer.

tomaison *typ.* (tɔmɛ'zɔ̃) *f* Bandnummer auf jeder Druckseite.

tomate (tɔ'mat) *f* Tomate *f*.

tombac (tɔ̃'bak) *m* Tombak *m*; ~ *blanc* Neusilber *n*.

tombal (tɔ̃'bal) *adj.* [5c] Grab...; *pierre f* ~*e* Grabstein *m*.

tombant (tɔ̃'bɑ̃) *adj.* [7] fallend, sinkend; herabhängend (*Haar*); *à la nuit* ~*e* bei einbrechender Nacht; ~ *en ruines* baufällig.

tomb|e (tɔ̃:b) *f* Grab-platte *f*, -stein *m*; Grab *n*; *fig.* Tod *m*; *fig. arracher à la* ~ dem Tod entreißen; **~eau** (tɔ̃'bo) *m* [5b] Grab *m*; Grabmal *n*; Gruft *f*; *fig.* Tod *m*, Ende *n*, Untergang *m*, Verderben *n*; *fig. rouler à* ~ *ouvert* mit e-r irrsinnigen Geschwindigkeit fahren, blindlings drauflos fahren.

tombée (tɔ̃'be) *f* **1.** *à la* ~ *du jour* gegen Tagesende; *à la* ~ *de la nuit* bei Einbruch der Nacht; **2.** ~ *de neige* Schneefall *m*; **3.** Ausschlag *m der Waage*.

tombelle (tɔ̃'bɛl) *f* Grabhügel *m*.

tomber (tɔ̃'be) [1a] **I** *v/i.* **1.** (hin-, ab-, herunter-)fallen; *il tomba à genoux* er fiel auf die Knie; ~ *aux pieds* (*od. aux genoux*) *de q.* j-m zu Füßen fallen; ~ *à l'eau a. fig.* ins Wasser fallen; ~ *à terre* auf die Erde (herunter)fallen; ~ *par terre* lang hinfallen; ✈ ~ *à pic*, ~ *en chute*, ~ *en piqué* abstürzen (*a. im Gebirge*); ✈ ~ *en vrille* abtrudeln; *fig.* ~ *en proie à un vice* e-m Laster verfallen; ~ *à la renverse* nach hinten, auf den Rücken fallen; *faire* ~ niederwerfen, umwerfen, umstürzen; *fig.* zu Fall bringen; ~ *de la bicyclette* (*du cheval*) vom Fahrrad (vom Pferd) stürzen; *il tombe de la neige, la neige tombe* es fällt Schnee, es schneit; *la grêle tombe* es hagelt; *fruits m/pl. tombés* Fallobst *n*; ~ *en ruines* verfallen; *fig. cela tombe sous le sens* das leuchtet ein; *faire* ~ *dans le sens* veranschaulichen; *fig. laisser* ~ *des propos* Äußerungen fallen lassen; *fig. laisser* ~ *des amis* Freunde fallen lassen; **2.** ausfallen (*Haare, Zähne*), ausgehen; **3.** herabhängen, -sinken (*Zweige, Äste*); **4.** ~ *sur q.* (*qch.*) zufällig auf j-n (auf etw.) stoßen; über j-n (etw.) herfallen *od.* herstürzen, j-n anfallen; *l'entretien tomba sur lui* man kam auf ihn zu sprechen; *faire* ~ *les soupçons sur q.* den Verdacht auf j-n lenken; **5.** umfallen, umsinken; zusammenfallen, einstürzen; vergehen; unterliegen; **6.** werden; in e-e Lage geraten, kommen; ~ *d'accord avec q.* sich mit j-m einigen; ~ *amoureux* sich verlieben; ~ *malade* krank werden; ~ *dans l'erreur* sich irren; ~ *dans l'esprit* in den Sinn kommen; einfallen; ~ *dans l'oubli* in Vergessenheit geraten; ~ *dans le ridicule* sich lächerlich machen; ~ *en arrêt* plötzlich stehenbleiben; ~ *en défaillance*, ~ *en syncope* in Ohnmacht fallen; ~ *en désuétude* außer Gebrauch kommen; ~ *entre les mains* (*od. aux mains*) *de q.* j-m (einem einzigen *od.* mehreren) in die Hände fallen; ~ *sous la main de q.* j-m (e-m einzigen) unter die Finger (*od.* in die Hände) geraten; **7.** münden, sich ergießen; **8.** *Pâques tombe le 21 avril* Ostern fällt auf den 21. April; *le 1er novembre tombe un dimanche* der 1. November fällt auf e-n Sonntag; **9.** es (*gut, schlecht*) treffen; *il est bien tombé* er hat es gut getroffen; ~ *mal* es schlecht treffen, im ungünstigen Augenblick kommen; *comme ça tombe!* wie das paßt!; wie sich das trifft!; wie das so kommt!; ~ *juste* zur rechten Zeit kommen; das Richtige treffen; **10.** zufallen; ~ *en partage à q.* j-m zuteil werden; **11.** abnehmen; schwächer werden; nachlassen; *thé.* durchfallen; *la conversation tombe* die Unterhaltung gerät ins Stocken; *laisser ~ la voix* die Stimme sinken lassen; *le jour tombe* der Tag geht zu Ende; *le vent est tombé* der Wind hat sich gelegt; **II** *v/t.* P kleinkriegen, (*schlagend*) fertigmachen, niederwerfen, umbringen, zu Fall bringen; **III** *v/imp. il tombe de la pluie* (*de la neige*) es regnet (schneit) *s. a. unter* I.

tombereau (tɔ̃'bro) *m* [5b] **1.** zweirädriger (Pferde-)Sturzkarren *m*, Kippwagen *m*; **2.** Karrenvoll *m*.

tombeur (tɔ̃'bœːr) *m* ⚠ Abbruch-, Abriß-arbeiter *m*; F Sieger *m* (*Ringkampf*); P Verführer *m*.

tombola (tɔ̃bɔ'la) *f* Tombola *f*, Verlosung *f*.

tome (tɔm) *m* Band *m*, Teil *m e-s Werkes.*

tomenteux ⚘ (tɔmɑ̃'tø) *adj.* [7d] [filzig, wollig.]

tomer *typ.* (tɔ'me) *v/t.* [1a] in Teile zerlegen; mit der Zahl des Bandes versehen.

tomograph|e ⚕ (tɔmɔ'graf) *m* Röntgenschichtaufnahmegerät *n*; **~ie** ⚕ (~'fi) *f* Röntgenschichtaufnahme(verfahren *n*) *f*.

tom-pouce (tɔm'pus) *m/inv.* **1.** winziges Männchen *n*, Kerlchen *n*, Dreikäsehoch *m*; **2.** F ☂ Taschenschirm *m*, Knirps *m*.

ton¹ (tɔ̃) *m* **1.** Ton *m*, Klang *m*; ♪ Tonart *f*; ~ *majeur* (*mineur*) Dur-(Moll-)ton *m*; *demi-~* Halbton *m*; *quart m de ~* Viertelton *m*; *donner le ~* den Ton angeben (*a. fig.*); **2.** *fig.* Ton *m*, Tonart *f*, Redeweise *f*; *changer de ~* e-n andern Ton anschlagen; aus e-m andern Loche pfeifen F; *parler d'un ~ de maître* in herrischem Tone sprechen; *prendre un ~ familier avec q.* mit j-m e-n vertraulichen Ton anschlagen; **3.** Lebensart *f*, Geschmack *m*; Manier *f*; *le bon ~* die feine Sitte *f*; der gute Ton *m*; *il est de bon ~ de ...* es gehört zum guten Ton zu ...; **4.** *peint.* Ton *m*, Farbengrund *m*; *peint ~ sur ~* in der Wandfarbe überstrichen; **5.** *physiol.* Spannkraft *f*; Stärke *f*, Energie *f*; *donner du ~* stärken, kräftigen.

ton² *m*, **ta** *f*; *pl.* **tes** (tɔ̃, ta; *pl.* te, *thé.* tɛ) *pr/pss. adj.* dein(e *f*), *m*, *n*; *pl.* deine; *vor Vokalen und stummem h steht ton für ta.*

tonal (tɔ'nal) *adj.* (*pl.* ~s) Ton...; **~ité** (~li'te) *f* **1.** ♪ Klangfarbe *f*; **2.** *peint.* dominierender Farbton *m*.

tond|age ⊕ (tɔ̃'daːʒ) *m* Scheren *n des Tuches*; **~aille** (~'dɑːj) *f* Schafschur *f*; Schurfest *n*; **~aison** (~dɛ'zɔ̃) *f* s. *tonte*; **~eur** (~'dœːr) *su.* [7g] (Tuch-, Schaf-)Scherer *m*; **~euse** (~'døːz) *f* **1.** ⊕ (Tuch-)Schermaschine *f*; **2.** ✂ ~ *à gazon* Rasenmähmaschine *f*; **3.** ~ *à cheveux* Haarschneidemaschine *f*; **~re** ('tɔ̃ːdrə) *v/t.* [4a] **1.** (ab)scheren; F *fig.* aussaugen; neppen; *se laisser ~ la laine sur le dos* sich das Fell über die Ohren ziehen lassen; *il tondrait un œuf* er ist mehr als knickerig (*od.* geizig); ~ *les contribuables* die Steuerzahler auspressen; **2.** ✂ eine Hecke beschneiden; Gras (ab)mähen; **~u** (~'dy) *adj. u. su.* kurzgeschoren; Glatzkopf *m*.

toni|cité *physiol.* (tɔnisi'te) *f* Spannkraft *f*, Tonus *m*; Straffheit *f* der Gewebe; **~fiant** *phm.*, ⚕ (~'fjɑ̃) **I** *adj.* [7] stärkend, kräftigend, die Spannkraft erhöhend; **II** *m* Kräftigungsmittel *n*; **~fier** (~'fje) *v/t.* [1a] die Spannkraft erhöhen, Spannkraft verleihen, kräftigen, stärken, Energie spenden; beleben.

tonique¹ (tɔ'nik) **I** *adj. physiol.* stärkend, kräftigend, belebend; **II** *m* ⚕ Tonikum *n*, Kräftigungsmittel *n*.

tonique[2] (~) **I** *adj.* **1.** ♪ *note f* ~ Grundton *m*; **2.** *gr. accent m* ~ Betonungszeichen *n* ('); (Wort-)Ton *m*; **II** *f gr.* betonter Vokal *m*, betonte Silbe *f*; ♪ Grundton *m*.

tonitruant (tɔnitry'ɑ̃) *adj.* [7] donnernd; *voix f* ~*e* Donnerstimme *f*.

Tonkin *géogr.* (tɔ̃'kɛ̃) *m*: **le** ~ Tongking *n* (*Nordvietnam*).

tonkinois (tɔ̃ki'nwa) **I** *adj. u.* ♀ *su.* aus Tongking; Tongkinese *m*; **II** *m kleine, asiatische Schweinerasse.*

tonnage (tɔ'naːʒ) *m* Wasserverdrängung *f*, Tonnage *f*, Tonnengehalt *m*, Ladungsfähigkeit *f e-s Schiffes*; ~ *des flottes du monde* Welttonnage *f*.

tonnant (tɔ'nɑ̃) *adj.* [7] donnernd.

tonn|e (tɔn) *f* Tonne *f* (*a. als Maß* = 1000 kg); großes Faß *n* (*größer als tonneau*); ✈ ~ *kilométrique* Tonnenkilometer *m*; ⚓ ~ *métrique* (*od.* ~ *Washington*) englische Tonne *f* (= 1016 kg); ~**eau** (~'no) *m* [5b] **1.** Tonne *f*, Faß *n*; ~ *d'arrosage* Sprengwagen *m*; **2.** ⚓ ~ *de registre* (*de jauge*) Registertonne *f* (R.T. = 2,83 cbm); ~ *d'affrètement* Fracht-, Lade-, (Waren-)Gewichts-, Vermessungs-tonne *f* (= 1,44 cbm); **3.** leichter zweiräderiger Wagen *m*; **4.** ✈ ~ (*à droite*) Rolle *f* (rechts) (*Flugakrobatik*); *Auto*: *faire un* ~ sich überschlagen; ~**elage** (tɔn'laːʒ) *m*: *marchandises f/pl. de* ~ Faßwaren *f/pl.*; ~**elet** (tɔn'lɛ) *m* Fäßchen *n*, Tönnchen *n*; ~**elier** (tɔnə'lje) *m* Böttcher *m*, Küfer *m*; ~**elle** (tɔ'nɛl) *f* **1.** Gartenlaube *f*; **2.** ⚠ Tonnengewölbe *n*; ~**ellerie** (tɔnɛl'ri) *f* Böttcherei *f*; Böttcherhandwerk *n*.

tonn|er (tɔ'ne) *v/i. u. v/imp.* [1a] donnern; krachen; *il tonne* es donnert; *fig.* ~ *contre q.* j-n anbrüllen, gegen j-n losdonnern; ~**erre** (tɔ'nɛːr) *m* Donner *m*; F *auch* Blitz *m*; *fig.* Krach *m*; Schicksalsschlag *m*; *coup m de* ~ Donnerschlag *m*; *mille* ~*s!* zum Donnerwetter!; *fig.* ~ *d'applaudissement* stürmischer Beifall *m*; P *c'est du* ~*!* das ist ja phantastisch!; *une pépée du* ~*!* e-e phantastische Puppe;

tonsille *anat.* (tɔ̃'sil) *f* Mandel *f*.

tonsur|e *rl.* (tɔ̃'syːr) *f* Tonsur *f*; ~**er** *rl.* (~sy're) *v/t.* [1a] mit der Tonsur versehen.

tonte (tɔ̃ːt) *f* **1.** (Schaf-)Schur *f*; Schurzeit *f*; **2.** abgeschorene Wolle *f*; Schurwolle *f*; **3.** ✓ Grasschneiden *n*.

tontin|age ✓ (tɔ̃ti'naːʒ) *m* Einpacken *n* in Stroh; ~**e** (~'tin) *f* **1.** ✓ Strohumhüllung *f* (*zum Schutze von Wurzelballen*); **2.** ⚖ Lebensversicherung(sgesellschaft *f*) *f* auf Gegenseitigkeit; ~**er** ✓ (~'ne) *v/t.* [1a] in e-e Strohumhüllung packen (*Wurzelballen*).

tonton (tɔ̃'tɔ̃) *m* **1.** *enf.* Onkelchen *n* Onkel *m*; **2.** *abus.* = *toton*: Kreisel *m*.

tonture[1] (tɔ̃'tyːr) *f* **1.** ⊕ (Tuch-)Scheren *n*; **2.** ⊕ Scherwolle *f*; **3.** ✓ Beschneiden *n e-r Hecke*; Stutzen *n* (*e-s Baums*); Mähen *n* (*des Rasens*); abgeschnittene Zweige (*Blätter*); gemähtes Gras *n*.

tontur|e[2] ⚓ (~) *f* Krümmung *f der Hölzer*, Sprung *m* (*Erhöhung des Schiffsdecks am Bug u. Heck*); ~**er** (~ty're) *v/t.* [1a] ausbuchten, e-n Sprung geben.

topaze *min.* (tɔ'pɑːz) *f* Topas *m*; ~ *enfumée*, ~ *occidentale* Rauchtopas *m*; ~ *orientale* Goldtopas *m*.

tope(-là)! (tɔp['la]) *int.* einverstanden!; abgemacht!

toper (tɔ'pe) *v/i.* [1a] durch Handschlag einwilligen.

topette (tɔ'pɛt) *f* Fläschchen *n*.

tophus ⚕ (tɔ'fys) *m* Gichtknoten *m*.

topinambour ♀ (tɔpinɑ̃'buːr) *m* Topinambur *f*.

topique (tɔ'pik) **I** *adj.* **1.** örtlich, Orts...; ⚕ örtlich wirkend, lokal (*Heilmittel*); **2.** *fig.* treffend, passend; **II** *m* **3.** ⚕ örtliches Heilmittel *n*; **4.** *rhét. les* ~*s m/pl.* allgemeine Gesichtspunkte *m/pl.*

topo F (tɔ'po) *m* **1.** ⚠ Geländeskizze *f*, Plan *m*; Entwurf *m*; **2.** *bsd. a. écol.* kurze schriftliche *od.* mündliche Ausarbeitung *f*; *piquer un* ~ etw. kurz ausarbeiten; ~**graphe** (~pɔ'graf) *m* Topograph *m*, Ortsbeschreiber *m*; ~**graphie** (~gra'fi) *f* Topographie *f*, Ortsbeschreibung *f*, -kunde *f*; ~**graphique** (~gra'fik) *adj.* □ topographisch; ~**nomastique** *ling.* (~nɔmas'tik) *f* Ortsnamenskunde *f*; ~**nyme** (~'nim) *m* Ortsname *m*; ~**nymie** (~ni'mi) *f* Ortsnamenskunde *f*.

toquade *u.* **tocade** * (tɔ'kad) *f* **1.** Einfall *m*, Fimmel *m*, Schrulle *f*; **2.** flüchtige Liebschaft *f*.

toquante * (tɔ'kɑ̃ːt) *f fig.* Kartoffel *f* P, Taschenuhr *f*.

toque (tɔk) *f* **1.** ⚖ Barett *n*, Mütze *f*

der *Richter*; **2.** Jockeymütze *f*; Kappe *f* (*Damenmode*).

toqu|é F (tɔ'ke) *adj. u. su.* leicht bekloppt, verdreht, übergeschnappt; ~ *de q.* in j-n verknallt; **~er** (~) *v/rfl.* [1m]: se ~ *de q.* sich in j-n verknallen (*od.* verlieben); se ~ *de qch.* sich für etw. (*acc.*) begeistern; **~et** (~'kɛ) *m* Käppchen *n*.

torch|e (tɔrʃ) *f* **1.** Fackel *f*; Taschenlampe *f*; **2.** *peint.* Lappen *m zum Reinigen der Pinsel*; **3.** Strohwisch *m*; **4.** Tragwulst *f* (*auf dem Kopfe*); **5.** ~ *de fil de fer* Rolle *f* Eisendraht; **~é** P (tɔr'ʃe) *adj.*: *bien* ~ ganz in Schale (*od.* schick) gekleidet; **~-cul** V (~'ky) *m* **1.** Arschwisch *m* V; **2.** *péj. fig.* Salbaderei *f*, jämmerliches Geschmiere *n*, wertloses Geschreibsel *n*; **~ée** P (tɔr'ʃe) *f* Prügel *f*; **~er** (~) [1a] **I** *v/t.* **1.** abwischen, sauber machen; **2.** F *fig.* ~ *un travail* e-e Arbeit hin-, ver-pfuschen; **3.** ⚠ mit Lehm und Stroh mauern; **II** *v/rfl.* se ~ a) sich abwischen; P *il n'a qu'à s'en* ~ *le bec* und wenn er auch noch so scharf darauf ist; mag er es auch noch so gern haben wollen; b) P sich prügeln.

torchère (tɔr'ʃɛ:r) *f* Stehlampe *f*, Lampenständer *m*, Leuchter *m*.

torch|ette (tɔr'ʃɛt) *f* kleiner Wischlappen *m*; Strohwisch *m*; **~is** (~'ʃi) *m Mauerei*: Stroh-, Kleiber-lehm *m*; **~on** (~'ʃɔ̃) *m* **1.** (Scheuer-, Wisch-)Lappen *m*; Geschirrtuch *n*; *passer le* ~ *dans la cuisine* die Küche aufwischen; ~ *à épousseter* Staublappen *m*; **2.** *péj. fig.* P Dreckweib *n*, Schlampe *f* P; **3.** P *se flanquer un coup de* ~ sich prügeln, sich in die Haare kriegen; **4.** *journ.* Revolverblatt *n*; **~onner** (~ʃɔ'ne) *v/t.* [1a] abwischen; F (zusammen-)schmieren, hinpfuschen.

torcol *orn.* (tɔr'kɔl) *m* Wendehals *m*.

tordage ⊕ (~'da:ʒ) *m* Drehen *n v. Fäden*; Zwirnen *n*.

tordant F (tɔr'dɑ̃) *adj.* [7] urkomisch, zum Totlachen.

tord-boyaux P (tɔrbwa'jo) *m* [6c] Fusel *m*, Rachenputzer *m* F.

tord|eur (tɔr'dœ:r) *su.* [7g] Zwirner *m*; **~euse** (~'dø:z) *f* **I** *ent.* Wickler *m*; **II** Kabeldrahtzwirnmaschine *f*.

tord-nez (tɔr'ne) *m* [6c] Nasenknebel *m* (*für Pferde*).

tordoir ⊕ (tɔr'dwa:r) *m* **1.** Zwirn-, Wring-maschine *f*; **2.** ⚒ Läufer-, Erz-mühle *f*; **3.** Knebel *m*.

tordre ('tɔrdrə) [4a] **I** *v/t.* (ab-, um-, zusammen-)drehen; winden; ~ *du linge* Wäsche auswringen; ~ *le bras à q.* j-m den Arm verrenken; ~ *et casser* verbiegen; *machine f à* ~ Wringmaschine *f*; **II** *v/rfl.* se ~ sich drehen, sich winden; se ~ *le cou* sich den Hals verrenken; *fig. rire à se* ~ *od.* **se** ~ *de rire* sich halb tot lachen; *il y a de quoi se* ~*!* das ist ja zum Totlachen!; se ~ *les mains* die Hände ringen; se ~ *un pied* sich e-n Fuß verstauchen.

tordu (tɔr'dy) **I** *adj.* überdreht; krumm; fehlerhaft; verzerrt; verwachsen (*Baum*); verrenkt (*Fuß usw.*); **II** ★ *su.* Idiot *m*.

tore (tɔ:r) *m* **1.** ⚠ (Säulen-)Wulst *f od. m*, Rundstab *m*; **2.** *géom.* Torus *m*, Ringfläche *f*.

toréador, toréro (tɔrea'dɔ:r, ~re'ro) *m* Torero *m*, Stierkämpfer *m*.

toréer (tɔre'e) *v/t.* [1a] als Torero auftreten.

toreutique 🕮 (tɔrø'tik) *f* (*Metall-, Holz- od. Elfenbein-*)Ziselierkunst *f*.

torgnole (tɔr'ɲɔl) *f* **1.** ⚕ Panaritium *n*, Fingerentzündung *f*; **2.** P Faustschlag *m*, Backpfeife *f*.

toril (tɔ'ril) *m* Stierkäfig *m* (*e-r Stierkampfarena*).

tormentille ⚘ (tɔrmɑ̃'tij) *f* Blutwurz *f*.

tornade (tɔr'nad) *f* Tornado *m*, Wirbelsturm *m*.

toron[1] (tɔ'rɔ̃) *m* Litze *f*, Strang *m*.

toron[2] ⚠ (~) *m* große(r) Wulst *f* (*od. m*), großer Rundstab *m*.

toronné ⊕ (tɔrɔ'ne) *adj.*: *fils m/pl.* ~*s* Drahtlitze *f*.

torpédo *Auto* (tɔrpe'do) *f* Sportwagen *m*.

tor|peur (tɔr'pœ:r) *f* Betäubung *f*, Erstarrung *f*; *physiol. u. fig.* Empfindungslosigkeit *f*; **~pide** (~'pid) *adj.* erstarrt; *physiol. u. fig.* empfindungslos.

torpill|age ⚔ (tɔrpi'ja:ʒ) *m* Torpedierung *f*; **~e** (tɔr'pij) *f* **1.** *icht.* Zitterrochen *m*; **2.** ⚔ Torpedo *n*; Mine *f*; ~ *aérienne* Luftmine *f*; ~ *à ailettes* Flügelmine *f*; ~ *sous-marine* Seemine *f*; ~*s pl. vigilantes* Sperrminen *f/pl.*; **~er** ⚔ (~pi'je) *v/t.* [1a] torpedieren (*a. fig.*), in die Luft sprengen; **~eur** (~pi'jœ:r) *m u. adj.* **1.** Torpedoboot *n*; ~ *de haute mer* Hochseetorpedoboot *n*; **2.** Torpedoflugzeug *n*; **3.** (*marin m*) ~ Torpedobootmatrose *m*; **4.** *Auto*: Stromlinienwagen *m*.

torqu|e (tɔrk) *f* **1.** ⊕ Ring *m*, Rolle *f*, Docke *f*; Ring-, Rollendraht *m*; **2.** Kautabakrolle *f*; **3.** *hist.* gallischer Ring *m*; **~er** (tɔr'ke) *v/t.* [1m] *Tabak* drehen.

torré|facteur (tɔrefak'tœ:r) *m* Kaffee-röstmaschine *f*, -röster *m*; **~faction** (~fak'sjɔ̃) *f* Rösten *n*; **~fier** (~'fje) *v/t.* [1a] rösten.

torrent (tɔ'rɑ̃) *m* reißender Bergstrom *m*; Wild-, Sturz-bach *n*; *fig.* Flut *f*, Strom *m*; Heftigkeit *f*, Gewalt *f*; *résister au ~* gegen den Strom schwimmen; *dans le ~ des affaires* im Getriebe (*od.* im Drange) der Geschäfte; *~ humain* Menschenstrom *m*, -gewühl *n*, -gedränge *n*; *un ~ d'injures* e-e ganze Flut von Beleidigungen; *le ~ des passions* die Heftigkeit der Leidenschaften; **~iel** (~'sjɛl) *adj.* [7c] □ Sturzbach..., durch Regenströme verursacht; *pluie f ~le* strömender Regen *m*, Wolkenbruch *m*; **~ueux** (~'tɥø) *adj.* [7d] stromartig; wild, reißend.

torride (tɔ'rid) *adj.* [7] brennend heiß, tropisch.

tors (tɔ:r) **I** *adj.* [7] gedreht, (schnecken-, schrauben-artig) gewunden; krumm (*Bein*); gezwirnt (*Faden*); gewunden (*Säule*); **II** *m* Drehung *f*, Zwirnung *f*; **~ade** (tɔr'sad) *f* spiralenförmig gewundener Gegenstand *m*; Spiralfranse *f*; ⚔ (Gold-, Silber-)Raupe *f an Achselstücken*; **~ader** (~sa'de) *v/t.* [1a] **1.** △ Windungen um e-e Säule machen; **2.** ⊕ verdrillen.

torse (tɔrs) *m* Torso *m*, Rumpf *m*; Oberkörper *m*; *se mettre le ~ nu* sich den Oberkörper freimachen; *fig. faire des effets de ~* sich brüsten, sich in die Brust werfen; *allg. poser pour le ~* sich in Positur stellen.

tors|er △ (tɔr'se) *v/i.* [1a] Windungen um e-e Säule machen; **~ion** (~'sjɔ̃) *f* Drehen *n*, Winden *n*; (Ver-)Drehung *f*; Verschlingung *f*; ⊕ Drall *m*; ⚕ *~ de la bouche* Verzerrung *f* des Mundes.

tort (tɔ:r) *m* **1.** Unrecht *n*; Schuld *f*, Fehler *m*; *avoir ~* unrecht haben; *avoir les ~s de son côté, être dans son ~* im Unrecht sein; *donner ~ à q.* j-m unrecht geben, j-m die Schuld geben; *mettre q. dans son ~* j-n ins Unrecht setzen; *réparer ses ~s* das begangene Unrecht wiedergutmachen; *à ~* zu Unrecht, ungerechterweise; *à ~ et à travers* völlig unüberlegt, aufs Geratewohl; *frapper à ~ et à travers* blindlings drauflosschlagen; *à ~ ou à raison* ob berechtigt oder nicht; **2.** Schädigung *f*, Benachteiligung *f*, Nachteil *m*; *faire ~ à q.* j-m schädigen (*de qch.* um etw. *acc.*); j-m Unrecht zufügen (*od.* tun); *nur abs. gebr. faire du ~ à q.* j-n benachteiligen.

torte F (tɔrt) *adj./f* schief; krumm; *üblicher*: torse *f*, *vgl.* tors.

tortelle ⚘ (tɔr'tɛl) *f* Hederich *m*.

torticolis ⚕ (tɔrtikɔ'li) *m* steifer Hals *m*.

tortil ⛉ (tɔr'til) *m* **1.** Kronenschnur *f*; **2.** Mohrenbinde *f*.

tortill|age (tɔrti'ja:ʒ) *m* konfuses Gerede *n*, Ausflüchte *f/pl.*, Winkelzüge *m/pl.*; **~ard** (~'ja:r) **I** *adj.* [7] krumm; *a.* **krumm gewachsen**; *bois m ~* Knie-, Krumm-holz *n*; *orme m ~* Feldulme *f*; **II** F *m* Bummelzug *m*; **~é** (~ti'je) *adj.* verschroben; geschraubt (*Stil, Sprache*); **~ement** (~tij'mɑ̃) *m* **1.** (Zusammen-)Drehen *n*, (-)Winden *n*; **2.** Gewundenheit *f*, Verworrenheit *f*; Geschraubtheit *f* (*bsd. Stil*); **3.** *~s pl. fig.* Ausflüchte *f/pl.*; **~er** (~ti'je [1a] **I** *v/t.* (z.-) dreschen, wickeln, ineinander verschlingen; **II** *v/i.* sich hin und her drehen; *fig.* sich drehen und winden, Ausflüchte machen; *~ des hanches* mit den Hüften wackeln; *il n'y a pas à ~* da hilft keine Ausrede mehr; **III** *v/rfl.* se ~ sich hin- u. herdrehen; sich krümmen; sich ringeln; sich winden (*v. Schlangen*); F *se ~ sur sa chaise* auf s-m Stuhl hin- u. herrutschen; **~on** (~ti'jɔ̃) *m* **1.** Gedrehtes *n*; *~ de ruban* gedrehtes Band *n*; **2.** Kopfpolster *n* (*zum Lastentragen*), Tragkranz *m*; **3.** *peint.* Wischer *m* (*der Kreidezeichner*); **4.** *text.* Zopf *m*; *~ de paille* Strohseil *n*.

tortionnaire (tɔrsjɔ'nɛ:r) **I** *adj.* □ **1.** ⚖ gewalttätig; widerrechtlich; **2.** zum Foltern dienend; **II** *m* Folterknecht *m*; Peiniger *m*.

tortis *text.* (tɔr'ti) *m* (*Seiden-, Woll-, Flachs-*)Strähne *f*.

tortoir (tɔr'twa:r) *m* Würgeknebel *m zum Festschnüren der Fracht*.

tortu (tɔr'ty) *adj.* krumm, schief, gewunden; *fig.* verschroben, verdreht; *esprit m ~* verdrehter Kerl *m*.

tortue *zo.* (~) *f* Schildkröte *f*; *fig. marcher à pas de ~* im Schneckengang gehen.

tortu|eux (tɔr'tɥø) *adj.* [7d] □ **1.** gekrümmt, sich schlängelnd; *replis m/pl.* ~ (Schlangen-)Windungen *f/pl.*; **2.** *fig.* schleichend, verborgen, unlauter, dunkel; *être* ~ *dans les affaires* dunkle Sachen drehen; **~osité** (~tɥozi'te) *f* Gekrümmtheit *f*, krummer Verlauf *m*; *fig.* Verschlagenheit *f*, List *f*, Unoffenheit *f*; Verworrenheit *f*; ~*s f/pl.* Winkelzüge *m/pl.*

tortur|e (tɔr'ty:r) *f* Folter *f*, Tortur *f*; *fig.* Marter *f*, Qual *f*; *chambre f de* ~ Folterkammer *f*; *mettre q. à la* ~ j-n auf die Folter spannen (*a. fig.*); *être à la* ~ e-e Höllenqual ausstehen; *se mettre l'esprit à la* ~ sich den Kopf zerbrechen, sich zermartern; **~er** (~ty're) **I** *v/t.* foltern, martern; *fig.* den Sinn *e-s Textes* gewaltsam entstellen; **II** *v/rfl. se* ~ sich abquälen; *se* ~ *l'esprit* sich mit Gedanken quälen, sich innerlich zermartern.

torul|a (tɔry'la) *f* Hefepilz *m*; **~e** ⚘ (~'ryl) *m* schwarzer Pilz *m auf Rinde u. Blättern.*

torve (tɔrv) *adj.* scheel, böse, finster (*vom Blick*); *regarder d'un œil* ~ finster ansehen.

toscan (tɔs'kɑ̃) [7] **I** *adj.* toskanisch; △ *ordre m* ~ toskanische Säulenordnung *f*; **II** ♀ *su.* Toskaner *m*; ♀**e** (~'kan) *f*: *la* ~ die Toskana *f*.

tôt (to) **I** *adv.* früh, bald, frühzeitig; *trop* ~ zu früh; *plus* ~ a) früher; b) *nachgestellt*: vor (*zeitlich*); *huit jours plus* ~ vor 8 Tagen; *au plus* ~ frühestens, so bald wie möglich; ~ *ou tard* früher oder später; **II** *cj.* **ne ... pas plus ~ que** kaum ... als; *je ne lui avais pas plus* ~ *pris son mal qu'il m'abandonnait sans un mot d'adieu* kaum hatte ich ihm sein Leiden abgenommen, als er mich ohne ein Abschiedswort meinem Schicksal überließ; *hierfür oft unrichtig*: *plutôt*.

total (tɔ'tal) **I** *adj.* [5c] □ ganz, gänzlich, total, völlig, restlos; *vente f* ~*e* Totalausverkauf *m*; **II** *m das* Ganze *n*; Summe *f*, Gesamtbetrag *m*; ~ *d'impôts* Steueraufkommen *n*; *advt. au* ~, *en* ~ im ganzen, insgesamt, alles in allem; *se monter en* ~ sich insgesamt belaufen (*à* auf); ~ *d'une addition* Gesamtergebnis *n* e-r Addition; **~isateur** (~liza'tœ:r) *m* Totalisator *m*; **~isation** (~liza'sjɔ̃) *f* Zusammenrechnung *f*; **~iser** (~li'ze) *v/t.* [1a] addieren, zusammenzählen; im ganzen (*od.* insgesamt) erreichen (schaffen); **~itaire** *pol.* (~li'tɛ:r) *adj.* totalitär; **~itarisme** *pol.* (~lita'rism) *m* Totalitarismus *m*, totalitäres Regime *n*; **~ité** (~li'te) *f* Gesamtheit *f*; *propriété f à vendre en* ~ Grundbesitz im ganzen zu verkaufen.

tot|em (tɔ'tɛm) *m* Totem *n* (*verehrtes Tierbild*); **~émisme** (~te'mism) *m* Totemglaube *m*.

tôt-fait (to'fɛ) *m* [6g] Biskuitkuchen *m*.

toto ★ ⚔ (tɔ'to) *m* Laus *f*.

toton (tɔ'tɔ̃) *m* (Buchstaben-)Drehwürfel *m*; kleiner Kreisel *m*; *fig.* F *faire tourner q. comme un* ~ j-n nach s-r Pfeife tanzen lassen, mit j-m herumspringen, wie man will.

touage (twa:ʒ) *m* **1.** Schleppen *n*, Verholen *n*; **2.** Tauer-, Schlepperlohn *m*; **3.** Schleppschiffahrt *f*.

touaille (twɑ:j) *f* Rollhandtuch *n*.

Touareg (twa'rɛg) *m/pl.* (*sg.*: *Targui* [tar'gi]) Tuareg *pl.* (*Volksstamm*).

toubib P *a.* ⚔ (tu'bib) *m* Arzt *m*.

toucan *orn.* (tu'kɑ̃) *m* Tukan *m*, Pfefferfresser *m*.

touch|ant (tu'ʃɑ̃) **I** *adj.* [7] berührend, an etw. grenzend; *fig.* ergreifend, rührend; **II** *m fig. das* Rührende *n*, *das* Ergreifende *n*; **III** *prp.* hinsichtlich (*gén.*), in bezug auf (*acc.*), was ... betrifft, betreffend (*acc.*); **~au** (~'ʃo) *m* [5b] ⊕ Probiernadel *f der Goldschmiede*; **~e** (tuʃ) *f* **1.** ♪ Anschlag *m* (*Klavier*); **2.** Stichprobe *f des Goldschmieds*; *pierre f de* ~ Probierstein *m*; *fig.* Prüfstein *m*; **3.** Pinselstrich *m*, Manier *f e-s Malers*; **4.** *fig.* Stil *m*, Ausdrucksweise *f* (*e-s Schriftstellers*); **5.** *Fußball*: Spielfeldmittelpunkt *m*, Mark *f*; Einwurf *m*; *ligne f de* ~ Seiten-, Mark-linie *f*; *juge m de* ~ Linienrichter *m*; *le ballon n'est pas en* ~ der Ball ist nicht in der Mark; **6.** Taste *f* (*am Klavier*); ~ *de recul* Rücklauftaste *f* (*der Schreibmaschine*); ~*s pl.* Klaviatur *f*; Griffbrett *n* (*Geige*); Bund *m* (*Laute*); **7.** *esc.* Treffer *m*; **8.** a) Rute *f* (*zum Antreiben von Rindern*); b) Rinderherde *f*; **9.** F *c'est la sainte* ~ (*od. la Sainte-*♀) heute gibt's Zaster, heute ist Zahltag; **10.** P Aussehen *n*; *avoir une drôle de* ~ komisch (*od.* lächerlich) aussehen; *avoir une* ~ auffallen, bemerkt werden; *quelle* ~*!* wie du aussiehst!

touché (tu'ʃe) *adj.* berührt; *fig.* gerührt; *esc.*: *bien* ~ gut getroffen.

touche-à-tout F (tuʃa'tu) *m* [6c] **1.** Begrapscher *m*; **2.** Naseweis *m*, Besserwisser *m*; Vielwisser *m*.

toucher (tu'ʃe) [1a] **I** *v/t.* **1.** *unmittelbar* berühren, anfassen; befühlen; erreichen; *fig.* erschüttern; ~ *q. de la main* (*à la main*) j-n mit der Hand (an der Hand) berühren; *il lui a touché la main* er hat s-e Hand angefaßt; ~ *le but* das Ziel erreichen; ~ *q. par téléphone* j-n telephonisch erreichen; ⚓, ✈ ~ *terre* landen; ⚓ anlaufen; ⚓ ~ *un écueil* auf e-e Klippe stoßen; ~ (*le fond*) auf Grund stoßen (*od.* gehen); *fig. ne pas laisser* ~ *terre à q.* j-n nicht hochkommen lassen; **2.** ~ *des bœufs* Ochsen vor sich hertreiben; *touche, cocher!* fahr' zu, Kutscher!; **3.** unmittelbar angrenzen, anstoßen an (*acc.*); **4.** *fig.* ein Thema berühren, anschneiden, streifen; **5.** Geld erhalten, abheben, bekommen; Gehalt beziehen; ~ *de l'argent* Geld erhalten; ~ *un mandat* eine Postanweisung erhalten; **6.** *fig.* innerlich bewegen, rühren, tief ergreifen; *on est touché de compassion* man ist von Mitleid ergriffen; *touché par tant d'affection* über soviel Zuneigung ergriffen; *se laisser* ~ *par les larmes de q.* sich durch j-s Tränen erweichen lassen; *ce drame toucha les spectateurs profondément* dieses Drama ergriff die Zuschauer zutiefst; *cela me touche de près* das geht mir sehr nahe; *cela ne me touche en rien* das läßt mich vollkommen kalt, das berührt mich gar nicht; *son sort me touche* ich nehme an s-m (ihrem) Schicksal Anteil; ~ *q. au vif* j-n innerlich schwer treffen; j-n tief kränken; ~ *la corde sensible de q.* j-n innerlich aufrütteln, j-s wunde Stelle treffen; **7.** *fig.* betreffen; *cela me touche de près* das betrifft mich unmittelbar; *en ce qui touche l'honneur* was die Ehre betrifft; **8.** ♪ ein Instrument spielen; ~ *le piano* (*l'orgue*) Klavier (Orgel) spielen (*so schreibt das Wörterbuch Larousse du XX*[e] *siècle*; *jedoch meist intransitiv gebraucht wie unter* II, 22; *s. a. jouer* II, 8); ~ *faux* sich in der Saite vergreifen, falsch greifen; **9.** *fig.* F ~ *la grosse corde* den Hauptpunkt zur Sprache bringen; **10.** *Boxsport*: ~ *l'adversaire* den Gegner anschlagen; *Fußball*: ~ *le ballon de la main* Hand machen, den Ball mit der Hand berühren; **11.** *esc.* treffen; *touché!* (*beim Fechten*) sitzt!; ~ *juste* genau treffen; *fig.* den Nagel auf den Kopf treffen; **12.** *peint.* behandeln, ausführen; **13.** F kurz sagen; *je lui en toucherai un mot* (*quelques mots, deux mots*) ich werde mit ihm kurz darüber sprechen; **14.** *fig.* ~ *q. de près* mit j-m nahe verwandt sein; *il le touche de près* er ist mit ihm nahe verwandt (*vgl. Ende* 17); **15.** ~ *un lingot* e-n Goldbarren mit dem Probierstein untersuchen; **II** *v/i.* **16.** ~ *à qch.* etw. nur leicht berühren, an etw. (*dat.*) rühren, mit etw. (*dat.*) in Berührung kommen, etw. antasten, leicht anfassen (*diese intransitive Verwendung bsd. bei e-m Verbot!*); *n'y touchez pas!*, *ne touchez pas à cela!* faßt das nicht an!; *les enfants touchent à tout* Kinder fassen alles an; ~ *au mur* mit der Hand die Mauer streifen; *il ne touche pas des pieds à terre* er berührt beim Lauf kaum die Erde; *je n'y ai pas touché* ich habe es nicht angerührt; **17.** ~ *à qch.* an etw. (*acc.*) herankommen *od.* heranreichen; fast grenzen an etw. (*acc.*), in der Nähe liegen von (*dat.*), in unbestimmter Entfernung benachbart sein mit (*dat.*); nahekommen, sich nähern (*dat.*); betreffen; *il est si grand qu'il touche au plafond* er ist so groß, daß er an die Decke heranreicht; *un édifice touche à un autre* ein Gebäude liegt in der Nähe e-s anderen; *on touchait à la fin de la deuxième guerre mondiale* man näherte sich dem Ende des zweiten Weltkrieges; ~ *à l'âge viril* bald das Mannesalter erreichen; ~ *à sa fin* s-m Ende entgegensehen; ~ *à sa dernière heure* s-r letzten Stunde entgegensehen; ~ *à un idéal* e-m Ideal näherkommen; ~ *au but* dem Ziele näherkommen; ~ *de près à q.* mit j-m nahe verwandt sein; in enger Verbindung (*od.* Fühlung) mit j-m stehen; (*vgl.* 14); *touchant de près aux cercles officiels* in enger Fühlungnahme mit den amtlichen Kreisen; **18.** ~ *à ses revenus* s-n Einkommen angreifen; ~ *à de l'argent d'autrui* sich an fremdem Gelde vergreifen; **19.** *fig.* ~ *à un sujet* ein Thema andeuten;

20. *vous y avez touché de près* Sie haben es beinahe getroffen (*od.* erraten)!; *ne pas avoir l'air d'y* ~ es dicke hinter den Ohren haben; den Unschuldigen markieren; sich dumm stellen; *sans avoir l'air d'y* ~ mit der harmlosesten (*od.* gleichgültigsten) Miene der Welt; **21.** ⚖ *ne pas* ~ *à la loi* (*à un ouvrage usw.*) das Gesetz (das Werk *usw.*) unverändert lassen; ~ *à un contrat* e-n Vertrag abändern; **22.** ~ *du piano* (*de l'orgue*) Klavier (Orgel) spielen; **III** *v/rfl.* se ~ **23.** sich berühren; **24.** aneinander grenzen (*od.* stoßen); **25.** se ~ *de près* nahe miteinander verwandt sein; **26.** se ~ *dans la main* etw. durch Handschlag bestätigen; **IV** *m* **27.** Fühlen *n*, Tastsinn *m*, Gefühl *n*; *avoir le* ~ *délicat* in den Händen ein feines Gefühl haben; *au* ~ beim Anfassen, beim Berühren; **28.** ♪ Anschlag *m e-s Klavierspielers usw.*

touchette ♪ (tu'ʃɛt) *f* Elfenbeineinlage *f* (*am Bund e-r Gitarre*).

toucheur (tu'ʃœ:r) *su.* [7g] Ochsentreiber *m*; *typ.* Auftragwalze *f*.

tou|e ⚓ (tu) *f* **1.** Verholen *n*, Warpen *n*, Schleppen *n*; **2.** Fährboot *n*; **~ée** ⚓ (twe) *f* **1.** Tauerei *f*, Verholen *n*; **2.** Schlepptau *n* von 200 m; **~er** ⚓ (~) *v/t.* [1a] warpen, verholen, schleppen; **~eur** ⚓ (twœ:r) *m* **1.** Verholer *m*, Warper *m* (*Matrose*); **2.** Schleppdampfer *m*.

touff|e (tuf) *f* Büschel *n*; ~ *d'arbres* Baumgruppe *f*; ~ *de cheveux* Haarbüschel *n*; **~er** (tu'fe) *v/i.* [1a] buschig wachsen.

touffeur (tu'fœ:r) *f* heißer Dunst *m*; ~ *d'orage* Gewitterschwüle *f*.

touffu (tu'fy) *adj.* buschig, dicht; mit Baumgruppen bestanden; *fig.* überladen; schwerfällig.

touiller *bsd.* ⚗ (tu'je) *v/t.* [1a] umrühren, um zu mischen.

toujours (tu'ʒu:r) *adv.* **1.** immer, stets, jederzeit; *pour* ~ für immer; *depuis* ~ seit jeher; *l'homme a* ~ *tremblé devant l'inconnu* der Mensch hat immer vor dem Unbekannten gezittert; **2.** noch immer; immer noch; *il est* ~ *sous les drapeaux* er ist immer noch Soldat; **3.** immerhin, doch, wenigstens; indessen, nur; *allez* ~*!* nur weiter!; *donnez* ~*!* geben Sie ruhig (her)!; *ce serait* ~ *qch.* das wäre immerhin schon etwas; ~ *est-il que* ... soviel ist sicher, daß ...; fest steht, daß ...; trotzdem, immerhin, jedenfalls.

touloupe (tu'lup) *f* russische Lammfelljoppe *f*.

toundra (tun'dra) *f* Tundra *f*.

toupet (tu'pɛ) *m* **1.** (Haar-, Woll-) Büschel *n*; Schopf *m*, Sturmtolle *f*; *fig.* *se prendre au* ~ sich in die Haare geraten, sich in die Wolle kriegen; **2.** F *fig.* Unverfrorenheit *f*, Unverschämtheit *f*, Dreistigkeit *f*; *elle a un* ~ *bœuf* sie hat ein unerhört freches Auftreten; *avoir le* ~ *de* ... die Frechheit besitzen.

toupi|e (tu'pi) *f* **1.** Kreisel *m*; ~ *d'Allemagne* Brummkreisel *m*; *jouer à la* ~ mit dem Kreisel spielen; **2.** F *fig.* Wetterfahne *f*; **3.** P *fig.* alberne (*od.* eingebildete) Gans *f* (*od.* Pute *f*); *vieille* ~ alte Schachtel *f*; **4.** ⊕ Fräsmaschine *f für Holzbearbeitung*; ~ *mécanique* Zentrifuge *f*; Trockenschleuder *f*; **~llage** ⊕ (~pi'ja:ʒ) *m* Holzbearbeitung *f* mit der Fräsmaschine; **~ller** (~pi'je) [1a] **I** *v/i.* sich wie ein Kreisel drehen; **II** *v/t.* Holz mit der Fräsmaschine bearbeiten.

toupillon (tupi'jɔ̃) *m* **1.** Büschelchen *n*; **2.** kleiner Kreisel *m*; **3.** Büschel *n* schlecht gewachsener, überflüssiger Zweige (*od.* Äste) e-s Baums.

tour¹ (tu:r) *f* Turm *m*; ~ *d'église* Kirchturm *m*; ⊕ ~ *de sondage* Bohrturm *m*; ~ *de télévision* Fernsehturm *m*; ~ *de T.S.F.* Funkturm *m*.

tour² (~) *m* **1.** a) kreisförmige Bewegung *f*, Umdrehung *f*; ~ *de roue* Radumdrehung *f*; *donner un* ~ *de clef* einmal herumschließen; *fermer à double* ~ zweimal abschließen; b) Weite *f* (*Schneiderei*); ~ *de hanches* Hüftweite *f*; ~ *de taille* Taillenweite *f*; **2.** Krümmung *f*, Windung *f* (*z.B. e-s Flusses*); **3.** Umfang *m*, Umkreis *m*; **4.** (Spazier-)Gang *m*, Rund-fahrt *f*, -gang *m*; Reise *f*; Ausflug *m*, Wanderung *f*; Tour *f*; *je lui ai fait faire le* ~ *de la ville* ich habe ihn durch die Stadt geführt; *faire le* ~ *du monde* e-e Reise um die Welt machen; *faire un* ~ e-n Ausflug machen; *faire un grand* ~ *à pied* e-e Wanderung machen; *petit* ~ *à la campagne* Spritzfahrt *f* aufs Land; *faire un* ~ *à la maison* e-n Sprung nach Hause machen; *faire un* ~ *en ville* e-n Bummel durch die Stadt machen; *faire le* ~ *de sa chambre* in s-m Zimmer auf-

und abgehen; *faire son ~ de France* durch Frankreich als Handwerksbursche ziehen; *fig. faire un ~ d'horizon* e-n Gesamtüberblick gewinnen; *fig.* sich im Gelände orientieren; *fig. faire le ~ du cadran* zwölf Stunden hintereinander schlafen; **5.** Wendung *f*; Schwenkung *f*; *cela prend un mauvais ~* das nimmt e-e schlimme Wendung; *~ de phrase* Redewendung *f*; *~ d'esprit agréable (original)* angenehme (originelle) Ausdrucksweise *f*; **6.** *~ de visage* Gesichtsbildung *f*; **7.** *~ de lit* Bettdrapierung *f*; **8.** *~ de cou* Pelzkragen *m*, Pelzkrawatte *f*, Collier *n*; **9.** *~ de reins* Verrenkung *f* des Kreuzes; **10.** Streich *m*; Kunststück *n*; *~ de cartes* Kartenkunststück *n*; *~ de force* Kraftleistung *f*; *~ de main* Fertigkeit *f*, Kunstgriff *m*; *à ~ de bras* mit aller Kraft, aus Leibeskräften; *en un ~ de main* im Handumdrehen, im Nu; *~ d'escroc* Gaunerstreich *m*; *~ de gamin (od. de polisson)* Dummerjungenstreich *m*; *~ de passe-passe* Zauberstückchen *n*, Taschenspielertrick *m*; *jouer un ~ à q.* j-m e-n Streich spielen; *voilà de ses ~s* das sind seine Streiche; *le ~ est joué* die Sache ist fertig (*od.* geritzt *od.* gemacht); *fig. ~ de vis* Steuerschraube *f*; **11.** Darstellungsweise *f*; Einkleidung *f*, Wendung *f*; **12.** Reihe *f*; *c'est mon ~* ich bin dran (*od.* an der Reihe); *à qui le ~?* wer ist dran? (*od.* an der Reihe?); *chacun (à) son ~* jeder der Reihe nach; einer nach dem andern!; *plus souvent qu'à mon ~* häufiger als es mir recht ist; *~ à ~* abwechselnd; *à ~ de rôle* der Reihe nach; *~ de scrutin* Wahlgang *m*; *~ de faveur* Vergünstigung *f*; Vorzugsbehandlung *f*, bevorzugte Abfertigung *f*; *thé.* vorrangige Aufführung *f*; *accorder le ~ de faveur à q.* j-n bevorzugt abfertigen; **13.** *Sport*: Runde *f*, Gang *m*, Tour *f*; *le* ♀ *de France vél.* das Frankreichradrennen *n*; *~ cycliste* Radtour *f*; *faire un ~* e-e Runde abfahren; *~ final* Schlußrunde *f*; *~ d'honneur* Ehrenrunde *f*; *~ de repêchage* Zwischenrunde *f*; *~ éliminatoire* Ausscheidungsrunde *f*; **14.** ⚠ *~ du chat* Brandgasse *f*; **15.** Drehbank *f*; *~ en l'air* Kopfdrehbank *f*; *~ à détalonner* Hinterdrehbank *f*; *~ parallèle* Parallel-Drehbank *f*, Leitspindel(dreh)bank *f*; *~ de précision* Feindrehbank *f*; *~ vertical* Karusseldrehbank *f*; *~ de potier* Töpferscheibe *f*; **16.** *~s pl.* Wickelung *f*; *~s pl. primaires, ~s pl. secondaires* Primär-, Sekundärwicklung *f*.

touraill|age ⊕ (turɑ'ja:ʒ) *m* Ausdarrung *f* (*Bierbrauerei*); **~e** (tu'rɑ:j) *f* Malzdarre *f*; gedarrtes Malz *n*; **~er** ⊕ (~rɑ'je) *v/t.* [1a] ausdarren; **~on** ⊕ (~rɑ'jõ) *m* Malzstaub *m*, trockene Malzkeime *m/pl.*

tourangeau (turɑ̃'ʒo) *adj. u.* ♀ *m* (*f*: *tourangelle*) (Einwohner) aus der Touraine *od.* aus Tours.

touranien *ling.* (tura'njɛ̃) *adj. u.* ♀ *su.* [7c] turanisch; Turanier *m*.

tourbage (~'ba:ʒ) *m* Torfstechen *n*.

tourbe[1] (turb) *f* Torf *m*; *marais m à ~* Torfmoor *n*; *extraire de la ~* Torf stechen.

tourbe[2] (~) *f* Haufen *m*, Menge *f*; *fig. péj.* Pöbel *m*, Gesindel *n*, Pack *n*.

tourb|er (tur'be) *v/i.* [1a] Torf stechen; **~ier** (~'bje) **I** *adj.* [7b] torfhaltig; **II** *m* Torfstecher *m*; **~ière** (~'bjɛ:r) *f* Torfstich *m*.

tourbillon (turbi'jõ) *m* **1.** Wirbelwind *m*; *~ de neige* Schneegestöber *n*; **2.** Strudel *m*; *~ de poussière* Staubwirbel *m*; **3.** *fig.* Taumel *m*; Rausch *m*, Fieber *n*; *~ des plaisirs* Freudentaumel *m*; *vivre dans un ~* in Saus und Braus (*od.* wie im Taumel) leben; *~ de la vie citadine* Großstadtgetriebe *n*; **4.** *fig.* Quirl *m*, Wildfang *m* (*z. B. v. Kindern*); **~nant** (~jɔ'nɑ̃) *adj.* [7] wirbelartig; **~nement** (~jɔn'mɑ̃) *m* Wirbeln *n*; Strudeln *n*; *fig.* Tempo *n*, Pulsschlag *m*; **~ner** (~jɔ'ne) *v/i.* [1a] sich im Wirbelkreis herumdrehen; flattern, herumfliegen (*trockene Blätter*); *~ autour de q.* j-n umschwärmen; *faire ~* aufregen, aufwühlen.

tourd (tu:r) *m* **1.** *icht.* grüner Lippfisch *m*; **2.** *orn.* Drossel *f*.

tourelle (tu'rɛl) *f* Türmchen *n*; ⚔, ⚓ Panzerturm *m*; ✈ Gefechtsstand *m*; ⚔ *~ mobile, ~ pivotante* Drehturm *m*.

touret (tu'rɛ) *m* **1.** ⊕ Rädchen *n*, Rolle *f*; **2.** Pflock *m*, Dolle *f*.

tourie ⚗ (tu'ri) *f* Ballon *m*.

tourier *rl.* (tu'rje) *m u. adj./m* (*frère m*) ~ Klosterpförtner *m*.

tourillon ⊕ (~ri'jõ) *m* Drehzapfen *m*.

touring|-car (turiŋ'ka:r) *m* [6g]

Gesellschafts-, Reise-bus *m*; **~-club** (~'klœb) *m* [6g] Touristenverein *m*.
Touring-Secours *Auto* (turiŋ'sku:r) *m* [6c] motorisierte erste Hilfe *f* u. allgemeiner Sicherheitsdienst *m* auf Autostraßen.
touris|me (tu'rism) *m* Fremden-, Reise-verkehr *m*, Touristik *f*, Reisesport *m*; ~ *automobile*, ~ *cycliste* Auto-, Radfahr-verkehr *m*; ~ *pédestre* Wandersport *m*; *agence f* (*od. bureau m*) *de* ~, *heute oft*: *office m de* ~ Reise-, Verkehrs-büro *n*; *publicité f de* ~ Verkehrswerbung *f*; *voiture f de* ~ Personenwagen *m*; ~ *collectif* (*individuel*) Gesellschafts- (Einzel-)reisen *f/pl.*; **~te** (tu'rist) *su.* Vergnügungsreisender *m*, Tourist *m*, Ausflügler *m*, Sommer-frischler *m*, -gast *m*, Wanderer *m*; **~tique** (~s'tik) *adj.* Touristen..., Fremdenverkehrs...; *circuit m* ~ Rund-, Besichtigungs-, Vergnügungs-fahrt *f*; *société f* ~ (Reise-)Verkehrsgesellschaft *f*; *une bonne année* ~ ein gutes Touristenjahr *n*.
tourlourou F ⚔ (turlu'ru) *m* [5b] *plais.* Lanzer *m*, Muschkote *m*.
tourment (tur'mɑ̃) *m* Marter *f*, Pein *f*, heftiger Schmerz *m*, Qual *f*; Kummer *m*, Plage *f*; **~e** (~'mɑ̃:t) *f* Seesturm *m*, Unwetter *n*; *fig.* Sturm *m*, Aufruhr *m*; ~ *de neige* Schneesturm *m*; **~é** (~mɑ̃'te) *m*: ⚕ ~ *mental* Geistesgestörter *m*; **~er** (~) *v/t.* [1a] **1.** martern; quälen, plagen; **2.** *fig.* beunruhigen, Sorge bereiten (*dat.*), belasten; belästigen, nicht in Ruhe lassen; auf die Nerven fallen (*dat.*); **3.** ein Schiff hin und her schleudern; **4.** *fig.*: ~ *son style* s-m Stil Gewalt antun, sich stilistisch verkrampfen; **~eur** (~'tœ:r) *su. u. adj.* [7g] Quälgeist *m*; quälend; **~eux** (~'tø) *adj.* stürmisch.
tourmentin (turmɑ̃'tɛ̃) *m* **1.** ⚓ Sturm-, Vorstag-segel *n*; **2.** *orn.* Sturmvogel *m*.
tourn|age ⊕, *cin.* (tur'na:ʒ) *m* Drehen *n*; Drechseln *n*; ⚓ Knebel *m*, Klampe *f* (*für das Tau*); *cin.* Dreharbeiten *f/pl.*; **~ailler** F (~nɑ'je) *v/i.* [1a] dauernd hin und her gehen; umher-, herumschleichen; **~ant** (~'nɑ̃) **I** *adj.* [7] sich drehend; *escalier m* ~ Wendeltreppe *f*; *pont m* ~ Drehbrücke *f*; **II** *m* **1.** Wendung *f*; Flußbiegung *f*, -krümmung *f*; Biegung *f*, (Straßen-) Ecke *f*; *Auto*: Kurve *f*, Wendung *f*; ~ *brusque* kurze Wendung *f*; ~ *en épingle à cheveux* Haarnadelkurve *f*; *fig. au* ~ *de l'année 1955/56* um die Wende des Jahres 1955/56; **2.** *fig.* Wendepunkt *m*, Meilenstein *m*; **3.** Strudel *m*; **4.** ⊕ (Mühl-)Gang *m*.
tournasser (turna'se) *v/t.* [1a] auf der Drehscheibe bearbeiten.
tourné (tur'ne) *adj.* gelegen (*Haus*); sauer (*Milch*); verdorben (*Wein*); *bien* ~ gut gewachsen; *fig.* gut gelaunt; gelungen (*Kompliment*); *mal* ~ aus der Art geschlagen; unbeholfen; ungeschickt abgefaßt (*Brief*).
tourne|-à-gauche ⊕ (turna'goʃ) *m* [6c] Drehschlüssel *m*; Wende-, Wind-eisen *n*; Schränkeisen *n* (*Säge*); **~bouler** F (~nəbu'le) *v/t.* [1a]: ~ *q.* j-m den Kopf verdrehen; **~bride** *ehm.* (~'brid) *m* Herberge *f* neben e-m Schloß *od.* Landhaus für Diener u. Pferde; **~broche** (~'brɔʃ) *m* Bratenwender *m*; **~-disque** (~'disk) *m* [6g] Plattenspieler *m*; *valise f* ~ Phonokoffer *m*; **~dos** *cuis.* (~'do) *m* Rinderfilet *n in Scheiben.*
tournée (tur'ne) *f* **1.** Dienst-, Geschäfts-reise *f*; *thé.* Tournée *f*, Rundfahrt *f*; Gang *m* (*Briefträger*); F Ausflug *m*, Spazierfahrt *f*; ⚒ Grubenfahrt *f*; ~ *de propagande* Propagandarund-fahrt *f*, -reise *f*; **2.** F Lage *f*, Runde *f* (*Wein, Bier usw.*); **3.** P Tracht *f* Prügel.
tourne|-feuille (turnə'fœj) *m* [6c] *od.* [6g] Blattwender *m*; **~-fil** ⊕ (~'fil) *m* [6g] Abziehstahl *m*; **~main** (~'mɛ̃) *m*: *nur advt.* *en un* ~ im Handumdrehen; **~ment** (~'mɑ̃) *m* Wendung *f*; **~-oreille** ↗ (turnɔ'rɛj) *m/inv.* Wendepflug *m*; **~-pierre** *orn.* (turnə'pjɛ:r) *m* [6g] Steinwälzer *m*, -dreher *m* (*Stelzvogelart*).
tourner (tur'ne) [1a] **I** *v/t.* **1.** drehen, (um)wenden, umkehren; ⚡ ~ *le bouton od. le commutateur* (das Licht) anmachen, anknipsen; *cin.* ~ *un film* e-n Film drehen; ~ *bride* umkehren (*zu Pferde*); *fig.* umschwenken (*in s-r Ansicht*); *fig.* ~ *casaque* umschwenken (*in s-r Meinung*); *sa veste* (*od. sa jaquette*) *fig.* sein Mäntelchen nach dem Winde drehen; ~ *le sang* (*od. les sens*) *à q.* j-n schwer erschüttern; ~ *l'étoffe du mauvais côté* den Stoff umkehren; *fig.* ~ *de travers les paroles de q.* j-s Worte verdrehen; ~ *la bouche* den Mund

verziehen; ~ *les yeux* die Augen verdrehen; ~ *qch. en dehors fig.* etw. besonders herausstreichen (*od.* hervorkehren); ~ *et retourner q. en tous sens* j-n nach Herz u. Nieren ausfragen; ~ *et retourner qch. dans son esprit* sich etw. reiflich überlegen; etw. von allen Seiten her betrachten; ~ *q. à son gré* mit j-m umspringen; *fig.* ~ *ses pouces* Däumchen drehen, die Hände in den Schoß legen; ~ *une carte* e-e Karte (zu) Trumpf machen; ~ *le dos à q. a. fig.* j-m den Rücken kehren; j-n stehen lassen; ~ *les talons* den Rücken wenden; *fig.* die Flucht ergreifen; ~ *une feuille* ein Blatt umwenden; *tournez, s'il vous plaît!* bitte wenden! (*z.B. auf e-r unteren Briefseite*); ~ *la justice* das Recht verdrehen; ~ *ses souliers* s-e Schuhe schief treten; ~ *la tête* den Kopf nach hinten wenden, sich umsehen; *fig.* ~ *la tête* (*od. la cervelle*) *à q.* j-m den Kopf verdrehen; **2.** ⊕, *cin.* drehen; drechseln; *litt.* formulieren, aufsetzen, ausdrücken; *fig. savoir bien* ~ *un compliment* ein treffendes Kompliment zu machen verstehen; *phrase bien tournée* passende (*od.* zutreffende) Redensart *f*; **3.** richten, wenden; auslegen, interpretieren; ~ *les pieds en dedans* (*en dehors*) die Füße nach innen (nach außen) drehen; ~ *ses pensées vers Dieu* s-e Gedanken zu Gott hin wenden; ~ *la conversation sur qch.* das Gespräch auf etw. (*acc.*) lenken; ~ *les choses à son avantage* die Dinge auf s-n Vorteil ausrichten; ~ *tout en bien* alles aufs beste auslegen; ~ *en dérision*, ~ *en ridicule* lächerlich machen, ins Lächerliche ziehen; **4.** *litt.* ~ *qch. en une autre langue* etw. in e-e andere Sprache übertragen (*od.* übersetzen); ~ *en allemand* verdeutschen; **5.** herumgehen um (*acc.*), um'gehen; ~ *un cap* ein Kap umsegeln; ~ *le coin* um die Ecke biegen; ~ *l'ennemi* den Feind umgehen; *fig.* ~ *une difficulté* e-r Schwierigkeit aus dem Wege gehen, e-e Schwierigkeit vermeiden; **II** *v/i.* (*stets mit avoir!*) **6.** sich drehen; sich wenden; abbiegen (*Weg*); *fig.* neigen zu (*dat.*); *fig.* sich winden; ~ *sur son pivot* sich um s-e Angel drehen; *Auto*: ~ *à vide*, ~ *au ralenti* leerlaufen; *faire* ~ *le moteur au ralenti* abdrosseln; *la tête lui tourne* ihm wird schwindlig; *fig.* ihm dreht sich der Kopf, er verliert den Kopf (*od.* die Nerven); *il tourne* (*v./imp.*) *cœur* Herz liegt auf (*od.* ist Trumpf); *fig.* (*se*) ~ *du côté de q.* sich auf j-s Seite schlagen, zu j-m übergehen; *le vent tourne au nord* der Wind dreht sich nach Norden; *ce moteur tourne rond* dieser Motor läuft regelmäßig; *fig.* ~ *rond* glücken, gelingen, gut ablaufen; *fig.* ~ *autour du pot* wie die Katze um den heißen Brei gehen; *fig. faire q.* ~ *en bourrique* j-n ganz verrückt machen, j-n ganz durcheinanderbringen; ~ *sur ses talons* auf der Stelle kehrtmachen; *fig.* ~ *comme une girouette* dauernd s-e Meinung ändern; sein Mäntelchen nach dem Winde drehen; ~ *à la dévotion* zur Frömmigkeit neigen; ~ *longtemps avant de prendre un parti* sich vor e-m Entscheid lange winden; **7.** umwenden (*Wagen*); ~ *court* plötzlich (*od.* kurz) umwenden; *Auto*: e-e scharfe Wendung machen; *fig.* beim Reden plötzlich abbrechen; e-e plötzliche (gute *od.* schlechte) Wendung nehmen (*Krankheit*); **8.** sich ändern, sich verwandeln; übergehen in (*acc.*), werden zu (*dat.*); ~ *à od. en qch.* in etw. (*acc.*) ausarten; *la chance a tourné* das Blättchen hat sich gewendet; **9.** ablaufen, ausfallen, enden, ausgehen; ~ *mal* e-n schlimmen Ausgang nehmen, übel enden; *il tourne bien* er schlägt (gut) ein, er macht sich; *cela tournera à sa gloire* das wird ihm zum Ruhme gereichen; ~ *au tragique* e-e tragische Wendung nehmen; **10.** sauer werden (*Milch, Wein, Bier*); **11.** sich färben; anfangen zu reifen (*v. Früchten*); **12.** *cin.* a) *abs.* drehen; b) spielen; ~ *dans un film* in e-m Film spielen; **III** *v/rfl.* *se* ~ **13.** sich wenden; *se* ~ *au bien* gut werden; *le temps se* ~ *au beau* das Wetter wird schön; *je ne sais de quel côté me* ~ ich weiß nicht, wozu ich mich entscheiden soll (*od.* wohin ich mich wenden soll); *se* ~ *du côté de q.* auf j-s Seite treten; *se* ~ *contre q.* j-n angreifen; *se* ~ *vers q.* sich j-m zuwenden; **14.** *se* ~ *en qch.* sich in etw. (*acc.*) verwandeln, in etw. (*acc.*) ausarten.

tourn|erie ⊕ (turnə'ri) *f* Dreherei *f*; **~esol** (~nə'sɔl) *m* **1.** Sonnenblume *f*; **2.** ⚗ Lackmus *m*; **~ette** (~'nɛt) *f*

1. Garn-, Seiden-winde *f*, Haspelrahmen *m*; **2.** Käfig *m* für Eichhörnchen; **3.** ⊕ Glasschneidegerät *n*; **~eur** (~'nœ:r) **I** *su.* Dreher *m*; Drechsler *m*; **II** *adj.* tanzend, sich drehend; **~event** (~nə'vɑ̃) *m* Schornsteinhaube *f*; **~evis** ⊕ (~nə'vis) *m* Schraubenzieher *m*.

tournicoter F (turnikɔ'te) *v/t.* [1a] (herum-)drehen).

tourniole ⚕ (tur'njɔl) *f* Nagelgeschwür *n*, Fingerwurm *m*.

tourniquet (turni'kɛ) *m* **1.** Drehkreuz *n*; **2.** Fensterwirbel *m*, Vorreiber *m*; ~ *intérieur* Einreiber *m* (*Fensterverschluß*); **3.** (Postkarten-) Drehständer *m*; **4.** Glücksrad *n*; **5.** *chir.* Aderpresse *f*; **6.** *Sport*: ~ *dans les jarrets* Kniewelle *f*.

tournis *vét.* (tur'ni) *m* Drehkrankheit *f der Schafe*.

tournisse Δ (tur'nis) *f* Füllpfosten *m*, Zwischenständer *m* in e-r Wand.

tournoi (tur'nwa) *m* Turnier *n*; *Sport*: Wettspiel *n*, Wettkampf *m*; ~ *final* Endspiel *n*; **~ement** (~nwa'mɑ̃) *m* **1.** Drehen *n*, Wirbeln *n*; ~ *de tête* Schwindel *m*; **2.** *vét.* Drehkrankheit *f der Schafe*.

tournure (tur'ny:r) *f* **1.** Wendung *f*; Aussehen *n*; *gr.* Redensart *f*; *prendre bonne (mauvaise)* ~ sich zum Guten (Schlechten) wenden; *la chose prend une nouvelle* ~ die Sache bekommt ein anderes Aussehen; *prendre une autre* ~ e-e andere Wendung nehmen; **2.** Körperhaltung *f*, Figur *f*; **3.** ~ *d'esprit* Geisteshaltung *f*; **4.** *la* ~ *d'un vêtement* der Schnitt e-s Kleidungsstücks; **5.** ⊕ Drehspäne *m/pl.*; **6.** *allg.* Gestaltung *f*, Bau *m*.

tourt|e (turt) *f* **1.** Pastete *f*; **2.** P *fig.* Dussel *m*, Dummkopf *m*, Dämlack *m*, Blödling *m*; **~eau** (~'to) *m* [5b] **1.** Ölkuchen *m*, Trester *pl.*; **2.** *métall.* Seiger-, Schlacken-kuchen *m*; **3.** *zo.* Taschen-, Einsiedler-krebs *m*.

tourte|reau *orn.* (turtə'ro) *m* [5b] Turteltäubchen *n*; *~x pl.* Liebespärchen *n*; **~relle** *orn.* (~tə'rɛl) *f* Turteltaube *f*.

tourtière (tur'tjɛ:r) *f* Pastetenform *f*.

touselle ⚘ (tu'zɛl) *f* grannenloser, großkörniger Weizen *m*.

Toussaint (tu'sɛ̃) *f*: *la* ~ Allerheiligen *n*.

touss|er (tu'se) *v/i.* [1a] husten; **~erie** F (tus'ri) *f* Gehuste *n*; **~eur** (tu'sœ:r) *su.* [7g] Huster *m*; **~oter** (~sɔ'te) *v/i.* [1a] hüsteln.

tout (tu, *vor vo. u. stummem h* tut...) **I** *adj.* [7] (*m/pl.* **tous**: [*vor cons.* tu; *in der Bindung mit dem zugehörigen folgenden Wort*: tuz; *alleinstehend, substantivisch u. am Ende des Satzes*: tus]); *f/pl.* **toutes** (tut) **1.** *mst. mit nachfolgendem art.*: ganz; *vor e-m su.* (*mst. mit nachfolgendem art.!*) *im pl.*: alle; *vor e-m su./sg. ohne art.*: jeder, jede, jedes; *toute une année* ein ganzes Jahr; *tout* [tut] *homme* jeder Mensch; *toute la journée* den ganzen Tag; *toute la France* ganz Frankreich; *tout Paris* ganz Paris; *toute la vie* sein Leben lang; *tous les hommes* alle Menschen; *tout autre* jeder andere; *à tout venant* dem ersten besten, jedem beliebigen; *j'ai fait tout mon possible* ich habe mein Möglichstes getan; *tous (toutes) les (vieilles) gens* alle (alten) Leute; *tout le monde* jedermann, jeder; *tous* [tu] (*les*) *deux* alle beide; *de* ~ *mon (son usw.) cœur* von ganzem Herzen; *dans toute la force du mot* im wahrsten Sinne des Wortes; *tous* [tu] *les deux jours* jeden zweiten Tag; *somme f toute* alles in allem; *courir à toutes jambes* aus Leibeskräften laufen; *en tout cas* in jedem Falle; *à tous égards* in jeder Beziehung; *à tout bout de champ* alle Augenblicke, bei jeder Gelegenheit, andauernd; *à tout coup* jeden Moment; *à toute force* mit aller Gewalt; *à tout hasard* für alle Fälle; *à tout moment* in jedem Augenblick; *en tout lieu, en tous lieux* überall, an allen Ecken u. Enden; *en* (*od.* de) *tout temps* zu allen Zeiten; *de tous côtés, de toutes parts* von allen Seiten; *à toute heure* zu jeder Tageszeit; *en toute occasion, à tout propos* bei jeder Gelegenheit; *en tous points, de tout point* in jeder Hinsicht; *à tout prix* um jeden Preis; *à toute vapeur* mit Volldampf; *à toute volée* in vollem Klange; *pour toute réponse* statt jeder Antwort; *wie oben bereits in manchen Beispielen ohne nachfolgenden Artikel*: *tous autres facteurs* alle anderen Faktoren; *des difficultés de tous ordres* Schwierigkeiten jeder Art; *en tous sens* in allen Richtungen, nach allen Seiten, überallhin; *toutes sortes de gens* alle möglichen Leute; *partir à toute vitesse* (*od.* *en toute hâte*) in aller Eile abreisen; **II tout** (tu, *vor vo.* tut...) *pr. indéf.* (*substantivisch gebraucht*) **2.** alles; *est-ce là tout?* ist das alles?; *voilà tout ce qu'il m'a dit* das ist alles, was er mir gesagt hat; *c'est tout dire* damit ist alles gesagt; *tout ce qui est beau* alles, was schön ist; *tout ce qu'il a* alles, was er hat; *en tout* alles in allem; *faire un bruit à tout rompre* e-n ohrenbetäubenden Lärm machen; *advt. à tout prendre* im ganzen genommen, wenn man alles genau überlegt; *en ~ et pour ~* alles in allem; *après tout* schließlich, nach alledem; **III le tout** *m* **3.** das Ganze *n*, die Gesamtheit *f*; *risquer le tout pour le tout* alles auf eine Karte (*od.* aufs Spiel) setzen; *il ne sait rien du tout* er weiß gar nichts; *il ne travaille pas* (*od. point*) *du tout* er arbeitet überhaupt nicht; *alleinstehend*: *rien du tout* gar nichts; *pas* (*od. point*) *du tout* gar nicht; *du ~ au ~* vollkommen, radikal, gänzlich; **4.** die Hauptsache *f*, das Wichtigste *n*; **IV tout** *adv. u. advt.* (*vor konsonantisch anlautendem adj./f prädikativ gebraucht in der Form von* toute[s]; *vor su. stets inv.*) **5.** ganz; *elle est tout* (tut...) *affligée od. toute triste* sie ist ganz betrübt; *ils sont tout prêts* sie sind ganz bereit; *ceci est tout autre chose* das ist etwas ganz anderes; *aber*: *demandez-moi toute autre chose* fragen Sie mich jede andere Sache (*od.* alles andere); *c'est tout un* das ist ein und dasselbe; das ist völlig gleich; *d'une manière toute particulière* ganz besonders; *nous sommes tout* [tut...] *oreilles* wir sind ganz Ohr; *tout à coup* plötzlich; *tout d'abord* zu allererst; *tout à fait* ganz und gar; völlig; *tout au moins* wenigstens; *tout au plus* höchstens; *est-ce tout de bon?* im Ernst?; *tout de bon* allen Ernstes; *tout du long de l'année* das ganze Jahr hindurch; *tout de même* trotzdem, dennoch; *une heure tout entière* eine ganze Stunde; *tout d'un coup* auf einmal; *tout de suite* sofort, auf der Stelle, sogleich; (*tout*) *d'un trait* in einem Zuge (*trinken*); *tout d'une traite* ohne haltzumachen (*Marsch*); *il est calé comme tout* er ist riesig (*od.* unheimlich) beschlagen; *gentil comme tout* überaus nett (*od.* freundlich); *il est maigre comme tout* er ist ganz mager; **6.** *zur Verstärkung des gérondif*: *tout* [tut...] *en riant* obgleich er (*od.* wobei er noch) lachte; **7. tout ... que ...** (*mit ind.*) so sehr auch; obgleich, obwohl; *tout pauvres qu'ils sont* so arm sie auch sind.

tout-à-l'égout (tutale'gu) *m/inv.* städtische Kanalisation *f.*

tout à l'heure (tuta'lœ:r) *adv.* **1** *~; !* einen Augenblick!, einen Moment!; **2.** gleich, sofort; *à ~!* bis nachher!; **3.** soeben.

toute-bonne ⚘ (tut'bɔn) *f* [6a] **1.** großes Scharlachkraut *n*; **2.** *Art* Birne *f.*

toute-épice ⚘ (tute'pis) *f* [6a] Schwarzkümmel *m.*

toutefois (tut'fwa) *adv.* jedoch, dennoch, immerhin, allerdings.

toute|-présence (tutpre'zɑ̃:s) *f* Allgegenwart *f*; **~-puissance** (~pɥi'sɑ̃:s) *f* Allmacht *f.*

Toutlemonde (tul'mɔ̃:d) *m*: M. ~ Herr Jedermann.

toutou *enf.* (tu'tu) *m* Wauwau *m.*

Tout-Paris (tupa'ri) *m*: *le ~* die feine Pariser Welt *f.*

tout-petit (tu'p[ə]ti) *m* [6g] Kleinkind *n.*

tout-venant (tuv[ə]'nɑ̃) *m* **1.** ⚒ nichtverlesene Steinkohle *f*, Förderkohle *f*; **2.** *fig. der* erste beste.

toux (tu) *f* Husten *m*; *~ convulsive* (*od. quinteuse*) Keuchhusten *m*; *~ sèche* (*od. aboyante*) trockener (*od.* bellender) Husten *m*; *~ suffocante* Stickhusten *m*; *quinte f de ~* Hustenanfall *m.*

toxémie ⚕ (tɔkse'mi) *f* Blutvergiftung *f.*

toxi|cité (tɔksisi'te) *f* Giftigkeit *f*; **~cographie** (~kɔgra'fi) *f* Giftbeschreibung *f*; **~cologie** (~kɔlɔ'ʒi) *f* Giftkunde *f*; **~cologue** (~kɔ'lɔg) *m* Giftexpert *m*; **~comane** (~kɔ'man) *adj. u. su.* rauschgiftsüchtig; Rauschgiftsüchtiger *m*; **~comanie** (~kɔma'nie) *f* Süchtigkeit *f*; **~comanogène** (~kɔmanɔ'ʒɛn) *adj.* rauschsuchtfördernd; **~fère** (~'fɛ:r) *adj.* Gift enthaltend; giftig; **~ne** (tɔ'ksin) *f* Giftstoff *m*; **~que** (~'ksik) **I** *m* Gift *n*; **II** *adj.* giftig; *gaz m ~* Giftgas *n.*

trac (trak) *m* Bammel *m*; Lampenfieber *n*; Angst *f*; *avoir le ~, être pris de ~* Lampenfieber (*od.* e-n Bammel) haben; *flanquer le ~ à q.* j-n ins Bockshorn jagen; *advt. tout à ~* auf der Stelle, gleich, sofort.

traçage ⊕ (tra'sa:ʒ) *m* Entwerfen *n*

Zeichnen *n*; Abstecken *n*.
traçant (tra'sɑ̃) *adj.* **1.** ♀ horizontale Wurzeln schlagend; kriechend; **2.** ⚔ *balle f* ~*e* Leuchtkugel *f*.
tracas (tra'kɑ) *m* **1.** Wirrwarr *m*; Tohuwabohu *n*, Durcheinander *n*; **2.** Plackerei *f*, Schererei *f*, Verdrießlichkeiten *f/pl.*; **3.** ⊕ Fußbodenöffnung *f* (*für Waren, die im Keller lagern*); **~ser** (~ka'se) [1a] **I** *v/t.* zusetzen, zu schaffen machen (*dat.*); plagen, beunruhigen, quälen, schikanieren; ~ *son nez* s-e Nase hin und her reiben; *être tracassé de partout* auf dem letzten Loch pfeifen, in e-r verzweifelten Lage sein; **II** *v/rfl.* *se* ~ sich plagen, sich abrackern, sich abquälen; **~serie** (~kas'ri) *f* Plackerei *f*, Schererei *f*, Behelligung *f*, Schikane *f*; **~sier** (~'sje) *adj. u. su.* [7b] schikanös; Schikaneur *m*, Plagegeist *m*.
trace (tras) *f* Spur *f*; Fußstapfe *f*; *ch.* Fährte *f*; *pas* ~ *de ...* keine Spur von ...; *découvrir les* ~*s de q.* j-m auf die Spur kommen; *suivre q. à la* ~ j-m nachspüren; *être sur les* ~*s* auf der Spur sein; *fig. marcher sur les* ~*s de q.* in j-s Fußstapfen treten; *sans (laisser de)* ~*s* spurlos; *une* ~ *de ...* e-e Spur von..., ein Anflug von ...
tracé (tra'se) *m* Plan *m*, Zeichnung *f*, Umriß *m*, Lageplan *m*; 🚂 Absteckung *f*, Linie *f*; Verlauf m (*Grenze*); ⚠ Maßwerk *n*; ~ *d'une route* Straßenanlage *f*.
tracelet ⊕ (tras'lɛ) *m* Vorreißer *m*.
tracement (tras'mɑ̃) *m* Ziehen *n e-r Linie*, Aufreißen *n*, Abstecken *n*.
tracer (tra'se) [1k] **I** *v/t.* **1.** (auf-)zeichnen, aufreißen, entwerfen; Linie ziehen; **2.** 🚂 abstecken; **3.** *fig.* bezeichnen, vorschreiben; **4.** (nieder)schreiben; *fig.* darstellen, schildern; **II** *v/i.* ♀ kriechen, an der Oberfläche wurzeln.
traceret ⊕ (tras'rɛ) *m* Vorreißer *m*.
traceur (tra'sœ:r) **I** *su. u. adj.* [7g] Vorzeichner *m*; ⚔ *balle f traceuse* Leuchtkugel *f*; **II** ⚗ *m* Spurenelement *n*.
trachéal *anat.* (trake'al) *adj.* [5c] Luftröhren...; **~e** *anat.* (tra'ʃe) *f* (*a.* **~e-artère** [~ar'tɛ:r] *f* [6a]) Luftröhre *f*; **~ite** ⚕ (~ke'it) *f* Luftröhrenentzündung *f*; **~otomie** *chir.* (~keɔtɔ'mi) *f* Luftröhrenschnitt *m*.
trachyte *min.* (tra'kit) *m* Trachyt *m*.
traçoir ⊕ (tra'swa:r) *m* Vorreißer *m*.
tract (trakt) *m* Flug-blatt *n*, -zettel *m*, -schrift *f*; Prospekt *m*.
tracta|bilité (traktabili'te) *f*: *d'une grande* ~ leicht zu behandeln; **~tion** (~tɑ'sjɔ̃) *f* **1.** *a. pol.* Verhandlung *f*; **2.** *oft péj.* Behandlungsweise *f*.
tracter ⊕ (trak'te) *v/t.* [1a] mit e-m Traktor ziehen.
tracteur ⊕ (trak'tœ:r) *m* Traktor *m*, Zugmaschine *f*, Schlepper *m*; Triebwagen *m*; ~ *automobile* Kraftschlepper *m*; ~ *à chenille(s)* Raupenschlepper *m*; **~-remorque** (~rə'mɔrk) *m* [6b] Sattelschlepper *m*.
trac|tif (trak'tif) *adj.* [7e] ziehend; **~tion** (trak'sjɔ̃) *f* Ziehen *n*, Antrieb *m*; Beförderung *f*; Vortrieb *m* (*Propeller*); 🚂 Fahrdienst *m*; *Auto*: Trecker *m*, Motorschlepper *m*; *barre f de* ~ Leitschiene *f*; ⊕, *bét. résistance f à la* ~ Zugfestigkeit *f*; *résistant à la* ~ zugfest; ~ *électrique* elektrischer Antrieb *m*; ~ *(à) vapeur* Dampfbetrieb *m*; ~ *diesel* Dieselantrieb *m*; ~ *à chenille(s)* Raupenantrieb *m*; *Auto*: ~ *avant* a) Front-, Vorderrad-antrieb *m*; b) Trecker *m*, Motor schlepper *m* (*hierfür auch bloß „traction"*); **~toire** (trak'twa:r) **I** *f* Zuglinie *f*; **II** *adj.* Zug...; *machine f* ~ Zugmaschine *f*, Traktor *m*, Trecker *m*.
tradition (tradi'sjɔ̃) *f* Tradition *f*, Überlieferung *f*, Brauch *m*; *c'est de* ~ *chez nous* das ist bei uns so Sitte; **~alisme** (~sjɔna'lism) *m* Traditionsbewußtsein *n*; **~aliste** (~sjɔna'list) **I** *adj.* traditionsgebunden, -bewußt; **II** *su.* traditionsgebundener Mensch *m*; **~nel** (~'nɛl) *adj.* [7c] □ traditionell, überliefert, herkömmlich.
traduc|teur (tradyk'tœ:r) *su.* [7f] Übersetzer *m*; **~tion** (~dy'ksjɔ̃) *f* Übersetzung *f*.
tradui|re (tra'dɥi:r) [4c] **I** *v/t.* **1.** ~ *q. devant un tribunal* j-n vor e-n Gerichtshof fordern; ~ *q. en justice* j-n gerichtlich belangen; **2.** über-setzen, -tragen; ~ *en allemand* ins Deutsche übersetzen; **3.** äußern, an den Tag legen; ~ *la conviction* die Überzeugung ausdrücken; *ces mots traduisent ma pensée* diese Worte drücken m-n Gedanken aus; **II** *v/rfl.* *se* ~ **4.** übersetzt werden; sich übersetzen lassen; *se* ~ *par ...* sich äußern durch ... (*acc.*); *fig.* sich bezahlt machen durch (*acc.*), führen

zu (*dat.*); **5.** sich kundtun, sich offenbaren; **~sible** (~z'iblə) *adj.* übersetzbar.

trafi|c (tra'fik) *m* Handel *m*; *péj.* Schmuggel *m*, Geschäftemacherei *f*; 🚗, ✈, ⚓ *usw.* Verkehr *m*; ~ *automobile* Autoverkehr *m*; ~ *à grande distance* Fernverkehr *m*; ~ *de va-et-vient* Pendelverkehr *m*; ~ *à courte* (*od. à petite*) *distance*, ~ *régional* (*od. local*) Nah-, Ortsverkehr *m*; ~ *de banlieue* Vorortverkehr *m*; ~ *de marchandises* Waren-, Fracht-, Güter-verkehr *m*; ~ *de transbordement* Umschlagverkehr *m*; ~ *urbain* Stadtbahnverkehr *m*; ~ *du métro* U-Bahnverkehr *m*; ~ *ferroviaire*, ~ *par* (*od. sur*) *voie ferrée* (Eisen-)Bahnverkehr *m*; ~ *côtier* Küstenverkehr *m*; ~ *maritime* See-, Schiffsverkehr *m*; ~ *touristique*, ~ *de tourisme* Reise-, Fremden-, Ausflugsverkehr *m*; ~ *d'excursions* Ausflugsverkehr *m*; ~ *postal* (*aérien od. par voie aérienne*) (Luft-)Postverkehr *m*; *rue f à fort* ~ verkehrsreiche Straße *f*; *heures f/pl. de* ~ *intense* Hauptverkehrszeit *f*; *heures f/pl. de faible* ~ verkehrsarme Zeit *f*; *densité f* (*od. intensité f*) *du* ~ Verkehrsdichte *f*; ~ *d'outre-mer* Überseeverkehr *m*; ~ *téléphonique suburbain* Vorortfernsprechverkehr *m*; ~ *en transit* Durchgangsverkehr *m*; ~ *voyageurs* Personenverkehr *m*; ☤ ~ *des valeurs non-cotées* Freiverkehr *m*; *péj.* ~ *illicite* Schleichhandel *m*; ~ *d'influence* Vermittlung *f* bei e-r Behörde durch Bestechung, *péj.* Vermittlungsgeschäfte *n/pl.*; ~ *d'opium*, ~ *de stupéfiants* Opium-, Rauschgift-handel *m*; ~ *illicite des devises* Devisenschmuggel *m*; ~ *d'armes illicite* Waffenschmuggel *m*; **~quant** (~fi'kɑ̃) [7] **I** *adj.* handeltreibend; **II** *su.* Händler *m*; *mv.p.* Schieber *m*, Geschäftemacher *m*; **~quer** (~'ke) **I** *v/i.* [1m] **1.** ~ *en qch.* mit etw. (*dat.*) Handel treiben, mit etw. (*dat.*) handeln; ~ *en gros* Großhandel betreiben; *Auto*: *voiture f trafiquée* handelsüblicher Gebrauchswagen *m*; **2.** *péj.* ~ *de qch.* mit etw. (*dat.*) schieben; ~ *de son honneur* s-e Ehre verkaufen, sich bestechen lassen; **II** *v/t.* **3.** Handel (*a. péj.* Schwarzhandel) treiben mit (*dat.*), verkaufen; **4.** F *que trafiques-tu maintenant?* was treibst du jetzt?; **~queur** *péj.* (~'kœːr) *su.* [7g] Schieber *m* (= *trafiquant*).

tragé|die (traʒe'di) *f* **1.** Tragödie *f*, Trauerspiel *n*; **2.** *fig.* tragische Kunst *f*; **3.** *fig.* Tragödie *f*, traurige (*od.* erschütternde) Begebenheit *f*; **~dien** (~'djɛ̃) *su.* [7c] Tragödienschauspieler *m*.

tragi|-comédie (traʒikɔme'di) *f* Tragikomödie *f*; **~-comique** (~kɔ'mik) *adj.* tragikomisch.

tragique (tra'ʒik) **I** *adj.* □ **1.** tragisch; *poète m* ~ Tragiker *m*, Tragödiendichter *m*; **2.** *fig.* tragisch, erschütternd, unheilvoll; **II** *m das* Tragische *n*; *prendre les choses au* ~ die Dinge tragisch nehmen; *tourner au* ~ e-e tragische Wendung nehmen.

trahir (tra'iːr) [2a] **I** *v/t.* **1.** verraten; *fig.* ~ *son devoir* s-e Pflicht verletzen; **2.** *fig.* ~ *la confiance de q.* j-s Vertrauen mißbrauchen, j-n hintergehen; **3.** *fig.* verleugnen; ~ *ses serments* eidbrüchig werden; ~ *la vérité* sich an der Wahrheit versündigen; **4.** im Stiche lassen, täuschen; *les événements trahirent ses espérances* die Ereignisse entsprachen nicht s-n Hoffnungen; **II** *v/rfl. se* ~ sich verraten; sich verplappern; sich offenbaren.

trahison (trai'zɔ̃) *f* Verrat *m*; *haute* ~ Hochverrat *m*.

traille (trɑːj) *f* Seilfähre *f*.

train (trɛ̃) *m* **1.** Gang *m*, Schritt *m*, Gangart *f*; Tempo *n*; *aller bon* ~ schnell gehen, fahren *od.* reiten; *bon* ~! schleunigst!; *aller un* ~ *d'enfer* ein höllisches Tempo draufhaben, wie der Blitz fahren; *fig. aller son petit* ~ sachte vorwärtskommen; *tout va son petit* ~ es geht alles s-n alten Trott; *allez votre* ~ nur weiter, lassen Sie sich nicht stören; *à fond de* ~ in rasendem Tempo; ~ *du monde* Lauf *m* der Welt; *fig.* F *être dans le* ~ mit der Zeit mitgehen; **2.** *fig.* Gang *m*, Zug *m*, Wendung *f*; Stimmung *f*; ~ *des affaires* Gang *m* der Geschäfte; ~ *de vie* Lebensstil *m*, -weise *f*; *l'affaire est en bon* ~ die Sache läuft; F *être en* ~ in Fahrt sein; *au* ~ *où vont les choses* im Zuge der Entwicklung; *être en* ~ *de faire qch.* im Begriff sein, etw. zu tun; gerade dabei sein, etw. zu machen; (*ne pas*) *être en* ~ (nicht) aufgelegt sein, (nicht) in Stimmung sein; une fois en ~ de raconter, ... ist er einmal ins Erzählen gekommen, so ...; au ~ dont il va wenn er so fortfährt, ...; mettre en ~ in Gang bringen; mise f en ~ Vorarbeit f; typ. Andruck m; **3.** F Lärm m; faire du ~ Lärm machen; faire un ~ de diable e-n Heidenlärm machen; **4.** Aufwand m; Gefolge n; ~ de ménage Hausstand m; mener grand ~ großen Aufwand treiben, großen Staat machen, auf großem Fuße leben; ~ de maison Dienerschaft f; le diable et son ~ der Teufel und s-e Großmutter; **5.** (Eisenbahn-)Zug m; ~ transatlantique Überseezug m; arriver par le ~ mit dem Zug ankommen; voyager en ~ mit der Bahn reisen; dans le ~ im Zug(e); ~ à (od. de) grand (od. long) parcours Fernzug m; Auto: ~ de camions, ~ routier (Fern-)Lastzug m; former un ~ e-n Zug zs.-stellen; le ~ est en retard der Zug hat Verspätung; j'ai eu (attrapé, pris) mon ~ ich habe den Zug erreicht; manquer (od. rater) le ~ den Zug verpassen; ~ accéléré, (~) rapide Schnellzug m, D-Zug m; (~) grand express D-Zug m; ~ de petite vitesse, ~ de marchandises Güterzug m; ~ d'ambulance Lazarettzug m; ~ de banlieue Stadtbahn f, Vorortzug m; ~ blindé Panzerzug m; ~ de ceinture Ringbahn f; ~ constructeur Eisenbahnbauzug m; ~ de doublage Entlastungszug m; ~ direct D-Zug m; ~ éclair Blitzzug m; ~ électrique elektrischer Zug m; ~ de luxe Luxuszug m; ~ mixte gemischter Zug m, Güter- und Personenzug m; ~ omnibus Personenzug m; ~ particulier, ~ spécial Sonderzug m; petit ~ (local) Bummelzug m; ~ (spécial) de vacances Ferien(sonder)zug m; ~ du matin Frühzug m; ~ de secours Hilfszug m; ~ dédoublé Vorzug m; ~s pl. qui font la navette Pendelzüge m/pl.; ~ de plaisir Vergnügungszug m; ~ sur pneumatiques gummibereifter Zug m (der Pariser U-Bahn); ~ montant (descendant) nach Paris fahrender (von Paris kommender) Zug m; chef m de ~ Zugführer m; F prendre le ~ onze zu Fuß gehen, auf Schusters Rappen reiten; **6.** ~ de bois (flotté) Floß n; **7.** ⚔ ~ (de l'armée, d'artillerie Armee-, Artillerie-)Train m; ~ de bateaux (od. de pontons) Brückentrain m; **8.** ~ de derrière (~ de devant) Hinter-(Vorder-)teil n bsd. von Pferden; **9.** ~ de voiture Wagengestell n; ~ de pneus gummibereiftes Fahrgestell n; ✈ ~ d'atterissage Fahrgestell n; ~ aérien Schleppzug m; ~ caréné verkleidetes Fahrgestell n; ~ escamotable einziehbares Fahrgestell n; ~ fixe festes Fahrgestell n; ~ largable abwerfbares Fahrgestell n; ~ rétractable à la main mit der Hand einziehbares Fahrgestell n; **10.** ⚒ ~ de culture landwirtschaftliches Inventar n; **11.** ⊕ ~ d'engrenages Zahnradgetriebe n; ~ de laminoir Walzenstraße f, Walzwerk n; **12.** rad. ~ d'ondes Wellenbereich n; **13.** un ~ de cinq roues (pneus) ein Satz von fünf Rädern (Reifen); **14.** Auto: ~ de camions LKW-Kolonne f, Lastkraftwagenkolonne f.

traîn|age (trɛ'na:ʒ) m **1.** Ziehen n, Schleppen n; **2.** Beförderung f auf (e-m) Schlitten; ~ à deux câbles Zweiseilförderung f; **~ailler** (~na'je) v/i. [1a] herumbummeln; **~ant** (~'nɑ̃) adj. [7] **1.** schleppend; robe f ~e Schleppkleid n; **2.** fig. gedehnt; schleppend; **~ard** (~'na:r) m **1.** Nachzügler m; bumm(e)liger Mensch m; **2.** ⊕ Sägeschlitten m, Vorschubwagen m, Sattel m; **~asse** (~'nas) f **1.** ch. Streich-netz n, -garn n; **2.** ✿ Knöterich m; **3.** ~s f/pl. Fäden m/pl., Ranken f/pl.; **~asser** (~na'se) [1a] **I** v/t. in die Länge ziehen, hinziehen; **II** v/i. a) sich in Länge ziehen; b) herumbummeln.

traîn|e (trɛn) f **1.** Schleppen n; Schlepptau n; embarcation f à la ~ am Schlepptau nachgezogenes Boot n; être à la ~ am Schlepptau liegen; fig. zurücksein, verwahrlosen, verkommen; **2.** Schleppe f; **3.** Schleppnetz n; **4.** ⊕ (Seillauf-)Katze f; **~eau** (trɛ'no) m [5b] **1.** (großer Pferde-)Schlitten m; aller (od. se promener) en ~ (Pferde-)Schlitten fahren; ~ automobile, ~ à moteur Motorschlitten m; ~ à hélice(s) Propellerschlitten m; ~ à voiles Segelschlitten m; **2.** Schleppnetz n; ch. Streichgarn n; **3.** ⚒ Ackerschleppe f, Eggenschlitten m; **4.** ⊕ Schleppe f; **5.** ~ de système dépressionnaire Rückseite f e-s Tiefs

(*Wetterbericht*); **~ée** (~'ne) *f* **1.** Spur *f*, Streifen *m verstreuten Korns usw.*; *~ lumineuse* Leuchtspur *f*; *~ de sang* Blutspur *f*; *~ de brouillard* Nebelstreifen *m*; ✈ *~ de condensation* Kondensstreifen *m*; **2.** *a. fig. ~ de poudre* Lauffeuer *n*; **3.** ✈ Rücktritt *f*, Rückdrängung *f*, Mitreißen *n*, Luftwiderstand *m*; Schwaden *m* (*Wetterkunde*); **4.** P Prostituierte *f*.

traîne|-malheur F *m*, **~-misère** F *m* (trɛnma'lœːr, -mi'zɛːr) [6c] armer Teufel *m*, Habenichts *m*.

traîner (trɛ'ne) [1b] **I** *v/t.* **1.** (hinter sich her)ziehen, (nach)schleppen; (mit sich) führen; *~ l'aile* den Flügel hängen lassen; *~ q. partout* j-n überall mit hinschleppen; *~ q. dans la boue* j-n in den Dreck ziehen, j-n verleumden, j-n schlechtmachen; *fig. ~ des malheurs après soi* Unglück nach sich ziehen, Unglück zur Folge haben; *fig. ~ sa vie* sein Leben so hinschleppen; *il traîne une santé misérable* sein Gesundheitszustand ist bedauerlich; *il traîne une mourante vie* er siecht dahin; *il traîne une maladie* er schleppt sich mit e-r Krankheit; **2.** *~ ses paroles* s-e Worte dehnen; **3.** *~ q.* (*pour qch.*) j-n (mit etw. *dat.*) hinhalten; *~ qch. en longueur* etw. in die Länge ziehen; **II** *v/i.* **4.** (*Kleid*) auf der Erde entlangschleifen; **5.** unordentlich herumliegen; *cela traîne partout* das ist überall zu finden (zu lesen); **6.** hinsiechen; *il traîne depuis longtemps* er schleppt sich seit langem nur noch so dahin; **7.** sich hinziehen, sich in die Länge ziehen; *cela ne traînera pas* das wird nicht lange dauern *od.* auf sich warten lassen; **8.** trödeln, herumbummeln, (hinter anderen) zurückbleiben, herumschlendern, sich herumtreiben; **III** *v/rfl.* se ~ **9.** auf der Erde kriechen; *se ~ sur le ventre* auf dem Bauche kriechen; **10.** sich mühsam fortschleppen.

traîneur (trɛ'nœːr) **I** *su.* [7g] **1.** Schlepper *m*; **2.** Nachzügler *m*; Trödler *m*, Bummelant *m*, langsamer Mensch *m*; **II** *m* **3.** Schlittenführer *m*; **4.** *~ de sabre* Säbelrasseler *m*.

trainglot ⚔ F (trɛ̃'glo) *m* Trainsoldat *m*; *a. tringlot.*

training ⚕ *psych.* (trɛ'niŋ) *m*: *~ autogène* autogenes Training *n*.

traînoir ⚒ (~'nwaːr) *m* Eggenschlitten *m*.

train-train F (trɛ̃'trɛ̃) *m/inv.*: *le ~ quotidien* (*od. journalier*), *le ~ de la vie quotidienne* der tägliche Trott, das tägliche Einerlei *n*, der (graue) Alltag *m*; *tout va son petit ~* alles geht seinen ruhigen Trott.

traire (trɛːr) *v/t.* [4s] **1.** ⚒ melken; **2.** *fig. ~ q.* j-n schröpfen.

trait (trɛ) *m* **1.** Ziehen *n*; *cheval m de ~* Zugpferd *n*; ⚓ *courir à ~ et à rames* die Segel und Ruder zugleich (ge)brauchen; **2.** Pfeil *m*; Wurfspieß *m*; *décocher* (*od. lâcher*) *un ~* e-n Pfeil abschießen; *fig. lancer un ~ à q.* e-e Spitze gegen j-n fallen lassen; **3.** Zug *m beim Trinken*; *tout d'un ~* auf einen Zug; **4.** (Feder-)Strich *m*; *d'un ~ de plume* mit einem Federstrich; *~ d'union* Bindestrich *m*; *fig.* verbindendes Element *n*; *ce qui leur servait de ~ d'union* was sie miteinander näher brachte; *fig. peindre* (*od. exposer*) *à grands ~s* in großen Umrissen (*od.* Zügen) schildern; **5.** *avoir ~ à qch.* auf etw. (*acc.*) Bezug haben, sich auf etw. (*acc.*) beziehen; *y ayant ~* darauf bezüglich, diesbezüglich; **6.** (Gesichts-)Zug *m*; (Charakter-)Zug *m*; *il lui ressemble ~ pour ~* er ist ihm wie aus dem Gesicht geschnitten; *aux ~s fins* mit feinen Zügen; *un ~ de caractère* ein Charakterzug *m*; *un ~ de cruauté* ein Zug von Grausamkeit; **7.** *fig.* Streich *m*; *~ de fripon* Schelmenstück *n*, Schurkenstreich *m*; *~ habile* kluger Streich *m*; **8.** überraschender Gedanke *m*; *~ d'esprit* Geistesblitz *m*, geistreicher Einfall *m*; **9.** *le ~ de la balance* der Ausschlag *m* der Waage; **10.** ♪ Lauf *m*; schnelle Aufeinanderfolge *f von Noten*; **11.** *Schachspiel*: Zug *m*; *à moi le ~* ich ziehe; *avoir le ~* ziehen; **12.** *ch.* Leitseil *n*; *~ de harnais* Geschirrtau *n*, Strang *m*; *tirer à plein ~* aus voller Kraft ziehen; **13.** ⊕ *~ de scie* Sägeschnitt *m*.

traitable (trɛ'tablə) *adj.* verträglich, umgänglich, fügsam; ⚗ schmelzbar.

traitant † (trɛ'tɑ̃) *m* Submittent *m*, Ausführender *m e-s Submissions- od. Ausschreibungs-auftrages.*

traite (trɛt) *f* **1.** nicht unterbrochene Wegstrecke *f*; *tout d'une ~* ohne einmal haltzumachen; *d'une seule ~* hintereinander; ✈ im Nonstopflug; *fig. dormir d'une seule* ~ hintereinander durchschlafen; **2.** Sklaven-, Menschenhandel *m* (*vom Schiffe aus*); ~ *des femmes* (*des enfants*) Frauen-(Kinder-)handel *m*; ~ *des blanches* Mädchenhandel *m*; *faire la* ~ (*des esclaves*) Sklavenhandel treiben; **3.** Ausstellung *f od.* Trassieren *n e-s Wechsels*; gezogener Wechsel *m*, Tratte *f*; ~ *non négociable* unbegebbarer Wechsel; *m* ~ *pour solde de compte* Saldowechsel *m*; *la* ~ *échoit* (*od. tombe*) *le* ... die Tratte ist am ... fällig; ~ *en souffrance* überfälliger Wechsel *m*; *faire* (*une*) ~ *sur q.* (e-n Wechsel) auf j-n ziehen; **4.** ⚒ Melken *n*.

traité (trɛ'te) *m* **1.** Lehrbuch *n*, Abhandlung *f*, Schrift *f*, Traktat *n*; **2.** Vertrag *m*; Staatsvertrag *m*; ~ *d'arbitrage*, ~ *de minorité*, ~ *de réciprocité*, ~ *de cadre* Schieds-gerichts-, Minderheiten-, Gegenseitigkeits-, Rahmen-vertrag *m*; ~ *contenant la clause de la nation la plus favorisée* Meistbegünstigungsvertrag *m*; ~ *transactionnel* Vergleichsvertrag *m*; ~ *de commerce* Handelsvertrag *m*; ~ *de paix* Friedensvertrag *m*; *négocier un* ~ wegen e-s Vertrages verhandeln.

traitement (trɛt'mɑ̃) *m* **1.** Behandlung *f*; Aufnahme *f*, Bewirtung *f*; *mauvais* ~*s pl.* Mißhandlungen *f/pl.*; ~ *préférentiel*, ~ *de faveur* Vorzugsbehandlung *f*; *pol.* ~ *de la nation la plus favorisée* Meistbegünstigung *f*; **2.** Behandlung *f e-s Kranken*; ~ *curatif* Heilverfahren *n*; ~ *par les rayons ultraviolets* Höhensonnen-behandlung *f*, -bestrahlung *f*; ~ *aux rayons* X Röntgenbehandlung *f*; ~ *de la racine* Wurzelbehandlung *f*; ~ *hospitalier* Krankenhausbehandlung *f*; *suivre un* ~ e-e Kur machen; **3.** Gehalt *n*, Besoldung *f*; *toucher son* ~ sein Gehalt bekommen; ~ *initial*, ~ *de début* Anfangsgehalt *n*; ~ *des fonctionnaires* Beamtengehalt *n*.

traiter (trɛ'te) [1a] **I** *v/t.* **1.** behandeln, abhandeln, erörtern; verhandeln; *ils traitent la paix* sie verhandeln wegen des Friedens; ~ *qch. par-dessous la jambe* etw. auf die leichte Schulter nehmen; *vgl. par-dessous*; **2.** ~ *q.* j-n behandeln, mit j-m umgehen; ~ *q. en ami* j-n als Freund behandeln; ~ *q. d'égal* sich mit j-m auf gleiche Stufe stellen; *fig.* ~ *q. de haut en bas* (*od. par-dessous la jambe*) j-n verächtlich behandeln, j-n nicht für voll nehmen, j-n über die Schulter ansehen; **3.** *péj.* nennen, schelten, betiteln, halten für (*acc.*); ~ *q. de fat* j-n e-n Gecken nennen; **4.** bewirten; **5.** ✝ Wechsel begeben; **6.** ⚕ ärztlich behandeln; **7.** ⊕ *Erz* aufbereiten; **II** *v/i.* **8.** ~ *de* handeln von (*dat.*); **9.** verhandeln; ~ *de la paix* über den Frieden verhandeln.

traité-type *pol.* (trɛ'te 'tip) *m* [6b] Modellvertrag *m*.

traiteur (trɛ'tœ:r) *m* **1.** Restaurateur *m*, Gastwirt *m*; **2.** Hauslieferant *m* fertiger Gerichte.

traîtr|e *m*, ~**esse** *f* ('trɛtrə, trɛ'trɛs) **I** *adj.* verräterisch; falsch, treulos; heimtückisch; *fig. pas un traître mot* nicht ein Sterbenswörtchen; **II** *su.* Verräter *m*; *prendre q. en traître* j-n hinterrücks überfallen; ~**eusement** (trɛtrøz'mɑ̃) *adv.* verräterisch, hinterlistig(erweise), hinterrücks, meuchlings; ~**ise** (trɛ'tri:z) *f* **1.** Heimtücke *f*, verräterischer Charakter *m*; **2.** Verrat *m*.

trajectoire (traʒɛk'twa:r) *f* (Flug-, Wurf-)Bahn *f* der Geschosse.

trajet (tra'ʒɛ) *m* **1.** Überfahrt *f*, 'Übersetzen *n*; Fahrt *f*, Reise *f*; **2.** (Fahr-)Strecke *f*, Weg *m*; *U-Bahn, Bus*: ~ *partiel* Teilstrecke *f*; **3.** *chir.* Kanal *m e-r Wunde*.

tralala F (trala'la) *m* **1.** Gehabe *n*, Getue *n*, Angeberei *f*; *il fait du* ~ er gibt (reichlich) an; **2.** Tamtam *m*, Aufwand *m*, *fig.* Staat *m*; *soirée f à* ~ protzige Abendgesellschaft *f*; *en grand* ~ aufgedonnert, in vollem Staate.

tram F (tram) *m abr. v. tramway* [Straßenbahn *f*.]

tram|e (tram) *f* **1.** *Weberei*: Einschlag *m*, -schuß *m*; (*fil m de*) ~ Schußgarn *n*; *lancer la* ~ einschießen; **2.** *fig. la* ~ *de ses jours* sein Lebensfaden *m*; **3.** *fig.* Komplott *n*, Verschwörung *f*; *la* ~ *des événements* der Wirrwarr *m* (*od.* die Verkettung *f*) der Ereignisse; **4.** ⚠, *typ.* Raster *m*; ~**er** (~'me) [1a] *v/t.* **1.** *Weberei*: einschießen; **2.** *fig.* austüfteln, anstiften, ersinnen; ~ *un complot* ein Komplott schmieden.

traminot F (trami'no) *m* Straßenbahner *m*; Straßenbahnarbeiter *m*.

tramontane (tramɔ̃'tan) *f* **1.** Nordwind *m* (*bsd. im Mittelmeer*); **2.** Polar-, Nord-stern *m*; Leitstern *m*; F *perdre la* ~ die Richtung verlieren; *fig.* den Kopf verlieren, außer Fassung kommen.

tramway (tram'wɛ) *m* Straßenbahn *f*; *prendre le* ~ mit der Straßenbahn fahren; *tracteur m du* ~ Triebwagen *m*.

tranchant (trɑ̃'ʃɑ̃) **I** *adj.* [7] **1.** scharf, schneidend; *fig.* scharf; nachdrücklich; *fig.* ablehnend; *rendre* ~ schärfen; **2.** *fig.* entscheidend, einschneidend, durchgreifend; **3.** *fig.* grell, abstechend (*von Farben*); **II** *m* Schneide *f*, Schärfe *f*; *épée f à deux* ~*s* zweischneidiges Schwert *n*; *fig.*: *cela fait arme à deux* ~*s* das ist ein zweischneidiges Schwert.

tranche (trɑ̃:ʃ) *f* **1.** Schnitte *f*, Scheibe *f*; *cuis.* Mittelschwanzstück *n* (*v. Rind*); *fig.* Abschnitt *m*; ~ *de pain grillée* Röstschnitte *f*, Toast *m*; △ ~ (*de travaux*) Arbeitsabschnitt *m*; *couper par* ~*s* in Scheiben schneiden; ~*s f/pl.* kalter Aufschnitt *m*; **2.** Platte *f*, Tafel *f*; ~ *de marbre* Marmorplatte *f*; **3.** ⸗ ~ *de gazon* Plagge *f*, abgestochenes Rasenstück *n*; **4.** Abschnitt *m*, Teil *m*; * *s'en payer une* ~ sich toll amüsieren; sich austoben; **5.** Kante *f*, Rand *m*; *doré sur* ~ mit Goldschnitt; **6.** *num.* (Münz-)Rand *m*; **7.** ⊕ Schrotmeißel *m*; **8.** 🚂 Wagengruppe *f*; **9.** * Kopf *m*.

tranché (trɑ̃'ʃe) *adj.* grell; sich scharf abhebend; stark abstechend.

tranchée (~) *f* **1.** Graben *m*; △ Einschnitt *m*, Durchstich *m*; **2.** ⚔ Schützengraben *m*; *creuser des* ~*s* Schützengräben ausheben; *nettoyer les* ~*s* die Schützengräben vom Feinde säubern; **3.** ~*s pl.* heftige Leibschmerzen *m/pl.*; **~-abri** (~a'bri) *f* [6a] Unterstand *m*; Luftschutzgraben *m*.

tranche|lard (~'la:r) *m* [6c] Speckmesser *n*; **~-montagne** (~mɔ̃'taɲ) *m* [6g] Aufschneider *m*, Prahler *m*.

trancher (trɑ̃'ʃe) [1a] **I** *v/t.* **1.** ab-, durch-, zer-schneiden, ab-, durchhauen; *fig.* ~ *la difficulté* die Schwierigkeit beseitigen *od.* beheben; ~ *le nœud gordien* den gordischen Knoten zerhauen; **2.** *fig.* entscheiden, beendigen; schnell lösen (*Problem*); F (*le*) ~ *net* (*od. court*) *avec q.* mit j-m. kurzen Prozeß machen; *tranchons le mot!* offen gesagt!; ~ *la question* die Frage entscheiden; **3.** ⊠ *écu m tranché* schräg rechts geteilter Schild *m*; **II** *v/i.* **4.** schneiden; ~ *comme un rasoir* haarscharf sein; ~ *dans le vide* auf Liebgewordenes verzichten, mit j-m kurzen Prozeß machen, schädliche Verbindungen plötzlich abbrechen; den wunden Punkt treffen; ~ *dans le vif fig.* energische (*od.* durchgreifende) Maßnahmen treffen, durchgreifen; **5.** ~ *sur qch.* sich über etw. (*acc.*) ein Urteil anmaßen, etw. besser wissen wollen; ~ *sur tout* keine Widerrede dulden; e-n entschiedenen Ton anschlagen; **6.** ~ *sur* (*od. avec*) sich stark abheben von (*dat*; *Farben*); **7.** ~ *du connaisseur* sich als Kenner aufspielen; ~ *du grand seigneur* den Vornehmen (den großen Herren) spielen; ~ *du maître avec q.* klüger sein wollen als j.; **~et** ⊕ (~'ʃɛ) *m* Schustermesser *n*; **~oir** (~'ʃwa:r) *m* (Fleisch-) Hackbrett *n*, Wiegebrett *n*.

tranquill|e (trɑ̃'kil) *adj.* □ ruhig, still; unbesorgt, unbekümmert, sorglos; *soyez* ~*!* seien Sie unbesorgt!; *laissez-moi* ~*!* lassen Sie mich in Ruhe!; *tenez-vous* ~*!* verhalten Sie sich ruhig!; **~isant** (~li'zɑ̃) *m* Beruhigungsmittel *n*; **~iser** (~li'ze) *v/t.* [1a] beruhigen, beschwichtigen, besänftigen; **~ité** (~li'te) *f* Ruhe *f*, Stille *f*; Frieden *m*; ~ *d'esprit* innere Ausgeglichenheit *f*, Gemütsruhe *f*.

transaction (trɑ̃zak'sjɔ̃) *f* **1.** Vergleich *m*, Vergleichsabschluß *m*, Beilegung *f* e-s Streites durch Vergleich, Übereinkommen *n*; *passer une* ~ e-n Vergleich schließen; **2.** † (Handels-)Geschäft *n*; Transaktion *f*; ~*s f/pl.* Handelsverkehr *m*, Umsatz *m*; ~*s commerciales* Handelsgeschäfte *n/pl.*; ~ *à terme*, ~ *à vue* Sichtgeschäft *n*; ~ *à long terme* Prolongations-, Kost-geschäft *n*; ~*s pl. par chèques* Scheckverkehr *m*; ~*s pl. bancaires* Bankverkehr *m*; **~nel** (~ksjɔ'nɛl) *adj.* [7c] vermittelnd, ausgleichend.

transafricain (trɑ̃zafri'kɛ̃) **I** *adj.* [7]: *chemin m de fer* ~ transafrikanische Eisenbahn *f*; **II** 🚂 *m* transafrikanischer Expreß *m*.

transalpin (trɑ̃zal'pɛ̃) *adj.* [7] transalpinisch.

transatlantique (trɑ̃zatlɑ̃'tik) **I** *adj.* überseeisch, transatlantisch; **II** *m* a) Ozean-, Übersee-dampfer *m*;

b) (*fauteuil m*) ~ Liegestuhl *m*.

transbord|ement ⚓ (trɑ̃sbɔrdə'mɑ̃) *m* Umladen *n*, Umschiffen *n*; *allg.* Zwischen-umschlag *m*, -verladung *f*; **~er** (~'de) *v/t.* [1a] umladen; **~eur** (~'dœ:r) *m* **1.** Umladeschiff *n*; **2.** ⊕ Umladevorrichtung *f*; Schiebebühne *f*; **3.** ⊕ (*auch adj.*: *pont m*) ~ *aérien* Schwebefähre *f*; ~ *à vapeur* Dampffähre *f*.

Transcaucas|ie *géogr.* (trɑ̃skoka'zi) *f*: *la* ~ Transkaukasien *n* (*UdSSR*); **≗ien** (~'zjɛ̃) *adj.* [7c] transkaukasisch.

transcend|ance (trɑ̃ssɑ̃'dɑ̃:s) *f* **1.** hohe Überlegenheit *f*; **2.** *phil.* Transzendenz *f*, Übersinnlichkeit *f*; **~ant** (~'dɑ̃) *adj.* [7] **1.** weit überlegen, über das gewöhnliche Maß hinausgehend; *esprit m* ~ erhabener Geist *m*; **2.** 𝔄 transzendent; *mathématiques f/pl.* **~es** höhere Mathematik *f*; **3.** *phil.* transzendent, übersinnlich; **~antal** *phil.* (~dɑ̃'tal) *adj.* [5c] transzendental; rein rational, a priori; **~antalisme** *phil.* (~dɑ̃ta'lism) *m* Transzendentalismus *m*, transzendentaler Idealismus *m*; **~er** (~'de) [1a] **I** *v/t.* über etw. (*acc.*) hinausgehen (*a. phil.*); *bsd. pol.*: ~ *la Communauté des Six* die Gemeinsamkeit der sechs Mitgliedstaaten erweitern; **II** F *v/i.* allen überlegen sein.

transcontinental (trɑ̃skɔ̃tinɑ̃'tal) *adj.* [5c] transkontinental.

trans|cripteur (trɑ̃skrip'tœ:r) *m* Abschreiber *m*; **~cription** (~skrip'sjɔ̃) *f* **1.** Abschreiben *n*; Abschrift *f*; Umschreiben *n*; ⚖ Eintragen *n in ein Register usw.*; ~ *phonétique* phonetische Umschrift *f*, Lautschrift *f*; **2.** ♪ Umsetzen *n*, Transkribieren *n*; **~crire** (~s'kri:r) *v/t.* [4f] abschreiben; umschreiben; *gr.* phonetisch (*od.* in Lautschrift) umschreiben; ⚖ eintragen; ♪ umsetzen.

transe (trɑ̃:s) *f* **1.** *mst. im pl.*: **~s** große Angst *f*, Höllenangst *f*; *être dans les* **~s** bangen und barmen; *être dans les* **~s** *mortelles* in Todesängsten schweben; **2.** *psych.* Trance *f*.

transept ⚠ (trɑ̃'sɛpt) *m* Querschiff *n e-r Kirche*, Transept *n*.

trans|férable (trɑ̃sfe'rablə) *adj.* transferierbar; übertragbar; **~fèrement** (~fɛr'mɑ̃) *m* Transferierung *f*; **~férer** (~fe're) *v/t.* [1f] **1.** an e-n anderen Ort bringen, verlegen, überführen; **2.** ✝ transferieren; **3.** ~ *qch. à q.* j-m etw. übertragen.

transfert (trɑ̃s'fɛ:r) *m* **1.** Überführung *f*, Verlegung *f*; **2.** ⚖ Übertragung(surkunde *f*) *f* (*z.B. der Steuerhoheit*); **3.** *fin.* Transfer *m*, Übertragung *f*, Überweisung *f*; **4.** ~ *de travailleurs qualifiés* Abwanderung *f* von Facharbeitern.

transfigur|ation (trɑ̃sfigyra'sjɔ̃) *f rl.* Verklärung *f*, Läuterung *f*; **~er** (~'re) [1a] **I** *v/t.* umbilden; *fig.* läutern, verklären; **II** *v/rfl.* se ~ *rl.* verklärt werden.

transfil ⊕ (trɑ̃s'fil) *m* Profildraht *m*; Umwicklung *f*; **~er** (~'le) *v/t.* [1a]: ~ *des voiles* Segel miteinander anmarlen; ~ *les tentes* die Zeltbahnen miteinander verknüpfen.

transform|able (trɑ̃sfɔr'mablə) *adj.* umwandelbar; **~ateur** (~ma'tœ:r) *adj.* [7f] *u. su.* umformend; Umformer *m*, Transformator *m*, Trafo *m*; ~ *blindé* gekapselter Transformator *m*; ~ *en maximal* Großtransformator *m*; ~ *d'entrée* Eingangstransformator *m*; ~ *de départ*, ~ *de sortie* Ausgangs-, Endtransformator *m*; ~ *de liaison*, ~ *d'accouplement*, ~ *de réaction* Kopplungstransformator *m*; ~ (*de*) *haute* (*moyenne*, *basse*) *fréquence* Hoch- (Mittel-, Nieder-)frequenztransformator *m*; **~ation** (~ma'sjɔ̃) *f* Umwandlung *f*, Umgestaltung *f*, Umänderung *f*; *Fußball*, *Rugby*: Torwechsel *m*; ✝ Verarbeitung *f*; ⚗ Umsetzung *f*; ⚡ Umformung *f*, Transformierung *f*, Umspannung *f*; ~ *monétaire* Währungs-umstellung *f*, -reform *f*; ~ *des armements* Umrüstung *f*; *artiste m à* ~ Verwandlungskünstler *m*.

transform|er (~'me) [1a] **I** *v/t.* umformen, umbilden, umgestalten, um-, ver-wandeln; umspannen, transformieren; verarbeiten; ~ *les armements* umrüsten (*v/i.*); **II** *v/rfl.* se ~ sich verändern; *fig.* sich verstellen; *se* ~ *en qch.* sich in etw. (*acc.*) verwandeln; **~isme** *biol.* (~'mism) *m* Abstammungslehre *f*; **~iste** (~'mist) **I** *m* Vertreter *m* der Abstammungslehre; **II** *adj.* nach der Abstammungslehre.

transfuge (trɑ̃s'fy:ʒ) *su.* ⚔ Überläufer *m*; *fig.* Abtrünniger *m*.

transfus|er (trɑ̃sfy'ze) *v/t.* [1a] hinüber-gießen, -leiten; ⚕ *Blut* übertragen; **~ion** (~'zjɔ̃) *f* Um-,

Hinüber-gießung *f*; ⚕ ~ *de sang*, ~ *sanguine* Blutübertragung *f*.

transgress|er (trɑ̃sgrɛ'se) *v/t.* [1b] *ein Gesetz, Gebot* übertreten, verstoßen gegen (*acc.*); **~ion** (~'sjɔ̃) *f* Übertretung *f*; ~ *de la loi* Gesetzesübertretung *f*.

transhum|ance ✓ (trɑ̃zy'mɑ̃:s) *f* Wandern *n* der Schafsherden, Herdenwandern *n* (*im Sommer u. Winter*); **~ant** (~zy'mɑ̃) *adj.* [7] wandernd (*v. Herden*); **~er** (~zy'me) [1a] **I** *v/t.* auf die Gebirgsweide führen; **II** *v/i.* wandern (*Herde*).

transi (trɑ̃'si, ~'zi) *adj.* frierend, bibbernd, erstarrt; *fig.* schüchtern, befangen; ~ *de froid* starr vor Kälte; *je suis* ~ ich bibbere vor Kälte.

transiger (trɑ̃zi'ʒe) *v/i.* [1l] e-n Vergleich treffen, sich vergleichen (*avec q.* mit j-m); *fig.* ~ *avec sa conscience* sich mit s-m Gewissen abfinden.

transir (trɑ̃'si:r, *weniger gut*: trɑ̃'zi:r) [2a] **I** *v/t.* erstarren lassen, zur Erstarrung bringen; **II** *v/i.* steif (*od.* starr) werden, erstarren (*de froid, de peur* vor Kälte, vor Angst).

transistor ⚡ (trɑ̃sis'tɔ:r) *m* Transistor *m*, Kristallverstärker *m*; *rad. poste m* ~ Taschenempfänger *m*.

transit (trɑ̃'zit) *m* Durchgangshandel *m*, -verkehr *m*; Durchfuhr *f*; *marchandises f/pl. en* ~ Durchfuhrgüter *n/pl.*; Durchgangsgut *n*; **~aire** (~'tɛ:r) **I** *adj.* Durchgangs..., Transit...; **II** *m* Transit-spediteur *m*, -händler *m*; **~er** (~'te) [1a] **I** *v/t. Waren durch ein Land* durchgehen lassen; **II** *v/i.* durchgehen; **~eur** ⚓ (~'tœ:r) *m* Transithändler *m*; **~if** (~zi'tif) *adj.* [7e] **1.** *gr.* transitiv, zielend; **2.** Übergangs...; *mesures f/pl. transitives* Übergangsmaßnahmen *f/pl.*; **~ion** (~'sjɔ̃) *f* Übergang *m*; Wechsel *m*; **~oire** (~'twa:r) *adj.* **1.** vergänglich; **2.** vorübergehend; *période f* ~ Übergangszeit *f*.

Transjordan|ie *géogr.* (trɑ̃sʒɔrda'ni) *f*: *la* ~ Transjordanien *n*; **♀ien** *géogr.* (~'njɛ̃) *adj.* [7c] transjordanisch.

transla|ter (trɑ̃sla'te) *v/t.* ⚡ übertragen; *méc.* verschieben; **~teur** (~'tœ:r) *m* ⚡ Übertrager *m*; **~tif** *bsd.* (~la'tif) *adj.* [7e] übertragend; *acte m* ~ Übertragungsurkunde *f*; Überschreibung *f e-s Grundstücks usw.*; **~tion** (~la'sjɔ̃) *f* Beförderung *f an e-n andern Ort*, Verlegung *f*, Überführung *f*; Versetzung *f e-s Beamten*; *rl.* Verlegung *f e-s Festes*; ⚖ *u.* ⚡ Übertragung *f*; *méc.* Verschiebung *f*; *géol.* Translation *f*; *phys. mouvement m de* ~ Translationsbewegung *f* (*der Erde um die Sonne*).

translucid|e (trɑ̃sly'sid) *adj. a.* △ durchscheinend; **~ité** (~di'te) *f* Durchscheinen *n*.

transmarin (trɑ̃sma'rɛ̃) *adj.* [7] überseeisch.

transmetteur *rad.*, ⚡ (trɑ̃smɛ'tœ:r) *m* Sender *m*, Sendevorrichtung *f*; *rad.* ~ *portatif* tragbares Funksprechgerät *n*.

transmettre (~'mɛtrə) [4p] **I** *v/t.* **1.** ⚖ ~ *une propriété* ein Eigentum überlassen, übertragen, übereignen; **2.** an j-n gelangen lassen, an j-n weitergeben; übersenden; überliefern; ~ *à la postérité* der Nachwelt überliefern; **3.** ⚡ übertragen, leiten; durchschalten; *rad.* ~ (*par T.S.F.*) funken, übertragen, senden; **4.** *fig.* vererben; *e-e Krankheit* übertragen; **5.** *phys.* durchlassen (*Licht, Hitze*); **II** *v/rfl.* *se* ~ *a.* sich fortpflanzen (*Licht, Schall*); sich vererben, übertragen werden (*Krankheiten*); *se* ~ *à q. par hérédité* auf dem Wege der Erbfolge auf j-n (*acc.*) übergehen.

transmigr|ation (trɑ̃smigra'sjɔ̃) *f* Übersiedelung *f*, Auswanderung *f*; ~ *des âmes* Seelenwanderung *f*; **~er** (~'gre) *v/i.* [1a] (*mit avoir!*) übersiedeln, auswandern.

transmiss|ibilité (~misibili'te) *f* Übertragbarkeit *f*; **~ible** (~'siblə) *adj.* übertragbar; *maladies f/pl.* ~*s* übertragbare Krankheiten *f/pl.*; **~ion** (~'sjɔ̃) *f* **1.** *allg.* Übertragung *f* (*v. Krankheiten, e-r Bewegung, v. Kraft usw.*); **2.** ⚖ Überlassung *f*, Überleitung *f*, Übereignung *f* (*bei tatsächlich erfolgter Übergabe*); ~ *des affaires judiciaires* Überleitung *f* der Rechtspflege; **3.** *biol.* Vererbung *f*; **4.** *phys.* Durchlassung *f v. Lichtstrahlen*; **5.** ⊕ Transmission *f*, Antrieb *m*; ~ *par* (*od. à*) *chaînes* Kettenantrieb *m*; ~ *d'énergie*, ~ *d'efforts* Kraftübertragung *f*; **6.** *rad.* Übertragung *f*, (Rundfunk-)Sendung *f*; ~ *de télévision* Fernsehübertragung *f*, Bildfunk *m*; ~ *de musique d'opéra* Opernübertragung *f*; ~ *des dernières nouvelles*, ~ *du journal parlé* Nachrichtensendung *f*; *manipulateur m*

de ~ Sendetaster *m*.
transmu|able (trɑ̃s'mɥablə) *adj.* verwandelbar; **~er** (~'mɥe) *v/t.* [1a] (*bsd* ⚗) verwandeln, umwandeln; ~ *les valeurs* umwerten.
transmuta|bilité (~mytabili'te) *f* Verwandelbarkeit *f*; **~ble** (~'tablə) *adj.* verwandelbar; **~tion** *at.*, *biol.*, ⚗ (~tɑ'sjɔ̃) *f* Umwandlung *f*, Transmutation *f*.
transmu(t)er (trɑ̃smy'te, ~'mɥe) *v/t.* [1a]: ~ en verwandeln in (*acc.*).
transocéanique (trɑ̃zɔsea'nik) *adj.* transozeanisch; Übersee…
transpadan *géogr.* (~pa'dɑ̃) *adj.* [7] jenseits des Po befindlich.
transpalette ⊕ (~pa'lɛt) *f* (niedriger) Hubroller *m* (*für Papierballen*).
transpar|aître (~pa'rɛtrə) *v/i.* [4z] durchscheinen, durchschimmern; **~ence** (~'rɑ̃:s) *f* Durchsichtigkeit *f*; **~ent** (~'rɑ̃) **I** *adj.* [7] **1.** durchsichtig, transparent, durchscheinend; **2.** *fig.* leicht zu erraten (*od.* zu durchschauen), *fig.* auf der Hand liegend; klar ersichtlich; *d'une façon ~e* deutlich (erkennbar); *enveloppe f ~e* Fensterumschlag *m* (*e-s Briefes*); **II** *m* **3.** Linienblatt *n*; **4.** *peint.* Transparent *n*.
transperc|ement (trɑ̃spɛrsə'mɑ̃) *m* Durch-bohrung *f*, -stechung *f*; **~er** (~'se) *v/t.* [1k] durchbohren.
transpir|able (~pi'rablə) *adj.* ausdünstbar; **~ation** (~rɑ'sjɔ̃) *f* **1.** (Haut-)Ausdünstung *f*, Schwitzen *n*; **2.** Schweiß *m*, Transpiration *f*; *avoir des ~s* schwitzen; *entrer en ~* in Schweiß geraten; **~rer** (~'re) *v/i.* [1a] ausdünsten, schwitzen, transpirieren; *fig.* ruchbar werden, durchsickern; ~ *dans le public* an die Öffentlichkeit dringen.
transplant|able (~plɑ̃'tablə) *adj.* verpflanzbar; *chir.* übertragbar; **~ation** (~tɑ'sjɔ̃) *f* **1.** ⚘ Verpflanzung *f*; **2.** *fig.* Umsiedlung *f* (*Bevölkerung*); **3.** *chir.* Transplantation *f* (*Überpflanzung von lebenden Zellen od. von Haut*); **~er** (~'te) *v/t.* [1a] **1.** ⚘ verpflanzen; **2.** umsiedeln; **3.** *chir.* übertragen; **~oir** (~'twa:r) *m* Pflanzschippchen *n*.
transpolaire (~pɔ'lɛ:r) *adj.* transpolar, über den Pol führend.
transport (trɑ̃s'pɔ:r) *m* **1.** Transport *m*, Fortschaffen *n*, Beförderung *f an e-n anderen Ort*; *les ~s m/pl.* das Verkehrs-, Transportwesen *n*; *~s ferroviaires* Eisenbahnverkehr *m*; *~s aériens* Luftverkehr *m*; *frais m/pl.* de ~ Fracht(kosten *pl.*) *f*; *moyens m/pl.* de ~ Verkehrsmittel *n/pl.*; *~s m/pl.* Spedition(sgeschäft *n*) *f*; ~ (en) *commun* Sammeltransport *m*; *~s m/pl. en commun*, *moyens m/pl.* de *~s publics* öffentliche Verkehrsmittel *n/pl.*; ~ *pour amener* (*pour enlever*) *des troupes usw.* An-(Ab-)transport *m* von Truppen *usw.*; ~ *terrestre*, ~ *par terre* Landtransport *m*; ~ *maritime*, ~ *par mer* Seetransport *m*; ~ *aérien*, ~ *par air* Lufttransport *m*; ~ *par voie ferrée* Eisenbahntransport *m*; ~ *aller et retour* Hin- u. Rücktransport *m*; **2.** ⚓ Transportschiff *n*; ~ *d'aviation* Flugzeugmutterschiff *n*; ~ *de troupes* Truppentransporter *m*; **3.** ⚖ ~ *sur les lieux* (*od. sur place*) Lokalbesichtigung *f*; **4.** Abtretung *f e-r Schuldforderung*; Übereignung *f*; **5.** ✝ Übertragung *f*, Übertrag *m*; **6.** *phot.* ~ *de bande* Filmtransport *m*; *phys.* ~ *de chaleur* Wärmeabführung *f*, -ableitung *f*; ~ *d'énergie* Kraftübertragung *f*; **7.** *fig.* Erregung *f*; Aufwallung *f*; Begeisterung *f*; Verzückung *f*; ~ *de colère* Zornesausbruch *m*; **8.** ~ *au cerveau* Hirnschlag *m*, Delirium *n*.
transport|able (~pɔr'tablə) *adj.* transportfähig, fortschaffbar; versendbar; verschiffbar; ⚖ übertragbar; **~ation** ⚖ (~tɑ'sjɔ̃) *f* (Straf-)Verschickung *f in e-e Kolonie*, Deportation *f*; **~er** (~'te) [1a] **I** *v/t.* **1.** transportieren, weg-bringen, -schaffen, befördern, versenden, verschicken; ~ *par avion* (*par eau*; *par roulage*) per Luft *od.* mit dem Flugzeug (auf dem Wasserwege; per Achse) befördern; **2.** an e-n Ort verlegen, versetzen; *fig.* ~ *des montagnes* Berge versetzen; **3.** ⚖ übertragen; abtreten; **4.** *fig.* ~ *q.* j-n außer sich bringen, j-n entzücken, j-n hinreißen, j-n begeistern; être *transporté* de *joie* außer sich vor Freude sein; *transporté de bonheur* überglücklich; **II** *v/rfl.* se ~ **5.** sich an e-n Ort begeben; se ~ *sur les lieux* (*od. sur place*) sich an Ort und Stelle begeben, e-e Lokalbesichtigung vornehmen; **6.** *fig.* sich (in Gedanken) versetzen; *transportez-vous dans le passé* versetzen Sie sich in die Vergangenheit; se ~ *dans la Rome des*

Césars sich in das Rom der Cäsaren versetzen; *s'y ~ par la pensée* sich in etw. hineindenken; **7.** ⚕ strömen, schießen (*Blut*); *se ~ sur* übergehen auf, sich übertragen auf; **8.** außer sich geraten, sich hinreißen lassen; **~eur** (~'tœːr) *m* **1.** Transporteur *m*, Transportunternehmer *m*, Spediteur *m*; **2.** ⊕ Transport-, Ladeeinrichtung *f*, Fördermittel *n*, Transportgerät *n*, Förderer *m*, Verlader *m*, Transporteur *m*; *~ à barrettes en bois* Holzgurtförderer *m*; *~ circulaire (tubulaire)* Rohrkreisförderer *m*; *~ continu* Stetigförderer *m*; *~ à rouleaux (à galets)* Rollen-(Röllchen-)förderer *m*; *~ circulaire* Kreisförderer *m*; *~ aérien* Drahtseilbahn *f*; *~ à godets* Becherwerk *n*; **~eur-collecteur** (~kɔlɛk'tœːr) *m* [6a] Sammelförderband *n*.

transpos|able (trɑ̃spo'zablə) *adj. a. gr.* versetzbar; ♪ transponierbar; **~er** (~'ze) *v/t.* [1a] umstellen, umsetzen, versetzen; ⚗ hinüberschaffen; ♪ transponieren; *typ.* verdrucken.

transposi|teur (trɑ̃spozi'tœːr) *adj./m u. m*: (*piano n*) *~* transponierendes Klavier *n*; Transponierer *m*, Tonversetzer *m*; **~tif** (~'tif) *adj.* [7e] *gr.*: *langue f transpositive* Sprache *f*, die e-e Umstellung der Wörter gestattet; **~tion** (~zi'sjɔ̃) *f* Umstellung *f*; ♪ Transponieren *n*, Übertragung *f*; ⚗ Hinüberschaffen *n*; *gr. ~ de sens* Sinnverschiebung *f*.

transrhénan (trɑ̃sre'nɑ̃) *adj.* [7] jenseits des Rheins.

transsaharien (trɑ̃ssaa'rjɛ̃) **I** *adj.* transsaharisch, durch die Sahara; **II** *m* transsaharische Eisenbahn *f*, Saharabahn *f*.

transsibérien (trɑ̃ssibe'rjɛ̃) **I** *adj.* transsibirisch; **II** *m* transsibirische Eisenbahn *f*.

transsonique *phys.* (trɑ̃ssɔ'nik) *adj.* [Überschall...]

transsubstant|iation *rl.* (trɑ̃ssypstɑ̃sja'sjɔ̃) *f* Substanzverwandlung *f*; **~ier** *rl.* (~'sje) *v/t.* [1a] verwandeln.

transsud|ation (trɑ̃ssyda'sjɔ̃) *f* Aus-, Durch-schwitzen *n*; **~er** (~'de) *v/i. u. v/t.* [1a] durch-, ausschwitzen.

transuranien *at.* (trɑ̃zyra'njɛ̃) *adj.* [7c] transuranisch.

transvalu|ation *bsd. phil.* (trɑ̃svalɥa'sjɔ̃) *f* Umwertung *f*; **~er** *bsd. phil.* (~'lɥe) *v/t.* [1a] umwerten.

transvas|ement (trɑ̃svaz'mɑ̃) *m* Umfüllen *n*; **~er** (~va'ze) *v/t.* [1a] umgießen, umfüllen.

transversal (trɑ̃svɛr'sal) *adj.* [5c] □ quer hindurchgehend, transversal, Quer...; *section f ~e* Querschnitt *m*; *transversalement adv.* quer.

transverse *anat.* (trɑ̃s'vɛrs) *adj.* Quer...

transvider (trɑ̃svi'de) *v/t.* [1a] den Rest umgießen.

transyl|vain [7], **~vanien** [7c] *géogr.* (trɑ̃sil'vɛ̃, ~va'njɛ̃) *adj. u.* ♀ *su.* siebenbürgisch; Siebenbürge *m*.

Transylvanie *géogr.* (trɑ̃silva'ni) *f*: *la ~* Siebenbürgen *n*, Ardeal *n*.

trantran P (trɑ̃'trɑ̃) *m*: *le ~ quotidien* der tägliche Trott *m*, das tägliche Einerlei *n*; s. *a. traintrain*.

trapan ⚠ (tra'pɑ̃) *m* Treppenende *n*.

trapèze (tra'pɛːz) *m* **1.** Trapez *n*; **2.** *gym.* Schwebereck *n*, Trapez *n*; **3.** *anat.* (*auch adj.*): *muscle m ~* großer viereckiger Schultermuskel *m*; *os m ~* Handwurzelknochen *m*.

trapéziste (trape'zist) *su.* Trapezkünstler *m*.

trapézoïde (trapezɔ'id) **I** *adj.* trapezähnlich; **II** *m* ⚗ Trapezoid *n*.

trappe (trap) *f* **1.** Falle *f*, Klappe *f*; **2.** Fall-, Klapp-tür *f*; Schiebetürchen *n*, -fenster *n*; **3.** *thé.* Versenkung *f*; **4.** *ch.* Fuchs-, Wolfsgrube *f*; **5.** *rl. ordre m de la* ♀ Trappistenorden *m*.

trappeur (tra'pœːr) *m* Trapper *m*.

trappiste *rl.* (tra'pist) *m* Trappist *m*.

trapu (tra'py) *adj.* stämmig; untersetzt, vierschrötig, gedrungen.

traque (trak) *f* Treibjagd *f*.

traquenard (trak'naːr) *m* **1.** Falle *f*; Hinterhalt *m*; Fuchseisen *n*; *~ pour autos* Autofalle *f*; **2.** Halbgalopp *m*; *cheval m ~* Halbpaßgänger *m*.

traqu|er (tra'ke) *v/t.* [1m] **1.** *ch. ~ un bois* in e-m Walde eine Treibjagd veranstalten; *~ un loup* e-n Wolf umstellen; **2.** *fig.* hetzen, verfolgen; **~et** (~'kɛ) *n* **1.** (Fuchs-)Falle *f*, Fangeisen *n*; **2.** ⊕ (Mühl-)Klapper *f*; **3.** *orn.* Steinschmätzer *m*, Braunkehlchen *n*; **~eur** *ch.* (~'kœːr) *m* Treiber *m bei Jagden*.

trass *min.* (tras) *m* Traß *m*, Druckstein *m*; ⚠ *mortier m de ~* Traßmörtel *m*.

traulet *peint.* (tro'lɛ) *m* Punktiernadel *f* (*Zeichenkunst*).

trauma|tique ⚕ (troma'tik) *adj.* □ Wund..., traumatisch; **~tisme** (~'tism) *m* Verletzung *f*, Trauma *n*.

travail¹ (tra'vaj) *m* (*pl.* ~s) Tiergestell *n* (*zum Beschlagen der Hufe, für Verbandszwecke usw.*).

travail² (~) *m* [5c] **1.** Arbeit *f*, Arbeiten *n*; Anstrengung *f*, Mühe *f*; ~ *de Romain*, ~ *d'Hercule* Sisyphos-, Riesen-arbeit *f*; ~ *à forfait* (*od. à la tâche od. aux pièces*) Akkordarbeit *f*; *cessation f du* ~ Arbeitseinstellung *f*; *travaux m/pl. de déblaiement* Aufräumungsarbeiten *f/pl.*; ~ *de tête*, ~ *intellectuel*, ~ *mental* Kopfarbeit *f*; ~ *cérébral* Geistesarbeit *f*; ~ *gigantesque*, ~ *formidable* Riesenarbeit *f*; ~ *minutieux*, ~ *de détail* Kleinarbeit *f*; ~ *de choix* Qualitätsarbeit *f*; ~ *féminin*, ~ *des femmes* Frauenarbeit *f*; ~ *de sape* Minierarbeit *f* (*a. fig.*); ~ *éducatif* Erziehungsarbeit *f*; ~ *d'équipe* Teamwork *n*; ~ *supplémentaire* zusätzliche (*od.* Überstunden-) Arbeit *f*; ~ *à mi-temps* Halbtagsarbeit *f*; ~ *illicite* Schwarzarbeit *f*; *travaux m/pl. forcés* Zwangsarbeit *f*; Zuchthausstrafe *f*; ~ *inachevé* (*non personnel*) unerledigte (unselbständige) Arbeit *f*; ~ *de forage* Schacht-, Bohr-arbeit *f*; ~ *à la chaîne* Fließband-, Serien-arbeit *f*; ~ *au jour* (*au fond*) Übertage-(Untertage-)betrieb *m*; ~ (*fait*) *sur mesure* Maßarbeit *f*; ~ *pendant la grève* Streikarbeit *f*; (*heures f/pl. de*) ~ *réduit(es)* Kurzarbeit *f*; *sans* ~ erwerbs-, arbeits-los; *travaux m/pl. de secours* (*pour les chômeurs*) Notstandsarbeiten *f/pl.*; *se mettre au* ~ sich an die Arbeit machen; **2.** (Bau-)Unternehmung *f*; (*ministère m des*) *travaux publics* (Ministerium *n* für) öffentliche Arbeiten *f/pl.*; **3.** Arbeitsweise *f*; *avoir le* ~ *facile* schnell arbeiten, ein flinker Arbeiter sein; *avoir le* ~ *difficile* s-e Arbeit nur mühsam schaffen (*od.* bewältigen); *avoir le* ~ *lent* langsam arbeiten; **4.** Stück *n* Arbeit; Werk *n*, Leistung *f*; **5.** *pl.*: *travaux d'art industriel* kunstgewerbliche Arbeiten *f/pl.*; *travaux d'art* Kunstbauten *m/pl.*; *frt. travaux avancés* Außenwerke *n/pl.*; **6.** ⚕ Wehen *pl.*; *être en travail* in den Wehen liegen.

travaill|er (trava'je) [1a] **I** *v/i.* **1.** arbeiten; tätig sein; ~ *de la tête* geistig arbeiten; P ~ *du chapeau* (*od. de la casquette*) e-n Vogel haben, verrückt sein; ~ *comme un nègre* schuften; *bsd. écol.* ~ *d'arrache-pied* (*od. comme un cheval od. comme un bœuf*) büffeln, pauken; ~ *dans les cuirs* in der Lederbranche arbeiten; ~ *en gants* Handschuhmacher sein; ~ *sur la virologie* auf dem Gebiet der Virusforschung arbeiten; *se tuer à* ~ sich totarbeiten; *s'épuiser à* ~ sich abarbeiten; **2.** in Betrieb sein (*Maschine*); *fig. son argent travaille* sein Geld arbeitet (*od.* bringt Zinsen); *le vin travaille* der Wein befindet sich in Gärung; **3.** verbleichen (*Farben*); **4.** arbeiten, sich werfen (*Holz*); **5.** sich senken (*Mauer*); **II** *v/t.* **6.** a) bearbeiten, ausarbeiten, gestalten; ~ *le champ* das Feld bestellen; ~ *la pâte* den Teig durchkneten; *fig.* ~ *des vers* Verse ausfeilen; *style m trop travaillé* gekünstelter Stil *m*; b) fälschen, manschen; **7.** *fig.* quälen, plagen, bearbeiten; ~ *les côtes à q.* j-n anständig versohlen; *l'inquiétude le travaille* die Unruhe quält ihn; **8.** *fig.* ~ *q.* j-n bearbeiten *od.* beeinflussen; ~ *le peuple* das Volk aufhetzen; **III** *v/rfl.* se ~ **9.** sich be-(*od.* ver-)arbeiten lassen (*von Stoffen*); **10.** sich abarbeiten, sich abquälen; **11.** se ~ *l'esprit* hin und her überlegen, grübeln; **~eur** (~'jœ:r) *adj. u. su.* [7g] arbeitsam; (tüchtiger) Arbeiter *m*; ~ *forestier* Forstarbeiter *m*; ~ *frontalier* Grenzgänger *m* (*e-r politisch gespaltenen Stadt*); ~ *indépendant* selbständiger Erwerbstätiger *m*; ~ *intellectuel* Kopf-, Geistes-arbeiter *m*; ~ *manuel* Handarbeiter *m*; ~ *de force* Schwerarbeiter *m*; **~euse** (~'jø:z) *f* **1.** Arbeiterin *f*; **2.** *Art* Nähtischchen *n*; Nähkasten *m*; ~ *sur roulettes* Nähwagen *m*; **~isme** *pol.* (~'jism) *m* Arbeiterbewegung *f*; **~iste** (~'jist) *su. u. adj.* Mitglied *n* der englischen Labourpartei; *parti m* ~ Labourpartei *f*; *la presse* ~ die Labour-, Arbeiter-presse *f*; *le programme* ~ das Programm *n* der Arbeiterbewegung; **~oter** P (~jɔ'te) *v/i.* [1c] schludern, pfuschen.

travée ⚠ (tra've) *f* Fach *n* (*Zwischenraum von Pfeiler zu Pfeiler*); ~ *de pont* Jochweite *f* e-r Brücke.

travelage 🚂 (trav'la:ʒ) *m* Schwellenabstand *m*.

travelling *cin.* (travɛ'liŋ) *m* **1.** Kameralaufwagen *m*; **2.** Standwechsel *m* der Kamera während der Aufnahme; **3.** mit Kamerastandwechsel gefilmte Szene *f*.

travers (tra'vɛːr) *m* **1.** Quere *f*, Breite *f*, Schrägheit *f*, Schiefe *f*; Querdurchmesser *m*; *deux* ~ *de doigt* zwei Finger breit; ~ *de main* Handbreite *f*; *advt.* (*tout*) *de* ~ schief, quer, schräg; *fig.* verkehrt, falsch; *interpréter qch. de* ~ etw. verkehrt deuten; *regarder q. de* ~ j-n schief (*od.* über die Achsel) ansehen; *prendre qch. de* ~ etw. übelnehmen, *s'y prendre tout de* ~ etw. völlig verkehrt anfangen; *répondre tout de* ~ ganz verkehrt antworten; *en* ~ quer über; *als prp. à* ~ *qch.*, *bsd. bei Hindernissen*: *au* ~ *de qch.* quer durch; ✈ *à* ~ *l'Alaska* quer über Alaska; *prendre à* ~ *champs* querfeldein gehen; *elle se jeta en* ~ *de la porte* sie stellte sich plötzlich quer in die Türöffnung; *fig. à tort et à* ~ ohne Überlegung; **2.** *fig.* Fehler *m*; ~ *d'esprit* Wunderlichkeit *f*, Verschrobenheit *f*; *donner dans le* ~ vom guten Wege abkommen, leichtsinnig werden.

traversable (travɛr'sablə) *adj.* überschreitbar, überquerbar (*Straße*, *Brücke*); durchquerbar (*Wald*, *Fluß*); durchschwimmbar (*Fluß*).

travers|e (tra'vɛrs) *f* **1.** Querbalken *m*, -holz *n*, -stück *n*, -träger *m*; Spannriegel *m*; ✈ Querstrebe *f*; **2.** 🚂 Eisenbahnschwelle *f*; **3.** (*chemin m de*) ~ Quer-, Seiten-weg *m*; *prendre un chemin de* ~ e-n Seitenweg einschlagen; *rue f de* ~ Querstraße *f*; **4.** ⚒ Quergang *m*; **5.** ⚔ Querwall *m*; **6.** *fig.* Hindernis *n*; *venir à la* ~ in die Quere kommen, e-n Strich durch die Rechnung machen (*fig.*); **~ée** (~'se) *f* **1.** ⚓ ~ (*de*) Überfahrt *f* (über *acc.*); Reise *f* (durch *acc.*), Durchquerung *f*; ✈ ~ *de l'océan* Ozean-flug *m*, -überquerung *f*; *allg.* ~ *de la France en automobile* Autofahrt *f* quer durch Frankreich; **2.** 🚂 ~ *de voie* Bahn-, Gleis-kreuzung *f*, **~er** (~'se) [1a] **I** *v/t.* **1.** durchqueren, quer durch ein Land reisen *od.* fahren; überschreiten; *fig.* durchmachen, erleben; ~ *une montagne* über e-n Berg gehen; *vous n'avez qu'à* ~ *la rue* Sie brauchen nur über die Straße zu gehen; *la Seine traverse Paris* die Seine fließt durch Paris; ~ *une rivière* (*à la nage*) über e-n Fluß setzen (schwimmen); *fig.* ~ *le cœur* innerlich beunruhigen; *les pensées qui lui traversent la tête* die Gedanken, die ihm durch den Kopf gehen; *un frisson traversa ses membres* ein Schauer durchfuhr s-e Glieder; **2.** ~ *qch.* durch etw. (*acc.*) hindurchdringen; durchnässen (*Regen*); **3.** *fig.* durchkreuzen, hindern, hintertreiben; ~ *les mesures de q.* j-s Pläne durchkreuzen; ~ *les projets de q.* j-m e-n Strich durch die Rechnung machen; **4.** △ ~ *une poutre* e-n Balken einziehen; **II** *v/i.* hindurchgehen; rübergehen; △ (hinüber)reichen (*Balken*); **III** *v/rfl.* *se* ~ sich schneiden, sich kreuzen; sich in die Quere kommen.

travers|ier (travɛr'sje) **I** *adj.* [7b] Quer..., Seiten...; *barque f traversière* Fähre *f*; *rue f traversière* Querstraße *f*; *flûte f traversière* Querflöte *f*; **II** *m charp.* Riegel *m*; △ Seitengiebel *m*; ⚓ Ducht *f*, Ruderbank *f*; **~in** (~'sɛ̃) *m* **1.** Keilkissen *n*; **2.** Waagebalken *m*; **3.** ⊕ Querstück *n*; Bodenholz *n der Tonne*; **~ine** (~'sin) *f* ⊕ Querschwelle *f*, Querholz *n*; ⚓ Laufplanke *n*, -brett *n zwischen zwei Schiffen*.

travertin *géol.* (travɛr'tɛ̃) *m* Travertin *m* (*fester Kalktuff*).

travest|i (travɛs'ti) *m* Vermummung *f*; Maskenkostüm *n*; *thé.* Hosenrolle *f*; **~ir** (~'tiːr) [2q] **I** *v/t.* **1.** ~ (*q. en femme* j-n als Frau) verkleiden; *bal m travesti* Maskenball *m*; **2.** *fig.* verdrehen, entstellen, falsch wiedergeben; **II** *v/rfl.* *se* ~ sich verkleiden; *fig.* sich verstellen; **~issement** (~tis'mɑ̃) *m* Verkleidung *f*, Vermummung *f*; *fig.* Parodierung *f*, scherzhafte Umdichtung *f*.

tray|eur (trɛ'jœːr) *m* Melker *m*; **~euse** (~'jøːz) *f* Melkerin *f*; **~on** *zo.* (~'jɔ̃) *m* Zitze *f*.

trébu|chant (treby'ʃɑ̃) **I** *adj.* [7] **1.** stolpernd, strauchelnd; **2.** vollwichtig (*v. Münzen*); **~cher** (~'ʃe) [1a] **I** *v/i.* **1.** stolpern, straucheln, fallen; *fig.* e-n Fehlschritt tun; **2.** *fig.* versagen; **3** vollwichtig sein (*Münzen*); **II** *v/t.* auf der Goldwaage abwiegen; **~chet** (~'ʃɛ) *m* **1.** Goldwaage *f*; **2.** *ch.* Fallbauer *n*; *fig.* F Falle *f*.

tréfil|age ⊕ (trefi'laːʒ) *m* Drahtziehen *n*; **~er** ⊕ (~'le) *v/t.* [1a] (*zu Draht*) ziehen; **~erie** ⊕ (~fil'ri) *f* Drahtzieherei *f* (*Fabrik*).

trèfle ('trɛflə) *m* **1.** Klee *m*; ~ *à quatre feuilles* vierblättriges Kleeblatt *n*;

2. ⚠ Kleeblattkreuz *n*, Dreipaß *m*; 3. *Kartenspiel*: Treff *n*, Kreuz *n*, Eicheln *f/pl*.

tréfl|é (tre'fle) *adj*. kleeblattförmig; **~er** (~) *v/t*. [1f] schlecht prägen, verprägen (*Münzen*).

tréflière (trefli'ɛ:r) *f* Kleefeld *n*.

tréfonds (tre'fɔ̃) *m* unterirdischer Grundbesitz *m*, Untergrund *m* (*a. fig.*); *traverser en* ~ unterirdisch durchqueren; *le fonds et le* ~ a) Grund u. Boden *m* mit allem Zubehör; b) *fig*. sämtliche Hintergründe *m/pl*. (*od. péj*. Schliche *m/pl*.); *fig. si je vous connaissais dans votre* ~ wenn ich Ihr Innerstes kennen würde; *découvrir le* ~ *d'une âme* die Urtiefen e-r Seele aufdecken.

treillag|e (trɛ'ja:ʒ) *m* 1. Gitterwerk *n*; ~ *métallique* Drahtgeflecht *n*; 2. *Weinbau*: Drahtanlage *f*; **~er** (~'ʒe) *v/t*. [1l] vergittern, umgittern; **~eur** (~'ʒœ:r) *m* Gitterflechter *m*.

treill|e (trɛj) *f* Weinspalier *n*, Weingeländer *n*, Weinlaube *f*; *raisin m de* ~ Spaliertraube *f*; Spalierwein *m*; **~is** (~'ji) *m* 1. ⊕, ⚠ Geflecht *n*, netzartiges Gitter *n*; (Eisen-)Fachwerk *n*; Stahl-, Eisenkonstruktion *f*; ⚠ ~ *métallique* Rabitzgewebe *n*; *allg*. Drahtgewebe *n*; *pont m en* ~ eiserne Gitterbrücke *f*; ~ *de protection* Schutzgitter *n* (*an Maschinen*); 2. *peint*. Keil-, Kopierrahmen *m*; 3. Drillich *m*, Glanzleinen *n*; 4. Drillichanzug *m*; 5. ⚡ Brückenschaltung *f*; **~isser** (~ji'se) *v/t*. [1a] vergittern.

treiz|e (trɛ:z) I *adj./n. c*. dreizehn; II *m* Dreizehn *f*; **~ième** (~'zjɛm) I *adj./n.o*. dreizehnte(r, s); dreizehntel; II *su*. Dreizehnte(r, s); III **~ment** *adv*. dreizehntens.

tréjetage ⊕ (treʃ'ta:ʒ) *m* Abgießen *n des geschmolzenen Glases*.

tréma *gr*. (tre'ma) *m* Trema *n*, Trennpunkte *pl*. (*z.B. haï gehaßt*).

trémat ⚓ (tre'ma) *m*, **~e** ⚓ (~'mat) *f* Sandbank *f* in e-r der unteren Seinewindungen.

trémat|age ⚓ (trema'ta:ʒ) *m*: *droit m de* ~ Vorschleuserecht *n*; **~er** ⚓ (~ma'te) *v/t*. [1a] 1. ein Schiff überholen, passieren; 2. an e-r Sandbank (s. *trémat*, ~e) vorbeifahren.

trem|blant (trɑ̃'blɑ̃) *adj*. [7] zitternd; ♪ tremulierend; **~ble** ⚘ ('trɑ̃:blə) *m* Zitterpappel *f*, Espe *f*; **~blé** (trɑ̃'ble) *adj*. zitterig; *écriture f* ~*e* zitterige Handschrift *f*; **~blement** (~blə'mɑ̃) *m* Zittern *n*, Beben *n*; ♪ Tremolo *n*; ~ *de terre* Erdbeben *n*; F *fig. tout le* ~ a) *péj*. das ganze Gerümpel *n* (*od*. Zeug *n*; b) *péj*. das ganze Kroppzeug *n*.

trembl|er (trɑ̃'ble) *v/i*. [1a] 1. zittern, beben, zagen; *tout le corps lui tremble* er zittert am ganzen Leibe; ~ *de froid* vor Kälte zittern; ~ *comme la feuille* wie Espenlaub zittern; *faire* ~ in Schrecken setzen; 2. schwanken; 3. ♪ tremulieren; **~eur** (~'blœ:r) I *su*. [7g] *fig*. ängstlicher Mensch *m*, Feigling *m*, Hasenfuß *m*; II *m* 1. ⚡ Unterbrecher *m*, Wackelkontakt *m*, Summer *m*; 🚂 Alarmglocke *f*; 2. *zo*. Zitteraffe *m*; 3. *rl*. Quäker *m*; **~otant** (~blɔ'tɑ̃) *adj*. [7] etwas zitternd; flimmernd; **~ote** P (~'blɔt) *f* Tatterich *m*; Fieber *n*; **~oter** F (~blɔ'te) *v/i*. [1a] etwas zittern; schwabbeln (*Flüssigkeit*); flimmern (*Licht*).

trémie ⊕ (tre'mi) *f* Schütt-, Fülltrichter *m*, Trichter *m*; ⚓ Bunker *m*; ⚠ Kaminmantel *m*; Hühnertrog *m*; ⊕ Eisbunker(anlage *f*) *m*; ~ *de déversement* (Kohlen-, Koks-) Schütte *f*, Schüttervorrichtung *f*; ⚠ ~ *à mortier* Mörtelrutsche *f*; ~ *de gouttière* Rinnenkasten *m*.

trémière ⚘ (tre'mjɛ:r) *adj./f*: *rose f* ~ Stockrose *f*.

trémolo ♪ (tremɔ'lo) *m* Tremolo *n*.

trémousser (tremu'se) [1a] I *v/i*. sich lebhaft hin und her bewegen, flattern (*von Vögeln*); ~ *des ailes* mit den Flügeln schlagen; II *v/rfl*. *se* ~ zappeln, unruhig sein; F *fig*. sich abrackern, sich plagen; *cet enfant se trémousse sur sa chaise* dieses Kind rutscht auf s-m Stuhl hin und her; *se* ~ *d'impatience* vor Ungeduld zappeln.

tremp|age (trɑ̃'pa:ʒ) *m* Anfeuchten *n*; **~ant** (~'pɑ̃) *adj*. [7] härtbar (*Stahl*); **~e** (trɑ̃:p) *f* 1. Härten *n*, Härtung *f*; 2. Härte *f* (*des Stahls*); 3. Maische *f* (*Bierbrauerei*); 4. *fig*. Charakter-, Körper-beschaffenheit *f*, *fig*. Prägung *f*, Schlag *m* (*e-s Menschen*), Art *f*, *fig*. Kaliber *n*; *être d'une bonne* ~ von gutem Schlage sein; 5. P Senge *f*, Dresche *f*, Prügel *f*; **~ée** (trɑ̃'pe) *f* 1. ⊕ Härteform *f*; 2. Durchnässung *f*; 3. F Tracht *f* Prügel; **~er** (~) [1a] I *v/t* 1. ein-tauchen, -weichen, -tunken; anfeuchten; Wein wässern *od*. mit

Wasser mischen; ~ *du linge dans de l'eau* Wäsche einweichen; *yeux m/pl. trempés de larmes* tränenfeuchte Augen *n/pl.*; *je suis tout trempé* ich bin bis auf die Haut naß; F *être trempé comme une soupe* pudelnaß sein; *trempé de sueur* schweißtriefend; *fig.* ~ *ses mains dans le sang* s-e Hände mit Blut besudeln; **2.** *Eisen, Stahl* härten; *fig.* stählen; *les épreuves ont trempé son caractère* die Schicksalsschläge haben s-n (ihren) Charakter gestählt; *à dix-huit ans le caractère n'est pas encore trempé* mit achtzehn Jahren ist der Charakter noch nicht gefestigt; **II** *v/i.* **3.** in etwas Nassem liegen, weich werden; *mettre (à)* ~ *des haricots* Bohnen einweichen; **4.** *fig.* ~ *dans un crime* an e-m Verbrechen beteiligt sein; *il avait trempé dans l'affaire* er hatte s-e Hände im Spiel; **~ette** F (~'pɛt) *f* **1.** *in Wein usw.* getunktes Brot *n*; **2.** P *faire* ~ ein kurzes Bad nehmen.

trempeur ⊕ (trɑ̃'pœ:r) *m* Stahlhärter *m*.

tremplin (trɑ̃'plɛ̃) *m* **1.** Sprungbrett *n*; ~ *(de ski* Schi-)Sprungschanze *f*; **2.** *fig.* Sprungbrett *n*; *le* ~ *vers le succès* das Sprungbrett *n* zum Erfolg.

trempoire ⊕ (trɑ̃'pwa:r) *f* Einweichbottich *m*.

trentaine (trɑ̃'tɛn) *f* **1.** etwa (*od.* einige) dreißig (Stück *n/pl.*); **2.** Alter *n* von etwa dreißig Jahren; *qui a la* ~ in den Dreißigern; *arriver à la* ~, *atteindre la* ~ in die Dreißiger kommen.

trente (trɑ̃:t) **I** *adj./n.c.* dreißig; ~ *et un* einunddreißig; *la guerre de* ♀ *Ans* der Dreißigjährige Krieg *m*; P *être sur son* ~ *et un* in Gala sein; *se mettre sur son* ~ *et un* sich in Gala werfen; **II** *m* Dreißig *f*; **~naire** (trɑ̃t'nɛ:r) *adj.* (*possession f*) ~ dreißigjährig(er Besitz *m*).

trentième (trɑ̃'tjɛm) **I** *adj./n.o.* dreißigste(r, s); dreißigstel; **II** *su.* Dreißigste(r, s); **~ment** (~jɛm'mɑ̃) *adv.* dreißigstens.

trépan (tre'pɑ̃) *m* **1.** *chir.* Schädelbohrer *m*; **2.** ⊕ Bohrmeißel *m*; **~ation** (~panɑ'sjɔ̃) *f chir.* Durchbohrung *f* des Schädels, Aufmeißelung *f*; **~er** *chir.* (~pa'ne) *v/t.* [1a] aufmeißeln.

trépas *st.s.* (tre'pɑ) *m* Hinscheiden *n*, Tod *m*; *passer (od. aller) de vie à* ~ dahinscheiden; **~ser** (~pa'se) *v/i.* [1a] dahinscheiden, sterben; *trépassé* verstorben; *jour m des trépassés* Allerseelentag *m*.

trèpe * (trɛp) *m* (Menschen-)Masse *f*.

trépidant (trepi'dɑ̃) *adj.* [7] aufgeregt.

trépidation (trepidɑ'sjɔ̃) *f* ⚕ Zucken *n*; ⊕ Rütteln *n*, Schwingung *f*, Vibration *f*; *fig.* heftige Erregung *f* (*od.* Unruhe *f*); *la* ~ *des vitres* das Klirren der Fensterscheiben.

trépider (trepi'de) *v/i.* [1a] ⚕ zucken; ⊕ rütteln; klirren.

trépied (tre'pje) *m* Dreifuß *m*; Dreibein *n* (*Schießgestell*); *a. phot.* Ständer *m*, Stativ *n*; *fig. être sur le* ~ mit Begeisterung reden.

trépign|ée P (trepi'ɲe) *f* Tracht *f* Prügel; **~ement** (~piɲ'mɑ̃) *m* Stampfen *n*, Trampeln *n*; *oft pl.*: *les* ~*s* das Gestampfe *n*; **~er** (~pi'ɲe) [1a] **I** *v/i.* mit den Füßen trampeln; ~ *d'enthousiasme* vor Begeisterung toben; **II** *v/t.* festtreten.

trépointe ⊕ (tre'pwɛ̃:t) *f* genähter Rand *m* (*Schuh*).

tréponème ⚕ (trepɔ'nɛm) *m* Treponema *n* (*Protozoon; Erreger von Syphilis, Gelbfieber usw.*).

très (trɛ) *adv.* (*nur vor adj. u. adv.!*) sehr.

trésaill|e ⊕ (tre'zɑ:j) *f* Sperrleiste *f* am Leiterwagen; **~ure** (~zɑ'jy:r) *f* Riß *m od.* Sprung *m* in der Glasur.

trésor (tre'zɔ:r) *m* **1.** Schatz *m*; Kleinod *n*; ~*s pl.* großer Reichtum *m*; **2.** Schatzkammer *f*; **3.** ~ *public*, ♀ Staatskasse *f*, Schatzamt *n*, Fiskus *m*; *bon m du* ♀ Schatzanweisung *f*; **4.** Geldschrank *m*; **5.** *fig.* Fundgrube *f*; **6.** Thesaurus *m*, Wörterbuch *n*; **~erie** (~zɔr'ri) *f* Schatzkammer *f*, -amt *n*; Finanzwesen *n*; *in England*: Finanzministerium *n*; **~ier** (~zɔ'rje) *su.* [7b] Kassenwart *m*; Schatzmeister *m*, Rendant *m*.

tressage (trɛ'sa:ʒ) *m* Flechtarbeit *f*.

tressaill|ement (trɛsɑj'mɑ̃) *m* Zukken *n*, Zuckung *f*, Zusammenfahren *n*, Schauer *m*; **~ir** (~'ji:r) *v/i.* [2c] (*fut. jedoch tressaillirai*) auffahren, zusammenfahren; schaudern; zittern; zucken.

tressauter (trɛso'te) *v/i.* [1a] aufspringen; zusammenfahren.

tress|e (trɛs) *f* Zopf *m* (*a. in der Ornamentik*); ⊕, ⚡ Beflechtung *f*, Umklöppelung *f*; ~ *de paille* Strohgeflecht *n*; **~er** (~'se) *v/t.* [1b] (durch)flechten, winden **~eur** (~-

'sœ:r) *su.* [7g] Flechter *m.*

tréteau (tre'to) *m* [5b] Gerüst *n*, Gestell *n*, Bock *m*; **~x** *pl. thé.* Bretter *n/pl.*; Bretter-, Gauklerbühne *f*; *thé. monter sur les ~x* zur Bühne gehen, Schauspieler werden.

treuil (trœj) *m* **1.** ⊕ Welle *f*, Winde *f*, Haspel *f*; *~ électrique* elektrischer Aufzug *m*, Elektrowinde *f*, elektrische Hebevorrichtung *f*; *~ pour déboisage* Raubhaspel *f*; *~ de commande* Antriebswinde *f*; **2.** ⚓ Bratspill *n.*

trêve (trɛ:v) *f* **1.** Waffenstillstand *m*; *commission f de ~* Waffenstillstandkommission *f*; *~ de Dieu*, *~ du Seigneur* Gottesfrieden *m*; *pol. ~ entre les partis* Burgfriede(n) *m*; **2.** *fig.* Rast *f*, Ruhe *f*; *~ de cérémonies!*, *~ de politesses!* bitte, nur keine Umstände!; *~ de raillerie!*, *~ de plaisanterie!* Spaß beiseite!; *sans ~* ohne Unterlaß, andauernd.

Trèves *géogr.* (~) *f* Trier *n.* [ten.]

trévirer ⚓ (trevi're) *v/t.* [1a] schro-

tri (tri) *m* Sortieren *n*; Auswahl *f*; *se livrer à un ~ sévère* sich e-r strengen Auswahl unterziehen; *opérer le ~* die Auswahl treffen.

triage (tri'a:ʒ) *m* **1.** ⊕ Auslesen *n*, Sortieren *n*, Sichten *n*; ⚒ Scheidung *f*; **2.** Auswahl *f*; **3.** 🚂 *gare f de ~* Rangierbahnhof *m*; **4.** *for.* Schlag *m*, Revier *n.*

trian|gle (tri'ɑ̃:glə) *m* **1.** ⩓ Dreieck *n*; **2.** ♪ Triangel *m*; **3.** ✈ Dreiecks-, Enten-flug *m*; **~gulaire** (triɑ̃gy'lɛ:r) *adj.* □ dreieckig; **~gulation** (~lɑ'sjɔ̃) *f* Triangulation *f*, trigonometrische Vermessung *f*; **~guler** (~gy'le) *v/t.* [1a] triangulieren, trigonometrisch vermessen.

trias *géol.* (tri'as) *m* Trias(formation *f*) *f*; **~ique** (tria'zik) *adj.* zur Trias gehörig, Trias... [kampf *m.*]

triathlon *Sport* (triat'lɔ̃) *m* Drei-

tribal (tri'bal) *adj.* [5c] Stammes...

tribo-électricité (tribɔelɛktrisi'te) *f* Reibungselektrizität *f.*

tribord ⚓ (tri'bɔ:r) *m* Steuerbord *n*; **~ais** ⚓ (~bɔr'dɛ) *m* Steuerbordswache *f.*

tribouchonnant P *plais.* (~buʃɔ'nɑ̃) *adj.* [7] herzhaft.

triboulet ⊕ (tribu'lɛ) *m* Richtkegel *m der Goldschmiede.*

tribu (tri'by) *f* Volksstamm *m*; *biol.* Gattung *f*; F Familie *f*, Anhang *m.*

tribulation (tribylɑ'sjɔ̃) *f* Drangsal *f*, Heimsuchung *f*, Widerwärtigkeit *f*, Trübsal *f.*

tribun|al (triby'nal) *m* [5c] **1.** Richterstuhl *m*; **2.** Gerichtshof *m*, Gericht *n*; *~ d'appel* Berufungsgericht *n*; *~ arbitral*, *~ d'arbitres* Schiedsgericht *n*; *~ criminel* Strafgericht *n*; *~ d'enfants*, *~ pour mineurs* Jugendgericht *n*; *~ civil* Zivilgericht *n*; *~ de paix* Friedensgericht *n*; *~ de prud'hommes* Gewerbegericht *n*; *~ du travail* Arbeitsgericht *n*; *~ spécial* Sondergericht *n*; *~ de prises* Prisengericht *n*; *rl. ~ de la pénitence* Beichtstuhl *m*; *comparaître devant un ~* vor e-m Gericht erscheinen; *avoir recours aux tribunaux*, *prendre la voie des tribunaux* den Rechtsweg beschreiten; *recourir à un ~ supérieur* Berufung einlegen; **~e** (~'byn) *f* **1.** Tribüne *f*; Rednerbühne *f*; *~ de (la) presse* Pressetribüne *f*; *~ d'honneur* Ehrentribüne *f*; *rl. ~ sacrée* Kanzel *f*; **2.** Galerie *f*, Chor *m*; **3.** Kirchenstuhl *m.*

tribut (tri'by) *m* Tribut *m*, Abgabe *f*, *bisw.* Steuer *f*, Zins *m*; *fig.* Zoll *m*, Lohn *m*; *payer ~ au mauvais goût* dem schlechten Geschmack huldigen; **~aire** (~'tɛ:r) **I** *adj.* tributpflichtig *od.* zinsbar; abhängig; zufließend (*Fluß*); *fleuve m ~* Nebenfluß *m*; **II** *su.* **1.** Tributpflichtiger *m*; **2.** Nebenfluß *m.*

tricage ⚓ (tri'ka:ʒ) *m* Passendmachen *n* (*od.* Zurechtschneiden *n*) der Gegenseiten e-s Holzmastes.

tricentenaire (trisɑ̃tə'nɛ:r) **I** *adj.* dreihundertjährig; **II** *m* Dreihundertjahrfeier *f* (*besser: troisième centenaire m*). [köpfig.]

tricéphale *myth.* (trise'fal) *adj.* drei-

triceps *anat.* (tri'sɛps) *m* dreiköpfiger Muskel *m.*

trich|e F (triʃ) *f* Betrug *m*, Schiebung *f*, Schummel *m*, Mogelei *f*; *obtenir quelque chose à la ~* etw. durch Schiebung erhalten; **~er** (tri'ʃe) [1a] **I** *v/t.* beschummeln, bemogeln, betrügen; **II** *v/i. a. écol.* schummeln, mogeln, betrügen (*abs.*); **~erie** (triʃ'ri) *f* Schummel *m*, Mogelei *f*, Betrug *m*; **~eur** (~'ʃœ:r) *su.* [7g] Falschspieler *m*; Betrüger *m*, Schummler *m*, Mogler *m*; * Faulenzer *m* (*Student*).

trichin|e *zo.* (tri'ʃin) *f* Trichine *f*; **~é**, **~eux** [7d] (~'ne, ~'nø) *adj.* trichinös; **~ose** ⚕ (~'no:z) *f* Trichinenkrankheit *f.*

trichrom|e (tri'krɔm) *adj.*: *procédé*

m ~ Dreifarbendruck *m*; ~ie *typ.* (~'mi) *f* Dreifarbendruck *m*.
tricoises ⊕ (tri'kwa:z) *f/pl.* Beiß-, Zwick-, Huf-zange *f*.
tricolore (trikɔ'lɔ:r) *adj.* dreifarbig; *le drapeau m* ~ die Trikolore *f*.
tricorne (tri'kɔrn) **I** *adj.* dreihörnig; **II** *m* Dreimaster *m*, dreieckiger Hut *m*, Dreispitz *m*.
tricot (tri'ko) *m* **1.** gestrickter Stoff *m*, Strickware *f*, Strickarbeit *f*; **2.** Strick-bluse *f*, -weste *f*, Pullover *m*; **3.** Trikot *n od. m*; **4.** ~ *circulaire* (*od. tubulaire*) nahtlose Rund- (*od.* Schlauch-)ware *f*.
tricot|age (trikɔ'ta:ʒ) *m* Stricken *n*, Strickarbeit *f*, Trikotwarenfabrikation *f*, Maschenware *f*; ~**er** (~'te) *v/t. u. v/i.* [1a] stricken; klöppeln (*Spitzen*); P rennen, flitzen; ~ *à la machine* (*à la main*) mit der Maschine (mit der Hand) stricken; *fil m à* ~ Strickgarn *n* ~**euse** (~'tø:z) *f* Strickerin *f*; Strickmaschine *f*.
tricouni ⊕ (triku'ni) *m* Zwecke *f* für Bergstiefel.
trictrac (trik'trak) *m* Puffspiel *n*; Puffbrett *n*.
tricycle (tri'siklə) **I** *m vél.* Dreirad *n*; ~ *à moteur* dreiräderiger Lieferwagen *m*; **II** *adj.* dreiräderig.
trident (tri'dɑ̃) *m* **1.** Dreizack *m*; **2.** ⚒ Mistgabel *f*; ~**é** (~'te) *adj.* dreizackig.
trièdre ⩘ (tri'ɛ:drə) *adj.* dreiflächig.
trienn|al (triɛ'nal) *adj.* [5c] **1.** dreijährig; *plan m* ~ Dreijahresplan *m*; **2.** ⚘ im dritten Jahre Samen u. Früchte tragend; ~**alité** (~nali'te) *f* dreijährige Dauer *f*; ~**at** (~'na) *m* **1.** Zeitraum *m* von drei Jahren; **2.** dreijährige Amtsdauer *f*.
tri|er (tri'e) *v/t.* [1a] aussuchen, auslesen, sortieren, sichten, aussondern; ~**eur** (tri'œ:r) **I** *su.* [7g] Sortierer *m*; **II** *m* ⊕ Sortiermaschine *f*, Erzklauber *m*; ~ *à grain* Getreidesortiermaschine *f*; ~**euse** ⊕ (tri'ø:z) *f* Wollkrempelmaschine *f*.
trifol|iacées ⚘ (trifɔlja'se) *f/pl.* Kleearten *f/pl.*; ~**ié** ⚘ (~fɔ'lje) *adj.* dreiblätterig.
trifouiller P (trifu'je) *v/t. u. v/i.* [1a] durch-stöbern, -kramen, -wühlen.
trigam|e (tri'gam) *adj.* dreiehig; ⚘ trigamisch; ~**ie** (~'mi) *f* dreifache Ehe *f*; Trigamie *f*.
trigle *icht.* ('tri:glə) *m* Seehahn *m*.
triglotte (tri'glɔt) *adj.* dreisprachig.
triglyphe ⩓ (tri'glif) *m* Triglyph *m*.
trigone ⩘ (tri'gɔn) *adj.* drei-seitig, -eckig.
trigonelle ⚘ (trigɔ'nɛl) *f* Trigonella *f*, Kuhhorn-, Käse-klee *m*.
trigonocéphale *zo.* (trigɔnɔse'fal) **I** *adj.* mit dreieckigem Kopf; **II** *m* Wasserlanzenschlange *f* (*Amerika*).
trigonomé|trie ⩘ (trigɔnɔme'tri) *f* Trigonometrie *f*, Dreiecksmessung *f*; ~**trique** ⩘ (~'trik) *adj.* □ trigonometrisch.
trigrille *rad.* (tri'grij) *f* Dreigitterröhre *f*.
trigyne ⚘ (tri'ʒin) *adj.* trigyn, mit drei Fruchtknoten.
trihebdomadaire (~ɛbdɔma'dɛ:r) *adj.* dreimal wöchentlich erscheinend *od.* stattfindend.
trijumeau *anat.* (triʒy'mo) *m* [5b] Trigeminusnerv *m*.
trilatéral (trilate'ral) *adj.* [5c] dreiseitig.
trilingue (tri'lɛ̃:g) *adj.* dreisprachig, in drei Sprachen.
trill|e ♪ (trij) *m* Triller *m*; *lancer des* ~*s* tirilieren (*Vogel*); ~**er** ♪ (tri'je) *v/t.* [1a] trillern.
trillion (tril'jɔ̃) *m* **1.** *bis 1948*: Billion *f*, tausend Milliarden *f/pl.* (10^{12}); **2.** *seit 1948*: Trillion *f*, eine Milliarde *f* Milliarden (10^{18}).
trilobé ⚘ (trilɔ'be) *adj.* dreilappig.
trilogie *antiq., litt.* (trilɔ'ʒi) *f* Trilogie *f*.
trimard (tri'ma:r) *m* **1.** * Landstraße *f*; *être sur le* ~ auf der Walze sein; *prendre le* ~ auf die Walze gehen; **2.** P Schwerarbeiter *m*; ~**er** * (~mar'de) *v/i.* [1a] tippeln, wandern, herumstromern, auf der Walze sein; ~**eur** * (~'dœ:r) *m* Stromer *m*, Vagabund *m*.
trimbaler (trɛ̃ba'le) *v/t.* [1a] **1.** F mit sich überall herumschleppen; schleppen, transportieren; **2.** ⊕ weich und geschmeidig machen (*Fell*).
trimer P (tri'me) *v/i.* [1a] sich abplagen, schuften.
trimestr|e (tri'mɛstrə) *m* **1.** Vierteljahr *n*, Quartal *n*, Trimester *n*; **2.** Vierteljahres-miete *f*, -gehalt *n*; ~**iel** (~stri'ɛl) *adj.* [7c] vierteljährlich.
trimètre *mét.* (tri'mɛtrə) *m* Trimeter *m*.
trimmer (tri'mɛ:r) *m* **1.** *Fischerei*: runder Schwimmer *m* mit Leine; **2.** *rad.* Zusatzkondensator *m* (*zur Abstimmung*); **3.** ⚡ Abgleichkondensator *m*.
trimoteur (trimɔ'tœ:r) [7f] **I** *adj.* dreimotorig; **II** *m* dreimotoriges Flugzeug *n*.

tringl|e (ˈtrɛ̃:glə) *f* Stange *f*, Latte *f*, Leiste *f*, *bsd.* Gardinenstange *f*; ⊕ *pl.* ~s Gestänge *n*; 🚂 ~s *pl. d'écartement de rails* Spurstangen; P *la ~!* rutsch' mir den Buckel runter!; denkste!; s. *peau*; P *se mettre la ~* nichts abkriegen; **~er** (trɛ̃ˈgle) [1a] **I** *v/t. charp. usw. mit e-r Kreide- od. Kohleschnur* e-n geraden Strich ziehen; **II** P *v/rfl. se ~ de qch.* nichts abkriegen von e-r Sache.

tringlot ⚔ F (trɛ̃ˈglo) *m* Trainsoldat *m*; *a. trainglot.*

trinité *rl.* (triniˈte) *f* Dreiheit *f*, Dreifaltigkeit *f*.

trinôme ⩘ (triˈno:m) *m* Trinom *n*, dreigliederige Größe *f*.

trinquart ⚓ (trɛ̃ˈka:r) *m* Heringsboot *n*.

trinqu|er (trɛ̃ˈke) *v/i.* [1m] **1.** beim Trinken anstoßen; *~ à la victoire* auf den Sieg trinken (*od.* anstoßen); **2.** F trinken; **3.** P herhalten (*od.* ausbaden) müssen; *abs.* reinfallen, sich die Finger verbrennen; eins auf den Deckel kriegen; **~et** ⚓ (~ˈkɛ) *m* Fockmast *m*; **~ette** ⚓ (~ˈkɛt) *f* dreieckiges Segel *n*; **~eur** (~ˈkœ:r) *su.* [7g] Trinker *m*.

trio (triˈo) *m* **1.** ♪ Trio *n*, Terzett *n*; **2.** F *fig.* Kleeblatt *n*, Trio *n*; **3.** ⊕ Triowalzwerk *n*.

triode *rad.* (triˈɔd) *f* Triode *f*, Verstärkerröhre *f* mit drei Elektroden.

triolet[1] (triɔˈlɛ) *m* **1.** ♪ Triole *f*; **2.** *poét.* Triolett *n*.

triolet[2] ⚘ (~) *m* Wolfs- *od.* Schafsklee *m*.

triom|phal (triɔ̃ˈfal) *adj.* [5c] □ Triumph...; **~phant** (~ˈfɑ̃) *adj.* [7] **1.** triumphierend, siegreich; **2.** stolz, überglücklich, jubelnd; **~phateur** (~faˈtœ:r) [7f] **I** Triumphator *m*, Sieger *m*; **II** *adj.* triumphierend; *fig.* stolz.

triomph|e (triˈɔ̃:f) **I** *m* Triumph *m*, Siegeszug *m*; Freudentaumel *m*; Sieg *m*; glänzender Erfolg *m*; Glanzleistung *f*; **II** *f* Trumpf *m* (*Kartenspiel*); **~er** (triɔ̃ˈfe) *v/i.* [1a] **1.** triumphieren; **2.** *~ de q.* über j-n siegen; *~ de qch.* etw. überwinden, meistern, bezwingen; sich mit etw. (*dat.*) brüsten, über etw. (*acc.*) frohlocken.

tripaille *ch.* (triˈpɑ:j) *f* Eingeweide *n*, Gedärme *n/pl.*, Kaldaunen *pl.* (*v. Tieren*).

triparti (triparˈti) *adj.* [7], **~te** (~ˈtit) *adj.* [7] dreiteilig; *pol. Pacte tripartite* Dreierpakt *m*.

tripartisme *pol.* (triparˈtism) *m* Dreiparteienregierungssystem *n*.

tripartition (tripartiˈsjɔ̃) *f* Dreiteilung *f*.

tripatouill|age F (tripatuˈja:ʒ) *m* Schwindelei *f*; Gemansche *n*; Verfälschen *n* (*e-s Textes*); **~er** F (~ˈje) [1a] **I** *v/t.* verhunzen, entstellen, unerlaubte Änderungen (*an e-m Text*) vornehmen; manschen (*Wein usw.*); verfälschen; **II** *v/i.* schwindeln, mogeln, im Trüben fischen; **~eur** F (~ˈjœ:r) *m* Verfälscher *m*, Entsteller *m* (*e-s Textes*); Schwindler *m*, Mogler *m*; Manscher *m*.

tripe (trip) *f* **1.** *mst.* *~s pl.* Eingeweide *n*, Gekröse *n der Tiere*, Kaldaunen *pl.*; F Eingeweide *pl. des Menschen*; Innere *n*, Einlage *f e-r Zigarre*; P *rendre ~s et boyaux* sich ganz furchtbar übergeben; **2.** *cuis. œufs m/pl. à la ~* harte, mit Zwiebeln frikassierte Eier *n/pl.* in Scheiben; **3.** † *~s pl (de velours)* Trippsamt *m*.

trip|erie (triˈpri) *f* Darmhandlung *f*; **~ette** (triˈpɛt) *f* kleine Kaldaune *f*; P *cela ne vaut pas ~* das ist keinen Pfennig wert.

triphasé ⚡ (trifɑˈze) *adj.* dreiphasig.

triphtongue *gr.* (trifˈtɔ̃:g) *f* Triphthong *m*, Dreilaut *m*.

triphylle ⚘ (triˈfil) *adj.* dreiblätterig.

tripier (triˈpje) *m* Darmhändler *m*.

tri|place (triˈplas) *adj.* dreisitzig; **~plan** ✈ (triˈplɑ̃) *m* Dreidecker *m*.

tripl|e (ˈtriplə) **I** *adj.* dreifach; *fig. ~ sot* Erzdummkopf *m*; **II** *m das* Dreifache *n*; **~é(e)s** (triˈple) *m* (*f*/)*pl.* Drillinge *pl.*; **~er** (~) *v/t.* [1a] verdreifachen; **~ette** *vél.* (~ˈplɛt) *f* dreisitziges Fahrrad *n*; **~ex** ⊕ (~ˈplɛks) *m* Sperrholz *n*; **~icité** (~plisiˈte) *f* dreifaches Vorkommen *n*.

tripolaire (tripɔˈlɛ:r) *adj.* dreipolig.

tripoli ⊕ (tripɔˈli) *m* Tripel *m* (*Putz-, Polier-erde*).

triporteur *vél.* (tripɔrˈtœ:r) *m* Lieferdreirad *n*.

tripot (triˈpo) *m* Spielhölle *f*, verrufene Kneipe *f*; **~age** F (~pɔˈta:ʒ) *m* **1.** Gemansche *n*, Mancherei *f*; Mischmasch *m*; **2.** Begrapschen *n*, Geknutsche *n*; **3.** *pl.* *~s* Schliche *m/pl.*, Intrigen *f/pl.*; *les ~s d'un ménage* die Hintertürchen *n/pl.* e-s Ehelebens; **4.** Schummel *m*, Dreh *m*; *il doit y avoir du ~ là-dedans* es muß da irgendein Schummel dahinterstecken; **5.** ~ *d'argent* Börsenschwindel *m*; **~ée** F (~pɔ'te) *f* **1.** Senge *f*, Tracht *f* Prügel; **2.** *une ~ d'enfants* e-e Horde Kinder; **~er** F (~pɔ'te) [1a] **I** *v/t.* **1.** ~ *q.* j-n begrapschen (*od.* abknutschen); **2.** ~ *qch.* etw. strapazieren, mit etw. (*dat.*) herumhantieren; etw. begrapschen; **3.** ~ *du vin* Wein vermanschen; ~ *des fruits* Obst durcheinanderbringen; **4.** ~ *un mariage* e-e Ehe verkuppeln; **5.** ~ *l'argent des autres* das Geld anderer verspekulieren; **II** *v/i.* **6.** ~ *dans un tiroir* in e-m Schubfach herumkramen; **7.** pantschen; **8.** unsaubere (*od.* dunkle) Geschäfte machen, Wuchergeschäfte betreiben, schieben, mit Getreide schieben; **9.** intrigieren, Intrigen anzetteln; **~eur** *péj.* (~pɔ'tœːr) *m* **1.** Manscher *m* (*von Nahrungsmitteln, Wein usw.*); **2.** Spekulant *m*, Börsenschwindler *m*, Wucherer *m*.

triptyque (trip'tik) *m* **1.** *Auto*: Triptik *n*, Triptyk *n*, dreiteiliger Durchlaßschein *m* für Kraftfahrzeuge; **2.** *Kunst*: Triptychon *n*; **3.** *fig.* dreifache Grundlage *f*.

trique P (trik) *f* Knüppel *m*; *sec comme une ~, sec comme un coup de ~* spindeldürr; *recevoir des coups de ~* mit dem Stock Keile kriegen, verprügelt werden.

triqueballe (trik'bal) *m* zweirädriger Langholzwagen *m*.

triqu|er (tri'ke) *v/t.* [1m] **1.** Holz sortieren; **2.** ⊕ einpassen; ⚓ die Gegenseiten e-s Holzmastes zurechtschneiden; **3.** F durchprügeln; schlagen; **~et** (~'kɛ) *m* **1.** Ballkelle *f* (*jeu de paume*); **2.** Dachdeckergerüst *n*.

triquètre (tri'kɛtrə) *adj.* dreikantig.

tris|aïeul (triza'jœl) *su.* [7] Ururgroßvater *m* (*f*: Ururgroßmutter); **~annuel** (~a'nɥɛl) *adj.* [7c] dreijährig.

tri|secteur (trisɛk'tœːr) *adj.* [7f] dreiteilend; **~section** (~sɛk'sjõ) *f* Dreiteilung *f*; **~séquer** (~se'ke) *v/t.* [1g] dreiteilen.

trisme ⚕ (trism) *m* Mund-, Kieferklemme *f*.

trisoc ⚒ (tri'sɔk) *m* Dreifurchenpflug *m*.

trispaste ⊕ (tris'past) *m* dreifacher Flaschenzug *m*.

trisser¹ (tri'se) *v/i.* [1a] zwitschern (*Schwalben*).

trisser² (~) [1a] **I** *v/t.* ♪ zum zweitenmal da capo verlangen; **II** *v/rfl.* ★ se ~ abhauen, türmen.

trist|e (trist) *adj.* □ **1.** *nachgestellt*: traurig, betrübt, niedergeschlagen; schwermütig, trübsinnig; *tu as l'air ~* du siehst traurig aus; *plais. tu es ~ comme un croque-mort* du bist ja todtraurig (*od.* todernst); **2.** *vorgestellt*: betrübend; verdrießlich, peinlich, unangenehm; öde, langweilig; **3.** *vorgestellt*: bedauernswürdig, unglücklich; *faire ~ mine* ein saures Gesicht machen; *il a fait une ~ fin* er hat ein klägliches Ende genommen; **4.** *nachgestellt*: dunkel, finster; trübe; **5.** *vorgestellt*: jämmerlich, armselig; unzulänglich; *iron. un ~ sire* ein erbärmliches Würstchen *n*; **~esse** (~'tɛs) *f* **1.** Traurigkeit *f*, Betrübnis *f*, Schwermut *f*; **2.** *fig.* Öde *f*.

trisyllabe *gr.* (trisi'lab) *adj.* dreisilbig.

triticées ⚘ (triti'se) *f/pl.* Weizenarten *f/pl.*

triton *zo.* (tri'tõ) *m* **1.** Wassermolch *m*; **2.** Trompetenschnecke *f*.

tritur|able (trity'rablə) *adj.* zerreibbar; **~ateur** ⊕ (~ra'tœːr) *m* Reibegerät *n*; ~ *de laboratoire* Laboratoriumsmühle *f*; **~ation** (~rɑ'sjõ) *f* Zerreibung *f*, Zermalmung *f*; **~er** (~'re) *v/t.* [1a] zerreiben, zermalmen, zerstoßen; zerkauen; *fig.* vorkauen; ~ *la tâche de q.* j-s Aufgabe vorkauen.

trivalent ⚗ (triva'lã) *adj.* [7] dreiwertig.

trivial (tri'vjal) *adj.* [5c] □ **1.** abgedroschen, alltäglich, platt; **2.** niedrig, gemein, vulgär; **~ité** (~vjali'te) *f* **1.** Plattheit *f*, Alltäglichkeit *f*, abgedroschene Redensart *f*; **2.** unfeiner (*od.* vulgärer) Ausdruck *m*; niedriger Gedanke *m*.

troc (trɔk) *m* Tausch(handel *m*) *m*.

trocart *chir.* (trɔ'kaːr) *m* Trokar *m*, Punktionsnadel *f*.

trochaïque *mét.* (trɔka'ik) *adj.* trochäisch.

trochanter *anat.* (trɔkã'tɛːr) *m* Rollhöcker *m* des Hüftbeins.

trochée (trɔ'ʃe) **I** *m mét.* Trochäus *m* (*Versfuß*); **II** *f* ⚒ Wurzelschößlinge *m/pl.* *e-s abgeschnittenen Stammes*.

trochet ⚘ (trɔ'ʃɛ) *m* Büschel *n*.

trochile *orn.* (trɔ'kil) *m* Kolibri *m*.

troène ⚘ (trɔ'ɛn) *m* Liguster *m*.

troglodyte (trɔglɔ'dit) **I** *adj. u. su.*

höhlenbewohnend; Höhlenbewohner *m*; **II** *orn. m* Zaunkönig *m*.
trogne (trɔɲ) *f* Vollmondsgesicht *n*; ~ *d'ivrogne* versoffenes Gesicht *n*.
trognon (trɔ'ɲõ) *m* Kerngehäuse *n*, Griebs *m* (*e-s Apfels usw.*); P Birne *f*, Kopf *m*; F Liebling *m*; P *jusqu'au* ~ total; ~ *de chou* Kohlstrunk *m*.
Troie *antiq. géogr.* (trwa) *f* Troja *n*.
trois (~) *adj./n.c.* drei.
trois-étoiles (trwaze'twal) *adjt.*: *Monsieur* (*Madame*) ~, *Monsieur* (*Madame*) *** Herr (Frau) Dingsda.
trois-huit ♪ (trwa'ɥit) *m* Dreiachteltakt *m*.
troisième (trwa'zjɛm) **I** *adj./n.o.* dritte(r, s); **II** *su.* Dritte(r, s); **III** *m* **1.** Drittel *n*; **2.** dritter Stock *m*; **IV** *f* *école.* dritte Klasse *f*.
trois|-mâts ⚓ (trwa'mɑ) *m* [6c] Dreimaster *m*; **~-pieds** (~'pje) *m* [6c] s. *trépied*; **~-quarts** (~) *m* [6c] **1.** ♪ Kindergeige *f*; **2.** ⊕ dreikantige Grobfeile *f*; **3.** *ehm.* etw. größere Halbkutsche *f*; **4.** *Fußball, Rugby*: Dreiviertelspieler *m/pl.*; **5.** Dreiviertelmantel *m* (*für Damen*); **6.** *les* ~ *des gens* die meisten (*Leute*); *les* ~ *du temps* meistens; **7.** *phot.* Dreiviertelprofil *n*; **~-six** P (~'sis) *m* [6c] Fusel *m*.
trolley ⚡ (trɔ'lɛ) *m* Stromabnehmer *m*; *fil m de* ~ Oberleitung *f*; *perche f de* ~ Kontaktstange *f*; **~bus** *Auto* (~'bys) *m* Obus *m*, Oberleitungsomnibus *m*.
trombe (trõ:b) *f* Windhose *f*; ~ *d'eau* Wasserhose *f*; *arriver* (*démarrer*) *en* ~ in sausendem Tempo angebraust kommen (starten) (*bsd. Auto*); *passer en* ~ vorbei-rasen, -flitzen, -sausen (*bsd. Auto*).
trombine P (trõ'bin) *f* Fratze *f*, Visage *f*.
tromblon (trõ'blõ) *m* **1.** *ehm.* ⚔ Donnerbüchse *f*; **2.** P breiter, hoher Hut *m*.
trombone (trõ'bɔn) *m* **1.** Posaune *f*; **2.** (*a. tromboniste* [~bɔ'nist]) *su.* Posaunenbläser *m*; **3.** Büroklammer *f*.
trompe (trõ:p) *f* **1.** ♪ Jagdhorn *n*; *fig. publier qch. à son de* ~ etw. ausposaunen; **2.** *Auto*: Hupe *f*; ~ *à poire* Ballhupe *f*; *donner un coup de* ~ hupen; **3.** ~ *de brume* Sirene *f*; Nebelhorn *n*; **4.** *zo.* Rüssel *m des Elefanten*; Saug|rüssel *m der Insekten*; **5.** *anat.* ~ *d'Eustache* Eustachische Röhre *f*.
trompe|-la-mort F (trõpla'mɔ:r) *m/inv.* **1.** wieder gesund gewordener Todeskandidat *m*; alter, kränklicher, aber zäher Mensch *m*; **2.** Draufgänger *m*; **~-l'œil** (~'lœj) *m* [6c] **1.** verblüffend naturgetreues Gemälde *n*; **2.** *fig.* trügerischer Schein *m*; (Augen-)Täuschung *f*.
tromper (trõ'pe) [1a] **I** *v/t.* **1.** täuschen, betrügen, hintergehen; ~ *les calculs* (*les desseins*) *de q.* j-s Berechnungen (Pläne, Absichten) vereiteln; ~ *la bonté de q.* j-s Güte mißbrauchen; ~ *la faim* den Hunger künstlich unterdrücken; ~ *les espérances de q.* j-s Hoffnungen enttäuschen; ~ *le temps* sich die Zeit vertreiben; ~ *la loi* das Gesetz umgehen; ~ *les regards* sich den Blicken entziehen; ~ *la vigilance de q., auch* ~ *q.* j-s Wachsamkeit täuschen; **2.** irreführen; *c'est ce qui vous trompe* da sind Sie im Irrtum; *il a une mine qui trompe* sein Aussehen trügt; *je suis bien trompé si ...* ich müßte mich sehr irren, wenn ...; **II** *v/rfl.* *se* ~ sich irren, sich täuschen (*sur q.* in j-m); *a. fig. se* ~ *d'adresse* sich in der Adresse irren; *fig.* an die falsche Adresse geraten; anecken; *se* ~ *de route* e-n falschen Weg einschlagen.
tromperie (trõ'pri) *f* Betrug *m*, Trug *m*, Täuschung *f*, Hintergehung *f*; ~ *sur le prix* Prellerei *f*.
trompeter (trõpə'te) [1c] *u.* [1d] **I** *v/t.* bei Trompetenschall bekanntmachen; *fig.* ausposaunen; **II** *v/i.* trompeten.
trompette (trõ'pɛt) **I** *f* **1.** ♪ Trompete *f*; *iron. emboucher la* ~ *fig.* mächtig auf die Pauke hauen, den Mund auf einmal zu voll nehmen; *sonner de la* ~ Trompete blasen; *déloger sans* ~, *s'en aller sans tambour ni* ~ sich heimlich davonmachen; *fig. nez en* ~ aufgeworfene Nase *f*, Stülpnase *f*; **2.** *fig.* ~ *de la ville*, ~ *du quartier* Klatschmaul *n*; **3.** P Fresse *f*, Schnauze *f*; **4.** ⚡ ~ *électrique de grande intensité* Starktonsummer *m*; **5.** *Auto* Hinterachs-rohr *n*, -trichter *m*; **6.** *orn.* Trompetervogel *m*; **II** *m* Trompeter *m*; **~-major** ⚔ (~ma'ʒɔ:r) *m* [6a] Stabstrompeter *m*.
trompettiste ♪ (trõpɛ'tist) *m* Trompeter *m*.
trompeur (trõ'pœ:r) [7g] **I** *adj.* täuschend, (be)trügerisch; **II** *su.* Betrüger *m*.

tronc (trõ) *m* **1.** (Baum-)Stamm *m*; ~ *de colonne* (~ *de cône*) Säulenstumpf *m* (abgestumpfter Kegel *m*); **2.** *anat.* Rumpf *m*; **3.** *rl.* Sammelbüchse *f*; ~ *des pauvres* Almosen-, Opfer-stock *m*.

troncature *a. min.* (trõka'ty:r) *f* Abstumpfung *f* (*nicht fig.*).

tronche (trõ:ʃ) *f* **1.** großer Holzstubben *m*; **2.** * Kopf *m*, Birne *f* P.

tronchet ⊕ (trõ'ʃɛ) *m* Hauklotz *m* (*der Böttcher u. Schuster*); Amboßklotz *m*.

tronçon (trõ'sõ) *m* **1.** Stummel *m*; abgeschnittenes Ende *n* (*e-s Kabels*); abgebrochener Schaft *m*; Bruchstück *n*; **2.** 🚂 Bahn-, Teilstrecke *f*, (Schienen-)Strang *m*; ✈ Abschnitt *m e-r Flugstrecke*; **3.** Schwanzrübe *f des Pferdes*.

tronconique (trõkɔ'nik) *adj.* kegelstumpfartig, abgestumpft.

tronçonner (trõsɔ'ne) *v/t.* [1a] (in längliche Stücke zer)schneiden, zerstückeln.

trôn|e (tro:n) *m* **1.** Thron *m*; *fig.* Herrschaft *f*, Regierung *f*; *discours m du* ~ Thronrede *f*; *monter sur le* ~ den Thron besteigen; **2.** *rl.* ~ *épiscopal* Bischofsstuhl *m*; **~er** (tro'ne) *v/i.* [1a] thronen; *fig.* die erste Geige spielen, tonangebend sein.

tronquer (trõ'ke) *v/t.* [1m] **1.** △, ⚒ abstumpfen; *colonne f tronquée* Säulenstumpf *m*; *cône m tronqué* Kegelstumpf *m*; **2.** *fig. e-n Text* zu stark verkürzen, verstümmeln.

trop (tro; *in der Bindung*: trɔp...) **I** *adv.* **1.** zuviel, zu (sehr); ~ *peu* zu wenig; *beaucoup* ~ viel zuviel, viel zu sehr, allzuviel; *c'en est* ~ das geht zu weit; *vous êtes de* ~*!* Sie sind überflüssig!; *vous n'êtes pas de* ~*!* Sie stören nicht!; **2.** *ne ... pas* ~ nicht allzu (sehr); nicht recht; *cela ne va pas* ~ *bien* es geht nicht gerade besonders; **II** *m*: *le* ~ das Zuviel *n*; *son* ~ *de zèle* sein übermäßiger Eifer *m*.

trope *rhét.* (trɔp) *m* bildlicher Ausdruck *m*, Trope *f*.

trophée (trɔ'fe) *m* Trophäe *f* (*a.* △), Siegeszeichen *n*; *fig.* Triumph *m*.

trophique ⚕ (trɔ'fik) *adj.* Ernährungs...

tropi|cal (trɔpi'kal) *adj.* [5c] tropisch, Tropen...; **~que** (~'pik) *m* Wendekreis *m*; *les* ~*s* die Tropen (-länder *n/pl.*) *pl.*

tropologie *gr.* (trɔpɔlɔ'ʒi) *f* **1.** figürliche Sprache *f*; **2.** Tropik *f*.

trop-perçu *fin.* (tropɛr'sy) *m* [6g]: *reverser un* ~ e-n zuviel einkassierten (*od.* e-n überbezahlten) Steuerbetrag *usw.* wieder auszahlen.

trop-plein (tro'plɛ̃) *m das* Überfließende *n*, Übermaß *n*; Zuviel *n*; *tuyau m de* ~ Überlaufrohr *n*.

troqu|e (trɔk) *f* Tauschhandel *m*; **~er** (trɔ'ke) *v/t.* [1m] (ver)tauschen, umtauschen; ~ *qch. contre qch.* etw. gegen etw. (*acc.*) eintauschen; **~eur** F (~'kœ:r) *su.* [7g] Tauschlustiger *m*.

trot (tro) *m* Trab *m*; *aller au* ~ traben; ~ *assis* (*enlevé*) deutscher (englischer) Trab *m*; *fig. faire qch. au* ~ etw. schnell erledigen; *mener une affaire au* ~ e-e Sache schnell erledigen; F *au* (*grand*) ~ in (aller) Eile; F *au* ~ lebhaft; *au* ~*!* fix!; los!

trottade (trɔ'tad) *f* kurzer Spazierritt *m*, kleine Spazierfahrt *f*.

trotte F (trɔt) *f* Wegstrecke *f*; *tout d'une* ~ ohne anzuhalten; **~-bébé** (~be'be) *m* [6c] Laufstall *m* (*für Kleinkinder*); **~-menu** (~mə'ny) *adj./inv.* trippelnd; *plais. la gent* ~ die Mäuse *f/pl.*

trot|ter (trɔ'te) (*mit avoir!*) [1a] **I** *v/i.* **1.** traben; **2.** trippeln (*Mäuse*); **3.** F trotten, viel zu Fuß laufen; hin- u. hergehen, herumlaufen; F ~ *comme un lapin* so flink wie ein Wiesel laufen; *fig. ce projet lui trotte dans* (*od. par*) *la tête depuis longtemps* dieser Plan spukt in s-m Hirn seit langem herum; **II** P *v/rfl. se* ~ sich aus dem Staube machen, abhauen; *trotte-toi!* scher' dich weg!; **~teur** (~'tœ:r) [7g] *su.* a) *man.* Traber *m*; b) jemand, der viel zu Fuß geht; tüchtiger Wanderer *m*; c) Trotteur-(Straßen-)schuh *m*, -kostüm *n*; **~teuse** (~'tø:z) *f* Sekundenzeiger *m*; **~tin** F (~'tɛ̃) *m* Laufmädchen *n*; **~tinement** (~tin'mɑ̃) *m* Getrippel *n*; **~tiner** (~ti'ne) *v/i.* [1a] **1.** *man.* kurzen Trab gehen; **2.** trippeln; *arriver en trottinant* angetrippelt kommen; **~tinette** (~ti'nɛt) *f* (Kinder-)Roller *m*; **~ting** *man.* (trɔ'tiŋ) *m* a) Traberzucht *f*; b) Trabrennen *n*; **~toir** (~'twa:r) *m* Bürgersteig *m*, Gehweg *m*, Trottoir *n*; ~ *cyclable* Radfahrweg *m*; ~ *roulant* Rolltreppe *f*; P *faire le* ~ auf den Strich gehen.

trou (tru) (*pl.* ~*s*) *m* **1.** Loch *n*; ~ *de souris* Mauseloch *n*; ✈ ~ *d'air* Luftloch *n*; ⊕ ~ *graisseur* Schmierloch *n*; *fig. faire un ~ à la bourse* ins Portemonnaie greifen, sich in Unkosten stürzen; *ne voir que par le ~ d'une bouteille* beschränkte u. kleinliche Ansichten haben, e-n engen Horizont haben; P *faire un ~ à la lune* fortgehen, ohne die Schulden zu bezahlen; sich verdrücken; **2.** *fig.* jämmerliche Wohnung *f*, Loch *n*; Nest *n*, Kaff *n* (= *Ort*); **3.** *~ à fumier* Dunggrube *f*; **4.** ⚔ *~ de guetteur* Postenloch *n*; *~ d'obus* Granattrichter *m*; *ch. ~ de loup* Fallgrube *f*; **5.** F *boire comme un ~* wie ein Loch saufen.

troubadour *litt.* (truba'du:r) *m* Troubadour *m*; *poésie f des ~s* Minnesang *m*.

troublant (tru'blɑ̃) *adj.* [7] aufregend, beunruhigend, störend, sinnverwirrend.

trouble[1] ('trublə) *adj.* trübe; unklar; verworren; *avoir la vue ~, voir ~* nicht deutlich sehen (können); *fig. pêcher en eau ~* im trüben fischen; *fig. conduite f ~* undurchsichtiges (*od.* verdächtiges) Verhalten.

trouble[2] (~) *m* **1.** Verwirrung *f*, Unordnung *f*; *rad.* Störung *f*; **2.** Uneinigkeit *f*, Zwietracht *f*; **3.** Unruhe *f*, Bestürzung *f*; *~ apporté à la paix publique* Landesfriedensbruch *m*; **4.** *~s pl.* Unruhen *f/pl.*, Aufruhr *m/sg.*; *~s m/pl. de la rue* Krawall *m*; *fauteur m de ~s* Unruhestifter *m*, Ruhestörer *m*; **5.** *~s pl.* ⚕ Störungen *f/pl.*, Beschwerden *f/pl.*; *~s de digestion* Verdauungsstörungen *f/pl.*; *~ oculaire* Sehstörung *f*; *~ mental* Geistesstörung *f*.

trouble[3] (~) *f* Fischnetz *n*, Hamen *m*; *a. truble.*

trouble-fête (~'fɛt) *m* [6c] Spielverderber *m*, Störenfried *m*.

trouble-paix (~'pɛ) *m* [6c] Friedensstörer *m*.

troubler (tru'ble) [1a] **I** *v/t.* **1.** trüben, trübe machen; *fig.* verdüstern; **2.** in Aufruhr versetzen; das Meer aufwühlen; **3.** *fig.* stören; Unfrieden stiften; *~ une famille* e-e Familie entzweien; **4.** *fig.* verwirren, betören; *troublé* verstört, unruhig; *avoir l'esprit troublé* verstört (*od.* nicht ganz bei Sinnen) sein; **5.** *fig.* e-n Plan durchkreuzen; den Schlaf unterbrechen, stören; **II** *v/rfl.* se *~* sich trüben, trübe werden; sich verwirren; *fig.* sich beunruhigen, sich ängstigen.

trou|ée (tru'e) *f* **1.** *for.* Durchhieb *m*; **2.** Öffnung *f*, Loch *n*; ⚔ Lücke *f*, Durchbruch *m*; *~ d'invasion* Einfallstor *n*; **~er** (~) [1a] **I** *v/t.* durch-bohren, -löchern; **II** *v/rfl.* se *~* Löcher bekommen.

troufion ⚔ * (tru'fjɔ̃) *m* Landser *m*, *péj.* Muschkote *m*.

trouill|ard P (tru'ja:r) **I** *m* Angsthase *m*, Feigling *m*; **II** *adj.* [7] ängstlich; **~e** P (truj) *f* (Riesen-)Angst *f*, Schiß *m* V; *avoir la ~* Schiß haben; **~otter** P (~jɔ'te) *v/i.* [1a] stinken.

troupe (trup) *f* **1.** Schar *f*, Haufen *m*, Trupp *m*; **2.** Bande *f*; *thé.* Truppe *f*, Vereinigung *f*; *~ de voleurs (de brigands)* Diebes-(Räuber-)bande *f*; *thé. ~ dramatique (od. théâtrale)* Theatertruppe *f*; **3.** *ch.* Rudel *n*, Schwarm *m*, Zug *m*; **4.** ⚔ Truppe *f*, Mannschaft *f*, Heeresabteilung *f*; *~s pl.* Truppen *f/pl.*; *~s pl. auxiliaires (od. de secours)* Hilfstruppen *f/pl.*; *~ d'assaut* Sturmtrupp *m*; *~ d'aviation* Fliegertruppe *f*; *~s pl. de choc* Stoßtruppen *pl.*; *~s de débarquement* Landungstruppen *pl.*; *~ d'élite* Elite-, Kern-truppe *f*; *~s en campagne* Feldtruppen *pl.*; *~s métropolitaines* Heimattruppen *pl.*; *~s de renfort* Verstärkungstruppen *pl.*; *~ de transmissions* Nachrichtentruppe *f*.

troupeau (tru'po) *m* **1.** (Vieh-, Rinder-, Schaf-)Herde *f*; **2.** *rl.* Gemeinde *f*; **3.** *fig. péj.* Hammelherde *f*.

troupier F (tru'pje) *m* Soldat *m*; *vieux ~* alter Landser *m*.

troussage (tru'sa:ʒ) *m* Zurechtmachen *n* (*von Geflügel für den Bratspieß*; *a.* ⊕).

trouss|e (trus) *f* **1.** Bündel *n*, Pack *n*; **2.** *~ de médecin* (Arzt-)Besteck *n*; *~ pharmaceutique* Verbandskasten *m*; Hausapotheke *f*; *~ de pansement* Verbandszeug *n*; *~ de couture* Nähzeug *n*; *~ de déjeuner* Frühstückskorb *m*; *~ à peignes* Kammfutteral *n*; *~ de toilette* Toilettenetui *n*; **3.** *ehm. ~s pl.* Falten-, Pluder-hosen *f/pl.*; **4.** F *être aux ~s de q.* hinter j-m herlaufen; *mettre q. à ses ~s* sich j-n auf den Hals laden (*od.* hetzen); *envoyer q. aux ~s de q.* j-n j-m auf den Hals schicken; *se lancer aux ~s de q.* j-n erwischen; **~é** (~'se) *adj.* geschürzt; *bien ~* hübsch aufgeputzt; F gut gebaut; F *maison f bien troussée* hübsch eingerichtetes Haus *n*; F *bien (mal)* ~ gut (schlecht) getroffen (*Kunstwerk, litt., Kompliment*); **~eau** (~'so) *m* [5b] **1.** Bund *m od. n*, Bündel *n*; ~ *de clefs* Schlüsselbund *m od. n*; **2.** Aussteuer *f*, (Wäsche-)Ausstattung *f*; *donner un* ~ aussteuern.

trousse|-queue (trus'kø) *m* [6c] Schwanzriemen *m* (*beim Pferd*); **~quin** *man.* (~'kɛ̃) *m* Sattelsteg *m*.

trouss|er (tru'se) *v/t.* [1a] **1.** hoch-, auf-krempeln (*Hemdsärmel*); aufschürzen, -raffen, -binden, -stecken, hinaufziehen; ~ *avec des épingles* aufstecken; **2.** *etw.* prompt erledigen; **3.** packen; ~ *bagage(s)* plötzlich aufbrechen; ~ *son sac et ses quilles* sich mit Sack u. Pack auf den Weg machen; **4.** ~ *une volaille* ein Stück Geflügel für den Bratspieß zurechtmachen; **5.** ~ *q.* j-n hinwegraffen (*od.* zu Fall bringen); **6.** F ~ *un compliment* ein Kompliment schön (*od.* treffend) formulieren; **~is** (~'si) *m* Aufschürzfalte *f*, Raffung *f*.

trouv|able (tru'vablə) *adj.* auffindbar; **~aille** (~'vɑ:j) *f* guter (*od.* glücklicher) Fund *m*; Fundgegenstand *m*, Fundsache *f*; *iron. cela c'est une* ~*!* was Sie nicht sagen!

trouver (tru've) [1a] **I** *v/t.* **1.** finden; verschaffen; *y* ~ *son compte* auf s-e Kosten kommen; **2.** antreffen; *aller* (*bzw. venir*) ~ *q.* j-n aufsuchen, besuchen; *je le trouvai endormi* ich fand ihn schlafend; **3.** erfinden, entdecken; ersinnen, herausbringen; **4.** erachten, dafürhalten, finden; *comment trouvez-vous cela?* wie gefällt Ihnen (*od.* finden Sie) das?; ~ *bon* für gut halten; gutheißen *od.* billigen; F *la* ~ *mauvaise* (*od. raide od. saumâtre*) darüber sehr verschnupft sein; **5.** empfinden; ~ *du plaisir* Freude empfinden; *iron.* ~ *à qui parler* schon merken, mit wem man zu tun hat (*drohend*); **6.** ~ *qch. à* (*od. en q.*) an j-m etw. bemerken (*od.* feststellen); **II** *v/rfl.* se ~ **7.** gefunden (*od.* angetroffen) werden, sich finden, vorkommen; *cela se trouve à merveille* das paßt ja großartig!; *v/imp. il se trouve des hommes* ... es gibt Menschen ...; *il se trouve que* ... es kommt vor, daß ...; *il se trouva que* ... es stellte sich heraus ..., daß; **8.** sich fühlen, sich befinden; *se trouver mal* ohnmächtig werden; *se* ~ *bien de qch.* (*de q.*) mit etw. (mit j-m) zufrieden sein; *je m'en trouve bien* es bekommt mir **gut**; **9.** sich für etw. halten; *se* ~ *heureux* sich glücklich fühlen; **10.** sich herausstellen als ..., sich erweisen als ...; *la nouvelle se trouva fausse* die Nachricht erwies sich als falsch; **11.** *se* ~ *être le premier* (*le dernier*) zufällig der erste (der letzte) sein.

trouv|ère *litt.* (tru'vɛ:r) *m* nordfranzösischer Minnesänger *m*; **~eur** (~'vœ:r) *su.* [7g] Finder *m*.

troyen *hist. antiq.* (trwa'jɛ̃) *adj.* [7c] *u.* ♀ *su.* trojanisch; Trojaner *m*.

truand (try'ɑ̃) *su.* [7g] Landstreicher *m*, Gelegenheitsbettler *m*, Vagabund *m*; **~aille** P (~'dɑ:j) *f* Bettelvolk *n*; **~erie** (~'dri) *f* Landstreicherei *f*; Bettlerpack *n*.

truble ('tryblə) *f* Fischnetz *n*, Hamen *m*; s. *trouble*[3].

trublion (trybli'ɔ̃) *m* Unruhestifter *m*.

truc[1] (tryk) *m* **1.** Dreh *m*, Kunstgriff *m*, Pfiff *m fig.*, Kniff *m fig.*, Trick *m*; *connaître le* ~ den Dreh heraushaben; **2.** *thé.* Bühnentrick *m*; *cin.* Filmtrick *m*; *pièce f à* ~*s* Feenstück *n*; **3.** ⊕ Patinierungsmittel *n*; **4.** F a) Ding *n*; *un* ~ *pour ouvrir les boîtes* irgendein Ding (*od.* irgendetwas), um die Büchsen zu öffnen; b) Dingsda *m od. f* (*Person*).

truc[2] *od.* **truck** (tryk) *m* **1.** 🚂 offener Güterwagen *m*, Lore *f*, Bordwandwagen *m*; **2.** schwerer Frachtwagen *m*; Karren *m*; ⚡ ~ *électrique* Elektrokarren *m*; *bât.*, ⊕ ~ *élévateur* Hubstapler *m*.

truca *cin.* (try'ka) *f* Bildveränderer *m* (*Maschine*).

trucage (try'ka:ʒ) *m* **1.** Schwindelei *f*; **2.** *cin.* Filmtrickverfahren *n*; **3.** ⊕Patinierungsverfahren (s. *truc*[1], 3).

truchement (tryʃ'mɑ̃) *m* **1.** † Dolmetscher *m*; **2.** *fig.* Fürsprache *f*, Vermittlung *f*; Mittler *m*.

trucider F *plais.* (trysi'de) *v/t.* [1a] abmurksen, kaltmachen.

truck (tryk) s. *truc*[2].

truculen|ce (tryky'lɑ̃:s) *f* Wildheit *f*; **~t** (~'lɑ̃) *adj.* [7] wild; urwüchsig, verwegen; kraftvoll (*Stil*).

trud|geon *Schwimmsport* (tryd'ʒɔ̃) *m* Pudeln *n*; **~ger** (tryd'ʒe) *v/i.* [1l] pudeln.

truell|e (try'ɛl) *f* **1.** ⚠ Maurerkelle *f*; **2.** Fischheber *m* (*beim Servieren*); ~ *à gâteaux* Kuchenheber *m*; **3.** F Löffel *m*; *manier la* ~ *abs.* essen; **~ée** ⊕ (~'le) *f* Kellevoll *f*.

truff|e (tryf) *f* **1.** Trüffel *f* (*a. als Konfekt*); **2.** Hundenase *f*; P dicke, rote Nase *f*, Kartoffelnase *f*; **3.** *fig.* glücklicher Fund *m*; **~er** (try'fe) *v/t.* [1a] mit Trüffeln füllen; *fig.* spicken, anhäufen; **~iculture** (~fikyl'ty:r) *f* Trüffelkultur *f*.

truie (trɥi) *f* Sau *f*, Mutterschwein *n*.

truisme (trɥism) *m* Binsenwahrheit *f*.

truit|e (trɥit) *f* Forelle *f*; ~(*commune*) Bachforelle *f*; ~ *saumonée* Lachsforelle *f*; **~é** (~'te) *adj.* (rot) gesprenkelt; rissig (*Glasur*); forellenartig.

trumeau (try'mo) *m* [5b] **1.** Trumeau *n*, Pfeiler-, Wand-, Kaminspiegel *m*; **2.** Fensterpfeiler *m*; **3.** (Rinder-)Keule *f*; **4.** P *vieux* ~ alte Schachtel *f*.

truqu|age (try'ka:ʒ) *m* Schwindel *m*; ~ *des élections* Wahlschwindel *m*; ~ *d'un bilan* Bilanzverschleierung *f*; *s. a. trucage*; **~er** (~'ke) [1m] **I** *v/i.* schwindeln; **II** *v/t.* F verfälschen; *truqué* betrügerisch, **auf** Täuschung eingerichtet; *film m truqué* Trickfilm *m*; **~eur** (~'kœ:r) *su.* [7g] Schwindler *m*, Betrüger *m*, Fälscher *m*.

trusquin ⊕ (trys'kɛ̃) *m* Streichmaß *n der Tischler*.

trust (trœst) *m* Konzern *m*, Trust *m*; ~ *de l'acier* Stahltrust *m*; **~er** (trœs'te) *v/t.* [1a] vertrusten.

T.S. *m abr. für Touring-Secours*.

tsar (tsa:r) *m* Zar *m*; **~ine** (tsa'rin) *f* Zarin *f*; **~iste** (tsa'rist) *adj.* zaristisch.

tsé-tsé *zo.* (tset'se) *m* Tsetsefliege *f*.

T.S.F. (teɛs'ɛf) *f abr. für télégraphie* (*od. téléphonie*) *sans fil* Rundfunk *m*, drahtlose Telegraphie (Telephonie) *f*.

tsigane (tsi'gan) *m* Zigeuner *m*.

tu (ty) *pr/p. conjoint* du; *ils sont à* ~ *et à toi* sie stehen auf du und du (miteinander).

tua|ble (tɥablə) *adj.* schlachtbar; **~ge** (tɥa:ʒ) *m* **1.** Schlachten *n*; **2.** Schlachtgeld *n*.

tuant F (tɥɑ̃) *adj.* [7] ermüdend, äußerst beschwerlich; zum Sterben langweilig; unausstehlich.

tu-autem F (tɥo'tɛm) *m/inv.* Kernpunkt *m*, Kern *m*, Hauptschwierigkeit *f*; *voilà le* ~ da ist der springende Punkt *m*; *entendre le* ~ etw. schnell erfassen *od.* durchschauen.

tub (tœb) *m* **1.** Badewanne *f*; **2.** Wannenbad *n*.

tuba (ty'ba) **I** *m* **1.** ♪ Tuba *f*; **2.** ⊕ Atmungsgerät *n* für Taucher; **II** *antiq.* ♪ *f* Tuba *f* (*der Römer*).

tubacé (tyba'se) *adj.* röhrenförmig.

tub|age (ty'ba:ʒ) *m* **1.** ⊕ Rohreinlegung *f*; **2.** Intubation *f*; Einführung *f* e-r Röhre; **~aire** (~'bɛ:r) *adj.*: *souffle m* ~ Bronchial-, Röhren-atmen *n*; *grossesse f* ~ Tubenschwangerschaft *f*.

tub|e (tyb) *m* **1.** Rohr *n*, Röhre *f* (*a. rad.*); Tube *f*; ~ *à vide*, ~ *à gaz* (*od. à air*) *raréfié* Vakuumröhre *f*; ~ *électronique* Elektronenröhre *f*; ~ *en ébonite* Hartgummirohr *n*; ~ *en bakélite* Isolierrohr *n*; ~ *de raccordement* Verbindungsrohr *n*; *Auto*: ~ *d'échappement* Auspuffrohr *n*; ~ *à niveau d'eau* Wasserstandsröhre *f*; ~ *Berlier* Berliersche Tunnelröhre *f* (*mit innerer Stahlwandverkleidung, bsd. für U-Bahnen unter Wasser*); ~ *coupe-circuit à* ~ Röhrensicherung *f*; ~ *de pâte dentifrice* Tube *f* Zahnpaste; **2.** Sehrohr *n*; **3.** ⊕ Blaserohr *n* (*Glasbläserei*); **4.** Rohrpost *f*; **5.** *anat.* Gang *m*, Kanal *m*; ~ *digestif* Verdauungskanal *m*; **6.** ♪ Orgelpfeife *f*; **7.** ~ *capillaire* Haarröhrchen *n*; **8.** F Kehle *f*; Magen *m*; Nase *f*, Zinken *m* P; **9.** F Zylinder(hut *m*) *m*, Angströhre *f* F; **10.** P U-Bahn *f*; **~er** (ty'be) *v/t.* [1a] **1.** ⊕ ~ *qch.* Rohre in etw. einsetzen; **2.** e-e Röhre einführen.

tubéracé (tybera'se) *adj.* trüffelartig, Trüffel...

tubercul|e (tybɛr'kyl) *m* **1.** (Wurzel-)Knolle *f*; **2.** Tuberkel *f*, Knötchen *n*, kleine harte Geschwulst *f*; ~ *pulmonaire* Lungentuberkel *f*; **~é** (~'le) *adj.* höckerig, knotig, warzig; **~eux** (~'lø) *adj. u. su.* [7d] höckerig, knollig, warzig; tuberkulös, lungenschwindsüchtig, Tuberkel...; Schwindsüchtiger *m*, Tuberkulosekranker *m*; **~ine** (~'lin) *f* Tuberkulin *n*; **~isation** (~liza'sjɔ̃) *f* Tuberkel-, Lungenknoten-bildung *f*; **~iser** (~li'ze) [1a] **I** *v/t.* tuberkulös machen; **II** *v/rfl.* **se** ~ tuberkulös werden; **~ose** (~'lo:z) *f* Tuberkulose *f*, Schwindsucht *f*; ~ *pulmonaire* Lungenschwindsucht *f*, -tuberkulose *f*.

tubé|reuse (tybe'rø:z) *f* Tuberose *f*, Nachthyazinthe *f*; **~reux**

(~'rø) *adj.* [7d] knollig; **~rosité** (~rozi'te) *f* **1.** *anat.* Auswuchs *m*, Höcker *m*; **2.** ⚘ Knollen *m*.

tubiste ⊕ (ty'bist) *m* Arbeiter *m* in e-r Druckluftkammer.

tubu|laire (tyby'lɛ:r) *adj.* röhrenförmig; *chaudière f ~* Siederohrkessel *m*; *pont m ~* Rohrbrücke *f*; **~le** (ty'byl) *m* kleine Röhre *f*; Röhrchen *n*; **~lure** (~'ly:r) *f* ⊕ Stutzen *m*, Rohransatz *m*; ⚗ Gefäßöffnung *f zum Einsetzen e-r Röhre*; ⚘ Röhrchen *n*.

tudesque (ty'dɛsk) **I** *adj.* **1.** *gr.* altdeutsch; **2.** *péj.* eckig, plump, schwerfällig; **II** *m* Altdeutsche *n*.

tue-chien ⚘ (ty'ʃjɛ̃) *m* [6c] Herbstzeitlose *f*.

tue-mouche (ty'muʃ) *m* [6c] **I** ⚘ Fliegenpilz *m*; **II** *advt.*: *papier m ~s* Fliegenpapier *n*.

tuer (tɥe) [1a] **I** *v/t.* **1.** töten, totschlagen, umbringen; *~ d'un coup d'épée* erstechen; *~ d'un coup de fusil* erschießen; ⚔ *être tué à l'ennemi* vor dem Feinde fallen; *fig. ~ le temps* die Zeit totschlagen; **2.** schlachten; schießen, erlegen; **3.** *fig.* zugrunderichten, vernichten, ruinieren; P *~ le ver* frühmorgens ein Schnäpschen trinken; **II** *v/rfl.* se *~* sich das Leben nehmen, Selbstmord begehen; tödlich verunglücken; F *fig.* sich abmühen; *se ~ de chagrin* sich zu Tode grämen; *se ~ (à force) de travail(ler), se ~ à la besogne* sich zu Tode arbeiten; *se ~ à dire (à répéter)* sich totreden.

tue|rie (ty'ri) *f* **1.** Gemetzel *n*, Blutbad *n*; **2.** *fig.* Schlachtbank *f*; **~-tête** (ty'tɛt): *à ~ advt.* aus Leibeskräften, aus vollem Halse.

tueur (tɥœ:r) **I** *su.* [7g] Mörder *m*; **II** *m* (*Schweine- usw.*) Schlächter *m*.

tuf (tyf) *m min.* Tuff(stein *m*) *m*; *fig. rencontrer le ~* den wahren Charakter j-s bloßlegen.

tuf(f)eau *min.* (ty'fo) *m* Kalktuff *m*.

tuil|e (tɥil) *f* **1.** Dachziegel *m*; *~ en dite de Francfort* Frankfurter Pfanne *f*; *~ creuse (od. en S)* Hohlziegel *m*; *~ à coulisse (od. ~ ondulée)* Falzziegel *m*; *~ faîtière* Firstziegel *m*; *être logé dans les ~s* unter dem Dache wohnen; **2.** *fig.* F unangenehme Überraschung *f*, Pech *n*; *c'est une ~ qui m'est tombée sur la tête* da habe ich Pech gehabt!; **3.** *text.* Streichscheibe *f*; **~eau** (tɥi'lo) *m* [5b] Ziegel(bruch)stück *n*; **~er** (~'le) *v/t.* [1a] **1.** *text. ~ le drap* dem Tuch mit der Streichscheibe den Strich geben; **2.** P *fig. ~ q.* j-n mißtrauisch beobachten; **~erie** (tɥil'ri) *f* Ziegelei *f*; **~ier** (~'lje) *m* Ziegelbrenner *m*.

tulip|e (ty'lip) *f* **1.** Tulpe *f*; **2.** Lampenglocke *f*; **~ier** ⚘ (~'pje) *m* Tulpenbaum *m*.

tull|e ✝ (tyl) *m* Tüll *m*; **~erie** (tyl'ri) *f* **1.** Tüllindustrie *f*; **2.** Tüllhandel *m*, -fabrik *f*; **~iste** (~'list) *m* Tüll-fabrikant *m*, -händler *m*.

tumé|faction ⚕ (tymefak'sjɔ̃) *f* Anschwellung *f*, Geschwulst *f*; **~fier** ⚕ (~'fje) [1a] **I** *v/t.* anschwellen (*od.* dick werden) lassen; **II** *v/rfl.* se *~* anschwellen.

tum|escence ⚕ (tymɛ'sɑ̃:s) *f* Anschwellung *f*; **~escent** (~'sɑ̃) *adj.* [7] anschwellend; **~eur** (ty'mœ:r) *f* **1.** ⚕ Tumor *m*, Geschwulst *f*; **2.** ⚘ Knorren *m*.

tumulaire (tymy'lɛ:r) *adj.* Grab...; *pierre f ~* Grabstein *m*.

tumult|e (ty'mylt) *m* **1.** Tumult *m*, Krawall *m*, Lärm *m*, Aufruhr *m*; *advt.* en *~* in e-m wüsten Durcheinander; **2.** *fig.* Drängen *n*; Unruhe *f*; **~uaire** † (~'tɥɛ:r) *adj.* □ stürmisch; wild; gesetzeswidrig; **~ueux** (~'tɥø) *adj.* lärmend, tobend.

tumulus *antiq.* (tymy'lys) (*pl. tumuli*) *m* Grabhügel *m*, Hünengrab *n*.

tung|state ⚗ (tɔ̃g'stat) *m* Wolframat *n*, Scheelsäuresalz *n*, Salz *n* der Wolframsäure; **~stène** ⚗ (~'stɛn) *m* Wolfram *n*; **~stique** ⚗ (~'stik) *adj.* Wolfram...

tunique (ty'nik) *f* **1.** ⚔ Waffenrock *m*; *Fr. écol.* einheitliche Schüleruniform *f*; *Damenmode*: *~(casaque)* Tunika *f* in Kasackform; Kasack *m*; **2.** *rl.* Unterkleid *n*; **3.** *antiq.* Tunika *f*; **4.** ⚘, *anat.* Häutchen *n*.

Tunis *géogr.* (ty'nis) *m* Tunis *n* (*Stadt*); **~ie** *géogr.* (~ni'zi) *f*: **la ~** Tunis *n* (*Land*), Tunesien *n*; **~ien** (~ni'zjɛ̃) [7c] **I** *su.* Tunesier *m*; **II** ♀ *adj.* tunesisch.

tunnel (ty'nɛl) *m* Tunnel *m*, Unterführung *f*, Durchstich *m* („*Bahnhofstunnel*" *aber*: *souterrain m*); *~ routier* Straßentunnel *m*; ⚒ *puits m de ~* Förderschacht *m*.

turban (tyr'bɑ̃) *m* **1.** Turban *m*; **2.** ✝ Turbantuch *n*; **3.** ⚘ Türkenbund *m*.

turbin P (tyr'bɛ̃) *m* Schufterei *f*, Plack *m*, Arbeit *f*.

turbin|aire (tyrbi'nɛ:r) *adj.* kreiselförmig; **~e** ⊕ (~'bin) *f* Turbine *f*; *~ aérienne* Windmotor *m*; *~ à bateaux* Schiffsturbine *f*; **~é** (~'ne) *adj.* kreiselförmig; **~er** P (~) *v/i.* [1a] schuften, schwer arbeiten; **~eur** P (~'nœ:r) *m* **1.** Turbinenarbeiter *m*; **2.** P (Schwer-)Arbeiter *m*.
turbo|-alternateur (tyrbɔalterna'tœ:r) *m*, **~-générateur** (~ʒenera'tœ:r) *m* Turbogenerator *m*; **~-compresseur** (~kɔ̃prɛ'sœ:r) *m* Turbogebläse *n*, -kompressor, -verdichter *m*; **~-propulseur** (~prɔpyl'sœ:r) *m* Propellerturbine *f*, TP-Triebwerk *n*; **~-propulsion** (~prɔpyl'sjɔ̃) *f* Turboantrieb *m*; **~-réacteur** (~reak'tœ:r) *m* Strahlturbine *f*, Turbostrahltriebwerk *n*, Rückstoßturbotriebwerk *n*; **~soufflante** (~su'flɑ̃:t) *f* Turbogebläse *n*; **~statoréacteur** (~statɔreak'tœ:r) *m* Turbinen-Staustrahltriebwerk *n*.
turbot *icht.* (tyr'bo) *m* Steinbutt *m*.
turbovoiture *Auto* (tyrbɔvwa'ty:r) *f* Turbinenwagen *m*.
turbul|ence (tyrby'lɑ̃:s) *f* **1.** Ausgelassenheit *f*, lärmendes Wesen *n*; **2.** ⊕ Durchwirbeln *n*, Turbulenz *f*; **~ent** (~'lɑ̃) [7] **I** *adj.* unruhig, ausgelassen, wild; **II** *m* **1.** Radaumacher *m*; **2.** ⊕ rotierender Behälter *m* (*zum Einrühren*).
turc (tyrk) [7i] **I** *adj.* türkisch; *advt. à la turque* nach türkischer Sitte; **II** ♀ *su.* Türke *m* (*f*: Türkin); *fig. s'en soucier comme du grand* ♀ sich den Teufel darum scheren; *tête f de* ♀ Prügelknabe *m*; *traiter q. de* ♀ *à Maure* j-n schonungslos (*od.* rücksichtslos) behandeln; *fort comme un* ♀ stark wie ein Bär.
turcie (tyr'si) *f* Uferdamm *m*, Deich *m* (*bsd. an der Loire*).
turco *hist.* ⚔ (tyr'ko) *m* Turko *m*.
turco-irakien (tyrkɔira'kjɛ̃) *adj.* [7c] türkisch-irakisch.
turcoman (tyrkɔ'mɑ̃) *adj. u.* ♀ [7] *su.* turkmenisch; Turkmene *m*.
turelure (tyr'ly:r) *int. u. f* dudeldum(dei); Dudeldum *n*; *fig.* die alte Leier *f*.
turf (tyrf) *m* Rennsport(bahn *f*) *m* (*für „Rennbahn" heute jedoch meist: champ de courses*); **~iste** (~'fist) *su.* Rennsportler *m*.
turges|cence ⚕ (tyrʒɛ'sɑ̃:s) *f* Anschwellung *f* durch Flüssigkeiten; **~cent** ⚕ (~'sɑ̃) *adj.* [7] angeschwollen.
turion ⚘ (ty'rjɔ̃) *m* Wurzelknospe *f*.
turlupin F (tyrly'pɛ̃) *m* primitiver Witzbold *m*; **~ade** F (~pi'nad) *f* alberner Witz *m*; **~age** F (~'na:ʒ) *m* albernes Gewitzele *n*; **~er** F (~'ne) *v/t.* [1a]: *~ q.* j-m auf die Nerven fallen; j-m keine Ruhe lassen.
turlurette (tyrly'rɛt) *int.* dudeldumdei!, trallala!
turlu|taine F (tyrly'tɛn) *f* Marotte *f*, Schrulle *f*, Flitz *m*; **~tutu** (~ty'ty) **I** F *m* Flöte *f*; **II** *int.* papperlapapp!
turne P (tyrn) *f* Bruchbude *f*, Kasten *m*, Bude *f*, Loch *n*, Stall *m*.
turnep ⚘ (tyr'nɛp) *m* Futter-, Runkel-rübe *f* (*mst. rave genannt*).
turpitude (tyrpi'tyd) *f* Schändlichkeit *f*, Verdorbenheit *f*; *~s pl.* Schandtaten *f/pl*.
turquerie (tyrk'ri) *f* **1.** *peint., litt.* türkisches Motiv *n*; **2.** F schmutziger Geiz *m*.
turquet (tyr'kɛ) *m* **1.** Mais *m*; **2.** *zo.* türkischer Pudel *m*.
Turquie (tyr'ki) *f*: **la ~** die Türkei *f*.
turquin (tyr'kɛ̃) *adj.*: *bleu ~* türkischblau.
turquoise (~'kwa:z) *f* Türkis *m*.
tussilage ⚘ (tysi'la:ʒ) *m* Huflattich *m*.
tussor † (ty'sɔ:r) *m* Tussor-, Rohseide *f*.
tutélaire (tyte'lɛ:r) *adj.* **1.** schützend; *ange m ~* Schutzengel *m*; **2.** ⚖ vormundschaftlich.
tut|elle (ty'tɛl) *f* **1.** Vormundschaft *f*, Sachwalterschaft *f*; *fig. péj.* Bevormundung *f*; *être en ~* unter Vormundschaft stehen; *hors de ~* mündig; **2.** *fig.* Schutz *m*; Abhängigkeit *f*; *être sous la ~ des lois* unter dem Schutz der Gesetze stehen; *se mettre sous la ~ de q.* sich in j-s Abhängigkeit begeben; **~eur** (~'tœ:r) **1.** *su.* [7f] Vormund *m*; *fig.* Beschützer *m*; *constitution f d'un ~* Bestellung *f* e-s Vormunds; *nommer un ~* e-n Vormund ernennen; **2.** *m* ⚒ Baum-pfahl *m*, -stütze *f*; Spalierstange *f*.
tuteur|age ⚒ (tytœ'ra:ʒ) *m* Anpfählen *n*; **~er** ⚒ (~'re) *v/t.* [1a] anpfählen, stützen.
tutie ⚗ (ty'ti) *f* Zinkblumen *f/pl*.
tut|oiement (tytwa'mɑ̃) *m* Duzen *n*; **~oyer** (~twa'je) *v/t.* [1h] duzen.
tutu (ty'ty) *m* **1.** Ballettröckchen *n*; **2.** * ⚕ Tbc-Kranker *m*.

tuyau (tɥi'jo, ty'jo) *m* [5b] **1.** Rohr *n*, Röhre *f*; Schlauch(rohr *n*) *m*; ~ *d'arrosage* Gartenschlauch *m*; ~ *de cheminée* Rauchfang *m*; ~ *en* (*od.* de) *plomb* Bleirohr *n*; ~ *de poêle* Ofenrohr *n*; P Angströhre *f*, Zylinder *m*; ~ *de raccord*(*ement*) Anschlußrohr *n*; ~ *de décharge* Dampf(abzugs)-röhre *f*; *Auto*: ~ *de prise d'essence* Benzinzuflußrohr *n*, ~ *de prise de l'huile* (*od.* *d'huile*) Ölzuleitungsrohr *n*; ~ *de trop-plein* Überlaufrohr *n*; **2.** ⚘ Halm *m*; **3.** F Wink *m*, Tip *m*; **~tage** (~jɔ'ta:ʒ) *m* **1.** Rohrleitung *f*, Rohrnetz *n*; **2.** F Mogelei *f*; **~ter** (~jɔ'te) *v/t.* [1a] **1.** Wäsche in Röhrenfalten legen; **2.** F ~ *q.* j-m vertrauliche Mitteilungen (*od.* j-m Tips) geben; *écol.* j-m vorsagen; *abs.* abschreiben, schummeln; **~terie** (~jɔ'tri) *f* **1.** Röhrenhandel *m*; **2.** Röhrenfabrik *f*; **3.** Rohrleitung(en) *f*(*pl.*), Rohranlage *f*; *raccords m/pl.* de ~ Fittings *n/pl.*; **~teur-ajusteur** (~jɔ'tœ:raʒys'tœ:r) *m* [6a] Rohrschlosser *m*. [Raketendüse *f*.]

tuyère (tɥi'jɛ:r) *f* ⊕ Düse *f*; *at.*

tympan (tɛ̃'pɑ̃) *m* **1.** *anat.* (*caisse f du*) ~ Paukenhöhle *f*; (*membrane f du*) ~ Trommelfell *n*; *bruit m à crever* (*à rompre, à briser*) *le* ~ ohrenbetäubender Lärm *m*; **2.** △ Giebelfeld *n*; **3.** ⊕ *men.* Füllung *f*; **4.** ⊕ Schöpf-, Trommel-rad *n*; *typ.* Preßdeckel *m*; **~iser** (~pani'ze) [1a] **I** *v/t.* F ~ *q.* j-n laut vernehmbar in Verruf bringen; **II** ⚕ *v/rfl.* se ~ sich aufblähen (*v. Därmen*); **~isme** (~'nism) *m*, **~ite** (~'nit) *f* Blähungen *f/pl.*; **~on** (~'nɔ̃) *m* Hackbrett *n*, Saitenschlaginstrument *n* (*in Zigeunerkapellen*).

type (tip) *m* **1.** Vorbild *n*, Urbild *n*; **2.** Sinnbild *n*; **3.** Grundform *f*, Typus *m*; **4.** Abbildung *f*, Abdruck *m*; **5.** F Kerl *m*, Mensch *m*, Mann *m*; *péj.* Type *f*, Marke *f*; *un chic* ~ ein anständiger Kerl *m*; *un drôle de* ~ ein komischer Kauz *m*, ein Sonderling *m*; **6.** *mst.* ~*s pl.* Lettern *f/pl.*, Typen *f/pl*

typesse F (ti'pɛs) *f* Frauenzimmer *n*.

typhique ⚕ (ti'fik) *adj. u. su.* typhuskrank; Typhuskranker *m*.

typhlite ⚕ (ti'flit) *f* Blinddarmentzündung *f*.

typhoïde ⚕ (tifɔ'id) *adj.* typhusartig; *fièvre f* ~ Abdominal-, Bauchtyphus *m*. [sturm *m*.]

typhon (ti'fɔ̃) *m* Taifun *m*, Wirbel-

typhus (ti'fys) *m* **1.** ⚕ Typhus *m*; ~ *famétique* Hungertyphus *m*; ~ *exanthématique* Flecktyphus *m*; **2.** *vét.* Seuche *f*; Rinderpest *f*.

typique (ti'pik) *adj.* typisch, charakteristisch; originell, einmalig; vorbildlich, mustergültig; symbolisch.

typisation (tipizɑ'sjɔ̃) *f* Normung *f*, Vereinheitlichung *f*, Standardisierung *f*, Typisierung *f*.

typo (ti'po) **I** *m* Buchdrucker *m*; Schriftsetzer *m*; **II** *f* Buchdruckerei *f*, Buchdruckerkunst *f*; **~chromie** (tipɔkrɔ'mi) *f* Farbendruck *m*; **~graphe** (~'graf) **I** *m* Buchdrucker *m*, Schriftsetzer *m*; **II** *adj./inv.*: *ouvrier m* ~ Buchdrucker *m*; **~graphie** (~gra'fi) *f* Buchdruckerkunst *f*; Buchdruckerei *f*; **~graphique** (~gra'fik) *adj.* typographisch; *art m* ~ Buchdruckerkunst *f*.

tyran (ti'rɑ̃) *m* Tyrann *m*, Gewaltherrscher *m*; Wüterich *m*; **~neau** F (~ra'no) *m* [5b] kleiner Tyrann *m*; Haustyrann *m*; **~nicide** (~ni'sid) **I** *adj. u. m* tyrannenmörderisch; Tyrannenmörder *m*; **II** *m* Tyrannenmord *m*; **~nie** (~ra'ni) *f* **1.** Tyrannei *f*, Gewalt-, Zwangs-herrschaft *f*; Willkürherrschaft *f*; *hist.* Tyrannis *f*; **2.** *fig.* Macht *f*, Gewalt *f*; *la* ~ *de l'usage* die Macht der Gewohnheit; **~nique** (~'nik) *adj.* □ a) tyrannisch; b) *fig.* ausschlaggebend, bedeutend, stark; intensiv; unwiderstehlich; **~niser** (~ni'ze) *v/t.* [1a] tyrannisieren.

Tyrol *géogr.* (ti'rɔl) *m*: *le* ~ Tirol *n*.

tyrolien (tirɔ'ljɛ̃) *adj. u.* ♀ *su.* [7c] tirolisch; Tiroler *m*; *chanter à la* ~*ne* jodeln; **~ne** (~'ljɛn) *f* Tirolerlied *n*, -tanz *m*; *qui chante des* ~*s* Jodler *m*.

tzar (tsa:r) *m usw.* = *tsar*.

tzigane, *auch* **tsigane** (tsi'gan) **I** *su.* Zigeuner *m*; **II** *adj.* zigeunerisch; *musique f* ~ Zigeunermusik *f*.

U

U, u (y) *m* **1.** U, u *n*; **2.** ⊕ *membre m d'U* Rautengittterglied *n*; *fer m en U* U-Eisen *n*; **3.** ⚗ *abr. für uranium* Uran *n*.

ubac (y'bak) *m* Nordhang *m in den Alpen*.

ubiqui|ste (ybi'kɥist) *m* **1.** F in allen Dingen bewanderter Mensch *m*; Hans Dampf *m* in allen Gassen; überall tätig; **2.** *Scholastik*: universeller Doktor *m*; **3.** *rl.* = **~taire** *rl.* (~kɥi'tɛːr) *m* Allgegenwartsbekenner *m*; **~té** (~'te) *f* **1.** *a. rl.* Allgegenwart *f*; überall; *je n'ai pas le don d'~* ich kann nicht überall zugleich sein; **2.** *fig.* internationale Beschlagenheit *f* (*od.* Versiertheit *f*).

ukase (y'kɑːz) *m mst. mv.p.* strikter Befehl *m*, Ukas *m*.

Ukraine (y'krɛn) *f*: *l'~* die Ukraine *f*.

ukrainien (ykrɛ'njɛ̃) *adj. u.* ♀ *su.* [7c] ukrainisch; Ukrainer *m*.

ulc|ération (ylserɑ'sjɔ̃) *f* **1.** ⚕ Geschwürbildung *f*; **2.** *fig.* tiefe Erbitterung *f*, Bitterkeit *f*; **~ère** ⚕ (~'sɛːr) *m* Geschwür *n*; *~ d'estomac* (*od. à l'estomac*) Magengeschwür *n*; **~érer** (ylse're) [1f] **I** *v/t.* ⚕ eiterig machen; *fig.* tief kränken, erbittern; *conscience f ulcérée* gefoltertes Gewissen *n*; **II** *v/rfl. s'~* eitern; **~éreux** ⚕ (~se'rø) *adj.* [7d] voller Geschwüre.

ulex ⚘ (y'lɛks) *m* Stechginster *m*.

uligi|naire ⚘, *zo.* (yliʒi'nɛːr), **~neux** [7d] (~'nø) *adj.* hygrophil, feuchtigkeitsliebend, Sumpf...

ulmacées ⚘ (ylma'se) *f/pl.* ulmenartige Bäume *m/pl.*

ulmaire ⚘ (yl'mɛːr) *f* Geißbart *m*.

ulmique *biol.* (yl'mik) *adj.* humussauer.

ultérieur (ylte'rjœːr) *adj.* **1.** *géogr.* jenseitig; **2.** □ weiterer, nachträglich, sonstig, später; *ultérieurement adv.* nachher, später.

ulti|matum *bsd. pol.* (yltima'tɔm) *m* [5a] Ultimatum *n*, letzte Erklärung *f*, befristete Note *f*; *fig.* letztes Wort *n*; **~me** (yl'tim) *adj.* letzter, äußerster; höchster; *son ~ désir* sein sehnlichster Wunsch; **~mo** (~'mo) *adv.* letztens, zuletzt.

ultra *pol.* (yl'tra) *m* Extremist *m*, Radikalist *m*; *bsd.* rechtsradikaler Franzose *m* in Algerien.

ultra-moderne (yltramɔ'dɛrn) *adj.* hypermodern.

ultramon|tain (~mɔ̃'tɛ̃) *adj.* [7] *u. m* **1.** jenseits der Alpen gelegen; **2.** ultramontan; Ultramontaner *m*, Klerikaler *m*; **~tanisme** *rl.* (~ta'nism) *m* Ultramontanismus *m*.

ultra|-pénétrant ⚕, *phm.* (~pene'trɑ̃) *adj.* [7] mit Tiefenwirkung; **~-rapide** (~ra'pid) *adj.*: *phot. caméra f ~* Hochfrequenzkamera *f*.

ultra-royaliste *hist. Fr.* (~rwaja'list) *adj. u. su.* ultraroyalistisch; Ultraroyalist *m*, überspannter Anhänger *m* des Königtums (*Restaurationszeit*).

ultra-sensible *phot. rad.* (~sɑ̃'siblə) *adj.* hochempfindlich.

ultra|-son, ~son *phys.* (yltra'sɔ̃) *m* Überschall *m*; *détecteur m aux ~s* Ultraschalldetektor *m*.
ultra-violet (~vjɔ'lɛ) *adj.* [7c] ultraviolett; ⚕ *exposition f aux rayons ~s* Bestrahlung *f*.
ulul|ement (ylyl'mɑ̃) *m* Eulengeschrei *n*; **~er** (~'le) *v/i.* [1a] schreien (*Eule*); *allg.* laut jammern.
ulve ⚘ (ylv) *f Art* Alge *f*.
Ulysse *antiq.* (y'lis) *m* Odysseus *m*.
umbelle ⚘ (ɔ̃'bɛl) *f* Dolde *f*.
umbre *zo.* ('ɔ̃:brə) *m* Hundsfisch *m*.
un (œ̃) [7] **I** *adj./n.c.* ein(er), eine, ein(s); *cent un* [sɑ̃ 'œ̃] hundertundeins; *vers une heure* [vɛryn'œ:r] gegen ein Uhr; *zur Verdeutlichung des Zahlwortes mst. Unterlassung der Elision*: *une longueur de un centimètre* e-e Länge von einem Zentimeter; *la somme de un million* der Betrag von einer Million; — *l'~ dans l'autre* eins ins andere gerechnet; *l'~ l'autre* (*bzw. les uns les autres*) gegenseitig, einander; *ni l'~ ni l'autre* keiner von beiden; *ne faire qu'un* ein Herz u. eine Seele sein; *pendant une et la même opération* während ein u. desselben Vorgangs; *de deux choses l'une* eins von beiden; *l'~* (*häufiger als das einfache un vor de vous, de nous, d'eux*) *de vous, l'~ d'entre vous* einer von Euch; *pas un* kein einziger; *de deux jours l'un* jeden zweiten Tag; *l'un de ces jours* an einem der nächsten Tage; *à un de ces jours!* auf ein recht baldiges Wiedersehen!; *advt. un à un, un par un* einzeln, einer nach dem andern; *d'un côté* einerseits; *page f un* Seite eins; *deux heures trente et un* (*besser als trente et une minutes*) zwei Uhr einunddreißig; **II** *adj.* unteilbar; einheitlich; einzig; *c'est tout un* das ist ganz einerlei; *la sécurité européenne doit rester une et indivisible* die europäische Sicherheit muß völlig unteilbar bleiben; **III** *art. indéf.* ein, eine, ein; *d'une voix plaintive* mit klagender Stimme; **IV** *su. l'un, l'une, pl. les uns, les unes* der (die, das) eine, *pl.* die einen; **V** *m inv.* Eins *f*.
unanim|e (yna'nim) *adj.* □ einmütig, einstimmig; *d'une voix ~, adv. ~ment* mit Einstimmigkeit; **~ité** (~mi'te) *f* Einstimmigkeit *f*, Einmütigkeit *f*; *advt. à l'~* einstimmig.
unciforme (ɔ̃si'fɔrm) *adj.* hakenförmig. [Nagel...]
unguéal *anat.*, ⚕ (ɔ̃gɥe'al) *adj.* [5c]
uni (y'ni) **I** *adj.* (*adv. uniment*) **1.** glatt, eben, flach; **2.** ✝ einfarbig, ungemustert, uni; **3.** *fig.* einfach, schmucklos, ohne Verzierung; gleichförmig; **4.** vereinigt, vereint; verbunden; *les Etats-Unis m/pl.* die Vereinigten Staaten *m/pl.*, **5.** einträchtig; **II** *m* Einfarbigkeit *f*; ✝ einfarbiger, glatter, ungemusterter Stoff *m*.
uniate *rl.* (y'njat) *su.* griechisch-katholischer Papstanhänger *m*.
uni|caule ⚘ (yni'kɔl) *adj.* einstengelig, -stämmig; **~cellulaire** (~sɛly'lɛ:r) *adj.* einzellig; **~cité** (~si'te) *f* Einmaligkeit *f*; **~colore** (~kɔ'lɔ:r) *adj.* einfarbig; **~corne** *zo.* (~'kɔrn) **I** *adj.* einhörnig; **II** *m* Einhorn *n*; **~dimensionnel** (~dimɑ̃sjɔ'nɛl) *adj.* [7c] eindimensional.
unième (y'njɛm) *adj./n.o.* □ *nur in Zssgn gebr.*: *le vingt et ~* der einundzwanzigste; *le cent ~* der hunderterste.
unifi|cateur (ynifika'tœ:r) *su.* [7f] Einiger *m*; **~cation** (~kɑ'sjɔ̃) *f* Einigung *f* (*zu einem Ganzen*); Vereinheitlichung *f*; ⚡ Gleichschaltung *f*; **~er** (~'fje) *v/t.* [1a] zu einem Ganzen machen, einen, einigen; vereinheitlichen. [draht...]
unifilaire ⊕ (ynifi'lɛ:r) *adj.* Ein-
uniflore ⚘ (yni'flɔ:r) *adj.* einblütig.
uniform|e (yni'fɔrm) **I** *adj.* (*adv. uniformément*) **1.** gleich-förmig, -mäßig, -artig; **2.** einförmig; **II** *m* Uniform *f*; *prendre l'~* Soldat werden; **~isation** (~mizɑ'sjɔ̃) *f* Uniformierung *f*, Vereinheitlichung *f*; **~iser** (~mi'ze) *v/t.* [1a] uniformieren, vereinheitlichen; **~ité** (~mi'te) *f* Gleich-, Ein-förmigkeit *f*; Einerlei *n*; Uniformität *f*.
uni|jambiste ⚕ (yniʒɑ̃'bist) *su.* Einbeiniger *m*; **~labié** ⚘ (~la'bje) *adj.* einlippig; **~latéral** (~late'ral) *adj.* [5c] einseitig; **~lingue** (~'lɛ̃:g) *adj.* einsprachig.
uniment (yni'mɑ̃) *adv.* gleichmäßig; einfach; *tout ~* schlankweg.
uninominal (yninɔmi'nal) *adj.* [5c] auf einen Namen lautend; *scrutin m ~* Einzelwahl *f*.
union (y'njɔ̃) *f* **1.** Verbindung *f*, Vereinigung *f*, Zusammenschluß *m*, Verband *m*; *~ de communes* Gemeindeverband *m*; **2.** Bund *m*, Verbindung *f*, Genossenschaft *f*; *abs.*

Ehe(bund *m*) *f*; ~ *internationale* Weltbund *m*; ~ *conjugale* Ehebund *m*, Heirat *f*, Ehe *f*; ~ *libre* wilde Ehe *f*; 3. Bündnis *n*; ♀ *postale universelle* Weltpostverein *m*; 4. Staatenbund *m*; *l'*♀ *soviétique* die Sowjetunion *f*; s. *U.R.S.S.*; *en* ♀ *soviétique* in der (*od.* die) Sowjetunion; 5. Einigkeit *f*, Eintracht *f*; *l'*~ *fait la force* Einigkeit macht stark; 6. *gr. trait m d'*~ Bindestrich *m*; **~iste** (ynjɔ'nist) *su. u. adj.* 1. Gewerkschaftler *m*; 2. *hist.*, *rl.* Unionist *m*; 3. gegen e-e Landesabtrennung eingestellt; Einheits...

uni|-ovulé *biol.* (yniɔvy'le) *adj.* einkeimblätterig, einsamenlappig; **~-polaire** ⚡, *etc.* (~pɔ'lɛ:r) *adj.* einpolig.

unique (y'nik) *adj.* □ 1. einzig; (*rue f à*) *sens m* ~ Einbahnstraße *f*; *uniquement adv.* einzig und allein, bloß; 2. unvergleichlich, sonderbar, wunderbar; *c'est un fait* ~ das ist einzigartig; *école f* ~ Einheitsschule *f*; *magasin m à prix* ~ Einheitspreisgeschäft *n*.

unir (y'ni:r) [2a] I *v/t.* 1. verbinden, vereinigen; ehelich trauen; 2. ebenen, glätten; behobeln; II *v/rfl.* *s'*~ 3. sich vereinigen, sich zs.-schließen; 4. sich verheiraten.

unisexu|é ⚘ (ynisɛk'sɥe) *adj.*, **~el** ⚘ (~'sɥɛl) *adj.* [7c] eingeschlechtig.

unisson (yni'sɔ̃) *m* ♪, *a. fig.* Gleichklang *m*; *fig.* Übereinstimmung *f*; *être à l'*~ miteinander harmonieren; *se mettre à l'*~ *des circonstances* sich nach den Umständen richten.

uni|taire (yni'tɛ:r) I *adj.* □ einheitlich, Einheits...; II *rl.*, *pol.* Unitarier *m*; **~tarisme** *rl.* (~ta'rism) *m* Lehre *f* der Unitarier; **~té** (yni'te) *f* 1. ℞ Einer *m*; 2. Einheit(lichkeit *f*) *f*; ✝ ~ *de valeur* Werteinheit *f*; *phys.* ~ *de chaleur* Wärmeeinheit *f*; 3. ⚔ (Truppen-)Verband *m*, Einheit *f*; ~ *combattante* Kampfeinheit *f*; ~ *subordonnée* Unterverband *m*; ~ *tactique* Gefechtseinheit *f*; 4. ⊕ ~ *de cracking* Krackanlage *f*.

univalent ⚗ (yniva'lɑ̃) *adj.* einwertig.

univalve *zo.* (~'valv) *adj.* einklappig, -schalig.

univers (yni'vɛ:r) *m* Welt *f*, Weltall *n*, Universum *n*, Erdkreis *m*, Erdball *m*; *conception f de l'*~ Weltanschauung *f*; **~aliser** (~vɛrsali'ze) *v/t.* [1a] verallgemeinern; **~alisme** *phil.*, *rl.* (~sa'lism) *m* Universalismus *m*; **~alité** (~sali'te) *f* Allgemeinheit *f*; *a.* ⚖ Gesamtheit *f*; ~ *d'esprit* Vielseitigkeit *f*; **~el** (~'sɛl) I *adj.* [7c] □ 1. allgemein; Welt...; ⚖ *legs m* ~ Universalvermächtnis *n*; *remède m* ~ Allheilmittel *n*; *suffrage m* ~ allgemeines Stimmrecht *n*; 2. universal, vielseitig, überall beschlagen, allumfassend; II *m* 3. *Logik*: *das* Allgemeine *n*; 4. *phil. pl. universaux* Kategorien *f/pl.* (*Scholastik*).

universi|taire (ynivɛrsi'tɛ:r) I *adj.* Universitäts..., zur Hochschule gehörig; *qui a fait ses études* ~*s* Akademiker *m*; II *m* Universitätsprofessor *m*; **~té** (~'te) *f* Universität *f*, Hochschule *f*; *Fr.*: *l'*♀ (*de France*) franz. Gesamtlehrkörper *m* für Elementar-, höheren und Universitäts-Unterricht; ~ *populaire* Volkshochschule *f*.

univoque (yni'vɔk) *adj.* 1. eindeutig; 2. *gr.* gleichlautend; 3. ♪ gleichnamig.

upas ⚘ (y'pas) *m* Giftbaum *m*.

uppercut (ypɛr'kyt, œpɛr'kœt) *m* *Boxsport*: Kinnhaken *m*.

uran|ate ⚗ (yra'nat) *m* Uransalz *n*; **~e** ⚗ (y'ran) *m* Uranoxyd *n*; **~ine** *min.* (~'nin) *f* Uranpecherz *n*, Pechblende *f*; **~ique** (~'nik) *adj.* Uran...; **~ite** *min.* (~'nit) *f* Uranit *n*, Uranglimmer *m*; **~ium** ⚗ (~'njɔm) *m* Uran *n*.

urano|graphie (yranɔgra'fi) *f* Himmelsbeschreibung *f*; **~métrie** (~me'tri) *f* Himmelsmessung *f*.

urbain (yr'bɛ̃) *adj.* [7] städtisch, Stadt...; *chauffage m* ~ Fernheizung *f*; *réseau m* ~ a) Stadtbahnnetz *n*; b) *téléph.* Stadtnetz *n*; *téléph. service m* ~ Stadtbetrieb *m*.

urban|ification (yrbanifikɑ'sjɔ̃) *f* Bebauung *f* nach städtebaulichen Grundsätzen; **~ifier** (~ni'fje) *v/t.* [1a] nach städtebaulichen Grundsätzen bebauen; **~ifique** (~ni'fik) *adj.* städtebaulich; **~isation** (~nizɑ'sjɔ̃) *f* Umgestaltung *f* e-r Stadt nach modernen Grundsätzen; *fig.* Verstädterung *f*; **~iser** (~ni'ze) [1a] I *v/t.* nach den Grundsätzen des modernen Städtebaues umgestalten; e-n städtischen Charakter verleihen; *fig.* verstädtern (*v/t.*); II *v/rfl.* *s'*~ verstädtern (*v/i.*), städtischen Charakter annehmen; **~isme** (~'nism) *m* Städtebau *m*; ~ *moderne*

moderne Städteplanung *f*; ~ *régional* Landesplanung *f*; **~iste** (~'nist) **I** *adj.* städtebaulich; **II** *su.* Städtebauer *m*, -planer *m*; **~istique** (~nis'tik) *adj.* städtebaulich; **~ité** (~ni'te) *f* Höflichkeit *f*, feines Benehmen *n*.

ure (y:r) *m* Auerochs *m*.

uré|e 🕮 (y're) *f* Harnstoff *m*; **~mie** ⚕ (yre'mi) *f* Harnvergiftung *f*.

uretère *anat.* (yr'tɛ:r) *m* Harnleiter *m*, Ureter *m*.

uretérite ⚕ (yrte'rit), **urétérite** ⚕ (yrete'rit) *f* Harnleiterentzündung *f*.

urétral *anat.* (yre'tral) *adj.* [5c] die Harnröhre betreffend.

urètre *anat.* (y'rɛ:trə) *m* Harnröhre *f*.

urg|ence (yr'ʒɑ̃:s) *f* dringende Notwendigkeit *f*, Dringlichkeit *f*; *il y a* ~ die Sache eilt sehr; *parl. demander* (*od. réclamer*) *l'*~ e-n Dringlichkeitsantrag stellen; **~ent** (yr'ʒɑ̃) *adj.* [7] dringend; ✉ *als Aufschrift auf Briefen usw.*: ♀*!* Eilt!

urin|aire (yri'nɛ:r) *adj. anat.* Harn...; *voies f/pl.* ~*s* Harnkanäle *m/pl.*; **~al** 🕮 (~'nal) *m* [5c] Uringlas *n*; **~ation** ⚕ (~nɑ'sjɔ̃) *f* Urinieren *n*, Harnen *n*, Wasserlassen *n*; **~e** (y'rin) *f* Harn *m*, Urin *m*; **~er** (~'ne) *v/i.* [1a] Wasser lassen, urinieren, harnen; **~eux** (~'nø) *adj.* [7d] harnartig; **~oir** (~'nwa:r) *m* **1.** Bedürfnisanstalt *f* (*für Männer*); **2.** Urinflasche *f*.

urique ⚗ (y'rik) *adj.* harnsauer, Harn...; *acide m* ~ Harnsäure *f*.

urne (yrn) *f* Urne *f*; ~ *cinéraire* Aschenkrug *m*; ~ *électorale* Wahlurne *f*.

uro|cystite ⚕ (yrɔsis'tit) *f* Blasenentzündung *f*; **~scopie** ⚕ (~skɔ'pi) *f* Harn-, Urin-untersuchung *f*.

ursin *zo.* (yr'sɛ̃) *adj.* [7] bärenartig.

U.R.S.S. *géogr.* (yɛrɛs'ɛs *od.* yrs) *abr. für Union f des Républiques Socialistes Soviétiques* UdSSR *f*, Sowjetunion *f*; *en U.R.S.S.* in der (*bzw.* in die) Sowjetunion.

ursuline *rl.* (yrsy'lin) *f* Ursulinernonne *f*, Ursulinerin *f*.

urti|cacées ⚘ (yrtika'se) *f/pl.* Nesselpflanzen *f/pl.*; **~caire** ⚕ (~'kɛ:r) *adj. u. f* nesselartig; Nesselfieber *n*; **~cant** ⚕ (~'kɑ̃) *adj.* brennend.

Uruguay (yry'gɛ) *m*: *la république de l'*~ die Republik *f* Uruguay; **~en** (~gɛ'jɛ̃) *su. u.* ♀ *adj.* [7c] Uruguayer *m*; uruguayisch.

us (ys) *m/pl.*: *us et coutumes* Sitten und Gebräuche *pl.*

usable (y'zablə) *adj.* abnutzbar; brauchbar.

usage (y'za:ʒ) *m* **1.** Gebrauch *m*, Sitte *f*; Herkommen *n*; *être d'*~ gebräuchlich (*od.* Sitte *od.* Brauch) sein; *cela est hors d'*~ das ist nicht mehr üblich; *c'est l'*~ das ist so üblich; **2.** ~ (*de la langue*) Sprachgebrauch *m*; **3.** Benutzung *f*, Anwendung *f*, Gebrauch *m*; Haltbarkeit *f*; *à l'*~ *des écoles* zum (*od.* für den) Schulgebrauch; *faire* ~ *de qch.* etw. anwenden *od.* gebrauchen; *mettre en* ~ in Gebrauch nehmen; *mettre tout en* ~ alle Mittel aufbieten; *cette étoffe fera de l'*~ (*od. de bon* ~) *od. sera d'un bon* ~ dieser Stoff wird sich lange halten; *vêtements m/pl. hors d'*~ abgetragene Sachen *f/pl.* (*od.* Kleider *n/pl.*); **4.** ⚖ Nießbrauch *m*, Nutznießung *f*; **5.** ⚖ *droit m d'*~ Holzungs-, Triftrecht *n*; **6.** Gewohnheit *f*; *il a l'*~ *de dîner de bonne heure* er ist gewöhnt, früh Mittag zu essen; **7.** Vertrautheit *f*; *il a l'*~ *de ces matières* er ist mit diesen Dingen vertraut; ~ *du monde* (*od. de la vie*) Weltkenntnis *f*, Lebensart *f*; *avoir l'*~ *du monde, connaître les* ~*s* mit den Gepflogenheiten vertraut sein, sich in der Gesellschaft zu benehmen wissen; *manquer d'*~ keine Manieren haben; *avoir peu d'*~ wenig Lebensart haben.

usa|gé (yza'ʒe) *adj.* gebraucht, (ab-)getragen, abgenutzt (*Kleidung*); *effets m/pl.* ~*s* getragene Kleidungsstücke *n/pl.*; **~ger** (~) [7b] **I** *adj.* Gebrauchs...; für den persönlichen Gebrauch; ⚖ holz- u. triftberechtigt; *effets m/pl.* ~*s non soumis à la douane* nicht zollpflichtige Gebrauchsgegenstände *m/pl.*; *menu* ~ weideberechtigt; **II** *su.* Verbraucher *m*, Benutzer *m*; *gros* ~ Holzungsberechtigter *m*; *menu* ~ Weide- *od.* Triftberechtigter *m*; ~ *de la route* Straßenverkehrsteilnehmer *m*; ~ *de la T.S.F.* Rundfunkhörer *m*; *les* ~*s de la route* die Benutzer *m/pl.* der Straße; *les* ~*s de la langue française* diejenigen, die sich der französischen Sprache bedienen.

usance (y'zɑ̃:s) *f* **1.** Brauch *m*, Usus *m*, Sitte *f*; **2.** ✝ Wechselzeit *f*; Uso *m* (*Lauffrist e-s Wechsels*).

usé (y'ze) *adj.* abgenutzt, abgetragen,

ausgedient; *Mensch*: verbraucht, entkräftet; *Truppe*: abgekämpft; Pferd abgeklappert; *Schraube*: ausgeleiert; *Maschine*: ausgelaufen; abgegriffen (*a. fig.*).

user (~) [1a] **I** *v/i.* **1.** ~ *de qch.* etw. gebrauchen *od.* anwenden, sich e-r Sache (*gén.*) bedienen; ~ *d'indulgence* mit Nachsicht verfahren; ~ *de précaution* (*d'artifice*) vorsichtig (mit List) vorgehen; **2.** *en* ~ *avec q.* mit j-m verfahren *od.* umgehen, j-n behandeln; **II** *v/t.* **3.** ver-, aufbrauchen; **4.** abnutzen, abtragen; *fig.* schwächen, vernichten, aufreiben (*bsd.* ⚔); ~ *ses yeux à force de lire* sich durch vieles Lesen seine Augen verderben; ~ *sa santé* s-e Gesundheit ruinieren; **5.** stumpf machen; abschleifen; **III** *v/rfl.* *s'*~ sich abtragen, sich abnutzen; *fig.* sich gesundheitlich aufreiben; **IV** *m* a) Tragen *n* (*v. Stoffen*); *ce drap est d'un bon* ~ dieses Tuch trägt sich gut; b) F *à l'*~ *avec q.* bei längerem Umgang mit j-m.

usin|abilité ⊕ (yzinabili'te) *f* Bearbeitbarkeit *f*; **~age** ⊕ (~'na:ʒ) *m* Maschinenbetrieb *m*; maschinelle Herstellung *f*, Fabrikation *f*, Fertigbearbeitung *f*, Be-, Verarbeitung *f*; **~e** (y'zin) *f* Fabrik *f*, Betrieb *m*, Anlage *f*, Herstellerwerk *n*; Hüttenwerk *n*; ~ *affiliée* Konzernwerk *n*; ~ *hydraulique*, ~ *hydro-électrique*, ~ *thermo-électrique* Pump-, Wasserkraft-, Wärmekraftwerk *n*; ~ *électrique*, ~ *d'électricité* Kraftanlage *f*, Elektrizitätswerk *n*; ~ *d'azote*, ~ *d'avions* Stickstoff-, Flugzeugfabrik *f*; **~er** (yzi'ne) *v/t.* [1a] be-, ver-arbeiten; *non usiné* unbearbeitet; **~ier** (~'nje) **I** *m* Fabrikant *m*, Fabrik-, Hütten-besitzer *m*; **II** *adj.* [7b]: *les grands centres m/pl.* ~*s* die großen Industriezentren *n/pl.*

usité (yzi'te) *adj.* gebräuchlich, üblich, gangbar; *être* ~ gebraucht werden.

usnée (ys'ne) *f* **1.** ⚘ Tellerflechte *f*; **2.** Bartflechte *f*.

ustensile (ystɑ̃'sil) *m* **1.** Küchen-, Haus-gerät *n*; **2.** Gerät *n*, Zubehör *n*; ~*s pl.* Geräte *n/pl.*, Gerätschaften *f/pl.*; ~*s de jardinage* Gartengeräte *n/pl.*

ustion (ys'tjɔ̃) *f* ⚕ [*chir.* Brennen *n.*] Verbrennung *f*;

usuel (y'zɥɛl) *adj.* [7c] □ gebräuchlich, herkömmlich, üblich; *langue f* ~*le* Umgangssprache *f*; *locutions f/pl.* ~*les* allgemeine Redewendungen *f/pl.*; *dictionnaire m* ~ Handwörterbuch *n*.

usufructuaire ⚖ (yzyfryk'tɥɛ:r) *adj.* Nießbrauchs...; *droit m* ~ Nießbrauchsrecht *n*.

usufruit ⚖ (yzy'frɥi) *m* Nießbrauch *m*, Nutznießung *f*; **~ier** ⚖ (~frɥi'tje) *su.* [7b] Nutznießer *m*.

usuraire (yzy'rɛ:r) *adj.* □ wucherisch; *intérêt m* (*od. taux m*) ~ Wucherzins *m*.

usur|e (y'zy:r) *f* **1.** Wucher *m*; *faire l'*~, *se livrer à l'*~ Wucher treiben; *prêter à l'*~ auf Wucherzinsen leihen; *fig. rendre avec* ~ *in gutem Sinne*: reichlich vergelten; *in schlechtem Sinne*: anständig heimzahlen; **2.** Abnutzung *f*; Verschleiß *m*; *fig.* Entkräftung *f*; *Auto*: ~ *des pneus* Reifenverschleiß *m*; **~ier** (yzy'rje) *su.* [7b] Wucherer *m*.

usurp|ateur (yzyrpa'tœ:r) [7f] **I** *su.* widerrechtlicher Besitznehmer *m*, *bsd.* Thronräuber *m*, Usurpator *m*; **II** *adj.* ~ *de qch.* etw. widerrechtlich an sich reißend; **~ation** (~pɑ'sjɔ̃) *f* widerrechtliche Besitzergreifung *f*; *bsd.* Thronraub *m*; ~ *d'emploi*, ~ *de fonctions* Amtsanmaßung *f*; ~ *d'un uniforme* unerlaubtes Tragen *n* e-r Uniform; **~atoire** (~pa'twa:r) *adj.* widerrechtlich; **~er** (~'pe) [1a] **I** *v/t.* sich widerrechtlich aneignen, sich anmaßen; **II** *v/i.* ~ *sur les droits de q.* in j-s Rechte eingreifen.

ut ♪ (yt) *m* [5a] (*die Note*) C *n*.

utér|in (yte'rɛ̃) *adj.* [7] **1.** *anat.* Gebärmutter...; *frères* ~*s* Halbbrüder *m/pl.* mütterlicherseits, Stiefbrüder *m/pl.*; **2.** *su./m pl.*: ~*s* Halbgeschwister *pl.* mütterlicherseits; **~us** *anat.* (~'rys) *m* Gebärmutter *f*.

utile (y'til) **I** *adj.* □ nützlich, dienlich; *en temps* ~ zur rechten Zeit; **II** *m das* Nützliche *n*; *joindre l'*~ *à l'agréable* das Nützliche mit dem Angenehmen verbinden.

utilis|able (ytili'zablə) *adj.* brauchbar, benutzbar; *surface f* ~ Nutzfläche *f*; **~ateur** (~za'tœ:r) *su.* [7f] Benutzer *m*; **~ation** (~zɑ'sjɔ̃) *f* **1.** Benutzung *f*, Nutzbarmachung *f*, Verwendung *f*, Verwertung *f*; ~ *des loisirs* Freizeitgestaltung *f*; **2.** Bedienungsanweisung *f*; **~er** (~'ze) *v/t.* [1a] benutzen, nutzbar machen, (nützlich) verwenden, ausnützen; ⊕ ~ *complètement* auslasten (*e-e Maschine*).

utili|taire (ytili'tɛ:r) [7] **I** *adj.* Gebrauchs..., Nutz...; *article m* ~ Gebrauchsartikel *m*; *véhicule m* ~ Gebrauchs-, Nutz-fahrzeug *n*; *doctrine f* ~ Nützlichkeitslehre *f*; **II** *su.* Utilitarist *m*; **~tarisme** (~ta'rism) *m* Utilitarismus *m*, Nützlichkeitslehre *f*; **~té** (~'te) *f* **1.** Nützlichkeit *f*, Nutzen *m*, Vorteil *m*; **2.** *thé.* ~*s pl.* Nebenrollen *f/pl.*

utop|ie (ytɔ'pi) *f* Utopie *f*, Hirngespinst *n*, Schimäre *f*, Phantasie *f*; **~ique** (~'pik) *adj.* [7] utopisch, überspannt, unreal, nicht zu verwirklichen, unmöglich; **~iste** (~'pist) *adj. u. su.* utopistisch; Utopist *m*, Weltverbesserer *m*.

utriculaire ⚘ (ytriky'lɛ:r) **I** *adj.* schlauchförmig, Schlauch...; **II** ⚘ *f* Wasserschlauch *m*.

utricule ⚕ (~'kyl) *m* *kleiner* Schlauch *m*.

uvaire 🕮 (y'vɛ:r) *adj.* trauben-förmig.

uvulaire *anat.* (yvy'lɛ:r) *adj.* Zäpfchen..., uvular.

uvule *anat.* (y'vyl) *f* Zäpfchen *n im Halse*.

uvulite ⚕ (yvy'lit) *f* Zäpfchenentzündung *f*.

V

V, v (ve) *m* V, **v** *n*.

va (va) **1.** s. *aller*; **2.** *int. va!* meinetwegen!; einverstanden!

vac|ance (va'kɑ̃:s) *f* **1.** Vakanz *f*, freie Stelle *f*; **2.** ~*s pl.* (Schul-) Ferien *pl.*; Ruhezeit *f/sg.*; *jour m de* ~ (schul)freier Tag *m*; *colonie f de* ~*s* Ferienkolonie *f*; *grandes* ~*s* Sommerferien *pl.*, große Ferien *pl.*; ~*s f/pl. judiciaires* Gerichtsferien *pl.*; **~ancier** (~kɑ̃'sje) *su.* [7b] Feriengast *m*; **~ant** (~'kɑ̃) *adj.* [7] **1.** leerstehend; *un siège m* ~ ein leerer Sitz (*od.* Platz *m*) *m*; **2.** unbesetzt, offen, frei, vakant (*Stelle*); **3.** ⚖ herrenlos.

vacarme (va'karm) *m* Lärm *m*, Krach *m*, Getöse *n*; ~ *à rompre la tête* ohrenbetäubender Lärm *m*; *faire du* ~ Krach machen.

vacation (vakɑ'sjɔ̃) *f* **1.** Zeitaufwand *m*, Mühewaltung *f e-s Beamten*; **2.** ⚖ Sitzung *f*; *tenir une* ~ e-e Sitzung abhalten; ~ *sur les lieux* Lokaltermin *m*; **3.** ~*s pl.* Gebühren *f/pl.* der Notare; Tagegelder *n/pl.*; **4.** ⚖ ~*s pl.* Gerichtsferien *pl.*; *chambre f des* ~*s* Ferienstrafkammer *f*.

vaccin ⚕ (vak'sɛ̃) *m* Kuhpockenlymphe *f*, -impfstoff *m*; **~able** ⚕ (~si'nablə) *adj.* impfbar; **~al** ⚕ (~'nal) *adj.* [5c] Kuhpocken...; **~ateur** ⚕ (~na'tœ:r) *adj. u. su.* [7f] impfend; Impfarzt *m*; **~e** ⚕ (~'ksin) *f* Kuhpocken *pl.*; **~er** ⚕ (~'ne) *v/t.* [1a] impfen; *allg.* immun machen.

vache (vaʃ) **I** *f* **1.** Kuh *f*; *lait m de* ~ Kuhmilch *f*; ~ *à lait* Milchkuh *f*, melkende Kuh *f* (*a. fig.*); *être là comme une* ~ *qui regarde passer un train* wie die Kuh vorm neuen Tor dastehen; *ell. enfin viens-en donc à la* ~*!* nun sag' bloß noch, daß du dastandst wie die Kuh vorm neuen Tor!; **2.** Kuhfleisch *n*; F *manger de la* ~ *enragée* viel durchzumachen haben; ein elendes Leben führen; *parler français comme une* ~ *espagnole* jämmerlich französisch sprechen; *période f de* ~*s maigres* Hungerszeit *f*; F *sentir la* ~ *à Colas* im Verdacht der Ketzerei stehen; F *être la* ~ *à Colas* Hugenott sein; **3.** Kuhleder *n*; ~ *de Russie* Juchten *m od. n*; ~ *à vernir* Fahlleder *n*; **4.** *zo.* ~ *marine* Seekuh *f*; **5.** P Polizist *m*; **II** P *adj.* hartherzig, gemein.

vachement P (vaʃ'mɑ̃) *adv.* riesig, äußerst; *c'est* ~ *féodal!* das ist ja phantastisch!

vach|er (va'ʃe) *su.* [7b] Kuhhirt *m*, Senne *m*; **~erie** (vaʃ'ri) *f* **1.** Kuhstall *m*; Molkerei *f*, Milchwirtschaft *f*; **2.** P große Gemeinheit *f*, übler Streich *m*; **~erin** (vaʃ'rɛ̃) *m* **1.** Gruyère-Käse *m* (*in der Franche-Comté*); **2.** Sahnebaiser *n od. m*; **~ette** (va'ʃɛt) *f* **1.** Färse *f*, Kalb *n*; **2.** Kalbsleder *n*.

vacill|ant (vasi'jɑ̃) *adj.* [7] schwankend; schlotterig (*Gang*); flackernd;

fig. wankelmütig, unschlüssig, haltlos, unbeständig; **~ation** (~jɑ'sjɔ̃) *f* **1.** Schwanken *n*, Wanken *n*; Schlottern *n* (*der Beine*); Flackern *n des Lichts*; **2.** *fig.* Unentschlossenheit *f*, Haltlosigkeit *f*, Unsicherheit *f*, Unbeständigkeit *f*; **~atoire** (~ja'twa:r) *adj.* schwankend, wankend; *fig.* ungewiß; **~ement** (~j'mɑ̃) *m* Schwanken *n* (*a. fig.*); **~er** (~'je) *v/i.* [1a] **1.** (sch)wanken; schlottern (*Beine, Knie*); flackern (*Licht*); *la main lui vacille* ihm zittert die Hand; **2.** *fig.* unschlüssig sein.

vacuité (vakɥi'te) *f* Leere *f*, Leerheit *f*.

vacuole 🕮 (va'kɥɔl) *f* Zelle *f* des Protoplasmas, Vakuole *f*, kleiner Hohlraum *m*, Höhlung *f*.

vacuomètre ⊕ (~'mɛ:trə) *m* Unterdruckmesser *m*.

vacuum (va'kɥɔm) *m* Leere *f*.

vade-mecum (vademe'kɔm) *m* [6c] Handbuch *n*, Vademecum *n*.

vadrouill|e (va'druj) *f* **1.** P Bummel *m*, Bierreise *f*; **2.** ⚓ Schiffsbesen *m*; **~er** P (~'je) *v/i.* [1a] bummeln, sich herumtreiben.

va-et-vient (vae'vjɛ̃) *m* [6c] **1.** ⊕ Gestänge *n*, Gestängebewegung *f*, Hin- u. Herbewegung *f*, sich hin- u. herbewegender Maschinenteil *m*; **2.** (*ohne pl.*) *das* Kommen u. Gehen *n*, *das* Hin u. Her *n*; Hin- u. Herbewegung *f*; *fig.* Schwankung *f*, Veränderlichkeit *f*, Flatterhaftigkeit *f der Meinungen*; **3.** ⚓ Fährseil *n*; kleine Fähre *f*; **4.** ⚡ Wechsel-, Doppel-schalter *m*, Türkontakt *m*.

vagabond (vaga'bɔ̃) [7] **I** *adj.* vagabundierend, herumstreifend, umherstreichend, unstet; **II** *su.* Vagabund *m*, Stromer *m*, Landstreicher *m*; *des ~s* Gesindel *n*; **~age** (~'da:ʒ) *m* Landstreicherei *f*, Vagabundenleben *n*; *~ spécial* Zuhälterei *f*; **~er** (~'de) *v/i.* [1a] sich herumtreiben, vagabundieren, umherstreichen; *fig.* unstet von e-r Sache zur andern übergehen; *laisser ~ son esprit* s-e Gedanken schweifen lassen.

vagin *anat.* (va'ʒɛ̃) *m* Scheide *f*, Vagina *f*; **~al** *anat.* (~ʒi'nal) *adj.* [5c] Scheiden...; **~isme** ⚕ (~'nism) *m* Scheidenkrampf *m*.

vag|ir (va'ʒi:r) *v/i.* [2a] wimmern, winseln; **~issement** (~ʒis'mɑ̃) *m* Wimmern *n*, Gewinsele *n*; Geschrei *n neugeborener Kinder*.

vagotonie ⚕ (vagɔtɔ'ni) *f* erhöhte Erregbarkeit *f* des Vagusnervs.

vague[1] (vag) **I** *adj.* □ **1.** unbestimmt, ohne bestimmte Grenzen; *terres f/pl. vaines et ~s* öde Strecken Landes; **2.** *fig.* unbestimmbar, verschwommen, unklar, unerklärlich, vage; **3.** unsicher, unzuverlässig (*Kleidung*); lose (*Damenmantel*); **II** *m das* Unbestimmte *n*, *das* Schwankende *n*, *das* Vage *n*; *peint.* Undeutlichkeit *f* der Umrisse, Verschwommenheit *f*, *das* Duftige *n*; *avoir du ~ dans la pensée* nicht klar denken; *se perdre dans le ~* ins Blaue hineinreden, den Boden unter den Füßen verlieren; *rester dans le ~* im Unklaren bleiben; *avoir du ~ dans l'esprit* etwas benommen sein; *~ à l'âme* Weltschmerz *m*; Sehnsucht *f*.

vague[2] (~) *f* **1.** (*heute rein literarischer Ausdruck*; *allg. sagt man lame*) Woge *f*, Welle *f* (*a. fig.*); *~ de chaleur* Hitzewelle *f*; *~ de froid* Kältewelle *f*; *~ de fond* Sturzflut *f*; *fig. ~ de paroles* Wortschwall *m*; **2.** ⊕ Malzkrücke *f*.

vaguemestre ⚔ (vag'mɛstrə) *m* Postunteroffizier *m*.

vaguer (va'ge) **I** *v/i.* [1m] umherschweifen; *défense f de laisser ~ les chiens* Hundesperre *f*; **II** *v/t.* die Maische umkrücken (*od.* umrühren) (*Bierbrauerei*).

vahiné (vai'ne) *f* Frau *f* (*Neuseeland, Polynesien*).

vaigre ⚓ ('vɛ:grə) *f* Futterplanke *f*.

vaill|ance (va'jɑ̃:s) *f* Tapferkeit *f*; Heldenmut *m*; Schneid *m*; **~ant** (~'jɑ̃) **I** *adj.* [7] **1.** tapfer, mutig, heldenmütig; **2.** *il n'a pas un sou ~* er hat keinen Pfennig in der Tasche.

vain (vɛ̃) *adj.* [7] □ **1.** nutzlos, vergeblich, unnütz, eitel (*fig.*); leer (*Versprechungen*); 🌱 nichts hervorbringend: *~ pâturage* öffentliche Viehweide *f*; *advt. en ~* vergeblich, umsonst; *en ~ lui demandai-je* umsonst fragte ich ihn; **2.** *fig.* leer, nichtig, grundlos; unbegründet; *~e gloire* eitle Ruhmsucht *f*; **3.** *péj.* eingebildet, stolz, hochnäsig.

vaincre ('vɛ̃:krə) [4i] **I** *v/t.* **1.** besiegen; **2.** *fig. ~ q. en qch.* j-n in etw. (*dat.*) übertreffen; **3.** *fig.* meistern, bezwingen, überwinden; *~ sa colère* s-n Zorn bezähmen; **4.** *se laisser ~* sich erweichen (*od.* überreden) lassen; **II** *v/i.* siegen; **III** *v/rfl. se ~* sich selbst überwinden.

vaincu (vɛ̃'ky) *m der* Besiegte *m.*
vainement (vɛn'mɑ̃) *adv.* vergeblich, vergebens, umsonst.
vainqueur (vɛ̃'kœ:r) **I** *m* Sieger *m*; *Sport*: ~ *de (od. du) Derby* Derbysieger *m*; ~ *aux points* Punktsieger *m*; être ~ *de qch.* etw. bezähmen, zügeln; *il est sorti* ~ *de la discussion* er ist als Sieger aus dem Streit hervorgegangen; **II** *adj./m* siegend, siegreich; siegesbewußt; *air m* ~ Siegermiene *f.*
vair (vɛ:r) *m* Feh *n*, Grauwerk *n*, grauweißer Pelz *m.*
vairon (vɛ'rɔ̃) **I** *adj./m*: *yeux m/pl.* ~*s* Augen *n/pl.* von zweierlei Farbe; **II** *m icht.* Pfrille *f*, Elritze *f.*
vaisseau (vɛ'so) *m* [5b] **1.** Gefäß *n*; ~ *sanguin* Blutgefäß *n*; **2.** Schiff *n*; ~ *amiral (pl.* ~*x amiral)* Admirals-, Flagg-schiff *n*; ~ *cuirassé* Panzerschiff *n*; ~ *fanal* Leuchtschiff *n*; ~ *de ligne* Linienschiff *n*; ~ *à trois ponts* Dreidecker *m*; ~ *de guerre* Kriegsschiff *n*; ~ *garde-côte* Küstenwachschiff *n*; *fig. brûler ses* ~*x* alle Brücken hinter sich abbrechen; ♀ *fantôme* Fliegender Holländer (*Oper*); **3.** *fig.* ~ *du désert* Wüstenschiff *m*, Kamel *n*; ~ *de l'Etat* Staatsschiff *n*; F *diriger le* ~ die Sache leiten; **4.** ⚠ ~ *d'une cathédrale* Schiff *n* e-r Kathedrale; ~**-école** (~e'kɔl) *m* [6a] Schulschiff *n.*
vaisselier (vɛsɛ'lje) *m* Geschirrschrank *m.*
vaissell|e (vɛ'sɛl) *f* Tisch-, Tafelgeschirr *n*; ~ *plate* silbernes Tafelgeschirr *n*; *faire la* ~ (das Geschirr) abwaschen; *laveuse f de* ~ Abwaschfrau *f*; ~**erie** (~l'ri) *f* Küchengeschirr(industrie *f*) *n.*
val † (val) *m* [5c] Tal *n*; *nur in Namen und*: *par monts et par vaux* über Berg und Tal.
valable (va'lablə) *adj.* □ **1.** gültig; **2.** annehmbar, zulässig; triftig (*Grund*); ⚖ rechtskräftig; **3.** *barb.* wertvoll (*hierfür besser*: *de valeur, de qualité, qualifié, bon*).
Valachie *hist. géogr.* (vala'ʃi) *f*: *la* ~ die Walachei *f.*
Valais *géogr.* (va'lɛ) *m*: *le* ~ Wallis *n*
valaisien *géogr.* (valɛ'zjɛ̃) *adj. u.* ♀ *su.* [7c] wallisisch; Walliser *m.*
valence[1] (va'lɑ̃:s) *f* (Valencia-) Apfelsine *f.*
valence[2] ⚗ (~) *f* Wertigkeit *f.*
valérian|e *phm.* (vale'rjan) *f* Baldrian *m*; ~**elle** ♀ (~'nɛl) *f* Rapunzel *f*, Feldsalat *m.*
valet (va'lɛ) *m* **1.** (Haus-)Diener *m*, Bedienter *m*; Knecht *m*; ~ *de bourreau* Henkersknecht *m*; ~ *de chambre* Kammerdiener *m*; ~ *d'écurie* Stallknecht *m*; ~ *de ferme* Ackersknecht *m*; ~ *de pied* Lakai *m*; *prov. tel maître, tel* ~ wie der Herr, so's Gescherr; *fig. avoir une âme de* ~ e-e kriecherische Gesinnung haben; **2.** *Kartenspiel*: Bube *m*, Bauer *m*; ~ *de cœur* Herzbube *m*; **3.** ⊕ Sperrstange *f*; Gegengewicht *n* (*e-r Tür*); ~ *d'établi* Hobelbankeisen *n*; ~**aille** *péj.* (val'tɑ:j) *f* Gesindel *n*, Dienerpack *n*; ~**er** F (val'te) *v/i.* [1c] den eifrigen Diener spielen.
valétudinaire (valetydi'nɛ:r) *adj. u. su.* kränklich; Kränkelnder *m.*
valeur (va'lœ:r) *f* **1.** Wert *m*; ~*s f/pl. fin.* Vermögen *n*; *de* ~ wertvoll; ~ *locative* Miet-, Pacht-wert *m*; ~ *estimative*, ~ *estimée* Taxwert *m*; ~ *assurée*, ~ *assurable*, ~ *agréée* Versicherungswert *m*; ~ *artistique*, ~ *réelle* Kunst-, Sach-, Ist-wert *m*; ~ *globale*, ~ *partielle* Gesamt-, Teilwert *m*; ~ *d'échange*, ~ *de rachat*, ~ *de vente* Tausch-, Rückkaufs-, Verkaufs-wert *m*; ~ *du procès* Streitwert *m*; *sans* ~ wertlos; veraltet; *fin.* ~*s f/pl. disponibles* Barvermögen *n*; ~*s f/pl. immobilisées* Anlagevermögen *n*; ~*s f/pl. réalisables* Umlaufvermögen *n*; *être en* ~ hoch im Preise stehen; ✝ gut gehen (*Ware*); in gutem Stande sein; einträglich sein; *Bilder*: zur Geltung kommen, *mettre en* ~ in guten Stand versetzen, verwerten; *fig.* ins rechte Licht setzen; ⚒ urbar machen; *mise f en* ~ Auswertung *f*; ⚒ Urbarmachung *f*; **2.** Bedeutung *f*, Geltung *f*, Wert *m*; *attacher trop de* ~ *à qch.* zu hohen Wert auf etw. (*acc.*) legen; ~ *d'amateur* Liebhaberwert *m*; **3.** ✝ Valuta *f*, Betrag *m*, Wert *m*; Wertpapier *n*; ~ (*monétaire*) Währung *f*; ~ *fournie* Valutaklausel *f*; ~ *non dépréciée* Edelvaluta *f*; ~ *du papier-monnaie* Papiergeldwährung *f*; ~ *du marché* Marktwert *m*; *Börse*: ~ *minière* Kux *m*; ~ *pétrolifère* Petroleumpapier *n*, -wert *m*; ~ *(non) inscrite* (nicht) amtlich notiertes Börsenpapier *n*; ~ *bancaire* Bankwert *m*; ~ *de banque*, ~ *de change* Bank-, Wechsel-valuta *f*; ~ *brute* Bruttowert *m*; ~ *nette* reiner Wert *m*; ~ *au*

comptant bar; ~ *nominale* Nenn-, Soll-wert *m*; **4.** ✉ ~ *déclarée* Brief *m* mit Wertangabe; **5.** Tapferkeit *f*; ~ *indomptable* unbezähmbarer Mut *m*, Draufgängertum *n*; **~eux** (~lœ'rø) *adj.* [7d] □ tapfer; **~-or** (va'lœ:r'ɔ:r) *f* [6b] Goldwert *m*.

valid|ation ⚖ (validɑ'sjɔ̃) *f* Gültigkeitserklärung *f*; **~e** (va'lid) *adj.* **1.** rechtskräftig; **2.** gesund, kräftig, tauglich (*a.* ⚔); *encore* ~ noch arbeitsfähig; *non* ~ untauglich; **~er** (~'de) *v/t.* [1a] für gültig erklären; **~ité** (~di'te) *f* (Rechts-)Gültigkeit *f*.

valise (va'li:z) *f* Handkoffer *m*; **~-armoire** (~ar'mwa:r) *f* [6a], **~-porte-habits** (~pɔrta'bi) *f* [6b] Schrankkoffer *m*.

vall|ée (va'le) *f* Tal *n*; **~on** (~'lɔ̃) *m* kleines Tal *n*, Talmulde *f*; **~onné** (~lɔ'ne) *adj.* hügelig; **~onnement** (~lɔn'mɑ̃) *m* Hügelbildung *f*.

valoir (va'lwa:r) [3h] **I** *v/i.* **1.** wert sein, gelten; *il ne vaut pas grand-chose* er ist nicht viel wert; es ist nicht viel mit ihm los; *ils se valent* sie sind sich ebenbürtig; *cela ne vaut pas la peine* (*od.* F *le coup*) *d'y penser* es ist nicht der Mühe wert, daran zu denken; *vaille que vaille* auf jeden Fall, wie dem auch sei; aufs Geratewohl; **2.** ~ *mieux* besser sein; **3.** *ne rien* ~ nichts taugen, schlecht sein; **4.** *faire* ~ geltend machen; nutzbar machen, verwerten; besonders hervorheben; ins rechte Licht setzen; *se faire* ~ sich Achtung verschaffen; sich durchsetzen; **II** *v/t.* ~ *qch. à q.* j-m etw. einbringen.

valoris|ation ✝ (valɔrizɑ'sjɔ̃) *f* Valorisierung *f*, Wertsteigerung *f*; **~er** (~'ze) *v/t.* [1a] valorisieren, den Wert steigern; *fig.* ins rechte Licht setzen, zur Geltung bringen, durch besondere Reklame anpreisen.

vals|e (vals) *f* Walzer *m*; **~er** (~'se) *v/i.* [1a] Walzer tanzen; **~eur** (~'sœ:r) *su.* [7g] (Walzer-)Tänzer *m*.

value † (~) *f* Wert *m*; *nur noch in*: ✝ *moins-~ f* Wertminderung *f*, Fehlbetrag *m*, Verlust *m*; *plus-~* Wertzuwachs *m*, Mehrbetrag *m*.

valv|acé ⚘ (valva'se) *adj.* klappenartig; **~aire** ⚘ (~'vɛ:r) *adj.* Klappen...; **~e** (valv) *f* **1.** ⚘ Fruchtklappe *f*; **2.** *zo.* (Muschel-)Schale *f*; **3.** ⊕ Ventil *n*, Klappe *f*; ~ *de réduction* Reduzierungsventil *n*; ~ *de décharge* Entlastungsventil *n*; **~é** ⚘ (~'ve) *adj.* klappenförmig; **~ule** *anat.*, ⚘ (~'vyl) *f* Klappe *f*, Ventil *n*; ~ *du cœur* Herzklappe *f*.

vamp *cin.* (vɑ̃:p) Vamp *m*; **~er** F (vɑ̃'pe) *v/t.* [1a] verführerisch anlächeln.

vampir|e *a. zo.* (vɑ̃'pi:r) *m* Vampir *m*; *fig.* Ausbeuter *m*, Blutsauger *m*, Menschenschinder *m*, Meuchelmörder *m*; **~ique** (~'rik) *adj.* vampirartig; *fig.* ausbeuterisch; **~isme** (~'rism) *m* **1.** *myth.* Glaube *m* an Vampire; **2.** Meuchelmord *m*; **3.** Menschenschinderei *f*, Ausbeuterei *f*.

van[1] 🌾 (vɑ̃) *m* Getreideschwinge *f*.

van[2] (~) Pferdetransportwagen *m*.

vandal|e (vɑ̃'dal) **I** *adj. u.* ♀ *su. antiq.* vandalisch; Vandale *m*; **II** *m fig.* rücksichtsloser Zerstörer *m*, Verwüster *m*; **~isme** (~'lism) *m* Zerstörungswut *f*.

vanesse *ent.* (va'nɛs) *f* Fuchs *m* (*Tagschmetterling*).

vangeron *dial. suisse, icht.* (vɑ̃ʒə'rɔ̃) [*m* Plötze *f*.]

vanill|e (va'nij) *f* Vanille *f*; **~é** (~ni'je) *adj.* Vanillen..., nach Vanille schmeckend; **~erie** (~nij'ri) *f* Vanille(n)pflanzung *f*; **~ier** (~ni'je) *m* Vanillenpflanze *f*.

vanisé *text.* (vani'ze) *adj.* plattiert.

vanit|é (vani'te) *f* **1.** Nichtigkeit *f*, Vergeblichkeit *f*, Erfolglosigkeit *f*; ~*s f/pl.* eitler Tand *m*; **2.** Eitelkeit *f*, Blasiertheit *f*, Aufgeblasenheit *f*; **~eux** (~'tø) *adj. u. su.* [7d] □ blasiert, eitel, eingebildet; Angeber *m*, Geck *m*, Großtuer *m*.

vannage (va'na:ʒ) *m* **1.** Schwingen *n* des Getreides; **2.** ⊕ Wehr *n*.

vanne ⊕ (van) **I** *f* (Zieh-)Schütze *f e-s Wasserkanals*; Schieber *m*, Klappe *f*; *eaux f/pl.* ~*s* Jauche *f*; ~ *à glissière* Absperrschieber *m*; **II** P *m* Quatsch *m*; P Witzelei *f*; * Unverschämtheit *f*.

vanneau *orn.* (va'no) *m* [5b] Kiebitz [*m*.]

vanner (va'ne) *v/t.* [1a] **1.** 🌾 Getreide schwingen, sichten; **2.** *cuis.* bis zur Erkaltung (*od.* zum Dickwerden) schlagen; **3.** *fig.* P total erschöpfen, kaputt machen.

vannerie (van'ri) *f* **1.** Korbmacherei *f*; **2.** Korbwaren *f/pl*.

vann|ette 🌾 (va'nɛt) *f* Futterschwinge *f*; **~eur** (~'nœ:r) **I** 🌾 *su.* [7g] Getreideschwinger *m*; **II** * *m* Aufschneider *m*; **~euse** 🌾 (~'nø:z) *f* Getreidereinigungsmaschine *f*; Putz-, Staub-, Fegemühle *f*.

vannier (~'nje) *m* Korb-macher *m*, -flechter *m*.

vannure ⚒ (~'ny:r) *f* Spreu *f*.

vantail (vɑ̃'taj) *m* [5c] (Tür-, Fenster-)Flügel *m*.

vantard (vɑ̃'ta:r) *adj. u. su.* [7] prahlerisch; großschnäuzig; Prahlhans *m*, Aufschneider *m*; **~ise** (~'di:z) *f* Aufschneiderei *f*, Prahlerei *f*, Angeberei *f*.

vanter (vɑ̃'te) [1a] **I** *v/t.* rühmen, anpreisen; **II** *v/rfl.* se ~ *de qch.* sich e-r Sache (*gén.*) rühmen, sich mit e-r Sache (*dat.*) brüsten; *il n'y a pas de quoi se ~* darauf braucht man sich nichts einzubilden; **~ie** (~'tri) *f* Großsprecherei *f*, Prahlerei *f*, Angeberei *f*, Eigenlob *n*.

va-nu-pieds (vany'pje) *su.* [6c] Habenichts *m*.

vapeur (va'pœ:r) **I** *f* **1.** Dampf *m*; *bateau m à ~* Dampfschiff *n*; *~ sortante, ~ de décharge* Abdampf *m*; *renverser la ~* Gegendampf geben; *bain m de ~* Dampfbad *n*; *à toute ~* mit Volldampf; *fig.* ganz gehörig; **2.** *~ épaisse* Qualm *m*; *légère ~* Duft *m*; **3.** *~s pl.* hysterische Launen *f/pl.*, Grillen *f/pl.*; ⚕ Blutwallungen *f/pl.*; P Nervosität *f*; Umnebelung *f* (*des Gehirns durch Wein usw.*); **4.** *peint.* zarter Hauch *m*; **II** *m* Dampfboot *n*, kleiner Dampfer *m*; *~ caboteur, ~ de cabotage, ~ côtier* Küstendampfer *m*; *~ bananier, ~ pétrolier* Bananen-, Öl-dampfer *m*; *~ de charge* Frachtdampfer *m*.

vapor|eux (vapɔ'rø) *adj.* [7d] **1.** dunstig; **2.** *fig.* nebelhaft, unklar; *style m ~* verschwommener Stil *m*; **3.** *peint.* zart, hauchfein; **4.** ⚕ an Blutwallungen leidend; **~isage** ⊕ (~pɔri'za:ʒ) *m* Dämpfung *f*, Dampfbehandlung *f*; **~isateur** (~riza'tœ:r) *m* Verdampfer *m*; (Parfüm-)Zerstäuber *m*; Sprühdüse *f*; ⚗ Abrauchschale *f*; **~isation** (~rizɑ'sjɔ̃) *f* Dampfbildung *f*, Verdampfung *f*, Verdunstung *f*; **~iser** (~ri'ze) [1a] **I** *v/t.* verdampfen, zerstäuben, verdunsten lassen; **II** *v/rfl.* se ~ verdampfen, sich verflüchtigen, verdunsten.

vapotron ⚡, *rad.* (vapɔ'trɔ̃) *m* Elektronensenderöhre *f* von hoher Leistung, Vapotron *n*.

vaquer (va'ke) *v/i.* [1m] **1.** unbesetzt (*od.* vakant) sein (*v. Ämtern*); leer stehen (*Wohnung*); **2.** Gerichtsferien haben; **3.** *~ à qch.* etw. betreiben, sich um etw. kümmern, etw. besorgen *od.* erledigen; *~ à ses affaires* s-n Geschäften nachgehen.

varaigne (va'rɛɲ) *f* Schleuse *f* (*e-s Salzteiches*).

varan *zo.* (va'rɑ̃) *m* Waran(eidechse *f*) *m*.

varappe (va'rap) *f* Kletterwand *f*; Klettern *n* (*im Gebirge*).

varech ⚘ (va'rɛk) *m* Tang *m*, Seegras *n*.

varenne (va'rɛn) *f* s. *garenne*.

vareuse (va'rø:z) *f* Matrosenkittel *m*; Jacke *f*, wollene Bluse *f*, Joppe *f*; *~ de toile* (*od. treillis*) Drillichjacke *f*; *~ d'officier* Offiziersjacket *n*; *~ de sport* Sportjacke *f*; *~ en cuir* (*en loden*) Leder-(Loden-)jacke *f*.

varia|bilité (varjabili'te) *f* Veränderlichkeit *f* (*a. gr.*); Unbeständigkeit *f*; **~ble** (~'rjablə) **I** *adj.* veränderlich (*a. gr.*), wechselnd; verstellbar; *barème m ~* gleitende Skala *f*; *au ~* auf veränderlich (*Barometer*); **II** 𝔄 *f*: *la ~* die Veränderliche *f*.

variance 𝔄 (va'rjɑ̃:s) *f*: *analyses f/pl. de ~* Analysen *f/pl.* der Veränderlichen.

variant (va'rjɑ̃) *adj.* [7] wankelmütig, schwankend; **~e** *litt.* (~'rjɑ̃:t) *f* **1.** verschiedene Lesart *f*, Textabweichung *f*; **2.** ⚘ Abart *f*.

variateur ⊕ (varja'tœ:r) *m*: *~ de vitesse* Geschwindigkeitswandler *m*.

variation (varjɑ'sjɔ̃) *f* **1.** Veränderung *f*, Schwankung *f*, Wechsel *m*; **2.** ♪, 𝔄 Variation *f*; **3.** Abweichung *f der Magnetnadel*.

varice ⚕ (va'ris) *f* Krampfader *f*.

varicelle ⚕ (vari'sɛl) *f* Windpocken *f/pl.*

varicocèle ⚕ (varikɔ'sɛl) *f* Krampfaderbruch *m*.

varié (va'rje) *adj.* abwechselungsreich, mannigfaltig, verschieden; vielseitig.

vari|er (~) [1a] **I** *v/t.* *~ qch.* mit etw. (*dat.*) abwechseln; ♪ *~ un air* ein Thema variieren; *~ la phrase* dasselbe mit anderen Worten sagen; **II** *v/i.* **1.** sich (ver)ändern, abwechseln; veränderlich *od.* verschieden sein; schwanken; *phys.* abweichen (*Magnetnadel*); *le vent a varié* der Wind hat sich gedreht; **2.** *~ sur qch.* verschiedener Ansicht über etw. (*acc.*) sein; *~ dans ses réponses* sich in s-n Antworten nicht gleich bleiben; **III** *v/rfl.* se ~ sich verändern; **~été** (~-

rje'te) *f* **1.** Abwechselung *f*, Mannigfaltigkeit *f*, Verschiedenheit *f*; **2.** ~*s pl.* buntes Allerlei *n*; Vermischtes (*Zeitung*); Verschiedenes *n*, Miszellaneen *pl.* (*Buch*); *spectacle m de* ~*s* Varietéstück *n*; *théâtre m de* ~*s* Varieté(theater *n*) *n*; **3.** ⚘, *zo.*, *allg.* Ab-, Spiel-art *f*.

variol|aire ⚕ (varjɔ'lɛ:r) *adj.* pockenartig; **~e** ⚕ (~'rjɔl) *f* Pocken *pl.*, Blattern *pl.*; **~é** ⚕ (~'le) *adj.* (*a. su.*) pockig; pockennarbig(er Mensch *m*); **~eux** ⚕ (~'lø) [7d] **I** *adj.* blatternkrank; pockenartig; Blattern...; **II** *su.* Pockenkranker *m*; **~ique** ⚕ (~'lik) *adj.* Blattern..., Pocken...; *virus m* ~ Pockengift *n*.

variomètre (varjɔ'mɛ:trə) *m rad.* Variometer *n* (*a. m*); ✈ Steiggeschwindigkeitsmesser *m*.

variqueux ⚕ (vari'kø) *adj.* [7d] Krampfader...

varlop|e ⊕ (var'lɔp) *f* großer (Schlicht-)Hobel *m*, Fugenhobel *m*; Rauhbank *f*; **~er** ⊕ (~'pe) *v/t.* [1a] mit der Rauhbank hobeln.

varre (vɑ:r) *f* Harpune *f* (*für den Seeschildkrötenfang*).

varron *ent.* (vɑ'rɔ̃) *m* **1.** Östriden-, Bremsfliegen-, Biesfliegen-larve *f*; **2.** Rinderbiesfliege *f*.

Varsovie (varsɔ'vi) *f* Warschau *n*.

varsovien (~'vjɛ̃) *adj. u.* ♀ *su.* [7c] warschauisch; Warschauer *m*.

vasard (va'za:r) *adj./m* schlammig.

vasculaire (vasky'lɛ:r) *adj.* gefäßreich, Gefäß...

vase[1] (vɑ:z) *m* Gefäß *n*; Vase *f*; ~ *à fleurs* Pflanzengefäß *n*; ~ *de nuit* Nachttopf *m*; ~*s communicants* kommunizierende Röhren *f/pl.*; ~*s sacrés* Messegefäße *n/pl.*; Altargerät *n*; *fig. rl.* ~ *d'élection* von Gott Auserwählter *m*.

vase[2] (~) *f* Schlamm *m*, Morast *m*; P Wasser *n*; Regen *m*.

vaser P (vɑ'ze) *v/i.* [1a] regnen.

vaseux (vɑ'zø) *adj.* [7d] schlammig; P *être* ~ e-n Kater haben; nicht auf dem Damm sein.

vasier (vɑ'zje) *adj.* [7b] Schlamm...

vasistas (vazis'tas) *m* Guckloch *n*, Fensterklappe *f*, Klapp-, Schiebefenster *n* (*z.B. in e-r Tür*).

vaso|-constricteur ⚕ *anat.* (vɑzɔkɔ̃strik'tœ:r) *adj.* [7f] gefäßverengend; **~-dilateur** *anat.* (~dila'tœ:r) *adj.* [7f] gefäßerweiternd; **~-moteur** *anat.* (~mɔ'tœ:r) *adj.* [7f] vasomotorisch, die Gefäßnerven betreffend.

vasque (vask) *m großes flaches* Zier-, Spring-brunnenbecken *n*.

vass|al (va'sal) [5c] **I** *su. hist.* Vasall *m*, Lehnsmann *m*; **II** *adj. fig.* abhängig; **~alisation** (~salizɑ'sjɔ̃) *f* Abhängigkeit *f*, Versklavung *f*; **~aliser** (~sali'ze) *v/t.* [1a] **1.** *hist.* zum Vasallen machen; **2.** *fig.* abhängig machen, versklaven; **~alité** (~sali'te) *f u.* **~elage** (vas'la:ʒ) *m hist.* Vasallentum *n*, Lehnspflicht *f fig.* Abhängigkeit *f*.

vaste (vast) *adj.* □ **1.** weit, ausgedehnt, unermeßlich; geräumig; mächtig, riesig, gewaltig; *un dessein* ~ ein umfassender Plan *m*; **2.** *fig.* vielseitig; *esprit m* ~ weitreichender Verstand *m*, umfassendes Denken *n*; **3.** *fig.* dehnbar (*Begriff*).

va-t'en guerre (vatɑ̃'gɛ:r) *m/inv.* Kriegstreiber *m*.

vatican (vati'kɑ̃) *adj.* vatikanisch; *bibliothèque f* ~*e* (*auch f*: *la* ♀*e*) vatikanische Bibliothek *f*.

vaticin|ation (vatisinɑ'sjɔ̃) *f* **1.** Wahrsagung *f*; **2.** *péj.* Unkerei *f*; **~er** (~'ne) *v/i.* [1a] **1.** prophezeien, wahrsagen; **2.** *péj.* unken.

va-tout (va'tu) *m* [6c] letzter Trumpf *m*; *jouer son* ~ alles aufs Spiel (*od.* auf eine Karte) setzen.

Vaud (vo): *canton m de* ~ Kanton Waadt.

vaudevill|e (vod'vil) *m* Singspiel *n*; **~esque** (~'lɛsk) *adj.* singspielartig; **~iste** (~'list) *m* Singspieldichter *m*.

vaudois (vo'dwa) *adj. u.* ♀ *su.* [7] wallisisch; Walliser *m*.

vau-l'eau (vo'lo): **à** ~ *advt.* stromabwärts; *fig.* (*s'en*) *aller à* ~ scheitern, mißglücken, platzen P.

vaurien (vo'rjɛ̃) *su.* (*f*: *vaurienne*) Taugenichts *m f*: Flittchen *n*).

vautour (vo'tu:r) *m* **1.** *orn.* Geier *m*; **2.** *fig.* Aasgeier *m*, Wucherer *m*.

vautr|ait *ch.* (vo'trɛ) *m* Meute *f* für die Saujagd; **~e** *ch.* ('vo:trə) *m* Rüde *m* zur Saujagd; **~er** (vo'tre) **I** *v/t. ch.* e-e Wildschweinjagd veranstalten; **II** *v/rfl.* *se* ~ **1.** sich hinfläzen, sich langstrecken, sich hinlümmeln; *fig.* *se* ~ *dans le vice* sich im Laster sielen; **2.** *ch.* sich sielen.

vau-vent (vo'vɑ̃): *advt.* **à** ~ mit dem Wind im Rücken (*zur See u. auf der Jagd*).

vavain ⚓ (va'vɛ̃) *m* Fährseil *n*.

vavass|al *féod.* (vava'sal) *m* [5c], **~eur** *féod.* (~'sœ:r) *m* niederer

Vasall *m*, Hintersasse *m*; **~orie** *féod.* (~sɔ'ri) *f* Afterlehngut *n.*
veau (vo) *m* [5b] **1.** Kalb *n*; ~ *de lait* Milchkalb *n*; *pleurer comme un ~* wie ein Schloßhund heulen, plärren; *tuer le gras ~* ein großes Festessen geben; *fig. le ~ d'or* das goldene Kalb *n*, der Mammon *m*; **2.** *cuis.* Kalbfleisch *n*; *tranche f de ~* Kalbsschnitzel *n*; ~ *rôti* Kalbsbraten *m*; **3.** Kalbleder *n*; *reliure f en ~* Franzband *m*; **4.** ~ *marin*, ~ *de mer* gemeiner Seehund *m*, Seekalb *n*; Robbe *f*; **~-laq** (~'lak) *m Art* sehr geschmeidiges Leder *n.*
vécu (ve'ky) **I** *p/p. v. vivre*; **II** *adj.* erlebt, wahr.
vedette (və'dɛt) *f* **1.** *ehm.* ⚔ Reiterwache *f*; *fig.* Hauptaugenmerk *n*; Hauptanziehungspunkt *m*, größte Attraktion *f*; *être en ~* auf Posten (*fig.* in der ersten Reihe) stehen, immer aufpassen; *fig.* auf s-m Posten sein; *en ~ fig.* allen Blicken ausgesetzt; *fig. c'est l'attraction ~* das ist der Hauptanziehungspunkt *m*; *tenir la ~ sur la scène internationale* in der Weltpolitik e-e führende Rolle spielen; *journ. la ~ revient à la question de ...* das Hauptaugenmerk wirft man auf die Frage des (der) ...; **2.** ⚓ Vorpostenboot *n*; ~ *porte-torpilles (à moteur)* Torpedoschnellboot *n*; **3.** *fig.* Anrede *f* im Brief (*mit Titeln usw.*); *en ~* in besonderer Zeile darüber stehend; *mettre en ~* in besonderer Zeile (*od.* besonders groß) schreiben *od.* drucken; *journ.* in großer Aufmachung (*od.* in Schlagzeilen) bringen; *fig.* etw. in den Vordergrund rücken; **4.** *thé., cin.* Hauptdarsteller(in *f*) *m*; *cin.* Star *m*, Filmgröße *f*; *Sport*: Größe *f*; ~ *de l'écran*, ~ *du cinéma* Filmstar *m*; **~-torpilleur** ⚓ (~tɔrpi'jœ:r) *f* [6a] Torpedojäger *m.*
végét|abilité (veʒetabili'te) *f* Wachstumsfähigkeit *f*; **~able** (~'tablə) *adj.* wachstumsfähig; **~al** (~'tal) **I** *adj.* [5c] pflanzenhaft, Pflanzen...; *règne m ~* Pflanzenreich *n*; *terre f ~e* Pflanzenerde *f*, Mutterboden *m*; **II** *m* Pflanze *f*, Gewächs *n*; *végétaux m/pl.* Vegetabilien *n/pl.*, Pflanzenstoffe *m/pl.*; **~arien** (~ta'rjɛ̃) *adj. u. su.* [7c] vegetarisch; Vegetarier *m*; *biol.* Pflanzenfresser *m*; *restaurant m ~* vegetarisches Restaurant *n*; **~arisme** (~ta'rism) *m* **1.** vegetarische Lebensweise *f*; **2.** Vegetariertum *n*; **~atif** (~ta'tif) *adj.* [7e] vegetativ; *force f végétative* Triebkraft *f*; *vie f végétative* Pflanzenleben *n*; *système m nerveux ~* vegetatives Nervensystem *n*; **~ation** (~tɑ'sjɔ̃) *f* Pflanzenwuchs *m*; *coll.* Pflanzenwelt *f*; *~s f/pl.* ⚕ Wucherungen *f/pl.*; ⚘ *être en ~* treiben, wachsen; **~er** (~'te) *v/i.* [1f] **1.** ⚘ treiben, wachsen; ⚘ ~ *follement* wuchern; **2.** *fig.* vegetieren, kümmerlich dahinleben, verkümmern.
végéto|-animal (vegetɔani'mal) *adj.* [5c] pflanzlich-tierisch; **~-minéral** (~mine'ral) *adj.* [5c] pflanzenmineralisch.
véhém|ence (vee'mɑ̃:s) *f* Heftigkeit *f*, Ungestüm *n*, Leidenschaftlichkeit *f*; **~ent** ~'mɑ̃) *adj.* [7] □ (*adv. also:* ~*ement*) heftig, ungestüm; *fig.* feurig; *orateur m ~* hinreißender Redner *m.*
véhicul|aire *ling.* (veiky'lɛ:r) *adj.*: *langue f ~* Verkehrs-, Umgangssprache *f*; **~e** (vei'kyl) *m* **1.** Fahrzeug *n* (*jeder Art*), Beförderungsmittel *n*; ~ *de l'espace* Raumschiff *n*; **2.** *phys., biol.* Übertrager *m*; *l'air est le ~ du son* die Luft ist der Übertrager (*od.* Weiterleiter) des Schalls; **3.** *phm.* Aufnahmeflüssigkeit *f*; **4.** *opt.* Bildeinsteller *m*, (*am Fernrohr*); **5.** *fig.* Mittler *m*, Vermittler *m*, Sprachrohr *n*; **~er** (~'le) *v/t.* [1a] **1.** befördern, fahren, transportieren; **2.** ⚕ *phys., biol.* übertragen.
veill|e (vɛj) *f* **1.** Wachen *n*; *état m de ~* wacher Zustand *m*; **2.** (Nacht-) Wache *f*; *hist. Rittertum*: ~ *d'armes* Waffenwache *f*; ~ *d'un mort* Totenwache *f*; *~s pl.* schlaflose (*od.* durchwachte) Nächte *f/pl.*; *fig.* Nachtarbeiten *f/pl.*; **3.** Tag *m* vorher; Vorabend *m*; *la ~ de Noël* Heiligabend *m*; *la ~ de son départ* am Tage vor s-r Abreise; *la ~ au soir* am Abend vorher; *dès la ~* bereits am Tage vorher; *dater de la ~* (erst) von gestern datieren; *fig. à la ~ de ...* kurz vor ...; *nous sommes à la ~ du printemps* der Frühling steht vor der Tür; **~ée** (vɛ'je) *f* **1.** Abend *m*, Abendstunde *f*; **2.** Nachtwache *f*; **3.** Abendunterhaltung *f*; Feierstunden *f/pl.*; **~er** (~) [1a] **I** *v/i.* **1.** wachen; aufbleiben; ~ *sur qch.* über etw. (*acc.*) wachen; ~ *aux intérêts de q.* j-s Interessen wahrnehmen; ~ *auprès de q.* bei j-m

wachen; ~ *tard* lange aufbleiben; **2.** ~ *à qch.* Sorgfalt auf etw. (*acc.*) verwenden; **II** *v/t.* ~ *q.* bei j-m wachen (*od.* die Nacht verbringen), j-n beobachten; ~ *un mort* die Totenwache halten; **~eur** (~'jœ:r) *su.* [7g] **1.** Wächter *m*; ~ *de nuit* Nachtwächter *m*; **2.** Totenwächter *m*; **3.** ~ *de garage* Garagenwärter *m*; **~euse** ⊕ (~'jø:z) *f* Nachtlampe *f*; Nachtlicht *n*; Kleinsteller *m der Gaslampe usw.*; Sparbrenner *m*; Stichflamme *f* (*Gasbadeofen, Gasboiler*); *mettre en* ~ kleinstellen (*Licht; Strom*); *Auto* das Standlicht einschalten; *fig.* nicht mehr so eifrig betreiben; ~ *du sanctuaire* ewige Lampe *f*.

veinard (vɛ'na:r) *su.* Glückskind *n*, Glücksvogel *m*

vein|e (vɛn) *f* **1.** (Blut-)Ader *f*, Vene *f*; *fig. il n'a point de sang dans les ~s* er hat keinen Mumm in den Knochen; **2.** *fig.* Anlage *f*, Lust *f*, Neigung *f*; ~ *poétique* dichterische Ader *f*; *être en ~ de ...* in der Stimmung sein, zu ...; **3.** ⚘ von der Blattrippe ausgehende Seitenrippe *f*; *~s f/pl.* Maserung *f*, Aderung *f* (*Holz, Marmor*); **4.** ⚒ Ader *f*, Gang *m*, Flöz *n*; ~ *métallique*, ~ *de métal* Erzader *f*; **5.** *fig.* Glück *n*, Schwein *n fig.* F, Erfolg *m*; *tomber sur une bonne ~es* gut treffen; *avoir de la ~* Glück haben; *mauvaise ~* Unglück *n*, Pech *n*; **~é** (vɛ'ne) *adj.* geadert (*Holz, Marmor*); gemasert (*Holz*); **~er** (~) *v/t.* [1a] adern, aderig machen; **~eux** (~'nø) *adj.* [7d] **1.** aderig, geadert; **2.** *anat. sang m ~* Venenblut *n*; **~ule** (~'nyl) *f* (Blut-)Äderchen *n*; **~ure** ('ny:r) *f* Maserung *f*.

vêlage (vɛ'la:ʒ) *m* Kalben *n*.

vélaire *gr.* (ve'lɛ:r) **I** *adj.* velar, Gaumensegel..., Hintergaumen...; **II** *f* Velarlaut *m*.

vélar ⚘ (ve'la:r) *m* Hederich *m*.

vêlement (vɛl'mɑ̃) *m* Kalben *n*.

vêler (vɛ'le) *v/i.* [1a] kalben.

vélie *ent.* (ve'li) *f* Bachwanze *f*.

vélin (ve'lɛ̃) **I** *m* feines Pergament *n*; ✝ Alençonspitzen *f/pl.*; **II** *adj./m* ✝ *papier m ~* Velinpapier *n*.

vélique ⚓ (ve'lik) *adj.* Segel...

velléit|aire (vɛlei'tɛ:r) **I** *adj.* launenhaft; **II** *su.* launenhaftes Wesen *n* (*Person*); **~é** (~'te) *f* Anwandlung *f*, Regung *f*; *~s pl.* Gelüste *n/pl.*

vélo F (ve'lo) *m* Rad *n*, Fahrrad *n*; *enfourcher un ~* sich auf ein Fahrrad schwingen; ~ *à moteur* Fahrrad *n* mit Hilfsmotor.

véloce (ve'lɔs) *adj.* schnell (*bsd. ast.*); gewandt.

véloci|pède *ehm.* (velɔsi'pɛd) *m* Hochrad *n* (*Vorgänger des Fahrrads*); **~pédie** (~pe'di) *f* **1.** Radsport *m*; **2.** Fahrradindustrie *f*; **~pédique** (~pe'dik) *adj.* Radfahr...; *courses f/pl. ~s* Radrennen *n/pl.*; **~té** (~'te) *f* Geschwindigkeit *f* (*nicht als Maßbegriff!*), Schnelligkeit *f*.

vélo|drome (velɔ'drɔm) *m* Radrennbahn *f*; **~moteur** (~mɔ'tœ:r) *m* Leichtmotorrad *n*; leichtes Motorrad *n*; **~motoriste** (~mɔtɔ'rist) *su.* Leichtmotorradfahrer *m*; **~pousse** (~'pus) *m* Liefer(fahr)rad *n*.

velours (v[ə]'lu:r) *m* **1.** Sam(me)t *m*, Velours *m*; *de ~* Samt..., aus Samt; *fig.* sehr weich; *faire patte de ~* die Krallen einziehen; *fig.* freundlich tun; *robe f de ~* Samtkleid *n*; ~ *croisé* Köpersamt *m*; ~ *lavable* Waschsamt *m*; ~ *de coton* Manchester *m*, Baumwollsamt *m*; ~ *d'Utrecht* wollener Plüsch *m*; ~ *à côtes* Kord *m*, Rippsamt *m*; ~ *ciselé* geschorener Samt *m*; *chemin m de ~* Veloursläufer *m*; **2.** *gr.* falsche Bindung *f* (*z.B. donnez-moi-z'en*); *faire des ~* falsch binden; **3.** *fig.* Zartheit *f* (*v. der Haut*); weicher (*od.* milder) Geschmack *m* (*vom Wein*); *fig. jouer sur le ~* nur mit gewonnenem Gelde spielen; *allg.* nichts riskieren wollen; F *sur le ~* mühelos; *marcher sur le ~* auf weichem Rasen gehen.

velou|té (v[ə]lu'te) **I** *adj.* sam(me)tartig, sam(me)tweich; ⚘ sam(me)thaarig; *ruban m ~* Samtband *n*; *vin m ~* milder edler Rotwein *m*; **II** *m das* Samtartige *n*, Weiche *n*; Samtglanz *m*; **~ter** (~) *v/t.* [1a] sam(me)tartig weben *od.* wirken.

velt|age ⊕ (vɛl'ta:ʒ) *m* Ausmessen *n*, Eichen *n*; **~e** ⊕ (vɛlt) *f* Visierstock *m*; Eichmaß *n*; **~er** ⊕ (~'te) *v/t.* [1a] Tonnen ausmessen, eichen; **~eur** ⊕ (~'tœ:r) *m* Eichmeister *m*.

velu (v[ə]'ly) *adj.* haarig, rauh, zottig.

vélum (ve'lɔm) *m* großes Zeltdach *n*.

velv|et (vɛl'vɛ) *m* (= **~antine**, **~entine** [~vɑ̃'tin] *f*) Velvet *m*, Baumwollsamt *n*.

venaison (v[ə]nɛ'zɔ̃) *f* Wildbret *n*; Wild(fleisch *n*) *n*.

vénal (ve'nal) *adj.* [5c] **1.** käuflich; ✝ *valeur f ~e* Verkaufspreis *m*; *vénalement adv.* um Geld; **2.** *fig.*

käuflich, bestechlich; **~ité** (~li'te) *f* **1.** Verkäuflichkeit *f*; **2.** *fig.* Käuflichkeit *f*, Bestechlichkeit *f*.
venant (v[ə]'nɑ̃) **I** *adj.* [7]: *bien ~* gut gedeihend (*Kinder, Pflanzen*); regelmäßig eintreffend (*Renten*); **II** *m allants et ~s* Ab- und Zugehende *pl.*; *à tout ~* dem ersten besten, jedem beliebigen; *le tout ~* das ganze Zeug *n*, (*v. Waren*); *houille f tout ~* ⚒ Förderkohle *f*.
vendable (vɑ̃'dablə) *adj.* verkäuflich.
vendan|ge (vɑ̃'dɑ̃:ʒ) *f* **1.** Weinlese *f*, Weinernte *f*; *faire la ~* (*od. les ~s*) Weinlese halten; **2.** *~s pl.* Weinlesezeit *f/sg.*, Herbst *m*; **3.** abgelesene Trauben *f/pl.*; **~geoir** (~dɑ̃'ʒwa:r) *m* Traubenkorb *m*; Sammelraum *m* für die geernteten Trauben; **~ger** (~'ʒe) *v/t.* [1l] Weinlese halten; **~geur** (~'ʒœ:r) *su.* [7g] Weinleser *m*, Winzer *m*.
venderesse ⚖ (vɑ̃'drɛs) *f* Verkäuferin *f*.
vendetta (vɛ̃dɛ'ta) *f* Blutrache *f*.
vendeur (vɑ̃'dœ:r) *su.* [7g] Verkäufer *m*.
vendeuse (vɑ̃'dø:z) *f* Verkäuferin *f*, Ladenmädchen *n*; *~ aux halles* Marktfrau *f*.
vendre ('vɑ̃:drə) [4a] **I** *v/t.* **1.** verkaufen, handeln mit (*dat.*); *~ qch. à l'encan* (*od. à l'enchère*) etw. versteigern; *~ aux enchères* meistbietend verkaufen, (gerichtlich) versteigern; *~ à la livre* pfundweise verkaufen; *~ bon marché* billig verkaufen; *~ au comptant* (*od. au guichet*) gegen bar verkaufen; *~ au prix de revient* (*od. au prix coûtant*) zum Selbstkostenpreis verkaufen; *~ à vil prix, ~ à tout prix* verschleudern, zu Schleuderpreisen verkaufen; **2.** *fig.* für Geld verraten; **II** *v/rfl. se ~* **3.** verkauft werden, Käufer finden; **4.** *fig.* sich verkaufen, sich bestechen lassen; **5.** sich unwillkürlich verraten.
vendredi (vɑ̃drə'di) *m* Freitag *m*; *~ saint* Karfreitag *m*.
vendu *mv.p.* (vɑ̃'dy) *m* bestochener Mensch *m*.
venelle (v[ə]'nɛl) *f* Gäßchen *n*; *enfiler la ~* ausreißen.
vénén|eux (vene'nø) *adj.* [7d] giftig; **~ifique** (~ni'fik) *u.* **~ipare** (~ni'pa:r) *adj.* Gift erzeugend.
vener (v[ə]'ne) *v/t.* [1d] (*nur im inf. u. p/p. gebr.*) Tiere hetzen; *faire ~ la viande* das Fleisch beizen (*od.* zu Sauerbraten machen); *vené* angegangen (*Fleisch*).
vénér|able (vene'rablə) *adj.* □ verehrungswürdig; hoch-, ehr-würdig; **~ation** (~rɑ'sjɔ̃) *f* Ehrfurcht *f*, Verehrung *f*; **~éologie** ⚕ (~reɔlɔ'ʒi) *f* Lehre *f* von den Geschlechtskrankheiten; **~er** (~'re) *v/t.* [1f] verehren.
vénerie (ven'ri) *f* Jägerei *f*.
vénérien (vene'rjɛ̃) **I** *adj.* [7c] geschlechtskrank; *mal m ~* Syphilis *f*; **II** *su.* Syphilitiker *m*.
venette F (v[ə]'nɛt) *f* Angst *f*
veneur (v[ə]'nœ:r) *m* Hetzjäger *m*.
Venezuela *géogr.* (venezɥe'la) *m*: *le ~* Venezuela *n*.
vénézuélien (~zɥe'ljɛ̃) *adj. u.* ♀ *su.* [7c] venezuelisch, venezolanisch; Venezueler *m*, Venezolaner m.
ven|geance (vɑ̃'ʒɑ̃:s) *f* **1.** Rache *f*; Rachsucht *f*; *prendre* (*od. tirer*) *~ de qch.* (*de q.*) sich für etw. (*acc.*) (an j-m. *dat.*) rächen; **2.** Rachsucht *f*, Rachegefühl *n*; *par ~* aus Rache, aus Rachsucht; *ne respirer que la ~* sich nur noch von Rachegefühlen leiten lassen; **~ger** (~'ʒe) [1l] **I** *v/t.* rächen, ahnden; **II** *v/rfl. se ~ de q.* sich an j-m rächen; *se ~ de qch. sur q.* sich für etw. (*acc.*) an j-m rächen; **~geur** (~'ʒœ:r) [7h] **I** *su.* Rächer *m*; **II** *adj.* rächend.
véniel (ve'njɛl) *adj.* [7c] □ verzeihlich (*Sünde*); F leicht (*Fehler*).
ven|imeux (v[ə]ni'mø) *adj.* [7d] giftig; *fig. langue f venimeuse* Lästermaul *n*; **~imosité** (~zi'te) *f* Giftigkeit *f* (*a. fig.*); **~in** (v[ə]'nɛ̃) *m* **1.** (*bsd. Schlangen-*)Gift *n*; *prov. dans la queue le ~* das dicke Ende kommt nach; **2.** *fig.* Bosheit *f*, Gift *n* und Galle *f*.
venir (v[ə]'ni:r) [2h] **I** *v/i.* **1.** kommen; an-, her-kommen; *~ en avion* ✈ angeflogen kommen; *~ à cheval* (*~ en voiture*) angeritten (angefahren) kommen; *~ en courant* angelaufen kommen; *le facteur est-il déjà venu?* ist der Briefträger schon dagewesen?; *le voilà qui vient* da kommt er; *ce bruit est venu jusqu'à moi* dieses Gerücht ist bis zu mir gedrungen; *les intérêts viennent bien* die Zinsen gehen regelmäßig ein; *faire ~ q.* (*qch.*) j-n (etw.) kommen lassen; *~ au fait* zur Ausführung schreiten; zur Sache kommen; *aller et ~* hin und her gehen; *je ne fais qu'aller et ~* ich bin im Augenblick wieder da; F *fig. d'où venez-vous?* das wissen Sie nicht?;

F *il semble qu'il vienne de l'autre monde* er scheint auf dem Mond zu leben; er hat keine Ahnung; F *je vous vois* ~ ich sehe, wo Sie hinauswollen; *laisser* ~ ruhig abwarten; *v/imp. il vient du monde* es kommen Leute; **2.** *mit inf.*: a) *mit bloßem inf.* (*meist zur Bezeichnung des Zweckes*): ~ *chercher q.* (*qch.*) j-n abholen (etw. holen); *il vint nous dire* er kam (um) uns zu sagen; ~ *voir q.* j-n besuchen, j-n aufsuchen, bei j-m vorsprechen; ~ *joindre l'armée* zum Heere stoßen; b) *mit de* (*zur Bezeichnung des eben Vergangenen*): *il vient (venait) de sortir* er ist (war) eben ausgegangen; c) ~ *à* (*inf.*) zufällig (*od.* gerade *od.* unversehens) *etw. tun*; *s'il venait à mourir* wenn er sterben sollte; *nous vînmes à parler de lui* wir kamen auf ihn zu sprechen; **3.** unerwartet kommen; *il me vint à l'esprit* es kam mir in den Sinn, es fiel mir ein; **4.** zufallen *durch Erbschaft od. Zufall*; **5.** eintreten, stattfinden; bevorstehen; *l'année qui vient* künftiges Jahr; *à* ~ zukünftig; *les siècles à* ~ die künftigen Jahrhunderte; **6.** abstammen, herkommen, entsprungen sein; ~ *de bon lieu* von guter Herkunft sein; **7.** entstehen; *la raison lui viendra* er wird schon noch vernünftig werden; **8.** geraten, fortkommen; ~ *bien*, ~ *mal* gut, schlecht gedeihen *od.* geraten; **9.** heranreichen; *il me vient à l'épaule* er reicht mir bis an die Schulter; ~ *à* (*inf.*) so weit gehen, daß ...; *en* ~ *à qch.* zu etw. (*dat.*) schreiten *od.* greifen, sich auf etw. (*acc.*) einlassen; *en* ~ *aux mains* handgreiflich (*a.* ⚔ handgemein) werden; *en* ~ *aux gros mots* sich Grobheiten an den Kopf werfen; *il en faut* ~ *là* dazu muß es kommen; *c'est là que j'en voulais* ~ das wollte ich gerade; das meinte ich eben; *où en veut-il* ~? worauf will er hinaus?, was bezweckt er damit?; *je ne voudrais pas en* ~ *là* so weit möchte ich doch nicht gehen; *ils en vinrent au point de* (*mit inf.*) es kam so weit mit ihnen, daß sie ...; **10.** herrühren; *d'où vient qu'il est si triste* wie kommt es, daß er so traurig ist?; *d'où me vient cet honneur?* wie komme ich zu dieser Ehre?; *d'où vient?* wie kommt das?; **11.** ~ *à qch.* zu etw. (*dat.*) gelangen; ~ *à bout de* ... fertig werden mit (*dat.*); ~ *à son but od. à ses fins* s-n Zweck erreichen; ~ *à bien* Erfolg haben, glücken (*Vorhaben*); ~ *à rien* zu nichts werden, zusammenschrumpfen; *cuis.* ganz einkochen; *fig.* zunichte werden, mißglücken; **12.** ~ *bien à qch.* gut zu etw. (*dat.*) passen; *se faire bien* ~ *de q.* sich bei j-m beliebt machen; *être bien venu partout* überall gern gesehen sein; *être mal venu à faire qch.* zu etw. (*dat.*) nicht berechtigt sein; **II** *v/rfl.* **s'en** ~ **13.** (*kann ohne Bedeutungsunterschied für venir gebraucht werden*) kommen: *il s'en est venu* (P *il s'est en venu*) er ist gekommen; **14.** zurückkehren; *nous nous en vînmes ensemble* wir kamen zusammen zurück; **III** *m*: *le* ~ das Kommen *n*; *l'aller et le* ~ das Kommen und Gehen *n*.

Venise (v[ə]'ni:z) *f* Venedig *n*.

vénitien (veni'sjɛ̃) *adj. u.* ♀ *su.* [7c] venezianisch; Venezianer *m*.

vent (vɑ̃) *m* **1.** Wind *m*; ~ *du nord* (*du sud*) Nord-(Süd-)wind *m*; ~ *d'est* (*d'ouest*) Ost-(West-)wind *m*; ~ *au sol* Bodenwind *m*; ~ *au dos*, ~(-)*arrière* Rückenwind *m*; ⚓ *avoir le* ~ *debout* gegen den Wind segeln; *filer* ~ *arrière* mit dem Winde segeln; *être sous le* ~ vor dem Winde segeln; ~*s pl. alizés* Passatwinde *m/pl.*; ~ *contraire*, ~ *debout* Gegenwind *m*; *avoir* ~ *arrière* Rückenwind haben; ⚓ *au* ~ luvwärts; *sous le* ~ leewärts; *en plein* ~ im Freien, in frischer Luft; *coup m de* ~ Windstoß *m*; *rose f des* ~*s* Windrose *f*, Kompaß *m*; *moulin m à* ~ Windmühle *f*; *fig. porter le nez au* ~ die Nase hochtragen; *fig. autant en emporte le* ~ das ist alles in den Wind gesprochen; das ist alles zwecklos; *prendre le* ~ *de tous côtés* nach allen Seiten hin schnüffeln; *voir d'où vient le* ~ das Mäntelchen nach dem Winde drehen; *fig. à la merci des* ~*s et des îlots* Wind und Wellen preisgegeben; *fig. aller contre* ~ *et marée* gegen den Strom schwimmen, gegen alle Hindernisse ankämpfen; *malgré* ~ *et marée* trotz aller Widerwärtigkeiten; *fig. quel bon* ~ *vous amène?* welcher glückliche Zufall führt Sie hierher?; *entrer en coup de* ~ hereingestürmt kommen; *il fait du* ~ es ist windig; *fig.* F *mettre flamberge au* ~ mit s-r Meinung auspacken, anständig vom Leder ziehen F; *flotter au gré* (*od. au caprice*) *du* ~ ein Spiel der Winde sein (*Schiff*), im Winde flattern; *fig.* sich treiben (*od.* völlig gehen) lassen; **2.** *fig.* Nichtigkeit *f*; *je n'y vois que du* ~ das ist für mich völlig unwichtig; *il n'y a que du* ~ *dans sa tête* er hat nur Flausen im Kopf; *tête f pleine de* ~ Kopf *m* voller Flausen; **3.** ⚕, P Atem *m*; *reprendre son* ~ wieder zu Atem kommen; **4.** Blähung *f*; **5.** *ch.* Witterung *f*, Geruch *m*; *avoir* ~ *de qch.* etw. wittern; *fig.* Wind von etw. (*dat.*) bekommen, etw. spitzkriegen F; *prendre le* ~ die Witterung suchen; **6.** ⊕ Gebläseluft *f*; ♪ *instrument m à* ~ Blasinstrument *n*.

ventage ⸙ (vɑ̃'ta:ʒ) *m* Worfeln *n*.

ventail *hist.* (vɑ̃'taj) *m* [5c], **~le** *hist.* (~'tɑ:j) *f* unterer Teil *m* des Helmfensters (*der Ritterrüstung*).

vente (vɑ̃:t) *f* **1.** Verkauf *m*; ~ *aux enchères*, ~ *publique* öffentliche Versteigerung *f*, Auktion *f*; ~ *par autorité de justice* gerichtliche Versteigerung *f*; ~ *forcée* Zwangsverkauf *m*; ~ *réclame* Werbeverkauf *m*; *hôtel m des* ~*s*, *salle f de* ~ Auktionslokal *n*; *prix m de* ~ Verkaufs-, Laden-preis *m*; ~ *de gré à gré* freihändiger Verkauf *m*; ~ *à livrer* Liefer(ungs)verkauf *m*; Verkauf *m* auf Lieferung; ~ *de marchandise de solde* Ramschverkauf *m*; ~ *après faillite*, ~ *pour cause de faillite* Konkurs(aus)verkauf *m*; ~ *en série(s)*, ~ *en grandes quantités* Serienverkauf *m*, Massenabsatz *m*; ~ *de traites* Wechselverkauf *m*; *être en* ~ *chez q.* bei j-m zu haben sein; *mettre en* ~ zum Verkauf anbieten; ~*s pl. à prime* Differenzgeschäfte *n/pl.* (*Börse*); **2.** Absatz *m*, Vertrieb *m*; *être de* (*bonne*) ~ gut gehen (*Ware*); *la* ~ *va* das Geschäft geht gut; *être dur à la* ~ schlecht gehen (*Ware*); **3.** *for.* ~ *de bois* Holzschlag *m*.

venteau (vɑ̃'to) *m* [5b] **1.** Schleusentor *n*; **2.** ⊕ Windfangloch *n*, Windloch *n*, Düse *f e-s Gebläses*.

venter (vɑ̃'te) [1a] **I** *v/imp.*: *il vente* es ist windig; **II** *v/t.* ⸙ worfeln.

venteux (vɑ̃'tø) *adj.* [7d] **1.** windig; stürmisch; **2.** ⚕ blähend.

ventil|ateur (vɑ̃tila'tœ:r) *m* Ventilator *m*; ⚒ Wetter-trommel *f*, -maschine *f*; *Auto*: ~ *gazogène* Anfachgebläse *n*; **~ation** (~la'sjɔ̃) *f* **1.** Lüftung *f*, Lufterneuerung *f*; ⚒ Wetterzuführung *f*, Bewetterung *f*; **2.** ⚖ Schätzung *f*; **3.** ✝ Aufteilung *f e-s Gesamtbetrages* auf verschiedene Konten; **~er** (~'le) *v/t.* [1a] **1.** ventilieren, lüften; **2.** △ mit Luftabzügen versehen; **3.** ⚖ bei Erbschaften abschätzen; **4.** ✝ e-n Gesamtbetrag auf verschiedene Konten verteilen; **~euse** *ent.* (~'lø:z) *f*, **~ateuse** *ent.* (~la'tø:z) *f* Wächter *m*, mit den Flügeln Wind machende Biene *f*; **~ler** (~ti'je) *v/i.* [1a] leicht wehen.

ventis *for.* (vɑ̃'ti) *m* Windbruch *m*.

ventosité ⚕ (vɑ̃tozi'te) *f* Blähung *f*.

ventous|e (vɑ̃'tu:z) *f* **1.** ⚕ Schröpfkopf *m*; **2.** ⊕, ⚓ Zugröhre *f*, Zug-, Luft-loch *n*, -klappe *f*, Abzugsloch *n*; **3.** *zo.* Saugnapf *m bei Würmern*; **4.** ⊕ Entlüftungsventil *n*; **~er** ⚕ (~tu'ze) *v/t.* [1a] schröpfen; **~eur** (~'zœ:r) *m* Schröpfer *m*.

ventral *physiol.* (vɑ̃'tral) *adj.* [5c] Bauch...

ventre ('vɑ̃:trə) *m* **1.** Bauch *m*, Leib *m*; *avoir le* ~ *plein* satt sein; F *avoir le* ~ *plat* e-n leeren Magen haben; P *avoir du cœur au* ~ Mut im Leibe haben; *aller* ~ *à terre* in gestrecktem Galopp reiten; F *prendre du* ~ dick werden; **2.** Mutterleib *m*; **3.** Ausbauchung *f*; *faire le* ~ sich ausbauchen (*Mauer, Gefäß*).

ventrebleu! *int.* (vɑ̃trə'blø) verflucht nochmal!

ventrée (vɑ̃'tre) *f* **1.** *zo.* Wurf *m* Junge; **2.** P Bauch voll *m*; *prendre une* ~ sich den Bauch vollfressen.

ventre-saint-gris! *int.* ('vɑ̃:trəsɛ̃'gri) Himmelkreuz!

ventricule *anat.* (vɑ̃tri'kyl) *m* Kammer *f*, Höhle *f*.

ventri|ère (vɑ̃tri'ɛ:r) *f* **1.** Bauchbinde *f*, -riemen *m*, -gurt *m*; **2.** *charp.* Querbalken *m*; **~loque** (~'lɔk) *m* Bauchredner *m*.

ven|tripotent F (~pɔ'tɑ̃) *adj.* [7] *u.* **~tru** F (vɑ̃'try) **I** *adj.* dickbäuchig; *ventru a.* ⊕ stark bauchig; **II** *su.* F Schmerbauch *m*, Fettwalze *f* P.

venu (v[ə]'ny) *p/p. von venir*; *le premier* ~ der erste beste *m*; *la première page* ~*e* die erste beste Seite *f*, jede beliebige Seite *f*; *le dernier* (*nouveau*) ~ der zuletzt (zuerst) Angekommene; *le nouveau* ~ der neu Hinzugekommene *m*; *le dernier* ~ *des médicaments contre* ... die letzte Neuheit von Medikamenten gegen ...; *bien* ~ gelungen; bestanden (*Prüfung*); *un enfant mal* (*bien*) ~ ein verwachsenes (gut gewachsenes) Kind *n*; *une plante bien* ~*e* gut gediehene Pflanze *f*; *soyez le bien*~*!* herzlich willkommen!; *tout* ~ ausgewachsen; *prov. mauvaise graine est tôt* ~*e* Unkraut verdirbt nicht.

venue (v[ə]'ny) *f* **1.** Ankunft *f*; *allées et* ~*s* Hin- und Herlaufen *n*; *à la bonne* ~ aufs Geratewohl; **2.** Wuchs *m*; *être tout d'une* ~ oben und unten gleich dick (*fig.* aus einem Guß) sein.

vêpres *rl.* ('vɛ:prə) *f/pl.* Vesper *f*.

ver (vɛ:r) *m* **1.** Wurm *m*; Made *f*; ~ *solitaire* Bandwurm *m*; ~ *luisant* Johanniswürmchen *n*; ~ *à soie* Seidenraupe *f*; ~ *de terre* Regenwurm *m*; *fig.* ~ *rongeur* Bücherwurm *m*; *fig.* nagender Gewissenswurm *m*; *tuer le* ~ frühmorgens ein Schnäpschen trinken; *fig. tirer les* ~*s du nez à q.* j-n ausfragen; **2.** ⚕ ~*s pl.* Wurmkrankheit *f*, Würmer *pl*.

véracité (verasi'te) *f* Wahrhaftigkeit *f*; Wahrheitsliebe *f*; Zuverlässigkeit *f* (*a. e-r Zeugenaussage*).

véranda (verɑ̃'da) *f* Veranda *f*.

verbal (vɛr'bal) *adj.* [5c] **1.** □ mündlich; *dipl. note f* ~*e* Verbalnote *f*; *procès-*~ *m* Protokoll *n*; **2.** *gr.* verbal; ~**ement** (~l'mɑ̃) *adv.* mündlich; ~ *et par écrit* in Wort und Schrift; ~**isation** (~lizɑ'sjɔ̃) *f* Protokollieren *n*, Aufsetzen *n* e-s Protokolls; ~**iser** (~li'ze) *v/i.* [1a] ein Protokoll aufnehmen, protokollieren; ~**isme** (~'lism) *m* leeres Gerede *n*, Wortschwall *m*, Gefasele *n*.

verbe (vɛrb) *m* **1.** *gr.* (*abr. v.*) Verbum *n*, Zeitwort *n*; ~ *impersonnel od. unipersonnel* (*bisw.* ~ *neutre*) unpersönliches Verb *n*; ~ *pronominal*, *bisw. a.* ~ *réfléchi* reflexives (*od.* rückbezügliches) Verb *n*; ~ *défectif* defektes (*od.* unvollständiges) Verb *n*; ~ *auxiliaire* Hilfsverb *n*; ~ *semi-auxiliaire* bedingt gebrauchtes Hilfsverb *n*; ~ *concret* (*bisw. a.* ~ *adjectif*) Vollverb *n*; **2.** *fig.* Stimme *f*, Tonart *f*, Wort *n*; *avoir le* ~ *haut* laut sprechen; *fig.* das große Wort führen, anmaßend reden; *qui a le* ~ *haut* vorlaut, anmaßend, vorwitzig.

verbénacé ⚘ (vɛrbena'se) *adj.* eisenkrautartig.

verb|eux (vɛr'bø) *adj.* [7d] redselig, geschwätzig, schwatzhaft, phrasenhaft, wortreich, weitschweifig; ~**iage** (vɛr'bja:ʒ) *m* Gefasele *n*, Gewäsch *n*; *tourner au* ~ in e-m allgemeinen Gefasele enden.

verboquet ⚠ (vɛrbɔ'kɛ) *m* Lenkseil *n* zum Aufziehen von Lasten.

verbosité (vɛrbozi'te) *f* Wortfülle *f*, Weitschweifigkeit *f*, Phrasendrescherei *f*, Wortgeklüngel *n*.

ver-coquin (vɛrkɔ'kɛ̃) *m* [6a] **1.** *vét.* Drehwurm *m* der Schafe; **2.** *zo.* Quese *f*; **3.** *fig.* Rappel *m*, Tick *m*.

verdage ↗ (vɛr'da:ʒ) *m* Gründüngung *f*; Gründünger *m*.

verdagon (vɛrda'gɔ̃) *m* saurer (*od.* sehr junger) Wein *m*, Krätzer *m* P.

ver|dale (vɛr'dal) *f Art* Olivenbaum *m*; ~**dâtre** (~'dɑ:trə) *adj.* grünlich, blaßgrün; ~**daud** (~'do) *adj.* [7] noch grün, unreif (*Frucht*); ~**delet** (~də'lɛ) *adj.* [7c] grünlich; herb, säuerlich (*Wein*); *fig.* noch rüstig (*alte Personen*); ~**det** ⚗ (~'dɛ) *m* Kupfergrün *n*; ~**deur** (~'dœ:r) *f* **1.** Saft *m* der Bäume; **2.** Herbheit *f*, saurer Geschmack *m*, Säure *f des Weins od. Obstes*; **3.** *fig.* Jugendfrische *f*, -kraft *f*, Rüstigkeit *f*, Munterkeit *f*; **4.** *fig.* Saftigkeit *f*, Derbheit *f* (*des Ausdrucks*).

verdict ⚖ (vɛr'dikt) *m* Urteilsspruch *m*; ~ *scandaleux* Schandurteil *n*; ~ *d'acquittement*, ~ *de non-culpabilité* Freispruch *m*; ~ *de culpabilité* Schuldigerklärung *f*; *rendre le* ~ das Urteil fällen.

ver|dier *orn.* (vɛr'dje) *m* Grünfink *m*; ~**dir** (~'di:r) [2a] **I** *v/t.* **1.** grün anstreichen (*Zaun*); grün werden lassen (*die Blätter durch das Sonnenlicht*); **II** *v/i.* **2.** grünen; **3.** Grünspan ansetzen; ~**dissage** (~di'sa:ʒ) *m* Grünfärben *n*; ~**dissant** (~di'sɑ̃) *adj.* grünend; ~**dissement** (~dis'mɑ̃) *m* Grünen *n*; ~**doyant** (~dwa'jɑ̃) *adj.* [7] grünend; grünlich; ~**doyer** (~dwa'je) *v/i.* [1h] (anfangen zu) grünen; ~**dunisation** ⚗ (~dynizɑ'sjɔ̃) *f* Sterilisierung *f* des Wassers mit der Javellschen Lauge; ~**dure** (~'dy:r) *f* Grün *n*; grünes Laub *n*; Rasen *m*; Frisch-, Gartengemüse *n*; (*tapisserie f de*) ~ mit Bäumen bemalte Tapete *f*; *Théâtre m de* ~ Freilufttheater *n*; ~**durette**

(~dy'rɛt) *f* Grünstickerei *f*; **~durier** (~dy'rje) *su.* [7b] Gemüsehändler *m*.

véreux (ve'rø) *adj.* [7d] **1.** wurmstichig (*Früchte*); **2.** *fig.* faul, anrüchig, übel, verdächtig; **3.** *fig.* unreell; *un homme d'affaires ~* ein unreeller Geschäftsmann *m*.

verge (vɛrʒ) *f* **1.** Rute *f*, Gerte *f*; Geißel *f*, Zuchtrute *f*; *ehm.* ⚔ *~s pl.* Spießruten *f/pl.*; *passer (q.) par les ~s* (j-n) Spießruten laufen (lassen); **2.** Stab *m*, Stock *m*, Stange *f*; ⚓ *~ de l'ancre* Ankerschaft *m*; **3.** *anat.* Penis *m*, männliches Glied *n*.

vergé (vɛr'ʒe) *adj.* ungleich gewebt *od.* gefärbt, streifig (*Stoff*); gerippt (*Papier*).

verger (~) *m* Obstgarten *m*.

vergeté (vɛrʒə'te) *adj.* streifig; striemig; gestreift; *peau f ~e* rotgeäderte Haut *f*.

verge|ter (~) *v/t.* [1c] ab-, ausbürsten; ausklopfen; *~ q.* j-n mit dem Stock (*od.* mit der Rute) verhauen; **~tier** (~'tje) *su.* [7b] Bürstenbinder *m*; **~tte** (vɛr'ʒɛt) *f* **1.** kleine Rute *f*; **2.** ⊕ Eisensprosse *f*; **3.** *~s pl.* Kleiderbürste *f*; *donner un coup de ~s à un habit* e-n Anzug abbürsten; **~tures** (vɛrʒə'ty:r) *f/pl.* Striemen *m/pl.*; kleine Streifen *m/pl.* auf der Haut, *bsd.* Schwangerschaftsstreifen *m/pl.*

vergeure ⊕ (vɛr'ʒy:r) *f* Wasserstreifen *m* (*Papier*); Profildraht *m*.

ver|glacé (vɛrgla'se) *adj.* vereist (*Straße*); **~glas** (vɛr'glɑ) *m* Glatteis *n*.

vergne ⚘ (vɛrɲ) *m*, **verne** ⚘ (vɛrn) *m* (Schwarz-)Erle *f*.

vergogne (vɛr'gɔɲ) *f*: *sans ~* schamlos.

vergue (vɛrg) *f* ⚓ Rahe *f*, Segelstange *f*; ⊕ Arm *m*.

véricle (ve'riklə) *m* falscher Edelstein *m*; *diamants m/pl. de ~* falsche Diamanten *m/pl.*

véridi|cité (veridisi'te) *f* Wahrhaftigkeit *f*; Zuverlässigkeit *f*; **~que** (~'dik) *adj.* wahrheitsliebend, wahrhaftig; wahrheitsgetreu, zuverlässig (*Zeugenaussage*).

vérifi|able (veri'fjablə) *adj.* nachprüfbar, feststellbar; **~cateur** (~fika'tœ:r) *m* Prüfer *m*, Revisor *m*; ⊕ Prüf-, Kontroll-gerät *n*; **~cation** (~kɑ'sjɔ̃) *f* **1.** Prüfung *f* der Richtigkeit, Echtheit *f usw.*; *pol. ~ des pouvoirs* Prüfung *f* der Vollmachten *~ d'inventaire* Inventarprüfung *f*; *~ du scrutin* Stimmenprüfung *f*; *~ faite* nach geschehener Untersuchung; **2.** Beglaubigung *f*; **~er** (~'fje) [1a] **I** *v/t.* **1.** die Richtigkeit, Echtheit (nach)prüfen, untersuchen; *~ un fait* sich von der Richtigkeit e-r Tatsache überzeugen; e-e Sache nachprüfen; **2.** die Richtigkeit e-r Sache darlegen, beglaubigen, bestätigen; **II** *v/rfl. se ~* bestätigt *usw.* werden.

vérin ⊕ (ve'rɛ̃) *m* **1.** Schraubenwinde *f*; *~ hydraulique* a) *bét.* hydraulische Spannmaschine *f*; b) *hydr.* hydraulischer Kraftzylinder *m*; **2.** *Auto*: *~ de boîte de vitesse* Getriebezylinder *m*; *~ de commande* Steuerzylinder *m*; *~ de frein* Bremszylinder *m*; **3.** *Auto*: Wagenheber *m*; *~ de levage à air comprimé* Preßlufthebebock *m*; 🚂 *~ de voie* Schienenheber *m*.

véris|me *litt.*, *Kunst* (ve'rism) *m* Verismus *m*, italienischer Naturalismus *m* (*Ende des 19. Jhs.*); **~te** (ve'rist) *m* Anhänger *m* des italienischen Naturalismus.

véri|table (veri'tablə) *adj.* □ **1.** wahr, aufrichtig, echt, wirklich, richtig; *un ~ orateur* ein vollendeter Redner *m*; **2.** der Wahrheit gemäß, wahrheitsgetreu; **3.** wahrheitsliebend, aufrichtig; **~té** (~'te) *f* **1.** Wahrheit *f*; F *dire ses (quatre) ~s (od. la ~ toute nue) à q.* j-m s-e Meinung sagen; *advt. en ~* in Wahrheit, wirklich, in der Tat; *à la ~* zwar; *~ banale (od. triviale), ~ qui court les rues, ~ de La Palice, iron. ~ première* Binsenwahrheit *f* **2.** Wahrhaftigkeit *f*, Aufrichtigkeit *f*; **3.** Wirklichkeit *f*; *peint. d'une grande ~* sehr naturgetreu; *fig. être dans sa ~* in s-m Element sein.

verjus (vɛr'ʒy) *m* Saft *m* der unreifen Trauben; unreife Trauben *f/pl.*; saurer Wein *m*; *fig. aigre comme ~* griesgrämig; F *c'est jus vert et ~* das ist Jacke wie Hose.

verjuté (vɛrʒy'te) *adj.* sauer (*Sauce*; *Wein*).

vermeil (vɛr'mɛj) **I** *adj.* [7c] hochrot; *lèvres f/pl. ~les* rosige Lippen *f/pl.*; *teint m ~* frische Gesichtsfarbe *f*; **II** *m* ⊕ vergoldetes Silber *n*.

vermi|celier (vɛrmisə'lje) *m* Fadennudelnfabrikant *m*; **~celle** (~'sɛl) *m* Fadennudeln *f/pl.*; (*potage m au*) *~* Nudelsuppe *f*; **~cellerie** (~sɛl'ri) *f*

Fadennudelnfabrik(-ation *f*) *f*.
vermi|cide ⚕ (vɛrmi'sid) *adj. u. m* wurmtötend; Wurmmittel *n*; **~culaire** (~ky'lɛ:r) *adj.* wurmförmig; wurmartig; **~culé** ⚠ (~ky'le) *adj.* mit kleinen gewundenen Verzierungen; **~culures** ⚠ (~ky'ly:r) *f/pl.* wurmlinige Verzierungen *f/pl.*; **~forme** (~'fɔrm) *adj.* wurmförmig; **~fuge** ⚕ (~'fy:ʒ) *adj. u. m* wurmabtreibend(es Mittel *n*); **~ller** (~mi'je) *v/i.* [1a] nach Würmern wühlen (*Wildschwein*).
vermillon (~mi'jɔ̃) *m* Zinnober *m*; Zinnoberrot *n*; *fig. le ~ des joues* die frische Röte der Wangen.
vermillonner[1] (vɛrmijɔ'ne) *v/t.* [1a] **1.** mit Zinnober bemalen; **2.** rot schminken.
vermillonner[2] (~) *v/t.* [1a] nach Wurzeln suchen (*Dachs*).
vermi|ne (vɛr'min) *f* Ungeziefer *n*, Schädlinge *m/pl.*; *fig.* Gesindel *n*; **~neux** (~'nø) *adj.* [7d] **1.** ⚕ Wurm...; *maladie f vermineuse* Wurmkrankheit *f*; **2.** verlaust; **~sseau** (~'so) *m* [5b] (Regen-) Würmchen *n*; *fig.* kleiner, armer Wicht *m*; **~vore** (~'vɔ:r) *adj. zo.* würmerfressend.
vermou|ler (vɛrmu'le) *v/rfl.* [1a]: *se ~* wurmstichig werden; **~lu** (~'ly) *adj.* wurmstichig; morsch; **~lure** (~'ly:r) *f* Wurmfraß *m*, -mehl *n*.
vermout(h) (~'mut) *m* Wermut *m*.
vernaculaire (vɛrnaky'lɛ:r); **I** *adj.* regional begrenzt, einheimisch; **II** *m* Landes-, Eingeborenen-sprache *f*, Mundart *f*, Dialekt *m*.
vernal (vɛr'nal) *adj.* [5c] Frühlings...; *ast. équinoxe m ~* Frühlingsgleiche *f*.
verne ⚘ (vɛrn) *m* (Schwarz-)Erle *f*.
vern|i (vɛr'ni) **I** *m* Lackleder *n*; **II** P: *être ~* Schwein haben; **~ir** (~'ni:r) *v/t.* [2a] **1.** firnissen, lackieren; polieren (*Möbel*); glasieren (*Töpfe*); *des bottines vernies* Lackstiefel *m/pl.*; **2.** *fig.* beschönigen, übertünchen, e-n glänzenden Anstrich geben; **~is** (~'ni) *m* **1.** Firnis *m*, Lack *m*; Glasur *f*; *~ à (od. pour les) ongles* Nagellack *m*; *se mettre du ~ aux ongles* sich die Nägel lackieren; *enduire de ~* firnissen, lackieren; *~ du Japon* a) Japanlack *m*; b) ⚘ Firnissumach *m*, -baum *m*; **2.** *fig.* glänzender Anstrich *m*; **~issage** (~ni'sa:ʒ) *m* **1.** Lackierung *f*; ⊕ Glasieren *n*; **2.** *fig.* Vorbesichtigung *f* (*e-r Kunstausstellung*), Vorschau *f*; **~isser** (~ni'se) *v/t.* [1a] *Töpferei*: glasieren; **~isseur** (~ni'sœ:r) *m* Lackierer *m*; **~issure** (~ni'sy:r) *f* Firnissen *n*, Lackieren *n*; Glasierung *f*.
véro|le ⚕ (ve'rɔl) *f* **1.** Syphilis *f*; **2.** *petite ~* Pocken *pl.*, Blattern *pl.*; *petite ~ volante* Windpocken *pl.*; **~lé** ⚕ (~'le) *adj.* syphilitisch.
véronal *phm.* (verɔ'nal) *m/sg.* Veronal *n* (*Schlafmittel*).
véronique ⚘ (verɔ'nik) *f* Veronika *f*, Männertreu *f*, Ehrenpreis *m od. n*.
verraille (vɛ'rɑ:j) *f* kleine Glaswaren *f/pl.*
verrat *zo.* (vɛ'ra) *m* Eber *m*, Keiler *m*.
verre (vɛ:r) *m* **1.** Glas *n*; *~ armé* Drahtglas *n*; *~ à bouteilles* grünes Glas *n*; *~ cassé* Bruchglas *n*; *~ déformant* Vexierglas *n*; *~ à glaces* Spiegelglas *n*; *~ cathédrale* Kathedralglas *n*; *~ de lunettes* Brillenglas *n*; ⚠ *~ dormant* Bodenluke *f*; *~ à vitres* Fensterglas *n*; *~ à lampe* Lampenzylinder *m*; *~ de montre* Uhrglas *n*; *~ dépoli* Mattscheibe *f*; *~ grossissant* Vergrößerungsglas *n*; **2.** ⚗ *~ d'antimoine* Spießglanzglas *n*; *~ de plomb* Bleiglas *n*; *fig. papier m de ~* Sandpapier *n*; **3.** (Trink-)Glas *n*; *~ à eau* Wasserglas *n*; *~ d'eau* Glas *n* Wasser; *~ à confitures* Weck-, Einweck-, Einmach-glas *n*; *~ à liqueur* Likör-, Schnaps-glas *n*; *~ à vin du Rhin* Römer *m*; *~ à pied* Weinglas *n*; *petit ~* Schnaps *m*, Schnäpschen *n*; *boire dans un ~* aus e-m Glas(e) trinken; **4.** *avec le ~ od. ~ compris* einschließlich Flasche.
verré ⊕ (vɛ're) *adj.*: *papier m ~* Sandpapier *n*.
verr|erie (vɛr'ri) *f* **1.** Glashütte *f*; **2.** Glasindustrie *f*, Glasmachen *n*; **3.** Glasware *f*; *~(s)!* zerbrechlich! (*Aufschrift*) Glas!; **~ier** (vɛ'rje) **I** *m* **1.** Glasarbeiter *m*; Glashändler *m*; **2.** Gläserkorb *m*; **II** *adj.*: *peintre m ~* Glasmaler *m*; **~ière** (~'rjɛ:r) *f* **1.** großes Kirchenfenster *n*; **2.** Glasscheibe *f*, -dach *n* (*a.* ✈), -kasten *m*; Gläserbecken *n*; **~illon** ♪ (~ri'jɔ̃) *m* Glasharmonika *f*; Glasglockenorgel *f*; Glasxylophon *n*; **~ine** (~'rin) *f* **1.** ⚒ Glaskasten *m*, Glasbedachung *f* zum Schutz der Pflanzen über e-m Beet (*hierfür a.*: *verrière*); **2.** Barometerröhre *f*;

3. ⊕ Positionslampe *f*; 4. *antiq.* 2s Reden *f/pl.* Ciceros gegen Verres; **~oterie** ✝ (vɛrɔ'tri) *f* kleine Glaswaren *f/pl.*; Glasperlen *f/pl.*

verrou (vɛ'ru) *m* **1.** Riegel *m*; ~ *de sûreté* Sicherheits-, Sperr-riegel *m*; *fermer au* ~ verriegeln; *mettre* (*od. pousser*) *le* ~ den Riegel vorschieben; *ouvrir le* ~ aufriegeln; **2.** *fig.* Verschluß *m*; *mettre sous* ~ verschließen; *tenir q. sous les* ~*s* j-n hinter Schloß und Riegel halten; **~illage** ⚔ (~ru'ja:ʒ) *m* Abriegelung *f*; **~iller** (~ru'je) *v/t.* [1a] zu-, ver-, ab-riegeln.

verru|caire ⚘ (vɛry'kɛ:r) *f* Warzenflechte *f*; **~cosité** ⚕ (~kozi'te) *f* warzenförmige Erhöhung *f*; **~cule** ⚕ (~'kyl) *f* kleine Warze *f*; **~e** (vɛ'ry) *f* Warze *f*; **~queux** (~'kø) *adj.* [7d] warzig.

vers[1] (vɛ:r) *m* Vers *m*; *faire des* ~ dichten; *mettre en* ~ reimen, in Verse bringen; ~ *blanc* Blankvers *m*, reimloser Vers *m*; ~ *raboteux*, ~ *boiteux*, ~ *burlesques*, ~ *improvisés*, ~ *de rimailleur* Knittelverse *m/pl.*

vers[2] (vɛ:r) *prp.* gegen (*acc.*), nach (*dat.*), zu (*dat.*); *aller* ~ *q.* auf j-n zugehen; *se diriger* ~ *le nord* sich nach Norden (*od.* nordwärts) wenden; ~ (*les*) *trois heures* gegen 3 Uhr; ~ *la fin* gegen Ende; ~ *ce temps* um diese Zeit.

versage ⚒ (vɛr'sa:ʒ) *m* erstes Umpflügen *n*, Umbrechen *n*.

versant (vɛr'sɑ̃) **I** *adj.* [7] leicht umfallend (*Wagen*); **II** *m* (Berg-) Abhang *m*.

versati|le (vɛrsa'til) *adj.* unstet, veränderlich, wankelmütig, sprunghaft, launenhaft, charakterlos; **~lité** (~tili'te) *f* Unstetigkeit *f*, Veränderlichkeit, Wankelmut *m*, Sprunghaftigkeit *f*, Charakterlosigkeit *f*.

verse (vɛrs) *f* **1.** Liegen *n des Getreides*; **2.** ⊕ Guß *m*; **3.** *advt. il pleut à* ~ es gießt in Strömen.

versé (vɛr'se) bewandert (*dans* in *dat.*).

versement (vɛrsə'mɑ̃) *m* (Ein-, Aus-)Zahlung *f*; (Geld-)Aufwendung *f*; ~ *complémentaire* Nachzahlung *f*; ~ *supplémentaire* Zuschuß *m*; *faire un* ~ aus-, einzahlen; *faire des* ~*s auch*: Geld aufwenden *für* (*acc.*).

verser (vɛr'se) [1a] **I** *v/t.* **1.** gießen; schütten; ein-, aus-, weg-gießen; verschütten; *fig.* einflößen; ~ *ses chagrins dans le cœur d'un ami* sein Herz e-m Freunde gegenüber ausschütten; *abs.* ~ (*à boire*) einschenken; *versez-moi!* schenken Sie mir ein!; ~ *des larmes* Tränen vergießen; ~ *son sang* sein Blut vergießen, sein Leben opfern; *fig.* ~ *du baume sur une blessure* Balsam *m* auf e-e Wunde träufeln; **2.** einzahlen; *Geld* auswerfen *od.* vorschießen; **3.** ~ *une pièce au dossier* ein Schriftstück zu den Akten nehmen; **4.** umwerfen, (um)kippen, abladen (*e-n Karren od. Wagen*); **5.** ⚒ *Getreide* umlegen (*Sturm, Regen*); **II** *v/i.* **6.** umkippen, umstürzen, umfallen (*Wagen*); *la voiture a versé* der Wagen ist umgekippt; **7.** ⚒ sich neigen, sich legen (*Getreide*); **8.** *fig.* *moralisch* verfallen; ~ *dans le ridicule* ins Lächerliche verfallen; *faire* ~ *dans qch.* zu etw. (*dat.*) verführen.

verset (vɛr'sɛ) *m* Bibelspruch *m*, (Bibel-, Gesangbuch-)Vers *m*.

vers|eur (vɛr'sœ:r) *su.* [7g] Einschenker *m*; ⊕ Gießer *m*; Waggonkipper *m*; **~euse** (~'sø:z) *f* Kaffeekanne *f* (*mit horizontalem Griff*).

versicolore (vɛrsikɔ'lɔ:r) *adj.* verschiedenfarbig.

versicule(t) (vɛrsi'kyl, ~ky'lɛ) *m* Verslein *n.*

versifi|cateur (vɛrsifika'tœ:r) *su.* [7f] Versemacher *m*, Verskünstler *m*; **~cation** (~fikɑ'sjɔ̃) *f* Versbau *m*; Vers-kunst *f*, -lehre *f*; **~er** (~'fje) [1a] **I** *v/t.* in Verse bringen; **II** *v/i.* Verse machen.

version (vɛr'sjɔ̃) *f* **1.** Übersetzung *f in die Muttersprache*; **2.** Version *f*, Lesart *f*; Auffassungsweise *f*; **3.** ⊕ Typ *m*, Abart *f*, Version *f*, Bau-typ *m*, -art *f*, Ausführung *f*.

vers-libri|sme *litt.* (vɛrli'brism) *m* Lyrik *f* in freien Versen; **~ste** *litt.* (~'brist) *m* Dichter *m* freier Verse.

verso (vɛr'so) *m* Rückseite *f* (*e-s Blattes*); *voir au* ~ siehe umseitig.

versoir ⚒ (vɛr'swa:r) *m* Streichbrett *n am Pflug*.

verste (vɛrst) *f* Werst *f* (*Wegemaß in der UdSSR = 1,067 km*).

vert (vɛ:r) **I** *adj.* [7] (*bei affektivem Gebrauch, also in übertragener Bedeutung, vorangestellt*; *vgl.* noir) **1.** grün; ~ *d'eau* wassergrün; ~ *doré* goldgrün; ~ *bouteille* flaschengrün; ~ *pomme* apfelgrün; *des rubans* ~ *foncé* dunkelgrüne Bänder *n/pl.*; *fig. devenir* ~ *de jalousie* blaß vor Neid werden; **2.** noch nicht verdorrt, noch grün (*Pflanze*); noch frisch (*Holz*); unreif (*Obst*); *légumes m/pl.* ~*s* Frischgemüse *n*; *haricots m/pl.* ~*s* grüne Bohnen *f/pl.*; *pois m/pl.* ~*s* grüne Erbsen *f/pl.*, Schoten *f/pl.*; *vin m* ~ noch herber Wein *m*; *il trouve les raisins trop* ~*s* die Trauben sind ihm zu sauer; *fig. manger son blé en* ~ s-e Einkünfte im voraus aufbrauchen; **3.** *fig.* rüstig, kräftig; **4.** □ derb, kraß, scharf (*Antwort*); *en dire de* ~*es à q.* j-m schonungslos die Wahrheit sagen; *en raconter de* ~*es* saftige Witze erzählen; *langue* ~*e* Gaunersprache *f*; **5.** noch nicht zubereitet; ⊕ noch unbearbeitet; *café m* ~ ungebrannter Kaffee *m*, Rohkaffee *m*; **II** *m* **6.** Grün *n*; ~ *clair* Hellgrün *n*; ~ *foncé* Dunkelgrün *n*; ~ *tirant sur le jaune* Gelbgrün *n*; **7.** Grünfutter *n*; Grasweide *f*; *mettre les chevaux au* ~ die Pferde auf die Koppel bringen; *blé m en* ~ Korn auf dem Halme; *se mettre au* ~ ins Grüne gehen, Landluft schnappen gehen; *fig. prendre q. sans* ~ j-n ertappen, j-n erwischen; *fig. employer le* ~ *et le sec* nichts unversucht lassen; **8.** Herbe *f*, Säure *f* des Weins; **9.** ⚗ ~ *végétal* Blatt-, Saft-grün *n*; *min.* ~ *de montagne* Berggrün *n*.

vert-de|-gris (vɛrdəˈgri) *m* Grünspan *m*; **~-grisé** (~griˈze) *adj.* mit Grünspan bedeckt.

ver|tébral (vɛrteˈbral) *adj.* [5c] *anat.* Wirbel...; *colonne f* ~*e* Wirbelsäule *f*, Rückgrat *n*; **~tèbre** *anat.* (~ˈtɛːbrə) *f* Wirbel *m*; ~*s f/pl. cervicales* (*dorsales*) Hals-(Rücken-)Wirbel *m/pl.*; **~tébré** *zo.* (~teˈbre) *adj. u.* ~*s m/pl.* gewirbelt; Wirbeltiere *n/pl.*

vertement (vɛrtəˈmɑ̃) *adv.* unverblümt, gerade heraus, derb, kraß; gehörig.

vertical (vɛrtiˈkal) *adj.* [5c] □ senkrecht, lotrecht, vertikal; *ast. point m* ~ Scheitelpunkt *m*, Zenit *m*; ⅍ *ligne f* ~*e* (*auch* ~*e f*) Senkrechte *f*, Vertikale *f*, Lot *n*; **~ité** (~liˈte) *f* senkrechte (*od.* vertikale) Lage *f od.* Richtung *f*.

vertig|e (vɛrˈtiːʒ) *m* **1.** ⚕ Schwindel *m*; *j'ai le* ~ mir ist schwindlig; *il lui prend un* ~ ihm wird schwindlig; ~ *de l'esprit* Wahnsinn *m*; **2.** *fig.* Taumel *m*; ~ *des plaisirs* Freudentaumel *m*; *esprit m de* ~ momentane Verblendung *f od.* Verirrung *f*; **~ineux** (~tiʒiˈnø) *adj.* [7d] schwindlig; schwindelnd (*Höhe*); wahn-, irrsinnig (*Schnelligkeit, Tempo*); **~o** (vɛrtiˈgo) *m* **1.** *vét.* Koller *m*; **2.** *fig.* Tick *m*, Laune *f*.

vertu (vɛrˈty) *f* **1.** Tugend *f*; **2.** Sittsamkeit *f*, Keuschheit *f*; **3.** Kraft *f*; ~ *magnétique* magnetische Kraft *f*; ~ *curative* Heilkraft *f*; **4.** † Mut *m*; **5.** *als prp. en* ~ *de* kraft, vermöge, auf Grund (*gén.*); *en* ~ *de quoi?* mit welchem Recht?, aus welchem Grund?

vertu|bleu, ~chou, ~dieu! (vɛrtyˈblø, ~ˈʃu, ~ˈdjø) *int.* verflucht nochmal!; Himmelkreuz!

vertueusement (vɛrtɥøzˈmɑ̃) *adv.* [tugendhaft.]

vertueux (vɛrˈtɥø) *adj.* [7d] tugendhaft; sittsam, keusch.

vertugadin (vɛrtygaˈdɛ̃) *m* **1.** *ehm.* Wulst *m* (*den die Frauen auf den Hüften trugen*); **2.** ⚘ abschüssige Rasenanlage *f*.

verve (vɛrv) *f* Begeisterung *f*, Schwung *m*, *fig.* Feuer *n*, Schmiß *m*, Verve *f*; *plein de* ~ schmissig; *être en* ~ *fig.* in Fahrt sein, voll und ganz dabei sein.

verveine ⚘ (vɛrˈvɛn) *f* Eisenkraut *n*.

verveux[1] ⊕ (vɛrˈvø) *m* reusenförmiges Fischnetz *n*.

verveux[2] (~) *adj.* [7d] begeistert, feurig, schwungvoll, schmissig.

vésan|ie ⚕ (vezaˈni) *f* Geisteskrankheit *f*; **~ique** ⚕ (~ˈnik) *adj.* geisteskrank.

vesce ⚘ (vɛs) *f* Wicke *f*.

vesceron ⚘ (vɛsˈrɔ̃) *m* breitblättrige Platterbse *f* (*Lathyrus latifolius*).

vésic|al ⚕ (veziˈkal) *adj.* [5c] Blasen...; **~ant** ⚕ (~ˈkɑ̃) *adj.* [7] *u. m*, **~atoire** ⚕ (~kaˈtwaːr) *adj. u. m* blasenziehend; Zugpflaster *n*; **~ulaire** (~kyˈlɛːr) *adj.* bläschenartig; **~ule** (~ˈkyl) *f* Bläschen *n*; ~ *biliaire* Gallenblase *f*.

vesou (vəˈzu) *m* Zuckerrohrsaft *m*.

vespasienne (vɛspɑˈzjɛn) *f* öffentliche Bedürfnisanstalt *f*.

vespéral (vɛspeˈral) **I** *adj.* [5c] abendlich; *luminosité f* ~*e* Abendleuchten *n*; **II** *m* (*pl.* ~*s*) *rl.* Vesperbuch *n*.

vespertilion *zo.* (vɛspɛrtilˈjɔ̃) *m* [Fledermaus *f*.]

vespidés *ent.* (~piˈde) *m/pl.* stechende Hautflügler *m/pl.*

vesse (vɛs) *f* **1.** lautlose Blähung *f*, kleiner Furz *m* P (*od.* Pup *m* P); **2.** P Schiß *m* P, Angst *f*; *bsd. écol.*

~! Vorsicht!; **~-de-loup** (vɛsdə'lu) *f* [6b] Staubpilz *m*, Bovist *m*.
vesser (vɛ'se) *v/i.* [1b] Blähungen haben; P *plais.* furzen, pupen.
vessie *anat.* (vɛ'si) *f* (Harn-)Blase *f*; ~ *natatoire* Schwimmblase *f der Fische*; *fig. je ne prends pas des ~s pour des lanternes* ich lasse mir kein x für ein u vormachen.
vestale (vɛs'tal) *f* **1.** *antiq.* Vestalin *f*; **2.** *fig.* keusches Mädchen *n*.
veste (vɛst) *f* **1.** Jacke *f*, Jackett *n*, Joppe *f*; Kinderjacke *f*; ~ *d'alpiniste* Kletterjacke *f*; *~-blouson f* Lumberjack *m*; Windbluse *f*; ~ *de fourrure* Pelzjacke *f*; ~ *en cuir* Lederjacke *f*; ~ *norvégienne*, ~ *de toile* leichte Windjacke *f*; *esc.* ~ *d'escrimeur* Fechtschurz *m*; *fig. pol. retourner sa* ~ zu e-r anderen Partei übertreten; umschwenken; **2.** P Mißerfolg *m*, Pleite *f*, Reinfall *m*, Fiasko *n*.
vestiaire (vɛs'tjɛ:r) *m* **1.** Kleiderablage *f*, Garderobe *f* (*im Kino, Theater, Museum*); *préposée f au* ~ Garderobenfrau *f*; **2.** Garderobengebühr *f*; **3.** Umkleideraum *m*; **4.** *abus.* Sachen *f/pl.*, Kleidungsstücke *n/pl.*
vestibule (vɛsti'byl) *m* **1.** Hausflur *m*, (Vor-)Halle *f*, Diele *f*, Flur *m*; **2.** *anat.* Vestibulum *n*.
vestige (vɛs'ti:ʒ) *m* **1.** (*mst.* ~*s pl.*) Fußspur *f*, Spur *f*; *fig. suivre les ~s de q.* in j-s Fußtapfen treten; **2.** *fig.* ~*s m/pl.* Überreste *m/pl.*
vestimentaire (vɛstimɑ̃'tɛ:r) *adj.* Bekleidungs...; *article m* ~ Bekleidungsgegenstand *m*.
veston (vɛs'tɔ̃) *m* Sakko *m*, kurzer Herrenrock *m*, kurze Jacke *f* (*od.* Joppe *f*); ~ *croisé* Zweireiher *m*; ~ *droit* Einreiher *m*.
vêtement (vɛt'mɑ̃) *m* Kleidungsstück *n*; Gewand *n st.s.*; ~*s pl.* Kleidung *f*, Bekleidung *f*, Kleidungsstücke *n/pl.*; ~*s pl. de dessus* (*de dessous*) Ober-(Unter-)bekleidung *f*; *changer de* ~ sich umziehen.
vétér|an (vete'rɑ̃) *m* **1.** Veteran *m*, ausgedienter Soldat *m*; **2.** *écol.* Sitzenbleiber *m e-r höheren Klasse*; **3.** *allg.* Veteran *m*; Altmeister *m* (*z.B. der Wissenschaft*); **~ance** (~'rɑ̃:s) *f* Veteranenschaft *f*.
vétérinaire (~ri'nɛ:r) **I** *adj.* tierärztlich, Tierarznei...; *école f* ~ Tierarzneischule *f*; *médecine f* ~ Tierarzneikunde *f*; **II** *m* Tierarzt *m*.
vétill|ard (veti'ja:r) [7] **I** *su.* Kleinigkeitskrämer *m*; **II** *adj.* = *vétilleux*; **~e** (ve'tij) *f* Kleinigkeit *f*, Lappalie *f*, Bagatelle *f*; ~*s pl.* Quark *m*, Quatsch *m*, Blödsinn *m*; **~er** (~ti'je) *v/i.* [1a] sich mit Lappalien abgeben; herumtrödeln; kritteln, mäkeln, meckern, schikanieren (*abs.*), quengeln; **~erie** (~tij'ri) *f* Meckerei *f*, Quengelei *f*; **~eur** (~'jœ:r) *su.* [7g] Kleinigkeitskrämer *m*; Meckerer *m*; Quengler *m*; **~eux** (~'jø) *adj.* [7d] kleinlich, pinselig F; genau; spitzfindig; kompliziert, pusselig (*Arbeit*); *critique m* ~ Silbenstecher *m*, Wortklauber *m*.
vêtir (vɛ'ti:r) [2g] **I** *v/t.* (an)kleiden, anziehen; ~ *q.* j-n anziehen; *vêtu* stark behäutet (*Zwiebel*); **II** *v/rfl. se* ~ sich anziehen, sich kleiden.
veto (ve'to) *m* Veto *n*, Einspruch(srecht *n*) *m*; *pol.* Veto(recht *n*) *n*; *mettre son* ~ *à qch.* sein Veto gegen etw. (*acc.*) einlegen.
vêture *rl.* (vɛ'ty:r) *f* Einkleidung *f*.
vétust|e (ve'tyst) *adj.* veraltet, abgenutzt, baufällig, klapprig; *un appareil m* ~ ein klappriger Apparat *m*; **~é** (~s'te) *f* (hohes) Alter *n* (*nicht von Menschen!*); Baufälligkeit *f*.
veuf (vœf) [7e] **I** *adj.* verwitwet; *fig.* e-r Sache *od.* e-s Menschen beraubt; **II** *su.* Witwer *m* (*f*: Witwe).
veule (vø:l) *adj.* schlaff, schlapp, kraft-, energie-los, weichlich, matt, abgespannt; feige, hinterhältig.
veulerie (vøl'ri) *f* Schlappheit *f*, Schlaffheit *f*, Kraft-, Energielosigkeit *f*, Weichlichkeit *f*, Mattigkeit *f*.
veuvage (vœ'va:ʒ) *m* Witwen-, Witwer-stand *m*, -leben *n*.
vex|ant F (vɛk'sɑ̃) *adj.* [7] ärgerlich; enervierend (*a. Person*); **~ateur** (~ksa'tœ:r) *adj.* [7f] bedrückend; **~ation** (~ksa'sjɔ̃) *f* Schikane *f*, Schurigelei *f*; Schererei *f*, Plage *f*; Verstimmung *f*, Verdruß *m*; Kränkung *f*; **~atoire** (~ksa'twa:r) *adj.* drückend; **~er** (vɛk'se) [1a] **I** *v/t.* schikanieren, schurigeln; drangsalieren; ärgern, verdrießen; *fig. cela me vexe* das ärgert (*od.* fuchst F) mich; **II** *v/rfl. se* ~ *de* sich ärgern über (*acc.*).
via (vja) *prp.* über (*auf e-r Strecke*); *aller à Paris* ~ *Cologne* über Köln nach Paris fahren; ✈ *la ligne* ~ *New York* die Linie über New York.
viabilité[1] (vjabili'te) *f* Lebens-

fähigkeit *f*.
viabilité² (~) *f* Befahrbarkeit *f*.
viable¹ ('vjablə) *adj.* lebensfähig.
viable² (~) *adj.* befahrbar.
viaduc (vja'dyk) *m* Viadukt *m*, Talbrücke *f*, Talüberführung *f*.
viager (vja'ʒe) **I** *adj.* [7b] □ lebenslänglich; *pension f viagère* Pension auf Lebenszeit; **II** *m* Leibrente *f*.
viand|e (vjɑ̃:d) *f* Fleisch *n*; ~ *blanche* weißes Fleisch *n* (*Geflügel, Kaninchen, Kalb*); ~ *fraîche*, ~ *séchée* Frisch-, Dörr-fleisch *n*; ~ *hachée* Gehacktes *n*; ~ *de conserve* Dauerfleisch *n*; ~ *d'agneau* Lammfleisch *n*; ~ *noire* schwarzes Fleisch *n* (*Hase, Reh, Wildschwein*); ~ *congelée* Gefrierfleisch *n*; *menue* ~ Geflügel *n*; Kleinwild *n*; *grosse* ~ *od.* ~ *de boucherie* Schlachtfleisch *n*; ~ *faisandée* (*od. avancée od. trop faite*) angegangenes Wildbret *n* ~*s froides assorties* kalter Aufschnitt *m*; ~ *à la gelée* Sülze *f*; **~é** F (vjɑ̃'de) *adj.* dick, fett; **~er** *ch.* (~) *v/i.* [1a] äsen (*Rotwild*); **~is** *ch.* (vjɑ̃'di) *m* Geäse *n*, Weide *f* (*Rotwild*).
viatique (vja'tik) *m* **1.** Taschengeld *n* für die Reise (*od.* Fahrt); **2.** *rl.* letzte Ölung *f*.
vibices (vi'bis) *f/pl.* Striemen *m/pl.*
vibr|age *bét.* (vi'bra:ʒ) *m* Rütteln *n* (*zur Herstellung v. Betonröhren*); **~ant** (~'brɑ̃) *adj.* [7] schwingend; vibrierend; *fig.* aufregend; schwungvoll (*Redeweise*); warm (*Gemüt, Ton, Farbe, Gefühl*); *fig. voix f* ~*e d'émotion* zitternde (bebende) Stimme *f*; **~antes** *gr.* (~'brɑ̃:t) *f/pl.* Vibranten *m/pl.*, Zitterlaute *m/pl.* (l, r); **~ateur** (~bra'tœ:r) *m rad. usw.* Summer *m*; *bét.* Rüttelerreger *m*; **~atile** (~bra'til) **I** *adj.* schwingungsfähig, Schnurr..., Zitter...; *anat. poil m* ~ Schnurrhaar *n*; **II** *zo.* (*cils m/pl.*) ~*s* Zitterwimpern *f/pl.*; **~ation** (~brɑ'sjɔ̃) *f* Schwingung *f*; *cin.* Flimmern *n*; Rütteln *n*; *Auto*: Erschütterung *f*; **~atoire** (~bra'twa:r) *adj.* Schwingungs...; **~er** (~'bre) *v/i.* [1a] vibrieren, schwingen, beben, erzittern; *cin.* flimmern; *faire* ~ in Schwingung versetzen, *fig.* erschüttern; mitreißen, ergreifen; **~eur** *bét.* (vi'brœ:r) *m*: ~ *externe* Außenrüttler *m*; ~ *à masse déséquilibrée* Umwuchtrüttler *m*; **~ion** *zo.* (~bri'ɔ̃) *m* Zittertierchen *n*; **~isses** (vi'bris) *f/pl.* Härchen *n/pl.* in der Nase; *zo.* Schnurrhaare *n/pl.*; *orn.* Flaum *m* (*am Schnabel*); **~opondeuse** ⊕ (~brɔpɔ̃'dø:z) *f* nach dem Vibrationsverfahren arbeitender Steinfertiger *m*; **~oscope** *phys.* (~brɔ'skɔp) *m* Schwingungsmesser *m*; **~otaxie** (~brɔtak'si) *f* Empfindlichkeit *f* gegenüber Erschütterungen.
viburnées ⚘ (vibyr'ne) *f/pl.* Schneeballgewächse *n/pl.*
vic|aire *rl.* (vi'kɛ:r) *m* Vikar *m*, Pfarrverweser *m*; *cath.* Kaplan *m*; Stellvertreter *m*; **~ariat** *rl.* (~ka'rja) *m* **1.** Stellvertretung *f*, Pfarrverweserstelle *f*; **2.** Amtsdauer *f* e-s Vikars; **3.** von e-m Vikar versehene Filialkirche *f* (*auch*: *vicairie* [vikɛ'ri] *f*); **4.** Wohnung *f* e-s Vikars.
vice (vis) *m* **1.** Fehler *m*, Gebrechen *n*, Mangel *m*; ~ *du cœur* Herzfehler *m*; ~ *de conformation* körperlicher Fehler *m*; ⚖ ~ *de forme* Formfehler *m*; ⊕, ⚠ ~ *de construction* Konstruktionsfehler *m*; **2.** Unzulänglichkeit *f*, Unvollkommenheit *f*, Mangelhaftigkeit *f*; **3.** Laster *n*, Unzucht *f*, Sittenlosigkeit *f*.
vice|-amiral (~ami'ral) *m* [5c] Vizeadmiral *m*; **~-chancelier** *pol.* (~ʃɑ̃sə'lje) *m* [6g] Vizekanzler *m*; **~-consul** *pol.* (~kɔ̃'syl) *m* [6g] Vizekonsul *m*; **~-président** (~prezi'dɑ̃) *m* [6g] Vizepräsident *m*.
vicennal (visɛ'nal) *adj.* [5c] alle zwanzig Jahre stattfindend, Zwanzigjahres...
vice-recteur (visrɛk'tœ:r) *m* stellvertretender Leiter *m* (*e-s Instituts*).
vice-roi (~'rwa) *m* [6g] Vizekönig *m*.
vice versa (~ vɛr'sa) *adv.*: et ~ und umgekehrt.
vichyssois (viʃi'swa) **I** *adj. u.* ♀ *su.* (Einwohner *m*) aus Vichy; **II** *pol. mv.p. m* Anhänger *m* des Vichyregimes, Vichyverräter *m* (*das Vichyregime unter Hitler von 1940 bis 1944*).
vici|ation (visjɑ'sjɔ̃) *f* Verschlechterung *f*, Stickigwerden *n*, Verbrauchtwerden *n* (*der Luft*); **~er** (vi'sje) [1a] **I** *v/t.* **1.** verderben, verschlechtern; **2.** ⚖ umstoßen, ungültig machen; **II** *v/rfl.* se ~ schlecht werden, verderben; *fig.* ausarten; **~eux** (vi'sjø) *adj.* [7d] □ **I** *adj.* **1.** fehlerhaft, mangelhaft; **2.** tückisch (*Pferd*); **3.** lasterhaft, sittenlos, verdorben, liederlich; **4.** ⚖ ungültig; unrechtmäßig, falsch, fehlerhaft; **II** *su.* verkommener Mensch *m*.

vicinal (visi'nal) *adj.* [5c] nachbarlich; *chemin m* ~ Feldweg *m*; *chemin m de fer* ~ Kleinbahn *f*; **~ité** (~li'te) *f*: *chemin m de grande* ~ Hauptgemeindeweg *m*.

vicissitude (visisi'tyd) *f* **1.** Abwechselung *f*, Wechsel *m*; *la* ~ *des saisons* der Wechsel *m* der Jahreszeiten; **2.** Unbeständigkeit *f*, Wandelbarkeit *f*; **3.** ~*s pl.* Schicksalsschläge *m/pl.*, Mißgeschick *n*, Wechselfälle *m/pl.* (*des Lebens*).

vicomte *m*, **~esse** *f* (vi'kɔ̃:t, vikɔ̃'tɛs) Vicomte *m*, Vicomtesse *f*.

victime (vik'tim) *f* **1.** *bsd. antiq.* Opfertier *n*, (Schlacht-) Opfer *n*; ~ *humaine* Menschenopfer *n*; **2.** *fig.* Opfer *n* (*das man wird od. ist*; *vgl. dagegen sacrifice*, 2!); ~ *de guerre* Kriegsopfer *n*.

victoire (vik'twa:r) *f* Sieg *m*; *remporter la* (*od. une*) ~ den (*od.* e-n) Sieg davontragen *od.* erringen; *Sport*: ~ *aux points* Punktsieg *m*.

victo|ria (viktɔ'rja) *f* **1.** *antiq.* Siegeswagen *m*; **2.** *weitS.* offene, vierrädrige Kutsche *f*; **3.** ⚘ ~ *regia* (~re'ʒja) Viktoria regia *f*; **~rieux** (~'rjø) *adj.* [7d] siegreich.

victuailles (vik'tɥɑ:j) *f/pl.* Lebensmittel *n/pl.*, Proviant *n/sg.*

vidage (vi'da:ʒ) *m* Entleerung *f*.

vidang|e (vi'dɑ̃:ʒ) *f* **1.** Aus-, Entleeren *n*, Reinigung *f* der Gruben *usw.*; Abfuhr *f* der Fäkalien; **2.** Nichtvollsein *n e-s Fasses*; **3.** ✝ Leckage *f* [~'kaʒə]; Abgang *m*, Verlust *m* (*durch Auslaufen*); **4.** *Auto*: Ölablaß *m*, Entleerung *f*; **5.** ~*s pl.* Fäkalien *f/pl.*, Jauche *f*, Kot *m bsd. der Aborte*; **~er** (vidɑ̃'ʒe) *v/t.* [1l] **1.** den Abort entleeren, reinigen; **2.** *Auto*: entleeren, ablassen; ~ *le moteur* das Öl ablassen; **~eur** (~'ʒœ:r) *m* Abortleerer *m*.

vide (vid) **I** *adj.* **1.** leer; *fig.* hohl, gehaltlos; *le compartiment* ~ das leere Abteil *n*; **2.** ledig, unbesetzt; ~ *de raison, de sens* sinn-, inhalt-los; **3.** *advt. à* ~ unbeladen; leer; *frapper à* ~ danebenschlagen; ⚠, ⊕ *porter à* ~ nicht 'aufliegen; *tourner à* ~ ⊕ leerlaufen; *fig.* kein Echo finden; ⊕ *marche f à* ~ Leerlauf *m* e-r Maschine; **II** *m* **4.** Leere *f*; Lücke *f*; *phys.* leerer Raum *m*, Unterdruck *m*, Vakuum *n*; ~ *d'air* Luftraum *m*; *fig. combler* (*od. remplir*) *un* ~ e-e Lücke schließen; *faire le* ~ die Luft auspumpen, luftleer machen; *faire des* ~*s* Lücken reißen (*Tod*); ⚠ *ce mur pousse au* ~ diese Mauer steht schief (*od.* baucht sich aus); *fig. faire le* ~ *autour de q.* j-n meiden, j-m aus dem Wege gehen; *faire le* ~ *autour de soi* von allen gemieden werden; **5.** *fig.* Hohlheit *f*, Sinnlosigkeit *f*, Gehaltlosigkeit *f*, Öde *f*, Leere *f*; *parler dans le* ~ ins Blaue reden; leeres Stroh dreschen.

vide|-bouteille (vidbu'tɛj) *m* [6c] **1.** Landhäuschen *n* (*in Stadtnähe*); **2.** Saugheber *m*; **~-citron** (~si'trɔ̃) *m* [6g] Zitronenpresse *f*; **~-gousset** (~gu'sɛ) *m* [6g] Taschendieb *m*.

videlle ⊕ (vi'dɛl) *f* Teigrädchen *n*.

videment (vid'mɑ̃) *m* Ausleeren *n*.

vidéo *télév. Auto* (vide'o) *m* (Personal-) Kontrollgerät *n*.

vide|-ordures (~ɔr'dy:r) *m* [6c] Müllschlucker *m* (*für Küchenabfälle*); **~-poches** (~'pɔʃ) *m* [6c] **1.** Schmuckkästchen *n*, -schälchen *n* (*zum Ablegen von Schmuck, Wertsachen usw.*); **2.** Innentasche *f* (*Zelt*); **~-pommes** (~'pɔm) *m* [6c] Apfelentkerner *m*.

vider (vi'de) [1a] **I** *v/t.* **1.** (aus-) leeren, leermachen, auspumpen; reinigen; ausbohren, ausschneiden; ~ *son verre* sein Glas austrinken; ~ *son verre à la santé de q.* auf j-s Gesundheit trinken; ~ *un étang* e-n Teich ablassen; ~ *les arçons* vom Pferde abgeworfen werden; **2.** Fische ausnehmen; *ch.* ausweiden; Erbsen entschoten; *Obst* entkernen; **3.** *fig.* räumen, verlassen; ~ *les lieux* aus-, weg-ziehen; die Wohnung räumen; **4.** *fig.* ~ *un différend* e-n Streit beilegen; ~ *ses comptes* s-e Rechnungen ins reine bringen; P ~ q. j-n rausschmeißen; **II** *v/rfl.* *se* ~ leer (*od.* geleert) werden; sich leeren, auslaufen; *fig.* beigelegt werden; *fig.* entvölkert werden.

videur (vi'dœ:r) *m* Leerer *m*; Fischausnehmer *m*; ~ *de poches* Taschendieb *m*.

vide-vite ⊕, ✈ (vid'vit) *m/inv.* Schnellablaßventil *n*.

vidim|er (vidi'me) *v/t.* [1a] *e-e Abschrift* kollationieren u. beglaubigen; **~us** (~'mys) *m* beglaubigte Abschrift *f*.

vidoir (vi'dwa:r) *m* **1.** Abladeplatz *m für Abfälle jeder Art* Kippe *f*; **2.** *bisw.* = *vide-ordures* Müllschlucker *m*.

viduité (vidɥi'te) *f* Witwenstand *m*.

vidure ⊕ (vi'dy:r) *f* Herausgenommenes *n* (*beim Entleeren*).

vie (vi) *f* **1.** Leben *n*; ~ *végétale* Pflanzenleben *n*; *arbre m de* ~ Lebensbaum *m*; *assurance f sur la* ~ Lebensversicherung *f*; *au péril de sa* ~ unter Lebensgefahr; *être en* ~ am Leben sein; *sans* ~ leblos; *plein de* ~ voller Lebenskraft; *sous peine de la* ~ bei Todesstrafe; *rendre la* ~ den Geist aufgeben; *tenir sa* ~ *entre ses mains* sein Leben in den Händen haben; **2.** Lebenskraft *f*; Lebendigkeit *f*, Lebensfreude *f*, Lebhaftigkeit *f*; *plein de* ~ voller Lebens-freude, -kraft; *avoir la* ~ *dure* ein zähes Leben haben, zähe sein; **3.** Lebenszeit *f*; *advt. à* ~ lebenslänglich; *jamais de la* ~ nie und nimmer; (*jamais*) *de ma* ~ *je n'ai vu pareille chose* in meinem ganzen Leben ist mir so etwas noch nicht vorgekommen; *toute ma* ~, *de ma* ~, *ma* ~ *durant* Zeit meines Lebens, zeitlebens, mein Leben lang; ~ *moyenne* mittlere Lebensdauer *f*; **4.** Lebens-art *f*, -wandel *m*; Lebensberuf *m*; ~ *sportive* Sportleben *n*; Sportteil *m* (*als Überschrift in Zeitungen*); ~ *financière* Börsenteil *m e-r Zeitung*; ~ *économique*, ~ *politique* Wirtschafts-, Staatsleben *n*; ~ *intellectuelle*, ~ *intérieure* Geistes-, Innen-leben *n*; ~ *en commun*, ~ *commune* Gemeinschaftsleben *n*; ~ *d'étudiant* Studentenleben *n*; *embrasser la* ~ *religieuse* ins Kloster gehen, Mönch (*od.* Nonne) werden; *faire la* ~ ein liederliches Leben führen; *vivre sa* ~ sein Leben genießen; *refaire sa* ~ sich wiederverheiraten; *faire* ~ *qui dure* mit s-n Kräften haushalten; ~ *rurale*, ~ *des champs* Landleben *n*; *changer de* ~ sein Leben ändern; **5.** (Lebens-)Unterhalt *m*, Brot *n*; *gagner sa* ~ sein Leben (*od.* Brot) verdienen; *mener la grande* ~, *mener joyeuse* ~ flott (*od.* in Saus und Braus) leben; **6.** *fig.* Lebenselement *n*; *c'est sa* ~ das geht ihm über alles; **7.** Lebensbeschreibung *f*; **8.** P lautes Wesen *n*, Lärm *m*, Geschrei.

vieil (vjɛj) s. *vieux*; **~lard** (vjɛ'ja:r) *m* alter Herr (*od.* Mann) *m*, Greis *m*, Alter *m*; *des* ~*s* alte Leute *pl.*; **~le** *icht.* (vjɛj) *f* Lippfisch *m*; **~lerie** (vjɛj'ri) *f* **1.** alter Hausrat *m*, Trödel *m*, Krimskrams *m*; ~*s pl.* alte Sachen *f/pl.*, alter Kram *m*; **2.** ~*s pl.* abgegriffene (*od.* abgedroschene) Gedanken *m/pl.* (*od.* Wendungen *f/pl.*); alte Geschichten *f/pl.*; **~lesse** (vjɛ'jɛs) *f* (hohes Lebens-)Alter *n*, Greisenalter *n*; Altersschwäche *f*; **~lir** (~'ji:r) [2a] **I** *v/i.* **1.** altern, alt werden; **2.** altersschwach (*od.* schwächer) werden; **3.** veralten; altmodisch werden; ein altes Aussehen bekommen; **II** *v/t.* alt machen; ein älteres Aussehen geben (*z.B. Möbeln*); alt erscheinen lassen; **III** *v/rfl. se* ~ sich für älter ausgeben, als man ist; **~lissement** (~jis'mɑ̃) *m* Altern *n*; Veralten *n*; Altmachen *n*; **~lisseur** (~ji'sœ:r) *m* Antiquitätenfälscher *m*; **~lot** F (~'jo) *adj. u. su.* [7c] ältlich; altes Männchen *n* (*f*: altes Mütterchen *n*).

vielle ♪ (vjɛl) *f* Drehleier *f*.

Vienne (vjɛn) *f* Wien *n*.

viennois (vjɛ'nwa) *adj. u.* ♀ *su.* [7] wienerisch; Wiener *m*.

vient de paraître (vjɛ̃ də pa'rɛtrə) *m/inv.*: *les derniers* ~ die letzten Neuerscheinungen *f/pl.* (*Bücher*).

vierge (vjɛrʒ) **I** *f* **1.** Jungfrau *f*; **2.** *la* (*sainte*) ♀ die heilige Jungfrau, Mutter Gottes; Muttergottesbild *n*; *ast. la* ♀ die Jungfrau *f*; *fils m/pl.* (*pl. von fil*) *de la* ♀ Altweibersommer *m*, Sommerfäden *m/pl.*; **II** *adj.* **3.** jungfräulich, rein, unbefleckt; unschuldig; *fig. réputation f* ~ unbescholtener Ruf *m*; **4.** *fig.* ungebraucht, unberührt; *une page* ~ e-e unbeschriebene Seite *f*; *pellicule f* ~ unbelichteter Film *m*; *forêt f* ~ Urwald *m*; *sol m* ~, *terre f* ~ Urboden *m*; *les terres f/pl.* ~*s* die unerschlossenen Gebiete *n/pl.*; *être* ~ *de toute poussière* völlig staubfrei sein; **5.** ⚘ *vigne f* ~ wilder Wein *m*; **6.** *min. argent m* (*or m*) ~ gediegenes Silber *n* (Gold *n*).

Viet(-)Nam *géogr.* (vjɛt'nam) *m*: *le* ~ Vietnam *n*.

vietnamien *géogr.* (~'mjɛ̃) *adj. u.* ♀ *su.* [7c] vietnamesisch; Vietnamese *m*.

vieux (vjø), *vor Vokal od. stummem h*: **vieil** (vjɛj) *m*; **vieille** (vjɛj) *f* (*m/pl. nur vieux*); **I** *adj.* **1.** alt, bejahrt; *vieil ami* langjähriger Freund *m*; *dépouiller le vieil homme* den alten Adam ablegen; *de vieille date* langjährig; *vieux comme les pierres* (*od. le monde od. les rues od. les chemins*) steinalt, uralt; *vieux comme Hérode* alt wie Methusalem;

vieux garçon alter Junggeselle *m*; *vieille fille* alte Jungfer *f*; F *un vieux marcheur* ein alter Wüstling *m*; *un vieux beau* ein alter Geck *m*; **2.** abgenutzt; abgetragen; **II** *su.* **3.** *der, die* Alte; *jeunes et vieux* jung und alt; **4.** P Alte(r) (*Vater, Mutter*); *les vieux* die Eltern *pl.*; **5.** *mon vieux!* mein Lieber!

vieux-neuf (~'nœf) *m* [6c] wiederhergestellte alte Sache(n) *f(pl.)*; in e-m alten Stil nachgemachtes Möbelstück *n*; *fig.* schon Dagewesenes *n*, alte Geschichte *f*.

vif (vif) **I** *adj.* [7e] □ **1.** lebend, lebendig; ⚡ unter Spannung; **2.** unverdorben, frisch; *chair f vive* frisches, gesundes Fleisch *n* (*physiol.*); *chaux vive* ungelöschter Kalk *m*; *eau f vive* Quellwasser *n*; *haie f vive* grüne (*od.* lebende) Hecke *f*; **3.** lebhaft, munter, rege, regsam, flink, aufgeweckt; feurig, energisch; *avoir l'œil* (*od. le regard*) ~ ein funkelndes Auge haben; *teint m* ~ gesunde Gesichtsfarbe *f*; *prendre une vive part à qch.* e-n lebhaften Anteil an etw. (*dat.*) nehmen; *advt. de* (*vive*) *force* mit (offener) Gewalt; gewaltsam; *de vive voix* mündlich; **4.** *fig.* empfindlich, scharf, eindringlich; heftig, hitzig, drastisch; *froid m* ~ empfindliche Kälte *f*; ~*s reproches* heftige Vorwürfe *m/pl.*; **II** *advt.* ⚠, *charp.* **5.** *à* ~ roh, stumpf; **III** *m* **6.** Lebender *m*; lebendes, gesundes Fleisch *n*, Leben *n*; *phot. prendre une photo sur le* ~ etw. lebend aufnehmen; **7.** *fig.* Kern *m*, Kernpunkt *m*; *piquer* (*od. toucher*) *q. au* ~ j-n zutiefst treffen, j-n empfindlich (*od.* schwer) beleidigen; *prendre sur le* ~ dem wirklichen Leben entnehmen; *trancher* (*od. couper*) *dans le* ~ ins Fleisch schneiden; *fig.* energische Maßnahmen ergreifen; mit j-m kurzen Prozeß machen, schädliche Verbindungen plötzlich abbrechen; den wunden Punkt treffen; auf Liebgewordenes verzichten; *être touché au* ~ von etw. (*dat.*) tief gerührt sein; **8.** ~ *de l'eau* Springflut *f*.

vif-argent ⚗ (vifar'ʒɑ̃) *m* Quecksilber *n*.

vigie (vi'ʒi) *f* **1.** ⚓ (Schiffs-)Wache *f auf dem Mast*, Ausguck *m*; *être en* ~ auf Wache sein; *fig.* auf der Lauer liegen; **2.** 🚂 Bremser-häuschen *n*, -sitz *m*; **3.** ⚓ a) kleine Klippe *f*, kleines Riff *n*; b) *Art* Boje *f*.

vigil|ance (viʒi'lɑ̃:s) *f* Wachsamkeit *f*; *endormir la* ~ *de q.* j-n in Sicherheit wiegen; *tromper la* ~ *de q.* sich der Aufsicht j-s zu entziehen wissen; **~ant** (~'lɑ̃) *adj.* [7] wachsam, umsichtig.

vigile *cath.* (vi'ʒil) *f* Vorabend *m* (*e-s Festes*), Fasttag *m*.

vigne (viɲ) *f* **1.** Wein-rebe *f*, -stock *m*; *cep m de* ~ Weinstock *m*; *feuille f de* ~ Weinblatt *n*; **2.** Weinberg *m*; *fig.* F *être dans les* ~*s du Seigneur* betrunken (*od.* angeheitert) sein, blau sein; **3.** ⚘ ~ *vierge* (*od. folle*) wilder Wein *m*; **~ron** (viɲə'rɔ̃) [7c] **I** *su.* Winzer *m*; *fête f des* ~*s* Winzerfest *n*; **II** *adjt. hélice f* ~*ne* Weinbergschnecke *f*.

vignette (vi'ɲɛt) *f* **1.** *a. phot.* Vignette *f*, Titelbildchen *n*, Randzeichnung *f*, Titelkupfer *n*; **2.** ⚘ Sumpfspierstaude *f*; blaue Waldrebe *f*; einjähriges Bingelkraut *n*; **3.** *Auto*: Kraftwagen-, Auto-steuer *f*; **4.** (Mitglieds-)Abzeichen *n*.

vignoble (vi'ɲɔblə) **I** *adj.* weinbauend, *nur in*: *pays m* ~ Weinland *n*; **II** *m* Wein-berg *m*, -gegend *f*, -gut *n*.

vignon ⚘ (vi'ɲɔ̃) *m* Stechginster *m*.

vigogne (vi'gɔɲ) *f* **1.** *zo.* Wikunja *f* (*Art Lama*); **2.** ✝ Vigognewolle *f*.

vigoureux (vigu'rø) *adj.* [7d] kräftig, stark, rüstig, nachdrücklich, entschlossen, energisch; *esprit m* ~ Tatkraft *f*, Lebensbejahung *f*; *langue f vigoureuse* derbe Sprache *f*; *peint. des tons* ~ kräftige Farbtöne *m/pl.*

vigueur (vi'gœ:r) *f* **1.** Lebens-, Vollkraft *f*, Rüstigkeit *f*; *dans la* ~ *de l'âge* in den besten Jahren; *manque m de* ~ Kraftlosigkeit *f*, Mattigkeit *f*, Energielosigkeit *f*; *plein de* ~, *débordant de* ~ kraftstrotzend; ~ *d'esprit* Scharfsinn *m*; *reprendre* (*de la*) ~ wieder zu Kräften kommen; **2.** Festigkeit *f*, Nachdruck *m*; *peint.* Kräftigkeit *f*; **3.** *mise f en* ~ Inkrafttreten *n*; Inkraftsetzung *f*; *entrer en* ~ in Kraft treten; *être en* ~ gültig (*od.* in Kraft) sein.

vil (vil) *adj.* □ niedrig; *fig.* gemein, niederträchtig, widerlich, verächtlich; *à* ~ *prix* zu e-m Spottpreis, spottbillig; *marchandise f vendue à* ~ *prix* Schleuderware *f*; *de* ~ *prix* von geringem Wert; *de condition* ~*e* von niedriger Herkunft; ~ *courtisan m* Speichellecker *m* (*am königlichen*

Hofe).

vilain (vi'lɛ̃) **I** *adj.* [7] □ **1.** † unadelig, bäuerisch; **2.** *péj.* gemein, widerlich, abstoßend, niederträchtig, niedrig, verworfen; *il est fort* ~ *à vous de ...* es ist gemein (*od.* sehr unrecht) von Ihnen, zu ...; **3.** *péj.* garstig, häßlich, böse, unangenehm, lästig, schlecht; gefährlich; Lage *f*; *fig. il est dans de* ~*s draps* er ist übel dran; F *il fait* ~ es ist scheußliches Wetter; **4.** ungezogen, unartig; unpassend, unanständig; *de* ~*es habitudes* Ungezogenheiten *f/pl.*; **II** *m* **5.** † Bauer *m*, Unadliger *m*, Leibeigner *m*; Mensch *m* von niedriger Herkunft; **6.** *mv.p. fig.* Flegel *m*; Kerl *m*; *prov. à* ~, ~ *et demi* auf e-n groben Klotz gehört ein grober Keil; **7.** ungezogenes Kind *n*.

vilainement (vilɛn'mɑ̃) *adv.* in gemeiner Weise, auf widerliche Art.

vilayet (vila'jɛ) *m* Wilajet *n* (*Verwaltungsbezirk in der Türkei*).

vilebrequin ⊕ (vilbrə'kɛ̃) *m* Bohrkurbel *f*, Drehbohrer *m*; Kolbenstange *f*; (*arbre m de*) ~ Kurbelwelle *f*.

vile|ment (vil'mɑ̃) *adv.* gemein; schnöde; ~**nie** (vil'ni) *f* Gemeinheit *f*, Niederträchtigkeit *f*, Schlechtigkeit *f*, Schändlichkeit *f*; Zote *f*; schmutziger Geiz *m*; ~*s f/pl.* gemeine Reden *f/pl.*, Zoten *f/pl.*, beleidigende Worte *n/pl.*; ~**té** (vil'te) *f* (*a.* **vilité** [vili'te]) **1.** Niedrigkeit *f des Preises*, Billigkeit *f*; Minderwertigkeit *f*, Wertlosigkeit *f*; **2.** *péj.* Gemeinheit *f*,

vilipender (vilipɑ̃'de) *v/t.* [1a] heruntermachen (*Sachen od. Personen*); verunglimpfen (*Personen*).

villa (vi'la) *f* Villa *f*, Landhaus *n*; ~ *individuelle* Einfamilienhaus *n*.

villa|ge (vi'la:ʒ) *m* Dorf *n*; ~ *scolaire* Schuldorf *n*; ~ *de toile* Zeltstadt *f* (*Camping*); *fête f de* ~ Kirchweih *f*, Kirmes *f*; *fig. le coq du* ~ der Angesehenste im Dorfe; ~**geois** (~la'ʒwa) [7] **I** *adj.* bäuerlich, ländlich, Dorf...; **II** *su.* Dorfbewohner *m*, Landmann *m* (*f*: Landfrau *f*, Landmädchen *n*), Bauer *m* (*f*: Bäuerin).

villanelle (vila'nɛl) *f* Hirtenlied *n*; Bauerntanz *m*.

ville (vil) *f* Stadt *f*; *en* ~ hier (*auf Briefen*); *aimer la* ~ gern in der Stadt leben; ~ *d'eau* Badeort *m*; ~ *forte* befestigte Stadt *f*; ~ *frontière* Grenzstadt *f*; ~ *maritime* Seestadt *f*; *petite* ~ Städtchen *n*, Kleinstadt *f*; *vieille* ~ Altstadt *f*; *bruit m de* ~ Stadtgerücht *n*; *habit m de* ~ Straßenanzug *m*; *hôtel m de* ~ Rathaus *n*; *un tour de* (*od. en*) ~ ein Gang durch die Stadt; *être en* ~ nicht zu Haus sein, ausgegangen sein; *déjeuner en* ~ auswärts essen; ~**-frontière** (~frɔ̃'tjɛ:r) *f* [6b] Grenzstadt *f*.

villégiat|eur (vileʒja'tœ:r) *m* Sommerfrischler *m*; ~**ure** (~'ty:r) *f* Sommerfrische *f*; Sommeraufenthalt *m*; *personnes f/pl. en* ~ Sommerfrischler *m/pl.*, -gäste *m/pl.*; *être en* ~ in der Sommerfrische sein; *plais.* im Kittchen sitzen; *aller en* ~ Sommerferien machen; ~**urer** (~ty're) *v/i.* [1a] in der Sommerfrische sein.

vill|eux (vi'lø) *adj.* [7d] zottig; ~**iforme** (~li'fɔrm) *adj.* zottenförmig.

villosité (vilozi'te) *f* Behaartheit *f*; Zottigkeit *f*, zottiges Fell *n*; *anat.* ~*s f/pl. intestinales* Darmzotten *f/pl.*

vin (vɛ̃) *m* Wein *m*; ~ *blanc* Weißwein *m*; ~ *rouge* Rotwein *m*; ~ *chaud* Glühwein *m*; ~ *doux* Most *m*; ~ *en cercles* (*od. en fût*[*s*] *od. tiré du fût*) Faßwein *m*, Wein *m* in Gebinden; ~ *en bouteilles* Flaschenwein *m*; ~ *coupé* verschnittener Wein *m*; ~ *de l'étrier* Abschiedstrunk *m*; *une goutte de* ~ ein Schluck Wein; *grands* ~*s* beste (*od.* edle) Weine *m/pl.*; *gros* ~, ~ *fort*, ~ *lourd* schwerer Wein *m*; ~ *léger* leichter Wein *m*; ~ *d'honneur* Ehrentrunk *m*; ~ *de ménage*, ~ *de table* leichter Tischwein *m*; ~ *mousseux* Schaumwein *m*; ~ *obligatoire* Weinzwang *m*; ~ *d'origine* naturreiner Wein *m*, Naturwein *m*; *petit* ~ Landwein *m*, geringer Wein *m*; *pot-de-vin m* Schmiergeld *n*; ~ *de propriétaire* Wein *m* aus eigner Ernte, Eigenbau *m*; ~ *reposé* abgelagerter Wein *m*; ~ *rosé* Schillerwein *m*, halbroter Wein *m*; ~ *de raisins secs* Sekt *m*; *marchand m de* ~ Weinhändler *m*; *tache f de* ~ rotes Muttermal *n*; *il a une pointe de* ~, *il est pris de* ~ er hat e-n Schwips; F *cuver son* ~ s-n Rausch ausschlafen; F *sac n à* ~ Trinker *m*, Säufer *m*; *mettre de l'eau dans son* ~ gelindere Saiten aufziehen; *le* ~ *est tiré, il faut le boire* wer A sagt, muß auch B sagen.

vinage (vi'naːʒ) *m* Alkoholzusatz *m*.
vinai|gre (vi'nɛːgrə) *m* **1.** (Wein-) Essig *m*; *mettre au ~* in Essig legen; *cornichons m/pl. au ~* saure Gurken *f/pl.*; **2.** *fig.* Schärfe *f*, Bitterkeit *f der Worte*; P *faire ~* sich beeilen; **~grer** (~nɛ'gre) *v/t.* [1a] mit Essig zubereiten; **~grerie**(~grə'ri) *f* Essigfabrik *f*; **~grette** (~'grɛt) *f* **1.** *cuis.* Salatsoße *f*; *bœuf m à la ~* Rindfleischsalat *m*; **2.** * grüne Minna *f* (*Polizeiwagen*); **3.** † *ehm.* zweirädriger Handwagen *m*, *in dem man sich fahren ließ*; **~grier** (~gri'e) *m* **1.** Essig-fabrikant *m*, -händler *m*; **2.** Essigflasche *f*.
vinaire (vi'nɛːr) *adj.* Wein...; *industrie f ~* Weinindustrie *f*.
vinasse F (vi'nas) *f* Nachwein *m*; P schlechter Wein *m*.
vindas (vɛ̃'dɑ, ~'das) *m* **1.** ⚓ Schiffswinde *f*, Spill *n*; **2.** ⊕ Göpel *m*; **3.** *gym.* Rundlauf *m* (*Turngerät*).
vin|dicatif (vɛ̃dika'tif) [7e] **I** *adj.* rach-süchtig, -gierig; *caractère m ~* Rachsucht *f*; *justice f vindicative* strafende Gerechtigkeit *f*; **II** *su.* Rachsüchtiger *m*; **~dicte** ⚖ (~'dikt) *f* Sühnung *f*, Ahndung *f*.
vin|ée (vi'ne) *f* **1.** Weinernte *f*; **2.** Gärkeller *m*; **3.** Rebenzweig *m*; **~er** (~) *v/t.* [1a] *dem Wein* Alkohol zusetzen.
vinette ⚘ (vi'nɛt) *f* Sauerampfer *m*.
vineux (vi'nø) *adj.* [7d] **1.** stark, feurig, gehaltvoll (*Wein*); **2.** weinartig, nach Wein schmeckend *od.* riechend; **3.** mit Reben bepflanzt; *contrée f vineuse* Weingegend *f*; **4.** weinreich; *année f vineuse* gutes Weinjahr *n*; **5.** *d'un ton ~* weinfarben; *rouge ~* weinrot.
vingt (vɛ̃; *vor Vokalen und in Zssgn* vɛ̃t...) **I** *adj./n.c.* **1.** zwanzig; *~ et un* einundzwanzig; *inv. vor mille + f*: *~ et un mille tonnes de grain* einundzwanzigtausend Tonnen Korn; *aber vor adj. + mille + f*: *~ et une bonnes mille livres de rente* einundzwanzig gute Pfund Rente; **2.** *fig.* *~ fois* sehr oft; **II** (vɛ̃) *m* Zwanzig *f*; *le ~ (du mois)* der Zwanzigste (des Monats); **~aine** (vɛ̃'tɛn) *f* **1.** etwa zwanzig; **2.** zwanzig Stück *n/pl.*; **~enier** (vɛ̃tə'nje) *adj. u. su.* [7b] zwanzigjährig; Zwanzigjähriger *m*; **~ième** (~'tjɛm) **I** *adj./n.o.* zwanzigste(r, s); zwanzigstel; **II** *su.* Zwanzigste(r, s); **III** *m* Zwanzigstel *n*; **~tièmement** (vɛ̃tjɛm'mɑ̃) *adv.* zwanzigstens; **~uple** (vɛ̃'typlə) *adj.* zwanzigfach.
vini|cole (vini'kɔl) *adj.* weinbauend; *région f ~* Weingegend *f*; **~culture** (~kyl'tyːr) *f* Weinbau *m*; **~fère** (~'fɛːr) *adj.* weinerzeugend.
vinifica|teur (vinifika'tœːr) *m* Gärkolben *m*, Gärspund *m*; **~tion** (~kɑ'sjɔ̃) *f* Weinbereitung *f*.
vin|ique ⚗ (vi'nik) *adj.* Wein...; *éther m ~* Weinäther *m*; **~osité** (~nozi'te) *f* **1.** Gehalt *m* an Weingeist, Weingehalt *m*; **2.** weinartiger Geschmack *m*.
vinyl|e ⚗ (vi'nil) *m* Vinyl *n*; *resine f de ~* Vinylharz *n*; **~ique** ⚗ (~'lik) *adj.* Vinyl...
viol (vjɔl) *m* Vergewaltigung *f*, Notzucht *f*.
viola|bilité (vjɔlabili'te) *f* Verletzbarkeit *f*; **~ble** (~'lablə) *adj.* verletzbar.
viola|cé (vjɔla'se) *adj.* **1.** veilchenblau, violett; **2.** veilchenartig; **~cer** (~) *v/i.* [1k] ins Violette übergehen.
violat *phm.* (vjɔ'la) *adj./m* Veilchen...
viola|teur (vjɔla'tœːr) *su.* [7f] Übertreter *m* von Gesetzen; *rl.* Kirchen-, Grab-schänder *m*; **~tion** (~lɑ'sjɔ̃) *f* **1.** ⚖ Übertretung *f*, Verletzung *f*, Zuwiderhandlung *f*, strafbare Handlung *f*; *~ de frontière*, *~ de brevet* Grenz-, Patent-verletzung *f*; *~ de domicile* Hausfriedensbruch *m*; **2.** Schändung *f*, Entweihung *f*; *~ de sépulcre* Grabschändung *f*.
violâtre (vjɔ'lɑːtrə) *adj.* hellviolett; blau angelaufen.
viole ♪ (vjɔl) *f* Viola *f*, Bratsche *f*; *~ de gambe* Gambe *f*.
viol|ence (vjɔ'lɑ̃ːs) *f* **1.** Heftigkeit *f*, Wildheit *f*, Leidenschaftlichkeit *f*, Ungestüm *n*; **2.** Gewalttätigkeit *f*; *faire ~ à q.* j-m Gewalt antun; j-n mit Gewalt zwingen; *se faire ~* sich Zwang auferlegen, sich beherrschen, an sich halten; *user de ~* Gewalt anwenden, gewaltsam verfahren; ⚖ *être recherché pour ~s sur une fillette* wegen Vergewaltigung e-s Mädchens gesucht werden; **~ent** (~'lɑ̃) *adj.* [7] (*adv. violemment* [~la'mɑ̃]) **1.** heftig gewaltig, ungestüm; *l'exercice ~* (die) tüchtig(e) Bewegung *f*; *les sports ~s* kräftige sportliche Bewegung *f*; **2.** gewalttätig; *mort f ~e* gewaltsamer Tod *m*; **3.** *c'est ~!* das ist doch zu stark (*od.* toll)!; **~enter** (~lɑ̃'te) *v/t.* [1a] Gewalt antun

(*dat.*), vergewaltigen; **~er** (vjɔ'le) *v/t.* [1a] **1.** verletzen, übertreten; ~ *son serment* s-n Eid brechen; **2.** entheiligen, schänden; **3.** vergewaltigen, notzüchtigen.

violet (vjɔ'lɛ) **I** *adj.* [7c] violett, veilchenblau; *fig. contes m/pl.* ~*s* Ammenmärchen *n/pl.*; **II** *m* Veilchenblau *n*; **~te** (~'lɛt) *f* Veilchen *n*.

violier ⚘ (vjɔ'lje) *m* Lewkoie *f*.

violiste (vjɔ'list) *su.* Bratschenspieler *m*.

violon (vjɔ'lɔ̃) *m* **1.** ♪ Geige *f*, Violine *f*; *il joue du* ~ er spielt Geige; **2.** Geiger *m*, Geigenspieler *m*, Violinist *m*; F *payer les* ~*s* die Kosten tragen; **3.** P Arrestzimmer *n*, Polizeigewahrsam *n*, Loch *n* P, Kittchen *n*; *mettre au* ~ ins Kittchen stecken; **~celle** ♪ (~'sɛl) *m* Cello ('tʃɛlo) *n*; **~celliste** ♪ (~sɛ'list) *su.* Cellist (tʃɛ'list) *m*, Cellospieler *m*; **~iste** ♪ (vjɔlɔ'nist) *su.* Violinist *m*, Geiger *m*.

viorne ⚘ (vjɔrn) *f* Schneeball *m*.

vi|père (vi'pɛ:r) *f* Viper *f*; *fig. langue f de* ~ Lästerzunge *f*; **~pereau** (vi'pro) *m* [5b] kleine Viper *f*; **~périn** (~pe'rɛ̃) *adj.* [7] Vipern…; Schlangen…; *fig.* garstig.

virage (vi'ra:ʒ) *m* **1.** Drehen *n* (⚓ *des Gangspills*); Wendung *f*; **2.** *a. Auto*: Kurve *f*; ✈ ~ (*à la verticale* Flügel-)Kehrtkurve *f*; *Sport*: ~ *en épingle à cheveux* Haarnadelkurve *f*; *s'engager dans le* ~ in die Kurve gehen; *prendre un* ~ (*à la corde*) eine Kurve nehmen (schneiden); **3.** *phot.* Tonen *n*, Tonung *f*; *bain m de* ~ *fixage* Tonfixierbad *n*; **4.** *Sport*: Wendepunkt *m*, Kurve *f*.

virago (vira'go) *f* Mannweib *n*.

vire (vi:r) *f* **1.** schmale Felsterrasse *f*; Serpentine *f*; **2.** ⚕ Nagelgeschwür *n*.

virée (vi're) *f* **1.** Wendung *f*; **2.** *for.* Abschätzung *f* e-s Schlages nach Baumreihen; **3.** F Bummel *m*; *Auto* F: Spazierfahrt *f*; F ~ *en bagnole* Spritztour *f*.

virelai *litt.* (vir'lɛ) *m* altes, kurzes Zweireimgedicht *n* mit Refrain.

virement (vir'mɑ̃) *m* **1.** ⚓ ~ *de bord* Wenden *n* des Schiffes; *fig.* Schwenkung *f*; **2.** ⚚ Überweisung *f*, Abrechnung *f*, Girobuchung *f*, Umbuchung *f*, Ausgleichung *f*; *compte m de* ~ *en banque* Bankgirokonto *n*; *par* ~ im Giroverkehr; *opérer un* ~ e-e (Geld-)Überweisung *od.* den Ausgleich e-r Rechnung *od.* e-s Kontos vornehmen *od.* ausführen.

virer (vi're) [1a] **I** *v/i.* **1.** e-e Kurve fahren; *tourner et* ~ sich drehen und wenden; *fig.* Ausflüchte suchen; **2.** ⚓ wenden; ~ *de bord* das Schiff drehen; *fig.* e-e Schwenkung machen, s-e Meinung ändern; ~ *au large* (*à la côte*) seewärts (nach der Küste) steuern; **3.** ~ *au jaunâtre* ins Gelbliche übergehen (*od.* schlagen); ~ *à l'aigre* sauer werden (*Wein*); **II** *v/t.* **4.** drehen, wenden; ⊕ e-n Motor umschalten; **5.** *phot.* tonen; **6.** ⚚ überweisen; umbuchen, girieren.

vireux (vi'rø) *adj.* [7d] giftig, schädlich (*Pflanze*); ekelhaft, widerlich (*Geschmack, Geruch*).

vire|vau [5b], *auch* **~vaut** ⚓ (vir'vo) *m* kleines Kettenspill *n*; **~vaude** (~'vo:d) *m od.* **~-vire** (~'vi:r) *f* [6c] Wirbel *m*, Strudel *m*; **~volte** *man.* (~'vɔlt) *f* Kreisschwenkung *f*; plötzliches Kehrtmachen *n*; *fig.* plötzliche Schwenkung *f*, plötzlicher Umschwung *m*; **~volter** (~vɔl'te) *v/i.* [1a] hin u. her fliegen, herumwirbeln.

Virgile *litt.* (vir'ʒil) *m* Vergil *m*.

virgi|nal (virʒi'nal) *adj.* [5c] □ jungfräulich; *fig.* rein; **~nité** (~ni'te) *f* Jungfräulichkeit *f*; *fig.* Reinheit *f*; ~ *de l'esprit* Unbefangenheit *f*, geistige Aufgeschlossenheit *f*.

virgul|e (vir'gyl) *f* **1.** *gr.* Komma *n*, Beistrich *m*; **2.** ⚕ *bacille m* ~ Kommabazillus *m* (*Erreger der Cholera*); **3.** *horl.* Hakenhemmung *f*; **~er** (~'le) *v/t. u. v/i.* [1a] *gr.* mit Kommata versehen.

viridité (viridi'te) *f* Grün *n*.

viril (vi'ril) *adj.* □ **1.** männlich; *âge m* ~ Mannesalter *n*; ⚖ *portion f* ~*e* Mannsteil *m od. n*; **2.** *fig.* mannhaft, entschlossen; **~iser** (~li'ze) *v/t.* [1a] e-n männlichen Charakter *od.* männliche Kraft verleihen (*q.* j-m); vermännlichen; **~ité** (~li'te) *f* Mannesalter *n*; Mannbarkeit *f*, Männlichkeit *f*, Manneskraft *f*.

virol|e (vi'rɔl) *f* Griffring *m* (*z.B. am Messer*); Zwinge *f an e-m* Stiel, Manschette *f*; **~er** (~'le) *v/t.* [1a] mit e-m Metallring versehen.

virologie ⚕ (virɔlɔ'ʒi) *f* Virusforschung *f*.

virtu|alité (virtɥali'te) *f* Virtualität *f*, Wirkungsfähigkeit *f*; innere Kraft *f*; *éc.* ~*s pl.* noch nicht ausgebeutete Hilfsquellen *f/pl.*; **~el** (~'tɥɛl) *adj.* [7c] □ **1.** *allg.* wirkungs-fähig, -möglich, dem Wesen (Inhalt) nach vorhanden, möglich, eigentlich, theoretisch vorhanden, *fig.* schlummernd; *faculté f ~le* schlummernde Fähigkeit *f*; **2.** *opt. foyer m ~* virtueller Bildpunkt *m*; *image f ~le* scheinbares (virtuelles) Bild *n*; **3.** *phys. chaleur f ~le* imaginäre (*od.* virtuelle) Wärme *f*; *déplacement m ~* virtuelle (*nur gedachte, od. minimale*) Veränderung *f* (*od.* Verschiebung *f*) e-s Körpers; *travail m ~* virtuelle Energie *f* (*od.* Arbeitsfähigkeit *f*); **4.** *phil.* virtuell, kraftbegabt, möglich, potentiell; **~ellement** (~tɥɛl'mɑ̃) *adv.* dem Wesen (der Wirkungskraft) nach, eigentlich, im Grunde genommen, grundsätzlich, von vornherein bestimmt, praktisch; *une armée ~ défaite* ein praktisch geschlagenes Heer; **~ose** (~'tɥo:z) *su.* Virtuose *m*, Spieler *m* ersten Ranges; *allg.* begabter Künstler *m*; **~osité** *bsd.* ♪ (~tɥozi'te) *f* Virtuosität *f*, Kunstfertigkeit *f*, hoher Grad *m* künstlerischen Schaffens.

viru|lence (viry'lɑ̃:s) *f* Virulenz *f*, Bösartigkeit *f*, Ansteckungsfähigkeit *f*, Giftigkeit *f*; *fig.* Bissigkeit *f*; **~lent** (~'lɑ̃) *adj.* [7] virulent, sehr ansteckend, bösartig, giftig; *fig.* bissig.

virure ⚓ (vi'ry:r) *f*: *~ de bandages* [Plankengang *m*.]

virus ⚕ (vi'rys) *m* Virus *m*, Gift-, Ansteckungs-stoff *m*; *maladie f à ~* Viruskrankheit *f*.

vis (vis) *f* **1.** ⊕ Schraube *f*; *~ en laiton* Messingschraube *f*; *~ sans fin* Schnecke(ngewinde *n*) *f*; *~ filetée* Gewindeschraube *f*; *rad. ~ de réglage* Stell-, Regulier-schraube *f*; *~ (de réglage) micrométrique* Mikrometerschraube *f*; *~ de fixage* Klemmschraube *f*; *~ de scellement* Steinschraube *f*; *~ à tête carrée* Vierkantschraube *f*; *~ à tête demi-ronde* Halbrundschraube *f*; *~ à tête goutte de suif* Linsenschraube *f*; *~ à tête noyée* Senkschraube *f*; *~ d'Archimède* Schraube *f* ohne Ende, Schnecke *f*, Wasserschraube *f*, Archimedische Spirale *f*; *~ femelle* Schraubenmutter *f*; *escalier m à ~* Wendeltreppe *f*; **2.** ⊕ Schraubengang *m*; **3.** *zo.* Schraubenschnecke *f*; **4.** F *serrer la ~ à q.* j-n kurz halten.

visa (vi'za) *m* Visum *n*, Sichtvermerk *m*; *~ consulaire* Konsulatsvisum *n*; *~ de sortie (d'entrée)* Ausreise-(Einreise-)visum *n*.

visag|e (vi'za:ʒ) *m* **1.** Gesicht *n*, Angesicht *n*, Antlitz *n*; Miene *f*; Gesichtsbildung *f*; *trouver ~ de bois* niemanden antreffen; *à ~ découvert* unverschleiert; *fig.* ohne Verstellung, offen, frei; *fig. un homme à deux ~s* ein Mensch mit zwei Gesichtern; *avoir bon ~* recht munter aussehen; *changer de ~* die Farbe wechseln; eine andere Miene aufsetzen; **2.** *fig.* Person *f*, Figur *f*; F *épouser un ~* eine Frau ihres hübschen Gesichts wegen heiraten; **~iste** ⚕ (~za'ʒist) *m* Gesichtschirurg *m*.

vis-à-vis (viza'vi) **I** *adv. u. prp.* gegenüber; *tout ~* gerade gegenüber; *être ~ l'un de l'autre* einander gegenüberstehen; *il se plaça ~ de moi* er setzte sich mir gegenüber; *fig. se trouver ~ de rien* vor einem Nichts stehen, mittellos sein; *ingrat ~ de q.* undankbar j-m gegenüber; *vor su. auch der acc. möglich*: *~ la mairie* gegenüber dem Rathaus; **II** *m* [6c] **1.** Visavis *n*, Gegenüber *n* (*Person*); *être le ~ de q.* j-m gegenüber-stehen *od.* -sitzen; *faites-moi ~* setzen Sie sich mir gegenüber; **2.** leichte vierrädrige Kalesche *f*.

vis|céral *anat.* (vise'ral) *adj.* [5c] Eingeweide...; **~cères** *anat.* (vi'sɛ:r) *m/pl.* Eingeweide *n/pl.*

viscos|e *text.* (vis'ko:z) *f* Viskose *f*; **~imètre** *text.* (~kozi'mɛtrə) *m* Viskosimeter *m* (*od. n*) (*Gerät zur Messung der Zähigkeit e-r Flüssigkeit*); **~ité** (~kozi'te) *f* Viskosität *f*, Zähflüssigkeit(sgrad *m*) *f*.

vise! P (vi:z) *int.* sieh' mal!

visée (vi'ze) *f* Zielen *n*; *fig.* Augenmerk *n*, Absicht *f*; *avoir de hautes ~s* hoch hinauswollen; *avoir des ~s sur qch.* es auf etw. (*acc.*) abgesehen haben; ⚔ *appareil m de ~s à lunette* Fernrohrvisier *n*.

viser[1] (vi'ze) [1a] **I** *v/i.* **1.** *~ à qch.* auf etw. (*acc.*) zielen; *ne ~ nulle part* nirgends hinzielen; **2.** *fig. ~ à qch.* es auf etw. (*acc.*) absehen, nach etw. (*dat.*) trachten; *~ à l'effet* nach Effekt haschen; *~ trop haut* zu hoch hinauswollen; **II** *v/t.* **3.** *~ la cible* auf die Scheibe zielen; **4.** *fig.* es abgesehen haben auf (*acc.*); ins Auge fassen; hinweisen auf (*acc.*); sich beziehen auf (*acc.*) (*z.B.*

Vertrag); ~ *un article du code* sich auf einen Paragraphen des Gesetzbuchs berufen; *c'est vous que je vise* Sie meine ich; ~ *q.* j-n aufs Korn nehmen.

viser² (~) *v/t.* [1a] visieren, beglaubigen.

viseur (vi'zœ:r) **I** *su.* [7g] Zieler *m*; **II** *m* Visier *n*; *phot.* Bildsucher *m*; ~ (*grossissant*) Zielfernrohr *n*; ~ *de bombardement* Bombenzielvorrichtung *f*; *phot.* ~ *à cadre* Rahmensucher *m*; ~ *angulaire* Winkelsucher *m*; ~ *gradué* Visier *n* mit Skala; **~-télémètre** *phot.* (~tele'mɛtrə) *m* [6a] Lichtsucher *m*.

visi|bilité (vizibili'te) *f* Sichtbarkeit *f*; Sicht(igkeit *f*) *f*; ~ *limitée* (*parfaite*) beschränkte (unbeschränkte) Sicht *f*; ~ *vers le bas* (*vers l'avant, vers l'arrière, vers le haut*) Sicht *f* nach unten (nach vorn, nach hinten, nach oben); **~ble** (vi'ziblə) *adj.* □ **1.** sichtbar; être ~ zu sprechen sein; **2.** offensichtlich, augenscheinlich, sichtlich, offenkundig; **~blement** (~ziblə'mɑ̃) *adv.* sichtbar, sichtlich.

visière (vi'zjɛ:r) *f* **1.** *ehm.* Visier *n*, Helmgitter *n*; **2.** Schirm *m e-r Mütze*; **3.** F *avoir la* ~ *nette* klar sehen; *donner dans la* ~ *à q.* j-n betören (*od.* bezirzen F); *avoir la* ~ *courte fig.* auf der Oberfläche bleiben, nicht tiefer eindringen; *lever la* ~ Farbe bekennen; *rompre en* ~ *à q.* mit j-m kurzerhand brechen, j-m s-e Meinung ins Gesicht sagen; **4.** ⚔ Visier *n* e-r Schußwaffe.

visigoth (vizi'go) **I** *adj.* westgotisch; **II** ♀ Westgote *m*.

vision (vi'zjɔ̃) *f* **1.** Sehen *n*, Schauen *n*; **2.** Vision *f*, Erscheinung *f*, Traumbild *n*, Hirngespinst *n*; **~naire** (~zjɔ'nɛ:r) **I** *adj.* geistersehend, schwärmerisch, phantasievoll, träumerisch; **II** *su.* Seher *m*, Schwärmer *m*, Träumer *m*, Phantast *m*, Geisterseher *m*; **~ner** *cin.* (~'ne) *v/t.* [1a] mit dem Bildwerfer betrachten; *allg.* in Augenschein nehmen; **~neuse** *cin.* (~'nø:z) *f* Bild-werfer *m*, -betrachter *m*.

visitat|eur (vizita'tœ:r) *su.* [7f] Besucher *m* von Kranken *od.* Hilfsbedürftigen; **~ion** *rl.* (~tɑ'sjɔ̃) *f*: *la* ~ *de la Vierge* die Heimsuchung *f* Mariä; **~rice** *rl.* (~ta'tris) *f* mit der Visitation von Klöstern beauftragte Klosterschwester *f*.

visit|e (vi'zit) *f* **1.** Besuch *m*; ~ *de condoléance* Beileidsbesuch *m*; *venir en* ~ zu Besuch kommen; ~ *de courtoisie*, ~ *de politesse* Höflichkeitsbesuch *m*; ~ *de cérémonie* Anstands-, Pflicht-besuch *m*; *faire une* ~ (*od. rendre* ~) *à q.*, *aller en* ~ *chez q.* j-n besuchen, j-m e-n Besuch abstatten, bei j-m vorsprechen; *carte f de* ~ Visitenkarte *f*; ~ *guidée* Führung *f* (*durch ein Museum*); **2.** *rl.* Visitation *f*; **3.** Besichtigung *f*; ~ *de cadavre* Leichenschau *f*, Obduktion *f*; **4.** Untersuchung *f*; Durchsuchung *f*; ~ *domiciliaire* Haussuchung *f*; ~ *médicale* ärztliche Untersuchung *f*; ~ *des bagages* Zollrevision *f*, Gepäckkontrolle *f*; **~e-éclair** (~e'klɛ:r) *f* [6b] Blitzbesuch *m*; **~er** (~'te) *v/t.* [1a] **1.** besichtigen, sich ansehen, *aus Neugier* be-, aufsuchen (*in dieser Bedeutung nie mit e-r Person im acc. verbinden!*); ~ *une ville* e-e Stadt besichtigen, besuchen; **2.** ⚕ untersuchen (*einen Kranken*); **3.** durchsuchen (*einen Koffer*); **4.** *rl.* heimsuchen; **~eur** (~'tœ:r) *su.* [7f] **1.** Besucher *m*, Gast *m*; ~ *de foire*, ~ *forain* Messebesucher *m*; *infirmière f visiteuse* Sozial-, Gesundheits-fürsorgerin *f*; **2.** Besichtiger *m*, Beschauer *m*, Kontrolleur *m*; Überprüfer *m*; ~ (*de douane*) Zollkontrolleur *m*.

vison (vi'zɔ̃) *m* **1.** *zo.* Nerz *m*; **2.** ✝ Nerz-fell *n*, -mantel *m*.

visqueux (vis'kø) *adj.* [7d] klebrig, zähflüssig, dickflüssig.

vissage ⊕ (vi'sa:ʒ) *m* An- *od.* Zusammen-schrauben *n*.

visser ⊕ (vi'se) *v/t.* [1a] an-, festschrauben.

visserie ⊕ (vis'ri) *f* Schraubenherstellung *f*.

Vistule (vis'tyl) *f*: *la* ~ die Weichsel *f*.

visu (vi'zy): **de** ~ *advt.* aus eigener Anschauung; *j'en parle de* ~ ich habe es mit eigenen Augen gesehen.

visuel (vi'zɥɛl) *adj.* [7c] □ Seh..., visuell, Gesichts...; *anat. nerf m* ~ Sehnerv *m*; *sens m* ~ Gesichtssinn *m*; **~lement** *adv.* visuell, mit den Augen.

vital (vi'tal) *adj.* [5c] zum Leben gehörig, Lebens..., lebensnotwendig; grundlegend, Ur...; unumgänglich; vital, zähe; *les phénomènes vitaux* die Lebenszeichen *n/pl.*; *espace m* ~ Lebensraum *m*; (*d'intérêt*) ~ lebenswichtig; **~iser** (~li'ze) *v/t.* [1a] Lebenskraft geben (*dat.*), beleben (*acc.*); **~isme** *phil.* (~'lism) *m* Vitalismus *m*, Lehre *f* vom Lebensprinzip; **~iste** (~'list) *m* Anhänger *m* des Vitalismus; **~ité** (~li'te) *f* Lebenskraft *f*, Vitalität *f*, Zähigkeit *f*.

vitamin|e (vita'min) *f* Vitamin *n*, Nährstoff *m*; **~é** (~'ne) *adj.* mit e-m Zusatz von Vitaminen; **~ique** (~'nik) *adj.* Vitamin...

vite (vit) **I** *adv.* schnell, rasch, geschwind; *bien* ~ recht bald (*od.* recht schnell); *au plus* ~ so schnell wie möglich; *parler* ~ schnell sprechen; *aller* ~ *en besogne* schnell zu Werke gehen; *fig.* etw. überstürzen; **II** *adj.* (*bsd. in Bezug auf Sportler, Tiere u. Sachen gebr.*) schnell, flink; *un pays (un peuple)* ~ ein schnellebiges Land (Volk *n*) *n*.

vitell|in (vitɛ'lɛ̃) *adj.* [7] zum Eidotter gehörig; **~us** (~'lys) *m* Eidotter *n*.

vitelots *cuis.* (vit'lo) *m/pl.* Band-[nudeln *f/pl.*]

vitelotte (vit'lɔt) *f längliche rötliche* Kartoffel *f*.

vitement F (vit'mɑ̃) *adv.* schnell.

vitesse (vi'tɛs) *f* **1.** Schnelligkeit *f*, Geschwindigkeit *f* (*als Maßbegriff*); ~ *limite*, ~ *maxima*, ~ *maximum* Höchstgeschwindigkeit *f*; ~ *moyenne* Durchschnittsgeschwindigkeit *f*; ~ *minimum* Mindestgeschwindigkeit *f*; ~ *horaire*, ~ *ascensionnelle* Stunden-, Steige-geschwindigkeit *f*; ~ *de marche*, ~ *de vol*, ~ *de rotation* Marschtempo *n*, Flug-, Umdrehungs-geschwindigkeit *f*; *phys.* ~ *(de la transmission) du son (de la lumière)* Schall-(Licht-)geschwindigkeit *f*; ~ *de tir* Feuergeschwindigkeit *f*; ~ *à l'atterrissage* Landegeschwindigkeit *f*; *Auto*: ~ *de rotation (en tours)* Gang-, Tourenzahl *f*; *phys.* ~ *supersonique* Überschallgeschwindigkeit *f*; ~ *initiale* Anfangsgeschwindigkeit *f*; ~ *commerciale* Verkehrsgeschwindigkeit *f*; *phys. at.* ~ *de libération* (kräftebefreite) Kreisbahn-, Flucht-geschwindigkeit *f*; *prendre od. gagner q. (qch.) de* ~ j-m zuvorkommen; (etw. überfordern); *être en perte de* ~ sich auf dem absteigenden Ast befinden, an Einfluß verlieren; *train m de petite (grande)* ~ Güter-(Eilgüter-)zug *m*; *expédier par petite (grande)* ~ als Frachtgut (Eilgut) befördern; **2.** *Auto*: Gang *m*; *première, deuxième, etc.* ~ erster, zweiter *usw.* Gang *m*; *changement m de* ~ Gangschaltung *f*; *levier m de changement de* ~ Schalt-, Gang-hebel *m*.

viti|cole (viti'kɔl) *adj.* weinbauend, Wein..., Weinbau...; **~culteur** (~kyl'tœ:r) *m* Winzer *m*; **~culture** (~kyl'ty:r) *f* Weinbau *m*.

vitr|age (vi'tra:ʒ) *m* **1.** Fenster-, Glas-werk *n*; ~ *fixe* ⚠ festverglaste Scheiben *f/pl.*; **2.** Glasverschlag *m*, Glaswand *f*, Glastür *f*; **3.** Glaserarbeiten *f/pl.*, Verglasung *f*, Verglasen *n*; **4.** Scheibengardinen *f/pl.*; **~ail** (~'traj) *m* [5c] Kirchenfenster *n*; *vitraux m/pl. en culs de bouteille* Butzenscheiben *f/pl.*

vitr|e ('vitrə) *f* Fenster-, Glasscheibe *f*; Fenster *n*; *Auto*: ~ *arrière* Rückfenster *n*; *casser les* ~*s* die Fenster ein-schlagen *od.* -werfen; *fig.* mit der Tür ins Haus fallen; *mettre des* ~*s à une fenêtre* Scheiben in ein Fenster einsetzen; **~é** (vi'tre) *adj.* glasartig; Glas...; *porte f* ~*e* Glastür *f*; **~er** (~) *v/t.* [1a] verglasen; **~erie** (vitrə'ri) *f* **1.** Glaserhandwerk *n*; **2.** Glashandel *m*; Scheibenglas *n*; Glasware *f*; **~escibilité** (~trɛsibili'te) *f* Verglasbarkeit *f*; **~escible** (~trɛ'siblə) *adj.* verglasbar; **~eux** (~'trø) *adj.* [7d] □ glasartig, glasig; *fig.* gläsern, starr; *œil m* ~ Glasauge *n*; **~ier** (~tri'e) *su.* [7b] Glaser *m*; Glashändler *m*; ~ *de bâtiment* Bauglaser *m*; **~ière** (~tri'ɛ:r) *f* Fenstereisen *n*; **~ifiable** (~tri'fjablə) *adj.* verglasbar; **~ification** (~trifikɑ'sjɔ̃) *f* Verglasen *n*, Verglasung *f*; **~ifier** (~tri'fje) [1a] **I** *v/t.* zu Glas verarbeiten; **II** *v/rfl.* *se* ~ zu Glas werden; **~ine** (~'trin) *f* Schaufenster *n*; Glasschrank *m*, Vitrine *f*; Schaukasten *m*; ~ *de publicité* Schau-, Reklame-fenster *n*.

vitriol (vitri'ɔl) *m* **1.** ⚗ Vitriol *n*; ~ *bleu* Kupfervitriol *n*; ~ *blanc* Zinkvitriol *n*; ~ *vert* Eisenvitriol *n*; **2.** ⚗ F Schwefelsäure *f*; **3.** F schlechter Schnaps *m*, Fusel *m*; **~age** (~'la:ʒ) *m* **1.** Sauerbad *n* (*Färberei*); **2.** Vitriolattentat *n*; **~é** (~'le) *adj.* vitriolhaltig; **~er** (~) *v/t.* [1a] **1.** ⊕ ins Sauerbad eintauchen; **2.** ~ *q.* j-n mit Vitriol bespritzen; **~erie** (~triɔl'ri) *f* Vitriolfabrik *f*; **~eur** (~'lœ:r) *su.* [7g] Vitriolattentäter *m*; **~ique** ⚗ (~'lik) *adj.* vitriolisch, Vitriol...

vitrosité (vitrozi'te) *f* Glasartig-[keit *f*.]

vitupér|ation (vityperɑ'sjɔ̃) *f* Ausschelten *n*; Tadeln *n*; Verdammen *n*; **~er** (~'re) *v/t.* [1f] ausschelten, heftig tadeln; verurteilen, verdammen.

vivace¹ (vi'vas) *adj.* **1.** lebenskräftig; zähe; *fig.* unauslöschlich, fest verwurzelt, bleibend, fest verankert; **2.** ⚘ ausdauernd; vieljährig, perennierend; *plante f* ~ Dauerpflanze *f.*

vivace² ♪ (vi'vatʃe) *adj.* lebhaft.

vivacité (vivasi'te) *f* **1.** Lebhaftigkeit *f*, Temperament *n*, Munterkeit *f*, Rührigkeit *f*; *physionomie f pleine de* ~ lebhafter Gesichtsausdruck *m*; **2.** *fig.* Glut *f*, Heftigkeit *f* der Leidenschaften; **3.** *fig.* Eifer *m*, Feuer *n*, Begeisterung *f*; Aufgewecktheit *f*, Regsamkeit *f*; **4.** *psych.* ~*s pl.*: *il a des* ~*s* er läßt sich zu Wutausbrüchen hinreißen.

vivandier ⚔ (vivɑ̃'dje) *m* Marketender *m.*

viv|ant (vi'vɑ̃) **I** *adj.* [7] **1.** *a. fig.* lebend, lebendig; *la France* ~*e* lebensnahes Frankreich *n*; Frankreich, wie es ist; *c'est son* ~ *portrait m* (*od. sa* ~*e image f*) er (sie) ist ihm (ihr) wie aus dem Gesicht geschnitten; **2.** *fig.* lebhaft; belebt; *rendre* ~ lebhaft gestalten, verlebendigen; *de façon* ~*e* in lebhafter Art; *rue f* ~*e* belebte (*od.* verkehrsreiche) Straße *f*; **II** *m* **3.** Lebender *m*; *bon* ~ Lebemann *m*, lustiger Vogel *m*, fideler Kerl *m*; **4.** *de mon* (*son*; *votre*) ~ zu meinen (seinen; euren *od.* Ihren) Lebzeiten; **~at** (vi'va) **I** *int.* er (sie, es) lebe hoch!; **II** *m* Lebehoch *n*; ~*s m/pl.* Hochrufe *m/pl.*; *pousser un* ~ *en l'honneur de q.* auf j-n (*acc.*) ein Hoch ausrufen, j-n hochleben lassen.

vive¹ *icht.* (vi:v) *f* Queise *f*; Meerdrache *m.*

vive² (~) *int.* s. *vivre*, *bsd. unter* 6.

vive³ (~) *adj./f* s. *vif*; **~ment** (viv'mɑ̃) **I** *adv.* lebhaft; kräftig; kurzerhand; schnell, flink, behende; *fig.* zutiefst, schmerzlich; *agiter* ~ *avant de s'en servir* vor dem Gebrauch kräftig zu schütteln; ~ *touché* tief gerührt; *je souhaite* ~ ich wünsche von ganzem Herzen; *cela m'a* ~ *frappé* das hat mich sehr stark beeindruckt; **II** *int.* ~! schleunigst!; *et maintenant en route, et* ~! und jetzt los und schnell!; ~ *le mois d'avril qu'on vende des glaces!* ach, wäre es doch recht bald April, damit man (wieder) Eis verkaufen kann!

viveur (vi'vœ:r) *m* Lebemann *m*, Prasser *m*; *les* ~*s pl.* die Lebewelt *f.*

vivier (vi'vje) *m* Fisch-teich *m*, -weiher *m*, -kasten *m.*

vivifi|ant (vivi'fjɑ̃) *adj.* [7] *u.* **~cateur** (~fika'tœ:r) *adj.* [7f] belebend; **~cation** (~kɑ'sjɔ̃) *f*, **~ement** (~fi'mɑ̃) *m* Belebung *f*; ⛪, *rl.* Lebendigmachung *f*; **~er** (~'fje) *v/t.* [1a] lebendig machen; neu beleben; *fig.* wiedererwecken.

vivi|pare *zo.* (vivi'pa:r) *adj. u. m* vivipar, lebendgebärend, lebendige Junge gebärend(es Tier *n*), Säugetier *n*; **~parisme** *zo.* (~pa'rism) *m*, **~parité** *zo.* (~pari'te) *f* Lebendgebären *n*; **~secteur** (~sɛk'tœ:r) *m* Vivisektionsexpert *m*; **~section** (~sɛk'sjɔ̃) *f* Vivisektion *f.*

vivoter (vivɔ'te) *v/i.* [1a] kümmerlich leben, dahinvegetieren, sein Leben fristen.

vivre¹ ('vi:vrə) [4e] **I** *v/i.* **1.** leben, am Leben sein; *las de* ~ lebensmüde; *qui vivra verra!* es wird sich schon finden!; **2.** *fig.* bestehen; fortleben; *sa gloire vivra éternellement* sein Ruhm wird ewig weiterleben; *fig. il ne vit plus d'inquiétude* er vergeht vor Unruhe (*od.* vor Sorge); *l'Etat du Katanga a vécu* der Staat K. ist gewesen; **3.** sich ernähren, sich erhalten; ~ *de son travail* von s-r Arbeit leben; *il a de quoi* ~ er hat zu leben; *donner à q. de quoi* ~ j-m den Lebensunterhalt gewähren; ~ *de régime* Diät halten; **4.** eine gewisse Lebensweise führen; sein Leben zubringen; sich betragen, sich benehmen; *bien* ~ a) ein tugendhaftes Leben führen; b) gut leben; ~ *beaucoup en dedans* ein ausgesprochenes Innenleben führen; ~ *au jour le jour* von der Hand in den Mund leben; ~ *chichement* kümmerlich dahinleben; ~ *en joie et liesse* herrlich u. in Freuden leben; ~ *de privations* Entbehrungen ertragen müssen, darben; ~ *sur un grand pied* auf großem Fuße leben; ~ *comme un coq en pâte* wie die Made im Speck (*od.* wie der Herrgott in Frankreich) leben; ~ *de pair à compagnon avec q.* sich mit j-m auf gleiche Stufe stellen; ~ *comme chien et chat* wie Hund u. Katze sein; ~ *d'industrie* sich durchschwindeln, sich durchs Leben schwindeln; ~ *de l'air du temps* von der Luft leben; ~ *en bonne intelligence,* ~ *en bonne harmonie avec q.* sich mit j-m gut vertragen; mit j-m gut auskommen; ~ *heureux* glücklich leben; *on lui paprendra à* ~ man wird ihm schon Lebensart beibringen; *savoir* ~ Lebensart haben, Umgangsformen besitzen; sich zu benehmen wissen; **5.** verkehren; *on ne saurait* ~ *avec cet homme* mit diesem Menschen ist kein Auskommen; **6.** *vive le roi!* es lebe der König!; *vive les gens d'esprit!* ein Hoch den Geistesschaffenden! (*Anerkennung, Ehrung, Lob*); *vivent les gens d'esprit!* mögen die Geistesschaffenden recht lange leben (*od.* unter uns sein)!; *a.* ⚔ *qui vive?* wer (ist) da?; **7.** *vécu* erlebt, wahr; **II** *v/t.* **8.** leben, erleben; ~ *sa vie* sich ausleben; *nous vivons une période de transition* wir erleben e-e Periode des Übergangs; ~ *un événement* ein Ereignis miterleben; **III** *m* **9.** Leben *n*, Lebensweise *f*, Lebensfreude *f*; **10.** Nahrung *f*; Speise u. Trank; *avoir le* ~ *et le couvert* frei(e) Kost u. Logis haben; **11.** ~*s pl.* Proviant *m*, Verpflegung *f*, Lebensmittel *n/pl.*; *couper les* ~*s d'un pays* die Zufuhr e-s Landes abschneiden; ⚔ *dépôt m de* ~*s* Verpflegungslager *n*; ⚔ ~*s de route* Marschverpflegung *f*; *rogner* (*od. couper*) *les* ~*s à q.* j-m den Brotkorb höher hängen; *distribution f de* ~*s* Proviantverteilung *f*; ~*s de réserve* Reserveproviant *m*, eiserner Bestand *m*, eiserne Ration *f*.

vivre² ▨ (~) *f* gewundene Schlange *f*; *a. guivre.*

vivrier (vivri'e) **I** *adj.* [7b] nahrungs- *od.* lebensmittel-erzeugend; als Nahrung dienend; *bâtiment m* ~ Versorgungsschiff *n*; *cultures f/pl. vivrières* Anbau *m* von Nährpflanzen; **II** ⚔ *m* Proviantlieferant *m*.

vizir *hist.* (vi'zi:r) *m* Wesir *m*.

v'là P (vla) = *voilà.*

vlan! (vlɑ̃) *int.* klatsch!, klaps!, patsch! (*Backpfeife*).

vli! (vli) *int.*: *vli vlan!* patsch, patsch!

voca|ble (vɔ'kablə) *m* **1.** Wort *n*, Vokabel *f e-r Sprache*; **2.** *rl. sous le* ~ *de* unter dem Schutze *e-s Heiligen*; **~bulaire** (~by'lɛ:r) *m* **1.** Wortschatz *m*; Vokabeln *f/pl.*; Fachsprache *f*; *apprendre du* ~ Vokabeln lernen; *dont le* ~ *est riche* (*pauvre*) wortreich (wortarm); *le* ~ *de la chimie* chemische Fachsprache *f*; **2.** Wörterverzeichnis *n*.

vocal (vɔ'kal) *adj.* [5c] **1.** □ *musique* ~*e* Vokalmusik *f*, Gesang *m*; *concert m* ~ Gesangkonzert *n*; **2.** auf die Stimme bezüglich; *anat. cordes f/pl.* ~*es* Stimmbänder *n/pl.*; **~ique** *gr.* (~'lik) *adj.* vokalisch; **~isation** (~lizɑ'sjɔ̃) *f f* a) ♪ Stimmübung *f*; b) *gr.* Vokalisierung *f*; **~ise** (~'li:z) *f* Singübung *f*; zur Stimmübung gesetztes Stück *n*; **~iser** (~li'ze) [1a] **I** *v/i.* Stimmübungen machen; **II** *gr. v/rfl. se* ~ vokalisieren, sich in e-n Vokal verwandeln; **~isme** *gr.* (~'lism) *m* Vokalismus *m*.

vocatif *gr.* (vɔka'tif) *m* Vokativ *m*.

vocation (vɔkɑ'sjɔ̃) *f* **1.** innerer Ruf *m*, *bsd.* Bestimmung *f*, Aufgaben *f/pl.*; **2.** Berufung *f*, Hang *m*, Neigung *f*; *suivre sa* ~ s-n Neigungen nachgehen.

vocifér|ateur (vɔsifera'tœ:r) *su.* [7f] Schreier *m*; **~ations** (~rɑ'sjɔ̃) *f/pl.* Gebrülle *n*, Gezeter *n*, Geschrei *n*, lautes Schimpfen *n*; **~er** (~'re) *v/i.* [1f] brüllen, zetern, wütend schreien, toben.

vodka (vɔd'ka) *f* Wodka *m*.

vœu (vø) *m* [5b] **1.** Gelübde *n*; ~*x monastiques* Ordensgelübde *n/pl.*; *prononcer ses* ~*x* sein Gelübde ablegen; **2.** inniger Wunsch *m*; ~ *ardent* Sehnsucht *f*; *présenter* (*od. adresser*) *ses meilleurs* ~*x od. ses* ~*x les meilleurs à q.* j-m s-e besten Wünsche aussprechen; *nous formons* (*od. nous faisons*) *des* ~*x pour vous* wir wünschen Ihnen alles Gute; **3.** Weihgeschenk *n*; Votivtafel *f*.

vogu|e (vɔg) *f* **1.** *fig.* Ansehen *n*, Ruf *m*; Beliebtheit *f*; *avoir la* ~ großen Zulauf haben; *connaître une grande* ~ sehr beliebt sein; *être en* ~ (in der) Mode sein; *thé. une pièce en* ~ ein zugkräftiges Stück *n*; *auteur m en* ~ Modeschriftsteller *m*; *livre m en* ~ Bestseller *m*, stark gefragtes Buch *n*; *mettre en* ~ allgemein beliebt machen, überall einführen; **2.** *dial.* Kirchweih *f*, Kirmes *f*; **~er** (vɔ'ge) *v/i.* [1m] **1.** ⚓ fortgerudert werden; dahinsegeln; *faire* ~ zur See fahren lassen (*Schiff*); *fig. vogue la galère!* auf gut Glück!, komme, was da wolle!; **2.** segeln, fahren, rudern;

~ *à pleines voiles* mit vollen Segeln fahren.

voici (vwa'si) **I** *adv.* (~ *bezeichnet etw. Naheliegendes, wird aber sehr häufig durch voilà ersetzt; vor inf. muß ~ erhalten bleiben* [s. *letztes Beispiel von* I]) hier ist, hier sind; *me* ~ hier bin ich; *le* ~ da (hier) ist er; *m'y* ~ nun habe ich's geschafft; *les* ~ da (*od.* hier) sind sie; *en* ~ hier ist welches (hier sind welche); *la lettre que* ~ der Brief, den Sie hier sehen; *nous* ~ *arrivés* da sind wir angelangt; *le* ~ *qui vient* da kommt er; ~ *ma fille* das (*od.* dies) ist meine Tochter; ~ *ce qui m'y engage* folgendes treibt mich dazu; ~ *venir l'hiver, od. nur*: ~ *l'hiver* jetzt kommt der Winter; ~ *de nouveau venir la période des vacances* da kommt nun wieder die Ferienzeit; **II** *prpt.* vor (*zeitlich: rückblickend*); ~ *quelques années* vor einigen Jahren.

voie (vwa) *f* **1.** Weg *m*, Bahn *f*, Straße *f*; *Auto*: ~ *d'accès à une autoroute* (Autostraßen-)Zubringer *m*, Zubringerstraße *f*; ~ *de communication* Verbindungsweg *m*; ~ *publique* Landstraße *f*; ~ *de roulement* Rollgleis *n*; *ast.* ~ *lactée* Milchstraße *f*; *être toujours par* ~ *et par chemin* dauernd unterwegs sein; *fig. être en* ~ *de réussir* auf dem Wege zum Erfolg sein; *être en* ~ *de guérison* auf dem Wege der Besserung sein; **2.** 🚂 ~ (*ferrée*) Gleis *n*; *parcours m à* ~ *unique* eingleisige Strecke *f*; *en* ~ *double* doppelgleisig; ~ *d'évitement* Ausweichsgleis *n*; ~ *de raccordement* Verbindungsgleis *n*; ~ *de dépassement* 🚂 Überholungsgleis *n*; ~ *électrifiée* Leitungsschiene *f*; elektrifizierte Strekke *f*; ~ *secondaire, a.* ~ *de garage* Abstell-, Ausweich-, Rangier-, Neben-gleis *n*; ~ *de service*, ~ *de formations des trains* Rangiergleis *n*; ~ *de parcours* Fahrt-linie *f*, -richtung *f*; *couvrir la* ~ das Haltezeichen geben; *à* ~ *étroite* schmalspurig; *à* ~ *normale* vollspurig; **3.** Wagenspur *f*; **4.** Spurweite *f* (*e-s Wagens*), Abstand *m* der Räder; *Auto*: Radspurweite *f*; ~ *normale* Regelspur *f*, Vollspurweite *f*; **5.** Reise-, Transport-gelegenheit *f*; *par la* ~ *des airs* auf dem Luftwege; **6.** Mittel *n*, Weg *m*; *l'affaire est en bonne* ~ die Sache macht sich; *par la* ~ *hiérarchique* auf dem Dienstwege; *par la* ~ *des armes* mit bewaffneter Hand; ~ *de droit* Rechtsmittel *n*; *par* ~ *judiciaire, par la* ~ *des tribunaux* auf dem Rechtswege; *faire usage des* ~*s de recours* von e-m Rechtsmittel Gebrauch machen; ~*s de fait* Tätlichkeiten *f/pl.*; **7.** *ch.* Fährte *f*, Spur *f*; *mettre q. sur la* ~ j-m auf die Spur verhelfen; *fig.* j-n auf den rechten Weg bringen; *fig. trouver sa* ~ s-n Weg (in der Laufbahn) machen; **8.** *anat.* Gang *m*, Kanal *m*; ~*s digestives* Verdauungswege *m/pl.*; **9.** ⚒ Verfahren *n*; **10.** ⚓ ~ *d'eau* Leck *n*; **11.** Klafter *f*, Fuhre *f*, Wagenvoll *m*; **12.** ⊕ Schränkweite *f* der Sägezähne; Sägeschnitt *m*; *donner de la* ~ *à une scie* e-e Säge schränken.

voilà (vwa'la) **I** *adv.* da ist, da sind, das ist, das sind; *me* ~ da bin ich; *la* ~ da ist sie; *l'homme que* ~ dieser Mann da; ~ *l'homme* so ist der Mensch; *le* ~ *furieux* jetzt ist er wütend; ~ *pourquoi je me plains* deshalb beklage ich mich; ~ *tout* das ist alles; ~ *que...* da geschieht es nun, daß ...; ~ *qui est fort* das ist aber stark!; ~ *qui t'apprendra* (*à vivre*) das soll dir e-e Lehre sein; ~ *qui ne peut rien changer à notre attitude* das kann an unserer Haltung gar nichts ändern; P *en* ~ *du propre* das ist ja 'ne schöne Geschichte!; *me* ~ *propre* (*od. frais*)! da haben wir die Bescherung!; ist das eine Pleite!; **II** *prpt.* seit, vor (*zeitlich rückblickend*); ~ *trois ans que j'attends* seit drei Jahren warte ich nun schon; ~ *près d'un demi siècle* vor etwa e-m halben Jahrhundert; ~ *quelques années* vor einigen Jahren; s. *voici* II.

voile (vwal) **I** *f* **1.** Segel *n*; ✈ ~ *d'amérissage* Schleppsegel *n* (*um Flugzeuge an Bord zu nehmen*); *faire* ~ *pour* ... segeln nach (*dat.*); *être prêt à faire* ~ segelfertig sein; *faire force de* ~*s* alle Segel beisetzen; *mettre à la* ~ sich segelfertigmachen, auslaufen, in See stechen, sich einschiffen, *lever les* ~*s* die Segel hissen; P aufbrechen, fortgehen, *mettre les* ~*s* Segel setzen; *amener les* ~*s* die Segel streichen (*od.* bergen); *Sport*: *vol m à* ~ Segelflug *m*; *tendre la* ~ *selon le vent* das Segel nach dem Wind richten; *fig.* das

Mäntelchen nach dem Winde drehen, **2.** Segelschiff *n*; **II** *m* **3.** Schleier *m*, verhüllende Decke *f*; Umhüllung *f*; ~ *de brume* Nebelschleier *m*; ~ *de deuil* Trauerflor *m*; *couvrir d'un* ~ verschleiern; *déchirer le* ~ den Schleier zerreißen; *fig.* etw. aufdecken; *jeter un* ~ *sur qch.* etw. vertuschen, etw. verschleiern, e-n Schleier über etw. (*acc.*) werfen; *prendre le* ~ den Schleier nehmen, Nonne werden, *phot.* ~ *sur une plaque* Schleier *m* auf e-r Platte; **4.** *fig.* Deckmantel *m*, Schein *m*; *sous le* ~ *de l'anonymat* unter dem Deckmantel der Anonymität; **5.** ✝ Schleier-flor *m*, -tuch *n*; **6.** *anat.* ~ *du palais* Gaumensegel *n*.

voilé (vwa'le) *adj.* **1.** mit e-m Schleier verhüllt; verschleiert; **2.** ⚓ besegelt; **3.** *fig.* bewölkt (*Himmel*); düster (*Blick*); trübe, angelaufen (*Spiegel*); bemäntelt, heimlich (*Absicht*); unausgesprochen (*Vorwurf*); belegt, nicht klar, heiser, gedrückt (*Stimme*); **4.** ⊕ a) verzogen (*Holz*); *roue f* ~*e* verzogenes Rad *n*; *la roue est* ~*e* das Rad schlägt; b) windschief (*Metallgerüst*); **5.** *phot.* verschliert, unklar.

voiler (~) [1a] **I** *v/t.* **1.** verschleiern, verhüllen; *rl.* e-e Nonne einkleiden; ⚓ besegeln; ~ *à l'aide de la fumée* vernebeln; **2.** *fig.* bemänteln, vertuschen; **3.** *phot.* überbelichten; **II** *v/rfl.* **se** ~ sich bewölken (*Himmel*); sich verdüstern (*Blick*); sich werfen (*Holz*); ⊕ sich biegen.

voilerie (vwal'ri) *f* Segelfabrik *f*; Segelmacherwerkstatt *f*.

voil|ette (vwa'lɛt) *f* kleiner Schleier *m*; **~ier** (vwa'lje) *m* **1.** Segelmacher *m*; **2.** ⚓ Segelschiff *n*; *bon* ~ guter Segler *m*; *fin* ~ Schnellsegler *m*; ~ *rapide* Klipper *m*; **3.** ✈ Segel-flugzeug *n*, -flieger *m*; ~ *à moteur auxiliaire* Motorsegler *m*; **4.** *orn.* Segler *m*; **~ure** (~'ly:r) *f* **1.** ⚓ Segelwerk *n*; Segelstellung *f*; ✈ Tragwerk *n*, Flügel *m*, Verspannung *f*; Hülle *f*, Kappe *f* (*Fallschirm*); Flugwerk *n* (*Rakete*); **2.** Zelt-leinwand *f*, -zeug *n*; **3.** Sichwerfen *n des Holzes*.

voir (vwa:r) [3b] **I** *v/t.* **1.** sehen, erblicken, wahrnehmen; ~ *le jour* ans Licht kommen; ~ *qch. de loin* etw. von weitem sehen; *avoir vu du pays* sich in der Welt umgesehen haben; *fig.* ~ *la mort de près* dem Tode ins Auge schauen; *voyez* (*abr. v.*) *ci-dessous* siehe unten; *voyons!* wollen wir mal (*od.* laß mal) sehen; na also!; hör' mal!; kein Unsinn!; Spaß beiseite!; *mais voyons!* aber ich bitte dich!; aber entschuldige mal!; aber sei mir nicht böse!; *faire* ~ zeigen; *fig.* beweisen; *laisser* ~ durchblicken (*od. fig.* merken *od.* fühlen) lassen; *on aura tout vu* alles schon mal dagewesen; **2.** Zeuge sein von (*dat.*), erleben; *j'ai vu démolir sa maison* ich habe selbst gesehen, wie sein Haus zerstört wurde; *ce pays a vu bien des révolutions* dieses Land hat sehr viele Revolutionen durchgemacht; **3.** ansehen, besehen, aufmerksam betrachten; *cela n'a rien à* ~ *avec ...* das hat nichts mit (*dat.*) ... zu tun; **4.** a) *vom Standpunkt des Besuchers*: **aller** ~ *q.*; b) *vom Standpunkt des Besuchten:* **venir** ~ *q.* j-n be-, auf-suchen; j-m e-n Besuch machen; *j'irai le* (*la*) ~ (*litt. je l'irai* ~) ich werde ihn (sie) be-, auf-suchen; *aller* ~ *une exposition* e-e Ausstellung besichtigen; ~ *mauvaise compagnie* schlechten Umgang haben; *je les vois souvent* ich bin oft bei ihnen; *ne pas* ~ *de monde* keinen Verkehr haben; *je ne le verrai plus* ich werde den Umgang mit ihm abbrechen; **5.** Gesellschaft bei sich sehen, Besuch empfangen; **6.** kennenlernen, erfahren, erleben (*vgl. a.* 2); *il a beaucoup vu* er hat sich viel in der Welt umgesehen, er hat viel gesehen; *nous en avons vu bien d'autres* wir haben schon Schlimmeres gesehen; wir haben noch ganz andere Sachen erlebt; **7.** merken; *je vous vois venir* ich merke schon, worauf Sie hinauswollen; ich durchschaue Ihre Absichten; *je le verrai venir* ich werde abwarten, was er tun wird; **8.** 'durchsehen, prüfen; *ceci est à* ~ das will überlegt sein; das bleibt abzuwarten; *abs.* F *je demande à* ~ ich behalte mir die Entscheidung vor; na, woll'n wir mal sehen; **9.** beurteilen; ~ *qch. d'un autre œil* etw. mit anderen Augen ansehen; *je vois cela différemment de* (*od. autrement que*) *vous* darüber denke ich anders als Sie; ~ *la vie en rose*, ~ *tout en beau* alles durch die rosarote Brille sehen,; ~ *la vie en noir* alles in schwarz (*od.* grau in grau) sehen; *être bien vu* angesehen sein, gut angeschrieben sein, gern gesehen werden; *être mal vu* schlecht angeschrieben sein, in üblem Rufe stehen, nicht gern gesehen werden; **II** *v/i.* **10.** sehen (können); ~ *clair fig.* klar sehen; ~ (*de*) *loin* weit (gut in die Ferne) sehen; *fig.* in die Zukunft blicken; *y voyez-vous encore?* können Sie noch sehen?; **11.** ~ *à* beaufsichtigen (*acc.*), achten auf (*acc.*); nach etw. (*dat.*) sehen; für etw. (*acc.*) sorgen; *voyez à ce qu'il ne manque rien* sehen Sie zu, daß nichts fehlt; **III** *v/rfl. se* ~ **12.** sich ansehen, sich anblicken; **13.** sich besuchen, miteinander verkehren; **14.** gesehen werden; zu sehen sein; sich befinden; *cela se voit tous les jours* das kommt jeden Tag vor; *il ne s'y voit rien qui ...* es ist dort nichts zu sehen, was ...; **15.** *se* ~ (*mit inf.*) sehen (*se ist hier rückbezüglicher Dativ, abhängig von dem folgenden Infinitiv passiven Inhalts, jedoch aktivischer Form; Fortsetzung des lat. a.c.i.*); *il se le voit décerner* (*nämlich le prix Goncourt*) er sieht, wie er (der Preis) ihm zugedacht wird, er erlebt die Auszeichnung durch den Goncourt-Preis; *vgl. entendre unter* 12; *vgl. a. voir* 2, *erstes Beispiel.*

voire (~) *adv.* **1.** ~ (*même*) (ja) sogar; **2.** P, F *verstärkend nach impér.*: doch!; *attendez* ~*!* warten Sie doch (mal)!

voirie (vwa'ri) *f* **1.** Verwaltung *f* der öffentlichen Wege, Plätze u. Wasserstraßen; Straßenbauamt *n*; *travaux m/pl. de* ~ Straßenarbeiten *f/pl.*; **2.** ~ (*municipale* städtische) Müllabfuhr *f*; (städtischer) Fuhrpark *m*; **3.** Schuttabladeplatz *m*.

voisin (vwa'zɛ̃) [7] **I** *adj.* benachbart; ~ *de qch.* an etw. (*acc.*) anstoßend *od.* grenzend; *maison f* ~*e* Nachbarhaus *n*; **II** *su.* Nachbar *m*; **~age** (~zi'naːʒ) *m* **1.** Nähe *f*; *dans le* ~ *immédiat* in unmittelbarer Nähe; **2.** Nachbarschaft *f*, die Nachbarn *m/pl.*; **3.** *Fußball*: (*match m de*) ~ Nachbarschaftsspiel *n*; **~er** (~'ne) *v/i.* [1a] *abs. gebr.* mit den Nachbarn verkehren.

voitura|ble (vwaty'rablə) *adj.* mit e-m Wagen wegschaffbar; **~ge** (~'raːʒ) *m* Beförderung *f* mit e-m Wagen.

voitu|re (vwa'tyːr) *f* **1.** *a. Auto*: Wagen *m*; (Pferde-)Fuhrwerk *n*; Kutsche *f*; ~ *à bras* Schubwagen *m*; ~ *de laitier* Milchwagen *m*; ~ *de réserve* Aushilfswagen *m*; ~ *cellulaire* Gefängniswagen *m*; ⚔ ~ *à vivres* Verpflegungsfahrzeug *n*; *Auto*: ~ *de grand sport* Halbrennwagen *m*, *a.* Sportwagen *m*; ~ *de sport*, ~ *de tourisme* Sport-, Tourenwagen *m*; ~ *grand'routière* schwerer Tourenwagen *m*; ~ *de série*, ~ *de luxe* Serien-, Luxus-wagen *m*; ~ *à huit cylindres* Achtzylinderwagen *m*; ~ *à carrosserie aérodynamique* Stromlinienwagen *m*; ~ *particulière* Privatwagen *m*; ~ *populaire* Volkswagen *m*; *la* ~ *tient bien la route* der Wagen liegt gut auf der Straße; ~ *radio* Funk(streifen)wagen *m*; 🚃 ~ *directe*, ~ *de correspondance* Kurswagen *m*, direkter Wagen *m*; *Auto*: ~ *de course* Rennwagen *m*; ~ *de livraison* Lieferwagen *m*; ~ *d'arrosage* Sprengwagen *m*; ⊕ ~ *à échafaudage* Turmwagen *m* (*z.B. zur Reparatur v. Straßenlampen*); *a.* ⚔ ~ *sanitaire* Krankenwagen *m*; ~ *d'enfant* (*pliante* zs.-klappbarer) Kinderwagen *m*; ~ *hippomobile* Pferdefuhrwerk *n*; ~ *de maître* herrschaftlicher Wagen *m*; ~ *de remise*, ~ *de louage* Miet-kutsche *f*, -fuhrwerk *n*; ~ (*de place*) Droschke *f*; ~ *motrice* Triebwagen *m*; *deuxième* ~ Anhängewagen *m*, Anhänger *m* bei Straßenbahnen; *en* ~*!* einsteigen!; *monter* (*od. faire son entrée*) *en* ~ einsteigen; *descendre de* ~ aussteigen; *lettre f de* ~ Frachtbrief *m*; **2.** Wagenladung *f*.

voiture|-ambulance (~ɑ̃by'lɑ̃ːs) *f* [6b] Krankenwagen *m*; **~-atelier** *bsd. Auto* (~atə'lje) *f* [6b] Werkstattwagen *m*; **~-citerne** (~si'tɛrn) *f* [6b] Tankwagen *m*; **~-couchettes** 🚃 (~ku'ʃɛt) *f* Liegewagen *m*.

voiturée (vwaty're) *f* Wagenvoll *m*.

voiture-panier (vwa'tyːrpa'nje) *f* [6b] Korbwagen *m*.

voiturer (vwaty're) *v/t.* [1a] *a. allg.* mit e-m Wagen befördern.

voiture|-radio (vwa'tyːrra'djo) *f* [6b] **1.** Lautsprecherwagen *m*; **2.** Funk(streifen)wagen *m*; **~-réclame** (~re'klam) *f* [6b] Reklamewagen *m*; **~-relais** (~rə'lɛ) *f* [6b] Ersatzwagen *m* (*Auto*).

voitu|rette (vwaty'rɛt) *f* **1.** kleiner Wagen *m*; Handwagen *m*; *bsd.*

Auto: Kleinwagen *m*; **2.** kleiner Schiebewagen *m* (*in Selbstbedienungsläden*); **~rier** (~ty'rje) *m* Fuhrmann *m*; ⚓ ~ *par eau* Frachtschiffer *m*.

voix (vwa) *f* **1.** Stimme *f*; *à* ~ *basse* (*à haute* ~) mit leiser (lauter) Stimme; *de vive* ~ mündlich; in persönlicher Aussprache; *chanter à plusieurs* ~ mehrstimmig singen; être *en* ~ bei Stimme sein; ~ *de poitrine* Bruststimme *f*; ~ *de tête* Kopfstimme *f*; ~ *métallique*, ~ *cuivrée* klangreiche Stimme *f*; ~ *fêlée* heisere Stimme *f*; **2.** ♪ Stimme *f*, singende Person *f*, Sänger(in *f*) *m*; *motet m à* ~ *seule* (*à deux* ~) Motette *f* für eine (zwei) Stimme(n); ~ *f/pl. mixtes* gemischter Chor *m*; **3.** *gr.* ~ *active* Aktiv *n*, Tätigkeitsform *f*; ~ *passive* Passiv *n*, Leideform *f*; ~ *moyenne* Medium *n* (*im Alt- u. Neugriechischen*); *à la* ~ *active* (*passive*) im Aktiv (Passiv); **4.** *fig.* innerer Trieb *m*, Regung *f*; **5.** Ansicht *f*, Meinung *f*, Stimmung *f*; **6.** (Wahl-) Stimme *f*, Stimmrecht *n*; ~ *délibérative* beschließende Stimme *f*; ~ *consultative* beratende Stimme *f*; *aller aux* ~ abstimmen; *ell. aux* ~! abstimmen!; *avoir toutes les* ~ einstimmig gewählt sein; *mettre q. aux* ~ über etw. (*acc.*) abstimmen lassen; *tout d'une* ~ *od. d'une commune* ~ einstimmig; *avoir* ~ *au chapitre* ein Wort dabei mitzureden haben; **7.** *ch.* ~ *des chiens* Anschlagen *n* der Hunde.

vol[1] (vɔl) *m* **1.** Diebstahl *m*, Raub *m*; ~ *à l'étalage* Ladendiebstahl *m*; ~ *au préjudice de la caisse*, ~ *de fonds* Kassen-raub *m*, -diebstahl *m*; ~ *d'usage* Gebrauchsdiebstahl *m*, Diebstahl *m* zur vorübergehenden Aneignung fremden Gutes; ~ *à main armée* Raubüberfall *m*; ~ *de grand chemin* Straßenraub *m*; ~ *qualifié* schwerer Diebstahl *m*; ~ *avec effraction* Einbruchsdiebstahl *m*; **2.** geraubtes (*od.* gestohlenes) Gut *n*, Raub *m*; *j'ai recouvré mon* ~ ich habe zurückerhalten, was man mir gestohlen hatte.

vol[2] (~) *m* **1.** *a.* ✈ Flug *m*; Fliegen *n*; *prendre son* ~ starten, abfliegen; *prêt à prendre le* ~ (*od. son vol*) flugfertig; *faire un* ~ *d'essai* einfliegen (*zur Probe*); *effectuer* (*od. faire*) *des* ~*s* Flüge ausführen; *fig. prendre son* ~ *trop haut* zu hoch hinauswollen; *fig. saisir sa chance* (*od. l'occasion*) *au* ~ die Gelegenheit beim Schopfe ergreifen; *abs.* sofort zugreifen (*od.* zupacken); *advt. à* ~ *d'oiseau* aus der Vogelschau; Luftaufnahme *f* (*als Bildbeschriftung*); ~ *de durée* Dauerflug *m*; ~ *d'essai* Probeflug *m*; ~ *de concours* Wettflug *m*; ~ *plané* Gleitflug *m*; ~ *d'exhibition* Schauflug *m*; ~ *de réception* Abnahmeflug *m*; ~ *seul* Alleinflug *m*; ~ *supersonique* Überschallflug *m*; ~ *acrobatique*, ~ *de haute-école* Kunstflug *m*; ~ *à basse altitude*, ~ *rasant* Tiefflug *m*; ~ *en haute* Höhenflug *m*; ~ *en hauteur* Startflug *m*; ~ *en descente* Abflug *m*; ~ *sans escale* Nonstopflug *m*; ~ *postal* Postflug *m*; ~ *de nuit*, ~ *d'entraînement*, ~ *d'endurance*, ~ *de reconnaissance* Nacht-, Schul-, Dauer-, Erkundungs-flug *m*; ~ *de prise de vues* Bildflug *m*; ~ *à catapulte* Katapult- *od.* Schleuder-flug *m*; ~ *piqué* Sturzflug *m*; ~ *à l'aveugle* Blindflug *m*; ~ *en circuit fermé* Rundflug *m*; ~ *en groupe* Verbandsfliegen *n*; ~ *à travers un pays*, ~ *de parcours* Überlandflug *m*; ~ *à voile* Segelflug *m*; *au* ~ im Fluge; **2.** *fig.* schneller Lauf *m*; *poét.* Aufschwung *m*, Schwung *m*; **3.** *ch. chasse f au* ~ Beize *f*; **4.** *un* ~ *de cailles* ein Schwarm Wachteln.

volable (vɔ'lablə) *adj.* **1.** stehlbar, entwendbar; **2.** bestehlbar (*Person*).

volage (vɔ'la:ʒ) *adj.* flatterhaft, unbeständig; *a.* geflohen; ⚓ leicht umschlagend (*Schiff*); *esprit m* ~ leichtsinniger Charakter *m*; flatterhafter Mensch *m*, Schwärmer *m*, Phantast *m*; *humeur f* ~ Flatterhaftigkeit *f*, Unbeständigkeit *f*.

volaill|e (vɔ'lɑ:j) *f* **1.** Geflügel *n*, Federvieh *n*, *bsd.* Hühner *m/pl.*, Kapaune *pl.*; **2.** *cuis.* Huhn *n*; Kapaun *m*; **~er** (~lɑ'je) *m* Geflügelhändler *m*.

volant (vɔ'lɑ̃) **I** *adj.* [7] **1.** fliegend; *fusée f* ~*e* Steigrakete *f*; **2.** lose, beweglich, flüchtig; ⚔ *artillerie* ~*e* reitende Artillerie *f*; *assiette* ~*e* herumgereichte Schüssel *f*; *feuille f* ~*e* loses Blatt *n*, Flug-blatt *n*, -schrift *f*; *poisson m* ~ fliegender Fisch *m*; *pont* ~ bewegliche Brücke *f*; ⚕ *petite vérole f* ~*e* Windpocken *pl.*; **II** *m* **3.** Federball *m*; *jeu m de* ~ Federballspiel *n*; *jouer au* ~ Federball spielen; **4.** Faltenbesatz *m am Kleid*, Rüsche *f*; **5.** ⊕ Schwungrad *n*; Windmühlenflügel *m*; *Auto*: Lenkrad *n*, Steuer(rad *n*) *n*; ⚡ ~ *de commande* Schaltrad *n*; **6.** † abreißbares Rechnungsformular *n*; ~ *d'autorisation* Genehmigungsbescheinigung *f*; **7.** *fig.* ~ *de sécurité* Sicherheits-, Reserve-fonds *m*.

volatil (vɔla'til) *adj.* **1.** ⚗ flüchtig, leicht verdunstend; *sels m/pl.* ~*s* Riechsalz *n*; **2.** *fig.* leichtsinnig; ~**e** (~) *adj. u. m* geflügelt(es Tier *n*); *les* ~*s* das Geflügel *n*; ~**isable** ⚗ (~li'zablə) *adj.* verflüchtigbar, verdunstbar; ~**isation** ⚗ (~liza'sjɔ̃) *f* Verflüchtigung *f*, Verdunstung *f*; ~**iser** ⚗ (~li'ze) [1a] **I** *v/t.* verdunsten lassen; **II** *v/rfl.* *se* ~ verdunsten, verflüchtigen.

vol-au-vent *cuis.* (vɔlo'vɑ̃) *m* [6c] Blätterteigpastete *f*.

volcan (vɔl'kɑ̃) *m* Vulkan *m*; ~**icité** (~kanisi'te) *f* **1.** vulkanische Beschaffenheit *f*; **2.** Vulkantätigkeit *f*, vulkanische Erscheinung *f*; ~**ique** (~'nik) *adj.* vulkanisch; *fig.* gärend, schwelend; aufbrausend; ~**iser** *géol.* (~ni'ze) *v/t.* [1a] vulkanisch unterhöhlen; ~**isme** *géol.* (~'nism) *m* Vulkanismus *m*.

vole *Kartenspiel* (vɔl) *f*: *faire la* ~ alle Stiche machen.

volée (vɔ'le) *f* **1.** (Vogel-)Flug *m*; Auffllug *m*; *prendre sa* ~ auffliegen, flügge werden; *donner la* ~ *à un oiseau* e-n Vogel fliegen lassen; *advt.* *à la* ~ im Fluge, in vollem Schwunge, flugs, ohne Überlegung; *saisir l'occasion à la* ~ die Gelegenheit beim Schopfe ergreifen; **2.** *Vögel*: Schwarm *m*, Kette *f*, Volk *n*; **3.** ✈, ⊕ Hubhöhe *f*; Ausladung *f*; Ausleger *m* (*e-s Krans*); ⚔ ~ *du canon* langes Feld *n*, Vorderteil *m* der Kanone; **4.** Schwengel *m*, Ortscheit *n* (*e-s Wagens*); *cheval m de* ~ Vorspannpferd *n*; **5.** *fig.* Rang *m*, Stand *m*; *la haute* ~ die obersten Zehntausend *pl.*; *de haute* ~ von hohem Range, vornehm; **6.** ⚔ Salve *f*; **7.** *fig.* ~ (*de coups de bâton*) Tracht *f* Prügel; ~ *d'injures* Hagel *m* von Schimpfworten; **8.** Schwung *m e-r Glocke*; *sonner à toute* ~ mit allen Kräften läuten; **9.** *Tennis*: (*balle f à la*) ~ Flugball *m*; ~ *horizontale* Flachball *m*; *jouer la balle à la* ~, *prendre la balle de* ~ den Ball aus der Luft nehmen; **10.** △ ~ *d'escalier* Treppenstück *n zwischen zwei Absätzen*.

voler[1] (~) [1a] **I** *v/i.* (*mit avoir!*) **1.** *a.* ✈ fliegen; ~ *de ses propres ailes* auf eigenen Füßen stehen; flügge geworden sein; fremde Hilfe nicht mehr nötig haben; **2.** *fig.* eilen; rasen, sausen; sich schnell verbreiten; ~ *au secours de q.* j-m zu Hilfe eilen; *le temps vole* die Zeit fliegt dahin; **3.** ~ *en éclats* zerplatzen, zersplittern; **II** *v/t.* *ch.* beizen.

voler[2] (~) *v/t.* [1a] **1.** stehlen, entwenden; *abs.* ~ *avec effraction* einbrechen; einen Einbruchsdiebstahl verüben; **2.** ~ *q.* j-n bestehlen *od.* berauben; ~**eau** F (vɔl'ro) *m* [5b] kleiner Dieb *m*.

volerie[1] F (vɔl'ri) *f* Dieberei *f*.

volerie[2] *ch.* (~) *f* (Vogel-)Beize *f*.

volet (vɔ'lɛ) *m* **1.** ⊕ Klappe *f*; ⊕ ~ *de réglage* Stellklappe *f*; **2.** *Auto*: ~ *de départ* Luftklappe *f*; ~ *du radiateur* a) Kühlluftregler *m*, Kühlerjalousie *f*; b) Steinschlaggitter *n* (*bsd. für Bergfahrten*); ♪ ~ *d'orgues* Orgelpfeifendeckel *m*; **3.** (Wasserrad-)Schaufel *f*; **4.** ✈ Klappe *f*, Schieber *m*; ~ *de courbure* Wölbungsklappe *f*; **5.** Fenster-, Klapp-laden *m*; **6.** kleines Brett *n zum Erbsenlesen*; *fig.* *trié sur le* ~ sorgfältig ausgesucht.

voleter (vɔl'te) *v/i.* [1c] (umher-)flattern, herum-fliegen, -springen.

volettement (vɔlɛt'mɑ̃) *m* Geflattere *n*.

voleur (vɔ'lœ:r) *su. u. adj.* [7g] Dieb *m*; diebisch; ~ *de grands chemins* Straßenräuber *m*; ~ *de voitures* Autodieb *m*; ~ *à la tire* Taschendieb *m*; *au* ~*!* haltet den Dieb!; *pie f voleuse* diebische Elster *f*.

volière (vɔ'ljɛ:r) *f* großes Vogelbauer *n*; Vogelhaus *n*.

volig|e △ (vɔ'li:ʒ) *f* Schindelbrett *n*; ~**eage** △ (~li'ʒa:ʒ) *m* Belattung *f*; Verschalung *f* mit Brettern; *posé sur* ~ schieferartig verlegt; ~**er** △ (~li'ʒe) *v/t.* [1l] belatten.

voli|tif 🕮 (vɔli'tif) *adj.* [7e] auf den Willen bezüglich; den Willen bestimmend; ~**tion** *phil.* (vɔli'sjɔ̃) *f* Wollen *n*.

volleyeur (vɔlɛ'jœ:r) *su.* [7] Volleyballspieler *m*.

volon|taire (vɔlɔ̃'tɛ:r) *adj.* □ *u. m* freiwillig; *bsd.* ⚔ Freiwilliger *m*; *volontairement adv.* freiwillig, aus freiem Antrieb; *enfant m* ~ eigensinniges Kind *n*; **~tariat** *nur* ⚔ (~ta'rja) *m* Freiwilligendienst *m*; **~tarisme** *phil.* (~ta'rism) *m* Voluntarismus *m*; **~tariste** *phil.* (~ta'rist) *adj. u. su.* voluntaristisch; Voluntarist *m*.

volonté (vɔlɔ̃'te) *f* **1.** Wille *m*; *acte m de* ~ Willens-akt *m*, -äußerung *f*; *avoir une* ~ *de fer* e-n eisernen Willen haben; *fortifier q. dans sa* ~ j-n in s-m Willen bestärken; *imposer sa* ~ *à q.* j-m s-n Willen aufzwingen; *manquer de bonne* ~ es an gutem Willen fehlen lassen; *faire acte de bonne* ~ s-n guten Willen zeigen; *mauvaise* ~ Böswilligkeit *f*; *homme m de bonne* ~ gutwilliger Mensch *m*; ~ *de s'entendre* Verständigungswille *m*; ~ *de paix*, ~ *de combat*, ~ *de sacrifice* Friedens-, Kampf-, Opfer-wille *m*; *faire sa* ~ s-n Willen durchsetzen; *n'en faire jamais qu'à sa* ~ stets nur nach s-m Kopfe handeln; ⚔ *feu m à* ~ Schützen-, Einzel-feuer *n*; **2.** Willenskraft *f*; *n'avoir pas de* ~ keinen (eigenen) Willen haben; **3.** *advt. à* ~ nach Belieben; *pain m à* ~ Brot nach Belieben; **4.** ⚖ *dernières* ~*s* letzter Wille *m*, Testament *n*; *acte m de dernière* ~ letztwillige Verfügung *f*, Testamentsurkunde *f*; **5.** ~*s pl.* a) Befehle *m/pl.*; *faire (toutes) les* ~*s de q.* sich (ganz *od.* vollkommen) nach j-m richten; b) Grillen *f/pl.*, Launen *f/pl.*; *elle fait toutes les* ~*s de son fils* sie richtet sich ganz nach den Launen ihres Sohns.

volontiers (vɔlɔ̃'tje) *adv.* **1.** gern, willig; *bien* ~ sehr gern; **2.** ohne weiteres, leicht.

volt ⚡ (vɔlt) *m* Volt *n*; **~age** ⚡ (~'ta:ʒ) *m* Spannung *f*; ~ *de régime (od. de service)* Betriebsspannung *f*; **~aïque** ⚡ (~ta'ik) *adj.* □ galvanisch; *arc m* ~ elektrischer Lichtbogen *m*; **~aïsme** ⚡ (~ta'ism) *m* galvanische Elektrizität *f*.

voltaire (vɔl'tɛ:r) *m u. adj. (fauteuil m)* ~ großer Armsessel *m* mit hoher Rückenlehne.

voltair|ianisme *phil., litt.* (~tɛrja'nism) *m* Voltairianismus *m*, geistige Richtung *f* e-s Voltaire; **~ien** (~tɛ'rjɛ̃) *adj. u. su.* [7c] voltairisch, von Voltaire; Voltairianer, Aufklärer *m*; F Widerspruchsgeist *m*.

voltaïsation ⚕ (vɔltaiza'sjɔ̃) *f* Elektrotherapie *f* durch galvanischen Strom, Galvanokaustik *f*.

voltamètre *phys.* (vɔlta'mɛtrə) *m* Voltameter *n*.

voltampère ⚡ (vɔltɑ̃'pɛ:r) *m* Watt *n*; **~mètre** ⚡ (~pɛr'mɛtrə) *m* Wattmeter *n*.

volte (vɔlt) *f* **1.** *esc.* rasche Wendung *f*, Volte *f*; **2.** *man.* a) Kreistritt *m*; b) Kreisrittspur *f* in der Arena; **3.** ✈ Schleife *f*; **~-face** (~'fas) *f* [6c] Kehrtwendung *f*; *fig. bsd. pol.* plötzliche Meinungsänderung *f*; *faire* ~ kehrtmachen; *fig.* s-e Ansicht plötzlich ändern.

volter ⚓, *man., esc.* (vɔl'te) *v/i.* [1a] e-e Wendung machen.

voltig|e (vɔl'ti:ʒ) *f* **1.** *gym.* Springseil *n*; **2.** a) Seilspringen *n*; b) Springen *n* auf und über das das Pferd, Voltigieren *n*; *faire de la* ~ voltigieren; **~er** (~ti'ʒe) *v/i.* [1l] **1.** (herum)flattern; ~ *au gré des vents* im Winde flattern; **2.** *gym.* Seil springen; **3.** im Kreise reiten; **4.** *fig.* ~ *de pensée à pensée* von einem Gedanken zum andern springen; ~ *d'un livre à l'autre* ein Buch nach dem andern verschlingen; ~ *d'étude en étude* ein Studium nach dem andern anfangen; **~eur** (~'ʒœ:r) *m su.* [7g] **1.** *gym.* Seilspringer *m*; Seiltänzer *m*; **2.** Kunstreiter *m*; **3.** ⚔ Stoßtruppgrenadier *m*.

voltmètre ⚡ (vɔlt'mɛtrə) *m* Voltmeter *n*, Spannungsmesser *m*.

volubil|e (vɔly'bil) *adj.* **1.** ⚘ sich windend; **2.** *fig.* zungenfertig, redegewandt; **~is** ⚘ (~bi'lis) *m* Winde *f*; **~isme** ⚘ (~bi'lism) *m* Sichwinden *n*; **~ité** (~bili'te) *f* Zungenfertigkeit *f*, Geläufigkeit *f*, Redegewandtheit *f*; Schlagfertigkeit *f*.

volucelle *ent.* (vɔly'sɛl) *f* Federfliege *f*.

volum|e (vɔ'lym) *m* **1.** Band *m e-s Buches*; ~ *in-folio* Folioband *m*; **2.** Umfang *m*, Rauminhalt *m*, Masse *f*; *le* ~ *des échanges* der Umfang *m* des Warenaustausches; ⚓ ~ *d'eau (déplacé* verdrängte*)* Wassermenge *f*; ⊕ ~ *du (od. des) cylindre(s)* Zylinder-, Kubik-inhalt *m*; P *fig. faire du* ~ sich dicke tun, angeben; sich breit machen; *qui fait du* ~ Angeber *m*, Protzer *m*; **~escope** *phys.*, ⚗ (vɔlym'skɔp) *m* Volumenmeßgerät *n*; **~étrie** ⚗ (~me'tri) *f* Maßanalyse *f*; **~étrique** ⚗ (~me'trik) *adj.* maßanalytisch, volumetrisch, Inhaltsbestimmungs...; **~ineux** (~mi'nø) *adj.* [7d] **1.** vielbändig (*Buch*); **2.** umfangreich.

volup|té (vɔlyp'te) *f* **1.** Wollust *f*, Sinnenlust *f*; **2.** *fig.* Wonne *f*, Hochgenuß *m*; ~(*s pl.*) Schwelgerei *f*; *fig. les ~s de l'étude* die geistigen Genüsse *m/pl.* des Studiums; **~tuaire** (~'tɥɛ:r) *adj.* zum bloßen Vergnügen dienend, Luxus...; **~tueux** (~'tɥø) *adj.* □ *u. su.* [7d] wollüstig; *fig.* wonnevoll, wonniglich; üppig, schwelgerisch; Wollüstling *m*; *fig.* Schwelger *m*.

volute (vɔ'lyt) *f* **1.** △ Schnecke *f*, Spirale *f*, Schnörkel *m*; **2.** *charp.* Trittstufe *f*, untere Wangenrundung *f* für den Treppengeländerpfosten; **3.** ♪ Wirbel *m e-r Geige*; **4.** *zo.* Roll-, Falten-, Walzen-schnecke *f*.

volv|acé ⚘ (vɔlva'se) *adj.* wulstartig; **~e** ⚘ (vɔlv) *f* Wulsthaut *f* (*der Pilze*).

volvulus ⚕ (vɔlvy'lys) *m* Darmverschlingung *f*.

vomer *anat.* (vɔ'mɛ:r) *m* Pflugscharbein *n*.

vomique[1] ⚘ (vɔ'mik) *adj.*: *noix f ~* Brechnuß *f*.

vomique[2] ⚕ (~) *f* Lungengeschwür *n*.

vom|ir (vɔ'mi:r) *v/i. u. v/t.* [2a] (aus)brechen, sich übergeben; *fig.* ausspeien, hinausschleudern (*Vulkan*); ausstoßen (*Worte*); *envie f de ~* Übelkeit *f*, Brechreiz *m*; *~ des injures* Schimpfreden ausstoßen, Schimpfkanonaden vom Stapel sich in Schmähungen ergehen; **~issement** (~mis'mɑ̃) *m* Erbrechen *n*; **~itif** (~mi'tif) **I** *adj.* [7e] Erbrechen erregend; **II** *m* Brechmittel *n*; **~itoire** *antiq.* (~mi'twa:r) *m* Theaterausgang *m*; **~ito-negro** ⚕ (~mitɔne'gro) *m/inv.* Gelbfieber *n*.

vorac|e (vɔ'ras) *adj.* □ *u. su.* gefräßig; Fresser *m*, Vielfraß *m*; **~ité** (~si'te) *f* Gefräßigkeit *f*.

vorticelle *zo.* (vɔrti'sɛl) *f* Wirbel-, Glocken-tierchen *n*.

vos (vo) *pr/poss. adj. pl. v. votre.*

Vosges (vo:ʒ) *f/pl.*: *les ~* die Vogesen *pl.*

vosgien (vo'ʒjɛ̃) *adj. u.* ♀ *su.* [7c] vogesisch; Vogesenbewohner *m*.

vot|ant (vɔ'tɑ̃) *adj. u. su.* [7] abstimmend; Wähler *m*; *~ inscrit* Wahlberechtigter *m*; **~ation** (~tɑ'sjɔ̃) *f* Abstimmung *f*; *mode m de ~* Abstimmungsverfahren *n*.

vote (vɔt) *m* **1.** (Wahl-)Stimme *f*; *donner son ~* s-e Stimme abgeben; **2.** Abstimmung *f*; *bulletin m de ~* Wahlzettel *m*; *~ des femmes* Frauenstimmrecht *n*; *~ sur la confiance pol.* Vertrauens-votum *n*, -abstimmung *f*; *avoir droit de ~* stimmberechtigt sein; *passer au ~* abstimmen, zur Abstimmung kommen; *~ au scrutin secret (public)* geheime (öffentliche) Abstimmung *f*.

voter (vɔ'te) [1a] **I** *v/i.* abstimmen; **II** *v/t.* durch Abstimmung genehmigen, stimmen für (*acc.*); *~ une loi* e-n Gesetzesvorschlag verabschieden.

votif *rl.* (vɔ'tif) *adj.* [7e] Votiv...; Weih...; Dankes...; Gedächtnis...; *fête f votive* Erntedankfest *n*.

votre (vɔtr[ə], *oft vor Konsonanten*: vɔt), *pl.* **vos** (vo, *vor Vokalen* voz...) *pr/poss. adj.* euer, eure; *Höflichkeitsanredeform*: Ihr(e).

vôtre ('vo:trə) **I** *pr/poss. su. le, la ~* der, die, das Eurige; *Höflichkeitsanredeform*: der, die, das Ihrige; *je suis bien le ~, je suis tout ~* ich bin ganz der Ihrige, Ihr ganz ergebener ...; **II** F *als adj. ces objets sont ~s* diese Gegenstände gehören Ihnen; **III** *m le ~* das Eurige (*bzw.* Ihrige), euer (Ihr) Vermögen *n*; **IV** *les ~s m/pl.* die Ihrigen; *je suis des ~s* ich gehöre Ihrer Partei an, ich gehöre zu Ihnen; ich mache mit.

vouer (vwe) [1a] **I** *v/t.* widmen, weihen; geloben; *être voué à l'échec* zum Scheitern verurteilt sein; **II** *v/rfl. se ~ à qch.* sich e-r Sache (*dat.*) hingeben, sich ganz widmen; *se ~ corps et âme à la recherche d'une solution* sich mit Leib u. Seele dem Auffinden e-r Lösung hingeben (*od.* verschreiben); *se ~ au diable* sich dem Teufel verschreiben.

vouloir (vu'lwa:r) [3i] **I** *v/t.* **1.** wollen, willens sein, die Absicht haben; *impolitesse voulue* beabsichtigte Unhöflichkeit *f*; **2.** befehlen, gebieten, verlangen; *la loi veut que ...* das Gesetz schreibt vor, daß ...; *que voulez-vous que je fasse?* was soll ich tun?; *l'âge voulu* das vorgeschriebene Alter *n*; *au moment voulu* im gewünschten Augenblick; **3.** wünschen, mögen, begehren; *tout ce que vous voudrez* alles, was Sie wünschen; *je voudrais bien* *savoir* ich möchte gern wissen; ~ *du bien (du mal) à q.* j-m wohlwollen (übelwollen); **4.** fordern; *qu'en voulez-vous?* was wollen Sie dafür haben?; *combien voulez-vous de ce livre?* wieviel wollen Sie für dieses Buch haben? *tu en auras autant que tu (en) voudras* du kannst dafür soviel haben, wie du willst; **5.** einwilligen, zugeben; *je le veux bien* ich bin damit einverstanden; **6.** belieben, geruhen; *veuillez me le dire* haben Sie die Güte, es mir zu sagen; *la lettre que vous avez bien voulu m'adresser ...* der Brief, den Sie mir freundlichst geschickt haben; *voudriez-vous bien me dire* würden Sie wohl so freundlich sein und mir sagen; *Dieu le veuille!* Gott gebe es!; **7.** ~ *dire* bedeuten, heißen; sagen wollen, meinen; *que veut dire ce mot?* was heißt dieses Wort?; *qu'est-ce que cela veut dire?* was soll das heißen?; *staunend od. drohend*: *que voulez-vous dire par là?* was wollen Sie damit sagen?; **II** *v/i.* **8.** *en* ~ *à q.* j-m (*od.* auf j-n) böse sein, j-m zürnen, j-m grollen; sein Augenmerk auf j-n richten; *ne m'en voulez pas!* seien Sie mir deshalb nicht böse!; *pourquoi m'en voulez-vous?* warum sind Sie mir böse?; *à qui en veut-il?* auf wen ist er böse?; *en* ~ *à la vie de q.* j-m nach dem Leben trachten; *il n'en veut qu'à l'argent* ihm geht es nur um das Geld; **III** *v/rfl.* **9.** *se* ~ gemeint sein; **10.** *s'en* ~ *de (inf.)* sich Vorwürfe machen, bereuen, bedauern; *je m'en veux d'avoir fait cela* ich mache mir Vorwürfe (*od.* ich bereue *od.* ich bedauere), dies getan zu haben; *abs.* *s'en* ~ auf einander böse sein; **IV** *m malin (od. mauvais)* ~ böser Wille *m*; *bon* ~ Bereitwilligkeit *f*, guter Wille *m*.

vous (vu, *vor Vokalen* vuz...) *pr/p. nom., dat., acc. pl. der zweiten Person*: ihr, euch; Sie, Ihnen, Sie; *allg.* einem; *rfl.* sich (*in der 2. Person Pluralis der Höflichkeitsanrede*); *de* ~ *à moi* zwischen uns beiden; *cela* ~ *fait du bien* das tut einem wohl; *qui d'entre* ~, *qui (od. lequel) de* ~? wer von euch?, wer von Ihnen?; *dire* ~ *à q.* j-n siezen; *si j'étais de* ~ an Ihrer (*od.* eurer) Stelle; ~ ~ *êtes trompé(e)* Sie (*eine einzige Person*) haben sich getäuscht; ~ ~ *êtes trompé(e)s* Sie (*mehrere Personen*) haben sich getäuscht; ihr habt euch getäuscht; *plusieurs (beaucoup) d'entre* ~ mehrere (viele) unter euch *od.* unter Ihnen.

voussoiement (vuswa'mɑ̃) *m* [*heute häufiger*: *vouvoiement*] Siezen *n*.

vouss|oir ⚠ (vu'swa:r) *m* Gewölbestein *m*; **~ure** ⚠ (~'sy:r) *f* Bogenrundung *f*.

voussoyer (vuswa'je) *v/t.* [1b] [*dafür heute häufiger*: *vouvoyer*] siezen.

voût|e (vut) *f* **1.** ⚠ Gewölbe *n*; ~ *d'arête*, ~ *en crête*, ~ *en conque* Kreuz-, Mulden-gewölbe *n*; *barrage m en* ~ Bogenstaumauer *f*; ~ *circulaire*, ~ *en plein cintre*, ~ *en berceau* Rundbogen-, Tonnen-gewölbe *n*; ~ *gothique ogivale* gotisches Spitzbogengewölbe *n*; ~ *en coupole sur pendentifs* Kuppelgewölbe *n* mit Pendentifs; ~ *en coupole sur trompe conique* Fächer-, Trichtergewölbe *n*; ~ *en limaçon* Schneckengewölbe *n*; ~ *à nervures* Gurtgewölbe *n*; ~ *de verdure* Laube *f*; *fig.* ~ *étoilée* Sternenhimmel *m*; ~ *céleste*, ~ *éthérée* Himmelsgewölbe *n*; **2.** *anat.* Rundung *f*, Wölbung *f*, Höhlung *f*; ~ *du crâne* obere Schädelwölbung *f*; ~ *palatine* Gaumenbogen *m*; **~er** (vu'te) [1a] **I** *v/t.* wölben; *voûté* gewölbt; *fig.* krumm, buckelig, verwachsen; *dos m* ~ krummer Rücken *m*, Krummbuckel *m* F; **II** *v/rfl.* *se* ~ sich wölben; *fig.* e-n krummen Buckel bekommen.

vouv|oiement (vuvwa'mɑ̃) *m* Siezen *n*; **~oyer** (~vwa'je) *v/t.* [1h] siezen; *vgl.* *voussoiement*, *voussoyer*.

voyag|e (vwa'ja:ʒ) *m* **1.** Reise *f*; Fahrt *f*; ~ *à Paris* Reise nach Paris; *faire un* ~ *en Italie (au Maroc)* e-e Reise nach Italien (nach Marokko) machen; *assurance f contre les accidents de* ~ Reiseunfallversicherung *f*; ~ *d'agrément (d'affaires, de noces)* Vergnügungs- (Geschäfts-, Hochzeits-)reise *f*; ~ *d'études* Studienreise *f*; ~ *collectif*, ~ *en société* Gesellschaftsreise *f*; *frais m/pl. de* ~ Reisekosten *pl.*; ~ *à pied* Wanderung *f*; ~ *par mer (par terre)* See-(Land-)reise *f*; ~ *aérien*, ~ *en avion* Luftreise *f*; ~ *en train (en auto)* Reise *f* mit der Eisenbahn (im Auto); ~ *circulaire* Rundreise *f*; ~ *de longue distance (od. de durée)* Dauerfahrt *f*; ~ *d'aller et retour*

Hin- u. Rück-reise *f*; *aller* (*od. partir*) *en* ~ auf Reisen gehen; *être en* (*od. du*) ~ verreist sein, auf Reisen sein; **2.** Reisebeschreibung *f*; **3.** Gang *m*, Hin u. Her-fahrt *f*; Fuhre *f*; Transport *m*; *j'ai fait dix* ~*s d'un bureau à l'autre* ich habe zehn Gänge von einer Dienststelle zur anderen hinter mir; *payer ses* ~*s à un charretier* s-e Fuhren e-m Fuhrmann bezahlen; *frais m/pl. de* ~ *d'une denrée* Kosten *pl.* für den Transport e-s Nahrungsmittels; **~er** (~ja'ʒe) *v/i.* [1l] *stets nur auf die Frage „wo"?, ohne Angabe e-s Ziels; bei der Frage „wohin?", also bei Zielangabe, gebraucht man stets aller bzw. voler*): *il voyage en France* er reist in Frankreich; *aber*: *il va en France* er reist (*od.* fährt) nach Frankreich; (umher)reisen, auf Reisen sein; ziehen (*Vögel, Wolken*); schwimmen (*Eisberge*); ~ *à pied* wandern; ~ *en train* (*en autobus, en avion*) mit der Bahn (im Bus, im Flugzeug) reisen; **~eur** (~'ʒœ:r) [7g] **I** *su.* Reisender *m*; ~ *de commerce* Handlungsreisender *m*; ~ *aérien* Luftreisender *m*; ~ *de place* Platzreisender *m*; **II** *adj.* wandernd; *pigeon m* ~ Brieftaube *f*; ✝ *commis m* ~ Handlungsreisender *m* (*vgl.* I); *humeur f voyageuse* Reise-, Wanderlust *f*.

voyant (vwa'jɑ̃) **I** *adj.* [7] **1.** sehend; **2.** grell, auffällig, schreiend (*Farben*); **II** *m* **3.** Prophet *m*, (Hell-)Seher *m*; **4.** ⊕ ~ *d'un niveau* Nivellierscheibe *f*; ~ *lumineux* Leuchtscheibe *f*; *Auto*: ~ *de contrôle* Kontrollampe *f*; **5.** *phot.* Bildfenster *n*; **6.** ⚓ Toppzeichen *n*; Signalfeuer *n*; *a.* ✈ Leuchtzeichen *n*; Kontrollicht *n*.

voyelle *gr.* (vwa'jɛl) *f* Vokal *m*, Selbstlaut *m*; ~ *finale* Vokalauslaut *m*; ~ *initiale* Vokalanlaut *m*; ~ *infléchie* Umlaut *m*; *changement m de* ~ *du radical* Ablaut *m*; ~ *nasale* Nasallaut *m*.

voyer *ehm.* (vwa'je) *m* (*a. adj. agent m*) ~ Straßenmeister *m*; *vgl. ingénieur*.

voyou P (vwa'ju) *m* Straßenjunge *m*, Rumtreiber *m*, Stromer *m*; Strolch *m*; *en* ~ ruppig, unverschämt; **~te** P (vwa'jut) *f* Göre *f*.

vrac (vrak) *advt.*: *en* ~ durcheinander, in loser Schüttung, lose, unverpackt; *des films en* ~ Stöße *m/pl.* von Filmen; *marchandises f/pl. en* ~ Massengüter *n/pl.*; *matériaux m/pl. en* ~ Schüttgut *n*.

vrai (vrɛ) **I** *adj.* **1.** wahr(heitsgemäß); *il est* ~ *que* ... zwar ...; *cela est* ~ *pour* ... das gilt für (*acc.*) ...; das trifft auf (*acc.*) ... zu; *toujours est-il* ~ *que* ... immerhin muß man sagen, daß ...; *n'est-il pas* ~? *od. pas* ~? nicht wahr?; **2.** wahrheitsliebend; aufrichtig; *parler* (*od. dire*) ~ die Wahrheit sagen; **3.** naturgetreu; wirklich, echt; *la vérité* ~*e* die nackte (*od.* pure F) Wahrheit *f*; **4.** eigentlich, wesentlich; **5.** richtig, passend; **II** *m das* Wahre *n*, Wahrheit *f*; *il y a du* ~ *à cela* da ist 'was (Wahres) dran; *il y a du* ~ *là-dedans* es hat s-e Richtigkeit damit; das ist auch wahr (*od.* richtig); *être dans le* ~ das Richtige getroffen haben; *advt. à* ~ *dire od. à dire* ~ offen gestanden, ehrlich gesagt; *pour* ~, *au* ~, *dans le* ~ der Wahrheit gemäß; F *enf. pour de* ~ im Ernst!, wirklich!, *vgl. bon* II *adv.*

vraiment (vrɛ'mɑ̃) *adv.* wahrhaftig, wirklich; *iron.* was Sie sagen!

vraisem|blable (vrɛsɑ̃'blablə) *adj.* □ wahrscheinlich; *rendre qch.* ~ etw. glaubhaft machen; **~blance** (~'blɑ̃:s) *f* Wahrscheinlichkeit *f*.

vrill|age *text.* (vri'ja:ʒ) *m Art* Webefehler *m*; **~e** (vrij) *f* **1.** Hand-, Nagel-, Vor-, Zwick-bohrer *m*; **2.** ⚘ (Wickel-)Ranke *f*; **3.** ⚘ Ackerwinde *f*; **4.** ✈ Trudeln *n*; ~ *sur le dos* Rückentrudeln *n*; *descendre en* ~ abtrudeln; **~é** (vri'je) *adj.* ⚘ (wickel)rankig; **~ée** ⚘ (vri'je) *f* Acker-, Korn-winde *f*; **~er** (~) [1a] **I** *v/i.* **1.** schraubenartig in die Höhe steigen; **2.** ⚘ sich ranken, sich winden; **3.** ✈ trudeln; **II** *v/t.* an-, durch-bohren; **~erie** ⊕ (vrij'ri) *f* **1.** Bohrerschmiede *f*; Bohrerschmiedehandwerk *n*; **2.** kleine Stahlwerkzeuge *n/pl.*, Bohrwaren *f/pl.*; **~ette** *ent.* (~'jɛt) *f* Holzwurm *m*; **~ier** ⊕ (~'je) *m* Bohrschmied *m*; **~on** ⊕ (~'jɔ̃) *m* Zwickbohrer *m*.

vromb|ir *bsd.* ✈ (vrɔ̃'bi:r) *v/i.* [2a] brummen, dröhnen; knattern (*Motor*); **~issement** (~bis'mɑ̃) *m* Gebrumme *n*, Dröhnen *n*, Knattern *n*, Geknattere *n*, Brummen *n*.

vu (vy) **I** *p/p. s. voir*; F *ni* ~ *ni connu* nicht mehr aufzutreiben F, für immer verschwunden; **II** *wie eine prp.*: **1.** nach Durchsicht (*gén.*); *vu les pièces mentionnées* nach Einsicht der erwähnten Aktenstücke; **2.** unter Bezugnahme auf (*acc.*), im Hinblick auf (*acc.*), angesichts (*gén.*); *vu ses services* angesichts s-r Bemühungen; **III vu que** *cj.* (*mit ind.*) wo ... doch ..., obwohl; *comment avez-vous entrepris cette affaire, vu que vous savez bien* ... wie haben Sie bloß diese Sache übernehmen können, wo Sie doch genau wissen ...; **IV** *m*: *au vu et au su de tous* vor aller Welt; *sur le vu des pièces* nach Einsicht in die Akten; *sur le vu des résultats obtenus* im Verhältnis zu den erzielten Ergebnissen.

vue (~) *f* **1.** Sehen *n*, Sehkraft *f*; *~ basse, ~ courte* Kurzsichtigkeit *f*; *avoir la ~ basse od. courte* kurzsichtig sein; *avoir la ~ bonne* gut sehen können, gute Augen haben; *double ~* Doppeltsehen *n*; *seconde ~* Sehergabe *f*; *~ louche* Schielen *n*; *perdre la ~* blind werden; *être privé de la ~* blind sein; **2.** Augen *n/pl.*, Blick *m*; *baisser (détourner) la ~* die Augen niederschlagen (wegwenden); *avoir la ~ sur q.* ein (wachsames) Auge auf j-n haben; *tant que la ~ peut s'étendre* soweit das Auge reicht; *garder à ~* nicht aus den Augen verlieren; *perdre de ~* aus den Augen verlieren; *ne pas perdre de ~* nicht aus den Augen lassen; *à perte de ~* soweit das Auge reicht; *fig.* ohne Ende, endlos; **3.** Ansehen *n*, Sehen *n*, Anblick *m*; *connaître q. de ~* j-n vom Sehen kennen; *à la ~ de tout le monde* vor aller Augen; *à la ~ de l'ennemi* beim Anblick des Feindes; *à première ~* auf den ersten Blick, vom Blatt; *à ~ d'œil* zusehends, merklich; ~ *d'œil* das Wasser sinkt zusehends; *être en ~* sichtbar sein; *être en ~ de l'île* die Insel in Sicht haben; *être exposé à la ~* den Blicken ausgesetzt sein; *en recevoir plein la ~ fig.* völlig geblendet (*od.* verdutzt) sein; *hors de ~* außer Sicht(weite); **4.** *à ~* auf Sicht; *à trois jours de ~* drei Tage nach Sicht; **5.** Ansicht *f*; *phot.* Aufnahme *f*; *~ (prise) à vol d'oiseau, ~ aérienne* Luftaufnahme *f*; *~ panoramique* Rundaufnahme *f*; *cin. ~ prise de près* Nahaufnahme *f*; *prendre des ~s de qch.* etw. aufnehmen; *~ latérale (od. de côté)* Seitenansicht *f*; *~ de derrière, ~ arrière* Rückansicht *f*; *~ de face, ~ d'avant* Vorderansicht *f*; *~ du sol* Bodensicht *f*; *cin. prise f de ~s* Filmaufnahme *f*; *~ d'ensemble* Gesamtansicht *f*; *allg.* allgemeiner Überblick *m*; **6.** *avoir ~ sur* ... liegen nach ... hin; *cette chambre a ~ sur le jardin* dieses Zimmer hat zum Garten hin Aussicht; **7.** ⚠ Lichtöffnung *f*; *~ de servitude, ~ de souffrance* Fenster *n*, das zum Nachbargrundstück hin aufgeht; **8.** *fig.* Absicht *f*; Entwurf *m*, Plan *m*; *~ de l'esprit* Hirngespinst *n*, graue Theorie *f*, Phantom *n*; *avoir qch. en ~* etw. in Aussicht genommen haben, auf etw. (*acc.*) hinzielen; *avoir des ~s sur q. (qch.)* es auf j-n (auf etw.) abgesehen haben; mit j-m etw. vorhaben; *entrer dans les ~s de q.* auf j-s Absichten eingehen; **9.** *als prp.* **en vue de** angesichts (*gén.*), im Hinblick auf (*acc.*); *en ~ du danger* angesichts der Gefahr, im Hinblick auf die Gefahr; **10.** *fig.* Ansicht *f*, Meinung *f*; *échange m de ~s* Meinungs-, Gedankenaustausch *m*; *~s bornées* beschränkte Ansichten *f/pl.*; *à ~s larges, à grandes ~s* großzügig.

vulcain *ent.* (vyl'kɛ̃) *m* Trauermantel *m.*

vulcan|ien *géol.* (vylka'njɛ̃) *adj.* [7c] vulkanisch; **~isation** (~niza'sjɔ̃) *f* Vulkanisierung *f*; **~iser** (~ni'ze) *v/t.* [1a] vulkanisieren; **~isme** (~'nism) *m géol.* Vulkanismus *m.*

vul|gaire (vyl'gɛ:r) **I** *adj.* □ **1.** allgemein verbreitet *od.* üblich, gewöhnlich, alltäglich; *ère f ~* bürgerliche Zeitrechnung *f*; *langue f ~* Volkssprache *f*; *le grec ~* die neugriechische Volkssprache *f*; *le latin ~* das Vulgärlatein *n*; *opinion f ~* allgemeine Ansicht *f*; *le nom ~ d'une plante* die volkstümliche Bezeichnung *f* e-r Pflanze; **2.** *mv.p.* (*schwächer als trivial!*) niedrig, gemein, unfein, ordinär, vulgär; *homme m ~, âme f ~, esprit m ~* Durchschnitts-typ *m*, -mensch *m*, ordinärer Mensch *m*; *tomber dans le ~* unfein werden; **II** *le ~ m* die breite Masse *f*; die kleinen Leute *pl.*, das Volk *n*; *coll.* der kleine Mann *m*; das Niedrige *n*, das Vulgäre *n*, das Ordinäre *n*; **~garisateur** (~gariza'tœ:r) *adj. u. m* gemeinverständlich machend, popularisierend; populärer Schriftsteller *m*, Verbreiter *m*; **~garisation** (~garizɑ'sjɔ̃) *f* Popularisierung *f*, Gemeinverständlichmachen *n*, Verbreitung *f*, Gemeinverständlichkeit *f*; *caractère m de ~* Gemeinverständlichkeit *f*; *ouvrage m de ~* gemeinverständliches Werk *n*; *de ~ scientifique* populärwissenschaftlich; *la ~ de la haute culture* die Verbreitung *f* akademischen Wissens; *la ~ du café au XVIIIe siècle* die allgemeine Einführung des Kaffees im 18. Jahrhundert; **~gariser** (~gari'ze) [1a] **I** *v/t.* gemeinverständlich machen, allgemein verbreiten; **II** *v/rfl. se ~* allgemein bekannt werden, populär werden; **~garisme** *gr.* (~ga'rism) *m* Vulgärsprache *f*; **~garité** *mv.p.* (~gari'te) *f* Niedrigkeit *f*, Grobheit *f*, gemeiner Zug *m*; Banalität *f*.

vulnér|abilité (vylnerabili'te) *f* Verwundbarkeit *f*; **~able** (~'rablə) *adj.* verwundbar; *fig. côté m* (*od. endroit m*) *~* schwache Seite *f*, *fig.* Achillesferse *f*; *point m ~ fig.* Achillesferse *f*; *réputation f ~* verletzbarer (*od.* antastbarer) Ruf *m*; **~aire** (~'rɛːr) **I** *adj.* Wunden heilend; Wund..., Heil...; *onguent m ~* Wundsalbe *f*; **II** *m chir.* Wundwasser *n*; **III** *f* ⚘ Wundklee *m*; **~ant** (~'rɑ̃) *adj.* [7] verwundend; **~ation** *chir.* (~rɑ'sjɔ̃) *f* versehentliche Verletzung *f während e-r Operation.*

vulv|e *anat.* (vylv) *f* (weibliche) Schamritze *f*, Vulva *f*; **~ite** ⚕ (~'vit) *f* Schamritzenentzündung *f*; **~o-utérien** *anat.* (~vɔyte'rjɛ̃) *adj.* [7c] die Schamritze u. Gebärmutter betreffend; **~o-vaginal** *anat.* (~vaʒi'nal) *adj.* [5c] die Schamritze u. Scheide betreffend.

W

W, w (*genannt double v* [dublə've]) *m* W, w *n.*
wadi (va'di) *m* tiefes, steiles Felstal *n* (*in der Sahara usw.*).
wagnér|ien ♪ (vagne'rjɛ̃) *adj. u. su.* [7c] wagnerisch, von Richard Wagner; Wagnerianer *m*; *chanteur m* ~ Wagnersänger *m*; **~isme** (~'rism) *m* wagnerische Richtung *f*; **~iste** (~'rist) *su.* Wagnerianer *m.*
wagon 🚂, *tram.* (va'gɔ̃) *m* (Eisenbahn-, Straßenbahn-)Wagen *m*, Waggon *m*; ~ *à bagages* Gepäckwagen *m*; ~ *à bestiaux* Viehwagen *m*; ~*-citerne od.* ~*-réservoir* Kessel-, Tank-wagen *m*; ~ *à couloir* Durchgangswagen *m*; ~ *direct* durchgehender Wagen *m*; ~ *fermé* (*od. couvert*) geschlossener (*od.* gedeckter) Wagen *m*, G-Wagen *m*; ~ *frigorifique* (*od. réfrigérant*) Kühlwagen *m*; ~*-lit* [6a] Schlafwagen *m*; ~ *panoramique* Aussichtswagen *m*; ~*-poste* [6b] Postwagen *m*; ~ *plat*, ~ *plateau* Plattformwagen *m*; ~*-restaurant* [6a] Speisewagen *m*; ~*-salon m* [6a] Salonwagen *m*; ~*-tombereau* [6a] offener Güterwagen *m*, O-Wagen *m*, Bordwandwagen *m*; ~*-grue m* Kranwagen *m*; ~ *unifié* europäischer Güterwagen *m*; ~*-trémie* Trichterwagen *m*; ~ *de voyageurs* Personenwagen *m*; **~-couchettes** 🚂 (~ku'ʃɛt) *m* [6b] Liegewagen *m.*
wagon|nage (vagɔ'na:ʒ) *m* Beförderung *f* mit Wagen; Wagenbedarf *m*; **~ée** (~'ne) *f* Waggonladung *f*; **~net** (~'nɛ) *m* Kipplore *f*; Seilbahnwagen *m*; ⚒ ~ *de mine* Förderwagen *m.*
wallon (va'lɔ̃, wa'lɔ̃) *adj. u.* ≈ *su.* [7c] wallonisch; Wallone *m.*
wapiti *zo.* (wapi'ti) *m* Wapiti *m.*
warrant (va'rɑ̃, wa'rɑ̃) *m* **1.** ⚚ Lager-, Waren-schein *m*; Warenkreditbrief *m*; **2.** ⚖ *in England*: Haftbefehl *m*; **~age** (~'ta:ʒ) *m* Bürgschaft *f* durch e-n Warenschein; **~er** (~'te) *v/t.* [1a] durch Lagerschein sichern.
water F (wa'tɛ:r, P va'tɛ:r) *m abr. für* ~*-closet* Klosett *n*; **~-chutes** (~'ʃyt) *f/pl.* Wasserrutschbahn *f*; **~-closet** (~klo'zɛt) *m* [6g] (*abr.* W.C.) W.C. *n*, Toilette *f.*
wateringue (wa'trɛ̃:g) *f* Moorentwässerungskanal *m* (*in belgisch u. französ. Flandern*).
water-polo *Sport* (wa-, va-tɛrpo'lo) *m* [6g] Wasserball(spiel *n*) *m.*
waterproof ✂ (~'pruf) *m* Regenmantel *m.*
watt ⚡ (wat) *m* Watt *n*; **~age** ⚡ (~'ta:ʒ) *m* Leistungs-, Energie-, Watt-verbrauch *m*, Wattzahl *f*; **~-heure** *od.* **~heure** ⚡ (wa'tœ:r) *m* Wattstunde *f*; **~man** (wat-, P vat-'man) *m* **1.** 🚂 Wagenführer *m* e-s elektrischen Triebwagens; **2.** *tram.* Straßenbahnführer *m.*
week-end (wik'ɛnd) *m* Weekend *n*, Wochenende *n*; *emmener ses enfants en* ~ s-e Kinder übers

Wochenende mitnehmen.
wende (vɑ̃:d) *adj.* wendisch, sorbisch; *le* ♀ der Wende *m*, der Sorbe *m*.
western F (vɛs'tɛrn) *m* Wildwestfilm *m*, -geschichte *f*.
whisk(e)y (wis'ki) *m* Whisky *m*.
whist *cart.* (wist) *m* Whist *n*; **~eur** (~'tœ:r) *su.* [7g] Whistspieler *m*.
wigwam (wig'wam) *m* Wigwam *m*, Indianer-zelt *n*, -hütte *f*.
wilhelmien *hist. All.* (vilɛl'mjɛ̃) *adj.* [7c]: *l'ère f ~ne* die wilhelminische Epoche (*od.* Zeit *f*) *f*.
willaya ⚔ (wila'ja) *f* **1.** (arabischer Verwaltungs-, Militär-)Bezirk *m*; **2.** Militärkommando *n* des FLN.
wisigothique *hist.* (vizigɔ'tik) *adj.* westgotisch.
Wisigoths *hist.* (vizi'go) *m/pl.* Westgoten *pl*.
wolfram *min.* (vɔl'fram) *m* Wolfram *n*.

X

X, x (iks) *m* **1.** X, x *n*; *jambes f/pl. en X* X-Beine *n/pl.*; **2.** *M. X. ..., Mme X ...* Herr X, Frau X; **3.** ⚗ *l'x* das X, die unbekannte Größe *f*; *dégager l'x* bei e-r Gleichung x allein auf eine Seite bringen; **4.** F Rätsel *n*; **5.** *phys. rayons m/pl. X* Röntgenstrahlen *m/pl.*; **6.** F *l'X m* (Student *m* der) Ecole polytechnique in Paris; *l'argot m de l'X* der Slang der Studenten der Ecole polytechnique.
Xanthippe (gzɑ̃'tip) **I** *a. hist.* Xanthippus *m*; **II** *f a. hist.* Xanthippe *f*; *fig.* Drachen *m*, zänkisches Weib *n*.
xéno|graphie (ksenɔgra'fi) *f* Lehre *f* ausländischer Schriftsysteme, ausländische Schriftenkunde *f*; **~mane** (~'man) *adj. u. su.* für Ausländisches schwärmend *od.* Schwärmender *m*; **~manie** *mv.p.* (~ma'ni) *f* Ausländerei *f*, Ausländerfimmel *m*; **~phile** (~'fil) *adj. u. su.* ausländerfreundlich; Ausländerfreund *m*; **~phobe** (~'fɔb) *adj. u. su.* ausländerfeindlich; Ausländerfeind *m*; **~phobie** (~fɔ'bi) *f* Haß *m* gegenüber Ausländern, Fremdenhaß *m*.
xéranthème ⚘ (kserɑ̃'tɛm) *m* Strohblume *f*.
xérasie ⚕ (ksera'zi) *f* Haardürre *f*.
xérès (kse'rɛs) *m* Jerezwein *m*, Sherry *m*.
xiphias *icht.* (ksi'fjas) *m* Schwertfisch *m*.
xiphidion *ent.* (ksifi'djɔ̃) *m* Xiphidion *n*; kleine, grüne Heuschrecke *f*.
xylo|cope *ent.* (ksilɔ'kɔp) *m* Holzbohrfliege *f*; **~glyphe** (~'glif) *m* Holzschnitzer *m*; **~glyphie** (~gli'fi) *f* Holzschnitzerkunst *f*; **~graphe** (~'graf) *m* Holz-schneider *m*, -graverer *m*; **~graphie** (~gra'fi) *f* Holzschneidekunst *f*; **~gravure** (~gra'vy:r) *f* Holzgravierung *f*; **~lithe** ⚠ (~'lit) *f* Steinholz *n*, versteinertes Holz *n* (*Baustoff*); **~phage** *ent.* (~'fa:ʒ) *m u. adj.* Holz-bohrer *m*, -käfer *m*; **~phone** ♪ (~'fɔn) *m* Xylophon *n*.

Y

Y, y¹ (*genannt i grec*) [i 'grɛk] ***m*** **1.** Y, y *n*; Ypsilon *n*; **2.** 𝔄 *abr.* ***y*** = zweite unbekannte Größe.

y² (i) **I** *adv.* dort(hin); *j'y vais* ich gehe hin; *j'y irai* ich werde dorthin gehen; *vas-y* (*n'y va pas*) gehe (nicht) hin; *restes-y* bleibe da; *menez-y-moi* (*menez-nous-y*) führen Sie mich (uns) hin; *j'y étais* ich war da(bei); *je n'y suis pour personne* ich bin für niemanden zu Hause; *Monsieur n'y est pas* der Herr ist nicht da; *on y va!* ich komme!; *vous y êtes!* Sie haben es getroffen!, richtig!; *vous y êtes?* sind Sie so weit? *j'y suis* a) ganz recht!; ich verstehe!; b) ich bin bereit; *ah! j'y suis!* ach so!; F *nous y voilà!* da haben wir die Bescherung!; **II** *pr/p.* **1.** (*vertritt mst. den sächlichen Dativ* = *à cela*: a) dafür; *je m'y intéresse* ich interessiere mich dafür; b) daran; *j'y pense* (*od. j'y songe*) ich denke daran; *j'y ai trop d'intérêt* es liegt mir zu sehr daran; c) darauf; *j'y reviens* ich komme darauf zurück; *renoncez-y!* verzichten Sie darauf!; d) dazu; *j'y ajoute* dazu füge ich hinzu; e) darunter; *y compris* darunter mit einbegriffen; f) damit, darin; *j'y compte* ich rechne damit (*od.* darauf); *j'y consens* ich bin damit einverstanden; g) danach; *je m'y conformerai* ich werde mich danach richten; h) dabei; *j'y perds* ich verliere dabei; i) darüber; *j'y réfléchirai* ich werde darüber nachdenken; **2.** (*vertritt bisw. den persönlichen, starktonigen Dativ* = *à lui, à elle, à eux, à elles*); *vous vous intéressez à lui; je ne m'y intéresse pas* Sie interessieren sich für ihn; ich interessiere mich nicht für ihn; *bsd. a. in der Vorwegnahme des persönlichen Dativs*: *vous y pensez encore, à cet enfant?* an dieses Kind denken Sie noch?; **3.** P *in der Volkssprache vertritt y den persönlichen, schwachtonigen Dativ lui od. leur*: *j'y ai donné* ich habe ihm (ihr, ihnen) gegeben; *j'y dirai* ich werde ihm (ihr, ihnen) sagen.

y³ P (~) = *il*; *lui* (*vgl.* **y²** *unter* 3).

yacht ⚓ (jak[t], jɔt) ***m*** Jacht *f*; ~ *à moteur* (*à voile, à glace*) Motor-(Segel-, Eis-)jacht *f*; **~ing** ⚓ (jak'tiŋ, jɔ'tiŋ) ***m*** Segelsport ***m***, Segeln ***n***; *faire du* ~ Segelsport treiben, segeln; **~ing-club** (*pl. yachting-clubs*) (~'klœb) ***m*** Segelklub ***m***.

yack, *seltener*: **yak** *zo.* (jak) ***m*** Jak ***m***, Grunzochs ***m***.

yaourt (ja'u:r) ***m*** Joghurt ***n***.

Yémen *géogr.* (je'mɛn) ***m***: **le ~** der Yemen ***m***.

yéménite *géogr.* (jeme'nit) *adj.* yemenitisch.

yeuse ⚘ (jø:z) *f* Steineiche *f*.

yeux (jø) *pl. von œil*.

y(i)ddish ([j]i'diʃ) *adj.* jiddisch.

yogourt (jɔ'gu:r) ***m*** Joghurt ***n***.

yol|e ⚓ (jɔl) *f* Jolle *f*; **~eur** (~'lœ:r) *m* Jollenführer *m*.
youfte (juft) *m* Juchtenleder *n*.
yougoslave (jugɔ'sla:v) **I** *adj.* jugoslawisch; **II** *su.* ♀ Jugoslawe *m*.
Yougoslavie (~sla'vi) *f*: **la ~** Jugoslawien *n*.
youyou ⚓ (ju'ju) *m kurzes breites* [Boot *n*.]
ypérite ⚗, ⚔ (ipe'rit) *f* Yperit *n* (*Kampfgas*).
ypréau ♀ (ipre'o) *m* [5b] Silberpappel *f*.

Z

Z, z (zɛd) *m* **Z, z** *n*; **de** (*od.* **depuis**) *a jusqu'à z* von a bis z; *fälschlich eingeschoben gegen Hiatus, bsd. nach Zahlen*: *quatre z'yeux*; *vgl. pataquès.*
zabre *ent.* ('zabrə, 'zɑ:brə) *m* Getreidelaufkäfer *m*.
zabus F (za'by) *m/pl.*: *la chasse aux zabus* (*entstanden aus*: *aux abus*) *fig.* der Kampf mit dem Drachen.
zagaie (za'gɛ) *f* Assagai *m* (*Speer afrikanischer Völker*).
zain (zɛ̃) *adj./m*: *cheval m ~* einfarbiges Pferd *n* ohne weißes Haar.
Zambèze (zɑ̃'bɛ:z) *m* Sambesi *m*.
zambo (zɑ̃'bo) *m* Zambo *m* (*Mischling von Neger-, Indianer- od. Mulattenblut*).
Zanzibar (zɑ̃zi'ba:r) **I** *géogr. f* Sansibar *n*; **II** ♀ *m* (P *zanzi*) [zɑ̃'zi] Glücksspiel(-automat *m*) *n*.
zazou F (za'zu) *m* Geck *m*, Modenarr *m*; englischer Halbstarker *m*.
zèbre *zo.* ('zɛ:brə) *m* Zebra *n*.
zébr|é (ze'bre) *adj.* gestreift; **~er** (~) *v/t.* [1f] zebraartig streifen; **~ure** (~'bry:r) *f* zebraartige Streifung *f od.* Streifen *m/pl.*
zébu *zo.* (ze'by) *m* Zebu *m*.
zédoaire *phm.* (zedɔ'ɛ:r) *f* Zitwer (-wurzel *f*) *m*.
zélandais (zelɑ̃'dɛ) *adj. u.* ♀ *su.* [7] seeländisch; Seeländer *m*; *Néo*-♀ *m/pl.* Neuseeländer *m/pl.*
Zélande (ze'lɑ̃:d) *f* Seeland *n*; *la Nouvelle-~* Neuseeland *n*.
zélateur *bsd. rl.* (zela'tœ:r) *su.* [7f] blinder Eiferer *m* (de für *acc.*); eifriger Anhänger *m od.* Verfechter *m*. Glaubenseiferer *m*.
zèle (zɛl) *m* Eifer *m*, Trieb *m*, Drang *m*, Beflissenheit *f*; Diensteifer *m*; *~ religieux* Glaubenseifer *m*; *~ indiscret*, *~ inconsidéré* voreiliger Eifer *m*; *excès m de ~* Übereifer *m*; *~ pour l'étude* Lerneifer *m*; *avec ~* eifrig; F *faire du ~* übereifrig sein; *mettre tout son ~ dans qch.*, *montrer du ~ pour qch.* sich für etw. (*acc.*) einsetzen, etw. mit Eifer betreiben; *pas de ~!* nur keine Überstürzung!
zélé (ze'le) *adj.* eifrig, diensteifrig; *~ pour la foi* voller Glaubenseifer.
zélote *bsd. hist. rl.* (ze'lɔt) *m* Zelot *m*; *fig.* Fanatiker *m*.
zend (zɛ̃:d) *m u. adj.*: *le ~*, *langue f ~e* das Zend *n*, Zendsprache *f*.
zénith (ze'nit) *m ast.* Zenit *m*, Scheitelpunkt *m*; *fig.* Gipfel *m*.
zéphire *od.* **zéphyr**, *bisw. auch* **zéphyre** (ze'fi:r) *m* **1.** Zephir *m*, Westwind *m*; **2.** lauer Wind *m*; **3.** *text.* Zephir *m* (*Baumwollgewebe*).

zéph|irien, ~yrien (zefi'rjɛ̃) *adj.* [7c] zephirisch; zephirleicht; *orn.* *œuf m ~* Windei *n.* [Zeppelin *m.*]
zeppelin (zɛ'plɛ̃) *m ehm.* ✈ *All.*
zéro (ze'ro) *m* **1.** Null *f;* **2.** *fig.* völlige Null *f,* völlig unbedeutender Mensch *m;* **3.** Nullpunkt *m* des Thermometers, Gefrierpunkt *m; dix degrés au-dessus (au-dessous) de ~* zehn Grad über (unter) Null; *fig. être à ~* auf dem Nullpunkt sein, den Tiefststand erreicht haben; *repartir de ~* sich von ganz unten wieder hocharbeiten; *commencer à ~* von vorn anfangen; **~tage** *phys.* (zerɔ'ta:ʒ) *m* Bestimmung *f* des Nullpunkts; **~valent** ⚗ (~va'lɑ̃) *adj.* [7] nullwertig.
zest! (zɛst) **I** *int. ~!* Unsinn!; pah! (*verächtlich*); husch!, flugs!; **II** F *m nur in: être entre le zist et le ~* nicht ein und aus wissen; völlig ratlos **sein;** soso sein.
zest|e (~) *m* **1.** Nußsattel *m* (*Scheidewand in der Walnuß*); **2.** Außenschale *f e-r Zitrone od. Apfelsine;* **3.** *fig. cela ne vaut pas un ~* das ist keinen Groschen wert; das ist für die Katz; **~er** (~'te) *v/t.* [1a]: *~ un citron* e-e Zitrone schälen.
zététique *phil.* (zete'tik) *adj.* untersuchend; *méthode f ~* Auflösungsmethode *f.*
Zeus *myth.* (zø:s) *m* Zeus *m.*
zézaiement *od.* **zézayement** (zezɛ'mɑ̃) *m* Lispeln *n,* fehlerhafte Aussprache *f* (z *statt* j *u.* ge).
zézayer (zezɛ'je) [1k] **I** *v/t. u. v/i.* lispeln; **II** *v/i.* [z] (stimmhaftes s) für j und ge sprechen.
zibeline *zo.* (zi'blin) *f* Zobel *m; a.* Zobel-fell *n,* -pelz *m.*
zibeth *zo.* (zi'bɛt) *m* Zibetkatze *f.*
zigouiller F *plais.* (zigu'je) *v/t.* [1a] abmurksen.
zig(ue) P (zig) *m* Kamerad *m.*
zigzag (zig'zag) *m* Zickzack *m;* Zickzacklinie *f; aller en ~* im Zickzack gehen (*od.* fahren); ⚒ *allée f en ~* im Zickzack laufender Gang *m; faire des ~s* torkeln; **~ant** F (~'gɑ̃) *adj.* [7] : *faire une entrée ~e* torkelnd hereinkommen.
zigzaguer (zigza'ge) *v/i.* [1m] hin- u. her-taumeln, torkeln; sich im Zickzack bewegen; im Zickzack verlaufen (*Weg*); ✈ im Zickzack fliegen.
zinc (zɛ̃:g) *m* **1.** Zink *n;* **2.** P Theke *f* P, Schenktisch *m; prendre un petit verre sur le ~* e-n Schnaps an der Theke im Stehen trinken; *boire une chopine sur le ~* e-n Stehschoppen trinken; **3.** * ✈ Kiste *f* (*Flugzeug*).
zincage ⊕ (zɛ̃'ka:ʒ) *m* = *zingage.*
zincifère (zɛ̃si'fɛ:r) *adj.* zinkhaltig.
zincique ⚗ (zɛ̃'sik) *adj.* Zink ...
zincograph|e ⊕ (zɛ̃kɔ'graf) *m* Zinkstecher *m;* **~ie** ⊕ (~'fi) *f* Zinkdruck *m,* -druckerei *f,* -ätzung *f.*
zincogravure ⊕ (~gra'vy:r) *f* Zinkgravierung *f,* -stich *m.*
zingage ⊕ (zɛ̃'ga:ʒ) *m* Verzinken *n.*
zingaro (zɛ̃ga'ro) *m* (*pl. zingari*) Zigeuner *m.*
zingu|er ⊕ (zɛ̃'ge) *v/t.* [1m] verzinken; mit Zink decken; **~erie** (zɛ̃'gri) *f* **1.** Zink-hütte *f,* -fabrik *f;* **2.** Zinkhandel *m;* **3.** Zinkwaren *f/pl.;* **~eur** (~'gœ:r) *m* Verzinker *m;* Bauklempner *m.*
zinnia ⚘ (zin'ja) *m* Zinnie *f.*
zinzinuler *orn.* (zɛ̃ziny'le) *v/i.* [1a] zwitschern (*v. Meisen*); singen (*v. Grasmücken*).
zinzolin (zɛ̃zɔ'lɛ̃) *m u. adj.* [7] *Art* Violettrot *n;* violettrot; **~er** (~li'ne) *v/t.* [1a] violettrot färben.
zist F (zist) *m* s. zest II.
zizanie (ziza'ni) *f* **1.** Haferreis *m;* **2.** *fig.* Zwietracht *f.*
zizi *orn.* (zi'zi) *m* **1.** *orn.* Zaun|ammer *f;* **2.** P Dingsda (*n*).
zodia|cal (zɔdja'kal) *adj.* [5c] *ast.* zum Tierkreise gehörig, Tierkreis...; **~que** *ast.* (~'djak) *m* Tierkreis *m.*
zoé *biol.* (zɔ'e) *f* Zoea *f,* Nauplius *m* (*Krebstierlarve*).
zoécie *biol.* (zɔe'si) *f* Einzelzelle *f* der Kolonien von Moostierchen.
zoïle *litt.* (zɔ'il) *m* boshafter Kritiker *m.*
zombie (zɔ̃'bi) *m* Eingeborener *m* mit Kapuze (*Martinique*).
zona ⚕ (zɔ'na) *m* Gürtelrose *f.*
zon|e (zo:n) *f* **1.** Zone *f;* Erdgürtel *m; ~ glaciale (tempérée, torride)* kalte (gemäßigte, heiße) Zone *f; ~ de haute (basse) pression* Hoch-(Tief-)druckgebiet *n;* **2.** *fin., fig., pol.,* ⚔ Zone *f,* Gebiet *n;* gürtelartiger Streifen *m;* Landstrich *m; um Paris:* äußerer Stadtgürtel *m; hist. das* Festungsgelände *n; Fr. ~ bleue* „Blaue Zone" *f* (*Gebiet innerhalb von Paris mit beschränkter Park- u. Fahrerlaubnis*); *Fr. ~ à urbaniser en priorité* (*abr. Z.U.P.*)

amtlich als vordringlich erklärtes Baugelände *n* französischer Städte; ~ *dollar* Dollarzone *f*; ~ *sterling* Sterlingzone *f*; ~ *douanière* Zollgebiet *n*; ~ *frontière* Grenzgebiet *n*; ~ *des servitudes militaires* militärisches Festungsgebiet *n*; *at.* ~ *de chute* Fallzone *f*; ⚔ ~ *de combat* Kampfgebiet *n*; *at. la création d'une* ~ *désatomisée* die Schaffung e-r atomfreien Zone; ~ *d'habitation* Wohnbereich *n od. m*; ~ *de libre échange* kleine Freihandelszone *f*; ~ *de validité* Gültigkeitsbereich *m*; ~ *d'influence* Wirkungs-feld *n*, -bereich *m*; *fig. peintre m de deuxième* ~ zweitrangiger Maler *m*; **~ier** (zo'nje) **I** *m* Grenzbewohner *m*; *hist.* Bewohner *m* des ehemaligen Festungsgebiets von Paris; **II** *adj.* [7b]: *franchises f/pl. zonières* Grenzzoll-freiheiten *f/pl.*, -freibeträge *m/pl.*; **~iforme** (~ni'fɔrm) *adj.* gürtelförmig; **~ure** *zo.* (~'ny:r) *m* Gürtelechse *f*.

zoo F (zo) *m abr. für jardin zoologique* Zoo *m*.

zoo|biologie (zɔɔbjɔlɔ'ʒi) *f* Lehre *f* vom Leben der Tiere; **~chimie** (~ʃi'mi) *f* Lehre *f* von der chemischen Zusammensetzung der Tiere; **~génie** (~ʒe'ni) *f* Phylogenese *f*, Geschichte *f* der Entwicklung der einzelnen Tiergattungen; **~géographie** (~ʒeɔgra'fi) *f* Zoo-, Tiergeographie *f*; **~glée** *biol.* (~'gle) *f* Zooglöa *f*, sichtbare Bakterienansammlung *f*; **~glyphite** (~gli'fit) *m* Fossilienabdruck *m*; **~gonie** (~gɔ'ni) *f* = *zoogénie* Entwicklungsgeschichte *f* der Tierrassen; **~graphe** (~'graf) *m* Tierbeschreiber *m*; **~graphie** (~gra'fi) *f* Tierbeschreibung *f*; **~lâtre** (~'lɑ:trə) *m* Tieranbeter *m*; **~lâtrie** (~lɑ'tri) *f* Tieranbetung *f*; **~lithe** 🕮 (~'lit) *m* fossiler Tierstein *m*; **~logie** (~lɔ'ʒi) *f* Zoologie *f*, Tierkunde *f*; **~logique** (~lɔ'ʒik) *adj.* zoologisch; *jardin m* ~ zoologischer Garten *m*; F Zoo *m*; **~logiste** *su.*, **~logue** *su.* (~lɔ'ʒist, ~'lɔg) Zoologe *m*; **~magnétisme** (~maɲe'tism) *m* Tiermagnetismus *m*; **~manie** (~ma'ni) *f* krankhafte Tierliebe *f*; **~morphie** (~mɔr'fi) *f* Lehre *f* von den Tiergestalten (*od.* Tierformen); **~morphisme** (~mɔr'fism) *m* Verwandlung *f* in ein Tier; **~nomie** (~nɔ'mi) *f* Tierlebenskunde *f*; **~phage** (~'fa:ʒ) *adj.* Tiere fressend; Raub...; **~phyte** (~'fit) *m* Tierpflanze *f*; **~phytique** (~fi'tik) *adj.* zoophytisch; **~phytographie** (~fitɔgra'fi) *f* Tierpflanzenbeschreibung *f*; **~phytolithe** (~fitɔ'lit) *m* fossiler Zoophyt *m*; **~plasma** (~plas'ma) *m* Tierplasma *n*; **~scopie** (~skɔ'pi) *f* Lehre *f* von den Tierorganen; **~sperme** (~'spɛrm) *m* Spermatozoen *n*, Samenfaden *m*; **~sporange** (~spɔ'rɑ̃:ʒ) *m* Schwärmsporenzellraum *m*; **~spore** (~'spɔ:r) *f* Schwärmspore *f*; **~taxie** (~ta'ksi) *f* Klassifizierung *f* der Tiere; **~technicien** (~tɛkni'sjɛ̃) *m* wissenschaftlicher Tierzüchter *m*; **~technie** (~tɛk'ni) *f* rationelle Viehzucht *f*; **~technique** (~tɛk'nik) *adj.* zootechnisch; **~thérapie** (~tera'pi) *f* Tierheilkunde *f*; **~tomie** (~tɔ'mi) *f* Tieranatomie *f*.

zorille (zɔ'rij) *f zo.* Band|iltis *m*, Zorilla *w*; ✝ Zorillapelz *m*.

zostère ⚘ (zɔs'tɛ:r) *f* Seegras *n*.

zouave (zwa:v) *m* Zuave *m*, Kolonialsoldat *m*; *fig.* Draufgänger *m*; *faire le* ~ verrückt spielen.

zoulou (zu'lu) *m* Zulu(kaffer *m*) *m*.

zouzou P ⚔ (zu'zu) *m* Zuave *m*.

zozoter P (zɔzɔ'te) *v/i.* [1a] = *zézayer*.

Zurich (zy'rik) *m* Zürich *n*.

zurichois (~'kwa) *adj. u.* ♀ *su.* [7] aus Zürich; Züricher *m*.

zut! P (zyt) *int.* nichts da!, denk' nicht dran!; fällt mir nicht ein!; verflixt!; scher' dich fort!

zyeuter P (zjø'te) *v/t.* [1a] anglotzen.

zygène 🕮 (zi'ʒɛn) *f* **1.** *icht.* Hammerfisch *m*; **2.** *ent.* Widderschwärmer *m*.

zygom|a *anat.* (zigɔ'ma) *m*, **~e** *anat.* (zi'gɔm) *m* Hochbein *n*; **~atique** *anat.* (~ma'tik) *adj.* Joch(bein)...

zygo|morphe ⚘ (zigɔ'mɔrf) *adj.* unregelmäßig (*Blüte*); **~mycètes** ⚘ (~mi'sɛt) *m/pl.* Jochsporenpilze *m/pl.*; **~spore** ⚘ (~'spɔ:r) *f* Joch spore *f*.

zymase ⚗ (zi'mɑ:z) *f* Zymase *f*, zellfreier Hefepreßsaft *m*.

zymo|gène 🕮 (zimɔ'ʒɛn) *adj.* = *~tique*; **~logie** 🕮 (~lɔ'ʒi) *f* Gärungslehre *f*; **~simètre** ⊕ (~zi'mɛ:trə) *m* Gärungsmesser *m*; **~technie** (~tɛk'ni) *f* Gärungs-technik *f*, -verfahren *n*, -wissenschaft *f*; **~technique** (~tɛk'nik) *adj.* gärungs-physiologisch, -technisch; **~tique** 🕮 ⚗ (~'tik) *adj.* gärungserregend.

Französische Abkürzungen

A

a. ans.
A.A.C. Association d'Anciens Combattants.
A.A.F. Allocations d'Assistance à la Famille.
A.B.A. Académie des Beaux-Arts.
Abt. abonnement.
A.C. Association de Camping.
A.C.A.D.I. Association des Cadres Dirigeants de l'Industrie.
A.C.C.C.F. Auto-Camping-Caravaning-Club de France.
A.C.E. Assemblée Consultative Européenne.
A.C.E.S. Association corporative des étudiants de (*od.* en) sciences.
A.C.F. Automobile Club de France.
A.C.O. Action Catholique Ouvrière Française.
A.D.E.F. Association de Défense des Economiquement Faibles.
A.D.E.L.S. Association pour la démocratie et l'éducation locale et sociale.
Adr. adresser.
A.E. Afrique Equatoriale.
Aé.C.F. Aéro-Club de France.
A.E.F.O.M. Agence Economique de la France d'Outre-Mer.
A.E.L.E. Association Européenne de Libre Echange (*EFTA*).
A.F. Allocations Familiales; Académie Française.
A.F.C.V. Association Française des Camps Volants (*Touristenverkehr*).
A.F.I.D. Agence Française d'Information et de Documentation.
A.F.I.E.M. Association française pour l'information économique ménagère.
AFNOR Association Française de Normalisation.
A.F.P. Agence France Press.
A.F.U.H. Association Française pour l'Urbanisme et l'Habitation.
A.G. Assemblée Générale.
A.G.M.G. Association Générale des Mutilés de Guerre.
A.G.R.R. Association Générale de retraites par répartition.
A.I.B.L. Académie des Instructions et Belles-Lettres.
A.I.T. Association des Interprètes et Traducteurs; Alliance Internationale du Tourisme.
A.I.T.A. Association Internationale des Transports Aériens.
A.J. Auberges de la Jeunesse.
A.M. (Ecoles Nationales d')Arts-et-Métiers; Académie de Médecine; Administration Militaire; Allocation Maternité.
A.M.S. Assemblée Mondiale de la Santé.
A.N. Afrique du Nord; Assemblée Nationale.
A.P. Académie de Pharmacie; Agence de Placement; Agence Postale.
A.P.E.L.C. Association des Parents d'Elèves des Lycées et Collèges.
appt. appartement.
arrdt. arrondissement.
A.S. Assurances Sociales; Assurés Sociaux.
asc. ascenseur.
A.T. agent technique Techniker (*Elektronik*); annuaire téléphonique; Association de Tourisme.
A.T.A.I. Association du Transport Aérien International.
A.T.E. agent technique essais Versuchsingenieur (*Elektronik*).
A.T.M. Armée de Terre Métropolitaine.
A.T.P. agent technique plate-forme Beleuchtungstechniker (*Elektronik*).
A.T.T. agent technique télévision Fernsehtechniker (*Elektronik*).
aut., autor. autoroute.
av. avec.
Av. avenue; avocat.
A.V. Académie Vétérinaire; Assurance-Vie.

B

banl. banlieue.
B.A.S. Bureau d'Aide Sociale.
b. à tt f. bonne à tout faire.
B.B.D. billets «bon dimanche».
B.C. Brevet de Capacité; Bureau de Chômage.
Bd., bd. boulevard.
B.D.F. Banque de France.
Bénélux Belgique-Nederland-Luxembourg.
B.E.P.C. Brevet d'Etudes du Premier Cycle.

B.E.P.S. Brevet d'Enseignement Primaire Supérieur.
B.F. Banque de France; basse fréquence; brevet français.
B.I. bouche d'incendie Hydrant.
B.I.C.I. Bureau International du Commerce et de l'Industrie.
B.I.D.A. Bureau International des Droits d'Auteur.
B.I.D.R. Banque Internationale de Développement et de Reconstruction.
B.I.E. Bureau International de l'Education (*od.* des Expositions).
B.I.N. Bureau International de Normalisation.
B.I.P. Bureau d'Information et de Propagande.
B.I.R.D. Banque Internationale pour la Reconstruction et le Développement. [Travail.
B.I.T. Bureau International du
B.J.S. Bureau de la Jeunesse et des Sports. [météorologique.
B.M. Banque Mondiale; bulletin
B.N. Bureau de Normalisation; Bibliothèque Nationale; Bulletin de Naissance. [risme.
B.N.T. Bureau National du Tou-
B.O.M.E.N. Bulletin Officiel du Ministère de l'Education Nationale.
B.P. Brevet Professionnel.
B.P.M.E. Brevet de Préparation Militaire Elémentaire.
B.R.I. Banque de Règlements Internationaux.
B.R.M. brigade routière motorisée.
B.S. Brevet Supérieur.
B.S.E.C. Brevet supérieur d'études commerciales.

C

c. courant; centime.
C.A. certificat d'aptitude; Communauté Atlantique.
c.-à.-d. c'est-à-dire.
C.A.F. Caisses d'Allocations Familiales; coût, assurance, fret.
C.A.P. Certificat d'Aptitude Professionnelle.
C.A.P.E.S. Certificat d'Aptitude Pédagogique à l'Enseignement Supérieur.
CAS Commandement aérien stratégique. [nique.
C.A.T. Certificat d'Aptitude Tech-
C.C. certificat de capacité; Chambre de Commerce; Code Civil (*od.* Criminel *od.* de Commerce).
C.C.C. copie certifiée conforme.
C.C.C.S. Centre de Coopération Culturelle et Sociale.
C.C.F. Camping-Club de France; Chambre de Commerce Française.
C.C.I.T.T. Comité consultatif international télégraphique et téléphonique.
C.C.N.N.U. Comité de Coordination de Normalisation des Nations Unies.
C.C.P. compte courant postal, compte chèque postal, compte chèques postaux Postscheckkonto.
C.D. Chambre des Députés; Corps Diplomatique.
C.D.A. Comité de Défense Atlantique.
C.E. certificat d'études; Communauté Européenne; Conseil de l'Europe; Conseil d'Etat.
C.E.A. Commission économique des Nations Unies pour l'Afrique; Commission de l'Energie Atomique; Confédération Européenne de l'Agriculture; *Fr.* Commissariat à l'Energie Atomique.
C.E.A.C. Commission européenne de l'aviation civile.
C.E.A.I. Cercles d'Echanges Artistiques Internationaux.
C.E.C.A. Communauté Européenne du Charbon et de l'Acier.
C.E.D. Communauté Européenne de Défense.
C.E.E. 1. Communauté économique européenne = EWG; **2.** Commission Economique pour l'Europe (*Nations Unies*).
C.E.G. Collège d'enseignement général.
C.E.L.G. certificat d'études littéraires générales.
C.E.M.E.A. Centres d'entraînement aux Méthodes d'Education Actives (*Ferienkolonien*).
C.E.N. Centre d'Etudes Nucléaires.
C.E.P. certificat d'études primaires; Compagnie d'exploitation pétrolière.
C.E.P.E.M. Compagnie Européenne pour l'équipement ménager.
C.E.R.N. Conseil Européen de Recherches Nucléaires; *neuerdings genannt*: Organisation Européenne pour la Recherche Nucléaire (= *OERN in Genf*); Centre d'études et de recherches nucléaires.
C.E.S. collège d'enseignement secondaire.

C.E.T. Centre d'enseignement technique; Centre d'Etudes de Télécommunications; Commission Européenne de Tourisme.
C.F.D.T. Confédération française des travailleurs.
C.F.O. Confédération Force Ouvrière.
C.F.P. certificat de formation professionnelle.
cft confort.
C.F.T.C. Confédération Française des Travailleurs Chrétiens.
C.G.A.C. Confédération Générale des Anciens Combattants.
C.G.C. Confédération Générale des Cadres.
C.G.I.B. Caisse générale de l'industrie et du bâtiment.
C.G.S.I. Confédération Générale des Syndicats indépendants.
C.G.T. Confédération Générale du Travail; Compagnie Générale Transatlantique.
C.G.T.I. Confédération Générale des Travailleurs Intellectuels.
ch. cherche suche; sucht.
ch., chbre chambre (à coucher).
ch.d.f. chemin de fer.
C.H.E.A. Centre des Hautes Etudes Administratives.
C.H.E.M. Centre des Hautes Etudes Militaires.
chff. c. maz. chauffage central à mazout Öl(zentral)heizung.
C.H.U. Centre hospitalier universitaire.
C.I.C. Confédération Internationale des Cadres Internationale Vereinigung leitender Angestellter; carte internationale de camping; Crédit Industriel et Commercial.
C.I.F. Club International de France; Centre Interentreprise de Formation; Conseil International des Femmes.
C.I.F.A. Crédit industriel et financement automobile.
C.I.O. Comité International Olympique.
C.I.S.C. Confédération Internationale des Syndicats Chrétiens.
C.I.S.L. Confédération Internationale des Syndicats Libres.
C.I.S.O. Confédération Internationale des Syndicats Ouvriers.
C.I.T.I. Confédération Internationale des Travailleurs Intellectuels.
C.I.W.L. Compagnie Internationale des Wagons-Lits.
C.J. camp de jeunesse.
cm centimètre(s).
C.M. certificat médical; Chambre des Métiers; Code Militaire; Conseil des Ministres.
C.M.P. Compagnie du Chemin de Fer Métropolitain de Paris.
C.N.A.M. Confédération nationale de l'Artisanat et des Métiers.
C.N.C. Centre National du Cinéma.
C.N.D.P. Centre National de Documentation Pédagogique.
C.N.E. Caisse Nationale d'Epargne.
C.N.E.C.A. Centre national des expositions et concours agricoles.
C.N.P.F. Conseil National du Patronat Français.
C.N.R. Conseil national de la révolution (*Algérie*).
C.N.R.S. Centre National de la Recherche Scientifique.
C.N.T. Centre National de Tourisme.
CODA Centre d'Opérations de la Défense aérienne.
coin c. coin cuisine Kochnische.
C.O.P. Centre d'Orientation Professionnelle.
Copar Comité parisien.
C.P.C.V. Comité Protestant des Colonies de Vacances.
C.P.R. Centre pédagogique régional.
cpt. (au) comptant (in) bar.
CREDOC Centre de recherches et de documentation sur la consommation.
C.R.E.P.S. Compagnie de Recherches et d'Exploitation de Pétrole au Sahara.
C.R.I. Croix-Rouge Internationale.
C.R.J. Conseil Représentatif des Juifs de France.
C.R.S. Compagnies Républicaines de la Sécurité.
C.S.A. Chambre Syndicale des Agglomérés.
C.S.F. Chambres Syndicales Françaises; Compagnie Générale de Télégraphie sans Fil.
C.T.S. Centre de Transfusion Sanguine.
C.V.J. Centres de Vacances de la Jeunesse.
C.V.man. curriculum vitae manuscrit handgeschriebener Lebenslauf.
C.W.L. Compagnie des Wagons-Lits.

D

D.A. défense aérienne; Défense Atlantique.

D.A.F. Dictionnaire de l'Académie Française.
D.C.A. Défense contre Avions.
D.C.F. Discophile Club de France.
dche douche. [rieurs.
D.E.S. Diplôme d'Etudes Supé-
D.J.S. Défense de la Jeunesse
dr. droit rechte, -r, -s. [scolaire.
D.R.E.E. Direction des relations économiques extérieures.
D.S.M. Détection des sous-marins.
D.S.T. Direction de la Surveillance du Territoire.
D.U.E.L. diplôme universitaire d'études littéraires (*od.* d'enseignement littéraire).
D.U.E.S. diplôme universitaire d'études scientifiques (*od.* d'enseignement scientifique).

E

E.A. écoles d'apprentissage.
E.B.A. Ecole des Beaux-Arts.
éch. c/ échange contre tausche gegen.
E.C.P. Ecole Centrale des Arts et Manufactures de Paris.
E.D.F. Electricité de France; Eclaireurs de France (*Scouts*).
E.F. Etat Français.
E.F.A.A. examen de fin d'apprentissage artisanal.
E.H.E.C. Ecole des Hautes Etudes Commerciales.
E.H.E.I. Ecoles des Hautes Etudes Industrielles.
E.M. Etat-Major. [toires.
E.M.P. Ecoles Militaires Prépara-
E.N. Ecoles Normales; énergie nucléaire.
E.N.P. Ecoles Normales Primaires.
E.N.S. Ecole Normale Supérieure.
E.N.S.E.S. Ecole Normale Supérieure d'Enseignement Secondaire.
E.N.S.E.T. Ecole Normale Supérieure d'Enseignement Technique.
env. envoyer einsenden.
E.O. Extrême-Orient.
E.P. Ecoles Polytechniques (*od.* Primaires *od.* Professionnelles).
E.P.V. Ecole Polytechnique de Vente.
E.S.C. Ecole Supérieure de Commerce; Enseignement Secondaire Classique.
E.S.C.P. Ecole Supérieure des sciences polytechniques.
E.S.E. Ecole Supérieure d'Electricité. [Moderne.
E.S.M. Enseignement Secondaire
ESSEC Ecole Supérieure des Sciences Economiques et Commerciales.
établ. établissement.
ETAP Etude Travail Application Psychotechnique.
E.U. Europe Unie.
E.U.A. Etats-Unis d'Amérique.
E.V. en ville *auf e-m Briefumschlag*: hier.

F

F franc(s).
F.A. Forces Aériennes (*od.* Armées *od.* Atlantiques).
F.A.F.N.F. Fédération des Associations des Familles Nombreuses de France.
F.A.P.E.L.C. Fédération Autonome des Parents d'élèves des Lycées et Collèges. [Agricoles.
F.C.A. Fédération des Coopératives
F.C.C. Fédération des Coopératives de Consommation.
F.C.V.F. Fédération des Colonies de Vacances Familiales.
F.D.E.S. Fonds de développement économique et social.
F.E.C. Fédération des Etudiants Catholiques. [Nationale.
F.E.N. Fédération de l'Education
F.F.A. Fédération Française des Auberges de la Jeunesse.
F.F.C.C. Fédération Française de Camping et de Caravaning.
F.F.E.C. Fédération Française des Etudiants Catholiques.
FFMJC Fédération française des Maisons des Jeunes et de la Culture (*Frankreichs Volkshochschule*; *vgl.* MJC). [Yachting.
F.F.Y. Fédération Française de
F.I.A. Fédération Internationale de l'automobile.
F.I.A.C. Fédération Internationale des Anciens Combattants.
F.I.A.P.F. Fédération Internationale des Associations de Producteurs de Films.
F.I.A.T. Fonds d'intervention pour l'aménagement du territoire.
F.I.C.C. Fédération Française de Camping et de Caravaning.
F.I.J. Fédération Internationale des journalistes.
F.I.O.C.E.S. Fédération Internationale des Organisations de Correspondances et d'Echanges Scolaires.
F.I.P.P. Fédération Internationale de la Presse Périodique.

F.I.T. Fédération Internationale des Traducteurs.
F.L. Faculté des Lettres.
F.L.N. **1.** Front de Libération Nationale (*Algerien seit November 1955 bis zum 1. Juli 1962*; *in Vietnam seit 1946*); **2.** Forces de la Libération (*1944—45*).
F.M.I. Fonds Monétaire International (*Washington*).
F.N.A.G.E. Fédération nationale des associations d'élèves en grandes écoles.
F.N.A.J. Fédération Nationale des Auberges de la Jeunesse.
F.N.O.S.S. Fédération nationale des Organismes de sécurité sociale.
F.N.S.E.A. Fédération nationale des syndicats d'exploitants agricoles.
F.N.U. Forces des Nations Unies.
F.O. Force Ouvrière.
F.O.M. France d'Outre-Mer.
F.S. Faire suivre! Bitte nachsenden!
F.S.M. Fédération Syndicale Mondiale Weltgewerkschaftsbund.
F.T.M. Forces de Terre et de Mer.

G

G.A.M. Groupe d'action municipale.
GATT Accord Général sur les Tarifs et le Commerce Allgemeines Zoll- und Handelsabkommen.
gche gauche linke, -r, -s.
gd grand.
G.E.C.U.S. Groupe d'études et de coordination de l'urbanisme souterrain.
G.I.A.C. Groupement des industries agricoles, alimentaires et de grande consommation.
G.I.F.A.M. Groupement intersyndical des fabricants d'appareils ménagers.
GMFB Gouvernement Militaire Français de Berlin. [caines.
G.M.R. Gardes Mobiles Républi-
G.Q. Grand Quartier.
G.R. grand-route.

H

H.B.M. habitations à bon marché.
HEC (Ecole des) Hautes Etudes Commerciales; Heure de l'Europe Centrale.
H.L.M. habitations à loyers moyens.
H.P. hôtel particulier herrschaftliches Privathaus; haut-parleur; Horse Power.
Htes–Pyr. Hautes-Pyrénées.

I

I.A. Ingénieur Agronome.
I. Agr. Institut Agronomique.
I.C.A.M. Institut Catholique d'Arts-et-Métiers.
I.C.I.P.U. Institut de crédit pour les entreprises d'utilité publique.
I.E.R.N. Institut Européen pour la Recherche Nucléaire.
I.F. Institut de France.
I.F.O.P. Institut Français d'Opinion Publique.
igame Inspecteur général de l'Administration en mission extraordinaire. [Commercial.
I.L.C. Institut Linguistique et
imm. p. de t. immeuble particulier de taille ansehnliches Privathaus.
IMPEX Service des Importations et des Exportations.
impte importante.
indisp. indispensable.
I.N.E.D. Institut National d'Etudes Démographiques.
I.N.R.A. Institut National de la Recherche Agronomique.
I.N.S. Institut National des Sports.
I.N.S.A. Institut National des Sciences Appliquées.
I.N.S.E.E. Institut National de la Statistique et des Etudes Economiques.
I.N.S.E.R.M. Institut national de la santé et de la recherche médicale.
I.N.S.T.N. Institut National des Sciences et Techniques Nucléaires.
I.P.C.L. Institut du Pétrole, des Carburants et Lubrifiants.
I.P.E.S. Institut de Préparation à l'Enseignement Supérieur.
I.P.N. Institut de Physique Nucléaire.
I.R.G. Internationale des Résistants à la Guerre.
I.T.A. Institut de transports aériens.
I.U.T. Institut Universitaire de Technologie.

J

jdin jardin.
J.E.C. Jeunesse Etudiante Chrétienne. [raliste.
J.E.F. Jeunesse Européenne Fédé-
J.F. Jeune femme.
J.H. Jeune homme.
J.M.F. Jeunes Musiciens Français.
J.M.N.R. Jeunesse du mouvement national de la révolution (*Brazzaville*).
J.O.C. Jeunesse ouvrière chrétienne.

J.O.R.F. Journal Officiel de la République Française
J.P.A. Jeunesse en Plein Air.

K

km/h kilomètres par heure.
kWh kilowatt(s)-heure.

L

L.A.F. Ligue Aéronautique de France.
L.D. livraison à domicile. [me.
L.D.H. Ligue des Droits de l'Hom-
L.E.C.E. Ligue Européenne de Coopération Economique.
L.F.A.J. Ligue Française des Auberges de la Jeunesse.
L.I.C.A. Ligue internationale contre l'antisémitisme.
L.M. livret matricule (*od.* militaire).
L.M.C.A. Ligue Mondiale contre l'Alcoolisme.
logéco logement en co-propriété.
L.T.T. Lignes Téléphoniques et Télégraphiques.

M

M. Monsieur.
M.A.A.I.F. Mutuelle assurance automobile des instituteurs de France. [Etrangères.
M.A.E. Ministère des Affaires
M.C. Ministère de la Construction.
M.C.A.A. Mouvement contre l'armement atomique. [Français.
M.C.F. Mouvement Communiste
M.C.I. Ministère du Commerce et de l'Industrie.
M.C.P. Mouvement des Combattants de la Paix.
M.C.V.G. Mutilés, Combattants et Victimes de la Guerre.
M.D.N. Ministère de la Défense Nationale.
Me Maître (*Titel e-s Rechtsanwalts od. Notars*). [Nationale.
M.E.N. Ministère de l'Education
M.F. Ministère des Finances.
M.G.E.N. Mutuelle Générale de l'Education Nationale.
Mgr Monseigneur Monsignore.
M.I. Ministère de l'Information (*od.* de l'Intérieur).
Micuma Société des Mines de Cuivre de la Mauritanie.
Miferma Société des Mines de Fer de la Mauritanie.
MJC Maison des Jeunes et de la Culture (*Jugend- u. Kulturhaus, bald in jedem größeren Dorf Frankreichs*).
MJS Ministère de la Jeunesse et des Sports.
Mlle Mademoiselle.
MM. Messieurs.
M.M. Ministère de la Marine.
Mme Madame.
MMelles Mesdemoiselles.
MMes Mesdames.
M.N.E.F. Mutuelle Nationale des Etudiants de France.
M.N.J.R. Mouvement National de la Jeunesse Républicaine.
M.N.S. maître-nageur sauveteur.
M.O. Moyen-Orient.
Modef Mouvement de défense et de coordination des exploitations agricoles familiales. [Française.
M.R.F. Mouvement de Résistance
M.R.L. Mouvement Républicain de la Libération.
M.R.P. Mouvement Républicain Populaire.
M.S.P.P. Ministère de la Santé Publique et de la Population.
M.T. Ministère des Télécommunications (*od.* du Travail).
mte-charge monte-charge Lastenaufzug.
M.T.L.D. Mouvement pour le Triomphe des Libertés Démocratiques.
M.T.P.T. Ministère des Travaux Publics et des Transports.
M.U.T.E.M. Mutuelle nationale de prévoyance et de retraite des employés de maison.

N

N.D.L.R. Note de la Rédaction.
nf neuf.
N/Réf. notre référence unser Zeichen (*auf Briefen*).
N.R.F. Nouvelle Revue Française.
N.U. Nations Unies.

O

O.A.A. Organisation pour l'Alimentation et l'Agriculture.
O.A.C.I. Organisation de l'Aviation Civile Internationale.
O.A.S. Organisation de l'Armée Secrète (*Fr.: etwa von 1960—1962*).
OCAM Organisation commune africaine et malgache.
O.C.C.A.J. Organisation Centrale des Camps et Auberges de la Jeunesse.
O.C.D.E. Organisation de coopération et développement économique. [Militaire des Jeunes.
O.C.M.J. Organisation Civile et

O.C.T.S. Organisation Commune des Territoires Sahariens.

O.D.E. Office de Documentation Economique. [américains.

O.E.A. Organisation des Etats

O.E.C.E. Organisation Européenne de Coopération Economique.

O.E.R.N. Organisation Européenne pour la Recherche Nucléaire.

O.E.S.C. Organisation pour l'Education, la Science et la Culture Intellectuelle.

O.F.C.E. Office Français du Commerce Extérieur.

O.F.I. Comex Office Français d'Importation et du Commerce Extérieur.

O.F.R.S. Office Français de Recherches Sous-marines.

O.I.E. Organisation Internationale des Employeurs.

O.I.J. Organisation Internationale de la Jeunesse.

O.I.N. Organisation Internationale de Normalisation.

O.I.P.C. Organisation Internationale de Protection Civile.

O.I.R. Organisation Internationale de la Radiodiffusion; Organisation Internationale des Réfugiés (*Nations Unies*). [du Travail.

O.I.T. Organisation Internationale

O.M.C. Organisation Mondiale du Commerce (*Nations Unies*).

O.M.M. Organisation Météorologique Mondiale.

O.M.S. Organisation Mondiale de la Santé (*Nations Unies*).

O.N.I.A. Office National Industriel de l'Azote.

O.N.M. Office National Météorologique.

O.N.T. Office National du Tourisme.

O.N.U. Organisation des Nations Unies (*Uno*).

O.N.U.E.S.C. Organisation des Nations Unies pour l'Education, la Science et la Culture Intellectuelle (*Unesco*). [Atlantique.

O.P.A. Organisation du Pacte

ORGECO Organisation générale des Consommateurs.

O.R.L. Oto-Rhino-Laryngologie.

O.R.T.F. Office de la Radiotélévision française. [ter.

O.S. Ouvrier Spécialisé Facharbei-

O.S.M. Organisation Syndicale Mondiale.

O.T.A. Organisation Mondiale du Tourisme et de l'Automobile.

O.T.A.N. Organisation du Traité de l'Atlantique Nord (*NATO*).

O.T.A.S.E. Organisation du Traité pour la défense de l'Asie Sud-Est (*SEATO*). [africaine.

O.U.A. Organisation de l'unité

O.V.F. Office du Vocabulaire français (*gegründet März 1957*).

P

p. pièces Zimmer.

P. ouvrier professionnel titulaire du C.A.P.

P.A. Pacte Atlantique; piste atomique; poids atomique; professeur agrégé.

P.A.N. Pacte Atlantique-Nord.

P. à P. particulier à particulier von privat an privat.

Part. vd particulier vend Privatperson verkauft.

P.C. Parti Communiste; permis de conduire; poste de commandement; prix courant.

P.C.A. Pool Charbon-Acier.

P.C.B. (Certificat d'Etudes) Physiques, Chimiques, Biologiques.

P.C.F. Parti Communiste Français.

P.C.I. permis de conduire international.

P. et C. Ponts-et-Chaussées.

P.D. port dû unfrankiert.

P. et T. *f/pl.* Postes et Télécommunications Post- u. Fernmeldeverkehr *m* (*so seit 1960 neben dem noch gebrauchten P.T.T.*).

p. ex. par exemple.

P.F.A. Presse Française Associée.

P.G. prisonnier(s) de guerre; procureur général Staatsanwalt.

P.I. passage interdit Durchfahrt (*od.* Durchgang) verboten; pompe d'incendie Feuerspritze.

P.L. Poids Lourd LKW.

P.-L.-M. Paris-Lyon-Marseille.

P.M.E. (Confédération des) petites et moyennes entreprises.

P.M.I. Protection Maternelle Infantile. [gang.

P.N. passage à niveau Bahnüber-

P.N.F. Parti National Français.

poss. possédant.

P.P. par procuration per procura.

p.pples pièces principales Hauptzimmer.

P.R. Parti Radical; Police Routière; poste restante. [Africain.

P.R.A. Parti du Regroupement

P.R.D. Parti Républicain Démocratique.

P.R.E. Programme de la Reconstruction Européenne.

prét. prétentions Gehaltsansprüche.

P.R.F. Parti de la Réconciliation Française.

P.R.I. Parti Radical Indépendant.

P.R.L. Parti Républicain de la Liberté.

P.R.R.S. Parti Radical et Radical-Socialiste.

P.R.S. Parti Républicain Socialiste.

pr s/personnel pour son personnel.

P.S. Parti Socialiste; police-secours Überfallkommando; poste de secours Unfallstation; post-scriptum.

P.S.A. parti sans laisser d'adresse unbekannt verzogen. [tique.

P.S.D. Parti Socialiste Démocra-

P.S.R. Postes de Secours Routiers Unfallstationen an Autobahnen.

P.S.U. Parti Socialiste Unifié.

P.T.T. Postes, Télégraphes, Téléphones (*seit 1960 auch*: *P. et T.*).

p.v.t. par voie télégraphique drahtlich.

px prix.

Pyr.–Or. Pyrénées-Orientales.

Q

Q.G.(F.A.) Quartier Général (des Forces Atlantiques).

qui tr. (*od.* **trans.**) qui transmettra der (die) weiterreichen wird (*in Annoncen*).

R

r. rue.

Rad. Soc. Radicaux Socialistes.

R.A.T.P. Régie Autonome des Transports Parisiens.

rattr. rap. rattrapage rapide schnelle Nachhilfe.

R.A.U. République Arabe Unie Vereinigte Arabische Republik, VAR.

rav. ravissant.

RB. envoi contre remboursement Nachnahmesendung.

R.C. Registre du Commerce.

R.D. Route départementale.

R.D.A. République Démocratique Allemande.

r.–de–ch. rez-de-chaussée.

R.D.F. Radiodiffusion Française.

R.D.J. Rencontres de Jeunes.

R.D.V.N. République Démocratique du Vietnam du Nord.

rech. recherche suche.

Rép. Ind. Républicains Indépendants.

R.F. République Française; Ralliement Français. [mande.

R.F.A. République Fédérale Alle-

R.F.T. Régie Française des Tabacs.

R.G.R. Rassemblement de la Gauche Républicaine.

R.I. Républicains Indépendants.

R.N. route nationale.

R.P. Radio Paris; Réponse Payée; Révérend Père.

R.P.F. Rassemblement du Peuple Français.

R.R.R.S. Parti Républicain Radical et Radical-Socialiste.

R.S. Radicaux-Socialistes; Républicains Socialistes.

R.S.V.P. Répondez, s'il vous plaît.

R.T.B. Radiotélévision belge.

R.U.P. reconnu d'utilité publique.

R.V. route vicinale.

R.X. rayons X.

S

S.A. Société Anonyme.

Sabena Société anonyme belge d'exploitation de la navigation aérienne.

S.A.C.D. Société des Auteurs et Compositeurs Dramatiques.

S.A.C.E.M. Société des Auteurs, Compositeurs et Editeurs de Musique.

S.A.C.E.R. Société anonyme pour la construction et l'entretien des routes.

S.A.F.I.C. Société Anonyme Française de l'industrie de Caoutchouc.

SAPLA Société anonyme des Placements Financiers et Industriels.

S.A.R.L. société à responsabilité limitée G.m.b.H. [ciale.

S.A.S. Section administrative spé-

s/balcon (donnant) sur balcon.

S.B.M. Société des Bains de Mer.

s.bs salle de bains.

S.C.A.F. Société Centrale des Agriculteurs de France.

S.C.E. Service Contre-Espionnage.

S.C.E.O. Syndicats de Cadres, d'Employés, d'Ouvriers.

S.D.E.C.E. Service de Documentation Extérieure et de Contre-Espionnage.

S.E.A. Société d'Electronique et d'Automatisme.

SEFFICO Société française de financement de la copropriété.

S.E.P.I. Société d'Exploitation de Produits Industriels.

SEVPEN Service d'Edition et de Vente des Publications de l'Education Nationale.

S.F.I.C. Section Française de l'Internationale Communiste.
S.F.I.O. Section Française de l'Internationale Ouvrière.
S.F.P. Société Française Psychotechnique.
S.F.T. Société Française des Traducteurs.
S.G.E.N. Syndicat Général de l'Education Nationale.
S.G.F. Société du Gaz de France.
S.G.L. Société des Gens de Lettres.
S.I. Syndicat d'Initiative Fremdenverkehrsverein.
S.I.C.F. Société des Ingénieurs Civils de France.
SIDETEC Société d'investissement des techniques nouvelles.
S.I.P. Société de l'Industrie Pétrolifère.
S.I.R. Service International des Recherches.
S.J.F. Syndicat des Journalistes Français.
S.M. Stations Météorologiques; Sa Majesté.
S.M.I.G. Salaire minimum interprofessionnel garanti.
S.N.A. Société Nord-Atlantique.
S.N.A.F. Société Nationale des Architectes de France.
S.N.A.L. Syndicat National Autonome des Lycées.
S.N.C. Syndicat National des Collèges.
S.N.C.F. Société Nationale des Chemins de fer Français.
S.N.E.S. Syndicat National de l'Enseignement Supérieur.
S.N.E.T. Syndicat National de l'Enseignement Technique.
S.N.I. Syndicat National des Instituteurs et Institutrices.
S.N.L.C. Syndicat National des Lycées et Collèges.
S.N.P.Q.R. Syndicat national des périodiques et quotidiens régionaux.
Soc. dis. socialistes dissidents.
Sogep Société de gestion, d'édition et de publicité.
S.O.I. Secours Ouvrier International.
SOPANOR Société de participations du nord de la France.
Sopexa Société pour l'expansion des ventes des produits agricoles et alimentaires.
souh. souhaité erwünscht.
S.P.A. Société Protectrice des Animaux.
S.P.C.N. Sciences Physiques, Chimiques, Naturelles.
spld. splendide.
S.R. Service de renseignements Auskunftsdienst.
S.R.L. société à responsabilité limitée G.m.b.H.
S.S. Service de Santé.
S.S.F. Société Spéléologique de France; Société Sportive de France.
ss interm. sans intermédiaire.
STE société.
s.v.p. s'il vous plaît.
Sycomom Syndicat des Constructeurs Belges de Machines-Outils pour le Travail des Métaux.

T

T.A. test d'aptitude transports aériens.
T.A.I. Transport Aérien International.
T.C.F. Touring-Club de France.
tél. téléphone.
T.F.O.M. Territoires Français (d')Outre-Mer.
T.N.P. Théâtre National Populaire.
T.O.M. Territoires (d')Outre-Mer.
T.S.C. taxe et service compris.
T.S.F. Télégraphie, Téléphonie sans Fil.
ts les jrs tous les jours.
T.S.V.P. tournez, s'il vous plaît.
T.V. télévision.

U

U.A.F. Union des Artisans de France.
U.A.S.I.F. Union des Associations Scientifiques et Industrielles Françaises.
U.C.I. **1.** Union Cynologique Internationale Internationaler Hundezuchtverband; **2.** Union Cycliste Internationale.
U.C.J.F. Union Chrétienne de Jeunes Filles.
U.D.C.A. Union de Défense des Commerçants et Artisans (mouvement Poujade).
U.D.S.R. Union Démocratique et Socialiste de la Résistance.
U.E. Union Européenne.
U.E.B.L. Union économique belgo-luxembourgeoise.
U.E.F. Union des Etudiants de France; Union Européenne Fédéraliste.
U.E.O. Union de l'Europe occidentale.
U.E.P. Union Européenne des Paiements.

U.E.R. Union Européenne de Radiodiffusion.
U.F.A.J. Union Française des Auberges de la Jeunesse.
U.F.C.V. Union Française des Colonies de Vacances (*katholisch*).
U.F.O.V.A.L. Union Française des Œuvres de Vacances Laïques.
U.F.T. Union des Fédérations des Transports.
U.G.E.M.A. Union Générale des Etudiants Musulmans Algériens.
U.G.I.C. Union Générale des Ingénieurs et Cadres.
U.G.S. Union de la Gauche Socialiste.
U.G.T.A. Union Générale des Travailleurs Algériens.
U.I.E. Union Internationale des Etudiants.
U.J.R.F. Union de la Jeunesse Républicaine de France.
U.N.C. Union Nationale des Combattants.
U.N.E.A. Union nationale des étudiants d'Algérie.
U.N.E.F. Union Nationale des Etudiants de France.
UNESCO United Nations Educational, Scientific and Cultural Organization (Organisation des Nations Unies pour l'Education, la Science et la Culture).
U.N.I.C.E. Union des industries de la Communauté Européenne (Bruxelles).
U.N.R. Union pour la Nouvelle République.
U.P.E. Union Parlementaire Européenne.
U.P.(I.) Union Postale (Internationale).
U.P.R. Union Populaire Républicaine.
U.P.U. Union Postale Universelle.
U.R.N.D. Union Républicaine Nationale Démocratique.
U.R.P. Union pour le Renouveau de Paris; Union Républicaine Progressiste.
U.R.S.S. Union des Républiques Socialistes Soviétiques.
U.S.E. Union des Syndicats d'Electricité.
U.S.M.F. Union syndicale des médecins de France.
U.T.I. Union des Télécommunications Internationales.

V

V.A.C. Vins d'Appellation Contrôlée.
V.E. Votre Eminence; Votre Excellence.
V.M. Votre Majesté.
V.R.P. Voyageurs, représentants et placiers.
V.S.O.P. Very Superior Old Pale (très vieil alcool supérieur).

W

W. watt.
W.(–)C., w.–c. water-closet, Toilette, WC.
W.L. wagon-lit.
W.R. wagon-restaurant.

X

XP exprès payé Eilbote bezahlt.

Y

Y.C.F. Yacht-Club de France.

Z

Z.I. Zone Interdite.
Z.M. Zone Militaire.
Z.U.P. zone à urbaniser en priorité.

Konjugation der französischen Verben

Die in der folgenden Zusammenstellung angeführten Verben sind als Musterbeispiele zu betrachten. Im Wörterbuch sind hinter jedem Verb Nummer und Buchstabe [1a], [2b], [3c], [4d] usw. angegeben, die auf diese Musterbeispiele hinweisen.

Zur Bildung der Zeiten

Impératif: In der Regel aus der 2. Person Singular des *Indicatif présent* unter Weglassung des Personalpronomens. Die Verben der 1. Konjugation verlieren das s der 2. Person des Indikativs (wenn nicht *en* oder *y* darauf folgt).

Imparfait: Aus der 1. Person Plural des *Indicatif présent* durch Änderung von **...ons** in **...ais** usw.

Participe présent: Aus der 1. Person Plural des *Indicatif présent* durch Änderung von **...ons** in **...ant.**

Subjonctif présent: Aus der 3. Person Plural des *Indicatif présent* durch Änderung von **...ent** in **...e** usw.

Subjonctif imparfait: Aus der 2. Person Singular des *Passé simple* durch Anhängung von **...se** usw.

Futur I: Aus dem *Infinitif présent* durch Anhängung von **...ai** usw.

Conditionnel I: Aus dem *Infinitif présent* durch Anhängung von **...ais** usw.

Man beachte besonders:

1. In der 1. Person Singular des *Indicatif présent* der Verben auf -er ist nur die umschriebene Frageform mit *est-ce que* möglich: *est-ce que je blâme?*
2. In der Umgangssprache benutzt man für die Vergangenheit, wie im Deutschen, besonders das *Passé composé*: *j'ai blâmé.*
3. Außer in der 3. Person Singular ist heute das *Imparfait du subjonctif* (Konjunktiv des *Imparfait*) in Wort und Schrift fast völlig ungebräuchlich.

A. Indicatif

I. Einfache Formen

Présent

sg. j'*ai*
tu *as*
il *a*

pl. nous av*ons*
vous av*ez*
ils *ont*

Imparfait

sg. j'av*ais*
tu av*ais*
il av*ait*

pl. nous av*ions*
vous av*iez*
ils av*aient*

Passé simple

sg. j'eu*s*
tu eu*s*
il eu*t*

pl. nous eû*mes*
vous eû*tes*
ils eu*rent*

Futur simple

sg. j'aur*ai*
tu aur*as*
il aur*a*

pl. nous aur*ons*
vous aur*ez*
ils aur*ont*

Conditionnel présent

sg. j'aur*ais*
tu aur*ais*
il aur*ait*

pl. nous aur*ions*
vous aur*iez*
ils aur*aient*

Participe présent

ay*ant*

Participe passé

eu (*f* eue)

II. Zusammengesetzte Formen

Passé composé

j'ai eu

Plus-que-parfait

j'avais eu

Passé antérieur

j'eus eu

Futur antérieur

j'aurai eu

Conditionnel passé

j'aurais eu

Participe composé

ayant eu

Infinitif passé

avoir eu

B. Subjonctif

I. Einfache Formen

Présent

sg. que j'ai*e*
que tu ai*es*
qu'il ai*t*
pl. que nous ay*ons*
que vous ay*ez*
qu'ils ai*ent*

Imparfait

sg. que j'eus*se*
que tu eus*ses*
qu'il eû*t*
pl. que nous eus*sions*
que vous eus*siez*
qu'ils eus*sent*

Impératif

ai*e* — ay*ons* — ay*ez*

II. Zusammengesetzte Formen

Passé

que j'aie eu

Plus-que-parfait

que j'eusse eu

(1) **être** **Hilfsverben**

A. Indicatif

I. Einfache Formen

Présent

sg. je suis
tu es
il est

pl. nous sommes
vous êtes
ils sont

Imparfait

sg. j'étais
tu étais
il était

pl. nous étions
vous étiez
ils étaient

Passé simple

sg. je fus
tu fus
il fut

pl. nous fûmes
vous fûtes
ils furent

Futur simple

sg. je serai
tu seras
il sera

pl. nous serons
vous serez
ils seront

Conditionnel présent

sg. je serais
tu serais
il serait

pl. nous serions
vous seriez
ils seraient

Participe présent

étant

Participe passé

été

II. Zusammengesetzte Formen

Passé composé

j'ai été

Plus-que-parfait

j'avais été

Passé antérieur

j'eus été

Futur antérieur

j'aurai été

Conditionnel passé

j'aurais été

Participe composé

ayant été

Infinitif passé

avoir été

B. Subjonctif

I. Einfache Formen

Présent

sg. que je sois
que tu sois
qu'il soit

pl. que nous soyons
que vous soyez
qu'ils soient

Imparfait

sg. que je fusse
que tu fusses
qu'il fût

pl. que nous fussions
que vous fussiez
qu'ils fussent

Impératif

sois — soyons — soyez

II. Zusammengesetzte Formen

Passé

que j'aie été

Plus-que-parfait

que j'eusse été

Erste Konjugation

I. Einfache Formen

Présent

sg. je blâm*e*
tu blâm*es*
il blâm*e*[1]

pl. nous blâm*ons*
vous blâm*ez*
ils blâm*ent*

Passé simple

sg. je blâm*ai*
tu blâm*as*
il blâm*a*

pl. nous blâm*âmes*
vous blâm*âtes*
ils blâm*èrent*

Participe passé

blâm*é*(*e*)

Infinitif présent

blâm*er*

Impératif

blâm*e*
blâm*ons*
blâm*ez*

NB. blâm*es*-en (-y)

Imparfait

sg. je blâm*ais*
tu blâm*ais*
il blâm*ait*

pl. nous blâm*ions*
vous blâm*iez*
ils blâm*aient*

Participe présent

blâm*ant*

Futur I

sg. je blâm*erai*
tu blâm*eras*
il blâm*era*

pl. nous blâm*erons*
vous blâm*erez*
ils blâm*eront*

Conditionnel I

sg. je blâm*erais*
tu blâm*erais*
il blâm*erait*

pl. nous blâm*erions*
vous blâm*eriez*
ils blâm*eraient*

Subjonctif présent

sg. que je blâm*e*
que tu blâm*es*
qu'il blâm*e*

pl. que nous blâm*ions*
que vous blâm*iez*
qu'ils blâm*ent*

Subjonctif imparfait

sg. que je blâm*asse*
que tu blâm*asses*
qu'il blâm*ât*

pl. que nous blâm*assions*
que vous blâm*assiez*
qu'ils blâm*assent*

II. Zusammengesetzte Formen

(Vom *Participe passé* mit Hilfe von **avoir** und **être**)

1. Das Aktiv

Passé composé: j'ai blâmé
Plus-que-parfait: j'avais blâmé
Passé antérieur: j'eus blâmé
Futur II: j'aurai blâmé
Conditionnel II: j'aurais blâmé

2. Das Passiv

Présent: je suis blâmé
Imparfait: j'étais blâmé
Passé simple: je fus blâmé
Passé composé: j'ai été blâmé
Plus-que-parf.: j'avais été blâmé
Passé antérieur: j'eus été blâmé
Futur I: je serai blâmé
Futur II: j'aurai été blâmé
Conditionnel I: je serais blâmé
Conditionnel II: j'aurais été blâmé
Impératif: sois blâmé
Participe présent: étant blâmé
Participe passé: ayant été blâmé
Infinitif présent: être blâmé
Infinitif passé: avoir été blâmé

[1] blâme-t-il?

Zeichen	Infinitif	Bemerkungen	Présent de l'indicatif	Présent du subjonctif	Passé simple	Futur	Impératif	Participe passé
(1b)	aimer	Oft wird vortoniges *ai-* wie [e] und nicht wie [ɛ] gesprochen.	aim*e* aim*es* aim*e* aim*ons* aim*ez* aim*ent*	aim*e* aim*es* aim*e* aim*ions* aim*iez* aim*ent*	aim*ai* aim*as* aim*a* aim*âmes* aim*âtes* aim*èrent*	aim*erai* aim*eras* aim*era* aim*erons* aim*erez* aim*eront*	aim*e* aim*ons* aim*ez*	aim*é*(*e*)
(1c)	appeler	Der Schlußkonsonant des Stammes verdoppelt sich unter dem Ton (auch im *fut.* und *cond.*, da Nebenton)	appell*e* appell*es* appell*e* appel*ons* appel*ez* appell*ent*	appell*e* appell*es* appell*e* appel*ions* appel*iez* appell*ent*	appel*ai* appel*as* appel*a* appel*âmes* appel*âtes* appel*èrent*	appell*erai* appell*eras* appell*era* appell*erons* appell*erez* appell*eront*	appell*e* appel*ons* appel*ez*	appel*é*(*e*)
(1d)	celer	Das **e** des Stammes wird **è** unter dem Ton (auch im *fut.* und *cond.*, da Nebenton)	cèl*e* cèl*es* cèl*e* cel*ons* cel*ez* cèl*ent*	cèl*e* cèl*es* cèl*e* cel*ions* cel*iez* cèl*ent*	cel*ai* cel*as* cel*a* cel*âmes* cel*âtes* cel*èrent*	cèl*erai* cèl*eras* cèl*era* cèl*erons* cèl*erez* cèl*eront*	cèl*e* cel*ons* cel*ez*	cel*é*(*e*)
(1e)	crocheter	**èt** unter dem Ton (auch im *fut.* und *cond.*, da Nebenton)	crochèt*e* crochèt*es* crochèt*e* crochet*ons* crochet*ez* crochèt*ent*	crochèt*e* crochèt*es* crochèt*e* crochet*ions* crochet*iez* crochèt*ent*	crochet*ai* crochet*as* crochet*a* crochet*âmes* crochet*âtes* crochet*èrent*	crochèt*erai* crochèt*eras* crochèt*era* crochèt*erons* crochèt*erez* crochèt*eront*	crochèt*e* crochet*ons* crochet*ez*	crochet*é*(*e*)

Zeichen	Infinitif	Bemerkungen	Présent de l'indicatif	Présent du subjonctif	Passé simple	Futur	Impératif	Participe passé
(1f)	régner	Das **é** des Stammes wird **è** unter dem Ton **nur** im *prés.* und *impér.*, nicht im *fut.* und *cond.*	règn*e* règn*es* règn*e* régn*ons* régn*ez* règn*ent*	règn*e* règn*es* règn*e* régn*ions* régn*iez* règn*ent*	régn*ai* régn*as* régn*a* régn*âmes* régn*âtes* régn*èrent*	régner*ai* régner*as* régner*a* régner*ons* régner*ez* régner*ont*	règn*e* régn*ons* régn*ez*	régn*é* (*inv.*)
(1g)	abréger	Das **é** des Stammes wird **è** unter dem Ton **nur** im *prés.* und *impér.*, nicht im *fut.* u. *cond.* Nach **g** Einschiebung eines stummen **e** vor **a** u. **o**	abrèg*e* abrèg*es* abrèg*e* abrége*ons* abrég*ez* abrèg*ent*	abrèg*e* abrèg*es* abrèg*e* abrég*ions* abrég*iez* abrèg*ent*	abrége*ai* abrége*as* abrége*a* abrége*âmes* abrége*âtes* abrég*èrent*	abréger*ai* abréger*as* abréger*a* abréger*ons* abréger*ez* abréger*ont*	abrèg*e* abrége*ons* abrég*ez*	abrég*é*(*e*)
(1h)	employer	Das **y** des Stammes wird **i** unter dem Ton (auch im *fut.* und *cond.*, da Nebenton)	emploi*e* emploi*es* emploi*e* employ*ons* employ*ez* emploi*ent*	emploi*e* emploi*es* emploi*e* employ*ions* employ*iez* emploi*ent*	employ*ai* employ*as* employ*a* employ*âmes* employ*âtes* employ*èrent*	emploier*ai* emploier*as* emploier*a* emploier*ons* emploier*ez* emploier*ont*	emploi*e* employ*ons* employ*ez*	employ*é*(*e*)
(1i)	payer	Für das **y** des Stammes wird unter dem Ton (auch im *fut.* u. *cond.*, da Nebenton) die Schreibung mit **i** bevorzugt	pai*e*, pay*e* pai*es*, pay*es* pai*e*, pay*e* pay*ons* pay*ez* pai*ent*, -*yent*	pai*e*, pay*e* pai*es*, pay*es* pai*e*, pay*e* pay*ions* pay*iez* pai*ent*, -*yent*	pay*ai* pay*as* pay*a* pay*âmes* pay*âtes* pay*èrent*	paier*ai*, paye.. paier*as* paier*a* paier*ons* paier*ez* paier*ont*	pai*e*, pay*e* pay*ons* pay*ez*	pay*é*(*e*)

Zeichen	Infinitif	Bemerkungen	Présent de l'indicatif	Présent du subjonctif	Passé simple	Futur	Impératif	Participe passé
(1k)	menacer	**c** erhält eine Cedille (ç) vor **a** und **o**, damit dem c der [s]-Laut erhalten bleibt	menace menace*s* menace menaç*ons* menac*ez* menac*ent*	menace menace*s* menace menac*ions* menac*iez* menac*ent*	menaç*ai* menaç*as* menaç*a* menaç*âmes* menaç*âtes* menac*èrent*	menace*rai* menace*ras* menace*ra* menace*rons* menace*rez* menace*ront*	menace menaç*ons* menac*ez*	menac*é*(*e*)
(1l)	manger	Einschiebung eines stummen **e** zwischen Stamm und mit **a** oder **o** beginnender Endung, damit das **g** den [ʒ]-Laut behält	mange mange*s* mange mange*ons* mang*ez* mang*ent*	mange mange*s* mange mang*ions* mang*iez* mang*ent*	mange*ai* mange*as* mange*a* mange*âmes* mange*âtes* mang*èrent*	mange*rai* mange*ras* mange*ra* mange*rons* mange*rez* mange*ront*	mange mange*ons* mang*ez*	mang*é*(*e*)
(1m)	conjuguer	Das stumme **u** am Ende des Stammes bleibt überall, auch vor **a** und **o**	conjugue conjugue*s* conjugue conjugu*ons* conjugu*ez* conjugu*ent*	conjugue conjugue*s* conjugue conjugu*ions* conjugu*iez* conjugu*ent*	conjugu*ai* conjugu*as* conjugu*a* conjugu*âmes* conjugu*âtes* conjugu*èrent*	conjugue*rai* conjugue*ras* conjugue*ra* conjugue*rons* conjugue*rez* conjugue*ront*	conjugue conjugu*ons* conjugu*ez*	conju-gu*é*(*e*)
(1n)	saluer		salue salue*s* salue salu*ons* salu*ez* salu*ent*	salue salue*s* salue salu*ions* salu*iez* salu*ent*	salu*ai* salu*as* salu*a* salu*âmes* salu*âtes* salu*èrent*	salue*rai* salue*ras* salue*ra* salue*rons* salue*rez* salue*ront*	salue salu*ons* salu*ez*	salu*é*(*e*)

Zeichen	Infinitif	Bemerkungen	Présent de l'indicatif	Présent du subjonctif	Passé simple	Futur	Impératif	Participe passé
(1o)	aller	Wechsel des Stammes **all** mit den Stämmen von lateinisch **vadere** und **ire**	va*is* vas va all*ons* all*ez* vo*nt*	aill*e* aill*es* aill*e* all*ions* all*iez* aill*ent*	all*ai* all*as* all*a* all*âmes* all*âtes* all*èrent*	ir*ai* ir*as* ir*a* ir*ons* ir*ez* ir*ont*	va (vas-y; *aber*: va-t'en) all*ons* all*ez*	all*é*(*e*)
(1p)	envoyer	Nach (1h), hat aber unregelmäßiges *fut.* und *cond.*	envoi*e* envoi*es* envoi*e* envoy*ons* envoy*ez* envoi*ent*	envoi*e* envoi*es* envoi*e* envoy*ions* envoy*iez* envoi*ent*	envoy*ai* envoy*as* envoy*a* envoy*âmes* envoy*âtes* envoy*èrent*	enverr*ai* enverr*as* enverr*a* enverr*ons* enverr*ez* enverr*ont*	envoi*e* envoy*ons* envoy*ez*	envoy*é*(*e*)

(2a) **punir** *

Zweite Konjugation

Zweite regelmäßige Konjugation, deren Kennzeichen meist die Stammerweiterung durch **...is...** bzw. **...iss...** ist

I. Einfache Formen

Présent	*Impératif*	*Futur I*	*Subjonctif présent*
sg. je pun*is* tu pun*is* il pun*it* *pl.* nous pun*issons* vous pun*issez* ils pun*issent*	pun*is* pun*issons* pun*issez*	*sg.* je pun*irai* tu pun*iras* il pun*ira* *pl.* nous pun*irons* vous pun*irez* ils pun*iront*	*sg.* que je pun*isse* que tu pun*isses* qu'il pun*isse* *pl.* que nous pun*issions* que vous pun*issiez* qu'ils pun*issent*
Passé simple	*Imparfait*	*Conditionnel I*	*Subjonctif imparfait*
sg. je pun*is* tu pun*is* il pun*it* *pl.* nous pun*îmes* vous pun*îtes* ils pun*irent*	*sg.* je pun*issais* tu pun*issais* il pun*issait* *pl.* nous pun*issions* vous pun*issiez* ils pun*issaient*	*sg.* je pun*irais* tu pun*irais* il pun*irait* *pl.* nous pun*irions* vous pun*iriez* ils pun*iraient*	*sg.* que je pun*isse* que tu pun*isses* qu'il pun*ît* *pl.* que nous pun*issions* que vous pun*issiez* qu'ils pun*issent*
Participe passé	*Participe présent*		
pun*i*(*e*)	pun*issant*		
Infinitif présent			
pun*ir*			

II. Zusammengesetzte Formen

Vom *Participe passé* mit Hilfe von **avoir** und **être**; s. (1a)

* **fleurir** im bildlichen Sinne hat im *Participe présent* meist **florissant**, im *Imparfait* meist **florissait**

Zeichen	Infinitif	Bemerkungen	Présent de l'indicatif	Présent du subjonctif	Passé simple	Futur	Impératif	Participe passé
(2b)	sentir	Keine Stammerweiterung durch **...is...** bzw. **...iss...**	sen*s* sen*s* sen*t* sent*ons* sent*ez* sent*ent*	sent*e* sent*es* sent*e* sent*ions* sent*iez* sent*ent*	sent*is* sent*is* sent*it* sent*îmes* sent*îtes* sent*irent*	sent*irai* sent*iras* sent*ira* sent*irons* sent*irez* sent*iront*	sen*s* sent*ons* sent*ez*	sent*i*(*e*)
(2c)	cueillir	*prés.*, *fut.* und *cond.* nach der 1. Konjugation	cueill*e* cueill*es* cueill*e* cueill*ons* cueill*ez* cueill*ent*	cueill*e* cueill*es* cueill*e* cueill*ions* cueill*iez* cueill*ent*	cueill*is* cueill*is* cueill*it* cueill*îmes* cueill*îtes* cueill*irent*	cueill*erai* cueill*eras* cueill*era* cueill*erons* cueill*erez* cueill*eront*	cueill*e* cueill*ons* cueill*ez*	cueill*i*(*e*)
(2d)	fuir	Keine Stammerweiterung durch **...is...** bzw. **...iss...** Wechsel zwischen **y** und **i** je nach End- od. Stammbetonung	fu*is* fu*is* fu*it* fu*yons* fu*yez* fu*ient*	fu*ie* fu*ies* fu*ie* fu*yions* fu*yiez* fu*ient*	fu*is* fu*is* fu*it* fu*îmes* fu*îtes* fu*irent*	fu*irai* fu*iras* fu*ira* fu*irons* fu*irez* fu*iront*	fu*is* fu*yons* fu*yez*	fu*i*(*e*)
(2e)	bouillir	*prés. ind.* und Ableitungen nach der 4. Konjugation	bou*s* bou*s* bou*t* bouill*ons* bouill*ez* bouill*ent*	bouill*e* bouill*es* bouill*e* bouill*ions* bouill*iez* bouill*ent*	bouill*is* bouill*is* bouill*it* bouill*îmes* bouill*îtes* bouill*irent*	bouill*irai* bouill*iras* bouill*ira* bouill*irons* bouill*irez* bouill*iront*	bou*s* bouill*ons* bouill*ez*	bouill*i*(*e*)

Zeichen	Infinitif	Bemerkungen	Présent de l'indicatif	Présent du subjonctif	Passé simple	Futur	Impératif	Participe passé
(2f)	couvrir	*prés. ind.* und Ableitungen nach der 1. Konjugation; *p.p.* auf **-ert**	couvre couvres couvre couvrons couvrez couvrent	couvre couvres couvre couvrions couvriez couvrent	couvris couvris couvrit couvrîmes couvrîtes couvrirent	couvrirai couvriras couvrira couvrirons couvrirez couvriront	couvre couvrons couvrez	couvert(*e*)
(2g)	vêtir	Geht nach (2b), außer im *p.p.* Abgesehen von **vêtu** wird **vêtir** kaum noch gebraucht.	vêts vêts vêt vêtons vêtez vêtent	vête vêtes vête vêtions vêtiez vêtent	vêtis vêtis vêtit vêtîmes vêtîtes vêtirent	vêtirai vêtiras vêtira vêtirons vêtirez vêtiront	vêts vêtons vêtez	vêtu(*e*)
(2h)	venir	*prés. ind., fut., p.p.* u. Ableitungen nach der 4. Konjugation. Im *passé simple* Umlaut [ɛ̃]; man beachte das eingeschobene **-d-** im *fut.* und *cond.*	viens viens vient venons venez viennent	vienne viennes vienne venions veniez viennent	vins vins vint vînmes vîntes vinrent	viendrai viendras viendra viendrons viendrez viendront	viens venons venez	venu(*e*)
(2i)	courir	*prés. ind., p.p., fut.* u. Ableitungen nach der 4., *passé simple* nach der 3. Konjugation; **-rr-** im *fut.* und *cond.*	cours cours court courons courez courent	coure coures coure courions couriez courent	courus courus courut courûmes courûtes coururent	courrai courras courra courrons courrez courront	cours courons courez	couru(*e*)

Zeichen	Infinitif	Bemerkungen	Présent de l'indicatif	Présent du subjonctif	Passé simple	Futur	Impératif	Participe passé
(2k)	mourir	*prés. ind.*, *fut.* und Ableitungen nach der 4. Konjugation, doch Umlaut **eu** neben **ou**; *passé simple* nach der 3. Konjugation	meurs meurs meurt mourons mourez meurent	meure meures meure mourions mouriez meurent	mourus mourus mourut mourûmes mourûtes moururent	mourrai mourras mourra mourrons mourrez mourront	meurs mourons mourez	mort(*e*)
(2l)	acquérir	*prés. ind.* und Ableitungen nach der 4. Konjugation mit Einschiebung von **i** vor **e**; *p.p.* mit **-s**; **-err-** im *fut.* u. *cond.*	acquiers acquiers acquiert acquérons acquérez acquièrent	acquière acquières acquière acquérions acquériez acquièrent	acquis acquis acquit acquîmes acquîtes acquirent	acquerrai acquerras acquerra acquerrons acquerrez acquerront	acquiers acquérons acquérez	acquis(*e*)
(2m)	haïr	Geht nach (2a); aber es verliert im *sg. prés. ind.* und *impér.* das Trema auf dem **i**	hais [ɛ] hais hait haïssons haïssez haïssent	haïsse haïsses haïsse haïssions haïssiez haïssent	haïs [a'i] haïs haït haïmes haïtes haïrent	haïrai haïras haïra haïrons haïrez haïront	hais haïssons haïssez	haï(*e*)
(2n)	faillir	Defektiv; *fut.* und *cond.* nach (2a). Im Sinne v. Bankrott machen geht es nach (2a)			faillis faillis faillit faillîmes faillîtes faillirent	faillirai failliras faillira faillirons faillirez failliront		failli(*e*)

Dritte Konjugation

I. Einfache Formen

Présent	*Impératif*	*Futur I*	*Subjonctif présent*
sg. je reç*ois* tu reç*ois* il reç*oit*	reç*ois* recev*ons* recev*ez*	*sg.* je recev*rai* tu recev*ras* il recev*ra*	*sg.* que je reç*oive* que tu reç*oives* qu'il reç*oive*
pl. nous recev*ons* vous recev*ez* ils reç*oivent*		*pl.* nous recev*rons* vous recev*rez* ils recev*ront*	*pl.* que nous recev*ions* que vous recev*iez* qu'ils reç*oivent*
Passé simple	*Imparfait*	*Conditionnel I*	*Subjonctif imparfait*
sg. je reç*us* tu reç*us* il reç*ut*	*sg.* je recev*ais* tu recev*ais* il recev*ait*	*sg.* je recev*rais* tu recev*rais* il recev*rait*	*sg.* que je reç*usse* que tu reç*usses* qu'il reç*ût*
pl. nous reç*ûmes* vous reç*ûtes* ils reç*urent*	*pl.* nous recev*ions* vous recev*iez* ils recev*aient*	*pl.* nous recev*rions* vous recev*riez* ils recev*raient*	*pl.* que nous reç*ussions* que vous reç*ussiez* qu'ils reç*ussent*
Participe passé reçu(*e*)	*Participe présent* recev*ant*		
Infinitif présent recev*oir*			

II. Zusammengesetzte Formen

Vom *Participe passé* mit Hilfe von **avoir** und **être**; s. (1a)

Zeichen	Infinitif	Bemerkungen	Présent de l'indicatif	Présent du subjonctif	Passé simple	Futur	Impératif	Participe passé
(3b)	voir	Wechsel zwischen **i** und **y** wie in (2d). Ableitungen regelmäßig, jedoch im *fut.* und *cond.* **-err-** (statt **-oir-**)	vois vois voit vo**y***ons* vo**y***ez* voi*ent*	voie voies voie vo**y***ions* vo**y***iez* voi*ent*	*vis* *pourvoir*: je pourvus	ver*rai* *pourvoir*: je pourvoirai; *prévoir*: je prévoirai	vois vo**y***ons* vo**y***ez*	vu(*e*)
(3c)	falloir	Nur gebräuchlich in der 3. P. *sg.*	il fau*t*	qu'il fa*ille*	il fall*ut*	il faud*ra*		fallu(*inv.*)
(3d)	mouvoir	Tonsilbe: **meu.** In den Formen mit **mouv** rückt die Betonung auf die Endung	meu*s* meu*s* meu*t* mouv*ons* mouv*ez* meuv*ent*	meuv*e* meuv*es* meuv*e* mouv*ions* mouv*iez* meuv*ent*	m*us* m*us* m*ut* m*ûmes* m*ûtes* m*urent*	mouv*rai* mouv*ras* mouv*ra* mouv*rons* mouv*rez* mouv*ront*	meu*s* mouv*ons* mouv*ez*	m*û*, m*ue*
(3e)	pleuvoir		il pleu*t*	qu'il pleuve	il pl*ut*	il pleuv*ra*		pl*u* (*inv.*)
(3f)	pouvoir	Im *prés. ind.* manchmal auch **je puis;** fragend **puis-je** (besser als peux-je)	peu*x* peu*x* peu*t* pouv*ons* pouv*ez* peuv*ent*	puiss*e* puiss*es* puiss*e* puiss*ions* puiss*iez* puiss*ent*	*pus* *pus* *put* *pûmes* *pûtes* *purent*	pour*rai* pour*ras* pour*ra* pour*rons* pour*rez* pour*ront*		*pu* (*inv.*)

Zeichen	Infinitif	Bemerkungen	Présent de l'indicatif	Présent du subjonctif	Passé simple	Futur	Impératif	Participe passé
(3g)	savoir	*p.p.* **sachant**	sais sais sait sav*ons* sav*ez* sav*ent*	sache sach*es* sache sach*ions* sach*iez* sach*ent*	*sus* *sus* *sut* *sûmes* *sûtes* *surent*	saur*ai* saur*as* saur*a* saur*ons* saur*ez* saur*ont*	sach*e* sach*ons* sach*ez*	*su*(*e*)
(3h)	valoir	**prévaloir** bildet das *prés. subj.* regelmäßig: **que je prévale,** etc.	vau*x* vau*x* vau*t* val*ons* val*ez* val*ent*	vaille vaill*es* vaille val*ions* val*iez* vaill*ent*	val*us* val*us* val*ut* val*ûmes* val*ûtes* val*urent*	vaudr*ai* vaudr*as* vaudr*a* vaudr*ons* vaudr*ez* vaudr*ont*		val*u*(*e*)
(3i)	vouloir	Tonsilbe: **veu-**. In den Formen mit **voul-** rückt die Betonung auf die Endung. Im *fut.* Einschiebung von **-d-**	veu*x* veu*x* veu*t* voul*ons* voul*ez* veul*ent*	veuill*e* veuill*es* veuill*e* voul*ions* voul*iez* veuill*ent*	voul*us* voul*us* voul*ut* voul*ûmes* voul*ûtes* voul*urent*	voudr*ai* voudr*as* voudr*a* voudr*ons* voudr*ez* voudr*ont*	veuill*e* veuill*ons* veuill*ez*	voul*u*(*e*)
(3k)	seoir	Geht nach der 4. Konjugation. Nur in wenigen Formen gebräuchlich. *p.pr.* **seyant**; im Sinne von Sitzung haltend jedoch **séant**	il sie*d* ils sié*ent*			il sié*ra* ils sié*ront*		sis(*e*)

Zeichen	Infinitif	Bemerkungen	Présent de l'indicatif	Présent du subjonctif	Passé simple	Futur	Impératif	Participe passé
	asseoir	Hat, außer im *passé simple* und *p.p.* (**assis**), doppelte Formen: **assied…**, **assey…**, **assié…**	assie*ds* assie*ds* assie*d* assey*ons* assey*ez* assey*ent*	assey*e* assey*es* assey*e* assey*ions* assey*iez* assey*ent*	ass*is* ass*is* ass*it* ass*îmes* ass*îtes* ass*irent*	assié*rai* assié*ras* assié*ra* assié*rons* assié*rez* assié*ront*	assie*ds* assey*ons* assey*ez*	ass*is*(*e*)
(31)	choir	Selten gebraucht. Im *fut.* und *cond.* auch Verdoppelung des **-r-**	cho*is*		il ch*ut*	choi*rai* *od.* cher*rai*		ch*u*(*e*)
	déchoir		décho*is* décho*is* décho*it* déchoy*ons* déchoy*ez* déchoi*ent*	déchoi*e* déchoi*es* déchoi*e* déchoy*ions* déchoy*iez* déchoi*ent*	déch*us* déch*us* déch*ut* déch*ûmes* déch*ûtes* déch*urent*	déchoi*rai* déchoi*ras* déchoi*ra* déchoi*rons* déchoi*rez* déchoi*ront*		déch*u*(*e*)
	échoir	Defektiv; die wenig gebräuchlichen Formen sind:	il écho*it*	qu'il échoi*e* qu'ils échoi*ent*	il éch*ut* ils éch*urent*	il échoi*ra* ils échoi*ront*		éch*u*(*e*)

(4a) **vendre**

Vierte Konjugation

Vierte regelmäßige Konjugation mit unverändertem Stamm

I. Einfache Formen

Présent	*Impératif*	*Futur I*	*Subjonctif présent*
sg. je vend*s* tu vend*s* il vend[1]	vend*s* vend*ons* vend*ez*	*sg.* je vendr*ai* tu vendr*as* il vendr*a*	*sg.* que je vend*e* que tu vend*es* qu'il vend*e*
pl. nous vend*ons* vous vend*ez* ils vend*ent*		*pl.* nous vendr*ons* vous vendr*ez* ils vendr*ont*	*pl.* que nous vend*ions* que vous vend*iez* qu'ils vend*ent*
Passé simple	*Imparfait*	*Conditionnel I*	*Subjonctif imparfait*
sg. je vend*is* tu vend*is* il vend*it*	*sg.* je vend*ais* tu vend*ais* il vend*ait*	*sg.* je vendr*ais* tu vendr*ais* il vendr*ait*	*sg.* que je vend*isse* que tu vend*isses* qu'il vend*ît*
pl. nous vend*îmes* vous vend*îtes* ils vend*irent*	*pl.* nous vend*ions* vous vend*iez* ils vend*aient*	*pl.* nous vendr*ions* vous vendr*iez* ils vendr*aient*	*pl.* que nous vend*issions* que vous vend*issiez* qu'ils vend*issent*
Participe passé vend*u(e)*	*Participe présent* vend*ant*		
Infinitif présent vendre			

[1] rompre bildet: il rompt.

II. Zusammengesetzte Formen

Vom *Participe passé* mit Hilfe von **avoir** und **être**; s. (1a)

Zeichen	Infinitif	Bemerkungen	Présent de l'indicatif	Présent du subjonctif	Passé simple	Futur	Impératif	Participe passé
(4b)	peindre	Wechsel zwischen nasalem **n** und mouilliertem **n** (**gn**); **-d-** nur vor **r**, also im *inf.*, *fut.* und *cond.*	pein*s* pein*s* pein*t* peign*ons* peign*ez* peign*ent*	peign*e* peign*es* peign*e* peign*ions* peign*iez* peign*ent*	peign*is* peign*is* peign*it* peign*îmes* peign*îtes* peign*irent*	peindr*ai* peindr*as* peindr*a* peindr*ons* peindr*ez* peindr*ont*	pein*s* peign*ons* peign*ez*	pein*t*(*e*)
(4c)	conduire	**Luire, reluire, nuire** haben im *p.p.* kein **t**	condu*is* condu*is* condu*it* conduis*ons* conduis*ez* conduis*ent*	conduis*e* conduis*es* conduis*e* conduis*ions* conduis*iez* conduis*ent*	conduis*is* conduis*is* conduis*it* conduis*îmes* conduis*îtes* conduis*irent*	conduir*ai* conduir*as* conduir*a* conduir*ons* conduir*ez* conduir*ont*	condu*is* conduis*ons* conduis*ez*	condu*it*(*e*)
(4d)	coudre	Vor den mit Vokal beginnenden Endungen wird **-d-** durch **-s-** ersetzt	coud*s* coud*s* coud cous*ons* cous*ez* cous*ent*	cous*e* cous*es* cous*e* cous*ions* cous*iez* cous*ent*	cous*is* cous*is* cous*it* cous*îmes* cous*îtes* cous*irent*	coudr*ai* coudr*as* coudr*a* coudr*ons* coudr*ez* coudr*ont*	coud*s* cous*ons* cous*ez*	cous*u*(*e*)
(4e)	vivre	Wegfall des End-**v** des Stammes im *sg. prés. ind.*; *passé simple* **vécus**; *p.p.* **vécu**	vi*s* vi*s* vi*t* viv*ons* viv*ez* viv*ent*	viv*e* viv*es* viv*e* viv*ions* viv*iez* viv*ent*	véc*us* véc*us* véc*ut* véc*ûmes* véc*ûtes* véc*urent*	vivr*ai* vivr*as* vivr*a* vivr*ons* vivr*ez* vivr*ont*	vi*s* viv*ons* viv*ez*	véc*u*(*e*)

Zeichen	Infinitif	Bemerkungen	Présent de l'indicatif	Présent du subjonctif	Passé simple	Futur	Impératif	Participe passé
(4f)	écrire	Vor Vokal bleibt **v** aus lateinisch **b** erhalten	écris écris écrit écrivons écrivez écrivent	écrive écrives écrive écrivions écriviez écrivent	écrivis écrivis écrivit écrivîmes écrivîtes écrivirent	écrirai écriras écrira écrirons écrirez écriront	écris écrivons écrivez	écrit(*e*)
(4g)	naître	**-ss-** im *pl. prés. ind.* u. dessen Ableitungen; im *sg. prés. ind.* erscheint **i** vor **t** als **î**	nais nais naît naissons naissez naissent	naisse naisses naisse naissions naissiez naissent	naquis naquis naquit naquîmes naquîtes naquirent	naîtrai naîtras naîtra naîtrons naîtrez naîtront	nais naissons naissez	né(*e*)
(4h)	suivre	*p.p.* nach der 2. Konjugation	suis suis suit suivons suivez suivent	suive suives suive suivions suiviez suivent	suivis suivis suivit suivîmes suivîtes suivirent	suivrai suivras suivra suivrons suivrez suivront	suis suivons suivez	suivi(*e*)
(4i)	vaincre	Kein **t** in der 3. P. *sg. prés. ind.*; Umwandlung des **c** in **qu** vor Vokalen (jedoch: **vaincu**)	vaincs vaincs vainc vainquons vainquez vainquent	vainque vainques vainque vainquions vainquiez vainquent	vainquis vainquis vainquit vainquîmes vainquîtes vainquirent	vaincrai vaincras vaincra vaincrons vaincrez vaincront	vaincs vainquons vainquez	vaincu(*e*)

Zeichen	Infinitif	Bemerkungen	Présent de l'indicatif	Présent du subjonctif	Passé simple	Futur	Impératif	Participe passé
(4k)	clore	*prés.* 3. P. *pl.* **closent**; entsprechend *prés. subj.*; 3. P. *sg. prés. ind.* auf **...ôt**	je clo*s* tu clo*s* il clô*t* ⚒ils clos*ent*	⚒que je clos*e*		⚒je clor*ai*	clos	clos(*e*)
	éclore	Nur in der 3. P. gebräuchlich	il éclô*t* ils éclos*ent*	qu'il éclos*e* qu'ils éclos*ent*		il éclor*a* ils éclor*ont*		éclos(*e*)
(4l)	conclure	*passé simple* geht nach der 3. Konjugation. **Reclure** hat im *p.p.* **reclus**(e); ebenso: **inclus**(e); aber: **exclu**(e)	conclu*s* conclu*s* conclu*t* conclu*ons* conclu*ez* conclu*ent*	conclu*e* conclu*es* conclu*e* conclu*ions* conclu*iez* conclu*ent*	concl*us* concl*us* concl*ut* concl*ûmes* concl*ûtes* concl*urent*	conclur*ai* conclur*as* conclur*a* conclur*ons* conclur*ez* conclur*ont*	conclu*s* conclu*ons* conclu*ez*	conclu(*e*)
(4m)	dire	**Redire** wird wie **dire** konjugiert. Die anderen Komposita haben im *prés.* **...disez** mit Ausnahme v. **maudire,** das nach der 2. Konjugation geht, aber im *p.p.* **maudit** hat	di*s* di*s* di*t* dis*ons* di*tes* dis*ent*	dis*e* dis*es* dis*e* dis*ions* dis*iez* dis*ent*	d*is* d*is* d*it* d*îmes* d*îtes* d*irent*	dir*ai* dir*as* dir*a* dir*ons* dir*ez* dir*ont*	di*s* dis*ons* di*tes*	di*t*(*e*)

Zeichen	Infinitif	Bemerkungen	Présent de l'indicatif	Présent du subjonctif	Passé simple	Futur	Impératif	Participe passé
(4n)	faire	Vielfacher Wechsel des Stammvokals	fais fais } [fɛ] fait faisons [fə'zɔ̃] faites [fɛt] font	fasse fasses fasse fassions fassiez fassent	fis fis fit fîmes fîtes firent	ferai feras fera ferons } [fə-] ferez feront	fais faisons faites	fai*t*(*e*)
(4o)	confire		confis confis confit confisons confisez confisent	confise confises confise confisions confisiez confisent	confis confis confit confîmes confîtes confirent	confirai confiras confira confirons confirez confiront	confis confisons confisez	confi*t*(*e*)
(4p)	mettre	Abwerfung des einen **t** im *sg. prés. ind.* in den stammbetonten Formen	mets mets met mettons mettez mettent	mette mettes mette mettions mettiez mettent	mis mis mit mîmes mîtes mirent	mettrai mettras mettra mettrons mettrez mettront	mets mettons mettez	m*is*(*e*)
(4q)	prendre	Einige Formen werfen **d** ab	prends prends prend prenons prenez prennent	prenne prennes prenne prenions preniez prennent	pris pris prit prîmes prîtes prirent	prendrai prendras prendra prendrons prendrez prendront	prends prenons prenez	pr*is*(*e*)

Zeichen	Infinitif	Bemerkungen	Présent de l'indicatif	Présent du subjonctif	Passé simple	Futur	Impératif	Participe passé
(4r)	rire	*p.p.* nach der 2. Konjugation	ris ris ri*t* ri*ons* ri*ez* ri*ent*	rie ri*es* rie ri*ions* ri*iez* ri*ent*	*ris* *ris* *rit* *rîmes* *rîtes* *rirent*	*rirai* *riras* *rira* *rirons* *rirez* *riront*	ris ri*ons* ri*ez*	ri (*inv.*)
(4s)	traire	*passé simple* und *imparfait subj.* fehlen	trais trais trait tray*ons* tray*ez* trai*ent*	traie trai*es* traie tray*ions* tray*iez* trai*ent*		trair*ai* trair*as* trair*a* trair*ons* trair*ez* trair*ont*	trais tray*ons* tray*ez*	trai*t*(*e*)
(4t)	circoncire		circoncis circoncis circonci*t* circoncis*ons* circoncis*ez* circoncis*ent*	circoncise circoncis*es* circoncise circoncis*ions* circoncis*iez* circoncis*ent*	circonc*is* circonc*is* circonc*it* circonc*îmes* circonc*îtes* circonc*irent*	circoncir*ai* circoncir*as* circoncir*a* circoncir*ons* circoncir*ez* circoncir*ont*	circoncis circoncis*ons* circoncis*ez*	circoncis(*e*)
(4u)	boire	Vor Vokal bleibt **v** aus lat. **b** erhalten. *passé simple* nach der 3. Konjugation	bois bois boit buv*ons* buv*ez* boiv*ent*	boiv*e* boiv*es* boiv*e* buv*ions* buv*iez* boiv*ent*	b*us* b*us* b*ut* b*ûmes* b*ûtes* b*urent*	boir*ai* boir*as* boir*a* boir*ons* boir*ez* boir*ont*	bois buv*ons* buv*ez*	bu(*e*)

Zeichen	Infinitif	Bemerkungen	Présent de l'indicatif	Présent du subjonctif	Passé simple	Futur	Impératif	Participe passé
(4v)	croire	*passé simple* nach der 3. Konjugation	crois crois croit croyons croyez croient	croie croies croie croyions croyiez croient	crus crus crut crûmes crûtes crurent	croirai croiras croira croirons croirez croiront	crois croyons croyez	cru(*e*)
(4w)	croître	î im *sg. prés. ind.* und im *sg. impér.* *passé simple* nach der 3. Konjugation	croîs croîs croît croissons croissez croissent	croisse croisses croisse croissions croissiez croissent	crûs crûs crût crûmes crûtes crûrent	croîtrai croîtras croîtra croîtrons croîtrez croîtront	croîs croissons croissez	crû, crue
(4x)	lire	*passé simple* nach der 3. Konjugation	lis lis lit lisons lisez lisent	lise lises lise lisions lisiez lisent	lus lus lut lûmes lûtes lurent	lirai liras lira lirons lirez liront	lis lisons lisez	lu(*e*)
(4y)	moudre	*passé simple* nach der 3. Konjugation	mouds mouds moud moulons moulez moulent	moule moules moule moulions mouliez moulent	moulus moulus moulut moulûmes moulûtes moulurent	moudrai moudras moudra moudrons moudrez moudront	mouds moulons moulez	moulu(*e*)

Zeichen	Infinitif	Bemerkungen	Présent de l'indicatif	Présent du subjonctif	Passé simple	Futur	Impératif	Participe passé
(4z)	paraître	**î** vor **t**; *passé simple* nach der 3. Konjugation	parai*s* parai*s* paraî*t* paraiss*ons* paraiss*ez* paraiss*ent*	paraiss*e* paraiss*es* paraiss*e* paraiss*ions* paraiss*iez* paraiss*ent*	par*us* par*us* par*ut* par*ûmes* par*ûtes* par*urent*	paraît*rai* paraît*ras* paraît*ra* paraît*rons* paraît*rez* paraît*ront*	parai*s* paraiss*ons* paraiss*ez*	par*u*(*e*)
(4aa)	plaire	*passé simple* nach der 3. Konjugation; **taire** bildet **il tait** (ohne ^); *participe passé* von **plaire** unveränderlich	plai*s* plai*s* plaî*t* plais*ons* plais*ez* plais*ent*	plais*e* plais*es* plais*e* plais*ions* plais*iez* plais*ent*	pl*us* pl*us* pl*ut* pl*ûmes* pl*ûtes* pl*urent*	plai*rai* plai*ras* plai*ra* plai*rons* plai*rez* plai*ront*	plai*s* plais*ons* plais*ez*	pl*u* (*inv.*)
(4bb)	absoudre	**Résoudre** hat als übliches *passé simple*: **je résolus**; als *participe passé*: **résolu**(**e**)	absou*s* absou*s* absou*t* absolv*ons* absolv*ez* absolv*ent*	absolv*e* absolv*es* absolv*e* absolv*ions* absolv*iez* absolv*ent*	⚒ absol*us* ⚒ absol*us* ⚒ absol*ut* ⚒ absol*ûmes* ⚒ absol*ûtes* ⚒ absol*urent*	absoud*rai* absoud*ras* absoud*ra* absoud*rons* absoud*rez* absoud*ront*	absou*s* absolv*ons* absolv*ez*	absous absou*te*

Alphabetisches Verzeichnis der aufgeführten Konjugationsmuster

Bildung des Plurals der Substantive und Adjektive

Hauptregel: Der *pl.* der Substantive und Adjektive, bei denen keine Merkzahl steht, wird durch Anhängung eines **s** an die Singularform gebildet:

le fleuve	*der Fluß*;	les fleuves
poli, polie	*höflich*;	polis, polies

Die im *sg.* auf **s, x** oder **z** endenden Substantive bleiben im *pl.* unverändert, ebenso die Aussprache, wenn nicht das Gegenteil ausdrücklich angegeben ist:

le fils	*der Sohn*;	les fils
la voix	*die Stimme*;	les voix
le nez	*die Nase*;	les nez

Ausnahmen

(5a) Einige Fremdwörter verändern sich im *pl.* nicht:

l'amen	*das Amen*;	les amen
le credo	*das Glaubensbekenntnis*;	les credo

(5b) Die im *sg.* auf **-au, -eau, -eu, -œu** (sowie einige der auf **-ou**) endenden Substantive und Adjektive nehmen im *pl.* ein (nur in der Bindung wie ein stimmhaftes **s** gesprochenes) **x** an:

le noyau	*der Kern*;	les noyaux
le tableau	*das Gemälde*;	les tableaux
le dieu	*der Gott*;	les dieux
le vœu	*das Gelübde*;	les vœux
le bijou	*das Juwel*;	les bijoux
beau	*schön*;	beaux
hébreu	*hebräisch*;	hébreux

(5c) Die mit diesem Zeichen versehenen, auf **-al** endenden Substantive und Adjektive verwandeln im *pl.* die männliche Endung in **-aux**; ebenso einige auf **-ail** (Bildung wie bei 5b):

le général	*der General*;	les généraux
amical	*freundschaftlich*;	amicaux
le corail	*die Koralle*;	les coraux
aber: le chacal	*der Schakal*;	les chacals

(6a) Alle Bestandteile erhalten das Pluralzeichen:

la petite-fille	*die Enkelin*	les petites-filles
un arc-doubleau	*ein Pfeilerbogen*	les arcs-doubleaux

(6b) Nur der erste Bestandteil erhält das Pluralzeichen:

un appui-main	*ein Malstock*;	les appuis-main

(6c) Alle Bestandteile bleiben unverändert:

l'abat-foin	*die Heu/luke*;	les abat-foin

(6d) Der letzte Bestandteil kann das Pluralzeichen erhalten, der erste dagegen bleibt unverändert:

le garde-main	*die Schreibunterlage*;	les garde-main *oder* les garde-mains

(6e) Der erste Bestandteil kann das Pluralzeichen erhalten, der letzte dagegen bleibt unverändert:

le garde-phare	*der Leuchtturmwächter*;	les garde-phare *oder* les gardes-phare

(6f) Bei dreiteiligen Zusammensetzungen: die beiden letzten Bestandteile erhalten das Pluralzeichen:

l'arrière-grand-père	*der Urgroßvater*;	les arrière-grands-pères

(6g) Der letzte Bestandteil muß das Pluralzeichen erhalten:

l'arrière-neveu	*der Großneffe*;	les arrière-neveux

Bildung des Femininums der Adjektive, Partizipien und Substantive

Hauptregel: Um das Femininum eines Adjektivs oder Substantivs zu bilden, hängt man ein **e** an das Maskulinum. Eine Merkzahl ist nicht angegeben, wenn Maskulinum und Femininum auf **e** endigen, oder wenn das Femininum einfach durch Anhängung eines **e** gebildet wird und dabei die Aussprache des Maskulinums unverändert beibehält:

infect	*faulig*;	infecte	
sage	*weise*;	sage	
esclave	*Sklave*;	esclave	*Sklavin*
ami	*Freund*;	amie	*Freundin*
futur	*zukünftig*;	future	

Ausnahmen und besondere Fälle

(7) Das durch Anhängung von **e** an das Maskulinum gebildete Femininum wird anders ausgesprochen als das Maskulinum (vgl. Hauptregel):

chaud	*warm*;	chaude [ʃo:d]
grand	*groß*;	grande [grɑ̃:d]

sourd	*taub;*	sourde [surd]
soûl[su]	*übersättigt;*	soûle [sul]
aucun	*kein(er);*	aucune [o'kyn]
certain	*gewiß;*	certaine [sɛr'tɛn]
féminin	*weiblich;*	féminine [femi'nin]
acquis	*erworben;*	acquise [a'ki:z]
clos	*verschlossen;*	close [klo:z]
confus	*verworren;*	confuse [kɔ̃'fy:z]
Français	*Franzose;*	Française [frɑ̃'sɛ:z]
gaulois	*gallisch;*	gauloise [go'lwa:z]
retors	*gedreht;*	retorse [rə'tɔrs]
dévot	*fromm;*	dévote [de'vɔt]
expert	*erfahren;*	experte [ɛks'pɛrt]
prompt	*eilig;*	prompte [prɔ̃:t]

(7a) Endung des Femininums **ë**, wenn das Maskulinum auf **-gu** endet:

aigu	*spitz;*	aiguë [e'gy]

(7b) Das vor dem Endkonsonanten des Maskulinums stehende **e** bekommt im Femininum einen accent grave:

altier	*stolz;*	altière [al'tjɛ:r]
amer	*bitter;*	amère [a'mɛ:r]
complet	*vollständig;*	complète [kɔ̃'plɛt]

(7c) Die Auslaute der auf **-el, -eil, -ul, -an, -en, -on, -et, -as** endigenden Maskulina werden verdoppelt:

cruel	*grausam;*	cruelle [kry'ɛl]
pareil	*gleich;*	pareille [pa'rɛj]
nul	*null und nichtig;*	nulle [nyl]
paysan	*bäuerisch;*	paysanne [pei'zan]
ancien	*alt;*	ancienne [ɑ̃'sjɛn]
bon	*gut;*	bonne [bɔn]
net [nɛt]	*rein;*	nette [nɛt]
gras	*fett;*	grasse [grɑ:s]

(7d) Verwandlung von **-eux** in **-euse:**

peureux	*furchtsam;*	peureuse [pœ'rø:z]

(7e) Verwandlung von **-f** in **-ve:**

captif	*gefangen;*	captive [kap'ti:v]

(7f) Verwandlung von **-eur** in **-rice:**

ambassadeur	*Botschafter;*	ambassadrice [ɑ̃basa'dris]
tentateur	*verlockend;*	tentatrice [tɑ̃ta'tris]

(7g) Verwandlung von **-eur** in **-euse:**

trompeur	*betrügerisch;*	trompeuse [trɔ̃'pø:z]

(7h) Verwandlung von **-eur** in **-eresse:**

enchanteur	*bezaubernd;*	enchanteresse [ɑ̃ʃɑ̃'trɛs]

(7i) Verwandlung von **-c** in **-que** oder von **-g** in **-gue:**

caduc	*hinfällig;*	caduque [ka'dyk]
franc	*frei;*	franque [frɑ̃:k]
long	*lang;*	longue [lɔ̃:g]

(7k) Verwandlung von **-c** in **-che:**

blanc	*weiß;*	blanche [blɑ̃:ʃ]

Verzeichnis unregelmäßiger französischer Verben

Vom Präsens sind sämtliche Formen angegeben, von den anderen Zeiten meist nur die erste Person, wenn die Bildung der anderen keine Schwierigkeiten macht. Der Imperativ ist nur gegeben, wenn er mit den betreffenden Formen des Präsens nicht ganz übereinstimmt. Beim Partizip Perfekt ist die weibliche Form eingeklammert. Der Bindestrich ersetzt den leicht zu ergänzenden ersten Teil des Wortes. Mit Vorsilben (wie ac, ad, con, de, ex usw.) zusammengesetzte Verben sind nur besonders aufgeführt, wenn sie mit dem Simplex nicht ganz übereinstimmen.

acquérir (*erwerben*) *Prés.* acquiers, -iers, -iert, acquérons, -rez, acquièrent. *Imp.* acquérais. *Passé spl.* acquis. *Subj.* acquière, acquérions, -riez, acquièrent; acquisse. *Fut.* acquerrai. *Part.* acquérant; acquis(e).

aller (*gehen*) *Prés.* vais, vas, va, allons, allez, vont. *Imp.* allais. *Passé spl.* allai. *Subj.* aille, allions, alliez, aillent; allasse. *Fut.* irai. *Part.* allant; allé(e). *Impér.* va (vas *vor* en *und* y), allons, allez.

asseoir (*setzen*) *Prés.* assieds, -ieds, -ied, asseyons, -eyez, -eyent. *Imp.* asseyais. *Passé spl.* assis. *Subj.* asseye; assisse. *Fut.* assiérai. *Part.* asseyant; assis(e). *So auch* surseoir, *aber Fut.* surseoirai.

avoir (*haben*) *Prés.* ai, as, a, avons, avez, ont. *Imp.* avais. *Passé spl.* eus. *Subj.* aie, aies, ait, ayons, ayez, aient; eusse. *Fut.* aurai. *Part.* ayant; eu(e). *Impér.* aie, ayons, ayez.

boire (*trinken*) *Prés.* bois, bois, boit, buvons, buvez, boivent. *Imp.* buvais. *Passé spl.* bus. *Subj.* boive; busse. *Fut.* boirai. *Part.* buvant; bu(e).

conduire (*führen*) *Prés.* conduis, -duis, -duit, -duisons, -duisez, -duisent. *Imp.* conduisais. *Passé spl.* conduisis. *Subj.* conduise; conduisisse. *Fut.* conduirai. *Part.* conduisant; conduit(e).

connaître (*kennen*) *Prés.* connais, -ais, -aît, -aissons, -aissez, -aissent. *Imp.* connaissais. *Passé spl.* connus. *Subj.* connaisse; connusse. *Fut.* connaîtrai. *Part.* connaissant; connu(e).

courir (*laufen*) *Prés.* cours, cours, court, courons, -rez, -rent. *Imp.* courais. *Passé spl.* courus. *Subj.* coure; courusse. *Fut.* courrai. *Part.* courant; couru(e).

couvrir (*bedecken*) *Prés.* couvre, -res, -re, -rons, -rez, -rent. *Imp.* couvrais. *Passé spl.* couvris. *Subj.* couvre; couvrisse. *Fut.* couvrirai. *Part.* couvrant; couvert(e).

craindre (*fürchten*) *Prés.* crains, crains, craint, craignons, -nez, -nent. *Imp.* craignais. *Passé spl.* craignis. *Subj.* craigne; craignisse. *Fut.* craindrai. *Part.* craignant; craint(e).

croire (*glauben*) *Prés.* crois, crois, croit, croyons, -yez, croient. *Imp.* croyais. *Passé spl.* crus. *Subj.* croie, croyions; crusse. *Fut.* croirai. *Part.* croyant; cru(e).

croître (*wachsen*) *Prés.* croîs, croîs, croît, croissons, croissez, croissent. *Imp.* croissais. *Passé spl.* crûs, crûs, crût, crûmes, crûtes, crûrent. *Subj.* croisse; crusse. *Fut.* croîtrai. *Part.* croissant; crû (crue), *pl.* cru(e)s.

cueillir (*pflücken*) *Prés.* cueille, -lles, -lle, -llons, -llez, -llent. *Imp.* cueillais. *Passé spl.* cueillis. *Subj.* cueille; cueillisse. *Fut.* cueillerai. *Part.* cueillant; cueilli(e).

devoir (*müssen*) *wie* recevoir, *aber Part. passé* dû (due), *pl.* du(e)s.

dire (*sagen*) *Prés.* dis, dis, dit, disons, dites, disent. *Imp.* disais. *Passé spl.* dis. *Subj.* dise; disse. *Fut.* dirai. *Part.* disant; dit(e).

dormir (*schlafen*) *Prés.* dors, dors, dort, dormons, -mez, -ment. *Imp.* dormais. *Passé spl.* dormis. *Subj.* dorme; dormisse. *Fut.* dormirai. *Part.* dormant; dormi(e).

écrire (*schreiben*) *Prés.* écris, écris, écrit, écrivons, -vez, -vent. *Imp.* écrivais. *Passé spl.* écrivis. *Subj.* écrive; écrivisse. *Fut.* écrirai. *Part.* écrivant; écrit(e).

envoyer (*schicken*) *Prés.* envoie, envoies, envoie, envoyons, envoyez, envoient. *Imp.* envoyais. *Passé spl.* envoyai. *Subj.* envoie, envoyions;

envoyasse. *Fut.* enverrai. *Part.* envoyant; envoyé(e).

être (*sein*) *Prés.* suis, es, est, sommes, êtes, sont. *Imp.* étais. *Passé spl.* fus. *Subj.* sois, sois, soit, soyons, soyez, soient; fusse. *Fut.* serai. *Part.* étant; été. *Impér.* sois, soyons, soyez.

faire (*machen*) *Prés.* fais, fais, fait, faisons, faites, font. *Imp.* faisais. *Passé spl.* fis. *Subj.* fasse, fassions; fisse. *Fut.* ferai. *Part.* faisant; fait(e).

falloir (*müssen, nötig sein*) *Prés.* il faut. *Imp.* il fallait. *Passé spl.* il fallut. *Subj.* qu'il faille; qu'il fallût. *Fut.* il faudra. *Part.* fallu.

lire (*lesen*) *Prés.* lis, lis, lit, lisons, lisez, lisent. *Imp.* lisais. *Passé spl.* lus. *Subj.* lise; lusse. *Fut.* lirai. *Part.* lisant; lu(e).

mettre (*setzen, stellen*) *Prés.* mets, mets, met, mettons, -ttez, -ttent. *Imp.* mettais. *Passé spl.* mis. *Subj.* mette; misse. *Fut.* mettrai. *Part.* mettant; mis(e).

mourir (*sterben*) *Prés.* meurs, meurs, meurt, mourons, -rez, meurent. *Imp.* mourais. *Passé spl.* mourus. *Subj.* meure, mourions, -riez, meurent; mourusse. *Fut.* mourrai. *Part.* mourant; mort(e).

mouvoir (*bewegen*) *Prés.* meus, meus, meut, mouvons, mouvez, meuvent. *Imp.* mouvais. *Passé spl.* mus. *Subj.* meuve, mouvions, -viez, meuvent; musse. *Fut.* mouvrai. *Part.* mouvant; mû (mue), *pl.* mu(e)s.

naître (*geboren werden*) *Prés.* nais, nais, naît, naissons, naissez, naissent. *Imp.* naissais. *Passé spl.* naquis. *Subj.* naisse; naquisse. *Fut.* naîtrai. *Part.* naissant; né(e).

ouvrir (*öffnen*) *Prés.* ouvre, ouvres, ouvre, ouvrons, ouvrez, ouvrent. *Imp.* ouvrais. *Passé spl.* ouvris. *Subj.* ouvre, ouvrions. *Fut.* ouvrirai. *Part.* ouvrant; ouvert(e).

pouvoir (*können*) *Prés.* peux (puis), peux, peut, pouvons, pouvez, peuvent. *Imp.* pouvais. *Passé spl.* pus. *Subj.* puisse, puissions; pusse. *Fut.* pourrai. *Part.* pouvant; pu.

prendre (*nehmen*) *Prés.* prends, prends, prend, prenons, prenez, prennent. *Imp.* prenais. *Passé spl.* pris. *Subj.* prenne, prenions, -niez, prennent; prisse. *Fut.* prendrai. *Part.* prenant; pris(e).

recevoir (*empfangen*) *Prés.* reçois, -çois, -çoit, -cevons, -cevez, -çoivent. *Imp.* recevais. *Passé spl.* reçus. *Subj.* reçoive, recevions, -viez, reçoivent; reçusse. *Fut.* recevrai. *Part.* recevant; reçu(e).

rire (*lachen*) *Prés.* ris, ris, rit, rions, riez, rient. *Imp.* riais. *Passé spl.* ris. *Subj.* rie, riions, riiez, rient; risse. *Fut.* rirai. *Part.* riant; ri.

savoir (*wissen*) *Prés.* sais, sais, sait, savons, savez, savent. *Imp.* savais. *Passé spl.* sus. *Subj.* sache, sachions; susse. *Fut.* saurai. *Part.* sachant; su(e). *Impér.* sache, sachons, sachez.

tenir (*halten*) *Prés.* tiens, tiens, tient, tenons, tenez, tiennent. *Imp.* tenais. *Passé spl.* tins. *Subj.* tienne, tenions, -niez, tiennent; tinsse. *Fut.* tiendrai. *Part.* tenant; tenu(e).

venir (*kommen*) *Prés.* viens, viens, vient, venons, venez, viennent. *Imp.* venais. *Passé spl.* vins, vins, vint, vînmes, vîntes, vinrent. *Subj.* vienne, venions; vinsse. *Fut.* viendrai. *Part.* venant; venu(e).

vivre (*leben*) *Prés.* vis, vis, vit, vivons, vivez, vivent. *Imp.* vivais. *Passé spl.* vécus. *Subj.* vive; vécusse. *Fut.* vivrai. *Part.* vivant; vécu(e).

voir (*sehen*) *Prés.* vois, vois, voit, voyons, voyez, voient. *Imp.* voyais. *Passé spl.* vis. *Subj.* voie, voyions, voyiez, voient; visse. *Fut.* verrai. *Part.* voyant; vu(e).

vouloir (*wollen*) *Prés.* veux, veux, veut, voulons voulez, veulent. *Imp.* voulais. *Passé spl.* voulus. *Subj.* veuille, voulions, -liez, veuillent; voulusse. *Fut.* voudrai. *Part.* voulant; voulu(e). *Impér.* veuille, veuillez.

Zahlwörter

Grundzahlen

0 *zéro* [ze'ro]
1 *un, une f* [œ̃, yn]
2 *deux* [dø, døz‿]
3 *trois* [trwa, trwaz‿]
4 *quatre* ['katrə, kat]
5 *cinq* [sɛ̃k, sɛ̃]
6 *six* [sis, si, siz‿]
7 *sept* [sɛt]
8 *huit* [ɥit, ɥi]
9 *neuf* [nœf, nœv‿]
10 *dix* [dis, di, diz‿]
11 *onze* [ɔ̃:z]
12 *douze* [du:z]
13 *treize* [trɛ:z]
14 *quatorze* [ka'tɔrz]
15 *quinze* [kɛ̃:z]
16 *seize* [sɛ:z]
17 *dix-sept* [di'sɛt]
18 *dix-huit* [di'zɥit, di'zɥi]
19 *dix-neuf* [diz'nœf, diz'nœv‿]
20 *vingt* [vɛ̃]
21 *vingt et un* [vɛ̃te'œ̃]
22 *vingt-deux* [vɛ̃t'dø]
24 *vingt-quatre* [vɛ̃t'katrə]
30 *trente* [trɑ̃:t]
40 *quarante* ['karɑ̃:t]
50 *cinquante* [sɛ̃'kɑ̃:t]
60 *soixante* [swa'sɑ̃:t]
70 *soixante-dix* [swasɑ̃t'dis]
71 *soixante et onze* [swasɑ̃te'ɔ̃:z]
80 *quatre-vingts* [katrə'vɛ̃]
81 *quatre-vingt-un* [katrəvɛ̃'œ̃]
90 *quatre-vingt-dix* [katrəvɛ̃'dis]
91 *quatre-vingt-onze* [katrəvɛ̃'ɔ̃:z]
100 *cent* [sɑ̃]
101 *cent un* [sɑ̃'œ̃]
200 *deux cents* [dø'sɑ̃]
211 *deux cent onze* [døsɑ̃'ɔ̃:z]
1000 *mille* [mil]
1001 *mille un* [mi'lœ̃]
1002 *mille deux* [mil'dø]
1100 *onze cents* [ɔ̃z'sɑ̃]
1308 *treize cent huit* [trɛzsɑ̃'ɥit]
2000 *deux mille* [dø'mil]
100000 *cent mille* [sɑ̃'mil]
le million [mi'ljɔ̃] die Million
le milliard [mi'lja:r] die Milliarde
le billion [bi'ljɔ̃] die Billion
le trillion [tri'ljɔ̃] die Trillion

Ordnungszahlen

1er *le premier* [prə'mje] der erste
1re *la première* [prə'mjɛ:r] die erste
2e *le deuxième* [dø'zjɛm] der zweite
la deuxième [dø'zjɛm] die zweite
le second [zgɔ̃] der zweite
la seconde [zgɔ̃:d] die zweite
3e *le od. la troisième* [trwa'zjɛm]
4e *quatrième* [katri'ɛm]
5e *cinquième* [sɛ̃'kjɛm]
6e *sixième* [si'zjɛm]
7e *septième* [sɛ'tjɛm]
8e *huitième* [ɥi'tjɛm]
9e *neuvième* [nœ'vjɛm]
10e *dixième* [di'zjɛm]
11e *onzième* [ɔ̃'zjɛm]
12e *douzième* [du'zjɛm]
13e *treizième* [trɛ'zjɛm]
14e *quatorzième* [katɔr'zjɛm]
15e *quinzième* [kɛ̃'zjɛm]
16e *seizième* [sɛ'zjɛm]
17e *dix-septième* [disɛ'tjɛm]
18e *dix-huitième* [dizɥi'tjɛm]
19e *dix-neuvième* [diznœ'vjɛm]
20e *vingtième* [vɛ̃'tjɛm]
21e *vingt et unième* [vɛ̃tey'njɛm]
22e *vingt-deuxième* [vɛ̃tdø'zjɛm]
30e *trentième* [trɑ̃'tjɛm]
31e *trente et unième* [trɑ̃tey'njɛm]
40e *quarantième* [karɑ̃'tjɛm]
41e *quarante et unième* [karɑ̃tey'njɛm]
50e *cinquantième* [sɛ̃kɑ̃'tjɛm]
51e *cinquante et unième* [sɛ̃kɑ̃tey'njɛm]
60e *soixantième* [swasɑ̃'tjɛm]
61e *soixante et unième* [swasɑ̃tey'njɛm]
70e *soixante-dixième* [swasɑ̃tdi-'zjɛm]
71e *soixante et onzième* [swasɑ̃teɔ̃'zjɛm]
80e *quatre-vingtième* [katrəvɛ̃'tjɛm]
81e *quatre-vingt-unième* [katrəvɛ̃y'njɛm]
90e *quatre-vingt-dixième* [katrəvɛ̃di-'zjɛm]
91e *quatre-vingt-onzième* [katrəvɛ̃ɔ̃-'zjɛm]
100e *centième* [sɑ̃'tjɛm]
1000e *millième* [mi'ljɛm]

Durch Anhängung der Silbe *-ment* an die Ordnungszahlen entstehen Zahladverbien, die in der Aufzählung gebraucht werden:

1° erstens 1. *premièrement* [prəmjɛr'mɑ̃] oder *primo* [pri'mo]

2° zweitens 2. *deuxièmement* [døzjɛm'mɑ̃], *secondement* [səgɔ̃d'mɑ̃] oder *secundo* [sekɔ̃'do]

3° drittens 3. *troisièmement* [trwazjɛm'mɑ̃] oder *tertio* [tɛr'sjo]

4° viertens 4. *quatrièmement* [katriɛm'mɑ̃]

5° fünftens 5. *cinquièmement* [sɛ̃kjɛm'mɑ̃] usw.

Außerdem ist noch gebräuchlich: *en premier lieu* [ɑ̃ prə'mje ljø] an erster Stelle = erstens, *en second lieu, en troisième lieu* usw.; *en dernier lieu* = letztens.

Zum Gebrauch der Ordnungszahlen im Französischen merke man besonders, daß zur Bezeichnung von Regenten gleichen Namens und beim Datum nur für 1 die Ordnungszahl gebraucht wird, ab 2 dagegen ausschließlich die Grundzahl: *Napoléon Ier (premier) — le 1er (premier) mai*; aber: *Napoléon III (trois) — le 3 (trois) mai.*

Besondere Zahlwörter

1. Brüche

ein Bruch *une fraction* [frak'sjɔ̃]
½ *(un) demi* [də'mi] ein halb; *la moitié* [lamwa'tje] die Hälfte
$^1/_3$ *un tiers* [œ̃'tjɛːr]
$^2/_3$ *(les) deux tiers* [(le) dø'tjɛːr]
$^1/_4$ *un quart* [œ̃'kaːr]
$^3/_4$ *(les) trois quarts* [(le)trwa'kaːr]
$^1/_5$ *un cinquième* [œ̃sɛ̃'kjɛm]
$^5/_8$ *cinq huitièmes* [sɛ̃ɥi'tjɛm]
$^9/_{10}$ *(les) neuf dixièmes* [(le) nœf di'zjɛm]
$^{13}/_{16}$ *treize seizièmes* [trɛzsɛ'zjɛm].

Der Dezimalbruch = *la fraction décimale* [desi'mal], z.B. 0,45, ist zu lesen: *zéro, virgule* [vir'gyl], *quarante-cinq centièmes*; 17,38 ist zu lesen: *dix-sept, trente-huit (centièmes)* oder *dix-sept, virgule, trente-huit.*

2. Vervielfältigungszahlen

fois autant [fwazo'tɑ̃] ...fach oder *fois plus* [fwa'plys] ...mal mehr.
deux fois autant zweifach
cinq fois autant fünffach
vingt fois plus zwanzigmal mehr.
Zu merken: *une quantité sept fois plus grande que* das Siebenfache von ... usw.

Daneben sind gebräuchlich:
simple [sɛ̃plə] einfach
double [dublə] doppelt
triple [triplə] dreifach
quadruple [kwa'dryplə] vierfach
quintuple [kɥɛ̃'typlə] fünffach
sextuple [sɛks'typlə] sechsfach
centuple [sɑ̃'typlə] hundertfach

3. Sammelzahlen

une douzaine ein Dutzend
une huitaine [ynɥi'tɛn] etwa 8 (auch 8 Tage)
une dizaine etwa 10
une quinzaine eine Mandel (auch 14 Tage)
une vingtaine, etc. etwa 20 usw.
une soixantaine etwa 60, ein Schock
une centaine etwa 100
un millier etwa 1000.

Nicht zu bilden von den Zahlen 2, 5, über 100 und den zusammengesetzten Zahlen wie 65 oder 80!